CHAMBRES ET TABLES D'HÔTES 2001

B & B Accommodation

Dormez chez nous, vous êtes chez vous

23951 chambres d'hôt...
3109 tables d'hôtes

Ce guide se veut différent des autres. Il vous permet de goûter une nouvelle façon de voyager. C'est le guide de la tradition de l'hospitalité française. Il est utilisable toute l'année quels que soient le moment et le lieu. Il s'adresse aussi bien à ceux qui sont en déplacement professionnel qu'à ceux qui veulent profiter de courtes escapades ou de séjours.

Renseignements et commandes :

MAISON DES GÎTES DE FRANCE ET DU TOURISME VERT
59, rue St-Lazare - 75439 PARIS Cédex 09 - Métro Trinité
Tél. 01 49 70 75 75 - Fax 01 42 81 28 53
Ouvert du lundi au samedi de 10h à 18h30

Minitel : 3615 Gites de France (1,28 F/mn) - http://www.gites-de-france.fr

Edité par Gîtes de France Services
59, rue Saint-Lazare - 75439 Paris Cédex 09

Directrice Edition : Clotilde MALLARD
Responsable fabrication : Marie-France MICHON
Avec la collaboration de : Catherine de ALMEIDA, Dominique BOILEAU,
Sonia DUDAL, Jean-Christophe MARTINA et Sylvie GRANGE

Traduction anglaise : Jonathan TUSZINSKY
Traduction allemande : Barbara STRAUSS-GATON

Publicité : Mathieu HEUDE

ILLUSTRATIONS© : 1re de couverture : © J.-P. Rainaut - Gîtes de France - 4e de couverture : © Gîtes de France - J.-P. Rainaut.
Pages intérieures : © Gîtes de France - Saône-et-Loire (Baudrières), Indre et Loire (Savonnières et Cormery), Bouches du Rhône (Aix-en-Provence), Ardèche (Vernoux), Corrèze (St-Cernin-de-la-Roche - S. Marchou/ Alexis), J.-P. Rainaut - Côte d'Or (Civry en Montagne), Gard (Aigaliers et Anduze).

La liste des adhérents est donnée sous réserve de modifications ou de radiations qui interviendraient entre le moment de l'édition du guide et celui de sa diffusion.

N° ISBN : 2-913140-19-X

SOMMAIRE

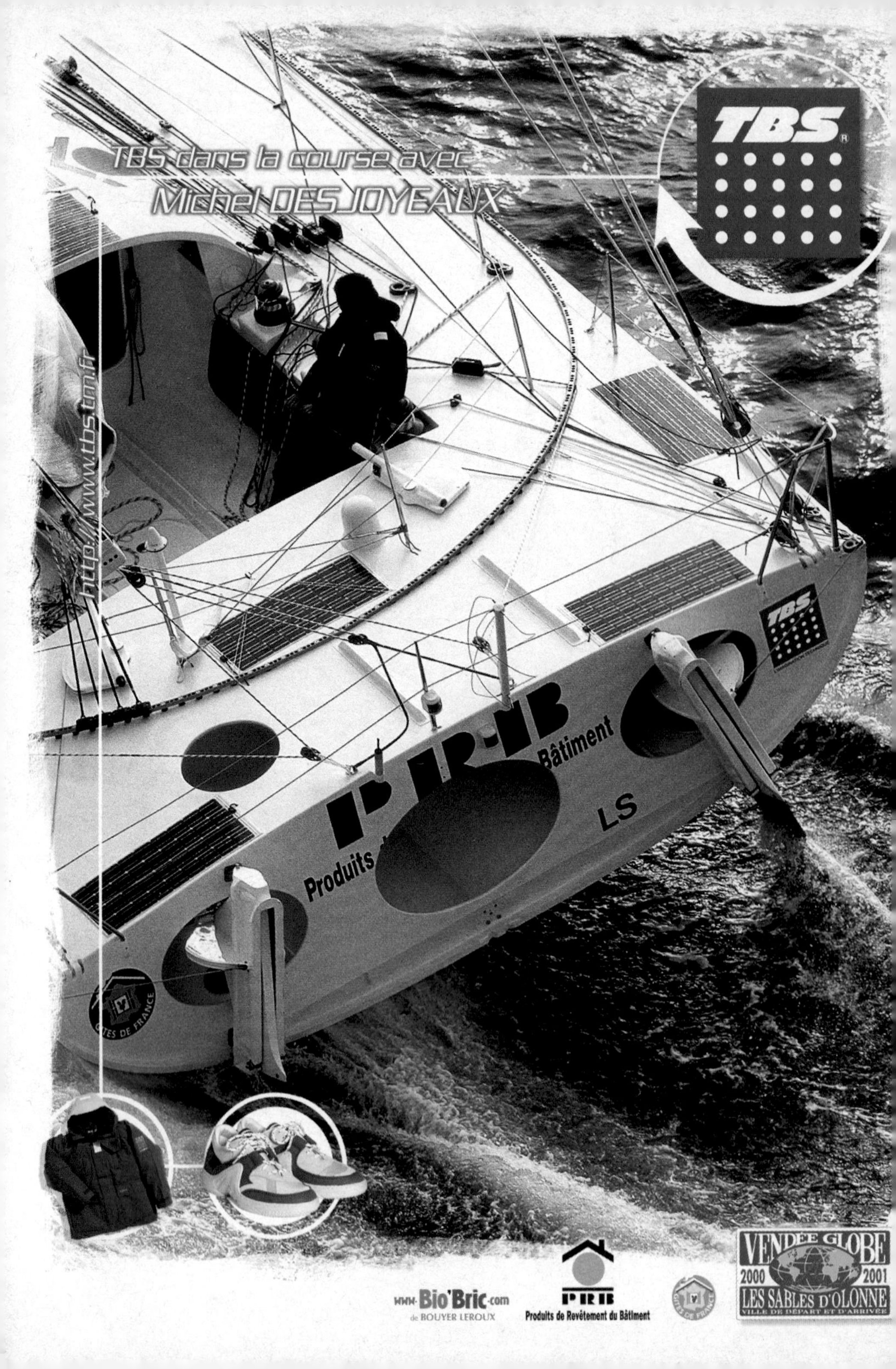
TBS dans la course avec
Michel DESJOYEAUX
TBS
http://www.tbs.tm.fr
PRB
Bâtiment
Produits
LS
www.Bio'Bric.com
de BOUYER LEROUX
PRB
Produits de Revêtement du Bâtiment
VENDÉE GLOBE
2000
2001
LES SABLES D'OLONNE
VILLE DE DÉPART ET D'ARRIVÉE

LA CHAMBRE D'HÔTES

Des particuliers ont aménagé leur maison (ferme, mas, gentilhommière, château...) afin de vous y accueillir en amis et de vous faire découvrir leur région. Dans un environnement calme et agréable, avec un maximum de 6 chambres, c'est en toute convivialité que vous passerez une ou plusieurs nuits.

Le classement

Toutes les chambres d'hôtes de ce guide sont régulièrement visitées et classées.

Le classement en épis, indique le degré de confort et les prestations offertes. Quel que soit le classement de la chambre d'hôtes choisie, les maîtres de maison auront à coeur de vous faire passer un agréable séjour.

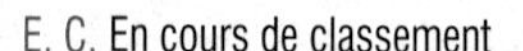

E. C. En cours de classement

chambres simples.

chambres de bon confort, disposant chacune au minimum d'une salle d'eau ou d'une salle de bains privée.

chambres de grand confort, disposant chacune de sanitaires privés et complets (douche ou bains, lavabo et wc).

chambres de très grand confort, disposant chacune de sanitaires privés et complets. Elles sont aménagées dans des demeures de caractère, dans un environnement privilégié. Des services supplémentaires y sont souvent proposés.

Le petit déjeuner

Toujours inclus dans le prix de la nuitée, le petit déjeuner sera pour vous l'occasion d'apprécier les différentes spécialités locales. Selon les cas et l'inspiration de vos hôtes, vous dégusterez les confitures maison, le pain de campagne frais, mais aussi les viennoiseries ou les pâtisseries maison, parfois les fromages, les laitages ou la charcuterie régionale. Dès le début de la journée, un moment fort d'échanges et de convivialité.

La table d'Hôtes

Une maison sur trois vous offrira la possibilité de prendre votre repas à sa table d'hôtes. Cette formule très souple (simple repas, 1/2 pension ou pension) vous permettra de partager, selon les cas, un repas familial ou gastronomique. Le prix du repas s'entend tout compris (entrée, plat principal, fromage et/ou dessert, café, boisson). A noter que la prestation table d'hôtes n'est ouverte qu'aux personnes séjournant dans les chambres. La table d'hôtes n'est pas un restaurant, il est donc conseillé d'indiquer si vous souhaitez profiter de ce service lors de votre réservation. En l'absence de table d'hôtes, les propriétaires sauront aussi vous conseiller les meilleures adresses à proximité, pour découvrir la cuisine traditionnelle et régionale.

POUR LES VACANCES DE VOS ENFANTS

Savez vous qu'avec les Gîtes de France pendant les vacances scolaires, vous pouvez également faire partir vos enfants, sans vous, en toute tranquillité ?

Pour les vacances des enfants et des jeunes de 4 à 16 ans, des séjours au grand air, pleins de rire, de jeux, d'activités et de découvertes au sein d'une famille.

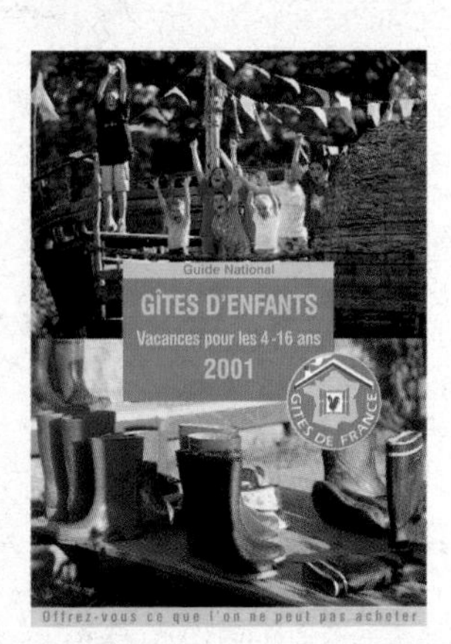

Dans ce guide, 500 familles agréées (DDASS,Jeunesse et Sports, ...) réparties dans toute la France, accueillent vos enfants de 4 à 16 ans dans une ambiance familiale et conviviale, et leur font partager les opportunités offertes par l'espace rural.

Renvoyez ce bon à découper ou une copie à l'adresse suivante

MAISON DES GÎTES DE FRANCE ET DU TOURISME VERT
59, RUE SAINT-LAZARE - 75439 PARIS CEDEX 09
Tél : 01 49 70 75 75 Fax : 01 42 81 28 53
www.gites-de-france.fr
3615 Gîtes de France (1,28 F/mn)

Je souhaite recevoir le guide national des Vacances en Gîtes d'Enfants au prix de 70 F

Ci-joint mon règlement : ❑ **par chèque bancaire ou par eurochèque en F.F. à l'ordre de Gîtes de France Servic**

❑ **par carte bancaire** : ❑ Carte Bleue ❑ carte Visa ❑ Eurocard ❑ Mastercard

N° de carte Bleue ⎣ ⎣ ⎣ ⎣ ⎦ date d'expiration ⎣ ⎦ ⎣ ⎦

GN

Nom ....Prénom ....

Adresse : ....

....Pays......................................Tél :.............................

Conformément à la loi " Informatique et Liberté ", vos droits d'accès et de rectifications pourront être exercés à la FNGF et sauf refus express de votre par informations pourront être commercialisées.

COMMENT UTILISER LE GUIDE

■ Pour chercher une chambre d'hôtes

Les chambres d'hôtes de ce guide sont classées par régions et à l'intérieur de chaque région, par départements puis par localités. Pour vous aider dans votre choix, un sommaire, des cartes (p. 26), un index par région et un index général des localités en fin de guide, vous permettront d'établir votre itinéraire.

■ Pour réserver

La réservation n'est pas obligatoire mais elle est recommandée en haute saison ou pour des séjours prolongés. Une lettre de confirmation et/ou un acompte vous seront souvent demandés et un contrat pourra être établi. Chaque descriptif de ce guide comporte les coordonnées de réservation, le plus souvent celles des propriétaires, afin de les contacter par courrier, téléphone, télécopie ou e-mail.
De plus en plus de Services de Réservation des relais départementaux Gîtes de France proposent également ce service. Vous pourrez les repérer par le sigle placé en tête de chaque département. Les

départements pour lesquels la réservation est aussi possible par minitel sur le 3615 GÎTES DE FRANCE (1,28 F/mn) ou par internet www.gites-de-france.fr sont signalés par les pictogrammes : R + logo minitel + @.

■ Les prix

Ils sont indiqués dans chaque descriptif. Ce sont des prix à la nuitée, selon le nombre de personnes occupant la même chambre, qui comprennent TOUJOURS le petit déjeuner.
ATTENTION ! En fin d'année, certains prix sont susceptibles d'être modifiés, notamment pour les départements dont le catalogue 2002 sort dès l'automne.

■ La Table d'Hôtes TH

Le repas en Table d'Hôtes est un service complémentaire proposé par certains propriétaires, et limité aux personnes séjournant dans les chambres. Si vous souhaitez dîner le soir de votre arrivée, pensez à le spécifier lors de votre réservation. Les prix sont donnés à titre indicatif.

■ L'auberge A

Certains propriétaires peuvent proposer des repas en auberge. Dans ce cas, ne vous attendez pas à partager la table familiale, puisque des personnes ne séjournant pas dans les chambres peuvent également s'y restaurer.

▪ Le pictogramme Téléphone

Ce pictogramme indique la possibilité de téléphoner. Si vous êtes titulaire d'une carte France Telecom, pensez à vous en munir pour téléphoner où vous le souhaitez ; le coût de la communication sera dès lors imputé directement sur votre facture France Télécom.

▪ Les chèques-vacances

La plupart des services de réservation et de nombreux propriétaires acceptent les chèques-vacances. Dans ce guide, nous avons signalé par un pictogramme les chambres d'hôtes pour lesquelles le règlement est possible avec les chèques-vacances.

▪ Chambres d'hôtes accessibles aux personnes handicapées

Les adresses qui comportent ce sigle ont été jugées accessibles avec une certaine autonomie à l'occasion d'une visite réalisée par l'APF (Association des Paralysés de France). Pour connaître le degré précis d'accessibilité, n'hésitez pas à contacter les propriétaires.

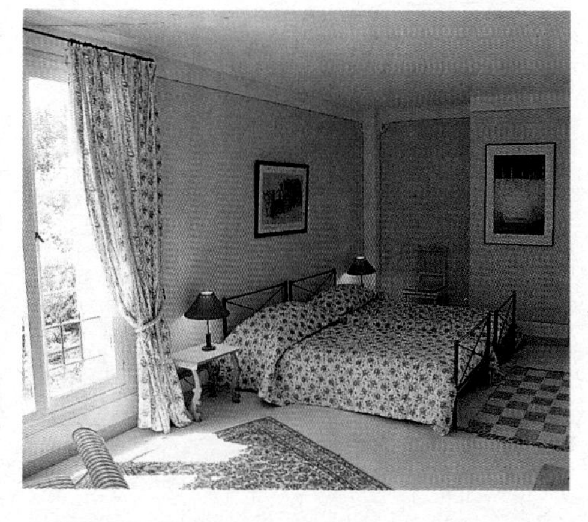

Quelques conseils ...

▪ N'oubliez jamais que vous allez séjourner chez des particuliers qui n'offrent pas les mêmes services qu'un hôtel.

▪ En cas de retard, prévenez le propriétaire.

▪ L'entretien des chambres est assuré quotidiennement (pour les séjours de longue durée, les draps sont changés au minimum chaque semaine et le linge de toilette 2 fois par semaine).

▪ Si vous voyagez avec vos enfants, des lits d'appoint peuvent être mis à leur disposition, n'hésitez pas à questionner le propriétaire.

▪ Si vous êtes accompagné de votre animal favori, pensez à le signaler. Un pictogramme indique dans chaque descriptif si la présence d'un animal est acceptée ou non.

3615 GITES DE FRANCE

Le serveur Minitel des Gîtes de France vous permettra de :

- **Obtenir** *les adresses utiles et des informations pratiques,*
- **Consulter** *les descriptifs des hébergements Gîtes de France,*
- **Commander** *tous les guides,*
- **Réserver** *dans de nombreux départements.*

www.gites-de-france.fr

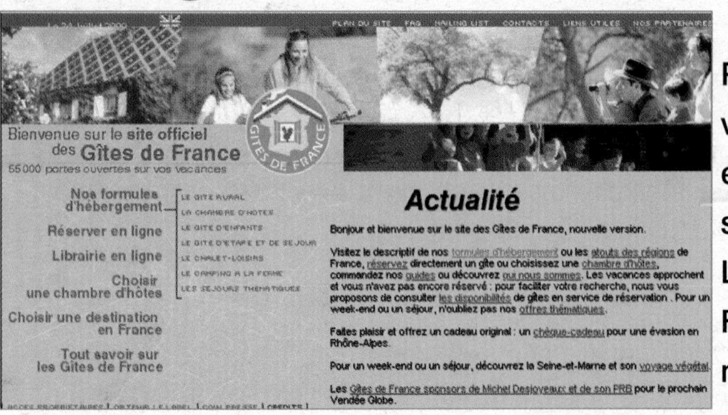

Préparez vos vacances en vous connectant sur Internet !
Le site des Gîtes de France vous permettra de :

- **Vous informer** *sur nos différents produits et nos différents guides,*
- **Voyager** *dans tous les départements de France et d'outre-mer,*
- **Consulter** *la totalité des descriptifs des chambres et tables d'hôtes, des gîtes accessibles aux personnes handicapées, des chalets-loisirs et consulter les descriptifs des gîtes ruraux dans certains départements,*
- **Commander** *le guide de votre choix parmi de nombreuses références touristiques,*
- **Réserver** *votre séjour dans de nombreux départements,*
- **Recevoir** *régulièrement des informations sur l'actualité des Gîtes de France.*

INFORMATIONS PRATIQUES

CALENDRIER DES VACANCES SCOLAIRES 2000-2001

Zone A : académies de Caen, Clermont-Ferrand, Grenoble, Lyon, Montpellier, Nancy-Metz, Nantes, Rennes, Toulouse.	**Zone B :** académies d'Aix-Marseille, Amiens, Besançon, Dijon, Lille, Limoges, Nice, Orléans-Tours, Poitiers, Reims, Rouen, Strasbourg.	**Zone C :** académies de Bordeaux, Créteil, Paris, Versailles.

Départ en vacances après la classe, reprise des cours le matin des jours indiqués.

	Zone A	Zone B	Zone C
HIVER	03.02 au 19.02.2001	17.02 au 05.03.2001	10.02 au 26.02.2001
PRINTEMPS	31.03 au 17.04.2001	14.04 au 02.05.2001	07.04 au 24.04.2001
Vacances d'été	30 juin 2001	30 juin 2001	30 juin 2001

TABLEAU DE CONVERSION FRANCS - EUROS

(1 EURO = 6,55957 F)

FRANCS	EUROS
160	24,39
200	30,48
220	33,53
250	38,11
270	41,16
300	45,73

FRANCS	EUROS
350	53,35
400	60,97
450	68,60
500	76,22
550	83,84
600	91,46

SIGNALISATION

Pour signaler leur appartenance à notre réseau, tous nos propriétaires ont apposé le panonceau « GITES DE FRANCE » avec le cartouche « Chambres d'Hôtes ».

All members of our accommodation network display the "GITES DE FRANCE" sign with the "Chambres d'Hôtes" panel.

Um ihre Zugehörigkeit zu unserem Netz zu kennzeichnen haben alle Besitzer folgendes Schild « GITES DE FRANCE » mit dem Zusatz « Chambres d'Hôtes ».

LA SIGNALISATION : sur votre itinéraire, vous pourrez rencontrer deux types de panneaux indiquant la proximité des Chambres d'Hôtes (ci-contre). Ces panneaux peuvent être complétés par des indications de direction, de distance ou de lieu-dit :

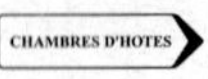

PICTOGRAMMES LOISIRS ET ABREVIATIONS

Leisure facilities and abbrevations / Bedeutung der Piktogramme und Abkürzungen

Français	English	Deutsch
Epis	Ears of corn	Ähren
E.C. En cours de classement	Awaiting classification	Auf der Warteliste zur Klassifizicrung
Animaux admis	Pets allowed	Haustiere willkommen
Animaux non admis	No pets	Haustiere verboten
A la ferme	On the farm	Auf dem Bauernhof
Table d'hôtes	Table d'hôtes meals	Gästetafel
Auberge	Inn	Herberge
Chèques Vacances acceptés		
Carte Bancaire	Credit card accepted	Kreditkarten werden angenommen
Téléphone	Phone facilities	Telefon
Carte Michelin	Michelin map	Michelinkarte
Dégustation de vin	Wine-tasting	Weinprobe
Jeux d'enfants sur place	Children's games on the premises	Kinderspielplatz
Piscine privée	Private swimming pool	Privates Schwimmbad
Tennis privé	Private tennis court	Privater Tennisplatz
Baignade (bain, plage…)	Bathing (swimming, beach…)	Baden (Schwimmen, Strand…)
Canoë-kayak	Canoeing	Kanoe
Chasse	Hunting grounds	Jagdgelände
Equitation (centre équestre)	Horse-riding	Reiten
Escalade (varappe)	Climbing (rock climbing)	Klettern (Kletterwand)
Forêt	Forest	Wald
Golf	Golf	Golf
Mer, océan	Sea, ocean	Meer
Montagne	Mountain	Gebirge
Musée	Museum	Museum
Parc d'attraction	Leisure park	Freizeitpark
Pêche	Fisching	Angeln
Piscine	Swimming pool	Hallenbad
Plan d'eau (étang, lac, rivière...)	Stretch of water (pond, lake, river...)	Wasserfläche (Weiher, See, Fluß…)
Randonnée pédestre	Hiking	Wanderwege
Restaurant	Restaurant	Restaurant
Site historique ou touristique	Historical or touristic site	Geschichtl.Stätte
Ski de fond	Cross-country skiing	Langlaufschi
Ski de piste	Downhill skiing	Abfahrtski
Spéléologie	Potholing	Höhlenforschung
Sports aériens	Aerial sports	Flugsport
Sports en eau vive (rafting…)	Freshwater sports (rafting…)	Wildwassersport (rafting…)
Sports nautiques	Water sports	Wassersport
Tennis	Tennis	Tennis
Thermes	Thermal baths	Thermalbad
Tir à l'arc	Archery	Bogenschießen
Voile	Sailing	Segeln
VTT/vélo (loc. de vélos...)	Mountain bikes/bikes (bicycles for hire...)	Mountainbike/Radfahren (Fahrradverleih...)
Gare	Railway station	Bahnhof
Commerces	Shops	Geschäfte

Accessible aux personnes handicapées (avec une certaine autonomie).
B&B accomodation for disabled people (accessible with relative independance).
Spezielle Ferienwohnungen für Behinderte (mit bestimmter Autonomie zugänglich).

Pour chaque descriptif, le pictogramme loisirs est suivi de la distance en km (SP = sur place)
In each entry, the pictogram is followed by the distance in kilometres (SP = on the premises)
Bei jeder Beschreibung steht nach dem Piktogramm die Entfernung in Km (SP = am Ort)

GLOSSARY (a few words for a better understanding of the guide)
WÖRTERVERZEICHNIS (einige Wörter zum besseren Verständnis des Führers)

aire de jeux	playground	Spielplatz
à proximité de...	along, by	naheliegend
près de ...	near	in der Nähe von
proche ...	close to	nahbei
bois	wood	Wald
boisé	wooded	bewaldet
chambre	bedroom	Zimmer
chauffage	heating	Heizung
cheminée	fireplace	Kamin
coin-cuisine	cooking area	Küchenecke
dans	in	in
en bordure	along, by	am Rand
étang	pond	Weiher
plan d'eau	stretch of water	Wasserfläche
ferme	farm	Bauernhof
lac	lake	See
lit	bed	Bett
loc. de bicyclettes	bike rental	Verleih von Fahrrädern
machine à laver	washing machine	Waschmaschine
maison	house	Haus
ombragé	shaded	Schatten
rivière	river	Fluß
salle à manger	dining room	Eßzimmer
salle d'eau	shower	Dusche
salle de bains	bathroom	Badezimmer
salon de jardin	garden furniture	Gartenmöbel
sanitaires	bathroom facilities	sanitäre Einrichtungen
sentiers	footpath	Fußwege
suite	suite	Zimmerflucht
surplombant	overhanging	überragend
terrain	ground	Grundstück
tous commerces	full range of shops	alle Geschäfte
vallonné (accidenté)	undulating (hilly)	hügelig (schroff)

BED AND BREAKFAST ACCOMMODATION

Bed and breakfast accommodation is set in privately-owned French homes (farms, manor houses, châteaux) and run by families who will welcome you as friends of the family and be pleased to help you get to know their region. You can choose to stay for one or more nights in a quiet, relaxing setting, with no more than six bedrooms.

Breakfast

A copious breakfast is always included in the price of an overnight stay and will give you the chance to taste the various local specialities. Depending on your hostess's culinary inspiration, there will be a choice of home-made jams, fresh farmhouse bread, Viennese or home-baked pastries, cheese and dairy products or local charcuterie. An ideal way to start the day, in a friendly and relaxing atmosphere.

The tables d'hotes TH

One hostess in three offers the possibility of sharing meals with the family. The table d'hôtes is a very flexible arrangement whereby you can opt for one meal only, or full-board. This facility is available to patrons only. The table d'hôtes is not a restaurant, and it is advisable to let your hosts know whether you wish to use this service. If your hosts do not provide table d'hôtes meals, they will be able to recommend the addresses of the best local restaurants where you can discover regional or traditional French cooking.

DAS GÄSTEZIMMER

Privatbesitzer haben ihr Haus (Landhaus, Gutshof, Besitztum, Schloß...) so eingerichtet, daß Sie dort als Freunde aufgenommen werden können und die Gegend kennenlernen und erforschen können. In einer angenehmen, ruhigen Umgebung, mit maximal 6 Zimmern werden Sie eine oder mehrere Nächte in einer freundschaftlichen Atmosphäre verbringen.

Das Frühstück

Stets im Übernachtungspreis inbegriffen wird Ihnen das reichhaltige Frühstück Gelegenheit geben, die verschiedenen ortsbedingten Spezialitäten zu probieren. Je nach Einfallsreichtum Ihrer Gastgeberin werden Sie hausgemachte Marmeladen, frisches Landbrot aber auch Selbstgebackenes, Käse und Milchprodukte oder ländliche Fleisch- und Wurstwaren kosten können. Vom Tagesbeginn an eine hervorragende Möglichkeit für Austausch und gemütliches Beisammensein.

Die « Gästetafel »

Jede dritte Gastgeberin gibt Ihnen die Möglichkeit, am Gästetisch zu speisen. Auf diese sehr anpassungsfähige Weise (ein einfaches Essen, Halb-oder Vollpension) können Sie Ihr Essen am Familientisch einnehmen oder ein gastronomisches Mahl gereicht bekommen. Es ist zu berücksichtigen, daß die Gästetafel nur für Gäste bestimmt ist, die auch übernachten. Außerdem wird geraten, da es sich bei der «Gästetafel» nicht um ein Restaurant handelt, sofort bei der Reservierung anzugeben, ob Sie diese Möglichkeit annehmen wollen. Wenn keine Gästetafel angeboten wird, können Ihnen die Gastgeber auf Wunsch die besten in der Nähe gelegenen Adressen mitteilen, die Ihnen erlauben eine traditionelle und ortsgebundene Küche kennenzulernen.

HOW TO FIND YOUR BED & BREAKFAST ACCOMMODATION

Choose the region you are interested in from the map of France (page 26).
Refer to the map of the region (map number for the selected region).
Choose the area: either from the map or from the list of places arranged in alphabetical order.
Find your accommodation in the guide by looking up the list of destinations arranged by region and departements. Either phone the owners directly or apply in writing.

How to book

Each entry in the guidebook gives the owner's or Reservation Service's address and phone number so that you can call or apply in writing. For longer stays, it is best to book in advance so that an agreement can be drawn up. Never forget that you are staying in other people's homes and that they do not provide the same services as a hotel. If, for any reason, you think that you might arrive later that the expected time, let your host know. You should also inform them ahead of time, if you are travelling with pets.

Prices

The price given in each entry is for an overnight stay, according to the number of people sharing the room, and includes breakfast. Please note that some prices may change at the end of the year, particularly in departements whose for the year 2001 catalogues are published in the autumn. For the table d'hôtes service (TH), prices are given as a guideline only.

Abbreviations and symbols

E.C. : Awaiting classification.

1 ear of corn: basic rooms.

2 ears of corn: comfortable rooms, with - at the very least - a private shower room or bathroom.

3 ears of corn: high level of comfort, each room has a fully fitted private bathroom with shower or bath, wash basin and WC.

4 ears of corn: exceptional level of comfort (each room has its own private bathroom), in residences with character, in outstanding settings.

Whichever category you choose, yours hosts will ensure that your stay is an enjoyable one.

Autour du Monde avec Michel Desjoyeaux

Vendée Globe 2000-2001

Photo : Thierry Martinez

WIE FINDEN SIE IHR GÄSTEZIMMER ?

Suchen Sie sich auf der Frankreichkarte Ihre gewünschte Region aus (Seite 26)
Beziehen Sie sich auf die Regionalkarte (je nach Kartennummer der ausgewählten Gegend).
Wählen Sie Ihren Ort: entweder auf der Karte oder auf der Liste der Ortschaften, nach Departements aufgeführt.
Sie finden Ihr Zimmer im Führer, in dem Sie in der alphabetischen Ortsliste suchen.
Jetzt brauchen Sie nur noch Ihren Gastgeber anzurufen oder ihm zu schreiben.

■ Wie reservieren Sie Ihr Zimmer ?

In jeder in diesem Führer befindlichen Beschreibung finden Sie die Adresse des Besitzers oder des Reservierungsdienstes, an den Sie sich per Telefon oder per Post wenden können. Bei längeren Aufenthalten wird empfohlen, rechtzeitig vorher zu reservieren, damit ein Vertrag erstellt werden kann. Vergessen Sie nie, daß Sie bei Privatleuten wohnen, die nicht dieselben Dienste wie ein Hotel anbieten; so wird auch gebeten, daß Sie bei eventueller verspäteter Ankunft die Hausbesitzer davon in Kenntnis setzen. Sollten Sie mit Haustieren anreisen, ist es auch hier empfehlenswert, dies den Besitzern vorher anzukündigen.

■ Was müssen Sie bezahlen ?

Der in jeder Beschreibung angegebene Preis versteht sich pro Nacht, je nach Anzahl der ein und dasselbe Zimmer besetzenden Personen; Frühstück inbegriffen. Achtung!! Bestimmte Preise können zum Jahresende hin leicht geändert werden, vor allem in denjenigen der Départements deren Katalog 2001 bereits seit Herbst zur Verfügung ist. Die Preise für die Gästetafel sind unverbindlich.

■ Abkürzungen und Symbole

Klassifizierung in Ähren
E.C. : Auf der Warteliste zur Klassifizierung.

1 Ähre : Einfache Zimmer.

2 Ähren : Bequem eingerichtete Zimmer, jedes mindestens mit eigener Waschgelegenheit oder eigenem Badezimmer.

3 Ähren : Sehr bequem eingerichtete Zimmer, jedes mit eigenen kompletten sanitären Einrichtungen (Dusche oder Bad, Waschbecken und WC).

4 Ähren : Zimmer mit besonderem Komfort (eigene sanitäre Einrichtungen in jedem Zimmer), in charaktervollen Wohnsitzen deren Umgebung hervorzuheben ist. Häufig werden zusätzliche Dienstleistungen angeboten.

Welche Klassifizierung auch immer Sie wählen mögen, das Anliegen der Gastgeber ist es, Ihnen einen angenehmen Aufenthalt zu sichern.

CARTE GÉNÉRALE ET LÉGENDE
Tableau d'assemblage

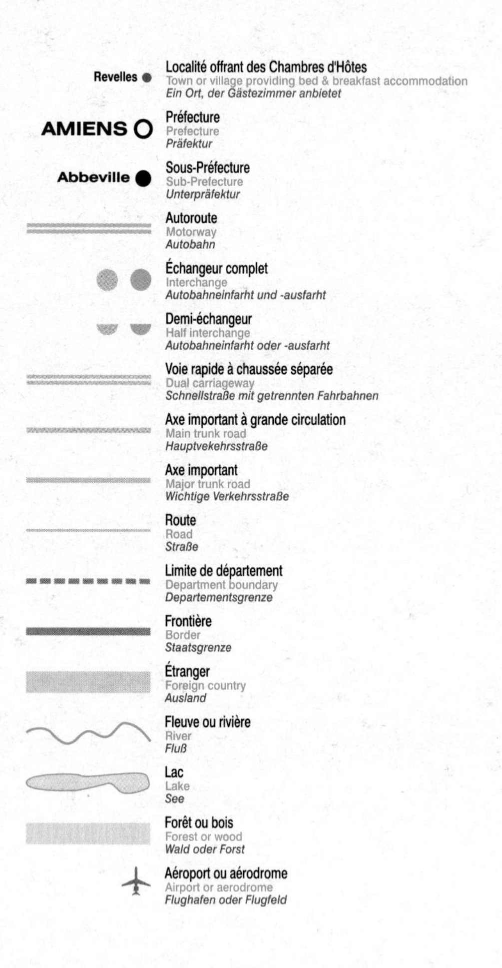

Conformément à la jurisprudence constante «Toulouse, 14.01.1887», les erreurs ou omissions involontaires qui auraient pu subsister dans les cartes et le guide malgré les soins et les contrôles des équipes de rédaction et d'éxécution ne sauraient engager la responsabilité des Gîtes de France ou d'Infograph.

In accordance with the legislation in force (and in particular with the precedent referred to as «Toulouse 14.1.1887»), any unintentional errors or omissions which may appear in the maps and guide book, despite the efforts and checks made by the editorial and production staff, shall in no way incur the liability of Gîtes de France or Infograph.

Der standhaften Rechtswissenschaft «Toulouse, 14.01.1887» entsprechend, könnte für die noch unabsichtlichen Fehler oder Auslassungen, die in den Landkarten oder Reiseführern weiterbestehen trotz der bemühungen und der Nachprüfungen in der Ausarbeitung und Durchführung von den Mitarbeitern, die Verantwortung von Les Gîtes de France oder Infograph nicht übernommen werden.

DUNKERQUE
ANTWERPEN
DÜSSELDORF
CALAIS
BELGIQUE
KÖLN
BOULOGNE
62
BRUXELLES
AACHEN
NORD-PAS-DE-CALAIS
LILLE
BONN
LA MANCHE
LIÈGE
ALLEMAGNE
ARRAS
59
80
DIEPPE
FRANKFURT
AMIENS
76
HAUTE-NORMANDIE
02
LUXEMBOURG
LE HAVRE
LAON
CHARLEVILLE-MÉZIÈRES
PICARDIE
ROUEN
LUXEMBOURG
CAEN
BEAUVAIS
08
27
60
55
BASSE-NORMANDIE
95
ÉVREUX
CHÂLONS-EN-CHAMPAGNE
METZ
78
PARIS
67
ÎLE-DE-FRANCE
51
LORRAINE
57
VERSAILLES
STUTTGART
ALENÇON
61
54
EVRY
CHAMPAGNE-ARDENNE
BAR-LE-DUC
ALSACE
CHARTRES
NANCY
91
MELUN
STRASBOURG
72
28
77
TROYES
52
88
45
LE MANS
10
ÉPINAL
89
41
ORLÉANS
CHAUMONT
COLMAR
70
68
AUXERRE
BLOIS
90
TOURS
21
VESOUL
BELFORT
CENTRE
37
BOURGOGNE
25
18
ZÜRICH
58
DIJON
36
BOURGES
BESANÇON
NEVERS
FRANCHE-COMTÉ
POITIERS
BERN
CHÂTEAUROUX
86
39
71
MOULINS
SUISSE
LONS-LE-SAUNIER
03
GUÉRET
MÂCON
POITOU-CHARENTES
87
GENÈVE
23
16
CLERMONT-FERRAND
69
BOURG-EN-BRESSE
74
LIMOGES
01
ANGOULÊME
ANNECY
LYON
LIMOUSIN
63
42
PÉRIGUEUX
19
AUVERGNE
SAINT-ÉTIENNE
38
CHAMBÉRY
MILANO
TULLE
15
43
RHÔNE-ALPES
24
73
LE PUY-EN-VELAY
ITALIE
AURILLAC
GRENOBLE
TORINO
46
07
VALENCE
47
48
05
CAHORS
PRIVAS
MENDE
GAP
AGEN
26
GENOVA
RODEZ
82
LANGUEDOC-ROUSSILLON
04
MONTAUBAN
12
30
84
32
ALBI
NÎMES
AVIGNON
DIGNE-LES-BAINS
06
AUCH
TOULOUSE
81
MONTPELLIER
PROVENCE-ALPES-CÔTE D'AZUR
MIDI-PYRÉNÉES
NICE
34
13
31
BASTIA
CALVI
83
2B
09
CARCASSONNE
MARSEILLE
TOULON
CORSE
FOIX
11
AJACCIO
PERPIGNAN
2A
66
MER MÉDITERRANÉE
BONIFACIO

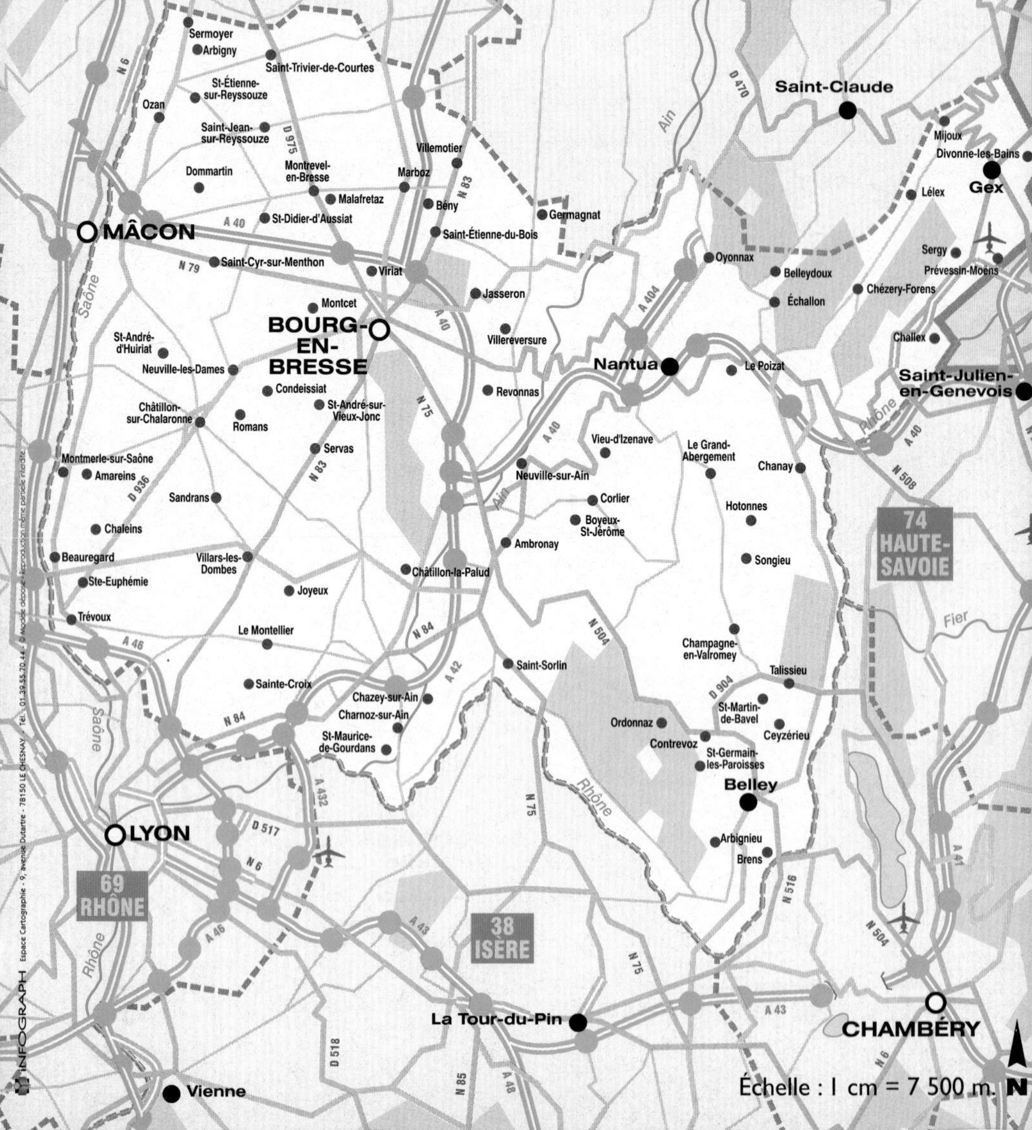

Chalons-sur-Saône
Saône
A 6
D 978
N 78
LONS-LE-SAUNIER
Ain
Louhans
A 39
N 83
N 78
N 5
71
SAÔNE-ET-LOIRE
39
JURA
Sermoyer
Arbigny
Saint-Trivier-de-Courtes
N 6
St-Étienne-sur-Reyssouze
Ozan
Saint-Jean-sur-Reyssouze
D 975
D 470
Saint-Claude
Ain
Villemotier
Mijoux
Divonne-les-Bains
Dommartin
Montrevel-en-Bresse
Marboz
N 83
Gex
Lélex
Malafretaz
Bény
Germagnat
MÂCON
A 40
St-Didier-d'Aussiat
Saint-Étienne-du-Bois
Sergy
N 79
Saint-Cyr-sur-Menthon
Viriat
Oyonnax
Prévessin-Moëns
Belleydoux
Chézery-Forens
Saône
Jasseron
A 404
Échallon
Montcet
A 40
BOURG-EN-BRESSE
Villereversure
Challex
St-André-d'Huiriat
Nantua
Le Poizat
Neuville-les-Dames
Saint-Julien-en-Genevois
Condeissiat
Revonnas
Châtillon-sur-Chalaronne
St-André-sur-Vieux-Jonc
N 75
Rhône
Romans
A 40
A 40
Vieu-d'Izenave
Le Grand-Abergement
Servas
Chanay
N 508
Montmerle-sur-Saône
Amareins
Neuville-sur-Ain
N 83
D 936
Sandrans
Corlier
74
HAUTE-SAVOIE
Hotonnes
Ain
Boyeux-St-Jérôme
Chaleins
Ambronay
Songieu
Beauregard
Villars-les-Dombes
Châtillon-la-Palud
Ste-Euphémie
Joyeux
Fier
Trévoux
N 504
N 84
Le Montellier
Champagne-en-Valromey
A 46
Saint-Sorlin
A 42
D 904
Talissieu
Sainte-Croix
Chazey-sur-Ain
St-Martin-de-Bavel
Ordonnaz
Charnoz-sur-Ain
Saône
N 84
Ceyzérieu
Contrevoz
St-Maurice-de-Gourdans
St-Germain-les-Paroisses
Rhône
Belley
A 432
N 75
D 517
LYON
Arbignieu
N 6
Brens
A 41
69
RHÔNE
N 516
A 46
A 43
38
ISÈRE
N 504
Rhône
N 75
A 43
CHAMBÉRY
La Tour-du-Pin
D 518
N 85
A 48
N 6
Vienne
Échelle : 1 cm = 7 500 m.
N
INFOGRAPH

AISNE
Picardie

02

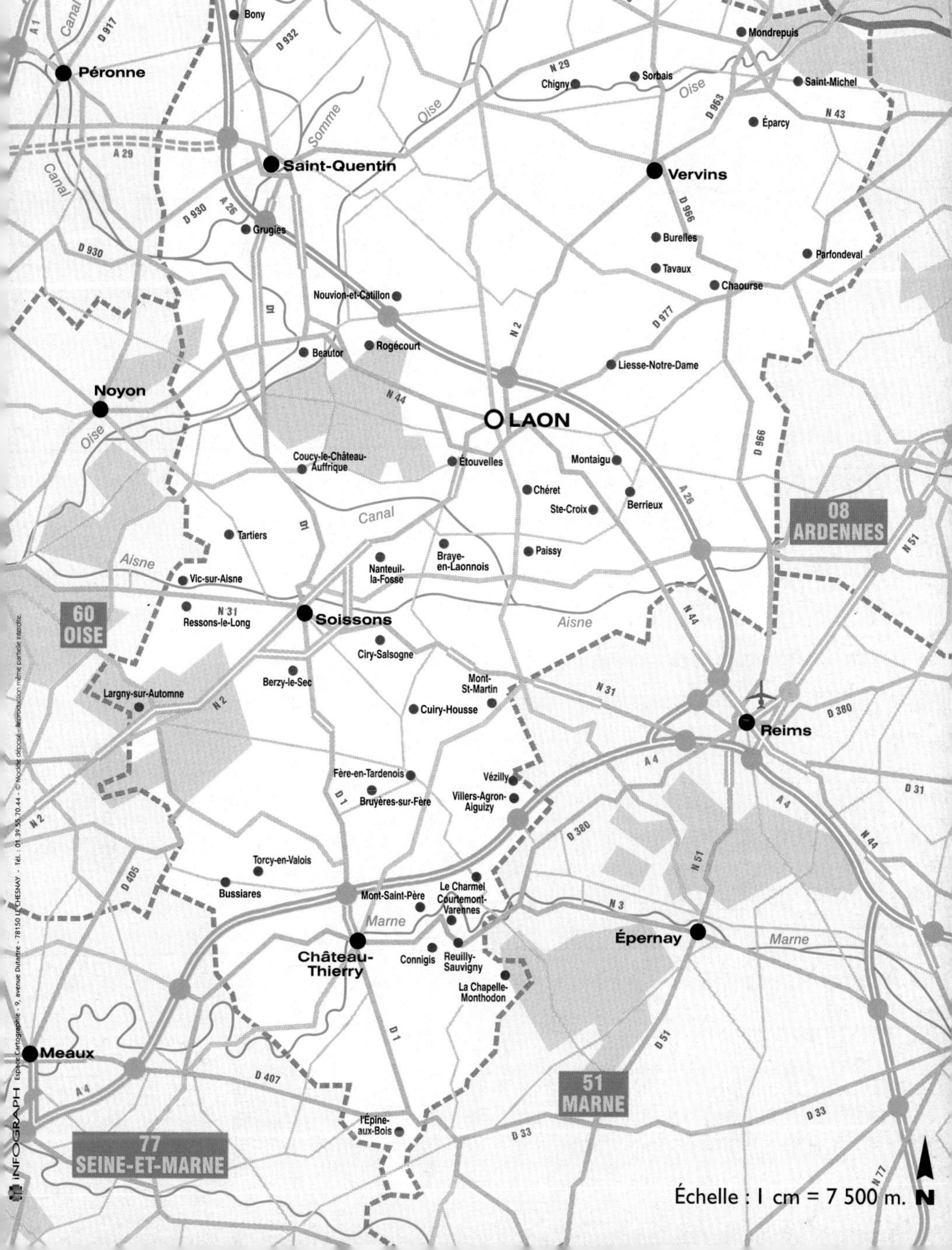

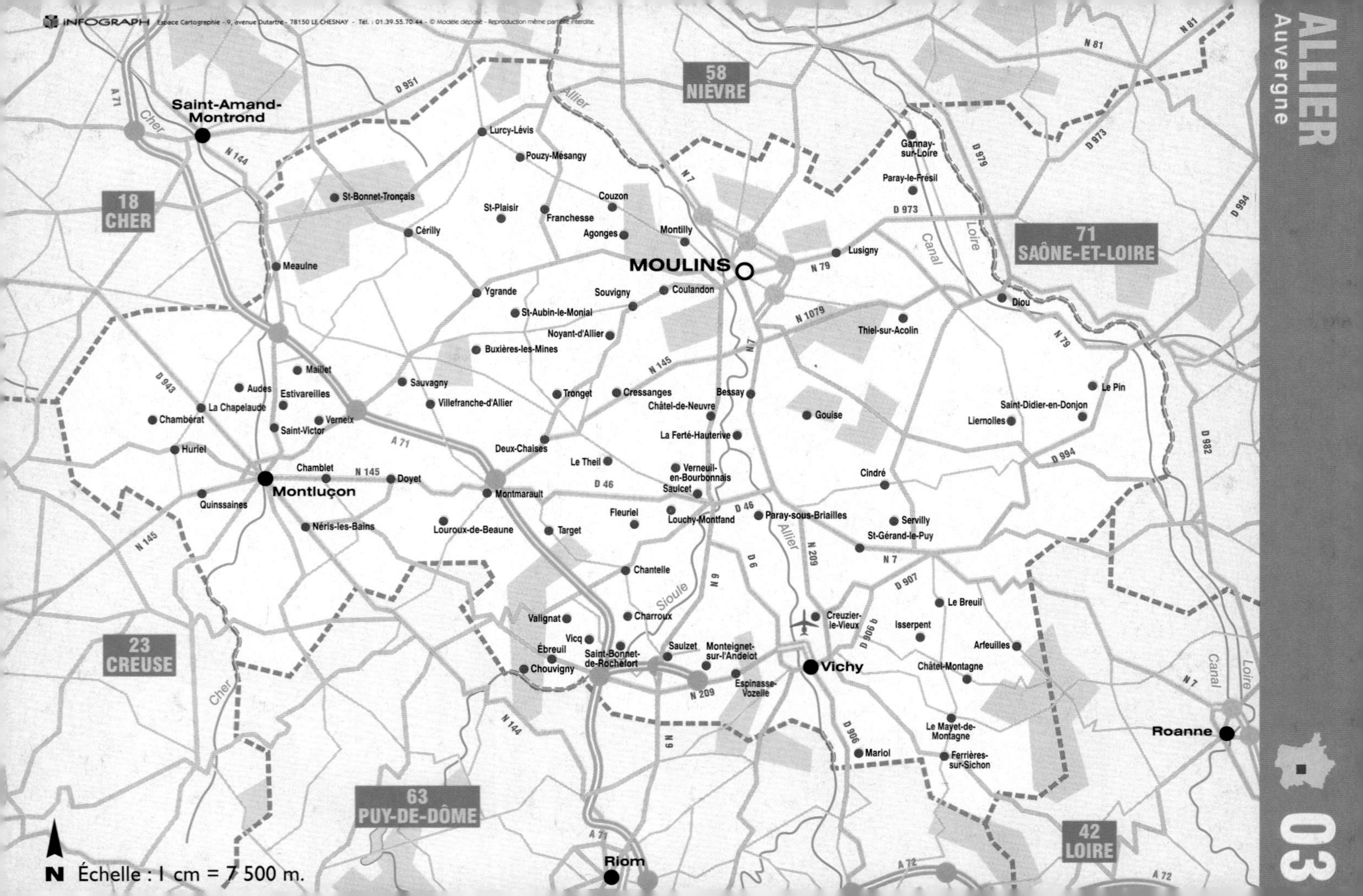

ALLIER
Auvergne
03
71 SAÔNE-ET-LOIRE
58 NIÈVRE
42 LOIRE
63 PUY-DE-DÔME
23 CREUSE
18 CHER
MOULINS
Vichy
Montluçon
Roanne
Riom
Saint-Amand-Montrond
Loire
Canal
Allier
Sioule
Cher
D 994
D 982
N 81
D 973
D 979
N 79
N 7
D 907
D 906 b
D 906
N 209
N 1079
D 46
D 6
N 9
N 145
A 71
A 72
N 144
D 951
D 943
Le Pin
Saint-Didier-en-Donjon
Diou
Liernolles
Gannay-sur-Loire
Paray-le-Frésil
Thiel-sur-Acolin
Lusigny
Gouise
Cindré
Servilly
St-Gérand-le-Puy
Le Breuil
Isserpent
Arfeuilles
Châtel-Montagne
Le Mayet-de-Montagne
Ferrières-sur-Sichon
Mariol
Creuzier-le-Vieux
Paray-sous-Briailles
Espinasse-Vozelle
Monteignet-sur-l'Andelot
Saulzet
Charroux
Saint-Bonnet-de-Rochefort
Vicq
Valignat
Ébreuil
Chouvigny
Bessay
La Ferté-Hauterive
Verneuil-en-Bourbonnais
Saulcet
Louchy-Montfand
Chantelle
Fleuriel
Target
Châtel-de-Neuvre
Cressanges
Le Theil
Montilly
Coulandon
Souvigny
Agonges
Couzon
Franchesse
Pouzy-Mésangy
Lurcy-Lévis
St-Plaisir
St-Aubin-le-Monial
Noyant-d'Allier
Tronget
Deux-Chaises
Buxières-les-Mines
Ygrande
Montmarault
Louroux-de-Beaune
Cérilly
Villefranche-d'Allier
Sauvagny
Doyet
Néris-les-Bains
St-Bonnet-Tronçais
Meaulne
Maillet
Estivareilles
Verneix
Saint-Victor
Chamblet
Audes
La Chapelaude
Quinssaines
Huriel
Chambérat
INFOGRAPH Espace Cartographie - 9, avenue Dutartre - 78150 LE CHESNAY - Tél. : 01.39.55.70.44 - © Modèle déposé - Reproduction même partielle interdite.
N Échelle : 1 cm = 7 500 m.

ALPES-HAUTE-PROVENCE

Provence-Alpes-Côte-d'Azur

04

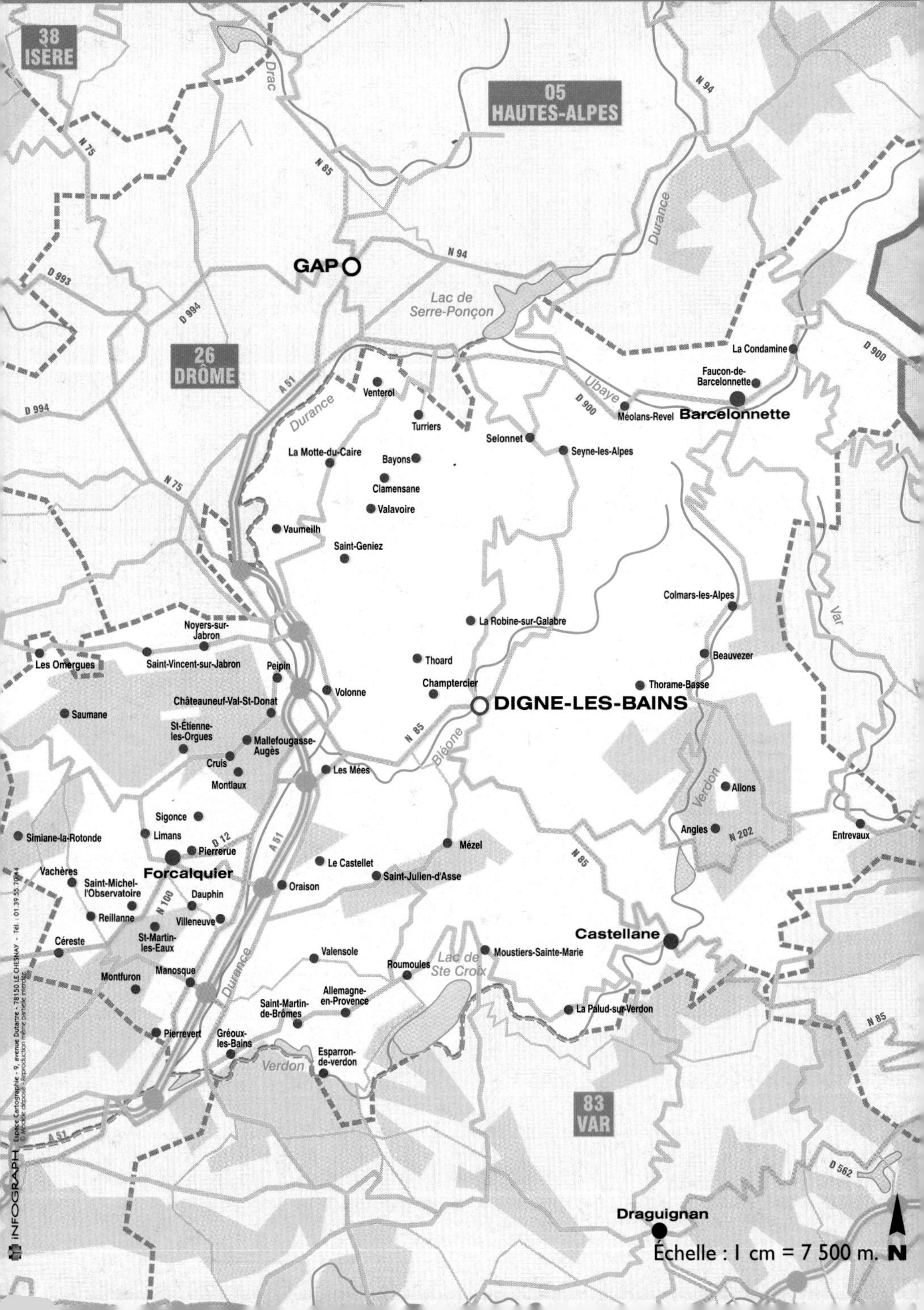

38 ISÈRE
05 HAUTES-ALPES
26 DRÔME
83 VAR

Drac
N 94
N 75
N 85
Durance
GAP
D 993
D 994
Lac de Serre-Ponçon
A 51
La Condamine
D 900
Faucon-de-Barcelonnette
Ubaye
Venterol
Méolans-Revel
Barcelonnette
Turriers
Selonnet
Seyne-les-Alpes
La Motte-du-Caire
Bayons
Clamensane
Valavoire
Vaumeilh
Saint-Geniez
Colmars-les-Alpes
Var
La Robine-sur-Galabre
Noyers-sur-Jabron
Les Omergues
Saint-Vincent-sur-Jabron
Peipin
Thoard
Beauvezer
Volonne
Champtercier
Thorame-Basse
Châteauneuf-Val-St-Donat
DIGNE-LES-BAINS
Saumane
St-Étienne-les-Orgues
Mallefougasse-Augès
Bléone
Cruis
Les Mées
Montlaux
Verdon
Allons
Sigonce
Simiane-la-Rotonde
Limans
D 12
Pierrerue
Angles
N 202
Entrevaux
Mézel
Forcalquier
Le Castellet
Vachères
Saint-Julien-d'Asse
Saint-Michel-l'Observatoire
Oraison
Dauphin
N 100
Reillanne
Villeneuve
St-Martin-les-Eaux
Céreste
Castellane
Valensole
Moustiers-Sainte-Marie
Lac de Ste Croix
Roumoules
Montfuron
Manosque
Allemagne-en-Provence
Saint-Martin-de-Brômes
La Palud-sur-Verdon
Pierrevert
Gréoux-les-Bains
Esparron-de-verdon
D 562
Draguignan

Échelle : 1 cm = 7 500 m.

N

HAUTES-ALPES
Provence-Alpes-Côte-d'Azur
05
INFOGRAPH Espace Cartographie - 9, avenue Dutartre - 78150 LE CHESNAY - Tél. : 01.39.55.70.44 - © Modèle déposé - Reproduction même partielle interdite
ITALIE
Tunnel de Fréjus
Névache
Le Monêtier-les-Bains
N 91
Saint-Chaffrey
Briançon
Villard-St-Pancrace
Saint-Martin-de-Queyrières
Durance
Aiguilles
Arvieux
Château-Ville-Vieille
Molines-en-Queyras
Saint-Véran
N 94
Eygliers
Guillestre
Châteauroux-les-Alpes
St-André-d'Embrun
Embrun
Les Orres
Savines-le-Lac
Prunières
Chorges
Lac de Serre-Ponçon
D 900
Ubaye
Barcelonnette
04
ALPES-DE-HAUTE-PROVENCE
Tinée
Var
Romanche
38
ISÈRE
N 85
A 51
N 75
Villar-Loubière
La Chapelle-en-Valgaudemar
Saint-Jacques-en-Valgaudémar
Drac
Bénévent-et-Charbillac
Chabottes
Buissard
St-Jean-St-Nicolas
St-Léger-les Mélèzes
Ancelle
St-Étienne-en-Dévoluy
GAP
Rambaud
Fouillouse
Die
26
DRÔME
D 93
D 993
Aspres-sur-Buëch
St-Pierre-d'Argençon
D 994
La Piarre
Sigottier
Serres
Montclus-les-Alpes
Rosans
D 94
Aigues
Ouvèze
Sainte-Colombe
Eourres
N
Échelle : 1 cm = 7 500 m.

ALPES-MARITIMES

Provence-Alpes-Côte-d'Azur

06

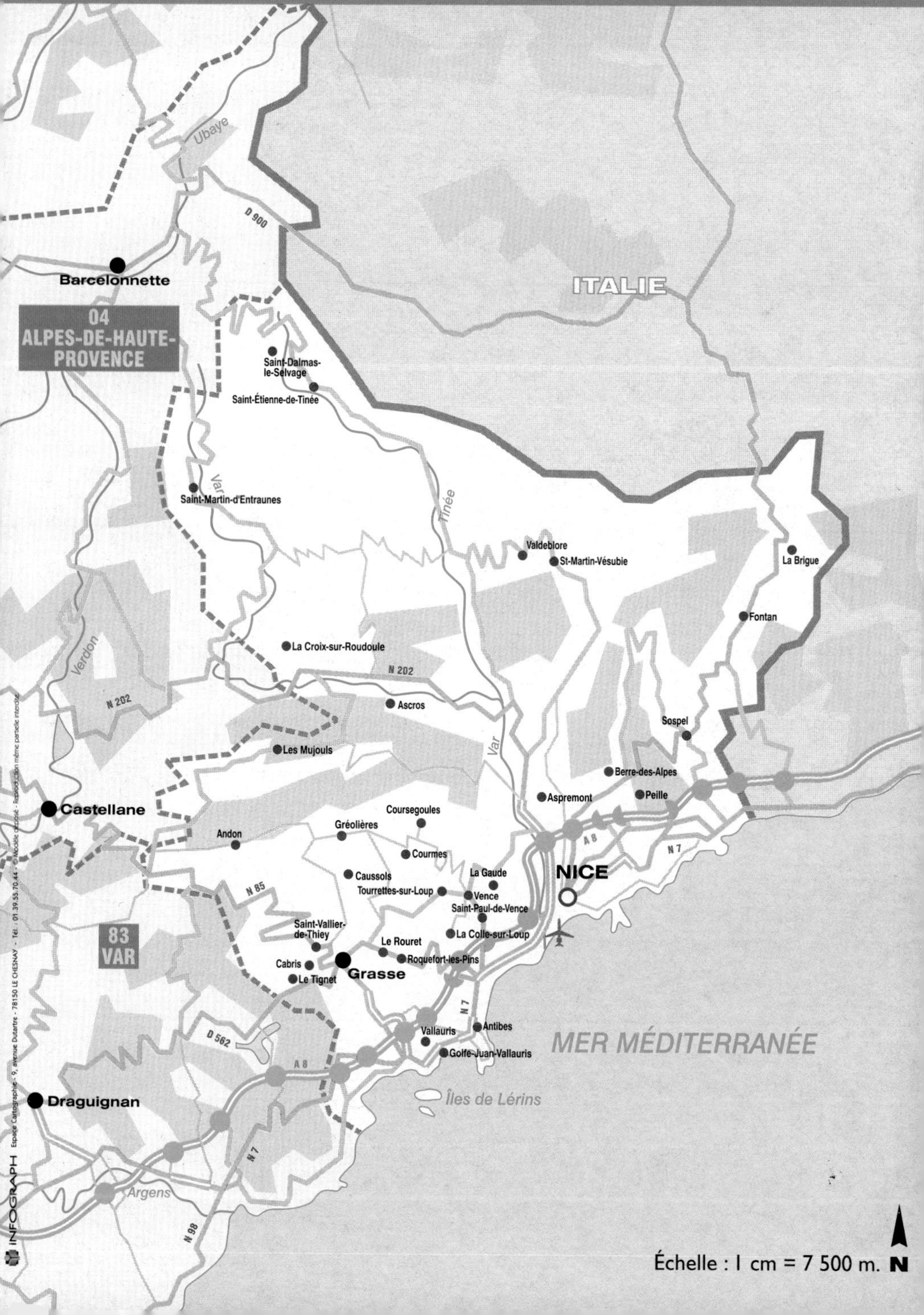

ITALIE

04 ALPES-DE-HAUTE-PROVENCE

83 VAR

Barcelonnette
Castellane
Draguignan
Ubaye
D 900
Saint-Dalmas-le-Selvage
Saint-Étienne-de-Tinée
Saint-Martin-d'Entraunes
Var
Tinée
Valdeblore
St-Martin-Vésubie
La Brigue
Fontan
Verdon
N 202
La Croix-sur-Roudoule
Ascros
Sospel
Les Mujouls
Berre-des-Alpes
Aspremont
Peille
Andon
Gréolières
Coursegoules
Courmes
Caussols
La Gaude
NICE
A 8
N 7
N 85
Tourrettes-sur-Loup
Vence
Saint-Paul-de-Vence
La Colle-sur-Loup
Saint-Vallier-de-Thiey
Le Rouret
Roquefort-les-Pins
Cabris
Grasse
Le Tignet
D 562
Antibes
Vallauris
Golfe-Juan-Vallauris
MER MÉDITERRANÉE
Îles de Lérins
Argens
N 98

Échelle : 1 cm = 7 500 m. N

ARDÈCHE
Rhône-Alpes

07

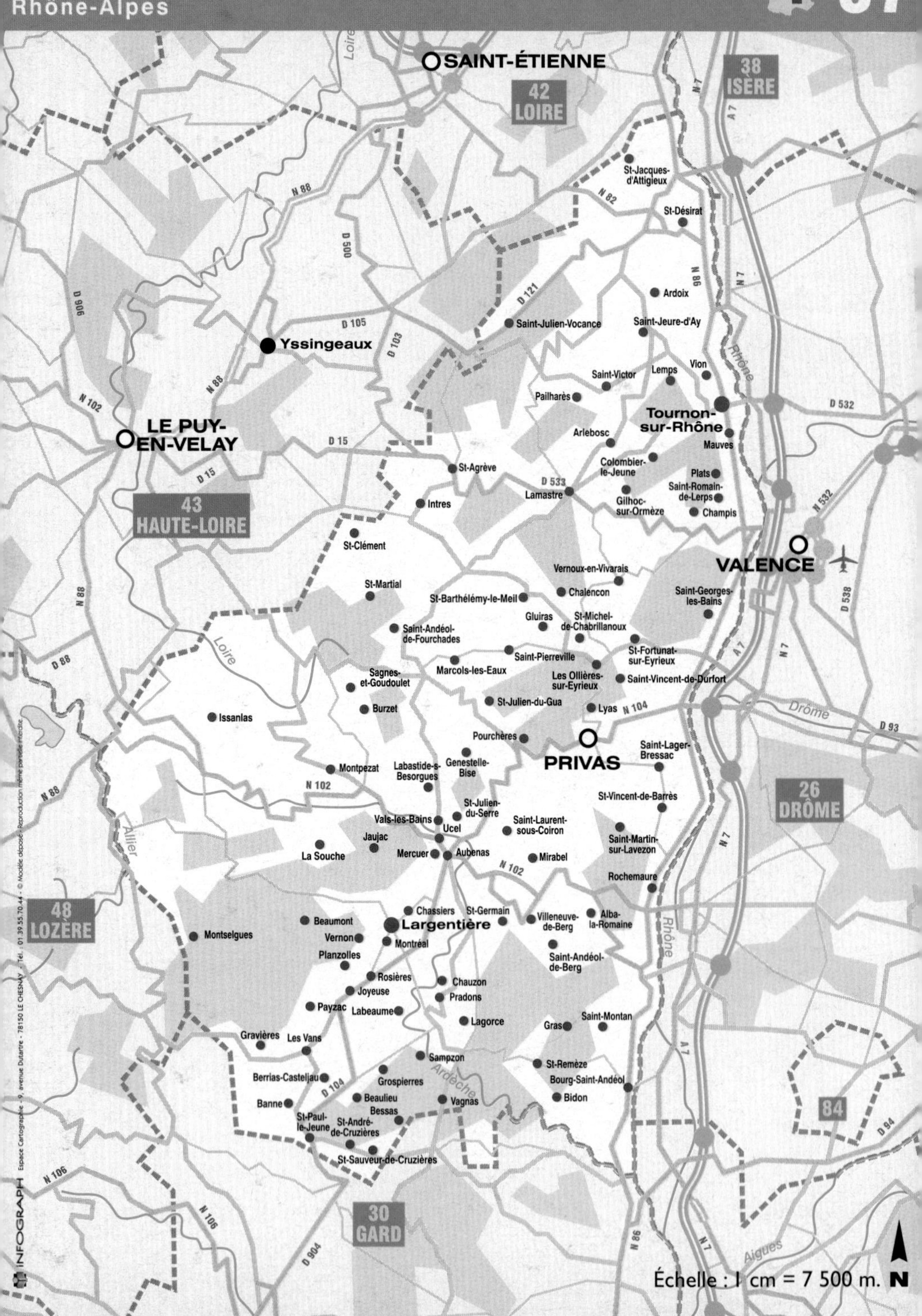

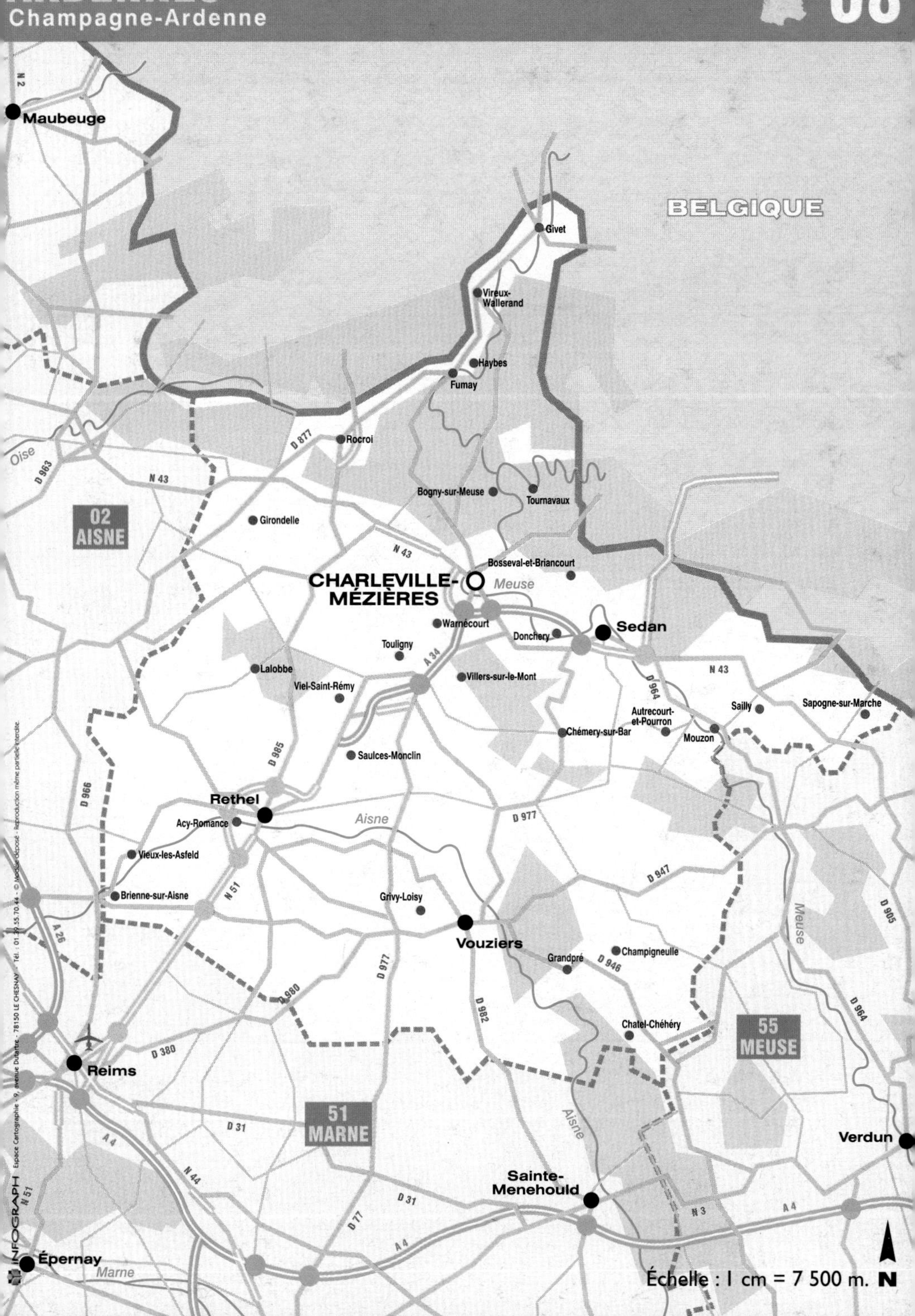

Maubeuge
N 2
BELGIQUE
Givet
Vireux-Wallerand
Haybes
Fumay
Rocroi
D 877
Oise
D 963
N 43
02 AISNE
Girondelle
Bogny-sur-Meuse
Tournavaux
N 43
Bosseval-et-Briancourt
CHARLEVILLE-MÉZIÈRES
Meuse
Warnécourt
Sedan
Donchery
Touligny
A 34
Lalobbe
Viel-Saint-Rémy
Villers-sur-le-Mont
N 43
D 964
Sailly
Sapogne-sur-Marche
Autrecourt-et-Pourron
Chémery-sur-Bar
Mouzon
Saulces-Monclin
D 985
D 966
Rethel
Acy-Romance
Aisne
D 977
Vieux-les-Asfeld
D 947
Brienne-sur-Aisne
N 51
Grivy-Loisy
Vouziers
A 26
Meuse
D 905
Champigneulle
Grandpré
D 946
D 977
D 980
D 982
D 964
Chatel-Chéhéry
55 MEUSE
D 380
Reims
51 MARNE
D 31
Aisne
Verdun
A 4
N 44
Sainte-Menehould
N 51
D 31
D 77
N 3
A 4
A 4
Épernay
Marne
Échelle : 1 cm = 7 500 m.
N

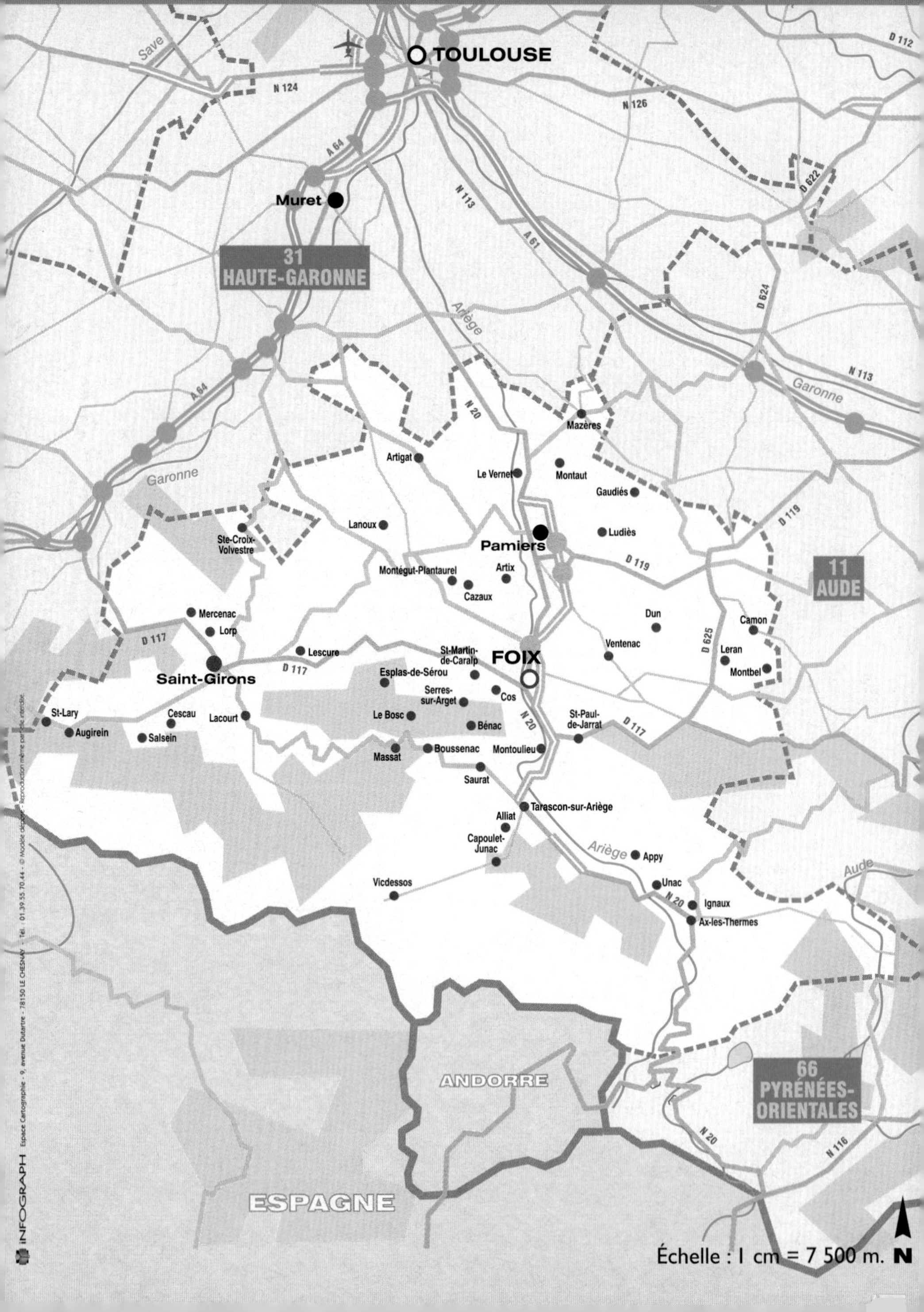

ARIÈGE
Midi-Pyrénées

09

TOULOUSE
Muret
Save
N 124
A 64
N 126
N 113
A 61
D 112
D 622
D 624
31
HAUTE-GARONNE
Ariège
Garonne
N 113
N 20
Mazères
Artigat
Le Vernet
Montaut
Gaudiés
Lanoux
Ste-Croix-Volvestre
Pamiers
Ludiès
D 119
D 119
11
AUDE
Montégut-Plantaurel
Artix
Cazaux
Mercenac
Lorp
D 117
Dun
Camon
Ventenac
D 625
Leran
Montbel
Lescure
St-Martin-de-Caralp
FOIX
Saint-Girons
D 117
Esplas-de-Sérou
Serres-sur-Arget
Cos
St-Lary
Augirein
Cescau
Salsein
Lacourt
Le Bosc
Bénac
N 20
St-Paul-de-Jarrat
D 117
Massat
Boussenac
Montoulieu
Saurat
Tarascon-sur-Ariège
Alliat
Capoulet-Junac
Ariège
Appy
Vicdessos
Unac
N 20
Ignaux
Ax-les-Thermes
Aude
66
PYRÉNÉES-ORIENTALES
ANDORRE
N 20
N 116
ESPAGNE

Échelle : 1 cm = 7 500 m.
N

AUBE

Champagne-Ardenne

10

CHÂLONS-EN-CHAMPAGNE
Vitry-le-François
51 MARNE
Nogent-sur-Seine
La Motte-Tilly
Bouy-sur-Ovin
Soligny-les-Etangs
Plancy-l'Abbaye
Vallant-Saint-Georges
Charmont-sous-Barbuise
Pougy
Lesmont
Bouy-Luxembourg
Villehardouin
Villiers-le-Brûlé
Brévonnes
Thil
Fuligny
Dienville
Géraudot
Laubressel
TROYES
Villemaur-sur-Vanne
Estissac
Messon
Saint-Germain
Lusigny-sur-Barse
Bar-sur-Aube
Vulaines
Rigny-le-Ferron
Bercenay-en-Othe
Bouilly
Maraye-en-Othe
Eaux-Puiseaux
Jeugny
Fouchères
Bourguignons
Baroville
Longchamp-sur-Aujon
Landreville
Courteron
Avirey-Lingey
Les Croûtes
Bernon
89 YONNE
21 CÔTE-D'OR
AUXERRE

Aube
Seine
Armançon
Yonne

D 51
D 33
N 44
D 5
N 77
A 26
N 4
D 373
D 951
D 441
N 19
D 384
D 400
D 60
D 960
A 5
N 60
N 71
D 905
D 943
D 965
A 6
N 151

Échelle : 1 cm = 7 500 m.
N

AUDE

Langudoc-Roussillon

11

AVEYRON
Midi-Pyrénées

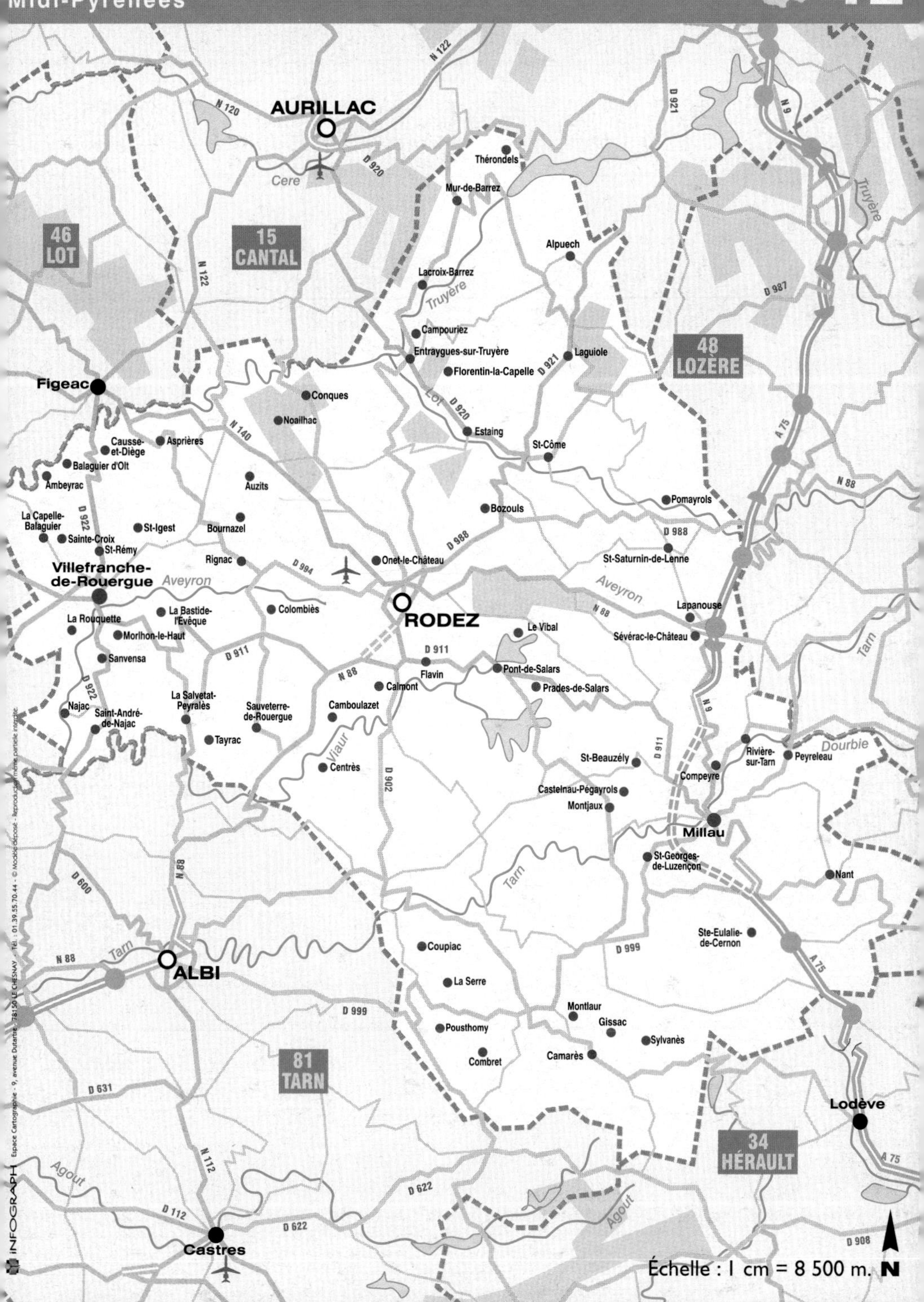

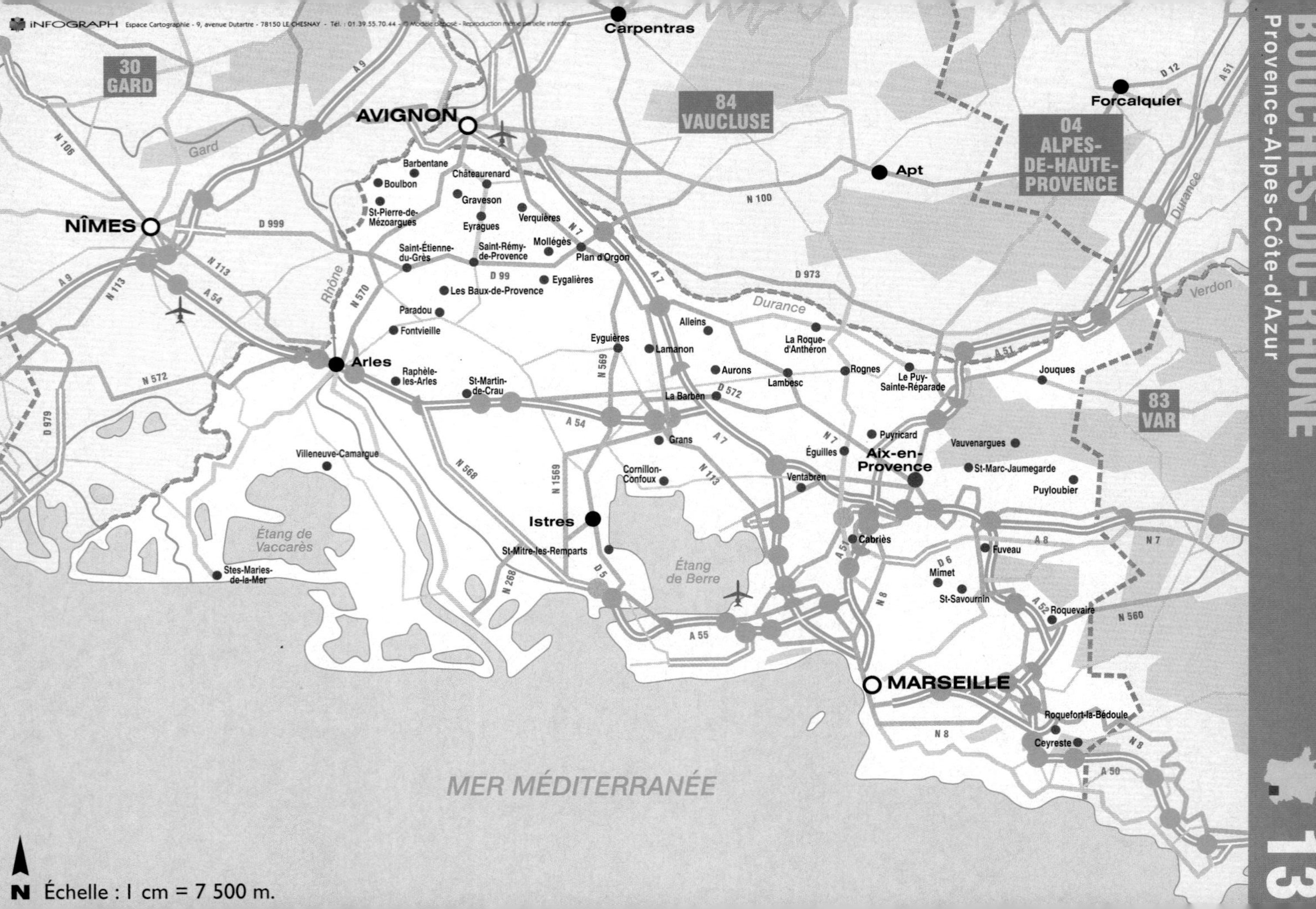

INFOGRAPH Espace Cartographie - 9, avenue Dutartre - 78150 LE CHESNAY - Tél. : 01.39.55.70.44
Carpentras
30 GARD
AVIGNON
84 VAUCLUSE
Forcalquier
D 12
A 51
04 ALPES-DE-HAUTE-PROVENCE
Apt
N 106
Gard
A 9
Barbentane
Boulbon
Châteaurenard
Graveson
St-Pierre-de-Mézoargues
Eyragues
Verquières
NÎMES
D 999
N 100
Durance
Saint-Étienne-du-Grès
Saint-Rémy-de-Provence
Mollégès
Plan d'Orgon
N 7
N 113
D 99
D 973
A 54
Rhône
Eygalières
Les Baux-de-Provence
A 7
Verdon
N 570
Paradou
Fontvieille
Alleins
Eyguières
Lamanon
La Roque-d'Anthéron
Arles
N 572
Raphèle-les-Arles
St-Martin-de-Crau
Aurons
Lambesc
Rognes
Le Puy-Sainte-Réparade
Jouques
N 569
La Barben
D 572
83 VAR
D 979
A 54
Grans
Puyricard
Vauvenargues
Villeneuve-Camargue
Éguilles
Aix-en-Provence
N 568
Cornillon-Confoux
N 113
Ventabren
St-Marc-Jaumegarde
Puyloubier
N 1569
Istres
Étang de Vaccarès
St-Mitre-les-Remparts
Cabriès
A 8
N 7
Fuveau
D 6
Stes-Maries-de-la-Mer
Étang de Berre
Mimet
D 5
N 268
St-Savournin
N 8
A 52
Roquevaire
N 560
A 55
MARSEILLE
Roquefort-la-Bédoule
N 8
Ceyreste
A 50
MER MÉDITERRANÉE
N
Échelle : I cm = 7 500 m.

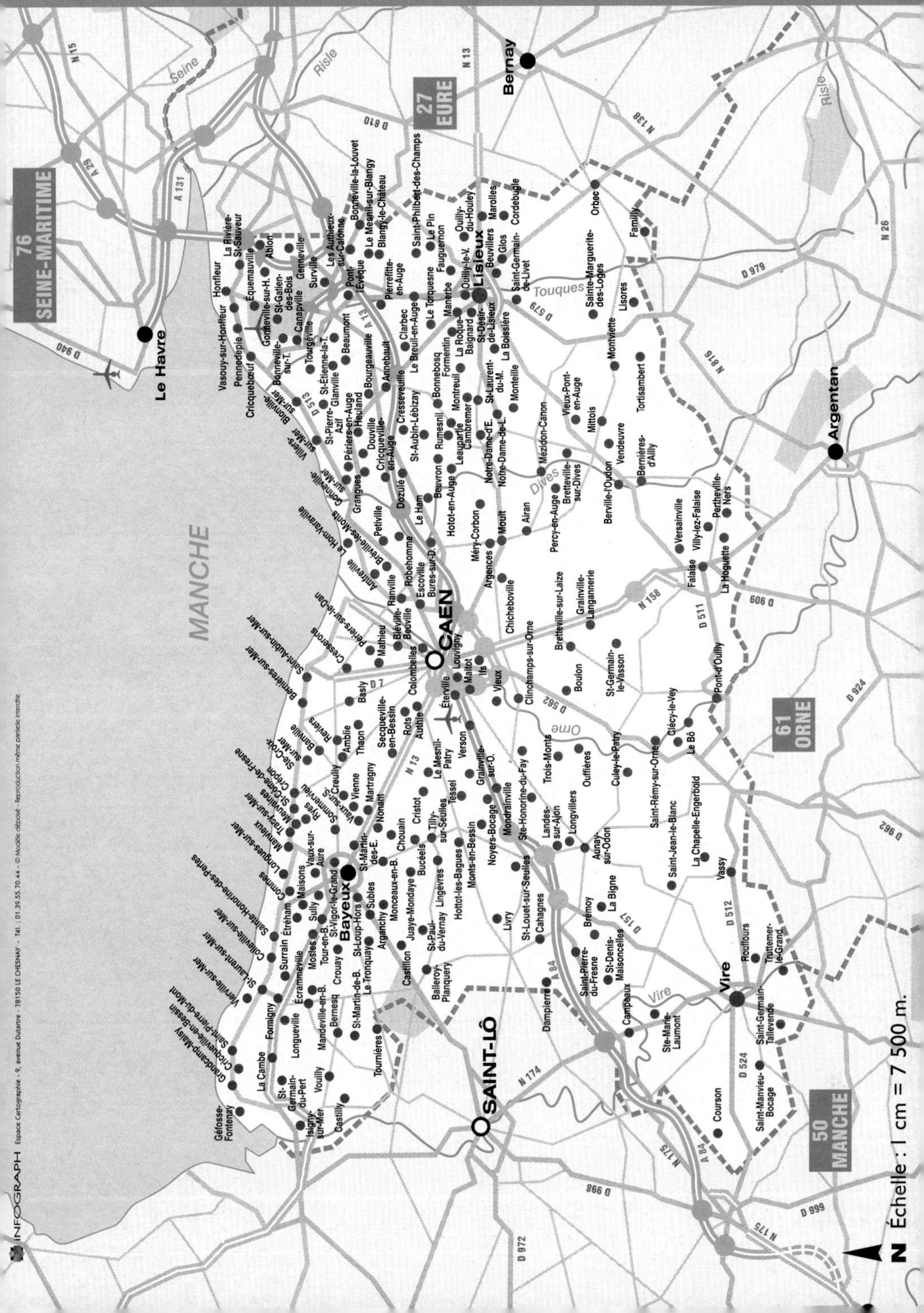

76 SEINE-MARITIME

27 EURE

61 ORNE

50 MANCHE

MANCHE

Le Havre · Honfleur · Lisieux · CAEN · Bayeux · Falaise · Vire · SAINT-LÔ · Bernay · Argentan

N Échelle : 1 cm = 7 500 m.

CANTAL

Auvergne

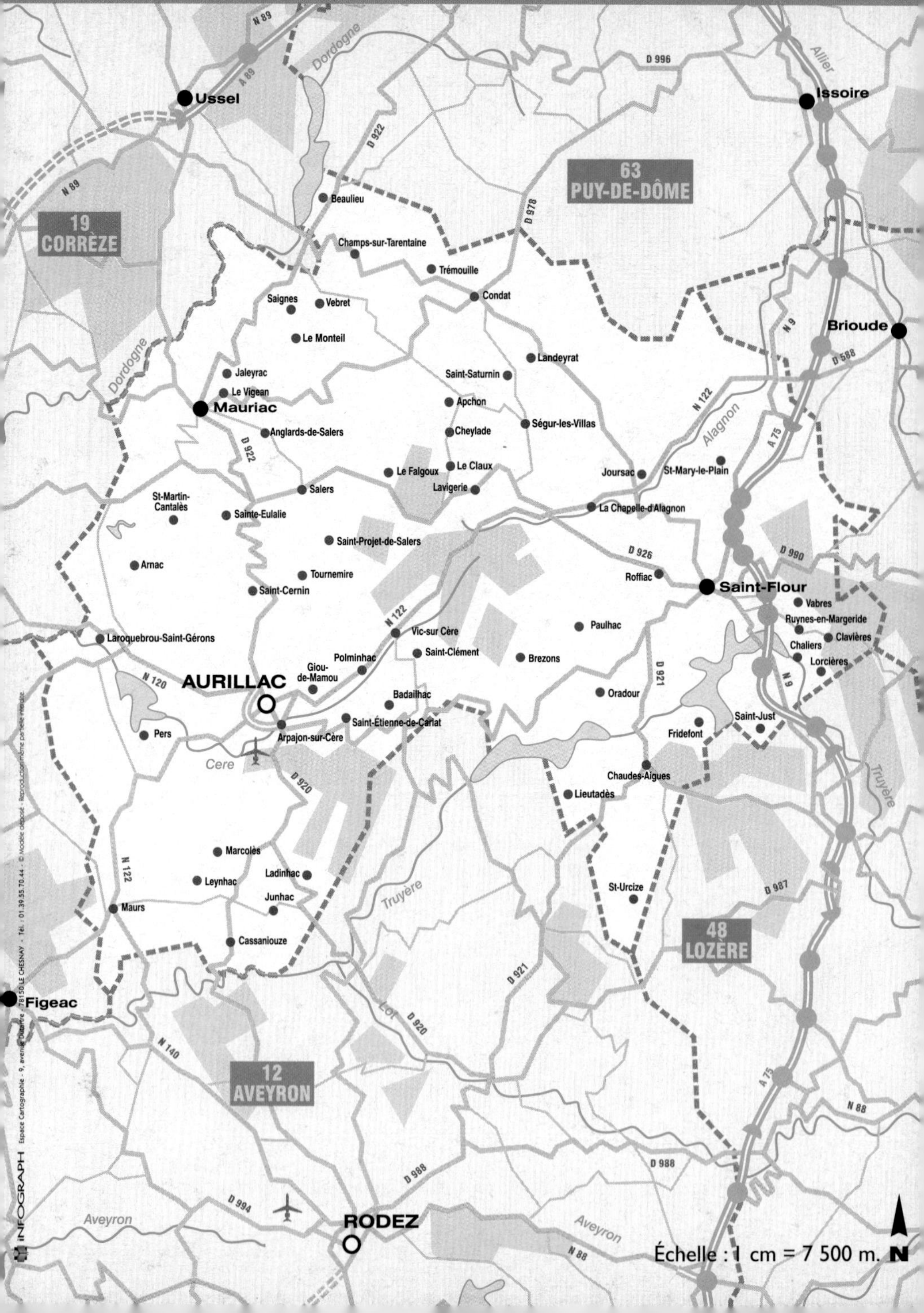

N 89
Dordogne
D 996
Allier
Ussel
A 89
Issoire
D 922
63
PUY-DE-DÔME
N 89
Beaulieu
D 978
19
CORRÈZE
Champs-sur-Tarentaine
Trémouille
Condat
Saignes
Vebret
Le Monteil
N 9
Brioude
Landeyrat
D 588
Dordogne
Jaleyrac
Saint-Saturnin
Le Vigean
Apchon
N 122
Mauriac
Ségur-les-Villas
Alagnon
Anglards-de-Salers
Cheylade
A 75
D 922
Le Claux
Joursac
St-Mary-le-Plain
Le Falgoux
Lavigerie
Salers
St-Martin-Cantalès
Sainte-Eulalie
La Chapelle-d'Alagnon
Saint-Projet-de-Salers
D 926
D 990
Arnac
Roffiac
Tournemire
Saint-Flour
Saint-Cernin
Vabres
Ruynes-en-Margeride
N 122
Vic-sur Cère
Paulhac
Clavières
Laroquebrou-Saint-Gérons
Chaliers
Saint-Clément
Brezons
Lorcières
Polminhac
N 120
Giou-de-Mamou
D 921
N 9
AURILLAC
Oradour
Badailhac
Saint-Just
Saint-Étienne-de-Carlat
Fridefont
Pers
Arpajon-sur-Cère
Cere
Chaudes-Aigues
Truyère
D 920
Lieutadès
Marcolès
N 122
Ladinhac
Leynhac
Truyère
St-Urcize
D 987
Junhac
Maurs
48
LOZÈRE
Cassaniouze
D 921
Figeac
Lot
D 920
N 140
12
AVEYRON
N 88
D 988
D 988
D 994
Aveyron
RODEZ
Aveyron
N 88
A 75

Échelle : 1 cm = 7 500 m.

N

CHARENTE
Poitou-Charentes

16

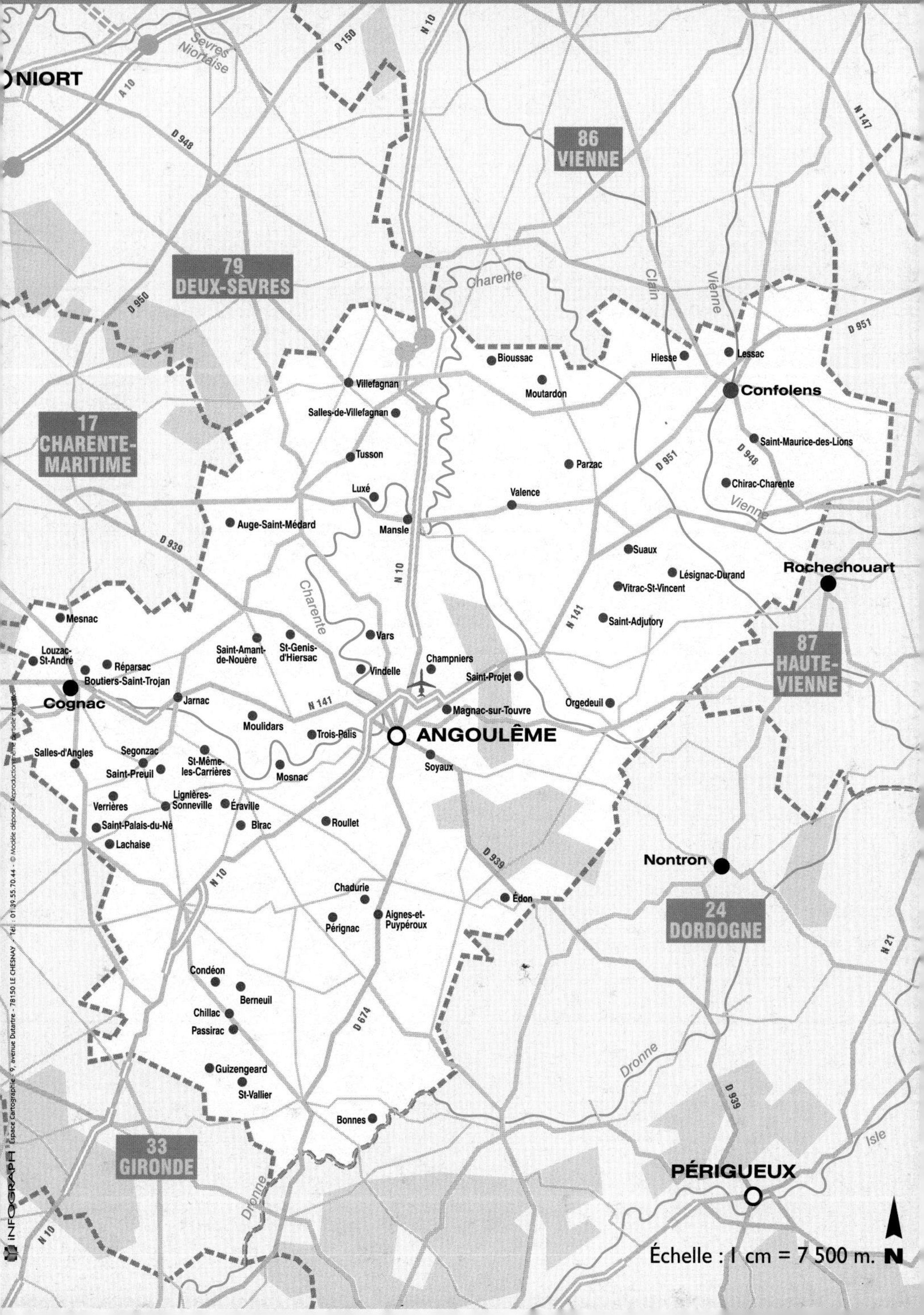

NIORT
Sèvres Niortaise
A 10
D 948
D 150
N 10
86 VIENNE
N 147
79 DEUX-SÈVRES
D 950
17 CHARENTE-MARITIME
Charente
Clain
Vienne
D 951
Bioussac
Moutardon
Hiesse
Lessac
Confolens
Villefagnan
Salles-de-Villefagnan
Tusson
Saint-Maurice-des-Lions
D 948
Parzac
D 951
Chirac-Charente
Luxé
Valence
Vienne
Auge-Saint-Médard
Mansle
D 939
Suaux
N 10
Lésignac-Durand
Rochechouart
Charente
Vitrac-St-Vincent
N 141
Saint-Adjutory
Mesnac
Vars
87 HAUTE-VIENNE
Louzac-St-André
Saint-Amant-de-Nouère
St-Genis-d'Hiersac
Champniers
Réparsac
Vindelle
Saint-Projet
Boutiers-Saint-Trojan
Cognac
Jarnac
N 141
Orgedeuil
Magnac-sur-Touvre
Moulidars
Trois-Palis
ANGOULÊME
Salles-d'Angles
Segonzac
Soyaux
St-Même-les-Carrières
Saint-Preuil
Mosnac
Lignières-Sonneville
Verrières
Éraville
Roullet
Saint-Palais-du-Né
Birac
Lachaise
D 939
Nontron
N 10
Chadurie
Édon
Aignes-et-Puypéroux
Pérignac
24 DORDOGNE
N 21
Condéon
Berneuil
Chillac
D 674
Passirac
Dronne
Guizengeard
St-Vallier
D 939
Bonnes
33 GIRONDE
Isle
PÉRIGUEUX
Dronne
N 10
Échelle : 1 cm = 7 500 m.
N

CHARENTE-MARITIME

Poitou-Charentes

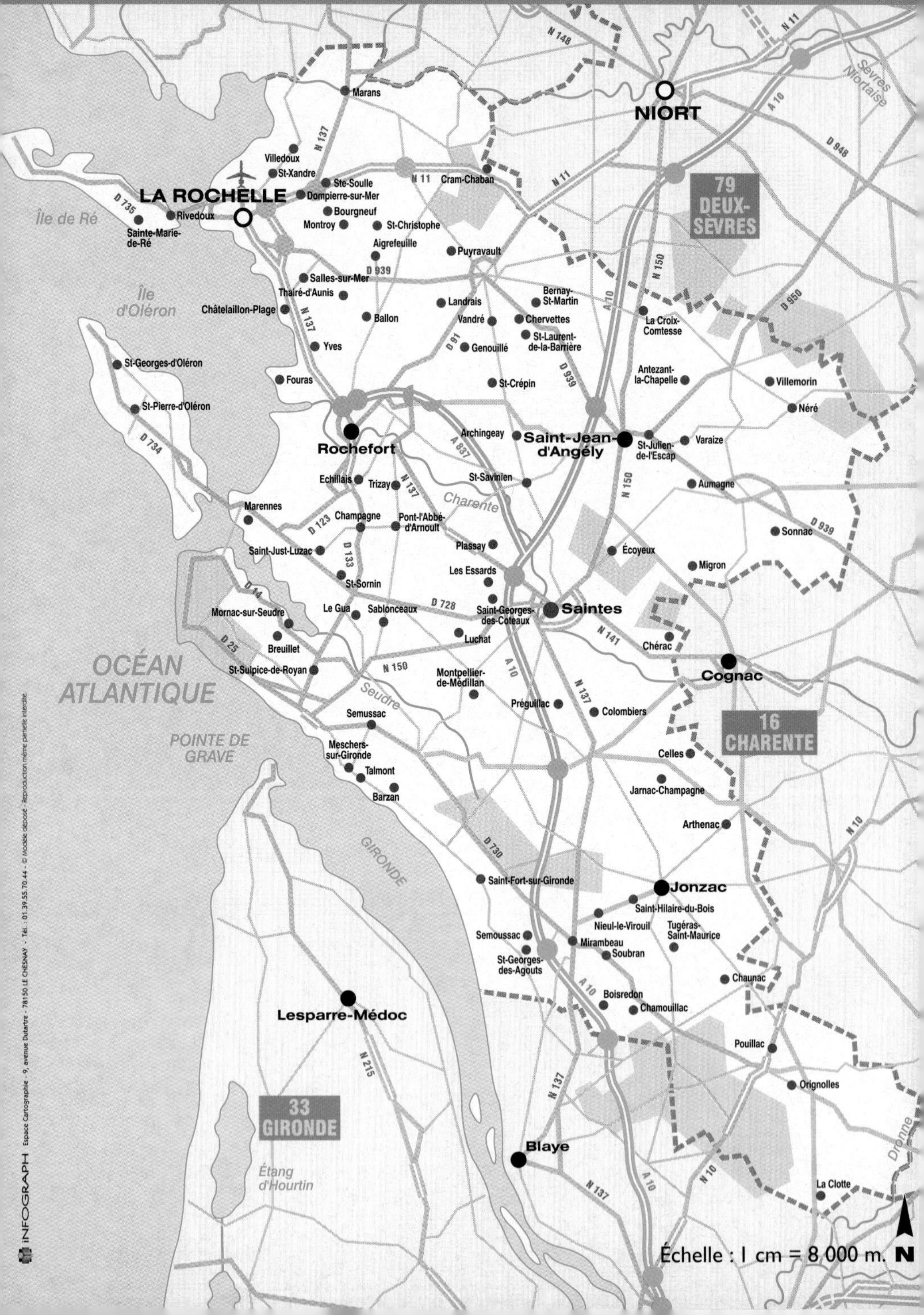

N 148
N 11
Marans
NIORT
Sèvres Niortaise
A 10
N 137
Villedoux
St-Xandre
D 948
Ste-Soulle
N 11
Cram-Chaban
N 11
LA ROCHELLE
Dompierre-sur-Mer
79 DEUX-SÈVRES
D 735
Île de Ré
Rivedoux
Bourgneuf
Sainte-Marie-de-Ré
Montroy
St-Christophe
Aigrefeuille
Puyravault
N 150
D 939
Salles-sur-Mer
Île d'Oléron
Thairé-d'Aunis
Landrais
Bernay-St-Martin
D 950
Châtelaillon-Plage
N 137
Ballon
Vandré
Chervettes
La Croix-Comtesse
A 10
D 91
St-Laurent-de-la-Barrière
Yves
Genouillé
St-Georges-d'Oléron
D 939
Antezant-la-Chapelle
Fouras
St-Crépin
Villemorin
St-Pierre-d'Oléron
Néré
Archingeay
Saint-Jean-d'Angély
Varaize
D 734
Rochefort
A 837
St-Julien-de-l'Escap
Echillais
Trizay
N 137
St-Savinien
Aumagne
Charente
N 150
Marennes
D 123
Champagne
Pont-l'Abbé-d'Arnoult
D 939
Sonnac
Plassay
Saint-Just-Luzac
D 133
Écoyeux
Migron
Les Essards
St-Sornin
D 14
Le Gua
Sablonceaux
D 728
Saintes
Mornac-sur-Seudre
Saint-Georges-des-Coteaux
N 141
Luchat
Chérac
D 25
Breuillet
Cognac
OCÉAN ATLANTIQUE
N 150
St-Sulpice-de-Royan
A 10
Montpellier-de-Médillan
Seudre
N 137
16 CHARENTE
Préguillac
Colombiers
Semussac
POINTE DE GRAVE
Meschers-sur-Gironde
Celles
Talmont
Jarnac-Champagne
Barzan
Arthenac
N 10
D 730
GIRONDE
Saint-Fort-sur-Gironde
Jonzac
Saint-Hilaire-du-Bois
Nieul-le-Virouil
Tugéras-Saint-Maurice
Semoussac
Mirambeau
St-Georges-des-Agouts
Soubran
Chaunac
A 10
Boisredon
Lesparre-Médoc
Chamouillac
N 215
Pouillac
Orignolles
N 137
33 GIRONDE
Dronne
Blaye
N 10
Étang d'Hourtin
N 137
A 10
La Clotte
N

Échelle : 1 cm = 8 000 m.

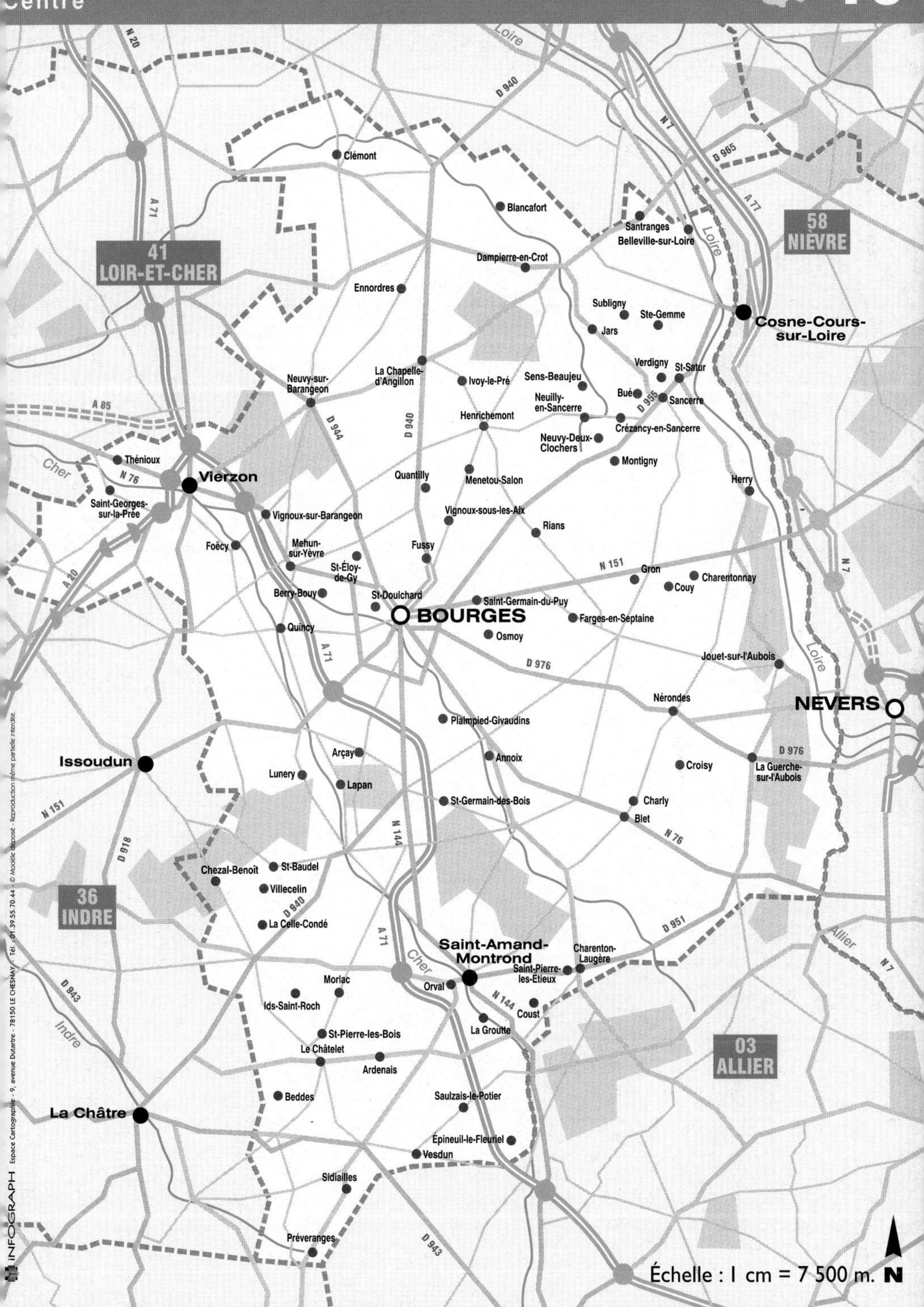

41
LOIR-ET-CHER
58
NIÈVRE
36
INDRE
03
ALLIER
Clémont
Blancafort
Santranges
Belleville-sur-Loire
Dampierre-en-Crot
Ennordres
Subligny
Ste-Gemme
Jars
Cosne-Cours-sur-Loire
La Chapelle-d'Angillon
Ivoy-le-Pré
Sens-Beaujeu
Verdigny
St-Satur
Bué
Sancerre
Neuvy-sur-Barangeon
Neuilly-en-Sancerre
Henrichemont
Crézancy-en-Sancerre
Neuvy-Deux-Clochers
Montigny
Thénioux
Vierzon
Saint-Georges-sur-la-Prée
Quantilly
Menetou-Salon
Herry
Vignoux-sur-Barangeon
Vignoux-sous-les-Aix
Rians
Foëcy
Mehun-sur-Yèvre
St-Éloy-de-Gy
Fussy
Gron
Charentonnay
Couy
Berry-Bouy
St-Doulchard
Saint-Germain-du-Puy
BOURGES
Farges-en-Septaine
Quincy
Osmoy
Jouet-sur-l'Aubois
Nérondes
NEVERS
Plaimpied-Givaudins
Issoudun
Arçay
Annoix
Croisy
La Guerche-sur-l'Aubois
Lunery
Lapan
St-Germain-des-Bois
Charly
Blet
Chezal-Benoît
St-Baudel
Villecelin
La Celle-Condé
Saint-Amand-Montrond
Charenton-Laugère
Saint-Pierre-les-Étieux
Orval
Morlac
Ids-Saint-Roch
Coust
La Groutte
St-Pierre-les-Bois
Le Châtelet
Ardenais
Beddes
Saulzais-le-Potier
La Châtre
Épineuil-le-Fleuriel
Vesdun
Sidiailles
Préveranges
Loire
Cher
Indre
Allier
N 20
A 71
A 85
N 76
A 20
D 940
N 7
D 965
A 77
D 944
D 955
N 151
D 976
N 144
D 918
D 943
D 951
Échelle : 1 cm = 7 500 m.
N

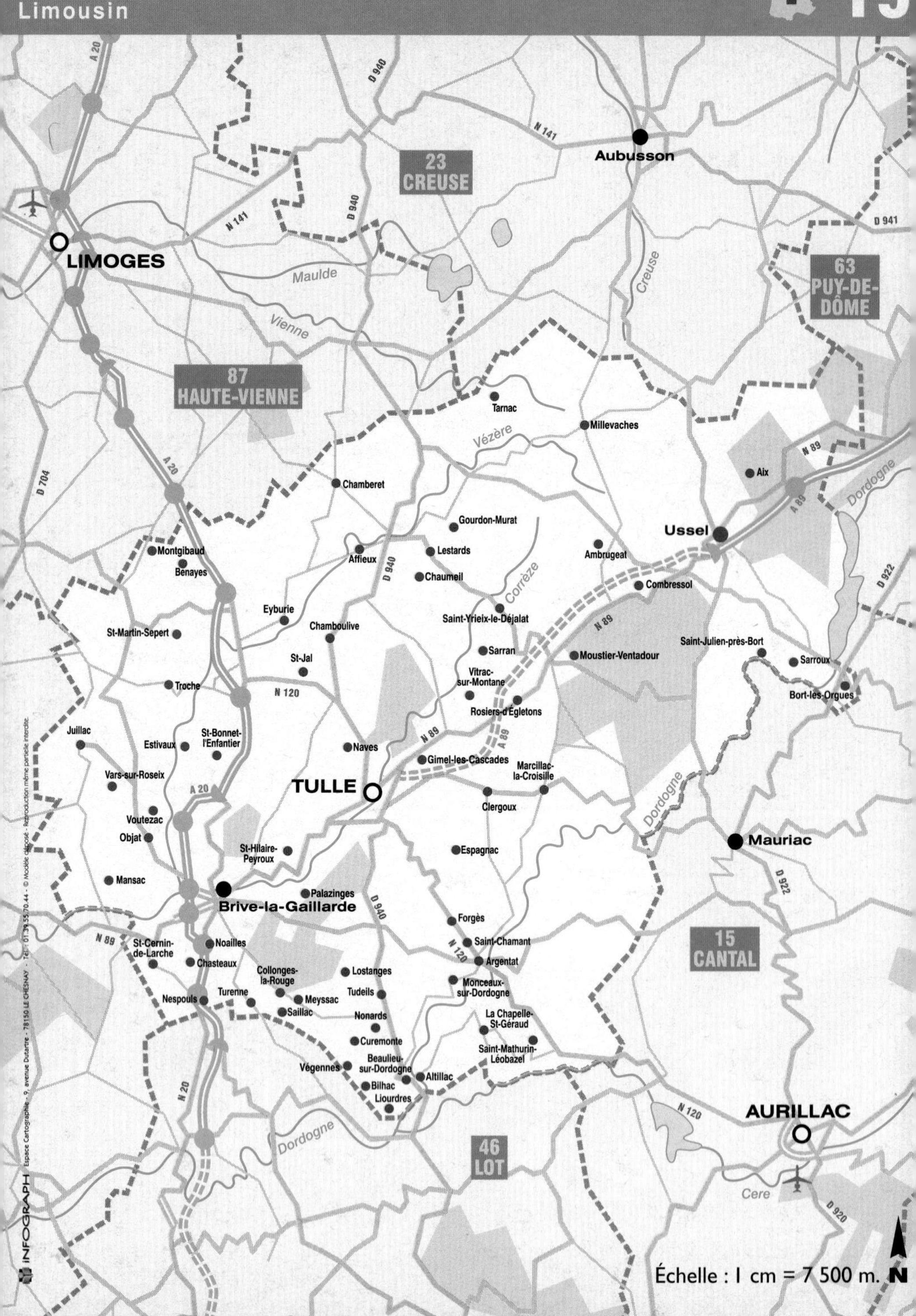

A 20
D 940
N 141
Aubusson
23
CREUSE
LIMOGES
N 141
D 940
D 941
Maulde
Creuse
63
PUY-DE-DÔME
Vienne
87
HAUTE-VIENNE
Tarnac
Millevaches
Vézère
N 89
Aix
Dordogne
D 704
A 20
Chamberet
A 89
Gourdon-Murat
Ussel
Montgibaud
Benayes
Affieux
Lestards
Ambrugeat
D 940
Chaumeil
Combressol
D 922
Corrèze
Eyburie
Saint-Yrieix-le-Déjalat
N 89
St-Martin-Sepert
Chamboulive
Saint-Julien-près-Bort
Sarran
Moustier-Ventadour
Sarroux
St-Jal
Vitrac-sur-Montane
Troche
N 120
Bort-les-Orgues
Rosiers-d'Égletons
Juillac
St-Bonnet-l'Enfantier
A 89
Estivaux
Naves
N 89
Gimel-les-Cascades
Marcillac-la-Croisille
Vars-sur-Roseix
TULLE
A 20
Clergoux
Dordogne
Voutezac
Objat
Mauriac
St-Hilaire-Peyroux
Espagnac
Mansac
Palazinges
D 922
Brive-la-Gaillarde
D 940
Forgès
N 89
St-Cernin-de-Larche
Noailles
Saint-Chamant
N 120
15
CANTAL
Chasteaux
Argentat
Collonges-la-Rouge
Lostanges
Monceaux-sur-Dordogne
Nespouls
Turenne
Meyssac
Tudeils
Saillac
Nonards
La Chapelle-St-Géraud
Curemonte
Saint-Mathurin-Léobazel
Végennes
Beaulieu-sur-Dordogne
Altillac
Bilhac
Liourdres
N 20
N 120
AURILLAC
Dordogne
46
LOT
Cere
D 920
INFOGRAPH
Échelle : 1 cm = 7 500 m.
N

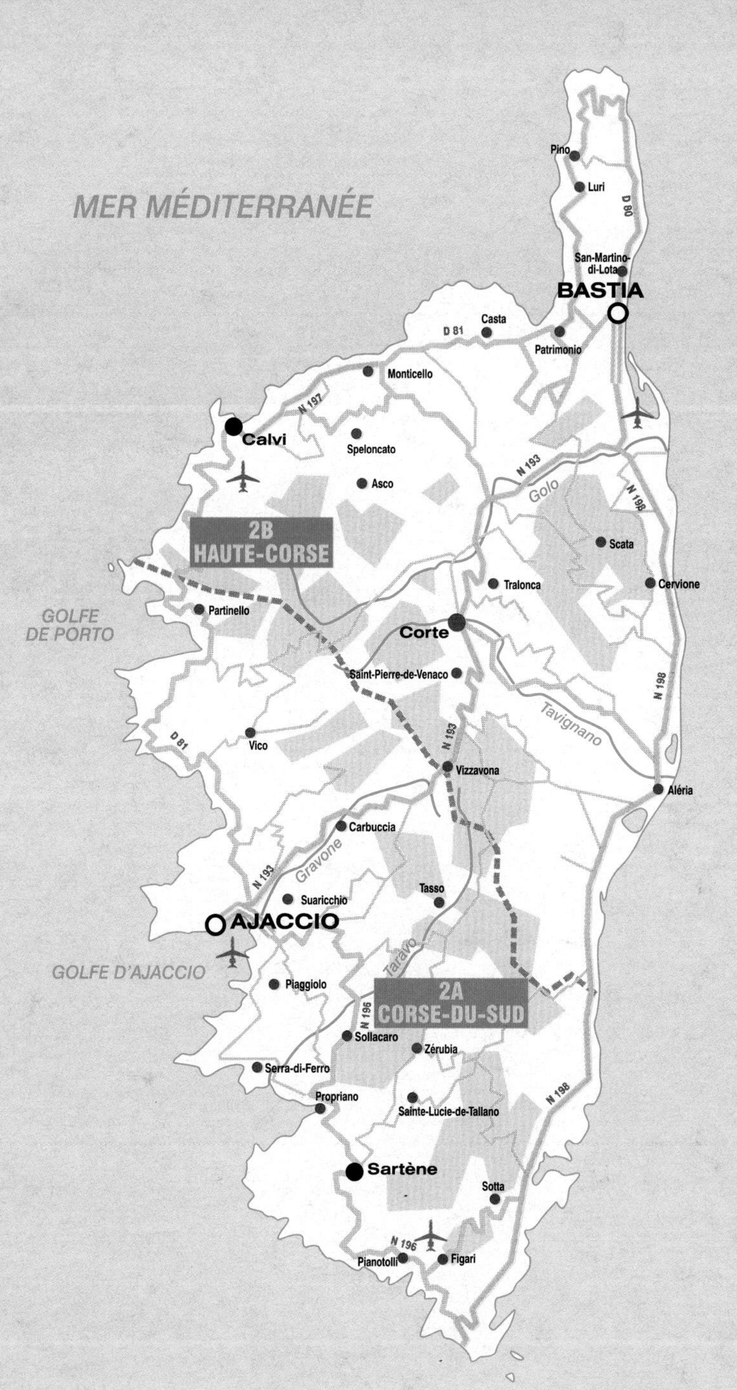

Échelle : 1 cm = 6 000 m. N

CÔTE-D'OR

Bourgogne

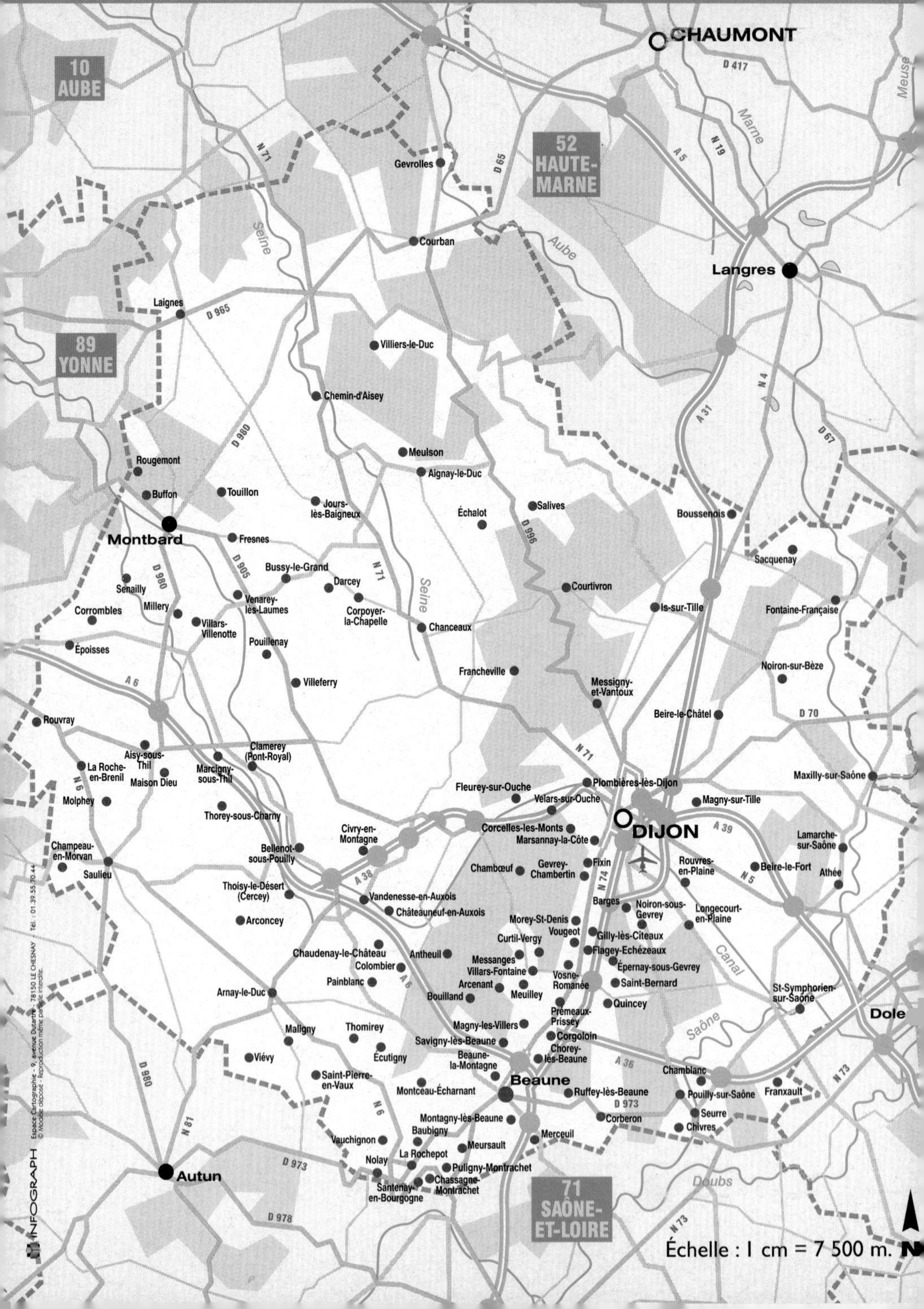

21

CHAUMONT
D 417
Meuse
Marne
N 19
A 5
10 AUBE
52 HAUTE-MARNE
N 71
D 65
Gevrolles
Seine
Aube
Courban
Langres
Laignes
D 965
89 YONNE
Villiers-le-Duc
Chemin-d'Aisey
N 4
A 31
D 67
D 980
Meulson
Aignay-le-Duc
Rougemont
Buffon
Touillon
Jours-lès-Baigneux
Échalot
Salives
Boussenois
Montbard
Fresnes
D 996
Sacquenay
D 905
N 71
Senailly
D 980
Bussy-le-Grand
Darcey
Seine
Courtivron
Millery
Venarey-les-Laumes
Corpoyer-la-Chapelle
Is-sur-Tille
Fontaine-Française
Corrombles
Villars-Villenotte
Chanceaux
Époisses
Pouillenay
Noiron-sur-Bèze
Villeferry
Francheville
A 6
Messigny-et-Vantoux
Beire-le-Châtel
D 70
Rouvray
Clamerey (Pont-Royal)
Aisy-sous-Thil
N 71
La Roche-en-Brenil
Marcigny-sous-Thil
Maison Dieu
N 6
Plombières-lès-Dijon
Maxilly-sur-Saône
Fleurey-sur-Ouche
Molphey
Velars-sur-Ouche
Magny-sur-Tille
Thorey-sous-Charny
Civry-en-Montagne
Corcelles-les-Monts
DIJON
A 39
Champeau-en-Morvan
Bellenot-sous-Pouilly
Marsannay-la-Côte
Lamarche-sur-Saône
Saulieu
Chambœuf
Gevrey-Chambertin
Fixin
Rouvres-en-Plaine
Beire-le-Fort
A 38
N 74
Athée
Thoisy-le-Désert (Cercey)
Vandenesse-en-Auxois
Barges
N 5
Noiron-sous-Gevrey
Longecourt-en-Plaine
Châteauneuf-en-Auxois
Arconcey
Morey-St-Denis
Vougeot
Gilly-lès-Cîteaux
Curtil-Vergy
Chaudenay-le-Château
Antheuil
Flagey-Echézeaux
Canal
Messanges
Colombier
Villars-Fontaine
Épernay-sous-Gevrey
Painblanc
A 6
Arcenant
Vosne-Romanée
Saint-Bernard
St-Symphorien-sur-Saône
Arnay-le-Duc
Meuilley
Bouilland
Quincey
Prémeaux-Prissey
Dole
Saône
Magny-les-Villers
Maligny
Thomirey
Corgoloin
Savigny-lès-Beaune
Chorey-lès-Beaune
Écutigny
Viévy
Beaune-la-Montagne
A 36
N 73
Chamblanc
D 980
Saint-Pierre-en-Vaux
Beaune
Montceau-Écharnant
Ruffey-lès-Beaune
Franxault
Pouilly-sur-Saône
N 6
D 973
Seurre
N 81
Montagny-lès-Beaune
Corberon
Chivres
Baubigny
Merceuil
Vauchignon
Meursault
La Rochepot
Nolay
D 973
Autun
Puligny-Montrachet
Santenay-en-Bourgogne
Chassagne-Montrachet
Doubs
71 SAÔNE-ET-LOIRE
D 978
N 73

Échelle : 1 cm = 7 500 m.

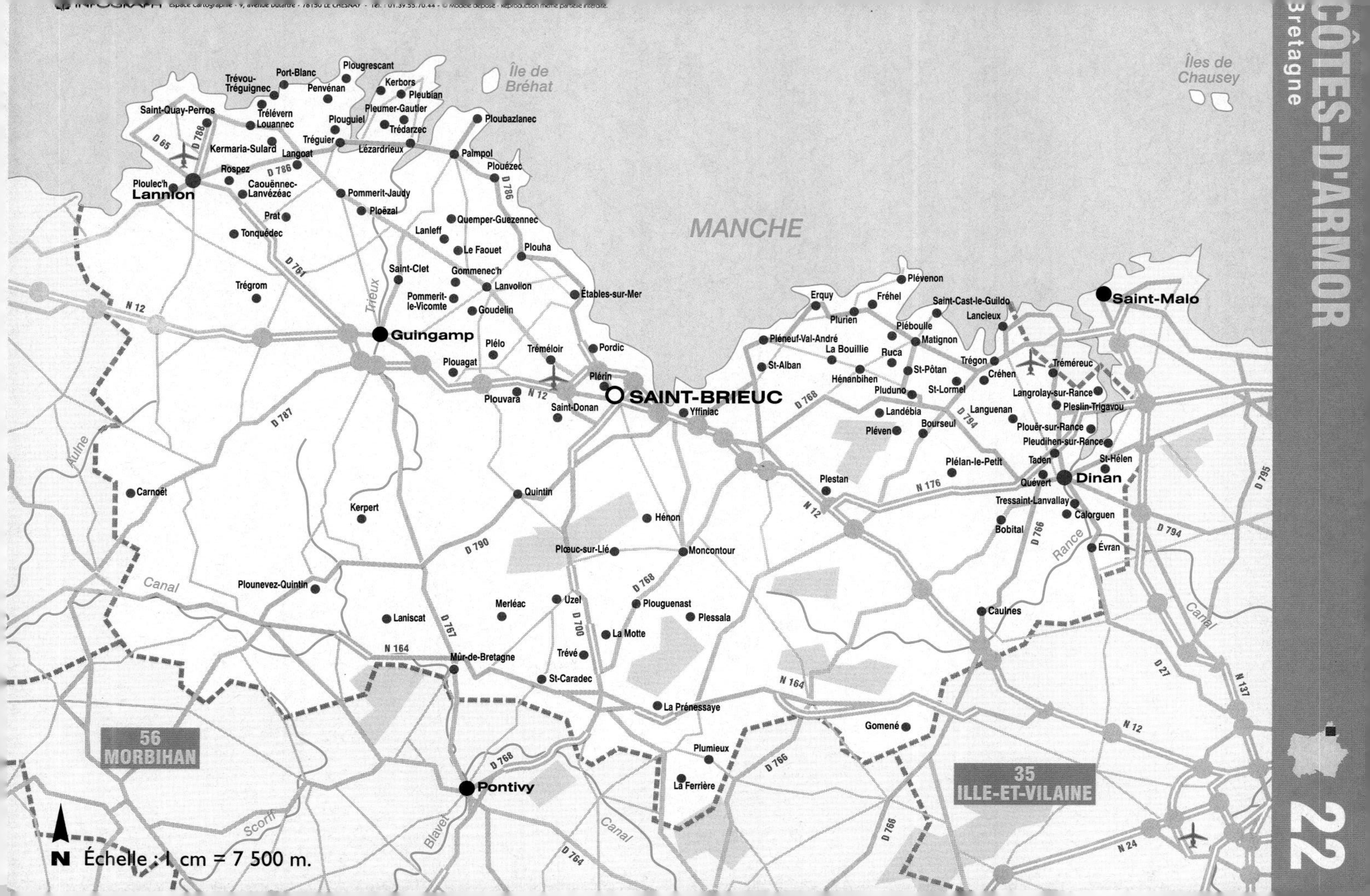

Îles de Chausey
Île de Bréhat
MANCHE
Saint-Malo
Dinan
SAINT-BRIEUC
Guingamp
Lannion
Pontivy
Ploulec'h
Saint-Quay-Perros
Trévou-Tréguignec
Port-Blanc
Penvénan
Plougrescant
Kerbors
Pleubian
Pleumer-Gautier
Trédarzec
Plouguiel
Tréguier
Trélévern
Louannec
Kermaria-Sulard
Langoat
Rospez
Caouënnec-Lanvézéac
Lézardrieux
Paimpol
Ploubazlanec
Plouézec
Pommerit-Jaudy
Ploëzal
Prat
Tonquédec
Quemper-Guezennec
Lanleff
Le Faouet
Plouha
Saint-Clet
Gommenec'h
Lanvollon
Pommerit-le-Vicomte
Goudelin
Tréqrom
Étables-sur-Mer
Plélo
Tréméloir
Pordic
Plouagat
Plérin
Plouvara
Saint-Donan
Yffiniac
Quintin
Kerpert
Carnoët
Plounevez-Quintin
Laniscat
Merléac
Uzel
Mûr-de-Bretagne
Trévé
St-Caradec
La Motte
Plœuc-sur-Lié
Hénon
Moncontour
Plouguenast
Plessala
La Prénessaye
Plumieux
La Ferrière
Gomené
Plestan
Erquy
Plurien
Fréhel
Plévenon
Pléneuf-Val-André
La Bouillie
St-Alban
Hénanbihen
Ruca
Pléboulle
Matignon
St-Pôtan
Pluduno
St-Lormel
Landébia
Pléven
Bourseul
Saint-Cast-le-Guildo
Lancieux
Trégon
Créhen
Trémereuc
Langrolay-sur-Rance
Pleslin-Trigavou
Languenan
Plouër-sur-Rance
Pleudihen-sur-Rance
Plélan-le-Petit
Taden
St-Hélen
Quévert
Tressaint-Lanvallay
Calorguen
Bobital
Évran
Caulnes
Rance
Trieux
Aulne
Blavet
Scorff
Canal
N 12
N 24
N 137
N 164
N 176
D 65
D 788
D 786
D 761
D 787
D 790
D 767
D 700
D 768
D 794
D 766
D 795
D 27
D 764
56 MORBIHAN
35 ILLE-ET-VILAINE
N Échelle : 1 cm = 7 500 m.

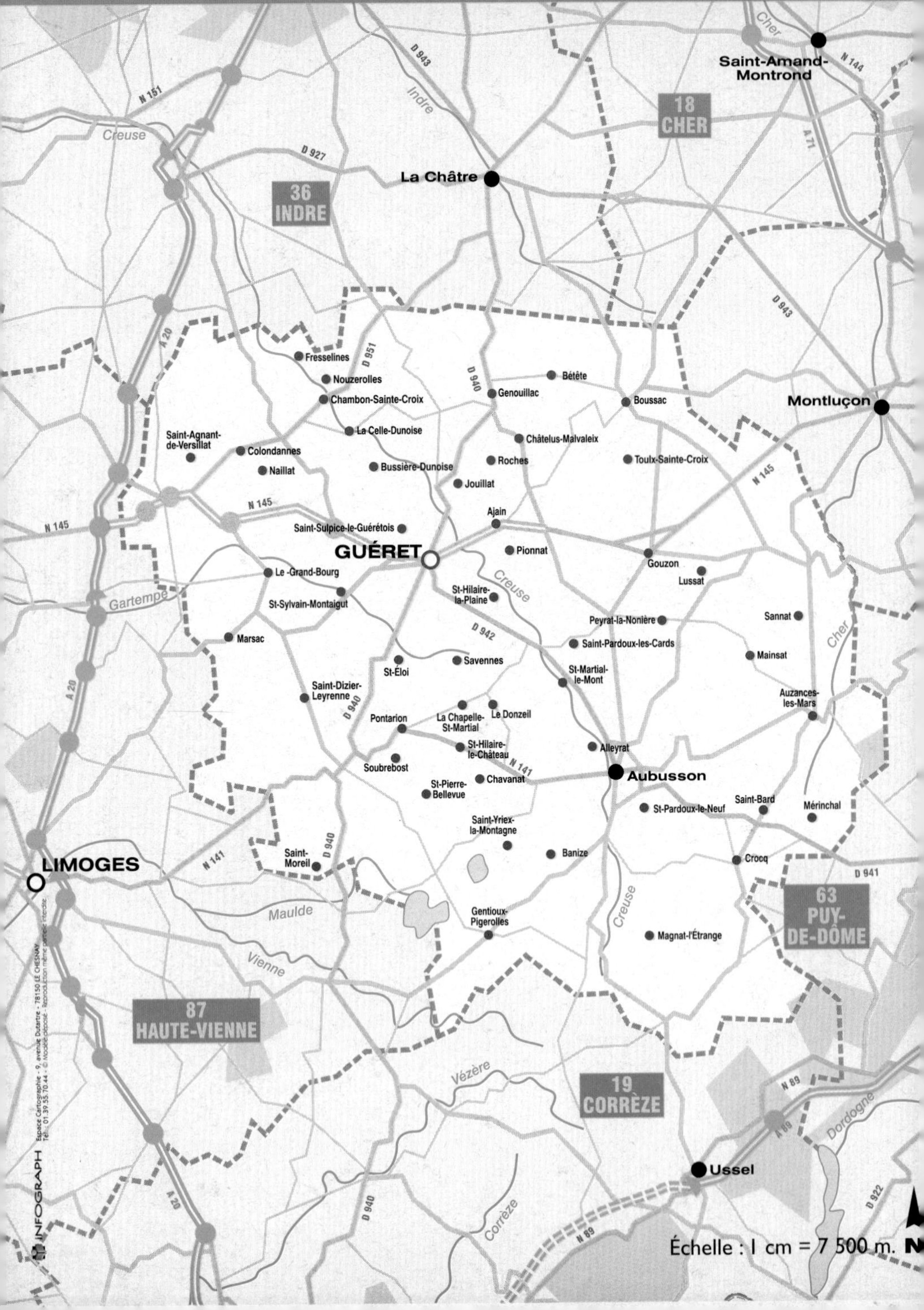

Saint-Amand-Montrond
N 144
Cher
18 CHER
A 71
D 943
Indre
N 151
Creuse
D 927
La Châtre
36 INDRE
D 943
A 20
D 951
Fresselines
Nouzerolles
Chambon-Sainte-Croix
D 940
Bétête
Genouillac
Boussac
Montluçon
La Celle-Dunoise
Châtelus-Malvaleix
Saint-Agnant-de-Versillat
Colondannes
Naillat
Bussière-Dunoise
Roches
Toulx-Sainte-Croix
Jouillat
N 145
N 145
N 145
Ajain
Saint-Sulpice-le-Guérétois
Pionnat
GUÉRET
Gouzon
Le -Grand-Bourg
Lussat
Creuse
Gartempe
St-Hilaire-la-Plaine
St-Sylvain-Montaigut
Sannat
Peyrat-la-Nonière
D 942
Marsac
Saint-Pardoux-les-Cards
Cher
Mainsat
St-Éloi
Savennes
St-Martial-le-Mont
Saint-Dizier-Leyrenne
Auzances-les-Mars
D 940
Le Donzeil
La Chapelle-St-Martial
Pontarion
St-Hilaire-le-Château
Alleyrat
N 141
Soubrebost
Aubusson
Chavanat
St-Pierre-Bellevue
Saint-Bard
Mérinchal
St-Pardoux-le-Neuf
Saint-Yriex-la-Montagne
Banize
Crocq
D 941
Saint-Moreil
D 940
LIMOGES
N 141
63 PUY-DE-DÔME
Maulde
Creuse
Gentioux-Pigerolles
Magnat-l'Étrange
Vienne
87 HAUTE-VIENNE
Vézère
19 CORRÈZE
N 89
Dordogne
A 89
Ussel
D 922
A 20
D 940
Corrèze
N 89

Échelle : 1 cm = 7 500 m.

N

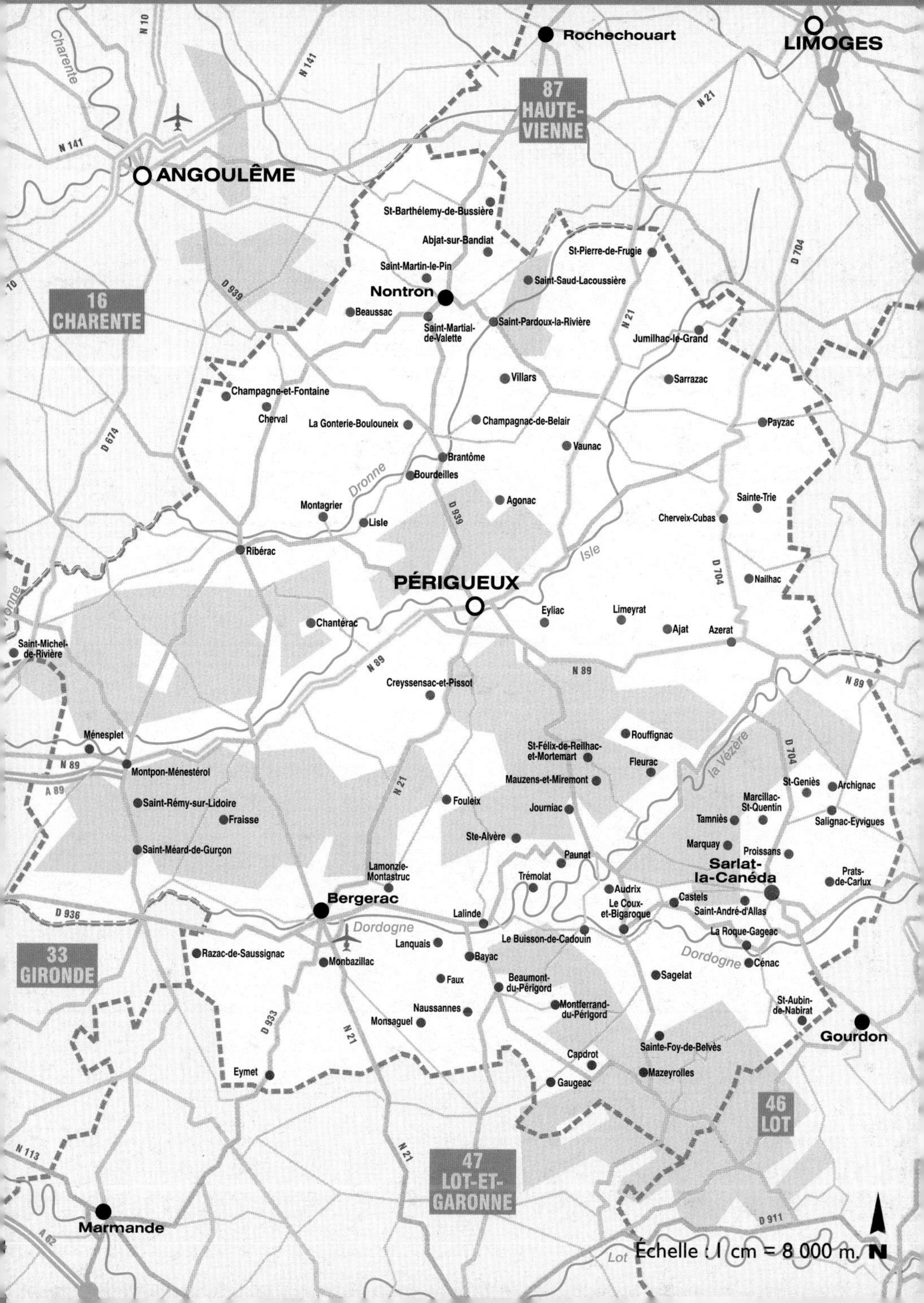

DORDOGNE

Aquitaine

24

Rochechouart
LIMOGES
N 10
Charente
N 141
87 HAUTE-VIENNE
N 21
N 141
ANGOULÊME
St-Barthélemy-de-Bussière
Abjat-sur-Bandiat
St-Pierre-de-Frugie
D 704
Saint-Martin-le-Pin
Saint-Saud-Lacoussière
Nontron
D 939
16 CHARENTE
Beaussac
Saint-Martial-de-Valette
Saint-Pardoux-la-Rivière
N 21
Jumilhac-le-Grand
Villars
Sarrazac
Champagne-et-Fontaine
Cherval
La Gonterie-Boulouneix
Champagnac-de-Belair
Payzac
D 674
Vaunac
Brantôme
Dronne
Bourdeilles
Agonac
D 939
Sainte-Trie
Montagrier
Lisle
Cherveix-Cubas
Ribérac
Isle
D 704
Nailhac
PÉRIGUEUX
Eyliac
Limeyrat
Chantérac
Ajat
Azerat
Saint-Michel-de-Rivière
N 89
N 89
N 89
Creyssensac-et-Pissot
Rouffignac
Ménesplet
St-Félix-de-Reilhac-et-Mortemart
la Vézère
D 704
N 89
Fleurac
Montpon-Ménestérol
Mauzens-et-Miremont
St-Geniès
Archignac
A 89
N 21
Saint-Rémy-sur-Lidoire
Fouleix
Journiac
Marcillac-St-Quentin
Fraisse
Tamniès
Salignac-Eyvigues
Ste-Alvère
Marquay
Saint-Méard-de-Gurçon
Proissans
Paunat
Lamonzie-Montastruc
Sarlat-la-Canéda
Prats-de-Carlux
Trémolat
Audrix
Bergerac
Castels
D 936
Le Coux-et-Bigaroque
Saint-André-d'Allas
Lalinde
Dordogne
Le Buisson-de-Cadouin
La Roque-Gageac
33 GIRONDE
Lanquais
Razac-de-Saussignac
Bayac
Dordogne
Cénac
Monbazillac
Sagelat
Faux
Beaumont-du-Périgord
St-Aubin-de-Nabirat
Naussannes
Montferrand-du-Périgord
Monsaguel
Gourdon
D 933
N 21
Sainte-Foy-de-Belvès
Capdrot
Eymet
Mazeyrolles
Gaugeac
46 LOT
N 113
N 21
47 LOT-ET-GARONNE
Marmande
D 911
A 62
Lot

Échelle : 1 cm = 8 000 m.

N

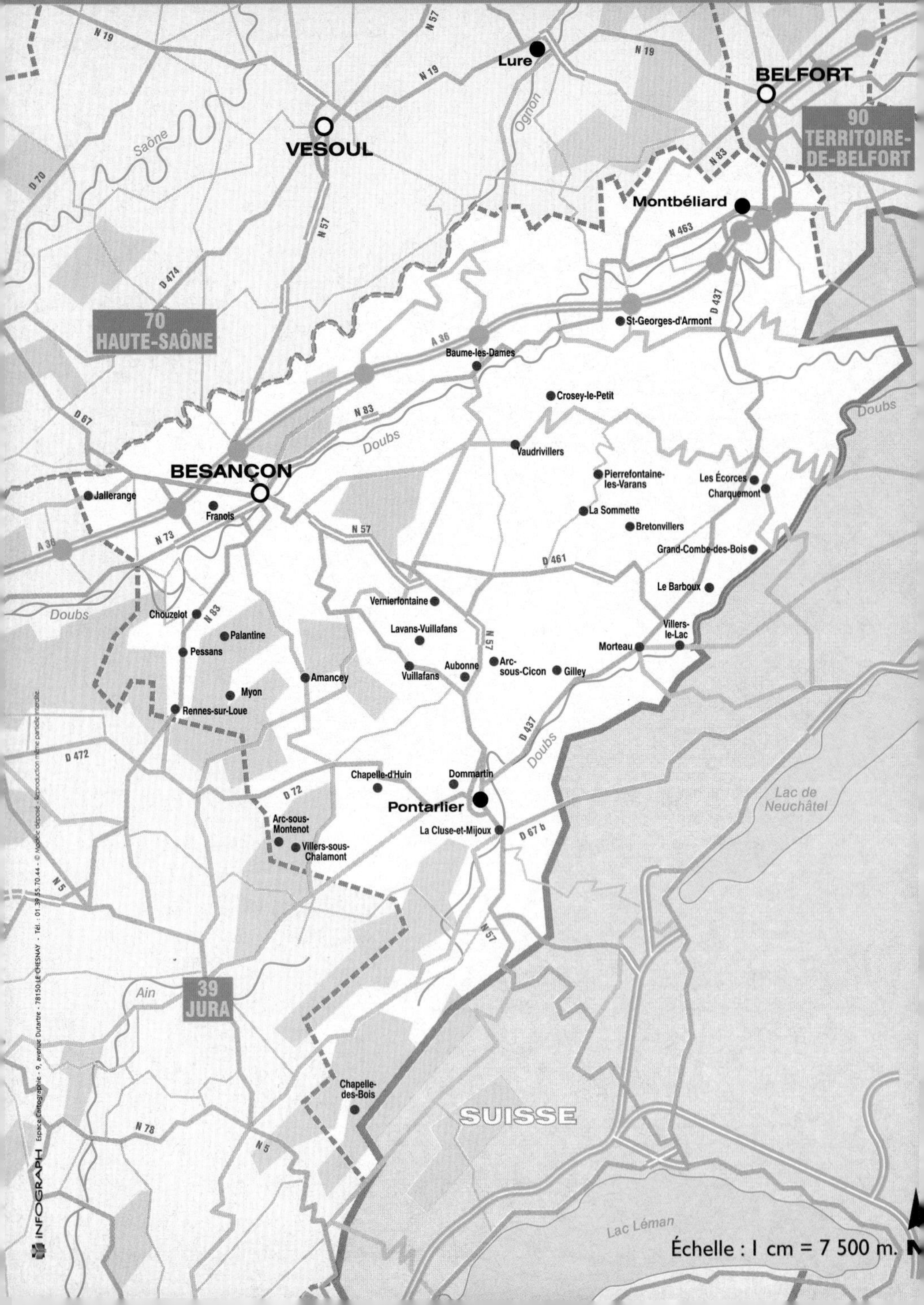

VESOUL
Lure
BELFORT
90 TERRITOIRE-DE-BELFORT
Montbéliard
70 HAUTE-SAÔNE
St-Georges-d'Armont
Baume-les-Dames
Crosey-le-Petit
Vaudrivillers
BESANÇON
Jallerange
Franois
Pierrefontaine-les-Varans
Les Écorces
Charquemont
La Sommette
Bretonvillers
Grand-Combe-des-Bois
Le Barboux
Vernierfontaine
Lavans-Vuillafans
Chouzelot
Palantine
Pessans
Amancey
Vuillafans
Aubonne
Arc-sous-Cicon
Gilley
Morteau
Villers-le-Lac
Myon
Rennes-sur-Loue
Chapelle-d'Huin
Dommartin
Pontarlier
La Cluse-et-Mijoux
Arc-sous-Montenot
Villers-sous-Chalamont
Lac de Neuchâtel
39 JURA
Chapelle-des-Bois
SUISSE
Lac Léman
Saône
Ognon
Doubs
Ain
N 19
N 57
N 83
N 463
D 437
A 36
D 70
D 474
D 67
N 73
D 461
D 472
D 72
D 67 b
N 5
N 78

Échelle : 1 cm = 7 500 m.

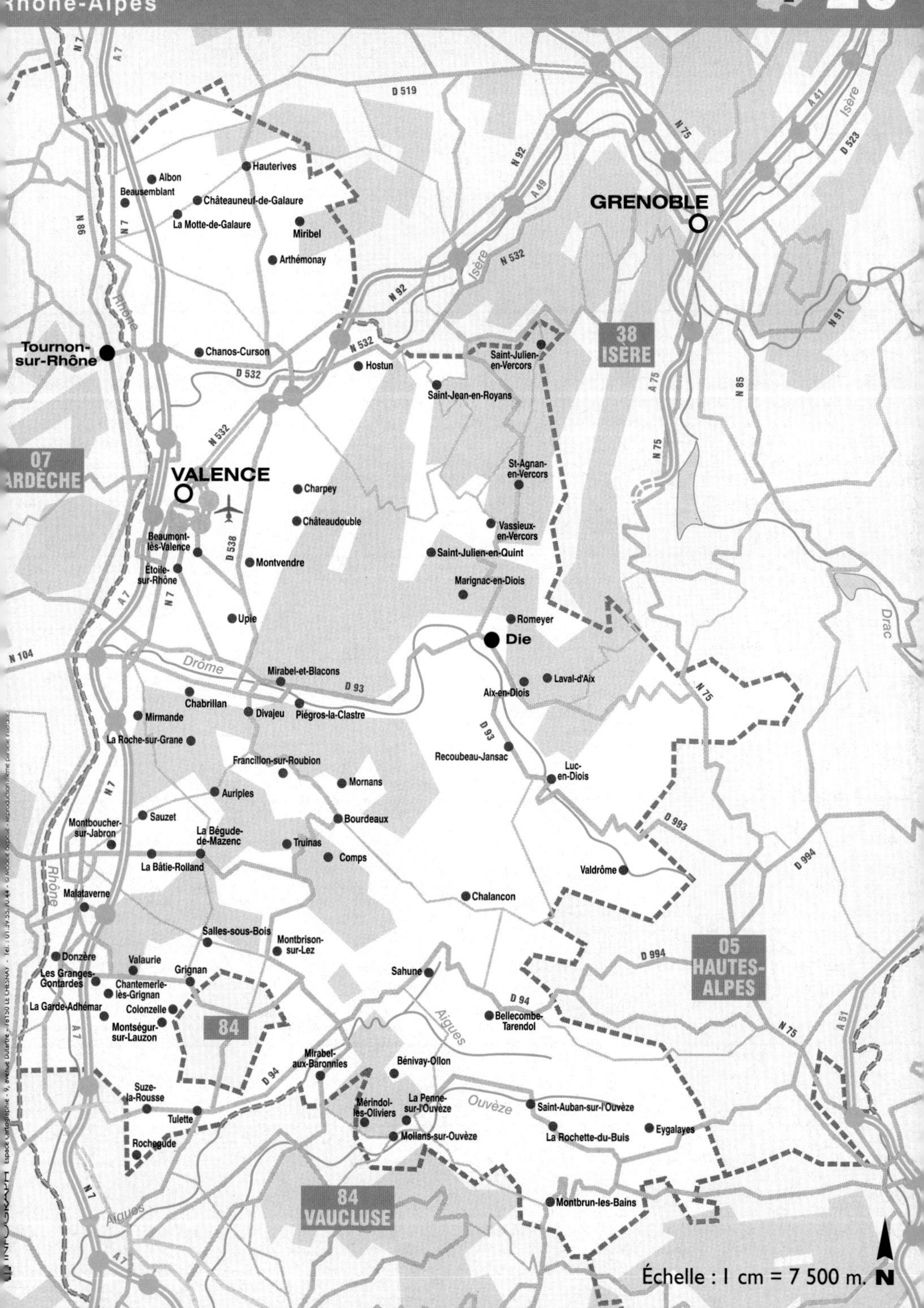
GRENOBLE
VALENCE
Die
Tournon-sur-Rhône
Albon
Beausemblant
Hauterives
Châteauneuf-de-Galaure
La Motte-de-Galaure
Miribel
Arthémonay
Chanos-Curson
Hostun
Saint-Julien-en-Vercors
Saint-Jean-en-Royans
St-Agnan-en-Vercors
Vassieux-en-Vercors
Saint-Julien-en-Quint
Marignac-en-Diois
Romeyer
Charpey
Châteaudouble
Beaumont-lès-Valence
Étoile-sur-Rhône
Montvendre
Upie
Mirabel-et-Blacons
Chabrillan
Divajeu
Piégros-la-Clastre
Mirmande
La Roche-sur-Grane
Laval-d'Aix
Aix-en-Diois
Recoubeau-Jansac
Luc-en-Diois
Francillon-sur-Roubion
Mornans
Auriples
Sauzet
Bourdeaux
Montboucher-sur-Jabron
La Bégude-de-Mazenc
Truinas
Comps
La Bâtie-Rolland
Valdrôme
Chalancon
Malataverne
Salles-sous-Bois
Montbrison-sur-Lez
Donzère
Valaurie
Les Granges-Gontardes
Grignan
Chantemerle-lès-Grignan
La Garde-Adhémar
Colonzelle
Montségur-sur-Lauzon
Sahune
Bellecombe-Tarendol
Mirabel-aux-Baronnies
Bénivay-Ollon
Suze-la-Rousse
Tulette
Rochegude
Mérindol-les-Oliviers
La Penne-sur-l'Ouvèze
Mollans-sur-Ouvèze
Saint-Auban-sur-l'Ouvèze
La Rochette-du-Buis
Eygalayes
Montbrun-les-Bains
07 ARDÈCHE
38 ISÈRE
05 HAUTES-ALPES
84
84 VAUCLUSE
Rhône
Isère
Drôme
Aigues
Ouvèze
Drac
A 7
N 7
N 86
D 519
N 92
A 49
N 532
D 532
N 75
A 41
D 523
N 91
A 75
N 85
D 538
N 104
D 93
D 993
D 994
D 94
A 51
Échelle : 1 cm = 7 500 m.
N

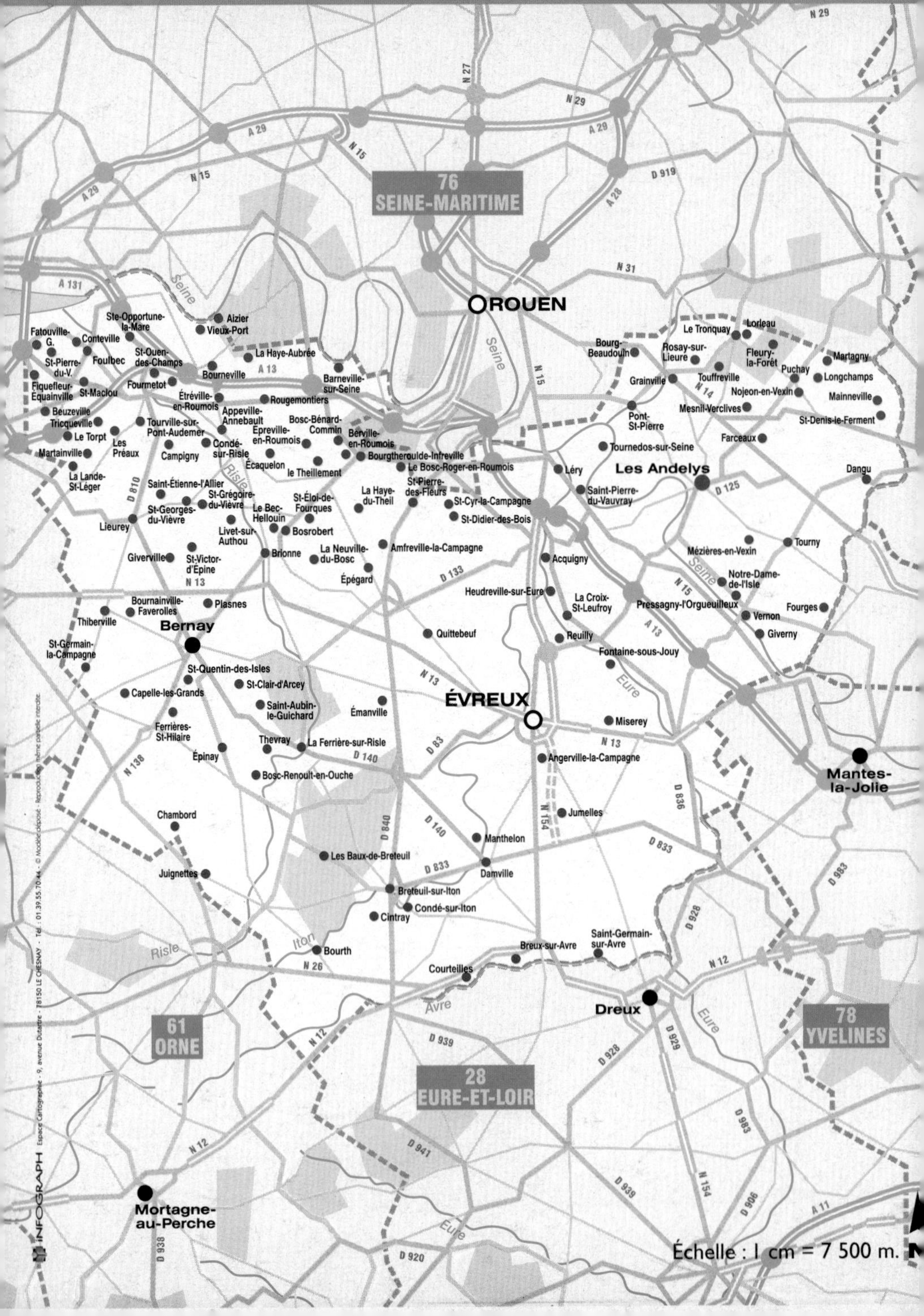

76 SEINE-MARITIME

ROUEN

Les Andelys

Bernay

ÉVREUX

Dreux

Mantes-la-Jolie

Mortagne-au-Perche

61 ORNE

28 EURE-ET-LOIR

78 YVELINES

N 29
A 29
N 27
N 15
D 919
A 28
N 31
A 131
A 13
N 14
D 810
D 125
D 133
N 13
D 83
D 140
N 138
D 840
D 836
N 154
D 833
D 983
D 928
N 26
N 12
D 939
D 929
D 941
D 906
A 11
D 938
D 920

Seine
Risle
Eure
Iton
Avre

Ste-Opportune-la-Mare
Aizier
Vieux-Port
Fatouville-G.
Conteville
St-Pierre-du-V.
Foulbec
St-Ouen-des-Champs
La Haye-Aubrée
Fiquefleur-Équainville
St-Maclou
Fourmetot
Bourneville
Barneville-sur-Seine
Étréville-en-Roumois
Rougemontiers
Beuzeville
Appeville-Annebault
Tricqueville
Tourville-sur-Pont-Audemer
Bosc-Bénard-Commin
Le Torpt
Les Préaux
Épreville-en-Roumois
Berville-en-Roumois
Martainville
Campigny
Condé-sur-Risle
Bourgtheroulde-Infreville
Écaquelon
le Theillement
Le Bosc-Roger-en-Roumois
La Lande-St-Léger
Saint-Étienne-l'Allier
St-Grégoire-du-Vièvre
St-Éloi-de-Fourques
La Haye-du-Theil
St-Pierre-des-Fleurs
St-Cyr-la-Campagne
St-Didier-des-Bois
St-Georges-du-Vièvre
Le Bec-Hellouin
Lieurey
Livet-sur-Authou
Bosrobert
Giverville
St-Victor-d'Épine
Brionne
La Neuville-du-Bosc
Amfreville-la-Campagne
Épégard
Bournainville-Faverolles
Plasnes
Thiberville
St-Germain-la-Campagne
St-Quentin-des-Isles
St-Clair-d'Arcey
Capelle-les-Grands
Saint-Aubin-le-Guichard
Émanville
Ferrières-St-Hilaire
Thevray
La Ferrière-sur-Risle
Épinay
Bosc-Renoult-en-Ouche
Chambord
Les Baux-de-Breteuil
Juignettes
Breteuil-sur-Iton
Condé-sur-Iton
Cintray
Bourth
Courteilles
Quittebeuf
Manthelon
Damville
Le Tronquay
Lorleau
Bourg-Beaudouin
Rosay-sur-Lieure
Fleury-la-Forêt
Martagny
Puchay
Longchamps
Grainville
Touffreville
Nojeon-en-Vexin
Mainneville
Mesnil-Verclives
St-Denis-le-Ferment
Pont-St-Pierre
Farceaux
Tournedos-sur-Seine
Léry
Dangu
Saint-Pierre-du-Vauvray
Acquigny
Mézières-en-Vexin
Tourny
Heudreville-sur-Eure
Notre-Dame-de-l'Isle
La Croix-St-Leufroy
Pressagny-l'Orgueilleux
Fourges
Vernon
Giverny
Reuilly
Fontaine-sous-Jouy
Miserey
Angerville-la-Campagne
Jumelles
Breux-sur-Avre
Saint-Germain-sur-Avre

Échelle : 1 cm = 7 500 m.

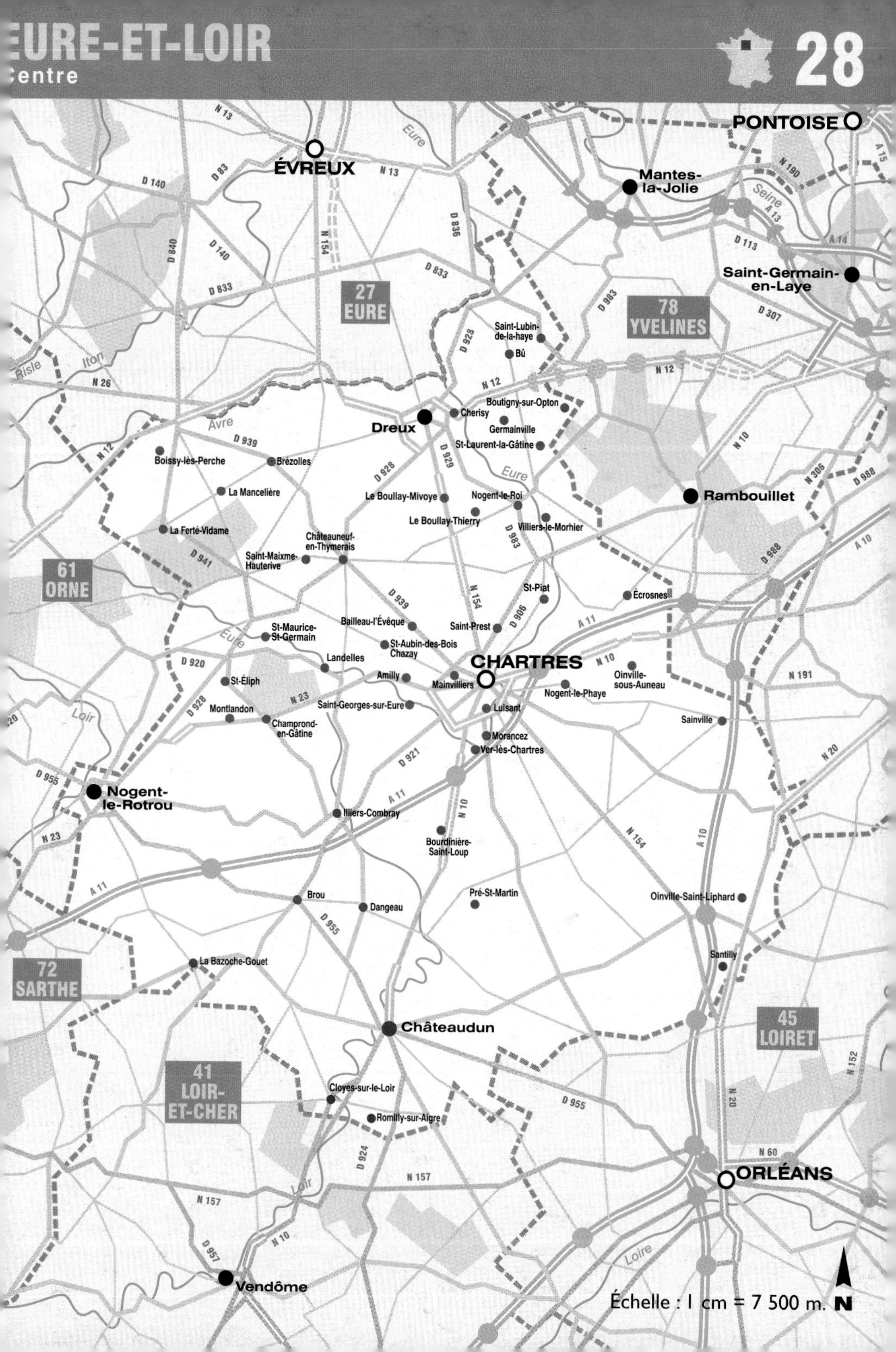
PONTOISE
ÉVREUX
Mantes-la-Jolie
Saint-Germain-en-Laye
27 EURE
78 YVELINES
Saint-Lubin-de-la-haye
Bû
Boutigny-sur-Opton
Dreux
Cherisy
Germainville
St-Laurent-la-Gâtine
Boissy-lès-Perche
Brézolles
La Mancelière
Le Boullay-Mivoye
Nogent-le-Roi
Le Boullay-Thierry
Villiers-le-Morhier
Rambouillet
La Ferté-Vidame
Châteauneuf-en-Thymerais
Saint-Maixme-Hauterive
61 ORNE
St-Piat
Écrosnes
St-Maurice-St-Germain
Bailleau-l'Évêque
Saint-Prest
St-Aubin-des-Bois
Chazay
Landelles
CHARTRES
Oinville-sous-Auneau
St-Éliph
Amilly
Mainvilliers
Nogent-le-Phaye
Montlandon
Champrond-en-Gâtine
Saint-Georges-sur-Eure
Luisant
Sainville
Morancez
Ver-lès-Chartres
Nogent-le-Rotrou
Illiers-Combray
Bourdinière-Saint-Loup
Brou
Dangeau
Pré-St-Martin
Oinville-Saint-Liphard
Santilly
72 SARTHE
La Bazoche-Gouet
Châteaudun
45 LOIRET
41 LOIR-ET-CHER
Cloyes-sur-le-Loir
Romilly-sur-Aigre
ORLÉANS
Vendôme
Eure
Seine
Risle
Iton
Avre
Loir
Loire
N 13
D 83
D 140
D 840
N 154
D 836
D 833
D 983
D 307
N 190
A 13
A 14
A 15
D 113
N 26
N 12
D 928
D 939
D 929
D 941
D 906
N 10
N 306
D 988
A 10
A 11
D 920
N 23
N 191
D 921
N 20
D 955
N 152
N 60
D 924
N 157
D 957
Échelle : 1 cm = 7 500 m.
N

FINISTÈRE
Bretagne

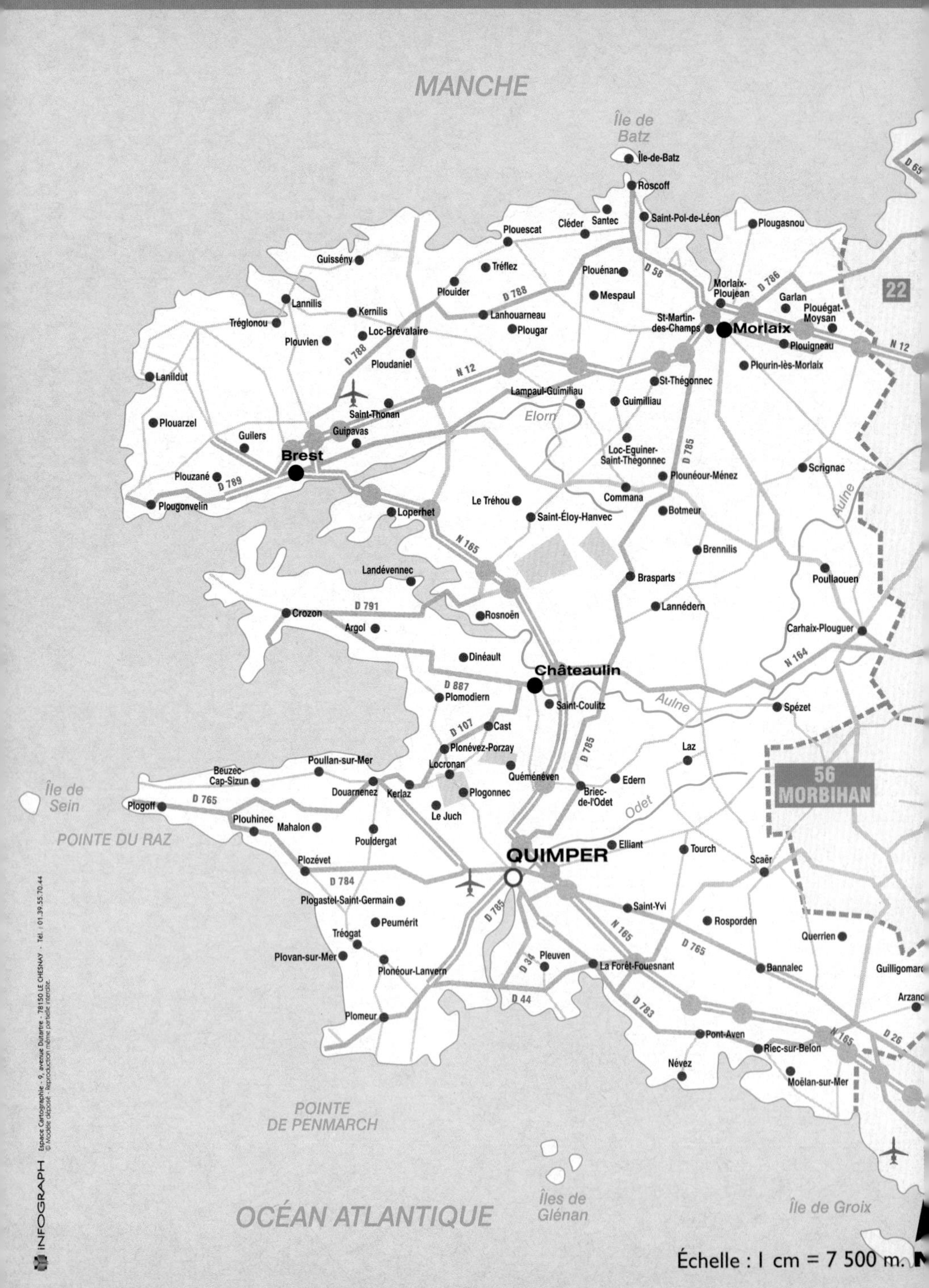

Échelle : 1 cm = 7 500 m.

GARD

Languedoc-Roussillon

30

84
07 ARDÈCHE
48 LOZÈRE
12 AVEYRON
34 HÉRAULT
13 BOUCHES-DU-RHÔNE

AVIGNON
NÎMES
MONTPELLIER
Arles
Istres
Alès
Le Vigan
Florac
Lodève

Villeneuve-lès-Avignon
Pujaut
Sauveterre
Tavel
Rochefort-du-Gard
Saze
Aramon
Vallabrègues
Beaucaire
Remoulins
Vénéjan
Laudun
Pont-St-Esprit
Saint-Alexandre
St-Paulet-de-Caisson
Aiguèze
Laval-St-Roman
Issirac
La Roque-sur-Cèze
Saint-André-d'Olérargues
La Bruguière
La Capelle-et-Masmolène
Castillon-du-Gard
Vers-Pont-du-Gard
Argilliers
Sanilhac-Sagriès
St-Quentin-la-Poterie
Uzès
Arpaillargues-et-Aureilhac
Montaren-et-St-Médiers
Belvézet
Lussan
Fons-sur-Lussan
Montclus
Barjac
St-Privat-de-Champclos
Rochegude
Aigaliers
Collorgues
Castelnau-Valence
Garrigues-Sainte-Eulalie
Moussac
Euzet
Saint-Just-et-Vacquières
Servas
Allègre
Saint-Brès
Saint-Ambroix
Courry
Chambon
Chamborigaud
Malons-et-Elze
Ponteils-et-Brésis
Aujac
Cendras
St-Sébastien-d'Aigrefeuille
St-Christol-lès-Alès
Boisset-et-Gaujac
Ribaute-les-Tavernes
Anduze
Lognan-Florian
Saint-Nazaire-des-Gardies
Thoiras
Durfort
Mialet
St-Jean-du-Gard
Sauve
Conqueyrac
Monoblet
St-Hippolyte-du-Fort
Colognac
Lasalle
Soudorgues
Cros
Notre-Dame-de-la-Rouvière
Saint-Roman-de-Codières
St-André-de-Majencoules
St-Julien-de-la-Nef
St-André-de-Valborgne
Valleraugue
Arphy
Mandagout
Bréau
Montdardier
Rogues
Bez-et-Esparon
Alzon
Campestre-et-Luc
Revens
Liouc
Sommières
Saint-Mamert
Caveirac
Calvisson
Congénies
Junas
Aigues-Vives
Mus
Vauvert
Aimargues
St-Gilles
Marguerittes

Rhône
Gard
Ardèche
Aigues
Hérault
Tarn
Dourbie
Étang de Vaccarès
Étang de Vic
GOLFE DU LION

A 7
A 9
A 54
A 75
N 7
N 86
N 106
N 110
N 113
N 109
N 568
N 569
N 570
N 572
N 1569
D 94
D 104
D 99
D 942
D 950
D 981
D 904
D 979
D 999
D 62
D 908

N Échelle : 1 cm = 7 500 m.

HAUTE-GARONNE
Midi-Pyrénées
31
82 TARN-ET GARONNE
81 TARN
32 GERS
11 AUDE
09 ARIÈGE
ESPAGNE
ANDORRE
AUCH
TOULOUSE
Muret
Saint-Gaudens
Saint-Girons
Pamiers
FOIX
Cabanac-Séguenville
Bouloc
Castelnau-d'Estrétefonds
Larra
Bretx
Lapeyrouse-Fossat
Azas
Montpitol
Lavalette
Léguevin
Saint-Pierre-de-Lages
Lanta
Préserville
Caraman
Ste-Foy-d'Aigrefeuille
Cambiac
Auriac-sur-Vendinelle
Varennes
St-Félix-Lauragais
Trébons-sur-la-Grasse
Montesquieu-Lauragais
St-Léon
Avignonet-Lauragais
Molas
L'Isle-en-Dodon
Le Pin-Murelet
Bérat
Lunax
Saint-Frajou
Péguilhan
Peyssies
Auterive
Cintegabelle
Caujac
Calmont
Samouillan
Saint-Élix-le-Château
Francon
Montesquieu-Volvestre
Latour
Montmaurin
Saint-Marcet
Aurignac
Martres-Tolosane
Palaminy
Auzas
Montberaud
Montbrun-Bocage
Ponlat-Taillebourg
Figarol
Montgaillard-de-Salies
Labroquère
Milhas
Antignac
Cathervielle
N 21
N 124
D 928
D 929
D 932
N 88
D 999
D 630
D 631
A 68
D 112
A 62
N 126
A 64
N 113
A 61
D 624
N 20
N 117
D 8
D 117
D 119
D 625
D 125
Gers
Garonne
Tarn
Agout
Save
Ariège
Échelle : 1 cm = 9 000 m.
N
INFOGRAPH

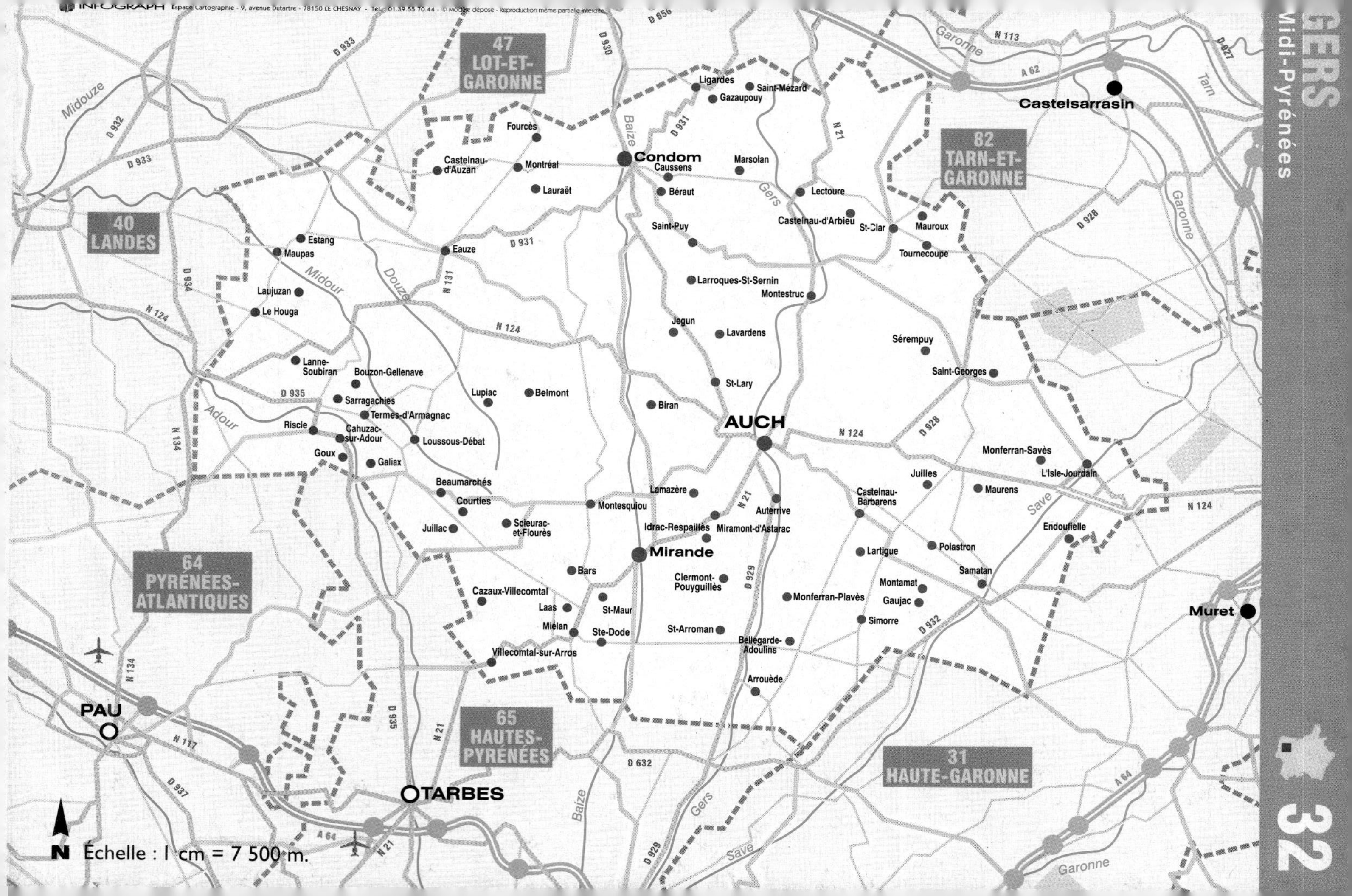
AUCH
Condom
Mirande
Castelsarrasin
Muret
TARBES
PAU
82 TARN-ET-GARONNE
31 HAUTE-GARONNE
47 LOT-ET-GARONNE
65 HAUTES-PYRÉNÉES
64 PYRÉNÉES-ATLANTIQUES
40 LANDES
Ligardes
Saint-Mézard
Gazaupouy
Fourcès
Castelnau-d'Auzan
Montréal
Lauraët
Caussens
Béraut
Marsolan
Lectoure
Castelnau-d'Arbieu
St-Clar
Mauroux
Tournecoupe
Saint-Puy
Larroques-St-Sernin
Montestruc
Jegun
Lavardens
Sérempuy
Saint-Georges
St-Lary
Biran
Estang
Maupas
Eauze
Laujuzan
Le Houga
Lanne-Soubiran
Bouzon-Gellenave
Sarragachies
Termes-d'Armagnac
Lupiac
Belmont
Riscle
Cahuzac-sur-Adour
Loussous-Débat
Goux
Galiax
Beaumarchés
Courties
Juillac
Scieurac-et-Flourès
Montesquiou
Lamazère
Auterrive
Idrac-Respaillès
Miramont-d'Astarac
Monferran-Savès
L'Isle-Jourdain
Juilles
Maurens
Castelnau-Barbarens
Endoufielle
Lartigue
Polastron
Samatan
Montamat
Gaujac
Simorre
Monferran-Plavès
Clermont-Pouyguillès
Bars
Cazaux-Villecomtal
Laas
St-Maur
Miélan
Ste-Dode
St-Arroman
Bellegarde-Adoulins
Villecomtal-sur-Arros
Arrouède
Tarn
Garonne
Gers
Save
Baïze
Douze
Midour
Adour
Midouze
N 124
N 21
N 113
N 131
N 134
N 117
D 927
D 928
D 929
D 930
D 931
D 932
D 933
D 934
D 935
D 937
D 632
D 656
A 62
A 64
N Échelle : 1 cm = 7 500 m.

GIRONDE
Aquitaine

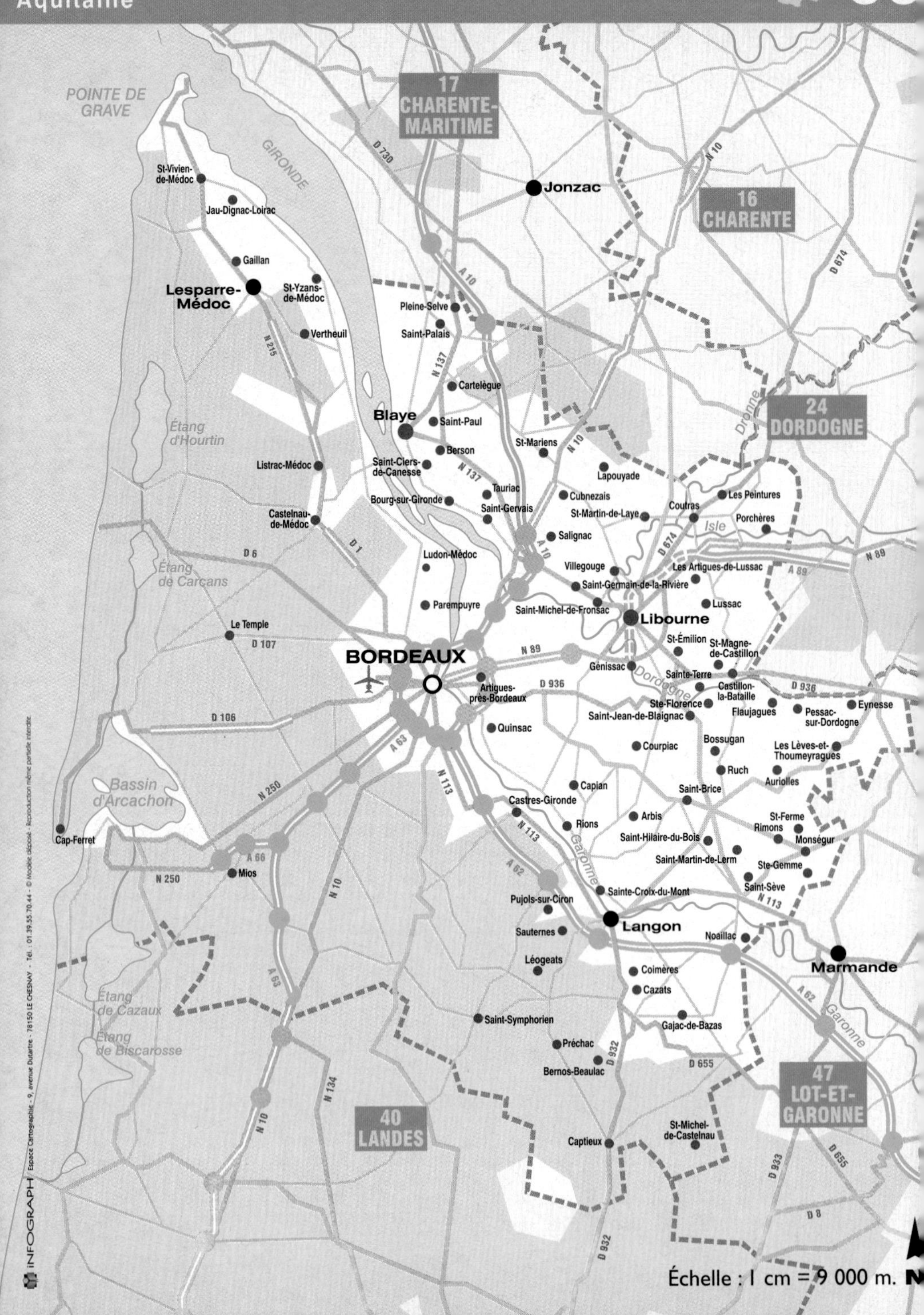

HÉRAULT

Languedoc-Roussillon

34

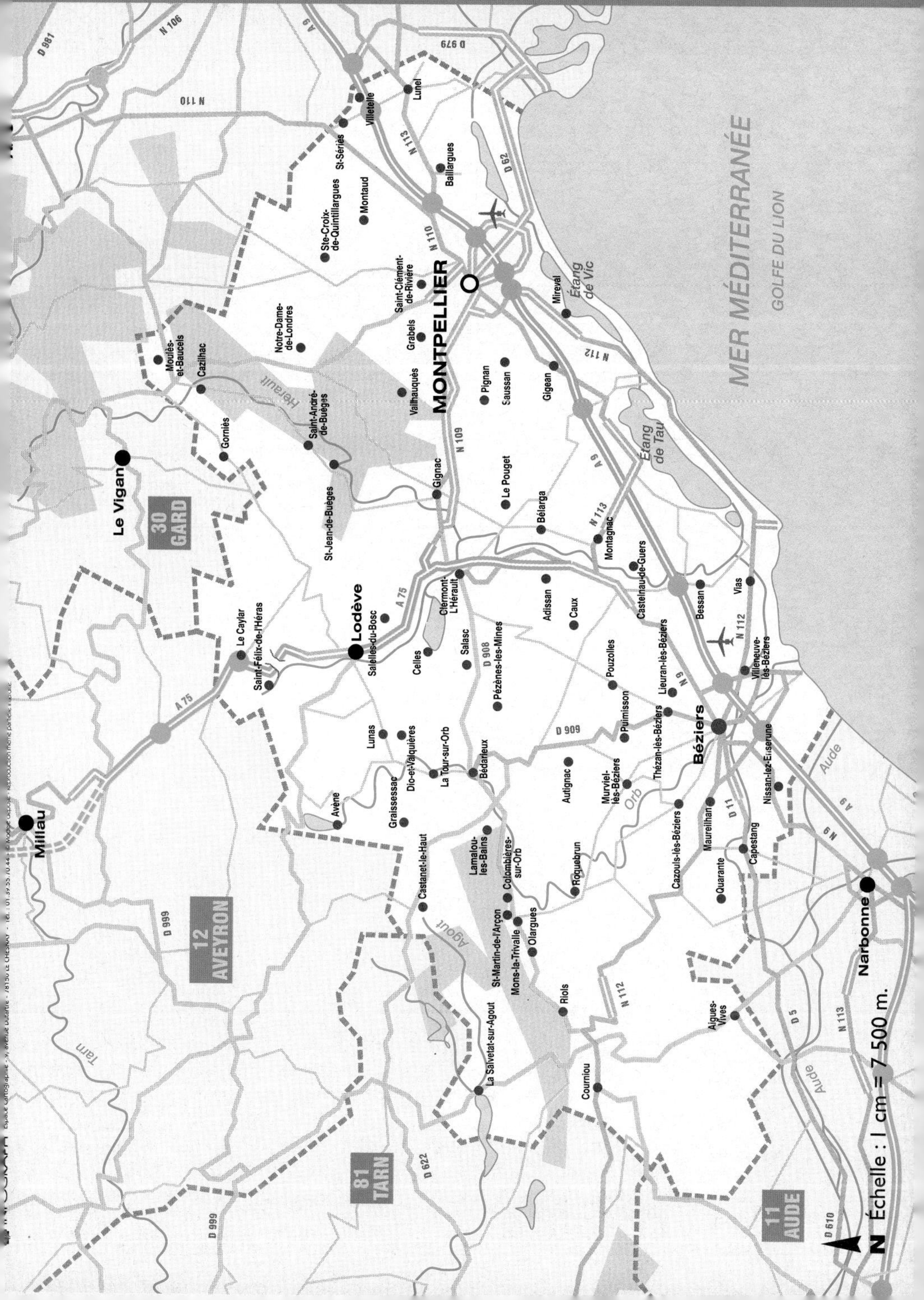

MER MÉDITERRANÉE
GOLFE DU LION
MONTPELLIER
Béziers
Lodève
Narbonne
Le Vigan
Millau
30 GARD
12 AVEYRON
81 TARN
11 AUDE
Lunel
Villetelle
St-Sériès
Baillargues
Montaud
Ste-Croix-de-Quintillargues
Saint-Clément-de-Rivière
Notre-Dame-de-Londres
Grabels
Moulès-et-Baucels
Cazilhac
Gorniès
Saint-André-de-Buèges
St-Jean-de-Buèges
Vailhauquès
Pignan
Saussan
Mireval
Gigean
Étang de Vic
Étang de Tau
Le Pouget
Bélarga
Gignac
Montagnac
Castelnau-de-Guers
Clermont-l'Hérault
Adissan
Caux
Bessan
Vias
Le Caylar
Saint-Félix-de-l'Héras
Salelles-du-Bosc
Celles
Salasc
Pézènes-les-Mines
Pouzolles
Lieuran-lès-Béziers
Villeneuve-lès-Béziers
Puimisson
Thézan-lès-Béziers
Lunas
Dio-et-Valquières
La Tour-sur-Orb
Bédarieux
Autignac
Murviel-lès-Béziers
Graissessac
Avène
Castanet-le-Haut
Lamalou-les-Bains
Colombières-sur-Orb
Roquebrun
Cazouls-lès-Béziers
Maureilhan
Nissan-lez-Enserune
Capestang
Quarante
St-Martin-de-l'Arçon
Mons-la-Trivalle
Olargues
Riols
La Salvetat-sur-Agout
Courniou
Aigues-Vives
Hérault
Orb
Agout
Aude
Tarn
A 9
A 75
N 106
N 110
N 113
N 109
N 112
N 9
D 981
D 979
D 62
D 908
D 909
D 11
D 999
D 622
D 5
D 610
N Échelle : 1 cm = 7 500 m.

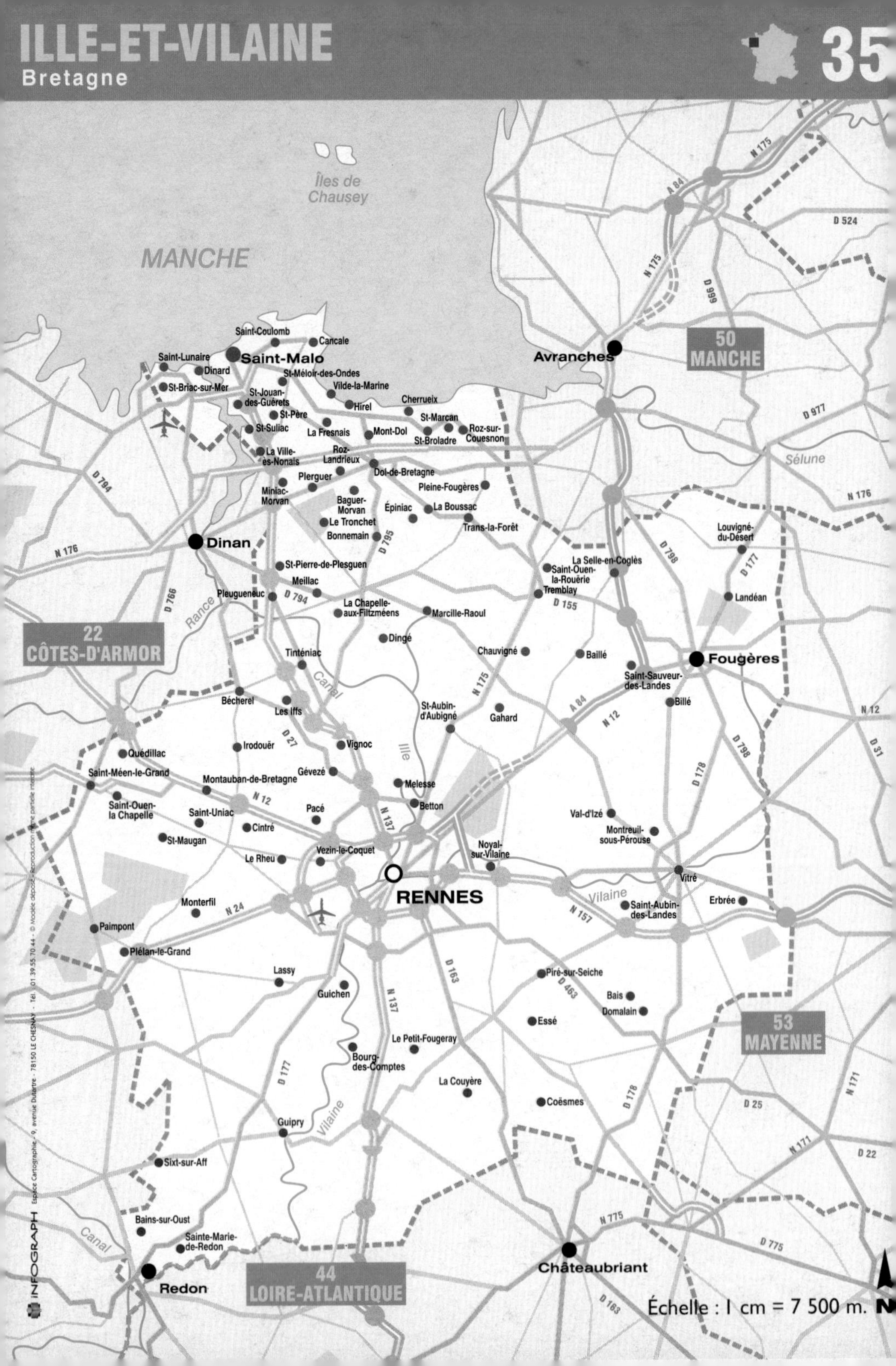

ILLE-ET-VILAINE
Bretagne
35
Îles de Chausey
MANCHE
Saint-Coulomb
Cancale
Saint-Lunaire
Dinard
Saint-Malo
St-Méloir-des-Ondes
St-Briac-sur-Mer
Vilde-la-Marine
St-Jouan-des-Guérets
Hirel
Cherrueix
St-Père
St-Marcan
St-Suliac
La Fresnais
Mont-Dol
Roz-sur-Couesnon
St-Broladre
La Ville-ès-Nonais
Roz-Landrieux
Dol-de-Bretagne
Plerguer
Pleine-Fougères
Miniac-Morvan
Baguer-Morvan
Épiniac
La Boussac
Le Tronchet
Trans-la-Forêt
Bonnemain
Dinan
St-Pierre-de-Plesguen
Meillac
Pleugueneuc
La Chapelle-aux-Filtzméens
Marcillé-Raoul
Dingé
Tinténiac
Chauvigné
Baillé
Bécherel
Les Iffs
St-Aubin-d'Aubigné
Gahard
Quédillac
Irodouër
Vignoc
Saint-Méen-le-Grand
Montauban-de-Bretagne
Gévezé
Melesse
Saint-Ouen-la Chapelle
Saint-Uniac
Pacé
Betton
Cintré
St-Maugan
Le Rheu
Vezin-le-Coquet
Noyal-sur-Vilaine
RENNES
Monterfil
Paimpont
Plélan-le-Grand
Lassy
Guichen
Bourg-des-Comptes
Le Petit-Fougeray
La Couyère
Guipry
Sixt-sur-Aff
Bains-sur-Oust
Sainte-Marie-de-Redon
Redon
Avranches
50 MANCHE
La Selle-en-Coglès
Saint-Ouen-la-Rouërie
Tremblay
Louvigné-du-Désert
Landéan
Fougères
Saint-Sauveur-des-Landes
Billé
Val-d'Izé
Montreuil-sous-Pérouse
Vitré
Erbrée
Saint-Aubin-des-Landes
Piré-sur-Seiche
Bais
Domalain
Essé
Coësmes
53 MAYENNE
Châteaubriant
22 CÔTES-D'ARMOR
44 LOIRE-ATLANTIQUE
Rance
Canal
Ille
Vilaine
Sélune
N 175
A 84
D 524
D 999
D 977
N 176
D 794
D 766
D 795
D 798
D 177
D 155
N 12
D 27
N 137
D 178
D 31
N 24
N 157
D 163
D 463
D 25
N 171
D 22
N 775
D 775
Échelle : 1 cm = 7 500 m.
N
INFOGRAPH

41 LOIR-ET-CHER
37 INDRE-ET-LOIRE
18 CHER
86 VIENNE
87 HAUTE-VIENNE
23 CREUSE

Loire
Cher
Indre
Creuse
D 764
D 765
N 76
A 85
A 20
A 71
D 956
N 143
D 975
N 151
D 918
D 940
D 943
D 927
D 951
D 942
N 145

Romorantin-Lanthenay
Vierzon
Chabris
Loches
Orville
Veuil
Vicq-sur-Nahon
Reboursin
Gehée
Bouges-le-Château
Fléré-la-Rivière
Châtillon-sur-Indre
Pellevoisin
Issoudun
Saulnay
Chezelles
Coings
Villedieu-sur-Indre
Saint-Aubin
Mézières-en-Brenne
CHÂTEAUROUX
Étrechet
Pruniers
Tournon-St-Martin
Lurais
Douadic
Le Poinçonnet
Saint-Août
Mers-sur-Indre
Montipouret
Sauzelles
Mérigny
Le Blanc
Ciron
Saint-Gaultier
Chasseneuil
Tendu
St-Chartier
Thevet-St-Julien
Nohant-Vic
Ingrandes
Le Pont-Chrétien
Tranzault
Sarzay
Argenton-sur-Creuse
La Châtre
Champillet
Chalais
Vigoux
Cuzion
Montchevrier
Pouligny-Notre-Dame
Parnac
Aigurande-sur-Bouzanne
Montmorillon
St-Benoît-du-Sault
Éguzon-Chantôme
Vigoulant
Guéret

Échelle : 1 cm = 7 500 m.
N

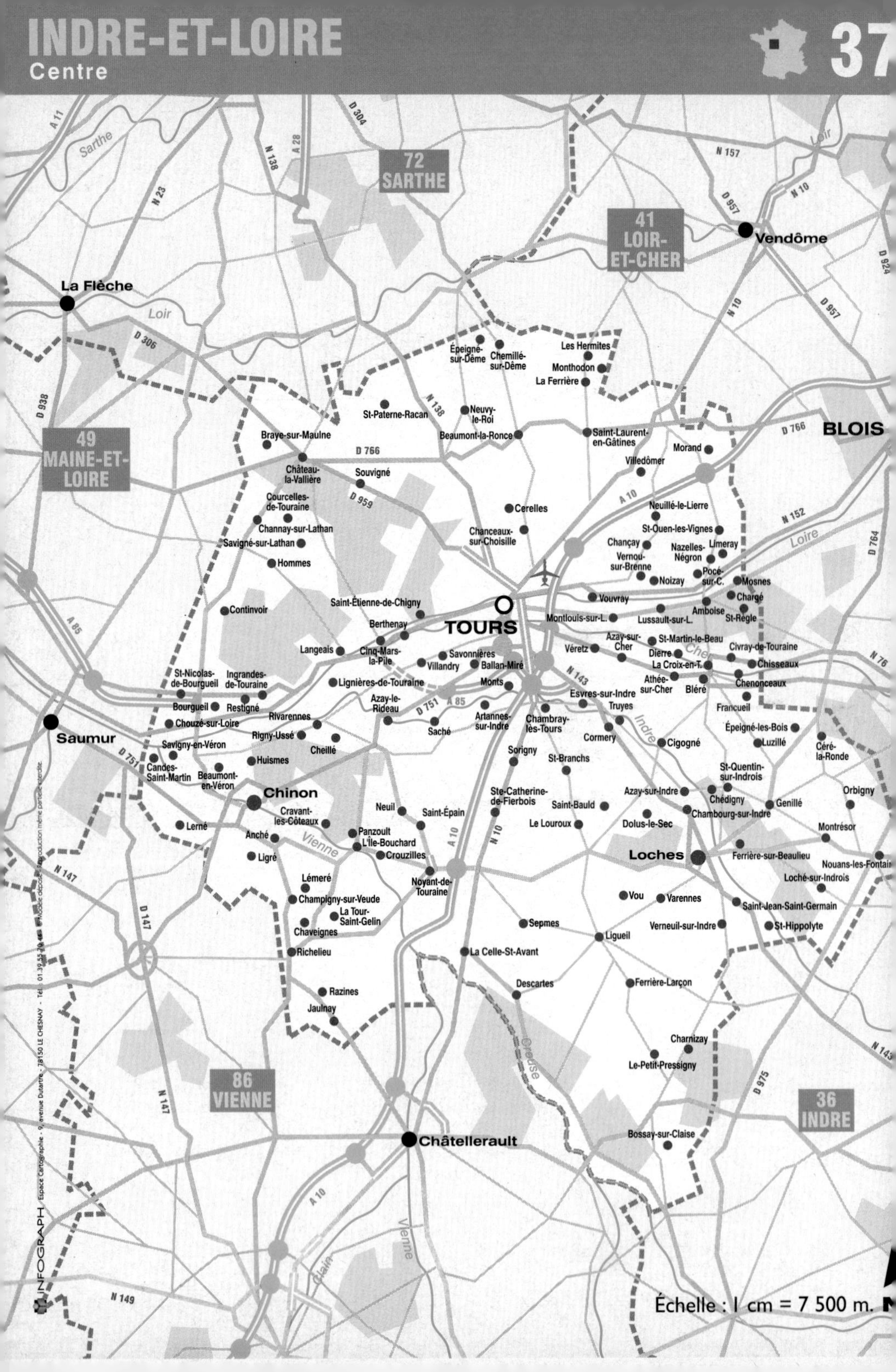
INDRE-ET-LOIRE
Centre
37
72 SARTHE
41 LOIR-ET-CHER
49 MAINE-ET-LOIRE
86 VIENNE
36 INDRE
Sarthe
Loir
Loire
Cher
Indre
Vienne
Creuse
Clain
A 11
A 28
A 10
A 85
N 138
N 23
N 157
N 10
N 152
N 76
N 143
N 147
N 149
D 304
D 957
D 924
D 306
D 938
D 766
D 959
D 764
D 751
D 147
D 975
La Flèche
Vendôme
BLOIS
Saumur
Châtellerault
Épeigné-sur-Dême
Chemillé-sur-Dême
Les Hermites
Monthodon
La Ferrière
St-Paterne-Racan
Neuvy-le-Roi
Beaumont-la-Ronce
Saint-Laurent-en-Gâtines
Morand
Villedômer
Braye-sur-Maulne
Château-la-Vallière
Souvigné
Courcelles-de-Touraine
Channay-sur-Lathan
Savigné-sur-Lathan
Hommes
Cerelles
Chanceaux-sur-Choisille
Neuillé-le-Lierre
St-Ouen-les-Vignes
Chançay
Vernou-sur-Brenne
Nazelles-Négron
Limeray
Noizay
Pocé-sur-C.
Mosnes
Chargé
Continvoir
Saint-Étienne-de-Chigny
TOURS
Vouvray
Montlouis-sur-L.
Lussault-sur-L.
Amboise
St-Règle
Berthenay
Langeais
Cinq-Mars-la-Pile
Savonnières
Villandry
Ballan-Miré
Véretz
Azay-sur-Cher
St-Martin-le-Beau
Dierre
La Croix-en-T.
Civray-de-Touraine
Chisseaux
Chenonceaux
Athée-sur-Cher
Bléré
Francueil
St-Nicolas-de-Bourgueil
Ingrandes-de-Touraine
Lignières-de-Touraine
Monts
Esvres-sur-Indre
Truyes
Bourgueil
Restigné
Chouzé-sur-Loire
Rivarennes
Azay-le-Rideau
Artannes-sur-Indre
Saché
Chambray-lès-Tours
Cormery
Cigogné
Épeigné-les-Bois
Luzillé
Céré-la-Ronde
Savigny-en-Véron
Rigny-Ussé
Cheillé
Candes-Saint-Martin
Huismes
Beaumont-en-Véron
Sorigny
St-Branchs
St-Quentin-sur-Indrois
Chinon
Ste-Catherine-de-Fierbois
Saint-Bauld
Azay-sur-Indre
Chédigny
Genillé
Orbigny
Neuil
Saint-Épain
Chambourg-sur-Indre
Lerné
Cravant-les-Côteaux
Le Louroux
Dolus-le-Sec
Montrésor
Anché
Panzoult
L'Île-Bouchard
Loches
Ferrière-sur-Beaulieu
Nouans-les-Fontaines
Ligré
Crouzilles
Loché-sur-Indrois
Lémeré
Noyant-de-Touraine
Vou
Varennes
Saint-Jean-Saint-Germain
Champigny-sur-Veude
La Tour-Saint-Gelin
Sepmes
Verneuil-sur-Indre
St-Hippolyte
Chaveignes
Ligueil
Richelieu
La Celle-St-Avant
Descartes
Ferrière-Larçon
Razines
Jaulnay
Charnizay
Le-Petit-Pressigny
Bossay-sur-Claise
Échelle : 1 cm = 7 500 m.
INFOGRAPH - Espace Cartographie - 9, avenue Dutartre - 78150 LE CHESNAY - Tél. : 01.39.55.20.48

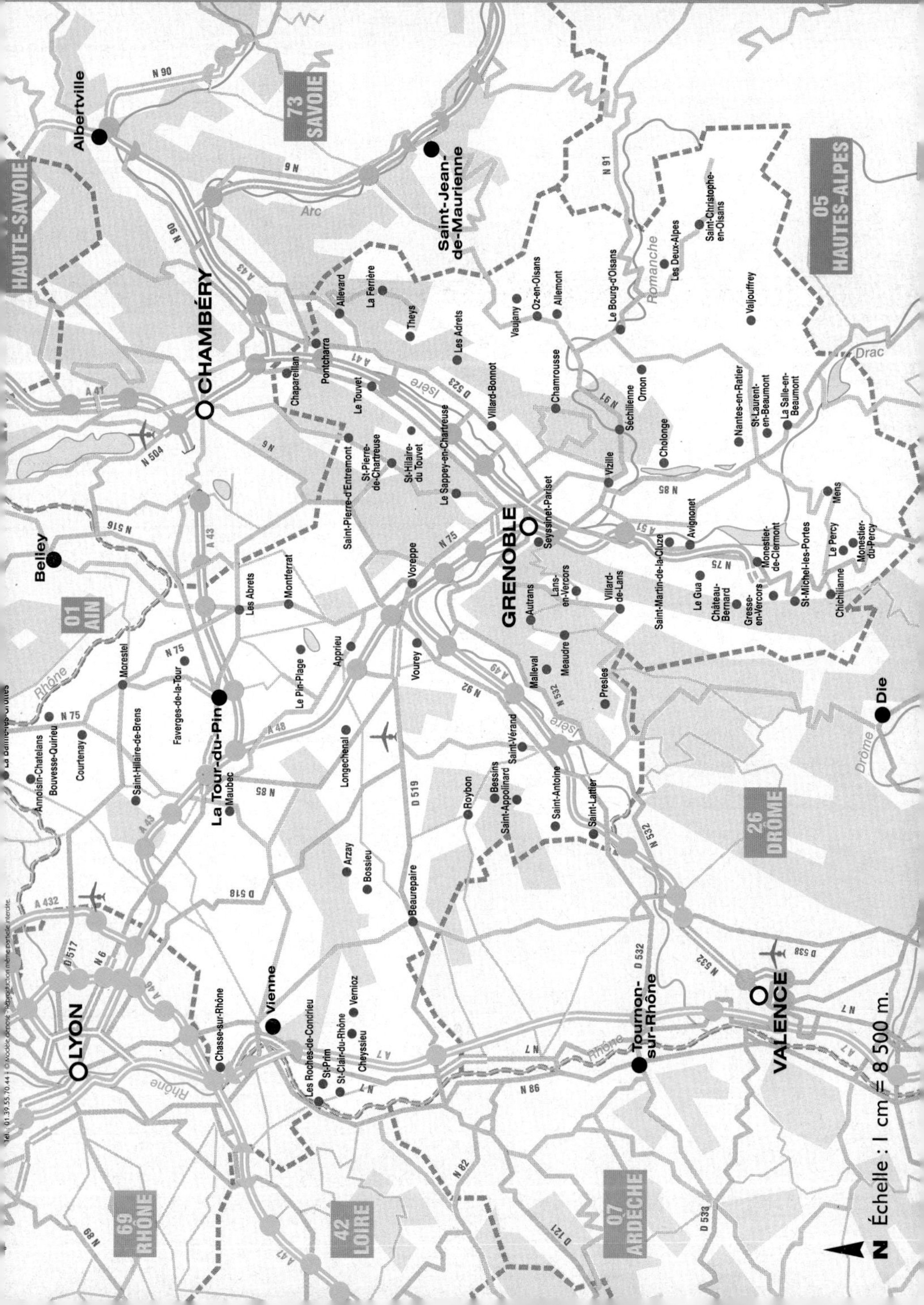

73 SAVOIE
74 HAUTE-SAVOIE
01 AIN
69 RHÔNE
42 LOIRE
07 ARDÈCHE
26 DRÔME
05 HAUTES-ALPES

Albertville
Saint-Jean-de-Maurienne
CHAMBÉRY
Belley
GRENOBLE
LYON
Vienne
La Tour-du-Pin
Tournon-sur-Rhône
VALENCE
Die

Allevard
La Ferrière
Theys
Pontcharra
Chapareillan
Le Touvet
Les Adrets
Villard-Bonnot
St-Hilaire-du Touvet
St-Pierre-de-Chartreuse
Saint-Pierre-d'Entremont
Le Sappey-en-Chartreuse
Vaujany
Oz-en-Oisans
Allemont
Le Bourg-d'Oisans
Les Deux-Alpes
Saint-Christophe-en-Oisans
Chamrousse
Ornon
Séchilienne
Vizille
Cholonge
Valjouffrey
Nantes-en-Ratier
St-Laurent-en-Beaumont
La Salle-en-Beaumont
Mens
Le Percy
Monestier-du-Percy
Chichilianne
St-Michel-les-Portes
Monestier-de-Clermont
Avignonet
Saint-Martin-de-la-Cluze
Le Gua
Château-Bernard
Gresse-en-Vercors
Seyssinet-Pariset
Autrans
Lans-en-Vercors
Villard-de-Lans
Méaudre
Malleval
Presles
Voreppe
Les Abrets
Montferrat
Morestel
Faverges-de-la-Tour
Le Pin-Plage
Apprieu
Vourey
Longechenal
Saint-Vérand
Bessins
Saint-Appolinard
Roybon
Saint-Antoine
Saint-Lattier
Annoisin-Chatelans
Bouvesse-Quirieu
Courtenay
Saint-Hilaire-de-Brens
Maubec
Arzay
Bossieu
Beaurepaire
Chasse-sur-Rhône
Les Roches-de-Condrieu
St-Prim
St-Clair-du-Rhône
Cheyssieu
Vernioz

Arc
Isère
Romanche
Drac
Rhône
Drôme

N 90
N 6
N 91
A 43
A 41
D 523
N 504
N 516
N 85
A 51
N 75
A 49
N 92
N 532
A 48
D 519
D 518
A 432
D 517
A 46
A 7
N 7
N 86
N 82
D 121
D 533
D 538
A 47
N 88

N Échelle : 1 cm = 8 500 m.

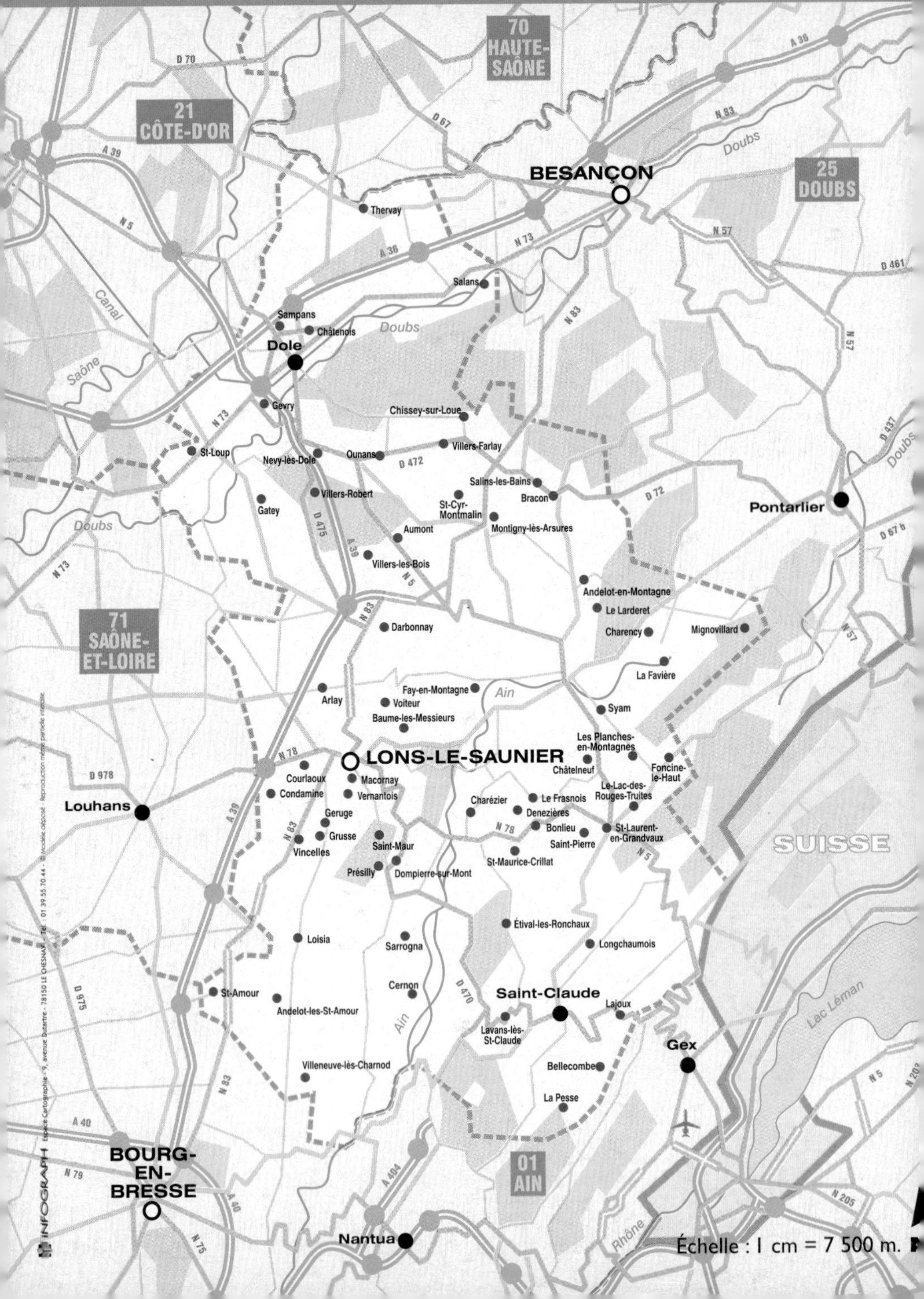

70 HAUTE-SAÔNE
21 CÔTE-D'OR
25 DOUBS
71 SAÔNE-ET-LOIRE
01 AIN
SUISSE

D 70
A 39
D 67
N 83
A 36
Doubs
BESANÇON
N 5
Thervay
A 36
N 73
N 57
D 461
Canal
Salans
Sampans
Châtenois
Doubs
N 83
Saône
Dole
N 57
Gevry
Chissey-sur-Loue
N 73
D 437
Doubs
St-Loup
Nevy-lès-Dole
Ounans
Villers-Farlay
D 472
Salins-les-Bains
Bracon
D 72
Villers-Robert
Gatey
St-Cyr-Montmalin
Montigny-lès-Arsures
Pontarlier
Doubs
D 475
Aumont
D 67 b
A 39
N 73
Villers-les-Bois
N 5
Andelot-en-Montagne
Le Larderet
N 83
Darbonnay
Charency
Mignovillard
N 57
La Favière
Arlay
Fay-en-Montagne
Voiteur
Ain
Syam
Baume-les-Messieurs
Les Planches-en-Montagnes
N 78
LONS-LE-SAUNIER
Châtelneuf
Foncine-le-Haut
D 978
Courlaoux
Macornay
Condamine
Vernantois
Le-Lac-des-Rouges-Truites
Louhans
Charézier
Le Frasnois
Geruge
Denezières
A 39
N 78
Bonlieu
St-Laurent-en-Grandvaux
N 83
Grusse
Saint-Pierre
Vincelles
Saint-Maur
N 5
St-Maurice-Crillat
Présilly
Dompierre-sur-Mont
Étival-les-Ronchaux
Loisia
Sarrogna
Longchaumois
D 975
St-Amour
Cernon
D 470
Saint-Claude
Lac Léman
Andelot-lès-St-Amour
Lajoux
Ain
Lavans-lès-St-Claude
Gex
Villeneuve-lès-Charnod
Bellecombe
N 83
N 5
N 202
La Pesse
A 40
BOURG-EN-BRESSE
N 79
A 404
A 40
N 205
Rhône
Nantua
N 75

Échelle : 1 cm = 7 500 m.

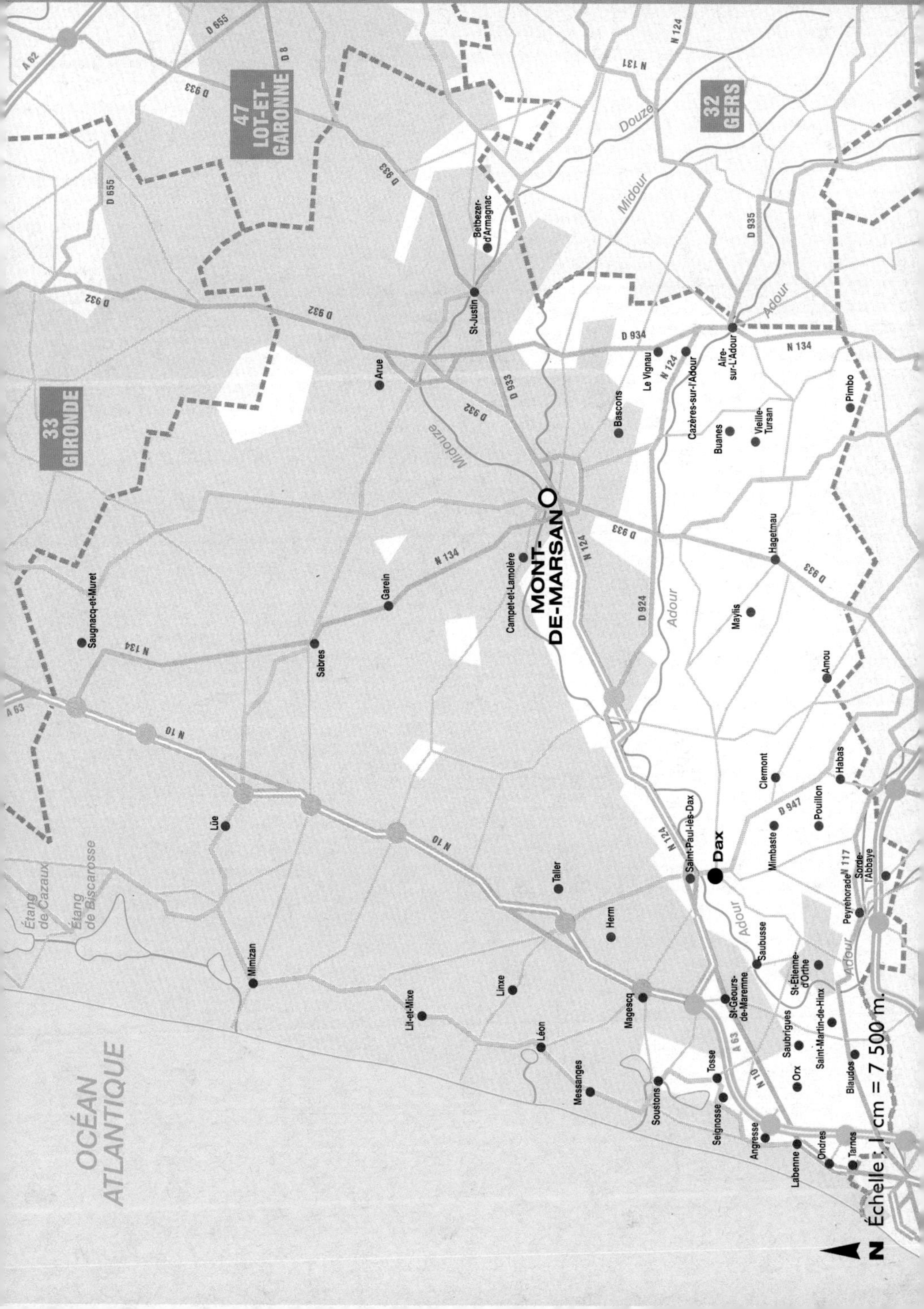

33 GIRONDE
47 LOT-ET-GARONNE
32 GERS

OCÉAN ATLANTIQUE

Étang de Cazaux
Étang de Biscarosse

MONT-DE-MARSAN
Dax

Saugnacq-et-Muret
Sabres
Garein
Arue
St-Justin
Betbezer-d'Armagnac
Campet-et-Lamolère
Bascons
Le Vignau
Cazères-sur-l'Adour
Aire-sur-l'Adour
Buanes
Vieille-Tursan
Pimbo
Hagetmau
Maylis
Amou
Clermont
Habas
Pouillon
Mimbaste
Sorde-l'Abbaye
Peyrehorade
Saint-Paul-lès-Dax
Saubusse
St-Étienne-d'Orthe
Saint-Martin-de-Hinx
Saubrigues
Orx
Biaudos
St-Geours-de-Maremne
Tosse
Seignosse
Soustons
Angresse
Labenne
Ondres
Tarnos
Lüe
Mimizan
Taller
Herm
Linxe
Lit-et-Mixe
Magescq
Léon
Messanges

A 62
A 63
N 10
N 117
N 124
N 131
N 134
D 8
D 655
D 924
D 932
D 933
D 934
D 935
D 947

Douze
Midour
Midouze
Adour

Échelle : 1 cm = 7 500 m.
N

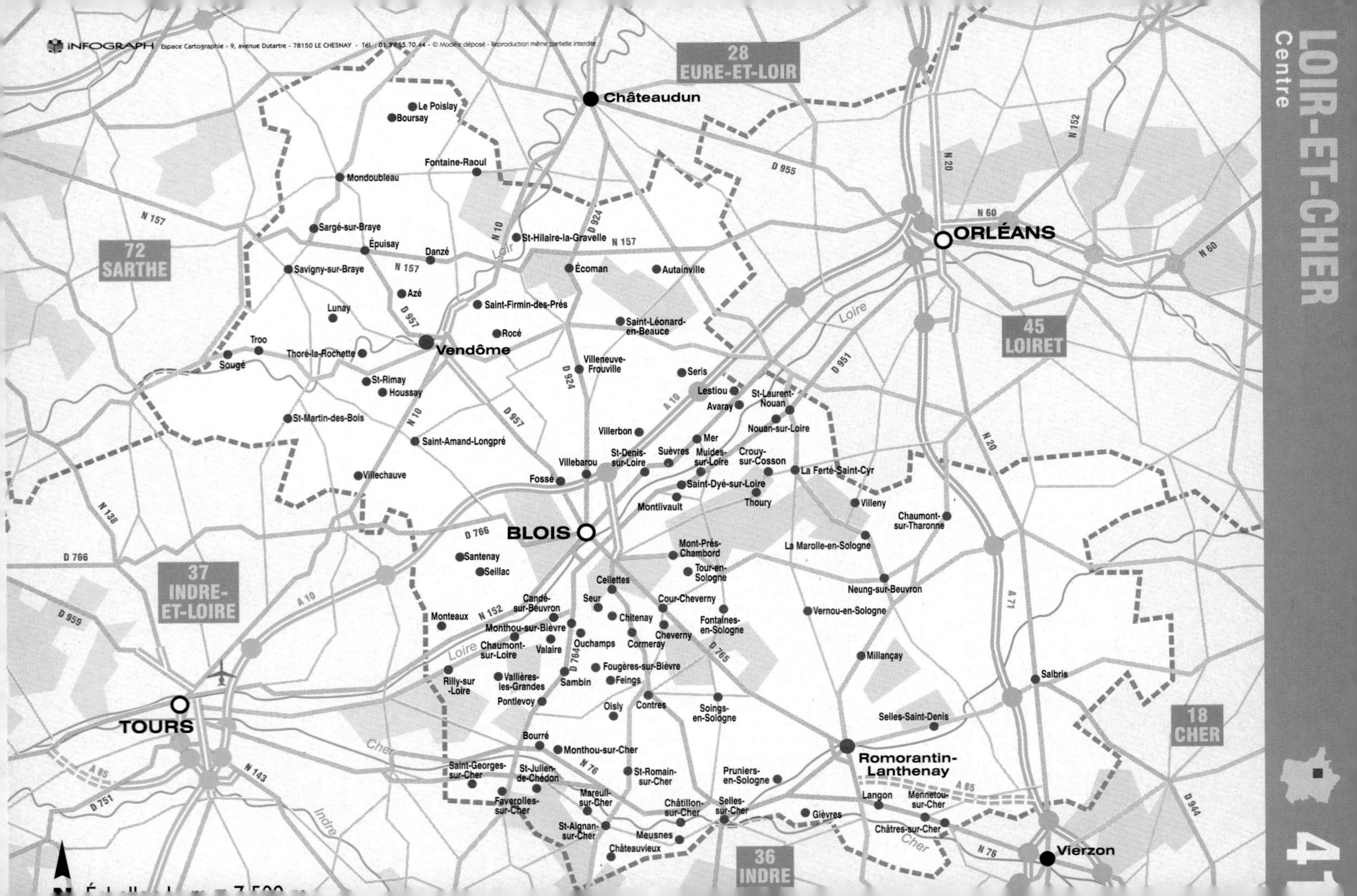

28 EURE-ET-LOIR
Châteaudun
Le Poislay
Boursay
Fontaine-Raoul
Mondoubleau
N 157
72 SARTHE
Sargé-sur-Braye
Épuisay
Danzé
Savigny-sur-Braye
N 157
Azé
Lunay
D 957
Troo
Sougé
Thoré-la-Rochette
Vendôme
St-Rimay
Houssay
St-Martin-des-Bois
N 10
Saint-Amand-Longpré
Villechauve
N 138
D 766
37 INDRE-ET-LOIRE
D 959
TOURS
A 85
D 751
N 143
Indre
Cher
N 10
Loir
St-Hilaire-la-Gravelle
N 157
D 924
Écoman
Autainville
Saint-Firmin-des-Prés
Rocé
Saint-Léonard-en-Beauce
Villeneuve-Frouville
D 924
D 957
Seris
Lestiou
Avaray
A 10
St-Laurent-Nouan
Nouan-sur-Loire
Villerbon
Mer
St-Denis-sur-Loire
Suèvres
Muides-sur-Loire
Crouy-sur-Cosson
La Ferté-Saint-Cyr
Villebarou
Fossé
Saint-Dyé-sur-Loire
Thoury
Montlivault
Villeny
Chaumont-sur-Tharonne
D 766
BLOIS
Mont-Près-Chambord
La Marolle-en-Sologne
Santenay
Seillac
Tour-en-Sologne
Cellettes
Neung-sur-Beuvron
A 10
Monteaux
N 152
Candé-sur-Beuvron
Seur
Cour-Cheverny
Chitenay
Fontaines-en-Sologne
Vernou-en-Sologne
Monthou-sur-Bièvre
Ouchamps
Cheverny
Cormeray
Loire
Chaumont-sur-Loire
Valaire
D 764
D 765
Millançay
Fougères-sur-Bièvre
Rilly-sur-Loire
Vallières-les-Grandes
Sambin
Feings
Salbris
Pontlevoy
Oisly
Contres
Soings-en-Sologne
Selles-Saint-Denis
Bourré
Monthou-sur-Cher
Romorantin-Lanthenay
Saint-Georges-sur-Cher
St-Julien-de-Chédon
N 76
St-Romain-sur-Cher
Pruniers-en-Sologne
A 85
Faverolles-sur-Cher
Mareuil-sur-Cher
Châtillon-sur-Cher
Selles-sur-Cher
Langon
Mennetou-sur-Cher
Gièvres
St-Aignan-sur-Cher
Meusnes
Châtres-sur-Cher
Châteauvieux
36 INDRE
N 76
Vierzon
18 CHER
D 944
A 71
N 20
D 951
Loire
45 LOIRET
ORLÉANS
N 60
N 60
N 20
N 152
D 955

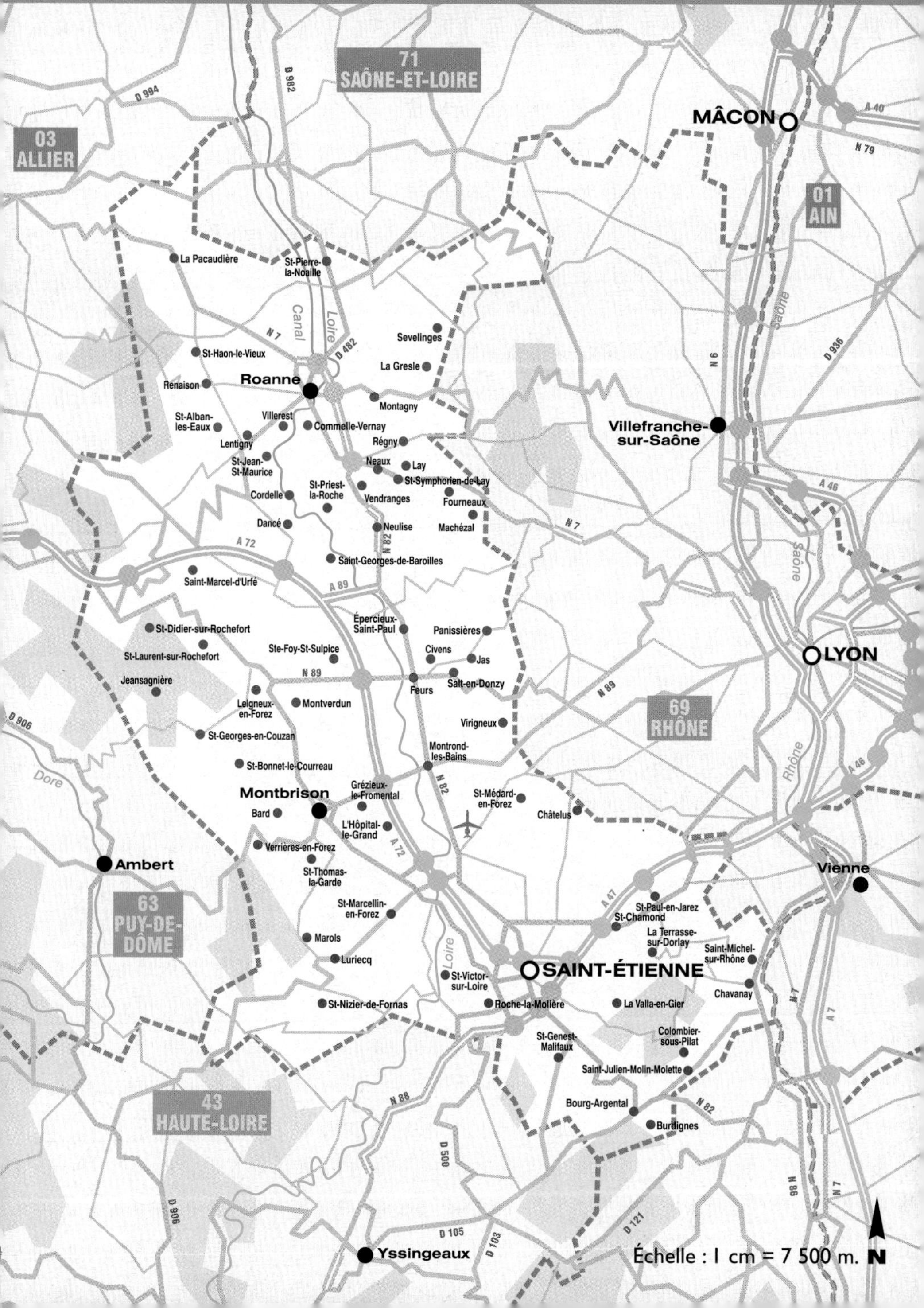

71
SAÔNE-ET-LOIRE
03
ALLIER
01
AIN
69
RHÔNE
63
PUY-DE-DÔME
43
HAUTE-LOIRE

MÂCON
LYON
SAINT-ÉTIENNE
Villefranche-sur-Saône
Vienne
Ambert
Yssingeaux
Roanne
Montbrison

D 994
D 982
A 40
N 79
N 6
D 936
A 46
N 7
A 72
A 89
N 82
N 89
D 906
A 47
N 88
D 500
D 105
D 103
D 121
N 86
A 7
D 482

Canal
Loire
Saône
Rhône
Dore

La Pacaudière
St-Pierre-la-Noaille
Sevelinges
St-Haon-le-Vieux
La Gresle
Renaison
Montagny
St-Alban-les-Eaux
Villerest
Commelle-Vernay
Lentigny
Régny
St-Jean-St-Maurice
Neaux
Lay
St-Symphorien-de-Lay
Cordelle
St-Priest-la-Roche
Vendranges
Fourneaux
Dancé
Neulise
Machézal
Saint-Georges-de-Baroilles
Saint-Marcel-d'Urfé
Épercieux-Saint-Paul
Panissières
St-Didier-sur-Rochefort
Ste-Foy-St-Sulpice
Civens
Jas
St-Laurent-sur-Rochefort
Feurs
Salt-en-Donzy
Jeansagnière
Leigneux-en-Forez
Montverdun
Virigneux
St-Georges-en-Couzan
Montrond-les-Bains
St-Bonnet-le-Courreau
Grézieux-le-Fromental
St-Médard-en-Forez
Bard
Châtelus
L'Hôpital-le-Grand
Verrières-en-Forez
St-Thomas-la-Garde
St-Paul-en-Jarez
St-Marcellin-en-Forez
St-Chamond
La Terrasse-sur-Dorlay
Marols
Saint-Michel-sur-Rhône
Luriecq
St-Victor-sur-Loire
Chavanay
St-Nizier-de-Fornas
Roche-la-Molière
La Valla-en-Gier
St-Genest-Malifaux
Colombier-sous-Pilat
Saint-Julien-Molin-Molette
Bourg-Argental
Burdignes

Échelle : 1 cm = 7 500 m.
N

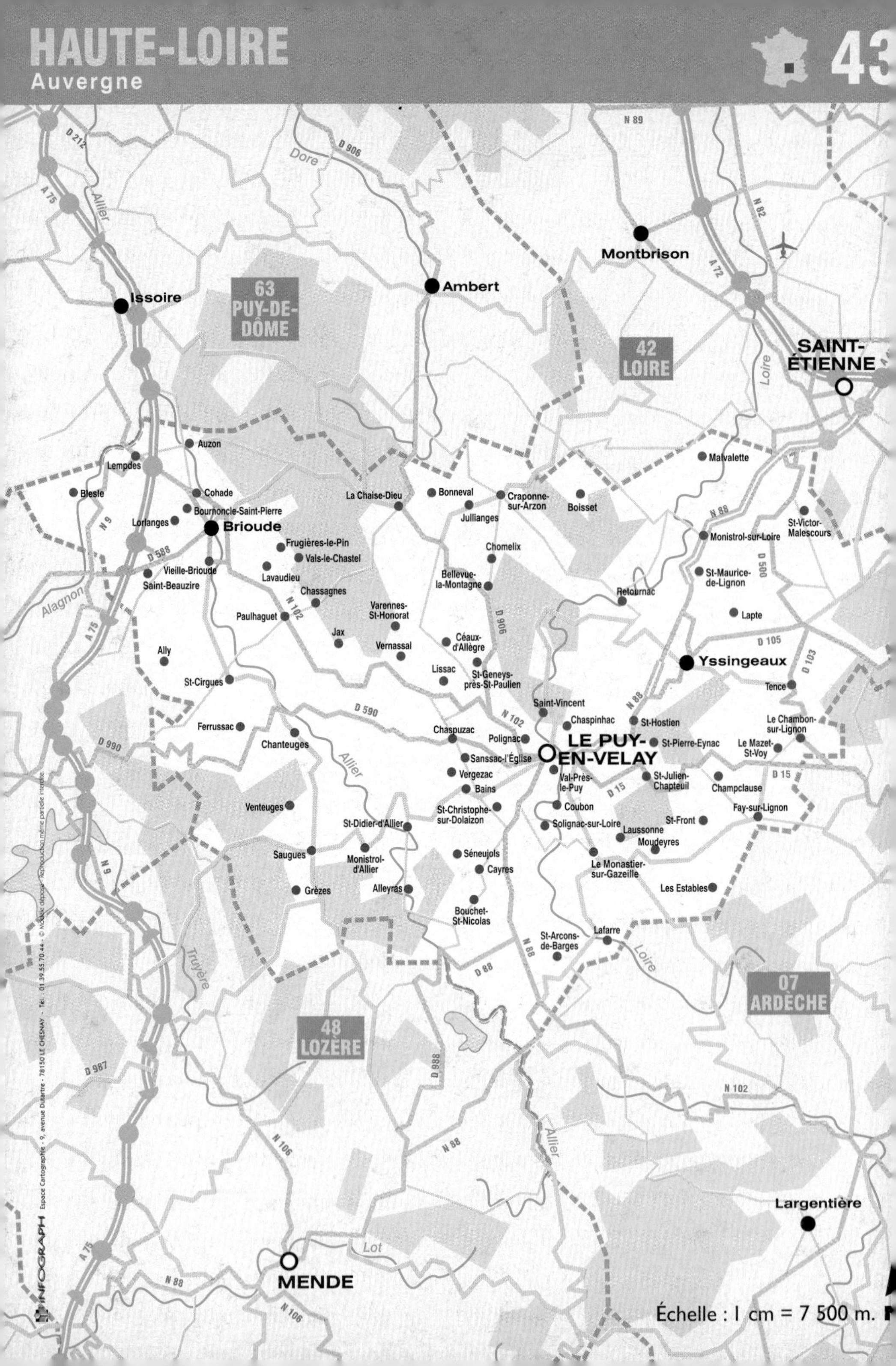

HAUTE-LOIRE
Auvergne
43
Issoire
63 PUY-DE-DÔME
Ambert
Montbrison
42 LOIRE
SAINT-ÉTIENNE
Dore
Allier
Loire
D 212
A 75
D 906
N 89
N 82
A 72
Auzon
Lempdes
Blesle
Cohade
Bournoncle-Saint-Pierre
Lorlanges
Brioude
N 9
D 588
Frugières-le-Pin
Vals-le-Chastel
Lavaudieu
Vieille-Brioude
Saint-Beauzire
Alagnon
Chassagnes
N 102
Paulhaguet
La Chaise-Dieu
Bonneval
Craponne-sur-Arzon
Julliange s
Boisset
Malvalette
N 88
St-Victor-Malescours
Monistrol-sur-Loire
St-Maurice-de-Lignon
D 500
Chomelix
Bellevue-la-Montagne
Retournac
Lapte
D 906
Varennes-St-Honorat
Jax
Vernassal
Céaux-d'Allègre
Lissac
St-Geneys-près-St-Paulien
D 105
Yssingeaux
D 103
Tence
Ally
St-Cirgues
Ferrussac
Chanteuges
D 590
Saint-Vincent
Chaspinhac
St-Hostien
Le Chambon-sur-Lignon
Chaspuzac
Polignac
LE PUY-EN-VELAY
St-Pierre-Eynac
Le Mazet-St-Voy
D 990
Sanssac-l'Église
Vergezac
Bains
Val-Près-le-Puy
St-Julien-Chapteuil
Champclause
D 15
Venteuges
St-Christophe-sur-Dolaizon
Coubon
Fay-sur-Lignon
St-Didier-d'Allier
Solignac-sur-Loire
Laussonne
St-Front
Moudeyres
Saugues
Monistrol-d'Allier
Séneujols
Cayres
Le Monastier-sur-Gazeille
Grèzes
Alleyras
Les Estables
Bouchet-St-Nicolas
St-Arcons-de-Barges
Lafarre
Truyère
D 88
N 88
07 ARDÈCHE
48 LOZÈRE
D 988
D 987
N 102
N 106
Largentière
Lot
MENDE
N 88
N 106
Échelle : 1 cm = 7 500 m.
INFOGRAPH Espace Cartographie - 9, avenue Dutartre - 78150 LE CHESNAY - Tél. : 01.39.55.70.44 - © Modèle déposé - Reproduction même partielle interdite.

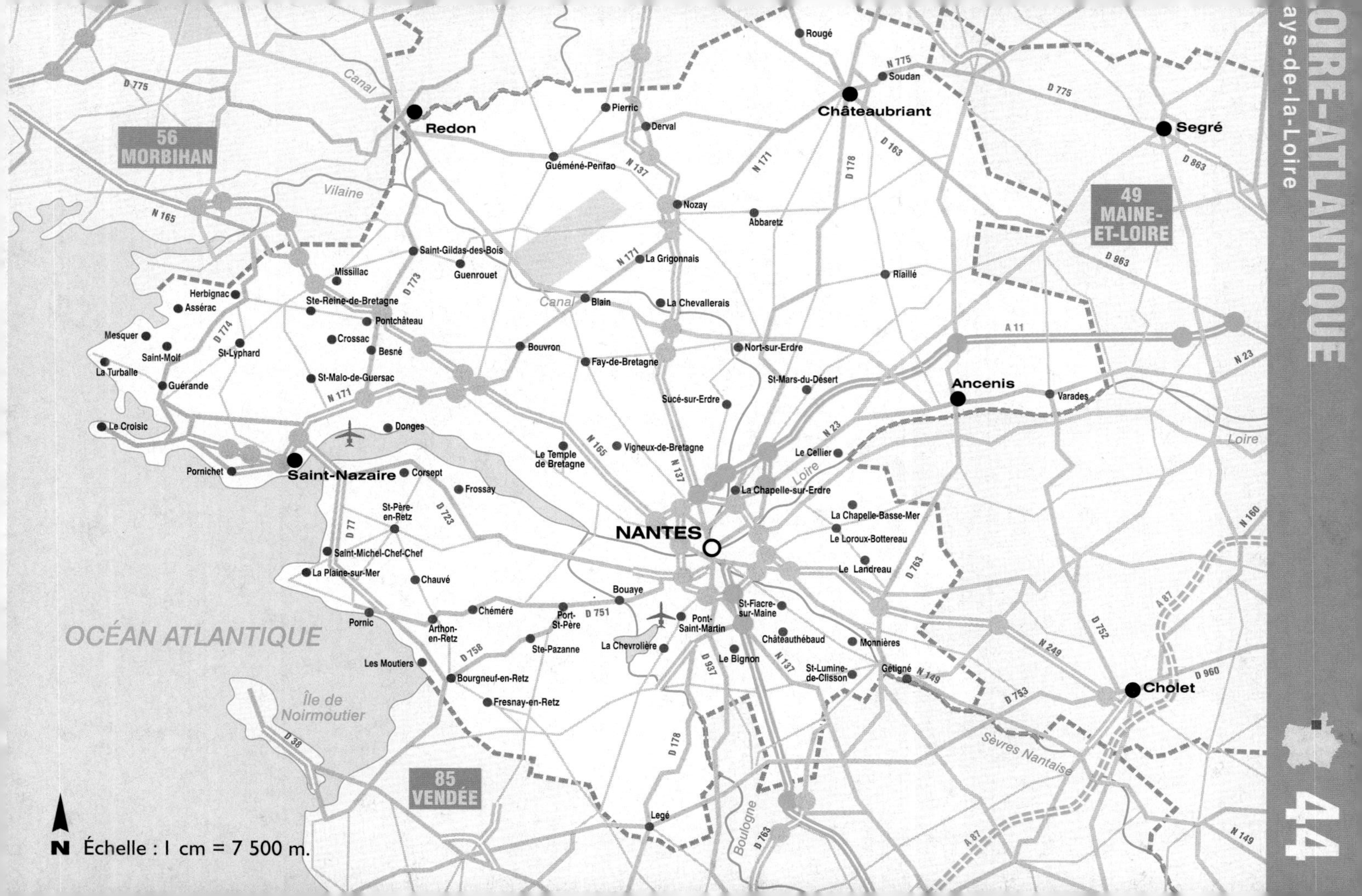

OIRE-ATLANTIQUE
ays-de-la-Loire
44
49 MAINE-ET-LOIRE
85 VENDÉE
56 MORBIHAN
OCÉAN ATLANTIQUE
Île de Noirmoutier
Échelle : 1 cm = 7 500 m.
N
NANTES
Saint-Nazaire
Châteaubriant
Ancenis
Segré
Cholet
Redon
Soudan
Rougé
Riaillé
Varades
Abbaretz
Nozay
Derval
Pierric
Guéméné-Penfao
La Grigonnais
La Chevallerais
Blain
Nort-sur-Erdre
St-Mars-du-Désert
Le Cellier
La Chapelle-sur-Erdre
Sucé-sur-Erdre
Vigneux-de-Bretagne
Fay-de-Bretagne
Bouvron
Le Temple de Bretagne
Guenrouet
Saint-Gildas-des-Bois
Missillac
Ste-Reine-de-Bretagne
Pontchâteau
Crossac
Besné
St-Malo-de-Guersac
Donges
Corsept
Frossay
St-Père-en-Retz
Saint-Michel-Chef-Chef
La Plaine-sur-Mer
Chauvé
Pornic
Arthon-en-Retz
Chéméré
Les Moutiers
Bourgneuf-en-Retz
Fresnay-en-Retz
Ste-Pazanne
Port-St-Père
Bouaye
La Chevrolière
Pont-Saint-Martin
Le Bignon
St-Fiacre-sur-Maine
Châteauthébaud
St-Lumine-de-Clisson
Gétigné
Monnières
Le Landreau
Le Loroux-Bottereau
La Chapelle-Basse-Mer
Legé
Herbignac
Assérac
St-Lyphard
Saint-Molf
Guérande
Mesquer
La Turballe
Le Croisic
Pornichet
Loire
Canal
Vilaine
Sèvres Nantaise
Boulogne
A 11
A 87
N 23
N 137
N 149
N 160
N 165
N 171
N 249
N 775
D 38
D 77
D 163
D 178
D 723
D 751
D 752
D 753
D 758
D 763
D 773
D 774
D 775
D 863
D 937
D 960
D 963

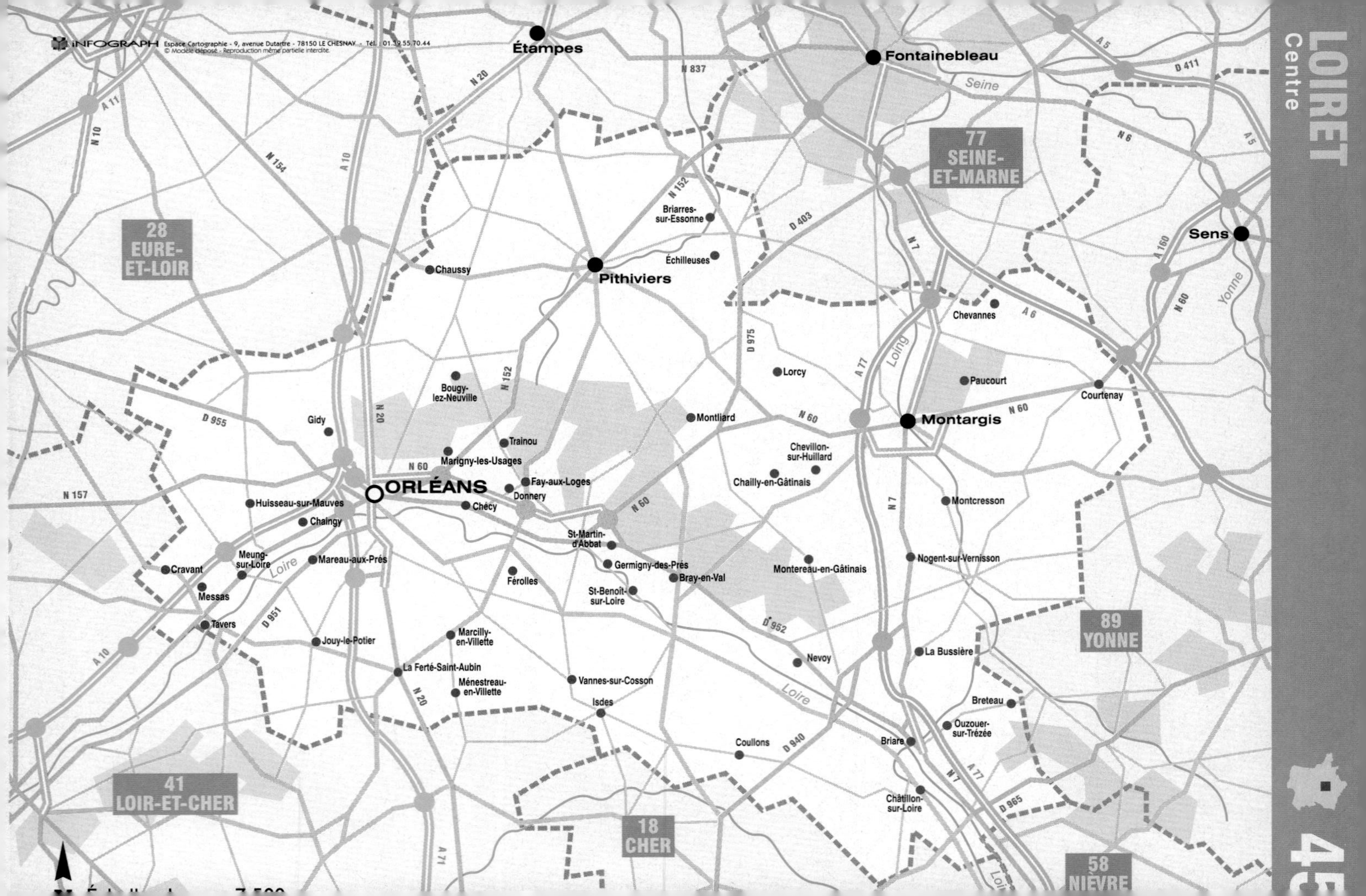

Étampes
Fontainebleau
N 837
Seine
A 5
D 411
N 20
A 11
N 10
N 154
A 10
77 SEINE-ET-MARNE
N 6
A 5
N 152
Briarres-sur-Essonne
D 403
N 7
A 160
Sens
28 EURE-ET-LOIR
Chaussy
Pithiviers
Échilleuses
Yonne
Chevannes
A 6
N 60
D 975
Loing
A 77
Lorcy
Paucourt
Courtenay
Bougy-lez-Neuville
N 152
N 20
D 955
Gidy
Montliard
N 60
Montargis
N 60
Trainou
Chevillon-sur-Huillard
Marigny-les-Usages
N 60
Fay-aux-Loges
Chailly-en-Gâtinais
ORLÉANS
Donnery
N 157
Huisseau-sur-Mauves
Chécy
N 60
N 7
Montcresson
Chaingy
St-Martin-d'Abbat
Meung-sur-Loire
Mareau-aux-Prés
Germigny-des-Prés
Montereau-en-Gâtinais
Nogent-sur-Vernisson
Cravant
Loire
Férolles
Bray-en-Val
Messas
St-Benoît-sur-Loire
D 951
D 952
89 YONNE
Tavers
Marcilly-en-Villette
Jouy-le-Potier
Nevoy
La Bussière
A 10
La Ferté-Saint-Aubin
Vannes-sur-Cosson
Loire
N 20
Ménestreau-en-Villette
Breteau
Isdes
Ouzouer-sur-Trézée
Coullons
D 940
Briare
41 LOIR-ET-CHER
N 7
A 77
Châtillon-sur-Loire
D 965
18 CHER
A 71
58 NIÈVRE

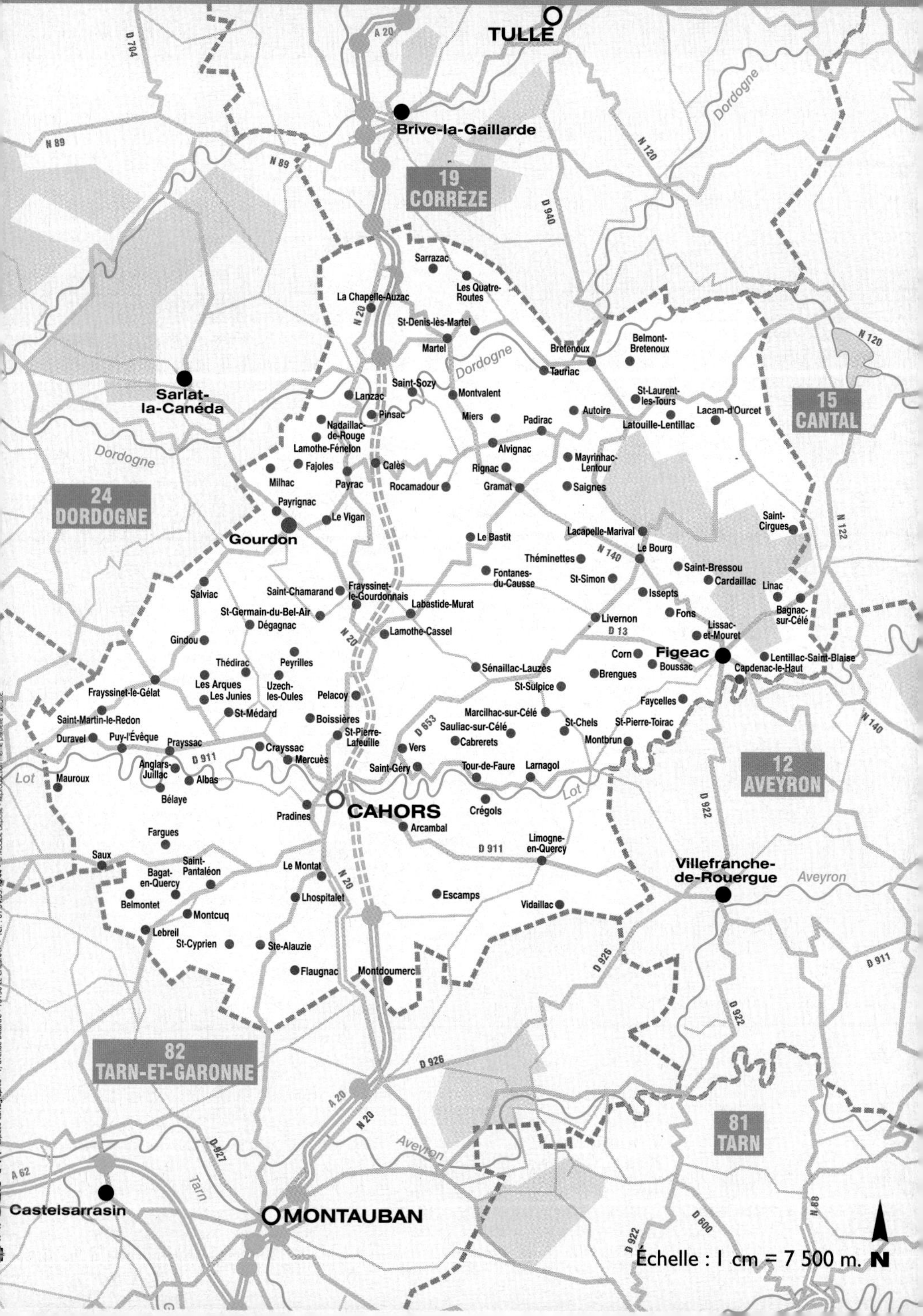

TULLE
Brive-la-Gaillarde
19 CORRÈZE
15 CANTAL
24 DORDOGNE
12 AVEYRON
82 TARN-ET-GARONNE
81 TARN

Sarlat-la-Canéda
Gourdon
Figeac
CAHORS
Villefranche-de-Rouergue
Castelsarrasin
MONTAUBAN

Sarrazac
Les Quatre-Routes
La Chapelle-Auzac
St-Denis-lès-Martel
Martel
Bretenoux
Belmont-Bretenoux
Tauriac
Saint-Sozy
Lanzac
Montvalent
St-Laurent-les-Tours
Pinsac
Miers
Padirac
Autoire
Lacam-d'Ourcet
Latouille-Lentillac
Nadaillac-de-Rouge
Lamothe-Fénelon
Alvignac
Fajoles
Calès
Rignac
Mayrinhac-Lentour
Milhac
Payrac
Rocamadour
Gramat
Saignes
Payrignac
Le Vigan
Saint-Cirgues
Lacapelle-Marival
Le Bastit
Le Bourg
Théminettes
Saint-Bressou
Fontanes-du-Causse
St-Simon
Cardaillac
Linac
Salviac
Saint-Chamarand
Frayssinet-le-Gourdonnais
Issepts
Labastide-Murat
Bagnac-sur-Célé
St-Germain-du-Bel-Air
Dégagnac
Livernon
Fons
Lissac-et-Mouret
Gindou
Lamothe-Cassel
Corn
Boussac
Lentillac-Saint-Blaise
Capdenac-le-Haut
Thédirac
Peyrilles
Sénaillac-Lauzès
Brengues
Frayssinet-le-Gélat
Les Arques
Uzech-les-Oules
St-Sulpice
Les Junies
Pelacoy
Faycelles
St-Médard
Marcilhac-sur-Célé
Saint-Martin-le-Redon
Boissières
St-Chels
St-Pierre-Toirac
Duravel
Puy-l'Évêque
Prayssac
St-Pierre-Lafeuille
Sauliac-sur-Célé
Cabrerets
Montbrun
Crayssac
Vers
Anglars-Juillac
Mercuès
Saint-Géry
Tour-de-Faure
Larnagol
Mauroux
Albas
Bélaye
Pradines
Crégols
Arcambal
Fargues
Limogne-en-Quercy
Saux
Saint-Pantaléon
Bagat-en-Quercy
Le Montat
Belmontet
Lhospitalet
Escamps
Vidaillac
Montcuq
Lebreil
St-Cyprien
Ste-Alauzie
Flaugnac
Montdoumerc

Dordogne
Lot
Aveyron
Tarn

A 20
A 62
N 20
N 89
N 120
N 122
N 140
N 88
D 704
D 940
D 13
D 653
D 911
D 922
D 926
D 927
D 600

Échelle : 1 cm = 7 500 m.
N

LOT-ET-GARONNE
Aquitaine
47
D 674
Isle
N 89
A 89
Libourne
N 21
Bergerac
Dordogne
D 936
Dordogne
33
GIRONDE
24
DORDOGNE
D 933
N 21
Esclottes
Baleyssagues
St-Jean-de-Duras
Duras
Moustier
Agnac
Douzains
Castillonnès
Villeréal
Lévignac-de-Guyenne
Bourgougnague
Dévillac
Saint-Eutrope-de-Born
Laussou
Sauveterre-la-Lémance
Gavaudun
Miramont-de-Guyenne
N 113
Montignac-de-Lauzun
Seyches
Salles
Monflanquin
Cancon
Marmande
Montagnac-sur-Lède
Saint-Pierre-de-Caubel
La Sauvetat-sur-Lédé
N 21
Lot
A 62
Cocumont
Garonne
Samazan
Villeneuve-sur-Lot
Bouglon
Grezet-Cavagnan
N 113
Courbiac
D 655
Argenton
Tonneins
Pujols-le-Haut
D 911
Clairac
Lot
Montpezat
St-Antoine-de-Ficalba
Auradou
Lacépède
D 666
D 933
Damazan
Aiguillon
82
TARN-ET-GARONNE
D 655
Bazens
N 21
Engayrac
Dondas
Buzet-sur-Baïse
Clermont-Dessous
Lusignan-Petit
St-Martin-de-Beauville
N 113
AGEN
Feugarolles
D 8
Pompiey
A 62
Saint-Romain-le-Noble
Vianne
Bon-Encontre
Barbaste
Moncaut
Nérac
Roquefort
D 656
Garonne
N 113
Lisse
D 930
Laplume
Astaffort
D 933
A 62
Castelsarrasin
40
LANDES
Baïze
D 931
N 21
Condom
Gers
32
GERS
D 928
D 931
Midour
Douze
N 131
Échelle : 1 cm = 7 500 m.
N
INFOGRAPH
Espace Cartographie - 9, avenue Dutartre - 78150 LE CHESNAY - Tél. : 01.39.55.70.44 - © Modèle déposé - Reproduction même partielle interdite.

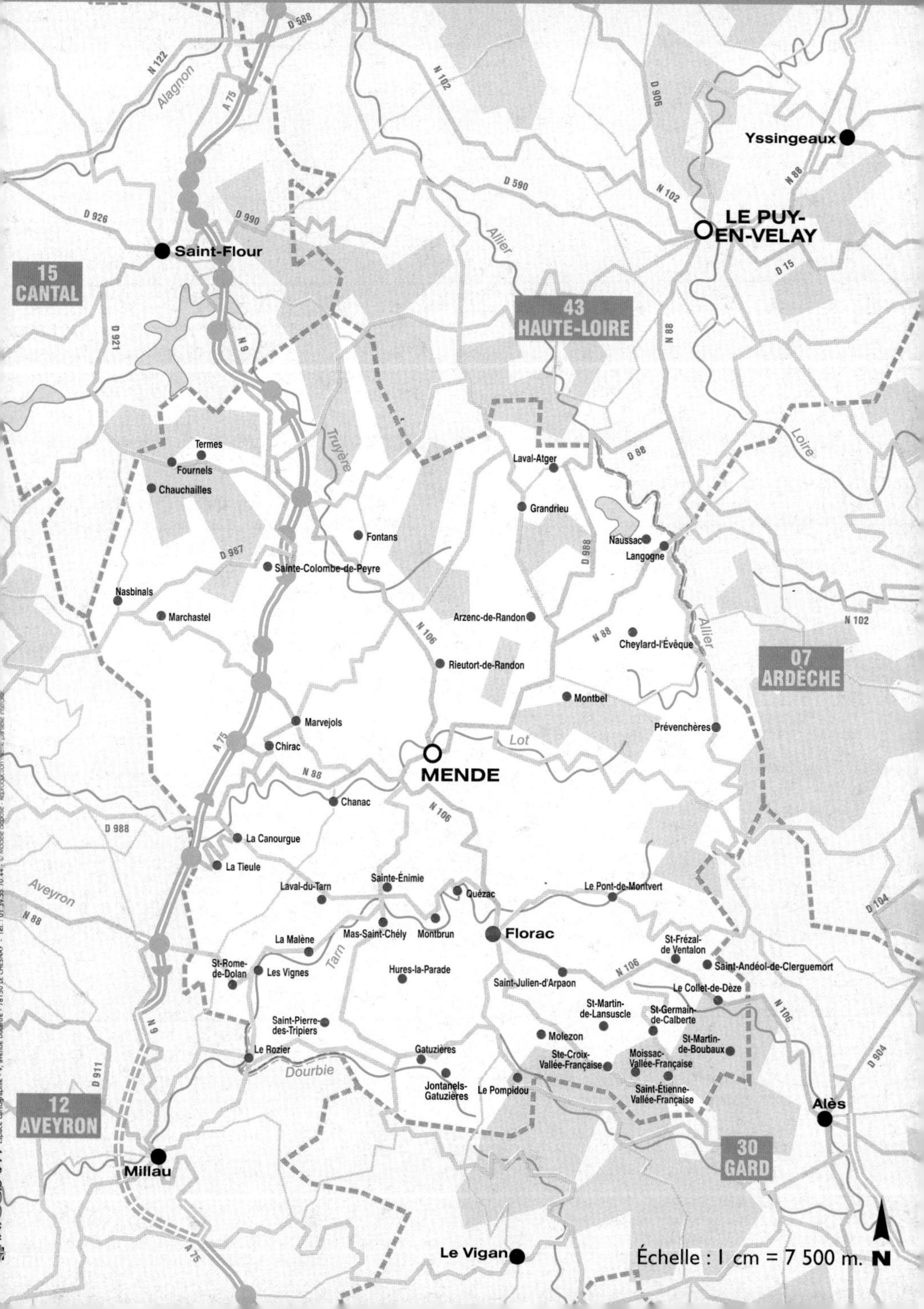

LOZÈRE

Languedoc-Roussillon

48

Yssingeaux
LE PUY-EN-VELAY
Saint-Flour
15 CANTAL
43 HAUTE-LOIRE
07 ARDÈCHE
12 AVEYRON
30 GARD
D 588
N 122
Alagnon
A 75
N 102
D 906
D 590
N 88
D 926
D 990
Allier
D 15
D 921
N 9
Truyère
Loire
D 88
Termes
Fournels
Chauchailles
Laval-Atger
Grandrieu
Fontans
Naussac
Langogne
D 987
D 988
Sainte-Colombe-de-Peyre
Nasbinals
Marchastel
Arzenc-de-Randon
N 106
Cheylard-l'Évêque
N 102
Rieutort-de-Randon
Montbel
Marvejols
Prévenchères
Lot
Chirac
MENDE
Chanac
La Canourgue
La Tieule
Aveyron
Sainte-Énimie
Laval-du-Tarn
Quézac
Le Pont-de-Montvert
D 104
Mas-Saint-Chély
Montbrun
Florac
La Malène
St-Frézal-de Ventalon
Tarn
St-Rome-de-Dolan
Les Vignes
Hures-la-Parade
Saint-Andéol-de-Clerguemort
Saint-Julien-d'Arpaon
Le Collet-de-Dèze
St-Martin-de-Lansuscle
St-Germain-de-Calberte
Saint-Pierre-des-Tripiers
Molezon
St-Martin-de-Boubaux
D 904
Le Rozier
Gatuzières
Ste-Croix-Vallée-Française
Moissac-Vallée-Française
Dourbie
D 911
Jontanels-Gatuzières
Le Pompidou
Saint-Étienne-Vallée-Française
Alès
Millau
Le Vigan

Échelle : 1 cm = 7 500 m.
N

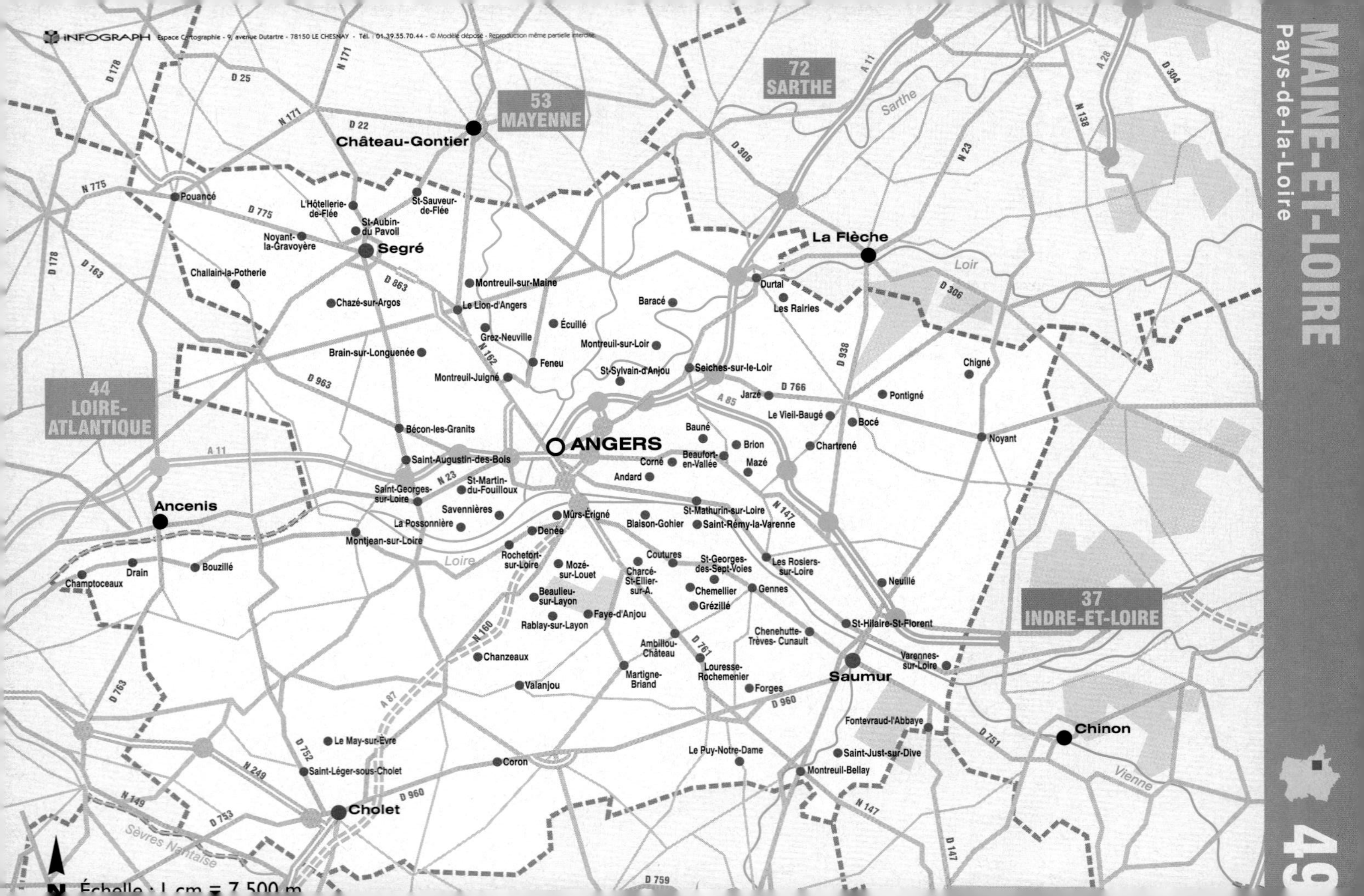
MAINE-ET-LOIRE
Pays-de-la-Loire
49
INFOGRAPH Espace Cartographie - 9, avenue Dutartre - 78150 LE CHESNAY - Tél. : 01.39.55.70.44 - © Modèle déposé - Reproduction même partielle interdite
53 MAYENNE
72 SARTHE
44 LOIRE-ATLANTIQUE
37 INDRE-ET-LOIRE
Château-Gontier
Pouancé
L'Hôtellerie-de-Flée
St-Sauveur-de-Flée
St-Aubin-du Pavoil
Noyant-la-Gravoyère
Segré
Challain-la-Potherie
Montreuil-sur-Maine
Chazé-sur-Argos
Le Lion-d'Angers
Baracé
Durtal
Les Rairies
La Flèche
Loir
Écuillé
Grez-Neuville
Montreuil-sur-Loir
Brain-sur-Longuenée
Feneu
Seiches-sur-le-Loir
St-Sylvain-d'Anjou
Montreuil-Juigné
Chigné
Jarzé
Pontigné
Le Vieil-Baugé
Boçé
Bécon-les-Granits
Bauné
Brion
Chartrené
Noyant
ANGERS
Corné
Beaufort-en-Vallée
Mazé
Saint-Augustin-des-Bois
Andard
St-Martin-du-Fouilloux
Saint-Georges-sur-Loire
Savennières
Ancenis
St-Mathurin-sur-Loire
Mûrs-Érigné
Blaison-Gohier
Saint-Rémy-la-Varenne
La Possonnière
Denée
Montjean-sur-Loire
Loire
Rochefort-sur-Loire
Coutures
St-Georges-des-Sept-Voies
Les Rosiers-sur-Loire
Drain
Bouzillé
Champtoceaux
Mozé-sur-Louet
Charcé-St-Ellier-sur-A.
Chemellier
Gennes
Neuillé
Beaulieu-sur-Layon
Grézillé
Faye-d'Anjou
Rablay-sur-Layon
St-Hilaire-St-Florent
Ambillou-Château
Chenehutte-Trèves- Cunault
Chanzeaux
Varennes-sur-Loire
Loureese-Rochemenier
Martigné-Briand
Saumur
Valanjou
Forges
Fontevraud-l'Abbaye
Chinon
Le May-sur-Èvre
Le Puy-Notre-Dame
Saint-Just-sur-Dive
Coron
Saint-Léger-sous-Cholet
Montreuil-Bellay
Vienne
Cholet
Sèvres Nantaise
Sarthe
D 178
D 25
N 171
D 22
N 775
D 775
D 163
D 863
N 162
D 963
A 11
N 23
D 306
A 28
D 304
N 138
D 938
D 766
A 85
N 147
D 761
N 160
A 87
D 960
D 763
D 752
N 249
N 149
D 753
D 751
D 759
D 147
N
Échelle : 1 cm = 7 500 m

MANCHE

Basse-Normandie

50

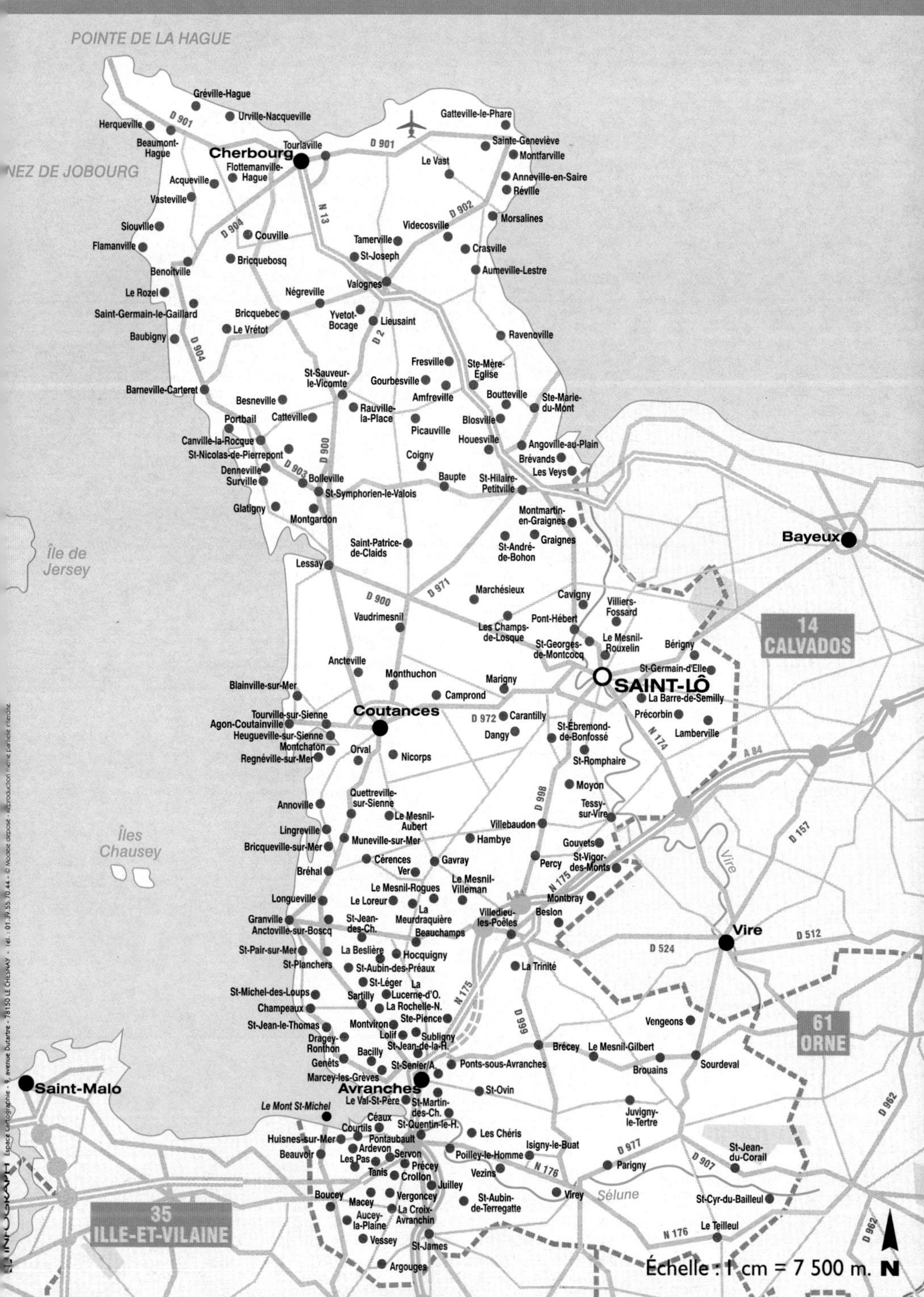

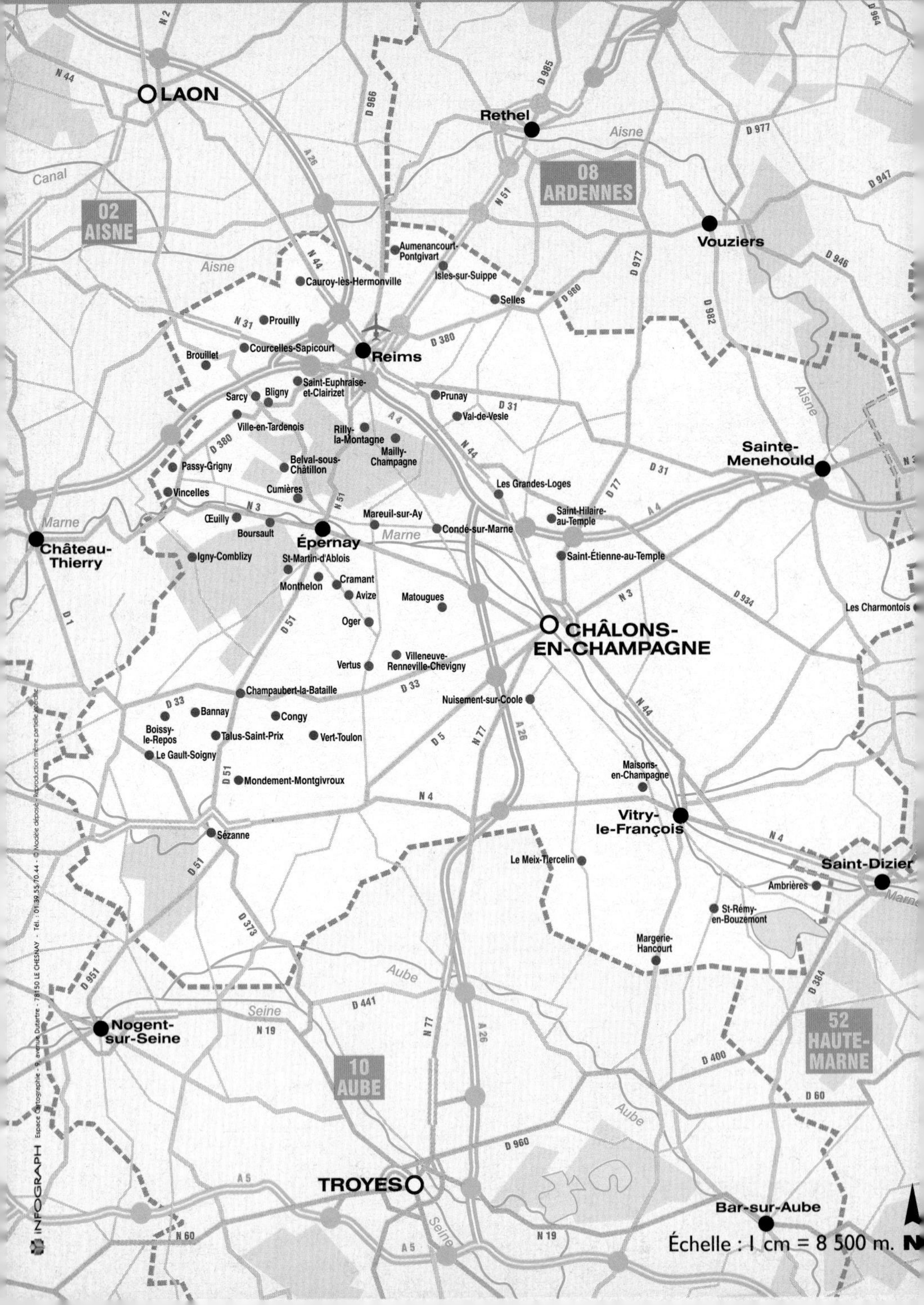

LAON
Rethel
Vouziers
Reims
Sainte-Menehould
Château-Thierry
Épernay
CHÂLONS-EN-CHAMPAGNE
Vitry-le-François
Saint-Dizier
Nogent-sur-Seine
TROYES
Bar-sur-Aube

02 AISNE
08 ARDENNES
10 AUBE
52 HAUTE-MARNE

Aumenancourt-Pontgivart
Cauroy-lès-Hermonville
Isles-sur-Suippe
Selles
Prouilly
Courcelles-Sapicourt
Brouillet
Saint-Euphraise-et-Clairizet
Sarcy
Bligny
Ville-en-Tardenois
Prunay
Val-de-Vesle
Rilly-la-Montagne
Mailly-Champagne
Passy-Grigny
Belval-sous-Châtillon
Cumières
Vincelles
Les Grandes-Loges
Œuilly
Boursault
Mareuil-sur-Ay
Condé-sur-Marne
Saint-Hilaire-au-Temple
Saint-Étienne-au-Temple
Igny-Comblizy
St-Martin-d'Ablois
Monthelon
Cramant
Avize
Matougues
Oger
Les Charmontois
Vertus
Villeneuve-Renneville-Chevigny
Champaubert-la-Bataille
Nuisement-sur-Coole
Bannay
Congy
Boissy-le-Repos
Talus-Saint-Prix
Vert-Toulon
Le Gault-Soigny
Mondement-Montgivroux
Maisons-en-Champagne
Sézanne
Le Meix-Tiercelin
Ambrières
St-Rémy-en-Bouzemont
Margerie-Hancourt

Canal
Aisne
Marne
Aube
Seine

N 2
N 44
A 26
D 966
D 985
D 977
D 964
D 947
N 51
D 946
D 980
D 982
N 31
D 380
D 31
A 4
D 77
N 3
D 934
D 33
D 5
N 77
N 4
D 51
D 373
D 951
D 441
N 19
D 384
D 400
D 60
D 960
A 5
N 60

Échelle : 1 cm = 8 500 m.
N

HAUTE-MARNE
Champagne-Ardenne

52

Échelle : 1 cm = 7 500 m.

MAYENNE
Pays-de-la-Loire
53
50 MANCHE
61 ORNE
72 SARTHE
49 MAINE-ET-LOIRE
Argentan
ALENÇON
Fougères
Mayenne
LAVAL
Château-Gontier
Segré
La Flèche
ANGERS
Pontmain
Saint-Mars-sur-la-Futaie
Gorron
Montaudin
Soucé
Lassay-les-Châteaux
Lignières-Orgères
Couptrain
Gesvres
Ernée
Saint-Mars-du-Désert-en-Mayenne
Belgeard
Bais-en-Mayenne
Commer
St-Martin-de-Connée
Andouillé
Mézangers
Brée
Montsûrs
St-Germain-le-Fouilloux
Argentré
Changé-les-Laval
Loiron
l'Huisserie
Soulgé-sur-Ouette
Saint-Jean-sur-Erve
La Bazouge-de-Chemeré
Meslay-du-Maine
Ruillé-Froids-Fonds
Bouessay
La Selle-Craonnaise
Craon
Laigné
Chemazé
Ménil
St-Denis-d'Anjou
Sélune
Mayenne
Vilaine
Sarthe
Loir
N 175
D 999
D 977
D 907
D 962
D 924
D 916
N 158
D 908
N 176
D 798
D 177
A 84
N 12
D 909
N 138
D 23
D 31
D 178
D 35
N 162
A 81
N 157
D 21
D 304
N 171
D 25
D 22
A 11
D 306
N 23
D 775
D 863
D 963
D 938
D 766
N
Échelle : 1 cm = 7 500 m.
INFOGRAPH Espace Cartographie - 9, avenue Dutartre - 78150 LE CHESNAY Tél. : 01.39.55.70.44 - © Modèle déposé - Reproduction même partielle interdite.

MEURTHE-ET-MOSELLE

Lorraine

54

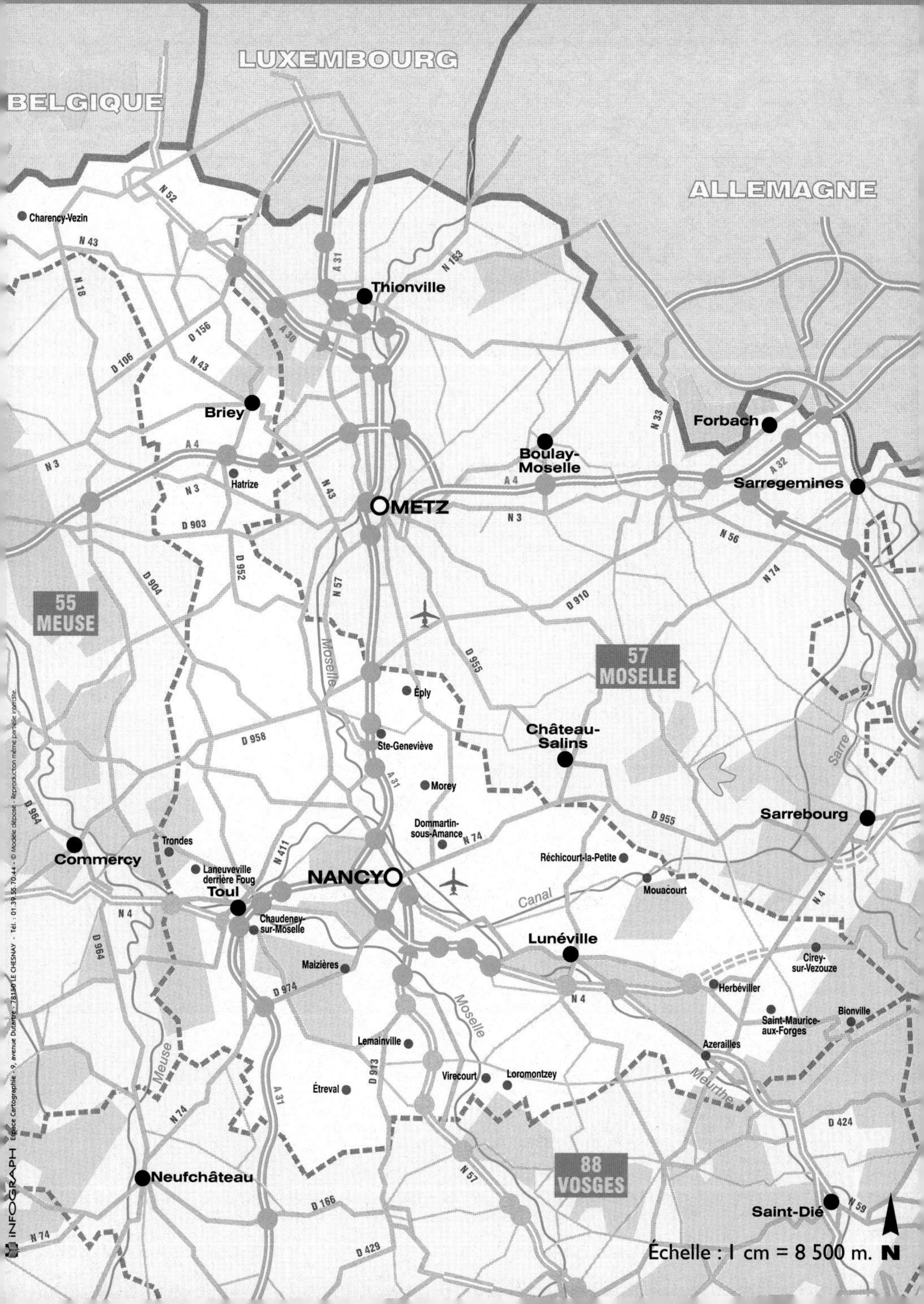

LUXEMBOURG
BELGIQUE
ALLEMAGNE
Charency-Vezin
N 52
N 43
N 18
A 31
N 153
Thionville
A 30
D 156
D 106
N 43
Briey
Forbach
N 33
Boulay-Moselle
A 4
N 3
Hatrize
A 32
Sarregemines
N 43
A 4
METZ
N 3
D 903
N 3
N 56
D 952
D 904
N 57
N 74
55 MEUSE
D 910
Moselle
D 955
57 MOSELLE
Éply
Château-Salins
D 958
Ste-Geneviève
A 31
Morey
Sarre
D 964
D 955
Sarrebourg
Dommartin-sous-Amance
N 74
Trondes
Commercy
Réchicourt-la-Petite
N 411
Laneuveville derrière Foug
NANCY
Toul
Mouacourt
Canal
N 4
N 4
Chaudeney-sur-Moselle
D 964
Lunéville
Maizières
Cirey-sur-Vezouze
D 974
Herbéviller
N 4
Moselle
Saint-Maurice-aux-Forges
Bionville
Lemainville
Azerailles
Meuse
Virecourt
Loromontzey
D 913
Étreval
Meurthe
A 31
N 74
D 424
88 VOSGES
N 57
Neufchâteau
D 166
Saint-Dié
N 59
N 74
D 429

Échelle : 1 cm = 8 500 m.

N

LUXEMBOURG

08 ARDENNES

51 MARNE

52 HAUTE-MARNE

54 MEURTHE-ET-MOSELLE

Vouziers

Liny-devant-Dun

Écurey-en-Verdunois

Dannevoux

Consenvoye

Azannes

Loison

Briey

Saint-Maurice-les-Gussainville

Gussainville

Montzéville

Verdun

Le Claon

Sainte-Menehould

Ronvaux

Pintheville

Mont-Villers

Bonzée

Ancemont

St-Maurice-sous-les-Côtes

Nubécourt

Thillombois

Buxières-sous-les-Côtes

Sampigny

BAR-LE-DUC

Commercy

Domrémy-aux-Bois

Saint-Aubin-sur-Aire

Toul

Aulnois-en-Perthois

Saint-Dizier

Maxey-sur-Vaise

Gondrecourt-le-Château

Burey-la-Côte

Vouthon-Bas

Meuse

Aisne

Moselle

Marne

Canal de la Marne

D 964, D 977, D 947, D 946, D 982, D 981, N 43, D 905, N 18, N 52, D 156, D 106, A 31, A 30, A 4, N 3, D 903, D 952, D 904, N 57, D 934, N 35, D 958, D 994, N 135, N 4, N 411, D 974, D 384, D 60, N 74

Échelle : 1 cm = 7 500 m. N

MORBIHAN
Bretagne

56

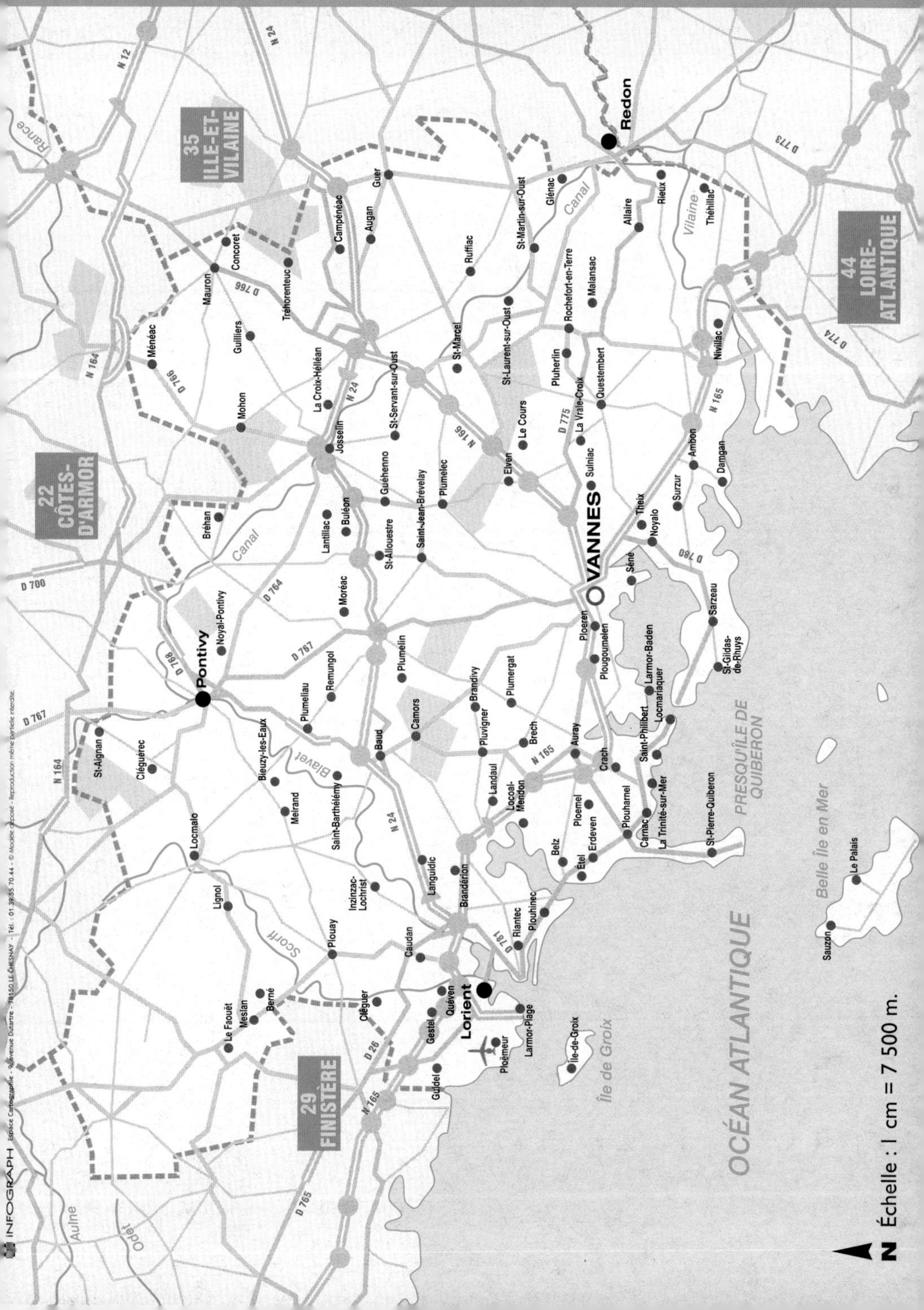

VANNES
Lorient
Pontivy
Redon
35 ILLE-ET-VILAINE
22 CÔTES-D'ARMOR
29 FINISTÈRE
44 LOIRE-ATLANTIQUE
OCÉAN ATLANTIQUE
PRESQU'ÎLE DE QUIBERON
Belle Île en Mer
Île de Groix
Île-de-Groix
Le Palais
Sauzon
Guer
Augan
Campénéac
Concoret
Mauron
Tréhorenteuc
Ménéac
Guilliers
Mohon
La Croix-Helléan
Josselin
St-Servant-sur-Oust
St-Marcel
Ruffiac
St-Martin-sur-Oust
Glénac
St-Laurent-sur-Oust
Rochefort-en-Terre
Malansac
Allaire
Rieux
Théhillac
Nivillac
Pluherlin
Questembert
La Vraie-Croix
Le Cours
Elven
Sulniac
Plumelec
Guéhenno
Saint-Jean-Brévelay
Buléon
Lantillac
St-Allouestre
Bréhan
Noyal-Pontivy
Moréac
Plumelin
Remungol
Plumeliau
Camors
Baud
Brandivy
Pluvigner
Plumergat
Brech
Landaul
Locoal-Mendon
Auray
Crach
Ploemel
Erdeven
Belz
Étel
Plouharnel
Carnac
La Trinité-sur-Mer
Saint-Philibert
Locmariaquer
Larmor-Baden
Ploeren
Plougoumelen
Séné
Theix
Noyalo
Surzur
Ambon
Damgan
Sarzeau
St-Gildas-de-Rhuys
St-Pierre-Quiberon
Bieuzy-les-Eaux
Melrand
Saint-Barthélémy
Languidic
Brandérion
Inzinzac-Lochrist
Riantec
Plouhinec
Caudan
Quéven
Gestel
Ploëmeur
Larmor-Plage
Guidel
Cléguer
Plouay
Lignol
Locmalo
Cléguérec
St-Aignan
Le Faouët
Meslan
Berné
Canal
Vilaine
Blavet
Scorff
Rance
Aulne
Odet
N 12
N 24
N 164
N 165
N 166
D 766
D 775
D 764
D 767
D 768
D 700
D 780
D 781
D 26
D 765
D 773
D 774
N
Échelle : 1 cm = 7 500 m.
INFOGRAPH Espace Cartographie - 9, avenue Dutartre - 78150 LE CHESNAY - Tél. : 01 39 55 70 44 - © Modèle déposé - Reproduction même partielle interdite.

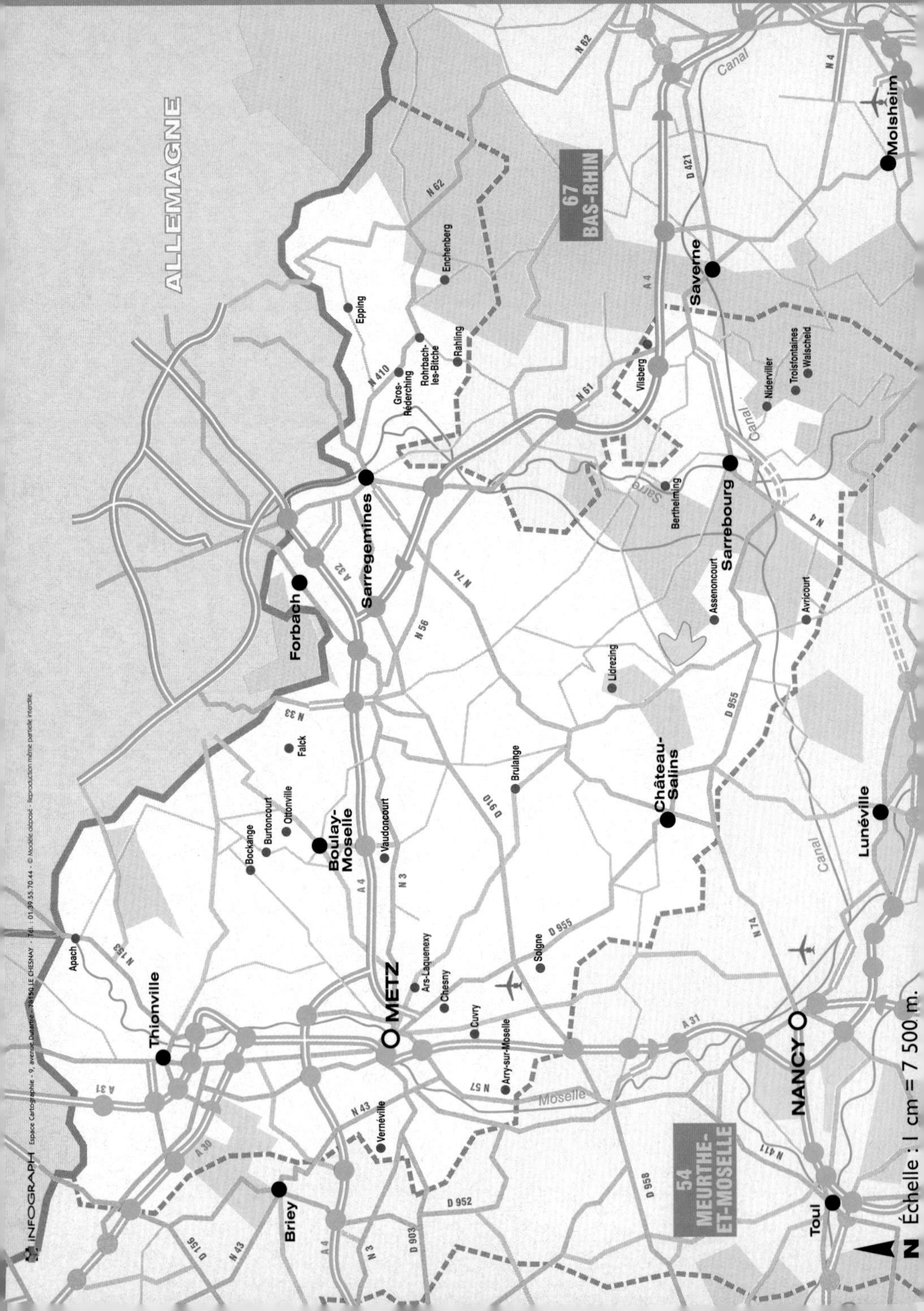

ALLEMAGNE

67 BAS-RHIN

54 MEURTHE-ET-MOSELLE

Thionville
Apach
Briey
Metz
Nancy
Toul
Forbach
Sarreguemines
Boulay-Moselle
Château-Salins
Sarrebourg
Saverne
Lunéville
Molsheim
Epping
Enchenberg
Rohrbach-lès-Bitche
Rahling
Gros-Réderching
Vilsberg
Niderviller
Troisfontaines
Walscheid
Berthelming
Assenoncourt
Avricourt
Lidrezing
Falck
Ottonville
Burtoncourt
Bockange
Vaudoncourt
Brulange
Solgne
Ars-Laquenexy
Chesny
Cuvry
Arry-sur-Moselle
Vernéville

A 4
A 31
A 30
A 32
N 3
N 4
N 33
N 43
N 56
N 57
N 61
N 62
N 74
N 153
N 410
N 411
D 156
D 421
D 903
D 910
D 952
D 955
D 958

Moselle
Sarre
Canal

N Échelle : 1 cm = 7 500 m.

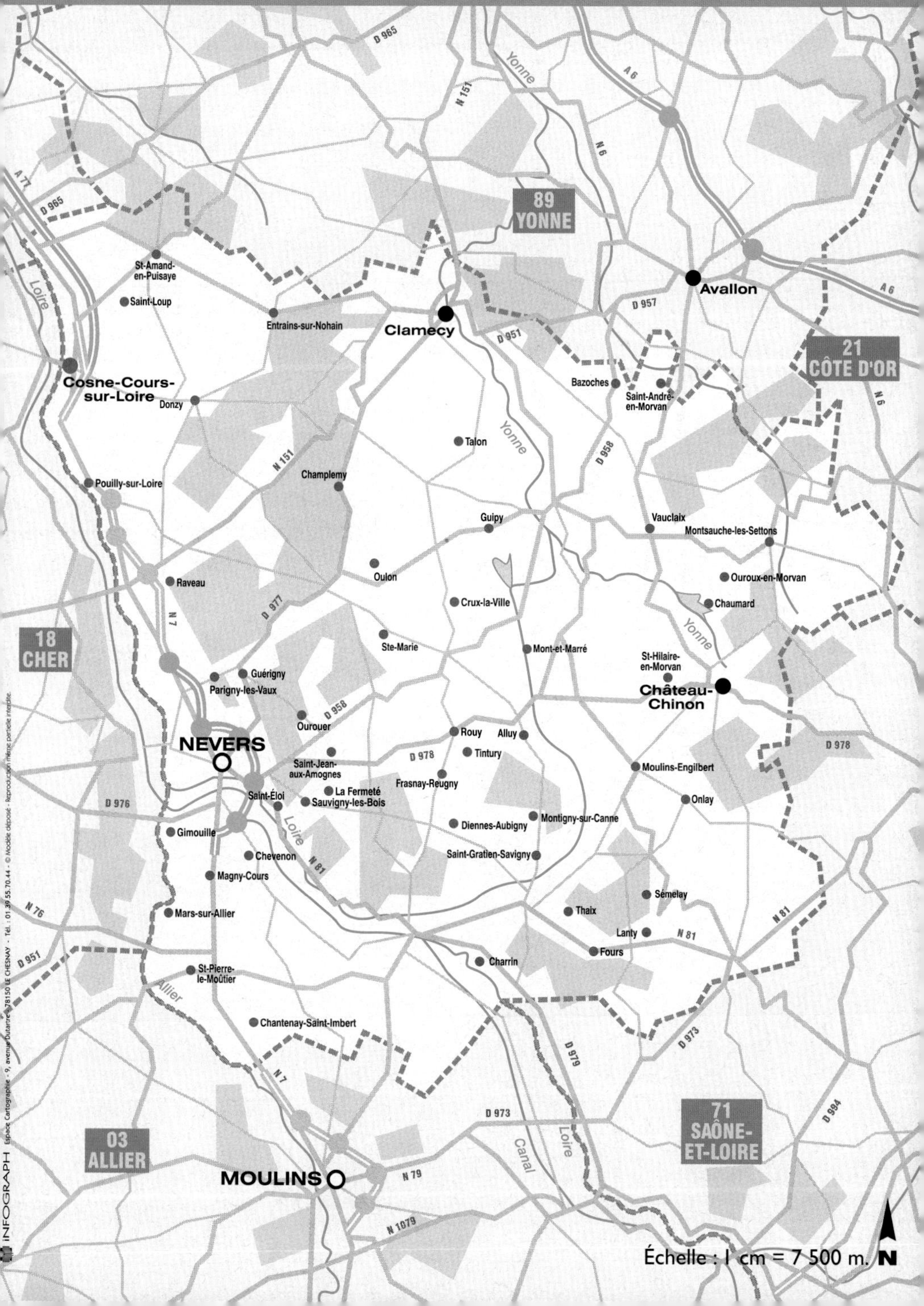

89 YONNE

21 CÔTE D'OR

18 CHER

03 ALLIER

71 SAÔNE-ET-LOIRE

Clamecy
Avallon
Cosne-Cours-sur-Loire
NEVERS
Château-Chinon
MOULINS

St-Amand-en-Puisaye
Saint-Loup
Entrains-sur-Nohain
Donzy
Bazoches
Saint-André-en-Morvan
Talon
Champlemy
Pouilly-sur-Loire
Guipy
Vauclaix
Montsauche-les-Settons
Oulon
Ouroux-en-Morvan
Raveau
Crux-la-Ville
Chaumard
Ste-Marie
Mont-et-Marré
St-Hilaire-en-Morvan
Guérigny
Parigny-les-Vaux
Ourouer
Rouy
Alluy
Tintury
Saint-Jean-aux-Amognes
Frasnay-Reugny
Moulins-Engilbert
La Fermeté
Saint-Éloi
Sauvigny-les-Bois
Onlay
Diennes-Aubigny
Montigny-sur-Canne
Gimouille
Chevenon
Saint-Gratien-Savigny
Magny-Cours
Sémelay
Thaix
Mars-sur-Allier
Lanty
Fours
Charrin
St-Pierre-le-Moûtier
Chantenay-Saint-Imbert

Loire
Yonne
Allier
Canal

A 6
A 77
N 6
N 7
N 76
N 79
N 81
N 151
N 1079
D 951
D 957
D 958
D 965
D 973
D 976
D 977
D 978
D 979
D 994

Échelle : 1 cm = 7 500 m.
N

NORD

Nord-Pas-de-Calais

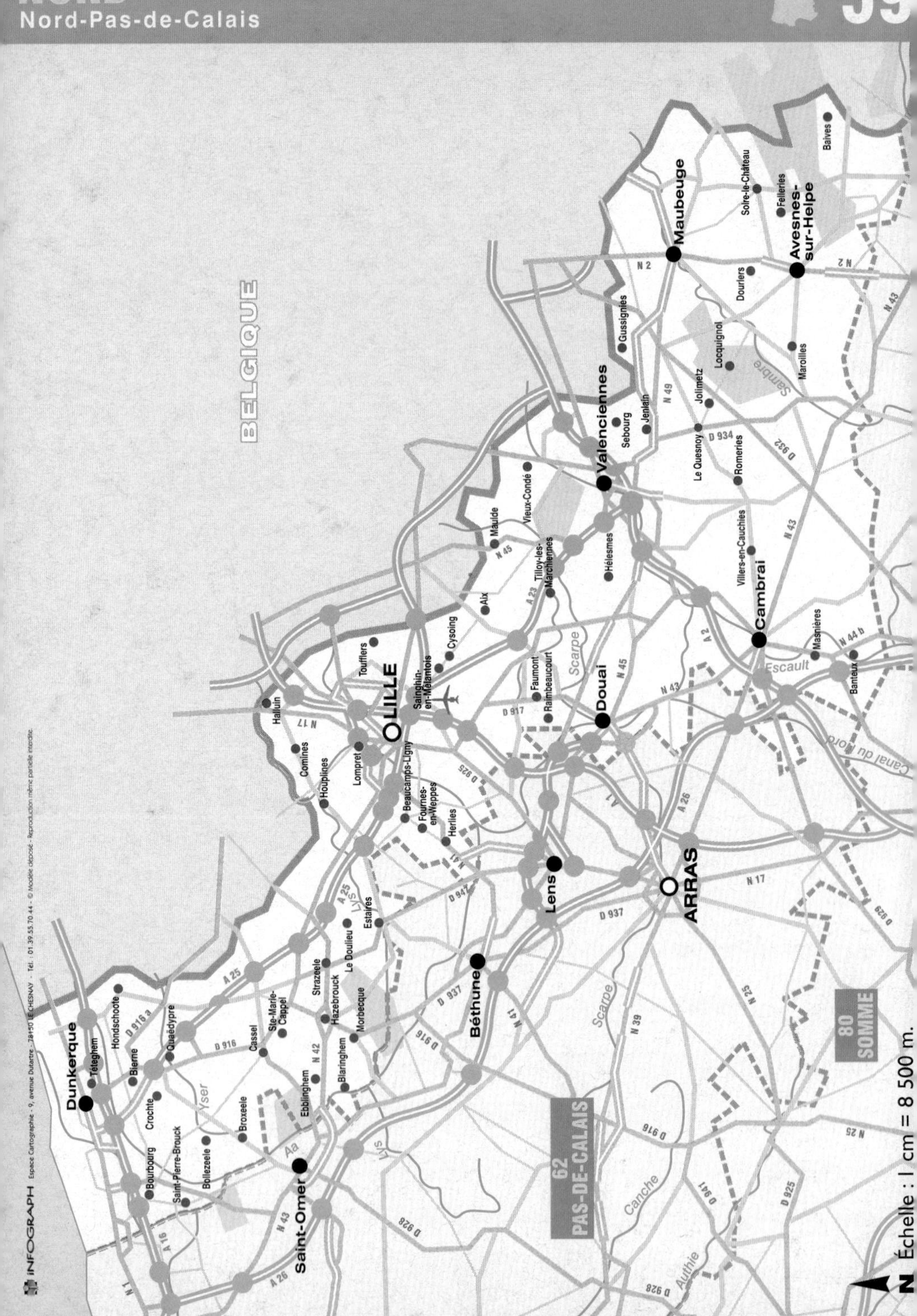

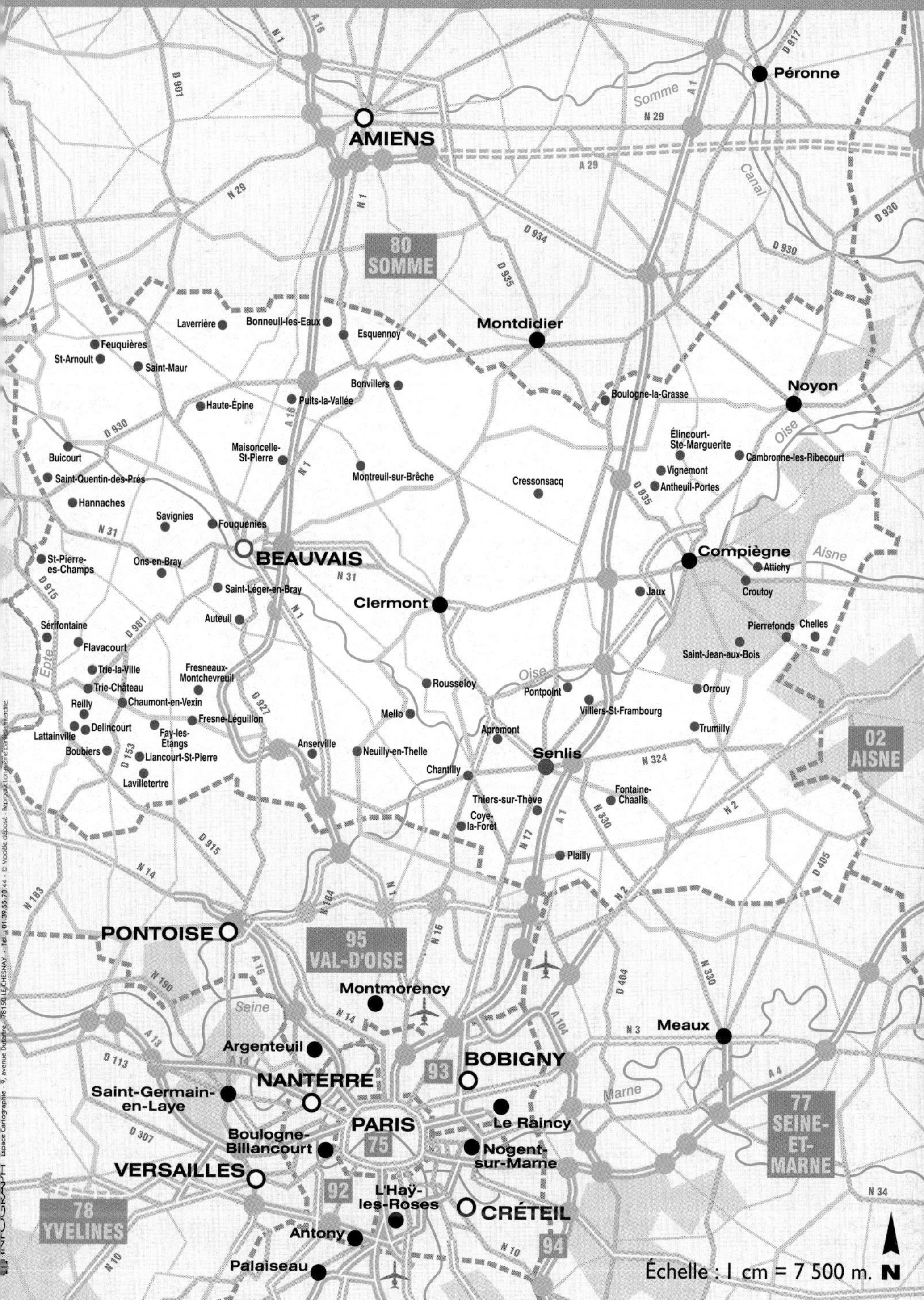
AMIENS
Péronne
Somme
N 29
A 29
Canal
A 16
N 1
D 901
A 1
D 917
D 930
D 934
D 935
80
SOMME
Laverrière
Bonneuil-les-Eaux
Esquennoy
Montdidier
Feuquières
St-Arnoult
Saint-Maur
Bonvillers
Boulogne-la-Grasse
Noyon
Haute-Épine
Puits-la-Vallée
Oise
Élincourt-Ste-Marguerite
Cambronne-les-Ribecourt
Buicourt
Maisoncelle-St-Pierre
Montreuil-sur-Brêche
Vignemont
Antheuil-Portes
Saint-Quentin-des-Prés
Cressonsacq
Hannaches
Savignies
Fouquenies
N 31
BEAUVAIS
Compiègne
Aisne
Attichy
St-Pierre-es-Champs
Ons-en-Bray
Croutoy
Jaux
Saint-Léger-en-Bray
Clermont
D 915
Auteuil
Sérifontaine
D 981
Pierrefonds
Chelles
Flavacourt
Saint-Jean-aux-Bois
Epte
Trie-la-Ville
Fresneaux-Montchevreuil
Trie-Château
Rousseloy
Pontpoint
Orrouy
Reilly
Chaumont-en-Vexin
D 927
Villiers-St-Frambourg
Delincourt
Fresne-Léguillon
Mello
Trumilly
Lattainville
Fay-les-Etangs
Apremont
02
AISNE
Boubiers
D 153
Liancourt-St-Pierre
Anserville
Neuilly-en-Thelle
Senlis
N 324
Lavilletertre
Chantilly
Fontaine-Chaalis
Thiers-sur-Thève
N 330
N 2
Coye-la-Forêt
N 17
Plailly
N 14
D 405
N 183
N 184
PONTOISE
95
VAL-D'OISE
N 16
A 15
N 190
D 404
Seine
Montmorency
N 14
A 104
N 3
Meaux
A 13
Argenteuil
D 113
A 14
BOBIGNY
93
NANTERRE
Marne
A 4
Saint-Germain-en-Laye
77
SEINE-ET-MARNE
PARIS
75
Le Raincy
D 307
Boulogne-Billancourt
Nogent-sur-Marne
VERSAILLES
92
L'Haÿ-les-Roses
CRÉTEIL
N 34
78
YVELINES
Antony
94
N 10
Palaiseau
Échelle : 1 cm = 7 500 m.
N

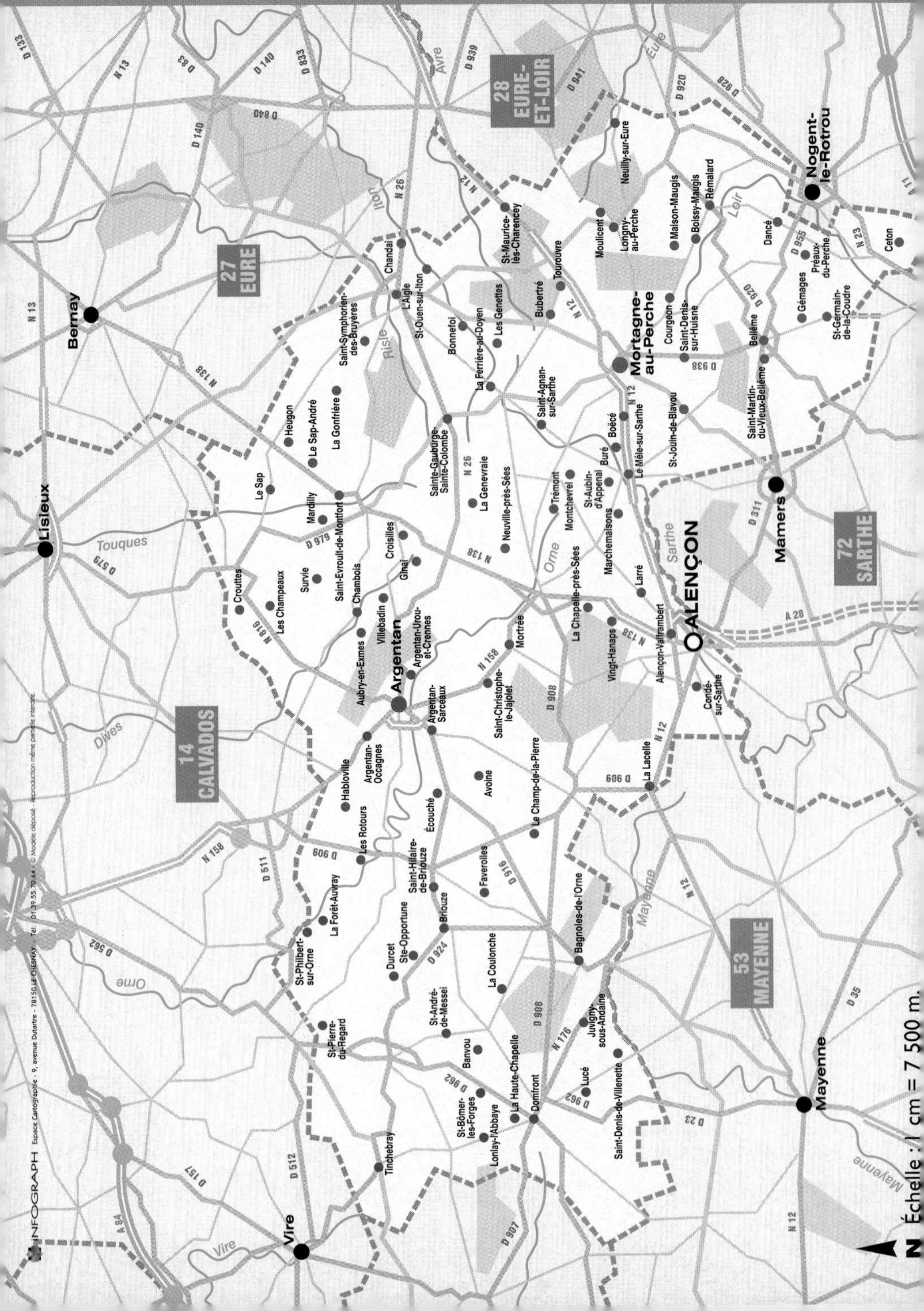

27 EURE
28 EURE-ET-LOIR
14 CALVADOS
53 MAYENNE
72 SARTHE
ALENÇON
Argentan
Mortagne-au-Perche
Bernay
Lisieux
Vire
Mayenne
Mamers
Nogent-le-Rotrou
L'Aigle
Chandai
St-Ouen-sur-Iton
St-Maurice-lès-Charencey
Tourouvre
Bubertré
Les Genettes
Bonnefoi
La Ferrière-au-Doyen
Saint-Symphorien-des-Bruyères
Heugon
Le Sap-André
La Gonfrière
Le Sap
Mardilly
Saint-Evroult-de-Montfort
Sainte-Gauburge-Sainte-Colombe
La Genevraie
Neuville-près-Sées
Saint-Agnan-sur-Sarthe
Trémont
Montchevrel
St-Aubin-d'Appenai
Buré
Boëcé
Le Mêle-sur-Sarthe
Marchemaisons
Croisilles
Gimal
Survie
Chambois
Villebadin
Les Champeaux
Crouttes
Aubry-en-Exmes
Argentan-Urou-et-Crennes
Argentan-Sarceaux
Mortrée
Saint-Christophe-le-Jajolet
La Chapelle-près-Sées
Vingt-Hanaps
Larré
Alençon-Valframbert
Condé-sur-Sarthe
La Lacelle
Habloville
Argentan-Occagnes
Avoine
Écouché
Le Champ-de-la-Pierre
Les Rotours
Saint-Hilaire-de-Briouze
Faverolles
Briouze
La Forêt-Auvray
St-Philbert-sur-Orne
Durcet
Ste-Opportune
La Coulonche
Bagnoles-de-l'Orne
St-André-de-Messei
St-Pierre-du-Regard
Banvou
Juvigny-sous-Andaine
Saint-Denis-de-Villenette
Lucé
La Haute-Chapelle
Domfront
St-Bômer-les-Forges
Lonlay-l'Abbaye
Tinchebray
Moulicent
Longny-au-Perche
Neuilly-sur-Eure
Maison-Maugis
Boissy-Maugis
Rémalard
Courgeon
Saint-Denis-sur-Huisne
Bellême
Saint-Martin-du-Vieux-Bellême
St-Jouin-de-Blavou
Dancé
Préaux-du-Perche
Gémages
St-Germain-de-la-Coudre
Ceton
Touques
Dives
Orne
Vire
Risle
Iton
Avre
Eure
Loir
Sarthe
Mayenne
N 13
N 138
N 158
N 26
N 12
N 176
N 23
A 28
A 84
D 133
D 83
D 140
D 833
D 840
D 939
D 941
D 920
D 928
D 579
D 979
D 816
D 908
D 909
D 511
D 562
D 924
D 916
D 962
D 512
D 157
D 907
D 938
D 311
D 955
D 35
D 23
INFOGRAPH Espace Cartographie - 9, avenue Dutartre - 78150 LE CHESNAY - Tél. 01.39.55.70.44 - © Modèle déposé - Reproduction même partielle interdite.
N Échelle : 1 cm = 7 500 m.

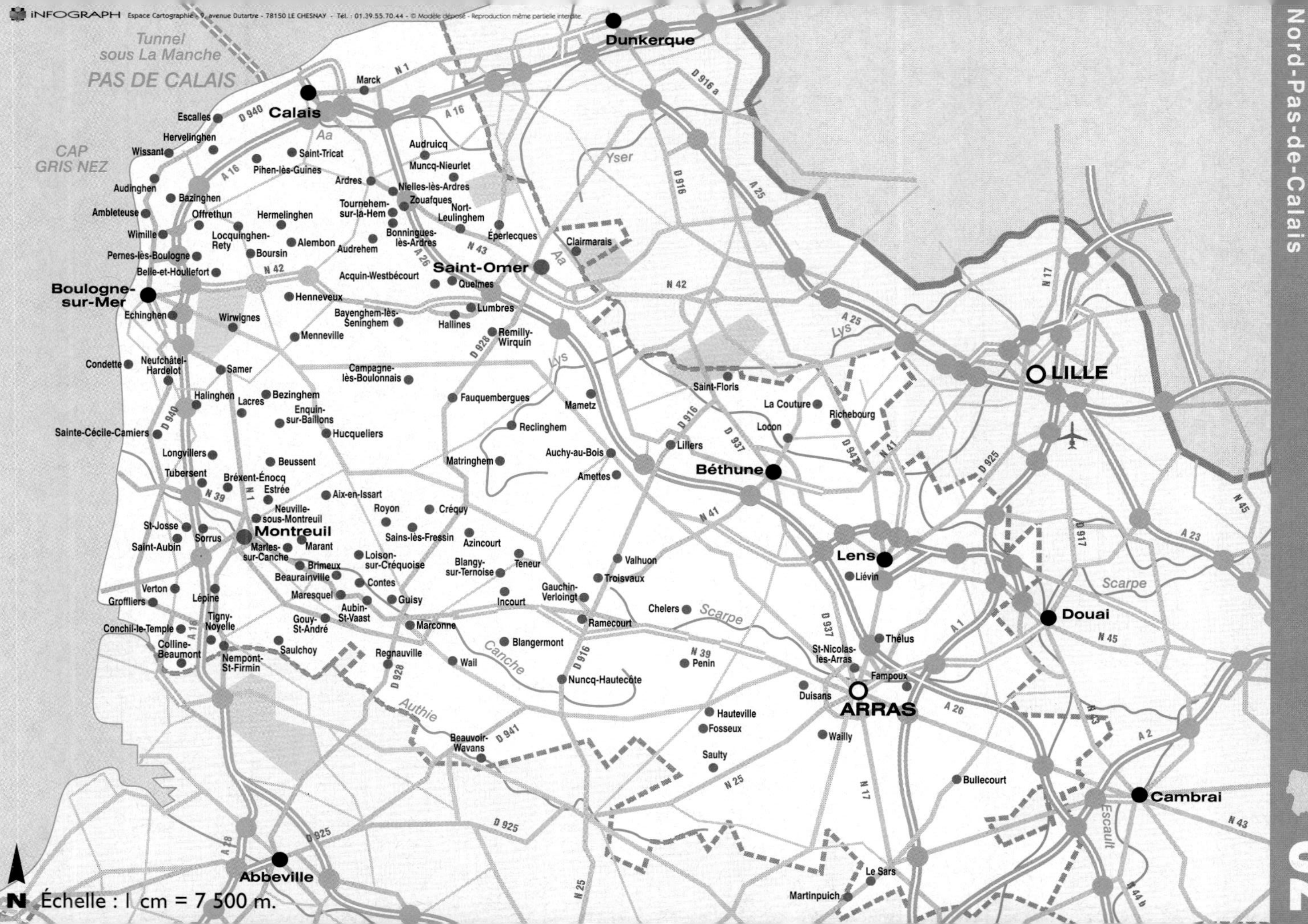

Tunnel sous La Manche
PAS DE CALAIS
CAP GRIS NEZ
Dunkerque
Calais
Marck
Escalles
Hervelinghen
Wissant
Audinghen
Ambleteuse
Wimille
Pernes-lès-Boulogne
Belle-et-Houllefort
Boulogne-sur-Mer
Echinghen
Bazinghen
Offrethun
Locquinghen-Rety
Hermelinghen
Alembon
Boursin
Saint-Tricat
Pihen-lès-Guînes
Ardres
Audruicq
Muncq-Nieurlet
Nielles-lès-Ardres
Zouafques
Tournehem-sur-la-Hem
Nort-Leulinghem
Bonningues-lès-Ardres
Audrehem
Éperlecques
Clairmarais
Saint-Omer
Acquin-Westbécourt
Quelmes
Lumbres
Hallines
Henneveux
Bayenghem-lès-Seninghem
Wirwignes
Menneville
Remilly-Wirquin
Condette
Neufchâtel-Hardelot
Samer
Campagne-lès-Boulonnais
Halinghen
Lacres
Bezinghem
Enquin-sur-Baillons
Hucqueliers
Fauquembergues
Mametz
Reclinghem
Sainte-Cécile-Camiers
Longvillers
Tubersent
Beussent
Bréxent-Énocq
Estrée
Aix-en-Issart
Matringhem
Auchy-au-Bois
Amettes
St-Josse
Saint-Aubin
Sorrus
Neuville-sous-Montreuil
Montreuil
Marles-sur-Canche
Marant
Royon
Créquy
Sains-lès-Fressin
Azincourt
Loison-sur-Créquoise
Brimeux
Beaurainville
Contes
Blangy-sur-Ternoise
Teneur
Verton
Groffliers
Lépine
Maresquel
Guisy
Aubin-St-Vaast
Gouy-St-André
Incourt
Gauchin-Verloingt
Valhuon
Troisvaux
Chelers
Conchil-le-Temple
Tigny-Noyelle
Colline-Beaumont
Nempont-St-Firmin
Saulchoy
Marconne
Regnauville
Ramecourt
Blangermont
Wail
Nuncq-Hautecôte
Penin
Beauvoir-Wavans
Saint-Floris
La Couture
Richebourg
Locon
Lillers
Béthune
LILLE
Lens
Liévin
Douai
Thélus
St-Nicolas-lès-Arras
Fampoux
Duisans
ARRAS
Hauteville
Fosseux
Wailly
Saulty
Bullecourt
Cambrai
Le Sars
Martinpuich
Abbeville
Aa
Yser
Lys
Scarpe
Canche
Authie
Escault
A 1
A 2
A 16
A 23
A 25
A 26
A 28
N 1
N 17
N 25
N 39
N 41
N 42
N 43
N 45
N 44 b
D 916
D 916 a
D 917
D 925
D 928
D 937
D 940
D 941
N Échelle : 1 cm = 7 500 m.

PUY-DE-DÔME

Auvergne

63

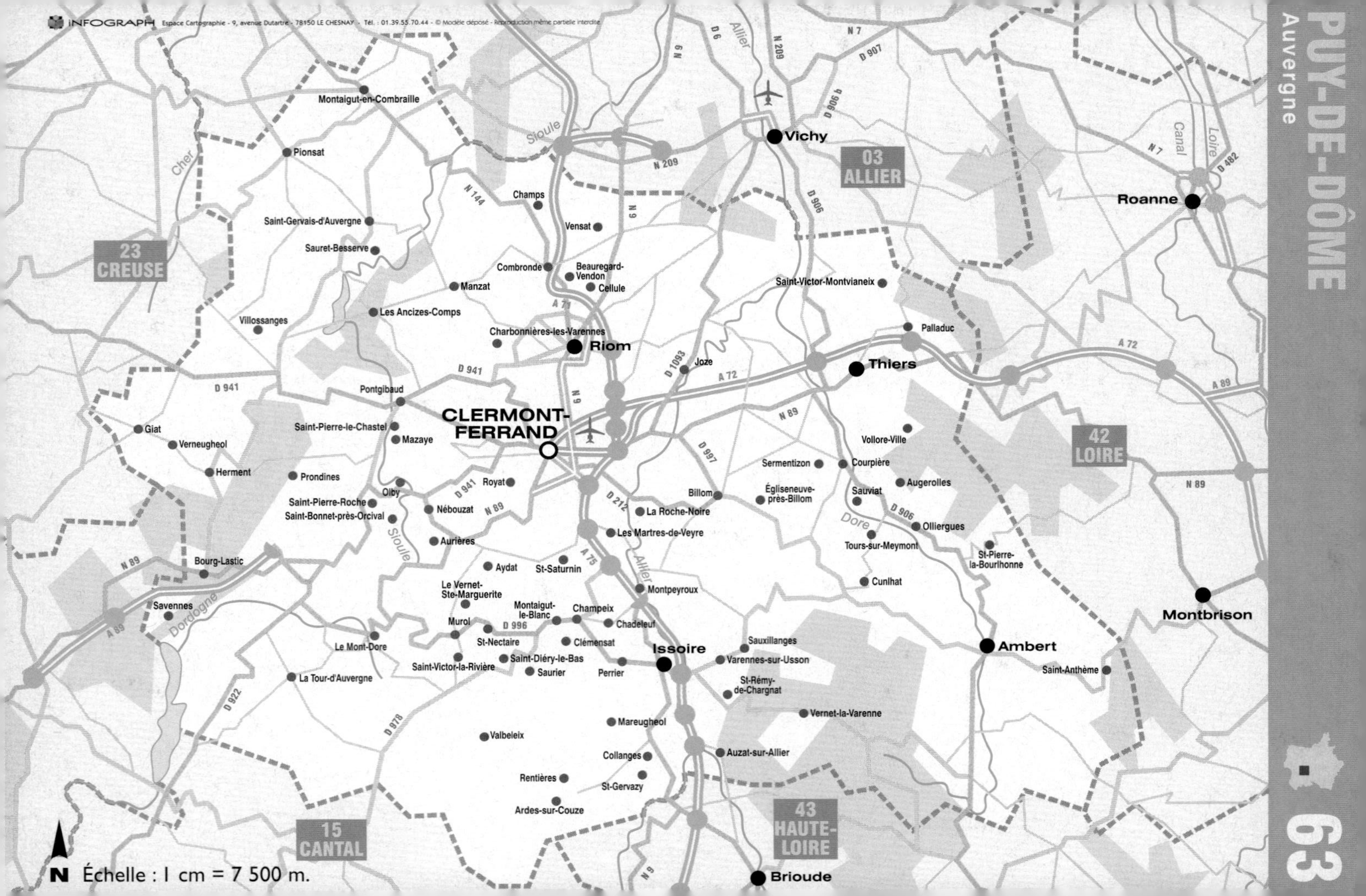

PYRÉNÉES-ATLANTIQUES

Aquitaine

64

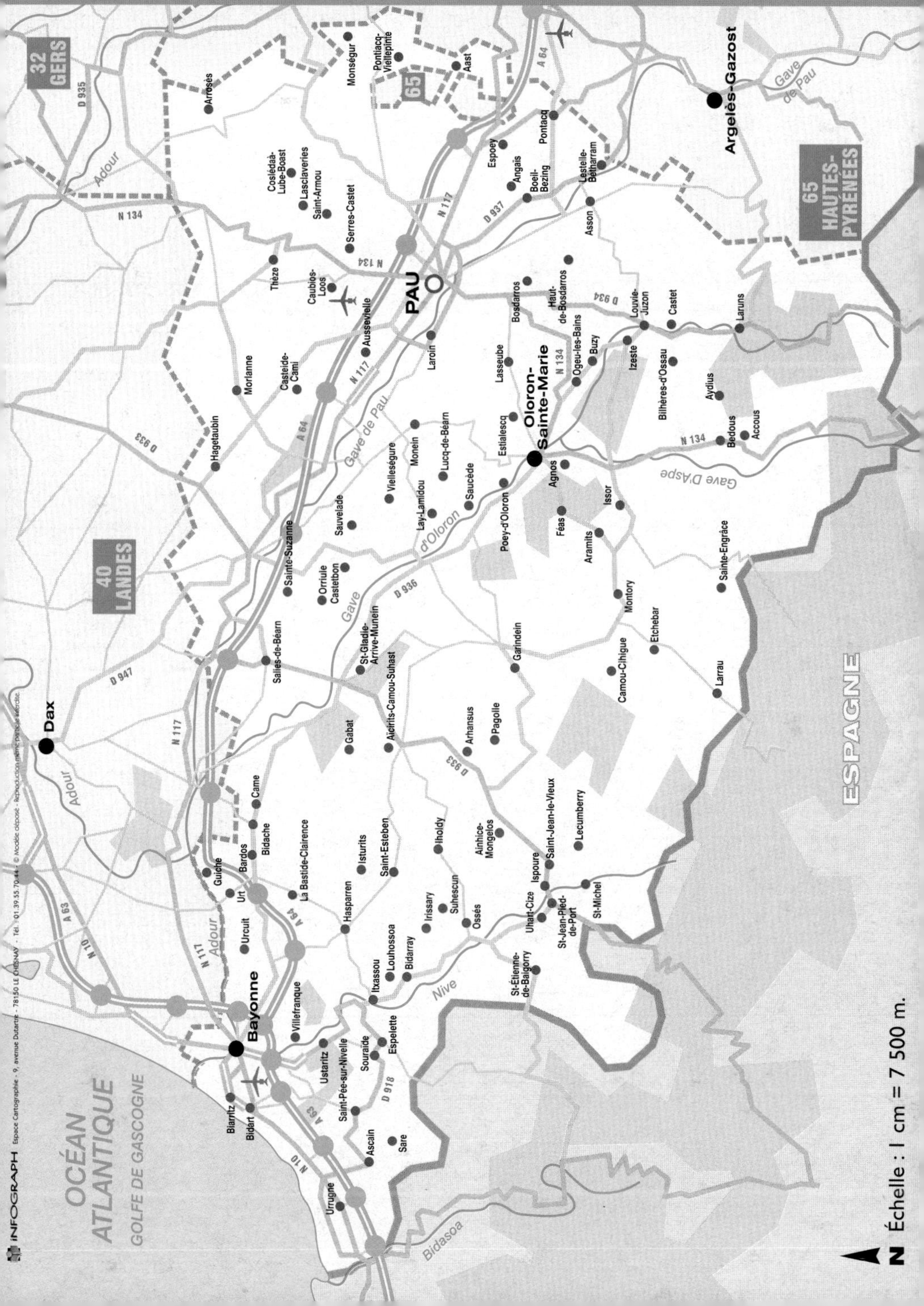

32 GERS

40 LANDES

65

65 HAUTES-PYRÉNÉES

ESPAGNE

OCÉAN ATLANTIQUE

GOLFE DE GASCOGNE

PAU

Oloron-Sainte-Marie

Bayonne

Dax

Argelès-Gazost

Arrosès, Monségur, Pontacq-Viellepinte, Aast, Cosledaà-Lube-Boast, Lasclaveries, Saint-Armou, Serres-Castet, Thèze, Caubios-Loos, Espoey, Angaïs, Pontacq, Boeil-Bezing, Lestelle-Bétharram, Asson, Bosdarros, Haut-de-Bosdarros, Louvie-Juzon, Castet, Laruns, Aussevielle, Laroin, Lasseube, Ogeu-les-Bains, Buzy, Izeste, Bilhères-d'Ossau, Aydius, Bedous, Accous, Morlanne, Casteide-Cami, Hagetaubin, Monein, Lucq-de-Béarn, Estialescq, Vielleségure, Lay-Lamidou, Saucède, Poey-d'Oloron, Agnos, Issor, Féas, Aramits, Sauvelade, Sainte-Suzanne, Orriule, Castetbon, Montory, Sainte-Engrâce, Etchebar, Salies-de-Béarn, St-Gladie-Arrive-Munein, Garindein, Camou-Cihigue, Larrau, Aïcirits-Camou-Suhast, Gabat, Arhansus, Pagolle, Came, Bidache, Bardos, Guiche, Urt, La Bastide-Clairence, Isturits, Saint-Esteben, Iholdy, Ainhice-Mongelos, Saint-Jean-le-Vieux, Lecumberry, Ispoure, Urcuit, Hasparren, Irissary, Suhescun, Ossès, Uhart-Cize, St-Jean-Pied-de-Port, St-Michel, Louhossoa, Bidarray, Itxassou, St-Étienne-de-Baïgorry, Villefranque, Ustaritz, Souraïde, Espelette, Saint-Pée-sur-Nivelle, Biarritz, Bidart, Ascain, Sare, Urrugne

Adour, Gave de Pau, Gave d'Oloron, Gave D'Aspe, Nive, Bidasoa

A 63, A 64, N 10, N 117, N 134, D 933, D 936, D 937, D 934, D 947, D 935, D 918

N Échelle : 1 cm = 7 500 m.

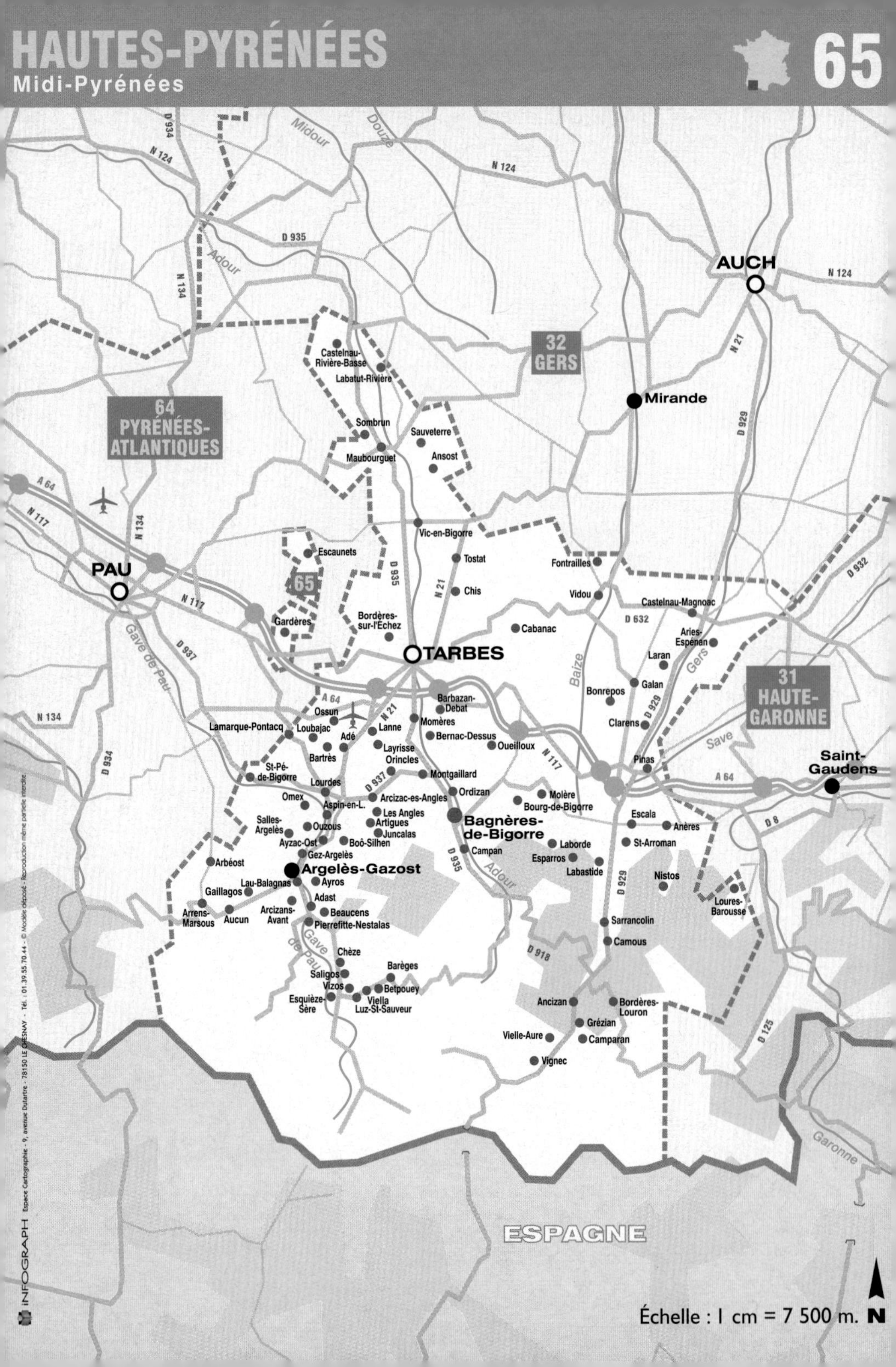

HAUTES-PYRÉNÉES
Midi-Pyrénées
65
64
PYRÉNÉES-ATLANTIQUES
32
GERS
31
HAUTE-GARONNE
65
PAU
AUCH
TARBES
Mirande
Saint-Gaudens
Castelnau-Rivière-Basse
Labatut-Rivière
Sombrun
Maubourguet
Sauveterre
Ansost
Vic-en-Bigorre
Tostat
Chis
Escaunets
Gardères
Bordères-sur-l'Échez
Fontrailles
Vidou
Castelnau-Magnoac
Cabanac
Aries-Espénan
Laran
Galan
Bonrepos
Clarens
Pinas
Barbazan-Debat
Momères
Bernac-Dessus
Oueilloux
Ossun
Lamarque-Pontacq
Loubajac
Adé
Bartrès
Lanne
Layrisse
Orincles
St-Pé-de-Bigorre
Lourdes
Montgaillard
Omex
Ordizan
Arcizac-es-Angles
Aspin-en-L.
Les Angles
Artigues
Juncalas
Salles-Argelès
Ouzous
Ayzac-Ost
Boô-Silhen
Gez-Argelès
Bagnères-de-Bigorre
Molère
Bourg-de-Bigorre
Escala
Anères
St-Arroman
Laborde
Esparros
Labastide
Campan
Nistos
Loures-Barousse
Arbéost
Argelès-Gazost
Lau-Balagnas
Ayros
Gaillagos
Adast
Arrens-Marsous
Aucun
Arcizans-Avant
Beaucens
Pierrefitte-Nestalas
Sarrancolin
Camous
Chèze
Barèges
Saligos
Vizos
Betpouey
Esquièze-Sère
Viella
Luz-St-Sauveur
Ancizan
Bordères-Louron
Grézian
Vielle-Aure
Camparan
Vignec
ESPAGNE
Midour
Douze
Adour
Baïse
Gers
Save
Gave de Pau
Garonne
A 64
N 117
N 134
N 124
N 21
D 934
D 935
D 937
D 632
D 929
D 932
D 918
D 8
D 125
Échelle : 1 cm = 7 500 m.
N
INFOGRAPH Espace Cartographie - 9, avenue Dutartre - 78150 LE CHESNAY - Tél. : 01.39.55.70.44 - © Modèle déposé - Reproduction même partielle interdite.

PYRÉNÉES-ORIENTALES
Languedoc-Roussillon

66

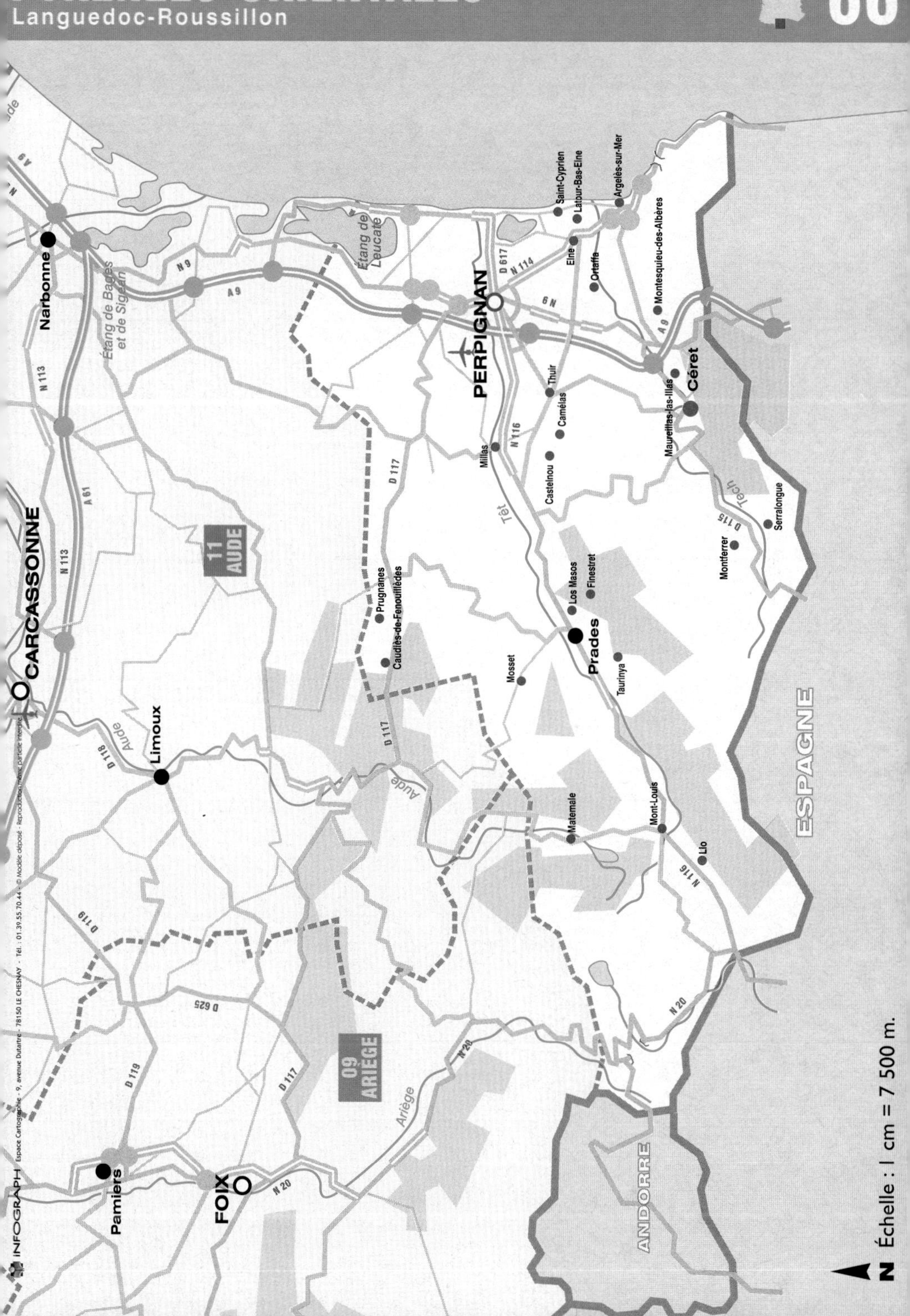

BAS-RHIN
Alsace

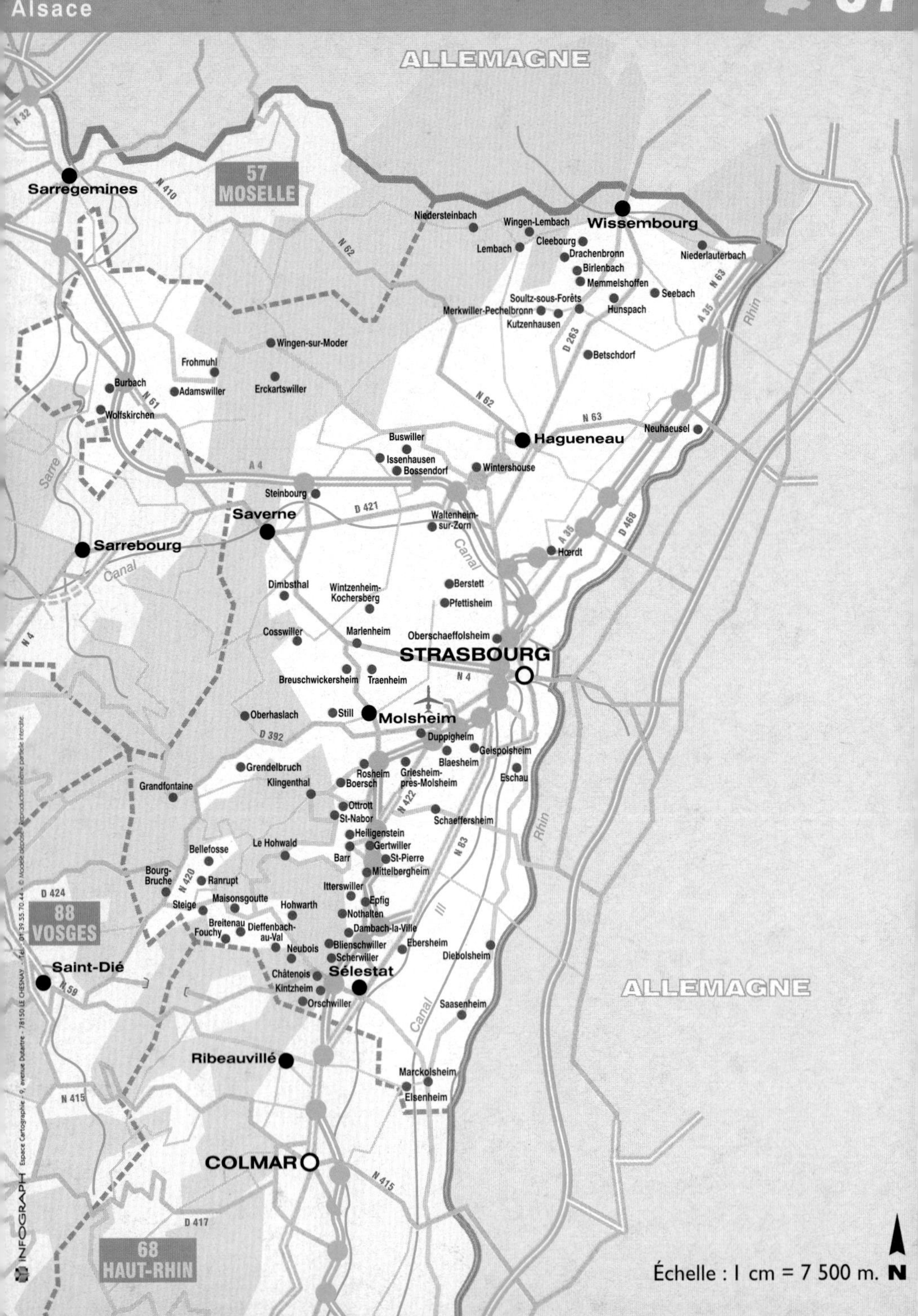

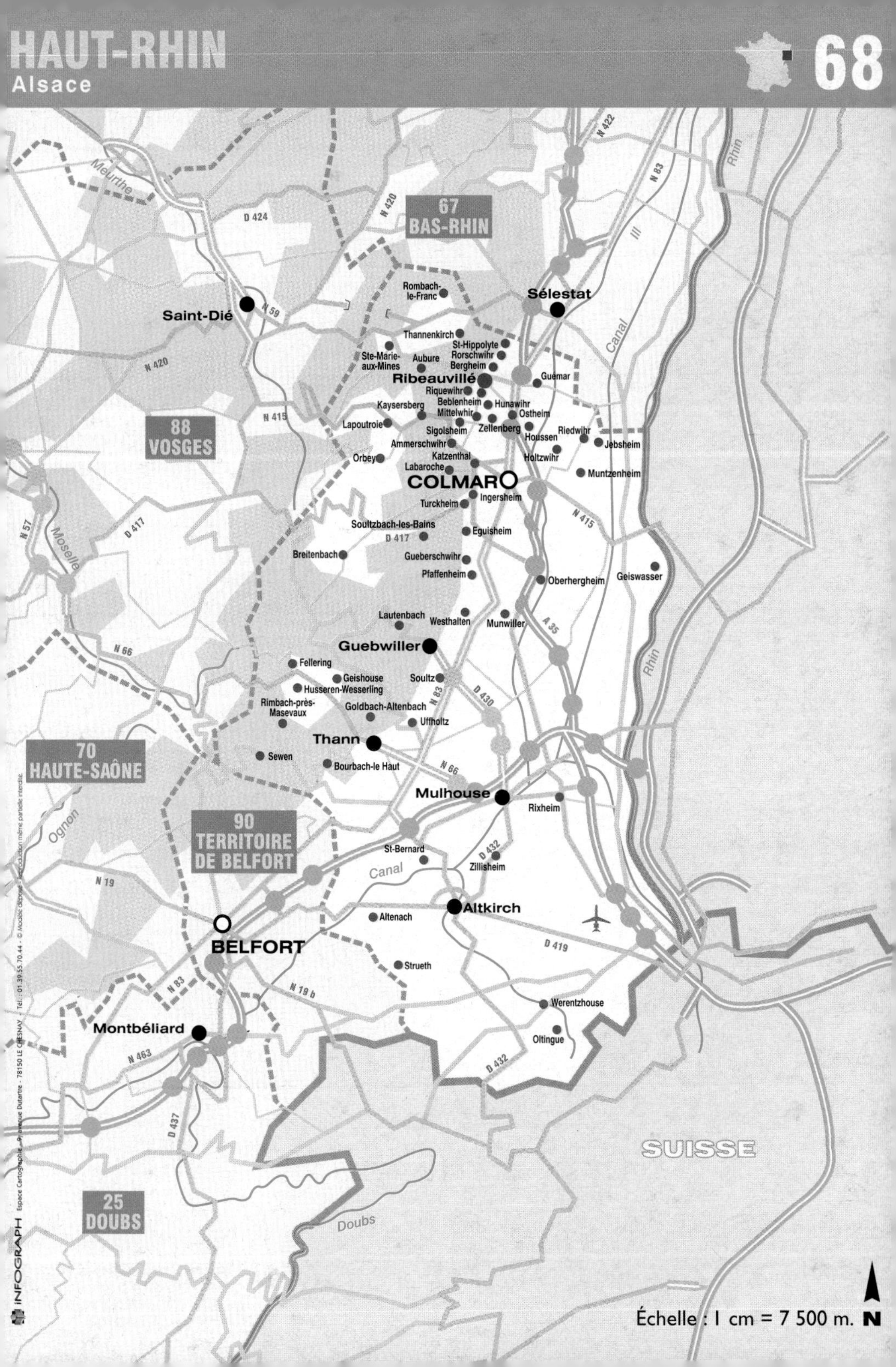
HAUT-RHIN
Alsace
68
67
BAS-RHIN
88
VOSGES
70
HAUTE-SAÔNE
90
TERRITOIRE
DE BELFORT
25
DOUBS
SUISSE
Meurthe
Moselle
Ognon
Doubs
Rhin
Ill
Canal
N 422
N 83
N 420
D 424
N 59
N 415
N 57
D 417
N 66
A 35
D 430
D 432
N 19
D 419
N 19 b
N 463
D 437
Saint-Dié
Sélestat
Rombach-le-Franc
Thannenkirch
St-Hippolyte
Rorschwihr
Bergheim
Ste-Marie-aux-Mines
Aubure
Ribeauvillé
Guémar
Riquewihr
Beblenheim
Hunawihr
Kaysersberg
Mittelwihr
Ostheim
Lapoutroie
Sigolsheim
Zellenberg
Houssen
Riedwihr
Jebsheim
Ammerschwihr
Holtzwihr
Orbey
Katzenthal
Labaroche
COLMAR
Muntzenheim
Ingersheim
Turckheim
Soultzbach-les-Bains
Eguisheim
Breitenbach
Gueberschwihr
Pfaffenheim
Oberhergheim
Geiswasser
Lautenbach
Westhalten
Munwiller
Guebwiller
Fellering
Geishouse
Soultz
Husseren-Wesserling
Rimbach-près-Masevaux
Goldbach-Altenbach
Uffholtz
Thann
Sewen
Bourbach-le Haut
Mulhouse
Rixheim
St-Bernard
Zillisheim
Altkirch
Altenach
BELFORT
Strueth
Werentzhouse
Oltingue
Montbéliard
Échelle : 1 cm = 7 500 m.
N
INFOGRAPH Espace Cartographie - 9, avenue Dutartre - 78150 LE CHESNAY - Tél. : 01 39 55 70 44 - © Modèle déposé - Reproduction même partielle interdite.

RHÔNE

Rhône-Alpes

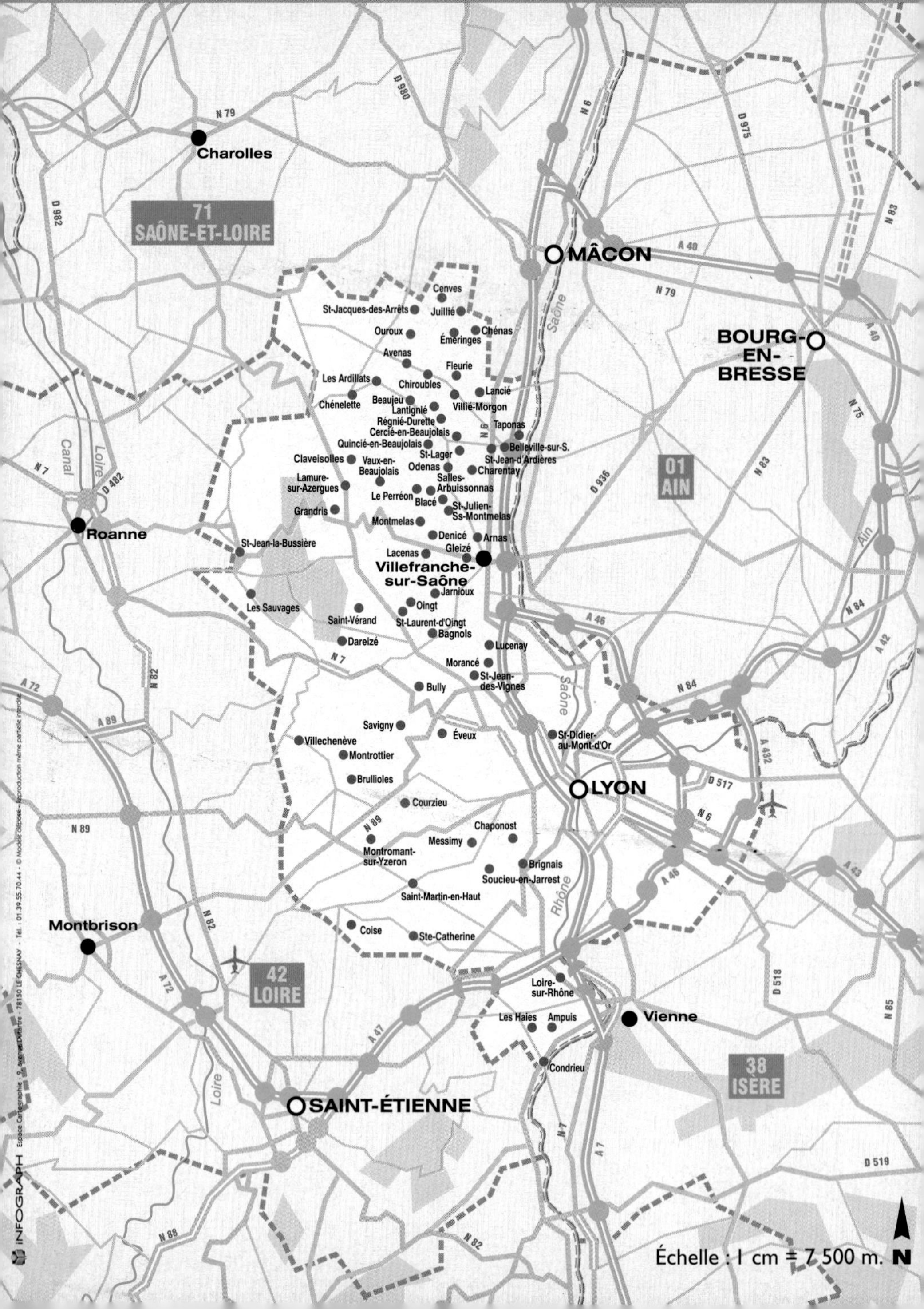

Charolles
71 SAÔNE-ET-LOIRE
MÂCON
BOURG-EN-BRESSE
01 AIN
Roanne
Cenves
St-Jacques-des-Arrêts
Juillié
Ouroux
Émeringes
Chénas
Avenas
Fleurie
Les Ardillats
Chiroubles
Lancié
Chénelette
Beaujeu
Lantignié
Villié-Morgon
Régnié-Durette
Taponas
Cercié-en-Beaujolais
Quincié-en-Beaujolais
Belleville-sur-S.
St-Lager
St-Jean-d'Ardières
Claveisolles
Vaux-en-Beaujolais
Odenas
Charentay
Lamure-sur-Azergues
Salles-Arbuissonnas
Le Perréon
Blacé
Grandris
St-Julien-Ss-Montmelas
Montmelas
Denicé
Arnas
St-Jean-la-Bussière
Lacenas
Gleizé
Villefranche-sur-Saône
Jarnioux
Oingt
Les Sauvages
Saint-Vérand
St-Laurent-d'Oingt
Bagnols
Dareizé
Lucenay
Morancé
St-Jean-des-Vignes
Bully
Savigny
Éveux
Villechenève
Montrottier
St-Didier-au-Mont-d'Or
Brullioles
LYON
Courzieu
Chaponost
Messimy
Montromant-sur-Yzeron
Brignais
Soucieu-en-Jarrest
Saint-Martin-en-Haut
Montbrison
Coise
Ste-Catherine
42 LOIRE
Loire-sur-Rhône
Les Haies
Ampuis
Vienne
Condrieu
38 ISÈRE
SAINT-ÉTIENNE

N 79, D 980, N 6, D 975, D 982, N 83, A 40, N 79, A 40, Saône, N 75, N 7, Canal, Loire, D 482, N 6, D 936, N 83, Ain, N 84, A 46, A 42, N 7, N 82, A 72, A 89, N 84, Saône, A 432, D 517, N 6, N 89, N 89, A 46, A 43, Rhône, N 82, A 72, D 518, N 85, A 47, Loire, N 7, A 7, D 519, N 88, N 82

Échelle : 1 cm = 7 500 m. N

HAUTE-SAÔNE
Franche-Comté
70
N 74
D 74
D 166
D 429
D 166
D 3
ÉPINAL
N 420
Meuse
A 31
D 429
88
VOSGES
D 164
N 57
Moselle
D 417
D 26
Saône
Canal
La Basse-Vaivre
52
HAUTE-MARNE
N 66
La Rozière
Esmoulières
D 64
Magny-les-Jussey
Dampierre-les-Conflans
Écromagny
Ternuay
Fresse
Ognon
N 57
Melin
N 19
Champagney
Lure
N 19
Pusy-et-Épenoux
N 19
Frahier
VESOUL
Saône
Aroz
D 67
D 70
N 83
Villers-sur-Saulnot
Montbéliard
N 57
N 463
Mercey-sur-Saône
Échenoz-le-Sec
Bouhans-lès-Montbozon
D 474
D 437
Gy
D 70
Esmoulins
A 36
D 67
25
DOUBS
Sauvigney-lès-Pesmes
Hugier
Cult
N 83
Chaumercenne
Doubs
BESANÇON
39
JURA
N 57
A 36
N 73
D 461
N 83
N 57
Doubs
Dole
INFOGRAPH
Échelle : 1 cm = 7 500 m.
N

SAÔNE-ET-LOIRE
Bourgogne

Dole
Beaune
Chalon-sur-Saône
Louhans
MÂCON
BOURG-EN-BRESSE
Autun
Charolles
Château-Chinon

21 CÔTE-D'OR
01 AIN
69 RHÔNE
58 NIÈVRE
03 ALLIER

D 475
N 73
N 78
N 83
A 39
A 40
N 75
D 973
A 36
D 978
D 975
N 79
N 6
A 6
D 980
N 80
N 81
N 70
D 994
D 982
D 979

Doubs
Saône
Loire
Canal

Le Fay
Sagy
Frangy-en-Bresse
Saint-Usuge
Ste-Croix-en-Bresse
Clux
Devrouze
Bantanges
Romenay
St-Gervais-en-Vallière
Allerey-sur-Saône
St-Loup-de-la-Salle
Alleriot
Saint-Loup-de-Varennes
Baudrières
Saint-Ambreuil
Lacrost
Tournus
Demigny
La Loyère
Saint-Désert
Bissey-sous-Cruchaud
Laives
La Chapelle-de-Bragny
Bresse-sur-Grosne
Étrigny
Mancey
Royer
Chardonnay
Uchizy
Viré
Senozan
Sennecé-lès-Mâcon
Hurigny
Chevagny-les-Chevrières
Remigny
Chassey-le-Camp
Saint-Léger-sur-Dheune
Mellecey
Moroges
Buxy
Chenôves
Lalheue
Santilly
Sercy
Bissy-sous-Uxelles
Cormatin
La Chapelle-sous-Brancion
Chapaize
Grévilly
Péronne
Azé
Igé
Verzé
Charnay-lès-Mâcon
Solutré
Leynes
Pruzilly
Saint-Sernin-du-Plain
Saint-Boil
Fley
St-Martin-du-Tartre
Savigny-sur-Grosne
Cortambert
Lournand
Cluny
Jalogny
La Roche-Vineuse
Pierreclos
Vergisson
Tramayes
Sainte-Hélène
Mont-St-Vincent
Salornay-sur-Guye
La Vineuse
Mazille
Bourgvilain
St-Point
Trambly
St-Pierre-le-Vieux
Tintry
Antully
La Guiche
Sivignon
Trivy
Verosvres
Dompierre-les-Ormes
Gourdon
Vendenesse-lès-Charolles
Saint-Forgeot
Chissey-en-Morvan
Sommant
Monthelon
Laizy
La Grande-Verrière
St-Prix
Saint-Didier-sur-Arroux
Charbonnat
St-Bonnet-de-Vieille-Vigne
Baron
Palinges
Curbigny
Châtenay
Varennes-sous-Dun
Chassigny-sous-Dun
Saint-Maurice-lès-Châteauneuf
Amanzé
Poisson
Anzy-le-Duc
Vitry-en-Charollais
St-Yan
Baugy
Marcigny
Iguerande
Uxeau
La Motte-St-Jean
Saint-Aubin-sur-Loire
Cronat

N Échelle : 1 cm = 7 500 m.

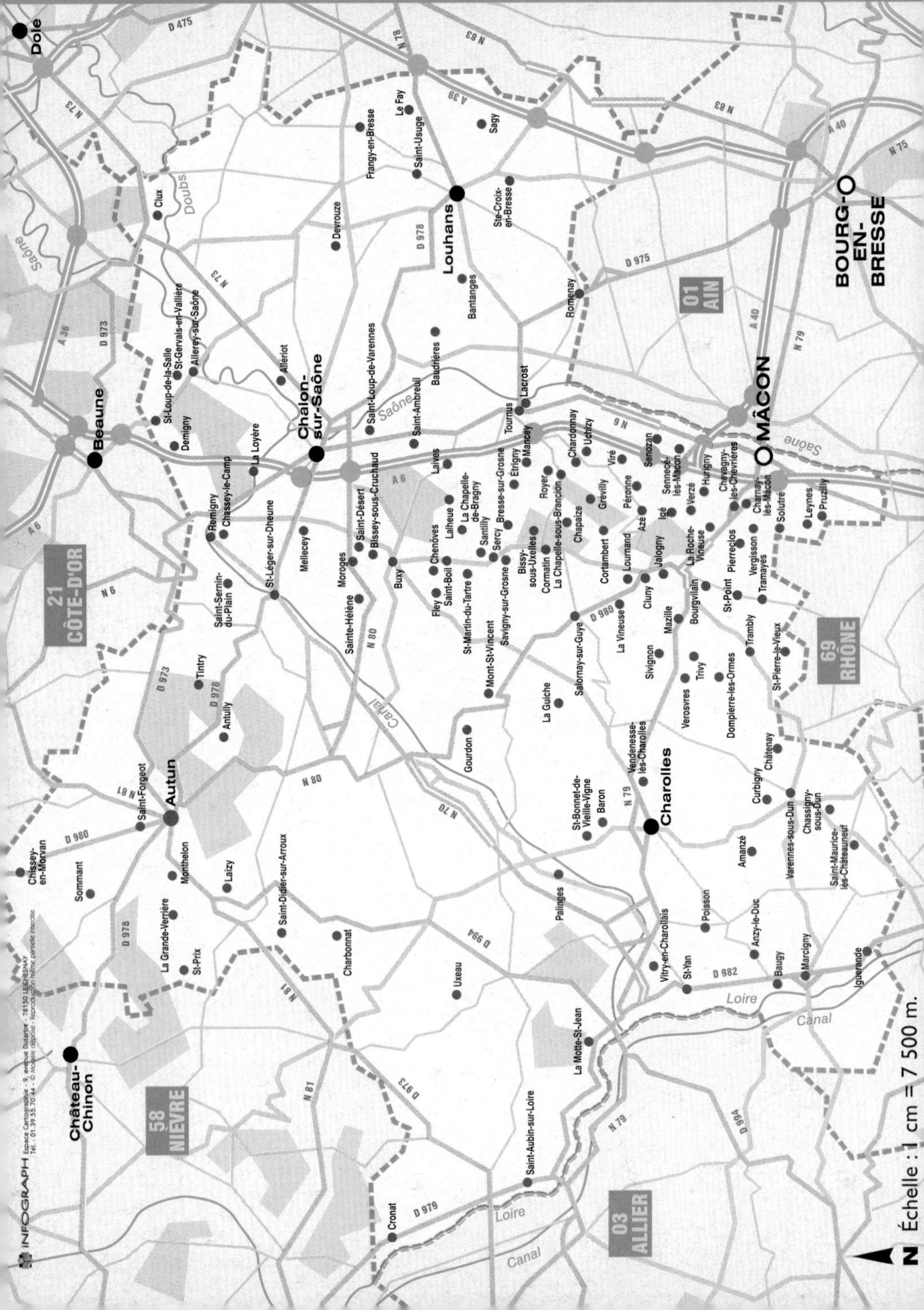

SARTHE
Pays-de-la-Loire

72

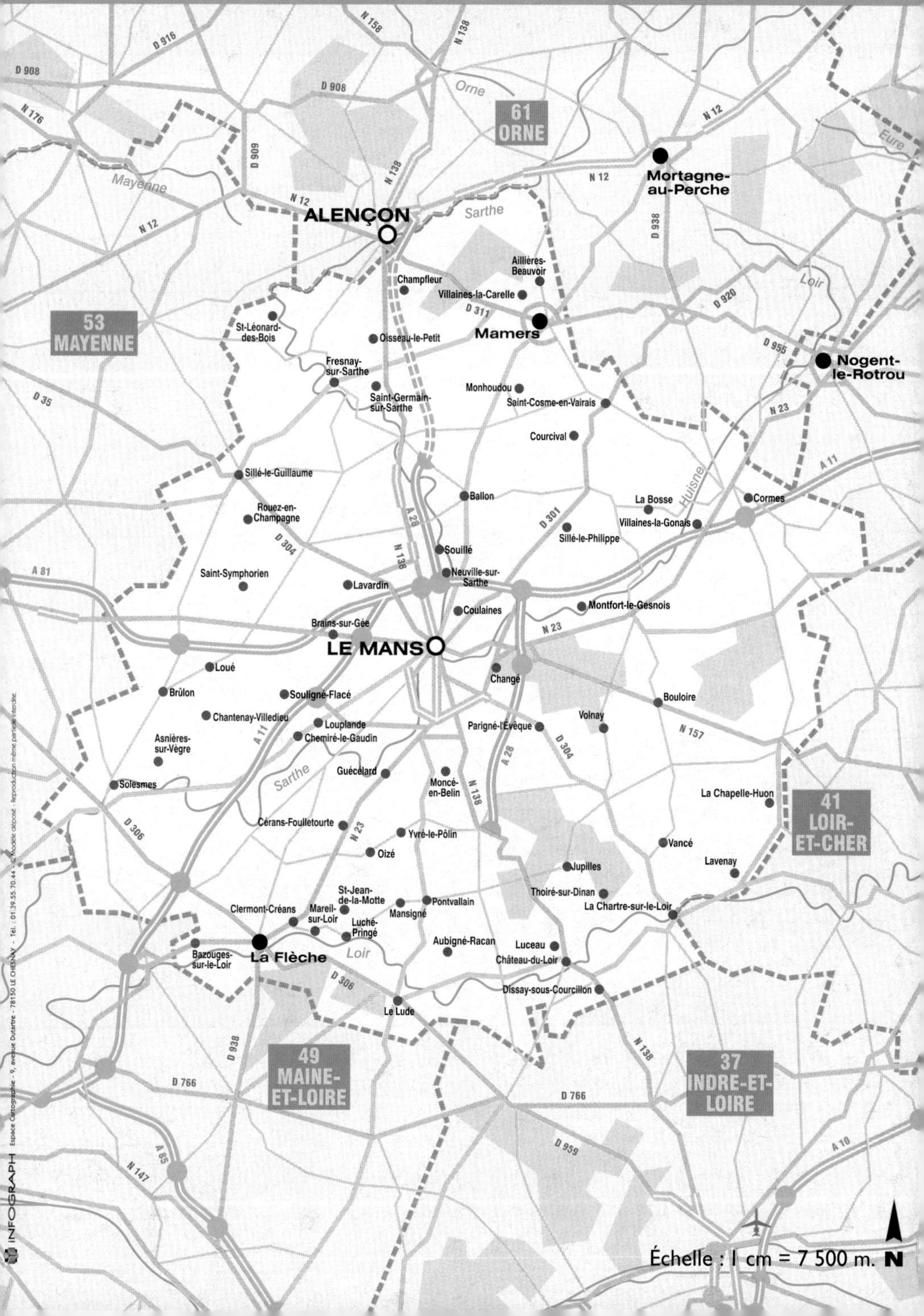

N 158
N 138
D 916
D 908
D 908
Orne
N 176
61
ORNE
N 12
Eure
D 909
N 138
Mayenne
N 12
Mortagne-
au-Perche
N 12
Sarthe
ALENÇON
N 12
D 938
Aillières-
Beauvoir
Champfleur
Loir
Villaines-la-Carelle
D 920
D 311
53
MAYENNE
St-Léonard-
des-Bois
Mamers
Oisseau-le-Petit
D 955
Nogent-
le-Rotrou
Fresnay-
sur-Sarthe
Monhoudou
D 35
Saint-Germain-
sur-Sarthe
Saint-Cosme-en-Vairais
N 23
Courcival
A 11
Sillé-le-Guillaume
Huisne
Ballon
La Bosse
Cormes
Rouez-en-
Champagne
D 301
Villaines-la-Gonais
A 28
Sillé-le-Philippe
D 304
Souillé
N 138
A 81
Saint-Symphorien
Neuville-sur-
Sarthe
Lavardin
Coulaines
Montfort-le-Gesnois
Brains-sur-Gée
N 23
LE MANS
Loué
Changé
Brûlon
Souligné-Flacé
Bouloire
Chantenay-Villedieu
Volnay
Louplande
Parigné-l'Évêque
N 157
Asnières-
sur-Vègre
A 11
Chemiré-le-Gaudin
D 304
A 28
Guécélard
Sarthe
Solesmes
Moncé-
en-Belin
N 138
La Chapelle-Huon
41
LOIR-
ET-CHER
D 306
Cérans-Foulletourte
N 23
Yvré-le-Pôlin
Vancé
Oizé
Lavenay
Jupilles
St-Jean-
de-la-Motte
Thoiré-sur-Dinan
Clermont-Créans
Mareil-
sur-Loir
Pontvallain
La Chartre-sur-le-Loir
Mansigné
Luché-
Pringé
Aubigné-Racan
Luceau
Bazouges-
sur-le-Loir
La Flèche
Loir
Château-du-Loir
D 306
Dissay-sous-Courcillon
Le Lude
D 938
N 138
49
MAINE-
ET-LOIRE
37
INDRE-ET-
LOIRE
D 766
D 766
D 959
A 85
N 147
A 10
Échelle : 1 cm = 7 500 m.
N

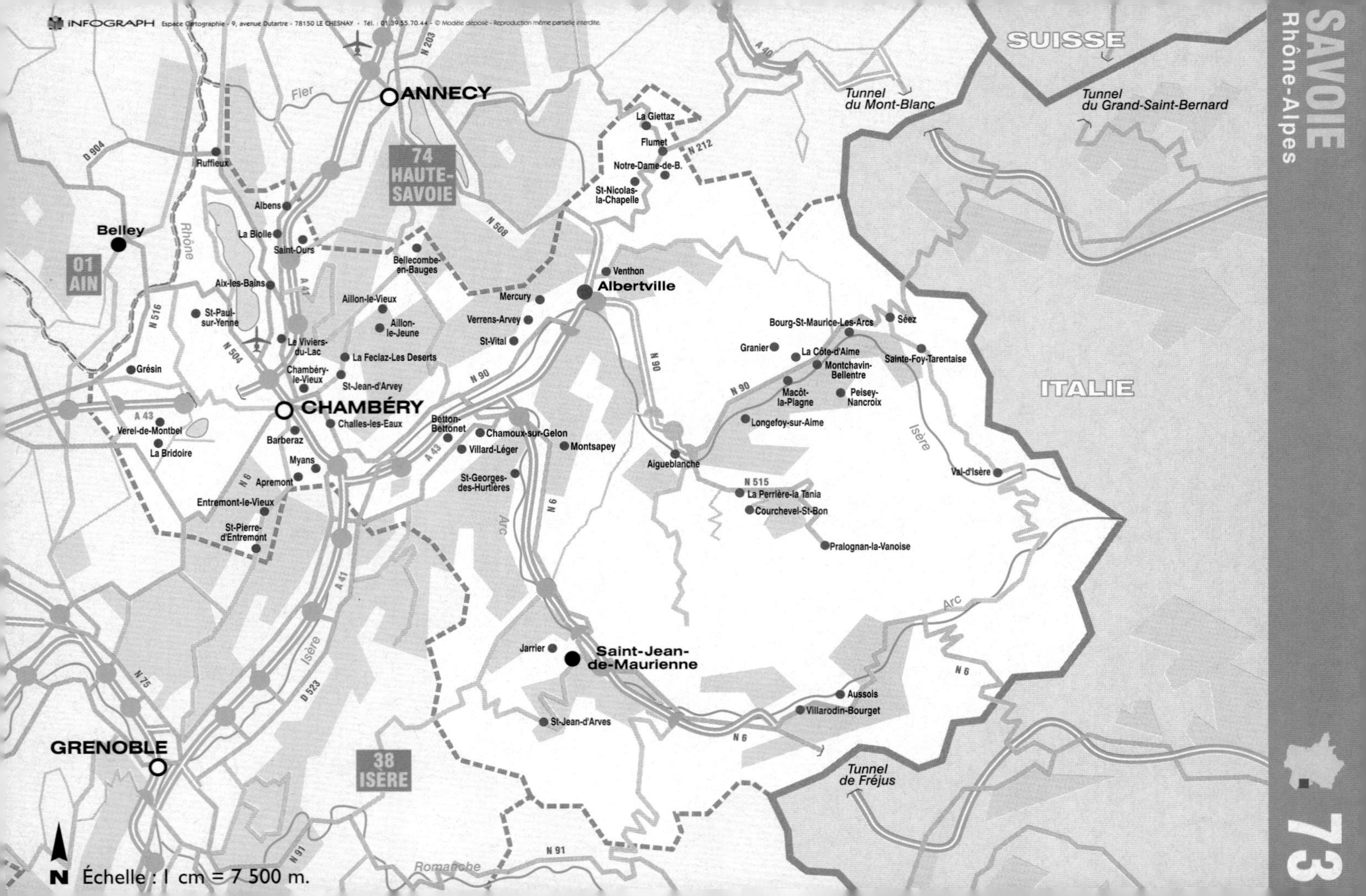
SAVOIE
Rhône-Alpes
73
SUISSE
ITALIE
Tunnel du Grand-Saint-Bernard
Tunnel du Mont-Blanc
Tunnel de Fréjus
Val-d'Isère
Sainte-Foy-Tarentaise
Séez
Bourg-St-Maurice-Les-Arcs
La Côte-d'Aime
Montchavin-Bellentre
Peisey-Nancroix
Granier
Macôt-la-Plagne
Longefoy-sur-Aime
Pralognan-la-Vanoise
Courchevel-St-Bon
La Perrière-la Tania
Aussois
Villarodin-Bourget
Isère
Arc
N 6
N 90
N 515
N 212
A 40
La Giettaz
Flumet
Notre-Dame-de-B.
St-Nicolas-la-Chapelle
Venthon
Albertville
Aigueblanche
Saint-Jean-de-Maurienne
St-Jean-d'Arves
Jarrier
Montsapey
Mercury
Verrens-Arvey
St-Vital
Chamoux-sur-Gelon
Villard-Léger
St-Georges-des-Hurtières
Betton-Bettonet
N 508
N 91
Romanche
ANNECY
N 203
74 HAUTE-SAVOIE
Bellecombe-en-Bauges
Aillon-le-Vieux
Aillon-le-Jeune
La Feclaz-Les Deserts
St-Jean-d'Arvey
Challes-les-Eaux
CHAMBÉRY
A 43
A 41
38 ISÈRE
Fier
Albens
Saint-Ours
La Biolle
Le Viviers-du-Lac
Chambéry-le-Vieux
Barberaz
Myans
Apremont
Entremont-le-Vieux
St-Pierre-d'Entremont
Aix-les-Bains
St-Paul-sur-Yenne
N 504
Ruffieux
Rhône
D 523
N 516
Grésin
Verel-de-Montbel
La Bridoire
Belley
D 904
01 AIN
N 75
GRENOBLE
Échelle : 1 cm = 7 500 m.
N
INFOGRAPH Espace Cartographie - 9, avenue Dutartre - 78150 LE CHESNAY - Tél. : 01 39 55 70 44 - © Modèle déposé - Reproduction même partielle interdite.

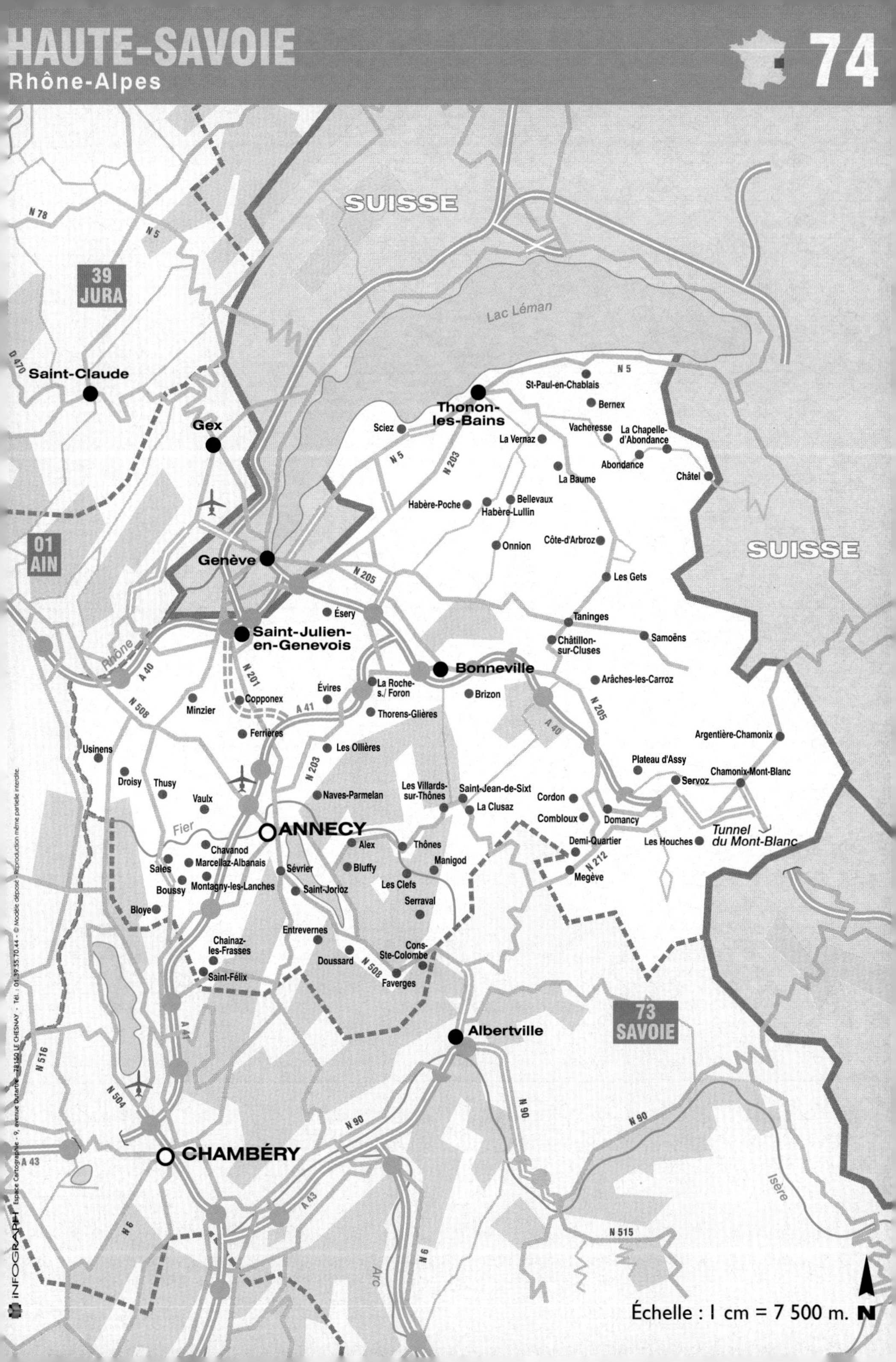
HAUTE-SAVOIE
Rhône-Alpes
74
SUISSE
Lac Léman
39 JURA
01 AIN
73 SAVOIE
Saint-Claude
Gex
Genève
Thonon-les-Bains
Sciez
St-Paul-en-Chablais
Bernex
Vacheresse
La Chapelle-d'Abondance
La Vernaz
Abondance
La Baume
Châtel
Habère-Poche
Habère-Lullin
Bellevaux
Onnion
Côte-d'Arbroz
Les Gets
Ésery
Saint-Julien-en-Genevois
Taninges
Châtillon-sur-Cluses
Samoëns
Bonneville
La Roche-s./ Foron
Évires
Copponex
Minzier
Brizon
Arâches-les-Carroz
Thorens-Glières
Ferrières
Usinens
Les Ollières
Argentière-Chamonix
Plateau d'Assy
Servoz
Chamonix-Mont-Blanc
Droisy
Thusy
Vaulx
Naves-Parmelan
Les Villards-sur-Thônes
Saint-Jean-de-Sixt
La Clusaz
Cordon
Combloux
Domancy
Tunnel du Mont-Blanc
ANNECY
Fier
Alex
Thônes
Demi-Quartier
Les Houches
Chavanod
Marcellaz-Albanais
Sales
Sévrier
Bluffy
Manigod
Megève
Boussy
Montagny-les-Lanches
Saint-Jorioz
Les Clefs
Serraval
Bloye
Entrevernes
Chainaz-les-Frasses
Saint-Félix
Doussard
Cons-Ste-Colombe
Faverges
Albertville
CHAMBÉRY
Rhône
Isère
Arc
N 78
N 5
D 470
N 203
N 205
N 201
A 40
A 41
N 508
N 212
N 516
N 504
N 90
A 43
N 6
N 515
Échelle : 1 cm = 7 500 m.
N

SEINE-MARITIME
Haute-Normandie

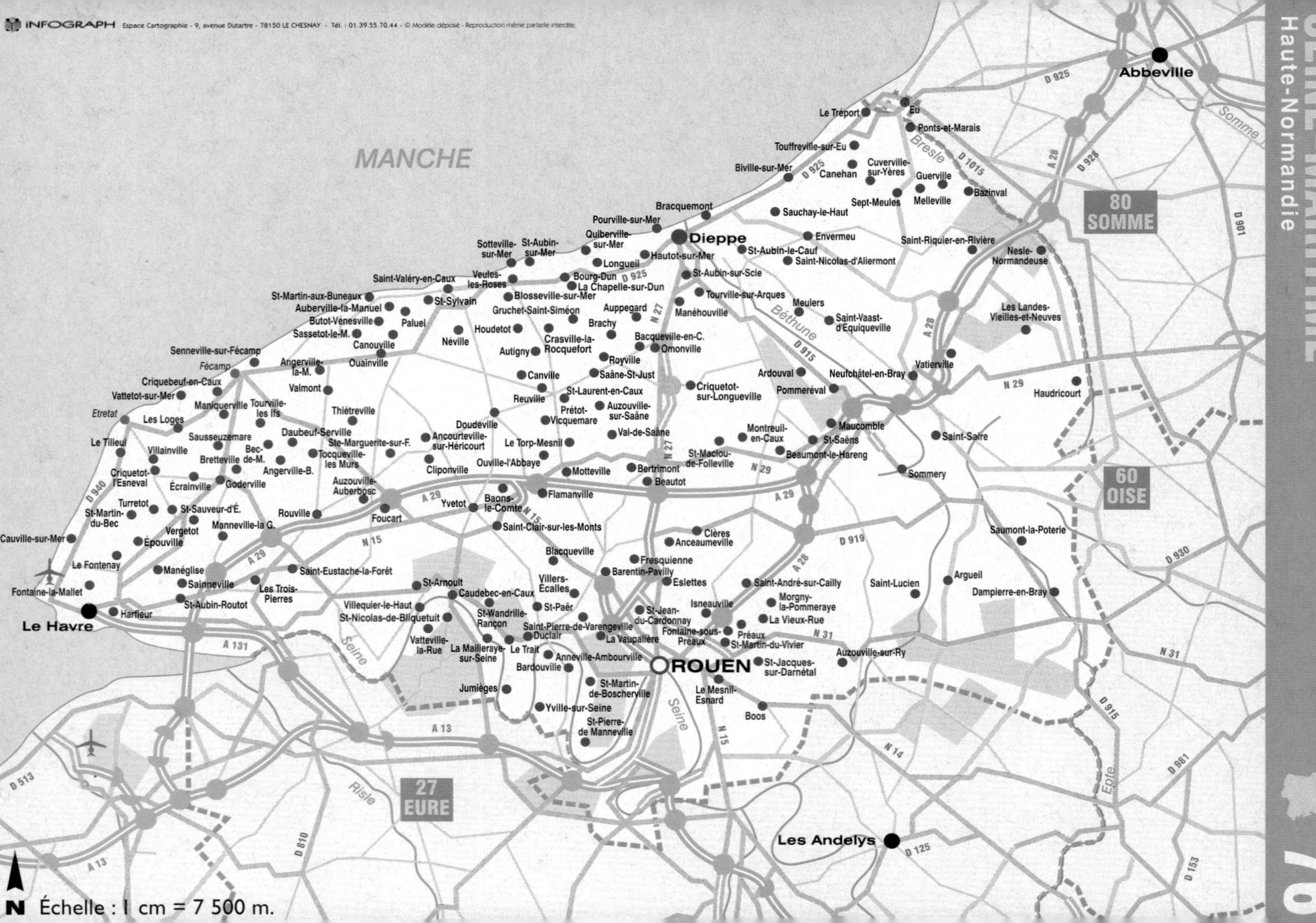

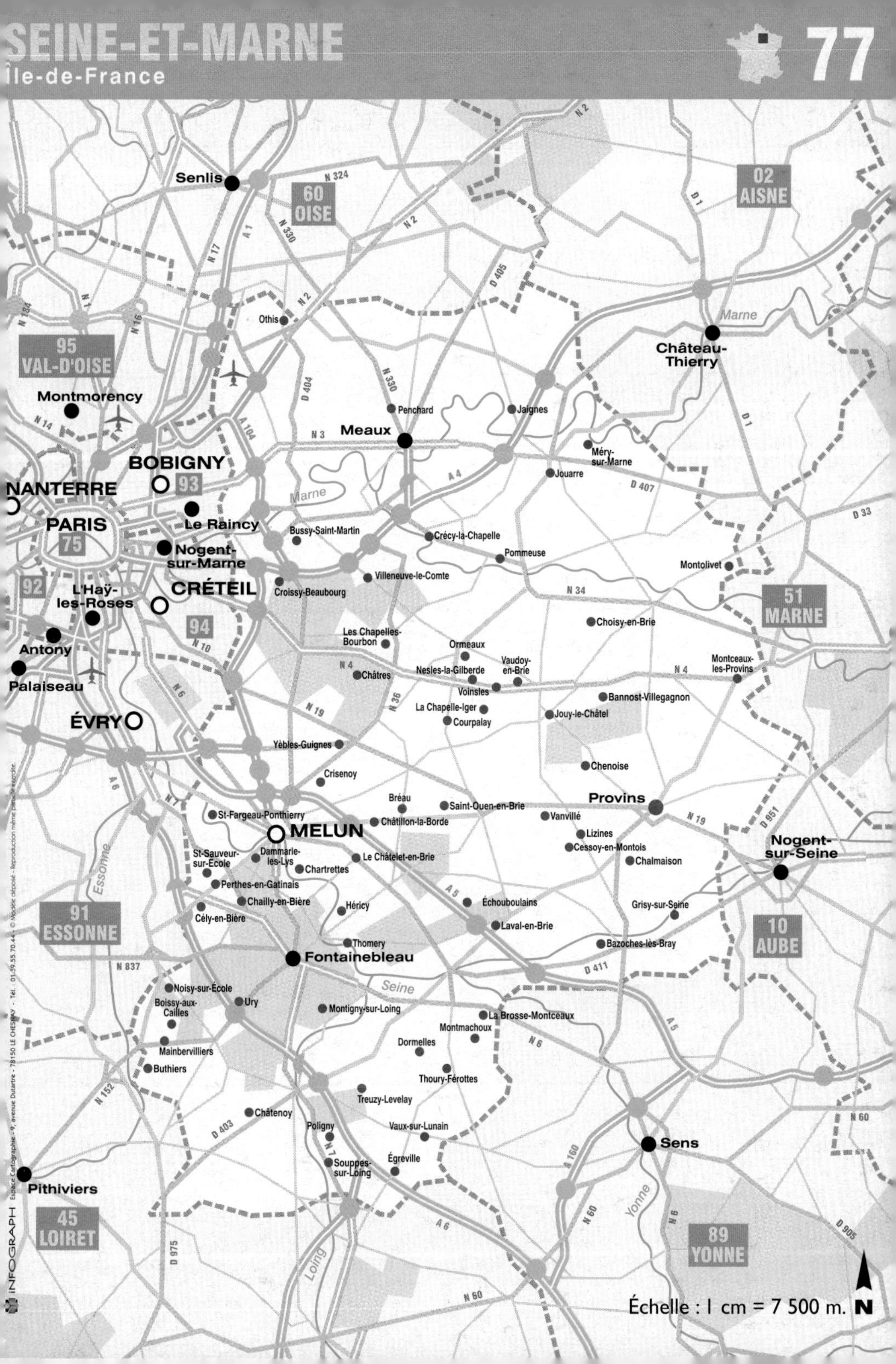
SEINE-ET-MARNE
Île-de-France
77
Senlis
N 324
60 OISE
02 AISNE
D 1
N 2
N 330
A 1
N 17
D 405
N 1
N 184
N 16
Othis
95 VAL-D'OISE
Marne
Château-Thierry
D 404
N 330
Montmorency
Penchard
Jaignes
N 14
A 104
N 3
Meaux
D 1
Méry-sur-Marne
BOBIGNY
93
Jouarre
A 4
D 407
NANTERRE
Marne
PARIS
75
Le Raincy
Bussy-Saint-Martin
Crécy-la-Chapelle
D 33
Nogent-sur-Marne
Pommeuse
Montolivet
92
L'Haÿ-les-Roses
CRÉTEIL
Croissy-Beaubourg
Villeneuve-le-Comte
N 34
51 MARNE
94
Choisy-en-Brie
Antony
N 10
Les Chapelles-Bourbon
Ormeaux
Palaiseau
N 4
Châtres
Nesles-la-Gilberde
Vaudoy-en-Brie
N 4
Montceaux-les-Provins
N 6
Voinsles
N 36
Bannost-Villegagnon
N 19
La Chapelle-Iger
Jouy-le-Châtel
ÉVRY
Courpalay
Yèbles-Guignes
Chenoise
Crisenoy
A 6
N 7
Bréau
Provins
D 951
St-Fargeau-Ponthierry
Saint-Ouen-en-Brie
Vanvillé
N 19
MELUN
Châtillon-la-Borde
Lizines
Nogent-sur-Seine
Essonne
St-Sauveur-sur-École
Dammarie-les-Lys
Le Châtelet-en-Brie
Cessoy-en-Montois
Chalmaison
Chartrettes
Perthes-en-Gatinais
A 5
Chailly-en-Bière
Échouboulains
Grisy-sur-Seine
Héricy
91 ESSONNE
Cély-en-Bière
Laval-en-Brie
10 AUBE
Thomery
Bazoches-lès-Bray
Fontainebleau
N 837
D 411
Seine
Noisy-sur-École
Ury
Boissy-aux-Cailles
Montigny-sur-Loing
La Brosse-Montceaux
A 5
Montmachoux
N 6
Dormelles
Mainbervilliers
Buthiers
Thoury-Férottes
Treuzy-Levelay
N 152
Châtenoy
N 60
D 403
Poligny
Vaux-sur-Lunain
Sens
N 7
D 160
Souppes-sur-Loing
Égreville
Pithiviers
N 60
Yonne
N 6
45 LOIRET
A 6
89 YONNE
D 905
D 975
Loing
N 60
Échelle : 1 cm = 7 500 m.
N
INFOGRAPH

YVELINES

Île-de-France

78

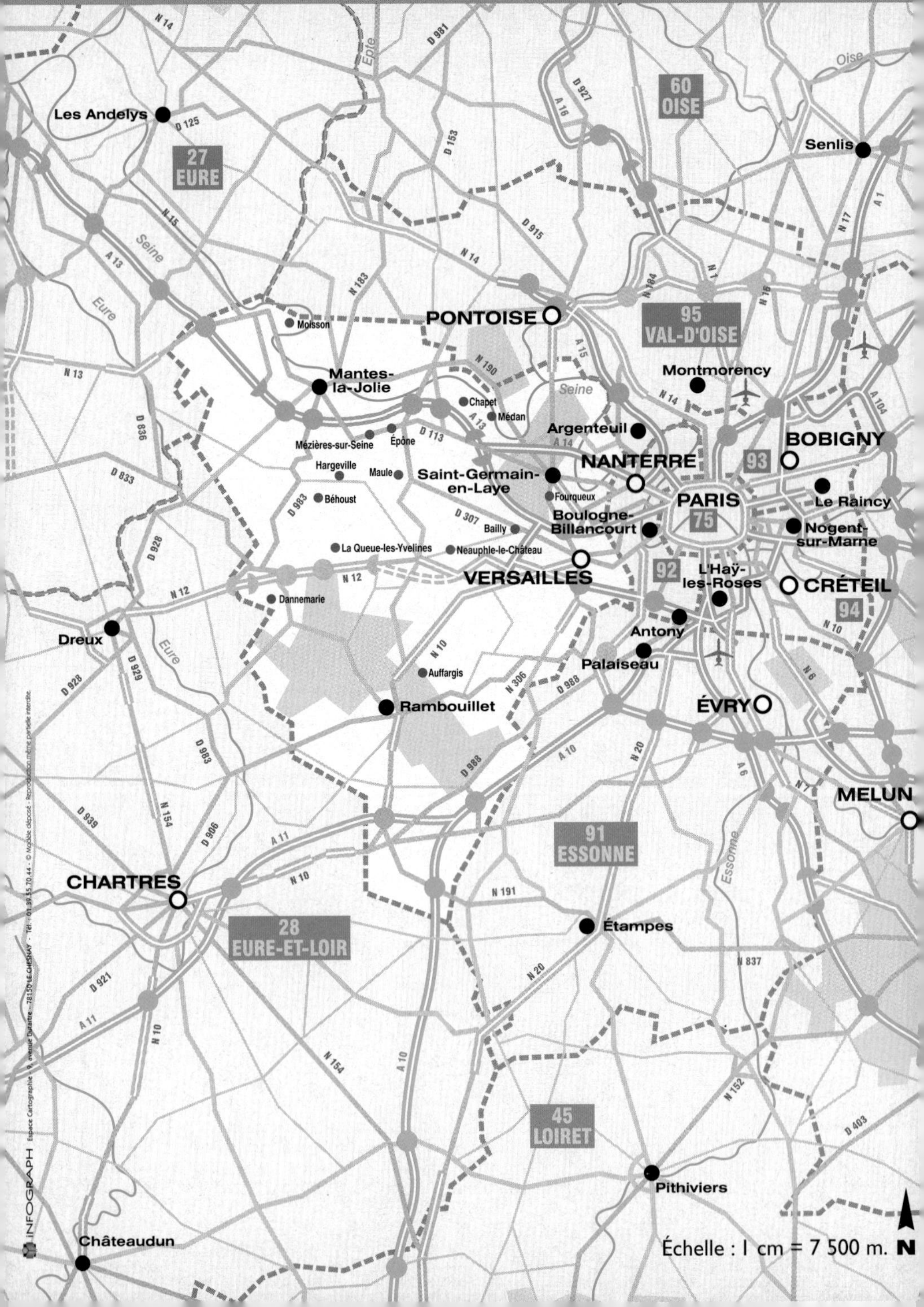

27 EURE

60 OISE

95 VAL-D'OISE

93

75

92

94

91 ESSONNE

28 EURE-ET-LOIR

45 LOIRET

Les Andelys

Senlis

PONTOISE

Moisson

Mantes-la-Jolie

Montmorency

Chapet

Médan

Argenteuil

Mézières-sur-Seine

Épône

BOBIGNY

NANTERRE

Hargeville

Maule

Saint-Germain-en-Laye

Fourqueux

PARIS

Le Raincy

Béhoust

Boulogne-Billancourt

Bailly

Nogent-sur-Marne

La Queue-les-Yvelines

Neauphle-le-Château

VERSAILLES

L'Haÿ-les-Roses

CRÉTEIL

Dannemarie

Antony

Dreux

Palaiseau

Auffargis

ÉVRY

Rambouillet

MELUN

CHARTRES

Étampes

Pithiviers

Châteaudun

Seine

Eure

Epte

Oise

Essonne

N 14

D 981

D 927

A 16

D 125

D 153

A 1

N 15

N 17

A 13

D 915

N 183

N 184

N 7

N 16

A 15

N 190

N 13

D 836

D 113

A 14

D 833

D 983

D 307

A 104

D 928

N 12

N 10

D 929

N 306

D 988

N 6

A 10

N 20

A 6

N 154

D 906

D 939

A 11

N 191

D 921

N 837

N 152

D 403

Échelle : 1 cm = 7 500 m.

N

DEUX-SÈVRES

Poitou-Charentes

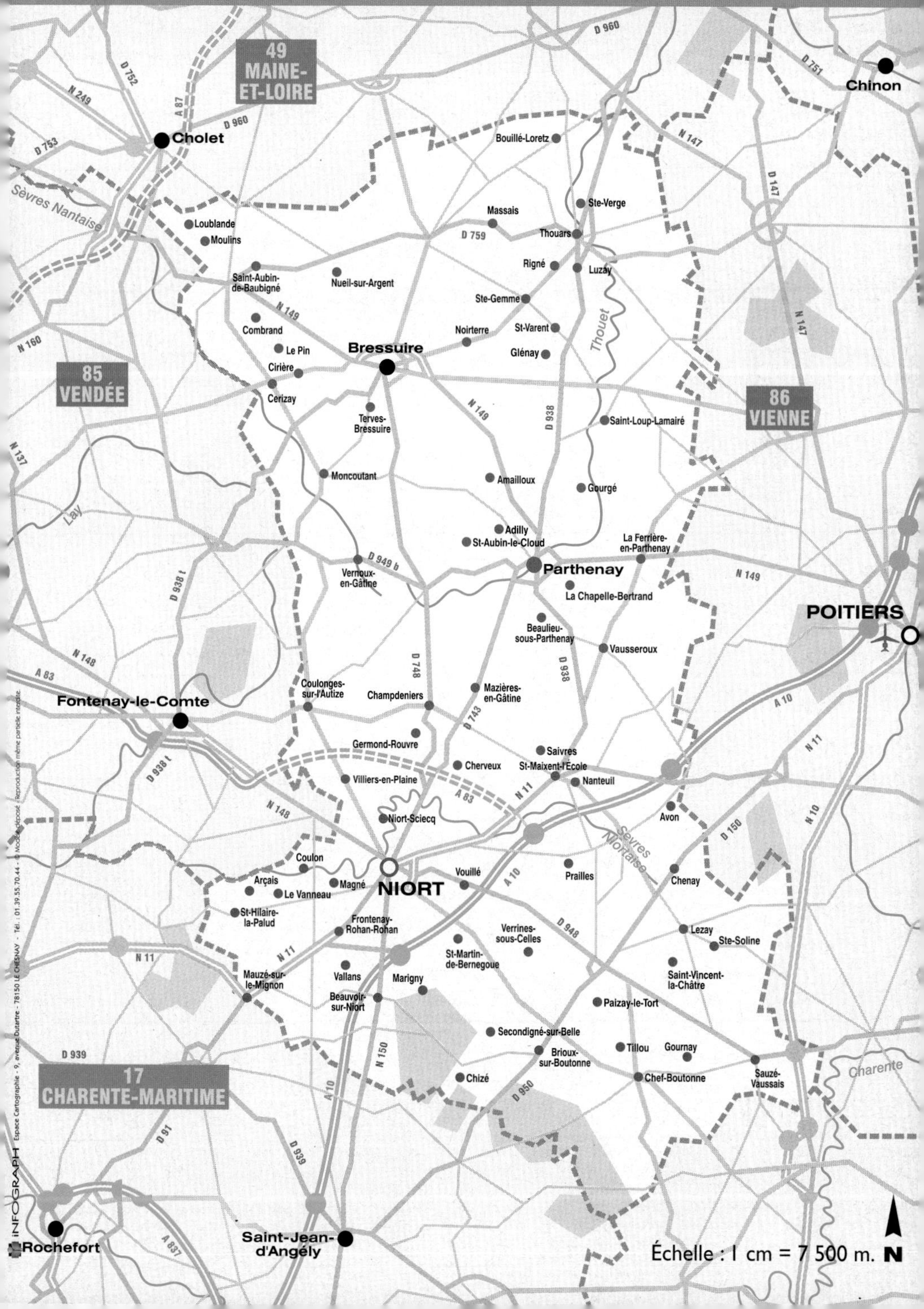

79

49 MAINE-ET-LOIRE

D 960
D 751
Chinon
D 752
N 249
A 87
D 960
Cholet
D 753
Bouillé-Loretz
N 147
Sèvres Nantaise
D 147
Ste-Verge
Massais
Loublande
Moulins
Thouars
D 759
Rigné
Luzay
Saint-Aubin-de-Baubigné
Nueil-sur-Argent
Ste-Gemme
N 147
N 149
St-Varent
Combrand
Noirterre
Thouet
N 160
Bressuire
Glénay
Le Pin
85 VENDÉE
Cirière
Cerizay
86 VIENNE
N 149
Terves-Bressuire
D 938
Saint-Loup-Lamairé
N 137
Moncoutant
Amailloux
Gourgé
Lay
Adilly
St-Aubin-le-Cloud
La Ferrière-en-Parthenay
D 938 t
D 949 b
Parthenay
N 149
Vernoux-en-Gâtine
La Chapelle-Bertrand
POITIERS
Beaulieu-sous-Parthenay
N 148
Vausseroux
D 938
A 83
D 748
Coulonges-sur-l'Autize
Mazières-en-Gâtine
Fontenay-le-Comte
Champdeniers
A 10
D 743
Germond-Rouvre
N 11
Saivres
D 938 t
Cherveux
St-Maixent-l'École
Villiers-en-Plaine
Nanteuil
A 83
N 11
N 148
N 10
Niort-Sciecq
Avon
Sèvres Niortaise
D 150
Coulon
A 10
Arçais
Magné
NIORT
Vouillé
Prailles
Chenay
Le Vanneau
St-Hilaire-la-Palud
D 948
Frontenay-Rohan-Rohan
Verrines-sous-Celles
Lezay
Ste-Soline
N 11
N 11
St-Martin-de-Bernegoue
Saint-Vincent-la-Châtre
Vallans
Mauzé-sur-le-Mignon
Marigny
Beauvoir-sur-Niort
Paizay-le-Tort
Secondigné-sur-Belle
D 939
Tillou
Gournay
Brioux-sur-Boutonne
N 150
Charente
17 CHARENTE-MARITIME
Chizé
Chef-Boutonne
Sauzé-Vaussais
D 950
A 10
D 91
D 939
A 837
Rochefort
Saint-Jean-d'Angély

Échelle : 1 cm = 7 500 m.

N

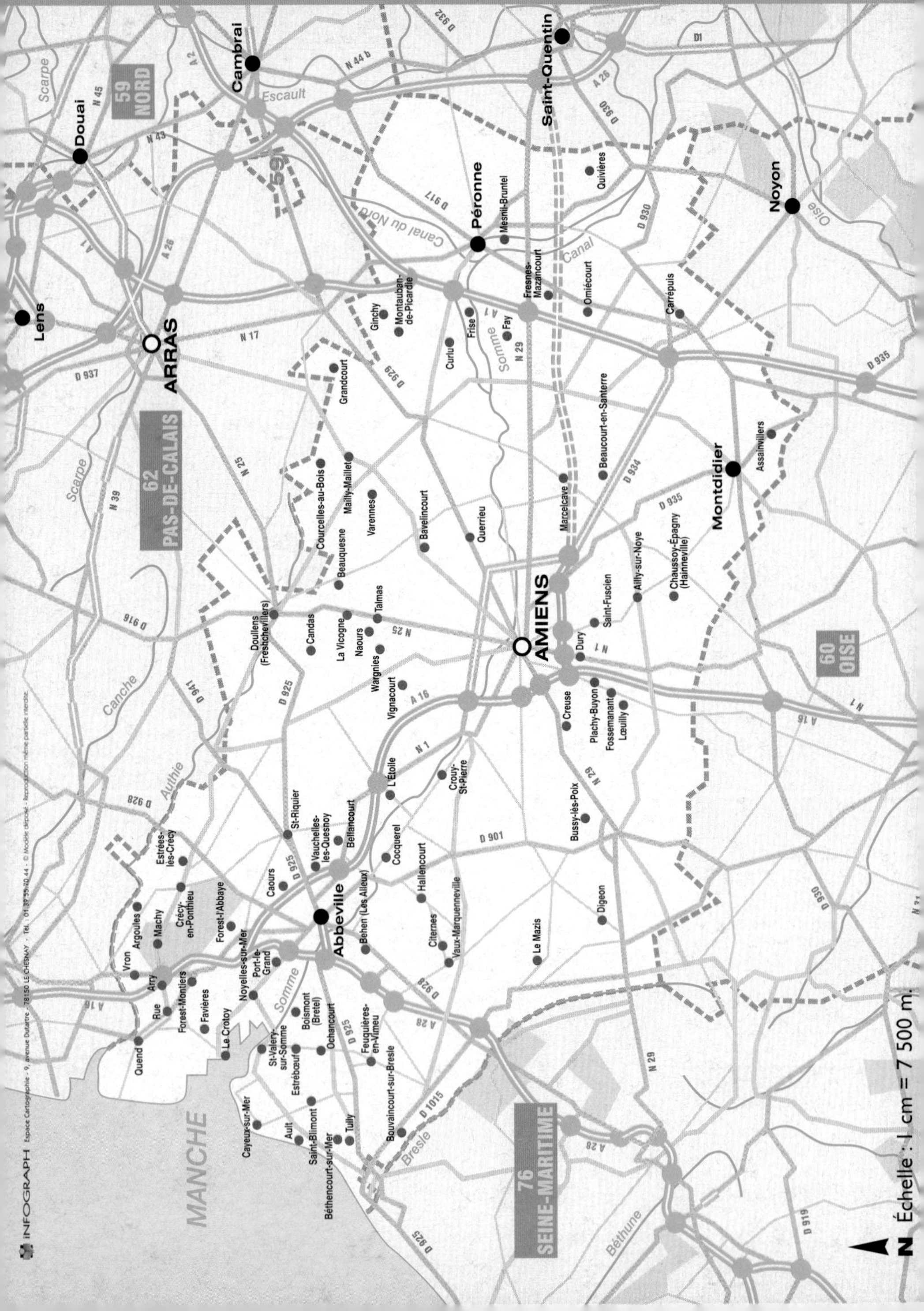

SOMME
Picardie

80

Douai
Cambrai
Saint-Quentin
Noyon
Péronne
Lens
ARRAS
AMIENS
Montdidier
Abbeville

59 NORD
62 PAS-DE-CALAIS
60 OISE
76 SEINE-MARITIME
MANCHE

Scarpe
Escault
Canal du Nord
Canal
Oise
Somme
Canche
Authie
Bresle
Béthune

N 45
N 43
A 2
N 44 b
D 932
D1
A 26
D 930
D 917
A 1
N 17
D 937
N 29
D 929
D 935
N 25
N 39
D 916
D 941
D 925
A 16
N 1
D 934
D 928
D 901
A 28
D 1015
D 919

Quivières
Mesnil-Bruntel
Fresnes-Mazancourt
Omiécourt
Carrépuis
Ginchy
Montauban-de-Picardie
Frise
Fay
Curlu
Grandcourt
Assainvillers
Beaucourt-en-Santerre
Marcelcave
Courcelles-au-Bois
Mailly-Maillet
Varennes
Bavelincourt
Querrieu
Beauquesne
Chaussoy-Épagny (Hainneville)
Ailly-sur-Noye
Saint-Fuscien
Doullens (Freschevillers)
Candas
La Vicogne
Naours
Talmas
Wargnies
Dury
Vignacourt
Creuse
Plachy-Buyon
Fossemanant
Lœuilly
L'Étoile
Croüy-St-Pierre
St-Riquier
Vauchelles-les-Quesnoy
Bellancourt
Cocquerel
Bussy-lès-Poix
Estrées-lès-Crécy
Crécy-en-Ponthieu
Forest-l'Abbaye
Caours
Hallencourt
Argoulles
Machy
Vron
Arry
Rue
Forest-Montiers
Favières
Noyelles-sur-Mer
Port-le-Grand
Béhen (Les Alleux)
Citernes
Vaux-Marquenneville
Le Mazis
Digeon
Quend
Le Crotoy
St-Valery-sur-Somme
Boismont (Bretel)
Estrébœuf
Ochancourt
Feuquières-en-Vimeu
Bouvaincourt-sur-Bresle
Cayeux-sur-Mer
Ault
Saint-Blimont
Tully
Béthencourt-sur-Mer

N Échelle : 1 cm = 7 500 m.

TARN
Midi-Pyrénées

81

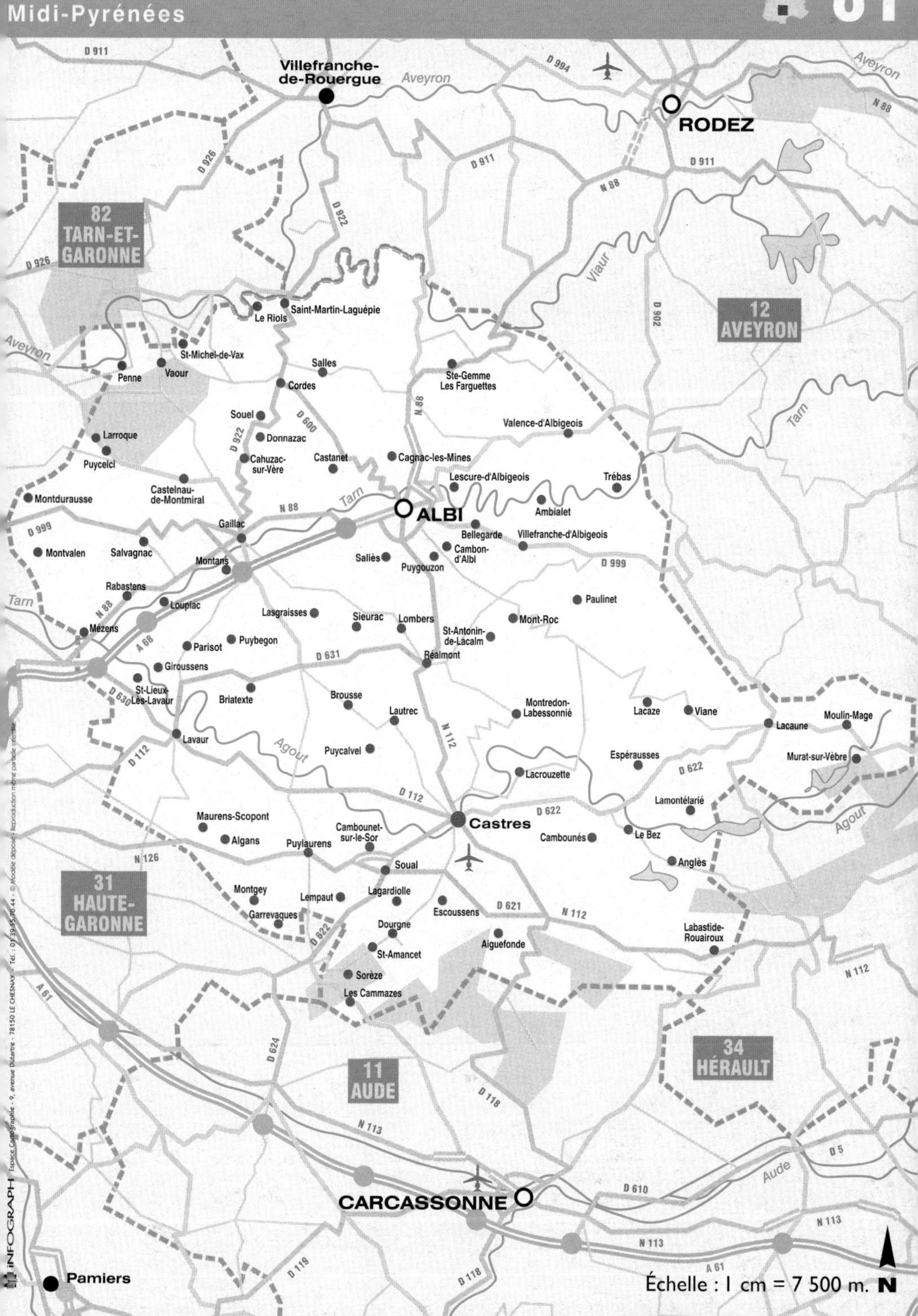

TARN-ET-GARONNE

Midi-Pyrénées

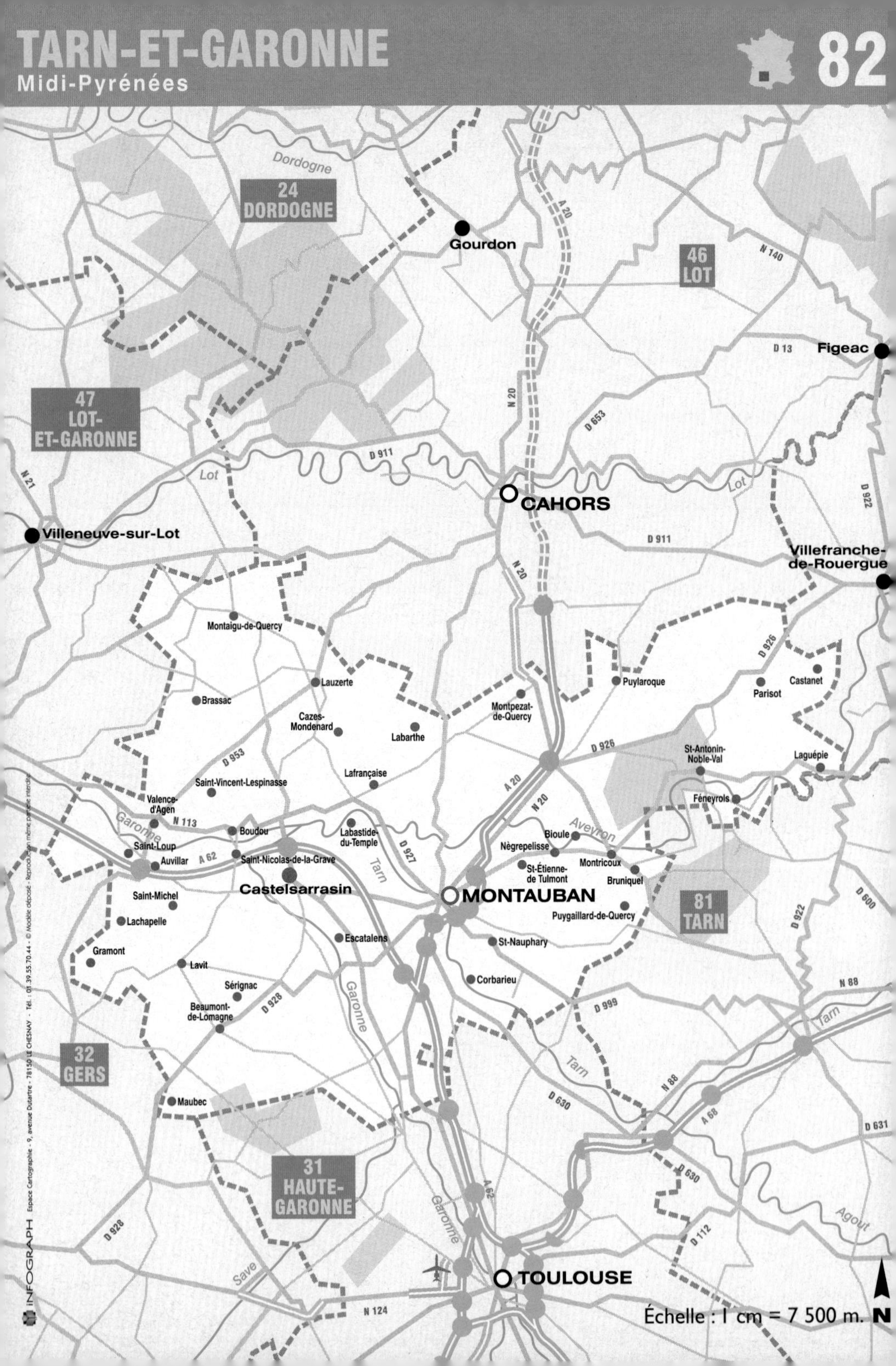

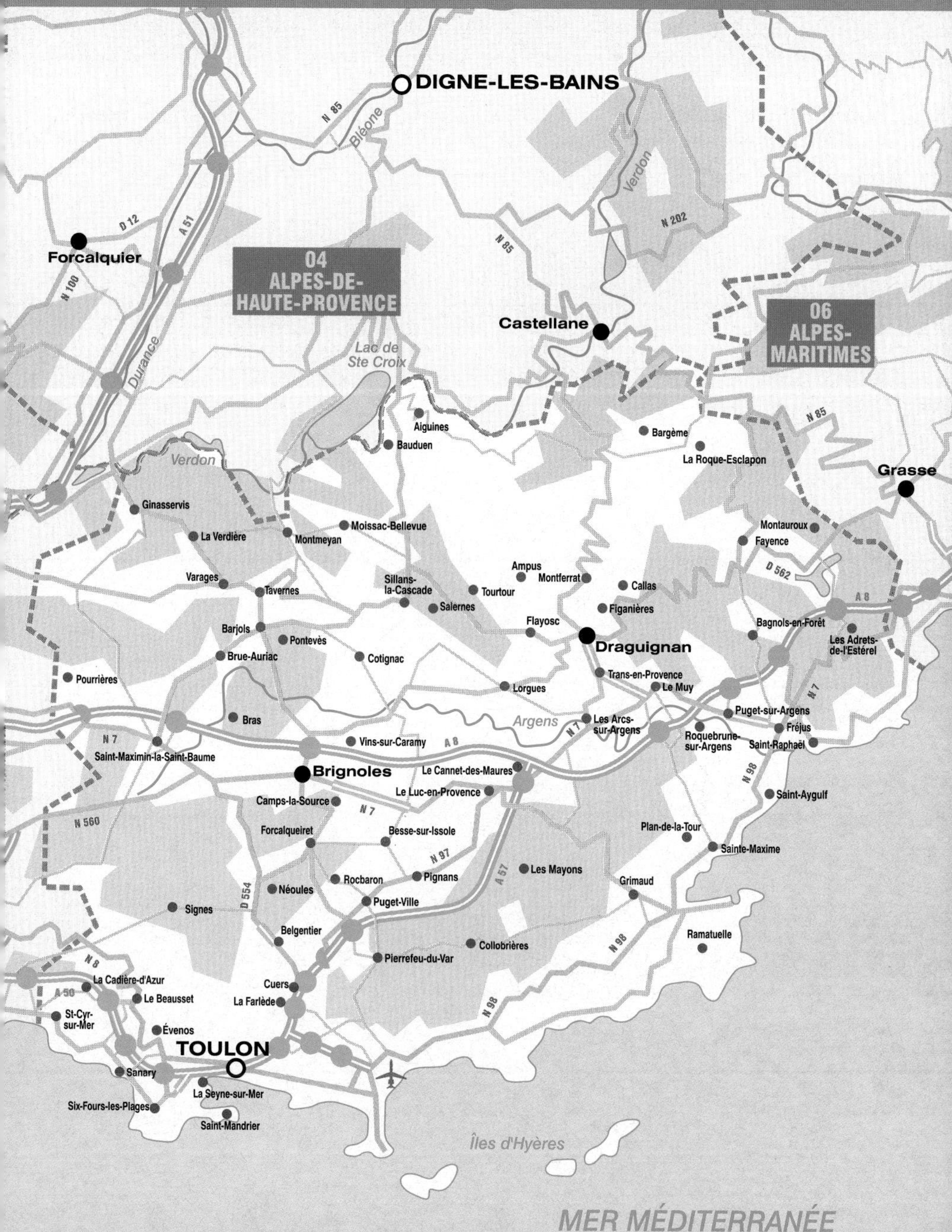

Échelle : 1 cm = 7 500 m.

VAUCLUSE

Provence-Alpes-Côte-d'Azur

05 HAUTES-ALPES

04 ALPES-DE-HAUTE-PROVENCE

26 DRÔME

07 ARDÈCHE

30 GARD

13 BOUCHES-DU-RHÔNE

83 VAR

84

AVIGNON

Carpentras

Apt

Nyons

Forcalquier

Nîmes

Arles

Aix-en-Provence

Orange

Valréas

Cavaillon

Pertuis

A 7 · A 9 · A 51 · A 54 · N 7 · N 86 · N 100 · N 113 · D 942 · D 973

Rhône · Durance · Ouvèze · Aigues · Verdon · Gard · Ardèche

N Échelle : 1 cm = 7 500 m.

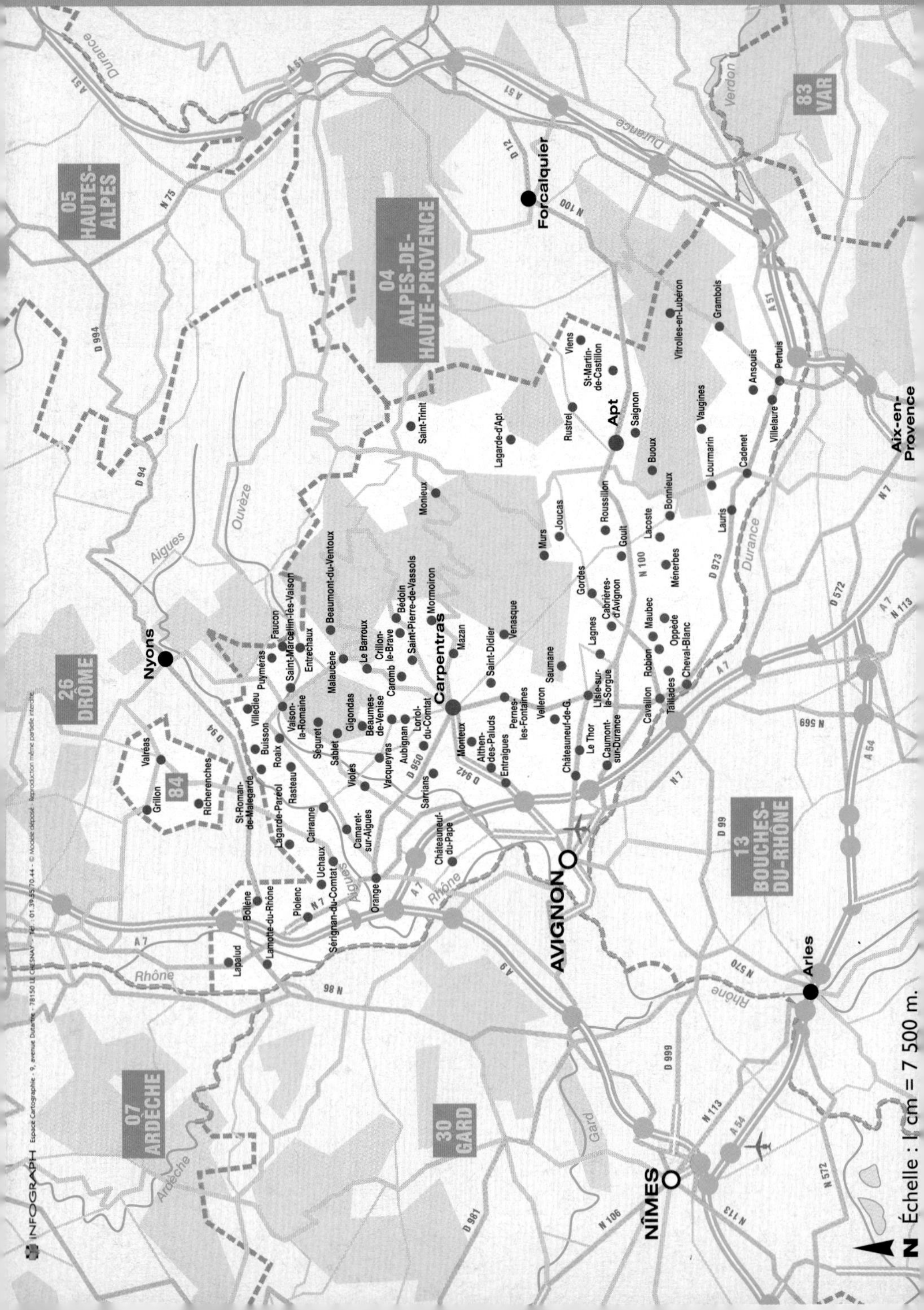

VENDÉE
Pays-de-la-Loire

49 MAINE-ET-LOIRE
79 DEUX-SEVRES
44 LOIRE-ATLANTIQUE

Nantes
Cholet
La Roche-sur-Yon
Fontenay-le-Comte
Les Sables-d'Olonne

Sèvres Nantaise
Boulogne
Lay

A 83
A 87
N 137
N 148
N 149
N 160
N 249
D 38
D 178
D 746
D 751
D 752
D 753
D 758
D 763
D 937
D 938 t
D 948
D 949
D 960

Cugand
St-Hilaire-de-Loulay
St-Martin-des-Tilleuls
La Boissière-de-Montaigu
Les Landes-Genusson
La Verrie
St-Malo-du-Bois
Chambretaud
Les Epesses
Les Châtelliers-Châteaumur
La Flocellière
St-Michel-Mont-Mercure
St-Paul-en-Pareds
Le Boupère
Les Herbiers
Mouchamps
Saint-Prouant
Monsireigne
Réaumur
St-Germain-de-Prinçay
Saint-Hilaire-le-Vouhis
L'Oie
Sainte-Cécile
Chavagnes-en-Paillers
L'Herbergement
Chauché
Saint-Denis-la-Chevasse
St-André-Treize-Voies
Belleville-sur-Vie
Le Poiré-sur-Vie
Les Lucs-sur-Boulogne
Mouilleron-le-Captif
St-Martin-des-Noyers
La Chaize-le-Vicomte
Saint-Florent-des-Bois
Les Pineaux-Saint-Ouen
Féole-La Réorthe
Sainte-Hermine
Saint-Martin-des-Fontaines
Cezais
L'Orbrie
Saint-Michel-le-Cloucq
Nieul-sur-l'Autise
Bouillé-Courdault
Liez
Le Mazeau
St-Pierre-le-Vieux
Maillezais
Doix
Mouzeuil-Saint-Martin
Velluire
Le Gué-de-Velluire
Chaillé-les-Marais
Champagné-les-Marais
Saint-Michel-en-L'Herm
Triaize
Luçon
St-Denis-du-Payré
Saint-Cyr-en-Talmondais
La Faute-sur-Mer
Angles
Le Bernard
Saint-Vincent-sur-Jard
Talmont-St-Hilaire
Château-d'Olonne
Nieul-le-Dolent
Ste-Flaive-des-Loups
La Chapelle-Achard
Martinet
Saint-Julien-des-Landes
St-Mathurin
Vairé
Landevieille
L'Aiguillon-sur-Vie
Coëx
Maché
St-Christophe-du-Ligneron
Saint-Hilaire-de-Riez
Saint-Gilles-Croix-de-Vie
Soullans
Challans
La Garnache
Bois-de-Céné
Châteauneuf
Bouin
St-Gervais
Beauvoir-sur-Mer
Saint-Jean-de-Monts
Noirmoutier
Île de Noirmoutier
Île d'Yeu
Île-d'Yeu
Île de Ré
OCÉAN ATLANTIQUE

N Échelle : 1 cm = 7 500 m.

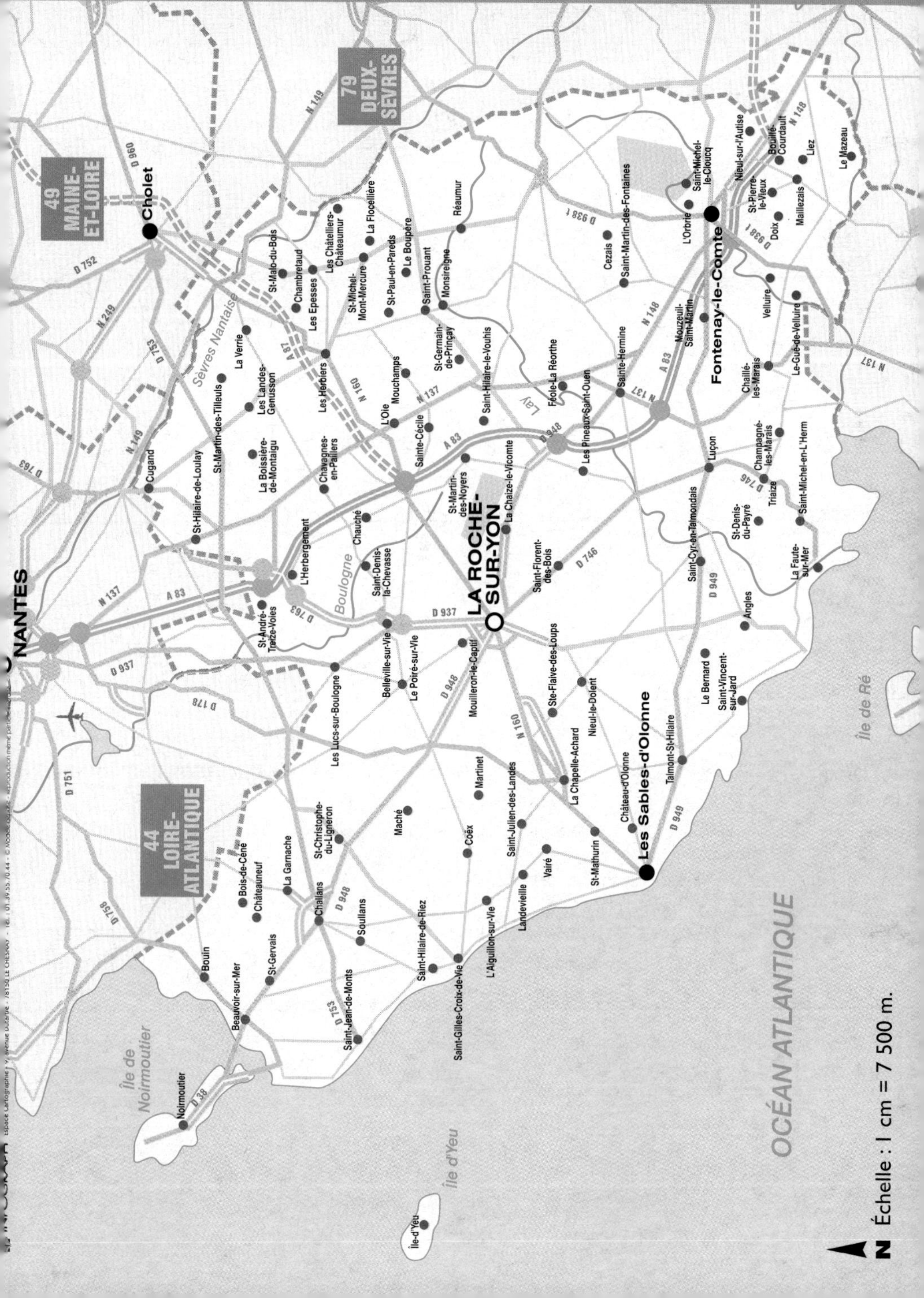

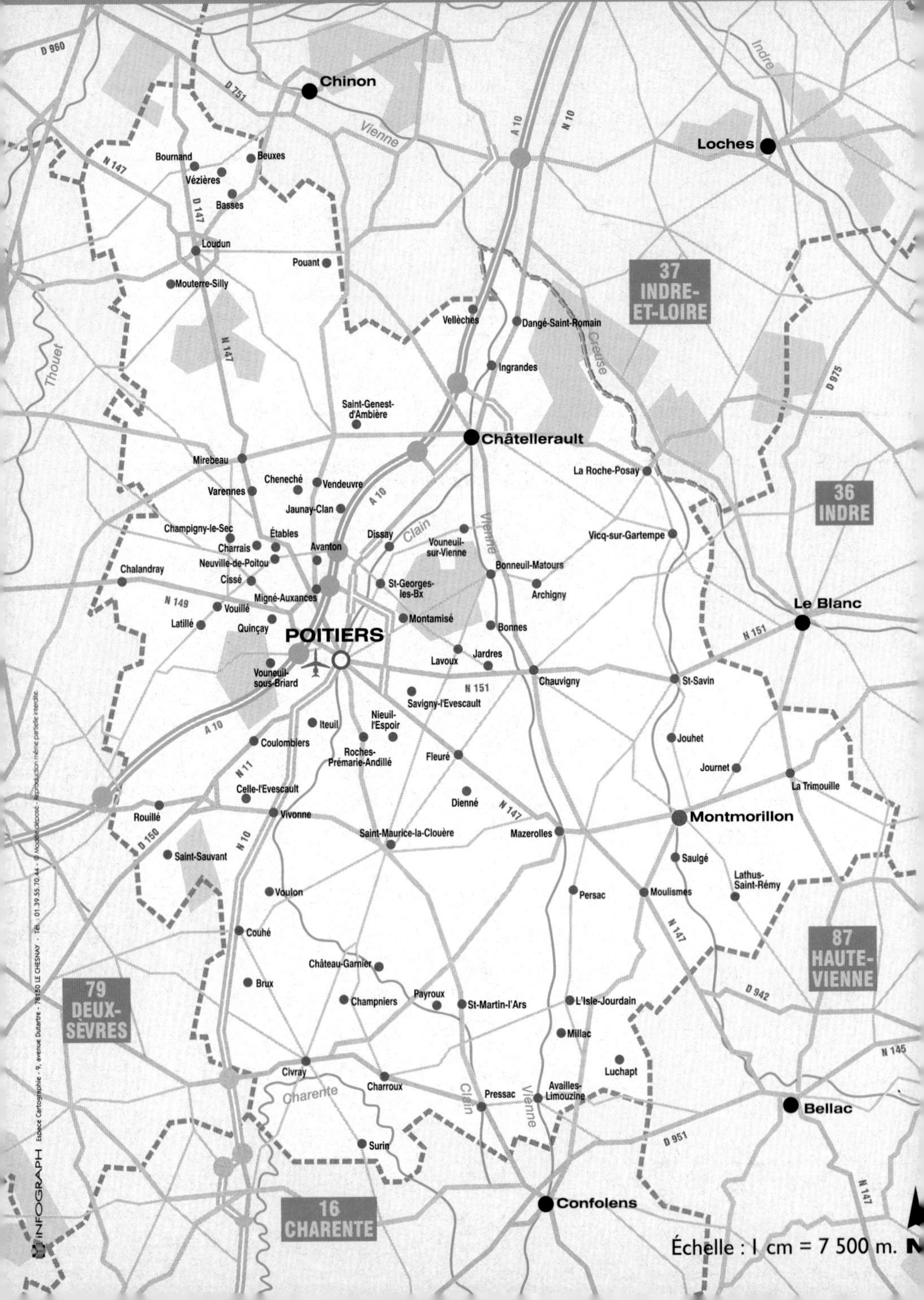

VIENNE

Poitou-Charentes

D 960
Chinon
D 751
Vienne
A 10
N 10
Indre
Loches
N 147
Bournand
Beuxes
Vézières
D 147
Basses
Loudun
Pouant
Mouterre-Silly
N 147
Thouet
37 INDRE-ET-LOIRE
Vellèches
Dangé-Saint-Romain
Creuse
Ingrandes
D 975
Saint-Genest-d'Ambière
Châtellerault
Mirebeau
La Roche-Posay
Cheneché
Vendeuvre
Varennes
A 10
Jaunay-Clan
36 INDRE
Champigny-le-Sec
Étables
Dissay
Clain
Vouneuil-sur-Vienne
Vienne
Vicq-sur-Gartempe
Charrais
Avanton
Neuville-de-Poitou
Bonneuil-Matours
Chalandray
Cissé
St-Georges-les-Bx
Archigny
N 149
Migné-Auxances
Vouillé
Latillé
Quinçay
Montamisé
Le Blanc
Bonnes
POITIERS
N 151
Jardres
Lavoux
Vouneuil-sous-Briard
Chauvigny
St-Savin
N 151
Savigny-l'Evescault
A 10
Iteuil
Nieuil-l'Espoir
Coulombiers
Jouhet
Roches-Prémarie-Andillé
Fleuré
N 11
Journet
La Trimouille
Celle-l'Evescault
Dienné
Rouillé
Vivonne
N 147
Montmorillon
Saint-Maurice-la-Clouère
Mazerolles
D 150
N 10
Saulgé
Saint-Sauvant
Lathus-Saint-Rémy
Persac
Moulismes
Voulon
N 147
Couhé
87 HAUTE-VIENNE
Château-Garnier
Brux
D 942
79 DEUX-SÈVRES
Champniers
Payroux
St-Martin-l'Ars
L'Isle-Jourdain
Millac
N 145
Civray
Luchapt
Charroux
Charente
Clain
Pressac
Availles-Limouzine
Vienne
Bellac
D 951
Surin
N 147
16 CHARENTE
Confolens

Échelle : 1 cm = 7 500 m.

N

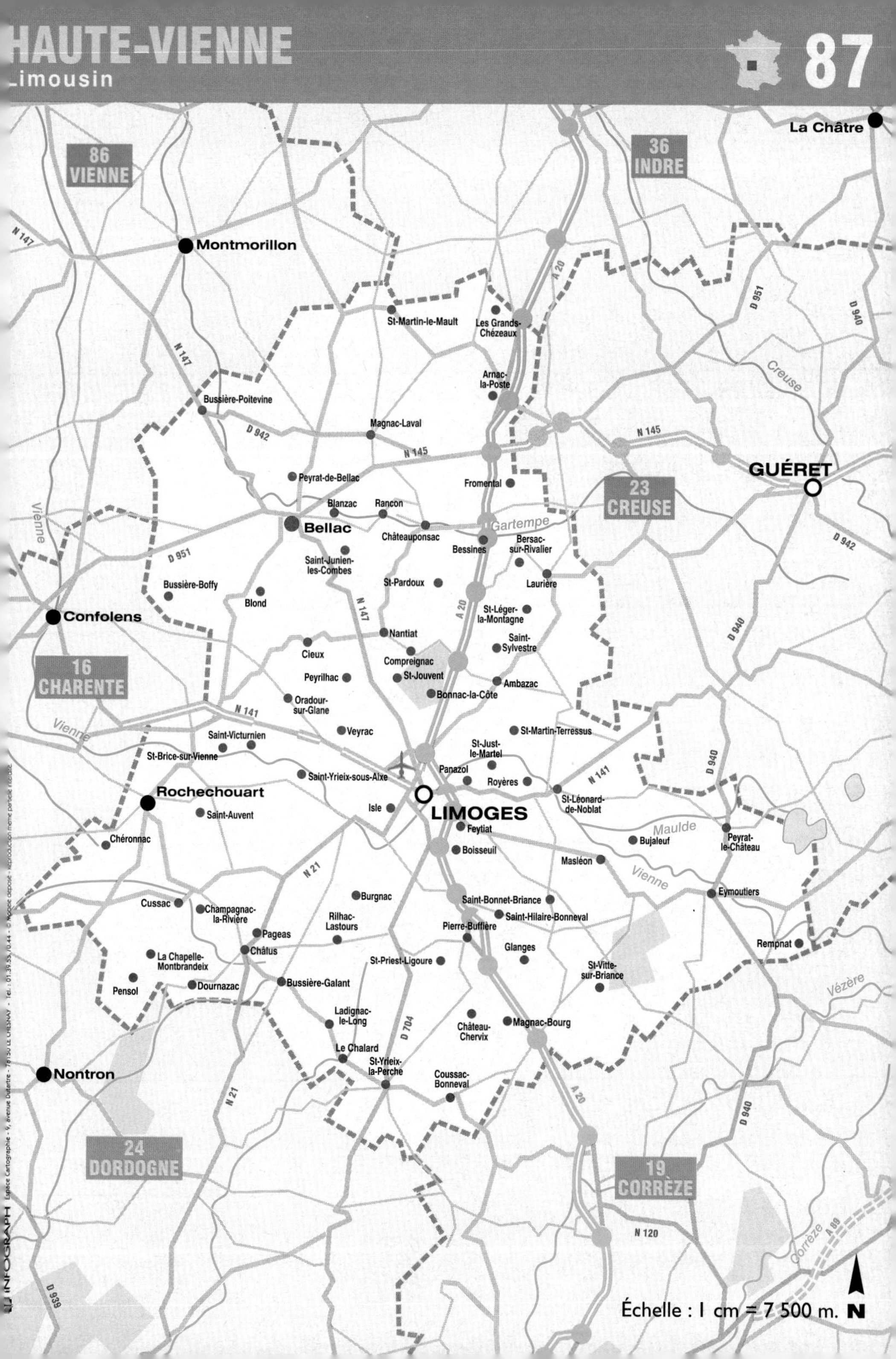

HAUTE-VIENNE
Limousin
87
La Châtre
86 VIENNE
36 INDRE
N 147
Montmorillon
A 20
D 951
D 940
St-Martin-le-Mault
Les Grands-Chézeaux
N 147
Creuse
Arnac-la-Poste
Bussière-Poitevine
Magnac-Laval
D 942
N 145
N 145
GUÉRET
Peyrat-de-Bellac
Fromental
23 CREUSE
Vienne
Blanzac
Rancon
Gartempe
Bellac
Châteauponsac
Bersac-sur-Rivalier
D 942
Saint-Junien-les-Combes
Bessines
D 951
Laurière
St-Pardoux
Bussière-Boffy
Blond
N 147
A 20
St-Léger-la-Montagne
Confolens
D 940
Nantiat
Saint-Sylvestre
Cieux
Compreignac
16 CHARENTE
Peyrilhac
St-Jouvent
Ambazac
Oradour-sur-Glane
Bonnac-la-Côte
N 141
Vienne
Veyrac
St-Martin-Terressus
Saint-Victurnien
St-Just-le-Martel
D 940
St-Brice-sur-Vienne
Panazol
N 141
Saint-Yrieix-sous-Aixe
Royères
Rochechouart
St-Léonard-de-Noblat
Isle
LIMOGES
Saint-Auvent
Feytiat
Maulde
Peyrat-le-Château
Chéronnac
Bujaleuf
Boisseuil
Masléon
N 21
Vienne
Eymoutiers
Burgnac
Cussac
Saint-Bonnet-Briance
Champagnac-la-Rivière
Saint-Hilaire-Bonneval
Rilhac-Lastours
Pierre-Buffière
Pageas
Remphat
Châlus
Glanges
La Chapelle-Montbrandeix
St-Priest-Ligoure
St-Vitte-sur-Briance
Vézère
Pensol
Dournazac
Bussière-Galant
Ladignac-le-Long
D 704
Château-Chervix
Magnac-Bourg
Le Chalard
Nontron
St-Yrieix-la-Perche
Coussac-Bonneval
A 20
N 21
D 940
24 DORDOGNE
19 CORRÈZE
N 120
Corrèze
A 89
D 939
INFOGRAPH
Échelle : 1 cm = 7 500 m.
N

VOSGES
Lorraine
88
INFOGRAPH Espace Cartographie - 9, avenue Dutartre - 78150 LE CHESNAY - Tél. : 01.39.55.70.44 - © Modèle déposé, reproduction même partielle interdite.
Toul
NANCY
Canal
Lunéville
54 MEURTHE-ET-MOSELLE
67 BAS-RHIN
55 MEUSE
N 4
D 964
D 974
Moselle
Meuse
Harmonville
A 31
D 913
Meurthe
Celles-sur-Plaine
Belval
D 424
N 420
Seraumont
Soulosse-sous-Saint-Élophe
N 74
Grand
Saint-Michel-sur-Meurthe
Brû
Neufchâteau
N 57
D 166
Saint-Dié
N 59
Girmont-Thaon
Grandvillers
Taintrux
Ban-de-Laveline
N 420
D 429
Remoncourt
Norroy-sur-Vair
Darnieulles
Lépanges-sur-Vologne
Anould
N 415
Corcieux
Plainfaing
52 HAUTE-MARNE
D 74
Thuillières
D 3
ÉPINAL
Cheniménil
Gerbépal
Aingeville
Bulgnéville
Lerrain
Éloyes
Liézey
Gérardmer
Relanges
Hadol
D 417
Xertigny
D 164
La Chapelle-aux-Bois
D 26
Julienrupt-Le Syndicat
Sapois
La Bresse
Remiremont
Dommartin-les-Remiremont
Vecoux
Saône
68 HAUT-RHIN
Saulxures-sur-Moselotte
Le Val-d'Ajol
N 66
Le Ménil
Guebwiller
Fresse-sur-Moselle
Bussang
N 83
D 64
70 HAUTE-SAÔNE
Thann
Ognon
90
N
Échelle : 1 cm = 7 500 m

Nogent-sur-Seine
Seine
N 19
N 77
A 26
A 5
Seine
10 AUBE
D 411
A 5
D 960
N 6
A 5
TROYES
Seine
N 19
Lixy
Vallery
Nailly
Foissy-sur-Vanne
N 60
Sens
A 5
A 160
Vareilles
N 71
Yonne
N 60
N 6
Cerisiers
N 77
A 6
D 905
Soumaintrain
N 60
D 943
45 LOIRET
Percey
D 905
Armançon
Dannemoine
Chichery
Hauterive
Ligny-le-Châtel
Venouse
Vézannes
Charny
Laduz
Tonnerre
Cruzy-le-Châtel
Poilly-sur-Tholon
N 77
Collan
Égleny
St-Martin-sur-Ouanne
Lindry
Venoy
D 965
Lézinnes
Villefargeau
AUXERRE
Ancy-le-Franc
D 965
Poilly-sur-Serein
Champignelles
Chevannes
Môlay
Tannerre-en-Puisaye
Gy-l'Évêque
Yonne
A 6
Fontaines
N 151
Escolives-Ste-Camille
Noyers-sur-Serein
Sacy
Merry-Sec
Saint-Fargeau
N 6
Lavau
Lain
Joux-la-Ville
Marmeaux
Thizy
Lainsecq
Brosses
Étais-la-Sauvin
A 77
Avallon
Sauvigny-le-Beuréal
D 957
Island
A 6
Sainte-Magnance
Saint-Père-sous-Vézelay
Vézelay
Clamecy
D 951
Bussières
St-Germain-des-Champs
21 CÔTE D'OR
Cosne-Cours-sur-Loire
N 6
58 NIÈVRE
Yonne
N 151
D 958

Échelle : 1 cm = 7 500 m.
N

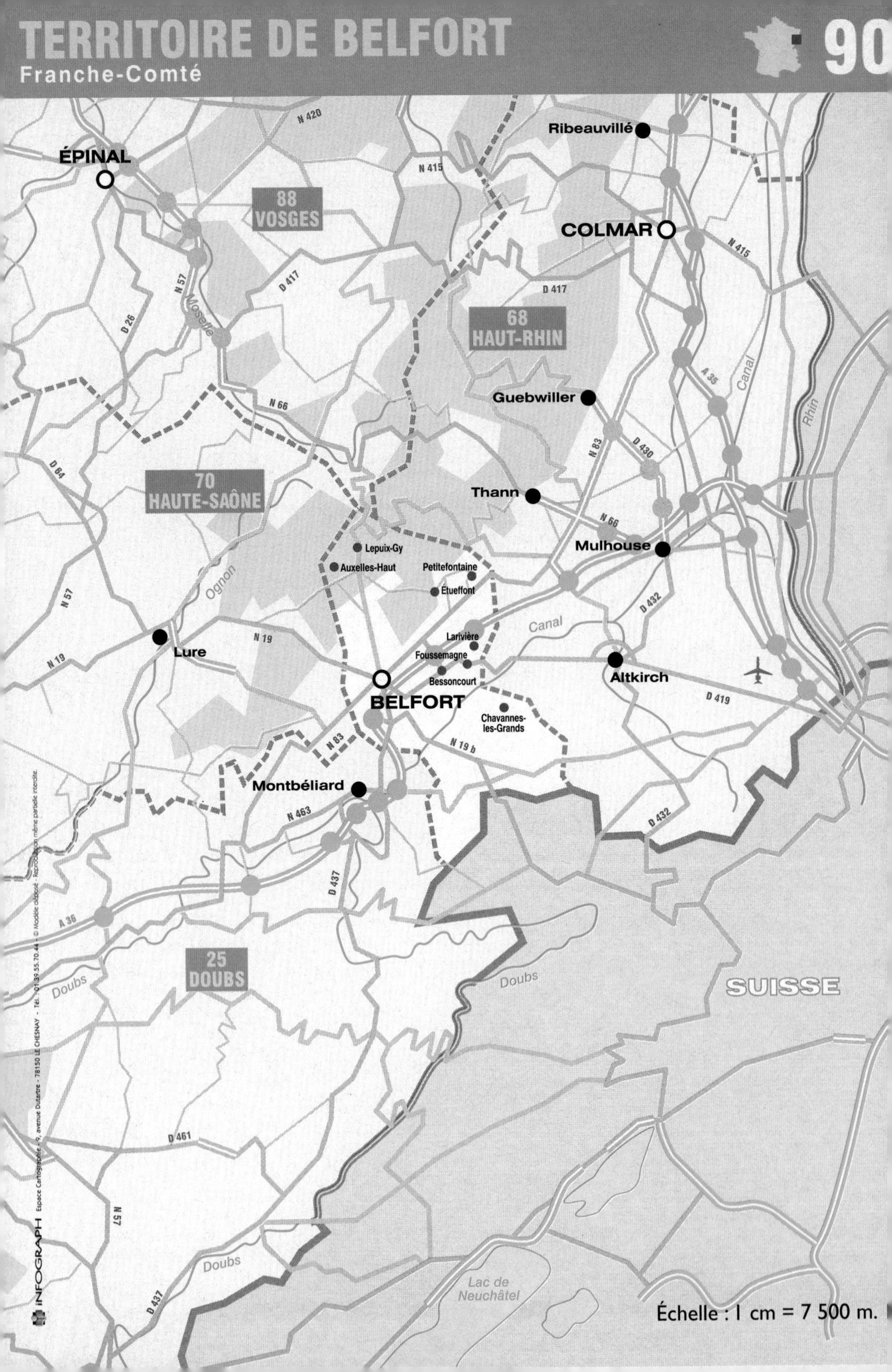

TERRITOIRE DE BELFORT
Franche-Comté
90
ÉPINAL
Ribeauvillé
COLMAR
88
VOSGES
68
HAUT-RHIN
70
HAUTE-SAÔNE
25
DOUBS
Guebwiller
Thann
Mulhouse
Altkirch
Lepuix-Gy
Auxelles-Haut
Petitefontaine
Étueffont
Larivière
Foussemagne
Bessoncourt
Chavannes-les-Grands
Lure
BELFORT
Montbéliard
SUISSE
Lac de Neuchâtel
N 420
N 415
N 57
D 26
Moselle
D 417
N 66
D 64
Ognon
N 19
N 83
D 430
A 35
Canal
Rhin
D 432
D 419
N 19 b
N 463
D 437
A 36
Doubs
D 461
Échelle : 1 cm = 7 500 m.

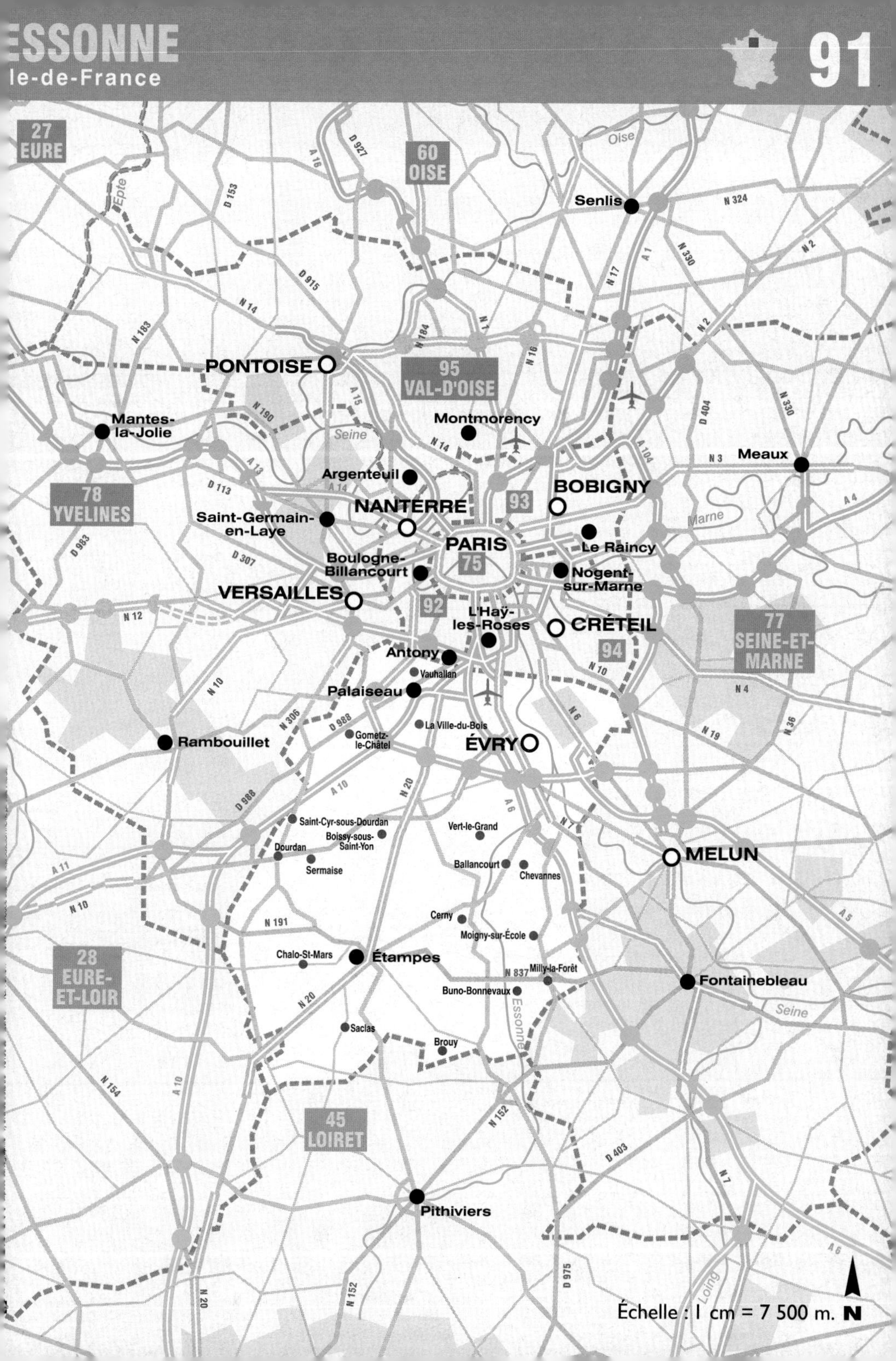
ESSONNE
le-de-France
91
27 EURE
60 OISE
95 VAL-D'OISE
78 YVELINES
93
92
75
94
77 SEINE-ET-MARNE
28 EURE-ET-LOIR
45 LOIRET
Senlis
PONTOISE
Mantes-la-Jolie
Montmorency
Argenteuil
NANTERRE
Saint-Germain-en-Laye
BOBIGNY
Le Raincy
PARIS
Boulogne-Billancourt
Nogent-sur-Marne
VERSAILLES
L'Haÿ-les-Roses
CRÉTEIL
Meaux
Antony
Vauhallan
Palaiseau
La Ville-du-Bois
Gometz-le-Châtel
ÉVRY
Rambouillet
Saint-Cyr-sous-Dourdan
Boissy-sous-Saint-Yon
Dourdan
Sermaise
Vert-le-Grand
Ballancourt
Chevannes
Cerny
Moigny-sur-École
Chalo-St-Mars
Étampes
Milly-la-Forêt
Buno-Bonnevaux
MELUN
Fontainebleau
Saclas
Brouy
Pithiviers
Oise
Epte
Seine
Marne
Esssonne
Loing
A 16
D 927
D 153
D 915
N 14
N 183
N 184
N 1
N 16
N 17
A 1
N 330
N 324
N 2
A 15
N 190
A 13
D 113
A 14
D 983
D 307
N 12
N 10
N 306
D 988
A 10
N 20
A 6
N 6
N 7
N 4
N 19
N 36
A 4
N 3
A 104
D 404
A 11
N 191
N 837
N 154
N 152
D 403
D 975
A 5
Échelle : 1 cm = 7 500 m.
N

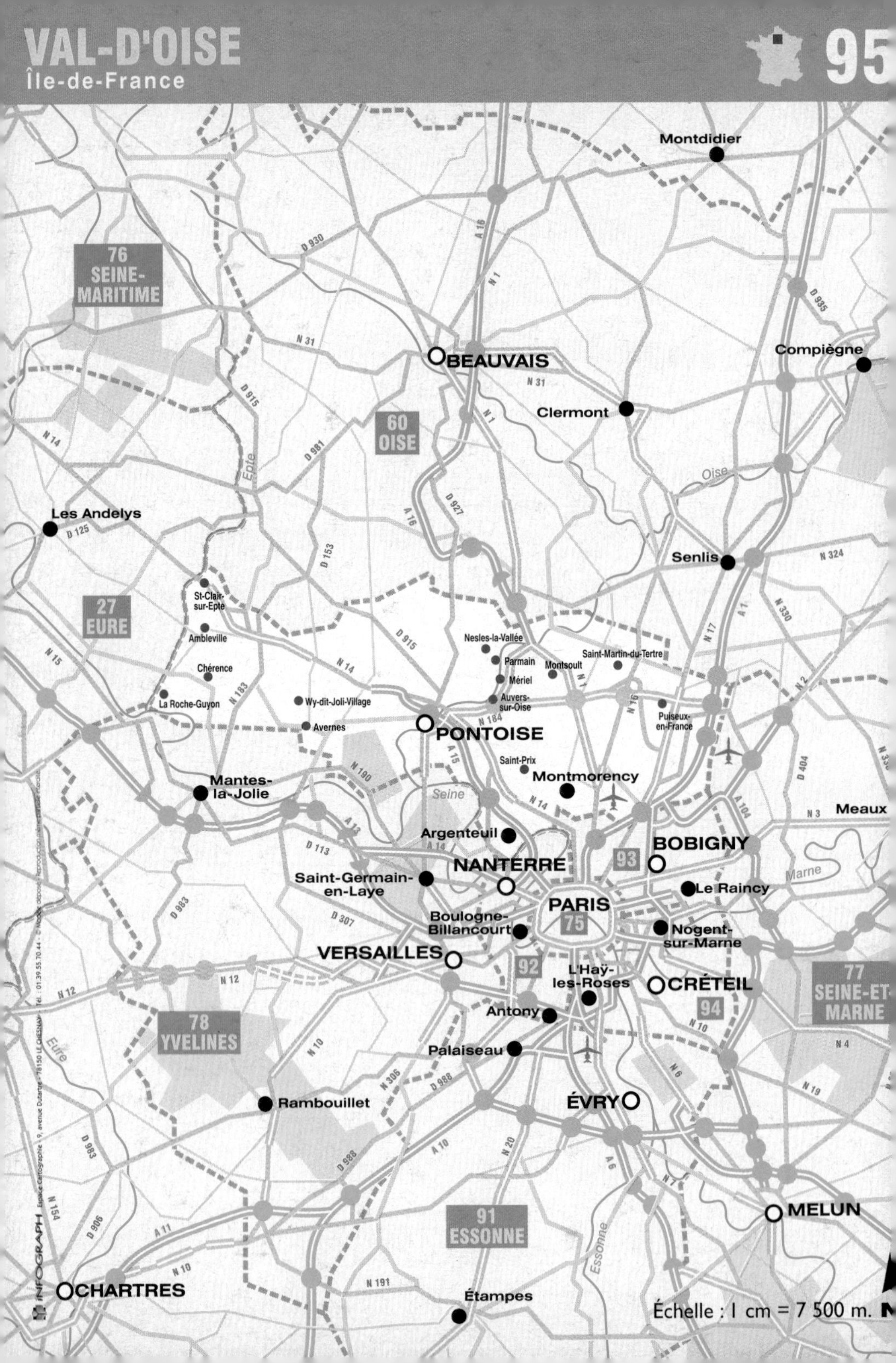
VAL-D'OISE
Île-de-France
95
Montdidier
76 SEINE-MARITIME
D 930
A 16
N 1
D 935
N 31
BEAUVAIS
Compiègne
N 31
D 915
Clermont
60 OISE
N 14
D 981
Epte
Oise
Les Andelys
D 125
A 16
D 927
D 153
Senlis
N 324
27 EURE
St-Clair-sur-Epte
Ambleville
D 915
Nesles-la-Vallée
Parmain
Montsoult
Saint-Martin-du-Tertre
N 330
A 1
N 17
N 15
Chérence
N 14
Mériel
N 183
Auvers-sur-Oise
La Roche-Guyon
Wy-dit-Joli-Village
N 16
Puiseux-en-France
N 2
N 184
Avernes
PONTOISE
A 15
Saint-Prix
N 190
Montmorency
D 404
Mantes-la-Jolie
Seine
N 14
A 104
N 3
Meaux
A 13
Argenteuil
A 14
D 113
BOBIGNY
93
NANTERRE
Saint-Germain-en-Laye
Marne
Le Raincy
PARIS
D 983
D 307
Boulogne-Billancourt
75
Nogent-sur-Marne
VERSAILLES
92
L'Haÿ-les-Roses
CRÉTEIL
77 SEINE-ET-MARNE
N 12
N 12
94
Antony
78 YVELINES
N 10
Eure
N 10
Palaiseau
N 4
N 6
N 306
D 988
N 19
Rambouillet
ÉVRY
D 983
N 20
A 10
D 988
A 6
N 7
N 154
D 906
91 ESSONNE
MELUN
A 11
Essonne
N 10
N 191
CHARTRES
Étampes
INFOGRAPH
Échelle : 1 cm = 7 500 m.

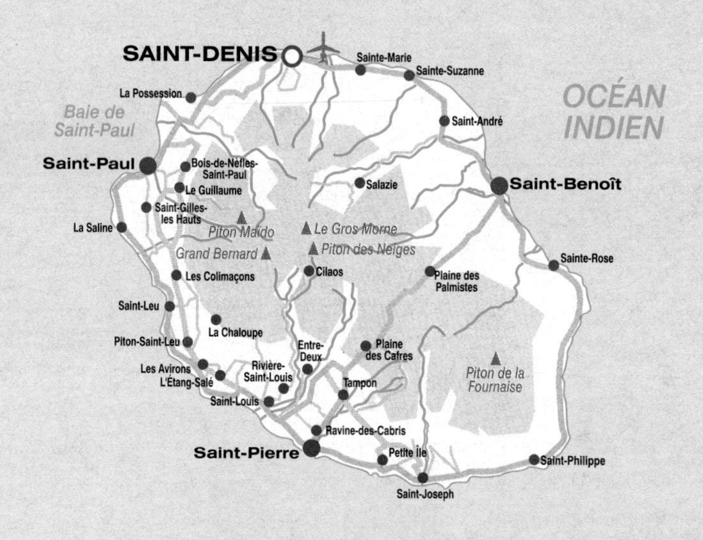
SAINT-DENIS
Sainte-Marie
Sainte-Suzanne
La Possession
Baie de
Saint-Paul
OCÉAN
INDIEN
Saint-André
Saint-Paul
Bois-de-Nèfles-
Saint-Paul
Le Guillaume
Salazie
Saint-Benoît
Saint-Gilles-
les Hauts
La Saline
Piton Maïdo
Le Gros Morne
Grand Bernard
Piton des Neiges
Sainte-Rose
Les Colimaçons
Cilaos
Plaine des
Palmistes
Saint-Leu
La Chaloupe
Piton-Saint-Leu
Entre-
Deux
Plaine
des Cafres
Les Avirons
L'Étang-Salé
Rivière-
Saint-Louis
Piton de la
Fournaise
Tampon
Saint-Louis
Ravine-des-Cabris
Saint-Pierre
Petite Île
Saint-Philippe
Saint-Joseph
N

NOS FORMULES

Gîte Rural

Aménagé dans le respect du style local, le gîte rural est une maison ou un logement indépendant situé à la campagne, à la mer, à la montagne. On peut le louer pour un week-end, une ou plusieurs semaines, en toute saison. A l'arrivée, les propriétaires vous réserveront le meilleur accueil.

Chambre d'Hôtes

La chambre d'hôtes ou le "bed and breakfast" à la française : une autre façon de découvrir les mille visages de la France. Vous êtes reçus "en amis" chez des particuliers qui ouvrent leur maison pour une ou plusieurs nuits, à l'occasion d'un déplacement ou d'un séjour.
C'est redécouvrir convivialité, bien-vivre et aussi la cuisine régionale avec la table d'hôtes.

Gîte d'Enfants

Pendant les vacances scolaires, vos enfants sont accueillis au sein d'une famille agréée "Gîtes de France" et contrôlée par l'administration compétente. Ils partageront avec d'autres enfants (11 maximum) la vie à la campagne et profiteront de loisirs au grand air.

Camping à la Ferme

Situé généralement près d'une ferme, le terrain où vous installez votre tente ou votre caravane est aménagé pour l'accueil d'une vingtaine de personnes ; vous pourrez y séjourner en profitant de la tranquillité, de l'espace et de la nature.

Gîte d'Etape

Le gîte d'étape est destiné à accueillir des randonneurs (pédestres, équestres, cyclistes...) qui souhaitent faire une courte halte avant de continuer leur itinéraire ; il est souvent situé à proximité d'un sentier de randonnée.

Gîte de Séjour

Les gîtes de séjour sont prévus pour accueillir des familles ou des groupes à toute occasion : week-end, vacances, réception, classe de découvertes, séminaire...

Chalets-Loisirs

Dans un environnement de pleine nature, 3 à 25 chalets loisirs sont aménagés pour 6 personnes maximum. Des activités de loisirs (pêche, VTT, pédalo, tir à l'arc...) sont proposées sur place.

ALSACE-LORRAINE

Pour réserver, écrire ou téléphoner :

54 - MEURTHE-ET-MOSELLE
GITES DE FRANCE - Service Réservation
Centre Agricole - Chambre d'Agriculture
5, rue de la Vologne - 54524 LAXOU Cedex
Tél. : 03 83 93 34 91 - Fax : 03 83 93 34 90

55 - MEUSE
GITES DE FRANCE - Service Réservation
C.D.T. - Hôtel du Département
55012 BAR-LE-DUC Cedex
Tél. : 03 29 45 78 42 - Fax : 03 29 45 78 45

57 - MOSELLE
S.L.A. MOSELLE
Hôtel du Département - B.P. 11096
57036 METZ Cedex 1
Tél. : 03 87 37 57 69 - Fax : 03 87 37 58 84

67 - BAS-RHIN
GITES DE FRANCE - Service Réservation
7, place des Meuniers - 67000 STRASBOURG
Tél. : 03 88 75 56 50 - Fax : 03 88 23 00 97
E-mail : adtgitesdefrance68@rmcnet.fr

68 - HAUT-RHIN
GITES DE FRANCE
LOISIRS ACCUEIL - Service Réservation
B.P. 371 - 68007 COLMAR Cedex
Tél. : 03 89 20 10 62 - Fax : 03 89 23 33 91

88 - VOSGES
GITES DE FRANCE - Service Réservation
13, rue Aristide Briand - B.P. 405
88010 ÉPINAL Cedex
Tél. : 03 29 35 50 34 - Fax : 03 29 35 68 11
E-mail : gites-88@wanadoo.fr
www.gites-de-france.fr

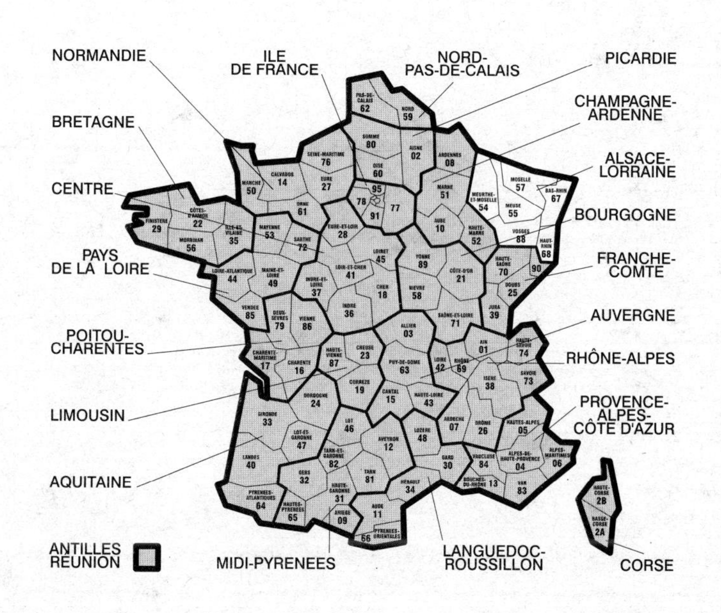

Meurthe-et-Moselle

GITES DE FRANCE - Service Réservation
Centre Agricole - Chambre d'Agriculture
5, rue de la Vologne - 54524 LAXOU Cedex
Tél. 03 83 93 34 91 - Fax. 03 83 93 34 90

AZERAILLES

C.M. 62 Pli 6

4 ch. 2 chambres avec salle de bains et WC particuliers, 2 chambres avec douche particulière et WC communs. Salle avec cheminée, salon. Fiches touristiques sur place. Aire de jeux. Parking privé. Parc avec salon de jardin. 4 chambres d'hôtes dans une maison de caractère située sur la route de la faïence et du cristal. Langue parlée : anglais.

Prix : 1 pers. **150/170 F** 2 pers. **190/210 F** 3 pers. **240 F** pers. sup. **30 F**

Ouvert : toute l'année sauf du 15 octobre au 1er avril.

SP	20	SP	4	4	8	20	SP	SP

MULLER Bruno et Gabrielle - 100, rue du Général Leclerc - 54122 AZERAILLES - Tél : 03 83 75 16 16 ou SR : 03 83 93 34 91

BIONVILLE

TH

C.M. 62 Pli 7

2 ch. 2 chambres aménagées au 1er étage, salle d'eau et wc indépendants. Salon d'accueil, salle à manger, jeux de société. Terrasse, meubles de jardin. Lit bébé à disposition. Nombreuses randonnées pédestres sur place. 2 chambres d'hôtes situées dans une vallée du massif vosgien, hameau classé site remarquable par le Club Vosgien, à moins d'une heure de Nancy, entre les lacs de Pierre-Percée et le Donon. Langues parlées : allemand, anglais.

Prix : 1 pers. **228 F** 2 pers. **256 F** 3 pers. **354 F** pers. sup. **78 F**
repas **80 F**

SP	6	SP	SP	15	15	6	1	1

HOBLINGRE Dieudonné - 21, Les Noires Colas - 54540 BIONVILLE - Tél : 03 29 41 12 17 ou SR : 03 83 93 34 91 - Fax : 03 29 41 12 17

CHARENCY-VEZIN

TH

C.M. 57 Pli 1

3 ch. 3 chambres dont 2 sous forme de suite (chambre + pièce attenante). A disposition : cuisine intégrée, salle à manger, salon de détente dans la véranda. Terrasse, jardin et parking clos. Lit enfant à la demande. Aux portes du Luxembourg et de la Belgique, trois chambres d'Hôtes aménagées dans une maison de caractère de 1804 (restaurée dans l'esprit). Langues parlées : allemand, anglais.

Prix : 1 pers. **200 F** 2 pers. **250 F** 3 pers. **350 F** pers. sup. **100 F**
repas **80 F**

SP	5	SP	SP	5	5	5	5	SP

JAKIRCEVIC Viviane - 4, rue Coquibut - 54260 CHARENCY-VEZIN - Tél : 03 82 26 66 26 ou SR : 03 83 93 34 91 - Fax : 03 82 26 66 26 - E-mail : chambreshotes@wanadoo.fr - http://perso.wanadoo.fr/chambreshotes54/

CHAUDENEY-SUR-MOSELLE

TH

C.M. 62 Pli 4

2 ch. 1 chambre principale (2 lits 1 pers), la suite (2 lits 1 pers), salle d'eau et WC communs aux deux chambres. Salle de séjour avec TV. Cour fermée avec salon de jardin. Produits fermiers sur place (œufs, volailles...) Suzanne et Roger vous accueillent dans leur maison située au cœur du village.

Prix : 1 pers. **120 F** 2 pers. **150 F** repas **60 F** 1/2 pens. **150 F**

SP	SP	SP	3	4	20	3	SP

VAUTRIN Suzanne - 107, rue Paturaud - 54200 CHAUDENEY-SUR-MOSELLE - Tél : 03 83 43 15 74 ou SR : 03 83 93 34 91

CIREY-SUR-VEZOUZE

TH

C.M. 62 Pli 7

5 ch. 5 chambres d'hôtes aménagées au 1er étage avec chacune salle de bains ou salle d'eau et WC privatifs, pour 2 à 3 personnes. Salon avec cheminée, salle de billard, salle de séjour, TV, bureau avec téléphone et minitel à disposition des hôtes ; parc d'agrément de 3000 m² clos, aire de jeux, terrasse, salon de jardin. Parking fermé. 5 chambres d'hôtes aménagées dans une maison de maître, au pied des Vosges. Cuisine régionale et familiale. Langue parlée : anglais.

Prix : 1 pers. **220 F** 2 pers. **300 F** 3 pers. **370 F** pers. sup. **80 F**
repas **80 F** 1/2 pens. **270 F**

SP	3	SP	SP	12	2	15	SP	SP

BOUVERY Monique - 18, rue du Val - 54480 CIREY-SUR-VEZOUZE - Tél : 03 83 42 58 38 ou SR : 03 83 93 34 91 - Fax : 03 83 42 58 38

CIREY-SUR-VEZOUZE

C.M. 62 Pli 7

1 ch. 1 chambre 3 personnes, salle de bains privative. Aire de jeux, abri couvert, terrain, parking, pré, tennis privé, forêt. Ski alpin et de fond à 30 km. Possibilité de restauration sur place. Possibilité d'hébergement de randonneurs équestres, pédestres ou vélos (dortoir 60F/ personne). Une chambre d'hôtes dans une maison de caractère, dans un centre équestre situé en pleine campagne.

Prix : 1 pers. **170 F** 2 pers. **200 F**

SP	20	SP	1	28	SP	20	SP	1

VERSTRAETEN Michel - Château de la Vigne - 54480 CIREY-SUR-VEZOUZE - Tél : 03 83 42 52 66 ou SR : 03 83 93 34 91

DOMMARTIN-SOUS-AMANCE

TH *C.M. 62 Pli 5*

4 ch. **Nancy 8 km.** Rez-de-chaussée : 1 chambre. Etage : 3 chambres. Toutes avec sanitaires privés. Salon, bibliothèque, salle de séjour réservés aux hôtes. Espace vert, terrasse, salon de jardin, parking. TV, frigidaire, micro-onde. Lit enfant et possibilité lits supplémentaires. En pleine nature, dans une ferme de caractère rénovée, 4 chambres spacieuses avec meubles anciens et décoration soignée. Cadre reposant et trés agréable dans une campagne pittoresque et vallonée. Langue parlée : anglais.

CV

Prix : 1 pers. **200 F** 2 pers. **250 F** 3 pers. **300 F** pers. sup. **70 F**
repas **95 F**

6	15	2	SP	6	1	20	3	2

GRANDIDIER Hubert et Marinette - Ferme de Montheu - 54770 DOMMARTIN-SOUS-AMANCE - Tél : 03 83 31 17 37 ou SR : 03 83 93 34 91 - Fax : 03 83 31 17 37

EPLY

A TH *C.M. 57 Pli 14*

3 ch. R.d.c. : 2 chambres 2 personnes avec salle d'eau et WC privatifs. A l'étage : 1 chambre 3 personnes avec salle d'eau et WC privatifs. Lit bébé sur demande. Cuisine à disposition. Salon, séjour, salon de jardin, terrasse et jardin clos. Chambres aménagées dans une ancienne grange, indépendante du corps de ferme et de la maison d'habitation, au centre du village. Calme et repos assurés. Langue parlée : allemand.

Prix : 1 pers. **185 F** 2 pers. **235 F** 3 pers. **300 F** pers. sup. **60 F**
repas **80 F**

1	30	SP	SP	12	2	30	5	5

FRANCOIS Jean-Marie - 14, rue Saint-Christophe - Les Verts Paturages - 54610 EPLY - Tél : 03 83 31 30 85 ou SR : 03 83 93 34 91 - Fax : 03 83 31 30 85

ETREVAL

C.M. 62 Pli 4

2 ch. 2 chambres dans une ancienne maison rénovée, située dans un village paisible du Saintois. A l'étage : 2 chambres (1 lit 2 pers), lavabo et WC privatifs, douche commune. A disposition : salon avec TV, jardin et salon de jardin. Au pied de la colline de Sion-Vaudémont (ancien site médieval), vous découvrirez Etreval, joli petit village lorrain où M. Rambeaux vous accueillera dans ses chambres d'hôtes en toute simplicité.

Prix : 1 pers. **130 F** 2 pers. **150 F** 3 pers. **210 F** pers. sup. **60 F**

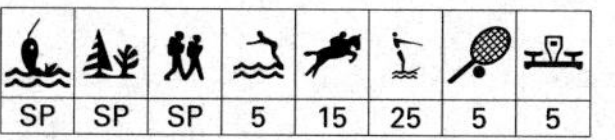

SP	SP	SP	5	15	25	5	5

RAMBEAUX - Grande Rue - 54330 ETREVAL - Tél : 03 83 25 14 89 ou SR : 03 83 93 34 91

HATRIZE

C.M. 57 Pli 13

4 ch. Propriété familiale de 2 ha, entièrement close, située au calme à l'écart du village. Maison de caractère, mobilier et décoration soignés. Vaste séjour avec terrasse, pelouse et jardin arboré. 4 chambres avec sanitaires privés pour chacune. Nombreux restaurants à 5 kms. A proximité du Parc Naturel Régional de Lorraine. Metz, avec ses richesses archéologiques est à 15 mn, par l'A4. Attraits touristiques proches : Luxembourg, Verdun, Amnéville (Zoo, casino), lac de Madine, parc de Walibi Schtroumpf, ligne Maginot. Langues parlées : italien, anglais.

Prix : 1 pers. **240 F** 2 pers. **280 F** 3 pers. **380 F**

SP	20	SP	SP	5	5	20	5	5

ARIZZI Roger et Micheline - La Trembloisière - 54800 HATRIZE - Tél : 03 82 33 14 30 ou SR : 03 83 93 34 91 - Fax : 03 82 20 15 55

HERBEVILLER

TH *C.M. 62 Pli 7*

2 ch. 2 chambres d'hôtes, salle de bains et wc particuliers, donnant sur le jardin. Grand confort. Salon, séjour réservés, TV, cheminée. Jardin avec salon, aire de jeux, parking. Rivière, pêche à 500 m, forêts, circuits de randonnées. Panier garni pour promenades. Charcuterie maison, recettes traditionnelles à savourer en table d'hôtes. 2 chambres d'hôtes aménagées dans une ancienne ferme lorraine de grés rose trés bien restaurée. Langues parlées : allemand, anglais.

CV

Prix : 1 pers. **180 F** 2 pers. **250 F** 3 pers. **300 F** pers. sup. **50 F**
repas **90 F** 1/2 pens. **190 F**

SP	10	SP	SP	15	10	10	5	5

BREGEARD Gilbert et Brigitte - 7, route Nationale - 54450 HERBEVILLER - Tél : 03 83 72 24 73 ou SR : 03 83 93 34 91 - Fax : 03 83 72 24 73

LANEUVEVILLE-DERRIERE-FOUG

TH *C.M. 62 Pli 3*

2 ch. Une chambre principale avec 1 lit 2 pers + 1 chambre complémentaire 1 lit 2 pers + 1 lit 1 pers, salle d'eau et WC privatifs et attenants à la chambre principale. Décoration et aménagements de style lorrain, mobilier raffiné. Cheminée dans le séjour. Bibliothèque, jeux de société. Abri pour voiture, chevaux. Jardin, salon de jardin sous tonnelle. Maison du 18ème siècle rénovée par les propriétaires dans un petit village de la route du vin et de la mirabelle, situé dans le Parc Naturel de Lorraine. Site paisible et verdoyant, eau de source. Vignoble AOC et produits locaux. Cuisine traditionnelle à base de produits biologiques.

CV

Prix : 1 pers. **200 F** 2 pers. **220 F** 3 pers. **330 F** pers. sup. **70 F**
repas **70 F**

3	20	SP	SP	10	3	20	3	12	3

ANTOINE Claire et Jean-Marc - 4, rue des Paquis - 54570 LANEUVEVILLE-DERRIERE-FOUG - Tél : 03 83 63 87 74 ou SR : 03 83 93 34 91

LEMAINVILLE

TH *C.M. 62 Pli 5*

3 ch. Dans une ancienne maison Lorraine rénovée dans un style original, 3 chambres d'hôtes à l'étage avec salle de bains ou salle d'eau et wc particuliers/indépendants. A disposition : salon, vidéo, cheminée, bibliothèque, lit BB. Terrasse, cour, parking. Décoration personnalisée par la maitresse de maison. Langues parlées : allemand, anglais.

CV

Prix : 1 pers. **160 F** 2 pers. **220 F** 3 pers. **300 F** pers. sup. **80 F**
repas **100 F**

SP	8	6	SP	10	6	2	3

RICHART Christine - 22, Grande Rue - 54740 LEMAINVILLE - Tél : 03-83-25-54-51 ou SR : 03 83 93 34 91 -
E-mail : decogirl@club-internet.fr

LOROMONTZEY

C.M. 62 Pli 5

2 ch. 1 chambre 2 personnes avec salle de bains et wc privatifs. 1 chambre 2 personnes avec pièce attenante, salle d'eau et wc privés. Salle de repos avec cheminée. Cuisine à disposition. Bibliothèque. Aire de jeux. Jardin avec salon. Terrain clos. VTT à disposition. 2 chambres d'hôtes dans une ferme champêtre de caractère Langue parlée : anglais.

CV

Prix : 1 pers. **200 F** 2 pers. **230 F** pers. sup. **70 F**

Ouvert : de février à la fin des vacances de la Toussaint.

SP	SP	SP	3	7	7	15	7	7

COLIN Damien et Mariam - 1, Ferme de Loro - 54290 LOROMONTZEY - Tél : 03 83 72 53 73 ou SR : 03 83 93 34 91 -
Fax : 03 83 72 49 81 - E-mail : aqua.fruit@wanadoo.fr

MAIZIERES

TH *C.M. 62 Pli 4*

3 ch. 3 chambres d'Hôtes dans une maison de caractère, mobilier rustique. Rez-de-chaussée : 1 chambre 2 pers avec salle de bains, 1 chambre 3 pers avec salle d'eau. Etage : 1 chambre 4 personnes avec salle d'eau. Séjour à disposition des hôtes. Bibliothèque. Jardin clos. Tennis de table. Calme et repos assurés.

Prix : 1 pers. **160 F** 2 pers. **220 F** 3 pers. **260 F** pers. sup. **60 F**
repas **70 F**

5	10	SP	SP	5	10	40	5	SP

COTEL Laurent - 69, rue Carnot - 54550 MAIZIERES - Tél : 03 83 52 75 57 ou SR : 03 83 93 34 91

MOREY

TH *C.M. 57 Pli 14*

5 ch. Dans un château en cours de rénovation, 5 chambres spacieuses avec dans chacune 1 lit 2 pers. et 1 lit d'appoint. Salle de bains individuelle équipées haut-de-gamme et WC privatifs. Coin salon avec TV, magnétoscope, salle de jeux, bibliothèque, cuisine à disposition, parking couvert privé, écuries et VTT à disposition. Piscine. Dans un château du 16ème siècle, site exceptionnel sur vallée. Parc arboré (arbres centenaires) en lisière de forêt.

CV

Prix : 1 pers. **290 F** 2 pers. **350 F** pers. sup. **60 F** repas **100 F**

5	5	SP	SP	10	5	5	10	5

KARST J. ET A.-M. - Château de Morey - 54610 BELLEAU - Tél : 03 83 31 50 98 ou SR : 03 83 93 34 91 - Fax : 03 83 31 50 98 -
E-mail : www.citeweb.net/Morey

MOUACOURT

TH *C.M. 62 Pli 6*

2 ch. R.d.c. : 1 chambre (2 pers) avec salle d'eau et wc privatifs. Etage : 1 chambre (2 pers) et sa suite avec lit d'appoint pour enfant, salle d'eau et wc privatifs. Salle de séjour avec TV à disposition. Dans un agréable petit village, 2 chambres d'hôtes aménagées dans une maison indépendante. Accueil à toute heure de la journée, déjeuner avec produits de la maison. Longues balades en forêt domaniale de Parroy. Visite du château de Lunéville, du musée de la faïencerie et de la moto.

CV

Prix : 1 pers. **150 F** 2 pers. **200 F** repas **60 F**

SP	4	SP	SP	18	SP	4	10	20	10

PILLOT Roland - 18, Grand'Rue - 54370 MOUACOURT - Tél : 03 83 71 31 59 ou SR : 03 83 93 34 91

RECHICOURT-LA-PETITE

TH *C.M. 62 Pli 6*

2 ch. Dans une dépendance de la ferme, 1 chambre 2 pers et une pièce indépendante avec 1 lit 1 pers. Salle d'eau privative et WC indépendants. Dans maison du propriétaire : véranda aménagée en salle à manger pour petit déjeuner et repas du soir. Cour de ferme avec salon de jardin, balançoire. Produits fermiers garantis. Langue parlée : allemand.

Prix : 1 pers. **200 F** 2 pers. **260 F** pers. sup. **100 F** repas **90 F**

3	3	6	6	15	15	3	15	5

MARCHAL Michel et Geneviève - 9, rue de Bezange - 54370 RECHICOURT-LA-PETITE - Tél : 03 83 71 70 02 ou SR : 03 83 93 34 91 -
Fax : 03 83 71 70 28

SAINT-MAURICE-AUX-FORGES La Treille

TH *C.M. 62 Pli 7*

E.C. 2 ch. CV

1 ch (1 lit 2 pers + 1 lit 1 pers + 1 lit bb), 1 ch (1 lit 2 pers). Chaque ch. possède salle d'eau et W-C indépendants. Gde salle commune avec coin salon et âtre, salle à manger, table de jeux, bibliothèque. Parking, cour de ferme, salon de jardin. Table d'hôtes à base des produits du jardin, du verger, de l'élevage familial de volailles. Deux chambres dans une ancienne ferme rénovée dans une propriété de 6000 m2 située au cœur d'un petit village lorrain. Animaux admis sur demande.

Prix : 1 pers. **200 F** 2 pers. **270 F** 3 pers. **330 F** pers. sup. **70 F**
repas **80 F**

Ouvert : toute l'année.

1	1	1	3	13	13	5	3	13	4

SCHWARZ Marie-France - 6, rue Clairbois - La Treille - 54540 SAINT-MAURICE-AUX-FORGES - Tél : 03 83 42 21 85 ou SR : 03 83 93 34 91 - Fax : 03 83 42 21 85

SAINTE-GENEVIEVE

A TH *C.M. 57 Pli 13*

3 ch. CV

3 chambres avec salle d'eau ou salle de bains et WC privatifs. Grand jardin avec joli panorama. Cuisine lorraine avec produits du terroir, salon, TV. Tennis et terrain de boules au village. Musée. Aménagées dans une ferme lorraine du XVIII siècle, surplombant la vallée de la Moselle, 3 chambres spacieuses dans un site calme. Les propriétaires, agriculteurs, tiennent une ferme auberge sur place. Langues parlées : allemand, anglais.

Prix : 1 pers. **200 F** 2 pers. **230 F** 3 pers. **300 F** pers. sup. **70 F**
repas **75 F**

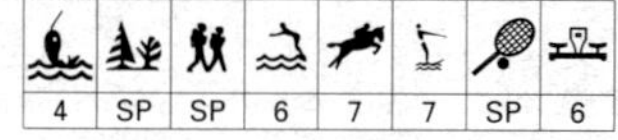

4	SP	SP	6	7	7	SP	6

GIGLEUX Marc et Véronique - 4, route de Bezaumont - 54700 SAINTE-GENEVIEVE - Tél : 03 83 82 25 55 ou SR : 03 83 93 34 91 - Fax : 03 83 82 25 55

TRONDES

TH *C.M. 62 Pli 3*

2 ch. CV

Toul 10 mn en voiture. Nancy 35 km. Verdun 45 km. 1 ch. principale (1 lit 2 pers. 1 lit 1 pers. 1 lit enfant) et sa suite (2 lits 1 pers.), spacieuse et lumineuse. TV dans les ch. A dispo. : salle à manger (cheminée), salon des propriétaires, salon de jardin, terrasse, véranda, pergola, grand jardin, garage. Table d'Hôtes particulière et soignée à base de produits biologiques (légumes, fruits du jardin, pain maison). Possibilité de repas gastronomique. Village calme et fleuri dans le Parc Naturel de Lorraine. A 5 mn, petite plage et pêche dans la Meuse. Ferme équestre dans le village.

Prix : 1 pers. **150 F** 2 pers. **230 F** 3 pers. **300 F** pers. sup. **70 F**
repas **80 F** 1/2 pens. **195 F**

5	35	SP	SP	13	SP	35	13	5

HANROT Violette - 25, rue de la Boudière - 54570 TRONDES - Tél : 03 83 63 88 09 ou SR : 03 83 93 34 91

VIRECOURT

C.M. 62 Pli 5

3 ch. CV

3 chambres avec salle d'eau privée, wc indépendants et TV à chaque chambre. A disposition : petit salon avec documentation, salle à manger. Cour,jardin, aire de jeux, ping-pong. Vélos, tonnelle, salon de jardin. Entrée indépendante. Cuisine et coin repas à diposition (30F/jour). Réduction accordée dés le 3ème jour (15% sur le montant total). 3 chambres spacieuses dans une maison campagnarde rénovée. Situées à la porte des Vosges, à 1 heure des pistes. Restaurant à 1 km.

Prix : 1 pers. **180 F** 2 pers. **230 F** 3 pers. **300 F** pers. sup. **100 F**

SP	2	SP	SP	20	15	20	1	SP

BEYEL François - 14, rue de la République - 54290 VIRECOURT - Tél : 03 83 72 54 20 ou SR : 03 83 93 34 91 - Fax : 03 83 72 54 20

Meuse

GITES DE FRANCE - Service Réservation
C.D.T. - Hôtel du Département
55012 BAR-LE-DUC Cedex
Tél. 03 29 45 78 42 - Fax. 03 29 45 78 45

ANCEMONT

TH

4 ch.

4 ch. dans un château du XVIIIe avec mobilier de style. 2 ch. 3 pers. dont 2 avec douche, wc privés et TV. Suite 4/6 pers. (2 adultes + 2/4 enfants) avec s. d'eau et wc. Salon Louis XV à disposition. Très belle salle à manger Louis XVI. Parking intérieur. Parc ombragé avec piscine privée avec banc balnéo. Table d'hôtes de qualité. Boissons comprises dans la 1/2 pens. Garage. Suite 4 pers. : 600 F. Circuit de pêche à la mouche à 6 km. Location de tandems sur place. Réductions enfants à la demande. Animaux admis sur demande. Langues parlées : anglais, allemand.

Prix : 1 pers. **300 F** 2 pers. **400/450 F** 3 pers. **450/500 F** pers. sup. **60 F**
repas **125/150 F** 1/2 pens. **350 F**

Ouvert : toute l'année.

1	10	2	SP	SP	10	10	2

EICHENAUER René - Château de Labessière - Ancemont - 55320 DIEUE-SUR-MEUSE - Tél : 03 29 85 70 21 - Fax : 03 29 87 61 60 - E-mail : rene.eichenauer@wanadoo.fr

AULNOIS-EN-PERTHOIS

2 ch. **Saint-Dizier à 15 km.** 2 ch. d'hôtes dans une maison lorraine. Rez-de-chaussée : 1 ch. (1 lit 2 pers.), kitchenette, TV, salle de bains et wc privés. A l'étage : 1 ch. (1 lit 2 pers.), kitchenette, TV, salle de bains et wc privés. Terrasse, salon de jardin, jeux d'enfants à la disposition des hôtes. Loc. de vélos sur place. Aulnois-en-Perthois au cœur de la Vallée de la Saulx et du Perthois, à 15 km de Saint-Dizier. Langues parlées : allemand, anglais.

Prix : 1 pers. **190 F** 2 pers. **230 F**

Ouvert : toute l'année.

SP	4	20	15	12	20	15	5

GUILLAUME Nadine - 6 rue de la Nouette - 55170 AULNOIS-EN-PERTHOIS - Tél : 03 29 70 06 13

AZANNES Les Benezières

3 ch. **Damvillers 8 km. Verdun 19 km.** R.d.c. : suite Bleue classée 2 épis (2 lits 2 pers., 1 lit 1 pers. d'appoint), s. d'eau et wc privés, chambre Rose classée 3 épis (1 lit 2 pers., 1 lit d'appoint 1 pers.), s. d'eau et wc privés attenants. A l'ét. : chambre Verte classée 3 épis (1 lit 2 pers.), s.d.b., douche, wc privés attenants. Salon de jardin, terrasse à disposition. Garage voiture, parking. A proximité des champs de bataille, dans un village calme et verdoyant. Visitez Verdun, sa citadelle, ses champs de bataille, l'Ossuaire de Douaumont, les forts, le Centre Mondial de la Paix. Fête des vieux métiers à Azannes au mois de mai. Suite : 3 pers. : 350 F, 4 pers. : 380 F. Langue parlée : italien.

Prix : 1 pers. **190/240 F** 2 pers. **240/290 F** pers. sup. **50 F**

Ouvert : toute l'année.

SP	4	4	SP	19	25	19	9

FAZZARI François - Les Benezières - 9 route de Mangiennes - 55150 AZANNES - Tél : 03 29 85 61 88 - Fax : 03 29 85 61 88

BONZEE

1 ch. **Verdun 15 km. Metz 50 km.** Dans le Parc Naturel Régional de Lorraine, au pied des Côtes de Meuse. 1er étage d'une confortable maison rurale : 1 grande chambre (3 pers.), salle de bains et wc sur le palier, salle à manger à disposition des hôtes. Restaurants à 2,5 et 3,5 km. Plan d'eau et base de loisirs à 2 km. Sites de guerre et historique de Verdun à 20 km.

Prix : 1 pers. **140 F** 2 pers. **180 F** 3 pers. **220 F**

Ouvert : toute l'année.

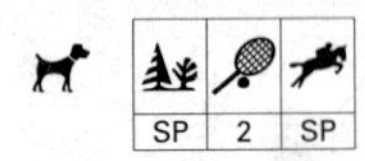

SP	2	SP

LACROIX Georgette - 2 rue Jean Bernier - 55160 BONZEE - Tél : 03 29 87 30 92

BONZEE Les Ecuries de Bonzée

1 ch. Au 1er étage d'une maison rurale, 1 chambre 2 pers. avec salle d'eau et wc privatifs + TV. Salon de jardin à disposition. Parking privé. Ouvert toute l'année sur réservation. Abri voiture à disposition. Accueil chevaux possible. Restaurants à 3 et 4 km. Pizzéria sur place. Animaux acceptés sur demande. Sybil Anzani vous accueille dans son centre équestre à Bonzée au cœur des côtes de Meuse. Visitez Hattonchatel avec son château et sa Collégiale, Saint-Maur. Base de loisirs du Col Vert à Bonzée (2 km) et base de loisirs de Madine à 25 km.

Prix : 1 pers. **150 F** 2 pers. **200 F**

Ouvert : toute l'année.

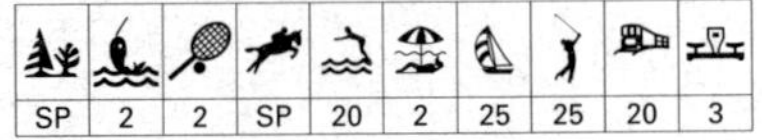

SP	2	2	SP	20	2	25	25	20	3

ANZANI Sybil - Les Ecuries de Bonzée - 1 rue du Château - 55160 BONZEE - Tél : 03 29 87 37 77

BUREY-LA-COTE

2 ch. **Domremy 6 km. Vancouleurs 12 km. Grand 30 km.** Dans une ancienne ferme ayant gardé son caractère, 2 ch. situées à l'étage, comprenant chacune 1 lit 2 pers. et 1 lit 1 pers., s. d'eau privative. WC communs aux 2 ch. Jardin à disposition. Table d'hôtes sur réservation. Sur les contreforts de la vallée de la Meuse, un village coquet et accueillant, à l'écart de la route, proche des bois et de la rivière. Chambres spacieuses et confortables, accueil agréable. Parapente, pêche, randonnées pédestres.

CV

Prix : 1 pers. **160 F** 2 pers. **200 F** 3 pers. **240 F** repas **80 F**

Ouvert : toute l'année.

3	12	17	12	17	6

GIRARD Christine - 12, Grande Rue - 55140 BUREY-LA-COTE - Tél : 03 29 90 82 91 ou 06 80 74 53 31 - http://perso.wanadoo.fr/baron.ducalot.

BUXIERES-SOUS-LES-COTES

1 ch. **Lac de Madine 3 km. Saint-Mihiel 12 km.** Près du lac de Madine, au pied des côtes de Meuse. Dans l'annexe d'une maison, cadre agréable et calme, 1 ch. (1 lit 2 pers.), salle d'eau et wc privés. Salle de séjour (1 lit d'appoint), TV, terrasse, salon de jardin. Animaux admis sur demande.

CV

Prix : 1 pers. **150 F** 2 pers. **200 F** 3 pers. **220 F**

Ouvert : du 1er avril au 30 septembre.

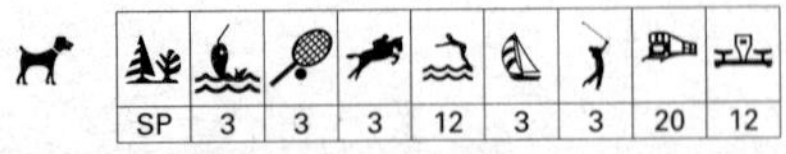

SP	3	3	3	12	3	3	20	12

THENOT Albert - 8 rue de Saint-Mihiel - 55300 BUXIERES-SOUS-LES-COTES - Tél : 03 29 89 38 79

LE CLAON

2 ch. Au cœur de la forêt d'Argonne, 2 ch. d'hôtes 2 pers. dans une maison de maître, avec parc et plan d'eau. 1 ch. 2 pers. avec salle d'eau particulière, et cuisinette particulière, wc sur le palier. 1 ch. 2 pers. avec s. d'eau/wc particuliers. Poss. lits suppl. Séjour à dispo. Salon de jardin et jeux. Parking. Chambres 2 et 3 épis. Restaurants à 2, 5 et 9 km. Langue parlée : allemand.

Prix : 1 pers. **210 F** 2 pers. **230 F**

Ouvert : toute l'année.

SP	SP	8	8	8	5	5

WENDER Roland et Sidonie - Domaine du Val de Biesme - 55120 LE CLAON - Tél : 03 29 88 28 74

CONSENVOYE Verdun

3 ch. Dans une maison bourgeoise. R.d.c. : 1 ch. 2/3 pers., s.d.b., wc attenants privés. A l'étage : 1 ch. 2/3 pers., s. d'eau et wc privés, 1 ch. 2 pers., s.d.b. et wc communiquants. Possibilité TV. Cuisine d'été. Terrasse. Salon de jardin. Poss. de garage. Départ navette/bâteau face à la maison. Equipement pour pêcheur. Restaurant sur place. A 18 km de Verdun, dans une agréable bourgade, rivière, port de plaisance avec départ bateau navette en face de la maison. Forêt avec sentier pédagogique.

Prix : 1 pers. **130 F** 2 pers. **170 F** 3 pers. **200 F** pers. sup. **20 F**

Ouvert : toute l'année.

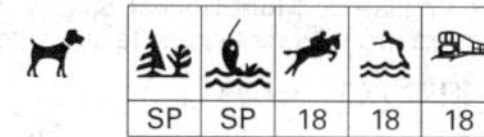

SP	SP	18	18	18	SP

LOGETTE Jean-Claude - 33 rue du Port - 55110 CONSENVOYE - Tél : 03 29 85 87 54 - Fax : 03 29 85 87 54

DANNEVOUX

2 ch. M. et Mme Lechaudel vous proposent au 1er étage de leur habitation 2 ch. d'hôtes : 1 ch. 3 pers. (1 lit 2 pers. 1 lit 1 pers.), 1 ch. (2 lits 2 pers.) avec salle d'eau et wc privés chacune. Lit enfant sur demande. TV. Salon de jardin. Abri voiture. Portique. Terrain de sports communal : filet volley, p-pong, panneau basket (en face du gîte). A visiter dans les environs : Verdun, ville historique, Montfaucon et sa célèbre butte témoin, point culminant de l'Argonne. Varennes en Argonne : arrestation du roi Louis XVI. Dun-sur-Meuse : le lac vert, minigolf (14 km). Stenay (musée de la bière). Langue parlée : allemand.

Prix : 1 pers. **120 F** 2 pers. **140 F** 3 pers. **190 F** pers. sup. **30 F**

Ouvert : toute l'année.

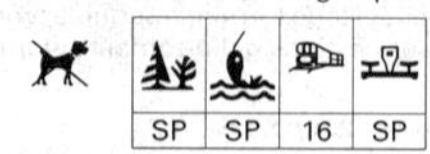

SP	SP	16	SP

LECHAUDEL Claude - 2 rue des Carmes - 55110 DANNEVOUX - Tél : 03 29 85 82 00

DOMREMY-AUX-BOIS

3 ch. Dans une ancienne maison lorraine, 2 chambres attenantes : 1 ch. (2 lits jumeaux), dans alcôve. 1 ch. (1 lit 130, 1 convertible 2 pers.). Salle de bains et wc particuliers. 1 ch. (1 lit 2 pers.), salle d'eau et wc privatifs. TV. Salle de séjour, feu à l'âtre. Terrasse. Jardin. Langue parlée : allemand.

Prix : 1 pers. **140 F** 2 pers. **230 F** 3 pers. **350 F** pers. sup. **90 F**
repas **100 F** 1/2 pens. **230 F**

Ouvert : du 1er février au 5 janvier.

SP	14	14	12	14

TERKOWSKY Irma - Domrémy aux Bois - 55500 LIGNY-EN-BARROIS - Tél : 03 29 78 38 01

ECUREY-EN-VERDUNOIS

2 ch. Chambres d'hôtes aménagées dans une maison de caractère, accès indépendant. Suite familiale (1 lit 2 pers., 2 lits 1 pers.), lits enfants et poss. lits supplémentaires, salles d'eau et wc privés. Chauffage électrique. Séjour avec prise TV et feu à l'âtre. Restaurant 4 km. Cour fermée pour voiture. VTT sur place. Parcours de santé à 12 km. Environnement forestier. A proximité de Verdun, Montmédy, Stenay, aux portes de la Belgique et du Luxembourg. Tarif réduit pour les enfants. Tarif dégressif à partir de la 2e nuit. Langues parlées : anglais, allemand.

Prix : 1 pers. **120 F** 2 pers. **180 F** 3 pers. **220 F** pers. sup. **50 F**

Ouvert : du 15 avril au 30 septembre et sur réservation.

2	4	4	10	12	12	12	21	4

LAMBOTTE - COUPARD André et Marie-Odile - La Croisée de Maie - Ecurey en Verdunois - 55150 DAMVILLERS - Tél : 03 29 85 53 56

GONDRECOURT-LE-CHATEAU Ville Haute

4 ch. 4 ch. d'hôtes dans une maison située dans le bourg, à la Ville Haute (à proximité de la Tour). 3 ch. 2 pers., 1 ch. 3 pers, chacune avec lavabo. S.d.b. et wc communs. Salle de séjour à la disposition des hôtes. Possibilité de cuisiner. Jardin. Parc pour pique-nique. Etang privé, pêche autorisée à proximité. Restaurant à 500 m. Langues parlées : allemand, anglais.

Prix : 1 pers. **150 F** 2 pers. **200 F** 3 pers. **250 F** pers. sup. **50 F**

Ouvert : toute l'année.

SP	SP	5	5	30

DEVILLIER Pierrette - 4 Place de la Halle - Ville Haute - 55130 GONDRECOURT-LE-CHATEAU - Tél : 03 29 89 63 57

GUSSAINVILLE

TH

3 ch. **Verdun (Champs de Bataille) 25 km. Lac de Madine (baignade) 30 km.** Ancienne ferme datant de 1838, située dans un petit village calme et reposant. Belles promenades pédestres. 3 ch. spacieuses de style différent : 2 ch. 2 pers., 1 ch. 3 pers. TV, wc, salle de bains dans chaque chambre. Table d'hôtes le soir sur réservation (cuisine typiquement lorraine). Salon et salle à manger communs (cheminée dans chaque). Salon de jardin, barbecue, jeux de plein air, parking privé. Montmédy (citadelle) 30 km. Stenay (musée de la bière) 30 km. Vignobles, dégustation 15 km. Metz 40 km. Langues parlées : anglais, polonais.

Prix : 1 pers. **200 F** 2 pers. **250 F** 3 pers. **300 F** pers. sup. **50 F**
repas **120 F** 1/2 pens. **250 F**

Ouvert : toute l'année sauf vac. scol. de février, (fermé le jeudi).

4	SP	SP	5	5

LEFORT Christiane & Francis - 2 avenue de Gussainville - 55400 GUSSAINVILLE - Tél : 03 29 87 24 29 - Fax : 03 29 87 24 29

LINY-DEVANT-DUN

1 ch. Maison de construction récente. 1 ch. 3 pers. (poss. lit suppl.) et 1 ch. 2 pers. avec s. d'eau et wc privés. TV et lit bébé à disposition. Salon de jardin, véranda, jeux enfants, parking privé. A proximité : Verdun et les champs de bataille, Dun-sur-Meuse avec le Lac Vert (baignade surveillée, pédalos, pêche, aires de jeux enfants, parcours de santé). Dans les environs : musée de la bière à Stenay, la citadelle de Montmédy, l'église de Mont-Devant-Sassey, le cimetière américain (le plus grand d'Europe), de Romagne-sous-Montfaucon, Verdun (le centre mondial de la paix, la citadelle, les forts...). Animaux admis sur demande.

Prix : 1 pers. **160 F** 2 pers. **185 F** 3 pers. **210 F** pers. sup. **40 F**

Ouvert : toute l'année.

SP	2	3	5	30	3,5

BARE Michel - 13 route Nationale - 55110 LINY-DEVANT-DUN - Tél : 03 29 80 98 67

LOISON

3 ch. **Etain 14 km. Longuyon 18 km. Verdun et Luxembourg 35 km.** Dans une ancienne maison lorraine spacieuse et très bien entretenue, datant de 1852, au 1er étage : 1 ch. 2 pers. et 2 ch. 3 pers., chacune avec s. d'eau et wc attenants privés. Poss. lit suppl. Coin-séjour avec TV sur le palier. Salon de jardin à disposition. Animaux admis sur demande. Possibilité de cuisiner. Séjour à la disposition des hôtes. De ce petit village lorrain, tranquille, vous pourrez visiter les nombreux étangs et les côtes de Meuse, l'église de Warq, Ronvaux, Senon et ses vestiges gallo-romains et arrières bases allemandes. Tarifs dégressifs à partir de 3 nuits. Langue parlée : allemand.

Prix : 1 pers. **140/150 F** 2 pers. **180/200 F** 3 pers. **230/250 F**
pers. sup. **50 F**

Ouvert : toute l'année.

SP	5	8	8	18	15

BABIN P-Emile et M-Thérèse - 8 Grande Rue - 55230 LOISON - Tél : 03 29 85 90 45 ou 06 83 11 27 61 - Fax : 03 29 85 99 47

MAXEY-SUR-VAISE

A

2 ch. **Vaucouleurs 6 km. Donrémy 10 km. Nancy 45 km.** Au pays de Jeanne d'Arc, dans une ferme lorraine, la famille Noisette vous propose 2 chambres 3 pers. avec salle d'eau et wc particuliers. Kitchenette à la disposition des hôtes. Piscine privée. Sentier botanique. Parking. Loisirs : delta-plane, parapente, randonnée pédestre, rivière. Sur place : sites historiques, baignade, tennis, bicyclette. Tarifs : 220 F/2 pers. si 3 jours et plus. Village typique à l'écart de la route blotti au pied de la colline boisée et traversé par une rivière où la truite abonde (réserve).

Prix : 1 pers. **170 F** 2 pers. **250 F** 3 pers. **300 F** pers. sup. **50 F**

Ouvert : toute l'année.

SP	1	2	6	SP	SP

NOISETTE Danielle - Maxey-sur-Vaise - 55140 VAUCOULEURS - Tél : 03 29 90 85 19 - Fax : 03 29 90 82 88

MONT-VILLERS

2 ch. **Bonzée 2 km. Fresnes-en-Woëvre 5 km. Verdun 20 km.** Au rez-de-chaussée d'une agréable demeure : 2 chambres d'hôtes 3 pers. chacune avec salle de bains et wc communs, situées dans un village. Salle de séjour à la disposition des hôtes pour le petit déjeuner uniquement. Parking fermé. Restaurant 4 km. Salon de jardin.

Prix : 1 pers. **150 F** 2 pers. **180 F** 3 pers. **220 F**

Ouvert : toute l'année.

0,5	2	2	2	2	2	20	18	5

FIAUX Gisèle - Mont Villers - 5 rue des Fourières - 55160 FRESNES-EN-WOEVRE - Tél : 03 29 88 80 29

MONTZEVILLE

TH

2 ch. **Champ de Bataille sur place. Verdun 15 km.** 1 ch. 2 pers. avec salon privé, réfrigérateur, TV, cafetière, douche et wc. 1 ch. 2/4 pers. (lits jumeaux 120), coin-lavabo, cafetière, salle de bains, wc sur le palier. Dressing. Lave-linge. Sèche-linge. Table à repasser, centrale vapeur à disposition. Tonnelle, barbecue. Montzeville, charmant village lorrain au cœur des massifs d'Hesse et d'Argonne, au pays des lacs et forêts. Venez découvrir la Meuse à la Bastide des 3 Fontaines, déguster ses produits régionaux, « pain maison », feu à l'âtre... Massifs forestiers Hesse et Argonne. Langue parlée : anglais.

Prix : 1 pers. **150/250 F** 2 pers. **250/300 F** 3 pers. **300 F** pers. sup. **50 F**
repas **130 F**

Ouvert : toute l'année.

SP	7	15	15	15	7

LA BASTIDE DES 3 FONTAINES - 18 rue des Fontaines - 55100 MONTZEVILLE - Tél : 03 29 85 00 36 - Fax : 03 29 85 03 70

NUBECOURT Le Clos Richard A TH

2 ch. **Clermont-en-Argonne 15 km. Bar-le-Duc et Verdun 30 km.** Dans la ferme auberge : 2 chambres (2 lits) avec salle d'eau privative et communicante, wc sur le palier. TV. Salon de jardin, terrasse, parking. Restauration possible à la ferme-auberge : 55 F.

CV

Prix : 1 pers. **150 F** 2 pers. **180 F** 3 pers. **210 F** repas **60 F**

Ouvert : du 1er mars au 31 décembre.

SP	SP	12	12

PERARD Hugues - Le Clos Richard - 55250 NUBECOURT - Tél : 03 29 70 60 41 - Fax : 03 29 70 60 41

PINTHEVILLE

2 ch. **Verdun 20 km. Metz 40 km. Nancy 75 km. Fresnes-en-Woëvre 5 km.** 2 ch. d'hôtes dans une ancienne ferme lorraine. R.d.c. : 1 ch. (1 lit 2 pers., 1 lit 1 pers.), s. d'eau privative et wc. A l'ét. : 1 ch. (1 lit 2 pers.), s.d.b. et wc. Poss. lit appoint. Salon avec TV à dispo. Salle à manger avec cheminée. Terrasse, barbecue, salon de jardin donnant sur le parc arboré avec jeux. Animaux admis sur demande. Loc. de vélos sur place.

CV

Prix : 1 pers. **190 F** 2 pers. **230 F** 3 pers. **280 F** pers. sup. **60 F**

Ouvert : toute l'année.

SP	7	7	7	20	18	18	16	5

NICOLAS Gisèle - 1 route de Metz - 55160 PINTHEVILLE - Tél : 03 29 87 50 44

RONVAUX Le Logis des Côtes TH

2 ch. **Fresnes-en-Woëvre 5 km. Verdun et Etain 15 km.** Au 1er étage d'une ancienne maison lorraine : 1 ch. 3 pers. avec salle d'eau et wc privés, 1 ch. 2 pers. (possibilité lit suppl.) avec salle d'eau et wc privés. Salle à manger avec cheminée. Salon. Jardin à la disposition des hôtes. Table d'hôtes sur réservation. Situé dans un petit village aux pieds des Côtes de Meuse, près de Verdun (15 km) et des champs de bataille (12 km). Location de vélos sur place. Base de loisirs du Colvert à Bonzée (5 km) et à Madine (20 km). Parcours de pêche à la mouche 9 km. 2e prix régional de restauration de l'habitat rural. Langues parlées : allemand, anglais.

CV

Prix : 1 pers. **190 F** 2 pers. **240 F** 3 pers. **290 F** pers. sup. **60 F** repas **95 F**

Ouvert : de Pâques au 30 octobre.

SP	5	5	5	15	5	25	25	15	2

WURTZ Marie-José - Le Logis des Côtes - 4 rue Basse - 55160 RONVAUX - Tél : 03 29 87 32 21 -
E-mail : wurtzmariejose@minitel.net

SAINT-AUBIN-SUR-AIRE TH

3 ch. **Ligny-en-Barrois 11 km. Commercy 13 km. Bar-le-Duc 23 km.** Dans une belle maison rurale de caractère. Rez-de-chaussée : 1 ch. (1 lit 2 pers.), TV, salle d'eau et wc privés. A l'étage : 2 ch. (1 lit 2 pers.), (1 lit 2 pers. 1 lit 1 pers. 1 lit bébé), TV, salle d'eau et wc privés. Salon et salle à manger communs. Cheminée. Terrasse, salon de jardin et salle de billard à la disposition des hôtes. Parc fermé. Cadre calme et verdoyant. Table d'hôtes de qualité. Sur la N4 entre Void et Ligny-en-Barrois. 23 balades de 26 à 92 km.

CV

Prix : 1 pers. **180 F** 2 pers. **230 F** 3 pers. **280 F** pers. sup. **60 F** repas **100 F** 1/2 pens. **230/330 F**

Ouvert : toute l'année.

SP	11	11	11	11	13	11

POTHIER Elisabeth - 24 rue Basse - 55500 SAINT-AUBIN-SUR-AIRE - Tél : 03 29 77 06 61

SAINT-MAURICE-LES-GUSSAINVILLE Ferme des Vales  TH

4 ch. Au 1er étage d'une ancienne bâtisse agricole, 4 ch. d'hôtes 2 pers. avec s.d.b. et wc privatifs et communicants. 1 salle commune réservée aux hôtes (cheminée, canapé, TV, bibliothèque). Parc, salon de jardin, VTT et portiques pour enfants. Billard. Piscine. Table d'hôtes sur réservation. 1/2 pension pour 2 pers. : 400 F/jour à partir de 8 jours. Base de loisirs du Colvert à Bonzée à 15 km : plan d'eau, baignade, pêche, tennis. Base de loisirs de Madine à 25 km : plan d'eau, équitation, golf, baignade, voile, pêche, tennis. Centre équestre au village. Langue parlée : anglais.

CV

Prix : 1 pers. **200 F** 2 pers. **250 F** 3 pers. **300 F** pers. sup. **50 F** repas **120 F** 1/2 pens. **250/400 F**

Ouvert : toute l'année sauf vacances de février.

SP	1	4	3	20	15	25	25	4	4

VALENTIN Ghislaine - La Ferme des Vales - Saint-Maurice-les-Gussainville - 55400 ETAIN - Tél : 03 29 87 12 91 - Fax : 03 29 87 18 59

SAINT-MAURICE-SOUS-LES-COTES TH

3 ch. **Metz 45 km. Lac de Madine 10 km. Nancy 60 km.** 3 chambres d'hôtes aménagées dans une grande et ancienne maison bourgeoise située dans le village. 1 ch. 3 pers., avec salle de bains et wc privés sur le palier. 1 ch. 2 lits avec salle de bains et wc communs. 1 ch. 3 pers. Salle de bains et wc communs à ces 2 chambres. Salle de séjour à disposition. Parking. Terrasse. Jardin d'agrément très calme.

Prix : 1 pers. **140 F** 2 pers. **180 F** 3 pers. **250 F** repas **75/120 F**

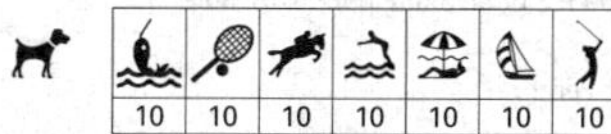

10	10	10	10	10	10	10

BATTAVOINE Andrée - Saint-Maurice-sous-les-Côtes - 55210 VIGNEULLES-LES-HATTONCHATEL - Tél : 06 86 51 12 06 ou 03 29 89 33 19

SAMPIGNY

2 ch. — 2 ch. d'hôtes aménagées dans une maison bourgeoise. 1 ch. (1 lit 2 pers.), salle d'eau et wc privés. 1 ch. (1 lit 2 pers. 1 lit 1 pers.), salle d'eau et wc privés. Salle à manger/coin-salon réservée aux hôtes. Jardin, salon de jardin à disposition. Parking privé. Animaux admis sur demande. Location de vélos sur place. Situé dans la vallée de la Meuse à 9 km de Saint-Mihiel et de Commercy. Langue parlée : anglais.

Prix : 1 pers. **185 F** 2 pers. **240 F** 3 pers. **285 F** pers. sup. **50 F**

Ouvert : toute l'année.

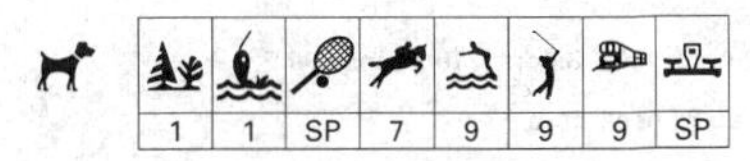

1	1	SP	7	9	9	9	SP

PETIT Agnès - 11 rue de la Paix - 55300 SAMPIGNY - Tél : 03 29 90 70 70 - Fax : 03 29 90 70 70

THILLOMBOIS Le Clos du Pausa

TH

3 ch. — Grande maison de caractère comprenant 3 ch. avec vue sur le parc. R.d.c., 2 ch. spacieuses accueillant 2/3 pers. Mini-bar, douche et wc privés. Etage : 1 suite grand confort, à la décoration soignée avec bains, douche et wc privés + TV, tél. Café et thé à dispo. dans les ch. Salon avec TV satellite. Feu à l'âtre. Parc ombragé. Salon de jardin. Pain maison. Vélo. Poss. de barbecue au lavoir. Repas sur réservation (apéritif, vin, café compris). Lise vous accueillera à Thillombois, charmant village du centre Meuse. Beau parcours de pêche à la mouche à proximité. Visiter Verdun, Saint-Mihiel, Bar le Duc. Lac de Madine. Supplément animaux : 50 F. Langue parlée : anglais.

Prix : 1 pers. **300 F** 2 pers. **350/450 F** pers. sup. **50 F** repas **160 F**

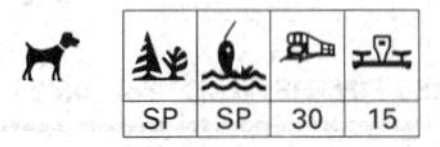

SP	SP	30	15

TANCHON Lise - Le Clos du Pausa - rue du Château - 55260 THILLOMBOIS - Tél : 03 29 75 07 85 - Fax : 03 29 75 00 72

VOUTHON-BAS

2 ch. — **Domrémy-la-Pucelle 6 km.** 2 chambres d'hôtes dans une grande maison meublée dans le style lorrain. 1 chambre 3 pers. avec lavabo, 1 chambre 4 pers. avec lavabo dans chaque chambre et 1 salle d'eau commune. Salle de séjour à la disposition des hôtes. Possibilité de cuisiner. Sur la D966 Neufchâteau/Bar-le-Duc.

Prix : 1 pers. **120 F** 2 pers. **160 F** 3 pers. **200 F**

Ouvert : toute l'année.

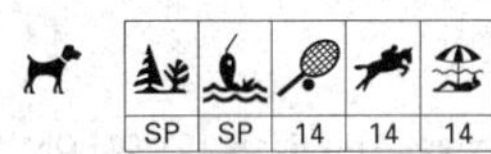

SP	SP	14	14	14

ROBERT Simone - Vouthon Bas - 55130 GONDRECOURT-LE-CHATEAU - Tél : 03 29 89 74 00 - Fax : 03 29 89 74 42

Moselle

S.L.A. MOSELLE
Hôtel du Département - B.P. 11096
57036 METZ Cedex 1
Tél. 03 87 37 57 69 - Fax. 03 87 37 58 84

APACH Belmach

2 ch. — 2 chambres mansardées dans une maison au cœur du hameau. 1 chambre avec 1 lit double. 1 chambre avec 3 lits 1 pers. Sanitaires individuels. Garage à vélos. Tarif dégressif pour plusieurs nuits. - 20 F/nuit à partir de 3 nuits. Langue parlée : allemand.

Prix : 1 pers. **170 F** 2 pers. **220 F** 3 pers. **280 F**

6	25	SP	25	2	3	SP	2	2	7

HAMMES Paul - Belmach - N°6 - 57480 APACH - Tél : 03 82 83 86 76

ARRY

TH — *C.M. 57*

4 ch. — **Metz 19 km. Nancy 35 km.** 4 ch. d'hôtes dont 1 familiale dans un cadre authentique et entièrement restauré d'une vieille maison lorraine surplombant la vallée de la Moselle. Cheminées, salon de TV, jardin, terrasse. Vous apprécierez les secrets et les saveurs du petit déjeuner. Prix 1/2 pension à partir de 5 jours. Buanderie et kitchenette à disposition. Possibilité de panier pique-nique. Cuisine traditionnelle de qualité avec les produits du jardin cultivé naturellement. Lit Bébé. Village classé avec église du XIIe siècle. Langues parlées : anglais, italien.

Prix : 1 pers. **250 F** 2 pers. **300 F** 3 pers. **350 F** pers. sup. **50 F**
repas **120 F** 1/2 pens. **280 F**

Ouvert : du 1er mars au 30 novembre.

10	3	0,1	15	0,5	10	SP	3	3	3

FINANCE-SCHVARTZ Angeline et Alain - 5 Grand'Rue - La Belle Arrygeoise - 57680 ARRY - Tél : 03 87 52 83 95 - Fax : 03 87 52 83 95

ARRY *C.M. 57*

2 ch. Duplex indépendant dans une maison bourgeoise avec un parc arboré : 2 ch., salon/bureau, sanitaires privatifs, wc séparés. Lave-linge, TV. Jardin attenant et clos, terrasse, salon de jardin. Village dominant la vallée de la Moselle, aux portes du Parc Naturel Régional de Lorraine. Langues parlées : allemand, italien.

Prix : 1 pers. **240 F** 2 pers. **300 F**

Ouvert : toute l'année.

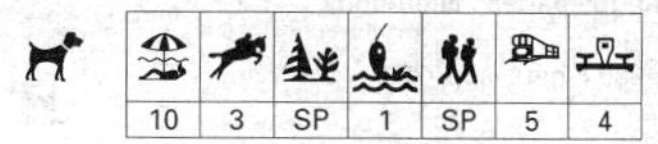

3	SP	15	1	10	SP	3	30	3

MANGIN François et FINANCE Nadia - 25 Grand'Rue - 57680 ARRY - Tél : 03 87 52 82 97 - Fax : 03 87 52 82 97

ARRY (TH)

3 ch. **Metz 17 km. Nancy 40 km. Pont à Mousson 10 km.** 3 chambres d'hôtes : 1 ch. (lits jumeaux, 1 lit d'appoint), 1 ch. (1 lit 2 pers., 1 lit d'appoint), 1 ch. (1 lit 2 pers.). Douche, lavabo et wc pour chacune. Salon avec TV satellite. Lingerie. Salle à manger. Jardin, parking.

Prix : 1 pers. **260 F** 2 pers. **320 F** pers. sup. **75 F** repas **110 F**

10	3	SP	1	SP	5	4

OTT Roland et Martine - Au Gîte du Passant - 1 rue de la Lobe - 57680 ARRY - Tél : 03 87 52 08 93 - Fax : 03 87 52 08 93

ARS-LAQUENEXY (TH)

3 ch. 3 chambres au rez-de-chaussée d'une construction locale rénovée. 3 lits 2 pers. 1 lit 1 pers. 1 lit enfant. Salle de bains et wc privés. Jardin. Cour. Terrain clos. Emplacement voiture. Le pays Messin offre de nombreux attraits touristiques tels que Gorze, le Parc Régional de Lorraine, les arches de Jouy, les églises du pays Messin, Sillegny. Langue parlée : allemand.

Prix : 1 pers. **180 F** 2 pers. **220 F** 3 pers. **260 F** repas **85 F**

Ouvert : toute l'année.

10	3	2	7	SP	SP	4	2

BIGARE Camille - 23, rue Principale - 57530 ARS-LAQUENEXY - Tél : 03 87 38 13 88

ASSENONCOURT La Foly (TH)

2 ch. 2 chambres au rez-de-chaussée. Entrée individuelle. 1 lit 2 pers. Salle d'eau et wc privés. Accès à la terrasse. Cour. Terrain. Emplacement voiture. TV. GR5 sur place. Langue parlée : allemand.

Prix : 1 pers. **170 F** 2 pers. **200 F** repas **100 F**

Ouvert : toute l'année.

15	9	SP	10	SP	12	SP	9	25	9

VIVILLE Hubert et Bernadette - La Foly - Assenoncourt - 57810 MAIZIERES-LES-VIC - Tél : 03 87 03 93 02 - Fax : 03 87 03 93 02

AVRICOURT *C.M. 57*

3 ch. Située dans un grand parc au cœur du village, la maison comporte 1 gîte et 3 chambres 2 pers., 1 ch. avec douche et wc particuliers. 2 ch. avec salle de bains et wc particuliers. Possibilité lit supplémentaire 1 pers. Langue parlée : allemand.

Prix : 1 pers. **180 F** 2 pers. **220 F** 3 pers. **280 F**

Ouvert : du 1er avril au 31 octobre.

3	12	SP	3	SP	3	0,1	SP

WENGER Jean - 99 rue des Halles - 57810 AVRICOURT - Tél : 03 87 24 62 63

BERTHELMING

3 ch. **Dalo 25 km.** 3 chambres avec salle de bains et wc individuels. Lits doubles. 1 cahmbre avec lit individuel supplémentaires (3 pers.). Possibilité 2 lits enfants. Accès au parc, jardin, mobilier de jardin. Bord de Sarre. Barbecue, kitchenette, jeux pour enfants, vélos à disposition, parking, garage possible 1 place. Fax en commun. Salon, séjour, TV, magnétoscope, HI-FI. Langues parlées : allemand, italien.

Prix : 1 pers. **200 F** 2 pers. **220 F** 3 pers. **280 F**

Ouvert : toute l'année.

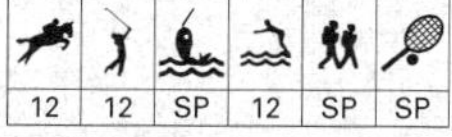

12	12	SP	12	SP	SP

PEIFFER Alice et Jean-Claude - 47 rue Principale - 57930 BERTHELMING - Tél : 03 87 07 82 76 - Fax : 03 87 07 86 31

BOCKANGE

C.M. 57 Pli 4

2 ch. Maryse et Jean-Paul vous accueillent chaleuresement dans leur maison. Ils vous offrent 2 ch. équipées de TV avec sanitaires privés. 1 ch. avec 1 lit 2 pers., 1 conv. 2 pers., 1 ch. 2 lits 1 pers. Poss. lit bébé. Dans un cadre verdoyant, vous pourrez vous adonner au plaisir de la pêche dans l'étang privé, et perfectionner votre revers grace au tennis. Maryse aura a cœur de vous mijoter de nombreuses spécialités à déguster autour de la table d'hôtes. Si vous vous laissez tenter, vous ne serez pas déçus ! Langues parlées : allemand, anglais.

CV

Prix : 1 pers. **210 F** 2 pers. **260 F** 3 pers. **310 F** pers. sup. **50 F** repas **90 F**

Ouvert : toute l'année.

3	18	3	35	SP	12	2	SP

EVRARD Maryse - 2 rue des Peupliers - 57220 BOCKANGE - Tél : 03 87 35 70 40

BRULANGE

5 ch. **Nancy 30 km. Les Vosges 60 km. Strasbourg 120 km.** 5 chambres tout confort (1 lit 2 pers. chacune), salle de bains privée et TV, le tout dans un cadre agréable de calme et de verdure. 1 lit enfant par chambre (70 F) jusqu'à 12 ans. Location de vélos sur place. Barbecue. Langue parlée : allemand.

Prix : 1 pers. **230 F** 2 pers. **280 F** pers. sup. **70 F**

Ouvert : toute l'année.

12	SP	12	2	10	SP	2	15	15

BETTSCHEIDER Joseph - Rue de l'Eglise - Réservation : Mr et Mme - Lorscheider : 03 87 01 08 40 - 57340 BRULANGE - Tél : 03 87 01 05 12

BURTONCOURT

TH *C.M. 57 Pli 4*

1 ch. 1 chambre d'hôtes (2 lits 1 pers.). Poss. 3e lit suppl. ou bébé. Douche, lavabo, wc particuliers. TV dans la chambre. Salle de séjour, bibliothèque à la disposition des hôtes. Patio de charme fleuri. Salle à manger d'été, lieu de calme et de repos. Jardin et pelouse d'agrément. Repas végétarien sur demande. Cette chambre a obtenu le 1er prix concours régional 1995 de restauration exemplaire des hébergements ruraux de caractère de Lorraine. Petit déjeuner copieux, confiture, miel, gâteau maison. Produits bio du jardin. Base de plein air au village, belles forêts. Langues parlées : polonais, anglais.

Prix : 1 pers. **225 F** 2 pers. **270 F** 3 pers. **320 F** repas **75/100 F**

Ouvert : toute l'année.

18	SP	25	SP	10	SP	SP	25	3

CAHEN Alina - 51 rue Lorraine - 57220 BURTONCOURT - Tél : 03 87 35 72 65 - Fax : 03 87 35 72 65

CHESNY

E.C. 1 ch. **Metz 8 km. Centre Thermal Amneville 30 km. Palais des Congrès 5 km.** 1 chambre à l'étage (1 lit 2 pers.), salle d'eau et wc privés. Terrasse couverte, cour jardin, coin-détente, possibilité de barbecue. Dans un environnement très calme et campagnard, les propriétaires vous accueillent dans leur maison.

Prix : 1 pers. **180 F** 2 pers. **220 F**

Ouvert : toute l'année.

SP	1	5	8	2	2

GERUM Patrick et Claire - 25 rue Principale - 57245 CHESNY - Tél : 03 87 38 29 65

CUVRY

3 ch. 3 chambres aménagées à l'étage d'une maison indépendante dont 2 chambres et 1 suite. 4 lits 1 pers. 3 lits 2 pers. Salle d'eau et wc indépendants. Salon, salle à manger, cheminée, coin-lecture, TV à la disposition des hôtes. Cour. Jardin clos. Terrain attenant. Parking. Restaurant avec cuisine du terroir dans le village voisin. Le pays Messin offre de nombreux attraits touristiques : Gorze, le Parc Régional de Lorraine, les arches de Jouy, les églises du pays messin : à Scy-Chazelle, Sillegny. Langues parlées : allemand, anglais.

Prix : 1 pers. **250 F** 2 pers. **300 F** 3 pers. **350 F**

Ouvert : d'avril à octobre.

35	5	3	3	0,5	6	SP	4	10	4

MORHAIN Jean-Fr. et Brigitte - Ferme de la Haute Rive - 57420 CUVRY - Tél : 03 87 52 50 08 - Fax : 03 87 52 60 20

ENCHENBERG

A

2 ch. **Sarreguemines 25 km. Bitche 12 km.** 2 ch. d'hôtes dans la maison du propriétaire, à l'étage, avec entrée indépendante. 1 ch. (1 lit 2 pers.), s.d.b. et wc communicants à la chambre. 1 ch. (1 lit 2 pers. 1 lit 1 pers.), douche et wc. Poss. lit bébé + lit suppl. TV, salon, salle à manger communs. Cuisine incorporée. Abri de jardin, barbecue, balançoire, toboggan, emplacement voiture communs. Langue parlée : allemand.

Prix : 1 pers. **150 F** 2 pers. **200 F**

Ouvert : toute l'année.

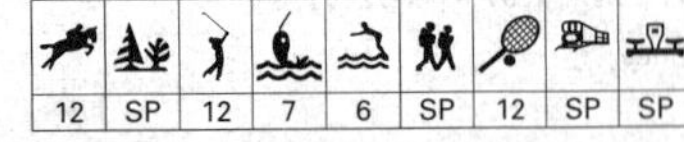

12	SP	12	7	6	SP	12	SP	SP

LUTZ Bernadette - 3 rue de Lambach - 57415 ENCHENBERG - Tél : 03 87 96 40 08

EPPING Maison Verte

2 ch. **Bitche 15 km. Sarreguemines 20 km. Allemagne 1 km. Volmunster 4 km.** 2 chambres d'hôtes aménagées dans une maison individuelle. Chambres avec douche et wc. Télévision et séjour communs aux hôtes. Cadre de verdure et terrasse extérieure. A voir : citadelle de Bitche, ligne Maginot, cristallerie. Langue parlée : allemand.

Prix : 1 pers. **150 F** 2 pers. **200 F** pers. sup. **60 F**

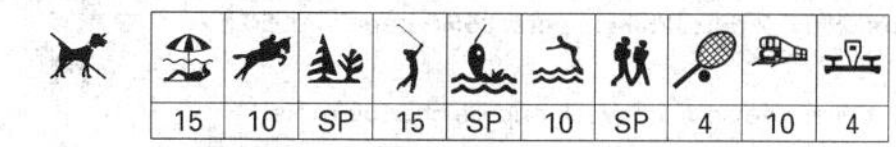

15	10	SP	15	SP	10	SP	4	10	4

FABER René et Léonie - 34 A, rue de Rimling - 57720 EPPING - Tél : 03 87 96 76 12

FALCK Domaine de la Forge

C.M. 57

3 ch. 3 chambres d'hôtes aménagées dans la maison du propriétaire. 2 chambres (1 épi et 2 épis). Chambre 1 : 1 lit 2 pers. 1 lit 1 pers. Salle de bains, wc. Prix 1 pers. 210 F, 2 pers. 230 F, 3 pers. 250 F. Chambre 2 : 3 lits 1 pers. Salle de bains et wc privatifs. Prix 1 pers. 250 F, 2 pers. 280 F, 3 pers. 250 F. Salle de bains. Chauffage central. Sèche-linge, salle à manger. Ambiance familiale. Cadre de verdure, calme, repos. Etang privé pour pêche. Séjours cheval, pêche, nature. Séjour équestre en pension complète 6 jours : 2000 F.

Prix : 1 pers. **200 F** 2 pers. **220 F** 3 pers. **240 F** repas **70 F**

5	SP	SP	15	SP	5	SP	0,5

SCHAEFER Jean-Jacques - Domaine de la Forge - 57550 FALCK - Tél : 03 87 82 25 03 - Fax : 03 87 82 25 03

GROS-REDERCHING

C.M. 57 Pli 17

1 ch. **Sarreguemines 12 km. Bitche 18 km.** 1 suite de 3 pièces (2 lits 2 pers. 1 lit 1 pers.), s.d.b. et wc, TV dans la chambre, réfrigérateur incorporé. Terrasse couverte ombragée et très fleurie. Chaleur et convivialité. Lave-linge à la disposition des hôtes. Garage, parking clos. Tout confort pour détente. Situé sur la N62. Très remarquable balcon fleuri. Langue parlée : allemand.

Prix : 1 pers. **160 F** 2 pers. **200 F** 3 pers. **300 F** pers. sup. **80 F**

Ouvert : toute l'année.

18	2	18	1	5	SP	SP	4	SP

KLOCK René et Jeanne - Gros-Rederching - 9 rue Principale - 57410 GROS-REDERCHING - Tél : 03 87 09 80 28

LIDREZING

C.M. 57 Pli 15

3 ch. 3 ch. d'hôtes dans une belle demeure lorraine avec entrées indépendantes. Mobilier d'époque grand confort. Accueil familial et sincère. Cadre calme. 1 ch. 2 lits avec TV, mini-bar, salon, s. d'eau et wc particuliers. 2 ch. avec TV, mini-bar, s.d.b., salon et balnéothérapie. Salon avec cheminée, TV et biblio. à disposition. Grande forêt toute proche. Terrain de jeux enfants. Circuits de randonnée. Jardin de plantes aromatiques. Les propriétaires sont de fervents défenseurs de la nature. Langues parlées : allemand, anglais.

Prix : 2 pers. **310 F** pers. sup. **50 F**

Ouvert : du 1er avril au 1er novembre.

8	8	SP	25	5	8	SP	8	8	8

**MATHIS René et Cécile - La Musardière - Lidrezing - 57340 MORHANGE - Tél : 03 87 86 14 05 - Fax : 03 87 86 40 16 -
E-mail : musardiere.mathis@free.fr - http://www.chez.com/la musardiere**

NIDERVILLER

A

4 ch. A la porte des Vosges, près des étangs de Sarrebourg, à proximité du Centre de réadaptation cardiovasculaire Saint-Luc, Jean-Marie vous propose des chambres d'hôtes. R.d.c. ou étage : 2 ch. doubles + 2 ch. simples, toutes équipées de douche, wc et TV. Parking. Garage pour motos et bicyclettes disponible. Langue parlée : allemand.

Prix : 1 pers. **150 F** 2 pers. **200 F**

Ouvert : toute l'année.

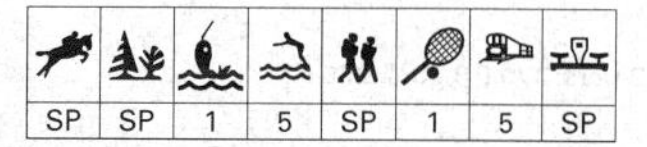

SP	SP	1	5	SP	1	5	SP

BURKEL Jean-Marie - 2 rue de la Faïencerie - 57565 NIDERVILLER - Tél : 03 87 23 65 13

NIDERVILLER

A

4 ch. Maison lorraine du XVIIIe siècle rénovée. 3 chambres d'hôtes 2 pers., 1 ch. 3 pers., 1 lit enfant, salle d'eau et wc à usage privé. Salon. Kitchenette. Terrasse, barbecue. Belles randonnées dans la région nord des Vosges. Location péniche de plaisance sur le canal de la Marne au Rhin. Faïencerie de Niderviller. Rocher du Dabo. Forêt vosgienne. Centre de réadaptation cardio-vasculaire à Saint-Luc. Plan incliné Arzviller Saint-Louis. Christallerie-vitrail. Langue parlée : allemand.

Prix : 1 pers. **170 F** 2 pers. **220 F** 3 pers. **270 F**

Ouvert : toute l'année.

SP	SP	5	SP	5	SP	SP	5	SP

**FETTER Marcel et Marinette - 11 rue des Vosges - 57565 NIDERVILLER - Tél : 03 87 23 79 96 -
E-mail : FETTERMoral@HOTMAIL.COM**

OTTONVILLE

(TH) *C.M. 57*

4 ch. 4 ch. d'hôtes avec s.d.b. et wc privés pour chacune : 1 ch. (1 lit 2 pers.), 1 ch. (1 lit 2 pers. 1 lit enfant), 1 bureau, 1 ch. (1 lit 2 pers. 2 lits 1 pers.), 1 ch. (1 lit 2 pers. 1 lit 1 pers.), 1 clic-clac, salon. Jardin attenant, cour, terrasse, barbecue, salon de jardin, emplacement voiture. Produits fermiers sur place. Table d'hôtes sur réservation. Langue parlée : allemand.

Prix : 1 pers. **200 F** 2 pers. **250 F** 3 pers. **350 F** pers. sup. **50 F**
repas **85 F** 1/2 pens. **250 F**

Ouvert : toute l'année sauf 1er week-end de chaque mois.

6	12	2	25	10	6	SP	6	30	6

WEBER Philippe - 15 rue Saint-Paul - 57220 OTTONVILLE - Tél : 03 87 79 28 08 - Fax : 03 87 79 28 08

RAHLING

3 ch. 3 chambres d'hôtes aménagées à l'étage avec salle d'eau et wc particuliers pour chaque chambre. TV. Kitchenette à disposition. Emplacement voiture. Tarifs dégressifs à partir de la 3e nuitée. Louis et Annie vous accueillent dans un ancien moulin de style lorrain au cœur des Vosges Mosellanes. Langue parlée : allemand.

Prix : 1 pers. **160 F** 2 pers. **220 F** 3 pers. **300 F**

Ouvert : toute l'année.

5	2	20	1	5	SP	SP	5	SP

BACH Louis et Annie - 2 rue du Vieux Moulin - 57410 RAHLING - Tél : 03 87 09 86 85

ROHRBACH-LES-BITCHE

C.M. 87 Pli 12

3 ch. **Pays du cristal à Saint-Louis 15 km.** 1 ch. (1 lit 2 pers.) et 2 ch. (2 lits 1 pers.) à l'étage d'une maison neuve (quartier très tranquille). Salle d'eau et wc dans chaque ch. Bourgade à la porte des Vosges du nord, région très touristique. Nombreux musées. Possibilité de cuisiner. Tarifs dégressifs à partir de la 3e nuit. Langues parlées : allemand, anglais.

Prix : 1 pers. **160 F** 2 pers. **220 F** pers. sup. **60 F**

Ouvert : toute l'année.

15	3	15	7	SP	SP	SP	2	SP

NEU René et Marlyse - 40 rue des Vergers - 57410 ROHRBACH-LES-BITCHE - Tél : 03 87 02 71 23

SOLGNE

(TH)

4 ch. 4 chambres d'hôtes : chambre Prunelle (2 lits 1 pers.), chambre Reinette (1 lit 2 pers.), chambre Mirabelle (1 lit 2 pers. 1 lit 1 pers.), ch. Cerise (1 lit 2 pers.). Sanitaires privés et TV dans chaque chambre. Légumes biologiques. Coin-salon. Parking. 1/2 pension sur la base de 2 pers.

Prix : 1 pers. **190 F** 2 pers. **250 F** 3 pers. **300 F** pers. sup. **50 F**
repas **85 F** 1/2 pens. **170 F**

Ouvert : toute l'année.

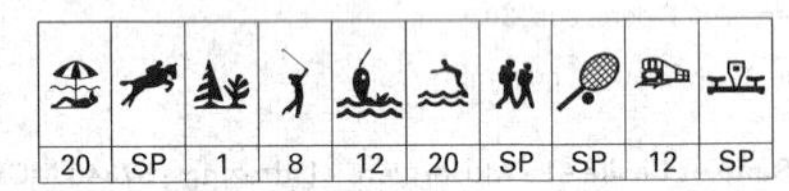

20	SP	1	8	12	20	SP	SP	12	SP

SCHNEIDER Pierrette - 16 rue Alsace Lorraine - 57420 SOLGNE - Tél : 03 87 57 72 60 ou 03 87 57 70 09

TROISFONTAINES

C.M. 57

5 ch. 5 chambres d'hôtes aménagées au 2e étage surplombant une vallée de forêts de sapins. Chambres pour 2 personnes + éventuellement un lit pliant pour un enfant. Salle de bains et wc réservés aux hôtes.

Prix : 1 pers. **160 F** 2 pers. **170 F** 3 pers. **230 F**

4	5	SP	5	12	SP	12

ENDT Bernard - 64 rue des Vosges - 57870 TROISFONTAINES - Tél : 03 87 25 58 31

VAUDONCOURT

E.C. 2 ch. **Metz 17 km. Saint Avold 17 km.** A la campagne, 1 suite comprenant l'étage : 2 chambres d'hôtes indépendantes. Salle de bains. WC privatifs. R.d.c. : salle à manger, salon, TV, chemin. Jacuzzi, sauna, wc. Jardin clos ombragé. Terrasse.

Prix : 2 pers. **700 F** pers. sup. **150 F**

Ouvert : toute l'année.

6	SP	20	SP	8	20	4

KINTZINGER Sylvie - 4 rue de la Chapelle - 57220 VAUDONCOURT - Tél : 03 87 64 07 95 - Fax : 03 87 64 27 97

E-mail : larenardiere@infonie.fr

VERNEVILLE Bagneux

TH — *C.M. 242 Pli 1*

E.C. 2 ch. **Metz 17 km. Eco-village, Ville-sur-Yron 10 km.** 1 ch. avec accès indép. dans une tour ronde, parquet en chêne. Chauffage central. S.d.b. privée dans le donjon carré. 1 ch. avec poutres apparentes et cheminée en pierre (lit double à baldaquin, 1 lit enfant). Le Domaine de Bagneux édifié en 1224 se niche au cœur d'un vallon de verdure. Cette demeure de caractère est propice à la détente, dans un univers de parquets, boiseries, plafonds à caisson, cheminée en pierre. Feu à l'âtre, table gourmande... Francine et François vous accueillent en amis. Langues parlées : allemand, anglais.

Prix : 1 pers. **290 F** 2 pers. **390 F** repas **95 F**

Ouvert : toute l'année.

3	SP	25	5	10	SP	3	8	3

CHEVALLIER François et Francine - Château de Bagneux - 57130 VERNEVILLE - Tél : 03 87 30 25 80 - Fax : 03 87 30 25 80 - E-mail : chevallier.françois@free.fr

VILSBERG Haut-Pont

3 ch. 3 chambres à l'étage : 1 chambre (2 lits 1 pers.), salle de bains/wc. 1 chambre (1 lit 2 pers.), salle de bains/wc. 1 chambre (1 lit 2 pers.), salle d'eau. 1 wc indépendant. TV + antenne. Jardin, meuble de jardin, barbecue. Animaux admis sur demande. Tarif 3 et 4 pers. sur demande. Anny Gutknecht vous accueille dans une ancienne ferme lorraine rénovée. Langues parlées : allemand, anglais.

Prix : 1 pers. **150/175 F** 2 pers. **250 F** 3 pers. **330 F**

Ouvert : toute l'année.

10	10	1	3	5	0,3	0,7	4	0,7

GUTKNECHT Anny - Haut-Pont - Ferme Gerberhof - 57370 VILSBERG - Tél : 03 87 24 13 74 ou 06 08 03 24 55 - Fax : 03 87 24 13 74

WALSCHEID

C.M. 57

1 ch. 1 chambre aménagée à l'étage d'une maison neuve (1 lit 2 pers. 2 lits enfant). Salle d'eau et wc. Lave-linge à usage commun avec le propriétaire. Jardin et terrain clos. Balcon. Le pays de Sarrebourg offre de nombreux attraits touristiques comme le rocher Dabo, le plan incliné de Saint-Louis Arzviller, les cristalleries. Langues parlées : allemand, anglais.

Prix : 1 pers. **170 F** 2 pers. **220 F** 3 pers. **300 F** pers. sup. **80 F**

Ouvert : toute l'année.

0,2	10	SP	7	10	SP	12	12	SP

FALTOT Marcel - 27 rue de la Division Leclerc - 57870 WALSCHEID - Tél : 03 87 25 13 08

Bas-Rhin

GITES DE FRANCE - Service Réservation
7, place des Meuniers - 67000 STRASBOURG
Tél. 03 88 75 56 50 - Fax. 03 88 23 00 97
E.mail : adtgitesdefrance68@rmcnet.fr

3615 Gîtes de France 1,28 F/min

ADAMSWILLER

TH — *C.M. 87 Pli 13*

1 ch. 1 chambres d'hôtes aménagée au rez-de-chaussée de la maison du propriétaire située au calme en début de village. CH1 : 2 pièces communicantes (1 lit 2 pers., 2 lits 1 pers.), pièce de détente (cheminée, prise TV), s.d.b. complète. Ch. central. Petit déjeuner servi dans la salle à manger du propriétaire qui propose également la table d'hôtes. Grand espace vert, salon de jardin, terrasse, chaises longues, parking. Tarif réduit à parit de la 3e nuitée. Langue parlée : allemand.

Prix : 1 pers. **190 F** 2 pers. **270 F** repas **80/100 F**

6	15	15	1	0,5	6	0,5	5	SP

GLATTFELDER Annie - 21 rue du Moulin - 67320 ADAMSWILLER - Tél : 03 88 01 70 80 - Fax : 03 88 01 70 80

BARR

C.M. 87 Pli 15

3 ch. 3 chambres de bon confort aménagées à l'étage d'une maison neuve située à 2 mn du bourg. CH1 : 1 lit 2 pers., s.d'eau complète, prise TV. CH2 : 1 lit 2 pers., s.d'eau complète, prise TV. CH3 : 1 lit 2 pers., s.d'eau complète, prise TV. Chauffage central. Petits déjeuners améliorés servis dans une salle ou dans la cour fleurie. Grande cour aménagée et fermée. Parking, salon de jardin. Langue parlée : allemand.

Prix : 1 pers. **210 F** 2 pers. **250 F**

Ouvert : toute l'année.

8	10	3	SP	SP	SP	20	10	SP	15	SP	SP

CHADEAU Suzanne - 9 bis, rue du Gal Vandenberg - 67140 BARR - Tél : 03 88 08 54 75

BARR

C.M. 87 Pli 15

3 ch. — 3 chambres à l'étage des dépendances de la maison du propriétaire viticulteur. Vue panoramique sur le vignoble et la Plaine d'Alsace. 3 chambres dont deux avec balcon, salle d'eau et wc privatifs à chaque chambre. Chauffage central. Visite de cave et dégustation. Petit salon commun au r.d.c. Petits déjeuners servis en salle, en véranda ou dans la cour. Situé en périphérie du bourg touristique, sur la Route des Vins et au pied du Mont Ste Odile. Présence sur place de 2 gîtes ruraux, d'un camping rural et d'un gîte d'étape. Animaux acceptés (à préciser à la réservation). Langue parlée : allemand.

Prix : 2 pers. **250/290 F**

Ouvert : toute l'année.

8	10	3	SP	SP	SP	20	10	SP	15	SP	SP

BACHERT Jean-Louis - 35A, rue du Docteur Sultzer - 67140 BARR - Tél : 03 88 08 95 89 - Fax : 03 88 08 43 06

BARR

C.M. 87 Pli 15

3 ch. — 3 chambres à l'étage de la maison du propriétaire située au calme. Beau cadre verdoyant, vue sur la forêt et le vignoble. 3 chambres (CH1 : 2 lits 1 pers., s.d'eau complète, CH2 : 3 lits 1 pers. dont 1 en mezzanine, s.d'eau complète, CH3 : 1 lit 2 pers., 1 lit 1 pers., 1 lit suppl., s.d'eau complète). Espace pic-nic (micro-ondes, réfrigérateur) à l'étage. Ch. central. Jardin, barbecue, parking. Possibilité repas du soir : 75 F. Tarif dégressif à partir de la 3e nuitée. Langue parlée : allemand.

Prix : 1 pers. **180 F** 2 pers. **230 F** 3 pers. **300 F** pers. sup. **70 F**

Ouvert : toute l'année.

8	10	3	SP	SP	SP	20	10	SP	15	SP	SP

BALL Gérard - 39 rue de l'Altenberg - 67140 BARR - Tél : 03 88 08 10 20 - Fax : 03 88 08 10 20

BARR

(TH) *C.M. 87 Pli 15*

2 ch. — 2 chambres spacieuses et de bon confort, aménagées à l'étage de la maison du propriétaire, située au calme à la périphérie du bourg touristique, en lisière de forêt. CH1 : 1 lit 2 pers., (prise TV), une petite mezzanine (2 lits 1 pers.), s. d'eau complète. CH2 (CC) : 1 lit 2 pers. (prise TV), une petite mezzanine (2 lits 1 pers.), s.d'eau complète. Ch. électrique. Réfrigérateur sur le palier. Petits déjeuners améliorés servis dans la salle à manger du propriétaire ou en terrasse. Séjour (cheminéee) en commun avec le propriétaire. Jardin d'agrément, salon de jardin. Parking, abri-voiture. Prommenades sur place. Langues parlées : anglais, allemand.

Prix : 1 pers. **180 F** 2 pers. **230 F** 3 pers. **300 F** pers. sup. **70 F**
repas **75 F**

Ouvert : toute l'année.

8	10	3	SP	SP	SP	20	10	SP	15	SP	SP

MOREL Rita - 37 chemin de l'Altenberg - 67140 BARR - Tél : 03 88 08 22 58 - Fax : 03 88 08 22 58

BELLEFOSSE

Alt. : 750 m — A — *C.M. 87 Pli 16*

5 ch. — 5 chambres situées à l'étage de la Ferme-Auberge Ban de la Roche. 5 chambres (5 lits 2 pers.). Lavabo dans chaque chambre. Douche et wc en commun. Grand séjour. Lit d'appoint sur demande. Ch. électr. Parking. Possibilité pension et demi-pension. Restauration et terrasse à l'auberge. Balançoire. Situation calme avec vue panoramique. Petit village de montagne. Gîte de groupe sur place. Langue parlée : allemand.

Prix : 1 pers. **150 F** 2 pers. **240 F** 1/2 pens. **190 F** pens. **250 F**

Ouvert : toute l'année.

0,2	25	6	6	5	0,1	5	0,1	12	5	12

WEILBACHER Véronique - Ferme-Auberge Ban de la Roche - 66 rue Principale - 67130 BELLEFOSSE - Tél : 03 88 97 35 25 - Fax : 03 88 97 37 87

BELLEFOSSE

Alt. : 700 m — A — *C.M. 87 Pli 16*

E.C. 6 ch. — 6 ch. d'hôtes situées aux étages d'une grande maison située dans le petit village montagnard au flanc du Massif du Champ du Feu. Au 1er : 5 ch. (2 pers.) dont 2 peuvent être réunies en suite. Au 2e : 1 ch. (2 pers.). Salle d'eau complète et privative à chaque ch., ainsi que prises TV et téléphone. Entrée indépendante. Petit espace vert et terrasse communs. R.d.c. : salle d'animations culturelles, poss. de petite restauration. Expo. d'oeuvres artistiques. A proximité : sentiers de randonnées, sports de neige, forêt, ferme-auberge, piscine au village, parc à chevaux. Tarifs réduits à 230 F/2 pers. dès la 2e nuitée. Réduction pour groupe de 10pers.

Prix : 1 pers. **220 F** 2 pers. **250 F**

Ouvert : toute l'année.

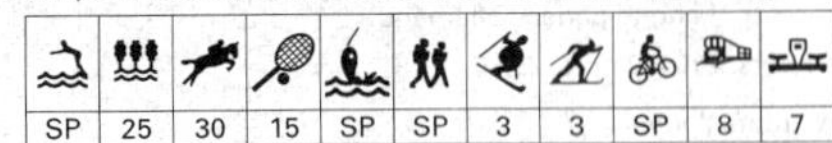

SP	25	30	15	SP	SP	3	3	SP	8	7

RELAIS OBERLIN - 16 rue Principale - 67130 BELLEFOSSE - Tél : 03 88 97 37 81

BERSTETT

C.M. 87 Pli 4

3 ch. 3 chambres, de bon confort, aménagées dans un corps de ferme proche de Strasbourg (bus). 1 ch. composée de 2 pièces non communiquantes à l'étage de la maison du prop. (1 lit de 1,60 x 2,00 m), (2 lits 1 pers., lavabo), s.d.b. complète privative. 2 ch. situées dans les dépendances (CH1 : 2 lits 1 pers., kitchenette, s.d'eau complète, CH2 : 2 lits 1 pers. (90 x 2m). TV dans chque ch. Kitchenette, s.d'eau complète privative sur le palier). Ch. central. Petit déjeuner amélioré servi dans le séjour du prop. ou dans une pièce commune. En commun : cour fermée, parking, mobilier de jardin, étang privé à 1km. Tarif dégressif à partir de la 3e nuit. Langue parlée : allemand.

Prix : 1 pers. **180/200 F** 2 pers. **230/250 F** 3 pers. **350 F** pers. sup. **100 F**

Ouvert : toute l'année.

12	7	7	0,8	0,8	SP	15	15	4	4

FREYSZ Jean-Daniel et Doris - 1 rue d'Olwisheim - 67370 BERSTETT - Tél : 03 88 69 54 33 - Fax : 03 88 59 48 45

BETSCHDORF

C.M. 87 Pli 3

4 ch. 4 belles chambres aménagées dans une grande maison de potier. CH1 (3 épis) : 1 lit 2 pers., s.d'eau complète privative sur le palier. CH2 (4 épis) : 2 lits 1 pers., s.d'eau complète, kitchenette (suppl. 30 F/J), TV. CH3 (4 épis) : 2 lits 1 pers., s.d'eau complète, TV. CH4 (CC) : 2 lits 1 pers., s.d.b. complète, télévision. Chauffage central. Séjour (35 m^2). Parking couvert, espace vert, salon de jardin. Possibilité de stage de poterie chez le propriétaire. Langue parlée : allemand.

Prix : 1 pers. **160/240 F** 2 pers. **200/320 F** pers. sup. **80 F**

Ouvert : toute l'année.

0,5	10	10	0,5	1	1	30	30	3	10	8	SP

KRUMEICH Christian - 23 rue des Potiers - 67660 BETSCHDORF - Tél : 03 88 54 40 56 - Fax : 03 88 54 47 67

BIRLENBACH

A *C.M. 87 Pli 3*

6 ch. 6 chambres situées à l'étage de la ferme équestre, localisée en bordure du petit village et des champs. 1 chambre (2 lits 1 pers. + 2 lits 1 pers. superposés), 2 chambres (1 lit 2 pers. + 2 lits 1 pers.), 2 chambres (1 lit 2 pers.), 1 chambre (2 lits 1 pers.). Lavabo dans chaque chambre. 2 douches dont 1 avec lavabo et 2 wc en commun. Parking. Cour. Auberge sur place. Possibilité de monter à cheval. Langue parlée : allemand.

Prix : 1 pers. **150 F** 2 pers. **210 F** 3 pers. **270 F** pers. sup. **60 F**

Ouvert : toute l'année.

3	SP	12	SP	20	12	12

WERLY Marlyse - Ferme Equestre Wehrly - 19 rue du Ruisseau - 67160 BIRLENBACH - Tél : 03 88 80 48 76

BLAESHEIM

C.M. 87 Pli 5

6 ch. Aménagées dans les dépendances d'une ancienne ferme alsacienne à colombage datant de 1839. A L'étage : 4 ch. CH3 (2 lits 1 pers.), CH4 (3 lits 1 pers.), CH5 (1 lit 2 pers. + au 2e niv. 3 lits 1 pers.), CH6 (1 lit 2 pers. + 2^e niv. 2 lits 1 pers.). Au r.d.c. : 2 ch. CH1 et CH2 (2 x 1 lit 2 pers.). CH1 à CH4 et CH6 : s.d'eau complète et priv. à chacune. CH5 : s.d.b. complète privative. Ch. central. Petit déjeuner servi en salle au r.d.c. Point-phone. Garage abrité, parking. Cour fleurie et fermée, salon de jardin, balançoire, ping pong. Décoration et ambiance soignées. CH1 access. en fauteuil roulant. Langues parlées : anglais, allemand.

Prix : 1 pers. **230/250 F** 2 pers. **280/320 F** 3 pers. **350/370 F** pers. sup. **55 F**

Ouvert : toute l'année.

4	2	2	0,4	3	SP	8	18	6	SP

SCHADT Anne - 57 rue du Maréchal Foch - A l'Arc En Ciel - 67113 BLAESHEIM - Tél : 03 88 68 93 37 ou SR : 03 88 75 56 50 - Fax : 03 88 59 97 75

BLIENSCHWILLER

C.M. 87 Pli 16

E.C. 1 ch. 1 chambre aménagée à l'étage de la maison à colombage du propriétaire viticulteur située au calme dans une impasse du petit village de vignerons. 1 chambre (CC) (1 lit 2 pers.), s.d'eau complète et privative sur le palier. Possibilité 1 chambre supplémentaire (2 lits de 1,10 m) moyennant supplément de 250 F par nuitée. Le petit déjeuner est servi au rez-de-chaussée. Balcon couvert, jardin, salon de jardin, parking. Langues parlées : anglais, allemand.

Prix : 2 pers. **250 F**

Ouvert : toute l'année.

7	15	6	2,5	2,5	SP	15	15	SP	6	3	2,5

SOHLER Hervé - 68 route de Hohwarth - 67650 BLIENSCHWILLER - Tél : 03 88 92 61 45 - Fax : 03 88 92 42 93

BLIENSCHWILLER

C.M. 87 Pli 16

3 ch. 3 chambres d'hôtes aménagées à l'étage d'une maison située dans la cour du propriétaire-viticulteur. Ch.1 (2 épis) 3 lits 1 pers., s. d'eau complète sur le palier. Ch.2 (2 épis) 1 lit 2 pers., s. d'eau complète privée. Ch. 3 (3 épis) 1 lit 2 pers., 1 lit 1 pers., s. d'eau complète privée. Chauffage central. Petits déjeuners améliorés servis dans la pièce commune. Espace vert, salons de jardin. Barbecue, balançoire, parking. Présence d'un gîte dans la même cour. Langues parlées : anglais, allemand.

CV

Prix : 1 pers. **220/250 F** 2 pers. **260/280 F** 3 pers. **380/420 F**

Ouvert : toute l'année.

7	15	6	2,5	2,5	SP	15	15	SP	6	3	2,5

STRAUB Jean-François - 35 route du Vin - 67650 BLIENSCHWILLER - Tél : 03 88 92 48 72 - Fax : 03 88 92 62 90

BLIENSCHWILLER

C.M. 87 Pli 16

E.C. 1 ch. 1 chambre d'hôtes avec entrée indépendante, aménagé à l'étage de la maison du propriétaire-viticulteur située au calme au fond d'une rue. CH1 : 1 lit 2 pers., 2 lits 1 pers., s.d'eau complète. Chauffage central. Petit déjeuner classique servi dans la salle à manger du propriétaire ou sur la terrasse couverte. Parking, cour, terrasse couverte (mobilier de jardin). Barbecue. Tarif 4 personnes : 410 F., allemand

Prix : 2 pers. **230 F** 3 pers. **320 F**

Ouvert : toute l'année.

7	15	6	2,5	2,5	SP	15	15	SP	6	3	2,5

ECKERT Suzanne - 14 rue du Wintzenberg - 67650 BLIENSCHWILLER - Tél : 03 88 92 44 04

BOERSCH

C.M. 87 Pli 15

3 ch. 3 belles chambres d'hôtes aménagées dans une maison attenante à celle du propriétaire, située à l'entrée de la petite cité médiévale, bourg viticole proche d'Obernai. Décoration agréable et actuelle. Au 2e niveau : 2 ch. (CH3 : 3 lits 1 pers., s.d'eau complète, CH2 : 3 lits 1 pers., s.d'eau complète. Au 1er niveau : 1 ch. (CH1 : 1 lit 2 pers. 1 lit 1 pers., s. d'eau). Ch. central. Petits déjeuners servis dans la salle à manger-séjour (bibliothèque, jeux de société). Jardin panoramique, salons de jardin, parking. Langues parlées : anglais, allemand.

Prix : 1 pers. **225 F** 2 pers. **270 F** 3 pers. **350 F**

Ouvert : toute l'année.

5	20	5	SP	SP	SP	15	15	3	30	5	SP

TAUBERT Alain - 3 route de Rosheim - 67530 BOERSCH - Tél : 03 88 95 93 06 ou SR : 03 88 75 56 50 - Fax : 03 88 95 99 98 - E-mail : alisnata@tpgnet.net

BOSSENDORF

C.M. 87 Pli 4

6 ch. 2 ch. aménagées dans 2 maisons à colombage situées dans la grande cour du propr. 4 ch. à l'étage de la 1ère maison : CH1 : 2 lits 1 pers., s.d'eau complète, Tél., TV, CH2 : 2 lits 1 pers., s.d'eau complète, Tél., TV, CH3 : 1 lit 2 pers., s.d'eau complète, Tél., TV, CH4 : 1 lit 2 pers., 1 pers., s.d'eau complète, Tél., TV. Kitchenette sur le palier. 2 ch. à l'étage de la 2e maison : CH5 : 1 lit 2 pers., s.d'eau complète, kitchenette, Tél., TV, CH6 : 1 lit 2 pers., s.d'eau complète, kitchenette, Tél. TV. Ch. central. Petit déjeuner amélioré servi dans une salle commune. En commun : parking, abri-voiture, cour, balançoire, lingerie, salle de jeux Langue parlée : allemand.

Prix : 1 pers. **200 F** 2 pers. **250 F** 3 pers. **300 F** pers. sup. **50 F**

Ouvert : toute l'année.

4	19	19	4	4	4

ADAM Paul - 6 rue Principale - 67270 BOSSENDORF - Tél : 03 88 91 58 61 - Fax : 03 88 71 64 65

BOURG-BRUCHE

Alt. : 550 m **A** *C.M. 87 Pli 16*

3 ch. 3 chambres d'hôtes situées dans la ferme-auberge à 550 m. d'altitude à l'orée des pâturages au cœur du Climont. 3 chambres pour 2 personnes dont une avec balcon. Lavabo dans chaque chambre. Sanitaires en commun. Possibilité de demi-pension ou pension. Langue parlée : allemand.

Prix : 1 pers. **170 F** 2 pers. **220 F** pers. sup. **60 F** pens. **220 F**

Ouvert : toute l'année.

15	SP	6	6	SP	SP	12	2	6	3	6

KREIS Nadine - Ferme du Nouveau Chemin - 67420 BOURG-BRUCHE - Tél : 03 88 97 72 08

BREITENAU Col de Fouchy

Alt. : 550 m **A** *C.M. 87 Pli 16*

2 ch. 2 chambres à l'étage de la ferme-auberge située au calme et en lisière de forêt. Vue exceptionnelle. 2 chambres avec sanitaires individuels. Possibilité demi-pension (boissons en sus). Ferme-auberge et vente de produits fermiers sur place. Langue parlée : allemand.

Prix : 1 pers. **215 F** 2 pers. **245 F** 3 pers. **275 F** 1/2 pens. **215 F**

Ouvert : toute l'année.

6	13	6	3	SP	20	10	10	16	15	3

NELL Michel - Ferme-Auberge Irrkrut - Col de Fouchy - 67220 BREITENAU - Tél : 03 88 57 09 29 - Fax : 03 88 57 33 61

BREUSCHWICKERSHEIM

C.M. 87 Pli 5

6 ch. 6 chambres de grand confort aménagées à l'étage des dépendances d'une ferme à colombage, à proximité de Strasbourg. 3 gîtes, N°332, 942 et 1165 dans l'important corps de ferme. 2 ch. (3 lits 1 pers.), 3 ch. (2 lits 1 pers.), 1 ch. (1 lit 2 pers.), salle d'eau et wc privatifs à chq ch.. Kitchenette dans les chambres de 1 à 5. Ch. électrique. Prise TV. L.linge commun en buanderie. Cour fermée, parking abrité. Grand jardin aménagé, salon de jardin, jeux pour enfants, pétanque, ping-pong, location de vélos, vente de produits fermiers. Langue parlée : allemand.

Prix : 1 pers. **180 F** 2 pers. **240 F** 3 pers. **300 F** pers. sup. **100 F**

Ouvert : toute l'année.

8	15	7	SP	3	SP	25	12	SP

DIEMER Eliane - 51 rue Principale - Ferme Martzloff - 67112 BREUSCHWICKERSHEIM - Tél : 03 88 96 02 89 - Fax : 03 88 96 56 87

BREUSCHWICKERSHEIM

C.M. 87 Pli 5

1 ch. Aménagée au r.d.c. de la maison du propriétaire située au calme. CH1 : 2 lits 1 pers., salle d'eau complète, coin-kitchenette, télévision. Ch. électrique. Petit déjeuner amélioré servi dans la salle à manger du propriétaire. Présence d'un gîte à l'étage. En commun : parking dans la cour, espace vert, salons de jardin, piscine d'été, balançoire, barbecue. Langue parlée : allemand.

Prix : 1 pers. **180 F** 2 pers. **240 F** 3 pers. **300 F** pers. sup. **60 F**

Ouvert : toute l'année, sauf juillet et août.

8	15	7	SP	3	25	12	SP

MEPPIEL Bernard - Chemin Galgenberg - 67112 BREUSCHWICKERSHEIM - Tél : 03 88 96 08 19

BREUSCHWICKERSHEIM

C.M. 87 Pli 5

2 ch. 2 chambres aménagées dans une dépendance attenante à la maison à colombage du propriétaire. 1 chambre (1 lit 2 pers., 2 lits d'appoint 1 pers., salle d'eau complète, coin-kitchenette. 1 chambre (1 lit 2 pers., 1 lit 1 pers. sur podium), salle d'eau complète, coin-kitchenette. Chauffage central. Grande cour fermée, parking dans la cour fermée. Grand espace vert joliment aménagé, salon de jardin, véranda. Petits déjeuners servis dans la véranda ou la salle à manger du propriétaire. Langue parlée : allemand.

Prix : 1 pers. **180 F** 2 pers. **240 F** 3 pers. **300 F**

Ouvert : toute l'année.

8	15	7	SP	3	25	12	SP

DIEMER Suzanne - 15 rue de l'Eglise - 67112 BREUSCHWICKERSHEIM - Tél : 03 88 96 00 20

BURBACH

C.M. 87 Pli 13

3 ch. 3 chambres d'hôtes aménagées à l'étage de la maison du propriétaire. Situé au calme dans le petit village. 3 ch. avec lavabo. CH1 (1 lit 2 pers.), CH2 (2 lits 1,20 m), CH3 sous forme de suite (1 lit 2 pers., 1 lit 1,10 m). Ch. central. En commun sur le palier : salle d'eau, wc séparé. Palier aménagé. Petit-déjeuners dans le séjour du propriétaire au r.d.c. Parking. Terrasse avec salon de jardin. Tarif 4 pers. : 250 F. Langue parlée : allemand.

Prix : 1 pers. **140 F** 2 pers. **180 F** 3 pers. **210 F** pers. sup. **30 F**

Ouvert : toute l'année.

6	9	6	6	3	1	10	5	6

HELMSTETTER Dany - 71 rue Principale - 67260 BURBACH - Tél : 03 88 01 31 47

BUSWILLER

C.M. 87 Pli 3

1 ch. 1 belle chambre de caractère aménagée à l'étage de la maison du propriétaire. Décoration traditionnelle. Ancienne ferme à colombage du XVIe s. située dans le village agricole aux nombreuses maisons traditionnelles. 1 ch. (1 lit 2 pers.) avec salle de bains complète privative et attenante. Ch. électr. Petit déjeuner amélioré servi dans la salle à manger du propriétaire. En commun : cour fermée, table + bancs sous appentis. Présence d'un gîte rural N°1483 dans les dépendances et de 3 chevaux en box. Langue parlée : allemand.

Prix : 2 pers. **260 F** pers. sup. **60 F**

Ouvert : toute l'année.

7	7	20	3	7

HUSSELSTEIN Franck - 16 rue Principale - 67350 BUSWILLER - Tél : 03 88 70 97 54

CHATENOIS-VAL-DE-VILLE

C.M. 87 Pli 16

5 ch. 5 chambres (3 en 3 épis et 2 en 2 épis) situées à l'étage de la maison du propriétaire, au pied des deux châteaux-forts de Scherwiller et du Haut-Koenigsbourg. 4 ch. pour 2 pers., 1 ch. pour 3 pers.. Salle d'eau complète et privative à chaque chambre. Petits-déjeuners servis au r.d.c. dans le séjour du propriétaire (cheminée). Chauffage électrique. Jardin, salon de jardin. Parking. Cuisine de jardin équipée à disposition. Le propriétaire est passionné de sculpture sur bois. A proximité du sentier de Grande Randonnée GR5, de massifs boisés, de la Route des Vins. Langue parlée : allemand.

Prix : 1 pers. **160 F** 2 pers. **250 F** 3 pers. **340 F** pers. sup. **90 F**

Ouvert : toute l'année.

6,5	3,5	3,5	6,5	2	0,5	20	20	3,5	4	3,5	2

SONNTAG Patrick - 14 route de Villé - Val de Villé - 67730 CHATENOIS - Tél : 03 88 82 19 57 ou SR : 03 88 75 56 50

CLEEBOURG

TH *C.M. 87 Pli 2*

3 ch. 3 ch. d'hôtes aménagées au r.d.c. d'une maison à colombage située au centre du petit village traditionnel et viticole. Décor alsacien. R.d.c. surélevé : CH3 (1 lit 2 pers.), s.d'eau complète privative. CH1 (2 lits 1,10 m), s.d.b. complète privative. CH2 (1 lit 2 pers.), petite entrée indépendante, s.d'eau complète privative. Ch. central. Petit déjeuner servi en salle. Poss. table d'hôtes (boissons en sus). Spécialités : poulet au Riesling, baeckeoffe, choucroute, fleichknaepfle, tarte flambée. Poss. lit pliant. Cour fleurie et fermée, grand jardin d'agrément, salon de jardin, barbecue, balançoire, s.de jeux (ping-pong). Parking. Langue parlée : allemand.

Prix : 1 pers. **170 F** 2 pers. **210/230 F** 3 pers. **300 F** repas **70 F**
1/2 pens. **240 F**

Ouvert : toute l'année.

4	13	6	10	10	SP	10	16	10	7

KLEIN Anne - 59 rue Principale - 67160 CLEEBOURG - Tél : 03 88 94 50 95

COSSWILLER

C.M. 87 Pli 14

4 ch. 4 chambres d'excellent confort dans une maison de maître profitant d'une belle vue sur la forêt et située au calme. 3 chambres pour 2 pers. 1 chambre sous forme de suite (2 pièces communicantes) pour 4 personnes. Salles de bains complètes et privatives pour chaque chambre. Petits déjeuners supérieurs servis dans la salle à manger. Grand salon. TV dans chaque chambre. Ch. central. Jardin aménagé et fleuri, salon de jardin, parking. Forêt à 100 m. Tarif suite 4 pers. 650 F/nuitée. Etoile de l'Initiative Alsace 1992. A 25 km de Strasbourg. Langue parlée : allemand.

Prix : 1 pers. **300 F** 2 pers. **410/450 F** 3 pers. **600 F**

Ouvert : du 1er février au 31 mai et du 1er septembre au 30 novembre.

4	2	4	SP	8	SP	3	15	3

BOCHART Maud - 2 hameau Tirelire - 67310 COSSWILLER - Tél : 03 88 87 22 49 - Fax : 03 88 87 29 46

DAMBACH-LA-VILLE

C.M. 87 Pli 16

5 ch. 5 chambres de bon confort aménagées à l'étage de la maison du XVIIe s. (classée monument historique) du propriétaire viticulteur située dans le centre du village viticole. CH1 : 1 lit 2 pers., coin-détente, s.d'eau complète. CH2 : 1 lit 2 pers., s.d'eau complète. CH3 : 1 lit 2 pers., s.d.b. complète. CH4 : 2 lits 1 pers., s.d'eau complète. CH5 : 1 lit 1 pers., s.d'eau complète. Ch. central. Au r.d.c. : petit déjeuner amélioré dans une salle à manger, coin-détente. Parking privé et fermé. Taxe de séjour en sus. Remise de 5 % à partir de la 4e nuitée. Présence d'un caveau de dégustation au s.sol. Langue parlée : allemand.

Prix : 1 pers. **210 F** 2 pers. **240/280 F**

Ouvert : du 1er avril au 30 novembre.

7	15	15	SP	SP	SP	SP	10	SP	SP

NARTZ Michel - 12 place du Marché - 67650 DAMBACH-LA-VILLE - Tél : 03 88 92 41 11 - Fax : 03 88 92 63 01

DAMBACH-LA-VILLE

C.M. 87 Pli 16

1 ch. 1 chambre située à l'étage d'une dépendance dans la cour du propriétaire. Village viticole fleuri. CH1 : 1 clic-clac 2 pers., lit d'appoint de 0,80 m), kitchenette, prise TV, salle d'eau privative. Ch. électr. Petit déjeuner amélioré servi dans la salle à manger du propriétaire. Cour fermée, petite terrasse, parking, espace. Taxe de séjour incluse. Langue parlée : allemand.

Prix : 1 pers. **200 F** 2 pers. **250 F** 3 pers. **330 F**

Ouvert : toute l'année.

7	15	15	SP	SP	SP	SP	10	SP	SP

WUNSCH Jean-Claude - 27 rue de la Gare - 67650 DAMBACH-LA-VILLE - Tél : 03 88 92 42 42 - Fax : 03 88 92 42 42

DIEBOLSHEIM

C.M. 87 Pli 6

6 ch. Dans 2 maisons fleuries situées dans le village. 4 ch. (CC) à l'étage d'1 maison : CH1 (1 lit 2 pers., lavabo, douche), CH2 (1 lit 2 pers., lavabo, douche), CH3 (2 lits 1 pers., s.d'eau complète), CH4 (2 lits 1 pers., lavabo, s.d'eau privative sur palier), wc en commun pour CH1-2-4. Ch. électr. 2 ch. au 2e étage de la maison du prop : CH5 (1 lit 2 pers.). Balcon, lavabo, douche, wc privatifs. CH6 (2 pièces avec 2 x 2 lits jumeaux 1 m, s.d'eau et wc séparé privatifs, ch. central. P. déjeuner servi sur terrasse vitrée. Salle au r.d.c. Cour, parking, jardin, verger. Présence de 2 gîtes sur la propriété. Langue parlée : allemand.

Prix : 1 pers. **140 F** 2 pers. **200 F**

Ouvert : toute l'année.

15	5	8	SP	SP	SP	SP	10	15	SP

LAUBACHER Charles - 27 rue de l'Eglise - 67230 DIEBOLSHEIM - Tél : 03 88 74 67 06

DIEFFENBACH-AU-VAL

C.M. 87 Pli 16

3 ch. Dans la maison du propriétaire au grand jardin fleuri située au calme, près de la forêt, en bordure du village. CH1 : 2 lits 1 pers. douche, lavabo, wc, petite terrasse (salon de jardin). CH2 : 2 lits jumeaux de 1 m, s.d.b., wc privatif sur le palier, petite terrasse privative (salon de jardin). CH3 (de plain-pied) : 2 lits 1 pers., s.d'eau. Pièce avec coin-détente et coin-kitchenette, petite terrasse (salon de jardin). Ch. central. Petit déjeuner amélioré servi dans la salle à manger du propriétaire. Cour, parkings, ping-pong barbecue, balançoire Tarif réduit à partir de la 2e nuit pour 2 pers. : 260F, 300F avec cuisine. Langue parlée : allemand.

Prix : 1 pers. **250 F** 2 pers. **270 F** 3 pers. **310 F**

Ouvert : toute l'année.

4	4	2	SP	25	26	4	20	10	4

GEIGER Sonia - 2 rue de Neubois - Gîtes « les Sapins » - 67220 DIEFFENBACH-AU-VAL - Tél : 03 88 85 60 84 - Fax : 03 88 85 60 84

DIEFFENBACH-AU-VAL

C.M. 87 Pli 1

3 ch. 3 chambres d'hôtes, de bon confort, aménagées à l'étage d'une maison mitoyenne à celle du propriétaire située au calme en périphérie du village. Chambres à la ferme. CH1 : 1 lit 2 pers., s.d'eau complète, prises TV et Tél., CH2 : 2 lits 1 pers., s.d'eau complète, prises TV et Tél., CH3 : 1 lit 2 pers., s. d'eau complète, prises TV et Tél. Ch. central. Salle commune avec coin cuisine et coin détente (cheminée). Petits déjeuners améliorés servis dans la salle commune. Poss. lit bébé. Espace vert, parking, abri voiture, salons de jardin. A partir de la 2e nuitée : 255F/nuit/1 pers., 305F/nuit/2 pers., 410F/nuit/3 pers. Langue parlée : allemand.

Prix : 1 pers. **270 F** 2 pers. **340 F** 3 pers. **450 F**

Ouvert : toute l'année.

4	4	2	SP	25	26	4	20	10	4

GEIGER Albert - 2 route de Neuve Eglise - 67220 DIEFFENBACH-AU-VAL - Tél : 03 88 85 69 02 ou SR : 03 88 75 56 50 - Fax : 03-88-85-62-03 - E-mail : les3pierres.geiger@wanadoo.fr

DIMBSTHAL

A *C.M. 87 Pli 14*

E.C. 4 ch. 4 belles chambres aménagées à l'étage d'une maison mitoyenne à celle du propriétaire-agriculteur. Chambres à la ferme. Présence d'un gîte sur le même palier. Ferme-auberge au r.d.c. CH1 : 1 lit 2 pers., s. d'eau complète. CH2 : 1 lit 2 pers., s.d'eau complète. CH3 : 2 lits 1 pers., s.d'eau complète. CH4 : 2 lits 1 pers., s.d'eau complète. Ch. central. Petit déjeuner amélioré servi dans la salle de la ferme-auberge. Parking, cour, salons de jardin. Possibilité de prendre le repas du soir. Langue parlée : allemand.

Prix : 1 pers. **180 F** 2 pers. **220 F**

Ouvert : toute l'année.

11	8	4	3	SP	9	12	12	3

WOLBERT Marc - 1 rue de Hengwiller - 67440 DIMBSTHAL - Tél : 03 88 70 60 34 ou SR : 03 88 75 56 50 - Fax : 03 88 70 60 34

DRACHENBRONN

A *C.M. 87 Pli 2*

6 ch. Réparties dans deux bâtiments de la ferme-auberge. 3 ch. au 2e étage de la ferme-auberge : 2 ch. 2 pers., 1 ch. 3 pers. (2 épis). Douche et lavabo dans chaque ch.. WC en commun sur le palier. 3 autres ch. à 100 m, dans les dépendances de l'ancien moulin à huile : 1 ch. 2 pers., 1 ch. 3 pers., 1 ch. duplex pour 4-5 pers. (3 épis). S.d'eau + wc privatifs à chacune. Chauf. central. Cadre forestier et fermier. Poss. 1/2 pension et pension complète. Espace vert, salon de jardin, sauna, ping-pong. Poss. d'autres chambres d'hôtes et salle de séminaire dans le moulin à huile N°5166. Tarif 4 pers. : 480 F. Piscine couverte à 300 m. Langue parlée : allemand.

Prix : 1 pers. **170/220 F** 2 pers. **220/300 F** 3 pers. **290/410 F** pers. sup. **70 F** 1/2 pens. **195/235 F** pens. **255/295 F**

Ouvert : toute l'année.

0,3	10	3	1	10	SP	6	12	7	7

FINCK Claude - Ferme-Auberge du Moulin des 7 Fontaines - 67160 DRACHENBRONN - Tél : 03 88 94 50 90 - Fax : 03 88 94 54 57

DRACHENBRONN

A *C.M. 87 Pli 2*

5 ch. Dans un ancien moulin à huile refait à neuf. Cadre champêtre entouré de forêts, au calme. 2 chambres 4 pers., 2 chambres 3 pers., 1 chambre 2 pers. (3 épis). Salle d'eau, avec wc, privative et communicante à chaque chambre. Chauffage central. Espace vert ombragé, salon de jardin, ping-pong, sauna. Salle de réunion pour séminaire au sous-sol du moulin. Possibilité 1/2 pension et pension complète, à la ferme-auberge située à 100 m. La ferme-auberge propose également des chambres d'hôtes N°5031. Piscine couverte à 300 m. Langue parlée : allemand.

Prix : 1 pers. **220 F** 2 pers. **300 F** 3 pers. **410 F** pers. sup. **70 F** 1/2 pens. **235 F** pens. **295 F**

Ouvert : toute l'année.

0,3	10	3	1	10	SP	6	12	7	7

FINCK Philippe - Ferme Auberge des 7 Fontaines - 67160 DRACHENBRONN - Tél : 03 88 94 50 90 - Fax : 03 88 94 54 57

DUPPIGHEIM

A *C.M. 87 Pli 5*

6 ch. 6 chambres de grand confort aménagées à l'étage de la dépendance modernisée d'une ferme à colombage (au-dessus d'un restaurant). 3 ch. 2 pers., 3 ch. 3 pers avec chacune un sanitaire privatif et prise TV. Chauffage central. Grand terrain, parking fermé, terrain de pétanque, balançoire, ping-pong, baby-foot, ping-pong. Possibilité restauration en spécialités alsaciennes toutes les fins de semaines en soirée uniquement. Langue parlée : allemand.

Prix : 1 pers. **200 F** 2 pers. **250 F** 3 pers. **300 F** pers. sup. **50 F**

Ouvert : toute l'année.

0,8	8	10	0,8	10	20	20	6	14	2	0,1

SCHAEFFER Jean-Jacques - 2 rue des Roses - Restaurant « Au Schaefferhof » - 67120 DUPPIGHEIM - Tél : 03 88 50 70 81 - Fax : 03 88 50 70 81

EBERSHEIM

A *C.M. 87 Pli 6*

E.C. 6 ch. 6 chambres (ER) aménagées à l'étage de l'auberge située sur l'exploitation agricole implantée en périphérie du village. 5 ch. avec 1 lit 2 pers., 1 ch. avec 2 lits 1 pers.. Salle d'eau complète, privative dans chaque ch.. Chauffage central. Prise TV / ch.. En commun : salle de petit déjeuner, espace extérieur, portique, barbecue, salon de jardin. Parking. 1 lit pliant sur demande. Gîte rural N°1232 à l'étage. L'auberge fonctionne en fin de semaine. Animaux acceptés sur demande. Langue parlée : allemand.

Prix : 2 pers. **244 F** pers. sup. **50 F**

Ouvert : toute l'année.

SP	7	SP	0,1	SP	5	5	12	0,2	0,2

TRAU Bernard - 53 route Nationale - 67600 EBERSHEIM - Tél : 03 88 85 73 31 - Fax : 03 88 85 73 31

ELSENHEIM

C.M. 87 Pli 7

2 ch. 2 chambres aménagées à l'étage de la maison fleurie du propriétaire située proche de la Route des Vins. CH1 : 1 lit 2 pers., lavabo, CH2 : 2 lits 1 pers., 1 lit bébé, lavabo. Salle d'eau complète en commun sur le palier. Chauffage central. Petits déjeuners améliorés servis dans la salle à manger du propriétaire. En commun avec le prop. : séjour, grande cour fermée et joliment fleurie, salon de jardin, espace vert. Parking dans la cour fermée. Langue parlée : allemand.

Prix : 1 pers. **130 F** 2 pers. **180 F** pers. sup. **65 F**

Ouvert : toute l'année.

3	15	15	SP	SP	SP	SP	15	12	3

HERRMANN Antoine - 24 rue Principale - 67390 ELSENHEIM - Tél : 03 88 92 52 30

EPFIG

C.M. 87 Pli 6

6 ch. 6 chambres de bon confort aménagées à l'étage d'une belle maison de caractère située dans la grande cour du propriétaire, au calme, proche des vignes. CH1 : 1 lit 2 pers., douche, lavabo, wc séparé. CH6 : 1 lit 2 pers., s.d'eau privative. CH3 : 1 lit 2 pers., douche, lavabo, wc. CH5 : 1 lit 2 pers., 1 lit 1 pers., douche, lavabo, wc séparé. CH4 : 1 lit 2 pers., douche, lavabo, wc. CH2 : 2 lits 1 pers., s.d'eau complète. Ch. central. Petits déjeuners améliorés servis dans la grande et belle salle-caveau. Cuisine à disposition. Cour fermée, parking, salons de jardin, baby-foot, ping-pong. Langue parlée : allemand.

Prix : 1 pers. **190 F** 2 pers. **240 F** 3 pers. **300 F**

Ouvert : toute l'année.

12	12	10	SP	10	SP	25	25	SP	15	SP	SP

SPITZ Marguerite - La Closerie de la Chapelle - 83 rue Ste-Marguerite - 67680 EPFIG - Tél : 03 88 85 56 28 ou 03 88 85 51 63

EPFIG

C.M. 87 Pli 16

2 ch. 2 chambres aménagées dans la maison du proriétaire viticulteur, située au centre du village typique viticole. A l'étage : 1 chambre pour 3 pers. (douche, lavabo, wc séparé privatif). Au rez-de-chaussée : 1 chambre pour 3 pers., lavabo (s.d'eau complète en commun), 2e wc séparé. Petit déjeuner amélioré servi dans la salle à manger du propriétaire. Parking, salon de jardin, cour fermée. Langue parlée : allemand.

Prix : 1 pers. **130 F** 2 pers. **200 F** 3 pers. **240 F**

Ouvert : toute l'année.

12	12	10	SP	10	SP	25	25	SP	15	SP	SP

UHL Georges - 33 rue des Allies - 67680 EPFIG - Tél : 03 88 85 52 57

ERCKARTSWILLER

C.M. 87 Pli 13

2 ch. 2 chambres aménagées à l'étage de la maison du propriétaire située au calme dans le village, à proximté de la forêt. CH1 : 1 lit 2 pers., 1 lit 1 pers., s.d'eau complète. CH2 composée de 2 pièces (P1 : 2 lits 1 pers., P2 : 1 lit 2 pers.), s.d'eau complète. Petite pièce pour petit déjeuner (micro-ondes, réfrigérateur). Ch. central. Cour, grand espace vert aménagé, salons de jardin, relax, terrain de pétanque, garage pour vélos, aire de jeux et barbecue à 1 km. Tarif 4 pers. : 500 F. Langue parlée : allemand.

Prix : 1 pers. **150 F** 2 pers. **260 F** 3 pers. **380 F** pers. sup. **120 F**

Ouvert : toute l'année.

12	5	12	SP	SP	SP	SP	1	12	12

HELMLINGER Yvonne - 5 rue Berg - Les Lauriers Sauvages - 67290 ERCKARTSWILLER - Tél : 03 88 70 44 69

ESCHAU

C.M. 87 Pli 5

2 ch. 2 chambres de très bon confort aménagées à l'étage de la maison du propriétaire située au calme avec vue sur les vergers et les prairies. CH1 : 2 lits 1 pers., coin-salon (conv. clic-clac 2 pers.), salle d'eau complète privative sur le palier, balcon (petit mobilier de jardin). CH2 : 1 lit 2 pers., salle de bains privative sur le palier, wc privatif au r.d.c. Salon en commun avec le propriétaire. Petits déjeuners servis dans la salle à manger du propriétaire. Parking, grand espace vert, salon de jardin, balançoire. Langue parlée : allemand.

Prix : 1 pers. **170 F** 2 pers. **250 F**

Ouvert : toute l'année.

5	5	5	SP	SP	SP	5	25	15	SP

GRUSS Suzanne - 7 rue de la Forêt - 67114 ESCHAU - Tél : 03 88 64 31 56

FOUCHY-NOIRCEUX

Alt. : 500 m (TH) *C.M. 87 Pli 16*

6 ch. 6 chambres dans une ferme vosgienne rénovée avec des matériaux nobles alliant la chaleur du bois à l'énergie de la pierre. 6 ch. confortables pour 2 pers. (lits 1 pers.) sanitaires privatifs. Poss. lit enf. En commun : salle à manger, salle d'activités (42 m2) espace de détente,ch. central. Parking, espace vert. Entrée indépendante. Petit déjeuner pour la santé. Espace de jeux pour enfants. LA MICHE offre la possibilité d'accueillir des stages, colloques et séminaires. NOIRCEUX est un vallon calme, serti par la montagne, forêts et pâturages. Poss. table d'hôtes : repas végétariens uniquement aliments issus de l'agriculture biologique.

Prix : 1 pers. **210 F** 2 pers. **270 F** 3 pers. **370 F** pers. sup. **100 F**
1/2 pens. **220 F** pens. **280 F**

Ouvert : toute l'année.

7	20	20	2	SP	30	5	7	25	25	2

SCHEECK Cécile et Michel - 190, Noirceux - La Miche - 67220 FOUCHY - Tél : 03 88 57 30 56 - Fax : 03 88 57 30 56

FOUCHY-NOIRCEUX

Alt. : 500 m *C.M. 87 Pli 16*

1 ch. 1 chambre confortable à l'étage de la maison du propriétaire située au calme dans un vallon cerné par les montagnes, la forêt et au milieu des pâturages. Nombreux sentiers de randonnée. Un gîte rural est également présent dans le bâtiment. 1 chambre (1 lit 2 pers., 1 conv. clic-clac 1 pers.), salle d'eau complète privative. Ch. central. Espace vert, aire de jeux, salon de jardin. Possibilité de repas en table d'hôtes à La Miche à 100 m. Tarif réduit à partir de la 3e nuit.

Prix : 1 pers. **200 F** 2 pers. **220 F** 3 pers. **230 F**

Ouvert : toute l'année.

7	20	20	2	SP	30	5	7	25	25	2

GUIOT André - N°191 - Noirceux - 67220 FOUCHY - Tél : 03 88 57 15 78

FROHMUHL

C.M. 87 Pli 13

2 ch. — 2 ch. à l'étage d'une maison fleurie située en bordure du village et à côté de la forêt. 1 ch. (1 lit 2 pers.) avec lavabo et douche, 1 ch. (1 lit 2 pers.) avec salle de bains privative. WC en commun sur palier. Sèche-cheveux dans chaque chambre. Ch. central. En commun : salon de détente avec TV. Réfrigérateur, véranda avec micro-ondes. Terrasse, parking. Espace vert avec salon de jardin, barbecue, banc avec pergola, jeux pour enf. Restauration dans le village. Tarifs dégressifs à partir de 3 nuits. Langue parlée : allemand.

Prix : 1 pers. **170 F** 2 pers. **240 F** pers. sup. **60 F**

Ouvert : toute l'année.

10	2	SP	2	SP	SP	10	2	10

KEMPF Rémie - 14 route de Hinsbourg - 67290 FROHMUHL - Tél : 03 88 01 50 41

GEISPOLSHEIM

C.M. 87 Pli 5

6 ch. — 6 chambres, de bon confort, dont 2 chambres communicantes, aménagées dans la grande maison du propriétaire située dans le village. CH1 : 1 lit 2 pers., s.d'eau complète. CH2 : 1 lit 2 pers., s.d'eau complète. CH3 : 1 lit 2 pers., s.d'eau complète. CH4 : 1 lit 1 pers., s.d'eau complète. CH5 et CH6 communicants : 1 lit 2 pers. et 2 lits 1 pers., s.d'eau complète. Ch. central. Petits déjeuners améliorés servis dans la grande salle à manger. Parking dans la cour fermée, espace vert, salons de jardin, balançoire. Langue parlée : allemand.

Prix : 1 pers. **200/220 F** 2 pers. **250 F**

Ouvert : toute l'année.

5	5	SP	SP	SP	20	SP	SP

HOFFER Henri - 2 rue de la Porte Basse - 67118 GEISPOLSHEIM - Tél : 03 88 68 88 11 - Fax : 03 88 68 88 11 -
E-mail : Henri.HOFFER@wanadoo.fr

GERTWILLER

C.M. 87 Pli 15

1 ch. — 1 chambre confortable de plain-pied avec véranda aménagée dans la maison du propriétaire située au cœur du vignoble. Entrée indépendante. Gîte fleuri. Présence d'un gîte à l'étage. 1 chambre (1 lit 2 pers.), s. d'eau complète privative. Chauffage central. Petits déjeuners améliorés servis dans la véranda. Réfrigérateur permettant repas tiré du sac. Parking. Grande cour, jardin aménagé, salon de jardin, balançoire. Langue parlée : allemand.

Prix : 2 pers. **220 F**

Ouvert : toute l'année.

8	14	8	2	6	SP	10	10	SP	35	SP	SP

BUHLER Rodolphe - 16 rue du Forst - 67140 GERTWILLER - Tél : 03 88 08 13 35

GERTWILLER

C.M. 87 Pli 15

3 ch. — 3 chambres aménagées dans la maison du propriétaire située en périphérie du village viticole en face du vignoble. De plain-pied CH1 : 1 lit 2 pers., s.d'eau complète, kitchenette. A l'étage : 2 ch. (CH1 : 1 lit 2 pers., lavabo, CH2 : 1 lit 2 pers., lavabo. S.d.b. + douche et wc séparé en commun sur le palier. Ch. électrique. Petit déjeuner classique servi dans une pièce (salon et s. à manger) réservée aux hôtes à l'étage. En commun : véranda aménagée avec barbecue et kitchenette, L.linge. Réduction à partir de la 3e nuit. Présence de 2 gîtes. Espace vert communal en face de la maison. Langue parlée : allemand.

Prix : 1 pers. **150/180 F** 2 pers. **220/250 F** 3 pers. **330 F**

Ouvert : toute l'année.

8	14	8	2	6	SP	10	10	SP	35	SP	SP

SPITZ Alphonse - 2 rue du Vignoble - 67140 GERTWILLER - Tél : 03 88 08 04 31

GRANDFONTAINE

Alt. : 550 m

C.M. 87 Pli 15

2 ch. — 2 chambres aménagées à l'étage de la maison du propriétaire située au calme au centre du village montagnard, au pied du Donon et de son temple gallo-romain. A l'étage : 1 ch. sous forme de suite (1 lit 2 pers., 2 lit 1 pers., 1 lit bébé, lavabo), 1 ch. sous forme de suite (2 lits 2 pers., lavabo), cuisine à disposition, wc sur palier. Au r.d.c. : 2e wc, s.d.b. Ch. central. Parking, espace vert, terrasse, salon de jardin, cheminée-barbecue. Tarif 4 pers. : 380 F. Mine et son musée. Poss. randonnée (GR5). Arrivée et sortie à proximité du GR5. Langue parlée : allemand.

Prix : 1 pers. **120 F** 2 pers. **180 F** 3 pers. **300 F**

Ouvert : toute l'année.

25	6	6	7	SP	5	5	5	5	5

REMY Roland - 1 rue de la Basse - 67130 GRANDFONTAINE - Tél : 03 88 97 20 60

GRENDELBRUCH

Alt. : 600 m

TH

C.M. 87 Pli 15

6 ch. — 6 ch. d'hôtes aménagées dans la maison du propriétaire située dans le village de moyenne montagne. Au 1er : 3 ch. de 2 pers. avec sdb. Au 2e : 3 ch. dont 2 sous forme de ch. communicantes 3 et 4 pers. avec s.d.b. et terrasses, la 3e ch. pour 2 pers. avec s.d'eau. Sanitaires complets et privatifs à chaque ch.. Au r.d.c. dans la salle à manger, salon réservé aux hôtes. Ch. central. Jeux de société. Grand verger, mobilier de jardin. Parking, 2 garages. Chiens acceptés. A proximité de sentiers de grande randonnée, de la forêt. Langues parlées : anglais, allemand.

Prix : 1 pers. **160 F** 2 pers. **220/240 F** 3 pers. **330 F** pers. sup. **95 F**
repas **95 F** 1/2 pens. **200 F**

Ouvert : toute l'année.

10	25	25	10	3	SP	SP	SP	3	4	SP

METZGER Anne-Marie - 15 route de Schirmeck - La Couronne - 67190 GRENDELBRUCH - Tél : 03 88 97 40 94 - Fax : 03 88 97 40 94

GRIESHEIM-PRES-MOLSHEIM

C.M. 87 Pli 5

1 ch. 1 chambre d'hôtes, de très bon confort, aménagée à l'étage de la maison du propriétaire située en périphérie du village proche d'Obernai. 1 grande chambre : coin-nuit (1 lit 2 pers.), coin-détente (conv. clic-clac 2 pers., prise TV), salle d'eau complète. Chauffage électrique. Petits déjeuners améliorés servis dans la salle à manger du propriétaire ou en terrasse. Réfrigérateur. Parking dans la cour, grand espace vert, salon de jardin, barbecue. Langue parlée : allemand.

Prix : 1 pers. **170 F** 2 pers. **250 F** pers. sup. **80 F**

Ouvert : toute l'année.

5	15	0,5	0,5	5	SP	20	20	0,5	25	3	0,8

MAETZ Norbert - 49 rue de Rosheim - 67870 GRIESHEIM-PRES-MOLSHEIM - Tél : 03 88 38 06 35 ou SR : 03 88 75 56 50 - Fax : 03 88 38 06 35

HEILIGENSTEIN

C.M. 87 Pli 16

3 ch. 3 chambres de bon confort (très belle décoration), aménagées dans la maison du propriétaire située au calme près des vignes. A l'étage : CH1 : 2 lits 1 pers. jumeaux, salle d'eau complète, privative et attenante,CH2 : 2 lits 1 pers. jumeaux), salle d'eau complète et privative sur le palier. De plain-pied : CH3 : 2 lits 1 pers. jumeaux, lavabo, douche et wc privatifs. Ch. central. Petit déjeuner amélioré servi dans la salle à manger réservée aux hôtes. Parking dans la cour fermée, salon de jardin. 1 nuitée gratuite par semaine complète. Langue parlée : allemand.

Prix : 1 pers. **180 F** 2 pers. **240 F** pers. sup. **80 F**

Ouvert : toute l'année.

10	15	10	2	SP	20	SP	SP	2	SP

VOUIN Muriel - 4, Jungholzweg - 67140 HEILIGENSTEIN - Tél : 03 88 08 14 05

HEILIGENSTEIN

C.M. 87 Pli 16

5 ch. 5 chambres dans une belle maison fleurie offrant une vue exceptionnelle sur la plaine d'Alsace. Cadre calme. 5 chambres avec sanitaires individuels. Balcon, 2 terrasses ouvertes, 1 terrasse couverte sur jardin fleuri. Petit-déjeuner substantiel et varié dans pièce commune avec réfrigérateur et télévision. Repas tiré du sac accepté. 2 cours fermées, parking. A 20 mn de Strasbourg et à 45 mn de Colmar. Langue parlée : allemand.

Prix : 2 pers. **260/360 F**

Ouvert : toute l'année.

10	15	10	2	5	SP	20	SP	SP	2	SP

BOCH Frieda - 4 rue Principale - 67140 HEILIGENSTEIN - Tél : 03 88 08 97 30

HEILIGENSTEIN

C.M. 87 Pli 16

5 ch. 5 chambres aménagées à l'étage de la maison du propriétaire-viticulteur. CH1 : 1 lit 2 pers., s.d'eau complète (2 épis). CH2 : 1 lit 2 pers., wc et douche (1 épi). CH3 : 1 lit 2 pers., douche, lave-main (1 épi). CH4 : 1 lit 2 pers., lavabo, douche (1 épi). CH5 : 1 lit 2 pers., 1 lit 1 pers., s.d'eau, wc séparé (2 épis). WC en commun sur le palier. Chauffage. Petits déjeuners améliorés servis dans la salle commune, dans un cadre rustique. Cour, parking, salons de jardin, barbecue. Langue parlée : allemand.

Prix : 2 pers. **230/250 F**

Ouvert : toute l'année.

10	15	10	2	SP	20	SP	SP	2	SP

RUFF Daniel - 64 route du Vin - 67140 HEILIGENSTEIN - Tél : 03 88 08 10 81 - Fax : 03 88 08 43 61

HEILIGENSTEIN

C.M. 87 Pli 16

3 ch. 3 chambres de grand confort aménagées dans une belle maison située dans le vignoble. Chez le viticulteur. 3 chambres 2 pers. dont 1 chambre avec terrasse (possibilité 1 conv. 1 pers.). Sanitaire individuel dans chaque chambre. Petits déjeuners supérieurs servis dans la pièce commune permettant repas tiré du sac. Jardin, mobilier de jardin, ping-pong. Langue parlée : allemand.

Prix : 2 pers. **260 F** pers. sup. **60 F**

Ouvert : toute l'année.

10	15	10	2	SP	20	SP	SP	2	SP

BOCH Charles - 6 rue Principale - 67140 HEILIGENSTEIN - Tél : 03 88 08 41 26 - Fax : 03 88 08 58 25

HOERDT

C.M. 87 Pli 4

6 ch. 6 ch. de charme, ambiance alsacienne. 5 sont aménagées dans la maison voisine de celle du propriétaire. 1 ch. dans une maisonnette. Situé dans le bourg aux nombreuses maisons à colombage. Au r.d.c. : séjour - salle à manger (TV cablée). Au 1er : salon, 2 ch. (1 lit 2 pers.), 1 ch. (1 lit 2 pers., + conv. 2 pers.). Au 2e : 1 ch. (1 lit 2 pers.), 1 ch. (2 lits 1 pers.). 1 ch. dans maisonnette (2 lits 1 pers.). S.d'eau compl.à chaque ch. Ch. central. Tél. privatif dans chaque ch. 1 ch. avec kitchenette. Jardin clos, salon de jardin, parking. Golf à 3 km. Pays des asperges. Orgues remarquables dans l'église voisine. Langues parlées : anglais, allemand.

Prix : 1 pers. **250 F** 2 pers. **305 F** pers. sup. **50 F**

Ouvert : toute l'année.

10	8	12	1	1	1	30	1	0,5

STOLL René et Dorothée - 23 route de la Wantzenau - 67720 HOERDT - Tél : 03 88 51 72 29 ou 06 08 25 01 51 - Fax : 03 90 29 00 79

LE HOHWALD

Alt. : 500 m — **A** — *C.M. 87 Pli 15*

4 ch. 4 chambres aménagées au-dessus d'une auberge très joliment située en moyenne montagne. CH1 : 1 lit 2 pers., douche, lavabo, CH2 : 2 lits 1 pers., douche, lavabo, CH3 : 2 lits 1 pers., douche, lavabo, CH4 : 1 lit 2 pers., douche, lavabo. 2 wc en commun sur le palier. Ch. central. Petits déjeuners améliorés servis en salle. En commun : parking, aire de jeux enfants. Ping-pong, terrain de volley, pétanque. Sur place : auberge de campagne, gîte rural, camping rural et gîte de randonnée. Poss. repas à l'auberge de campagne. Langue parlée : allemand.

Prix : 1 pers. **150 F** 2 pers. **230 F** 3 pers. **310 F** pers. sup. **80 F**

Ouvert : toute l'année.

15	5	SP	5	SP	SP	SP	14	5

LIEBER Bernadette - Relais du Sorbier - La Vallée - Sperberbaechel - 67140 LE HOHWALD - Tél : 03 88 08 33 38 - Fax : 03 88 08 34 40

LE HOHWALD

Alt. : 600 m — TH — *C.M. 87 Pli 15*

E.C. 3 ch. 3 chambres de très bon confort, aménagées à l'étage de la grande maison du propriétaire située en périphérie du village et à l'orée de la forêt riche en sentiers de randonnée. CH1 : 2 lits 1 pers., s.d'eau complète. CH2 : 3 lits 1 pers., s.d'eau complète. CH3 : 2 lits 1 pers., s.d'eau complète. Ch. central. Séjour, TV et grande salle à manger en commun avec le porp. Petits déjeuners servis dans la salle à manger. Grande terrasse accessible par la salle (salons de jardin), cour, parking, grand espace vert. Possibilité de demi-pension ou pension complète. Langues parlées : anglais, allemand.

Prix : 1 pers. **150 F** 2 pers. **250 F** 3 pers. **300 F** repas **80 F**
1/2 pens. **230 F**

Ouvert : toute l'année.

15	5	SP	SP	5	SP	SP	SP	SP	14	5

SCHOCH Pierre - 39 chemin du Eck - 67140 LE HOHWALD - Tél : 03 88 08 35 95 ou SR : 03 88 75 56 50 - Fax : 03 88 08 35 96

LE HOHWALD-LILSBACH

Alt. : 650 m — **A** — *C.M. 87 Pli 15*

4 ch. 4 chambres confortables dans une maison située à l'orée de la forêt. 1 chambre pour 3 pers. et 1 lit enfant, 2 chambres pour 2 pers. En commun : salle de bains, 2 wc, salle de séjour. 1 chambre pour 2 pers. avec douche et wc privatifs. Chauffage central. Poss. repas du soir en TH (boissons en sus). Réduction à partir de la 3e nuit. Langue parlée : allemand.

Prix : 1 pers. **145 F** 2 pers. **190/260 F** 3 pers. **260 F** repas **95 F**

Ouvert : toute l'année.

10	SP	SP	SP	SP	SP	SP	10	10	SP

ROMAIN Fernand - Lilsbach - 67140 LE HOHWALD - Tél : 03 88 08 31 74

HOHWARTH

TH — *C.M. 87 Pli 16*

5 ch. 5 chambres aménagées dans la maison du propriétaire agriculteur située au calme et proposant une vue panoramique sur le Val de Villé. A l'étage : CH3 : 1 lit 2 pers., s.d'eau complète, CH4 : 1 lit 2 pers., s.d'eau complète, balcon, CH5 : 1 lit 2 pers., s.d.b. complète, balcon. Au r.d.c. : CH1 : 1 lit 2 pers., s.d'eau complète, CH2 : 2 lits 1 pers., s.d'eau. Ch. central. Petits déjeuners améliorés servis dans la salle à manger du propriétaire (TV). A dispotion : réfrigérateur, micro-ondes. Parking, espace vert, terrain de jeux. Demi-pension : 430 F/2 pers (produit de la ferme au repas). Tarif réduit à partir de la 3e nuit. Langue parlée : allemand.

Prix : 1 pers. **200 F** 2 pers. **240 F** 3 pers. **300 F** pers. sup. **70 F**
1/2 pens. **215 F**

Ouvert : toute l'année.

4	4	5	SP	30	SP	SP	15	12	4

PETER Jean-Marie - 5 chemin de l'Eglise - 67220 HOHWARTH - Tél : 03 88 85 69 11 - Fax : 03 88 85 69 11

HOHWARTH

C.M. 87 Pli 16

1 ch. 1 chambre d'hôtes aménagée à l'étage de la maison du propriétaire située au calme et offrant une très belle vue. CH1 : 1 lit 2 pers., 1 lit 1 pers., s.d'eau complète. Ch. central. Petit déjeuner amélioré servi dans la salle à manger du propriétaire ou sur la terrasse en été. Parking, garage sur demande, grand terrain, salon de jardin, pétanque, barbecue. Lit d'appoint pour 1 personne sur demande. Langue parlée : allemand.

Prix : 1 pers. **210 F** 2 pers. **260 F** 3 pers. **320 F**

Ouvert : toute l'année.

4	4	5	SP	30	SP	SP	15	12	4

MEYER Liliane - 4 chemin de l'Eglise - 67220 HOHWARTH - Tél : 03 88 85 66 05

HUNSPACH

C.M. 87 Pli 3

3 ch. Aménagées dans des maisons traditionnelles à colombage. 2 ch. à l'étage de l'ancienne grange rénovée (CH1 : 2 lits 1 pers., coin détente, kitchennette, s.d'eau ; CH2 : 2 lits 1 pers., coin détente, kitchenette, s.d'eau. Poss. 2 pers. suppl. dans chaque ch. 1 ch. (CC) au r.d.c. de la maison (CH3 : 2 lits 1 pers., coin détente, kitchenette et s. d'eau). Ch. central. Petit déjeuner servi dans la salle commune. Parking, jardin aménagé (barbecue, pin-pong, salon de jardin). Loc. de vélos. Réduction pour enf et à partir de la 2e nuit. Taxe de séjour en sus. Langues parlées : anglais, allemand.

Prix : 1 pers. **200 F** 2 pers. **280 F** 3 pers. **420 F**

Ouvert : toute l'année sauf juillet et août.

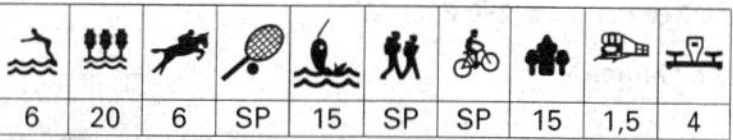

6	20	6	SP	15	SP	SP	15	1,5	4

MAISON UNGERER - 3 route de Hoffen - 67250 HUNSPACH - Tél : 03 88 80 59 39 - Fax : 03 88 80 41 46

ISSENHAUSEN

C.M. 87 Pli 3

E.C. 1 ch. 1 chambre d'hôtes aménagé à l'étage des dépendances d'une ferme alsacienne de caractère profitant du calme et de la grande cour. CH1 : au 2e niveau : 1 pièce ouverte (1 lit 2 pers.), au 1er niveau : s.d'eau complète, grand séjour avec coin-cuisine (prise TV, conv. 2 pers.). Ch. électr. Petit déjeuner servi dans la salle à manger du propriétaire. Poss. lit pliant 1 pers. Cour, pelouse, verger clos, ping-pong, portique, salon de jardin, barbecue. Parking. Présence de 3 gîtes mitoyens. Langue parlée : allemand.

Prix : 1 pers. **200 F** 2 pers. **250 F** 3 pers. **350 F**

Ouvert : toute l'année.

6	6	6

MICHEL Charles - 2 rue Principale - 67330 ISSENHAUSEN - Tél : 03 88 70 72 96 - Fax : 03 88 70 99 52

ITTERSWILLER

C.M. 87 Pli 16

3 ch. 3 chambres confortables aménagées à l'étage de la maison du propriétaire viticulteur. Entrée indépendante. 3 chambres pour 2 pers. avec douche et lavabo et wc privatifs sur le palier. Salle à manger et coin-cuisine à disposition. Ch. électrique. Petits déjeuners améliorés servis dans la salle à manger commune. Terrasse avec salon de jardin, parking dans la cour. Langue parlée : allemand.

Prix : 1 pers. **170 F** 2 pers. **210 F**

Ouvert : toute l'année.

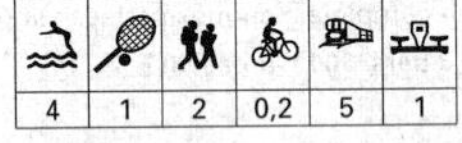

4	1	2	0,2	5	1

HOFFMANN Roger - 1A, route d'Epfig - 67140 ITTERSWILLER - Tél : 03 88 85 52 89

ITTERSWILLER

C.M. 87 Pli 16

3 ch. 3 chambres de charme aménagées à l'étage de la maison vigneronne, de caractère située dans le beau village viticole et fleuri Excellente décoration et très bon accueil de la part des propriétaires fort sympathiques. CH1 : 1 lit 2 pers., lavabo. CH2 : 2 lits 1 pers., lavabo. CH3 : 1 lit 2 pers., 1 lit 1 pers., lavabo. Salle d'eau et wc indépendant sur palier. Petit déjeuner amélioré servi dans la salle à manger du propriétaire. Grand jardin joliment aménagé et fleuri, salons de jardin, chaises longues. Parking fermé. Langue parlée : allemand.

Prix : 1 pers. **170 F** 2 pers. **240 F** 3 pers. **300 F**

Ouvert : toute l'année.

4	1	2	0,2	5	1

HUNGERBUHLER Betty - 101 route du Vin - 67140 ITTERSWILLER - Tél : 03 88 85 50 57

KINTZHEIM

C.M. 87 Pli 16

2 ch. Aménagées à l'étage de la maison du propriétaire située au calme, en bordure de la forêt vosgienne. Belle vue. CH1 : 1 lit 2 pers. salle de bains complète. CH2 : 3 lits 1 pers., douche, lavabo dans la chambre et wc privatif sur le palier. Chauffage central. Petits déjeuners améliorés servis dans la salle à manger du propriétaire. Salon en commun avec le prop. Cour, parking, jardin, salon de jardin. Langue parlée : allemand.

Prix : 2 pers. **230 F** 3 pers. **260 F**

Ouvert : toute l'année.

5	12	SP	5	SP	SP	30	30	SP	SP	5	SP

NIBEL Jean - 23 rue des Chars - 67600 KINTZHEIM - Tél : 03 88 82 09 54

KINTZHEIM

C.M. 87 Pli 1

3 ch. 3 chambres dans une maison située en périphérie du village, au pied du Haut-Koenigsbourg. 1 chambre (1 lit 2 pers.), salle d'ea complète. 1 chambre (2 lits 1 pers.), salle d'eau complète. 1 chambre (1 lit 2 pers., 1 lit 1 pers.), salle d'eau complète. Chauffag central. Prise TV. Poss. lit pliant. Cour fermée, parking. Jardin, salon de jardin, barbecue. Réfrigérateur et congélateur disponibl dans la salle des petits déjeuners. Langue parlée : allemand.

Prix : 2 pers. **250/270 F** 3 pers. **300 F** pers. sup. **70 F**

Ouvert : toute l'année.

5	12	SP	5	SP	SP	30	30	SP	SP	5	SP

SIMON Marlène - 3 rue de la Liberté - 67600 KINTZHEIM - Tél : 03 88 82 12 20

KINTZHEIM

C.M. 87 Pli 1

4 ch. 4 chambres au rez-de-chaussée de la maison du propriétaire située au calme en périphérie du village. Entrée indépendante. Sur Route des Vins, au pied du Haut-Koenigsbourg. 3 chambres (1 lit 2 pers.), 1 chambre (1 lit 2 pers., 1 lit enfant). Salle d'eau con plète et privative pour chacune. Ch. central. Petits déjeunés servis en terrasse, au jardin ou dans le séjour (cheminée) du propri taire. Cour fermée, parking, grand espace vert fleuri et aménagé, salon de jardin. Situation calme. Langues parlées : anglai allemand.

Prix : 2 pers. **240 F** 3 pers. **290 F**

Ouvert : toute l'année.

5	12	SP	5	SP	SP	30	30	SP	SP	5	SF

KAEMPF Auguste - 10 rue Judepfad - 67600 KINTZHEIM - Tél : 03 88 82 09 67

KLINGENTHAL

C.M. 87 Pli 5

1 ch. 1 chambre d'hôtes aménagée au r.d.c. de la maison du propriétaire-artiste située au calme. CH1 : 1 lit 2 pers., s.d'eau complète, kitchenette. Ch central. Petit déjeuner servi dans la salle à manger du propriétaire. Espace vert, salon de jardin, barbecue, parking. Exposition de peinture sur bois et de crochet d'art. Présence d'un gîte rural dans la même maison.

Prix : 2 pers. **260 F**

Ouvert : toute l'année.

8	23	8	3	3	3	18	18	6	8	3

APPELL Christine - 3 rue Paul Appell - 67530 KLINGENTHAL - Tél : 03 88 95 80 89

KUTZENHAUSEN

C.M. 87 Pli 3

3 ch. 3 ch. romantiques de grde qualité, d'excellent confort (mobilier ancien), au calme, dans une belle grange pleine de charme annexe à la maison du propriétaire située dans le petit hameau aux nombreuses maisons à colombage. 1 grde ch. (1 lit 2 pers. + 1 canapé-lit 1 pers.) avec salon, lavabo, douche et wc privatifs. 2 ch. (1 lit 2 pers.), s.d'eau priv. à chacune. complète et privative à chacune. Ch. électr. Jardin paysagé et fleuri, terrasse couverte, grde cour fermée et ombragée d'une vigne centenaire. Salon de jardin. Parking. Forêt à 100 m. Langues parlées : anglais, polonais.

Prix : 1 pers. **290/310 F** 2 pers. **330/380 F** 3 pers. **430 F**

Ouvert : toute l'année sauf janvier, février, mars.

5	20	5	0,5	4	0,5	2	6	4	4

TRONCY Héléna - 2 rue des Rossignols - La Vieille Grange - 67250 OBERKUTZENHAUSEN - Tél : 03 88 80 79 48 - Fax : 03 88 80 79 48

KUTZENHAUSEN

C.M. 87 Pli 3

1 ch. 1 chambre d'hôtes aménagé en ras-de-jardin de la maison du propriétaire située au calme dans le petit village typique de l'Outre Forêt, en bordure de forêt. Entrée indépendante. CH1 : 1 lit 2 pers., cuisine avec coin repas et coin détente (prises TV et Tél.), salle d'eau complète (L.linge). Ch. central. Lit d'appoint de 0,80 m à disposition. Petit déjeuner servi dans la salle à manger du propriétaire. Cour, pelouse, jardin, salon de jardin, barbecue, parking. Taxe de séjour incluse. Langues parlées : espagnol, allemand.

Prix : 1 pers. **180 F** 2 pers. **250 F** 3 pers. **300 F**

Ouvert : toute l'année.

8	10	1	SP	10	2	2

ESCH Alfred - 30 rue des Acacias - 67250 KUTZENHAUSEN - Tél : 03 88 54 78 41 ou SR : 03 88 75 56 50

LEMBACH

C.M. 87 Pli 2

2 ch. 2 chambres d'hôtes à l'étage de la maison du propriétaire située dans une région boisée, dans le Parc Naturel Régional des Vosges du Nord, proche de Wissembourg. 2 chambres (CH1 : 2 lits 1 pers., cabine de douche, lavabo, CH2 : 2 lits 1 pers., cabine de douche, lavabo). WC indépendant et privatif à chaque chambre sur le palier. Petits déjeuners servis dans la salle à manger du propriétaire. Possibilité lit enfant. Cour fermée et fleurie, salon de jardin. Langue parlée : allemand.

Prix : 1 pers. **200 F** 2 pers. **220 F**

Ouvert : toute l'année.

10	5	8	4	5	SP	SP	13	15	SP

NERCHER Charles - 44 route de Bitche - 67510 LEMBACH - Tél : 03 88 94 46 47

MAISONSGOUTTE

C.M. 87 Pli 16

4 ch. 4 belles chambres situées à l'étage d'une construction neuve au calme dans le village. 1 chambre pour 3 pers., 3 chambres pour 2 pers., douche, lavabo et wc dans chaque chambre, chauffage électrique. Jardin clos, barbecue. Parking. Présence de 2 gîtes ruraux à l'étage. Langue parlée : allemand.

Prix : 1 pers. **150 F** 2 pers. **240 F** 3 pers. **340 F**

Ouvert : toute l'année.

3	3	SP	20	20	3	17	SP

HERRMANN Jean-Luc - 18 rue Wagenbach - 67220 MAISONSGOUTTE - Tél : 03 88 57 22 01

MARCKOLSHEIM

C.M. 87 Pli 7

2 ch. 2 chambres de bon confort aménagées à l'étage de la maison typique et fleurie du propriétaire située au calme. 1 chambre (1 lit 2 pers.), s.d'eau et wc séparé privatifs sur le palier. 1 ensemble privatif charmant composé d'1 ch. (2 lits 1 pers.), cuisine (prise TV), s.d'eau, wc séparé, terrasse couverte fleurie et ensoleillée avec son salon de jardin. Ch. central. Petits déjeuners servis dans la sympathique salle à manger du propriétaire ou sur terrasse. Présence de 2 gîtes sur la propriété dans une maison voisine. Proximité de l'Europa-Park à Rust (D). Langue parlée : allemand.

Prix : 1 pers. **140/150 F** 2 pers. **190/230 F**

Ouvert : toute l'année.

SP	10	10	SP	SP	3	15	20	15	SP

ALLONAS Paul - 3 place de la République - 67390 MARCKOLSHEIM - Tél : 03 88 92 55 62

MARCKOLSHEIM  *C.M. 87 Pli 7*

2 ch. 1 ch. 2 pers. aménagée à l'étage de la maison du propr. avec s.d'eau complète, kitchn., prise TV [2 épis]. 1 ch. de plain-pied dans l'ancienne forge entièrement rénovée : ch. sous forme de suite (1 lit 2 pers., 1 conv. clic-clac 2 pers.), s.d'eau privative, avec entrée aménagée en cuisine [3 épis]. Ch. central. Petit déjeuner servi dans la cour fleurie. En véranda ou dans le séjour du propr.. L.linge en commun. Parking, cour fermée, barbecue, ping-pong, salons de jardin, bac à sable, toboggan, balançoire. Situé dans une ruelle calme du bourg. Présence de 3 gîtes sur la même propriété. Loc. vélos à l'Office de Tourisme. Langue parlée : allemand.

Prix : 1 pers. **140/180 F** 2 pers. **200/230 F** 3 pers. **270/315 F**

Ouvert : toute l'année.

SP	10	10	SP	SP	3	0,5	20	15	SP

JAEGER Angèle et Roger - 3 rue du Violon - 67390 MARCKOLSHEIM - Tél : 03 88 92 50 08 - Fax : 03 88 92 50 08

MARCKOLSHEIM *C.M. 87 Pli 7*

E.C. 2 ch. 2 chambres d'hôtes indépendantes aménagées au r.d.c. des dépendances de la maison, très fleurie, du propriétaire. Situation calme. 2 ch. (1 lit 2 pers. dans chacune), salle d'eau complète privative. 1 chambre (CC épis) avec petite cuisine. 1 ch. 2 épis. Chauffage central. Petits déjeuners servis dans le séjour du propriétaire agrémenté d'une cheminée. Présence de 2 gîtes. En commun : lave-linge, cour et jardin clos, abri ou parking, barbecue, balançoire, ping-pong, bac à sable, salon de jardin. Pêche derrière la propriété (canal). Langue parlée : allemand.

Prix : 2 pers. **190 F**

Ouvert : toute l'année.

SP	10	10	SP	SP	3	15	20	15	SP

FAESSER Anne et René - 42 rue de l'Alma - 67390 MARCKOLSHEIM - Tél : 03 88 92 50 74

MARLENHEIM *C.M. 87 Pli 14*

3 ch. 3 chambres d'hôtes aménagées dans une ferme située dans un village de vignerons. Présence de 2 gîtes dans la propriété. CH1 1 lit 2 pers., s.d'eau complète, CH2 : 1 lit 2 pers., s.d'eau complète, CH3 : 1 lit 2 pers., 1 lit 1 pers., s.d'eau, wc séparé. Ch. électr. et central. Petit déjeuner amélioré servi au r.d.c. dans une salle attenante à une salle de détente. En commun : L.linge, salon de jardin, parking dans la cour fermée. Langue parlée : allemand.

Prix : 1 pers. **160/175 F** 2 pers. **200/220 F** 3 pers. **270 F**

Ouvert : toute l'année.

5	20	15	SP	SP	SP	40	2	SP	40	10	SP

GOETZ Paul - 86 rue du Général de Gaulle - 67520 MARLENHEIM - Tél : 03 88 87 52 94

MEMMELSHOFFEN *C.M. 87 Pli 3*

4 ch. 4 chambres de charme (plafond en polychrome avec motifs traditionnels) aménagées dans une maison mitoyenne à celle du propriétaire/ A l'étage : 3 ch. (CH2 : 1 lit 2 pers., s.d'eau complète (s.cheveux), TV, CH3 : 1 lit 2 pers., s.d'eau complète (s.cheveux), TV, CH4 : 1 lit 2 pers., s.d'eau complète (s.cheveux), TV, petit coin-salon), salle pour petit déjeuner. Au r.d.c. : 1 ch. pour handicapé avec aide (CH1 : 1 lit 2 pers., 1 lit 1 pers., s.d'eau complète (s.cheveux), TV). Ch. central. Petits déjeuners améliorés. Terrasse d'été, jardin aménagé clos, salons de jardins sous tonnelle indiv., barbecue, parking dans la cour fermée. Langue parlée : allemand.

Prix : 1 pers. **300 F** 2 pers. **350 F** 3 pers. **480 F**

Ouvert : toute l'année.

2	2	3	5	SP	SP	12	3	2

S'KÄMMERLE - 5 rue de Lembach - 67250 MEMMELSHOFFEN - Tél : 03 88 80 50 39 ou 03 88 80 62 97 - Fax : 03 88 80 64 01

MEMMELSHOFFEN *C.M. 87 Pli 3*

E.C. 1 ch. 1 chambre aménagée à l'étage d'une maison à colombage située au calme dans le village. Entrée indépendante. 1 chambre (1 lit 2 pers., TV), salle de bains complète, palier aménagé en coin-salon. Chauffage central. Petit déjeuner amélioré servi dans une salle réservée aux hôtes. Terrasse d'été, jardin aménagé clos, barbecue, salons de jardin sous tonnelle individuelle. Parking dans la cour fermée. Langue parlée : allemand.

Prix : 1 pers. **300 F** 2 pers. **350 F**

Ouvert : toute l'année.

2	2	3	5	SP	SP	12	3	2

BURG Christiane - 5 rue de Lembach - 67250 MEMMELSHOFFEN - Tél : 03 88 80 50 39 ou 03 88 80 62 97 - Fax : 03 88 80 64 01

MERKWILLER-PECHELBRONN *C.M. 87 Pli 3*

1 ch. 1 chambre de bon confort aménagée au r.d.c. d'une maison de caractère située au calme dans la cour du propriétaire. Chambre d'hôtes à la ferme. Présence de 2 gîtes à l'étage. CH1 : 2 lits 1 pers., s.d'eau complète, séjour avec coin-cuisine (TV). Ch. au sol et électr. Petit déjeuner amélioré servi dans une belle salle traditionnelle. Salon de jardin. En commun : L.linge, jardin, ping-pong, balançoire, barbecue, cour fermée, parking. Vente de produits fermiers. Langues parlées : anglais, allemand.

Prix : 1 pers. **190 F** 2 pers. **250 F** 3 pers. **300 F**

Ouvert : sauf juillet et août. Location estivale sous forme de 3 gîtes.

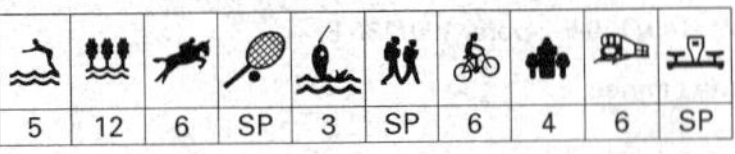

5	12	6	SP	3	SP	6	4	6	SP

SCHIELLEIN Paul - 5 route de Surbourg - 67250 MERKWILLER-PECHELBRONN - Tél : 03 88 80 77 80 - Fax : 03 88 80 90 03

MERKWILLER-PECHELBRONN

C.M. 87 Pli 3

4 ch. 4 ch. d'hôtes de charme, de très bon confort, aménagées au 2e étage de la maison du propriétaire située au calme dans le village dans un parc arboré bordé d'un ruisseau. 1 ch. (1 lit 2 pers.), 1 ch. (2 lits 1 pers.), 1 ch. (1 lit 1 pers de 1,20 m), 1 suite composée de 2 pièces (1 lit 2 pers. / 2 lits 1 pers.). s.d'eau complète et privative dans chaque chambre. Ch. central. Petits déjeuners améliorés servis au r.d.c. en terrasse ou en salle orientée vers le parc ombragé. Salon de jardin, chaises-longues, balançoire. Parking. Tarif 4 pers. : 590 F. Langues parlées : anglais, allemand.

Prix : 1 pers. **200/330 F** 2 pers. **240/380 F** 3 pers. **490 F** pers. sup. **80 F**

Ouvert : toute l'année.

5	12	6	SP	3	SP	6	4	6	SP

LIMMACHER Thomas - 7A, route de Lobsann - Residence « Les Helions » - 67250 MERKWILLER-PECHELBRONN - Tél : 03 88 80 90 96 ou 03 88 80 78 61 - Fax : 03 88 80 75 20

MERKWILLER-PECHELBRONN

C.M. 87 Pli 3

1 ch. Belle chambre d'hôtes aménagée à l'étage de la maison à colombage du propriétaire située au calme dans une petite impasse du village. 2 lits 1 pers., coin-détente (prise TV, chaîne Hifi), salle d'eau complète privative au R.d.C. (sauna, vélo d'appartement). Chauffage électrique et poêle à bois. Parking dans la cour fermée, garage sur demande, espace vert. Gloriette (salon de jardin).

CV

Prix : 1 pers. **230 F** 2 pers. **250 F**

Ouvert : toute l'année.

5	15	5	SP	15	SP	2	5	5	SP

HAUSHALTER Anny - 12 rue de l'Ecole - 67250 MERKWILLER-PECHELBRONN - Tél : 03 88 80 90 87 ou SR : 03 88 75 56 50

MITTELBERGHEIM

TH

C.M. 87 Pli 16

5 ch. 5 ch. confortables aménagées à l'étage de la maison fleurie du propr. Situat. except., en bordure du village et du vignoble. 5 ch. au 1er étage [3 épis]. 3 ch. pour 2 pers. et 2 ch. pour 3 pers., s.d'eau complète privative). P.déjeuner servi dans une salle à manger au r.d.c. (cheminée à l'âtre) ou en terrasse. Jardin, terrasse, terrain, barbecue. Piscine couverte non chauffée, parkings. Petit chalet dans le jardin (L.linge, kitchenette). Gîte N°713 au 2e étage. Classé un des plus beaux villages de France. Réductions : location à la semaine (arrivée le samedi) : 20% du 1er nov. au 31 mars et 10% du 1er avril au 30 octobre. Langue parlée : allemand.

Prix : 1 pers. **250 F** 2 pers. **275 F** 3 pers. **360 F** pers. sup. **85 F**
repas **115 F** 1/2 pens. **253 F**

Ouvert : toute l'année.

SP	8	3	1	1	SP	6	6	SP	17	1	SP

DOLDER Jacqueline - 15 chemin du Holzweg - Gîte de la Tulipe - 67140 MITTELBERGHEIM - Tél : 03 88 08 15 23 - Fax : 03 88 08 54 11

MITTELBERGHEIM

C.M. 87 Pli 16

3 ch. 3 chambres de bon confort aménagées à l'étage d'une maison à colombage située dans la cour du propriétaire-viticulteur, au calme avec vue sur les vignes. CH1 : 2 lits 1 pers., s.d'eau complète, CH2 : 2 lits 1 pers., s.d'eau complète, CH3 : 2 lits 1 pers., s.d'eau complète. Chauffage central. Coin-repas et kitchenette à disposition dans la salle commune. Petits déjeuners améliorés servis dans la salle commune. Cour, parking, salon de jardin. Tarif dégressif à partir de 2 nuits. Langue parlée : allemand.

Prix : 2 pers. **250 F** pers. sup. **50 F**

Ouvert : toute l'année.

15	8	3	1	1	SP	6	6	SP	17	1	SP

DOLDER Christian - 4 rue Neuve - 67140 MITTELBERGHEIM - Tél : 03 88 08 96 08 - Fax : 03 88 08 50 23

NEUBOIS

TH

C.M. 87 Pli 16

4 ch. 4 grdes ch. confortables aménagées dans une maison alsacienne mitoyenne à celle du prop. Vue dominante sur le village, agréable paysage, très calme. 2 pièces communicantes (ch : 1 lit 2 pers., ch : 2 lits 1 pers.), 1 ch. (2 lits 1 pers.). Etage : 1 ch. (1 lit 2 pers., 1 lit 1 pers.), 1 ch. (3 lits 1 pers.). S.d'eau complète et privative à chaque ch. Prises TV. Petit déjeuner et dîner aux spécialités alsaciennes servis dans la belle s. à manger avec un généreux Kacheloffe et un coin salon. En commun : coin kitchenette, véranda (coin lecture, TV) Parking, s. de jardin, balançoire. Réduction 10 % pour séjour 1 sem. Tarif préférentiel hors saison. Langues parlées : anglais, allemand.

Prix : 1 pers. **220 F** 2 pers. **260 F** 3 pers. **330 F** pers. sup. **70 F**
1/2 pens. **220 F**

Ouvert : toute l'année.

6	15	15	6	SP	15	15	6	45	12	6

MOSSER Richarde - 4 rue de l'Altenberg - 67220 NEUBOIS - Tél : 03 88 85 60 56

NEUHAEUSEL

A

C.M. 87 Pli 3

5 ch. Dans une maison récente au dessus d'une auberge. Propriétaire agriculteur. Au 1er : 1 chambre [2 épis] (1 lit 2 pers., 1 lit 1 pers., avec salle d'eau complète privative.), 1 ch. [1 épi] (1 lit 2 pers., avec lavabo), salle d'eau complète et commune sur le palier. Kitchenette commune. Au 2e : 2 ch. (1 lit 1 pers.), 1 chambre (1 lit 2 pers.), kitchenette priv. Ces 3 ch. [1 épi] avec lavabo. En commun : salle d'eau, 2e wc séparé. Salle de petits-déjeuners au r.d.c.. Espace vert arboré, portique. Langue parlée : allemand.

Prix : 1 pers. **80 F** 2 pers. **160/180 F** 3 pers. **210 F**

Ouvert : toute l'année.

40	5	10	5	10	5

PHILIPPS Clément - Auberge Ecurie du Rhin - 33 rue des Roses - 67480 NEUHAEUSEL - Tél : 03 88 86 40 64

NIEDERLAUTERBACH

C.M. 87 Pli 3

6 ch. 6 chambres mansardées aménagées à l'étage d'une maison fleurie à colombage du XVIIIe siècle située dans le village à 7 km du Rhin. 3 chambres pour 2 pers., 3 chambres pour 1 pers. toutes avec un lavabo. En commun : salle de bains, 1 douche, 2 wc. Petit salon de lecture et télévision. Chauffage central. Coin-cuisine équipé à disposition. Langue parlée : allemand.

Prix : 1 pers. **130 F** 2 pers. **200 F** pers. sup. **50 F**

Ouvert : toute l'année.

15	7	10	SP	5	SP	SP	8	SP

ZIMMERMANN Monique - 7 rue Principale - 67630 NIEDERLAUTERBACH - Tél : 03 88 94 32 43 - Fax : 03 88 94 32 43

NIEDERSTEINBACH

C.M. 87 Pli 2

2 ch. 2 chambres à l'étage d'une maison située à l'entrée du village aux nombreux sentiers de randonnée. Jardin, terrasse, parking. 1 chambre pour 2 pers. avec lavabo et wc privatifs (1 épi). 1 chambre pour 2 pers., salle d'eau avec wc sur le palier, douche en commun avec l'autre chambre (2 épis). Langue parlée : allemand.

Prix : 1 pers. **180 F** 2 pers. **230/250 F**

Ouvert : toute l'année.

15	10	2	SP	2	SP	SP	25	10	8

GUTHMULLER Charles - 43 rue Principale - 67510 NIEDERSTEINBACH - Tél : 03 88 09 56 42

NOTHALTEN

C.M. 87 Pli 16

3 ch. 3 chambres confortables à l'étage d'une maison située à l'entrée du village viticole. CH1 (1 lit 2 pers. 2 lits superposés 1 pers.) s. d'eau et wc privatifs, CH2 (1 lit 2 pers. 1 lit d'appoint 1 pers., prise TV) s. d'eau et wc privatifs. CH3 (1 lit 2 pers.) s. d'eau et wc privatifs. Ch. central. Caveau rustique au sous-sol pour petits-déjeuners et soirées tranquilles. Cuisine à disposition. Grand parking, pelouse, appentis, salon de jardin, terrasse, barbecue, portique. Tarif 4 pers. 360F. Tarif dégressif à partir de la 3e nuitée : 2 pers. : 230F, 3 pers. : 285F, 4 pers. : 320F. Langue parlée : allemand.

Prix : 1 pers. **200 F** 2 pers. **250 F** 3 pers. **305 F**

Ouvert : toute l'année.

15	15	15	8	8	SP	35	35	SP	25	3	3

EGELE Bernard - 144 route du Vin - 67680 NOTHALTEN - Tél : 03 88 92 48 21

NOTHALTEN

C.M. 87 Pli 16

3 ch. 3 chambres d'hôtes aménagées à l'étage de la maison du propriétaire viticulteur situé au cœur du vignoble, à l'entrée du village et sur la Route des Vins. CH1 : (1 lit 2 pers.) avec une 2e pièce (1 lit clic-clac 2 pers.), kitchenette, TV, s.d'eau complète. CH2 : (2 lits 1 pers.) avec balcon, poss. lit d'appoint, kitchenette, TV, s.d'eau complète. CH3 : (1 lit 2 pers.) avec balcon, kitchenette, TV, s.d'eau complète. Ch. électr. et central. Petit déjeuner servi au r.d.c. dans le séjour (cheminée) réservé aux vacanciers ou sur la terrasse. Espace vert, salon de jardin, barbecue. Parkings, abri-voitures. Langue parlée : allemand.

Prix : 2 pers. **260 F** 3 pers. **350 F** pers. sup. **90 F**

Ouvert : toute l'année.

15	15	15	8	8	SP	35	35	SP	25	3	3

GEYER Roland - 148 route du Vin - 67680 NOTHALTEN - Tél : 03 88 92 46 82 ou 06 08 03 08 02 - Fax : 03 88 92 63 19

NOTHALTEN

C.M. 87 Pli 19

1 ch. 1 belle chambre d'hôtes, de très bon confort, aménagée à l'étage de la maison du propriétaire-viticulteur. 1 chambre (1 lit 2 pers.), séjour (1 conv. clic-clac 2 pers., prise TV) avec coin-kitchenette et coin-repas, salle d'eau complète et privative, petit balcon. Chauffage électrique. Petit déjeuner amélioré servi dans la salle à manger du propriétaire. Salon de jardin, barbecue. En commun : espace vert, cour fermée, parking. Présence d'un gîte au même étage. Langues parlées : anglais, allemand.

Prix : 1 pers. **230 F** 2 pers. **260 F** 3 pers. **350 F**

Ouvert : toute l'année.

15	15	15	8	8	SP	35	35	SP	25	3	3

WAEGELL René - 110 route du Vin - 67680 NOTHALTEN - Tél : 03 88 92 45 98 ou SR : 03 88 75 56 50 - Fax : 03 88 92 45 98

OBERHASLACH

TH

C.M. 87 Pli 15

4 ch. 4 ch. de caractère à l'étage d'un ancien pavillon de chasse, en lisière de forêt. Situation exceptionnelle, au calme. 1 ch (1 lit 1 pers.), 1 ch. (2 lits 1 pers.), 1 ch. (2 lits 1 pers.) Lavabo dans chaque chambre. WC et douche en commun sur le palier. 1 ch.-suite (1 lit 2 pers., 2 lits 1 pers.), s.d'eau et wc privatif. Piscine découverte chauffée. L.linge en commun. Poss. demi-pension en Table d'hôtes. Endroit en moyenne montagne. Vue panoramique. Mobilier ancien et de charme. Important élevage équestre sur place. Lieu d'étape équestre. Langue parlée : allemand.

Prix : 1 pers. **150 F** 2 pers. **280/290 F** 1/2 pens. **260 F**

Ouvert : toute l'année.

12	8	4	SP	SP	25	SP	4	25	4	SP

FAMILLES ANDRE et BIEHLER - Le Neufeld - 67280 OBERHASLACH - Tél : 03 88 50 91 48 - Fax : 03 88 50 95 46

OBERSCHAEFFOLSHEIM *C.M. 87 Pli 5*

1 ch. Petite chambre d'hôtes aménagée à l'étage des dépendances de la ferme tabacole, située au calme dans une impasse au cœur de l'ancien village. Au 1er : 1 ch. (1 lit 2 pers.), salle d'eau complète. Ch. central. Petit déjeuner amélioré servi dans le séjour du propriétaire ou en terrasse. Présence de 4 autres gîtes. En commun : L.linge en buanderie, grande cour fermée. Espace vert, verger, salon de jardin, barbecue, salle de jeux, ping-pong, parking, garage. Langues parlées : anglais, allemand.

Prix : 1 pers. **190 F** 2 pers. **220 F**

Ouvert : toute l'année.

3	10	10	1	1	0,2	5	8	5	0,3

MEY Frédérique - 6 impasse de l'Ecole - Ferme Neuburr - 67203 OBERSCHAEFFOLSHEIM - Tél : 03 88 78 33 02 - Fax : 03 88 78 86 82

ORSCHWILLER *C.M. 87 Pli 16*

4 ch. 4 chambres au r.d.c. d'une grande maison située dans un charmant village de la Route des Vins. 1 chambre 2 pers. avec salle de bains privative avec wc. 1 chambre 3 pers. et 2 chambre 2 pers. avec chacune douche et lavabo privatifs. WC en commun. Chauffage central. Salle de petits déjeuners avec réfrigérateur et plaque électr. à disposition. Pelouse, jardin ombragé et aménagé au calme, salon de jardin, portique, barbecue. Cour pavée fermée, parking. Langue parlée : allemand.

Prix : 2 pers. **210 F** 3 pers. **250 F**

Ouvert : toute l'année.

6	5	5	6	5	2	6	5	6	2

SCHWETTERLE Rémy - 6 route du Vin - 67600 ORSCHWILLER - Tél : 03 88 92 11 31

ORSCHWILLER *C.M. 87 Pli 16*

3 ch. 3 chambres dans la maison du propriétaire viticulteur, située au centre du village. Au r.d.c. : CH1 (1 lit 2 pers.), douche et lavabo privatifs, wc sur le palier. [1 épi]. A l'étage : CH2 (1 lit 2 pers. + canapé-lit 2 pers.) douche, lavabo et wc privatifs [2 épis], CH3 (1 lit 2 pers.) lavabo, douche privatifs et wc privatif sur le palier [1 épi]. Chauffage central. Petits-déjeuners servis en salle au r.d.c. ou au jardin. Réfrigérateur. Animaux acceptés sur demande. Présence d'une Aire Naturelle de Camping sur la propriété. Langue parlée : allemand.

Prix : 2 pers. **210/220 F** 3 pers. **270 F**

Ouvert : toute l'année.

6	5	5	6	5	2	6	5	6	2

WALISZEK Cécile - 1 route de Selestat - 67600 ORSCHWILLER - Tél : 03 88 92 21 35

ORSCHWILLER *C.M. 87 Pli 16*

2 ch. Dans la maison du propriétaire. Au r.d.c. : CH 1 (pour 4 pers., 2 chambres séparées par une porte coulissante) avec douche et lavabo privatifs, wc en commun sur palier. A l'étage : CH2 (1 lit 2 pers., 2 lits 1 pers.), s.d.b. privative sur le palier. Poss. 1 lit enf. Petite cuisine sur la terrasse. Petit déjeuner servi dans la salle à manger ou sur la terrasse. Cour fermée, jardin aménagé, salon de jardin. Parking dans la cour fermée, garage. Langue parlée : allemand.

Prix : 2 pers. **190 F** 3 pers. **250 F**

Ouvert : toute l'année.

6	5	5	6	5	2	6	5	6	2

SCHWETTERLE Maria - 7 route du Vin - 67600 ORSCHWILLER - Tél : 03 88 92 21 06 ou 03 88 92 52 82 - Fax : 03 88 74 99 17

ORSCHWILLER *C.M. 87 Pli 16*

2 ch. 2 chambres à l'étage de la maison du propriétaire viticulteur, située sur la Route des Vins, proche de Sélestat, de la montagne, au pied du Haut-Koenigsbourg. 1 ch. (1 lits 2 pers., 1 lit 1 pers.), 1 ch. (1 lit 2 pers.). Salle d'eau complète et privative à chaque chambre. Chauffage central, prise TV. Cour, parking, espace vert paysagé, salon de jardin, balançoires. Poss. lit enfant. Beau cadre dans les vignes avec vue sur les collines boisées et le château-fort. Langues parlées : anglais, allemand.

Prix : 1 pers. **190 F** 2 pers. **230 F** 3 pers. **290 F** pers. sup. **60 F**

Ouvert : toute l'année.

6	5	5	6	5	2	6	5	6	2

WALISZEK Marie-Rose - 5A, route du Vin - 67600 ORSCHWILLER - Tél : 03 88 92 35 26

ORSCHWILLER *C.M. 87 Pli 16*

1 ch. 1 chambre de bon confort aménagée à l'étage de la maison fleurie du prop. située sur la route des Vins, au pied du Haut-Koenigsbourg et proche de Sélestat. 1 ch. (1 lit 2 pers., 1 lit 1 pers.), coin-détente (conv. clic clac, réfrigérateur, prise TV), s.d'eau complète et privative, balcon accessible par la ch. (chaises, petite table), ch. central. Petits déjeuners améliorés. Parking dans la cour, espace vert ombragé au calme, salon de jardin, barbecue. Tarifs dégressifs à partir de la 3e nuitée et hors saison. Langue parlée : allemand.

Prix : 1 pers. **190 F** 2 pers. **240 F** pers. sup. **50 F**

Ouvert : toute l'année.

6	5	5	6	5	2	6	5	6	2

EHRHARDT Gilbert - 6A, route du Vin - 67600 ORSCHWILLER - Tél : 03 88 92 82 29 - Fax : 03 88 92 82 29

OTTROTT

C.M. 87 Pli 15

4 ch. — 4 chambres de bon confort aménagées à l'étage de la maison du propriétaire située au calme, en bordure de forêt. CH1 (1 lit 2 pers., lavabo, petit bacon), CH2 (1 lit 2 pers., lavabo, petit balcon), CH3 (2 lits 1 pers. jumeaux, lavabo, kitchenette), CH4 pour enf. (1 lit 1 pers., lavabo). Salle d'eau et wc séparé en commun sur le palier. Lit d'appoint et lit bébé sur demande. Ch. central. Petits déjeuners servis dans la salle à manger au rez-de-chaussée. Cour, parking, espace vert, mobilier de jardin. Tarif 3 pers. : 260 F avec cuisine. Chien : 15 F/jour. Langue parlée : allemand.

Prix : 1 pers. **150 F** 2 pers. **220 F** 3 pers. **280 F**

Ouvert : toute l'année.

3	25	3	SP	1,5	SP	20	20	SP	30	4	SP

RUTHMANN André - 11 rue du Mont Sainte-Odile - 67530 OTTROTT - Tél : 03 88 95 81 52

OTTROTT

C.M. 87 Pli 15

3 ch. — A l'étage de la maison fleurie du propriétaire située au calme proche des montagnes. CH1 : 2 lits 1 pers., cabinet de toilette (lavabo, wc), douche sur le palier et en commun avec CH3, réfrigérateur. CH2 : 2 lits 1 pers., s.d'eau complète (3 épis). CH3 : 2 lits 1 pers., lavabo, wc privatif sur le palier, douche sur le palier en commun avec CH1. Ch. central. Petit déjeuner servi dans la salle à manger du propriétaire. En commun : s. à manger (coin-détente, coin-kitchenette). Poss. loc. à la semaine à tarif réduit. Lit pliant à dispo. Petit jardin fleuri, salon de jardin, barbecue, balançoire, parking. Langue parlée : allemand.

Prix : 1 pers. **150 F** 2 pers. **220/240 F** pers. sup. **100 F**

Ouvert : toute l'année.

3	25	3	SP	1,5	SP	20	20	SP	30	4	SP

HOFFBECK Yolande - 16 rue des Templiers - 67530 OTTROTT - Tél : 03 88 95 81 72 - Fax : 03 88 95 93 02

OTTROTT

C.M. 87 Pli 15

5 ch. — 5 chambres confortables dans une maison traditionnelle donnant sur une cour ensoleillée. 3 ch. 2 pers., 1 ch. 3 pers. (3 lits 1 pers.), 1 ch. de plain-pied 4 pers. (1 lit. 2 pers., 2 lits 1 pers. superposés). Salle d'eau complète pour chaque chambre. Jardin, pré, parking dans la cour. Petits déjeuners servis dans la très belle salle commune. Terrain de pétanque, mini-ferme, balançoire, salons de jardins, prise TV dans chaque chambre. Animaux acceptés moyennant un supplément. Langue parlée : allemand.

Prix : 2 pers. **260/290 F**

Ouvert : toute l'année.

3	25	3	SP	1,5	SP	20	20	SP	30	4	SP

MAURER Marie-Dominique - 11 route d'Obernai - Roedel - 67530 OTTROTT - Tél : 03 88 95 80 12

PFETTISHEIM

C.M. 87 Pli 5

5 ch. — 5 ch. dans un ancien corps de ferme, à 13 km de Strasbourg. Décors bois de grde qualité réalisés par le propr. maître-artisan menuisier en retraite. Présence de 2 gîtes sur la propriété. 3 ch. de plain-pied pour 2 pers. avec san. indiv. dont 1 pour pers. hand (cuisine à dispo.). 2 ch. sous forme de suite, duplex : ch. (2 lits 1 pers.) + s.d'eau indiv. Lit d'appoint 1 pers.), kitchn. et coin-repas, 2e wc + lavabo. Ch. électr. P. déjeuner amélioré. En commun : cour fermée,parking,petit espace vert,salons de jardin. salle, ping-pong, barbecue, L.linge. Tarif dégressif à partir de : 2 nuits : 240 F à 295 F/N et 3 nuits : 225 F à 285 F/N pour 2 pers. Langue parlée : allemand.

Prix : 1 pers. **195/245 F** 2 pers. **255/315 F** 3 pers. **395 F**

Ouvert : toute l'année.

13	10	10	SP	10	30	13	3

GASS Marie-Célectine - 15 rue Principale - La Maison du Charron - 67370 PFETTISHEIM - Tél : 03 88 69 60 35 - Fax : 03 88 69 77 96

RANRUPT

Alt. : 500 m — **A** — *C.M. 87 Pli 16*

4 ch. — 4 chambres d'hôtes situées dans le village au-dessus d'une petite auberge refaite à neuf, proche des forêts et du Champ du Feu. A côté d'un gîte rural. 2 chambres (1 lit 2 pers.), 1 chambre sous forme de suite (2 x 2 lits 1 pers.), 1 chambre (2 lits 1 pers., 1 lit 2 pers.), sanitaire privatif. Salle de télévision et de lecture. Chauffage central. Toboggan, balançoire, VTT, ping-pong, salon de jardin. Garage, parking. Réduction de 5 % à partir de la 3e nuitee et demi-pension. Langues parlées : anglais, allemand.

Prix : 1 pers. **140 F** 2 pers. **230 F** 3 pers. **320 F** pers. sup. **90 F**
1/2 pens. **185 F**

Ouvert : toute l'année.

11	1	1	10	5	SP	11	11	SP	25	5	11

FERRY Laurence - 4 rue de l'Ecole - 67420 RANRUPT - Tél : 03 88 47 24 71 - Fax : 03 88 47 20 45

ROSHEIM

C.M. 87 Pli 15

2 ch. — 2 chambres de bon confort aménagée au r.d.c. de la maison du propriétaire située près des vignes. 1 ch. (2 lits 1 pers., lavabo, prise TV), 1 ch. (1 lit 2 pers., lavabo, prise TV), 1 lit d'appoint sur demande. Salle de bains, wc séparé et réfrigérateur en commun sur le palier. Petits déjeuners servis dans la salle à manger du prop. Parking, salon de jardin, cour. Présence du G839 en rez-de-jardin. Langue parlée : allemand.

Prix : 1 pers. **100 F** 2 pers. **160 F**

Ouvert : toute l'année.

SP	20	6	SP	SP	SP	25	25	7	40	3	SP

ICHTERTZ Yvonne - 14 route de Rosenwiller - 67560 ROSHEIM - Tél : 03 88 50 44 53

ROSHEIM

C.M. 87 Pli 15

3 ch. 3 chambres de plain-pied dans une maison située au calme. 2 chambres (2 lits 2 pers., 1 lit enfant), salle d'eau et wc séparés en commun. 1 ch. sous forme de suite : 1 pièce (2 lits 1 pers.), douche + lavabo privatifs, 1 pièce (2 lits 1 pers.) avec lavabo, 2e wc. Salle à manger commune réservée aux vacanciers. Chauffage central, cour fermée, parking. Petite cuisine moyennant supplément. Langue parlée : allemand.

Prix : 1 pers. **130 F** 2 pers. **170/185 F** 3 pers. **240/275 F**

Ouvert : toute l'année.

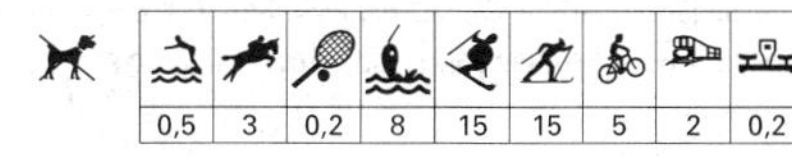

0,5	3	0,2	8	15	15	5	2	0,2

SCHULTZ Betty - 73 rue des Prunelles - 67560 ROSHEIM - Tél : 03 88 50 44 68

SAASENHEIM

C.M. 87 Pli 65

3 ch. 2 chambres d'hôtes aménagée dans la maison du propriétaire située au calme dans un jardin fleuri, à proximité de Europa Park de Rust (20km). 2 chambres (1 lit 2 pers. 3 lits 1 pers.) véranda avec kitchenette, salle de bains avec douche, 2e wc séparé, lavabo dans chaque chambre. Vestibule avec lave-linge. Prise TV. Chauffage central. Salon de jardin, ping-pong. Basket, balançoire en commun. Deux gîtes sur place. Enfant de moins de 12 ans : 85 F. Langue parlée : allemand.

Prix : 1 pers. **150 F** 2 pers. **200 F**

Ouvert : toute l'année.

10	4	14	3	2	15	SP	15	15	3

CIZA Christian - 2 rue de Salignac - 67390 SAASENHEIM - Tél : 03 88 85 21 21

SAINT-NABOR

C.M. 87 Pli 15

1 ch. 1 chambre d'hôte aménagée à l'étage de la grande maison du propriétaire, située au calme, proche des châteaux du piémont vosgien. 1 chambre pour 2 pers., salle de bains complète, télévision. Ch. électrique. Petits déjeuners amiorés servis dans la salle à manger du propriétaire. Salon en commun. Cour et jardin clos, salon de jardin, parking. Langue parlée : allemand.

Prix : 2 pers. **220 F**

Ouvert : du 1er mars au 1er novembre.

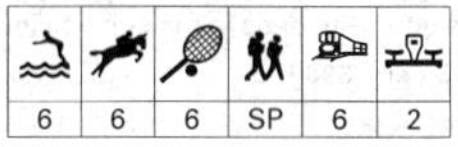

6	6	6	SP	6	2

HEIDRICH Marie-Jeanne - 28 rue de la Liberté - 67530 SAINT-NABOR - Tél : 03 88 95 82 52

SAINT-PIERRE

C.M. 87 Pli 16

1 ch. 1 chambre (entrée indépendante) aménagée à l'étage des dépendances de la maison du propriétaire située dans le village. CH1 : 2 lits 1 pers., TV, s.d'eau complète. Ch. électrique. Cour avec petit espace vert, verger, salons de jardin, balançoire, ping-pong, vélos et équitation sur place, Présence d'un gîte rural dans la maison du propriétaire. Langues parlées : anglais, allemand.

Prix : 1 pers. **160 F** 2 pers. **225 F**

Ouvert : toute l'année.

10	10	SP	5	2	SP	20	10	SP	12	2	2

HERRMANN Marie-Christine - 28 rue Principale - 67140 SAINT-PIERRE - Tél : 03 88 08 99 69 - Fax : 03 88 08 52 29

SAINT-PIERRE

C.M. 87 Pli 16

2 ch. 2 chambres aménagées à l'étage de la maison du propriétaire. CH1 : 2 lits 1 pers., CH2 : 2 lits 1 pers. Salle d'eau complète en commun. Ch.central. Petit déjeuner servi dans la salle à manger du propriétaire. En commun : parking dans la grande cour fermée, abri-voiture, espace vert, salons de jardin, barbecue. Animaux acceptés après accord du propriétaire. Langue parlée : allemand.

Prix : 2 pers. **200 F**

10	10	10	2	2	SP	20	10	SP	12	2	2

GELB Marie-Reine - 8 rue de l'Eglise - 67140 SAINT-PIERRE - Tél : 03 88 08 09 79

SCHAEFFERSHEIM

C.M. 87 Pli 5

4 ch. 4 chambres dans la maison du propriétaire joliment située dans la campagne, au calme. Au r.d.c. : 1 ch. 3 pers.. A l'étage : 3 ch. 2, 3 et 5 pers.. Salle d'eau et wc privés à chaque chambre. Réfrigérateur et micro-ondes dans chaque chambre. Petits déjeuners servis au r.d.c. dans la salle à manger indépendante. Chauffage central. Salon de jardin, barbecue, appentis. Lit bébé sur demande. Cour, petite pelouse ombragée et fleurie. Langue parlée : allemand.

Prix : 1 pers. **170 F** 2 pers. **250 F** 3 pers. **300 F** pers. sup. **50 F**

Ouvert : toute l'année.

2	2	2	2	3	2	25	2	3

GENGENWIN Joseph - 1 rue des Prés - 67150 SCHAEFFERSHEIM - Tél : 03 88 98 14 03

SCHERWILLER

TH *C.M. 87 Pli 16*

3 ch. 3 belles chambres aménagées dans la maison du propriétaire située au calme, au pied du vignoble. A l'étage : Ch3 : 1 lit 2 pers., TV + magnét., s.d'eau complète, CH2 : 1 lit 2 pers., TV + magnét., s.d'eau complète. Palier aménagé en coin-détente et de lecture. Au r.d.c. : CH1 : 2 lits 1 pers., TV + magnét., s.d.b., wc séparé, coin-véranda privatif avec coin-détente. Ch. central. Petit déjeuner amélioré servi dans la salle à manger du prop ou sur la grde véranda (cheminée, jaccuzi). Salon en commun. Grd espace vert, salons de jardin, piscine couverte (juin-sept.), VTT, ping-pong. Langues parlées : anglais, allemand.

Prix : 1 pers. **300/340 F** 2 pers. **350/390 F** pers. sup. **100 F** repas **80 F**

Ouvert : toute l'année.

5	5	2	3	SP

SAVA Simone - 29 route des Romains - 67750 SCHERWILLER - Tél : 03 88 92 84 74 ou SR : 03 88 75 56 50 - Fax : 03 88 92 84 74

SEEBACH

TH *C.M. 87 Pli 3*

2 ch. 2 ch. aménagées dans l'ancienne ferme à colombage située dans le village traditionnel et fleuri aux nombreuses maisons à colombage. 2 ch. dans les dépendances, (2 x 1 lit 2 pers. et 3 lits 1 pers.). S.d'eau complète privative pour chacune. Petits déjeuners servis en salle au r.d.c. Cour fermée, salon de jardin, ping-pong. Réduction dès la 2e nuit. Poss. repas en table d'hôtes (boissons en sus). Tarif 4 pers. dans la même ch. : 430 F. Gîte à 50 m. Langue parlée : allemand.

Prix : 1 pers. **160 F** 2 pers. **265 F** 3 pers. **350 F** repas **45/75 F**

Ouvert : toute l'année.

10	15	1	SP	15	SP	4	15	3	SP

TROG Liliane - 132 rue des Eglises - 67160 SEEBACH - Tél : 03 88 94 74 99 - Fax : 03 88 94 74 99

SEEBACH

TH *C.M. 87 Pli 3*

4 ch. 4 chambres aménagées dans l'annexe d'une ferme alsacienne à colombage située dans un village traditionnel et typique. Au 1er étage : 2 ch. (CH1 : 1 lit 2 pers., CH2 : 3 lits 1 pers.). Au 2e étage : 2 ch. (CH3 : 1 lit 2 pers., 1 lit 1 pers., CH4 : 1 lit 2 pers., 1 lit 1 pers.). Salle d'eau complète et prise TV dans chaque chambre. Ch. central. Petits déjeuners améliorés servis au rez-de-chaussée, dans une grande salle aménagée d'un coin-cuisine. Cour pavée et fermée, salons de jardin, verger, parkings, abris couverts. Ecurie pour 4 chevaux à disposition. Gîte dans la maison voisine. Tarif réduit à partir de la 3e nuitée. Langue parlée : allemand.

Prix : 1 pers. **120 F** 2 pers. **240 F** 3 pers. **300 F**

Ouvert : toute l'année.

10	15	1	SP	15	SP	4	15	3	SP

WOEHL Frédéric - 124 rue des Eglises - 67160 SEEBACH - Tél : 03 88 94 74 16

SEEBACH

C.M. 87 Pli 3

2 ch. 2 belles chambres aménagées à l'étage d'une maison à colombage mitoyenne à celle du propriétaire située au calme dans le village typique. CH1 : 1 lit 2 pers., balcon (table + chaises), s.d'eau complète privative au r.d.c. CH2 : 1 lit 2 pers., balcon (table + chaises), s.d'eau complète dans la ch. Ch. central. Petits déjeuners améliorés servis dans la salle commune au r.d.c. (prise TV, micro-ondes, réfrigérateur). Parking dans la cour fermée, petit espace vert, salon de jardin. Langues parlées : anglais, allemand.

CV

Prix : 1 pers. **160/200 F** 2 pers. **200/250 F**

Ouvert : toute l'année.

8	15	1	0,5	10	8	15	8	SP

LUTZ Martin et Lydie - 28 rue des Forgerons - 67160 SEEBACH - Tél : 03 88 94 77 74 ou SR : 03 88 75 56 50

SOULTZ-SOUS-FORETS

C.M. 87 Pli 3

1 ch. 1 chambre aménagée à l'étage de la maison du propriétaire située au calme. 1 chambre (1 lit 2 pers., 1 lit 1 pers.), prise TV. Salle d'eau complète privative à la chambre. 1 chambre uniquement louable à une même famille à la demande (2 lits 1 pers.). Cuisine à disposition. Ch. central. Les petits déjeuners sont servis dans la salle à manger du propriétaire. Jardin d'agrément, salon de jardin, ping-pong, cour fermée, parking, abri-voiture. Langue parlée : allemand.

Prix : 1 pers. **150 F** 2 pers. **220 F** 3 pers. **300 F**

Ouvert : toute l'année.

7	15	SP	SP	3	SP	5	10	SP	SP

SCHMITT Alfred - 15 rue de la Dime - 67250 SOULTZ-SOUS-FORETS - Tél : 03 88 80 51 71

STEIGE

A *C.M. 87 Pli 16*

E.C. 4 ch. 4 chambres aménagées à l'étage de la ferme-auberge situées au calme, en périphérie du village, proche des sentiers de randonnée. 3 Chambres (CH1 : 2 lits 1 pers., CH2 : 2 lits 1 pers., CH3 : 3 lits 1 pers.), sanitaires privatifs pour chacune. 1 chambre (2 lits 1 pers.), sanitaires privatifs sur le palier. Ch. central. Parking, espace vert. Poss. de prendre les repas à la ferme-auberge. Langue parlée : allemand.

CV

Prix : 2 pers. **230 F** 3 pers. **310 F**

Ouvert : toute l'année.

7	5	7	7	SP	SP	15	15	6	80	17	5

BOUR Alexandre - Ferme Auberge Grand Pré - 13 rue Haute - 67220 STEIGE - Tél : 03 88 57 28 41 - Fax : 03 88 57 28 78

STEINBOURG

C.M. 87 Pli 14

3 ch. 3 chambres situées à l'étage de la maison du propriétaire, en périphérie du village. 2 ch. [1 épi] (CH1 : 2 lits 1 pers., lavabo, kitchenette, CH2 : 3 lits 1 pers., lavabo) salle d'eau et wc séparé en commun. 1 ch. [3 épis] (1 lit 2 pers., clic-clac 2 pers., salle de bains et wc privatifs, kitchenette). Chauffage central. Espace vert, terrasse, salon de jardin. Barbecue, balançoire. Parking. Possibilité d'être hébergé en gîte rural. Situation calme. Maison fleurie, jardin aquatique. Langue parlée : allemand.

Prix : 1 pers. **130/150 F** 2 pers. **220/260 F** 3 pers. **330/380 F**

Ouvert : toute l'année.

5	1	5	SP	SP	SP	SP	SP	SP	SP

GUCKHOLZ Gérard - 6 rue de l'Arc en Ciel - 67790 STEINBOURG - Tél : 03 88 91 30 86

STILL

TH

C.M. 87 Pli 15

E.C. 1 ch. Belle chambre aménagée à l'étage de la maison du propriétaire, située au calme en bordure de village. 1 lit 2 pers., salle d'eau complète privative sur le palier, balcon. Chauffage central. Petits déjeuners améliorés servis dans la salle à manger du propriétaire. Cour, parking, possibilité garage, espace vert, terrasse, salon de jardin, vélos à dispo. Le propriétaire, bon cuisinier, propose la table d'hôtes sur réservation uniquement. 2e tél. du propriétaire : 03.88.38.47.58. Langues parlées : anglais, allemand.

Prix : 2 pers. **230 F**

Ouvert : toute l'année.

8	4	0,5	1	2	14	14	8	3	4

NEVERS Gilles - 5 impasse des Alouettes - 67190 STILL - Tél : 03 88 50 13 76 ou SR : 03 88 75 56 50

TRAENHEIM

C.M. 87 Pli 15

4 ch. 4 chambres confortables dans une maison neuve et fleurie, située dans le pays des bons vins d'Alsace. Gîte fleuri. 2 chambres pour 2 pers., lavabo et wc, salle de bains en commun (2 épis). 2 chambres pour 2 pers. et 3 pers., sanitaires privatifs (3 épis). Salle à manger en commun. Présence d'un gîte rural N°372 au 1er niveau. Pas de location en hiver. Langue parlée : allemand.

Prix : 1 pers. **170/190 F** 2 pers. **195/220 F**

Ouvert : toute l'année.

7	12	SP	7	SP	4	7	5

REISZ Marguerite - 91 route du Vin - 67310 TRAENHEIM - Tél : 03 88 50 38 69

WACKENBACH

C.M. 87 Pli 15

4 ch. 4 chambres à l'étage d'une maison rénovée située sur le sentier de randonnée GR5 en lisière de forêt. 1 chambre pour 2 pers. et 1 chambre pour 3 pers., avec lavabo, sanitaires en commun (1 épi). 1 chambre pour 2 pers., 1 chambre pour 3 pers., avec sanitaires individuels (3 épis). Chauffage central. Coin-jardin. Langue parlée : allemand.

Prix : 1 pers. **120/140 F** 2 pers. **170/215 F** 3 pers. **240/275 F**

Ouvert : toute l'année.

3	4	3	0,2	SP	20	7	3	3	3	2

BESNARD Claude - 16 rue Rain - 67130 WACKENBACH - Tél : 03 88 97 11 08

WALTENHEIM-SUR-ZORN

C.M. 87 Pli 4

1 ch. 1 chambre aménagée à l'étage de la maison du propriétaire située au calme et en périphérie du village. 1 chambre 2 pers. (1 lit 2 pers., prise TV), salle d'eau complète et privative sur le palier (juste à coté de la ch.). Ch. central. Poss. 1 ch. supplémentaire (1 lit 2 pers., 1 lit 1 pers.) moyennant suppl. Petits déjeuners servis dans le séjour du propriétaire. Parking, jardin, verger, mobilier de jardin. Présence du gîte 1007 sur le même niveau. Ferme-auberge dans le village. Langue parlée : allemand.

Prix : 1 pers. **160 F** 2 pers. **200 F** pers. sup. **70 F**

Ouvert : toute l'année.

7	8	17	SP	SP	83	83	SP	2	4

SCHEHRER Marguerite - 33 rue Principale - 67670 WALTENHEIM-SUR-ZORN - Tél : 03 88 51 64 79 ou 03 88 50 75 93

WINGEN-LEMBACH

C.M. 87 Pli 2

1 ch. 1 chambre de bon confort aménagée de plain-pied dans la maison du propriétaire située au calme à proximité de la forêt. Entrée indépendante. 1 chambre (1 lit 2 pers.) avec petit séjour attenant (canapé conv. 1 enfant), salle d'eau complète privative sur le palier. Chauffage central. Petite terrasse abritée. Petit déjeuner servi dans la salle à manger du propriétaire. Parking dans la cour, jardin, salon de jardin.

Prix : 1 pers. **160 F** 2 pers. **230 F**

Ouvert : du 1er février au 30 octobre.

12	6	10	4	6	SP	SP	SP	15	12	SP

WALTHER René - 41 rue du Nord - 67510 WINGEN-LEMBACH - Tél : 03 88 94 45 89

WINGEN-SUR-MODER — A — *C.M. 87 Pli 13*

6 ch. 6 chambres de grand confort dans une jolie maison agréablement aménagée et située dans un jardin agrémenté d'une piscine. A l'étage : 5 chambres. Au rez-de-chaussée : 1 chambre 2 pers. Salle d'eau complète et privatives à chaque chambre. Grand espace-salon avec coin-feu, télévision, billard et salle petit-déjeuner. Location de VTT sur place. Langue parlée : allemand.

Prix : 1 pers. **190 F** 2 pers. **290 F** 3 pers. **390 F**

Ouvert : toute l'année.

SP	10	10	SP	SP	SP	SP	30	SP	SP

BERGMANN Linda - 7 rue de Zittersheim - Relais Nature - 67290 WINGEN-SUR-MODER - Tél : 03 88 89 80 07 - Fax : 03 88 89 82 85

WINTERSHOUSE — *C.M. 87 Pli 3*

2 ch. 2 chambres de bon confort aménagées dans la maison de caractère du propriétaire située au calme dans le village. A l'étage : CH1 : 2 lits 1 pers., salle de bains et wc séparé privatifs sur le palier. Sous les combles : CH2 : 1 lit 2 pers., salle d'eau complète privative, coin-salon (télévision). Ch. central. Petits déjeuners améliorés servis dans la belle salle à manger du propriétaire. Cour, parking dans la cour, espace vert, salons de jardin, billard, vélos à disposition. Langue parlée : allemand.

Prix : 1 pers. **205 F** 2 pers. **295 F**

Ouvert : toute l'année.

6	8	6	0,1	2	SP	6	SP

DOLLINGER Pierre - 26 rue Principale - 67590 WINTERSHOUSE - Tél : 03 88 73 80 30 - Fax : 03 88 59 15 25

WINTZENHEIM-KOCHERSBERG — *C.M. 87 Pli 15*

2 ch. 2 chambres confortables aménagées dans 2 dépendances d'une ferme fleurie et typique du Kochersberg. Cadre traditionnel avec colombage. 1ère dépendance : 1 chambre 3 pers. (1 lit 2 pers., 1 lit 1 pers.), salle d'eau complète. 2ème dépendance : 1 chambre (1 lit 2 pers.), séjour (1 lit 1 pers.), cuisine, salle d'eau, wc séparé. Chauffage électrique. Petits déjeuners améliorés servis dans la salle à manger du propriétaire. Parking dans la cour fermée, espace vert, salons de jardin. Petite basse-cour. Tarif dégressif à partir de la 3e nuitée. Langue parlée : allemand.

Prix : 1 pers. **150 F** 2 pers. **240 F** 3 pers. **280 F** pers. sup. **40 F**

Ouvert : toute l'année.

10	1	0,2	20	6

STUTZMANN Michel - 7 rue Principale - 67370 WINTZENHEIM-KOCHERSBERG - Tél : 03 88 69 92 61

WOLFSKIRCHEN — *C.M. 87 Pli 13*

2 ch. 2 chambres, entièrement neuves, aménagées au 2e étage de la maison du propriétaire. Situation en périphérie du village, au calme, avec vue sur les prairies. 2 chambres comprenant chacune : (1 lit 2 pers.), salle d'eau privative avec douche, lavabo, wc, prise TV. Chauffage central. Petits-déjeuners servis dans le séjour du propriétaire. Espace vert clos. Terrasse et salon de jardin. Parking. Possibilité lit d'appoint pour chaque chambre. Langue parlée : allemand.

Prix : 1 pers. **230 F** 2 pers. **270 F** pers. sup. **100 F**

Ouvert : seulement en juillet, août et septembre.

13	8	5	8	0,5	7	SP	7	7

HOUVER Marie-Louise - 11 rue de la Gare - 67260 WOLFKIRCHEN - Tél : 03 88 01 31 96 ou SR : 03 88 75 56 50

Haut-Rhin

GITES DE FRANCE
LOISIRS ACCUEIL - Service Réservation
B.P. 371 - 68007 COLMAR Cedex
Tél. 03 89 20 10 62 - Fax. 03 89 23 33 91

ALTENACH — A — *C.M. 87 Pli 20*

3 ch. Chez un exploitant agricole. 3 ch. : (1 lit 2 pers.), 1 ch. (1 lit 2 pers. 1 lit 1 pers.), wc particuliers dans chaque chambre. Salle d'eau individuelle dans 3 ch. et douche commune pour 1 ch. 1 ch. avec kitchenette. Chauffage central. Terrain non clos, abri couvert, cour, barbecue, terrasse. Gîte d'étape et gîte rural sur place. Ferme équestre. Promenades en calèche et location de VTT sur place. Langue parlée : allemand.

Prix : 1 pers. **170/190 F** 2 pers. **220/270 F** 3 pers. **320 F**
1/2 pens. **230 F** pens. **280 F**

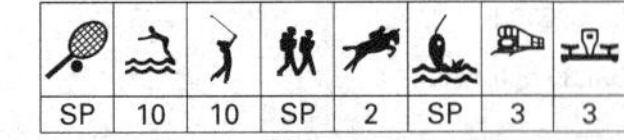

SP	10	10	SP	2	SP	3	3

PHILIPP Edgard - 3, rue Sainte-Barbe - 68210 ALTENACH - Tél : 03 89 25 12 92 - Fax : 03 89 07 23 93

AMMERSCHWIHR

C.M. 87 Pli 17

3 ch. Dans une ancienne ferme viticole alsacienne typique XVIe, dans le village, grand calme. 1 ch. 2 pers. + 2 lits 1 pers. superposés + lit bébé et enfant avec s. d'eau et wc privés. 1 ch. (1 lit 2 pers.). 1 lit enfant, s.d'eau, wc. 1 ch.(1 lit 2 pers), 1 lit bébé, s.d'eau, wc. Prise TV. Réfrigérateur sur le palier. Séjour à la disposition des hôtes. Parking, cour intérieure, forêt sur place. Tarif 4 personnes : 350 à 425F. Réduc. 10% à partir de 2 nuits. Séjour mid-week : 650 à 720F.

Prix : 2 pers. **260/305 F** 3 pers. **290/340 F**

SP	2	SP	SP	12	20	8	SP

THOMANN-DESMAREST André - 2, rue des Ponts en Pierre - 68770 AMMERSCHWIHR - Tél : 03 89 47 32 83 - Fax : 03 89 47 32 83

AMMERSCHWIHR

C.M. 87 Pli 17

4 ch. Dans une maison de construction traditionnelle, dans le village. R.d.c. : 2 ch. 4 pers. A l'étage : 1 ch. 2/4 pers. et 1 ch. 2 pers. Douche, lavabo, wc et kitchenette particuliers. Séjour, salon. Ch. central. Parking, jardin, cour, barbecue, balançoire, ping-pong, salon de jardin. Sauna, salle de musculation. Golf à Ammerschwihr. Tarif 4 personnes 310/350F. Langue parlée : allemand.

Prix : 1 pers. **245 F** 2 pers. **255/285 F** 3 pers. **295/320 F**
pers. sup. **310/380 F**

SP	3	SP	SP	4	1	20	8	SP

THOMAS Guy - 41, Grand rue - 68770 AMMERSCHWIHR - Tél : 03 89 78 23 90 - Fax : 03 89 47 18 90 - http://thomas.guy.free.fr

AMMERSCHWIHR

C.M. 87 Pli 17

2 ch. Dans un quartier calme, en bordure de vignoble. Etage : 1 ch. (1 lit 2 pers.) avec douche, lavabo et wc privés non communicants. 1 ch. (2 lits 1 pers.), lavabo, douche et wc dans la chambre. Prise TV, et réfrigérateur dans chaque chambre. Possibilité de location VTT, sauna, balnéo, UV. Réduction à partir de la 3e nuitée. Langue parlée : allemand.

Prix : 1 pers. **180 F** 2 pers. **230 F** 3 pers. **300 F**

SP	4	SP	SP	12	20	8	0,5

KIHN Antoine - 1, Impasse des Bleuets - Quartier des Fleurs - 68770 AMMERSCHWIHR - Tél : 03 89 78 25 47 - Fax : 03 89 78 25 47

AMMERSCHWIHR

C.M. 87 Pli 17

3 ch. Au centre du village, à l'étage chez le viticulteur avec entrée indépendante (grand confort). 1 ch. (1 lit 2 pers. 1 lit 1 pers.). 1 ch. (2 lits 1 pers. 1 lit superposé), 1 ch. (1 lit 1 pers. 1 lit 2 pers.). Lavabo, douche et wc dans chaque chambre ainsi que TV. Chauffage central. Séjour avec réfrigérateur et micro-ondes. Visite de cave. Tarif pour 4 personnes : 400F. Langue parlée : allemand.

Prix : 1 pers. **210 F** 2 pers. **260 F** 3 pers. **330 F** pers. sup. **70 F**

SP	3	SP	SP	12	8	SP

THOMANN J-B et fils - 11, grand'rue - 68770 AMMERSCHWIHR - Tél : 03 89 78 25 29 - Fax : 03 89 78 29 84

AUBURE Haut-Voirimont

Alt. : 980 m *C.M. 87 Pli 17*

1 ch. Au rez-de-chaussée : 1 petite chambre (1 lit 2 pers.), lavabo, douche, wc dans la chambre. Parking privé. Jardin, terrasse. Possibilité de chauffage et de garage. Panorama exceptionnel. Grand calme. Tarif dégressif à partir de la 4e nuit. Langues parlées : allemand, anglais.

Prix : 1 pers. **205 F** 2 pers. **235 F**

Ouvert : toute l'année.

15	20	SP	6	12	SP	30	5

ERNST-DIEBOLD Jacqueline - La Taniere - Haut-Voirimont - 68150 AUBURE - Tél : 03 89 73 93 10 - Fax : 03 89 73 93 10

BEBLENHEIM

C.M. 87 Pli 17

1 ch. Aménagée à l'étage de la maison du propriétaire avec une belle vue sur le vignoble. 1 chambre (1 lit 2 pers.), salle de bains individuelle avec douche et wc. Salon avec TV et réfrigérateur. Petit déjeuner sur la terrasse ou dans le salon. Piste cyclable à 500 m. Possibilité VTT à proximité. Langue parlée : allemand.

Prix : 2 pers. **260 F** 3 pers. **350 F** pers. sup. **80 F**

Ouvert : de Pâques au 1er novembre.

SP	3	8	SP	3	SP

ARNOLD Pierre - 10, rue du Gewurztraminer - 68980 BEBLENHEIM - Tél : 03 89 47 95 24

BEBLENHEIM
C.M. 87 Pli 17

3 ch. A l'étage de la maison du propriétaire, au calme avec belle vue sur le vignoble : chambres climatisées. 2 ch. (1 lit 2 pers.), s.d.b. et wc individuels. 1 ch. (1 lit 2 pers. 1 lit 1 pers.), lavabo, douche et wc indépe. non communicants. Réfrigérateur. Chauf. élect. S. à manger pour petit déjeuner. Cour, parking privé, jardin, salon de jardin. Balcon, véranda. L-linge. Garage à vélos. Possibilité lit pliant : 50 F. Langues parlées : allemand, italien.

Prix : 2 pers. **280 F** 3 pers. **360 F**

1	5	5	SP	3	SP

COLAIANNI Christine - 41, rue de Hoen - 68980 BEBLENHEIM - Tél : 03 89 47 82 52 - Fax : 03 89 47 98 29

BEBLENHEIM
C.M. 87 Pli 17

2 ch. Maison située au cœur du vignoble. Entrée indépendante. 2 chambres (1 lit 2 pers. 1 lit 1 pers.). Salles d'eau particulières avec wc privés. Salle pour petit déjeuner à l'étage. Réfrigérateur et lave-linge à disposition. Chauffage électrique. Salon de jardin, parking privé et garage pour moto et vélo.

Prix : 2 pers. **280 F** 3 pers. **360 F**

SP	3	8	SP	3	SP

COLAIANNI Pascal - 17, rue du Riesling - 68980 BEBLENHEIM - Tél : 03 89 49 02 83

BERGHEIM

2 ch. **Ribeauvillé 3 km, Riquewihr 6 km, Kaysersberg 10 km.** Dans une maison avec jardin et verger : 2 chambres à l'étage avec salle de bains et wc particulier. Réfrigérateur. Chauffage électrique. Terrasse, salon de jardin, relax. Parking dans la cour. Lit d'appoint enfant. Langues parlées : allemand, anglais, italien.

Prix : 1 pers. **200 F** 2 pers. **250 F** 3 pers. **350 F** pers. sup. **50 F**

Ouvert : toute l'année.

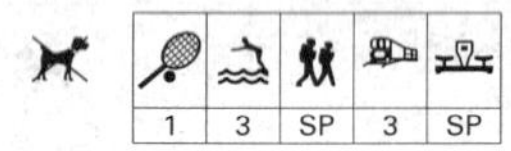

1	3	SP	3	SP

EDERLE Maria - 8A, route du vin - 68750 BERGHEIM - Tél : 03 89 73 65 51

BERGHEIM
C.M. 87 Pli 16

2 ch. Situées en pleine campagne. 1 ch. 3 pers. avec lavabo. 1 ch. 2 pers., lavabo. 2 salles d'eau sur le palier avec douche, lavabo, wc + 1 wc sur le palier. Salle de séjour, réfrigérateur et congélateur à la disposition des hôtes. Entrée indépendante. Chauffage au mazout et électrique. Jardin, meubles de jardin. Parking. Aire de jeux. Forêt. Luge sur place. Langue parlée : allemand.

Prix : 1 pers. **200 F** 2 pers. **180/200 F** 3 pers. **250/280 F**

2	3	20	SP	4	SP

BAUMANN Jacques - 8, rue du Trottstein - 68750 BERGHEIM - Tél : 03 89 73 65 47

BERGHEIM
C.M. 87 Pli 16

2 ch. Aménagées à l'étage dans une maison avec jardin, au calme, à proximité des vignes : 1 ch. (1 lit 2 pers.), salle de bains individuelle. 1 ch. (2 lits 1 pers.), salle d'eau individuelle. Réfrigérateur à disposition. Barbecue. Chauffage électrique. Salon de jardin. Vue sur le Haut-Koenigsbourg et les trois châteaux de Ribeauvillé. Langue parlée : allemand.

Prix : 1 pers. **185/195 F** 2 pers. **210/220 F** 3 pers. **270/280 F**

Ouvert : de Pâques au 15 octobre.

SP	2	20	SP	4	SP

SCHUNCK Christiane - 18, rue des Romains - 68750 BERGHEIM - Tél : 03 89 73 31 97

BERGHEIM
C.M. 87 Pli 16

1 ch. Maison moderne dans le vignoble. 1 chambre (1 lit 2 pers.), salle de bains, douche et wc privés non communicants. Réfrigérateur à disposition. Chauffage central. Possibilité 1 lit d'appoint 1 personne. Centre ville à 300 m, garage, calme.

Prix : 2 pers. **220 F** 3 pers. **270 F**

4	2	20	1	4	0,5

UTARD Elisa - 49, Faubourg Saint-Pierre - 68750 BERGHEIM - Tél : 03 89 73 83 03

BERGHEIM *C.M. 87 Pli 16*

4 ch. Aménagées à l'étage d'une maison moderne, sur la route des vins, dans un quartier calme : 2 ch. (1 lit 2 pers., lavabo), 2 ch. (2 lits 1 pers., lavabo), douche et wc communs. Lit d'appoint enfant sur demande. Chauffage électrique. Terrain clos, jardin, cour, terrasse. Kitchenette (micro-ondes, réfrigérateur). Langue parlée : allemand.

Prix : 1 pers. **170/180 F** 2 pers. **200/210 F** pers. sup. **45/55 F**

Ouvert : du 15 avril au 15 octobre.

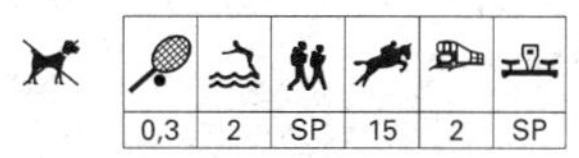

DIRNINGER Pierre - 11, rue des Romains - 68750 BERGHEIM - Tél : 03 89 73 79 42

BERGHEIM *C.M. 87 Pli 16*

1 ch. A l'étage : 1 chambre (1 lit 2 pers.), lavabo, douche et wc indépendants et privatifs. Chauffage central. Meuble de jardin. Barbecue. Lit d'appoint enfant sur demande. Langue parlée : allemand.

Prix : 1 pers. **195 F** 2 pers. **220 F** 3 pers. **270 F**

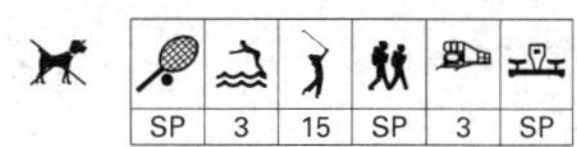

BECKER Jean - 1, rue des Chevaliers - 68750 BERGHEIM - Tél : 03 89 73 66 74

BOURBACH-LE-HAUT Alt. : 500 m (TH) *C.M. 87 Pli 19*

3 ch. A l'étage d'une maison, au calme, dans la montagne. 1 ch. 2 épis (1 lit 2 pers. 1 lit 1 pers.), s.d.b. et wc privés. 1 ch. (1 lit 2 pers. 1 lit 1 pers.), 1 ch. (1 lit 2 pers. 2 lits 1 pers.), s.d.b. et wc à l'étage. Salon/salle à manger avec cheminée à dispo. des hôtes. Jardin, cour, barbecue, salon de jardin, terrasse. Spécialités : produits fermiers. Langues parlées : anglais, allemand, grec.

Prix : 2 pers. **200/250 F** 3 pers. **300/370 F** 1/2 pens. **150/200 F**

SINGER Anne-Marie - Niederwyhl - 68290 BOURBACH-LE-HAUT - Tél : 03 89 38 86 26

BREITENBACH Alt. : 880 m A *C.M. 87 Pli 17*

3 ch. Dans une ferme-auberge dominant la vallée, vue magnifique : 2 chambres (1 lit 2 pers. 2 lits superposés), 1 chambre (2 lits 1 pers.). Douche et wc dans chaque chambre. Ski alpin 6 km. Nombreuses possibilités de randonnées. Egalement gîte d'étape et gîte rural. Tarif pour 4 pers. : 460 F. Taxe de séjour.

Prix : 2 pers. **230 F** 1/2 pens. **185 F**

Ouvert : du 1er mai au 1er novembre.

10 6 SP 5 6 6 5

DISCHINGER Frédéric - Christlesgut - 68380 BREITENBACH - Tél : 03 89 77 51 11

BREITENBACH *C.M. 87 Pli 17*

2 ch. Dans une maison moderne dans ce village de la vallée de Munster. 1 ch. (1 lit 2 pers.) et 1 ch. (2 lits 1 pers.). Lavabo, douche et wc privatifs non communicants. Chauffage central. Barbecue, jardin et salon de jardin. Tarif dégressif à partir de 2 nuits. Langues parlées : allemand, hollandais, anglais.

Prix : 2 pers. **220 F**

Ouvert : toute l'année.

2 2 SP 2 SP 2

VAN DER SCHOOR-SCHMITT Denise - 7, rue Brechenmacher - 68380 BREITENBACH - Tél : 03 89 77 48 78

EGUISHEIM *C.M. 87 Pli 17*

3 ch. Dans une maison de caractère du XVIIIe siècle, au cœur du village. 3 chambres (1 lit 2 pers. possibilité de rajouter 1 ou 2 lits 1 pers.). TV. Douche, wc et lavabo dans chaque chambre. Salle de séjour avec kitchenette et réfrigérateur à disposition. Chauffage central. Parking dans la cour privée. Langues parlées : allemand, anglais.

Prix : 1 pers. **200 F** 2 pers. **250 F** 3 pers. **285 F**

SP 5 10 SP 6 20 2 SP

FREUDENREICH Monique - 4, Cour Unterlinden - 68420 EGUISHEIM - Tél : 03 89 23 16 44 - Fax : 03 89 23 16 44

EGUISHEIM

C.M. 87 Pli 17

3 ch. Dans une maison située dans un quartier calme, à prox. de l'enceinte du village. Etage : 1 ch. (2 lits 1 pers.), 1 ch. (1 lit 2 pers.), 1 ch. (1 lit 2 pers.) avec une 2e pièce communicante (1 lit 1 pers.), lavabo, douche et wc dans chaque ch. Réfrigérateur sur le palier. Petit-déjeuner dans la véranda avec vue sur les 3 châteaux. Chauf. central. Parking dans la cour fermée. Climatisation en été. Langue parlée : allemand.

Prix : 1 pers. **205 F** 2 pers. **245 F** 3 pers. **315 F**

Ouvert : toute l'année.

0,5	5	10	SP	6	20	2	0,2

GASCHY Christiane - 3, rue des Fleurs - 68420 EGUISHEIM - Tél : 03 89 23 69 09 - Fax : 03 89 23 69 09

EGUISHEIM

C.M. 87 Pli 17

3 ch. Dans une maison de caractère située au cœur du village. 1 ch. (2 lits 1 pers.), 1 ch. (3 lits 1 pers.), 1 ch. (1 lit 2 pers.). Sanitaires dans chaque chambre. Séjour à la disposition des hôtes. Petit déjeuner pris dans une très belle véranda avec vue sur le jardin ou par beau temps sur la terrasse. Réfrigérateur sur le pallier. Parc, parking. Taxe de séjour. Langue parlée : allemand.

Prix : 1 pers. **235 F** 2 pers. **290/315 F** 3 pers. **420 F**

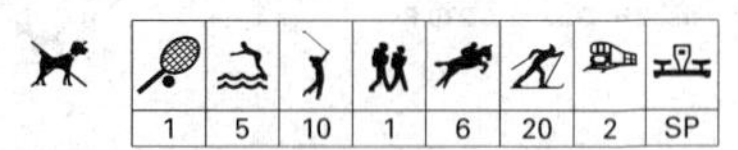

1	5	10	1	6	20	2	SP

HERTZ Marthe - 3, rue du Riesling - 68420 EGUISHEIM - Tél : 03 89 23 67 74 - Fax : 03 89 23 67 74

EGUISHEIM

C.M. 87 Pli 17

3 ch. Maison de construction récente, à prox. du centre du village. 2 ch. (1 lit 2 pers.), 1 ch. (1 lit 2 pers., 1 lit 1 pers.). 2 ch. avec s. d'eau et wc privés, 1 ch. avec wc et s. d'eau commune. Salon/salle à manger à dispo. des hôtes pour le petit-déjeuner. Jardin, salon de jardin, abri couvert, cour, barbecue, balcon, terrasse, balançoire, bac à sable, parking, p-pong. Langues parlées : allemand, anglais, espagnol.

Prix : 1 pers. **160/210 F** 2 pers. **215/250 F** 3 pers. **265/310 F**

0,5	5	10	0,2	5	5	25	7	0,2

BOMBENGER Jean-Pierre - 8, rue du Bassin - 68420 EGUISHEIM - Tél : 03 89 23 13 12 - Fax : 03 89 23 13 12

FELLERING

C.M. 87 Pli 18

E.C. 2 ch. Dans une maison située en bordure de route, à l'entrée du village. 1 ch. au 1er étage et 1 ch. au 2e étage (1 lit 2 pers.) avec lavabo, douche et wc dans chaque chambre. Vitrage isolant. Chauffage central. Langue parlée : allemand.

Prix : 1 pers. **160 F** 2 pers. **220 F**

0,5	0,5	SP	1	1

MIESCH Jean-Paul - 31, grand-rue - 68470 FELLERING - Tél : 03 89 82 71 25

GEISHOUSE

Alt. : 750 m

C.M. 87 Pli 18

2 ch. Dans un chalet situé en montagne, dans un superbe site. 1 chambre (1 lit 2 pers.), 1 chambre (1 lit 1 pers.) et séjour. Douche, lavabo, wc attenants à la chambre. Parking, jardin. Chauffage électrique. Chambres non fumeur. Forêt à proximité. Langues parlées : allemand, anglais, italien.

Prix : 1 pers. **165 F** 2 pers. **260 F** 3 pers. **390 F**

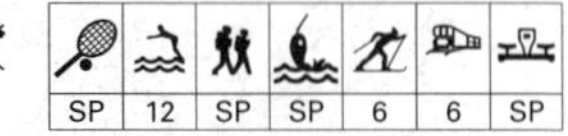

SP	12	SP	SP	6	6	SP

KRAJNIK René - 8, rue du Panorama - 68690 GEISHOUSE - Tél : 03 89 38 93 46

GEISHOUSE

Alt. : 750 m

C.M. 87 Pli 18

1 ch. Dans un beau chalet en bois avec une très belle vue sur le village et les Vosges : 1 chambre avec entrée indépendante (1 lit 2 personnes), lavabo, douche et wc attenant à la chambre. Esperanto parlé également. VTT 500 m. Forêt à proximité. Langue parlée : allemand.

Prix : 1 pers. **170 F** 2 pers. **230 F**

Ouvert : du 1er avril au 31 octobre.

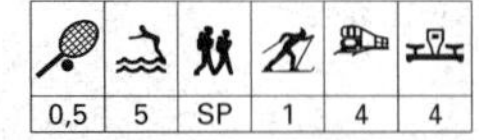

0,5	5	SP	1	4	4

KUENY Robert - 30, rue des champs - 68690 GEISHOUSE - Tél : 03 89 82 37 62

GEISWASSER

C.M. 87 Pli 8

2 ch. **Neuf-Brisach 10 km. Colmar 25 km.** Aménagées à l'étage de la maison de la propriétaire. 1 ch. (2 lits 1 pers.) et 1 ch. (1 lit 2 pers., 1 lit 1 pers.), kitchenette, lavabo, douche et wc dans chaque chambre. Billard, baby-foot, ping-pong. Langue parlée : allemand.

Prix : 1 pers. **160 F** 2 pers. **210 F** 3 pers. **250 F**

Ouvert : toute l'année.

6	7	6	3	25	10

AMBIEHL Marlise - 2, grand'rue - 68600 GEISWASSER - Tél : 03 89 72 54 95

GOLDBACH-ALTENBACH

Alt. : 750 m

2 ch. **Thann 8 km, Ecomuséee 23 km, Mulhouse 35 km, Colmar 40 km.** Au 1er étage de la maison récente du propriétaire, agriculteurs, au calme, très belle vue panoramique sur le village et les Vosges. 1 ch. (1 lit 2 pers. 2 lits 1 pers.), 1 ch. (1 lit 2 pers.), poss. 1 lit enfant. Douche et wc dans chacune des chambres. Chauf. central. Jardin. Dégustation de produits fermiers. Forêt à proximité. Tarif réduit pour enfants. Les chambres se situent sur la commune associée d'Altenbach à 2 km de Goldbach. Langues parlées : allemand, anglais.

Prix : 1 pers. **110 F** 2 pers. **220 F**

RASSER Christine - 10, chemin du Grand Ballon - 68760 GOLDBACH-ALTENBACH - Tél : 03 89 38 95 47 ou 03 89 48 21 58 - http://perso.wanadoo.fr/goldbach

GUEBERSCHWIHR

C.M. 87 Pli 17

2 ch. Dans une maison viticole du XVIe siècle, au calme, au centre du village, à l'étage : 1 chambre (2 lits 1 pers.). 1 chambre (1 lit 2 pers. 1 lit 1 pers.), salle d'eau et wc dans chaque chambre. Réfrigérateur sur le palier, micro-ondes. Parking, jardin, cour, pelouse avec salon de jardin. Langue parlée : allemand.

Prix : 1 pers. **220 F** 2 pers. **240/260 F** 3 pers. **320 F**

BILGER Marie-Anne - 11, rue Basse - 68420 GUEBERSCHWIHR - Tél : 03 89 49 33 79 ou 03 89 49 29 82

GUEBERSCHWIHR

C.M. 87 Pli 18

5 ch. **Colmar 12 km.** Sur 1 exploitation viticole : chambres de grand confort avec douche, wc et lavabo. chambre 1er étage : 1 ch. (2 lits 1 pers.), 2 ch. (1 lit 2 pers.). 2e étage : 1 ch. (1 lit 2 pers., 1 lit 1 pers. chacune). Micro-ones, réfrigérateur. Petit-déjeuner servi dans la véranda avec vue sur le vignoble et la plaine d'Alsace. Jardin. Portable : 06 82 02 23 97. Langue parlée : allemand.

Prix : 1 pers. **200 F** 2 pers. **280/300 F** 3 pers. **380/400 F** pers. sup. **60 F**

Ouvert : toute l'année.

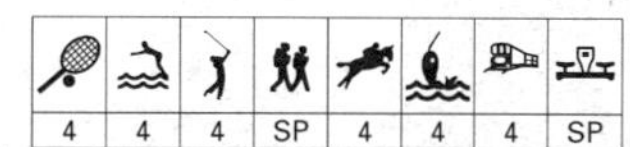

SCHERB Christiane - 1, route de Rouffach - 68420 GUEBERSCHWIHR - Tél : 03 89 49 33 70 ou 03 89 49 21 05 - Fax : 03 89 49 33 70

GUEMAR

C.M. 87 Pli 16

3 ch. Dans une maison neuve avec jardin, à l'extérieur du village. 1 chambre classée 2 épis (1 lit 2 pers.) avec douche, lavabo et wc privés. 2 chambres 2 pers. dont 1 avec divan, avec douche et wc communs. Espace vert et salon de jardin, cour fermée. Réfrigérateur à disposition. Forêt 1 km. Taxe de séjour en sus. Langue parlée : allemand.

Prix : 2 pers. **204/229 F** 3 pers. **276 F**

HERRMANN François - 4, route de Ribeauvillé - 68970 GUEMAR - Tél : 03 89 71 81 77

GUEMAR

C.M. 87 Pli 16

3 ch. Au cœur du village. 2 ch. (2 lits 1 pers. chacune), 1 ch. (2 lits 1 pers. + 1 lit superposé), s. d'eau/wc individuels avec balcon. Poss. lit suppl. Salle de séjour à disposition des hôtes. Réfrigérateur commun. Grande cour, pelouse, balançoire, salon de jardin. Chauffage central. Panier basket. Forêt 1 km. Pêche possible. Tarif pour 4 pers. 352 F. Taxe de séjour en sus. Langue parlée : allemand.

Prix : 1 pers. **168 F** 2 pers. **231 F** 3 pers. **294 F**

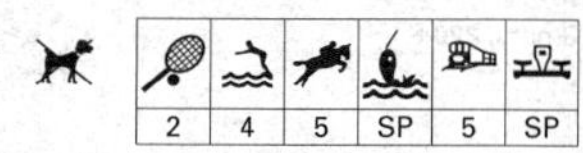

UMBDENSTOCK Ernest - 20, route de Selestat - 68970 GUEMAR - Tél : 03 89 71 82 72

HOLTZWIHR

C.M. 87 Pli 17

5 ch. Dans une maison attenante de plain-pied avec espace vert. 3 ch. 2 pers., 1 ch. 3 pers., 1 ch. 4 pers. Lavabo, douche, wc, kitchenette et TV dans chaque chambre. Séjour à la disposition des hôtes. Chauffage central. Barbecue. Terrasses ombragées. Aire de jeux. Jardin. Forêt 600 m. Possibilité de lits enfants. Prix 4 pers. : 410 F. Restaurant à proximité. Accès handicapés avec aide possible pour les 5 chambres (plain-pied). Parking privé. Langues parlées : allemand, anglais.

Prix : 2 pers. **260 F** 3 pers. **340 F**

5	6	3	10	3	6	SP

MEYER Liliane - 1, rue de la 5e D.B. - 68320 HOLTZWIHR - Tél : 03 89 47 42 11

HOUSSEN La Gravière

C.M. 87 Pli 17

5 ch. Dans une ancienne ferme réaménagée chez le viticulteur. 1 chambre (1 lit 2 pers. 1 lit 1 pers.), salle d'eau individuelle. 3 chambres (1 lit 2 pers.). 1 chambre (2 lits 1 pers.), lavabo-douche et wc dans chaque chambre. Langue parlée : allemand.

Prix : 2 pers. **200 F** 3 pers. **220 F**

Ouvert : toute l'année.

6	6	10	SP	6	1

MARSCHALL Gilbert - 7, rue de la Gravière - 68125 HOUSSEN - Tél : 03 89 41 86 84 - Fax : 03 89 24 13 57

HUNAWIHR

C.M. 87 Pli 16

5 ch. Dans une ancienne exploitation viticole, au cœur du village : 5 ch. de grand confort. 3 ch. avec kitchenette dont 1 avec canapé, 1 ch. 2 pers., 1 ch. 2 pers. + 1 enfant. Salle d'eau et wc individuels dans toutes les chambres. Terrain clos privatif, jardin, salon de jardin, barbecue, cour. Langues parlées : allemand, anglais, espagnol.

Prix : 2 pers. **250/350 F** 3 pers. **425 F** pers. sup. **95 F**

2	2	7	SP	7	2

SEILER Frédérique - 3, rue du Nord - 68150 HUNAWIHR - Tél : 03 89 73 70 19 - Fax : 03 89 73 70 19

HUSSEREN-WESSERLING

C.M. 87 Pli 18

3 ch. Dans très belle propriété fleurie avec entrée indép. 1 ch. (1 lit 2 pers. 1 lit 1 pers.), s. d'eau particulière, coin-cuisine. 1 ch. (2 lits 1 pers.), s. d'eau privée et coin-cuisine. 1 chambre « suite » (2 lit 1 pers.). Grand séjour avec coin-cuisine, s. de bains, wc séparé. Chauffage central. Salon de jardin. Piscine couverte chauffée. Barbecue. Petit déjeuner buffet. Langue parlée : allemand.

Prix : 2 pers. **260/300 F**

SP	SP	SP	10	14	SP	SP

HERRGOTT Yvonne - 4, rue de la gare - 68470 HUSSEREN-WESSERLING - Tél : 03 89 38 79 69 - Fax : 03 89 38 78 92

INGERSHEIM

C.M. 87 Pli 17

1 ch. 1 chambre à l'étage (1 lit 2 pers. et 1 lit 1 pers.), salle de bains et wc privatifs non communiquants. Petit déjeuner dans la véranda. Réfrigérateur à disposition. Gloriette dans un grand jardin. Chauffage électrique. Parking, cour fermée. Endroit calme. Langue parlée : allemand.

Prix : 2 pers. **240 F** 3 pers. **320 F**

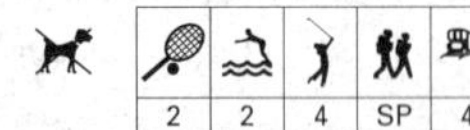

2	2	4	SP	4	1

ALTER Marie-Louise - 9 C, rue Gillet - 68040 INGERSHEIM - Tél : 03 89 27 09 26

JEBSHEIM

C.M. 87 Pli 7

1 ch. Dans un cadre reposant, à l'extrémité de ce village de plaine, avec un joli petit jardin. 1 chambre (1 lit 2 pers.) à l'étage. Possibilité 1 lit 1 pers. supplémentaire. Salle d'eau et wc privatifs non communicants. Cour, parking, TV en commun. Chauffage central. Barbecue. Réfrigérateur. Location de vélos. Langues parlées : allemand, anglais.

Prix : 1 pers. **120 F** 2 pers. **180 F** 3 pers. **220 F**

8	8	15	SP	10	SP

BENTZ Alfred - 91, grand rue - 68320 JEBSHEIM - Tél : 03 89 71 62 29

KATZENTHAL  *C.M. 87 Pli 17*

3 ch. Au calme, 2 chambres d'hôtes indépendantes au rez-de-chaussée, qui allient détente. Piscine dans une propriété en bordure du vignoble. 1 ch. (1 lit 2 pers.), 1 ch. (2 lits 1 pers.), 1 ch. (1 lit 1 pers. 1 lit 2 pers.) avec kitchenette. Salle d'eau et wc individuels. TV. Chauffage central. Cour, jardin, barbecue. Piscine privée. Langues parlées : anglais, allemand.

Prix : 2 pers. **280 F** 3 pers. **400 F**

4	SP	4	SP	8	6	SP

HEROLD Rémy - 84, rue du Vignoble - 68230 KATZENTHAL - Tél : 03 89 27 32 42 ou 06 07 39 56 41 - Fax : 03 89 27 49 12 - http://www.calixo.net/sporting

KATZENTHAL *C.M. 87 Pli 17*

3 ch. A l'étage d'une maison située en plein cœur du vignoble, au calme, à proximité de la forêt. 2 ch. (1 lit 2 pers. 1 lit 1 pers.), 1 ch. (3 lits 1 pers.). Salle de bains et wc individuels dans chaque chambre. TV dans chaque chambre. Chauffage central. Cour. Gîte rural sur place. Langues parlées : allemand, anglais.

Prix : 1 pers. **200 F** 2 pers. **270 F** 3 pers. **320 F**

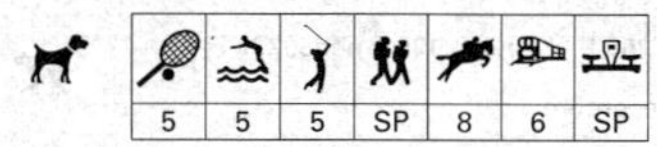

5	5	5	SP	8	6	SP

AMREIN Christian et Angèle - 128, rue des Trois Epis - 68230 KATZENTHAL - Tél : 03 89 27 48 85 - Fax : 03 89 27 35 18

KATZENTHAL *C.M. 87 Pli 17*

1 ch. **Colmar 5 km.** A l'étage de la maison du propriétaire (viticulteur), conçue avec des matériaux bio. 1 ch. (1 lit 2 pers.). Mini-chaîne ; kitchenette, terrasse. Jardin, espace grillades. Vélos, sauna, promenades avec âne de bât. Langues parlées : allemand, anglais.

Prix : 1 pers. **250 F** 2 pers. **360 F**

Ouvert : toute l'année.

5	2	SP	20	10	3

KLUR Clément - 105, rue des Trois Epis - 68230 KATZENTHAL - Tél : 03 89 27 53 59 - Fax : 03 89 27 30 17 - E-mail : katz@newel.net - http://www.klur.net

KAYSERSBERG *C.M. 87 Pli 17*

2 ch. Aménagées à l'étage d'une maison moderne. 1 chambre (1 lit 2 pers.) et 1 ch. (2 lits 1 pers.) avec salle de bains et wc communs. Réfrigérateur et micro-ondes à la disposition des hôtes. Jardin, parking, cour, terrasse.

Prix : 1 pers. **210 F** 2 pers. **240 F**

1	0,5	8	SP	12	15	12	SP

RENEL André - 3, rue des Aulnes - 68240 KAYSERSBERG - Tél : 03 89 78 28 73

KAYSERSBERG *C.M. 87 Pli 17*

5 ch. A l'étage dans une maison de maître. 1 ch. (1 lit 2 pers.), lavabo, wc privés et bain commun. 1 ch. (1 lit 2 pers.), lavabo, bain, wc et TV privés. 1 ch. (2 lits 3 pers.), lavabo, douche et wc privés, TV. 1 ch. (1 lit 2 pers.), lavabo et wc privés et bain commun. 1 ch. (2 lits 2 pers.), lavabo, bain, wc, TV et salon privés. Parking privé. Chambres situées en bordure de route, à la sortie de la ville. Grand parc en lisière de la forêt. 3 ch. classées 2 épis et 2 ch. classées 3 épis. Langues parlées : allemand, anglais.

Prix : 1 pers. **200 F** 2 pers. **260/310 F** 3 pers. **410 F** pers. sup. **50 F**

Ouvert : toute l'année.

SP	SP	3	SP	15	12	SP

PICAVET Daniel et M.Thérèse - 104, route de Lapoutroie - 68240 KAYSERSBERG - Tél : 03 89 47 15 14 - Fax : 03 89 47 39 36

LABAROCHE Alt. : 700 m (TH) *C.M. 87 Pli 17*

3 ch. Au calme, avec une très belle vue dans un cadre verdoyant et montagneux. 1 ch. (2 lits 1 pers.), 1 ch. (1 lit 2 pers. 1 lit 1 pers.), 1 ch. (1 lit 2 pers.) avec douche, lavabo et bidet dans toutes les ch. Salon de jardin et parking. Réfrigérateur à disposition des hôtes. Chauffage central. Forfait semaine. Tarif dégressif à partir de la 4e nuit. Forêt à proximité.

Prix : 1 pers. **150 F** 2 pers. **230 F** 3 pers. **280 F** 1/2 pens. **150 F**

6	6	6	SP	2	SP	18	1

KAUFFMANN Anne-Marie - 104, route d'Ammerschwihr - 68910 LABAROCHE - Tél : 03 89 49 81 21

LABAROCHE
Alt. : 580 m *C.M. 87 Pli 17*

2 ch. Dans une ferme entièrement rénovée, avec un jardin, dans un cadre sylvestre. A l'étage avec entrée indépendante. 1 ch. (2 lits 1 pers.), 1 ch. (1 lit 2 pers.). Salle d'eau et wc individuels. Salon et salle à manger indépendants. TV. Poss. ping-pong, parking, barbecue, salon de jardin. Chauffage central. Forêt à proximité. Tarif dégressif à partir de la 2e nuit. Nombreuses possibilités de randonnées pédestres + VTT à proximité. Visites de caves, sorties pédestres nocturnes accompagnées. Taxe de séjour. Téléphone ligne restreinte à utiliser avec la carte France Télécom. Langues parlées : allemand, anglais.

Prix : 2 pers. **250 F** 3 pers. **270 F** pers. sup. **50 F**

6	6	6	SP	2	SP	18	1

SCHIELE Christiane - 60, Basse Baroche - 68910 LABAROCHE - Tél : 03 89 49 87 12 ou 06 80 63 62 76

LAPOUTROIE
Alt. : 840 m **A** *C.M. 87 Pli 17*

3 ch. Situées dans une ferme-auberge : 1 chambre (1 lit 2 pers. 1 lit superposé), 2 chambres (1 lit 2 pers. 1 lit 1 pers. 1 lit bébé). Lavabo dans chaque chambre. Douche et wc communs. Chauffage central au bois. Demi-tarif pour les enfants de moins de 10 ans.

Prix : 1 pers. **140 F** 2 pers. **260 F** 1/2 pens. **190 F** pens. **230 F**

Ouvert : de février au 1er décembre.

2	8	6	SP	6	2	8	20	2

GARNIER Daniel - 207, le Brezouard - 68650 LAPOUTROIE - Tél : 03 89 47 23 80 - Fax : 03 89 47 23 80

LAPOUTROIE
Alt. : 650 m *C.M. 87 Pli 17*

1 ch. Ferme du XVIIIe siècle rénovée dans un hameau de montagne : 1 chambre (1 lit 2 pers.), salle de bains et wc individuels. Salon/salle à manger à la disposition des hôtes. Entrée indépendante. Terrain non clos, jardin. Tarif dégressif à partir de la 5e nuit. Ski de piste 6 km. VTT sur place. Langues parlées : anglais, allemand.

Prix : 1 pers. **230 F** 2 pers. **260 F**

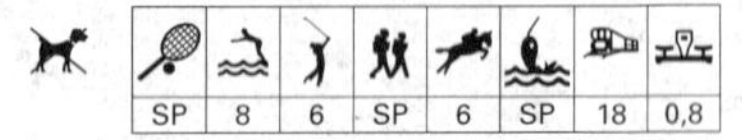

SP	8	6	SP	6	SP	18	0,8	

COGITORE Jacques et Nathalie - La Bohle N°86 - 68650 LAPOUTROIE - Tél : 03 89 47 56 11 - E-mail : cogitore@repandise.com - http://www.repandise.com

LAPOUTROIE Ribeaugoutte
Alt. : 630 m *C.M. 87 Pli 17*

1 ch. A l'étage d'une ferme du XVIe s rénovée 1 ch. de caractère (1 lit 2 pers.), convertible, s. d'eau avec wc privative attenante. Petit séjour contigu à disposition avec réfrigérateur. Chauf. central. Salon de jardin, parking ombragé. Entrée indépendante, terrasse à disposition, verger. Prix réduits si + 3 nuits. Dans la vallée de Kaysersberg, au cœur du petit hameau de Ribeaugoutte avec ses anciennes fermes entourant la chapelle. Petit-déjeuner servi dans salle à manger avec cheminée et four à pain ou en terrasse. Golf et ski alpin à 8 km. Langues parlées : allemand, anglais.

Prix : 1 pers. **215 F** 2 pers. **270 F** 3 pers. **335 F** pers. sup. **65 F**

Ouvert : toute l'année.

1,5	10	10	SP	8	1,5	8	20	1,5

BRUNO Christiane - Ribeaugoutte - 68650 LAPOUTROIE - Tél : 03 89 47 52 64 - Fax : 03 89 47 50 72 - E-mail : ribele@calixo.net - http://www.ribeaugoutte.com/bruno

LAPOUTROIE Hachimette

1 ch. **Kayserberg 7 km. Colmar 18 km.** Dans une maison située au calme dans le village : 1 chambre (1 lit de milieu), une armoire, 2 tables de chevet, 1 table, 1 fauteuil. Salle de bains at baignoire, wc à part. Petits-déjeuners servis par le propriétaire. Langues parlées : allemand, anglais.

Prix : 1 pers. **150 F** 2 pers. **150 F**

Ouvert : toute l'année.

5	17

MARCO Marie-Thérèse - 15, rue de la Scierie - Hachimette - 68650 LAPOUTROIE - Tél : 03 89 47 23 29

LAUTENBACH
C.M. 87

1 ch. **Ecomusée d'Alsace 15 km. Abbaye de Murbach 10 km.** Dans le Parc des Ballons d'Alsace sur la Route des Crête, grande chambre de type studio, exposée au sud avec salle de bains, wc, cuisine équipée. Lit supplémentaire possible, chauffage central, prise TV. Jardin, jardin d'hiver et salons. Egalement située sur la Route des Vins, idéal pour découvrir l'Alsace touristique et la montagne (sports été/hiver). Langues parlées : anglais, allemand.

Prix : 1 pers. **225 F** 2 pers. **250 F** pers. sup. **50 F**

Ouvert : toute l'année.

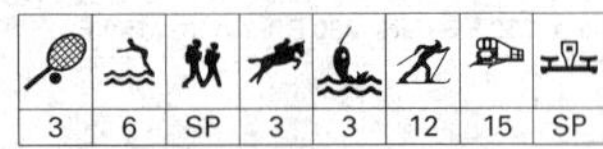

3	6	SP	3	3	12	15	SP

RINGLER / PEYRELON - 44, rue principale - 68610 LAUTENBACH - Tél : 03 89 76 39 21 ou 06 60 89 15 83

MITTELWHIR

C.M. 87 Pli 17

2 ch. Chez le viticulteur dans une maison dominant la plaine d'Alsace et le village : 2 chambres (1 lit 2 pers.), salle d'eau et wc privatifs non communiquants. Réfrigérateur. Chauffage central. Meubles de jardin. Langue parlée : allemand.

Prix : 1 pers. **200 F** 2 pers. **240/260 F**

SP	5	SP	2	SP

MAULER Jean-Jacques - Colline des Amandiers - 68630 MITTELWHIR - Tél : 03 89 47 91 70 ou 06 85 09 85 24

MITTELWIHR

C.M. 87 Pli 17

3 ch. Chez un exploitant, 3 ch. aménagées dans une maison de caractère classée monument historique, en plein cœur du vignoble. 1 ch. (2 lits 1 pers. 1 lit d'appoint sur demande), 1 ch. (1 lit 2 pers.) et 1 ch. (2 lits 1 pers.), douche, lavabo et wc dans chacune des chambres. Chauffage central. Réfrigérateur. Salon de jardin, parking. Salle de petit déjeuner très rustique. Langues parlées : allemand, anglais.

Prix : 2 pers. **280 F** 3 pers. **340 F**

SP	3	5	SP	2	SP

EDEL François - Domaine Bouxhof - 68630 MITTELWIHR - Tél : 03 89 47 93 67

MITTELWIHR

C.M. 87 Pli 17

2 ch. Chez le viticulteur, au centre du village sur la route des vins. A l'étage : 1 chambre (1 lit 2 pers.), lavabo et douche, wc communs. 1 chambre (2 lits 1 pers.), lavabo, salle de bains et wc communs. Balcon, cour. Langues parlées : allemand, anglais.

Prix : 1 pers. **150 F** 2 pers. **210/240 F**

Ouvert : toute l'année.

SP	5	SP	10	SP

MAULER Jean-Paul - 3, place des Cigognes - 68630 MITTELWIHR - Tél : 03 89 47 93 23 - Fax : 03 89 47 88 29

MITTELWIHR

5 ch. Au centre du village sur la Route des Vins. 1er étage : 1 ch. (1 lit 2 pers.), kitchenette, entrée indép., lavabo, douche, wc. R.d.c. : 1 ch. (1 lit 2 pers. 1 lit 1 pers.), entrée indép., lavabo, douche, wc. 2 ch. (1 lit 2 pers.), entrées indép., kitchenette, lavabo, douche, wc. 1 ch. (1 lit 2 pers.), kitchenette, lavabo, douche, wc, entrée commune. Langue parlée : allemand.

Prix : 1 pers. **250 F** 2 pers. **280 F** 3 pers. **330 F** pers. sup. **60 F**

Ouvert : toute l'année.

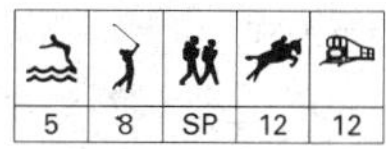

5	8	SP	12	12

GEORGES Michel - 2, place des Cigognes - 68630 MITTELWIHR - Tél : 03 89 49 01 16

MUNTZENHEIM

C.M. 87 Pli 7

2 ch. **Colmar 11 km. Neuf-Brisach 17 km.** A l'étage d'une ancienne ferme du Ried chez le propriétaire, au bord de la route, au centre d'un village de la plaine d'Alsace. 1 ch. comprenant 1 lavabo, douche et wc communs. 1 ch. comprenant 1 lavabo et 1 baignoire, wc communs. Chauffage central. Poss. lit suppl. Jardin, barbecue, cour. Langue parlée : allemand.

Prix : 1 pers. **190 F** 2 pers. **230 F** pers. sup. **90 F**

Ouvert : toute l'année.

SP	11	SP

FAHY Léone - 26, rue principale - 68320 MUNTZENHEIM - Tél : 03 89 47 78 07

MUNWILLER

C.M. 87 Pli 18

2 ch. **Rouffach 6 km.** Au centre d'un petit village de plaine, 2 ch. confortables avec mezzanine. 1 ch. (1 lit 2 pers., 1 lit 1 pers.), 1 ch. (3 lits 1 pers.). Lavabo, douche, wc, kitchenette en supplément, réfrigérateur et TV dans chaque chambre. Lave-linge et sèche-linge communs (en suppl.). Chauf. central. Barbecue, parking dans cour fermée, salon de jardin. Dans une dépendance de ferme au calme avec entrée indépendante. Petit déjeuner servi sur la terrasse ou dans le salon. Tarif réduit à partir de la 3e nuit. Ski de piste à 20 km. Langue parlée : allemand.

Prix : 2 pers. **230 F** 3 pers. **280 F**

Ouvert : toute l'année.

5	5	5	SP	5	20	5	5

REYMANN Yvonne - 17, rue principale - 68250 MUNWILLER - Tél : 03 89 49 68 66 ou 03 89 78 50 76

OBERHERGHEIM *C.M. 87 Pli 18*

2 ch. **Rouffach 7 km. Colmar 13 km.** A l'étage de la maison du propriétaire, dans un petit village de plaine : 2 ch. (1 lit 2 pers.), douche, lavabo et wc communs. Jardin, parking.

Prix : 1 pers. **110 F** 2 pers. **180 F**

SP	SP	SP	7	6

DE BELAY Jean-Marc - 53, rue Martin Drolling - 68127 OBERHERGHEIM - Tél : 03 89 49 41 34

OLTINGUE A *C.M. 87 Pli 10*

4 ch. Dans un ancien moulin du XVIIe siècle, à la campagne, à la frontière franco-suisse, dans le Jura-Alsacien : 4 ch. 2 pers. Salle d'eau particulière. Entrée indépendante. Salle de séjour, salon. Forêt à proximité. Langues parlées : allemand, anglais.

Prix : 1 pers. **260 F** 2 pers. **320 F** 3 pers. **400 F** pers. sup. **100/200 F**

6	6	10	SP	4	15	2

THOMAS Antoine - Moulin de Huttingue - 68480 OLTINGUE - Tél : 03 89 40 72 91

ORBEY Le Hambout Alt. : 610 m  *C.M. 87 Pli 17*

1 ch. **Orbey 2 km.** Aux portes du vignoble alsacien et des montagnes vosgiennes, dans un petit hameau, Nicole Tisserand vous accueille dans sa maison en pleine nature. 1 ch. 2 pers. avec douche, lavabo et wc privés. Bibliothèque, baby-foot, espace vert avec salon de jardin, barbecue et balançoire. A 610 m d'alt., l'air pur, le calme et la quiétude de nos paysages montagnards vous raviveront. Nombreux circuits et visites proposés : la route des vins, ses caves et ses petits villages typiques alsaciens, la route du fromage, celle des crêtes, les musées locaux... Langues parlées : allemand, anglais.

Prix : 1 pers. **160 F** 2 pers. **210 F**

Ouvert : les week-ends et les vacances scolaires.

2	10	13	SP	5	SP	10	20	2

TISSERAND Nicole - 103, Tannach - Le Hambout - 68370 ORBEY - Tél : 03 89 71 27 24

ORBEY Alt. : 600 m *C.M. 87 Pli 17*

6 ch. Dans une ferme sur un site calme, agréable et dans un cadre de verdure, en montagne. R.d.c. : 2 ch. (1 lit 2 pers.). 1er étage : 2 ch. (1 lit 2 pers.), 1 ch. (2 lits 1 pers.), 1 ch. (1 lit 2 pers. + 1 lit 1 pers.). Douche, lavabo et wc particuliers dans chaque chambre. Ch. central. Salon de jardin, barbecue. Taxe de séjour. Circuit VTT sur place. Egalement gîte d'étape et gîte rural. Langues parlées : allemand, anglais.

Prix : 1 pers. **270 F** 2 pers. **290 F** pers. sup. **115 F**

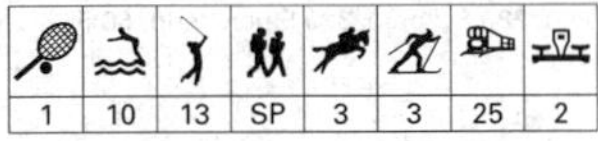

1	10	13	SP	3	3	25	2

BATOT Fabienne - 33, le Busset - Ferme du Busset - 68370 ORBEY - Tél : 03 89 71 22 17 - Fax : 03 89 71 22 17

ORBEY Alt. : 600 m A *C.M. 87 Pli 17*

5 ch. Au calme, en pleine nature et en montagne, entourées de verdure. 3 chambres 2 pers., 2 chambres 4 pers., salle d'eau et wc individuels pour chaque chambre. Jardin, salon de jardin, terrasse, cour, parking. Possibilité forfait semaine. Auberge, possibilité de demi-pension.

Prix : 1 pers. **130 F** 2 pers. **260 F** 3 pers. **390 F** repas **80 F**

1	10	13	SP	3	3	25	2

SAN PHILIPPO Catherine - 72, Housserouse - 68370 ORBEY - Tél : 03 89 71 28 15

OSTHEIM A *C.M. 87 Pli 17*

3 ch. Dans une ancienne et très belle ferme alsacienne réaménagée, 3 ch. (1 lit 2 pers.) avec douche, wc et salon privés. Salle à manger indép. Ch. central. Parking, terrasse et meubles de jardin à disposition des hôtes. Petit déjeuner alsacien. Possibilité de restauration sur place (spécialités alsaciennes) : vendredi, samedi, dimanche soir et lundi en saison uniquement. Langues parlées : allemand, anglais.

CV

Prix : 2 pers. **340/410 F** 3 pers. **520 F**

SP	5	SP	12	SP	5	SP

COTTEL Gilbert - 2, rue de la gare - Auberge « Aux armes d'Ostheim » - 68150 OSTHEIM - Tél : 03 89 47 91 15 - Fax : 03 89 47 86 29 - E-mail : ostheim@projet.com - http://www.projet.com/ostheim

PFAFFENHEIM

C.M. 87 Pli 18

2 ch. A l'étage d'une maison avec grand jardin (arbres fruitiers). Très belle vue sur le vignoble depuis la véranda où sont pris les petits déjeuners. 1 ch. 4 pers. avec douche et 2 lavabos individuels et wc privatif. 1 ch. 2 pers. avec lavabo, douche et wc privatifs non communicants. 1 ch. (2 lits 1 pers.), douche, lavabo et wc dans la ch. Séjour à disposition des hôtes. TV. Jardin. Forêt sur place. Tarif 4 pers. : 420/440 F. Langue parlée : allemand.

Prix : 1 pers. **180 F** 2 pers. **220/250 F** 3 pers. **350 F** pers. sup. **100 F**

BOOG Marthe - 8, rue de rouffach - 68250 PFAFFENHEIM - Tél : 03 89 49 63 77

RIBEAUVILLE

C.M. 87 Pli 16

1 ch. A l'étage d'une maison moderne entourée de verdure (forêt, jardin), au pied des châteaux. 1 ch. (2 lits 1 pers.) avec s. d'eau et wc privés. TV + câble dans la chambre. Chauffage central. Jardin, salon de jardin. Parking devant la maison. Situation calme. Centre ville à 10 mn à pied. Langues parlées : allemand, anglais.

Prix : 1 pers. **210 F** 2 pers. **260 F**

KERN Marie-Pia - 4, rue saint-Morand - 68150 RIBEAUVILLE - Tél : 03 89 73 77 60 - Fax : 03 89 73 32 94

RIBEAUVILLE

C.M. 87 Pli 16

4 ch. Dans une maison indépendante, près d'un petit vignoble privé, au pied des châteaux et des vignes. 2 ch. 2 pers. avec lavabo et balcon, douche et wc communs. 2 ch. 2 pers. avec lavabo, douche et wc privés. Poss. lit enfant sur demande. Salle pour petit déjeuner. Ch. central. Réfrigérateur. Cour. Parking et salon de jardin à la disposition des hôtes. Vélo sur place. Itinéraires cyclables à proximité. Abri pour vélos. Adresse des chambres : 24, route de Bergheim. Langues parlées : allemand, anglais.

Prix : 1 pers. **130/160 F** 2 pers. **210/240 F** 3 pers. **280 F**

Ouvert : du 1er au 31 octobre.

0,5	0,5	15	SP	1	15	4	1

BOLLINGER Guy - 14, rue du Giersberg - 68150 RIBEAUVILLE - Tél : 03 89 73 68 99

RIEDWIHR

C.M. 87 Pli 7

1 ch. Située au cœur du village : 1 chambre 2 pers. + 1 enfant avec douche, lavabo, wc et TV dans la chambre. Salle de séjour à la disposition des hôtes. Jardin, salon de jardin, véranda, cour, parking. Forêt sur place. Produits fermiers sur place. Langue parlée : allemand.

Prix : 1 pers. **120 F** 2 pers. **220 F** 3 pers. **250 F**

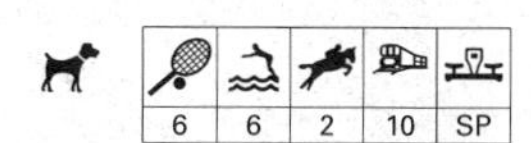

ULSAS Léon - 6, rue de Jebsheim - 68320 RIEDWIHR - Tél : 03 89 71 61 20

RIMBACH-PRES-MASEVAUX

Alt. : 600 m 

C.M. 87 Pli 19

3 ch. A l'étage de la maison de la propriétaire avec un parc entrecoupé d'un joli ruisseau. 2 ch. avec 1 lit 2 pers. et lavabo. 1 ch. (1 lit 2 pers.). 1 ch. (2 lits 1 pers.) communicante avec wc/lavabo/douche en commun. S.d.b. commune sur le palier. Piscine thermale privée utilisable toute l'année. Tarif 4 pers. 360F. Activités pour enfants. Egalement camping et gîte rural. Ski alpin 15 km. Forêt à proximité. Terrain de jeux, au calme, paysage montagnard verdoyant, sauna, meubles de jardin, abri-vélo, barbecue. Langue parlée : allemand.

Prix : 1 pers. **130 F** 2 pers. **180 F**

HAGENBACH Marie-Claire - 27, rue d'Ermensbach - 68290 RIMBACH-PRES-MASEVAUX - Tél : 03 89 82 00 13

RIQUEWIHR

C.M. 87 Pli 17

3 ch. A l'étage de la maison du propriétaire avec jardin, situation calme, vue sur le vignoble et la forêt ou le village. 2 chambres (2 lits 1 pers.), lavabo/douche/wc privés. Poss. lit suppl. 1 chambre (1 lit 2 pers.), lavabo/douche/wc privés. Chauffage électrique. Salle de séjour pour petit déjeuner.

Prix : 1 pers. **204 F** 2 pers. **270 F** 3 pers. **350 F**

SCHMITT Gérard - 3, chemin des Vignes - 68340 RIQUEWIHR - Tél : 03 89 47 89 72

RIQUEWIHR *C.M. 87 Pli 17*

2 ch. Dans une maison de construction récente avec un jardin, dans un quartier résidentiel calme, au cœur du vignoble. 1 ch. 2 pers., lavabo, terrasse, douche séparée. 1 ch. 2 pers., lavabo, douche, wc particuliers. Salle pour petit déjeuner. Réfrigérateur et lave-linge à la disposition des hôtes.

Prix : 2 pers. **240/260 F**

0,5	4	9	SP	1	25	5	SP

WOTLING René - 7, rue de Horbourg - 68340 RIQUEWIHR - Tél : 03 89 49 03 20

RIXHEIM Le Clos du Mûrier

5 ch. **Mulhouse 6 km.** Dans une belle maison rénovée du XVIe siècle, propriété close au centre avec jardin. R.d.c. : 1 ch. (2 lits 1 pers.), canapé. 1er ét. : 1 ch. (2 lits 1 pers.), canapé, 1 ch. (1 lit 2 pers.). 2e ét. : 1 ch. (2 lits 1 pers.), canapé, 1 ch. (1 lit 2 pers.). Salle de bains, wc, kitchenette, TV, ch. élect. dans chaque chambre. Lave-linge et sèche-linge communs. Parking privé dans une cour fermée, ping-pong, vélos. Langue parlée : italien.

Prix : 1 pers. **340 F** 2 pers. **430 F** 3 pers. **570 F** pers. sup. **140 F**

1	1	SP	2	1	6	SP

VOLPATTI Rosa - 42, Grand rue - Le Clos du Murier - 68170 RIXHEIM - Tél : 03 89 54 14 81 - Fax : 03 89 64 47 08

ROMBACH-LE-FRANC La Hingrie  A *C.M. 87 Pli 16*

5 ch. **Château du Haut-Koenigsbourg 20 km.** Dans une ferme-auberge. 4 ch. (1 lit 2 pers. chacune), 1 ch. (1 lit 2 pers. 1 lit 1 pers.), salle d'eau et wc individuels. Salon indépendant à la disposition des hôtes. Chauffage central et chaudière à bois. Terrain non clos, cour, terrasse. Au bout du village, au calme, au pied de la montagne. En lisière de forêt.

CV

Prix : 2 pers. **260/290 F** pers. sup. **85 F** repas **75 F** 1/2 pens. **205/220 F** pens. **265/280 F**

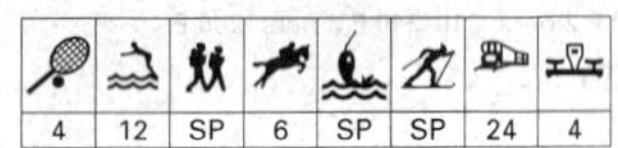

4	12	SP	6	SP	SP	24	4

WENGER Ginette - La Hingrie N°6 - 68660 ROMBACH-LE-FRANC - Tél : 03 89 58 95 43 - Fax : 03 89 58 42 46

RORSCHWIHR *C.M. 87 Pli 16*

2 ch. Sur la Route des Vins et 2 chambres situées à l'entrée du village, dans une maison chez un viticulteur, au calme, dans les vignes. Vaste panorama. 1 chambre 4 pers. et 1 chambre 2 pers. avec réfrigérateur et salle de bains et wc privés. Cour, parking, salon de jardin. Forêt à proximité. Vins d'Alsace. Restaurant à 200 m. Taxe de séjour incluse dans les tarifs. Langues parlées : allemand, anglais.

Prix : 2 pers. **270 F** 3 pers. **350 F**

Ouvert : du 1er avril au 11 novembre.

2	5	15	SP	2	7	1,3

ACKERMANN André - 25, route du vin - 68750 RORSCHWIHR - Tél : 03 89 73 63 87 - Fax : 03 89 73 38 16

RORSCHWIHR *C.M. 87 Pli 16*

4 ch. Sur le Route des Vins, avec entrée indépendante, donnant sur l'arrière avec vue sur le verger, au centre du village. 4 chambres (1 lit 2 pers. chacune), salle d'eau et wc dans chaque chambre. 2 ch. au rez-de-chaussée avec balcon et 2 ch. au 1er étage. Chauffage central. Salle à manger indépendante. Réfrigérateur à disposition. Cour, parking, jardin. Taxe de séjour comprise dans les tarifs. Langue parlée : allemand.

Prix : 1 pers. **200 F** 2 pers. **250 F** 3 pers. **280 F**

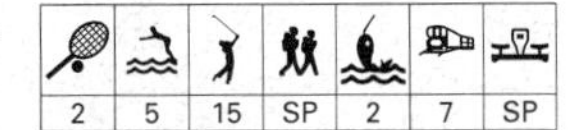

2	5	15	SP	2	7	SP

DINTZER Aimé - 10, route du vin - 68750 RORSCHWIHR - Tél : 03 89 73 74 48 - Fax : 03 89 73 74 48

RORSCHWIHR *C.M. 87 Pli 16*

2 ch. Maison dans les vignes, au calme. 1 chambre (1 lit 2 pers. 1 lit pliant 1 pers.), salle de bains et wc privés. 1 chambre (1 lit 2 pers.), douche et wc privés. Réfrigérateur. Jardin, meubles de jardin. Cour pour voiture. Restaurants et forêt à proximité. Animaux admis sous conditions. Langues parlées : allemand, anglais.

Prix : 1 pers. **190 F** 2 pers. **230 F** 3 pers. **280 F**

5	3	15	SP	2	7	0,1

FRANCOIS Colette - 14, rue des Moutons - 68750 RORSCHWIHR - Tél : 03 89 73 73 53

RORSCHWIHR

C.M. 87 Pli 16

4 ch. Aménagées dans une maison récente avec véranda et jardin. 4 chambres (1 lit 2 pers.), douche et wc particuliers. Chauffage central. Entrée individuelle. Réfrigérateur, véranda fermée et salon de jardin à la disposition des hôtes. Situation calme avec vue sur le château du Haut-Koenigsbourg. Petits chiens admis. Lit d'appoint sur demande. Langue parlée : allemand.

Prix : 1 pers. **180 F** 2 pers. **240 F** 3 pers. **260 F**

Ouvert : du 15 mars à fin décembre.

5	3	15	SP	2	7

MESCHBERGER Fernande - 1, rue de la forêt - 68750 RORSCHWIHR - Tél : 03 89 73 77 32 - Fax : 03 89 73 77 32

SAINT-BERNARD

C.M. 87 Pli 19

3 ch. Dans une ancienne ferme du XIXe réaménagée. 1 ch. de plain-pied (2 lits 1 pers.) avec s.d.b et w.c. privés. 2 chambres (1 lit 2 pers., convertible dans chaque chambre)n s.d.b et w.c privés. TV, grande cuisine à disposition. Mobilier de jardin et barbecue. Situation calme, très belle campagne, cour fermée, verger, poss. pique-nique. Rivière et étang à proximité. Langue parlée : allemand.

Prix : 1 pers. **170/200 F** 2 pers. **230/260 F** pers. sup. **70 F**

2	6	15	SP	10	SP	7	5

BAIRET Marie-Laure - 13, rue de l'Eglise - 68720 SAINT-BERNARD - Tél : 03 89 25 44 71

SAINT-HIPPOLYTE

C.M. 87 Pli 16

3 ch. Chez un viticulteur avec entrée indépendante, directement sur la Route des Vins. Magnifique vue sur le vignoble et le château du Haut-Koenigsbourg. 3 chambres 2 pers. avec lavabo, douche et wc. Chauffage électrique. Lit pour enfants sur demande. Jardin, salon de jardin. Langue parlée : allemand.

Prix : 2 pers. **230 F** 3 pers. **295 F**

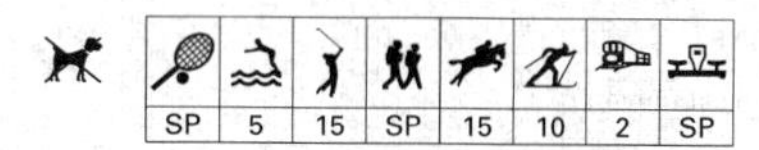

SP	5	15	SP	15	10	2	SP

BLEGER Chantal - 92, route du vin - 68590 SAINT-HIPPOLYTE - Tél : 03 89 73 00 21 - Fax : 03 89 73 04 22

SAINT-HIPPOLYTE

C.M. 87 Pli 16

4 ch. Maison moderne située en bordure du vignoble, avec un jardin et une belle vue sur le château du Haut-Koenigsbourg, site très calme. 4 chambres à l'étage (1 lit 2 pers.). Douche dans 3 chambres et 1 chambre avec douche à l'étage, wc à l'étage. Chauffage électrique. Lit enfant sur demande. Parking dans la cour du propriétaire.

Prix : 1 pers. **180 F** 2 pers. **220 F** 3 pers. **250 F**

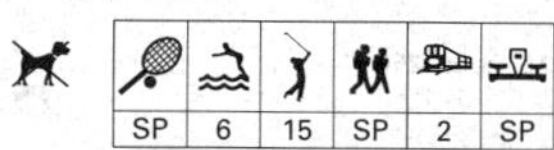

SP	6	15	SP	2	SP

FESSLER Jean-Paul - 1, rue Windmuehl - 68590 SAINT-HIPPOLYTE - Tél : 03 89 73 00 70 - Fax : 03 89 73 00 70

SAINT-HIPPOLYTE

C.M. 87 Pli 16

2 ch. 2 chambres d'hôtes situées à l'entrée du village, chez un viticulteur. Au 2e étage : 1 chambre 2 pers. avec douche et wc particuliers. 1 chambre 3 pers. avec douche et wc particuliers. Kitchenette à la disposition des hôtes. Jardin, parking. Réfrigérateur sur le palier. Forêt à 1 km. Produits fermiers, restaurant à 100 m. Langue parlée : allemand.

Prix : 2 pers. **235 F** 3 pers. **280 F**

Ouvert : du 15 mars au 1er novembre.

SP	5	15	SP	1	7	SP

KLEIN Georges - 10, route du vin - 68590 SAINT-HIPPOLYTE - Tél : 03 89 73 04 95 - Fax : 03 89 73 06 28

SAINT-HIPPOLYTE

C.M. 87 Pli 16

2 ch. Au cœur du village, sur la Route des Vins. Etage : 2 ch. 2 pers. et 1 enfant avec salle d'eau commune aux chambres. Salle de séjour à la disposition des hôtes. Lit d'appoint possible sur demande. Forêt à proximité, produits fermiers et restaurant à 500 m.

Prix : 2 pers. **245 F**

SP	5	15	SP	2	SP

LESIEUR Raymond - 73, route du vin - 68590 SAINT-HIPPOLYTE - Tél : 03 89 73 01 20 - Fax : 03 89 73 01 20

SAINTE-MARIE-AUX-MINES

Alt. : 500 m — *C.M. 87 Pli 16*

3 ch. Dans un bâtiment rénové où l'on trouve également 2 gîtes. 2 ch. (1 lit 2 pers.) avec salle d'eau et wc individuels. Chauffage électrique. Salle commune avec cuisine équipée pour le petit déjeuner et TV. Dans la maison du prop. avec entrée indépendante. TV. Chauffage central. 1 ch. (1 lit 2 pers. 1 lit 1 pers.), s. d'eau et wc individuels. Cour, emplacement voiture, salon de jardin. Local de distillation et de dégustation des fabrications artisanales. Ferme-auberge 6 km. Endroit paisible à l'orée de la forêt et à proximité de la rivière. Gîte rural sur place. Ouvert toute l'année. Langue parlée : allemand.

Prix : 2 pers. **220/240 F** 3 pers. **300 F**

Ouvert : toute l'année.

3	3	SP	4	5	22	SP

DEMOULIN Gabriel - 17, rue Untergrombach - 68160 SAINTE-MARIE-AUX-MINES - Tél : 03 89 58 59 51 ou 06 83 99 97 29

SEWEN

Alt. : 600 m — *C.M. 87 Pli 19*

5 ch. Au 2e étage d'une grande villa au bord du lac de Sewen, entourée de sapins. 5 chambres (1 lit 2 pers.) dont 2 avec douche, lavabo et wc et 1 avec wc en commun sur le pallier. 1 chambre (1 lit 2 pers.), 1 chambre (2 lits 1 pers.). 2 salle d'eau avec wc communs. Salle à manger, salon au rez-de-chaussée. Chauffage central. Barbecue. Réfrigérateur. Langue parlée : anglais.

Prix : 2 pers. **190/230 F** 3 pers. **300 F**

10	10	SP	15

EHRET Michèle - Villa du Lac - 68290 SEWEN - Tél : 03 89 82 08 64

SIGOLSHEIM

C.M. 87 Pli 17

1 ch. Au centre du village chez un viticulteur/arboriculteur. 1 chambre d'hôtes de 2 personnes, douche, lavabo, wc et kitchenette. Lave-linge à disposition des hôtes. Prise TV. Cour, salon de jardin. Langue parlée : allemand.

Prix : 2 pers. **180/230 F**

Ouvert : toute l'année sauf hivers.

3	3	3	SP	10	SP

ULMER Marie - 23, rue de Bennwihr - 68240 SIGOLSHEIM - Tél : 03 89 78 25 28

SOULTZ Rimbach-près-Guebwiller

A — *C.M. 87 Pli 18*

5 ch. Aménagées à l'étage d'une ferme-auberge communale, dans la forêt reculée de Soultz. 1 ch. (1 lit 2 pers.), 4 ch. (2 lits 1 pers. chacune), lavabo et douche dans chaque chambre. WC sur le palier. Nombreuses possibilités de randonnées. Au pied du Grand Ballon (1424 m). Langue parlée : allemand.

CV

Prix : 1 pers. **150 F** 2 pers. **300 F** 1/2 pens. **250 F**

Ouvert : toute l'année.

8	SP	SP	8	8

GULLY Liliane - Ferme-auberge Glashutte - Rimbach-pres-Guebwiller - 68315 SOULTZ - Tél : 03 89 76 88 04 ou 03 89 76 64 06

SOULTZBACH-LES-BAINS

C.M. 87 Pli 17

2 ch. Dans un village entre Colmar et Munster, maison moderne avec 2 chambres d'hôtes (1 lit 2 pers.). Kitchenette, canapé dans une chambre et fauteuil dans l'autre, salle de bains dans chacune. Jardin, salon de jardin. Chauffage au mazout ou au bois. Tarif pour 4 personnes : 340 F.

Prix : 2 pers. **220 F**

Ouvert : toute l'année.

6	6	SP	15	6	6

THORR Edith - 8, rue du Stumpfen - 68230 SOULTZBACH-LES-BAINS - Tél : 03 89 71 12 36

STRUETH

A — *C.M. 87 Pli 20*

4 ch. Dans une maison alsacienne entièrement restaurée, au calme. 4 ch. (2 lits 1 pers. chacune), s.d.b. et wc individuels pour chaque ch. TV dans chaque ch. Salon/salle à manger avec cheminée à la disposition des hôtes. Terrasse, barbecue, salon de jardin, étang. Restauration : grillade au feu de bois, spécialités alsaciennes, tartes flambées... 1/2 pension pour 2 pers. : 360 F. Pension pour 2 pers. : 460 F. Langues parlées : allemand, anglais.

Prix : 1 pers. **180 F** 2 pers. **300 F** 1/2 pens. **205 F** pens. **245 F**

3	8	8	0,5	10	SP	10	5

EMBERGER Bernard - 1, route de Mertzen - 68580 STRUETH - Tél : 03 89 07 21 46 - Fax : 03 89 07 29 29

THANNENKIRCH

(TH)

3 ch. **Ribeauvillé 10 km. Château de Haut-Koenigbourg 5 km.** Dans une vaste maison ancienne avec entrée indépendante dans un cadre rustique et confortable. Salle d'eau privée pour chaque chambre, salle de séjour. Proximité de la forêt.

CV

Prix : 1 pers. **160 F** 2 pers. **210 F** 3 pers. **260 F** pers. sup. **50 F** repas **60 F** 1/2 pens. **170 F**

Ouvert : toute l'année.

10 | 20 | 30 | 10 | SP

HERRMANN Bernard - 1, chemin du Lecolte - 68590 THANNENKIRCH - Tél : 03 89 73 12 49 - Fax : 03 89 73 12 49 - E-mail : dominique.mortelette@wanadoo.fr

THANNENKIRCH

Alt. : 600 m *C.M. 87 Pli 16*

4 ch. Maison dans un site très pur et très calme, à proximité de la forêt. 3 chambres 2 pers. Douche, wc dans chaque chambre. 1 chambre 2 pers., douche, bains et wc privés. Terrasse. Jardin. Téléphone direct dans les chambres. Parking privé. Pré. Salle de séjour avec TV. Taxe de séjour.

Prix : 2 pers. **240/260 F**

10 | 10 | SP | 10 | 10 | SP

DUMOULIN René - 15, rue Sainte-Anne - 68590 THANNENKIRCH - Tél : 03 89 73 12 07

THANNENKIRCH

Alt. : 600 m *C.M. 87 Pli 16*

2 ch. Chez le propriétaire, à l'étage d'une maison moderne qui domine le village (1 lit 2 pers.). Lavabo dans la chambre, douche et wc en commun. Jardin et salon de jardin, balançoire. Langue parlée : allemand.

Prix : 2 pers. **250 F** pers. sup. **50 F**

Ouvert : toute l'année.

MARTINS Klaus - 47, rue Sainte-Anne - 68590 THANNENKIRCH - Tél : 03 89 73 12 27 - Fax : 03 89 73 11 20

TURCKHEIM

C.M. 87 Pli 17

2 ch. Dans une maison de maître accessible après une trentaine de marches, au bord de la Fecht avec une belle perspective sur les Vosges et le vignoble. 1 ch. (1 lit 2 pers.), 1 ch. (2 lits 1 pers.) avec s.d.b. et wc privés. Salon et salle à manger à la dispo. des hôtes. Chauffage mazout. Terrain clos, jardin, balcon, terrasse, abri couvert, cour. Garage et salon de jardin à disposition. Langue parlée : allemand.

Prix : 2 pers. **275 F** pers. sup. **52 F**

FEGA Marie-Rose - 14, rue des Tuileries - 68230 TURCKHEIM - Tél : 03 89 27 18 84

TURCKHEIM

C.M. 87 Pli 17

5 ch. Dans une maison moderne située à proximité du vignoble avec vue panoramique sur la plaine d'Alsace. 1 ch. au r.d.c. et 4 à l'étage : 2 chambres pour 3 pers. avec salles d'eau individuelles, 3 chambres 2 pers. avec salle d'eau commune. Chauffage central. Pré. Forêt à 500 m. Restaurant à 500 m.

Prix : 1 pers. **200 F** 2 pers. **230/270 F** 3 pers. **360 F**

GIAMBERINI Raymond - 11, route de Niedermorschwihr - 68230 TURCKHEIM - Tél : 03 89 27 09 56

UFFHOLTZ

C.M. 87 Pli 19

3 ch. Dans une maison avec jardin, au bord de la forêt et au pied du Vieil Armand. 3 chambres avec accès indépendant de plain-pied (2 lits 1 pers.) avec salle d'eau et wc individuels ainsi que coin-cuisine et réfrigérateur dans chaque chambre. Terrain clos, terrasse, jardin, barbecue. Chauffage électrique. Equipement pour bébé. Nombreuses possibilités de randonnées.

Prix : 1 pers. **150 F** 2 pers. **250 F**

2 | 2 | SP | 2 | 10 | 7 | SP

BERNARD Vincent - 25, rue de Soultz - 68700 UFFHOLTZ - Tél : 03 89 39 91 27

WERENTZHOUSE *C.M. 87 Pli 20*

3 ch. 3 ch. d'hôtes dans une ferme sud-vaugienne, au centre du village. 1 ch. (1 lit 2 pers. + 2 lits 1 pers.) avec mezzanine, s. d'eau et wc individuels. 1 ch. (1 lit 2 pers. + lit superp. enfant), s. d'eau et wc individuels. 1 ch. (1 lit 2 pers.), s. d'eau et wc individuels. Salle à manger indépendante. Salon de jardin, jardin, cour fermée. Chauffage central. Equipement bébé. A proximité de la frontière suisse. Langue parlée : allemand.

Prix : 1 pers. **170/200 F** 2 pers. **200/240 F** 3 pers. **260/300 F** pers. sup. **60 F** repas **60 F** 1/2 pens. **140/260 F**

2	5	SP	2	2	18	2

PROBST Monique - 2, route de Ferrette - 68480 WERENTZHOUSE - Tél : 03 89 40 43 60 - Fax : 03 89 08 22 18 - E-mail : Jean-Louis.probst@wanadoo.fr

WESTHALTEN *C.M. 87 Pli 18*

1 ch. 2 chambres pour 1 famille à l'étage (1 lit 2 pers.), lavabo, douche et wc privatifs. Possibilité 1 lit enfant. Barbecue, balançoire, meubles de jardin. chauffage central. Poss. lit supplémentaire. Langue parlée : allemand.

Prix : 1 pers. **180 F** 2 pers. **240 F** 3 pers. **260 F**

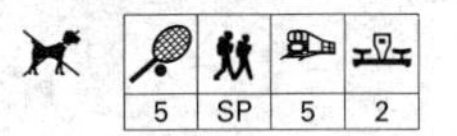

DIRINGER Thérèse - 24, rue Saint-Blaise - 68250 WESTHALTEN - Tél : 03 89 47 01 63

ZELLENBERG *C.M. 87 Pli 17*

1 ch. **Ribeauvillé 3 km. Riquewihr 2 km.** Maison du XIVe siècle flanquée d'une tour d'angle, vestige des remparts : 1 ch. de 40 m^2 d'accès indépendant au 1er étage de la maison du propriétaire (1 lit 2 pers., 1 lit 1 pers.) avec lavabo, douche et wc. Réfrigérateur, TV. Jardin. Langues parlées : allemand, anglais.

Prix : 2 pers. **360 F** 3 pers. **490 F**

Ouvert : toute l'année.

BERLENBACH Alain - 10, rue de Schlossberg - 68340 ZELLENBERG - Tél : 03 89 49 05 15 ou 06 85 10 81 15

ZILLISHEIM *C.M. 87 Pli 19*

2 ch. **Mulhouse (musées) et zoo 7 km.** 1 chambre d'hôtes, (2 lits 1 pers. et 1 lit 2 pers). Salle d'eau. Kitchenette et 1 chambre à l'étage (1 lit 2 pers.), lavabo, douche et wc. 1 lit 2 pers.), prise TV. Chauffage central. Piscine privée. Jardin avec meubles de jardin. Balançoire. Langues parlées : anglais, allemand.

Prix : 1 pers. **170 F** 2 pers. **220 F** 3 pers. **270 F** pers. sup. **50 F**

SCHNEIDER Gabrielle - 18, grand'rue - 68720 ZILLISHEIM - Tél : 03 89 06 32 43 - Fax : 03 89 06 20 77

Vosges

GITES DE FRANCE - Service Réservation
13, rue Aristide Briand - B.P. 405
88010 EPINAL Cedex
Tél. 03 29 35 50 34 - Fax. 03 29 35 68 11
E.mail : gites-88@wanadoo.fr - http://www.gites-de-france.fr

3615 Gîtes de France 1,28 F/min

AINGEVILLE *C.M. 62 Pli 13*

1 ch. Une chambre d'hôtes et deux gîtes mitoyens au logement des propriétaires dans une grande maison rénovée. Entrée indépendante. R.d.c. : séjour réservé aux hôtes avec salon (canapé lit 1 pers.). 1er étage : 1 chambre avec 1 lit 2 pers., TV couleur, salle de bains et wc. Salle à manger commune. Grand terrain et portique. Chauffage électrique. Dans un petit village agréable, à quelques kilomètres de Contrexéville et Vittel (stations thermales), appréciez le confort de cette chambre et l'accueil de Marie-Josée et de sa famille. Enfant supplémentaire 50 F.

Prix : 1 pers. **220 F** 2 pers. **260 F** 3 pers. **330 F**

Ouvert : toute l'année.

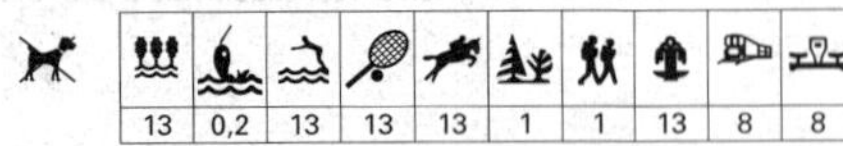

GIRAUD M-Josée et Pierre - 20, rue Génoise - 88140 AINGEVILLE - Tél : 03 29 07 21 91 ou 06 82 28 26 02

ANOULD
Alt. : 500 m (TH) *C.M. 62 Pli 17*

5 ch. 5 ch. d'hôtes dont 4 avec balcon à l'ét. d'une très belle maison moderne. 1 ch. (1 lit 160 X 200, 1 lit 1 pers.). 1 ch. (1 lit 2 pers.). 1 ch. (lit baldaquin 2 pers.). 1 ch. double (1 lit 2 pers., 1 lit 120). 1 ch. double (1 lit 2 pers., 2 lits 1 pers.), salle d'eau, wc privés à chaque chambre. Lit bébé. Ch. fuel. R.d.c. : salle à manger, salon, cheminée, TV. Balançoire. Jeux de boules. M. et Mme Conreaux vous accueillent dans une grande demeure entourée d'un parc d'1 hectare (arbres centenaires), à 2 mn de la forêt, en bordure de rivière, proche de l'Alsace. Produits du pays et du potager. 4 pers. 420 F. Gîte rural sur place.

Prix : 1 pers. **190 F** 2 pers. **245 F** 3 pers. **315/335 F** pers. sup. **80 F** repas **80 F**

Ouvert : toute l'année.

13	18	18	SP	8	0,5	8	0,5	1	58	10	0,5

CONREAUX Marie-Claude - Domaine des Iris - 563, rue du Val de Meurthe - 88650 ANOULD - Tél : 03 29 57 01 09

BAN-DE-LAVELINE Le Voue
Alt. : 600 m *C.M. 62 Pli 18*

1 ch. 1 chambre d'hôtes dans une maison de caractère rénovée, située en pleine campagne à la lisière de la forêt. 1 chambre rustique 3 pers. avec salle d'eau et wc particuliers. Séjour à disposition des hôtes. Jardin, terrain, pré, ruisseau. A quelques kilomètres des crêtes vosgiennes, vivez le pays et rayonnez jusqu'en Alsace. Promenades et circuits en forêt. Repos et tranquillité. Restaurant 3 km. Produits fermiers 500 m.

Prix : 2 pers. **230 F** 3 pers. **290 F**

Ouvert : toute l'année.

30	30	30	SP	12	3	12	0,5	0,5	77	12	2,5

ENGELHARD Elisabeth - 19, Haut de Raumont - 88520 BAN-DE-LAVELINE - Tél : 03 29 57 73 34

BELVAL
Alt. : 500 m *C.M. 62 Pli 8*

2 ch. **En principauté de Salm (Senones 7 km).** 2 ch. d'hôtes indép. et 1 logement dans un ancien Relais de diligence rénové. R.d.c. : 1 ch. (1 lit 2 pers., 1 lit 1 pers. sur mezz.). 1 ch. (2 lits 1 pers., lit bébé). S. d'eau et wc dans chaque ch. Salle détente, TV coul., salle à manger, coin-cuisine réservés aux hôtes. Ch. élect. Terrain. Terrasse couverte. Barbecue. L-linge à disposition. Balançoire. Chambres très agréables dans une maison bien rénovée, bénéficiant d'un bel environnement, proche de l'Alsace. Tarifs dégressifs hors vacances à partir de 3 nuits.

Prix : 1 pers. **170/190 F** 2 pers. **230/260 F** 3 pers. **290/310 F**

Ouvert : de Pâques à la Toussaint.

20	20	25	0,5	7	7	7	1	SP	95	6	5

MARTIN Renée et François - Au Prince de Salm - 30, Grande Rue - 88210 BELVAL - Tél : 03 29 41 00 08

LA BRESSE Le Rainde
Alt. : 800 m (TH) *C.M. 62 Pli 17*

4 ch. 4 ch. d'hôtes à la ferme. 2ème ét. 2 ch. avec cab. toilette (lavabo, wc) et 2 lits 1 pers. chacune, s.d.b. commune, wc sur palier. 1 ch. 1 lit 2 pers., 1 lit 1 pers., douche, cab. toilette (lavabo, wc). 1 ch. 2 épis (1 lit 2 pers.), salle d'eau, wc. 1er ét. : salon, wc, frigo, bibliothèque, TV, jeux de société, ping-pong. Terrain. Accès direct sur l'extérieur. Profitez de la Bresse, station touristique complète. Christine fabrique des fromages régionaux, possède vaches et chevaux. Randonnées au départ de la ferme. Réduction à partir de 3 nuits. Une nuitée gratuite pour une semaine louée en été. Langues parlées : anglais, allemand.

Prix : 1 pers. **180 F** 2 pers. **250 F** 3 pers. **300/330 F** repas **80 F**

Ouvert : toute l'année.

15	0,5	12	3	12	7	12	SP	SP	52	5	5

ZAHLES Christine - 45, route de Planois - Ferme du Vieux Sapin - 88250 LA BRESSE - Tél : 03 29 25 65 56

LA BRESSE
Alt. : 760 m (TH) *C.M. 62 Pli 17*

1 ch. 1 chambre d'hôtes dans la maison du propriétaire. 1er étage : 1 ch. (1 lit 2 pers.), avec entrée indépendante (ne communiquant pas avec le logement du propriétaire). Salle d'eau et wc privés dans la chambre. Chauffage central. Pièce de jour commune avec les propriétaires (TV, cheminée). Profitez du swing-golf gratuit pour les occupants de la chambre. Cette chambre d'hôtes est située en bordure de route menant aux pistes de ski.

Prix : 1 pers. **150 F** 2 pers. **190 F** repas **70 F**

Ouvert : toute l'année.

3	3	15	1	5	2	16	0,5	0,5	40	4,5	4,5

VALLEE Jean-Claude - 10, route de Vologne - 88250 LA BRESSE - Tél : 03 29 25 44 57

LA BRESSE
Alt. : 950 m (TH) *C.M. 62 Pli 17*

2 ch. **Gerardmer 12 km.** 2 chambres d'hôtes dans une ancienne ferme vosgienne entièrement rénovée comprenant 2 gîtes et le logement du propriétaire. 1 ch. (1 lit 2 pers., 1 lit 1 pers.), s. d'eau et wc. 1 ch. double composée de 2 pièces (1 lit 2 pers. chacune), s. d'eau et wc attenants. Salle à manger, coin-salon réservés aux hôtes. TV coul. Bibliothèque. Chauffage central gaz. Terrain. Parcours VTT. Ferme typique en montagne avec un chemin de 300 mètres non goudronné pour y parvenir. Profitez du confort des chambres avec vue sur la vallée. 4 pers. 380 F. Langue parlée : allemand.

Prix : 1 pers. **150 F** 2 pers. **210 F** pers. sup. **70 F** repas **70 F**

Ouvert : toute l'année.

12	SP	11	7	5	5	14	0,5	SP	45	3,5	3,5

PERRIN Daniel et M-Noëlle - 13, chemin des Huttes - 88250 LA BRESSE - Tél : 03 29 25 60 98

LA BRESSE

Alt. : 850 m *C.M. 62 Pli 17*

3 ch. CV

Deux chambres d'hôtes dans la grande maison neuve des propriétaires. 2e étage : 2 chambres (1 lit 2 pers., 1 lit 1 pers. chacune). Chauffage central fuel. Véranda. Lit bébé à disposition. Une chambre 3 pers. dans une maison voisine comportant 3 gîtes. WC et salle d'eau privés dans chaque chambre. Salle commune avec TV et cheminée. Réfrigérateur. Trois belles chambres agréables chacune avec TV, entourées d'un vaste terrain. Vue dégagée sur la vallée. Profitez de la station de La Bresse et de Gérardmer (10 km). Tarifs dégressifs à partir de 3 nuits. Enfant supplémentaire 80 F.

Prix : 1 pers. **190 F** 2 pers. **250 F** pers. sup. **100 F**

Ouvert : toute l'année.

10	1	11	3	4	6	11	1	1	50	4	3,5

POIROT Pierre - 60 A, route de Gérardmer - 88250 LA BRESSE - Tél : 03 29 25 42 12 - Fax : 03 29 25 63 74

LA BRESSE

Alt. : 800 m TH *C.M. 62 Pli 17*

1 ch. CV

Une chambre d'hôtes et deux gîtes dans la maison des propriétaires. 1er ét. : 1 ch. double en 2 pièces (1 lit 2 pers.), s. d'eau et wc indép. et 1 petite ch. mansardée (2 lits 1 pers.). Entrée indép. avec accès intérieur. R.d.c. : salle à manger, salon, TV, cheminée communs avec propriétaires. Chauffage central. Terrain, portique, barbecue communs. Grosse maison typique de la région, avec belle vue sur la vallée de la Bresse. Chambre double agréable et confortable. Tarifs dégressifs à partir de la 3ème nuit. Enfant suppl. 50 F.

Prix : 1 pers. **150 F** 2 pers. **210 F** 3 pers. **280 F** pers. sup. **70 F** repas **70 F**

Ouvert : toute l'année.

11	2	12	3	3	5	12	1	1	50	3	3

MOUGEL Christine et Pierre - 21 route du Droit - 88250 LA BRESSE - Tél : 03 29 25 47 26

BRU

C.M. 62 Pli 6

3 ch. CV

Col de la Chipotte 9 km. 3 chambres d'hôtes à la ferme, à l'ét. de la maison des propriétaires. 2 grandes ch. doubles 4 pers. composées de 3 pièces chacune avec coin salon, coin-cuisine. 1 ch. 2 pers. avec mezz., coin salon, coin-cuisine. TV coul., s. d'eau et wc dans chaque ch. Chauffage central. Entrée indép. réservée aux hôtes. L-linge à disposition. Jardin. Barbecue. Portique. Découvrez la ferme, dans un petit village proche du parc d'attractions de Fraispertuis. Région vallonnée et agréable.

Prix : 1 pers. **160 F** 2 pers. **210 F** 3 pers. **280 F** pers. sup. **70 F**

Ouvert : toute l'année.

59	59	33	3	4	4	4	1	3	66	4	4

GERARDIN Solange et Christian - 4, rue des Clos - 88700 BRU - Tél : 03 29 65 10 71

BULGNEVILLE

C.M. 62 Pli 14

4 ch. CV

Station thermale de Vittel 12 km. 4 chambres d'hôtes dans une maison de caractère. 1er étage : 1 ch. (1 lit 2 pers.), 2 ch. (2 lits jumeaux 1 pers. chacune), 1 ch. (2 lits jumeaux, 1 lit 1 pers.). Coin salon, TV couleur, salle de bains et wc privatifs dans chaque chambre. R.d.c. : hall d'accueil, salle à manger, cuisine. Chauffage central. Jardin. Belles chambres très spacieuses et confortables, dans une grande maison bien rénovée, au centre du village, dans un cadre de verdure. Tarifs dégressifs à partir de 2 nuits. Langues parlées : allemand, anglais.

Prix : 1 pers. **380 F** 2 pers. **400 F** 3 pers. **500 F**

Ouvert : toute l'année.

7	SP	7	SP	10	2	2	7	7	SP

BRETON Benoît - 74 rue des Recollets - 88140 BULGNEVILLE - Tél : 03 29 09 21 72 ou 06 80 15 00 75 - Fax : 03 29 09 21 72

BUSSANG Les Sapins

Alt. : 700 m TH *C.M. 66 Pli 8*

3 ch. CV

3 chambres d'hôtes aménagées à l'étage d'une ferme rénovée. Entrée indép. 1 ch. 3 pers. (2 lits 2 pers.), 1 ch. (1 lit 2 pers., 1 lit 1 pers.), 1 ch. (1 lit 2 pers.). S. d'eau et wc privés dans chaque ch. Poss. lit bébé. Salon, bibliothèque, salle de jeux, frigo à disposition. Chauffage central. Terrasse, terrain de jeux et de pétanque, ping-pong. Mettez vous à l'aise chez Sylvie et François, qui trouveront toujours de bonnes idées pour vos excursions et votre bien-être dans leur vaste maison fleurie. Proche de l'Alsace. Cuisine du terroir. Etang de baignade à proximité. Langues parlées : allemand, anglais.

Prix : 1 pers. **160 F** 2 pers. **250 F** 3 pers. **330 F** repas **100 F**

Ouvert : toute l'année.

1	1	12	1	8	1	6	1	1	40	1	2

NAEGELEN Sylvie - Chambres d'Hôtes les Sapins - 2, impasse du Viaduc - 88540 BUSSANG - Tél : 03 29 61 60 06

CELLES-SUR-PLAINE

TH *C.M. 62 Pli 7*

3 ch. CV

3 ch. d'hôtes dans la maison du propriétaire. R.d.c. (entrée indép.) : séjour, coin-détente, cheminée, TV. 1 ch. double (1 lit 2 pers., 2 lits 1 pers.). 1er étage : 1 ch. (1 lit 2 pers.), 1 ch. (1 lit 2 pers., 1 lit 1 pers.). S. d'eau et wc privés pour chaque chambre. Lit bébé à disposition. Chauffage central fuel. Terrain. Belles chambres spacieuses, très bien aménagées et équipées confortablement, chacune avec TV coul. (connexion satellite). Location VTT. Tarifs dégressifs à partir de la 3e nuit. Repas enfant - de 10 ans 45 F. 4 pers. 370 F. Langue parlée : anglais.

Prix : 1 pers. **190 F** 2 pers. **250 F** 3 pers. **310 F** pers. sup. **60 F** repas **70 F**

Ouvert : toute l'année.

39	14	0,8	0,8	10	1	10	SP	SP	10	0,8

DELBECQUE Stéphane - 40, rue d'Alsace - 88110 CELLES-SUR-PLAINE - Tél : 03 29 41 20 93 - Fax : 03 29 41 20 93 - E-mail : stedel.tourism@wanadoo.fr

LA CHAPELLE-AUX-BOIS

(TH) *C.M. 62 Pli 15*

3 ch. Trois chambres d'hôtes dans une grande maison de caractère rénovée. 1er étage : 1 ch. (2 lits 1 pers.), 1 ch. (3 lits 1 pers.), 1 ch. double (2 lits 1 pers. superposés, 1 lit 2 pers.). Salle d'eau et wc privés dans chaque chambre. R.d.c. : salle à manger et salon à disposition, TV couleur, chaîne HIFI. Grand terrain. Véranda. L-linge à disposition. Tout proche de la station thermale de Bains-les-Bains, chambres d'hôtes très confortables dans une maison de maître rénovée avec goût. Ruisseau sur place (pêche). Gîtes ruraux à proximité. Enfant supplémentaire de moins de 10 ans 50 F.

Prix : 1 pers. **170 F** 2 pers. **230 F** 3 pers. **300 F** pers. sup. **50 F** repas **80 F**

Ouvert : toute l'année.

59	30	24	SP	8	3	4	SP	1	3	3	3

CHASSARD Marie-Claire - 9, les Grands Prés - 88240 LA CHAPELLE-AUX-BOIS - Tél : 03 29 36 31 00 - Fax : 03 29 36 31 00

CHENIMENIL

(TH) *C.M. 62 Pli 16*

2 ch. Deux chambres d'hôtes à l'étage de la maison des propriétaires avec accès indépendant par escalier extérieur. 1 chambre (1 lit 2 pers.), 1 chambre (2 lits 1 pers.). Salle d'eau privative et wc séparé pour chaque chambre. Salle à manger, coin salon, TV communs avec les propriétaires (accès intérieur). Chauffage central fuel. Terrain. Dans un environnement de forêt et de prairies, à 150 m de la ferme des propriétaires, deux chambres d'hôtes proches d'Epinal. Demi-pension 340 F pour un couple.

Prix : 1 pers. **140 F** 2 pers. **220 F** repas **60 F**

Ouvert : toute l'année.

29	29	29	3,5	13	3	3	SP	SP	15	3

CHEVALLEY Véronique et Michel - Les Arpents - 88460 CHENIMENIL - Tél : 03 29 33 25 84

CORCIEUX

Alt. : 540 m *C.M. 62 Pli 17*

1 ch. Une chambre d'hôtes au 1er étage de la maison de la propriétaire, mitoyenne à un gîte. 1 chambre (2 lits 1 pers.), cheminée. Salle de bains avec wc privés. Petite cuisine, salle à manger, prise TV. Chauffage central fuel. Petit jardin à disposition. Le petit-déjeuner peut être servi par la propriétaire ou indépendant (éléments fournis). Chambre spacieuse avec cheminée, dans une maison de bourg. Les locataires sont tranquilles et bénéficient d'annexes appréciées et pratiques. Petite cuisine et salle à manger sympathiques. Tarif dégressif à partir de la 3ème nuit. Restaurant sur place.

Prix : 1 pers. **150 F** 2 pers. **200 F**

Ouvert : toute l'année.

15	15	16	SP	12	SP	20	3	SP	55	3	SP

CAEL Suzanne - 6 rue du Docteur Poirot - 88430 CORCIEUX - Tél : 03 29 50 62 14

DARNIEULLES Le Moulin de Vaudrillot

C.M. 62 Pli 15

1 ch. 1 chambre d'hôtes dans la maison de la propriétaire. 1er étage : une chambre double (1 lit 2 pers., 1 lit 120, 1 lit bébé). 1 pièce 1 pers. avec lavabo. Salle de bains et wc réservés aux hôtes. Petite salle à manger à disposition. Terrain. Chambre confortable et spacieuse, bien située, en retrait du village dans la propriété d'un ancien moulin, à proximité de la Cité des Images, Epinal. Ecurie disponible pour 4 chevaux à l'attache.

Prix : 1 pers. **220 F** 2 pers. **260 F**

Ouvert : toute l'année.

50	50	4	SP	5	1	4	SP	1	35	7	1

COSSIN-HIGEL Anne-Marie - 170 impasse du Moulin - Le Moulin de Vaudrillot - 88390 DARNIEULLES - Tél : 03 29 34 04 23 - Fax : 03 29 38 36 45

DOMMARTIN-LES-REMIREMONT

C.M. 62 Pli 16

3 ch. Trois chambres d'hôtes dans la ferme rénovée des propriétaires. R.d.c. : 1 ch. accessible aux handicapés (2 lits 1 pers.), s. d'eau et wc. 1er ét. : 1 ch. (1 lit 2 pers.), s. d'eau et wc. 1 ch. double (1 lit 2 pers., 3 lits 1 pers.), s.d.b. et wc. Salle à manger, séjour, kitchenette, cheminée réservés aux hôtes. Lit bébé à disposition. Ping-pong. Petit espace jeux pour enfants. A la ferme, chambres de très bon confort, chacune avec TV couleur, tout proche de la nature et de la petite ville de Remiremont. A 500 m, piste multiactivités (bicyclette, roller, ski à roulettes).

Prix : 1 pers. **180 F** 2 pers. **230 F** 3 pers. **300 F** pers. sup. **70 F**

Ouvert : toute l'année.

25	4	20	SP	3	3	3	1	1	16	3	1

DESMOUGIN Bernadette et J-Marc - 986, rue des Mitreuches - 88200 DOMMARTIN-LES-REMIREMONT - Tél : 03 29 23 34 27 - Fax : 03 29 62 02 20

ELOYES

Alt. : 500 m (TH) *C.M. 62 Pli 16*

3 ch. Trois chambres d'hôtes dans une ancienne ferme vosgienne rénovée. 1er ét. accès de plain-pied : 2 ch. (1 lit 2 pers. chacune), salle d'eau et wc pour chaque ch. 1 ch. double (1 lit 2 pers., 2 lits 1 pers.), salle de bains et wc. R.d.c. : grand séjour avec cheminée, salon, TV. Chauffage central fuel. Terrain. Portique, bac à sable. Chambres très agréables chacune avec TV. Belle rénovation dominant la vallée de la Moselle. Environnement campagnard. 4 pers. 310 F.

Prix : 1 pers. **160 F** 2 pers. **200 F** 3 pers. **250 F** repas **75 F**

Ouvert : toute l'année.

36	36	25	1	10	10	10	SP	0,5	25	10	1

PIERRE Christine - 5, chemin du Gueuty - 88510 ELOYES - Tél : 03 29 32 32 19

FRESSE-SUR-MOSELLE La Colline — Alt. : 650 m — (TH) — *C.M. 66 Pli 8*

5 ch. — 5 chambres d'hôtes dans une ferme. 1er étage : 2 chambres (2 fois 2 lits 1 pers.). WC communs. Salle d'eau particulière. 2e étage : 3 chambres très confortables, 1 chambre (1 lit 2 pers.), 1 chambre (1 lit 2 pers., 1 lit 1 pers.), 1 chambre (1 lit 2 pers., 2 lits 1 pers.). WC et salles d'eau privés. Séjour. Vous êtes à la ferme, avec un environnement très nature et reposant. Les propriétaires ont tout prévu pour rendre votre séjour agréable. Langues parlées : anglais, allemand.

Prix : 1 pers. **120 F** 2 pers. **240 F** 3 pers. **350 F** 1/2 pens. **200 F**

Ouvert : toute l'année.

15	1	34	1	5	1,5	2	1	0,5	38	3	2,5

GROSS Michèle et Georges - 22, rue de la Chapelle - La Colline - 88160 FRESSE-SUR-MOSELLE - Tél : 03 29 25 83 31

GERARDMER Les Xettes — Alt. : 850 m — *C.M. 62 Pli 17*

5 ch. — Cinq chambres d'hôtes dans la maison du propriétaire. Construction récente. R.d.c. : 3 ch. (1 lit 2 pers. chacune). Salles d'eau et wc privés. 2e étage : 1 ch. (1 lit 2 pers.), 1 ch. (2 lits 1 pers.), salles d'eau et wc privés. Coin-détente. Séjour réservé aux hôtes avec poêle alsacien en faïence. Chauffage électrique. Terrasse. Très belles chambres confortables, bien situées sur le côteau des Xettes, à deux kilomètres du centre de la « Perle des Vosges ». Bel environnement forestier. Langues parlées : anglais, allemand.

Prix : 1 pers. **180/200 F** 2 pers. **260/310 F** pers. sup. **100 F**

Ouvert : toute l'année.

4	4	2	2	2	2	4	SP	SP	40	2	2

BUREAU Elisabeth - 36, avenue de la Forêt - 88400 GERARDMER - Tél : 03 29 60 89 38

GERARDMER Chemin de la Trinité — Alt. : 720 m — (TH) — *C.M. 62 Pli 17*

6 ch. — Chalet comportant 6 ch. d'hôtes. R.d.c. : 1 ch. 1 lit 160 X 200, 1 ch. 1 lit baldaquin 2 pers., 1 ch. acc. pers. hand. 1 lit 2 pers. Salle à manger, cheminée. A l'ét. : 1 ch. lit baldaquin 2 pers., 2 ch. 3 pers., s. d'eau ou s.d.b., wc, TV, terrasse ou balcon privés à chaque ch. Poss. lit bébé. Mezz., TV, magnétoscope. Chauffage central gaz. Grand terrain. Proches de la forêt, chambres de très bon confort. Gisèle et Claudine ont tout prévu pour rendre votre séjour agréable et vous parleront de leur région avec passion. En été, poss. de prendre repas sur terrasse. Billard, sauna, douche, balnéo, hamamm. Cuisine du terroir. Langues parlées : anglais, allemand.

Prix : 1 pers. **250 F** 2 pers. **290/350 F** 3 pers. **425 F** pers. sup. **75 F** repas **95/110 F**

Ouvert : toute l'année.

3	3	2	3	2	2	4	0,5	0,5	40	2	2

CHALET L'EPINETTE - Famille Poirot - Scherrer - 70 chemin de la Trinité - 88400 GERARDMER - Tél : 03 29 63 40 06 ou 06 08 61 60 64 - Fax : 03 29 63 40 06 - E-mail : epinette@libertysurf.fr

GERBEPAL — Alt. : 600 m — (TH) — *C.M. 62 Pli 17*

4 ch. — **Gérardmer et Saint-Dié 9 km.** 4 ch. d'hôtes dans un ancien relais de Poste (XVIIe siécle). R.d.c. : 2 ch. (1 lit 2 pers. chacune), 1 ch. (1 lit 2 pers., 1 lit bébé). S.d.b., wc dans chaque ch. Salle à manger, 2 salons, TV, cheminée. 1er ét. : 1 ch. double (2 lits 2 pers.), salle d'eau et wc. Salon. Chauffage central gaz. Véranda avec jardin d'hiver. Terrain. Terrasse. Belle rénovation spacieuse et agréable. Mme Pierquet est suédoise et polyglotte. Piste de karting 1,5 km. Téléphone à pièces. 4 pers. 460 F. Langues parlées : anglais, suédois.

Prix : 1 pers. **200 F** 2 pers. **260/320 F** 3 pers. **360/390 F** repas **80 F**

Ouvert : toute l'année.

10	10	9	7	9	4	0,5	0,5	SP	50	9	0,5

PIERQUET Pascal - 17, route de Gérardmer - 88430 GERBEPAL - Tél : 03 29 50 73 85

GIRMONT-THAON — *C.M. 62 Pli 16*

4 ch. — **Epinal 12 km. Thaon-les-Vosges 2 km. Châtel-sur-Moselle 10 km.** 4 chambres d'hôtes dans la maison des propriétaires. 1er étage : 2 ch. 1 pers. (1 lit 110 X 180 chacune), 2 ch. 2 pers. (1 lit 2 pers. chacune), lavabo et bidet dans chaque chambre. WC et salle de bains communs, douche sur palier. Salle à manger commune avec TV. Au centre de Girmont-Thaon, entre la Mairie et l'église.

Prix : 1 pers. **120 F** 2 pers. **180 F**

Ouvert : de Pâques à la Toussaint.

57	57	15	0,5	2	2	15	2	4	45	4	2

REMY Gabrielle - 19, rue Abbé Vincent - 88150 GIRMONT-THAON - Tél : 03 29 39 35 70

GRAND — *C.M. 62 Pli 12*

3 ch. — 3 ch. d'hôtes dans une maison particulière, mitoyenne, avec terrasse. R.d.c. : 1 ch. (1 lit 2 pers., 1 lit 1 pers.), s. d'eau et wc privés. 1er étage : 1 ch. 3 pers. (2 lits 2 pers.), s.d.b. et wc privés. 1 ch. (1 lit 2 pers.), s. d'eau privée, wc privés dans le couloir. Chauffage central fuel. R.d.c. salle à manger, coin salon, bibliothèque, TV. Possibilité accès cuisine. Chambres spacieuses. Importants monuments gallo romains de Grand à 800 mètres. Maison natale de Jeanne d'Arc 18 km.

Prix : 1 pers. **120/130 F** 2 pers. **180/190 F** 3 pers. **270 F**

Ouvert : d'avril à octobre.

20	18	20	12	12	1	1	20	17	SP

ROTH Raymond et Monique - 4, rue du Cagnot - 88350 GRAND - Tél : 03 29 06 68 34

GRANDVILLERS

C.M. 62 Pli 16

2 ch. **Gérardmer 26 km.** 2 chambres d'hôtes et 4 gîtes dans 1 grosse maison indépendante, à côté de la maison du propriétaire. R.d.c. : 1 ch. (1 lit 2 pers.), coin-cuisine, canapé, TV, wc et s. d'eau privés. 1er étage : 1 ch. (1 lit 2 pers., 1 lit 1 pers.), TV, fauteuils, wc et s. d'eau privés. Salle à manger commune, TV. Grand terrain avec jeux d'enfants. A proximité de la route Epinal-Saint-Dié. 2 chambres très spacieuses et très bien aménagées, chacune avec entrée indépendante. René vous accueillera comme là-bas dans le Maarif. Langue parlée : espagnol.

CV

Prix : 1 pers. **177 F** 2 pers. **243 F** 3 pers. **290 F**

Ouvert : toute l'année.

29	29	27	2	6	6	12	0,5	1	55	17	SP

CARULLA René - 5, route de Bruyères - Les Gîtes du Maarif - 88600 GRANDVILLERS - Tél : 03 29 65 71 12 - Fax : 03 29 65 78 67

HADOL

(TH) *C.M. 62 Pli 16*

3 ch. Trois chambres d'hôtes dans la maison du propriétaire. R.d.c. : 1 ch. (1 lit 2 pers., 1 lit bébé). 1 ch. (1 lit 2 pers.). Salle d'eau et wc communs aux 2 chambres. 1er étage : 1 ch. 2 épis (1 lit 2 pers, 1 canapé convertible). Salle d'eau et wc privés. Salon, bibliothèque. Chauffage électrique et fuel. Jardin, terrain. Garage. Sentier GR7 et cyclistes, aire de pique-nique équipée, base nautique 12 km, parcours santé 1 km. Découvrez la Vôge, région vallonnée et boisée, en partageant la maison de M-Reine et Claude, qui vous donneront de bonnes idées pour vos randonnées.

CV

Prix : 1 pers. **150/180 F** 2 pers. **195/245 F** 3 pers. **260 F** pers. sup. **70 F** repas **70 F**

Ouvert : toute l'année.

40	40	16	0,5	12	2	SP	SP	1	22	12	3

CONREAUX Claude - 2, les Paxes - Route de Xertigny - 88220 HADOL - Tél : 03 29 32 53 41 - Fax : 03 29 32 53 41

HARMONVILLE

C.M. 62 Pli 4

2 ch. 2 chambres d'hôtes dans une ancienne ferme rénovée, mitoyenne à la maison du propriétaire. Entrée indépendante. R.d.c. : 1 chambre (1 lit 2 pers., 2 lits enfants en alcôve), TV. 1 chambre (1 lit 2 pers.). Salle d'eau et wc privés à chaque chambre. Salle à manger, salon, cheminée. Chauffage central bois. Terrain clos. Deux très belles chambres, confortables, au style typique préservé, dans un petit village, au cœur d'une région pleine d'histoire, proche de Domrémy pays de Jeanne d'Arc, de Grand et son amphithéâtre romain et de Neufchâteau. Langue parlée : anglais.

Prix : 1 pers. **240 F** 2 pers. **280 F** pers. sup. **80 F**

Ouvert : toute l'année.

7	5	20	5	SP	2	2	30	5	5

CHERRIER Jean-Pierre - 3 rue de l'Eau - 88300 HARMONVILLE - Tél : 03 83 52 05 65

JULIENRUPT

Alt. : 550 m *C.M. 62 Pli 17*

1 ch. 1 chambre d'hôtes dans un petit chalet particulier à proximité immédiate de l'habitation de la propriètaire. Grande pièce incluant 1 coin-couchage avec 1 lit 2 pers. Coin-repas. Coin-cuisine. 1 clic-clac 2 pers. Salle d'eau avec wc. Chauffage électrique. TV. Terrain. A 300 m du centre de Julienrupt, petit chalet indépendant tout confort, loué en chambre d'hôtes, voisin de la maison d'Annette, la propriétaire. Bien situé entre Remiremont et Gérardmer, belle région montagneuse pleine d'activités sportives et touristiques.

CV

Prix : 1 pers. **180 F** 2 pers. **220 F** 3 pers. **250 F**

Ouvert : toute l'année.

16	10	15	1	12	5	12	1	1	30	7	5

PATRY Annette - 27, route de Gerardmer - 88120 JULIENRUPT-LE-SYNDICAT - Tél : 03 29 61 10 79

LEPANGES-SUR-VOLOGNE Château de la Chipot

C.M. 62 Pli 16

6 ch. 6 ch. d'hôtes dans 1 ancien château restauré. 1er ét. : 3 ch. 2 épis dont 1 double 4 pers. séparée par la s.d.b., wc privés. 2 ch. 2 pers., salles d'eau et wc privés. 2e ét. : 3 ch. 1 épi (2 ch. 2 pers. et 1 ch. 3 pers.). S.d.b., douches, 2 wc communs. Salon, cheminée. Chauffage central. L-linge à disposition. Bibliothèque. Lit d'appoint. Laissez-vous aller à la relaxation, dans une immense demeure, véritable château, (salle de culturisme, bain vapeur et bouillonant, sauna, appareil UV). Restaurant 1 km. Ferme-Auberge 3 km. Repas occasionnels. Loc. VTT 5 km.

CV

Prix : 1 pers. **170 F** 2 pers. **220 F** 3 pers. **270 F** pers. sup. **70 F**

Ouvert : toute l'année.

25	25	25	3	5	5	7	1	1	50	3	3

CHATEAU DE LA CHIPOT . - 64, rue de la Vologne - 88600 LEPANGES-SUR-VOLOGNE - Tél : 03 29 36 81 73 - Fax : 03 29 36 81 73

LERRAIN

(TH) *C.M. 62 Pli 15*

4 ch. Quatre chambres d'hôtes à l'étage de la maison de la propriétaire. Entrée indépendante. 2 ch. (2 lits 1 pers. chacune). 2 ch. (1 lit 2 pers. chacune). Salle d'eau et wc privés à chaque chambre. Prise TV. Salle à manger commune. Chauffage électrique. Belle rénovation, offrant des chambres confortables dans un petit village entre Epinal et Vittel.

Prix : 1 pers. **160 F** 2 pers. **200 F** repas **70 F**

Ouvert : toute l'année.

15	SP	12	4	4	0,5	1	25	14	SP

BOYE Bernadette - 3, route de Mirecourt - 88260 LERRAIN - Tél : 03 29 07 52 27 - Fax : 03 29 07 52 27

LIEZEY La Racine

Alt. : 700 m TH *C.M. 62 Pli 17*

3 ch. 3 chambres d'hôtes et un gîte dans la maison du propriétaire. A la ferme. 1er étage. 1 ch. (2 lits 1 pers.). Salle d'eau et wc privatifs. 2e étage : 2 ch. (1 lit 2 pers, 1 lit 1 pers. par chambre). Cabine de douche dans chaque ch. WC communs aux 2 ch. Séjour à disposition. Chauffage central. Sylvie et Eric vous proposent l'évasion, l'espace et la nature. Accueil de cavaliers, ambiance familiale et conviviale. Ouvert toute l'année. Langue parlée : anglais.

Prix : 1 pers. **180/190 F** 2 pers. **230/240 F** 3 pers. **290 F** pers. sup. **60 F** repas **70 F**

Ouvert : toute l'année.

10	1	10	3	10	3	3	SP	SP	35	7	3

REMY Eric - 16, route de la Racine - Ferme du Haut Barba - 88400 LIEZEY - Tél : 03 29 61 88 98 - Fax : 03 29 61 88 98

LE MENIL La Colline des Granges

Alt. : 670 m TH *C.M. 66 Pli 8*

3 ch. 3 chambres d'hôtes à la ferme. 1 chambre 2 pers. 1 chambre (1 lit 2 pers., 2 lits 1 pers.). 1 chambre (1 lit 2 pers.), pièce enfants. Salle d'eau et wc privés à chaque chambre. Salon, bibliothèque à disposition. Rivière, luge. Loin du stress citadin, vous voici dans une ferme située en pleine montagne. Choisissez le repos ou les activités sportives et touristiques toutes proches. Produits fermiers. Langue parlée : allemand.

Prix : 1 pers. **180 F** 2 pers. **220 F** 3 pers. **330 F** repas **100 F** 1/2 pens. **220 F**

Ouvert : toute l'année.

12	12	15	0,5	4	4	5	0,5	1	40	5	2

SCHWARTZ Claude - 23, route des Granges - 88160 LE MENIL - Tél : 03 29 25 03 00

NORROY-SUR-VAIR

C.M. 62 Pli 14

5 ch. 5 chambres d'hôtes dans une ancienne ferme mitoyenne totalement rénovée. 1er étage : 3 ch. (1 lit 2 pers. chacune), 1 ch. (2 lits 1 pers.), 1 ch. (1 lit 2 pers., 1 lit 1 pers.). Salle d'eau et wc privés dans chaque ch. R.d.c. : salle à manger réservée aux hôtes. Petit coin-salon. Cuisine à disposition. WC. Chauffage central fuel. Cheminée. Bibliothèque. Belle rénovation accueillante, chambres de qualité chacune avec TV couleur. A proximité, stations thermales de Vittel et Contrexéville. Jeux de quilles et de pétanque. Tarifs dégressifs à partir de 3 nuits. Tarifs curistes.

Prix : 1 pers. **200 F** 2 pers. **250 F** 3 pers. **300 F** pers. sup. **50 F**

Ouvert : toute l'année.

5	3	3	3	SP	SP	1	3	3	3

LAURENT Monique et Denis - 27, Grande Rue - 88800 NORROY-SUR-VAIR - Tél : 03 29 08 21 29 - Fax : 03 29 08 21 29

PLAINFAING

Alt. : 670 m TH *C.M. 62 Pli 18*

2 ch. 2 chambres d'hôtes aménagées au 2e étage d'une ancienne ferme. 1 chambre (1 lit 2 pers.) douche intérieure, 1 chambre (1 lit 2 pers., 1 lit 1 pers.), douche intérieure, wc communs aux hôtes. Séjour et salon communs (accès intérieur). Convecteurs électriques. Balançoire. Barbecue. Belle rénovation intérieure, au bord de la route du Col du Bonhomme (7 km) et de l'Alsace. Accès aux chambres par escalier extérieur. Langue parlée : anglais.

Prix : 2 pers. **200 F** 3 pers. **260 F** pers. sup. **50 F** repas **65 F**

Ouvert : toute l'année.

15	15	25	3	20	3	3	0,4	0,5	70	20	3

BROCVIELLE Annick - 1, la Mongade - 88230 PLAINFAING - Tél : 03 29 52 73 24

RELANGES

C.M. 62 Pli 14

1 ch. **Vittel et Contrexéville 15 km.** 1 chambre d'hôte indépendante dans la maison de la propriétaire. Chambre-studio pour 2 pers. (1 lit 2 pers.), coin-cuisine équipée, salle d'eau et wc privés. Chauffage éléctrique. Petit-déjeuner indépendant (éléments fournis par la propriétaire). Eglise romane, camp celtique sur place. Enfant supplémentaire 50 F. Prix dégressifs au-delà de deux nuits. Langues parlées : anglais, allemand.

Prix : 1 pers. **190 F** 2 pers. **220 F**

Ouvert : toute l'année.

80	80	18	SP	18	4	SP	SP	SP	18	3	3

XEMARD Suzanne - 7, rue de Bouvrou - 88260 RELANGES - Tél : 03 29 09 35 04

REMIREMONT

Alt. : 500 m *C.M. 62 Pli 16*

2 ch. Deux chambres d'hôtes dans une ancienne ferme rénovée. Entrée indép. et salle d'accueil au r.d.c. 1er étage : 1 ch. 3 pers. (1 lit 160, 1 lit 1 pers.), 1 ch. 3 pers. (2 lits 1 pers., 1 canapé lit). Prise TV, s. d'eau et wc privés pour chaque ch. Séjour, coin-cuisine réservé aux hôtes, TV coul. Chauffage central fuel. Lave-linge et sèche-linge à disposition. Deux très belles chambres d'hôtes confortables, à l'orée du bois et à l'écart de la ville de Remiremont. Parcours pédestres, VTT et équestres sur place, parcours santé. Gratuit enfant - de 3 ans. Langues parlées : anglais, allemand.

Prix : 1 pers. **180 F** 2 pers. **250 F** 3 pers. **300/360 F**

Ouvert : toute l'année.

30	8	30	1	0,3	0,3	0,3	SP	SP	11	2	1,5

KIEFFER Sylvie et Patrick - Route du Fiscal - 1, le Grand Bienfaisy - 88200 REMIREMONT - Tél : 03 29 23 28 20 - Fax : 03 29 23 28 20

REMONCOURT

C.M. 62 Pli 14

3 ch.

Station thermale de Vittel 9 km. Mirecourt 12 km. 3 chambres d'hôtes et un gîte dans l'ancienne ferme rénovée du propriétaire. 1er étage : 2 ch. (1 lit 2 pers. chacune). 1 ch. (2 lits 1 pers.). TV couleur, salles d'eau et wc privés à chaque chambre. Séjour avec TV couleur réservé aux hôtes. Lave-linge à disposition. Chauffage central. Cour gazonnée fermée. Possibilité garage. Belles chambres confortables. Cité des violons et de la dentelle.

Prix : 2 pers. **200/220 F** pers. sup. **80 F**

Ouvert : toute l'année.

80	80	14	9	9	SP	9	1	1	9	9	SP

MAROULIER Pierre - 221, rue Division Leclerc - 88800 REMONCOURT - Tél : 03 29 07 74 08 ou 06 82 01 99 60 - Fax : 03 29 07 74 08

SAINT-MICHEL-SUR-MEURTHE

TH *C.M. 62 Pli 17*

3 ch.

Trois chambres d'hôtes dans une maison rénovée. Rez-de-chaussée : 2 chambres (1 lit 2 pers. chacune). 1 suite (chambre 1 lit 2 pers. et salon avec clic-clac). Salle d'eau et wc privés, coin-détente, TV et entrée indépendante pour chaque chambre. Salle à manger, coin-salon. Chauffage central fuel. Possibilité lit bébé. Terrasse. Trois belles chambres d'hôtes confortables, au lieu dit « Sauceray », entouré d'un massif forestier à 6 km de Saint-Dié. Table d'hôtes sur réservation.

Prix : 1 pers. **160 F** 2 pers. **205/240 F** 3 pers. **300 F** pers. sup. **60 F** repas **65 F**

Ouvert : toute l'année.

32	29	15	SP	6	1,5	1	0,5	0,5	90	6	0,5

VAGNIER Laurence et Thierry - 9, rue de la Forêt - Sauceray - 88470 SAINT-MICHEL-SUR-MEURTHE - Tél : 03 29 58 40 66

SAINT-MICHEL-SUR-MEURTHE

TH *C.M. 62 Pli 17*

5 ch.

5 chambres d'hôtes dans une ancienne ferme rénovée. 1er étage : 1 ch. (1 lit 2 pers.), 1 ch. (2 lits 1 pers.), 1 ch. (1 lit 2 pers., 1 lit 1 pers.). 2e étage : 2 ch. (1 lit 2 pers. chacune). TV, salle d'eau et wc privés à chaque ch. R.d.c. : salle à manger, coin salon, TV, cheminée, 2 wc. Lit bébé à disposition. Chauffage central. Terrain clos. A quelques kilomètres de Saint-Dié, dans un petit village, appréciez l'accueil en chambres très confortables. Possibilité de promenade en calèche les week-end d'été. Repas sur réservation.

Prix : 1 pers. **230/260 F** 2 pers. **250/280 F** 3 pers. **320/350 F** pers. sup. **70 F** repas **70 F**

Ouvert : toute l'année.

32	29	15	SP	6	1,5	1	0,5	0,5	90	6	0,5

BARETH Jean-Claude - Ferme du Chenot - 290, rue de Bréhimont - 88470 SAINT-MICHEL-SUR-MEURTHE - Tél : 03 29 58 36 21

SAPOIS

Alt. : 550 m TH *C.M. 62 Pli 17*

4 ch.

4 ch. d'hôtes dans une ancienne ferme rénovée. 1er ét. : 1 ch. mansardée (1 lit 2 pers.). S. d'eau, wc. 1 ch. (2 lits 1 pers.), s.d.b., wc. 1 ch. (1 lit 2 pers.). S.d'eau, wc privés. 2e ét. : 1 double chambre (1 lit 2 pers., 2 lits 1 pers.). S.d.b., wc. Séjour avec four à pain (pain fait maison). Ch. central fuel. Lit bébé sur demande. L-linge à disposition. En pleine nature, à quelques kilomètres de Gérardmer, trouvez l'accueil montagnard de Bernadette et sa famille. Chemin d'accès en pente (en hiver équipements voiture nécessaires). Remise de 10 % si plus de trois nuits. Repas enfant 50 F.

Prix : 1 pers. **170 F** 2 pers. **220 F** 3 pers. **270/320 F** pers. sup. **50 F** repas **80 F**

Ouvert : toute l'année.

8	8	10	0,5	6	1	10	SP	1	32	10	1

FELLMANN Bernadette et Francis - Les Tournées - 88120 SAPOIS - Tél : 03 29 61 79 98 - Fax : 03 29 61 79 98 - E-mail : A lestournées@chez.com

SAULXURES-SUR-MOSELOTTE

C.M. 62 Pli 17

1 ch.

Une chambre d'hôtes attenante à la maison du propriétaire. Entrée indépendante. 1er étage : 1 chambre 2 personnes (1 lit 2 pers., possibilité lit supplémentaire 1 pers.). Salle d'eau avec wc, privative. Chauffage central. Terrain. Jolie chambre indépendante, mansardée mais spacieuse et bien aménagée. En zone touristique de montagne. Piste verte cyclable, parapente. Restaurant 250 m.

Prix : 1 pers. **150 F** 2 pers. **210 F** pers. sup. **80 F**

Ouvert : toute l'année.

15	15	3	0,5	10	1	7	0,5	SP	32	0,2	1

MOUGEL Claude - 185, rue d'Alsace - 88290 SAULXURES-SUR-MOSELOTTE - Tél : 03 29 24 62 47

SAULXURES-SUR-MOSELOTTE

Alt. : 550 m *C.M. 62 Pli 17*

2 ch.

Station de la Bresse 12 km. Deux chambres d'hôtes à l'étage de la maison des propriétaires. Entrée indépendante extérieure. 1 ch. (1 lit 2 pers.), 1 ch. (2 lits 1 pers.). Prise TV, salle d'eau et wc attenant à chaque chambre. Salle à manger commune avec les propriétaires (accès intérieur). Téléphone commun aux 2 chambres. Chauffage central bois. Terrain. Chambres confortables dans une ancienne ferme rénovée, en lisière de forêt, sur les hauteurs du village de Saulxures, proche du lac de la Moselotte. Région touristique de montagne.

Prix : 1 pers. **180 F** 2 pers. **230 F** pers. sup. **70 F**

Ouvert : toute l'année.

10	5	3	0,8	7	1,2	6	SP	SP	35	1	1,2

FRANCOIS Isabelle et J-Marie - 201 chemin Sylvestre - 88290 SAULXURES-SUR-MOSELOTTE - Tél : 03 29 24 53 74

SERAUMONT

C.M. 62 Pli 3

1 ch. — 1 chambre d'hôtes au premier étage de la maison des propriétaires. 1 ch. (1 lit 2 pers.), TV, salle d'eau et wc privés. Salle à manger commune avec cheminée et TV. Lave-linge du propriétaire à disposition. Chauffage central fuel et bois. Belle chambre confortable, chez de jeunes agriculteurs, dans un petit village situé entre la ville natale de Jeanne d'Arc (Domrémy) et la cité romaine de Grand. Accueil à la ferme et approche des animaux. Langue parlée : anglais.

Prix : 1 pers. **150 F** 2 pers. **190 F**

Ouvert : toute l'année.

30	7	18	18	18	0,5	0,5	30	18	7

PIERSON Nadine - 14 Grande Rue - 88630 SERAUMONT - Tél : 03 29 06 00 05

SOULOSSE-SOUS-SAINT-ELOPHE

C.M. 62 Pli 3

3 ch. — **Domrémy 5 km. Grand 15 km.** 3 ch. d'hôtes dans la maison des propriétaires. R.d.c. : 1 ch. (1 lit 160) acc. pers. hand., sanitaires adaptés (wc et s. d'eau séparés). Séjour, cheminée. A l'ét. : 1 ch. (1 lit 2 pers), 1 ch. (2 lits 1 pers.), chacune avec wc et s.d.b. privés. Garage, terrasse. Ch. central. Tarifs groupe/famille, dégressifs à partir de 2 nuits. Gratuit enfant - de 8 ans. A l'Ouest des Vosges, chambres d'excellente qualité et très agréables, chacune avec tél. direct et TV coul, au cœur d'une région agricole où le pays et les sites historiques vous seront présentés avec passion par Marie-Josèphe. Langue parlée : anglais.

Prix : 1 pers. **210 F** 2 pers. **290 F** pers. sup. **100 F**

Ouvert : toute l'année.

32	SP	7	7	7	0,5	0,5	30	7	SP

KINZELIN J-Luc et M-Josèphe - 30, rue de l'Eglise - La Bienvenue au Pays de Jeanne - 88630 SOULOSSE-SOUS-SAINT-ELOPHE - Tél : 03 29 06 98 88 - Fax : 03 29 06 98 88

TAINTRUX

C.M. 62 Pli 17

3 ch. — 3 chambres d'hôtes dans la maison du propriétaire. 1er étage : 1 chambre double (1 lit 2 pers., 2 lits 1 pers.). 1 chambre (1 lit 2 pers., 1 lit 1 pers.), lavabo. 1 chambre (1 lit 2 pers.), lavabo. Chauffage électrique. Salle d'eau avec 2 douches communes. 2 wc. Séjour, TV, bibliothèque, cheminée. Musée 9 km. Potier-sculpteur sur bois au village. Les Hautes-Vosges et leurs charmes, dans un coin tranquille, ne serait-ce pas ce que vous cherchez ? Tarifs dégressifs suivant durée du séjour. 4 pers. 275 F.

Prix : 2 pers. **185 F** 3 pers. **225 F**

Ouvert : toute l'année.

25	25	25	0,5	9	9	9	0,5	1	65	4	0,8

BHAUD Henri - Les Rapailles - Le Mauvais Champ - 88100 TAINTRUX - Tél : 03 29 50 93 85

THUILLIERES

C.M. 62 Pli 14

2 ch. — **Contrexéville 13 km. Stations thermales et sportives de Vittel 9 km.** Deux chambres d'hôtes dans la maison du propriétaire. Entrée indép. 1er étage : 1 ch. (1 lit 2 pers., 1 lit 1 pers.), salle d'eau et wc. R.d.c. et 1er étage : 1 ch. double en 2 pièces (1 lit 2 pers, 1 convertible 2 pers.). Salle d'eau et wc. Petite cuisine équipée privée. Chauffage électrique. Dans un petit village historique (château Boffrand XVIIIème siècle avec Colombier et musée Eve Lavallière), chambres agréables et de bon confort. Petit restaurant à proximité. 1400 F semaine.

Prix : 1 pers. **170 F** 2 pers. **230 F** 3 pers. **280 F** pers. sup. **80 F**

Ouvert : toute l'année.

83	83	30	13	9	9	9	0,5	0,5	9	9	9

MICHEL Hubert - 129, rue des Près Saint-Valère - 88260 THUILLIERES - Tél : 03 29 08 10 74 - Fax : 03 29 08 10 74

LE VAL-D'AJOL

Alt. : 600 m — *C.M. 62 Pli 16*

1 ch. — **Station thermale de Plombières-les-Bains 4 km.** Une chambre d'hôtes au rez-de-chaussée et un gîte au 1er étage dans une maison indépendante, à proximité de la maison du propriétaire. Chambre-studio indépendante pour 2 pers. (1 lit 2 pers.), coin-kitchenette équipée, fauteuils rotin. Salle d'eau et wc privés. Chauffage électrique. Terrasse. Louable en complément du gîte (accès extérieur). Petit-déjeuner indépendant (élements fournis par le propriétaire).

Prix : 1 pers. **180 F** 2 pers. **260 F**

Ouvert : toute l'année.

45	10	42	4	7	5	15	1	2	4	4	4

BERNIER Hervé - 49, le Moineau - 88340 LE VAL-D'AJOL - Tél : 03 29 30 03 99

VECOUX

(TH) — *C.M. 62 Pli 16*

1 ch. — 1 chambre d'hôtes dans un pavillon récent. 1er étage : 1 ch. triple composée de 3 pièces indép. (1 ch. 1 lit 1 pers., 2 ch. chacune 1 lit 2 pers.). Possibilité d'ajouter un lit enfant. Salle de bains et wc réservés aux hôtes. Séjour, bibliothèque à disposition des hôtes. Chauffage central. Jardin, tonnelle, terrasse, garage. Ping-pong. Monique vous ouvre les portes de sa maison et saura vous conseiller pour de sympathiques ballades à pied, à bicyclettes ou à ski. Restaurant 1 km. 4 pers. 350 F. Langues parlées : allemand, anglais.

Prix : 1 pers. **160 F** 2 pers. **200 F** 3 pers. **280 F** repas **70 F**

Ouvert : toute l'année.

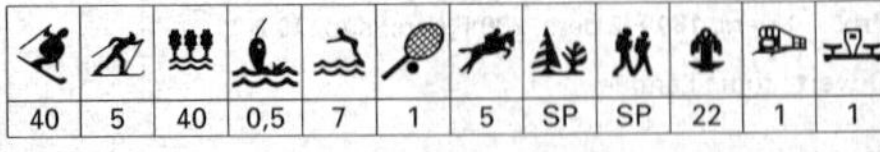

40	5	40	0,5	7	1	5	SP	SP	22	1	1

DUPRE Monique - 2, rue de Ribeauxard - 88200 VECOUX - Tél : 03 29 61 09 73

XERTIGNY Moyenpal (TH) *C.M. 62 Pli 16*

2 ch. Deux chambres d'hôtes dans une grande maison. 1er étage. 1 chambre 2 pers. (1 lit 2 pers.), 1 chambre double 4 personnes (2 pièces communiquantes avec 2 lits 2 pers.). WC et salle d'eau privative à chaque chambre. Couloir commun. Chambres situées dans un petit village de la Vôge, à 18 km au sud d'Epinal. Mamyvonne vous racontera sa vie et son pays. 1/2 pension 2 pers. 280 F.

Prix : 1 pers. **130 F** 2 pers. **180 F** 3 pers. **250 F** pers. sup. **70 F**
repas **50 F**

Ouvert : toute l'année.

48	48	16	4	18	5	4	1	2	15	18	4

BOUGEL Yvonne - Chez Mamyvonne - Moyenpal - 691, le Haut de Moyenpal - 88220 XERTIGNY - Tél : 03 29 30 11 28

AQUITAINE

Pour réserver, écrire ou téléphoner :

24 - DORDOGNE
LOISIRS ACCUEIL - Service Réservation
25, rue Wilson - B.P. 2063
24009 PERIGUEUX Cedex
Tél. : 05 53 35 50 24 ou 05 53 35 50 01
Fax : 05 53 35 50 41
www.resinfrance.com ou www.perigord.tm.fr
E.mail : dordogne.perigord.tourisme@wanadoo.fr

33 - GIRONDE
GITES DE FRANCE - Maison du Tourisme
21, Cours de l'Intendance
33000 BORDEAUX
Tél. : 05 56 81 54 23 - Fax : 05 56 51 67 13

40 - LANDES
GITES DE FRANCE - Service Réservation
Cité Galliane - B.P. 279
40005 MONT-DE-MARSAN Cedex
Tél. : 05 58 85 44 44 - Fax : 05 58 85 44 45

47 - LOT-ET-GARONNE
GITES DE FRANCE
4, rue André Chénier
47000 AGEN
Tél. : 05 53 47 80 87
Fax : 05 53 66 88 29

64 - PYRÉNÉES-ATLANTIQUES
GITES DE FRANCE - Service Réservation
20, rue Gassion - 64078 PAU Cedex
Tél. : 05 59 11 20 64 ou 05 59 46 37 00
Fax : 05 59 11 20 60

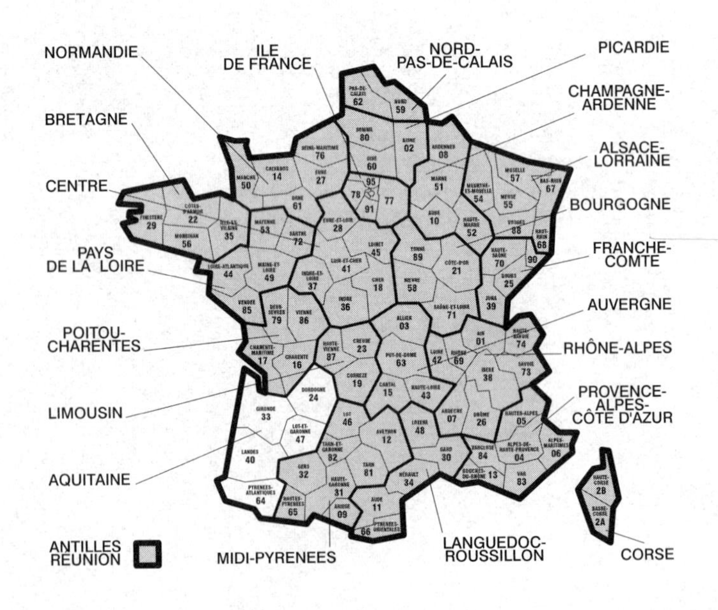

LOISIRS ACCUEIL - Service Réservation
25, rue Wilson - B.P. 2063 - 24002 PERIGUEUX Cedex
Tél. 05 53 35 50 24 ou 05 53 35 50 01 - Fax. 05 53 35 50 41
http://www.resinfrance.com ou http://www.perigord.tm.fr
E. mail : dordogne.perigord.tourisme@wanadoo.fr

ABJAT-SUR-BANDIAT Chabanas *C.M. 72 Pli 15*

2 ch. **Musée des Poupées à Nontron 16 km** Au cœur du Parc Naturel Régional Périgord-Limousin, sur une exploitation agricole biologique avec production de fruits, transformation en apéritifs et digestifs et dégustation. 2 ch. 2 pers. (1 lit 180), salle d'eau et wc pour chaque chambre. Possibilité lit d'appoint et lit bébé. Entrée privée avec terrasse. Jardin, jeux et vélos à disposition des hôtes. Gîte Panda. A proximité du GR4 et GR436. Restaurant à proximité. Tél. et Fax. du propriétaire à dispo.

Prix : 1 pers. **150 F** 2 pers. **250 F**

Ouvert : toute l'année.

10	5	5	10	1	2	30	50	1

LOISIRS ACCUEIL-SERVICE RESERVATION - 25 rue Wilson - BP 2063 - 24002 PERIGUEUX Cedex - Tél : 05 53 35 50 01 ou PROP : 05 53 56 85 59 - Fax : 05 53 35 50 41 - E-mail : dordogne.perigord.tourisme@wanadoo.fr - http://www.resinfrance.com/perigord/

AGONAC Haut-Vaure *C.M. 75 Pli 5*

1 ch. **Brantome 15 km. Périgueux 12 km.** Maison dans une ferme au milieu des champs et de la forêt : 1 chambre 3 pers. (1 lit 2 pers., 1 lit 1 pers., lit bébé), salle d'eau et wc privés. Salon avec TV à disposition des hôtes. Terrasse avec salon de jardin. Randonnées pédestres et VTT. Nombreux sites touristiques dans les environs.

Prix : 1 pers. **150 F** 2 pers. **190 F** 3 pers. **285 F**

Ouvert : toute l'année.

10	10	5	10	5	5	10	12	5	5

LOISIRS ACCUEIL-SERVICE RESERVATION - 25 rue Wilson - BP 2063 - 24002 PERIGUEUX Cedex - Tél : 05 53 35 50 01 ou PROP : 05 53 06 36 80 - Fax : 05 53 35 50 41 - E-mail : dordogne.perigord.tourisme@wanadoo.fr - http://www.resinfrance.com/perigord/

AGONAC Borie du Caillou *C.M. 75 Pli 5*

1 ch. **Brantome-Bourdeilles 15 km. Périgueux 15 km. Mareuil 35 km.** Maison retirée sur une colline, à l'orée de la forêt. 1 ch. 3 pers. (1 lit 2 pers. 1 convertible 1 pers.), avec cabinet de toilette. Poss. lit d'appoint. S. d'eau particulière, wc communs. Terrasse fermée à dispo. des hôtes. Endroit calme, accueil chaleureux. Grottes de Villars, les châteaux et les églises romanes sont à visiter.

Prix : 2 pers. **216 F** 3 pers. **270 F** pers. sup. **10 F** repas **85 F**
1/2 pens. **193 F**

Ouvert : de juillet à fin septembre.

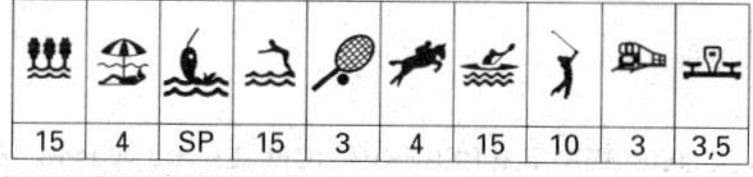

15	4	SP	15	3	4	15	10	3	3,5

LOISIRS ACCUEIL-SERVICE RESERVATION - 25 rue Wilson - BP 2063 - 24002 PERIGUEUX Cedex - Tél : 05 53 35 50 01 ou PROP : 05 53 06 37 92 - Fax : 05 53 35 50 41 - E-mail : dordogne.perigord.tourisme@wanadoo.fr - http://www.resinfrance.com/perigord/

AJAT La Lande *C.M. 75 Pli 65*

1 ch. **Montignac, Lascaux 20 km. Périgueux 30 km.** Dans une région préservée, belle maison périgourdine au milieu d'un jardin ombragé : 1 suite de 2 ch. 4 pers. (2 lits 2 pers.), salle d'eau et wc particuliers, coin-salon dans chaque chambre. Entrée indépendante, bibliothèque à disposition des hôtes. Non loin des sites touristiques du Périgord Noir et tout proche de la Vallée de l'Auvézère. Endroit idéal pour pratiquer tous les sports : canoë kayak, randonnées pédestres et VTT et visiter les châteaux. Production et vente de produits régionaux. Restaurants à proximité. Tél. et Fax du propriétaire à dispo.

Prix : 1 pers. **300 F** 2 pers. **300 F** pers. sup. **200 F**

Ouvert : du 1er avril au 30 septembre.

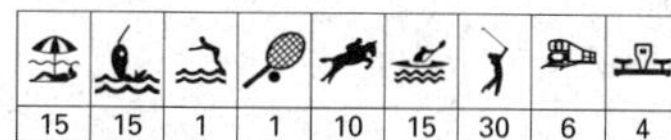

15	15	1	1	10	15	30	6	4

LOISIRS ACCUEIL-SERVICE RESERVATION - 25 rue Wilson - BP 2063 - 24002 PERIGUEUX Cedex - Tél : 05 53 35 50 01 ou PROP : 05 53 05 12 53 - Fax : 05 53 35 50 41 - E-mail : dordogne.perigord.tourisme@wanadoo.fr - http://www.resinfrance.com/perigord/

ARCHIGNAC Pouch *C.M. 75 Pli 17*

4 ch. **Sarlat 18 km. Grottes de Lascaux 15 km.** Dans le Périgord Noir, maison périgourdine en pierre, non loin de Montignac, Sarlat et de la vallée de la Vézère. 3 ch. pour 2 pers. (2 lits 2 pers. 2 lits 1 pers.). 1 ch. avec mezzanine (1 lit 2 pers. 1 lit 1 pers.). Possibilité convertible 2 pers. S. d'eau, wc et coin-salon avec TV dans chaque chambre. Terrasse. Parc ombragé. Fax du propriétaire : 05.53.28.90.93. Randonnées pédestres. Vélos sur place. Site calme. Gavage et conserves d'oies et de canards. Restaurant à proximité.

Prix : 1 pers. **225 F** 2 pers. **250 F** 3 pers. **315 F** pers. sup. **45 F**

Ouvert : du 1er avril au 15 novembre.

10	3	SP	8	15	25	16	6

LOISIRS ACCUEIL-SERVICE RESERVATION - 25 rue Wilson - BP 2063 - 24002 PERIGUEUX Cedex - Tél : 05 53 35 50 01 ou PROP : 05 53 28 85 02 - Fax : 05 53 35 50 41 - E-mail : dordogne.perigord.tourisme@wanadoo.fr - http://www.resinfrance.com/perigord/

AUDRIX Jeandemai

 *C.M. 75 Pli 16*

 4 ch.

Les Eyzies 15 km. Gouffre de Proumeyssac à proximité. Dans un mas Périgourdin du XVe et XVIIe s. situé dans un écrin de verdure sur 20 ha : 2 ch. 2 pers. (1 lit 2 pers.), s. de bains ou s. d'eau et wc pour chaque chambre. 2 ch. 3 pers. (1 lit 2 pers. 1 lit 1 pers.), salle d'eau, wc pour chaque chambre. Possibilité lit d'appoint et lit bébé. Salon avec TV à disposition. Autehenticité, convivialité et sérénité assurés. Le mas domine Le Buge, bordé par les Vallées de la Vézère et de la Dordogne, au cœur des sites touristiques du Périgord Noir. Restaurants à proximité. Fax du propriétaire : 05.53.07.67.96. Langue parlée : anglais.

Prix : 1 pers. **260 F** 2 pers. **290 F** 3 pers. **370 F** pers. sup. **80 F**

Ouvert : toute l'année.

3	4	SP	3	3	4	14	4	4

LOISIRS ACCUEIL-SERVICE RESERVATION - 25 rue Wilson - BP 2063 - 24002 PERIGUEUX Cedex - Tél : 05 53 35 50 01 ou PROP : 05 53 04 26 96 - Fax : 05 53 35 50 41 - E-mail : dordogne.perigord.tourisme@wanadoo.fr - http://www.resinfrance.com/perigord/

AZERAT Le Var

(TH) *C.M. 75 Pli 7*

5 ch.

Grottes de Lascaux 18 km. Châteaux de Hautefort 20 km. Sarlat 40 km. Ancienne ferme restaurée. 1 chambre (1 lit 2 pers.), 4 chambres pour 3 pers. (1 lit 2 pers. 1 lit 1 pers.). 1 lit bébé. Salle d'eau et wc pour chaque chambre. Bibliothèque, TV. Bicyclettes. Prix décerné de l'accueil aux Cèpes d'Or 96. Cuisine traditionnelle soignée dans une ambiance familiale. Tél. et Fax du propriétaire à dispo. Langue parlée : anglais.

Prix : 1 pers. **235 F** 2 pers. **280 F** 3 pers. **420 F** repas **85 F** 1/2 pens. **225/320 F**

Ouvert : du 1er mars au 30 novembre.

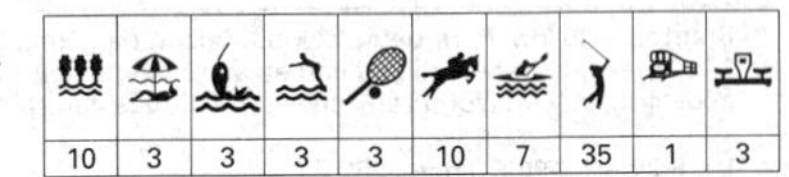

10	3	3	3	3	10	7	35	1	3

LOISIRS ACCUEIL-SERVICE RESERVATION - 25 rue Wilson - BP 2063 - 24002 PERIGUEUX Cedex - Tél : 05 53 35 50 01 ou PROP : 05 53 05 28 52 - Fax : 05 53 35 50 41 - E-mail : dordogne.perigord.tourisme@wanadoo.fr - http://www.resinfrance.com/perigord/

BAYAC La Vergne

(TH) *C.M. 75 Pli 15*

5 ch.

Monpazier 25 km. Cadouin 15 km. Au cœur des bastides, 4 ch. pour 2 pers. (3 lits 2 pers. 2 lits 1 pers.). S.d.b. ou s. d'eau et wc pour chacune. 1 suite de 2 ch. pour 4 pers. (1 lit 2 pers., 2 lits 1 pers) acc. pers. hand. S.d'eau et wc privés. Poss. lit d'appoint et lit bébé. Salon avec TV à dispo. Parc ombragé, ping-pong. Tél./fax du propriétaire à dispo. Dans le Bergeraçois, en plein centre du Périgord pourpre, à un jet de pierre de la France néolithique, sur la vallée de la Dordogne. L'histoire et ses châteaux vous attendent. Venez à la campagne retrouver la maison de vos grands-mères qui sent le seringa et la confiture de fraises.

Prix : 1 pers. **300 F** 2 pers. **350 F** 3 pers. **450 F** pers. sup. **70 F** repas **120 F**

Ouvert : toute l'année.

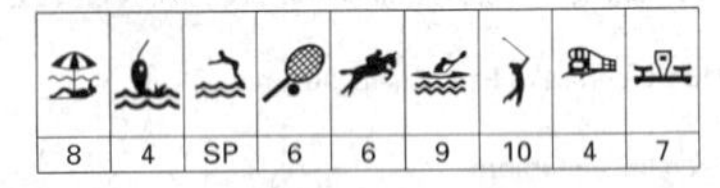

8	4	SP	6	6	9	10	4	7

LOISIRS ACCUEIL-SERVICE RESERVATION - 25 rue Wilson - BP 2063 - 24002 PERIGUEUX Cedex - Tél : 05 53 35 50 01 ou PROP : 05 53 57 83 16 - Fax : 05 53 35 50 41 - E-mail : dordogne.perigord.tourisme@wanadoo.fr - http://www.resinfrance.com/perigord/

BEAUMONT-PERIGORD-LABOUQUERIE Petit-Brassac

(TH) *C.M. 75 Pli 16*

3 ch.

Monpazier et château de Biron à proximité. Dans une maison périgourdine de 1810, située au cœur des bastides. 2 chambres 2 pers. (1 lit 2 pers.) avec salle de bains ou salle d'eau et wc privés. 1 chambre 3 pers. (1 lit 2 pers. 1 lit 1 pers.) avec salle d'eau et wc privés. Possibilité lit d'appoint. Salon avec TV. Repas pris en famille. Tél. et fax du propriétaire.

Prix : 1 pers. **200 F** 2 pers. **230 F** 3 pers. **300 F** repas **90 F** 1/2 pens. **205/290 F**

Ouvert : toute l'année.

25	15	15	10	10	10	15	20	17	5

LOISIRS ACCUEIL-SERVICE RESERVATION - 25 rue Wilson - BP 2063 - 24002 PERIGUEUX Cedex - Tél : 05 53 35 50 01 ou PROP : 05 53 22 32 51 - Fax : 05 53 35 50 41 - E-mail : dordogne.perigord.tourisme@wanadoo.fr - http://www.resinfrance.com/perigord/

BEAUMONT-PERIGORD-LABOUQUERIE Le Grand Mayne

C.M. 75 Pli 15

1 ch.

Bergerac 30 km. Abbaye de Cadouin 10 km. Située en bout de maison totalement indépendante. 1 ch. pour 3 pers. (1 lit 2 pers. 1 lit 1 pers.). 1 salle d'eau, wc particuliers, confortable et très calme. Terrasse. Parc ombragé avec salon de jardin. Restaurants 2 km. Mini-golf à Saint-Avit-Senieur 5 km.

Prix : 1 pers. **185 F** 2 pers. **210 F** 3 pers. **295 F**

Ouvert : toute l'année.

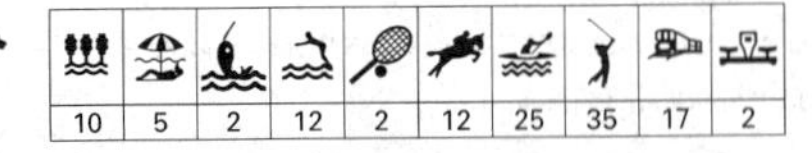

10	5	2	12	2	12	25	35	17	2

LOISIRS ACCUEIL-SERVICE RESERVATION - 25 rue Wilson - BP 2063 - 24002 PERIGUEUX Cedex - Tél : 05 53 35 50 01 ou PROP : 05 53 22 30 78 - Fax : 05 53 35 50 41 - E-mail : dordogne.perigord.tourisme@wanadoo.fr - http://www.resinfrance.com/perigord/

BEAUSSAC Chez Robert

C.M. 72 Pli 15

4 ch. **Brantôme 20 km. Périgueux 50 km.** Dans un lieu idéal pour un séjour de repos et de calme : 3 ch. pour 2 pers. (1 lit 160, 2 lits 1 pers.), 1 ch. 1 pers. (1 lit 1 pers.). Poss. lit d'appoint. S. d'eau et wc pour chacune. Salon avec TV et jeux de société. Salon de jardin à disposition des hôtes. Accueil chaleureux. Dans le Périgord Vert, endroit idéal pour explorer les nombreux lieux attractifs et la pratique de sports. Fax propriétaire 05.53.56.56.59. Langues parlées : anglais, hollandais.

Prix : 1 pers. **180 F** 2 pers. **270 F** pers. sup. **90 F**

Ouvert : toute l'année.

1	4,5	4,5	10	20	45	4,5

LOISIRS ACCUEIL-SERVICE RESERVATION - 25 rue Wilson - BP 2063 - 24002 PERIGUEUX Cedex - Tél : 05 53 35 50 01 ou PROP : 05 53 56 56 51 - Fax : 05 53 35 50 41 - E-mail : dordogne.perigord.tourisme@wanadoo.fr - http://www.resinfrance.com/perigord/

BOURDEILLES La Rigeardie

C.M. 75 Pli 5

5 ch. **Château de Bourdeilles 4 km. Brantôme 15 km. Périgueux 25 km.** Ancienne métairie rénovée avec le souci de conserver son aspect campagnard et confortable, au milieu d'un grand jardin fleuri. 5 ch. pour 2 pers. (4 lits 2 pers. 2 lits 1 pers.), s. d'eau particulières, 2 wc communs. Salon. Nombreux GR à prox. et sites touristiques pour allier détente, promenade et culture. Stages de langues. Hors saison sur réservations. Fax propriétaire 05.53.04.56.95. Restaurant à proximité.

Prix : 1 pers. **220 F** 2 pers. **270 F**

Ouvert : toute l'année.

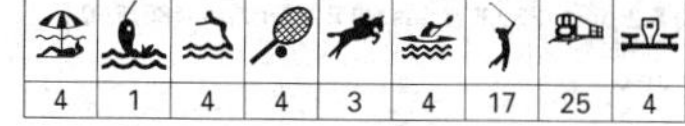

4	1	4	4	3	4	17	25	4

LOISIRS ACCUEIL-SERVICE RESERVATION - 25 rue Wilson - BP 2063 - 24002 PERIGUEUX Cedex - Tél : 05 53 35 50 01 ou PROP : 05 53 03 78 90 - Fax : 05 53 35 50 41 - E-mail : dordogne.perigord.tourisme@wanadoo.fr - http://www.resinfrance.com/perigord/

BRANTOME Les Habrans

C.M. 75 Pli 5

5 ch. **Périgueux, Villars, Bourdeilles, et Saint-Jean-de-Côle aux environs.** Dans un mas du XVIIe s. 4 chambres pour 2 pers. (3 lits 2 pers. 2 lits 1 pers.), 1 ch. 3 pers. (3 lits 1 pers.), salle de bains ou salle d'eau et wc pour chacune. Salon avec TV à dispo des hôtes. Tél./fax prop. A 1 km de Brantôme, se cache « les Habrans », mas du XVIIe siècle, avec son jardin, au calme, bordé par la rivière « la Dronne ». Calme et détente dans une région verdoyante au riche passé (préhistoire, châteaux...). Restaurant à proximité. Langue parlée : anglais.

Prix : 1 pers. **250 F** 2 pers. **300 F** 3 pers. **420 F**

Ouvert : du 1er mai au 30 octobre.

SP	SP	SP	SP	1,5	1	1	20	26	1

LOISIRS ACCUEIL-SERVICE RESERVATION - 25 rue Wilson - BP 2063 - 24002 PERIGUEUX Cedex - Tél : 05 53 35 50 01 ou PROP : 05 53 05 58 84 - Fax : 05 53 35 50 41 - E-mail : dordogne.perigord.tourisme@wanadoo.fr - http://www.resinfrance.com/perigord/

LE BUISSON-DE-CADOUIN Les Sycomores

TH C.M. 75 Pli 16

2 ch. CV **Abbaye de Cadouin 6 km. Les Eyzies 20 km.** Grande maison Périgourdine avec jardin, à l'entrée du village. 2 ch. 2 pers. (1 lit 2 pers., 2 lits 1 pers., 1 lit bébé). Salle d'eau et wc pour chaque chambre. Séjour avec TV. Table d'hôtes sur réservation. Nombreux sites touristiques dans les environs. Fax 05.53.27.89.98 et 2e tel. 06.08.71.94.51 du propriétaire.

Prix : 1 pers. **230 F** 2 pers. **280 F** repas **80 F** 1/2 pens. **220/310 F**

Ouvert : toute l'année.

0,8	0,5	18	SP	3	0,8	10	0,5	0,2

LOISIRS ACCUEIL-SERVICE RESERVATION - 25 rue Wilson - BP 2063 - 24002 PERIGUEUX Cedex - Tél : 05 53 35 50 01 ou PROP : 05 53 22 05 80 - Fax : 05 53 35 50 41 - E-mail : dordogne.perigord.tourisme@wanadoo.fr - http://www.resinfrance.com/perigord/

LE BUISSON-DE-CADOUIN La Feuillantine

C.M. 75 Pli 16

3 ch. **Sarlat 35 km. Lascaux 25 km. La Roque-Gageac, Domme, Beynac 15/20 km.** Dans une très belle maison périgourdine récente dans la vallée de la Dordogne. 1 ch. pour 2 pers. (2 lits 1 pers.) et 2 ch. pour 3 pers. (1 lit 2 pers. 1 lit 1 pers.). Salle d'eau et wc pour chacune avec entrée indép. de plain-pied. Poss. lit bébé. Séjour avec TV et biblio. à dispo. des hôtes. Terrasse. Renseignements et accueil chaleureux. Restaurant à proximité. Environnement très calme, proche des bois et des sites touristiques. Langue parlée : anglais.

Prix : 1 pers. **260 F** 2 pers. **280 F** 3 pers. **345 F**

Ouvert : du 15 mars au 15 octobre.

1	1	1	1	1	3	1	10	1	0,8

LOISIRS ACCUEIL-SERVICE RESERVATION - 25 rue Wilson - BP 2063 - 24002 PERIGUEUX Cedex - Tél : 05 53 35 50 01 ou PROP : 05 53 23 95 37 - Fax : 05 53 35 50 41 - E-mail : dordogne.perigord.tourisme@wanadoo.fr - http://www.resinfrance.com/perigord/

LE BUISSON-DE-CADOUIN La Ferme de l'Embellie

(TH) *C.M. 75 Pli 16*

5 ch. **Abbaye de Cadouin 5 km. Les Eyzies 32 km.** Ferme de l'Embellie : 3 ch. 2 pers. (1 lit 2 pers.), 2 ch. 3 pers. (1 lit 2 pers. 1 lit 1 pers.). S. d'eau et wc pour chacune. Entrées indép. Biblio. Parking. Métairie restaurée avec soin dans un environnement pittoresque et fleuri très calme, proche des bois et de la nature au cœur du Périgord Noir. Poss. lit d'appoint et lit bébé. TV à disposition. Tél/fax du propriétaire. Table d'hôtes sur résa en hors-saison. Repas de qualité, volailles et produits fermiers.

Prix : 1 pers. **225 F** 2 pers. **270 F** 3 pers. **345 F** pers. sup. **75 F**
repas **90 F** 1/2 pens. **225/315 F**

Ouvert : toute l'année.

6	6	6	10	5	5	6	25	6	6

LOISIRS ACCUEIL-SERVICE RESERVATION - 25 rue Wilson - BP 2063 - 24002 PERIGUEUX Cedex - Tél : 05 53 35 50 01
ou PROP : 05 53 22 95 43 - Fax : 05 53 35 50 41 - E-mail : dordogne.perigord.tourisme@wanadoo.fr -
http://www.resinfrance.com/perigord/

CAPDROT LE BOUYSSOU

(TH) *C.M. 75 Pli 16*

2 ch. **Bastide de Monpazier 5 km. Château de Biron 10 km. Sarlat 50 km.** Belle maison en lisière d'un bois. 2 chambres pour 2 pers. (1 lit 2 pers.), salles d'eau privées, wc communs. Salon avec TV, bibliothèque et cheminée à disposition des hôtes. Espace vert et fleuri. A 5 km de la Bastide de Monpazier. Circuit pédestres et cyclistes. Accueil chaleureux. Table d'hôtes sur résa.

Prix : 1 pers. **200 F** 2 pers. **250 F** repas **60 F** 1/2 pens. **185/260 F**

Ouvert : toute l'année.

5	6	15	5	5	25	30	5

LOISIRS ACCUEIL-SERVICE RESERVATION - 25 rue Wilson - BP 2063 - 24002 PERIGUEUX Cedex - Tél : 05 53 35 50 01
ou PROP : 05 53 22 60 72 - Fax : 05 53 35 50 41 - E-mail : dordogne.perigord.tourisme@wanadoo.fr -
http://www.resinfrance.com/perigord/

CAPDROT Malapre

(TH) *C.M. 75 Pli 16*

1 ch. **Monpazier 5 km. Sarlat 35 km.** Maison à la campagne, dans une région calme et boisée, proche des nombreuses bastides et châteaux du Périgord Pourpre. Production de pruneaux, d'asperges, bovins. Repas pris en famille. 1 suite de 2 ch. 4 pers. (1 lit 2 pers. 2 lits 1 pers.). Salle de bains, douche et wc pour les 2 ch. Poss. lit d'appoint.

Prix : 2 pers. **200 F** 3 pers. **255 F** pers. sup. **45 F** repas **60 F**
1/2 pens. **160 F**

Ouvert : toute l'année.

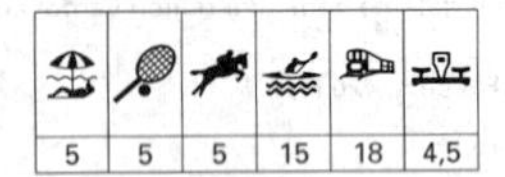

5	5	5	15	18	4,5

LOISIRS ACCUEIL-SERVICE RESERVATION - 25 rue Wilson - BP 2063 - 24002 PERIGUEUX Cedex - Tél : 05 53 35 50 01
ou PROP : 05 53 22 62 24 - Fax : 05 53 35 50 41 - E-mail : dordogne.perigord.tourisme@wanadoo.fr -
http://www.resinfrance.com/perigord/

CASTELS Campagnac

(TH) *C.M. 75 Pli 16*

1 ch. **Sarlat 20 km. Les Eyzies et Beynac 10 km. Lascaux 30 km.** Située en pleine nature, cette chambre entièrement indépendante, bénéficie d'une magnifique vue sur la Vallée de la Dordogne. 1 ch. 3 pers. (1 lit 2 pers. 1 lit 1 pers.), 1 lit bébé, salle d'eau et wc privés. Terrasse couverte avec salon de jardin. Endroit très calme et reposant au cœur du Périgord Noir. Table d'Hôtes sur réservation. Tél. et fax du propriétaire à dispo. Langue parlée : anglais.

Prix : 1 pers. **180 F** 2 pers. **250 F** 3 pers. **300 F** repas **90 F**
1/2 pens. **215/270 F**

Ouvert : du 1er avril au 31 octobre.

5	5	10	1,5	15	7	8	10	1,5

LOISIRS ACCUEIL-SERVICE RESERVATION - 25 rue Wilson - BP 2063 - 24002 PERIGUEUX Cedex - Tél : 05 53 35 50 01
ou PROP : 05 53 29 26 03 - Fax : 05 53 35 50 41 - E-mail : dordogne.perigord.tourisme@wanadoo.fr -
http://www.resinfrance.com/perigord/

CENAC La Guerinière Baccas

(TH) *C.M. 75 Pli 17*

5 ch. **Sarlat 12 km. Domme 3 km. La Roque-Gageac 5 km.** Cette chartreuse périgourdine du XVIIIè siècle, vous accueillera au milieu d'un parc de 10 ha. 4 ch. 2 pers. (3 lits 2 pers. 2 lits 1 pers.), 1 ch. 3 pers. (1 lit 2 pers. 1 lit 1 pers.), 1 lit bébé. S.d.b. ou s.d'eau et wc pour chaque chambre. Calme et verdure assurés. Vous y dégusterez des produits fermiers, cuisinés dans la tradition, par les maîtres des lieux. Fax propriétaire 05.53.30.23.89.

Prix : 1 pers. **300 F** 2 pers. **330 F** 3 pers. **450 F** repas **125 F**
1/2 pens. **290/425 F**

Ouvert : du 01 avril au 31 octobre

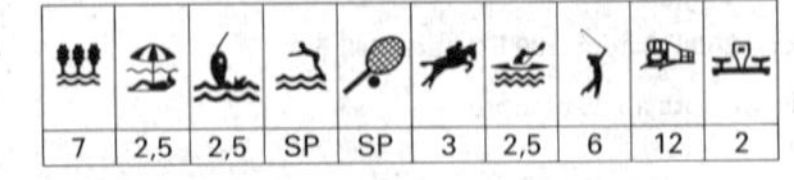

7	2,5	2,5	SP	SP	3	2,5	6	12	2

LOISIRS ACCUEIL-SERVICE RESERVATION - 25 rue Wilson - BP 2063 - 24002 PERIGUEUX Cedex - Tél : 05 53 35 50 01
ou PROP : 05 53 29 91 97 - Fax : 05 53 35 50 41 - E-mail : dordogne.perigord.tourisme@wanadoo.fr -
http://www.resinfrance.com/perigord/

CHAMPAGNAC-DE-BELAIR Château de la Borie

C.M. 75 Pli 5

 5 ch. **Brantôme 3 km. Périgueux 30 km.** Ch. spacieuses avec meubles anciens. 4 ch. 2 pers. (3 lits 2 pers. 2 lits 1 pers.), 1 ch.3 pers. (1 lit 160, 1 lit 100). S.d.b. et wc chacune. Poss. lit enfant et lit d'appoint. Salon et bibliothèque à la disposition des hôtes. Vous serez reçus par les maîtres de maison avec beaucoup d'attention. Restaurant à prox. Ancien repaire noble des XIVe et XVIIe siècles situé au milieu d'un parc arboré de 5 ha. A 3 km de Brantôme « la Venise du Périgord ». Divers châteaux à visiter. Ambiance d'autrefois. Endroit idéal pour les amoureux du calme et des vieilles pierres. Fax propriétaire 05.53.08.53.78. Langue parlée : anglais.

Prix : 1 pers. **350 F** 2 pers. **450 F** 3 pers. **555 F** pers. sup. **145 F**

Ouvert : de février à décembre de novembre à mai sur réservation.

SP	0,8	12	3	25	30	0,8

LOISIRS ACCUEIL-SERVICE RESERVATION - 25 rue Wilson - BP 2063 - 24002 PERIGUEUX Cedex - Tél : 05 53 35 50 01 ou PROP : 05 53 54 22 99 - Fax : 05 53 35 50 41 - E-mail : dordogne.perigord.tourisme@wanadoo.fr - http://www.resinfrance.com/perigord/

CHAMPAGNE-ET-FONTAINE Domaine de Puytirel

(TH) *C.M. 75 Pli 4*

5 ch. **Brantôme-Bourdeilles 25 km** Située au milieu d'un parc ombragé d'arbres centenaires. 2 ch. 2 pers. (2 lits 1 pers.) dont 1 accessible aux personnes handicapées. S.d.b. ou s. d'eau et wc pour chaque chambre. 3 ch. 3 pers. (1 lit 2 pers. 1 lit 1 pers.), 2 lits bébé. Salle de bains et wc pour chaque chambre. Poss. lit d'appoint. Chaque objet raconte une histoire dans cette demeure du XIXe siècle. Les petits déjeuners sont agrémentés de confiture et patisseries maison. Ambiance familiale. Table d'hôtes sur réservation.

Prix : 1 pers. **250 F** 2 pers. **300 F** 3 pers. **405 F** pers. sup. **100 F**
repas **100 F** 1/2 pens. **250/350 F**

Ouvert : toute l'année.

10	1	SP	2	10	15	20	35	10

LOISIRS ACCUEIL-SERVICE RESERVATION - 25 rue Wilson - BP 2063 - 24002 PERIGUEUX Cedex - Tél : 05 53 35 50 01 ou PROP : 06 66 82 05 94 - Fax : 05 53 35 50 41 - E-mail : dordogne.perigord.tourisme@wanadoo.fr - http://www.resinfrance.com/perigord/

CHANTERAC Chaniveau

C.M. 75 Pli 4

1 ch. **Saint-Astier, Riberac à 12 km, Périgueux 26 km.** Dans une ancienne ferme restaurée, au style régional dans un village Renaissance, en lisière de la forêt de la Double. 1 ch. 2 pers. (1 lit 2 pers.). Salle avec TV, hifi, bibliothèque et jeux de société à disposition des hôtes. Point de départ idéal pour randonnées, visites de châteaux, églises romanes et sites naturels. Parc ombragé. Petit-déjeuner servi au jardin. Restaurants à proximité.

Prix : 1 pers. **220 F** 2 pers. **260 F** pers. sup. **50 F**

Ouvert : toute l'année.

10	10	12	4	15	12	25	11	1,5

LOISIRS ACCUEIL-SERVICE RESERVATION - 25 rue Wilson - BP 2063 - 24002 PERIGUEUX Cedex - Tél : 05 53 35 50 01 ou PROP : 05 53 82 38 25 - Fax : 05 53 35 50 41 - E-mail : dordogne.perigord.tourisme@wanadoo.fr - http://www.resinfrance.com/perigord/

CHERVAL Les Pouyades

C.M. 75 Pli 4

2 ch. **Brantome 25 km et Périgueux 40 km, villes touristiques.** Maison de maître du fin XIXe siècle, au milieu d'un vaste parc ombragé aux portes du Périgord Vert, sur le circuit des églises romanes : 1 ch. 2 pers. (2 lits 1 pers.), s.d.b. et wc privés, 1 ch. 2 pers. (1 lit 150), s. d'eau et wc privés. 2 lits bébé, poss. d'un lit d'appoint. Restaurant à proximité. Tél/fax du prop.

Prix : 1 pers. **300 F** 2 pers. **450 F**

Ouvert : toute l'année.

20	5	5	5	5	20	35	40	5

LOISIRS ACCUEIL-SERVICE RESERVATION - 25 rue Wilson - BP 2063 - 24002 PERIGUEUX Cedex - Tél : 05 53 35 50 01 ou PROP : 05 53 91 02 96 - Fax : 05 53 35 50 41 - E-mail : dordogne.perigord.tourisme@wanadoo.fr - http://www.resinfrance.com/perigord/

CHERVAL Chez Itout

C.M. 75 Pli 4

2 ch. CV **Brantome 20 km. Bourdeilles 15 km.** Grange restaurée dans le style du pays, attenante à une maison bourgeoise du XVIIIe s. 2 chambres pour 2 pers. (1 lit 2 pers.), salle d'eau et wc pour chaque chambre. Poss. lits bébé. Sauna à disposition des hôtes. Calme et repos assurés. Accueil chaleureux. Nombreuses activités sportives et culturelles à proximité. Restaurant à proximité.

Prix : 1 pers. **230 F** 2 pers. **280 F**

Ouvert : toute l'année.

15	28	3	5	0,2	5	18	40	42	5

LOISIRS ACCUEIL-SERVICE RESERVATION - 25 rue Wilson - BP 2063 - 24002 PERIGUEUX Cedex - Tél : 05 53 35 50 01 ou PROP : 05 53 91 04 56 - Fax : 05 53 35 50 41 - E-mail : dordogne.perigord.tourisme@wanadoo.fr - http://www.resinfrance.com/perigord/

CHERVEIX-CUBAS Le Buisson

(TH) *C.M. 75 Pli 7*

3 ch. Dans une ancienne demeure du XVIIIe s. 1 chambre pour 2 pers. (1 lit 2 pers.), salle de bains et wc privés. 2 chambres pour 3 pers. (1 lit 2 pers. 1 lit 1 pers.), salle d'eau et wc chacune. Terrasse avec salon de jardin. Table d'hôtes sur réservation. Située sur l'une des collines avoisinant le château d'Hautefort où vous retrouverez le charme du Périgord dans un site calme et authentique. Fax propriétaire 05.53.51.58.23. Langues parlées : anglais, portugais.

CV

Prix : 1 pers. **330 F** 2 pers. **400 F** 3 pers. **530 F** repas **100 F**
1/2 pens. **300/430 F**

Ouvert : du 1er avril au 15 octobre.

5	3	3	2	8	15	30	2

LOISIRS ACCUEIL-SERVICE RESERVATION - 25 rue Wilson - BP 2063 - 24002 PERIGUEUX Cedex - Tél : 05 53 35 50 01
ou PROP : 05 53 50 41 76 - Fax : 05 53 35 50 41 - E-mail : dordogne.perigord.tourisme@wanadoo.fr -
http://www.resinfrance.com/perigord/

CHERVEIX-CUBAS Les Bugets

C.M. 75 Pli 7

3 ch. **Château de Hautefort 4 km, Lascaux 30 km.** A deux pas du château de Hautefort, Jacques et Vismari vous accueillent dans le cadre calme et reposant de leur maison traditionnelle noyée dans la campagne du Périgord. 1 ch. 1 pers. (1 lit 1 pers.), 2 ch. 2 pers. (1 lit 2 pers. 2 lits 1 pers.). Salle d'eau et wc pour chaque chambre. Possibilité lit d'appoint. Salon avec TV et piano à disposition. Accueil familial. Parc fleuri et ombragé avec court de tennis. Restaurant à proximité.

CV

Prix : 1 pers. **300 F** 2 pers. **300 F** pers. sup. **50 F**

Ouvert : toute l'année.

2	2	10	SP	5	3	40	40	2

LOISIRS ACCUEIL-SERVICE RESERVATION - 25 rue Wilson - BP 2063 - 24002 PERIGUEUX Cedex - Tél : 05 53 35 50 01
ou PROP : 05 53 50 42 60 - Fax : 05 53 35 50 41 - E-mail : dordogne.perigord.tourisme@wanadoo.fr -
http://www.resinfrance.com/perigord/

LE COUX-ET-BIGAROQUE La Grave

C.M. 75 Pli 16

4 ch. **Les Eyzies 13 km. Vallée de la Dordogne.** Maison périgourdine récente dominant la Vallée de la Dordogne, situation calme dans la campagne. 3 ch. 2 pers. (1 lit 2 pers.) et 1 ch. 3 pers. (1 lit 2 pers. 1 lit 1 pers.), 1 lit bébé. Salle d'eau particulière. 2 wc sur le palier. Salle de séjour avec TV. Terrasse. Accueil chaleureux. Restaurants à proximité. Langue parlée : allemand.

CV

Prix : 1 pers. **170 F** 2 pers. **190 F** 3 pers. **225 F**

Ouvert : du 1er mars au 31 octobre.

3	3	3	3	3	5	7	13	3

LOISIRS ACCUEIL-SERVICE RESERVATION - 25 rue Wilson - BP 2063 - 24002 PERIGUEUX Cedex - Tél : 05 53 35 50 01
ou PROP : 05 53 31 69 19 - Fax : 05 53 35 50 41 - E-mail : dordogne.perigord.tourisme@wanadoo.fr -
http://www.resinfrance.com/perigord/

LE COUX-ET-BIGAROQUE La Brunie

5 ch. **Villes touristiques : Les Eyzies 17 km et Sarlat 27 km.** Dans un manoir du XVIIIe s. 4 ch. 2 pers. (2 lits 160, 1 lit 2 pers. 2 lits 1 pers.), 1 ch. 3 pers. (1 lit 160, 1 lit 1 pers.). Poss. lit d'appoint. Salle de bains et wc pour chacune. Accès indépendant aux chambres. Salon avec bibliothèque à dispo des hôtes. Parc ombragé. Restaurant à proximité. Fax du propriétaire : 05.53.28.62.35. Vous pourrez profiter du cadre magnifique de ce manoir du XVIIIe siècle, pour faire une halte au cœur du Périgord Noir sur la route des châteaux de la Vallée de la Dordogne. Vous apprécierez à la fois le charme de ses grandes chambres admirablement meublées et décorées, mais aussi leur confort.

Prix : 1 pers. **380 F** 2 pers. **510 F** 3 pers. **660 F** pers. sup. **100 F**

Ouvert : toute l'année.

3	1	2	3	1	2	3	6	4	1

LOISIRS ACCUEIL-SERVICE RESERVATION - 25 rue Wilson - BP 2063 - 24002 PERIGUEUX Cedex - Tél : 05 53 35 50 01
ou PROP : 05 53 29 61 42 - Fax : 05 53 35 50 41 - E-mail : dordogne.perigord.tourisme@wanadoo.fr -
http://www.resinfrance.com/perigord/

LE COUX-ET-BIGAROQUE Les Tyssandières

(TH) *C.M. 75 Pli 16*

3 ch. **Sarlat 25 km. Les Eyzies 13 km.** Dans une ferme située sur un coteau dans un cadre verdoyant. 2 chambres pour 2 pers. (1 lit 2 pers.), s. d'eau et wc chacune, 1 chambre (1 lit 2 pers. 1 lit 1 pers.), salle de bains et wc privés. Poss. lits bébé. Entre la vallée de la Dordogne et de la Vézère. Accueil chaleureux. Table d'hôtes sur réservation.

CV

Prix : 1 pers. **190 F** 2 pers. **220 F** 3 pers. **285 F** repas **80 F**
1/2 pens. **190/270 F**

Ouvert : du 1er février au 30 novembre.

11	3	3	SP	2	3	3	6	6	3

LOISIRS ACCUEIL-SERVICE RESERVATION - 25 rue Wilson - BP 2063 - 24002 PERIGUEUX Cedex - Tél : 05 53 35 50 01
ou PROP : 05 53 31 62 52 - Fax : 05 53 35 50 41 - E-mail : dordogne.perigord.tourisme@wanadoo.fr -
http://www.resinfrance.com/perigord/

CREYSSENSAC-ET-PISSOT Fauchérias

C.M. 75 Pli 5

1 ch. **Périgueux 15 km. Vallée de la Dordogne 40 km.** Entre Périgueux et Bergerac, au cœur du pays de la fraise, une hôtesse chaleureuse vous accueille dans une coquette suite indépendante de 2 ch. pour 3 pers. (1 lit 2 pers. 1 lit 1 pers.), s. d'eau et wc privés. Coin-salon avec TV, jeux et biblio. Terrasse couverte avec salon de jardin. Restaurant à proximité. Plaisirs gourmands, bucoliques et sportifs dans un rayon de 15 km. Plaisirs culturels riches à moins d'une heure des grands sites touristiques.

CV

Prix : 1 pers. **200 F** 2 pers. **270 F** 3 pers. **405 F**

Ouvert : toute l'année.

6	15	15	15	2	15	15	15	6

LOISIRS ACCUEIL-SERVICE RESERVATION - 25 rue Wilson - BP 2063 - 24002 PERIGUEUX Cedex - Tél : 05 53 35 50 01 ou PROP : 05 53 46 66 77 - Fax : 05 53 35 50 41 - E-mail : dordogne.perigord.tourisme@wanadoo.fr - http://www.resinfrance.com/perigord/

EYLIAC La Maurinie

A

C.M. 75 Pli 6

4 ch. **Périgueux 15 km. Les Eyzies 30 km. Sarlat 60 km.** Dans 1 ferme périgourdine, 3 ch. d'hôtes 2 pers. (2 lits 2 pers. 2 lits 1 pers.), 1 suite de 2 ch. pour 5 pers. (2 lits 2 pers. 1 lit 1 pers.). Possibilité lit enfant. S. d'eau et wc privés. Salon avec TV. Elevage de vaches, canards. Stages foie gras, cuisine traditionnelle. Tél./fax du prop.

CV

Prix : 1 pers. **205 F** 2 pers. **220 F** 3 pers. **390 F** pers. sup. **10 F** repas **90 F**

Ouvert : toute l'année sur réservation.

1	SP	10	2	5	10	15	2	2

LOISIRS ACCUEIL-SERVICE RESERVATION - 25 rue Wilson - BP 2063 - 24002 PERIGUEUX Cedex - Tél : 05 53 35 50 01 ou PROP : 05 53 07 57 18 - Fax : 05 53 35 50 41 - E-mail : dordogne.perigord.tourisme@wanadoo.fr - http://www.resinfrance.com/perigord/

EYMET Cogulot

C.M. 75 Pli 14

1 ch. **Bergerac 30 km.** Dans une maison périgourdine au milieu d'un grand parc et de bois. 1 suite de 2 chambres pour 4 pers. (1 lit 2 pers. 2 lits 1 pers.) en rez-de-chaussée. Salle d'eau et wc particuliers. Lit bébé sur demande. Restaurant à proximité. Terrasse, salon d'été avec bibliothèque. TV. Fax propriétaire 05.53.23.25.92.

Prix : 1 pers. **190 F** 2 pers. **250 F** 3 pers. **345 F** pers. sup. **55 F**

Ouvert : toute l'année.

1,5	3	11,5	15	2,4	17	32	2,5

LOISIRS ACCUEIL-SERVICE RESERVATION - 25 rue Wilson - BP 2063 - 24002 PERIGUEUX Cedex - Tél : 05 53 35 50 01 ou PROP : 05 53 23 88 95 - Fax : 05 53 35 50 41 - E-mail : dordogne.perigord.tourisme@wanadoo.fr - http://www.resinfrance.com/perigord/

FAUX La Genèbre

C.M. 75 Pli 15

1 ch. **Issigeac 8 km. Mombazillac 14 km. Bergerac 17 km. Sarlat 45 km.** Au cœur du Périgord Pourpre dans 1 hameau, maison périgourdine entourée d'1 jardin paysager proche d'1 ruisseau. 1 ch. (1 lit 2 pers. 1 lit 1 pers.), 1 lit bébé, s. d'eau et wc privés. Vélos à dispo. des hôtes. Accueil chaleureux. Restaurant à proximité. Environnement boisé avec chemins pédestres et équestres. Langue parlée : anglais.

Prix : 1 pers. **190 F** 2 pers. **250 F** 3 pers. **300 F**

Ouvert : toute l'année.

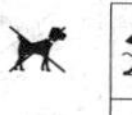

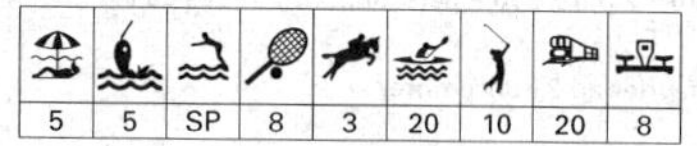

5	5	SP	8	3	20	10	20	8

LOISIRS ACCUEIL-SERVICE RESERVATION - 25 rue Wilson - BP 2063 - 24002 PERIGUEUX Cedex - Tél : 05 53 35 50 01 ou PROP : 05 53 24 30 21 - Fax : 05 53 35 50 41 - E-mail : dordogne.perigord.tourisme@wanadoo.fr - http://www.resinfrance.com/perigord/

FLEURAC Le Maillet

C.M. 75 Pli 16

2 ch. **Vallée de la Vézère 5 km. Les Eyzies 15 km. Sarlat 35 km.** Dans une belle maison périgourdine dans la campagne. 2 ch. 2 pers. (1 lit 2 pers.) dont 1 ch. accessible aux pers. hand. Poss. lit bébé. S.d.b. et wc privés. Entrée indépendante donnant sur 1 jardin fleuri. TV à dispo. des hôtes. A 10 mn des sites les plus réputés du Périgord Noir. Calme et confort assurés, accueil chaleuruex. Restaurant à proximité. Petits déjeuners copieux. Langues parlées : anglais, italien.

Prix : 1 pers. **260 F** 2 pers. **290 F**

Ouvert : toute l'année.

3	3	5	3	5	5	5	10	10

LOISIRS ACCUEIL-SERVICE RESERVATION - 25 rue Wilson - BP 2063 - 24002 PERIGUEUX Cedex - Tél : 05 53 35 50 01 ou PROP : 05 53 05 43 30 - Fax : 05 53 35 50 41 - E-mail : dordogne.perigord.tourisme@wanadoo.fr - http://www.resinfrance.com/perigord/

FOULEIX Moulin Neuf

C.M. 75 Pli 15

5 ch. **Bergerac 25 km. Périgueux 36 km.** Dans une jolie ferme restaurée. 2 chambres pour 2 pers. (1 lit 2 pers.). 3 chambres pour 3 personnes (1 lit 2 pers. et 1 lit 1 pers.). Salle d'eau et wc pour chaque chambre. Au bord d'un étang, cadre agréable, détente et repos assurés. Point de départ idéal pour les randonnées pédestres. Ferme-auberge à proximité.

CV

Prix : 1 pers. **180 F** 2 pers. **200 F** 3 pers. **270 F**

Ouvert : toute l'année.

9	0,1	24	11	13	25	24	3

LOISIRS ACCUEIL-SERVICE RESERVATION - 25 rue Wilson - BP 2063 - 24002 PERIGUEUX Cedex - Tél : 05 53 35 50 01 ou PROP : 05 53 82 96 74 - Fax : 05 53 35 50 41 - E-mail : dordogne.perigord.tourisme@wanadoo.fr - http://www.resinfrance.com/perigord/

FRAISSE

C.M. 75 Pli 14

4 ch. **Bergerac 18 km. Vignobles Bordelais 35 km. Vallée de la Dordogne 10 km** Dans une ancienne ferme restaurée, chambres au décor raffiné. 4 ch. 2 pers.(3 lits 2 pers. 2 lits 1 pers.), poss. lit bébé. S.d.b. et wc pour chaque chambre. 2 salons dont un avec TV, à dispo. des hôtes. Au cœur de la forêt du Landais, endroit idéal pour randonnées pédestres et à vélo. Nombreuses poss. d'excursions dans le Périgord. Ferme Auberge à proximité. Exposition permanente de patchwork. Tél. et fax du propriétaire à dispo.

CV

Prix : 1 pers. **230 F** 2 pers. **260 F**

Ouvert : toute l'année.

10	20	SP	8	8	14	25	14	9

LOISIRS ACCUEIL-SERVICE RESERVATION - 25 rue Wilson - BP 2063 - 24002 PERIGUEUX Cedex - Tél : 05 53 35 50 01 ou PROP : 05 53 58 69 52 - Fax : 05 53 35 50 41 - E-mail : dordogne.perigord.tourisme@wanadoo.fr - http://www.resinfrance.com/perigord/

GAUGEAC Tandou

(TH) C.M. 75 Pli 6

4 ch. **Château de Biron 1 km. Sarlat et Bergerac 45 km.** Dans le Périgord Pourpre, une jolie ferme. 3 ch. pour 2 pers. (2 lits 2 pers. 2 lits 1 pers.). 1 ch. (1 lit 2 pers. 1 lit 1 pers.). Poss. lit d'appoint. S. d'eau et wc chacune. Salle de séjour avec TV. Terrasse et parc ombragé. Accès indépendant aux ch. Entre Bergerac et Sarlat, à 1 km du château de Biron. Tél./fax du prop. Vue panoramique sur la bastide de Monpazier. Chemins de randonnée sur place. Proximité de nombreux sites touristiques. Animaux de basse-cour. Gastronomie locale à la table familiale.

CV

Prix : 1 pers. **220 F** 2 pers. **240 F** 3 pers. **330 F** pers. sup. **80 F** repas **90 F** 1/2 pens. **210/310 F** pens. **300/400 F**

Ouvert : toute l'année.

3	2	5	1	2	20	15	15	1

LOISIRS ACCUEIL-SERVICE RESERVATION - 25 rue Wilson - BP 2063 - 24002 PERIGUEUX Cedex - Tél : 05 53 35 50 01 ou PROP : 05 53 22 62 28 - Fax : 05 53 35 50 41 - E-mail : dordogne.perigord.tourisme@wanadoo.fr - http://www.resinfrance.com/perigord/

LA GONTERIE-BOULOUNEIX Le Coudert

(TH) C.M. 75 Pli 5

3 ch. **Brantôme 6,5 km.** Dans une jolie ferme à la campagne au cœur du Périgord Vert. 3 chambres 2 pers. (1 lit 2 pers.). Possibilité lit d'appoint. Salle de bains et wc ou salle d'eau et wc pour chaque chambre. Accueil chaleureux. Calme et repos assurés.

Prix : 1 pers. **230 F** 2 pers. **270 F** pers. sup. **60 F** repas **80 F** 1/2 pens. **215/310 F**

Ouvert : du 1er février au 31 décembre.

6	9	7	3	6	30	34	6

LOISIRS ACCUEIL-SERVICE RESERVATION - 25 rue Wilson - BP 2063 - 24002 PERIGUEUX Cedex - Tél : 05 53 35 50 01 ou PROP : 05 53 05 75 30 - Fax : 05 53 35 50 41 - E-mail : dordogne.perigord.tourisme@wanadoo.fr - http://www.resinfrance.com/perigord/

JOURNIAC Les Landettes

C.M. 75 Pli 16

3 ch. **Les Eyzies 15 km. Périgueux, Sarlat et Bergerac 30 km.** Dans une fermette restaurée dominant la vallée de la Vézère. 2 chambres pour 2 pers. (2 lits 2 pers.), 1 chambres pour 3 pers. (3 lits 1 pers.). Poss. lit d'appoint. Salle d'eau et wc pour chacune. Entrée indépendante. Salon de jardin à dispo des hôtes. Environnement calme et agréable. Accueil chaleureux. Restaurant à proximité. En Périgord Noir, sur 2 ha., fermette restaurée dominant la vallée de la Vézère, à proximité des nombreux sites touristiques et nombreuses activités sportives, comme les randonnées à pied, à vélo, à cheval, descentes de rivières en canoë, etc...

Prix : 1 pers. **250 F** 2 pers. **280 F** 3 pers. **360 F** pers. sup. **50 F**

Ouvert : toute l'année.

15	7	SP	10	10	10	15	10	10

LOISIRS ACCUEIL-SERVICE RESERVATION - 25 rue Wilson - BP 2063 - 24002 PERIGUEUX Cedex - Tél : 05 53 35 50 01 ou PROP : 05 53 54 35 19 - Fax : 05 53 35 50 41 - E-mail : dordogne.perigord.tourisme@wanadoo.fr - http://www.resinfrance.com/perigord/

JUMILHAC-LE-GRAND Les Vignes de Chalusset

C.M. 72 Pli 17

5 ch. **Château de Jumilhac Le Grand 4 km, Brantome 46 km.** Au cœur du Parc Naturel Régional Périgord-Limousin, dans un hameau, jolie ferme restaurée avec climatisation, au milieu d'un parc. 4 ch. 2 pers. (3 lits 2 pers. 2 lits 1 pers.) dont 1 accessible aux personnes handicapées. 1 ch. 3 pers. (1 lit 2 pers. 1 lit 1 pers.). S. d'eau, wc pour chaque chambre. Possibilité lit d'appoint. Prise TV dans chaque chambre. Salon avec TV, bibliothèque et jeux à disposition des hôtes. Environnment calme, reposant et boisé avec des chemins pédestres. Petit-déjeuner agrémenté de viennoiserie et confitures faites maison. Cuisine régionale servie à la table d'hôtes.

Prix : 1 pers. **230 F** 2 pers. **260 F** 3 pers. **330 F** repas **90 F**
1/2 pens. **220/320 F**

Ouvert : toute l'année.

5	3	SP	4	4	3	50	5	4

**LOISIRS ACCUEIL-SERVICE RESERVATION - 25 rue Wilson - BP 2063 - 24002 PERIGUEUX Cedex - Tél : 05 53 35 50 01
ou PROP : 05 53 52 38 25 - Fax : 05 53 35 50 41 - E-mail : dordogne.perigord.tourisme@wanadoo.fr -
http://www.resinfrance.com/perigord/**

LALINDE Le Maine

A

C.M. 75 Pli 15

2 ch. **Bergerac 20 km. Sarlat 50 km.** Dans une maison typique du Périgord. 2 chambres d'hôtes pour 2 pers. (1 lit 2 pers.). Poss. lit d'appoint et lit bébé. Salle d'eau et wc pour chaque chambre. Endroit très ombragé et calme, dans un cadre de verdure, entre Bergerac et ses vignobles, et Sarlat et ses sites touristiques. Possibilité de repas en ferme-auberge.

Prix : 1 pers. **250 F** 2 pers. **280 F** pers. sup. **85 F**

Ouvert : du 5 janvier au 22 décembre.

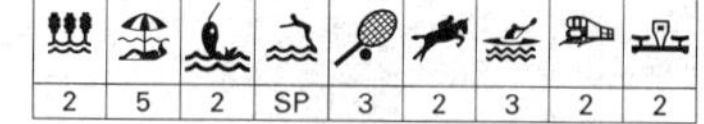

2	5	2	SP	3	2	3	2	2

**LOISIRS ACCUEIL-SERVICE RESERVATION - 25 rue Wilson - BP 2063 - 24002 PERIGUEUX Cedex - Tél : 05 53 35 50 01
ou PROP : 05 53 61 12 99 - Fax : 05 53 35 50 41 - E-mail : dordogne.perigord.tourisme@wanadoo.fr -
http://www.resinfrance.com/perigord/**

LAMONZIE-MONTASTRUC La Barabie

TH

C.M. 75 Pli 15

3 ch. **Vallée de la Dordogne 4 km. Sites Préhistoriques 10 km.** Près de Bergerac, non loin des vignobles de Pécharmant, dans un cadre calme, ombragé avec terrasse. 2 ch. 3 pers. (1 lit 2 pers. 1 lit 1 pers.). 1 ch. 2 pers. (1 lit 2 pers.). S. d'eau et wc chacune. Salon avec TV et jeux à dispo. des hôtes. Vélos à dispo. Accueil chaleureux. Possibilité de repas en table d'hôtes. Fax du propriétaire : 05.53.22.81.20, 2ème numéro de tél. du propr. : 05.53.23.22.26.

Prix : 1 pers. **240 F** 2 pers. **260 F** 3 pers. **345 F** repas **110 F**

Ouvert : du 1er février au 15 novembre.

12	1	10	2	5	10	3	10	2

**LOISIRS ACCUEIL-SERVICE RESERVATION - 25 rue Wilson - BP 2063 - 24002 PERIGUEUX Cedex - Tél : 05 53 35 50 01
ou PROP : 05 53 23 22 47 - Fax : 05 53 35 50 41 - E-mail : dordogne.perigord.tourisme@wanadoo.fr -
http://www.resinfrance.com/perigord/**

LANQUAIS Domaine de la Marmette

TH

C.M. 75 Pli 15

5 ch. **Bergerac 16 km. Bastide de Monpazier 25 km.** Dans une ferme Périgourdine restaurée. 3 ch. 2 pers. (2 lits 2 pers. 2 lits 1 pers.), 2 ch. 3 pers. (1 lit 2 pers. 4 lits 1 pers.), salle d'eau et wc pour chacune. Poss. lit bébé et lit d'appoint. Salon avec TV et bibliothèque. Randonnées pédestres, découverte de la région. Accueil chaleureux. Cuisine soignée et variée. Table d'hôtes sur réservation. Au cœur du Périgord Pourpre et sur la route des Bastides, une ferme Périgourdine des XIVe et XVIe siècles restaurée, sur un domaine de 12 ha. de prairies et de forêts protégées, surplombe le château de Lanquais. Calme et sérénité pour de vraies vacances « nature ». Fax propriétaire 05.53.24.11.48.

Prix : 1 pers. **290 F** 2 pers. **320 F** 3 pers. **405 F** pers. sup. **90 F**
repas **130 F** 1/2 pens. **290/420 F**

Ouvert : toute l'année.

0,5	0,5	SP	2	3	6	12	4	2,5

**LOISIRS ACCUEIL-SERVICE RESERVATION - 25 rue Wilson - BP 2063 - 24002 PERIGUEUX Cedex - Tél : 05 53 35 50 01
ou PROP : 05 53 24 99 13 - Fax : 05 53 35 50 41 - E-mail : dordogne.perigord.tourisme@wanadoo.fr -
http://www.resinfrance.com/perigord/**

LIMEYRAT La Lezardière

TH

C.M. 75 Pli 6

2 ch. **Lascaux 20 km, Sarlat 40 km** Dans une ancienne ferme rénovée, située sur une hauteur dominant à perte de vue la Dordogne, dans le triangle « Périgueux-Sarlat-Lascaux ». 2 ch. 2 pers. (1 lit 2 pers.). Salle de bains et wc pour chaque chambre. Possibilité lit d'appoint. Accès indépendant aux chambres. Parc de 3 ha. avec salon de jardin et jeux pour enfants. Fax du propriétaire : 05.53.04.39.51.

Prix : 1 pers. **200 F** 2 pers. **280 F** pers. sup. **40 F** repas **80 F**
1/2 pens. **220/280 F**

Ouvert : toute l'année.

4	4	SP	0,5	3	4	30	0,8	2

**LOISIRS ACCUEIL-SERVICE RESERVATION - 25 rue Wilson - BP 2063 - 24002 PERIGUEUX Cedex - Tél : 05 53 35 50 01
ou PROP : 05 53 04 40 26 - Fax : 05 53 35 50 41 - E-mail : dordogne.perigord.tourisme@wanadoo.fr -
http://www.resinfrance.com/perigord/**

LISLE La Picandine

TH — *C.M. 75 Pli 5*

5 ch. **Brantome, Périgueux 20 km** Dans un ancien corps de ferme : 2 ch. 2 pers. (1 lit 2 pers.), 1 ch. 3 pers. (1 lit 2 pers. 1 lit 1 pers.), 1 ch. 3 pers. comportant un rez-de-chaussée avec 1 lit 1 pers. et 1 mezzanine (1 lit 2 pers.), 1 suite de 2 ch. 4 pers. (1 lit 2 pers. 2 lits 1 pers.). Salle de bains ou salle d'eau et wc chaque chambre. Possibilité lit d'appoint et lit enfant. Salon avec TV, bibliothèque, jeux et billard français. Terrasse et buanderie à disposition. Cet ancien corps de ferme datant du XVIIe s. est en pleine campagne où règne le calme absolu et une ambiance familiale. Table d'hôtes sur réservation. Fax du propriétaire : 05.53.03.28.43.

CV

Prix : 1 pers. **250 F** 2 pers. **290 F** 3 pers. **375 F** pers. sup. **115 F** repas **100 F** 1/2 pens. **245/350 F**

Ouvert : du 1er février au 15 novembre.

5	5	SP	5	12	5	12	20	5

LOISIRS ACCUEIL-SERVICE RESERVATION - 25 rue Wilson - BP 2063 - 24002 PERIGUEUX Cedex - Tél : 05 53 35 50 01 ou PROP : 05 53 03 41 93 - Fax : 05 53 35 50 41 - E-mail : dordogne.perigord.tourisme@wanadoo.fr - http://www.resinfrance.com/perigord/

MARCILLAC-SAINT-QUENTIN La Veyssière

C.M. 75 Pli 17

1 ch. **Sarlat 7 km.** Dans une grande maison à la ferme, environnée par la campagne. 1 chambre pour 2 pers. (1 lit 2 pers.). Salle d'eau et wc. Terrasse. Salon de jardin. Endroit ombragé. Restaurant à proximité. Dans un rayon de 20 km, visites de la vallée de la Dordogne avec ses châteaux et ses sites, et de la vallée de la Vézère avec ses grottes et ses villages typiques. Langue parlée : anglais.

CV

Prix : 2 pers. **170 F**

Ouvert : toute l'année.

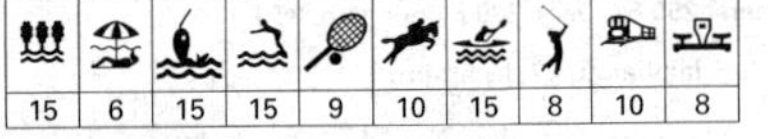

15	6	15	15	9	10	15	8	10	8

LOISIRS ACCUEIL-SERVICE RESERVATION - 25 rue Wilson - BP 2063 - 24002 PERIGUEUX Cedex - Tél : 05 53 35 50 01 ou PROP : 05 53 59 10 84 - Fax : 05 53 35 50 41 - E-mail : dordogne.perigord.tourisme@wanadoo.fr - http://www.resinfrance.com/perigord/

MARCILLAC-SAINT-QUENTIN Fond-Estin

C.M. 75 Pli 17

1 ch. **Sarlat 4 km. Les Eyzies 18 km. Lascaux 20 km.** Dans une maison Périgourdine. 1 suite avec 1 chambre (1 lit 2 pers.) et un salon avec possibilité de couchage pour 1 ou 2 pers. salle d'eau, wc. Salon de jardin, calme assuré. Jolie maison restaurée dans un parc arboré de 1 ha, au cœur du Périgord, près des grands sites touristiques et de la vallée de la Dordogne. Restaurant 2,5 km. Langue parlée : espagnol.

Prix : 1 pers. **210 F** 2 pers. **240 F** 3 pers. **300 F** pers. sup. **80 F**

Ouvert : du 1er avril au 30 octobre.

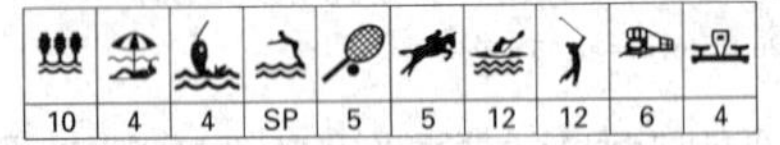

10	4	4	SP	5	5	12	12	6	4

LOISIRS ACCUEIL-SERVICE RESERVATION - 25 rue Wilson - BP 2063 - 24002 PERIGUEUX Cedex - Tél : 05 53 35 50 01 ou PROP : 05 53 31 02 74 - Fax : 05 53 35 50 41 - E-mail : dordogne.perigord.tourisme@wanadoo.fr - http://www.resinfrance.com/perigord/

MARQUAY La Croix d'Allix

C.M. 75 Pli 17

3 ch. **Sarlat 12 km. Les Eyzies 10 km.** Dans une maison périgourdine au cœur du Périgord Noir. 3 chambres pour 3 pers. (1 lit 2 pers. 1 lit 1 pers.). Salle d'eau et wc pour chaque chambre. Accueil chaleureux. Terrain de foot-ball à proximité. Salle de séjour avec bibliothèque à disposition des hôtes. Restaurant à Marquay 1,5 km.

CV

Prix : 1 pers. **190 F** 2 pers. **210 F** 3 pers. **270 F**

Ouvert : toute l'année.

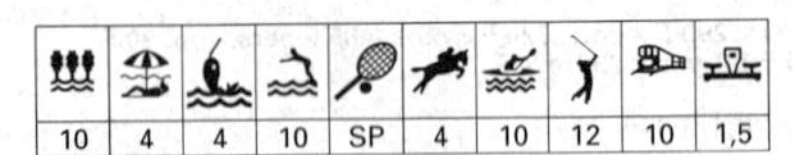

10	4	4	10	SP	4	10	12	10	1,5

LOISIRS ACCUEIL-SERVICE RESERVATION - 25 rue Wilson - BP 2063 - 24002 PERIGUEUX Cedex - Tél : 05 53 35 50 01 ou PROP : 05 53 29 67 45 - Fax : 05 53 35 50 41 - E-mail : dordogne.perigord.tourisme@wanadoo.fr - http://www.resinfrance.com/perigord/

MARQUAY Le Mas

C.M. 75 Pli 17

3 ch. **Lascaux 13 km.** Maison périgourdine récente au cœur du Perigord Noir. 2 ch. pour 2 pers. (1 lit 2 pers.). Salle d'eau et wc chacune. 1 suite de 2 ch. pour 4 pers. (1 lit 2 pers. 1 lit en 120 et 1 lit 1 pers.). S. d'eau et wc pour les 2 ch. Calme et détente assurés. Ferme-auberge et restaurant à proximité.

CV

Prix : 1 pers. **210 F** 2 pers. **250 F** 3 pers. **345 F** pers. sup. **75 F**

Ouvert : du 1er mars au 1er novembre.

4	4	10	1	4	10	15	12	1

LOISIRS ACCUEIL-SERVICE RESERVATION - 25 rue Wilson - BP 2063 - 24002 PERIGUEUX Cedex - Tél : 05 53 35 50 01 ou PROP : 05 53 29 14 89 - Fax : 05 53 35 50 41 - E-mail : dordogne.perigord.tourisme@wanadoo.fr - http://www.resinfrance.com/perigord/

MAUZENS-ET-MIREMONT Les Granges

TH — C.M. 75 Pli 16

4 ch. **Le Bugue 13 km. Les Eyzies 15 km. Sarlat et Périgueux 30 km.** Dans une belle maison de caractère. 3 chambres pour 2 pers. (1 lit 2 pers.). 1 chambre pour 3 pers. (1 lit 2 pers. 1 lit 1 pers.). Salle d'eau et wc pour chaque chambre. Possibilité lit d'appoint. Salle de séjour à la disposition des hôtes. Terrasse, jardin. Cadre calme et reposant. Tél. et fax du propriétaire à dispo.

Prix : 1 pers. **230 F** 2 pers. **260 F** 3 pers. **360 F** pers. sup. **80 F**
repas **90 F** 1/2 pens. **220/320 F**

Ouvert : du 1er avril au 30 septembre.

13	13	13	SP	SP	15	15	3	15	15

LOISIRS ACCUEIL-SERVICE RESERVATION - 25 rue Wilson - BP 2063 - 24002 PERIGUEUX Cedex - Tél : 05 53 35 50 01
ou PROP : 05 53 03 25 71 - Fax : 05 53 35 50 41 - E-mail : dordogne.perigord.tourisme@wanadoo.fr -
http://www.resinfrance.com/perigord/

MAUZENS-MIREMONT La Miliade

C.M. 75 Pli 16

4 ch. **Les Eyzies 8 km, Sarlat, Périgueux, Bergerac 35 km** Eva at Jean-Jacques vous accueillent avec convivialité dans un cadre boisé et fleuri sur 15 ha de ferme à proximité des sites touristiques du Périgord. 4 chambres 2 pers. (3 lits 2 pers. 2 lits 1 pers.). Salle d'eau et wc pour chaque chambre. Entrée indépendante. Calme assuré. Restaurants à proximité.

Prix : 2 pers. **250 F**

Ouvert : toute l'année.

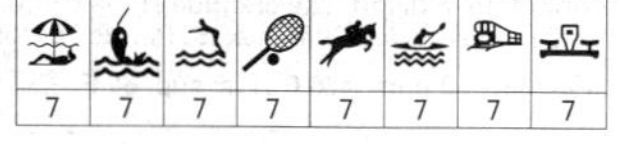

LOISIRS ACCUEIL-SERVICE RESERVATION - 25 rue Wilson - BP 2063 - 24002 PERIGUEUX Cedex - Tél : 05 53 35 50 01
ou PROP : 05 53 03 23 96 - Fax : 05 53 35 50 41 - E-mail : dordogne.perigord.tourisme@wanadoo.fr -
http://www.resinfrance.com/perigord/

MAUZENS-MIREMONT Forge Neuve

TH — C.M. 75 Pli 16

6 ch. **Les Eyzies 12 km. Sarlat 35 km.** Au cœur du Périgord Noir dans une chartreuse du XVIe s. 5 ch. 2 pers. (2 lits 1 pers.). S.d.b., douche et wc pour chaque ch. Possibilité lit d'appoint et lit bébé. 1 suite de 2 ch. 4 pers. (4 lits 1 pers.) avec terrasse privée. S.d.b., douche, s. d'eau et 2 wc particuliers. Salon avec TV, coffre-fort, mini-bar pour chaque ch. Fax du prop. : 05.53.08.32.95. Salon avec bibliothèque, TV satellite, DVD à dispo. des hôtes. Table d'hôtes traditionnelle ou avec dîners raffinés. Du fumoir au billard, de la piscine au sauna, de l'étang à la rivière, tout n'est que charme et confort dans cette propriété de 74 ha.afin de vous apporter détente et convivialité.

Prix : 2 pers. **790 F** repas **250 F**

Ouvert : toute l'année.

LOISIRS ACCUEIL-SERVICE RESERVATION - 25 rue Wilson - BP 2063 - 24002 PERIGUEUX Cedex - Tél : 05 53 35 50 01
ou PROP : 05 53 08 36 17 - Fax : 05 53 35 50 41 - E-mail : dordogne.perigord.tourisme@wanadoo.fr -
http://www.resinfrance.com/perigord/

MAZEYROLLES Fontenille Le Roucaillou

C.M. 75 Pli 16

2 ch. **Monpazier 13 km. Sarlat 45 km. Les Milandes 20 km.** En campagne, ferme périgourdine restaurée. 1 chambre (1 lit 2 pers.), 1 chambre pour 3 pers. (1 lit 2 pers. 1 lit 1 pers.), salle d'eau et wc chacune. Possibilité lit bébé. Chambres confortables, très calmes situées en bout de maison, totalement indép. Parc ombragé avec salon de jardin. Miel, noix, conserves de canards fermiers. Ferme auberge et restaurant à prox. 2e tél. prop. 05.61.84.76.14.

Prix : 1 pers. **220 F** 2 pers. **250 F** 3 pers. **285 F**

Ouvert : du 1er juillet au 31 août.

LOISIRS ACCUEIL-SERVICE RESERVATION - 25 rue Wilson - BP 2063 - 24002 PERIGUEUX Cedex - Tél : 05 53 35 50 01
ou PROP : 05 53 29 14 31 - Fax : 05 53 35 50 41 - E-mail : dordogne.perigord.tourisme@wanadoo.fr -
http://www.resinfrance.com/perigord/

MENESPLET Les Loges

TH — C.M. 75 Pli 3

3 ch. **Bergerac 40 km. Vignobles bordelais 25 km. Montpon Menesterol 7 km.** Maison dans un parc de 7 ha avec étang et ruisseau. 1 chambre (2 lits 1 pers.), 2 chambres 3 pers. (1 lit 2 pers. 1 lit 1 pers.). Poss. lit d'appoint. Salle d'eau ou salle de bains et wc chacune. Vaste salle d'animation dans une grange aménagée. Toutes les chambres sont accessibles aux personnes handicapées. Téléphone en cabine. Jardin d'agrément et mobilier d'extérieur. Terrain de volley-ball et pétanque. Balançoire et bac à sable, baby-foot, ping-pong. Bibliothèque, jeux de société. TV. Route des vins à 8 km. Forêt à 3 km.

Prix : 1 pers. **210 F** 2 pers. **260 F** 3 pers. **315 F** repas **80 F**
1/2 pens. **210/290 F**

Ouvert : toute l'année.

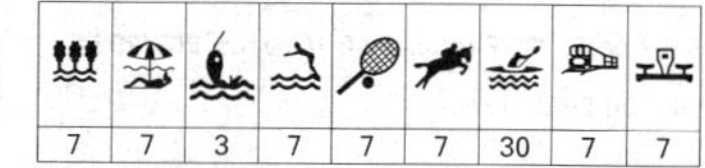

LOISIRS ACCUEIL-SERVICE RESERVATION - 25 rue Wilson - BP 2063 - 24002 PERIGUEUX Cedex - Tél : 05 53 35 50 01
ou PROP : 05 53 81 84 39 - Fax : 05 53 35 50 41 - E-mail : dordogne.perigord.tourisme@wanadoo.fr -
http://www.resinfrance.com/perigord/

MONBAZILLAC La Rouquette *C.M. 75 Pli 14*

5 ch. **Bergerac 6 km. Les Bastides et la Vallée de la Dordogne 20 km.** Dans une belle chartreuse : 2 ch. 2 pers. (1 lit 2 pers.). 3 ch. 3 pers. (1 lit 160, 4 lits 1 pers. 3 lits 80). Possibilités lit d'appoint et lit bébé. S.d.b./wc chacune. Salle de détente avec billard. Entrée indépendante pour l'accès aux chambres. Belle chartreuse des XVIIIe et XIXe siècles entourée d'un jardin à la Française. Grande terrasse avec vue panoramique sur la vallée de la Dordogne et le château de Monbazillac. Calme assuré au cœur des vignobles. Restaurant à proximité. Fax propriétaire 05.53.73.20.36. Langues parlées : anglais, allemand, espagnol, italien.

Prix : 1 pers. **350 F** 2 pers. **400 F** 3 pers. **645 F** pers. sup. **100 F**

Ouvert : toute l'année.

6	6	6	3	6	20	5	6	6

LOISIRS ACCUEIL-SERVICE RESERVATION - 25 rue Wilson - BP 2063 - 24002 PERIGUEUX Cedex - Tél : 05 53 35 50 01 ou PROP : 05 53 58 30 60 - Fax : 05 53 35 50 41 - E-mail : dordogne.perigord.tourisme@wanadoo.fr - http://www.resinfrance.com/perigord/

MONSAGUEL Foncarpe *C.M. 75 Pli 15*

3 ch. **Monbazillac 8 km. Bergerac 16 km. Issigeac 4 km.** Dans une ancienne maison de maître en pierre restaurée. 1 ch. (1 lit 2 pers.). 2 chambres pour 3 pers. (1 lit 2 pers. 1 lit 1 pers.), poss. lit d'appoint. Salle de bains ou s. d'eau et wc pour chacune. Terrasse ombragée avec salon de jardin. Séjour avec TV. Ping-pong, VTT. Restaurant à proximité. Animaux bienvenus. Calme assuré. Tél. et fax du propriétaire à dispo. Vue étendue sur la campagne, près du village médiéval d'Issignac et du château de Monbazillac, sur le circuit des Bastides et des Châteaux du Périgord. Hors saison sur réservation. Langue parlée : anglais.

Prix : 1 pers. **250 F** 2 pers. **340 F** 3 pers. **420 F** pers. sup. **60 F**

Ouvert : toute l'année.

10	4	SP	4	6	16	8	16	4

LOISIRS ACCUEIL-SERVICE RESERVATION - 25 rue Wilson - BP 2063 - 24002 PERIGUEUX Cedex - Tél : 05 53 35 50 01 ou PROP : 05 53 61 89 92 - Fax : 05 53 35 50 41 - E-mail : dordogne.perigord.tourisme@wanadoo.fr - http://www.resinfrance.com/perigord/

MONTAGRIER Caboce *C.M. 75 Pli 4*

2 ch. **Bourdeilles 15 km. Brantome 25 km.** Dans une maison indép. en pleine campagne vallonnée près de la rivière, entourée de nombreux châteaux. 1 ch. (1 lit 2 pers.) et 1 ch. avec mezzanine pour 3 pers. (1 lit 2 pers. 1 lit 1 pers.), poss. lit d'appoint et lit enfant. S. d'eau et wc chacune. S. de jeux. Garderie. Location de vélos et canoë sur place. Sentiers pédestres, circuit VTT. Grottes préhistoriques (Cluzeau) à découvrir. Tél. et fax du propriétaire à dispo. Ferme auberge et restaurant à proximité.

Prix : 1 pers. **170 F** 2 pers. **220 F** 3 pers. **270 F** pers. sup. **50 F**

Ouvert : toute l'année.

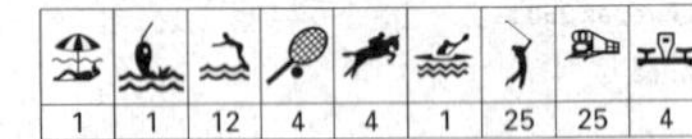

1	1	12	4	4	1	25	25	4

LOISIRS ACCUEIL-SERVICE RESERVATION - 25 rue Wilson - BP 2063 - 24002 PERIGUEUX Cedex - Tél : 05 53 35 50 01 ou PROP : 05 53 90 77 54 - Fax : 05 53 35 50 41 - E-mail : dordogne.perigord.tourisme@wanadoo.fr - http://www.resinfrance.com/perigord/

MONTFERRAND-DU-PERIGORD La Rivière (TH) *C.M. 75 Pli 16*

4 ch. **Monpazier 8 km. Sarlat 35 km.** Dans une ferme périgourdine au milieu des champs et au cœur du circuit des Bastides. 3 ch. 2 pers. (1 lit 2 pers.). 1 ch. (1 lit 2 pers. 1 lit 1 pers.). Poss. lit bébé et lit d'appoint. S. d'eau et wc privés. Hors saison : stages de cuisine. Cuisine traditionnelle, repas servis à la table familiale. Nombreux sites touristiques à prox. Chemins de randonnée.

Prix : 1 pers. **195 F** 2 pers. **220 F** 3 pers. **330 F** pers. sup. **50 F**
repas **90 F** 1/2 pens. **200/285 F**

Ouvert : toute l'année.

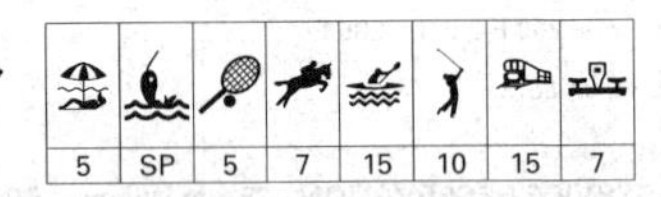

5	SP	5	7	15	10	15	7

LOISIRS ACCUEIL-SERVICE RESERVATION - 25 rue Wilson - BP 2063 - 24002 PERIGUEUX Cedex - Tél : 05 53 35 50 01 ou PROP : 05 53 63 25 25 - Fax : 05 53 35 50 41 - E-mail : dordogne.perigord.tourisme@wanadoo.fr - http://www.resinfrance.com/perigord/

MONTFERRAND-DU-PERIGORD Boulègue (TH) *C.M. 75 Pli 16*

4 ch. **Bastide de Monpazier 10 km. Sarlat 48 km. Les Eyzies 35 km.** Maison périgourdine dominant la vallée de la Couze au cœur des Bastides. 3 ch. 2 pers. (2 lits 2 pers. 2 lits 1 pers.), 1 ch. (1 lit 1 pers.). Poss. lit enfant. Salle de bains ou salle d'eau et wc chacune. Salon (biblio. TV). Terrasse avec salon de jardin. Cuisine du pays soignée et gourmande. Calme et espace assurés. Accueil chaleureux. Proximité du GR 36 et chemins balisés. Location VTC.

Prix : 1 pers. **205 F** 2 pers. **230 F** repas **90 F** 1/2 pens. **205/295 F**

Ouvert : du 6 janvier au 20 décembre.

10	10	1	10	6	5	15	10	10	10

LOISIRS ACCUEIL-SERVICE RESERVATION - 25 rue Wilson - BP 2063 - 24002 PERIGUEUX Cedex - Tél : 05 53 35 50 01 ou PROP : 05 53 63 26 42 - Fax : 05 53 35 50 41 - E-mail : dordogne.perigord.tourisme@wanadoo.fr - http://www.resinfrance.com/perigord/

MONTPON-MENESTEROL La Gravette

(TH) *C.M. 75 Pli 3*

4 ch. **Bergerac 36 km.** Dans un ancien séchoir à tabac en bordure de forêt de la Double à proximité de la rivière l'Isle. 4 ch. pour 3 pers. (1 lit 2 pers. 1 lit 1 pers. chacune), s. d'eau, wc et prise TV chacune. Accès de plain-pied donnant sur un espace vert avec salon de jardin. Endroit idéal pour des randonnées pédestres et VTT. Calme et repos assurés. Table d'hôtes sur réservation.

Prix : 1 pers. **200 F** 2 pers. **220 F** 3 pers. **300 F** repas **80 F**
1/2 pens. **190/280 F**

Ouvert : du 10 janvier au 20 décembre.

0,3	3	0,3	3	3	10	3	3	3

LOISIRS ACCUEIL-SERVICE RESERVATION - 25 rue Wilson - BP 2063 - 24002 PERIGUEUX Cedex - Tél : 05 53 35 50 01
ou PROP : 05 53 80 44 39 - Fax : 05 53 35 50 41 - E-mail : dordogne.perigord.tourisme@wanadoo.fr -
http://www.resinfrance.com/perigord/

MORTEMART-LE-BUGUE Landrevie

C.M. 75 Pli 16

5 ch. **Les Eyzies 16 km. Le Bugue 12 km. Sarlat 35 km. Lascaux 20 km.** Dans superbe maison ancienne. 2 ch. 2 pers. (1 lit 2 pers., 2 lits 1 pers.), 3 ch. 3 pers. (1 lit 2 pers., 1 lit 1 pers.). Poss. lit d'appoint. S. d'eau et wc chacune. Grande s. commune avec cheminée et biblio. Toutes les ch. donnent sur 1 terrasse avec salon de jardin individuel. Chemins pédestres. Camping. Beau panorama avec petits étangs pour la pêche sur place. Sur une exploitation agricole (céréales, moutons et bois). Grand parc fleuri avec table de ping-pong, portique et jeux pour enfants. Piscine d'eau salée (sans chlore ni produits chimiques) et tennis de terre battue. Fax propriétaire : 05.53.54.38.63.

Prix : 1 pers. **215 F** 2 pers. **240 F** 3 pers. **315 F** pers. sup. **75 F**

Ouvert : toute l'année.

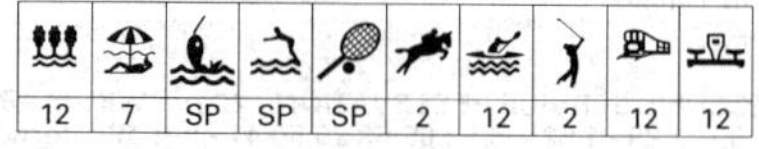

12	7	SP	SP	SP	2	12	2	12	12

LOISIRS ACCUEIL-SERVICE RESERVATION - 25 rue Wilson - BP 2063 - 24002 PERIGUEUX Cedex - Tél : 05 53 35 50 01
ou PROP : 05 53 03 20 94 - Fax : 05 53 35 50 41 - E-mail : dordogne.perigord.tourisme@wanadoo.fr -
http://www.resinfrance.com/perigord/

NAILHAC La Razoire Haute

A *C.M. 75 Pli 7*

5 ch. **Montignac-Lascaup 25 km. Périgueux 40 km.** Maison restaurée en pierre du pays, typique du Périgord avec vue panoramique sur le château de Hautefort. 5 ch. pour 2 pers. (3 lits 2 pers. 4 lits 1 pers.). S. d'eau et wc chacune. Coin-salon pour lecture. point-phone et point-information. Jardin avec salon de jardin à dispo. des hôtes. Fax prop. : 05.53.51.38.29. Calme et repos. Endroit idéal pour randonnées pédestres ou VTT mais également pour les visites avec le château de Hautefort et le musée de la médecine à 5 km.

Prix : 1 pers. **205 F** 2 pers. **230 F** repas **80 F**

Ouvert : toute l'année sauf en octobre.

3	3	5	5	10	25	50	10	5

LOISIRS ACCUEIL-SERVICE RESERVATION - 25 rue Wilson - BP 2063 - 24002 PERIGUEUX Cedex - Tél : 05 53 35 50 01
ou PROP : 05 53 51 51 74 - Fax : 05 53 35 50 41 - E-mail : dordogne.perigord.tourisme@wanadoo.fr -
http://www.resinfrance.com/perigord/

NAUSSANNES

C.M. 75 Pli 15

3 ch. **Chemin de Saint-Jacques de Compostelle 3 km. Sarlat 40 km.** 2 ch. 2 pers. (1 lit 2 pers.), salle d'eau et wc chacune. 1 suite de 2 ch. pour 5 pers. (2 lits 2 pers. 1 lit 1 pers.), séparée par un coin-bureau. S. d'eau et wc privés. Jardin paysager de 3000 m^2 avec salon de jardin. Ferme du XVe entièrement rénovée. Accueil chaleureux. Petit déjeuner gourmand, confitures et pâtisserie maison. Restaurant à proximité. Sur la route des bastides et à proximité de la route des vins. Très calme. Sentiers pédestres et VTT sur place. TV à disposition. Langues parlées : espagnol, anglais.

Prix : 1 pers. **300 F** 2 pers. **330 F** 3 pers. **450 F** pers. sup. **150 F**

Ouvert : du 6 janvier au 20 décembre.

10	18	SP	0,3	5	15	5	14	4

LOISIRS ACCUEIL-SERVICE RESERVATION - 25 rue Wilson - BP 2063 - 24002 PERIGUEUX Cedex - Tél : 05 53 35 50 01
ou PROP : 05 53 27 35 09 - Fax : 05 53 35 50 41 - E-mail : dordogne.perigord.tourisme@wanadoo.fr -
http://www.resinfrance.com/perigord/

PAUNAT La Maison des Bois

(TH) *C.M. 75 Pli 16*

2 ch. **Sainte-Alvère 4 km. Limeuil 4 km. Les Eyzies 20 km.** 1 ch. pour 2 pers. (1 lit 2 pers.), s.d.b. et wc privés. 1 suite de 2 ch. pour 5 pers. (1 lit 2 pers. 3 lits 1 pers.). S.d.b. et wc privés. Entrée indép. Jolie propriété dans un parc ombragé de 12 ha. au cœur du Périgord Noir. Véranda fermée. Nombreux jeux. Accueil chaleureux. Table d'hôtes sur réservation. Calme et confort assurés. Sentiers de randonnées pédestres dans la propriété. Tél. et fax du propriétaire à dispo. Langues parlées : anglais, allemand.

Prix : 1 pers. **250 F** 2 pers. **350 F** 3 pers. **450 F** pers. sup. **110 F**
repas **125 F** 1/2 pens. **300/375 F**

Ouvert : toute l'année.

5	5	SP	4	5	5	10	10	4

LOISIRS ACCUEIL-SERVICE RESERVATION - 25 rue Wilson - BP 2063 - 24002 PERIGUEUX Cedex - Tél : 05 53 35 50 01
ou PROP : 05 53 22 75 74 - Fax : 05 53 35 50 41 - E-mail : dordogne.perigord.tourisme@wanadoo.fr -
http://www.resinfrance.com/perigord/

PAYZAC Lavaud

C.M. 75 Pli 7

1 ch. **Château de Ségur 10 km. Hautefort 25 km.** 1 chambre d'hôtes pour 2 pers. (1 lit 2 pers.), salle d'eau et wc particuliers. Accès indépendant par terrasse couverte. Salon à disposition. A 300 m de la rivière l'Auvézère, dans une ambiance familiale, vous découvrirez une ancienne maison restaurée dans un joli cadre vallonné. Calme et repos assurés. Restaurants à prox.

Prix : 1 pers. **250 F** 2 pers. **280 F**

Ouvert : toute l'année.

0,3	8	0,3	SP	8	8	8	15	4

LOISIRS ACCUEIL-SERVICE RESERVATION - 25 rue Wilson - BP 2063 - 24002 PERIGUEUX Cedex - Tél : 05 53 35 50 01
ou PROP : 05 53 52 22 06 - Fax : 05 53 35 50 41 - E-mail : dordogne.perigord.tourisme@wanadoo.fr -
http://www.resinfrance.com/perigord/

PRATS-DE-CARLUX Les Veyssières

TH *C.M. 75 Pli 17*

2 ch. **Sarlat 9 km. Lascaux et Montignac 30 km.** 2 chambres d'hôtes pour 3 pers. (1 lit 2 pers. 1 lit 1 pers.), salle d'eau et wc pour chacune. Entrée indépendante. Ferme Périgourdine du XVIIIe siècle, à 10 mn de Sarlat. Point de départ idéal pour randonnées sur le GR6. Gavage et reproduction de l'oie. Gastronomie du terroir servie à la table d'hôtes. Tél./fax du prop. Langues parlées : anglais, espagnol.

Prix : 1 pers. **225 F** 2 pers. **250 F** 3 pers. **330 F** repas **80 F**
1/2 pens. **205/305 F**

Ouvert : toute l'année.

7	6	9	9	8	7	8	9	8

LOISIRS ACCUEIL-SERVICE RESERVATION - 25 rue Wilson - BP 2063 - 24002 PERIGUEUX Cedex - Tél : 05 53 35 50 01
ou PROP : 05 53 29 81 53 - Fax : 05 53 35 50 41 - E-mail : dordogne.perigord.tourisme@wanadoo.fr -
http://www.resinfrance.com/perigord/

PROISSANS Les Anglards

C.M. 75 Pli 17

4 ch. **Lascaux 15 km, Sarlat 4 km, Vallée de la Dordogne 10 km** Au cœur du Périgord Noir, ancienne grange restaurée, en pierres du pays. 1 chambre 2 pers. (1 lit 2 pers.), 3 ch. 3 pers. (1 lit 2 pers. 1 lit 1 pers.). Possibilité lit bébé. Salle d'eau et wc pour chaque chambre. Salon avec TV, bibliothèque et cheminée. Terrasse avec salons de jardin à disposition des hôtes. Etangs privés pour la pêche. Calme et confort assuré. Production de tabac, maïs, asperges et noyers. Restaurant et ferme auberge à proximité. Tout proche de Sarlat, Lascaux et des deux Vallées Vézère et Dordogne.

Prix : 1 pers. **190 F** 2 pers. **230 F** 3 pers. **300 F** pers. sup. **60 F**

Ouvert : toute l'année.

10	SP	4	1	4	10	5	5	5

LOISIRS ACCUEIL-SERVICE RESERVATION - 25 rue Wilson - BP 2063 - 24002 PERIGUEUX Cedex - Tél : 05 53 35 50 01
ou PROP : 05 53 59 36 72 - Fax : 05 53 35 50 41 - E-mail : dordogne.perigord.tourisme@wanadoo.fr -
http://www.resinfrance.com/perigord/

PROISSANS L'Arche - Les Chanets

C.M. 75 Pli 17

4 ch. **Sarlat 5 km. Lascaux 20 km.** 4 ch. (1 lit 2 pers. chacune). Poss. lit d'appoint. S. d'eau et wc chacune. Entrée indép. Belle maison périgourdine du XVIIIe, restaurée, pleine de charme au cœur du Périgord Noir. Calme et repos assurés dans une campagne harmonieuse entre bois et vallons. Terrasse ombragée. Salons de jardin. Parking. Four à pain. Accueil très chaleureux. Circuits touristiques et pédestres proposés. Restaurant à proximité.

CV

Prix : 1 pers. **215 F** 2 pers. **240 F** pers. sup. **55 F**

Ouvert : du 1er mars au 15 novembre.

12	5	1,5	5	5	4	10	5	5	5

LOISIRS ACCUEIL-SERVICE RESERVATION - 25 rue Wilson - BP 2063 - 24002 PERIGUEUX Cedex - Tél : 05 53 35 50 01
ou PROP : 05 53 29 08 48 - Fax : 05 53 35 50 41 - E-mail : dordogne.perigord.tourisme@wanadoo.fr -
http://www.resinfrance.com/perigord/

PROISSANS Chez Michel

TH *C.M. 75 Pli 17*

5 ch. **Vallée de la Dordogne 12 km.** 3 ch. 2 pers. (2 lits 2 pers., 2 lits 1 pers.). 2 ch. 3 pers. (1 lit 2 pers. 1 lit 1 pers.), s. d'eau et wc chacune. Séjour avec coin-salon à disposition des hôtes. Calme et confort assurés. Maison de construction récente à la campagne, à proximité de la ferme. Culture de tabac, céréales et noix. Elevage d'ovins et de volailles. Fax prop. : 05.53.29.25.39. Au cœur du Périgord Noir, vous aurez la possibilité de découvrir la cuisine régionale et la vallée de la Dordogne avec ses sites touristiques et ses chateaux.

CV

Prix : 1 pers. **200 F** 2 pers. **250 F** 3 pers. **330 F** repas **85 F**
1/2 pens. **210/285 F**

Ouvert : du 1er mars au 15 novembre.

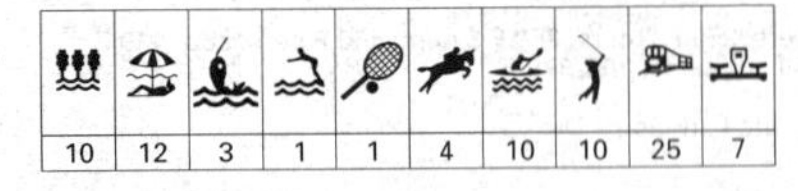

10	12	3	1	1	4	10	10	25	7

LOISIRS ACCUEIL-SERVICE RESERVATION - 25 rue Wilson - BP 2063 - 24002 PERIGUEUX Cedex - Tél : 05 53 35 50 01
ou PROP : 05 53 59 11 79 - Fax : 05 53 35 50 41 - E-mail : dordogne.perigord.tourisme@wanadoo.fr -
http://www.resinfrance.com/perigord/

RAZAC-DE-SAUSSIGNAC Château Le Payral

C.M. 75 Pli 14

2 ch. **Bergerac 25 km. Vignobles bordelais 45 km.** 2 ch. d'hôtes pour 2 pers. (1 lit 2 pers.) dont une acc. aux pers. handicapées. 1 lit bébé. S.d.b. ou s. d'eau et wc pour chacune. Maison de maître, au cœur d'un domaine viticole, des chambres accueillantes à la décoration personnalisée. Cadre calme et agréable. Joli parc ombragé avec salon de jardin. Entre les vignobles bordelais et les bastides périgourdines. Restaurant à proximité. Séjours en Vignoble. Fax propriétaire : 05.53.27.99.81. Langues parlées : anglais, allemand.

Prix : 1 pers. **210 F** 2 pers. **230 F**

Ouvert : vacances scolaires.

6	12	6	6	4	6	10	3	6	6

LOISIRS ACCUEIL-SERVICE RESERVATION - 25 rue Wilson - BP 2063 - 24002 PERIGUEUX Cedex - Tél : 05 53 35 50 01 ou PROP : 05 53 22 38 07 - Fax : 05 53 35 50 41 - E-mail : dordogne.perigord.tourisme@wanadoo.fr - http://www.resinfrance.com/perigord/

RIBERAC La Borderie

C.M. 75 Pli 4

2 ch. **Château de Bourdeilles, Brantome 25 km. Grottes de Villars 35 km.** 1 ch. pour 2 pers. (1 lit 2 pers.) avec salle d'eau et wc privés. 1 ch. pour 3 pers. (1 lit 2 pers. 1 lit 1 pers.) avec s.d.b. et wc privés. Poss. lit enfant. Salon avec TV. Entrée indépendante. Restaurant et ferme-auberge à proximité. Accueil chaleureux dans une magnifique maison au milieu d'un parc fleuri proche de la rivière « La Dronne ». Point de départ idéal pour circuit des églises romanes. Randonnées pédestres guidées avec visites de fermes et dégustation des produits fermiers. Découverte de la forêt de la Double et de ses étangs. 2e tél. du propriétaire : 06.82.75.49.59.

Prix : 1 pers. **190 F** 2 pers. **250 F** 3 pers. **330 F**

Ouvert : toute l'année.

2	12	2	2	2	5	4	37	37	2

LOISIRS ACCUEIL-SERVICE RESERVATION - 25 rue Wilson - BP 2063 - 24002 PERIGUEUX Cedex - Tél : 05 53 35 50 01 ou PROP : 05 53 90 08 97 - Fax : 05 53 35 50 41 - E-mail : dordogne.perigord.tourisme@wanadoo.fr - http://www.resinfrance.com/perigord/

LA ROQUE-GAGEAC Malfont

C.M. 75 Pli 17

2 ch. 2 ch. pour 2 pers. (1 lit 2 pers.), s. d'eau et wc chacune. Poss. lit d'appoint. Terrasse. Petits déjeuners servis dans le séjour au mobilier ancien, salon avec TV. Maison bourgeoise dans la vallée de la Dordogne, au cœur du Périgord Noir. Calme assuré dans un cadre verdoyant et fleuri. Ferme-auberge à proximité. Point de départ idéal pour visiter de nombreux sites touristiques. Sarlat, Domme, châteaux des Milandes, de Fénelon, de Puymartin dans les environs.

Prix : 1 pers. **200 F** 2 pers. **250 F** pers. sup. **50 F**

Ouvert : du 1er avril au 11 novembre.

3	3	3	8	3	8	3	3	30	3

LOISIRS ACCUEIL-SERVICE RESERVATION - 25 rue Wilson - BP 2063 - 24002 PERIGUEUX Cedex - Tél : 05 53 35 50 01 ou PROP : 05 53 28 33 01 - Fax : 05 53 35 50 41 - E-mail : dordogne.perigord.tourisme@wanadoo.fr - http://www.resinfrance.com/perigord/

ROUFFIGNAC Le Tallet

C.M. 75 Pli 16

2 ch. **Montignac, Lascaux et les Eyzies 20 km.** 1 ch. pour 2 pers. (1 lit 2 pers.). 1 ch. pour 3 pers. (1 lit 2 pers. 1 lit 1 pers.). Poss. lit bébé et lit d'appoint. S. d'eau et wc chacune. Coin-salon dans chaque ch. TV à disposition des hôtes. Terrasse avec salon de jardin. Restaurant et ferme-auberge à proximité. Tél. et fax du propriétaire à dispo. Ferme restaurée près d'un étang pour la pêche au cœur de la forêt Barade à 15 mn des sites touristiques de la vallée de la Vézère.

Prix : 1 pers. **200 F** 2 pers. **220 F** 3 pers. **270 F**

Ouvert : du 1er mai au 30 septembre.

10	SP	10	4	2	16	10	25	4

LOISIRS ACCUEIL-SERVICE RESERVATION - 25 rue Wilson - BP 2063 - 24002 PERIGUEUX Cedex - Tél : 05 53 35 50 01 ou PROP : 05 53 05 45 02 - Fax : 05 53 35 50 41 - E-mail : dordogne.perigord.tourisme@wanadoo.fr - http://www.resinfrance.com/perigord/

SAGELAT Le Branchat

TH

C.M. 75 Pli 16

5 ch. **Les Eyzies 18 km, Sarlat 27 km** Dans une demeure Périgourdine de charme au cœur du Perigord Noir. 5 chambres 2 pers. (3 lits 2 pers. 4 lits 1 pers.), salle de bains ou salle d'eau et wc pour chaque chambre. Grand salon avec cheminée, bibliothèque à disposition des hôtes. Terrasse. Entouré d'un parc de 5 ha., Le Branchat vous offre le calme et une ambiance décontractée au cœur de la nature. VTT, ping-pong à disposition. Table d'hôtes sur réservation. Fax du propriétaire : 05.53.28.90.82, 2e tél. : 06.82.36.27.38.

Prix : 1 pers. **390 F** 2 pers. **410 F** repas **95 F** 1/2 pens. **300/485 F**

Ouvert : toute l'année.

6	0,5	SP	1,5	0,5	5	5	1	1,2

LOISIRS ACCUEIL-SERVICE RESERVATION - 25 rue Wilson - BP 2063 - 24002 PERIGUEUX Cedex - Tél : 05 53 35 50 01 ou PROP : 05 53 28 98 80 - Fax : 05 53 35 50 41 - E-mail : dordogne.perigord.tourisme@wanadoo.fr - http://www.resinfrance.com/perigord/

SAINT-ANDRE-D'ALLAS Les Filolies

C.M. 75 Pli 17

4 ch. **Sarlat 7 km. Vallée de la Dordogne à proximité.** 2 ch. pour 2 pers. (1 lit 2 pers.). 2 ch. pour 3 pers. (1 lit 2 pers. 1 lit 1 pers.). 1 lit bébé. S. d'eau et wc chacune. Ancien relais de Poste rénové au cœur du Périgord Noir dans un parc de 2 ha. bordé de bois et prairies. Randonnées, farniente au jardin, vélos à disposition. Tél./fax du prop. Restaurant et ferme-auberge à proximité. Sarlat et la vallée de la Dordogne à 7 km. Les petits déjeuners sont copieux et variés. Langues parlées : anglais, espagnol.

CV

Prix : 1 pers. **240 F** 2 pers. **270 F** 3 pers. **360 F**

Ouvert : du 20 avril au 30 septembre.

6	2	6	2	4	6	12	8	7

LOISIRS ACCUEIL-SERVICE RESERVATION - 25 rue Wilson - BP 2063 - 24002 PERIGUEUX Cedex - Tél : 05 53 35 50 01 ou PROP : 05 53 30 31 84 - Fax : 05 53 35 50 41 - E-mail : dordogne.perigord.tourisme@wanadoo.fr - http://www.resinfrance.com/perigord/

SAINT-ANDRE-D'ALLAS Lassagne

C.M. 75 Pli 17

1 ch. **Lascaux 20 km. Vallée de la Dordogne 10 km. Vallée de la Vézère 15 km.** 1 chambre 2 pers. (1 lit 2 pers., 1 lit bébé), s.d.b. et wc privés. Accès indép. A 6 km de Sarlat, laissez vous séduire par le calme de cette belle maison de pierre et de son jardin paysagé. La piscine et la terrasse ensoleillée vous permettront de vous détendre. Vous apprécierez le moment gourmand du petit-déjeuner. Restaurant à proximité. Point de départ idéal pour de nombreuses visites touristiques.

CV

Prix : 2 pers. **280 F**

Ouvert : toute l'année.

10	10	10	SP	0,5	6	10	15	6	6

LOISIRS ACCUEIL-SERVICE RESERVATION - 25 rue Wilson - BP 2063 - 24002 PERIGUEUX Cedex - Tél : 05 53 35 50 01 ou PROP : 05 53 31 06 28 - Fax : 05 53 35 50 41 - E-mail : dordogne.perigord.tourisme@wanadoo.fr - http://www.resinfrance.com/perigord/

SAINT-AUBIN-DE-NABIRAT

C.M. 75 Pli 17

2 ch. **Sarlat 20 km. Lascaux 45 km.** Maison récente dans le Périgord Noir, entre la vallée du Céou et de la Dordogne, proche des sites préhistoriques. Calme et détente assurés. Accueil chaleureux. 1 ch. 2 pers. (1 lit 2 pers.), 1 ch. 3 pers. (1 lit 2 pers. 1 lit 1 pers.), s. d'eau et wc chacune. Petits déjeuners servis en terrasse fleurie. Production de bovins. Restaurant à proximité.

CV

Prix : 1 pers. **190 F** 2 pers. **220 F** 3 pers. **300 F**

Ouvert : toute l'année.

2	9	2	10	10	5	10	12	10	3

LOISIRS ACCUEIL-SERVICE RESERVATION - 25 rue Wilson - BP 2063 - 24002 PERIGUEUX Cedex - Tél : 05 53 35 50 01 ou PROP : 05 53 28 40 05 - Fax : 05 53 35 50 41 - E-mail : dordogne.perigord.tourisme@wanadoo.fr - http://www.resinfrance.com/perigord/

SAINT-BARTHELEMY-DE-BUSSIERE Villechalane

C.M. 72 Pli 15

2 ch. **Parc Naturel Régional Périgord-Limousin.** 1 chambre 2 pers. (1 lit 2 pers.), salle d'eau et wc privés. 1 suite de 2 chambres pour 4 pers. (4 lits 1 pers.), salle d'eau et wc privés. Salon de jardin à disposition. Au cœur du Parc Naturel Régional Périgord - Limousin, un espace préservé. Des chambres totalement indépendantes. Un jardin traversé par un ruisseau qui alimente un ancien lavoir. Echiquier géant. Sentiers de randonnées sur place. Musées, châteaux, patrimoine géologique, savoir-faire originaux. Restaurant à proximité. Gîte Panda.

CV

Prix : 2 pers. **250 F** 3 pers. **360 F** pers. sup. **40 F**

Ouvert : d'avril à septembre inclus.

0,8	12	0,8	18	2	12	35	18	45	6

LOISIRS ACCUEIL-SERVICE RESERVATION - 25 rue Wilson - BP 2063 - 24002 PERIGUEUX Cedex - Tél : 05 53 35 50 01 ou PROP : 05 53 56 92 89 - Fax : 05 53 35 50 41 - E-mail : dordogne.perigord.tourisme@wanadoo.fr - http://www.resinfrance.com/perigord/

SAINT-GENIES Le Chaffour

A

C.M. 75 Pli 17

6 ch. **Sarlat 12 km. Montignac, Lascaux 14 km.** 2 ch. pour 2 pers. (1 lit 2 pers.). 4 ch. pour 3 pers. (1 lit 2 pers. 1 lit 1 pers.). Possibilité lit d'appoint. Salle d'eau et wc chacune. Coin-salon, salle de détente avec TV à disposition. Calme à la ferme. Production de maïs et céréales. Elevage de canards. Entre Sarlat, Montignac et Lascaux, Nicole et Jean-Marie se feront un plaisir de vous accueillir. Fax propriétaire : 05 53 59 45 53. Langues parlées : anglais, espagnol.

CV

Prix : 1 pers. **215 F** 2 pers. **240 F** 3 pers. **315 F** pers. sup. **75 F**

Ouvert : de Pâques à la Toussaint.

6	3	2	6	15	4	12	3

LOISIRS ACCUEIL-SERVICE RESERVATION - 25 rue Wilson - BP 2063 - 24002 PERIGUEUX Cedex - Tél : 05 53 35 50 01 ou PROP : 05 53 28 98 47 - Fax : 05 53 35 50 41 - E-mail : dordogne.perigord.tourisme@wanadoo.fr - http://www.resinfrance.com/perigord/

SAINT-MARTIAL-DE-VALETTE Domaine de Montagenet *C.M. 72 Pli 15*

3 ch. **Brantôme 15 km. Périgueux 40 km.** 1 ch. 2 pers. (2 lits 110), 1 ch. 3 pers. (1 lit 2 pers. 1 lit 1 pers.). S.d.b. et wc chacune. 1 suite de 2 ch. pour 4 pers. (1 lit 2 pers. 2 lits 1 pers.). 2 s. d'eau et wc privés. TV dans chacune. Salle de jeux et salle de gym à dispo. Maison de maître du XVIIIe siècle sur un domaine de 70 ha. au cœur du Périgord Vert et du Parc Naturel Régional Périgord-Limousin. Vous pourrez vous reposer autour de la piscine ou sur la terrasse dominant l'étang. Après un copieux petit déjeuner, les enfants pourront découvrir les activités de la ferme (élevage de chevaux, de vaches limousines). Tél./fax. du prop. Langue parlée : anglais.

Prix : 1 pers. **300 F** 2 pers. **350 F** 3 pers. **600 F** pers. sup. **60 F**

Ouvert : toute l'année.

SP	10	SP	SP	3	10	15	20	40	3

LOISIRS ACCUEIL-SERVICE RESERVATION - 25 rue Wilson - BP 2063 - 24002 PERIGUEUX Cedex - Tél : 05 53 35 50 01 ou PROP : 05 53 60 75 18 - Fax : 05 53 35 50 41 - E-mail : dordogne.perigord.tourisme@wanadoo.fr - http://www.resinfrance.com/perigord/

SAINT-MARTIN-LE-PIN Château de Talivaud *C.M. 72 Pli 15*

1 ch. **Nontron (couteaux et musée) 3 km. Brantôme 20 km. Périgueux 50 km.** 1 suite de 2 ch. pour 3 pers. (1 lit 2 pers. 1 lit 1 pers.). Poss. lit d'appoint. S.d.b. et wc particuliers. Terrasse avec salon de jardin. Salon avec TV à dispo. des hôtes. Restaurant à proximité. Ancien repaire noble du XVIIIe au milieu d'un parc ombragé et fleuri. Cour pavée à l'ancienne avec fontaine. Tel/fax du prop.

Prix : 1 pers. **200 F** 2 pers. **350 F** 3 pers. **495 F** pers. sup. **145 F**

Ouvert : toute l'année, de novembre à mai sur réservation.

10	10	1	SP	4	7	20	20	20	3

LOISIRS ACCUEIL-SERVICE RESERVATION - 25 rue Wilson - BP 2063 - 24002 PERIGUEUX Cedex - Tél : 05 53 35 50 01 ou PROP : 05 53 60 33 87 - Fax : 05 53 35 50 41 - E-mail : dordogne.perigord.tourisme@wanadoo.fr - http://www.resinfrance.com/perigord/

SAINT-MEARD-DE-GURCON Les Bonnins TH *C.M. 75 Pli 13*

2 ch. **Monbazillac et vignobles bordelais 30 km.** 2 chambres d'hôtes 2 pers. (1 lit 2 pers.), salle de bains ou salle d'eau et wc pour chacune. Salon avec TV et bibliothèque réservé aux hôtes. Entre Bergerac et Saint-Emilion, maison vigneronne restaurée, au cœur des vignobles du Gurçonnais, dans un parc arboré avec un étang de pêche. Repas pris avec les maîtres de maison, où la gastronomie, l'oenologie et l'art sont à l'honneur. Tel/fax prop.

Prix : 1 pers. **200 F** 2 pers. **300 F** repas **90 F** 1/2 pens. **240/290 F**

Ouvert : toute l'année.

10	SP	5	5	12	25	10	5

LOISIRS ACCUEIL-SERVICE RESERVATION - 25 rue Wilson - BP 2063 - 24002 PERIGUEUX Cedex - Tél : 05 53 35 50 01 ou PROP : 05 53 81 37 88 - Fax : 05 53 35 50 41 - E-mail : dordogne.perigord.tourisme@wanadoo.fr - http://www.resinfrance.com/perigord/

SAINT-MEARD-DE-GURCON L'Ane Vert *C.M. 75 Pli 13*

2 ch. **Vignobles Bordelais 30 km. Bergerac 20 km.** 1 ch. 2 pers. (1 lit 2 pers.), 1 ch. 3 pers. (1 lit en 180, 1 lit 1 pers.), poss. lits d'appoint. S. de bains ou s. d'eau pour chaque chambre. Chambres spacieuses avec coin-salon et TV. Entrée indépendante. Laurence et Eric vous accueillent à l'Ane vert, dans leur fermette rénovée du XVIIIè s. située sur un domaine boisé et vallonné de 8 ha avec étang pour la pêche. Stages de peinture, initiation à l'oenologie. Randonnées pédestres et cyclistes. Restaurant et ferme auberge à proximité.

Prix : 1 pers. **350 F** 2 pers. **400 F** 3 pers. **510 F** pers. sup. **90 F**

Ouvert : toute l'année.

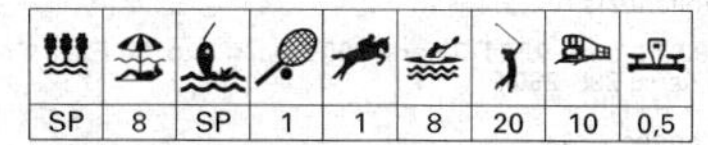

SP	8	SP	1	1	8	20	10	0,5

LOISIRS ACCUEIL-SERVICE RESERVATION - 25 rue Wilson - BP 2063 - 24002 PERIGUEUX Cedex - Tél : 05 53 35 50 01 ou PROP : 05 53 82 48 94 - Fax : 05 53 35 50 41 - E-mail : dordogne.perigord.tourisme@wanadoo.fr - http://www.resinfrance.com/perigord/

SAINT-MICHEL-DE-RIVIERE La Moulinasse TH *C.M. 75 Pli 3*

2 ch. **Forêt de la Double 2 km. Vignobles Bordelais 20 km.** 1 ch. (1 lit 2 pers.), salle de bains et wc particuliers. 1 suite de 2 ch. pour 3 pers. (1 lit 2 pers. 1 lit 120), salle de bains et wc particuliers. Possibilité lits d'appoint. Salon avec TV, bibliothèque et jeux à la disposition des hôtes. TH sur résa. Terrasse. Parc ombragé avec salon de jardin. Site calme et reposant en bordure de La Dronne. Accueil de qualité dans une belle maison. Nombreux sites touristiques à proximité.

Prix : 1 pers. **230 F** 2 pers. **280 F** repas **80 F** 1/2 pens. **220/310 F**

Ouvert : toute l'année.

1	SP	SP	5	1	1	1	6	5

LOISIRS ACCUEIL-SERVICE RESERVATION - 25 rue Wilson - BP 2063 - 24002 PERIGUEUX Cedex - Tél : 05 53 35 50 01 ou PROP : 05 53 91 41 03 - Fax : 05 53 35 50 41 - E-mail : dordogne.perigord.tourisme@wanadoo.fr - http://www.resinfrance.com/perigord/

SAINT-PARDOUX-LA-RIVIERE Lapeyronnie (TH) *C.M. 72 Pli 15*

4 ch. **Brantome 20 km. Grottes de Villars 20 km. Périgueux 45 km.** 4 chambres d'hôtes pour 2 pers. (3 lits 2 pers. 2 lits 1 pers.), salle de bains ou salle d'eau et wc pour chacune. Salon avec bibliothèque et jeux de société. Terrasse. Repas pris en commun avec les maîtres de maison sur réservation. 2e tél. prop. 05.53.56.75.16. Ancienne ferme restaurée dans un charmant hameau. La vue s'ouvre sur un paysage verdoyant. Calme, détente et espace naturel assurés, mais aussi randonnées sur les hauteurs forestières ou la vallée de la Dronne. Châteaux aux environs. Baignade en étang et jeux aquatiques.

Prix : 1 pers. **140 F** 2 pers. **220 F** repas **100 F** 1/2 pens. **210/240 F** pens. **290/320 F**

Ouvert : toute l'année.

20	1,5	10	1,5	15	20	1,5

LOISIRS ACCUEIL-SERVICE RESERVATION - 25 rue Wilson - BP 2063 - 24002 PERIGUEUX Cedex - Tél : 05 53 35 50 01 ou PROP : 05 53 60 53 30 - Fax : 05 53 35 50 41 - E-mail : dordogne.perigord.tourisme@wanadoo.fr - http://www.resinfrance.com/perigord/

SAINT-PIERRE-DE-FRUGIE Le Breuilh (TH) *C.M. 72 Pli 16*

2 ch. **Junilhac le Grand 12 km. Brantôme 35 km.** 1 suite de 2 chambres pour 4 pers. (1 lit 2 pers. 2 lits 1 pers.), 1 suite de 2 ch. pour 3 pers. (1 lit 2 pers. 1 lit 1 pers.). Salle de bains et wc particuliers. Maison périgourdine dans la campagne. Séjour avec TV. Pêche en étang. Location de VTT. Gîte Panda.

Prix : 2 pers. **240 F** pers. sup. **60 F** repas **80 F** 1/2 pens. **200 F**

Ouvert : toute l'année sur réservation.

6	SP	12	4	22	30	4	5

LOISIRS ACCUEIL-SERVICE RESERVATION - 25 rue Wilson - BP 2063 - 24002 PERIGUEUX Cedex - Tél : 05 53 35 50 01 ou PROP : 05 53 52 85 76 - Fax : 05 53 35 50 41 - E-mail : dordogne.perigord.tourisme@wanadoo.fr - http://www.resinfrance.com/perigord/

SAINT-REMY-SUR-LIDOIRE La Mouthe *C.M. 75 Pli 13*

3 ch. **Bergerac, Monbazillac 30 km, Vignobles Bordelais 40 km.** Entre Bergerac et St-Emilion, Marie-Ange et Philippe vous acceuillent dans leur maison à colombages. 3 ch. 2 pers. (2 lits 2 pers. 2 lits 1 pers.). S. d'eau et wc pour chaque chambre. Possibilité lit bébé. Chaque chambre vous offre un confort douillet et un décor personnalisé avec entrée indépendante sur terrasse privée. Bibliothèque et jeux de société à disposition. Sur un domaine de 20 ha, entre vignobles et forêts, avec étang pour la pêche. Sentiers de randonnées sur place. Restaurant et ferme auberge à proximité. Gîte cheval. Tél. et fax du propriétaire à dispo.

Prix : 1 pers. **235 F** 2 pers. **260 F**

Ouvert : toute l'année.

8	SP	3	3	SP	11	25	11	4

LOISIRS ACCUEIL-SERVICE RESERVATION - 25 rue Wilson - BP 2063 - 24002 PERIGUEUX Cedex - Tél : 05 53 35 50 01 ou PROP : 05 53 82 15 40 - Fax : 05 53 35 50 41 - E-mail : dordogne.perigord.tourisme@wanadoo.fr - http://www.resinfrance.com/perigord/

SAINT-SAUD-LA-COUSSIERE Le Vieux Moulin de la Maque (TH) *C.M. 72 Pli 16*

3 ch. **Grottes de Villars 15 km. Brantôme 30 km.** 2 ch. pour 2 pers. (1 lit 2 pers.). S. d'eau et wc chacune. 1 suite de 2 ch. pour 3 pers. (1 lit 2 pers. 1 lit 1 pers.). S. d'eau et wc privés. Poss. lit d'appoint et lit bébé. Séjour avec TV. Salon de jardin. Parking. Table d'hôtes sur réservation. Jardin ombragé avec mini-golf. Ancien moulin au bord de la rivière La Dronne dans le Parc Naturel Régional Périgord-Limousin, où vous trouverez calme et repos. Tél. et fax du propriétaire à dispo. Langues parlées : anglais, allemand, hollandais.

Prix : 1 pers. **190 F** 2 pers. **250 F** 3 pers. **300 F** pers. sup. **50 F** repas **100 F** 1/2 pens. **225/290 F**

Ouvert : toute l'année.

SP	3	SP	16	2	6	30	36	13	2

LOISIRS ACCUEIL-SERVICE RESERVATION - 25 rue Wilson - BP 2063 - 24002 PERIGUEUX Cedex - Tél : 05 53 35 50 01 ou PROP : 05 53 60 32 72 - Fax : 05 53 35 50 41 - E-mail : dordogne.perigord.tourisme@wanadoo.fr - http://www.resinfrance.com/perigord/

SAINTE-ALVERE Moulin Latour *C.M. 75 Pli 16*

2 ch. **Les Eyzies 25 km. Limeuil 15 km. Sarlat, Lascaux 45 km.** 2 chambres 2 pers. (1 lit 2 pers.). Salle de bains et wc communs sur le palier. Ancien moulin avec plan d'eau situé au milieu d'un hectare de prés avec ruisseau, verdure, grand calme, à quelques kms de la Vallée de la Dordogne avec ses sites touristiques. Séjour avec TV. Restaurant à 500 m.

Prix : 1 pers. **160 F** 2 pers. **220 F**

Ouvert : toute l'année.

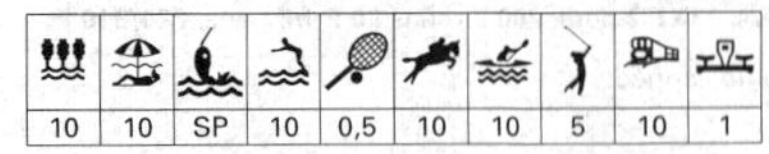

10	10	SP	10	0,5	10	10	5	10	1

LOISIRS ACCUEIL-SERVICE RESERVATION - 25 rue Wilson - BP 2063 - 24002 PERIGUEUX Cedex - Tél : 05 53 35 50 01 ou PROP : 05 53 22 74 84 - Fax : 05 53 35 50 41 - E-mail : dordogne.perigord.tourisme@wanadoo.fr - http://www.resinfrance.com/perigord/

SAINTE-FOY-DE-BELVES Brouste

C.M. 75 Pli 16

2 ch. **Belves 8 km. Sarlat 40 km. Les Eyzies 35 km.** 2 chambres pour 2 pers. (1 lit 180, 1 lit 2 pers.). Salle d'eau chacune, wc communs. Maison traditionnelle en pierre du pays dans la campagne. Vue sur les collines environnantes. Confort et calme assurés, accueil chaleureux. Salon de jardin à dispo. Restaurant à proximité.

Prix : 1 pers. **180 F** 2 pers. **240 F**

Ouvert : du 1er mai au 30 septembre.

12	12	12	8	8	6	12	10	6	8

LOISIRS ACCUEIL-SERVICE RESERVATION - 25 rue Wilson - BP 2063 - 24002 PERIGUEUX Cedex - Tél : 05 53 35 50 01 ou PROP : 05 53 29 07 25 - Fax : 05 53 35 50 41 - E-mail : dordogne.perigord.tourisme@wanadoo.fr - http://www.resinfrance.com/perigord/

SAINTE-TRIE Le Fiallex

C.M. 75 Pli 7

2 ch. **Hautefort 6 km. Lascaux 35 km.** 2 ch. pour 3 pers. (2 lits 2 pers. 1 lit 130, 1 lit en 80), s.d.b. ou s. d'eau privée, wc communs. Bibliothèque, jeux et salon de jardin à dispo. Ancienne ferme rénovée située sur un site moyenâgeux, entourée de prés et de bois. Un vaste jardin ombragé domine la campagne vallonnée et reposante. Promenade en ânes. Restaurant à proximité. Tél./fax prop. Randonnées : gorges de l'Auvézère, château d'Hautefort.

Prix : 1 pers. **200 F** 2 pers. **230 F** 3 pers. **300 F**

Ouvert : du 1er avril au 30 octobre.

5	5	SP	8	6	8	50	25	8

LOISIRS ACCUEIL-SERVICE RESERVATION - 25 rue Wilson - BP 2063 - 24002 PERIGUEUX Cedex - Tél : 05 53 35 50 01 ou PROP : 05 53 50 51 14 - Fax : 05 53 35 50 41 - E-mail : dordogne.perigord.tourisme@wanadoo.fr - http://www.resinfrance.com/perigord/

SALIGNAC-EYVIGUES Moulin de la Garrigue

C.M. 75 Pli 17

4 ch. **Sarlat 20 km. Lascaux 30 km. Les Eyzies 30 km.** 4 ch. comprenant un rez-de-chaussée (1 lit 2 pers.) et 1 mezzanine (1 lit 1 pers.), poss. lit d'appoint. S. d'eau, wc pour chacune. Téléphone dans chaque chambre. Ancien moulin rénové datant de 1875 sur 15 ha. Terrasse au bord d'une petite rivière La Borrèze. Ferme-auberge à proximité. Accueil chaleureux. Sarlat, les Eyzies, Domme, Lascaux dans les environs.

Prix : 1 pers. **260 F** 2 pers. **280 F** 3 pers. **360 F** pers. sup. **70 F**

Ouvert : toute l'année.

9	15	SP	SP	2	9	9	7	9	9

LOISIRS ACCUEIL-SERVICE RESERVATION - 25 rue Wilson - BP 2063 - 24002 PERIGUEUX Cedex - Tél : 05 53 35 50 01 ou PROP : 05 53 28 84 88 - Fax : 05 53 35 50 41 - E-mail : dordogne.perigord.tourisme@wanadoo.fr - http://www.resinfrance.com/perigord/

SARLAT-LA-CANEDA Pont de Campagnac

C.M. 75 Pli 17

2 ch. **Sarlat 3 km. Domme, Beynac et Castelnaud 15 km.** 2 ch. pour 3 pers. (1 lit 2 pers. 1 lit 1 pers.). S. d'eau particulières. WC communs. Maison en pierre du pays en bordure de la forêt communale du château de Campagnac avec promenades sur des chemins balisés et aires de pique-nique, à flanc de côteau, dominant la ville de Sarlat. Parc ombragé. Restaurant à proximité.

CV

Prix : 1 pers. **200 F** 2 pers. **230 F** 3 pers. **285 F**

Ouvert : du 1er mars au 30 novembre.

6	6	6	5	5	5	6	7	6	3

LOISIRS ACCUEIL-SERVICE RESERVATION - 25 rue Wilson - BP 2063 - 24002 PERIGUEUX Cedex - Tél : 05 53 35 50 01 ou PROP : 05 53 59 07 83 - Fax : 05 53 35 50 41 - E-mail : dordogne.perigord.tourisme@wanadoo.fr - http://www.resinfrance.com/perigord/

SARLAT-LA-CANEDA Pech-Lafaille

C.M. 75 Pli 17

4 ch. **Sarlat 3 km. Lascaux 25 km.** 2 ch. pour 2 pers. (1 lit 2 pers.). 2 ch. pour 3 pers. (1 lit 2 pers. 1 lit 1 pers.). Salle d'eau et wc pour chaque chambre. Salon avec TV. Maison périgourdine du XVIIIe siècle dans un grand parc calme de 4 ha., située sur la route de Sainte-Nathalène. Accueil chaleureux. Terrasse ombragée. Restaurant à proximité.

CV

Prix : 1 pers. **225 F** 2 pers. **250 F** 3 pers. **315 F**

Ouvert : toute l'année.

6	6	6	2	3	6	6	6	3	3

LOISIRS ACCUEIL-SERVICE RESERVATION - 25 rue Wilson - BP 2063 - 24002 PERIGUEUX Cedex - Tél : 05 53 35 50 01 ou PROP : 05 53 59 08 19 - Fax : 05 53 35 50 41 - E-mail : dordogne.perigord.tourisme@wanadoo.fr - http://www.resinfrance.com/perigord/

SARLAT-LA-CANEDA La Croix d'Allon *C.M. 75 Pli 17*

5 ch. **Sarlat 2 km. Vallée de la Dordogne à proximité. Lascaux 20 km.** 4 ch. pour 2 pers. (2 lits 2 pers. 4 lits 1 pers.), s. d'eau et wc chacune. 1 suite de 2 ch. pour 4 pers. (1 lit 2 pers. 2 lits 1 pers.), salle de bains et wc pour les 2 ch. Parc avec salon de jardin. Les petits déjeuners sont agrémentés de pain de campagne aux noix et confitures maison. Ferme en activité restaurée en pierre et colombages dans un vallon au cœur du Périgord Noir, au centre d'une zone touristique (Lascaux, Domme, Les Eyzies, Eyrignac). Langues parlées : anglais, allemand.

Prix : 1 pers. **200 F** 2 pers. **250 F** 3 pers. **360 F** pers. sup. **40 F**

Ouvert : du 15 mars au 31 décembre.

6	10	0,2	1	2	4	6	6	3	2

LOISIRS ACCUEIL-SERVICE RESERVATION - 25 rue Wilson - BP 2063 - 24002 PERIGUEUX Cedex - Tél : 05 53 35 50 01 ou PROP : 05 53 59 08 44 - Fax : 05 53 35 50 41 - E-mail : dordogne.perigord.tourisme@wanadoo.fr - http://www.resinfrance.com/perigord/

SARRAZAC Laupiliere *C.M. 75 Pli 6*

4 ch. **Brantome 25 km. Saint-Jean de Cole 20 km.** 2 ch. pour 3 pers. (1 lit 2 pers. 1 lit 1 pers.). 2 chambres pour 2 pers. (1 lit 2 pers.), dont 1 ch. access. aux pers. hand. S. d'eau et wc pour chaque ch. Terrasse avec salon de jardin. Maison restaurée à la ferme au cœur du Périgord Vert, nombreux sites touristiques. Calme et espace assurés. Table d'hôtes sur réservation. Té. et fax du propriétaire à dispo. Châteaux de Jumilhac-le-Grand, Hautefort, grottes de Villars, Brantôme. Production de bovins et céréales.

Prix : 1 pers. **210 F** 2 pers. **240 F** 3 pers. **321 F** repas **90 F**
1/2 pens. **210/300 F**

Ouvert : toute l'année, hors saison sur réservation.

3	SP	SP	SP	3	10	10	45	14	8

LOISIRS ACCUEIL-SERVICE RESERVATION - 25 rue Wilson - BP 2063 - 24002 PERIGUEUX Cedex - Tél : 05 53 35 50 01 ou PROP : 05 53 62 52 57 - Fax : 05 53 35 50 41 - E-mail : dordogne.perigord.tourisme@wanadoo.fr - http://www.resinfrance.com/perigord/

SARRAZAC Sapharey *C.M. 75 Pli 6*

4 ch. **Brantome 30 km. Hautefort 20 km.** 4 ch. pour 2 pers. (1 lit 160). Poss. lit d'appoint. Salle de bains et wc chacune. Balnéo à disposition des hôtes. Maison ancienne rénovée dans le style du pays, située sur une propriété de 37 ha., vallonnée et boisée. Elevage de bisons d'Amérique et de chevaux. Fax prop. 05 53 52 57 96. Boxes pour chevaux. Animations sportives. Calme assuré. Possibilité de chasse et de pêche en saison. Brantôme, Jumilhac, Hautefort, Périgueux, St-Jean de Côle, Villars, Bourdeilles. Restaurant à proximité.

Prix : 1 pers. **320 F** 2 pers. **350 F** pers. sup. **100 F**

Ouvert : toute l'année.

6	SP	SP	2	5	15	30	10	2

LOISIRS ACCUEIL-SERVICE RESERVATION - 25 rue Wilson - BP 2063 - 24002 PERIGUEUX Cedex - Tél : 05 53 35 50 01 ou PROP : 05 53 52 42 50 - Fax : 05 53 35 50 41 - E-mail : dordogne.perigord.tourisme@wanadoo.fr - http://www.resinfrance.com/perigord/

TAMNIES Le Combal *C.M. 75 Pli 17*

4 ch. **Sarlat 16 km. Lascaux 14 km. Les Eyzies 15 km.** 4 chambres pour 3 pers. (1 lit 2 pers. 1 lit 1 pers.). 1 lit bébé. Salle de bains et wc pour chacune. Dans un cadre calme et reposant, au cœur du Périgord Noir, une ferme périgourdine où Brigitte vous accueille dans ses chambres confortables et vous propose des repas pris à la table familiale, préparés avec les produits de la ferme. Elevage de canards gras, moutons, chèvres, lapins, etc...

Prix : 1 pers. **200 F** 2 pers. **250 F** 3 pers. **330 F** repas **120 F**
1/2 pens. **245/320 F**

Ouvert : toute l'année.

4	4	15	4	2	6	25	15	6

LOISIRS ACCUEIL-SERVICE RESERVATION - 25 rue Wilson - BP 2063 - 24002 PERIGUEUX Cedex - Tél : 05 53 35 50 01 ou PROP : 05 53 29 64 17 - Fax : 05 53 35 50 41 - E-mail : dordogne.perigord.tourisme@wanadoo.fr - http://www.resinfrance.com/perigord/

TAMNIES *C.M. 75 Pli 17*

1 ch. **Sarlat, Les Eyzies, Montignac 12 km.** 1 ch. (1 lit 2 pers. 1 lit 1 pers.), poss. lit d'appoint. S.d.b. et wc privés. Maison ancienne rénovée dans le style du pays, dominant la vallée de la Beune, dans la campagne du Périgord Noir. Vue sur la vallée. Terrasse avec meubles de jardin. Calme. Repos. Table d'hôtes sur réservation.

Prix : 1 pers. **200 F** 2 pers. **240 F** 3 pers. **270 F** pers. sup. **50 F**
repas **80 F** 1/2 pens. **200/280 F**

Ouvert : de Pâques à la Toussaint.

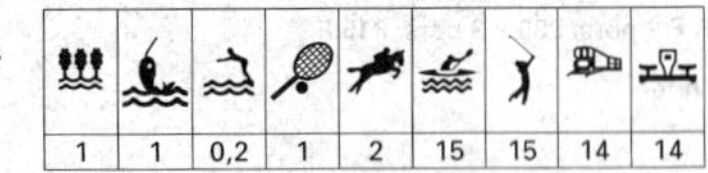

1	1	0,2	1	2	15	15	14	14

LOISIRS ACCUEIL-SERVICE RESERVATION - 25 rue Wilson - BP 2063 - 24002 PERIGUEUX Cedex - Tél : 05 53 35 50 01 ou PROP : 05 53 29 67 09 - Fax : 05 53 35 50 41 - E-mail : dordogne.perigord.tourisme@wanadoo.fr - http://www.resinfrance.com/perigord/

TAMNIES Escamps

C.M. 75 Pli 17

2 ch. **Sarlat, Montignac 14 km.** 2 chambres pour 2 pers. (1 lit 2 pers.), poss. lit d'appoint et lit de bébé. Salle d'eau pour chaque chambre, wc commun. Salon avec TV à disposition des hôtes. Ancienne ferme rénovée, dans la campagne, où calme et repos sont assurés. Parc agréable. Accueil familial. Restaurant à proximité.

Prix : 2 pers. **220 F** pers. sup. **30 F**

Ouvert : toute l'année.

1	0,8	14	1	1	10	10	14	4

LOISIRS ACCUEIL-SERVICE RESERVATION - 25 rue Wilson - BP 2063 - 24002 PERIGUEUX Cedex - Tél : 05 53 35 50 01 ou PROP : 05 53 29 67 52 - Fax : 05 53 35 50 41 - E-mail : dordogne.perigord.tourisme@wanadoo.fr - http://www.resinfrance.com/perigord/

TREMOLAT

(TH) *C.M. 75 Pli 16*

3 ch. **Limeuil 6 km. Beynac 30 km. Lascaux, Domme 40 km.** 2 ch. pour 2 pers. (1 lit 2 pers. 2 lits 1 pers.). 1 ch. pour 3 pers. (1 lit 2 pers. 1 lit 1 pers.). Salle d'eau et wc pour chaque chambre. Maison avec un grand jardin à proximité du village. Calme et repos dans une ambiance familiale. Salon avec TV et bibliothèque. Table d'hôtes sur réservation. Trémolat est situé dans la vallée de la Dordogne, une boucle, le cingle de Trémolat et à 6 km du Confluent de la Vézère. Entre Bergerac et Sarlat.

Prix : 1 pers. **220 F** 2 pers. **250 F** 3 pers. **360 F** repas **100 F**
1/2 pens. **225/320 F**

Ouvert : de Pâques au 15 octobre.

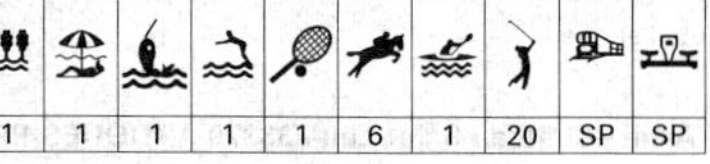

1	1	1	1	1	6	1	20	SP	SP

LOISIRS ACCUEIL-SERVICE RESERVATION - 25 rue Wilson - BP 2063 - 24002 PERIGUEUX Cedex - Tél : 05 53 35 50 01 ou PROP : 05 53 22 81 28 - Fax : 05 53 35 50 41 - E-mail : dordogne.perigord.tourisme@wanadoo.fr - http://www.resinfrance.com/perigord/

VAUNAC Les Guézoux

C.M. 75 Pli 6

4 ch. **Saint-Jean de Côle 12 km. Brantôme 20 km. Périgueux 25 km.** 2 ch. pour 2 pers. (1 lit 2 pers.). S. d'eau et wc chacune. 2 ch. pour 3 pers. (1 lit 2 pers. 1 lit 1 pers.). S.d.b. ou s. d'eau et wc chacune. Poss. lit bébé. Terrasse ombragée. Ferme restaurée en pierre du pays dans un site agréable, calme, boisé. Accueil chaleureux. Vous pourrez découvrir 1 élevage d'escargots lors des visites agrémentées de dégustation. Petits déjeuners copieux élaborés avec les produits du terroir, confitures et gâteaux aux noix faits maison. Langue parlée : anglais.

Prix : 1 pers. **225 F** 2 pers. **250 F** 3 pers. **318 F**

Ouvert : toute l'année.

8	5	6	3	15	8	25	8	3

LOISIRS ACCUEIL-SERVICE RESERVATION - 25 rue Wilson - BP 2063 - 24002 PERIGUEUX Cedex - Tél : 05 53 35 50 01 ou PROP : 05 53 62 06 39 - Fax : 05 53 35 50 41 - E-mail : dordogne.perigord.tourisme@wanadoo.fr - http://www.resinfrance.com/perigord/

VILLARS

C.M. 75 Pli 5

3 ch. **Brantome 12 km. Grottes de Villars 3 km.** 3 ch. pour 2 pers. (1 lit 2 pers.), s. d'eau et wc pour chaque ch. Ambiance familiale et calme assuré. Séjour, bibliothèque à dispo. des hôtes. Sortie indép. sur le jardin pour chaque chambre. En Périgord Vert, près du château de Puyguilhem et des grottes de Villars, grande maison en pierre du pays. Grand jardin fleuri avec salon de jardin. Randonnées pédestres sur GR436.

Prix : 1 pers. **180 F** 2 pers. **220 F**

Ouvert : du 1er mai au 31 octobre.

6	12	SP	6	SP	6	12	SP

LOISIRS ACCUEIL-SERVICE RESERVATION - 25 rue Wilson - BP 2063 - 24002 PERIGUEUX Cedex - Tél : 05 53 35 50 01 ou PROP : 05 53 54 80 76 - Fax : 05 53 35 50 41 - E-mail : dordogne.perigord.tourisme@wanadoo.fr - http://www.resinfrance.com/perigord/

Gironde

GITES DE FRANCE
Maison du Tourisme - 21, Cours de l'Intendance - 33000 BORDEAUX
Tél. 05 56 81 54 23 - Fax. 05 56 51 67 13

ARBIS Château le Vert

(TH)

4 ch. **Targon 4 km. Cadillac 7 km.** A l'ét. : 1 grande ch. (2 lits 1 pers.), salle de bains, wc privés, TV. 2 ch. (2 lits 2 pers. à baldaquin), salle de bains/wc privés, TV. Au r.d.c. : entrée indép., salle à manger/salon. Possibilité location salons de réception. Dans une aile, 1 suite : 1 ch. (1 lit 160), salon, salle d'eau, wc, TV. Château du XIXe siècle, adossé à des bâtisses du XIIIe et du XVIe, au cœur de l'Entre-Deux-Mers (route touristique), entouré d'un parc. Parking.

Prix : 2 pers. **360/600 F** pers. sup. **100 F** repas **120 F**

Ouvert : toute l'année.

3	2	3	10	4

IMHOFF Claude - Route d'Escoussans - Château Le Vert - 33760 ARBIS - Tél : 05 56 23 91 49

ARTIGUES-DE-LUSSAC Beurret-Nord

3 ch. Maison ancienne de type girondin. 3 ch. (3 lits 2 pers.), s. d'eau, wc. Salon/salle à manger, TV, biblio., cheminée. Matériel pour bébé. Ouvert toute l'année. Au cœur du vignoble du Libournais et près du Pomerol et Saint-Emilion à 10 km. Dans un hameau. Parking, cour close, jardin clos, terrasse, barbecue. Réduc. pour séjour.

Prix : 1 pers. **150 F** 2 pers. **250 F** 3 pers. **350 F** pers. sup. **50 F**

Ouvert : toute l'année.

10 | 2 | 2 | 0,5 | 10 | 2

DAUNAT Bernadette et Serge - 9 Beurret Nord - 33570 ARTIGUES-DE-LUSSAC - Tél : 05 57 24 31 37

ARTIGUES-PRES-BORDEAUX Château Saint-Leu

1 ch. Jolie petite maison de gardien indép., près de l'habitation du propriétaire : 1 ch. 2 pers. (1 lit 2 pers. poss. appoint séparé 1 lit 1 pers.), salle de bains et wc privés. Salon avec cheminée, kitchenette. Petit jardin clos, privatif, grand parc de 5 ha. Réduction pour séjour à partir d'une semaine.

Prix : 2 pers. **330 F** pers. sup. **120 F**

Ouvert : toute l'année.

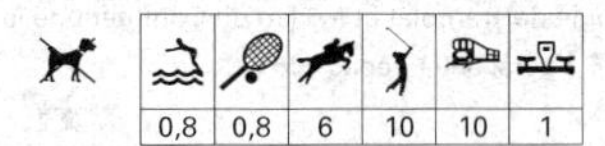

0,8 | 0,8 | 6 | 10 | 10 | 1

CAVAILLE Alain - Château Saint-Leu - 33370 ARTIGUES-PRES-BORDEAUX - Tél : 05 56 86 54 84

AURIOLLES Chevalier

TH

3 ch. 3 chambres d'hôtes, toutes avec salle d'eau et wc privés. Séjour/salle à manger à disposition. 10% de réduction à partir de 8 jours. Vieille maison de campagne entièrement rénovée dans la partie accueil. Joli point de vue sur la campagne environnante.

Prix : 1 pers. **185 F** 2 pers. **250 F** pers. sup. **60 F** repas **85 F** pens. **195 F**

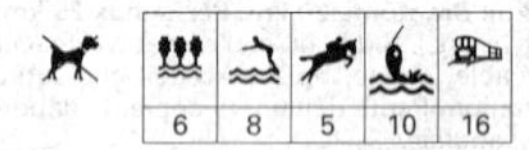

6 | 8 | 5 | 10 | 16

CLAMENS Danielle - 1 Chevalier - 33790 AURIOLLES - Tél : 05 56 61 31 92

BERNOS-BEAULAC Dousud

5 ch. 5 chambres d'hôtes aménagées à proximité immédiate de la maison du propriétaire. 4 ch. (8 lits 1 pers. 2 lits 2 pers.), s. de bains/wc et terrasse privés, téléphone, TV. 1 ch. (1 lit 2 pers.), s. d'eau/wc privés, téléphone, TV. Kitchenette, salon. Barbecue. Location de chevaux 100 F/heure. Piscine chauffée. Ancienne ferme landaise du XVIIIe siècle entièrement restaurée, nichée au cœur de la campagne, située à proximité des vieux chemins de St-Jacques de Compostelle. A disposition sur place : boxes et prés pour l'accueil des chevaux, étang de pêche, circuits de randonnées pédestres, équestres et VTT. Langues parlées : anglais, hollandais.

Prix : 1 pers. **350/500 F** 2 pers. **400/600 F** pers. sup. **100 F**

Ouvert : d'avril à novembre

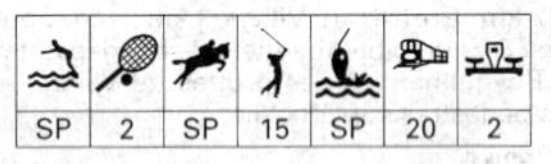

SP | 2 | SP | 15 | SP | 20 | 2

DUJARDIN Liliane - Dousud - 33430 BERNOS-BEAULAC - Tél : 05 56 25 45 59 ou 05 56 25 43 23 - Fax : 05 56 25 42 75

BERSON

2 ch. **Blaye 7 km. Bourg-sur-Gironde 7 km.** Maison bourgeoise du 18e s, située à proximité du bourg, au cœur du vignoble des Côtes de Blaye et en limite des Côtes de Bourg, grand jardin clos arboré, parking dans la propriété. Etage : 1 ch. (1 lit 2 pers.), s.d.b., wc. 1 ch. 2/3 pers. (1 lit 2 pers. 1 lit 120), s. d'eau, wc. Au r.d.c. : salon avec cheminée/salle à manger. Rabais pour séjour supérieur à 8 jours.

CV

Prix : 1 pers. **220 F** 2 pers. **250 F** 3 pers. **320 F** pers. sup. **100 F**

Ouvert : de février à janvier.

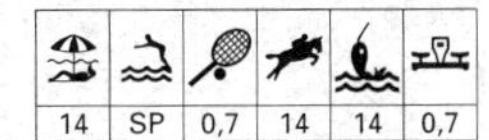

14 | SP | 0,7 | 14 | 14 | 0,7

LANDARD Annick - 7 rue de la Croix de Rousset - 33390 BERSON - Tél : 05 57 64 34 98

BLAYE Le Saugeron

3 ch. 3 chambres d'hôtes 2/4 pers. dans un bâtiment neuf à proximité de l'habitation du propriétaire, avec salle d'eau ou salle de bains, wc et terrasse couverte privés. Petite cuisine à disposition des hôtes. Grand jardin clos avec arbres fruitiers en limite de la commune de Blaye. Resaturant à proximité. Accès : sur la N137 traversant Blaye, prendre la D22 (rue des Maçons) sur 700 m puis prendre avenue de Verdun sur 150 m à coté du foyer des combattants.

Prix : 1 pers. **200 F** 2 pers. **250 F** 3 pers. **300 F** pers. sup. **100 F**

28 | 28 | 0,8 | 0,8 | 7 | SP | 0,8

LABORIE - Avenue de Verdun - Le Saugeron - 33390 BLAYE - Tél : 05 57 42 14 80

BLAYE Le Saugeron

2 ch. **Bourg-sur-Gironde 10 km. Vignoble des Côtes de Bourg et de Blaye.** 2 chambres 2 pers. (1 lit 2 pers., 2 lits 1 pers.), salle de bains et wc communs. Salon/salle à manger. Maison située en limite de la commune de Blaye. Grand jardin clos avec vergers. Citadelle de Vauban à Bourg et Blaye.

Prix : 1 pers. **200 F** 2 pers. **250 F** 3 pers. **300 F**

Ouvert : toute l'année.

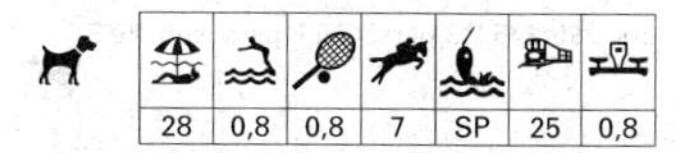

28	0,8	0,8	7	SP	25	0,8

LABORIE - Avenue de Verdun - Le Saugeron - 33390 BLAYE - Tél : 05 57 42 14 80

BOSSUGAN Barrouil

(TH) *C.M. 75 Pli 12/13*

2 ch. **Saint-Emilion 20 km. Sauveterre-de-Guyenne 12 km.** Au rez-de-chaussée : salle à manger, salon, cheminée. A l'étage : 2 chambres 2 pers. (1 lit 2 pers., 2 lit 1 pers.), salles d'eau ou de bains/wc. Table d'hôtes sur réservation. Possibilité d'initiation au patchwork. Maison de maître du XIXe, sur une colline au cœur du vignoble, grand jardin aménagé, terrasse, parking, garage ou abris couvert. Accès : sur RD.17, Castillon/Sauveterre, au carrefour de la RD.126 à gauche. Langues parlées : anglais, allemand.

Prix : 2 pers. **260/320 F** pers. sup. **90 F** repas **120 F**

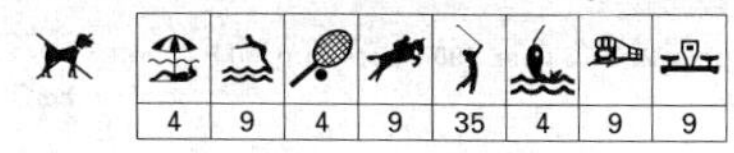

4	9	4	9	35	4	9	9

EHRSAM Annie - Domaine de Barrouil - 33350 BOSSUGAN - Tél : 05 57 40 59 12 - Fax : 05 57 40 59 12 -
E-mail : m.ehrsam@sudouest.com

BOURG-SUR-GIRONDE

3 ch. Castel du 19e s. avec tour et douve, situé au cœur du village, près de la RD 669, grand jardin clos arboré. Au rez-de-jardin : salle à manger, 1 chambre (1 lit 2 pers.), salle d'eau/wc. Rez-de-chaussée : billard, 1 chambre (2 lits 1 pers.), salle de bains, wc. Etage : 1 suite de 2 chambres 2/4 pers. (2 lits 2 pers.), salle de bains/wc.

Prix : 1 pers. **280 F** 2 pers. **300 F** pers. sup. **80 F**

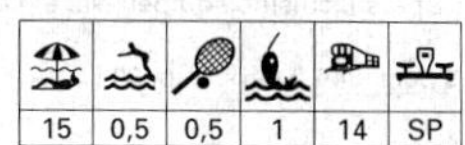

15	0,5	0,5	1	14	SP

POISSONNEAU Annick et Jean - 5 allée François Daleau - 33710 BOURG-SUR-GIRONDE - Tél : 05 57 68 39 73 ou 06 67 48 68 74

BOURG-SUR-GIRONDE Château de la Grave

3 ch. A l'étage : 3 chambres avec salle d'eau et wc privés (5 lits 1 pers. 2 lits 2 pers.), balcon. Au rez-de-chaussée : salle à manger/salon avec cheminée à disposition. Dégustation et visite des chais. Château restauré dans le style Louis XVIII situé sur une exploitation viticole au cœur des côtes de Bourg, vue sur coteaux, jardin clos, daim. Accès : à Bourg sur Gironde à la sortie du village prendre direction Berson/Saint-Trojan, puis 2e route à droite et suivre panneau « château la Grave ».

Prix : 1 pers. **260 F** 2 pers. **300 F** pers. sup. **100 F**

Ouvert : toute l'année sauf février et dernière quinzaine d'août.

15	2	2	10	2	10	2

BASSEREAU Philippe - Chateau de la Grave - 33710 BOURG-SUR-GIRONDE - Tél : 05 57 68 41 49 - Fax : 05 57 68 49 26

BOURG-SUR-GIRONDE Le Pain-de-Sucre

5 ch. **Vignoble des Côtes de Bourg, citadelle de Blaye 15 km.** Au rez-de-chaussée : 1 chambre 2 pers. (1 lit 2 pers.), salle de bains/wc. Salon, salle à manger. A l'étage : 4 chambres 2 pers. (2 lits 2 pers., 1 lit 160, 2 lits 1 pers.), salle d'eau/wc. Maison en pierre rénovée, au cœur du vignoble des Côtes de Bourg, située sur les bords de l'Estuaire de la Gironde. Terrasse, jardin clos, parking.

Prix : 1 pers. **230 F** 2 pers. **260 F** pers. sup. **80 F**

Ouvert : Toute l'année.

15	2	2	10	35	SP	15	2

GUERIN - 26, Le Pain de Sucre - 33710 BOURG-SUR-GIRONDE - Tél : 05 57 68 23 42 - Fax : 05 57 68 23 42

CAP-FERRET

2 ch. 2 chambres d'hôtes dont 1 suite dans un chalet : 1 ch. 2 pers., 1 ch. 4 pers. avec salle d'eau et wc privés. Cuisine à disposition. Restaurant sur place. Chasse 1 km, location vélos et VTT 400 m, forêts 800 m, sports nautiques 800 m. Accès : à l'entrée de Cap-Ferret, 4e rue à droite, direction ocean plage surveillée.

Prix : 2 pers. **350 F** 3 pers. **485 F** pers. sup. **135 F**

Ouvert : de mai à septembre.

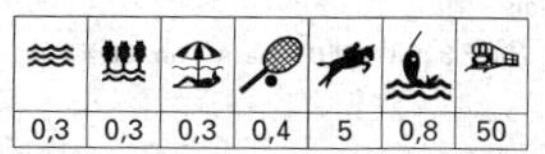

0,3	0,3	0,3	0,4	5	0,8	50

FORTIN Pierrette - 79 Avenue de l'Océan - 33970 CAP-FERRET - Tél : 05 56 60 67 85 - Fax : 05 56 60 67 85

CAPIAN Château Grand Branet

5 ch. Château du XVIIe rénové au XIXe siècle, dans un grand parc boisé calme. 5 ch. avec salle d'eau ou salle de bains et wc privés dont 2 avec terrasses communes. Salon, TV, salle à manger, galerie réservée aux hôtes. Lit bébé. Table de ping-pong, vélos à dispo. Tables d'hôtes sur réservation. Chambres d'hôtes Bacchus.

Prix : 1 pers. **200/240 F** 2 pers. **295/345 F** 3 pers. **425 F** pers. sup. **80 F**
repas **85 F**

Ouvert : toute l'année.

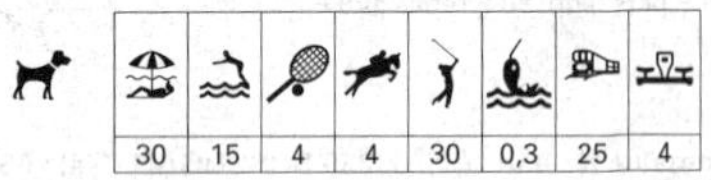

5	7	SP	7	30	8	15	7

MAINVIELLE Blanche - Château Grand Branet - 859 Branet Sud - 33550 CAPIAN - Tél : 05 56 72 17 30 - Fax : 05 56 72 36 59

CAPTIEUX Londeix

2 ch. **Captieux 4 km. Bazas 15 km.** A l'étage : 2 ch. 2 pers. (1 lit 2 pers. 2 lits 1 pers.), salle de bains/wc, salon, bibliothèque. Au rez-de-chaussée : salle à manger. Table d'hôtes sur réservation. Repas enfant 60 F. Rabais pour séjour : 10% à partir de la 7ème nuit. Ferme traditionnelle du XIXe s, typique des Landes girondines, sur un airial, au sein du domaine familial en lisière de forêt et d'un champ de maïs, visite de la ferme agricole (mouton et poulets fermiers), chasse sur place privée non cloturée, 2 VTT, parking, garage.

Prix : 1 pers. **250 F** 2 pers. **290 F** 3 pers. **390 F** pers. sup. **30 F**
repas **95 F**

Ouvert : toute l'année.

30	15	4	4	30	0,3	25	4

DE MONTBRON Sophie - Domaine de Londeix - Londeix - 33840 CAPTIEUX - Tél : 05 56 65 68 83 ou 06 82 94 82 38 - Fax : 05 56 65 61 27 - E-mail : londeix@aol.com

CARTELEGUE La Gailloterie

2 ch. Maison de pays dans un parc clos ombragé, piscine privée. Dans une aile de la maison : grand séjour avec divan 1 pers., cheminée, kitchenette, lave-linge, mezzanine (1 lit 2 pers.). R.d.c. : 1 petite ch. (3 lits 1 pers.), salle d'eau, wc. Dans la cour : petite maison 2 pers., séjour (1 lit 2 pers.), cuisine équipée, salle d'eau/wc. vélos, ping-pong. Animaux admis après accord.

Prix : 1 pers. **220 F** 2 pers. **260 F** 3 pers. **340 F** pers. sup. **80 F**

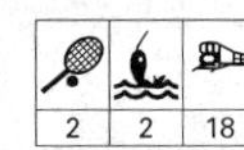

2	2	18

STEIB Daniel - La Gailloterie - 33390 CARTELEGUE - Tél : 05 57 64 61 45 - Fax : 05 57 64 60 91

CASTELNAU-DE-MEDOC Carrat *C.M. 71 Pli 18*

3 ch. 3 chambres d'hôtes. 1 ch. (2 lits 1 pers.) avec salle de bains et wc privés. 1 ensemble : 1 ch. (1 lit 2 pers.), 1 petite chambre (2 lits enfants) avec salle de bains et wc privés. 1 ch. au rez-de-chaussée, salle de bains et wc privés. Séjour, TV. Cuisine à disposition des hôtes. Tarif pour 4 pers. : 520 F. Habitation de caractère entourée de bois, pré avec cours d'eau, lieu calme invitant à la détente. Accès : de Castelnau, prendre direction Sainte-Hélène sur 500 m. Langue parlée : anglais.

Prix : 1 pers. **270/280 F** 2 pers. **300/350 F** pers. sup. **120 F**

25	25	1,5	5	10	10	1

PERY Laurence - Domaine de Carrat - Route de Sainte-Hélène - 33480 CASTELNAU-DE-MEDOC - Tél : 05 56 58 24 80

CASTELNAU-DE-MEDOC Le Foulon *C.M. 71 Pli 18*

4 ch. 4 chambres d'hôtes dans un ensemble de caractère. 1 ch. (1 lit 2 pers.), salle de bains privée, wc privés non attenants. 2 ch. (1 lit 2 pers.), salle de bains et wc privés. 1 ensemble divisé en 2 chambres (2 lits 1 pers.), salle de bains et wc privés. Séjour. Salle à manger. Restaurant 1 km. Château situé dans la forêt avec parc et cours d'eau. Accès : de Bordeaux, prendre la D1 direction le Verdon sur 28 km. A Castelnau, château du Foulon est indiqué à l'entrée du village.

Prix : 1 pers. **400 F** 2 pers. **450/500 F** 3 pers. **600 F** pers. sup. **150 F**

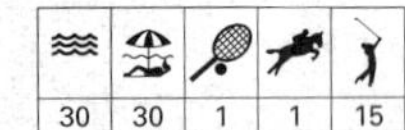

30	30	1	1	15

DE BARITAULT Danielle - Château le Foulon - 33480 CASTELNAU-DE-MEDOC - Tél : 05 56 58 20 18 - Fax : 05 56 58 23 43

CASTILLON-LA-BATAILLE Robin

3 ch. Maison ancienne typiquement girondine, entièrement restaurée, sur une exploitation viticole, dominant les vallées de la Dordogne et de la Lidoire. Etage : 2 ch. avec s.d.b., wc ou s. d'eau, wc (1 lit 2 pers. 2 lits 1 pers.). R.d.c. : 1 ch. 2/3 pers. (1 lit 2 pers., 1 lit 1 pers.), s. d'eau, wc accessible aux personnes handicapées salle à manger/salon. Salle d'accueil, parking, jardin, terrasse, véranda. Ouvert toute l'année. Maison face au château de Castegens (site de la reconstitution de la bataille de Castillon). Accès : à Castillon-la-Bataille, suivre la route de Belves de Castillon sur 2,5 km, maison à droite. Hébergement labellisé Bacchus. Langue parlée : anglais.

Prix : 1 pers. **200 F** 2 pers. **250 F** 3 pers. **350 F** pers. sup. **80 F**

Ouvert : toute l'année.

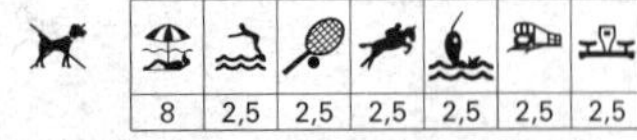

8	2,5	2,5	2,5	2,5	2,5	2,5

MINTET Pierrette - Robin - 33350 CASTILLON-LA-BATAILLE - Tél : 05 57 40 20 55 - Fax : 05 57 40 20 55

CASTRES-SUR-GIRONDE Le Moulin de Pommarede

E.C. 3 ch. **Bordeaux à 15 mn.** Au r.d.c.salon/salle à manger, 1 ch. (2 lits 2 pers.), sale d'eau, wc. A l'étage : 1 ch. (1 lit 160, 1 lit 1 pers.), salle d'eau, wc. 1 ch. (1 lit 160), salle de bains, wc. Salon TV. Cour, terrasse, terrain. Animaux acceptés sous conditions. Moulin du 13e s. situé en bordure du Gât Mort, entièrement restauré, au cœur de la campagne et aux pourtours du vignoble des Graves, sur une propriété viticole. Par la N113, à Castres sur Gironde, prendre dir. Saint-Selve D219. Faire 1,5 km, prendre à droite « Le Moulin ». Langues parlées : anglais, espagnol.

Prix : 2 pers. **350/380 F** pers. sup. **100 F**

Ouvert : toute l'année

30	15	17	1	2	20	15	1,5	1

DE BOUSSIERS Béatrice - 35 route de Pommarede - Le Moulin de Pommarede - 33640 CASTRES-SUR-GIRONDE - Tél : 05 56 67 31 28 - Fax : 05 56 67 67 69 - E-mail : deboussiers@wanadoo.fr

CAZATS Le Fort

3 ch. **Bazas 7 km. Langon 12 km.** Au rez-de-chaussée, grande s. à manger, terrasse couverte. A l'étage, 3 petites chambres (2 lits 2 pers., 1 lit 120), salle d'eau/wc, coin lecture/TV. Ancienne ferme de style Bazadaise du début du 19ème s., restaurée, située près du bourg et de l'église du village, point de vue sur coteaux environnants, grand jardin, parking. Randonnée sur place. Cabine téléphonique à 100 mètres.

Prix : 1 pers. **220 F** 2 pers. **250 F** 3 pers. **280 F** pers. sup. **80 F**

Ouvert : toute l'année.

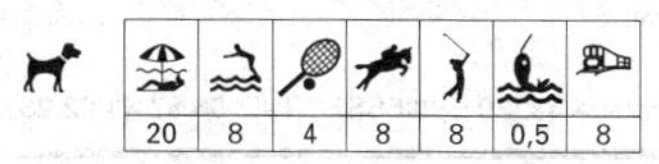

20	8	4	8	8	0,5	8

WUILLAI Agnès - 1, Le Fort - 33430 CAZATS - Tél : 05 56 25 17 54 ou 06 82 13 99 71 - E-mail : lefort@ot-sauternes.com

COIMERES Ninon

TH *C.M. 234 Pli 11*

1 ch. Dans une maison neuve, située dans les pins, 1 petite chambre 2 pers. avec salle d'eau et wc privés. Jardin. Forêt, chasse sur place. Rivière 2 km. Table d'hôtes sur réservation ou à la demande. Accès : à Langon, route de Bazas, après pont autoroute, 4e route à gauche, puis 1ère route à droite, puis suivre les panneaux.

CV

Prix : 1 pers. **250 F** 2 pers. **280 F** pers. sup. **100 F** repas **130 F**

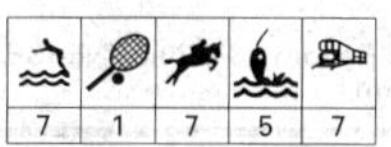

7	1	7	5	7

BANNEAU Paul - Ninon - 33210 COIMERES - Tél : 05 56 25 91 79

COURPIAC

TH

2 ch. **Saint-Emilion 20 km.** Maison familiale du XVIIIe s. située au cœur de la campagne et de l'entre deux mers, face au lac de Laubesc. Au r.d.c. : salon/salle à manger. A l'étage : 1 ch. (1 lit 2 pers. 1 lit bébé), s. de bain/wc, balcon. 1 ch. (2 lits 1 pers.), s. d'eau/wc, balcon. Terrasse ombragée, parking. Rabais pour séjour, 10 % à partir d'une semaine.

Prix : 1 pers. **190 F** 2 pers. **260 F** pers. sup. **60 F** repas **90 F**

Ouvert : toute l'année.

2	2	25	2	25	25	1

CANER - Domaine de Capiet - 33760 COURPIAC - Tél : 05 56 23 93 34

COUTRAS Domaine de la Grande Métairie

3 ch. **Saint-Emilion 15 km.** 1 ch. (1 lit 2 pers.), 1 ch. 2 pers. (2 lits 1 pers.), 1 ch. 1 pers. (1 lit 120), s.d.b. et wc communs. Salle à manger. Salon et cuisine réservés aux hôtes. Parc. Restaurant à 800 m à Coutras. Condition de prix pour séjours (10% de réduction). Maison du XVIIIe siècle, typiquement girondine, meublée à l'ancienne et entourée d'arbres bicentenaires, à proximité immédiate de deux rivières. Activité agricole centrée sur l'élevage de bouins. Découverte du vignoble bordelais. Belle exposition d'oiseaux 3 km.

Prix : 1 pers. **180 F** 2 pers. **250/280 F** pers. sup. **50 F**

1	1,5	1	3	35	SP	1,2

CHAUCHARD Marie-José - Domaine de la Grande Métairie - 33230 COUTRAS - Tél : 05 57 49 13 00

COUTRAS Le Baudou

3 ch. Au rez-de-chaussée : 1 grande ch. (1 lit 120, 1 lit 160), s. d'eau, wc, accès indépendant. Salon/salle à manger avec cheminée. Bibliothèque, jeux de société, ping-pong. A l'étage : 1 grande ch. (1 lit 2 pers. 1 lit 1 pers.), s.d.b., wc, accès indépendant. 1 ch. (1 lit 2 pers.), s. d'eau, wc. Forêt sur place. Maison bourgeoise du XVIIIe siècle, entièrement restaurée, située sur 4 ha. de parc, bois, pré, et verger, dans un environnement de vallons. Terrasse, parking. 10 % de réduction à partir de la 6e nuitée.

Prix : 1 pers. **260 F** 2 pers. **300 F** pers. sup. **100 F**

Ouvert : toute l'année.

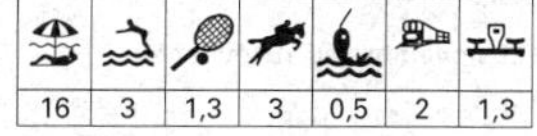

16	3	1,3	3	0,5	2	1,3

HEFTRE Philippe ET M-Christine - Le Baudou - 33230 COUTRAS - Tél : 05 57 49 16 33 ou 06 86 63 59 48

CUBNEZAIS La Croix de Merlet (TH)

4 ch. Belle maison bourgeoise en pierre, début XIXe dans un hameau avec un grand jardin clos ombragé. 1 ensemble : 1 ch. 2 pers. + ch. enfants (2 lits 1 pers.), salle de bains et wc privés. 3 ch. 2 pers., salle de bains ou salle d'eau et wc privés. Séjour, salle à manger. Pas de table d'hôtes le dimanche. tableau d'hôtes plateau repas. Ping-pong. Abri couvert pour voitures.

Prix : 1 pers. **200 F** 2 pers. **260 F** pers. sup. **110 F** repas **70 F**

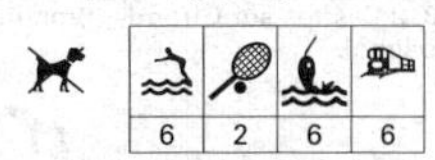

6	2	6	6

PIRSON Nicole - La Croix de Merlet - 16 route de Napoléon - 33620 CUBNEZAIS - Tél : 05 57 68 02 60

EYNESSE Eynesse (TH)

5 ch. Rez-de-chaussée : salon TV, slon billard, cheminées, salle à manger. 1 ch. dans annexe (1 lit 160, 2 lits 1 pers.), salle d'eau/wc, kitchenette. Etage : 3 ch. (1 lit 160, 2 lits 140), salles de bains/douche ou salles d'eau/wc dont une 2 épis. 1 ch. 2/4 pers. (1 lit 160, 2 lits 1 pers.), salle d'eau/wc. Table d'hôtes sur réservation. Animaux acceptés sous conditions. Maison du 19e s., située dans la vallée de la Dordogne, point de vue sur vignoble, entre vignoble et forêt, grand terrain, jardin et cour close, terrasse, mobilier de jardin.

Prix : 1 pers. **240/290 F** 2 pers. **300/350 F** pers. sup. **90 F** repas **100 F**

Ouvert : du mars au novembre

SP	3	15	1	7	1

COLARDELLE - 27 La Beysse - 33220 EYNESSE - Tél : 05 57 41 02 28 ou 06 80 35 12 32 - Fax : 05 57 41 02 28

EYNESSE Le Grand Renom (TH)

4 ch. **Castillon-la-Bataille 20 km.** Au rez-de-chaussée : salon, salle à manger. A l'étage : 4 chambres 2/3 pers. (3 lits 2 pers., 3 lits 1 pers.), salle d'eau ou salle de bains, wc. Maison de maître du XIXème s., située au cœur des vignes, parc ombragé. Randonnée sur place.

Prix : 1 pers. **250 F** 2 pers. **290/310 F** pers. sup. **100 F** repas **100 F**

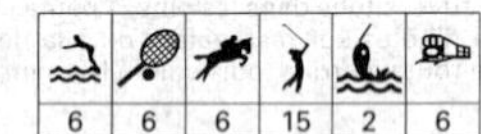

6	6	6	15	2	6

SERAS Francine - Manoir le Grand Renom - 33220 EYNESSE - Tél : 05 57 41 02 10 ou 06 11 56 34 72 -
E-mail : augrandrenom@net-up.com

FLAUJAGUES Le Fougueyra (TH)

3 ch. **Saint-Emilion 15 km.** Au rez-de-chaussée : 2 chambres 2 pers. (2 lits 2 pers.), salle d'eau ou salle de bains, wc. 1 suite 2/4 pers. R.d.c. : salle d'eau/wc, à l'étage : 2 ch. (1 lit 2 pers., 2 lits 1 pers.). Salon, salle à manger avec cheminée. Chaque chambre s'ouvre sur la Dordogne et possède une entrée privative. Manoir du 18e siècle directement sur les bords de la rivière Dordogne, parc centenaire d'1,5 ha., parking. Randonnées sur place. Barque et vélo à disposition. Langues parlées : anglais, allemand, hollandais.

Prix : 1 pers. **280 F** 2 pers. **350/370 F** 3 pers. **500 F** pers. sup. **80 F**
repas **80 F**

Ouvert : toute l'année.

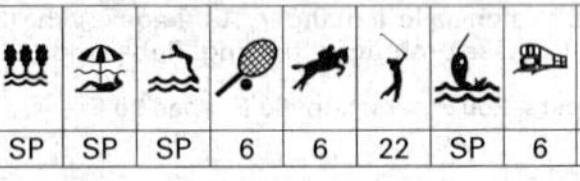

SP	SP	SP	6	6	22	SP	6	6

CANAC Miranda - Manoir Le Fougueyra - 33350 FLAUJAGUES - Tél : 06 87 45 45 81 ou 05 57 40 14 33 -
E-mail : manoir.fougueyra@wanadoo.fr - http://perso.wanadoo.fr/didier.canac/

GAILLAN Les Poulards

2 ch. 1 ch. d'hôtes à l'étage d'un bâtiment annexe de la maison du propriétaire. S. de bains intégrée à la chambre, wc cloisonnés. 1 suite de 2 ch. 2 épis (2 lits 2 pers.), s.d.b., wc aménagés dans une partie de la maison du propriétaire, TV et frigo dans chaque ch. Grande terrasse aménagée. Salle à manger/salon avec TV, tél. portable au r.d.c. Jardin paysager. Piscine chauffée. Participation de 20 F pour les animaux. Prix semaine : 2000 F/2 pers. en hors saison. Tarif 4 pers. : 500 F. Réductions séjours de 15 jours 5%. Langues parlées : anglais, espagnol.

Prix : 1 pers. **350 F** 2 pers. **400 F** 3 pers. **480 F** pers. sup. **100 F**

Ouvert : du 8 mai au 8 octobre

8	SP	3	30	6

DUPIN Rosy - Les Poulards - 33340 GAILLAN - Tél : 05 56 41 01 96 - Fax : 05 56 41 18 52

GAJAC-DE-BAZAS Cabirol

3 ch. **Sauternes 15 km.** Maison ancienne du XVIIIe s. dans le style du pays, située en pleine campagne. A l'ét., 1 ensemble de 2 ch. 2 pers. avec s.d.b./douche et wc privés, 1 ch. 2 pers. avec s. d'eau/wc privés, 1 ch. 2 pers. avec s.d.b./douche/wc privés. R.d.c., salon/salle à manger/bibliothèque à disposition des hôtes donnant sur terrasse. Grand jardin paysager, parking. Petite pièce pour préparation pique-nique. Réduction pour un séjour, - 10% après la 4ème nuit. Tarif 4 pers. : 480 F. Langue parlée : anglais.

Prix : 1 pers. **250 F** 2 pers. **290 F**

Ouvert : toute l'année et du 15 novembre au 15 février sur réservation.

20	4	4	4	20	SP	15	4

DIONIS DU SEJOUR Xavier - Cabirol - 33430 GAJAC-DE-BAZAS - Tél : 05 56 25 15 29 - Fax : 05 56 25 15 29

GENISSAC Guillaumat

C.M. 75 Pli 1

3 ch. **Saint-Emilion 15 km. Bordeaux 30 km.** 3 ch. d'hôtes : 1 ch. 2 pers. (1 lit 2 pers.), entrée, s.d.b., wc. 1 grande ch. 2 pers. (2 lits 1 pers.), s.d.b./wc, coin-salon, cheminée, bibliothèque. 1 ch. 2 pers. (1 lit 2 pers.), s.d.b./wc. Salon, TV, cheminée, salle à manger. Maison girondine du XVIIe s, à proximité immédiate des propriétaires, située sur le premier contrefort de la vallée de la Dordogne et au cœur du vignoble, superbe vue sur le tertre de Fronsac et églises environnantes, cadre calme et verdoyant, parking. Poss. d'accueil de chevaux.

CV

Prix : 1 pers. **250 F** 2 pers. **300 F** pers. sup. **70 F**

Ouvert : toute l'année.

2	10	18	10	9	2

FULCHI Dominique et Francis - Domaine de Guillaumat - Guillaumat - 33420 GENISSAC - Tél : 05 57 24 49 14 ou 05 57 51 18 99 - Fax : 05 57 51 90 69

JAU-DIGNAC-LOIRAC Noaillac Clos des Hirondelles

4 ch. Maison girondine de la fin du XVIIIe, dans un hameau. A l'ét. : 4 ch. : 2 ch. (4 lits 1 pers.), 1 ch. (1 lit 2 pers.), 1 suite (1 lit 2 pers., 3 lits 1 pers.). Salles d'eau/wc. R.d.c. : salle à manger, biblioth., accés cuisine, lave-linge, lingerie. Prêt de vélos. Grand jardin clos. Dans une région viticole. Propriétaire artiste peintre. Initiation à l'aquarelle sur demande. Parking, abri couvert.

CV

Prix : 1 pers. **190 F** 2 pers. **240 F** pers. sup. **90 F**

Ouvert : toute l'année.

15	13	3	3	5	13

MARTINEZ Gérard et Nicole - 2 Chemin de la Hille - Clos des Hirondelles Noaillac - 33590 JAU-DIGNAC-LOIRAC - Tél : 05 56 73 97 25 ou 06 83 51 16 46 - E-mail : clos.des.hirondelles@wanadoo.fr

LAPOUYADE La Petite Glaive

A TH *C.M. 75 Pli 2*

2 ch. 2 ch. dans bâtiment indépendant à proximité de l'habitation du propriétaire. 1 ch. 2 pers. avec salle d'eau, wc, terrasse couverte privés. 1 ch. avec mezzanine (1 lit 2 pers. au rez-de-chaussée, 1 lit 2 pers. en mezzanine). Salon à disposition des hôtes dans le même bâtiment. Salle à manger pour petit déjeuner et table d'hôtes dans la maison du propriétaire. Bibliothèque. Ferme-auberge de petite capacité sans nuisance par rapport aux chambres d'hôtes. Ferme située en forêt et vignes). Accès : A Lapouyade sur D22, prendre D247, suivre fléchage Ferme-auberge.

Prix : 1 pers. **210/225 F** 2 pers. **240/270 F** 3 pers. **310/355 F** pers. sup. **80 F** repas **95 F**

25	SP	15	15	2	20	10

BONNET Michel - La Petite Glaive - 33620 LAPOUYADE - Tél : 05 57 49 42 09 - Fax : 05 57 49 40 93

LEOGEATS La Citadelle

1 ch. 1 grande chambre située dans l'aile de la maison avec entrée indépendante, 1 lit 140, salle d'eau/wc, prise TV et téléphone. Salle à manger/salon dans la maison du propriétaire. Ancien relais des Compagnons du Tour de France, du XIVème s., entièrement restauré, situé aux portes du vignoble du Sauternais et dans la forêt des Hautes Landes Girondines. Randonnées sur place. Langue parlée : anglais.

Prix : 1 pers. **220 F** 2 pers. **250 F** 3 pers. **320 F** pers. sup. **70 F**

Ouvert : toute l'année.

25	7	2	15	3	10

MARTIN - La Citadelle - 33210 LEOGEATS - Tél : 05 57 31 00 78 - E-mail : patrick.martin30@wanadoo.fr

LES LEVES-ET-THOUMEYRAGUES Domaine les Jourdis

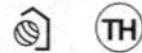

3 ch. **Bastide Ste-Foy-la-Grande 7 km. Route des vins et Périgord 20 km.** 1 suite 2/4 pers. (1 lit 2 pers.), salon (canapé-lit 150), salle de bains/wc, terrasse. 1 suite 2/4 pers. (1 lit 2 pers.), salle de bains/wc, salon (2 lits 1 pers.), 1 ch. 2/3 pers. (2 lits 1 pers. 1 divan), salle de bains, wc. Salle à manger, salon indép. TV et tél. dans chaque chambre. Terrasse couverte, boulodrome, jeux d'enfants, location de vélos. Maison forte du 16e, remodelée au 18e, au cœur d'un parc de 12 ha, beau point de vue. Table d'hôtes sur réservation. Circuits initiation 4x4 avec moniteur agréé. Barque sur étang privé. Randonnée. Langues parlées : anglais, espagnol.

Prix : 1 pers. **390/410 F** 2 pers. **440/490 F** pers. sup. **90/120 F** repas **140 F**

Ouvert : toute l'année.

7	7	7	SP	10	SP	7	0,9

COMALADA Philippe - Domaine les Jourdis - 33220 LES LEVES-ET-THOUMEYRAGUES - Tél : 05 57 41 22 35 ou 06 72 72 25 30 - Fax : 05 57 41 22 35 - E-mail : COMALADA@net-up.com

LIBOURNE Clos Carré

3 ch. Maison ancienne mitoyenne à la limite de Libourne et prés de St-Emilion (ancienne propriété viticole). Et. : 1 ch. (1 lit 160), 1 ch. (1 lit 2 pers.), s.d'eau/wc privés ds chaque. 1 ch. 2/4 pers. (1 lit 2 pers. 1 lit 1 pers.) avec s.d.b./wc privés sur palier. Salle à manger, TV et réfrigérateur micro-ondes à dispo. des hôtes. Jardin, parking. R.d.c. 1 suite 4 pers. aménagée dans l'ancien chai (2 lits 1 pers. 2 lits 1 pers.), s. d'eau/wc. Séjour/kitchenette (canapé). TV, l-linge. Repas enfant : 50 F. Accès : à Libourne, prendre direction Castillon/Bergerac (D670), faire 100 m, la rocade, 1ère à droite entre les 2 ronds-points. Langue parlée : italien.

CV

Prix : 1 pers. **200 F** 2 pers. **230/280 F** 3 pers. **330 F** pers. sup. **80 F**

Ouvert : toute l'année.

90	1	1	3,5	0,2	3	1

SOUPRE Jacques - Clos Carré - 14 chemin de Carré - 33500 LIBOURNE - Tél : 05 57 51 53 01

LISTRAC-MEDOC Donissan  *C.M. 71*

5 ch. 5 chambres 2 pers. 1 ch. avec salle de bains et wc privés. 4 ch. avec salle d'eau et wc privés. Grande salle de séjour et grande salle à manger avec cheminée, TV. Lave-linge, barbecue, téléphone. Maison bourgeoise entièrement rénovée, située sur une exploitation viticole (cru bourgeois du Médoc). Visite du chai de la propriété avec dégustation. Forêt à proximité. Fleuve à 3 km. Restaurant à 2 km. Chambres d'hôtes Bacchus. Langue parlée : anglais.

Prix : 1 pers. **240 F** 2 pers. **270 F** 3 pers. **350 F** pers. sup. **80 F**

25	25	30	3	20	SP	5

MEYRE Maryse - Donissan - Château Cap Léon Veyrin - 33480 LISTRAC-MEDOC - Tél : 05 56 58 07 28 - Fax : 05 56 58 07 50

LUDON-MEDOC Les Pontets

2 ch. Maison ancienne restaurée avec jardin clos, à proximité d'une voie ferrée secondaire. A l'étage : 1 ch. 2 pers., salle de bains et wc privés. 1 ch. 2 pers., salle d'eau et wc. Au r.d.c. : entrée indépendante, salle à manger/coin-cuisine à la disposition des hôtes. Jardin, jeux. Organisation de visites de châteaux. Accès : Rocade Bordeaux, sortie N°6, direction Blanquefort puis D.210 sur 10 km. A Ludon-Médoc, 1ère route à gauche.

Prix : 1 pers. **180 F** 2 pers. **200 F**

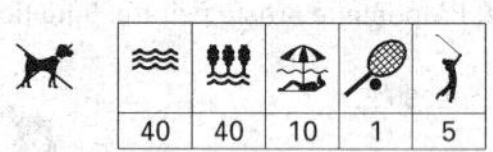

40	40	10	1	5

ARBESSIER Marie-Claude - Les Pontets - 11 rue de la gare - 33290 LUDON-MEDOC - Tél : 05 57 88 15 61 - Fax : 05 57 88 04 10

LUSSAC La Fleur Terrien

1 ch. Maison située sur une exploitation viticole, en rez-de-jardin, terrasse avec vue sur le vignoble et pièce d'eau. Jardin et cour ombragé, salon et mobilier de jardin. 1 chambre indépendante (1 lit 2 pers.), salle d'eau, wc. Coin-salon avec kitchenette, canapé convertible (130). Animaux acceptés sous conditions.

CV

Prix : 1 pers. **200 F** 2 pers. **250 F** 3 pers. **330 F** pers. sup. **80 F**

Ouvert : toute l'année

100	15	7	1,5	10	SP	SP	12	1

CHAIGNAUD Denis & Nadia - La Fleur Terrien - 33570 LUSSAC - Tél : 05 57 74 63 88 - Fax : 05 57 74 63 88

MIOS Les Tilleuls 

3 ch. **Arcachon 20 km.** Au r.d.c. : 1 suite de 2 ch. (1 lit 2 pers. 2 lits 1 pers.), s. d'eau/wc. Salle à manger, wc. A l'étage : 2 ch. (2 lits 2 pers.), s. d'eau/wc, salon, TV, magnétoscope, bibliothéque. Table d'hôtes sur reservation en juillet et août. Rabais pour séjour -10 % au delà du 6ème jour. Anciennes dépendances d'une maison de maître, de style arcachonnais, du début du siècle, entièrement restaurées, situées dans le village, au cœur du Parc Régional des Landes de Gascogne et aux portes du Bassin d'Arcachons. grand jardin clos arboré, parking.

CV

Prix : 1 pers. **230/260 F** 2 pers. **260/290 F** 3 pers. **390 F** pers. sup. **90 F** repas **100 F**

Ouvert : du 1er mai au 1er novembre.

20	17	11	0,3	1	15	0,5	4	0,5

LAGOUEYTE/COUGET - 17 bis rue des Ecoles - Les Tilleuls - 33380 MIOS - Tél : 05 56 26 67 85 ou 06 14 39 22 54 - http://gitemios.free.fr

MONSEGUR Le Sorbey Sud

1 ch. Maison ancienne restaurée, de style local, au cœur de la Vallée du Dropt, aux pourtours de la Bastide de Monségur, entourée d'un parc arboré, petits étangs. 1 gîte rural sur la propriété. Salon/salle à manger. Bilbliothèque. 1 chambre 2/3 pers. (1 lit 150, 1 lit 1 pers.), salle d'eau/wc. Entrée indépendante. Animaux acceptés après accord du propriétaire.

CV

Prix : 1 pers. **260 F** 2 pers. **290 F** 3 pers. **380 F**

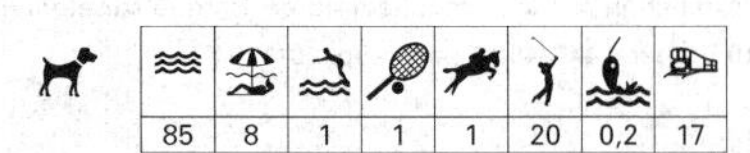

85	8	1	1	1	20	0,2	17

MENARD Liliane - Le Sorbey Sud 2 - 33580 MONSEGUR - Tél : 05 56 61 83 32 ou SR : 05 56 81 54 23 - Fax : 05 56 61 83 32

MONSEGUR Château de la Buche  

5 ch. 5 grandes ch. : 2 au r.d.c. dont 1 accessible aux pers. hand. (2/3 pers.) avec s. d'eau et wc privés. 2 ch. au 1er étage 2/3 pers. avec s. d'eau et wc privés. 1 ch. double parents/enfants avec s. d'eau et wc privés. Salon, salle à manger partagés avec le propriétaire et coin-cuisine à dispo. Repas sur résa. Prix repas vin et café compris. TV, jeux de société. Animaux admis après accord. Réduction de 10 % au delà de 7 nuits, 5 % pour séjour de 4 à 7 nuits. Château des XVIIIe et XIXe siècles en limite de Monségur (bastide de Guyenne) avec très belle vue sur la vallée du Dropt. Grand parc ombragé. Parking intérieur. Gîte Bacchus. Langue parlée : anglais.

CV

Prix : 1 pers. **250 F** 2 pers. **290/310 F** 3 pers. **380 F** pers. sup. **100 F** repas **120 F** 1/2 pens. **265/275 F**

Ouvert : du 1er mars au 15 novembre.

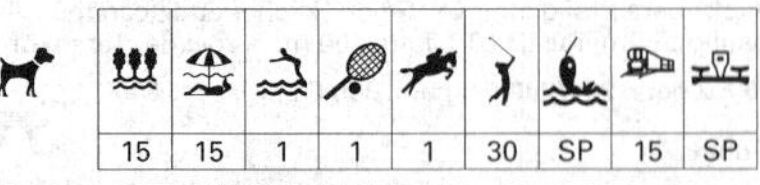

15	15	1	1	1	30	SP	15	SP

LEDRU Dominique - 10 av. de la porte des Tours - Château de la Buche - 33580 MONSEGUR - Tél : 05 56 61 80 22 - Fax : 05 56 61 85 99

NOAILLAC La Tuilerie

TH

5 ch. Jolie ferme bazadaise du XIXe s. restaurée. 5 ch. : 1 ch. au r.d.c. access. aux pers. hand. (2 lits 1 pers.), s. d'eau/wc privés. A l'ét. : 1 ch. (1 lit 2 pers. 1 canapé), s.d.b., wc privés. 3 ch. (3 lits 2 pers.), s. d'eau ou s.d.b./wc privés. Salon, salle à manger, TV, cheminée. TH sur réservation. Nichée au cœur de la campagne, espace vert, jardin, barbecue, terrasse couverte, piscine. Langues parlées : anglais, espagnol, allemand.

CV

Prix : 1 pers. **250 F** 2 pers. **300 F** 3 pers. **400 F** pers. sup. **100 F** repas **120 F**

Ouvert : toute l'année.

15	SP	4	0,5	15	SP	10	6

LABORDE Claire - La Tuilerie - 33190 NOAILLAC - Tél : 05 56 71 05 51 - Fax : 05 56 71 05 51 - E-mail : claire.laborde@libertysurf.fr

PAREMPUYRE

TH

2 ch. Maison en lisière de bois. 1 ch. indép. (1 lit 2 pers.), salle d'eau/wc, TV, kitchenette, magnétoscope. 1 ch. (1 lit 2 pers.), salle de bains/wc, TV, magnétoscope. Salon/salle à manger, cheminée. Parc sauvage, à proximité de la départementale 2. Langue parlée : anglais.

Prix : 1 pers. **280 F** 2 pers. **280 F** pers. sup. **100 F** repas **100 F**

Ouvert : toute l'année.

45	8	5	3	3	8	7	10	0,1

ROUSSEAU Bernard et Eliane - 6 Chemin des Courreges - 33290 PAREMPUYRE - Tél : 05 56 95 61 81 ou 06 86 03 74 74 - Fax : 05 56 95 61 81

LES PEINTURES Rolland

TH

3 ch. **Saint-Emilion 12 km. Coutras 4 km.** A l'étage : 3 belles ch. (3 lits 2 pers.), salle de bains/douche spacieuse, wc communs aux chambres. Au r.d.c. : hall d'entrée, salon avec cheminée, TV, grande salle à manger. Table d'hôtes sur réservation. Maison ancienne du début du siècle, magnifiquement rénovée, située dans un hameau, bordée d'une rivière, près de la D674, grand jardin aménagé, terrasse, parking dans propriété.

Prix : 1 pers. **200 F** 2 pers. **220 F** pers. sup. **80 F** repas **100 F** 1/2 pens. **270 F**

Ouvert : toute l'année.

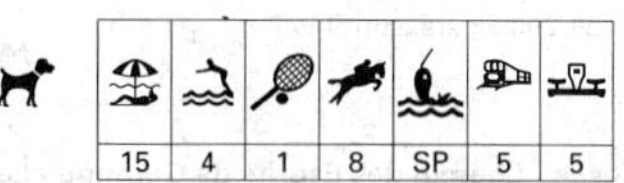

15	4	1	8	SP	5	5

SOULARD Jean-Marie - 15 Rolland - 33230 LES PEINTURES - Tél : 05 57 49 19 96

PESSAC-SUR-DORDOGNE

3 ch. Château du XIXe, sur une exploitation viticole. A l'ét. : 1 ch. (1 lit 2 pers.), salle de bains/wc privés. Au r.d.c. : 1 ch. (2 lits 1 pers.), salle de bains et wc privés. Salon, salle à manger. A proximité immédiate du château, joli pigeonnier aménagé, 1 ch. (2 lits 1 pers.), salle de bains/wc privés. Magnifique verrière de style Napoléon III. Entouré d'un parc et de vignobles. Parking. Chambres d'hôtes Bacchus. Langues parlées : anglais, allemand.

Prix : 2 pers. **300 F** pers. sup. **100 F**

Ouvert : de mars à novembre.

3	SP	2	5	20	3	12

FRANC DE FERRIERE Jacqueline & Wilfrid - Château de Carbonneau - 33890 PESSAC-SUR-DORDOGNE - Tél : 05 57 47 46 46 - Fax : 05 57 47 42 26 - http://chateau-carbonneau.com

PLEINE-SELVE Lussan

3 ch. Château du XVIIIe siècle, restauré, situé sur une propriété viticole au cœur des sentiers de Saint-Jacques-de-Compostelle. A l'étage : 1 ch. (1 lit 2 pers.), 1 ch. (1 lit 2 pers. 1 lit 1 pers.), 1 ch. (2 lits 1 pers.), avec salle d'eau et wc privés. Au rez-de-chaussée : salon, TV, salle à manger. Rabais pour séjour : 10 %. Dégustation et vente de vin sur place. Jardin ombragé (gîte rural sur place).

CV

Prix : 1 pers. **190 F** 2 pers. **230 F** 3 pers. **300 F** pers. sup. **80 F**

Ouvert : toute l'année.

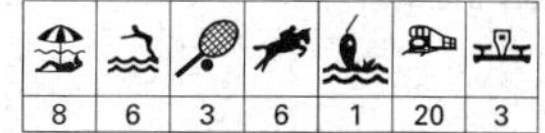

8	6	3	6	1	20	3

PASTUREAUD Christian - 3 Lussan - 33820 PLEINE-SELVE - Tél : 05 57 32 74 44 - Fax : 05 57 32 95 18

PORCHERES Belle-Source

2 ch. Maison ancienne rénovée située sur une exploitation viticole. A l'étage, 1 ch. 2/4 pers. et 1 ch. 2 pers. avec salle d'eau/wc privés. Au rez-de-chaussée, salon/salle à manger à disposition des hôtes. Terrain, joli point de vue. Accès : entre Coutras et Montpon, sur la D10, avant ou après carrefour de Larret.

CV

Prix : 1 pers. **160 F** 2 pers. **240 F** 3 pers. **310 F** pers. sup. **50 F**

Ouvert : toute l'année.

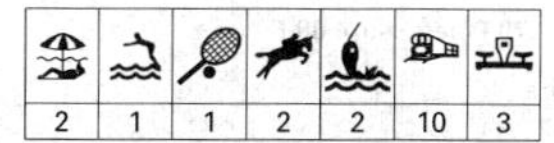

2	1	1	2	2	10	3

RENVERSADE Cathy et Gilles - 4, Larret - 33660 PORCHERES - Tél : 05 57 49 61 25 - Fax : 05 57 49 61 25

PRECHAC Le Ros Ouest

2 ch. Maison ancienne de type landais, dans un airial clos. 1 ch. (1 lit 2 pers.), salle d'eau/wc. 1 ch. dans la bergerie à prox. de la maison du propriétaire (1 lit 2 pers.), salle d'eau, wc. Salle à manger. Parking. Four à pain sur la propriété. Rabais pour séjour : 20 F par nuit. Location de vélos sur place.

Prix : 1 pers. **180 F** 2 pers. **220 F** pers. sup. **60 F**

Ouvert : toute l'année sauf du 1er octobre au 11 novembre.

3	2	SP	25	0,5	25	2

ARBOUIN - Le Ros Ouest - 33730 PRECHAC - Tél : 05 56 65 22 41

PUJOLS-SUR-CIRON Les Tauzins-Est

4 ch. 4 ch. d'hôtes aménagées dans un bâtiment annexe, proche de la maison du propriétaire. Salle d'eau et wc privés. 2 chambres au rez-de-chaussée, 2 chambres à l'étage avec terrasse commune. Inclus dans un ensemble de vieux bâtiments, dans un petit hameau, à proximité du village, dans les vignobles du Sauternais et des Graves. Parking privé dans la propriété. Canoë 2 km.

Prix : 2 pers. **250 F**

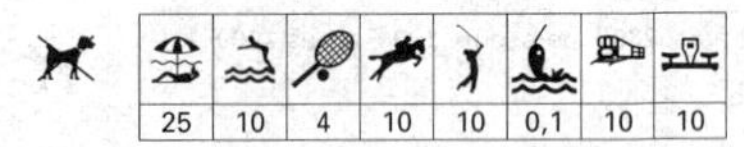

25	10	4	10	10	0,1	10	10

COLON Bernard - Les Tauzins Est 6 - 33210 PUJOLS-SUR-CIRON - Tél : 05 56 76 60 13

QUINSAC Esconac

3 ch. **Bordeaux 18 km. Vignoble sur place.** Domaine des XVIIIe et XIXe, située sur les bords de la Garonne, près du vignoble du Clairet de Quinsac. Au rez-de-chaussée : 2 salons, salle à manger, 1 ch. (1 lit 2 pers.), entrée indépendante, salle d'eau/wc. A l'étage : 2 ch. (2 lits 2 pers.), salle de bains/wc ou salle d'eau/wc. Parc clos avec piscine, parking. Randonnée à 5 km. Accès : dir. La Tresne/Cadillac sur RD.10, passer la « Cave Coopérative de Quinsac », à Esconac, tourner à droite, faire 500 m., puis à droite « La Sifflotière ». Restaurants et guinguettes sur la Garonne, croisières sur le fleuve.

Prix : 1 pers. **240 F** 2 pers. **260/300 F** pers. sup. **100 F**

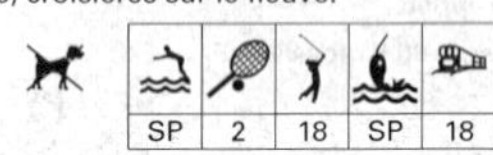

SP	2	18	SP	18

LIFAR CHALMIN Marie-Josée - Chemin des Esprits de Garonne - La Sifflotière - Esconac - 33360 QUINSAC - Tél : 05 56 21 37 63 - Fax : 05 56 21 37 63

RIMONS Le Grand Boucaud

3 ch. 3 chambres d'hôtes aménagées dans une très belle maison ancienne, rénovée et située en pleine campagne vallonnée. 1 ch. (2 lits 1 pers.), salle de bains/wc privés. 1 ch. (3 lits 1 pers.), salle/douche/wc privés. 1 ch. (2/4 pers. : 1 lit 160, 2 lits 1 pers. en mezza.) avec salle d'eau/wc, entrée indépendante. Grand salon rustique. Jardin. Accès : de Sauveterre-de-Guyenne, prendre la D230 en direction de Monségur, puis traverser Rimons et tourner à gauche, 500 m après la scierie artisanale.

Prix : 1 pers. **290 F** 2 pers. **350 F** 3 pers. **410 F** pers. sup. **60 F**
repas **120/200 F**

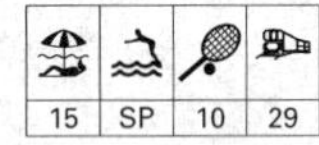

15	SP	10	29

LEVY Dominique - Le Grand Boucaud - 33580 RIMONS - Tél : 05 56 71 88 57

RIONS Broustaret  *C.M. 79 Pli 1/2*

5 ch. 5 grandes ch. lumineuses 2/3 pers. à l'étage, toutes avec salle de bains ou salle d'eau et wc privés. Hall d'entrée, salon, salle à manger réservés aux hôtes. Pour les repas, petite cuisine à disposition avec pièce annexe à l'étage. Vente de vins. Restaurants 6 km. Réduction de 30 F pour séjour. Chambres d'hôtes Bacchus. Belle maison de caractère, en pleine campagne et située sur une exploitation viticole (visite des chais) et élevage ovin. Large vue dégagée sur les coteaux, le lac et les bois. Baignade et pêche à proximité. Accès : à Cadillac, D11 dir. Branne sur 4,5 km puis à gauche D120 sur 500 m.

Prix : 2 pers. **240/270 F** 3 pers. **310/340 F**

SP	5	5	SP	8	5

SCEA GUILLOT DE SUDUIRAUT - Château du Broustaret - 33410 RIONS - Tél : 05 56 62 96 97 - Fax : 05 56 62 96 97

RUCH Grand Mounicon

3 ch. **St-Emilion 20 km. Abbaye de Blasimon 3 km. Sauveterre de Guyenne 10 km** Ancienne métairie du 17e s., entièrement restaurée, surplombant la vallée du Grand Mounicon, joli point de vue sur la campagne environnante. R.d.c. : 1 ch. 3 pers. (1 lit 2 pers. 1 lit 1 pers. en mezzanine), salle d'eau/wc. Entrée aménagée dans un pressoir, wc, salon/salle à manger, poële à bois. Etage : 2 ch. (1 lit 2 pers. 2 lits 1 pers.), salles d'eau/wc. Animaux admis après accord du propriétaire. Centre de loisirs au plan d'eau de Blasimon (3 km).

Prix : 1 pers. **240 F** 2 pers. **270 F** pers. sup. **80 F**

Ouvert : de juin à septembre.

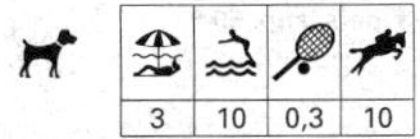

3	10	0,3	10

DEKINDT Bernadette - 6 Grand Mounicon - 33350 RUCH - Tél : 05 57 40 78 62

SAINT-BRICE (TH)

3 ch. Maison ancienne restaurée au cœur du village avec terrasse et parc ombragé. A l'étage, 3 petites chambres avec salle d'eau et wc privés. Prises TV et tél. Rez-de-chaussée, salon, salle à manger avec cheminée à disposition. Entrée indépendante. Parking à 50 m. Réduction 10 % à partir de 3 nuits. En bordure de route départementale D671.

Prix : 1 pers. **180 F** 2 pers. **250 F** pers. sup. **70 F** repas **80 F**

Ouvert : toute l'année.

7	5	SP	25	7	25	7

BARDE Georgette - Bourg-Sud - Maison Chevalier - 33540 SAINT-BRICE - Tél : 05 56 71 65 22

SAINT-CIERS-DE-CANESSE Château-Rousselle

E.C. 2 ch. Chambres aménagées dans une annexe du château de 19e s., adossées aux chais de la propriété viticole, au cœur du vignoble des Côtes de Bourg et de Blaye, près de l'Estuaire de la Gironde. 2 ch. 2 pers. (1 lit 160, 2 lits 1 pers.), salles de bains/wc. Salle à manger au château. Dans les chambres : TV avec Canal+. Langues parlées : anglais, espagnol.

Prix : 2 pers. **420/450 F**

75	13	8	1,5	15	35	2	20	3

LEMAITRE - Château Rousselle - 33710 SAINT-CIERS-DE-CANESSE - Tél : 05 57 42 16 62 ou 06 80 91 64 22 - Fax : 05 57 42 19 51 - E-mail : chateau@chateaurousselle.com - http://www.chateaurousselle.com

SAINT-EMILION Château Millaud Montlabert 

5 ch. Au 1er ét. 2 ch. 2 pers. mansardées avec s.d.b. ou s. d'eau et wc privés. 1 grande ch. 2 pers. mansardée avec s.d.b. et wc privés. 1 ch. 3 pers. avec s. d'eau, wc privés, TV, lit bébé. 1 grande ch. 2 pers. avec s. d'eau et wc privés. Salle à manger/coin-salon et cheminée. A l'étage : salon/biblio., TV, cuisine, salle à manger à dispo. 2 vélos à dispo. Entrée indép. Réduction de 6 % pour plus d'une semaine. Maison familiale typiquement girondine du XVIIIe entièrement rénovée, située sur une exploitation viticole à 3 km de Saint-Emilion et à 1 km de Pommerol. Accès : D243 entre St-Emilion et Libourne, puis D245 direction Pommerol. Chambres d'hôtes « Bacchus ».

Prix : 1 pers. **280 F** 2 pers. **300/320 F** 3 pers. **400 F** pers. sup. **100 F**

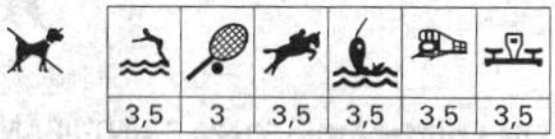

3,5	3	3,5	3,5	3,5	3,5

BRIEUX Claude - Château Millaud - Montlabert - 33330 SAINT-EMILION - Tél : 05 57 24 71 85 - Fax : 05 57 24 62 78

SAINT-EMILION La Gomerie

4 ch. Maison girondine du 18e rénovée. Etage : 1 ch. (1 lit 2 pers.), s.d'eau/wc privés. 2 ch. (2 lits 2 pers. 2 lits 1 pers. dont 1 en mezz.). R.d.c. 1 ch. (1 lit 2 pers. possibilité lit suppl.), s.d.b/douche/wc. Entrée indép. salle à manger, salon, TV, petite cuisine. A partir de 2 nuits : 4 vélos, l-linge, sèche-linge, salle de repassage. Séjour 7 nuits : réduction 8%. Sur un domaine viticole, au cœur du vignoble de St-Emilion. Accès : par la D243, route de Libourne et de Saint-Emilion. Au lieu-dit « La Gomerie », suivre panneaux chambres d'hôtes sur la gauche en direction de Libourne. Jardin paysagé, terrasse ombragée, parking aménagé. Langues parlées : anglais, espagnol.

Prix : 1 pers. **250/270 F** 2 pers. **280/330 F** 3 pers. **380/410 F** pers. sup. **90 F**

Ouvert : toute l'année.

12	7	1,5	12	30	3	3

FAVARD Marie-France - La Gomerie - Château Meylet - 33330 SAINT-EMILION - Tél : 05 57 24 68 85 - Fax : 05 57 24 68 85

SAINT-FERME Manoir de James

3 ch. 3 grandes chambres d'hôtes meublées à l'ancienne avec chacune salle de bains et wc privés attenants. 1 ch. 3/4 pers. au r.d.c., 2 ch. 2/3 pers. à l'étage. Salon avec cheminée, bibliothèque, jeux de société à disposition. Garage, barbecue. Restaurant 5 km. Ping-pong, baignade, randonnée. Dégustation vins Entre Deux-Mers. Ch. d'hôtes « Bacchus ». Visite de chais et vignobles. Réduc. 10 % sur l'ensemble du séjour à partir de 5 nuits. Demeure du XVIIIe entourée d'arbres centenaires, avec vue dégagée sur la campagne vallonnée et calme au centre d'un réseau de sentiers de randonnée et tourisme culturel.

Prix : 1 pers. **300 F** 2 pers. **360 F** 3 pers. **440 F** pers. sup. **80 F**

5	5	SP	5	5	4	19

DUBOIS Michel et Nicole - Manoir de James - Route de Sainte-Colombe - 33580 SAINT-FERME - Tél : 05 56 61 69 75 - Fax : 05 56 61 89 78

SAINT-GERMAIN-LA-RIVIERE Château de l'Escarderie

4 ch. 4 ch. dans un petit château au cœur des côtes du Fronsadais. A l'étage : 1 ch. 2 pers. avec s. d'eau/wc, balcon et terrasse privée. 2 ch. 2 pers. avec s.d.b., wc privés, 1 ch. 3/4 pers. (lits jumeaux), avec s. d'eau/wc privés. Au r.d.c., salle à manger/salon. Entrée indépendante, grande. Parc valloné et boisé. Circuit de randonnée sur place. D670 entre St-André de Cubzac et Libourne.

Prix : 1 pers. **260 F** 2 pers. **280/330 F** pers. sup. **80 F**

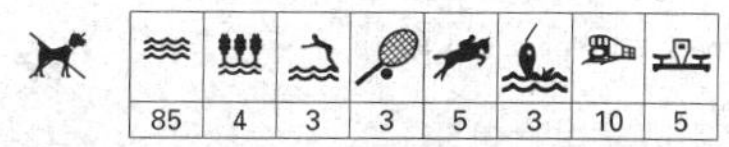

85	4	3	3	5	3	10	5

CLAVERIE Bénédicte - Château de l'Escarderie - 33240 SAINT-GERMAIN-LA-RIVIERE - Tél : 05 57 84 46 28 - Fax : 05 57 84 46 28 - E-mail : lescarderie@free.fr - http://lescarderie.free.fr

SAINT-GERVAIS

1 ch. Maison de vignerons du XIXe siècle, entre le vignoble des Côtes de Bourg et du Bordeaux, dans un hameau, à proximité de la D669. A l'étage : 1 suite de 2 chambres (2 lits 2 pers. 1 lit 1 pers.), salle d'eau/wc. Au r.d.c. : salon/salle à manger, TV. Grand jardin clos arboré, parking ombragé. 405 F/4 pers. pour 2 lits 2 pers. Langue parlée : anglais.

Prix : 1 pers. **200 F** 2 pers. **250 F** 3 pers. **370 F** pers. sup. **80 F**

MAY CHERONNET Marie - 14 route des Côtes de Bourg - 33240 SAINT-GERVAIS - Tél : 05 57 43 19 08 - Fax : 05 57 43 28 84

SAINT-HILAIRE-DU-BOIS L'Oiseau 

2 ch. Maison ancienne des 18e et 19e s., entièrement restaurée avec grand jardin, parking très calme. 2 ch. 2 pers. (1 lit 2 pers. 2 lits 1 pers. lit bébé), salle de bains/wc et terrasse privés. Entrée indépendante. Salon/salle à manger, cheminée, TV, bibliothèque. Remise de 10 % pour séjour au delà de 4 nuitées. Grand jardin, parking. Animaux admis sous conditions.

Prix : 1 pers. **220 F** 2 pers. **270 F** repas **90 F**

Ouvert : toute l'année.

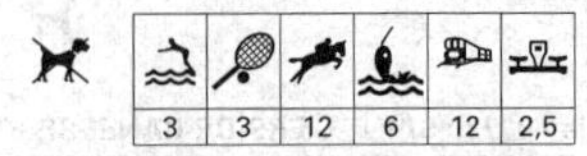

DE QUILLACQ Jacqueline et Patrick - 1 Loiseau - 33540 SAINT-HILAIRE-DU-BOIS - Tél : 05 56 71 58 68

SAINT-JEAN-DE-BLAIGNAC Château de Courtebotte 

5 ch. Château édifié sous Henri IV avec parc et forêt (6 ha) sur les bords de la Dordogne. Salon de jardin. A l'étage 1 ch. (1 lit 160), s. de bains/wc, terrasse avec vue, accès indép. 3 ch. (2 lits 160, 2 lit 1 pers.), s.d b. ou d'eau/wc. 1 suite 2/4 pers. (1 lit 160), 1 ch./salon, s. de bains/douche, wc. Hall, s. à manger, salon, cheminée. TV, salle de séminaire au r.d.c.

Prix : 2 pers. **600/1100 F** pers. sup. **200 F** repas **250 F**

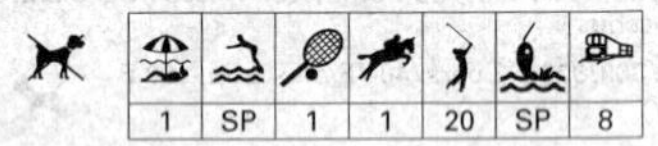

MORTEYROL Michel - Château de Courtebotte - 33420 SAINT-JEAN-DE-BLAIGNAC - Tél : 05 57 84 61 61 ou 06 83 07 18 25 - Fax : 05 57 84 68 68 - E-mail : michel.morteyrol@wanadoo.fr

SAINT-MAGNE-DE-CASTILLON Château de Lescaneaut

4 ch. 4 chambres d'hôtes : 1 grande chambre (2 lits 1 pers. à baldaquin), salle de bains et wc privés. 1 chambre (1 lit 2 pers. à baldaquin), salle de bains et wc privés. 1 chambre (1 lit 2 pers. à baldaquin), salle de bains et wc privés. 1 ch. (1 lit 2 pers. à baldaquin), s.d.b. et wc privés. Très vieille maison typique girondine des XVIIe et XVIIIe siècles ayant gardé tout le charme et le mobilier familial depuis ses origines, les salles de bains ne sont pas attenantes aux chambres par souci de maintenir l'authenticité de la demeure (les chambres d'hôtes sont face aux sanitaires).

Prix : 1 pers. **290 F** 2 pers. **350/370 F** pers. sup. **50 F**

Ouvert : d'avril à fin octobre.

FAYTOUT-GARAMOND François - Château de Lescaneaut - 33350 SAINT-MAGNE-DE-CASTILLON - Tél : 05 57 40 21 08 ou 05 57 40 14 91

SAINT-MARIENS Château de Gourdet 

5 ch. 5 ch. d'hôtes 2/3 pers. A l'étage : 5 ch. avec s. d'eau et wc privés. Salle à manger, salon Bacchus. Elevage de chevaux. Belle demeure du XVIIIe sur un coteau, très belle vue, au milieu des vignes, Côtes de Blaye. Chambres d'hôtes Bacchus. Chemin de randonnée sur place. Côtes de Blaye. Au calme avec un beau point de vue sur le vignoble et la forêt. Accès : à 3 km de la N10, Bordeaux/Angoulême, direction Saint-Savin, puis 1ère à droite, sortie Saint-Mariens, suivre flèches. Venant de Paris par l'A10, sortie 38, suivre itinéraire bis jusqu'à St Mariens.

Prix : 1 pers. **210 F** 2 pers. **240 F** pers. sup. **80 F**

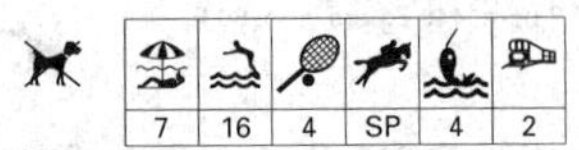

CHARTIER Daniel et Yvonne - Château de Gourdet - 33620 SAINT-MARIENS - Tél : 05 57 58 05 37

SAINT-MARIENS Recappe

2 ch. Grande maison du XIXe, située au cœur de la campagne et du vignoble des Côtes de Blaye. En r.d.c. : 2 ch. (2 lits 2 pers.), salle d'eau/wc privés. Petite cuisine, lave-linge, lave-vaisselle, TV. Cheminée, salon, salle à manger. Grand jardin aménagé et arboré clos. Parking. Rabais pour séjour, - 10% au delà de 3 nuitées.

Prix : 1 pers. **190 F** 2 pers. **220 F** pers. sup. **80 F**

Ouvert : toute l'année.

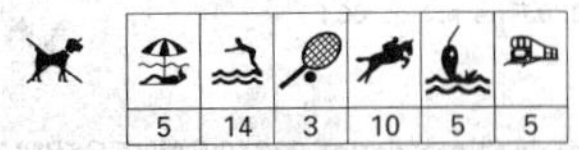

LAMAUD Pierre et Raymonde - 1, Recappe - 33620 SAINT-MARIENS - Tél : 05 57 68 64 03

SAINT-MARTIN-DE-LAYE Gaudard

C.M. 75 Pli 2

3 ch. **Vignoble du Libournais et de Saint-Emilion 15 km.** 3 ch. avec chacune entrée indépendante. 2 grandes ch. 2/3 pers. avec s.d.b./douche, wc privés dont 1 dans un pavillon proche de la maison du propriétaire. 1 ch. 2 pers. avec s. d'eau, wc privés. Cuisine à disposition. Réduction pour séjours au delà de 3 nuitées : 10% (sauf juillet/août). Terrasse, poss. lits jumeaux (30 F). Maison ancienne entièrement restaurée, en pleine campagne dans un cadre paisible et verdoyant. Restaurant 5 km. Accès : par la D22 et D10 suivre les panneaux ou D910 et D22. Chambres d'hôtes Bacchus.

Prix : 1 pers. **190/230 F** 2 pers. **220/300 F** pers. sup. **90 F**
1/2 pens. **194/212 F**

Ouvert : de mi-avril au 10 octobre.

8	8	1	15

GARRET Michel et Josette - Gaudard - 33910 SAINT-MARTIN-DE-LAYE - Tél : 05 57 49 41 37

SAINT-MARTIN-DE-LERM La Lézardière

4 ch. Anciennes étables d'une métairie du 17e, entièrement restaurées et réaménagées. A l'étage : 4 ch. 2/3 pers. avec s. d'eau ou bains/wc. Au r.d.c. : salon, salle à manger, biblio., cheminée, lit bébé, chaise haute. Ping-pong. Terrasse, grand jardin, parking. Face aux moulins fortifiés de Loubens et de Bagas, à mi-chemin de St-Emilion et de Sauternes. Chambres d'hôtes Bacchus. Langue parlée : anglais.

Prix : 1 pers. **220 F** 2 pers. **300 F** 3 pers. **380 F** repas **100 F**

Ouvert : du 15 mars au 1er novembre.

SP	SP	6	1	18	SP	6	6

MATTEI Marie-Hélène - 9 Boimier - La Lézardière - 33540 SAINT-MARTIN-DE-LERM - Tél : 05 56 71 30 12 - Fax : 05 56 71 30 12 - E-mail : lalezardiere@free.fr - http://lalezardiere.free.fr

SAINT-MICHEL-DE-CASTELNAU Larrivat

C.M. 79 Pli 12

2 ch. Ancienne ferme Landaise sur 20 ha de bois et de prairies, dans un cadre paisible et verdoyant. 2 ch. d'hôtes spacieuses aménagées dans dépendance, à proximité de la maison des propriétaires, avec chacune s.d.b. et wc privés. 2 ch. familiale (1 lit 160, 1 lit 1 pers.), 1 ch. acc. pers. hand. (2 lits 1 pers.). Séjour/kitchenette. Chauffage. Forêt sur place. Table d'hôtes sur réservation. Réduction pour séjour. Terrasses. Vélos et jeux d'enfants à dispo. Canoë 15 km.

Prix : 1 pers. **250 F** 2 pers. **275/310 F** pers. sup. **100 F** repas **90 F**

Ouvert : du 15/06 au 15/09 et vacances scolaires et sur demande.

18	18	8	18	18	SP	35	2,5

DELAHAIE Andre - Larrivat - 33840 SAINT-MICHEL-DE-CASTELNAU - Tél : 05 56 65 80 78 - Fax : 05 56 65 80 78

SAINT-MICHEL-DE-FRONSAC Clos Saint-Michel

3 ch. **Saint-Emilion 10 km. Pomerol,Fronsac, libourne à proximité.** Ancienne maison de bordier du XVIIe, située sur une petite propriété viticole (appellation Fronsac), bâtiment mitoyen aux prop. accès indépendant. 3 ch. 2/3 pers. à l'étage avec s.d.b. ou s. d'eau/wc privés. Chambres labellisées « Gîtes Bacchus ». Au r.d.c., salle à manger/coin-salon/coin-cuisine, cheminée. Terrasse, parking, jardin privé. Environnement de Combes et de Tertres. Medoc, Bordeaux 30 minutes. Dégustation et vente de vin de la propriété sur place. Accès : sortie péage de Virsac sur A10 direction Libourne.

Prix : 1 pers. **250 F** 2 pers. **280 F** 3 pers. **370 F** pers. sup. **90 F**

Ouvert : toute l'année.

5	1,5	5	2	8	1,5

AGUERRE Marie-Christine - Clos Saint-Michel - 1 Lariveau - 33126 SAINT-MICHEL-DE-FRONSAC - Tél : 05 57 24 95 81

SAINT-PALAIS Les Mauvillains

2 ch. **Citadelle de Vauban 20 km. Talmont 30 km.** 2 chambres d'hôtes dont 1 suite : 2 ch. 2 pers. (1 lit 160), salle de bains/wc, TV, 1 ch. 2/3 pers. (1 lit 160, 1 lit 80), salle de bains/wc, TV. Salle à manger, salon, bibliothèque. Maison de maître du XVIIIè s., nichée au milieu des collines et du vignoble des Côtes de Blaye, entourée de chênes, grand jardin clos d'1.8 ha., boulodrome, parking, vélos, randonnée. Accès : à St-Ciers/Gironde, prendre route de St-Palais/Mirambeau D.255, après « Matériaux Nord Blayais », prendre à gauche, faire 1 km, « Aux Mauvillains », maison à gauche « La Sauvageonne ». Langue parlée : anglais.

Prix : 1 pers. **400 F** 2 pers. **450 F** pers. sup. **150 F**

Ouvert : toute l'année.

SP	1,5	8	7

DESPRES Anne-Marie - 2, Les Mauvillains - La Sauvageonne - 33820 SAINT-PALAIS - Tél : 05 57 32 92 15

SAINT-PAUL Grand Capron

2 ch. **Citadelle de Blaye 6 km. Vignoble des Côtes de Blaye sur place.** Au rez-de-chaussée : 1 chambre (2 lits 1 pers.), salle d'eau/wc, salon/salle à manger. A l'étage : 1 chambre (1 lit 1 pers., 1 lit 2 pers.), salle d'eau/wc. Maison girondine typique de la Haute Gironde, du XIXè s., entièrement restaurée, située dans un hameau calme. Jardin clos, parking, terrasse. Randonnée sur place.

Prix : 2 pers. **250 F** pers. sup. **90 F**

12	6	1	8	6

PASTUREAU Céline - Grand Capron - 33390 SAINT-PAUL - Tél : 05 57 42 94 51

SAINT-SEVE Domaine de la Charmaie

TH

3 ch. Maison de maître du XVIIe. A l'étage : 2 ch. (1 lit 2 pers.), s. d'eau/wc privés. Au r.d.c. : 1 ch. (2 lits 1 pers.), s. d'eau et wc privés. Chambres labellisées « Gîtes Bacchus ». Salon avec cheminée, salle à manger, TV, salle de billard et biblio. Parc de 3 ha., à prox. des pistes de rando. pédestres, équestres et cyclistes. Langues parlées : espagnol, anglais.

Prix : 1 pers. **320 F** 2 pers. **360 F** pers. sup. **100 F** repas **120 F**

Ouvert : toute l'année.

SP	4	4	18	4	4	4

CHAVEROU France - Domaine de la Charmaie - 33190 SAINT-SEVE - Tél : 05 56 61 10 72 - Fax : 05 56 61 27 21

SAINT-SEVE Au Canton

TH

2 ch. R.d.c. : 2 chambres (2 lits 2 pers. 1 lit enfant) avec salle d'eau ou de bains et wc privés. Salon/salle à manger. Maison du XVIIIe siècle typique de l'entre deux-mers entièrement restaurée située sur une propriété de 6 ha. Point de vue sur la campagne, terrasse, parking. Remise de 10 % à partir de la 2e nuit (hors repas et hors juillet/août).

Prix : 1 pers. **270 F** 2 pers. **300 F** 3 pers. **380 F** pers. sup. **80 F** repas **100 F**

Ouvert : toute l'année.

20	2	2	2	18	2	2	2

BAUGE Monique - Au Canton - 33190 SAINT-SEVE - Tél : 05 56 61 04 88 ou 06 85 10 31 95 - Fax : 05 56 61 04 88

SAINT-SYMPHORIEN Broy

2 ch. Maison centenaire de pays au milieu d'un parc paysager. 1 ch. 2 pers. avec s.d.b./wc privés. Véranda avec lit d'appoint. Maison mitoyenne à un gîte rural. 1 ch. (1 lit 2 pers. 1 lit 1 pers.), à proximité immédiate de la maison du propriétaire. Petit jardin japonais privatif. S. d'eau/wc, kitchenette. Chambres non fumeurs de préférence. Label « Chambres Panda ». Langue parlée : anglais.

Prix : 1 pers. **190/220 F** 2 pers. **240/270 F** 3 pers. **340/370 F** pers. sup. **100 F**

Ouvert : toute l'année.

45	7	15	7	7	25	7	25	7

BONNEAUD Cathy - Broy - 33113 SAINT-SYMPHORIEN - Tél : 05 56 25 74 46 - Fax : 05 56 65 70 84

SAINT-VIVIEN-DE-MEDOC Mirambeau

C.M. 71 Pli 16

2 ch. 1 ch. d'hôtes 2 pers. avec salle de bains et wc privés dans une petite maison rustique indépendante avec grand jardin ombragé, à côté de la maison du propriétaire. 1 ch. 2 pers. (1 lit 160) aménagée dans l'aile d'une maison médocaine avec salle d'eau, wc. Salle à manger dans la maison. Proche des vignobles et des châteaux du Médoc. Forêt sur place. Rivière 4 km. Auberge 500 m. Accès : dans Saint-Vivien, prendre direction Grayan, à l'angle, 2e rue à droite. Accès possible par le bac de Royan, Pointe de Grave. Piste cyclable.

Prix : 1 pers. **250 F** 2 pers. **270 F**

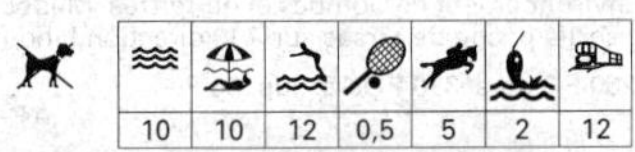

10	10	12	0,5	5	2	12

LANNEAU Pierre - 50 rue du Général de Gaulle - Mirambeau Cidex 048706 - 33590 SAINT-VIVIEN-DE-MEDOC - Tél : 05 56 09 51 07

SAINT-YZANS-DE-MEDOC La Hourqueyre

3 ch. **Route des Châteaux 1 km. Soulac-sur-Mer 36 km.** Au rez-de-chaussée : hall d'entrée, salon, salle à manger, TV, cheminée. A l'étage : 3 chambres 2 pers. (1 lit 2 pers., 2 lits 1 pers., 1 lit 160), salles d'eau/wc ou salle d'eau, wc. Remise de 10 % pour séjour. Maison ancienne du 19e, située sur une exploitation viticole, entre fleuve et océan, au cœur du vignoble médocain, jardin clos, garage, parking. Randonnée à 5 km. Langue parlée : anglais.

Prix : 1 pers. **230 F** 2 pers. **280 F** pers. sup. **100 F**

Ouvert : de mars à novembre

25	25	10	2	15	2	10	1

CLAVERIE BATAILLEY Corinne - 42, rue de la Hourqueyre - Château la Hourqueyre - 33340 SAINT-YZANS-DE-MEDOC - Tél : 05 56 09 05 10 - Fax : 05 56 09 05 53

SAINTE-CROIX-DU-MONT Château Lamarque

4 ch. Chartreuse du XVIIIe sur une exploitation viticole, au cœur du vignoble de Sainte-Croix-du-Mont, point de vue sur la vallée de la Garonne. Et. : 1 suite de 2 ch. : 1 ch. (1 lit 2 pers.), 1 ch. enfant (2 lits 1 pers.), s.d.b./wc privés + TV. 1 suite de 2 ch. avec TV : 1 ch.(1 lit 2 pers.), 1 ch. (2 lits 1 pers.), salle d'eau, wc. Au r.d.c. : salle à manger, wc. Visite/dégustation du vignoble sur place. Parking, terrasse ombragée. Réduction de 10 % à partir d'1 semaine. Portable : 06.86.34.01.76.

Prix : 1 pers. **220 F** 2 pers. **250 F** pers. sup. **100 F**

Ouvert : toute l'année.

9	6	2	8	8	9	8	2

DARROMAN Thierry - Château Lamarque - 33410 SAINTE-CROIX-DU-MONT - Tél : 05 56 76 72 78 ou 05 56 62 01 21 - Fax : 05 56 76 72 10

SAINTE-FLORENCE Guilhem

E.C. 2 ch. **Saint-Emilion 13 km. Site Gallo-Romain, Montcarret 9 km.** 2 chambres 2 pers. (2 lits 2 pers.), salle d'eau/wc, entrées indépendantes. Salon avec cheminée, TV, salle à manger. Maison girondine du 19e, située sur les bords de la Dordogne, entre les vignobles de Saint Emilion, de l'Entre Deux Mer et des Côtes de Castillon. Parc fleuri et arboré, terrasse couverte avec cuisine d'été, parking.

CV

Prix : 1 pers. **325 F** 2 pers. **350 F** pers. sup. **70 F**

Ouvert : toute l'année.

7	5	5	5	SP	5	5

DUMARTIN Danielle - Guilhem, 4 - 33350 SAINTE-FLORENCE - Tél : 05 57 40 07 02 ou 06 07 30 15 12 - Fax : 05 57 40 02 07

SAINTE-GEMME Le Gaboria

3 ch. Manoir du 18e s., au cœur du vignoble de l'Entre Deux Mers, jolie vue sur vignes, terrasse couverte, salon de jardin. R.d.c. : entrée, coin-kitchenette (micro-ondes, l-vaisselle, l-linge), grand séjour/salon, cheminée, TV. 1 ch. 2 pers. avec salon (1 lit 200). Etage : 1 ch. 2 pers. (1 lit 160), 1 suite 4 pers. (1 lit 160, 2 lits 1 pers.). S. d'eau, wc ds chaque ch.

Prix : 2 pers. **400/500 F** pers. sup. **100 F**

10	SP	SP	4	20	4	15

BORREMAN Mieke - Manoir du Gaboria - 33580 SAINTE-GEMME - Tél : 05 56 71 99 57 - Fax : 05 56 71 99 58 - E-mail : manoir@gaboria.com - http://www.gaboria.com

SAINTE-TERRE Lavagnac

5 ch. **Saint-Emilion 9 km. Libourne 10 km. Castillon-la-Bataille 7 km.** A l'étage : 2 suites de 2 ch. et 1 ch.. 1 suite (2 lits 80, 2 lits 1 pers. en mezzanine), salle d'eau, wc, coin-cuisine, salon, TV, entrée. 1 suite (1 lit 2 pers., 2 lits 1 pers.), salle de bains/douche, wc privée non attenants. 1 ch. (2 lits 80/200), salle d'eau, wc. Au rez-de-chaussée : salon avec cheminée, TV, salle à manger. Tarif 4 pers. 560/600F. Maison girondine du 18e, près de la Dordogne et des vignobles de Saint-Emilion, Entre-Deux-Mers, Côtes de Castillon. Parc clos, parking ombragé, propriétaire aquarelliste, possibilité d'initiation.

CV

Prix : 1 pers. **260 F** 2 pers. **280/320 F** pers. sup. **100 F**

Ouvert : toute l'année.

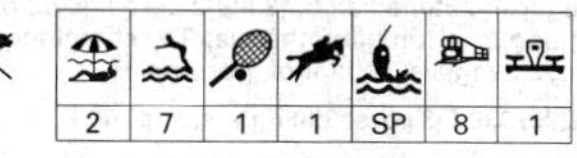

PRAT France - Lavagnac - 33350 SAINTE-TERRE - Tél : 05 57 47 13 74 ou 06 81 62 42 99 - Fax : 05 57 47 13 74 - E-mail : france.prat@wanadoo.fr - http://perso.wanadoo.fr/france.prat

SAINTE-TERRE Lavagnac

3 ch. Maison ancienne entièrement rénovée de type girondin. 3 chambres dont 2 à l'ét. (4 lits 1 pers. 1 lit 2 pers.), salle d'eau/wc privés. Salon/salle à manger avec cheminée, TV et coin-kitchenette. Grand jardin clos, terrasse, parking. Dans un petit hameau, sur les bords de la Dordogne, au cœur des vignobles des Côtes de Castillon, du Saint-Emilion et du Pomerol. Langues parlées : anglais, allemand, scandinave.

Prix : 1 pers. **200 F** 2 pers. **240 F** pers. sup. **80 F**

Ouvert : du 15 avril au 30 septembre

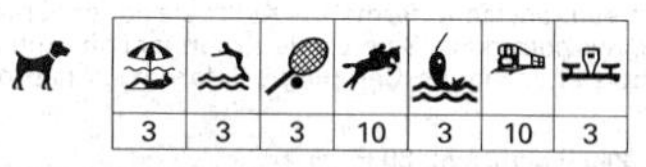

OPSAHL / MUTIKAINEN - 18 chemin de Coubestey - Lavagnac - 33350 SAINTE-TERRE - Tél : 05 57 47 13 02 - http://www.ranska.net/lavagnac

SALIGNAC Savarias

TH

1 ch. 1 chambre d'hôtes avec accès indépendant, adossée à l'habitation du propriétaire (1 lit 2 pers.), mezzanine/salon (3 lits enfants). Salle d'eau, wc, kitchenette. Salle à manger commune avec propriétaire. Table d'hôtes végétarienne sur réservation 24 heures à l'avance, vin compris. Maison ancienne du 19e s. située dans un hameau. Jardin ombragé aménagé. Rabais pour séjour : 10 %. Vélos sur place. Accès : dans le bourg de Salignac, au coin de la pharmacie, dir. « Laubertrie » D133, tout droit sur 1 km, puis à droite dir. St-Fenes/Savarias, 900 m maison à gauche. Langue parlée : anglais.

CV

Prix : 1 pers. **200 F** 2 pers. **210 F** 3 pers. **250 F** pers. sup. **50 F** repas **80 F**

40	3,5	1,5	6	3,5	9	5

PINAULT Jacques - 26 Chemin de Savarias - 33240 SALIGNAC - Tél : 05 57 43 52 48 - Fax : 05 57 43 39 55 - E-mail : EnFamille@wanadoo.fr

SAUTERNES Brouquet

C.M. 234 Pli 319

3 ch. 3 chambres d'hôtes aménagées dans une maison située dans un hameau. 2 chambres 2 pers. avec salle d'eau et wc particuliers. 1 chambre 2 pers. avec salle de bains et wc privés. Salon. Circuits touristiques. Dégustation du vin de Bordeaux. Accès : à Langon D8, prendre direction Villandraut sur 8 km.

Prix : 1 pers. **220 F** 2 pers. **250 F** 3 pers. **320 F** pers. sup. **70 F**

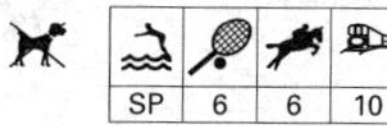

PERINGUEY Henri - Brouquet - 33210 SAUTERNES - Tél : 05 56 76 60 17 - Fax : 05 56 76 61 74

TAURIAC Talet

2 ch. Maison du 17e siècle, typique du secteur. A l'ét. : 2 ch. (1 lit 2 pers. 2 lits 1 pers.), salle d'eau et wc communs aux hôtes. Au r.d.c. : salon, salle à manger. Matériel bébé, l-linge et micro-ondes disposition. Dans un hameau, au cœur du vignoble des Côtes de Bourg. Cour, jardin, terrasse couverte. Table de ping-pong sous abri. Parking.

Prix : 1 pers. **180 F** 2 pers. **220 F** 3 pers. **300 F** pers. sup. **80 F**

Ouvert : toute l'année.

15	4	3	6	30	3	8	0,2

OLIVES Aline - Chemin de Talet - 33710 TAURIAC - Tél : 05 57 68 22 61

LE TEMPLE Sautuges-Sud

2 ch. 2 ch. d'hôtes confortables au grand calme de la campagne. En rez-de-chaussée avec salle d'eau et wc privés. Entrée indépendante par petit séjour à la disposition des hôtes. Maison récente entourée d'un jardin paysager, dans les pins au calme, à 20 mn de l'océan, des lacs, du bassin d'Arcachon, de Bordeaux et du Médoc. Poss. pique-nique. Réseau de pistes cyclables. Rocade sortie 9, D107 ou sortie 11b, D106 et D5. Sautuges sud 2,5 km avant le Temple. Poss. d'accès par le bac Royan/Le Verdon ou Blaye/Lamarque.

Prix : 1 pers. **230 F** 2 pers. **250 F** 3 pers. **310 F**

Ouvert : de janvier à décembre.

20	2	20	10

LECORNU Bénédicte - Sautuges Sud - 33680 LE TEMPLE - Tél : 05 56 26 56 43 ou 06 08 98 52 83

VERTHEUIL Château Le Souley

4 ch. Maison du 19e s. restaurée, atmosphère campagnarde, grand terrain aménagé, terrasse sous treille, au cœur du vignoble Médocain, salon de jardin. Etage : 2 ch. (2 lits 2 pers.), s. de bains ou d'eau, wc. 1 suite avec 2 ch. (1 lit 2 pers. 1 lit 120, 1 lit 110), s.d.b., wc. Salle à manger, salon/bilbiothèque, TV, cheminée, 1 ch. (1 lit 2 pers.), s.d'eau, wc au r.d.c. Table d'hôtes sur réservation. Langues parlées : anglais, espagnol, portugais.

Prix : 1 pers. **250 F** 2 pers. **290/330 F** 3 pers. **390 F** pers. sup. **60 F**

Ouvert : toute l'année

20	10	SP	2	10	SP

CHIAMA Jean-Pierre - Château Le Souley - 33180 VERTHEUIL - Tél : 05 56 41 98 76 ou SR : 05 56 81 54 23 - Fax : 05 56 41 94 87 - E-mail : jpchiama@club-internet.fr - http://perso.club-internet.fr/jpchiama

VILLEGOUGE Camelot

2 ch. Dans un hameau, ancienne ferme du XVIIIe siècle, entièrement restaurée avec charme. A l'ét. : 2 ch. (2 lits 2 pers.), cabinet de toilette, s.d.b./wc communs. Salon/salle à manger commun aux propriétaires. Parking ombragé. Jardin clos paysager à l'anglaise, entouré de bois et de vignes. Camping à la ferme sur la propriété. Réduc. 5 % séjour supérieur à 5 nuitées. Circuit de randonnée sur place.

Prix : 1 pers. **210 F** 2 pers. **240 F** pers. sup. **80 F**

Ouvert : toute l'année.

25	4	1	8	30	0,5	9	1

POUX Jack - Camelot - 33141 VILLEGOUGE - Tél : 05 57 84 43 08 - Fax : 05 57 84 43 08

Landes

GITES DE FRANCE - Service Réservation
Cité Galliane - B.P. 279 - 40005 MONT-DE-MARSAN Cedex
Tél. 05 58 85 44 44 - Fax. 05 58 85 44 45

AIRE-SUR-L'ADOUR

TH

3 ch. **Aire-sur-Adour 5 km.** 3 chambres d'hôtes : 1 ch. au rez-de-chaussée, les 2 autres à l'étage. Salle d'eau et wc privés pour chaque chambre. Océan et montagne à 100 km. Table d'hôtes avec produits de la ferme. La ferme de Yves et Aline est calme et agréablement fleurie. Au sommet de la colline, les Pyrénées semblent être toutes proches.

Prix : 1 pers. **180 F** 2 pers. **200 F** 3 pers. **280 F** repas **80 F**

Ouvert : toute l'année.

5	10	5	5	1	5	5	5

PORTE Yves et Aline - quartier de Guillon - Crabot - 40800 AIRE-SUR-L'ADOUR - Tél : 05 58 71 91 73

AMOU Ferme Auberge du Moulin — A — *C.M. 78 Pli 7*

4 ch. A la campagne, 4 ch. d'hôtes 2 et 3 pers. avec salle d'eau et wc privés. Océan 60 km. Cadre agréable. Propriétaires d'une ferme auberge, Françoise et Pierrette vous régaleront à leur table. Le village d'Amou se situe à 3,5 km de la maison des propriétaires. Calme et repos assurés. Salon de jardin, airial. Parc animalier, pédalo. Randonnée à 3,5 km. Possibilité de pêche (matériel non fourni). D15, entre Amou et Pomarez.

Prix : 1 pers. **170 F** 2 pers. **180 F** 3 pers. **230 F** pers. sup. **40 F**

3	4	SP	SP	3,5	15	3

BARLET-BAS et LAFENETRE - Moulin de Plantier - route de Dax - 40330 AMOU - Tél : 05 58 89 30 09 - Fax : 05 58 89 39 57

ANGRESSE Ty Boni — *C.M. 78 Pli 17*

3 ch. « Ty-boni » est située sur un magnifique airial ombragé, glissant vers un plan d'eau, piscine privée. 3 ch. très coquettes avec sanitaires privés (dont 2 avec chambres attenantes pour 2 pers. suppl.). Jardin meublé. A 20 minutes de Biarritz. Cuisine d'été à disposition des hôtes. Barbecue. L-linge. A 5 mn des plages, calme et détente assurés. Sports nautiques à 4 km. VTT à disposition.

CV

Prix : 2 pers. **375 F** pers. sup. **100 F**

Ouvert : toute l'année.

2	5	10	SP	SP	10	1,8	25	3

BONIFACE Bernard et Babet - TY-BONI - 1831 route de Capbreton - 40150 ANGRESSE - Tél : 05 58 43 98 75 - Fax : 05 58 43 98 75

ARUE Baloy — *C.M. 79 Pli 11*

1 ch. **Barbotan-les-Thermes 25 km.** Petite ferme du XIXe siècle typiquement landaise sur son airial, au cœur de la forêt et au départ d'une multitude de chemins de randonnée. 1 chambre 2/3 pers. avec sanitaires privés, poss. lit bébé. Lave-linge à disposition. Ping-pong sur place. Produits régionaux 300 m. Chevaux et chevreuils vous attendent sous la fenêtre de la coquette chambre d'hôtes, où vous apprécierez la décoration soignée. Langue parlée : anglais.

CV

Prix : 2 pers. **240 F** 3 pers. **340 F**

Ouvert : toute l'année.

10	15	20	5	5	35	6

PONTIER Cécile et Dominique - Baloy - 40120 ARUE - Tél : 05 58 45 66 75

BASCONS La Lézardière — *C.M. 82 Pli 1*

2 ch. Belle maison de caractère dans un cadre champêtre. 2 chambres avec salle d'eau et wc communs aux 2 chambres. Salon réservé aux hôtes. Endroit calme et reposant.

Prix : 2 pers. **230 F**

Ouvert : toute l'année.

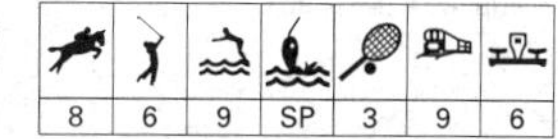

8	6	9	SP	3	9	6

LARRAZET Jean-Louis - La Lézardière - 40090 BASCONS - Tél : 05 58 44 03 92 - Fax : 05 58 44 03 92

BETBEZER D'ARMAGNAC Domaine de Paguy   A — *C.M. 79 Pli 12*

2 ch. Albert et Paulette vous accueillent dans leur propriété du XVIe siècle, surplombant les vignes. Piscine sur place, espaces verts et mobilier de jardin. 2 ch. (2 et 3 pers.) avec salle d'eau ou salle de bains et wc privés. Océan 100 km. Vins de pays, Floc de Gascogne, Armagnac et canards gras sont produits et vendus sur l'exploitation. Promenades en forêt, possibilité de pêche à la ligne. Espace, nature et calme sont les trois atouts principaux.

CV

Prix : 1 pers. **285 F** 2 pers. **300 F** 3 pers. **400 F**

Ouvert : du 1er avril au 15 mars.

10	15	20	15	SP	SP	4	30	4

DARZACQ Albert et Paulette - Domaine de Paguy - 40240 BETBEZER-D'ARMAGNAC - Tél : 05 58 44 81 57 - Fax : 05 58 44 68 09

BETBEZER-D'ARMAGNAC Domaine de Paguy — A — *C.M. 79 Pli 12*

2 ch. Albert et Paulette vous accueillent dans leur propriété du XVIe siècle surplombant les vignes. 2 ch. 2 pers. ne pouvant être louées qu'à une même famille, avec salle d'eau et wc communs sont aménagées dans une annexe mitoyenne à un gîte. Piscine au milieu d'espaces verts (calme). Vente de produits fermiers.

CV

Prix : 1 pers. **235 F** 2 pers. **250 F**

Ouvert : du 1er avril au 15 mars.

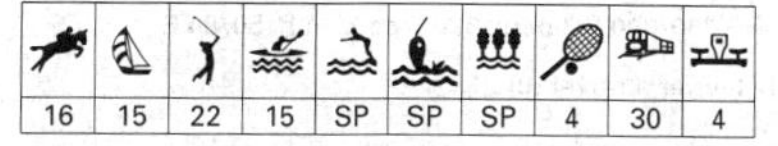

16	15	22	15	SP	SP	SP	4	30	4

DARZACQ Albert et Paulette - Domaine de Paguy - 40240 BETBEZER-D'ARMAGNAC - Tél : 05 58 44 81 57 - Fax : 05 58 44 68 09

BIAUDOS Ferme Hondouan (TH)

3 ch. **Biarritz 10 km. Capbreton 15 km.** Pierrette et Lionel vous accueillent dans leur ferme rénovée de style basque, vaste jardin arboré. Salon avec TV et bibliothèque. 3 chambres confortables avec sanitaires privés. Table d'hôtes le soir excepté le samedi. Calme et convivialité assurés. Océan à 15 km. Spécialités basques, poissons.

CV

Prix : 1 pers. **220 F** 2 pers. **250 F** 3 pers. **350 F** repas **90 F**

Ouvert : du 15 mars au 25 octobre.

15	15	7	4	15	7	15	4

DELBES Pierrette - Ferme Houndouan - 40390 BIAUDOS - Tél : 05 59 56 70 43 - Fax : 05 59 56 79 44

BIAUDOS Carrère (TH) *C.M. 78 Pli 17*

3 ch. Ferme du XVIIe restaurée dans un parc boisé de 4 ha. 3 chambres très confortables en rez-de-chaussée avec salle de bains et wc privés. Repas pris en terrasse couverte. Calme et convivialité assurés. Océan à 20 km. A visiter : musée de la mer à Biarritz, réserve naturelle de Saubusse. Langues parlées : espagnol, anglais.

CV

Prix : 1 pers. **230 F** 2 pers. **250 F** 3 pers. **330 F** repas **90 F**

Ouvert : toute l'année.

5	18	18	SP	1	20	8

HARGUES Philippe et Jacqueline - Carrère - 40390 BIAUDOS - Tél : 05 59 56 70 56

BUANES Matilon (TH) *C.M. 82 Pli 1*

4 ch. Calme et repos garantis en pleine nature, dans une belle et confortable demeure du XVIIIe. Beau jardin et piscine privée. Loisirs à proximité : golf, tennis, ULM. 4 belles ch. d'hôtes (2 personnes) avec salle de bains, wc privés. Océan à 80 km. Produits du terroir. Thermes d'Eugénie les Bains à 5 minutes. Possibilité table d'hôtes. Langues parlées : anglais, hollandais.

Prix : 1 pers. **200/280 F** 2 pers. **220/300 F** pers. sup. **100 F** repas **100 F**

Ouvert : du 1er février au 30 novembre.

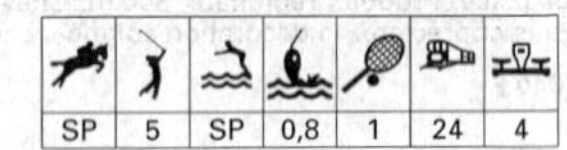

SP	5	SP	0,8	1	24	4

GOUDINE Nicolas et Georgette - Matilon - 40320 BUANES - Tél : 05 58 51 12 82 - Fax : 05 58 51 12 82 -
E-mail : nicolas.goudine@wanadoo.fr

CAMPET-LAMOLERE Lamolere (TH) *C.M. 78 Pli 6*

4 ch. Belle maison de caractère au milieu d'un grand parc de 12 ha, bordé d'une rivière. 4 ch. joliment aménagées, 2 ch. Une avec salle de bains, wc privés, l'autre avec douche, lavabo, wc privés. 1 suite de 2 ch. Douches privées, wc communs aux 2 ch. Ne se louant qu'à des personnes se connaissant. Animaux admis dans un chenil. Table d'hôtes du vendredi au lundi sur réservation, de juin à septembre. Hors-saison, tous les jours. Gîte d'enfants à 1 km.

CV

Prix : 2 pers. **220/290 F** pers. sup. **80 F** repas **80 F**

Ouvert : d'avril à novembre.

5	10	5	5	SP	5	5	5

DE MONREDON Philippe et Béatrice - Lamolère - 40090 CAMPET-ET-LAMOLERE - Tél : 05 58 06 04 98 - E-mail : lamolere@aol.com

CAZERES-SUR-ADOUR (TH) *C.M. 82 Pli 1*

2 ch. **Station thermale d'Eugénie-les-Bains 12 km.** Dans une ferme landaise restaurée à colombages de 1845, au milieu d'un jardin champêtre, 2 ch. d'hôtes 2 et 3 pers. avec entrée indépendante, salle de bains et wc privés, TV dans chaque chambre. Poss. de cuisiner. Lave-linge à disposition. Table d'hôtes sur demande avec produits bio (légumes, poulets...). Ambiance familiale.

Prix : 1 pers. **200/230 F** 2 pers. **240/270 F** pers. sup. **80 F**
repas **80/100 F**

Ouvert : toute l'année.

12	3	10	3	3	6	25	2

ALVAREZ Patricia - 91 chemin Luzan - 40270 CAZERES-SUR-ADOUR - Tél : 05 58 71 30 67 - Fax : 05 58 71 30 67 -
E-mail : richard.alvarez@libertysurf.fr

CLERMONT Les Feuilles d'Or *C.M. 78 Pli 7*

2 ch. **Dax, 1ère ville thermale de France 12 km.** Belle maison de maître datant de 1730, restaurée et meublée avec goût. 2 ch. 2 pers. avec sanitaires privés, dont 1 avec salon. Possibilité lit bébé. Cheminée. Salon de jardin. Vente de produits fermiers. Petit parc ombragé de platanes. Langues parlées : allemand, italien, anglais.

CV

Prix : 2 pers. **250/300 F** 3 pers. **380 F** pers. sup. **50/80 F**

Ouvert : de février à novembre.

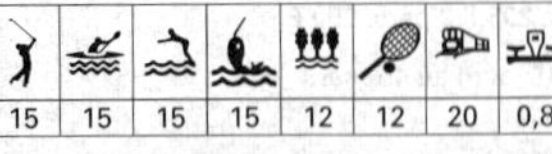

15	50	15	15	15	15	12	12	20	0,8

CRISAFULLI Marie et Michel - Les Feuilles d'Or - 981 route de Luy - 40180 CLERMONT - Tél : 05 58 89 73 29 - Fax : 05 58 89 73 29

CLERMONT Camiade

C.M. 78 Pli 7

3 ch. « Camiade », ouverte sur un beau parc boisé dans la campagne vous assure un séjour reposant. Ancienne maison de maître, son charme, son confort vous séduiront. 3 chambres tout confort avec salle de bains et wc privés. Possibilité table d'hôtes sur réservation. Langues parlées : anglais, espagnol.

Prix : 1 pers. **150 F** 2 pers. **200/230 F** 3 pers. **265/295 F** pers. sup. **65 F** repas **70 F**

Ouvert : toute l'année.

12	30	16	12	SP	3	1	15	10

HEBRARD-FAYET Marie - Camiade - 40180 CLERMONT - Tél : 05 58 89 80 17

GAREIN La Serre

C.M. 78 Pli 15

4 ch. M. et Mme Lannegrand vous accueillent dans leur confortable demeure, douillette et calme, au milieu d'un parc ombragé et fleuri, agrémenté d'une piscine. 4 chambres d'hôtes 2/4 pers. avec salle d'eau et wc privés. Restaurant 3 km. Océan 50 km. Tennis au village.

Prix : 2 pers. **250 F**

Ouvert : toute l'année.

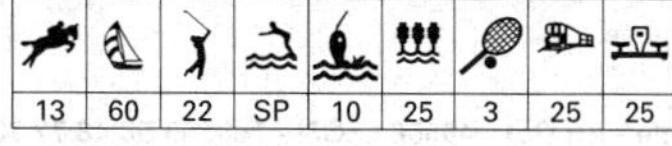

13	60	22	SP	10	25	3	25	25

LANNEGRAND Jean-Paul et Solange - La Serre - 40420 GAREIN - Tél : 05 58 51 45 70

HABAS

(TH)

C.M. 78 Pli 7

2 ch. **Dax, 1ère ville thermale de France 15 km. Biarritz 40 km.** Un accueil chaleureux vous est réservé dans une maison de bourg rénovée et confortable. 2 ch. d'hôtes 2 pers. avec sanitaires privés. Salle de séjour privative aux hôtes avec TV. De la terrasse, belle vue sur les coteaux de Chalosse. Table d'hôtes sur réservation uniquement. Langues parlées : anglais, espagnol.

Prix : 2 pers. **200/250 F** repas **80 F**

Ouvert : de juin à septembre (le reste de l'année sur réservation).

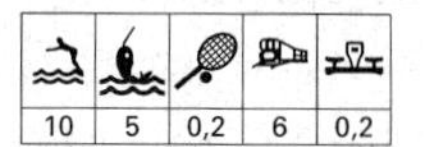

10	5	0,2	6	0,2

LAMATABOIS Gérard - rue du Sintot - 40290 HABAS - Tél : 05 58 98 04 20 - Fax : 05 58 98 04 20

HAGETMAU Pargadot de Busqueton

C.M. 78 Pli 7

2 ch. 2 chambres d'hôtes (2 ou 3 pers.) avec salle d'eau et wc dans chaque chambre. Maison landaise située aux portes du village. Possibilité de cuisiner. Produits fermiers 800 m. Océan 80 km. Meubles de jardin. Au village (800 m) : piscine olympique couverte avec jacuzzi, sauna... Langue parlée : espagnol.

Prix : 1 pers. **160 F** 2 pers. **200 F** 3 pers. **260 F**

Ouvert : toute l'année.

3	0,8	12	0,8	0,8	1	0,8	25	0,8

BATS Georges et Pierrette - Pargadot de Busqueton - 40700 HAGETMAU - Tél : 05 58 79 35 43 - Fax : 05 58 79 35 43

HAGETMAU César

C.M. 78 Pli 7

4 ch. Cette ferme à la sortie d'un village fleuri vous propose 4 ch. avec lavabo, salle de bains commune aux hôtes. Salon, TV, salle à manger avec cheminée, jardin ombragé. Randonnées 1 km. Océan 80 km. 5 % de réduction pour « Aînés ruraux avec carte Ecocarte ».

Prix : 1 pers. **165 F** 2 pers. **185 F** 3 pers. **265 F**

Ouvert : toute l'année.

2	1	15	1	2	1	1	30	1

CASTAIGNOS Pierre et Clotilde - César - 40700 HAGETMAU - Tél : 05 58 79 41 45

HERM La Mamounia

C.M. 78 Pli 16

2 ch. Très agréable maison avec belle terrasse sur terrain clos. 2 ch. aménagées avec chacune son accès indépendant et sa salle d'eau privée. WC communs à ces 2 chambres. Maison avec un jardin très fleuri. Restaurants à proximité. Océan 15 mn. Etape : 280 F. Chemins pédestres.

Prix : 1 pers. **240 F** 2 pers. **260 F** 3 pers. **340 F**

Ouvert : de mai à septembre.

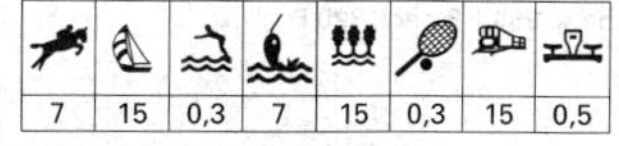

7	15	0,3	7	15	0,3	15	0,5

DAGOUASSAT Christine - La Mamounia - 40990 HERM - Tél : 05 58 91 50 30 ou 06 11 94 97 86

LABENNE *C.M. 78 Pli 17*

E.C. 2 ch. **Hossegor et Biarritz 15 km.** Chantal et René vous accueillent dans leur villa landaise à proximité immédiate de la plage. 1 chambre 2 pers. agréable et confortable avec salle de bains et wc privés attenants. Possibilité d'une seconde chambre 2 pers. pour enfants ou amis. Petits déjeuners en terrasse ou au jardin. Langue parlée : anglais.

Prix : 1 pers. **200/220 F** 2 pers. **230/250 F**

Ouvert : du 1er avril au 31 octobre.

2	10	SP	7	1,5	4	1

CASCAIL Chantal et René - 15, allée du Dauphiné - 40530 LABENNE - Tél : 05 59 45 49 21 - Fax : 05 59 45 49 21

LEON Au Gat *C.M. 78 Pli 16*

2 ch. A 3 km du village, dans la forêt de pins, un bel airial aux chênes séculaires. Gisèle vous accueille dans sa maison. A l'étage, 2 ch. (4 et 3 pers.) avec salle d'eau privée, wc communs aux locataires. Accès aux chambres indép. donnant sur terrasse couverte et vitrée. Cuisine à dispo. Salon de jardin. Piscine couverte. Calme et détente assurés. Restaurant à proximité. Aire naturelle de camping. Océan à 10 mn. Randonnée à 0.3 km, VTT à 3 km, baignade à 10 km.

Prix : 1 pers. **200 F** 2 pers. **260 F** 3 pers. **340 F** pers. sup. **80 F**

Ouvert : toute l'année.

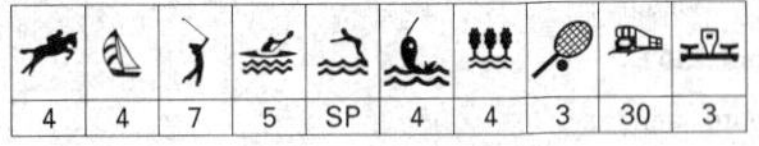

4	4	7	5	SP	4	4	3	30	3

MARTINEZ Gisèle - Au Gat - 40550 LEON - Tél : 05 58 48 77 73

LINXE Lahourate *C.M. 78 Pli 15*

4 ch. Dans la forêt de pins, maison annexe restaurée, avec terrasse : 4 ch. (2 et 4 pers.), salle d'eau et wc privés. Télévision, cuisine, grande salle éclairée par des baies vitrées. Océan 7 km. Sports nautique à 8 km.

Prix : 1 pers. **210/220 F** 2 pers. **230/260 F** 3 pers. **360 F**

Ouvert : toute l'année.

5	5	10	5	3	5	7	3	30	3

LARTIGUE Fernande - Lahourate - 1466, route de Mixe - 40260 LINXE - Tél : 05 58 42 92 59

LIT-ET-MIXE Le Bosquet *C.M. 78 Pli 15*

2 ch. A 7 km de l'océan, jolie maison récente dans parc boisé et fleuri. A l'étage : 2 ch. 2 pers. (1 lit 2 pers. 2 lits 1 pers.), salle d'eau et wc privés. Terrasse, balcon, salon de jardin. Entrée indépendante. Les deux chambres jumelées se louent pour une même famille ou des amis. Prix pour 4 pers. : 420 F. Au calme, en lisière de la forêt. Randonnées cyclistes et pédestres sur sentiers balisés. Plages à proximité. Forêt de pins 15 km. Village très animé. Restaurants. Langues parlées : anglais, espagnol.

Prix : 2 pers. **250 F**

Ouvert : toute l'année.

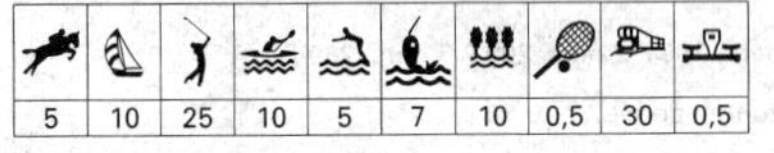

5	10	25	10	5	7	10	0,5	30	0,5

CASTETS Philippe et Rose-M - Le Bosquet - Mixe - 40170 LIT-ET-MIXE - Tél : 05 58 42 83 94 - Fax : 05 58 42 83 94

LUE l'Oustau *C.M. 78 Pli 14*

3 ch. Dans une belle maison de caractère, habillée de pierres de garluche, 3 chambres, salle d'eau et wc privés. Dans un grand airial de chênes. Petit déjeuner dans le parc ou dans le séjour. Salon privé à la disposition des hôtes. Forêt sur place. Restaurant à 2 km. Océan à 22 km. Sports nautiques à 25 km. Produits régionaux à 500 m. Langues parlées : anglais, espagnol.

Prix : 2 pers. **250 F**

Ouvert : de fin mai à fin septembre.

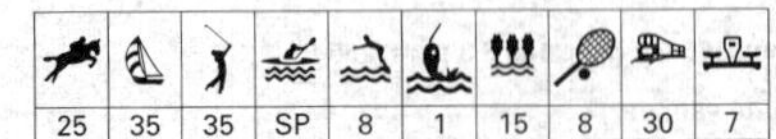

25	35	35	SP	8	1	15	8	30	7

CASSAGNE Guy et Patricia - quartier Baxentes - l'Oustau - 40210 LUE - Tél : 05 58 07 11 58 - Fax : 05 58 07 13 99

LUE Lou Pitarray *C.M. 78 Pli 14*

2 ch. Maison de maître sur un airial ombragé de chênes, en bordure de forêt, calme assuré. 2 chambres (1 lit 2 pers. chacune) et poss. 1 lit d'appoint 1 pers., salle d'eau et wc particuliers à chaque chambre. Chauffage central en hors-saison. Entrée indépendante, salon particulier aux hôtes pour les petits déjeuners. Salon de jardin. Restaurant à proximité. Forêt entourant l'airial. VTT sur place. Parcours santé à 1,5 km. Sports nautiques à 20 km. Océan à 25 km. Langue parlée : anglais.

Prix : 1 pers. **220 F** 2 pers. **250 F** 3 pers. **320 F**

Ouvert : toute l'année.

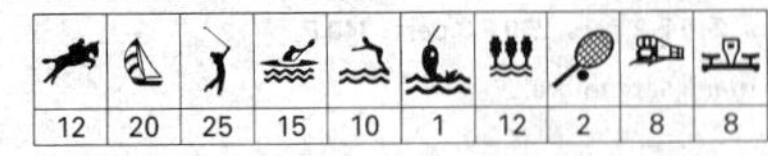

12	20	25	15	10	1	12	2	8	8

LAMOU Bernard et France - Lou Pitarray - quartier Medous - 40210 LUE - Tél : 05 58 07 06 23

MAGESCQ Le Cassouat

C.M. 78 Pli 16

5 ch. Belle maison contemporaine au milieu d'un airial de chênes de 11 ha. Plan d'eau sur place. 5 chambres (2 et 3 personnes), salle d'eau privée. Terrasse. Mer, plage 15 km. Bébé : 30 F.

Prix : 1 pers. **245/270 F** 2 pers. **260/290 F** 3 pers. **360/390 F** pers. sup. **100 F**

Ouvert : toute l'année.

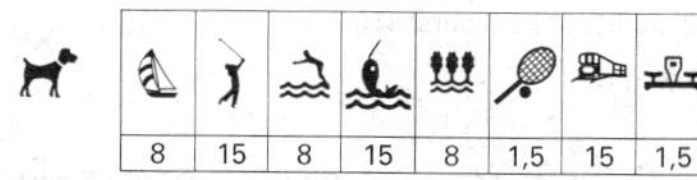

8	15	8	15	8	1,5	15	1,5

DESBIEYS Marlène - Le Cassouat - 40140 MAGESCQ - Tél : 05 58 47 71 55

MAYLIS Saint-Germain

C.M. 78 Pli 7

3 ch. Jeanine et Jean vous accueillent à la ferme dans leur belle demeure familiale du XVIIe siècle dotée d'un agréable jardin. Vous trouverez 3 vastes chambres colorées (2 et 3 pers.) avec cheminée ancienne et sanitaires privés. Poss. de cuisine, réfrigérateur, lit bébé. Salon de jardin. Ambiance et accueil chaleureux.

Prix : 1 pers. **220 F** 2 pers. **240 F** 3 pers. **320 F**

Ouvert : toute l'année.

14	60	10	14	10	6	3	10	30	10

RECURT Jeanine et Jean - Saint-Germain - 40250 MAYLIS - Tél : 05 58 97 72 89 - Fax : 05 58 97 95 21 - E-mail : chambre-d-hotes@wanadoo.fr - http://www.perso.wanadoo.fr/chambresdhotes/

MAYLIS Saint-Germain

TH

C.M. 78 Pli 7

2 ch. Au pied de l'abbaye de Maylis, dans un cadre rustique et convivial, 2 ch. d'hôtes de 3 pers. avec sanitaires et wc privés. Odile et Bernard vous invitent à découvrir leur beau pays landais, « la Chalosse », haut lieu de la gastronomie et terroir authentique.

Prix : 1 pers. **220 F** 2 pers. **240 F** 3 pers. **320 F** repas **90 F**

Ouvert : toute l'année.

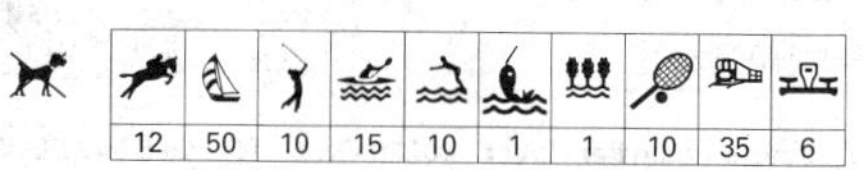

12	50	10	15	10	1	1	10	35	6

RECURT Odile - Saint-Germain - 40250 MAYLIS - Tél : 05 58 97 72 89 - Fax : 05 58 97 95 21 - E-mail : chambre-d-hotes@wanadoo.fr - http://www.perso.wanadoo.fr/chambresd'hotes/

MESSANGES Lou Nid Dous Merlous

C.M. 78 Pli 16

2 ch. Ancienne maison rénovée avec jardin et meubles de jardin. 2 chambres 2 pers. avec salle d'eau particulière à chaque chambre, wc communs aux locataires. Océan 3 km.

Prix : 2 pers. **240 F**

Ouvert : de mai à octobre.

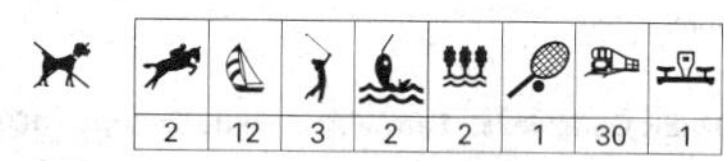

2	12	3	2	2	1	30	1

LAPENU Roger et Mauricette - Lou Nid Dous Merlous - 40660 MESSANGES - Tél : 05 58 48 90 50

MIMBASTE Capcazal de Pachiou

TH

C.M. 78 Pli 7

4 ch. Dans cette maison Capcazalière (1610), vous trouverez tout le charme, l'authenticité et la tradition d'une vieille demeure familiale de chalosse (14e génération). 4 grandes chambres avec cheminée et lits à baldaquin, salle de bains et wc privés. Parc arboré et fleuri. Garage. Convivialité, gastronomie et bonne humeur seront au rendez-vous. Langues parlées : espagnol, anglais.

Prix : 1 pers. **250/320 F** 2 pers. **280/350 F** 3 pers. **400 F** repas **90 F**

Ouvert : toute l'année.

15	35	15	8	1	8	2	15	8

DUFOURCET-ALBERCA Colette - Capcazal de Pachiou - 40350 MIMBASTE - Tél : 05 58 55 30 54 - Fax : 05 58 55 30 54

MIMIZAN Au Cheou

C.M. 78 Pli 14

2 ch. Coquette maison dans un airial ombragé très calme et reposant, en bordure de la forêt, à 8 km de l'océan. 2 chambres 2 pers., la 1ère donnant sur une terrasse, salle de bains et wc privés. La 2e : salle d'eau et wc privés. Coin-cuisine aménagé en commun pour les 2 chambres. Terrasse couverte à disposition pour manger.

Prix : 2 pers. **190/210 F**

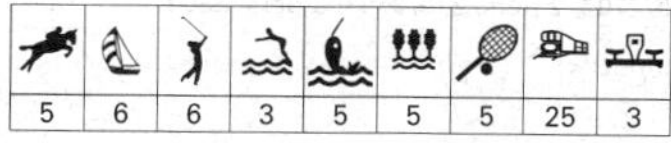

5	6	6	3	5	5	5	25	3

PEREZ Maïté - Au Cheou - 40200 MIMIZAN - Tél : 05 58 09 18 97

LE MURET La Maranne

C.M. 78 Pli 3

5 ch. Catherine et Pascal vous offrent un accueil personnalisé pour votre séjour de détente. Ils vous proposent 5 ch. d'hôtes dans une belle maison de maître, avec un parc de 4 ha. arboré (arbres centenaires). Sanitaires et TV privés dans chaque chambre. Salle de séjour et salon privatifs. Poss. lit bébé. Jacuzzi, sauna et spa sont à votre disposition. Langues parlées : anglais, allemand.

Prix : 1 pers. **300 F** 2 pers. **350/400 F** 3 pers. **450 F**

Ouvert : de février à novembre.

11 | SP | 15 | 0,2 | 10

LANDAIS Catherine et Pascal - La Maranne - CD 20E - 40410 LE MURET - Tél : 05 58 09 61 71 ou 06 84 63 05 11 - Fax : 05 58 09 61 41

ONDRES Le Bout des Landes

C.M. 78 Pli 17

2 ch. En bordure des pins, à 800 m de la plage, 2 ch. (2 pers.) spacieuses, très confortables, salle d'eau/wc privés. Terrasse et entrée particulière, très près des Pyrénées et de l'Espagne. Piscine sur place. Raymonde vous accueille avec sympathie et joie de vivre.

Prix : 2 pers. **300 F**

Ouvert : toute l'année.

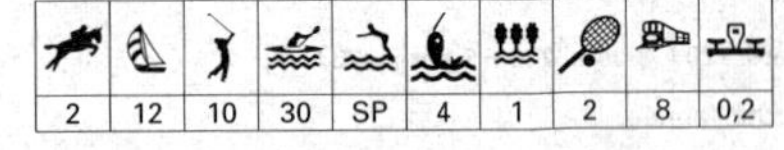

PUYRAVAUD Raymonde - Le Bout des Landes - 1613 avenue de la Plage - 40440 ONDRES - Tél : 05 59 45 21 87

ORX

C.M. 78 Pli 17

1 ch. A 15 mn des plages de Capbreton et d'Hossegor, maison style landais sur un parc de 3 ha. 1 suite de 2 chambres pour 5 pers. (ne pouvant être louée qu'à une même famille) avec salle d'eau et wc communs. Salon privé et réfrigérateur à la disposition des hôtes. Barbecue, parking privé.

Prix : 2 pers. **280 F** pers. sup. **80 F**

Ouvert : toute l'année.

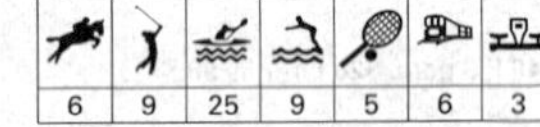

SANCHEZ Lucette - quartier Hayet - 40230 ORX - Tél : 05 58 77 90 79

PEYREHORADE Maison Trome

TH

C.M. 78 Pli 17

3 ch. Geneviéve et Jean vous accueillent dans leur maison de maître basco-landais. 3 ch. d'hôtes aménagées dans une gr. maison récente, à l'étage, avec douche et wc privés. TH et petits déjeuners servis en terrasse ou dans le salon de style rustique. Baignade dans la piscine privée et promenades dans la forêt ou à travers les champs privés. Ferme spécialisée dans les céréales (maïs, soja, prairies). Cadre champêtre avec musée agricole de produits viticoles et de travail du sol. Langues parlées : anglais, espagnol.

Prix : 1 pers. **200/220 F** 2 pers. **240/260 F** 3 pers. **310/330 F** repas **85 F**

Ouvert : de juin à octobre.

10 | 30 | 20 | 2 | 2 | 2 | 3 | 2 | 1,5 | 2

CASTAGNET-MISSONIER Geneviève - Ferme Accueil de Trompe - 40300 PEYREHORADE - Tél : 05 58 73 06 23 - Fax : 05 61 49 65 10

PIMBO Moura

TH

C.M. 82 Pli 1

2 ch. 2 ch. bastides au 1e étage avec sanitaires privés et wc séparés, jardin, garage privé, salon de jardin, barbecue. Chambres d'hôtes situées au sein du village de Pimbo (1ère bastide fondée en aquitaine), situées sur le chemin de Saint-Jacques de Compostelle. Producteur de foie gras, oies et canards.

Prix : 2 pers. **210 F** repas **80 F**

Ouvert : toute l'année.

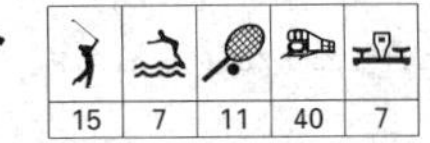

LENDRESSE Jean-Luc - Moura - 40320 PIMBO - Tél : 05 58 44 46 92 - Fax : 05 58 44 46 18

POUILLON Saint-Martin

3 ch. **Biarritz 50 km. Dax 15 km.** A l'entrée d'un village chalossais, charmant château restauré, dont une partie du 14e siècle, niché au milieu d'un parc boisé de 5 ha. Arbres centenaires. Plan d'eau, piscine, bibliothèque, TV à disposition des hôtes. Langues parlées : allemand, anglais.

Prix : 1 pers. **250/270 F** 2 pers. **270/360 F** 3 pers. **360 F**

Ouvert : toute l'année

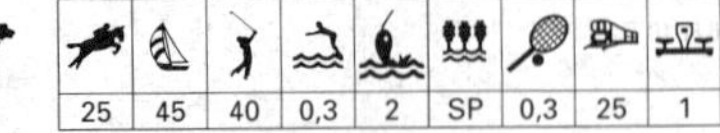

BUSCHE Margrit - Château Saint-Martin - 40350 POUILLON - Tél : 05 58 98 30 17 - Fax : 05 58 98 23 95

SABRES Poursuguères *C.M. 78 Pli 4*

1 ch. 1 chambre d'hôtes de caractère dans une maison landaise indépendante de plus de 150 ans, entièrement restaurée, à proximité immédiate de la maison des propriétaires. 1 ch. avec salle de séjour, salle d'eau et wc privés. Grand airial de chênes en bordure de forêt. Calme assuré. Langues parlées : anglais, italien, espagnol.

Prix : 1 pers. **220 F** 2 pers. **250 F**

Ouvert : toute l'année.

15	10	8	20	17	8

CADET-ROBERT Sylvaine - Ilet Rambaud - Poursuguères - 40630 SABRES - Tél : 05 58 07 56 78 -
E-mail : sylvaine.cadet-robert@wanadoo.fr

SABRES Le Plaisy *C.M. 78 Pli 4*

3 ch. Gwenaëlle vous accueille dans une maison de maître, au milieu d'un joli parc de 5 ha. 3 chambres, salle d'eau/wc privés. Salon particulier avec TV. Chauffage. Piscine et plan d'eau sur place. Tennis privé à 3 km. Abri de piscine et barbecue. Endroit calme et reposant. Salon de jardin. A Sabres, petit village de la Haute-Lande. Poss. de prendre le petit déjeuner dans la salle à manger des propriétaires ou en terrasse. Océan et sports nautiques à 45 km. VTT à 1 km. Langues parlées : anglais, espagnol.

Prix : 1 pers. **250 F** 2 pers. **250 F** 3 pers. **330 F**

Ouvert : du 20 mars au 20 décembre.

3	45	3	1	SP	SP	SP	3	18	3

BACON Gwenaelle - Le Plaisy - 40630 SABRES - Tél : 05 58 07 50 29

SABRES Les Arbousiers (TH) *C.M. 78 Pli 4*

5 ch. Maison Landaise sur un airial d'1 ha au cœur de la forêt. 5 ch. avec sanitaires privés. Salle à manger et salon particulier. Calme et confort assurés. Ambiance conviviale et familiale. Table d'hôtes le soir : le repas est partagé avec les propriétaires en toute amitié et détente. Randonnée sur place. Sports nautiques à 40 km.

Prix : 1 pers. **220 F** 2 pers. **280 F** 3 pers. **390 F** repas **90 F**

Ouvert : toute l'année.

9	30	9	12	9	5	9	12	9

LABRI Denis et Monique - Les Arbousiers - Le Gaille - 40630 SABRES - Tél : 05 58 07 52 52 ou 06 81 13 28 09

SAINT-ETIENNE-D'ORTHE La Forestière (TH) *C.M. 78 Pli 17*

4 ch. Dans le calme d'un village landais, 4 chambres d'hôtes vous accueillent pour un séjour de détente et de découverte. 2 ch. 2 et 3 pers. au rez-de-chaussée avec douche et lavabo privés, wc communs. A l'étage : 1 ch. 3 pers. avec s.d.b. et wc privés et 1 ch. 4 pers. avec s.d.b. et wc privés. Petits déjeuners pris en terrasse. La table d'hôtes vous réserve les plaisirs d'une cuisine traditionnelle, à base de produits du terroir. Océan 20 km. Langues parlées : anglais, espagnol.

Prix : 1 pers. **140 F** 2 pers. **200/230 F** 3 pers. **260/280 F** pers. sup. **60 F** repas **80 F**

Ouvert : toute l'année.

10	12	12	7	7	1	3	2	18	7

OUSTALE Marc et M-Thérèse - La Forestière - 40300 SAINT-ETIENNE-D'ORTHE - Tél : 05 58 89 15 62

SAINT-GEOURS-DE-MAREMNE *C.M. 78 Pli 17*

3 ch. Airial ombragé et fleuri. 3 ch. indépendantes de 2 à 4 pers. avec salle de bains et wc privés. Nombreuses animations à proximité. Animaux refusés dans les chambres. Langue parlée : espagnol.

Prix : 2 pers. **215 F** 3 pers. **305 F**

Ouvert : de juin à septembre.

5	11	15	3	3	4	3

ECHEVARRIA Claudine - route de Bayonne - 40230 SAINT-GEOURS-DE-MAREMNE - Tél : 05 58 77 05 94

SAINT-JUSTIN Betjean *C.M. 79 Pli 12*

3 ch. Un airial au milieu de la forêt landaise, points de jonction de sentiers pédestres, équestres, chemins de St Jacques de Compostelle. Une ferme landaise de plusieurs siècles, restaurée, meublée et décorée dans un équilibre précieux vous attend : 2 ch. 2 pers. avec s.d.b. originale et douche particulière, et 1 ch. pour enfant. Franchissez la porte à double battant pour vous épanouir. Alentour, de nombreuses auberges vous surprendront par leur qualité. Océan 90 km.

Prix : 1 pers. **240 F** 2 pers. **260 F** pers. sup. **70 F**

5	10	12	20	12	3	12	3	25	1

VILLENAVE Marie-Claire - Betjean - D933 - route de Périgueux - 40240 SAINT-JUSTIN - Tél : 05 58 44 88 42 - Fax : 05 58 44 67 16

SAINT-MARTIN-DE-HINX *C.M. 78 Pli 17*

2 ch. Située au sein d'un village typique, maison rustique et chaleureuse entourée d'un parc ombragé comportant 2 ch. d'hôtes confortables, accueillantes en r.d.c. : 1 ch. 3 pers., 1 ch. 2 pers. ayant chacune salle d'eau et wc privés. Petit déjeuner maison. A mi-chemin entre Biarritz et Hossegor. VTT à 10 km.

Prix : 1 pers. **230 F** 2 pers. **250 F** 3 pers. **350 F** pers. sup. **100 F**

15	15	15	15	15	5	15	1	20	0,5

COMTE Yvette - Au bourg - 40390 SAINT-MARTIN-DE-HINX - Tél : 05 59 56 33 58

SAINT-MARTIN-DE-HINX Moulin de Larribaou TH *C.M. 78 Pli 17*

2 ch. Le moulin de Larribaou avec ses ruisseaux, ses étangs et ses bois, vous offre son calme et sa verdure. Ses 2 chambres 2 pers. avec sanitaires et wc privés donnent sur la piscine couverte. L'une à vue sur les champs et les bois, l'autre sur l'étang. Table d'hôtes sur demande. Barbecue équipé. Terrasse et salon d'été à disposition des hôtes. Langues parlées : espagnol, anglais.

Prix : 2 pers. **330 F** repas **100 F**

Ouvert : toute l'année.

20	25	15	20	2	20	2

SEMELIN J-Pierre et A-Marie - Moulin de Larribaou - 40390 SAINT-MARTIN-DE-HINX - Tél : 05 59 56 37 97

SAINT-PAUL-LES-DAX l'Aiguade *C.M. 78 Pli 7*

3 ch. **Dax, 1ère ville thermale de France 5 km.** Christiane et Gérard vous accueillent dans leur demeure, au milieu d'un beau parc de 1,6 ha. avec piscine, et vous proposent 3 ch. d'hôtes 2 et 3 pers. avec sanitaires privatifs. Salle de séjour privative. Barbecue à disposition, salon de jardin. Les chambres attenantes à la maison des prop. possèdent chacune un accès indépendant et une terrasse. Langues parlées : anglais, espagnol.

Prix : 2 pers. **250/300 F** pers. sup. **100 F**

Ouvert : d'avril à octobre.

11	10	11	SP	10	10	5	10

THIENOT Gérard et Christiane - l'Aiguade - route de la Bretonnière - 40990 SAINT-PAUL-LES-DAX - Tél : 05 58 91 37 10 ou 06 12 63 43 49 - Fax : 05 58 91 37 10

SAUBRIGUES *C.M. 78 Pli 17*

2 ch. Petite ferme avec 2 ch. d'hôtes comprenant : salle d'eau privée et wc privés. Salle de séjour commune au propriétaire. Océan à 12 km. VTT à 10 km.

Prix : 1 pers. **150 F** 2 pers. **200 F** 3 pers. **300 F**

Ouvert : toute l'année.

2	10	12	10	15	5	1	15	7	2

GAFFES Gérard et Charlotte - 40230 SAUBRIGUES - Tél : 05 58 77 90 54

SAUBUSSE-LES-BAINS Bezincam *C.M. 78 Pli 17*

4 ch. Le château de Bezincam, demeure du XIXe siècle, dans un grand parc en bordure de l'Adour, vous offre un accueil chaleureux et personnalisé dans un cadre exceptionnel de verdure et de quiétude. Ses 4 chambres 2 pers. avec salles de bains privatives sont spacieuses, confortables et décorées avec goût. Situé au cœur d'un grand parc aux arbres centenaires, Bezincam est un lieu de séjour privilégié pour tous ceux qui aspirent au calme et à la détente. Langue parlée : espagnol.

Prix : 2 pers. **300/350 F**

Ouvert : toute l'année.

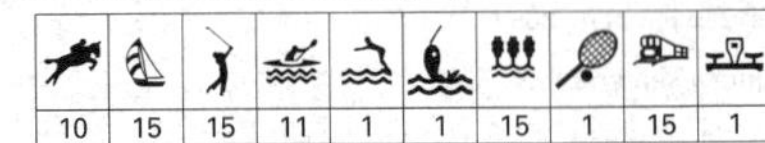

10	15	15	11	1	1	15	1	15	1

DOURLET Claude - Bezincam - route de l'Adour - 40180 SAUBUSSE-LES-BAINS - Tél : 05 58 57 70 27

SEIGNOSSE Notre Rêve *C.M. 78 Pli 17*

3 ch. Entre l'Etang Blanc et l'Etang Noir, dans la forêt landaise, à 5 mn de l'océan, Georgette et Bernard vous accueillent dans leur maison, au grand calme. 3 ch. (2 à 4 pers.), salle de bains ou cabinet de toilette et wc privés. Cadre agréable, terrain clos de 5000 m^2, parking ombragé, meubles de jardin. Possibilité de prendre les petits déjeuners dans la salle à manger ou sur la terrasse. Pour vos loisirs : réserve naturelle, festivités saisonnières, pelote basque, nombreuses fêtes locales. Océan 5 km.

Prix : 1 pers. **200 F** 2 pers. **250/300 F** 3 pers. **370/400 F**

Ouvert : toute l'année.

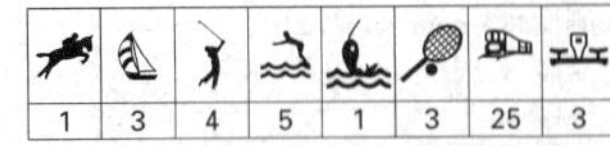

1	3	4	5	1	3	25	3

DESTRIBATS Georgette et Bernard - Notre Rêve - route de l'Etang Blanc - 40510 SEIGNOSSE - Tél : 05 58 72 81 20

SEIGNOSSE-BOURG A l'Orée de la Forêt

C.M. 78 Pli 17

5 ch. **Hossegor 8 km. Biarritz 30 km.** Calme et détente assurés dans cette maison au milieu des pins, au bord d'un étang. Sa piscine et son jardin d'agrément s'ajouteront au confort des 5 chambres (dont 1 suite) pour 2, 3 ou 4 pers. avec sanitaires privatifs et accès indépendant. Cuisine d'été à la disposition des hôtes. Bébé : 50 F en supplément.

CV

Prix : 2 pers. **380 F** 3 pers. **530 F**

Ouvert : toute l'année.

1	4	3	SP	SP	SP	0,8	25	0,8

GIRARD Maria et Claude - A l'Orée de la Forêt - 40510 SEIGNOSSE-BOURG - Tél : 05 58 49 81 31 - Fax : 05 58 49 81 31

SORDE-L'ABBAYE Cantin

C.M. 78 Pli 7

2 ch. Dans une jolie maison de maître sur un parc fleuri et boisé avec piscine privée. 2 ch. aménagées avec beaucoup de goût. Les 2 ch. comprennent un coin-toilette avec douche. Les wc sont communs aux 2 ch. dans le couloir. Des 2 chambres, une très jolie vue sur le parc et la piscine, calme et détente assurés. Océan 30 km.

Prix : 1 pers. **220 F** 2 pers. **250 F** 3 pers. **330 F**

Ouvert : toute l'année.

10	15	5	SP	1	5	30	4

RIUTORT Christiane - rue Lesplaces - 40300 SORDE-L'ABBAYE - Tél : 05 58 73 04 72 ou 05 58 73 28 68

SOUSTONS Cante Grouille

C.M. 78 Pli 16

4 ch. Claudine et Jacques vous accueillent à la campagne, en bordure de la forêt. 4 ch. d'hôtes aménagées dans leur maison avec accès indépendant. 1 suite 3 pers. (1 lit 2 pers. 1 lit 1 pers.) avec salle d'eau et wc privés, 3 ch. 2 pers. (1 lit 2 pers.) avec salle d'eau et wc privés. Poss. lit bébé. Terrasse couverte avec salon de jardin pour détente et repas. Restaurant 1 km. Océan 6 km. Sports nautiques à 8 km. Randonnée à 1 km. Toutes les chambres sont pourvues de la climatisation réversible.

CV

Prix : 2 pers. **240 F** 3 pers. **290 F**

Ouvert : toute l'année.

6	1	6	2	2	2	2	2	30	2

BENOIT Jacques et Claudine - Cante Grouille - quartier Philip - 40140 SOUSTONS - Tél : 05 58 41 16 10

SOUSTONS

TH

C.M. 78 Pli 16

1 ch. Simplement pour vous aider à découvrir le pays que l'on aime et partager ses saveurs culinaires, nous vous proposons 1 ch. 4 pers. (accès indépendant) avec salle d'eau et wc privés. Parc de 1 ha équipé de jeux d'enfants, ping-pong. Calme assuré. Spécialités landaises et produits du jardin. Possibilité guide pêche.

CV

Prix : 1 pers. **170 F** 2 pers. **250 F** 3 pers. **320 F** repas **95 F**

Ouvert : toute l'année.

5	10	2	2	2	2	30	2

TOUSIS Isabelle et Didier - route de Montjean - 40140 SOUSTONS - Tél : 05 58 41 51 52

SOUSTONS La Licorne

C.M. 78 Pli 16

5 ch. Jolie maison de maître, restaurée et aménagée avec un goût original. 5 grandes chambres de 30 m^2 (2, 3 pers.) avec chacune salle d'eau et wc privés. Table d'hôtes. Terrain clos de 4000 m^2. Parking privé. Animaux refusés. Poss. table d'hôtes sur réservation sauf le dimanche. Pas de table d'hôtes en juillet et août. Langue parlée : anglais.

CV

Prix : 1 pers. **230 F** 2 pers. **270 F** pers. sup. **70 F**

Ouvert : de mars à novembre

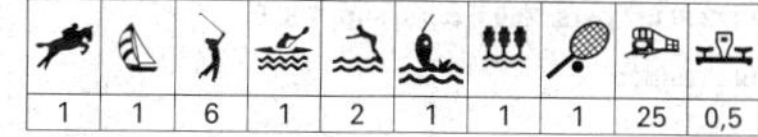

1	1	6	1	2	1	1	1	25	0,5

LEGAT Laurence - La Licorne - 1 avenue du Gay - 40140 SOUSTONS - Tél : 05 58 41 10 27

SOUSTONS Le Pinton

TH

C.M. 78 Pli 16

4 ch. Roger vous accueille au cœur d'une chênaie dans une grande maison de style landais. 4 chambres (2/3 pers.), avec douche, wc privés et TV. Table d'hôtes : repas landais, confit, asperges, magret (maison) sont servis au coin de la cheminée ou sous la pergola, dans le parc. Ping-pong, pétanque. Baignade à 4 km. Ouvert toute l'année (sur réservation l'hiver).

CV

Prix : 1 pers. **220 F** 2 pers. **250 F** 3 pers. **290 F** repas **100 F**

Ouvert : Toute l'année.

8	2	8	2	2	2	2	2	25	2

KURYLAK Roger - Le Pinton - 40140 SOUSTONS - Tél : 05 58 41 16 04 ou 06 21 14 73 64

TALLER Rouncaou

C.M. 78 Pli 6

4 ch. Au cœur de la forêt landaise sur un airial planté de chênes. Dans une maison très typique, 2 chambres d'hôtes avec s. d'eau et wc privés, salle de détente, TV, entrée indépendante. Dans un fournil restauré, 2 chambres (3 et 4 pers.) avec s. d'eau et wc privés. Cuisine aménagée. Camping. Ferme-auberge à 1 km. Rivières, sentiers pédestres, barbecue, salon de jardin.

Prix : 2 pers. **190/250 F**

Ouvert : toute l'année.

10	15	15	10	20	5	10	20	25	5

SEGUIN Marc et M-Thérèse - Rouncaou - 40260 TALLER - Tél : 05 58 89 43 18

TARNOS Ferme de Honzac

C.M. 78 Pli 18

5 ch. **Bayonne 5 km. Biarritz (golf, thalasso) 14 km.** Ancienne ferme du XVIIIe, sur une propriété de 10 ha. en partie boisée. 5 chambres spacieuses, décorées avec goût, chacune avec salle d'eau, wc séparés, sofa, TV et téléphone. Accès indépendant, salon, bibliothèque, meubles de jardin, lit et chaise bébé. VTT. Table d'hôtes sur demande. Garage. A 9 km de la plage la plus proche, montagne à 30 km. Langues parlées : anglais, espagnol, allemand.

Prix : 1 pers. **210 F** 2 pers. **285 F** pers. sup. **90 F** repas **95 F**

Ouvert : toute l'année.

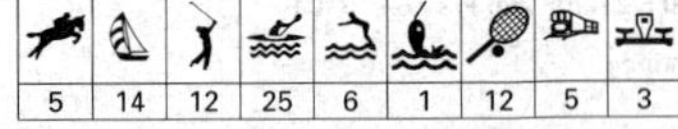

5	14	12	25	6	1	12	5	3

HOURQUEBIE Gilles - chemin de l'Adour - FERME DE HONZAC - 40220 TARNOS-N117 - Tél : 05 59 55 29 23 ou 06 68 20 42 90 - Fax : 05 59 55 79 52 - E-mail : Ferme.DC.Honzac@wanadoo.fr - http://www.perso.wanadoo.fr/Ferme de Honzac/

TARNOS

C.M. 78 Pli 18

5 ch. **Biarritz et Hossegor 13 km.** Une grande propriété avec piscine, bordée d'un bois, très calme. Maison de style basque comprenant 5 ch. dont 4 dans une annexe, toutes avec sanitaires et wc privés. Salle commune. Ameublement raffiné. Barbecue. Lave-linge, ping-pong. Loisirs : VTT, piscine, barbecue. Animaux acceptés hors-saison.

Prix : 1 pers. **250 F** 2 pers. **270/300 F**

Ouvert : toute l'année.

5	15	13	SP	5	5	0,5	5	0,5

LADEUIX André et Hélène - 26 rue Salvador Allende - D181 - 40220 TARNOS - Tél : 05 59 64 13 95

TARNOS

2 ch. **Mer 9 km. Bayonne 4 km. Biarritz 14 km.** A 9 km de la côte Basque et de la côte landaise, 2 coquettes chambres au rez-de-chaussée avec salle d'eau et wc privés. Dans un cadre de verdure et de fleurs, lieu calme et reposant, parking et jardin clos. A votre disposition, salon de jardin, barbecue, coin-cuisine, lave-linge, salle de repos.

Prix : 1 pers. **240 F** 2 pers. **265 F**

Ouvert : du 15 mars au 30 octobre.

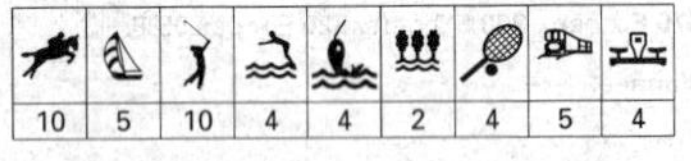

10	5	10	4	4	2	4	5	4

BISCAY Marie - route de Baudonne - par RN 117 - 40220 TARNOS - Tél : 05 59 55 48 01

TOSSE Le Bosquet

C.M. 78 Pli 17

3 ch. Belle maison moderne à l'entrée du village, à 3 km des étangs et 8 km de la plage. Sur un terrain boisé de 4800 m² avec parking privé. 3 ch. coquettes avec terrasse privée (lit 140), salle d'eau et wc privés. salon de jardin, ping-pong à dispo. Au village, sentiers pédestres. Tarif étape 280 F. Langue parlée : espagnol.

Prix : 1 pers. **230 F** 2 pers. **260 F** pers. sup. **100 F**

Ouvert : toute l'année.

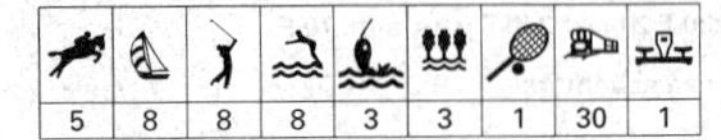

5	8	8	8	3	3	1	30	1

ARNAUDIN J-Pierre et Monique - Le Bosquet - rue du Hazan - route de St-Vincent de Tyrosse - 40230 TOSSE - Tél : 05 58 43 03 40 - Fax : 05 58 43 04 68

VIELLE-TURSAN Pigon

C.M. 82 Pli 1

2 ch. A la ferme, coquettes ch. indépendantes de la maison des propriétaires, à l'étage, 2 ch. (2 et 3 pers.), avec salles d'eau privées, wc communs. Poss. de rajouter 1 lit enfant. Gîte rural sur place. Randonnée. Situées face aux Pyrénées, sur un flanc de coteau dominant la vallée.

Prix : 1 pers. **145 F** 2 pers. **165 F** 3 pers. **225 F**

Ouvert : toute l'année.

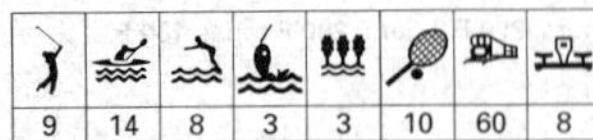

9	14	8	3	3	10	60	8

LABROUCHE Pierre et Colette - Pigon - 204, chemin de Turillon - 40320 VIELLE-TURSAN - Tél : 05 58 79 17 37

LE VIGNAU Le Coumis

(TH) *C.M. 82 Pli 1*

2 ch. — 2 ch. 2 et 3 pers. avec sanitaires privatifs complets (lavabo, douche, wc). Pour une nuit, un week-end ou un séjour, vous y trouverez détente et convivialité. Possibilité de table d'hôtes sur demande avec produits de la ferme. Jolie ferme, au calme, à la campagne, située à 600 m de la départementale 934 Bordeaux-Pau.

Prix : 2 pers. **200 F** 3 pers. **270 F**

Ouvert : toute l'année.

6	8	1	1	2	25	8

PASCALIN Denise et René - 161 route de l'Henrion - Le Coumis - 40270 LE VIGNAU - Tél : 05 58 52 25 75 - Fax : 05 58 52 25 75

Lot-et-Garonne

GITES DE FRANCE
4, rue André Chénier - 47000 AGEN
Tél. 05 53 47 80 87 - Fax. 05 53 66 88 29

AGNAC Aux Pesquiers

(TH) *C.M. 79 Pli 4*

5 ch. — **Bergerac et Marmande 30 km.** Agencée sur 2 niveaux, la demeure ouvre ses portes sur le hall de réception donnant accès à 5 ch. d'hôtes ayant chacune une s. d'eau avec wc. 1 ch. en r.d.c. (1 lit 2 pers.), à l'étage : 1 ch. (2 lits 1 pers.), 1 ch. (1 lit 160), 1 ch. (1 lit 2 pers.), 1 ch. (1 lit 2 pers. 1 lit 1 pers.). Salon de détente et de lecture, piscine, pool-housse. Ancien relais de diligence restauré. Une halte à 3 km de la bastide d'Eymet en Périgord. En bordure de la route Marmande/Bergerac, la maison est tournée vers la campagne. Aire de jeux en plein-air, mini-ferme. Parc ombragé et fleuri.

Prix : 1 pers. **250/280 F** 2 pers. **280/330 F** 3 pers. **370/410 F**
repas **80/130 F**

Ouvert : toute l'année.

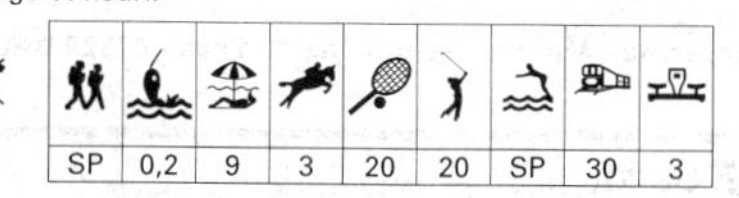

SP	0,2	9	3	20	20	SP	30	3

LAFOUILLADE Jean-Paul - Relais du Coche - Aux Pesquiers - 47800 AGNAC - Tél : 05 53 83 01 45

AIGUILLON Le Baraillot

(TH) *C.M. 79 Pli 14*

5 ch. — Ancienne maison de maître, dans un environnement verdoyant. 4 ch. avec s. d'eau/wc particuliers, 1 suite avec s.d.b. et wc. TH le soir sur réservation. Piscine avec jaccuzi et contre courant. Prêt de vélos, ping-pong. Salon avec TV et hi-fi, jeux de société. Loisirs : ULM, base nautique, practice de golf, musée du pruneau, abbaye des automates, parc Walibi... Pool-house équipé de lave-vaisselle. Lave-linge.

Prix : 1 pers. **270/300 F** 2 pers. **300/380 F** pers. sup. **90 F** repas **95 F**
1/2 pens. **490/520 F**

Ouvert : du 1er mars au 15 novembre.

SP	2	SP	15	4	20	SP	3

CARLIN Maryvonne - Le Baraillot - 47190 AIGUILLON - Tél : 05 53 88 29 92 ou 06 09 35 65 37

ARGENTON Houm Pechoun

C.M. 79 Pli 3

2 ch. — **Marmande 15 km. Casteljaloux 7 km.** Très ancienne maison de maîtres, confortable et chaleureuse dans un grand parc arboré et fleuri. Elle comprend : 1 ch. à l'étage (1 lit 2 pers.) avec salle d'eau et wc particuliers non communicants. 1 ch. à l'étage (1 lit 2 pers. 1 lit 1 pers.) avec salle d'eau et wc privés. Restaurant à 1,5 km.

Prix : 1 pers. **250/270 F** 2 pers. **280/320 F** 3 pers. **400 F**

Ouvert : toute l'année.

0,2	8	8	3	8	8	15	1

GUIBERT Cécile - Houm Pechoun - 47250 ARGENTON - Tél : 05 53 89 21 14 - Fax : 05 53 89 21 14

ASTAFFORT Barbonvielle

(TH) *C.M. 79 Pli 15*

1 ch. — **Agen 20 km. Lectoure 11 km.** Dans un hameau de la Lomagne, vaste chambre dans une maison du XVIIe avec salle de bains et wc indépendants. Environnement calme et fleuri. Possibilité de manger à l'extérieur. Mise à disposition de matériel bébé. Langues parlées : anglais, espagnol.

Prix : 1 pers. **200 F** 2 pers. **280 F** 3 pers. **320 F** pers. sup. **50 F**
repas **90 F**

Ouvert : toute l'année.

2	3	3	7	3	3	20	18	20	2

AURELIEN Didier et Claire - Hameau de Barbonvielle - 47220 ASTAFFORT - Tél : 05 53 67 18 93 - Fax : 05 53 67 18 93

AURADOU Le Roc

(TH) *C.M. 79 Pli 16*

4 ch. **Penne d'Agenais 6 km. Agen 23 km.** Françoise et Rémi vous accueillent dans leur demeure du XVIIIe siècle. Rénovée dans un cadre de verdure à l'infini. Ils vous proposent 2 chambres indépendantes spacieuses (1 lit 2 pers. 1 lit 1 pers.) avec s.d.b. et wc communicants (3 épis). Couleurs vives et meubles anciens. 1 suite 4 pers. avec s.d.b. et wc privés et 1 ch 2 pers., s.d.b. et wc privés (EC). Françoise, Bordelaise adore faire la cuisine. Ses spécialités tout le Sud Ouest. Rémi, bourguignon vous proposera les crus des vignobles régionaux. Un accueil chaleureux et convivial vous sera réservé. Tarif 4 pers. 450F.

Prix : 1 pers. **250/300 F** 2 pers. **270/320 F** 3 pers. **370 F** pers. sup. **50 F**
repas **100 F** 1/2 pens. **240 F** pens. **300 F**

Ouvert : toute l'année.

SP	5	5	10	4	10	5	4	6

COMMANDRE Rémi et Françoise - Le Roc - 47140 AURADOU - Tél : 05 53 49 16 87 ou 06 88 27 97 93 - Fax : 05 53 49 16 87

BALEYSSAGUES Mounica

(TH) *C.M. 79 Pli 3*

3 ch. R.d.c. : 2 ch. (1 lit 2 pers.) avec salle d'eau et wc. 1 ch. (1 lit 2 pers. 1 lit 70) avec salle d'eau et wc et petit salon privé. Activités : VTT, jeux de boules, balançoires, visites chez producteurs locaux, promenades pédestres et botaniques. Possibilité de pratiquer le tennis et le golf avec le propriétaire. Ds une propriété (1,500 ha) maison de caractère dans un superbe jardin en cours d'aménagement, intégrant, parfaitement sa piscine traitée au sel. Les chambres récemment rénovées (pierres et poutres apparentes) apporteront tout le confort souhaité, chacune avec s.d.b ou s. d'eau et d'un wc privatifs.

CV

Prix : 1 pers. **250 F** 2 pers. **270 F** 3 pers. **400 F** pers. sup. **90 F**
repas **90/110 F** 1/2 pens. **215 F**

Ouvert : toute l'année.

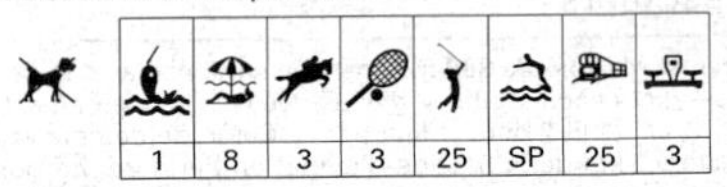

1	8	3	3	25	SP	25	3

PAZZAGLIA Jocelyne - Mounica - Domaine du Pech - 47120 BALEYSSAGUES - Tél : 05 53 83 33 52 ou 06 81 39 46 55

BARBASTE Sacot

(TH) *C.M. 79 Pli 13*

3 ch. **Plan d'eau de Casteljaloux 23 km.** Grande maison landaise idéale pour une cure de repos, retirée de toute circulation. 1 ch. (1 lit 130, 1 lit 1 pers.), 1 ch. (2 lits 1 pers.), s.d.b./wc privés communs et 1 ch. (1 lit 2 pers.), s.d.b./wc privés. Repas servis dans salle de séjour meublée ancien ou sur la terrasse. Sortie indép. Salon, jeux, biblio., piano, hifi. Pens. : gratuité la 8e nuit pour 2 pers. Si vous aimez le calme, la nature, la musique, la lecture, les promenades en forêt, la détente autour d'un feu le soir, la maison vous est ouverte. Hôtesse très accueillante et mélomane. Langues parlées : anglais, espagnol, italien.

CV

Prix : 1 pers. **170 F** 2 pers. **230 F** 3 pers. **260 F** repas **100 F**
1/2 pens. **230 F**

Ouvert : toute l'année.

SP	2	20	6	1	6	5	10	40	5

BEURRIER Hélène - Sacot - BP 29 - 47230 LAVARDAC - Tél : 05 53 65 51 72

BAZENS La Molinara

3 ch. **Musée des Automates 10 km. Musée de l'automobile 20 km.** 2 chambres 2 lits 1 pers. chacune, salle d'eau, WC. 1 chambre 1 lit 160, salle de bains, WC. Parc non clos. Piscine commune avec gîte rural et propriétaire. Maison du 17e s. réhabilité en 2000, situé dans un village classé a abrité l'auteur de « Roméo et Juliette » dont s'est inspiré Shakespeare. Château et galerie d'art sur place. Village classé du 11e s.

Prix : 1 pers. **270/390 F** 2 pers. **330/450 F**

Ouvert : toute l'année.

SP	2	5	4	27	20	SP	3	2,5

ROULLIES Françoise - La Mollinara - 47130 BAZENS - Tél : 05 53 66 62 92 ou 05 53 69 43 83

BON-ENCONTRE Château de Labatut

(TH) *C.M. 79 Pli 15*

4 ch. **Agen 10 km.** Dans une tour du château, 1 suite avec 2 grands lits, salle de bains et wc particuliers. Dans le château, 2 chambres à grand lit, salle de bains et wc communs. Dans les dépendances, 1 ch. à 2 lits, salle de bains et wc particuliers (1 épi). Vaste parc de plusieurs hectares. Piscine. Large panorama. Bibliothèque. La suite : 500/600 F. Tarifs en fonction de la saison. A l'écart de la RN113 (4 km). Autoroute à 10 km. Possibilité de séjours. Enfant : 60 F/déjeuner, 70 F/dîner. Langues parlées : anglais, yougoslave.

Prix : 1 pers. **250/350 F** 2 pers. **250/350 F** 3 pers. **500/600 F**
pers. sup. **100 F** repas **80/150 F**

Ouvert : toute l'année.

SP	5	5	10	2	4	3	SP	10	5

DE LA VAISSIERE Bernadette - Château de Labatut - 47240 BON-ENCONTRE - Tél : 05 53 96 26 24 - Fax : 05 53 96 26 24

BOUGLON Domaine de Monfleuri

TH — *C.M. 79 Pli 3*

5 ch. **Bouglon 1 km.** 2 chambres au rez-de-chaussée avec salle d'eau privée, 3 chambres à l'étage avec salle d'eau privée et wc communs, le tout dans une demeure du XVIIIe siècle avec parc arboré. Piscine privée. Possibilité long séjour. Table d'hôtes : cuisine végétarienne. Accueil attentif. Pour le confort de chacun, on ne fume pas dans la maison. Tarif 4 pers. 520 F. Vue panoramique. Site attrayant. Grand choix d'activités sur place. Art avec dessin et peinture sur soie. Détente. Musique, lecture. Parc. Forme et nature avec jeux de plein air, (croquet, badmington), bicyclettes. ULM 5 km. Langue parlée : anglais.

Prix : 1 pers. **300 F** 2 pers. **320/390 F** 3 pers. **420/490 F** pers. sup. **110 F** repas **110 F**

Ouvert : toute l'année.

SP	3	6	1	8	2	10	SP	15	1,5

BARRON Dominique - Domaine de Monfleuri - 47250 BOUGLON - Tél : 05 53 20 61 30

BOURGOUGNAGUE Tiffaudie

TH — *C.M. 79 Pli 4*

2 ch. **Miramont-de-Guyenne 6 km. Bergerac et Marmande 30 km.** Ancienne ferme à l'écart de la route, site ombragé, agréable et reposant. 2 chambres avec chacune une chambre annexe pour lit supplémentaire. Salle d'eau. WC particuliers. Baby-foot. TV. Jeux. Promenades champêtres. Plan d'eau aménagé 6 km. VTT à 1 km. Langue parlée : anglais.

Prix : 1 pers. **200 F** 2 pers. **220 F** 3 pers. **290 F** pers. sup. **70 F** repas **65 F**

Ouvert : toute l'année.

SP	2	8	6	6	6	15	6	25	6

TESSON Isabelle - Tiffaudie - 47410 BOURGOUGNAGUE - Tél : 05 53 94 15 54

BUZET-SUR-BAISE Château de Coustet

TH — *C.M. 79 Pli 14*

5 ch. Demeure sur 3 niveaux. En rez-de-jardin, s. de gym, douche/wc et vestiaire. Salon de billard succédant 1 s. à m. et la cuisine (modernité et rusticité). Escalier de pierres desservant, au 1er ét., 4 ch. et 1 suite en duplex avec s. d'eau ou de bains/wc chacune. Décor pastel. Poss. grande famille, louer 2 vastes ch. sur même palier, avec entrée privative. Au cœur du Pays d'Albret riche de ses bastides et de son vin. Cette demeure noble de 1882 style Napoléon III est nichée au cœur d'un écrin de verdure. Le charme de la discrétion et la passion impriment le bon goût dans un décor raffiné pour chacune des confortables et différentes chambres. Langue parlée : anglais.

Prix : 1 pers. **480/575 F** 2 pers. **690 F** 3 pers. **790/950 F** pers. sup. **150 F** repas **150 F**

Ouvert : de février à novembre.

0,1	4	10	4	15	SP	5	1

GELIX Alain - Château de Coustet - 47160 BUZET-SUR-BAISE - Tél : 05 53 79 26 60 - Fax : 05 53 79 14 16 - E-mail : c.coustet@csi.com - http://www.coustet.com

CANCON Chanteclair

C.M. 79 Pli 5

4 ch. **Villeneuve-sur-Lot 20 km. Bergerac 40 km (aéroport). Marmande 40 km.** 4 chambres d'hôtes dans une demeure de caractère du XIXe siècle, à 500 m du village. 1er étage : 2 ch. (2 lits jumeaux chacune) et 1 ch. (1 grand lit). 2e étage : 1 suite (1 lit 2 pers. 3 lits 1 pers.). Salle d'eau et wc particuliers dans chaque chambre. Salle de séjour, cheminée, salon. Grand parc fleuri. Poss. pique-nique dans parc et sous véranda. Barbecue et kitchenette à dispo. des hôtes. Billard, piano, ping-pong, bicyclettes. Prix spéciaux hors-sais. ou pour résa 1 sem.

Prix : 1 pers. **290/320 F** 2 pers. **370/400 F** 3 pers. **460 F** pers. sup. **60 F**

Ouvert : toute l'année.

0,8	2	10	4	7	0,6	7	SP	0,5

LARRIBEAU Francis - Chanteclair - 47290 CANCON - Tél : 05 53 01 63 34 - Fax : 05 53 41 13 44

CANCON Manoir de Roquegautier

TH — *C.M. 79 Pli 5*

4 ch. **Cancon 2 km.** Manoir restauré du XVIIIe siècle, dominant la vallée du Lot, et situé dans un vaste parc. 4 chambres avec sanitaires privés dont 2 familiales. Salle de jeux. Ping-pong. Piano. Lave-linge à disposition. Panier-piscine : 45 F. Repas enfant 70 F. 4 pers. : 650 F.

Prix : 1 pers. **360 F** 2 pers. **390 F** 3 pers. **610 F** repas **110 F**

Ouvert : du 1er avril au 30 septembre.

SP	1	1	1	2	2	SP	2,5	2

VRECH Brigitte - Manoir de Roquegautier - 47290 CANCON - Tél : 05 53 01 60 75 - Fax : 05 53 40 27 75

CASTILLONNES Quercy

C.M. 79 Pli 5

2 ch. **Circuit des bastides 2 km.** Entre les vallées de la Dordogne et du Lot, dans une jolie maison de caractère de plain-pied, ensoleillée, très belle vue. 2 ch. entrée indépendante, salle d'eau et wc privés, 2 lits 1 pers. ou 1 grand lit + lits suppl. Parking. Pique-nique. Charme du cadre, de la nature et de l'accueil.

Prix : 1 pers. **180 F** 2 pers. **220 F** pers. sup. **65 F**

Ouvert : de juin à septembre.

SP	5	5	2	20	2	3

SCHMILL Claudia - Quercy - Route de Pompiac - 47330 CASTILLONNES - Tél : 05 53 36 92 11 ou 06 07 12 92 26

CASTILLONNES Clos du Céline

(TH) *C.M. 79 Pli 5*

3 ch. **Castillonnes 1 km.** Aux portes du Périgord, 3 ch. tout confort, salle d'eau et wc particuliers. 1 ch. 1 épi (1 lit 2 pers.). 2 ch. 2 épis avec chacune (1 lit 2 pers. 1 lit 1 pers.). Petit déjeuner servi sur la terrasse couverte ou dans le jardin. En pleine campagne sur 3 ha. de pré, la basse cour, les chevaux.

Prix : 1 pers. **200 F** 2 pers. **250 F** 3 pers. **300 F** repas **75 F**

Ouvert : toute l'année.

1	3	3	1	10	1	20	1

HUGUET Guy - Le Clos du Celine - 47330 CASTILLONNES - Tél : 05 53 36 89 11 ou 06 81 03 78 91 - Fax : 05 53 49 18 26

CLAIRAC Caussinat

(TH) *C.M. 79 Pli 14*

5 ch. 2 chambres (1 lit 2 pers. 2 lits 1 pers., convertible). Salle de bains et wc communs. 1 coin-toilette par chambre. 1 chambre (2 lits 1pers.) avec salle de bains et wc privés. 2 chambres (1 lit 2 pers.) avec s. d'eau/wc chacune. Prêt de vélos, ping-pong. 3 ch. classées 3 épis et 2 ch. classées 1 épi. 1/2 pension sur la base de 2 pers. Depuis Clairac, direction Granges-sur-Lot D911.

Prix : 1 pers. **220/275 F** 2 pers. **240/295 F** 3 pers. **350/405 F** pers. sup. **110 F** repas **90 F** 1/2 pens. **420/475 F**

Ouvert : du 1er mars au 31 octobre.

SP	2	1	2	20	2	15	SP	7	2

MASSIAS Aimé et Gisèle - Caussinat - 47320 CLAIRAC - Tél : 05 53 84 22 11 - Fax : 05 53 84 22 11

CLERMONT-DESSOUS Le Gil

C.M. 79 Pli 14

2 ch. **Agen 15 km. Nérac 19 km.** 2 ch. de 20 m^2 avec wc et douche individuels. Salon commun avec TV couleur. Barbecue. Piscine de plein air de 50 m^2. Lit bébé/demande. Sur propriété de 8 ha. composée de prairies vertes et vallonnées, les ch. sont construites dans un bâtiment du XVIe sicèle. Elevage de chèvres angora qui produisent la célèbre Laine Mohair. A 1 km tennis gratuit pour les locataires. A 2,5 km, Clermont-Dessous. Village médiéval. Son église du XIème siècle, ses artistes. Langue parlée : espagnol.

Prix : 1 pers. **300 F** 2 pers. **320 F** 3 pers. **360 F**

Ouvert : toute l'année.

0,5	3	10	0,5	1	30	SP	15	5

BARILLE Jean-Pierre - Le Gil - 47130 CLERMONT-DESSOUS - Tél : 05 53 67 45 09 - Fax : 05 53 67 45 09

COCUMONT Domaine de Plaisance

(TH) *C.M. 79 Pli 3*

2 ch. Maison du XIVe siècle, indépendante dans une propriété de 2 ha. Grandes pelouses arborées. Terrasse avec vue. Calme. Salon de jardin. 2 chambres de caractère (2 lits 2 pers. 1 lit 1 pers. 1 lit enfant) avec salle d'eau et wc indépendants. Chauffage central. Grand salon/salle à manger avec cheminée. Mezzanine (jeux, lecture). Promenades. Table d'hôtes, cuisine familiale. Personne supplémentaire : 75 F. Langue parlée : anglais.

CV

Prix : 1 pers. **235 F** 2 pers. **325 F** 3 pers. **460 F** pers. sup. **80 F** repas **80 F**

Ouvert : toute l'année.

20	20	20	20	10	3	20	20	12	3

ETAPE - PLUME - Domaine de Plaisance - 47250 COCUMONT - Tél : 05 53 94 54 65

COURBIAC Château de Rodie

(TH) *C.M. 79 Pli 7*

5 ch. **Château de Bonaguil 30 km. Cahors 46 km.** Le château de Rodié est un château fort Quercynois des 13e et 16e s. Sa restauration en a fait une demeure familiale chaleureuse avec 5 belles chambres meublés d'antiquités : 3 ch. 2 pers. s.d.b. privés. Dans la tour ronde 1 suite/s.d.b. Dans la tour carré 1 ch. 2 pers. s.d.b. salon privé avec accès sur les échauguettes. Grands salons. Séjour 6 jours : -10%. Piscine. Le château se trouve dans le pays des bastides dans une région pleine d'intérêt historique, sportif et naturel. Rodié offre une diversité de loisirs, ses terres, refuge d'oiseaux, sont riches en flore et en faune. Des moutons de race rare paissent dans les bois, prairies et sur le causse sauvage. Langue parlée : anglais.

CV

Prix : 2 pers. **450/650 F** 3 pers. **550 F** pers. sup. **100 F** repas **110 F**

Ouvert : toute l'année.

SP	15	5	15	1	SP	40	5

HECQUET Paul - Château de Rodie - 47370 COURBIAC - Tél : 05 53 40 89 24 - Fax : 05 53 40 89 25 -
E-mail : Chateau.Rodie@wanadoo.fr

DAMAZAN Balous

(TH) *C.M. 79 Pli 14*

3 ch. 2 ch. d'hôtes aménagées à l'étage dans une grande maison du XVIIIe s. (2 lits 2 pers. 1 lit 1 pers.), s.d.b., wc particuliers et 1 ch. (1 lit 2 pers.). Piano, salle à manger, bibliothèque, jeux. Grand jardin. Lac aménagé (planche à voile, pédalo) à 300 m. Parc ombragé. 400 F/4 pers. Tarif 1/2 pension pour 5 jours minimum. Sortie Autoroute A62 à 1 km.

Prix : 1 pers. **155 F** 2 pers. **250 F** 3 pers. **350 F** pers. sup. **80 F** repas **75 F** 1/2 pens. **185 F**

Ouvert : toute l'année.

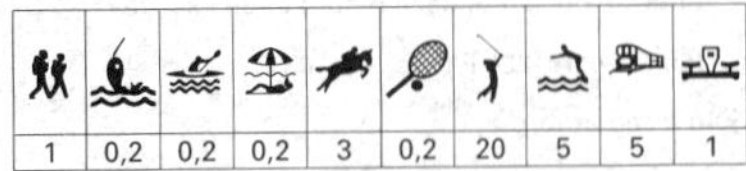

1	0,2	0,2	0,2	3	0,2	20	5	5	1

TAQUET-SAVY Françoise - Balous - 47160 DAMAZAN - Tél : 05 53 79 42 96

DEVILLAC Colombie

 (TH) *C.M. 79 Pli 6*

2 ch. 2 chambres d'hôtes de 2 pers. tout confort, aménagées dans la partie pigeonnier de l'habitation. Salle d'eau et wc privés dans chaque chambre, accès indépendant. Salon avec grande cheminée à disposition des hôtes, lit et chaise haute pour bébé, jeux pour enfants à disposition. Pension chevaux. Lac sur place. Piscine 12x6 m. Cuisine à disposition (50 F/jour). Table d'hôtes le soir sur réservation. Site calme et reposant sur 35 ha, sur la route des bastides entre Monflanquin, Monpazier et Villeréal, vue sur le château de Biron. Langue parlée : anglais.

Prix : 1 pers. **300 F** 2 pers. **320 F** 3 pers. **400 F** pers. sup. **80 F**
repas **100 F**

Ouvert : toute l'année.

SP	SP	35	SP	SP	7	20	SP	7

PANNETIER Michel - Colombie - 47210 DEVILLAC - Tél : 05 53 36 62 34 - Fax : 05 53 36 04 79 -
E-mail : Maryse.Pannetier@wanadoo.fr

DONDAS Gourraud

2 ch. **Abbaye St-Maurin 5 km.** En rez-de-chaussée : grande chambre (1 lit 160, 1 lit enfant), salle d'eau, wc privés. A l'étage dans une alcôve ravissante 1 suite avec 1 lit 160 et 2 lits 80, salle d'eau et wc privés. Chez Jean et Myriam, vous êtes reçus dans une maison forte du XVIe. L'accueil en Pays de Serres y est des plus chaleureux. Le calme et l'espace sont garantis et ce sont des amoureux de la vie. Langues parlées : espagnol, anglais.

Prix : 1 pers. **250 F** 2 pers. **350 F** 3 pers. **450 F**

Ouvert : toute l'année.

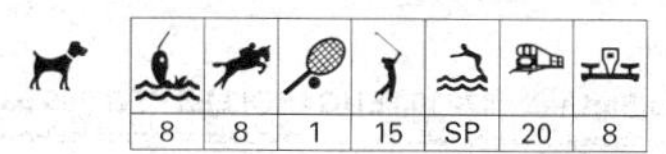

8	8	1	15	SP	20	8

MARTY Jean et Myriam - Gourraud - 47470 DONDAS - Tél : 05 53 95 43 11 - Fax : 05 53 95 43 11

DOUZAINS Le Capy

(TH) *C.M. 79 Pli 5*

3 ch. Aux portes du Périgord, dans une maison de maître du XVIIIe, 1 ch. 2 pers, salle d'eau et wc. 1 ch. 2 pers. avec salle de bains et wc. 1 ch. 3/4 pers., salle de bains et wc non communiquants (2 épis). Parc, terrasse. Barbecue. Terrain arboré et fleuri. Table d'hôtes sur demande. Promenades à dos d'ânes 2 km. Possibilité pique-nique.

Prix : 1 pers. **170/190 F** 2 pers. **200/220 F** 3 pers. **260/280 F**
pers. sup. **60 F** repas **65 F** 1/2 pens. **330/350 F**

Ouvert : d'avril à octobre.

4	3	10	9	4	18	4	4

JACQUOT Thérèse - Le Capy - 47330 DOUZAINS - Tél : 05 53 36 83 68

DURAS Les Barthes

(TH) *C.M. 79 Pli 3*

3 ch. De plain-pied : 1 ch. (1 lit 2 pers. 1 lit 1 pers.) avec s. d'eau et wc. 1 ch. (1 lit 160) avec s. de bains et wc à l'étage 1 ch. (1 lit 2 pers.) avec s. d'eau et wc. Salon/salle à manger à disposition des hôtes. L'été, petits déjeuners et dîners servis en terrasse (petits déjeuners anglais sur demande). Prêt de bicyclettes. Chauffage central. Vieille ferme restaurée en pays de Guyenne, à deux pas de la Dordogne et des Vignobles du Bordelais. Le jardinage est un des loisirs des propriétaires ! Langue parlée : anglais.

Prix : 1 pers. **275 F** 2 pers. **330 F** 3 pers. **385 F** repas **90 F**

Ouvert : toute l'année.

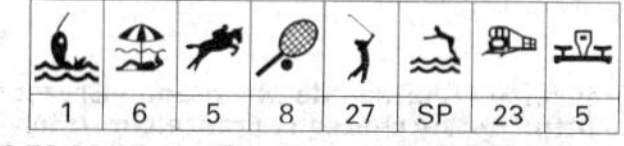

1	6	5	8	27	SP	23	5

RYAN Pamela - Les Barthes - 47120 DURAS - Tél : 05 53 83 62 54 ou 06 72 22 85 42 - Fax : 05 53 83 62 54

DURAS Botte

(TH) *C.M. 79 Pli 3*

3 ch. Etage : 3 chambres aménagées dans une vieille maison restaurée. 1 ch. (1 lit 2 pers. 1 lit 1 pers.), 1 ch. (3 lits 1 pers.), 1 ch. (1 lit 2 pers.). 2 s. d'eau/wc, 1 s. de bains/wc. Agréées A.P.F. Ascenceur, bibliothèque, TV. Jardin d'agrément, véranda, salons de jardin, jeux de plein-air. Repas gastronomique sur commande. Situé à la pointe du Lot-et-Garonne entre la Dordogne et les vignobles du Bordelais. Duras : son château, ses vins, ses pruneaux. Panier pique-nique : 45 F. Repas sur commande. Langue parlée : anglais.

Prix : 1 pers. **200 F** 2 pers. **260 F** 3 pers. **310 F** pers. sup. **70 F**
repas **90 F** 1/2 pens. **380 F**

Ouvert : toute l'année.

0,6	4	4	4	25	10	25	4

CHAUGIER Michel - Botte - 47120 DURAS - Tél : 05 53 83 81 27 - Fax : 05 53 83 81 27 - E-mail : michel.chaugier@wanadoo.fr

ENGAYRAC Le Rhodier

C.M. 79 Pli 16

2 ch. **Bastides du Pays de Serres 25 km. Moissac 25 km.** Chambre 1 : 25 m^2 (1 lit 2 pers. 1 lit enfant) donnant sur le jardin. Chambre 2 : 27 m^2 (1 lit 2 pers.), 1 lit enfant + alcolve (1 lit 120 cm). Chambres à l'étage. Maison du maître du XVIIIe siècle au cœur de la Guyenne avec 3 vastes chambres grand confort. Salle de bains particulière avec wc privés. Chambre 3 : 30 m^2, 2 lits jumeaux 120 donnant sur le parc. Parc ombragé alentour, piscine clôturée bien orientée, calme et détente assurés.

Prix : 1 pers. **250 F** 2 pers. **350 F** 3 pers. **450 F** pers. sup. **100 F**

Ouvert : toute l'année.

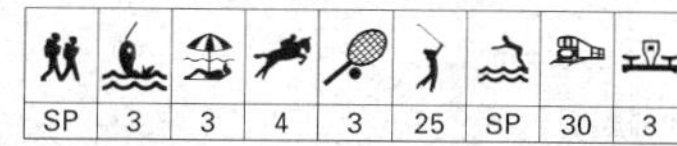

SP	3	3	4	3	25	SP	30	3

AILLET Olivier - Le Rhodier - Engayrac - 47470 BEAUVILLE - Tél : 05 53 95 40 48 ou 05 53 77 10 00 - Fax : 05 53 77 10 76 -
E-mail : h.aillet@lot-et-garonne.cci.fr

ESCLOTTES Les Garçons

C.M. 79 Pli 3

1 ch. **Duras 4 km. Marmande 26 km.** Dans un environnement fleuri, se côtoient 1 gîte et 1 ch. d'hôtes. Situé en bordure de la Gironde et de la Dordogne. Ch. de 22 m^2 (1 lit 2 pers.), salle d'eau avec wc. Ch. de plain-pied avec accès indépendant. Vos pas vous guideront naturellement vers les vignobles ou à la découverte des monuments historiques.

CV

Prix : 1 pers. **180 F** 2 pers. **200 F** 3 pers. **220 F**

Ouvert : toute l'année.

1	2	4	4	18	6	15	4

DE BOYER D'EGUILLES Nicole - Les Garçons - 47120 ESCLOTTES - Tél : 05 53 83 78 02

FEUGAROLLES Las Barthes

C.M. 79 Pli 14

2 ch. **Agen 21 km. Nerac 15 km.** Maison avec un grand parc ombragé. 1 chambre avec salle de bains. 1 chambre avec salle d'eau. WC entre les 2 chambres. Possibilité repas à proximité. Circuits touristiques. Cave à vins. Lac aménagé 1,5 km. Sortie autoroute à Damazan 12 km. Petits animaux admis.

Prix : 1 pers. **180 F** 2 pers. **230 F** 3 pers. **290 F** pers. sup. **60 F**

Ouvert : toute l'année.

1	1,5	1,5	2,5	10	1,5	25	2,5

TREVISAN Yolande - Les Barthes - 47230 FEUGAROLLES - Tél : 05 53 95 24 89

GAVAUDUN Domaine de Majoulassie

TH *C.M. 79 Pli 6*

5 ch. **Monflanquin 10 km. Châteaux de Bonaguil et Biron 15 km.** A 1 km du village, ancien moulin du XVIIe s., restauré, en bordure d'un étang de pêche et d'un ruisseau. Propriété de 5 ha. avec piscine. A l'étage : 1 suite familiale et 4 ch. avec balcon chacune avec salle de bains et wc privés. Terrasse. Table d'hôtes sur réservation. VTT et escalade 1 km. 4 pers. : 550/650 F. Chiens de chasse en enclos sur le domaine sur le circuit des bastides. Parc, pétanque, salon de TV avec grande cheminée. Possibilité de pique-nique sur place. Langues parlées : anglais, allemand, italien.

CV

Prix : 2 pers. **300/350 F** 3 pers. **400/450 F** pers. sup. **100 F** repas **120 F**

Ouvert : toute l'année.

SP	10	3	3	30	SP	10

FEVRY Guy - Domaine de Majoulassie - 47150 GAVAUDUN - Tél : 05 53 40 34 64 - Fax : 05 53 40 34 64

GREZET-CAVAGNAN Château de Malvirade

TH *C.M. 79 Pli 3*

5 ch. Château situé dans un espace de verdure de 23 ha. 2 grandes chambres Louis XV (Mme de Pompadour, Mme de Maintenon) et 2 grandes chambres avec lits à baldaquin (Colbert, Sully). 1 suite Charlotte Rose de Sacriste avec salle de bains. WC. Petit salon avec TV. Salon de lecture. Practice de golf, volley. Plan d'eau aménagé 7 km. Table d'hôtes sur réservation (la veille). Petits animaux acceptés.

Prix : 1 pers. **350 F** 2 pers. **480/550 F** 3 pers. **600/900 F** pers. sup. **140 F** repas **140/180 F**

Ouvert : du 1er avril au 15 octobre.

2	5	7	10	15	7	SP	15	7

CUVILLIER Joël et Françoise - Château de Malvirade - Grezet Cavagnan - 47250 BOUGLON - Tél : 05 53 20 61 31 ou 06 11 60 74 59 - Fax : 05 53 89 25 61 - http://www.chateaux.France.com/malvirade

LACEPEDE Maison du Pays de Serres

TH *C.M. 79 Pli 14*

5 ch. **Musée du pruneau et automates 8 km. Tourisme fluvial sur le Lot 8 km.** 5 ch. sitées à l'étage, chacune avec salle d'eau, wc privatifs et téléphone. 4 chambres de 2 pers. et 1 chambre de 3 pers. En r.d.c. grand salon avec billard français, jeux de fléchettes, TV. Jardin clos ombragé avec salon de jardin. Table d'hôtes sur réservation. Calme et confort au cœur du Lot-et-Garonne. Point de départ idéal pour en découvrir toutes ses richesses. Votre hôte saura vous indiquer plusieurs itinéraires de découverte ainsi que les bonnes adresses de produits du terroir. Base ULM à 8 km. Langue parlée : anglais.

CV

Prix : 1 pers. **230 F** 2 pers. **250 F** 3 pers. **290 F** repas **85 F**

Ouvert : toute l'année.

0,5	3	8	8	SP	25	10	16	4

BARBIERI Bernard - Maison du Pays de Serre - 47360 LACEPEDE - Tél : 05 53 95 00 78 ou 06 62 60 56 49 - Fax : 05 53 95 00 78 - E-mail : b.and.b01@infonie.fr

LAPLUME Cazeau

C.M. 79 Pli 14

1 ch. **Parc Walibi 10 km.** Face à l'église Saint-Pierre de Cazaux (art roman du XIe siècle), maison de caractère située entre « la Prune et l'Armagnac »... 1 chambre avec salle de bains et wc particuliers. Poss. 1 chambre pour 2 enfants. Petit déjeuner servi dans une grande pièce à vivre avec cheminée. Poss. de service au salon de jardin suivant la saison. Chauffage central. Parc 5000 m^2. Jeux de croquet, pétanque sur place. Au bord de l'axe Agen-Pau. Aéroport et péage de l'autoroute à 10 mn. Collection privée modélisme (voitures).

Prix : 1 pers. **240 F** 2 pers. **270 F**

Ouvert : toute l'année.

SP	2	12	2	18	1	17	2	1,5

VERGUIN Louis - Cazeaux - 47310 LAPLUME - Tél : 05 53 95 15 91

LE LAUSSOU Soubeyrac

C.M. 79 Pli 6

5 ch. Ce manoir du XVIe siècle vous apporte le plus reposant et le plus romantique des séjours, dans un site panoramique et pittoresque au cœur des bastides de Monflanquin, Villeréal et Montpazier. 4 ch. et 1 suite avec salle de bains balnéo, douche, multi-jets hydromassages et wc indépendants. Téléphone dans chaque chambre. Piscine à débordement avec jets stream. Repas servis dans la salle à manger ou la cour intérieure. Salon Louis XV pour repos ou lecture. Chauffage central. Parc arboré et ombragé de 2 ha. Location de vélos, ping-pong. Plan d'eau aménagé 5 km.

Prix : 1 pers. **480 F** 2 pers. **580/680 F** 3 pers. **880 F** repas **130 F**

Ouvert : toute l'année.

1	4	4	4	18	SP	4

ROCCA Claude - Soubeyrac - 47150 LE LAUSSOU - Tél : 05 53 36 51 34 - Fax : 05 53 36 35 20

LEVIGNAC-DE-GUYENNE La Maison de la halle

3 ch. **Duras 6 km. St-Emilion 50 km. Bordeaux 80 km.** 3 chambres (3 lits 1 pers. 1 lit 2 pers.) de grand confort chacune avec salle de bains privée. Le petit-déjeuner, le temps complice, se sert sur la terrasse ou sur la place devant la maison. Maison bourgeoise du XIXe, la Maison de la Halle donne sur la place du marché dans ce paisible village fortifiée. La terrasse ombragée à une vue panoramique sur la vallée florissante du Dropt. Vous serez accueillis chaleureusement par Leif et Fiona, tous deux décorateurs d'intérieur. Langues parlées : anglais, danois.

Prix : 2 pers. **450/500 F**

Ouvert : toute l'année.

3	3	0,5	25	16	20	SP

PEDERSEN Leif et Fiona - La Maison de la Halle - 47120 LEVIGNAC-DE-GUYENNE - Tél : 05 53 94 37 61 - Fax : 05 53 94 37 66 - E-mail : maison.de.la.halle@wanadoo.fr - http://www.maisondelahalle.com

LISSE Lamarque

C.M. 79 Pli 13

3 ch. **Nérac-Chateau Henri IV 7 km. Ruines Gallo Romaine 15 km. Mezin 7 km.** 3 chambres (3 lits 2 pers.), dont 2 accédant sur des terrasses, s.d.b. et wc privés à chaque chambre. Salon. Véranda. TV. Promenade en forêt. Terrasse. Salon de jardin. Parasols. Ping-pong. Portique, balançoires, bac à sable. Piscine non chloré nage contre-courant. Barbecue. Pool-house. Bibliothèque. Chaine hi-fi. Près de Nérac, en pays d'Albret, Jacques et Nicole vous accueilleront avec chaleur et gentillesse dans leur propriété de 2 ha. des XVIIe/XVIIIe siècles. En bordure des bois. 3 chambres personnalisées avec poutres apparentes. Calme, repos, bienvivre. Vue sur les Landes de Gascogne. Langue parlée : italien.

Prix : 1 pers. **300/330 F** 2 pers. **330/360 F** pers. sup. **70 F** repas **125 F**

Ouvert : toute l'année.

SP	0,5	5	7	7	7	SP	7	7

MENTUY Nicole et Jacques - Lamarque - 47170 LISSE - Tél : 05 53 65 69 25 - Fax : 05 53 65 32 94

LUSIGNAN-PETIT

C.M. 79 Pli 14

1 ch. **Base de loisirs du lac de Néguenou 3 km. Agen 13 km. Parc Walibi 16 km** Chambre au rez-de-chaussée. Grande salle d'eau (baignoire + douche) réservée aux hôtes. WC privés. Chauffage central. Jardin ombragé. Maison de campagne restaurée dans un petit village (D107). Prêt de VTC. Base ULM à 15 km. Villeneuve-sur-Lot 25 km.

Prix : 1 pers. **230/250 F** 2 pers. **210/230 F**

Ouvert : toute l'année.

SP	3	18	3	15	3	6	3	13	4

POUYLEAU Marie-Hélène - Au Bourg - 47360 LUSIGNAN-PETIT - Tél : 05 53 95 98 71

MARMANDE La Chabirante

C.M. 79 Pli 3

4 ch. 1 ch. (1 lit 2 pers.) de plain-pied dans la partie basse de la maison avec salle d'eau et wc privés. 3chambres dans l'aile indépendante : 1 ch. (2 lits 1 pers.) avec coin-toilette. 1 ch. (2 lits 1 pers.). douche, lavabo. 1 ch. (1 lit 2 pers.), salle de bains. Wc communs aux 3 chambres. Superbe maison des années 70. Tarif : enfants 60F, 4 pers. 360F. Parc ombragé et fleuri. Parking. L'été les petits déjeuners sont servis sur une grande terrasse. Possibilité pique-nique sur place. Réfrigérateur, 2 plaques électriques, micro-ondes à disosition des hôtes. Proche de RN 113 (500 m). Langue parlée : italien.

Prix : 1 pers. **170 F** 2 pers. **200 F**

Ouvert : toute l'année.

SP	1	3	1	8	3	6	3	3	3

CONSTANT Gilbert et Pierette - La Chabirante - Bas de Beaupuy - 47200 MARMANDE - Tél : 05 53 64 31 57 - E-mail : gilbertconstant@voila.fr

MIRAMONT-DE-GUYENNE Les Bananiers

(TH) *C.M. 79*

5 ch. 4 ch. d'hôtes et 1 suite. Salon/TV, s. à manger/cheminée avec vue sur le jardin. Au 2e : 1 ch. (1 lit 2 pers. 1 lit bébé) avec s. d'eau/wc privés. En r.d.c. : 1 ch. (2 lit 2 pers. 1 lit 1 pers.) avec s.d.b./wc privés. 1 ch. (1 lit 2 pers.), salon privé, s. d'eau/wc privés. 1 ch. (1 lit 2 pers.) avec s. d'eau/wc privés. Au 1er : 1 suite (2 lits 2 pers.), douche/wc. Piscine. Détente sous les bananiers. Ping-pong. Balançoires. Pétanque. Pool-house. Sentiers forestiers à proximité. Location de vélos.

CV

Prix : 1 pers. **190/210 F** 2 pers. **210/240 F** pers. sup. **70 F**
repas **65/85 F** 1/2 pens. **190/200 F**

Ouvert : toute l'année.

2	2	2	2	8	SP	0,3

SZPALA Maguy - Route de Puysserampion - Les Bananiers - 47800 MIRAMONT-DE-GUYENNE - Tél : 05 53 93 24 85

MONCAUT Domaine de Pouzergues

C.M. 79 Pli 14

4 ch. **Agen 10 km.** Au r.d.c. : jardin d'hiver, salon (TV), bibliothèque. Jeux de société. 1er étage : une suite (2 lits 1 pers. 1 lit 2 pers.). 1 chambre 2 pers. 1 chambre 2 pers. avec terrasse. 1 chambre indépendante dans le pigeonnier (1 lit 2 pers.). Salle de bains et téléphone pour chacune. Coin-cuisine. WC, douche dans le pool house. Maison de caractère. Parc de 3 ha., arbres centenaires, espèces rares. Piscine chauffée. Cadre calme. Aéroport 10 km. Dégustation eaux de vie et liqueurs du domaine. Promenades en bateaux sur le canal.

CV

Prix : 1 pers. **400 F** 2 pers. **440 F** 3 pers. **600 F**

Ouvert : du 10 janvier au 20 décembre.

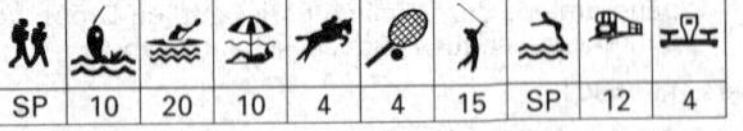

SP	10	20	10	4	4	15	SP	12	4

DOUBESKY Christiane - Domaine de Pouzergues - 47310 MONCAUT - Tél : 05 53 97 53 97 - Fax : 05 53 97 15 25

MONFLANQUIN Domaine de Roquefere

C.M. 79 Pli 5

5 ch. Grande maison près d'un petit bourg. 5 ch. harmonieuses de style avec terrasses privatives ouvrant sur un jardin fleuri et piscine, endroit très calme. Salle de bains et wc dans chaque chambre (à disposition sèche-cheveux). TV. Garages fermés ou parking. Circuit des Bastides. Venez à Roquefère, l'endroit y est exquis, fameuse y est la chère et l'hôtesse sourit. Auprès de Pierres Vieilles et face à Monflanquin, la piscine sommeille au soleil du matin. Voyageurs avertis, surtout n'oubliez pas qu'un peu de paradis se cache près de là (extrait de notre livre d'or). Langues parlées : anglais, espagnol.

CV

Prix : 1 pers. **300 F** 2 pers. **350 F** pers. sup. **95 F**

Ouvert : du 1er mai au 15 septembre.

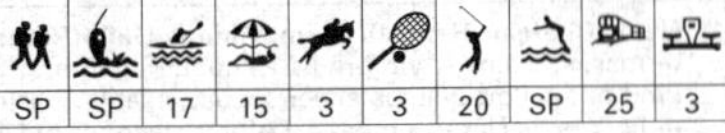

SP	SP	17	15	3	3	20	SP	25	3

SEMELIER Francis - Domaine de Roquefere - 47150 MONFLANQUIN - Tél : 05 53 36 43 74

MONTAGNAC-SUR-LEDE Binou

(TH) *C.M. 79*

3 ch. Vous cherchez une maison de caractère, délicatement décorée dans une campagne vallonnée et au calme. Binou vous est ouvert du 1er avril au 31 octobre et vous propose 3 belles chambres avec salle d'eau, wc privatifs et TV à la demande. Pour plus de confort vous apprécierez le parking, l'entrée indépendante, le salon, la terrasse couverte avec vue sur piscine (12 x 6). Vous apprécierez le parc fleuri. Pour vous être agréable à Binou nous discutons le prix de votre séjour.

Prix : 1 pers. **270 F** 2 pers. **320 F** pers. sup. **85 F** repas **85 F**

Ouvert : du 1er avril au 31 octobre.

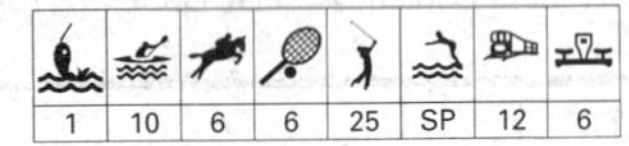

1	10	6	6	25	SP	12	6

**SEFFALS Geneviève - Binou - 47150 MONTAGNAC-SUR-LEDE - Tél : 05 53 41 65 57 - Fax : 05 53 41 65 57 -
E-mail : binou-seffals@wanadoo.fr**

MONTIGNAC-DE-LAUZUN Le Becquet

(TH) *C.M. 79 Pli 4*

2 ch. 2 chambres d'hôtes aménagées au r.d.c. d'une grande maison, salle d'eau et wc individuels, chauffage central. Tranquillité assurée. Possibilité demi-pension.

Prix : 1 pers. **150 F** 2 pers. **180 F** 3 pers. **250 F** pers. sup. **70 F**
repas **70 F**

Ouvert : de mai à octobre.

SP	SP	10	10	10	10	10	10

CADDOUX René - Becquet - 47800 MONTIGNAC-DE-LAUZUN - Tél : 05 53 93 28 89

MONTPEZAT-D'AGENAIS Pince Guerre

(TH) *C.M. 79 Pli 14*

3 ch. 3 ch. d'hôtes à l'étage avec s.d.b. ou s. d'eau et wc individuels. Salon réservé aux hôtes. Grande véranda. Chauffage électrique. Table d'hôtes sur réservation, cuisine régionale soignée. Repas : 40 F de 3 à 10 ans et 62 F de 10 à 15 ans. Prix pour séjours. Demi-pension sur la base ch. double. Maison de maître en pleine campagne. Site agréable et tranquille. Sentiers balisés et randonnées pédestres depuis la propriété. Votre hôtesse vous aidera à découvrir les richesses de la région.

CV

Prix : 1 pers. **185/215 F** 2 pers. **245/275 F** pers. sup. **76 F** repas **98 F**
1/2 pens. **220/235 F**

Ouvert : toute l'année.

5	5	15	3	25	5	3

GASQUY Madeleine - Pince Guerre - 47360 MONTPEZAT-D'AGENAIS - Tél : 05 53 95 07 71

MOUSTIER La Croix-Moustier

C.M. 79 Pli 4

5 ch. 5 chambres avec salle de bains ou salle d'eau individuelle. Sur place : piscine privée, balançoire. Table d'hôtes sur demande. Maison située sur la D668, à proximité du village (tous commerces). Tarif spécial en hors-saison. Circuit pédestre, plan d'eau, rivière, possibilité pêche. Les propriétaires sont agriculteurs. Petits animaux acceptés. Balades en canoë-kayak à la journée ou 1/2 journée à 1 km.

Prix : 1 pers. **240 F** 2 pers. **270 F** 3 pers. **345 F** pers. sup. **75 F**
repas **80 F** 1/2 pens. **200 F**

Ouvert : toute l'année.

1	1	6	8	8	20	SP	25	1

PALU Jean-Claude - La Croix de Moustier - 47800 MOUSTIER - Tél : 05 53 20 21 87 - Fax : 05 53 20 26 33

NERAC Le Cauze

C.M. 79 Pli 14

4 ch. **Parc Walibi 20 km.** Belle vue dominante, situation calme. Sortie Nérac direction Agen. Ouvert d'avril à octobre, réservation possible pour novembre à mars. Ancienne ferme restaurée au milieu d'un parc arboré de 1 ha avec parking et piscine privés, pétanque, ping-pong, grand salon (billard, TV). 4 chambres (lit 140) confortables, toutes avec salle d'eau et wc. Nombreuses visites dans un rayon de 25 km, Walibi 15 mn, Randonnées. Table d'hôtes sur réservation. Déjeuner 100 F, dîner 120 F. Tarifs réduits pour séjour de 3 jours ou plus. Langue parlée : anglais.

Prix : 1 pers. **285 F** 2 pers. **335 F** 3 pers. **435 F** repas **100/120 F**

Ouvert : d'avril à octobre.

15	15	15	2	10	SP	25	2

POPE Isabelle - Domaine du Cauze - Le Cauze - 47600 NERAC - Tél : 05 53 65 54 44 - Fax : 05 53 65 54 44

POMPIEY Mounon

C.M. 79 Pli 15

2 ch. Propriétaire agricultrice retraitée. 2 chambres d'hôtes aménagées dans l'aile d'une demeure de caractère. Au rez-de-chaussée : 1 chambre avec salle de bains et wc privés et 1 chambre avec salle d'eau et wc privés. A l'orée de la forêt landaise. Randonnées pédestres en forêt.

Prix : 1 pers. **170/190 F** 2 pers. **190/215 F** 3 pers. **270/320 F**

Ouvert : du 15 mars au 15 octobre.

SP	SP	SP	1	5	3	10	8

DEHAN Marie-Mathilde - Mounon - 47230 POMPIEY - Tél : 05 53 65 94 28 ou 05 53 65 97 56

PUJOLS Domaine de Mothis

C.M. 79 Pli 5

3 ch. 3 chambres (2 lits 2 pers. 2 lits 1 pers.) personnalisées dans maison de maître avec une belle vue sur le vieux village de Pujols. Salle d'eau, wc. Terrasse privée, piscine (6 x 12) sur place, ping-pong, bibliothèque, randonnées pédestres par GR652 (chemin de Compostelle). Propriété de 2,5 ha. située à mi-coteau, en face du village médiéval de Pujols (classé un des plus beaux villages de France). Ensemble composé de plusieurs bâtiments dont pigeonnier, four à pain, le tout animé par un bassin, une fontaine et un lavoir. Langues parlées : anglais, allemand.

Prix : 2 pers. **280/350 F**

Ouvert : toute l'année.

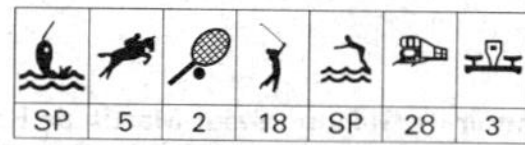

SP	5	2	18	SP	28	3

GUILLUCQ Gérard - Domaine de Mothis - 47300 PUJOLS - Tél : 05 53 40 99 29 - Fax : 05 53 40 99 29 -
E-mail : gerard.guillucq@wanadoo.fr

ROQUEFORT Le Château de Roquefort

C.M. 79 Pli 15

3 ch. **Parc Walibi 2 km. Agen 5 km.** Maison de caractère des XIIe et XVIe siècles. 3 ch. avec salle d'eau et wc privés. Salon, bibliothèque, domaine de 17 ha. dominant la vallée de la Garonne. Calme et repos. Piscine. Terrasse. VTT, tennis. Halte sur le sentier St-Jacques-de-Compostelle. Langue parlée : anglais.

Prix : 1 pers. **250 F** 2 pers. **300 F** 3 pers. **350 F** pers. sup. **50 F**

Ouvert : de mai à septembre.

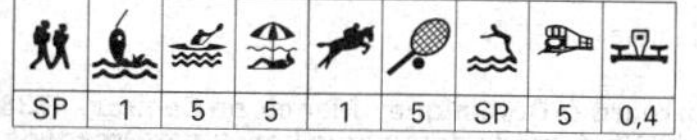

SP	1	5	5	1	5	SP	5	0,4

GINCHELOT Yves et Danielle - Le Château - 47310 ROQUEFORT - Tél : 05 53 67 89 05

SAINT-ANTOINE-DE-FICALBA Pechon

C.M. 79 Pli 15

1 ch. **Villeneuve-sur-Lot 8 km. Agen 15 km.** Dans une maison ancienne du XVIIe siècle, 1 chambre pour 2 pers. donnant sur terrasse et parc, très confortable. Cabinet de toilette, douche et wc particuliers. Grand séjour/salon avec billard, cheminée. Grottes, sites et promenades. Hobbies : généalogie, sculpture.

Prix : 1 pers. **250 F** 2 pers. **270 F** repas **80 F**

Ouvert : du 1er mars au 1er novembre.

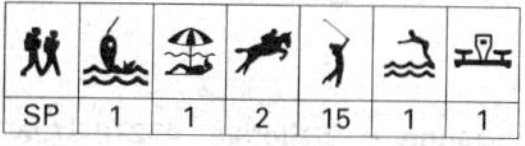

SP	1	1	2	15	1	1

DELANEUVILLE Jean - Pechon - 47340 SAINT-ANTOINE-DE-FICALBA - Tél : 05 53 41 71 59 - Fax : 05 53 41 71 59

SAINT-EUTROPE-DE-BORN Le Moulin de Labique A TH *C.M. 79 Pli 5*

5 ch. Entre Villeréal et Monflanquin, aux portes de la Dordogne. Cuisine du Sud-Ouest et petits plats mijotés. 3 chambres et 2 suites au décor raffiné avec salle de bains et wc privés aménagées dans un ensemble de bâtiments du XVIIIe siècle avec moulin, parc fleuri, étangs. Terrasse, salons, bibliothèque. Proximité du GR 636. Plan d'eau aménagé 15 km.

Prix : 2 pers. **520 F** 3 pers. **700/800 F** repas **150 F**

Ouvert : toute l'année sur réservation.

SP	15	SP	1	10	SP	19	6

BOULET Hélène - Le Moulin de Labique - 47210 SAINT-EUTROPE-DE-BORN - Tél : 05 53 01 63 90 - Fax : 05 53 01 73 17

SAINT-EUTROPE-DE-BORN La Fournial TH *C.M. 79 Pli 5*

3 ch. Ch. « le Rosier Blanc » : (2 lits jumeaux 80). Ch. « le Marronier » (1 lit 2 pers. 1 lit 120). Ch. « la Pruneraie » (1 lit 2 pers. 1 lit 120, 1 lit bébé). Toutes en r.d.c. avec s. d'eau, wc privés. Piscine, ping-pong, bicyclette. Animaux de la ferme. Terrasse couverte. Prix 1/2 pens. sur la base de 2 pers. Vous êtes invités à la table familiale où vous retrouverez les saveurs d'autrefois, dans le silence d'une douce et verdoyante campagne. Colette vous fera découvrir le tour de main magique pour réaliser la tourtière. Chemin de randonnées, bois, prairies.

Prix : 1 pers. **230 F** 2 pers. **270 F** 3 pers. **330 F** pers. sup. **60 F**
repas **90 F** 1/2 pens. **440 F**

Ouvert : toute l'année sauf 15 premiers jours d'octobre.

3	25	7	5	5	15	SP	25	5

AUZERAL Colette - La Fournial - 47210 SAINT-EUTROPE-DE-BORN - Tél : 05 53 36 40 98 - Fax : 05 53 36 37 36 - http://www.haut-agenais-perigord.com

SAINT-JEAN-DE-DURAS Le Vigneau *C.M. 79 Pli 4*

2 ch. Ancienne ferme à proximité des bois. Grand espace calme, salon. 2 chambres avec entrées indépendantes, salle de bains et wc particuliers. Vélos, jeux divers. Langue parlée : anglais.

Prix : 1 pers. **220 F** 2 pers. **250 F** pers. sup. **80 F**

Ouvert : du 15 mai au 15 septembre.

5	5	5	5	5	5	40	10	30	4

PIERSON Jacques - Le Vigneau - 47120 SAINT-JEAN-DE-DURAS - Tél : 05 53 83 04 64 - Fax : 05 53 83 01 86 - E-mail : jacques.pierson@wanadoo.fr

SAINT-MARTIN-DE-BEAUVILLE Manoir de Galaup *C.M. 79 Pli 16*

1 ch. **Agen 20 km. Villeneuve-sur-Lot 30 km.** Dans manoir du XVe siècle. Entrée indépendante par escalier à vis d'origine. Grande cour intérieure avec ombrages. Salon de jardin. Grande chambre à l'étage de la tour, avec petite chambre enfant. Salle de bains et wc. Salle de séjour avec cheminée. Cadre reposant. Terrasse. Panorama. Circuit touristique. Propriétaire agriculteur. Elevage de Blondes d'Aquitaine, culture de tabac. Produits fermiers.

Prix : 1 pers. **180 F** 2 pers. **250 F** 3 pers. **330 F** pers. sup. **80 F**

Ouvert : toute l'année.

SP	8	8	12	3	12	8	20	3

BEVILACQUA Gilbert - Manoir de Galaup - Saint-Martin de Beauville - 47270 PUYMIROL - Tél : 05 53 95 33 52

SAINT-PIERRE-DE-CAUBEL Cabirol TH *C.M. 79 Pli 5*

3 ch. **Villeneuve-sur-Lot 18 km.** Campagne sereine et paysagère, piscine et pataugeoire. Ch. Ibis de style égyptien (2 lits 100), douche, baignoire et wc. Ch. Byzance de style romantique (2 lits 2 pers.), baignoire et wc. Ch. St-Pastour de style rétro (1 lit 130 1 lit 1 pers.), cheminée, douche et wc. Table d'hôtes sur demande : cuisine traditionnelle régionale ou allégée. Sur le circuit des bastides, entre Villeneuve-sur-Lot et Bergerac. Chartreuse du XVIIème siècle sur 4 ha non clos. Entrée indépendante pour toutes les chambres sur le jardin, vue sur la campagne calme et vallonnée. Repos et charme assuré. Langues parlées : anglais, italien.

Prix : 1 pers. **320 F** 2 pers. **350 F** 3 pers. **430 F** pers. sup. **80 F**
repas **100 F**

Ouvert : toute l'année.

6	0,5	SP	10	15	SP	12	4

BOUCHINET Bernard & Dominique - Manoir de Cabirol - 47380 SAINT-PIERRE-DE-CAUBEL - Tél : 05 53 01 77 25 - Fax : 05 53 71 40 36 - E-mail : dominique.bouchinet@mageos.com

SAINT-ROMAIN-LE-NOBLE Bellerive A *C.M. 79 Pli 15*

2 ch. **Agen 13 km.** Les 2 ch. sont situées au 1er étage et comportent chacune une s.d.b. avec wc. En r.d.c., un salon avec piano est réservé à l'usage des hôtes. Le petit-déjeuner est servi au séjour ou en terrasse. Parc clos avec piscine. Au pays de Serres et des bastides, une halte rafraîchissante au cœur d'un parc ombragé, dans une grande maison aux murs plusieurs fois centenaires, vous accueillera pour un séjour de repos et de tourisme. Langue parlée : anglais.

Prix : 1 pers. **260 F** 2 pers. **320 F** 3 pers. **400 F**

Ouvert : d'avril à fin octobre.

SP	0,5	8	10	10	12	SP	15	8

CANAFF Christine - La Buissonnière - Bellerive - 47270 SAINT-ROMAIN-LE-NOBLE - Tél : 05 53 68 27 54 - Fax : 05 53 87 46 55 - E-mail : christine.canaff@wanadoo.fr - http://perso.wanadoo.fr/yves.canaff/cadre.html

SALLES Pech Gris

3 ch. **Bastide de Monflanquin 10 km. Château de Biron (Dordogne) 8 km.** Chambres aménagées dans une dépendance et comprenant 1 suite et 2 chambres, chacune avec s.d.b. et WC. 1 suite de 3 pers. et 1 enfant avec salon 2 chambres de 2 pers. (1 lit 2 pers. 2 lits 1 pers.). TV et téléphone dans chaque chambre. Pech Gris est situé dans le Haut Agenais Périgord au cœur des bastides. La demeure est une ancienne ferme médiévale fortifiée récemment rénovée. La propriété s'étend sur 6 ha. Le parc est arboré. Langues parlées : anglais, allemand.

Prix : 2 pers. **500 F** 3 pers. **750 F**

Ouvert : du 1er mai au 30 octobre.

10	10	3	10	15	SP	10	10

HARRISON Bob et Aletta - Pech Gris - 47150 SALLES - Tél : 05 53 01 47 76 - Fax : 05 53 40 32 06

SAMAZAN Cantet

C.M. 79 Pli 3

3 ch. **Marmande 10 km. Casteljaloux 12 km.** Maison noble du XVIIIe siècle avec un grand parc. 1 suite de 2 chambres avec salle d'eau et wc indépendants. 1 chambre avec dressing, salle de bains et wc indépendants. 1 chambre en r.d.c. pour 2 pers. avec salle d'eau et wc privés. Table d'hôtes sur demande. Repas -12 ans : 60 F. A dispo. sur place : billard français, tennis de table, croquet, badminton, boxes pour chevaux. Tarif 4 pers. : 580 F. Forfait bébé : 30 F. Langue parlée : anglais.

Prix : 1 pers. **280/340 F** 2 pers. **320/380 F** pers. sup. **110 F** repas **120 F**

Ouvert : toute l'année sur réservation, sauf du 15 décembre au 12 janvier.

SP	2	5	12	6	10	12	SP	3

DE LA RAITRIE Jean-Bernard - Château Cantet - 47250 SAMAZAN - Tél : 05 53 20 60 60 - Fax : 05 53 89 63 53

LA SAUVETAT-SUR-LEDE Château Saint-Sulpice

E.C. 3 ch. **Monflanquin 12 km. Périgord à 35 km.** 1 suite de 4 pers. en rez-de-chaussée avec salle de bains et WC à l'étage. 2 chambres de 2 pers. avec salle de bains et WC. Les chambres spacieuses et lumineuses ont conservés tout leur caractère. Tables d'hôtes le soir, sur réservation. Repas enfants -12 ans : 50 F. Dans la vallée calme de la Lède, le château avec son parc d'arbres plus que centenaires, vous accueille dans une ambiance familiale. La château du 16e s., modifié sous Napoléon, vous fera découvrir ses salles d'époques. Propirétaires éleveurs de chevaux de sport et producteur de foie gras. Langues parlées : anglais, italien, allemand.

Prix : 1 pers. **280 F** 2 pers. **330 F** 3 pers. **330/380 F** pers. sup. **110 F** repas **120 F**

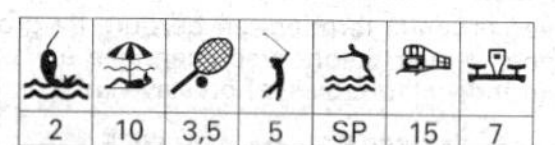

2	10	3,5	5	SP	15	7

FILLIETTE Frédéric et June - Château Saint-Sulpice - 47150 LA SAUVETAT-SUR-LEDE - Tél : 05 53 01 46 44 ou 06 84 79 03 89 - Fax : 05 53 01 46 44

LA SAUVETAT-SUR-LEDE La Renarde

C.M. 79 Pli 15

3 ch. **Montflanquin 6 km. Villeneuve-sur-Lot 12 km.** 3 ch. d'hôtes indépendantes de la maison, avec terrasse plein sud. 3 ch. 2 pers. avec 1 salle d'eau particulière, 2 salles d'eau communes. Salle de séjour, parking, randonnées, chasse sur place. Restaurant 4 km. Nuitée 4 pers. : 280 F.

Prix : 1 pers. **150/170 F** 2 pers. **180/200 F** 3 pers. **230 F** pers. sup. **50 F** repas **70 F** 1/2 pens. **170 F**

Ouvert : toute l'année.

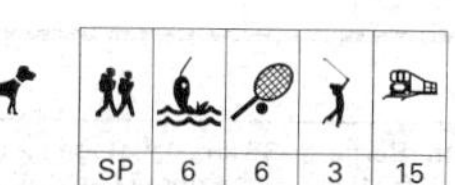

SP	6	6	3	15

COUFIGNAL Pierre et Denise - La Renarde - 47150 LA SAUVETAT-SUR-LEDE - Tél : 05 53 41 90 34 - Fax : 05 53 41 90 34

SAUVETERRE-LA-LEMANCE L'Orée du Bois

C.M. 79 Pli 6

2 ch. Dans une maison bourgeoise de 2 étages. 2 ch. d'hôtes avec cabinet de toilette. WC et s.d.b. au même étage. WC au rez-de-chaussée. 2 douches au 2e étage. Parc de 3000 m² traversé par une petite rivière. Chauffage central. Télévision sur demande supplément : 30 F. Enfant de - 4 ans gratuit. Langue parlée : anglais.

Prix : 1 pers. **170 F** 2 pers. **220 F** 3 pers. **280 F** repas **72 F** 1/2 pens. **170 F**

Ouvert : toute l'année sauf du 15 janvier au 15 décembre.

0,3	12	12	0,3	25	10	0,3

SALLE Raymond - L'Orée du Bois - Route du Château - 47500 SAUVETERRE-LA-LEMANCE - Tél : 05 53 49 37 69

SEYCHES Jeanberty

C.M. 79 Pli 4

3 ch. **Marmande 15 km. Miramont 7 km.** Ancienne ferme restaurée dans jardin ombragé. 3 chambres d'hôtes avec salle de bains et wc particuliers. Chauffage central. Possibilité cuisine et barbecue. Piscine privée.

Prix : 1 pers. **155 F** 2 pers. **190 F** 3 pers. **230 F**

Ouvert : toute l'année.

SP	5	5	5	5	6	15	SP	0,6

DUCOS Françoise - Jeanberty - 47350 SEYCHES - Tél : 05 53 83 61 40

TONNEINS Moulerin

C.M. 79 Pli 4

2 ch. Belle maison de maître avec parc de 2 ha. en pleine campagne comprenant 2 chambres, l'une avec salle de bains et wc, l'autre avec douche et wc. Entrée particulière pour chaque, l'une des chambres a une vue sur la piscine privée. Plan d'eau aménagé à 12 km. Réduc. 10% au huitième jour.

Prix : 1 pers. **230 F** 2 pers. **260 F** 3 pers. **330 F** pers. sup. **70 F** repas **80 F**

Ouvert : du 1er mai au 1er novembre.

3	2	SP	5	25	SP	5	5

DE TAPOL HAUVIETTE - Mou Lerin - 47400 TONNEINS - Tél : 05 53 79 09 36 - Fax : 05 53 79 09 36

VIANNE Remparts de Jourdain

C.M. 79 Pli 14

5 ch. **Walibi 20 km** 4 chambres de 2 pers. Salle d'eau et wc particuliers. 1 chambre de 2 pers. avec salle de bains et wc particuliers. Petits déjeuners au choix servis séjour ou terrasse. Restaurants dans le village. Accueil pélerins. Salle d'activité. Accueil salon, TV. Soirée étape : 280/300F. Maison rénovée sise dans les remparts sud-ouest d'une bastide anglaise du XIIIe. Jardin privatif à l'intérieur des remparts avec terrasse. Parking proximité de la maison.

Prix : 1 pers. **230 F** 2 pers. **260/280 F** pers. sup. **100 F**

Ouvert : toute l'année.

SP	10	10	SP	5	5	5	SP

FERRER Christiane - Les Remparts de Jourdain - 47230 VIANNE - Tél : 05 53 65 16 57 - Fax : 05 53 97 36 55 -
E-mail : ferrer@ambassadeur0147.asso.fr

VILLENEUVE-SUR-LOT Les Huguets

C.M. 79 Pli 5

5 ch. Domaine avec produits fermiers en bordure de grande ville, avec 5 chambres confortables de caractère. Salle de bains et wc privés. Piscine, sauna. Salon avec cheminée à disposition des hôtes. Vue panoramique. Domaine de 30 ha avec chevaux en bordure de grande ville. Tables d'hôtes avec réservation souhaitable. Langues parlées : anglais, allemand.

Prix : 1 pers. **240/255 F** 2 pers. **340/390 F** 3 pers. **435/475 F** pers. sup. **60 F** repas **80/120 F** 1/2 pens. **290/315 F** pens. **270/395 F**

Ouvert : toute l'année.

SP	5	5	25	SP	3	15	SP	4	5

POPPE-NOTTE-BOOM Edward - Les Huguets - 47300 VILLENEUVE-SUR-LOT - Tél : 05 53 70 49 34 - Fax : 05 53 70 49 34 -
E-mail : ward.poppe@wanadoo.fr

VILLEREAL

C.M. 79 Pli 5

3 ch. **Villeneuve-sur-Lot 30 km. Bergerac 35 km.** 1er étage : 2 chambres 2 épis (2 lits pers.) avec une salle d'eau et wc à l'étage, l'autre salle de bains, wc privés. 2e étage : 1 chambre (2 lits 110), lavabo, bidet, wc à l'étage. Chauffage central. Maison de maître du XIIIe siècle à l'orée du Périgord dans une bastide. Toutes animations sur place. Itinéraires d'excursions. Châteaux du Périgord, grottes préhistoriques, hippisme. Marchés fermiers.

Prix : 1 pers. **215/235 F** 2 pers. **250/270 F** pers. sup. **120 F**

SP	SP	SP	10	SP	20	4	35	SP

VIGERIE Gilberte - 5 rue Bissière - 47210 VILLEREAL - Tél : 05 53 36 00 95 - Fax : 05 53 36 63 58

VILLEREAL Château de Ricard

C.M. 79 Pli 5

5 ch. Belle demeure du XIXe siècle au cœur des bastides du Haut-Agenais et du Périgord. 3 grandes chambres au château (1 lit 160 chacune), avec salle de bains/wc, TV, tél. Dans les dépendances, 2 suites avec chacune : 1 ch. (1 lit 160), salon, salle de bains/wc, TV. Salons, bibliothèque, salle de billard, 2 salles à manger à disposition. Vous pourrez flâner dans le parc, pêcher dans l'étang ou la rivière, profiter de la piscine, du tennis. Un petit déjeuner vous sera servi en terrasse. Table d'hôtes le soir sur réservation. Langues parlées : anglais, espagnol.

Prix : 1 pers. **450/700 F** 2 pers. **550/800 F** 3 pers. **750/900 F** pers. sup. **100 F** repas **170 F**

Ouvert : du 15 avril au 31 octobre.

SP	20	1	5	SP	15	SP	30	1

DEGUILHEM Sylvia - Château de Ricard - 47210 VILLEREAL - Tél : 05 53 36 61 02 - Fax : 05 53 36 61 65

GITES DE FRANCE - Service Réservation
20 rue Gassion - 64000 PAU
Tél. 05 59 11 20 64 ou 05 59 46 37 00 - Fax. 05 59 11 20 60

AAST Maison Rémy

TH

3 ch. CV

Lourdes 25 km. Pau 27 km. 3 ch. à l'ét. Ces ch. harmonieusement décorées avec poutre apparente, s'ouvrent sur la piscine et sur la chaîne des Pyrénées. Vous serez accueillis chaleureusement avec le verre de l'amitié. Dans la salle à manger avec cheminée, vous partagerez la table de Jacqueline préparée avec ses produits de la ferme : chou farci, boudin aux pommes... Langues parlées : espagnol, anglais.

Prix : 1 pers. **200 F** 2 pers. **250 F** repas **80 F**

Ouvert : toute l'année.

110	10	SP	5	8	12	50	30	22	4

TUGAYE Yves & Jacqueline - Maison Rémy - 64460 AAST - Tél : 05 62 32 55 04

ACCOUS Maison l'Arrayade

C.M. 234

5 ch. CV

Col du Somport 20 km. Cette grande maison béarnaise avec son jardin ombragé, est situé en Vallée d'Aspe dans un village calme et classé. Restauration à prox. Vous pourrez vous initier à de nombreuses activités dans le village : VTT, parapente, deltaplane, ainsi que la randonnée dans le Parc National. 10% de réduction hors été.

Prix : 1 pers. **180 F** 2 pers. **240 F**

Ouvert : toute l'année.

120	25	2	5	60	25	25	1	0,5

LESIRE Jean-François - L'Arrayade - 64490 ACCOUS - Tél : 05 59 34 53 65 - Fax : 05 59 34 53 65

ACCOUS L'Oustalet

3 ch. CV

Col du Somport (ski de fond, frontière) 25 km. A l'étage d'une ancienne maison béarnaise, située au cœur de la vallée d'Aspe. Vous serez séduit par cette imposante demeure médiévale, ses grandes chambres aux parquets cirés, aux belles cheminées autour desquelles jadis il faisait bon se chauffer. Les propriétaires vous guideront sur les promenades et visites. Bonne humeur et convivialité. Langues parlées : anglais, italien.

Prix : 1 pers. **250 F** 2 pers. **300 F** 3 pers. **400 F**

Ouvert : toute l'année.

100	50	25	1	3	25	25	25	1

BRUNO Christine - Maison l'Oustalet - Rue Baix - 64490 ACCOUS - Tél : 05 59 34 74 39 ou SR : 05 59 11 20 64

AGNOS

TH

5 ch. CV

Oloron-Sainte-Marie 2 km. Ancien pavillon de chasse du XVIe. 5 chambres dont 2 suites. Terrasse. Grand parc. Tarif suite (4 pers.) : 850 F. Tarif suite (2 pers.) : 650 F. Le château est implanté sur un domaine de 7 hectares bordé d'un ruisseau à truites. Les propriétaires d'origine anglaise vous conterons l'histoire riche de leur demeure. Langue parlée : anglais.

Prix : 1 pers. **350 F** 2 pers. **380/650 F** 3 pers. **480/750 F** pers. sup. **100 F** repas **110 F**

100	10	2	SP	40	45	45	4	2

NEARS-CROUCH Heather & Desmond - Château d'Agnos - 64400 AGNOS - Tél : 05 59 36 12 52 - Fax : 05 59 36 12 52

AICIRITS Etchekunenia

TH

5 ch. CV

Saint-Palais 1 km. Aménagées dans une ferme. 2 ch. (2 lits 2 pers.) 3 ch. (6 lits 1 pers.). Grand séjour réservé aux hôtes. Coin-salon et coin-salle-à-manger. Entrée indép. Table d'hôte sur réservation. Situées aux portes de Saint-Palais, charmante ville du Pays Basque.

Prix : 1 pers. **180 F** 2 pers. **240 F** 3 pers. **280 F** repas **75 F**

Ouvert : toute l'année.

50	15	0,5	0,5	0,5	30	55	40	20	0,5

ESCONDEUR Arnaud - Etchecougmenia - 64120 AICIRITS - Tél : 05 59 65 65 54 - Fax : 05 59 65 65 54

AINHICE-MONGELOS Etxartia

C.M. 234

5 ch. CV

Saint-Jean-Pied-de-Port 10 km. Dans une maison de style basque. Salle de séjour, salon avec TV et bibliothèque. Kitchenette. Cheminée. Véranda. Chauffage central. Terrain. Située dans un petit village proche de Saint-Jean Pied de Port, du Col de Roncevaux, de la forêt d'Iraty et de l'Espagne, dans la belle vallée de Cize et de Baïgorry au cœur du Pays-Basque.

Prix : 1 pers. **190 F** 2 pers. **250 F** 3 pers. **320 F**

Ouvert : toute l'année.

60	10	10	10	60	16	10	10

PARIS Chantal - Etxartia - 64220 AINHICE-MONGELOS - Tél : 05 59 37 27 08 ou 05 59 37 09 71

ANGAIS Crabères

TH C.M. 234

1 ch. **Pau 13 km. Lourdes 28 km.** Ch. aménagée dans une maison récente de style béarnais avec un parc calme et arboré face à la chaîne des Pyrénées. Vous apprécierez l'ambiance musicale classique (piano à disposition) et la cuisine originale (spécialités béarnaises et espagnoles, soupes inédites à l'ancienne) à partir des produits du jardin, de la montagne. Possibilité de demi-pension.

Prix : 1 pers. **110 F** 2 pers. **146 F** 3 pers. **212 F** repas **58/70 F**

Ouvert : toute l'année.

110	28	7	1,5	7	20	50	50	7	5

FOURNIER-NEDELEC Véronique - Crabères - Rue du Pic du Midi - 64510 ANGAIS - Tél : 05 59 53 28 42

ARAMITS L'Olivé de Haut

TH C.M. 64

1 ch. **Issarbe (ski de fond), La Pierre-St-Martin (ski de piste) 30 km.** 1 chambre à l'étage. Chambre coquette aménagée dans la belle maison de caractère du propriétaire. Vous serez surpris par la vue qui cercle ce domaine. Nicole vous fera faire le tour du parc, tandis qu'Henri vous proposera son practice de golf. La bonne humeur et l'humour de ce couple ne vous laisseront pas insensibles. Allemand parlé également. Langues parlées : anglais, hollandais, espagnol.

Prix : 1 pers. **250 F** 2 pers. **300 F** repas **100 F**

Ouvert : toute l'année.

115	18	6	1	6	SP	30	30	15	1

DUGOIS-WALTHERY Nicole & Henri - Quartier Sans Pareil - 64570 ARAMITS - Tél : 05 59 34 61 18 ou SR : 05 59 11 20 64 - Fax : 05 59 34 61 18

ARHANSUS

TH

3 ch. **Saint-Jean-Pied-de-Port 22 km.** Dans une grande ferme basque typique du XVIIIe. 1 ch. (1 lit 2 pers.) en r.d.c. et 2 ch. (2 lits 2 pers. 2 lits 1 pers) à l'étage. Séjour et salon/TV. Jardin ombragé. Salon de jardin. Vue sur la montagne basque. Site calme. Tarif 4 pers. : 370 F. Table d'hôtes avec de bons produits de la ferme. Pêche en rivière. Randos pédestres, vélo, fronton. A prox. chasse palombe (poste), gibier.

Prix : 1 pers. **200 F** 2 pers. **240 F** 3 pers. **320 F** repas **85 F**

Ouvert : toute l'année.

60	10	11	12	11	50	50	20	12

ETCHEGOYHEN Véronique - Karikaondoa - 64120 ARHANSUS - Tél : 05 59 37 85 65

ARROSES

TH C.M. 234

5 ch. **Pau et Tarbes 40 km.** Venez découvrir ce joli petit village avec ses maisons du XVIIIe. Vous serez accueillis dans une généreuse ferme construite autour d'une belle maison de maître. Les ch. et les s.d.b. sont trés spacieuses, calmes et confortables. A la table d'hôtes, vous apprécierez les excellents repas. La piscine offre une vue sur la campagne et le lac. Equitation sur place. Tarif 4 pers. 470 F. Langues parlées : anglais, espagnol.

Prix : 1 pers. **240 F** 2 pers. **280 F** 3 pers. **340 F** pers. sup. **60 F** repas **75 F**

Ouvert : toute l'année.

140	SP	SP	1	SP	40	40	10

LABAT José - 64350 ARROSES - Tél : 05 59 68 16 01 - Fax : 05 59 68 16 01

ASCAIN Haranederrea

C.M. 234

4 ch. **Saint-Jean-de-Luz 5 km. Biarritz 15 km. Espagne 10 km.** Chambres avec sanitaires privés dans une authentique belle ferme basque entourée de prairies et de bois. Salon, bibliothèque, ping-pong, fronton privé, terrasse fleurie, parking. Situées dans un village typique. Tarif 4 pers. 410 F.

Prix : 1 pers. **240 F** 2 pers. **300 F** 3 pers. **370 F**

5	6	1	1	3	5	5	0,5

GRACY Jean-Louis - Haranederrea - 64310 ASCAIN - Tél : 05 59 54 00 23

ASCAIN Maison Arrayda

4 ch. **Saint-Jean-de-Luz 6 km. Biarritz 15 km. Espagne 7 km.** Chambres avec sanitaires aménagées à l'ét. de la maison de caractère du propriétaire. 3 ch. (3 lits 2 pers.), 1 ch. (2 lits 1 pers.). Séjour, coin-salon (cheminée, TV coul.) commun. Abri voiture. Ferme située à 600 m d'Ascain. Production de canards gras et d'agneaux de lait sur place. Vous apprécierez le charme d'Ascain ravissant village Basque, vous profiterez de la prox. du bord de mer et de l'Espagne.

Prix : 1 pers. **240 F** 2 pers. **300 F** 3 pers. **330 F**

Ouvert : toute l'année.

6	15	0,6	0,6	0,6	10	6	0,6

IBARBURU A-Marie et Pierre - Maison Arrayoa - 64310 ASCAIN - Tél : 05 59 54 06 18

ASCAIN

3 ch. Aménagées en r.d.c. et étage de la maison du propriétaire. Séjour. Salon. Terrasse. Salon de jardin. Sur le col de Saint-Ignace au pied de La Rhune cette jolie maison basque offre calme et fraîcheur à quelques minutes des randonnées et des plages

CV

Prix : 1 pers. **250 F** 2 pers. **280/300 F** 3 pers. **400 F** pers. sup. **100 F**

Ouvert : toute l'année.

10	10	3	3	5	10	100	100	10	3

VACQUIE Tina - Galardia - Col de St-Ignace - 64310 ASCAIN - Tél : 05 59 54 28 37

ASSON

C.M. 234

5 ch. **Pau 20 km. Grottes de Bétharram 10 km.** Entrée indép. Les ch. sont aménagées dans les dépendances d'une ferme béarnaise du XIXe, toutes s'ouvrent sur une galerie. Dans cette ferme en activité, aux abords soignés, Lucienne et Jean-Philippe vous feront découvrir la vie authentique de la campagne et l'art d'y vivre au calme en présence d'animaux : moutons, chèvres, chevaux...

CV

Prix : 1 pers. **180 F** 2 pers. **230 F** 3 pers. **280 F**

Ouvert : toute l'année.

150	1	7	7	5	25	45	28	7	4

SAINT-PAUL Lucienne - 64800 ASSON - Tél : 05 59 71 05 05

AUSSEVIELLE

1 ch. **Pau 13 km.** 1 ch. familiale (2 lits 2 pers.) où de belles pièces de bois ont été utilisées (lambris, placard en chataîgnier, plancher en chêne). Salle de bains privative. Séjour/salon avec cheminée. Salle à manger de style Louis XIII. Maison d'une vingtaine d'année. Terrasse tout autour de la maison. Tarif 4 pers. 420 F.

CV

Prix : 1 pers. **200 F** 2 pers. **220 F** 3 pers. **360 F**

Ouvert : toute l'année.

90	10	5	5	13	70	70	13	5

AMESTOY Marie-José - 26, rue du Pont Neuf - 64230 AUSSEVIELLE - Tél : 05 59 68 61 38

AYDIUS

Alt. : 778 m (TH)

4 ch. **Col du Somport 25 km. Accous 10 km.** Face au cirque d'Aydius, cette belle maison surplombant le village vous offrira un point d'altitude pour découvrir la Vallée d'Aspe. 4 chambres dont une chambre bis. Séjour, salon en r.d.c. commun au propriétaire. Chauffage central. Salon de jardin. Garage à disposition. 1/2 tarif pour enfants moins de 8 ans.

CV

Prix : 1 pers. **200 F** 2 pers. **240 F** 3 pers. **300 F** pers. sup. **60 F**
repas **85 F** 1/2 pens. **205 F**

Ouvert : toute l'année.

150	20	20	6	6	25	25	20	6

CATON Christian et Eliane - La Curette - 64490 AYDIUS - Tél : 05 59 34 78 18 - Fax : 05 59 34 50 42 -
E-mail : eliane.et.christian@lacurette.com - http://www.lacuretttte.com

BARDOS Minasantey

(TH)

6 ch. **Bayonne 20 km.** En r.d.c. et étage aménagées dans une maison au Pays Basque. Grand séjour, coin salon (TV) réservé aux hôtes. Accés indép. ch. élect. Ping-pong. Grande terrasse réservée aux hôtes sur jardin. Situé à l'extérieur du village.

CV

Prix : 1 pers. **190 F** 2 pers. **220 F** 3 pers. **280 F** pers. sup. **40 F**
repas **85 F**

Ouvert : toute l'année.

25	12	4	4	12	20	50	20	SP

ANICET Jacqueline et Jean-Claude - Minasantey - 64520 BARDOS - Tél : 05 59 56 83 40 ou 05 59 56 81 13

LA BASTIDE-CLAIRENCE

(TH) *C.M. 234 Pli 33/34*

5 ch. **Biarritz 25 km.** Notre maison du XVIe, dans un village classé qui intègre les cultures basque et gasconne. Un art de vivre. 5 ch. décorées différemment dont 2/ mezz. Autour de notre table de grandes discussions, du rire, du bien boire et bien manger. Langue parlée : anglais.

CV

Prix : 1 pers. **250/320 F** 2 pers. **300/350 F** pers. sup. **100 F**
repas **90/130 F**

Ouvert : toute l'année.

30	15	0,5	0,5	6	20	100	70	27	SP

FOIX Gilbert et Valérie - Rue Notre-Dame - 64240 LA BASTIDE-CLAIRENCE - Tél : 05 59 29 18 27 - Fax : 05 59 29 14 97 -
E-mail : valérie.et.gilbert.foix@wanadoo.fr - http://www.perso.wanadoo.fr/maison.marchand

LA BASTIDE-CLAIRENCE (TH) *C.M. 64*

3 ch. **Biarritz 25 km.** A l'étage. Cette ferme basque du XVIIe est un ancien relais de St Jacques de Compostelle. Vous apprécierez le charme et le calme de cette maison familiale aux vieux meubles patinés, aux dallages anciens, aux murs cirés et à la vaste cheminée. La maîtresse de maison vous propose à sa table une cuisine régionale basque. Table d'hôtes sur réservation. Langue parlée : anglais.

CV

Prix : 1 pers. **285 F** 2 pers. **330 F** 3 pers. **410 F** pers. sup. **80 F** repas **80/120 F**

Ouvert : toute l'année.

25	25	3,5	3,5	8	25	80	80	25	3,5

DARRITCHON Sylvianne - Maison la Croisade - 64240 LA BASTIDE-CLAIRENCE - Tél : 05 59 29 68 22 ou SR : 05 59 11 20 64 - E-mail : lacroisade@infonie.fr

LA BASTIDE-CLAIRENCE Maison Sainbois (TH)

5 ch. **Biarritz 25 km.** 4 ch. et 1 suite (4 pers. maximum) située dans l'un des plus beaux villages de France, cette demeure du XVIIe vous propose un séjour de quiétude et de sérénité à prox. de la Côte. Terrasse. Piscine. Table d'hôte sur réservation. Petit déjeuner gourmand (+ 25 F par pers.). Suite : 750 F. Langues parlées : anglais, allemand.

CV

Prix : 2 pers. **450/540 F** repas **140 F**

Ouvert : toute l'année.

30	15	SP	0,5	6	20	120	70	27	SP

HARAMBOURE Colette - Maison Sainbois - 64240 LA BASTIDE-CLAIRENCE - Tél : 05 59 29 54 20 - Fax : 05 59 29 55 42

LA BASTIDE-CLAIRENCE Etchetoa (TH)

E.C. 3 ch. **Biarritz 25 km.** Dans une ancienne ferme basque. Séjour et salon communs. Nathalie et Christophe vous accueillent à la table familiale 2 soirs par semaine pour déguster une cuisine régionale. Les amateurs de grands espaces pourront profiter des 8 ha de pré, des 1 ha. de bois et du ruisseau en bas de la propriété. Poss. loc. VTT. Langue parlée : anglais.

CV

Prix : 2 pers. **300 F** 3 pers. **380 F** pers. sup. **80 F** repas **90 F**

Ouvert : toute l'année.

25	25	4	4	8	25	120	70	25	4

ZELLER Nathalie - Le Clos Gaxen - 64240 LA BASTIDE-CLAIRENCE - Tél : 05 59 29 16 44 ou SR : 05 59 11 20 64

BEDOUS Maison Laclede Alt. : 550 m

2 ch. **Col du Somport 25 km.** 1 ch. (1 lit 2 pers.) au 1er ét. avec douche privative, wc dans le couloir. 1 suite (1 lit 2 pers. 2 lits 1 pers.) au 2e avec douche privative, wc dans le couloir. Ch. meublées Louis XVI. Salon commun (TV). Grande cuisine à l'ancienne. Grand parc, salon de jardin. Demeure du XVIIe, la plus ancienne du village. Tarif 4 pers. : 400 F. Langues parlées : anglais, espagnol.

CV

Prix : 2 pers. **200 F**

Ouvert : toute l'année.

130	35	25	2	12	55	25	25	25	SP

TEISSEIRE - Maison Laclede - 64490 BEDOUS - Tél : 05 59 34 70 19

BIARRITZ *C.M. 234*

2 ch. **Biarritz 2 km. Saint-Jean-de-Luz 15 km.** Dans la maison des propriétaires chacune avec lits jumeaux. Jardin, pelouse, ombrages, mobilier de jardin. Dans un quartier calme à 2 km des plages et du centre de Biarritz.

CV

Prix : 2 pers. **300 F**

2	2	2	2	3	3	2

DURIF Claire - 6 rue de la Barthe - 64200 BIARRITZ - Tél : 05 59 23 94 58

BIDACHE Sarrot (TH)

4 ch. **Biarritz 35 km. Hasparren 15 km.** Dans une ancienne ferme restaurée, entourée d'arbres et de prés. 2 chambres (1 lit 2 pers. et 2 lits 1 pers.) et 2 suites pour 4 pers. WC et sanitaires privés. Ch. central. Séjour réservé aux hôtes, TV, bibliothèque, cheminée. Cour et jardin ombragés. Salon de jardin. Menu enf. 30 F. Suite : 370 F. Gîte rural mitoyen à cette maison. Langues parlées : anglais, espagnol.

CV

Prix : 2 pers. **240 F** pers. sup. **50 F** repas **75 F**

Ouvert : toute l'année.

34	15	6	6	17	30	9	6

GAUTHIER-DUBEDAT Pilar - Sarrot - 64520 BIDACHE - Tél : 05 59 56 04 22 ou 06 03 59 51 23

BIDARRAY Gastanchoanea (TH) *Pli3*

4 ch. **Saint-Jean-Pied-de-Port 17 km.** Nos 4 ch. (2 et 3 pers.) sont aménagées dans une ferme basque imposante du XIXe en bordure de rivière et dans un coin calme entouré de montagnes. Vous pourrez déguster nos spécialités à la table d'hôtes, profiter du coin lecture et du jardin à votre guise. Au village (canoë, raft, VTT, randonnées balisées). Repas enf. - 10 ans : 40 F. Langue parlée : espagnol.

CV

Prix : 1 pers. **210 F** 2 pers. **240 F** 3 pers. **290 F** pers. sup. **50 F** repas **75 F**

Ouvert : du 1er février au 15 novembre.

40	17	17	5	25	40	17	SP

HARAN Marie - Gastanchoanea - 64780 BIDARRAY - Tél : 05 59 37 70 37

BIDART Itsas-Mendia *C.M. 234*

2 ch. **Biarritz 5 km.** Chambres avec sanitaires privés. vous serez accueillis dans une belle maison de style basque, et apprécierez le confort de cette coquette demeure, située à 200 m de la plage. Ce village offre de nombreuses activités et manifestations toute l'année.

CV

Prix : 2 pers. **270 F**

0,2	15	5	5	5	5	5	0,7

LAMARINS Henriette - Itsas Mendia - Rue de l'Ouhabia - 64210 BIDART - Tél : 05 59 54 92 40

BILHERES-D'OSSAU Alt. : 650 m

2 ch. **Laruns 10 km. Petit Train d'Artouste 25 km.** 2 ch. dont 1 suite. située dans un joli village de montagne, cette maison surplombe la Vallée d'Ossau. Les ch. sont aménagées avec goût dans la maison du propriétaire et ouvrent sur le jardin d'où vous apprécierez la vue panoramique. Vous serez guidés par Hélène, une montagnarde confirmée dans le choix de vos randonnées. Suite : 420 F.

CV

Prix : 1 pers. **185 F** 2 pers. **210/230 F** 3 pers. **375 F**

Ouvert : toute l'année.

120	5	10	5	5	30	20	10

EXSHAW Hélène - 18 av. des Tuileries - 40100 DAX - Tél : 05 59 82 60 64 ou 05 58 90 16 24

BOEIL-BEZING *C.M. 64*

5 ch. **Pau 10 km. Lourdes 25 km.** Dans une ancienne ferme restaurée dans un parc, prés d'un village longé par le Gave. Annexe indép. Kitchenette. Salon et salle de jeux. Facile d'accés, calme et détente entre montagne et campagne. Myriam, accompagnatrice de moyenne montagne, vous guide ou organise vos randonnées. Langues parlées : anglais, espagnol.

CV

Prix : 1 pers. **210/240 F** 2 pers. **230/260 F** pers. sup. **50/80 F**

Ouvert : toute l'année.

2	6	0,5	2	18	40	40	4	1

MINOT Pierre & Myriam - La Lanne de Bezing - 64510 BOEIL-BEZING - Tél : 05 59 53 15 31 ou SR : 05 59 11 20 64 - Fax : 05 59 53 15 21 - E-mail : pminot@libertysurf.fr - http://pyrenees-online.fr/bezing

BOSDARROS Maison Trille (TH) *C.M. 64*

5 ch. **Pau 10 km.** Entrée indép. Les chambres décorées avec goût traduisent l'attention accordée au bien-être des invités. Cette belle demeure béarnaise du XVIIIe, avec sa cour intérieure et son porche particulier vous séduira par son calme et le charme de son architecture. Petit déjeuner et table d'hôtes raffinés. Belles plaques de cheminées anciennes. Langues parlées : anglais, espagnol.

CV

Prix : 1 pers. **300/360 F** 2 pers. **380 F** repas **120/170 F**

Ouvert : toute l'année.

100	40	10	5	18	10	40	50	10	5

BORDES Christiane - Maison Trille - Chemin de Labau - 64290 BOSDARROS - Tél : 05 59 21 79 51 ou SR : 05 59 11 20 64 - Fax : 05 59 21 57 54 - E-mail : christiane.bordes@libertysurf.fr

BOSDARROS La Borde de Victor (TH) *C.M. 64*

2 ch. **Pau 15 km. Cave de Jurançon 8 km.** 2 ch. à l'ét. Vous serez accueillis dans une charmante ferme béarnaise, au cadre verdoyant et fleuri. Décorées avec beaucoup de goût, les chambres de Marinette aux tissus à fleurs et aux bois lasurés vous séduiront. Le soir, ne manquez pas de goûter les délices de la table d'hôtes : confits, foie gras, poule au pot et légumes du potager... Langue parlée : espagnol.

CV

Prix : 2 pers. **230 F** 3 pers. **300 F** repas **80 F**

Ouvert : toute l'année.

130	15	10	8	15	20	45	40	15	8

GENEBES Henri et Marinette - Maison Victor - Les Pindats - 64290 BOSDARROS - Tél : 05 59 21 50 11 ou SR : 05 59 11 20 64

BUZY

A (TH) *C.M. 234*

5 ch. **Oloron-Sainte-Marie 10 km. Laruns 15 km.** Dans un village ossalois cette ferme est appréciable pour sa situation à proximité des nombreuses randonnées de montagne et sa table d'hôtes où sont servis des produits de la ferme. 1/2 tarif pour les enfants de moins de 7 ans.

Prix : 1 pers. **240/250 F** 2 pers. **290/300 F** repas **100 F**
1/2 pens. **490/500 F**

100	15	5	0,5	15	10	35	50	1	SP

AUGAREILS Rolande - 64260 BUZY - Tél : 05 59 21 01 01 - Fax : 05 59 21 01 01 - E-mail : rolandeaugareils@hotmail.com

CAME Lamothe

(TH) *C.M. 234*

4 ch. **Bidache 3 km. Biarritz 40 km.** Aménagées dans la maison Lamothe. Chambres pour 2 pers. 2 à l'ét. et 2 en r.d.c. Ferme familiale depuis 3 siècles aux portes du Pays Basque, Béarn et Landes. Elisabeth et Bernard vous proposent des séjours ou nuitées avec une table d'hôte soignée. Grand Jardin. Ch. central.

Prix : 1 pers. **230 F** 2 pers. **250/270 F** pers. sup. **80 F** repas **90 F**

Ouvert : toute l'année.

40	6	3	3	6	17	100	60	35	3

DARRACQ Bernard et Elisabeth - Ferme Lamothe - 64520 CAME - Tél : 05 59 56 02 73 - Fax : 05 59 56 40 02 - E-mail : elisabeth.darracq@wanadoo.fr

CAME Bergay

C.M. 234

5 ch. **Bidache 5 km. Biarritz 40 km.** 4 ch. dont 1 bis aménagées dans une maison en bordure de rivière. Salon/TV réservé aux hôtes. Kitchenette. Balcon, terrasse. Salon de jardin, barbecue, balançoire, ping-pong. Chauffage central. 2e enfant gratuit jusqu'à 5 ans. Langue parlée : allemand.

Prix : 1 pers. **200 F** 2 pers. **230 F** 3 pers. **285 F** pers. sup. **50 F**

40	10	5	5	10	15	60	40	5

PECASTAING Annie - Bergay - 64520 CAME - Tél : 05 59 56 02 79

CAME Hayet

(TH) *C.M. 234*

4 ch. **Bidache 6 km. Biarritz 40 km.** Dans une maison de caractère. Aux portes du Béarn, du Pays Basque et des Landes, Jean-Claude et Evelyne vous reçoivent dans leur ferme joliment entretenue, et vous proposent une table d'hôtes avec de bons produits de la ferme. Ping-pong. Bibliothèque. Salon de jardin. Ch. central. Salon avec TV. Pas de table d'hôtes le dimanche soir.

Prix : 2 pers. **230 F** 3 pers. **280 F** pers. sup. **50 F** repas **80 F**

Ouvert : du 15 mars au 15 novembre.

40	10	6	10	40	35	6

SAUBOT J-Claude et Evelyne - Hayet - 64520 CAME - Tél : 05 59 56 04 52

CAMOU-CIHIGUE

C.M. 65

4 ch. **Tardets 6 km.** Jean-Baptiste, Maiana et leurs trois filles vous accueillent au cœur de la Soule dans l'ancienne bergerie rénovée avec goût. 4 chambres spacieuses avec leur salle d'eau pour vous reposer des nombreuses balades pédestres ou à vélo que vous pourrez faire. N'oubliez pas de leur demander de vous raconter la légende des lutins de la source... Langues parlées : anglais, espagnol.

Prix : 1 pers. **220 F** 2 pers. **250 F**

Ouvert : toute l'année.

100	50	10	10	5	70	50	30	60	6

AGUER Jean-Baptiste - Aguerria - Ch. Laminiak - 64470 CAMOU-CIHIGUE - Tél : 05 59 28 58 80 ou 05 59 28 50 85

CASTEIDE-CAMI

(TH) *C.M. 234*

2 ch. **Pau 18 km. Orthez 20 km.** A l'ét. Dans cette ferme béarnaise avec vue sur les Pyrénées, vous apprécierez l'accueil chaleureux, et le cadre reposant. Le propriétaire, éleveur-gaveur, vous fera déguster ses produits fermiers : veau élevé sous la mère, rillettes et confits de canard, garbure... Vous pourrez vous initier au jeu de quilles de 6, à la pétanque et visiter l'exploitation.

Prix : 1 pers. **160 F** 2 pers. **210 F** pers. sup. **50 F** repas **80 F**

Ouvert : toute l'année.

80	5	7	10	10	10	80	80	10	7

RANQUE Monique - 64170 CASTEIDE-CAMI - Tél : 05 59 77 03 40 - Fax : 05 59 77 03 40

CASTET *C.M. 234*

2 ch. **Gourette 20 km (station de ski).** Chambres avec sanitaires communs (baignoire, lavabo, wc). Présence d'une aire naturelle de camping et d'un gîte rural. Situées au bord du lac de Castet pratique de la pêche. Restaurants et auberges à 2 km. Chauffage central en suppl. 10 F/chambre.

CV

Prix : 2 pers. **170 F** 3 pers. **210 F**

120	5	2	5	20	20	20	6	5

CAZENAVE Jean et Irène - 64260 CASTET - Tél : 05 59 05 88 26

CASTETBON *C.M. 234*

1 ch. **Navarrenx 12 km. Orthez 12 km.** 1 ch. avec sanitaires privés communiquants, aménagé au r.d.c. d'une ancienne ferme. Cette chambre simple de style rustique est aménagé dans une ferme béarnaise à 12 km de Navarrenx, haut lieu de la pêche au saumon dans le Gave d'Oloron (championnat du monde). Kitchenette. Jardin, terrasse avec salon de jardin et store. Balançoire. Restaurant à prox.

CV

Prix : 1 pers. **150 F** 2 pers. **180 F** 3 pers. **210 F**

Ouvert : toute l'année.

70	12	12	12	12	25	80	80	12	12

REY Michel - 64190 CASTETBON - Tél : 05 59 66 57 63 ou SR : 05 59 11 20 64

CAUBIOS-LOOS *C.M. 234*

3 ch. **Pau 20 km.** 3 chambres avec entrée indépendante. 2 chambres avec sanitaires privés communiquants (lavabo, douche, wc) et 1 chambre avec sanitaires privés non communiquants (lavabo, douche, wc). Jardin et salon de jardin. Poss. repas du midi dans l'auberge attenante à partir de 60 F. Site calme. Aéroport Pau-Pyrénées 2 km.

CV

Prix : 2 pers. **210 F** 3 pers. **240 F**

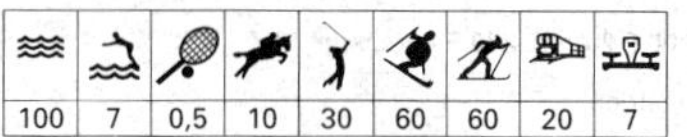

100	7	0,5	10	30	60	60	20	7

DUPOUY-LAHITTE Michel - 64230 CAUBIOS-LOOS - Tél : 05 59 33 23 20

COSLEDAA La Noyeraie (TH) *C.M. 234*

4 ch. **Pau 25 km. Lourdes 45 km. Océan 1h30.** 2 ch. au r.d.c. et 2 ch. à l'ét. aménagées dans une villa à l'entrée du village. Salle de séjour/TV. Jardin, salon de jardin, jeux. Terrasse ombragée. Chauffage central. Repas gastronomiques avec les produits fermiers. 1/2 tarif enf.< 7 ans. Maison récente invitant au repos dans campagne béarnaise. Circuit promenade et pêche à prox.

CV

Prix : 2 pers. **200 F** 3 pers. **250 F** pers. sup. **50 F** repas **80 F**
1/2 pens. **180 F** pens. **230 F**

Ouvert : toute l'année.

130	18	15	5	15	25	45	45	25	15

LAUTECAZE Eugène - La Noyeraie - 64160 COSLEDAA - Tél : 05 59 68 02 90 ou SR : 05 59 11 20 64 - Fax : 05 59 68 02 90

COSLEDAA (TH) *C.M. 234*

2 ch. **Pau 30 km. Lourdes 50 km.** Chambres avec lavabos et 2 sanitaires communs (douche, baignoire, wc), dans une maison récente. Parc ombragé. Repas pris en famille. Découverte du Vic-Bilh : visites d'églises, châteaux, vignoble du Madiran.

CV

Prix : 2 pers. **160 F**

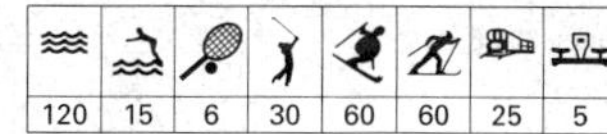

120	15	6	30	60	60	25	5

BOURGUINAT Joseph et Francine - A l'Eirene - 64160 COSLEDAA - Tél : 05 59 68 00 51

ESPELETTE Irazabala

2 ch. **Cambo-les-Bains 3 km. Saint-Jean-de-Luz 20 km.** Marikita vous accueille dans sa ferme de caractère meublée avec beaucoup de soin et de cœur. Les petits déjeuners sont servis sur la terrasse face à une belle prairie de chênes sur laquelle broutent les pottoks (petis chevaux basques). La maison organise des randonnées à cheval avec guides diplômés. Langues parlées : anglais, espagnol, allemand, italien.

CV

Prix : 1 pers. **330 F** 2 pers. **350 F** pers. sup. **150 F**

Ouvert : toute l'année.

20	6	3	3	10	4	78	48	18	1,5

TOFFOLO Marikita - Irazabala - Quartier Laharketa - 64250 ESPELETTE - Tél : 05 59 93 93 02

ESPOEY Coste-Bielhe *C.M. 234*

5 ch. **Pau et Lourdes 20 km.** Dans une maison récente. 3 ch. au r.d.c. avec sanitaires privés communicants (douche-lavabos) et wc communs. 2 ch. à l'ét. avec sanitaires communicants (lavabo, wc), douche commune. Séjour avec TV et cheminée commun au propriétaire. Kitchenette. Garage. Jardin, terrasse, salon de jardin privé, barbecue. Langues parlées : anglais, italien.

Prix : 1 pers. **120 F** 2 pers. **160 F** 3 pers. **200 F** pers. sup. **50 F**

Ouvert : toute l'année.

120	15	10	1	10	20	40	40	20	3

LARQUIER Gaby & J-Victor - Coste Bielhe - 64420 ESPOEY - Tél : 05 59 04 14 75 ou 05 59 04 14 91

ESTIALESCQ *C.M. 64*

4 ch. **Oloron-Sainte-Marie 5 km. Pau 25 km.** Entrée indép. Cette belle ferme béarnaise restaurée du XVIIIe, vous accueille dans un cadre paisible et champêtre entourée d'un parc ombragé et fleuri. Vous serez charmé par l'accueil et le raffinement des lieux. La prox. des vallées d'Aspe et d'Ossau ou de la Soule en Pays Basque. Langues parlées : espagnol, anglais.

Prix : 1 pers. **180 F** 2 pers. **260 F** 3 pers. **360 F** pers. sup. **100 F**

Ouvert : toute l'année.

90	SP	6	SP	SP	25	50	50	6	6

PERICOU Jeanne - Maison Naba - 64290 ESTIALESCQ - Tél : 05 59 39 99 11 ou SR : 05 59 11 20 64 - Fax : 05 59 36 14 92

ETCHEBAR Ibarenborde

3 ch. **Sainte-Engrâce et gorges de Kakuetta et d'Olzarte 15 km.** Une ferme souletine traditionnelle et ses dépendances abritant 3 jolies ch. Séjour, kitchenette. Terrasses réservés aux hôtes. Les propriétaires fabriquent du fromage de chèvre et élèvent des ânes de bât au milieu de 13 hect de prairies et de bois. La ferme est nichée dans un col entre Lacarry et Etchebar. Langue parlée : anglais.

Prix : 1 pers. **200 F** 2 pers. **230 F** pers. sup. **50 F**

Ouvert : toute l'année.

110	40	13	13	15	50	30	20	25	8

BLANCHET Viviane - Ibarenborde - Accès par Vallée de Lacarry - 64470 ETCHEBAR - Tél : 05 59 28 59 48

FEAS Quartier du Bas (TH)

3 ch. **Oloron-Sainte-Marie 6 km.** Aménagées au r.d.c. d'une dépendance. Terrain, salon de jardin, étang privé. Poss. de VTT et randonnées au départ des ch. Repas enf. - de 7 ans 1/2 tarif. Situées dans un petit village de la vallée du Barétous, sur une propriété bordée par une rivière. Le propriétaire guide et moniteur de pêche vous initiera ou vous perfectionnera à la pêche à la mouche. Langue parlée : espagnol.

Prix : 1 pers. **200 F** 2 pers. **240 F** 3 pers. **300 F** pers. sup. **50 F** repas **80 F**

Ouvert : toute l'année.

100	6	SP	6	6	20	20	6	6

PARIS Christian - Quartier du Bas - 64570 FEAS - Tél : 05 59 39 01 10

FEAS Château de Boues *C.M. 234*

4 ch. **Pau 40 km.** Entrée indép. Piscine privée avec belle terrasse offrant une large vue sur la campagne. Aux portes du Barétous ce château du XVIIIe vous invite à passer un agréable séjour à la limite du Béarn et du Pays Basque, non loin des vallées d'Aspe et d'Ossau pour les randonnées. Langues parlées : anglais, espagnol.

Prix : 1 pers. **300 F** 2 pers. **360 F**

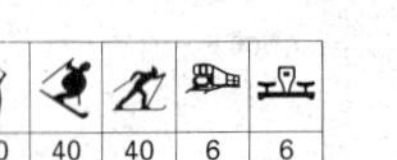

100	20	SP	6	15	40	40	40	6	6

DORNON Monique - Château de Boues - 64570 FEAS - Tél : 05 59 39 95 49

GABAT Etxebestia (TH)

3 ch. **Saint-Palais 5 km. Saint-Jean-Pied-de-Port 20 km.** Odette et Jean Marie vous convient dans leur maison située à l'intérieur du Pays Basque. Vous partagerez leur délicieuse cuisine élaborée à partir des produits de la ferme. Ne manquez pas de profiter de la visite de l'exploitation. Langue parlée : espagnol.

Prix : 1 pers. **180 F** 2 pers. **220 F** repas **80 F**

Ouvert : toute l'année.

60	40	5	5	5	20	60	40	20	5

SOUVESTE Odette - Etxebestia - 64120 GABAT - Tél : 05 59 65 78 16

GARINDEIN

3 ch. **Mauléon 1 km.** 3 chambres d'hôtes avec sanitaires privés aménagées au village dans une maison restaurée du XVIIIe. Vous êtes situés dans un petit village au cœur de la Soule et aux portes de Mauléon. Séjour réservé aux hôtes (TV). Kitchenette. Entrée indép. Ch. élect. Terrasse et jardin.

CV

Prix : 2 pers. **220 F**

Ouvert : de mai à octobre inclus.

60	40	1,5	1,5	14	50	40	30	2	1

ETCHEGOYHEN Philippe - Idiartia - 64130 GARINDEIN - Tél : 05 59 28 11 99

GUICHE

TH

3 ch. **Bayonne 30 km. Espagne 45 km.** Entrée indép. ch. en r.d.c. Ancienne ferme du XVIIe, entourée de belles prairies. Prés de là, une jolie rivière offre aux plus habiles ses poissons ou la fraîcheur de ses berges. Nicole et Jean Marie vous proposent leur table d'hôtes gourmande et leur bonne humeur. Langues parlées : anglais, espagnol.

CV

Prix : 2 pers. **260/280 F** 3 pers. **350 F** pers. sup. **70 F** repas **85 F**

Ouvert : toute l'année.

35	2,4	4,5	1	2,4	35	95	65	12	1

LAPLACE Jean-Marie - Maison Huntagnères - 64520 GUICHE - Tél : 05 59 56 87 48 ou 06 80 70 64 90

HAGETAUBIN

C.M. 234

2 ch. **Orthez 20 km. Château de Morlanne 10 km.** Salon à disposition des hôtes. Kitchenette. Parc, piscine, tennis, salle de jeux (billard, baby-foot, ping-pong). Maison de caractère située dans un grand parc. Cette belle ferme familiale offre un grand choix d'activités dans un cadre reposant entre Béarn et Landes. Raoul pourra vous conter l'histoire de sa maison.

CV

Prix : 1 pers. **100 F** 2 pers. **190 F** pers. sup. **30 F**

80	14	SP	SP	12	30	100	100	14	2

COSTEDOAT Raoul - 64370 HAGETAUBIN - Tél : 05 59 67 51 18

HASPARREN

TH

2 ch. **Cambo-les-Bains 10 km. Biarritz 25 km.** Simone vous accueille pour un séjour agréable. Situées sur les hauteurs d'Hasparren, vous apprécierez le confort et le calme des chambres, au cœur de cette belle ferme basque, elle offre repos et accueil chaleureux. Entrée indép, salon/TV, ch. central, parc ombragé avec salon de jardin dans un havre de paix.

CV

Prix : 1 pers. **230 F** 2 pers. **270 F** 3 pers. **340 F** repas **80 F**

Ouvert : toute l'année sauf juillet et août.

25	20	3	3	7	30	50	50	10	3

CHALLET Simone - Domingoenia - Quartier Pegna - 64240 HASPARREN - Tél : 05 59 29 18 49

HASPARREN Maison Berheta

TH

4 ch. **Cambo-les-Bains 10 km. Biarritz 25 km.** Chambres avec sanitaires privés communicants aménagées à l'ét. dans notre maison du XVIIe à 2 km du bourg. Séjour et salon réservés aux hôtes. Terrasse. Parking. Olga et Jacky vous proposent toute l'année sauf en juillet et août une cuisine traditionnelle à la table d'hôtes. Entre mer et montagne, à la découverte des richesses du Pays Basque. Langues parlées : anglais, espagnol.

CV

Prix : 1 pers. **220 F** 2 pers. **260 F** pers. sup. **60 F** repas **100 F**

Ouvert : toute l'année.

25	20	2	2	15	30	100	50	20	2

DRUON Olga - Maison Berheta - Quartier Minotz - 64240 HASPARREN - Tél : 05 59 70 20 04

HAUT-DE-BOSDARROS Loutares

TH

C.M. 234

6 ch. **Pau (aéroport) 20 km. Gan 9 km.** Loutarès maison béarnaise du XVIIIe entourée d'un parc avec terrasse panoramique face aux Pyrénées, a gardé par l'élégance rustique de ses murs de pierre et son bois de chêne son charme et le goût de l'hospitalité, grandes salles avec cheminée, billard, salon/TV, piscine (14/7). Poneys, boxes, carrière remise en forme.

CV

Prix : 1 pers. **250 F** 2 pers. **320 F** 3 pers. **390 F** pers. sup. **70 F** repas **90/100 F**

100	30	SP	5	10	20	40	40	10	7

DE MONTEVERDE-PUCHEU Béatrice - Ferme Loutares - 64800 HAUT-DE-BOSDARROS - Tél : 05 59 71 20 60 - Fax : 05 59 71 26 67

IHOLDY *C.M. 64*

2 ch. **Saint-Jean-Pied-de-Port 17 km. Grottes d'Isturitz, d'Oxocelhaya 3 km.** 2 ch. dont 1 ch. bis à l'ét. En plein centre du Pays Basque, à 200 m du bourg d'Iholdy, Germaine vous accueille dans sa maison natale rénovée avec soin et goût afin que vous puissiez vous reposer, découvrir des coins typiques et effectuer des randonnées en pleine nature.

CV

Prix : 2 pers. **250 F** 3 pers. **350 F**

Ouvert : toute l'année.

40	0,2	17	17	17	20	70	40	20	0,2

MOUNHO Germaine - Idigoinia - 64640 IHOLDY - Tél : 05 59 37 69 58 ou SR : 05 59 11 20 64

IRISSARRY

2 ch. **Saint-Jean-Pied-de-Port 18 km. Forêt d'Iraty (ski de fond) 40 km.** 2 ch. dont 1 ch. bis à l'étage, sanitaires communs. Annie vous attend dans sa maison de caractère, située dans un joli village face à la commanderie de l'ordre de Saint Jean de Jérusalem (ancien hôpital pour pélerins) qui témoigne de l'importance du site. Irissarry est une étape sur les Chemins de Saint-Jacques de Compostelle. Tarif 4 pers. 250 F

CV

Prix : 1 pers. **150 F** 2 pers. **170 F** pers. sup. **20 F**

Ouvert : toute l'année.

50	6	18	1,5	6	45	80	40	6	SP

BELLET Annie - Esperamendia - 64780 IRISSARRY - Tél : 05 59 37 66 96 - Fax : 05 59 37 98 18

IRISSARRY *C.M. 65*

3 ch. **Saint-Jean-Pied-de-Port 18 km.** Entrée indép. 3 ch. au r.d.c. Si vous cherchez des vacances reposantes et dépaysantes, nous vous attendons dans notre ferme du XVIe. Pierre, éleveur, vous fera partager sa passion pour l'agriculture (blondes d'Aquitaine et brebis laitières). Notre village est traversé par les Chemins de St Jacques de Compostelle. Langues parlées : anglais, espagnol.

CV

Prix : 1 pers. **180 F** 2 pers. **220 F** pers. sup. **50 F**

Ouvert : toute l'année.

48	3	18	0,5	1	40	18	1

ETCHEBEHERE Pierre - Herriesta - 64780 IRISSARRY - Tél : 05 59 37 67 22

ISESTE

3 ch. **Gourette (station de ski) et Petit Train d'Artouste 20 km.** En r.d.c. Liliane et Jean vous réservent un accueil familial dans une ancienne maison de maître située en vallée d'Ossau. Vous pourrez vous détendre à l'ombre des arbres du parc. La maîtresse de maison vous régalera de copieux petits déjeuners.

CV

Prix : 1 pers. **230 F** 2 pers. **250 F**

Ouvert : toute l'année.

120	0,1	2	2	2	25	20	20	2	0,3

ASNAR Liliane & Jean - 4 av. Georges Messier - 64260 ISESTE - Tél : 05 59 05 71 51 - Fax : 05 59 05 71 51

ISPOURE

4 ch. **Saint-Jean-Pied-de-Port 800 m.** Entrée indép. 4 ch. avec mezz. Prés du village, cette belle maison vous propose sa superbe terrasse où vous seront servis de copieux petits déjeuners. La vue imprenable sur le vignoble d'Irouléguy vous incitera à goûter ce fameux vin basque. Les propriétaires ne manqueront pas de vous présenter leurs ânes. Langues parlées : anglais, espagnol.

CV

Prix : 1 pers. **200 F** 2 pers. **250 F** 3 pers. **330 F**

Ouvert : toute l'année.

50	4	0,8	0,8	10	40	30	0,8	0,8

MOURGUY - Ferme Etxeberria - 64220 ISPOURE - Tél : 05 59 37 06 23

ISSOR (TH) *C.M. 234*

1 ch. **Oloron-Sainte-Marie 20 km.** 1 ch. bis avec sanitaires privés (douche, lavabo, wc), dans un hameau de montagne avec entrée indép. Terrasse. Salon de jardin. Site calme avec vue sur les montagnes. Repas enfant 1/2 tarif. Pêche à prox. Située dans la vallée de Barétous, vous pourrez bénéficier de tous les loisirs de montagne à proximité : parapente, rafting, VTT, ski, randonnées...

CV

Prix : 1 pers. **160 F** 2 pers. **240 F** 3 pers. **320 F** pers. sup. **130 F**
repas **80 F**

80	10	10	11	80	27	25	14	5

CAZAURANG Rose - Micalet - 64570 ISSOR - Tél : 05 59 34 45 01

ISSOR
Alt. : 500 m — TH — *C.M. 64*

4 ch. **Oloron-Sainte-Marie 20 km.** 4 ch. aménagées à l'ét. d'une grange Béarnaise. 2 salons communs, TV, cheminée. 2 terrasses/salon de jardin. Grand calme. Gratuité enf. de moins de 4 ans. Séjour + de 3 nuits : 320 F. Entourée de belles montagnes, point de vue suberbe, grand calme. Vous pourrez pratiquer tous les loisirs de plein air et de montagne. Ferme avec élevage de sangliers. Langues parlées : espagnol, italien.

Prix : 1 pers. **240 F** 2 pers. **280/340 F** 3 pers. **365/425 F** pers. sup. **85 F** repas **90 F**

Ouvert : toute l'année.

80	20	10	10	11	80	27	25	14	5

CAZAURANG Françoise - Micalet - 64570 ISSOR - Tél : 05 59 34 43 96 ou SR : 05 59 11 20 64 - Fax : 05 59 34 49 56

ISTURITZ Urruti-Zaharria
TH — *C.M. 64 Pli 3A*

5 ch. **Grottes d'Isturitz et d'Oxocelaya sur place. La Bastide-Clairence 10 km.** 4 ch. et 1 suite (lits 160) à l'ét. d'une authentique ferme basque, dont l'origine remonte au Moyen Age. Salon réservé aux hôtes, biblio/jeux. Parc arboré. En Pays Basque intérieur entre mer et montagne, se niche le charmant village d'Isturitz, réputé pour ses grottes. Isabelle, raconteur de pays, et Charlotte vous accueilleront chez elles et vous feront goûter de savoureux plats régionaux sur réservation. Repas enf. - 12 ans : 85 F. Suite : 390/520 F. Langues parlées : anglais, allemand.

Prix : 1 pers. **230/280 F** 2 pers. **270/360 F** 3 pers. **330/440 F** pers. sup. **60 F** repas **110 F**

Ouvert : toute l'année.

45	30	10	10	15	45	100	50	35	10

AIROLDI Isabelle - Urruti Zaharria - 64240 ISTURITZ - Tél : 05 59 29 45 98 - Fax : 05 59 29 14 53 - E-mail : urruti.zaharia@wanadoo.fr

ITXASSOU Soubeleta

5 ch. **Cambo-les-Bains 3 km.** Dans ce charmant village, dont la cerise a fait la réputation, Marie-françoise vous accueillera dans son petit château du XVIIe, entouré de verdure et de cerisiers. Ces 5 grandes ch. vous offrent une vue imprenable sur les montagnes. Le séjour et le salon aux meubles anciens et leur grande cheminée vous sont réservés, kitchenette.

Prix : 1 pers. **230 F** 2 pers. **260/320 F** pers. sup. **50 F**

Ouvert : toute l'année.

30	15	3	3	4	15	60	3	SP

REGERAT Marie-Françoise - Soubeleta - 64250 ITXASSOU - Tél : 05 59 29 78 64 ou 05 59 29 22 34

LAROIN
C.M. 64

3 ch. **Pau 7 km. Vignoble de Jurançon à proximité.** 3 ch. trés calmes avec entrée indép. Dans ce petit village béarnais, niché entre le Gave de Pau et les coteaux du Jurançon, Anne-Marie vous accueille dans son ancienne ferme rénovée au milieu d'un grand jardin arboré. Vous pourrez déguster le célèbre Jurançon. Salon privé, bibliothèque, VTT à disposition, jeux, kitchenette. Langues parlées : anglais, espagnol.

Prix : 1 pers. **195 F** 2 pers. **240 F** 3 pers. **280 F** pers. sup. **40 F**

Ouvert : toute l'année.

100	SP	4	SP	SP	1	40	40	7	SP

MARQUE Anne-Marie - Maison Miragou - Chemin de Halet - 64110 LAROIN - Tél : 05 59 83 01 19

LARRAU
Alt. : 636 m

3 ch. **Mauléon 30 km.** 3 ch. aménagées dans la maison du propriétaire. Demeure du XVIIe rénovée, au cœur du village. Séjour avec cheminée et TV. Chauffage électrique. Jardin et terrasse. Dans un joli petit village au pied du pic d'Orhi et de la forêt d'Iraty. Nombreuses randonnées, gorges d'Holzarte et Kakueta. Langue parlée : espagnol.

Prix : 1 pers. **240 F** 2 pers. **270 F**

Ouvert : toute l'année.

90	12	30	12	12	90	30	12	30	SP

ACOCEBERRY Marcel - Etxandi - 64560 LARRAU - Tél : 05 59 28 60 35

LARUNS Quartier Getre Bellevue
Alt. : 536 m — TH

5 ch. **Gourette 10 km. Parc National des Pyrénées.** Dans une belle maison surplombant le village de Laruns. 1 ch. à l'ét. (1 lit 2 pers.), 2 ch. en r.d.c. (2 lits 1 pers. 1 lit 2 pers.). Salon réservé aux hôtes. Séjour commun/cheminée. Biblio. Grande terrasse face aux Pyrénées/salon de jardin commun. 2 ch. familiales en annexe/terrasse indiv. (1 lit 2 pers. 2 lits 1 pers.). Salle de gym. Sauna. Situé dans un village de la vallée d'Ossau où vous trouverez piscine, tennis, équitation, commerces... Randos dans tout le parc national des Pyrénées. Tarif 4 pers. 480 F. Langue parlée : espagnol.

Prix : 1 pers. **220 F** 2 pers. **250 F** 3 pers. **350 F** pers. sup. **100 F** repas **85 F**

Ouvert : toute l'année.

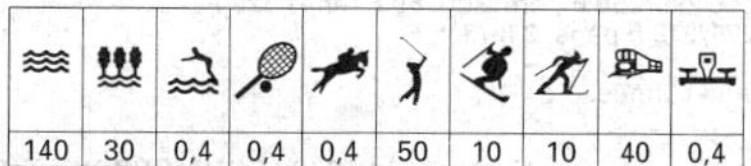

140	30	0,4	0,4	0,4	50	10	10	40	0,4

CAPDEVIELLE Anne-Marie - Quartier Getre - 64440 LARUNS - Tél : 05 59 05 46 57 - Fax : 05 59 05 46 57

LASCLAVERIES

TH

2 ch. **Pau 25 km.** 2 chambres, baignoire balnéo, douche hydromassage. Dans un cadre des plus rustiques : murs en galets, sculptures en bois, lambris colorés, venez goûter à l'authenticité de la vie à la campagne. La maîtresse de maison vous cuisinera sa spécialité : le canard gras.

CV

Prix : 2 pers. **300 F** 3 pers. **370 F** repas **90/150 F**

Ouvert : toute l'année.

100	5	15	5	2	25	80	80	30	5

MAROUZE Jocelyne - 64450 LASCLAVERIE - Tél : 05 59 04 81 56

LASSEUBE

TH

5 ch. **Pau 25 km. Oloron 15 km.** Entrée indép. 1 ch. au r.d.c. 4 à l'ét. Cette très belle ferme béarnaise du XVIIIe avec sa cour intérieure et sa piscine vous attendent. Vous profiterez d'une vue imprenable sur les Pyrénées, à l'ombre du noyer ou sous les tonnelles en fleurs de ce jardin paysagé. Isabelle vous fera découvrir son jardin de senteurs aux plantes aromatiques. Langue parlée : anglais.

CV

Prix : 1 pers. **250 F** 2 pers. **310 F** 3 pers. **390 F** pers. sup. **80 F** repas **130 F**

Ouvert : toute l'année.

110	6	SP	2	8	10	50	50	15	2

BROWNE Isabelle - Quartier Rey - Maison Rances - 64290 LASSEUBE - Tél : 05 59 04 26 37 ou SR : 05 59 11 20 64

LASSEUBE Ferme Dague

C.M. 64

5 ch. **Pau 18 km. Cave de Jurançon 10 km.** Entrée indép. 4 ch. 1 suite. Ch. aménagées dans les dépendances d'une belle ferme béarnaise du XVIIIe avec sa traditionnelle cour carrée. Site calme et vue exceptionnelle face aux Pyrénées. Vous serez séduit par la décoration alliant le bois et la pierre. La ferme sur un parc de 10 ha est également une halte pour cavaliers et chevaux. Nous vous promettons les petis matins sous le tilleul. Table d'hôte en Juillet-Août. Bébé gratuit de 0 à 24 mois. Suite : 500 F Langues parlées : anglais, allemand.

CV

Prix : 1 pers. **260/500 F** 2 pers. **300/500 F** 3 pers. **380/500 F** pers. sup. **80 F**

Ouvert : toute l'année.

80	6	6	SP	10	8	45	30	11	1

MAUMUS J-Pierre et Mélina - La Ferme Dague - Chemin Croix de Dague - 64290 LASSEUBE - Tél : 05 59 04 27 11 ou SR : 05 59 11 20 64 - Fax : 05 59 04 27 11

LAY-LAMIDOU

TH C.M. 64 Pli 9

2 ch. **Navarrenx 5 km. Oloron 15 km.** Au cœur du Béarn, Marie-France passionnée de reliure et Bernard, féru en histoire locale vous reçoivent dans leur maison décorée et restaurée avec goût et raffinement. Des meubles anciens et une collection de peintures florales décorent la salle de séjour et les chambres spacieuses. On vous servira les repas sur la terrasse ensoleillée. Une visite chez des amis. Langues parlées : anglais, espagnol.

CV

Prix : 1 pers. **270 F** 2 pers. **300 F** pers. sup. **100 F** repas **100 F**

Ouvert : toute l'année.

80	5	5	SP	15	50	35	28	5

DESBONNET Bernard et M-France - 64190 LAY-LAMIDOU - Tél : 05 59 66 00 44 ou SR : 05 59 11 20 64

LAY-LAMIDOU La Grange de Georges

TH C.M. 64

4 ch. **Navarrenx 5 km. Oloron-Sainte-Marie 15 km.** Georges et Babeth vous accueillent dans leur grange récemment restaurée, située au cœur d'un petit village. Vous apprécierez la bonne humeur du site. Balades à cheval sur place. Prêt de vélos avec porte bébé. Portique. Ping-pong. A la table Georges et Babeth vous proposeront les produits de la ferme : foie gras, confit, magret, piperade... Enf. - 8 ans : 40 F. Poss. tarif séjour. Langue parlée : espagnol.

CV

Prix : 1 pers. **180 F** 2 pers. **240 F** pers. sup. **50 F** repas **80 F**

Ouvert : toute l'année.

80	20	4	4	SP	15	50	50	20	5

LABERDESQUE Georges - La Grange de Georges - 64190 LAY-LAMIDOU - Tél : 05 59 66 50 45 ou SR : 05 59 11 20 64 - Fax : 05 59 66 24 11 - E-mail : lagrangedegeorges@wanadoo.fr

LECUMBERRY

TH

5 ch. **Saint-Jean-Pied-de-Port 7 km.** 5 chambres dont une au r.d.c. avec accés indép. extérieur et 4 à l'étage. Terrasse exposée au sud. Jardin aménagé. Au pied de la forêt d'Iraty, le propriétaire vous accueille dans une ancienne borde du XIXe en bordure de rivière. Possibilités de randonnées. Promenade en montgolfière. Langues parlées : anglais, allemand.

CV

Prix : 2 pers. **295/350 F** pers. sup. **60 F** repas **120 F** 1/2 pens. **255/275 F** pens. **310/345 F**

Ouvert : toute l'année.

50	20	7	7	20	50	70	20	7	7

JACQUES Jean-Pierre - Ur-Aldea - 64220 LECUMBERRY - Tél : 05 59 37 24 18 - Fax : 05 59 37 24 42 - http://www.augredesvents.com

LESTELLE-BETHARRAM

2 ch. **Lourdes 15 km. Grottes de Bétharram 2 km.** 2 ch. (2 lits 2 pers. 1 lit 1 pers.) avec lavabo et wc particuliers. Douche sur le pallier aménagées dans une maison béarnaise. Garages, espaces ombragées, barbecue. Restaurants au village. A mi-chemin entre Pau et Lourdes vous découvrirez le zoo d'Asson, le col du Soulor et pratiquerez le canoë kayack à 3 km.

CV

Prix : 1 pers. **180 F** 2 pers. **200/220 F** 3 pers. **250 F**

Ouvert : toute l'année.

100	14	10	2	4	15	70	25	10	2

LATAPIE Joseph - La Croix des Hauteurs - 64800 LESTELLE-BETHARRAM - Tél : 05 59 71 96 18

LOUHOSSOA

(TH) *C.M. 64*

5 ch. **Biarritz et Saint-Jean-de-Port 25 km.** Maison de maître du XIXe, Silencenia est la maison du silence, au cœur de 3 hect au bord d'un petit lac. Vous apprécierez le charme des ch. aux lits baldaquins. Passionnés de cuisine : pains, confitures et produits locaux vous attendent à la table d'hôte. Ambiance assurée à la bodega du patron/grillades au feu de bois. Essayez le sauna relaxant aux huiles esentielles. Langues parlées : anglais, espagnol.

CV

Prix : 1 pers. **320 F** 2 pers. **350 F** pers. sup. **70 F** repas **120 F**

Ouvert : toute l'année.

25	15	6	3	10	10	150	60	8	6

MALLOR Krystel & Philippe - Domaine Silencenia - 64250 LOUHOSSOA - Tél : 05 59 93 35 60 ou SR : 05 59 11 20 64

LOUVIE-JUZON Pedestarres

(TH) *C.M. 234*

5 ch. **Pau et Gourette 26 km.** Jean et Juliette vous accueillent avec plaisir et simplicité. Cette ferme ossaloise vous offre 5 ch. confortables, un grand parc ombragé. Dans ce cadre de verdure, retrouvez les plaisirs de la nature. Vous dégusterez : foie gras, confit, garbure arrosé de Jurançon. Situé au carrefour de plusieurs vallées, prés de Pau et de Lourdes. Poss. de randonnées. Table d'hôte sur réservation. Autre activité : camping à la ferme (6 emplacements). Tarif 4 pers. : 360/400 F. Lit supplémentaire : 20 F.

CV

Prix : 1 pers. **210 F** 2 pers. **230/260 F** 3 pers. **290 F** pers. sup. **20 F** repas **80/100 F**

120	5	5	5	10	25	25	25	25	5

GUILHAMET Jean - Pedestarres - 64260 LOUVIE-JUZON - Tél : 05 59 05 70 37

LUCQ-DE-BEARN Quartier Auronce

(TH) *C.M. 64*

3 ch. **Oloron-Sainte-Marie 5 km. Pau 40 km.** Marie et sa famille vous accueillent dans leur jolie ferme béarnaise, carrefour des vallées d'Aspe, d'Ossau et de Barétous. Vous pourrez vous adonner au plaisir de la cueillette des légumes du potager et profiter du savoir-faire culinaire de la maîtresse de maison. A table vous goûterez la garbure, les escalopes au Jurançon, volailles maison et charlottes aux fruits.

CV

Prix : 1 pers. **200 F** 2 pers. **240 F** 3 pers. **300 F** repas **85 F**

Ouvert : toute l'année.

100	4	5	5	5	40	60	60	5	5

LAVIE Marie - Quartier Auronce - 64360 LUCQ-DE-BEARN - Tél : 05 59 39 18 39 ou SR : 05 59 11 20 64 - Fax : 05 59 36 06 48

LUCQ-DE-BEARN Quartier Marquesouquère

(TH)

1 ch. **Pau 30 km. Vignoble de Jurançon à proximité.** 1 ch. bis. Au cœur de la campagne béarnaise, Jacqueline vous conseillera pour découvrir le Jurançon et les produits régionaux que vous pourrez également déguster à la table familiale. Salon avec cheminée. TV au salon réservée aux hôtes. Chauffage électrique. Langue parlée : espagnol.

CV

Prix : 1 pers. **140 F** 2 pers. **180 F** 3 pers. **250 F** repas **80 F** 1/2 pens. **320 F**

Ouvert : toute l'année.

90	20	8	8	8	30	70	70	15	8

CAUSSOU Jacqueline - Quartier Marquesouquère - 64360 LUCQ-DE-BEARN - Tél : 05 59 34 37 54 ou 06 87 65 62 38

MONEIN

(TH) *C.M. 64*

5 ch. **Pau et Oloron-Sainte-Marie 20 km.** Sur la route des vins du Jurançon. Dans leur belle ferme béarnaise à cour fermée, Daniel et Marie-Jo vous reçoivent en amis. 5 ch. au décor choisi offrent calme et confort. en fin d'aprés midi, Daniel sera ravi de vous montrer une palombière ou sa vigne face aux Pyrénées. A l'heure du dîner, Marie-Jo vous propose la table familiale sur la terrasse dans un écrin de fleurs : garbure, poule au pot, pêches au vin... Langues parlées : anglais, espagnol.

CV

Prix : 1 pers. **200/260 F** 2 pers. **260/320 F** 3 pers. **330/400 F** repas **90 F**

Ouvert : toute l'année.

80	15	3	3	5	15	60	60	15	5

NOUSTY Marie-José - Quartier Laquidée - 64360 MONEIN - Tél : 05 59 21 41 38 ou SR : 05 59 11 20 64 - Fax : 05 59 21 28 96

MONEIN Maison Laguilharre

2 ch. **Pau 20 km. Vignoble de Jurançon à proximité.** Aménagées au rez-de-chaussée d'une dépendance. La maison est située sur la crête d'un coteau et offre un splendide point de vue panoramique. Possibilité de Kayak et rafting. Vélo. Village sourire. Salon. Salon de jardin. Langues parlées : allemand, anglais.

CV

Prix : 1 pers. **180 F** 2 pers. **230 F** pers. sup. **50 F**

Ouvert : toute l'année.

90	20	5	5	10	20	50	50	5	5

GERST Hermann - Laguilharre - Quartier Castet - 64360 MONEIN - Tél : 05 59 21 39 26 - Fax : 05 59 21 49 73 - E-mail : Hermann.Gerst@wanadoo.fr.

MONEIN

1 ch. **Pau 20 km. Vignoble de Jurançon à proximité.** 1 ch. au r.d.c. d'une belle demeure du XVIIIe. Vous serez accueillis dans une maison de caractère,où il fait bon se reposer en terrasse, à l'ombre des glycines tout prés de la piscine. La vue est imprenable, la décoration est raffinée et les petis déjeuners gourmands. Langues parlées : anglais, espagnol, allemand.

CV

Prix : 1 pers. **260 F** 2 pers. **320 F** 3 pers. **400 F**

Ouvert : toute l'année.

80	20	SP	1	10	20	50	50	15	1

FONTAGNERES Elisabeth - Quartier Trouilh - 64360 MONEIN - Tél : 05 59 21 43 22 ou SR : 05 59 11 20 64

MONSEGUR Maison Cap Blanc

TH *C.M. 64 Pli 47/48*

4 ch. **Château de Montaner 7 km. Vignoble de Madiran 20 km.** Monségur, à prox. du vignoble de Madiran et du Gers, face aux Pyrénées. 4 chambres accueillantes aménagées dans une maison béarnaise indép. Salon/bibliothèque/TV. jardin ombragé avec piscine et terrasse privative. La maison Cap Blanc offre confort, repos et convivialité. Francine vous propose en soirée sa cuisine du Sud. Langues parlées : anglais, espagnol.

CV

Prix : 1 pers. **290 F** 2 pers. **320 F** 3 pers. **350 F** pers. sup. **90 F** repas **110 F**

Ouvert : toute l'année.

140	10	SP	SP	1	20	70	70	18	5

MAUMY Françine - Maison Cap Blanc - 64460 MONSEGUR - Tél : 05 59 81 54 52 ou SR : 05 59 11 20 64 - Fax : 05 59 81 54 52 - E-mail : Maumy.Francine@wanadoo.fr

MONTORY Sallenave

TH *C.M. 234*

3 ch. **Gorges de Kakuetta 15 km.** Dans une ancienne ferme à la limite du Béarn. Calme assuré dans un trés bel environnement à 2,5 km du village. Proche de sites exceptionnels (Kakueta, Holzarte, forêt des Arbailles, rocher Arguibelle) et sentiers de randonnées.

CV

Prix : 1 pers. **220 F** 2 pers. **250 F** 3 pers. **330 F** repas **85 F** 1/2 pens. **200 F**

Ouvert : du 1er mars au 15 novembre.

90	50	10	10	5	70	35	25	25	10

RUATA J-Pierre & Jeanine - Maison Sallenave - Route de Haux - 64470 MONTORY - Tél : 05 59 28 59 69

MORLANNE Manoir d'Argeles

TH

3 ch. **Château de Morlanne 500 m. Pau 23 km.** Cadre artistique et champêtre offrent calme, luminosité, vue panoramique, grand parc aux arbres centenaires, piscine, vaste salon avec cheminée et piano à queue, expos peintures et sculptures, ateliers peinture, ping-pong, pétanque. Petit déjeuner complet confiture, yaourt maison. Table d'hôtes créative (lapins aux 2 moutardes, tagine de canard, saumon macéré à la suédoise). Enfants - 7 ans : 50 F. Langues parlées : allemand, anglais.

CV

Prix : 1 pers. **250/300 F** 2 pers. **280/340 F** pers. sup. **80 F** repas **100 F**

Ouvert : toute l'année.

80	23	SP	8	23	30	80	80	23	10

JEHLE-LECONTE Rose-Marie - Manoir d'Argeles - 64370 MORLANNE - Tél : 05 59 81 44 07 ou 05 59 81 42 47 - Fax : 05 59 81 42 47 - E-mail : manoirdargeles@aol.com - http://www.manoir-d-argeles.bellerose.com

OGEU-LES-BAINS Hameau du Grand Chêne

2 ch. **Oloron-Sainte-Marie 4 km.** Aménagées dans une ancienne ferme béarnaise, au pied des vallées pyrénéennes. Séjour avec cheminée, coin-salon, kitchenette. Poss. l-linge. Jardin ombragé plein sud avec beau point de vue sur les Pyrénées. Salon de jardin. A découvrir : Oloron-Ste-Marie, les vallées d'Aspe et d'Ossau. Langues parlées : allemand, anglais.

CV

Prix : 1 pers. **170 F** 2 pers. **250 F** 3 pers. **320 F** pers. sup. **70 F**

Ouvert : toute l'année.

100	10	10	4	4	20	30	30	4	4

SELINGER Paul - Maison Saint-Marty - Hameau du Grand Chêne - 64480 OGEU-LES-BAINS - Tél : 05 59 34 93 36 - Fax : 05 59 34 93 82 - E-mail : PSeli9302@aol.com

ORRIULE

TH C.M. 64

2 ch. **Sauveterre-de-Béarn 7 km. Salies-de-Béarn 9 km.** 2 ch. à l'ét. Trés belle ferme du XIXe, surplombant le village. Vous serez séduits par la simplicité et le raffinement de la décoration : pierres taillées, terres cuites, poutres apparentes et murs patinés aux tons ensoleillés. Meubles anciens et tentures cossues témoignent du passé. Les petits déjeuners et la table d'hôtes pourront être pris sur la grande terrasse exposée plein sud face à la chaîne des Pyrénées. Un havre de paix. Langue parlée : anglais.

Prix : 2 pers. **280 F** repas **80 F**

Ouvert : toute l'année.

80	15	12	9	80	80	12	7

ROBELIN Gilles - Maison Hitos - 64390 ORRIULE - Tél : 05 59 38 11 70 ou SR : 05 59 11 20 64

OSSES Mendikoa-Laka

C.M. 234

5 ch. **Saint-Etienne-de-Baïgorry 10 km.** 5 chambres avec douches et lavabos privés. 2 WC communs. Salle de séjour réservée aux hôtes. Entrée indépendante. Salon de jardin. Camping à la ferme à 1 km. Au cœur de la vallée basque de Cize et Baïgorry, vous pourrez vous reposer dans le grand parc ombragé, bordé par une rivière. Randonnées pédestres sur place.

Prix : 2 pers. **180 F**

45	20	6	1	1	35	1	1

LEKUMBERRY Pierre - Mendikoa Laka - 64780 OSSES - Tél : 05 59 37 70 29 - Fax : 05 59 37 70 29

OSSES

TH

4 ch. **Saint-Etienne-de-Baïgorry 8 km.** Vous serez accueillis dans une jolie bergerie restaurée dans la tradition basque. Les ch. sont confortables, décorées avec beaucoup de goût. Pierrette, agricultrice, vous fera découvrir les secrets de fabrication de son fromage de brebis qui vous sera proposé à sa table d'hôtes accompagné de la délicieuse confiture de cerises d'Itxassou. Table d'hôte de juin à septembre. Repas enf. 70 F. Langues parlées : espagnol, anglais.

Prix : 2 pers. **240 F** repas **90 F**

Ouvert : toute l'année.

40	10	8	7	30	75	45	1,5	8

JAUNARENA Pierrette - Maison Gaztenania - 64780 OSSES - Tél : 05 59 37 78 21

PAGOLLE Elichondoa

TH C.M. 64

4 ch. **Saint-Palais 15 km.** 4 ch. dont 1 suite. Michelle vous accueille dans un ancien relais-auberge du XVIIe dans un petit village à l'activité pastorale. A la table d'hôtes, vous saurez apprécier le pain fait quotidiennement ainsi que les légumes du jardin. Sur la voie de St Jacques de Compostelle, les propriétaires vous parleront de l'histoire du pélerinage. Table d'hôtes sur réservation. Langue parlée : anglais.

Prix : 1 pers. **250/270 F** 2 pers. **270/290 F** 3 pers. **340/360 F** pers. sup. **70 F** repas **100 F**

Ouvert : toute l'année.

70	28	12	12	15	80	65	55	32	12

WALTHER Michèle - Elichondoa - 64120 PAGOLLE - Tél : 05 59 65 65 34 ou SR : 05 59 11 20 64 - E-mail : jean.walter@online.fr

PAU

TH C.M. 234

3 ch. **Pau 5 km. Lourdes 30 km. Les Pyrénées 40 km.** A l'ét. de la ferme du propriétaire, au Nord de Pau. Sanitaires communs. Coin-cuisine réservé aux hôtes. Entrée indép. et parking privé. Jardin ombragé, salon de jardin. Portique. Mur d'escalade et jeux pour enf. Ping-pong. Tous loisirs à 5mn. Table d'hôtes sur réservation. Boulevard des Pyrénées et vieille ville à 5 mn. Découverte du tissage dans l'atelier des propriétaires. Culture et transformation des petits fruits rouges, moutons, basse-cour. Vente de confiture. Langues parlées : espagnol, anglais.

Prix : 1 pers. **160 F** 2 pers. **190 F** repas **75 F**

Ouvert : toute l'année.

100	40	1	1	5	5	50	50	5	1

ROUSSET-SEGER - 73 avenue Copernic - 64000 PAU - Tél : 05 59 84 36 85 - Fax : 05 59 84 36 85

POEY-D'OLORON

TH

4 ch. **Oloron-Sainte-Marie 10 km.** 2 ch. r.d.c. 2 ch. à l'ét. Piscine, parc. Thierry et Odile vous invitent, dans les dépendances de leur maison de maître du XIXe. Dans un cadre de verdure, vous profiterez de la tranquilité du parc. Les chambres se distinguent par des harmonies de couleurs. Les repas sont préparés à partir des produits de la ferme.

Prix : 1 pers. **200 F** 2 pers. **270 F** 3 pers. **350 F** pers. sup. **60 F** repas **100 F**

Ouvert : toute l'année.

80	7	SP	10	4	25	60	60	10	10

CIVIT Thierry - 64400 POEY-D'OLORON - Tél : 05 59 39 59 93 ou SR : 05 59 11 20 64 - Fax : 05 59 39 59 93

PONTACQ

1 ch. **Pau 25 km. Lourdes 15 km.** Suite aménagée à l'ét. mansardé d'une maison béarnaise du XVIIIe, ouverte sur un jardin très fleuri, dans le village. 1 grande ch. (1 lit 2 pers. 1 lit 1 pers.) communiquant avec 1 petite ch. (1 lit 1 pers.). Séjour/cheminée. Chauffage central. Parking. Supplément de 100 F pour ch. indépendante 1 pers.

CV

Prix : 1 pers. **220 F** 2 pers. **250 F** 3 pers. **310 F**

Ouvert : toute l'année.

150	11	0,3	0,3	1,5	11	30	50	11	SP

RACLET Jacqueline - 3 rue Beauvais Poque - 64530 PONTACQ - Tél : 05 59 53 65 73

PONTIACQ-VILLEPINTE

TH

3 ch. **Pau 35 km. Lourdes 30 km.** Près de Lourdes et des Hautes Pyrénées, Michel et Nicole vous accueillent dans une belle maison béarnaise. Les chambres offrent une vue sur le parc ombragé. A la table d'hôtes, les repas sont cuisinés à partir de produits de la ferme : poulet grillé au vinaigre de framboise, magret grillé au feu de bois, crème brûlée... Accueil chaleureux et familial.

CV

Prix : 1 pers. **200 F** 2 pers. **220 F** 3 pers. **270 F** pers. sup. **50 F** repas **80 F**

Ouvert : toute l'année.

70	2	10	5	4	25	70	50	25	10

VIGNOLO Michel et Nicole - Route de Montaner - 64460 PONTIACQ-VILLEPINTE - Tél : 05 59 81 91 45

SAINT-ARMOU

2 ch. **Pau 18 km.** Entrée indép. 2 ch. avec sanitaires privés. Goûtez au charme d'une maison de maître du début du siècle, située au cœur d'un village paisible. Vous serez séduit par cette ancienne propriété d'élevage de chevaux de courses. Ne manquez pas de déguster le petit déjeuner maison : confitures de Marie, lait de ferme (vous pourrez voir la traite sur place).

CV

Prix : 1 pers. **180 F** 2 pers. **220 F** 3 pers. **320 F** pers. sup. **60 F**

Ouvert : toute l'année.

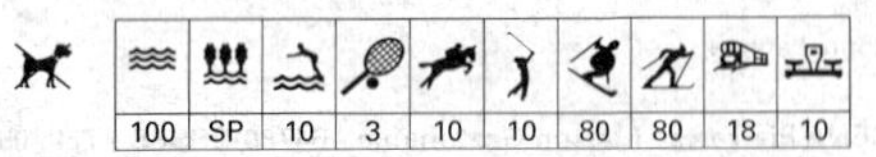

100	SP	10	3	10	10	80	80	18	10

BRITIS Alain et Marie - 10 chemin d'Anos - 64160 SAINT-ARMOU - Tél : 05 59 68 93 70 - E-mail : m-a.britis@wanadoo.fr - http://perso.wanadoo.fr/chambres-bearn

SAINT-ESTEBEN Yaureguia

4 ch. **Hasparren 10 km. Grottes d'Isturitz et d'Oxocelaya 5 km.** Chez un producteur de lait, 4 grandes ch. (3 lits 2 pers. 1 lit 120, 2 lits 1 pers.) à l'ét. d'une ancienne demeure seigneuriale du XIIIe. Salon/TV et cheminée réservé aux hôtes. Site reposant/terrasse et salon de jardin. Chemins de randonnées. Région de côteaux au cœur du Pays Basque à mi-chemin entre mer et montagne. Langue parlée : espagnol.

CV

Prix : 1 pers. **170 F** 2 pers. **230 F** 3 pers. **280 F** pers. sup. **50 F**

Ouvert : toute l'année.

40	30	10	10	10	40	40	45	40	10

DURRUTY Annie - Jaureguia - 64640 SAINT-ESTEBEN - Tél : 05 59 29 65 34

SAINT-ETIENNE-DE-BAIGORRY Yaureguia

3 ch. **Saint-Etienne-de-Baïgorry 1 km.** Dans une maison du XVIe, ancienne demeure de la famille d'Albret. Aux pied des Crêtes d'Iparla, dans un site protégé, vous vous trouvez au point de départ de nombreuses randonnées. Daniel, propriétaire des lieux est accompagnateur de montagne, il vous conseillera les meilleurs itinéraires.

CV

Prix : 2 pers. **350/400 F**

Ouvert : toute l'année.

50	1	1	50	50	25	10	1

HARGAIN Daniel - Yaureguia - Quartier Urdos - 64430 SAINT-ETIENNE-DE-BAIGORRY - Tél : 05 59 37 49 72 ou 06 87 52 79 24

SAINT-ETIENNE-DE-BAIGORRY Inda

TH *C.M. 234*

3 ch. **Saint-Etienne-de-Baïgorry 1 km.** Ancienne ferme basque datant de 1724, notre maison de famille spacieuse au mobilier ancien et traditionnel est située au cœur du vignoble d'Irouléguy. A table, la maîtresse de maison s'appliquera à vous faire goûter les spécialités locales et savourer sa cuisine préparée à partir des produits de la ferme. En été pas de repas le dimanche soir. Enf. - 10 ans 120 F.

CV

Prix : 1 pers. **180 F** 2 pers. **250 F** 3 pers. **350 F** repas **85 F**

60	10	1	1	15	45	100	35	1	1

DORRE Agnès - Maison Inda - Quartier Occos - 64430 SAINT-ETIENNE-DE-BAIGORRY - Tél : 05 59 37 43 16

SAINT-ETIENNE-DE-BAIGORRY Château d'Etchaux *C.M. 234*

4 ch. **Château d'Etchaux sur place. Saint-Etienne-de-Baïgorry 500 m.** 3 ch. et 1 suite aménagées dans un château du XIe qui domine le village de St-Etienne-de-Baïgorry, dans un grand parc aux arbres centenaires. 2 ch. (2 lits 2 pers.), 1 ch. (2 lits 110), 1 suite (salon privatif, 1 lit 160). Grand séjour commun. Terrasse. Le parc offre la détente, le calme et la fraîcheur de sa rivière. Langues parlées : anglais, espagnol.

CV

Prix : 2 pers. **500/800 F**

Ouvert : toute l'année.

50	10	1,5	1,5	15	30	80	45	10	0,5

PIERNE Line - Château d'Etchaux - 64430 SAINT-ETIENNE-DE-BAIGORRY - Tél : 05 59 37 48 58 - Fax : 05 59 59 01 90

SAINT-GLADIE (TH) *C.M. 64*

3 ch. **Salies-de-Béarn 10 km. Sauveterre-de-Béarn 5 km.** Charmante maison béarnaise du XVIe, décorée avec beaucoup de goût : vieux meubles, tableaux colorés, beaux tissus habillent élégamment séjours et salons. Janine et Jacques vous invitent au bord de la piscine entourée d'un parc ombragé et fleuri. La cuisine généreuse servie à la table d'hôtes s'inspire des traditions du Sud-Ouest. Une visite chez des amis. Suite : 450/550 F. Langue parlée : anglais.

CV

Prix : 1 pers. **330 F** 2 pers. **380 F** repas **130 F**

Ouvert : toute l'année.

70	25	SP	10	10	10	80	80	25	5

ROMEFORT Jacques et Janine - Lou Guit - Qu. Arrive - 64390 SAINT-GLADIE - Tél : 05 59 38 97 38 ou SR : 05 59 11 20 64 - Fax : 05 59 38 97 38

SAINT-JEAN-LE-VIEUX Subiatia

2 ch. **Saint-Jean-Pied-de-Port 2 km. Forêt d'Iraty 30 km.** Ancienne maison de style navarrais située dans un quartier calme à prox. d'un ruisseau. 1 ch. (1 lit 2 pers.)/s. d'eau. Wc. 1 suite/2ch. communicantes et sanitaires communs (2 lits 2 pers. 1 lit 1 pers). Entrée indép. Séjour indép. Coin cuisine réservé aux hôtes. L-linge. TV. Parking. Calme et repos assurés. Tarif 4 pers. : 450 F.

CV

Prix : 1 pers. **215 F** 2 pers. **240 F** pers. sup. **75 F**

Ouvert : toute l'année.

55	45	2	2	17	50	60	30	2	1,5

ESPONDE Monique - Subiatia - 64220 SAINT-JEAN-LE-VIEUX - Tél : 05 59 37 08 21

SAINT-JEAN-PIED-DE-PORT *C.M. 234*

2 ch. **Espagne 4 km. Forêt d'Iraty 26 km.** 2 ch./sanitaires privés non communicants à l'ét. Parking privé. Jolie maison basque perchée sur une colline, surplombant la vallée de la Nive. Les propriétaires connaissent bien les montagnes de Cize et Baïgorry, et vous indiqueront de belles balades. Le pastoralisme n'a aucun secret pour eux : transhumance, fabrication de fromage, langue et traditions basques... Calme et repos.

CV

Prix : 2 pers. **230/250 F**

50	1	0,5	0,5	40	26	0,9	0,5

LANDABURU Suzanne et Raymond - 4 chemin de Taillapalde - 64220 SAINT-JEAN-PIED-DE-PORT - Tél : 05 59 37 08 05 - Fax : 05 59 37 08 05

SAINT-JEAN-PIED-DE-PORT

4 ch. **Espagne 5 km.** A l'ét. dans une maison basque avec accés indép. Terrasse, patio, barbecue, bibliothèque. Outre le confort et le calme, vos hôtes vous apporteront leurs conseils précieux : visites, la forêt d'Iraty, Roncevaux, à vous de choisir vos sorties. On arrive ici par hasard, et on y reste par plaisir ! Langue parlée : anglais.

CV

Prix : 2 pers. **250 F** 3 pers. **320 F**

Ouvert : toute l'année.

60	0,8	0,8	40	30	0,9	0,8

GARICOITZ Clara et Jean - Chemin de Taillapalde - 64220 SAINT-JEAN-PIED-DE-PORT - Tél : 05 59 37 06 46

SAINT-MICHEL Ferme Ithurburia (TH) *C.M. 234*

5 ch. **Saint-Jean-Pied-de-Port 5 km.** 5 chambres dont une avec sanitaires non communiquants. Mezz. à chaque chambre. Grande salle commune réservée aux hôtes (cheminée). Kitchenette. Bibliothèque. TV. Entrée indép. Jardin. De la galerie couverte où donnent toutes les chambres, vous pourrez admirer un magnifique point de vue. Située sur un chemin de St Jacques de Compostelle, cette ferme domine la vallée de St-Jean-Pied-de-Port.

CV

Prix : 1 pers. **200 F** 2 pers. **250 F** 3 pers. **330 F** pers. sup. **60 F** repas **90 F** 1/2 pens. **210 F**

65	7	5	5	5	40	30	5	5

OURTIAGUE-PARIS Jeanne - Ferme Ithurburia - 64220 SAINT-MICHEL - Tél : 05 59 37 11 17

SAINT-MICHEL Altzia

3 ch. **Saint-Jean-Pied-de-Port 1,5 km.** Dans une ferme rénovée à l'extérieur d'un petit village. Altzia est une exploitation en activité dont la production principale est le canard. Marie-Claire aime partager son savoir sur la culture et le patrimoine du Pays Basque et vous accueillera chaleureusement dans sa maison.

Prix : 2 pers. **240 F**

Ouvert : toute l'année.

60	1,5	1,5	1,5	60	30	1,5	1,5

AHAMENDABURU Marie-Claire - Altzia - 64220 SAINT-MICHEL - Tél : 05 59 37 24 90

SAINT-PEE-SUR-NIVELLE Ferme Uxondoa

5 ch. **Saint-Jean-de-Luz 9 km.** A l'ét., avec 2 suites au 2e ét./terrasses indép. Ancienne ferme basque rénovée en bordure de Nivelle, sur propriété de 6 ha. Pêche réservée. Petits déjeuners avec confitures maison et fruits rouges de l'exploitation en saison. Calme et nature à 10 mn des plages. 10% de réduction hors juillet-août.

Prix : 1 pers. **325/400 F** 2 pers. **350/450 F** 3 pers. **500 F**

Ouvert : toute l'année.

9	2	3,5	2	2	9	9	2

POULET - Ferme Uxondoa - Quartier Elbarron - 64310 SAINT-PEE-SUR-NIVELLE - Tél : 05 59 54 46 27 ou 06 85 87 84 75

SAINT-PEE-SUR-NIVELLE Bidachuna

3 ch. **Biarritz 15 km. Saint-Jean-de-Luz 20 km.** A l'orée d'une forêt classée, face aux Pyrénées, Bidachuna, ferme bastide du XIXe se blottit dans un écrin de verdure et de quiétude. Cette ancienne halte sur les chemins de St Jacques vous accueillera en ce lieu magique propice à la méditation. Demeure de charme qui témoigne de la passion d'Isabelle pour un certain art de vivre. Langues parlées : anglais, espagnol.

Prix : 1 pers. **500/550 F** 2 pers. **550/600 F**

Ouvert : toute l'année.

15	3	15	6	6	4	15	6

ORMAZABAL Isabelle - RD3 - Bidachuna - 64310 SAINT-PEE-SUR-NIVELLE - Tél : 05 59 54 56 22 - Fax : 05 59 47 31 00

SAINTE-ENGRACE

Alt. : 630 m (TH)

5 ch. **Gorges de Kakuetta 5 km et d'Holzarte 15 km.** 4 ch. avec douche, 1 ch. avec baignoire, parking privé. Au pied de la montagne, cette typique maison basque vous offre une vue surprenante sur les gorges d'Ehujarre. Goûtez au dépaysement de ce charmant village à l'exceptionnelle église romane du XIe. Ambroise et Madeleine vous proposent leur copieuse table d'hôtes.

Prix : 1 pers. **210 F** 2 pers. **250 F** repas **80 F** 1/2 pens. **205 F**

Ouvert : toute l'année.

120	33	10	18	100	11	11	50	18

BURGUBURU Ambroise - Maison Elichalt - 64560 SAINTE-ENGRACE - Tél : 05 59 28 61 63 - Fax : 05 59 28 75 54

SAINTE-SUZANNE

2 ch. **Orthez, base nautique et Saligue-aux-Oiseaux 5 km.** 2 ch. à l'étage dans une maison béarnaise rustique. Dans le séjour, vieilles poutres, cheminée, plâtre à l'ancienne vous attendent chez cet agriculteur. De nombreuses activités aux alentours, comme le lac de Biron où vous pourrez profiter de la plage, faire un tour de barque ou pédalo ou découvrir les multiples espèces animales qui nichent au bord du lac.

Prix : 1 pers. **200 F** 2 pers. **250 F**

Ouvert : toute l'année.

80	5	5	5	5	15	80	80	5	5

LAHERRERE Jacky - Maison Hory - 64300 SAINTE-SUZANNE - Tél : 05 59 69 35 26

SALIES-DE-BEARN La Closerie du Guilhat

(TH) *C.M. 64*

4 ch. **Salies-de-Béarn 4 km (station thermale).** Dans cette oasis de verdure, M-Christine vous ouvre les portes de cette ancienne maison de maître béarnaise ou règne la sérénité. Autour de la grande table vous savourerez en toute convivialité garbure, pipérade, poule au pot... près de la cheminée ou sur la terrasse face aux Pyrénées. Sur place : parc de collection, pépinière, rando. A prox. remise en forme, golf, pêche, casino. Tarif 4 pers. 450 F. Langue parlée : anglais.

Prix : 1 pers. **250/300 F** 2 pers. **295/345 F** 3 pers. **395 F** pers. sup. **70 F** repas **95 F**

Ouvert : toute l'année.

50	15	3	3	3	3	70	70	6	4

POTIRON Marie-Christine - La Closerie du Guilhat - Quartier du Guilhat - 64270 SALIES-DE-BEARN - Tél : 05 59 38 08 80 ou SR : 05 59 11 20 64 - Fax : 05 59 38 08 80 - E-mail : guilhat@club-internet.fr

SARE Larochoincoborda

C.M. 234

3 ch. **Saint-Jean-de-Luz 15 km. Train de la Rhune 2 km.** Sur les flans de La Rhune, au bout du long chemin, vous découvrirez une authentique ferme basque du XVIIIe, dans un site classé exeptionnel. Le petit déjeuner vous sera servi dans une pièce chaleureuse ou sur la terrasse avec vue sur les montagnes environnantes. Randonnées et GR 10 à prox. Poss. table d'hôtes en hors saison.

Prix : 1 pers. **350 F** 2 pers. **350 F** 3 pers. **500 F**

Ouvert : toute l'année.

15	10	2,5	2,5	2,5	15	15	2,5

BERTHON Jacques - Larochoincoborda - Quartier Lehenbiscaye - 64310 SARE - Tél : 05 59 54 22 32

SARE Olhabidea

C.M. 234

4 ch. **Saint-Jean-de-Luz 15 km.** 3 ch. et 1 suite. Salon, salle à manger réservées aux hôtes. Entrée indép. Grand jardin. Terrasses. Sare est probablement l'un des villages les plus typiques du Pays Basque. Vous y serez accueillis dans une belle maison où la décoration intérieure égale le splendide paysage des alentours par Anne-Marie et sa famille qui vous parlerons du Pays Basque avec amour.

Prix : 1 pers. **300 F** 2 pers. **350/380 F** 3 pers. **600 F** pers. sup. **70 F**

Ouvert : de mars à novembre.

15	15	3	3	SP	14	17	2

FAGOAGA Anne-Marie - Olhabidea - 64310 SARE - Tél : 05 59 54 21 85 ou SR : 05 59 11 20 64 - Fax : 05 59 47 50 41

SARE Argaineneko-Borda

2 ch. **Saint-Jean-de-Luz 15 km. L'Espagne à 2 pas.** Chambres avec s.d.b. et toilettes communes et attenantes soit louées ensemble à une famille ou à 2 couples d'amis soit réservées exclusivement à 1 ou 2 pers. Entrée indép. Séjour et cheminée réservé aux hôtes. Ch. central. Jardin ombragé. Authentique ferme basque située à proximité d'un des plus beaux villages de France. Langues parlées : anglais, espagnol.

Prix : 1 pers. **200/220 F** 2 pers. **250 F** 3 pers. **400 F**

Ouvert : toute l'année.

15	7	7	7	5	15	80	15	7

SAINT-MARTIN Annie - Argaineneko Borda - 64310 SARE - Tél : 05 59 54 22 18

SARE Ibar-Gaina

2 ch. **Saint-Jean-de-Luz 12 km. Grottes de Sare 5 km. Train de la Rhune 1 km.** La maison est de style rustique comportant un ét. où se situe les chambres. Au r.d.c. se trouve la cuisine aux murs garnis de vieilles assiettes décoratives aux couleurs pastels et la salle à manger aux douces harmonies de bleus. Côté extérieur, vous apprécierez la belle terrasse entourée de fleurs et plantes sauvages.

Prix : 1 pers. **240 F** 2 pers. **270 F** 3 pers. **350 F**

Ouvert : toute l'année.

17	15	2	2	3	17	17	SP

GARBISO Marianne - Ibar-Gaina - 64310 SARE - Tél : 05 59 54 21 89

SARE Haran-Xilo

2 ch. **Saint-Jean-de-Luz 16 km. Espagne 2 km.** R.d.c. 1 ch. (1 lit 2 pers.) + 1 ch. (2 lits 2 pers.) formant une suite. Et. 1 ch. (3 pers.), le tout dans une maison de style basque entouré d'un terrain important garni d'arbres et fleurs, calme assuré, vue sur les Pyrénées. Vous découvrirez la joie de vivre dans ce pays en particulier à Sare, village classé le plus beau de France. Tarif 4 pers. : 450 F.

Prix : 1 pers. **240 F** 2 pers. **270 F** 3 pers. **350 F**

Ouvert : toute l'année.

17	10	3	3	3	15	110	80	15	3

GARBISO Gracie - Haran Xilo - Route des Grottes - 64310 SARE - Tél : 05 59 54 22 55

SARE Errotaldekoborda

TH — *C.M. 64*

4 ch. **Saint-Jean-de-Luz 14 km. Frotière espagnole 3 km.** Murielle vous accueille dans sa ferme basque du XVIIIe aux murs blanchis à la chaux. A votre réveil, vous pourrez voir passer les troupeaux de brebis, prendre le petit déjeuner au coin du feu ou à l'ombre du figuier en dégustant les confitures maison. Poss. randos (pédestres/VTT/4x4). Tél. portable : 06.11.50.03.63. A l'automne poste de chasse à la Palombe sur la propriété. Table d'hôtes sur réservation hors juillet-août. Langues parlées : anglais, espagnol.

Prix : 1 pers. **250 F** 2 pers. **300/320 F** repas **100 F**

Ouvert : toute l'année.

14	15	3	3	3	14	120	80	14	1

DAUX Murielle - Errotaldeko-Borda - Route des Ventas - 64310 SARE - Tél : 05 59 54 29 77 ou SR : 05 59 11 20 64 -
E-mail : murielle.daux@libertysurf.fr

SARE Muttilainea

2 ch. **Saint-Jean-de-Luz 15 km. Grottes de Sare 1 km. Espagne 3 km.** Jolies chambres à l'ét. de la belle maison de caractère des propriétaires, maison du XVIIe. Entrée indép. Séjour et salon (cheminée) communs donnant sur un grand jardin avec terrasse. Chauffage central. Calme. Vue panoramique. Site classé à prox. de l'Espagne, La Rhune et son petit train. Langue parlée : espagnol.

Prix : 1 pers. **230 F** 2 pers. **260/280 F** pers. sup. **70 F**

Ouvert : toute l'année.

15	10	1	1	1	15	110	70	15	1

ETCHEVERRY Bittori - Maison Muttilainea - 64310 SARE - Tél : 05 59 54 27 32 ou 06 09 86 06 46

SARE Ernainia

1 ch. **Saint-Jean-de-Luz 15 km. Grottes de Sare 1 km.** Dans la maison du propriétaire au r.d.c. Une entrée commune avec les propriétaires et une indépendante. Terrasse couverte. Jardin. Salon de jardin. Belle chambre dans un quartier calme et classé de Sare. A proximité de l'océan, vous pourrez égalment profiter de la beauté des paysages du Pays Basque intérieur. Langue parlée : espagnol.

Prix : 2 pers. **320 F**

Ouvert : toute l'année.

15	10	1	1	1	15	100	80	15	1

ITURRIA Fani - Ernainia - Quartier Ihalar - 64310 SARE - Tél : 05 59 54 28 21

SARE Uhartea

4 ch. **Saint-Jean-de-Luz 12 km. Petit traine de la Rhune 3 km.** Entrée indép. Dans une authentique ferme basque. Salon et séjour réservés aux hôtes. Kitchenette. Au pied de la redoute de Louis XIV et de la montagne de la Rhune le calme y est assuré. Ancienne ferme basque datant du XVe entièrement rénovée. Cette maison est une des plus anciennes de Sare, village classé à deux pas de l'Espagne et de l'océan. Poss. randos, chasse, pêche, golf... Langue parlée : espagnol.

Prix : 2 pers. **300/320 F** 3 pers. **400 F**

Ouvert : toute l'année.

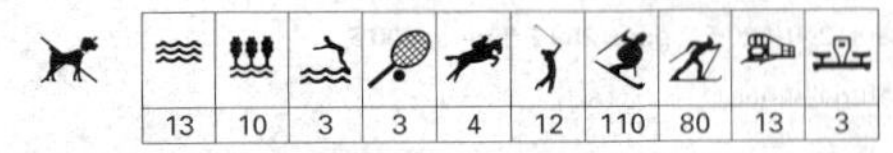

13	10	3	3	4	12	110	80	13	3

ECHEVESTE Amaia et Michel - Uhartea - Quartier Elbarun - 64310 SARE - Tél : 05 59 54 25 30

SARE Etxegaraia

1 ch. **Saint-Jean-de-Luz 15 km.** Maison basque du XVIe rénovée, dans laquelle vous serez accueillis avec chaleur par Brigitte et toute sa famille, qui vous proposeront une chambre spacieuse et confortable avec entrée indép. et balcon. La maîtresse de maison vous fera découvrir sa passion pour les miniatures et l'encadrement. Langues parlées : anglais, espagnol.

Prix : 1 pers. **250 F** 2 pers. **330 F** 3 pers. **430 F** pers. sup. **50 F**

Ouvert : toute l'année.

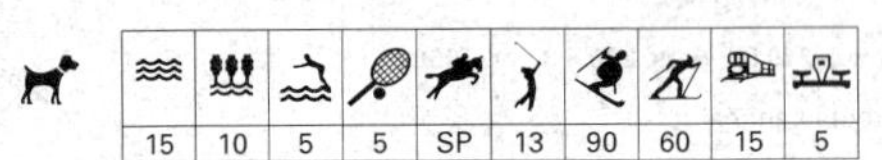

15	10	5	5	SP	13	90	60	15	5

SASIAS Brigitte - Etxegaraia - 64310 SARE - Tél : 05 59 47 50 53 ou SR : 05 59 11 20 64 - Fax : 05 05 47 50 53 - E-mail : sasias@infonie.fr

SARE Aretxola

2 ch. **Saint-Jean-de-Luz 15 km. Frontière espagnole 1,5 km.** En zone palombière, avec une vue imprenable sur le mont Axuria et les crêtes de Navarre, dans un parc arboré, laissez vous bercer par le chant des oiseaux et le roulis du ruisseau à truites en contre-bas. Trini et son mari, passionnés de chevaux, ont su donner une âme et une chaleur à leur ferme labourdine. Tél. portable : 06.12.48.82.93. Langues parlées : espagnol, anglais.

Prix : 2 pers. **300/330 F** pers. sup. **100 F**

Ouvert : toute l'année.

15	12	5	5	5	13	90	60	15	1,5

DEVOUCOUX Trini - Aretxola - Route des Grottes - 64310 SARE - Tél : 05 59 54 28 33 ou SR : 05 59 11 20 64 - Fax : 05 59 54 28 33 - E-mail : aretxola@wanadoo.fr

SARE Maison Ttakoinnenborda

TH

4 ch. **Saint-Jean-de-Luz 15 km.** Aménagées dans une maison de caractère du XVIIe en bordure de rivière, dans un écrin de verdure. La pierre, le bois et les nombreux tableaux du grand père se mélangent harmonieusement. A la table d'hôtes vous seront servis les agneaux et les poulets de la ferme ainsi que le pain frais confectionné chaque jour par le propriétaire. Langues parlées : anglais, allemand.

Prix : 1 pers. **250 F** 2 pers. **290 F** 3 pers. **350 F** repas **90 F**

Ouvert : toute l'année.

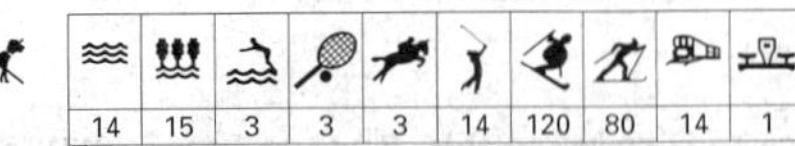

14	15	3	3	3	14	120	80	14	1

ARRIETA Alain et Mary - Maison Ttakoinenborda - 64310 SARE - Tél : 05 59 47 51 42 ou SR : 05 59 11 20 64

SAUCEDE

(TH)

3 ch. **Navarrenx 9 km. Oloron-Sainte-Marie 10 km.** Dans un ancien moulin restauré. Les chambres, spacieuses et confortables sont décorées dans les tons pastels. Au petit déjeuner, une vue imprenable vous attend sur la rivière, et la plage de la rive d'en face. Si vous baissez les yeux, vous pourrez admirer les anciennes roues et n'hésitez pas à demander aux propriétaires de vous raconter l'histoire de ce bâtiment. C'est aussi une bonne adresse pour les pêcheurs, de beaux saumons ont l'habitude de fréquenter le coin. Suite : 450 F.

Prix : 1 pers. **220 F** 2 pers. **260 F** 3 pers. **340/400 F** repas **90 F**

Ouvert : toute l'année.

80	20	9	9	5	40	80	80	10	10

BAYAUD Brigitte - Rue Principale - Chambre d'Hôte du Vieux Moulin - 64400 SAUCEDE - Tél : 05 59 34 37 21 ou SR : 05 59 11 20 64

SAUVELADE Las Campanhas

C.M. 85 Pli 5

1 ch. **Orthez 15 km.** 1 ch. (2 lits 1 pers.)/sanitaires privés communiquant. Petit déjeuner gascon. Garage. Gratuit pour enf. de moins de 10 ans. Renseignements sur la langue et l'histoire du Béarn. Situation qui permet de visiter le Béarn et le Pays Basque. Sur le chemin de Saint-Jacques-de-Compostelle.

Prix : 1 pers. **130 F** 2 pers. **200 F**

70	12	15	15	15	50	70	70	13	12

GROSCLAUDE Michel - 280 Camin de la Crotz de Lopin - 64150 SAUVELADE - Tél : 05 59 67 60 57

SERRES-CASTET Le Peyret

10 ch. **Pau 10 km.** 5 ch. spacieuses, confortables avec entrée indép. dont une accessible aux pers. handicapées. Situé sur les hauteurs de Serres-Castet, Le Peyret jouit d'une vue imprenable sur la chaîne des Pyrénées. Cette demeure du XVIIIe possède les caractéristiques de l'habitation béarnaise : souches de cheminées, lucarnes dans le toit de tuiles. Fenêtres à petits carreaux et son adorable pigeonnier. Venez profiter du parc et jeter un coup d'œil sur l'atelier d'abat-jour.

Prix : 1 pers. **350/400 F** 2 pers. **400/450 F** pers. sup. **70 F**

Ouvert : toute l'année.

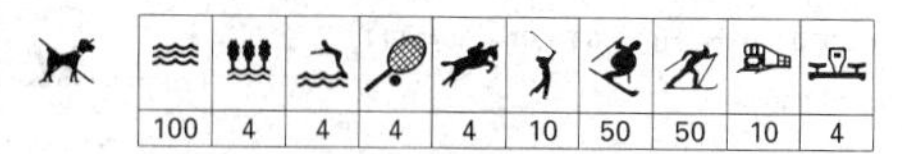

100	4	4	4	4	10	50	50	10	4

DE STAMPA P. - Chemin de Pau - Maison le Peyret - 64121 SERRES-CASTET - Tél : 05 59 33 11 92 - Fax : 05 59 33 98 02

SOURAIDE Erieutania

3 ch. **Saint-Jean-de-Luz et Biarritz 20 km. San Sebastian 40 km.** Jeanine et Bernard agriculteur, producteur de lait vous proposent 2 ch. (2 pers.) et 1 ch. (3 pers.). Chauffage. Salle à manger/TV à la disposition des hôtes. Entrée indép. Marché produits régionaux 1 à 3 km. Frontière espagnole 8 km. Pampelune 80 km.

Prix : 1 pers. **200 F** 2 pers. **220/250 F** 3 pers. **300/320 F**

Ouvert : du 1er février au 30 novembre.

20	5	1	1	3	1	50	20	1

LARRE Jeanine - Erieutania - 64250 SOURAIDE - Tél : 05 59 93 85 40

SUHESCUN

4 ch. **Saint-Jean-Pied-de-Port 11 km.** 4 chambres aménagées dans la maison du propriétaire (3 lits 2 pers. 2 lits 1 pers.). Salon réservé aux hôtes et salle de séjour commune. Ch. élect. Situées dans une ferme typique du XVIIe à quelques kilomètres de St-Jean-Pied-de-Port, vous apprécierez les nombreuses activités qu'offre cette région. Langue parlée : espagnol.

Prix : 1 pers. **200 F** 2 pers. **240 F** pers. sup. **80 F**

Ouvert : toute l'année.

50	10	11	11	50	40	11	5

ELICEITS Marguerite - Larramendia - 64780 SUHESCUN - Tél : 05 59 37 60 69 ou 05 59 37 67 69

SUHESCUN

(TH)

3 ch. **Saint-Jean-Pied-de-Port 11 km.** 2 ch. (2 lits 1 pers. 1 lit 2 pers.). et 1 chambre double (2 lits 2 pers.) aménagées dans la maison du propriétaire. Salle de séjour, kitchenette réservée aux hôtes. TV. Ch. élect. Jardin et terrasse abritée. Entrée indép. Nombreuses randonnées pédestres. Table d'hôte sur réservation (sauf dimanche). Tarif 4 pers. 400 F. Langue parlée : espagnol.

Prix : 1 pers. **180 F** 2 pers. **240 F** repas **80 F**

Ouvert : toute l'année.

50	10	11	11	5	50	40	11	5

SARAGUETA Maité - Gordagia - 64780 SUHESCUN - Tél : 05 59 37 60 93

THEZE *C.M. 64*

1 ch. **Pau 20 km.** Face aux Pyrénées, Michèle et Bernard vous accueillent dans une demeure béarnaise en galets du gave. Parc très agréable, piscine privée, salons de jardin sont à disposition sous les chênes. Vous pourrez profiter de 1 ch. mansardées aménagées avec beaucoup de goût, pour déguster les repas du terroir ou savourer le petit déjeuner : confitures maison, fruits du verger. Langue parlée : anglais.

Prix : 1 pers. **200 F** 2 pers. **250 F** 3 pers. **320 F** repas **80 F**

Ouvert : hors vacances scolaires.

110	2	SP	1	9	30	75	75	20	1

HANRIOT Michèle - Le Clos des Chênes - Rue des Pyrénées - 64450 THEZE - Tél : 05 59 04 85 45 ou SR : 05 59 11 20 64 - Fax : 05 59 04 81 43 - E-mail : michele hanriot@wanadoo.fr

UHART-CIZE Iruleya

2 ch. **Saint-Jean-Pied-de-Port 1,5 km.** Maison des propriétaires sur le chemin de St-Jacques-de-Compostelle. A 1,5 km du centre ville de St-Jean-Pied-de-Port, 2 ch. (2 et 3 pers.) avec salle de bains communiquante. Kitchenette. Maïté vous proposera un copieux petit déjeuner où vous pourrez déguster les produits maison (confiture, fromage, pâtisseries...).

Prix : 2 pers. **240 F** 3 pers. **300 F**

Ouvert : toute l'année.

55	10	2	2	25	40	2	2

JUANTORENA Maité - Iruleya - Route de Compostelle - 64220 UHART-CIZE - Tél : 05 59 37 02 84

URCUIT Relais Linague

4 ch. **Bayonne 12 km.** 3 ch. et 1 suite dans une belle maison basque à colombages bleus. Meubles chinés et restaurés, tissus colorés, un moment de dépaysement et de confort à quelques minutes de la côte basque. C'est une halte idéale pour les cavaliers et les amoureux de chevaux. Vous profiterez d'une vue imprenable sur les collines alentours, de la terrasse où vous seront servis les petits déjeuners. Table gourmande en soirée sur réservation.

Prix : 2 pers. **330 F** pers. sup. **80 F** repas **90/110 F**

Ouvert : toute l'année.

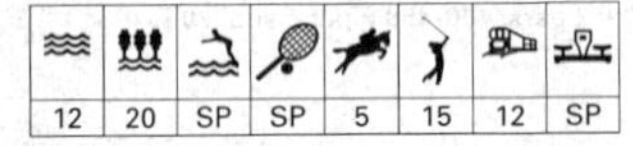

12	20	SP	SP	5	15	12	SP

BLEAU Marie - Relais Linague - 64980 URCUIT - Tél : 05 59 42 97 97 ou SR : 05 59 11 20 64

URRUGNE

3 ch. **Saint-Jean-de-Luz 3 km. Col d'Ibardin 4 km.** Entrée indép. A la campagne, cette belle demeure de style basque avec terrasse et jardin fleuri, vous offre une superbe vue sur la Rhune tout en étant à proximité des plages de Saint Jean de Luz et Hendaye. Vous serez séduits par l'ambiance mauresque qui règne dans cette maison. Chaque ch. possède une terrasse indép. Langues parlées : espagnol, anglais.

Prix : 1 pers. **250/280 F** 2 pers. **280/330 F** 3 pers. **450 F**

Ouvert : toute l'année.

3	20	4,5	1	1	5	50	5	2,5

NARDOU Murielle - Chemin rural d'Acharria Ttipy - 64122 URRUGNE - Tél : 05 59 47 45 37 - Fax : 05 59 47 45 37

URRUGNE Eskoriatza

2 ch. **Saint-Jean-de-Luz 3 km.** Marie-Danielle vous accueille chaleureusement dans un environnement calme, face à la montagne, au cœur de la campagne. Au petit déjeuner, la maîtresse de maison vous conseillera sur les activités et sites qui vous feront découvrir les charmes du Pays Basque. Les ch. sont agréables, vous apprécierez l'harmonie des couleurs et l'ambiance chaleureuse de cette famille. Suite : 600 F.

Prix : 2 pers. **350 F**

Ouvert : toute l'année.

3	15	5	1	1	3	110	80	3	1

BADIOLA Marie-Danielle - Eskoriatza - 64122 URRUGNE - Tél : 05 59 47 48 37

URT *C.M. 234*

2 ch. **Bayonne et Biarritz 20 km.** Chambres avec lavabos. Douche commune réservée aux hôtes. Chauffage central. Situé dans un quartier calme. Séjour. Jardin. Dans un village en bordure du fleuve Adour, jeux nautiques (jet ski...) à 5 km.

Prix : 1 pers. **200 F** 2 pers. **220 F**

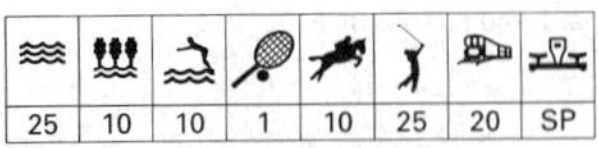

25	10	10	1	10	25	20	SP

SARRAUDE Madeleine - Allée du Campas - 64240 URT - Tél : 05 59 56 24 55

USTARITZ Arrauntz

C.M. 64

3 ch. **Biarritz 10 km. Bayonne 6 km.** Entrée indép. en r.d.c. et ét. Bereterraenea est un relais du XVIIe sur la route de la laine et des épices entre Bayonne et Pampelune. Cette paisible maison d'hôtes se tourne vers un verger de pommiers à cidre et surplombe une forêt et un affluent poissonneux la Nive. Langues parlées : anglais, espagnol.

CV

Prix : 1 pers. **250/270 F** 2 pers. **280/300 F** pers. sup. **80 F**

Ouvert : toute l'année.

10	10	4	4	5	2	100	70	7	0,4

SINDERA Nicole - Bereterraenea - Quartier Arrauntz - 64480 USTARITZ - Tél : 05 59 93 05 13 ou SR : 05 59 11 20 64 - Fax : 05 59 93 27 70 - E-mail : bereter-nicole@wanadoo.fr

VIELLESEGURE

1 ch. **Navarrenx 6 km. Orthez 15 km.** 1 ch. bis aménagée dans une villa située à l'entrée du village. Ch. mansardée avec sanitaires privatifs. Séjour/salon communs avec les propriétaires. Chauffage central. Terrasse. Salon de jardin. Espace extérieur. Situé au cœur du Béarn ce petit village vous permettra d'apprécier un séjour reposant.

CV

Prix : 1 pers. **160 F** 2 pers. **200 F** 3 pers. **320 F** pers. sup. **80 F**

Ouvert : toute l'année.

80	15	6	6	10	30	80	80	15	6

PASTOUREU Marianne - 64150 VIELLESEGURE - Tél : 05 59 60 35 91

VILLEFRANQUE

2 ch. **Bayonne 5 km. Biarritz 8 km.** A l'ét. Séjour et salon ouverts sur le jardin et les prairies voisines tachetées de moutons. Trés beau point de vue sur La Rhune et la chaîne des Pyrénées. Insolite : la galerie des portraits de famille. Délicieux petit déjeuner : gâteau basque et pâtisseries faites par J. Bernard.

CV

Prix : 1 pers. **250 F** 2 pers. **280 F** 3 pers. **380 F** pers. sup. **100 F**

Ouvert : toute l'année.

10	15	5	3	5	10	100	70	5	10

LASCARAY J-Bernard &Françoise - Chemin D137 - 64990 VILLEFRANQUE - Tél : 05 59 44 94 52

AUVERGNE

Pour réserver, écrire ou téléphoner :

03 - ALLIER
LOISIRS ACCUEIL - GITES DE FRANCE
Pavillon des Marronniers
Parc de Bellevue - B.P. 65
03402 YZEURE Cedex
Tél. : 04 70 46 81 56- Fax : 04 70 46 00.22

15 - CANTAL
GITES DE FRANCE - Service Réservation
50, avenue des Pupilles de la Nation
B.P. 738
15007 AURILLAC Cedex
Tél. : 04 71 48 64 20 - Fax : 04 71 48 64 21

43 - HAUTE-LOIRE
LOISIRS ACCUEIL - Service Réservation
12, Boulevard Philippe Jourde
B.P. 332
43012 LE PUY-EN-VELAY Cedex
Tél. : 04 71 09 91 50 - Fax : 04 71 09 54 85

63 - PUY-DE-DÔME
GITES DE FRANCE
Place de la Bourse
63038 CLERMONT-FERRAND Cedex 1
Tél. : 04 73 42 22 50 - Fax : 04 73 42 22 65

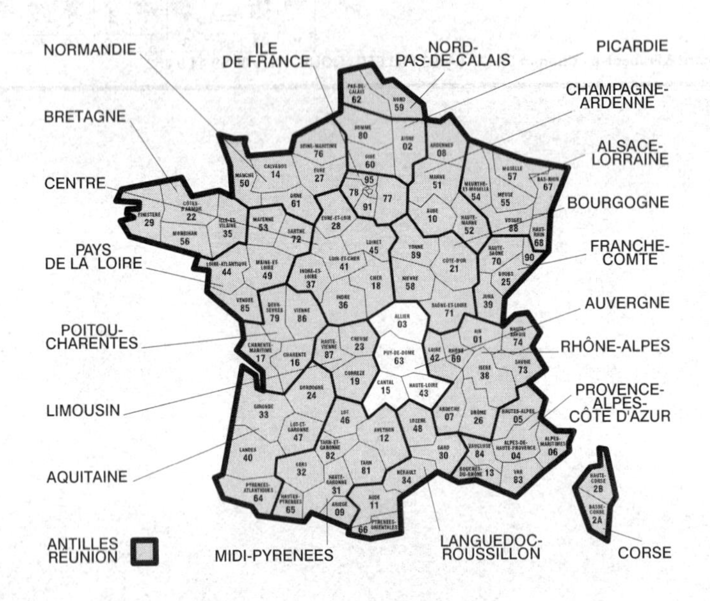

LOISIRS ACCUEIL - GITES DE FRANCE
Pavillon des Marronniers - Parc de Bellevue - B.P. 65
03402 YSEURE Cedex
Tél. 04 70 46 81 56 - Fax. 04 70 46 00 22

AGONGES Les Locateries

TH *C.M. 69 Pli 19*

1 ch. **Moulins 16 km. Bourbon l'Archambault 10 km.** Dans la maison bourbonnaise des propriétaires. R.d.c. : 1 ch. (1 lit 2 pers. 1 lit 1 pers.), bains, douche/wc privés. Salle à manger, salon, Lave-linge à disposition. Terrasse, espace vert à demi clos. Table d'hôtes. Promenade en attelage autour des chateaux. Bridge. Langues parlées : anglais, allemand.

Prix : 1 pers. **230 F** 2 pers. **280 F** 3 pers. **350 F** pers. sup. **70 F**
repas **75 F**

Ouvert : toute l'année.

4	10	8	20	1	16	18	4	16	1

SCHWARTZ Chantal et Philippe - Les Locateries - 03210 AGONGES - Tél : 04 70 43 93 63 ou 06 85 65 11 01

ARFEUILLES

C.M. 73 Pli 6

4 ch. Au premier étage d'un ancien presbytère restauré, dans le village 3 chambres (1 lit 2 pers. chacune), 1 chambre (1 lit 2 pers. 1 lit 1 pers.), salle de bains/wc pour chaque chambre. Salle commune avec cheminée : ping-pong, baby-foot, jeux de société. Autres hébergements sur place. Cour commune ombragée. Taxe de séjour.

Prix : 1 pers. **175 F** 2 pers. **200 F** 3 pers. **255 F**

Ouvert : toute l'année.

SP	15	SP	16	16	15	32	32	30	15	SP

MAIRIE D'ARFEUILLES - 03120 ARFEUILLES - Tél : 04 70 55 52 00 ou 04 70 55 50 11 - Fax : 04 70 55 53 28 - Lundi 13h30 à 16h30 - Mardi à samedi 9h à 12h

AUDES Roueron

TH *C.M. 69 Pli 11*

5 ch. **Montluçon 13 km. Forêt de Tronçais 25 km.** Dans une ancienne étable bourbonnaise restaurée en préservant l'harmonie du bois et des pierres. R.d.c. : salle de petit déjeuner, séjour, cheminée. 1er étage : 1 ch. (3 lits 1 pers.), 1 ch. (2 lits 1 pers.), 1 ch. (2 lits 1 pers. 1 lit enfant 10 ans), 1 ch. (1 lit 2 pers. 1 lit bébé), douche/wc privés par chambre, 1 ch. (1 lit 2 pers. 3 lits 1 pers.), bains/wc. Salle de séminaire. Taxe de séjour. 10 % de réduction sur séjours de plus de 3 jours.

Prix : 1 pers. **200 F** 2 pers. **260 F** 3 pers. **340 F** pers. sup. **80 F**
repas **80 F**

Ouvert : toute l'année.

SP	15	3	26	26	7	18	6	25	10	3

SION Jacques et Véronique - Domaine de Roueron - 03190 AUDES - Tél : 04 70 06 00 59 - Fax : 04 70 06 16 81 - E-mail : j.sion@03.sideral.fr - http://www.goecitiecs.com/jvsion/indep.html

BESSAY-SUR-ALLIER Les Neufonds

TH *C.M. 69 Pli 14*

4 ch. **Moulins 15 km.** Dans cette locaterie bourbonnaise rénovée. R.d.c. : 1 ch. (1 lit 2 pers.), bains, wc. 1 ch. à l'étage avec coin/salon (2 lits 1 pers. 2 lits enfants), bains, wc. 1 ch. r.d.c. avec accès indépendant (2 lits 1 pers. canapé), douche, wc. pouvant faire duplex avec 1 ch. à l'étage accès indépendants (2 lits 1 pers.), bains/wc. Salon et bibliothèque pour les hôtes. Table d'hôtes sur réservation. Chemin de randonnée sur place. Possibilité de séjour prolongé (prix forfaitaire). Réduction à partir de la 2e nuit. Coin-cuisine réservé aux hôtes sur demande. Chambres non fumeurs. Langue parlée : anglais.

Prix : 1 pers. **150/230 F** 2 pers. **200/290 F** 3 pers. **350 F**
pers. sup. **100 F** repas **85 F**

Ouvert : de juillet à septembre, autres périodes sur réservation.

2	14	2	14	15	14	10	14	12	2

LOHEZIC Catherine - Les Neufonds - 03340 BESSAY-SUR-ALLIER - Tél : 04 70 43 05 33 - Fax : 04 70 43 05 33

LE BREUIL La Tuile à Loups

TH *C.M. 73 Pli 6*

5 ch. **Vichy 22 km.** La Tuile à Loups est une maison de caractère du XVIIIe dans un parc ombragé en Montagne Bourbonnaise : 1 ch. (1 lit 2 pers.), 2 ch. (1 lit 2 pers. 1 lits 1 pers.), 1 ch. (3 lits 1 pers.), douche/wc privés, 1 ch. (1 lit 2 pers.), bains/wc privés. Lit supplémentaire sur demande. Salon, TV, salle à manger. Bibliothèque, jardin d'hiver, salle de billard français à dispo. Piscine extérieure sur place. Langues parlées : anglais, allemand, espagnol.

Prix : 1 pers. **220/250 F** 2 pers. **250/300 F** pers. sup. **70 F** repas **95 F**

Ouvert : toute l'année.

2	8	8	29	29	2	SP	29	29	33	29	5

ALVERGNAT-CARRIOT Christophe et Isa - La Tuile à Loups - 03120 LE BREUIL - Tél : 04 70 99 24 91 - Fax : 04 70 99 24 91 - http://www.tuile-a-loups.com

BUXIERES-LES-MINES Renière

(TH) *C.M. 69 Pli 13*

4 ch. Adossées à une forêt domaniale, à l'étage d'une ferme en activité : 1 ch. (1 lit 2 pers.), 1 ch. (1 lit 2 pers. 1 lit 1 pers.), douche/wc privés par ch. Rd.c. : séjour, cheminée, salle à manger communs. Dans un bâtiment entièrement restauré, on retrouve bois et pierre du pays 1 ch. (1 lit 2 pers.), 1 ch. (1 lit 2 pers. 1 lit 1 pers.). Bains ou douche/wc privés. Possibilité l-linge. Jardin clos avec jeux enfants, parc ombragé. Pâture pour chevaux. Table d'hôtes sur réservation. Départ de randonnées. Pêche sur place. Site Paléontologique à 3,5 km. Abri pique nique sur place. 10 % de réduction à partir de la 4e nuit.

CV

Prix : 1 pers. **200 F** 2 pers. **230 F** 3 pers. **280 F** pers. sup. **50 F**
repas **70/85 F**

Ouvert : toute l'année.

SP	11	3,5	5,5	5,5	12	5,5	30	45	30	3,5

BREGEOT Geneviève - Renière - 03440 BUXIERES-LES-MINES - Tél : 04 70 66 00 13 - Fax : 04 70 66 00 13

CERILLY La Tour

C.M. 69 Pli 12

1 ch. Au premier étage d'une maison de caractère. Accés indépendant : 1 chambre composée de 2 pièces (2 lits 2 pers.), salle d'eau et wc privés. Cour avec terrasse et pelouse. Forêt de Tronçais et ses plans d'eau 6 km. Equitation 3 km.

CV

Prix : 1 pers. **160 F** 2 pers. **185 F** 3 pers. **335 F** pers. sup. **25 F**

Ouvert : toute l'année.

6	17	0,4	6	6	3	6	20	25,5	0,5

GULON Renée et Daniel - La Tour - 03350 CERILLY - Tél : 04 70 67 52 47

CERILLY La Bergerie des Naudins

C.M. 69 Pli 12

1 ch. Aménagée dans une dépendance à proximité de la maison des propriétaires, tout près de la Forêt de Tronçais, une chambre (1 lit 2 pers.), salle d'eau, wc. coin cuisine. Grand espace vert clos arboré, petite mare, salon de jardin. Saint Bonnet tronçais 7 km. Langue parlée : anglais.

Prix : 1 pers. **150 F** 2 pers. **200 F**

Ouvert : toute l'année.

3	17	7	3	4	4	4	20	15	7

MALCOR Catherine & Frédéric - La Bergerie des Naudin - 03350 CERILLY - Tél : 04 70 06 14 52

CHAMBERAT La Bergerat

  *C.M. 69 Pli 11*

E.C. 2 ch. Dans un maison de caractère au milieu d'un grand parc, 2 grandes chambres d'hôtes. 1 suite de 3 pièces au 1er étage (2 lits 2 pers. 1 lit 1 pers.) bains douche et wc privés, 1 suite de 3 pièces au 2e étage (6 lits 1 pers.), douche et wc privés. Salon, séjour avec cheminée. Tennis, ping-pong sur place. salon de jardin, jeux pour enfants, billard, vélos. Barbecue, parking. Montluçon 20 km. Langues parlées : anglais, allemand, italien.

Prix : 1 pers. **280/350 F** 2 pers. **350/420 F** 3 pers. **400/470 F**
pers. sup. **50 F**

Ouvert : du 31 mars au 3 novembre.

2	20	SP	10	20	12	SP	20	20	20	9

MEIER Simone - La Bergerat - 03370 CHAMBERAT - Tél : 04 70 06 39 82 ou 04 70 06 34 54 - E-mail : labergerat@aol.com

CHAMBLET Château du Plaix

C.M. 69 Pli 12

2 ch. Dans le château familial depuis le XVIIIe siècle, dans un grand parc arboré. R.d.c. : 1 suite de 2 chambres (1 lit 160, 2 lits 1 pers. à baldaquins), bains,douche/wc. Au 1er étage : 1 chambre (2 lits 1 pers. à baldaquins), douche/wc. Salle à manger. Salon de repos, bibliothèque. Restaurants à 9 km. Lit d'appoint possible. Maison non fumeurs. Langue parlée : anglais.

Prix : 1 pers. **520 F** 2 pers. **580 F** 3 pers. **900 F** pers. sup. **150 F**

Ouvert : toute l'année sur réservation.

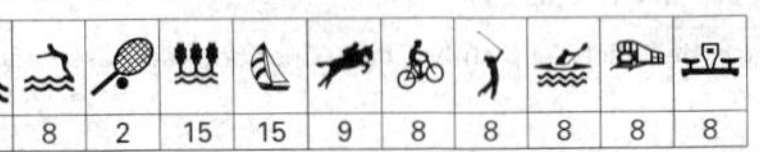

4	8	2	15	15	9	8	8	8	8	8

DE MONTAIGNAC-DE-CHAUVANCE Yves et Jacqueline - Château du Plaix - 03170 CHAMBLET - Tél : 04 70 07 80 56

CHANTELLE La Croix Saint-Urbain

(TH) *C.M. 73 Pli 4*

3 ch. Dans la ferme bourbonnaise rénovée des propriétaires, 3 chambres d'hôtes, spacieuses, mansardées. 1 ch. (1 lit 2 pers.), douche/wc. 1 ch. (1 lit 2 pers. 1 lit 1 pers.), douche/wc. 1 ch. (1 lit 2 pers. 2 lits 1 pers.), baignoire balnéo/wc. Salon. Espace vert à demi clos avec vue dégagée sur la campagne et les bois. Piscine. Table d'hôtes sur réservation. Gannat 15 km. Langue parlée : anglais.

CV

Prix : 1 pers. **200/240 F** 2 pers. **260/300 F** 3 pers. **340/370 F**
pers. sup. **70 F** repas **100 F**

Ouvert : toute l'année.

1	SP	0,8	18	32	8	SP	37	18	60	23	0,8

**CLAUS Nicole et Guy - La Croix-St-Urbain - 03140 CHANTELLE - Tél : 04 70 56 66 25 - Fax : 04 70 56 69 85 -
E-mail : guyclaus@wanadoo.fr**

LA CHAPELAUDE Montroir (TH) *C.M. 69 Pli 11*

3 ch. Dans la maison bourbonnaise des propriétaires. Au rez-de-chaussée : 1 chambre (2 lits 1 pers.). Au 1er étage : 1 chambre (2 lits 1 pers.), 1 chambre (1 lit 2 pers.), salle d'eau/wc privés attenant à chaque chambre. Séjour commun avec cheminée. En été, terrasse. Montluçon 8 km.

Prix : 1 pers. **150 F** 2 pers. **190 F** repas **60 F**

Ouvert : toute l'année.

10	10	14	8	15	10	10

PETIT Simone - Montroir - 03380 LA CHAPELAUDE - Tél : 04 70 06 40 40

CHARROUX Le Relais de l'Orient A (TH) *C.M. 73 Pli 4*

E.C. 2 ch. Au cœur d'un village médiéval classé « Beau Village de France », 2 chambres d'hôtes à l'étage de la maison de caractère des propriétaires. 1 suite (1 lit 2 pers. 1 lit 200), salle d'eau/wc, 1 ch. avec accès indépendant (1 lit 2 pers.), salle d'eau/wc, séjour, salon, bibliothèque en commun avec les propriétaires. Parc de 6000 m^2. St-Pourçain/Sioule 20 km. Langues parlées : anglais, allemand.

Prix : 1 pers. **300 F** 2 pers. **300 F** 3 pers. **380/460 F** pers. sup. **100 F** repas **150 F**

Ouvert : toute l'année.

4	12	6	25	25	4	SP	20	15	12	0,1

THYS Susette - Grande Rue - 03140 CHARROUX - Tél : 04 70 56 89 93 - Fax : 04 70 56 89 93

CHARROUX A *C.M. 73 Pli 4*

5 ch. 5 ch. sur 2 étages, dont 1 en duplex dans une tour de fortication de défense. 1ch. (1 lit 2 pers.), bains (balnéo)/wc. 1 ch. XVIII (1 lit 2 pers. 1 lit 1 pers.), 2 ch. (1 lit 2 pers.), 1 ch. familiale (2 lits 2 pers. 1 lit 1 pers.), bains/wc privés chacune, dont 3 baignoires balnéo. TV sur demande, biblio., salon avec cheminée. Salle à manger dans cave du XIIIe. Jardin arboré clos. Maison non fumeurs. La maison du Prince de Condé, ancien rendez-vous de chasse des XIIIe et XVIIIe siècles, dans une citée médiévale classée beau village de France. Langues parlées : anglais, allemand.

Prix : 1 pers. **250/300 F** 2 pers. **300/400 F** pers. sup. **100 F**

Ouvert : toute l'année.

4	10	6	4	10	4	6	20	18	12	0,1

SPEER Jon - Place d'Armes - 03140 CHARROUX - Tél : 04 70 56 81 36 ou 06 88 71 10 59 - Fax : 04 70 56 81 36 - E-mail : jspeer@club-internet.fr

CHATEL-DE-NEUVRE Les Quatre Vents (TH) *C.M. 69 Pli 14*

6 ch. Dans une maison de caractère du XIX siècle, 4 ch. (1 lit 2 pers. 1 lit 1 pers. chacune), 1 ch. (1 lit 2 pers. 2 lits 1 pers.), 1 ch. (1 lit 2 pers.), douche/wc privés pour chaque chambre. Salon, salle à manger, salle de réunions avec bibliothèque (TV). Grand espace vert dans Vignoble St Pourçinois en bordure du Val d'Allier, réserve naturelle. Moulins 18 km. Vichy 37 km. St Pourçain sur Sioule 12 km. Table d'hôtes sur réservation. Sports aériens à 23 km. Chasse à 1 km. Karting à 13 km. Langue parlée : anglais.

Prix : 1 pers. **190 F** 2 pers. **260 F** 3 pers. **330 F** pers. sup. **60 F** repas **70 F**

Ouvert : toute l'année.

0,5	12	0,5	37	37	3	15	15	0,6	80	16	0,2

BOUQUET DES CHAUX Josée et Philippe - Les Quatre Vents - 03500 CHATEL-DE-NEUVRE - Tél : 04 70 42 09 89 ou 06 07 56 89 70 - Fax : 04 70 42 09 89 - E-mail : ladivelle@wanadoo.fr

CHATEL-MONTAGNE Le Panneau Blanc Alt. : 720 m (TH) *C.M. 73 Pli 6*

4 ch. Dans une maison en pierres, au 1er étage : 2 chambres (1 lit 2 pers. 2 lits 1 pers. chacune), 2 chambres (1 lit 2 pers., 1 lit 1 pers. chacune). Douche/wc pour chaque chambres. Séjour et salon communs. Produits fermiers sur place. Ski de fond 10 km. Ski de descente 20 km. Taxe de séjour. Lapalisse 25 km.

Prix : 1 pers. **130 F** 2 pers. **180 F** 3 pers. **230 F** pers. sup. **50 F** repas **70 F**

Ouvert : toute l'année.

3	25	5	9	9	12	20	25	25	10	25	12

SENEPIN Monique et Frédéric - Le Panneau Blanc - 03250 CHATEL-MONTAGNE - Tél : 04 70 59 36 70 - Fax : 04 70 59 36 70

CHATEL-MONTAGNE Charnant Alt. : 540 m (TH) *C.M. 73 Pli 6*

2 ch. Entourée de bois et de prés vallonnés, et animée par les animaux de la ferme, cette ancienne maison entièrement rénovée, mitoyenne à l'habitation de la propriétaire, vous propose 2 chambres (1 lit 2 pers. 1 lit 1 pers.), douche/wc chacune. Séjour avec cheminée. Espace vert, terrasse, parking. Vichy 25 km.

Prix : 1 pers. **150 F** 2 pers. **200 F** 3 pers. **250 F** pers. sup. **50 F** repas **75 F**

Ouvert : du 1er mai au 30 septembre.

3	16	5	12	9	6	20	25	25	10	25	12

BRAT Brigitte - Charnant - 03250 CHATEL-MONTAGNE - Tél : 04 70 59 33 89 - Fax : 04 70 59 33 89 - http://perso.wanadoo-fr/chatel-montagne-hebergement/

CHOUVIGNY La Chouvignotte

TH — *C.M. 73 Pli 4*

4 ch. Adossées à la roche abrupte des gorges de la Sioule au pied de cette rivière prisée des pêcheurs. 3 chambres d'hôtes ont été aménagées à l'étage de la maison en pierres de pays des propriétaires. 2 ch. avec mézzanine (1 lit 2 pers. 2 lits 1 pers.), douche et wc privés pour chaque chambre. 1 ch. (3 lits 1 pers.), douche/wc. 1 ch. dans une dépendance de cette ancienne maison, idéale pour le séjour avec au r.d.c. : coin-détente, douche/wc, à l'étage (1 lit 2 pers. 1 lit 1 pers.), poss. lit d'appoint. Terrasse, salon de jardin, Pelouse, accès rivière privatif. Gannat 16 km. Langue parlée : anglais.

Prix : 1 pers. **220 F** 2 pers. **250 F** 3 pers. **320 F** pers. sup. **70 F** repas **90 F**

Ouvert : toute l'année.

SP	20	10	10	10	10	25	SP	80	25	10

TAVIGNOT Karine et Pascal - La Chouvignotte - 03450 CHOUVIGNY - Tél : 04 70 90 91 91 - Fax : 04 70 90 91 91 - E-mail : chouvignotte@wanadoo.fr - http://www.multimania.com/chouvignotte

CINDRE L'Etang

TH — *C.M. 69 Pli 15*

2 ch. Au cœur de la vallée de la Besbre, au pays de René Fallet, ancienne ferme restaurée à l'écart du bourg, 2 ch. indépendantes aménagées dans la grange (1 lit 2 pers. 1 lit 1 pers.), douche et wc privatifs pour chaque chambre. Grand séjour rustique avec mézzanine ouvrant sur un large espace arboré. Bibliothèque, coin-cuisine. Gîte rural sur place. Accueil groupes sur les 2 hébergements (12 pers.). Animaux sous réserve. Parc le Pal 25 km. Piste de Karting et Karting en salle à Varennes 15 km. Parachutisme à Lapalisse 15 km. Réduction hors saison à partir du 2e jour. Langues parlées : anglais, allemand.

CV

Prix : 1 pers. **200 F** 2 pers. **220 F** 3 pers. **285 F** repas **80 F**

Ouvert : du 31 mars au 3 novembre.

2	15	2	4	38	12	7	38	7	25	2

LEVASSEUR Liliane et Philippe - L'étang - 03220 CINDRE - Tél : 04 70 57 70 52 - Fax : 04 70 57 70 52

COULANDON La Grande Poterie

TH — *C.M. 69 Pli 14*

3 ch. Dans une ancienne grange entièrement rénovée, située à proximité de la maison des propriétaires, vous apprécierez le raffinement de la décoration jouant sur l'harmonie des couleurs, du mobilier contemporain et ancien. 1 ch. (1 lit 2 pers.), 1 ch. (2 lits 1 pers.), 1 ch. avec mezzanine (1 lit 2 pers. 1 lit 1 pers.). Douche/wc privés par chambre. Possibilité lit bébé. Salon, salle à manger. Terrasse. Piscine du propriétaire, VTT à disposition. Forêt à 400 m. Souvigny 4 km. Animaux sous réserve. Table d'hôtes sur réservation.

Prix : 1 pers. **230 F** 2 pers. **320 F** 3 pers. **360 F** pers. sup. **80 F** repas **95/120 F**

Ouvert : toute l'année.

1,5	SP	4	8	10	2	SP	10	8	8	4

POMPON Jean-Claude - La Grande Poterie - 03000 COULANDON - Tél : 04 70 44 30 39 ou 06 68 22 20 73

COUZON Manoir de la Beaune

TH — *C.M. 69 Pli 13*

4 ch. Dans une gentilhommière du XVIIe siècle. R.d.c. : 1 ch. (1 lit 2 pers. 1 lit 1 pers.), salle de bains/wc. 1er étage : 1 ch. (2 lits 1 pers. canapé 2 pers.), bains et douche/wc, 1 ch. (1 lit 2 pers.), douche/wc, 1 ch. (2 lits 1 pers.), douche/wc, possibilité de lit bébé sur demande. Salon, salle à manger, cheminée, TV. Situé sur le circuit « Allier Cavalière ». Sur place ferme équestre avec promenades et randonnées à cheval (encadrement BEES). Possibilité cours d'équitation. Poney club (encadrement BEES 1). Moulins 22 km. Bourbon l'Archambault 12 km. Forêt de Tronçais 30 km. Prix 4 pers. : 400 F. Langues parlées : allemand, anglais.

Prix : 1 pers. **200/300 F** 2 pers. **250/350 F** 3 pers. **350/400 F** repas **85 F**

Ouvert : toute l'année.

1	12	12	25	30	SP	22	25	25	22	12

EURL MANOIR DE LA BEAUME - Mme BIEWER-BARRITAUD - La Beaume - 03160 COUZON - Tél : 04 70 66 22 74 - Fax : 04 70 66 22 74 - E-mail : labeaume@wanadoo.fr

CRESSANGES Couture

A TH — *C.M. 69 Pli 13/14*

2 ch. 2 chambres d'hôtes au 1er étage avec accès indépendant dans une maison bourbonnaise entourée d'un jardin arboré et fleuri. 1 ch. (1 lit 2 pers. canapé 2 pers.), bains/wc privés. 1 ch. familiale composée de 2 pièces indépendantes (1 lit 2 pers. 1 lit 1 pers. 2 lits bébé), grande salle de bains/wc privatifs. Accueil bébés. Salon à disposition des hôtes avec bibliothèque. TV sur demande. Espace vert clos, salon de jardin, terrasse, barbecue. Animaux acceptés sous réserve. Moulins 20 km. Langue parlée : anglais.

Prix : 1 pers. **190/230 F** 2 pers. **250/280 F** 3 pers. **320/350 F** pers. sup. **70 F** repas **85 F**

Ouvert : toute l'année.

6	18	7	18	18	12	18	18	18	100	18	4

DAUPIN-PIQUET Nicole - La Plante des Tinotons - Couture - 03240 CRESSANGES - Tél : 04 70 47 27 96

CREUZIER-LE-VIEUX

C.M. 73 Pli 5

1 ch. Dans les combles aménagés d'une villa, 1 chambre d'hôtes sous forme d'appartement composée de 2 pièces (1 lit 2 pers. 1 lit 1 pers.), séjour, kitchenette, salle d'eau/wc. Prise TV. Grand espace vert, vue dominant la campagne vallonnée. Réduction pour séjour prolongé. Possibilité lit d'appoint. Vichy 5 km. Langues parlées : allemand, polonais.

Prix : **190 F** 2 pers. **265 F** 3 pers. **315 F**

Ouvert : toute l'année.

3	3	0,6	5	5	6	5	5	5	5	1

WEISS - Les Arloins - 5 rue du Rez des Creux - 03300 CREUZIER-LE-VIEUX - Tél : 04 70 98 63 35

DEUX-CHAISES Château de Longeville Alt. : 503 m (TH) *C.M. 69 Pli 13*

4 ch. Dans un château du XIXe siècle, meublé d'époque. Lits à baldaquin. 4 chambres : 2 ch. style Louis XIV et Louis XV, 1 ch. style XVIIIe (1 lit 2 pers.), bains/wc privés pour chaque chambre. 1 suite composée de 2 ch. dans un style champêtre (1 lit 2 pers. 2 lits 1 pers.), bains/wc. Salon. salle à manger second empire. TV. Diner aux chandelles. Sur place : musique, jeux de cartes et de sociétés. Environnement de bois et parc (arbres centenaires). Montmarault 8 km. 2 ch. 3 épis, 2 ch. 2 épis. Langue parlée : anglais.

Prix : 1 pers. **400 F** 2 pers. **450 F** 3 pers. **550 F** pers. sup. **100 F**
repas **250 F**

Ouvert : toute l'année.

SP	23	1	28	28	25	30	30	25	120	35	1

BEAUREGARD Nicole - Château de Longeville - 03240 DEUX-CHAISES - Tél : 04 70 47 32 91 - Fax : 04 70 47 33 84

DIOU Les Rodillons (TH) *C.M. 69 Pli 15*

5 ch. Maison à pans de bois de la ferme bourbonnaise des propriétaires. R.d.c. : 1 ch. (1 lit 2 pers.), bains. 1er étage : 1 ch. (1 lit 2 pers. 2 lits 1 pers. 1 lit enfant), bains, 1 ch. (1 lit 2 pers. 1 lit 1 pers.), bains, 2 wc communs aux 3 ch. A l'étage de la maison des propriétaires : 1 ch. (1 lit 2 pers.), 1 ch. (2 lits 1 pers.), douche/wc privés. Séjour commun. Cour avec pelouse. VTC à disposition. Cinéma 3 km. Bourbon-Lancy 14 km. Réduction de 10 % en juilllet et en août à partir de 3 nuits. Repas enfant -10 ans 45 F. Langues parlées : anglais, allemand.

CV

Prix : 1 pers. **180 F** 2 pers. **220 F** 3 pers. **250 F** pers. sup. **70 F**
repas **75 F**

Ouvert : toute l'année.

SP	3	3	6	14	15	SP	30	3	SP	2

PRESLES Françoise et J-Yves - Les Rodillons - 03290 DIOU - Tél : 04 70 34 67 73 - Fax : 04 70 34 77 66

DIOU Les Grandjeans *C.M. 69 Pli 15*

4 ch. Dans cette ancienne grange rénovée, 4 chambres d'hôtes à l'étage. 1 ch. (1 lit 2 pers.), 1 ch. (1 lit 2 pers. lit bébé), 1 ch. (1 lit 2 pers. 1 lit 1 pers.), 1 ch. (1 lit 2 pers. 2 lits 1 pers.), douche/wc pour chaque chambre. Salon et salle à manger réservés aux hôtes. Possibilité de cuisine le soir. Grande cour aménagée. Possibilité pers. supplémentaires 80 F, 35 F enfant à partir de 3 ans.

CV

Prix : 1 pers. **180 F** 2 pers. **240 F** pers. sup. **80 F**

Ouvert : du 31 mars au 3 novembre.

0,2	2	3	16	16	15	35	30	2	3	3

DAGNET Françoise et Claude - Les Grandjeans - Les Quatre Saisons - 03290 DIOU - Tél : 04 70 42 91 16

DOYET Bord (TH) *C.M. 69 Pli 12*

2 ch. Dans une ancienne grange entièrement rénovée, 2 chambres d'hôtes aménagées dans un grand parc arboré et fleuri. 1 chambre (1 lit 2 pers.), salle de bains/wc. 1 chambre (2 lits 1 pers.), salle d'eau/wc. Grande salle séjour extérieure couverte avec four à pain. Montluçon 15 km. Néris le Bains 12 km. Langue parlée : anglais.

CV

Prix : 1 pers. **230 F** 2 pers. **290 F** repas **100 F**

Ouvert : toute l'année.

1,5	6	3	15	15	15	15	12	15	15	3

CHATEAU Chantal - La Chapelle de Bord - 03170 DOYET - Tél : 04 70 07 74 83 - Fax : 04 70 07 36 07

EBREUIL Chavagnat (TH) *C.M. 73 Pli 4*

4 ch. Ancienne maison de ferme en pierres apparentes entièrement rénovée dans un hameau surplombant la campagne. 2 ch. (1 lit 2 pers. 1 lit 1 pers.), 1 ch. (2 lits 1 pers. 1 lit 120), avec chacune salle d'eau et wc privés. 1 ch. double (1 lit 2 pers. 2 clic-clac 2 pers.), bains/wc. Salon, salle de séjour, bibliothèque. Terrasse, salon de jardin barbecue, portique. Gîte rural sur place. 15 % de réduction à partir de la 4e nuit. Gannat 12 km. Demi pension : 2680 F la semaine pour 2 pers.

CV

Prix : 1 pers. **220 F** 2 pers. **250 F** 3 pers. **320 F** pers. sup. **70 F**
repas **85 F**

Ouvert : toute l'année.

2	12	2	2	30	2	2	30	2	12	2

BOUTONNET A-Marie et Christian - Chavagnat - 03450 EBREUIL - Tél : 04 70 90 73 56 ou 06 70 65 06 45 - Fax : 04 70 90 73 56

EBREUIL (TH) *C.M. 73 Pli 4*

E.C. 2 ch. A l'entrée du bourg près de la rivière Sioule, 2 chambres indépendantes aménagées dans un batiment attenant à la maison du propriétaire. 1 ch. (1 lit 2 pers. 1 lit 1 pers.), 1 ch. avec mezzanine (1 lit 2 pers. 3 lits 1 pers.). Douche/wc privés pour chaque chambre. Séjour commun. Accès au jardin et piscine zodiaque du propriétaire, terrasse, véranda, salon de jardin. Réduction pour séjour. Gannat 10 km. Vichy 30 km. Langue parlée : anglais.

CV

Prix : 1 pers. **200 F** 2 pers. **250 F** 3 pers. **320 F** pers. sup. **70 F**
repas **90 F**

Ouvert : du 31 mars au 3 novembre.

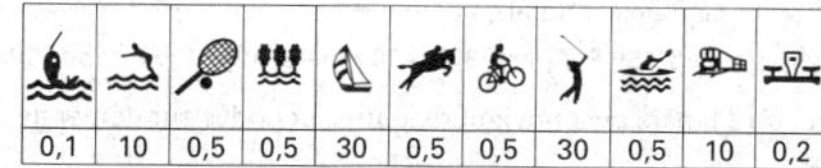

0,1	10	0,5	0,5	30	0,5	0,5	30	0,5	10	0,2

PINOT Alain et Marie-No - 5 route de Gannat - 03450 EBREUIL - Tél : 04 70 90 79 54 ou 04 70 90 76 03

ESPINASSE-VOZELLE Castel Bois Clair (TH) *C.M. 73 Pli 5*

6 ch. Au 1er étage d'un bâtiment indépendant : 1 ch. (1 lit 2 pers.), 1 ch. (1 lit 2 pers.), 1 ch (2 lits 1 pers., 1 lit 2 pers.), 1 ch composée de 2 pièces (1 lit 2 pers. 1 lit 1 pers. 2 lits gygogne), bains/wc privés pour chaque chambre. Au r.d.c. de l'aile de la maison de caractère des propriétaires : 2 ch. (1 lit 2 pers. chacune), douche/wc privés chacune. Salon et salle de séjour communs. Piscine, forêt, parc, sur place. Animation (canöe, pêche, équitation). 250 km de circuit randonnée Chaminat. Possibilité accueil de chevaux. Séminaires sur demande. 2 chambres 3 épis, 4 chambres 2 épis. Vichy 10 km. Langue parlée : anglais.

Prix : 1 pers. **220/240 F** 2 pers. **265/290 F** 3 pers. **345/370 F** pers. sup. **80 F** repas **40/85 F**

Ouvert : toute l'année.

8	SP	1	8	8	5	8	2	8	8	1

NOLET Gilles - Castel Bois Clair - 03110 ESPINASSE-VOZELLE - Tél : 04 70 56 55 52 - Fax : 04 70 56 55 52

ESPINASSE-VOZELLE Château de Puy Vozelle A *C.M. 73 Pli 5*

4 ch. Dans une demeure de caractère. R.d.c. : 1 ch. (1 lit 2 pers.), bains/wc, 2 ch. communicantes (2 lits 1 pers.), douche/wc, (1 lit 2 pers.), douche. wc sur palier. Au 1er étage, 1 suite composée de 2 pièce (2 lits 1 pers. 1 lit 2 pers.), douche/wc. Séjour, Piscine sur place. Possibilité de réunions et de séminaires. Grand parc ombragé. 2 ch. 2 épis, 2 ch. en cours. Golf de la forêt de Montpensier 800 m. Vichy 10 km. Langue parlée : anglais.

Prix : 1 pers. **220/250 F** 2 pers. **250/300 F** 3 pers. **350/400 F** pers. sup. **50 F** repas **80 F**

Ouvert : toute l'année.

7	SP	7	7	7	5	7	0,8	7	7	2

VEYSSEIRE Norbert - Château de Puy Vozelle - 03110 ESPINASSE-VOZELLE - Tél : 04 70 56 52 89 ou 06 67 18 36 93

ESTIVAREILLES Varigny (TH) *C.M. 69 Pli 12*

E.C. 2 ch. Dans la vallée du Cher, 2 chambres d'hôtes dans la maison de maître des propriétaires, dans un grand parc. 1 ch. avec accès indépendant au 1er étage (2 lits jumeaux, 1 lit 1 pers., lit bébé), coin salon, salle de bains/wc privés), 1 ch. dans la maison (2 lits 1 pers.), salle de bains/wc avec accès indirect. Terrasse, barbecue, salon de jardin. Personnes supplémentaires acceptées. Vallon en Sully 12 km. Montluçon 8 km.

Prix : 1 pers. **150/230 F** 2 pers. **190/290 F** 3 pers. **350 F** pers. sup. **60 F** repas **80 F**

Ouvert : toute l'année.

2	12	4	30	30	3	SP	6	12	12	2

FROIDEVAUX Fabienne et Daniel - Varigny - 03190 ESTIVAREILLES - Tél : 04 70 06 00 19 - Fax : 04 70 06 00 19

FERRIERES-SUR-SICHON Le Grand Moulin Alt. : 550 m *C.M. 73 Pli 6*

1 ch. Au 1er étage de la maison des propriétaires, 1 chambre d'hôtes composée de 2 pièces (2 lits 2 pers. 2 lits 1 pers.), salle d'eau/wc. Salon réservé aux hôtes, Salon, salle à manger communs avec le propriétaire. Espace vert, salon de jardin. Vichy 25 km. Saint Clément 9 km. Langue parlée : anglais.

Prix : 1 pers. **140 F** 2 pers. **180 F** 3 pers. **230 F** pers. sup. **50 F**

Ouvert : du 31 mars au 3 novembre.

SP	25	SP	7	12	9	11	25	25	8	25	SP

DIOT Marie-Thérèse - 45 rue François Riboulet - 03250 FERRIERES-SUR-SICHON - Tél : 04 70 45 17 37 ou 04 70 41 10 19

LA FERTE-HAUTERIVE Demeure de Hauterive (TH) *C.M. 69 Pli 14*

5 ch. Dans un grand parc clos de murs, une grande maison de caractère « Sologne Bourbonnaise ». R.d.c. : 1 ch. (1 lit 1 pers. 1 lit 2 pers.), bains/wc. Etage : 2 ch. (1 lit 2 pers.), 1 ch. (1 lit 2 pers. 1 lit 1 pers.), 1 suite de 2 ch. (4 lits 1 pers. poss lit supplémentaire), douche/wc pour chaque chambre. Salle à manger, salon. Salle de billard (compétition) communs avec les propriétaires. Terrasse, garage, kiosques et petits bassins dans le parc. Animaux acceptés sous réserve (chenil). Moulins 20 km. St-Pourçain/Sioule 12 km. Langue parlée : anglais.

Prix : 1 pers. **300/350 F** 2 pers. **400/480 F** 3 pers. **480/550 F** repas **100/120 F**

Ouvert : toute l'année.

0,5	10	0,2	20	20	SP	12	12	20	2

LEFEBVRE Jérôme et Annick - Demeure d'Hauterive - 03340 LA FERTE-HAUTERIVE - Tél : 04 70 43 04 85 - Fax : 04 70 43 00 62 - http://www.wraaf.com/hauterive/

FLEURIEL Le Corgenay (TH) *C.M. 69 Pli 4*

4 ch. Aux 1er et 2e étage de cette grande maison de caractère (1820), entièrement restaurée, sur une exploitation agricole : 1 ch. (2 lits 1 pers.), bains/wc, 1 ch. (1 lit 160), douche/wc, 1 ch. (1 lit 180), bains/wc, 1 ch. (1 lit 150), bains/wc. Salle à manger, salon, bibliothèque communs. Grand espace vert avec vue sur la montagne bourbonnaise et la chaîne des Puys. Piscine privée, terrasse, véranda, salon de jardin. Table d'hôtes sur réservation. Animaux acceptés sur demande. Vichy 30 km. St Pourçain sur Sioule 14 km. Langues parlées : anglais, allemand.

Prix : 1 pers. **280/350 F** 2 pers. **300/420 F** pers. sup. **150 F** repas **100 F**

Ouvert : du 31 mars au 3 novembre, autres périodes sur demande.

8	SP	8	30	30	12	12	15	30	30	8

STERCKX Manuella et Louis - Le Corgenay - 03140 FLEURIEL - Tél : 04 70 56 94 12 - Fax : 04 70 56 90 88

FRANCHESSE Les Communs-Bouquetraud

(TH) *C.M. 69 Pli 13*

1 ch. Chambre indépendante (1 lit 2 pers.), Douche/wc. située dans l'aile droite de la maison qui est entourée d'un parc de deux hectares boisés avec deux petits étangs. Salon et salle à manger avec cheminée à disposition. salon de jardin. Gîte de 8 à 10 personnes à côté.

Prix : 1 pers. **170 F** 2 pers. **190 F** repas **80 F**

Ouvert : toute l'année.

SP	10	10	25	25	6	15	25	3

HOVASSE Michelle - Les Communs - Brouquetard - 03160 FRANCHESSE - Tél : 04 70 66 25 27

GANNAY-SUR-LOIRE Domaine du Bourg

(TH) *C.M. 69 Pli 5*

E.C. 5 ch. Dans les dépendances d'un domaine, 5 chambres d'hôtes en r.d.c./1er étage. (1 lit 2 pers. 1 lit 1 pers. 1 lit bébé), douche/wc pour chaque chambre. Séjour, salle à manger, salon commun avec le propriétaire. Grand espace vert clos, salon de jardin. Sur place location poneys et quads. Table d'hôtes sur réservation. Moulins 30 km. Bourbon Lancy Station Thermale 15 km.

Prix : 1 pers. **200 F** 2 pers. **250 F** 3 pers. **330 F** repas **100 F**

Ouvert : toute l'année sur réservation.

1	15	1	15	15	SP	23	30	30	30	0,3

DUPORT Mireille - Le Domaine du Bourg - Le Relais des Princes - 03230 GANNAY-SUR-LOIRE - Tél : 04 70 43 49 01

GOUISE Les Rubis

(TH) *C.M. 69 Pli 14*

4 ch. Dans les communs d'une propriété du XIXème : 1 ch. accesssible aux pers. handicapées (2 lits 1 pers.), douche/wc, 1 ch. (2 lits 1 pers.), douche/wc 1 ch. (1 lit 2 pers. 1 lit 120), douche/wc, 1 ch. (1 lit 2 pers. 1 lit 1 pers.), douche/wc. Séjour, jardin, salon de jardin réservés aux hôtes. Table d'hôtes sur réservation (et seulement en vacances scolaires). Coin-cuisine à disposition. Moulins 20 km. Vichy 40 km. Langues parlées : allemand, anglais.

Prix : 1 pers. **190 F** 2 pers. **230 F** 3 pers. **270 F** pers. sup. **60 F** repas **70 F**

Ouvert : toute l'année.

8	18	6	18	3	20	12	20	20	6

HUOT Jean-Louis et Irmine - Les Rubis - 03340 GOUISE - Tél : 04 70 43 12 70 - Fax : 04 70 43 12 70

HURIEL Malvaux - La Chapelaude

A *C.M. 69 Pli 11*

3 ch. Dans un hameau près du village de la Chapelaude, à l'étage d'une grange entièrement rénovée, à proximité de la maison familiale, 3 chambres de 2, 3 ou 4 pers. avec chacune douche et wc privatifs. 1 lit bébé. Au rez-de-chaussée, grand séjour avec cheminée, bibliothèque à disposition des hôtes, kitchenette. Grande cour avec pelouse. Salon de jardin, barbecue. Parking. Box pour hébergement chevaux. Restaurant à moins de 1 km. Montluçon 10 km. Taxe de séjour. Langue parlée : anglais.

CV

Prix : 1 pers. **195 F** 2 pers. **250 F** 3 pers. **310 F** pers. sup. **60 F**

Ouvert : toute l'année.

7	10	1,5	10	14	4	7	18	14	10	1,5

NICOLAS Nathalie et Pascale - Les Malvaux - La Chapelade - 03380 HURIEL - Tél : 04 70 06 44 09

ISSERPENT Chandian

A (TH) *C.M. 73 Pli 6*

4 ch. Dans un bâtiment de l'exploitation agricole : 3 chambres (6 lits 2 pers.), 1 chambre (4 lits 2 pers.). Salle d'eau/wc privés pour chaque chambre. Terrasse. Cour. Vichy 15 km. Ferme auberge sur place.

Prix : 1 pers. **180 F** 2 pers. **270 F** 3 pers. **360 F** pers. sup. **90 F** repas **100 F**

Ouvert : d'avril à décembre.

SP	12	12	15	15	2	12	15	15	40	15	SP

GIRARDET Danielle et Guy - Chandian - 03120 ISSERPENT - Tél : 04 70 41 32 89 ou 04 70 41 32 69 - Fax : 04 70 41 32 69

LIERNOLLES La Forest de Viry

(TH) *C.M. 69 Pli 16*

2 ch. A l'étage d'un château du XIVe siècle. 1 chambre composée de 2 pièces (1 lit 2 pers. 3 lits 1 pers.). Salle de bains, wc. Télévision. 1 chambre (1 lit 2 pers.), salle de bains, wc. Séjour et bibliothèque communs. Cour avec pelouse. Pêche et chasse avec supplément sur place. Cinéma 15 km. Taxe de séjour. Langue parlée : anglais.

Prix : 1 pers. **300/400 F** 2 pers. **350/450 F** 3 pers. **600 F** pers. sup. **150 F** repas **100/150 F**

Ouvert : du 31 mars au 3 novembre.

SP	15	10	16	SP	31	SP	20	15	10

DE VILLETTE Bernadette - La Forest de Viry - 03130 LIERNOLLES - Tél : 04 70 42 21 21 - Fax : 04 70 42 21 21

LOUCHY-MONTFAND Le Courtiau *C.M. 69 Pli 14*

2 ch. A l'étage d'une ancienne ferme bourbonnaise : 2 chambres avec accès indépendant : 1 lit 2 pers. chacune, douche/wc privés pour chaque chambre. Séjour TV, commun. TV particulière sur demande. Terrasse couverte. Jardin fermé avec pelouse. Endroit calme. Chambres non-fumeurs. Restaurants à 2 km. Langue parlée : italien.

CV

Prix : 2 pers. **250 F**

Ouvert : du 1er avril au 30 septembre. Autres périodes sur réservation.

1	3	3	17	25	15	31	12	15	25	3

IANNOTTI Monique et Robert - Le Courtiau - 03500 LOUCHY-MONTFAND - Tél : 04 70 45 91 03 - Fax : 04 70 45 91 03

LOUROUX-DE-BEAUNE Les Roumeaux (TH) *C.M. 73 Pli 5*

4 ch. Au sein d'un grand espace boisé (10 ha.) avec étang privé pour naturisme, Eric et son ami Laurent vous accueillent dans une ancienne ferme réservée aux hôtes. 1 ch. (2 lits 1 pers. jumeaux), 3 ch. (1 lit 160), salle d'eau et wc privés pour chaque chambre. Salon, salle de séjour, grande terrasse, parking, salon de jardin, VTT à disposition pour balades locales. Montluçon 30 km. Langues parlées : anglais, allemand.

Prix : 1 pers. **220 F** 2 pers. **260 F** repas **110 F**

Ouvert : toute l'année.

SP	18	8	10	10	8	30	60	18	18

JALLET Eric et FAUDEMER Laurent - Les Roumeaux - L'Etang du Champfournier - 03600 LOUROUX-DE-BEAUNE - Tél : 04 70 64 95 04 ou 06 84 48 88 37 - Fax : 04 70 64 95 04

LURCY-LEVIS Grand Veau *C.M. 69 Pli 3*

3 ch. 3 chambres à la ferme, à l'étage d'une maison bourbonnaise du XIXe siècle, 1 chambre (1 lit 2 pers. 1 lit 1 pers.), 1 chambre (1 lit 2 pers.), 1 chambre (2 lits 1 pers.), douche/wc privés à chaque chambre. Petit salon, bibliothèque, en commun. Jardin ombragé, pelouse. Forêt de Tronçais et ses étangs aménagés à 5 km. Langue parlée : anglais.

Prix : 1 pers. **170 F** 2 pers. **220 F** 3 pers. **270 F** pers. sup. **60 F**

Ouvert : toute l'année.

5	25	5	10	10	17	5	35	45	45	5

VANNEAU Solange et Claude - Grand Veau - 03320 LURCY-LEVIS - Tél : 04 70 67 83 95 - Fax : 04 70 67 80 80

LUSIGNY Les Laurents *C.M. 69 Pli 15*

4 ch. Dans un château rénové du XIXe siècle, 4 chambres d'hôtes : 1 ch. composée de 2 pièces (2 lits 2 pers. 1 lit 1 pers.), salle d'eau/wc privatifs, 2 ch. (1 lit 2 pers. chacune), salles de bains/wc privatifs pour chaque chambre, 1 ch. (1 lit 2 pers.), salle d'eau/wc privatifs. Salle à manger, salon, grand parc. Moulins 12 km. Bourbon Lancy (71) Station Thermale 18 km. Le Pal Parc d'attraction 20 km.

Prix : 1 pers. **250 F** 2 pers. **300 F** 3 pers. **350 F**

Ouvert : du 31 mars au 3 novembre.

3	12	1	18	18	3	20	10	12	10	1

BIRON Frédéric - Les Laurents - 03230 LUSIGNY - Tél : 04 70 42 41 83

MAILLET Château Champigny (TH) *C.M. 69 Pli 12*

4 ch. Au 1er étage d'un petit château du XIXe surplombant la campagne. 1 ch. (2 lits 1 pers.), bains/wc, 1 ch. (1 lit 2 pers.), bains/wc, 1 ch. (1 lit 160), douche/wc, 1 ch. composée de 2 pièces (1 lit 2 pers. 3 lits 1 pers.), douche/wc. Salon, bibliothèque, billard, salle à manger. Jardin avec piscine. Golf 18 trous à 3 km. Week end golf 3e green free gratuit. Table d'hôtes sur réservation. Animaux acceptées sous réserve. Montluçon 18 km. Néris les Bains 25 km. Forêt de Tronçais 15 km. Langue parlée : anglais.

Prix : 1 pers. **300 F** 2 pers. **350/400 F** repas **120 F**

Ouvert : du 31 mars au 3 novembre.

2	SP	5	15	15	10	15	3	15	5	5

BOUILLE-RIBIER Chantal - Château Champigny - 03190 MAILLET - Tél : 04 70 06 52 57 ou 06 81 74 42 40 - Fax : 04 73 52 33 38

MARIOL Les Breuils (TH) *C.M. 73 Pli 5*

5 ch. 5 chambres d'hôtes dans une maison de caractère entièrement rénovée. 2 ch. (2 lits 1 pers.), 2 ch. (1 lit 2 pers.), 1 ch. (1 lit 2 pers. 1 lit 1 pers.), bain/wc ou douche/wc privés pour chaque chambre. Salon et salle à manger des propriétaires à disposition. Poss. lits d'appoint et lit bébé sur demande. L-linge. Grand jardin ombragé, salon de jardin. Portique. Parking, barbecue. Réductions à partir de la 4e nuit, en hors saison et groupes. Repas enfant 45 F. Vichy 15 km. Thiers (63) 20 km. Langues parlées : anglais, espagnol, italien.

CV

Prix : 1 pers. **195 F** 2 pers. **250/280 F** 3 pers. **330 F** pers. sup. **50 F** repas **80 F**

Ouvert : toute l'année.

SP	5	2	15	5	SP	15	15	15	3

ARNAUD Catherine - Les Breuils - 03270 MARIOL - Tél : 04 70 41 00 03 - Fax : 04 70 41 00 12 - E-mail : canayma@wanadoo.fr

LE MAYET-DE-MONTAGNE Chier

Alt. : 543 m — TH — *C.M. 73 Pli 6*

2 ch. Dans un petit hameau de montagne, 2 chambres d'hôtes. R.d.c. surelevé dans la maison des propriétaires avec entrée indépendante 1 ch. (2 lits 2 pers.), douche/wc, poss. coin-cuisine. 1 ch. au 1er étage de la maison du propriétaire (2 lits 2 pers. 1 lit 1 pers.), douche/wc sur le palier. Table d'hôtes sur réservation. Ski de fond et de descente à 15 km. Taxe de séjour. Vichy 25 km.

Prix : 1 pers. **150 F** 2 pers. **180 F** 3 pers. **240 F** pers. sup. **60 F** repas **55 F**

Ouvert : toute l'année.

3	25	2	5	5	15	25	25	25	25	3

MATICHARD Renée - Le Chier - 03250 LE MAYET-DE-MONTAGNE - Tél : 04 70 59 73 74

LE MAYET-DE-MONTAGNE Le Conturon

Alt. : 500 m — A — TH — *C.M. 73 Pli 6*

E.C. 5 ch. Au cœur de la Montagne Bourbonnaise à proximité d'un plan d'eau, dans un environnement de monts de feuillus et de sapins aménagées dans un ancien corps de ferme. 1 ch. (1 lit 2 pers. 2 lit 1 pers.), 1 ch. (1 lit 2 pers.), 1 ch. (2 lits 1 pers.), 1 ch. (1 lit 2 pers.), 1 ch. (1 lit 1 pers. 1 lit 2 pers.), douche/wc privatifs à chaque chambre. Lit bébé sur demande. Salon, séjou, coin-cuisine pour les hôtes. Terrasse, salon de jardin, bac à sable, portique, espace vert clos. Vichy 30 km. Equipements pour bébés. le Mayet de Montagne 4 km. Taxe de séjour.

Prix : 1 pers. **170 F** 2 pers. **210 F** 3 pers. **260 F** pers. sup. **60 F** repas **75 F**

Ouvert : toute l'année.

0,5	25	5	0,5	0,5	3	4	30	0,5	20	30	4

MONAT Christian & Mireille - Le Couturon - 03250 LE MAYET-DE-MONTAGNE - Tél : 04 70 56 45 14

MEAULNE Domaine de Bellevue

A — TH — *C.M. 69 Pli 12*

E.C. 5 ch. 5 chambres d'hôtes dans un château de style renaissance, époque Napoléon III, avec un parc à l'anglaise de 50 ha. clos de murs. 5 ch. (1 lit 2 pers.), salle de bains/wc privés pour chaque chambre. Salon séjour, bibliothèque des propriétaies à disposition. Sur place : élévage de chevaux, possibilités de promenades attelées et montées en Forêt de Tronçais. Langue parlée : anglais.

Prix : 1 pers. **220/300 F** 2 pers. **300/400 F** 3 pers. **380/450 F** pers. sup. **50 F** repas **95 F**

Ouvert : toute l'année.

2	7	3	6	6	SP	3	12	2	18	1

COUDRY Jean-Marc - SCEA de Diège - Domaine de Bellevue - 03360 MEAULNE - Tél : 04 70 06 24 40

MONTEIGNET-L'ANDELOT

TH — *C.M. 73 Pli 5*

4 ch. 4 chambres d'hôtes en r.d.c. et 1er étage dans une maison de caractère près de l'Andelot, près du village. 1 ch. (2 lits 1 pers.), 1 ch. (1 lit 2 pers. 1 lit 1 pers.), 1 ch. (1 lit 2 pers.), 1 ch. (2 lits 1 pers.), douche ou bains/wc privés pour chaque chambre. Salon, salle à manger des propriétaires en commun. Grand parc ombragé, terrasse, salon de jardin. Portique pour enfants.

Prix : 1 pers. **200/240 F** 2 pers. **250/290 F** 3 pers. **350 F** pers. sup. **50 F** repas **75 F**

Ouvert : du 31 mars au 15 novembre.

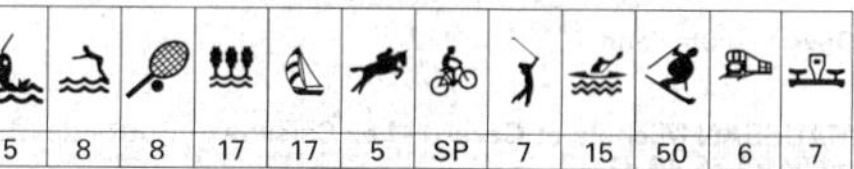

5	8	8	17	17	5	SP	7	15	50	6	7

SUPPLISSON Annick - Le Bourg - 03800 MONTEIGNET-L'ANDELOT - Tél : 04 70 90 58 53 - Fax : 04 70 90 58 53

MONTILLY Manoir des Hérards

TH — *C.M. 69 Pli 14*

2 ch. Dans un manoir du XVIIe, 2 chambres d'hôtes au 1er étage, accès indépendant par tour du XUe s. dans un parc avec petit étang. 1 ch. (1 lit 2 pers.), 1 ch. (1 lit 2 pers. 1 lit 1 pers.), bains/wc privatifs pour chaque chambre. Salon, salle à manger en communs avec les propriétaires. Terrasse et parc. Maison de Peintre. Ping-pong. Pêche sur place. Salon de jardin. Table d'hôtes sur réservation. Possibilité de stages « peinture et dessin ». Chambres non fumeurs. Bourbon l'Archambault 15 km. Langues parlées : anglais, allemand.

Prix : 1 pers. **270 F** 2 pers. **300/350 F** 3 pers. **450 F** repas **100 F**

Ouvert : du 31 mars au 3 novembre sur réservation.

SP	7	1	10	12	7	12	7	7	7

BLOCH Pierrette et Rémi - Les Herards - 03000 MONTILLY - Tél : 04 70 46 51 26

MONTMARAULT Concize

TH — *C.M. 69 Pli 13*

3 ch. Dans une aile indépendante de la maison du propriétaire : 1 chambre (1 lit 2 pers. 1 lit 1 pers.), bains/wc, 1 chambre (1 lit 2 pers. 1 lit 1 pers.), douche/wc. Au 2e étage de la maison du propriétaire : 1 chambre (2 lits 1 pers.), douche/wc. Séjour, salle à manger réservées aux hôtes. Lit enfant à disposition. Table d'hôtes sur réservation. Barbecue, grand jardin. Piscine sur place. Montluçon 35 km. Langues parlées : anglais, espagnol.

Prix : 1 pers. **180 F** 2 pers. **230 F** 3 pers. **280 F** repas **80 F**

Ouvert : du 31 mars au 29 septembre.

2	SP	SP	26	26	31	35	15	35	2

DU BOULET Eric - Concize - 03390 MONTMARAULT - Tél : 04 70 07 60 22 ou 04 70 07 40 38 - Fax : 04 70 02 90 54

NERIS-LES-BAINS Montbarnier *C.M. 73 Pli 2*

2 ch. Dans une grange entièrement rénovée, 2 chambres d'hôtes au 1er étage de la maison d'habitation des propriétaires avec vue sur paysage vallonné. 1 chambre (1 lit 2 pers.), douche, wc. 1 chambre (2 lits 1 pers.), douche/wc. Mezzanine salon détente pour les hôtes. Bibliothèque, séjour en commun avec les propriétaires. Jardin d'agrément avec terrasse. Taxe de séjour. Piscine sur place.

Prix : 1 pers. **190 F** 2 pers. **250 F** 3 pers. **300 F**

Ouvert : toute l'année.

0,5	SP	3	3	10	1,5	3	3	6	10	3

FRAGNON Jean-Marc - Montbarnier - 03310 NERIS-LES-BAINS - Tél : 04 70 09 01 05

NOYANT-D'ALLIER Les Jobineaux *C.M. 69 Pli 13*

5 ch. Dans un bâtiment indépendant, 5 chambres aménagées dans une ferme laitière du Bocage Bourbonnais près de Souvigny. Chaque chambre est équipée de douche/wc. Grande salle commune avec cheminée. Ping pong, baby foot, VTT, culture de Myrtilles, participation à la traite. Très belle vue. Idéal pour se retrouver en famille ou entre amis, Moulins 20 km. Souvigny 9 km. Accueil de cavaliers. Prix groupe et prix séjour. 4 chambres sont classées 3 épis, 1 chambre classée 2 épis. Langue parlée : anglais.

Prix : 1 pers. **190 F** 2 pers. **240 F** 3 pers. **310 F** repas **70 F**

Ouvert : toute l'année.

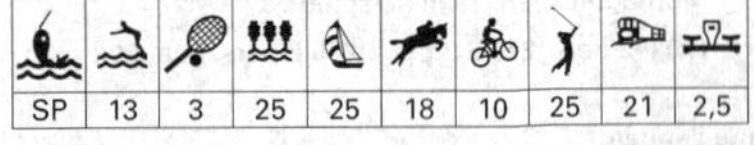

SP	13	3	25	25	18	10	25	21	2,5

CARRELET Caroline et Jean-Dominique - Les Jobineaux - 03210 NOYANT-D'ALLIER - Tél : 04 70 47 29 71 - Fax : 04 70 47 29 71

PARAY-LE-FRESIL Le Château *C.M. 69 Pli 15*

3 ch. Au premier étage d'un château en briques bourbonnaises : 1 chambre (1 lit 2 pers.), bains/wc. 1 chambre (1 lit 2 pers.), bains/wc sur palier. 1 chambre (2 lits 1 pers.), bains/wc. TV dans chaque chambre. Séjour, salon communs aux hôtes. Ping-pong dans les communs. Grand parc, piscine, attelage, chasse sur place. Table d'hôtes sur réservation.

Prix : 1 pers. **300 F** 2 pers. **400 F** 3 pers. **450 F** pers. sup. **50 F** repas **150/200 F**

Ouvert : toute l'année.

2	SP	7	15	15	SP	25	25	25	1

DE TRACY Esmeralda - Le Château - 03230 PARAY-LE-FRESIL - Tél : 04 70 43 68 02 ou 04 70 43 42 36 - Fax : 04 70 43 11 74

PARAY-SOUS-BRIAILLES Les Caissons *C.M. 73 Pli 5*

3 ch. Dans un cadre campagnard, au sein d'une ferme authentique, nous vous proposons 3 chambres d'hôtes dans un batiment annexe. 2 ch. (2 lits 2 pers.), bains/wc privés pour chaque chambre, 1 ch. (1 lit 2 pers. 2 lits 1 pers. 1 lit bébé), bains/wc. Séjour, bilbiothèque, possibilité coin-cuisine. Espace vert, salon de jardin, barbecue, bac à sable, abri voiture. Moulins Vichy 35 km. Langues parlées : anglais, allemand.

Prix : 1 pers. **235 F** 2 pers. **255 F** 3 pers. **320 F** repas **90 F**

Ouvert : toute l'année.

2	7	3	0,2	20	12	6	5	22	35	6

MAUSSAN Michèle et Gérard - Les Caissons - Route de Marcenat - 03500 PARAY-SOUS-BRIAILLES - Tél : 04 70 45 03 00 ou 04 70 35 44 81

LE PIN La Noux *C.M. 69 Pli 16*

4 ch. Au 1er étage de la maison du propriétaire sur une exploitation agricole : 1 chambre (3 lits 1 pers.), 2 chambres (2 lits 1 pers.), 1 chambre (1 lit 2 pers). Chaque chambre est équipée d'une salle de bains et wc. La salle de séjour avec cheminée du propriétaire est à la disposition des Hôtes. Repas constitués avec les produits de la ferme essentiellement. Langue parlée : anglais.

Prix : 1 pers. **180 F** 2 pers. **240 F** 3 pers. **300 F** repas **85 F**

Ouvert : toute l'année.

SP	15	10	23	2	21	15	15	15	10

DECERLE Michèle et Alain - La Noux - 03130 LE PIN - Tél : 04 70 55 62 62 - Fax : 04 70 55 65 51

POUZY-MESANGY Le Plaix *C.M. 69 Pli 13*

5 ch. Près de forêts et rivières, à la ferme, George et Claire vous accueillent dans leur Manoir du XVIe et vous font partager leur pays. 5 ch. de 2 à 3 pers. (douche ou bains avec wc privés), accès indépendant par l'escalier de la tour. Kitchenette en option. Table d'hôtes sur réservation. Tarifs à la semaine. En été : pétanque, tennis de table, portique, barbecue, randonnées pédestres et cyclo. Hébergement équestre, pêche sur place. Langue parlée : anglais.

Prix : 1 pers. **200 F** 2 pers. **220/260 F** 3 pers. **320 F** pers. sup. **100 F** repas **100 F**

Ouvert : toute l'année.

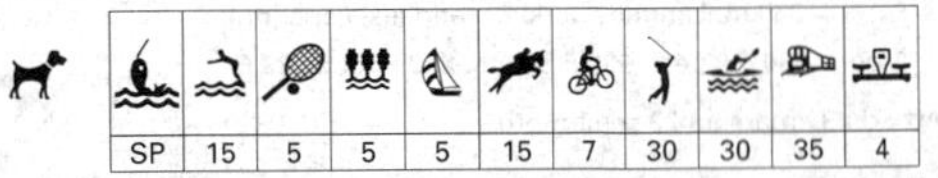

SP	15	5	5	5	15	7	30	30	35	4

RAUCAZ Claire et Georges - Manoir « Le Plaix » - Pouzy Mesangy - 03320 LURCY-LEVIS - Tél : 04 70 66 24 06 - Fax : 04 70 66 25 82

QUINSSAINES La Mazerolle

(TH) *C.M. 69 Pli 11*

3 ch. Au 1er étage de la maison de cette famille d'exploitants agricoles (élevage de bovins et de bisons, vaches laitières), 2 chambres (2 lits 2 pers. chacune), 1 chambre (1 lit 1 pers.), douche et lavabo par chambre, wc communs sur le palier. Salle à manger et salon en commun avec le propriétaire. Personne supplémentaire 50 F (enfant-10 ans), 70 F adulte. Table d'hôtes sur réservation, repas Bisons.

CV

Prix : 1 pers. **140 F** 2 pers. **180 F** repas **85 F**

Ouvert : toute l'année.

7	7	1,5	7	7	8	6	15	7	7	1,5

M. et Mme MACQUET - Gaec - La Mazerolle - 03380 QUINSSAINES - Tél : 04 70 51 85 88 - Fax : 04 70 51 85 88

SAINT-AUBIN-LE-MONIAL La Gare

(TH) *C.M. 69 Pli 13*

4 ch. A l'étage d'une maison bourbonnaise : 1 ch. composée d'une pièce et d'une alcôve (3 lits 1 pers.), douche/wc, 1 ch. composée de 2 pièces (1 lit 120, 1 lit 2 pers. 1 lit 1 pers.), bains/wc, 1 pers. suppl., bains/wc. 1 ch. (1 lit 160, 1 lit 1 pers.), douche/wc. R.d.c. : 1 ch. (1 lit 2 pers.), bains/wc. Salon, salle à manger réservés aux hôtes. Possibilité de lave-linge. Table d'hôtes sur réservation. Garage, espace vert ombragé, forêt sur place. Chambres d'hôtes équipées bébé : lit, table à langer, chaise haute.

Prix : 1 pers. **190 F** 2 pers. **230 F** 3 pers. **290 F** pers. sup. **60 F**
repas **65/85 F**

Ouvert : toute l'année.

2	7	2	15	15	15	25	3

MERCIER Anne-Marie et Louis - La Gare - 03160 SAINT-AUBIN-LE-MONIAL - Tél : 04 70 67 00 20

SAINT-BONNET-DE-ROCHEFORT La Ferme de Rochefort

(TH) *C.M. 73 Pli 4*

5 ch. A proximité des Gorges de la Sioule, chambres d'hôtes à la ferme. R.d.c. et 1er étage : 5 ch. dont 2 ch. avec accès indépendant (1 lit 2 pers. 1 lit 1 pers.), salle d'eau/wc privés pour chacune. Salon, séjour, bibliothèque des propriétaires à disposition. Espace vert avec piscine zodiaque, salon de jardin, barbecue, jeux pour enfants. Table d'hôtes sur réservation. Ebreuil 4 km. Langues parlées : anglais, espagnol.

CV

Prix : 1 pers. **200 F** 2 pers. **260 F** 3 pers. **320 F** pers. sup. **70 F**
repas **90 F**

Ouvert : toute l'année.

0,5	SP	4	4	30	4	4	30	4	10	4

BONNAL Phillipe - Rochefort - 03800 SAINT-BONNET-ROCHEFORT - Tél : 04 70 58 57 26 ou 06 84 04 70 62 - Fax : 04 70 58 57 26 - E-mail : alaferme@multimania.com - http://www.multimania.com/alaferme/

SAINT-BONNET-TRONCAIS La Beaume

(TH) *C.M. 69 Pli 12*

5 ch. Dans une ancienne maison des forges de la Forêt de Tronçais : 1 ch. de 2 pièces (1 lit 2 pers. 1 lit 1 pers.), 1 ch. (2 lits 1 pers.), 1 ch. (1 lit 2 pers.), bains/wc ou douche/wc pour chaque chambre. A proximité dans une dépendance : 1 ch. (1 lit 2 pers.), douche/wc, 1 ch. (2 lits 1 pers.), bains/wc. Séjour commun aux hôtes. Table d'hôtes sur réservation. Promenade guidée en forêt. Réduction pour séjour à partir de 2 jours. Langues parlées : anglais, allemand.

CV

Prix : 1 pers. **190 F** 2 pers. **220 F** 3 pers. **300 F** pers. sup. **90 F**
repas **80 F**

Ouvert : toute l'année.

0,5	30	0,5	0,5	0,5	10	0,5	20	0,5

DE POMYERS Jehan et Laurence - La Beaume - 03360 SAINT-BONNET-TRONCAIS - Tél : 04 70 06 83 76 - Fax : 04 70 06 13 46

SAINT-DIDIER-EN-DONJON Les Dibois

(TH) *C.M. 69 Pli 16*

3 ch. Dans une ancienne bergerie rénovée à proximité de la maison du propriétaire 3 chambres d'hôtes : 1 ch. (1 lit 2 pers. 2 lits 1 pers.), 1 ch. (2 lits 1 pers.), 1 ch. (1 lit 2 pers. 1 lit 1 pers.). Bains/wc pour chaque chambre. 2 chambres ont une terrasse privée, salle à manger, salon réservé aux hôtes. Pêche, randonnées sur place. Parking. Piscine « zodiac » sur place (enfants et adultes). Langue parlée : anglais.

Prix : 1 pers. **180 F** 2 pers. **230 F** 3 pers. **280 F** pers. sup. **50 F**
repas **85 F**

Ouvert : toute l'année.

SP	SP	5	20	25	SP	20	20	25	5

LAGARDETTE Mirjam et Yves - Dibois - 03130 SAINT-DIDIER-EN-DONJON - Tél : 04 70 55 63 58 - Fax : 04 70 55 07 11

SAINT-GERAND-LE-PUY Demeure des Payratons

(TH) *C.M. 73 Pli 5*

5 ch. Au 1er étage d'une maison de caractère fin XVIIIe siècle : 1 chambre (1 lit 2 pers.), bains/wc, 1 chambre (1 lit 2 pers.), douche/wc, 1 chambre (3 lits 1 pers.), bains/wc, 1 suite composée de 2 pièces (1 lit 2 pers. 2 lits 1 pers.), bains/wc, 1 chambre Louis XV (1 lit 160), bains/wc, prix : 500 F/2 pers. TV à la demande. Animaux sous réserve. Mobilier d'époque : Louis XI, XV, Directoire, Empire. Salon, salle à manger communs. Parc ombragé. Equitation 12 km. Lapalisse 10 km. Vichy 20 km.

Prix : 1 pers. **250/350 F** 2 pers. **280/380 F** 3 pers. **480 F** repas **100 F**

Ouvert : toute l'année.

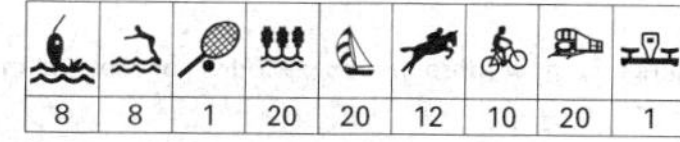

8	8	1	20	20	12	10	20	1

POULET Christiane - Demeure des Payratons - 03150 SAINT-GERAND-LE-PUY - Tél : 04 70 99 82 44

SAINT-PLAISIR La Prée

(TH) C.M. 69 Pli 13

4 ch. Dans une ferme fleurie surplombant la campagne, à l'étage de la maison du propriétaire : 1 ch. (1 lit 2 pers.), 1 ch. (2 lits 120). 1 ch. (1 lit 160), douche/wc privés pour chaque chambre. 1 ch. familiale composée de 2 pièces (2 lits 2 pers.). Douche/wc non attenants privés. Salon (TV) réservé aux Hôtes. Terrain de boules, ping-pong à disposition. Possibilité d'accueil de cavaliers. Etang sur place.

CV

Prix : 1 pers. **190 F** 2 pers. **220/230 F** 3 pers. **250/270 F** pers. sup. **60 F** repas **80 F**

Ouvert : toute l'année.

0,3	11	2	SP	22	13	22	32	11

DROUET Lucette et Lionel - La Prée - 03160 SAINT-PLAISIR - Tél : 04 70 67 01 39 - Fax : 04 70 67 01 39

SAINT-VICTOR Les Boudots

(TH) C.M. 69 Pli 11

1 ch. Aménagée dans une ancienne porcherie, 1 chambre d'hôtes familiale romantique et de plain pied dans le corps de bâtiment de la fermette des propriétaires. 1 ch. (2 lits 2 pers. lit bébé), bains/wc, espace salon dans la chambre. Possibilité personne supplémentaire. Séjour des propriétaires, salon de jardin, terrain naturel ombragé. Atelier de création florales en tissu. Langues parlées : anglais, espagnol.

Prix : 1 pers. **200 F** 2 pers. **250 F** 3 pers. **300 F** pers. sup. **50 F** repas **85 F**

Ouvert : toute l'année.

2	10	5	12	12	12	10	13	12	120	10	3

ALFANO Anne - Les Boudots - 03410 SAINT-VICTOR - Tél : 04 70 28 84 92

SAULCET Les Burliers

C.M. 69 Pli 14

2 ch. Dans un hameau du vignoble Saint-Pourcinois, à l'étage de la maison du propriétaire, viticulteur : 1 chambre familiale composée de 2 pièces (1 lit 2 pers.), (2 lits 1 pers.), salle d'eau pour les 2 chambres, wc sur le palier. Salle à manger réservée aux hôtes.

Prix : 1 pers. **150 F** 2 pers. **200 F** 3 pers. **250 F** pers. sup. **50 F**

Ouvert : toute l'année.

3	3	2,5	28	28	30	28	7	30	30	3

GALLAS Leone - Les Burliers - 03500 SAULCET - Tél : 04 70 45 32 86 ou 04 70 45 99 40 - Fax : 04 70 45 65 15

SAULZET

C.M. 73 Pli 4

4 ch. Situées dans un château inscrit Monument Historique (XIIIe, XVe et XIXe siècles), 4 chambres restaurées « à l'identique ». 1 suite Empire et Restauration (1 lit 2 pers. 2 lits 1 pers.), bains/wc. 2 chambres Directoire et Napoléon III (1 lit 2 pers.), bains/wc privés, 1 chambre Haute Epoque (1 lit 2 pers.), douche/wc privés. TV et Téléphone sur demande. Salle à manger réservée aux hôtes. Parc 3 hectares. Langues parlées : anglais, italien.

Prix : 2 pers. **650/750 F** 3 pers. **850 F**

Ouvert : de mai à novembre.

4	3,5	3,5	17	17	17	3,5	10	17	3,5	3,5

SUSINI-D'ARINCHI Gisèle et Paul - Château de Beauverger - 03800 SAULZET - Tél : 04 70 90 13 82 - Fax : 04 70 90 13 82

SAUVAGNY Les Landes

(TH) C.M. 69 Pli 12

2 ch. Au 1er étage de la ferme des propriétaires, avec entrée indépendante, 2 chambres d'hôtes mansardées. Pour chaque chambre (1 lit 2 pers. 1 lit 1 pers.), salle d'eau, wc privés. Dans un batiment annexe : salle de séjour, lave-linge. Cour et espace vert, salon de jardin, terrasse, abri voiture, parking. Cosne d'Allier 3 km. Plan d'eau de Vieure 10 km. Montluçon 25 km.

Prix : 1 pers. **180 F** 2 pers. **230 F** 3 pers. **260 F** repas **70 F**

Ouvert : du 1er février au 30 novembre.

3	3	3	10	10	20	10	25	25	25	3

DARVOGNE Gérard et Nöelle - Les Landes - 03430 SAUVAGNY - Tél : 04 70 07 50 86

SERVILLY Les Vieux Chênes

(TH) C.M. 73 Pli 6

6 ch. Aux 1er et 2e étage d'une grande maison de caractère, 6 chambres d'hôtes avec vue sur les Monts de la Madeleine : 2 ch. (1 lit de 160), bains/wc privés chacune. 1 ch. (1 lit 160, 1 lit 1 pers.), bains/wc privés. 1 suite composée de 2 ch. (1 lit 2 pers. 1 lit 120), bains et douche/wc privés aux 2 chambres. 1 ch. (1 lit 2 pers.), bains/wc. Possibilité lits d'enfants. Salon, salle de séjour, bibliothèque, sauna (avec supplément), salle d'activités, parc ombragé et clos, terrasse. Taxe de séjour. Lapalisse 7,5 km. Vichy 25 km. Table d'hôtes sur réservation. Langue parlée : anglais.

Prix : 1 pers. **200/280 F** 2 pers. **300/350 F** pers. sup. **50 F** repas **110/150 F**

Ouvert : du 31 mars au 3 novembre, autres périodes sur réservation.

4	7,5	5	25	30	15	7,5	25	25	25	5

COTTON Elisabeth - Les Vieux Chênes - 03120 SERVILLY - Tél : 04 70 99 07 53

SOUVIGNY Les Counillons

(TH) *C.M. 69 Pli 13/14*

3 ch. Aménagées dans une maison indépendante à proximité de la ferme en pleine nature (vaches laitières, moutons,basse-cour, lapins...). 2 chambres (2 lits 1 pers. chacune), douche/wc ou bains/wc. 1 chambre familiale de 2 pièces (5 lits 1 pers. 1 lit bébé), douche/wc. Réservés aux hôtes : salon, salle à manger, coin-cuisine,jardin, terrasse. Lave-linge. Repas enfant 30 F. Nuit enfant -10 ans : 50 F. Séjour - 10% à partir de 2 nuits. Table d'hôtes sur réservation et uniquement en période de vacances scolaires : le reste de l'année, suivant disponibilités. Ferme auberge à 4 km (week-end). Langue parlée : anglais.

Prix : 1 pers. **140 F** 2 pers. **230 F** 3 pers. **300 F** pers. sup. **90 F**
repas **85 F**

Ouvert : de février à décembre.

SP	16	6	19	30	5	20	20	20	20	6

MASSOT Danielle et J-Michel - Les Counillons - Route de Cressanges - 03210 SOUVIGNY - Tél : 04 70 43 65 33

TARGET Chantemerle

(TH) *C.M. 73 Pli 4*

2 ch. Dans la ferme rénovée des propriétaires à l'étage, 2 chambres d'hôtes avec entrée indépendante. 1 ch. (1 lit 2 pers.), bains/wc, 1 ch. (1 lit 2 pers. 1 lit 1 pers.), bains jacuzzi/wc. Possibilité lit supplémentaire, salon réservé aux hôtes, salle à manger commune avec le propriétaire. Table d'hôtes sur réservation. Terrasse, salon de jardin. Accueil de groupes de 5 à 7 personnes. Sur place : piscine, balançoire, animaux acceptés sous réserve. Langue parlée : anglais.

Prix : 1 pers. **200/210 F** 2 pers. **260/300 F** 3 pers. **330/370 F**
pers. sup. **70 F** repas **80 F**

Ouvert : toute l'année.

SP	SP	3,5	5	20	9	25	20	12	3,5

DE VEAUCE Marie et Arnaud - Chantemerle - 03140 TARGET - Tél : 04 70 40 60 30 - Fax : 04 70 40 60 30

LE THEIL Château du Max

(TH) *C.M. 69 Pli 13*

3 ch. Au château du Max XIIIe et XVe siècles, entouré de douves, 3 chambres d'hôtes situées dans une aile indépendante du château, 1 ch. composée de 2 pièces (2 lits à baldaquin 2 pers.), douche/wc, 1 ch. (2 lits à baldaquin 1 pers.), bains/wc. 1 ch. suite aménagée dans la tour du château (1 lit 2 pers.), bains/wc. Poss. de lits sup. Salon, salle à manger commune avec les propriétaires, Parc, bois, pêche dans les douves. Moulins 40 km. Saint-Pourçain sur Sioule 30 km.

Prix : 1 pers. **300/350 F** 2 pers. **400/450 F** 3 pers. **500 F** repas **200 F**

Ouvert : toute l'année.

SP	15	5	40	7	35	35	35	35	15

PESSAR-MAZET Dominique - Château du Max - 03240 LE THEIL - Tél : 04 70 42 35 23

THIEL-SUR-ACOLIN Domaine des Dômes

(TH) *C.M. 69 Pli 15*

4 ch. 4 chambres d'hôtes dans un ancien batiment de ferme rénové, 1 ch. (2 lits 1 pers.), 1 ch. (1 lit 2 pers.), 1 ch. (4 lits 1 pers.), 1 ch. (1 lit 2 pers. 1 lit 1 pers.), douche/wc pour chaque chambre. Salon réservé aux hôtes. Piscine sur place sans surveillance. Terrain pétanque. Terrasse couverte, barbecue, cour ombragée. Pension de chevaux sur place. Parc « Le Pal » à 7 km. Aérodrome Moulins Montbeugny à 12 km. Langue parlée : allemand.

Prix : 1 pers. **180 F** 2 pers. **230 F** 3 pers. **290 F** pers. sup. **60 F**
repas **85 F**

Ouvert : toute l'année.

1	SP	2	23	23	12	9	15	9	19	2

SCHUELLER Sylvaine et Eric - Domaines des Dômes - 03230 THIEL-SUR-ACOLIN - Tél : 04 70 42 54 28 - Fax : 04 70 42 54 28

TRONGET La Roche

(TH) *C.M. 69 Pli 13*

3 ch. Dans une ferme bourbonnaise entouré de prairies et de bois, 3 chambres d'hôtes : 1 chambre (1 lit 2 pers. 1 lit d'enfant), salle d'eau/wc. 1 chambre (1 lit 2 pers. 1 lit 1 pers.), salle d'eau/wc, 1 chambre (1 lit 2 pers.). Salle à manger commune avec les propriétaires. Possibilité de participer à la vie de la ferme. Repas à base de produits fermiers. Prix pour les séjours. Souvigny 18 km, Montmarault 16 km, Moulins 30 km. Langues parlées : anglais, allemand.

Prix : 1 pers. **190 F** 2 pers. **230 F** 3 pers. **300 F** repas **80 F**

Ouvert : toute l'année.

4	20	4	4	25	20	25	40	20	30	4

BAES Olivier et Michèle - La Roche - 03240 TRONGET - Tél : 04 70 47 16 43

VALIGNAT L'Ormet

A *C.M. 73 Pli 4*

3 ch. Dans la maison de caractère du propriétaire 3 chambres d'hôtes dans un parc boisé face au Puy de Dôme et de la Montagne Bourbonnaise. 2 ch. (1 lit 2 pers. 1 lit 1 pers), 1 ch. (2 lits 1 pers.), bains/wc privés pour chaque chambre. Départ pour circuit de randonnée sur place. Maison non fumeur. Originalité : 3 réseaux de trains de jardin de différentes tailles circulent dans le parc et le jardin que le propriétaire se fera un plaisir de présenter à ses hôtes. Langues parlées : anglais, allemand.

Prix : 1 pers. **300/400 F** 2 pers. **350/450 F** 3 pers. **450/500 F**

Ouvert : du 28 avril au 30 septembre. Autres periodes sur réservation.

7	17	5	7	35	7	7	25	7	6	5

LAEDERICH Pierre - L'Ormet - RD 183 - 03330 VALIGNAT - Tél : 04 70 58 57 23 ou 04 70 58 53 19 - Fax : 04 70 58 54 36 - E-mail : lormet@wanadoo.fr

VERNEIX Château de Fragne (TH) *C.M. 69 Pli 12*

5 ch. A l'étage d'un château de famille du XVIIIe siècle : 2 chambres avec chacune (1 lit 2 pers.), bains/wc, 2 chambres composées de 2 pièces (1 lit 2 pers. 1 lit 1 pers.), bains/wc, 1 chambre (1 lit 1 pers.), bains/wc. Séjour, salon (mobilier d'époque). Grande terrasse, grand parc ombragé. Animaux acceptés sous réserve. Suite de 2 pièces : 1000 F la nuit. Langue parlée : anglais.

Prix : 2 pers. **700 F** 3 pers. **1000 F** repas **300 F**

Ouvert : du 1er mai au 15 octobre.

SP	15	15	25	25	35	20	13	15

DE MONTAIGNAC-LEROY Martine - Château de Fragne - 03190 VERNEIX - Tél : 04 70 07 88 10 - Fax : 04 70 07 83 73

VERNEUIL-EN-BOURBONNAIS Demeure de Chaumejean (TH) *C.M. 69 Pli 14*

5 ch. A l'étage d'une demeure de caractère fin XIXe siècle à 500 m du village : 2 ch. (2 lits 1 pers. chacune). 2 ch. (3 lits 1 pers. chacune). 1 ch. (1 lit 2 pers.). Chaque chambre est équipée de douche/wc. Séjour, salon, bibliothèque. Parc ombragé. Atelier céramique et exposition. Séjours à thèmes. Restaurant à 500 m. Maison non fumeurs. Petit déjeuner bio, pension complète pour séjours à thèmes : 5 jours 1450 F. Possibilité lit supplémentaire + 60 F. Hiver sur réservation. Table d'hôtes sur réservation. Langue parlée : anglais.

Prix : 1 pers. **200 F** 2 pers. **280 F** 3 pers. **345 F** pens. **290 F**

Ouvert : du 1er février au 31 décembre.

5	5	5	30	30	20	15	25	35	28	5

SARRAZIN Catherine - Demeure de Chaumejean - 03500 VERNEUIL-EN-BOURBONNAIS - Tél : 04 70 45 53 92 - Fax : 04 70 45 53 92

VICQ Manoir de la Mothe (TH) *C.M. 73 Pli 4*

5 ch. A l'étage d'un manoir du XVe siècle, 1 ch. (1 lit 2 pers. 2 lits 1 pers. 1 lit bébé), 1 ch. (2 lits 1 pers.), 1 ch. (2 lits 1 pers.), 1 ch. (1 lit 2 pers. 3 lits 1 pers.). 1 ch. (1 lit 2 pers. 1 lit 1 pers.). Douche ou bains/wc privés par chambre. Salon, salle à manger, bibliothèque en commun. Sauna avec supp. Piscine, promenade sur les douves (barque). Vélos (caution). Vallée de la Sioule et des Gorges de Chouvigny. Animaux acceptés sous réserve. Réductions pour enf. et séjours au delà de 3 nuits. Langues parlées : hollandais, allemand.

Prix : 1 pers. **440/515 F** 2 pers. **525/750 F** 3 pers. **625/850 F** pers. sup. **100 F** repas **200 F**

Ouvert : du 31 mars au 3 novembre (autres périodes sur réservation).

SP	SP	3	4	32	3	3	30	3	3	3

VAN MERRIS Michel et Lu - Manoir de la Mothe - 03450 VICQ - Tél : 04 70 58 51 90 - Fax : 04 70 58 52 02 -
E-mail : Michel.van-Merris@aol.com

VILLEFRANCHE-D'ALLIER (TH) *C.M. 69 Pli 12*

3 ch. Dans un bourg, au 1er étage de la maison bourbonnaise du XIXe siècle des propriétaires exploitant un petit bar : 1 chambre familiale composée de 2 pièces indépendantes : (1 lit 2 pers.), salle de bains/wc. (1 lit 120), lavabo, wc. 1 chambre (2 lits 1 pers.), salle d'eau/wc, 1 chambre (1 lit 2 pers. 2 lits 1 pers), salle d'eau/wc. Salle à manger commune. Cour et jardin d'agrément. Golf à 15 km. Garage.

Prix : 1 pers. **180 F** 2 pers. **240 F** 3 pers. **300 F** pers. sup. **60 F** repas **75 F**

Ouvert : toute l'année.

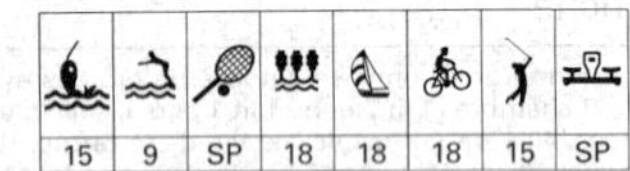

15	9	SP	18	18	18	15	SP

SIWIEC Dominique - 23 avenue Louis Pasteur - 03430 VILLEFRANCHE-D'ALLIER - Tél : 04 70 07 46 62 - Fax : 04 70 07 46 62 -
E-mail : JeanFrancois.SIWIEC@wanadoo.fr

YGRANDE Les Ferrons *C.M. 69 Pli 13*

4 ch. Au 1er étage d'une grande maison du XIXe siècle dans un parc, 3 chambres d'hôtes : 1 ch. de 2 pièces (1 lit 2 pers. 2 lits 1 pers.), 1 ch. (1 lit 2 pers.), 1 ch. (1 lit 2 pers. 1 lit 1 pers.), douche/wc privés pour chaque chambre, dans un bâtiment annexe, 1 ch. (1 lit 2 pers.), salle d'eau, wc. Possibilité cuisine. Séjour, TV, bibliothèque réservée aux hôtes. Lave-linge, lit bébé. Piscine pour enfants. Plan d'eau de Vieure 4 km. Equitation 5 km. Forêt de Tronçais 12 km. Box et prairie pour chevaux sur place. Situé sur le circuit « Allier cavalière ».

Prix : 1 pers. **200 F** 2 pers. **250 F** 3 pers. **310 F**

Ouvert : toute l'année.

4	13	2,5	4	4	5	4	32	2,5

VREL Agnès et Henri - Les Ferrons - 03160 YGRANDE - Tél : 04 70 66 31 67 - Fax : 04 70 66 32 64

GITES DE FRANCE - Service Réservation
50, avenue des Pupilles de la Nation - B.P. 738 - 15007 AURILLAC Cedex
Tél. 04 71 48 64 20 - Fax. 04 71 48 64 21

ANGLARDS-DE-SALERS

Alt. : 830 m — A (TH) — *C.M. 76 Pli 2*

6 ch. — 6 ch dans une maison de caractère indép. de celle du propriétaire au 1er étage. 2 ch avec 1 lit 2 pers. et 1 lit 1 pers. 1 ch avec 2 lits 1 pers. 3 ch avec 1 lit 2 pers. Salle d'eau et wc privatifs. Salle à manger et salon réservés aux hôtes. Bibliothèque. Cheminée. Terrain clos. Salon de jardin. Commerces dans bourg. Salers 8 km. Mauriac 8 km. Réduction enfant. Ferme auberge au rez de chaussée ouverte le week-end.

Prix : 1 pers. **220 F** 2 pers. **240 F** 3 pers. **290 F** repas **80 F**
1/2 pens. **180 F**

Ouvert : de Pâques à fin septembre.

SP	8	8	8	1	8	12	SP	8	SP

RIBES Gérard et Francette - Ferme Auberge les Sorbiers - 15380 ANGLARDS-DE-SALERS - Tél : 04 71 40 02 87

APCHON l'Oustadou

Alt. : 1050 m — *C.M. 76 Pli 2*

3 ch. — 3 chambres dans la maison du propriétaire dont 2 avec accès indépendant. 2 chambres au rez de chaussée et 1 chambre à l'étage. 2 chambres avec 1 lit 2 personnes et 1 chambre avec 2 lits 1 personne. Salle de bains et WC privatifs pour chaque chambre. Jardin. Chauffage électrique. Restaurants à Apchon et Cheylade (7 km). Puy Mary à 20 km. Village au pied des ruines du Château d'Apchon. Parc des Volcans. Aurillac 60 km. Clermont Ferrand 90 km. Téléphone hors saison 03.26.82.50.46. Langues parlées : anglais, allemand.

Prix : 1 pers. **160 F** 2 pers. **220 F**

Ouvert : vacances scolaires et de mi-mai à fin septembre.

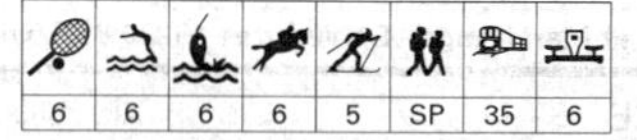

6	6	6	6	5	SP	35	6

DERVIN Paulette - l'Oustadou - 15400 APCHON - Tél : 04 71 78 19 70

ARNAC Cavarnac

Alt. : 635 m — (TH) — *C.M. 76 Pli 1*

2 ch. — Tte l'animation d'une vraie ferme d'élevage pour une ambiance nature et pleine d'activités. Cuisine régionale, repas pris en commun à la table d'hôtes, ambiance familiale. 2 ch. dans la maison du propr. au 1er ét. 1 ch. (1 lit 2 pers.). S.d.b. priv. non communicante. 1 ch. (1 lit 2 pers.). S. d'eau priv. WC communs aux 2 ch. S. à manger et salon communs. Ch. central. Salon de jardin. Cour et terrain clos. Aurillac 30 km. Barrage d'Enchanet 4 km. La Roquebrou 17 km. Salers 6 km. Gorges de la Maronne. Tours de Merle. Réduction enfant. Réduction hors saison.

CV

Prix : 1 pers. **170 F** 2 pers. **210 F** repas **65 F** 1/2 pens. **170 F**

Ouvert : toute l'année.

4	4	4	4	3	4	28	80	SP	17	11

ESCURE Odette et Jean - Cavarnac - 15150 ARNAC - Tél : 04 71 62 90 55

ARPAJON-SUR-CERE Le Cambon

Alt. : 620 m — (TH) — *C.M. 76 Pli 12*

3 ch. — 3 ch. au dernier étage de la maison du propriétaire. 2 ch. (1 lit 2 pers.). 1 ch. (2 lits 1 pers.) avec salon privé (poss. couchage d'appoint). Sanitaires privatifs. Séjour commun avec TV. Prise TV dans chaque chambre. Chauffage. Salon de jardin. Cour, terrain clos. En pleine campagne, aux portes d'Aurillac, endroit calme et reposant. Point de départ de nombreuses excursions. Vous serez accueillis dans une ambiance familiale, avec une table aux produits du pays et d'autres spécialités. Aurillac 5 km. Monts du Cantal. Châteaux. Musées. Golf à 3 km. Patrimoine roman. Réduction à partir de 4 nuits.

CV

Prix : 1 pers. **200 F** 2 pers. **260/280 F** repas **80 F** 1/2 pens. **210/220 F**

2	5	15	15	SP	2	40	40	SP	3	3

LENA Jacqueline et Angelo - Le Cambon - 15130 ARPAJON-SUR-CERE - Tél : 04 71 63 52 49

BADAILHAC Calmejane

Alt. : 950 m — (TH) — *C.M. 76 Pli 12*

3 ch. — Loin du bruit et de la pollution les ch. dominent la vallée offrant un panorama remarquable. 3 ch. situées dans un bât. indép. de la maison du propriétaire. Les repas sont servis à la table d'hôtes. 3 ch. (1 lit 2 pers. + 1 lit 1 pers.). S. d'eau + wc privatifs. Ch. élect. Séjour commun. Terrasse. Salon de jardin. Cour. Vic sur Cère 10 km. Circuits des Monts du Cantal. Randonnées.

Prix : 2 pers. **230 F** 3 pers. **320 F** repas **65 F** 1/2 pens. **180 F**

Ouvert : toute l'année sur réservation.

7	10	50	50	8	10	15	SP	10	10

TROUPEL Jean-François - Calmejane - 15800 BADAILHAC - Tél : 04 71 62 47 54

BADAILHAC La Calsade

Alt. : 950 m — *C.M. 76 Pli 12*

3 ch. — Dans un petit hameau près de Badailhac, un couple d'agriculteurs vous accueillent dans leur maison fraichement restaurée. 2 ch. au 1er étage avec 1 lit 2 pers. 1 ch. au 2ème étage avec 1 lit 2 pers. et 1 lit 1 pers. Salle d'eau et wc privatifs. Prise TV dans chaque chambre. Séjour avec cheminée et TV communs aux hôtes et aux propriétaires. Ch. central fuel. Terrasse. Cour. Vic sur Cère et Polminhac 12 km. Aurillac 20 km. Le Lioran 20 km.

CV

Prix : 1 pers. **270 F** 2 pers. **290 F** 3 pers. **350 F**

12	12	30	3	10	15	30	SP	12	12

MORZIERES Jean - La Calsade - 15800 BADAILHAC - Tél : 04 71 47 40 54

BEAULIEU

Alt. : 650 m — TH — *C.M. 76 Pli 2*

5 ch. 5 ch de plain pied dans maison de caractère du propriétaire. 2 chambres avec 1 lit 2 pers. 3 ch avec mezzanine dont 1 avec 1 lit 2 pers. et 2 avec 2 lits 1 pers. Couchage d'appoint dans ch. avec mezzanine. S. d'eau et wc privatifs. Salle à manger, salle de détente et cheminée avec insert. Terrain clos. Salon de jardin. Barbecue. Réfrigérateur à disposition. Bort les Orgues 10 km. Lanobre 4 km. Vue sur lacs et Monts du Cantal. Château de Val. Restaurant dans le bourg. Réduction hors saison.

CV

Prix : 2 pers. **200/250 F** 3 pers. **250/275 F** repas **65 F**
1/2 pens. **165/190 F**

Ouvert : toute l'année sur réservation.

4	10	0,8	4	0,8	10	20	SP	10	4

**EYZAT Sylvie, Philippe et Cathy - Le Bourg - 15270 BEAULIEU - Tél : 04 71 40 34 46 - Fax : 04 71 40 34 46 -
E-mail : CATHY.EYZAT@wanadoo.fr**

BREZONS Serverette

Alt. : 1100 m — TH — *C.M. 76 Pli 3*

2 ch. 2 chambres dans la maison du propriétaire. 1 chambre avec 1 lit 2 pers. et 1 lit 1 pers. Salle d'eau et WC privatifs. 1 chambre avec 2 lits 1 pers. Salle de bains et WC privatifs. Salle à manger commune. cheminée. TV à disposition. Ch. central. Terrasse. Cour. Salon de jardin. Chambres d'hôtes « panda » (malle découverte avec info sur la faune, la flore). Pierrefort 18 km. Murat 22 km. Vallée de Brezons. Prat de Bouc. Monts du Cantal.

CV

Prix : 1 pers. **130 F** 2 pers. **240 F** repas **60 F** 1/2 pens. **180 F**

Ouvert : toute l'année.

18	18	30	30	3	8	SP	SP	22	10

RESSOUCHE Jean et Marie-Ange - Serverette - 15230 BREZONS - Tél : 04 71 73 41 87

CASSANIOUZE

Alt. : 580 m — *C.M. 76 Pli 11*

2 ch. Dans un petit bourg rural de la châtaigneraie, un couple d'agriculteurs en retraite vous accueille pour la nuit et le petit déjeuner dans leur maison ancienne fraichement restaurée. Séjour commun avec cantou. 1 ch. (1 lit 2 pers.), 1 ch. (1 lit 2 pers. 1 lit 1 pers.). S. d'eau et wc privatifs. Ch. central fuel. Cheminée. Balcon. Restaurant sur place. Conques à 10 km. Vallée du Lot. Village pittoresque de la Vinzelle. Maison de la Châtaigne à Mourjou. Poterie du Don.

Prix : 1 pers. **200 F** 2 pers. **250 F** 3 pers. **300 F**

Ouvert : toute l'année.

5	5	35	35	1	10	SP	40	SP

PIGANIOL Elise et André - rue du Boulanger - 15340 CASSANIOUZE - Tél : 04 71 49 64 44

CHALIERS La Besse

Alt. : 820 m — TH — *C.M. 76 Pli 15*

5 ch. Les chambres sont spacieuses, avec couchage en mezzanine, aménagées dans une ancienne grange mitoyenne à la maison du propriétaire. Accès indép. de plain pied. 2 ch. (1 lit 2 pers. 1 lit 1 pers.), 3 ch. (1 lit 2 pers.). Salle d'eau et wc privatifs. Poss. lit d'appoint. Séjour commun, cheminée, TV. Ch. élect. Cour. Terrain, terrasse. Fermette avec chevaux située aux confins du Cantal, de la Lozère et de la Haute Loire. Hameau à 12mn depuis la N9 ou l'échangeur N° 31 de l'A75. GR4. Vallée de la Truyère. Ecomusée de la Margeride. Aubrac. Monts du Cantal. Saint Flour.

CV

Prix : 1 pers. **240/260 F** 2 pers. **280/300 F** 3 pers. **380/400 F** repas **80 F**
1/2 pens. **220/230 F**

Ouvert : toute l'année.

10	10	14	14	SP	7	20	30	SP	20	10

SIQUIER Michel - La Besse - 15320 CHALIERS - Tél : 04 71 23 48 80

CHAMPS-SUR-TARENTAINE Merigot

Alt. : 750 m — TH — *C.M. 76*

4 ch. 3 ch. au 2ème ét. de la maison du propr. 2 ch. (1 lit 2 pers. 1 lit 1 pers.). 1 ch. (1 lit 2 pers.). S. d'eau et wc privatifs. 1 ch. double 2 épis au rez de chaussée (1 ch. 1 lit 2 pers. 1 lit 1 pers.) (1 ch. 1 lit 2 pers). S. d'eau communicante, wc dans couloir. Ch. central. Cheminée, TV, tél. à dispo. Terrain, salon de jardin. Etang privé. Bort Les Orgues 12 km. Châteaux. Barrages. Lacs. Musées. Cités médiévales. Animation saison à Champs s/Tarentaine. Réduction hors saison. Camping à la ferme. Jeux, sentiers. Table d'hôtes à base de produits fermiers (spécialités locales). Pêche, pétanque. Plan d'eau de Lastioules.

CV

Prix : 2 pers. **220/250 F** 3 pers. **300/330 F** repas **85 F**
1/2 pens. **195/210 F**

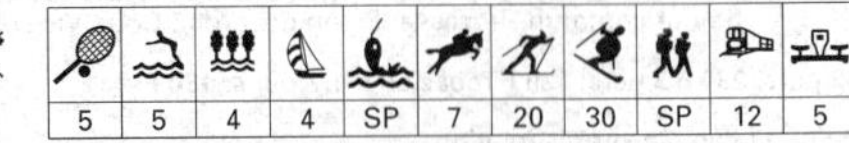

5	5	4	4	SP	7	20	30	SP	12	5

**GERARD Jean et Odette - Merigot - Camping de l'Etang - 15270 CHAMPS-SUR-TARENTAINE - Tél : 04 71 78 71 36 -
E-mail : merigot@online.fr - http://www.auvergne-vacances.com**

LA CHAPELLE-D'ALAGNON Gaspard

Alt. : 900 m — TH — *C.M. 76 Pli 3*

4 ch. 4 chambres de charme dans ancienne ferme de caractère située au cœur du Cantal dans un hameau en bordure de l'Alagnon. Terrasse ensoleillée calme avec vue sur paysage agréable. 3 ch. (1 lit 2 pers.). 1 ch. (2 lits 1 pers.). S. d'eau et wc priv. Salle à manger et salon réservés aux hôtes. Tél. à dispo. Repas pris à la table d'hôtes. Ch. central. Super Lioran 12 km. Murat 4 km. Garabit 25 km. Barrage de Grandval. Maison de la faune. Monts du Cantal. Location VTT à 4 km. Accès par la N122 entre Massiac et Murat. Possibilité d'accès par le Château de Jarrousset en venant par le D926.

CV

Prix : 1 pers. **200 F** 2 pers. **250 F** repas **65 F** 1/2 pens. **190 F**

4	4	25	30	SP	7	12	12	SP	4	4

MEDARD Denis et Joëlle - Gaspard - 15300 LA CHAPELLE-D'ALAGNON - Tél : 04 71 20 01 91

CHAUDES-AIGUES Les Plots

Alt. : 1000 m TH *C.M. 76 Pli 3*

2 ch. 2 chambres situées au 1er étage de la maison du propriétaire sur une exploitation agricole en pleine nature et au calme. Salle à manger et salon communs. 1 ch. 1 lit 2 pers. et 1 lit 1 pers. avec salle d'eau et WC communicants. 1 ch. 1 lit 2 pers. avec salle d'eau et WC privatifs non communicants. Ch. central. Cheminée. TV. Lave linge à disposition. Cour. Chaudes Aigues 7 km. Saint Flour. Monts d'Aubrac. Musée géothermie. A proximité gorges du Bès et de la Truyère. Transhumance en Aubrac en mai. Brâme du cerf du 15/09 au 15/10. Table d'hôtes avec spécialités régionales.

Prix : 1 pers. **180 F** 2 pers. **220 F** 3 pers. **320 F** repas **70 F**
1/2 pens. **180 F**

7	7	25	25	0,5	14	14	35	7

RIEUTORT Pierre - Les PLots - 15110 CHAUDES-AIGUES - Tél : 04 71 73 80 04 - Fax : 04 71 73 80 04

CHAUDES-AIGUES La Fouilhouse

Alt. : 950 m TH *C.M. 76 Pli 3*

3 ch. Dans une maison de caractère trois chambres avec accès indépendant. 1 ch. avec 1 lit 2 pers. avec accès de plain pied au 1er étage. 2 ch. avec 1 lit 2 pers. au 2ème étage. Possibilité lit d'appoint. Salle d'eau et wc privatifs. Ch. central. Salle à manger commune. Salon avec TV réservé aux hôtes. Terrain avec salon de jardin. Chaudes-Aigues et ses sources. Garabit. Monts d'Aubrac. Laguiole. Saint-Flour.

Prix : 1 pers. **180 F** 2 pers. **240 F** 3 pers. **310 F** repas **75 F**
1/2 pens. **195 F**

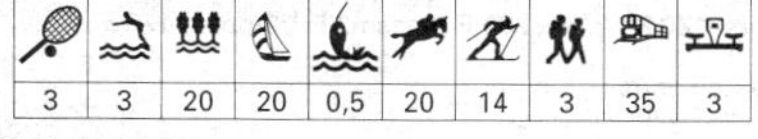

3	3	20	20	0,5	20	14	3	35	3

CHALMETON Marc - La Fouilhouse - 15110 CHAUDES-AIGUES - Tél : 04 71 23 58 15

CHEYLADE Curières

Alt. : 1000 m *C.M. 76 Pli 3*

1 ch. Une chambre d'hôtes dans la maison de caractère du propriétaire. 1 lit 2 personnes, 1 lit d'appoint enfant. Salle d'eau et WC privatifs. Salon privé avec cheminée. Cour et terrain non clos. Environnement très calme. Dans la vallée de Cheylade, à proximité du Puy Mary, au cœur des Monts du Cantal et du Parc des Volcans.

Prix : 2 pers. **250 F** 3 pers. **350 F**

Ouvert : toute l'année.

3	14	SP	15	SP	30	2

VESCHAMBRE Gaspard - Curières - 15400 CHEYLADE - Tél : 04 71 78 90 13

LE CLAUX

Alt. : 1080 m TH *C.M. 76 Pli 3*

4 ch. Pour des vacances de calme et de verdure, au pied du Puy Mary, 4 ch. dans la maison du propriétaire. 2 ch. avec 1 lit 2 pers. 2 ch. avec 1 lits 2 pers. et 1 lit 1 pers. Salle d'eau et wc privatifs. Salle à manger commune. Chauffage central. Fax, TV. Salle de découverte. Poss. lave-linge. Grande terrasse ombragée. Terrain de pétanque. Pour des vacances gourmandes : table d'hôtes gastronomique avec dégustation de produits du pays. Riom Es Montagnes 17 km. Puy Mary 11 km. Ecole de parapente. Approche des chamois. GR4 et GR 400. Réduction hors saison.

Prix : 1 pers. **170 F** 2 pers. **250 F** 3 pers. **300 F** repas **80 F**
1/2 pens. **205 F**

SP	17	SP	17	SP	SP	17	SP

AGUTTES Catherine - Les Voyageurs - 15400 LE CLAUX - Tél : 04 71 78 93 01 - Fax : 04 71 78 93 01 -
E-mail : lesvoyageurs@auvergne-hebergement.com - http://www.auvergne-hebergement.com

CLAVIERES Masset

Alt. : 1050 m *C.M. 76 Pli 5*

3 ch. 3 chambres au 2ème étage d'une maison comprenant un gîte rural en dessous. Entrée indép. pour les chambres. 1 chambre avec 1 lit 2 pers. et lavabo. 1 chambre avec 1 lit 2 pers. 1 lit 1 pers. et lavabo. 1 chambre avec 1 lit 2 pers., 1 lit d'appoint 1 personne et lavabo. Salle d'eau et WC communs. Terrain non clos. Salon de jardin. Ruynes en Margeride 6 km. Ferme auberge à proximité. Monts du Cantal. Forêts. A75 sortie 30. D4 voie communale 13.

Prix : 1 pers. **140 F** 2 pers. **180 F** 3 pers. **240 F**

Ouvert : toute l'année.

6	6	15	15	SP	6	SP	40	SP	17	6

CHANSON Albert et Huguette - Masset - 15320 CLAVIERES - Tél : 04 71 23 41 28

CONDAT Le Veysset

Alt. : 980 m TH *C.M. 76 Pli 3*

4 ch. Pour vous accueillir, 4 chambres d'hôtes avec accès indépendant situées dans la maison de la propriétaire avec salle d'eau et wc privatifs. 2 ch. (1 lit 2 pers.). 2 ch. (1 lit 2 pers. 1 lit 1 pers.). Salle à manger réservée aux hôtes. Ch. électrique. Terrain, salon de jardin. Condat 3 km. Barrage de Lastioules 6 km. Lac de la Crégut. Moi ? je cultive des fraises, des framboises et des myrtilles... Parcourir les grands espaces du Cézallier à la flore remarquable, découvrir un lac de cratère, une cascade, grimper au Puy Mary ou au Puy de Sancy pour admirer l'oeuvre des Volcans.

Prix : 1 pers. **180 F** 2 pers. **240 F** 3 pers. **300 F** repas **70 F**
1/2 pens. **190 F**

Ouvert : de Pâques à la Toussaint.

3	3	6	6	3	1	SP	18	3

PHELUT Véronique - Le Veysset - 15190 CONDAT - Tél : 04 71 78 62 96

LE FALGOUX Le Tahoul

Alt. : 1100 m (TH) *C.M. 76 Pli 2*

4 ch. 4 chambres d'hôtes dans une belle maison de 1850 rénovée avec des matériaux naturels. R.d.c. : 1 ch. (3 lits 1 pers.) s.d'eau attenante, wc priv. non attenant. 1er ét. : 3 ch. avec accès indép. de plain pied. 2 ch. (2 lits 1 pers.) s.d'eau priv. attenante. 1 ch. (3 lits 1 pers.) s.d.b. priv.attenante. WC commun aux 3 ch. Coin détente avec biblio. Séjour avec cheminée. S. à manger. Ch. central. Terrain. Salon de jardin. Nourriture biologique. Pain maison. Poss. cuisine végétarienne. Au pied du Puy Mary. Vue panoramique. 3 cascades. GR4. Escalades. Ski. Entre Le Falgoux 4 km et le Pas de Peyrol 8 km.

Prix : 1 pers. **150 F** 2 pers. **300 F** 3 pers. **450 F** repas **50 F**
1/2 pens. **200 F**

4	35	35	35	2	18	4	SP	35	4

LANNEAU Gilles et Michèle - EURL Le Tahoul - 15380 LE FALGOUX - Tél : 04 71 69 51 67 - Fax : 04 71 69 51 67

FRIDEFONT

Alt. : 950 m (TH) *C.M. 76 Pli 13*

2 ch. Pour un séjour de charme entre Aubrac et Margeride, 2 chambres d'hôtes avec accès indép. au 1er étage de la maison du propriétaire. 2 ch. (1 lit 2 pers.). Salle d'eau et wc privatifs. Ch. central et électrique. Salle à manger commune, salon réservé aux hôtes. TV. Jardin d'agrément, terrain clos. Salon de jardin. Exploitation agricole avec vaches et chèvres. Chaudes Aigues 13 km. St Flour 30 km. A75 20 km sortie 30. Barrage de Grandval. Château d'Alleuze. Garabit. Gorges du Bès et de la Truyère. Par delà pommiers et poiriers, on aperçoit le Plomb du Cantal. Ferme auberge dans le village. Escalade.

Prix : 1 pers. **180 F** 2 pers. **230 F** repas **60 F** 1/2 pens. **175 F**

Ouvert : toute l'année.

13	13	3	3	3	30	20	SP	30	13

GUILBOT Michel - 15110 FRIDEFONT - Tél : 04 71 23 51 72 ou 06 86 15 81 26 - Fax : 04 71 23 51 72 - E-mail : mguilbot@terre-net.fr

FRIDEFONT

Alt. : 930 m **A** (TH) *C.M. 76 Pli 13*

4 ch. Amateurs de vacances reposantes vous trouverez 4 ch. dans maison caractère. 1 ch. 1 lit 2 pers. S.d.b. WC. 1 ch. 1 lit 2 pers. 1 lit 1 pers. S.d'eau. WC. 1 ch. 3 lits 1 pers. S.d'eau. WC. 1 ch. 1 lit 2 pers. et 1 conv. 2 pers. Salon privé. S.d.b. WC. S.à manger, salon réservés aux hôtes. Cheminée. TV sur dem. Cour. Gîte pêche. St Flour 30km. Chaudes Aigues 13 km. Barrages. Garabit. Château d'Alleuze. Escalade. Ecoute brame du cerf du 15.09 au 15.10. Vue sur le plomb du Cantal. Portes de l'Aubrac et Margeride. Gorges du Bès. Ferme auberge au r.d.c. Réduc. hors saison et enfant. Bovins, lait et viande Aubrac.

Prix : 1 pers. **180 F** 2 pers. **240 F** 3 pers. **320 F** repas **60 F**
1/2 pens. **180 F**

13	13	3	3	3	30	20	SP	30	13

CHASSANY Gilbert et Josette - 15110 FRIDEFONT - Tél : 04 71 23 56 10 - Fax : 04 71 23 59 89 - E-mail : chassany@terre-net.fr

GIOU-DE-MAMOU Barathe

Alt. : 750 m (TH) *C.M. 76 Pli 12*

5 ch. Au calme, au milieu d'un domaine de 30ha, dans une très belle maison de maître auvergnate de 1777 entourée de vallons, où résonnent les clochettes des vaches Salers, 5 ch. avec s. d'eau et wc privés. 4 ch. (1 lit 2 pers) 1 ch. double (1 lit 2 pers, 2 lits 1 pers). Ch central. Mobilier d'époque. Cuisine traditionnelle et savoureuse, légumes du potager. Réduction enfant. Puy Mary, Salers, Monts du Cantal, Super-Lioran, Plomb du Cantal, Laguiole, Conques. En février : invitation au surf des neiges à Super-Lioran. Golf à 5 km.

Prix : 2 pers. **250 F** repas **75 F** 1/2 pens. **200 F**

9	10	SP	5	30	30	SP	8	8	

BRETON Pierre et Isabelle - Barathe - 15130 GIOU-DE-MAMOU - Tél : 04 71 64 61 72 - E-mail : barathe3@wanadoo.fr

JALEYRAC La Salterie

Alt. : 600 m (TH) *C.M. 76 Pli 1*

3 ch. 3 chambres situées dans un bâtiment mitoyen à la maison du propriétaire. 2 ch. avec 1 lit 2 pers. et 1 lit 1 pers. en mezzanine. 1 ch. avec 2 lits 1 pers. Possibilité lit d'appoint. S. d'eau et wc privatifs. Séjour commun. Ch. central fuel. Réfrigérateur et four micro-ondes à disposition. Terrain avec salon de jardin. Réduction hors saison. Mauriac 7 km. Salers 20 km. Puy Mary. Le Falgoux. Monts du Sancy. Escalade. ULM. Accès par D922 ou par D678.

Prix : 1 pers. **200 F** 2 pers. **240 F** 3 pers. **300 F** repas **60 F**
1/2 pens. **180 F**

7	7	7	2	10	25	7	7

CHAVAROCHE Alain et Mireille - La Salterie - 15200 JALEYRAC - Tél : 04 71 69 72 55 ou 04 71 69 74 42

JALEYRAC Bourriannes

Alt. : 720 m (TH) *C.M. 76 Pli 1*

3 ch. 3 ch. à l'étage de la maison du prop. 1 ch 3 épis (1 lit 2 pers) s.d.b. et wc privés. 2 ch. 2 épis 1 ch. (1 lit 2 pers). S.d'eau et WC privatifs non communicants. 1 ch. 2 lits 1 pers. S.d'eau et WC privatifs non communicants. Ch.élect. Salle à manger et salon communs. Terrain. Cheminée. TV. Belle maison de caractère avec mobilier authentique. Mauriac 3 km. Bort Les Orgues. Monts du Cantal. Salers. Réduction enfant. Accès Mauriac direction Bort les Orgues à 3 km à gauche direction Arches. Four à pain. Ambiance conviviale. Table d'hôtes sur réservation.

Prix : 1 pers. **185 F** 2 pers. **220/240 F** repas **65 F** 1/2 pens. **175/185 F**

3	3	3	15	1	4	5	3	3

CHARBONNEL L-Charles & M-Claire - Bourriannes - 15200 JALEYRAC - Tél : 04 71 69 73 75

JOURSAC Recoules

Alt. : 1100 m — (TH) — *C.M. 76 Pli 4*

5 ch. — 5 chambres avec accès indépendant aménagées au 1er étage de notre ancienne ferme de caractère rénovée en 99 et située dans un village typique au sud du Cézallier. 1 ch. 1 lit 150. 2 ch. 3 lits 1 pers. 1 ch. 1 lit 2 pers. 1 ch. 1 lit 2 pers. 1 lit 1 pers. S. d'eau et wc privatifs. Salle à manger avec cantou et salon communs. Coin-cuisine à disposition. Ch. élect. Jardin. Vue sur le Massif Cantalien. Neussargues 7 km. Allanche 11 km. Murat 18 km. De Neussargues prendre la D679 direction Allanche sur 300m, puis la D26 jusqu'à Recoules 7 km.

Prix : 1 pers. **200 F** 2 pers. **250 F** 3 pers. **340 F** repas **65 F**
1/2 pens. **190 F**

10	17	5	15	15	SP	18	7

NICOLLEAU Alain - Recoules - 15170 JOURSAC - Tél : 04 71 20 59 12

JUNHAC

Alt. : 550 m — (TH) — *C.M. 76 Pli 12*

5 ch. — 5 chambres dans maison de caractère dans un parc fleuri et arboré de 2,5ha. 1er étage : 1 ch avec 1 lit 2 pers. et 1 lit 1 pers. 1 ch avec 2 lits 1 pers. S. d'eau et wc privatifs non attenant. 2ème étage : 1 ch avec 2 lits 1 pers. 1 ch avec 3 lits 1 pers. 1 ch avec 1 lit 2 pers. Salle d'eau et wc privatifs. Ch fuel. salle à manger et salon communs. Cuisine familiale avec plats régionaux et légumes du potager. Vallée du Lot à 10 km. Monts du Cantal. Salers. Conques. Laguiole. Montsalvy 5 km. Aurillac 30 km.

Prix : 1 pers. **220 F** 2 pers. **280 F** 3 pers. **350 F** repas **85 F**
1/2 pens. **225 F**

Ouvert : du 1er mai au 30 septembre.

5	5	0,5	25	SP	30	5

POUJADES J-C et VIGIER C. - Les Tilleuls - 15120 JUNHAC - Tél : 04 71 49 24 70

JUNHAC La Normandie

Alt. : 535 m — A — (TH) — *C.M. 76 Pli 12*

4 ch. — 4 ch. à l'étage de la ferme-auberge et de la maison du propriétaire. 3 ch. (1 lit 2 pers) 1 ch. (1 lit 2 pers, 1 lit 1 pers). Salle d'eau et wc privatifs. Salle à manger réservée aux hôtes. Ch central. Prises TV et tél. dans chaque chambre. Grand terrain commun, salon de jardin. Elevage de bovins, porcins, daims, volailles. Parc animalier de la Vallée des Daims. Visite à pied ou en petit train. Randonnées, balades autour des Gorges du Don. Vallée du Lot. 9 km de Montsalvy, direction Junhac, ne pas quitter la D19.

Prix : 1 pers. **230 F** 2 pers. **250 F** 3 pers. **330 F** repas **60 F**
1/2 pens. **185 F**

Ouvert : toute l'année.

9	9	9	SP	25	80	80	SP	30	9

CHAMPEIX Jean-Marc - La Normandie - 15120 JUNHAC - Tél : 04 71 49 29 68 - E-mail : ferme.auberge.normandie@wanadoo.fr

LADINHAC Valette

Alt. : 630 m — A — (TH) — *C.M. 76 Pli 12*

6 ch. — 6 ch. d'hôtes dans une ferme en pleine campagne. Dans une annexe de plain-pied en 3 épis 1 ch. 2 pers. salle de bains et wc privatifs. 3 ch. 3 pers. 1 ch. 2 pers. (lits jumeaux). S. d'eau, wc privatifs. 1 ch. 2 épis (1 lit 2 pers au r.d.c. de la maison du propriétaire avec s. d'eau et wc privés). L-linge, frigo et gazinière à dispo. Prise TV dans chaque ch. Jardin, pré, aire de jeux, étang aménagé sur place. Terrasse et salon de jardin privés. Montsalvy 7 km. Aurillac 20 km. Vallée du Lot. Conques. Gorges de la Truyère. Monts du Cantal. Gîtes, camping à la ferme et ferme auberge sur place. Produits fermiers et cuisine régionale.

Prix : 2 pers. **240/280 F** repas **65 F** 1/2 pens. **185/195 F**

7	7	12	SP	5	20	2

COMBELLES Josette et ESCARPIT Gilberte - Valette - 15120 LADINHAC - Tél : 04 71 47 80 33 - Fax : 04 71 47 80 16 - E-mail : combellesm@aol.com

LANDEYRAT Le Greil

Alt. : 1200 m — *C.M. 76 Pli 4*

4 ch. — 4 chambres d'hôtes dans ferme du XVIIIe restaurée, maison en pierres de basalte. 2 chambres avec 1 lit 2 pers, 2 chambres avec 2 lits 1 pers. Salle d'eau et wc privatifs. Téléphone à disposition. Grand séjour commun, coin-cuisine réservée aux hôtes. L-linge. Chauffage central. Gîte rural dans enclos. Au cœur du Parc des Volcans d'Auvergne, dans les monts du Cézallier. Pays d'estives, cascade de Veyrines, vélorail, pêche, brâme du cerf en automne. Découverte de la faune et de la flore, des savoir-faire de Haute-Auvergne. Commerces à Allanche et Marcenat.

Prix : 1 pers. **200 F** 2 pers. **230 F**

Ouvert : toute l'année.

6	14	12	12	SP	14	SP	SP	2	6

BARTHELEMY Claude - Le Greil - 15160 LANDEYRAT - Tél : 04 71 20 45 04

LAVIGERIE La Gandilhon

Alt. : 1182 m — (TH) — *C.M. C5 Pli 3/13*

5 ch. — 5 ch. d'hôtes dans maison de caractère du propriétaire au 1er étage. 1 ch. (2 lits 1 pers) 1 ch (1 lit 2 pers) 1 ch (1 lit 2 pers et 1 lit 1 pers). Salle de bains commune. 2 ch (1 lit 2 pers), salles d'eau privées. Wc commun aux 5 ch. Ch. central. Cheminée. TV. Tél. à disposition. Séjour commun. Murat 17 km. Puy Mary. Monts du Cantal. Réduction enfant. Luge sur place. Chambres d'hôtes situées dans le Parc des Volcans au bord de la D680.

Prix : 1 pers. **145/160 F** 2 pers. **190/220 F** 3 pers. **250 F** repas **80 F**
1/2 pens. **175/190 F**

Ouvert : du 1er janvier au 1er octobre.

10	12	18	SP	17	SP	25	SP	17	5

VERNEYRE Bernard et Monique - Le Gandilhon - 15300 LAVIGERIE - Tél : 04 71 20 82 73

LEYNHAC Martory

Alt. : 500 m *C.M. 76 Pli 11*

6 ch. Ancienne grange de 1808 rénovée située au cœur de la ferme (élevage bovins). 6 ch. d'hôtes avec entrée indép. et terrasse. S. d'eau et wc priv. 2 ch. 1 lit 2 pers. 1 ch. 1 lit 2 pers. et coin-cuisine. 2 ch. 1 lit 2 pers. et 1 lit 1 pers. et coin-cuisine. 1 ch. 1 lit 2 pers et 1 lit 1 pers. Salle à manger commune avec le propriétaire. Cour et terrain. Grande salle commune à l'étage avec cheminée. 2 gîtes ruraux sur la propriété. Maurs 10 km. Promenades en charettes à cheval. Location VTT. Salle de jeux. Piscine sur place. Réduction hors saison. Conques. Figeac. Rocamadour. Rodez. Laguiole. Salers.

CV

Prix : 1 pers. **180/210 F** 2 pers. **240/270 F** 3 pers. **300/330 F**

Ouvert : toute l'année.

3	SP	15	45	1	3	SP	10	10

CAUMON J-Marie et Jeanine - Martory - 15600 LEYNHAC - Tél : 04 71 49 10 47

LIEUTADES

Alt. : 930 m TH *C.M. 76 Pli 13*

4 ch. 4 ch. aux 1er et 2e étages de la maison du propriétaire : 2 ch. (1 lit 2 pers.), 2 ch. (1 lit 2 pers., 1 lit 1 pers.), salle d'eau et wc privés. Séjour commun avec TV, bibliothèque, jeux vidéo et de société. Chauffage central. Pétanque, badminton. Salon de jardin. Entre Laguiole, Chaudes Aigues et Pierrefort, venez découvrir avec volupté les paysages qui s'offrent à vous, variés, différents, inoubliables. Dans l'espace d'une journée, vous traverserez les Gorges de la Truyère, l'Aubrac et si vous décidez de rester, nous organiserons vos journées découverte.

CV

Prix : 1 pers. **200 F** 2 pers. **260 F** 3 pers. **340 F** repas **65 F**
1/2 pens. **195 F**

SP	5	6	20	3	18	7	SP	50	15

GILIBERT-DEVORS Denise - Esclauzet - 15110 LIEUTADES - Tél : 04 71 73 83 16 - Fax : 04 71 73 82 36

LORCIERES

Alt. : 830 m TH *C.M. 76 Pli 15*

4 ch. Odette et Clément COUTAREL vous accueillent dans leur maison familiale rénovée en 97. Vous y retrouverez l'atmosphère des bâtisses paysannes de Margeride. 4 ch. à l'étage de la maison du propriétaire avec accès de plain pied. 2 ch. (1 lit 2 pers. 1 lit 1 pers.) 1 ch. (2 lit 1 pers.) 1 ch. (1 lit 2 pers.). S. d'eau et wc privatifs. Ch. élec. Terrain clos. La table d'hôtes vous permettra de découvrir les spécialités (truffade, aligot...) dans un cadre de l'Auvergne d'autrefois. Séjour commun avec cantou et alcôve. Vos hôtes vous conteront la vie dans leur pays et vous guideront pour vos promenades et visites (Monts du Cantal, Aubrac...).

CV

Prix : 1 pers. **220 F** 2 pers. **260 F** 3 pers. **350 F** repas **80 F**
1/2 pens. **210 F**

9	9	14	14	SP	5	40	SP	20	9

COUTAREL Clément et Odette - Le Bourg - 15320 LORCIERES - Tél : 04 71 23 49 79 ou 04 71 78 06 19

MARCOLES Cols

Alt. : 720 m *C.M. 76 Pli 11*

1 ch. 1 chambre d'hôtes avec entrée indépendante située au 1er étage de la maison de caractère du propriétaire. Chambre avec 1 lit 2 pers. et possibilité de chambre d'appoint avec 1 lit 2 pers. S. d'eau et wc priv. Ch. central. Coin salon dans la chambre. Salle à manger commune et TV. Salon de jardin, cour. Marcolès, cité médiévale à 2 km. Conques, vallée du Lot, châteaux. Figeac. Monts du Cantal. Salers. Randonnées pédestres. Etang privé sur place. D51 de Marcolès à Montsalvy.

Prix : 2 pers. **220 F** 3 pers. **320 F** pers. sup. **50 F**

Ouvert : toute l'année.

2	22	30	30	SP	10	SP	25	2

LHERITIER Paul et Henriette - Cols - 15220 MARCOLES - Tél : 04 71 64 72 42

MAURS La Drulhe

TH *C.M. 76 Pli 11*

4 ch. 4 ch. dans ancienne maison rénovée en 1997, en annexe de celle du prop. Séjour et terrasse réservés aux hôtes. Exploit. agricole d'élevage bovins pratiquant la transhumance. R.d.c., 1 ch. 1 lit 2 pers. 1 lit 1 pers., 1 ch. 1 lit 2 pers., s.d.b., wc privés. Et. 1 ch. 1 lit 2 pers. Poss. lit bébé, table à langer. 1 ch. 1 lit 2 pers. 1 lit 1 pers. S. d'eau et wc privés. Chauffage électrique. Cour et terrain non clos. Commerces à 5 km. Plan d'eau de Figeac. Lac du Tolerme. Vallée du Lot. Aurillac 45 km. A Maurs D319 direction St Cirgues.

CV

Prix : 1 pers. **185 F** 2 pers. **240 F** 3 pers. **330 F** repas **75 F**
1/2 pens. **195 F**

Ouvert : toute l'année.

5	5	15	15	1	10	SP	5	5

SEYROLLES Annie et Michel - La Drulhe - 15600 MAURS - Tél : 04 71 49 07 33 - Fax : 04 71 49 07 33

LE MONTEIL Jalannac

Alt. : 870 m **A** TH *C.M. 76 Pli 2*

3 ch. Trois chambres dans bâtiment annexe de la maison du propriétaire. 3 ch. 1 lit 2 pers. Salle d'eau et wc privatifs. Séjour commun aux hôtes et au propriétaire. Cheminée. TV dans chaque chambre. Ch. central. Terrasses avec salons de jardin. Ferme auberge sur place. Réduction hors saison. A 25 km au nord-est de Mauriac, à 5 km de Saignes et à 15 km de Bort les Orgues. Monts du Cantal. Monts du Sancy. Salers.

CV

Prix : 2 pers. **220 F** repas **60 F** 1/2 pens. **170 F**

Ouvert : toute l'année.

5	5	15	15	SP	10	55	55	SP	15	5

PIGOT Marcelle - Jalanhac - 15240 LE MONTEIL - Tél : 04 71 40 68 13

ORADOUR Lieuriac

Alt. : 1000 m *C.M. 76 Pli 13*

3 ch. CV

Dans maison de caractère avec accès indépendant, 3 ch avec mezzanine dont 1 ch. avec 1 lit 2 pers. 1 ch. avec 2 lits 1 pers. 1 ch. avec 1 lit 2 pers. , 1 lit 1 pers. et 1 lit d'appoint 1 pers. S. d'eau et wc privatifs. Séjour avec cheminée réservé aux hôtes et coin cuisine donnant sur cour à disposition. Ch. central. L-linge à disposition. Verger avec salon de jardin. Pierrefort à 11 km. Neuvéglise. Chaudes Aigues : station thermale. Gorges de la Truyère. Vue panoramique.

Prix : 1 pers. **190 F** 2 pers. **230 F** 3 pers. **270 F**

11	11	20	20	12	12	7	SP	22	11

WEIL Gérard et GIRAUD Catherine - Lieuriac - 15260 ORADOUR - Tél : 04 71 23 39 78

PAULHAC Belinay

Alt. : 1160 m A TH *C.M. 76 Pli 3*

5 ch.

5 ch. avec accès indép. au dernier étage de la maison du propriétaire. 3 ch. 1 lit 2 pers. 2 ch 1 lit 2 pers et 1 lit 1 pers. Salle de bains et WC privatifs. Ch. électrique. Salle à manger et salon communs avec cheminée et TV. Tél dans chaque chambre. Cour. Salons de jardin. Piscine privée sur place chauffée. Trois gîtes dans la même maison. Centre équestre privé avec manège couvert. Murat 13 km. Location VTT. Col de Prat de Bouc 4 km. Migration d'oiseaux. Plomb du Cantal à proximité. Réduction enfant et hors saison.

Prix : 1 pers. **280 F** 2 pers. **310 F** 3 pers. **370 F** repas **90 F**
1/2 pens. **245 F**

SP	SP	30	30	SP	SP	3	3	SP	13	6

BONNETIER Gilles - Belinay - 15430 PAULHAC - Tél : 04 71 73 34 08

PERS Viescamp

Alt. : 600 m *C.M. 76 Pli 11*

5 ch. CV

5 ch aménagées dans ancienne grange de 1834 sur une exploitation agricole comprenant 1 gîte, des studios et 1 camping. 3 ch. 1 lit 2 pers et 1 lit 1 pers. 2 ch. 2 lits 1 pers. S. d'eau et WC privatifs. Ch. élect. Séjour avec cheminée. Salle de jeux et coin cuisine à disposition des hôtes. Salon de lecture. Terrain. Pré, aire de jeux. Abri couvert. Etang privé. Le Rouget 4 km. Aurillac 22 km. En bordure du Barrage de Saint Etienne Cantalès. Forêts. Rivière à 500m. Piscine sur place. Produits fermiers. Point phone. Sports nautiques. Sentiers pédestres. Logement chevaux. Restauration à proximité. Réduction hors saison.

Prix : 1 pers. **200 F** 2 pers. **250 F** 3 pers. **350 F**

5	SP	0,5	4	SP	6	60	60	0,5	4	4

LACAZE Charles et Janine - Ferme Accueil de Viescamp - 15290 PERS - Tél : 04 71 62 25 14 - Fax : 04 71 62 28 66

POLMINHAC Costes Bas

Alt. : 900 m *C.M. 76 Pli 12*

4 ch. CV

Dans une ancienne grange typique du XIXe, sont aménagées quatre chambres personnalisées avec s. d'eau et wc privatifs pour un séjour de charme dans un cadre naturel. Vous choisirez entre la chambre 1 « AZUR » ou 2 « FRUITEE » ou 4 l'« OCEANE » (1 lit 2 pers. 1 lit 1 pers.),ou 3 la « CHAMPETRE » (1 lit 2 pers. 1 lit bébé). Ch. électrique. Outre le confort des lieux (salle commune avec cuisine à disposition, tél.) vous profiterez du salon de jardin, de la piscine ou vous préférerez la randonnée, la pêche, la chasse. Commerces, restaurants à 5 km. Vic/Cère 10 km. Aurillac 15 km. Super-Lioran 20 km.

Prix : 1 pers. **250 F** 2 pers. **280 F** 3 pers. **350 F**

Ouvert : toute l'année.

5	SP	20	20	SP	10	20	20	SP	10	5

TRICHEREAU Nicolas et Nathalie - Costes Bas - 15800 POLMINHAC - Tél : 04 71 43 17 84 ou 06 07 37 05 98 -
E-mail : nicolas.trichereau@wanadoo.fr - http://www.perso.wanadoo.fr/estive.costes-bas/

ROFFIAC

Alt. : 850 m *C.M. 76 Pli 4*

3 ch.

3 chambres avec accès indépendant dans la maison du propriétaire. 2 chambres avec 1 lit 2 pers. 1 chambre avec 2 lits 120. Salle de bains et wc privatifs. Chauffage central fuel. Salon réservé aux hôtes. Terrasse, jardin d'agrément. St Flour 3 km. Ferme auberge à 300m. Viaduc de Garabit. Château d'Alleuze, château du Saillant. Chaudes Aigues à 30 km.

Prix : 1 pers. **230 F** 2 pers. **260 F**

Ouvert : toute l'année.

3	3	15	15	SP	3	30	30	SP	3	3

BROUARD J-Louis et Josette - Le Bourg - 15100 ROFFIAC - Tél : 04 71 60 45 75

ROFFIAC Mazerat

Alt. : 900 m A TH *C.M. 76 Pli 4*

6 ch. CV

6 ch. dans maison mitoyenne à celle du prop. sur exploitation agricole. 4 ch. 3 épis : 2 ch. avec mezzanine (1 lit 2 pers. 1 lit 1 pers). 1 ch. (1 lit 2 pers). 1 ch. (2 lits 1 pers). S. d'eau et WC privatifs. 2 ch. 1 épi : 1 lit 2 pers. Lavabo, s. d'eau et wc communs. Salle de détente avec TV, bibliothèque. Cheminée. Ch.élect. Salle à manger résevée aux hôtes. Réduction enfant. St Flour à 4 km. Cité touristique. Cascade du Sailhant. Viaduc de Garabit. Ferme auberge sur place. Jeux pour enf. Jardin d'agrément. Salon de jardin. Camping à la ferme sur place.

Prix : 2 pers. **220/260 F** repas **70 F** 1/2 pens. **180/200 F**

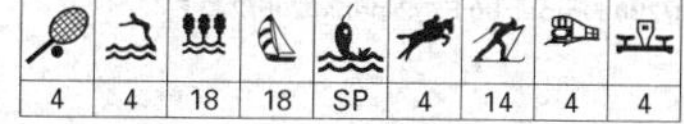

4	4	18	18	SP	4	14	4	4

BERGAUD Mado et Raymond - Le Ruisselet - Mazerat - 15100 ROFFIAC - Tél : 04 71 60 11 33

LA ROQUEBROU-SAINT-GERONS La Barthe *C.M. 76 Pli 11*

2 ch. 2 chambres dans maison du propriétaire. 1 ch 1 lit 160, salle d'eau et wc privatifs non communicants. 1 ch 1 lit 2 pers, salle de bains et wc privatifs non communicants. Poss. lit enfant. Salle à manger et salon communs. Cheminée et TV à disposition. Ch. élect. Coin-cuisine à disposition. Salon de jardin. Terrain. Terrasse. La Roquebrou 1 km. Château. Expositions. Tours de Merle. Barrage de St Etienne Cantalès. Karting à 5 km. Aurillac 25 km. Accès : prendre direction Saint Céré/Sousceyrac à partir de La Roquebrou. Gorges de la Cère.

Prix : 1 pers. **200 F** 2 pers. **230 F**

Ouvert : toute l'année.

1	2	3	3	0,8	3	SP	1	1

BOUYSSE Jean et Jeanine - La Barthe - 15150 SAINT-GERONS - Tél : 04 71 46 00 96

RUYNES-EN-MARGERIDE Trailus Alt. : 1050 m A TH *C.M. 76 Pli 5*

3 ch. 3 chambres avec accès indépendant au 1er étage de la maison du propriétaire sur une exploitation agricole. Salle d'eau commune. WC commun. 3 chambres avec 1 lit 2 personnes et lavabo. Chauffage central. Terrain non clos. Terrasse. Ferme auberge sur place. Location VTT. Cadre reposant. Vue panoramique. Saint Flour. Ecomusée. Mont Mouchet. Viaduc de Garabit. A75 à 7 km. Sortie N°30. Au pied des Monts de la Margeride. Nombreuses possibilités randonnées pédestres et VTT.

Prix : 1 pers. **170 F** 2 pers. **190 F** repas **55 F** 1/2 pens. **150 F**

3	3	10	10	SP	3	5	SP	15	3

LOMBARD Jean-Luc - Trailus - 15320 RUYNES-EN-MARGERIDE - Tél : 04 71 23 48 31

SAIGNES La Vigne *C.M. 76 Pli 2*

5 ch. 2 ch 3 épis (1 lit 2 pers) dans maison de maître du XVIIIe. Sanitaires privatifs. 3 ch 2 épis. 1 ch (1 lit 2 pers) s. d'eau privée non attenante 2 ch (1 lit 2 pers) s. d'eau privée. Wc commun. Ch. central. Salle à manger et salon communs, coin-cuisine à dispo. L-linge sur dde. Cheminée. TV. Cour et terrain clos. Salon de jardin. Parc ombragé. Ping-pong. Piscine privée sur place. Bort Les Orgues 8 km. 3 restaurants à 0,3 km. Animation organisée en été. Location VTT. Châteaux et églises romanes. Parc des Volcans. Réduction hors saison. Camping à la ferme sur place.

Prix : 1 pers. **190 F** 2 pers. **200/265 F**

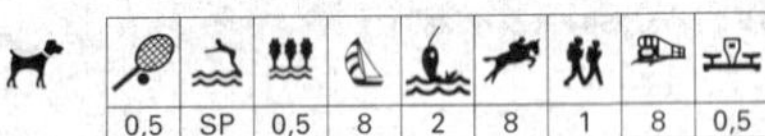

0,5	SP	0,5	8	2	8	1	8	0,5

CHANET Colette - La Vigne - 15240 SAIGNES - Tél : 04 71 40 61 02 - Fax : 04 71 40 61 02

SAINT-CERNIN Lamourio Alt. : 730 m *C.M. 76 Pli 2*

3 ch. 3 chambres dans un bâtiment rénové en 1998 annexe à la maison du propriétaire. 1 lit 2 pers. Salle de bains et wc privatifs. Salon commun réservé aux hôtes. TV. Coin-cuisine à disposition. Jardin d'agrément. Salon de jardin. Exploitation agricole avec élevage Salers traditionnel. Possibilité restauration à Saint-Cernin 4 km. Salers 20 km. Tournemire 6 km. Mauriac 25 km. A 20 km d'Aurillac sur la D922 direction Mauriac.

Prix : 1 pers. **200 F** 2 pers. **250 F**

Ouvert : toute l'année.

4	10	SP	4	20	SP	25	4

FEREROL Paul et Solange - Lamourio - 15310 SAINT-CERNIN - Tél : 04 71 47 67 37 - Fax : 04 71 47 67 37

SAINT-CLEMENT Moreze Alt. : 1000 m TH *C.M. 76 Pli 12*

2 ch. 2 chambres dans ferme de caractère située à proximité de Vic S/Cère. 1 ch. avec accès indép. 1 lit 2 pers. 1 lit 1 pers. 1 lit bébé. S. d'eau et wc privatifs. Ch. central. 1 ch. au 2ème étage de la maison du propriétaire avec 1 lit 2 pers. 1 lit 120. S. d'eau et wc privatifs. Ch. élect. Salle à manger commune aux hôtes et au propriétaire. Terrain clos avec salon de jardin. Vic sur Cère à 9 km. Restaurant à 1 km. Parc des Volcans. Super Lioran. Réduction enfant. Spécialités maison : pain, charcuterie, confitures, tartes, volailles. Vue panoramique.

Prix : 1 pers. **190/210 F** 2 pers. **220/250 F** 3 pers. **300 F** repas **70 F** 1/2 pens. **180/195 F**

Ouvert : toute l'année.

9	9	3	10	25	SP	9	9

VALADIER Denise - Morèze - 15800 SAINT-CLEMENT - Tél : 04 71 49 62 11

SAINT-ETIENNE-DE-CARLAT Caizac Alt. : 800 m TH *C.M. 76 Pli 13*

5 ch. 3 ch. dont 1 double : 1 lit 2 pers., 2 lits 1 pers. S.d.b. et WC. 1 ch. : 1 lit 2 pers. S.d'eau et WC. 1 ch. : 2 lits 1 pers. S.d'eau et WC. 2 ch. dans bât. annexe rénové : ch. à l'ét. 1 ch. 1 lit 2 pers. et 1 avec 1 lit 2 pers. 2 lits 1 pers. S.d'eau et WC privés, au r.d.c. S. à manger avec chem. Coin salon. Terrain. Salon de jardin. Ping-pong. Dans le charme des vieilles pierres d'une maison auvergnate de caractère, Lou Ferradou vous attend pour un séjour authentique et convivial en pleine nature. Aurillac 15 km. Vic sur Cère 12 km. Châteaux. Monts du Cantal. Vallée de la Cère.

Prix : 2 pers. **250/280 F** repas **80 F** 1/2 pens. **205/220 F**

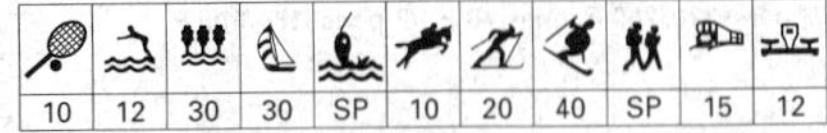

10	12	30	30	SP	10	20	40	SP	15	12

BALLEUX Jacky - Caizac - Lou Ferradou - 15130 SAINT-ETIENNE-DE-CARLAT - Tél : 04 71 62 42 37

SAINT-JUST Le Saladou

Alt. : 1045 m — *C.M. 76 Pli 15*

4 ch. — 4 chambres au 1er étage de la maison du propriétaire. 3 ch. 3 épis. 2 ch. 1 lit 2 pers. 1 lit 1 pers. 1 ch. 1 lit 2 pers. S. d'eau et wc privatifs. 1 ch. 2 épis. 1 lit 2 pers. 1 lit 1 pers. S. d'eau et wc privatifs non communicants. Salle à manger avec cheminée commune aux hôtes et au propriétaire. Salon indép. réservé aux hôtes avec TV, réfrig., m-ondes, biblio. Jeux pour enfants. Ch. élect. Terrain avec jeux. St Flour 15 km. Parc de loisirs avec poney, calèche, petit train. Viaduc de Garabit. Cirque de Mallet.

Prix : 2 pers. **200/250 F** 3 pers. **260/310 F**

3	3	7	7	1	7	35	SP	15	5

FALCON Roger - Le Saladou - 15320 SAINT-JUST - Tél : 04 71 73 70 77

SAINT-MARTIN-CANTALES Sept Fons

Alt. : 650 m — TH — *C.M. 76 Pli 1*

3 ch. — Un séjour en pleine nature dans chambres au 1er étage de la maison de caractère du propriétaire. 1 ch. 3 épis (1 lit 2 pers.) s. d'eau et wc privatifs. 1 ch. double 3 épis (1 lit 2 pers.) (2 lits 1 pers. avec supplément 150F). S. d'eau et wc privatifs. 1 ch. 2 épis (2 lits 1 pers.). S.d.b. et wc privés non attenants. Salle à manger et salon communs. Chauffage central. Tél. à disposition. Salon de jardin. St Martin Valmeroux 10 km. Salers. Château d'Anjony. Lac d'Enchanet. Accès par D922 Aurillac/Mauriac sur 28 km, puis à gauche D42 sur 6 km.

Prix : 1 pers. **190 F** 2 pers. **220 F** repas **75 F** 1/2 pens. **185 F**

Ouvert : de mai à septembre.

10	10	7	7	2	10	25	70	SP	20	9

CHANUT Jean-Louis et Denise - Sept Fons - 15140 SAINT-MARTIN-CANTALES - Tél : 04 71 69 40 58

SAINT-MARY-LE-PLAIN Nozerolles

Alt. : 830 m — TH — *C.M. 76 Pli 4*

3 ch. — Dans une grande maison de caractère, Maryse, Bernard et leurs enfants vous accueillent dans 3 ch. récemment aménagées. 1 ch. (1 lit 2 pers, 1 lit 1 pers). 1 ch. (1 lit 2 pers et petit salon avec 1 conv. 2 pers.). 1 ch (1 lit 2 pers). Sanitaires privatifs. Ch central. Séjour commun avec cheminée. Cour et terrain non clos. Produits régionaux à la table d'hôtes. Accueil convivial et ambiance familiale. Visites de l'exploitation agricole avec élevage bovins laitiers. A 13 km de Massiac, 18 km de St Flour. A 5 km de la sortie 25 sur l'A75.

Prix : 1 pers. **220 F** 2 pers. **260 F** 3 pers. **320 F** repas **65 F**
1/2 pens. **195 F**

13	13	30	30	2,5	18	35	SP	18	13

CHALIER Bernard et Maryse - Nozerolles - 15500 SAINT-MARY-LE-PLAIN - Tél : 04 71 23 05 80

SAINT-PROJET-DE-SALERS

Alt. : 820 m — *C.M. 76 Pli 2*

3 ch. — 3 chambres aménagées au dernier étage de la maison du propriétaire. Entrée indép. 2 ch. avec 1 lit 2 pers. S.d'eau et WC privatifs. 1 ch. avec 1 lit 2 pers. et 1 lit 1 pers. S.de bains et WC privatifs. Séjour réservé aux hôtes avec coin cuisine à disposition + séjour commun avec propriétaires avec cheminée. Chauffage. Terrasse. Cour, terrain. Accueil familial au cœur du Parc des Volcans. Vallée de la Bertrande. Monts du Cantal. Départ de nombreuses randonnées. Réduction hors saison.

Prix : 1 pers. **180 F** 2 pers. **220/250 F** 3 pers. **300 F**

Ouvert : du 1er mai au 30 octobre.

15	15	25	25	SP	10	10	SP	30	SP

CHAMBON Thérèse - 15140 SAINT-PROJET-DE-SALERS - Tél : 04 71 69 23 01

SAINT-SATURNIN Le Cheyrol

Alt. : 1000 m — TH — *C.M. 76 Pli 3*

1 ch. — Chambre familiale, spacieuse au rez de chaussée de la maison du propriétaire. 2 lits 2 pers. S. d'eau et WC privatifs. Salle à manger et salon communs aux hôtes et aux propriétaires. Bibliothèque, jeux de société, TV, cheminée. Téléphone, lave-linge et lit bébé à disposition. Terrain non clos arboré, salon de jardin. Gîte de pêche. Vue sur la vallée de la Santoire. Plateau du Limont. Parc des Volcans d'Auvergne. GR4 à proximité. Lacs. Brâme du cerf du 1er au 15/10. Cézallier. Visite de mielleries, fromageries. Chasse possible avec le propriétaire. Vélorail à Allanche.

Prix : 1 pers. **130 F** 2 pers. **220 F** 3 pers. **300 F** repas **60 F**
1/2 pens. **170 F**

Ouvert : toute l'année.

1	13	SP	13	4	SP	25	15

LAVASTRE Sylvie - Le Cheyrol - 15190 SAINT-SATURNIN - Tél : 04 71 20 71 21

SAINT-URCIZE

Alt. : 1100 m — *C.M. 76 Pli 13*

4 ch. — 4 chambres situées au 2ème étage de la maison du propriétaire. 3 ch. avec 1 lit 2 pers. 1 ch. avec 1 lit 2 pers. et 1 lit 1 pers. Salle de bains et WC communs. Chauffage central. Cour. Restaurant dans le bourg. Chaudes Aigues 22 km. Laguiole 17 km. Monts d'Aubrac : espace nordique, pêche, nature. Nasbinals 8 km. A75 30 km. Village étape chemin de Compostelle. Eglises romanes et châteaux. GR, VTT sur place. Centre thermal et remise en forme à 10 km.

Prix : 1 pers. **125 F** 2 pers. **150 F** 3 pers. **180 F**

Ouvert : juillet et août, vacances scolaires et week-end sur réservation.

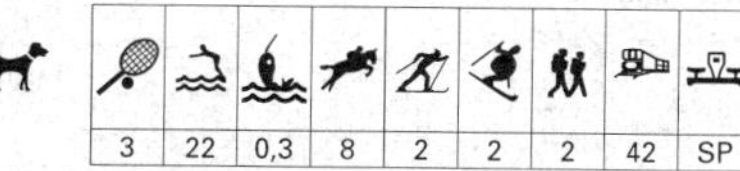

3	22	0,3	8	2	2	2	42	SP

VALETTE André et Christiane - place de l'Afrique - 15110 SAINT-URCIZE - Tél : 04 71 23 21 32 ou 04 66 32 45 63

SAINTE-EULALIE La Butte de Viallard

Alt. : 820 m (TH) *C.M. 76 Pli 1*

3 ch. 3 ch. spacieuses au 1er étage de la maison du propriétaire. 1 ch. (1 lit 2 pers.). 1 ch. (1 lit 2 pers. 1 lit d'appoint 1 pers.). 1 ch. (1 lit 2 pers. lit bébé). Lavabo dans chaque chambre. Salle de bains et WC communs réservés aux hôtes. Séjour réservé aux hôtes avec TV. Ch. central. Jardin très calme avec vue panoramique sur les Monts d'Auvergne. Salon de jardin. Salers. St Martin Valmeroux. Langues parlées : anglais, allemand.

Prix : 1 pers. **175 F** 2 pers. **205 F** repas **65 F** 1/2 pens. **168 F**

5	5	50	50	4	5	19	SP	17	5

NIZARD Bernard - La Butte de Vialard - 15140 SAINTE-EULALIE - Tél : 04 71 67 38 94

SALERS

Alt. : 950 m *C.M. 76 Pli 2*

6 ch. 6 chambres avec accès indépendant dans maison de caractère de 1777 située dans la cité médiévale. Chambres avec 1 lit 2 personnes. Possibilité lit d'appoint dans 2 chambres. Petite salle d'eau et wc privatifs. Salle à manger commune avec cheminée. Ch. électrique. Jardin très calme avec vue panoramique sur les montagnes. Salon de jardin. Artisanat. Musée. Expositions. Le Puy Mary. Mauriac 18 km. Escalade sur place. Restaurants dans le village.

Prix : 1 pers. **220 F** 2 pers. **245 F** 3 pers. **310 F**

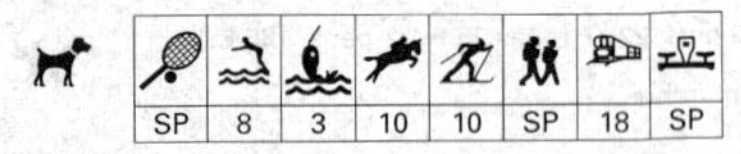

SP	8	3	10	10	SP	18	SP

PRUDENT Philippe - rue des Nobles - 15140 SALERS - Tél : 04 71 40 75 36

SALERS

Alt. : 1000 m *C.M. 76 Pli 2*

4 ch. 4 chambres au 1er étage de la maison du propriétaire. Entrée indép. 1 ch. avec 1 lit 2 pers. 1 ch. avec 2 lits 1 pers. Salle de bains et WC priv. 1 ch. avec 1 lit 2 pers. 1 ch. avec 1 lit 2 pers. et 1 lit 1 pers. S. d'eau et WC priv. Séjour et salon avec TV réservés aux hôtes. Terrain avec salon de jardin. Mauriac 18 km. Artisanat. Jeux pour enfants. Musées. Expositions. Puy Mary. Châteaux. GR400. Monts du Cantal. Taxe de séjour comprise dans le tarif.

Prix : 1 pers. **220/240 F** 2 pers. **240/260 F** 3 pers. **310 F**

0,8	11	5	8	8	SP	18	0,8

VANTAL Jean-Pierre - route du Puy Mary - 15140 SALERS - Tél : 04 71 40 74 02 - E-mail : eliane.vantal@wanadoo.fr

SALERS

Alt. : 950 m *C.M. 76 Pli 2*

3 ch. 3 chambres spacieuses dans maison de caractère du propriétaire de 1801 rénovée en 2000 située au cœur de la cité médiévale. 3 ch. (1 lit 2 pers.) dont 1 avec un coin salon. Salle d'eau et wc privatifs. Ch. central. Salle à manger avec TV et cheminée. Terrasse. Jardin. Petit déjeuner avec confitures maison. Réduction enfant. Réduction hors saison. Langue parlée : anglais.

Prix : 1 pers. **220/280 F** 2 pers. **260/320 F**

SP	8	3	10	10	SP	18	SP

BRAY Emmanuel - avenue de Barrouze - 15140 SALERS - Tél : 04 71 40 78 08

SEGUR-LES-VILLAS

Alt. : 1050 m *C.M. 76 Pli 3*

2 ch. 2 chambres d'hôtes au rez-de-chaussée d'une maison mitoyenne à celle du propriétaire et comprenant un appartement à l'étage. 1 chambre avec 1 lit 2 pers. 1 chambre avec 1 lit 2 pers. et 1 lit 1 pers. Salle d'eau et wc privatifs. TV dans chaque chambre. Ch. élect. Cour, salon de jardin. Vélorail à Allanche. Musée de la foudre à Marcenat. Maison de la faune à Murat. Ecole de pêche à Ségur les Villas. Visite du moulin de la Gazelle. Parc des Volcans d'Auvergne.

Prix : 1 pers. **210 F** 2 pers. **240 F** 3 pers. **300 F**

11	17	0,3	17	1	30	SP	17	SP

CAMURAC Jean-Bernard - Le Bourg - 15300 SEGUR-LES-VILLAS - Tél : 04 71 20 70 77

TOURNEMIRE La Girde

Alt. : 800 m *C.M. 76 Pli 2*

2 ch. 2 chambres au 1er étage de la maison du propriétaire. 1 lit 2 personnes. 1 lit bébé (chaise haute à disposition). Salle d'eau et wc privatifs. Coin détente en mezzanine, salle à manger et salon communs. Coin cuisine à disposition. Chauffage central. Salon de jardin, terrasse, jardin d'agrément, terrain clos. Supplément animal. Tournemire est l'un des plus beaux villages de France. Eglise, château, exposition d'automates, randonnées. Col de Légal, Puy Mary, Salers. Aurillac 20 km. Réduction hors saison. Langue parlée : anglais.

Prix : 1 pers. **200 F** 2 pers. **240 F**

Ouvert : toute l'année.

5	20	30	30	0,5	0,5	9	SP	20	5

POURPUECH-CADOZ Pierre - La Girbe - 15310 TOURNEMIRE - Tél : 04 71 47 64 22

TREMOUILLE Pré de Tives

Alt. : 800 m — TH — *C.M. 76 Pli 2/3*

5 ch. — 5 ch. avec entrée indép. dans maison du propriétaire (ancienne ferme rénovée). 2 ch. (1 lit 2 pers.). 3 ch. (1 lit 2 pers. 1 lit 1 pers.). S. d'eau et WC privatifs. Salle à manger et salon. Salle d'activités de 70 m^2. Terrain. Salon de jardin. Ch. central. Table d'hôtes avec possibilité cuisine végétarienne. Réduction enfant. Propriétaires artistes proposant activités culturelles organisées (aquarelle, pastel, théâtre, taï-chi, shintaïdo, expression corporelle et vocale...). Cadre naturel et reposant. Bort Les Orgues. Château de Val. Circuits des Lacs d'Auvergne.

Prix : 1 pers. **220 F** 2 pers. **250 F** 3 pers. **375 F** repas **75 F**
1/2 pens. **200 F**

Ouvert : toute l'année sur réservation.

7	0,5	0,5	1	0,5	6	20	30	SP	15	7

FABRY Merry et José - Pré de Tives - 15270 TREMOUILLE - Tél : 04 71 78 74 42

VABRES Tremolière

Alt. : 850 m — TH — *C.M. 76 Pli 4/14*

4 ch. — 4 chambres d'hôtes dans la maison du propriétaire mitoyenne à bâtiment agricole. 4 chambres avec 1 lit 2 pers. S. d'eau et WC privatifs. Salle à manger et salon communs aux hôtes et au propriétaire. Cheminée. TV. Ch. d'appoint dans 3 ch. Terrain. Réduction enfant. Saint Flour. Barrage de Grandval. Viaduc de Garabit. Monts de la Margeride.

Prix : 1 pers. **180 F** 2 pers. **220 F** repas **70 F** 1/2 pens. **180 F**

Ouvert : de Pâques à fin septembre.

6	6	6	6	SP	6	20	SP	10	6

FALCON Richard - La Tremolière - 15100 VABRES - Tél : 04 71 60 49 13 ou 04 71 60 21 71

VEBRET Cheyssac

TH — *C.M. 76 Pli 2*

5 ch. — 2 ch 3 épis. 1 ch (1 lit 2 pers) accès par maison du propriétaire. s.d.b. et wc privés. 1 ch double (1 lit 2 pers., 1 convertible 2 pers) entrée indép. de plain pied. s. d'eau et wc privés. 3 ch 2 épis au 1er étage, accès indép de plain pied. 1 ch (1 lit 2 pers, 1 lit 1 pers) douche et wc privés dans le couloir. 1 ch (1 lit 2 pers) s.d.b. et wc privés dans le couloir. 1 ch (1 lit 2 pers) s. d'eau et wc privés. Salle à manger et salon communs, cheminée, TV. Coin-cuisine. Chauffage. Enclos avec salon de jardin et barbecue. Jeux pour enfants. Bort Les Orgues 5 km. Château de Val. Barrage. Réduction hors saison.

Prix : 1 pers. **180 F** 2 pers. **220/250 F** 3 pers. **280 F** repas **60 F**
1/2 pens. **170/185 F**

5	5	6	6	SP	5	SP	5	5

REBIERE Muguette - Cheyssac - 15240 VEBRET - Tél : 04 71 40 21 83

VEBRET Verchalles

TH — *C.M. 76 Pli 2*

6 ch. — 6 ch. d'hôtes. 2 ch. 2 épis au 1er étage de la maison du propriétaire. 1 ch. (1 lit 2 pers) douche et wc privés. 1 ch. (2 lits 130) s.d.b. et wc privés. 4 ch. 3 épis dans bâtiment annexe. 1 ch. (1 lit 2 pers) 3 ch. (1 lit 2 pers, 1 lit 1 pers) sanitaires privatifs. Salle commune avec TV, biblio. cheminée. Ch central. Terrasse. Terrain. Salon de jardin. Piscine privée sur place. Jeux enfants. Bort Les Orgues 5 km. Château de Val. Musées. Expos. Barrage. Point phone. Ping-pong. Loc. VTT. Camping à la ferme. Lave-linge commun. Supplément animal. Réduction enfant. Réduction hors saison.

Prix : 1 pers. **200 F** 2 pers. **250/280 F** 3 pers. **340 F** repas **90 F**
1/2 pens. **215/230 F**

SP	SP	10	10	1	10	5	3

GALVAING Guy et Simone - Verchalles - 15240 VEBRET - Tél : 04 71 40 21 58 ou 04 71 40 24 20 - E-mail : guy-galvaing@wanadoo.fr

VIC-SUR-CERE La Prade

Alt. : 680 m — TH — *C.M. 76*

4 ch. — 3 ch 3 épis dans ferme de caractère du XIVe. 1 ch. 1 lit 2 pers. 1 ch. 1 lit 2 pers. et 1 lit 1 pers. 1 appartement composé de 2 ch. 1 lit 2 pers. Sanitaires priv. 1 ch 2 épis (1 lit 2 pers) s. d'eau et wc privés non communicants. Chauffage. Tél. TV. Cheminée. Bibliothèque. Terrain. Aire de jeux. Salon de jardin. Réduction enfant selon l'âge. Aurillac 20 km. Nombreuses cascades. Vallée de la Cère. Monts du Cantal. Station climatique. Eau minérale à Vic Sur Cère. Cuisine familiale avec plats régionaux et confiture maison aux petits déjeuners.

Prix : 2 pers. **250 F** repas **70 F** 1/2 pens. **195 F**

0,5	0,5	0,2	0,5	5	17	SP	0,5	0,5

DELRIEU Auguste et Noëlle - La Prade - 15800 VIC-SUR-CERE - Tél : 04 71 47 51 64

LE VIGEAN Lasbordes

Alt. : 780 m — TH — *C.M. 76 Pli 1*

5 ch. — Exploit. agric. située entre Mauriac et Anglards de Salers. 5 chambres dans maison du propr. 2 ch. 2 lits 1 pers. 2 ch. 1 lit 2 pers. 1 ch. 1 lit 2 pers. et 1 lit 1 pers. (Poss. lits d'appoint). Sanitaires (s.d'eau ou salle de bains et wc) privatifs. Table d'hôtes dans salle commune avec cheminée et coin salon. Ch. central. TV et tél. téléséjour à dispo. Terrasse, salon de jardin, parc ombragé et calme. Réduc. enfant -10 ans. Découverte de la vie à la campagne. Mauriac 5 km. Salers 15 km. Monts du Cantal. ULM 3 km.

Prix : 1 pers. **210 F** 2 pers. **260 F** 3 pers. **320 F** repas **60 F**
1/2 pens. **190 F**

Ouvert : toute l'année sur réservation.

5	5	5	SP	3	25	SP	5	5

**CHAMBON Daniel et Chantal - EARL de Lasbordes - Lasbordes - 15200 LE VIGEAN - Tél : 04 71 40 01 59 -
E-mail : chantal.daniel.chambon@wanadoo.fr**

LOISIRS ACCUEIL - Service Réservation
12, Boulevard Philippe Jourde - B.P. 332
43012 LE PUY-EN-VELAY Cedex
Tél. 04 71 09 91 50 - Fax. 04 71 09 54 85

ALLEYRAS Pourcheresse

Alt. : 1050 m — TH — *C.M. 76*

2 ch. Dans une maison récente à proximité de l'exploitation agricole. A l'étage avec sanitaires privés chacune. Coin-salon, salle à manger. Terrasse, terrain clos. Dans les pittoresque gorges de l'Allier. Pays du saumons et des eaux vives. Nombreuses petites églises romanes. Tarifs enfants. Langue parlée : anglais.

Prix : 1 pers. **150 F** 2 pers. **200 F** 3 pers. **240 F** pers. sup. **40 F**
repas **75 F**

Ouvert : toute l'année sur réservation.

3	6	SP	8	15	15	8	6

REDON Alain et Joëlle - Pourcheresse - La Prairie - 43580 ALLEYRAS - Tél : 04 71 74 43 87

ALLY

Alt. : 1000 m — TH — *C.M. 76 Pli 5*

3 ch. Chambres avec sanitaires privés. Salle commune avec cheminée. Bibliothèque. Salon, terrasse couverte. Terrain attenant. Tarif dégressif pour séjours. Réduction repas enfant -10 ans. Au pays des moulins à vent, dans un environnement calme entre Velay et la chaîne des puits volcaniques. Près des gorges de l'Allier. Sur une exploitation agricole, Marie et Paul vous accueillent avec convivialité. Repas à base des produits de la ferme et du jardin.

Prix : 1 pers. **160 F** 2 pers. **200 F** 3 pers. **250 F** pers. sup. **50 F**
repas **70 F**

Ouvert : toute l'année.

SP	15	22	SP	10	22	22	SP

MASSEBOEUF Paul et Marie - 43380 ALLY - Tél : 04 71 76 78 34

AUZON

TH — *C.M. 76 Pli 5*

2 ch. Maison du XIIIe rénovée dans une localité médiévale. Au r.d.c. : 1 suite 4 pers. (2 ch. communicantes avec 4 lits 1 pers.), coin-cuisine, salon, salle de bains et wc privés. A l'ét. : 1 ch. (2 lits 1 pers.), salle de bains et wc privés. Kitchenette. Salon avec kitchenette, salle à manger pour les hôtes. Jardin attenant. Le château et ses remparts, écomusée, église du XIIe siècle. Langues parlées : anglais, vietnamien.

Prix : 1 pers. **200 F** 2 pers. **285/350 F** 3 pers. **400 F** pers. sup. **100 F**
repas **80 F**

Ouvert : du 1er avril au 30 septembre

SP	8	5	SP	SP	SP	5	SP

MIGNARD Anne - Rue du 8 mai - 43390 AUZON - Tél : 04 71 76 17 77 - Fax : 04 71 76 17 77

BAINS Fay

Alt. : 1100 m — TH — *C.M. 76 Pli 16*

4 ch. **Le Puy-en-Velay 12 km.** Chambres avec sanitaires privés, mobilier ancien, salon, grande cheminée où l'on pratique une cuisine traditionnelle. Boxes pour les chevaux, parc, garage, voiture. Tarif pour groupe en hors saison. Accueil randonneurs, transport bagages. Maison paysanne dont le caractère a été soigneusement préservé, dans un village où la pierre rouge domine. Dans le Velay Volcanique, empreinte remarquable du volcanisme (lacs), villages pittoresques. Terre d'élection de la lentille verte, site exceptionnel du Puy-en-Velay. Golf à 7 km. Langue parlée : anglais.

Prix : 1 pers. **170 F** 2 pers. **210 F** 3 pers. **240 F** repas **85 F**

Ouvert : toute l'année (réservation conseillée).

13	13	13	SP	15	13	12	2

DE GROSSOUVRE Caroline et Xavier - Fay - 43370 BAINS - Tél : 04 71 57 55 19 - Fax : 04 71 57 55 19

BAINS Jalasset

Alt. : 900 m — *C.M. 76 Pli 16*

4 ch. Dans une ferme restaurée en pleine campagne, dans un petit hameau tranquille, 2 ch. 2 pers., 1 ch. 3 pers., 1 ch. 4 pers., toutes avec salle d'eau et wc privés. Salle de séjour, TV, bibliothèque, cheminée Jardin, parking, aire de jeux, pré, abri couvert. Cuisine du propriétaire à disposition. Produits fermiers sur place. Restaurants 1 km. Velay volcanique/Livradois-Forez.

Prix : 1 pers. **160 F** 2 pers. **200 F** 3 pers. **240 F**

Ouvert : toute l'année.

5	1	9	SP	12	SP	1	12	1

PELISSE Marcel et Monique - Jalasset - 43370 BAINS - Tél : 04 71 57 52 72

BAINS Alt. : 950 m *C.M. 76 Pli 16*

3 ch. Maison de caractère rénovée, à l'entrée du bourg. Chambres, avec salle de bains et wc privés, séjour, TV. Jardin, parking. Grand espace attenant. Produits fermiers sur place. Proximité du chemin de Saint-Jacques-de-Compostelle. Dans un village, au cœur d'une région volcanique, patricia et Daniel, jeunes agriculteurs dynamiques vous accueilleront chaleureusement et sauront vous faire découvrir et apprécier leur belle région. Langue parlée : anglais.

Prix : 1 pers. **160 F** 2 pers. **200 F** 3 pers. **240 F** repas **70 F**

Ouvert : toute l'année.

12	6	10	SP	12	SP	SP	10	SP

RAVEYRE Patricia et Daniel - Route du Puy - 43370 BAINS - Tél : 04 71 57 51 79 ou 06 83 59 93 47

BELLEVUE-LA-MONTAGNE La Monge Alt. : 970 m *C.M. 76 Pli 7*

3 ch. **Festival de musique à la Chaise-Dieu 12 km.** Sur exploitation agricole. 2 ch. avec sanitaires privés par chambre wc privés situés dans le couloir, 1 ch. avec s. d'eau et wc privés. Idéale pour accueil familles. Séjour avec TV, cheminée. Jardin, aire de jeux. Zone volcanique du Velay-Livradois-Forez. Tarif repas enfant -10 ans : 33 F. Prix/chambre : 203 à 273 F suivant la saison et la durée du séjour.

Prix : repas **66 F**

Ouvert : toute l'année.

1	12	SP	12	13	2

FILERE Michel et Françoise - La Monge - 43350 BELLEVUE-LA-MONTAGNE - Tél : 04 71 00 60 54 - Fax : 04 71 00 60 54 - E-mail : mfilere@cer43.cernet.fr

BLESLE Aubeyrat Alt. : 550 m A *C.M. 76 Pli 4*

E.C. 5 ch. **Blesle 4 km. Saint-Flour 30 km.** Maison surplombant la vallée de l'Allagnon. Cadre exceptionnel. Chambres avec sanitaires privés. 4 ch. avec mezzanine (3 pers.), 1 ch. 2 pers. Chaque chambre possède un balcon. Piscine privée. Nombreux circuits de randonnées : loc. de VTC. Aire de jeux. A proximité de Blesle, un des plus beaux village de France. Langue parlée : anglais.

Prix : 2 pers. **300/350 F** pers. sup. **100/125 F** repas **100 F**

Ouvert : toute l'année sur réservation.

SP	3	SP	SP	SP	35	SP	10	4

VARGUES Thierry - Aubeyrat - 43450 BLESLE - Tél : 04 71 76 22 29 - Fax : 04 71 76 22 35 - E-mail : margaridou@wanadoo.fr - http://www.margaridou.com

BLESLE Bousselargues Alt. : 510 m *C.M. 76 Pli 4*

3 ch. **Brioude 20 km. Massiac 8 km.** Dans village typique de Cezallier. Chambres avec sanitaires privés. 2 ch. 3 pers., 1 ch. double (2 épis) pour 4 pers. Salon avec cheminée, salle à manger. Terrasses, parking. Maison de vigneron restaurée dans un petit village proche de Blesle classé l'un des plus beaux villages de France. A 10 km de l'autoroute A75, sortie 22. Langue parlée : anglais.

Prix : 1 pers. **220 F** 2 pers. **250 F** 3 pers. **280 F** pers. sup. **40 F** repas **70 F** 1/2 pens. **140 F** pens. **390 F**

Ouvert : toute l'année et uniquement sur réservation du 14/11 au 01/04.

SP	4	8	SP	20	10	8	4

LUBIN Michel et Gisèle - Bousselargues - 43450 BLESLE - Tél : 04 71 76 27 38 - Fax : 04 71 76 27 38

BOISSET Le Ponteil Alt. : 870 m *C.M. 76 Pli 7*

3 ch. **Le Puy-en-Velay 25 km. La Chaise Dieu 32 km.** Dans une maison mitoyenne à celle du propriétaire, dans un environnement de forêts où vous découvrirez l'abondance des fruits sauvages et champignons. Chambres avec sanitaires privés. Salle commune, coin-cuisine. Terrasse. Produits fermiers. Restaurant 1 km. Région propice à la détente, randonnée et pêche.

Prix : 1 pers. **180 F** 2 pers. **220 F** 3 pers. **280 F**

Ouvert : toute l'année.

2	8	9	SP	8	SP	28	5

PONCET André et Catherine - Le Ponteil - 43500 BOISSET - Tél : 04 71 61 31 91 - Fax : 04 71 75 25 04

BONNEVAL Alt. : 850 m *C.M. 76 Pli 6*

5 ch. Ancienne auberge restaurée par un couple anglais artistes. Chambres avec sanitaires privés dont 1 suite. Deux salles communes, cheminée. Grande terrasse. Espace attenant, belle vue sur la campagne. Tarifs spéciaux enfants. Vous passerez un séjour agréable et très convivial chez Catherine et William dans ce pittoresque village du Parc Livradois/Forez. Pays de forêts sous l'imposante abbaye de la Chaise-Dieu, célèbre pour son prestigieux festival de musique. Langues parlées : anglais, allemand.

Prix : 1 pers. **250/280 F** 2 pers. **290/320 F** pers. sup. **50/70 F** repas **110 F**

Ouvert : toute l'année.

SP	6	SP	6	6	7	40	5

HAYS Catherine - 43160 BONNEVAL - Tél : 04 71 00 07 47

LE BOUCHET-SAINT-NICOLAS

Alt. : 1100 m — A — *C.M. 76 Pli 16*

E.C. 3 ch. **Le Puy-en-Velay 20 km. Le lac du Bouchet 2 km.** Maison neuve à l'entrée du village. Chambres spacieuses avec sanitaires privés et accès direct sur terrasse. 2 ch. avec mezzanine. 2 ch. 4 pers. 1 ch. 3 pers. Grand espace attenant. Dans village typique du plateau volcanique, à proximité du lac du Bouchet entre la Haute vallée de la Loire et de l'Allier. Colette et Pierre, de sympathiques agriculteurs, sauront vous faire apprécier leur région et leur cuisine régionale copieuse.

Prix : 1 pers. **170 F** 2 pers. **200 F** 3 pers. **230 F** pers. sup. **40 F** repas **65 F**

Ouvert : toute l'année.

2	12	12	SP	2	SP	20	SP

VILLESECHE Colette et Pierre - 43510 LE BOUCHET-SAINT-NICOLAS - Tél : 04 71 57 32 51 ou 04 71 57 35 34 - Fax : 04 71 57 30 93

LE BOUCHET-SAINT-NICOLAS

Alt. : 1100 m — A — *C.M. 76 Pli 16*

2 ch. **Lac 2 km.** Maison en pierre, restaurée, située dans le village. Les chambres sont aménagées au 1er étage. 2 ch. avec sanitaires privés dont 1 ch. avec mezz., séjour. Salon. Parking. Cour. Village à vocation agric., à proximité du lac du Bouchet, sur le plateau du Devès entre la haute vallée de la Loire et de l'Allier. Randonnées pédestres multiples.

Prix : 1 pers. **170 F** 2 pers. **200 F** 3 pers. **230 F** pers. sup. **40 F** repas **65 F**

Ouvert : toute l'année.

2	12	12	SP	2	SP	4	20	SP

VILLESECHE Colette et Pierre - 43510 LE BOUCHET-SAINT-NICOLAS - Tél : 04 71 57 32 51 ou 04 71 57 35 34 - Fax : 04 71 57 30 93

LE BOUCHET-SAINT-NICOLAS

Alt. : 1100 m — TH — *C.M. 76 Pli 16*

3 ch. Maison restaurée dans le village, proche du lac du Bouchet comprenant 3 chambres d'hôtes dont 1 avec mezz. avec sanitaires privés. Salon, salle à manger. Balcon. Cour attenante, garage. Terre d'élection de la lentille du Puy. Empreinte remarquable du volcanisme : lac du Bouchet. Sur le circuit pédestre Stevenson.

Prix : 1 pers. **190 F** 2 pers. **220 F** 3 pers. **250 F** pers. sup. **20 F** repas **65 F**

Ouvert : toute l'année.

2	10	15	SP	2	2	10	20	SP

REYNAUD Augustin et Andrée - 43510 LE BOUCHET-SAINT-NICOLAS - Tél : 04 71 57 31 91 - Fax : 04 71 57 31 13

BOURNONCLE-SAINT-PIERRE Bard

TH — *C.M. 76 Pli 5*

5 ch. Dans maison récente, chambres à l'étage avec sanitaires privés. 1 chambre avec sanitaires privés au rez-de-chaussée. Salle commune avec cheminée et TV. Terrasse. Terrain non clos. Parking. Réduction repas enfant -9 ans : 40 F. Notion d'anglais. A proximité de Brioude (magnifique basilique romane auvergnate, maison du saumon, quartiers anciens) et des pittoresques gorges de l'Allier et de l'Allagnon. Produits fermiers.

Prix : 1 pers. **160/180 F** 2 pers. **220/250 F** 3 pers. **280/300 F** pers. sup. **80 F** repas **70 F**

Ouvert : du 15 mars au 31 octobre.

7	12	7	SP	10	4	4

CHAZELLE Bernard & Christiane - Bard - 43360 BOURNONCLE-SAINT-PIERRE - Tél : 04 71 76 01 12 - Fax : 04 71 76 01 12

CAYRES Chacornac

Alt. : 1000 m — *C.M. 76 Pli 17*

2 ch. Dans le hameau, avec salle d'eau privée. WC communs. Salle de séjour. Jardin, parking. Lac 4 km. Zone volcanique du Velay/Livradois-Forez. Ancienne ferme située dans un hameau près de la forêt et du lac du Bouchet. Restaurant à 2,5 km. Dans région volcanique.

Prix : 1 pers. **140 F** 2 pers. **170 F** 3 pers. **210 F** pers. sup. **30 F**

Ouvert : du 15 avril au 15 octobre.

4	15	17	SP	4	4	3	17	3

PELISSE Pierre et Emma - Chacornac - 43510 CAYRES - Tél : 04 71 57 17 90

CEAUX-D'ALLEGRE Les Vialles

Alt. : 930 m — TH — *C.M. 76 Pli 6*

2 ch. **Festival de musique à la Chaise-Dieu 15 km.** Dans une ferme de polyculture et d'élevage de moutons et de vaches laitières, avec entrée indépendante : 1 chambre 2 pers., 1 chambre 4 pers. avec salles d'eau et wc privés. Aire de jeux. Produits fermiers. Espace attenant. Zone volcanique du Velay/Livradois/Forez. GR 40. Tourbière du Mont Bar. Taxe de séjour.

Prix : 1 pers. **150 F** 2 pers. **200 F** 3 pers. **250 F** pers. sup. **40 F** repas **60 F**

Ouvert : toute l'année.

4	7	SP	4	4	4	8

LAURENT Jean-Marc & Mireille - Les Vialles - 43270 CEAUX-D'ALLEGRE - Tél : 04 71 00 62 77

LA CHAISE-DIEU

Alt. : 1082 m *C.M. 76 Pli 6*

4 ch. Dans une maison indép. contigüe à celle des propriétaires. 4 ch. dont 1 au r.d.c. pour 2, 3 ou 4 pers., avec sanitaires privés. Séjour avec cheminée, bibliothèque, jeux de société. Cuisine équipée, lave-vaisselle, lave-linge à dispo. Parking privé, terrasse, barbecue. Chauffage électrique. Réduc. 10% à partir de 3 nuits sauf du 10/07 au 31/08. Sur le circuit pédestre « robe de bure et côte de maille », et le chemin de Saint-Jacques-de-Compostelle. A 200 m de la célèbre église abbatiale gothique du XIV siècle. Restaurants sur place.

CV

Prix : 1 pers. **200 F** 2 pers. **220 F** 3 pers. **260 F** pers. sup. **20 F**

Ouvert : toute l'année.

1	1	SP	1	SP	1	40	SP

COMMUNAL Andrée et Jean - Rue Saint-Martin - 43160 LA CHAISE-DIEU - Tél : 04 71 00 01 77 - Fax : 04 71 00 01 77

LA CHAISE-DIEU

Alt. : 1000 m TH *C.M. 76 Pli 6*

5 ch. Maison de caractère entièrement rénovée proche de la célèbre abbaye. 5 chambres dont 3 avec sanitaires privés et 2 avec salle d'eau privés non attenante. Séjour avec cheminée. Salle à manger, piano. Terrasse. Repas pique-nique. Table d'hôtes le soir sur résa. Produits régionaux, petit-déjeuner copieux. Hors juillet et août : 7e nuit offerte. Dans cette région du Parc Livradois Forez, sous la protection de l'imposante abbaye de la Chaise-Dieu et son prestigieux festival de musique (danse macabre, tapisseries). Langues parlées : anglais, italien.

Prix : 1 pers. **260 F** 2 pers. **320 F** pers. sup. **80 F** repas **120 F**

Ouvert : toute l'année.

1	1	SP	1	SP	SP	40	SP

CHAILLY Jacqueline - Rue Marchedial - La Jacquerolle - 43160 LA CHAISE-DIEU - Tél : 04 71 00 07 52

LE CHAMBON-SUR-LIGNON Sauron

Alt. : 1000 m TH *C.M. 76 Pli 8*

4 ch. **Le Puy-en-Velay 35 km.** Chambres avec sanitaires privés dont une chambre avec sanitaires non attenants, salle commune avec cheminée, TV, bibliothèque, espace attenant, terrasse. Table d'hôtes sur réservation. En pleine nature, en bordure du Lignon, ferme restaurée. Pays de Sucs. A proximité du Chambon-sur-Lignon, station de la forme. Riche patrimoine. Golf et voile à 2 km. VTT sur place.

Prix : 1 pers. **230 F** 2 pers. **250 F** 3 pers. **280 F** repas **85 F**

Ouvert : toute l'année.

SP	3	3	SP	3	2	3

BARRIOL Sylvie - Sauron - 43400 LE CHAMBON-SUR-LIGNON - Tél : 04 71 65 87 77 - Fax : 04 71 65 94 22

CHAMPCLAUSE Boussoulet

Alt. : 1200 m *C.M. 76 Pli 8*

3 ch. Dans cette maison restaurée située dans le village. 2 chambres de 2 pers. et 1 chambre de 3 pers. Salle d'eau et wc communs aux 3 chambres. Grand salon. Pré. Parking. Possibilité cuisine. Restaurant et produits fermiers sur place. Zone Mezenc-Meygal-Vivarais. GR40. Animaux admis avec supplément.

CV

Prix : 1 pers. **140 F** 2 pers. **190 F** 3 pers. **250 F** pers. sup. **20 F**

Ouvert : du 15 mars au 15 novembre.

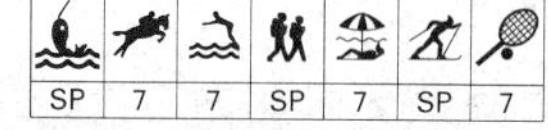

SP	7	7	SP	7	SP	7

VERDIER Jean et Louise - Boussoulet - 43260 CHAMPCLAUSE - Tél : 04 71 08 75 44 ou 04 71 08 71 00

CHANTEUGES

Alt. : 500 m TH *C.M. 75 Pli 6*

5 ch. **Le Puy-en-Velay 40 km. Gorges de l'Allier 1 km.** Dans une maison du XVe siècle, au pied de l'abbaye romane, dans un cadre exceptionnel. Chambres spacieuses avec sanitaires privés, aménagées à l'ancienne. Séjour avec cheminée. Jardin et terrasses. Très beau panorama sur le village et l'Allier. Stages création artistique pour groupe ou particulier. Fax : 00.31.65.31.91.994. Dans les pittoresques gorges de l'Allier. Nombreuses églises romanes. Pays du saumon et des eaux vives. Maison de caractère construite sur 2 caves des XIIe et XIIIe siècles. Poss. table d'hôtes uniquement sur réservation. Langues parlées : anglais, hollandais, allemand.

Prix : 1 pers. **450 F** 2 pers. **500 F**

Ouvert : toute l'année.

SP	5	5	SP	1	5	5

DER KINDEREN Marloes - 43300 CHANTEUGES - Tél : 04 71 74 01 91 - E-mail : mail@artedu.nl - http://www.artedu.nl

CHASPINHAC LA PARAVENT

Alt. : 850 m TH *C.M. 76 Pli 7*

4 ch. Maison de caractère. Chambres spacieuses avec coin-salon, de style contemporain avec sanitaires privés. Salon détente. Bibliothèque. Salle à manger avec cheminée. Jardin. Grand espace. Zone le Puy-en-Velay, vallée de la Loire. Restaurant 200 m. Stage Patchwork en novembre et de janvier à mars. TH le soir sur réservation, fermée le dimanche soir. Maison conçue pour votre détente, située dans un cadre très agréable avec très belle vue sur le bassin du Puy.

Prix : 2 pers. **250/270 F** 3 pers. **310/330 F** repas **90 F**

Ouvert : toute l'année.

4	2	5	SP	5	4	10	4

CLAVEL Daniel et Chantal - La Paravent - 43700 CHASPINHAC - Tél : 04 71 03 54 75 - Fax : 04 71 03 54 75

CHASPUZAC
Alt. : 850 m (TH) *C.M. 76 Pli 6*

5 ch. Vieille ferme (1678) de caractère restaurée dans un village au cœur d'une région volcanique, 2 chambres (2 pers.), 1 chambre (3 pers.), 2 chambres (4 pers.) avec sanitaires privés, salon avec belle cheminée ancienne. Salle à manger/cuisine. Cour fermée. A proximité du pittoresque site du Puy-en-Velay dans une région empreinte de volcanisme, Robert, passionné de randonnée pédestre, vous mijotera des plats savoureux et saura vous offrir un séjour agréable. Sports aériens à 1 km. Langues parlées : espagnol, anglais.

CV

Prix : 1 pers. **160 F** 2 pers. **210 F** 3 pers. **260 F** pers. sup. **50 F** repas **75 F**

Ouvert : toute l'année.

7	8	10	SP	10	8	10	10	2

PILLAY Robert - 43320 CHASPUZAC - Tél : 04 71 08 68 50

CHASSAGNES Faveyrolles
Alt. : 650 m (TH) *C.M. 76 Pli 6*

1 ch. Dans un hameau, petite maison en pierre, restaurée, à côté de celle des propriétaires. Grand terrain bordé d'un ruisseau. Chambre 2 pers., séjour avec cheminée, mezzanine (2 lits 1 pers.), sanitaires privés, garage ouvert, balançoires. Pays du saumon et des eaux vives, règne de l'art Roman, sites incomparables de villages perchés et château natal du général Lafayette dans les environs. A proximité du circuit pédestre « Robe de Bure et Cote de Mailles ». Langue parlée : anglais.

Prix : 2 pers. **260/280 F** pers. sup. **60 F** repas **60 F**

Ouvert : toute l'année sauf vacances de Noël.

4	15	20	SP	15	15	4	4	4

DRIOT Hélène et Thierry - Faveyrolles - 43230 CHASSAGNES - Tél : 04 71 76 66 61

CHOMELIX Fournac
Alt. : 900 m *C.M. 76 Pli 7*

3 ch. Dans un bâtiment entièrement restauré, contigu à la maison du propriétaire, chambres avec sanitaires privés, salle à manger (cheminée), salon détente. Terrain attenant. Pays de forêts au sud du Parc Livradois/Forez. A 17 km de la Chaise-Dieu (festival de musique fin août/début septembre) et à 10 km de Craponne (festival de musique country fin juillet). Ferme auberge à 3 km. Centre multiactivités 1 km.

Prix : 1 pers. **180 F** 2 pers. **230 F** 3 pers. **300 F**

Ouvert : du 15 juillet au 15 septembre.

7	SP	3	30	3

DAUDEL Monique et Raymond - Fournac - 43500 CHOMELIX - Tél : 04 71 03 62 62

COHADE
(TH) *C.M. 76 Pli 5*

5 ch. Chambres avec sanitaires privés dans un bâtiment mitoyen à la maison du propriétaire, 1 ch. indép. dans maisonette avec sanitaires privés et salon. Séjour avec cheminée, TV, salle à manger, cuisine. Terrasse. Produits fermiers. Zone Haut-Allier/Margeride. Cour fermée. Notion d'anglais et de hollandais. Elevage de bovins, polyculture. Langues parlées : espagnol, allemand.

Prix : 1 pers. **185 F** 2 pers. **230/280 F** 3 pers. **310/350 F** pers. sup. **50/60 F** repas **70 F**

Ouvert : toute l'année.

1	1	5	SP	5	5	4	4

CURABET Pierre et Roselyne - 43100 COHADE - Tél : 04 71 50 28 50 ou 04 71 74 82 20

COUBON Les Cabarets de Cussac
Alt. : 780 m (TH) *C.M. 76 Pli 17*

5 ch. Dans cette ferme isolée, située en pleine campagne. 3 ch. avec sanitaires privés (3 épis), 2 ch. avec salle d'eau privée et wc communs (2 épis). Salle de séjour avec TV à la disposition des hôtes. Aire de jeux. Parking. Produits fermiers sur place. Restaurant 3 km. Zone le Puy-en-Velay/vallée de la Loire.

CV

Prix : 1 pers. **150 F** 2 pers. **220 F** 3 pers. **260 F** repas **60 F**

Ouvert : de Pâques à la Toussaint.

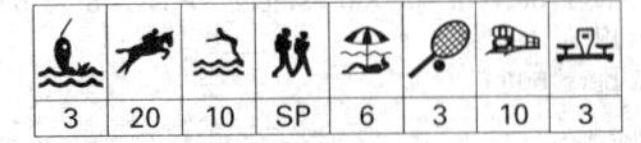

3	20	10	SP	6	3	10	3

BERNARD Roger et Yvonne - Les Cabarets de Cussac - 43700 COUBON - Tél : 04 71 08 81 17

CRAPONNE-SUR-ARZON Paulagnac
Alt. : 845 m (TH) *C.M. 76 Pli 7*

5 ch. **La Chaise-Dieu 20 km. Le Puy-en-Velay 40 km.** Belle maison restaurée comprenant 2 chambres avec sanitaires privés et 3 chambres avec sanitaires privés non attenants. Salons, TV, cheminée, bibliothèque, piano, jeux de société. Vaste terrain propice à la détente. Cuisine régionale et internationale, repas végétariens sur demande. Béate Knop vous recevra avec grand plaisir dans sa maison située dans le parc Livradois-Forez et proche de la Chaise-Dieu, célèbre pour son festival de musique. Langues parlées : allemand, anglais.

CV

Prix : 1 pers. **260 F** 2 pers. **310 F** 3 pers. **380 F** pers. sup. **80 F** repas **110 F**

Ouvert : toute l'année.

2	4	2	SP	4	25

KNOP Béate - Paulagnac - 43500 CRAPONNE-SUR-ARZON - Tél : 04 71 03 26 37 - Fax : 04 71 03 26 37 - E-mail : celivier@infonie.fr

LES ESTABLES Chamard

Alt. : 1360 m (TH) *C.M. 76 Pli 18*

3 ch. Maison paysanne typique en pierres et lauzes rénovée. Vue superbe sur le Mézenc et les Cévennes. Chambres d'hôtes avec sanitaires privés. Salon et coin-cuisine. Salle à manger avec cantou. Grands espaces attenants. En pleine nature. Randonnées en raquettes et ski de fond au départ de la maison. Lignes pures du Mézenc et pays des sucs. Espaces de liberté. Riche patrimoine. Zone nordique du Mézenc. Langues parlées : anglais, allemand.

Prix : 1 pers. **200 F** 2 pers. **240 F** 3 pers. **280 F** pers. sup. **40 F** repas **85 F**

Ouvert : toute l'année.

3	3	15	SP	10	SP	3	35	3,5

TOMOZYK-HERRY Bruno et Karine - Chamard - Les Ecuries du Mézenc - 43150 LES ESTABLES - Tél : 04 71 08 30 53 - Fax : 04 71 08 30 53

LES ESTABLES La Vacheresse

Alt. : 1150 m (TH) *C.M. 76 Pli 18*

4 ch. Maison en pierre et lauzes entièrement restaurée. Chambres avec sanitaires privés dont 2 avec mezzanine. Salle à manger avec cheminée. Salon. Bibliothèque. Produits de l'exploitation (foie gras, confit, charcuterie...). Tarif spécial enfant dans la chambre des parents. Dans une maison centenaire, lieu d'accueil depuis 1909 revivant et réaménagée depuis 1994. En bordure d'un ruisseau, à proximité du Mézenc. Nombreuses activités. Petite ferme-auberge. Tarifs dégressif pour des séjours + 2 nuits en hors saison. A 200 m, ferme pédagogique et rennes de Laponie. Langues parlées : anglais, allemand.

CV

Prix : 1 pers. **160 F** 2 pers. **260 F** 3 pers. **360 F** pers. sup. **80 F** repas **80 F**

Ouvert : toute l'année.

SP	5	SP	4	30	4

OLLIER Chantal et FOURCADE Gilles - La Vacheresse - La Bartette - 43150 LES ESTABLES - Tél : 04 71 08 31 70 - Fax : 04 71 08 31 70

FAY-SUR-LIGNON Abries

Alt. : 1150 m (TH) *C.M. 76 Pli 18*

4 ch. Maison en pierre restaurée. Chambres avec sanitaires privés. Salon, salle à manger, bibliothèque. Terrain attenant. Thérèse et Bernard vous accueilleront chaleureusement dans leur maison et sauront vous faire apprécier leur région et leurs produits fermiers, élevage de chèvres. Table d'hôtes le soir. Langue parlée : anglais.

CV

Prix : 1 pers. **180 F** 2 pers. **240 F** 3 pers. **300 F** pers. sup. **60 F** repas **90 F**

Ouvert : toute l'année.

0,2	1	25	SP	8	8	8	40	5

BOUTARIN Thérèse et DESAGE Bernard - Abries - 43430 FAY-SUR-LIGNON - Tél : 04 71 59 56 66 - Fax : 04 71 56 31 89

FERRUSSAC Le Cros

Alt. : 1000 m (TH) *C.M. 76 Pli 5*

3 ch. Aménagées dans une ferme restaurée, avec sanitaires privés dont 1 non attenant. Salon avec TV. Salle à manger avec cheminée, salon, TV. Cour. Espace. Zone Haut-Allier/Margeride. Situées sur le GR412. Produits fermiers bio. A proximité des gorges de l'Allier et du monument national de la résistance, au Mont Mouchet, pittoresque région. Elevage de moutons. Circuits balisés sur place GR412. Possibilité de séjours à thèmes avec découverte du terroir.

CV

Prix : 1 pers. **160 F** 2 pers. **210 F** 3 pers. **270 F** repas **70 F**

SP	8	17	SP	8	4	4	17	4

MERCIER José - Le Cros - 43300 FERRUSSAC - Tél : 04 71 74 11 52

FRUGIERES-LE-PIN Le Chariol

Alt. : 500 m (TH) *C.M. 76 Pli 5*

1 ch. **Brioude 10 km. Le Puy-en-Velay 50 km. Gorges de l'Allier 20 km.** Dans une maison de contruction récente, avec bel environnement fleuri, arboré et spacieux. Chambre avec entrée indép., sanitaires privés pour 2 pers. et de plain-pied. Petit salon privatif à la chambre avec mezzanine (1 lit 2 pers. pour 2 enfants). Salle commune avec cheminée, bibliothèque. Pays du saumon et des eaux vives. Nombreuses églises romanes. Sites incomparables de villages perchés. Château natal du Général Lafayette dans les environs.

Prix : 2 pers. **240 F** 3 pers. **320 F** pers. sup. **20 F** repas **70 F**

Ouvert : toute l'année.

4	5	10	SP	4	5	10	10

GREGOIRE Florence & J-Pierre - Le Chariol - 43230 FRUGIERES-LE-PIN - Tél : 04 71 76 42 81

GREZES Bugeac

Alt. : 1230 m (TH) *C.M. 76 Pli 15*

4 ch. Sur une petite exploitation laitière au cœur du Gevaudan. 2 lits 2 pers. 7 lits 1 pers. dont 4 « clos », salle d'eau et wc privés dans chaque chambre. Salon à disposition. Salle à manger. Jardin d'agrément. Ancienne ferme typique où se mèlent l'austérité du granit et la chaleur du bois. Pain, charcuterie, viande, légumes, fromages, confitures, miel... servis à notre table sont « produits maison ». Langue parlée : anglais.

Prix : 1 pers. **180 F** 2 pers. **220 F** 3 pers. **280 F** pers. sup. **60 F** repas **70 F**

Ouvert : toute l'année sur réservation.

SP	10	10	SP	10	10	25	10

CUBIZOLLE Paul et Martine - Bugeac - 43170 GREZES - Tél : 04 71 74 45 30 - Fax : 04 71 74 45 30

JAX Chastenuel

Alt. : 1050 m (TH) *C.M. 76 Pli 6*

3 ch. Ferme équestre. Maison de caractère entièrement rénovée à l'écart du village. Chambres avec sanitaires privés dont 2 avec mezzanine (8 pers.). Salon avec cheminée. Salle à manger. Aire de jeux. Espace attenant. Parking. Les propriétaires exploitent également un gîte d'enfants et un gîte de groupe. A proximité du château de Chavaniac-Lafayette où naquit le Général Lafayette. Terre d'élection de la lentille verte du Puy. Villages pittoresques. Empreinte remarquable du volcanisme. Langue parlée : anglais.

Prix : 1 pers. **190 F** 2 pers. **250 F** 3 pers. **290 F** repas **70 F**

Ouvert : toute l'année.

SP	SP	SP	SP	12	5

BONNEVIALLE Eric et Isabelle - Chastenuel - 43230 JAX - Tél : 04 71 74 25 57 ou 04 71 74 27 69 - Fax : 04 71 74 21 41

JULLIANGES

Alt. : 950 m **A** *C.M. 76 Pli 6*

5 ch. Demeure de maître du XIXe siècle, en granit dans un parc fleuri et arboré d'1 ha. Chambres spacieuses avec sanitaires privés dont 2 suites. Grand séjour avec cheminée, salon. Bibliothèque. Garage et cuisine à dispo des hôtes. TV. Parking couvert. Traiteur et alimentation sur place. Tarif suite : 600 F. A l'intersection du Forez, de l'Auvergne et du Velay, vous passerez un séjour agréable au calme de ce cadre magnifique. La grande cheminée seigneuriale du salon et les chambres avec un mobilier d'époque vous enchanteront. Langue parlée : anglais.

Prix : 1 pers. **350 F** 2 pers. **400 F** pers. sup. **100 F**

Ouvert : vacances scolaires sur réservation.

2	12	8	SP	12	12	SP	SP

MEJEAN Michele - Domaine de la Valette - 43500 JULLIANGES - Tél : 04 71 03 23 35 ou 04 75 01 04 15

LAFARRE Les Sauvages

Alt. : 960 m (TH) *C.M. 76 Pli 17*

2 ch. Dans maison en pierre de construction récente. Chambres mansardées avec sanitaires privés. S. à manger. TV. Terrasse. Terrain non clos. Produits fermiers. Pays de la jeune Loire, gorges pittoresques des premiers châteaux de la Loire. Douceur des rives, proches des monuments remarquables (églises romanes, vestiges historiques).

Prix : 1 pers. **145 F** 2 pers. **180 F** 3 pers. **215 F** pers. sup. **35 F**
repas **70 F**

Ouvert : toute l'année.

2	9	SP	2	40	12

PASCAL Paul et Raymonde - Les Sauvages - 43490 LAFARRE - Tél : 04 71 57 39 27

LAFARRE Chanteloube

Alt. : 1050 m (TH) *C.M. 76 Pli 17*

2 ch. Dans belle maison de caractère du XVIIe, chambres 2 et 4 pers. avec sanitaires privés. Salle commune avec imposante cheminée. Cour attenante. Dans un hameau à 2 km des gorges de la Loire, vous serez accueillis chaleureusement par Eric et M-Joëlle, tailleur de pierre et peintre à fresques. Table d'hôtes sur réservation. Réduction enfants. Langue parlée : anglais.

Prix : 1 pers. **180 F** 2 pers. **230 F** 3 pers. **280 F** pers. sup. **50 F**
repas **80 F**

Ouvert : toute l'année.

SP	13	SP	3	15	30	13

GANDON Marie-Joëlle - Chanteloube - 43490 LAFARRE - Tél : 04 71 57 39 28 - Fax : 04 71 57 36 19

LAPTE Les Brus de Verne

Alt. : 870 m (TH) *C.M. 76 Pli 8*

5 ch. Dans un village calme, vieille ferme restaurée attenante à la maison du propriétaire avec 5 chambres confortablement aménagées avec sanitaires privés dont 1 avec mezzanine. Grande pièce commune avec cheminée. Cuisine à disposition des hôtes. Cour attenante. Terrasse. Dans un environnement de forêts, région propice à la randonnée pédestre. Au départ de nombreux circuits touristiques. Langue parlée : anglais.

Prix : 1 pers. **180 F** 2 pers. **240 F** 3 pers. **300 F** pers. sup. **60 F**
repas **80 F**

Ouvert : toute l'année.

2	5	10	SP	10	SP	2	25	6

MOUNIER Auguste et Josette - Les Brus de Verne - 43200 LAPTE - Tél : 04 71 59 38 30

LAUSSONNE L'Herm

Alt. : 1027 m (TH) *C.M. 76 Pli 17*

1 ch. **Le Puy-en-Velay 20 km.** Au rez-de-chaussée, mitoyenne à la maison du propriétaire. Sanitaires privés, séjour, TV, terrasse, véranda, terrain clos. Table d'hôtes uniquement sur réservation. Maison non fumeur. Maison indépendante, ancienne ferme agréablement rénovée offrant une magnifique vue sur la campagne. Riche patrimoine. A proximité de la forêt du Meygal. Pays de sucs, patrie de Jules Romains. Proche du chemin de Stevenson GR70 et de St-Régis GR430.

Prix : 1 pers. **190 F** 2 pers. **230 F** 3 pers. **280 F** repas **70 F**

Ouvert : toute l'année.

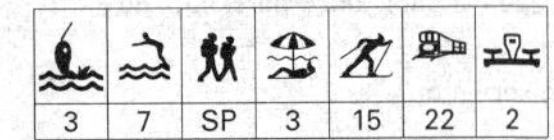

3	7	SP	3	15	22	2

GINIOUX Andrée - L'Herm - 43150 LAUSSONNE - Tél : 04 71 05 18 07

LAVAUDIEU *C.M. 76 Pli 5*

4 ch. Dans une maison restaurée, mitoyenne à celle du propriétaire, chambres avec sanitaires privés (2 pers. chacune), salle à manger, coin-salon. En bordure de la Sénouire, vue panoramique. 2 restaurants sur place. Accueil à partir de 18 h. Dans un environnement calme de prairies et de pentes boisées, vieux village anciennement fortifié, baigné par les eaux claires de la Sénouire. Maisons vigneronnes, rues pittoresques, abbaye bénédictine, musée, cloître, carrefour du vitrail.

Prix : 1 pers. **220 F** 2 pers. **280 F**

Ouvert : de Pâques au 15 octobre.

SP	5	9	SP	9	9	5

ROBERT Marie - 43100 LAVAUDIEU - Tél : 04 71 76 45 04 ou 04 71 50 24 85

LEMPDES-SUR-ALLAGNON Alt. : 500 m (TH) *C.M. 76 Pli 2*

2 ch. A l'entrée du bourg maison confortablement aménagée, chambres avec sanitaires privés (dont 1 non attenant), salon avec TV. Bibliothèque, mobilier ancien, salle de piano/jeux de société. Salle à manger conviviale. Terrasse et jardin clos. Garage privé et fermé. Table d'hôtes occasionnellement sur réservation. Restaurants sur place. Charmante commune de la Haute-Loire en bordure de l'Allagnon, sur la route des château d'Auvergne, des églises romanes et proche des gorges de l'Allier. Jean-Pierre et Marie-Annick vous recevront et vous feront découvrir les curiosités de leur région.

Prix : 1 pers. **210 F** 2 pers. **270 F** repas **80 F**

Ouvert : toute l'année.

0,5	8	0,5	SP	0,5	3	SP

BLEYNIE M-Annick et J-Pierre - 18, avenue de la Gare - 43410 LEMPDES-SUR-ALLAGNON - Tél : 04 71 76 37 05

LISSAC Freycenet Alt. : 900 m (TH) *C.M. 76 Pli 6*

4 ch. Dans une maison de construction récente. Chambres avec sanitaires privés dont 1 accessible aux personnes handicapées. Salle commune avec cheminée, TV. Terrain attenant. Sur les plateaux du Velay, Nicole et Alain sauront vous faire découvrir la région, vous faire déguster les produits de leur ferme. Exploitation agricole (vaches laitières) à 2,5 km. Lentilles vertes du Puy cultivées à la ferme.

Prix : 1 pers. **150 F** 2 pers. **200 F** 3 pers. **250 F** pers. sup. **50 F** repas **60 F**

Ouvert : toute l'année.

4	6	18	SP	6	15	6	1	1

SIGAUD Alain et Nicole - Freycenet - Route de Darsac - 43350 LISSAC - Tél : 04 71 57 02 97

LORLANGES Lachaud Alt. : 600 m (TH) *C.M. 76 Pli 5*

5 ch. Dans un hameau. 2 ch. (3 épis) avec sanitaires privés et 3 ch. avec mezzanine (en cours de classement). Séjour avec TV, cheminée à la disposition des hôtes. Jardin, terrasse, pré, abri couvert, parking. Chasse sur place. Pêche dans le lac privé sur place. Produits fermiers sur place. Camping à la ferme. Zone Haut-Allier/Margeride. A75 à 4 km, sortie 21.

Prix : 2 pers. **230 F** 3 pers. **290 F** pers. sup. **60 F** repas **70 F**

Ouvert : toute l'année.

SP	9	9	SP	9	9

BOUDON J-Claude et Suzanne - Lachaud - 43360 LORLANGES - Tél : 04 71 76 03 03 - Fax : 04 71 76 03 03

MALVALETTE La Combe Alt. : 580 m (TH) *C.M. 76 Pli 8*

5 ch. **Saint-Etienne 25 km. Le Puy-en-Velay 65 km.** Dans un petit village, aux portes de l'Auvergne, maison neuve. Chambres avec sanitaires privés. Entrées indépendantes en r.d.c. 3 ch. avec mezzanine (4 pers.), 2 ch. 2 pers. Terrasse couverte. Terrain attenant clos. Ferme caprine. Dans un cadre convivial et chaleureux, nombreux sites touristiques. Randonnées équestres et pédestres. Langue parlée : anglais.

Prix : 1 pers. **190 F** 2 pers. **250/300 F** 3 pers. **350 F** pers. sup. **50 F** repas **80 F**

Ouvert : toute l'année.

2	3	8	SP	7	8	8

BUFARD Dany et Jean-Marc - La Combe - 43210 MALVALETTE - Tél : 04 71 66 77 30 ou 06 81 66 48 44

LE MAZET-SAINT-VOY Les Bises Alt. : 1000 m A *C.M. 76 Pli 8*

2 ch. En pleine campagne, dans une auberge, avec salles d'eau privées et wc communs. Salle de séjour à disposition. Pré, aire de jeux, parking, terrasse. Produits fermiers et restaurant sur place. Zone Mezenc-Meygal/Vivarais. Poss. 1/2 pension et pension complète.

Prix : 1 pers. **160 F** 2 pers. **220 F** 3 pers. **270 F** pers. sup. **90 F** repas **70 F**

Ouvert : toute l'année.

2	6	6	SP	6	2	6

NOUVET Marie - Les Bises - 43520 LE MAZET-SAINT-VOY - Tél : 04 71 65 01 76

LE MONASTIER-SUR-GAZEILLE

Alt. : 930 m *C.M. 76 Pli 17*

1 ch. **Le Puy-en-Velay 20 km. Massif du Mézenc 12 km.** Dans la cité du Monastier, maison agréablement rénovée avec très belle vue sur la campagne. 1 chambre composée de 3 pièces et d'un sanitaire privé. Idéale pour les familles. Terrasse. Salon avec cheminée, salle à manger. Terrain. Dans pays de sucs volcaniques. Riche patrimoine. Viaduc de la Recoumerie, ancienne voie de chemin de fer qui n'a jamais été utilisé, réputé pour le saut à l'élastique.

CV

Prix : 1 pers. **160 F** 2 pers. **220 F** pers. sup. **70 F**

Ouvert : toute l'année.

SP	SP	SP	SP	SP	12	20	SP

CHALINDAR Elisabeth - 50, rue Saint-Pierre - 43150 LE MONASTIER-SUR-GAZEILLE - Tél : 04 71 03 80 26

MONISTROL-D'ALLIER

Alt. : 600 m *C.M. 76 Pli 16*

3 ch. Maison restaurée. Chambres avec sanitaires et kitchenette privés. Salle à manger. Zone Haut-Allier/Margeride. Dans les pittoresques gorges de l'Allier et sur le chemin de Saint-Jacques-de-Compostelle, maison confortablement restaurée où les propriétaires vous accueillent agréablement. Restaurant sur place.

CV

Prix : 1 pers. **130 F** 2 pers. **190 F** 3 pers. **255 F**

Ouvert : toute l'année.

SP	16	SP	SP	16	SP	SP	SP

DITSCH Richard - 43580 MONISTROL-D'ALLIER - Tél : 04 71 57 24 38

MONISTROL-SUR-LOIRE Le Betz

Alt. : 600 m *C.M. 76 Pli 8*

1 ch. **Le Puy-en-Velay 50 km. La Chaise Dieu 58 km.** Dans une maison de caractère en pierres, avec tour hexagonale de XIIIe siècle, chambre avec sanitaires privés. Salle à manger voûtée avec cheminée monumentale et armoiries, grand salon. Beau jardin arboré, terrasses. A proximité de Saint-Etienne et Lyon, centre touristique agréable avec ses forêts et vallons, ses nombreux circuits. Langue parlée : anglais.

Prix : 1 pers. **350 F** 2 pers. **400 F**

Ouvert : toute l'année.

6	7	2	SP	2	2	2

BOSCHER Michèle et Georges - Le Betz - 43120 MONISTROL-SUR-LOIRE - Tél : 04 71 66 35 24

MOUDEYRES Le Moulinou

Alt. : 1230 m TH *C.M. 76 Pli 17*

5 ch. Avec un accueil simple et chaleureux dans une ambiance familiale, nous vous proposons 5 ch. de caractère avec salle d'eau et wc privés, salon, séjour, cheminée monumentale. Terrasse, terrain clos, parking privé. Notre corps de ferme typique du Mézenc du XVIIIe siècle se situe sur le plateau volcanique dans un environnement paisible de pâturages. En hiver, vous vous réchaufferez dans l'âtre de notre grande cheminée, après la journée de ski. La belle saison venue, vous apprécierez l'abondance des fleurs sauvages qui nous entourent. Langues parlées : anglais, allemand, hollandais.

CV

Prix : 1 pers. **180 F** 2 pers. **230/250 F** 3 pers. **290 F** pers. sup. **35 F** repas **85 F**

Ouvert : toute l'année.

SP	7	10	SP	10	5	5	25	5

GABORIAUD Lucia et Bertrand - Le Moulinou - 43150 MOUDEYRES - Tél : 04 71 08 30 52

PAULHAGUET Les Rivaux

Alt. : 525 m TH *C.M. 76 Pli 6*

4 ch. Dans une maison de construction récente située en bordure du bourg. Chambres avec sanitaires privés. Séjour, salon avec cheminée et TV. Bibliothèque. Jardin, aire de jeux, terrasse. Mini-golf et piscine privés. Zone Haut Allier/Margeride. Sports d'eaux vives à 12 km. Daniel et Annie vous accueilleront chaleureusement dans leur maison, ils vous feront découvrir le patrimoine et l'art roman de leur belle région et vous feront déguster les produits de leur ferme.

CV

Prix : 1 pers. **140/160 F** 2 pers. **170/190 F** 3 pers. **200/220 F** pers. sup. **30 F** repas **65 F**

Ouvert : toute l'année, sur réservation du 1er novembre au 1er avril.

1	7	SP	SP	12	7	SP	SP	SP

CHAMBON Daniel et Annie - Les Rivaux - 43230 PAULHAGUET - Tél : 04 71 76 85 59 - Fax : 04 71 76 60 59

POLIGNAC

Alt. : 650 m TH *C.M. 76 Pli 7*

4 ch. **Le Puy-en-Velay 5 km, départ de Saint-Jacques de Compostelle.** Sanitaires privés, dont 1 suite 4 pers. (2 ch. séparées). Séjour, s. à manger, cheminée, piano à queue. Petit jardin clos, terrasse avec belle vue sur la barrière bleue du massif du Mézenc. Cadre boiseries anciennes. Au pied de la forteresse féodale du Xe s. (150 m), belle ferme en pierre restaurée du XVIIIe s. dans un charmant village calme. Pain maison, vin biologique. Golf à 8 km. Langue parlée : anglais.

Prix : 1 pers. **280 F** 2 pers. **280/320 F** 3 pers. **360/390 F** pers. sup. **90/120 F** repas **110 F**

Ouvert : toute l'année.

4	5	5	SP	5	SP	6	5

CHEVALIER Dominique et Patrick - Chemin de Ridet - La Gourmantine - 43000 POLIGNAC - Tél : 04 71 05 94 29

POLIGNAC Bilhac

Alt. : 750 m (TH) *C.M. 76 Pli 7*

5 ch. **Puy-en-Velay 5 km.** Dans un village pittoresque, ancienne ferme restaurée. 4 chambres d'hôtes avec sanitaires privés, dont 2 avec mezzanine, 1 chambre avec salle d'eau privée et wc commun (3 ch. 2 épis, 1 ch. 3 épis). Grande s. à manger avec salon, cheminée, TV, bibliothèque. Terrasse, parking privé. Zone le Puy-en-Velay/vallée de la Loire.

CV

Prix : 2 pers. **180/200 F** 3 pers. **220/250 F** pers. sup. **50 F** repas **80 F**

Ouvert : toute l'année.

1	7	6	SP	8	20	1	5	1

AUDET Julien et Huguette - Bilhac - 43000 POLIGNAC - Tél : 04 71 09 72 41

RETOURNAC Les Revers

Alt. : 670 m (TH) *C.M. 76 Pli 7*

4 ch. Dans une ferme restaurée en pleine nature. 4 chambres dont 2 avec mezzanine, salle de bains et wc privés. Grande salle avec cheminée, TV, bibliothèque. Grand espace attenant. Produits fermiers. Table d'hôtes sur réservation. Pays de la jeune Loire : gorges pittoresques des premiers châteaux de la Loire, douceur des rives ponctuées de monuments remarquables (églises romanes, vestiges historiques). Possibilité de randonnée équestre sur réservation. Langues parlées : anglais, allemand.

CV

Prix : 1 pers. **180 F** 2 pers. **240 F** 3 pers. **310 F** pers. sup. **70 F**
repas **40/80 F**

Ouvert : d'avril à fin septembre.

7	SP	7	SP	7	25	7	7	7

CHEVALIER Béatrice et J-Pierre - Les Revers - 43130 RETOURNAC - Tél : 04 71 59 42 81 - Fax : 04 71 59 42 81

SAINT-ARCONS-DE-BARGES Le Couvent

Alt. : 1000 m (TH) *C.M. 76 Pli 17*

5 ch. Dans un ancien couvent du XVIIIe siècle, dans un hameau pittoresque avec une belle vue sur la campagne, 5 chambres pour 2, 3 ou 4 pers. avec sanitaires privés. Salle commune avec cheminée, salle détente. Cour attenante. Salle de réunion avec matériel audiovisuel, fax et téléphone pour séminaire. Réduction à partir de la 3e nuit. TH sur réservation. Possibilité réveillon du jour de l'an. En bordure de la Méjeanne, au cœur du Velay volcanique, pays de forêts. Saint-Arcons-de-Barges avec son église ancienne, est le lieu idéal pour vos vacances, week-ends ou séminaires. Langue parlée : italien.

CV

Prix : 1 pers. **180 F** 2 pers. **250 F** 3 pers. **390 F** pers. sup. **100 F**
repas **100 F**

Ouvert : toute l'année.

SP	10	15	SP	19	5

GRISOT Alexandra - Le Couvent - Le Bourg - 43420 SAINT-ARCONS-DE-BARGES - Tél : 04 71 08 28 22 - Fax : 04 71 08 28 22

SAINT-BEAUZIRE Les Chaumasses

Alt. : 650 m *C.M. 76 Pli 5*

3 ch. **Brioude 8 km. Blesle 11 km.** Chambres confortables avec sanitaires privés et de plain pied. Chaque chambre possède une petite terrasse et une belle vue. Séjour avec cheminée. Terrain non clos. Proche de Brioude avec sa magnifique basilique romane et à quelques kilomètres des superbes gorges de l'Allier où coule cette rivière à saumons réputée. A 4 km de l'A75, sortie No 22. Langues parlées : anglais, espagnol.

CV

Prix : 1 pers. **200 F** 2 pers. **250 F** 3 pers. **300 F**

Ouvert : toute l'année.

8	8	SP	9	8	8

CHAZELLE Hélène et Dominique - Les Chaumasses - 43100 SAINT-BEAUZIRE - Tél : 04 71 76 81 00 - Fax : 04 71 76 81 00

SAINT-CHRISTOPHE-SUR-DOLAIZON Tallode

Alt. : 900 m (TH) *C.M. 76 Pli 6*

2 ch. Sur une exploitation agricole (élevage de vaches laitières, culture céréales, lentilles vertes) dans un bâtiment attenant à la maison du propriétaire, 1 chambre (2 pers.), 1 chambre (3 pers.) avec sanitaires privés. Cour attenante fermée, entrée indépendante. Sur le chemin de Saint-Jacques-de-Compostelle, dans le Velay volcanique, terre d'élection de la lentille verte du Puy. Empreinte remarquable du volcanisme. Villages et châteaux pittoresques.

CV

Prix : 1 pers. **160 F** 2 pers. **210 F** 3 pers. **260 F** pers. sup. **50 F**
repas **70 F**

Ouvert : toute l'année.

4	10	10	SP	15	10	10

ALLEGRE Nicole et Michel - Tallode - 43370 SAINT-CHRISTOPHE-SUR-DOLAIZON - Tél : 04 71 03 17 78

SAINT-CIRGUES Treignac

Alt. : 550 m (TH) *C.M. 76 Pli 5*

3 ch. Maison restaurée, chambres avec sanitaires privés, salle commune avec cheminée, cuisine à disposition. Terrasse, terrain attenant ombragé. Dans les pittoresques gorges de l'Allier et sur la route des curiosités, Solange et Claude sauront vous faire découvrir la région et apprécier leurs produits fermiers. Sports en eaux vives.

CV

Prix : 1 pers. **150 F** 2 pers. **180 F** 3 pers. **220 F** repas **60 F**

Ouvert : toute l'année.

2	4	13	SP	2	3	13	3

ROUSSET Solange et Claude - Treignac - 43380 SAINT-CIRGUES - Tél : 04 71 77 41 41

SAINT-CIRGUES Treignac

Alt. : 550 m (TH) *C.M. 76 Pli 5*

5 ch. **Le Puy-en-Velay 45 km.** Ancienne ferme rénovée. Toutes les chambres ont des sanitaires privés. Salle commune, TV, coin-cuisine. Terrasse, coin ombragé. Superbes gorges de l'Allier avec ses villages pittoresques à l'architecture méditeranéenne, surplombant la rivière, ses orgues basaltiques et son riche patrimoine. Langue parlée : espagnol.

C V

Prix : 1 pers. **162 F** 2 pers. **184 F** 3 pers. **204 F** pers. sup. **44 F**
repas **58 F**

Ouvert : de Pâques à la Toussaint.

SP	4	SP	1,5	1,5	14	2

ROCHE Georges - Treignac - 43380 SAINT-CIRGUES - Tél : 04 71 77 44 63

SAINT-DIDIER-D'ALLIER La Grangette

Alt. : 800 m (TH) *C.M. 76 Pli 16*

4 ch. Ferme rénovée, isolée dans les splendides gorges de l'Allier. 2 des chambres ont une mezzanine. Sanitaires privés. Salon, biblio., salle à manger/coin-cuisine. Espace attenant. Pays du saumon et des eaux vives. Règne de l'art Roman. Site incomparable de villages perchés. Canyoning, rafting et VTT à 6 km. Canoë-kayak 14 km.

Prix : 1 pers. **150 F** 2 pers. **200 F** 3 pers. **250 F** pers. sup. **50 F**
repas **65 F**

Ouvert : toute l'année, l'hiver sur réservation.

SP	SP	7	6	15	7

AVOINE Philippe et MONTAGNE Jacqueline - La Grangette - 43580 SAINT-DIDIER-D'ALLIER - Tél : 04 71 57 24 41

SAINT-FRONT Les Bastides

Alt. : 1350 m (TH) *C.M. 76 Pli 18*

4 ch. Ancienne bastide restaurée dans le style du pays. 2 ch. 2 pers. et 2 suites avec sanitaires privés. Salon (cheminée). Salle à manger. Biblio. Piano. Billard. Grand espace. Terrasse. Conduite d'attelage de chiens de traineau, halte équestre. Zone Mézenc-Meygal/Vivarais. En pleine nature avec horizons sur les volcans et hauts plateaux du Velay, Paul et Nadège vous accueillent dans une bâtisse en pierre au toit de Lauzes. Paul, conducteur de chiens de traineau professionnel, éleveur de chevaux Fjord. Randonneur équestre reçu.

Prix : 1 pers. **250 F** 2 pers. **400 F** repas **150 F**

Ouvert : toute l'année.

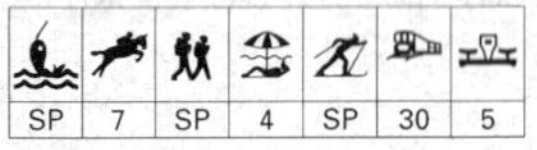

SP	7	SP	4	SP	30	5

COFFY Paul et Nadège - Les Bastides du Mezenc - 43550 SAINT-FRONT - Tél : 04 71 59 51 57 - Fax : 04 71 59 51 57

SAINT-GENEYS-PRES-ST-PAULIEN Bel Air

Alt. : 915 m (TH) *C.M. 76 Pli 7*

3 ch. **A 15 km du site exceptionnel du Puy-en-Velay.** Dans une ancienne ferme légèrement isolée. Chambres avec sanitaires privés. Séjour, TV, bibliothèque. Salon de jardin, espaces verts. Parcours balisés. Squash 4 km. Zone Velay volcanique/Livradois-Forez. Table d'hôtes sur réservation. Repas enfant moins de 9 ans : 40 F.

Prix : 1 pers. **180 F** 2 pers. **200 F** 3 pers. **250 F** pers. sup. **40 F**
repas **65 F**

Ouvert : du 1er mars au 1er novembre.

1	5	4	SP	7	4	15	3

CHABRIER Serge et Annick - Bel Air - 43350 SAINT-GENEYS-PRES-ST-PAULIEN - Tél : 04 71 00 45 56

SAINT-HOSTIEN Les Chazes

Alt. : 900 m (TH) *C.M. 76 Pli 7*

3 ch. Chambres avec sanitaires privés dans une ferme isolée, restaurée avec souci d'authenticité où Pierrette et Jean vous accueilleront chaleureusement. 2 ch. 2 pers., 1 ch. 3 pers. Salle à manger/salon (cheminée). Biblio. Terrain attenant. Tarifs dégressifs à partir de la 2e nuit. TH le soir sur réservation. A l'écoute de la nature, au pied du Meygal, vous pourrez vous détendre dans un grand espace face à la vallée de la Loire, Jean vous guidera dans la découverte de son « pays ». Langues parlées : anglais, espagnol.

Prix : 1 pers. **190/240 F** 2 pers. **220/270 F** 3 pers. **270/320 F** repas **75 F**

Ouvert : toute l'année.

SP	8	8	SP	15	SP	3	18	3

CHAMBERT Pierrette et Jean - Les Chazes - 43260 SAINT-HOSTIEN - Tél : 04 71 57 64 16

SAINT-JULIEN-CHAPTEUIL Sumène

Alt. : 800 m (TH) *C.M. 76 Pli 7*

2 ch. Dans un village, au cœur du Meygal, 1 chambre d'hôtes pour 3 pers. avec douche, 1 ch. 2 pers. avec salle d'eau commune. Salle de séjour avec TV. Salle de jeux à la disposition des hôtes. Pré, aire de jeux, abri couvert, parking. Restaurant 1 km. 1 des chambres est classée 2 épis.

C V

Prix : 1 pers. **120 F** 2 pers. **180 F** 3 pers. **230 F** repas **65 F**

Ouvert : d'avril à novembre.

2	2	2	SP	2	2	18	2

GIRARD Jean et Odette - Sumène - 43260 SAINT-JULIEN-CHAPTEUIL - Tél : 04 71 08 71 27

SAINT-MAURICE-DE-LIGNON Le Roure Alt. : 700 m  *C.M. 76 Pli 8*

2 ch. **Le Puy-en-Velay 36 km.** Dans le hameau, maison en pierres rénovée, avec grand terrain attenant clos et très belle vue sur la vallée de la Loire. Rez-de-chaussée : 2 chambres (1 lit 2 pers. chacune) ouvrant sur terrain, avec belle salle d'eau et wc indépendants pour chaque chambre. Piscine privée à disposition. Langue parlée : anglais.

CV

Prix : 1 pers. **190 F** 2 pers. **230 F** pers. sup. **25 F**

Ouvert : du 15 février au 15 octobre.

2	10	SP	SP	20	4	8	4

OUILLON Corinne - Le Roure - 43200 SAINT-MAURICE-DE-LIGNON - Tél : 04 71 65 39 50 - Fax : 04 71 65 39 50 - E-mail : thierry.ouillon@worldonline.fr

SAINT-PIERRE-EYNAC Montoing Alt. : 830 m TH *C.M. 76 Pli 7*

3 ch. Ancienne ferme restaurée à proximité du Puy-en-Velay. Chambres avec sanitaires privés dont 1 avec mezzanine (9 pers.). Séjour. TV. Coin-salon. Bibliothèque. Grand espace attenant clos. Terrasse. Parking. Produits fermiers. Pays des sucs. Espaces de liberté. Patrie de Jules Romains. Riche patrimoine (églises romanes, musées).

CV

Prix : 1 pers. **160 F** 2 pers. **220 F** 3 pers. **280 F** pers. sup. **80 F** repas **70 F**

Ouvert : toute l'année.

6	6	6	SP	6	6	12	3

JULIEN Michel et Germaine - Montoing - 43260 SAINT-PIERRE-EYNAC - Tél : 04 71 03 00 39 ou SR : 04 71 09 91 50

SAINT-PIERRE-EYNAC La Chabanade Alt. : 980 m TH *C.M. 76 Pli 7*

3 ch. **Le Puy-en-Velay 20 km.** Maison isolée, en bordure de forêts, au pied du Meygal, dans un environnement préservé de sucs et de volcans. 3 ch. dont 2 avec mezzanine, salle de bains et wc privés. Salle commune, coin-cheminée, TV, piano. Cour fermée, salon de jardin. 2000 m² de prairie attenants. Vue imprenable sur le Mézenc. Site calme et champêtre. Langue parlée : anglais.

Prix : 1 pers. **190 F** 2 pers. **250 F** 3 pers. **330 F** pers. sup. **80 F** repas **85 F** 1/2 pens. **390 F**

Ouvert : toute l'année.

3	5	5	SP	4	5	20	5

MIALON-GONOD Michelle - La Chabanade - Marcilhac - 43260 SAINT-PIERRE-EYNAC - Tél : 04 71 08 44 60

SAINT-VICTOR-MALESCOURS La Tourette Alt. : 850 m TH *C.M. 76 Pli 8*

5 ch. Ferme rénovée située en pleine campagne, entourée de forêts. Chambres avec sanitaires privés. Salle à manger avec cheminée. Plan d'eau avec canards. En bordure du département, aux portes de Rhône-Alpes, nombreux chemins de randonnée balisés au départ de la ferme. Poss. de stages cuisine. -10% hors juillet et août sur la 1/2 pension. Taxe de séjour du 1er juin au 30 septembre. Langue parlée : anglais.

CV

Prix : 1 pers. **170 F** 2 pers. **230 F** 3 pers. **300 F** pers. sup. **70 F** repas **90 F**

Ouvert : toute l'année.

1	SP	10	SP	25	2

FUCHS Zahra et Michel - La Tourette - 43140 SAINT-VICTOR-MALESCOURS - Tél : 04 77 39 92 98 - Fax : 04 77 39 93 16

SAINT-VINCENT Chalignac Alt. : 600 m TH *C.M. 76 Pli 7*

E.C. 3 ch. **Le Puy-en-Velay 17 km.** Grande demeure de charme sur un vaste terrain. Chambres avec sanitaires pivés (7 pers.). Salon, grande cuisine avec coin-repas. Salle à manger avec cheminée. Salon de musique avec piano. Atelier de peinture. A proximité de la superbe ville du Puy-en-Velay située dans un vaste bassin d'où emergent des aiguilles volcaniques. Langues parlées : anglais, espagnol.

Prix : 2 pers. **280/300 F** 3 pers. **360/380 F** pers. sup. **80 F** repas **100 F**

Ouvert : toute l'année.

1	15	4	SP	10	15	1	1

SERRE-LATERRERE Christiane - La Buissonnière - 43800 SAINT-VINCENT - Tél : 04 71 08 54 41

SANSSAC-L'EGLISE Vourzac Alt. : 850 m TH *C.M. 76 Pli 6*

5 ch. **Puy-en-Velay 9 km.** Dans un bâtiment mitoyen à la maison du propriétaire, 4 ch. (2 pers.), 1 ch. (3 pers.), sanitaires privés, salle commune avec TV, biblio. Cour attenante. Proche de l'exceptionnelle ville du Puy-en-Velay, campée dans un site volcanique insolite. Nombreuses animations estivales et fêtes du Roi de l'oiseau en septembre. Patrimoine et monuments remarquables. Tarif 1/2 pension pour 2 pers. Langues parlées : anglais, italien.

Prix : 1 pers. **150 F** 2 pers. **180 F** 3 pers. **265 F** repas **60 F** 1/2 pens. **300 F**

Ouvert : toute l'année.

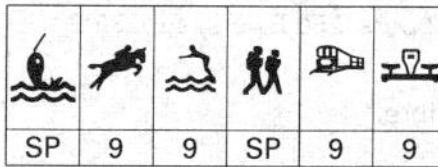

SP	9	9	SP	9	9

AMBERT Bernadette et Pierre - Vourzac - 43320 SANSSAC-L'EGLISE - Tél : 04 71 09 13 60

SANSSAC-L'EGLISE Lonnac

Alt. : 830 m (TH) *C.M. 76 Pli 6*

4 ch. En pleine campagne, au cœur d'un petit village calme et verdoyant, ancienne ferme rénovée. Chambres avec sanitaires privés. Salle à manger/salon avec cheminée. TV. Espace attenant clos. Terrasse. Terre d'élection de la lentille verte du Puy. Empreinte remarquable du volcanisme (lac du Bouchet). Villages pittoresques. Châteaux de Saint-Vidal et la Rochelambert.

Prix : 1 pers. **180 F** 2 pers. **220 F** 3 pers. **260 F** pers. sup. **40 F** repas **65 F**

Ouvert : toute l'année sauf du 15 décembre au 1er janvier.

2	8	8	SP	15	5	12	2

LIABEUF Patrick et Florence - Lonnac - 43320 SANSSAC-L'EGLISE - Tél : 04 71 08 64 15

SAUGUES

Alt. : 1000 m (TH) *C.M. 76 Pli 16*

5 ch. **Le Puy-en-Velay et Saint-Flour 45 km.** Sur le chemin de Saint-Jacques de Compostelle, maison de maître des années 1930. Chambres avec sanitaires privés dont 2 suites de 4 pers. aménagées de style différent. Séjour avec bibliothèque. Salle à manger. Terrasse. Parc de 2000 m². Nombreuses randonnées. Pays de granit avec un habitat remarquable, de la Bête du Gévaudan qui marque cette région. Langue parlée : anglais.

Prix : 1 pers. **190 F** 2 pers. **240 F** pers. sup. **100 F** repas **80 F** 1/2 pens. **200 F**

Ouvert : toute l'année sur réservation.

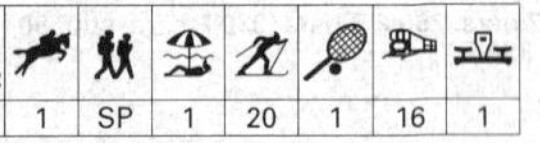

0,8	0,8	0,8	SP	0,8	20	20	0,2

GAUTHIER Pierre - Route du Puy - 43170 SAUGUES - Tél : 04 71 77 86 92 - Fax : 04 71 77 86 92

SAUGUES

Alt. : 960 m (TH) *C.M. 76 Pli 16*

6 ch. Chambres avec sanitaires privés aménagées dans une maison neuve. Séjour, cuisine. Terrain attenant, terrasse. Sur le chemin de Saint-Jacques de Compostelle (GR65) au cœur de la Margeride au pays des « Noisettes sauvages », vous découvrirez de charmants petits villages et serez chaleureusement accueillis par les propriétaires. Repas à base de produits fermiers et du jardin.

Prix : 1 pers. **160 F** 2 pers. **210 F** repas **65 F**

Ouvert : du 15 mars au 15 novembre.

SP	1	SP	1	20	1	16	1

MARTINS Jacky et Brigitte - Rue des Roches - 43170 SAUGUES - Tél : 04 71 77 83 45

SAUGUES Le Rouve

Alt. : 960 m (TH) *C.M. 76 Pli 16*

3 ch. Maison située sur 2 ha. en retrait du village, avec belle vue sur la campagne. Au rez-de-chaussée, avec sanitaires privés. Entrée indépendante. Salle commune. Terrasse. Grand espace non clos. Parking. Table d'hôtes le soir. A proximité de Saugues, pays des « Noisettes sauvages », petite cité très animée sur le chemin de Saint-Jacques-de-Compostelle. Tour des Anglais. Tour de la Clauze. Belles maisons en granit. Petits villages charmants et paisibles.

Prix : 1 pers. **190 F** 2 pers. **230/240 F** 3 pers. **260 F** repas **80 F**

Ouvert : toute l'année.

0,3	4	SP	4	4	20	4

BLANC Jean-Pierre & Hélène - Le Rouve - 43170 SAUGUES - Tél : 04 71 77 64 15 - Fax : 04 71 77 83 84

SAUGUES Les Salles Jeunes

Alt. : 1000 m (TH) *C.M. 76 Pli 16*

4 ch. Ancienne grange en pierre restaurée. Chambres avec sanitaires privés. Salle commune avec mezzanine. Kitchenette. Bibliothèque. Terrasse. Terrain attenant. Parking. A proximité de Saugues, pays des « noisettes Sauvages », petite cité très animée sur le chemin de Saint-Jacques de Compostelle, Tour des Anglais, Tour de la Clauze. Belles maisons en granit. Petits villages charmants et paisibles.

Prix : 2 pers. **200 F** 3 pers. **250 F** pers. sup. **50 F** repas **70 F** 1/2 pens. **150 F**

Ouvert : du 1er mars au 15 novembre.

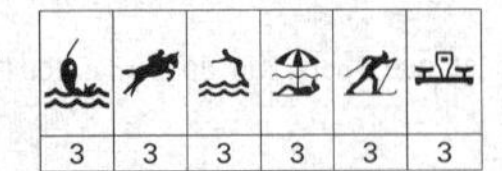

3	3	3	3	3	3

BRINGIER Ghislaine - Les Salles Jeunes - 43170 SAUGUES - Tél : 04 71 77 82 50

SENEUJOLS

Alt. : 1050 m (TH) *C.M. 76 Pli 16*

3 ch. Chambres avec sanitaires privés aménagées dans une ancienne ferme rénovée. Kitchenette, salon. Repas pris en commun dans la salle à manger du propriétaire. Maison indépendante. Terrain attenant. Tarifs dégressifs à partir de 4 nuits hors saison et du 1er au 13 juillet. Location d'ânes sur place. Salle de jeux. Au cœur d'une région volcanique, ancienne ferme en pierre du pays, dans un petit village très calme, à proximité de la forêt et du lac du Bouchet.

Prix : 1 pers. **160 F** 2 pers. **210 F** 3 pers. **250 F** pers. sup. **30 F** repas **70 F**

Ouvert : du 1er mars au 15 novembre.

8	12	SP	8	5	SP	12	5

BOYER Bernard et Colette - 43510 SENEUJOLS - Tél : 04 71 03 19 69

SOLIGNAC-SUR-LOIRE Château de la Beaume Alt. : 800 m C.M. 76 Pli 17

6 ch. Chambres avec sanitaires privés dans un château restauré (ferme équestre) à proximité des gorges de la Loire. Salle à manger voutée avec cheminée. Terrain clos. Les propriétaires élèvent et débourent des chevaux. Poss. de prendre des leçons d'équitation. Randonnées équestres. Pays de la jeune Loire, gorges pittoresques des premiers châteaux de la Loire. Exceptionnelle ville du Puy-en-Velay, campée dans un site volcanique insolite. Douceur des rives ponctuées de monuments remarquables. Langues parlées : italien, anglais, allemand.

Prix : 1 pers. **250 F** 2 pers. **400 F** 3 pers. **520 F**

Ouvert : de mars à décembre.

2	SP	12	2	19	5

FURRER Silvia - Château de la Beaume - 43370 SOLIGNAC-SUR-LOIRE - Tél : 04 71 03 14 67 - Fax : 04 71 03 14 26

TENCE La Pomme Alt. : 850 m (TH) C.M. 76 Pli 8

4 ch. Belle maison restaurée avec grand espace attenant. Chambres avec sanitaires privés. Séjour avec cheminée, salon, TV. Terrasse, espace attenant, parking. Putting golf. Gérard et Elyane, jeunes agriculteurs vous accueilleront chaleureusement dans leur maison confortablement aménagée, en pleine nature. Fermé du 1er octobre au 1er avril, sauf le week-end et le le dimanche du 1er septembre au 1er juillet, sauf vacances scolaires. Taxe de séjour. Table d'hôtes sur réservation.

Prix : 1 pers. **180 F** 2 pers. **240 F** 3 pers. **300 F** pers. sup. **50 F** repas **70 F**

3	5	3	SP	3	3	17	3

DEYGAS Gérard et Elyane - La Pomme - 43190 TENCE - Tél : 04 71 59 89 33

VALS-LE-CHASTEL Alt. : 500 m (TH) C.M. 76 Pli 6

2 ch. Maison de village. Sanitaires privés aménagées. Salle à manger, salon, TV à disposition. Terrasse. Produits fermiers sur place. Zone Haut-Allier/Margeride.

Prix : 2 pers. **200 F** pers. sup. **50 F** repas **60 F**

Ouvert : de Pâques à la Toussaint.

SP	15	15	SP	7	15

CHALEIL Gabriel et Josette - 43230 VALS-LE-CHASTEL - Tél : 04 71 76 40 71

VALS-PRES-LE-PUY Eycenac Alt. : 850 m (TH) C.M. 76 Pli 17

5 ch. Dans la maison du propriétaire, chambres avec sanitaires privés, salle commune (cheminée). Très vaste terrain. A proximité de l'exceptionnel ville du Puy-en-Velay campée dans un site volcanique insolite. Douceur des rives ponctuées de monuments remarquables (églises romanes, vestiges historiques). Maison non-fumeur. Juillet/août uniquement en 1/2 pension. Location de VTT. Soirée vidéo. Piscine privée. Produits fermiers, pain maison, 1 fois par semaine menu asiatique. Tables d'hôtes du 1er avril au 15 septembre. Promenade en âne. Langue parlée : anglais.

Prix : 1 pers. **180 F** 2 pers. **220 F** 3 pers. **290 F** pers. sup. **60 F** repas **80 F**

Ouvert : du 15 mars au 15 octobre.

5	5	SP	SP	5	3	5	3

BESSE Philippe & Françoise - Domaine de Bauzit - 43750 VALS-PRES-LE-PUY - Tél : 04 71 03 67 01 - Fax : 04 71 03 67 01

VARENNES-SAINT-HONORAT Cheneville Alt. : 1000 m (TH) C.M. 76 Pli 6

4 ch. Maison en pierre, restaurée, située dans un hameau. A l'étage : 3 ch. avec salles d'eau privées et 2 wc communs. Au rez-de-chaussée : 1 ch. avec sanitaires privés. Salle de séjour avec cheminée et TV à la disposition des hôtes, terrain. Parking. Restaurant sur place. Zone Velay volcanique/Livradois-Forez.

Prix : 2 pers. **210/230 F** 3 pers. **280 F** repas **80 F**

Ouvert : toute l'année.

SP	8	SP	8	8

BIANCOTTO Marie - Cheneville - 43270 VARENNES-SAINT-HONORAT - Tél : 04 71 00 78 69

VENTEUGES Alt. : 1000 m (TH) C.M. 76 Pli 15

3 ch. Dans cette ferme située dans le village. 2 ch. avec sanitaires privés. 1 ch. avec sanitaires privés non attenants. Salle de séjour avec TV à la disposition des hôtes. Pré, aire de jeux, parking. Luge, ski de fond, chasse sur place. Produits fermiers et restaurant sur place. Zone Haut-Allier/Margeride. Veillée avec conteur. Tarifs spéciaux pour des séjours longues durée. Chemins de randonnées balisés sur place.

Prix : 1 pers. **150 F** 2 pers. **200 F** 3 pers. **220 F** pers. sup. **20 F** repas **65 F**

Ouvert : de février à octobre.

3	5	SP	5	5	5	19	5

DUMAS André et Rose - Venteuges - 43170 SAUGUES - Tél : 04 71 77 80 66

VERGEZAC Allentin

Alt. : 950 m (TH) *C.M. 76 Pli 6*

4 ch. Dans une ferme du XIXe (élevage de moutons, chevaux, poneys, ânes, chèvres, volailles), chambres avec sanitaires privés. Salle de détente avec TV, cuisine avec lave-linge. Aire de jeux. Parking clos. Produits fermiers. Hébergement de cavaliers. Vélos et circuits VTT sur place. Location VTT et vélos. Dans le Velay volcanique, à 13 km du magnifique site du Puy-en-Velay, belle maison restaurée avec un parc ombragé. Sports aériens 6 km, et d'eaux vives à 12 km. Restaurant à 3 km.

Prix : 1 pers. **180 F** 2 pers. **220 F** 3 pers. **260 F** pers. sup. **40 F** repas **65 F**

Ouvert : toute l'année.

6	SP	12	SP	15	7	6	12	4

JOURDAIN Pierre et M-Thérèse - Allentin - 43320 VERGEZAC - Tél : 04 71 08 66 10 - Fax : 04 71 08 04 28

VERNASSAL Darsac

Alt. : 900 m (TH) *C.M. 76 Pli 6*

5 ch. Ancienne ferme restaurée du XVIIIe s., en pierres volcaniques. Chambres avec sanitaires privés. Salle commune avec cheminée. 2e étage : Bibliothèque. Terrasse. Grand espace attenant clos et arboré, salons de jardin. Piscine privée. Jardin intérieur. Parking privé. Repas pique-nique sur réservation. TH le soir uniquement, sur résa. Mini-golf 10 trous. Terre d'élection de la lentille verte du Puy. Empreinte remarquable du volcanisme. Villages pittoresques. Châteaux. Exploitation du propriétaire à 2 km. Sentiers pédestres, circuit VTT.

Prix : 1 pers. **260 F** 2 pers. **290 F** pers. sup. **100 F** repas **80 F**

Ouvert : du 1er mai au 15 octobre.

1	6	SP	SP	SP	7

VAUCANSON Robert et Magali - Darsac - 43270 VERNASSAL - Tél : 04 71 57 00 92

VIEILLE-BRIOUDE La Coustade

(TH) *C.M. 76 Pli 5*

5 ch. Dans une maison récente avec entrée indépendante. 5 chambres avec sanitaires privés dont 1 accessible aux personnes handicapées. Salon avec cheminée, TV. Terrasse. Grand espace, aire de jeux. Zone Haut-Allier/Margeride. Taxe de séjour. Gérard et Anne-Marie, jeunes agriculteurs, vous accueillent confortablement dans des chambres bien aménagées. Ils sauront vous faire apprécier la région et vous feront déguster les produits du terroir.

Prix : 1 pers. **160/180 F** 2 pers. **200/220 F** 3 pers. **230/250 F** pers. sup. **40 F** repas **65 F**

Ouvert : du 1er avril au 30 octobre.

CHANTEL Gérard et Anne-Marie - La Coustade - Chemin du Stade - 43100 VIEILLE-BRIOUDE - Tél : 04 71 50 25 21 - Fax : 04 71 50 20 45

VIEILLE-BRIOUDE

(TH) *C.M. 76 Pli 5*

4 ch. **Brioude 5 km.** Chambres avec sanitaires privés. Grand hall avec table de ping-pong. 1er étage : grande verrière avec bancs et chaises longues. Salle à manger, cheminée, bibliothèque,TV. Lave et sèche-linge, point-phone. Terrasse et jardin, barbecue. Ancien presbytère rénové. Chambres d'hôtes pleine de charme et de caractère avec très belle vue sur l'Allier. A l'entrée des superbes gorges de l'Allier, parsemées de villages à l'architecture méditerranéenne. Langue parlée : allemand.

Prix : 2 pers. **280 F** pers. sup. **100 F** repas **100 F** 1/2 pens. **240/280 F**

Ouvert : toute l'année.

BOYER Philippe - Ermitage Saint-Vincent - Place de l'Eglise - 43100 VIEILLE-BRIOUDE - Tél : 04 71 50 96 47 - Fax : 03 26 02 04 78

Puy-de-Dôme

GITES DE FRANCE
Place de la Bourse - 63038 CLERMONT-FERRAND Cedex 1
Tél. 04 73 42 22 50 - Fax. 04 73 42 22 65

LES ANCIZES

Alt. : 700 m *C.M. 73 Pli 3*

1 ch. **Station thermale : Chateauneuf-les-Bains 19 km.** Chambre d'hôtes familiale au 1er étage mansardé de la maison des propriétaires ayant en commun : séjour, cheminée, biblio. Terrasse couverte, jardin arboré, ping-pong, barbecue. Poss. cuisine d'été. Parking privé. Chambre familiale comprenant 1 ch. 23 m^2 (1 lit 2 pers. 1 lit gigogne 1 pers.) et 1 ch. 10 m^2 (1 lit 2 pers.), s.d.b. et wc privés communs aux 2 ch. Les Fades Besserve 4 km : plan d'eau, baignade, voile, sports nautiques, viaduc des Fades illuminé. Saint-Georges de Mons 3 km : piscine, tennis, VTT. Restaurant aux Ancizes 600 m. Demi tarif pour les moins de 4 ans.

Prix : 1 pers. **180 F** 2 pers. **240 F** pers. sup. **100 F**

Ouvert : toute l'année.

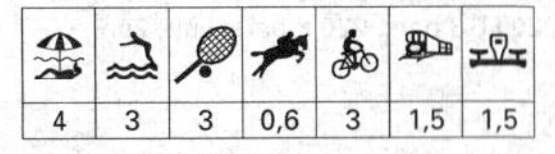

BALLET Jacqueline & Raymond - Les Cerisiers - 63770 LES ANCIZES - Tél : 04 73 86 84 04 - http://www.mageos.ifrance.com/hote-ballet

ARDES-SUR-COUZE Montmeillant

Alt. : 630 m *C.M. 239 Pli 43/44*

2 ch. **Ardes-sur-Couze (pêche) 1 km. Saint-Gervazy 11 km. Issoire 24 km.** Dans la maison des propriétaires avec en commun : salle à manger, salon avec cheminée, bibliothèque, cour, parc, terrasse. Parking privé. R.d.c. : 1 ch. (2 lits 1 pers. accolés), salle d'eau, wc privés et petite piece avec table de massage et espalier. 1er étage : 1 ch. (1 lit 2 pers.), salle de bains, salle d'eau, wc. Restaurant 1 km.

Prix : 2 pers. **300/320 F**

Ouvert : toute l'année.

24	1	11	24	24	1

HADDOU M-Claude et Lucien - Montmeillant - 63420 ARDES-SUR-COUZE - Tél : 04 73 71 83 05

AUGEROLLES La Plaine

Alt. : 550 m (TH) *C.M. 73 Pli 16*

3 ch. **Aubusson d'Auvergne 6 km. Courpière 9,5 km.** 3 ch. d'hôtes aménagées dans un bâtiment mitoyen à la maison des propriétaires. En commun : salle de séjour, jardin, parking privé. 1er étage : 2 ch. (1 lit 2 pers.), s. d'eau, wc chacune. 1 ch. (1 lit 2 pers. 1 lit 1 pers.), s. d'eau, wc. Plan d'eau à 6 km avec animations découvertes nature, pêche... Randonnées avec mise à dispo. du guide Chamina. Langue parlée : anglais.

CV

Prix : 2 pers. **240 F** pers. sup. **70 F** repas **70 F**

Ouvert : toute l'année.

6	9,5	SP	9,5	6	24,5	SP

RUFFET A-Laure et Frédéric - La Plaine - 63930 AUGEROLLES - Tél : 04 73 53 56 27 - http://www.f.ruffet.free.fr.

AURIERES

Alt. : 1004 m (TH) *C.M. 73 Pli 13/14*

3 ch. **Le Puy-de-Dôme 17 km. Le Puy-de-Sancy 27 km.** 3 chambres d'hôtes aménagées dans la maison des propriétaires. En commun : salle de séjour et salon, jardin clos. R.d.c. : 1 ch. (1 lit 2 pers. 1 lit 1 pers.), terrasse privée. 1er étage : 2 ch. (1 lit 2 pers.), salle d'eau et wc privés pour chaque chambre. Taxe de séjour. Aydat (9 km) : lac, baignade, voile, planche à voile, canoë, pêche. Parc des Volcans. A proximité : Orcival, église romane, Col du Guéry, lac de Guéry, la Chaîne des Puys avec le Puy-de-Dôme. Langue parlée : anglais.

Prix : 2 pers. **250 F** pers. sup. **100 F** repas **75 F**

Ouvert : toute l'année.

9	24	3	15	13	8	27	25	13

RANDANNE Christiane et Dominique - Le Bourg - 63210 AURIERES - Tél : 04 73 65 67 55 - Fax : 04 73 65 67 55

AUZAT-SUR-ALLIER La Combelle

C.M. 239 Pli 44

1 ch. **Brassac 5 km. Le Broc 11 km. Issoire 17 km.** Aménagée dans la maison de la propriétaire. En commun : salle de séjour avec cheminée. Jardin, cour, petit salon-kitchenette réservée aux hôtes. Terrasse couverte privée. Parking privé. 1er étage mansardé : 1 ch. (1 lit 2 pers.), salle d'eau, wc privés. Accés indépendant à la chambre. Restaurant sur place. Accés : autoroute A75, sortie No17.

Prix : 2 pers. **250 F**

Ouvert : toute l'année.

5	5	11	17	5	5

CHANTREL Henriette - 5 rue de la Batellerie - La Combelle - 63570 AUZAT-SUR-ALLIER - Tél : 04 73 96 00 08

AYDAT Rouillas-Bas

Alt. : 815 m (TH) *C.M. 73 Pli 13/14*

4 ch. **Aydat 2 km : lac, baignade... Clermont-Ferrand 20,5 km.** 4 ch. aménagées au 1er étage de la maison des propr., ayant en commun au r.d.c., salon, séjour (cheminée, four à pain). Terrasse, jardin attenant fermé, parking privé. 1 ch. (1 lit 2 pers.). 1 ch. (2 lits 1 pers.), ces 2 ch. peuvent communiquer. 1 ch. (1 lit 2 pers.) et 1 ch. (1 lit 2 pers., 1 lit 1 pers.). Salle d'eau et wc dans 3 ch., 1 ch. avec s.d.b. et wc. TV sur demande. Réduction pour enfant de - de 10 ans et hors vacances scolaires. Taxe de séjour. Gîte de neige. Langue parlée : anglais.

CV

Prix : 2 pers. **230 F** pers. sup. **80 F** repas **75 F**

Ouvert : toute l'année.

2	21	SP	8	2	12	36	SP

GOLLIARD Françoise & J-Pierre - Rouillas-Bas - Rue Yvon Chauveix - 63970 AYDAT - Tél : 04 73 79 30 44

AYDAT Fohet

Alt. : 815 m (TH) *C.M. 73 Pli 13/14*

4 ch. **Aydat 5 km. Clermont-Ferrand 24,5 km.** 1 ch. familiale et 1 ch. access. aux pers. hand., aux r.d.c. et 1er étage mansardé dans la maison des prop. Entrée indép. S. à manger, salon TV au 1er étage réservé aux hôtes. Jardin attenant non fermé. Balançoires. Parking privé. R.d.c. : 1 ch. (2 lits 1 pers.). 1er étage : 1 ch. (1 lit 2 pers. 1 lit 1 pers.). 1 ch. (2 lits 1 pers.). Toutes avec s. d'eau/wc privés. 1 ch. familiale composée de 2 ch. (1 lit 2pers., 3 lits 1 pers.), salle d'eau et wc privés communs aux 2 chambres. Visite de la ferme (gratuite). Réduction pour enfant de - 10 ans. Gratuit pour les enfants de moins de 2 ans. Taxe de séjour.

CV

Prix : 2 pers. **220 F** pers. sup. **60 F** repas **70 F**

Ouvert : toute l'année.

5	5	7	5	12	34	22	SP

SERRE Bernadette & Bernard - Fohet - 63970 AYDAT - Tél : 04 73 79 33 24 - Fax : 04 73 79 36 96

AYDAT Ponteix — Alt. : 750 m — TH — *C.M. 73 Pli 13/14*

2 ch. **Clermont-Ferrand 21 km. Ceyssat 22 km. Aydat 2 km.** 2 ch. d'hôtes aménagées dans un bâtiment annexe de la maison des propriétaires. Rez-de-jardin : 1 ch. (1 lit 2 pers.), s. d'eau/wc privés. 1er étage : 1 ch. (1 lit 2 pers.), s. d'eau/wc privés, balcon. En commun : salle à manger voûtée avec cheminée. Cour et jardin clos, portique, baby-foot, parking privé. Taxe de séjour. Langue parlée : anglais.

CV

Prix : 2 pers. **220 F** repas **70 F**

Ouvert : toute l'année.

3	21	2	3	5	14	38

VERBRUGGHE Véronique et Didier - Ponteix - 63970 AYDAT - Tél : 04 73 79 33 70

BEAUREGARD-VENDON Chaptes — *C.M. 73 Pli 4*

3 ch. **Chatel-Guyon 9 km. Riom 10 km. Clermont-Ferrand 24,5 km.** Au 1er étage de la maison de caractère de la propriétaire (demeure de la fin du XVIIIe). Salle de séjour, cheminée. Meubles anciens d'époque. 3 ch. (1 lit 2 pers. chacune), salle d'eau/wc privés chacune. Terrasse couverte avec ping-pong. Jardin arboré et parking privés clos. Restauration possible à 2 km. 1 ch. 320 F, 1 ch. 330 F, 1 ch. 380 F.

CV

Prix : 2 pers. **320/380 F**

Ouvert : toute l'année, sur réservation du 1er novembre au 31 mars.

9	2	9	10	10	2

BEAUJEARD Elisabeth - Chaptes - 63460 BEAUREGARD-VENDON - Tél : 04 73 63 35 62

BILLOM Domaine des Razettes — *C.M. 73 Pli 15*

2 ch. **Clermont-Ferrand 21 km.** 2 ch. d'hôtes aménagées au 1er étage de la maison de la propriétaire, située dans une ancienne propriété agricole. 2 ch. (1 lit 2 pers. chacune), s. d'eau/wc privés pour chaque chambre. En commun au r.d.c. : salle de séjour, cuisine avec cheminée. Cour et jardins fermés, barbecue. Parking privé clos. Possibilité pers. supplémentaire dans l'une des 2 chambres. Restauration possible 1 km. Diverses activités 13 km.

CV

Prix : 2 pers. **220 F** pers. sup. **60 F**

Ouvert : toute l'année.

13	13	1	1	21	1

COMBES Janine - Route d'Ambert - Domaine des Razettes - 63160 BILLOM - Tél : 04 73 68 42 47

BOURG-LASTIC Artiges — Alt. : 750 m — *C.M. 73 Pli 12*

4 ch. **Le Mont-Dore 33 km. La Bourboule 26 km (station thermale).** Ancienne maison de famille restaurée. Salle de séjour, kitchenette à dispo. des hôtes. Cour, jardin. Ping-pong, barbecue, terrain de pétanque. 1er étage : 1 ch. (1 lit 2 pers. 1 lit 1 pers.), s. de bains/wc privés. 2e étage mansardé : 2 ch. (1 lit 2 pers.), s. de bains/wc privés. 1 ch. (1 lit 2 pers. 1 lit 1 pers.), s. de bains/wc privés. Restauration possible à 2 km. Clermont-Ferrand à 60 km. Pêche à 5 km au Chavanon.

CV

Prix : 2 pers. **250 F** pers. sup. **70 F**

Ouvert : toute l'année.

12	26	2	12	26	32,5	33	26	2

DUGAT-BONY Chantal et Denis - Artiges - 63760 BOURG-LASTIC - Tél : 04 73 21 87 39

CELLULE Saulnat — *C.M. 73 Pli 4*

2 ch. **Riom 7 km. Clermont-Ferrand 22 km. Station thermale Chatel-Guyon 8 km.** 2 ch. au 2e étage mansardé d'un bâtiment annexe à la maison des propriétaires. En commun : séjour, cheminée, TV. Kitchenette et terrasse réservées aux hôtes. Cour fermée. Ping-pong, barbecue. 2 ch. (1 lit 2 pers.), salle d'eau/wc privés attenants chacune. Réduction pour séjour de plus de 3 jours. Restaurant à 3 km. A 30 mn du Puy-de-Dôme. Accès : nationales 9 et 144. Autoroute A71 (sortie No13 : Riom), puis suivre direction Aigueperse.

Prix : 2 pers. **270 F**

Ouvert : du 1er avril au 31 octobre.

18	1	6	7	7	1

LERY Dominique et Guy - Saulnat - 5 rue du Château - 63200 CELLULE - Tél : 04 73 97 25 96

CHADELEUF La Vigie — TH — *C.M. 73 Pli 14*

2 ch. 2 ch. d'hôtes aménagées au 1er étage de la maison bourgeoise du XIXe siècle des prop. 1 ch. (1 lit 2 pers. + 1 lit enfant), cheminée, s. d'eau/wc privés. 1 ch. (1 lit 2 pers. + 1 lit enfant), s. d'eau/wc privés. Salon avec bibliothèque, TV, piano, cheminée. Cour et jardins clos. Terrasse. Parking privé. Ping-pong, prêt de VTT. Table d'hôtes sur réservation. Gratuit pour les enfants - 4 ans. Accès : A75 sortie No7 Coudes - Montpeyroux ou sortie No9. Langues parlées : anglais, allemand, italien.

CV

Prix : 2 pers. **320/400 F** pers. sup. **120 F** repas **100 F**

Ouvert : toute l'année.

23	SP	6	11	27	32	11	23

PINEAU Véronique et Denis - La Vigie - 63320 CHADELEUF - Tél : 04 73 96 90 87 - Fax : 04 73 96 92 76

CHAMPEIX

C.M. 73 Pli 14

1 ch. **Besse et Saint-Anastaise 20 km. Issoire 13 km.** 1 chambre d'hôtes familiale aménagée au 2e étage de la maison des propriétaires. Salle à manger et salon communs avec cheminée. 1 chambre familiale avec balcon (2 lits 2 pers.). Salle d'eau et wc privés communs aux deux chambres. Cour fermée. Restauration possible dans le village. Forfait 4 pers. : 500 F. Lac Chambon (20 km) : baignade, voile, planche à voile, canoë. Saint-Pierre-Colamine : grottes de Jonas. Saint-Floret : « un des plus beaux villages de France ». Saint-Nectaire : station thermale, église romane. Murol : château XII-XVIe siècles, visites animées.

Prix : 2 pers. **300 F**

Ouvert : de mai à octobre.

20	3	3	10	13	22	29	13	SP

ACHARD Christian - 13 bis, rue de la Vernoze - 63320 CHAMPEIX - Tél : 04 73 96 28 83

CHAMPS Bel-Air

Alt. : 550 m (TH) *C.M. 73 Pli 4*

4 ch. **Champs 2 km. Ebreuil 6 km. Gannat 10 km.** 4 ch. d'hôtes aménagées au 1er étage de la maison des propriétaires, ayant en commun : salle à manger et salle de séjour, cour et jardin. 2 ch. (1 lit 2 pers.), s. d'eau/wc privés chacune. 1 ch. (2 lits 1 pers.), s. d'eau/ wc privés, 1 ch. (1 lit 2 pers. 1 lit 1 pers.), s. d'eau, wc privés. TH sur réservation. Réduction pour enfants moins de 12 ans. Langue parlée : allemand.

Prix : 2 pers. **260 F** pers. sup. **80 F** repas **80 F** 1/2 pens. **190 F**

Ouvert : toute l'année.

6	10	10	2	6	10	4

GRIENENBERGER Lilas et Claude - Bel Air - 63440 CHAMPS - Tél : 04 73 33 06 75

CHARBONNIERES-LES-VARENNES La Vedrine

Alt. : 750 m (TH) *C.M. 73 Pli 3/4*

4 ch. **Volvic 8,5 km. Châtel-Guyon 13,5 km. Gour de Tazenet 16,5 km.** 4 ch. d'hôtes aménagées aux r.d.c. et 1er étage mansardé de la maison des propriétaires, ayant en commun : séjour. Terrasse, terrain attenant non fermé. R.d.c. : 1 ch. (1 lit 2 pers. 2 lits 1 pers.), s. d'eau, wc privés. 1er étage : 2 ch. (1 lit 2 pers.), s. d'eau, wc privés. 1 ch. (1 lit 2 pers. 1 lit 1 pers.), s. d'eau, wc privés. Hors juillet et août : séjour d'une semaine : 1380 F à 1500 F pour 2 pers. Table d'hôtes uniquement les week-ends et périodes de vacances scolaires. Langues parlées : italien, anglais.

Prix : 2 pers. **220/240 F** pers. sup. **90 F** repas **80 F**

Ouvert : du 1er avril au 15 novembre.

16,5	13,5	8,5	13,5	8,5	8,5

SAURA Mado et Philippe - La Vedrine - 63410 CHARBONNIERES-LES-VARENNES - Tél : 04 73 33 82 85 ou 06 08 03 24 71

CLEMENSAT

Alt. : 530 m A (TH) *C.M. 73 Pli 14*

4 ch. **Saint-Nectaire 13 km. Issoire 14 km. Clermont-Ferrand 33 km.** A l'étage d'un bâtiment comprenant 1 ferme auberge et le logement des propriétaires, dans une propriété agricole. Salle à manger, cheminée. Terrasse couverte. Cour et jardin attenants clos. Parking privé. 2 ch. (1 lit 2 pers.), s.d.b. et wc privés. 1 ch. (1 lit 2 pers. 1 lit 1 pers.), s. d'eau et wc privés. 1 ch. (1 lit 2 pers. 2 lits 1 pers.), s. d'eau et wc privés. Lac, baignade, voile, planche à voile, canoë-kayak, pêche au lac de Chambon 21 km. Table d'hôtes sur réservation.

Prix : 2 pers. **260 F** pers. sup. **90 F** repas **85 F**

Ouvert : toute l'année.

21	3	3	22	14	22	29	5

TRUCHOT André et Chantal - 63320 CLEMENSAT - Tél : 04 73 71 10 82

CLEMENSAT

Alt. : 530 m *C.M. 73 Pli 14*

2 ch. 2 chambres d'hôtes aménagées au 1er étage de la maison des propriétaires située sur une exploitation agricole, à côté d'un camping à la ferme. Salle de séjour/coin-cuisine. 1 ch. (1 lit 2 pers. 1 lit 1 pers.), 1 ch. (1 lit 2 pers.). Salle d'eau et wc privés dans chaque chambre. Jardin clos. Parking privé. Restauration possible dans le village. Baignade, voile, planche à voile, canoë-kayak, pêche au lac Chambon 20 km.

Prix : 2 pers. **230 F** pers. sup. **60 F**

Ouvert : toute l'année.

20	3	3	23	14	23	27	13	5

FOURY Serge et Martine - 2 rue des Chirouzes - 63320 CLEMENSAT - Tél : 04 73 71 14 79

COLLANGES Château de Collanges

(TH) *C.M. 239 Pli 44*

5 ch. **Clermont-Ferrand 25 mn.** 5 ch. dont 1 familiale au 1er étage du château des propriétaires. R.d.c. : salle à manger, cheminée, salon, billard, table de bridge, piano, biblio. 3 ch. (1 lit 2 pers.), 1 ch. (1 lit 2 pers. 1 lit 1 pers.), 1 suite : 1 ch. (1 lit 2 pers.) et 1 ch. (1 lit 2 pers. 1 lit 1 pers.). Toutes avec s.d.b./wc privés (1 avec balnéo.). Suite (forfait pour les 2 ch. 1050 F. Possibilité de recevoir des appels téléphoniques dans toutes les chambres. TV à dispo. sur demande. Table d'hôtes sur réservation. Grand parc arboré. Sur la propriété : aire de jeux pour enfants, terrain de boules, ping-pong. Accès : A75, sortie St-Germain Lembron ou sortie 17 en venant du sud. Langues parlées : anglais, espagnol.

Prix : 1 pers. **520 F** 2 pers. **520/650 F** pers. sup. **150 F** repas **250 F**

Ouvert : toute l'année.

15	3	3	15	15	3

FELUS Pascale et Denis - Château de Collanges - 63340 COLLANGES - Tél : 04 73 96 47 30 - Fax : 04 73 96 58 72

COMBRONDE *C.M. 73 Pli 4*

4 ch. **Chatel-Guyon 7 km. Riom 11 km. Clermont-Ferrand 28 km.** 4 ch. au 1er étage de la maison des propriétaires ayant en commun : salle à manger, salon, cheminée. Cour et parc clos. Terrasse, barbecue. Parking privé clos. 2 ch. (1 lit 2 pers.), salle d'eau et wc privés. 1 ch. (1 lit 2 pers. 1 lit 1 pers.), salle d'eau et wc privés. 1 ch. (2 lits 1 pers.), salle d'eau et wc privés. Restauration possible à Combronde. Accès : A71 sortie Gannat ou Riom. Langue parlée : espagnol.

Prix : 2 pers. **270 F** pers. sup. **80 F**

Ouvert : toute l'année.

9	7	SP	7	7	12	SP

CHEVALIER Lise et André - 105, rue Etienne Clémentel - 63460 COMBRONDE - Tél : 04 73 97 16 20 - Fax : 04 73 97 16 20

COURPIERE Bonencontre *C.M. 73 Pli 15/16*

6 ch. **Courpière 3 km.** 6 ch. d'hôtes aux 1er et 2e étages d'un bâtiment annexe à la maison des propr. S. à manger avec kitchenette, lave-linge, salon communs. 1er étage : 1 ch. (1 lit 2 pers.). 1 ch. (lit 1 pers. 160 F/pers.). 1 ch. 3 épis (1 lit 2 pers., 1 lit 1 pers.), balcon. 1 ch. 3 épis (3 lits 1 pers.), balcon. 2e étage : 2 ch. (1 lit 2 pers. 1 lit 1 pers.), salle d'eau/wc chacune. Cour attenante fermée. Malle au trésor, barbecue commun. Etang privé. Balançoire. Restauration possible à 3 km. Point-phone sur place.

Prix : 2 pers. **200/250 F** pers. sup. **50 F**

Ouvert : toute l'année.

11	3	3	4	11	13	3

CONSTANCIAS Mireille et J-Paul - Bonencontre - Route de Lezoux - 63120 COURPIERE - Tél : 04 73 53 10 51 - Fax : 04 73 53 26 56

CUNLHAT Alt. : 700 m (TH) *C.M. 73 Pli 15/16*

5 ch. **Ambert 28,5 km. Clermont-Ferrand 52 km.** Dans une maison de caractère au r.d.c. : 1 ch. (1 lit 2 pers.), s. d'eau/wc. 1 ch. (1 lit 2 pers. 2 lits 1 pers.), s. d'eau/wc, terrasse privée. 1er étage : 1 ch. 4 épis (1 lit 2 pers.), cheminée, terrasse privée, s.d.b./wc. 2e étage : 1 ch. (1 lit 2 pers.), s. d'eau, wc. 1 ch. familiale composée de 2 ch. avec 1 lit 2 pers. chacune et s.d.b./wc communs. En commun : salle à manger avec cheminée. Parc et jardin clos. Table d'hôtes sur réservation. Taxe de séjour. Malle au trésor. Pêche et tir à l'arc sur place. Chambre familiale : forfait 550 F. Tarifs repas : vin compris. Ecomusée consacré à la vie dans le Livradois.

Prix : 2 pers. **280/330 F** pers. sup. **100 F** repas **100 F**

Ouvert : toute l'année.

1,5	1,5	1,5	1,5	1,5	52	SP

LAROYE Brigitte - 7 rue du 8 Mai - 63590 CUNLHAT - Tél : 04 73 72 20 87

EGLISENEUVE-PRES-BILLOM Le Mas Alt. : 506 m *C.M. 73 Pli 15*

2 ch. **Clermont-Ferrand 29 km. Billom 4 km.** Dans la maison des propriétaires, 2 ch. d'hôtes. Jardin non attenant, barbecue. R.d.c. : salon avec bibliothèque. 1er étage : salle à manger, kitchenette réservée aux hôtes. 1 ch. 2 épis (1 lit 2 pers.), poss. lit bébé (+ 50 F), s.d.b./wc non attenants. 1 ch. 3 épis (2 lits 1 pers.), s. d'eau/wc. Restauration à 1 km. Malle au trésor.

Prix : 2 pers. **220 F**

Ouvert : toute l'année.

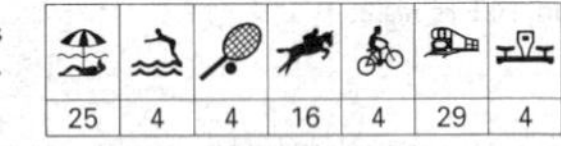

25	4	4	16	4	29	4

GRIMARD Christiane et André - Le Mas - 63160 EGLISENEUVE-PRES-BILLOM - Tél : 04 73 68 44 17

GIAT Rozery Alt. : 761 m *C.M. 73 Pli 12*

3 ch. **Plan d'eau de la Ramade 5 km (baignade). Herment 11,5 km.** 3 ch. d'hôtes aménagées au 1er étage de la maison de la propriétaire, située sur une exploitation agricole. En commun : salle à manger, salon, cour et jardin attenants. 2 ch. (1 lit 2 pers.), salle d'eau, wc chacune, 1 ch. (1 lit 2 pers. 1 lit 1 pers.) salle de bains, wc privés. Restaurant à 500 m et 5 km.

Prix : 2 pers. **240 F** pers. sup. **80 F**

Ouvert : toute l'année.

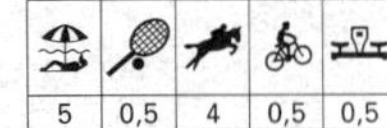

5	0,5	4	0,5	0,5

BRIQUET-DESBAUX Joëlle - Rozery - 63620 GIAT - Tél : 04 73 21 60 08 ou 04 73 21 71 08

HERMENT Chez Bard Alt. : 760 m (TH) *C.M. 73 Pli 2*

2 ch. **La Ramade (étang, baignade) 16 km. Giat célèbre pour ses foires 10 km.** 2 chambres aménagées au 1er étage de la maison de maître des propriétaires (demeure du XIXe siècle). Salle à manger/coin-cuisine (cheminée). Salon. 2 chambres (1 lit 2 pers.), salle d'eau et wc privés dans chaque chambres. Parc de 2 ha. fermé. Etang dans la propriété (pêche possible). Table d'hôtes sur réservation. Nombreux étangs et bois (plein de champignons).

Prix : 2 pers. **290 F** repas **70 F**

Ouvert : toute l'année.

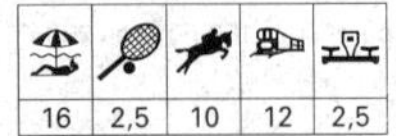

16	2,5	10	12	2,5

GUITTARD Claire & J-François - Domaine Maryjean - Chez Bard - 63470 HERMENT - Tél : 04 73 22 15 36 - Fax : 04 73 22 15 36

JOZE Loursse

C.M. 73 Pli 14/15

1 ch. **Pont-du-Château 10 km. Clermont-Ferrand 25 km. Vichy 35 km.** Suite familiale aménagée au 1er étage de la maison bourgeoise du propriétaire. Salle à manger commune avec cheminée. Parking. Parc arboré. Dans la propriété : tennis et ping-pong privés. 1 suite familiale comprenant : 1 ch. (1 lit 2 pers.), 1 ch. (1 lit 1 pers.), salle de bains/wc communs aux 2 ch. Pêche dans l'Allier sur place. Restauration possible à 1 km. Joze à 25 km Nord-Est de Clermont-Ferrand.

Prix : 2 pers. **300 F** pers. sup. **180 F**

Ouvert : toute l'année.

25	SP	10	25	17,5	1

MASSON Jehan et Daniele - Loursse - 63350 JOZE - Tél : 04 73 70 20 63

MANZAT Les Cheix

Alt. : 610 m *C.M. 73 Pli 3*

3 ch. **Chatel-Guyon 14 km. Riom 19 km.** 3 chambres aménagées dans un bâtiment situé face à la maison des propriétaires, avec aux r.d.c. et 1er étage : salle de séjour (cheminée). R.d.c. : 1 ch. (1 lit 2 pers. 1 lit 1 pers.), salle d'eau/wc privés. 1er étage : 1 ch. (1 lit 2 pers. 1 lit 1 pers.), salle de bains/wc privés, 1 ch. (1 lit 2 pers.), salle d'eau/wc privés. Terrasse. Jardin non fermé. Restaurant à 1 km. Gour de Tazenat (3 km) : lac de cratère. Gorges pittoresques de la Sioule. Fades Besserve : plan d'eau de 400 ha., baignade, voile, planche à voile, motonautisme, pêche, canoë-kayak. Château de Chazeron à Loubeyrat et Pionsat. Langue parlée : portugais.

Prix : 2 pers. **250 F** pers. sup. **80 F**

Ouvert : toute l'année.

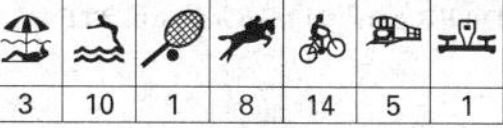

3	10	1	8	14	5	1

PEREIRA M-Thérèse & Manuel - Les Cheix - 63410 MANZAT - Tél : 04 73 86 57 74

MAREUGHEOL Longchamp

Alt. : 525 m (TH) *C.M. 73 Pli 14*

4 ch. **Issoire 9 km. Vallée des Saints à Boudes.** 4 chambres d'hôtes aménagées au 1er étage de la maison de la propr. A votre disposition : salle à manger (cheminée), salon (TV, cheminée). Terrasse, cour et jardin non clos. 1 ch. (1 lit 2 pers.), salle d'eau, wc privés. 1 ch. (2 lits 1 pers.), salle de bains, wc privés, 1 ch. (3 lits 1 pers.), salle de bains, wc privés, 1 ch. (4 lits 1 pers.), salle d'eau, wc. Gratuité pour les enfants de - de 2 ans. Forfait 4 pers. : 440 F. Table d'hôtes sur réservation. Fort de Mareugheol. Château de Villeneuve-Lembron.

Prix : 1 pers. **190 F** 2 pers. **270 F** 3 pers. **360 F** pers. sup. **85/90 F** repas **90 F**

Ouvert : toute l'année.

9	4	9	9	7

MILLOT Catherine - Longchamp - 63340 MAREUGHEOL - Tél : 04 73 71 40 04 - Fax : 04 73 71 40 04

LES MARTRES-DE-VEYRE

C.M. 73 Pli 14/15

3 ch. **Cournon 7 km. Vic-le-Comte 7 km.** 3 ch. d'hôtes aménagées dans une aile de la maison des propriétaires. En commun : salle à manger avec cheminée. Salon (bibliothèque), cour balcon. 1er étage : 1 ch. (1 lit 2 pers.), s.d.b., wc. 1 ch. (1 lit 2 pers. 1 lit 1 pers.), s.d.b., wc. 2e étage : 1 ch. avec mezzanine (1 lit 2 pers. 2 lits 1 pers.), s.d.b., wc. Forfait : 4 pers. : 500 F. Restaurant sur place. Baignade en rivière dans l'Allier (3 km). Canoë-kayak à 4 km. Scandinave parlé. Langues parlées : anglais, allemand, espagnol.

Prix : 2 pers. **300/390 F** pers. sup. **80 F**

Ouvert : toute l'année.

7	7	SP	3	SP	SP	SP

STARACE Gerd et Jean - 15 rue Saint-Martial - 63730 LES MARTRES-DE-VEYRE - Tél : 04 73 39 29 49 - Fax : 04 73 39 91 97

MAZAYES Le Petit Champbois

Alt. : 800 m (TH) *C.M. 73 Pli 13/14*

1 ch. **Puy de Dome 12 km. Clermont-Ferrand 23 km.** 1 chambre familiale aménagée dans la maison des propr. A votre disposition : séjour (cheminée). Terrasse, jardin. Chambre familiale au 1er étage, comprenant 2 ch. (1 lit 2 pers., 2 lits 1 pers.), s. d'eau, wc privés communs aux 2 chambres. Lac d'Aydat à 22 km. : voile, planche à voile. A prox. : Col de Ceyssat, Orcival (église romane, château..)

Prix : 2 pers. **230 F** pers. sup. **60 F** repas **75 F**

Ouvert : toute l'année.

22	22	0,3	4	16	7	7

SAILLY Martine et Didier - Le Petit Champbois - 63230 MAZAYES - Tél : 04 73 88 99 84 ou 06 62 49 99 84 - Fax : 04 73 88 99 84

LE MONT-DORE Le Genestoux

Alt. : 1050 m *C.M. 73 Pli 13*

5 ch. 5 ch. dont 2 mansardées dans la maison de caractère de la propriétaire, ayant en commun : salon (TV), salle à manger (cheminée). Terrasse, jardin, barbecue et parking privé. 1er étage : 2 ch. 3 épis (1 lit 2 pers.). 1 ch. 4 épis (2 lits 1 pers.). 2e étage mansardé : 1 ch. 3 épis (3 lits 1 pers.), 1 ch. 3 épis (1 lit 2 pers.). S. d'eau/wc et TV privés chacune. Taxe de séjour. Chambres ouvertes du 15 février au 31 octobre. Stations thermales : le Mont-Dore 3,5 km, la Bourboule 3,5 km. Randonnées balisées à pied ou VTT à proximité. Auberge 100 m.

Prix : 2 pers. **350/450 F** pers. sup. **100 F**

Ouvert : du 15 février au 31 octobre.

21	3	3,5	3,5	3,5	7,5	7,5	3	3

LARCHER Françoise - Le Genestoux - La Closerie de Manou - 63240 LE MONT-DORE - Tél : 04 73 65 26 81 - Fax : 04 73 81 11 72 - http://www.mont-dore.com

LE MONT-DORE

Alt. : 1200 m (TH) *C.M. 73 Pli 13*

5 ch. **Le Puy de Sancy 5 km. La Bourboule 6 km.** 5 chambres d'hôtes dans la maison des propriétaires. En commun : salle de séjour avec cheminée, cour fermée. 1er étage : 3 ch. 3 pers., 2 ch. 2 pers., sanitaires privés dans chaque chambre. Table d'hôtes sur réservation. Tarifs hors saison. Enfants de moins de 10 ans : 50 F/repas. Taxe de séjour. Le Mont-Dore : station de sports d'hiver et station thermale. La Bourboule : station thermale (6 km). Lac de Guéry, lac Servière, Roche Tuilière et Sanadoire. Langue parlée : anglais.

Prix : 2 pers. **330 F** pers. sup. **70 F** repas **95 F**

Ouvert : toute l'année.

17	6	SP	SP	SP	4	5	SP	SP

M. et Mme BERARD et CHOUKROUN - 13, rue Sidoine Apollinaire - 63240 LE MONT-DORE - Tél : 04 73 65 25 82 ou 06 81 87 66 80 - Fax : 04 73 65 24 41

LE MONT-DORE Le Barbier

Alt. : 1200 m (TH) *C.M. 73 Pli 13*

4 ch. 4 ch. aux rez-de-chaussée et 1er étage de la maison des propriétaires. Séjour (TV + cheminée). R.d.c. : 1 ch. (1 lit 2 pers. 2 lits 1 pers. superposés.). 1er étage : 1 ch. (1 lit 2 pers. 1 lit 1 pers.). 2 ch. (1 lit 2 pers. chacune). Salle d'eau/wc privés chacune. Cour, jardin. Ferme-auberge (spécialités : viande d'autruche, lapin fermier, agneaux) dans un bâtiment annexe. Ferme d'élevage (autruche et angoras). Taxe de séjour. Le Mont-Dore, station thermale, patinoire 2,5 km. Le Puy-de-Sancy : 1886 m. La Bourboule : 9,5 km, station thermale et climatique, parc Fenestre.

Prix : 1 pers. **240 F** 2 pers. **270 F** 3 pers. **340 F** pers. sup. **70 F** repas **90 F**

Ouvert : toute l'année.

13,5	9,5	2,5	2,5	2,5	4,5	5,5	2,5

VALLEIX Chantal et Denis - Le Barbier - 63240 LE MONT-DORE - Tél : 04 73 65 05 77 ou 06 11 86 73 87

MONTAIGUT-EN-COMBRAILLE

Alt. : 625 m *C.M. 73 Pli 3*

3 ch. **Saint-Eloy-les-Mines 4 km. Ayat-sur-Sioule 19 km. Lapeyrouse 6 km.** 3 ch. d'hôtes aménagées au 1er étage mansardé de la maison des propriétaires. En commun : s. à manger dans verranda, salon, cuisine d'été (barbecue), cour, jardin et terrasse. 2 ch. (1 lit 2 pers.), 1 ch. (2 lits 1 pers.). Toutes les chambres sont dotées d'une salle de bains, wc privés. Randonnées pédestres à 2 km : forêt domaniale du quartier.

Prix : 1 pers. **220 F** 2 pers. **250 F**

Ouvert : toute l'année et sur réservation l'hiver.

6	4	SP	19	4	4	SP

BOUILLE Simone et Paul - La Perriere - 63700 MONTAIGUT-EN-COMBRAILLE - Tél : 04 73 85 09 30 - Fax : 04 73 85 15 83

MONTAIGUT-LE-BLANC

Alt. : 600 m *C.M. 73 Pli 14*

3 ch. **Besse et St-Anastaise 19 km. Super-Besse 26 km. Chambon du lac 17 km.** Situées aux 1er, 2e et 4e étages du château des propriétaires. Rez-de-chaussée : salle de séjour voûtée avec cheminée. Salon. Terrasses. Cour et jardins fermés. 1 ch. (1 lit 2 pers. 1 lit 1 pers.), s.d.b. et wc privés, terrasse. 1 ch. (1 lit 2 pers.), s.d.b. et wc privés. 1 ch. (1 lit 2 pers. 1 lit 1 pers.), s.d.b./s. d'eau et wc privés. Fermeture du 1er janvier au 1er mars. Réservation de 2 nuits minimum en juillet et août et sur réservation en basse saison. Château féodal du XI/XVe avec parking privé fermé. Vue panoramique du château. Chauffage central performant. Bonne réception téléphone portable. Restaurant à 1 km.

Prix : 2 pers. **550/800 F** pers. sup. **150 F**

Ouvert : du 2 mars au 31 décembre.

17	1	10	10	19	26	33	1

SAUVADET Anita et Michel - Le Chastel Montaigu - 63320 MONTAIGUT-LE-BLANC - Tél : 04 73 96 28 49 - Fax : 04 73 96 21 60

MONTAIGUT-LE-BLANC Domaine de Chignat

Alt. : 500 m *C.M. 73 Pli 14*

3 ch. **St-Nectaire 14 km. Besse et St-Anastaise 21 km. Chambon sur lac 22 km.** 3 chambres (6 pers. 1 bébé) aménagées dans la maison des propriétaires avec en commun : salle de séjour (cheminée TV). Terrasses, espace extérieur attenant non clos. R.d.c. : 1 ch. (1 lit 2 pers.). 1er étage : 1 ch. (2 lits 1 pers. 1 lit bébé), 1 ch. (1 lit 2 pers.). Toutes équipées d'une TV et d'une salle d'eau/wc privés. Restauration possible à 2 km. Station thermale à 14 km. Randonnées pédestres à 2 km (chemins balisés).

Prix : 2 pers. **250/270 F** pers. sup. **20/70 F**

Ouvert : toute l'année.

22	2	2	21	2	21	28	18	2

SAUZET Madeleine et Paul - Domaine de Chignat - Montaigut le Blanc - 63320 CHAMPEIX - Tél : 04 73 96 71 21

MONTPEYROUX

C.M. 73 Pli 14

5 ch. **Clermont-Ferrand 21,5 km. Issoire 14 km.** 5 ch. aux 1er et 2e étages de la maison des prop. R.d.c. : salle à manger réservée aux hôtes. 1 ch. 4 épis (1 lit 2 pers. 1 lit enfant), cheminée, s.d.b. et wc privés, petite terrasse privée. 1 ch.(2 lits 1 pers.), s.d.b./wc privés et terrasse. 2 ch., dont 1 avec terrasse (1 lit 2 pers.), s. d'eau/wc privés. 1 ch. 4 épis (2 lits 1 pers.), s.d.b., jaccuzi et wc privés. Montpeyroux : l'un des plus beaux villages de France. Restaurant sur place. Accès : autoroute A75 sortie No7 : Coudes-Montpeyroux. Randonnées pédestres, baignade en rivière (Allier) à 1 km.

Prix : 2 pers. **280/350 F** pers. sup. **70 F**

Ouvert : toute l'année.

1	5	SP	7	14	32	39	2	2

ASTRUC Chris et Marcel - Rue du Donjon - 63114 MONTPEYROUX - Tél : 04 73 96 69 42 ou 06 08 51 81 82 - Fax : 04 73 96 69 96

MONTPEYROUX
C.M. 73 Pli 14

3 ch. **Vic-le-Comte 8 km. Super-Besse 39 km. Aydat 24 km.** Au 1er étage de la maison des propriétaires, située dans l'un des plus beaux villages de France. 1 ch. 4 épis (2 lits 1 pers. accolés), s.d.b./wc privés. 1 ch. 4 épis (1 lit 2 pers. 1 lit 1 pers.), s. d'eau/wc privés. Dans un pavillon indép. sur la même propriété : 1 ch. 3 épis avec mezzanine (1 lit 2 pers. 1 lit 1 pers.), s.d.b./wc privés, terrasse. En commun : salle à manger voûtée, salon, cheminée et piano. Jardin ombragé clos. Restaurant sur place.

Prix : 2 pers. **320/340 F** pers. sup. **100 F**

Ouvert : toute l'année.

24	8	SP	7	14	32	39	21,5	2

GRENOT Edith et Claude - Les Pradets - 63114 MONTPEYROUX - Tél : 04 73 96 63 40 - E-mail : grenot@maison-hotes.com - http://www.auvergne.maison-hotes.com

MONTPEYROUX
C.M. 73 Pli 14

3 ch. **Issoire 14 km.** 3 ch. d'hôtes aménagées au 1er étage de la maison des propriétaires, ayant en commun : salle de séjour, salon, bibliothèque, balcon. 1 ch. (2 lits 1 pers. accolés), s. d'eau, wc. 1 ch. (1 lit 2 pers.), s. d'eau, wc. 1 ch. (2 lits 1 pers. accolés, 1 lit 1 pers.), s. d'eau, s.d.b., wc et balcon. Restaurant et tennis sur place. Pêche à proximité. Aydat : lac, baignade, voile, planche à voile. Montpeyroux : l'un des plus beaux villages de France. Accès : autoroute A75, sortie No7, Coudes, Montpeyroux. Mise à disposition d'une ancienne étable avec voûtes, aménagée en pièce de jour. Langues parlées : allemand, anglais.

Prix : 2 pers. **260/330 F** pers. sup. **70 F**

Ouvert : toute l'année.

24	8	SP	7	14	32	39	21,5	2

VOLK Hermann & Jacqueline - Place de la Croix du Bras - 63114 MONTPEYROUX - Tél : 04 73 96 92 26 - Fax : 04 73 96 92 26

MUROL Beaume le Froid
Alt. : 840 m — *C.M. 73 Pli 13/14*

5 ch. **Château de Murol 4 km. Lac Chambon 5 km.** 5 ch. dont 1 familiale, aménagées dans un bâtiment attenant à la maison des propr. (exploit. agricole). A dispo. : s. à manger/coin-cuisine. 2 ch. (1 lit 2 pers./ch.). 1er étage mansardé : 1 ch. (1 lit 2 pers., 1 lit 1 pers.), 1 ch.(1 lit 2 pers.), 1 ch. familiale composée de 2 ch. (1 lit 2 pers., 2 lits 1 pers.). TV et s. d'eau/wc privés pour chaque chambre. Terrasse, terrain non clos. Parking privé. Rez-de-jardin surélevé. Entrée indépendante. Barbecue. Visite gratuite de la fabrication du fromage St-Nectaire. Taxe de séjour. Restauration possible sur place dans le village. Tarifs réduits en hors saison.

Prix : 1 pers. **180 F** 2 pers. **240 F** 3 pers. **310 F** pers. sup. **70 F**

Ouvert : toute l'année.

5	22	4	6	5	SP	12	34	4

ROUX Janine - Beaune le Froid - 63790 MUROL - Tél : 04 73 88 63 63

MUROL
Alt. : 850 m — *C.M. 73 Pli 13/14*

1 ch. **Lac de Chambon 3 km.** 1 chambre familiale au 2e étage mansardé de la maison des propriétaires. 1 ch. (1 lit 2 pers.), 1 ch. (2 lits 1 pers.), salle d'eau/wc communs aux 2 chambres. En commun : salle de séjour, TV, kitchenette réservée aux ch. Terrain attenant. Parking privé. Pour réserver : appeler aux heures des repas. Taxe de séjour. Restauration possible à Murol. Vallée de Chaudefour, col de la Croix-Morand, grottes de Jonas. Besse et St-Anastaise, cité médiévale et renaissance.

Prix : 2 pers. **180 F** pers. sup. **60 F**

Ouvert : toute l'année.

3	17	SP	SP	SP	4	12	SP

DELPEUX Annie et François - Route de Groire - 63790 MUROL - Tél : 04 73 88 66 29

NEBOUZAT Recoleine
Alt. : 876 m — *C.M. 73 Pli 13/14*

3 ch. **Nebouzat 1,5 km. Ceyssat 7 km. Aydat 9 km. Saulzet-le-Froid 10 km.** 3 ch. d'hôtes dont 1 familiale dans un bâtiment mitoyen à la maison des propriétaires. En commun : salle de séjour/cuisine, terrasse, jardin. R.d.c. : 1 ch. familiale composée de 2 ch. (1 lit 2 pers. 2 lits 1 pers.), s.d.b./wc privés. 1er étage : 1 ch. (3 lits 1 pers.), s. d'eau/wc privée. 1 ch. (1 lit 2 pers. 1 lit 1 pers.), s. d'eau/wc privée. Auberge à Recoleine. Taxe de séjour.

Prix : 2 pers. **260 F** pers. sup. **100 F**

Ouvert : toute l'année, sur réservation l'hiver.

9	17	1,5	7	10	10	30	22

GAUTHIER Jocelyne - Recoleine - 63210 NEBOUZAT - Tél : 04 73 87 10 34 ou 06 89 93 99 54 - Fax : 04 73 87 10 34

OLBY Bravant
Alt. : 800 m — *C.M. 73 Pli 13*

5 ch. **Le Mont-Dore 38 km. Station thermale 25 km.** 5 ch. d'hôtes dans un ancien bâtiment de ferme, proche la maison du prop. R.d.c. : 1 ch. (1 lit 2 pers. 1 lit 1 pers.), s. d'eau/wc privés. 1er ét. : 1 ch. (3 lits 1 pers.), 1 ch. (1 lit 2 pers. 1 lit 1 pers.), s.d.b./wc privés chacune. 2 ch. avec mezzanine (1 lit 2 pers. 1 lit 1 pers.), s. d'eau/wc privés chacune. Cuisine à dispo. des hôtes. En commun au r.d.c. : salle de séjour avec cheminée. Cour et jardin non clos. Parking privé. Réduction en dehors de juillet/août. Gratuit pour les enfants - 2 ans. Restauration possible 2 km.

Prix : 2 pers. **240 F** pers. sup. **90 F**

Ouvert : toute l'année.

13	18	13	6	8,5	17	31	20	2

BONY Paul - Bravant - 63210 OLBY - Tél : 04 73 87 12 28 - Fax : 04 73 87 19 00

OLBY Bravant

Alt. : 800 m *C.M. 73 Pli 13*

2 ch. **Laschamps 7 km.** 2 chambres au rez-de-chaussée de la maison des propriétaires avec en commun : salle de séjour, cheminée. Cour, jardin attenants. Barbecue. Salle commune réservée aux hôtes (réfrigérateur, cuisine, mini-four). 2 ch. chacune avec (1 lit 2 pers.), salle d'eau/wc privés. Réduction hors juillet et août. Restauration possible à Olby (au pied du Puy-de-Dôme) 2 km. Parapente et mur d'escalade. Les monts Dôme. Le parc des Volcans d'Auvergne.

CV

Prix : 2 pers. **210 F**

Ouvert : toute l'année sauf en novembre.

13	7	3	7	17	31	2

ACHARD Mireille et Georges - Bravant - 63210 OLBY - Tél : 04 73 87 12 39

OLLIERGUES

TH *C.M. 73 Pli 16*

2 ch. **Ambert 19 km. Thiers 31 km. Vallée de la Dore, Monts du Forez.** Aménagées dans la maison de la propriétaire. A votre disposition : séjour (bibliothèque). Terrasse, jardin, garages. 2è étage : 2 ch. familiales composées chacune : de 2 ch. (1 lit 2 pers., 1 lit 1 pers.), bibliothèque. 1 chambre est avec salle d'eau/wc, et l'autre avec salle de bains/wc. Langue parlée : anglais.

CV

Prix : 1 pers. **200 F** 2 pers. **250 F** pers. sup. **70 F** repas **75 F**

Ouvert : toute l'année.

16	SP	16	16	26	SP

CHALET Annie-Paule - 19 rue Jean de Lattre de Tassigny - 63880 OLLIERGUES - Tél : 04 73 95 52 10 - Fax : 04 73 95 59 41

PALLADUC Lomanie

Alt. : 749 m *C.M. 73 Pli 6*

2 ch. **Chabreloche 14 km (escalade). Saint-Rémy 6 km (plan d'eau).** Au 1er étage de la maison de la propriétaire avec en commun : salle de séjour (cheminée). Parc arboré attenant fermé, terrasse. 1 ch. (1 lit 2 pers.), salle d'eau/wc privés non attenants. 1 ch. 3 épis (3 lits 1 pers. dont 2 accolés), salle d'eau/wc privés. La 7e nuit est gratuite. Restauration possible à Palladuc 1,5 km. Situation : au cœur des Bois Noirs. Langue parlée : espagnol.

Prix : 2 pers. **240/320 F** pers. sup. **50/70 F**

Ouvert : toute l'année, du 1er novembre au 31 mars le week-end seulement.

6	6	6	6	15	6

HORVILLE-BONJEAN Claudette - Lomanie - 63550 PALLADUC - Tél : 04 73 94 31 63 - Fax : 04 73 94 30 30

PERRIER

C.M. 73 Pli 14

3 ch. **Issoire 3 km.** Au 2e étage de la maison familiale du XVIIIe s. des propr. 1 ch. (2 lits 1 pers.), s.d.b./wc priv. non attenants et 1 ch. familiale comprenant 2 ch. (1 lit 2 pers., 2 lits 1 pers.), s.d.b./wc priv. à chaque ch. au 1er étage de l'ancienne fenière, équipée. d'un siège électr. pour pers. à mobilité reduite : 1 ch. (2 lits 1 pers.), s.d.b./wc priv. non attenants. Au r.d.c. de l'annexe : salle commune avec kitchenette. Parking fermé. Parc. Terrasse couverte. Restauration possible à Perrier. Sur la route de Besse et Saint-Anastaise et Saint-Nectaire.

CV

Prix : 1 pers. **280 F** 2 pers. **325 F** pers. sup. **100 F**

Ouvert : toute l'année.

28	3	SP	3	3	26	33	3	3

GEBRILLAT Mireille et Paul - Chemin de Siorac - 63500 PERRIER - Tél : 04 73 89 15 02 - Fax : 04 73 55 08 85 - E-mail : lequota@club-internet.fr

PIONSAT Les Ecourelles

Alt. : 535 m TH *C.M. 73 Pli 2/3*

3 ch. **Saint-Gervais-d'Auvergne 16 km (planche à voile).** 3 ch., aménagées dans la maison des propr. A votre disposition : salon (cheminée, bibliothèque), s. à manger (cheminée). Cour, parc, garage. 1er étage : 1 ch. (1 lit 2 pers., 1 lit enfant), s. de bains/wc, 2 ch. (1 lit 2 pers., 1 lit 1 pers. chacune), s. de bains/wc privés pour chaque chambre. Panier pique-nique : 40 F. - Réduction hors-saison et en fonction de la durée du séjour - Accueil de chevaux. Chateauneuf-les-bains à 23 km : station thermale. Langue parlée : anglais.

Prix : 2 pers. **240/260 F** pers. sup. **100 F** repas **75 F**

Ouvert : toute l'année.

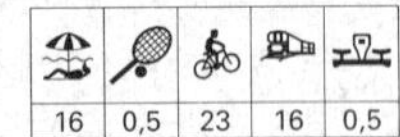

16	0,5	23	16	0,5

JUGNET Sophie et Pierre - Les Ecourelles - 63330 PIONSAT - Tél : 04 73 85 62 24 - Fax : 04 73 85 62 24 - E-mail : ecourelles@wanadoo.fr

PONTGIBAUD Bouzarat

Alt. : 732 m *C.M. 73 Pli 13*

3 ch. **Royat 26 km. Clermont-Ferrand 26 km.** Dans la maison du propriétaire. R.d.c. : séjour commun avec cheminée, 1 ch. 3 épis (1 lit 2 pers.), s. d'eau et wc privés. 1er étage : 1 ch. 2 épis (1 lit 2 pers. 2 lits 1 pers. superposés), s. d'eau et wc privés. Si les 2 pers. occupent les 2 lits : 190 F. 1 ch. 2 épis (1 lit 2 pers.), s. d'eau et wc privés non attenants. Jardin ombragé attenant. Parking privé. Restauration possible 3 km. Forfait 2 pers. + 2 enfants : 230 F.

CV

Prix : 1 pers. **160/180 F** 2 pers. **180/200 F** 3 pers. **230 F**

Ouvert : toute l'année.

24	3	8	19	3	3

ROUDAIRE Christiane & J-Marie - Bouzarat - 63230 PONTGIBAUD - Tél : 04 73 88 72 50

PRONDINES Vedeux

Alt. : 850 m — *C.M. 73 Pli 13/14*

3 ch. **Le Mont Dore 36 km. La Bourboule 31 km.** 3 ch. d'hôtes au r.d.c. de la maison des prop. sur 1 exploit. laitière 1 ch. (1 lit 2 pers.), s. d'eau et wc privés, 1 ch. (3 lits 1 pers.), s.d.b. et wc privés, 1 ch. (1 lit 2 pers. 1 lit 1 pers.), s.d.b. et wc privés. En commun : salle de séjour/coin-cuisine. Terrasse, jardin non clos, barbecue. Parking fermé. Toutes les chambres ont un accès direct sur la terrasse. Réduction des tarifs hors saison et en fonction de la durée du séjour. Restauration possible 1 km.

Prix : 2 pers. **250 F** pers. sup. **80 F**

Ouvert : toute l'année (l'hiver sur réservation).

26	8	8	31	42	8

MONNERON Danielle et André - Vedeux - Au Belhetre - 63470 PRONDINES - Tél : 04 73 87 84 55 - Fax : 04 73 87 84 55

RENTIERES Le Chausse-Haut

Alt. : 740 m — TH — *C.M. 76 Pli 4*

5 ch. **Ardes-sur-Couze 2,5 km.** R.d.c. ch. 3 épis : 1 ch. (1 lit 1 pers. 1 lit 2 pers.). 1er ét. : ch. 3 épis : 1 ch. (1 lit 2 pers.), s. d'eau/wc privés pour chaque ch. 1 ch. 3 épis (1 lit 2 pers. 1 lit 1 pers.), s.d.b./wc privés. Bât. mitoyen au 1er ét. : 1 ch. familiale : 1 ch. (1 lit 2 pers.), 1 ch. (2 lits 1 pers.) s. d'eau privée chacune, wc communs, 1 ch. (1 lit 2 pers.), s. d'eau, wc privés. Espace attenant. Ping-pong. Salon et salle à manger avec cheminée.

Prix : 2 pers. **240/250 F** pers. sup. **80 F** repas **70 F**

Ouvert : toute l'année sur réservation du 15/11 au 15/03.

18	2,5	9	11	25	25	2,5

BOYER Marie-Jo et Philippe - Le Chausse Haut - 63420 RENTIERES - Tél : 04 73 71 84 28

LA ROCHE-NOIRE

C.M. 73 Pli 14

2 ch. **Clermont-Ferrand 17 km.** 2 ch. d'hôtes aménagées au r.d.c. de la maison du propriétaire. Salle de séjour, jardin et terrasse communs, vue panoramique. Pièce réservée aux hôtes comprenant un coin-détente et un coin-repas avec réfrigérateur. 1 ch. (1 lit 2 pers.), salle de bains/wc privée non attenante, 1 ch. 3 épis (1 lit 2 pers.), salle d'eau/wc privée attenante. Cournon (plan d'eau, canoë). A72, sortie Lempdes - Cournon. A9, sortie Cournon - Pérignat-les-Sarliéves. Restauration possible à 2,5 km.

Prix : 2 pers. **220/240 F**

Ouvert : toute l'année.

6	6	SP	8	SP	6	3

CHABRY Gisèle et Hubert - Chemin de la Source - 63800 LA ROCHE-NOIRE - Tél : 04 73 69 53 42

ROYAT Château de Charade

Alt. : 840 m — *C.M. 73 Pli 13/14*

5 ch. **Laschamps 4 km. Orcines 5 km. Aydat 9 km.** Dans le château des prop. 1er ét. : 2 ch. (1 lit 2 pers.), 1 ch. familiale composée de 2 ch. (3 lits 1 pers.). 2e ét. : 1 ch. familiale composée de 2 ch. (1 lit 2 pers. 2 lits 1 pers.), 1 ch. (1 lit 2 pers.). Toutes les ch. ont des s.d.b. et wc privés. 1 ch. avec s.d.b./s. d'eau/wc. S. à manger, salon avec cheminée, billard fr., biblio. Parc de 6500 m^2, terrain de pétanque, parking privé. Restauration poss. à Royat 4 km + station thermale. Taxe de séjour. Divers loisirs sur toutes ces communes. Golf de Charade à proximité. Rando. pédestres sur place. Pour tout séjour supérieur à 2 nuits, remise 5 %. Langue parlée : anglais.

Prix : 2 pers. **420/480 F** pers. sup. **140 F**

Ouvert : d'avril à début novembre.

9	6	4	4	5	25	40	4	4

GABA Marc et M-Christine - Château de Charade - 63130 ROYAT - Tél : 04 73 35 91 67 - Fax : 04 73 29 92 09

SAINT-ANTHEME Saint-Yvoix

Alt. : 1150 m — TH — *C.M. 73 Pli 17*

2 ch. **Saint-Antheme 4 km.** 2 ch. au 2e étage mansardé de la maison des propriétaires située sur une exploit. agricole (chèvrerie). En commun : salon, cheminée. Pièce commune réservée aux hôtes. Cour et terrain attenants, balançoires. 1 ch. (1 lit 2 pers.), 1 ch. (2 lits 2 pers.), avec chacune s. d'eau/wc privés. Taxe de séjour. Table d'hôtes le soir sur réservation. Ping-pong. Col des Supeyres, jolies vues sur les Sucs du Velay. Les monts du Forez, très boisés.

Prix : 2 pers. **230 F** pers. sup. **60/180 F** repas **70 F**

Ouvert : toute l'année.

4	19	4	4	4	12	11,5	4

COL Michele et Yvan - Saint-Yvoix - 63660 SAINT-ANTHEME - Tél : 04 73 95 44 63

SAINT-BONNET-PRES-ORCIVAL Vareilles

Alt. : 900 m — TH — *C.M. 73 Pli 13*

3 ch. **La Bourboule 25,5 km. Le Mont Dore 23 km : station thermale.** 3 ch. dont 1 ch. familiale au 1er étage dans un bâtiment attenant à la maison des propriétaires, ayant en commun : salle à manger (cheminée, m-ondes et réfrig. à dispos.), salon, terrasse, jardin, parking privé. 2 ch. (1 lit 2 pers.), s.d.b./wc privés attenants à chacune. 1 ch. familiale (1 lit 2 pers. 2 lits 1 pers.), s.d.b./wc. Gite panda. Taxe de séjour. Tarifs dégressifs à partir de la 3e nuit. Réduction des tarifs hors 15 juin/15 septembre. Table d'hôtes à base de produits naturels du jardin. L'ânesse « Margot » porte enfants et bagages lors de vos randonnées (200 F./jour) Langue parlée : anglais.

Prix : 1 pers. **210 F** 2 pers. **255 F** 3 pers. **335 F** pers. sup. **70 F** repas **75 F**

Ouvert : toute l'année.

20	8	11	5,5	14	27	2

GAIDIER Thierry et Michelle - Vareilles - 63210 SAINT-BONNET-PRES-ORCIVAL - Tél : 04 73 65 87 91

SAINT-BONNET-PRES-ORCIVAL Château de Voissieux Alt. : 830 m *C.M. 73 Pli 13*

3 ch. **La Bourboule 25 km. Le Mont-Dore 23 km.** 3 ch. d'hôtes aménagées dans le petit château des propriétaires. 1er ét. : 2 ch. (1 lit 2 pers. chacune), s.d.b./wc privés pour chaque. 2e ét. : 1 ch. (1 lit 2 pers.), s.d.b./wc privés. En commun : salon avec cheminée, salle à manger avec cheminée. Terrasse, parc, parking privé. Taxe de séjour. Les propriétaires sont britanniques. Restaurants à 2 km. Langue parlée : anglais.

Prix : 2 pers. **270/320 F**

Ouvert : du 1er février à fin octobre.

20	8	11	5,5	14	27	27	2

PHILLIPS Danielle et John - Château de Voissieux - 63210 SAINT-BONNET-PRES-ORCIVAL - Tél : 04 73 65 81 02

SAINT-DIERY-LE-BAS Alt. : 780 m *C.M. 73 Pli 13/14*

2 ch. **Besse et Saint-Anastaise 10 km. Murol 8 km.** 2 chambres d'hôtes aménagées au 2e étage mansardé dans la maison de la propriétaire située sur une ancienne exploitation agricole. Salle de séjour. 1 chambre (1 lit 2 pers.), 1 chambre familiale (1 lit 2 pers. 2 lits 1 pers.), salle d'eau et wc privés dans chaque chambre. Terrasse. Jardin. Parking privé. Restauration possible à 4 km. Gîte de neige. Lac Chambon (9 km) : baignade, voile, planche à voile, canoë, pêche. Murol (8 km) : château XII-XVIe avec visites animées. Saint-Nectaire (5 km) : station thermale, église romane.

Prix : 2 pers. **220 F** pers. sup. **80 F**

Ouvert : toute l'année.

9	17	7	14	14	14	17	23	8

MOURET Odette - 63320 SAINT-DIERY-LE-BAS - Tél : 04 73 96 78 54

SAINT-GERVAIS-D'AUVERGNE Montarlet Alt. : 720 m *C.M. 73 Pli 3*

3 ch. **Viaduc des Fades 16 km. Gorges de la Sioule 20 km.** Chambres aménagées dans un bâtiment mitoyen à la maison des propr. A votre disposition : salon (cheminée), salle à manger. Jardin, terrasse, parking privé. 1er étage : 2 ch. (1 lit 2 pers. chacune), salle d'eau/wc, chacune. 2e étage mansardé : 1 ch.(1 lit 2 pers. 2 lits 1 pers.), salle d'eau, wc privés. Réduction en fonction de la durée du séjour. Restauration à St-Gervais-d'Auvergne à 4 km. Châteauneuf-les-bains à 11 km : station thermale et canoë. St-Gervais : plan d'eau, planche à voile, pêche. Prêt de VTT. Langue parlée : anglais.

Prix : 2 pers. **260 F** pers. sup. **80 F**

Ouvert : toute l'année.

4	4	17	11	4	4

PELLETIER Elyane et J-René - Montarlet - 63390 SAINT-GERVAIS-D'AUVERGNE - Tél : 04 73 85 87 10 ou 06 83 13 67 33

SAINT-GERVAIS-D'AUVERGNE Le Masmont Alt. : 720 m (TH) *C.M. 73 Pli 3*

3 ch. **Viaduc-des-Fades 13,5 km. Clermont-Ferrand 57 km.** Ch. familiale aux 1er et 2e ét. (mansardé) de la maison de la prop. Salle à manger. 2 ch. dans bât. attenant : salle à manger/coin-cuisine, poêle-cheminée, 1 ch. familiale. 1er ét. : 1 ch. (1 lit 2 pers.). 2e ét. mansardé : 1 ch. (3 lits 1 pers.), s. d'eau/wc privés attenants communs. Bât. attenant : 1er ét. : 2 ch. (2 lits 2 pers.), chacune avec s. d'eau/wc. Terrain arboré, barbecue. Table d'hôtes sur réservation. Supplément animal : 25 F. Taxe de séjour en sus. Châteauneuf-les-Bains (station thermale) 10 km. Pêche et planche à voile à 3 km. Langues parlées : hollandais, anglais, allemand.

Prix : 2 pers. **230 F** pers. sup. **115 F** repas **70 F**

Ouvert : toute l'année.

3	23	3	16	3	3	3

GAUVIN Marion - Le Masmont - 63390 SAINT-GERVAIS-D'AUVERGNE - Tél : 04 73 85 80 09 - E-mail : lemasmont@wanadoo.fr

SAINT-GERVAZY Segonzat Alt. : 500 m *C.M. 73 Pli 14*

1 ch. **Clermont-Ferrand 55 km. Saint-Germain-Lembron 9 km.** 1 ch. d'hôtes aménagée au rez-de-chaussée d'un bâtiment annexe à la maison du propriétaire. Salle à manger commune avec TV dans la maison du propriétaire. Cour attenante fermée commune. 1 ch. (1 lit 2 pers. 1 lit enfant), salle d'eau/wc privés. Restauration possible à 3 km.

Prix : 2 pers. **200 F** pers. sup. **50 F**

Ouvert : toute l'année.

7	9	3	21	21	9

MERLE Jean-Claude - Segonzat - 63340 SAINT-GERVAZY - Tél : 04 73 96 44 50

SAINT-GERVAZY Alt. : 500 m A *C.M. 73 Pli 14*

4 ch. **Clermont-Ferrand 53 km.** Ch. aménagées dans 1 bâtiment annexe à la maison des prop. (ferme équestre et céréalière). 1er ét. : 2 ch. (2 lits 1 pers. chacune), salle d'eau/wc pour chacune. 2e ét. : 2 ch. (2 lits 1 pers. chacune) avec salle d'eau/wc pour chacune. R.d.c. : séjour/kitchenette avec cheminée réservés aux hôtes. Parking privé, espace non clos. A75, sortie Saint-Germain-Lembron 6 km. Restauration possible à l'auberge de Mr Trouiller.

Prix : 1 pers. **150 F** 2 pers. **300 F** repas **70 F**

Ouvert : toute l'année.

7	6	SP	18	6

TROUILLER Patrick - 63340 SAINT-GERVAZY - Tél : 04 73 96 44 51

SAINT-NECTAIRE Sailles

Alt. : 850 m *C.M. 73 Pli 3/4*

3 ch. **Clermont-Ferrand 39 km. Saint-Nectaire 2 km.** Au r.d.c. d'un bâtiment annexe à la maison du prop. S. à manger commune dans la maison du prop. 2 ch. (1 lit 2 pers. chacune), s. d'eau/wc, privés. 1 ch. familiale comprenant : 1 ch. (1 lit 2 pers.), 1 ch. (2 lits 1 pers.), s. d'eau et wc privés. Barbecue. Espace attenant non fermé. Restauration possible à 2 km.

Prix : 2 pers. **220 F** pers. sup. **80 F**

Ouvert : toute l'année.

9	26	2	2	11	26	39	2

GUILHOT Elisabeth et Marc - Sailles - 63710 SAINT-NECTAIRE - Tél : 04 73 88 50 69 - Fax : 04 73 88 55 18

SAINT-PIERRE-LA-BOURLHONNE Les Igonins

Alt. : 980 m *C.M. 73 Pli 16*

2 ch. **Olliergues 12 km.** 2 chambres d'hôtes au rez-de-chaussée aménagées dans la maison du propriétaire ayant en commun : salle de séjour, terrasse, espace attenant non clos. 2 ch. (1 lit 2 pers.), salle d'eau/wc privés. Restauration possible à 2 km.

Prix : 2 pers. **220 F**

Ouvert : toute l'année.

18	9	18	2	5	19	38	SP

JOSSELIN Jean - Les Igonins - 63480 SAINT-PIERRE-LA-BOURLHONNE - Tél : 04 73 95 22 60

SAINT-PIERRE-LE-CHASTEL Bonnabaud

Alt. : 725 m TH *C.M. 73 Pli 3*

3 ch. **Pontgibaud 5 km : château Dauphin (XII-XVe siècles).** 3 chambres aménagées au 1er étage de la maison des propriétaires, ancien bâtiment de ferme. En commun : salle de séjour. Jardin non clos. 3 chambres (1 lit 2 pers. 1 lit 1 pers.), salle d'eau et wc privés chacune. Table d'hôtes sur réservation. Hors vacances scolaires : moins 10% sur le prix des chambres. Enfants moins de 10 ans : repas 50 F. Taxe de séjour. A proximité du Puy-de-Dôme (parapente). Parc des volcans. Nombreuses activités : randonnées pédestres, pêche, VTT, vol libre, équitation, baignade... Chaîne des Puys, Vallée de la Sioule.

Prix : 2 pers. **250 F** pers. sup. **80 F** repas **80 F**

Ouvert : toute l'année.

7	28	5	6	14	26	5	5

PARROT Martine et Joël - Bonnabaud - 63230 SAINT-PIERRE-LE-CHASTEL - Tél : 04 73 88 75 81

SAINT-PIERRE-ROCHE Champlaurent

Alt. : 830 m TH *C.M. 73 Pli 13*

1 ch. **Rochefort Montagne 4 km. Lachamps 19 km. Ceyssat 14 km.** Entre la chaîne des Puys et le massif des Monts-Dore, dans un petit hameau très calme, dans une maison de pierres traditionnelle : 1er étage 1 ch. mansardée de 22 m² (1 lit 2 pers. 2 lits. 1 pers.), salle de bains, wc privés. Salle de séjour avec cheminée pour les hôtes. Jardin fleuri et ombragé avec jeux, terrasse. Tarifs dégressifs dès la 3e nuit. Tarif « basse saison » du 1er/04 au 2/06 et du 29/09 au 05/11. Réduction enfants de moins de 12 ans. Taxe de séjour. Gîte Panda. Pêche et randonnées sur place. En table d'hôtes, vous goûterez les fruits et légumes produits naturellement dans le jardin. Langues parlées : anglais, espagnol.

Prix : 2 pers. **265 F** pers. sup. **70 F** repas **65/76 F**

Ouvert : du 1er avril au 5 novembre.

15	4	14	19	4

CARTIGNY-JOBERTON Florence et Gérard - Champlaurent - 63210 SAINT-PIERRE-ROCHE - Tél : 04 73 65 92 98

SAINT-REMY-DE-CHARGNAT Château de Pasredon

C.M. 73 Pli 15

5 ch. **Issoire 8 km. Clermont-Ferrand 39 km. Sauxillanges 6 km.** R.d.c. : s. à manger, cheminée, salon. 1er ét. : 1 ch. (2 lits 1 pers.), s. d'eau/s.d.b./wc, salon. 1 ch. (1 lit 2 pers.), dressing, s.d.b./wc. 2e ét. : 1 ch. (2 lits 1 pers.), dressing, s.d.b./wc. 1 ch. (1 lit 2 pers.), s.d.b./s. d'eau/wc, dressing. 1 ch. (1 lit 2 pers.), s.d.b./s.d'eau/wc. Au château avec un parc de 2 ha. Tennis privé. Garage, parking privé. Restauration possible à 3 km. Malle au trésor. Monts du Livradois et du Forez.

Prix : 2 pers. **385/555 F**

Ouvert : du 1er avril au 1er novembre.

8	SP	8	8	8	6

MARCHAND Henriette et Henri - Château de Pasredon - 63500 SAINT-REMY-DE-CHARGNAT - Tél : 04 73 71 00 67

SAINT-SATURNIN

Alt. : 531 m TH *C.M. 73 Pli 14*

3 ch. **Clermont-Ferrand 21 km. Lac d'Aydat 10 km.** 3 ch. d'hôtes aménagées dans le château du propr. A disposition : s. à manger(cheminée), salon (cheminée et biblioth.). Parc arboré, parking privé. Demi-niveau : suite « Charles IX » (1 lit 2 pers., 1 lit 1 pers.). 1er étage : ch. « Catherine de Médicis » (1 lit 2 pers.), suite de « la Duchesse » (1 lit 2 pers., 1 lit 1 pers.). Salle de bains et wc dans chaque chambre. Château ouvert au public. Table d'hôtes sur réservation. A proximité des Monts Dômes, des Monts Dores, d'Issoire (église romane). Accès : sortie A.75 No5 - Aydat/St-Amand-Tallende. Langue parlée : anglais.

Prix : 2 pers. **800/1000 F** pers. sup. **150 F** repas **250 F**

Ouvert : toute l'année, de la Toussaint à Pâques sur réservation.

10	22	SP	10	10	22	SP

CHAFFENET Thierry - Château de Saint-Saturnin - 63450 SAINT-SATURNIN - Tél : 04 73 39 39 64 - Fax : 04 73 39 09 73

SAINT-VICTOR-LA-RIVIERE Jassat

Alt. : 1017 m — C.M. 73 Pli 13/14

1 ch. **Lac de Chambon 2 km.** 1 chambre d'hôtes aménagée au 2e étage mansardé de la maison de la propriétaire. R.d.c. : salle de séjour (cheminée). 1 ch. (1 lit 2 pers.), salle d'eau privée non attenante et wc réservés aux hôtes au 1er étage. Terrasse, cour et jardin attenants fermés avec ping-pong et balançoires. Equitation à Jassat. Restaurants à Chambon-sur-Lac et Murol à 2 km. Taxe de séjour.

Prix : 2 pers. **220 F**

Ouvert : toute l'année.

2	18	2	SP	2	6	10	38	2

SIMON Sylvie - Jassat - 63790 SAINT-VICTOR-LA-RIVIERE - Tél : 04 73 88 66 01

SAINT-VICTOR-MONTVIANEIX Dassaud

Alt. : 782 m — TH — C.M. 73 Pli 6

4 ch. **Saint-Rémy-sur-Durolle 15 km : plan d'eau, baignade, voile...** 4 chambres au 1er étage dans un ancien bâtiment de ferme attenant à la maison des propriétaires, située sur une exploitation agricole. Salle de séjour (cheminée). 1 ch. (3 lits 1 pers. dont 2 accolés), 2 ch. (1 lit 2 pers.), 1 ch. (1 lit 2 pers. 1 lit 1 pers.). Salle d'eau et wc privés dans chaque chambre. Jardin non fermé. Parking privé. Tarifs variables en fonction de la durée du séjour et de la période. Tarifs pour enfants de moins de 12 ans. Tél. de préférence en 12 h et 13 h 30 ou après 18 h. Pêche et randonnées sur place. Thiers : musée de la coutellerie, vallée des Rouets, centre d'art contemporain « le Creux de l'Enfer ».

CV

Prix : 2 pers. **220 F** pers. sup. **80 F** repas **70 F**

Ouvert : toute l'année.

15	15	9	15	30	15

GIRARD Michel et Joëlle - Dassaud - 63550 SAINT-VICTOR-MONTVIANEIX - Tél : 04 73 94 38 10

SAURET-BESSERVE La Siouve

Alt. : 700 m — C.M. 73 Pli 3

1 ch. **Sauret-Besserve 1,5 km. Saint-Gervais d'Auvergne 4 km.** 1 ch. d'hôtes aménagée au 2e étage mansardé de la maison des propriétaires. 1 ch. (1 lit 2 pers. 1 lit 1 enfant), avec s.d.b./wc privés et salon. En commun au r.d.c. : salle à manger avec poêle-cheminée, salon avec TV. Terrasse couverte. Jardin clos, ping-pong, baby-foot, parking privé fermé. Restaurant à 500 m. Châteauneuf-les-Bains 11 km (station thermale). Ayat-sur-Sioule 17 km. St-Georges-de-Mons 14,5 km. Les Fades Besserve à 5 km.

CV

Prix : 1 pers. **180 F** 2 pers. **240 F** pers. sup. **100 F**

Ouvert : toute l'année.

5	12,5	1,5	17	4	4	4

MURAT Mauranne et Michel - La Siouve - 63390 SAURET-BESSERVE - Tél : 04 73 85 83 95

SAURIER Rozier

Alt. : 561 m — TH — C.M. 73 Pli 13/14

6 ch. A l'ét. mansardé de la maison des prop. (ancien bâtiment de ferme rénové), située à prox. d'une exploit. agricole. Séjour, cheminée, TV. Terrasse. Cour. Terrain attenant non clos. Parking privé. 2 ch. (1 lit 2 pers., 2 ch. (2 lits 1 pers.), 1 ch. (1 lit 2 pers. 1 lit 1 pers.), 1 ch. (1 lit 2 pers. 2 lits 1 pers.). Toutes avec s. d'eau ou s.d.b. et wc privés. 2 ch. peuvent communiquer. Activités gratuites proposées par M. Rodde : randonnées pédestres, VTT, ski de fond avec encadrement. Avec supplément : parapente et montgolfière. Forfait semaine. Gratuité enfants - de 2 ans. 60 F de supp. pour les enfants de 2 à 6 ans. Gîte Panda. Langue parlée : anglais.

CV

Prix : 2 pers. **250 F** pers. sup. **90 F** repas **70 F**

Ouvert : toute l'année.

16	12	12	15	SP	15	22	19	15

RODDE Joël - Rozier - 63320 SAURIER - Tél : 04 73 71 22 00 - Fax : 04 73 71 24 06

SAUVIAT Champs

TH — C.M. 73 Pli 15/16

1 ch. **Courpière 8 km. Aubusson d'Auvergne 12 km.** 1 ch. d'hôtes aménagée au 1er étage de la maison de la propriétaire ayant en commun : salle de séjour avec cheminée. Cour, terrasse, jardin, parking privé. Ping-pong. 1 ch. (1 lit 2 pers. 1 lit 1 pers.), s.d.b., wc privés. TH sur réservation.

CV

Prix : 1 pers. **200 F** 2 pers. **250 F** 3 pers. **320 F** pers. sup. **70 F** repas **75 F**

Ouvert : toute l'année.

12	8	8	8	8	19	8

DE LA BROSSE Solange - La Terre du Bois - Champs - 63120 SAUVIAT - Tél : 04 73 53 53 23

SAUXILLANGES La Haute Limandie

C.M. 73 Pli 15

3 ch. **Le Vernet-la-Varenne 20 km. Manglieu 6,5 km.** 3 ch. d'hôtes dans la maison des propriétaires. En commun : salle de séjour avec TV. Cour et jardin non clos. Rez-de-chaussée : 1 ch. (1 lit 2 pers. 1 lit bébé). 1er étage : 1 ch. (1 lit 2 pers. 1 lit 1 pers.), 1 ch. (2 lits 1 pers.). S. d'eau/wc privée chacune. A Sauxillanges à 3 km : restaurants.

Prix : 2 pers. **220/240 F** pers. sup. **80 F**

Ouvert : toute l'année.

20	3	3	6,5	15	15	3

ANGLARET Patricia et J-Claude - La Haute Limandie - 63490 SAUXILLANGES - Tél : 04 73 96 84 95

SAVENNES

Alt. : 750 m *C.M. 73 Pli 12*

1 ch. **Messeix 6 km. Eygurande 14 km.** 1 ch. d'hôtes aménagée au 1er étage du château des propriétaires. En commun : salle de séjour avec cheminée et billard. Parc et terrasse. 1 ch. (1 lit 2 pers.), s.d.b., wc. salon privés. Restaurant à 13,5 km. Langues parlées : anglais, allemand, italien.

Prix : 2 pers. **400 F**

Ouvert : du 15 mai au 15 septembre.

6	24	6	14	6	6

MARTIN Catherine et Patrick - Le Château - 63750 SAVENNES - Tél : 04 73 21 40 36

SERMENTIZON

C.M. 73 Pli 15

4 ch. 4 ch. aménagées (1er et 2e étages) dans la maison des prop. ayant en commun : salle à manger. Espace attenant clos avec barbecue. 1er ét. : 1 ch. 3 épis (2 lits 1 pers.), salle de bains/wc privés. 2e ét. : 1 ch. 3 épis (1 lit 2 pers. 1 lit bébé), salle de bains/wc. 2 ch. 2 épis (1 lit 2 pers.), salle d'eau privée attenante, wc communs. Thiers, ville médiévale, la maison des couteliers. Billom. Les monts du Livradois. Les monts du Forez. Sortie autoroute A 72. Thiers ouest. Malle au trésor. Restauration possible à Courpière.

Prix : 2 pers. **180/200 F**

Ouvert : toute l'année.

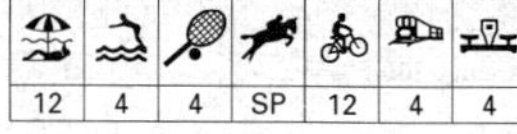

12	4	4	SP	12	4	4

GROLET Andrée et Marius - 63120 SERMENTIZON - Tél : 04 73 53 03 14

LA TOUR-D'AUVERGNE Cloux

Alt. : 1000 m (TH) *C.M. 73 Pli 12/13*

2 ch. **La Bourboule 17 km.** 2 ch. d'hôtes dont 1 familiale aménagées au 1er étage de la maison des propriétaires. 1 ch. (1 lit 2 pers.), s. d'eau/wc privés attenants, 1 ch. familiale composée de 2 ch. (1 lit 2 pers. 2 lits 1 pers. superposés), s. d'eau/wc privés attenants. En commun au r.d.c. : salle de séjour (bibliothèque, poêle cheminée). Jardin non clos. Les propriétaires sont britaniques. Tarif réduit pour les enfants -12 ans. A partir de 3 nuits : demi-pension : 185 F/pers. Taxe de séjour. Gîte Panda. Langue parlée : anglais.

Prix : 2 pers. **260 F** pers. sup. **80 F** repas **80 F**

Ouvert : toute l'année.

4	17	4	4	4	10	10	22	4

COPLEY Antony et Dorothy - Cloux - 63680 LA TOUR-D'AUVERGNE - Tél : 04 73 21 50 42

TOURS-SUR-MEYMONT Ferme de Pied Froid

Alt. : 627 m (TH) *C.M. 73 Pli 16*

3 ch. **Cunlhat 7 km.** Au 1er étage d'un ancien bâtiment de ferme attenant à la maison des propriétaires. R.d.c. : salle de séjour commune avec cheminée. 1 ch. (2 lits 1 pers.). 1 ch. (1 lit 2 pers.). 1 ch. (1 lit 2 pers. 2 lits 1 pers.). Toutes les chambres sont dotées d'une salle d'eau/wc privés et attenants. Terrain attenant non fermé. Table de ping-pong. Malle au trésor. Réduction des tarifs à partir de la 4e nuit. Table d'hôtes sur réservation. Pêche et randonnées à proximité. Situation : dans le parc du Livradois-Forez. Taxe de séjour.

Prix : 2 pers. **230/250 F** pers. sup. **70 F** repas **70 F**

Ouvert : toute l'année.

7	33	1,5	7	7	7

MAJEUNE Evelyne et Philippe - Ferme de Pied Froid - 63590 TOURS-SUR-MEYMONT - Tél : 04 73 70 71 20 ou 06 84 28 06 89 - Fax : 04 73 70 71 20

VALBELEIX Marcenat

Alt. : 845 m (TH) *C.M. 73 Pli 13/14*

1 ch. **Lac de Pavin 23,5 km. Clermont-Ferrand 60 km. Issoire 24 km.** 1 chambre d'hôtes mansardée aménagée dans une ancienne ferme restaurée, habitée saisonnièrement par la propriétaire. Chambre au 1er étage (1 lit 2 pers. 1 lit bébé), avec salle d'eau et wc privés non attenants. Salle à manger typiquement auvergnate avec une grande cheminée. Salle de détente. Terrain attenant. Table d'hôtes sur réservation. Gîte panda. Adresse hors saison : Larre Lucette, 10 rue François Couperin, 95320 Saint-Leu-la-Forêt.

Prix : 2 pers. **220 F** repas **66 F**

Ouvert : du 1er mai au 30 octobre.

26	26	5	19	19	24	19

LARRE Lucette - Marcenat - 63610 VALBELEIX - Tél : 04 73 71 21 08 ou 01 39 95 97 94

VARENNES-SUR-USSON Les Baudarts

C.M. 73 Pli 15

3 ch. **Issoire 6 km.** 3 ch., dont 1 familiale aménagées dans la maison des propr. A votre disposition : salon, s. à manger (cheminée, bibliothèque). Jardin. Parking privé. Rez-de-rue : 1 ch. familiale (4 lits 1 pers., dont 2 accolés), s. d'eau, wc privés, salon. 1er étage mansardé : 1 ch. (2 lits 1 pers. accolés), s. de bains/wc privés, 1 ch. (2 lits 1 pers. accolés), s. de bains/wc, salon. Usson, château de la reine Margot. Le Vernet-la-Varenne à 17 km : plan-d'eau, baignade, château de Parentignat. Sauxillanges : cloître gothique, anciens logis du XVè et du XVIè siècle. Restauration à 2 km. Langue parlée : anglais.

Prix : 2 pers. **350/380 F** pers. sup. **120 F**

Ouvert : toute l'année, sur réservation du 1er mai au 1er octobre.

17	7	6	6	6	6	6

VERDIER Hélène et Jacques - Les Baudarts - 63500 VARENNES-SUR-USSON - Tél : 04 73 89 05 51 - Fax : 04 73 89 05 51

VENSAT Bellevue *C.M. 73 Pli 4*

3 ch. **Gannat 9 km. Aigueperse 5 km. Gour de Tazenat 25 km.** 3 ch. au 1er étage de la maison de la propriétaire avec en commun : rez-de-chaussée, salle réservée aux hôtes. Cheminée. Espace attenant fermé avec barbecue, ping-pong. 1 ch. (1 lit 2 pers.), 1 ch. (1 lit 2 pers. 1 lit bébé), 1 ch. (2 lits 1 pers.), toutes avec salle d'eau/wc privés. Restauration possible à 5 km. Festival mondial du folklore. Autoroute A71, sortie Gannat. Réduction des tarifs à partir du 3e jour : 200 F. pour 2 pers.

CV

Prix : 2 pers. **220 F**

Ouvert : de mars à octobre.

9	2,2	3	7	7	7

POUZET Renée-Françoise - Bellevue - 63260 VENSAT - Tél : 04 73 33 04 41

VERNET-LA-VARENNE Le Mouy-Vieux Alt. : 760 m *C.M. 73 Pli 15/16*

2 ch. **Issoire 18 km (église romane). Ambert 42 km.** 2 ch. d'hôtes aménagées dans des pavillons situés dans la propriété de M. Compagnon. En commun : s. à manger/véranda, salon (cheminée). Pav. dans propr. : r.d.c. : 1 ch.(1 lit 2pers., 1 lit 1 pers.), s. d'eau/wc privés, cheminée, terrasse. Pav. mitoyen à la maison du propr. : r.d.c. : 1 ch. (1 lit 2 pers.,1 lit 1 pers.), s.d.b./wc privés, cheminée, piano, salon, terrasse. Parc arboré, parking privé. Equipement pour accueil bébé. Sur réservation de la Toussaint à Pâques. Vernet-la-Varenne à 3 km : plan d'eau, pêche, commerces et services. A proximité : Usson, Sauxillanges, Parentignat. Restaurant à 3 km.

Prix : 2 pers. **500/600 F** pers. sup. **100 F**

Ouvert : toute l'année.

3	18	3	3	3	18	3

COMPAGNON Maurice - Le Mouy-Vieux - 63580 VERNET-LA-VARENNE - Tél : 04 73 71 35 87 - Fax : 04 73 71 35 87

LE VERNET-SAINTE-MARGUERITE Cluchat Alt. : 970 m TH *C.M. 73 Pli 13/14*

5 ch. **Le Mont Doré 30 km. Besse-et-Saint-Anastaise 22 km (cité médiévale).** Chambres aménagées dans un bâtiment mitoyen à la maison des propr. Séjour, ch. situées au 1er étage. 2 ch.(1 lit 2 pers.), 3 ch.(1 lit 2 pers., 1 lit 1 pers., chacune). Toutes les chambres sont dotées d'une salle d'eau et de wc privés. Cour, jardin avec jeux pour enfants. Réduction repas enfants jusqu'à 10 ans. Taxe de séjour. Château féodal de Murol à 11 km, lac d'Aydat à 10 km : voile, planche à voile. Station-thermale à St-Nectaire à 7 km. Gîte de neige.

CV

Prix : 2 pers. **250 F** pers. sup. **70 F** repas **80 F**

Ouvert : les vacances scolaires et de juin à fin septembre.

10	10	10	10	8	29	29	11

BUXEROL Jacqueline & J-Louis - Cluchat - 63710 LE VERNET-SAINTE-MARGUERITE - Tél : 04 73 88 67 92

VERNEUGHEOL Le Glufareix Alt. : 727 m TH *C.M. 73 Pli 12*

4 ch. **La Ramade 10 km (plan d'eau, planche à voile).** 4 ch. dans la maison des prop. Salle à manger, salon. Cour, terrasse. 1er ét. : 1 ch. familiale de 2 ch. (2 lits 2 pers. 1 lit 1 pers.), s.d.b./wc privés, 1 ch. (1 lit 1 pers. 1 lit 2 pers.), s. d'eau/wc privés. 2e ét. mansardé : 1 ch. (2 lits 2 pers.), s. d'eau et wc privés. 1 ch. (1 lit 2 pers. 1 lit 1 pers.), s. d'eau et wc privés. Parking privé. Gratuit pour les enfants - 2 ans. Tarifs dégressifs, selon la durée du séjour et hors saison. Table d'hôtes sur résa. Astronomie à Verneugheol (observatoire, séance à thème, diaporama...).

Prix : 2 pers. **220/250 F** pers. sup. **70 F** repas **70 F**

Ouvert : toute l'année.

10	5,5	20	6	5,5

THOMAS Christiane & Bernard - Le Glufareix - 63470 VERNEUGHEOL - Tél : 04 73 22 11 40

VILLOSSANGES La Verrerie Alt. : 642 m TH *C.M. 73 Pli 2/3*

6 ch. R.d.c. : salle à manger, cheminée. 1er étage : salon avec mezzanine, TV. 1 ch. (2 lits 1 pers.), s. d'eau et wc privés. 1 ch. (1 lit 2 pers. 1 lit 1 pers.), s.d.b. et wc privés. 1 ch. (1 lit 2 pers. 1 lit 1 pers.), s. d'eau et wc privés. 1 ch. (1 lit 2 pers.), s. d'eau et wc privés. 2e étage mansardé : 2 ch. (1 lit 2 pers.), s.d.b. et wc privés. Chambres dans la maison du propriétaire mitoyenne à un gîte rural. Jardin, terrasse, parking privé. Etang privé. Possibilité de déguster votre pêche à la table d'hôtes. 1/2 pens. à partir du 4e jour et selon le nombre de pers. Table d'hôtes sur réservation. Fermeture en février.

CV

Prix : 1 pers. **200 F** 2 pers. **250 F** 3 pers. **330 F** pers. sup. **80 F** repas **75 F**

11	3	9	7	48	4

QUEYRIAUX Christiane et Philippe - La Verrerie - La Ferme de l'Etang - 63380 VILLOSSANGES - Tél : 04 73 79 71 61

VOLLORE-VILLE Le Troulier Alt. : 720 m TH *C.M. 73 Pli 16*

3 ch. **Thiers, ville médiévale 20,5 km. Clermont-Ferrand 55 km.** 3 chambres au 1er étage de la ferme isolée des propriétaires, avec en commun : salle de séjour (cheminée, bibliothèque). Grand jardin fleuri, ping-pong. 1 ch. (3 lits 1 pers.), salle de bains/wc privés. 2 ch. (1 lit 2 pers. chacune), salle d'eau/wc privés. Pour réserver, téléphonez aux heures des repas. Gîte Panda. Table d'hôtes avec les légumes naturels du potager. Vollore-Ville : en juillet, concerts de musique classique. Aubusson d'Auvergne, plan d'eau.

CV

Prix : 2 pers. **220/240 F** pers. sup. **70 F** repas **75 F**

Ouvert : toute l'année.

5	12	4	4	9	19,5	4

MOIGNOUX Arlette et Bernard - Le Temps de Vivre - La Bergerie du Troulier - 63120 VOLLORE-VILLE - Tél : 04 73 53 71 98 - E-mail : troulier@libertysurf.fr

VOLLORE-VILLE

Alt. : 546 m  *C.M. 73 Pli 16*

5 ch. 5 ch. d'hôtes dans le château des prop. R.d.c. : 1 ch. (1 lit 2 pers.), s.d.b. et wc privés. 1er ét. : 1 ch. (1 lit 2 pers.), s.d.b. et wc privés, 1 ch. (1 lit 2 pers.), salon, s.d.b., s. d'eau et wc privés. 2e ét. : 1 ch. (2 lits 1 pers.), s.d.b. et wc privés, 1 ch. (2 lits 1 pers.), s.d.b., s. d'eau et wc privés. Salon avec cheminée commun. A la disposition des hôtes : TV, billard français, salle à manger. Terrasse, grand parc arboré, tennis privé dans la propriété, ping-pong. Le château est ouvert au public. Restaurant à 6 km. Langue parlée : anglais.

Prix : 2 pers. **600/1200 F**

Ouvert : toute l'année.

4	SP	8	4	17	8

AUBERT-LA FAYETTE Geneviève et Michel - Château de Vollore - 63120 VOLLORE-VILLE - Tél : 04 73 53 71 06 - Fax : 04 73 53 72 44

VOLLORE-VILLE La Garbiere

Alt. : 546 m *C.M. 73 Pli 16*

2 ch. **Clermont-Ferrand 49 km.** 2 chambres d'hôtes au rez-de-chaussée d'une maison de construction récente. Rez-de-chaussée surélevé : salle de séjour avec cheminée, bibliothèque. Terrasse, jardin arboré (poss. pique-nique). 1 ch. 3 épis (1 lit 2 pers.), salle d'eau/wc privés. 1 ch. 2 épis (1 lit 2 pers.), salle d'eau/wc non attenants. Restauration possible à 4 km. Pêche et planche à voile à 2 km. Langues parlées : anglais, espagnol.

Prix : 2 pers. **200/220 F**

Ouvert : vacances scolaires et week-end.

2	4	1,5	2	2	17	34	14	4

MOIGNOUX Daniele et Christian - La Garbiere - 63120 VOLLORE-VILLE - Tél : 04 73 53 71 04

BOURGOGNE

Pour réserver, écrire ou téléphoner :

21 - CÔTE-D'OR

GITES DE FRANCE - Service Réservation
Accueil et Vacances en Côte-d'Or
15, rue de l'Arquebuse - B.P. 90452
21004 DIJON Cedex
Tél. : 03 80 45 97 15 - Fax : 03 80 45 97 16
www.gites-de-france.fr

3615 Gîtes de France 1,28 F/min

58 - NIEVRE

GITES DE FRANCE
3, rue du Sort
58000 NEVERS
Tél. : 03 86 36 42 39 - Fax : 03 86 59 90 67

3615 Gîtes de France 1,28 F/min

71 - SAÔNE-ET-LOIRE

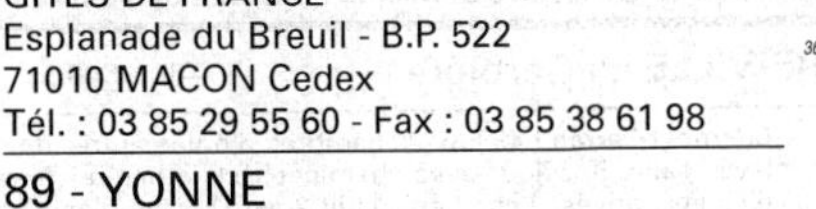

GITES DE FRANCE
Esplanade du Breuil - B.P. 522
71010 MACON Cedex
Tél. : 03 85 29 55 60 - Fax : 03 85 38 61 98

3615 Gîtes de France 1,28 F/min

89 - YONNE

GITES DE FRANCE
Chambre d'Agriculture
14 bis, rue Guynemer
89015 AUXERRE Cedex
Tél. : 03 86 94 22 22 ou 03 86 46 01 39
Fax : 03 86 94 22 23

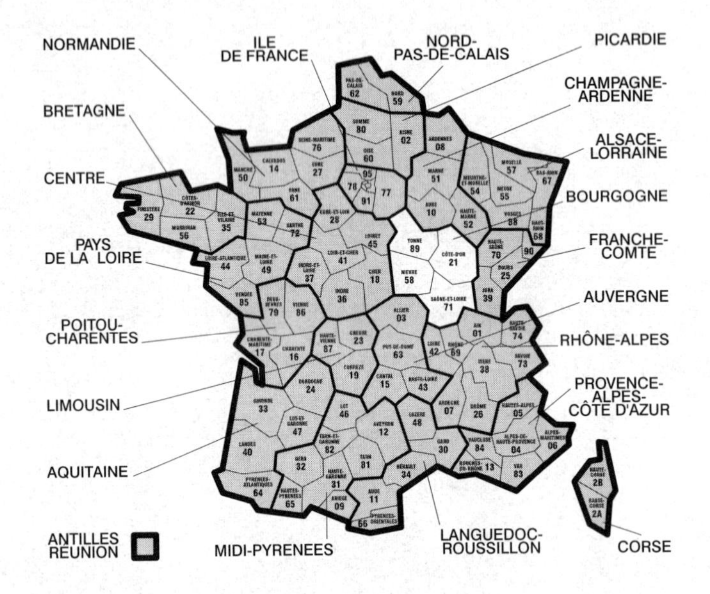

GITES DE FRANCE - Service Réservation
Accueil et Vacances en Côte d'Or
15, rue de l'Arquebuse - B.P. 90452 - 21004 DIJON CEDEX
Tél. 03 80 45 97 15 - Fax. 03 80 45 97 16
http://www.gites-de-france.fr

3615 Gîtes de France
1,28 F/min

AIGNAY-LE-DUC

C.M. 65 Pli 19

4 ch. 3 chambres 2 pers. et 1 chambre 3 pers. aménagées dans une maison de maître du début du XVIIIe siècle. Salle d'eau et wc privés. Lit bébé. Chauffage central. Entrée indépendante. Salons, bibliothèque, TV. Repas sur réservation, servis dans un grand séjour avec cheminée. La propriété se caractérise par son traitement minéral spécifique à la région. Jardin. Grange. Vue sur village et église XIIIe. Sortie autoroute, Bierre-les-Semur 50 km ou Bar-sur-Seine..

Prix : 1 pers. **170 F** 2 pers. **240 F** 3 pers. **300 F** repas **80 F**

Ouvert : toute l'année.

34	11	1	0,5	SP	15	34	15	14	34	SP

BONNEFOY Claude et Myriam - La Demoiselle - Sous les Vieilles Halles - 21510 AIGNAY-LE-DUC - Tél : 03 80 93 90 07 - Fax : 03 80 93 90 07

AISY-SOUS-THIL Les Forges

C.M. 243 Pli 1/13

4 ch. En pleine nature, 4 chambres de 2 à 3 pers. aménagées dans une ancienne ferme. Salle d'eau et wc privés pour chaque chambre. Grand séjour avec cheminée. Cuisine à disposition. Bâtiment indépendant du domicile des propriétaires. Garage fermé pour motos et vélos. Parking privé. Sortie A6 : Bierre-les-Semur à 5 km. Langue parlée : anglais.

Prix : 1 pers. **210 F** 2 pers. **250 F** 3 pers. **290 F**

Ouvert : toute l'année.

11	1	0,1	1	4	1	20	18	5	10	30	2

GIROUDEAU Daniel et Françoise - Les Forges - 21390 AISY-SOUS-THIL - Tél : 03 80 64 53 86

ANTHEUIL

C.M. 243 Pli 15

2 ch. Dans un village calme, 2 chambres d'hôtes 2 pers. aménagées dans une maison de caractère restaurée, située dans la Vallée de l'Ouche. Salles d'eau et wc privés. Beau séjour avec cheminée et télévision à disposition. Chauffage électrique. Garage. Jardin. Restaurant à 3 km. Repas sur réservation. Taxe de séjour incluse dans les prix. Sortie autoroute A6 : Pouilly-en-Auxois à 15 km.

Prix : 1 pers. **194 F** 2 pers. **228 F** 3 pers. **272 F** repas **75 F**

Ouvert : toute l'année.

20	3	3	0,3	7	15	7	20	15	22	15

SCHIERINI Gisèle - 21360 ANTHEUIL - Tél : 03 80 33 04 37

ARCENANT

C.M. 243 Pli 15

4 ch. Dans une maison récente, située dans les Hautes-Côtes, entrée indépendante. 3 ch. 2 pers. et 1 ch. 4 pers., avec salle de bains ou salle d'eau et wc privés. Salle à manger, séjour. Ch. élect. et bois. Jardin. Parking. Restaurant sur place. Produits fermiers 9 km. GR7. Sortie A6 : Nuits-Saint-Georges à 9 km. Langues parlées : anglais, allemand, hollandais.

Prix : 1 pers. **170 F** 2 pers. **200/220 F** 3 pers. **270 F** pers. sup. **70 F** repas **90 F**

Ouvert : toute l'année.

9	9	22	SP	4	SP	7	9	9	9	3

CAMPO Nina - Route de Bruant - 21700 ARCENANT - Tél : 03 80 61 28 93

ARCONCEY Laneau

C.M. 65 Pli 18

1 ch. En pleine campagne, dans un hameau et à la ferme, une chambre d'hôtes 4 pers. aménagée dans une ancienne étable traditionnelle. Salle d'eau et wc privés. Chauffage central. Salle de séjour. Parking. Terrain. Abri couvert. Logement de chevaux. Repas sur réservation. Taxe de séjour incluse dans les prix. Sortie autoroute : A6 Pouilly-en-Auxois à 10 km.

Prix : 2 pers. **256 F** 3 pers. **309 F** pers. sup. **83 F** repas **80 F** 1/2 pens. **213 F**

Ouvert : toute l'année.

30	10	10	1	8	40	50	10	8	35	10

DORET Françoise - Laneau - 21320 ARCONCEY - Tél : 03 80 84 11 18 - Fax : 03 80 84 14 77

ARNAY-LE-DUC

 *C.M. 243 Pli 14*

3 ch. Au calme, 3 chambres d'hôtes aménagées dans une maison ancienne. 1 spacieuse chambre 3 pers. (3 épis) avec salle d'eau et wc privés. 1 ch. 2 pers. et 1 ch. 3 pers. classées 1 épi, avec lavabo et wc privés chacune, douche commune. Salle de séjour. Chauffage central. Jardin et parking. Animaux admis sur demande avec supplément. Table d'hôtes sauf dimanche. Taxe de séjour incluse dans les prix. Sortie autoroute : Pouilly-en-Auxois à 25 km.

Prix : 1 pers. **152/182 F** 2 pers. **184/224 F** 3 pers. **236/276 F** repas **100 F**

Ouvert : toute l'année.

20	13	1	1,5	18	20	20	12	1	15	0,1

PICARD André - 6 rue du Château - 21230 ARNAY-LE-DUC - Tél : 03 80 90 06 08

ATHEE Les Laurentides

TH *C.M. 243 Pli 14*

4 ch. A la campagne, 4 chambres aménagées dans une ancienne ferme du siècle dernier, très fleurie. 1 ch. 3 pers. 2 épis, 2 ch. 2 pers. et 1 ch. 3 pers. 3 épis. Salles d'eau et wc privés. Chauffage élect. Séjour, salon, TV, cuisine aménagée. Véranda exotique. Jardin de 3000 m². Parking. Restaurant à 2 km. TH le week-end et jours fériés uniquement et sur résa. Sortie autoroute : Soirans à 6 km.

CV

Prix : 1 pers. **180 F** 2 pers. **250 F** 3 pers. **300 F** pers. sup. **70 F** repas **100 F** 1/2 pens. **225 F**

Ouvert : toute l'année.

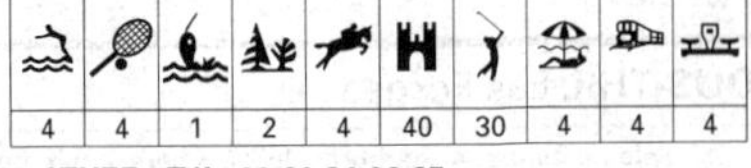

4	4	1	2	4	40	30	4	4	4

ROYER-COTTIN Michelle - « Les Laurentides » - 27 rue du Centre - 21130 ATHEE - Tél : 03 80 31 00 25

ATHEE

TH *C.M. 243 Pli 14*

3 ch. Dans le calme de la campagne, 3 chambres dont 1 classée 2 épis, aménagées au rez-de-chaussée d'une ancienne ferme fleurie. Entrées indépendantes. Salles de bains et wc privés. Chauff. central. Séjour, salon, cheminée. Terrasses ombragées. Vue sur jardin de 3500 m² ou cour arborée. 3 garages privés fermés. Promotion hors saison. Table d'hôtes sur réservation. Jeux d'enfants. Sortie autoroute : Soirans à 6 km.

CV

Prix : 1 pers. **180 F** 2 pers. **200 F** 3 pers. **250/300 F** pers. sup. **50 F** repas **100 F**

Ouvert : toute l'année.

3	6	2	1	12	50	20	20	4	4	0,5

MILLIERE Gilbert - 17 rue Serpentière - 21130 ATHEE - Tél : 03 80 37 36 33

BARGES

TH *C.M. 243 Pli 16*

2 ch. Dans le village, 2 chambres d'hôtes 2 pers. aménagées dans une maison ancienne rénovée. Salle d'eau ou salle de bains et wc privés. Séjour avec très belle cheminée ancienne, salon, bibliothèque et télévision. Chauffage central. Jardin. Parking. Repas sur demande. Taxe de séjour incluse dans les prix. Sortie autoroute : Dijon-Chenôve à 10 km, direction Seurre. Langues parlées : allemand, anglais.

CV

Prix : 1 pers. **224 F** 2 pers. **288 F** repas **100 F**

Ouvert : toute l'année.

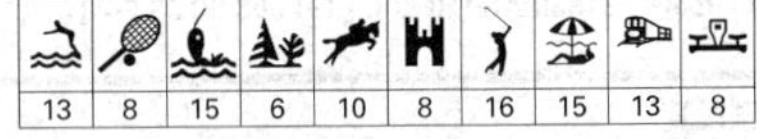

13	8	15	6	10	8	16	15	13	8

GRATTARD Joël et Annie - 39 Grande Rue - 21910 BARGES - Tél : 03 80 36 66 16 ou 06 62 35 66 16 - Fax : 03 80 36 66 16

BAUBIGNY

C.M. 243 Pli 27

2 ch. Au cœur du vignoble, 2 chambres 2/3 pers. avec entrées indépendantes directes sur un grand terrain. Terrasse. Salles de bains et wc privés. Chauffage élect. Salle et salon réservés aux hôtes. Coin-cuisine, télévision. Très beau panorama, calme assuré. Parking. Restaurant à 800 m. Remise de 10% à partir de la 4e nuit consécutive du 15/9 au 30/6. Sentiers de randonnées. Sortie autoroute : Beaune à 15 km. Langues parlées : anglais, portugais.

Prix : 2 pers. **270 F** 3 pers. **310 F** pers. sup. **65 F**

Ouvert : toute l'année.

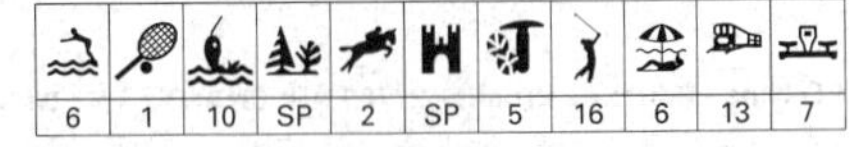

6	1	10	SP	2	SP	5	16	6	13	7

FUSSI Marie et Gérard - Au Village - 21340 BAUBIGNY - Tél : 03 80 21 84 66 - Fax : 03 80 21 84 66

BAUBIGNY Orches

Alt. : 500 m *C.M. 243 Pli 27*

1 ch. 1 chambre d'hôtes 2 pers. aménagée dans une maison vigneronne avec vue panoramique. Salle de bains et wc privés. Bibliothèque et piano à disposition. Coin-cuisine. Chauffage central. Parking. Terrasse ombragée. Jardin. Prêt de VTT. Randonnées sur le GR7. Restaurants à 1 et 7 km. Sortie autoroute : Beaune à 13 km. Langues parlées : anglais, allemand.

Prix : 2 pers. **270 F**

Ouvert : vacances scolaires d'été et longs week-ends.

13	1	10	1,5	SP	SP	4	15	7	13	3

GALLIEN Alain et Anne-Marie - Orches - 21340 BAUBIGNY - Tél : 03 80 21 77 01 - Fax : 03 80 21 79 45 -
E-mail : A.Gallien@wanadoo.fr

BAUBIGNY Orches

Alt. : 550 m — *C.M. 243 Pli 27*

2 ch. 2 chambres d'hôtes 2 pers. classées 2 et 3 épis, aménagées dans une ancienne maison vigneronne en pierre, au pied des falaises. Salle de bains ou salle d'eau et wc privés. Salon réservé aux hôtes, avec cheminée, bibliothèque et TV. Ch. central. Grande terrasse avec barbecue. GR7. Sortie autoroute : Beaune à 13 km. Langue parlée : allemand.

Prix : 2 pers. **270 F**

Ouvert : toute l'année.

13	2	10	1,5	SP	0,5	SP	4	15	10	13	2

MUHLENBAUMER Josée - Orches - Rue Croix Forias - 21340 BAUBIGNY - Tél : 03 80 21 81 13 - E-mail : jofram@libertysurf.fr

BAUBIGNY Orches

Alt. : 500 m — *C.M. 243 Pli 27*

5 ch. Au pied des falaises, sur une exploitation viticole, 5 chambres aménagées dans une maison vigneronne dominant le hameau. 3 ch. 2 pers. et 2 ch. 3 pers. Salle d'eau et wc privés chacune. Séjour. Chauffage central. Jardin. Parking. Découverte du vignoble, dégustation commentée. GR7. Sortie autoroute : Beaune à 15 km. Langues parlées : anglais, allemand.

CV

Prix : 1 pers. **235 F** 2 pers. **290 F** 3 pers. **330 F**

Ouvert : toute l'année.

7	2	10	0,5	SP	0,5	0,5	4	15	7	15	3

ROCAULT François & Blandine - Orches - 21340 BAUBIGNY - Tél : 03 80 21 78 72 - Fax : 03 80 21 85 95 -
E-mail : FRANCOIS.BLANDINE.ROCAULT@wanadoo.fr

BAUBIGNY Orches

Alt. : 500 m — *C.M. 243 Pli 27*

2 ch. 2 chambres d'hôtes 3 pers. aménagées dans une ancienne maison vigneronne, au pied des falaises, avec entrées indépendantes. Salle d'eau et wc privés. Chauffage central. Jardin et terrasse attenants, avec vue dégagée sur le village et les collines environnantes. Garage. Parking. GR7. Restaurants à 1 et 3 km. Sortie autoroute : Beaune à 15 km. Langues parlées : allemand, anglais.

Prix : 1 pers. **200 F** 2 pers. **230 F** 3 pers. **280 F** pers. sup. **70 F**

Ouvert : toute l'année.

15	2	8	1,5	0,5	0,1	4	17	10	15	2

DUPONT Gisèle - Orches - 21340 BAUBIGNY - Tél : 03 80 21 80 69

BAUBIGNY Orches

Alt. : 500 m — *C.M. 243 Pli 27*

2 ch. 2 chambres aménagées dans une maison rénovée. 1 ch. (1 lit 2 pers.) avec TV et 1 ch. (2 lits 1 pers. 1 lit 2 pers. + 1 lit d'appoint), chacune avec salle d'eau et wc privés et entrées indépendantes. Chauffage central. Séjour. Réfrigérateur, micro-ondes, cafetière à disposition. Piscine sur place. Cour et jardin clos. Coin pique-nique avec barbecue. Jeux d'enfants. Sortie autoroute : Beaune à 13 km. Langue parlée : anglais.

Prix : 2 pers. **290 F** 3 pers. **400 F** pers. sup. **50 F**

Ouvert : toute l'année.

SP	2	10	2	0,2	1	6	17	7	13	7

RABY Philippe et Isabelle - Orches - 21340 BAUBIGNY - Tél : 03 80 21 78 45 - Fax : 03 80 21 78 45 - E-mail : PRABY@WANADOO.FR

BEAUNE La Montagne

TH — *C.M. 243 Pli 27*

3 ch. 2 chambres et une suite aménagées avec goût dans une grande maison calme et chaleureuse, avec vue unique sur le vignoble et la ville de Beaune. Salle de bains et wc privés pour chaque chambre. Chauffage central. Salon, bibliothèque et TV. Jardin ombragé et fleuri autour de la piscine. Parking. Terrain. TH sur résa. Taxe de séjour incluse. Auberge à 500 m. Sortie autoroute : Beaune-nord à 3 km. Langue parlée : anglais.

Prix : 2 pers. **350/430 F** 3 pers. **505 F** repas **110 F**

Ouvert : du 1er mars au 30 novembre.

SP	3	8	0,5	0,5	5	0,1	5	8	3	2

SEROUART Elisabeth - La Montagne - Chemin du Dessus de Bressandes - 21200 BEAUNE - Tél : 03 80 22 93 50 -
E-mail : maisonbressandes@multimania.com - http://www.multimania.com/maisonbressandes/

BEAUNE La Montagne

C.M. 243 Pli 27

6 ch. A 2 min de Beaune, au dessus des vignes, au milieu des arbres et des oiseaux, 4 chambres dans la maison principale, contemporaine et chaleureuse avec vaste salon et 2 chambres dans la maison vigneronne. Salle d'eau ou salle de bains et wc privés. Coin-kitchenette. TV. Bibliothèque. Chauffage central. Jardin XIIIe s. Piscine privée. Garage. Parking. Sortie autoroute : Beaune sud à 5 km. Taxe de séjour incluse. Langue parlée : anglais.

Prix : 2 pers. **1000/1050 F** 3 pers. **1305 F** pers. sup. **155 F**

Ouvert : toute l'année.

SP	2	10	1	SP	5	0,2	6	4	2

LA TERRE D'OR - Christine Martin - La Montagne - Rue Izembart - 21200 BEAUNE - Tél : 03 80 25 90 90 ou 06 85 08 62 14 -
Fax : 03 80 25 90 99 - E-mail : jlmartin@laterredor.com - http://www.laterredor.com

BEIRE-LE-CHATEL

C.M. 243 Pli 16

2 ch. Dans la verdure et au calme, 2 chambres aménagées dans une maison récente, sur une ancienne exploitation agricole, avec vue sur la plaine. Entrée indépendante. 1 ch. 2 pers. et 1 ch. 3 pers. Salles d'eau privées et wc communs. Chauffage élect. Jardin. Aire de jeux. Parking. Restaurant sur place. Sortie autoroute : Arc-sur-Tille 9 km/Til-Châtel 13 km.

Prix : 1 pers. **130 F** 2 pers. **180 F** 3 pers. **230 F** pers. sup. **50 F**

Ouvert : toute l'année.

8	1	1	2	3	30	30	15	3	20	1

SANCENOT Renée - 19, route de Vesvrotte - 21310 BEIRE-LE-CHATEL - Tél : 03 80 23 25 95

BEIRE-LE-FORT

C.M. 66 Pli 12/13

E.C. 2 ch. 2 chambres d'hôtes 2 pers. aménagées dans une ancienne ferme. Salle de bains et wc privés pour chaque chambre. Chauffage central. Salle de séjour. Salon. Bibliothèque. Télévision. Garage. Parking. Terrain. Sortie autoroute : Soirans à 7 km.

Prix : 1 pers. **200 F** 2 pers. **250 F** 3 pers. **300 F**

Ouvert : toute l'année.

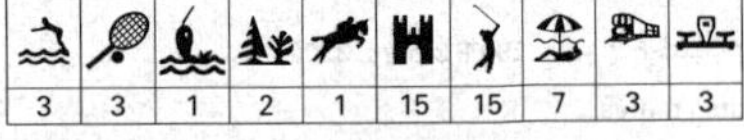

3	3	1	2	1	15	15	7	3	3

PAIN Claude - Route de Labergement - 21110 BEIRE-LE-FORT - Tél : 03 80 37 76 78 - Fax : 03 80 31 25 87

BELLENOT-SOUS-POUILLY

Alt. : 500 m

C.M. 65 Pli 18

3 ch. Dans une maison traditionnelle, attenante à celle des propriétaires, 2 chambres 2 pers., salle de bains ou salle d'eau et wc privés. Coin-kitchenette. Salon. TV. Bibliothèque. 1 chambre 2-4 pers. aménagée dans une maisonnette du XVIIIe avec coin-kitchenette, salle d'eau et wc. Chauffage central. Jardin. Abri couvert. Parking. TH sur réservation. Taxe de séjour incluse. Restaurant à 2 km. Notions en anglais et allemand. Sortie A6 : Pouilly-en-Auxois 3 km.

Prix : 1 pers. **184 F** 2 pers. **228 F** 3 pers. **282 F** pers. sup. **54 F**
repas **80 F**

Ouvert : toute l'année.

12	2	2	SP	5	10	30	15	3	6	45	2

DENIS Martine - 21320 BELLENOT-SOUS-POUILLY - Tél : 03 80 90 71 82

BOUILLAND

C.M. 243 Pli 15

3 ch. Maison ancienne restaurée, située au bord d'une rivière, avec un grand jardin. Entrée indépendante. 2 chambres communicantes (3 épis) avec 1 lit 2 pers. 2 lits 1 pers., salle de séjour, salle d'eau, wc privés et 1 appartement avec une chambre en mezzanine (EC), 1 lit 2 pers. 1 lit 1 pers., salle de séjour, kitchenette, salle d'eau et wc. Calme assuré. Maison non fumeurs. Sortie autoroute : A6, Savigny-les-Beaune à 10 km. Langue parlée : anglais.

Prix : 2 pers. **280 F**

Ouvert : toute l'année.

15	SP	SP	SP	15	10	SP	20	15	15	10

RUSSO Marie-Christine - Josserand - 21420 BOUILLAND - Tél : 03 80 21 59 56 - Fax : 03 80 26 13 03 -
E-mail : russo.bouilland@wanadoo.fr

BOUSSENOIS

TH

C.M. 243 Pli 4

2 ch. Au pays des Trois Rivières, dans une ancienne maison vigneronne, entre Dijon et Langres, nous vous accueillons comme des amis en vous offrant 2 chambres lumineuses et confortables avec salles d'eau et wc privés, une table d'hôtes généreuse et inventive (sur réservation). Séjour avec TV. Jardin. Garage. Promotion : 4 nuits au prix de 3. Sortie autoroute : Til-Châtel à 12 km. Langue parlée : allemand.

Prix : 1 pers. **155 F** 2 pers. **222 F** 3 pers. **277 F** repas **77 F**

Ouvert : toute l'année

5	5	10	1	12	35	20	20	5

GROSJEAN Christiane - Grande Rue - 21260 BOUSSENOIS - Tél : 03 80 75 56 21 - Fax : 03 80 75 56 21

BUFFON

TH

C.M. 243 Pli 1

5 ch. **Abbaye de Fontenay.** Face au Canal de Bourgogne, Sarah et Jean-Pierre vous accueillent dans leur charmante maison entourée d'un grand jardin fleuri, avec terrasse. 3 chambres 3 épis, salle d'eau, wc, TV et coin-salon et 2 chambres mansardées 1 épi, salle d'eau, wc, TV et cuisine communs. -10% à partir de 7 nuits. Parking, cour fermée. Sortie autoroute : Bierre-les-Semur à 25 km. Langues parlées : anglais, allemand.

Prix : 1 pers. **150/190 F** 2 pers. **200/260 F** 3 pers. **250/330 F**
pers. sup. **40 F** repas **100 F**

Ouvert : toute l'année.

6	6	SP	SP	6	6	30	SP	6	2

BUSSON-VIDAL Sarah et Jean-Pierre - 21500 BUFFON - Tél : 03 80 92 46 00 - Fax : 03 80 92 46 00

BUSSY-LE-GRAND Entre Cour et Jardin *C.M. 65 Pli 8*

3 ch. Nous vous avons réservé toute une aile de notre demeure classée du XVIIe. En couple, en famille ou entre amis vous disposerez d'un grand salon avec plafond à la française et cheminée, d'une suite de 3 chambres (mobilier ancien). Salle de bains et wc. Jardin en terrasses primé au concours régional des Parcs et Jardins. Vue superbe sur les vallons de l'Auxois. Sortie autoroute : Bierre-les-Semur A6 à 20 km. Langue parlée : anglais.

Prix : 1 pers. **150 F** 2 pers. **300/450 F** pers. sup. **150 F**

Ouvert : du 15 avril au 15 octobre.

10	7	1	1	20	1	10	40	20	14	7

LANG Roger et Colette - « Entre Cour et Jardin » - Rue de la Montagne - 21150 BUSSY-LE-GRAND - Tél : 03 80 96 98 51

CHAMBLANC *C.M. 243 Pli 28*

2 ch. **Beaune 25 km.** 2 chambres d'hôtes de 2 et 3 pers. aménagées dans une maison ancienne située au cœur du Val de Saône. Salles d'eau et wc privés. Séjour, salon avec bibliothèque. TV dans les chambres. Chauffage électrique. Terrasse. Tennis de table. Aire de jeux. Pelouse. Parking. Sortie autoroute : A36 Pagny/Seurre à 2 km. Langues parlées : anglais, espagnol.

Prix : 1 pers. **160 F** 2 pers. **200 F** 3 pers. **250 F**

Ouvert : toute l'année sauf Noël.

3	1,5	3	1,5	25	1,5	2	2

SORDET Myriam - Rue Verte - 21250 CHAMBLANC - Tél : 03 80 20 48 75

CHAMBOEUF Alt. : 500 m *C.M. 243 Pli 15*

5 ch. Dans les Hautes-Côtes, à l'orée d'un bois, 5 chambres 2 pers. aménagées dans une belle maison avec vue panoramique sur le Mont Vergy. Entrées indépendantes sur terrasse et grand jardin. Salle de bains ou salle d'eau et wc privés. Séjour, salon, TV et coin-kitchenette. Chauffage central. Parking. Calme assuré. Seuls les petits animaux sont admis. Sortie autoroute : Dijon-Sud-Chenôve à 10 km.

Prix : 1 pers. **240/270 F** 2 pers. **290/300 F** pers. sup. **100 F**

Ouvert : toute l'année.

8	6	14	SP	SP	10	4	8	28	14	14	6

MONCEAU Christiane et Dominique - Les Sarguenotes - Rue de Dijon - 21220 CHAMBOEUF - Tél : 03 80 51 84 65 ou 06 20 51 75 32 - Fax : 03 80 49 77 24

CHAMPEAU-EN-MORVAN Saint-Léger TH *C.M. 243 Pli 13*

2 ch. 2 chambres d'hôtes aménagées dans une maison récente, située dans le Parc Régional du Morvan, au milieu d'un pré, entourée de sapins. Salle d'eau ou salle de bains et wc privés. Séjour. Chauffage électrique. Sortie autoroute : Avallon à 25 km.

Prix : 1 pers. **190 F** 2 pers. **220 F** pers. sup. **50 F** repas **80 F**

Ouvert : du 1er mai au 1er novembre.

4	1,5	1	4	4	1,5	4	4

BONNARD Régis & Antoinette - Saint-Léger de Fourches - 21210 CHAMPEAU-EN-MORVAN - Tél : 03 80 64 19 48

CHANCEAUX *C.M. 243 Pli 3*

3 ch. Au calme et à proximité de forêts, 3 chambres aménagées dans une ancienne chapelle située au centre du village. 1 chambre 2 pers. et 2 chambre communicantes 4 pers. pour une même famille. Salle d'eau ou salle de bains et wc privés. Séjour avec cheminée. Salon, TV. Coin-kitchenette. Chauffage électrique. Abri couvert. Promotion : 4 nuits au prix de 3. Sortie autoroute : Sombernon 30 km ou Til-Châtel 40 km, accès facile.

Prix : 1 pers. **180 F** 2 pers. **220 F** 3 pers. **320 F**

Ouvert : toute l'année.

15	0,3	1	1	0,2	15	40	25	20	20	25	SP

BLAISE Gaby et Raymonde - 32 Grande Rue - 21440 CHANCEAUX - Tél : 03 80 35 02 70 - Fax : 03 80 35 08 83

CHANCEAUX *C.M. 243 Pli 3*

1 ch. A proximité de forêts, et à 2 km des sources de la Seine, au 1er étage d'une maison de caractère du XVIe siècle, 1 chambre 2 pers. avec cheminée monumentale et meubles époque Louis XIII. Salle de bains et wc privés dans une tour. Poss. salon attenant avec TV et bibliothèque. Chauffage central. Parking. Jardin. GR2 en bordure de propriété. Animaux admis sous conditions, voir avec le propriétaire. Sortie autoroute : Pouilly-en-Auxois ou Bierre-les-Semur à 30 km. Langue parlée : allemand.

Prix : 1 pers. **300 F** 2 pers. **350 F** pers. sup. **80 F**

Ouvert : toute l'année.

15	SP	2	1	SP	6	40	25	20	20	40	10

LANGUEREAU Dominique - 51 Grande Rue - 21440 CHANCEAUX - Tél : 03 80 35 02 90 - Fax : 03 80 35 07 95

CHASSAGNE-MONTRACHET Pré Melin

C.M. 243 Pli 27

2 ch. — 2 chambres d'hôtes aménagées à l'étage dans un pavillon récent. 1 chambre 2 pers. et 1 chambre 3 pers. avec salles d'eau privées et wc communs. Salle de séjour à disposition. Chauffage central. Terrain. Aire de jeux. Animaux admis avec supplément. Sortie autoroute : Beaune à 12 km.

Prix : 1 pers. **160 F** 2 pers. **200/210 F** 3 pers. **260/270 F**

Ouvert : toute l'année.

2	SP	2	1	0,5	15	SP	12	14	2	2	1

JARLAUD Robert - Pré Melin - 5, rue des Farges - 21190 CHASSAGNE-MONTRACHET - Tél : 03 80 21 36 09

CHATEAUNEUF-EN-AUXOIS

Alt. : 500 m *C.M. 65 Pli 18*

4 ch. — 4 chambres 2-4 pers. dont 1 avec cheminée et 2 avec mezzanine, aménagées dans une ancienne bergerie au cœur d'un village médiéval, renommé pour son château des XII et XVe siècles et ses maisons de caractère. Salle d'eau et wc privés. Séjour. Jardin. Parking. Restaurants au village. Promenades. Canal de Bourgogne au pied du village. Notions d'anglais. Taxe de séjour incluse. Sortie autoroute : Pouilly-en-Auxois à 10 km. Langue parlée : anglais.

Prix : 1 pers. **244/324 F** 2 pers. **278/358 F** 3 pers. **332/412 F** pers. sup. **54 F**

Ouvert : toute l'année sauf vacances de février (académie de Dijon)

5	1,5	SP	1	5	20	30	12	1	10

BAGATELLE Annie - Rue des Moutons - 21320 CHATEAUNEUF-EN-AUXOIS - Tél : 03 80 49 21 00 - Fax : 03 80 49 21 49

CHAUDENAY-LE-CHATEAU

Alt. : 500 m (TH) *C.M. 243 Pli 15*

4 ch. — Au calme dans une propriété à l'orée d'une forêt, 4 grandes chambres (2 à 4 pers.) aménagées dans un cottage indépendant. Entrées individuelles et terrasses privées. Salle d'eau/salle de bains et wc privés. Chauffage élect. Séjour. TV Sat. TH sur résa. Jardin avec vue panoramique. Parking. Garage. Circuits pédestres, équestres et VTT. Lac. Montgolfière 800 m. Karting 12 km. Zoo 25 km. Promotion : 4 nuits au prix de 3 en hors saison sauf week-end. Taxe de séjour incluse. Sortie autoroute : Pouilly-en-Auxois 12 km. Langue parlée : anglais.

Prix : 1 pers. **204 F** 2 pers. **288/358 F** 3 pers. **342/412 F** pers. sup. **74 F** repas **100 F**

Ouvert : toute l'année.

15	5	2	0,5	0,5	4	15	15	15	8	30	2

TOUFLAN Claudette - Le Cottage du Château - 21360 CHAUDENAY-LE-CHATEAU - Tél : 03 80 20 00 43 ou 06 70 58 92 81 - Fax : 03 80 20 01 93

CHEMIN-D'AISEY

C.M. 243 Pli 2

2 ch. — Dans une grande maison en pierre, située dans le village, au calme, dans la région du Châtillonnais, 2 chambres 2 pers. Salle d'eau et wc communs. Chauffage central. Séjour et bibliothèque à disposition. Agréable jardin. Garage. Parking. Abri couvert. Possibilité de logement de chevaux sur place. Pré. Aire de jeux. Restaurant à 2 km.

Prix : 1 pers. **100 F** 2 pers. **140/150 F** pers. sup. **100 F**

Ouvert : toute l'année.

16	9	1,5	1,5	16	1,5	25	1,5

DARTOIS Jean et Simone - 23 rue du Dessus - 21400 CHEMIN-D'AISEY - Tél : 03 80 93 22 51 - Fax : 03 80 93 22 51

CHIVRES

C.M. 70 Pli 2

3 ch. — 3 chambres 2 pers. aménagées en rez-de-jardin, dans une maison de caractère du XVIIIe siècle. Salle d'eau et wc privés. Chauffage central. Cheminées et poêles à bois d'agrément. Cuisine d'été, barbecue, piscine. Jardin paysager. Promotion : 4 nuits au prix de 3, 7 nuits au prix de 5. Sortie autoroute : Beaune 20 km. Nombreux loisirs d'eau à proximité. Commodités pour pêcheurs. Très belle vue sur la plaine. Langues parlées : anglais, allemand, hollandais.

Prix : 1 pers. **200/300 F** 2 pers. **250/400 F** 3 pers. **350/500 F** pers. sup. **100 F**

Ouvert : toute l'année.

SP	12	2	1	2	14	20	16	SP	4	4

LUKEN Bernard - Hoeve Van Den Ing - 10 rue de la Mairie - 21820 CHIVRES - Tél : 03 80 20 30 88 - Fax : 03 80 20 30 98

CHOREY-LES-BEAUNE

C.M. 243 Pli 15

6 ch. — Au cœur du vignoble, 6 chambres d'hôtes aménagées avec terrasse. 5 chambres 2 pers. et 1 chambre 3 pers. Salles d'eau et wc privés. Salon et télévision. Chauffage central. Garage. Jardin. Restaurant à 3 km. Les chambres et les petits-déjeuners sont non fumeur. Sortie autoroute : Beaune-nord à 1 km.

Prix : 1 pers. **220 F** 2 pers. **250 F** 3 pers. **350 F**

Ouvert : du 1er mars au 30 novembre.

3	3	3	3	SP	12	6	3	3	3

DESCHAMPS Henri & Marie-Claire - L'Escale des Grands Crus - 15 rue d'Aloxe Corton - 21200 CHOREY-LES-BEAUNE - Tél : 03 80 24 08 13 - Fax : 03 80 24 08 01 - E-mail : henri.deschamps@wanadoo.fr

CHOREY-LES-BEAUNE Le Château

C.M. 243 Pli 15

6 ch. 6 chambres d'hôtes aménagées au château dans un très beau cadre des XIIIe et XVIIe siècles, appartenant à une famille de vignerons. 2 ch. 2 pers., 3 ch. 3 pers. et 1 suite 4 pers. Salles de bains et wc privés. Téléphone dans les ch. Séjour et salon. Terrasse. Dégustation et vente de vins de la propriété. Restaurant à 3 km. Sortie autoroute : Beaune-Nord à 3 km. Langues parlées : anglais, allemand.

CV

Prix : 1 pers. **800/900 F** 2 pers. **850/980 F** 3 pers. **1000/1150 F**

Ouvert : de Pâques à fin novembre.

3	0,5	2	2	3	SP	15	6	3	3	3

GERMAIN François - Le Château - 21200 CHOREY-LES-BEAUNE - Tél : 03 80 22 06 05 - Fax : 03 80 24 03 93 -
E-mail : CHATEAU-DE-CHOREY@wanadoo.fr

CIVRY-EN-MONTAGNE La Chouannerie

Alt. : 580 m *C.M. 243 Pli 2*

2 ch. Dans un ancien presbytère niché dans la verdure près d'un lavoir et d'une grande fontaine, 2 chambres 2 et 5 pers. communicantes. Salle d'eau et wc privés. Séjour. Bibliothèque. Ch. central. Verger. Abri couvert. Logements chevaux. Produits fermiers. Randonnées pédestres. Chemins balisés. Taxe de séjour incluse. Promotion : 4 nuits au prix de 3 en hors saison et sauf week-end. Sortie autoroute : A38 à 1,5 km. Langue parlée : anglais.

Prix : 1 pers. **184 F** 2 pers. **248 F** 3 pers. **312 F** pers. sup. **54 F**

Ouvert : toute l'année.

12	7	5	SP	SP	10	30	12	10	5	37	7

FEDOROFF Elie et Monique - La Chouannerie - 21320 CIVRY-EN-MONTAGNE - Tél : 03 80 33 43 02

CLAMEREY Pont Royal

C.M. 65 Pli 18

6 ch. Au bord d'un joli port, sur le Canal de Bourgogne, 6 chambres d'hôtes 2 et 3 pers. aménagées dans une belle maison de caractère, rénovée. Salles de bains et wc privés. Séjour avec cheminée bourguignonne et TV. Ch. électrique. Salon de jardin sur terrasse empierrée, avec vue panoramique sur les vallons boisés. Parking. Location de bateaux et vélos. Seuls les animaux de petite taille sont admis. Sortie autoroute : A6 à Bierre-les-Semur par D70 (13 km). Langues parlées : anglais, espagnol.

Prix : 1 pers. **260 F** 2 pers. **300 F** 3 pers. **370 F**

Ouvert : d'avril à fin octobre.

4	4	SP	8	0,2	0,2	9	SP	15	SP

LOCABOAT PLAISANCE - La Maison du Canal - Pont Royal - 21490 CLAMEREY - Tél : 03 80 64 62 65 - Fax : 03 80 64 65 72 -
E-mail : PONT-ROYAL@LOCABOAT.COM

COLOMBIER

(TH) *C.M. 65 Pli 19*

5 ch. Dans un petit village très calme, 5 chambres d'hôtes aménagées dans une maison en pierre, indépendante du propriétaire. 3 chambres 2 pers. et 2 chambres 3 pers. Salle de bains ou salle d'eau et wc privés. Chauffage électrique. Salle de séjour avec cheminée, salon, coin-kitchenette à disposition. Terrain, parking, pré, logement de chevaux. Auberge à 9 km. Taxe de séjour incluse. Sortie autoroute : Pouilly-en-Auxois à 15 km.

Prix : 1 pers. **204/224 F** 2 pers. **258/278 F** 3 pers. **362 F** repas **100 F**

Ouvert : toute l'année.

25	7	2	1	5	15	12	30	15	25	9

BROCARD Yvette - 21360 COLOMBIER - Tél : 03 80 33 03 41 ou 06 12 57 23 16

CORBERON L'Ormeraie

C.M. 243 Pli 28

3 ch. A la sortie du village, 3 chambres de charme aménagées dans une maison de caractère, du XVIIIe siècle. 1 chambre (1 lit 2 pers.) et 2 chambres (1 lit 2 pers. 1 lit 1 pers.). Toutes avec salle d'eau et wc privés. Salon. Chauffage central. Terrain de 2 ha. Calme assuré. Restaurant sur place et à Beaune. Sortie autoroute : Beaune et Seurre à 10 km. Langue parlée : anglais.

Prix : 1 pers. **380 F** 2 pers. **400 F** 3 pers. **520 F** pers. sup. **120 F**

Ouvert : de mai à octobre.

13	5	0,5	0,5	13	9	10	13

BALMELLE Alain et Chantal - L'Ormeraie - Rue des Ormes - 21250 CORBERON - Tél : 03 80 26 53 19 - Fax : 03 80 26 54 20

CORCELLES-LES-MONTS

Alt. : 600 m *C.M. 66 Pli 11*

E.C. 3 ch. **Dijon 8 km.** Dans un village calme, 4 chambres d'hôtes aménagées en rez-de-jardin. 3 chambres 2 pers. dont 2 communicantes et 1 chambre 3 pers. Salle d'eau, wc et télévision pour chacune. Chauffage central. Cour et jardin fermés. Parking. Restaurant à 6 km. Sorties autoroutes : A38 Velars-sur-Ouche 3 km, A31 Dijon sud/Longvic 10 km. Langue parlée : anglais.

Prix : 1 pers. **300 F** 2 pers. **350/400 F** 3 pers. **460 F** pers. sup. **70 F**

Ouvert : toute l'année.

8	5	0,5	0,2	5	4	8	15	10	8	6

BERGERY Gisèle - 9 bis rue du Château - 21160 CORCELLES-LES-MONTS - Tél : 03 80 42 92 36 - Fax : 03 80 42 93 32 -
E-mail : thierry.bergery@wanadoo.fr - http://www.fransurf.com/dijon/contrées-ournès

CORGOLOIN

C.M. 243 Pli 15

E.C. 1 ch. Chambre 2 pers. aménagée au 1er étage de la maison des propriétaires, sur une exploitation viticole. Salle d'eau et wc privés. Petit déjeuner servi dans le séjour ou sur la terrasse. Petit salon à disposition. Chauffage central. Cour et jardin. Restaurant à 200 m. Sorties autoroute : Beaune ou Nuits-Saint-Georges à 7 km. Visite du domaine, dégustation et commentaires assurés. Langue parlée : anglais.

Prix : 2 pers. **300 F**

Ouvert : toute l'année sauf pendant les vendanges.

6	0,8	1	8	1	10	4	0,3	0,1

DESERTAUX Bernard - 133, Grande Rue - 21700 CORGOLOIN - Tél : 03 80 62 71 51 - Fax : 03 80 62 70 32

CORPOYER-LA-CHAPELLE

Alt. : 500 m

C.M. 243 Pli 2

1 ch. 1 chambre d'hôtes 2 pers. indépeandante, aménagée à la ferme, et donnant directement sur la cour. Salle d'eau et wc privés. Coin-cuisine. Terrasse. Spécialité fromage de chèvre. Accueil chevaux box ou pré. Location 2 chevaux pour cavaliers confirmés. Restaurant 3 km. Promotion : 1200 F pour 7 nuits. Belle vue, calme assuré. Sortie autoroute : Bierre-les-Semur à 30 km. Langues parlées : anglais, espagnol.

Prix : 1 pers. **200 F** 2 pers. **220 F**

Ouvert : de Pâques à la Toussaint.

3	SP	15	12	12	12

BERTRAND Dominique - l'Arbre Rond - 21150 CORPOYER-LA-CHAPELLE - Tél : 03 80 96 22 89

CORROMBLES

C.M. 65 Pli 17

5 ch. **Avallon 16 km.** 5 chambres d'hôtes 3 pers. avec mezzanine, aménagées dans la grange d'une ancienne ferme restaurée. Salle d'eau et wc privés pour chaque chambre. Chauffage électrique. Salle commune avec cuisine intégrée et TV. Jardin. Garage. Chemin et parking privé indépendants. Randonnées pédestres, circuits VTT à disposition. Sortie autoroute : Bierre-les-Semur à 15 km.

Prix : 1 pers. **230 F** 2 pers. **280 F** 3 pers. **360 F** pers. sup. **80 F**

Ouvert : toute l'année.

2	2	6	2	0,5	11	8	6	40	2	25	2

ICHES Roger et Nicole - 1 rue de la Planche - 21460 CORROMBLES - Tél : 03 80 96 48 67 - Fax : 03 80 96 30 62

COURBAN Le Château

TH

C.M. 243 Pli 3

E.C. 5 ch. **Châtillon-sur-Seine 15 km.** Dans un petit village calme et discret, 5 chambres de grande qualité aménagées dans une belle et ancienne demeure. 4 ch. 2 pers. (lits 1 ou 2 pers.) avec salle d'eau et wc privés. 1 ch. 2 pers. avec salle de bains, lit de repos, wc privés. Séjour, salon, TV sat. et bibliothèque à dispo. Jardins et terrasses. Parking. Animaux admis après accord. Nombreuses excursions. Sorties autoroutes : A5 Ville-sous-la-Ferté ou A31 Chaumont-Semoutiers à 25 km. Langues parlées : anglais, allemand.

Prix : 1 pers. **350/750 F** 2 pers. **420/870 F** pers. sup. **100 F** repas **160 F**

Ouvert : toute l'année

15	7	7	SP	1	15	15	20	7	50	7

VANDENDRIESSCHE Pierre - Le Château - 21520 COURBAN - Tél : 03 80 93 78 69 - Fax : 03 80 93 79 23 -
E-mail : chateau.decourban@wanadoo.fr - http://www.chateaudecourban.fr

COURTIVRON

C.M. 243 Pli 4

2 ch. 2 chambres 2 pers. aménagées dans un chalet à flanc de coteau. Salles d'eau privées et wc communs. Possibilité 2 pers. suppl. et lit bébé. Séjour réservé aux hôtes, bibliothèque, réfrigérateur, mini-four. TV dans les chambres. Chauffage central. Jardin ombragé avec coin pique-nique. Garage. Promotion : 10% sur séjour de 5 nuits minimum. Restaurant 500 m. GR7 à 1,7 km. Notions d'anglais. Sortie autoroute : A31 Til-Châtel à 22 km. Langue parlée : allemand.

Prix : 1 pers. **160/170 F** 2 pers. **200/210 F** pers. sup. **80 F**

Ouvert : toute l'année.

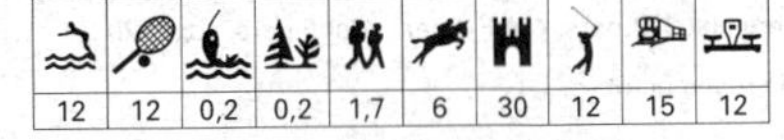

12	12	0,2	0,2	1,7	6	30	12	15	12

HUOT Marie-Jeanne - Châlet de Genevroix - 21120 COURTIVRON - Tél : 03 80 75 12 55 - Fax : 03 80 75 15 62

CURTIL-VERGY Le Val de Vergy

TH

C.M. 65 Pli 19

3 ch. Au cœur du vignoble des Hautes-Côtes, 3 chambres d'hôtes aménagées dans une ancienne maison de vignerons du XVIIIe. Cave magnifique. 1 ch. 2 pers. et 2 ch. 3 pers. Salles de bains et wc privés. Salle commune avec poutres et cheminée. Chauffage central. Pré. Jardin. Terrasse. TH sur réservation 2 fois par semaine. Produits du terroir. Notions en anglais. Animaux admis si petits. Sortie autoroute : Nuits-Saint-Georges à 8 km.

Prix : 1 pers. **220/250 F** 2 pers. **280/320 F** 3 pers. **350/400 F** repas **90/100 F**

Ouvert : du 1er avril au 1er novembre.

1	SP	1	2	0,5	15	20	8	8	2

PUVIS DE CHAVANNES Brigitte - Pellerey - 21220 CURTIL-VERGY - Tél : 03 80 61 41 62 - Fax : 03 80 61 41 62

DARCEY

C.M. 243 Pli 2

2 ch. — 2 chambres d'hôtes 2 ou 3 pers. aménagées dans un pavillon de campagne, à flanc de coteau, entouré d'un grand jardin, au cœur de la Bourgogne. Salles d'eau privées et wc communs. Séjour. Salon-lecture. Bibliothèque. TV. Coin-cuisine aménagé sous pergola. Pré. Jardin. Aire de jeux. Cour. Parking. Restaurant à 3,5 km. Sortie autoroute : Semur-en-Auxois à 25 km.

Prix : 1 pers. **200 F** 2 pers. **220 F** 3 pers. **270 F** pers. sup. **50 F**

Ouvert : du 1er avril au 15 novembre.

17	0,5	0,5	0,5	0,3	10	10	10	10	10	0,5

GOUNAND Claude et Huguette - Villa le Clos - D 19 A, route de la Villeneuve - 21150 DARCEY - Tél : 03 80 96 23 20 - Fax : 03 80 96 23 20 - E-mail : claude.gounand@libertysurf.fr

ECHALOT

Alt. : 500 m — TH — *C.M. 243 Pli 3*

3 ch. — 2 chambres d'hôtes 3 pers. (3 épis) et 1 chambre 2 pers. (2 épis) aménagées dans une maison de caractère avec salles d'eau et wc privés. Séjour, salon et télévision à disposition. Chauffage central. Terrasse. Jardin. Parking. Repas sur demande. Sortie autoroute : Til-Châtel à 40 km. Langue parlée : allemand.

CV

Prix : 1 pers. **150 F** 2 pers. **230 F** 3 pers. **300 F** repas **80 F**

Ouvert : toute l'année.

6	5	0,5	6	50	6	5	30	11

BONNEFOY Rita - Rue du Centre - 21510 ECHALOT - Tél : 03 80 93 86 84

ECUTIGNY Le Château

TH — *C.M. 243 Pli 14/15*

6 ch. — 6 chambres de prestige de 2 ou 3 pers., dont 1 suite, aménagées dans un château des XIIe et XVIIe siècles au cœur de l'Auxois. Salles de bains ou salles d'eau et wc privés. Séjour. Bibliothèque. Coin-cuisine, salon. Chambres avec TV. Ch. central. Parc, aire de jeux, écurie, pré, garage. Restaurant 4 km. Taxe de séjour incluse. Sortie autoroute : Beaune à 20 km. Langues parlées : anglais, espagnol.

CV

Prix : 1 pers. **504/804 F** 2 pers. **508/808 F** 3 pers. **612/1012 F** pers. sup. **104 F** repas **250 F**

Ouvert : toute l'année.

25	0,2	0,5	3	1	10	15	25	25	4

ROCHET Patrick et Françoise - Le Château - 21360 ECUTIGNY - Tél : 03 80 20 19 14 - Fax : 03 80 20 19 15 - E-mail : info@chateaudecutigny.com - http://www.chateaudecutigny.com

EPERNAY-SOUS-GEVREY

C.M. 243 Pli 16

5 ch. — 5 chambres d'hôtes aménagées à l'étage d'une ancienne auberge restaurée. 3 ch. 2 pers., 1 ch. 3 pers. et 1 ch. 4 pers. Salles d'eau ou salle de bains et wc privés. Salon, bibliothèque. Chauffage central. Jardin. Parking. Restaurant à 6 km. Taxe de séjour incluse. Sortie autoroute : Nuits-Saint-Georges à 12 km. Langue parlée : anglais.

Prix : 1 pers. **254 F** 2 pers. **338 F** 3 pers. **392 F** pers. sup. **54 F**

Ouvert : toute l'année.

6	6	2	0,5	4	10	6	6	8	6

PLIMMER Jules et Jane - La Vieille Auberge - 4 place des Tilleuls - 21220 EPERNAY-SOUS-GEVREY - Tél : 03 80 36 61 76 - Fax : 03 80 36 64 68

EPOISSES Plumeron

C.M. 243 Pli 1

2 ch. — 2 chambres de caractère aménagées dans une vieille ferme restaurée en activité. L'une familiale avec une grande baie vitrée et une terrasse ouvrant sur le parc, l'autre tout aussi agréable avec une belle charpente apparente. Sanitaires privés. Ch. élect. Coin-kitchenette. Jardin. Parking. Restaurant 1 km. Promotion : 2 nuits 2 pers. 500 F, 7 nuits au prix de 6. Sortie autoroute : A6 Avallon ou Bierre-les Semur à 12 km. Langues parlées : anglais, allemand.

CV

Prix : 1 pers. **200 F** 2 pers. **280 F** 3 pers. **350 F** pers. sup. **70 F**

Ouvert : toute l'année.

0,5	0,5	5	5	0,1	12	60	3	25	5	24	1

VIRELY Bernard et Claudine - 2 route du Serein - Plumeron - 21460 EPOISSES - Tél : 03 80 96 44 66 - Fax : 03 80 96 33 97

FIXIN

C.M. 243 Pli 16

2 ch. — 2 chambres d'hôtes aménagées dans une maison située sur une exploitation agricole. Salle d'eau ou salle de bains privées. WC communs. Séjour. Télévision. Chauffage central. Grande véranda. Jardin ombragé. Parking. Restaurant à 500 m. GR7. Taxe de séjour incluse dans les tarifs. Sortie autoroute : Dijon-Chenôve à 6 km.

Prix : 1 pers. **170 F** 2 pers. **230 F** 3 pers. **300 F**

Ouvert : toute l'année.

6	3	5	2	2	10	1	3	15	10	10	2

MIGNARDOT Eliane - Ferme des Champs aux Pierres - 21220 FIXIN - Tél : 03 80 52 45 73

FLAGEY-ECHEZEAUX Petit Paris *C.M. 243 Pli 16*

4 ch. Au bord de la Vouge dans un parc aux arbres centenaires, 4 chambres 2 pers. sont aménagées dans les dépendances d'une maison du XVIIe siècle. Ces chambres très confortables, personnalisées s'articulent autour d'un grand atelier de gravure et de peinture. Salle d'eau ou salle de bains et wc privés chacune. Séjour. Salon. Bliothèque. Jardin. Rivière et vivier. Possibilité lits supplémentaires pour enfant ou adolescent. Promotion : 3 nuits, une bouteille offerte. Taxe de séjour incluse. Sortie autoroute : Nuits Saint-Georges à 5 km. Langues parlées : anglais, espagnol.

Prix : 1 pers. **450/500 F** 2 pers. **450/500 F**

Ouvert : toute l'année.

0,8	0,8	5	0,8	1,5	4	1	8	15	5	1	0,1

BUFFEY Nathalie - 6 rue du Petit Paris - Pont Chevalier-Gilly - 21640 FLAGEY-ECHEZEAUX - Tél : 03 80 62 84 09 ou 03 80 62 83 88

FLEUREY-SUR-OUCHE La Velotte (TH) *C.M. 65 Pli 20*

1 ch. 1 chambre aménagée dans une maison de village restaurée. Salle de bains et wc privés. Lit bébé. Salon, séjour et TV. Bibliothèque. Terrasse. Jardin privatif, cour fermée par des murs de pierres sèches, près d'une église du XIIe s. Potager et pelouse au milieu d'un très joli paysage de la Vallée de l'Ouche. Repas le soir sur réservation, boissons comprises. Barbecue à disposition. Jeux d'enfants. Panier pique-nique sur demande le midi. Promotion : 4 nuits au prix de 3 sauf juillet et août.

CV

Prix : 1 pers. **250 F** 2 pers. **302 F** 3 pers. **400 F** pers. sup. **70 F**
repas **100 F**

Ouvert : de mars à novembre, fêtes de fin d'année et février.

10	1	0,3	0,7	0,8	0,8	10	1	25	0,3	15	1

DODET-RIGHETTI Josette - La Velotte - 15/17 Rue Saint-Jean - 21410 FLEUREY-SUR-OUCHE - Tél : 03 80 33 65 26 ou 06 62 49 65 26 - Fax : 03 80 33 65 26

FONTAINE-FRANCAISE Le Vieux Moulin (TH) *C.M. 66 Pli 13*

6 ch. Dans le cadre d'un moulin à eau du XVIIe siècle avec roue à augets et machinerie. 6 chambres (3 ch. 2 épis et 3 ch. 3 épis), salles d'eau ou bains et wc privés. Cuisine, micro-ondes à disposition. Entrée indép. Jardin. Piscine privée. Aire de jeux. Abri couvert. Parking. TH sur résa. Petits animaux admis. Notions d'allemand et anglais. Circuits découverte. Cartes et livres régionaux-Edition. Sortie autoroute : Til-Châtel à 15 km (A31 - N°5).

CV

Prix : 1 pers. **250 F** 2 pers. **301 F** 3 pers. **374 F** pers. sup. **72 F**
repas **99 F**

Ouvert : toute l'année.

SP	0,2	SP	1	9	15	35	SP	38	0,2

BERGER Patrick - Le Vieux Moulin - 11 rue Henry Berger - 21610 FONTAINE-FRANCAISE - Tél : 03 80 75 82 16 - Fax : 03 80 75 97 52 - E-mail : PATRICK.BERGER2@wanadoo.fr - http://perso.wanadoo.fr/le-vieux-moulin/

FRANCHEVILLE Alt. : 550 m *C.M. 66 Pli 13*

3 ch. Dans une grande maison ancienne, 3 chambres d'hôtes avec salles d'eau et wc privés. Chauffage central. Séjour. Cuisine. Salon avec cheminée et TV à disposition. Jardin. Aire de jeux. Parking. Restaurants à proximité. GR2 et GR7. Région boisée, très calme. Tarif dégressif à partir de la 3e nuit. Sortie autoroute : A6 Pouilly-en-Auxois ou A31 Til-Châtel à 20 km.

Prix : 1 pers. **200 F** 2 pers. **250 F** 3 pers. **300 F**

Ouvert : toute l'année.

18	0,2	15	0,2	7	30	20	35	20	9

DROUOT Gérard et Denise - 21440 FRANCHEVILLE - Tél : 03 80 35 01 93 - Fax : 03 80 35 07 27

FRANXAULT *C.M. 243 Pli 5*

2 ch. Dans un ferme à colombages renovée, une grande chambre (2 à 4 pers.) et une chambre 2 pers. aménagées au rez-de-chaussée avec entrée indépendante de la maison. Salle d'eau et wc privés pour chacune. Salon et kitchenette réservés aux hôtes. Télévision. Jardin, cour fermée. Lac à 4 km. Notions d'anglais. Sortie autoroute : A36 Seurre à 10 km ou A39 à 18 km.

Prix : 1 pers. **180 F** 2 pers. **240 F** 3 pers. **300 F** pers. sup. **60 F**

Ouvert : toute l'année.

12	5	5	2	35	5	6	6

LASNIER Dominique & Florence - L'Oseraie - 24 rue Bossuet - 21170 FRANXAULT - Tél : 03 80 39 26 20 ou 06 68 30 33 69 - E-mail : flo_@club-internet.fr

FRESNES Morville (TH) *C.M. 65 Pli 8*

2 ch. A 7 km de l'Abbaye de Fontenay, dans un hameau, 2 chambres d'hôtes 2 pers. aménagées sur une exploitation agricole. Salle d'eau privée et wc communs. Salle de billard, jeux, TV et Magnet. Mini-bar. Chauffage central. Parking. Visite de la chèvrerie. Table d'hôtes sur réservation. Sortie autoroute : Bierre-les-Semur à 33 km.

CV

Prix : 1 pers. **150 F** 2 pers. **210 F** pers. sup. **110 F** repas **55/95 F**
1/2 pens. **200/245 F**

Ouvert : toute l'année.

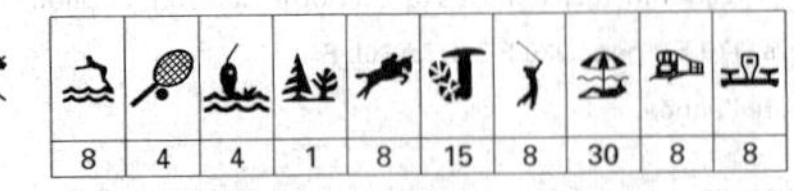

8	4	4	1	8	15	8	30	8	8

MAROT Guy - Morville - 21500 FRESNES - Tél : 03 80 92 12 76

GEVREY-CHAMBERTIN *C.M. 243 Pli 16*

3 ch. 3 chambres dont 1 ch. 3 épis aménagées dans une grande maison bourgeoise, située au cœur du village et à proximité des vignes. Salle de bains ou salle d'eau et wc privés. Salle à manger. Chauffage central. Petit jardin d'agrément. Restaurants au village. Notions d'anglais. GR7. Sortie A6 : Nuits-Saint-Georges à 10 km ou Dijon-Sud.

Prix : 1 pers. **233 F** 2 pers. **286 F**

Ouvert : toute l'année.

5	1,5	2	1	1	11	0,2	3	15	5	3	0,5

SYLVAIN Geneviève - 14 rue de l'Eglise - 21220 GEVREY-CHAMBERTIN - Tél : 03 80 51 86 39 - Fax : 03 80 51 86 39

GEVREY-CHAMBERTIN Clos Saint-Jacques *C.M. 243 Pli 16*

3 ch. 3 chambres d'hôtes aménagées dans une ancienne maison de caractère, dans un clos de vignes, classées 1 et 2 épis. 1 chambre (2 lits 1 pers.) et 2 chambres communicantes (1 lit 2 pers. 4 lits 1 pers.). Salles d'eau privées. WC communs. Chauffage central. Jardin. Parking. Taxe de séjour incluse. Sortie autoroute : Dijon à 10 km.

Prix : 1 pers. **183 F** 2 pers. **236 F** 3 pers. **309 F**

Ouvert : toute l'année.

4	1	0,3	0,3	11	SP	1	11	5	1	0,5

BARTET Geneviève - Clos-Saint-Jacques - 3 rue Neuve - 21220 GEVREY-CHAMBERTIN - Tél : 03 80 51 82 06

GEVREY-CHAMBERTIN *C.M. 243 Pli 16*

3 ch. 3 chambres aménagées dans une maison de caractère, située sur le domaine viticole. 2 ch. 3 et 4 pers. (2 épis) et 1 ch. 4 pers. (3 épis). 1 salle de bains et wc privés. 2 salles d'eau privées et wc communs. Ch. central. Coin-kitchenette. Jardin. Parking ext. Restaurants 500 m. Taxe de séjour incluse. Sortie A31, Dijon ou Nuits-Saint-Georges à 10 km. Langue parlée : anglais.

Prix : 1 pers. **154 F** 2 pers. **208/258 F** 3 pers. **312/362 F**

Ouvert : de février à novembre.

11	1	3	3	11	1	3	11	5	2	3

DOMAINE MARCHAND FRERES - 1 place, du Monument aux Morts - 21220 GEVREY-CHAMBERTIN - Tél : 03 80 34 38 13 - Fax : 03 80 34 39 65 - E-mail : marchand@axnet.fr

GEVREY-CHAMBERTIN *C.M. 243 Pli 16*

3 ch. Au milieu des vignes, 2 chambres 3 et 4 pers. chacune avec mezzanine et entrée indépendante, aménagées de plain-pied dans une annexe, 1 chambre 3 pers. dans la maison du propriétaire antiquaire. Toutes avec salle d'eau et wc privés . Chauffage élect. Séjour. Salon. Bibliothèque. TV. Jardin. Parking. Taxe de séjour incluse. Antiquité sur place. Sortie autoroute : Dijon-Chenôve à 4 km. Langue parlée : anglais.

Prix : 2 pers. **352 F** 3 pers. **453 F** pers. sup. **101 F**

Ouvert : toute l'année.

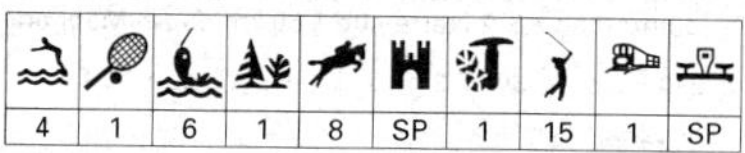

4	1	6	1	8	SP	1	15	1	SP

FOLLOT Jeannine - 33 rue de la Croix des Champs - 21220 GEVREY-CHAMBERTIN - Tél : 03 80 34 35 17 ou 06 07 87 65 26 - Fax : 03 80 34 35 17

GEVROLLES *C.M. 61 Pli 18*

E.C. 2 ch. 2 chambres d'hôtes 2 pers. aménagées dans une ancienne maison rénovée avec entrée indépendante. Lavabo dans chaque chambre, salle d'eau et wc communs. Séjour à disposition. Chauffage électrique. Jardin. Parking. Restaurant à 11 km. Sortie autoroute : Ville/La Ferté à 15 km.

Prix : 1 pers. **170 F** 2 pers. **220 F**

Ouvert : du 1er juin au 1er septembre.

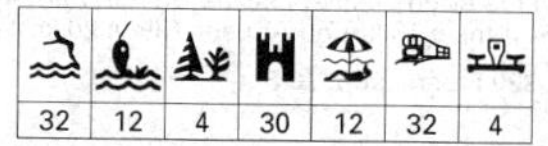

32	12	4	30	12	32	4

PELLISER Janine et Jacques - 7 Petite Rue - 21520 GEVROLLES - Tél : 03 80 93 56 15 ou 01 47 56 04 16 - Fax : 03 80 93 56 15

GILLY-LES-CITEAUX *C.M. 66 Pli 12*

4 ch. Dans un joli village de la côte viticole, 4 chambres spacieuses et très confortables, au décor raffiné et personnalisé sont aménagées dans une belle demeure historique du XVIIIe siècle (Directoire). Vue sur le parc aux arbres centenaires. Salle de bains et wc privés pour chaque chambre. Salle de séjour. Salon. TV. Chauffage central. Parking dans parc clos. Aire de jeux. Loc. VTT. Taxe de séjour incluse. Sortie autoroute : Nuits-St-Georges à 5 km. Langues parlées : anglais, allemand, espagnol.

Prix : 1 pers. **425/525 F** 2 pers. **450/550 F** 3 pers. **550/650 F** pers. sup. **100 F**

Ouvert : toute l'année.

1	1	0,5	2	3	0,5	4	20	1	0,6	0,3

LANAUD André et Sandrine - « La Closerie de Gilly » - 16 Avenue Bouchard - 21640 GILLY-LES-CITEAUX - Tél : 03 80 62 87 74 - Fax : 03 80 62 87 74 - E-mail : as.lanaud@wanadoo.fr

IS-SUR-TILLE Le Vieux Moulin

(TH) *C.M. 243 Pli 16*

E.C. 3 ch. CV — En bordure de rivière, 3 chambres d'hôtes aménagées dans un ancien moulin à eau. 2 chambres 2 pers. et 1 chambre 3 pers. avec salle d'eau et wc privés pour chaque chambre. Séjour. Salon avec TV. Chauffage central. Jardin au bord de l'eau. Garage. TH sur réservation. Promotion : 4 nuits au prix de 3. Sortie autoroute : Til-Châtel à 9 km. Langue parlée : allemand.

Prix : 1 pers. **180 F** 2 pers. **220 F** 3 pers. **280 F** pers. sup. **80 F**
repas **70 F**

Ouvert : toute l'année.

0,3	0,3	SP	1	1	2	30	16	20	2	0,1

DORAL Annie - Le Vieux Moulin - 6 rue Pierre Perrenet - BP 13 - 21120 IS-SUR-TILLE - Tél : 03 80 95 02 92

JOURS-LES-BAIGNEUX Cessey

(TH) *C.M. 243 Pli 2*

3 ch. — 3 chambres aménagées dans la maison de caractère de la ferme, au milieu d'un environnement calme et reposant. 2 chambres communicantes 2 et 3 pers. avec salle de bains et wc, 1 chambre 2 pers. avec salle d'eau et wc privés. Chauffage central et électrique. Séjour. TV. Repas le soir sur résa. Jardin. Aire de jeux. Garage. Poss. logement de chevaux sur place. Sortie autoroute : Bierre-les-Semur à 26 km.

Prix : 1 pers. **150 F** 2 pers. **200 F** 3 pers. **250 F** repas **85 F**

Ouvert : toute l'année.

25	3	5	0,1	15	16	15	16	3

AUBRY Marie-Thérèse - Cessey - 21450 BAIGNEUX-LES-JUIFS - Tél : 03 80 96 51 89 - Fax : 03 80 96 52 75

JOURS-LES-BAIGNEUX

C.M. 243 Pli 2

4 ch. — 4 chambres 2 pers. aménagées dans une belle maison ancienne et restaurée. Salle d'eau et wc privés pour chaque chambre. Chauffage central. Séjour. Terrasse donnant accès à un grand jardin arboré. Parking. Vue splendide sur la campagne environnante, magnifique château Renaissance. Village très fleuri. GR2. Sortie autoroute : Bierre-les-Semur à 30 km.

Prix : 1 pers. **230 F** 2 pers. **250 F** pers. sup. **100 F**

Ouvert : toute l'année.

20	5	SP	SP	SP	17	50	20	18	18	5

DESCOMBES Juliette - Grande Rue - 21450 JOURS-LES-BAIGNEUX - Tél : 03 80 96 52 22

LAIGNES

C.M. 65 Pli 7/8

2 ch. CV — 2 belles chambres aménagées dans une maison traditionnelle avec accès de plain-pied par le jardin. 1 ch. 2 pers. et 1 suite 2/4 pers. Salle d'eau ou salle de bains et wc privés. Chauffage central. Séjour. Kitchenette. TV. Entrée indép. et parking dans le jardin privé clos, calme et fleuri. Promo. : 260 F 2 pers. à partir de le 2e nuit. Taxe de séjour offerte. Notions en allemand. Sortie autoroute : A6 Auxerre-sud à 60 km ou A5 Magnant à 40 km. Langue parlée : anglais.

Prix : 1 pers. **210 F** 2 pers. **300 F** 3 pers. **370 F** pers. sup. **50 F**

Ouvert : toute l'année.

16	SP	3	SP	SP	3	3	20	4	30	SP

RECQ Danielle - Rue du 8 mai 1945 - 21330 LAIGNES - Tél : 03 80 81 47 46 - Fax : 03 80 81 47 46

LAMARCHE-SUR-SAONE

C.M. 66 Pli 13

4 ch. — Au cœur de notre belle campagne bourguignonne, au bord de la Saône, 4 chambres d'hôtes aménagées dans une maison ancienne de caractère. Salle de bains, wc dans chaque chambre. Chauffage central au gaz. Salon, cheminée. Cour et jardin fleuris dans terrain clos et ensoleillé. Piscine privée, baby-foot, jeux divers. Restaurant à 100 m et à 3 km. Notions en allemand. Sortie autoroute : Soirans à 15 km ou Arc-sur-Tille à 20 km. Langue parlée : espagnol.

Prix : 2 pers. **250 F** 3 pers. **320 F** pers. sup. **70 F**

Ouvert : toute l'année.

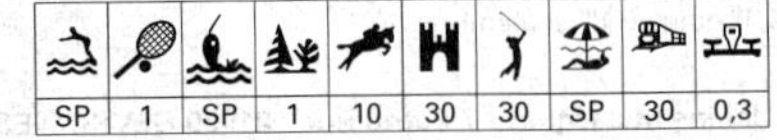

SP	1	SP	1	10	30	30	SP	30	0,3

CLEMENT Martine - 15 rue du Pont - 21760 LAMARCHE-SUR-SAONE - Tél : 03 80 47 87 69 ou 03 80 47 17 04 - Fax : 03 80 47 40 06

LONGECOURT-EN-PLAINE

C.M. 243 Pli 16

3 ch. — Au calme, 3 chambres décorées avec goût, aménagées dans une maison uniquement réservée aux hôtes, située à quelques kilomètres des vignobles et de l'Abbaye de Cîteaux. Entrée indépendante dans une grande salle avec coin-salon. Salle d'eau et wc privés. Cuisine. Jardin. Terrain. Parking fermé. Tous commerces. Réduction pour long séjour. Restaurant à 2 km. Le village est traversé par le Canal de Bourgogne où la pêche et le vélos sont un vrai plaisir. Sortie autoroute : Crimolois ou Longvic à 10 km.

Prix : 1 pers. **170 F** 2 pers. **230 F** 3 pers. **280 F** pers. sup. **50 F**

Ouvert : toute l'année.

SP	SP	1	6	15	12	6	SP	SP

MERLE Arielle - 22 rue du Murot - 21110 LONGECOURT-EN-PLAINE - Tél : 03 80 39 73 68

MAGNY-LES-VILLERS

C.M. 243 Pli 15

4 ch. 4 chambres personnalisées, avec entrée indépendante, aménagées dans une maison bourguignonne ancienne, chez un apiculteur. 2 ch. 2 pers. 1 ch. 3 pers. et 1 ch. 4 pers. Salles d'eau et wc privés. Poss. de cuisine dans salle à manger. Chauffage central. Jardin ombragé. Balançoire. Parking. Restaurants 3 km. Table d'hôtes sur réservation. Atmosphère décontractée. Animaux admis après accord. Location vélos sur place. Taxe de séjour incluse. Réduction à partir de la 2e nuit. Sortie autoroute : Beaune à 6 km. Langue parlée : anglais.

Prix : 1 pers. **180 F** 2 pers. **230 F** 3 pers. **290 F** repas **90 F**

Ouvert : de mars à novembre, sur réservation le reste de l'année.

8	0,2	7	0,2	1	0,2	10	10	7	5	1

GIORGI Françoise - « La Maison des Abeilles » - Route de Pernand-Vergelesses - 21700 MAGNY-LES-VILLERS - Tél : 03 80 62 95 42

MAGNY-LES-VILLERS

C.M. 69 Pli 9

2 ch. 2 chambres d'hôtes communicantes aménagées dans une ancienne maison vigneronne au calme. Entrée indépendante. Salle d'eau et wc privés. Salle de séjour. Chauffage central. Cour ombragée avec terrasse et pelouse. Parking. Caves au village. GR7. Taxe de séjour incluse. Sortie autoroute : Nuits-St-Georges à 8 km/Beaune-Nord, sortie 24 à 6 km. Langue parlée : allemand.

Prix : 1 pers. **200 F** 2 pers. **260 F** 3 pers. **320 F** pers. sup. **58 F**

Ouvert : toute l'année.

8	3	4	0,5	1	SP	10	12	4	3	1

DUMAY Micheline - Ruelle du Puits - 21700 MAGNY-LES-VILLERS - Tél : 03 80 62 91 16

MAGNY-LES-VILLERS

C.M. 243 Pli 15

2 ch. 2 chambres d'hôtes aménagées dans un bâtiment contigu, au 1er étage avec entrée indépendante. Chaque chambre comprenant 1 lit 2 pers. et en mezzanine 2 lits 1 pers. avec salle de bains, wc privés. Kitchenette. Chauffage central. Parking. Cour. Restaurant à 3 km. Animaux admis après accord. Réduction à partir de la 2e nuit. Taxe de séjour incluse. Location de vélos sur place avec itinéraires. Sortie autoroute : Beaune à 6 km. Langue parlée : anglais.

Prix : 1 pers. **180 F** 2 pers. **230 F** 3 pers. **290 F** repas **90 F**

Ouvert : de mars à novembre, sur réservation le reste de l'année.

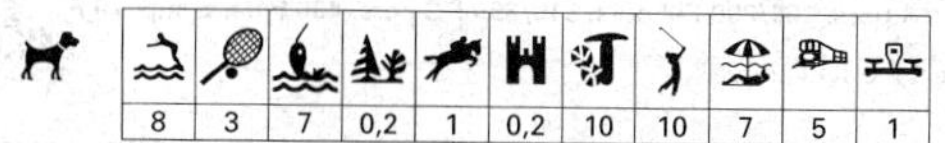

8	3	7	0,2	1	0,2	10	10	7	5	1

GIORGI Jérémie - « La Maison des Abeilles » - Route de Pernand-Vergelesses - 21700 MAGNY-LES-VILLERS - Tél : 03 80 62 95 42

MAGNY-SUR-TILLE

C.M. 243 Pli 17

2 ch. 2 chambres d'hôtes 2 pers. avec possibilité 1 personne supplémentaire, aménagées dans une maison individuelle récente. Entrée indépendante. Salle d'eau et wc communs. Chauffage central. Coin-kitchenette. Jardin. Aire de jeux. Sortie autoroute : Crimolois-Dijon à 7 km. Langue parlée : allemand.

Prix : 1 pers. **120 F** 2 pers. **180 F** pers. sup. **30 F**

Ouvert : toute l'année.

12	0,3	0,3	1	8	20	20	8	1	7	6

MAIRE Camille et Simone - 3 rue de l'Abbayotte - 21110 MAGNY-SUR-TILLE - Tél : 03 80 31 56 40 - Fax : 03 80 31 56 40 - E-mail : camille.maire@caramail.com

MAISON-DIEU Précy-sous-Thil

C.M. 65 Pli 7

1 ch. 1 chambre d'hôtes 3 pers. aménagée dans une ferme indépendante, avec salle d'eau et wc privés. Séjour à disposition. Chauffage central. Jardin. Parking. Possibilité logement chevaux. Restaurant à 2 km. Sortie autoroute : Bierre-les-Semur à 6 km.

Prix : 1 pers. **155 F** 2 pers. **200 F** 3 pers. **240 F** pers. sup. **35 F**

Ouvert : toute l'année.

18	2	2	0,5	16	30	2	12	30	2

LAURIER Claude - Maison-Dieu - 21390 PRECY-SOUS-THIL - Tél : 03 80 64 57 83

MALIGNY

C.M. 243 Pli 2

2 ch. 2 chambres 2 pers. aménagées dans une maison ancienne fort bien restaurée. Salles de bains et wc privés. Salon avec TV à disposition. Bibliothèque. Chauffage au bois et électrique. Jardin. Aire de jeux. Garage. Restaurant 4 km. Gratuit pour enfant -10 ans. Karting à Pouilly-en-Auxois. Montgolfière, ULM, baptême de l'air à 20 km. Sortie autoroute : Pouilly-en-Auxois à 16 km. Langue parlée : anglais.

Prix : 1 pers. **270 F** 2 pers. **300 F**

Ouvert : toute l'année.

6	2	0,2	20	20	20	6	30	6

PAILLARD Véronique - 21230 MALIGNY - Tél : 03 80 84 26 39

MARCIGNY-SOUS-THIL Saulx *C.M. 243 Pli 14*

2 ch. 2 chambres 2 et 3 pers. (2 et 3 épis) aménagées à l'étage d'une maison ancienne restaurée. Salles d'eau et wc privés. Salon, TV et bibliothèque. Chauffage central. Jardin. Parking. Produits fermiers à 6 km. Promotion : tarif dégressif à partir de la 3e nuit. Restaurant à 6 km. Sortie autoroute : Bierre-les-Semur à 7 km ou Pouilly-en-Auxois à 22 km.

CV

Prix : 1 pers. **190/220 F** 2 pers. **220/260 F** 3 pers. **310 F** pers. sup. **50 F**

Ouvert : du 15 mars au 15 novembre.

11	6	0,5	0,5	3	8	12	10	11	30	6

PICARD Etienne et Monique - Saulx - 21390 MARCIGNY-SOUS-THIL - Tél : 03 80 64 53 35

MARSANNAY-LA-COTE *C.M. 66 Pli 11*

4 ch. Près de Dijon sur la célèbre route des grands Crus, vous serez chaleureusement accueillis dans une belle demeure de vignerons du XVIIIe. De belles chambres et un vaste séjour avec poutres et pierres apparentes ont été aménagés dans l'ancienne cuverie. Sanitaires privés. Aux beaux jours vous apprécierez la piscine dans le grand jardin clos. TV. Belles balades à vélo dans les vignes. Taxe de séjour incluse. Sortie autoroute : Dijon-Sud 6 km. Langue parlée : anglais.

CV

Prix : 1 pers. **400 F** 2 pers. **450 F** 3 pers. **550 F**

Ouvert : toute l'année.

SP	1	10	1	1	1	0,1	3	10	7	SP

LAVOUE Terri-Lee & Frédéric - 31 rue de Mazy - 21160 MARSANNAY-LA-COTE - Tél : 03 80 52 50 32 - Fax : 03 80 51 37 38 - E-mail : LLavoue@aol.com

MARSANNAY-LA-COTE *C.M. 66 Pli 11*

3 ch. Sur la Route des Grands Crus, au cœur d'un village viticole, 3 charmantes chambres (2 et 4 pers.), totalement indépendantes et aménagées dans une ancienne maison de vignerons. Salles d'eau et wc privés. Poss. TV. Salons avec TV. Jardin avec grands arbres. Parking privé fermé. Prêt de vélos. Verre de l'amitié au caveau. Bon restaurant 300 m. Taxe de séjour incluse. Sortie autoroute : Dijon-sud 6 km. Langue parlée : anglais.

Prix : 1 pers. **260/300 F** 2 pers. **310/350 F** 3 pers. **430 F** pers. sup. **70 F**

Ouvert : toute l'année.

3	1	20	0,8	0,1	1	0,3	2	15	6	0,3

VIENNET J.Charles & Brigitte - 34 rue de Mazy - 21160 MARSANNAY-LA-COTE - Tél : 03 80 59 83 63 - Fax : 03 80 59 83 28 - E-mail : viennet.Jean-Charles@wanadoo.fr - http://perso.wanadoo.fr/gite.marsannay

MAXILLY-SUR-SAONE (TH) *C.M. 243 Pli 17*

3 ch. Dans village des bords de Saône, 3 chambres dans belle maison ancienne en r.d.c. et 1er étage. 2 ch. (1 lit 2 pers. 2 lits 120), salles d'eau et wc. 1 chambre familiale (1 lit 2 pers. 2 lits 1 pers.), salle de bains et wc. Séjour, salon, cheminée, TV. Déco et ambiance bistro. Cour, parking, espaces verts. TH le soir sur résa sauf dimanche. Promo. : 3 nuits -10%. A disposition : billard, juke box, bibliothèque, VTT, tandem, barque avec moteur. Sortie autoroute : Arc-sur-Tille à 25 km.

CV

Prix : 1 pers. **190 F** 2 pers. **250 F** 3 pers. **320 F** pers. sup. **70 F** repas **90 F**

Ouvert : toute l'année.

10	2,5	1	3	15	30	30	0,1

FONTENILLE Yves - 2 rue de Talmay - 21270 MAXILLY-SUR-SAONE - Tél : 03 80 47 41 95

MERCEUIL Cissey *C.M. 243 Pli 27*

2 ch. 2 chambres d'hôtes classées 1 et 2 épis, aménagées par des agriculteurs à l'étage d'une ancienne ferme bourguignonne. 1 salle d'eau privée et 1 salle d'eau commune. WC communs. Chauffage central. Jardin. Aire de jeux. Pré. Restaurant à 4 km. Sortie autoroute : Beaune à 4 km.

CV

Prix : 1 pers. **160/180 F** 2 pers. **200/250 F** 3 pers. **240/280 F**

Ouvert : toute l'année.

10	1,5	0,5	1	7	0,3	10	7	2	7	1,5

MARTIN Henry et Noëlle - Cissey - Rue Louis Courtot - 21190 MERCEUIL - Tél : 03 80 21 47 39

MESSANGES *C.M. 243 Pli 15*

5 ch. 5 chambres aménagées dans une maison ancienne rénovée. 3 ch. 2 pers. (1 épi, lits 1 pers. ou 2 pers.). Lavabo dans chaque chambre. Salle d'eau et wc communs. Appartement de 80 m^2 (3 épis) : 2 ch. 2 pers. communicantes, salon, TV, cuisine et salle à manger, salle de bains et wc privés. Chauffage central. Terrasse. Pelouse. Parking. Restaurant 2 km. GR7. Taxe de séjour incluse. Sortie autoroute : A31 Nuits-Saint-Georges à 7 km. Langue parlée : allemand.

CV

Prix : 1 pers. **210 F** 2 pers. **240/330 F** 3 pers. **450 F**

Ouvert : toute l'année sauf du 25/12 au 31/12.

7	7	2	1	2	3	10	20	7	7	2

RUCH Marie-Louise - 23 A, Grande Rue - 21220 MESSANGES - Tél : 03 80 61 41 29 - Fax : 03 80 61 48 40

MESSIGNY-ET-VANTOUX
C.M. 66 Pli 12

5 ch. 3 chambres et un appartement de 2 chambres pour une même famille, aménagés dans une maison récente. Salle d'eau et wc privés pour 3 chambres et salle d'eau et wc pour l'appartement. Chauffage électrique. Salle de séjour, salon, cuisine. Jardin et parking. Parc paysager aux arbres centenaires. Promenades équestres et bois de Jouvence à proximité. Sortie autoroute : Dijon-nord à 4 km. Langues parlées : anglais, allemand.

Prix : 1 pers. **230 F** 2 pers. **280 F** pers. sup. **50 F**

Ouvert : toute l'année.

8	SP	1	1	1	0,5	15	3	10	0,3

DESCHAMPS Michel et Annette - 20 rue de la Maladière - 21380 MESSIGNY-ET-VANTOUX - Tél : 03 80 35 48 54

MEUILLEY
C.M. 243 Pli 15

1 ch. Au calme, sur propriété ancienne, avec agréable cadre de verdure, une suite haut de gamme aménagée dans une maison d'amis indépendante. 1 lit 2 pers. 1 salon avec 2 lits 1 pers. A disposition, salle à manger et coin-cuisine. Salle de bains et wc privés. Prix : 4 pers. : 620 F. Prix forfaitaire 7 nuits. Mobilier XVIIIe, bibliothèque, TV. Pelouse, terasse ombragée. Parking privé fermé. Restaurant à proximité. Notions d'anglais. Sortie autoroute : Nuits-Saint-Georges à 6 km. Taxe de séjour incluse.

Prix : 2 pers. **380 F** 3 pers. **500 F** pers. sup. **120 F**

Ouvert : toute l'année.

6	6	6	0,1	2	0,2	16	17	6	6	SP

TROISGROS Roland et Annie - Le Clos de l'Ampelopsis - 21700 MEUILLEY - Tél : 03 80 61 25 35 -
E-mail : Annie.Roland.TROISGROS@wanadoo.fr - http://www.perso.wanadoo.fr/troisgros.ampelopsis/

MEUILLEY
C.M. 243 Pli 15

1 ch. Au village, 1 chambre d'hôtes 2 pers. aménagée dans une maison indépendante bourguignonne très typique, située sur une propriété viticole. Poss. lit pliant pour enfant (53 F). Salle d'eau et wc privés. Chauffage central. Bibliothèque. Coin-cuisine. Parking. Restaurant à 2 km. Taxe de séjour incluse. Sortie autoroute : Nuits-Saint-georges 6 km.

Prix : 1 pers. **213 F** 2 pers. **246 F**

Ouvert : toute l'année.

6	6	3	0,5	SP	3	0,5	15	20	6	6	0,5

LELIEVRE Viviane & Jean-Marie - Rue Gabriel Bachot - 21700 MEUILLEY - Tél : 03 80 61 17 65 - Fax : 03 80 61 17 65

MEUILLEY
C.M. 243 Pli 15

2 ch. Au calme, 2 chambres d'hôtes 2 pers. (facile d'accès pour personnes handicapées), aménagées dans une maison récente, entourée d'un grand jardin, dans un village viticole. Salle d'eau et wc privés. Salle de séjour. Télévision dans la chambre. Parking. Chauffage central. Taxe de séjour incluse. Sortie autoroute : Nuits-Saint-Georges à 6 km.

CV

Prix : 1 pers. **225 F** 2 pers. **250 F**

Ouvert : toute l'année.

6	6	0,6	SP	2	SP	15	15	6	6	1

MIELLE Solange - 21700 MEUILLEY - Tél : 03 80 61 27 13

MEULSON Le Clos Lucotte
TH — *C.M. 65 Pli 19*

3 ch. Dans maison de caractère du XVIIe mitoyenne à celle du propriétaire, 3 chambres 2 pers. (2 avec coin-salon et 1 avec lits jumeaux). Sanitaires privés. Chauffage central. Possibilité TV dans les chambres. Salon, salle à manger. Parc et jardin d'agrément clos. Parking. Piscine privée. Table d'hôtes sur réservation. Promotion : séjour + d'une semaine, moins 10%. Animaux non admis dans les chambres. Notions en anglais, allemand et italien. Sortie autoroute : Semur-en-Auxois à 45 km.

Prix : 1 pers. **250 F** 2 pers. **300 F** repas **80/130 F** 1/2 pens. **290 F** pens. **390 F**

Ouvert : du 15 mars au 15 octobre, le reste de l'année sur réservation.

28	4	2	0,3	20	30	18	40	4

DESTEPHANIS Simonne - Le Clos Lucotte - Rue Haute - 21510 MEULSON - Tél : 03 80 93 85 81 - Fax : 03 80 93 85 81

MEURSAULT
C.M. 243 Pli 27

2 ch. 2 chambres d'hôtes 3 et 4 pers. aménagées dans une maison bourguignonne au pied des vignes. 1 chambre au rez-de-chaussée 3 épis, et 1 chambre à l'étage 2 épis. Salles d'eau et wc privés. Coin-kitchenette. Salle de séjour. Salon avec TV. Bibliothèque. Chauffage central. Jardin. Aire de jeux. Parking. Taxe de séjour incluse. Sortie autoroute : Beaune à 7 km.

Prix : 1 pers. **250 F** 2 pers. **280 F** 3 pers. **350 F** pers. sup. **50 F**

Ouvert : toute l'année.

10	0,5	0,3	0,3	4	SP	7	7	4	0,2

LANOE Brigitte - 29 rue de Mazeray - 21190 MEURSAULT - Tél : 03 80 21 68 81 - E-mail : lanoe-brigitte@wanadoo.fr

MILLERY Chevigny
C.M. 243 Pli 1

2 ch. 2 chambres d'hôtes 3 pers. situées dans une ferme en pleine nature, à côté du château de Chevigny. Salle d'eau, salle de bains et wc particuliers. Chauffage central et électrique. Salle de séjour. Parking. Belle vue sur la campagne. Sortie autoroute : Bierre-les-Semur à 8 km.

Prix : 1 pers. **180 F** 2 pers. **250 F** 3 pers. **300 F** pers. sup. **50 F**

Ouvert : du 15 mars au 15 octobre.

15	4	8	5	4	15	15	10	12	3

LEGUY Bernard & Michèle - Ferme du Château de Chevigny - Millery - 21140 SEMUR-EN-AUXOIS - Tél : 03 80 97 00 29

MOLPHEY
Alt. : 550 m C.M. 243 Pli 13

4 ch. Dans un cadre calme et verdoyant, 4 chambres d'hôtes 2 pers. aménagées dans une maison ancienne, avec belle vue sur la campagne. Salles d'eau et wc privés. Salle de séjour et salon à disposition. Coin-kitchenette. Parking. Jardin. Restaurant au village. Promotion : 10 % de réduction pour un séjour d'une semaine du 15 septembre au 1er avril. Sortie autoroute : Avallon à 15 km.

Prix : 1 pers. **170 F** 2 pers. **220 F** pers. sup. **60/110 F**

Ouvert : toute l'année.

8	4	4	0,5	8	15	8	8	8

PASQUET Didier - Le Village - 21210 MOLPHEY - Tél : 03 80 64 21 94 - Fax : 03 80 64 21 94 - E-mail : PASQUET-DIDIER@wanadoo.fr

MONTAGNY-LES-BEAUNE
C.M. 243 Pli 27

1 ch. 1 chambre aménagée dans une ferme restaurée et meublée dans un style campagnard. Salle d'eau et wc privés. Lit bébé. Chauffage central. Salle de séjour, salon et TV. Réfrigérateur et réchaud électrique à disposition des hôtes désirant prendre les repas dans le jardin ou dans la salle à manger. Cour. Jardin fleuri. Restaurant 200 m. Produits fermiers 5 km. Vue sur le château du XVIIIe siècle. Taxe de séjour incluse. Sortie autoroute : Beaune à 1,6 km.

Prix : 1 pers. **200 F** 2 pers. **250 F** 3 pers. **300 F** pers. sup. **50 F**

Ouvert : toute l'année sauf le mois de mars.

4	0,5	1	2	10	2,5	4	25	4	1	5	2

VAIVRAND Ernest & Paulette - 12 rue de l'Eglise - 21200 MONTAGNY-LES-BEAUNE - Tél : 03 80 22 24 52 - Fax : 03 80 22 24 52

MONTAGNY-LES-BEAUNE Fare-Nui
TH C.M. 243 Pli 27

5 ch. 5 chambres très spacieuses de 2 et 3 pers., avec salle d'eau et wc privés. Salle à manger et salon de style campagnard décorés avec une pointe d'exotisme, le tout aménagé dans une ancienne ferme restaurée, située dans le village. Parking et cour fermés. Vélos sur place. Sortie autoroute : Beaune, 24.1, à 1,5 km.

Prix : 1 pers. **260 F** 2 pers. **320 F** 3 pers. **380 F** repas **100 F**

Ouvert : toute l'année.

4	0,3	0,4	2	2	2	20	4	0,4	3	3

MOREL Lucien et Brigitte - Fare-Nui - 4 rue des Gravières - 21200 MONTAGNY-LES-BEAUNE - Tél : 03 80 24 02 11

MONTCEAU-ECHARNANT
Alt. : 510 m TH C.M. 69 Pli 9

3 ch. 3 chambres dans une maison de caractère sur une exploitation d'élevage charollais. 1 ch. 2 pers., 1 ch. 3 pers. et 2 ch. communicantes avec salon (1 lit 2 pers. 2 lits 1 pers.) chacune avec salle d'eau, wc privés et entrée indépendante. Chauffage central. Séjour. Salon. Terrain. Jardin. Parking. Repas sur résa. Promotion : -10% à partir de 4 nuits. Animaux admis avec supplément. Taxe de séjour incluse. Sortie autoroute : Beaune à 20 km.

Prix : 1 pers. **204 F** 2 pers. **258 F** 3 pers. **362 F** pers. sup. **104 F** repas **100 F**

Ouvert : toute l'année.

20	3	6	SP	6	SP	12	15	20	15	20	6

LAGRANGE Elisabeth et Bernard - Ferme du Pigeonnier - 21360 MONTCEAU-ECHARNANT - Tél : 03 80 20 23 23 - Fax : 03 80 20 23 23

MOREY-SAINT-DENIS
C.M. 243 Pli 16

5 ch. 5 chambres 2 pers. aménagées sur une propriété viticole avec vue sur les vignes. 2 ch. avec salle de bains et wc privés. Appartement de 3 chambres avec salle de bains et wc, ne pouvant être loué qu'à une même famille, prix pour : 1 ch. 260 F, 2 ch. 420 F, 3 ch. 620 F. Chauffage central. Séjour. Restaurant à 500 m. Jardin. Parking. Taxe de séjour incluse. Petit-déjeuner servi au caveau. Sortie autoroute : Nuits-Saint-Georges 7 km.

Prix : 1 pers. **234 F** 2 pers. **268 F** 3 pers. **362 F** pers. sup. **104 F**

Ouvert : de février à décembre.

7	2	8	1	2	SP	4	20	2	4	4

DUPREY Jean-Pierre & Eliane - 34 route des Grands Crus - 21220 MOREY-SAINT-DENIS - Tél : 03 80 51 82 88

MOREY-SAINT-DENIS

C.M. 243 Pli 16

3 ch. Au calme, 3 chambres dans maison ancienne, ayant abrité 10 générations de vignerons, indépendante de la maison du propriétaire. Salles d'eau et wc privés. Séjour, coin-salon, TV. Kitchenette à dispo. Vaste studio avec coin-cuisine (1 lit 2 pers. 2 lits 1 pers.), salle d'eau, wc. Terrasse. Ch. élect. Parking privé en bordure des vignes. Taxe de séjour incluse. Dégustation et ventes des vins de la propriété. Restaurant au village. Sortie autoroute : Nuits-Saint-Georges à 7 km.

Prix : 1 pers. **234 F** 2 pers. **258/328 F** 3 pers. **392 F** pers. sup. **84/94 F**

Ouvert : toute l'année.

20	2	2	1	0,5	0,5	SP	4	14	2	7	SP

PALISSES-BEAUMONT Françoise - Caveau Saint-Nicolas - 13 rue Haute - 21220 MOREY-SAINT-DENIS - Tél : 03 80 58 51 83

NOIRON-SOUS-GEVREY

TH *C.M. 243 Pli 16*

2 ch. 2 chambres d'hôtes aménagées avec beaucoup de goût dans une belle maison. Salle d'eau ou salle de bains et wc privés. Salle de séjour. Salon avec TV, billard. Bibliothèque. Chauffage central. Aire de jeux. Terrain. Abri couvert. Garages. Parking. Table d'hôtes sur réservation. Taxe de séjour incluse. Sortie autoroute : Nuits-Saint-Georges à 15 km.

Prix : 1 pers. **254 F** 2 pers. **308 F** 3 pers. **412 F** pers. sup. **104 F** repas **120 F**

Ouvert : du 1er mars au 15 novembre.

15	3	10	2	0,5	15	10	15	20	12	5	0,2

MARET Bernard et Nicole - « Les Tilleuls » - 7 route de Dijon - 21910 NOIRON-SOUS-GEVREY - Tél : 03 80 36 64 17 - Fax : 03 80 36 92 16

NOIRON-SUR-BEZE

C.M. 243 Pli 17

3 ch. 3 chambres d'hôtes 2 et 3 pers. dont 1 chambre accessible aux personnes handicapées, aménagées dans une maison récente avec vue sur la rivière. Salles d'eau et wc privés. Coin-kitchenette. Salon. Bibliothèque. Chauffage central. Terrain. Parking. Promotion : 10% à partir de la 4e nuit. Sortie autoroute : Arc-sur-Tille ou Til-Châtel à 18 km.

Prix : 1 pers. **200 F** 2 pers. **250 F** 3 pers. **320 F** pers. sup. **80 F**

Ouvert : toute l'année.

5	5	20	1	10	30	28	25	5	28	5

SUBLET Bernard & Bernadette - 6 route de Blagny - 21310 NOIRON-SUR-BEZE - Tél : 03 80 36 79 18 - Fax : 03 80 36 79 18

NOLAY Cirey les Nolay

C.M. 243 Pli 26

4 ch. 4 chambres coquettes avec entrée indépendante, situées sur le circuit des Hautes-Côtes et aménagées dans une ancienne ferme restaurée. Salles d'eau et wc privés. Ch. central. Salon avec TV, hifi, bibliothèque. Cour. Jardin. Parking et verger. Promotion : réduction de 10% sur le prix d'un séjour de 2 nuits minimum. Restaurants 1 km. GR7. Taxe de séjour incluse. Sortie autoroute : Beaune à 21 km. Langue parlée : anglais.

Prix : 1 pers. **250 F** 2 pers. **300 F** 3 pers. **340 F**

Ouvert : toute l'année.

17	1	2	2	SP	4	0,1	3	21	1	17	1

LORET Hélène - « L'Orée du Hameau » - Cirey-Les-Nolay - 21340 NOLAY - Tél : 03 80 21 85 06

PAINBLANC Paquier

TH *C.M. 243 Pli 14*

3 ch. Paisible cadre de verdure où 3 chambres d'hôtes sont aménagées dans une ancienne demeure de caractère. 1 chambre 3 épis avec salle d'eau et wc privés. 2 chambres 1 épi, cabinet de toilette avec lavabo pour chacune. Salle d'eau et wc communs. Bibliothèque. Chauffage central. Parc. Aire de jeux. Repas le soir sur réservation. Poss. cuisine. Restaurant sur place. Taxe de séjour incluse. Train touristique à 5 km. Sortie autoroute : Pouilly-en-Auxois à 12 km.

Prix : 1 pers. **147/223 F** 2 pers. **195/286 F** 3 pers. **267 F** pers. sup. **62/63 F** repas **70 F**

Ouvert : du 1er février au 15 décembre.

25	0,1	10	0,3	5	20	20	15	12	25	7

LIORET Marguerite - Paquier - Painblanc - 21360 BLIGNY-SUR-OUCHE - Tél : 03 80 20 12 90

PLOMBIERES-LES-DIJON

TH *C.M. 243 Pli 15*

5 ch. 5 chambres d'hôtes aménagées dans une demeure de caractère du XVIIe siècle et décorées avec des meubles de style. Salle de bains et wc privés. Grands salons. Salle à manger en partie commune. Télévision. Jardin. Parking. Promotion : 4 nuits au prix de 3. Sortie autoroute : Plombières-les-Dijon à 600 m.

Prix : 2 pers. **350 F** 3 pers. **500 F** pers. sup. **150 F** repas **140 F** 1/2 pens. **300 F**

Ouvert : toute l'année.

4	SP	0,2	1	3	3	2	8	2	4	SP

TOURTET Colette & J.Claude - Château Plombières-Les-Dijon - 21370 PLOMBIERES-LES-DIJON - Tél : 03 80 45 00 61 - Fax : 03 80 43 29 73

POUILLENAY

C.M. 243 Pli 14

2 ch.

2 chambres aménagées au rez-de-chaussée et à l'étage d'une ancienne ferme, située au cœur du village. 1 ch. 2 pers. et 1 ch. 4 pers. avec cabinet de toilette et wc privés. Salle de bains commune. Salle de séjour et TV. Chauffage central au fuel. Jardin. Garage. Restaurant à 3 km. Sortie autoroute : Bierre-les-Semur à 15 km. Langue parlée : allemand.

CV

Prix : 1 pers. **150 F** 2 pers. **190/240 F** pers. sup. **70/120 F**

Ouvert : toute l'année.

15	3	1	5	4	4	15	10	4	3	3	3

RENARDET Robert et Irène - Rue Epry - 21150 POUILLENAY - Tél : 03 80 96 01 25

POUILLY-SUR-SAONE

C.M. 243 Pli 28

3 ch.

2 chambres d'hôtes dans une maison rénovée, salles de bains et wc privés. Grande chambre 4 pers., salle de bains et wc privés, aménagée dans la maison mitoyenne aux propriétaires. Ch. élect. Coin-kitchenette. Salon, TV. Parking. Agréable jardin très fleuri l'été. Prêt de cannes à pêche et VTT. Sortie autoroute : Pagny/Seurre à 6 km ou Nuits-Saint-Georges à 12 km. Langue parlée : allemand.

CV

Prix : 1 pers. **200 F** 2 pers. **230 F** 3 pers. **330 F** pers. sup. **120 F**

Ouvert : toute l'année.

3	4	0,5	4	4	10	4	3	4	SP

DELORME-VARICHON Angélique - Route de Dijon - 21250 POUILLY-SUR-SAONE - Tél : 03 80 21 06 43 ou 06 14 58 72 09 - Fax : 03 80 21 06 43

PREMEAUX-PRISSEY

C.M. 243 Pli 15

5 ch.

Au cœur du vignoble de la Côte de Nuits, 5 chambres aménagées de plain-pied dans une ancienne maison de vignerons restaurée. Entrée indépendante. 1 ch. 2 pers. (3 épis), salle d'eau et wc privés. 4 ch. 2 pers. (2 épis) douche et lavabo chacune, wc communs. Chauffage électrique. Salon. Jardin avec salon. Pré. Parking. Restaurant 3 km. Taxe de séjour incluse. Sortie autoroute : Nuits-Saint-Georges 5 km ou Beaune 13 km Langue parlée : anglais.

Prix : 1 pers. **180/190 F** 2 pers. **210/240 F** pers. sup. **90 F**

Ouvert : toute l'année.

3	3	3	3	SP	6	SP	12	25	3	3	3

MAGNIN Dominique - Rue de Nuits-Saint-Georges - 21700 PREMEAUX-PRISSEY - Tél : 03 80 62 31 98 - Fax : 03 80 61 19 68

PULIGNY-MONTRACHET

C.M. 243 Pli 26/27

E.C. 2 ch.

Maison bourguignonne de caractère située au milieu des vignes dans un environnement très calme. 2 chambres (2 lits 1 pers. 1 lit 2 pers.) avec salles d'eau et wc privés. Salle avec coin-kitchenette, TV. Cour fermée. Restaurant à 200 m. Sortie autoroute : Beaune à 10 km. Langues parlées : portugais, espagnol, anglais.

Prix : 1 pers. **200 F** 2 pers. **250 F** 3 pers. **300 F** pers. sup. **50 F**

Ouvert : toute l'année.

3	8	SP	10	10	3	12

ADAO Maria - 17 rue Drouhin - 21190 PULIGNY-MONTRACHET - Tél : 03 80 21 97 46 - Fax : 03 80 21 97 46

QUINCEY

C.M. 243 Pli 17

2 ch.

2 chambres personnalisées aménagées dans une ancienne demeure, 1 lit 160 et 2 lits jumeaux, poss. 1 enfant. Salle d'eau ou salle bains et wc privés. Poss. 3 couchages suppl. sur une mezzanine. Chauffage central. Bibliothèque. Salon. TV. Jardin paysager et grande terrasse. Parking. Poss. dégustation de produits régionaux, vin du domaine et fromages. Promotion : 5% à partir de la 4e nuit. Notions d'anglais. Sortie autoroute : Nuits-Saint-Georges à 4 km.

Prix : 1 pers. **320 F** 2 pers. **370 F** 3 pers. **490 F** pers. sup. **130 F**

Ouvert : toute l'année.

4	6	2	4	10	4	15	30	2	3,5	4

DUFOULEUR Chantal - L'Ambizzia - Place de l'Eglise - 21700 QUINCEY - Tél : 03 80 61 13 23 ou 06 12 64 67 07 - Fax : 03 80 61 13 23 - E-mail : chantal@wineandvoyages.com

LA ROCHE-EN-BRENIL Chenesaint

Alt. : 500 m (TH)

C.M. 65 Pli 17

5 ch.

5 chambres aménagées dans une ancienne ferme morvandelle restaurée avec goût et située dans le Parc Régional du Morvan. 2 ch. 2 pers., 2 ch. 3 pers. et 1 suite 4 pers. Lit bébé : 40 F. Salles de bains et wc privés. Chauffage élect. Salon. Aires de jeux et piscine privée à disposition. Jardin. Parking. Promo. : remise 10 % sur séjour 1 semaine en 1/2 pens. Sortie autoroute : Avallon à 15 km. Langues parlées : anglais, espagnol.

Prix : 1 pers. **230 F** 2 pers. **285 F** 3 pers. **390 F** repas **80/130 F**

Ouvert : de mars à novembre.

SP	4	3	0,3	0,1	1,5	8	15	6	3	3

LEGRAND Michelle et René - Chenesaint - 21530 LA ROCHE-EN-BRENIL - Tél : 03 80 64 79 06 - Fax : 03 80 64 79 06 - E-mail : rene.legrand@free.fr

LA ROCHEPOT

C.M. 243 Pli 27

2 ch. 2 chambres d'hôtes 2 et 3 pers. aménagées par des vignerons dans une maison de caractère située au cœur du village, et située à proximité de son magnifique château. Salle d'eau et wc privés pour chaque chambre. Salle de séjour à disposition. Chauffage central. Dégustation de vins. Sortie autoroute : Beaune à 15 km.

Prix : 1 pers. **210 F** 2 pers. **250 F** 3 pers. **320 F**

Ouvert : toute l'année sauf du 1er septembre au 15 octobre.

4	SP	4	SP	SP	4	16	12	7	15	4

FOUQUERAND Lucienne - Rue de l'Orme - 21340 LA ROCHEPOT - Tél : 03 80 21 72 80 - Fax : 03 80 21 74 69

LA ROCHEPOT

C.M. 243 Pli 27

4 ch. 4 chambres aménagées dans une maison neuve. Salles d'eau et salle de bains et wc privés. TV à disposition. Chauffage électrique. Terrasses couvertes, grande véranda avec vue sur le château. Parking. Notions en anglais et allemand. Sortie autoroute : Beaune à 15 km.

Prix : 1 pers. **230 F** 2 pers. **250/290 F** 3 pers. **350 F** pers. sup. **80 F**

Ouvert : toute l'année.

15	0,2	11	0,3	4	0,2	5	15	4	15	4

ROBIN Serge - Sous-Roches - Route de Nolay - 21340 LA ROCHEPOT - Tél : 03 80 21 71 64

ROUGEMONT La Forge

C.M. 243 Pli 1

3 ch. 3 chambres d'hôtes 2/4 pers. aménagées dans une maison de caractère située au bord du Canal de Bourgogne, dans la vallée de l'Armançon. Entrées privées, cheminées, salle de bains et wc privés. Séjour avec bibliothèque. TV. Cuisine. Chauffage central. Promenade en barque. Jardin. Cour. Restaurant à 3 km. Sortie autoroute : Bierre-les-Semur ou Nitry à 30 km. Langues parlées : espagnol, anglais.

Prix : 1 pers. **200 F** 2 pers. **260 F** 3 pers. **340 F** pers. sup. **70 F**

Ouvert : toute l'année sauf le 25/12.

10	1	SP	0,2	10	30	10	30	SP	10	6

BACCHIERI Jean-Luc et Carole - La Forge - 21500 ROUGEMONT - Tél : 03 80 92 35 99 - Fax : 03 80 92 35 99

ROUVRAY

C.M. 243 Pli 13

2 ch. Dans le Parc du Morvan, 2 chambres d'hôtes indépendantes, aménagées dans un style régional, à la sortie du village, dans un cadre calme et verdoyant. 1 chambre 2 pers. 1 chambre 3 pers. Salles d'eau et wc privés. Salon et TV. Ch. élect. Jardin. Parking. Aire de jeux. Abri couvert. Restaurants sur place. Notions d'anglais. Circuits pédestres et VTT. Promotion : 4 nuits au prix de 3. Sortie autoroute : Avallon à 7 km ou Bierre-les-Semur à 17 km.

CV

Prix : 1 pers. **200 F** 2 pers. **250 F** 3 pers. **300 F**

Ouvert : du 15 mars au 15 novembre.

7	0,3	0,5	0,3	SP	4	45	7	10	8	1,5	0,2

BERTHIER Pierre et Jacqueline - 1 rue Général Leclerc - 21530 ROUVRAY - Tél : 03 80 64 74 61

ROUVRES-EN-PLAINE

C.M. 243 Pli 16

4 ch. 4 chambres 2, 3 et 4 pers., aménagées dans une maison récente, au cœur du village, avec entrée indépendante. Salle d'eau et wc communs aux chambres. Séjour. Salon. TV. Coin-kitchenette avec micro-ondes. Chauffage élect. Jardin et parking. Restaurant au village. Produits fermiers 12 km. Séjour d'une semaine : cadeau de la clé de la ville (musées gratuits). Sortie autoroute : Dijon-sud Crimolois 3 km.

CV

Prix : 1 pers. **120 F** 2 pers. **180 F** 3 pers. **200 F** pers. sup. **50 F**

Ouvert : toute l'année.

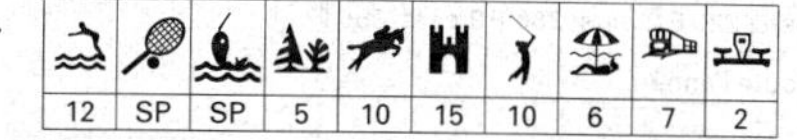

12	SP	SP	5	10	15	10	6	7	2

FOREY Jane - 11, rue des Ducs - 21110 ROUVRES-EN-PLAINE - Tél : 03 80 79 19 20

RUFFEY-LES-BEAUNE

C.M. 243 Pli 15

2 ch. 2 chambres d'hôtes aménagées dans une ancienne ferme, (1 lit 2 pers. 1 lit 1 pers.). Salle d'eau et wc privés. Salle de séjour. Chauffage central. Garage. Jardin. Logement de chevaux. Parking. Terrain. Restaurant à 2 km. Sortie autoroute : Beaune à 5 km.

CV

Prix : 1 pers. **220 F** 2 pers. **240 F** 3 pers. **300 F** pers. sup. **60/80 F**

Ouvert : toute l'année.

6	2	1	1	2	3	20	8	6	6	6

LESAVRE Marie-Claude - Varennes - 3 chemin Malaquin - 21200 RUFFEY-LES-BEAUNE - Tél : 03 80 26 54 85 ou 06 83 64 84 56

SACQUENAY

TH — C.M. 243 Pli 5

3 ch. — 3 chambres situées sur une exploitation agricole, aménagées avec beaucoup de goût. Salle d'eau et wc privés pour chaque chambre. Séjour et TV. Chauffage au bois et électrique. Parking. Jardin avec coin pique-nique. Aire de jeux. Pré. Garages. 1/2 pension : 160 F/pers. pour un séjour de 7 nuits minimum. Restaurant à 9 km. Sortie autoroute : Til-Châtel 12 km.

CV

Prix : 1 pers. **140 F** 2 pers. **200 F** 3 pers. **250 F** repas **60/80 F**

Ouvert : toute l'année.

12	9	4	0,3	0,1	30	12	12	22	0,1

ANDRE Robert et Anny - 16 rue de la Craas - 21260 SACQUENAY - Tél : 03 80 75 83 51 - Fax : 03 80 75 83 51

SACQUENAY

TH — C.M. 243 Pli 5

3 ch. — A l'entrée du village, dans une maison rustique, au calme de la campagne 1 chambre 4 pers. (3 épis), indépendante, claire et agréable avec kitchenette. Vue imprenable sur le village. 2 chambres 2 et 3 pers. (2 épis). Salle d'eau et wc privés à toutes les chambres. Chauffage central. Salon. TV. Espace vert. Parking. Sortie autoroute : Til-Châtel à 12 km.

CV

Prix : 1 pers. **140/190 F** 2 pers. **200/250 F** 3 pers. **250/300 F** pers. sup. **50 F** repas **80 F**

Ouvert : toute l'année.

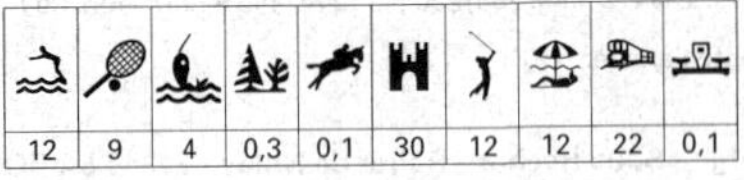

12	9	4	0,3	0,1	30	12	12	22	0,1

PILLERON-JAULT Marie-Anne - 20 rue de la Cras - 21260 SACQUENAY - Tél : 03 80 75 94 75 - Fax : 03 80 75 94 75 - E-mail : marie-anne_chambre_dhotes@francemail.com

SAINT-BERNARD

C.M. 243 Pli 16

E.C. 3 ch. — Jeanne et Daniel vous accueillent dans un village calme, reposant et verdoyant. Dans un bâtiment indépendant de leur habitation, 3 chambres 2 pers. avec pour chaque chambre un accès direct au jardin par une terrasse avec son mobilier, parking, salle d'eau et wc. Chauffage électrique. Restaurant à 3 km. A proximité de l'Abbaye de Cîteaux. A 7 km du Clos de Vougeot et de la Côte réputée pour ses grands vins. Sortie autoroute : Nuits-Saint-Georges à 7 km.

CV

Prix : 1 pers. **280 F** 2 pers. **300/320 F** pers. sup. **65/100 F**

Ouvert : toute l'année.

5	5	3	0,5	18	5	23	5	7	7

ESMONIN Jeanne - Paquis de Rolanges - 21700 SAINT-BERNARD - Tél : 03 80 62 81 60 - Fax : 03 80 62 89 14 - E-mail : les-rolanges@wanadoo.fr

SAINT-PIERRE-EN-VAUX Vernusse

TH — C.M. 69 Pli 8

2 ch. — Dans un hameau, entouré de pâturages et de bois, 2 chambres d'hôtes voisines à l'étage d'une maison paysanne du XVIIIe siècle. Salle commune avec poutres apparentes, feu de bois et bibliothèque. Salle d'eau, wc privés. Chauffage électrique. Grand jardin avec vue dégagée. Repas sur réservation (bio-végétarien). 10% de réduction à partir de la 2e nuit. Randonnées pédestres. Nombreuses excursions. Sortie autoroute : Pouilly-en-Auxois à 28 km.

Prix : 1 pers. **160/180 F** 2 pers. **220 F** pers. sup. **70 F** repas **70 F**

Ouvert : toute l'année.

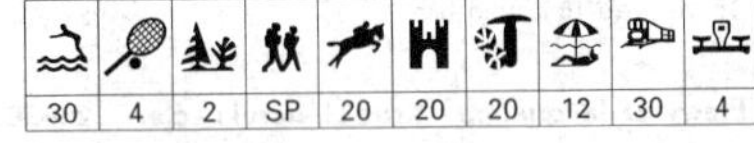

30	4	2	SP	20	20	20	12	30	4

LATRON Michel et Odile - Vernusse - 21230 SAINT-PIERRE-EN-VAUX - Tél : 03 80 84 24 57

SAINT-SYMPHORIEN-SUR-SAONE

C.M. 243 Pli 16

E.C. 2 ch. — **Port Fluvial 5 km.** En bordure de Saône, 2 chambres d'hôtes aménagées dans une maison indépendante située dans un parc ombragé. Salles d'eau privées, wc communs aux 2 chambres. Salle à manger. Salon uniquement à l'usage des hôtes. Chauffage central. Terrasse. Parking. Piscine. Sortie autoroute : Pagny-le-Château (A 36) à 12 km. Langue parlée : anglais.

Prix : 1 pers. **220 F** 2 pers. **280 F** 3 pers. **350 F**

Ouvert : toute l'année.

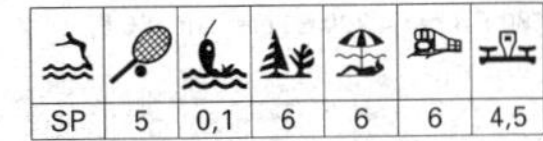

SP	5	0,1	6	6	6	4,5

KOZLOWSKI Nathalie - Grande Rue - 21170 SAINT-SYMPHORIEN-SUR-SAONE - Tél : 03 80 29 04 12 - Fax : 03 80 29 04 12

SALIVES Larcon

A — TH — C.M. 65

5 ch. — 5 chambres d'hôtes 2 et 3 pers. situées sur une exploitation agricole. Salles d'eau et wc privés pour chaque chambre. Séjour, TV et bibliothèque à disposition. Chauffage central. Jardin. Aire de jeux. Parking. Table d'hôtes avec les produits de la ferme. Sortie autoroute : Til-Châtel à 30 km. La ferté 40 km.

CV

Prix : 1 pers. **180 F** 2 pers. **250 F** 3 pers. **350 F** pers. sup. **50 F** repas **80 F** 1/2 pens. **200 F** pens. **250 F**

Ouvert : toute l'année.

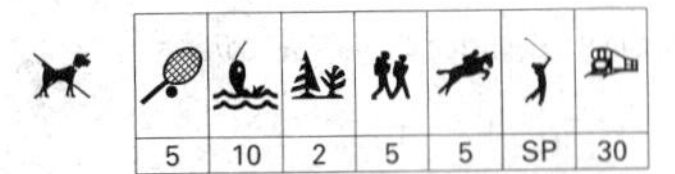

5	10	2	5	5	SP	30

RAMAGET Simone - Ferme de Larcon - Larcon - 21580 SALIVES - Tél : 03 80 75 60 92 - Fax : 03 80 75 60 92

SANTENAY-EN-BOURGOGNE Le Château de la Cree  *C.M. 243 Pli 26/27*

4 ch. Au cœur du vignoble de la Côte de Beaune, dans un cadre prestigieux et authentique, manoir du XVIIIe siècle, sur un domaine vinicole familial de renom. 4 chambres de prestige (2 communicantes), salles de bains et wc privés. TV, téléphone dans les chambres. Salons privés, caves et caveau de réceptions (XVe siècle), bars. Billard. TH sur résa. Parc. Tennis. Putting-golf. Animaux non souhaités dans les chambres (suppl. de 120 F). Sortie autoroute : Beaune-sud (rocade est) ou Chalon-Nord 18 km. Langues parlées : anglais, allemand.

Prix : 1 pers. **700/900 F** 2 pers. **800/1050 F** pers. sup. **250/350 F** repas **350/700 F** 1/2 pens. **750/1100 F** pens. **1050/1400 F**

Ouvert : toute l'année, en janvier et février sur réservation uniquement.

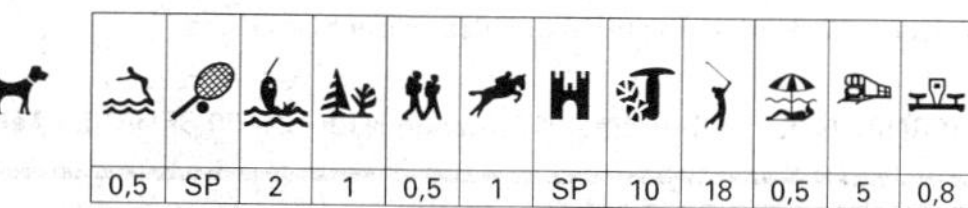

0,5	SP	2	1	0,5	1	SP	10	18	0,5	5	0,8

REMY-THEVENIN Yves-Eric et Rolande - Le Château de la Crée - Les Hauts-de-Santenay - 21590 SANTENAY-EN-BOURGOGNE - Tél : 03 80 20 62 66 - Fax : 03 80 20 66 50 - E-mail : le-chateau-de-la-cree@wanadoo.fr

SANTENAY-EN-BOURGOGNE *C.M. 243 Pli 26/27*

3 ch. Aux confins de la Côte-d'Or et la Saône-et-Loire, 3 chambres d'hôtes aménagées dans une maison de caractère, sur une exploitation viticole. 1 ch. 2 pers., 1 ch. 3 pers. et 1 ch. 4 pers. Salle de bains ou salle d'eau et wc privés. TV dans chaque chambre. Chauffage central. Salle de séjour. Vue imprenable sur les coteaux. Tranquillité et repos assurés. GR7. Animaux admis avec supplément. Restaurants au village. Sortie autoroute : Beaune-Sud ou Chalon-Nord à 15 km.

Prix : 1 pers. **300 F** 2 pers. **360 F** 3 pers. **420 F** pers. sup. **50 F**

Ouvert : toute l'année sauf pendant les vendanges.

1	1	1	0,5	0,1	5	SP	10	15	1	5	0,1

MONIOT-NIE Françoise - 44 Grande Rue - 21590 SANTENAY-EN-BOURGOGNE - Tél : 03 80 20 60 52 - Fax : 03 80 20 60 52

SAULIEU Alt. : 595 m *C.M. 65 Pli 17*

3 ch. 3 grandes chambres aménagées dans une maison de caractère, entourée par un jardin et un parc agréable avec arbres centenaires. 2 ch. 2 pers. et 1 ch. 3 pers. Salle d'eau et wc privés pour une chambre (2 épis), salle d'eau privée pour les 2 autres, wc communs (1 épi). Chauffage central. Pièce commune à disposition. Parking, pré, logement de chevaux. Notions d'anglais. Taxe de séjour incluse. Sortie autoroute : Bierre-les-Semur à 20 km. Langue parlée : anglais.

Prix : 1 pers. **182 F** 2 pers. **233 F** 3 pers. **305 F** pers. sup. **72 F**

Ouvert : toute l'année.

SP	SP	1	1	SP	65	25	4	0,5	SP

CIURLEO Guy et Claire - 12 rue des Tanneries - 21210 SAULIEU - Tél : 03 80 64 24 07

SAVIGNY-LES-BEAUNE *C.M. 243 Pli 27*

E.C. 3 ch. Maison de caractère située à proximité du château de Savigny-les-Beaune. 2 chambres 2 pers. et 1 suite 6 pers., dont une chambre avec boiserie, fresque au plafond et tommettes. Salle d'eau ou salle de bains et wc privés. Coin-salon. Caveau pour petits-déjeuners. Kitchenette. Chauffage central. Cour avec ombrage. 1 garage sur demande. Parking fermé. Dégustation-vente de vins. Restaurants à 500 m. Notions d'anglais. Taxe de séjour incluse. Sortie autoroute : Beaune nord/Savigny-les-Beaune à 2 km.

Prix : 1 pers. **300/410 F** 2 pers. **340/450 F** 3 pers. **450/570 F** pers. sup. **110 F**

Ouvert : toute l'année.

5	0,7	5	1	1	8	0,5	9	7	5	0,4

ROSSIGNOL Christine - 16 rue Général Leclerc - 21420 SAVIGNY-LES-BEAUNE - Tél : 03 80 26 10 47 - Fax : 03 80 26 11 78

SENAILLY Le Parc *C.M. 243 Pli 1*

2 ch. **Abbaye de Fontenay 17 km. Semur-en-Auxois 12 km.** Dans une maison ancienne avec jolie vue sur la vallée de l'Armançon, Valérie vous accueille. Accès indépendant. 1 ch. (1 lit 160. 1 conv. 160), téléphone, salon, cuisine. 1 ch. mansardée (2 lits 100.) avec coin salon. Sanitaires privés pour chaque chambre. Coin-détente dans jardin. Tarifs dégressifs à partir de la 3e nuit. Restaurant 8 km. Sortie autoroute : Bierre-les-Semur 20 km. Langues parlées : anglais, allemand.

Prix : 1 pers. **200 F** 2 pers. **260 F** 3 pers. **350 F** pers. sup. **70 F**

Ouvert : du 1er avril au 31 octobre.

10	10	0,2	0,5	SP	10	2	30	15	10	10

BARRIER Valérie - Le Parc - 21500 SENAILLY - Tél : 03 80 96 76 54

SEURRE *C.M. 70 Pli 2*

1 ch. 1 chambre d'hôtes 2 pers. aménagée dans une maison traditionnelle donnant sur un agréable jardin, chez un couple de retraités. Entrée indépendante. Salle d'eau et wc privés. Lit d'appoint pour enfant : 50 F. Télévision à disposition. Chauffage électrique. Parking. Restaurants dans le village. Sortie autoroute : Seurre à 6 km.

Prix : 1 pers. **180 F** 2 pers. **230 F**

Ouvert : toute l'année.

0,5	0,5	0,2	10	1	25	22	0,5	0,5	0,2

BLANCHOT André et Claire - 41 place de la Libération - 21250 SEURRE - Tél : 03 80 20 48 31

SEURRE

C.M. 70 Pli 2

E.C. 4 ch. Au bord de la Saône, dans une charmante petite ville, 4 chambres d'hôtes aménagées dans une maison du XVIIIm. Salle d'eau et wc privés pour chaque chambre. Séjour à disposition. Salon réservé aux hôtes avec TV et coin-kitchenette. Chauffage central. Cour et parking. Promotion : 4 nuits au prix de 3. Restaurant à 50 m. Notions d'anglais. Sortie autoroute : Chamblanc à 3 km.

Prix : 1 pers. **180/200 F** 2 pers. **220/250 F**

Ouvert : Week-ends - Petites et grandes vacances scolaires.

1	1	SP	2	20	15	20	20	18	1	0,5	0,5

VERNAY Gilles et Christine - 15 quai du Midi - 21250 SEURRE - Tél : 03 80 20 46 32

THOISY-LE-DESERT Cercey

C.M. 243 Pli 14

3 ch. 4 chambres d'hôtes dont 2 communicantes aménagées dans une ferme. Salles d'eau et wc privés. Salle de séjour à disposition. Jardin. Garage. Parking. Chauffage central. Notions en anglais. Restaurants à 3 km. Taxe de séjour incluse. Sortie autoroute : Pouilly-en-Auxois à 3 km.

Prix : 1 pers. **234 F** 2 pers. **268/308 F** 3 pers. **372 F**

Ouvert : toute l'année.

10	2	0,5	2	1	6	15	15	1	0,5	35	3

MIMEUR Marie-Josèphe - Cercey - 21320 THOISY-LE-DESERT - Tél : 03 80 90 88 48 ou 06 15 10 52 12 - Fax : 03 80 90 88 48

THOMIREY

TH C.M. 243 Pli 2

4 ch. Dans un petit village calme, 4 chambres au style ancien, aménagées dans une maison de caractère du XVIIIe siècle. Entrée indépendante 1 chambre 2 pers., 2 chambres 3 pers. et 1 chambres 4 pers., toutes avec salle d'eau et wc privés. Chauffage central. Séjour, salon, Bibliothèque. TV. Garage. Jardin clos. Parking. TH sur résa. Logement de chevaux. Taxe de séjour incluse. Sortie autoroute : Beaune à 26 km. Langue parlée : anglais.

Prix : 2 pers. **356 F** 3 pers. **459 F** pers. sup. **103 F** repas **100 F**

Ouvert : toute l'année.

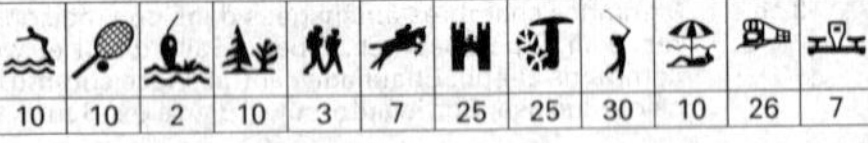

10	10	2	10	3	7	25	25	30	10	26	7

MOINE Françoise - La Monastille - 21360 THOMIREY - Tél : 03 80 20 00 80 - Fax : 03 80 20 00 80 -
E-mail : françoise.moine@worldonline.fr

THOREY-SOUS-CHARNY Ferme de l'Hôpital

TH C.M. 243 Pli 14

2 ch. 2 chambres d'hôtes communicantes aménagées dans une ferme de caractère, à l'extérieur du village. Salle d'eau et wc privés. Salle de séjour à disposition. Chauffage au bois. Garage. Jardin. Pré. Possibilité logement chevaux. Table d'hôtes sur réservation. Promotion : 3 nuits au prix de 2. Sortie autoroute : Pouilly-en-Auxois à 12 km.

CV

Prix : 1 pers. **180 F** 2 pers. **220 F** 3 pers. **300 F** pers. sup. **50 F**
repas **100 F** 1/2 pens. **200 F**

Ouvert : toute l'année.

12	5	4	1	1	18	50	15	8	12	60	10

MOREAU Bernard et Madeleine - Ferme de l'Hôpital - 21350 THOREY-SOUS-CHARNY - Tél : 03 80 64 61 91

TOUILLON

C.M. 243 Pli 2

E.C. 1 ch. **Abbaye de Fontenay.** Dans une maison récente à la sortie du village 1 chambre d'hôtes pour 2 pers. avec salle de bains et wc privés et TV. 1 lit enfant de -5 ans. Salon réservé aux hôtes. Chauffage central. Jardin. Notions en anglais. Promotion : 4 nuits au prix de 3. Sortie autoroute : Bierre-les-Semur à 32 km. Langue parlée : italien.

CV

Prix : 1 pers. **220 F** 2 pers. **250 F**

Ouvert : toute l'année

10	1	10	1	0,1	10	28	10	15	10	10	10

BESSON Alain et Louisa - Rue des Vignes - Les Malmaisons - 21500 TOUILLON - Tél : 03 80 89 05 49 ou 06 85 29 83 77 -
Fax : 03 80 89 05 49

VANDENESSE-EN-AUXOIS

C.M. 243 Pli 14

4 ch. Au cœur de l'Auxois, en bordure du canal de Bourgogne, maison de caractère où sont aménagés 4 chambres d'hôtes et un studio. Chambres pour 4 pers. avec salles d'eau et wc privés. Salle de séjour avec cheminée et TV. Bibliothèque. Studio 2 pers.(350 F), avec salle d'eau et wc privés, coin-kitchenette et salon avec vue sur le canal. Chauffage électrique. Terrasse ombragée et terrain. Parking. Garage. Restaurants au village. Taxe de séjour incluse. Sortie autoroute : Pouilly-en-Auxois à 6 km.

Prix : 1 pers. **253 F** 2 pers. **276/356 F** 3 pers. **329 F**

Ouvert : toute l'année.

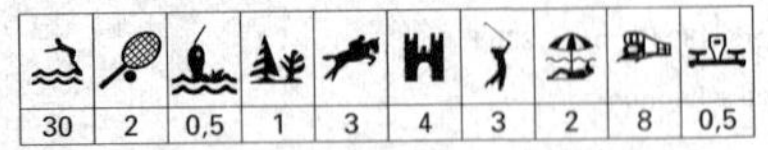

30	2	0,5	1	3	4	3	2	8	0,5

BONNARD Monique et Pascal - 21320 VANDENESSE-EN-AUXOIS - Tél : 03 80 49 27 12

VANDENESSE-EN-AUXOIS

TH — *C.M. 243 Pli 14*

3 ch. 3 cabines très confortables aménagées sur une péniche, sur le canal de Bourgogne, au pied de la cité médiévale de Châteauneuf-en-Auxois. Salles d'eau et wc privés. Salle de séjour. Salon avec TV. Bibliothèque. Ch. central. Pont de soleil très fleuri l'été. Poss. lit double ou simple. Table d'hôtes sur réservation. Taxe de séjour : 4 F/jour/pers. Sortie autoroute : Pouilly-en-Auxois à 7 km. Langues parlées : anglais, allemand, hollandais.

Prix : 1 pers. **250 F** 2 pers. **300 F** repas **130 F**

Ouvert : du 1er février au 30 novembre.

7	SP	SP	5	30	10	2,5	38	7

JANSEN BOURNE Lisa - Péniche « Lady A » - Port du Canal - Cidex 45 - 21320 VANDENESSE-EN-AUXOIS - Tél : 03 80 49 26 96 - Fax : 03 80 49 27 00

VAUCHIGNON

TH — *C.M. 243 Pli 26*

2 ch. 2 chambres d'hôtes 3 pers. aménagées dans une ferme avec salle d'eau ou salle de bains et wc communs. Séjour et TV à disposition. Chauffage central. Jardin. Etang. Parking. Aire de jeux. Pré. Table d'hôtes sur réservation. Restaurant à 3 km. GR7. Sortie autoroute : Beaune à 20 km.

CV

Prix : 1 pers. **180 F** 2 pers. **210/220 F** 3 pers. **260/280 F** repas **65/85 F**

Ouvert : toute l'année.

20	3	SP	SP	SP	SP	1	SP	21	3	25	3

TRUCHOT André et Marguerite - 21340 VAUCHIGNON - Tél : 03 80 21 71 44

VAUCHIGNON

C.M. 243 Pli 26

5 ch. 5 chambres 2 pers. aménagées dans une ancienne maison vigneronne, dans une vallée pittoresque, sur une exploitation charolaise. 3 ch. 3 épis, salle d'eau et wc privés. 1 chambre familiale 1 épi, salle d'eau et wc. Séjour, salon, TV. Chauffage élect. Jardin. Pré. Parking. Logement de chevaux. Restaurant 3 km. GR7. Sortie autoroute : Beaune à 20 km

CV

Prix : 1 pers. **150/180 F** 2 pers. **200/240 F** 3 pers. **310 F** pers. sup. **40 F**

Ouvert : 15 avril au 30 septembre.

10	3	SP	SP	SP	1	SP	1	21	3	20	3

TRUCHOT Joël - Le Bout du Monde - 21340 VAUCHIGNON - Tél : 03 80 21 80 53 - Fax : 03 80 21 88 76

VAUCHIGNON

C.M. 243 Pli 26

1 ch. 1 chambre d'hôtes 2 pers. indépendante située dans un très joli village, avec salle de bains et wc privés. Salle de séjour et salon à disposition. Chauffage électrique. Jardin. Aire de jeux. Parking. Restaurant à 3 km. Sortie autoroute : Beaune à 20 km. Langues parlées : anglais, allemand.

Prix : 2 pers. **250 F** pers. sup. **80 F**

Ouvert : du 1er mars au 30 novembre.

10	3	SP	SP	1	SP	1	21	3	21	3

RIGAUD Rolande - 21340 VAUCHIGNON - Tél : 03 80 21 74 34

VAUCHIGNON

C.M. 243 Pli 26

1 ch. Dans la vallée protégée du Bout du Monde chez des artistes, 1 chambre 2 pers. aménagée dans une ancienne maison de vignerons, indépendante des propriétaires. Salle d'eau et wc privés. Lit d'appoint pour enfant (60 F). Chauffage électrique. Salle de séjour. Coin-kitchenette. Jardin attractif traversé par une rivière. Cour. Parking. Sortie autoroute : Beaune à 23 km. Langue parlée : anglais.

Prix : 1 pers. **220 F** 2 pers. **260 F**

Ouvert : toute l'année.

15	3	SP	0,2	0,2	1	0,2	0,2	18	3	15	3

RACKLEY-LECHEVALIER Nicole et John - 21340 VAUCHIGNON - Tél : 03 80 21 86 36 - Fax : 03 80 21 86 36

VELARS-SUR-OUCHE

C.M. 243 Pli 15

1 ch. 1 chambre d'hôtes aménagée dans une ancienne maison rénovée, située dans un cadre verdoyant, au centre du village. Entrée indépendante. Salle de bains et wc privés. Salle de séjour. TV. Chauffage central. Jardin. Parking. Sortie voie express : Velars à 700 m. Langues parlées : anglais, allemand.

CV

Prix : 1 pers. **230 F** 2 pers. **280 F** pers. sup. **80 F**

Ouvert : toute l'année.

10	0,3	0,3	0,8	0,5	5	15	10	20	10	11	0,3

REMOND Elisabeth - 3 rue Camille Chatot - 21370 VELARS-SUR-OUCHE - Tél : 03 80 33 60 77 ou 06 72 48 57 48 - Fax : 03 80 33 60 77

VENAREY-LES-LAUMES *C.M. 243 Pli 2*

2 ch. 2 chambres d'hôtes aménagées dans une ancienne ferme. Salle d'eau ou salle de bains et wc privés. Séjour. Chauffage central. Cour. Grand verger. Restaurant au bourg. Sortie autoroute : Bierre-les-Semur à 18 km.

Prix : 1 pers. **180 F** 2 pers. **200 F** 3 pers. **300 F** pers. sup. **70 F**

Ouvert : toute l'année.

12	0,3	0,2	1	15	1	0,2	1	0,3

DUBOIS Monique & Bernard - 4 rue Madame Lemoine - 21150 VENAREY-LES-LAUMES - Tél : 03 80 96 00 47

VIEVY Dracy-Chalas (TH) *C.M. 243 Pli 14*

2 ch. 2 chambres d'hôtes (2 et 3 épis), aménagées dans une fermette restaurée. Ambiance bohème et décontractée. Salles d'eau ou de bains et wc privés. Salon avec plafond à la française. Piano, TV, bibliothèque. Chauffage central. Logement de chevaux. Jardin. Terrasse. Parking. Aire de jeux. Table d'hôtes sur réservation. Sortie autoroute : Pouilly-en-Auxois à 20 km. Langues parlées : anglais, allemand, espagnol.

Prix : 1 pers. **180 F** 2 pers. **260 F** 3 pers. **360 F** pers. sup. **100 F** repas **110 F**

Ouvert : toute l'année.

10	6	2	0,3	20	25	25	20	10	20	6

BASSI-LANGLADE Brigitte - Ferme de Lascivia - Dracy-Chalas - 21230 VIEVY - Tél : 03 80 90 23 51

VILLARS-FONTAINE (TH) *C.M. 243 Pli 15*

3 ch. 3 chambres 2 et 3 pers. (dont une classée 1 épi) aménagées dans une ancienne maison bourguignonne au flanc du coteau du village. Salles d'eau et wc privés. Séjour et salle à disposition. Coin-cuisine. Chauffage central. Parking. Terrasse couverte. Table d'hôtes mardi et mercredi sur réservation. Restaurant sur place. GR7. Réduction à partir de la 2e nuit. Sortie autoroute : Nuits-Saint-Georges à 6 km. Site internet : chambres.ifrance.com.

Prix : 1 pers. **180 F** 2 pers. **230 F** 3 pers. **270 F** repas **90 F**

Ouvert : de février à fin novembre.

5	5	0,2	0,1	1	0,1	10	15	5	5	1

JEANJEAN Philippe et Andrée - 21700 VILLARS-FONTAINE - Tél : 03 80 61 29 59 - Fax : 03 80 62 37 49 - E-mail : jeanjean-philippe@wanadoo.fr - http://www.chambres.ifrance.com

VILLARS-VILLENOTTE Les Langrons *C.M. 65 Pli 8*

3 ch. Grandes chambres avec belles vues, aménagées dans une ancienne ferme de caractère, récemment restaurée. Chambres de 2 pers. à 4 pers. + 1 chambre en annexe pour 2 pers. Salle d'eau et wc privés à chaque chambre. Séjour, bibliothèque. Ch. central. Grand jardin, aire de jeux. Parking en toute sécurité. 10 % sur séjour de 2 nuits (hors juillet-août). Notions d'allemand. Location VTT. Restaurants 4 km. Sortie autoroute : Bierre-les-Semur à 7 km. Langue parlée : anglais.

Prix : 1 pers. **250 F** 2 pers. **300 F** 3 pers. **375 F** pers. sup. **75 F**

Ouvert : toute l'année sauf à Noël.

12	4	5	1	8	1	17	34	5	12	4

COLLINS Mary & Roger - Les Langrons - Villars-Villenotte - 21140 SEMUR-EN-AUXOIS - Tél : 03 80 96 65 11 - Fax : 03 80 97 32 28

VILLEFERRY (TH) *C.M. 243 Pli 14*

3 ch. Au milieu des collines de l'Auxois au charme discret, 2 chambres avec terrasses et jardins privatifs et joli point de vue sur le paysage vallonné. Au bas du verger dans maison vigneronne ancienne restaurée, duplex (380 F) avec coin-cuisine et jardin privatif. Sanitaires privés et accès indépendant pour les 3 chambres. TH sur réservation. Sortie autoroute : Bierre-les-Semur à 20 km. Langue parlée : anglais.

Prix : 1 pers. **290/350 F** 2 pers. **320/380 F** 3 pers. **440 F** pers. sup. **60 F** repas **90 F**

Ouvert : toute l'année.

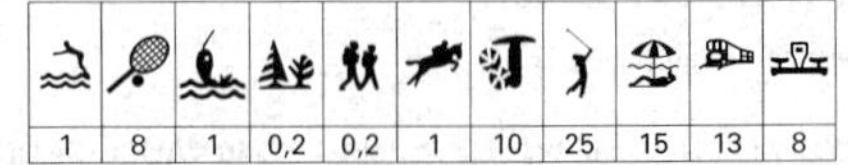

1	8	1	0,2	0,2	1	10	25	15	13	8

MERSKY John - Le Verger sous les Vignes - 21350 VILLEFERRY - Tél : 03 80 49 60 04 - Fax : 03 80 49 60 04

VILLIERS-LE-DUC Val des Choues (TH) *C.M. 243 Pli 3*

6 ch. 6 chambres 2 pers. aménagées dans une ancienne abbaye cistercienne du XIIe siècle, au milieu d'un massif forestier. Salle de bains ou salle d'eau privées. WC communs. Salon. Chauffage au bois et élect. Jardin à la française. Parking. TH sur réservation. Restaurant 8 km. Sortie autoroute : Ville/la-Ferté à 40 km. Chambres donnant sur la cour d'honneur de l'abbaye. Langues parlées : anglais, espagnol, italien.

Prix : 1 pers. **270/390 F** 2 pers. **330/350 F** repas **100 F**

Ouvert : du 1er avril à la Toussaint.

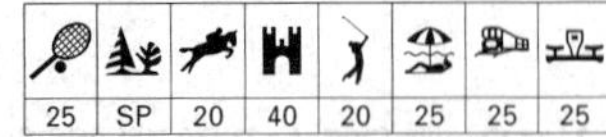

25	SP	20	40	20	25	25	25

MONOT Inès - Abbaye du Val des Choues - Villiers-le-Duc - 21290 ESSAROIS - Tél : 03 80 81 01 09 - Fax : 03 80 81 01 91

VOSNE-ROMANEE La Closerie des Ormes (TH) *C.M. 243 Pli 16*

4 ch. Dans une belle demeure au milieu des vignes, à 800 m du château du Clos Vougeot, 4 ravissantes chambres 2 pers. Chambres à choisir dans la grande maison ou en rez-de-jardin. Salle d'eau ou salle de bains et wc privés. Toutes sont décorées avec goût et raffinement. Accueil gai et chaleureux. Jardin et parking. Portable : 06.83.88.67.33. Auberge à proximité. Sortie autoroute : Nuits-Saint-Georges à 2,5 km. Maison d'hôtes située à proximité de l'axe routier Dijon-Beaune. Langues parlées : anglais, allemand.

Prix : 1 pers. **400/500 F** 2 pers. **450/550 F** pers. sup. **200 F** repas **150 F**

Ouvert : toute l'année.

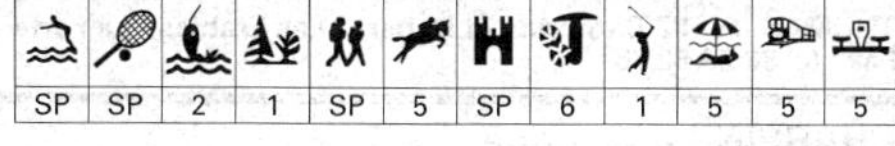

2,5	1	5	2	8	SP	5	25	2,5	2,5	2,5

PETIN Dominique - La Closerie des Ormes - 21 rue de le Grand' Velle - 21700 VOSNE-ROMANEE - Tél : 03 80 62 35 19 ou 06 83 88 67 33 - Fax : 03 80 62 17 59

VOUGEOT *C.M. 243 Pli 16*

3 ch. 3 chambres d'hôtes aménagées au 1er étage d'un pavillon, dans un village viticole. Vue sur le vignoble. Clos Vougeot à 200 m. 2 chambre 2 pers., poss. lit enfant supplémentaire. Salle d'eau et wc communs. 1 chambre 3/4 pers., entrée indépendante, salle d'eau et wc privés. Chauffage central. Séjour, salon et TV à disposition. Jardin. Parking. Restaurant 100 m. GR76. Sortie autoroute : Nuits-Saint-Georges à 5 km.

Prix : 1 pers. **170 F** 2 pers. **220/240 F** 3 pers. **280 F** pers. sup. **50 F**

Ouvert : du 1er mars au 30 novembre.

SP	SP	2	1	SP	5	SP	6	1	5	5	5

PARFAIT Jacques - 6 impasse Fleurie - 21640 VOUGEOT - Tél : 03 80 62 86 69

Nièvre

GITES DE FRANCE
3, rue du Sort - 58000 NEVERS
Tél. 03 86 36 42 39 - Fax. 03 86 59 90 67

3615 Gîtes de France 1,28 F/min

ALLUY Bouteuille *C.M. 69 Pli 5*

4 ch. **Canal de Nivernais 5 km.** Maison de caractère (parc) salon (prise TV) cuisine aménagée à la disposition des hôtes, 3 chambres doubles avec salle d'eau et wc individuel, 1 chambre double + 1 ch. enfant attenante avec salle de bains et wc individuel. Téléphone (compteur). Location vélos et bateaux à 5 km. Parking.Circuit VTT. Restaurant à 5 km. Langue parlée : anglais.

Prix : 1 pers. **230/250 F** 2 pers. **270/340 F** 3 pers. **400 F** pers. sup. **70 F**

Ouvert : toute l'année.

5	5	5	0,5	SP	3	15	38	5

LEJAULT André - Bouteuille - 58110 ALLUY - Tél : 03 86 84 06 65 - Fax : 03 86 84 03 41 - http://www.vacancesfrance.com

BAZOCHES Domaine Rousseau  A (TH) *C.M. 65 Pli 16*

5 ch. **Lac de Chaumeçon 20 km.** 5 chambres aménagées au 1er étage d'une maison de Maître du XVIIIe indépendante avec grand jardin à disposition des hôtes. 3 chambres doubles et 2 chambres triples avec chacune sanitaires privés, chauffage central. Possibilité lit d'appoint pour 4ième pers avec sup 80 F. Maison dominant le Château de Bazoches. Proche du Parc du Morvan. Près de CLAMECY, VEZELAY, AVALLON. Possibilité table d'hôtes sauf le mercredi soir et le dimanche soir. Belle vue sur campagne environnante.

Prix : 2 pers. **250 F** 3 pers. **350 F** pers. sup. **80 F** repas **95 F**

Ouvert : toute l'année sur réservation.

18	8	2	SP	SP	6	17	20	8

PERRIER Nadine - Domaine de Rousseau - 58190 BAZOCHES - Tél : 03 86 22 16 30 - Fax : 03 86 22 11 81 - E-mail : ferme.auberge@dial.oléane.com - http://www.auberge.bazoches.com

BAZOCHES Ferme d'Ecosse *C.M. 65 Pli 16*

3 ch. **Vezlay 12 km.** 3 chambres d'hôtes aménagées sur une exploitation agricole du Morvan. Rez-de-chaussée : entrée, salle de séjour réservée aux hôtes. A l'étage, 2 chambres doubles, 1 chambre triple, salles d'eau et wc particuliers. Chauffage central, coin cuisine. Jardin, visite de la ferme (élevage charolais). Circuits pédestres balisés avec superbe vue sur les environs. Au pied du Château de BAZOCHES. Ferme Auberge à 800m. Langue parlée : anglais.

Prix : 1 pers. **200 F** 2 pers. **230 F** 3 pers. **310 F**

Ouvert : tous les jours juillet août, sur réservation pour les autres périodes.

22	12	7	1	1	8	15	12	1

PERRIER Chantal - La Ferme d'Ecosse - 58190 BAZOCHES - Tél : 03 86 22 14 57 - Fax : 03 86 22 14 57

CHAMPLEMY  *C.M. 65 Pli 14*

2 ch. 2 chambres d'hôtes dans une ancienne maison bourgeoise située sur la place du village. 1 chambre 5 pers. avec salle d'eau et wc particulier. 1 chambre double avec salle d'eau et wc particulier. Salle de séjour à disposition des hôtes. Jardin, parking (Garage sur demande lors de la réservation). Restaurant sur place. Langues parlées : anglais, allemand.

Prix : 1 pers. **160 F** 2 pers. **230/260 F** 3 pers. **340/380 F**

Ouvert : d'avril à octobre.

23	14	SP	SP	SP	10	25	30	SP

TAYLOR Marie-Noelle - Le Bourg - 58210 CHAMPLEMY - Tél : 03 86 60 15 08

CHANTENAY-SAINT-IMBERT *C.M. 69 Pli 3*

E.C. 1 ch. **Golf et circuit de Magny-Cours 15 mns.** A proximité immédiate de la rivière Allier, dans une propriété du XVIIIe siècle entourée d'un parc de 14 000 m^2, une chambre de grand confort avec salle d'eau, wc et petit salon de lecture avec TV, déco personnalisée, calme et sérénité garantis. Piscine, vélos, circuits pédestres.

Prix : 1 pers. **490 F** 2 pers. **590 F**

Ouvert : toute l'année.

SP	SP	1	10	SP	11	24	2

THOMAS DE RIZ Catherine et Robert - Les Erables - La Ferte - 58240 CHANTENAY-SAINT-IMBERT - Tél : 03 86 38 62 65 - Fax : 03 86 38 62 65

CHARRIN La Varenne *C.M. 69 Pli 5*

2 ch. **La Loire à 3 km.** 1 suite (2 chambres 2 lits doubles) dans la maison du propriétaire à proximité d'une exploitation agricole, salle d'eau et wc particulier. Salon de jardin. Endroit calme et confortable, jardin. Restaurants à 2 km. Stade nautique à Decise.

Prix : 1 pers. **200 F** 2 pers. **250 F** 3 pers. **380 F**

Ouvert : toute l'année.

12	12	3	3	3	12	14	12	0,5

AUROUSSEAU Françoise - La Varenne - 58300 CHARRIN - Tél : 03 86 50 30 14 - Fax : 03 86 50 38 56

CHAUMARD Le Château (TH) *C.M. 65 Pli 15*

6 ch. CV Dans le Parc Naturel du Morvan, le Château de CHAUMARD vous accueille toute l'année dans ses 6 chambres d'hôtes (4 chambres 3 épis et 2 chambres 2 épis). Jardin aménagé dans un parc boisé pour votre repos avec vue directe sur le lac de Pannecière, cadre calme et familial avec table d'hôtes le soir sur réservation sauf jeudi et dimanche soir. Arrivée des hôtes souhaitable entre 17 et 19h. Chiens acceptés tenus en laisse. Accueil cavaliers et chevaux. Bienvenue dans le Morvan. Caution : 25 % du montant total avec un minimum d'une nuitée.

Prix : 1 pers. **260 F** 2 pers. **260 F** 3 pers. **340 F** pers. sup. **80 F**
repas **95/150 F**

Ouvert : toute l'année.

5	5	0,2	0,5	0,5	10	15	70	0,2

FAMILLE VAISSETTE . - Le Château - 58120 CHAUMARD - Tél : 03 86 78 03 33 - Fax : 03 86 78 04 94 - E-mail : chateauchaumard@minitel.net

CHEVENON La Fontaine *C.M. 69 Pli 4*

2 ch. En bordure du Canal du Latéral à la Loire et à 10 km de NEVERS et MAGNY-COURS, 2 chambres (lits doubles) aménagées au 2ème étage de la maison du propriétaire avec douche et wc privatifs. Salon réservé aux hôtes avec TV, jeux de société, ping-pong. Chambres d'hôtes à la ferme, calme assuré. Plan d'eau du village à 2 km. Taxe de séjour : 1F/pers/j. Tous loisirs à Nevers, ville d'art et d'histoire. Langue parlée : anglais.

Prix : 1 pers. **200 F** 2 pers. **250 F** pers. sup. **80 F**

Ouvert : du 15 avril au 1er novembre.

5	2	SP	SP	SP	5	5	2

MAUGARS Véronique - La Fontaine - 58160 CHEVENON - Tél : 03 86 38 38 08

COSNE-SUR-LOIRE Croquant (TH) *C.M. 65 Pli 13*

5 ch. CV **Sancerre et Pouilly-sur-Loire 15 km.** Marie-Noëlle vous accueille dans une ancienne fermette récemment rénovée et met à votre disposition 5 chambres personalisées avec salle d'eau et wc privatifs pour chacune d'elle. Chauffage central. Salon, jeux de société. Grand terrain avec partie boisée. Parking. GR 3. Golf à 10 km. Pas de table d'hôtes le dimanche. Restauration sur réservation. Produits fermiers, vins et et location de VTT à proximité. SAC A DOS RANDONIEVRE. Carte de fidélité 10 nuits. 7ème nuit gratuite sur séjour. Sur demande : organisation circuits, anniversaires, réunions familiales et stages foie gras. Langue parlée : anglais.

Prix : 1 pers. **230 F** 2 pers. **290 F** 3 pers. **375 F** pers. sup. **100 F**
repas **130 F**

Ouvert : toute l'année.

2	2	5	25	SP	3	10	2	2

KANDIN Marie-Noelle - L'Orée des Vignes - Croquant - 58200 SAINT-PERE - Tél : 03 86 28 12 50 - Fax : 03 86 28 12 50 - E-mail : loréedesvignes@wanadoo.fr

CRUX-LA-VILLE Les Maisons du Bois

C.M. 65 Pli 15

2 ch. 2 chambres au 1er étage avec salle d'eau et wc privatifs dans une ancienne fermette à proximité de l'étang du Merle. Chauffage central. Salle de séjour avec cheminée. Jardin paysagé, ping-pong, circuits VTT, randonnées pédestres. Taxe de séjour : 2 F par personne. Langue parlée : anglais.

Prix : 1 pers. **220 F** 2 pers. **280 F** 3 pers. **340 F** repas **85 F**

Ouvert : toute l'année.

5	0,8	SP	SP	10	10	30	5

DE CRAEYE Eliane - Les Maisons du Bois - 58330 CRUX-LA-VILLE - Tél : 03 86 58 37 30

CRUX-LA-VILLE Domaine des Perrieres

C.M. 65 Pli 15

2 ch. A proximité de la ferme, dans une maison de caractère, 2 grandes chambres d'hôtes au 1er étage : 1 ch double (2 lits simples) avec salle d'eau et wc privés, 1 ch triple (1 lit double, 1 lit simple) avec salle de bains et wc privés, possibilité lit supplémentaire simple. Salle de séjour à disposition des hôtes, jeux de société et d'extérieur. Terrain de jeux et jardin arboré. Circuit VTT et randonnées pédestres. Base de loisirs du Merle à 8 km et base nautique de Baye à 11 km. Chambres d'hôtes de Prestige. Taxe de séjour 2 F par personne.

Prix : 1 pers. **250 F** 2 pers. **300 F** 3 pers. **350 F** pers. sup. **50 F** repas **75 F**

Ouvert : toute l'année.

10	8	SP	SP	12	50	45	4

COINTE Pascale - Domaine des Perrieres - 58330 CRUX-LA-VILLE - Tél : 03 86 58 34 93 - Fax : 03 86 58 26 00

DIENNES-AUBIGNY La Réserve

C.M. 69 Pli 5

1 ch. 1 suite aménagée au rez-de-chaussée de la maison d'habitation, comprenant 1 chambre double, 1 séjour (prise TV - 2 lits 1 pers) 1 petite cuisine, une salle d'eau avec wc. Chauffage central. Pension sur réservation. English spoken. Sur place : exposition permanente sur le mouton et le travail de la laine (artisanat). Exposition permanante à Saute-Mouton et boutique artisanal de peinture sur porcelaine. A proximité : musée de la mine à La Machine, église du XIIème siècle, forêt sur place, Canal. Langue parlée : anglais.

Prix : 2 pers. **250 F** 3 pers. **320 F** pers. sup. **50 F** repas **100 F**

Ouvert : toute l'année.

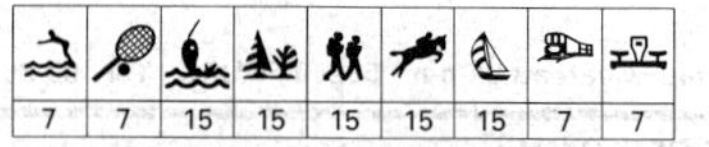

7	7	15	15	15	15	15	7	7

RYAN Marie-Georges - La Réserve - 58340 DIENNES-AUBIGNY - Tél : 03 86 50 05 29 - Fax : 03 86 50 05 29

DONZY Jardins de Belle Rive

C.M. 65 Pli 13

4 ch. Dans une région boisée, très agréable, 4 ch. d'hôtes confortables aux r.d.c. et 1er étage d'une maison indépendante de celle des propriétaires. Salle de bains et wc particulier pour chaque chambre. Salon. Chauffage électrique. Téléphone. Jolie vue sur le jardin et la campagne. Piscine privée accessible aux hôtes. Produits régionaux à découvrir. Restaurant et rivière 1ère catégorie dans le vallon. Chambres d'hôtes de Prestige. Langue parlée : anglais.

Prix : 1 pers. **240 F** 2 pers. **260/320 F** 3 pers. **385 F** pers. sup. **65 F** repas **100 F**

Ouvert : toute l'année.

SP	2	SP	SP	SP	5	25	17	1,2

JUSTE Laura et Bernard - Jardins de Belle Rive - Bagnaux - 58220 DONZY - Tél : 03 86 39 42 18 - Fax : 03 86 39 49 15

DONZY Bois Gratton

C.M. 65 Pli 14

3 ch. Dans un parc de 5 ha, 3 ch. d'hôtes aménagées dans une belle propriété spacieuse, au r.d.c. d'un bâtiment de style châlet indépendant du propriétaire. Chaque chambre est équipée d'une salle de bains et d'un wc. Chauffage électrique. Terrasse donnant sur un magnifique parc. Possibilité 1 ch. suite (ch pour 4 pers.), s.d.b. (douche, lavabo, wc), cuisine équipée. Prix : hors saison 900 F, saison 1200 F. Mise à disposition d'un portable sans fil. Promenades en forêt.

Prix : 1 pers. **180 F** 2 pers. **260 F** pers. sup. **110 F**

Ouvert : toute l'année.

1	1	1	SP	1	1	24	17	1

KAHN André et Christiane - Le Bois Gratton - 58220 DONZY - Tél : 03 86 39 33 82 - Fax : 03 86 39 36 76

ENTRAINS-SUR-NOHAIN

C.M. 65 Pli 14

4 ch. Ancien prêche huguenot du XVIe siècle au cœur du village gallo-romain d'ENTRAINS, sur 2 étages avec jardin intérieur. 4 grandes chambres à l'étage avec salles de bains attenantes, entièrement rénovées et équipées au meilleur standard. Mobilier de style Nouvelle Angleterre. Escalier de château. Chambres d'hôtes de Charme. Langues parlées : anglais, italien.

Prix : 1 pers. **300 F** 2 pers. **360 F** 3 pers. **480 F** repas **95 F**

Ouvert : du 1er juin au 31 octobre.

SP	SP	SP	SP	SP	5	SP	23	SP

WEISSBERG Noelle - Place Saint-Sulpice - 58410 ENTRAINS-SUR-NOHAIN - Tél : 03 86 29 23 23

LA FERMETE Château de Prye — *C.M. 69 Pli 4*

4 ch. **Nevers ville d'art et d'histoire et Magny Cours à 15 km.** Château construit et aménagé entre le XVIIe et XIXe siècle sur 156 ha clos de murs et parcouru par une rivière. Havre de paix et de verdure. 2 suites et 2 chambres avec sanitaires privatifs. Différents billars, tennis de table, piano, TV, magnétoscope. Parc, pêche. Cartes Visa Mastercard. Sur le domaine : château, écuries et parc de plus de 150 ha clos de murs et parcouru par une rivière. Chambres d'hôtes de Charme. Langues parlées : anglais, espagnol.

Prix : 1 pers. **450 F** 2 pers. **450/550 F** repas **150 F**

Ouvert : du 15 avril au 15 octobre.

20	1	SP	1	20	1

DU BOURG DE BOZAS Antoine Emmanuel - Château de Prye - 58160 LA FERMETE - Tél : 03 86 58 42 64 - Fax : 03 86 58 47 64 - E-mail : welcome@pryecastle.com

FOURS — *C.M. 69 Pli 5*

2 ch. A 8 km du Canal du Nivernais, à l'ombre d'un parc de verdure, cette maison du XVIIIème siècle abrite deux sympathiques chambres de grand confort avec sanitaires et wc privatifs pour chaque chambre. Parking dans parc clos, jeux d'enfants. Coin repos, ping-pong, bicyclettes à disposition. Au village : 2 centres equestres, plan d'eau aménagé à 8 km.

Prix : 1 pers. **230 F** 2 pers. **270 F**

Ouvert : du 15 avril au 30 septembre.

20	20	8	2	2	SP	8	20	SP

HUGUET-ZIMBA Catherine et Jackie - Route de Luzy - 58250 FOURS - Tél : 03 86 50 24 85 - Fax : 03 86 50 24 85

FOURS — *C.M. 69 Pli 5*

2 ch. Aux portes du Morvan, dans maison de caractère : une chambre double à l'étage avec salle de bain et wc privatifs. Au rez-de-chaussée : une chambre double (2 lits 1 pers) avec coin-cuisine, salle de bain et wc privatifs. Piscine privée accessible aux hôtes. Rivières et étangs pour pêche. Randonnées, équitation et centre hippique sur place. Petits chiens admis.

Prix : 1 pers. **230 F** 2 pers. **280/300 F** 3 pers. **360 F**

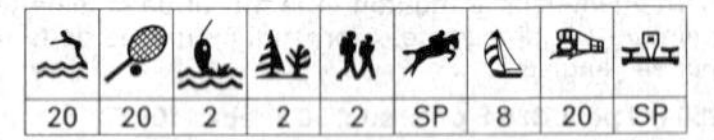

20	20	2	2	2	SP	8	20	SP

PETILLOT Denis - Château Latour - 58250 FOURS - Tél : 03 86 50 20 15

FRASNAY-REUGNY La Touriterie — *C.M. 69 Pli 5*

1 ch. 1 chambre double au 1er étage d'une maison typiquement nivernaise, avec 1 grand séjour-salon et possibilité d'un lit 2 places-Salle d'eau et wc particulier. Chauffage central. Jardin. Parking. Vélos à disposition. Nombreux sites à visiter aux alentours et ferme à visiter sur place. Langue parlée : anglais.

CV

Prix : 1 pers. **240 F** 2 pers. **285 F** 3 pers. **375 F** pers. sup. **450 F**

Ouvert : toute l'année.

10	4	4	0,5	0,5	4	20	20	4

CORNU Georges et Annie - La Touriterie - 58270 FRASNAY-REUGNY - Tél : 03 86 60 20 94 - Fax : 03 86 60 26 19

GIMOUILLE Le Marais — *C.M. 69 Pli 3*

E.C. 3 ch. Dans un château classé, construit au XIVe siècle et remanié aux XV et XVIe siècles, 3 chambres d'hôtes sont aménagées dans la partie donjon. Chacune possède salle de bains et wc privatifs. Chauffage central. Le château est entouré de douves. Salon,biblio-thèque, vélos à disposition. Aux portes de NEVERS, berceau de la faïence française. Entre BOURGES et VEZELAY, près des vignobles de POUILLY SUR LOIRE et SANCERRE. Proche du Bec d'Allier (station ornithologique), du village médiéval d'Appremont et du circuit de F1. Langue parlée : anglais.

Prix : 1 pers. **400 F** 2 pers. **420/480 F** pers. sup. **100 F**

Ouvert : toute l'année.

7	2	SP	5	5	6	3	4

SCI CHATEAU DU MARAIS M. et MME GRAILLOT - Domaine du Marais - 58470 GIMOUILLE - Tél : 03 86 21 04 10 - Fax : 03 86 21 04 10

GUERIGNY Château de Villemenant — *C.M. 69 Pli 4*

4 ch. **Nevers ville d'art et d'histoite à 15 km.** La tranquille région du Nivernais, entre Bourgogne et Val de Loire, abrite ce beau château classé du XIVème qui marie à merveille le charme et la noblesse du Moyen-Age au confort de notre temps. L'accueil chaleureux des châtelains, des chambres fastueuses (4 dont 2 suites) et une cuisine de qualité font de ce lieu une halte reposante. Sur place possibilité de pêche et randonnées. Proximité du Canal du Nivernais et du circuit automobile F1 de Nevers Magny-Cours. Langues parlées : anglais, allemand.

Prix : 1 pers. **520/660 F** 2 pers. **620/760 F** 3 pers. **745/885 F** pers. sup. **125 F** repas **100/150 F**

Ouvert : toute l'année.

15	1	SP	0,5	0,5	15	45	15	1

FAMILLE CHESNAIS - Château de Villemenant - 58130 GUERIGNY - Tél : 03 86 90 93 10 - Fax : 03 86 90 93 19 - E-mail : info@chateau-villemenant.com - http://www.chateau-villemenant.com

GUIPY Château de Chanteloup *C.M. 65 Pli 15*

2 ch. 2 ch. doubles de caractère situées au 1er étage. Salle d'eau et wc dans chaque chambre, prise TV. Chauffage électrique. Parking. Parc de 18 ha. Salon. Salle de séjour. Salle de musique. Possibilité cuisine. Téléphone. Club hippique sur place avec stages poneys et chevaux. Location VTT sur place. Restaurant à 4 km. Réservation Mme GOBILLOT. Chanteloup à 4 km de GUIPY. Chambres d'hôtes de Charme. Langue parlée : anglais.

Prix : 1 pers. **290 F** 2 pers. **320 F** 3 pers. **380 F** pers. sup. **40 F**

Ouvert : toute l'année sauf janvier

9	8	2	0,5	0,5	SP	9	10	8

MAINGUET . - Château de Chanteloup - GUIPY - 58420 BRINON-SUR-BEUVRON - Tél : 03 86 29 02 08 ou 03 86 29 67 71 - Fax : 03 86 29 67 71

LANTY *C.M. 69 Pli 6*

4 ch. 4 chambres d'hôtes doubles aménagées au 1er étage avec salle d'eau (douche, wc). Coin salle à manger et salon privatifs. Coin cuisine parfaitement équipé. Parking. Chemins de randonnées, forêt communale. Produits fermiers dans la commune. Bibliothèque. Terrain ombragé donnant sur superbe vue. Point phone. Sur place : ping-pong. Langue parlée : anglais.

Prix : 1 pers. **230 F** 2 pers. **260 F** pers. sup. **50 F**

Ouvert : toute l'année.

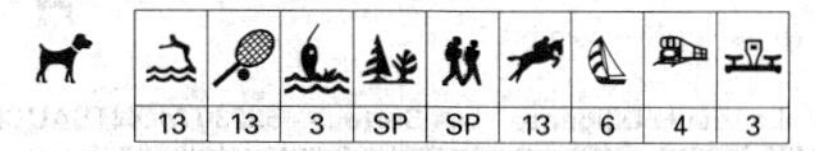

13	13	3	SP	SP	13	6	4	3

LE MAIRE DE LANTY - Mairie - Le Bourg - 58250 LANTY - Tél : 03 86 30 93 22 ou 03 86 30 93 65 - Fax : 03 86 30 93 22

MAGNY-COURS Domaine de Fonsegre *C.M. 69 Pli 4*

6 ch. 6 ch. d'hôtes aménagées dans un ancien bâtiment de ferme entièrement restauré, proche des châteaux de LA LOIRE et du circuit automobile de F1.Golf 18 trous. 1 ch. (1 lit 2 pers) et 5 ch. (10 lits 1 pers) équipées de douches et wc privés. Point phone. Billard, séjour, salon, salle de conférence, bibliothèque. Piscine sur place. GR 3 à 8 km. Chambres d'hôtes de Charme.

Prix : 1 pers. **290 F** 2 pers. **330 F** 3 pers. **450 F**

Ouvert : du 15 janvier au 15 décembre.

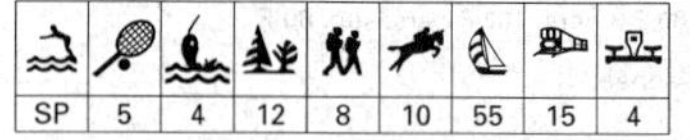

SP	5	4	12	8	10	55	15	4

BELLANGER Michelle - Fonsegre - 58470 MAGNY-COURS - Tél : 03 86 21 28 04 ou 03 86 58 12 73 - Fax : 03 86 21 28 05

MAGNY-COURS Nioux *C.M. 69 Pli 13*

3 ch. Dans un domaine charolais, 3 ch. d'hôtes. Au 1er étage d'un ancien relais de chasse du XVIIIe siècle. 2 ch. comprenant chacune 1 lit double et 1 ch. avec 2 lits 1 pers. Salle d'eau et wc privatifs pour chaque chambre. Chauffage central. Appareil musculation, téléphone. Salon avec bibliothèque, jeux de société. Ping-pong. Salle de jeux.

Prix : 1 pers. **210 F** 2 pers. **260/290 F** repas **120 F**

Ouvert : toute l'année.

15	15	7	5	7	15	35	15	2

BESSON Sylvie - Nioux - 58470 MAGNY-COURS - Tél : 03 86 58 17 94

MARS-SUR-ALLIER Mare *C.M. 69 Pli 13*

1 ch. **Circuit F1 de Nevers Magny-Cours et Golf 4 km. Nevers 15 km.** Maison à la campagne, très calme, dans un parc avec étang (pêche). Une chambre aménagée, salle d'eau et wc privatifs. Entrée indépendante. Chauffage central. A disposition, TV, salon bibliothèque avec cheminée. Langue parlée : anglais.

Prix : 1 pers. **230 F** 2 pers. **250 F** repas **130 F**

Ouvert : du 1er mars au 31 octobre.

20	4	SP	5	1	20	40	8	4

CLEMENT René et Odile - Mare - 58240 MARS-SUR-ALLIER - Tél : 03 86 58 15 28

MONT-ET-MARRE Domaine de Semelin *C.M. 69 Pli 5*

3 ch. 3 ch. d'hôtes très calmes aménagées au r.d.c. d'une maison en pleine campagne. 1 ch. (3 lits 1 pers.) avec s.d.b. et wc particuliers. 1 ch. double avec s. d'eau et wc particuliers. 1 ch. (lits jumeaux) avec s. d'eau particulière. Chauffage central. Salle de séjour avec cheminée et bibliothèque. Jardin, parking. Chambres d'hôtes de Charme. Etang de Baye : pêche et voile. Piscine et tennis à Châtillon en Bazois, promenades pédestres. Sur le domaine : très belle collection de dahlias.

Prix : 1 pers. **205/275 F** 2 pers. **230/300 F** 3 pers. **360 F** pers. sup. **25 F**

Ouvert : toute l'année et sur réservation du 1er novembre au 31 mars.

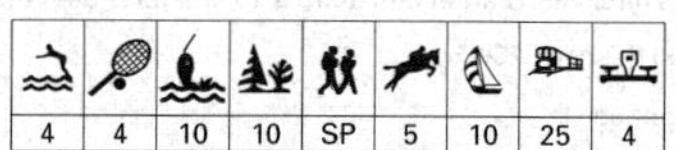

4	4	10	10	SP	5	10	25	4

DELTOUR Paul et Nicole - Domaine de Semelin - 58110 MONT-ET-MARRE - Tél : 03 86 84 13 94 - Fax : 03 86 84 13 94

MONTIGNY-SUR-CANNE La Rossignolerie (TH) *C.M. 69 Pli 5*

1 ch. **Canal du Nivernais 10 km. Site gallo-romain de Bibracte 40 km.** Maison du XVIIe siècle dominant la vallée de la Canne. Suite comprenant 1 chambre double (lits jumeaux), salon-bibliothèque avec cheminée et TV, salle de bains, wc privés, chauffage central. Entrée indépendante. A 20 km du Parc Naturel Régional du Morvan. A mi chemin entre Nevers et Moulins sur Allier. Possibilité d'accueilde cavaliers (2). Langue parlée : anglais.

Prix : 1 pers. **220 F** 2 pers. **270 F** repas **80 F**

Ouvert : toute l'année.

10	10	SP	SP	5	17	35	10	SP

WINSTANLEY Annie - La Rossignolerie - 58340 MONTIGNY-SUR-CANNE - Tél : 03 86 50 06 75 - Fax : 03 86 50 05 99 - E-mail : winma@wanadoo.fr

MONTSAUCHE Les Settons Alt. : 600 m (TH) *C.M. 65 Pli 16*

5 ch. Aménagées dans une ancienne auberge située au bord du Lac des Settons, 5 chambres d'hôtes avec douche et wc privés. Salle commune avec cheminée et vue sur le lac. Table d'hôtes sur réservation. Nombreuses activités à proximité, séjour équestre sur place, accueil cavalier (box ou pré). Taxe de séjour 1 F/jour/personne, chien 10 F/jour (propriétaire possédant animaux). Langue parlée : anglais.

Prix : 1 pers. **225 F** 2 pers. **280 F** repas **90 F**

Ouvert : du 1er février au 30 novembre.

1	SP	SP	SP	SP	SP	25	5

MACE Michel - La Vieille Diligence - Les Settons - 58230 MONTSAUCHE - Tél : 03 86 84 55 22 - Fax : 03 86 84 55 22 - E-mail : info@lvd-fr.com - http://www.morvan.com.fr/diligence

MOULINS-ENGILBERT La Grande Sauve  *C.M. 69 Pli 6*

2 ch. **Saint-Honoré-les-Bains 11 km. Château-Chinon 16 km.** Les 2 chambres comprennent chacune un lit de 2 personnes et 1 lit d'une personne. Elles disposent chacune d'une salle de bains et d'un wc privés. Armoires et meubles anciens. Décor personnalisé. La maison est entourée d'un parc clos de 1,5 ha. Possibilité d'hébergement de chevaux (4 grands box et 3 petits) avec mise au pré (3 ha de terrain clos). Proche du Parc Naturel Régional du Morvan, à 24 km du Mont-Beuvray. Sur place : ping-pong, baby foot, badmington. Chambres d'hôtes de Charme. Langue parlée : anglais.

Prix : 2 pers. **300 F** 3 pers. **400 F** pers. sup. **80 F**

Ouvert : toute l'année.

2	2	SP	SP	0,5	6	30	30	18	2

DERANGERE Dominique et Marc - La Grande Sauve - Route de Limanton - 58290 MOULINS-ENGILBERT - Tél : 03 86 84 36 40

ONLAY Château de Lesvault (TH) *C.M. 69 Pli 6*

6 ch. 6 chambres d'hôtes 3 pers. avec salle de bains particulière. Salle de séjour, salon, terrasse, cheminée. Exposition d'art contemporain. Calme parc arboré. Tables d'hôtes. Possibilité d'accueil de groupe : séminaires et ateliers. Circuits pédestres et VTT, accueil équestre (pré). Cures thermales à 10 km. Grande Cité européenne d'archéologie à 17 km. Centre équestre à proximité. Le Français, l'Anglais, l'Allemand et le Hollandais sont parlés. Langues parlées : anglais, allemand, hollandais.

Prix : 1 pers. **400 F** 2 pers. **450 F** 3 pers. **550 F** pers. sup. **100 F** repas **130 F**

Ouvert : toute l'année sauf janvier.

5	5	0,5	SP	SP	12	30	25	5

BOS Stanislas - Château de Lesvault - 58370 ONLAY - Tél : 03 86 84 32 91 - Fax : 03 86 84 35 78 - E-mail : chateau.lesvaults@wanadoo.fr

OULON Le Vieux Château A *C.M. 65 Pli 14*

6 ch. Entre les sites historiques de VEZELAY, NEVERS, LA CHARITE SUR LOIRE, dans un cadre de la ferme auberge du Vieux Château. 6 ch. d'hôtes indépendantes (salle d'eau particulière, 1 wc pour 3 ch). Une situation idéale pour vos réunions de famille (groupe 25-30 pers). Jardin, jeux et piscine sur place (couverte ou découverte suivant le temps). Au coin du feu ou en terrasse fleurie, venez apprécier notre cuisine gourmande avec les produits de la ferme et un petit déjeuner aux saveurs de votre enfance (confitures, lait..). Environnement favorable à la balade en vélo. Langue parlée : anglais.

Prix : 1 pers. **200 F** 2 pers. **250 F** repas **110 F** 1/2 pens. **235/250 F**

Ouvert : toute l'année sur réservation.

SP	5	SP	SP	SP	10	17	35	5

FAYOLLE Christiane - Le Bourg - 58700 OULON - Tél : 03 86 68 06 77 - Fax : 03 86 68 06 77

OUROUER Les Fossés  *C.M. 69 Pli 4*

3 ch. 3 chambres d'hôtes au 1er étage dans un hameau, 3 chambres doubles avec salle d'eau particulière, wc communs. Chauffage électrique. Salle de séjour. Téléphone. Jardin, parking. Musée des Forges de la Chaussade (ancien musée de marine) à 9 km. Nevers, ville d'art et d'histoire à 15 km, forêt des Amognes à 1 km. Langues parlées : russe, serbe.

Prix : 1 pers. **200 F** 2 pers. **250 F**

Ouvert : toute l'année.

9	9	9	0,5	SP	0,3	SP	9	15	9	1,5

ANDREJEVIC Jean - Les Fosses - 58130 OUROUER - Tél : 03 86 58 68 78

OUROUER Nyon  *C.M. 69 Pli 4*

3 ch. **Musée des Forges de la Chaussade (ancien musée de la marine) 9 km.** Très belle maison bourgeoise entourée d'un parc paysager. 3 chambres (1 lit double) avec très belles salles de bains et wc. Salle à manger, salon. Décor très raffiné. Chambres non fumeurs. Téléphone. NEVERS, ville d'art et d'histoire. Au delà de 2 nuits tarifs dégressifs (320 F pour 2 pers.). Chambres d'hôtes de charme.

Prix : 1 pers. **260 F** 2 pers. **340 F**

Ouvert : toute l'année.

9	9	9	SP	SP	9	SP	9	SP	9	9

HENRY Catherine - Château de Nyon - 58130 OUROUER - Tél : 03 86 58 61 12

OUROUX-EN-MORVAN Savault *C.M. 65 Pli 16*

E.C. 6 ch. Au cœur du Morvan, dans un bourg à 3 km de tous commerces. A proximité de 3 grands Lacs (Les Settons, Pannecière, Chaumeçon). 6 chambres 2 pers avec salle d'eau et wc dans chaque chambre. Au rez-de-chaussée, salon, salle à manger. Terrain et parking. Possibilité d'accueil de groupe (24 personnes).

Prix : 1 pers. **180 F** 2 pers. **280 F** repas **80 F** 1/2 pens. **220 F**

Ouvert : toute l'année.

3	3	SP	SP	15	15	35	3

BELHAMICI Fabrice - Savault - 58230 OUROUX-EN-MORVAN - Tél : 03 86 78 25 38

PARIGNY-LES-VAUX Domaine de la Maure **A**

E.C. 4 ch. 4 chambres d'hotes situées dans une fermette rénovée, en lisière de la forêt des Bertranges, ferme auberge sur place, 2 chambres avec mezzanines (4 lits 1 pers. chacune), 2 chambres (2 lits 1 pers. chacune), salle d'eau et wc privatifs, chauffage électrique, salon, bibliothèque, sur un domaine de 20 ha. Randonnées pédestres et VTT à proximité, proche de la ville d'art et d'histoire et du circuit automobile F1 de Nevers Magny-cours, du vignoble de Pouilly sur Loire. Table d'hôtes avec assiette de pays. Langue parlée : anglais.

Prix : 1 pers. **215 F** 2 pers. **290 F** repas **75 F**

10	2	1,5	SP	SP	10	15	38	10	1,5

MAUBOUSSIN Jean-Marc et Pasqualine - Le Lys St-Jacques - Domaine de la Maure - 58320 PARIGNY-LES-VAUX - Tél : 03 86 60 02 37 - Fax : 03 86 60 02 37 - E-mail : pmauboussin@aol.com

POUILLY-SUR-LOIRE Charenton *C.M. 65 Pli 13*

3 ch. Au cœur du vignoble de POUILLY SUR LOIRE à 2 heures de PARIS, dans un ancien relais de poste au milieu d'un parc fleuri, 3 chambres avec sanitaires privatifs et entrée indépendante pour chaque chambre. Chauffage central. Forfait weekend pour 2 pers. 870F (2 nuits, 2 petits-déjeuners, 2 dîners). Des activités variés vous sont proposés, randonnées (GR13), circuits VTT ou VTC, pêche, parcours en canoé kayak dans la réserve naturelle de la Loire, et pour le repos, tout sera mis en oeuvre pour que votre séjour soit réussi.

Prix : 1 pers. **220 F** 2 pers. **260 F** 3 pers. **330 F** repas **120 F**

Ouvert : 15 décembre au 15 novembre.

13	2	0,6	2	2	6	2	2	2

FAMILLE FABRE - La Vieille Auberge - Charenton - 58150 POUILLY-SUR-LOIRE - Tél : 03 86 39 17 98 - Fax : 03 86 39 17 98

RAVEAU Bois-Dieu *C.M. 65 Pli 13*

4 ch. Dans une maison de famille, 4 chambres doubles avec sanitaires privatifs. Salon-bibliothèque, salle de séjour. Jardin, étang. Table d'hôtes sur réservation sauf dimanche soir (produits de la ferme, vin de pays compris). Près de la ferme, en bordure de la forêt des Bertranges (10 000 ha) sur le chemin de Saint-Jacques de Compostelle. Nombreux sites et monuments. Vignobles de Pouilly-sur-Loire et Sancerre. Personne supplémentaire : 100 F. Chambres d'hôtes de Charme. A proximité de La Charite sur Loire : cité monastique fortifiée et des vignobles de Pouilly sur Loire. Langue parlée : anglais.

Prix : 1 pers. **270 F** 2 pers. **320 F** pers. sup. **100 F** repas **120 F**

Ouvert : toute l'année sauf du 15 novembre au 15 février.

6	2	SP	SP	SP	2	SP	40	8	6	6

MELLET-MANDARD Dominique et Jean - Le Bois Dieu - 58400 RAVEAU - Tél : 03 86 69 60 02 - Fax : 03 86 70 23 91 - E-mail : leboisdieu@wanadoo.fr

RAVEAU Domaine des Forges de la Vache  *C.M. 65 Pli 3*

6 ch. **Grans site abbatial 5 km. Nevers 25 km.** Sur le site historique des Forges de la Vache, en forêt domaniale des Bertranges, la maison de Maître du domaine offre 6 très belles chambres tout confort, équipées chacune d'une salle de bains. Accueil de qualité et chaleureux. Calme absolu, parc paysagé. Ecuries pour les randonneurs. Chambres d'hôtes de Charme. Langues parlées : anglais, allemand.

Prix : 1 pers. **380 F** 2 pers. **460 F** 3 pers. **530 F** repas **100/150 F** 1/2 pens. **480 F** pens. **580 F**

Ouvert : toute l'année.

5	3	3	SP	SP	2	9	20	5	5

FAMILLE MULLER - Maison des Forges - 58400 RAVEAU - Tél : 03 86 70 22 96 - Fax : 03 86 70 92 66 - E-mail : claudine.muller@wanadoo.fr

ROUY *C.M. 69 Pli 5*

1 ch. Entre Nevers et Château-Chinon. Une chambre 2 pers. aménagée au 1er étage de la maison du propriétaire. Salle de bains et wc privatifs. Possibilité couchage enfant dans chambre indépendante. Terrasse et veranda donnant sur jardin fleuri. Canal du Nivernais. Château-Chinon, capitale du Morvan. Exploitation laitière avec fromagerie fermière : visite possible.

Prix : 1 pers. **200 F** 2 pers. **250 F**

Ouvert : de Pâques à la Toussaint.

11	11	1	1	1	8	22	15	32	SP

LOISY Bernadette - Place du 8 Mai - 58110 ROUY - Tél : 03 86 60 26 60 - Fax : 03 86 60 26 60

SAINT-AMAND-EN-PUISAYE La Berjatterie *C.M. 65 Pli 3*

5 ch. A 3 km de SAINT AMAND (pays des potiers), dans un cadre fleuri et arboré, très reposant. 5 ch. d'hôtes indépendantes de la maison des propriétaires. 2 ch. (1 lit 2 pers) 2 ch. (lits jumeaux) 1 ch. (3 lits 1 pers.) salle de bains et wc dans chaque chambre. R.d.c. : grand séjour, salle de détente avec bibliothèque, taxiphone. Parking, grand terrain. Restaurants à 3 km. Plusieurs châteaux et musées à visiter dans les environs proches et le chantier médiéval de Guédelon à 9 km. A proximité du château de Saint-Fargeau (spectacle historique son et lumière). Langue parlée : espagnol.

Prix : 1 pers. **230 F** 2 pers. **270 F** 3 pers. **320 F** pers. sup. **60 F**

Ouvert : toute l'année.

19	4	0,5	5	3	5	10	17	3

MANNEHEUT René - Domaine de la Berjatterie - 58310 SAINT-AMAND-EN-PUISAYE - Tél : 03 86 39 67 14 - Fax : 03 86 39 65 97

SAINT-ANDRE-EN-MORVAN Villurbain *C.M. 65 Pli 16*

3 ch. Au rez-de-chaussée, salle des petits déjeuners. A l'étage 3 chambres comprenant chacune 1 salle d'eau et wc. 2 chambres avec 1 lit double chacune, 1 chambre twin, 2 lits superposés enfants. Jeux pour enfants. Ferme auberge sur place. Terrasse. Téléphone. Premier prix au Concours Départemental de Fleurissement. Château de Bazoches à 5 km, Vézelay à 10 km. Divers lacs à proximité. Langue parlée : anglais.

Prix : 1 pers. **205/235 F** 2 pers. **230/260 F** 3 pers. **315/335 F** pers. sup. **85 F** repas **90/130 F**

Ouvert : de mars à décembre.

15	4	1	0,5	0,5	4	17	17	10

FAMILLES CARREAU-GOURLOT - Villurbain - 58140 SAINT-ANDRE-EN-MORVAN - Tél : 03 86 22 67 08 - Fax : 03 86 22 60 46

SAINT-ELOI Domaine de Trangy *C.M. 69 Pli 4*

4 ch. 4 ch. d'hôtes à l'étage d'une maison bourgeoise dans le même bâtiment que le propriétaire (fin XVIIIe). 4 doubles dont 2 twin, salle d'eau et wc pour chacune, possibilité lit enfant. Salon, bibliothèque. Repas sur réservation. Téléphone. Piscine, ping-pong et badmington sur place. Poney-club sur place. Parc, forêt à 2 km, pleine campagne mais à 3 km de Nevers. Langues parlées : anglais, espagnol.

Prix : 1 pers. **250 F** 2 pers. **290 F** 3 pers. **380 F** repas **100 F**

Ouvert : toute l'année.

SP	6	1	2	1	SP	45	6	3

DE VALMONT Chantal et Guy - 8 rue de Trangy - 58000 SAINT-ELOI - Tél : 03 86 37 11 27 - Fax : 03 86 37 18 75 - E-mail : gdevalmont@free.fr

SAINT-GRATIEN-SAVIGNY La Marquise *C.M. 69 Pli 5*

2 ch. 2 suites aménagées chacune de 2 chambres doubles, 2 chambres twin avec salles de bains et wc particuliers. 1 grande salle comprenant : kichnette, coin séjour et salon, le tout au 1er étage dans une jolie maison de Maître. Chauffage central. Prise TV, possibilité téléphone. Parking, piscine chauffée de mai à octobre , jardin, location box pour chevaux. Canal du Nivernais à 1.5 km, tennis privé à 4 km, petits circuits pédestres de 1 à 5 km autour de la propriété. Gratuit pour les enfants jusqu'à 6 ans. Chambres d'hôtes de Charme.

Prix : 1 pers. **230 F** 2 pers. **300 F** repas **100 F**

Ouvert : toute l'année.

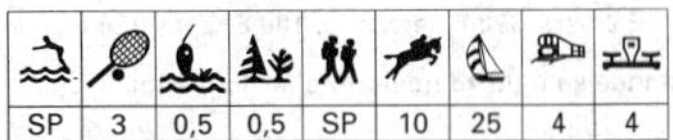

SP	3	0,5	0,5	SP	10	25	4	4

PERREAU Huguette et Noel - La Marquise - 58340 SAINT-GRATIEN-SAVIGNY - Tél : 03 86 50 01 02 - Fax : 03 86 50 07 14 - E-mail : hcollot@aol.fr

SAINT-HILAIRE-EN-MORVAN Les Chaumottes *C.M. 69 Pli 6*

4 ch. **Lac de Pannecière 12 km (baignade, pêche, pédalo)** 4 chambres d'hôtes aménagées dans un manoir du XIVe siècle, en pleine campagne, vue panoramique sur la capitale du Morvan. 3 ch. 2 pers (dont 1 lits jumeaux) 1 ch. 4 pers (lit double + lits superposés). Pour chacune salle d'eau et wc particuliers. Cheminée, terrasse. Jeux d'enfants, pelouse. Pêche gratuite sur place. Possibilité de prendre le repas du soir, sauf le Dimanche. 7ème nuit gratuite. Au cœur du Morvan, à proximité de ses lacs. Langue parlée : anglais.

Prix : 1 pers. **200 F** 2 pers. **260 F** 3 pers. **320 F** pers. sup. **60 F** repas **70 F**

Ouvert : du 1er mai au 30 septembre.

5	5	SP	SP	SP	5	12	12	40	3

COLAS Paul et Bernadette - Chaumottes - 58120 SAINT-HILAIRE-EN-MORVAN - Tél : 03 86 85 22 33 - E-mail : paul.colas@libertysurf.fr

SAINT-HILAIRE-EN-MORVAN Courcelles

C.M. 69 Pli 6

1 ch. Dans une ferme morvandelle restaurée, de plain pied, 4 chambres d'hôtes confortables (1 avec accès handicapé), point de vue superbe. Douche, bain, wc privés. Salle petit déjeuner réservée aux hôtes. Parc animalier de 20 hectares plus animaux de ferme traditionnelle sur 3 hectares. Activités : tir à l'arc, ping-pong. A proximité : Lac du Morvan, musée et fouilles archéologique à Glux en Glenne, musée du costume et du Septennat à Château-Chinon. Langue parlée : anglais.

Prix : 1 pers. **200 F** 2 pers. **250 F** 3 pers. **300 F** pers. sup. **30 F**

Ouvert : toute l'année sauf du 1er décembre au 5 janvier.

7	16	10	1	1	10	10	7	7

CAUMONT Edith - Courcelles - 58120 SAINT-HILAIRE-EN-MORVAN - Tél : 03 86 85 08 90

SAINT-JEAN-AUX-AMOGNES Château de Sury

TH *C.M. 69 Pli 4*

3 ch. 3 ch. d'hôtes aménagées dans un château du XVIIe siècle, grand calme. 1 ch. double, TV, douche et wc privés, 1 ch. (lits jumeaux), salle de bains et wc privés mais non attenant à la chambre, 1 ch. double, TV, douche et wc privés. A quelques kilomètres de NEVERS dans la région des Amognes, c'est dans un cadre exceptionnel que vous séjournerez. Chambres d'hôtes de Charme. A proximité : circuit de F1 de Magny-Cours, des vignobles de Pouilly, Sancerre, Côteaux du Giennois. Canal du Nivernais. Langue parlée : anglais.

Prix : 1 pers. **250 F** 2 pers. **320 F** 3 pers. **400 F** repas **150 F**

Ouvert : toute l'année.

6	6	0,5	0,2	0,1	1	18	15	6

DE FAVERGES Hubert - Château de Sury - 58270 SAINT-JEAN-AUX-AMOGNES - Tél : 03 86 58 60 51 - Fax : 03 86 68 90 28 -
E-mail : sury@terre-net.fr

SAINT-LOUP Chauffour

TH *C.M. 65 Pli 3*

2 ch. Elvire vous accueille dans une fermette du 19ème siècle entièrement restaurée à l'ancienne avec tonnettes et poutres apparentes. 2 chambres aménagées au 1er étage de la maison : 1 ch double, 1 ch triple avec mezzanine, salle d'eau et wc particulier pour chaque chambre. Chauffage électrique. Salon, bibliothèque, jeux de société, ping-pong. PArc fleuri avec cheminée extérieure pour grillades et barbecue. Possibilité de diner en table d'hôte sur réservation. A proximité : potiers de Saint-Amand, musée de la machine agricole à Saint-Loup, vignobles de Sancerre et Pouilly, châteaux, lac du Bourdon. Langues parlées : espagnol, portugais.

Prix : 1 pers. **230 F** 2 pers. **300 F** 3 pers. **390 F** repas **120 F**

Ouvert : du 1er avril au 30 octobre.

12	12	12	2	2	4	20	12	12

DUCHET Elvire - Chauffour - Saint-Loup - 58200 COSNE-SUR-LOIRE - Tél : 03 86 26 20 22

SAINT-PIERRE-LE-MOUTIER La Forêt de Cougny

C.M. 69 Pli 3

3 ch. **Circuit F1 de Magny-Court 8 km. Arboretum de Balaine 15 km.** Maison de caractère située en pleine campagne, à proximité d'un bois et d'un étang, calme assuré. Salle de bains avec wc dans chaque chambre. 1 chambre (2 lits jumeaux), 2 chambres doubles. Salon, chauffage central. Parc animalier de SAINT AUGUSTIN à 15 km.

CV

Prix : 1 pers. **180 F** 2 pers. **240 F** pers. sup. **100 F**

Ouvert : toute l'année.

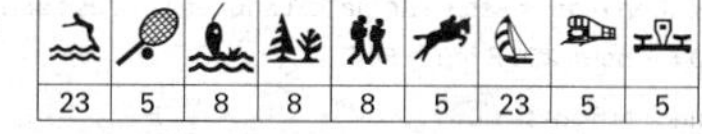

23	5	8	8	8	5	23	5	5

LEVASSEUR Roselyne - La Foret de Cougny - 58240 SAINT-PIERRE-LE-MOUTIER - Tél : 03 86 58 12 01

SAINT-PIERRE-LE-MOUTIER

TH *C.M. 69 Pli 13*

E.C. 3 ch. **Nevers, ville d'art et d'histoire 23 km. Magny-Cours 15 km.** Saint-Pierre le Moutier, dans une maison du XVème siècle et ancien relais de poste. Trois chambres d'hôtes tout confort, salon, salle à manger avec cheminée, jardin avec vue sur les vestiges de l'église Sainte-Babyle. Possibilité de repas avec spécialités régionales et cuisine gourmande. Repas sur réservation : 120F vin compris.

Prix : 1 pers. **250 F** 2 pers. **300 F** repas **120 F**

Ouvert : toute l'année.

23	5	8	8	8	5	23	5	5

CHABEAU Solange - 3 rue du Faubourg de Moulins - 58240 SAINT-PIERRE LE MOUTIER - Tél : 03 86 37 40 88

SAINTE-MARIE Saint-Martin

C.M. 69 Pli 4/5

1 ch. 1 chambre d'hôtes indépendante (1 lit double + 1 lit gigogne) aménagée au 1er étage d'une ferme de caractère. Salle d'eau et wc particuliers. Chauffage électrique. Salle commune. Jardin. Aire de jeux. Produits fermiers sur place. Accueil de groupe possible dans gîte d'étape à proximité. Circuits VTT. Randonnées pédestres et équestres. Base de loisirs de l'Etang du Merle à 3 km (baignade, pêche, pédalo). Taxe de séjour : 2 F par personne. Langues parlées : anglais, espagnol.

CV

Prix : 1 pers. **210 F** 2 pers. **260 F** 3 pers. **310 F** pers. sup. **50 F**

Ouvert : toute l'année.

18	5	3	SP	SP	SP	13	32	5

KNEUSS Laurence et Philippe - Saint-Martin - 58330 SAINTE-MARIE - Tél : 03 86 58 35 15 - Fax : 03 86 58 22 83 -
E-mail : phkneuss@club-internet.fr

SAUVIGNY-LES-BOIS *C.M. 238 Pli 9*

2 ch. **Nevers 8 km. Circuit de Magny-Cours 10 km.** Joli château époque Napoléon III avec une vue somptueuse sur la vallée de la Loire, beau parc clos avec des arbres centenaires, mobilier ancien. 2 chambres d'hôtes de grand confort avec salles de bains et wc privatifs. Chauffage central. A côté du Manège de Marigny : 40 boxes, possibilité de sports équestres, pêche, piscine, tennis et tous commerces à Imphy (1 km). Restaurants à Sauvigny les Bois (2 km). Langues parlées : anglais, allemand.

Prix : 1 pers. **400 F** 2 pers. **500 F** 3 pers. **600 F**

Ouvert : toute l'année.

1	1	1	SP	50	10	10	1

BELZ Christine et Norbert - Château de Marigny - 58160 SAUVIGNY-LES-BOIS - Tél : 03 86 90 98 49 - Fax : 03 86 90 98 45

SEMELAY Domaine de la Chaume *C.M. 69 Pli 6*

4 ch. 4 ch. d'hôtes situées dans la maison du propriétaire en pleine campagne, point de vue superbe. 1er étage, 2 ch. doubles, 1 ch. avec mezzanine 4 pers, 1 ch. double avec petite cuisine. Pour chacune : salle d'eau et wc particuliers. Téléphone. Terrain non clos. Jeux d'enfants, ping-pong, mise à disposition de vélos sur place. Centre équestre à 12 km. Abri bicyclettes et motos. Ecuries pour chevaux. Nombreuses promenades et randonnées à faire, visites de sites (Mont-Beuvray) et de caves (Beaune), découverte de la ferme bio. Langue parlée : anglais.

Prix : 1 pers. **230 F** 2 pers. **260 F** pers. sup. **40 F** repas **85 F** 1/2 pens. **430 F**

Ouvert : toute l'année

10	10	2	SP	SP	12	14	10	2

D'ETE Pierre et Valérie - Domaine de la Chaume - 58360 SEMELAY - Tél : 03 86 30 91 23 - Fax : 03 86 30 91 23

SEMELAY Le Martray *C.M. 69 Pli 6*

2 ch. A l'étage 1 suite, 2 ch. (1 lit double, 2 lits simples), salle de bains et wc privés. Au rez-de-chaussée, 1 suite, 2 ch. (1 lit double, 2 lits simples) salle de bains et wc privés, salle de séjour coin cuisine réservée aux hôtes. Chauffage central, salon au rez-de-chaussée. Très belles chambres aménagées dans une maison bourgeoise. Elevage de poneys Conémara (Irlande). Chambres d'hôtes de Charme. Très belle région boisée proche du Mont-Beuvray, Autun et des grands vignobles. Langue parlée : anglais.

Prix : 1 pers. **260 F** 2 pers. **300 F** 3 pers. **400 F** pers. sup. **80 F**

Ouvert : toute l'année.

10	10	2	SP	SP	3	6	7	2

D'ETE Gonzague - Le Martray - 58360 SEMELAY - Tél : 03 86 30 91 51 - Fax : 03 86 30 93 18

SEMELAY Les Bois de la Roche *C.M. 69 Pli 6*

2 ch. 2 chambres d'hôtes aménagées dans une jolie maison indépendante de celle des propriétaires. Très beau site isolé, vallonné et boisé sur les premiers contreforts du Morvan. 1 chambre double (kitchenette, salle d'eau, wc) 1 chambre (2 lits jumeaux, salle d'eau, wc). Coin cuisine, salle d'hôtes avec belle cheminée, prise TV. Location VTT à 5 km. Possibilité de visiter l'élevage de moutons des propriétaires sur demande. Parc du Morvan à 1 km, nombreux sentiers de promenades, faune et flore abondante. Location d'ânes bâtés sur place. Langues parlées : anglais, espagnol.

Prix : 1 pers. **200 F** 2 pers. **250 F** repas **80 F**

Ouvert : de Pâques à la Toussaint.

5	5	2	SP	SP	5	7	5

DE SEROUX Philippe - Les Bois de la Roche - 58360 SEMELAY - Tél : 03 86 30 94 32 - Fax : 03 86 30 94 32

TALON *C.M. 65 Pli 15*

1 ch. Une chambre d'hôtes (1 lit 2 pers) située dans la maison du propriétaire au rez-de-chaussée, en pleine campagne. Salle d'eau et wc particuliers. Terrain clos, ping-pong, vélos à disposition. Terrain de sport à 150 m, circuits de randonnées balisés.

Prix : 1 pers. **200 F** 2 pers. **250 F**

17	0,1	5	0,2	0,2	15	SP	17	5	8	5

PERRET Josette - 58190 TALON - Tél : 03 86 29 80 42

THAIX L'Ombre *C.M. 69 Pli 5*

4 ch. Bâtiment datant de la Révolution (1760). 4 chambres avec salles de bains, wc privés. 1 chambre twin, 1 chambre triple (1 lit double, 1 lit 1 simple) 2 chambres (2 lits doubles). Grande salle à manger, salon attenant au séjour. Mobilier de style ancien. Téléphone. Parc animalier, exposition de minéraux et pêche sur place. Châteaux à 10 et 15 km.

Prix : 1 pers. **250 F** 2 pers. **280 F**

Ouvert : toute l'année.

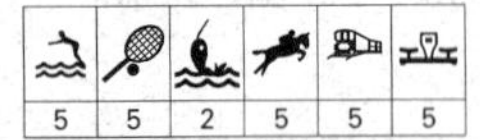

5	5	2	5	5	5

MOULHERAT Gérard - « L'Ombre » - 58250 THAIX - Tél : 03 86 50 24 00

TINTURY Fleury La Tour

C.M. 69 Pli 5

4 ch. 4 chambres d'hôtes situées au 1er étage d'une jolie maison bourgeoise indépendante à proximité du propriétaire. 1 chambre double, 2 chambres triples avec douche et wc privés. 1 chambre triple avec salle de bains et wc privés. Téléphone. Chauffage central au fuel. Coin-cuisine. Jeux d'enfants. Poney club à 5 km. Etang privé sur place (65 ha)et canoë. Tennis, baby foot et ping-pong. Chambres d'hôtes de Charme. Langues parlées : anglais, allemand.

Prix : 1 pers. **230/280 F** 2 pers. **250/300 F** 3 pers. **320/370 F** pers. sup. **70 F**

Ouvert : toute l'année, sur réservation du 11 novembre au 31 mars.

12	SP	SP	SP	SP	5	SP	30	18	6

GUENY Marie-France - Fleury la Tour - 58110 TINTURY - Tél : 03 86 84 12 42 - Fax : 03 86 84 12 42

VAUCLAIX

C.M. 65 Pli 16

5 ch. Dans le parc régional du Morvan : le Domaine des Chaumes, exploitation agricole biologique. 2 chambres 2 pers (1 avec salle de bains, 1 avec salle d'eau), 3 chambres 2 à 3 pers (avec salle d'eau). WC privatifs pour chaque chambre. Rivière sur place. Mise à disposition : VTT, chevaux, canoë, barque. Tarifs dégressifs dès la 2ème nuit : -10%. 7ème nuit gratuite. Langue parlée : anglais.

Prix : 1 pers. **240 F** 2 pers. **260 F** 3 pers. **300 F** repas **90 F**

Ouvert : toute l'année.

7	SP	1	SP	SP	30	7

DUMOULIN Pierre - Les Chaumes - 58140 VAUCLAIX - Tél : 03 86 22 75 37

Saône-et-Loire

GITES DE FRANCE
Esplanade du Breuil - B.P. 522 - 71010 MACON Cedex
Tél. 03 85 29 55 60 - Fax. 03 85 38 61 98

3615 Gîtes de France 1,28 F/min

ALLEREY-SUR-SAONE Chauvort

C.M. 69 Pli 10

3 ch. **Beaune et ses grands vins 20 km.** Huguette et Pascal vous acccueillent dans une maison 1930, rénovée, proche de la Saône. A 20 km de Beaune et des Grands Vins. 3 chambres pour 2 à 3 personnes avec salle d'eau et wc indépendants. Séjour avec kitchenette réservée aux hôtes. Télévision, bibliothèque. Jardin clos ombragé. Parking. Table d'hôtes sur réservation. Vélos à disposition. Golf 15 km. Plan d'eau 10 km. Piscine, tennis, commerces et services 2 km.

Prix : 1 pers. **230 F** 2 pers. **260 F** 3 pers. **330 F** pers. sup. **100 F** repas **130 F**

Ouvert : toute l'année.

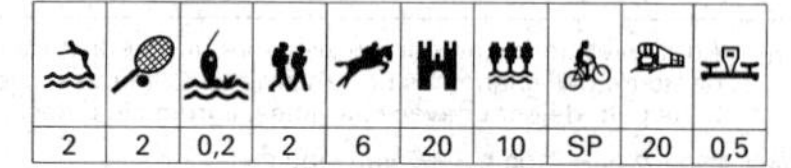

2	2	0,2	2	6	20	10	SP	20	0,5

BOCARD Huguette - Chauvort - 7 rue Claude Lebault - 71350 ALLEREY-SUR-SAONE - Tél : 03 85 91 89 78 ou 03 85 91 88 66 - Fax : 03 85 91 88 66

ALLERIOT

C.M. 69 Pli 9

3 ch. Alain et Claudine vous accueillent dans ferme bressane (XVIIème s.) en bord de Saône. 3 ch. d'hôtes (4 et 2 pers.). S.d.b. et wc privés. Séj. : coin salon réservé aux hôtes. W.E. découvertes (repas-dégust./réserv.). Vaste espace clos, arboré. Pêche en Saône SP. Equit. 2 km. Golf, ten., vélos, com., serv. 6 km. Anglais, allemand parlés. Langues parlées : anglais, allemand.

Prix : 1 pers. **200 F** 2 pers. **240/280 F** 3 pers. **320/360 F** pers. sup. **80 F** repas **100 F**

Ouvert : de mars à novembre.

12	6	SP	SP	2	25	6	12	6

FRANCK Claudine et Alain - Rue de l'Etang Bonnot - 71380 ALLERIOT - Tél : 03 85 47 58 58 - Fax : 03 85 47 58 58

AMANZE

A

C.M. 69 Pli 17

4 ch. Marie-Christine et Philippe mettent à dispos. 4 ch. spacieuses amén. dans un corps de ferme très ancien au cœur du Brionnais. (1 ch. 2 pers., 1 ch. 3 pers, 1 ch. 4 pers. avec mezzan., 1 ch. 4 pers.). Sanit. indép., pièce comm. réserv. aux hôtes. Ter. clos, jeux enf. Ferme-auberge SP. Organis. circ. découverte à vélo de la région/demande. Eglises romanes. Langue parlée : anglais.

Prix : 1 pers. **220 F** 2 pers. **280 F** 3 pers. **355 F** pers. sup. **75 F** repas **95 F**

Ouvert : du 1er mars au 31 octobre.

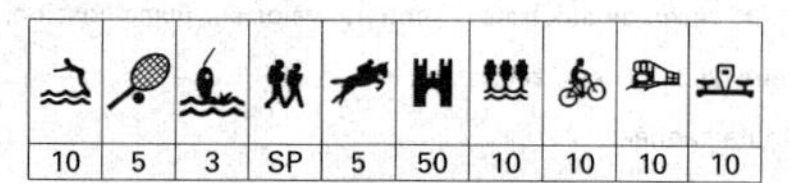

10	5	3	SP	5	50	10	10	10	10

PAPERIN Marie-Christine - GAEC des Collines - 71800 AMANZE - Tél : 03 85 70 66 34 - Fax : 03 85 70 63 81

ANTULLY La Bise
C.M. 69 Pli 8

2 ch. Deux vastes ch. d'hôtes aménagées dans une maison récente d'un village de l'Autunois. Salle d'eau et wc privés pour chaque ch. Ch. situées au 1er ét. Prise TV. Frigidaire indiv. Chauf. cent. Cour et terrain clos. Salon et pièce petit déjeuner communs avec le propriét. Tennis 1 km. Pêche 3 km. Pisc., plan d'eau, golf, équit. 12 km. Comm., serv. 1 et 8 km.

Prix : 1 pers. **210 F** 2 pers. **270 F** pers. sup. **90 F**

Ouvert : toute l'année.

12	1	3	SP	12	12	12	12	1

TISSIER Robert - La Bise - 71400 ANTULLY - Tél : 03 85 54 70 27 - Fax : 03 85 54 70 27

ANZY-LE-DUC Les Pradelles
C.M. 69 Pli 17

4 ch. Sur le circuit des églises romanes du Brionnais, 4 chambres d'hôtes familiales avec salle-de-bains individuelles. Télévision. Téléphone à carte. Pièce commune indépendante. Vaste terrain arboré et clos. Possibilité garde d'enfants. Piscine privée. Vélos SP. Pêche 0.5 km. Tennis 0.2 km. Commerces, services 4 km. Tables d'hôtes sur demande pour groupes uniquement. Langues parlées : anglais, espagnol.

Prix : 1 pers. **280 F** 2 pers. **320 F** pers. sup. **100 F**

Ouvert : toute l'année.

SP	0,2	0,5	SP	15	4	40	SP	20	0,5

SAUCEZ-DUQUESNE Laurence - Les Pradelles - Chemin des Colins - 71110 ANZY-LE-DUC - Tél : 03 85 25 26 02 - Fax : 03 85 25 13 89

AUTUN Couhard
TH

C.M. 69 Pli 8

3 ch. 3 chambres d'hôtes aménagées dans maison récente d'un vieux quartier d'Autun. Vue superbe sur la vieille ville. 1 ch. 2 pers., 1 ch. 3 pers., 1 ch. 4 pers.). Chaque chambre est équipée de s. d'eau et wc. Salle petit déjeuner commune avec les propriét., véranda avec salon. Terrain clos. Piscine, tennis, équit., lac, golf 1 km. Randonnées pédestres sur place. Table d'hôtes sur réservation. Langues parlées : anglais, russe.

Prix : 1 pers. **200 F** 2 pers. **230 F** 3 pers. **300 F** pers. sup. **70 F** repas **80 F**

Ouvert : toute l'année.

1	1	1	SP	1	25	1	1	2	1

BROCHOT Alexandra - 15 rue de la Planoise - Couhard - 71400 AUTUN - Tél : 03 85 52 27 80 ou 06 70 95 84 43 - Fax : 03 85 52 27 80 - E-mail : brochot.alexandra@wanadoo.fr - http://www.perso.wanadoo.fr/brochot-chambres-dhotes/

AUTUN
C.M. 69 Pli 8

E.C. 1 ch. Au chevet de la cathédrale St-Lazare, au cœur du vieil Autun, 1 chambre pour 2 pers., aménagée au 1er étage d'une ancienne demeure des chanoines des XVème et XVIIIème siècles (façades classées monuments historiques). Salle-de-bains et wc privatifs. Salle petit déjeuner avec cheminée. Jardin clos. Restauration, commerces et services 0.1 km. Langue parlée : anglais.

Prix : 1 pers. **250 F** 2 pers. **300 F** pers. sup. **100 F**

Ouvert : du 30 mars au 30 octobre.

1	1	2	2	1	2	1	0,5	1	0,5

LEQUIME Marie-Luce - Maison Sainte-Barbe - 7 place Sainte-Barbe - 71400 AUTUN - Tél : 03 85 86 24 77 - Fax : 03 85 86 19 28

AZE En Rizerolles
C.M. 69 Pli 19

5 ch. 5 chambres confortables, aménagées dans une jolie maison mâconnaise à mi-chemin de Cluny et de Mâcon. Chaque chambre est équipée de douche et wc. Salle commune avec coin-salon réservée aux hôtes. Chauf. central. Balcon, terrasse, cour et terrain clos. Golf 5 km, piscine, grottes 250 m, tennis 300 m, équit. 500 m. Pêche, restaurants, randonnées sur place. Réduction pour séjour. Maison non fumeurs.

Prix : 1 pers. **200 F** 2 pers. **260 F** 3 pers. **360 F** pers. sup. **100 F**

Ouvert : toute l'année.

0,2	0,2	0,2	SP	0,5	SP	25	17	17	0,5

BARRY Roger - En Rizerolles - 71260 AZE - Tél : 03 85 33 33 26 - Fax : 03 85 33 40 13

AZE En Broux
C.M. 69 Pli 19

2 ch. Au cœur du vignoble mâconnais, entre Cluny et Mâcon, deux jolies chambres aménagées au 2ème étage d'un ancien moulin bordant la Mouge. Pour chaque chambre, 1 lit 2 pers. avec s. d'eau et wc privatifs. Ambiance chaleureuse. Salle petit déjeuner réservée aux hôtes. Sentiers, vélos sur place. Piscine, équitation, tennis, commerces, services. Restaurants 1 km.

Prix : 1 pers. **250 F** 2 pers. **280 F**

Ouvert : toute l'année.

1	1	SP	SP	1	SP	20	SP	20	1

PATTEIN Nicole - En Broux - 71260 AZE - Tél : 03 85 33 40 21

AZE
C.M. 69 Pli 19

3 ch. Dans une maison de village du vignoble mâconnais, à quelques kilomètres de Cluny, 3 chambres d'hôtes (pour 2 à 3 pers.), d'accès indépendant, ouvrant sur un jardin. Jolie vue sur le vignoble. Salle d'eau et wc indépendants. Télévision dans chacune des chambres. Salle petit déjeuner privative. Terrasse. Cour et terrain clos. Sentiers, forêt 0.5 km.

CV

Prix : 1 pers. **220 F** 2 pers. **280 F** 3 pers. **360 F**

Ouvert : du 15 janvier au 15 décembre.

1	1	1	0,5	0,5	1	SP	20	0,5	20	0,3

PEULET Nelly - Le Bourg - 71260 AZE - Tél : 03 85 33 44 20

BANTANGES Les Molaises
TH *C.M. 69 Pli 20*

6 ch. 6 vastes chambres d'hôtes aménagées dans ferme bressane rénovée dans un hameau à proximité de Louhans. Salle d'eau et WC privés pour chaque chambre (2 ou 3 pers.). Salle petit déjeuner privée. Terrain aménagé, parking. Pêche 1 km. Commerces 2 km. Piscine, tennis 10 km. Vélos sur place. Equitation 11 km. Allemand parlé. Réduction possible en cas de longs séjours. Table d'hôtes sur réservation. Langue parlée : allemand.

CV

Prix : 1 pers. **240 F** 2 pers. **320 F** 3 pers. **420 F** pers. sup. **45 F**
repas **80/120 F**

Ouvert : toute l'année.

1	10	10	11	SP	SP	40	10	2

REITHINGER Jacqueline - Les Molaises - 71500 BANTANGES - Tél : 03 85 74 26 81 - Fax : 03 85 74 26 17

BARON
C.M. 69 Pli 17

3 ch. 3 chambres aménagées dans une ferme restaurée. Chambres de 2 pers., lits d'appoint avec S.d.B et wc privés. Séjour, salon commun, TV. Entrée indépendante. Terrasse. Cour, jardin, garage, petit étang arboré, sentiers pédestres et pêche sur place. Equitation 15 km, plan d'eau 8 km. Restaurant 200 m. Piscine, tennis, commerces 7 km.

Prix : 1 pers. **210 F** 2 pers. **260 F** 3 pers. **330 F** pers. sup. **70 F**

Ouvert : toute l'année.

7	7	SP	SP	15	15	7

LARUE J-Paul & Bernadette - Le Bourg - 71120 BARON - Tél : 03 85 24 05 69

BAUDRIERES
C.M. 70 Pli 12

3 ch. 3 chambres d'hôtes aménagées dans maison de caractère. 1 chambre de 2 pers., salle d'eau et wc privés. TV dans chaque chambre. 1 chambre/2 pers. + 1 enf. salle de bains, wc privés. 1 chambre 2 pers. Jardin, parking, vélos, sentiers, tennis sur place, pêche 1 km, lac 10 km, piscine, équitation 12 km, commerces 5 km. Langue parlée : anglais.

CV

Prix : 1 pers. **320/420 F** 2 pers. **350/450 F** 3 pers. **450 F**
pers. sup. **100 F**

Ouvert : du 15 avril au 15 octobre.

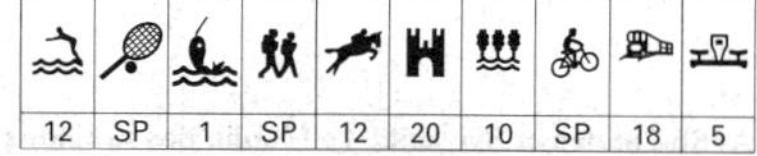

12	SP	1	SP	12	20	10	SP	18	5

VACHET Arlette - Le Bourg - 71370 BAUDRIERES - Tél : 03 85 47 32 18 ou 06 07 49 53 46 - Fax : 03 85 47 41 42

BAUDRIERES
C.M. 70 Pli 12

1 ch. 1 chambre d'hôte double pour 4 pers. aménagée dans maison ancienne de caractère en Bresse. Salon, T.V., salle à manger commun, rustique, confortable. Salle bains et wc privés. Bibliothèque. Parc arboré. Ambiance douillette. Située à équi-distance de Chalon, Tournus, Louhans. Vélos et tennis sur place. Commerces, restaurants 5 km.

CV

Prix : 1 pers. **280 F** 2 pers. **320 F** 3 pers. **450 F** pers. sup. **50 F**

Ouvert : toute l'année.

17	SP	4	SP	3	15	SP	17	5

PERRUSSON Yvonne - Le Bourg - 71370 BAUDRIERES - Tél : 03 85 47 31 90

BAUGY Reffy
C.M. 69 Pli 17

2 ch. 2 chambres d'hôtes dans une maison indépendante, calme. 1 chambre de 2 pers., salle de bains, wc privés. Une chambre/3 pers. + 1 lit enf., salle d'eau, wc privés. Séjour, salon, véranda, garage. Sentiers sur place, lac 1 km, piscine tennis 6 km, canoë-kayak 0.2 km, circuit églises romanes pêche 3 km, restaurant 2 km, commerces 6 km.

Prix : 1 pers. **240 F** 2 pers. **270 F** pers. sup. **50 F**

Ouvert : du 1er avil au 31 octobre.

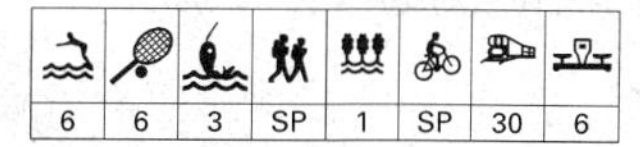

6	6	3	SP	1	SP	30	6

CHEVALLIER Daniel - Le Cèdre Bleu - Reffy - 71110 BAUGY - Tél : 03 85 25 39 68 ou 03 85 25 20 48

BISSEY-SOUS-CRUCHAUD La Combe

C.M. 69 Pli 9

4 ch. Aménagées dans le cadre d'une exploitation viticole de la Côte Chalonnaise à 3 km de Buxy. 4 ch. pour 2 pers. Salles d'eau et wc privés. Salle petit déjeuner et salon réservés aux hôtes. Piscine privée. Sentiers et vignoble sur place. Equitation 8 km. Tennis, location vélos, restaurants, commerces et services 3 km. Langues parlées : anglais, italien.

Prix : 1 pers. **250 F** 2 pers. **300 F**

Ouvert : toute l'année.

SP	3	9	SP	8	SP	15	3	15	3

COGNARD Jean et Marie-Anne - La Combe - 71390 BISSEY-SOUS-CRUCHAUD - Tél : 03 85 92 15 40 ou 06 81 10 79 07 - Fax : 03 85 92 19 54

BISSY-SOUS-UXELLES

C.M. 69 Pli 19

6 ch. 6 chambres d'hôtes dans une ancienne ferme Bourguignonne 16ème siècle. 2 chambres familiales 2/5 p. avec salle d'eau et wc privés. 2 chambres avec salle d'eau et wc privés. 2 chambres avec lavabos, salle d'eau et wc commun. Chauffage central. Cour close (salon jardin), bac à sable, vélos/place. Proximité Voie Verte. Commerces 5 km. Langues parlées : anglais, allemand.

CV

Prix : 1 pers. **140/240 F** 2 pers. **200/330 F** 3 pers. **360/400 F** pers. sup. **70 F**

Ouvert : toute l'année.

15	3	3	SP	5	1	12	5	6	5

DE LA BUSSIERE Pascale et Dominique - Le Bourg - 71460 BISSY-SOUS-UXELLES - Tél : 03 85 50 15 03 - Fax : 03 85 50 15 03 - E-mail : dominique.de-la-bussière@wanadoo.fr - http://www.n-fjsolutions.com/BB/

BISSY-SOUS-UXELLES Colombier le Haut

C.M. 69 Pli 19

2 ch. 1 chambre double pour 4 pers. dans ancienne maison bourguignonne en pierres. Salle de bains et wc particuliers. 1 chambre pour 2 personnes, salle de bains et wc particuliers. Parc ombragé. Sentiers SP. Piscine 15 km. Lac 12 km. Stage de tournage sur bois 1.500 km. Voie Verte à proximité et dégustation de vin sur la propriété. Restaurant 2 km.

Prix : 1 pers. **200 F** 2 pers. **250 F** 3 pers. **380 F**

Ouvert : toute l'année.

15	3	4	SP	5	SP	12	5	30	6

MARECHAL Jeannine - Colombier le Haut - 71460 BISSY-SOUS-UXELLES - Tél : 03 85 50 11 63

BOURGVILAIN Les Arbillons

C.M. 69 Pli 18

5 ch. A proximité de Cluny (8 km), dans les dépend. d'un ancien moulin du XVIIIème. 5 ch. avec s.d.b., salles d'eau, wc privés. Une acces. handic. Salon privé (cheminée, TV, magnétosc.). Salle petit déj. réserv. aux hôtes. 1 caveau vente de vins régionaux et d'objets artisanaux. Ten., piscine 8 km. Lac 2.5 km. Com., serv. 0.5 et 8 km. Restaurant à 300 m.

Prix : 1 pers. **300/470 F** 2 pers. **350/470 F** 3 pers. **570 F**

Ouvert : juillet et août.

8	8	SP	SP	8	15	2,5	9	25	0,5

DUBOIS-FAVRE Charles et Sylviane - Le Moulin des Arbillons - 71520 BOURGVILAIN - Tél : 03 85 50 82 83 - Fax : 03 85 50 86 32 - E-mail : arbillon@club-internet.fr - http://www.club-internet.fr/perso/arbillon

BOURGVILAIN Montangerand

C.M. 69 Pli 18

1 ch. Aménagée dans une jolie maison ancienne dans un hameau d'un village du Clunysois. Accès indépendant. Salle d'eau et wc privatifs. 1 lit bébé. Terrasse. Galerie mâconnaise. Jardin clos. Sentiers sur place. Restaurant 1 km. Equitation 2 km. Lac, pêche 3 km. Tennis 7 km. 2 vélos sur place. Commerces, services 1 et 7 km. Langue parlée : anglais.

Prix : 1 pers. **280 F** 2 pers. **300 F** 3 pers. **400 F** pers. sup. **80 F**

Ouvert : du 1er avril au 30 septembre.

9	7	3	SP	2	15	3	SP	20	1

HAFLIGER Claude et Annette - Montangérand - 71520 BOURGVILAIN - Tél : 03 85 50 89 58

BRESSE-SUR-GROSNE La Griolette

C.M. 69 Pli 19

2 ch. Au cœur du village, petites suites de 2 ch. calmes et douillettes. Pour 5 pers. - 5 ans gratuit. S.d.b. (douche et baignoire), wc privatifs. Vaste jardin d'agrément ombragé et clos. Pisc. privée. Parking intérieur. Petit déj. servi au jardin ou au salon d'été. Bibliot. Tél. Ten. 0.2 km. Lac 14 km. Pêche 2 km. Comm., serv. 8 km. Langue parlée : anglais.

CV

Prix : 1 pers. **280/310 F** 2 pers. **320/480 F** 3 pers. **400/520 F** pers. sup. **80 F**

Ouvert : toute l'année.

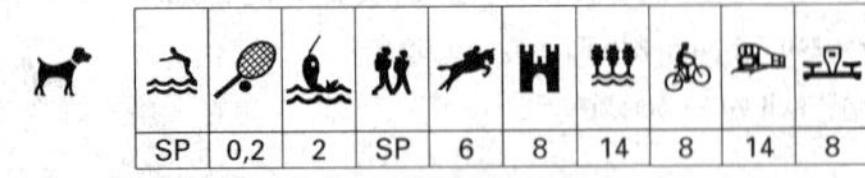

SP	0,2	2	SP	6	8	14	8	14	8

WELTER Micheline - La Griolette - 71460 BRESSE-SUR-GROSNE - Tél : 03 85 92 62 88 - Fax : 03 85 92 63 47

BRESSE-SUR-GROSNE Collombier *C.M. 69 Pli 19*

3 ch. Ancien bâtiment de ferme entièrement indépendant. Grande pièce de jour réservée aux hôtes. Ambiance chaleureuse. Cuisine toute équipée à dispos. Coin-salon. 3 chambres 2 pers., salle-de-bains et wc privatifs pour chaque ch. Espace extérieur réservé aux hôtes. Terrain à disposition. Vélos et chemins de randonnées SP. Commerces, services 6 km.

Prix : 1 pers. **270 F** 2 pers. **300 F**

Ouvert : toute l'année.

8	1	1	SP	4	2	10	SP	17	6

CARRETTE Elisabeth et Robert - Relais du Vieux Collombier - 71460 BRESSE-SUR-GROSNE - Tél : 03 85 92 58 84 ou 03 85 32 56 74 - Fax : 03 85 32 19 76 - E-mail : rcarrette@infonie.fr

BUXY Davenay (TH) *C.M. 69 Pli 9*

2 ch. Christine et Thierry, viticulteurs dans un petit village du Chalonnais, vous accueillent dans leur maison au milieu des vignes. 2 ch. d'hôtes (1 de 2 pers. et 1 de 4 pers.), sanitaires indép. Salle billard, salon. Grande terrasse, vue superbe sur le vignoble. Table d'hôtes avec spécialités régionales le soir. Langue parlée ; espagnol.

Prix : 1 pers. **250/300 F** 2 pers. **300/360 F** 3 pers. **430 F** pers. sup. **70 F** repas **160 F**

Ouvert : toute l'année.

13	1	8	SP	15	SP	8	1	13	1

DAVANTURE Thierry - Davenay - 71390 BUXY - Tél : 03 85 92 04 79

CHAPAIZE La Chaume (TH) *C.M. 69 Pli 19*

3 ch. Thérèse, éleveur de chevaux dans le Clunysois, a aménagé trois chambres d'hôtes dont une accessible aux handicapés au 1er étage d'une vieille ferme du Clunysois, située à 0,5 km de l'église romane de Chapaize. Salle d'eau et wc privatif. 3 lits 2 pers., 1 lit 1 pers., 1 convertible 2 pers. Salle petit déjeuner et salon réservés aux hôtes. Allemand parlé. Table d'hôtes sur réservation. Pêche 1 km. Vélos sur place. Langue parlée : allemand.

Prix : 2 pers. **260 F** 3 pers. **320 F** pers. sup. **100 F** repas **80 F**

Ouvert : du 15 février au 31 décembre.

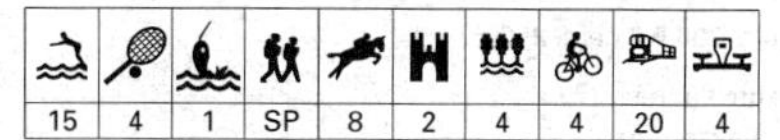

15	4	1	SP	8	2	4	4	20	4

TANNER Thérésia - La Chaume - 71460 CHAPAIZE - Tél : 03 85 50 19 18 - Fax : 03 85 50 19 18

LA CHAPELLE-DE-BRAGNY (TH) *C.M. 69 Pli 19*

1 ch. Une chambre double (coin-salon et kitchen.), au 1er ét. d'une mais. ancien. 1 ch. (2 lits 1 pers.) + 1 mézzan. (1 lit 2 pers.). TV et magnét. Biblioth. Salle d'eau privée, wc. Salle commune. Véranda. Terrain et jard. clos. Vélos à dispos. Ang., Allem., Espag., Russe parlés. Pêche 0.2 km. Equit. 8 km. Ten., pisc. 10 km. Lac 6 km. Comm., services 4 et 10 km. Langues parlées : anglais, allemand.

Prix : 1 pers. **200 F** 2 pers. **250 F** 3 pers. **320 F** pers. sup. **50 F** repas **95 F**

Ouvert : toute l'année.

10	10	0,2	SP	8	8	6	SP	23	4

JOUVIN Jean-Pierre - Le Bourg - 71240 LA CHAPELLE-DE-BRAGNY - Tél : 03 85 92 25 31 - E-mail : jean-pierre.france.jouvin@wanadoo.fr

LA CHAPELLE-SOUS-BRANCION Château de Nobles *C.M. 70 Pli 11*

2 ch. 2 chambres d'hôtes de caractère aménagées dans une aile d'un château du XVème siècle, dans le cadre d'une exploit. viticole. Chambres de 3 à 5 personnes dont 1 avec mézzanine, salles de bains, wc privés. Petit déjeuner dans la grande salle du château. Parc arboré. Piscine, gare 15 km. Tennis, équit. 7 km. Lac 12 km. Commerces 12 km. Restaurant 1.5 km. Langues parlées : anglais, italien.

Prix : 2 pers. **450 F** 3 pers. **570 F** pers. sup. **120 F**

Ouvert : de Pâques au 11 novembre.

15	7	1	SP	7	SP	12	10	15	10

DE CHERISEY Bertrand & Françoise - Château de Nobles - 71700 LA CHAPELLE-SOUS-BRANCION - Tél : 03 85 51 00 55

CHARBONNAT La Montagne *C.M. 69 Pli 7*

2 ch. 2 ch. d'hôtes dans bâtiment indépendant de 2 et 3 pers. Salle d'eau et wc privés, entrées séparées. Bibliothèque français/anglais. En pleine nature. Vue panoramique, temple tibétain 5 km, site archéologique gaulois 20 km, baignade 2 km, restaurants 1 km, commerces tennis équitation 12 km, atelier de vannerie SP. Propriétaires parlent anglais et allemand. Langues parlées : anglais, allemand.

Prix : 1 pers. **180 F** 2 pers. **200 F** 3 pers. **270 F**

Ouvert : du 15 avril au 31 octobre.

12	12	SP	15	50	12	12

URIE-BIXEL Marie - La Montagne - 71320 CHARBONNAT - Tél : 03 85 54 26 47

CHARDONNAY Champvent

C.M. 70 Pli 11

5 ch. — 5 ch. d'hôtes pour 2 pers. 1er étage, dont 1 avec salon et accueil bébé (ou 3 pers.). Salles d'eau et bains, wc. Salle petit déjeuner privé. Salon avec cheminée, l-linge/vais. Salle d'expos. Salle de spectacles. Parc ombragé et jeux d'enfants, spect. concerts (1 ha). Pêche, tennis 5 km. Vélos 7 km. 2 circuits de randonnées dans le village. Zone de découvertes la Boucherette 2 km. Piscine 11 km. Commerces 5 km. Parking. Langues parlées : anglais, italien.

Prix : 1 pers. **220 F** 2 pers. **290 F**

Ouvert : du 1er février au 30 novembre.

11	5	5	SP	10	SP	20	7	11	5

RULLIERE Jean-Paul et Régine - Champvent - 71700 CHARDONNAY - Tél : 03 85 40 50 23 - Fax : 03 85 40 50 18

CHARNAY-LES-MACON

C.M. 69 Pli 19

1 ch. — 1 chambre aménagée dans une jolie maison maconnaise à proximité de Mâcon. Entrée indépendante. 1er étage : chambre pour 2 pers. avec balcon, salle de bains, wc privés. R.d.c. : cuisine équipée, salon avec télévision, bains/wc. Terrain clos, ombragé, pêche 2 km, sentiers sur place, tennis 1 km, piscine 5 km, équitation 5 km. Restaurant 50 m.

Prix : 1 pers. **200 F** 2 pers. **230 F**

Ouvert : du 1er avril au 30 septembre.

5	1	2	SP	5	SP	20	1,5	2	2

TORTEROTOT Jeanne - Au Bourg - 79 chemin des Tournons - 71850 CHARNAY-LES-MACON - Tél : 03 85 29 22 42

CHARNAY-LES-MACON

C.M. 69 Pli 19

E.C. 1 ch. — Dans une maison récente, située dans le quartier des Giroux, une chambre d'hôtes pour 2 pers. accessible de plain-pied. Salle-de-bains, wc privatifs. Salle petit déjeuner avec cheminée. Terrasse couverte. Cour et jardin clos. Parking. Piscine, pêche, équitation 5 km. Lac 15 km. Tennis, vignoble, commerces et services 1 km. Langue parlée : allemand.

Prix : 1 pers. **200 F** 2 pers. **250 F**

Ouvert : toute l'année.

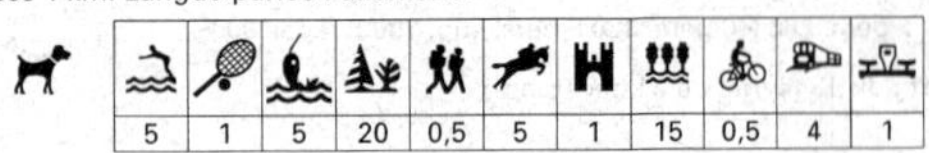

5	1	5	20	0,5	5	1	15	0,5	4	1

BOULY Paulette - 546 chemin de Villy - Les Giroux - 71850 CHARNAY-LES-MACON - Tél : 03 85 34 21 29 ou 06 83 28 41 03

CHASSEY-LE-CAMP Corchanu le Haut

C.M. 69 Pli 9

1 ch. — 1 chambre d'hôtes, indépendante, à proximité du propriétaire. Chambre pour 3 pers. avec pièce séjour/salon attenante. Salle d'eau et wc privés. Cour close. Sentiers, pêche dans canal 0.2 km. Piscine, tennis, commerces, casino 2 km. Parle Anglais, Allemand. Langues parlées : anglais, allemand.

Prix : 1 pers. **190 F** 2 pers. **230 F** 3 pers. **280 F**

Ouvert : toute l'année.

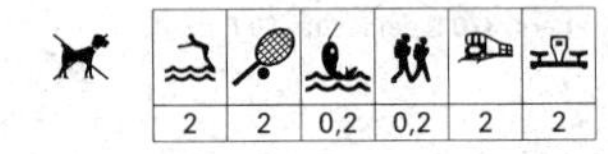

2	2	0,2	0,2	2	2

VIOLY Birgit - Corchanut - 71150 CHASSEY-LE-CAMP - Tél : 03 85 87 03 67 - Fax : 03 85 87 03 67

CHASSEY-LE-CAMP Corchanu le Haut

C.M. 69 Pli 9

1 ch. — En limite de la Côte d'Or, dans hameau près de Santenay, une chambre d'hôtes indépendante au rez-de-chaussée. Chambre avec un lit 2 pers. (1 lit d'appoint). Salle d'eau et wc privés. Télévision. Parking intérieur. Cour close. Terrasse. Pêche, sentiers 0.2 km. Piscine, location vélos, casino, commerces et services 2 km.

Prix : 1 pers. **200 F** 2 pers. **260 F** 3 pers. **320 F**

Ouvert : toute l'année.

2	2	0,2	0,2	5	1	5	2	2	2

NOWAK Louis - Corchanu le Haut - 71150 CHASSEY-LE-CAMP - Tél : 03 85 87 10 54

CHASSIGNY-SOUS-DUN Les Chizelles

C.M. 73 Pli 8

2 ch. — Simone et Roger vous accueillent dans leur maison entourée d'un jardin foisonnant de plantes vivaces. Une chambre double pour 4 personnes + lit enfant, située entre Charolais et Beaujolais. 1 chambre pour 2 personnes. S.d.b. et wc privés. Coin-cuisine dans les deux chambres. Séjour, salon, jardin. Parc arboré et fleuri avec étang pour la pêche. Sentiers de randonnées. Musées et artisans d'art, circuit églises romanes à proximité. Langue parlée : anglais.

Prix : 1 pers. **200 F** 2 pers. **250 F** 3 pers. **350 F** pers. sup. **100 F**

Ouvert : toute l'année.

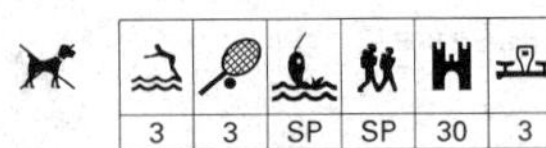

3	3	SP	SP	30	3

BOUJOT Simone - Aux Chizelles - 71170 CHASSIGNY-SOUS-DUN - Tél : 03 85 26 43 18

CHATENAY Lavaux

Alt. : 500 m **A** (TH) *C.M. 73 Pli 8/9*

5 ch. 5 ch. d'hôtes situées dans une ferme de caractère. Chaque ch. a accès à une galerie extérieure. S.e. ou s.d.b. et wc particuliers. Terrain. Produits fermiers 500 m. Vélos, sentiers, pêche sur place, pisc. tennis 8 km, lac 8 km, équit. 12 km, comm. 4 km, ferme-auberge sur place. Etang sur la propriété. Miellerie sur la commune. Langue parlée : anglais.

Prix : 1 pers. **250 F** 2 pers. **300/350 F** pers. sup. **60 F** repas **70/120 F**

Ouvert : de Pâques au 15 Novembre.

8	8	SP	SP	12	25	8	SP	8	4

GELIN Paulette - Lavaux - 71800 CHATENAY - Tél : 03 85 28 08 48 - Fax : 03 85 26 80 66

CHATENAY Les Bassets

C.M. 73 Pli 8/9

4 ch. Bernadette et Bernard mettent à votre disposition 4 chambres de bon confort dans ferme ancienne. Chacune est équipée de sanitaires. Séjour et coin salon réservés aux hôtes, coin cuisine à disposition. Cour et terrain clos. Circuit des églises romanes et châteaux. Randonnée VTT et Pédestre. (Chambres de 2 et 4 personnes). Ferme Auberge 1 km.

Prix : 1 pers. **220 F** 2 pers. **270 F** 3 pers. **350 F** pers. sup. **80 F**

Ouvert : du 1er avril au 31 octobre.

7	7	2	SP	12	30	7	7	7	7

JOLIVET Bernadette - Les Bassets - 71800 CHATENAY - Tél : 03 85 28 19 51 - Fax : 03 85 26 83 10

CHENOVES La Boutière

C.M. 69 Pli 19

5 ch. Dans maison de caractère, 2 chambres 2 personnes (avec douche privée, wc commun), chambres indépendantes 4 à 6 personnes (douche et wc privés) et une chambre (salle-de-bains, wc privés). Une chambre niveau 2 épis. Salle-à-manger réservée aux hôtes. Sentiers, pêche 3 km, tennis 5 km, escalade 3 km, lacs 15 km. Grand parc. Anglais parlé. Langue parlée : anglais.

Prix : 1 pers. **195/305 F** 2 pers. **225/325 F** 3 pers. **355/395 F** pers. sup. **80 F**

Ouvert : toute l'année.

5	3	3	15	SP	15	4	20

S.A.R.L. COLLIN - La Boutière - 71390 CHENOVES - Tél : 03 85 44 03 76 - Fax : 03 85 44 07 44 - E-mail : laboutière@wanadoo.fr

CHEVAGNY-LES-CHEVRIERES

C.M. 69 Pli 19

3 ch. 3 chambres/2 ou 4 pers. situées dans maison viticole 17ème siècle au cœur du Mâconnais, sur la route des vins et églises romanes. Vue panoramique sur Solutré, Vergisson. Douche et wc privés. Cour close, jardin, dégustation et vente vins, sentiers sur place, équitation 1 km, pêche, piscine, tennis, vélos 5 km, lac 20 km. Restaurant 100 m.

Prix : 1 pers. **200 F** 2 pers. **300 F** pers. sup. **80 F**

Ouvert : toute l'année.

5	5	5	SP	1	8	20	5	5	0,1

MARIN Marie-Thérèse - Le Bourg - 71960 CHEVAGNY-LES-CHEVRIERES - Tél : 03 85 34 78 60 - Fax : 03 85 20 10 99

CHISSEY-EN-MORVAN Villa les Gilandes

C.M. 69 Pli 8

3 ch. 3 chambres aménagées simplement dans une jolie villa entourée d'un beau parc au cœur du Parc du Morvan. Chaque ch. dispose d'un lavabo. Salle-de-bains et wc communs. Salle petit déj. et salon communs avec propriét. Parking fermé. Sentiers SP. Tennis 5 km. Pis., lac, équit. 20 km. Comm. et services 0.3 et 5 km. Néerlandais et Anglais parlés. Langues parlées : anglais, hollandais.

Prix : 1 pers. **230 F** 2 pers. **265 F** 3 pers. **330 F**

Ouvert : toute l'année.

20	5	0,5	SP	18	50	20	20	20	0,5

BLOKKER Janine - Les Gilandes - Le Bourg - 71540 CHISSEY-EN-MORVAN - Tél : 03 85 82 66 31 - Fax : 03 85 82 66 31

CLUNY

C.M. 69 Pli 19

2 ch. 2 chambres d'hôtes situées à 500 m de l'Abbaye de Cluny. 1 chambre/3 personnes. Chambre double de 2/4 personnes. Douche, wc particuliers. Salon de jardin. Sentiers pêche 1 km, piscine tennis équitation 1.5 km, lac 10 km, commerces 1 km. Restaurants à 500 m.

Prix : 1 pers. **170 F** 2 pers. **220 F** 3 pers. **300 F** pers. sup. **80 F**

Ouvert : toute l'année.

1,5	1,5	1	1	1,5	7	10	25	1

ALAMAGNY Liliane - Route de Massilly - 71250 CLUNY - Tél : 03 85 59 10 70

CLUNY *C.M. 69 Pli 18*

E.C. 2 ch. 2 jolies chambres aménagées dans une demeure de caractère au cœur de la Ville de Cluny. Rez-de-chaussée : 1 suite pour 3 personnes avec salle-de-bains et wc privatifs. 1er étage : 1 chambre pour 2 personnes avec salle d'eau et wc privatifs. Salle petit déjeuner commune avec cheminée. Garage. Vaste parc ombragé. Parking. Restaurant, commerces et services sur place. Langue parlée : anglais.

Prix : 1 pers. **280 F** 2 pers. **300 F** 3 pers. **430 F** pers. sup. **70 F**

Ouvert : toute l'année.

0,8	0,8	0,1	2	SP	1	10	10	0,5	0,1

BEAULIEU Philippe et Hélène - 18 avenue Charles de Gaulle - 71250 CLUNY - Tél : 03 85 59 19 46

CLUX (TH) *C.M. 70 Pli 2*

1 ch. A proximité de la Côte Beaunoise (25 km), dans un petit bâtiment indépendant, au Nord de la Bresse, une chambre d'hôtes de plain-pied pour 2 pers. (1 lit 2 pers.). Douche, wc privés. Salle-à-manger commune. TV. Lac 10 km. Equitation 20 km. Pêche 2 km. Piscine, tennis, commerces, services 5 km. Table d'hôtes sur réservation. Langue parlée : anglais.

CV

Prix : 1 pers. **150 F** 2 pers. **200 F** repas **80 F**

Ouvert : toute l'année.

5	5	2	SP	20	25	10	20	5	5

CORNOT Jean - 10 rue de l'Ecole - Le Bourg - 71270 CLUX - Tél : 03 85 49 14 10

CORMATIN La Filaterie *C.M. 69 Pli 19*

6 ch. 6 chambres d'hôtes dans maison de caractère au village. 2 ch. doubles de 5 pers. avec douche, wc. et coin-cuis. privé. 1 ch. double de 5 pers. avec frigo, douche, wc privé. 2 ch. de 3 pers. avec douche et wc privés, coin-cuis. commun. 1 ch. de 2 pers. avec douche, wc, coin-cuisine commun. Salle de séjour. Location vélos et rolleurs dans village. Plan d'eau 0.5 km. Pêche, tennis, Voie Verte et commerces sur place. Langue parlée : anglais.

CV

Prix : 1 pers. **185/230 F** 2 pers. **230/320 F** 3 pers. **350/380 F** pers. sup. **70 F**

Ouvert : toute l'année.

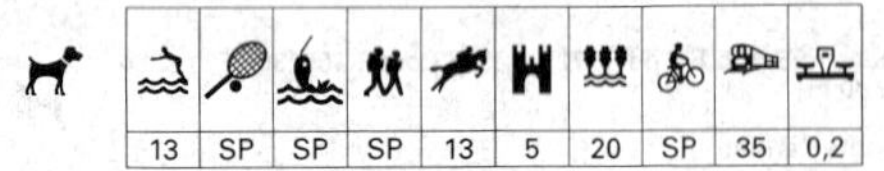

13	SP	SP	SP	13	5	20	SP	35	0,2

CHAVANNE Henriette - La Filaterie - 71460 CORMATIN - Tél : 03 85 50 15 69 - Fax : 03 85 50 18 01

CORTAMBERT (TH) *C.M. 69 Pli 19*

1 ch. Une ch. d'hôtes double aménagée à l'ét. d'une maison ancienne, rénovée dans un village du Clunysois pouvant héberger 5 personnes avec salle d'eau et wc indépend. Salon avec coin-cheminée et TV à disposition. Jardin clos et terras. aménagée. Repas sur réservation. Lac 20 km. Pêche 3 km. Tennis, piscine, équitation, 2 vélos gratuits à disposition. Voie verte à 3 km.

CV

Prix : 1 pers. **170 F** 2 pers. **220 F** 3 pers. **320 F** repas **75 F**

Ouvert : toute l'année.

6	6	3	SP	6	3	15	SP	30	6

ROBERGEOT Maurice et Liliane - Le Bourg - 71250 CORTAMBERT - Tél : 03 85 50 05 07 - Fax : 03 85 50 05 07

CRONAT Les Garlauds *C.M. 69 Pli 5/6*

2 ch. 2 chambres d'hôtes aménagées sur une exploitation agricole. 1 chambre/2 pers., 1 chambre/4 pers. Douche/wc privés. Séjour/coin-salon, cuisine, 1 lit bébé. Terrain clos. Jeux enfant. Pêche 4 km, sentiers 1 km, tennis 8 équit., pisc. 12 km, vélos 20 km. Location bateaux 12 km. Comm. 4 km. Station Thermale 12 km. Langue parlée : anglais.

CV

Prix : 1 pers. **180 F** 2 pers. **210 F** 3 pers. **260 F** pers. sup. **50 F**

Ouvert : du 1er avril au 1er novembre.

12	8	4	1	12	12	20	22	4

BIBERON Odile - Les Garlauds - 71140 CRONAT - Tél : 03 85 84 84 63

CURBIGNY La Tuilerie (TH) *C.M. 69 Pli 18*

2 ch. 2 chambres pour 2 pers. dans vaste maison de style brionnais. Chambres confortables et agréablement aménagées avec sanitaires particuliers. Salon mis à disposition. Grande cour et jardin clos. Coin barbecue. Randonnées, vélos, pêche, piscine, sites de visites à proximité. Anglais et espagnol parlés. Langues parlées : anglais, espagnol.

CV

Prix : 1 pers. **210 F** 2 pers. **275 F** 3 pers. **350 F** pers. sup. **50 F** repas **75/120 F**

Ouvert : toute l'année.

2	2	1	SP	11	2	SP	2	2

PEPPER Diana et Mark - La Tuilerie - 71800 CURBIGNY - Tél : 03 85 28 03 84 ou 06 82 29 67 56

DEMIGNY Le Meix des Hospices — *C.M. 69 Pli 10*

3 ch. Dans ancienne ferme ayant appartenu aux Hospices de Beaune, 3 ch. d'hôtes spacieuses de 2 à 4 pers. (s-de-bains et wc privés), grand séjour de caractère (coin kitchenette à dispos.). Salle détente : télévision, bibliot., jeux sociétés, téléphone commun). Terrain et espaces extérieurs aménagés. Tennis, pêche, vignoble à proximité. Sentiers, restaurant 4 km. Langue parlée : anglais.

CV

Prix : 1 pers. **220 F** 2 pers. **320 F** 3 pers. **400 F** pers. sup. **80 F**

Ouvert : toute l'année.

7	0,2	0,5	4	1	6	7	0,2

THIERY Françoise - Le Meix des Hospices - Rue Basse - 71150 DEMIGNY - Tél : 03 85 49 98 49

DEVROUZE Le Domaine des Druides — TH — *C.M. 70 Pli 12*

4 ch. Dans le cadre d'une ferme équestre, 4 chambres d'hôtes simples mais confortables disposant de sanitaires privés (douches-wc), 1 chambre est accessible aux handicapés. Pièce de jour et salon réservés aux hôtes. Terrain clos, étang privé, meubles de jardin. Equitation, promenades à cheval et en calèche. Vélos, canoë sur place. Piscine, tennis, commerces 4 km. Table d'hôtes sur réservation. Langues parlées : anglais, allemand.

CV

Prix : 1 pers. **180 F** 2 pers. **280 F** 3 pers. **400 F** pers. sup. **80 F**
repas **90 F**

Ouvert : toute l'année.

SP	4	4	12	SP	SP	6	SP	14	4

OCHSENBEIN Henriette - Domaine des Druides - La Barrière - 71330 DEVROUZE - Tél : 03 85 72 47 06 - Fax : 03 85 72 47 06

DOMPIERRE-LES-ORMES La Créchère — *C.M. 69 Pli 18*

2 ch. Deux chambres d'hôtes dans maison de style, indépendante, restaurée. Point de vue remarquable sur les Monts du Mâconnais. Salle d'eau et wc privatifs. Salon réservé aux hôtes. 2 lits 1 pers., 1 lit 2 pers. et couchage supplémentaire 2 pers. Bibliothèque. Jeux de société. Grand espace extérieur à la disposition des hôtes. Commerces et services 4 km.

Prix : 1 pers. **260 F** 2 pers. **290 F**

Ouvert : toute l'année.

1,5	1,5	3	SP	10	20	20	1,5	20	4

**GUESQUIN Jacques et Michèle - La Crechère - 71520 DOMPIERRE-LES-ORMES - Tél : 03 85 50 20 14 - Fax : 03 85 50 20 14 -
E-mail : guesquin@clubinternet.fr**

ETRIGNY Malo — A — TH — *C.M. 69 Pli 19*

1 ch. 1 chambre pour 3 personnes, située dans une ancienne ferme au village. Salle de bains et wc particuliers. Téléphone (carte France Télécom). Terrasse, terrain privé. Ferme-Auberge, produits fermiers sur place. Pêche, sentiers randonnées 0.5 km. Tennis, équitation, vignoble 3 km. Lac 10 km. Piscine 13 km. Circuit des églises romanes. Commerces 3 et 10 km. Langue parlée : anglais.

CV

Prix : 1 pers. **200 F** 2 pers. **260 F** pers. sup. **80 F** repas **95 F**

Ouvert : toute l'année.

3	3	3	3	3	2	10	10	13	3

**GOUJON Jacqueline - Malo - Cidex 545 - 71240 ETRIGNY - Tél : 03 85 92 21 47 ou 03 85 92 23 40 - Fax : 03 85 92 22 13 -
E-mail : fam@aubergemalo.com - http://www.aubergemalo.com**

ETRIGNY Malo — A — TH — *C.M. 69 Pli 19*

2 ch. 2 chambres d'hôtes à la ferme dans hameau entre Saône et Grosne. Chambres au 1er étage de 3 et 5 personnes avec salle d'eau et wc privés. Ferme-auberge et vente de produits sur place. Vélo à disposition. Pêche, sentiers 0.5 km. Tennis, vignoble, équitation 3 km. Lac 10 km. Piscine 13 km. Commerces 3 km et 10 km. Langue parlée : anglais.

CV

Prix : 1 pers. **200 F** 2 pers. **260 F** 3 pers. **340 F** pers. sup. **80 F**
repas **70/100 F**

Ouvert : toute l'année.

13	3	0,5	0,5	3	2	10	SP	13	3

**ROSEL-GOUJON Isabelle - Cidex 545 - 71240 ETRIGNY - Tél : 03 85 92 23 40 ou 03 85 92 21 47 - Fax : 03 85 92 22 13 -
E-mail : fam@aubergemalo.com - http://www.aubergemalo.com**

LE FAY Les Maitres Camps — *C.M. 70 Pli 13*

3 ch. Dans ancienne ferme rénovée, 3 chambres d'hôtes de 2 à 4 personnes. Salle d'eau, wc privatifs pour chaque chambre. Grand espace extérieur, parking privatif. Salon, télévision réservés aux hôtes. Galerie expos. Terrain de tennis, randonnées, pêche, commerces 3 km. Anglais, allemand parlés. Langues parlées : anglais, allemand.

Prix : 1 pers. **190 F** 2 pers. **250 F** 3 pers. **370 F** pers. sup. **120 F**

Ouvert : toute l'année.

9	3	3	3	12	15	9	9	3

BOUSSAUD Michelle - Les Maitres Camps - 71580 LE FAY - Tél : 03 85 74 14 81 - http://www.ifcance.com/gites

LE FAY Génes *C.M. 70 Pli 13*

1 ch. Dans ancienne ferme bressanne traditionnelle, rénovée, au calme, une chambre double, 2 lits 1 pers., 1 lit 2 pers. avec salle d'eau et wc privés. Grand séjour commun avec télévision, bibliothèque. Terrasse, vaste terrain et pelouse. Garage. Tennis, pêche 4 km. Piscine, commerces et services 3 et 11 km. Restaurant 3 km.

Prix : 2 pers. **250 F** 3 pers. **330 F** pers. sup. **70 F**

Ouvert : toute l'année.

11	3	4	3	11	3

CONSEIL Christiane - Genes - 71580 LE FAY - Tél : 03 85 74 16 06

FLEY *C.M. 69 Pli 9*

3 ch. 3 chambres d'hôtes coquettes confortables (dont une suite 2 + 1) aménagées dans une maison de village du Chalonnais. Accès indépendant. Chacune d'elles dispose d'une salle d'eau et wc indép. Pièce de jour et salon réservés aux hôtes. Galerie. Cour close aménagée. Garage. Piscine, tennis 6 km. Pêche, commerces et serv. 3 et 6 km. Ballades N° 6 sur la voie verte. Langues parlées : anglais, allemand.

Prix : 1 pers. **210 F** 2 pers. **280 F**

Ouvert : toute l'année, fermé en octobre. Du 01/11 à Pâques sur réservation.

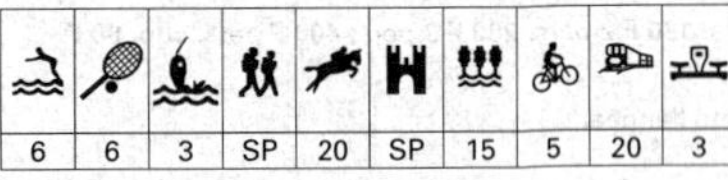

DAVID Françoise et André - Le Bourg - 71390 FLEY - Tél : 03 85 49 21 85 ou 06 07 09 54 81 - Fax : 03 85 49 21 85 - E-mail : anddavid@club-internet.fr

FRANGY-EN-BRESSE Clémencey (TH) *C.M. 70 Pli 3*

4 ch. 4 chambres d'hôtes pour 1 à 3 pers. dans maison de style bressan entièrement rénovée. 1 ch. acces. aux handicapés. Salle d'eau et wc privatifs pour chaque chambre. Grand séj. avec coin-salon réservé aux hôtes. Terrain clos. Parking privatif. Parc de loisirs 3 km. Possibil. de pêche et randonnées S.P. Comm. et serv. 3 et 7 km. Repas sur réservation. Langue parlée : anglais.

Prix : 1 pers. **200 F** 2 pers. **260 F** 3 pers. **350 F** pers. sup. **75 F** repas **105 F**

Ouvert : du 16 février au 15 janvier.

7	7	SP	SP	12	50	SP	15	3

GHESQUIERE Françoise et Bernard - A l'Orée des Acacias - Clemencey - 71330 FRANGY-EN-BRESSE - Tél : 03 85 74 72 16

GOURDON Mont Bretange Alt. : 530 m *C.M. 69 Pli 18*

2 ch. Dans ancienne ferme restaurée en pleine campagne, 2 chambres d'hôtes 3 pers., S.d.b., wc particuliers. Séjour, Salon, TV. Jardin. Cuisine d'été dans verger. Randonnées accompagnées avec ânes bâtés. Sentiers sur place. Equitation, tennis 5 km. Lac voile pêche golf 8 km. Restaurant 3 km. Eglise du 12ème siècle, fresques.

Prix : 1 pers. **230 F** 2 pers. **290/330 F** 3 pers. **400 F** pers. sup. **100 F**

Ouvert : du 1er avril au 30 octobre.

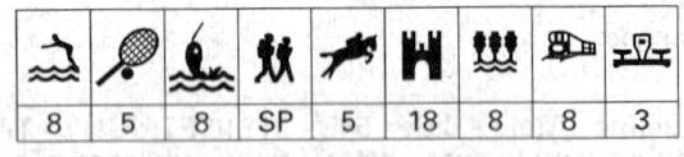

SAUVAGE-LELONG Yvette - Mont-Bretange - 71300 GOURDON - Tél : 03 85 79 80 78 - Fax : 03 85 79 80 78

LA GRANDE-VERRIERE Les Dues Alt. : 500 m *C.M. 69 Pli 7*

3 ch. 3 ch. d'hôtes de bon confort aménag. à l'ét. d'une ancien. grange rénov. dans un hameau du Parc du Morvan. Très calme. Chaque ch. (dont 1 est plus particul. adaptée au famille) est équipée de s. d'eau et wc indép. Salle petit déjeun. et salon réservé aux hôtes. Terras. et terrain à dispos. Sent. SP. Pêche 1,5 km. Com. serv. vélos 3 km. Pl. d'eau, golf 15 km.

Prix : 1 pers. **200 F** 2 pers. **240 F** pers. sup. **100 F**

Ouvert : toute l'année.

CARE Paul - Les Dues - 71990 LA GRANDE-VERRIERE - Tél : 03 85 82 50 32

GREVILLY Pré Menot *C.M. 69 Pli 19*

2 ch. 2 ch. d'hôtes dans une maison vigneronne de caractère. Calme et confort., salle de bains, d'eau et wc privés, galerie mâconnaise, terrain ombragé. Salon/cheminée, salle de séjour, bibliot., TV/demande, chauf. centr. et électr. Vélos SP, sent. 0.5 km, équit. pêche 9 km, ten. 6 km, pisc. 12 km, commerces 8 km. Produits ferm. et vitic. à prox. Téléphone privé. Langue parlée : anglais.

Prix : 1 pers. **200 F** 2 pers. **290 F** 3 pers. **350 F**

Ouvert : toute l'année.

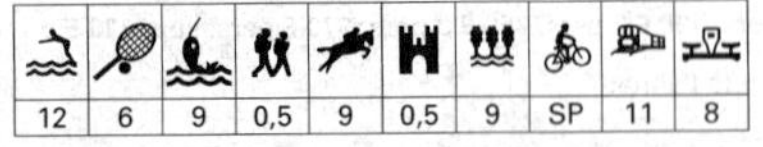

DEPREAY Claude - Pré Menot - 71700 GREVILLY - Tél : 03 85 33 29 92 - Fax : 03 85 33 02 79

GREVILLY *C.M. 69 Pli 19*

1 ch. Une ch. d'hôtes pour 2 pers. aménagée dans une maison indépend., située à proximité du propriét. dans petit village viticole du Mâconnais-Tournugeois. Salle-de-bains, wc privatifs. Coin-cuis. à disposition. Salle petit déjeuner. Terrasse. Cour close. Sentiers SP. Equitat., pêche 9 km. Locat. vélos 12 km. Tennis, commerces, Serv. 6 km.

Prix : 1 pers. **180 F** 2 pers. **250 F**

Ouvert : toute l'année.

12	6	9	SP	9	SP	12	12	6

CHEVALIER Marie - Le Bourg - 71700 GREVILLY - Tél : 03 85 33 21 36

LA GUICHE Les Maupoix *C.M. 69 Pli 18*

3 ch. 3 ch. d'hôtes situées dans une grande maison en pierre, calme. 2 ch./2 pers. + 1 lit enf., douche privée, wc particulier dans chaque chambre, 1 ch./2 pers., douche. Salle à manger, prise TV. Parc arboré. Possib. accueil chevaux aux boxes ou prés. Sent. 0.5 km. Tennis 1 km. Pêche, lac 2 km. Pisc., équit. 20 km. Comm. 0.5 km. Restaurant à proximité à 200 m. Langue parlée : anglais.

CV

Prix : 1 pers. **230 F** 2 pers. **290 F** 3 pers. **350 F**

Ouvert : toute l'année.

20	1	2	0,5	20	20	2	20	0,5

SACCHETI Nadine - L'Hermitage - 71220 LA GUICHE - Tél : 03 85 24 68 55 - E-mail : nadine.saccheti@wanadoo.fr

HURIGNY *C.M. 69 Pli 19*

2 ch. 2 chambres situées aux portes de Mâcon, calmes, vue sur la Bresse et les Alpes, situées à 2,5 km de la RN79 Mâcon-Moulins. Chambre de 2 pers., douche particulière, wc réservé aux chambres. Jardin paysagé, coin-repos. Sentiers 0.1 km, équit. 2 km, pêche pisc. ten. 5 km. Restaurant 1.5 km. Comm. 3 km. Parking fermé. Parlant Anglais. Langue parlée : anglais.

Prix : 1 pers. **200 F** 2 pers. **250 F**

Ouvert : du 1er mars au 1er novembre.

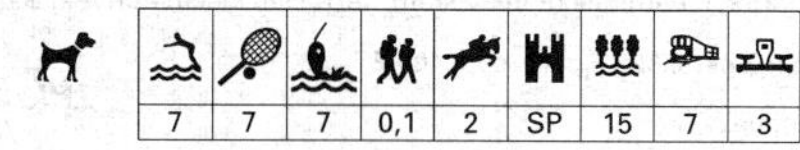

7	7	7	0,1	2	SP	15	7	3

FRAISSE Françoise - 254 rue du Mont Rouge - 71870 HURIGNY - Tél : 03 85 34 62 69

HURIGNY La Fontaine *C.M. 69 Pli 19*

1 ch. Dans maison mitoyenne/propriétaire, une chambre double (2 lits 2 pers., 1 lit 1 pers.) avec sanitaires privés au r.d.c., pièce d'accueil réservée aux hôtes (coin cuisine à disposition). Petit jardin clos avec salon de jardin. Pêche, piscine, équitation, gare 5 km. Tennis 1,200 km environ. Sentiers et commerces/place.

Prix : 1 pers. **180 F** 2 pers. **240 F** 3 pers. **350 F** pers. sup. **110 F**

Ouvert : toute l'année.

5	0,8	5	SP	5	SP	25	5	5	SP

CLEMENT Antoinette - La Fontaine - 71870 HURIGNY - Tél : 03 85 29 19 87

HURIGNY Château de Salornay *C.M. 69 Pli 19*

3 ch. Dans château du XIème siècle, aux portes de Mâcon, 3 ch. d'hôtes pour 2 pers. dont 1 ch. avec cuis. disponible, aménagée au 2ème ét. Possib. lit sup. pour 1 pers. S.e. et wc privés. Salle pet. déj. au r.d.c. avec coin-salon. Terrain clos et terrasse aménag. Locat. de salles possibles. Ten. 0.2 km. Pêche, pisc. 4 km. Equit. 3 km. 4 VTT sur place. Langue parlée : anglais.

Prix : 1 pers. **200/250 F** 2 pers. **270/320 F** 3 pers. **320/370 F** pers. sup. **50/80 F**

Ouvert : toute l'année.

4	0,2	4	SP	3	0,5	15	4	4	2

GUERIN Arnaud - Domaine de Salornay - 71870 HURIGNY - Tél : 03 85 34 25 73 - Fax : 03 85 20 11 43

IGE *C.M. 69 Pli 19*

1 ch. Grande maison de style mâconnais dans petit village vigneron, à 2 km du château d'Aine. 1 chambre double 1 à 5 pers. (2 lits 2 pers., 1 lit 1 pers., lit bébé possible). Entrée indépend. Salle-de-bains, wc privatifs. Séjour-salon réservé aux hôtes. Cour, jardin clos ombragé. Jeux d'enfants. Tennis, équit. 4 km. Comm. et rest. à proximité. Langue parlée : allemand.

CV

Prix : 1 pers. **250 F** 2 pers. **280 F** pers. sup. **110 F**

Ouvert : toute l'année.

12	4	1	SP	6	SP	20	12	16	SP

ROUSSEL Irène - Rue du Vieux Moulin - 71960 IGE - Tél : 03 85 33 45 05 ou 06 84 55 00 63 - Fax : 03 85 33 45 05 - E-mail : clroussel@wanadoo.fr

IGUERANDE Les Montées

(TH) *C.M. 73 Pli 7*

4 ch. 4 vastes ch. dont 1 au r.d.c., aménagées dans une ancienne ferme au cœur du Brionnais à quelques kms des berges de la Loire. Décor rustique, calme, détente assurée. Douche, bains et wc privés. Séj./coin salon cheminée. Terr. clos ombragé. Circ. VTT. Pl. d'eau 2 km, canoe-kayak 10 km, aéroport 20 km. Possib. hébergement cavaliers. Table d'hôtes sur résa. Langues parlées : anglais, allemand.

Prix : 1 pers. **240 F** 2 pers. **280 F** 3 pers. **360 F** pers. sup. **80 F**
repas **100 F**

Ouvert : toute l'année.

10	1	0,5	SP	5	5	22	1

MARTIN Denise et Maurice - Outre-Loire - Les Montées - 71340 IGUERANDE - Tél : 03 85 84 09 69 - Fax : 03 85 84 09 69 -
E-mail : lesmonty@hotmail.com

JALOGNY Vaux

(TH) *C.M. 70 Pli 12*

2 ch. Michel et Nathalie vous proposent 2 chambres d'hôtes dans leur ferme bourguignonne du 12ème siècle. Salle de bains et wc particuliers. 1 chambre 2 pers. au r.d.c., 1 chambre 2 à 3 pers. à l'étage. Cour fermée, abris voiture. Possibilité hébergement chevaux. Sports et commerces 6 km. Repas sur réservation. Anglais parlé. Langue parlée : anglais.

Prix : 1 pers. **190 F** 2 pers. **220 F** 3 pers. **290 F** repas **70 F**

Ouvert : toute l'année.

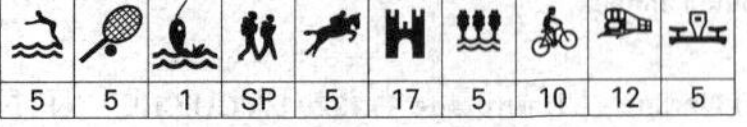

POTDEVIN Nathalie - Vaux - 71250 JALOGNY - Tél : 03 85 59 19 75

LACROST

C.M. 69 Pli 20

2 ch. Dans une jolie villa récente, 2 vastes chambres d'hôtes sont aménagées au 1er étage. 1 ch. double (2 lits 2 pers.) avec s.d.b. et wc privatifs. 1 ch. simple (1 lit 2 pers.) avec s.d.b. privative, wc privé non attenant. Salle petit déjeuner et salon communs avec les propriét. (cheminée et télévision). Terrasse. Piscine privée. Beau et grand jardin paysagé. Langue parlée : allemand.

Prix : 1 pers. **240 F** 2 pers. **320 F** pers. sup. **100 F**

Ouvert : toute l'année.

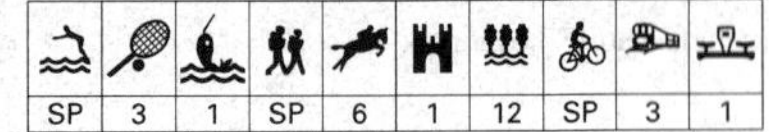

STYGER Martha - Rue des Sablons - 71700 LACROST - Tél : 03 85 32 59 70

LAIVES La Ruée

C.M. 69 Pli 19

3 ch. Nadine met à votre disposition 3 chambres aménagées dans une ancienne ferme du Chalonnais. Chaque chambre est équipée d'une salle d'eau et d'un wc privés. Les petits déjeuners sont servis dans une vaste salle à manger avec coin salon, TV et bibliothèque. Jardin clos. Baignade et pêche au lac à 2.5 km. Equit. 5 km, pisc. et tennis 2.5 km.

Prix : 1 pers. **250 F** 2 pers. **300 F**

Ouvert : du 1er juin au 1er novembre.

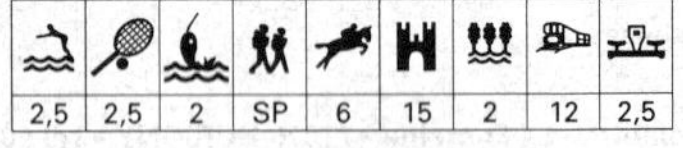

FUMAL Nadine - La Ruée - 71240 LAIVES - Tél : 03 85 44 78 63

LAIZY La Chassagne

(TH) *C.M. 69 Pli 8*

4 ch. 4 chambres d'hôtes confortables, aménagées dans ferme morvandelle de caractère. Pl-pied : une pièce petit déjeuner, salon avec TV. 4 chambres de 2 pers. avec salle d'eau ou s-de-bains, wc privatifs. Terrasse et terrain aménagé. Table d'hôtes sur réservation (sauf Dimanche soir). Produits fermiers, sentiers SP. Pêche, tennis 4 km. Equitation 5 km. Plan d'eau, golf 12 km. Commerces, services 7 km. Langue parlée : anglais.

Prix : 1 pers. **210/260 F** 2 pers. **260 F** 3 pers. **320 F** pers. sup. **60 F**
repas **90 F**

Ouvert : du 15 janvier au 15 décembre.

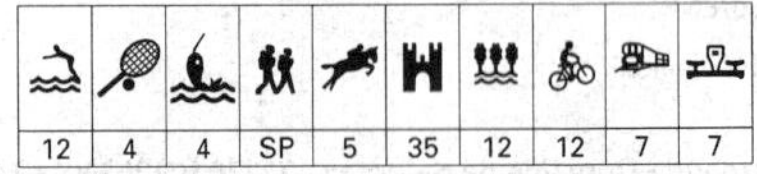

GORLIER Françoise - La Chassagne - 71190 LAIZY - Tél : 03 85 82 39 47 - Fax : 03 85 82 39 47 -
E-mail : françoise.gorlier@wanadoo.fr

LALHEUE Le Bourg Ouest

C.M. 69 Pli 19

2 ch. 2 chambres d'hôtes pour 2 personnes aménagées dans une maison ancienne, restaurée dans un petit village du chalonnais, équipées de salle de bains privées, wc attenants particuliers. Pêche 0.5 km, lac 4 km, équitation 5 km, base nautique 15 km. Hors-saison sur réservation. Langue parlée : anglais.

Prix : 1 pers. **200 F** 2 pers. **250 F**

Ouvert : du 15 avril au 15 octobre.

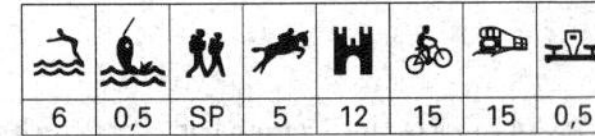

CRENIAUT Hélène - Le Bourg - 71240 LALHEUE - Tél : 03 85 44 75 44

LEYNES Le Bois de Leynes

C.M. 73 Pli 10

E.C. 4 ch. Au cœur du vignoble beaujolais, Nadine et Bruno vous reçoivent sur leur domaine viticole du Prieuré du Bois de Leynes. Dans une dépendance restaurée, 4 chambres pour 2 à 3 personnes (dont 1 au r.d.c.) disposant de salle d'eau et wc privatifs. Séjour avec coin-salon réservé aux hôtes. Coin-cuisine équipé à dispos. Cour et jardin. Equit. 6 km. Lac 12 km. Piscine 15 km. Tennis, pêche, commerces et services, restaurant 2 km.

Prix : 1 pers. **190 F** 2 pers. **245 F** 3 pers. **315 F**

Ouvert : toute l'année.

15	2	2	0,5	SP	6	SP	12	15	12	2

JEANDEAU Nadine et Bruno - Le Bois de Leynes - 71570 LEYNES - Tél : 03 85 35 11 56 ou 06 62 37 11 56 - Fax : 03 85 35 15 15

LOURNAND Collonges

C.M. 69 Pli 18

5 ch. Brigitte et Bernard vous accueillent dans leur exploitation agricole située proximité de Cluny et Taizé. 5 ch. (2 et 3 pers), 1 acces. handic. Salle à manger et coin salon privés. Douches et wc privés. Possib. cuisine. Piste pédestre et cyclable à proximité. Tous sports et commerces 5 Km. Langues parlées : anglais, italien.

Prix : 1 pers. **180 F** 2 pers. **260 F** 3 pers. **330 F** pers. sup. **70 F**

Ouvert : du 1er mars au 30 novembre.

5	5	1	SP	5	15	5	5	5

BLANC Brigitte - Collonges - 71250 LOURNAND - Tél : 03 85 59 14 80 - Fax : 03 85 59 14 80

LA LOYERE Domaine Sainte-Marie

C.M. 69 Pli 9

E.C. 4 ch. Dans une jolie propriété chalonnaise, totalement restaurée, Marie-Henriette et Marc vous accueillent dans 4 confortables chambres aménagées à l'étage de la maison (accès indépend.). Chaque ch. (pour 2 à 4 pers.) disposant de s-de-bains et wc privatifs. Pièce petit déjeuner avec coin-salon et kitchenette réservée aux hôtes. Casino de Santenay. Golf Roseraie 10 km. Circuit Quad 3 km. Parcours vital 6 km. Médecin 1 km.

Prix : 1 pers. **260 F** 2 pers. **300/330 F** 3 pers. **350/400 F** pers. sup. **100 F**

Ouvert : toute l'année.

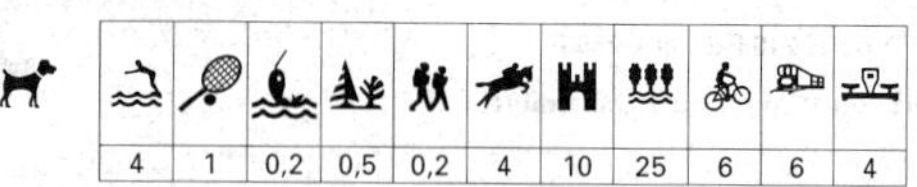

4	1	0,2	0,5	0,2	4	10	25	6	6	4

LELEDY M-Henriette et Marc - Domaine Sainte-Marie - 71530 LA LOYERE - Tél : 03 85 45 79 25 - Fax : 03 85 45 71 60

MANCEY Dulphey

C.M. 69 Pli 19

4 ch. 4 chambres d'hôtes insonorisées, aménagées dans une demeure avec parc arboré. Salle et wc privatifs. Salle de séjour. Micro-ondes à dispos. Cassettes vidéo pour enfants sur demande. Possibilité d'accueil chevaux au pré. Cave vinicole 100 m. Sentiers 0.5 km. GR57. Pêche 1.5 km, équit. 3 km, piscine tennis 5 km, lac 8 km. Restaurant 300 m. Langue parlée : anglais.

Prix : 1 pers. **160/200 F** 2 pers. **250/300 F** 3 pers. **370 F** pers. sup. **70 F**

Ouvert : toute l'année.

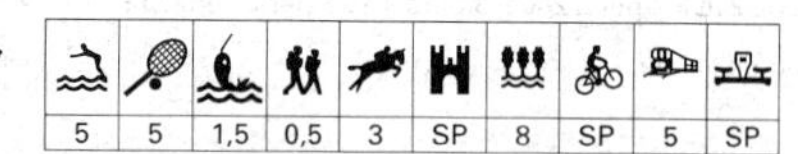

5	5	1,5	0,5	3	SP	8	SP	5	SP

LAMBOROT-DEREPAS Françoise - Dulphey - 71240 MANCEY - Tél : 03 85 51 10 22 - E-mail : fr.lamborot@post.club.internet.fr

MARCIGNY La Thuillère

C.M. 73 Pli 7

5 ch. 5 chambres d'hôtes aménagées dans maison de caractère. Salle d'eau, wc privés dont 1 ch. avec terrasse. 1 lit d'enfant. Salon, prise TV. Parc ombragé. Produits fermiers. Vélos, tennis, commerces, restaurants, piscine 0.5 km. Sentiers pédestres, promenades équestres, canoé-kayak 2.5 km. Conditions de réservation pour groupes. Repas sur réservation.

Prix : 1 pers. **200 F** 2 pers. **250 F** 3 pers. **300 F** pers. sup. **50 F**

Ouvert : toute l'année.

2,5	0,5	2	1	4	30	0,5	30	0,5

GALLAND Maïssa et Alain - La Thuillère - 71110 MARCIGNY - Tél : 03 85 25 10 31

MARCIGNY

C.M. 73 Pli 7

3 ch. A l'entrée du village, 3 chambres d'hôtes dans maison principale de caractère du propriétaire, du 19ème siècle, dont 1 avec coin-cuisine. Tout équip., salle-de-bains, wc, Télévision, Téléphone. Calme assuré dans parc verdoyant aménagé et clos. Lavoir et ruisseau SP. Garage. Parking clos. VTT SP. Piscine privée. Tennis 0.7 km, commerces 300 m. Langues parlées : anglais, allemand.

Prix : 1 pers. **190/280 F** 2 pers. **300/330 F** pers. sup. **100 F**

Ouvert : toute l'année.

SP	0,7	3	4	8	15	30	SP	30	0,3

RICOL Andrée - La Musardière - 50 rue de la Tour - 71110 MARCIGNY - Tél : 03 85 25 38 54 ou 06 08 26 92 14

MARCIGNY Les Recollets
C.M. 73 Pli 7

6 ch. 6 chambres d'hôtes dans maison de caractère. Chambres avec salle de bains et wc privés. Salle de séjour, salon, TV, bibliothèque, salle de jeux. Jardin, terrain clos ombragé. Piscine, tennis 0.5 km. Vélos sur place. Equitation 3 km. Sentiers et pêche 2 km. Golf 9 km. Commerces 0.5 km. Conditions de réservation pour groupes.

CV

Prix : 1 pers. **320 F** 2 pers. **470 F** 3 pers. **540 F**

Ouvert : toute l'année.

0,5	0,5	2	2	3	50	SP	20	0,5

BADIN Josette - Les Recollets - 71110 MARCIGNY - Tél : 03 85 25 05 16 - Fax : 03 85 25 06 91

MARCIGNY Les Etournalières
C.M. 73 Pli 7

2 ch. 2 chambres d'hôtes de très bon confort aménagées dans jolie maison de caractère au cœur du Charollais. Chaque chambre dispose de sa salle de bains et de wc. Salon réservé aux hôtes avec cheminée, bibliothèque, T.V, grand terrain clos et arboré. Circuit VTT sur place. Piscine, tennis 1 km, sentiers, pêche 2 km, commerces 500 m.

Prix : 1 pers. **300 F** 2 pers. **350 F** 3 pers. **400 F** pers. sup. **50 F**

Ouvert : du 1er mars au 31 décembre.

1	1	2	2	3	20	1	25	0,5

CHASSORT Lucie - Les Etournalières - 71110 MARCIGNY - Tél : 03 85 25 03 79

MAZILLE
C.M. 69 Pli 18/19

3 ch. 3 chambres d'hôtes situées dans un village. 3 chambres de 2 pers. avec douches privées, wc privés. Salle de séjour. Jardin, terrain clos ombragé, pêche 1 km, sentiers 2 km, tennis 0.5 km, piscine équitation vélos 8 km, lac 6 km, commerces sur place.

Prix : 1 pers. **210 F** 2 pers. **250 F**

Ouvert : du 1er mars au 15 novembre.

8	0,5	1	2	8	15	6	8	25	SP

GAUTHIER Marie-Louise - Le Bourg - 71250 MAZILLE - Tél : 03 85 50 80 40

MAZILLE Foncegrive
C.M. 69 Pli 18

1 ch. Une chambre d'hôtes à l'ambiance simple et rustique, aménagée au r.d.c. d'une jolie maison. Chambre d'accès indépendant (1 lit 2 pers.). Salle d'eau, wc privés au 1er étage. Salon petit déjeuner (convertible 2 pers.). Lit d'enfant à disposition. Terrain clos et ombragé, jardin fleuri. Parking fermé. Jeux pour enfants. Restaurant, ferme-auberge 1 km. Langue parlée : anglais, allemand.

Prix : 1 pers. **200 F** 2 pers. **240 F** 3 pers. **310 F** pers. sup. **70 F**

Ouvert : toute l'année.

8	0,5	1,5	SP	1	20	12	15	20	SP

LEBLANC Rémi - Foncegrive - 71250 MAZILLE - Tél : 03 85 50 82 03

MAZILLE Foncegrive
C.M. 69 Pli 18

1 ch. Une chambre d'hôtes aménagée dans un petit bâtiment indépendant, à prox. du propriét. Chambre (1 lit 2 pers.), pos. 1 lit 1 pers. Salle d'eau et wc privés. R.d.c. : petit séjour avec cuisine et coin-salon : convertible 2 pers. Possibilité cuisine. Cour, jardin et parking clos. Pêche 2 km. Piscine 8 km. Commerces sur place, ferme-auberge. Equitation, restaurant 1 km.

Prix : 1 pers. **200 F** 2 pers. **230 F** pers. sup. **70 F**

Ouvert : du 1er mars au 31 octobre.

8	SP	2	SP	1	10	10	18	8	SP

CHATAGNIER Benoît - Foncegrive - 71250 MAZILLE - Tél : 03 85 50 85 67

MAZILLE Le Domaine du Vernay
C.M. 69 Pli 19

E.C. 4 ch. Dans cet ancien domaine viticole du XVIIIème siècle, situé à quelques kilomètres de Cluny, de vastes et confortables chambres ont été aménagées au 1er étage et offrent une jolie vue sur le Val Lamartinien. Chacune dispose de salle-de-bains et de wc privatifs. Salle commune avec salon et cheminée. Kitchenette réservée aux hôtes. Grande salle de réceptions. Terrain et cour close. Garage et parking. Pêche, restaurant 1 km. Commerces et services 1 et 7 km. Langue parlée : anglais.

CV

Prix : 2 pers. **320/400 F** pers. sup. **60 F**

Ouvert : toute l'année.

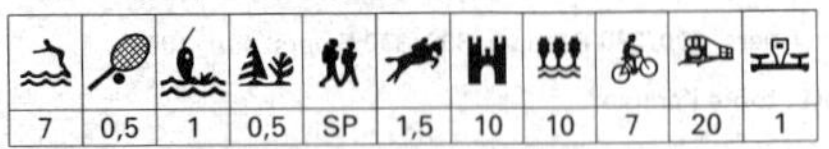

7	0,5	1	0,5	SP	1,5	10	10	7	20	1

BORY Yolande et J-Claude - Domaine du Vernay - 71250 MAZILLE - Tél : 03 85 50 85 51 - Fax : 03 85 50 85 83

MELLECEY Etaule

C.M. 69 Pli 9

2 ch. — 2 chambres d'hôtes de 2 et 4 pers., situées dans une ancienne maison vigneronne de la Côte Chalonnaise avec accés indépendant sur cour. Salle d'eau et wc privés, salle de séjour, salon. Cour et jardin arboré. Sentiers, voie verte 3 km, tennis 1 km. Equitation, piscine 3 km. Restaurant 2 km.

CV

Prix : 1 pers. **170 F** 2 pers. **220 F** 3 pers. **260 F**

Ouvert : toute l'année.

3	1	0,5	0,5	3	4

RAVILLARD Yvette - Etaule - 71640 MELLECEY - Tél : 03 85 45 15 47

MELLECEY Le Clos Saint-Martin

C.M. 69 Pli 9

6 ch. — Au cœur des vignobles de la Côte Chalonnaise, entre Mâconnais et Côtes de Beaune, Kate et Stephan MURRAY-SYKES vous accueillent en ami dans une belle propriété entourée d'un parc arboré entièrement clos. 6 chambres de grand confort pour 2 à 4 pers. toutes équipées de salles d'eau ou bains privatives. Télévision. Piscine privée. Restaurant 0.3 km. Langues parlées : anglais, allemand.

Prix : 1 pers. **450/750 F** 2 pers. **550/850 F** 3 pers. **790/850 F** pers. sup. **100/150 F**

Ouvert : toute l'année.

SP	1	0,1	SP	2	SP	25	10	10	0,3

MURRAY-SYKES Kate et Stephan - Le Clos Saint-Martin - 71640 MELLECEY - Tél : 03 85 45 25 93 - Fax : 03 85 45 25 93 - E-mail : stephan.murraysykes@freesbee.fr

MONT-SAINT-VINCENT La Croix de Mission

Alt. : 610 m *C.M. 69 Pli 18*

5 ch. — Bernard et Madeleine mettent à disposition 5 belles chambres, à l'entrée d'un joli village. Vue splendide de la terrasse et du jardin. Accessibilité handicapés. R.d.c. : salle commune (télévision). 1 chambre (2 lits 1 pers.) avec sanitaires pour handicapés. 1er étage : 4 chambres (2 ou 3 pers.) avec salle de bains ou salle d'eau et wc particuliers.

Prix : 1 pers. **250/300 F** 2 pers. **280/330 F** 3 pers. **350/390 F**

Ouvert : du 1er mars au 15 novembre, sur réservation en dehors périodes.

10	5	4	SP	10	6	4	10	10	0,3

GONNOT Madeleine - La Croix de Mission - 71300 MONT-SAINT-VINCENT - Tél : 03 85 79 81 03

MONTHELON Les Granges

C.M. 69 Pli 7

3 ch. — 3 chambres d'hôtes à la ferme, aux portes d'Autun. Ville gallo-romaine. Accès indépendant (2/5 p). Salle d'eau et wc privés, espace extérieur. Pêche 2 km. Vélos, sentiers 5 km. Piscine, équitation, tennis, lac 7 km. Commerces, restaurant 5 km. Ferme-auberge 3 km. Langue parlée : anglais.

CV

Prix : 1 pers. **190 F** 2 pers. **220 F** 3 pers. **280 F** pers. sup. **60 F**

Ouvert : toute l'année.

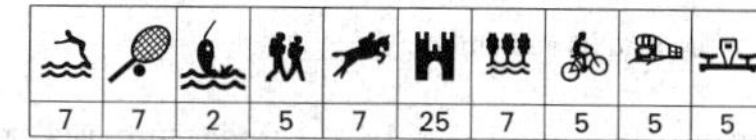

7	7	2	5	7	25	7	5	5	5

ANDRIOT Benoît et Marie-Thé. - Les Granges - 71400 MONTHELON - Tél : 03 85 52 22 99

MOROGES Vingelles

(TH) *C.M. 69 Pli 9*

5 ch. — Dans une vaste demeure campagnarde entre prés et vignobles, 5 ch. d'hôtes élégantes et confortables sont mises à dispos. S.-de-bains et s. d'eau, wc privés. Belle pièce de séjour réservée aux hôtes. Parc arboré clos. Pisc. privée. Téléphone dans chaque ch. TV sur demande. Table d'hôtes/réserv. Tennis, comm. 2 km. Pêche 5 km. Lac 10 km. Gare 16 km. Langues parlées : anglais, allemand.

CV

Prix : 1 pers. **375/500 F** 2 pers. **400/550 F** 3 pers. **650 F** repas **170 F**

Ouvert : de Pâques à la Toussaint.

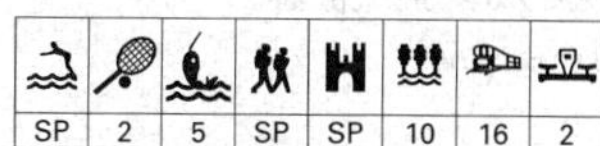

SP	2	5	SP	SP	10	16	2

LIEROW Niels et EADES David - L'Orangerie - Vingelles - 71390 MOROGES - Tél : 03 85 47 91 94 - Fax : 03 85 47 98 49

MOROGES Moulin Brûlé

(TH) *C.M. 69 Pli 9*

4 ch. — Au cœur du vignoble du Chalonnais, Françoise vous accueille dans une vaste propriété entourée d'un grand parc arboré. 4 chambres pour 2 à 3 pers. à la décoration raffinée dans l'ancien moulin. Chaque ch. dispose de s. d'eau et wc indép. Prise télévision. Salle petit déjeuner et salon communs. Table d'hôtes sur réservation. Tennis, restaurant 2 km. Langues parlées : anglais, allemand.

Prix : 2 pers. **350 F** 3 pers. **400 F** repas **140 F**

Ouvert : toute l'année.

10	2	SP	SP	10	SP	5	5	12	5

PAUPE Françoise - Moulin Brule - 71390 MOROGES - Tél : 03 85 47 90 40 - Fax : 03 85 47 97 10 - E-mail : moulin.brule@wanadoo.fr

LA MOTTE-SAINT-JEAN La Varenne

C.M. 69 Pli 16

2 ch. 2 chambres d'hôtes de 2 à 4 pers., situées au rez-de-chaussée de l'habitation du propriétaire. Possibilité cuisine. Salles d'eau, wc. Vélos sentiers. Table d'orientation, Bourg village 2 km. Centre documentation céramique. Port de plaisance promenade canaux. Pont canal sur Loire. Pêche. Piscine et commerces 3,5 km. Réduction pour séjours.

CV

Prix : 1 pers. **180 F** 2 pers. **220 F** 3 pers. **270 F** pers. sup. **50 F**

Ouvert : toute l'année.

3,5	4	0,5	0,5	0,5	4	3,5

GOURSAUD Annie - La Varenne - 71160 LA MOTTE-SAINT-JEAN - Tél : 03 85 53 11 02

PALINGES Les Hortensias

C.M. 69 Pli 17

3 ch. 3 chambres d'hôtes dans maison de caractère au cœur du village. 1 ch./2 pers. (2 lits jumeaux), s.d.b. et wc privés. 1 ch./3 personnes, douche, wc privés. 1 ch./2 personnes, lavabo, wc privés. Salon, TV. Possib. kitchenette dans studio indépendant jouxtant la propriété (pour 3 pers.). Terrasse ombragée. Jardin, garage, terrain clos. Plan d'eau pour pêche et baignade. Restaurant au village.

CV

Prix : 1 pers. **250/300 F** 2 pers. **300/350 F** 3 pers. **450 F**

Ouvert : du 15 mai au 15 novembre.

12	SP	SP	SP	12	1	SP

AUZEL Michèle - Les Hortensias - 71430 PALINGES - Tél : 03 85 70 21 34

PALINGES

C.M. 69 Pli 17

2 ch. Deux jolies chambres d'hôtes, d'accès indépendant, aménagée au r.d.c. d'une propriété. Salle d'eau et wc privatifs. 1ère chambre : 2 lits 1 pers. TV privée. Kitchenette à disposition. 2ème chambre à l'étage. Livres et revues à dispos. Salle petit déjeuner. Vaste parc arboré et fleuri. Garage. Plan d'eau et pêche SP et 1 km. Commerces et services SP.

Prix : 1 pers. **200/250 F** 2 pers. **250/300 F** 3 pers. **400 F**

Ouvert : du 1er mai au 31 octobre.

15	1	0,1	SP	15	1	SP	12	0,5

PRIEUR Colette - 28 rue de l'Eglise - 71430 PALINGES - Tél : 03 85 88 12 12

PERONNE Vaux-sous-Targe

C.M. 69 Pli 19

1 ch. Dépendances du château de Péronne, une grande chambre d'hôtes indépendante avec mezzanine (1 lit 2 pers., 2 lits 1 pers.). Salle d'eau, wc indépendants. Bureau, coin-salon dans la chambre. Production et vente de vin sur place. Randonnées, pêche, nombreux sites de visites à proximité. Golf 5 km. Piscine commune avec le propriétaire. Langue parlée : anglais.

CV

Prix : 1 pers. **260 F** 2 pers. **330 F** 3 pers. **430 F** pers. sup. **100 F**

Ouvert : du 1er avril au 30 septembre.

SP	6	1	SP	5	SP	20	20	4

NEYRAND Frédérique - Vaux-sous-Targe - 71260 PERONNE - Tél : 03 85 36 96 88 - Fax : 03 85 36 96 88

PERONNE

C.M. 69 Pli 20

E.C. 1 ch. Dans une maison ancienne d'un petit village du vignoble mâconnais, 1 chambre double confortable située dans une dépendance restaurée. Rez-de-chaussée : coin-cuisine, salle-de-séjour à disposition, wc. 1er étage : 1 chambre double avec salle-de-bains et wc privatifs. Terrasse couverte, cour et jardin clos. Forêt 5 km. Equitation 7 km. Tennis, commerces et services 4 km. Restaurant sur place.

Prix : 1 pers. **250 F** 2 pers. **280 F** pers. sup. **100 F**

Ouvert : du 1er avril au 30 octobre.

4	4	4	5	SP	7	SP	25	16	16	4

RICHARD Jacques & M-Thérèse - Le Bourg - 71260 PERONNE - Tél : 03 85 36 95 38 - Fax : 03 85 36 95 38

PIERRECLOS Les Bruyères

C.M. 69 Pli 19

1 ch. Au cœur des côteaux du pays mâconnais, dans un hameau calme d'un village viticole du Val Lamartinien, une grande chambre d'hôtes pour 2 pers. + lit d'appoint pour 2 pers. aménagée au rez-de-chaussée d'une villa récente. Accès indépendant. Cuisine, salle d'eau et wc privés. Terrasse couverte. Terrain clos. Piscine privée. Sentiers et vignoble sur place. Tennis 2 km. Restaurant 1 km.

Prix : 1 pers. **200 F** 2 pers. **230 F** pers. sup. **100 F**

Ouvert : toute l'année.

SP	2	0,3	SP	5	0,5	13	10	13	1

DUPONT Colette - La Vevre - 71960 PIERRECLOS - Tél : 03 85 35 74 11

POISSON Château de Martigny (TH) *C.M. 69 Pli 17*

4 ch. 4 chambres d'hôtes aménagées dans un château restauré du XVIIIème siècle. Parc ombragé. 2 chambres/2 pers. 2 chambres/3 pers. possibilité chambre enfants, salle-de-bains et wc privés. Salle de séjour et salon, TV. Garage. Produits fermiers, vélos, piscine, sentiers sur place. Pêche 2 km. Equitation, lac 4 km. Tennis 2 Km. Stages et théâtre au château. Langues parlées : anglais, espagnol.

Prix : 1 pers. **450/500 F** 2 pers. **500/650 F** 3 pers. **650 F** pers. sup. **50 F** repas **200 F**

Ouvert : du 1er avril au 1er novembre.

SP	2	2	SP	4	40	4	SP	12	12

DOR Edith - Château de Martigny - 71600 POISSON - Tél : 03 85 81 53 21 - Fax : 03 85 81 59 40 - E-mail : château.Martigny@worldonline.fr - http://www.worldonline.fr/château.Martigny

POISSON Sermaize (TH) *C.M. 69 Pli 17*

5 ch. 5 chambres d'hôtes dans un ancien relais de chasse du Charollais du XIV ème siècle dont 1 chambre pour famille (5 lits). 2 ch. 2 pers, 2 ch. 3 pers, 1 chambre 2 enfants. Salle d'eau, wc privés. Pièce commune, biblioth. Parc aménagé, cour, garage. Pêche, sentiers SP. Tennis, équit., restaurant 4 km, commerces, piscine 12 km. Table d'hôtes sur réservation. Langue parlée : anglais.

Prix : 1 pers. **250/260 F** 2 pers. **280/330 F** 3 pers. **400 F** pers. sup. **80 F** repas **100 F**

Ouvert : du 15 mars au 11 novembre.

12	4	0,2	1	4	50	14	11	11	4

MATHIEU Maguy et Paul - Sermaise - 71600 POISSON - Tél : 03 85 81 06 10 - Fax : 03 85 81 06 10

POISSON La Croix Rouge *C.M. 69 Pli 17*

2 ch. 1 chambre double à la ferme au cœur du Charollais (chambre avec lit de 2 pers. et chambre de 2 lits/1 pers.). 1 chambre pour 2 pers. Salles d'eau et wc privés. Salle de séjour, salon indépendant réservé aux hôtes. Accès indépendant. Jardin, sentiers SP. Tennis 3 km, piscine équitation pêche 5 km, commerces et services 3 km.

Prix : 1 pers. **180 F** 2 pers. **220/250 F** 3 pers. **340 F** pers. sup. **60 F**

Ouvert : toute l'année.

5	3	5	SP	5	5	3

BOUCHOT Renée et Jean-Paul - La Croix Rouge - 71600 POISSON - Tél : 03 85 81 49 17

PRUZILLY Le Raisin Bleu *C.M. 73 Pli 10*

E.C. 3 ch. En Beaujolais, Catherine et Christian proposent 3 jolies chambres d'hôtes, d'accès indépendant, donnant sur le vignoble de Juliénas. Salle d'eau et wc privatifs. Terrasse couverte. Jardin clos. Piscine privée. Sentiers, vignoble sur place. Tennis 0.3 km. Forêt 0.5 km. Equitation 5 km. Plan d'eau 8 km. Location vélos 15 km. Commerces et services 4 km. Langues parlées : anglais, espagnol.

Prix : 1 pers. **250 F** 2 pers. **300 F** pers. sup. **100 F**

Ouvert : toute l'année.

SP	0,3	4	0,5	SP	5	SP	8	15	10	4

SIGOT Catherine & Christ. - Le Raisin Bleu - 71570 PRUZILLY - Tél : 03 85 35 10 17

REMIGNY *C.M. 69 Pli 8*

2 ch. 2 cabines confortables climatisées pour 1 à 2 personnes, aménagées dans une péniche sur le Canal du Centre, au cœur de la Côte Chalonnaise. Salle d'eau et wc privés. Séjour, salon avec télévision, hifi, orgue, piano. Pont soleil avec terrasse couverte. Parking. Piscine, Tennis, Gare 2,5 km. Equitation 1 km. Auberge 100 m.

Prix : 1 pers. **300 F** 2 pers. **350 F**

Ouvert : du 1er avril au 30 septembre.

2,5	2,5	SP	SP	1	2,5

GAUVIN Henri - Péniche Fantasia - Chemin du 6 septembre 1944 - 71150 REMIGNY - Tél : 06 11 54 39 56

LA ROCHE-VINEUSE Somméré *C.M. 69 Pli 19*

3 ch. Dans maison de caract. avec point de vue sur roches de Solutré et Vergisson, 3 ch. d'hôtes. 1 ch. 2/4 pers. S.d.b. et wc privés. 1 ch. type suite 4 pers. S.d.b. et wc privés. 1 ch. 2 pers. Douche, wc privés. Séjour. Cour et ter. clos ombr. Park. fermé. Circ. Lamartinien. Sent., pêche, ten., équit., comm., restaur. 2 km. Langues parlées : anglais, allemand.

Prix : 1 pers. **200/220 F** 2 pers. **250/300 F**

Ouvert : toute l'année, fermé le dimanche hors saison.

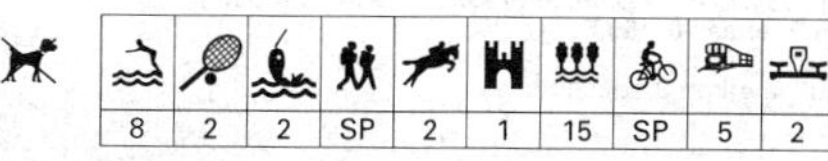

8	2	2	SP	2	1	15	SP	5	2

HEINEN Eliane - Le Tinailler d'Aléane - Sommere - 71960 LA ROCHE-VINEUSE - Tél : 03 85 37 80 68 - Fax : 03 85 37 80 68

ROMENAY Lissiat

(TH) *C.M. 69 Pli 20*

E.C. 2 ch. Dans une jolie ferme bressanne, nichées dans la verdure d'un petit hameau à quelques kilomètres de Tournus, 2 chambres pour 2 pers. confortables, aménagées au 1er étage. Salle-de-bains et wc privatifs. Salon, bibliothèque (télévision) réservé aux hôtes. Kitchenette à disposition. Salle petit déjeuner. Jardin ombragé (barbecue et salon de jardin à dispo.). Parking. Table d'hôtes sur réservation. Langue parlée : allemand.

CV

Prix : 1 pers. **250 F** 2 pers. **300 F** repas **80 F**

Ouvert : de mars à novembre.

10	3	1	0,3	SP	15	6	10	10	3

BAUDET Jean-Pierre - Lissiat - 71470 ROMENAY - Tél : 03 85 40 36 86

ROYER Les Verchères

C.M. 69 Pli 19

1 ch. Dans maison mâconnaise de caractère, une ch. pour 4 pers. (entrée privée). Douche, wc privés. S. séj., garage, jardin ombragé. Sent. 1 km. Pêche 5 km. Equit. 6 km. Pisc., ten., vélos, comm. 7 km. Lac 15 km. Rest. 2 km. Route des vins, circuit églises romanes. Prod. fermiers SP. Village Médiéval 3 km.

CV

Prix : 1 pers. **160 F** 2 pers. **220 F** 3 pers. **280 F** pers. sup. **60 F**

Ouvert : du 15 février au 15 novembre.

7	7	5	1	6	15	7	7	7

MEUNIER Michelle - Les Verchères - 71700 ROYER - Tél : 03 85 51 30 25

ROYER

C.M. 69 Pli 19

3 ch. 3 chambres d'hôtes aménagées dans maison vigneronne. Entrée privée. Douche et wc privés. 1 chambre/5 personnes, 1 chambre/4 personnes, 1 chambre/2 personnes. Séjour, terrasse, jardin clos. Sentiers 1 km. Pêche 5 km. Equitation, piscine, vélos, tennis, commerces 7 km. Lac 15 km. Sentiers GR et PR balisés sur place. Auberge à 2 km. Langue parlée : anglais.

CV

Prix : 1 pers. **200 F** 2 pers. **250 F** 3 pers. **310 F** pers. sup. **60 F**

Ouvert : du 1er février au 15 novembre.

7	7	5	1	7	0,5	15	7	7	7

MEUNIER Sylvie - Le Bourg - 71700 ROYER - Tél : 03 85 51 03 42 - Fax : 03 85 51 03 42 - E-mail : thierry.meunier3@wanadoo.fr - http://www.multimania.com/gsenard/

SAGY La Bernoux

(TH) *C.M. 69 Pli 13*

3 ch. 3 chambres d'hôtes dans une maison ancienne rénovée, en région Bresse Bourguignonne. Chambre/2 personnes. Salle d'eau et wc particuliers. Séjour, espace extérieur aménagé, jeux. Sentiers, pêche, tennis 3 km. Piscine 12 km. Equitation 15 km. Lac 40 km. Commerces 3 km. Vente de poulets de Bresse à proximité. Table d'hôte sur réservation. Langues parlées : anglais, allemand.

Prix : 1 pers. **150 F** 2 pers. **220 F** repas **70 F**

Ouvert : toute l'année.

12	3	3	3	15	40	12	3

PRUDENT Mireille - La Bernoux - 71580 SAGY - Tél : 03 85 74 06 52

SAINT-AMBREUIL Château de la Ferté

(TH) *C.M. 69 Pli 19*

1 ch. Une chambre double aménagée dans le Colombier du Domaine de la Ferté. Une chambre au r.d.c. (2 lits 1 pers.). Une chambre en mézzanine. Salle-de-bains, wc. Salon privé avec TV. Parc clos et ombragé. Pêche SP. Lac 0,5 km avec attraction nautique et restaurant. Piscine, commerces, services 5 km. Tennis 3 km. Equit. 12 km. Table d'hôtes sur réservation. Langue parlée : anglais.

Prix : 1 pers. **260 F** 2 pers. **360 F** 3 pers. **460 F** pers. sup. **100 F** repas **150 F**

Ouvert : toute l'année.

5	3	SP	SP	12	0,5	12	12	5

THENARD Jacques - Château de la Ferté - 71240 SAINT-AMBREUIL - Tél : 03 85 44 17 96 ou 06 62 39 41 79 - Fax : 03 85 44 17 96

SAINT-AUBIN-SUR-LOIRE Les Lambeys

(TH) *C.M. 69 Pli 16*

5 ch. 5 ch. d'hôtes aménagées dans demeure du XVIIIème siècle en bord. de Loire. Chaque ch. (lits 2 pers. dont un de grande dimension) possède 1 s.d.b. et 1 wc privé. S-à-manger, salon (billard) réservés aux hôtes. Vaste parc ombragé. Pêche SP. Pisc., plan d'eau, tennis 4 km. VTT, randonnées (Piste à 1 km). Equit. 6 km. Stat. Thermale et de remise en forme (DAMONA à Bourbon-Lancy 5 km). Langue parlée : anglais.

Prix : 1 pers. **320/420 F** 2 pers. **350/450 F** 3 pers. **450/500 F** pers. sup. **80 F** repas **70/150 F**

Ouvert : du 1er avril au 31 décembre.

4	4	SP	SP	6	70	4	4	30	0,5

DE BUSSIERRE Etienne - Château des Lambeys - 71140 SAINT-AUBIN-SUR-LOIRE - Tél : 03 85 53 92 76

SAINT-BOIL Chaumois

C.M. 69 Pli 19

4 ch. 4 vastes chambres de bon confort aménagées dans maison rénovée dans hameau du vignoble Côte Chalonnaise. Chaque chambre équipée pour 2/3 pers. avec bains et wc. Coin-cuis. équipée. Coin-salon (prise TV, bibliothèque). Séjour réservé aux hôtes. Salle privée pour petit-déjeuner. Comm. 4 km. Vélos 1 km. Tennis 4 km. Lac aménagé 8 km. Plan d'eau 500 m. Baignade au Moulin de Collonges. Langue parlée : anglais.

Prix : 1 pers. **200 F** 2 pers. **270 F** 3 pers. **350 F** pers. sup. **80 F**

Ouvert : toute l'année.

12	4	1	SP	0,5	2	8	0,5	20	4

PERRAUT Suzanne - Chaumois - 71390 SAINT-BOIL - Tél : 03 85 44 07 96

SAINT-BONNET-DE-VIEILLE-VIGNE Le Guide

C.M. 69 Pli 17

1 ch. Une chambre située dans la maison du propriétaire. Salle-de-bains, wc, douche particuliers. Chambre avec salon attenant privé comprenant convertible et fauteuils. Cour indépendante. Etang privé. Sentiers sur place. Pêche 1 km. Tennis 5 km. Piscine 11 km. Equitation, vélos 18 km. Lac 5 km. Commerces 5 km. Langue parlée : anglais.

Prix : 1 pers. **180 F** 2 pers. **220 F** 3 pers. **270 F** pers. sup. **70 F**

Ouvert : toute l'année.

11	5	1	SP	18	60	5	18	5	5

BARBIER Odile - Le Guide - 71430 SAINT-BONNET-DE-VIEILLE-VIGNE - Tél : 03 85 70 23 63 - Fax : 03 85 88 12 57

SAINT-DESERT Maison Romaine

C.M. 69 Pli 9

E.C. 3 ch. Au cœur du village, dans une belle maison vigneronne du XIX siècle entourée d'un vaste parc arboré. 3 chambres confortables pour 2 à 3 pers. équipées de salle de bains ou salle d'eau avec wc privés. Salon et salle à manger reservés aux hôtes. TV. Piscine privée. Commerces 0.1 et 4 km. Golf 10 km. Tennis 0.1 km. Pêche, lac 15 km. Vélos 4 km, (voie verte 0.5 km.). Equitation 8 km. Langues parlées : anglais, allemand.

Prix : 2 pers. **350/540 F** pers. sup. **100 F**

Ouvert : toute l'année.

SP	0,1	15	3	SP	8	SP	15	4	0,1

NEYRAT Patrick - 29 avenue de Bourgogne - Maison Romaine - 71390 SAINT-DESERT CEDEX 1533 - Tél : 03 85 47 91 81 ou 06 08 47 85 58 - Fax : 03 85 47 91 81

SAINT-DIDIER-SUR-ARROUX Moulin de Bousson

C.M. 69 Pli 7

3 ch. 3 chambres dans ancien moulin, maison de caractère en bord. de lac. 1 wc, 1 salle d'eau par chambre. Possibilité de couchage supplém., lit enfant. Salon, séjour, salle de jeux réservés aux hôtes. Jardin, sentiers, loisirs aquatiques, vélos sur place. Coin repos et loisirs réservés aux hôtes. Restaurant à 200 m. Langues parlées : anglais, allemand, hollandais.

Prix : 1 pers. **210 F** 2 pers. **280 F** 3 pers. **350 F**

Ouvert : toute l'année.

11	8	SP	SP	3	50	SP	SP	8	2

DE VALK Jacqueline - Moulin de Bousson - 71190 SAINT-DIDIER-SUR-ARROUX - Tél : 03 85 82 35 07 - Fax : 03 85 82 25 41 - E-mail : moulin.bousson@wanadoo.fr - http://www.moulinbousson.com

SAINT-FORGEOT Millery

C.M. 69 Pli 8

5 ch. Dans demeure de caractère du 19ème siècle, dans le cadre d'un beau parc arboré, 5 ch. d'hôtes confortables avec salles d'eau et wc privés. R.d.c. : 1 ch. pour 2 pers. Etage : 1 ch. pour 2 pers., et 1 ch. double (1 lit 2 pers., 2 lits 1 pers.). 1 lit bébé. Salle petit déj. et salon réservé aux hôtes. Terrasse et terrain clos. Possibilité accrobranche sur place (18 personnes - réservation). Restaurant, commerces, services 4 km. Langue parlée : anglais.

Prix : 1 pers. **260 F** 2 pers. **320 F** 3 pers. **380 F** pers. sup. **60 F**

Ouvert : du 15 avril au 30 septembre.

4	4	0,5	SP	4	20	4	4	4	4

PERRETTE Gérard - Château de Millery - 71400 SAINT-FORGEOT - Tél : 03 85 52 18 51

SAINT-FORGEOT

C.M. 69 Pli 8

E.C. 1 ch. Aux portes d'Autun, en direction de Saulieu, 1 chambre d'hôtes aménagée au 1er étage d'une maison des années 30. Salle d'eau et wc privés. Salle petit déjeuner avec coin-salon privatifs. Cour et vaste terrain clos. Vélos à disposition. Pêche 0.4 km. Plan d'eau, tennis, golf, piscine, location vélos 4 km. Commerces, services 3 km. Langue parlée : anglais.

Prix : 2 pers. **230 F** pers. sup. **70 F**

Ouvert : du 1er mai au 15 novembre.

4	4	0,4	4	SP	0,3	4	3	3	3

ROUVIER Christine - 33, Porte d'Autun - 71400 AUTUN - Tél : 03 85 52 33 39

SAINT-GERVAIS-EN-VALLIERE Champseuil

TH *C.M. 69 Pli 10*

3 ch. Situées dans une maison de village à quelques kms de Beaune et de Verdun/le Doubs, 3 chambres d'hôtes calmes et confortables : salles-de-bains et wc indépend. Pièce petit déjeuner réservée aux hôtes. Cour et jardin clos. Pêche, sentiers 0.3 km. Vélos SP. Piscine 12 km. Commerces, services 4 km. Table d'hôtes sur réservation. Langue parlée : anglais.

Prix : 1 pers. **220 F** 2 pers. **330 F** pers. sup. **115 F** repas **120 F**

Ouvert : du 1er mars au 1er novembre.

12	12	0,3	0,5	7	14	14	4

LYSSY Martine - Champseuil - 71350 SAINT-GERVAIS-EN-VALLIERE - Tél : 03 85 91 80 08 -
E-mail : martine.lissy-chambres.dhotes@wanadoo.fr

SAINT-LEGER-SUR-DHEUNE

TH *C.M. 69 Pli 8*

E.C. 2 ch. Dans une belle demeure de la fin du XVIIème siècle, entourée d'un parc clos en bordure du canal du Centre, 2 chambres (dont 1 suite pour 3 pers.) vastes et pleines de charme. 1 chambre avec salle d'eau et wc privés. 1 avec cabinet de toilette. Salle-de-bains en r.d.c. Salon avec billard. Salle-à-manger commune. Table d'hôtes sur réservation. Maison non fumeurs.

Prix : 1 pers. **300 F** 2 pers. **400/600 F** 3 pers. **700 F** pers. sup. **100 F** repas **150 F**

Ouvert : du 30 mars au 30 novembre.

6	0,2	SP	SP	2	1	10	10	1	0,5

MARQUET Mireille - 29 rue du 8 mai 1945 - 71510 SAINT-LEGER-SUR-DHEUNE - Tél : 03 85 45 35 75 ou 06 86 83 02 49 -
Fax : 03 85 45 40 96 - E-mail : reservations@saintlegersurdheune.com - http://www.saintlegersurdheune.com

SAINT-LOUP-DE-LA-SALLE Le Chasot

TH *C.M. 69 Pli 9*

2 ch. 2 chambres d'hôtes suitées de grand confort, situées à 9 km de Beaune. Accès indépendant. 1 ch. : 2 à 4 pers. avec suite 3 pers. 2 s.d.b., 2 wc. Salon. 1 ch. : 2 pers. avec suite 2 pers. S.d.b., wc. Salon. Chaque chambre possède téléphone, mini bar, bibliothèque. Terrasse privée. Parking, terrain arboré clos.Golf 7 km, équit. 10 km, pêche sur place et 8 km en Saône. Tennis sur place. Table d'hôtes sur réservation. Langues parlées : anglais, allemand.

Prix : 1 pers. **320 F** 2 pers. **360 F** repas **150 F**

Ouvert : toute l'année, sur réservation du 30/11 au 01/04.

SP	SP	10	SP	7	SP	9	0,9

FERNANDEZ Renée - 5 rue Aux Loups - 71350 SAINT-LOUP-DE-LA-SALLE - Tél : 03 85 49 44 48 - Fax : 03 85 49 92 97

SAINT-LOUP-DE-LA-SALLE La Chrysalide

C.M. 69 Pli 9

3 ch. Brigitte (Artis. d'Art) et Pierre (apicult.) mettent à dispo. 3 ch. (2 à 3 pers.). Accès indép. Pl-pied : séj. avec cheminée réservé aux hôtes. Chaque chambre dispose de s. d'eau et wc indépendants. Coin-cuis. à disp. Ch. central. Expos. d'art SP. Vaste terr. clos ombragé. Parking privé. Ten., pêche 1 km. Pisc., golf 9 km. Com., serv., rest. 4 - 8 km. Langue parlée : anglais.

Prix : 1 pers. **220 F** 2 pers. **260 F** 3 pers. **330 F** pers. sup. **70 F**

Ouvert : du 1er avril au 30 novembre.

9	1	1	1	10	4	11	9	9	0,5

BASSEVILLE Brigitte et Pierre - Le Bourg - 71350 SAINT-LOUP-DE-LA-SALLE - Tél : 03 85 49 90 89

SAINT-LOUP-DE-VARENNES

TH *C.M. 69 Pli 20*

E.C. 4 ch. Dans maison du XVIIe siècle, 4 chambres d'hôtes aménagées dans village ou vécu N.NIEPCE. Chambres de 2 pers. avec salle d'eau et wc particuliers. Salle de séjour, salon réservé aux hôtes. Jardin. Tennis 0.5 km. Pêche 4 km. PIscine 6 km. Commerces 3 km. Golf 12 km.

Prix : 2 pers. **300 F** repas **100 F**

Ouvert : toute l'année.

6	0,5	4	15	15	9	3

ROMERO Pascale et Yvette - 36 rue de Varennes - 71240 SAINT-LOUP-DE-VARENNES - Tél : 03 85 44 27 46 ou 06 63 15 83 45

SAINT-MARTIN-DU-TARTRE Maizeray

TH *C.M. 69 Pli 18/19*

2 ch. 2 ch. d'hôtes confortables, aménag. dans une maison bourguig. entièr. restaurée dans un petit village situé près de Buxy. S.d.b. et wc privés. Pièce d'accueil avec coin-sal. (T.V. comm.) et cheminée réservée aux hôtes. Balcon terras. et jardin clos. Circuit des églises romanes. Route des vins. Table d'hôtes/réserv. Pisc., équit., ten. 6 km. Pêche 8 km.

Prix : 2 pers. **300 F** 3 pers. **385 F** repas **130 F**

Ouvert : du 15 mars au 30 septembre.

6	6	0,8	SP	6	15	6	25	3

BERGERET Jacqueline - Maizeray - 71460 SAINT-MARTIN-DU-TARTRE - Tél : 03 85 49 24 61

SAINT-MAURICE-LES-CHATEAUNEUF La Violetterie *C.M. 73 Pli 8*

3 ch. 3 chambres d'hôtes aménagées dans une demeure traditionnelle en Brionnais. Ch. 2 pers. avec s. d'eau et wc privés. Possibil. lit supplém. Salle-à-manger, salon réservés aux hôtes (cheminée, TV, lecture). Cour et jardin arborés, ombragés et clos. Ten. 0.5 km. Comm. et serv. 0.5 km. Sent. pédest., circuit des Eglises Romanes. Village d'antiquaires. Tout près : Côte Roannaise et Beaujolaise. Restaurant 200 m. Langue parlée : anglais.

CV

Prix : 1 pers. **240/260 F** 2 pers. **300 F** 3 pers. **380 F** pers. sup. **60 F**

Ouvert : du 10 avril au 11 novembre.

7	0,5	1	1	10	7	0,5

CHARTIER Madeleine - La Violetterie - 71740 SAINT-MAURICE-LES-CHATEAUNEUF - Tél : 03 85 26 26 60 - Fax : 03 85 26 26 60

SAINT-PIERRE-LE-VIEUX Ecussoles (TH) *C.M. 69 Pli 18*

3 ch. 3 chambres à la ferme : 1 chambre pour 2 pers., salle de bains, wc privés + 2 chambres familiales avec salle de bains, douche et wc privés. Salle de séjour, cheminée. Pain à la ferme. Parking. Vélos, pêche sur place. Piscine, tennis 7 km. Lac 12 km. Cuisine à disposition. Table d'hôtes sauf le dimanche.

CV

Prix : 1 pers. **160 F** 2 pers. **240 F** 3 pers. **290 F** pers. sup. **50 F**
repas **70 F**

Ouvert : du 1er mars au 31 décembre.

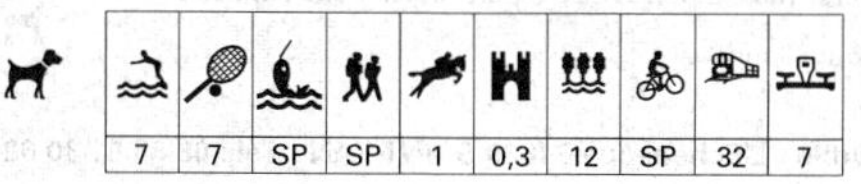

7	7	SP	SP	1	0,3	12	SP	32	7

DORIN Jean-Robert - Ecussoles - 71520 SAINT-PIERRE-LE-VIEUX - Tél : 03 85 50 40 99

SAINT-PIERRE-LE-VIEUX Les Colettes (TH) *C.M. 69 Pli 19*

E.C. 4 ch. 4 chambres d'hôtes aménagées dans manoir du XVIIème siècle aux confins du Mâconnais et du Beaujolais. Chambres de 2 et 3 personnes avec salle d'eau et wc privatifs. Salon réservé aux hôtes avec cheminée, télévision et bibliothèque. Terrain clos. Equipement bébé. Table d'hôtes avec thèmes de dégustation sur demande. Langue parlée : anglais.

Prix : 1 pers. **250/280 F** 2 pers. **280/320 F** 3 pers. **400 F** repas **100 F**

Ouvert : toute l'année.

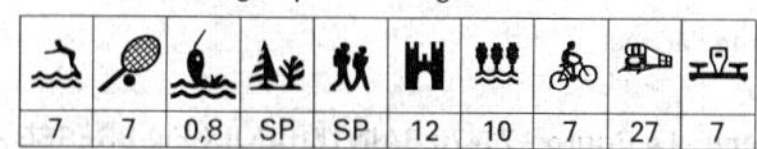

7	7	0,8	SP	SP	12	10	7	27	7

LORON Corinne et Jacques - Château des Colettes - 71520 SAINT-PIERRE-LE-VIEUX - Tél : 03 85 50 40 96

SAINT-POINT Le Domaine Dauphin *C.M. 69 Pli 18*

4 ch. Entre Mâconnais et Beaujolais, en plein Val Lamart., face au château du poète, et à 100 m du lac, se situe cette demeure de caract. datant du 16ème siècle. 4 chamb. spac. (dont une famil.) sur le thème de Lamartine, meublées et décorées avec soin, toutes équip. de S.d.B et wc privatifs. Pièce comm. et salon (cheminée). Grde cour intér. Prix dégressifs pour séjour. Table d'hôtes/réservation. Restaurant à 200 m et 3 km. Langues parlées : anglais, allemand, espagnol.

Prix : 1 pers. **300 F** 2 pers. **370 F** 3 pers. **440/470 F** pers. sup. **100 F**

Ouvert : toute l'année.

8	0,5	0,2	SP	3	10	0,2	4,5	25	4,5

SCHALBURG-CHARPENTIER Christine - Domaine Dauphin - 71520 SAINT-POINT - Tél : 03 85 50 57 87 - Fax : 03 85 50 59 57

SAINT-PRIX L'Eau Vive (TH) *C.M. 69 Pli 7*

4 ch. A l'orée d'un village du parc du Morvan, Catherine et René ont aménagé 4 ch. confortables. S.d.b. et wc privés. Salon réservé aux hôtes, cheminée, Tél. Salon de jardin. Etang privé avec barque, randonnées pédestres, VTT. Bibracte - Mont Beuvray. 100 kms sentiers balisés. Table d'hôtes de qualité le soir. 1/2 pension. Langues parlées : anglais, espagnol.

Prix : 1 pers. **230 F** 2 pers. **275 F** 3 pers. **340 F** repas **115 F**

Ouvert : du 1er avril au 3 novembre, fermé du 15 juin au 8 juillet.

21	4	0,1	SP	2	40	21	SP	21	4

DENIS Catherine - L'Eau Vive - 71990 SAINT-PRIX - Tél : 03 85 82 59 34 - E-mail : redenis@club-internet.fr

SAINT-SERNIN-DU-PLAIN Mazenay (TH) *C.M. 69 Pli 9*

3 ch. Sur la route des Vins de Beaune à Cluny, dans une ancienne maison rénovée, 3 chambres confortables avec s-de-bains et wc privés, dont une double 4 pers. (1 lit 2 pers. et 2 lits 1 pers.). Salon avec télévision, cuisine à dispo. Entrée indépend., cour et terrain clos arboré. Sentiers, vignobles sur place. Escalade 3 km. Baignade 7 km. Table d'hôtes sur réservation. Réduction pour séjour. Langue parlée : anglais.

CV

Prix : 1 pers. **200 F** 2 pers. **240/290 F** 3 pers. **330 F** pers. sup. **70 F**
repas **85 F**

Ouvert : toute l'année.

7	3	10	SP	12	SP	15	SP

VIGOUREUX Thierry et M-Claire - Mazenay - 71510 SAINT-SERNIN-DU-PLAIN - Tél : 03 85 49 62 37 - Fax : 03 85 49 62 37

SAINT-USUGE Les Chyses *C.M. 70 Pli 13*

E.C. 1 ch. Dans maison typique bressanne, chambre d'hôtes de caractère aménagée dans le style. Salle de petit déjeuner rustique et salon indépendants. Rez-de-chaussée : 1 chambre (1 lit 2 pers., 1 lit 1 pers.) avec salle-de-bains et wc privés. Télévision. Cour, parc clos et ombragé. Pêche 0.5 km. Sentiers, tennis 1 km. Equitation, plan d'eau 2 km. Table d'hôtes sur réservation.

Prix : 2 pers. **320 F** 3 pers. **380 F**

Ouvert : toute l'année sauf en mai.

8	1	0,5	1	2	SP	7	1

THEBERT Fabienne - Les Chyses - 71500 SAINT-USUGE - Tél : 03 85 72 18 12 ou 06 89 33 30 51

SAINT-YAN L'Echeneau *C.M. 69 Pli 17*

1 ch. 1 chambre d'hôtes à la ferme pour 4 personnes. Salle de bains et wc privés. Séjour, salon commun. Tables, bancs de jardin, balançoire. Sentiers sur place. Equitation, restaurant 3 km. Pêche, piscine, tennis, commerces 4 km. Table d'hôtes sur réservation. Langue parlée : anglais.

CV

Prix : 1 pers. **180 F** 2 pers. **220 F** 3 pers. **270 F** pers. sup. **60 F**

Ouvert : toute l'année.

4	4	4	SP	3	60	4	4

MERLE Odile - L'Echeneau - 71600 SAINT-YAN - Tél : 03 85 81 30 62 - Fax : 03 85 81 30 62

SAINTE-CROIX-EN-BRESSE A *C.M. 70 Pli 13*

1 ch. 1 chambre d'hôtes dans la maison du propriétaire. Chambre aménagée pour 4 pers., salle d'eau privée. TV, terrasse. Camping à la ferme à 2 km. Sentiers sur place. Pêche 1 km. Piscine, tennis 7 km. Equitation 7 km. Auberge chez le propriétaire à 1,5 km. Langue parlée : anglais.

Prix : 1 pers. **200 F** 2 pers. **240 F** 3 pers. **350 F** repas **70 F**

Ouvert : toute l'année.

7	7	1	SP	7	7	7	1

PERRIN René - Le Bourg - 71470 SAINTE-CROIX-EN-BRESSE - Tél : 03 85 74 81 42 ou 03 85 74 80 70

SAINTE-HELENE Le Paquier (TH) *C.M. 69 Pli 9*

2 ch. Claire, jeune éléveur de poneys, met à dispos. 2 ch. d'hôtes, aménagées dans maison ancienne. Accès indépend. R.d.c. surélevé : 1 ch. (2 lits 1 pers.), lit et équip. enfant. S.d.b. et wc. Et. : 1 ch. (1 lit 2 pers.), s.d.b. et wc. Salle petit déj. commune avec propriét. Cour et terrain clos. Possib. accueil chevaux. Sent., location vélos. Table d'hôtes. Langues parlées : anglais, allemand.

Prix : 1 pers. **190 F** 2 pers. **240 F** pers. sup. **80 F** repas **85 F**

Ouvert : toute l'année.

14	4	8	SP	SP	SP	10	18	0,5

JUILLET Claire - Le Paquier - 71390 SAINTE-HELENE - Tél : 03 85 96 90 67 - Fax : 03 85 96 90 67

SALORNAY-SUR-GUYE Brioux *C.M. 69 Pli 38*

2 ch. 2 chambres d'hôtes aménagées dans vaste maison rénovée à l'ouest de Cluny (10 km). 1 ch. avec lavabo, wc (1 lit 2 pers. 1 lit d'appoint). 1 ch. double (2 lits 1 pers.), wc, salle de bains communs aux 2 chambres. Salon privé pour les chambres. Télév. Tél. et bibliothèque. Jardin clos, terrasse. Pêche, tennis 0.4 km. Piscine, équit. 11 km. Restaurant 4 km.

CV

Prix : 1 pers. **200 F** 2 pers. **230 F** 3 pers. **260 F**

Ouvert : toute l'année.

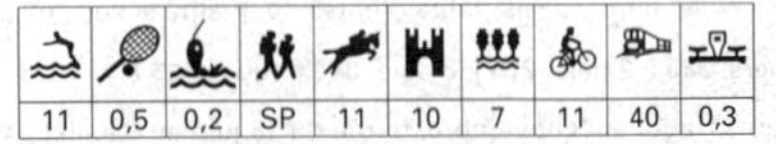

11	0,5	0,2	SP	11	10	7	11	40	0,3

LAPRAY Eliane - Brioux - 71250 SALORNAY-SUR-GUYE - Tél : 03 85 59 44 74 - Fax : 03 85 59 90 93

SALORNAY-SUR-GUYE (TH) *C.M. 69 Pli 18/19*

5 ch. 5 chamb. d'hôtes aménagées dans ancienne maison bourgeoise du XVIIIème siècle. 1er et 2ème ét. : ch. avec s. d'eau ou s. de bains, wc privés et tél. 4 ch. 2 pers. et 1 ch. type suite 3/4 pers. avec salon. Biblioth. et salon à dispos. des hôtes. Jardin, parc clos. Parking privé. Sent., ten. 0.5 km. Pêche 2 km. Pisc. 10 km. Randonnées vélos. Chambres non fumeur. Langues parlées : italien, espagnol.

CV

Prix : 1 pers. **340 F** 2 pers. **450/580 F** 3 pers. **580 F** pers. sup. **110 F** repas **120 F**

Ouvert : toute l'année.

10	0,5	2	0,5	7	20	SP

FORESTIER Jean-Pierre - La Salamandre - Le Bourg - 71250 SALORNAY-SUR-GUYE - Tél : 03 85 59 91 56 - Fax : 03 85 59 91 67 - E-mail : info@la-salamandre.fr - http://www.la-salamandre.fr

SANTILLY
C.M. 69 Pli 19

1 ch. 1 chambre d'hôtes double dans maison du propriétaire. Chambre/4 personnes + 1 lit enfant, salle d'eau et wc privés. Pièce commune. Sentiers et pêche 1 km. Circuits pédestres. Vélos 3 km. Lac 8 km. Piscine 10 km. Voie Verte sur 38 km réservée aux piétons, rollers, vélos 1.5 km de la chambre. Equitation, tennis, restaurant et commerces 4 km.

Prix : 1 pers. **150 F** 2 pers. **180 F** 3 pers. **240 F** pers. sup. **60 F**

Ouvert : toute l'année.

10	4	1	1	4	1	8	3	4	4

JUSSEAU Henri - Le Bourg - 71460 SANTILLY - Tél : 03 85 92 63 74

SAVIGNY-SUR-GROSNE
C.M. 69 Pli 19

2 ch. 2 chambres d'hôtes situées dans une maison typique. 1 chambre de 2 pers., 1 chambre/4 pers. Salle d'eau, wc, séjour/cuisine privés. Sentiers, pêche 1 km. Voie verte. Vélos SP. Tennis 6 km, lac 10 km, piscine, équitation 20 km, commerces 5 km. Réduction à partir de la 4ème nuit. Langue parlée : allemand.

Prix : 1 pers. **150 F** 2 pers. **200 F** 3 pers. **260 F**

Ouvert : toute l'année.

20	6	1	1	20	SP	10	SP	5	5

BUSSERET Gilberte - Le Bourg - 71460 SAVIGNY-SUR-GROSNE - Tél : 03 85 92 63 59

SENNECE-LES-MACON
C.M. 69 Pli 19

3 ch. 3 chambres d'hôtes aménagées dans ancienne maison à proximité du propriétaire. (sortie A6 Mâcon Nord). 1 chambre 1/2 pers., salle de bains, wc privés. 2 chambres 2/4 pers. avec chacune salon, bibliothèque et coin-cuisine privé. Salle de bains, wc privés. Prise TV. Séjour commun. Restaurant/place. Forêt 0.5 km. Pêche au gros 2 km. Golf 5 km. Abri voiture.

Prix : 1 pers. **200/220 F** 2 pers. **240/270 F** 3 pers. **340 F** pers. sup. **70 F**

Ouvert : toute l'année.

5	3	2	0,5	5	5	15	SP	5	0,5

VERJAT Michel et Nadine - Le Bourg - 71000 SENNECE-LES-MACON - Tél : 03 85 36 03 92 ou 06 81 10 31 57 - Fax : 03 85 36 03 92

SENNECE-LES-MACON Le Clos Barault
C.M. 69 Pli 19

3 ch. 3 ch. d'hôtes dans maison de caract. à 5 km de Mâcon (sortie A6 Mâcon Nord). 2 ch. 2 pers. avec s. d'eau et wc privés. 1 ch. double indép. (2 à 4 pers. + lit bébé) avec bain et séj. cuis. S-à-manger. Salon. TV. Bibliot. Jardin d'agrément. Abri voiture. Rest. au village et bord de Saône. Sent. 0.5 km. Pêche 2 km. Equit., golf, pisc., ten., comm. 5 km.

Prix : 1 pers. **210 F** 2 pers. **290/320 F** 3 pers. **420 F** pers. sup. **80 F**

Ouvert : toute l'année, fermé le dimanche soir.

5	5	2	0,5	5	6	13	SP	6	SP

JULLIN Roger - 425 rue Vremontoise - 71000 SENNECE-LES-MACON - Tél : 03 85 36 00 12

SENOZAN
C.M. 69 Pli 19

4 ch. 4 chambres d'hôtes aménagées dans maison ancienne restaurée. 4 chambres 2 à 5 pers., salle de bains, wc privés. Jardin, sentiers, pêche, équitation, 1 km. Parking clos privé. Tennis 0.5 km. Piscine, vélos 8 km. Golf, restaurant 3 km. Commerces 0.5 km. Par A6, sortie Mâcon Nord. Langue parlée : anglais.

Prix : 1 pers. **220 F** 2 pers. **280 F** 3 pers. **360 F**

Ouvert : toute l'année.

8	0,5	1	1	1	4	8	8	0,5

BADIN EX. VIARDOT Susan - Le Bourg - 71260 SENOZAN - Tél : 03 85 36 00 96 - Fax : 03 85 36 00 96

SERCY
C.M. 69 Pli 19

1 ch. Une chambre double aménagée dans maison bourguignonne. Accès indép. (2 lits 2 pers., 2 lits 1 pers., lit bébé). S.d.b. (douche et baign.). 2 wc. Terras. galerie. Jardin clos. Garage. S.-à-manger et salon avec cheminée communs avec le propriétaire (TV, tél.). Bibliothèque. Pêche 1 km. Commerces, tennis 2 km. Equitat., VTT 5 km. Circuit pédestre GR 76 2 km. Proximité voie verte pédestre et cyclable. Langues parlées : anglais, allemand.

Prix : 1 pers. **210 F** 2 pers. **250 F** 3 pers. **370 F**

Ouvert : toute l'année, sur réservation du 15/11 au 31/03.

22	2	1	2	5	SP	12	8	25	2

BIWAND Pascal - Le Bourg - 71460 SERCY - Tél : 03 85 92 62 61 - Fax : 03 85 92 51 28

SIVIGNON L'Ecousserie du Bas

C.M. 69 Pli 18

3 ch. A 1/2 heure des centres d'intérêt tourist. et culturel de la Bourgogne du Sud, cette maison de maître offre calme et détente dans le cadre verdoyant des Monts du Charolais. En plus de l'aménag. de ses 3 ch. et de ses salles de réception, vous pourrez jouir, en saison, de la pisc. et de ses jardins fleuris. Rest. à proxim. Langues parlées : anglais, allemand, italien.

CV

Prix : 1 pers. **230/260 F** 2 pers. **300 F** pers. sup. **100 F**

Ouvert : toute l'année.

SP	8	SP	3	20	15	3	20	7

GEOFFROY Jean-Claude - L'Ecousserie du Bas - 71220 SIVIGNON - Tél : 03 85 59 66 66

SOLUTRE La Grange du Bois

Alt. : 520 m *C.M. 69 Pli 19*

3 ch. Karin vous accueille dans une demeure ancienne avec vue exceptionnelle sur la Roche de Solutré. 3 chambres d'hôtes pour 2 à 5 pers. avec salle d'eau et wc privés. Salon, s-à-manger réservés aux hôtes. Coin-cuisine à disposition. Chambres non fumeurs. Cour et terrasse. Sentiers SP. Location VTT, commerces 3 km. Restaurant 50 m. Langues parlées : anglais, suédois.

Prix : 1 pers. **250 F** 2 pers. **290/320 F** 3 pers. **390/420 F** pers. sup. **100 F**

Ouvert : toute l'année.

10	6	SP	7	SP	10	3	10	3

GRIBENSKI Karin - La Grange du Bois - 71960 SOLUTRE-POUILLY - Tél : 03 85 35 85 28 - Fax : 03 85 35 85 28 - E-mail : karine.gribenski@libertysurf.fr

SOMMANT Château de Vareilles

(TH) *C.M. 69 Pli 8*

6 ch. 3 vastes et confortables chambres pour 2 pers., 1 ch./suite pour des personnes handicapées, aménagées dans propriété (début 19ème siècle). Vue panoramique. Séjour, s-à-manger, bibliot. et salle vidéo, salon (télév., cheminée) réservé aux hôtes. Chaque ch. dispose s.d.b. et wc privatifs. Possib. lits suppl. Parc 7 ha. Terrasse. Pisc. privée. Equit. 500 m. Golf 11 km. Location VTT SP. Table d'hôtes. Langues parlées : anglais, allemand.

Prix : 1 pers. **330 F** 2 pers. **425/515 F** pers. sup. **100 F** repas **125 F**

Ouvert : toute l'année.

SP	11	2	SP	0,5	30	11	SP	11	11

WILLEMSEN et FRANSEN Derk et Frieda - Château de Vareilles - 71540 SOMMANT - Tél : 03 85 82 67 22 - Fax : 03 85 82 69 00 - E-mail : ch.de.vareilles@wanadoo.fr

TINTRY Lusigny

(TH) *C.M. 69 Pli 9*

3 ch. Entre Beaune et Autun, proche des vignobles du Couchois, 3 chambres d'hôtes dont une avec terrasse couverte. Ces chambres spacieuses et coquettes possèdent salles-d'eau et wc privés, coin-salon, salle de gym. Jardin aménagé. Table d'hôtes. Possib. 1/2 pension. Commerces et services 5 et 10 km. Sentiers et vélos sur place. Tarifs réduits hors-saison. Langue parlée : anglais.

CV

Prix : 1 pers. **180 F** 2 pers. **200/260 F** 3 pers. **310 F** repas **85 F**

Ouvert : toute l'année.

23	10	SP	10	10	23	SP	23	3

BERTRAND Jean-Pierre - Lusigny - 71490 TINTRY - Tél : 03 85 82 98 98

TOURNUS Château de Beaufer

(TH) *C.M. 69 Pli 20*

6 ch. 6 chambres d'hôtes à proximité du château. 1 chambre de 1 pers., 3 chambre de 2 pers., 1 chambre de 3 pers., 1 suite de 2 pers. Salle d'eau, salle de bains, wc particuliers. Chauf. central et électrique. Terrain clos et ombragé. Piscine privée. Pêche, vélos, tennis 3 km. Equitation 18 km. Table d'hôtes sur réservation. Restaurant et commerces 3 km. Langues parlées : allemand, anglais.

Prix : 2 pers. **720/900 F** 3 pers. **850 F** pers. sup. **150 F** repas **150/350 F**

Ouvert : du 15 mars au 31 octobre (hors saison sur réservation).

SP	3	3	18	1	3	5	3

ROGGEN Sabine - Château de Beaufer - Route d'Ozenay - 71700 TOURNUS - Tél : 03 85 51 18 24 - Fax : 03 85 51 25 04 - E-mail : beaufer@aol.com

TOURNUS La Croix Léonard

C.M. 69 Pli 20

1 ch. Jolie chambre d'hôtes aménagée dans une petite maison vigneronne tournugeoise. Salon et coin petit déjeuner réservés aux hôtes. Une chambre (1 lit 2 pers., 1 lit 1 pers.), lit supplémentaire sur grand dégagement. Possibilité lit bébé. Salle de bains, wc privés. Cour et terrain clos. Tous services et loisirs à 1,5 km. Langue parlée : anglais.

CV

Prix : 1 pers. **220 F** 2 pers. **260 F** 3 pers. **300 F** pers. sup. **40 F**

Ouvert : toute l'année.

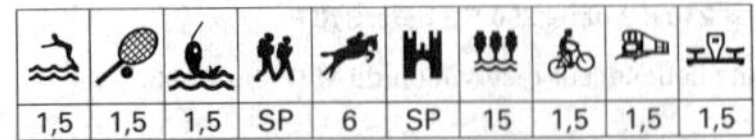

1,5	1,5	1,5	SP	6	SP	15	1,5	1,5	1,5

CLEAVER Lesley - La Croix Léonard - 71700 TOURNUS - Tél : 03 85 51 12 79 ou 06 87 53 99 71

TOURNUS *C.M. 69 Pli 20*

3 ch. Trois chambres aménagées dans maison de caractère en bord de Saône. Salle petit déjeuner réservée aux hôtes avec coin-salon, bibliothèque, TV. Vaste jardin clos et ombragé. 3 ch. à l'étage (2 et 3 pers.) avec salle-de-bains et wc privés. Saône SP. Location vélos 0.5 km. Tennis, piscine 1 km. Equitation 6 km. Commerces 0.1 km. Langue parlée : anglais.

Prix : 1 pers. **280 F** 2 pers. **350 F** 3 pers. **420 F** pers. sup. **70 F**

Ouvert : du 15 mars au 2 novembre, hors saison sur réservation.

1	1	SP	2	6	2	12	0,5	0,8	0,1

DOURNEAU Françoise - 1, Quai de Saône - Marie-Clémentine - 71700 TOURNUS - Tél : 03 85 51 04 43 - Fax : 03 85 51 04 43 - E-mail : francoise.dourneau@wanadoo.fr - http://www.perso.wanadoo.fr/marie.clementine.chambres.hôtes

TRAMAYES Alt. : 500 m *C.M. 69 Pli 19*

1 ch. 1 chambre (studio) 2/4 pers. R.d.c. : entrée privée, douche/wc privés, coin-salon biblioth., TV/demande. Terrasse (barbecue). Pelouse, cour. Comm./serv., VTT 500 m. Pré pour chevaux (prévenir). Location vélo 0.5 km. Lac, pêche, voile, natation, équitation 3 km. Tennis 1 km. Piscine 17 km. Réduction pour séjour. Table d'hôtes 3 km. Ferme-auberge 1 km. Langue parlée : anglais.

Prix : 1 pers. **180 F** 2 pers. **230 F** 3 pers. **290 F** pers. sup. **50 F**

Ouvert : toute l'année.

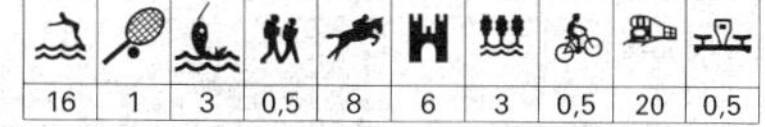

16	1	3	0,5	8	6	3	0,5	20	0,5

MOIROUD Georges - Route de Pierreclos - 71520 TRAMAYES - Tél : 03 85 50 56 44 - Fax : 03 85 50 56 82

TRAMAYES Champvent *C.M. 69 Pli 18*

1 ch. Une chambre d'hôte pour 2 à 4 personnes (1 lit 2 pers., 2 lits 1 pers.) aménagée dans une vieille maison restaurée, située dans un hameau d'un village du Haut Mâconnais. Accès indépendant, de plain-pied. Salle d'eau et wc privés. Salle commune avec le propriétaire. Terrain clos. Piscine 16 km. Pêche, équitation, lac 4 km. Commerces, services, vélos 2 km. Langue parlée : anglais.

Prix : 1 pers. **190 F** 2 pers. **240 F** 3 pers. **300 F** pers. sup. **50 F**

Ouvert : toute l'année.

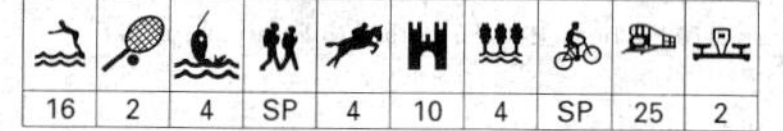

16	2	4	SP	4	10	4	SP	25	2

VITTEAUD VILLEMAGNE Danièle - Champvent - 71520 TRAMAYES - Tél : 03 85 50 53 00

TRAMBLY Les Charrières *C.M. 69 Pli 18*

2 ch. 2 chambres d'hôtes dans maison de caractère à la sortie du village. 1 chambre suite 3 personnes, salle d'eau, wc et cuisine privés. 1 chambre 2 personnes avec salle de bains, wc, bibliothèque (1 lit 2 pers.) privés. Séjour, salon, chauffage central. Sentiers, vélos, tennis, pêche 1 km. Piscine 5 km. Equitation 7 km. Commerces 5 km. Langue parlée : anglais.

Prix : 1 pers. **130 F** 2 pers. **250 F** 3 pers. **380 F** pers. sup. **100/130 F**

Ouvert : toute l'année.

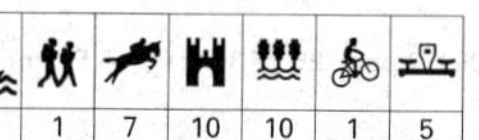

5	1	1	1	7	10	10	1	5

GAUTHIER Florence - Les Charrières - 71520 TRAMBLY - Tél : 03 85 50 43 17 - E-mail : gauthierflorence@minitel.net

TRAMBLY Commerçon *C.M. 69 Pli 19*

1 ch. Dans le haut Clunysois, 1 chambre familiale double aménagée dans un bâtiment indépendant de la maison des propriét. Et. : 1 chambre (1 lit 2 pers.), salon (1 convert. 2 pers.), lit bébé sur demande. Salle d'eau, et wc privatif. Petit déjeuner dans séjour du propriét. (cheminée). Jardin clos. Calme et belle vue dominante. Sentiers de randonnée. Vélos à dispo. Pêche 1 km. Piscine, tennis, commerces, services 4 km. Langues parlées : anglais, espagnol.

Prix : 1 pers. **160 F** 2 pers. **240 F** 3 pers. **310 F** pers. sup. **70 F**

Ouvert : toute l'année.

4	4	1	SP	10	40	15	SP	40	4

BILLONNET Robert et Josiane - Commercon - 71520 TRAMBLY - Tél : 03 85 50 48 45 - E-mail : billonnetrobert@minitel.net

TRIVY (TH) *C.M. 69 Pli 18*

3 ch. 3 chambres d'hôtes aménagées dans une ferme en pleine campagne. 3 chambres de 2 à 5 personnes (1 chambre niveau 3 épis). Salle de bains privée ou commune, salon, salle de séjour, T.V. chauffage central. Jardin, cour. Sentiers 500 m, pêche 3 km, tennis 4 km, piscine et vélos 4 km, lac 8 km, équitation 18 km, commerces 4 km.

Prix : 1 pers. **150/180 F** 2 pers. **180/220 F** 3 pers. **240/280 F** pers. sup. **60/70 F** repas **80 F**

Ouvert : toute l'année.

4	4	3	0,5	18	20	8	4	30	4

LARONZE Marie-Josephe - Le Bourg - 71520 TRIVY - Tél : 03 85 50 22 36

UCHIZY

C.M. 69 Pli 19/20

4 ch. 4 chambres dans maison de caractère sur une exploitation viticole au calme. 1 ch. 4 pers., 1 ch. 3 pers., 1 ch. 2 pers.+lit d'enfant, 1 ch. 2 pers. Salle d'eau/bains et wc particuliers. Coin-cuisine équipée réservée aux hôtes, séjour, cour, jeux, parking. Commerces dans le village. Dégustation des vins de la propriété. Langue parlée : anglais.

Prix : 1 pers. **200 F** 2 pers. **280 F** 3 pers. **360 F** pers. sup. **80 F**

Ouvert : toute l'année.

10	10	2	0,5	15	0,5	10	2	0,5

SALLET Annick - Route de Chardonnay - Domaine de l'Arfentière - 71700 UCHIZY - Tél : 03 85 40 50 46 ou 06 89 93 02 75 - Fax : 03 85 40 58 05

UCHIZY Le Bas du Bourg

C.M. 69 Pli 19/20

2 ch. Maison de caractère indépendante, entièrement rénovée. 2 chambres équipées de douche, wc privatifs (1 ch. avec 1 lit 2 pers, 1 ch. avec 2 lits 1 pers. Grand séjour, coin-salon et cheminée. Cuisine américaine. Terrasse couverte, parking réservé aux hôtes. Terrain clos. Golf 10 km. Commerces sur place. Langues parlées : anglais, allemand.

Prix : 1 pers. **280 F** 2 pers. **350 F** pers. sup. **160 F**

Ouvert : toute l'année.

10	10	1,5	SP	SP	1	4	SP	10	SP

POPESCU Laurent et Florence - Rue du Bief - La Petite Maison - 71700 UCHIZY - Tél : 03 85 40 56 66 - Fax : 03 85 40 55 20 - E-mail : famille.popescu@wanadoo.fr

UXEAU Le Carrège

TH *C.M. 69 Pli 16*

2 ch. Deux chambres d'hôtes indépendantes sur une exploitation (bovins, volailles, chèvres), située sur la Départementale 25. 2 lits 2 pers., 1 lit 2 pers., 1 lit bébé. Salle-de-bains et wc privés. Salle-à-manger, salon. Produits fermiers. Vue panoramique sur le Mont Dardon. Pêche 4 km. Piscine, tennis, vélos, lac 7 km. Equitation, commerces 3 km.

Prix : 1 pers. **170 F** 2 pers. **220 F** 3 pers. **270 F** pers. sup. **50 F** repas **70 F**

Ouvert : toute l'année.

4	7	4	3	7	3	7	23	3

AUGARD Jean-Michel - Le Carrège - 71130 UXEAU - Tél : 03 85 85 39 79

VARENNES-SOUS-DUN La Saigne

TH *C.M. 73 Pli 8*

3 ch. Entre prairies et forêts, sur une exploitation agricole traditionnelle du Charolais Brionnais, Michèle et Alain proposent, dans une maison indépendante, 3 chambres dont une type suite pour 4 personnes, salle-de-bains ou salle d'eau et wc privés. Coin cuisine. VTT ou vélos à disposition. Chauffage central. Table d'hôtes sur réservation. Langue parlée : anglais.

Prix : 1 pers. **200 F** 2 pers. **250 F** 3 pers. **350 F** pers. sup. **100 F** repas **100 F**

Ouvert : toute l'année.

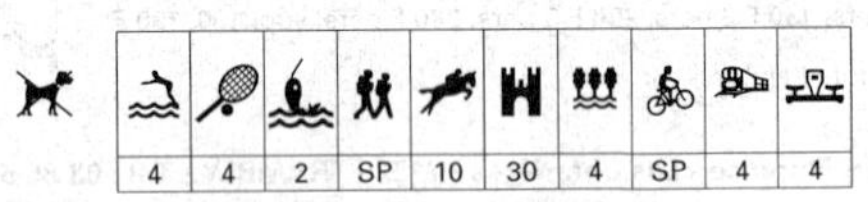

4	4	2	SP	10	30	4	SP	4	4

DESMURS Alain et Michèle - La Saigne - 71800 VARENNES-SOUS-DUN - Tél : 03 85 28 12 79 ou 06 84 67 14 81 - Fax : 03 85 28 12 79

VENDENESSE-LES-CHAROLLES Sermaize

C.M. 69 Pli 18

2 ch. 2 chambres d'hôtes. Salle-de-bains ou douche, wc pour chacune. Site : ancienne ferme du bocage charollais. Calme assuré. Panorama sur 20 kms. Séjour, cuisine, barbecue, terrasse et vélos à disposition gratuite. Boxes pour chevaux. Restaurant et commerces 1 km. Visites : éthologie du troupeau. Basse-cour : conservatoire de la poule charollaise.

Prix : 1 pers. **180 F** 2 pers. **220 F** pers. sup. **80 F**

Ouvert : toute l'année.

5	1	SP	20	SP	5

BILLOUX Alice - Sermaize - 71120 VENDENESSE-LES-CHAROLLES - Tél : 03 85 24 06 16 ou 06 82 09 12 52

VENDENESSE-LES-CHAROLLES Virevache

C.M. 69 Pli 18

2 ch. Monique et Serge seront heureux de vous accueillir dans leurs 2 chambres confortables à la campagne. 1 chambre 2 pers., salle de bains et wc privés. 1 chambre 2 pers.+ chambre enfants, salle de bains et wc privés. Accès indépend. Séjour, véranda, jardin. Sentiers, équitation, vélos, pêche 0.5 km. Tennis 5 km. Piscine 10 km. Commerces 5 km.

Prix : 1 pers. **200 F** 2 pers. **260 F** 3 pers. **320 F**

Ouvert : toute l'année.

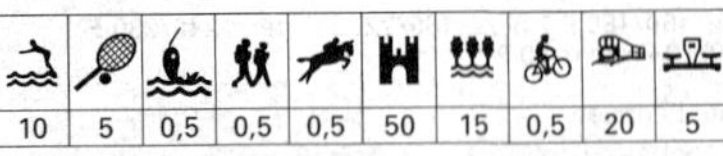

10	5	0,5	0,5	0,5	50	15	0,5	20	5

MORVAN Serge et Monique - Virevache - Saint-Brancher - 71120 VENDENESSE-LES-CHAROLLES - Tél : 03 85 24 76 71 - Fax : 03 85 24 76 71 - E-mail : serge-monique.morvan@wanadoo.fr

VENDENESSE-LES-CHAROLLES Plainchassagne

C.M. 69 Pli 18

4 ch. Ferme ancienne restaurée. 4 ch. (2/3 pers.) indépendante dont 2 ch. accès direct jardin. Calme assuré. R.d.c. ou étage : lits 1 pers. jumeaux, lits 2 pers., lit bébé, bains/douche et wc privés. Coin-cuisine à dispos. Séjour, salon. Véranda. Parc fleuri. Parking. VTT SP. Organis. circuit Découverte de la Région à vélo/demande. Restaurant 4 km. Langue parlée : anglais.

CV

Prix : 1 pers. **210 F** 2 pers. **260 F** 3 pers. **330/340 F** pers. sup. **80 F**

Ouvert : toute l'année.

7	7	3	SP	20	35	25	7	24	7

MALACHER Jean et Anne - Plainchassagne - 71120 VENDENESSE-LES-CHAROLLES - Tél : 03 85 24 70 22 - Fax : 03 85 24 70 22

VERGISSON

C.M. 69 Pli 19

3 ch. 3 chambres d'hôtes dans maison typique vigneron. chez le vitic. près des Roches de Solutré et Vergisson. 1 ch. 2 pers., 1 ch. 3 pers., 1 ch./ studio. Cuis. à dispos. des hôtes. Chauf. élect. Salle d'eau et wc privés. Galerie mâconn. Cour fermée. Cav. dégust. Rest. SP. Tenn. 4 km. Equit. 8 km. Pisc. vél. 11 km. Sent. 0.3 km. Comm. 4 km. Parking privé. Langue parlée : anglais.

CV

Prix : 1 pers. **220 F** 2 pers. **250/280 F** pers. sup. **80 F**

Ouvert : du 2 janvier au 30 décembre.

11	4	3	0,3	8	SP	15	11	4	4

GUYOT Colette - Domaine d'Entre les Roches - Le Bourg - 71960 VERGISSON - Tél : 03 85 35 84 55 - Fax : 03 85 35 87 15

VERGISSON

TH

C.M. 69 Pli 19

2 ch. Une chambre (2 pers.), un studio (2 pers.). Lits sup. possibles. Douche, wc privatifs. Accès indépend. Situés entre les Roches Solutré-Vergisson. Jardin clos, terrasse. Escalade, Sentiers balisés Val Lamartinien sur place, piscine 11 km, VTT O.3 km, commerces 4 km. Table d'hôtes sur réservation. Langues parlées : anglais, allemand, hollandais.

CV

Prix : 1 pers. **200 F** 2 pers. **250 F** pers. sup. **70 F** repas **80 F**

Ouvert : toute l'année.

11	4	3	0,3	8	SP	15	11	4	4

MORLON Ineke et Jean-Claude - Le Bourg - 71960 VERGISSON - Tél : 03 85 35 84 59 - Fax : 03 85 38 17 59 -
E-mail : inekemorlon@club-internet.fr

VEROSVRES Le Rocher

C.M. 69 Pli 18

3 ch. 3 ch. d'hôtes dont 1 double, amén. à l'ét. de maison récente, pays natal de Ste-Marguerite Marie Alacoque. A 800 m de la RN79. Accès indép. 2 ch. (2 et 3 pers.), s.d.b. et wc privés. 1 ch. double (4 à 5 pers.), s.e. et wc privés. Salon commun, cheminée, TV, terrasse, cour, ter. clos. Sent. pédestres, VTT, pêche, étang privé 0.8 km. Pisc. 6 km. Rest. à proximité.

CV

Prix : 1 pers. **220 F** 2 pers. **250/260 F** pers. sup. **60 F**

Ouvert : toute l'année.

5	5	0,8	0,8	5	30	0,2

CARETTE Roger et Ginette - Le Rocher - 71220 VEROSVRES - Tél : 03 85 24 80 53 ou 06 83 55 68 16

VERZE Verchizeuil

C.M. 69 Pli 19

5 ch. 5 ch. d'hôtes aménagées dans maison de caractère. 3 ch. de 2 à 4 pers. avec s. d'eau ou s.d.b., wc privés et 1 ch. de 3 pers. avec s. d'eau privée et wc communs. 1 ch. de 4 pers. (cabinet de toil., wc communs). Ch. central. Salle séj./coin-cuis., prise TV, cheminée. Garage. Pêche, sent. SP. Pisc., ten., équit. 6 km. Rest. 4 km. Langues parlées : anglais, allemand.

CV

Prix : 1 pers. **160/190 F** 2 pers. **190/260 F** 3 pers. **270/340 F** pers. sup. **70/80 F**

Ouvert : toute l'année.

6	6	SP	SP	6	0,2	20	SP	10	4

MARTEAUX Marie-Pierre - Verchizeuil - 71960 VERZE - Tél : 03 85 33 36 10

VERZE Vaux

C.M. 69 Pli 19

2 ch. 2 ch. d'hôtes situées au rez-de-chaussée, avec accès indépendant. 1 ch./3 pers. avec salle d'eau, wc particuliers., 1 ch./2 pers., salle d'eau, wc privés. Séjour attenant aux 2 ch. Télévision. Terrain clos (table et bancs). Chauf. cent. Sent. O,5 km. Pêche 6 km. Tennis 0.1 km. Equit. 2 km. Vélos, piscine, lac 15 km. Commerces 2 km. Restaurants à 3 et 6 km.

Prix : 1 pers. **160 F** 2 pers. **200/220 F** 3 pers. **280 F**

Ouvert : du 15 février au 30 novembre.

15	0,1	6	0,5	2	SP	15	15	15	2

DOILLON Andrée - Vaux - 71960 VERZE - Tél : 03 85 33 32 89

VERZE Escolles

C.M. 69 Pli 19

5 ch. Au cœur du vignoble du Mâconnais, dans très jolie propriété (17ème s.). Vaste parc arboré. 5 ch. d'hôtes : s. d'eau ou s. de bains. 3 ch. (7 lits 1 pers.). 1 ch. (1 lit 2 pers.). 1 ch. (2 lits 2 pers.) au 1er étage. Salle petit déj. Coin-salon réservé aux hôtes. Sent., vignobles SP. Lac 20 km. Tennis 5 km. Equit. 4 km. Pêche, commerces, services 3 km. Langues parlées : anglais, espagnol.

Prix : 1 pers. **250 F** 2 pers. **400 F** pers. sup. **150 F**

Ouvert : toute l'année.

8	5	3	SP	4	0,3	20	14	14	3

DE POTTER Yvan et Monique - Château d'Escolles - 71960 VERZE - Tél : 03 85 33 44 52 ou 06 83 36 52 50 - Fax : 03 85 33 34 80

LA VINEUSE

C.M. 69 Pli 18

5 ch. 5 chambres d'hôtes confortables (1 acces. handicapés). Cadre exceptionnel. Salle d'eau ou salle-de-bains et wc privés. Salon (salle petit déjeuner) réservé aux hôtes. Cuisine à disposition. Télévision dans chaque chambre. Terrain clos aménagé. Piscine privée. Vélos à dispos. Pêche 5 km. Equit. 2 et 7 km. Lac 19 km. Tennis, commerces, serv. 7 km Langue parlée : anglais.

Prix : 1 pers. **300 F** 2 pers. **350/450 F** 3 pers. **550 F** pers. sup. **100 F**

Ouvert : de Pâques au 30 septembre.

SP	7	5	SP	2	15	19	SP	35	7

SERRES Julie - Le Bourg - La Maitresse - 71250 LA VINEUSE - Tél : 03 85 59 60 98 - Fax : 03 85 59 65 26

VIRE Les Cochets

C.M. 69 Pli 19

3 ch. Trois chambres d'hôtes indépendantes dans village viticole. Maison entièrement rénovée. Un studio avec kitchenette et 2 chambres pour 2 pers. Salles d'eau et wc privatifs et séparés. Accès indépendant. Séjour et salon réservés aux hôtes. Jardin, cour fermée. Golf, équitation, pêche, nombreuses possibilités de loisirs 5 km.

Prix : 1 pers. **230 F** 2 pers. **280 F** pers. sup. **80 F**

Ouvert : du 1er mars au 15 novembre.

7	7	4	SP	5	SP	25	13	4	1

NOBLET Michèle - Les Cochets - 71260 VIRE - Tél : 03 85 33 92 54

VIRE Vérizet

C.M. 69 Pli 19

1 ch. Bruno Schürr, artiste peintre, et Christine, vous accueillent dans leur vieux moulin du XVIIème siècle. Chambre pour 2 pers. avec douche, wc, kitchenette. Cheminée et galerie privée. Propriété close en bord. rivière, terrasse ombragée. Ping-pong, vélos SP. Golf 6 km. pêche 3 km. Pisc. 10 km. Commerces et restaur. à proxim. Langues parlées : anglais, espagnol.

Prix : 1 pers. **290 F** 2 pers. **350 F**

Ouvert : toute l'année.

17	6	3	1	6	1	SP	17	1,5

SCHURR Bruno et Christine - Le Moulin Lingotte - Verizet - 71260 VIRE - Tél : 03 85 33 10 23 - Fax : 03 85 33 10 23

VITRY-EN-CHAROLLAIS Les Bruyères

C.M. 69 Pli 17

6 ch. Chambres de 2 à 4 pers. dans une ferme d'élevage biologique de bovins charolais avec, en plus une vache laitière, des porcs, des volailles, le jardin et le pain maison pour des repas nature. Accès indépendant. Salle d'eau et wc privatifs. Salle de séjour et cuisine réservées aux hôtes. Jardin. Table d'hôtes sur réservation. Espéranto. Langue parlée : anglais.

Prix : 1 pers. **180 F** 2 pers. **240 F** 3 pers. **300 F** pers. sup. **60 F** repas **90 F**

Ouvert : toute l'année.

MERLE Guy - Les Bruyères - 71600 VITRY-EN-CHAROLLAIS - Tél : 03 85 81 10 79 - Fax : 03 85 81 10 79

GITES DE FRANCE
Chambre d'Agriculture
14 bis rue Guynemer - 89015 AUXERE Cedex
Tél. 03 86 94 22 22 ou 03 86 46 01 39 - Fax. 03 86 94 22 23

ANCY-LE-FRANC *C.M. 65 Pli 7*

5 ch. Sur une île de deux hectares face au palais renaissance d'Ancy le Franc. 4 suites, dont une en duplex (550 à 850 F), de 2 à 4 personnes et une chambre 2 personnes, aménagées dans un moulin du 17ème siècle sur le port du canal de Bourgogne. Salles de bains ou salles d'eau et wc privés. Séjour, salon. Parc, terrasse, salle des machines avec production d'électricité. Atelier peinture, circuit découverte du patrimoine, pêche, attelages, vins régionaux, produits fermiers. Langue parlée : anglais.

Prix : 1 pers. **290 F** 2 pers. **310/370 F** 3 pers. **450 F**

Ouvert : du 1er avril au 31 octobre.

18	2	SP	SP	SP	15	SP	12	1	2

GUIENNOT M-Pierre et J-Louis - Le Moulin - Chemin de Halage - 89160 ANCY-LE-FRANC - Tél : 03 86 75 02 65 - Fax : 03 86 75 17 97 - E-mail : jlguiennot@update2000.com

BROSSES (TH) *C.M. 65 Pli 15*

5 ch. Au cœur d'un village, dans une ancienne maison rénovée : 3 chambres d'hôtes avec sanitaires particuliers. Dans un bâtiment indépendant, un salon avec cheminée est à la disposition des vacanciers, au 1er étage se trouve une chambre avec sanitaires privés. Dans le pigeonnier 1 chambre au 1er étage avec sanitaires au r de chaussée. Terrasses privées pour chacune. Piscine privée non surveillée. Jardin fleuri. Langue parlée : allemand.

Prix : 1 pers. **300/350 F** 2 pers. **350/380 F** pers. sup. **150 F** repas **150 F**

Ouvert : toute l'année.

SP	5	5	SP	SP	5	10	5	5

COUJOUR Claude et Noelle - La Colombière - 60 Grande Rue - 89660 BROSSES - Tél : 03 86 32 42 34 - Fax : 03 86 32 42 44 - E-mail : la-colombiere@wanadoo.fr

BUSSIERES Ferme des Ruats (TH) *C.M. 65 Pli 17*

3 ch. 3 chambres d'hotes aménagées à l'étage d'une maison restaurée située en pleine campagne. 2 chambres 3 pers. et 1 chambre 2 pers. avec sanitaires communs. Table d'hotes sur réservation. Parking. Activités équestres et randonnées sur place. Promenades pédestres au départ de la ferme. Location et circuit VTT à proximité. Voile 12 km, restaurant 3 km.

Prix : 2 pers. **200 F** 3 pers. **270 F** repas **100 F**

Ouvert : toute l'année.

18	6	SP	SP	SP	SP	12	18	6

VINET Christian et Nelly - Ferme des Ruats - 89630 BUSSIERES - Tél : 03 86 33 16 57 - Fax : 03 86 33 16 57

CERISIERS La Montagne (TH) *C.M. 61 Pli 14*

1 ch. 1 chambre aménagée au rez-de-chaussée d'un bâtiment contigü à une ancienne maison seigneuriale, située sur une exploitation agricole, en pleine campagne. 1 lit 2 personnes,1 lit 1 personne. Salle d' eau et wc particuliers. Salon. Cheminée. Chauffage central. Etang et sentiers, lisière de la forêt d'othe. Sur la route du cidre. Animaux de la ferme. Ligne de car direct PARIS CERISIERS tous les jours sauf mercredi.

Prix : 1 pers. **170 F** 2 pers. **200 F** 3 pers. **240 F** repas **85 F**

Ouvert : toute l'année.

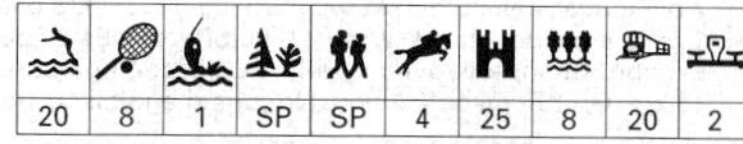

20	8	1	SP	SP	4	25	8	20	2

AUBERT HOOGENDAM Michel et Mariette - La Montagne - 89320 CERISIERS - Tél : 03 86 96 22 58

CHAMPIGNELLES Les Perriaux A *C.M. 65 Pli 3*

1 ch. 1 chambre de 4 personnes au 1 er étage, au dessus d'une ferme-auberge, avec salle d'eau et wc particuliers, sur une exploitation agricole. Coin kitchnette. Maison du 16ème siècle entourée de verdure et de fleurs. Terrain avec aire de jeux. Parking. Langue parlée : anglais.

Prix : 2 pers. **350 F** 3 pers. **460 F** pers. sup. **100 F**

Ouvert : de Pâques à la Toussaint.

12	3	3	20	18	25	40	3

GILET Noël et Marie-France - Les Perriaux - 89350 CHAMPIGNELLES - Tél : 03 86 45 13 22 - Fax : 03 86 45 16 14 - E-mail : perriaux@dial.oleane.com

CHARNY Ferme du Gué de Plénoise

(TH) *C.M. 65 Pli 3*

4 ch. Sur une exploitation agricole d'élevage, 4 chambres d'hôtes dont une avec mezzanine, aménagées à l'étage de la maison du propriétaire, en pleine campagne, en bordure de rivière. Sanitaires particuliers pour chaque chambre. Salon, bibliothèque, TV, magnétoscope, point-phone à carte. Table d'hôtes sur réservation. Bébé gratuit. Jardin. Balançoire, toboggan, jeux de société, vélos à disposition. Découverte de l'atelier « traite des vaches ». Chemins de randonnées(GR de Puisaye 13). Autocar hebdomadaire Paris-Charny. Restaurant 5 km.

Prix : 1 pers. **180 F** 2 pers. **280 F** 3 pers. **350 F** pers. sup. **70 F** repas **90 F**

Ouvert : toute l'année.

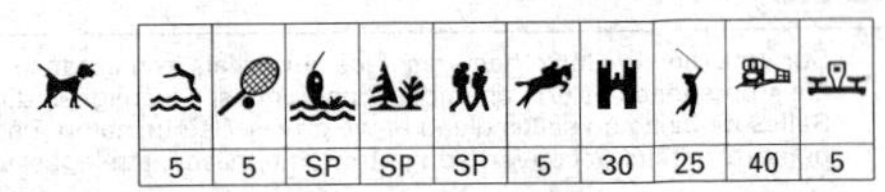

5	5	SP	SP	SP	5	30	25	40	5

ACKERMANN Daniel et Dominique - Ferme du Gué de Plénoise - 89120 CHARNY - Tél : 03 86 63 63 53

CHEVANNES Château de Ribourdin

C.M. 65 Pli 5

5 ch. 5 chambres d'hôtes aménagées dans les dépendances d'un chateau du XVIe avec pigeonnier renaissance, au milieu des champs à 300m du village. Sanitaires particuliers. 1 chambre accessible aux personnes handicapées. Salon, salle de séjour. Jardin fleuri, piscine privée non surveillée, parking. Restaurant 400 m. Location de VTT. Tennis 1 km. Equitation 2 km. Forêt 3 km. Langue parlée : anglais.

Prix : 1 pers. **300/350 F** 2 pers. **350/400 F** 3 pers. **470 F**

Ouvert : toute l'année.

SP	1	7	3	SP	2	7	20	7	0,4

BRODARD Claude et M-Claude - Château de Ribourdin - 89240 CHEVANNES - Tél : 03 86 41 23 16 - Fax : 03 86 41 23 16

CHICHERY

C.M. 65 Pli 5

1 ch. Au centre du village, ancienne fermette rénovée avec jardin sur 1800 m². Au 1er étage, 1 chambre d'hôtes double convenant à une même famille avec sanitaires particuliers desservie par une tour. Coin kitchnette. Les petits déjeuners vous seront servis dans une véranda donnant sur le jardin. Grand calme.

Prix : 2 pers. **250 F**

Ouvert : toute l'année sauf avril.

14	SP	1	5	14	9	3

RIVIERE Jean et Jacqueline - 18 rue du Milieu - 89400 CHICHERY-LA-VILLE - Tél : 03 86 73 23 69

COLLAN

(TH) *C.M. 65 Pli 6*

3 ch. Chablis : 6 km, 3 chambres d'hôtes 2 pers. aménagées dans une ancienne maison rénovée au cœur du village. 1 ch. 2 lits 1 pers. au r.d.c., 2 ch. 1 lit 2 pers. au 1er étage. Sanitaires particuliers. Entrée indépendante. Jardin d'hiver. Table d'hôtes lundi, mardi,jeudi et vendredi d'avril à septembre sur réservation la veille avant 17 H. Parking. Jardin. Sentiers balisés. Enfant supp.de 3 à 10 ans : 70 F. Le propriétaire a aussi un gîte rural et un gîte d'étape. Restaurant 6 km.

Prix : 1 pers. **210 F** 2 pers. **260 F** 3 pers. **340 F** repas **100 F**

Ouvert : toute l'année et sur réservation du 1er novembre au 31 mars.

10	6	SP	SP	8	6	20	10	6

LECOLLE Gilles - La Marmotte - 2 rue de l'Ecole - 89700 COLLAN - Tél : 03 86 55 26 44 - Fax : 03 86 55 26 44

CRUZY-LE-CHATEL

A *C.M. 65 Pli 7*

5 ch. 5 chambres d'hotes aménagées au 1er étage d'un ancien relais de poste située dans un charmant village du Tonnerrois : 1 ch. 2 pers. avec salle d'eau et wc particuliers, 2 ch. 3 pers. avec s. de bains et wc part., 1 ch. 4 pers. avec s. de bains et wc part., 1 ch. 2 pers. avec douche et wc part.(couloir) classée 2 épis. Salon/bibliothèque. Cour fleurie avec salon de jardin et aire de pique-nique. Parking. Buanderie avec lave-linge, sèche-linge et fer à repasser à disposition. Restaurant sur place. Randonnée sur place. Voile 15 km. Gratuit jusqu'à 2 ans. Notions d'anglais. Langue parlée : anglais.

Prix : 1 pers. **170 F** 2 pers. **220/250 F** 3 pers. **350 F**

Ouvert : toute l'année.

20	10	SP	SP	15	12	15	10	20	10

BATREAU Paul et Monique - 2 rue de la Ville - Le Relais - 89740 CRUZY-LE-CHATEL - Tél : 03 86 75 22 76

DANNEMOINE

C.M. 65 Pli 7

4 ch. Dans une maison de caractère dans le village. Au premier étage, 2 chambres d'hôtes 2 pers. avec salles d'eau et wc particuliers. Au 2ème étage , 2 chambres 2 pers. avec salles de bains et wc particuliers. Grand salon/séjour au 1 er étage(bibliothèque, TV, chaine hi-fi). Terrain clos ombragé avec parking. Région viticole et nombreux chateaux.

Prix : 1 pers. **252/302 F** 2 pers. **302/352 F** 3 pers. **402 F**

Ouvert : de Pâques à la Toussaint sur réservation 3 jours à l'avance.

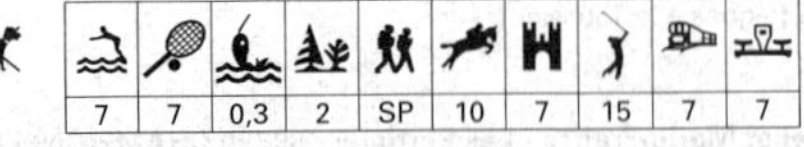

7	7	0,3	2	SP	10	7	15	7	7

KUZIO J-François - 5 route Paris Genève - La Bichonnière - 89700 DANNEMOINE - Tél : 03 86 55 53 56

EGLENY

C.M. 65 Pli 4

4 ch. Au cœur du village, 4 chambres d'hôtes aménagées dans un pavillon à l'entrée de la propriété du chateau d'Egleny, demeure néo-classique du 19ème siècle. 2 chambres au 1er étage et 2 chambres au 2ème étage, toutes avec sanitaires particuliers. Salon, bibliothèque. Centre de formation aux Arts Textiles et Loisirs Créatifs. Langues parlées : anglais, allemand.

Prix : 1 pers. **230 F** 2 pers. **300 F** 3 pers. **370 F**

Ouvert : de Pâques au 15 décembre.

7	7	4	6	SP	7	20	35	8	20	7

BALTUS Roger et Martine - Château d'Egleny - 6 place du Marché - 89240 EGLENY - Tél : 03 86 41 08 16 - Fax : 03 86 41 14 41

ESCOLIVES-SAINTE-CAMILLE

C.M. 65 Pli 5

5 ch. Belle maison fortifiée du XVIIème siècle sur 700 m^2 de caves superposées. A l'étage, 5 chambres d'hotes dont 3 avec salles d'eau et wc particuliers et 2 avec salles de bains et wc particuliers. Chambres de 2, 3 ou 4 personnes. Séjour, TV., bibliothèque. Entrée indépendante. Piscine privée non chauffée et non surveillée commune aux chambres et gîte. Jardin avec ping-pong. Salon de jardin. Parking. Visite des caves, initiation à la dégustation. Table d'hôtes sur réservation. Langues parlées : allemand, anglais.

CV

Prix : 1 pers. **240 F** 2 pers. **280/300 F** 3 pers. **340 F** repas **130 F**

Ouvert : toute l'année.

SP	2	2	2	SP	4	SP	SP	3	3

BORGNAT Régine - 1 rue de l'Eglise - 89290 ESCOLIVES-SAINTE-CAMILLE - Tél : 03 86 53 35 28 - Fax : 03 86 53 65 00

ESCOLIVES-SAINTE-CAMILLE La Cour Barrée

C.M. 65 Pli 5

5 ch. Le long du canal du Nivernais, au cœur du vignoble, dans une maison de caractère, avec un grand parc clos arboré : 5 chambres d'hôtes dont une double pour une famille de 4 personnes, avec sanitaires particuliers. Entrée indépendante. salle de séjour, salon télévision, coin-kitchnette, bibliothèque, cheminée. Piscine non surveillée, terrain de boules. Parking : entrée au 12 bis, route de Vaux.

CV

Prix : 1 pers. **210 F** 2 pers. **280/350 F** 3 pers. **390 F** pers. sup. **80 F**

Ouvert : toute l'année.

SP	SP	1	1	1	1	1

TRIPOT Raymond - 4 rue du Canal - La Cour Barrée - 89290 ESCOLIVES-SAINTE-CAMILLE - Tél : 03 86 53 35 98 ou 06 09 80 44 83 - Fax : 03 86 53 35 98 - E-mail : rtrip@wanadoo.fr - http://perso.wanadoo.fr/raymond.tripot/

ETAIS-LA-SAUVIN Les Joux

TH *C.M. 65 Pli 14*

2 ch. Au cœur d'un hameau situé en pleine campagne, dans une ancienne maison rénové, Didier et Solange vous accueillent dans leurs deux chambres d'hôtes (3 et 4 personnes)au rez de chaussée avec sanitaires privés. Salle de séjour avec cheminée, piano, livres. Table d'hôtes sur réservation Forêt sur place.

CV

Prix : 1 pers. **150 F** 2 pers. **210 F** 3 pers. **270 F** pers. sup. **50 F** repas **78 F**

Ouvert : toute l'année.

12	3	12	SP	3	20	5	13	3

GIRAULT Didier et Solange - Les Joux - 89480 ETAIS-LA-SAUVIN - Tél : 03 86 47 24 09 - Fax : 03 86 47 24 09

FOISSY-SUR-VANNE

C.M. 61 Pli 15

5 ch. A l'orée du village, sur le bief de la Vanne, ancien moulin (17 et 19 ème). 5 chambres d'hôtes avec chacune salle de bains de grand confort et antichambre (dont une ch. double convenant à une même famille). Grand salon avec cheminée monumentale et TV. Petit salon TV à l'usage des hôtes et coin jeu pour enfants. Terrasse et galerie couverte sur l'eau. Salons de jardin. barbecues à disposition. Parking couvert et garage. Pêche possible. Restaurant 5 km. Centre de loisirs 18 km. Sortie A5 à 8 km. Langues parlées : anglais, allemand.

Prix : 1 pers. **245/315 F** 2 pers. **305/365 F** 3 pers. **365/415 F** pers. sup. **60 F**

Ouvert : 1er avril au 31 octobre et sur réservation du 1er novembre au 31 mars.

23	SP	3	SP	20	8	23	5

KOHLER-COUVIDAT Gérard et Geneviève - 5 rue du Moulin - 89190 FOISSY-SUR-VANNE - Tél : 03 86 86 71 74 ou 03 86 86 74 51 - Fax : 03 86 86 71 74 - http://www.bonadresse.com/bourgogne/foissy-sur-vanne.htm

FONTAINES La Bruère

TH *C.M. 65 Pli 4*

3 ch. 3 chambres d'hôtes avec sanitaires particuliers aménagées à l'étage d'une exploitation agricole d'élevage, en pleine campagne. Salle de séjour avec cheminée. Jardin. Parking.

Prix : 2 pers. **240 F** repas **85 F**

Ouvert : toute l'année.

8	8	4	5	SP	8	8	32	7

JORRY Guy et Chantal - La Bruère - 89130 FONTAINES - Tél : 03 86 74 30 83

GY-L'EVEQUE

C.M. 65 Pli 5

5 ch. 5 chambres d'hôtes avec sanitaires particuliers au 1 er étage d'un ancien batiment entièrement restauré sur une exploitation agricole. Salle de séjour avec cheminée. Village où l'on découvrit la célèbre cerise appelée marmotte. En mai et juin, vous serez invités à la déguster et aussi à la cueillir. Sentier de randonnée sur place. Tennis au village, chasse en saison. Table d'hôtes le week end sur réservation.

Prix : 1 pers. **270/300 F** 2 pers. **300/330 F** 3 pers. **360 F** pers. sup. **90 F** repas **130 F**

Ouvert : toute l'année sauf janvier.

10	SP	5	SP	SP	4	3	30	10	SP

MOYER Martial et Chantal - 2 rue de la Fontaine - 89580 GY-L'EVEQUE - Tél : 03 86 41 61 64 - Fax : 03 86 41 74 17

HAUTERIVE Chigny

C.M. 65 Pli 5

3 ch. 3 chambres dans une dépendance d'un presbytère du 18ème siècle : 1 ch. (lit 2 pers.) au rez de chaussée avec salle d'eau et wc particuliers accessible pers. handicapée, 2 ch. au 1er étage avec s. d'eau ou s. de bains et wc part. (1 lit 2 pers., 3 lits 1 pers.). Salle de séjour pour les hôtes et coin cuisine. Terrasse. Table d'hôtes sur réservation. Jardin, tennis privé sur place, ping-pong, VTT. Animaux admis sur demande. Langue parlée : anglais.

CV

Prix : 1 pers. **190 F** 2 pers. **280/320 F** 3 pers. **350/400 F** pers. sup. **70 F** repas **140 F**

Ouvert : toute l'année.

4	SP	2	SP	SP	5	12	7	8	4

DESHAYES Patrick et Annie - Chichy - 1 rue Saint-Martin - 89250 HAUTERIVE - Tél : 03 86 47 74 34 ou 06 18 47 49 25 - Fax : 03 86 47 74 34 - E-mail : cvf1@wanadoo.fr

ISLAND

C.M. 65 Pli 16

5 ch. Château du XVe et XVIIe dans parc avec arbres centenaires au milieu de prairies et de forêts, situation dominant les collines de l'Avallonnais, Vezelay 10 km. 2 suites pour 2 à 4 pers. de 700F à 1200F avec sanitaires partic., TV, tél., 1 au r.d.c. et 2ème à l'étage. 3 ch. avec sanitaires particu. au 2e étage. Séjour, salon. 10% de réduction pour un séjour d'une semaine. Langues parlées : anglais, allemand.

CV

Prix : 2 pers. **400/550 F** 3 pers. **570 F** repas **200/350 F**

Ouvert : toute l'année.

5	5	SP	SP	SP	3	3	7	6	6

CLAVERIE Marie - Château d'Island - 89200 ISLAND - Tél : 03 86 34 22 03 - Fax : 03 86 34 22 03 - E-mail : island@hotmail.com - http://lafrancetouristique.com/89/chateaudisland

JOUX-LA-VILLE

C.M. 65 Pli 6

5 ch. 5 chambres d'hôtes avec sanitaires particuliers, aménagées dans une ancienne grange chez des agriculteurs. 3 chambres 2 pers. dont une acccessible pers. handicapée, 2 chambres doubles pour famille de 4 et 5 pers. Entrée indépendante. Salle de séjour, salon. Terrain 8000 m2 dont 4500 paysagé. Terrasse, salons de jardin, coin pique-nique. Portique, pétanque, jeux divers. Randonnées guidées hors saison pour groupes de 10 à 15 pers. Gratuit jusqu'à 2 ans. Boulanger et médecin dans le village.

CV

Prix : 1 pers. **200 F** 2 pers. **260 F** 3 pers. **340 F**

Ouvert : toute l'année.

16	4	10	5	SP	13	16	13	16

GUEUNIOT Jean-Paul et Maryse - Le Clos du Merry - 4 rue Crete - 89440 JOUX-LA-VILLE - Tél : 03 86 33 65 54 - Fax : 03 86 33 61 72 - E-mail : Closmerry@aol.com

LADUZ

C.M. 65 Pli 4

1 ch. Dans maison de caractère style « fermette bourguignonne », une chambre d'hôtes pour 2 pers. avec salle de bains et wc particuliers. Cadre calme et verdoyant. Salon-séjour avec TV, jeux de sociétés et bibliothèque réservé aux hôtes.Terrasse abritée. Garage. Animaux acceptés sur demande. Restaurants et services à 4,5 km. Musée des arts populaires dans le village. Autoroute A6 à 15 km. Langue parlée : anglais.

CV

Prix : 1 pers. **240 F** 2 pers. **270 F**

Ouvert : toute l'année.

4,5	4,5	4,5	0,5	4,5	4,5	8	12	4,5

LION Françoise - 8 route de Poilly - 89110 LADUZ - Tél : 03 86 73 76 39 - Fax : 03 86 73 76 39 - http://www.bonadresse.com/bourgogne/laduz.htm

LAIN Le Bourg Gelé

C.M. 65 Pli 4

5 ch. Dans une ancienne ferme bourguignonne, 5 chambres d'hôtes avec sanitaires particuliers de 2 à 4 personnes dont 1 chambre accessible aux personnes handicapées. Salon réservé aux hôtes. Table d'hôtes sur réservation. Pas de table le dimanche soir. Gratuit pour les enfants de moins de 4 ans. Table de ping pong. Nombreuses activités à proximité (pêche, baignade, stage poterie..). Animaux acceptés sur demande. Langue parlée : anglais.

CV

Prix : 1 pers. **180/200 F** 2 pers. **230/250 F** 3 pers. **320 F** repas **90 F**

Ouvert : du 1er février au 11 novembre.

18	4	10	2	SP	12	11	20	30	SP

ELZIERE Jacques et Arlette - Art'Monie - Le Bourg Gelé - 89560 LAIN - Tél : 03 86 45 20 39 - Fax : 03 86 45 21 76 - E-mail : arlette@artmonie.net - http://www.artmonie.net

LAINSECQ Le Chatelet

C.M. 65 Pli 4

2 ch. Deux chambres d'hôtes dans une maison rurale renovée, située dans un village, sur une exploitation agricole. Au rez de chaussée, une chambre (2pers.)avec salle d'eau et wc particuliers et accès extérieur. Au 1er étage , une chambre d'hôtes double (5 pers.) convenant à une même famille avec salle d'eau et wc particuliers. Coin-cuisine. Abri couvert. Restaurant au village.

Prix : 1 pers. **150 F** 2 pers. **180 F** 3 pers. **230 F** pers. sup. **50 F**

Ouvert : toute l'année.

10	10	10	10	20	20	20	30	5

BOURGOIN Max - 7 rue du Chatelet - 89520 LAINSECQ - Tél : 03 86 74 70 22

LAINSECQ Montrepare

C.M. 65 Pli 4

3 ch. Sur un exploitation agricole d'élevage, en pleine campagne, 3 chambres à l'étage avec salle d'eau particulière et wc commun. Salon, tv. Terrasse, salon de jardin, barbecue. Restaurant 3 km.

CV

Prix : 1 pers. **160 F** 2 pers. **200 F**

Ouvert : toute l'année.

10	6	15	15	20	20	20	30	10

MASSE Gilbert et Nicole - Montrepare - 89520 LAINSECQ - Tél : 03 86 74 72 82 - Fax : 03 86 74 72 82

LAVAU

C.M. 65 Pli 3

2 ch. Ancien corps de ferme situé dans une clairière, au milieu de la forêt. 1 chambre double 4 pers, convenant à une même famille, avec salle de bains en rez-de-chaussée donnant sur un jardin. Grande salle à manger et terrasse juste à coté. A l'étage, 1 chambre 2 pers avec s.d.b. privée en cours de classement. Poss. de pique-nique (nappe, micro-ondes). Réfrigérateur à disposition). Service de lavage du linge pour les séjours. -15% dès la 2ème nuit. Langues parlées : anglais, espagnol.

CV

Prix : 2 pers. **280 F** 3 pers. **380/470 F**

Ouvert : toute l'année sauf Noël et nouvel an.

SP	SP	5	5	11	5	40	30	5

MARTY Bernard et A-Marie - Domaine des Beaurois - 89170 LAVAU - Tél : 03 86 74 16 09 - Fax : 03 86 74 16 09

LAVAU

C.M. 65 Pli 3

E.C. 4 ch. Au milieu d'un environnement calme et reposant, 4 chambres d'hôtes avec sanitaires particuliers aménagées dans les communs du chateau de la Grange Arthuis.

Prix : 2 pers. **260 F**

Ouvert : toute l'année.

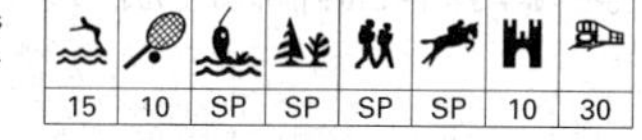

15	10	SP	SP	SP	SP	10	30

STE AGRICOLE DE LA GRANGE ARTHUIS - 89170 LAVAU - Tél : 03 86 74 06 20 - Fax : 03 86 74 18 01

LEZINNES

C.M. 65 Pli 7

3 ch. Au 1er étage d'une maison récente de caractère régional, 3 chambres d'hôtes avec sanitaires particuliers. Salon réservé aux hôtes. Terrain clos avec parking. Commerces, restaurant, tennis et gare dans le village. Proche des chateaux de Tanlay et Ancy le Franc.

Prix : 2 pers. **260 F**

Ouvert : toute l'année.

8	SP	SP	2	SP	7	8	SP	SP

PIEDALLU Jean et Madeleine - 5 avenue de la Gare - 89160 LEZINNES - Tél : 03 86 75 68 23

LIGNY-LE-CHATEL Lordonnois

TH *C.M. 65 Pli 5*

2 ch. Aménagées à l'étage d'une maison au centre du village, 2 chambres d'hôtes double convenant à une même famille avec salle de bains et wc particuliers. Au rez de chaussée : séjour/salon avec télévision, coin kitchnette, salle d'eau et wc. Terrain, parking clos. Chablis 14 km.

Prix : 1 pers. **180 F** 2 pers. **250 F** 3 pers. **380 F** repas **100 F**

Ouvert : toute l'année.

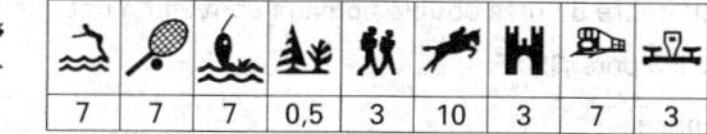

7	7	7	0,5	3	10	3	7	3

ROLLET Hubert & Etiennette - 7 impasse de la Fontaine - Cidex 519 - Lordonnois - 89144 LIGNY-LE-CHATEL - Tél : 03 86 47 42 64 - Fax : 03 86 47 58 15

LINDRY Chazelles

(TH) *C.M. 65 Pli 4*

5 ch. 5 chambres d'hotes dont 1 chambre pour personne handicapée, avec salle d'eau ou salle de bains et wc particuliers, aménagées dans une ancienne ferme rénovée, dans un petit hameau très calme. Séjour/salon avec cheminée. Coin-cuisine à disposition sur accord préalable. Bibliothèque. Table d'hotes sur réservation. pas de table dimanche et jours fériés. Terrain de 8000 m². Parking. Jardin. Pré. Terrasse. Pétanque.

Prix : 1 pers. **180/190 F** 2 pers. **240/250 F** pers. sup. **100 F** repas **110 F**

Ouvert : toute l'année.

3	3	4	SP	SP	5	10	15	15	3

BONFANTI Gérard et Eliane - La Vederine - Cidex 500 - N° 28 Chazelles - 89240 LINDRY - Tél : 03 86 47 10 86 ou 03 86 47 18 78 - Fax : 03 86 47 01 64

LIXY

(TH) *C.M. 61 Pli 13*

3 ch. Au centre du village, dans une ancienne ferme bourguignonne, 3 chambres d'hôtes avec sanitaires particuliers aménagées dans une grange indépendante. Salle de séjour. Documentation et livres de la région à découvrir près d'un four à pain. Jardin. Possibilité de randonnées en quad et pédestre. Equitation et tennis à 4 km

Prix : 1 pers. **210 F** 2 pers. **250 F** repas **100 F**

Ouvert : toute l'année.

15	4	10	SP	SP	4	4	10	SP	10	2

BALOURDET Alain et Catherine - 16 place de la Liberté - 89140 LIXY - Tél : 03 86 66 11 39 - Fax : 03 86 66 11 39 - E-mail : clos-melusine@infonie.fr - http://perso.club.internet.fr/gknight/index.html.

MARMEAUX

C.M. 65 Pli 7

1 ch. Dans une maison ancienne d'un petit village de l'Avallonnais, 1 chambre d'hôtes avec sanitaires particuliers. Grand jardin ensoleillé avec belle vue et très grand calme. Langue parlée : anglais.

Prix : 1 pers. **250 F** 2 pers. **300 F**

Ouvert : du 15 mars au 1er novembre.

22	SP	9	22	5

LAVAULT Jacqueline - 9 ruelle de Sauvageot - 89420 MARMEAUX - Tél : 03 86 32 03 47

MERRY-SEC Pesteau

(TH) *C.M. 65 Pli 5*

1 ch. 1 chambre d'hotes 4 personnes avec salle d'eau et wc particuliers, aménagée à l'étage avec terrasse et entrée indépendante dans une ferme équestre d'un petit hameau. Coin-cuisine. Salon de jardin. Gîte d'étape à proximité. Animaux sur demande.

Prix : 1 pers. **200 F** 2 pers. **240 F** 3 pers. **310 F** pers. sup. **70 F** repas **110 F**

Ouvert : toute l'année.

17	7	SP	SP	SP	4	17	7

COEVOET Pierre et Maryse - Pesteau - 89560 MERRY-SEC - Tél : 03 86 41 62 63 - Fax : 03 86 41 64 64

MOLAY Arton

(TH) *C.M. 65 Pli 6*

4 ch. Beaucoup de charme dans cette maison de caractère où le calme de la campagne environnante vous seduira. La chaleur d'un habitat rural s'allie à la modernité de certains matériaux. 4 chambres d'hôtes avec sanitaires partic. dont 2 doubles pour 3 à 5 pers.. 1 chambre accessible pers. handicapée. Salons avec jeux et livres, salle de séjour, grand jardin. Table d'hôtes avec specialités régionales. Week-ends à thèmes et stages de cuisine du terroir à certaines dates, consulter notre site internet. La maison est à 11 km de la sortie Autoroute A6 Nitry. Langue parlée : anglais.

Prix : 1 pers. **295 F** 2 pers. **325 F** 3 pers. **435 F** pers. sup. **110 F** repas **125 F**

Ouvert : toute l'année.

19	3	SP	SP	SP	6	7	19	8

COLLIN Pascal et Corinne - Le Calounier - 5 rue de la Fontaine - Arton - 89310 MOLAY - Tél : 03 86 82 67 81 ou 06 85 84 21 67 - Fax : 03 86 82 67 81 - E-mail : info@lecalounier.fr - http://www.lecalounier.fr

NAILLY Les Chollets

C.M. 61 Pli 14

E.C. 1 ch. Maison de caractère située dans une clairière paysagée au cœur d'une propriété forestière de 18 hectares. Au rez de chaussée, 1 chambre d'hôtes double pouvant convenir à une même famille avec sanitaires privés. Séjour/salon avec bibliothèque.

Prix : 2 pers. **290 F** 3 pers. **360 F**

Ouvert : toute l'année.

7	3	7	SP	SP	10	7	7	6	7

PERNOT Gérard et Michèle - La Tuilerie - Les Chollets - 89100 NAILLY - Tél : 03 86 97 06 58 - Fax : 03 86 97 06 58

NOYERS-SUR-SEREIN Cours

C.M. 65 Pli 6

5 ch. Maison de Maître du 19 ème siècle dans un parc arboré. 5 chambres d'hôtes avec sanitaires particuliers (4 chambres au 1er étage et 1 chambre au 2ème) dont 2 chambres doubles convenant à une même famille. Salle de séjour avec cheminée. Restaurant 1,5 km. Noyers-sur-Serein (joli village du 12ème siècle) à 1,5 km. Langue parlée : anglais.

Prix : 2 pers. **380/420 F** pers. sup. **100 F**

Ouvert : toute l'année.

SP	SP	SP	32	1,5

MARIE Claude - Château d'Archambault - Cours - 89310 NOYERS-SUR-SEREIN - Tél : 03 86 82 67 55 - Fax : 03 86 82 67 87

NOYERS-SUR-SEREIN

C.M. 65 Pli 6

1 ch. Sur un parc de 4 ha en bordure du Serein, face à Noyers, dans un moulin à eau du XIXème siècle, une chambre d'hôtes avec salle de bains et wc particuliers au 1er étage. Séjour-salon-bibliothèque, tv. Four à pain. Parking. Ping-pong, Canoë-kayak, pêche privée Langues parlées : anglais, espagnol.

CV

Prix : 1 pers. **300 F** 2 pers. **340 F**

Ouvert : toute l'année.

20	10	SP	SP	SP	10	SP	SP	15	20	SP

FACQ Michel et Monique - Moulin de la Roche - 89310 NOYERS-SUR-SEREIN - Tél : 03 86 82 68 13 - Fax : 03 86 82 84 12 - E-mail : Facqarch@club-internet.fr - http://www.bonadresse.com/Bourgogne/le-moulin-de-la-roche.htm

PERCEY

TH *C.M. 65 Pli 6*

2 ch. 2 chambres d'hotes aménagées au 1er étage dans un pavillon situé en pleine campagne, près du canal de bourgogne. Chambres de 2 et 3 personnes avec lavabo. Salle d'eau et wc communs sur le palier. Séjour/salon, TV. Jardin. Vol à voile à 4 km(CHEU). Langue parlée : hollandais.

Prix : 2 pers. **200/220 F** 3 pers. **280 F** repas **90 F**

Ouvert : toute l'année.

9	2	SP	SP	SP	6	10	20	10	4

WILLEMS Gilbert et Nelly - 5 route de la Sogne - 89360 PERCEY - Tél : 03 86 43 22 32

POILLY-SUR-SEREIN Le Moulin

C.M. 65 Pli 6

5 ch. 5 chambres d'hotes avec salles de bains ou salles d'eau et wc particuliers, aménagées dans un vaste moulin du XIXe siècle, en bordure de village, dans un parc calme et verdoyant. Séjour/salon. Salle de jeux. Bibliothèque. TV. Parking. Aire de jeux. Vins de Chablis. Possibilité de repas sur demande. Poteries. Près de sentiers de randonnée. Langues parlées : anglais, allemand.

Prix : 1 pers. **310 F** 2 pers. **360/450 F** 3 pers. **420/540 F** pers. sup. **90 F**

Ouvert : de juin à septembre.

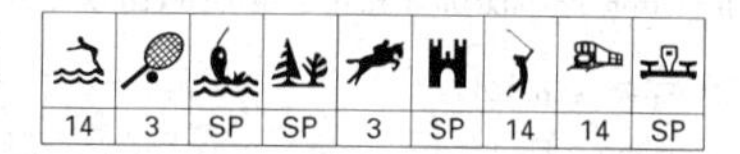

14	3	SP	SP	3	SP	14	14	SP

MOREAU Pascal et Hester - Le Moulin - 89310 POILLY-SUR-SEREIN - Tél : 03 86 75 92 46 - Fax : 03 86 75 95 21

POILLY-SUR-THOLON Bleury

C.M. 65 Pli 4

3 ch. Dans le hameau de Bleury(D89), 3 chambres d'hôtes aménagées à l'étage d'une maison indépendante située sur une exploitation agricole. Salle de bains et wc particuliers. Prise TV. Salle de séjour/coin-cuisine avec billard. Jardin, cour fermée à la disposition des hotes. Animaux non admis dans les chambres. Restaurants sur place. Toboggan aquatique à 5 km. Langue parlée : anglais.

Prix : 1 pers. **200 F** 2 pers. **240/260 F** 3 pers. **340/360 F** pers. sup. **100 F**

Ouvert : périodes scolaires et week-end sur réservation.

5	5	3	SP	7	3	7	7	15	SP

CHEVALLIER Alain et Chantal - 5 rue St-Aubin - Bleury - 89110 POILLY-SUR-THOLON - Tél : 03 86 63 51 64 - Fax : 03 86 91 53 37

SACY

C.M. 65 Pli 6

4 ch. 4 chambres d'hôtes avec sanitaires particuliers, dans une ancienne maison de vigneron, sur 3 niveaux, au cœur d'un très vieux village bourguignon. Une chambre est double et convient à une famille. Cuisine et séjour dans une ancienne cave à vin voûtée. Jeux, pains et confitures maison. Jardins, parking. Sur place : randonnées, visites du village et de l'église classée (sur rendez-vous). Animaux acceptés sur demande. Langues parlées : anglais, espagnol.

Prix : 1 pers. **220 F** 2 pers. **260/300 F** 3 pers. **380 F** pers. sup. **80 F**

Ouvert : fin mars - début novembre (reste de l'année : samedi sur réservation).

20	7	7	SP	SP	25	9	30	7	7

MOINE Claude et Maryse - Les Vieilles Fontaines - 89270 SACY - Tél : 03 86 81 51 62 ou 06 08 25 55 31 - Fax : 03 86 81 51 62

SAINT-FARGEAU

C.M. 65 Pli 3

3 ch. Au pied du château, 3 chambres d'hotes amémagées à l'étage d'une maison de caractère. Au 1er étage 1 chambre 2 pers et 1 chambre double, au 2ème étage 1 chambre 2 pers. Salle d'eau ou salle de bains et wc particuliers. Séjour. Jardin. Restaurant et commerces sur place. Car Paris/Saint-fargeau. Animaux admis sur demande. Tennis au village. Lac du bourdon et équitation à 3 km.

Prix : 1 pers. **180/200 F** 2 pers. **250/280 F** 3 pers. **350 F** pers. sup. **100 F**

Ouvert : toute l'année mais sur réservation de la Toussaint à Pâques.

10	SP	SP	SP	0,5	3	SP	3	20	SP

BLONDET Jean et Micheline - 2 passage des Lions - 89170 SAINT-FARGEAU - Tél : 03 86 74 15 41 - Fax : 03 86 74 15 41

SAINT-FARGEAU

TH *C.M. 65 Pli 3*

3 ch. Dans le village, au 1er étage d'une maison bourgeoise, 2 chambres d'hôtes avec salles d'eau et wc particuliers et 1 chambre d'hôtes avec salle de bains et wc particuliers en cour de classement. Salle de séjour. Salon. Piano. Chauffage central. Terrasse et jardin. Parking. Car Paris/Saint-Fargeau tous les jours. Tennis au village. Lac du Bourdon et équitation à 3 km. Langue parlée : anglais.

Prix : 1 pers. **280/300 F** 2 pers. **330/360 F** pers. sup. **100 F** repas **120 F**

Ouvert : toute l'année.

12	SP	3	SP	SP	3	SP	3	35	30	SP

MOYE J-Sébastien et Christine - Rue du Moulin de l'Arche - 89170 SAINT-FARGEAU - Tél : 03 86 74 09 99

SAINT-GERMAIN-DES-CHAMPS Le Meix

TH *C.M. 65 Pli 6*

5 ch. 5 chambres d'hôtes personnalisées aux couleurs des hommes et femmes de lettres de la région aménagées dans une maison de caractère dans un hameau. Chambres au 1er et 2ème étage avec sanitaires particuliers. Entrée indép. Séjour, 2 salons. Jardin clos. Parking. Tables d'hôtes sur réservation. Stages de cuisine verte pour groupe 6 pers. Local aménagé pour pêcheur. Langues parlées : anglais, roumain.

Prix : 1 pers. **260 F** 2 pers. **310/330 F** pers. sup. **70 F** repas **130/160 F**

Ouvert : toute l'année.

10	10	2,5	2,5	2,5	15	15	2,5	10	10

O'SULLIVAN Danielle - 19 route du Morvan - Le Meix - 89630 ST-GERMAIN-DES-CHAMPS - Tél : 03 86 34 27 63 - Fax : 03 86 34 24 91 - E-mail : Kenmare89@aol.com - http://harasdekenmare.com

SAINT-MARTIN-SUR-OUANNE

C.M. 65 Pli 3

1 ch. A la sortie du village, sur une exploitation agricole, 1 chambre avec séjour (convertible) et sanitaires particuliers, indépendante de la maison d'habitation. Jardin, terrain, abri couvert. Pêche sur place. Tennis et piscine à 5 km.

Prix : 2 pers. **220 F** pers. sup. **160 F**

Ouvert : d'avril à octobre.

5	5	SP	SP	5	30	5

NOUVELLON Michel et Jocelyne - 89120 SAINT-MARTIN-SUR-OUANNE - Tél : 03 86 91 61 59 - Fax : 03 86 91 61 59

SAINT-PERE-SOUS-VEZELAY Fontette

TH *C.M. 65 Pli 16*

2 ch. 2 chambres d'hôtes aménagées dans une maison de caractère et de charme. 1 chambre de 2 pers. au rez de chaussée et 1 chambre de 3 pers. à l'ét. avec vue sur Vezelay et vallée de la cure. S. d'eau au 1er étage commune aux hôtes. WC particuliers pour chaque ch. .Salle de séjour à la disposition des hôtes. Cheminée, bibliothèque. Idéal pour repos. Randonnées pédestres sur place. Prix du repas varie suivant le menu du jour de 80 à 120 F.

Prix : 2 pers. **240/280 F** 3 pers. **340 F** repas **80/120 F**

Ouvert : de fin mars à fin septembre.

8	2	4	SP	4	4	8	2

DEMEULE Mireille - Le Petit Cleret - Fontette - 89450 SAINT-PERE-SOUS-VEZELAY - Tél : 03 86 33 25 87

SAINTE-MAGNANCE

TH *C.M. 65 Pli 17*

1 ch. 1 seule grande chambre d'hôtes dans un chateau du XIIe et XIV ème siècle entièrement rénové pour 4 personnes avec salle de bains privée. Salon et séjour avec cheminées médiévales en fonction. Sur réservation, table d'hôtes gastronomique, diététique, végétarienne ou médiévale à base de produits de l'agriculture biologique(150 à360F). Fabrication du pain. Terrain. Garage. Animaux admis sur demande. Langues parlées : allemand, anglais.

Prix : 2 pers. **550 F** 3 pers. **750 F** pers. sup. **200 F** repas **150 F**

Ouvert : toute l'année.

2	SP	2	14	14	SP

COSTAILLE Martine - Château Jaquot - 2 route d'Avallon - 89420 SAINTE-MAGNANCE - Tél : 03 86 33 00 22

SAUVIGNY-LE-BEUREAL La Forlonge

(TH) *C.M. 65 Pli 17*

4 ch. Entre Morvan et terre plaine,au cœur d'un petit village, découvrez le charme de 4 chambres d'hotes aménagées dans les anciens greniers à grains d'une authentique ferme bourguignonne. Sanitaires particuliers. Chauffage central. Salle restaurée à l'ancienne, cheminée ouverte. Jardin. Billard, ping-pong. Pêche dans étang privé. Chemins de randonnée. Aucune nuisance d'autoroute garantie.

Prix : 2 pers. **280 F** 3 pers. **355 F** repas **85 F**

Ouvert : toute l'année.

5	5	SP	SP	SP	5	17	17	2

NOIROT Bernard & Jacqueline - 5 rue de la Vallée de Beauvoir - La Forlonge - 89420 SAUVIGNY-LE-BEUREAL - Tél : 03 86 32 53 44 - Fax : 03 86 32 53 44

SOUMAINTRAIN Moulin de Beaupré

(TH) *C.M. 61 Pli 16*

2 ch. Moulin à eau XVIIIème, parc 3 ha, étang, forêt, rivière. 1 suite au rez de chaussée avec 2 chambres (2 lits 2 pers.), salon avec cheminée, tv, téléphone, s. d'eau et wc privés. 1 suite au 1er étage avec 2 chambres dont l'une donne sur une terrasse, (2 lits 2 pers.), salle d'eau et wc privés, espace Balnéo. S. à manger/Séjour, cheminée, bibliothèque, tv. Table de bridge, table d'échecs. Piscine privée non surveillée, grand barbecue, four à pain, tonnelle fleurie (repas extérieur). Pêche sur place. Table d'hôtes sur réservation. Langue parlée : anglais.

Prix : 2 pers. **680 F** repas **200/300 F**

Ouvert : toute l'année.

SP	6	SP	SP	SP	15	18	25	12	12

GERARDIN Michel - Moulin de Beaupré - 1 rue de Beaupré - 89570 SOUMAINTRAIN - Tél : 03 86 56 32 51 - Fax : 03 86 56 32 51 - E-mail : moulin-de-beaupre@voila.fr - http://www.chez.com/moulindebeaupre

TANNERRE-EN-PUISAYE La Forge

C.M. 65 Pli 3

5 ch. Moulin du 14 ème siècle sur un terrain arboré de 4 ha avec étang et piscine privée non surveillée. 5 chambres d'hôtes dont une chambre accessible handicapé, avec sanitaires particuliers au rez de chaussée et au 1er étage. Salle de séjour avec cheminée. Coin kitchnette. Barbecue couvert. Pêche sur place. Tennis au village. Restaurant 4 km.

CV

Prix : 2 pers. **320 F** 3 pers. **420 F**

Ouvert : toute l'année.

SP	1	SP	3	3	12	20	40	6

GAGNOT René et Chantal - Moulin de la Forge - 89350 TANNERRE-EN-PUISAYE - Tél : 03 86 45 40 25 - Fax : 03 86 45 40 25 - E-mail : renegagnot@aol.com

THIZY

(TH) *C.M. 65 Pli 6*

3 ch. Ancienne maison du sculpteur Edme Marie Cadoux avec grand jardin et parc ombragé à l'orée d'un village pittoresque. 3 chambres d'hôtes de 2 ou 3 pers. avec sanitaires particuliers. Salon avec piano, bibliothèque. Table d'hôtes sur réservation. Animaux sur demande. Langues parlées : anglais, allemand.

Prix : 1 pers. **210/230 F** 2 pers. **280/340 F** 3 pers. **400 F** repas **120 F**

Ouvert : toute l'année.

15	4,5	4,5	0,5	SP	4,5	15	38	15	4,5

FRITSCH Kai-Stefan - L'Esperluette - 10 rue Edmé Marie Cadoux - 89420 THIZY - Tél : 03 86 32 04 59 - Fax : 03 86 32 04 59

TONNERRE Vaulichères

C.M. 65 Pli 6

5 ch. Chateau du XVIème siècle rénové au milieu des vignes dans un parc boisé. 5 chambres d'hôtes avec sanitaires particuliers au 2ème étage. Chambres de 2 ou 3 pers. Salle de réception. Cuisine. Terrasse. Visite des caves, dégustation des vins, stages d'initiation à l'oenologie. Restaurant et services 3 km. Langues parlées : anglais, espagnol.

Prix : 1 pers. **315 F** 2 pers. **345 F** 3 pers. **395 F**

Ouvert : du 15 mars au 15 octobre.

3	3	3	SP	SP	SP	SP	7	3	3

REFAIT Olivier et Cécile - Château de Vaulichères - 89700 TONNERRE - Tél : 03 86 55 02 74 - Fax : 03 86 55 37 57 - E-mail : infos@vaulicheres.com - http://vaulicheres.com

VALLERY La Margottière

(TH) *C.M. 61 Pli 13/14*

6 ch. 6 chambres d'hotes aménagées dans une demeure bourguignonne indépendante, sur une exploitation agricole (ferme du chateau des CONDE du XVIIème). Salle de bains et wc particuliers, TV et téléphone dans les chambres. Une chambre est accessible aux personnes handicapées. Salle de séjour avec cheminée du XVIIe siècle. Table d'hôtes sur réservation. Terrain. Jeux d'enfants. Ping-pong, babyfoot. Animaux admis sur demande. Langues parlées : anglais, allemand.

CV

Prix : 1 pers. **350 F** 2 pers. **400 F** 3 pers. **500 F** repas **90/130 F**

Ouvert : toute l'année.

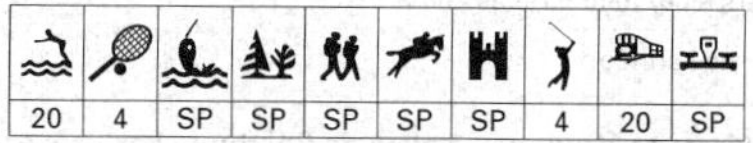

20	4	SP	SP	SP	SP	SP	4	20	SP

DELIGAND Didier et Colette - La Margottière - 89150 VALLERY - Tél : 03 86 97 57 97 ou 03 86 97 70 77 - Fax : 03 86 97 53 80

VAREILLES Les Vallées de Vareilles

 *C.M. 61 Pli 15*

2 ch. Dans le calme de la campagne, à la sortie d'un hameau sur la route du cidre en pays d'othe : 2 chambres d'hôtes avec sanitaires particuliers au 1er étage d'une maison de caractère. Terrasse dans cour fermée et paysagée. Salle de séjour au rez-de-chaussée. Parking. Forêt à proximité. Equitation au village. Terrain de boules.

Prix : 1 pers. **200 F** 2 pers. **250 F** repas **100 F**

Ouvert : du 1er mai au 30 septembre et sur réservation du 1/10 au 30/04.

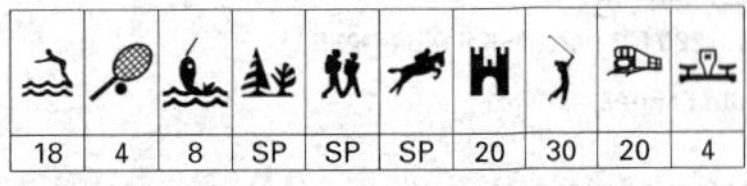

18	4	8	SP	SP	SP	20	30	20	4

PICAULT Michel et Claudine - 3 rue du Charme - Les Vallées de Vareilles - 89320 VAREILLES - Tél : 03 86 88 24 26 - Fax : 03 86 88 24 26

VENOUSE

TH *C.M. 65 Pli 5*

1 ch. 1 chambre d'hotes double, convenant à une même famille, dans une maison de caractère au centre du village. Entrée indépendante. Salle d'eau privée. Salle de séjour. Possibilité cuisine. Jardin. terrain. Aire de jeux, tennis de table, boules, jeux de société. Produits fermiers sur place. Logement de chevaux sur place. Restaurant 3 km. Animaux admis sur demande. Table d'hôtes sur réservation. Pas de table d'hôtes le dimanche. Langue parlée : anglais.

CV

Prix : 1 pers. **230 F** 2 pers. **280 F** 3 pers. **350 F** repas **100 F**

Ouvert : toute l'année.

6	6	5	5	6	13	15	3

GARNIER Philippe et Magda - 2 rue de Rouvray - Fontaine Jéricho - Cidex 213 - 89230 VENOUSE - Tél : 03 86 47 75 15 - Fax : 03 86 47 75 15

VENOY

C.M. 65 Pli 5

3 ch. Dans un domaine du XVIIIème isolé, aménagées au 1er étage : 3 chambres d'hôtes avec sanitaires particuliers(2 ch. 2 pers.,1 ch. 3 pers.). Chambres plein sud décorées et personnalisées par votre hôtesse sur parc arboré avec cours d'eau. Au rez de chaussée : salon avec cheminée, télévision et bibliothèque. Salle de petits déjeuners. Parking. Tous loisirs à 8 km. Restaurant 1,2km. Langue parlée : anglais.

CV

Prix : 2 pers. **380/430 F** 3 pers. **490 F** pers. sup. **80 F**

Ouvert : du 1er mars au 31 décembre.

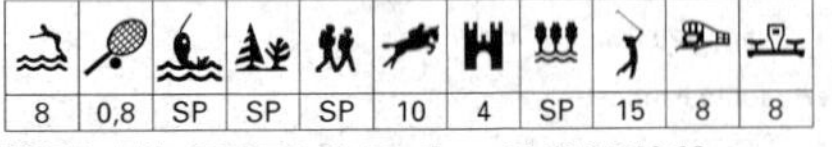

8	0,8	SP	SP	SP	10	4	SP	15	8	8

GENEST Nicole - Domaine de Sainte-Anne - Soleines-le-Haut - 89290 VENOY - Tél : 03 86 94 10 16 - Fax : 03 86 94 10 12 - E-mail : info@domainesainteanne.com - http://www.domainesainteanne.com

VEZANNES

TH *C.M. 65 Pli 6*

3 ch. 3 chambres d'hôtes dans une maison de caractère sur une exploitation viticole et céréalière, dans un village. Salles de bains particulières. Séjour, salon, TV, bibliothèque, cheminée. Repas du soir sur réservation la veille, pas de repas le dimanche et le mercredi. Jardin. Découverte des champignons de la région par un spécialiste de Vezannes : sortie en forêt, cueillette. Pour les dates, nous consulter. Chablis 10 km. Langue parlée : anglais.

Prix : 1 pers. **200 F** 2 pers. **260 F** repas **100 F**

Ouvert : du 1 avril au 15 septembre.

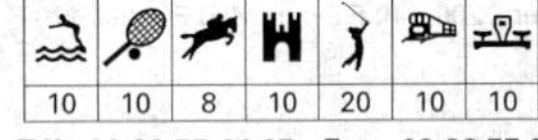

10	10	8	10	20	10	10

COPIN - RAOULT Daniel et Eliane - 1 Grande Rue - 89700 VEZANNES - Tél : 03 86 55 14 05 - Fax : 03 86 55 35 96

VEZELAY

C.M. 65 Pli 15

3 ch. Proche de la Basilique, belle batisse construite sur une salle(visible) du XII ème siècle qui accueillait les pèlerins. 3 chambres d'hôtes avec sanitaires particuliers. 1 chambre au rez de chaussée et 2 chambres au 1er étage dont une chambre double convenant à une même famille. Les petits déjeuners vous seront servis sous une verrière. Atelier au rez de chaussée présentant les oeuvres de Monsieur et Madame VAN DEN BOSSCHE (sculpteurs).

Prix : 2 pers. **290/340 F**

Ouvert : toute l'année.

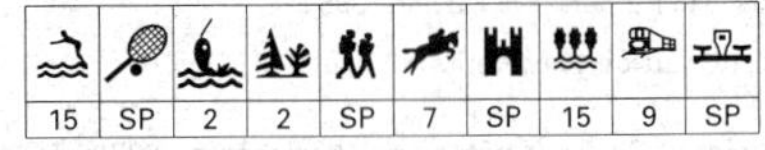

15	SP	2	2	SP	7	SP	15	9	SP

VAN DEN BOSSCHE Bernard et Sylvie - 80 rue St-Pierre - 89450 VEZELAY - Tél : 03 86 33 32 16

VILLEFARGEAU Les Bruyères

TH *C.M. 65 Pli 4*

4 ch. Petit manoir avec un toit bourguignon en tuiles vernissées dans un parc clos, ombragé et fleuri. Au 1er étage, 4 chambres d'hôtes raffinées, avec tv et s. de bains grand confort pour chaque, dont deux avec salon, cheminée et coffre-fort. Salle à manger-salon au rez de chaussée avec tv cheminée. Au 2ème étage : Salon, tv, bibliothèque, jeux de société, video. Table d'hôtes sur réservation. Terrasses, salons de jardin. Randonnées pédestres sur place. Langues parlées : anglais, italien.

CV

Prix : 2 pers. **600/1000 F** repas **250 F**

Ouvert : toute l'année.

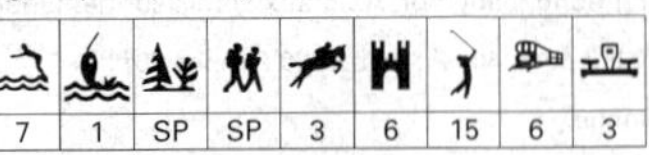

7	1	SP	SP	3	6	15	6	3

JOULLIE Pierre et Monique - 5 allée de Charbuy - Les Bruyères - 89240 VILLEFARGEAU - Tél : 03 86 41 32 82 - Fax : 03 86 41 28 57 - E-mail : infos@petit-manoir-bruyeres.com - http://www.petit-manoir-bruyeres.com

BRETAGNE

Pour réserver, écrire ou téléphoner :

22 - CÔTES-D'ARMOR

GITES DE FRANCE - Service Réservation
7, rue Saint-Benoît - B.P. 4536
22045 SAINT-BRIEUC Cedex 2
Tél. : 02 96 62 21 73 ou 02 96 62 21 74
Fax : 02 96 61 20 16
E-mail : gites-de-france-22@armornet.tm.fr
www.gites-de-france-22.asso.fr

29 - FINISTERE

GITES DE FRANCE - Service Réservation
5, allée Sully
29322 QUIMPER Cedex
Tél. : 02 98 64 20 20 - Fax : 02 98 64 20 29
E-mail : gite29@eurobretagne.fr
www.eurobretagne.fr/gites-de-france

35 - ILLE-ET-VILAINE

GITES DE FRANCE - Service Réservation
8, rue de Coëtquen
B.P. 5093
35061 RENNES Cedex 3
Tél. : 02 99 78 47 57
Fax : 02 99 78 47 53
www.resinfrance.com

56 - MORBIHAN

GITES DE FRANCE - Service Réservation
42, avenue Wilson
B.P. 318
56403 AURAY Cedex
Tél. : 02 97 56 48 12 - Fax : 02 97 50 70 07
www.gites-de-france.fr

Côtes-d'Armor

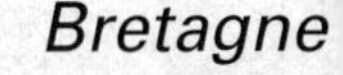

GITES DE FRANCE - Service Réservation
7 rue Saint-Benoît - B.P. 4536
22045 SAINT-BRIEUX Cedex 2
Tél. 02 96 62 21 73 ou 02 96 62 21 74 - Fax. 02 96 61 20 16
E.mail : gites-de-france-22@armornet.tm.fr - http://www.gites-de-france-22.asso.fr

3615 Gîtes de France
1,28 F/min

BOBITAL Rochebelle

C.M. 59 Pli 15

1 ch. **Dinan 3 km. Saint-Malo 30 km. Mont Saint-Michel 50 km.** Soyez les bienvenus dans notre demeure de caractère, reflet typique du pays granitique. Au r.d.c., donnant sur une terrasse : 1 ch. (1 lit 2 pers.), s.d.b., wc privés séparés, réfrigérateur, mini-bar, TV. Lit suppl. et lit bébé poss. Parc arboré clos & calme (6000 m^2) avec pelouse, salon de jardin, bains de soleil, barbecue, terrain de boules, pétanque, portique. Parking privés. Petit déjeuner copieux servi dans la salle à manger rustique (poutres & cheminée) ou en terrasse. Située à la porte de Dinan à l'embouchure de la Rance et de la cité corsaire de Saint-Malo. Superbes randonnées à proximité du bord de la Rance et de la base de loisirs.

Prix : 2 pers. **350 F** pers. sup. **100 F**

Ouvert : toute l'année.

22	3	3	22	3	4	3	3

SOQUET René - Rochebelle - 22100 BOBITAL - Tél : 02 96 83 67 46 ou 06 89 90 42 37 - Fax : 02 96 83 50 20

LA BOUILLIE Launay

C.M. 59 Pli 4

2 ch. **Port d'Erquy 5 km. Cap Fréhel, Péneuf Val André 8 km.** Dans l'arrière pays du Cap Fréhel, 2 chambres à l'étage de cette ferme calme et fleurie vous sont proposées. 1 unité familiale (1 lit 2 pers. 2 lits 1 pers.), salle d'eau, wc privés. 1 chambre (1 lit 2 pers.), salle d'eau, wc privés. Salon avec TV, cheminée. Petits-déjeuner copieux servis dans la salle à manger. Vous pourrez profiter de la pelouse arborée et salon de jardin. Nous saurons vous conseiller pour vous faire découvrir : plages de sable fin, landes sauvages, sentiers et randonnées à proximité du port et des Cap d'Erquy & Fréhel, Dort la Latte, Pléneuf Val André et des festivités.

Prix : 1 pers. **200/220 F** 2 pers. **230/250 F** 3 pers. **300/350 F** pers. sup. **80 F**

Ouvert : toute l'année.

5	6	5	5	5	6	12	3

URFIE Odile et J-Pierre - Launay - 22240 LA BOUILLIE - Tél : 02 96 31 51 29

BOURSEUL Saint-Maleu

TH

C.M. 59 Pli 5

6 ch. **Dinan 20 km. Ferme d'Antan 10 km. Saint-Jacut de la mer 15 km.** Maison de caractère où vous serez accueillis par Isabelle, Eric et leurs enfants. 6 ch. avec s.e privée : 4 ch. wc privés dont 3 ch (1 lit 2 pers) 1 ch. (1 lit 2 pers. 1 lit 1.20) et 2 ch., wc communs : 1 ch (1 lit 2 pers), 1 ch (1 lit 2 pers, 1 lit 1,20). Matériel bébé à disposition. Salon, salle à manger rustique avec une immense cheminée. Pelouse, petit parc animalier. Poss. panier pique-nique. Au cœur d'une exploitation agricole, vous pourrez apprécier les joies de la table d'hôtes et Joseph le patriarche vous contera des histoires épiques d'antan et vous fera découvrir les étangs nichés au creux d'un nid de verdure. 4 pers 290 F.

Prix : 1 pers. **190 F** 2 pers. **200 F** 3 pers. **245 F** pers. sup. **40 F** repas **80 F**

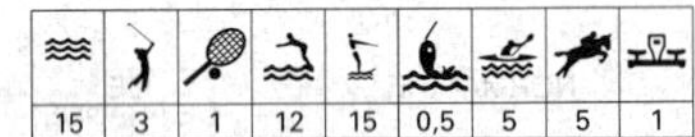

15	3	1	12	15	0,5	5	5	1

TRANCHANT Eric - Saint-Maleu - 22130 BOURSEUL - Tél : 02 96 83 01 34 - Fax : 02 96 83 01 34

CALORGUEN Couacave

C.M. 59

2 ch. **Au cœur de l'estuaire de la Rance 3 km.** Dans une maison traditionnelle en pierre, située à 3 km de la Rance, avec beau jardin : 1 ch. (1 lit 2 pers.) s.d.b. privée non attenante, 1 ch. (1 lit 2 pers., 1 lit 1 pers.) s.d'eau privée non attenante. WC communs aux 2 ch. Possibilité lit suppl. Barbecue sur terrasse. Poss. de cuisiner. Jardin ombragé avec salons de jardin. Remise pour séjour de 5 nuits. Dinan : ville d'art et d'Histoire, ville fleurie. Jardins Anglais, promenades sur les remparts. Village de pêcheurs de Port-Saint-Hubert.

Prix : 2 pers. **230/250 F** 3 pers. **320 F** pers. sup. **50 F**

Ouvert : toute l'année.

25	4	1	4	25	3	5	5	5	1

TRANCHEVENT Renée - Couacave - 22100 CALORGUEN - DINAN - Tél : 02 96 83 55 28 ou 06 86 23 86 41

CAOUENNEC-LANVEZEAC Kercaradec

C.M. 59 Pli 1

1 ch. Dans une grande maison ancienne de caractère, au calme, à proximité d'un moulin, 1 ch. (1 lit 2 pers., 1 lit 1 pers.), salon, lavabo. Salle d'eau sur le palier avec lavabo et wc privés. Cour, jardin, pelouse. Poss. de cuisiner. Tonquédec : forteresse médiévale des XIIe et XIIIe siècles. Poss. de promenades en calèche autour du château. Vallée du Léguer avec de belles rivières à saumon et à truite.

Prix : 1 pers. **160 F** 2 pers. **200 F** 3 pers. **250 F**

Ouvert : juillet, août, Pâques.

20	15	2	6	20	5	6	20	6	1

LOUREC Léontine - Kercaradec - 22300 CAOUENNEC - Tél : 02 96 35 83 41

CAOUENNEC-LANVEZEAC Kerloscant *C.M. 59 Pli 1*

1 ch. **Lannion : cité de caractère 2 km.** Dans une ancienne demeure bretonne du XVIè siècle : 1 ch. 2 pers. avec salle d'eau attenante avec wc. Ouvert de Pâques à la mi-septembre. Petit-déjeuner servi dans la salle à manger d'époque. Salon de jardin à disposition dans un verger au calme. Située près d'une exploitation agricole (vaches laitières). A voir : Tonquédec, forteresse médiévale.

Prix : 1 pers. **200 F** 2 pers. **230 F** 3 pers. **280 F**

Ouvert : de Pâques à mi-septembre.

12	13	1	5	12	5	12	13	5	1

LE CAER Jean-Claude - Kerloscant - 22300 CAOUENNEC - Tél : 02 96 35 90 06

CARNOET La Ville Neuve *C.M. 59 Pli 6*

1 ch. Dans une maison rénovée, typique de la région, située à l'entrée du Parc d'Armorique et des Monts d'Arrée, 1 chambre 2 pers. (1 lit 2 pers.) avec 1 mezzanine 2 pers. (2 lits 1 pers.), salle de bains et wc privés. Pelouse, portique. Restaurant Auberge à 500 m (menu traditionnel et végétarien). Nombreuses randonnées. Chapelle Saint-Gildas. Gorges du Corong.

Prix : 1 pers. **180 F** 2 pers. **220 F** pers. sup. **75 F**

Ouvert : toute l'année.

40	SP	2	13	40	1	10	7	2	2

LE GALL Jean-Yves - La Villeneuve - 22160 CARNOET - Tél : 02 96 21 52 31 - Fax : 02 96 21 52 31

CAULNES la Hubiais *C.M. 59 Pli 15*

2 ch. **Dinan 20 km. Forêt de Paimpont 30 km. Combourg 40 km.** Sur une exploitation agricole, au cœur de la Vallée de la Rance, à 1.5 km du bourg de Caulnes, M.Paule & Yves vous accueillent dans leur chaleureuse maison. A l'étage, 2 chambres tout confort avec entrée indépendante, salle d'eau, wc privés attenants : 1 ch. jaune (1 lit 2 pers), 1 ch. blanche (1 lit 2 pers, 1 lit 1 pers). A disposition : Salon, salle à manger et pour vous être agréable, une cuisine équipée. Pour votre détente, salon de jardin, barbecue. Randonnées sur place. Rivière à 1 km.

Prix : 1 pers. **190 F** 2 pers. **220 F** pers. sup. **100 F**

40	45	1,5	8	20	10	20	10	2	1,5

GUILLEMOT M.Paule - La Hubiais - 22350 CAULNES - Tél : 02 96 83 94 31

CREHEN La Belle Noe *C.M. 59 Pli 5*

3 ch. **Côte d'Emeraude, Cap Fréhel 18 km. Dinard 15 km. Saint-Malo 25 km.** Dans une maison ancienne du 18è s, indépendante de celle du propriétaire, décorée et meublée avec originalité, 3 chambres avec sanitaires privés attenants. Au r.d.c, 1 ch (1 lit 2 pers) avec terrasse privée. A l'étage, 1 ch (1 lit 2 pers. 1 lit 1 pers.) 1 ch (1 lit 2 pers. 2 lits gigogne). Salon avec cheminée réservé aux hôtes. Grand parc boisé et fleuri. Une immense roseraie où vous trouverez calme & repos, chaises longues, salons de jardin, parking privé. Vélos, badminton, ping-pong à disposition. A 10 mn des plages de St-Jacut de la Mer & de St-Cast le Guildo. Langue parlée : anglais.

Prix : 1 pers. **250 F** 2 pers. **300 F** 3 pers. **380 F** pers. sup. **80 F**

Ouvert : de Pâques à la Toussaint et vacances scol. sur réserv.

4	8	1	8	6	3	6	5	4	1

SIROS Roselyne - La Belle Noë - 22130 CREHEN - Tél : 02 96 84 08 47 - Fax : 02 96 80 41 88

CREHEN Le Guildo-Villa Belle-Vue *C.M. 59*

6 ch. **Dinan 8 km, cité médiévale. Cap Fréhel 10 km. Saint-Malo 20 km.** Maison bourgeoise avec vue sur mer et grand jardin. 6 chambres à l'étage, s. d'eau et wc attenants. 4 ch. (1 lit 2 pers.) 2 ch. (2 lits 1 pers.). Petit déjeuner servi dans la salle à manger et véranda. Salon à disposition. Parking, garage, balcon, terrasse. Pelouse, barbecue. Chauffage central. Restaurant à proximité. Créhen, port du Guildo, vestiges du Château du Guildo (XIV et XVe s). Pierres sonnantes. Musée de la pomme et du cidre à Pleudihen. St-Cast. Dinan ville d'art et d'histoire, Fort Lalatte.

Prix : 1 pers. **230 F** 2 pers. **250 F** 3 pers. **350 F**

Ouvert : de Pâques à fin septembre.

0,2	6	2	6	0,2	6	6	6	40	0,2

EVEN Albert - Villa Bellevue - 10, rue du Port - 22130 CREHEN - Tél : 02 96 41 08 21 - Fax : 02 96 41 08 21

DINAN Moulin de la Fontaine des Eaux *C.M. 59*

5 ch. **Dinan 2 km. Saint-Malo 29 km. Mont Saint-Michel 50 km.** Nous vous accueillerons dans notre ancien moulin à eau, rénové avec étang et jardin. 5 ch. aux vieilles poutres, chacune avec lavabo, salle d'eau, wc privés. 4 ch. de 2 pers. (1 lit 2 pers.) avec poss. lit suppl. 1 grande chambre (1 lit 2 pers. et 2 lits 1 pers.). Parking privé. Petit-déjeuner dans le salon ou sur la terrasse. Situé dans un cadre historique où l'on peut se promener dans la forêt, sur le Port et le centre de la ville médiévale de Dinan, ville d'art et d'histoire, dominant la vallée de la Rance. Tarif 4 pers : 500 F. Taxe de séjour : 2 F/j/pers. Langue parlée : anglais.

Prix : 1 pers. **260 F** 2 pers. **300/400 F** 3 pers. **450 F** pers. sup. **100 F**

Ouvert : toute l'année.

15	30	2	1	1	0,1	1	1	2	2

GARSIDE Marjorie - Moulin de la Fontaine des Eaux - Vallée de la Fontaine des Eaux - 22100 DINAN - Tél : 02 96 87 92 09 - Fax : 02 96 87 92 09

ERQUY Le Dreneuf *C.M. 59*

2 ch. **Cap d'Erquy 6 km, son port et son Cap. Château de Bien-Assis 1,5 km.** Au calme, dans une grande maison en pierre et fleurie, Odile & J.Claude vous accueillent au 2è étage entièrement rénové et escalier moqueté, dans 2 unités familiales de 2 pièces (2/4 pers.) s.e, wc privés attenants : 1 ch. (1 lit 2 pers., 2 lits 1 pers.), 1 ch. (1 lit 2 pers., 1 lit 1 pers.). Au même niveau, poss. de cuisiner. Salon à disposition. Petit-déjeuner servi dans la salle à manger. Pelouse, salon de jardin, local à vélos. Tarif 4 pers. 360 F. Ils vous invitent à découvrir Erquy, son Cap, ses plages, son port, le Cap Fréhel 20 km, Fort La Latte 20 km.

Prix : 1 pers. **200 F** 2 pers. **210/230 F** 3 pers. **300 F**

Ouvert : toute l'année.

1	3,5	5	5	1	3,5	1	5	15	1

DENIS Odile - La Croix du Dreneuf - 22430 ERQUY - Tél : 02 96 72 30 81 ou 06 84 94 88 75 - Fax : 02 96 72 30 81

ERQUY *C.M. 59 Pli 4*

3 ch. **Cap d'Erquy 4 km, Cap Fréhel et Fort La Latte 15 km.** Armande vous accueille dans une charmante maison récente entourée de pelouses et jardin fleuri. 3 chambres à l'étage avec mezzanine aménagée en salon et salle d'eau, wc privés dont 2 ch. (1 lit 2 pers.), 1 unité familiale de 2 pièces (2/4 pers.). Petit-déjeuner servi dans la salle à manger (confitures maison). Parking dans le jardin. Jardin, salon de jardin dans un endroit ombragé pour les moments de détente et écouter les petits oiseaux. Vous découvrirez les plages de sable fin, les landes sauvages, sentiers et randonnées à proximité. Tarif 4 pers. 400 F. Château Bien-assis 8 km.

Prix : 1 pers. **200/230 F** 2 pers. **220/250 F** 3 pers. **300/350 F**
pers. sup. **80 F**

Ouvert : toute l'année

2,5	10	1,5	13	0,1	0,1	0,1	4	22	1,5

CHANTOISEL Armande - 17, rue de Bellevent - 22430 ERQUY - Tél : 02 96 72 30 82 - Fax : 02 96 72 44 98

ERQUY Les Hopitaux *C.M. 59*

4 ch. **Erquy 2 km, son port et son Cap. Cap Fréhel 10 km.** Dans une maison traditionnelle près des plages et au calme, au milieu d'un parc boisé 4 chambres au 1er étage avec pour chacune : (1 lit 2 pers.), coin-cuisine, lavabo et wc privés. 1 petite ch. à 230 F, salle d'eau privée. 2 ch. avec couchage en mezzanine, pièce de jour, salle d'eau privée. 1 grande ch., s.d.b. privée très spacieuse à 300 F. Lit bébé d'appoint. Jardin, salon de jardin, barbecue. A proximité : Cap Fréhel, Cap d'Erquy, Fort La Latte.

Prix : 1 pers. **200 F** 2 pers. **230/300 F**

Ouvert : toute l'année.

1,5	10	1,5	13	1	1	1	4	18

CONNAN A. - La Graveloup - 15, rue de - Clairville - Les Hôpitaux - 22430 ERQUY - Tél : 02 96 72 42 73

ERQUY La Marhatte *C.M. 59*

2 ch. **Erquy 1,5 km. Cap Fréhel 14 km.** Bâtiment annexe à la maison des propriétaires, intégré dans un ancien corps de ferme rénové en grès rose d'Erquy. A l'étage, 2 chambres de 2 pers, salle d'eau, wc privés. Au r.d.c, séjour, salon réservés aux hôtes. Poss. de cuisiner. pelouse, aire de jeux. Située à 1,5 km de bourg et des plages. Accès direct de la ferme à des chemins de randonnées. Visites du Port, du Cap d'Erquy, cap Fréhel et Fort la Latte.

Prix : 1 pers. **210 F** 2 pers. **230/250 F**

Ouvert : toute l'année.

1	6	3	8	1	1	1	8	18	1,5

RENAUT Réjane - La Marhatte - 22430 ERQUY - Tél : 02 96 72 04 13

ERQUY La Couture *C.M. 59 Pli 4*

4 ch. **Cap Fréhel, visite du phare et site naturel avec réserve d'oiseaux.** Dans la maison des propriétaires, 2 chambres : 1 ch. (2 pers.), s.e, wc privés, 1 unité familiale de 2 pièces, 2 épis, s.d.b et wc privés. Dans une annexe rénovée, 2 unités familiales de 2 pièces, s. d'eau, wc privés. Salon, séjour, véranda. L.linge à dispos. Poss. de cuisiner. Petit-déjeuner copieux avec produits maison. Tarif 4 pers. 400/450 F. Baby sitting. Taxe de séjour : 3.5 F/pers. Nous saurons vous conseiller pour que vous puissiez découvrir notre belle région avec ses plages sauvages de sable fin. Cap Fréhel : visite du phare et site naturel avec réserve d'oiseaux marins. Erquy, Port et Cap (Lac Bleu, four à Boulets).

Prix : 1 pers. **200/230 F** 2 pers. **230/280 F** 3 pers. **330/380 F**
pers. sup. **70 F**

Ouvert : toute l'année.

4	5	6	5	4	5	4	5	20	0,1

GUEGUEN Lucienne - La Couture - 22430 ERQUY - Tél : 02 96 72 38 59 - Fax : 02 96 63 51 54

ERQUY Le Dreneuf *C.M. 59 Pli 4*

3 ch. **Erquy 4 km, port et Cap (lac bleu), station balnéaire, site naturel.** Roselyne et sa famille vous accueillent dans une fermette annexe rénovée avec goût : 3 ch. avec s. d'eau et wc privés attenants dont 2 ch. (1 lit 2 pers.), 1 unité familiale de 2 pièces (2 lits 1 pers. 1 lit 2 pers). Poss. de cuisiner. Tarif 4 pers. 360/380 F. Dans un endroit calme et reposant, près des plages et des falaises du Cap d'Erquy et du Cap Fréhel. Château de Bien assis (17e) en grès rose.

Prix : 1 pers. **210 F** 2 pers. **220/240 F** 3 pers. **290/310 F** pers. sup. **70 F**

Ouvert : toute l'année.

1	3,5	4	8	1	3,5	1	10	18	2

GORIN Roselyne - Le Dreneuf - 22430 ERQUY - Tél : 02 96 72 10 07 ou 06 19 71 86 72 - Fax : 02 96 72 10 07

ERQUY Les Bruyères
C.M. 59 Pli 4

5 ch. **Cap Fréhel 15 km. Fort La Latte 18 km.** Dans ce cadre agréable et calme, hébergement de qualité et de grand confort. 5 chambres spacieuses avec téléphone, terrasse et balcon, s.e et wc privés dont 2 unités familiales de 2 pièces, comprenant chacune 1 ch. enfants, 1 ch. parents. 3 ch. 2 pers dont 1 ch avec terrasse et balcon. Salon avec TV, séjour avec cheminée. Poss. de cuisiner. Pelouse, salon de jardin. Détente, évasion et découverte de la Côte Sauvage et des plages de sable fin. Activités nautiques, sportives, culturelles sur des sites proches. Domaine idéal pour randonneurs et vététistes. Prix 4 pers : 470/530 F. Erquy, son port et son Cap (Lac Bleu, Four à boulets). Langue parlée : anglais.

Prix : 1 pers. **210/260 F** 2 pers. **290/340 F** 3 pers. **390/440 F** pers. sup. **100 F**

Ouvert : toute l'année.

1,5	10	1,5	12	1,5	1,5	1,5	10	25	1,5

DUTEMPLE Aline - Les Bruyères - Les Ruaux - 22430 ERQUY - Tél : 02 96 72 31 59 - Fax : 02 96 72 04 68

ETABLES-SUR-MER Le Sieurne
C.M. 59 Pli 3

4 ch. **Port à Saint-Quay Pontrieux 3 km. Bréhat 25 km.** Au cœur de la Côte du Goëlo, bâtiment annexe de caractère en pierre du pays : 4 chambres avec salle d'eau et wc privés dont 3 chambres 2 épis (1 lit pers) 1 ch. 3 épis (1 lit pers). Poss. de cuisiner. Cour, jardin, salon de jardin, barbecue. Parking privé. Chauff. électrique. Location vélos à 1 km, circuit VTT. Tennis couvert. Restaurant 1 km, Ferme Auberge 12 km. Randonnées.

Prix : 1 pers. **160 F** 2 pers. **220 F** pers. sup. **60 F**

Ouvert : toute l'année.

2	3	1	15	2	1	1	6	18	1

CHAPELET Christine - Le Sieurne - 22680 ETABLES-SUR-MER - Tél : 02 96 65 48 31

EVRAN Le Bois Tison
C.M. 59

3 ch. **Dinan 12 km. Bétineuc et son plan d'eau 2 km.** Nous vous recevrons dans 3 chambres avec chacune s.e et wc privatifs, situées à l'étage d'une maison ancienne en granit : 2 ch. (1 lit 2 pers.) 1 ch. (4 lits 1 pers.). Petit-déjeuner dans la salle à manger. Salon avec cheminée. Coin-cuisine indépendant. Jardin, salon de jardin, barbecue. Poss. accueil des hôtes en gare de Rennes. Dans un cadre reposant, venez goûter aux charmes de la campagne en bordure du canal d'Ille & Rance avec possibilité de promenades en calèche et location VTT sur place ou, vous promener sur le halage du canal. A voir, Dinan dominant de ses remparts la Vallée de la Rance.

Prix : 1 pers. **200 F** 2 pers. **250 F** 3 pers. **320 F** pers. sup. **60 F**

Ouvert : toute l'année.

30	20	0,5	10	2	0,1	2	5	12	1

MARY Annie & Patrick - Le Bois Tison - 22630 EVRAN - Tél : 02 96 27 57 37 ou 06 70 35 28 09 - Fax : 02 96 27 51 51

LE FAOUET Le Rohou
C.M. 59

4 ch. **Ile de Bréhat, Paimpol 13 km. Guingamp 17 km. Pontrieux 7 km.** Germaine et Claude vous accueillent dans leur fermette bretonne. 4 ch indépendantes de l'habitation avec s.e, wc privés dont au r.d.c avec entrée indépendante 1 ch 3 pers (1 lit 2 pers 1 lit 1 pers) et 1 unité familiale de 2 pièces en 2 épis (1 lit 2 pers. 2 lits 1 pers) sanitaires privés, s.e. A l'étage : 2 ch. dont 1 ch (1 lit 2 pers. 1 lit 1 pers.). 1 ch (1 lit 2 pers). Poss de cuisiner. A disposition : grand jardin, cour, salon de jardin. Ferme auberge et crêperie à 4 km. Située entre mer et campagne, vous apprécierez le calme, les randonnées, les balades en vélo. Langue parlée : anglais.

Prix : 1 pers. **180/200 F** 2 pers. **240/260 F** 3 pers. **300/360 F** pers. sup. **60 F**

Ouvert : toute l'année.

10	4	4	10	10	0,3	1,5	2	17	0,2

LE DIUZET Germaine - Le Rohou - 22290 LE FAOUET - Tél : 02 96 52 34 99

LE FAOUET Kergrist
C.M. 59 Pli 2

4 ch. **Paimpol 10 km.** Dans une maison rénovée, située dans le village, en bordure de route, 4 chambres dont à l'étage 1 unité familiale, lavabo, s.e, wc privés (1 épi) de 2 pièces avec chacune (1 lit 2 pers. 1 lit 1 pers). Au r.d.c : 3 chambres (2 épis) dont 1 ch accessible pour handicapés, (1 lit 2 pers), s.d.b, wc privés. Poss. de cuisiner. Grande salle pour l'accueil. Crêperie et ferme auberge à proximité. Temple de Lanleff (ancienne église romane circulaire). Tarif 4 pers : 280 F.

Prix : 2 pers. **230 F** 3 pers. **260 F**

Ouvert : toute l'année.

10	4	4	10	10	3	3	10	15	4

LE GOFF René et Marie-Jo - Kergrist - 22290 LE FAOUET - Tél : 02 96 52 31 08

LA FERRIERE La Métairie d'en Haut
C.M. 59 Pli 14

1 ch. **Forges du Vaublanc à Plémet 5 km. Loudéac 10 km..** Maison neuve située en campagne et proche de la ferme en production laitière. 1 unité familiale de 2 pièces (1 lit 2 pers. dans chaque ch.) avec salle d'eau et wc particuliers. Salle de séjour. Cour, pelouse, salon de jardin, barbecue. Restaurants 2 km. Tarif 4 pers., 250 F. Rivière Le Liè. Calvaire du XVe s. Eglise Notre-Dame (vitraux). Au village de St-Lubin, chapelle et vitraux du XVIe siècle. Lac de Guerlédan. Josselin, petite cité de caractère. Fôret de Brocéliande.

Prix : 1 pers. **100 F** 2 pers. **150 F** 3 pers. **200 F**

Ouvert : de juin à septembre.

50	20	5	4	5	1	5	4	10

BRUNEL Hélène - La Métairie d'en Haut - 22210 LA FERRIERE - Tél : 02 96 25 62 69

FREHEL Le Relais de Fréhel  *C.M. 59*

5 ch. **Cap Fréhel (réserve ornithologique) 2 km. Fort La Latte 3 km.** Ancienne ferme en pierre du 19è s. entièrement restaurée, située dans un parc boisé de 2 ha. 4 chambres avec s.e, wc attenants & privés dont 2 ch 3 épis (1 lit 2 pers.) 2 ch. 2 épis (1 lit 2 pers. 2 lits 1 pers.). 1 unité familiale de 2 pièces 2 épis : 1 ch. s.e, wc privés & attenants (1 lit 2 pers) 1 ch., s.d.b. attenante (1 lit 1 pers.). Salon avec cheminée. Petit-déjeuner servi dans la salle à manger. Grand jardin fleuri avec salon de jardin, jeux enfants, parking. Propriété située à l'écart de la route et au cœur de la Lande de Fréhel (site protégé de 400 ha en bord de mer). Chemins de randonnées (GR34). Tennis dans la propriété. Langue parlée : anglais.

Prix : 2 pers. **300 F** pers. sup. **80 F**

Ouvert : de Pâques à la Toussaint, week-ends et vacances scolaires.

2	8	0,1	17	2	1,5	15	4	4

FOURNEL Myriam - Le Relais de Fréhel - La Ville Besnard-Plevenon - 22240 FREHEL - Tél : 02 96 41 43 02 - Fax : 02 96 41 30 09

FREHEL-PLEVENON La Teusse *C.M. 59 Pli 5*

3 ch. **Cap Fréhel 4 km. Saint-Malo et Dinan 40 km.** Maison coquette à 800 m du bourg, vue sur la campagne et calme assuré. 3 chambres confortables avec salle d'eau, wc privés. Au r.d.c : 1 ch. (1 lit 2 pers.) A l'étage, 2 ch. : 1 ch (1 lit 2 pers.), 1 ch. (2 lits 1 pers.). Petit déjeuner dans la salle à manger avec réfrigérateur à disposition. Décor rustique, barbecue et équipement de jardin. Table d'hôtes : 95 F sur réservation sauf le dimanche soir. Sentier pédestre GR 34.

Prix : 1 pers. **210 F** 2 pers. **230 F**

Ouvert : d'avril à mi-novembre.

2	1	4	15	4	2	15	4	20	0,8

HERVE Josette - La Teusse - 22240 PLEVENON-FREHEL - Tél : 02 96 41 46 02

FREHEL-PLEVENON *C.M. 59*

2 ch. **Cap Fréhel (visite du phare) 5 km. La Latte (forteresse du 14e) 5 km.** Dans le calme du petit bourg de Plévenon, Martina et Philippe vous accueillent dans cette ancienne maison joliment décorée, en pierre et poutres apparentes. A l'étage, 1 ch. 2 épis, 1 ch. 3 épis, confortables avec salle d'eau et wc privés (1 lit 2 pers. 1 lit 1 pers.). Petit-déjeuner servi dans la salle de séjour. Jardin. Parking privé. Proche du Cap Fréhel avec ses sentiers de randonnées et ses belles plages. Idéalement situé pour visiter le Mt-St-Michel, St-Malo, Les Iles Bréhat et toute la côte d'Emeraude. Site naturel d'oiseaux marins. Langues parlées : allemand, anglais.

Prix : 1 pers. **220 F** 2 pers. **280/300 F** 3 pers. **370/400 F**

Ouvert : de Pâques à octobre.

1,5	5	3	15	1,5	SP	3	30	0,3

LEGARS Martina et Philippe - Rue Notre-Dame - Plévénon - 22240 FREHEL - Tél : 02 96 41 55 02

FREHEL-PLEVENON *C.M. 59 Pli 5*

2 ch. **Cap Fréhel et Fort La Latte 3,5 km.** A l'étage d'une maison traditionnelle, 2 chambres avec salle d'eau, wc privés communiquants : 1 ch. (1 lit 2 pers. 1 lit 1 pers.). 1 ch. (1 lit 2 pers.). Chauffage central. Salon. Cuisine à disposition. Terrasse, pelouse. Située, à la sortie du Bourg de Plévenon, à 1,5 km des plages. Très calme. Sentier pédestre GR 34.

Prix : 1 pers. **200 F** 2 pers. **230/250 F** 3 pers. **300/320 F**

1,5	5	1	15	1,5	1,5	1,5	1	30	0,3

DESCLOS Nicole - Rue du Vieux Bourg - Plévénon - 22240 FREHEL - Tél : 02 96 41 57 34

GOMENE Le Bas du Bois **A** *C.M. 59 Pli 14*

2 ch. **Les trois croix du Tertre Feuillet.** Edith et Joseph vous accueillent dans 2 chambres à l'étage avec salle d'eau et wc privés, agréablement aménagées avec vue sur le plan d'eau de la ferme auberge où vous pourrez prendre un repas pour 80 F/pers. 1 unité familiale de 2 pièces (2 lits 2 pers), 1 ch (1 lit 2 pers). Salon de jardin à disposition. Tarif 4 pers : 400 F. Ferme auberge sur place. Parents et enfants seront comblés par les animaux de la ferme et pourront découvrir les sentiers pédestres et VTT. Pêche sur place dans le plan d'eau. A proximité : Moncontour, cité médiévale, Quintin, cité de caractère. Chapelle de Roquetton, Menhir de la Pellionaye.

Prix : 1 pers. **200 F** 2 pers. **230 F** pers. sup. **60 F** repas **80 F**

Ouvert : toute l'année sur réservation.

60	6	18	60	0,1	18	6	6

GUILLORY Edith - Le Bas du Bois - Le Cadran Solaire - 22230 GOMENE - Tél : 02 96 86 54 47 - Fax : 02 96 67 41 10

GOMENE La Hersonnière d'en Haut (TH) *C.M. 59 Pli 14*

3 ch. **Loudéac 20 km.** Demeure du 19è s. au centre Bretagne dans un domaine de 7 ha face à un plan d'eau. 3 chambres avec salle d'eau, wc privés attenants dont 1 au 2è étage : Iris (2 lit jumeaux). A 1er étage, 1 suite Eglantine (1 lit 2 pers. 1 lit 1 pers) et 1 unité familiale de 2 pièces Marguerite (1 Lit 2 pers. 2 lits 1 pers). Petit déjeuners copieux et table d'hôtes le soir (cuisine régionale avec produits du potager). A disposition, salon avec vue sur l'étang privé. Poss. de pêche. Jardin, salon de jardin. Tarif 4 pers : 560 F. A 20 km, piscine ludique à Loudéac. Langue parlée : anglais.

Prix : 1 pers. **250/330 F** 2 pers. **280/350 F** 3 pers. **470 F** repas **100 F**

Ouvert : toute l'année.

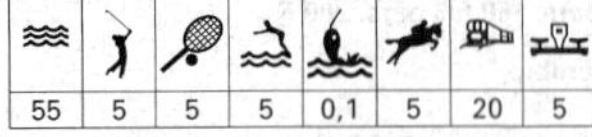

55	5	5	5	0,1	5	20	5

LE MEAUX Gérard - La Hersonnière d'en Haut - 22230 GOMENE - Tél : 02 96 28 48 67 - Fax : 02 96 28 48 67

GOMMENEC'H Kerbalan

C.M. 59

2 ch. A la ferme, Brigitte et Joël vous accueillent dans leur maison de caractère, fleurie et très calme. 2 ch. spacieuses à l'étage avec sanitaires privés : 1 ch. (1 lit 2 pers. de 1,60 m), 1 ch. (1 lit 2 pers.)(sur demande 2 lits 1 pers.). Salon, séjour. Cour, pelouse, salon de jardin, portique. Restaurants à 500 m. Venez visiter l'élevage de porc et découvrir notre métier. Point de départ idéal pour une escapade en Côtes d'Armor, côtes et campagne bretonnes à la fois. Paimpol : Ile de Bréhat, Abbaye de Beauport. Côte de Granit Rose. Châteaux et enclos paroissiaux. Langue parlée : anglais.

Prix : 2 pers. **220/250 F** pers. sup. **50 F**

Ouvert : toute l'année.

11	11	7	15	10	8	10	4	15	0,5

VINCENT Joël & Brigitte - Kerbalan - 22290 GOMMENEC'H - Tél : 02 96 52 32 11 ou 06 81 55 44 60 - Fax : 02 96 52 32 11

GOUDELIN Lespoul

C.M. 59 Pli 2

2 ch. Dans une maison récente de style breton, 2 chambres d'hôtes spacieuses avec lavabo (2 lits 2 pers.) avec salle de bains, wc communs. Salon de jardin, salle de séjour à disposition. jardin fleuri et pelouse ombragée. Située à 13 km des plages. Chemin pédestre à 1 km dans une très belle vallée. Ferme-auberge à 8 km. Lanvollon : parc botanique. Vallée et moulins du Leff. Craquelins de Lanvollon.

Prix : 1 pers. **170 F** 2 pers. **190 F** 3 pers. **230 F**

Ouvert : toute l'année.

13	12	1	13	13	1	13	1	13	1

VINCENT André - Lespoul - 22290 GOUDELIN - Tél : 02 96 70 07 79

HENANBIHEN La Vallée

C.M. 59

1 ch. **Dinard et Saint-Malo 30 mn. Ville médiéval de Dinan 30 mn.** Sur une exploitation agricole (production laitière), dans une longère restaurée mitoyenne avec 2 gîtes, 1 ch. plein sud avec entrée indépendante, salle d'eau et wc privés (1 lit 2 pers. 1 lit 1 pers.). Terrain commun de 750 m2 avec jeux et salons de jardin. Située à 10 mn des plages de sable fin de St-Cast, Sable d'Or, Cap Fréhel. Calme, détente et repos sont assurés. A proximité des Falaises du Cap Fréhel, d'Erquy.

Prix : 1 pers. **200 F** 2 pers. **250 F** 3 pers. **280 F**

Ouvert : toute l'année.

12	15	2	12	12	12	10	12	7	1

CARFANTAN Marie-Claire - La Vallée - 22550 HENANBIHEN - Tél : 02 96 34 07 49 - Fax : 02 96 34 07 49

HENON Les Grands Moulins

C.M. 59 Pli 13

2 ch. **Moncontour 1 km.** Maison dans un cadre de verdure avec plan d'eau. 1 ch. (1 lit 2 pers) 1 ch. (2 lits 1 pers). avec salle d'eau et wc privés. Parking, aire de jeux. Restaurant 1 km. Sentier pédestre à proximité. A Moncontour fête médiévale : 3è quinzaine d'août.

Prix : 1 pers. **150 F** 2 pers. **200 F**

Ouvert : toute l'année.

25	25	1	20	25	15	25	15	15	1

ROUILLE Solange - Les Grands Moulins - 22150 HENON - Tél : 02 96 73 40 82 - Fax : 02 96 73 40 82

KERBORS Troezel Vraz

C.M. 59

5 ch. **Kerbors 2 km.** Dans un manoir du XVIIè s, entouré de 2 ha de verdure. 5 ch. de caractère entièrement rénovées, s.e, wc privés. Au r.d.c, 1 unité familiale de 3 pièces. A l'étage, 4 ch. dont 3 ch. 2 pers. et 1 unité familiale 3 pers. Poss. lit suppl. Petit-déjeuner maison (confitures, yaourts). Légumes du jardin. Salon bibliothèque, cheminée. Cour, jardin paysager, terrasse. Salon de jardin. Repas enfant 50 F. VTT à disposition. Au cœur de la Presqu'Ile Sauvage, coin de Bretagne qui a su protéger sa côte et son patrimoine culturel, découvrez Troezel Vras, situé à mi-chemin entre Bréhat et Perros-Guirec, Tréguier et Paimpol. Formule randonneur GR34. Langue parlée : anglais.

Prix : 1 pers. **260/300 F** 2 pers. **300/330 F** 3 pers. **400/440 F** pers. sup. **80 F** repas **95 F**

Ouvert : d'avril à fin octobre.

3	19	7	10	3	3	3	15	15	2

MAYNIER J.Marie & Françoise - Troezel Vras - 22610 KERBORS - Tél : 02 96 22 89 68 - Fax : 02 96 22 90 56 - E-mail : troezel.vras@free.fr - http://www.troezel.vras.free.fr/

KERMARIA-SULARD

C.M. 59 M Pli 1

2 ch. **Tréguier 16 km. Louannec 3 km. Perros-Guirec 5 km.** Dans un cadre rustique et reposant, maison bretonne rénovée. A l'étage, 2 chambres : 1 ch (1 lit 1.40 m) salle de bains, wc privés attenants, 1 ch (1 lit 1.40 m, 1 lit 1.10 m) salle d'eau, wc privés attenants. Salon à disposition. Petit-déjeuner servi dans la salle de séjour. Parking privé. Salon de jardin, barbecue, 1200 m^2 de pelouse. De là, vous découvrirez la côte de Granit Rose, les 7 Iles et de nombreux sites et circuits pittoresques. Plages. Circuit GR 34 à proximité. Côte de Granit Rose. Cosmopolis. Forum à Trégastel. Village Gaulois. Ploumanac'h. Langue parlée : anglais.

Prix : 1 pers. **210 F** 2 pers. **230/250 F** 3 pers. **300 F**

Ouvert : de Pâques à la Toussaint.

3	12	1	7	3	3	7	12	7	3

LAUWAERT Claudine - 6, chemin de Croas Perff - Fospoul - 22450 KERMARIA SULARD - Tél : 02 96 49 05 64 - Fax : 02 96 49 05 64

KERPERT Gars an Cloarec

C.M. 59

3 ch. **Plan d'eau et étang 8 km. Lac de Guerlédan 20 km, site de bon repos.** Dans un cadre boisé et vallonné, bien situé pour rayonner sur toute la Bretagne, vous trouverez le calme à Gars An Cloraec sur l'exploitation agricole : 3 ch. 2 pers., poss. lit supplém. pour enfant, chacune équipée de salle d'eau et wc attenants. Les petits-déjeuners vous seront servis dans une salle qui a gardé son authenticité avec son lit clos. Vaisselier et grandes armoires d'autrefois. A Kerpert, l'église St-Pierre XVIe. l'Abbaye de Coat-Malouen du XIIè siècle. Chapelle du Guiaudet avec son carillon de 17 cloches, calvaire et ossuaire à Lanrivain. Musée de l'école à Bothoa. Randonnées sur place.

Prix : 1 pers. **150 F** 2 pers. **200 F** pers. sup. **70 F**

Ouvert : d'avril à octobre inclus.

45	1,5	7	45	8	8	4	1,5

LE BRETON Pierre - Gars-an-Cloarec - 22480 KERPERT - Tél : 02 96 24 32 16 - Fax : 02 96 24 34 22

LANCIEUX Les Hortensias - Villeneuve

C.M. M/59

3 ch. **Dinan 20 km. Saint-Malo 20 km. Dinard 8 km. Fort La Latte 30 km.** Dans une maison de caractère, en bordure de la route côtière Ploubalay - Lancieux, 3 chambres avec salle d'eau et wc privés. Salon de jardin, barbecue et parking à disposition. Entrée indépendante. Restauration. Lancieux, station balnéaire. Vous pourrez visiter le Moulin du Buglais du XVIe siècle. La Vallée et berges du Frémur et à Ploubalay : panorama du chateau d'eau (54 m) offrant une vue magnifique. Cap Fréhel 30 km. Langue parlée : anglais.

Prix : 1 pers. **250 F** 2 pers. **300 F** 3 pers. **380 F**

Ouvert : toute l'année.

0,5	4	0,5	10	1	0,5	0,6	4	0,5

COSSON Jacqueline - Les Hortensias - Villeneuve - 22770 LANCIEUX - Tél : 02 96 86 31 15 ou 06 70 08 35 29

LANCIEUX Les Fusains

C.M. 59

2 ch. Danièle vous accueille dans cette ancienne ferme, demeure de caractère, où les meubles anciens se marient avec le confort du moderne. Les 2 chambres, 1 ch (1 lit 2 pers) 1 ch (2 lits jumeaux) sont aménagées dans une annexe située dans le grand jardin fleuri. Poss. lit suppl. Sanitaires privés. Sèche cheveux, nécessaire pour café et thé. Salon de jardin pour chq ch. Petit-déjeuner servi dans la salle-à-manger familiale. Réfrigérateur et barbecue à disposition. Parking privé. Idéalement situé pour visiter le Mont Saint Michel, St-Malo, Dinan, Dinard et toute la Côte d'Emeraude. Langue parlée : anglais.

Prix : 2 pers. **270/300 F** pers. sup. **80 F**

Ouvert : de Pâques au 1er novembre.

0,5	3	1	6	0,5	0,5	0,5	3	15	0,2

EASTWOOD Danièle - Les Fusains - 16, rue du Centre - 22770 LANCIEUX - Tél : 02 96 86 30 37 - Fax : 02 96 86 30 37

LANDEBIA Le Pont à l'Ane

C.M. 59 Pli 4-5

5 ch. **Saint-Cast 12 km. Cap Fréhel 15 km.** Dans une ferme ovine, à 1 km de la forêt de la Hunaudaye, 5 ch. : 4 ch. 2 épis, 1 ch. 1 épi. A l'étage : 3 ch. (1 lit 2 pers), 1 ch. (1 lit 2 pers, 1 lit 1 pers), salle d'eau, wc privés. Barbecue et réfrigérateur. Au-dessus d'un gîte rural sur place, 1 ch. entrée privée (1 lit 2 pers., 1 lit 1 pers.), salle d'eau, wc privés, coin-cuisine aménagé. A quelques km, vous découvrirez : Fort La Latte cité corsaire, Dinan ville d'art et d'histoire. Langue parlée : anglais.

Prix : 1 pers. **230 F** 2 pers. **235/250 F** 3 pers. **295/310 F** pers. sup. **60 F**

Ouvert : toute l'année.

10	10	1	8	10	1	10	7	8	SP

ROBERT Nicole - Le Pont à L'Ane - 22130 LANDEBIA - Tél : 02 96 84 47 52 - Fax : 02 96 84 47 52

LANGOAT

C.M. 59

1 ch. **Tréguier et sa cathédrale 5 km. Paimpol 20 km. Ile de Bréhat.** Ravissante maison tout en granit très confortablement aménagée. A l'étage, 1 unité familiale de 2 pièces très lumineuses avec petit salon coin lecture attenant (1 lit 2 pers., 2 lits jumeaux 1 mx 2, 1 lit 1 pers. 0.90 x 1.90) s.d.b, wc privés. Dans la salle à manger face à une grande baie petit-déjeuner copieux (crêpes, gateaux maison). Terrasse. Jardin. Barbecue. Idéalement située entre Paimpol et Perros-Guirec, au calme, dans une route sans issue et jouissant d'un bel environnement dans un jardin paysager (3000 m²) avec une superbe vue sur la campagne découvrant sept clochers. Ecole de voile à Port-Blanc. Perros-Guirec Côte de Granit Rose 15 km.

Prix : 2 pers. **300 F** pers. sup. **80 F**

Ouvert : toute l'année.

12	20	0,6	7	1,5	1,5	1,5	3	25	0,6

BOUGET Marie-Françoise - 9, rue du Fort Castel-du - 22450 LANGOAT - Tél : 02 96 91 32 12

LANGOAT Le Porjou

C.M. 59

2 ch. **Perros-Guirec 15 km. Château de la Roche-Jagu 7 km.** Dans une maison en pierre et sur l'exploitation, 2 chambres. 1 chambre 3 épis (1 lit 2 pers., 1 lit 1 pers.), s.e et wc privés attenants, 1 chambre 2 épis (1 lit 2 pers.), salle d'eau privée attenante, wc privés. Petit déjeuner servi dans la salle à manger. Jardin, salon de jardin. Située à 10 km de la plage de Trestel et 10 km de Plougrescant (gouffre, pointe du château). Langue parlée : anglais.

Prix : 1 pers. **180 F** 2 pers. **250 F** pers. sup. **70 F**

Ouvert : du 1er avril au 30 septembre.

12	20	0,6	6	1,5	1,5	1,5	3	25	0,6

LE SOUDEER Marie-Gabrielle - Le Porjou - 22450 LANGOAT - Tél : 02 96 91 36 53

LANGROLAY-SUR-RANCE La Benatais

C.M. 59 Pli 6

1 ch. **Dinan 14 km. Saint-Malo 16 Km. Dinard 9 km.** Elizabeth vous accueille dans une charmante maison du pays, chaudement aménagée & raffinée. 1 ch (2 lits 1 pers) prix 1 pers 245 F/2 pers 275 F, et 1 petite pièce à côté de 2 pers. avec s.d.b, wc privés (2 lits 1 pers superposés) prix 1 pers 100 F/2 pers 150 F. Petit déjeuner copieux. Salon de jardin, barbecue, parking. Rivière 1 km. Remise 10 % sur séjour supérieur à 3 jours en hors saison. Dans ce cadre boisé et ce jardin fleuri, vous aurez le plaisir de découvrir le pays de la Rance & ses villes historiques : Dinan, ville historique, St-Malo, cité corsaire, Dinard, station balnéaire. Langue parlée : anglais.

Prix : 1 pers. **245 F** 2 pers. **275 F**

Ouvert : toute l'année.

2	18	2	9	2	1	6	9	14	2

SYKES Elisabeth - La Bénatais - 22490 LANGROLAY-SUR-RANCE - Tél : 02 96 86 86 24 - E-mail : liz.sykes@wanadoo.fr

LANGUENAN La Ville es Gicquiaux

C.M. 59

1 ch. **Dinan 8 km. Plédéliac 10 km. Cap Fréhel 15 km.** Dans une ancienne ferme, maison de caractère située au calme dans un cadre boisé et fleuri, exposée plein sud : 1 unité familiale de 2 pièces 1 ch (1 lits 2 pers) 1 ch (2 lits 1 pers), salle de bains, wc. Poss. lit supplémentaire. Salle à manger rustique pour le petit-déjeuner. Salon à disposition. Pelouse, salon de jardin. Tarif 4 pers. 420 F. A voir, Dinan cité médiévale, St-Malo cité corsaire, Fort La Latte avec sa réserve d'oiseaux.

Prix : 2 pers. **230 F** 3 pers. **320 F** pers. sup. **50 F**

Ouvert : toute l'année.

7	23	6	10	7	8	7	6	8	2

MEHOUAS Odile - La Ville des Gicquiaux - 22130 LANGUENAN - Tél : 02 96 27 90 80

LANISCAT Restano

C.M. 59 Pli 12

2 ch. **Abbaye de Bon-Repos et Gorges du Daoulas 5 km. Lac de Guerlédan 6 km.** Dans une maison en pierre du pays, située dans le village. 2 ch. 2 pers. avec salle de bains et wc communs. Salle de séjour et salon rustique à la disposition des hôtes. Possibilité de cuisiner. Jardin, salon de jardin. Restaurant 2 km. Plussulien à 5 km. Gouarec 6 km. Lac, plage, baignade, ski-nautique, forêt à 10 km.

Prix : 1 pers. **100 F** 2 pers. **140 F** 3 pers. **160 F**

Ouvert : toute l'année.

60	25	6	10	10	10	10	10	50	6

CHEVANCE Marie-Paule - Restano - 22570 LANISCAT - Tél : 02 96 36 95 03

LANLEFF Keravel

C.M. 59

2 ch. **Paimpol 9 km. Bréhat 15 km. Château de Coatguelen 2,5 km.** Yves et Jeanine vous proposent dans une annexe mitoyenne à leur maison, 2 chambres 2 épis (1 lit 2 pers), avec salle d'eau, wc attenants et privés. Entrées indépendantes. Possibilité de cuisiner. Barbecue dans le jardin. Coin détente et salle à manger commune pour le petit déjeuner. Au calme, à deux pas du Temple de Lanleff et de la rivière Le Leff. 7 km des plages de Plouézec et de Plouha. Temple de Lanleff à 500 m (ancienne église romane circulaire).

Prix : 1 pers. **200 F** 2 pers. **220/230 F**

Ouvert : toute l'année.

8	2	10	10	8	1	10	10	10	3

CRENAN Yves & Janine - Keravel - 22290 LANLEFF - Tél : 02 96 22 32 17 - Fax : 02 96 22 32 17

LANNION Poutillieo-Brélévenez

C.M. 59

3 ch. Dans leur authentique maison de caractère du XVIè siècle, située dans un environnement très calme et protégé, 10 ha de verdure. Mr. Mme LE COULS vous recevront chaleureusement dans 3 ch. (1 lit 2 pers.) : 1 ch. (chouette), s.e privée, wc privés non attenants, 1 ch (poisson) 3 épis, s.e. wc privés, 1 ch (chat), s.e. wc privés. Pour un séjour de plus de 4 nuits, possibilité de disposer gracieusement d'un habitat indépendant pour préparer son dîner (table et cuisine). Chemin boisé aboutissant au GR Lannion/Perros. Lannion, cité historique et capitale du Trégor. Brélévenez, église templière et son escalier de 142 marches. Langue parlée : anglais.

Prix : 1 pers. **200 F** 2 pers. **250 F** pers. sup. **50 F**

Ouvert : de mai au 15 septembre.

10	7	2	2	10	5	5	7	2,5	2

LE COULS Jean-Pierre - Rue de Pourquéo - Brelevenez - 22300 LANNION - Tél : 02 96 48 52 10 - Fax : 02 96 48 52 10

LANVOLLON Glehigneaux

C.M. 59 Pli 3

2 ch. A la campagne, dans le calme, entourée d'un grand parc, maison bretonne, de caractère et rénovée. A l'étage : 2 chambres avec lavabo, salle de bains et wc communs. Petite cuisine pour les 2 ch. Séjour, salon, grande véranda disponible le soir pour dîner. Parc avec terrasse pour grillades et pique-nique. Allée de boules. Chevaux. Restaurants 1 km. Lanvollon : parc botanique, Manoir d'Avaugour.

Prix : 1 pers. **180 F** 2 pers. **200 F** 3 pers. **260 F** pers. sup. **50 F**

Ouvert : toute l'année.

8	10	1	10	8	0,2	12	1	SP	1

NICOLAS Jean-François - Glehigneaux - 22290 LANVOLLON - Tél : 02 96 70 14 37

LEZARDRIEUX  *C.M. 59 Pli 2*

6 ch. **Sillon du Tabert 10 km. Ile de Bréhat 15 km. Circuit des Ajoncs 25 km.** M.Yvette & Robert seront heureux de vous accueillir dans la presqu'Ile Sauvage dans une ancienne étable rénovée : 4 chambres 2 pers en 3 épis, salle d'eau, wc privés, dont 1 de 3 pers : 1 ch 3 pers. (1 lit 2 pers., 1 lit 1 pers.). Dans la maison des propriétaires : 2 ch. 1 épi dont 1 (2 lits 1 pers) salle de bains, wc communs. Dans un séjour rustique, un copieux petit-déjeuner vous attend. A disposition : salon avec TV, jardin, salon de jardin, terrasse, barbecue, pique-nique, portique et jeux de boules. Randonnées GR 34 à proximité.

CV

Prix : 1 pers. **220 F** 2 pers. **250 F** pers. sup. **100 F**

3	3	15	3	15	3	3

GUILLOU M.Yvette - 5, rue de Kervoas - 22740 LEZARDRIEUX - Tél : 02 96 20 14 53

LEZARDRIEUX Croas Hent *C.M. 59 M Pli 2*

1 ch. Sur l'exploitation légumière dans un ensemble d'anciens bâtiments restaurés, 1 unité familiale de 2 pièces avec salle d'eau et wc privés à chaque ch. au r.d.c : 1 ch. (1 lit 1.40 m), et à l'étage : 1 petite ch. (2 lits 0.90). Pour votre confort et les repas, une véranda aménagée avec kitchenette. Petit-déjeuner servi dans la salle de séjour. Retrouvez le calme et la tranquilité de la campagne à proximité de Paimpol, de l'Ile de Bréhat et des plages. GR 34 sur place. Tarif 4 pers : 500 F.

CV

Prix : 2 pers. **260 F** 3 pers. **385 F**

Ouvert : toute l'année.

5	2	7	1,5	7	7	7	2

CARRIOU Michel - Croas Hent - 22740 LEZARDRIEUX - Tél : 02 96 22 21 82 - Fax : 02 96 22 21 82 -
E-mail : michel.CARRIOU@wanadoo.fr

LEZARDRIEUX Lan Caradec *C.M. 59 Pli 2*

4 ch. **Paimpol 6 km. Tréguier : sa ville et sa cathédrale 8 km par le GR 34.** Maison indépendante de style bourgeois. 4 chambres avec balcon, salle de bains et wc privés. 1 ch. 3 pers, 1 ch 4 pers, 2 unités familiales de 2 pièces dont 1 ch. 5 pers. 1 ch. 4 pers. Séjour, salon avec cheminée du XVIIè s. Cour, jardin, bois, parking privé. Karaté sur place, table de ping-pong. Piano. Un accès direct à la plage et vue panoramique sur le port de Lézardrieux où Georges Brassens a vécu. GR34 sur place ainsi que mer, pêche, voile. Tarif 4 pers. 370/400 F, 5 pers. 460 F. Langues parlées : anglais, japonais.

CV

Prix : 1 pers. **220 F** 2 pers. **260/280 F** 3 pers. **320/340 F** pers. sup. **60 F**

Ouvert : toute l'année.

0,1	10	1	6	0,1	0,1	0,1	8	6	0,5

WAKE Edith et Toshihiko - Lan Caradec Route des Perdrix - 22740 LEZARDRIEUX - Tél : 02 96 20 10 25

LOUANNEC Goas ar Ian  *C.M. 59 Pli 1*

2 ch. **Pleumeur Bodou : 10 km. Trégastel : 6 km.** En plein cœur de la Côte de Granit Rose, maison ancienne restaurée sur 5 ha. A l'étage, 2 chambres 2 pers. avec literie de 1.60 m x 2 m dont 1 ch. salle d'eau, wc privatifs, 1 ch. salle bains, wc privatifs. Parking privé. Salon de jardin, barbecue. Petits déjeuners bretons. Table d'hôtes de qualité sur réservation, avec produits locaux frais. Vous goûterez en toute tranquillité le charme et le calme du jardin paysager et arboré, le confort de cette maison et les plaisirs de la mer. A voir : Ploumanac'h, réserve d'oiseaux des Sept Iles, sentiers des douaniers, Planétarium. Langues parlées : anglais, espagnol.

CV

Prix : 1 pers. **280 F** 2 pers. **310/340 F** pers. sup. **100 F** repas **115 F**

Ouvert : de février à mi-octobre. Hors saison sur demande.

2	5	2	5	2	2	5	5	2

MICHEL Nicole et André - Goas ar Lan - 22700 LOUANNEC - Tél : 02 96 49 08 54 ou 06 13 60 75 94 - Fax : 02 96 49 00 29

LOUANNEC Le Colombier de Coat Gourhant *C.M. 59 Pli 1*

4 ch. **Perros-Guirec 2,5 km. Musée des Télécom 7 km. Chemin des Douaniers 4km** Dans une aile indépendante de cette ferme rénovée, 4 chambres mansardées gaies et lumineuses, lavabo, s.e., wc privés : 2 ch. (1 lit 2 pers) 1 ch. (1 lit 1.60m) 1 ch. (2 lits 1 pers). Pièce commune où, s'harmonisent bois & pierre, chacun dispose de sa table pour le petit-déjeuner. Vaste aquarium marin pour le bonheur de tous. Salons de jardin. Parking. Réfrigérateur à disposition, pique-nique poss. En plein cœur de la Côte de Granit Rose, vous apprécierez le charme et le grand calme de la campagne et les plaisirs de la mer. Perros-Guirec, station balnéaire avec casino. Langue parlée : anglais.

CV

Prix : 1 pers. **250 F** 2 pers. **280 F**

Ouvert : de mars à fin octobre. Hors saison sur demande.

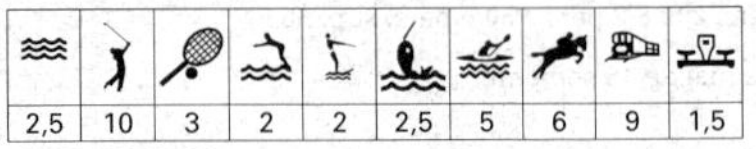

2,5	10	3	2	2	2,5	5	6	9	1,5

FAJOLLES - Le Colombier de Coat Gourhant - 22700 LOUANNEC - Tél : 02 96 23 29 30

MATIGNON Le Clos Saint-Germain  *C.M. 59*

5 ch. **la Baie de la Fresnaye 500 m.** Au calme, dans cette ancienne ferme, nous vous proposons au r.d.c, 2 chambres 2 épis avec entrée indépendante, s.e, wc privés dont 1 ch. (1 lit 2 pers) 1 ch. (2 lits 1 pers). Poss. lit suppl. A côté et à disposition : cuisine, s.d.b, wc. A l'étage 3 ch. 2 pers avec lavabo, s.e et 2 wc communs sur le palier. Poss. de cuisiner. Cour et jardin. Jeux enfants : tobbogan, balançoire. 3 km de la plage. Pléboulle : chapelle Notre-Dame du Temple (XIVe s). Vallée du Frémur. Village de St-Germain de la Mer.

CV

Prix : 1 pers. **170 F** 2 pers. **190/220 F**

Ouvert : de février au 15 novembre.

0,5	5	5	5	5	1	12	5	25	2

HAMON Christiane - Le Clos Saint-Germain - 22550 MATIGNON - Tél : 02 96 41 14 56 ou 02 96 41 14 56

MERLEAC La Clé des Garennes

TH — C.M. 59

1 ch. **Barrage de Guerlèdan 10 km (Mur de Bretagne).** Dans un paysage vallonné et boisé, Valérie et Joël vous accueillent dans leur maison de construction récente : 1 chambre avec salle d'eau, wc privés (1 lit 2 pers.). Grand jardin d'agrément, salon, aire de jeux, portiques, jeux de boules. Table d'hôtes le soir sur réservation. Lit bébé 30 F. Lac de Bosméléac à 5 km avec plage artificielle, pêche. Sentiers de randonnée de Bosméléac à Hilvern. Rigole d'Hilvern : bief d'alimentation du canal de Nantes à Brest.

Prix : 1 pers. **150 F** 2 pers. **200 F** 3 pers. **250 F** repas **70 F**

Ouvert : toute l'année.

30	2	2	15	5	1	10	5	5

GUILLO Valérie - La Clé des Garennes - 22460 MERLEAC - Tél : 02 96 26 25 29 ou 06 81 24 89 30

MERLEAC Kerdaval

TH — C.M. 59 Pli 12-13

4 ch. **Merléac : Chapelle Saint-Jacques (14e). Lac et barrage de Bosméléac.** Entre deux Lacs, au cœur de la Bretagne, Colette & Michel vous accueillent dans leur maison, au calme. A l'étage, 1 ch. 2 épis, 2 ch. 3 épis (vue magnifique sur la campagne), s.e, wc privés. En rez-de-jardin, 1 ch. acceptant les animaux (2 épis), entrée indép., s.e, wc privés. Salle-à-manger spacieuse & rustique, coin-salon (cheminée-bibliothèque). T. d'hôtes à la table familiale (produits maison : miel, cidre). Véranda spacieuse donnant sur un parc (cerfs-biches-grande variété d'oiseaux). Pelouse fleurie. Jeux de boules, poneys. Loc. vélos, VTT. Stuée dans une région boisée & vallonnée où la nature est protégée.

Prix : 1 pers. **160/180 F** 2 pers. **200/210 F** 3 pers. **260/280 F** repas **75 F**

Ouvert : toute l'année.

35	40	20	20	1	4	4	5	6	6

BEUREL Colette - Kerdaval - 22460 MERLEAC - Tél : 02 96 28 87 65

MONCONTOUR

C.M. 59 Pli 3

2 ch. **Mont de Bel Air 7 km.** Au cœur des Côtes d'Armor, vous serez accueillis aux chambres d'hôtes de l'Evron. Au r.d.c d'une annexe totalement indépendante de la maison des propriétaire : 2 ch. (1 lit 2 pers), avec salle d'eau, wc attenants privés. Garage pour vélos, motos. Restaurants à 500 m. Remise 5 % pour 5 nuits, 10 % pour 10 nuits. Situées au pied des remparts de la cité médiévale (fête, 2è quinzaine d'août-visites guidées). Animation tout l'été. Toit des Côtes d'Armor, panorama exceptionnel à 360e.

Prix : 1 pers. **160 F** 2 pers. **200 F**

Ouvert : toute l'année.

25	25	0,1	15	25	0,8	30	15	15	SP

Mme GOUELOU - 4, rue de la Vallée - 22510 MONCONTOUR - Tél : 02 96 73 55 12

MONCONTOUR

TH — C.M. 59

5 ch. **Moncontour 100 m, marquée par l'histoire de la chouannerie (musée).** Au cœur de la cité médiévale vous serez accueillis dans une belle demeure du XVIè siècle. A l'étage, 4 ch. avec salle d'eau, wc privés, dont 2 ch. (1 lit 2 pers, 2 lits 1 pers), 1 ch. (1 lit 2 pers, 1 lit 1 pers). Au 1er étage 1 unité familiale de 2 pièces (1 lit 2 pers 2 lits 1 pers.) en cours de classement. Plus 1 ch. (1 lit 2 pers) s.d.b, wc privés. Salon, cuisine, salle à manger. Cour, terrasse, salon de jardin, barbecue. Tarif 4 pers 420 F. T.H sur réserv. : 90 F si +de 4 jours, repas enfant 50 f. Moncontour où les murs abritent les évocations de pls siècles d'histoire, étape incontournable d'une visite en Bretagne.

Prix : 1 pers. **200 F** 2 pers. **250 F** 3 pers. **350 F** repas **95 F**

Ouvert : toute l'année.

20	25	0,5	17	20	0,1	10	5	17	0,1

LE RAY Christiane - 10, place de Penthièvre - 22510 MONCONTOUR - Tél : 02 96 73 52 18 - Fax : 02 96 73 52 18

LA MOTTE Le Haut de la Cour

C.M. 59 Pli 13

2 ch. **Loudéac 8 km, Eglise Saint-Nicolas et forêt domaniale.** Au calme, dans une maison rénovée en pierres, située sur une exploitation agricole, 2 chambres avec salle d'eau et wc particuliers. Pelouse. Possibilité de cuisiner. Piscine couverte à 8 km, sports nautiques à 10 km. Fête du cheval en août. Calvaire des Trois Fontaines à Hémonstoir 10 km.

Prix : 1 pers. **150 F** 2 pers. **200 F**

Ouvert : toute l'année.

35	15	5	8	10	4	10	8	10	5

LAMANDE Yvette - Le Haut de la Cour - 22600 LA MOTTE - Tél : 02 96 25 43 96

MUR-DE-BRETAGNE Le Pont Guern

C.M. 59

3 ch. **Pontivy 13 km.** Odile et yannick vous accueillent dans leur ancienne maison de ferme. A l'étage : 1 ch. 1 épi (1 lit 2 pers.), s.d.b., wc privés. 1 ch. (1 lit 2 pers) s.d.b, wc privés, 1 ch. (1 lit 2 pers, 1 lit 1 pers) s.d.b, wc privés. Petit déjeuner avec les produits de la ferme et confitures maison, servi dans une grande salle aux poutres & pierres apparentes. Petite basse-cour avec canards, poules exotiques. Nombreuses plantes. Four à pain traditionnel et restauré. Située au bord du Canal de Nantes à Brest. Poss. de recherche d'or avec un orpailleur. Poss. de pêche et promenades sur le halage. Guerlédan, son lac & sa forêt.

Prix : 1 pers. **150 F** 2 pers. **180/200 F** pers. sup. **50 F**

Ouvert : toute l'année.

50	SP	4	10	3	3	3	7	4

LE BOUDEC Yannick - Le Pont Guern - 22530 MUR DE BRETAGNE - Tél : 02 96 28 54 52 - Fax : 02 96 28 54 52

PAIMPOL *C.M. 59 Pli 2*

2 ch. **l'Ile de Bréhat (Côte sauvage de Plouézec).** Au calme, à 5 mn à pied du vieux Paimpol et du Port, dans leur maison récente avec jardin et parking, Yves & Andrée vous accueilleront à l'étage dans 2 chambres, l'une avec salle d'eau et wc attenants, l'autre avec salle d'eau et wc privés non attenants. Salon de jardin, barbecue. Grand choix de restaurants sur place. Promenades et pêche en mer. Située à 10 mn de la Côte Sauvage de Plouézec. Langues parlées : anglais, italien.

CV

Prix : 1 pers. **190 F** 2 pers. **230 F**

Ouvert : toute l'année.

1	1	1	1	1	0,5	0,5

AUFFRET Andrée & Yves - 2, allée du Ruisseau - Les Jardins de la Vieille Tour - 22500 PAIMPOL - Tél : 02 96 55 17 10 - Fax : 02 96 55 17 10

PAIMPOL *C.M. 59*

2 ch. **Pointe de l'Arcouest à 15 mn (embarcadère pour l'Ile de Bréhat).** Dans un quartier calme, à 100 m de la mer, Maguy vous accueille dans 2 chambres : 1 ch. (2 lits jumeaux), s.d.b. privée (baignoire, lavabo, douche, wc), 1 ch. (1 lit 2 pers.), lavabo, s. d'eau, wc privés. Petit-déjeuner copieux servi dans la salle à manger ou véranda (crêpes, far, confitures maison). Salon. Joli pavillon avec vue sur la pointe du Guilben, de style breton entouré d'un jardin paysager avec bassin d'agrément garni de nénuphars. Sentiers pédestres, accès par bord de mer à l'Abbaye de Beauport à 500 m. Port de Paimpol. GR34 à 100 m.

CV

Prix : 1 pers. **250/260 F** 2 pers. **270/280 F**

Ouvert : toute l'année.

0,1	0,5	2	2,5	0,3	6	1	10	1,5	1

RIOU Maguy - Les Genêts - 14, rue du Biliec - 22500 PAIMPOL - Tél : 02 96 20 73 81 ou 06 71 89 56 12

PAIMPOL Garden Zant Vignoc-Lanvignec *C.M. 59 Pli 2*

2 ch. **Port de Paimpol 900 m. Abbaye de Beauport 2 km.** Dans la grande maison, très calme, de style régional des propriétaires : 1 ch. 2 épis (l lit 2 pers.) avec lavabo, s. d'eau, wc attenants. Dans une annexe, 1 ch. 3 épis, (1 lit 2 pers., 1 lit 1 pers), s.e, wc privés. Salon de jardin, emplacement parking. Remise de 10 % pour séjours d'une semaine. Située à 900 m du port et centre ville de Paimpol avec activités sportives nombreuses (promenades sur vieux gréements, kayak de mer, voile). Chemins de petites et grandes randonnées (GR34). Embarcadère de l'Arcouest pour Bréhat 5 km. Langue parlée : anglais.

CV

Prix : 1 pers. **170/200 F** 2 pers. **200/230 F** 3 pers. **245/285 F**

Ouvert : toute l'année.

1	2	0,2	0,2	1	1	1	0,2	1	1

BOUCHARD Françoise - Garden Zant Vignoc - Lanvignec - 22500 PAIMPOL - Tél : 02 96 20 72 21

PAIMPOL Kerloury *C.M. 59 Pli 2*

2 ch. **Paimpol 2 km : port de plaisance. Abbaye de Beauport 4 km.** Dans une ensemble rénové, à 800 m de la mer, 2 chambres avec lavabo, salle d'eau privée : 1 unité familiale de 2 pièces (1 lit 2 pers., 2 lits 1 pers.), wc sur le palier. 1 ch. (1 lit 2 pers. 2 lits 1 pers.) wc sur le palier. Coin-salon. Salon de jardin, jeux. Mer, voile, tennis, piscine à 5OO m. Tarif 4 pers. 340 F. Situé à 500 m du GR34. A Paimpol : Musée de la Mer et du costume Breton. Embarquement pour l'Ile de Bréhat 6 km. Langue parlée : anglais.

CV

Prix : 1 pers. **200 F** 2 pers. **240 F** 3 pers. **320 F**

Ouvert : toute l'année.

1	8	0,5	0,5	1	0,5	1	5	3	3

LE GOASTER Jeannette - Kerloury - 22500 PAIMPOL - Tél : 02 96 20 85 23

PAIMPOL-KERFOT *C.M. 59*

2 ch. **Paimpol 4 km, son port. Abbaye de Beauport 6 km. Ile de Bréhat 10 km.** Eliane & Antoine vous accueillent dans leur maison située à Kerfot, sur une propriété de 5 000 m². A l'étage : 1 ch. 2 épis (1 lit 2 pers.), lavabo, s.e., wc contigus. 1 ch. 3 épis (1 lit 2 pers.), lavabo, s.e., wc privés attenants. Petit-déjeuner servi dans la salle de séjour au r.d.c. Pelouse, salon de jardin, terrasse. Calme et verdure, pour vous détendre et vous adonner aux loisirs qu'offrent la campagne et la mer. Environnement boisé et chemins de randonnées à proximité. Langue parlée : anglais.

CV

Prix : 1 pers. **200 F** 2 pers. **240 F**

Ouvert : toute l'année.

4	4	4	4	4	0,5	8	8	4	0,3

GUILLOU Antoine & Eliane - 1, rue des Ducs de Bretagne - Kerfot - 22500 PAIMPOL - Tél : 02 96 20 40 16

PAIMPOL-LANVIGNEC *C.M. 59*

1 ch. **Pointe du Guilben, site protégé et vue sur la baie de Paimpol.** Dans cette maison traditionnelle, au r.d.c : 1 ch. avec entrée privée (1 lit 2 pers.) avec baie vitrée donnant sur un jardin fleuri, salle de bains, wc privés. A disposition dans cette ch. : frigidaire, micro-ondes. Salon de jardin, barbecue. Le meilleur accueil vous sera réservé dans cette maison traditionnelle, située à proximité du port de Paimpol et du centre ville, à 10 mn de l'embarcadère de Bréhat et Abbaye de Beauport. Activités nautiques, plages à 1 km. Paimpol : musée du costume breton, musée de la mer. Langue parlée : allemand.

CV

Prix : 1 pers. **210 F** 2 pers. **240 F**

Ouvert : toute l'année.

1,5	5	0,5	0,3	1	1	1	8	1	1

ARDIET Marie-France - 28, avenue Gabriel le Bras - Lanvignec - 22500 PAIMPOL - Tél : 02 96 20 46 81

PENVENAN

C.M. 59 Pli 1

1 ch. **Port-Blanc, Côte de Granit Rose 1,5 km.** Sur une propriété de 3000 m^2 avec vue sur mer. A l'étage de sa maison, Maryvonne vous accueille dans une 1 unité familiale indépendante de 2 pièces : 1 ch. (1 lit 2 pers.) 1 ch. (2 lits 1 pers) + 1 pièce détente, s.d.b, wc privés non attenants. Petit-déjeuner servi dans le séjour. Salon réservé aux hôtes. Salon de jardin, barbecue. Tarif 4 pers. 400 F. Randonnées sur place. Restaurants à 1,5 km.

Prix : 2 pers. **250 F** 3 pers. **350 F**

Ouvert : toute l'année.

1,5	1,5	7	1,5	1,5	2	15	1,5

PRIGENT Maryvonne & Hervé - 3, Run Lez - 22710 PENVENAN - Tél : 02 96 92 72 69 - Fax : 02 96 92 63 77 - E-mail : Hprigent@clubinternet.fr

PENVENAN

C.M. 59

1 ch. **Paimpol (Ile de Bréhat) 18 km. Perros-Guirec (Côte Granit Rose) 15 km.** Dans un environnement très reposant, Michelle vous accueille dans une maison de caractère, intérieur très rustique et plein de charme. A l'étage : 1 unité familiale de 2 pièces : 1 ch.(1 lit 2 pers.) 1 ch. (2 lits 1 pers.), salle d'eau, lavabo, bidet, wc privés attenants à la ch. (1 lit 2 pers). Petit-déjeuner servi dans le séjour. Salon. Jardin. Pelouse, barbecue. Tarif 4 pers. 420 F. Restaurant 2,5 km. Ecole de voile 3 km. Randonnée GR 34 sur place. Située à 2 km du bourg et de la mer (Port-Blanc). Plougrescant : visite de la Pointe du Château et le Gouffre.

Prix : 2 pers. **260 F** 3 pers. **350 F**

Ouvert : toute l'année.

3	7	2,5	7	3	7	3	3	15	2,5

PRIGENT J-Michel - 3, coat Claeran - 22710 PENVENAN - Tél : 02 96 92 65 27 ou 06 67 34 92 84 - Fax : 02 96 92 65 27

PLEBOULLE Le Grand Chemin

C.M. 59 Pli 5

3 ch. **Pléboulle 5 km.** A l'étage d'une maison récente située sur la Départementale 13, 3 chambres avec 1 lit 2 pers., salle de bains, wc privés dont une avec poss. lit bébé. Salle-à-manger, coin-salon. Grand jardin, salons de jardin. Poss. de cuisiner au sous-sol et à disposition : frigo, gazinière, micro-ondes, lave-linge, lave-vaisselle. Réserv. aux heures repas. Pléboulle : chapelle Notre-Dame du Temple (XIVe siècle. Vallée du Frémur.

Prix : 1 pers. **160 F** 2 pers. **200 F**

Ouvert : toute l'année.

9	9	5	9	9	9	9	9	2

TOUTAIN Yvette - Le Grand Chemin - 22550 PLEBOULLE - Tél : 02 96 41 05 18

PLELAN-LE-PETIT

C.M. 59 Pli 5

3 ch. Dans une propriété privée, 3 chambres avec entrée indépendante, cour, pelouse. Jeux et piscine pour enfants. 3 chambres (1 lit 2 pers.) avec salle d'eau et wc particuliers. Possibilité lit supplémentaire. Activités nautiques à Jugon les Lacs : nautisme, pêche et centre Fédéral d'Initiation à la pêche. Dinan : cité médiévale, ville d'art et d'histoire. Vallée de la Rance. Jugon les Lacs : petite cité de caractère et station Verte de Vacances, Grand Lac.

Prix : 1 pers. **230 F** 2 pers. **280 F** pers. sup. **70 F**

Ouvert : toute l'année.

20	2	0,5	13	6	6	6	1	10	0,5

ALLAIN Marie-Thérèse - 5, rue de la Vallée - 22980 PLELAN LE PETIT - Tél : 02 96 27 60 27

PLELO

C.M. 59 Pli 3

2 ch. **Châtelaudren 2 km. Binic 12 km. Saint-Brieuc 16 km.** Dans une grande maison en pierres, recouverte de vigne-vierge, à 10 mn des plages de Binic et de St-Quay- Portrieux. 1 chambre à l'étage avec salle de bains et 1 chambre 2/3 pers. avec salle d'eau particulière, wc communs. Salle de séjour, salon. Cour, 2 fermes auberges à 1 km. A voir : jardin zoologique à Trégomeur. Pédalo sur la rivière. Etang et Chapelle Notre-Dame du Tertre.

Prix : 1 pers. **200 F** 2 pers. **220/240 F** 3 pers. **300 F** pers. sup. **80 F**

Ouvert : d'Avril à Octobre.

15	6	3	20	15	0,5	6	6	2	1

INIZAN Simone - Route de Lanvollon - 22170 PLELO - Tél : 02 96 74 12 88

PLELO Le Char a Bancs

A

C.M. 59 Pli 2-3

4 ch. **Eglise Saint-Magloire, plan d'eau aménagé à 13 km des Côtes.** Dans la ferme de nos aïeux (musée paysan) 4 chambres de caractère avec salle d'eau, wc privés dont 1 chambre avec baignoire, salon privé. Repas à la Ferme-auberge à 500 m tarif 90/160 F. Promenade à poneys Shetland pour les enfants avec leurs parents. Artisanat-brocante. Tarif 4 pers. 690 F. Production de l'électricité personnelle (micro centrale électrique). Situé à 1 km du bourg dans une petite vallée tranquille propice aux promenades, avec rivière frontière linguistique Breton/Gallo : le Leff, où vous pourrez faire du pédalo. Châtelaudren, petite cité de caractère 2 km. Langues parlées : anglais, allemand.

Prix : 1 pers. **300/500 F** 2 pers. **390/540 F** 3 pers. **490/640 F** pers. sup. **100 F** repas **90/160 F**

Ouvert : été et fin de semaine sur réservation.

13	10	5	5	13	0,1	2	15	20	2

FAMILLE LAMOUR - Le Char à Bancs - 22170 PLELO - Tél : 02 96 74 13 63 - Fax : 02 96 74 13 03 - E-mail : charabanc@wanadoo.fr

PLENEUF-VAL-ANDRE Le Clos Fontaine *C.M. 59 Pli 4*

2 ch. **Le vieux Port de pêche de Dahouët 2 km.** Dans une longère ancienne en pierre du pays restaurée avec goût, 1 grande chambre communicante avec s.e, wc. Attenante à la maison principale, une annexe : 1 unité familiale de 2 pièces, à l'étage (1 lit 2 pers. 2 lits 1 pers.) au r.d.c : s.e, w.c séparé, coin-cuisine, petit salon. Jardin fleuri, pelouse, salon de jardin. Située à 10 mn à pied de la plage des Vallées. Activités de sports nautiques au Val André à 1.5 km (station balnéaire). Poss. de promenades sur la grande digue piétonne et sur le sentier des douaniers d'où belle vue sur la Baie de St-Brieuc. Ports de pêche/plaisance : Dahouët & Erquy.

CV

Prix : 1 pers. **230 F** 2 pers. **250/290 F** 3 pers. **360 F** pers. sup. **70 F**

Ouvert : d'avril à novembre.

0,9	0,9	0,1	1	0,9	0,9	0,9	2	15	0,4

LE NAI/MEHEUT Maud - Le Clos Fontaine - 5, rue de la Corderie - 22370 PLENEUF-VAL-ANDRE - Tél : 02 96 63 08 53 ou 06 68 10 12 05 - Fax : 02 96 63 08 53

PLENEUF-VAL-ANDRE Le Pré Mancel *C.M. 59*

5 ch. **Pléneuf-Val-André 3,8 km. Dahouët, petit port 4,5 km.** Dans l'annexe d'un ancien corps de ferme isolé (maison des propriétaires) et à l'étage, 3 ch. 2 pers, 1 ch. 3 pers, salle d'eau, wc privés. Au r.d.c., 1 unité familiale de 2 pièces, 3 épis, s. d'eau et wc privés. Salle-de-séjour. Salon de jardin, pelouse, parking, grande cour. Tarif 4 pers : 400 F. Située à 500 m de la route Pléneuf Val André (accès à la plage). Loisirs, location de vélos à Pléneuf-Val-André et réserve ornithologique. Nombreuses activités : voile, pêche en mer, piscine, golf. Val-André, station balnéaire 4,5 km.

CV

Prix : 2 pers. **240 F** 3 pers. **300/320 F**

Ouvert : toute l'année.

1,5	4	4	4	4	4	4	6	15	3

ROUINVY Yvette - Le Pré Mancel - 22370 PLENEUF-VAL-ANDRE - Tél : 02 96 72 95 12 - Fax : 02 96 63 16 28

PLERIN *C.M. 59 Pli 3*

1 ch. **Binic et son port 7 km.** Marie-Yvonne et Michel vous accueillent dans leur maison, et vous proposent, à l'étage : 1 unité familiale de 2 pièces, 1 ch. vue sur mer, (1 lit 2 pers. 1 lit 1 pers.) 1 ch (1 lit 2 pers. 1 lit 1 pers.) s. d'eau wc privés. Poss. lit bébé. Petit-déjeuner servi dans le séjour ou la véranda. Cour, pelouse, salon de jardin, portique. Réservation souhaitée. Tarif 3 pers : 280 F (2 adult+bébé) 300 F (3 adult) 4 pers : 380/400 F. Remise de 10 % hors congés scolaires, à partir de 4 nuits. Située à 6 km de St-Brieuc et à proximité des sentiers douaniers.

CV

Prix : 2 pers. **220 F** 3 pers. **300 F**

Ouvert : toute l'année.

1,5	10	1,5	6	1,5	1,5	6	2	8	2,5

PEU Marie-Yvonne - 16, rue du Clos Hery - 22190 PLERIN-SUR-MER - Tél : 02 96 74 54 28 - Fax : 02 96 74 54 28

PLERIN Tournemine *C.M. 59 Pli 3*

3 ch. **Saint-Brieuc 6 km : Tertre Notre-Dame, Cathédrale.** Brigitte vous accueille dans son manoir confortable et reposant avec vue sur mer. A l'étage : 3 chambres : (1 lit 2 pers.) (2 lits 1 pers. en mezzanine pour enfants), salle d'eau et wc privés. Télévision, téléphone. Parc boisé et paysager de 1 ha, salon de jardin, barbecue. A 1 km : école de voile, promenades à cheval, randonnées pédestres.

CV

Prix : 2 pers. **250/280 F** pers. sup. **50/70 F**

1	16	1	10	1	1	1,5	7	1,5

DUPUY Brigitte - Manoir de Maupertuis - Tournemine - 22190 PLERIN - Tél : 02 96 74 46 08

PLESLIN-TRIGAVOU Pleumagat *C.M. 59 Pli 5*

1 ch. **Dinard 13 km. Saint-Malo 22 km.** Janine vous reçoit tout simplement, dans un cadre boisé et très calme, au r.d.c de cette agréable maison, une sympathique chambre indépendante avec porte-fenêtre (1 lit 2 pers.), s.e., wc privatifs indépendants. Dans le verger, le salon de jardin est à votre disposition. Restaurants à Ploubalay à 6 km.

CV

Prix : 2 pers. **260 F**

10	6	4	12	10	2,5	11	6	10	2

JOSSELIN Janine - Pleumagat - 22490 PLESLIN TRIGAVOU - Tél : 02 96 27 80 45 - Fax : 02 96 27 80 45

PLESLIN-TRIGAVOU Les Perrieres *C.M. 59*

2 ch. **Cap Fréhel 20 km. Saint-Malo 15 km. Dinan 9 km. Dinard 12 Km.** Dans une maison traditionnelle indépendante, meublée à l'ancienne, 2 chambres chaleureuses avec salle de bains et wc privés. Au r.d.c : 1 ch. (1 lit 2 pers.). A l'étage : 1 ch. (1 lit 2 pers., 1 lit 1 pers.). Salle-de-séjour pour le petit déjeuner, salon. Salon de jardin. Poss. de cuisiner. Restaurant routier à 500 m. Randonnées et forêt à 1 km. Rivière 1 km. Pleslin-trigavou : Berges du Frémur. Champ des Druides, site magalithique. Chapelle des Vaulx.

CV

Prix : 2 pers. **200/230 F**

Ouvert : toute l'année.

6	4	2	10	8	1	10	6	10	1

CHEVALIER Agnès - Les Perrières - 22490 PLESLIN TRIGAVOU - Tél : 02 96 27 19 01

PLESLIN-TRIGAVOU *C.M. 59 Pli 5*

2 ch. **Dinan 10 km, cité médiévale. Dinard 8 km. Saint-Malo 15 km.** M.Mme ROGUE vous accueillent dans une maison récente en vieilles pierres, au décor rustique et chaleureux. 1 chambre 2 pers (1 lit 1.40m), salle de bains, wc privés. 1 petite ch. 1 pers (1 lit 1.20 m) cabinet de toilette et wc privés, douche jouxtant. Salon de jardin, barbecue. Dans un triangle des plus touristiques et culturel : Le Mont St-Michel, Dinan, Le Cap Fréhel, situé à quelques kms de Dinard, Dol.

Prix : 2 pers. **200/250 F** pers. sup. **70 F**

Ouvert : de Pâques à fin septembre.

9	3	0,5	10	9	4	10	3	10	2

ROGUE Gaston - Route de Dinard - La Colombière - 22490 PLESLIN TRIGAVOU - Tél : 02 96 27 82 60

PLESLIN-TRIGAVOU Trebefour-Le Val Garance (TH)

5 ch. **Superbe Côte d'Eméraude 9 km.** Longère orientée plein sud avec 4 chambres 3 épis : 1 ch. (1 lit 2 pers), 2 ch. (lits jumeaux), 1 ch. (1 lit 2 pers., 2 lits 1 pers.), s.d'eau, wc privés. 1 ch. 2 épis (1 lit 2 pers), s.d.b., wc non communicants. Vélos. Grand jardin. Tarif 4 pers. 400 F. Table d'Hôtes sauf le samedi soir en juillet/août. Découvrez l'accueil chaleureux du Val Garance. Vous pourrez allez vous reposer à l'ombre des arbres ou rester vous chauffer devant la grande cheminée du salon. Leslin-Trigavou, berges du Frémur. Champ des Druides, site mégalithique. Langue parlée : anglais.

Prix : 1 pers. **220 F** 2 pers. **250 F** 3 pers. **310 F** repas **90 F**

Ouvert : toute l'année.

9	15	9	9	9	2	10	10	9	1

NICOLAS-MOREL Elizabeth - Le Val Garance - Trébéfour - 22490 PLESLIN-TRIGAVOU - Tél : 02 96 27 83 57 - Fax : 02 96 27 83 57 - E-mail : ELIMOMOO@aol.com

PLESLIN-TRIGAVOU Le Bois de la Motte (TH) *C.M. 59 Pli 5*

2 ch. Dans une maison de caractère, située sur une ancienne exploitation agricole en pleine campagne, 2 chambres 2 pers. dont 1 ch. s.d.b, wc privés et 1 ch. s.e, wc privés. Poss. lit suppl. En admirant un beau jardin, vous dégusterez un copieux petit-déjeuner avec confitures maison dans un vaste séjour avec salon, cheminée. T. d'hôtes sur reserv. Poss de cuisiner et de prendre les repas dans la salle à manger ou de pique-niquer dans le jardin. Espaces verts, salon de jardin. Tout le charme de la campagne à proximité de la mer. A proximité : Vallée et berges du Frémur. Langues parlées : anglais, espagnol.

Prix : 2 pers. **230/250 F** pers. sup. **60 F** repas **90 F**

Ouvert : toute l'année.

9	5	9	9	9	0,3	10	9	10	8

CHARTIER M-Thérèse - Le Bois de la Motte - Trigavou - 22490 PLESLIN TRIGAVOU - Tél : 02 96 27 80 11 ou 06 72 79 48 38

PLESLIN-TRIGAVOU Trebefour-Le Jardin d'Eden *C.M. 59 Pli 5*

3 ch. **Dinan 9 km. Cap Fréhel 25 km. Dinard station balnéaire 9 km.** Paulette & Paul vous accueillent dans leur maison douillettement aménagée. Au r.d.c : 1 ch. 3 épis (1 lit 2 pers), s.e, wc privés. A l'étage, 2 ch dont 1 unité familiale de 2 pièces (1 ch 2 pers. 1 ch 3 pers.) avec lavabo, s.d.b, wc privés et 1 ch. (1 lit 2 pers) s.e, wc privés. Salle de séjour pour petit déjeuner (confitures maison). Terrain arboré et fleuri, parking privé, pelouse de 2000 m2, salon de jardin et poss de pique-niquer. Tarif 4 pers. 400 F. Venez découvrir le charme de la campagne tout près de la Côte d'Emeraude. Mont Saint-Michel à 50 mn.

Prix : 1 pers. **200 F** 2 pers. **220 F** 3 pers. **290 F** pers. sup. **70 F**

Ouvert : toute l'année.

0,5	0,5	9	9	9	4	10	9	9	1

BOURDAIS Paulette - Trébéfour - Le Jardin d'Eden - 22490 PLESLIN TRIGAVOU - Tél : 02 96 27 13 79

PLESSALA (TH) *C.M. 59 M Pli 13*

1 ch. Jean & Eliane, anciens commerçants, vous accueilleront à l'étage dans une unité familiale (1 lit 2 pers, 2 lits 1 pers). Salle de bains, wc privés non attenants. Salon réservé aux hôtes. Salon de jardin, barbecue. Vous pourrez profiter du parc pour vous reposer en toute quiétude et le soir vous gouterez aux menus traditionnels d'Eliane. Menu (lapin au chouchen, porc à la bigoudène, etc, sans oublier le cidre fermier). Jean, en fin connaisseur, vous fera découvrir les sentiers pédestres de la région. Plan d'eau avec pêche. Prix 4 pers 400 F.

Prix : 2 pers. **200 F** repas **80 F**

Ouvert : toute l'année.

30	0,5	0,5	20	30	1	8	20	30	0,5

GUIGUEN Eliane - 13, place de l'Eglise - 22330 PLESSALA - Tél : 02 96 26 10 26

PLESSALA (TH) *C.M. 59*

1 ch. **Moncontour 8 km.** Au cœur du pays du Méné, à la sortie du bourg, Renée & Michel vous réservent un accueil chaleureux et convivial et mettent à votre disposition l'étage de leur maison. 1 unité familiale de 2 pièces : 1 ch (1 lit 2 pers., 1 lit 1 pers.) 1 ch (1 lit 2 pers. 1 lit bébé), salle d'eau et wc privés. Accès libre à la véranda et au salon avec cheminée. TV. A l'étage : cuisine aménagée à disposition. Table d'hôtes avec produits maison sur réserv. Pelouse, salon de jardin, portique. Etang et pêche à proximité. Randonnée pédestre et VTT. A voir : Forêt de Loudéac, Les Forges du Vau Blanc.

Prix : 1 pers. **150 F** 2 pers. **200 F** pers. sup. **70 F** repas **80 F**

Ouvert : toute l'année.

30	0,5	0,5	20	30	1	8	20	30	0,5

ROCABOY Michel - 7, rue du Colombier - 22330 PLESSALA - Tél : 02 96 26 12 66

PLESTAN Le Clos Brulé

TH — C.M. 59

4 ch. **Château de la Hunaudaye 8 km. Ferme d'Antan 7 km. Moncontour 8 km.** Dans une maison récente, au calme à la campagne, située près d'une exploitation agricole. A l'étage, 1 unité familiale de 2 pièces avec s.e, wc privés à chaque ch. : 1 ch (2 lits 1 pers, 1 lit 2 pers), 1 ch (2 lits 1 pers). 1 ch. (1 lit 2 pers.) s.d.b., wc privés attenants. 1 ch. avec balcon (1 lit 2 pers., 1 lit 1 pers.), s.e, wc privés attenants. Poss. lit suppl. Cuisine à disposition, barbecue. T.Hôtes avec produits de la ferme. Lacs & châteaux à proximité. Jugon-les-Lacs : petite cité de caractère, station verte de vacances. Espace nature autour du grand lac. Prix 4 pers : 400 F.

CV

Prix : 1 pers. **180 F** 2 pers. **220/250 F** 3 pers. **290 F** pers. sup. **70 F** repas **75 F**

Ouvert : toute l'année.

18	15	3	8	8	3	8	10	8	3

LEFEUVRE Yolande - Le Clos Brûlé - 22640 PLESTAN - Tél : 02 96 34 11 73 ou 06 88 43 40 90

PLEUBIAN Le Cosquer

C.M. 59

1 ch. **Pleubian, le Sillon du Talbert 1,5 km digue naturelle de + 3 m de long** Située dans un site campagnard, 1 chambre (2 lits jumeaux), salle de bains et wc privés attenants. Salle à manger rustique. Salon de jardin. Remise de 10 % sur séjour supérieur à 3 jours en Hors et Haute saison. Circuit VTT sur place. Lézardrieux : panorama depuis le pont suspendu qui enjambe le Trieux. Port de plaisance. Ecole de voile 3,5 km.

CV

Prix : 1 pers. **200 F** 2 pers. **250 F** 3 pers. **300 F** pers. sup. **50 F**

Ouvert : d'avril à fin septembre.

1	33	1,5	16	5	1	5	8	15	1,5

ACHILLE Georges - Le Cosquer - 22610 PLEUBIAN - Tél : 02 96 22 82 01

PLEUDIHEN-SUR-RANCE Manoir de la Pepiniere

C.M. 59 Pli 6

5 ch. **Saint-Malo 14 km. Pleudihen/Rance 1 km.** Dans un site classé avec vue sur un paisible marais de la Rance (à 15 mn de St-Malo et 10 mn de Dinan), vous serez accueillis dans notre manoir du XVIIe s, totalement restauré, au cœur d'un grand parc. A l'étage, les chambres aux couleurs douces sont décorées au pochoir. 3 ch 2 pers. (1 lit 1.60), 1 ch (2 lits 1 pers) 1 ch (1 lit 1.60, 1 lit 1 pers.). Pour chaque chambre salle d'eau, wc privés, téléphone. Pour permettre à nos hôtes de se distraire, nous leur réservons un salon où le billard du soir se transforme en table pour le petit-déjeuner. Sur réservation. Langues parlées : anglais, italien.

CV

Prix : 1 pers. **270 F** 2 pers. **320 F** 3 pers. **420 F**

Ouvert : toute l'année sur réservation.

14	14	2	10	14	0,5	10	5	12	1,2

LEFAVRAIS Sylvie - Le Manoir de la Pépinière - Pont de Cieux - 22690 PLEUDIHEN-SUR-RANCE - Tél : 02 96 83 36 61 - Fax : 02 96 88 26 26

PLEUDIHEN-SUR-RANCE La Chesnaie

TH — C.M. 59

4 ch. Dans cette ancienne ferme, Bernard et Nicole vous accueillent dans leur maison bretonne. A l'étage : 2 ch. 3 épis (1 lit 2 pers) salle d'eau, wc privés, 1 ch. 2 épis (2 lits 1 pers.) salle d'eau, wc privés, 1 unité familiale 3 épis (1 lit 1 pers, l lit 2 pers.) salle d'eau, wc privés. Salle-à-manger avec cheminée et coin-salon. A la table d'hôtes des produits de la ferme, vous seront servis. Terrasse avec jardin fleuri, salon de jardin. 1er prix des maisons fleuries. Pleudihen sur Rance, Musée de la Pomme et du cidre. Port de plaisance du Lyvet.

CV

Prix : 2 pers. **250 F** 3 pers. **310 F** repas **80 F**

Ouvert : toute l'année.

15	10	1,5	15	6	5	6	5	15	2

GAUDRY Bernard & Nicole - La Chesnaie - 22690 PLEUDIHEN SUR RANCE - Tél : 02 99 58 04 88

PLEUDIHEN-SUR-RANCE Le Val Hervelin

C.M. 59 Pli 6

2 ch. **Dinan 8 km, cité médiévale. Saint-Malo 20 km, cité corsaire.** Maison rénovée située à 100 m d'une ferme en production céréalière et d'un gîte, 2 chambres à l'étage, de 3 pers. (1 lit 2 pers., 1 lit 1 pers) avec lavabo, salle de bains et wc communs. Cour, jardin et pelouse, salon. Petit-déjeuner servi dans la salle à manger ou dans le jardin. Cuisine à disposition. Musée de la pomme et du cidre. Langue parlée : anglais.

CV

Prix : 1 pers. **180 F** 2 pers. **220 F** 3 pers. **300 F** pers. sup. **80 F**

Ouvert : toute l'année.

3	20	3	8	15	6	6	0,5	6	3

DUVAL Jacques - Launay Mousson - Le Val Hervelin - 22690 PLEUDIHEN - Tél : 02 96 83 21 63 - Fax : 02 96 83 21 63

PLEUDIHEN-SUR-RANCE Le Vau Nogues

TH — C.M. 59

3 ch. **Saint-Malo 10 km.** Dans une maison récente de grand confort, au calme. Au r.d.c : 1 ch. (1 lit 2 pers.), s.d'eau, wc privés. A l'étage, 1 unité familiale de 2 pièces (2 lits 2 pers) s.d.b privée, wc communs. 1 ch. (1 lit 2 pers) s.e privée, wc communs. Poss. lit suppl. Salon à disposition. Table d'hôtes avec produits de la ferme. Véranda à disposition des hôtes. Jardin d'agrément. Jeux d'enfants, VTT sur place. Tarif 4 pers. 400 F. Visite de la ferme. Située à proximité de la mer. Animations sportives à 1 km durant l'été et vacances scolaires. Pleudihen (musée de la pomme & du cidre). Vallée de la Rance. Langues parlées : anglais, allemand.

CV

Prix : 2 pers. **230 F** 3 pers. **300 F** repas **80 F**

Ouvert : toute l'année.

15	6	1	10	15	2	2	1	1

MOUSSON Simone - Le Vau Nogues - 22690 PLEUDIHEN-SUR-RANCE - Tél : 02 96 83 22 94 - Fax : 02 96 83 22 94

PLEUDIHEN-SUR-RANCE Le Val Hervelin
C.M. 59 Pli 6

3 ch. **Dinan 9 km, cité médiévale. Saint-Malo 20 km, cité corsaire.** Située dans une vallée, avec vue sur plan d'eau, annexe à la maison des propriétaires, une longère rénovée et mitoyenne à 2 gîtes. 3 chambres avec salle d'eau, wc privés : 1 ch. 2 pers. (1 lit 2 pers.), 1 ch. 2 pers. (2 lits 1 pers.), 1 ch. 4 pers. (1 lit 2 pers. 2 lits 1 pers.). Poss. lit bébé. Salle avec coin-cuisine et cheminée. Coin-salon avec téléphone téléséjour. Parking. Cour close. Tarif 4 pers. 450 F. Musée de la pomme et du cidre. Port de plaisance du Lyvet.

Prix : 1 pers. **225 F** 2 pers. **250 F** 3 pers. **350 F**

Ouvert : toute l'année.

15	20	3	9	15	6	6	5	9	3

CHENU Françoise - Le Val Hervelin - 22690 PLEUDIHEN-SUR-RANCE - Tél : 02 96 83 35 61 - Fax : 02 96 83 38 43

PLEUDIHEN-SUR-RANCE La Cour es Meuniers
C.M. 59

3 ch. **Saint-Malo 18 km. Dinard 20 km. Dinan 10 km, cité médiévale.** Maison villageoise calme et traditionnelle avec panorama champêtre et maritime des bords de rance. 3 chambres à l'étage avec sanitaires privés : 1 unité familiale de 2 pièces (1 lit 2 pers. 2 lits jumeaux), 1 ch. (2 lits 1 pers.), 1 ch. (1 lit 2 pers.). Poss. lit suppl. Cadre rustique. Jardins et parking. Situé à proximité du littoral de la Côte d'Emeraude et de la Baie du Mont St-Michel. Restaurants locaux. Pleudihen : musée de la pomme et du cidre. Langues parlées : anglais, allemand.

Prix : 1 pers. **200 F** 2 pers. **225/240 F** 3 pers. **270/320 F** pers. sup. **50/80 F**

Ouvert : toute l'année.

18	10	0,5	10	2	2	10	4	10	0,1

HUE-TARTAR Thérèse - La Cour es Meuniers - 6, rue des Camélias - 22690 PLEUDIHEN-SUR-RANCE - Tél : 02 96 83 34 23 - Fax : 02 96 83 20 51 - E-mail : thue_tartar@hotmail.com

PLEUDIHEN-SUR-RANCE Le Grand Gue
C.M. 59 Pli 6

5 ch. **Dina 11 km, cité médiévale. Saint-Malo 18 km, cité corsaire.** Dans une maison restaurée du XVe siècle, aux murs épais et cheminées de granit, au r.d.c : 2 ch de 3 épis (2 pers.) avec lavabo, douche et wc privés, 1 ch. (4 pers.) avec lavabo douche et wc privés. A l'étage : 2 ch (2 pers.) avec lavabo, douche et wc communs. Ameublement rustique, salle de séjour. Salon de jardin, cour. Restaurants. Située dans le calme de la campagne, près de nombreux sites et villes à visiter. Pleudihen : musée de la pomme et du cidre. Port de plaisance du Lyvet. Vallée de la Rance : Mont St-Michel, Cap Fréhel. Tarif 4 pers., 330 F.

Prix : 1 pers. **200 F** 2 pers. **220/250 F** 3 pers. **300 F** pers. sup. **60 F**

Ouvert : toute l'année.

15	10	2	12	5	5	6	1	11	2

SERVIN Marie - Le Grand Gue - 22690 PLEUDIHEN-SUR-RANCE - Tél : 02 96 83 21 58 - Fax : 02 96 83 23 39

PLEUMEUR-GAUTIER Kerpuns
C.M. 59

3 ch. **Sillon du Talbert et Presqu'Ile Sauvage 2 km. Tréguier 5 km.** Ancien corps de ferme restauré avec beaucoup de goût. Au r.d.c. d'une annexe, 2 ch. (1 lit 2 pers.) s.e, wc privés attenants dont 1 ch et 1 ch 3 épis. A l'étage, 1 unité familiale de 2 pièces (1 lit 2 pers, 2 lits 1 pers) lavabo, s.e, wc privés sur palier. Poss. lit suppl. Salle à manger, salon dans la maison des propriétaires. Coin-cuisine dans un local indépendant. Cour, jardin paysager, salon de jardin, jeux enfants, barbecue. Peut accueillir des cavaliers, 2 boxes à dispo. Situé dans un cadre très calme et verdoyant à égale distance de Paimpol et de Perros-Guirec. Randonnées GR34. Tarif 4 pers. 450 F. Paimpol 7 km , port et Abbaye de Beauport. Bréhat 12 km.

Prix : 1 pers. **200/220 F** 2 pers. **250/280 F** 3 pers. **380 F** pers. sup. **70 F**

Ouvert : toute l'année.

5	20	5	7	7	8	7	1,5

JEZEQUEL Yvon & Marie - Kerpuns - 22740 PLEUMEUR GAUTIER - Tél : 02 96 22 16 10

PLEUMEUR-GAUTIER Kerdaniel
C.M. 59 Pli 2

2 ch. **Tréguier et sa cathédrale 7 km. Sillon du Talbert 8 km. Paimpol 12 km.** Ferme laitière dans un environnement très calme. 2 chambres à l'étage de la maison des propriétaires. 1 chambre 2 pers., 1 chambre 3 pers., lavabo dans chaque chambre. Salle d'eau et wc communs. Plages à 7 km.

Prix : 1 pers. **150 F** 2 pers. **200 F** 3 pers. **250 F**

Ouvert : toute l'année.

7	22	10	10	10	3	10	7	10	SP

JACOB Marie - Kerdaniel - 22740 PLEUMEUR GAUTIER - Tél : 02 96 20 14 97

PLEVEN La Ville Baudoin
C.M. 59 Pli 5

2 ch. Sur l'exploitation et à l'étage de la maison des propriétaires : 2 chambres (1 lit 2 pers.), 1 avec salle de bains attenante, wc privés non attenants, 1 avec salle de bains, wc privés non attenants. Petit-déjeuner servi dans la salle à manger. Salon réservé aux hôtes. Coin-détente. Restaurations à 1 km. Située au carrefour des sentiers pédestres de la Hunaudaye et de la Vallée de l'Arguenon. Animations au Château de la Hunaudaye, base nautique.

Prix : 1 pers. **230 F** 2 pers. **250 F**

Ouvert : toute l'année.

15	2	18	15	2	3	8	15	2

CHAUVEL Annick - La Ville Baudoin - 22130 PLEVEN - Tél : 02 96 84 49 82

PLEVEN La Rompardais

(TH)

4 ch. Michelle sera heureuse de vous accueillir dans cette ancienne longère du XIXe s, entièrement rénovée et décorée avec goût. 4 chambres dont 2 au 1er étage : 1 ch. (1 lit 2 pers) s.e, wc privés, 1 ch. (1 lit 2 pers. 1 lit 1 pers.) s.d.b., wc privés. 2è étage, 2 ch., s.e et wc privés : 1 ch (1 lit 1.40), 1 ch (1 lit 1.30). Petit-déjeuner servi dans la véranda. Dans la grande salle de séjour petit-déjeuner. En bordure de la forêt de la Hunaudaye et tout près de la côte d'Emeraude vous apprécierez calme et confort des chambres. VTT. Pêche. Poss 1/2 pens. (185 F) séjour supérieur à 3 jours. Ferme d'Antan de Plédéliac et Chateau médiéval avec spectacle.

Prix : 1 pers. **200 F** 2 pers. **235/255 F** 3 pers. **275/295 F** pers. sup. **50 F** repas **80 F** 1/2 pens. **185 F**

Ouvert : toute l'année.

20	20	1	17	20	1	1	10	17	1

BLANCHARD Michelle - La Rompardais - 22130 PLEVEN - Tél : 02 96 84 43 08

PLOEUC-SUR-LIE Fontaine Corlay

C.M. 59 Pli 13

2 ch. **Chaos du Gouët et Plaintel 5 km. Forêt de l'Hermitage 4 km.** Pierre & Jeannine vous accueilleront dans 2 chambres avec salle d'eau privée attenante : 1 ch. (1 lit 2 pers. 1 lit bébé) wc privés attenants, 1 ch. (1 lit 2 pers. 1 lit 1.20), wc privés sur palier. Lit bébé sur demande. A disposition : salle de séjour, jardin avec pelouse, salon de jardin, abri voiture. Dans cette maison de style breton, indépendante, située dans un village à 1.5 km du bourg, vous trouverez un environnement très calme avec rivière sur place. A mi-chemin entre Quintin/Moncontour (cités médiévales), Ploeuc à 2 km dispose d'une aire de loisirs et de sports. Poney-club à 8 km.

Prix : 1 pers. **200 F** 2 pers. **220 F** 3 pers. **270 F** pers. sup. **50 F**

Ouvert : toute l'année.

20	30	1,5	15	20	1	20	2	20	1,5

MERCIER-RAULET - Fontaine Corlay - 22150 PLOEUC-SUR-LIE - Tél : 02 96 42 11 17

PLOEZAL Kerleo

C.M. 59 Pli 2

4 ch. **Paimpol 15 km : port et Abbaye de Beauport.** Vieille ferme bretonne rénovée, près du Chateau de la Roche Jagu et d'une ferme auberge. 4 chambres avec entrée indépendante. 1 ch. 3 épis (1 lit 2 pers., 1 lit 1,20m), 1 ch 3 épis (1 lit 2 pers., 2 lits 1 pers) s. d'eau, wc privés. 2 ch. 1 épi (1 lit 2 pers.), lavabo, s. d'eau et wc communs. Grande salle de séjour et salon à disposition. Jardin d'agrément. Gîte sur place. Nombreux sentiers de randonnées. Ile de Bréhat par la pointe de l'Arcouest. Côte de Granit Rose à 20 mn. Château du XVè s. avec son magnifique parc à 1 km. Train à vapeur reliant Pontrieux à Paimpol.

Prix : 1 pers. **190/230 F** 2 pers. **220/270 F** pers. sup. **70 F**

Ouvert : toute l'année.

10	15	3	15	10	5	3	5	0,1	3

HERVE Roselyne & J. Louis - Ferme de Kerléo - 22260 PLOEZAL - Tél : 02 96 95 65 78 - Fax : 02 96 95 14 63

PLOUAGAT Kerdanet

C.M. 59

1 ch. **Guingamp 11 km. Château 1 km. Terrarium (reptiles et amphibiens).** La maison est en pleine campagne, avec pelouse, plantations, et plan d'eau à 500 m. A l'étage, 1 unité familiale de 2 pièces, 1 ch. (1 lit 2 pers., 1 lit 1 pers.), 1 ch. (1 lit 2 pers., 1 lit bébé), wc privés. Salle de bains commune aux 2 chambres. Coin-détente, salon, séjour pour petit-déjeuner. Téléphone. Tarif 4 pers. : 400 F. Tarif promotionnel à la semaine. Sentier ombragé.

Prix : 1 pers. **170 F** 2 pers. **220 F** 3 pers. **250 F**

Ouvert : de Pâques à octobre.

18	21	4	11	18	4	11	11	10	4

LE MEHAUTE Yvette - Kerdanet - 22170 PLOUAGAT - Tél : 02 96 32 64 45

PLOUBAZLANEC

(TH) *C.M. 59 Pli 2*

3 ch. Avant d'arriver à Loguivy de la mer, en pleine campagne, à 500 m de la mer, vous serez accueillis dans une belle maison authentique bretonne, restaurée avec charme, au milieu d'un jardin. 3 chambres à l'étage de style anglais, salle de bains et wc privés attenants : ch. jaune (1 lit 160), Ch. lin (1 lit 2 pers.). Ch. vert anglais (2 lits 1 pers.). Jardin, salon de jardin. Salon à disposition des hôtes. Table d'hôtes sur réserv. Pique-nique en mer dans l'archipel de Bréhat en zodiac ou en voilier sur réserv. avec M. Chaboud. Locations vélos sur place. Randonnées sur place (GR 34). Ile et Archipel de Bréhat. Abbaye de Beauport. Langue parlée : anglais.

Prix : 1 pers. **270/300 F** 2 pers. **300/330 F** repas **120 F**

0,5	2	5	0,5	5	5	1

CHABOUD Katerine - « Ker'Ever » - 1, chemin de Kertanouarn - 22620 PLOUBAZLANEC - Tél : 02 96 55 82 76 ou 06 14 59 56 96

PLOUBAZLANEC

C.M. 59 Pli 2

2 ch. **Ploubazlanec, promontoire où l'on découvre l'estuaire du Trieux 2 km.** Le meilleur accueil vous sera réservé dans cette maison traditionnelle. 2 chambres dont 1 ch. au r.d.c, donnant sur parc et terrasse (1 lit 2 pers.), s.d.b., wc privés, et à l'étage, 1 unité familiale (2 épis) de 2 pièces séparées par un palier-salon : 1 ch. (1 lit 2 pers.) 1 ch. (1 lit 2 pers, 1 lit 1 pers.), s.d.b, wc privés à ces 2 pièces associées. A disposition, terrasse, salon de jardin. Aire de stationnement dans la propriété. Situé à proximité de l'archipel de Bréhat 2 km. A voir : Paimpol et son port. A faire : route des Falaises à Plouézec.

Prix : 1 pers. **205/215 F** 2 pers. **240/250 F** 3 pers. **360/370 F** pers. sup. **60 F**

Ouvert : de Pâques à octobre.

1	15	0,1	4	4	2	4	7	4	0,1

COLLET René & Yvonne - 11, rue F. et I. Joliot-Curie - 22620 PLOUBAZLANEC - Tél : 02 96 55 70 71

PLOUBAZLANEC Pointe de l'Arcouest
C.M. 59 Pli 2

2 ch. **A 200 m de l'embarquement pour l'Ile de Bréhat. Port de Loguivy 2 km.** Dans une maison typique et restaurée, avec cour, pelouse, salon de jardin, 2 chambres. Chaque chambre est prévue pour 2 pers. (1 lit 2 pers.) et possède sa salle d'eau et wc privés. Poss. de lit enfant. Jardin avec vue sur la Pointe de l'Arcouest et l'archipel de Bréhat, salon de jardin à disposition. Restaurants à proximité. Plages à 500 m dans le village de l'Arcouest. Ploubazlanec : tour de Kerroc'h. Pors-Even : petit port, croix des Veuves.

Prix : 1 pers. **230 F** 2 pers. **250 F** 3 pers. **320 F**

Ouvert : de début mars à début novembre.

0,2	10	5	5	0,2	3	15	15	6	0,5

RIVOAL Jeanine - Pointe de l'Arcouest - 22620 PLOUBAZLANEC - Tél : 02 96 55 87 49

PLOUER-SUR-RANCE La Renardais-Le Repos (TH)
C.M. 59 Pli 6

4 ch. **Dinan 8 km. Plouer/Rance 2 km.** Un chaleureux accueil vous attend dans cette élégante maison de charme, en pierre et récemment rénovée. 4 chambres dont 2 ch. de 3 pers. au 1er étage (1 lit 2 pers,1 lit 1 pers) et 2 ch. de 2 pers au 2è étage (dont 1 avec 2 lits 1 pers). Salle d'eau, wc privés attenants par chambre. Poss. lit suppl. Cheminée, pierres et poutres apparentes, murs ornés de tableaux. Aux beaux jours, vous pourrez profiter du petit-déjeuner sur la terrasse privée dans un beau jardin fleuri et calme. Plouer/Rance, située au cœur de l'estuaire de la Rance, idéal pour visiter le Mt-St-Michel, Cap Fréhel, Dinard, St-Malo. Prix 4 pers 530/600 F. Langues parlées : anglais, allemand.

Prix : 1 pers. **300/330 F** 2 pers. **330/400 F** 3 pers. **430/500 F**
pers. sup. **100 F** repas **100/120 F** 1/2 pens. **265/400 F**

Ouvert : toute l'année sauf en février.

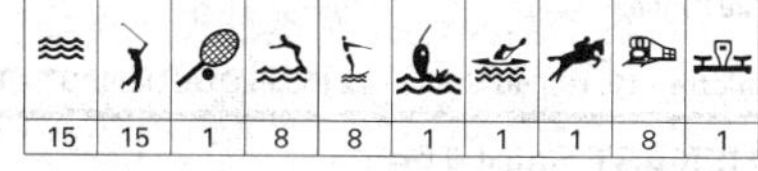

15	15	1	8	8	1	1	1	8	1

ROBINSON Jean & Suzanne - La Renardais - Le Repos - 22490 PLOUER-SUR-RANCE - Tél : 02 96 86 89 81 - Fax : 02 96 86 99 22 - E-mail : Suzanne.Robinson@wanadoo.fr - http://www.perso.wanadoo.fr/suzanne.robinson.bnb/

PLOUEZEC
C.M. 59

3 ch. **Paimpol 6 km. Abbaye de Beauport 3 km. Ile de Bréhat 12 km.** Accueil chaleureux dans notre maison située à 200 m du bourg. A l'étage, 2 ch. (1 lit 2 pers.), s. d'eau, wc privés attenants dont 1 ch 3 épis. 1 ch.(1 lit 2 pers) lavabo, s.e, wc privés non attenants. Salon. Véranda/coin-salon lecture. Salon de jardin dans un coin de verdure. Vous êtes à 3 km des plages sablonneuses de Bréhec et 2 km du GR 34. Plouézec est une commune côtière avec 13 km de Côte sauvage. Table d'orientation avec vue sur Paimpol et Pors-Even.

Prix : 1 pers. **190 F** 2 pers. **220 F**

Ouvert : toute l'année.

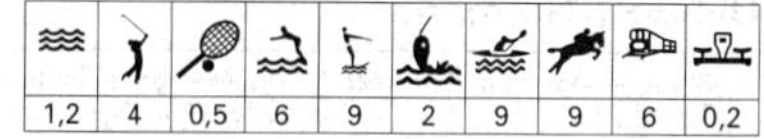

1,2	4	0,5	6	9	2	9	9	6	0,2

CHARLES Josette - 6, rue Albert Fouriot - 22470 PLOUEZEC - Tél : 02 96 22 71 07

PLOUGRESCANT Kerjoly
C.M. 59 Pli 1

2 ch. **Plougrescant 1 km. Tréguier 7 km. Bréhat et Perros-Guirec 20 km.** Dans cette propriété, vuesur mer avec panorama exceptionnel sur les Iles et l'estuaire de Tréguier. 1 chambre (1 lit 2 pers) salle d'eau, wc privés. 1 chambre (2 lits jumeaux 1 pers.), salle de bains, wc privés. Petit-déjeuner dans le séjour. Jardin fleuri, salon de jardin. Chauffage central. Plougrescant : Chapelle St-Gonéry. Pointe du chateau, gouffre de Castel-Meur, Baie de l'Enfer. Sentiers de randonnées par le GR34. Taxe de séjour 3 F/jour/pers. Langue parlée : anglais.

Prix : 1 pers. **230 F** 2 pers. **263 F**

Ouvert : toute l'année.

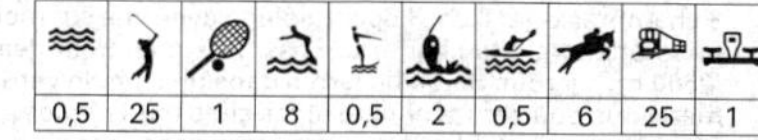

0,5	25	1	8	0,5	2	0,5	6	25	1

LE BOURDONNEC M-Thérèse - Kerjoly - 22820 PLOUGRESCANT - Tél : 02 96 92 51 13

PLOUGRESCANT
C.M. 59 Pli 2

4 ch. **Tréguier 8 km.** Margaux & Gilles seront heureux de vous accueillir dans cette longère entièrement rénovée. En annexe à leur habitation 4 chambres très spacieuses de 2 pers. dont 1 ch. avec entrée indépendante. Pour chacune : literie de 1 m 60, salle d'eau, wc privés attenants. Grande salle, salon à disposition. Location kitchenette : 10 F/jour. Salon de jardin. Située sur l'exploitation légumière. Vous apprécierez la vue sur la mer, le grand jardin et son colombier. Poss. de promenades en vieux gréements et de kayak. A proximité du GR34 : circuit des Ajoncs. Taxe de séjour : 3 F/j/pers. Côte de Granit Rose. Langue parlée : anglais.

Prix : 1 pers. **230 F** 2 pers. **260 F**

Ouvert : toute l'année.

0,2	22	2	7	0,2	0,3	0,3	15	30	2

LE BOURDONNEC Gilles - Le Tourot - 22820 PLOUGRESCANT - Tél : 02 96 92 50 20 ou 06 87 52 64 62

PLOUGRESCANT

C.M. 59 Pli 2

3 ch. **Côte de Granit Rose et Bréhat 20 km.** Dans une maison bretonne, Marie-Claude a chaudement aménagé 3 ch. à l'étage avec sanitaires privés dont 2 ch. avec salle d'eau : 1 ch avec vue sur mer (1 lit 2 pers) 2 ch. avec bibliothèque dont 1 ch. (1 lit 2 pers, 1 lit 1 pers) et 1 ch. avec salle de bains spacieuse (2 lits 1 pers). Copieux petits-déjeuners. Réfrigérateur à disposition, salon. Terrasse. Grand jardin, parking. Venez découvrir les plaisirs de la mer et les charmes de la campagne. GR 34 à 800 m. Aéroport à Lannion. Parle le breton. Plougrescant : Pointe du Château, Gouffre de Castel-meur.

CV

Prix : 2 pers. **250/280 F** 3 pers. **330 F**

Ouvert : toute l'année.

1	25	1	7	1	1	6	3	20	1

JANVIER Marie-Claude - 15, rue du Castel Meur - 22820 PLOUGRESCANT - Tél : 02 96 92 52 67 - Fax : 02 96 92 52 67

PLOUGUENAST

C.M. 59 Pli 4

2 ch. **Circuit des moulins de la vallée du Lié 10 km. Moncontour 12 km.** Maison de style néo-breton avec parc paysager, offrant 1 unité familiale de 2 pièces 2 épis (2 lits 2 pers.), salle d'eau et wc privatifs sur le palier. 1 ch. 3 épis (1 lit 2 pers.), salle d'eau, wc privatifs. Poss lit bébé. Petit-déjeuner servi dans la salle à manger. A disposition, coin détente avec salon de jardin. Tarif 4 pers. 300 F. Située à proximité du bourg et du complexe sportif. Nombreuses animations culturelles et sportives. Circuits des Moulins. Chemins de randonnées. A voir : église gothique du Vieux Bourg (XVe et XVIe siècles). Production d'orchidée. Piscine avec toboggan, jaccuzzi 10 km.

CV

Prix : 2 pers. **180/200 F** 3 pers. **250 F**

Ouvert : toute l'année.

35	1	0,1	10	35	0,1	0,1	10	10	0,2

LE RAY Paulette - 16, rue du Stade - 22150 PLOUGUENAST - Tél : 02 96 28 70 97

PLOUGUENAST Saint-Théo

C.M. 59 Pli 13

2 ch. **Moncontour 10 km, petite cité de caractère et médiévale.** Au cœur de la Bretagne, entre deux mers, vous découvrirez un bel ensemble de ferme typiquement breton. A l'étage, avec entrée indépendante et coin-cuisine 2 chambres : 1 ch. 2 pers 1 ch. 3 pers avec salle d'eau, wc privés. Véranda, coin-salon. Petit-déjeuner copieux servi dans un grand séjour. Cour close, jardin fleuri, salon de jardin, barbecue. Situé à 5 mn de Loudéac, vous pouvez nager dans le bien-être (Les aquatides) piscine ludique. Musée de la Chouannerie. Forêt de Loudéac. Sentiers de randonnées pédestres & VTT sur place.

CV

Prix : 1 pers. **150 F** 2 pers. **180 F** pers. sup. **60 F**

Ouvert : toute l'année.

35	SP	2	7	3	3	3	9	9	3

COLLET Eliane - Saint-Théo - 22150 PLOUGUENAST - Tél : 02 96 28 70 01

PLOUGUENAST Garmorin

C.M. 59 Pli 13

3 ch. **Plouguenast 2 km. Loudéac 10 km.** Maison de style néo-breton, 3 ch., salle d'eau, wc privés pour chacune : 1 ch. (1 lit 2 pers. 1 lit 1 pers), 1 ch. (2 lits 1 pers), 1 unité familiale 2 pièces (1 lit 2 pers., 1 lit 1 pers.). Possibilité de pique-niquer. Gîte, camping à la ferme sur place. Restaurant 1.5 km. Située au cœur du pays d'Accueil de Loudéac, dans un environnement fleuri, verdoyant et calme. Plouguenast : église gothique du Vieux Bourg (XV et XVIe s). Vallée du Lié avec ses nombreux sentiers dont le célébre circuit des moulins. De nombreuses activités sportives et culturelles dans la région.

CV

Prix : 1 pers. **180 F** 2 pers. **210 F** 3 pers. **250/300 F**

Ouvert : toute l'année.

35	SP	2	10	10	2	2	10	10	2

LUCAS Madeleine - Garmorin - 22150 PLOUGUENAST - Tél : 02 96 28 70 61 ou 06 70 55 96 49

PLOUGUIEL La Roche Jaune

C.M. 59 Pli 2

3 ch. **Site de Plougrescant 4 km : Gouffre de Castel-meur. Trégastel 20 km.** Dans cette propriété indépendante, Claire vous propose 3 chambres dont 2 ch. 3 épis à l'étage avec vue sur mer (1 lit 2 pers.), s.e, wc privés. Au r.d.c, 1 ch. 2 épis (1 lit 2 pers.) s.e, wc. Salon privé attenant à la chambre. Poss. lit suppl. Petit-déjeuner servi dans la salle à manger. Parking clos. Piste de boules, pelouse (2500 m^{2}), jardin. Salon de jardin dans un coin de verdure. Située à 500 m de la mer, vous y trouverez le calme et la proximité de la mer. Vous pourrez rayonner sur les sites touristiques proches : Paimpol, Ile de Bréhat, Perros Guirec, Ploumanac'h. GR.34 à 150 m. Taxe de séjour : 3 F/pers/Jour compris dans le tarif.

CV

Prix : 1 pers. **230 F** 2 pers. **260 F**

Ouvert : toute l'année.

0,5	5	5	7	5	0,5	5	5	20	0,3

L'ANTHOEN Claire - 4, rue de Lizildry - La Roche Jaune - 22220 PLOUGUIEL - Tél : 02 96 92 57 34

PLOUGUIEL

C.M. 59 Pli 1

2 ch. **C ?te de Granit Rose et l'Ile de Bréhat 15 km.** Dans une maison indépendante à la campagne près de Trèguier : 1 ch. de 2 pers., salle d'eau, wc privés. 1 chambre de 2/4 pers., salle de bains, wc privés. Salon à disposition. Grand jardin de 2500 m^{2}, terrasse, table de jardin, barbecue. Restaurants. Tarif 4 pers. 390 F. De nombreuses activités sportives et culturelles dans cet endroit calme. 500 m de la riviére du Gindy. Tréguier, petite cité de caractère.

CV

Prix : 1 pers. **200 F** 2 pers. **240 F** 3 pers. **310 F** pers. sup. **70 F**

Ouvert : toute l'année.

7	20	1,5	1,5	7	0,5	7	3	20	1,5

MEUBRY Françoise - 2, route du Vieux Couvent - 22220 PLOUGUIEL - Tél : 02 96 92 37 12

PLOUGUIEL La Roche Jaune Keraret

TH — *C.M. 59 Pli 1*

5 ch. — **Tréguier, cité de caractère et sa cathédrale 7 km.** Elisabeth et Yves vous proposent le confort dans les murs d'une ancienne ferme de caractère. Au 1er étage, 4 ch. avec s.e, wc communicants dont 3 ch. (2 pers.) et 1 ch. (3 pers.). Au 2e étage, 1 unité familiale de 2 pièces, s.e, wc privés. Grand séjour. Salon de jardin. Forfait week-end hors-saison, forfait séjour supérieur à 4 nuits. Petit port ostréicole de la Roche Jaune entre Bréhat et la Côte de Granit Rose. A la table d'hôtes, vous apprécierez la cuisine familiale avec les produits locaux. Formule dîner-buffet.

CV

Prix : 1 pers. **200 F** 2 pers. **250 F** 3 pers. **310 F** pers. sup. **60 F**
repas **85 F**

5	30	4	7	5	0,5	5	5	25	7

CORBEL Elisabeth - La Roche Jaune Keraret - 22220 PLOUGUIEL - Tél : 02 96 92 57 65 - Fax : 02 96 92 00 83

PLOUHA Kerguigneau

C.M. 59

3 ch. — Muriel, Dominique et leurs enfants, vous accueillent dans leur maison située en bordure de la côte, dans un endroit calme et verdoyant. 3 ch. de 2 pers. dont 1 (2 lits 1 pers.) toutes équipées de lavabos. Salle de bains, wc en communs aux 3 ch. Poss. lit supplémentaire. Salon à disposition. Barbecue pour vos repas. Aire de jeux : toboggan, bac à sable, allée de boules. Vélos pour visiter le petit port bien typique de Guin Zégal et flâner sur nos chemins des douaniers au milieu des ajoncs en fleurs. Falaises de Plouha et site protégé. Port de Gwin Zégal sur pieux de bois. Langue parlée : anglais.

CV

Prix : 1 pers. **190 F** 2 pers. **210 F** pers. sup. **60 F**

Ouvert : de mai à septembre. Hors saison sur demande.

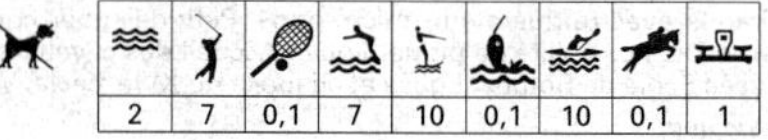

2	7	0,1	7	10	0,1	10	0,1	1

LE MOAN Muriel & Dominique - Kerguineau - 22580 PLOUHA - Tél : 02 96 20 36 76

PLOUHA

C.M. 59 Pli 3

2 ch. — Dans une maison avec un grand jardin fleuri, située au calme, sur une route campagnarde à 800 m du centre, 2 chambres spacieuses, avec lavabo. Salle de bains et wc communs dont 1 ch. (1 lit 2 pers. 1 lit 1 pers.) 1 ch. (1 lit 2 pers.). Salon à disposition. Terrain arboré de 3500 m², salon de jardin, barbecue. Falaises de Plouha, site protégé. Port de Gwin Zégal sur pieux de bois. Saint-Quay-Portrieux : station balnéaire et port de pêche et de plaisance.

CV

Prix : 1 pers. **170 F** 2 pers. **200 F** 3 pers. **260 F**

Ouvert : toute l'année.

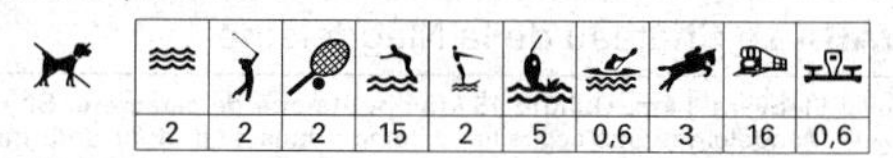

2	2	2	15	2	5	0,6	3	16	0,6

TURBAN Marcelle - 29, rue Surcouf - 22580 PLOUHA - Tél : 02 96 20 35 13

PLOULEC'H

C.M. 59 Pli 1

1 ch. — **Cote de Granit Rose. Locquémeau, petit port de pêche.** A l'étage de la maison des propriétaires, 1 chambre (1 lit 2 pers.) avec salle de bains, wc privés sur le palier. Petit déjeuners servis dans la salle de séjour. Véranda, jardin, salon de jardin à disposition. Située à 400 de l'axe Lannion/Morlaix et à 3,5 km de la pointe du Yaudet (chapelle de la Vierge Couchée). GR34, nombreux châteaux et églises classés aux alentours.

CV

Prix : 1 pers. **200 F** 2 pers. **250 F**

3	12	0,8	4	3	8	2	0,8

PAYEN Jean-Marc - 14, route de Lannion - 22300 PLOULEC'H - Tél : 02 96 37 95 30

PLOULEC'H

C.M. 59

2 ch. — Dans la maison des propriétaires, située à 200 m de l'exploitation agricole. Au r.d.c : 1 ch. (1 lit 2 pers.), salle de bains attenante, wc privés. A l'étage : 1 unité familiale de 2 pièces : 2 ch. (1 lit 2 pers.) salle d'eau attenante, wc privés. coin-détente : salon. Petit-déjeuner servi dans le séjour (produits maison). Salon de jardin. Tarif promotionnel à compter du 3 jour : 200 F/j/2 pers. en hors saison. Ploulec'h, la Pointe du Yaudet sur l'estuaire du Léguer. Lannion, cité historique, capitale du Trégor et centre des télécommunications. Eglise templière de Brélévenez et son escalier de 142 marches. Trédrez : Eglise Notre-Dame.

CV

Prix : 1 pers. **160 F** 2 pers. **220 F** 3 pers. **270 F** pers. sup. **100 F**

Ouvert : de Pâques à la Toussaint.

3	4	0,2	5	4	4	4	8	5	2

RAOUL Jeanne - 2, route de Kerdaniel - Bourg - 22300 PLOULEC'H - Tél : 02 96 37 62 80

PLOULEC'H

C.M. B2 Pli 1

1 ch. — **Lannion : cité historique, capitale du Trégor 5 km.** Dans la maison des propriétaires à l'étage, 1 unité familiale de 2 pièces avec chacune un lavabo, salle d'eau et wc. Coin-cuisine à disposition avec participation de 20F/jour. Véranda pour petits déjeuners. Poss. lit supplémentaire. Cour, jardin, pelouse à disposition. Sentier de randonnées à proximité. Ploulec'h : Pointe du Léguer avec vue sur l'estuaire du Léguer. Eglise de Brélévenez. Trédrez : église Notre-Dame. Beg Ar Forn, site des falaises de Trédrez. Tarif 2 pers. 200 F pour séjour supérieur à 2 nuits. Tarif 4 pers. 400 F.

CV

Prix : 1 pers. **150 F** 2 pers. **210 F** 3 pers. **300 F**

Ouvert : de mars à novembre.

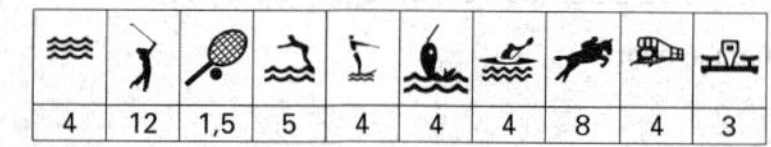

4	12	1,5	5	4	4	4	8	4	3

QUEMENER Odette - 1, route de Kerjean Izellan - 22300 PLOULEC'H - Tél :

PLOULEC'H Kerjean

C.M. 59 Pli 1

1 ch. **Lannion cité historique, centre des télécom 5 km. Côte de Granit 14 km** Les propriétaires vous accueilleront dans un environnement très calme et campagnard. 1 chambre avec salle d'eau, wc privés (1 lit 1.60 m avec sommier/matelas de 0.80 m pouvant faire 2 lits séparés). Véranda aménagée pour les petits déjeuners avec un coin détente. Grand jardin, salon de jardin, barbecue. Restaurants. Randonnées sur le GR 34. Pointe du Yaudet en Ploulec'h (chapelle de la Vierge couchée) dominant l'estuaire du Léguer. Magnifique panorama et intérêt archéologique. Eglise templière de Brélévenez et son escalier de 142 marches. Colombier circulaire à Trédrez et église Notre-Dame.

Prix : 1 pers. **200 F** 2 pers. **250 F**

Ouvert : de juillet à fin août.

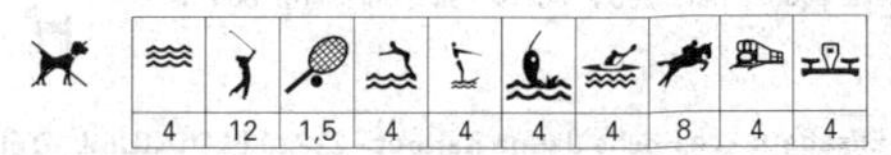

4	12	1,5	4	4	4	4	8	4	4

HERVE Jean et Marie - N°1 route de Kerjean - 22300 PLOULEC'H - Tél : 02 96 37 08 00 - Fax : 02 96 37 08 00

PLOUNEVEZ-QUINTIN Kerlufedec

C.M. 59 Pli 1

2 ch. **Saint-Brieuc 49 km. Rostrenen 12 km.** Dans une maison de caractère : 1 chambre (1 lit 1.40 m), salle de bains, wc privés non communiquants. 1 chambre (1 lit de 1.60 m), salle d'eau, wc privés communiquants. Poss. lit bébé. A disposition, salon TV, véranda avec réfrigérateur/ micro-onde. Petit-déjeuner copieux. Parc boisé (arbres centenaires). Salon de jardin, terrasse avec barbecue. Possibilité de pique-niquer. Accueil des cavaliers et de leur monture. A deux pas du GR 34, circuit pédestre, VTT. Visite Musée Ecole de Bothoa, Eglise et chapelle du XVIè siècle. Vallée du Blavet et site naturel de Toul-goulic. Plan d'eau de Kerné Huel.

Prix : 2 pers. **210/230 F**

Ouvert : toute l'année.

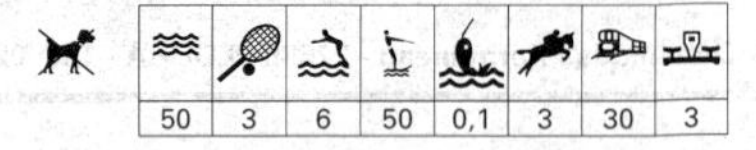

50	3	6	50	0,1	3	30	3

BERTHELOT Mireille - Kerlufedec - 22110 PLOUNEVEZ QUINTIN - Tél : 02 96 24 54 33 - Fax : 02 96 24 54 33 - E-mail : bernard.berthelot2@wanadoo.fr

PLOUVARA Le Château de la Magdeleine

C.M. 59

4 ch. **Plouvara 3 km. Quintin 15 km : petite cité de caractère.** Située sur une belle propriété boisée de 10 hectares, le Château de la Magdeleine vous accueille, à l'étage dans 4 ch. dont une unité familiale de 5 pers. avec salon privé, T.V., s.e., wc privatifs non attenants (1 lit 2 pers., 1 lit 1 pers., 2 lits jumeaux). Les 3 autres ch. : (1 lit 1.60 m) et poss. de couchage suppl., s.e, wc privés dans chacune. Une est pourvue d'1 s.d.b. Le Château de la Magdeleine, entièrement rénové, vous séduira par son élégante silhouette et son confort intérieur. Cuisine privée à dispostion pour les séjours. Sur le domaine, présence d'1 centre équestre. Piscine à Quintin 8 km.

Prix : 1 pers. **280 F** 2 pers. **330 F** 3 pers. **460 F**

Ouvert : toute l'année.

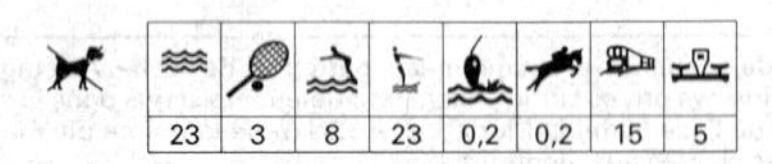

23	3	8	23	0,2	0,2	15	5

MORIN Arnaud - Château de la Magdeleine - 22170 PLOUVARA - Tél : 02 96 73 86 35 ou 06 07 99 27 94 - Fax : 02 96 73 86 35

PLUDUNO Le Rocher

C.M. 59

3 ch. **Plancoët 4 km.** Lucienne vous accueillera dans une villa récente en milieu rural. Au r.d.c : 1 ch. (1 lit de 2 pers.), salle de bains, wc privés non attenants. A l'étage : 2 ch. (lit de 2 pers.), salle d'eau privée non attenante et wc communs. Poss. lit supplémentaire. Salon de jardin, terrasse, pelouse. Cuisinière, réfrigérateur à disposition au sous-sol. Pêche, étang, rivière à 2 km. Plancoët : église du XIIIé s. Maison du Dôme. Port du Guildo.

Prix : 1 pers. **180 F** 2 pers. **200/220 F** pers. sup. **70 F**

Ouvert : de Pâques à septembre.

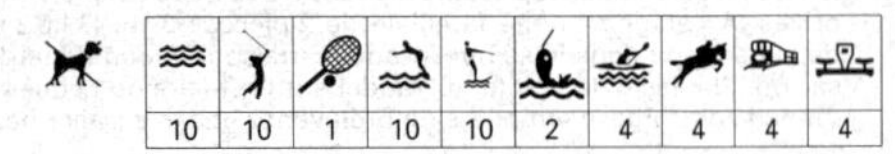

10	10	1	10	10	2	4	4	4	4

SALMON Lucienne - Le Rocher - 22130 PLUDUNO - Tél : 02 96 84 13 90

PLUMIEUX Breil Sable

TH

C.M. 59

3 ch. **Musée Régional des Métiers en Bretagne à La Chéze.** En annexe de la maison des propriétaires, située à proximité de l'exploitation agricole. A l'étage, 3 ch. dont 2 ch., s.e, wc privés (1 lit 2 pers. 1 lit 1 pers.) et 1 ch., s.d.b., wc privés (1 lit 2 pers., 1 lit 1 pers.). Salle-à-manger, coin-salon, coin-cuisine et coin-repas. Cour, jardin, salon de jardin, barbecue. Téléphone téléséjour. Situé en centre Bretagne à 1 km d'un petit bourg. A mi-chemin entre Manche et Atlantique. Promenades sur les bords du Lié. La Ferrière, visites de calvaires et églises du XVè et XVIè siècles. Forêts de Brocéliande, Loudéac, Lanouée. Tarif enfant -de 10 ans 65 F, +de 10 ans 80 F.

Prix : 1 pers. **190 F** 2 pers. **230 F** 3 pers. **310 F** repas **80 F**

Ouvert : toute l'année.

70	5	5	5	40	5	5	15	18	8

GUILLAUME A.Marie & Dominique - Le Breil Sable - 22210 PLUMIEUX - Tél : 02 96 26 77 16 - Fax : 02 96 26 66 13

PLURIEN

C.M. 59

2 ch. **Cap Fréhel 9 km. Fort La Latte 9 km.** Dans une très belle propriété fleurie, nichée dans la verdure à 800 m de la plage, à l'étage avec entrée indépendante : 1 unité familiale de 2 pièces avec poss. de cuisiner, (2 lits 2 pers.) salle d'eau, wc privés. 1 ch. (1 lit 2 pers.), salle d'eau, wc privés. Petit-déjeuner servi dans le séjour. Coin détente. Tarif 4 pers. 420 F. Proche des Sables d'Or, à proximité du Cap Fréhel, d'Erquy. Erquy 5 km, port, site naturel, Cap d'Erquy avec ses « Lacs Bleus ».

Prix : 1 pers. **200 F** 2 pers. **230/250 F** 3 pers. **350 F**

Ouvert : toute l'année.

0,8	1	1	13	0,8	2	0,8	0,8	22	0,6

MEHOUAS Marie-Christine - Les Bruyères - Route de la Nonne - 22240 PLURIEN - Tél : 02 96 72 11 12 ou 06 08 94 26 26 - Fax : 02 96 72 11 12 - E-mail : mcmehouas@netcourrier.com - http://antipode/le-village.com/mcmehouas

PLURIEN-FREHEL Guitrel

C.M. 59 Pli 4

5 ch. Colette vous accueille dans une longère entièrement rénovée, avec parking, superbe jardin fleuri et terrasse plein sud. 5 ch. avec chacune s.e, wc privés. Au r.d.c : 1 unité familiale (1 lit 2 pers, 2 lits 1 pers) accessible aux handicapés, s.e, wc privés. A l'étage : 2 ch. (1 lit 2 pers.) 2 ch. (2 lits 1 pers.). Petit-déjeuner dans la salle rustique. Située à 2 km de la mer, en campagne, entre les falaises du Cap Fréhel, du Port d'Erquy (Lac Bleu) et des plages des Sables d'Or les Pins. Tarif 4 pers : 350/400 F.

Prix : 1 pers. **180/230 F** 2 pers. **230/260 F** 3 pers. **300/330 F** pers. sup. **50 F**

Ouvert : du 20 mars au 15 novembre.

1,5	1,5	0,6	15	1,5	2	1,5	2,5	20	0,6

MORIN Colette - Guitrel - 22240 PLURIEN-FREHEL - Tél : 02 96 72 35 37

POMMERIT-JAUDY Quillevez Vraz

C.M. 59 Pli 2

3 ch. **Le Château de la Roche Jagu 6 km.** Dans une longère, à proximité de la maison des propriétaires, 3 ch. avec salle de bains et wc privés : 2 ch. (1 lit 2 pers.) et 1 ch. 3 pers. (1 lit 2 pers. et 1 lit 1 pers.), accessible aux personnes handicapées. Grande salle de séjour. Possibilité de cuisiner (20 F/jour). Côte de Granit Rose : Lannion, Perros-Guirec. Côte du Goëlo : Paimpol. Guingamp et sa vieille ville.

Prix : 1 pers. **200 F** 2 pers. **240 F** 3 pers. **310 F** pers. sup. **70 F**

Ouvert : de Pâques à fin octobre.

15	10	2	5	15	1	1	0,3	20	1

BEAUVERGER Georges - 40, rue du Jouet - 22450 LA ROCHE DERRIEN - Tél : 02 96 91 35 74 ou 02 96 91 52 81

POMMERIT-LE-VICOMTE

C.M. 59 Pli 2

2 ch. **Vallée du Perrier 7 km.** Dans une maison de style Ile de France, 2 chambres studio avec entrée indépendante. Au r.d.c : 1 unité familiale 2 pièces (1 lit 2 pers.+ 1 lit 1 pers.), salle de bains, wc privés et petite cuisine. Au 1er étage. 1 ch. (1 lit 2 pers.) salle de bains, wc privés et cuisine. Grand parc de 3000 m^2. Vallée du Leff. Lanvollon : parc botanique. Manoir d'Avaugour.

Prix : 1 pers. **200 F** 2 pers. **220 F** pers. sup. **70 F**

Ouvert : toute l'année.

15	18	0,8	8	15	5	15	8

LE GALL Claude - 38, rue de la Corderie - 22200 POMMERIT LE VICOMTE - Tél : 02 96 21 74 09

POMMERIT-LE-VICOMTE Ty Coat

C.M. 59 Pli 2

3 ch. **Parc botanique 12 km. Pontrieux 8 km. Château de la Roche-Jagu 13 km.** Armelle et Lucien vous accueillent dans leur grande maison : 3 chambres avec salle d'eau privée dont à l'étage : 1 ch (1 lit 2 pers 1 lit 1 pers) 1 ch (3 lits 1 pers) wc communs et au r.d.c : 1 ch.(1 lit 2 pers), wc privés. A disposition : salle de séjour, véranda avec possibilité d'y dîner le soir. Petits déjeuners copieux (lait de ferme, confitures). Située à proximité de la Vallée du Trieux. Une journée pour le plaisir de vos enfants : pensez à Armoripark à Bégard. Pommerit Le Vicomte petit village fleuri, Eglise et son If millenaire. Sentier botanique à Kermoroch 6 km.

Prix : 2 pers. **200 F** 3 pers. **260 F**

Ouvert : toute l'année.

20	18	3,5	8	20	5	20	10	10	3,5

LE FLOCH Armelle - Ty Coat - 22200 POMMERIT-LE-VICOMTE - Tél : 02 96 21 71 16

PORDIC

C.M. 59 Pli 3

3 ch. **Panorama de la pointe de Pordic 3 km. Vallée du Vau Madeuc 3 km.** 3 chambres à l'étage de 2 pers. avec chacune (1 lit 2 pers.), lavabo, s.d'eau, wc communs aux 3 chambres. Salle à manger pour le petit déjeuner. Coin-salon. Cour close, jardin, pelouse. Chauffage fuel. A visiter : Chapelle du Vaudic (15 è s) dans son enclos.

Prix : 1 pers. **120 F** 2 pers. **150 F**

Ouvert : de mars à octobre.

4	8	0,5	4	4	3	10	5	9	0,5

PATUREL Jean - 49, rue des Sports - 22590 PORDIC - Tél : 02 96 79 04 13

PORDIC Saint-Halory
C.M. 59 Pli 3

3 ch.

Saint-Brieuc et sa cathédrale 7 km. Port de Binic 3 km. Sur une exploitation laitière, dans une longère en pierre entièrement rénovée, à proximité de celle des propriétaires, 3 chambres avec s. d'eau et wc privés. Au r.d.c : 1 ch. (1 lit 2 pers.). A l'étage, 1 ch. (2 lits 1 pers.). 1 unité familiale (2 pièces) de 4 pers. A disposition : séjour, salon, kitchenette. Terrasse, pelouse, salon de jardin, barbecue, cour. Sentiers pédestres. Circuits VTT. Vélodromes à 1 km. Plages et Ecole de voile à 2 km, canoë-kayak. Saint-Quay-Portrieux 10 km.

Prix : 1 pers. **200 F** 2 pers. **250 F** 3 pers. **350 F**

Ouvert : toute l'année.

2	6	1	8	1,5	2	2	4	8	1,5

TREHEN Henriette - Saint-Halory - 22590 PORDIC - Tél : 02 96 79 41 11 - Fax : 02 96 79 41 11

PORDIC Le Pré Pean
C.M. 59 Pli 3

4 ch.

Binic 3 km. Trégomeur 4 km : jardin zoologique de la Vallée de l'Ic. Dans une maison bourgeoise de caractère du XIVè s., au calme et proche de la ferme : 4 chambre. Au 2è étage, 1 unité familiale de 2 pièces : 1 ch. (1 lit 2 pers. 2 lits 1 pers.) 1 ch (1 lit 2 pers. 1 lit 1 pers.) s.e, wc. Au 1er étage, 1 ch. (1 lit 2 pers. 1 lit 1 pers) s.e., 1 ch. (1 lit 2 pers.) s.d.b. WC communs à ces 2 ch. Au r.d.c, 1 ch. (1 lit 2 pers.). S.e, wc communs. Salle à manger pour le petit-déjeuner. Tarif 4 pers. 300 F. Grande cour close et poss. parking. Salon de jardin, barbecue. Panorama de la pointe de Pordic. Chapelle du Vaudic (XVe s.) et son enclos.

Prix : 1 pers. **180 F** 2 pers. **230 F** 3 pers. **300 F** pers. sup. **70 F**

Ouvert : toute l'année.

4	8	4	8	4	4	4	7	8	1

GAUBERT Marie-Irène - Le Pré Péan - 22590 PORDIC - Tél : 02 96 79 00 32 - Fax : 02 96 79 18 69

PORT-BLANC
C.M. 59

1 ch.

Ile de Bréhat 25 km. Paimpol et Château de la Roche-Jagu 20 km. Dans un environnement boisé, face à la mer, Danielle vous recoit, à l'étage, dans une unité familiale de 2 pièces : 1 ch. (1 lit 2 pers.), 1 ch. (2 lits 1 pers.), salle de bains, wc privés non attenants. Joli jardin, vue imprenable sur la mer, salon de jardin. Petit-déjeuner servi dans le séjour. Tarif 4 pers, 460 F. Perros-Guirec 10 km : Côte de Granit Rose, Les Sept Iles et sa réserve d'oiseaux de mer. Côte Sauvage à Plougrescant 7 km. Cathédrale de Tréguier 10 km. Langue parlée : anglais.

Prix : 2 pers. **260 F** 3 pers. **360 F**

Ouvert : toute l'année.

1	7	3	1	1	1	1	0,7	17	3

LE RALLEC Danielle - 24, route de la Corniche - Port-Blanc - 22710 PENVENAN - Tél : 02 96 92 61 74

PRAT Manoir de Coadelan
C.M. 59 Pli 1

6 ch.

Dans un cadre magnifique, 6 chambres aménagées dans les dépendances d'un manoir du XVIe siècle. 2 ch. 3 pers, s.d.b, wc privés et 4 ch. 2 pers, s.d'eau, wc privés. De votre chambre, vous découvrez un superbe menhir de 8 m de haut, au pied duquel s'étend un étang entouré de fleurs. Visite des salles du Manoir avec ses immenses cheminées. A quelques km de la Côte de Granit Rose, découvrez les charmes et le calme de la campagne. Lannion dans la vallée du Léguer, Perros-Guirec, Tréguier, Paimpol, Ile de Bréhat.

Prix : 1 pers. **260 F** 2 pers. **300 F** 3 pers. **380 F** pers. sup. **80 F**

Ouvert : d'avril à fin octobre.

15	6	2	15	15	2	15	6	15	2

RIOU Jeanne - Manoir de Coadelan - 22140 PRAT - Tél : 02 96 47 00 60 ou 02 96 47 02 01

LA PRENESSAYE Bellevue
TH — *C.M. 59*

2 ch.

Château et Forges du Vau-Blanc 500 m. Loudéac 12 km. Une maison rénovée en pierre, située au calme. Au r.d.c : 1 ch. de 3 épis, facile d'accès (1 lit 2 pers.) avec salle de bains, wc attenants privés. A l'étage 1 ch. de 2 épis (1 lit 2 pers.) salle d'eau, wc privés sur le palier. Salon à disposition. Grand jardin avec pelouse, terrasse. Forêt de Loudéac 800 m. Vallée du Lié. Lac de Guerlédan. Josselin, petite cité de caractère. Forêt de Brocéliande.

Prix : 1 pers. **200 F** 2 pers. **240 F** 3 pers. **340 F** repas **80 F**

Ouvert : toute l'année.

30	10	10	10	10	2	4	10	12	4

GAPAILLARD Madeleine - Bellevue - 22210 LA PRENESSAYE - Tél : 02 96 25 94 19 - Fax : 02 96 25 94 19

LA PRENESSAYE Querrien
TH — *C.M. 59 Pli 13*

2 ch.

Loudéac, forêt domaniale 8 Km. Dans une maison récente en bordure de forêt, à la ferme et située en pleine campagne, 2 ch. avec salle d'eau, wc privés dont 1 unité familiale de 2 pièces (1 lit 2 pers., 2 lits 1 pers.), 1 ch. (1 lit 2 pers.) avec poss. lit suppl. Coin-cuisine et salle de séjour à disposition. Table d'hôtes sur réservation. Lac de Guerlédan, petite cité de caractère de Josselin. Forêt de Brocéliande, forêt de Loudéac, Musée de la chéze. Piscine les Aquatides à Loudéac. Taris 2 pers pour séjour supérieur à 5 j : 160 F/j et l'unité familiale : 280 F/j. Tarif 4 pers : 300 F.

Prix : 1 pers. **120 F** 2 pers. **170 F** 3 pers. **210 F** repas **70 F**

Ouvert : de mai à septembre.

45	SP	8	8	10	2	3	6	8	0,1

BLOUIN Claudine - Querrien - 22210 LA PRENESSAYE - Tél : 02 96 25 63 67

QUEMPER-GUEZENNEC Kerlavine

C.M. 59 Pli 2

2 ch. **Domaine de la Roche Jagu 6 km. Temple de Lanleff 3 km.** Dans cette ancienne maison en pierre, Yvonne & Pierre vous accueillent à la campagne. 2 chambres à l'étage (1 lit 2 pers.), salle d'eau, wc privés, dont une avec s.e, wc privés attenants. A disposition, salon et petit-déjeuner servi dans la salle à manger. Dans un cadre joliment aménagé et au calme, vous profiterez le soir, du jardin, de son salon, et de son barbecue. Jeux de boules, jeux enfants. Située à quelques km de Pontrieux, petite cité de caractère, vous aurez la possibilité de pratiquer le canoë-kayak sur le Trieux. Poss. de pêche dans l'étang à 1.5 km. Navette en train vapeur (Pontrieux/Paimpol) en longeant le Trieux.

CV

Prix : 1 pers. **210 F** 2 pers. **240 F** pers. sup. **100 F**

Ouvert : toute l'année.

12	18	2	12	1,5	1	12	1,5

LE GOFF Yvonne & Pierre - Kerlavine - 22260 QUEMPER-GUEZENNEC - Tél : 02 96 95 11 70

QUEMPER-GUEZENNEC Kergocq

C.M. 59 Pli 2

2 ch. **Château de la Roche Jagu. Les Rives du Trieux. Temple de Lanleff 6 km.** Située dans un hameau, sur l'exploitation agricole, dans une maison traditionnelle, Marie-Claire et Louis vous accueilleront chaleureusement. Au r.d.c : 1 ch. 2 pers, s.d.b, wc privés. A l'étage : 1 ch. 3 pers, s.e. wc privés. Jardin d'agrément & salon à disposition. Gîte sur place. Le murmure d'un ruisseau, le calme d'un petit bois, dans cette propriété dominée par un manoir du XVIe siècle, les propriétaires, partageront, si vous le désirez, la passion qu'ils éprouvent pour leur région. Parlant le Breton.

CV

Prix : 1 pers. **190 F** 2 pers. **230/250 F** 3 pers. **300 F**

Ouvert : toute l'année.

12	18	2	10	12	2	5	1	5	2

THOMAS Marie-Claire - Kergocq - 22260 QUEMPER GUEZENNEC - Tél : 02 96 95 62 72

QUEVERT La Borgnais

C.M. 59 Pli 15

E.C. 3 ch. Vous serez accueillis dans une propriété de campagne, à la sortie de Dinan. A l'étage : 3 unités familiales de 4 pers. aux ambiances différentes et raffinées (1 lit 2 pers. 2 lits 1 pers.), wc et s.d.b. privés communicants, en marbre. Sur place, vous apprécierez le calme au bord de la piscine (30 m^2), les jeux de plein air, pêche et les chemins pédestres. Petit-déjeuner avec confitures maison servi dans la salle à manger de style Art Déco, ainsi qu le dîner à notre table d'hôtes (sur réservation) pour découvrir les spécialités locales. Parc arboré de 1 ha. longé par la rivière « l'Argenteuil ». Poss. : lave et sèche-linge, internet, loc. vélos. Langue parlée : anglais.

CV

Prix : 2 pers. **280 F** 3 pers. **340 F** pers. sup. **60 F** repas **90 F**

Ouvert : toute l'année.

17	1	SP	17	SP	2	2	2

LESAGE Stéphane - La Borgnais - 22100 QUEVERT - Tél : 02 96 85 46 59

QUEVERT Le Chene Pichard

C.M. 59

4 ch. Dans une ancienne ferme fleurie, Cécile vous accueillera dans 4 chambres. Au r.d.c., 1 ch. (1 lit de 2 pers.), s.d'eau, wc privés. A l'étage, 2 grandes ch. (2 lits 2 pers., chacune), l'une avec s.d'eau, wc privés, l'autre avec lavabo, s.d'eau, wc communs. 1 ch. (1 lit de 2 pers.), lavabo, s.d'eau, wc communs. Poss. lit supplémentaire. Cuisine équipée à disposition. Séjour, salon. Terrasse, salon de jardin et pelouse. Piscine privée. Tarif 4 pers. 280/310 F. Dinan, cité médiévale, ville d'Art et d'Histoire. Courtil des senteurs (roses ...).

CV

Prix : 1 pers. **160/170 F** 2 pers. **210/250 F** 3 pers. **250/280 F**

Ouvert : de juillet/août.

20	2	2	2	20	1	2	1	2	0,1

BOULLIER Cécile - Le Chêne Pichard - 22100 QUEVERT - Tél : 02 96 85 09 21

QUEVERT Le Chêne Pichard

C.M. 59 Pli 15

4 ch. **Dinan 2 km, cité médiévale. Courtil des senteurs.** Sur les hauteurs de Dinan, Madeleine et Henri vous accueillent dans une ancienne ferme de caractère, abondamment fleurie avec terrasse, piscine privée et vue panoramique sur la cité médiévale. Au 1er étage. : 3 ch. 3 pers., s.e, wc privés. Cuisine équipée à disposition. Au 2 ème étage, 1 ch. 2 pers, s.e, wc privés, kitchenette. Confitures maison au petit-dejeuner servi dans la véranda (vue sur parc).

CV

Prix : 1 pers. **160/180 F** 2 pers. **190/210 F** 3 pers. **230/250 F**

Ouvert : toute l'année.

20	33	2	2	20	4	2	2	2	0,1

BOULLIER Henri - Le Chêne Pichard - 22100 QUEVERT - Tél : 02 96 85 09 21

QUINTIN La Pommeraie

C.M. 59 Pli 12-13

3 ch. **Quintin, ville de caractère 3 km.** Dans une maison indépendante, très calme près de Quintin (petite citée de caractère) 3 chambres. Au r.d.c : 1 ch. (1 lit 2 pers.) s.d.b., wc privés. A l'étage : 1 ch. de 3 épis (1 lit 2 pers.), s. d'eau, wc. 1 unité familiale de 2 pièces, 3 épis : 1 ch. (2 lits 1 pers.), 1 ch. (1 lit 1 pers.), s. d'eau, wc privés. Salon de jardin.

CV

Prix : 1 pers. **150 F** 2 pers. **220 F** 3 pers. **300 F** pers. sup. **80 F**

Ouvert : toute l'année.

20	20	3	3	20	3	3	10	3	3

LE LOUET M-Pierre - La Pommeraie - 22800 QUINTIN - Tél : 02 96 74 80 09 - Fax : 02 96 74 80 09

QUINTIN La Gravelle *C.M. 59*

1 ch. **Quintin cité de caractère à 800 m, château et musée.** Madeleine et Marcel vous proposent dans leur maison fleurie, 1 unité familiale de deux pièces (1 lit 2 pers. dans chaque ch.). Poss. de lit supplémentaire, lit bébé à disposition. Salle de bains et wc privés. Possibilité de cuisiner. Gîte sur place. Restaurants à 800 m.

CV

Prix : 2 pers. **220 F** 3 pers. **350 F**

Ouvert : toute l'année.

20	20	0,8	0,8	20	1	1	6	20	0,3

MORVAN Marcel - La Gravelle - 22800 LE FOEIL - Tél : 02 96 74 80 23

QUINTIN Le Clos du Prince (TH) *C.M. 59 Pli 3*

2 ch. A Quintin, petite cité de caractère, Marie-Madeleine vous accueille dans une demeure du XVIIIe s. 1 suite, s.d.b., wc privés attenants coin-salon. 1 ch., s.d.b., wc privés attenants. Salon avec cheminée. Tables d'hôtes hors saison. Ici l'austérité du granit ne résiste pas aux charmes d'une décoration recherchée. Boiseries et mobiliers anciens éveilleront la curiosité de chacun. Accès immédiat au jardin peuplé d'arbres centenaires où un superbe séquoia apporte exotisme à la tranquilité champêtre du « Clos du Prince ». Quintin, petite cité de caractère, piscine à 300 m, musée. Château de Beaumanoir au Leslay.

CV

Prix : 1 pers. **270 F** 2 pers. **350/380 F** pers. sup. **150 F** repas **100 F**

Ouvert : toute l'année.

15	25	0,1	0,3	15	0,5	0,1	8	3	0,3

GUILMOTO Marie-Madeleine - 10, rue des Croix Jarrots - « Le Clos du Prince » - 22800 QUINTIN - Tél : 02 96 74 93 03 - Fax : 02 96 74 93 03

QUINTIN Saint-Eutrope *C.M. 59 Pli 12-13*

2 ch. **Cité de caractère Quintin 1 km.** Dans un cadre reposant, grande cour fleurie, pelouse, salon de jardin, maison indépendante en granit du pays. 1 ch. (2 lits 1 pers.) salle d'eau, wc privés attenants. 1 unité familiale de 2 pièces (1 lit 2 pers. 1 lit 1 pers.), s.e, wc privés. Poss. lit suppl. Petit-déjeuner copieux. Séjour, salon. Vaisselle, frigo, micro-ondes à disposition. Restaurant 1,5 km. Sur le circuit des petites cités de caratère, vous découvrirez Quintin : château, musée, monuments classés, circuits pédestres de VTT. Piscine ludique et aquatonic. Situé à égale distance de St-Malo et de côte de Granit Rose. Mer et campagne.

CV

Prix : 1 pers. **150 F** 2 pers. **230/240 F** 3 pers. **320 F**

Ouvert : mai à septembre.

25	30	2	1,5	25	1,5	1	4	1,5	1

LEROUX Marie-Hélène - Saint-Eutrope - 22800 QUINTIN - Tél : 02 96 74 87 56 - Fax : 02 96 74 87 56

ROSPEZ Kerhuel *C.M. 59 Pli 1*

1 ch. **Lannion située dans la paisible vallée du Léguer sur la Côte 4 km.** Entre granit et crêpes dentelles, détente, calme et nature dans cette maison rénovée en pierres. 1 ch. avec entrée indépendante. A l'étage 1 unité familiale mansardée de 2 pièces (1 lit 2 pers., 2 lits 1 pers.) s.e, wc privés attenants. Poss. lit bébé. Séjour, salon avec cheminée. Pelouse, salon de jardin. Baby sitting. Restaurants. Tarif 4 pers. : 380 F. A voir : Les Sept Iles (réserve d'oiseaux de mer), Ploumanac'h site naturel protégé. Visite technologique (télécommunications à Pleumeur Bodou).

CV

Prix : 2 pers. **230 F** 3 pers. **300 F**

Ouvert : de début juin à mi-septembre.

11	7	6	4	11	5	5	6	6	1

DURAND Pierrette - Kerhuel - 22300 ROSPEZ - Tél : 02 96 38 43 66 ou 06 14 52 91 93 - Fax : 02 96 38 43 66

ROSPEZ Saint-Dogmael *C.M. 59 Pli 1*

3 ch. **Lannion, cité historique, capitale du Trégor à 2 km.** Vous trouverez fraîcheur et tranquillité dans cette ferme rénovée, au r.d.c avec accès indépendant : 1 ch 2 pers, salle d'eau, wc attenants. A l'étage 2 ch : 1 ch 2/3 pers avec lavabo, 1 ch 2 pers. En communs aux 2 ch : s.d.b, s.e, wc. Coin-salon. Jardin et petit parc avec jeux. Un gîte à proximité. Vous pourrez visiter Tréguier cité de caractère, sa cathédrale St-Tugdual et son cloître et vous promener aux plans d'eau de Langoat sur la Roche Derrien. Eglise templière de Brélévenez et son escalier de 142 marches à 3,5 km.

CV

Prix : 1 pers. **200 F** 2 pers. **200/250 F** 3 pers. **300 F** pers. sup. **80 F**

Ouvert : toute l'année.

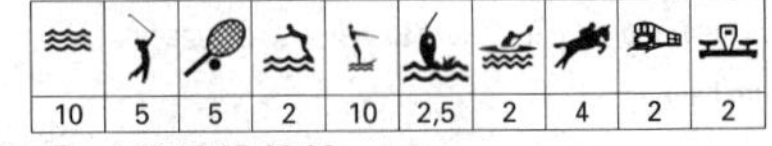

10	5	5	2	10	2,5	2	4	2	2

BEREZAI Claude - Saint Dogmael - 22300 ROSPEZ - Tél : 02 96 37 60 72 - Fax : 02 96 37 68 33

RUCA Launay Thébault *C.M. 59 Pli 5*

2 ch. Au calme, située sur une ancienne exploitation agricole, maison de caractère spacieuse, Madeleine vous accueille dans 2 chambres à l'étage dont 1 unité familiale, s.d.b, wc privés aux 2 pièces : 1 ch (1 lit 2 pers + 1 lit d'appoint) 1 ch (1 lit 2 pers). 1 chambre (1 lit 2 pers) s.d.b., wc privés. Poss. lit suppl. Petit-déjeuner copieux (desserts, confitures maison). Poss. de manger dans le séjour ou de pique-niquer dans le jardin fleuri. Frigo, TV à disposition. Salon de jardin. A proximité de la mer : St-Cast-Le Guildo, Cap Fréhel, tout le charme de la campagne dans le calme. Poss. de randonnées organisées.

CV

Prix : 1 pers. **180/200 F** 2 pers. **200/220 F** pers. sup. **80 F**

Ouvert : toute l'année.

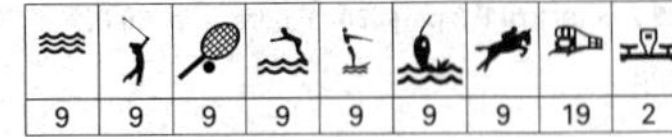

9	9	9	9	9	9	9	19	2

BRIEND Madeleine - Launay Thébault - 22550 RUCA - Tél : 02 96 83 70 02

SAINT-ALBAN Malido

C.M. 59 Pli 4

6 ch. **Pléneuf-Val-André (réserve ornithologique) 5 km.** Dans une annexe rénovée, à la maison des propriétaires et de leur exploitation, 6 chambres avec salle d'eau et wc privés, dont 5 ch. (3 épis) 1 ch. (2 épis). 4 ch., entrée indépendante : 2 ch. 2 pers., 2 ch. 3 pers. 2 unités familiales de 2 pièces (dont 1 avec balcon à 300 F). Salon, cheminée. Kitchenette équipée. Baby-sitting. Aire de jeux. Circuit pédestre balisé idéalement situé pour visiter l'ensemble du département et à 4 km des belles plages (Erquy station balnéaire : port de pêche réputé pour ses coquilles St-Jacques). A deux, en famille, en groupe sur demande, avec notre meilleur accueil.

Prix : 1 pers. **200 F** 2 pers. **200/300 F** 3 pers. **290/340 F** pers. sup. **80 F**

Ouvert : toute l'année.

4	4	4	4	4	10	3	4	18	2

LE GRAND Huguette - Malido - 22400 SAINT-ALBAN - Tél : 02 96 32 94 74 - Fax : 02 96 32 92 67

SAINT-CARADEC Goizel

TH C.M. 59

4 ch. **Rigole de l'Hilvern 100 m Lac de Guerlédan et sa base de loisirs 9 km.** Vous pourrez vous reposer dans cette ferme en activité & fleurie. Au r.d.c : 1 ch. (1 lit 2 pers.) s.d.b, wc privés. 1 ch. (1 lit 2 pers.) salle d'eau, wc privés. 1 ch 4 pers, sanitaires, wc privés. A l'étage : 1 ch. (1 lit 2 pers.1 lit 1 pers.) s.e, wc privés. A disposition, grande pièce de séjour, coin-salon, coin-cuisine réservé aux hôtes. Au cœur de la Bretagne, sur le bord de la Rigole de l'Hilvern où vous pourrez faire de la randonnée à pied, à cheval, à vélo. A proximité du Lac de Guerlédan qui propose de nombreuses activités. 1/2 pens. 1 pers. : 250 F. 1/2 pens. 2 pers. : 370 F.

Prix : 1 pers. **175 F** 2 pers. **220 F** 3 pers. **300 F** pers. sup. **80 F** repas **80 F** 1/2 pens. **250/370 F**

Ouvert : toute l'année.

40	10	1,5	9	40	1,5	12	9	9	1,5

LE MAITRE Loïc - Gouazel - 22600 SAINT-CARADEC - Tél : 02 96 25 05 30 ou 06 20 15 68 12 - Fax : 02 96 25 05 30

SAINT-CARADEC Theilo

C.M. 59 Pli 13

2 ch. **Rigole de l'Hilvern. Bosméléac et Lac de Guerlédan 9 km.** Dans une ancienne maison de tisserands, au cœur de la Bretagne, Colette vous accueille dans un cadre envoutant et vous propose calme, détente et repos. Dans la maison de la propriétaire, au r.d.c : 1 ch. (1 lit 2 pers.) s.d.b, wc privés. A l'étage : 1 ch. (1 lit 2 pers.) Lit bébé à disposition. Au r.d.c : grande salle avec poss. de cuisiner. Petit-déjeuner avec produits maison. Pelouse de 3500 m2 : salon de jardin, barbecue, jeux enfants. Sentiers pédestres sur place GR371-351 : Rigole de L'Hilvern à 50 m. Bosméléac, Lac de Guerlédan. Etang à 500 m (pêche). Langues parlées : anglais, allemand.

Prix : 1 pers. **180 F** 2 pers. **200/220 F** 3 pers. **300 F**

Ouvert : toute l'année.

40	9	0,5	10	0,5	1	12	10	10	SP

DONNIO / NAGAT Colette - Theilo - 22600 SAINT-CARADEC - Tél : 02 96 25 02 66 ou 06 80 20 34 11 - Fax : 02 96 25 02 66

SAINT-CAST-LE-GUILDO

C.M. 59

2 ch. Accueil chaleureux dans une maison spacieuse avec grande terrasse, vue sur mer, à 300 m de la plage. A l'étage : 1 chambre (1 lit 2 pers.), salle d'eau, wc privés. 1 ch. avec salon de détente attenant (1 lit 2 pers.), salle de bains, wc privés. Petit-déjeuner servis dans la salle à manger ou sur la terrasse. Parking privé.

Prix : 2 pers. **260 F**

Ouvert : de Pâques à septembre.

0,3	4	3	2	0,3	0,3	2	3	30	1

BUSINELLI Hélène - 73, rue des Nouettes - 22380 SAINT-CAST-LE-GUILDO - Tél : 02 96 41 92 22

SAINT-CAST-LE-GUILDO

C.M. 59

2 ch. Maison ancienne rénovée, située à 500 m de la plage. A l'étage, 1 chambre (1 lit 2 pers.) avec salle de bains, wc particuliers. Dans un batiment annexe : 1 ch. avec salle d'eau, wc privés. Petit-déjeuner servi dans la salle à manger, salon. Terrasse et salon de jardin à disposition. Parking. Les propriétaires se feront un plaisir de vous faire découvrir les randonnées pédestres. St-Malo, cité corsaire. Dinan ville d'art et d'histoire. Cap Fréhel. Fort La Latte.

Prix : 2 pers. **250 F**

Ouvert : toute l'année sauf en août.

0,5	4	2	1	1	5	1	2	30	0,5

LE GUILLERM Dominique - 18, rue de la Fosserolle - 22380 SAINT-CAST-LE-GUILDO - Tél : 02 96 41 96 16 -
E-mail : alain.leguillerm@wanadoo.fr

SAINT-CAST-LE-GUILDO Les Landes

C.M. 59

4 ch. Dans un ancien corps de ferme rénové à 100 m du bourg, 3 ch. (1 lit 2 pers.) avec lavabo, salle de bains, wc communs. 1 ch. 3 épis (1 lit 2 pers.), salle d'eau, wc privés. Salle-à-manger, salon. Frigidaire. Pelouse, salon de jardin, parking privé dans la cour. Chemins de randonnées, sports équestres et nautique, golf, tennis à proximité. Cap Fréhel. Dinan, cité médiévale d'art et d'histoire. St-Malo, cité corsaire. Fort La Latte et Baie de la Fresnaye : vue panoramique.

Prix : 2 pers. **220/280 F**

Ouvert : toute l'année.

1,5	4	2	4	1,5	1,5	1,5	4	30

PILARD Alain - Les Landes - 22380 SAINT-CAST-LE-GUILDO - Tél : 02 96 41 01 77

SAINT-CAST-LE-GUILDO La Noe *C.M. 59*

2 ch. Dans une maison située dans un village très calme, 2 chambres : 1 ch. avec lavabo, s.e privée. 1 ch. avec s.d.b non attenante. Wc communs aux 2 chambres. Salle à manger. Terrasse avec vue sur la mer. Salon de jardin. A 6.5 km, randonnées/circuits cyclotouristes et pédestres avec poss. de guide autour de St-Cast (station balnéaire & station de voile). A faire : pêche en mer à bord de chalutier. Fort La Latte et Baie de la Fresnaye : vue panoramique.

CV

Prix : 1 pers. **180 F** 2 pers. **220/250 F** 3 pers. **280 F**

Ouvert : du 15 avril au 15 septembre.

0,5	1	2	2	0,5	2	0,5	1	30	1

LAMBALLAIS Berthe - La Noe - 22380 SAINT-CAST - Tél : 02 96 41 92 66 - Fax : 02 96 41 64 68

SAINT-CLET Poul Joly TH *C.M. 59 Pli 2*

3 ch. **Pontrieux 2 km, cité de caractère (berges du Jaudy, Maison Duguesclin)** Dans une maison récente, sur une exploitation agricole (polyculture, élevage, chevaux, petits animaux), M. Annick & Jo vous feront apprécier le confort et le calme d'1 ch. spacieuse, située à l'étage (1 lit 2 pers. 1 lit 1 pers.) s.d.b., wc privés non attenants. Séjour à disposition. Dans une maison à proximité : 2 unités familiales de 2 pièces, s.e. Wc privés (3 lits 2 pers-3 lits 1 pers). Séjour, jardin, salon de jardin, cour, jeux enfants, vélos. Cuisine traditionnelle (produits de la ferme). Situation entre Guingamp & Pontrieux, découverte du Trieux en canoë-kayak, petit-train touristique Pontrieux/Paimpol. Festival danse bretonne.

CV

Prix : 1 pers. **150 F** 2 pers. **200 F** pers. sup. **50 F** repas **75 F**

Ouvert : de juin à septembre.

15	25	2	15	20	1	2	4	3	1,5

HAMON M.Annick - 1/2 Poul Joly - 22260 SAINT-CLET - Tél : 02 96 95 11 58 - Fax : 02 96 95 11 58

SAINT-DONAN La Ville Suzanne *C.M. 59*

2 ch. Dans leur maison rénovée, située sur une exploitation agricole, Micheline et Michel vous accueillent dans 2 chambres à l'étage, aménagées en prolongement de leur habitation (1 lit 2 pers) salle d'eau, wc privés à chaque chambre. Entrée indépendante avec au r.d.c kitchenette en commun. Poss. lit bébé. Petit-déjeuner servi dans la salle de séjour. Salon de jardin, barbecue. Sur place, logement de chevaux et son musée. Randonnées à 500 m. Lac du Gouët avec chemins de randonnées et sports nautiques. Musée du Cheval sur place.

CV

Prix : 2 pers. **220 F** pers. sup. **100 F**

Ouvert : toute l'année.

8	25	3	10	20	2	2	10	10	3

CORBEL Michel - La Ville Suzanne - « Le Cheval et le Paysan » - 22800 SAINT-DONAN - Tél : 02 96 73 95 03 ou 06 86 78 07 62 - Fax : 02 96 73 86 41

SAINT-HELEN Les Domaines *C.M. 59 Pli 6*

3 ch. Annette et Daniel, vous accueillent dans une propriété confortable et reposante en pleine campagne. Au r.d.c : 1 ch. (1 lit 2 pers), s.d'eau, wc privés. A l'étage : 1 ch. (1 lit 2 pers), s.d.b., wc privés. Poss. lit supplémentaire. Salle à manger. Dans une longère annexe, 1 unité familiale de 2 pièces : 2 ch (1 lit 2 pers) wc privés. Poss. de cuisiner. Salon de jardin. Fête des remparts à Dinan : grande fête médiévale. Jardins Anglais, promenades sur les remparts. Dinan : ville d'Art et d'Histoire, ville fleurie.

CV

Prix : 2 pers. **200/220 F** pers. sup. **60 F**

Ouvert : toute l'année.

20	33	3	7	40	4	7	4	7	5

CHOUIN Annette - Les Domaines - 22100 SAINT-HELEN - Tél : 02 96 83 28 29

SAINT-LORMEL Ville Orien *C.M. 59 Pli 5*

2 ch. **Ploubalay 8 km.** A l'étage d'une maison ancienne, située en campagne, 2 chambres d'hôtes de 2 pers. (1 lit 2 pers.) avec salle d'eau et wc particuliers. Salle de séjour rustique. Table d'hôtes sur réservation. Prix 2 pers : 200 F pour séjour supérieur à 3 nuits. Située à 8 km des plages, vous pourrez aussi visiter le site panoramique du Château d'eau (54 m) à Ploubalay, Dinan : ville historique, St-Cast le Guildo, St-Malo et Dinard.

CV

Prix : 1 pers. **190 F** 2 pers. **210 F**

Ouvert : de Pâques à la Toussaint.

8	10	1	10	10	1	1	10	2	2

FROSTIN Josette - Ville Orien - Brise d'Armor - 22130 SAINT-LORMEL - Tél : 02 96 84 16 15 - Fax : 02 96 84 16 15

SAINT-LORMEL La Pastourelle TH *C.M. 59 Pli 5*

6 ch. **Visite Saint-Malo 18 km.** Accueil gai et chaleureux dans cette très belle longère de caractère où Evelyne vous reçoit. 4 chambres de 2 pers., salle d'eau, wc privés. 1 ch. (2 pers), s.d.b, wc privés. A l'étage, 1 unité familiale de 2 pièces, s. d'eau, wc privés. Intérieur agréable (tissus, faïences, beaux meubles), pierres apparentes dans salle à manger et salon. Très joli jardin. Salon de jardin, pelouse, bancs, jeux. Située en pleine campagne. 1/2 pension à partir du 5e jour : 205 F/pers. A quelques kms, vous découvrirez les plages de la côte d'Emeraude, Cap-Fréhel, Fort-La Latte, St-Malo (cité corsaire), Dinan (ville d'art et d'histoire).

CV

Prix : 1 pers. **235 F** 2 pers. **250/265 F** 3 pers. **330/345 F** repas **95 F**
1/2 pens. **205 F**

Ouvert : toute l'année.

10	10	10	23	10	1	1	10	4	1

LEDE Evelyne - La Pastourelle - 22130 SAINT-LORMEL - Tél : 02 96 84 03 77 - Fax : 02 96 84 03 77

SAINT-POTAN Bonnevie-Saint-Potan (TH) *C.M. 59 Pli 5*

5 ch. **Matignon 15 km (Baie de la Fresnaye). Saint-Cast le Guildo 4 km.** Dans une ambiance familiale, tout le charme de la campagne, à proximité de la mer, 5 ch. dont 2 ch., (1 lit 2 pers.), 1 ch. (1 lit 2 pers. 1 lit 1 pers) s. d'eau, wc privés. 1 ch. (1 lit 2 pers.) s.d.b, wc privés sur le palier. 1 ch. (1 lit 1 pers. 1 lit 2 pers.) s.d'eau, wc privés attenants. Petit-déjeuner avec produits de la ferme (production laitière). Possibilité de pique-niquer dans le grand jardin. Randonnées organisées possibles. Table d'Hôtes les Lundis, Mercredis et Samedis soirs. Plancoët (maison du Dôme, aire de loisirs). Cap Fréhel. Station balnéaire : vue panoramique sur le Fort La Latte et la Baie de la Fresnaye.

Prix : 1 pers. **200 F** 2 pers. **230 F** 3 pers. **300 F** pers. sup. **70 F**
repas **80 F**

Ouvert : toute l'année.

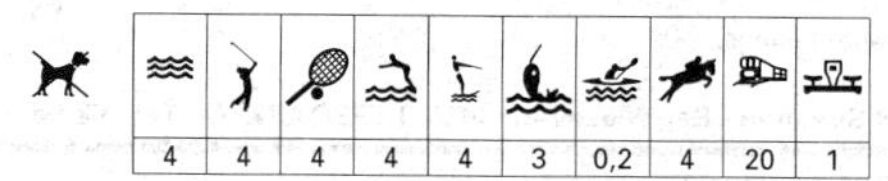

4	4	4	4	4	3	0,2	4	20	1

GUILLAUME Denise - Bonne Vie - 22550 SAINT-POTAN - Tél : 02 96 41 02 91 - Fax : 02 96 41 10 54

SAINT-POTAN Les Berouelleucs (TH) *C.M. 59 Pli 5*

2 ch. **Matignon 10 km (village Saint-Germain de la Mer) et de Plancoët.** A l'étage, d'une maison neuve de style breton, totalement indépendante : 1 ch. (1 lit 2 pers.) lavabo, s.d'eau, wc privés. 1 unité familiale de 2 pièces (2 lits 2 pers.) s.d.b., wc privés. Salle de séjour, salon à disposition. Table d'hôte sur réservation sauf le dimanche. Cour et pelouse. St-Cast le Guildo : station balnéaire, vue panoramique sur Fort La Latte et la Baie de la Fresnaye.

Prix : 1 pers. **200 F** 2 pers. **230 F** 3 pers. **300 F** pers. sup. **70 F**
repas **80 F**

Ouvert : toute l'année.

10	10	10	15	12	10	6	6	22	1,5

BINET Henri - Les Berouelleucs - 22550 SAINT-POTAN - Tél : 02 96 83 72 92

SAINT-QUAY-PERROS Kéringant (TH) *C.M. 59 M Pli 1*

4 ch. **Lannion 3 km.** Dans ce manoir du 14 et 17è siècle, Evelyne & André vous accueillent dans un lieu qu'ils ont rêvé. 4 chambres 2 pers. à l'étage dont 2 ch. (1 lits 1.60 m), 1 ch. (1 lit 1.60 m, 2 lits 0.90 m) s.d.b, wc privés attenants et 1 ch. 3 épis (1 lit 1.40 m) s.e, wc privés attenants. Salon à disposition. Jardin, pelouse, salon de jardin, barbecue. Table d'hôtes. Ils vous feront partager le charme de la demeure et goûter leur chaleureuse table. A proximité du port de Perros Guirec et de ses plages vous pourrez y découvrir l'ensemble des loisirs du littoral et la beauté de la Côte de Granit Rose. Tarif 4 pers 840 F.

Prix : 1 pers. **430 F** 2 pers. **370/470 F** 3 pers. **655 F** pers. sup. **185 F**
repas **110/150 F**

Ouvert : toute l'année sauf la 2è semaine de janvier.

3	10	3	3	3	3	3	3

GUERY Evelyne - Keringant - 22700 SAINT-QUAY-PERROS - Tél : 02 96 48 81 86 - Fax : 02 96 48 73 50

TADEN Le Petit Paris (TH) *C.M. 59*

2 ch. **Dinan 1 km.** Dans une ferme rénovée, Cathy vous propose à l'étage, 2 ch., salle d'eau, wc privés dont 1 ch. (1 lit 2 pers., 1 lit 1 pers.), 1 ch. (2 lits 2 pers.). Plateau de confitures maison pour le petit-déjeuner. Salon à disposition. Poss. de cuisiner. Sous le parfum des roses, dans cette ferme ayant conservé ses poutres et sa cheminée centenaires, son jardin clos de mur et sa cour fleurie, à 2 pas de Dinan et de la Rance, vous pourrez rayonner sur le pays de Dinan et la Côte d'Emeraude en profitant des nombreuses plages. A bientôt !. Langues parlées : anglais, italien, espagnol.

Prix : 1 pers. **235 F** 2 pers. **250/280 F** 3 pers. **350 F** pers. sup. **90 F**
repas **90 F**

Ouvert : toute l'année.

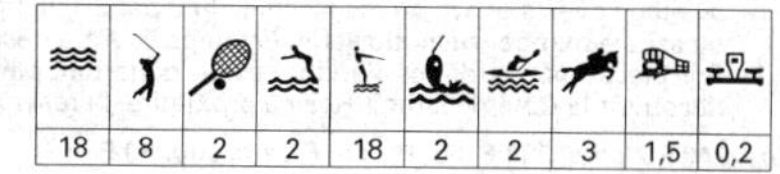

18	8	2	2	18	2	2	3	1,5	0,2

GEOFFROY Catherine - Le Petit Paris - 22100 TADEN - Tél : 02 96 39 17 24

TONQUEDEC Le Queffiou *C.M. 59 Pli 1*

4 ch. **Lannion, cité historique et capitale du Trégor. Plouaret : 10 km.** M.Mme Sadoc vous recevront dans une grande maison bourgeoise du début du siècle en granit du pays : 4 chambres de 2 pers., de grand confort avec sanitaires et wc privés attenants. Salon. Grand parc paysager, parking. Salon de jardin pour la détente. Sentiers de randonnées à proximité. Rivière et pêche (truite, saumon). Situé à la campagne, proche de la Côte de Granit Rose et à proximité de la Vallée du Léguer et à moins d'1 km de son riche patrimoine architectural & culturel : le Chateau de Tonquédec (12/13e s). Ploubezre : château de Kergrist.

Prix : 1 pers. **320 F** 2 pers. **380 F** pers. sup. **160 F**

Ouvert : toute l'année sauf du 1er octobre au 31 mars.

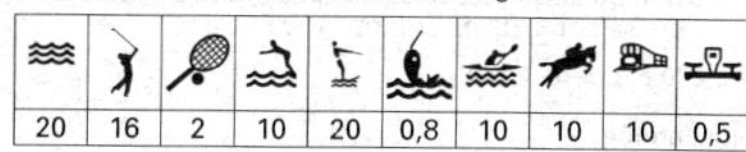

20	16	2	10	20	0,8	10	10	10	0,5

SADOC - Route du Château - Le Queffiou - 22140 TONQUEDEC - Tél : 02 96 35 84 50 - Fax : 02 96 35 84 50

TREDARZEC Beg Mezeven — *C.M. 59*

1 ch. **Tréguier 4 km, petite cité de caractère avec sa cathédrale St Tugdual.** Suzanne et Michel vous accueillent dans un cadre reposant et fleuri, face à l'estuaire du Jaudy, sur l'exploitation maraîchère. Entrée indépendante 1 chambre (1 lit 2 pers., 1 lit 1 pers.), salle d'eau et wc privés. Coin cuisine. Petit déjeuner servi dans le séjour. Jardin. Situé dans un lieu ou vous trouverez le calme au bord du Jaudy. A proximité du GR34. Lézardrieux, port de plaisance naturel.

Prix : 1 pers. **200 F** 2 pers. **250 F** 3 pers. **300 F**

Ouvert : toute l'année.

8	25	4	4	3	0,2	8	4	15	4

BOULC'H Suzanne - Beg Mezeven - 22220 TREDARZEC - Tél : 02 96 92 35 84

TREGON La Hautiere — *C.M. 59*

2 ch. **Saint-Malo 18 km.** Venez découvrir la vie à la ferme, dans une maison rénovée, calme et confortable, mitoyenne avec un gite et la maison des propriétaires. 2 chambres avec salle d'eau, wc privés. Au r.d.c, 1 ch. (1 lit 2 pers.) et à l'étage, 1 unité familiale de 2 pièces : 1 ch. (1 lit 2 pers.) 1 ch. (2 lits 1 pers.). Poss. de cuisiner. Petit-déjeuner servi dans la cuisine. A disposition : coin-détente, courette close, jardin. Salon de jardin, jeux enfants. Tarif 4 pers. 450 F. Prix dégressif si plusieurs nuits. Dinan : ville historique. Ploubalay : panorama au Château d'eau avec vue sur Cap Fréhel. Créhen, port du Guildo.

Prix : 1 pers. **230 F** 2 pers. **250 F** 3 pers. **350 F** pers. sup. **50 F**

Ouvert : toute l'année.

5	10	2	10	5	5	5	7	7	2

REVEL Alain - La Hautière - 22650 TREGON - Tél : 02 96 27 25 87 - Fax : 02 96 27 25 87

TREGROM L'Ancien Presbytère — TH — *C.M. 59 Pli 1*

3 ch. **Plouaret 7 km.** Dans un petit village très calme, 3 ch. 2 pers., salle de bains ou douche et wc privés. Baby sitting. Jardin. Rivière à 800 m. Tennis municipal. m. Restaurants à 4 et 7 km. Aéroport de Lannion à 25 km. Remise de 10 % sur séjour supérieur à 3 jours en hors saison. Au cœur du Trégor, l'ancien presbytère XVIIe/XVIIIè s. vous apportera repos et sérénité. Situation privilégiée pour découvrir richesses et beautés de l'Armor & d'Argoat. Château de Rosambo & Kergrist. Château de la Roche-Jagu & nombreuses chapelles. Tréguier : circuit des Ajoncs d'Or. Langue parlée : anglais.

Prix : 1 pers. **280 F** 2 pers. **300 F** repas **125 F**

Ouvert : toute l'année.

20	28	0,7	28	20	0,8	7	7	7	0,2

DE MORCHOVEN Nicole - L'Ancien Presbytère - 22420 TREGROM - Tél : 02 96 47 94 15 - Fax : 02 96 47 94 15

TREGUIER Tara — *C.M. 59 M*

5 ch. **Paimpol et Lannion 18 km.** Au cœur de la capitale du Trégor, dans une demeure du XVIè s, 5 chambres avec s.e, wc privés attenants : 4 ch 2 pers., poss. de lit suppl., 1 ch 3 pers. au r.d.c. (3 lits 1 pers. dont 1 de 1m 10) aménagée pour pers. à mobilité réduite. Petit-déjeuner à la table commune dans la grande salle d'époque. kitchenette, coin-repas à disposition. Grand jardin avec parking. Malou & Guy auront à cœur de vous faire partager leur passion pour cette cité vraiment peu ordinaire. Au levant l'estuaire, au couchant la flèche élancée de sa cathédrale ouvrage de dentelle sur fond de ciel et en écrin ces vieilles demeures, fidèles gardiennes de la mémoire du temps. Langues parlées : anglais.

Prix : 1 pers. **250 F** 2 pers. **300 F** 3 pers. **400 F** pers. sup. **100 F**

Ouvert : toute l'année sauf octobre et du 4 au 31 mars.

1	20	1	1	4	0,1	5	2	18	0,1

ARHANT Guy & Malou - Tara - 31, rue Ernest Renan - 22220 TREGUIER - Tél : 02 96 92 15 28

TRELEVERN Le Launay — TH — *C.M. 59 Pli 1*

4 ch. Sur une propriété de 8000 m^2 avec un étang, Liliane & Christian vous proposent dans leur longère restaurée du XIXe siècle, 4 ch. à l'étage avec s.e., wc privés : 2 ch. (1 lit 2 pers. 1 lit 1 pers.) 1 ch. (1 lit 2 pers.), 1 ch. (2 lits 1 pers.). Petit-déjeuners servis au jardin ou salle à manger rustique selon le temps et votre désir. Coin-salon à disposition avec cheminée & bibliothèque. Nécessaire bébé. Sur place fax, tél. direct. Parking, salon de jardin, ping-pong. Loc. de vélos. T. d'hôtes 1 jour sur 2 sur résa. De là, vous pourrez découvrir la Côte de Granit Rose à proximité, la réserve des Sept Iles et Bréhat par le GR 34.

Prix : 1 pers. **240 F** 2 pers. **290 F** 3 pers. **370 F** pers. sup. **80 F** repas **95 F**

Ouvert : toute l'année.

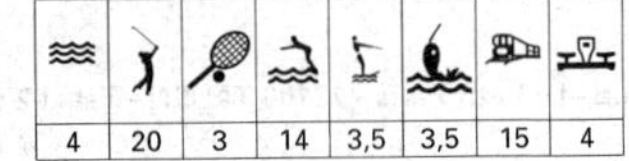

4	20	3	14	3,5	3,5	15	4

LEROY Christian - Le Launay - La Ferme de l'Etang - 22660 TRELEVERN - Tél : 02 96 91 70 44 - Fax : 02 96 91 79 96

TREMELOIR Le Gué — *C.M. 59*

1 ch. **Saint-Brieuc 9 km.** Joelle et François vous accueilleront chaleureusement pour passer vos soirées, au calme de la campagne de Tréméloir. A 100 m de l'exploitation agricole, maison de style néo-breton, offrant un excellent confort dans un cadre splendide. A l'étage : 1 unité familiale de 2 pièces (1 lit 2 pers. 2 lits 1 pers), s.d.b., wc privés. Salle de séjour, salon. Réfrigèrateur. Terrasse, cour, salon de jardin, barbecue. A proximité de nos spendides sites touristiques (Baie de St-Brieuc, Binic, St-Quay-Portrieux). Prix 1 pers hors saison : 180 F. Enfant : 100 F.

Prix : 1 pers. **200 F** 2 pers. **220 F**

Ouvert : toute l'année.

6	7	7	9	5	0,1	5	5	9	4

QUETTIER Joëlle - Le Gué Tréméloir - 22590 PORDIC - Tél : 02 96 79 02 34 ou 06 81 64 60 92 - Fax : 02 96 79 02 34

TREMELOIR La Lande *C.M. 59 Pli 3*

1 ch. **Paimpol 6 km. Tréguier, sa ville et cathédrale 8 km par le GR 34.** Au cœur de la Baie de St-Brieuc, Isabelle & Christophe se feront un plaisir de vous accueillir dans leur propriété entièrement rénovée et aménagée avec goût. Par la mezzanine, accès à l'unité familiale à l'étage : 1 ch (1 lit 2 pers.) 1 ch (2 lits 1 pers.) avec salle d'eau attenante et wc privés. Poss. lit bébé. A disposition réfrigérateur, terrasse avec salon de jardin.

Prix : 2 pers. **220 F** 3 pers. **400 F**

Ouvert : toute l'année.

6	7	7	9	5	0,1	5	5	9	4

QUETTIER Isabelle - La Lande - 22590 TREMELOIR - Tél : 02 96 79 14 01 ou 06 70 86 44 13

TREMEREUC *C.M. 59*

3 ch. **Cap Fréhel, Dinan 13 km.** Vous trouverez dans une propriété privée et indépendante, le calme avec un jardin d'agrément fleuri et ombragé par des chênes. A 1er étage, 3 ch. avec s.e, wc privés dont 1 ch 3 épis (1 lit 2 pers.), 1 ch. (1 lit 2 pers.), 1 ch. (2 lits 1 pers.). Petit-déjeuner copieux. A disposition, parking, salon de jardin, coin-barbecue. Activité à proximité, volley, foot-ball, basket, golf. Promenade à cheval, VTT et pédestre. Vous pouvez associer à la fois les joies de la campagne et de la mer entre la Vallée du Frémur et de la Rance vous conduisant à Dinan. Langues parlées : anglais, allemand.

Prix : 1 pers. **190 F** 2 pers. **190/250 F** pers. sup. **60 F**

Ouvert : toute l'année.

8	0,5	0,1	7	7	2	7	2	13	1

DELEPINE Gérard - 25, la ville Patouard - 22490 TREMEREUC - Tél : 02 96 27 88 29

TREMEREUC Le Clos de la Grange

2 ch. **Dinan 15 km et Saint-Malo, cité corsaire. Bords de la Rance 6 km.** Vous serez accueillis dans une demeure indépendante et calme au milieu d'un grand jardin d'agrément verdoyant et ombragé. 1 ch. 2/3 pers. et 1 ch. 2 pers. en 2 épis, s.d'eau et wc privés. Parking privé. Salon de jardin, barbecue. Golf 9 trous et promenades équestres à 2 km. Située entre l'estuaire pittoresque de la Rance à 6 km et la Vallée du Frémur avec son plan d'eau à 1 km et ses circuits pédestres. A proximité de Dinard à 8 km. Cap Fréhel, Fort La Latte à 30 km.

Prix : 1 pers. **180 F** 2 pers. **230/250 F** 3 pers. **310 F**

Ouvert : du 1er février au 30 novembre.

8	1	1	8	8	2	10	2	12	1

LAFERTE Danièle - Le Clos de la Grange - 22490 TREMEREUC - Tél : 02 96 27 84 22

TRESSAINT-LANVALLAY La Ville Ameline (TH) *C.M. 59 Pli 6*

4 ch. **Dinan 3 km. Dinard station balnéaire 25 km.** A proximité de la côte d'Emeraude, aux portes de Dinan et sur leur exploitation agricole, Huguette & Yvon vous accueillent chaleureusement dans leur maison de caractère, à proximité de la magnifique vallée de la Rance. 4 chambres, salle d'eau et wc privés dont 3 unités familiales (2 pièces) de 4 pers. 1 ch. 2 pers. Salle à manger. Parc planté d'arbres et vaste pelouse vous apporteront le calme et le repos souhaités. Table de jardin, chaises longues, aire de jeux, boules, vous attendent pour un heureux séjour. Tarif 4 pers. 360 F. Saint-Malo : cité corsaire.

Prix : 1 pers. **200 F** 2 pers. **240 F** 3 pers. **310 F** pers. sup. **70 F**
repas **80 F** 1/2 pens. **200 F**

Ouvert : toute l'année.

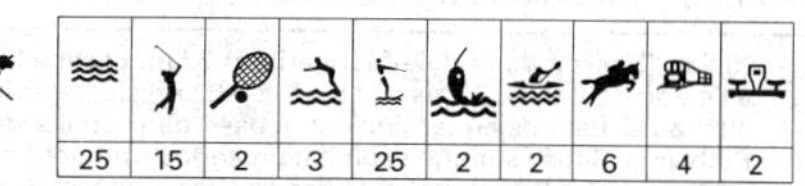

25	15	2	3	25	2	2	6	4	2

LEMARCHAND Huguette - La Ville Améline - 22100 TRESSAINT-LANVALLAY - Tél : 02 96 39 33 69 - Fax : 02 96 39 33 69

TRESSAINT-LANVALLAY Bel Air *C.M. 59 Pli 15*

3 ch. **Dinan 3 km, cité médiévale, ville d'Art et d'Histoire.** A la porte de Dinan, dans une maison typiquement bretonne, entourée d'un grand parc avec bassin, 3 ch. à l'étage, entrée indépendante, de 2/3 pers. avec en mezzanine, petit salon Louis Philippe, bibliothèque. 1 ch. avec vasque, s.d.b. 2 ch., s.e privée. WC communs aux 3 ch. Dans le parc un chalet avec cuisine aménagée, terrasse, barbecue. Salons de jardin. Restaurant 2 km. Hameau à 500 m. Crêperie à 2 km au bord du canal. Séjour supérieur à 3 jours en hors saison remise à 10 %. Vallée de la Rance. Forêt domaniale de Coëtquen. Canal d'Ille & Rance. Taxe séjour,2 F/j/pers au delà de 12 ans.

Prix : 1 pers. **200 F** 2 pers. **220/250 F** 3 pers. **300 F** pers. sup. **50 F**

Ouvert : toute l'année.

25	15	2	2	25	2	2	4	3	1,5

MALLET Odette - Bel Air - 22100 TRESSAINT-LANVALLAY - Tél : 02 96 39 44 22 ou 02 96 27 41 05 - Fax : 02 96 27 52 85

TREVE Le Bois d'en Haut

TH — C.M. 59 Pli 13

4 ch. Une halte dans cet environnement protégé et fleuri. Au r.d.c. de cette maison rénovée, 4 ch. avec kitchenette & entrée indépendante : 2 ch. (2 pers.) avec séjour commun & cheminée, s.e, wc privés. 1 ch 2 épis et 2 ch. avec séjour privé (2/3 pers.) dont 1 avec s.e, wc privés, 1 avec salle de bains, wc privés et couchage en mezzanine. Pelouse, salons de jardin. Barbecue, parc paysager d'un ha, jeux. Située au sein d'une ferme en activité : éleveurs de chevaux au centre Bretagne. Lac de Guerlédan et Bosméléac à proximité.

CV

Prix : 1 pers. **150 F** 2 pers. **220 F** 3 pers. **320 F** pers. sup. **70 F**
repas **75 F**

Ouvert : toute l'année.

30	4	4	10	4	10	4	4	2

DONNIO Paulette et Jean - Le Bois d'en Haut - 22600 TREVE - Tél : 02 96 25 44 53

TREVE La Ville aux Veneurs

TH — C.M. 59 Pli 13

4 ch. **Lac de Guerlédan 13 km. Forêt de Loudéac 8 km.** Dans une maison bretonne restaurée, proche de la ferme et dans un hameau, 4 chambres avec salle d'eau privée à l'étage : 1 ch. 3 épis (4 pers.), wc privés. 1 ch. (2 pers.), wc privés non attenants. 1 ch. (2 pers.), wc communs. 1 ch. (3 pers.) wc communs. Tarif enfant : 75 F. Remise de 10 % sur séjour supérieur à 4 j. en hors saison. Sentiers GR34. Canal de Nantes à Brest. Lac de Bosméléac. Piscine les Aquatides à Loudéac.

Prix : 1 pers. **150 F** 2 pers. **210 F** repas **55/80 F**

Ouvert : toute l'année.

40	3	3	6	2	1	6	6	3	0,1

CHAUVEL Marie - La Ville aux Veneurs - 22600 TREVE - Tél : 02 96 25 02 02

TREVOU-TREGUIGNEC

C.M. 59 Pli 1

2 ch. **Cathédrale de Tréguier 12 km. Forum à Trégastel 20 km.** Cette maison traditionnelle se situe au calme, dans un quartier résidentiel, à proximité de la plage de sable fin, du port et à 200 m du bourg. 2 chambres avec salle d'eau et wc privés attenants : 1 ch (1 lit 2 pers.) et 1 ch (2 lits jumeaux). Poss. lit suppl. Petit-déjeuner servi dans la salle à manger. Salon de jardin, barbecue à disposition. Située dans un petit bourg, sur la Côte de Granit rose à 10 km de Perros-Guirec. Musée des Télécom, Planétarium 20 km. Gr 34 sur place. Langues parlées : anglais, allemand.

CV

Prix : 1 pers. **200 F** 2 pers. **250 F** pers. sup. **70 F**

Ouvert : toute l'année.

0,8	0,8	1	0,8	0,8	10	15	0,2

LE PIERRES Irène - 22, rue de Ker Iliz - 22660 TREVOU TREGUIGNEC - Tél : 02 96 23 74 60 ou 06 20 50 57 92 - Fax : 02 96 23 74 60

UZEL Bizoin

TH — C.M. 59 Pli 2

2 ch. **Mur de Bretagne 12 km.** Au cœur de la Bretagne, découvrez les charmes de la campagne dans une ferme fleurie. A l'étage : 1 ch. 3 pers., 1 ch. 2 pers. Salle d'eau, wc privés à chaque chambre. Menus régionaux à la table d'hôtes. Terrasse, cour. Rivière sur place pour pêche. Demi-pension pour 2 pers. 350 F. Forêts, chemins de randonnées à 100 m (VTT ou pédestre). Poney-Club à 7 km. Guerlédan : son lac et sa forêt. Cité de caractère de Quintin. Lac de Bosméléac.

CV

Prix : 1 pers. **190 F** 2 pers. **210 F** 3 pers. **270 F** pers. sup. **60 F**
repas **70 F** 1/2 pens. **350 F**

Ouvert : toute l'année.

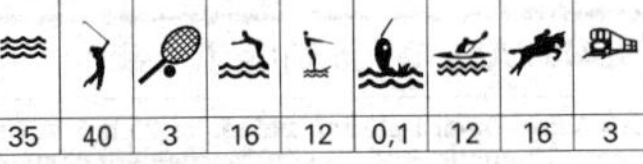

35	40	3	16	12	0,1	12	16	3

CADORET Marie-Annick - Bizoin - 22460 UZEL - Tél : 02 96 28 81 24 - Fax : 02 96 26 28 42

YFFINIAC Les Villes Hervé

C.M. 59 Pli 7

3 ch. **Hillion (Maison de la Baie-Marinarium) 7 km.** Elisabeth & Jean-François vous accueillent dans cette maison retirée. 3 chambres à l'étage dont 2 ch. 3 épis : 1 ch. (1 lit 1.60 m) s.e, wc privés, 1 ch. (2 lits 1 pers.). 1 ch. 2 épis (2 lits 1 pers) lavabo, et s.d.b, wc non attenants. Petit-déjeuner copieux à base de produits de la ferme. Grand jardin paysager, balançoire, terrasse, salon de jardin. Barbecue. Située sur une exploitation agricole au bord d'une vallée pour y découvrir le calme à la campagne. Pêche dans la rivière à 500 m. Entre le Cap Fréhel et Perros Guirec, étape idéale sur la route de vos vacances. Randonnées.

CV

Prix : 1 pers. **180 F** 2 pers. **200/230 F** 3 pers. **350 F**

Ouvert : de mai à septembre et toute l'année en week-ends.

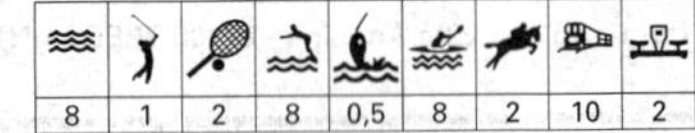

8	1	2	8	0,5	8	2	10	2

JOUAN Elisabeth - Les Villes Hervé - 22120 YFFINIAC - Tél : 02 96 72 50 31

YFFINIAC Le Val Josselin

C.M. 59

3 ch. Entre mer et campagne, Régine & Philippe vous accueillent dans leur propriété fleurie. A l'étage, 3 ch. avec salle d'eau, wc privés : 1 ch. « Marine » (1 lit 2 pers.+ 2 lits 1 pers.), coin-salon. 1 unité familiale de 2 pièces (1 lit 2 pers.+ 1 lit 1 pers.), 1 ch (1 lit 2 pers.). 1 petite ch. « Garden » (1 lit 2 pers.). Petit-déjeuner copieux (confitures maison à l'ancienne). Espace pique-nique (parc ou véranda), barbecue. Garage à disposition. Etape idéale sur la route de vos vacances. Sentiers des douaniers sur place. Baie d'Hillion et son site protégé. Cathédrale à Saint-Brieuc. Langues parlées : anglais, allemand, italien.

CV

Prix : 1 pers. **200 F** 2 pers. **220/250 F** 3 pers. **300/320 F** pers. sup. **70 F**

Ouvert : toute l'année.

1	6	1	6	6	3	1	0,5	5	0,5

BERTHO Régine - 13, le Val Josselin - 22120 IFFINIAC - Tél : 02 96 72 62 63

YFFINIAC La Fontaine Menard *C.M. 59 Pli 3*

4 ch. **Moncontour : cité médiévale 12 km. Val André 15 km.** Josyane & François vous accueillent dans une annexe d'un ancien manoir en pierre rénové, à proximité de la demeure du propriétaire et d'un gîte, proche d'une exploitation agricole. R.d.c, 1 ch. (1 lit 2 pers, 2 lits 1 pers) salle de bains, wc privés. Etage : 3 ch. avec salle d'eau, wc privés : 1 ch (1 lit 2 pers.) 1 ch (2 lits 1 pers.). 1 ch (1 lit 2 pers., 1 lit 1 pers.). A disposition au r.d.c : cuisine équipée, salon, L-Linge, L-vaisselle. Parking, terrasse, grande cour, barbecue. A 2 km, sentiers pédestres en forêt. Hippodrome 800 m. Patinoire 4 km. A mi-chemin du Cap Fréhel et de l'Ile de Bréhat. Grèves d'Hillion 10 km. Langues parlées : anglais, espagnol.

Prix : 1 pers. **220 F** 2 pers. **250 F** pers. sup. **70 F**

Ouvert : toute l'année.

6	8	6	6	6	1	6	6	8	3

PENNORS François & Josiane - La Fontaine Ménard - 22120 YFFINIAC - Tél : 02 96 72 66 68 ou 02 96 72 66 63 - Fax : 02 96 72 66 63

YFFINIAC La Quievre *C.M. 59 Pli 3*

1 ch. **Hillion 7 km : maison de la baie, site protégé.** Dans une maison, située en pleine campagne à 3 km du bourg. 1 chambre 2 pers. avec lavabo. Accès à la salle de bains, douche et wc. Possibilité de cuisiner dans pièce indépendante. Jardin. Saint-Brieuc 10 km : Cathédrale Saint-Etienne construite sur pilotis. Langues parlées : italien, anglais.

Prix : 1 pers. **140 F** 2 pers. **200 F** 3 pers. **240 F** pers. sup. **60 F**

Ouvert : toute l'année.

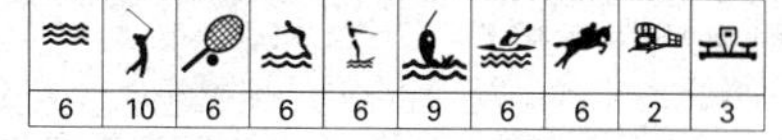

6	10	6	6	6	9	6	6	2	3

CABARET Annick - La Quièvre - 22120 YFFINIAC - Tél : 02 96 72 67 59

YFFINIAC Le Grenier *C.M. 59 Pli 3*

3 ch. **Val André et Moncontour (cité de caractère) 15 km.** Sur une exploitation agricole, dans un cadre calme et verdoyant, Fernand et Marie-Reine ont chaudement aménagé 3 ch. à l'étage d'une grande maison de caractère. 1 unité familiale, s.e, wc privés. 1 ch. 2 pers., s. d'eau, wc privés. 1 ch 3 pers., s.d.b, wc privés, coin-cuisine. Salle de séjour, salon. Poss. de cuisiner et barbecue. Le jardin agréable vous invite au repos pendant que les enfants se défoulent sur l'aire de jeux. Située à mi-chemin entre le Cap Fréhel et la Côte de Granit Rose, sur une zone protégée. Vélos mis à votre disposition pour des balades. Tarif 4 pers. 370/390 F. Langues parlées : anglais, espagnol.

Prix : 1 pers. **190/210 F** 2 pers. **210/230 F** 3 pers. **290/310 F**

Ouvert : toute l'année.

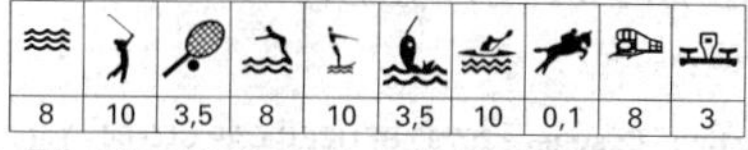

8	10	3,5	8	10	3,5	10	0,1	8	3

LOQUIN Marie-Reine - Le Grenier - Route de Plédran - 22120 YFFINIAC - Tél : 02 96 72 64 55 - Fax : 02 96 72 68 74 - E-mail : le.grenier@wanadoo.fr - http://le.grenier.com

Finistère

GITES DE FRANCE - Service Réservation
5, allée Sully - 29322 QUIMPER Cedex
Tél. 02 98 64 20 20 - Fax. 02 98 64 20 29
e-mail : gite29@eurobretagne.fr
http://www.eurobretagne.fr/gites-de-france

3615 Gîtes de France 1,28 F/min

ARGOL La Fontaine Blanche *C.M. 58 Pli 14*

4 ch. A l'entrée de la Presqu'île de Crozon, à 10mn des plages, Marie-Céline et Yves vous accueillent dans leurs 4 chambres d'hôtes à la ferme, aménagées au 1er étage de leur maison. Au 1er étage, 2 ch. salle d'eau, wc (1 lit 2 pers.), 1 ch. salle d'eau, wc (1 lit 2 pers. 1 lit 1 pers.), 1 ch. salle de bains, wc (2 lits 1 pers.). Coin-salon à disposition des hôtes. Randonnée. Musée de l'Abbaye de Landevennec 8 km. Deltaplanne au Menez-Hom 7 km.

Prix : 1 pers. **200 F** 2 pers. **230/240 F** 3 pers. **300 F**

Ouvert : toute l'année.

7	7	7	2	7	20	2	15	40	10	20	2,8

MEVEL Yves - La Fontaine Blanche - 29560 ARGOL - Tél : 02 98 27 78 13

ARZANO Château de Kerlarec  *C.M. 58 Pli 17*

6 ch. Le château de Kerlarec vous invite à découvrir son atmosphère raffinée, celle où règne encore la saveur du temps oublié. Un lieu élégant niché dans un parc de verdure, à quelques pas de l'océan, où ses chambres vastes et personnalisées vous offriront des moments privilégiés. Petits déjeuners gourmands. Au 1er étage : 2ch 1lit 2p, s.bains, wc. Au 2ème étage : 2ch 1lit 1,60m, s.bains, wc, 1ch 1lit 2p, s.bains, wc, 1ch 2lits 1p, s.e, wc. Salons avec cheminées. Parc avec bassin, tennis. Expositions permanentes dans galerie réhaussée de vitraux 19ème. Sur réservation : plateau de fruits de mer et dîner de crêpes. Langues parlées : anglais, italien.

Prix : 2 pers. **480/550 F** 3 pers. **530/630 F** pers. sup. **150 F**

10	15	10	3	SP	SP	1	15	15	7	3

BELLIN Michel - Château de Kerlarec - 29300 ARZANO - Tél : 02 98 71 75 06 ou 06 08 52 39 04

BANNALEC Stang Huel

C.M. 58 Pli 16

2 ch. Au cœur du pays des Avens, sur la Route des Peintres en Cornouaille, la famille Jaouen vous fera apprécier l'hospitalité d'une demeure bretonne à la campagne. 2 ch 1 lit 2p, aménagées à l'étage avec entrée indépendante. S.d.b. et wc privés pour l'une et s.e. et wc privés pour l'autre. Petit salon TV réservé aux hôtes, séjour commun. Petits déjeuners à base de produits du terroir, servis dans une ambiance régionale. Parc boisé et fleuri. Quimper, Quimperlé, Concarneau, villes d'art et d'histoire à 20mn. Pont Aven, cité des peintres à 10 mn. L'océan, les plages, les rias à 15mn. Langues parlées : anglais, allemand.

Prix : 1 pers. **230 F** 2 pers. **270 F**

Ouvert : vacances d'été et longs week-ends.

12	23	23	1	2	12	SP	10	18	5	12	1,5

FAMILLE JAOUEN - Stang Huel - 29380 BANNALEC - Tél : 02 98 39 43 96

BANNALEC Sainte-Anne

C.M. 58 Pli 16

3 ch. Découvrez le charme et le calme de la campagne bannalécoise à 10mn de Pont Aven, Quimperlé, 20mn de Concarneau ou Quimper. Dans un cadre agréable et reposant, Jean René et Nicole vous réservent le meilleur accueil sur leur exploitation : 1 longère rénovée mitoyenne à leur maison d'habitation avec 3 chambres confortables disposant chacune de salle d'eau et wc. 1ch 1lit 2p, 1lit 1p, 1ch 1lit 2p, 1ch 2lits 1p. Séjour avec cheminée et TV, possibilité de cuisiner, lave linge à disposition, équipement bébé, jardin clos avec salon. Pour votre détente : le jardin et les balades sur les sentiers de la campagne environnante. Langue parlée : anglais.

Prix : 2 pers. **260 F** 3 pers. **320 F**

20	20	20	5	1	15	SP	2,5	20	5	3	2,5

CHRISTIEN Nicole & Jean-René - Sainte-Anne - 29380 BANNALEC - Tél : 02 98 39 53 44 ou 06 85 20 56 25 - Fax : 02 98 39 44 41

BEUZEC-CAP-SIZUN Cosquer

TH *C.M. 58 Pli 14*

4 ch. Proche de la Pointe du Raz dans le Finistère Sud : Christine et Jean vous accueillent dans leurs chambres aménagées dans un bâtiment annexe avec accès indépendant. Au 1er étage, 2 chambres (1 lit 2 pers.) avec salle de bains, wc privés. Au 2e étage, 2 chambres (1 lit 2 pers.) avec salle d'eau, wc et tél. privés. Possib. lit enfant. Salle de détente avec TV et documentation à disposition. Situé sur une ferme laitière avec jardin et verger à proximité des chambres. Table d'hôtes sur place le soir (sur réservation), repas à la table familiale. Dégustation de repas campagnards ou de crêpes bretonnes.

Prix : 1 pers. **170 F** 2 pers. **195 F** repas **75 F**

Ouvert : toute l'année.

3	3	5	5	5	12	3	4	10	35	5

JADE Christine - Cosquer - 29790 BEUZEC CAP SIZUN - Tél : 02 98 70 50 99

BOTMEUR Kreisker

C.M. 58 Pli 6

1 ch. Au cœur des Monts d'Arrée, dans le Parc Naturel Régional d'Armorique, à 3km du lac Saint Michel, vous serez accueillis toute l'année dans une chambre d'hôte avec un accès indépendant, des sanitaires privés, le chauffage, (1lit 2 personnes). Salon avec bibliothèque, TV, jardin à votre disposition. Cette maison paysanne du XVIIIème siècle, rénovée et agrandie, sera une halte dépaysante et reposante et vous permettra un accès aisé aux sentiers de randonnée pédestre ou VTT dont le circuit des landes et tourbières. Enclos paroissiaux, écomusées. Sites naturels à proximité. Langue parlée : anglais.

Prix : 1 pers. **230 F** 2 pers. **250 F**

Ouvert : toute l'année.

35	35	7	2	7	15	SP	7	25	7	25	5

SOLLIEC Marie-Thérèse - Kreisker - 29690 BOTMEUR - Tél : 02 98 99 63 02 - Fax : 02 98 99 63 02 - E-mail : msol@club-internet.fr

BRASPARTS Garz Ar Bik

C.M. 58 Pli 6

2 ch. A mi-chemin entre Morlaix et Quimper, au cœur des Monts d'Arrée, dans une ferme entièrement rénovée, avec entrée indépendante, 2chambres au 1er étage d'une longère sont à votre disposition. 1ch 1lit 2p et 1lit 1p, 1ch 1lit 2p, salle d'eau et wc privés pour chaque chambre. R.d.c. : salle de réception, détente disposant d'une cheminée campagnarde et poss. de cuisiner. Salon, TV, téléphone à la demande. Endroit idéal pour la pratique des randonnées pédestres, équestres, V.T.T., au cœur du parc d'armorique, et au centre du circuit des Enclos Paroissiaux. Langue parlée : anglais.

Prix : 1 pers. **210 F** 2 pers. **260 F** 3 pers. **320 F**

30	30	10	1	1	15	SP	0,5	1,5	15	1

CHAUSSY Marie-Christine - Garz ar Bik - 29190 BRASPARTS - Tél : 02 98 81 47 14 - Fax : 02 98 81 47 99

BRASPARTS Domaine de Rugornou Vras

TH *C.M. 58 Pli 6*

4 ch. Dans un pays de légendes entre monts et mers, Romy vous accueille dans une longère en pierre totalement indépendante, située dans un cadre de verdure, dominant le bourg de Brasparts. 4 jolies chambres : 3ch 1lit 2p, 1ch 2lits 1p, avec entrée indépendante, salle d'eau et wc privés pour chacune. Cheminée, TV, jardin avec salon, terrasse, salle de détente, abri couvert. Table d'hôtes le soir sur réservation. Cette halte reposante vous permettra l'accès aux sentiers de randonnées à partir du domaine.

Prix : 1 pers. **210 F** 2 pers. **260 F** repas **90 F**

35	35	15	2	2	15	SP	0,5	40	0,5	15	2

CHAUSSY Romy - Domaine de Rugornou vras - 29190 BRASPARTS - Tél : 02 98 81 46 27

BRENNILIS Kerveguenet

(TH) *C.M. 58 Pli 6*

4 ch. Expo du Youdig, ou le Rêve aux Portes de l'Enfer. Les 4 chambres, 3ch 1lit 2p, 1lit 1p et 1ch 1lit 2p sont aménagées dans un bâtiment annexe. Elles sont dotées de s.bains ou s.eau et wc privés. Téléphone. L'accueil est assuré par les créateurs-animateurs de l'expo. Bretons passionnés, ils vous feront partager leur connaissance des légendes et du patrimoine. Sans oublier la note gustative des plats traditionnels servis à l'auberge (Kig ha Farz). Des itinéraires de randonnées pédestres, équestres, VTT, vous permettront de pénétrer le mystère des sites grandioses des Monts d'Arrée. La mer n'est qu'à 3/4 h en voiture. Langue parlée : anglais.

Prix : 1 pers. **190 F** 2 pers. **220 F** 3 pers. **300 F** repas **75 F**

Ouvert : toute l'année.

45	45	15	1	2	10	1	10	5	25	2

LE LANN Gwenaëlle - Expo du Youdig - Kerveguenet - 29690 BRENNILIS - Tél : 02 98 99 62 36 - Fax : 02 98 99 67 79

BRIEC-DE-L'ODET Queneach Podou

C.M. 58 Pli 15

2 ch. Dans un cadre fleuri, agréable et reposant, Anna vous accueille dans sa maison de caractère. Au 1er étage, 1ch 1lit 2p avec salle d'eau, wc et 1ch 2lits 1p avec salle d' eau, wc. Possibilité lit enfant. Petits déjeuners servis dans une salle à manger rustique. Au rez de chaussée véranda et salon donnant sur un parc fleuri à disposition des hôtes. Jardin, salon de jardin. Bonne situation géographique : Quimper, Locronan, Presqu'île de Crozon, Monts d'Arrée... directement accessibles par la voie express à 6 minutes de la maison. 1er prix départemental de fleurissement.

Prix : 1 pers. **210/220 F** 2 pers. **250/260 F**

Ouvert : toute l'année.

18	18	18	5	5	18	5	13	16	16	5

QUELVEN Anna - Quéneach Podou - 29510 BRIEC-DE-L'ODET - Tél : 02 98 59 16 31

CARHAIX Manoir de Prevasy

C.M. 58 Pli 17

5 ch. Clarissa et Peter Novak, qui parlent anglais et espagnol, vous accueillent dans leur manoir du XVIe siècle, qui possède une belle cour d'honneur. 1ch 2lits 1pl, 2ch 1lit 2pl, 1 ch 1lit 2pl + 2lits 1pl, 1 ch 2 lits 1pl. Toutes avec salle de bains ou salle d'eau et wc privés. Possibilité 1 lit bébé. Salon avec TV. Terrasse dans la cour. Location de vélos sur place. Restaurants, canal de Nantes à Brest, piscine, et tennis à moins de 2 km. Langues parlées : anglais, espagnol.

Prix : 1 pers. **230/270 F** 2 pers. **260/330 F** 3 pers. **400 F** pers. sup. **70 F**

Ouvert : toute l'année.

50	50	35	1	1	1	0,2	SP	35	1	2	2

NOVAK Peter - Manoir de Prévasy - 29270 CARHAIX - Tél : 02 98 93 24 36 - Fax : 02 98 93 24 36

CAST Manoir de Treouret

C.M. 58 Pli 15

2 ch. Dans un cadre reposant, Madeleine et Jean-Louis vous accueillent dans leur manoir avec 2 chambres d'hôtes de prestige spacieuses, non loin des collines de Locronan, au cœur de la Plaine du Porzay, non loin de la presqu'île de Crozon. Au 1er étage une suite pour 3 personnes (1lit 2pers, 1lit 1pers). Possibilité de cuisiner. Salle d'eau et wc privés. Au 2ème étage 1 chambre 1 lit 2pers avec coin salon séparé, salle d'eau et wc privatifs. Possibilité lit bébé.

Prix : 1 pers. **230/240 F** 2 pers. **270/280 F** 3 pers. **350 F**

Ouvert : toute l'année.

12	12	7	7	2	7	2	2	35	2	7	2

GOUEROU Madeleine - Manoir de Tréouret - 29150 CAST - Tél : 02 98 73 54 38

CAST Coscasquen

C.M. 58 Pli 15

2 ch. Marie-Renée et Corentin ont le plaisir de vous recevoir dans leur ferme à Cast pour profiter des bienfaits de la mer (7 km) et de la campagne. Leur vaste maison, typique d'une architecture courante dans le Porzay, est située à 10mn de Locronan, petite cité de caractère au fond de la baie de Douarnenez, entre la presqu'île de Crozon et la Pointe du Raz. Pour votre quiétude, deux chambres d'hôtes tout confort avec salle d'eau et wc privés sont aménagées au 1er étage. 1ch 1lit 2p, 1ch 1lit 2p, 1lit 1p. Possibilité lit d'appoint. Jardin avec salon. Le petit déjeuner sera chaleureux et typique.

Prix : 2 pers. **250 F** 3 pers. **330 F**

Ouvert : toute l'année.

7	7	7	SP	2	9	9	9	2

LANNUZEL Marie-Renée - Coscasquen - 29150 CAST - Tél : 02 98 73 55 68

CAST Kernir

(TH) *C.M. 58 Pli 15*

4 ch. Au sein de leur ferme d'élevage de sélection, proche de la baie de Douarnenez et de Locronan, Pierre et Madeleine seront heureux de vous accueillir et de vous faire partager leur amour de la région. Pour votre confort et votre plaisir Madeleine a aménagé avec goût une salle d'accueil typiquement bretonne avec cheminée. Dans bât. annexe quatre chambres décorées avec soin. Rdc : 1ch 2lits 1p accessible aux personnes handicapées. Etage : 2ch 1lit 2p et 1lit 1p en mezzanine, 1ch 2lits 1p. Salle d'eau et wc dans chaque chambre. TV dans les deux salons. Jardin avec terrasse. Table d'hôtes sur réservation. Langues parlées : anglais, allemand.

Prix : 2 pers. **280 F** 3 pers. **380 F** pers. sup. **100 F** repas **75/150 F**

Ouvert : toute l'année.

7	7	7	7	3	9	SP	35	5	9	3

PHILIPPE Madeleine - Kernir - 29150 CAST - Tél : 02 98 73 54 31 - Fax : 02 98 73 61 07 - E-mail : contact@kernir.com - http://www.kernir.com

CLEDER Coz-Milin

C.M. 58 Pli 5

3 ch. A 1km des plages, des sentiers côtiers, du parc de loisirs et du club nautique, sur sa ferme légumière, Annie vous accueille dans sa maison de caractère, entourée d'un jardin fleuri. 3 chambres d'hôtes sont aménagées au 1er étage : 1ch 1lit 2p et 1ch 2lits 1p, salle d'eau et wc privatifs, 1ch 1lit 2p, salle de bains et wc privés. Chambres non fumeurs. Lit bb sur demande. Vous pourrez disposer d'une grande salle de séjour (TV) où vous sera servi un copieux petit déjeuner avec crêpes, far et gâteaux bretons faits maison. St Pol de Léon 10km, Roscoff 15km.

Prix : 1 pers. **210 F** 2 pers. **270 F**

Ouvert : de Pâques à fin septembre.

1	1	1	1	1	12	1,5	10	3

MOYSAN François & Annie - Coz-Milin - 29233 CLEDER - Tél : 02 98 69 42 16 - Fax : 02 98 69 42 16

CLEDER Kerliviry

C.M. 58 Pli 5

2 ch. Manoir rénové dans un parc arboré de 2 hectares avec plan d'eau où paissent tranquillement deux ânes. Vous apprécierez le calme de ce lieu, ces deux chambres d'hôtes à l'étage : les chambres disposent d'un grand lit de 2personnes et de salles de bains et wc privatifs. Poss. lit sup. et lit bébé. Petit déjeuner copieux servi dans une grande salle avec cheminée. Meubles anciens et lit clos. Jardin fleuri, aire de jeux, barbecue, parking. Situé à 3km de Plouescat et de Cléder, à 4.5km de la mer, près des châteaux de Kerjean, Tronjoly et Kérouzéré, du circuit des enclos paroissiaux, de Roscoff la ville corsaire et de l'île de Batz.

Prix : 2 pers. **320 F**

4	4	4	0,5	3	17	SP	3	25	4	20	3

PONTHIEUX Christine - Kerliviry - 29233 CLEDER - Tél : 02 98 61 99 37

COMMANA Kerfornedic

C.M. 58 Pli 6

2 ch. Sur le versant sud des Monts d'Arrée au cœur du Parc d'Armorique, dans sa très ancienne maison campagnarde, Danielle vous fera goûter au calme et à la beauté simple de ses 2 chambres d'hôtes avec chacune 2 lits 1 pers., salle d'eau et wc particuliers. Jardin avec salon. Superbes enclos paroissiaux tout proches. Nombreux sites, paysages ou écomusées à découvrir dans les environs. Lac à 500 m. Accès direct aux sentiers des Crêtes. Pêche.

Prix : 1 pers. **280 F** 2 pers. **320 F**

Ouvert : toute l'année.

30	30	1	1	1	6	SP	1	15	4	15	6

LE SIGNOR Michel - Kerfornédic - 29450 COMMANA - Tél : 02 98 78 06 26

COMMANA Kerverous

C.M. 58 Pli 6

E.C. 2 ch. Située à flanc de côteaux, cette maison de tisserands du 18ème siècle a gardé tout le charme des anciennes demeures. Le confort de ses chambres dans un environnement verdoyant et fleuri vous assure calme et repos. 2 chambres situées dans une annexe de la maison : 1ch au rez de chaussée 2lits 1p, salle de bains, wc, 1ch au 1er étage 1lit 2p, salle de bains, wc. Possibilité lit supplémentaire. Salle commune avec cheminée, TV. Sites à découvrir : Monts d'Arrée, sentiers de randonnées, enclos paroissiaux, écomusées, lac. Langue parlée : anglais.

Prix : 1 pers. **250 F** 2 pers. **280 F** 3 pers. **350 F**

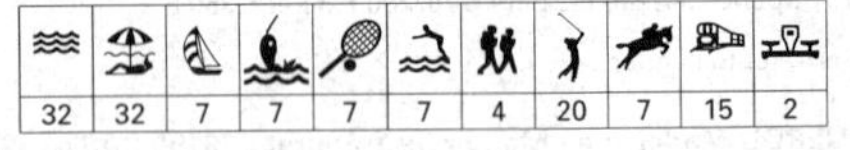

32	32	7	7	7	7	4	20	7	15	2

LANCIEN Michel - Kerverous - 29450 COMMANA - Tél : 02 98 78 92 87

CROZON Saint-Hernot

C.M. 58 Pli 14

4 ch. Dans le village de Saint Hernot, Mr et Mme Moysan vous accueillent dans une maison très confortable pour vous faire découvrir Morgat et le Cap de la Chèvre. Un copieux petit déjeuner vous sera servi dans le séjour. Le salon et 3 chambres vous offrent une vue imprenable sur la mer. 4 chambres situées dans un bâtiment annexe. Rdc : 1ch 2lits 1p, salle d'eau, wc. Etage : 1ch 1lit 2p, salle d'eau, wc, 1ch familiale 1lit 2p, 2lits 1p, salle d'eau, wc, 1ch 1lit 2p (possibilité lit sup.), salle d'eau, wc. TV dans le séjour. Jardin avec salon, barbecue, terrasse.

Prix : 1 pers. **270 F** 2 pers. **300 F** 3 pers. **420 F** pers. sup. **120 F**

Ouvert : toute l'année.

0,8	0,8	3,5	0,8	3,5	SP	3,5	10	60	3,5

MOYSAN Didier - Village de Saint-Hernot - 29160 CROZON - Tél : 02 98 27 25 80 ou 06 81 52 85 39 - Fax : 02 98 27 25 80

DINEAULT Le Guilly

C.M. 58 Pli 15

2 ch. Marie-Annick et Jean vous accueillent dans une propriété confortable et reposante. 2 chambres d'hôtes dans la maison du propriétaire. Rdc : 1 ch 1lit 2p. avec salle d'eau, wc privés. Etage : 1ch 1lit 2p. avec salle de bains, wc privés. Salle à manger/salon à disposition des hôtes. Accès livres et brochures touristiques. Jardin fleuri et verdoyant avec salon. Dégustation cidre maison. Crêperie à 1 km.

Prix : 1 pers. **200 F** 2 pers. **240 F**

Ouvert : toute l'année.

12	12	12	7	1	7	7	7	6	0,5

KERHOAS Marie-Annick - Le Guilly - 29150 DINEAULT - Tél : 02 98 26 00 77

DINEAULT Rolzac'h

C.M. 58 Pli 15

4 ch. A 3 km de Châteaulin, dans le cadre fleuri et reposant d'une fermette restaurée dominant la vallée de l'Aulne, Anne-Marie et André vous accueillent dans leurs 4 chambres d'hôtes toutes équipées de salles d'eau et wc privés. Au r.d.c, 1 ch. (1 lit 2 pers.), 1 ch. (2 lits 1 pers.) et 1 ch. (1 lit 2 pers.). Possibilité de cuisiner. Jardin privé. A l'étage, 1 ch. (1 lit 2 pers.) et salon privé. Possibilité lit de bébé. Jardin avec salon. Deltaplane à 7 km.

Prix : 1 pers. **200/230 F** 2 pers. **240/260 F**

Ouvert : toute l'année.

12	12	12	3	3	3	0,5	3	30	3	2	3

L'HARIDON Anne-Marie - Rolzac'h - 29150 DINEAULT - Tél : 02 98 86 22 09

DOUARNENEZ Kerleguer

C.M. 58 Pli 14

2 ch. Dans une campagne pittoresque et verdoyante, Marie-Hélène et Jean vous accueillent dans la maison familiale avec 2 chambres d'hôtes aménagées au 1er étage : 1 ch. (1 lit 2 pers.) avec salle d'eau et wc privés. 1 ch. (1 lit 2 pers.) avec salle de bains et wc privés. Salle à manger. Jardin. Salon de jardin. Restaurant à 2 km. Proximité de la ville, de la mer et du Port Musée. Sentiers pédestres. Activités nautiques en baie de Douarnenez.

Prix : 1 pers. **210 F** 2 pers. **250 F**

Ouvert : toute l'année.

3	3	3	3	3	3	SP	3	25	5	25	1,5

LAROUR Jean - Kerléguer - 29100 DOUARNENEZ - Tél : 02 98 92 34 64

DOUARNENEZ Manoir de Kervent

C.M. 58 Pli 14

4 ch. Dans un chaleureux manoir à la sortie de Douarnenez mais déjà en pleine campagne, dans un parc fleuri à souhait, 4 chambres d'hôtes, 1ch 1lit 2p, 1lit 1p, 1ch 1lit 2p, 1ch familiale 1lit 2p, 2lits 1p, 1ch 2lits 1p. Chaque chambre est équipée de salle d'eau et wc privés. Possibilité lit bébé. Le petit déjeuner avec des spécialités bretonnes est servi dans la salle à manger spacieuse et claire, toujours fleurie. Exploitation céréalière. Sentiers piétonniers sur la propriété. Documentation sur la région. Ping-pong, croquet. Taxe de séjour en été.

Prix : 1 pers. **220 F** 2 pers. **250/280 F** 3 pers. **340/420 F**

Ouvert : toute l'année.

2	3	3	2	3	3	5	2	30	3	25	2

LEFLOCH Marie-Paule - Manoir de Kervent - 29100 DOUARNENEZ - Tél : 02 98 92 04 90 - Fax : 02 98 92 04 90

EDERN Kergadiou

C.M. 58 Pli 15

3 ch. Proche de Quimper et à 30m de la baie de Douarnenez comme de de Concarneau, nous vous accueillons dans notre ferme laitière aux vieux murs, au cœur de la verte campagne. Dans l'habitation familiale 3ch. aménagées pour une étape reposante. Rez de jardin : 1suite comprenant 1ch 1lit 2p, 1lit 1p, salle de bains, wc, frigo, et séjour ouvrant sur terrasse. En rez de chaussée : 1ch 1lit 2p, salle de bains, wc. A l'étage : 1ch 1lit 2p(180), 1lit 1p, salle de bains, wc. Aux alentours : enclos paroissial de Pleyben, parc et château de Trévarez, promenades au bord de l'Aulne, Quimper, Locronan, Crozon. Langues parlées : anglais, allemand.

Prix : 2 pers. **180/270 F** 3 pers. **300/320 F** pers. sup. **100 F**

Ouvert : toute l'année.

28	28	28	0,2	3	10	SP	SP	15	25	3

CHAUSSEC Jacqueline - Kergadiou - 29510 EDERN - Tél : 02 98 57 90 50 - E-mail : chaussec@terre-net.fr

ELLIANT Quelennec

C.M. 58 Pli 16

4 ch. A 10mn de Quimper et 8km de la voie express, dans la campagne, vous serez accueillis dans une maison de famille des années 45, restaurée, avec 4 chambres d'hôtes personnalisées au 1er étage : 3ch 1lit 2p avec salle d'eau et wc, 1ch 1lit 2p, 1lit 1p, salle de bains, wc. Salon/séjour avec TV. Possibilité de cuisiner. Accueil chevaux et cavaliers. Propice à de longues promenades et aux délices de la mer, les pays de Quimper et Concarneau possèdent aussi un patrimoine historique et naturel : chapelle Kerdévot (5km), site du Stangala, mégalithes, manoirs anciens, ville close de Concarneau. Réductions hors saison pour séjours.

Prix : 1 pers. **220 F** 2 pers. **250 F** 3 pers. **320 F**

Ouvert : toute l'année.

22	22	13	SP	8	8	SP	25	8	10	9

LE BERRE Monique - Quélennec - 29370 ELLIANT - Tél : 02 98 59 10 43 ou 06 72 78 28 49

LA FORET-FOUESNANT Lanjulien

C.M. 58 Pli 15

1 ch. Monsieur et Madame Guillo vous accueillent dans leur propriété, entourée d'un parc paysager, calme et verdoyant, à 1,5 km de la Baie de La Forêt Fouesnant. 1 chambre au rez-de-chaussée (2 lits 1 pers.) avec accès indépendant, salle d'eau et wc privés. Réfrigérateur, TV. Terrasse privée et salon de jardin. Golf et tennis à 1 km. Langue parlée : anglais.

Prix : 1 pers. **200 F** 2 pers. **250 F**

Ouvert : toute l'année.

3	3	1,5	3	1	5	3	1	5	13	1

GUILLO Jean-Michel - Lanjulien - 29940 LA FORET FOUESNANT - Tél : 02 98 56 95 01 ou 02 98 56 96 26 - Fax : 02 98 56 85 11 - E-mail : jean.guillo@wanadoo.fr

LA FORET-FOUESNANT Moulin du Prieuré

C.M. 58 Pli 15

E.C. 4 ch. Alliance océan-campagne : à 300m de l'anse Saint Laurent au fond de la baie de la Forêt, notre vieux moulin qui a perdu sa roue mais gardé sa rivière 1ère catégorie (truites, saumons, anguilles) se cache dans une vallée aux versants couverts d'arbres dont quelques uns centenaires. 4ch : 1lit 2p, entrée indépendante et salon, TV, sanitaires privés. Table d'hôtes sur réservation avec les produits de la mer toute proche et ceux de notre verger, potager, poulailler. Sur place : vélos, ping-pong, pêche et promenades. A 5mn de la ville close de Concarneau et à 20mn du vieux Quimper. Jardin avec terrasse.

Prix : 1 pers. **250/280 F** 2 pers. **320/350 F** pers. sup. **90 F** repas **110 F**

0,3	2	2	0,3	7	7	SP	SP	3	2	18	2

GAPANY Pascale - Moulin du Prieuré - 29940 LA FORET FOUESNANT - Tél : 02 98 51 42 16 - Fax : 02 98 56 98 92

GARLAN Convenant Guiner

C.M. 58 Pli 6

E.C. 1 ch. Pierre et Michèle vous accueillent à la Jauberie et vous proposent toute l'année dans une maison attenante à une vieille longère rénovée avec deux chambres communicantes (étage : 1lit 2p, 1lit 1p) (rdc : 1lit 2p, 2lits enfant), salle d'eau, wc. Cadre fleuri très calme, détente, 10 minutes des plages. Jardin clos avec salon et terrasse, portique, garage. Possibilité équipement bébé. Langue parlée : anglais.

Prix : 2 pers. **280 F** 3 pers. **450 F** pers. sup. **100 F**

Ouvert : toute l'année.

15	15	15	15	3	3	SP	15	1	5	3

JAUBERT Pierre - Convenant Guiner - 29610 GARLAN - Tél : 02 98 79 14 85 - Fax : 02 98 79 14 85

GUILERS Kerlidien

C.M. 58 Pli 4

3 ch. 3 chambres d'hôtes aménagées au 1er étage de la maison du propriétaire. 1 chambre (1 lit 1 pers. 1 lit 2 pers.) avec lavabo. 2 chambres (1 lit 2 pers.) avec lavabo. Salle de bains et wc en commun aux 3 chambres. Jardin avec salon. Maison située près d'un parc boisé de 40 ha. Sentiers pédestres sur place. Location de vélos et équitation à proximité. Possibilité de cuisiner. Restaurant à 500m.

Prix : 1 pers. **170 F** 2 pers. **200 F** 3 pers. **270 F**

Ouvert : toute l'année.

8	8	5	6	2	3	SP	2	2	1	5	2

LUNVEN Thérèse - Kerlidien - Bois de Keroual - 29820 GUILERS - Tél : 02 98 07 53 65

GUILERS Kerloquin

C.M. 58 Pli 4

3 ch. Antoinette et Joseph vous recevront dans les 3 chambres de leur maison donnant sur la vallée du Tridour. L'exploitation agricole est en activité. Rdc : 1ch 1lit 2p, salle d'eau, wc. Etage : 1ch 1lit 2p, avec lavabo, douche et wc. 1ch 1lit 2p avec lavabo, douche et wc. Possibilité lit d'appoint. Possibilité de cuisiner. TV à la demande. Parc boisé à 2 km. Promenade en voiture, à poney sur place.

Prix : 1 pers. **160/180 F** 2 pers. **200/230 F** 3 pers. **240/270 F**

Ouvert : toute l'année.

8	14	4	6	1	4	2	SP	6	3	5	1

OGOR Antoinette - Kerloquin - 29820 GUILERS - Tél : 02 98 07 61 97 ou 02 98 07 58 92

GUILLIGOMARC'H Kerriouarch

C.M. 58 Pli 17

4 ch. Dans un joli cadre boisé et vallonné, tout près du site des Roches du Diable, Lucie et Mathurin, chaleureux et hospitaliers, vous recevront dans la bonne humeur et vous feront goûter les plaisirs simples et authentiques de la vie à la campagne. 4ch avec lavabo, 2ch 1lit 2p, 2ch 1lit 2p, 1lit 1p avec 2s.eau bien équipées et 2wc communs. Les sanitaires communs, qui limitent le classement à 1épi, sont largement compensés par le niveau général des prestations : confort de la maison et des chambres, qualité du petit déjeuner (crêpes, gateaux, confitures maison). Canoë-kayak 3km. Langue parlée : anglais.

Prix : 1 pers. **190 F** 2 pers. **220 F** 3 pers. **330 F**

Ouvert : toute l'année.

25	25	25	2	7	7	SP	12	7	10	17	4

BAHUON Lucie - Kerriouarch - 29300 GUILLIGOMARCH - Tél : 02 98 71 70 12

GUIMILIAU Croas Avel

C.M. 58 Pli 5

3 ch. Le meilleur accueil vous sera réservé dans cette maison traditionnelle à 1km de Guimiliau. 3chambres d'hôtes dans la maison du propriétaire, dont une au rez de chaussée. Dans chaque chambre : 1lit 2p, TV, salle d'eau ou salle de bains, wc. Jardin avec salon, barbecue, possibilité de pique niquer. Circuit des enclos paroissiaux. Monts d'Arrée et mer à 20mn. GR380 à 50m. Restauration à 1km. Parking privé.

Prix : 1 pers. **230 F** 2 pers. **250 F** 3 pers. **360 F** pers. sup. **100 F**

Ouvert : toute l'année.

20	20	20	2	1	8	0,2	5	15	10	1,5	0,5

CROGUENNEC Christiane - Croas Avel - 29400 GUIMILIAU - Tél : 02 98 68 70 72

GUIPAVAS Le Cloastre Douvez

C.M. 58 Pli 4

3 ch. Denise et Antoine vous accueillent au calme, à 50 m de la ferme laitière tenue par leur fils. 3ch au 1er ét. de leur maison, avec s.e et wc privés, 2ch 1lit 2p, 1ch 2lits 1p, lit d'appoint. Coin détente. Possibilité de cuisiner. Petits déj. copieux avec lait de la ferme servis dans la salle de séjour (vue sur l'Elorn 200m). Grd jardin pour pique-niquer, avec balançoires, salon de jardin, barbecue. Sentiers pédestres balisés sur place. Océanopolis 10 km. Brest 15 km. Landerneau 9 km. Départ Ouessant 15 km. Restaurant 6 km. Plage aménagée 2km. Aéroport 10 km.

Prix : 1 pers. **200 F** 2 pers. **230 F**

Ouvert : toute l'année.

2	10	10	2	6	9	SP	9	15	5	9	5

HALLEGOUET Denise - Le Cloastre Douvez - 29490 GUIPAVAS - Tél : 02 98 28 01 99

GUIPAVAS La Châtaigneraie

C.M. 58 Pli 4

3 ch. La Châtaigneraie vous propose 3ch dans une maison spacieuse. Rdc : 2ch 1lit 2p, poss. lit sup., s.bains dans l'une, s.e dans l'autre, wc, TV privatifs. 1er étage : 1suite comprenant 1ch 1lit 2p, 1ch 2lits 1p, s.e., wc, TV privatifs. Vaste mezzanine aménagée en salon bibliothèque. S.jeux (billard). Poss. cuisiner, garage. Prix hors saison. Terrasse avec vue panoramique sur le jardin botanique, le port de plaisance, la Rade de Brest. Parc boisé avec jeux, salon de jardin, barbecue. Accès direct au Vallon de Stangalac'h (sentiers pédestres). Plage du Moulin Blanc, Brest et Océanopolis 5mn. Piscine chauffée solarium en haute saison. Langues parlées : anglais, espagnol.

Prix : 1 pers. **220/240 F** 2 pers. **260/280 F** 3 pers. **340/380 F** pers. sup. **60 F**

2	2	2	2	4	SP	SP	5	10	10	4	3

MORVAN Michelle - La Châtaigneraie - Kéraveloc - 29490 GUIPAVAS - Tél : 02 98 41 52 68 - Fax : 02 98 41 48 40 - E-mail : la-chataigneraie@wanadoo.fr

GUIPAVAS

C.M. 58 Pli 4

2 ch. Entre Guipavas et Landerneau, dans un cadre de verdure sur les bords de l'Elorn, Jean-Francois et Marie-Claire vous accueilleront dans leurs 2 chambres d'hôtes situées à l'étage de leur maison. 1 chambre familiale 2lits 2p, salle de bains, wc, 1ch 1lit 2p, salle d'eau, wc. TV. Lit d'appoint. Equipement bébé. Terrasse, salon de jardin, barbecue, possibilité de pique-niquer dans le jardin ou le verger. Possibilité de cuisiner. Sentier pédestre sur place et plage aménagée à 1km. Océanopolis et jardin botanique 10 km.

Prix : 1 pers. **230 F** 2 pers. **260 F**

1	10	10	1	5	10	SP	15	5	10	3

HALLEGOUET Marie-Claire - 14 rue de la Chapelle St-Yves - 29490 GUIPAVAS - Tél : 02 98 28 11 90 ou 06 07 49 64 79

GUISSENY Keraloret

A (TH)

C.M. 58 Pli 4

5 ch. A l'intérieur d'épais murs de granit d'une ferme léonarde, près de la maison des propriétaires, 5 chambres d'hôtes aux meubles anciens vous attendent. 3ch 1lit 2p, 2ch (3épis) 1lit 2p, 1lit 1p, sanitaires privés pour chaque chambre. A votre disposition, salle de ping-pong, terrains de jeux pour enfants et adultes, salon avec cheminée, télécopieur. Auberge et camping à la ferme sur place. Plage à 5mn. Chemins de randonnée et VTT, sports équestres et nautiques à proximité. Langue parlée : anglais.

Prix : 2 pers. **290 F** 3 pers. **360 F** repas **100 F** 1/2 pens. **240 F**

Ouvert : toute l'année.

4	4	4	SP	4	10	SP	4	25	4	15	4

YVINEC Blandine & Jacques - Keraloret - 29880 GUISSENY - Tél : 02 98 25 60 37 - Fax : 02 98 25 69 88

ILE-DE-BATZ

C.M. 58 Pli 6

4 ch. Face à la mer, dans une maison ancestrale au mobilier ancien, contiguë à la ferme, et par leur accueil chaleureux, Marie Pierre et Jean vous feront découvrir la tradition bretonne. 1er Etage : 1ch 1lit 2p, salle d'eau avec wc, 1 chambre familiale avec salle de bains et wc privatifs mais non communicants, 1lit 2p et 2lits 1p. 2ème étage : 1ch 1lit 2p, salle d'eau avec wc, 1ch 2lits 1p, salle d'eau avec wc. Au rez de chaussée : salle à manger, salon avec cheminée, TV à disposition des hôtes. Jardinet, salon de jardin. Bateau à 500m, traversée Roscoff - Ile de Batz 15 minutes.

Prix : 1 pers. **230 F** 2 pers. **300 F** 3 pers. **390 F**

0,2	0,2	0,4	0,2	SP	0,3	1,5	SP

PRIGENT Marie-Pierre - Bourg - 29253 ILE DE BATZ - Tél : 02 98 61 76 91

LE JUCH Kersantec

C.M. 58 Pli 14

3 ch. Yvette et René vous accueillent dans une maison non loin d'une ferme laitière. Elle est entourée d'un jardin fleuri, où le calme et le repos vous attendent. 3 ch. d'hôtes sont aménagées chacune comportant un sanitaire complet. Au r.d.c, 1ch 1lit 2p, salle d'eau, wc. A l'étage, 1ch 1lit 2p, salle de bains, wc et 1ch 1lit 2p salle d'eau, wc. Le petit déjeuner est servi dans la salle à manger et les confitures maison font le bonheur des hôtes. TV. Jeux pour les enfants. Jardin, salon de jardin. Promenade, tennis, plages, équitation, port-musée à proximité.

Prix : 1 pers. **200 F** 2 pers. **250 F**

Ouvert : toute l'année.

7	7	7	7	4	7	4	7	20	10	14	2

RENEVOT Yvette - Kersantec - 29100 LE JUCH - Tél : 02 98 74 71 36

LE JUCH Le carbon

C.M. 58 Pli 14

3 ch. Annick et Yves vous accueillent dans leur propriété agricole, grande cour fleurie entourée de jardins. 3chambres d'hôtes sont aménagées dans leur ancienne maison : 1ch 1lit 2p, 1lit 1p, 1ch 1lit 2p avec chacune salle d'eau et wc privés, 1ch familiale : 1lit 2p, 1lit 1p et 1lit 2p, salle de bains, wc. Possibilité lit bébé. TV, jardin, salon de jardin. Belle salle bretonne pour déguster de copieux petits déjeuners maison. Restaurants, plage, sentiers côtiers à 3 kms. Tarif 5 pers : 430 F. Langue parlée : anglais.

Prix : 1 pers. **200 F** 2 pers. **250 F** 3 pers. **310 F**

Ouvert : toute l'année.

3	3	5	3	4	4	SP	25	6	25	4

YOUINOU Anne-Marie - Le Carbon - 29100 LE JUCH - Tél : 02 98 92 21 08

KERLAZ Lanevry

C.M. 58 Pli 14

2 ch. Une statuette de St Anne en faïence Henriot de Quimper marque l'entrée de cette belle ferme fleurie, face à la magnifique baie de Douarnenez à 5 mn des plages, qu'exploitaient jusqu'à maintenant Henri et Henriette. Ayant pris une retraite bien méritée, ils se trouvent plus disponibles pour recevoir leurs hôtes dans leurs deux chambres et s'occuper de leurs 3 gîtes. Une la 'bretonne' avec sa table de toilette ancienne, 1lit 2p., l'autre la 'romantique' avec son lit à baldaquin pour 2p. S.eau et wc privés par chambre. Dans un séjour rustique, un copieux petit déjeuner vous attend. A dispo. salon avec TV, jardin, salon.

Prix : 2 pers. **260 F**

Ouvert : toute l'année.

0,8	0,8	5	3	2	2	SP	3	25	5	20	2

GONIDEC Henriette - Lanevry - 29100 KERLAZ - Tél : 02 98 92 19 12 - Fax : 02 98 92 19 12

KERLAZ Lanevry

C.M. 58 Pli 14

4 ch. Découvrez les charmes de la campagne face à la mer (350m). Cathy et Michel vous accueillent sur une ferme laitière avec leurs deux chevaux. Magnifique panorama (Baie de Douarnenez, port de pêche, montagnes de Locronan et du Ménez Hom). 4chambres avec salle d'eau et wc privatifs. 1er étage : 2ch 1lit 2p, 1ch 2lits 1p. 2ème étage : 1ch familiale 1lit 2p, 2lits 1p. Entrée indépendante et salon réservés aux hôtes, salon de jardin, barbecue. A l'écart dans une longère, salle de billard, ping pong. Tarifs réduits hors saison. Les propriétaires reçoivent vos chevaux.

Prix : 1 pers. **250 F** 2 pers. **280 F** 3 pers. **380 F**

Ouvert : toute l'année.

0,8	0,8	5	3	2	2,5	SP	3	25	5	20	2

KERVOALEN Michel & Cathy - Lanevry - 29100 KERLAZ - Tél : 02 98 92 85 49 - Fax : 02 98 92 85 49

KERLAZ Mescalet

C.M. 58 Pli 14

2 ch. Henriette et Pierre vous accueillent sur une ferme laitière, située dans la vallée du Ris, entre Douarnenez (6km) et Locronan (6km). Quimper est à 18km. Deux chambres d'hôtes au calme certain vous sont proposées à l'étage de leur maison avec chacune 1lit 2p, salle d'eau et wc. Petit déjeuner servi dans une grande salle. Salon à disposition, TV, salon de jardin. Possibilité de pique-nique.

Prix : 2 pers. **250 F**

Ouvert : toute l'année.

5	5	8	SP	4	6	SP	6	25	10	22	5

GONIDEC - YOUINOU Pierre - Mescalet - 29100 KERLAZ - Tél : 02 98 92 19 10

KERLAZ Lanevry

C.M. 58 Pli 14

5 ch. Entre Douarnenez port de pêche et Locronan petite cité de caractère, Josy et René vous accueillent dans une ferme restaurée face à la superbe baie de Douarnenez. A l'étage : 'La Ville d'Ys', vue sur mer 1lit 2p, 'Tristan' 2lits 1p, 'Korrigan' 1lit 2p. Rdc : 'Gradlon' et 'Iseult' 1lit 2p. Sanitaires privatifs. Séjour avec TV. Salon de jardin. Copieux petits déjeuners, spécialités régionales, vous seront servis dans un séjour meublé à l'ancienne. Possibilité de cuisiner hors saison. Tarif réduit hors saison. Jardin fleuri et espace vert vous enchanteront, tout comme le chuchotement de la mer vous bercera dans les légendes de nos chambres. Langue parlée : anglais.

Prix : 1 pers. **270 F** 2 pers. **290 F**

0,8	0,8	5	1	2	2	3	20	5	20	2

GUEGUEN - GONIDEC René & Josy - Lanevry - 29100 KERLAZ - Tél : 02 98 92 14 87 - Fax : 02 98 92 23 55 -
E-mail : josy.gueguen@wanadoo.fr

KERNILIS

C.M. 58 Pli 4

3 ch. Dona et Jo vous accueillent dans une ferme laitière à proximité de la vallée de l'Aber Wrac'h, où mer et terre se mêlent. 3 chambres d'hôtes aménagées au 1er étage de leur maison, avec accès indépendant. 1ch 1lit 2p (160x200), 1ch 2lits 1p, salle d'eau et wc privés pour chaque chambre, 1ch 3lits 1p, salle de bains et wc privés. Poss. lit sup. Séjour, salon et TV à disposition des hôtes. Possibilité de cuisiner. Jardin avec salon, vélos sur place. Plouguerneau 7km. Brest 23km.

Prix : 1 pers. **190 F** 2 pers. **230 F** 3 pers. **290 F**

Ouvert : toute l'année.

7	7	7	0,8	0,4	8	2	SP	25	10	22	0,4

UGUEN Dona & Jo - Route de Kerbrat - 29260 KERNILIS - Tél : 02 98 25 54 02 - Fax : 02 98 25 54 02

LAMPAUL-GUIMILIAU Kerverez

C.M. 58 Pli 5

3 ch. Bienvenue au cœur du Pays des Enclos Paroissiaux, idéal et centré pour découvrir le Nord Finistère. 2ch 1lit 2p et 1ch 2lits 1p avec salles d'eau, wc et TV privatifs. Coin salon dans une des chambres. Frigo, possibilité lit bébé. Jardin avec salon et barbecue, parking privé et clos. Odile et Jean-Marc vous proposent des circuits découvertes de la région. 4 vélos disponibles et gratuits, guides de randonnées pédestres, guide Gallimard et cartes détaillées à disposition. Restaurants 1.5km. Langues parlées : anglais, allemand.

Prix : 1 pers. **200 F** 2 pers. **250 F**

Ouvert : toute l'année.

20	20	15	2	2	5	2	SP	5	5	2

PUCHOIS Odile & Jean-Marc - 26, Kerverez - 29400 LAMPAUL GUIMILIAU - Tél : 02 98 68 62 02 ou 06 67 03 23 26 - Fax : 02 98 68 62 02

LANDEVENNEC Kerdiles

C.M. 58 Pli 4

3 ch. Monique et Raymond vous accueillent sur leur exploitation. Vous y trouverez calme et confort dans un cadre de verdure, 3 chambres d'hôtes de plain-pied dans un bâtiment annexe avec accès indépendant. 2 ch. (1 lit 2 pers.) et 1 ch. (2 lits 1 pers.), salle d'eau et wc particuliers. TV. Possibilité de cuisiner. Jardin avec salon. Non loin de l'Abbaye de Landévennec (musée), sentiers de randonnée et pêche à pied vous attendent. Langue parlée : anglais.

Prix : 1 pers. **200 F** 2 pers. **230 F**

Ouvert : toute l'année.

4	7	7	2	4	30	2	10	30	4

BALCON Monique - Kerdilès - 29560 LANDEVENNEC - Tél : 02 98 27 74 74 - Fax : 02 98 27 74 74

LANHOUARNEAU Kergollay

C.M. 58 Pli 5

3 ch. Au cœur d'une ferme légumière, dans un cadre calme et fleuri, Marie-France et Alexis vous accueilleront pour un séjour agréable. Rdc : 1ch 1lit 2p, salle d'eau et wc. Etage : 1ch 1lit 2p, salle d'eau, wc. 1ch 2lits 1p, salle de bains, wc. TV, terrasse, jardin, salon de jardin. Crêperie et restaurant à proximité. Nombreux circuits touristiques aux alentours. Plage à 8km, Roscoff (ferry) à 20km.

Prix : 1 pers. **200 F** 2 pers. **250 F**

Ouvert : toute l'année.

8	8	8	SP	0,8	9	SP	SP	8	20	0,8

QUEGUINEUR Alexis & M-France - Kergollay - 29430 LANHOUARNEAU - Tél : 02 98 61 47 35 ou 06 12 64 76 24 - Fax : 02 98 61 82 81

LANILDULT Hent Kergaradec

C.M. 58 Pli 3

4 ch. Vous serez accueillis aux confins d'un petit village très calme, dans une belle maison en pierre, dominant la mer d'Iroise et le port de l'Aber Ildut. Les 4 chambres d'hôtes 'Gwalarn' (vent du large) sont réalisées dans des décors marins. R.d.c. : 2ch 1lit 2p, salle d'eau et wc privés. Etage : 1ch 2lits 1p, salle d'eau et wc, 1ch 1lit baldaquin 2p, s.d.b., wc. Cheminée dans le séjour, salon privé avec TV, bibliothèque. Vaste jardin clos avec salon de jardin, espaces de détente. Equipement bébé, loc. vélos. Sentiers de randonnées et petit ruissseau à proximité. Embarcadère pour Ouessant, au port, en juillet/août. Langues parlées : anglais, allemand, espagnol.

Prix : 2 pers. **280 F**

3	3	3	3	2	20	0,1	SP	8	6	23	2

LE TARNEC Dominique & Anne - 4, hent de Kergaradoc - 29840 LANILDUT - Tél : 02 98 04 38 41

LANNEDERN Penhuil Vras

C.M. 58 Pli 6

E.C. 2 ch. Madame LAWSON vous propose dans sa maison deux chambres au rez de chaussée. Chaque chambre avec 1lit 2p, salle de bains, wc. Jardin avec salon, terrasse, portique. Langue parlée : anglais.

Prix : 1 pers. **200 F** 2 pers. **250 F**

40	40	40	5	2	15	SP	SP	20	5	20	2

LAWSON - Penhuil vras - 29190 LANNEDERN - Tél : 06 14 64 31 39 ou SR : 02 98 52 48 00

LANNILIS Le Lia

C.M. 58 Pli 4

3 ch. A Lannilis, au cœur des Abers, Marie Louise et René Lesvenan vous proposent 3 chambres d'hôtes aménagées dans leur maison avec accès indépendant. Au rdc, 1ch 1lit 2p avec salle d'eau et wc privés. Au 2ème étage, 1ch 1lit 1m60, possibilité de cuisiner, 1ch 1lit 2p avec salle d'eau et wc privés pour chaque chambre. Equipement bébé à disposition. Parking, jardinet, salon de jardin.

Prix : 2 pers. **200 F**

Ouvert : toute l'année.

3	3	3	2	0,5	15	0,5	0,5	25	3	22	0,5

LESVENAN Marie-Louise - 1, rue Anne de Bretagne - Le Lia - 29870 LANNILIS - Tél : 02 98 04 00 71

LANNILIS Saint-Alphonse *C.M. 58 Pli 4*

3 ch. 3 chambres aménagées dans un bâtiment annexe à la maison du propriétaire, chacune avec salle d'eau, wc et TV. Rdc : 1 chambre 1lit 2p avec coin salon, 1 chambre 2lits 1p avec coin salon. Etage : 1chambre 1lit 2p (2 épis). Possibilité de cuisiner. Séjour/salon avec véranda dans la maison du propriétaire. Jardin avec salon, salle de jeux avec ping-ping et billard.

CV

Prix : 1 pers. **170 F** 2 pers. **230/250 F** 3 pers. **340 F**

4	4	4	1	0,5	12	0,1	1	5	20	1

CREACH Robert - Saint-Alphonse - 29870 LANNILIS - Tél : 02 98 04 14 13

LANNILIS Kerjoseph Pellan *C.M. 58 Pli 4*

2 ch. Après la découverte des deux Abers et de leur côte sauvage, deux chambres dont 1 familiale, dans un cadre champêtre vous combleront pour un séjour. 1 chambre d'hôtes au rez-de-chaussée de la maison des propriétaires avec 1lit 2p, salle de bains et wc privés. A l'étage 1 chambre familiale avec 1ch 1lit 2p et 1ch 2 lits 1p, salle de bains et wc privés. Possibilité équipement bébé. TV dans salon. Jardin, terrasse, salon de jardin, barbecue. Salle de détente en commun avec les 4 gîtes se trouvant dans le même village.

CV

Prix : 2 pers. **230 F** 3 pers. **300 F**

3	3	3	2	2	15	SP	2	5	5	25	2

MINGANT Robert - Pellan - 29870 LANNILIS - Tél : 02 98 04 01 55

LAZ Ker-Huel *C.M. 58 Pli 16*

2 ch. Madame Barré vous accueille dans sa maison d'habitation en campagne calme. 2 chambres d'hôtes mansardées et lambrissées avec chacune un lavabo. Salle d'eau et wc communs aux 2 chambres d'hôtes. 1 chambre (1 lit 2 pers.), 1 chambre (1 lit 2 pers. 1 lit 1 pers.). Grande pelouse près de la maison. Salon de jardin. Nombreuses activités de loisirs à 3 km, tennis à 2 km. Restaurant à 2,5 km.

CV

Prix : 1 pers. **160 F** 2 pers. **210 F** 3 pers. **275 F**

Ouvert : toute l'année.

36	36	10	4	3	10	SP	3	23	20	3

BARRE Marie - Ker-Huel - 29520 LAZ - Tél : 02 98 26 84 73

LOC-BREVALAIRE Pencreach (TH) *C.M. 58 Pli 4*

2 ch. A 10mn des plages dans un pays de terre, d'eau, de fleurs et d'algues, 2 chambres d'hôtes raffinées dans une maison familiale bien ensoleillée, calme et accueillante. A l'étage : 1ch 1lit 2p (160x200), 1ch 2lits 1p (90x200), salle d'eau et wc privés pour chaque chambre. Jardin, véranda, séjour/salon avec cheminée à disposition des hôtes. Possibilité de belles promenades au bord de l'Aber Wrach. Petits déjeuners servis dans la véranda. Table d'hôtes : menu simple et copieux, cuisine préparée à partir des produits frais du jardin et du lait de la ferme.

CV

Prix : 2 pers. **250 F** repas **50 F**

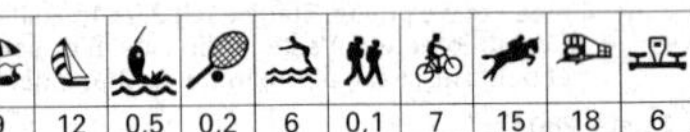

9	9	12	0,5	0,2	6	0,1	7	15	18	6

BOZEC René & Germaine - Pencreach - 29260 LOC BREVALAIRE - Tél : 02 98 25 50 99

LOC-EGUINER-SAINT-THEGONNEC Ty Dreux *C.M. 58 Pli 6*

5 ch. En pleine campagne, à 7km de St-Thégonnec, au cœur du pays des Enclos paroissiaux, voici Ty Dreux, ancienne ferme de tisserands. En marge de toute circulation, une bienheureuse tranquillité à la ferme de Annie et Jean qui vous accueilleront avec chaleur et convivialité. Petits déjeuners copieux devant le lit clos dans un séjour rustique. 4ch dans l'ancienne maison au 1er et 2ème étage : 2ch 1l 1p, 1l 1p, 2ch 1l 2p avec chacune s.eau, wc. 1ch au rdc de la maison neuve, romantique avec son lit à baldaquin 2p, s.eau, wc. Unique en Finistère : exposition permanente de costumes bretons. A dispo : salon, véranda, grand jardin.

CV

Prix : 1 pers. **220 F** 2 pers. **270 F** 3 pers. **350 F** pers. sup. **100 F**

Ouvert : toute l'année.

18	18	5	5	6	5	SP	4	20	8	18	4

MARTIN Annie - Ty Dreux - 29410 LOC-EGUINER-SAINT-THEGONNEC - Tél : 02 98 78 08 21 - Fax : 02 98 78 01 69

LOCRONAN Rodou Glaz *C.M. 58 Pli 15*

5 ch. A 1km de Locronan, l'un des plus beaux villages de France, bien centré entre la Pointe du Raz et la presqu'île de Crozon, vous êtes accueillis chaleureusement dans une vaste demeure restaurée entourée d'un jardin fleuri. 1er étage : 1ch 1lit 2p, 1ch 2lits 1p, 1ch familiale 1lit 2p, 2lits 1p. Au 2ème étage : 2ch 1lit 2p. TV et sanitaires privatifs. Le petit déjeuner copieux et soigné vous sera servi dans un lumineux séjour/véranda. A Locronan vous goûterez au charme indéniable d'une petite cité de caractère aux activités artistiques, artisanales ou commerciales. Promenades en forêt et plage de sable fin de la Baie de Douarnenez à 5mn. Langue parlée : anglais.

CV

Prix : 1 pers. **230 F** 2 pers. **270 F** 3 pers. **370 F**

Ouvert : toute l'année.

5	5	10	10	2	10	2	2	10	15	1,5

JAIN Fernand - Rodou glaz - 29180 LOCRONAN - Tél : 02 98 73 52 41 ou 02 98 91 70 15 - Fax : 02 98 51 83 71

LOPERETH Rostiviec

C.M. 58 Pli 4

E.C. 2 ch. Accédant directement sur le port de Rostiviec (baignades, centre nautique, pêche à pied), ce Ty Coz (vieille maison) indépendant fait partie du corps de ferme d'un jeune couple. Il abrite deux nouvelles chambres confortables. Rdc : 1ch 1lit 2p, salle de bains, wc. Etage : 1ch 2lits 1p, salle de bains, wc. Nombreuses balades dans les chemins côtiers et campagnards et dans les champs de fraises de Plougastel de la famille...

Prix : 2 pers. **250 F**

SP	SP	SP	SP	5	10	SP	10	5	12	4

JEGOT Yves & Armelle - 212, Rostiviec - 29470 LOPERHET - Tél : 02 98 07 11 24

MAHALON Kerzall

C.M. 58 Pli 14

2 ch. 2 chambres d'hôtes aménagées au 1er étage de la maison du propriétaire. 2 chambres (1 lit 2 pers.) avec lavabo. Salle de bains et wc communs aux 2 chambres. Jardin, salon de jardin, aire de jeux, salle de détente. Aire de loisirs à 1 km. Non loin, camping à la ferme et gîtes ruraux. Elevage porçin sur l'exploitation du propriétaire. Langue parlée : anglais.

Prix : 1 pers. **180 F** 2 pers. **210 F**

Ouvert : toute l'année.

7	7	10	10	3	10	1	4	4	4	30	1

VIGOUROUX Pierre - Kerzall - 29790 MAHALON - Tél : 02 98 70 41 36 ou 02 98 70 40 20 - Fax : 02 98 74 59 31

MAHALON Kerantum

C.M. 58 Pli 14

3 ch. A l'entrée du Cap Sizun, sur la route de la Pointe du Raz, idéalement situées pour visiter les baies de Douarnenez et Audierne, 3chambres spacieuses et confortables avec entrée indépendante. 1ch 1lit 160x200, 1ch 2lits 100x200, 1ch 1lit 160x200, 1lit 1p. Lit d'appoint. Salle d'eau et wc dans chaque chambre. Dans cette ancienne ferme en pleine campagne vous trouverez calme et détente. A disposition : salon, documentation, cour, parking, pelouse, salon de jardin, barbecue, portique, ping pong. Possibilité de cuisiner. Langue parlée : anglais.

Prix : 1 pers. **210 F** 2 pers. **260 F** 3 pers. **330/350 F** pers. sup. **70 F**

Ouvert : toute l'année.

10	10	10	SP	10	10	SP	10	10	8	25	3

OLIER Anne - Kérantum - 29790 MAHALON - Tél : 02 98 74 51 93 - Fax : 02 98 74 51 93

MESPAUL La Garenne

(TH) *C.M. 58 Pli 5*

2 ch. Dans le cadre magnifique d'une propriété centenaire vous trouverez le confort et le décor dont vous avez besoin pour réussir vos vacances en toute tranquillité. Bien placées pour visiter notre belle région, 2 chambres spacieuses et confortables, indépendantes de la maison, joliment décorées en patchwork et point de croix. 1ch 1lit 2p (160x200) avec salle d'eau wc et coin salon, 1ch 2lits 1p (90x200) avec salle d'eau wc et coin salon. Jardin avec salon. Les chambres sont 'non fumeur'. Langues parlées : anglais, allemand.

Prix : 2 pers. **490 F** repas **100/150 F**

Ouvert : toute l'année.

10	10	4	4	12	9	1	12	10	12	12	2

LEHMANN Heidemarie - La Garenne - 29420 MESPAUL - Tél : 02 98 61 59 72

MOELAN-SUR-MER Kervigodes

(TH) *C.M. 58 Pli 12*

E.C. 2 ch. Au bout d'une impasse, calme et verdure garantis pour ces deux chambres. 1ch 1lit 2p, 1lit 1p, salle d'eau et wc, 1ch 1lit 2p avec salle d'eau et wc. Le petit déjeuner servi dans une grande véranda surplombant un grand jardin, arboré et fleuri, avec plan d'eau. Terrasse privative à l'arrière des chambres. A 5mn du port du Belon et des plages. Départ randonnées pédestres et VTT à proximité. Possibilité lit bébé. Table de ping-pong, lave-linge, sèche-linge, prise TV. Stage plongée : tarif préférentiel. Prix réduits hors saison. Langues parlées : anglais, allemand.

Prix : 1 pers. **230 F** 2 pers. **260 F** 3 pers. **320 F** repas **85 F**

1	1	1	1	5	7	SP	5	25	1	10	SP

LE MEN - CREUCHET Laure & Gérard - Kervigodes - 29350 MOELAN-SUR-MER - Tél : 02 98 71 15 80

MORLAIX-PLOUJEAN Manoir de Roch Ar Brini

C.M. 58 Pli 6

2 ch. Dominant la rivière maritime de Morlaix, située à 3km du centre ville et quelques encablures du petit port du Dourduff, cette demeure a conservé l'esprit de son fondateur Edouard Corbière, écrivain, armateur et père du non moins célèbre poête Tristan Corbière. 2ch au 1er étage : 1ch 1lit 2p, 1ch familiale 1lit 2p, 2lits 1p, s.bains privés. A disposition des hôtes : salon avec cheminée et TV. Services : salle de billard, téléphone, l-linge, bb-sitting, équip. bb, prêt de vélos, équitation dans la propriété. Jardin avec salon, terrasse, portique. Une situation idéale pour découvrir la Baie de Morlaix. Langue parlée : anglais.

Prix : 2 pers. **430 F** 3 pers. **590 F** pers. sup. **150 F**

1	3	1	1	5	5	SP	SP	12	SP	5	3

DELAISI Etienne & Armelle - Manoir de Roch ar Brini - 29600 MORLAIX PLOUJEAN - Tél : 02 98 72 01 44 ou 02 98 88 04 49 - Fax : 02 98 72 01 44

NEVEZ Kerambris - Port Manech

C.M. 58 Pli 11

4 ch. Yveline habite dans un ancien village de tisserands près de Pont-Aven. La longère de Kérambris (XVIIème siècle) est une ancienne ferme en pierres recouverte de lichen doré. Dans un cadre très calme et reposant, 4 chambres d'hôtes avec salle d'eau et wc privés. Au rez de chaussée, 1ch 1lit 2p. A l'étage, 1ch 1lit 2p, 2ch 2lits 1p. Salon. Véranda avec vue sur le jardin/verger. Sentier côtier sur place. Le joli port et la plage de Port Manech à 1km.

CV

Prix : 1 pers. **220 F** 2 pers. **260 F**

0,5	1	1	1	0,5	18	SP	5	25	3	25	5

GOURLAOUEN Yveline - Kerambris - Port Manech - 29920 NEVEZ - Tél : 02 98 06 83 82

PEUMERIT Lespurit-Coat

C.M. 58 Pli 14

E.C. 4 ch. Halte en pays Bigouden, dans une ferme restaurée, chambres accueillantes. Dans une longère annexe de la maison du propriétaire, au rez de chaussée 1ch 1lit 2p, salle d'eau, wc. A l'étage 2ch 1lit 2p, 1lit 1p, 1ch 2lits 1p, salle d'eau, wc privés pour chaque chambre. Petits déjeuners servis dans une salle avec cheminée. Terrasse, jardin, salon de jardin, barbecue. Langues parlées : anglais, allemand.

CV

Prix : 1 pers. **250 F** 2 pers. **300 F** 3 pers. **330 F**

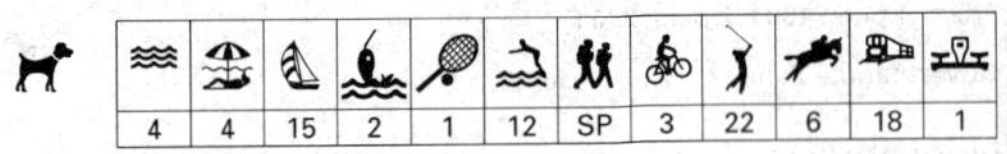

4	4	15	2	1	12	SP	3	22	6	18	1

L'HELGOUALC'H Georges - Lespurit Coat - 29710 PEUMERIT - Tél : 02 98 82 92 27

PLEUVEN Kergrimen

C.M. 58 Pli 15

4 ch. Marie-Thérèse vous accueille dans sa maison très calme, située à 5 km de la mer, en pleine campagne. Au 1er étage, 4 chambres d'hôtes, 2ch 1lit 2p avec chacune un lavabo, salle de bains et wc communs. 2ch 1lit 2p, salle d'eau et wc privés. Possibilité lit supplémentaire (80F). TV, frigo. A votre entière disposition : salle à manger de style breton où est servi un copieux petit-déjeuner. Devant la maison, une grande cour et un jardin, salon de jardin. Crêperie à 2 km. Restaurants à 5 km.

CV

Prix : 2 pers. **230/250 F** pers. sup. **80 F**

Ouvert : toute l'année.

5	5	5	5	2	4	2	3	3	5	12	2

RIVIERE Marie-Thérèse - Kergrimen - 29170 PLEUVEN - Tél : 02 98 54 62 65 - Fax : 02 98 54 74 61

PLEUVEN Kerguilavant

C.M. 58 Pli 15

2 ch. Anciens exploitants agricoles, Jeannine et Jean Kernévez vous accueillent dans leur maison à la ferme. 2 chambres d'hôtes avec lavabo : 1 ch. (1 lit 2 pers. poss. lit enfant), 1 ch. (1 lit 2 pers.). Salle d'eau et wc communs aux 2 ch. Possibilité pique-nique dans un environnement fleuri. Visite des villes de Quimper, Concarneau et Pont-l'Abbé à 20 mn. Plages à 10 mn.

CV

Prix : 1 pers. **190 F** 2 pers. **230 F** pers. sup. **70 F**

Ouvert : toute l'année.

6	6	6	6	3	5	5	3	3	12	3

KERNEVEZ Jeannine - Kerguilavant - 29170 PLEUVEN - Tél : 02 98 54 61 99

PLEUVEN Kerlevot

C.M. 58 Pli 15

2 ch. Chambres à la ferme, au 1er étage de la maison du propriétaire. 1 chambre avec lavabo (1 lit 2 pers.), 1 chambre avec lavabo (1 lit 2 pers). Salle d'eau et wc communs aux 2 chambres. TV dans la salle à manger. Jardin, salon de jardin. Piscine de loisirs 3 km.

CV

Prix : 1 pers. **200 F** 2 pers. **230 F**

Ouvert : toute l'année.

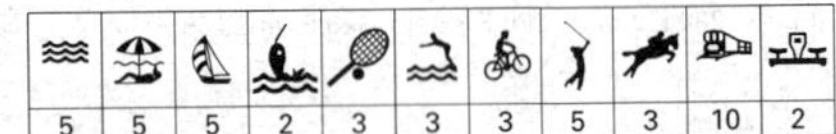

5	5	5	2	3	3	3	5	3	10	2

NERZIC Jeannette - Kerlevot - 29170 PLEUVEN - Tél : 02 98 54 60 26

PLOGASTEL-SAINT-GERMAIN Kerguernou

C.M. 58 Pli 14

5 ch. La famille Le Hénaff vous accueille dans leur exploitation laitière, dans un cadre très calme. A 500m de la route départementale, vous pourrez vous reposer dans une vieille longère rénovée à proximité de la maison du propriétaire : Rdc : 2ch 1lit 2p. 1er étage 2ch 1lit 2p, 1ch 2lits 1p. Salle d'eau et wc privés pour chaque chambre. Séjour/salon avec cheminée. Possibilité de cuisiner. Jardin, barbecue, aire de jeux. Plage 10 km.

CV

Prix : 1 pers. **200 F** 2 pers. **250 F** 3 pers. **320 F**

10	10	17	0,2	5	18	5	10	23	6	18	5

LE HENAFF Jean-Marie - Kerguernou - 29710 PLOGASTEL-SAINT-GERMAIN - Tél : 02 98 54 56 30 - Fax : 02 98 54 57 00

PLOGOFF Kerhuret

TH — *C.M. 58 Pli 13*

5 ch. Dans un petit village côtier, à 2km de la Pointe du Raz, M-Rose et J-Paul vous reçoivent dans leur vieille ferme, calme et confortable. Vous séjournerez dans des crèches rénovées. Entrées indép. 5ch au rdc : 1ch 1lit 2p, s.bains, wc, 1ch duplex 1lit 2p, mezzanine 2lits 1p, s.eau, wc, 2ch 1lit 2p, s.eau, wc, 1ch duplex 1lit 2p, mezzanine 1lit 1p, salon, s.eau, wc. Séjour/cheminée, table sur réservation à base de produits fermiers ou locaux (saumon fumé maison, fondue de poisson, poêlée de langoustines au feu de bois, terrine de lapin, far breton...), cour, jardin avec salon, aire de jeux. Plongée 1km. pos.lit bb. Langue parlée : allemand.

CV

Prix : 2 pers. **225 F** 3 pers. **295 F** pers. sup. **70 F** repas **95 F**

0,5	1	10	0,5	2	0,5	1	15	1	2

GANNE Jean-Paul - Kerhuret - 29770 PLOGOFF - Tél : 02 98 70 34 85

PLOGOFF Kerguidy-Izella

TH — *C.M. 58 Pli 13*

6 ch. Dans la vallée, à 5km de la Pointe du Raz, Annick et Jean Noël vous accueillent dans un corps de ferme propice au repos. Rdc : 1ch 1lit 2p, 1ch 2lits 1p acces. aux pers. handicapées. Etage : 2ch 1lit 2p, 1ch 2lits 1p, 1ch 1lit 2p, 1ch 1lit 1p, s.eau et wc privatifs, entrées indépendantes. Salon d'accueil avec bibliothèque. TV et jeux. Table d'hôtes (sauf dimanche et jours fériés) à base des produits de la ferme, où Annick et Jean François vous font découvrir l'activité agricole. Jardin clos, salons, terrasse. Pos. lit bb. Prix réduits hors saison. Repas sur réservation.

CV

Prix : 1 pers. **230 F** 2 pers. **250 F** 3 pers. **330 F** pers. sup. **80 F** repas **85 F**

Ouvert : toute l'année.

1	3	12	2	1	28	SP	1	15	1	53	1

LE BARS Annick & Jean-Noël - Ferme de Kerguidy izella - 29770 PLOGOFF - Tél : 02 98 70 35 60 - Fax : 02 98 70 34 09

PLOGOFF Lescoff

C.M. 58 Pli 13

E.C. 3 ch. A 1km de la célèbre 'Pointe du Raz', à l'écart de la route principale, 3 chambres d'hôtes dans une ancienne ferme entièrement rénovée. Entrées indépendantes. 3 chambres au rez-de-chaussée, 1ch 2lits 1p, 2ch 1lit 2p, salle d'eau et wc privatifs pour chacune. Séjour avec TV et téléphone. Jardin clos, terrasse, salon de jardin, parking privé. Langue parlée : anglais.

CV

Prix : 2 pers. **250/300 F**

0,5	0,5	1	1	3	28	1	3	50	3	50	2

LE CORRE René - rue des Hirondelles - Lescoff - 29770 PLOGOFF - Tél : 02 98 70 38 24 ou SR : 02 98 52 48 00

PLOGONNEC Le Croezou

C.M. 58 Pli 15

3 ch. Le Croezou, faubourg d'une commune rurale situé à égale distance de la presqu'île de Crozon, la Pointe du Raz, le Pays de Pont l'Abbé. 3ch d'hôtes agréables et personnalisées de bon confort dans la maison du propriétaire. 1ch 1lit 2p, 1ch 2lits 1p, 1ch 1lit2p et 1lit 1p, comprenant chacune TV, salle d'eau, wc privés. Un petit déjeuner copieux vous sera servi dans la salle à manger. salon avec TV. Possibilité de cuisiner. Grand jardin. A proximité : Locronan cité de caractère avec restaurants de qualité.

CV

Prix : 2 pers. **250/260 F** 3 pers. **320 F**

Ouvert : toute l'année.

10	10	10	2	2,5	13	3	5	10	SP

KERMOAL Marie-Louise - Le Croezou - 29180 PLOGONNEC - Tél : 02 98 51 80 89 - Fax : 02 98 51 80 89

PLOMEUR Keraluic

TH — *C.M. 58 Pli 14*

5 ch. Au cœur du pays Bigouden, près de la mer, Irène et Luis vous accueillent dans leur ancien corps de ferme traditionnel restauré et situé au calme. Ils vous aideront à découvrir la région. 3ch au 1er étage : 2ch 2lits 1p, 1ch 1lit 2p, s.eau et wc privés. 2ch au rdc : 1ch 1lit 2p, 1ch 2lits 1p, s.d.b, wc privés et terrasse. Les chambres chaleureuses et confortables sont situées dans une belle chaumière indépendante. Séjour avec cheminée. Camping vert (25 pl. maxi) sur terrain attenant. A proximité : randonnées, ports de pêche, plages....Séjours à thème. Dépliant sur demande. Langues parlées : anglais, allemand, espagnol.

CV

Prix : 2 pers. **295/380 F** 3 pers. **370/465 F** repas **110 F**

Ouvert : toute l'année.

6	6	7	3	3	3	SP	SP	15	5	20	2

GOMEZ-CENTURION Luis & Irène - Keraluic - 29120 PLOMEUR - Tél : 02 98 82 10 22 - Fax : 02 98 82 10 22

PLOMODIERN Sainte-Marie-du-Menez-Hom

C.M. 58 Pli 15

5 ch. Anna vous accueille sur son exploitation laitière. 5ch d'hôtes aménagées dans son habitation. R.d.c. : 1ch 1lit 2p, salle d'eau et wc privés. Etage : 1ch 1lit 2p, salle d'eau dans la chambre, wc à l'extérieur de la chambre, 1ch 1lit 2p, 1lit 1p, salle d'eau et wc privés, 1ch 1lit 2p, salle d'eau et wc privés, 1ch 1lit 2p, salle de bains et wc privés à l'extérieur. Salle de détente, TV, poss. de cuisiner, salon de jardin, à la disposition des hôtes. Pratique du parapente et deltaplane sur l'un des plus beaux sites de Bretagne : le Menez Hom (330 m). Crêperie 100 m. Restaurant 3 km. Langue parlée : anglais.

CV

Prix : 1 pers. **200 F** 2 pers. **220/240 F** 3 pers. **320 F**

Ouvert : toute l'année.

5	5	5	1	3	11	SP	3	32	0,5	11	3

JACQ Anna - Sainte-Marie-du-Ménez-Hom - 29550 PLOMODIERN - Tél : 02 98 81 54 41 - Fax : 02 98 81 59 20

PLOMODIERN Sainte-Marie-du-Menez-Hom *C.M. 58 Pli 15*

4 ch. A la croisée de la Presqu'île de Crozon et de la Pointe du Raz, au pied du Menez Hom (330m) vous êtes les bienvenus sur la ferme laitière de Michelle. Dans une longère contigue à 2 gîtes, 4 chambres d'hôtes. Au rdc 1ch(1 lit 2p) s.e. wc privés, 1ch(2lits 1p) s.e. wc privés accessible aux personnes handicapées. A l'étage : 1ch (1 lit 2p, en mezzanine 1lit 1p), salle d'eau, wc. 1ch (1lit 2p, en mezzanine 1lit 1p) salle d'eau, wc privés. Salon à disposition, possibilité de cuisiner. Terrasse, salon de jardin. Chauffage électrique. Crêperie 100m. Langue parlée : anglais.

Prix : 2 pers. **250 F** 3 pers. **350 F** pers. sup. **100 F**

Ouvert : toute l'année.

5	5	5	1	3	11	SP	10	32	0,5	11	3

JACQ Michelle - Sainte Marie du Ménez Hom - 29550 PLOMODIERN - Tél : 02 98 81 54 41 ou 06 08 63 68 99 - Fax : 02 98 81 59 20

PLOMODIERN Ti Rouz *C.M. 58 Pli 15*

2 ch. A 600m de la plage, 2 chambres d'hôtes, avec entrée indépendante, situées dans la maison du propriétaire. Rdc : 1ch 1lit 2p, salle d'eau et wc privés. Etage : 1ch 1lit 2p, salle de bains, wc et terrasse (vue sur la mer) privatifs. séjour/salon avec TV à disposition. Vue sur la mer du séjour/salon où les petits déjeuners vous seront servis. Jardin, salon de jardin. Terrasse panoramique sur la baie de Douarnenez. Deltaplane, parapente, restaurant à 500m, piscine à 500m, mini-golf à 2km. Camping vert sur place. Langue parlée : anglais.

Prix : 2 pers. **260/300 F**

Ouvert : toute l'année.

0,6	0,6	0,6	0,6	4	16	1	4	16	4

KERVELLA-FRIANT Danièle - Ty - Rouz - 29550 PLOMODIERN - Tél : 02 98 81 58 48

PLONEOUR-LANVERN Lestregueoc (TH) *C.M. 58 Pli 14*

2 ch. Mathilde et Pierre Durand vous accueillent dans leur maison. A l'étage, 2 chambres d'hôtes avec salle de bains ou salle d'eau et wc privés. 1 ch. (2 lits 1 pers.). 1 ch. (1 lit 2 pers.). Possibilité lit bébé. Salle de détente avec cheminée, TV. Table d'hôtes sur réservation. Vélos et VTT à disposition. Camping à la ferme sur place. Plages et ports de pêche à 10 mn. Maison de la baie d'Audierne à 7 km. Réserve ornithologique à 5 km. Tarifs réduits en hors saison.

Prix : 1 pers. **200 F** 2 pers. **270 F** 3 pers. **350 F** repas **100 F**

Ouvert : toute l'année.

5	5	12	1	3	9	SP	SP	15	3	18	3

DURAND Pierre - Lestrégueoc - 29720 PLONEOUR LANVERN - Tél : 02 98 87 62 46 - Fax : 02 98 87 62 46

PLONEOUR-LANVERN Kergaviny (TH) *C.M. 58 Pli 14*

3 ch. Marcelle vous accueille toute l'année dans ses chambres d'hôtes, très calmes. Aménagées dans une maison Bretonne entièrement rénovée attenante à la maison du propriétaire. 3ch 1lit 2p toutes équipées de sanitaires privés. Possibilité de lit supplémentaire et lit bébé. De copieux petits déjeuners (far, crêpes et gâteaux bretons faits maison) et les dîners (table d'hôtes) vous seront servis dans le grand séjour avec cheminée. Pelouse avec salon de jardin.

Prix : 1 pers. **180 F** 2 pers. **230 F** 3 pers. **300 F** pers. sup. **70 F** repas **80 F**

8	8	12	1	5	12	SP	5	20	6	18	2,5

TIRILLY Marcelle - Kergaviny - 29720 PLONEOUR LANVERN - Tél : 02 98 82 64 49 ou 02 98 87 61 97 - Fax : 02 98 82 63 75

PLONEVEZ-PORZAY Belard *C.M. 58 Pli 15*

6 ch. A 4km de Locronan, magnifique cité de caractère, sur les bords de la Baie de Douarnenez, Germaine Fertil vous accueille dans une petite ferme de polyculture à égale distance de la Presqu'île de Crozon et de la Pointe du Raz. Dans l'ancienne habitation rénovée, 6ch : 4ch 1lit 2p, 2ch 2lits 1p dotées chacune de salle d'eau et wc privés. Copieux petits déjeuners. Confitures maison. Pour la détente, un grand parc paysager comportant terrain de boules et plan d'eau. Des plages de sable fin à 5mn. Crêperie et restaurant à 1km. A disposition : barbecue et réfrigérateur. Accès par la départementale 63.

Prix : 2 pers. **240 F**

Ouvert : toute l'année.

3	3	11	11	1	11	4	7	11	15	20	1

FERTIL Germaine - Bélard - 29550 PLONEVEZ-PORZAY - Tél : 02 98 92 50 73

PLONEVEZ-PORZAY Trevily *C.M. 58 Pli 15*

5 ch. Angèle et Pierre vous accueillent de Pâques à Octobre dans leur maison de caractère, indépendante et fleurie, sur leur ferme porcine, à 5mn des plages, face à la baie de Douarnenez, à égale distance de la Presqu'île de Crozon et de la Pointe du Raz. A 5mn de Locronan, cité de caractère incontournable. Rdc : 1 ch 1 lit 2p, 1 lit 1p. Etage : 1 ch 1 lit 2p, 1ch familiale 1lit 2p, 2 lits 1p, salle d'eau et wc privatifs. Dans la maison des propriétaires, 2ch 1lit 2p, avec chacune salle d'eau et wc. Séjour (cheminée, TV) à disposition. Réfrigérateur. Jardin avec salon et barbecue. Crêperie 1km.

Prix : 2 pers. **240 F** 3 pers. **320 F**

Ouvert : toute l'année.

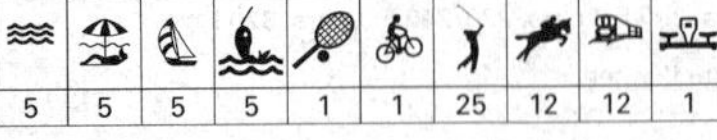

5	5	5	5	1	1	25	12	12	1

RANNOU Angèle - Trévilly - 29550 PLONEVEZ PORZAY - Tél : 02 98 92 52 25

PLONEVEZ-PORZAY Treguy Bihan

C.M. 58 Pli 15

2 ch. Au calme, à la campagne, Hélène Garrec vous accueille dans son habitation récente à proximité d'un gîte rural. Rdc : 1ch 1 lit 2p, salle d'eau, wc. Etage 1ch familiale avec vue sur la mer et la Baie de Douarnenez : 1lit 2p, 2lits 1p, salle d'eau et wc privés. Jardin fleuri avec salon, terrasse, parking. A disposition : salon avec cheminée, TV. Parapente et deltaplane au Menez Hom à 8km. Locronan : cité de caractère à 6km. Commerces, restaurants, crêperies à 2.5km.

CV

Prix : 2 pers. **240 F** 3 pers. **320 F** pers. sup. **80 F**

Ouvert : toute l'année.

3	3	5	3	3	14	3	3	8	14	2,5

GARREC Hélène - Tréguy Bihan - 29550 PLONEVEZ PORZAY - Tél : 02 98 92 52 79

PLOUARZEL Graéoc

C.M. 58 Pli 3

E.C. 2 ch. Au cœur du pays d'Iroise, Jeannine et Tanguy vous accueillent dans leur maison située à proximité de la ferme laitière exploitée par leur fils. 2 chambres d'hôtes au 1er étage : 1ch 2 lits 1p, salle d'eau et wc, 1ch double familiale 1lit 2p, 2lits 1p, salle d'eau, wc. A votre disposition : séjour/salon avec cheminée, TV, lecture, jardin d'agrément avec salon. Plages à 3km. Départ pour les Iles Molène, Ouessant 4km. Sentiers de randonnée sur place. Commerces, restaurants à 4km.

CV

Prix : 1 pers. **200 F** 2 pers. **230/240 F** 3 pers. **380 F**

Ouvert : toute l'année.

2	3	5	1	3	20	SP	3	1	5	20	3

L'HOSTIS Tanguy & Jeannine - Graeoc - 29810 PLOUARZEL - Tél : 02 98 89 60 42

PLOUDANIEL Kerivoal

C.M. 58 Pli 4

2 ch. A 10 mn de la côte des Légendes et du Pays des Enclos, Yvonne et Jean vous accueilleront dans 2 chambres d'hôtes aménagées au 1er étage de leur maison entourée d'un grand jardin fleuri. Chaque chambre avec 1lit 2p, salle d'eau et wc privés. Possibilité lit d'appoint. Au rez de chaussée séjour/salon avec cheminée et verrière, TV. Possibilité de cuisiner le soir, salon de jardin, barbecue. La situation géographique est idéale pour visiter la côte sauvage et ses plages, Brest et sa rade, le patrimoine, le marché typique de Lesneven.

CV

Prix : 1 pers. **200 F** 2 pers. **230 F**

Ouvert : toute l'année.

10	10	10	10	2	2	SP	10	20	10	15	2

RICHARD Jean & Yvonne - Kérivoal - 29260 PLOUDANIEL - Tél : 02 98 83 17 17

PLOUEGAT-MOYSAN Pen An Néac'h

TH

C.M. 58 Pli 7

4 ch. Belle propriété indépendante des années 50, située au milieu d'un grand parc avec vue magnifique sur paysage vallonné. Mobilier rustique, maison très confortable. Au 1er étage : 2ch familiales, 2lits 1p, 1lit 2p, salle d'eau et wc privés. Au 2ème étage : 2ch 2lits 2p, salle d'eau et wc privés. Cheminée, TV, téléphone, lave-linge, équip. bébé, jardin avec salon. Terrasse, portique, salle de détente, abri couvert, garage. Possibilité de baby sitting et de cuisiner. Location de vélos. Sur place : ferme auberge et gîtes ruraux.

CV

Prix : 2 pers. **260 F** repas **100 F** 1/2 pens. **230 F**

12	12	15	0,5	6	15	SP	6	20	6	15	0,5

FAMILLES THOMAS et SCARELLA - Pen a neac'h - 29650 PLOUEGAT MOYSAN - Tél : 02 98 79 20 15 - Fax : 02 98 79 22 73

PLOUENAN Lopreden

C.M. 58 Pli 6

3 ch. Dans une typique ferme du Léon, Allain et Sylvie vous proposent 3 chambres spacieuses de plain-pied aménagées dans une ancienne longère en pierre du pays : 2ch 1lit 2p, 1ch 2lits 1p, chacune pourvue de salle d'eau et wc séparés. Un cadre de détente familiale avec jardin fleuri, jeux d'enfants, sentiers de randonnées sur place situés entre la forêt et la mer. Possibilité de cuisiner. Langues parlées : anglais, allemand.

CV

Prix : 1 pers. **210 F** 2 pers. **240 F** pers. sup. **70 F**

Ouvert : toute l'année.

8	8	8	8	3	8	SP	8	10	3	15	3

CAZUC Allain & Sylvie - Lopreden - 29420 PLOUENAN - Tél : 02 98 69 50 62 - Fax : 02 98 69 50 02

PLOUENAN Penn Ar Feunteun

C.M. 58 Pli 6

2 ch. 2 chambres vous seront proposées dans cette ancienne ferme rénovée : 1ch au 1er étage de la maison des propriétaires : 1lit 1p, salle de bains avec wc, l'autre, contigue à un gîte, dans une longère, au rez de chaussée : 1ch 1lit 2p avec salle d'eau et wc. Grand jardin, tennis, écuries, proximité d'un bois et d'un sentier de randonnée (piétons, VTT, cavaliers). A quelques kilomètres de la côte et du Pays des enclos. Chambre non fumeur. Langue parlée : anglais.

CV

Prix : 1 pers. **180/190 F** 2 pers. **220 F**

5	8	8	1	SP	8	SP	8	7	4	8	4

OLLIVIER - KLOAREG Maryse - Penn ar Feunteun - 29420 PLOUENAN - Tél : 02 98 29 60 78 ou 02 98 69 38 37 - Fax : 02 98 29 07 16

PLOUESCAT Penkear *C.M. 58 Pli 5*

2 ch. Découvrez les charmes de la campagne et les plaisirs de la mer (2,5 km). Dans une ancienne ferme calme et fleurie, Marie Thérèse et Raymond ont chaudement aménagé pour vous 2ch. de prestige, modernes et raffinées. R.d.c., 1ch (1lit 160 x 200 T.P.R), TV, s.e. et wc privés. Etage, 1ch. (1lit T.P.R.160 x 200), TV, s.d.b. et wc privés. Parking, jardin. Terrasse avec salon, grande véranda à disposition, copieux petit déjeuner. A 1km, à Plouescat, restaurants, crêperie, tennis, chemins de randonnée, club nautique et Halles XVIe. Aux environs, Château de Kerjean, Roscoff, thalasso, circuit des Enclos paroissiaux. Casino 2km.

Prix : 1 pers. **320 F** 2 pers. **380 F** 3 pers. **480 F** pers. sup. **100 F**

Ouvert : toute l'année.

2,5	2,5	4	4	1	20	1	1	25	6	15	1

LE DUFF Marie-Thérèse - Penkear - 29430 PLOUESCAT - Tél : 02 98 69 62 87 - Fax : 02 98 69 67 33

PLOUGAR Keramis *C.M. 58 Pli 5*

3 ch. Entre la mer et le pays des enclos paroissiaux, à la ferme, 3ch dans une maison récente, au calme et en pleine campagne. R.d.c. : 1ch 1lit 2p avec salle d'eau et wc (poss. lit sup.), 1ch 1lit 2p, 1lit 1p avec salle de bains et wc. Etage : 1ch 1lit 2p, 1lit 1p avec salle de bains et wc. Jardin d'agrément, parking, barbecue. Les petits déjeuners seront servis dans le séjour-salon avec cheminée. TV, jeux pour vous détendre. A proximité, restaurant, crêperie, baignades au plan d'eau. La maison est située près d'un monument historique : le Château de Kerjean en Saint-Vougay.

Prix : 1 pers. **200 F** 2 pers. **250 F** 3 pers. **300 F** pers. sup. **50 F**

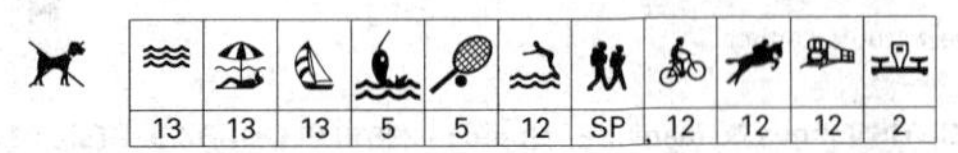

13	13	13	5	5	12	SP	12	12	12	2

LOUSSAUT J-Vincent & Yvonne - Keramis - 29440 PLOUGAR - Tél : 02 98 68 56 21 ou 02 98 68 54 26

PLOUGASNOU Kervescontou *C.M. 58 Pli 6*

2 ch. Monique et Joseph sont heureux de vous accueillir dans leur propriété en Bretagne à 2 km de la mer. Au 1er étage : 2 chambres d'hôtes dont 1ch familiale : 1lit 2p, 2lits 1p et 1ch 1lit 2p, 1lit 1p, chacune avec salle de bains et wc privés. A votre disposition, cheminée, salon, télévision et à l'extérieur, pelouse arborée, terrasse, meubles de jardin, allée de boules. Petits déjeuners copieux servis dans un cadre rustique.

Prix : 1 pers. **200 F** 2 pers. **240 F** 3 pers. **300 F** pers. sup. **50 F**

Ouvert : toute l'année.

2	2	5	3	1	2	7	5	18	1

BOZEC Monique - Kervescontou - 29630 PLOUGASNOU - Tél : 02 98 67 30 83

PLOUGASNOU Merdy Bras *C.M. 58 Pli 6*

3 ch. A 3km de la mer, entre la côte de granit rose et Roscoff, Chantal et Gilbert vous accueillent dans une ancienne longère restaurée. 3 chambres d'hôtes avec entrées indépendantes sont aménagées au rez-de-chaussée d'une maison contiguë à l'habitation des propriétaires : 1 chambre familiale avec mezzanine 1lit 2p et 2lits 1p, 1ch 1lit 2p, 1ch 2lits 1p. Salle d'eau et wc privés pour chaque chambre, lit d'appoint possible. Grand séjour, coin détente avec TV commun. Possibilité de cuisiner. Parc boisé et fleuri, salon de jardin. Sentiers côtiers à 3km.

Prix : 1 pers. **200 F** 2 pers. **240 F** 3 pers. **300 F**

3	3	4	2	1	3	3	20	2

FILY Chantal & Gilbert - Merdy Bras - 29630 PLOUGASNOU - Tél : 02 98 67 34 12

PLOUGONVELIN Keryel *C.M. 58 Pli 3*

4 ch. Monique vous accueille dans ses chambres, aménagées dans des bâtiments attenants à sa maison. 3ch au rdc avec s.e et wc privés : 1ch 1lit 2p, 1ch 2lits 1p, 1 suite familiale avec 1ch 1lit 2p, 1ch 2lits 1p. Etage : 1 suite familiale avec 1ch 1lit 2p, 1ch 2lits 1p, s.e, sdb, 2wc. Jardin avec salon, terrasse. Bb-sitt. Camping à la ferme avec terrain de jeux sur place. Plougonvelin, la pointe du Finistère, le Trez Hir avec son micro climat, le site pittoresque de la Pointe Saint Mathieu, le fort de Bertheaume, 10km de sentiers côtiers. Le Conquet à 4km, port de pêche, départ pour les îles Molène et Ouessant.

Prix : 1 pers. **230 F** 2 pers. **280/350 F** 3 pers. **400 F**

1,5	3	3	1,5	2	3	SP	4	15	0,5	20	1,5

SALIOU Monique - Kéryel - 29217 PLOUGONVELIN - Tél : 02 98 48 33 35

PLOUHINEC Ty Yann (TH) *C.M. 58 Pli 14*

5 ch. Yann et Jackie vous accueillent dans leur maison située sur le port de Poulgoazec. 1er étage : 2ch 2lits 1p. 2ème étage : 1ch 2lits 1p, 2ch 1lit 2p, salle d'eau et wc privatifs pour chaque chambre. A disposition : TV, téléphone, équip. bébé, jardin clos avec salon, barbecue, terrasse, portique, abri couvert. Poss. baby sitting. Table d'hôtes sur réservation. A proximité immédiate de l'aquarium de la Pointe du Raz (1km). Tarifs réduits hors saison. Langues parlées : anglais, allemand, espagnol.

Prix : 2 pers. **250 F** 3 pers. **320 F** repas **80 F**

Ouvert : toute l'année.

0,1	0,1	3	0,1	2	2	SP	2	40	4	35	SP

COGAN Yann & Jackie - 1 quai Jean Jadé - 29780 PLOUHINEC - Tél : 02 98 70 77 35

PLOUIDER Kersehen

(TH) *C.M. 58 Pli 4*

3 ch. Au Pays de la Côte des légendes, les propriétaires vous accueillent dans leur maison sur l'exploitation agricole. A l'étage se trouvent 3 chambres. 1ch 1lit 2p, poss. lit enfant et bébé, salle de bains et wc privés, 2ch 1lit 2p avec chacune salle d'eau et wc privés. Au rez de chaussée, salon, TV, bibliothèque. Grand jardin avec salon, relax, balançoire ainsi que des vélos sont à votre disposition. Crêpes maison au petit déjeuner. Echanges agréables autour d'une table d'hôtes le soir. Repas 90F (enfant jusqu'à 10 ans 40F) sur réservation. Char à voile. Langue parlée : anglais.

Prix : 2 pers. **230/250 F** pers. sup. **50 F** repas **90 F**

Ouvert : toute l'année.

2,5	3	5	3	0,5	5	SP	SP	3	20	1,5

ROUE Claudine - Kersehen - 29260 PLOUIDER - Tél : 02 98 25 40 41 ou 06 81 04 10 87

PLOUIDER Kermabon

C.M. 58 Pli 4

4 ch. 4 ch. d'hôtes à la campagne avec un beau point-de-vue sur la mer. 1 ch. (1 lit 2 pers.) aménagée dans la maison du propriétaire. A proximité, 3 ch. aménagées dans la maison de ferme rénovée. Au r.d.c, 1 ch. (1 lit 2 pers.). A l'étage, 1 ch. (1 lit 2 pers.) et 1 mezzanine. 1 ch. (2 lit 1 pers.) avec vue sur la mer. Sanitaires privés pour chaque chambre. Possibilité de cuisiner. Salle commune avec cheminée. Belles promenades en bordure de mer. Char à voile et réserve ornithologique à 2 km. Restaurants à proximité. Aéroport 20km. Langue parlée : anglais.

Prix : 1 pers. **220 F** 2 pers. **250 F** pers. sup. **80 F**

Ouvert : toute l'année.

2	5	5	2	2	5	SP	3	4	20	3

CORBE Thérèse - Kermabon - 29260 PLOUIDER - Tél : 02 98 25 40 28

PLOUIGNEAU Manoir de Lanleya

C.M. 58 Pli 6

5 ch. Entre la baie de Morlaix et la Côte de granit rose, Le Manoir de Lanleya vous propose : Rdc salle à manger/salon, cheminée et meubles rustiques. A mi-étage 1ch 1l 2p. Au 1er étage de sa Malouinière desservi par un escalier à vis du 16ème en granit, 1ch 1l 2p, 1l 1p, 1l bb avec sa cheminée monumentale en granit rose, 1ch 1l 2p, 1l bb. Au 2ème étage par un escalier en pierres situé dans l'échauguette se trouve 2ch de 1 lit de 2p. Au même niveau, vous disposerez d'un salon situé dans la tourelle avec sa charpente chevillée du 16ème. Salle d'eau et wc privatifs pour chaque chambre. La légende attachée au manoir vous ravira.

Prix : 1 pers. **290 F** 2 pers. **360 F** 3 pers. **510 F** pers. sup. **100 F**

10	10	17	SP	6	10	SP	6	12	3	8	6

MARREC André - Manoir de Lanleya - 29610 PLOUIGNEAU - Tél : 02 98 79 94 15 - Fax : 02 98 79 94 15 -
E-mail : Manoir.Lanleya@libertysurf.fr - http://www.multimania.com/lanleya

PLOUIGNEAU Luzivilly

(TH) *C.M. 58 Pli 6*

E.C. 4 ch. Cette longère restaurée offre 4 chambres de plain pied avec jardin exposé plein sud. 1ch 1lit 2p, salle d'eau, wc. 1ch 1lit 2p, 1lit 1p, salle d'eau, wc, 1ch 1lit 2p, salle de bains et wc non communicants, 1ch familiale 1lit 2p, mezzanine 2lits 1p, salle d'eau, wc. Dans la salle à manger rustique, petit déjeuner campagnard (crêpes, confitures maison, chacuteries). A proximité d'une rivière et de l'étang privé (fario, arc en ciel), de la mer, des enclos et du parc d'Armorique. Table d'hôtes sur commande (produits de l'élevage et du jardin). Barbecue, portique, ping pong, espace football.

Prix : 1 pers. **200/300 F** 2 pers. **250/300 F** 3 pers. **380/400 F** pers. sup. **100 F** repas **100 F**

Ouvert : toute l'année.

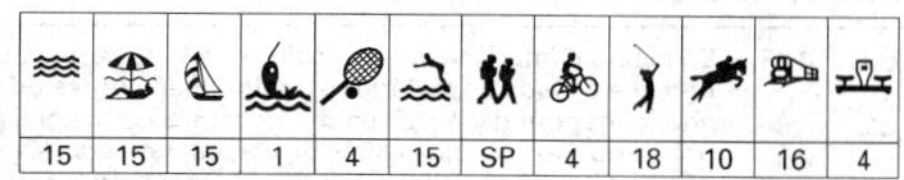

15	15	15	1	4	15	SP	4	18	10	16	4

LE FER Herveline - Luzivilly - 29610 PLOUIGNEAU - Tél : 02 98 79 22 80 - Fax : 02 98 79 22 80

PLOUNEOUR-MENEZ Lanheric

(TH) *C.M. 58 Pli 6*

3 ch. Aux flancs des Monts d'Arrée, sur un parc paysager, Catherine et Patrick vous accueillent dans le calme de leur grande maison du XVIIIè siècle. Au 1er étage : 1ch 1lit 2p, 1lit 1p, salle de bains, wc, 1ch 1lit 2p, salle d'eau, wc. Dans un bâtiment annexe : 1ch 2lits 1p, 1lit d'apoint, salle d'eau, wc. A votre disposition : grand salon avec cheminée, Petit salon bibliothèque et TV, jardin, salon de jardin, terrasse, barbecue, lave linge. Table d'hôtes sur réservation (enfants moins de 12ans : 60 F). Promenades dans le parc où passe le GR 380. Langue parlée : anglais.

Prix : 1 pers. **300/350 F** 2 pers. **300/350 F** 3 pers. **380/410 F** repas **90 F**

Ouvert : toute l'année.

25	25	25	25	3,5	3,5	SP	3,5	25	10	15	3,5

BERTHIER Catherine & Patrick - Domaine de Lanhéric - 29410 PLOUNEOUR MENEZ - Tél : 02 98 78 01 53 - Fax : 02 98 78 06 30 -
E-mail : lanheric@wanadoo.fr

PLOURIN-LES-MORLAIX Lestrezec

C.M. 58 Pli 6

3 ch. A pied, à vélo ou en voiture, découvrez la richesse de cette région légendaire située entre terre et mer. En pleine campagne, entre Morlaix et les célèbres enclos, vous trouverez cette ferme laitière au pied des monts d'Arrée. 3ch aménagées avec passion et charme, dont 1 au rdc, avec sanitaires privés. 2ch 1lit 160x200, 1ch 2lits 1p. La famille Hélary vous accueille en toute simplicité dans sa maison de granit breton s'ouvrant par de larges baies vitrées sur un jardin paysager. Le vaste séjour, le salon avec sa cheminée, contigus à la maison, sont réservés aux hôtes. Poss. de cuisiner. Tarif réduit d'octobre à avril sur résa. Langue parlée : anglais.

Prix : 2 pers. **300 F**

Ouvert : toute l'année.

10	20	20	0,3	4	10	SP	10	14	10	10	4

HELARY Patrick - Lestrezec - 29600 PLOURIN-LES-MORLAIX - Tél : 02 98 72 53 55 - Fax : 02 98 72 53 55

PLOUVIEN Croas Eugan

C.M. 58 Pli 4

3 ch. Denise et Maurice Le Jeune vous accueillent dans leur propriété reposante du Nord Finistère, au centre du Pays des Abers / Côte des légendes. 3 ch. aménagées à l'étage de leur maison avec accès indépendant. 1 ch. 1 lit 160 x 200, sanitaires privés. 1 ch. 1 lit 160 x200, sanitaires privés (accès wc par le palier : 2 épis). 1 ch. 2 lits 1p, sanitaires, salon, TV privés. Possibilité de cuisiner. Cheminée, TV, salle à manger à disposition au rdc. Jardin d'agrément clos avec salon. Des gâteaux maison agrémenteront vos petits déjeuners. Chauffage électrique.

Prix : 1 pers. **210 F** 2 pers. **230/300 F**

Ouvert : toute l'année.

10	10	10	5	2	10	SP	SP	10	6	18	1,5

LE JEUNE Maurice & Denise - Croas Eugan - 29860 PLOUVIEN - Tél : 02 98 40 96 46 - Fax : 02 98 40 96 46

PLOUZANE Lezavarn

TH *C.M. 58 Pli 3*

5 ch. Christiane et Yvon vous accueillent dans leur ferme porcine et laitière. 4ch dans un bâtiment annexe avec accès indépendant. 3ch 1lit 2p dont 1ch access. aux pers. handicapées, 1ch 2lits 1p, toutes équipées de sanitaires privés, de TV, tél. Poss. lit sup. 1ch familiale (2épis) dans la maison du propriétaire : 1lit 160x200, 2lits 1p, s.e et wc privés non communicants. Poss. cuisiner. L.linge. Abri couvert avec ping-pong, baby foot, billard. Aire de jeux. Visite de la ferme. Table d'hôtes sauf le dimanche, gratuite pour enfants de moins de 4ans. Brest 10mn.

Prix : 1 pers. **240 F** 2 pers. **320 F** 3 pers. **400 F** repas **95 F**
1/2 pens. **250 F**

Ouvert : toute l'année.

8	8	3	3	12	5	10	10	5	15	3

PHILIPOT Christiane - Lézavarn - 29280 PLOUZANE - Tél : 02 98 48 41 28 - Fax : 02 98 48 93 29

PLOUZANE Lannevel Vras

C.M. 58 Pli 3

2 ch. 2 chambres d'hôtes situées dans la maison du propriétaire et à proximité de 2 gîtes. 2 chambres à l'étage : 1 ch 1lit 2p avec coin salon, salle d'eau, wc. 1 ch 1 lit 2p, salle d'eau, wc. A disposition des hôtes : séjour/salon avec cheminée et TV, jardin, salon de jardin, terrasse, barbecue, portique. Charmante maison familiale, bien ensoleillée, calme et accueillante. Séjour spacieux avec cheminée, terrasse, jardin ombragé. Vue sur la campagne et la rade de Brest. Possibilité lit d'appoint.

Prix : 1 pers. **240 F** 2 pers. **280 F** 3 pers. **380 F**

Ouvert : toute l'année.

3	3	10	4	2	6	1	5	5	4	7	1

GOURVENNEC Irène & Pierre - Lannevel vras - 29280 PLOUZANE - Tél : 02 98 05 94 60

PLOVAN-SUR-MER Corn Goarem

TH *C.M. 58 Pli 14*

E.C. 3 ch. En pleine campagne, au cœur du pays bigouden, vous vous réveillez face à la mer, dans une maison datant de 1924 entièrement rénovée à l'aide de matériaux traditionnels. Après un petit déjeuner copieux, les chemins de randonnée de la baie d'Audierne vous attendent pour découvrir en même temps campagne et bord de mer. Le soir, Table d'hôtes (sur réservation) pour déguster face à la pointe du Raz, ses spécialités de crêpes, poulets élevés sur place ou encore assiette de langoutines fraiches. 1er étage : 1ch 1lit 2p, 1ch 2lits 1p, 2ème étage : 1ch double familiale 1lit 2p, 3lits 1p. Salle d'eau et wc chacune. Langues parlées : anglais, espagnol.

Prix : 2 pers. **260 F** 3 pers. **330 F** pers. sup. **70 F** repas **85 F**

1	1	20	1	5	15	SP	3	25	8	30	0,5

ROUSSET Olivier - Corn Goarem - 29720 PLOVAN-SUR-MER - Tél : 06 62 76 86 45

PLOZEVET Kerongard Divisquin

C.M. 58 Pli 14

3 ch. Au cœur de la Baie d'Audierne, à 30Km de la Pointe du Raz, de la Pointe de Penmarc'h, de Bénodet, Quimper et Locronan, Claudine et Ernest vous accueillent dans un cadre agréable au sein d'un petit village calme, face à l'océan : 3ch lumineuses à l'étage, avec accès indépendant : 2ch 1lit 2p (160x200), 1ch 2lits 1p, salle d'eau et wc privés. Rez de chaussée, une grande salle bretonne où vous pourrez savourer de copieux petits déjeuners (far, crêpes, gâteaux breton faits maison). TV, frigo, salons de jardin, tonnelle, aire de pétanque. Plage 1km, sentiers de randonnées sp, restauration 2km. Tarifs selon durée du séjour.

Prix : 2 pers. **250/300 F**

1	1	10	1	4	15	0,1	4	25	8	25	4

TREPOS Claudine - Kérondard Divisquin - 29710 PLOZEVET - Tél : 02 98 54 31 09

PLOZEVET Lesneut

(TH) *C.M. 58 Pli 14*

E.C. 4 ch. Sur le chemin de la pointe du Raz, à un jet de galets de l'océan, au cœur du Pays Bigouden, 4 chambres d'hôtes tout confort dans un corps de ferme du 18ème, en lisière d'un hameau très calme. Dans un bâtiment indépendant, de plain pied, 3chambres 2 lits 1p avec s. d'eau et wc privés. A l'étage d'un second bâtiment, 1 suite familiale 1lit 2p, 2lits 1p, s. d'eau, wc. Au rez de chaussée, grande pièce d'accueil pour la table d'hôtes et salon auprès de la cheminée (TV, bibliothèque). Table d'hôtes privilégiant les produits naturels du terroir et de la mer. L-linge, s-linge, frigo, jardin avec salon. Chambres non fumeur. Langues parlées : anglais, allemand.

Prix : 1 pers. **280/300 F** 2 pers. **300/320 F** 3 pers. **370 F** repas **100 F**

2	2	8	2	3	17	SP	2	30	2	25	2

BOURDIC Evelyne - Lesneut - 29710 PLOZEVET - Tél : 02 98 54 34 33 - Fax : 02 98 54 30 65 - E-mail : evelyne.bourdic@wanadoo.fr

PONT-AVEN Kermentec

C.M. 58 Pli 16

3 ch. Sur les hauteurs de Pont Aven, à 2mn de la cité des peintres et à 2 pas du bois d'amour, Mme Larour vous reçoit dans cette jolie maison en pierre. A votre disposition 3 ch confortables avec chacune salle d'eau et wc privés : 1 ch 2 lits 1 pers, 2 ch 1 lit 2 pers. Grand séjour avec coin salon. Possibilité de cuisiner. Lit d'appoint sur demande. Petits déjeuners en plein-air ou au coin du feu, calme de la campagne, balades sympathiques, proximité des plages et sites à visiter (Quimper, Locronan, Concarneau...). Toute une palette de plaisirs pour des vacances hautes en couleurs !

Prix : 2 pers. **260 F** 3 pers. **330 F**

5	10	7	0,5	0,5	15	SP	15	25	0,5	18	0,3

LAROUR Véronique - Kermentec - 29930 PONT AVEN - Tél : 02 98 06 07 60

PONT-AVEN Saint Maudé

C.M. 58 Pli 16

3 ch. Près de Pont Aven (3km), 3 chambres d'hôtes aménagées dans une maison néo-bretonne claire avec vue imprenable sur la campagne, à l'écart des bâtiments de la ferme bovine et porcine avec un grand jardin d'agrément. A l'étage : 2ch 1lit 2p, salle d'eau et wc privés, 1ch 1lit 2p avec salle d'eau et wc sur le pallier, possibilité lit supplémentaire. Jardin clos avec salon, terrasse. Possibilité de cuisiner.

Prix : 1 pers. **200 F** 2 pers. **250 F** 3 pers. **300 F**

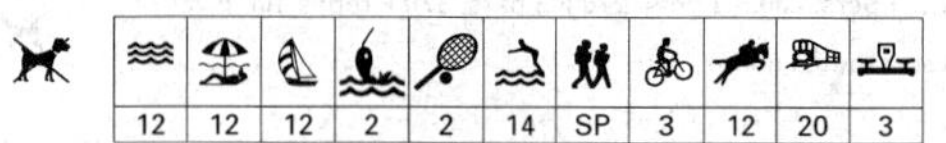

12	12	12	2	2	14	SP	3	12	20	3

LE NAOUR Agnès - Saint-Maudé - 29930 PONT AVEN - Tél : 02 98 06 03 23

POULDERGAT Listri Vras

C.M. 58 Pli 14

3 ch. Au carrefour des pays glazik, bigouden et capiste, Louis et Angèle vous accueillent dans leur maison de Listri-Vras, sur une ferme laitière dans un cadre fleuri, calme et très reposant. 3ch vous sont proposées. R.d.c., 1ch. 1lit 2p, 1lit 1 p. Etage, 1ch. 1lit 2p, 1ch 2lits 1p. Toutes les chambres sont équipées de sanitaires privés. Jardin, salon de jardin. Musée du bateau à 7 km. Salon à disposition des hôtes. TV.

Prix : 1 pers. **200 F** 2 pers. **250 F** 3 pers. **310 F**

Ouvert : toute l'année.

7	7	7	7	1	7	2	SP	25	7	20	1

KERVAREC Angèle - Listri vras - 29100 POULDERGAT - Tél : 02 98 74 61 40

POULLAN-SUR-MER Manoir de Kerdanet

C.M. 58 Pli 14

E.C. 3 ch. Ce manoir du 15ème est niché au creux d'un vallon verdoyant et calme. Comme dans les très belles demeures seigneuriales de cette époque un grand bassin ayant fait office de vivier occupe une place de choix dans le parc de 3ha entièrement mis à la disposition des hôtes. L'escalier à vis en pierre de taille mène aux belles chambres du 1er étage. Chacune sa cheminée d'époque et son lit à baldaquin. Dans le grand salon du rdc, cheminée de pierre sculptée où apparaissent encore les écus des anciens seigneurs des lieux. Etage : 2ch 1lit 160x200 avec sdb et wc. Rdc : 1suite chambre/salon 1lit 2p, 2lits 1p, bains balnéo, douche et wc.

Prix : 2 pers. **580/750 F** 3 pers. **850 F**

5	5	5	5	5	6	SP	7	30	4	30	2

NEDJAR Sid & Monique - Manoir de Kerdanet - 29100 POULLAN-SUR-MER - Tél : 02 98 74 59 03 ou 06 82 90 41 31 - Fax : 02 98 74 59 03

POULLAOUEN Goasvennou

(TH) *C.M. 58 Pli 7*

4 ch. En Centre Bretagne, à moins de 30mn de la mer, près de Huelgoat, la forêt aux mille et une légendes, nous aurons le plaisir de vous accueillir dans un magnifique cadre de verdure et de tranquillité, avec son petit étang et son grand jardin fleuri, une belle propriété où l'on peut faire connaissance avec les animaux de la ferme. Rdc et au 1er étage, 4ch 1lit 2p, s.eau et wc privatifs pour chaque chambre. 1lit bébé + équipement. Jardin avec salon, barbecue, terrasse, portique. Des possibilités de balades à pied, à VTT, de visites en 4x4 du domaine et jeux de plein air pour les enfants. Panier pique-nique. Langues parlées : anglais, espagnol.

Prix : 1 pers. **225 F** 2 pers. **250 F** pers. sup. **60 F** repas **90 F**

30	40	40	1	4	5	SP	SP	6	3	10	4

DEGRYSE-BRIAND Ghislaine - Goasvennou - Les Tilleuls - 29246 POULLAOUEN - Tél : 02 98 93 57 63

QUEMENEVEN Kerouzaillet *C.M. 58 Pli 15*

3 ch. Sur une ancienne exploitation Monique vous reçoit toute l'année. 3 chambres d'hôtes sont aménagées au second étage de la maison d'habitation : 1ch 1lit 2p, 1ch 2lits 1p, 1ch 1lit 2p, 1lit 1p. Les chambres sont dotées de douche, lavabo et wc. Possibilité de cuisiner. A disposition dans un local attenant : lave-linge, sèche-linge. Jardin avec salon, terrasse. Langue parlée : anglais.

Prix : 1 pers. **200 F** 2 pers. **240 F** 3 pers. **320 F**

Ouvert : toute l'année.

10	10	15	10	5	13	1	3	35	5	7	3

HENAFF Monique - Kérouzaillet - 29180 QUEMENEVEN - Tél : 02 98 73 51 06

QUEMENEVEN Pontigou *C.M. 58 Pli 15*

2 ch. Annick et Jean seront heureux de vous accueillir dans leur maison où ils ont aménagé deux chambres d'hôtes au 1er étage, salle d'eau et wc privés, 1lit 2 pers. Cour, salon de jardin, étang. Pêche en rivière à 30 mètres.

Prix : 2 pers. **250 F** 3 pers. **330 F**

Ouvert : d'avril à octobre.

12	12	16	1	4	10	1	8	16	10	15	0,4

LE MENN Annick - Pontigou - 29180 QUEMENEVEN - Tél : 02 98 73 53 88

QUEMENEVEN Nanclic (TH) *C.M. 58 Pli 15*

4 ch. Au cœur de la Cornouaille, à 2km de Locronan, petite cité de caractère et à 2.5km de Plonévez Porzay, Martine et Patrick vous accueillent dans leur maison sur leur ferme laitière. Au 1er étage 4 chambres d'hôtes : 2ch 1lit 2p, 1ch 2lits 1p, 1ch 1lit 2p, 1lit 1p, salle d'eau et wc privés dans chaque chambre. A disposition : salle de séjour avec cheminée et TV. Equipement bébé. Jardin avec salon, terrasse, barbecue, portique, abri couvert. Table d'hôtes sur réservation sauf juillet et août. Langue parlée : anglais.

Prix : 1 pers. **230 F** 2 pers. **270 F** 3 pers. **370 F** repas **100 F**

Ouvert : toute l'année.

6	6	12	6	2	12	1	16	2	8	2

JEZEQUEL - DULIEU Patrick & Martine - Nanclic - 29180 QUEMENEVEN - Tél : 02 98 73 51 86

QUERRIEN La Clarté *C.M. 58 Pli 17*

4 ch. Jean et Lucie vous accueillent dans leur maison, dans un village calme et fleuri avec sa chapelle, sa fontaine du XVIème siècle, son calvaire, ses chaumières, ses puits et ses sentiers pédestres. 4 chambres d'hôtes aux étages. 1ch 1lit 2p, 1ch 1lit 1p, 1ch 2lits 1p, 1ch 1lit 2p. 4 sanitaires privatifs (salle d'eau ou salle de bains). Possibilité lit supplémentaire. Salle d'accueil Louis XIII pour petits déjeuners (pain maison). Salon-véranda pour TV, bibliothèque. Parc avec salon de jardin et barbecue. Le village est à 3 km de Querrien. Agrément Route des Peintres.

Prix : 1 pers. **210 F** 2 pers. **240/250 F** 3 pers. **300 F**

Ouvert : toute l'année.

25	25	25	0,3	3	15	SP	SP	25	15	15	3

GUILLOU Jean & Lucie - 25 La Clarté - 29310 QUERRIEN - Tél : 02 98 71 31 61

QUERRIEN Kerfaro *C.M. 58 Pli 17*

2 ch. Dans un cadre verdoyant, dominant un plan d'eau aménagé par le propriétaire, Mr et Mme Le Gallic vous reçoivent dans leur maison d'où vous pourrez contempler la vallée. 2 chambres d'hôtes situées au 1er étage : 1ch 1lit 2p, 1canapé lit de 120, salle d'eau et wc privatifs mais non communicants avec la chambre, 1ch (3épis) 1lit 2p, salle d'eau et wc. Chauffage central. Salon/salle à manger avec cheminée et TV, terrasse, jardin avec salon. Barque à disposition sur l'étang où vous pourrez pêcher. Possibilité lit d'appoint.

Prix : 1 pers. **210 F** 2 pers. **240 F** 3 pers. **300 F**

20	20	25	SP	2	10	1	SP	25	12	12	1

LE GALLIC Yves - Kerfaro - 29310 QUERRIEN - Tél : 02 98 71 30 02 ou 06 85 17 96 43 - Fax : 02 98 71 30 02

QUIMPER Guiniel *C.M. 58 Pli 15*

2 ch. Marie-Anne et Jean Le Bellac, retraités agricoles, vous accueillent à la campagne. 2 chambres d'hôtes à l'étage avec lavabo. 1 ch. (1 lit 2 pers.), 1 ch. (1 lit 2 pers.). Salle de bains et wc communs aux 2 chambres. Petit déjeuner au lait de ferme et crêpes. Jardin avec salon de jardin. A 7 km du centre ville de Quimper, en direction de Bénodet et à 6 km des plages.

Prix : 1 pers. **170 F** 2 pers. **240 F**

Ouvert : toute l'année.

6	6	6	6	6	5	1	3	3	3	8	1

LE BELLAC Marie Anne - 64 route du Lendu - Guiniel - 29000 QUIMPER - Tél : 02 98 54 62 39

QUIMPER Stang Youenn

(TH) *C.M. 58 Pli 15*

2 ch. Bienvenue en Cornouaille, à Ergué Armel, sur la Route du Cidre. 2 chambres familiales avec chacune 1lit 2p (160) au r.d.c, salle d'eau, wc, TV et tél. et 2lits 1p sur mezzanine. Table d'hôtes le soir sur réservation. Grand jardin clos et tranquille, lave linge. Possibilité de cuisiner. Vous apprécierez le petit déjeuner à la table de l'habitation, maison de maître du XIXème, située tout près des chambres. Vous êtes à la campagne, à 10mn de la Cathédrale et du vieux Quimper, ville d'Art et d'Histoire. Pont l'Abbé, Bénodet, Fouesnant, Concarneau sont à 15mn. Langues parlées : anglais, espagnol.

Prix : 1 pers. **250 F** 2 pers. **330 F** 3 pers. **410/450 F** pers. sup. **80/120 F** repas **95 F**

Ouvert : toute l'année.

15	15	15	5	5	5	3	15	9	5	2

HERVE Annie - Le Logis du Stang - Stang Youenn - 29000 QUIMPER - Tél : 06 81 55 73 83 ou 02 98 52 00 55 - Fax : 02 98 52 00 55 - E-mail : logis-du-stang@wanadoo.fr

RIEC-SUR-BELON Keraval

C.M. 58 Pli 11

3 ch. Yvette Guillemot vous accueille dans un cadre de verdure au sein de sa propriété. 3 chambres dans la maison du propriétaire. Rdc : 1ch 1lit 2p, 1lit 1p avec accès indépendant, salle de bains et wc privés. Etage : 2ch 1lit 2p avec douche, lavabo et wc privés mais non communicants. Possibilité lit et chaise bébé. Petits déjeuners avec dégustation de produits régionaux. Jardin, salon de jardin. A 2 km, dégustation de produits de la mer : huîtres de Belon. Sentiers pédestres à 500m, sentiers côtiers à 3 km. Pont-Aven 4 km.

Prix : 1 pers. **200 F** 2 pers. **220 F** 3 pers. **330 F**

Ouvert : toute l'année.

6	6	3	0,8	2	2	3	2	20	2	10	2

GUILLEMOT Yvette - Kéraval - 29340 RIEC-SUR-BELON - Tél : 02 98 06 94 43

RIEC-SUR-BELON Le Rest

(TH) *C.M. 58 Pli 11*

4 ch. Martine, Rémy et leurs enfants vous accueillent dans leur exploitation agricole du Rest. A proximité de leur maison, 4 chambres aménagées à l'étage d'un bâtiment en pierres datant de 1877 : 3ch 1lit 2p, 1ch 1lit 2p, 1lit 1p avec salle d'eau et wc privés. Au r.d.c., une grande salle où vous pourrez savourer de copieux petits déjeuners et vos repas du soir. Coin-salon avec TV. Grand parc de jeux pour enfants. Jardin avec salon. Table d'hôtes sur réservation.

Prix : 1 pers. **220 F** 2 pers. **250 F** 3 pers. **320 F** repas **100 F**

Ouvert : toute l'année.

4	12	6	1	3	10	6	3	30	5	10	3

GUILLOU Rémy & Martine - Le Rest - 29340 RIEC-SUR-BELON - Tél : 02 98 06 92 98

RIEC-SUR-BELON Bodévez

(TH) *C.M. 58 Pli 16*

E.C. 3 ch. Bienvenue chez Claude et Jacques dans leur longère révovée. Dans un cadre de verdure, trois jolies chambres : 1ch 1lit 2p, 1 lit 1p, 1ch 2lits 1p, 1ch 1lit 2p, avec entrée indépendante, salle d'eau et wc privés pour chacune. Possibilité lit supplémentaire et lit bébé. Salon avec bibliothèque et TV, lave-linge et sèche-linge à disposition. Jardin clos avec parking privé, terrasse, salon de jardin. Un grand séjour avec cheminée où vous seront servis de copieux petits déjeuners avec des produits 'maison' et vos repas du soir à notre table d'hôtes.

Prix : 1 pers. **180 F** 2 pers. **250 F** 3 pers. **320 F** pers. sup. **80 F** repas **80 F**

12	14	8	2	4	10	SP	4	20	4	10	3,5

BOURG - TUAL Claude & Jacques - Bodévez - 29340 RIEC-SUR-BELON - Tél : 06 08 46 84 59

ROSCOFF

C.M. 58 Pli 6

2 ch. Dans la cité corsaire de Roscoff, à 20mn de mer de l'île de Batz, Denise et Yves vous accueillent au calme dans leur maison bretonne entourée de grands espaces fleuris plusieurs fois primés. Lieu idéalement placé pour découvrir la côte de Carantec jusqu'aux Abers. 2 chambres d'hôtes situées au 1er étage. 1ch 1lit 2p, s. d'eau, wc, 1ch 1lit 2p, 1lit 1p, s. d'eau, wc. Possibilité lit supplémentaire et lit bébé, TV dans chaque chambre. Séjour avec cheminée, jardin avec salon, terrasse, barbecue. De la chambre 2, vue sur la mer et l'île de Batz. Car Ferry pour l'Angleterre et l'Irlande à 2km. Chambre non fumeur. Langue parlée : espagnol.

Prix : 1 pers. **200 F** 2 pers. **240/270 F** 3 pers. **360 F** pers. sup. **80 F**

Ouvert : toute l'année.

1,3	1,3	2	1,3	1	1,7	0,3	2,5	12	7	1,5	0,3

CORRE Denise et Yves - 592 route du Pontigou - 29680 ROSCOFF - Tél : 02 98 69 74 44

ROSNOEN Ferme Apicole de Terenez

(TH) *C.M. 58 Pli 5*

6 ch. Nous vous accueillons dans notre ferme apicole, en bordure de l'Aulne au cœur du Parc d'Armorique. 6ch d'hôtes indépendantes. 1ch 1lit 2p, 2lits 1p, 1ch 1lit 2p, 2lits 1p superposés, 2ch 1lit 2p, 2ch 2lits 1p, salle d'eau, wc, TV, téléphone dans chaque chambre. Nécessaire pour bébé. Jardin, salon de jardin, aire de jeux. Table d'hôtes, vélos à disposition sur place. Visite de l'Ecomusée gratuite et dégustation des produits de la ruche sur place. Restaurant à 50m. Océanopolis à 20mn. Langue parlée : anglais.

Prix : 1 pers. **195/255 F** 2 pers. **240/280 F** 3 pers. **305 F** repas **80 F**

Ouvert : toute l'année.

SP	15	20	SP	8	20	SP	SP	20	15	35	6

BRINDEAU Stéphane - Ferme apicole de Térénez - 29580 ROSNOEN - Tél : 02 98 81 06 90 - Fax : 02 98 81 08 81

ROSNOEN Le Seillou

A *C.M. 58 Pli 5*

6 ch. Marie-Thérèse, Hervé et leurs filles vous reçoivent à la ferme dans un cadre typiquement breton. Au-dessus de la ferme-auberge & dans une annexe sont aménagées 6 chambres. 4ch 1lit 2p, 1ch 2lits 1p, s.e. ou sdb, wc, salon privés. 1ch (rdc) 1lit 2p, 1lit 1p, s.e, wc, salon. Jardin avec salon, aire de jeux. En retrait de la D791 sur l'axe de la presqu'île de Crozon. A 300m de la Rade de Brest, vous passerez un séjour au calme. Sur réservation, repas à base de produits de la ferme et crêpes maison (entre 85 et 110F). Poss.1/2 Pension à partir de 4 nuits : 220 F. Parc de détente et jeux. Langue parlée : anglais.

Prix : 1 pers. **230 F** 2 pers. **270 F** 3 pers. **360 F** 1/2 pens. **220 F**

Ouvert : toute l'année.

0,3	15	18	0,3	5	20	SP	3	25	10	15	6

LE PAPE Marie-Thérèse - Le Seillou - 29580 ROSNOEN - Tél : 02 98 81 92 21 - Fax : 02 98 81 07 14

ROSPORDEN Kerantou

C.M. 58 Pli 16

6 ch. A 2 km de Rosporden et 15 km de Concarneau et Pont-Aven, 6 chambres d'hôtes aménagées dans les bâtiments d'une ancienne ferme. A proximité de la maison des propriétaires, Christian et Monique, qui sauront vous faire découvrir les Traditions Bretonnes. Salle de bains ou salle d'eau et wc privés dans chaque chambre : 3ch 1lit 2 p, 2ch 2lits 1 p, 1ch familiale : 1lit 2p, 2lits 1p. Poss. de cuisiner. Salle-salon, documentation, jardin, salon de jardin, barbecue, jeux à disposition, abri couvert. Randonnée sur place. Pêche 2 km. Poss. baby sitting. Langue parlée : anglais.

Prix : 1 pers. **200 F** 2 pers. **250 F**

Ouvert : toute l'année.

15	15	15	2	3	3	SP	3	18	10	3	2

BERNARD Monique - Kérantou - 29140 ROSPORDEN-KERNEVEL - Tél : 02 98 59 27 79 - Fax : 02 98 59 27 79

ROSPORDEN Manoir de Coat Canton

C.M. 58 Pli 16

4 ch. Le manoir de Coat Canton, 13ème et 17ème siècle, vous accueille chaleureusement dans son cadre historique et champêtre. Dans une longère rénovée 4 chambres d'hôtes tout confort vous attendent. Au rez de chaussée 2ch 1lit 2p, salle d'eau et wc privés. Au 1er étage 1ch 1lit 2p, 1ch 2lits 1p, salle d'eau et wc privés. Possibilité baby-sitting, TV. Téléphone, lave-linge, jardin avec salon. Visite du musée privé. Cours d'équitation sur place. Situé à 15mn en voiture des plages, du port de Concarneau, de Quimper et de la cité des Peintres de Pont Aven. Langues parlées : anglais, espagnol.

Prix : 2 pers. **280 F**

13	13	13	1	1	1	SP	0,5	SP	1	0,5

SIMON Diana - Manoir de Coat Canton - Grand bois - 29140 ROSPORDEN - Tél : 02 98 66 31 24

SAINT-COULITZ Moulin de Coatigrac'h

C.M. 58 Pli 15

1 ch. Marie et Sébastien vous accueillent dans leur chambre d'hôtes à l'intérieur rustique. La maison avec sa façade recouverte de vigne vierge est située dans un cadre reposant en bordure de l'Aulne. Le petit déjeuner est servi au rez de chaussée dans une salle à manger typiquement bretonne. Etage : 1ch 1lit 2p, salle d'eau et wc privés. Possibilité lit bébé, et de cuisiner.

Prix : 2 pers. **240 F**

16	16	16	SP	2	2	SP	2	2	3	2

LE GUILLOU Marie & Sébastien - Moulin de Coatigrac'h - 29150 SAINT-COULITZ - Tél : 02 98 86 13 48

SAINT-ELOY-HANVEC Kerivoal

(TH) *C.M. 58 Pli 5*

3 ch. Au centre du département, voici un bel ensemble de bâtiments de ferme typique des Monts d'Arrée. Jardin fleuri orienté plein sud, vue largement dégagée sur un vallon boisé où coule une rivière à truites. Dans un bâtiment indépendant, à proximité de deux gîtes, deux chambres d'hôtes au 1er étage : 1ch 1lit 2p, salle d'eau, wc, 1ch 2lits 1p, salle d'eau, wc. Attenante à la maison du propriétaire, 1ch familiale avec entrée indépendante, 1lit 2p, 2lits 1p en mezzanine, salle de bains, wc, TV, frigo. Rdc : séjour avec cheminée, TV et possibilité de cuisiner. Jardin, salon de jardin, barbecue, portique. Table d'hôtes sur réservation. Langue parlée : anglais.

Prix : 1 pers. **200/220 F** 2 pers. **250/280 F** 3 pers. **400 F** repas **90 F**

10	20	10	SP	3	10	SP	10	15	8	17	6

LE LANN Nicole - Kérivoal - 29460 SAINT-ELOY-HANVEC - Tél : 02 98 25 86 14 - Fax : 02 98 25 86 14

SAINT-MARTIN-DES-CHAMPS Kereliza

C.M. 58 Pli 6

5 ch. Marie-Noëlle et Christian vous accueillent dans leur charmante 'maison de maître' du XIXe siècle rénovée. Cinq coquettes chambres, toutes équipées de salle d'eau ou salle de bains et wc particuliers. 2 ch. (2lits 1 pers). 2 ch. (1 lit 2 pers.), 1 ch (1lit 2 pers., 1lit 1 pers.). Située sur l'exploitation agricole. Grand jardin fleuri. Parking privé. Salon, télévision, ping pong, billard, équipement bébé à disposition. Possibilité de cuisiner. Anglais parlé. Restaurants à 1 km. Langue parlée : anglais.

Prix : 1 pers. **170 F** 2 pers. **240 F** 3 pers. **290 F**

Ouvert : toute l'année.

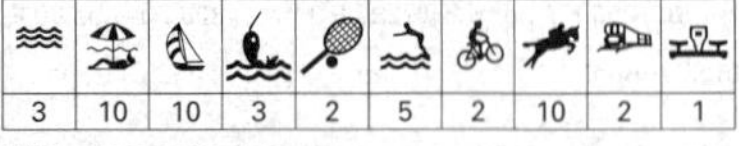

3	10	10	3	2	5	2	10	2	1

ABIVEN Marie-Noëlle - Keréliza - 29600 SAINT-MARTIN-DES-CHAMPS - Tél : 02 98 88 27 18

SAINT-POL-DE-LEON Lesveur *C.M. 58 Pli 6*

2 ch. Dès votre arrivée à Lesveur, vous serez séduits par ce corps de ferme rénové avec goût. Dans une maison de caractère, spacieuse et ancienne, 2 chambres d'hôtes mansardées et lambrissées ont été aménagées à l'étage. 1ch 1lit 2p, salle d'eau, wc, 1ch 2lits 1p, salle d'eau, wc. Salon commun aux 2chambres. Terrasse avec salon de jardin. Parking privé.

CV

Prix : 1 pers. **210 F** 2 pers. **260/280 F** pers. sup. **100 F**

4	4	4	4	3,5	3	1	7	3	3	2

LE GALL Guy & Thérèse - Lesveur - 29250 SAINT-POL-DE-LEON - Tél : 02 98 69 05 99

SAINT-THEGONNEC Ar Presbital Koz (TH) *C.M. 58 Pli 6*

6 ch. Au pays des Enclos Paroissiaux et des Monts d'Arrée, cette maison qui fut le presbytère de Saint Thégonnec pendant deux siècles vous offre six chambres spacieuses et confortables : 3ch 1lit 2p, 2ch 2lits 1p, 1ch 1lit 2p, 1lit 1p. Sanitaires complets privatifs. Des conseils utiles pour une découverte personnalisée et originale de la Bretagne vous seront proposés. Location de vélos sur place. Parking clos. Restaurants, crêperie à 300m dans le village. Réductions pour séjours à partir de 2 nuits. Table d'hôtes sur réservation avec spécialités et produits régionaux. Langue parlée : anglais.

CV

Prix : 1 pers. **250 F** 2 pers. **290 F** 3 pers. **380 F** pers. sup. **90 F**
repas **95 F**

Ouvert : toute l'année.

14	20	20	1	SP	6	SP	SP	12	10	12	0,5

PRIGENT Christine - 18, rue Lividic - Ar Presbital Coz - 29410 SAINT-THEGONNEC - Tél : 02 98 79 45 62 - Fax : 02 98 79 48 47

SAINT-THEGONNEC Reslouet *C.M. 58 Pli 6*

1 ch. Yvette et François vous propose 1 chambre (1lit 2p), salle d'eau et wc privés, au 1er étage de leur maison, sur leur ancienne exploitation laitière. A disposition séjour/salon avec cheminée et télévision. Jardin, salon de jardin, barbecue. Equipement bébé. 2 gîtes à proximité.

CV

Prix : 2 pers. **230 F**

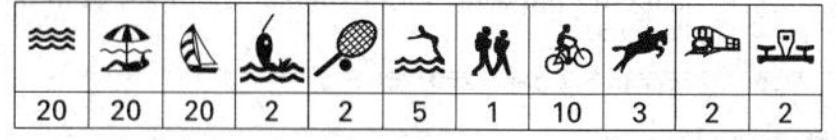

20	20	20	2	2	5	1	10	3	2	2

CHARLOU Yvette - Reslouet - 29410 SAINT-THEGONNEC - Tél : 02 98 79 60 39 - Fax : 02 98 79 60 39

SAINT-THONAN Veuleury *C.M. 58 Pli 4*

3 ch. Dans sa grande maison de construction récente Marie Jo vous propose 3ch, dont une familiale, situées au 1er étage. A dispo. : salon, terrasse, jardin avec salon, aire de jeux. 1ch familiale 1lit 2p, 2lits 1p, salon, 1ch 2lits jumeaux et 1lit 1p, 1ch 1lit 2p. Chaque chambre est équipée de s.e, wc, tél carte FT. Chauffage central. Possibilité de cuisiner. Entrée indépendante. 1gîte 7p et 1 gîte 8p à 200m. Sentier piétonnier à 200m, Chapelle St Herbot à 200m. Réduc : sept.à juin et pour les séjours. Literie antiallergique. Visite possible de l'élevage porcin.

CV

Prix : 1 pers. **180/240 F** 2 pers. **230/290 F** 3 pers. **380/400 F**
pers. sup. **120 F**

15	20	20	6	2,5	6	9	6	5	2,5

EDERN Marie-Jo - Veuleury - 29800 SAINT-THONAN - Tél : 02 98 20 26 99 ou 02 98 20 22 95 - Fax : 02 98 20 27 13

SAINT-YVI Kervren *C.M. 58 Pli 15*

6 ch. Proche de Quimper, Concarneau, Bénodet, Pont-Aven, Odile vous accueille dans la longère d'une ferme du XIXe siècle. 6 ch. d'hôtes ont été aménagées à Kervren : 4 ch. 1lit 2p, 2 ch. 2lits 1p. Toutes les chambres sont dotées de s.eau et wc privés. Copieux petits déjeuners maison. Parc paysager. Vue panoramique. Salons de jardin. A dispo. : salon (cheminée), séjour. Possibilité de cuisiner. Tennis, piscine à 5 mn, plage et golf à 15 mn, rivière à 5 mn (pêche). Possibilité de petites promenades à proximité. Aéroport de Quimper 20mn. Chambres situées à 2,5km du bourg.

CV

Prix : 1 pers. **210 F** 2 pers. **260 F**

Ouvert : toute l'année.

10	10	20	8	5	5	SP	10	5	10	2

LE GALL Odile - Kervren - 29140 SAINT-YVI - Tél : 02 98 94 70 34 - Fax : 02 98 94 81 19

SANTEC Brenesquen *C.M. 58 Pli 5*

4 ch. Annick vous accueille dans sa maison de style rustique aux fenêtres entourées de granit rose, entre campagne et mer. Rdc : 1ch 1lit 2p, s.d.b. et wc. Etage : 3ch avec accès indépendant, avec salon, TV et tél. carte FT. 2ch 1lit 2p, 1ch 2lits 1p, s.e et wc privés. Salle à manger avec cheminée et vue sur jardin fleuri pour déguster de copieux petits déjeuners. Chambres non fumeurs. Jardin clos avec tonnelle, salon, barbecue. Plage 1,5km (planche, char à voile et autres jeux nautiques), face à l'île de Sieck. A 6km de Roscoff et sa thalasso (embarquement pour l'île Batz). Crêperie, restaurants 1,5km.

CV

Prix : 1 pers. **210 F** 2 pers. **240/260 F** 3 pers. **410 F**

Ouvert : toute l'année.

1,5	1,5	4	1,5	5	2,5	3	5	15	10	3	3

STEPHAN Annick - 361, route du Dossen - Brenesquen - 29250 SANTEC - Tél : 02 98 29 70 45 - Fax : 02 98 29 70 45

SANTEC *C.M. 58 Pli 5*

4 ch. Santec ! situé entre Roscoff et St Pol de Léon, entouré par la mer, Marie Pierre vous accueille chaleureusement dans sa maison typiquement bretonne dans un cadre verdoyant et calme. Rdc : 1ch familiale composée de 2ch mitoyennes 1ch 1lit 2p, 1ch 2lits 1p, s.b.d, wc. Etage : 2ch 1lit 2p, s.eau, wc, TV, 1ch 2lits 1p, salle de bains non communicante, wc. Jardin clos et fleuri avec salon, terrasse, barbecue, parking. Poss. lit d'appoint (80F) et lit bb. Grande plage 1,5km (char à voile, kayak de mer, planche). Randonnées pédestres, forêt domaniale. Restaurants et crêperie à proximité. Gare maritime 6km. Thalasso 3km. Langue parlée : anglais.

Prix : 1 pers. **200 F** 2 pers. **240/260 F** 3 pers. **410 F** pers. sup. **80 F**

1,5	1,5	5	1,5	5	2,5	0,5	5	15	15	3	3

RIVOALLON Marie-Pierre - 183 route du Dossen - 29250 SANTEC - Tél : 02 98 29 70 65 ou 02 98 29 74 98

SANTEC (TH) *C.M. 58 Pli 5*

3 ch. 3ch d'hôtes situées dans deux maisons annexes à celle du propriétaire. 1er bâtiment, au 1er étage : 1ch 1lit 2p, salle d'eau, wc, 1ch 1lit 1p, TV, salle d'eau, wc. Rdc : séjour avec cheminée commun à l'ensemble des clients. 2ème bâtiment : 1ch duplex, en mezzanine 1lit 2p, rdc : 1lit clos, salle d'eau, wc. TV. Jardin avec salon et terrasse. Vous y trouverez des chambres à thèmes, meublées avec des meubles d'antiquaires sur parquets cirés. La décoration est harmonisée avec le style des meubles. Table d'hôtes sur réservation. Poss. demi pension. Petits animaux acceptés.

Prix : 1 pers. **210 F** 2 pers. **270 F** 3 pers. **330 F** repas **120 F**

0,2	0,2	3	0,2	2	4	SP	5	10	10	20	3

SALOU Joël - 295 route de Poulmavic - 29250 SANTEC - Tél : 02 98 29 40 15 ou 02 98 29 41 60

SCAER Kerloai *C.M. 58 Pli 16*

5 ch. Kerloaï, situé entre Armor (pays de la Mer) et Argoat (Pays des Bois), un nom invitant à découvrir les légendes et les trésors enfouis des menhirs, et des chapelles. Dans ce village, Thérèse et Louis vous accueillent sur une ferme laitière. Un grand séjour salon vous accueillera pour un copieux petit déjeuner autour de la cheminée centrale après une bonne nuit calme. 5ch chaudement aménagées avec s.e. et wc privés. 4ch. 1lit 2p, 1ch. 2lits 1p. Le jardin agréable vous invite au repos. Scaër, bien centré, vous permettra la visite de Pont Aven, Concarneau, Quimper, et la découverte de la Bretagne intérieure. Breton parlé. Langues parlées : anglais, allemand.

Prix : 1 pers. **225/235 F** 2 pers. **250/260 F**

Ouvert : toute l'année.

20	20	20	4	4	4	4	4	15	15	10	4

PENN Louis & Thérèse - Kerloaï - 29390 SCAER - Tél : 02 98 59 42 60 - Fax : 02 98 59 05 67

SCRIGNAC Le Cloître (TH) *C.M. 58 Pli 6*

E.C. 3 ch. Ancienne maison de ferme rénovée, située près de la ferme bovine et laitière des propriétaires, comportant 3 chambres d'hôtes avec 1lit 2p, salle d'eau et wc privés. En famille vous trouverez la tranquillité autour de notre plan d'eau aménagé et ses espaces fleuris. Dans les bois alentours vous pourrez réaliser d'autres activités telles que la pêche ou découverte de la faune et de la flore. Possibilité de baby-sitting. Téléphone. Langue parlée : anglais.

Prix : 2 pers. **250 F** repas **80 F**

30	30	15	1	7	15	SP	15	7	15	15	7

COTONNEC Lionel - Le Cloître - 29640 SCRIGNAC - Tél : 02 98 78 23 17

SPEZET Pendreigne *C.M. 58 Pli 16*

2 ch. Annick Lollier vous accueille dans sa maison et vous propose 2 chambres d'hôtes avec accès indépendant. 2 ch. (1 lit 2 pers) avec lavabo, la salle de bains et les wc sont communs. Une salle de détente sépare les deux chambres. Le petit déjeuner avec crêpes et confitures est servi dans la salle à manger. Possibilité de cuisiner et de pique-niquer. Location de vélos à 300 m, parc de loisirs avec luge d'été à 8 km.

Prix : 1 pers. **180 F** 2 pers. **220 F**

Ouvert : toute l'année.

40	40	25	2	0,3	8	SP	SP	15	15	17	0,5

LOLLIER Annick - Pendreigne - 29540 SPEZET - Tél : 02 98 93 80 32

TOURC'H Ti Ar Vourc'hized (TH) *C.M. 58 Pli 16*

4 ch. Entre la Ville Close de Concarneau et le Château de Trévarez, Odette et Rémy vous accueillent dans leur grande maison située dans le bourg de Tourc'h face à l'église (XVIe s.) avec la campagne à perte de vue. 4 chambres d'hôtes à l'étage : 2ch 1lit 2p (160x200), 2ch 2lits 1p q90x200), chacune avec TV, salle de bains ou salle d'eau et wc privés. Point-phone. Grande salle à manger, salon, verrière. Jardin clos en terrasse. Table d'hôtes avec les produits de la ferme (canard gras, volailles). Ferme à 2 km sur l'autre versant de la vallée.

Prix : 2 pers. **260 F** repas **90 F**

Ouvert : toute l'année.

20	20	20	1	7	7	SP	30	6	7	SP

LE BOURHIS Rémy & Odette - Le Bourg - Ti Ar Vourc'hized - 29140 TOURC'H - Tél : 02 98 59 15 42 - Fax : 02 98 59 01 41

TREFLEZ Pen Ar Roz *C.M. 58 Pli 5*

2 ch. Yvette et Jean vous accueillent dans leur maison campagnarde de type rustique, entourée d'un grand jardin et d'arbres avec salon de jardin, située à 3 km de la mer. Rez de chaussée : 1ch 1lit 160x200, salle de bains et wc privés. Etage : 1ch 2lits 1p, salle d'eau et wc privés. Petit déjeuner avec spécialités bretonnes. Séjour-salon à votre disposition avec cheminée, TV, mini-bibliothèque, possibilité de déguster le repas que vous apportez. Parking privé. L'endroit idéal pour vous reposer. Casino 5 km. Chemins de randonnées aux environs et en bordure de mer.

Prix : 1 pers. **220 F** 2 pers. **280 F**

Ouvert : toute l'année.

2	3	2	2	2,5	10	6	5	2	22	2,5

ROUE Yvette - Pen Ar Roz - 29430 TREFLEZ - Tél : 02 98 61 42 84 - Fax : 02 98 61 42 84

TREGLONOU Manoir de Trouzilit *C.M. 58 Pli 4*

5 ch. Entre Lannilis et Ploudalmézeau, le manoir de Trouzilit, propriété boisée de 30 hectares bordant l'Aber Benoit sur 1,5 km, vous accueille dans ses 5 ch. d'hôtes, toutes équipées de sanitaires privés. 2 ch (1 lit 2 pers.), 1 ch. (2 lits 1 pers.), 1 ch. (1 lit 1 pers.), 1 ch. (1 lit 2 pers). La famille Stéphan gère ce centre de loisirs depuis 30 ans. Elle vous propose un bar et une crêperie mais aussi des activités sportives : centre équestre (chevaux et poneys), golf miniature à des tarifs préférentiels pour ses hôtes. Sentiers pédestres sur la propriété et jusqu'aux plages. Langue parlée : anglais.

Prix : 1 pers. **160/180 F** 2 pers. **250 F** 3 pers. **300 F**

Ouvert : toute l'année.

4	4	4	SP	7	16	SP	4	20	SP	20	4

STEPHAN Roland - Manoir de Trouzilit - 29870 TREGLONOU - Tél : 02 98 04 01 20 - Fax : 02 98 04 17 14

LE TREHOU Mescouez (TH) *C.M. 58 Pli 5*

5 ch. Pied à terre idéal pour découvrir les Enclos Paroissiaux et les Monts d'Arrée : 5 chambres de caractère avec sanitaires particuliers vous attendent dans une belle maison paysanne restaurée dans le style 1900. Au 1er étage, 1ch 2lits 1p, 2ch 1lit 2p. Au 2e étage, 1ch 2lits 1p, 1ch 1lit 2p. Table d'hôtes à base de produits locaux sur réservation (pas de repas du 15/07 au 15/08). Au petit déjeuner : crêpes, gâteaux... maison. A disposition : salon avec TV, bibliothèque. Poss. cuisiner. Cette maison de maître, à la ferme, donne sur un jardin clos ombragé et fleuri avec salon. Langue parlée : anglais.

Prix : 1 pers. **235 F** 2 pers. **275/290 F** repas **95 F**

Ouvert : toute l'année.

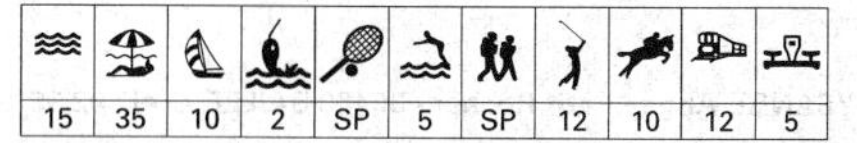

15	35	10	2	SP	5	SP	12	10	12	5

SOUBIGOU Elisabeth - Mescouez - 29450 LE TREHOU - Tél : 02 98 68 86 79 ou 02 98 68 83 39 - Fax : 02 98 68 86 79

TREOGAT Keramoine *C.M. 58 Pli 14*

4 ch. Hélène et Michel vous accueilleront à la pointe du Pays Bigouden, au cœur des étangs, à 500m de la mer où 15 km de plages de sable fin, vous attendent. A l'étage de leur maison 4 chambres d'hôtes : 2ch 1lit 2p et 1lit 1p, 2ch 1lit 2p, chaque chambre avec salle d'eau et wc privés. A disposition : jardin, salon de jardin, barbecue, réfrigérateur, abri couvert.

Prix : 1 pers. **200 F** 2 pers. **230/270 F** 3 pers. **300/340 F** pers. sup. **70 F**

Ouvert : toute l'année.

0,5	0,5	10	0,5	7	15	SP	7	15	7	30	3

FAOU Hélène & Michel - Kéramoine - 29720 TREOGAT - Tél : 02 98 87 63 98

Ille-et-Vilaine

GITES DE FRANCE - Service Réservation
8, rue de Coëtquen - B.P. 5093 - 35061 RENNES Cedex 3
Tél. 02 99 78 47 57 - Fax. 02 99 78 47 53
http://www.resinfrance.com

3615 Gîtes de France
1,28 F/min

BAGUER-MORVAN (TH) *C.M. 230 Pli 12*

3 ch. 3 ch. dans une malouinière du XVIIe s. 1 ch. 3 pers., s.d.b. et wc privés. 1 ch. princière 4 pers., sanitaires privés. 1 ch. 3 pers., s.d.b. et wc privés. Séjour, salon réservés aux hôtes. Grand parc boisé. Pêche possible dans les douves du manoir, loc. de vélos sur place. A proximité : région touristique, Le Mont Saint-Michel, Saint-Malo, Dinard, Dinan. Table d'hôtes sur réservation. Réductions pour familles à partir de 3 nuits.

Prix : 1 pers. **280 F** 2 pers. **300/400 F** 3 pers. **400/500 F**
pers. sup. **100 F** repas **100 F**

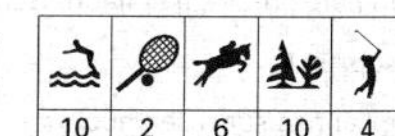

10	2	6	10	4

MABILE Bernard et Geneviève - Malouinière de Launay Blot - Baguer Morvan - 35120 DOL-DE-BRETAGNE - Tél : 02 99 48 07 48 ou SR : 02 99 78 47 57 - Fax : 02 99 80 94 47 - http://www.pays-de-dol.com

BAGUER-MORVAN Les Sageais

3 ch. **Baie du Mont St-Michel 10 km. St-Malo et Dinan 25 km. Combourg 10 km.** 2 unités familiales en 2 ch. séparées, 1 ch. double. Sanitaires privés. Possibilité de cuisine réservée aux hôtes. Salle de séjour/salon avec cheminée, bibliothèque sur mezzanine à dispo. Terrain aménagé avec salon de jardin. Jeux d'enfants. Ouvert toute l'année. Maison en pierres restaurée dans une campagne boisée et verdoyante. 4 pers. 400 F. Parking privé. Accueil chaleureux et petits déjeuners copieux. Mont Saint-Michel 25 km.

Prix : 1 pers. **200 F** 2 pers. **230/250 F** 3 pers. **300 F**

Ouvert : toute l'année.

10	3	2	2	5	5

PAPAIL Maurice et Yvonne - Les Sageais - Baguer Morvan - 35120 DOL-DE-BRETAGNE - Tél : 02 99 80 90 45 ou SR : 02 99 78 47 57

BAGUER-MORVAN La Touche *C.M. 230 Pli 12*

3 ch. **Dol-de-Bretagne 3 km.** 3 chambres doubles avec sanitaires privés, aménagées dans une longère rénovée dans un parc fleuri et arboré. Salon indépendant à disposition des hôtes. Salon de jardin. Ouvert toute l'année. Au centre de l'ensemble touristique du Mont Saint-Michel. Cancale, Saint-Malo, Dinan, Combourg.

Prix : 1 pers. **180 F** 2 pers. **220 F** 3 pers. **280 F**

Ouvert : toute l'année.

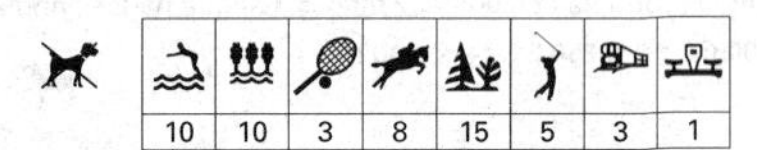

10	10	3	8	15	5	3	1

PICHON Ernest et Annick - La Touche - Baguer Morvan - 35120 DOL-DE-BRETAGNE - Tél : 02 99 48 34 94 ou SR : 02 99 78 47 57

BAILLE *C.M. 230 Pli 27*

3 ch. 3 chambres d'hôtes. 2 chambres 2 pers. avec douche ou salle de bains particulière. WC communs. 1 chambre 5 pers. avec sanitaires privés. Salle de séjour. Salon avec billard. Parc ombragé et aire de jeux à la disposition des hôtes. Possibilité de cuisine.

Prix : 1 pers. **150 F** 2 pers. **200 F** 3 pers. **250 F**

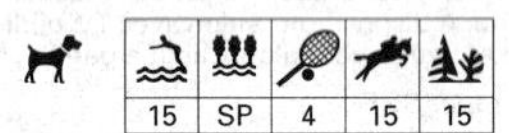

15	SP	4	15	15

LOYSANGE Ange - Petit Rocher - 35460 BAILLE - Tél : 02 99 18 53 34 ou SR : 02 99 78 47 57 - Fax : 02 99 18 54 60

BAINS-SUR-OUST

E.C. 1 ch. **La Gacilly et Redon 5 km.** 1 ch. d'hôtes 3 pers. avec sanitaires privés aménagée dans la maison du propriétaire. Véranda avec salon ouvrant sur un jardin clos et fleuri (à disposition). A proximité (3 km) du célèbre site de l'Ile aux Pies.

Prix : 1 pers. **230 F** 2 pers. **250 F** pers. sup. **80 F**

Ouvert : toute l'année.

6	3	1	3	3	50	SP

SURIRAY Georges - 17, rue Marcellin Champagnat - 35600 BAINS-SUR-OUST - Tél : 02 99 91 71 17

BAINS-SUR-OUST *C.M. 230 Pli 39*

3 ch. **Redon et Gacilly 5 km.** Au cœur du petit village rural très touristique et conu pour son site de l'Ile au Pies, cette maison contemporaine est conçue sur un grand terrain paysager et fleuri. 3 ch. 2 pers. avec sanitaires particuliers. Terrasse avec salon de jardin. Salle de séjour avec salon à la disposition des hôtes. Ferme-auberge 1,5 km. Vous êtes à 1 heure de la mer et des plages de la côte Atlantique.

Prix : 1 pers. **200 F** 2 pers. **250 F** 3 pers. **330 F** pers. sup. **80 F**

Ouvert : toute l'année.

6	1	1	50	5	SP

ROBERT Marie - rue de la Fosse Piquet - 35600 BAINS-SUR-OUST - Tél : 02 99 91 60 10

BAINS-SUR-OUST La Picotterie - Colomel *C.M. 230 Pli 39*

2 ch. **Redon 3 km.** Unité familiale de 2 chambres doubles, sanitaires privés. Lit bébé gratuit. Salon de jardin à disposition. Ferme-auberge 400 m. Au pays de Vilaine, près de Redon au pays du marron. Georgette et Pierre vous accueillent dans leur maison ancienne rénovée dans un parc ombragé et fleuri. Garage vélos à la dispositon des hôtes. Pêche en étang privé.

Prix : 2 pers. **250 F** 3 pers. **330 F** pers. sup. **80 F**

Ouvert : de février à octobre, le reste de l'année sur réservation.

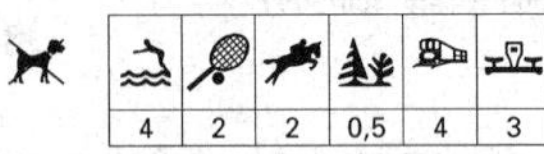

4	2	2	0,5	4	3

SOUDY Georgette - La Picotterie - Colomel - 35600 BAINS-SUR-OUST - Tél : 02 99 71 20 86 ou SR : 02 99 78 47 57

BAIS

TH *C.M. 230 Pli 41*

2 ch. A l'étage de la maison du propriétaire, ferme au pays de Vitré et de la Roche aux Fées, 2 chambres d'hôtes (2 pers.) avec salle de bains et wc communs. Salle de séjour/salon. Terrain.

Prix : 1 pers. **145 F** 2 pers. **200 F** repas **67 F**

Ouvert : toute l'année.

10	10	1,5	10	15

DUGAS Pierre-Yves et Marie - La Chenevetrie - 35680 BAIS - Tél : 02 99 76 32 96 ou SR : 02 99 78 47 57

BECHEREL

C.M. 230 Pli 25

4 ch. 4 chambres d'hôtes avec vue sur étangs, dans maison située en pleine campagne et proche du parc et du château de Caradeuc. 2 chambres de 2 pers. et 2 chambres 3 pers. avec 2 salles de bains et 2 wc communs. Salle de séjour à la disposition des hôtes. Pêche sur place. Vue sur étang et vallée. Salon de jardin, jeux. Cuisine aménagée à la disposition avec forfait. Restaurant 500 m.

Prix : 1 pers. **160 F** 2 pers. **190 F** 3 pers. **260 F**

0,3	0,5

DEMEE Michel - Croix Calaudry - Longaulnay - 35190 BECHEREL - Tél : 02 99 66 76 48 ou SR : 02 99 78 47 57

BETTON

C.M. 230 Pli 26

1 ch. Dans une ancienne maison de ferme rénovée, 1 chambre d'hôtes est aménagée avec 2 lits jumeaux et un lit enfant d'appoint, sanitaires particuliers. Pelouse avec salon de jardin. Salle de séjour/salon. Pêche à 1,5 km.

Prix : 1 pers. **150 F** 2 pers. **200 F**

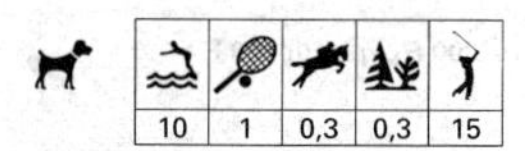

10	1	0,3	0,3	15

JAMEAU Réjane - La Lande Servière - 35830 BETTON - Tél : 02 99 55 87 95 ou SR : 02 99 78 47 57

BETTON Bas Cheneze

C.M. 230 Pli 26

2 ch. **Mont Saint-Michel 55 km. Rennes (cité d'art et d'histoire) 10 km.** Odile et Roger vous accueillent dans un cadre verdoyant arboré, dans une jolie maison rurale de caractère. 2 ch. dont 1 totalement indépendante ouvrant sur 2 terrasses avec salon de jardin, très spacieuses (1 lit 2 pers. au r.d.c., 3 lits 1 pers. en mezzanine, 1 lit bébé, kitchenette, salon, sanitaires). A l'étage : 1 ch. 2 pers. avec salon et sanitaires privés. Magnifique séjour où vous seront servis les petits déjeuners. Grand terrain commun avec jeux, volley. Parc animalier. Pêche en étang privé. Tarif 4 pers. : 370 F.

Prix : 1 pers. **180 F** 2 pers. **220/240 F** 3 pers. **300/320 F**

Ouvert : toute l'année.

10	3	3	5	5	10	55	2	3

BESNIER Roger et Odile - Bas Cheneze - 35830 BETTON - Tél : 02 99 55 82 92 ou SR : 02 99 78 47 57 - Fax : 02 99 55 31 44

BILLE

A *C.M. 230 Pli 28*

5 ch. 5 chambres d'hôtes dans une ferme manoir du XVIIe siècle, avec tourelle et chapelle, située en pleine campagne. 2 ch. 2 pers. 1 ch. 3 pers. 2 ch. 4 pers. avec sanitaires privés. Séjour à disposition. Terrain de jeux. Tarif 4 pers. : 368 F.

Prix : 1 pers. **184 F** 2 pers. **238 F** 3 pers. **301 F** repas **88 F**

10	2	10	10	25	65	80

ROUSSEL Jeanine - Mesauboin - 35133 BILLE - Tél : 02 99 97 61 57 ou SR : 02 99 78 47 57 - Fax : 02 99 97 50 76

BOIS-BASSET

E.C. 2 ch. **Forêt de Brocéliande 10 mn. Base de loisirs de Tremelin 15 mn.** Au pays de Brocéliande dans un cadre boisé et charmant, Anne-France et Patrick vous accueillent sur leur exploit. (vaches allaitantes). R.d.c. : 1 ch./suite (1 lit 2 pers., poss. 2 lits enfants), s.d.b. et wc privés. A l'ét. : 1 ch. (2 lits jumeaux), s. d'eau et wc privés. Salon, salle à manger à la dispo. des hôtes. TV. Pelouse avec terrasse privée, salon de jardin. A proximité du manoir familial, le domaine vous offre 20 ha. de bois pour vous promener. Anne-France et Patrick pourront, si vous le souhaitez, vous faire découvrir et visiter la ferme et vous parler de leurs activités.

Prix : 1 pers. **200 F** 2 pers. **230/260 F** 3 pers. **330 F** pers. sup. **70 F**

Ouvert : toute l'année.

5	3	3	20	SP	12	5

de DIEULEVEUT A-France et Patrick - Bois Basset - 35290 SAINT-ONEN-LA-CHAPELLE - Tél : 02 99 09 40 14

BONNEMAIN Rocher Cordier

C.M. 230 Pli 26

3 ch. **Dinan 22 km. Saint-Malo et Mont Saint-Michel 30 km.** 2 chambres doubles et 1 chambre triple avec sanitaires particuliers, aménagées à l'étage d'une maison rénovée en granit à la campagne. Salle de séjour/salon/TV et cheminée. Grand terrain avec petit bois, jeux et barbecue. Location de vélos sur place. Proche de 2 terrains de golf et d'un cricket. Langues parlées : anglais, italien.

CV

Prix : 1 pers. **185 F** 2 pers. **245/265 F** 3 pers. **320 F**

Ouvert : toute l'année.

8	2	25	1	5	6	5	5	20	25	1	1

ADAMS Brigitte et Colin - Rocher Cordier - Colibri - 35270 BONNEMAIN - Tél : 02 99 73 45 45 ou SR : 02 99 78 47 57 - Fax : 02 99 73 45 45

BOURG-DES-COMPTES Epineu

TH

E.C. 1 ch. **Bourg-des-Comptes 2,5 km.** Dans la magnifique vallée de la Vilaine, maison ancienne du pays comprenant un grand jardin avec salon à votre disposition. A l'étage : 1 ch. triple avec salle d'eau et wc privés. Salle de séjour avec salon (cheminée) à la disposition des hôtes. Repas à base de produits du jardin et desserts maison. Randonnées découverte à partir de ce lieu où vous vous rendrez au site de sur la courbe sur la Vilaine (pêche, sentiers de randonnée pédestres et VTT).

CV

Prix : 1 pers. **200 F** 2 pers. **250 F** 3 pers. **300 F** repas **80 F**

Ouvert : toute l'année.

10	10	2,5	3	25	6	2,5

GUILLOPE Yvette - Epineu - 35890 BOURG-DES-COMPTES - Tél : 02 99 52 16 84

LA BOUSSAC Moulin de Bregain

TH

C.M. 230 Pli 26

4 ch. 1 chambre 2 pers. 1 chambre 4 pers. 1 chambre 3 pers. Sanitaires particuliers. Salle de séjour/salon avec jeux. Poneys. Salle de gymnastique. Ancien moulin à eau rénové dans un parc avec étang et bois. Pêche. Promenades. Possibilité de cuisine et de pique-nique dans maisonnette au bord de l'étang. Joli site boisé. Tél. portable du propriétaire : 06.82.18.72.70. Langues parlées : anglais, allemand.

Prix : 1 pers. **200 F** 2 pers. **250 F** 3 pers. **300 F** pers. sup. **50 F** repas **80 F**

SP	3	6	SP	8	SP	3

BRIAND Mary-Anne - Moulin de Bregain - 35120 LA BOUSSAC - Tél : 02 99 80 05 29 ou SR : 02 99 78 47 57 - Fax : 02 99 80 06 22

CANCALE

C.M. 230 Pli 12

5 ch. **Port de Cancale à 300 m.** Ancienne ferme entourée jardion clos, à 5 mn de la mer. 3 chambres doubles, 1 chambre triple. 1 chambre 4 pers. Sanitaires privés pour chaque chambre. Grande salle pour petits déjeuners. Salon, TV et réfrigérateur à disposition, TV. Jardin clos avec salon de jardin, jeux enfants, barbecue, parking privé.

CV

Prix : 1 pers. **220 F** 2 pers. **260/300 F** 3 pers. **320/360 F** pers. sup. **60 F**

12	5	1,5	6	15	20	0,3	0,3	5

MASSON Marie-Christine - 67 rue des Francais Libres - La Ville es Gris - 35260 CANCALE - Tél : 02 99 89 67 27 ou SR : 02 99 78 47 57 - Fax : 02 99 89 67 27

CANCALE La Gaudichais

TH

4 ch. **Saint-Malo 12 km. Mont Saint-Michel 35 km.** Ancienne ferme rénovée. 2 chambres triples et 2 chambres 4 pers., possibilité 1 lit supplémentaire, salle d'eau, et wc privés. Salle de séjour avec salon, salon de lecture et TV. Lit enfant et matériel de puériculture à disposition. Jardin avec jeux pour enfants. Location de VTT sur place. Table d'hôtes sur réservation. A 10 mn à pied de la plage de sable fin du « Verger » et des sentiers de randonnées GR34, qui longent la côte. Tél. portable du propriétaire : 06.60.89.81.54.

CV

Prix : 1 pers. **220/235 F** 2 pers. **265/285 F** 3 pers. **335/365 F** repas **90 F**

Ouvert : toute l'année.

15	3	3	3	6	30	0,5	0,5	0,5	12	2

LOISEL Marc - La Gaudichais - Les Oyats - 35260 CANCALE - Tél : 02 99 89 73 61 ou SR : 02 99 78 47 57 - Fax : 02 99 89 73 61 - E-mail : les_oyats@post.club-internet.fr

LA CHAPELLE-AUX-FILTZMEENS Ker-Lan

C.M. 230 Pli 26

4 ch. Au cœur du pays de Chateaubriand (Combourg) et à moins d'une 1/2 heure de la Côte d'Emeraude et du Mt-St-Michel, belle demeure de caractère du XIXe au cœur du village. 2 ch. triples, 1 ch. doubles et 1 ch. 4 pers., toutes avec sanitaires privés. Salle de séjour, salon à disposition. TV, bibliothèque. Vélos dispo. 330 F/4 pers. Grand terrain avec salon de jardin. Maryse et Pascal vous reçoivent et si vous le souhaitez, Pascal vous initiera chaque matin à la gymnastique chinoise et à la relaxation. Langues parlées : anglais, espagnol.

CV

Prix : 1 pers. **190 F** 2 pers. **250 F** 3 pers. **300 F**

Ouvert : toute l'année.

6	6	4	3	15	15	30	30

PERRAULT Pascal - Le Chat Fauve Kerlan - Le Bourg - 35190 LA CHAPELLE-AUX-FILTZMEENS - Tél : 02 99 45 23 81 ou SR : 02 99 78 47 57 - Fax : 02 99 45 25 84 - E-mail : pascal.perrault@wanadoo.fr - http://www.perso.wanadoo.fr/kerlan/index.htm

CHAUVIGNE La Haunaie

TH — *C.M. 230 Pli 27*

3 ch. — CV

Mont Saint-Michel 35 km. Fougères 20 km. 2 chambres doubles et 1 ch. triple avec sanitaires privés. Salon avec TV à dispo. Terrain ombragé avec salon de jardin. Jeux pour enfants. Maison ancienne rénovée avec jardin et grande cour fleurie, en campagne. Accueil chaleureux.

Prix : 1 pers. **140 F** 2 pers. **200 F** 3 pers. **260 F** repas **70 F**

Ouvert : toute l'année.

23	10	40	4

COUDRAY Aimée et Jean - La Haunaie - 35490 CHAUVIGNE - Tél : 02 99 97 77 19 ou SR : 02 99 78 47 57 - Fax : 02 99 95 02 09

CHERRUEIX

C.M. 230 Pli 12

3 ch.

3 chambres d'hôtes avec vue sur la mer, dans la baie du Mont-Saint-Michel. 3 chambres doubles avec salle d'eau et wc communs. Salle à manger à la disposition des hôtes. Salon de jardin, parking privé. Mer (grève) sur place, pêche à 300 m. Possibilité de cuisine.

Prix : 1 pers. **130 F** 2 pers. **180 F**

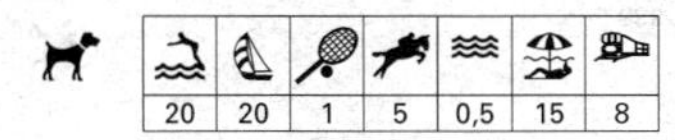

20	20	1	5	0,5	15	8

AME Marie-Ange - Les Trois Cheminées - 35120 CHERRUEIX - Tél : 02 99 48 93 54 ou SR : 02 99 78 47 57

CHERRUEIX

C.M. 230 Pli 12

5 ch.

5 chambres d'hôtes. 3 chambres 2 pers. avec douche particulière. 1 chambre 3 pers. avec douche particulière. 1 chambre 4 pers. avec sanitaires particuliers. 2 wc communs. Salle de séjour à la disposition des hôtes. Terrasse, salon de jardin. Char à voile à Cherrueix. Possibilité de cuisine sur place. Piscine chauffée sur place. 350 F pour 4 pers. Mer (grève) sur place à Cherrueix, baie du Mont Saint-Michel.

Prix : 1 pers. **200 F** 2 pers. **230 F** 3 pers. **280/300 F**

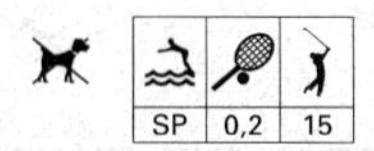

SP	0,2	15

BEAUDOUIN Jean - Hebergement - 35120 CHERRUEIX - Tél : 02 99 48 97 52 ou SR : 02 99 78 47 57

CHERRUEIX

C.M. 230 Pli 12

2 ch.

2 chambres doubles avec salle d'eau et wc indépendants. Terrain. Terrasse avec vue sur la mer. Mer (grève) à 100 m. Char à voile à Cherrueix.

Prix : 1 pers. **180 F** 2 pers. **210 F**

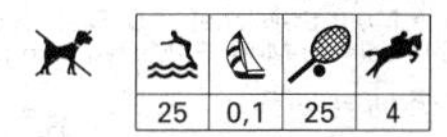

25	0,1	25	4

GANIER Marie - 14 rue Lion d'Or - 35120 CHERRUEIX - Tél : 02 99 48 94 70 ou SR : 02 99 78 47 57

CHERRUEIX

C.M. 230 Pli 12

5 ch. — CV

Entre le Mt-St-Michel et St-Malo, avec un accueil chaleureux et personnalisé, Marie-Madeleine vous reçoit dans une ancienne maison restaurée, entourée d'un petit parc fleuri, reposant et ombragé. 2 ch. doubles, 1 ch. triple, 2 ch. 4 pers. avec mezzanine, toutes avec sanitaires privés. Salle de séjour avec salon (vieille cheminée granit à feu ouvert). Terrasse, parking privé. 410 F/4 pers.

Prix : 2 pers. **200/250 F** 3 pers. **330 F**

18	4	4	8	4	4	15

GLEMOT Marie-Madeleine - Hamelinais - 35120 CHERRUEIX - Tél : 02 99 48 95 26 ou 06 17 47 53 49 - Fax : 02 99 48 89 23

CHERRUEIX Les Grandes Grèves

C.M. 230 Pli 12

3 ch. — CV

Saint-Malo et Mont Saint-Michel 20 km environ. Vue sur mer pour 2 chambres doubles avec sanitaires privés. 1 ch. familiale 4 pers. avec sanitaires privés. Salle de séjour avec salon. Terrasse avec salon de jardin. Petits déjeuners copieux. Animation le soir avec présentation d'une cassette relatant la pêche en baie du Mont-St-Michel. A 100 m de la mer en baie du Mont, maison bretonne confortable et accueillante. Char à voile. Poss. d'organiser des randonnées découverte dans la baie. Langues parlées : anglais, allemand.

Prix : 1 pers. **195 F** 2 pers. **220/260 F** 3 pers. **295/335 F**

Ouvert : d'avril à fin octobre.

SP	2,5	2,5	3	3	18	10	3

GRASSER Jean-Paul - 136 Les Grandes Grèves - 35120 CHERRUEIX - Tél : 02 99 48 81 28 ou SR : 02 99 78 47 57 - Fax : 02 99 48 81 28

CHERRUEIX Petit Angle

E.C. 4 ch. **Mont-Saint-Michel 20 mn.** La famille Launay vous accueille dans une belle maison en pierre de pays située dans la cour de leur habitation. R.d.c. : beau séjour à votre disposition où sont servis de copieux petits déjeuners. A l'étage : 4 ch. de bon confort dont 3 avec lit double et 1 avec 2 lits simples, sanitaires privatifs chacune. Terrain attenant avec terrasse et salons de jardin. Poss. lits d'appoint. Pour vos loisirs : char à voile à Cherrueix, pêche à pied en baie du Mont-Saint-Michel.

Prix : 2 pers. **250 F** 3 pers. **330 F** pers. sup. **80 F**

Ouvert : toute l'année.

25	2	1	15	SP	2	20	9	1

LAUNAY Placide - Petit Angle - 35120 CHERRUEIX - Tél : 02 99 80 26 24

CHERRUEIX

E.C. 3 ch. **Mont-Saint-Michel 20 km. Saint-Malo 25 km.** Jocelyne et Roger vous accueillent dans 3 chambres doubles avec sanitaires privés chacune. Vous apprécierez cet hébergement conçu avec un jardin clos où vous accédez directement à la mer. Véranda à disposition le soir et pour les petits déjeuners. Magnifique vue sur le site de Cancale au Mont-Saint-Michel.

Prix : 2 pers. **250 F** 3 pers. **330 F**

Ouvert : toute l'année.

20	0,5	15	SP	SP	10	SP

GOHIN Jocelyne et Roger - 22, rue de Rageul - 35120 CHERRUEIX - Tél : 02 99 80 83 27 ou 02 99 78 47 57

CHERRUEIX *C.M. 230 Pli 12*

4 ch. 4 ch. d'hôtes (2/4 pers.), sanitaires privés. Les petits déjeuners sont servis dans la véranda, face à la mer, vue panoramique. Cuisine. Jardin et parking privés, fleuris longeant la digue de la Duchesse Anne 1,5 km de la route touristique Pontorson/St-Malo par la côte. Madeleine et Victor vous accueillent dans leur maison dans la baie du Mont St-Michel. Pour le respect et le confort des non-fumeurs s'abstenir de fumer dans la maison.

Prix : 1 pers. **180 F** 2 pers. **230/250 F** 3 pers. **300 F**

20	1,5	1,5	1,5	2

CAUQUELIN Madeleine et Victor - 167 les Grandes Grèves - route de Sainte-Anne - 35120 CHERRUEIX - Tél : 02 99 48 97 67 ou SR : 02 99 78 47 57

CHERRUEIX Le Lac (TH) *C.M. 230 Pli 12*

4 ch. **Mont Saint-Michel 25 km. Saint-Malo 20 km.** Au r.d.c. : 1 ch. 2 pers. accessible aux pers. handicapées avec sanitaires privés, salle à manger avec cheminée. A l'étage : 3 ch. 2 pers. avec sanitaires privés. Possibilité de 1 lit d'appoint, salon de détente, bibliothèque. Terrasse avec salon de jardin, location de VTT sur place. 2 chambres ont vue sur la mer. Chambres joliment décorées et personnalisées. Petits déjeuners copieux et table d'hôtes avec produits régionaux (huîtres, agneau des prés-salés, crêpes, gâteaux bretons). A mi-chemin entre le Mont St-Michel et St-Malo, vous apprécierez l'hospitalité dans cette demeure bretonne du XIXe située proche de la mer et de la baie du Mont St-Michel. Langue parlée : anglais.

Prix : 1 pers. **220 F** 2 pers. **280 F** 3 pers. **360 F** repas **90 F**

Ouvert : toute l'année.

20	2	3	18	SP	8	1,5

DEGRAEVE Stéphane et Corinne - Le Lac - 124 rue du Han - 35120 CHERRUEIX - Tél : 02 99 48 93 77 - E-mail : corinne-degraeve@wanadoo.fr - http://www.perso.wanadoo.fr/le-lac/

CHERRUEIX La Croix Gaillot *C.M. 230 Pli 12*

5 ch. **Saint-Malo et Mont Saint-Michel 25 km.** Entre Le Mt-Saint-Michel et St-Malo, à Cherrueix (capitale du char à voile), Michel et Marie-France vous accueillent et vous proposent 5 ch. d'hôtes dans leur maison en pierre du XIXe. 3 ch. doubles et 2 ch. triples, toutes avec sanitaires particuliers. Séjour/salon avec TV réservé aux hôtes. Poss. cuisine. Jardin d'agrément avec salon, parking privé. Tarifs réduits en basse et moyenne saison.

Prix : 1 pers. **220 F** 2 pers. **250 F** 3 pers. **310 F**

Ouvert : toute l'année.

15	2	2	15	7	2

TAILLEBOIS Michel - La Croix Gaillot - 35120 CHERRUEIX - Tél : 02 99 48 90 44 ou SR : 02 99 78 47 57

CHERRUEIX La Pichardière *C.M. 230 Pli 12*

4 ch. **A 2,5 km de la route Pontorson/Saint-Malo.** Maison très ancienne en bord de mer. 1 chambre (1 lit 2 pers. 4 lits 1 pers.) salle d'eau et wc particuliers. 1 chambre (2 lits 2 pers.) salle d'eau et wc particuliers. 2 chambres (1 lit 2 pers.) salle d'eau et wc particuliers. Séjour, salon avec TV couleur et cheminée et grande terrasse réservés aux hôtes. Local avec poss. cuisine. A proximité de la Chapelle Sainte-Anne.

Prix : 1 pers. **180 F** 2 pers. **230 F** 3 pers. **310 F**

20	3	3	5	18	0,1	10	3

ZIMMERMANN Valérie - La Pichardière - 35120 CHERRUEIX - Tél : 02 99 48 83 82 ou SR : 02 99 78 47 57 - Fax : 02 99 48 80 01

CINTRE Le Chêne Lierru *C.M. 230 Pli 25*

1 ch. **Rennes et forêt de Brocéliande 25 mn.** Une chambre au r.d.c. avec accès direct à la pelouse (1 lit 2 pers.), douche et lavabo. WC privés à l'étage. Salle de séjour, salon à dispo. Salon de jardin. Jolie maison contemporaine sur parc arboré et très fleuri. A 1 heure des grandes plages nord et sud de la Bretagne.

Prix : 1 pers. **170 F** 2 pers. **200 F**

Ouvert : toute l'année.

8	15	15	15	15	8	SP	70	70	6	2,5

DOUSSINAULT Anne - Le Chêne Lierre - 35310 CINTRE - Tél : 02 99 64 16 62 ou SR : 02 99 78 47 57

COESMES Manoir du Plessix (TH)

E.C. 2 ch. **Rennes et Vitré 30 mn.** Geneviève vous accueille dans ce joli manoir du XVIIe (origine XIIe), dans un hameau campagnard. A l'ét. : 1 ch./suite (1 lit 2 pers., 1 lit 120), 1 ch./suite (1 lit 2 pers., 2 lits jumeaux), sanitaires privés chacune. Poss. lits suppl. Les petits déjeuners et repas seront servis dans la salle à manger (produits maison). Grand jardin, salon de jardin à dispo. Vous êtes dans le pays de la Roche aux Fées, grand site touristique. Geneviève, pour les passionnés d'histoire vous contera l'histoire de ce manoir depuis 1186. L'intérieur du manoir joliment aménagé avec goût et harmonie donne envie d'y séjourner et d'y rester. 460 F/4 pers.

Prix : 1 pers. **250 F** 2 pers. **300 F** 3 pers. **380 F** repas **100 F**

Ouvert : toute l'année.

7	6	2	1	1	2

ANJOT Geneviève - Manoir du Plessix - 35134 COESMES - Tél : 02 99 47 77 33 - Fax : 02 99 47 49 74

LA COUYERE *C.M. 230 Pli 41*

2 ch. Dans une ferme rénovée du XVIIe siècle, 1 suite de 4 pers. et 1 ch. 3 pers. avec sanitaires privés chacune. Aux beaux jours, petits déjeuners servi au jardin d'hiver, où Claudine vous fera partager sa passion pour la décoration et le point de croix en broderie. Possibilité de week-end amoureux avec dîner aux chandelles : 780 F. Tarif 4 pers. 450 F. Claudine a ouvert une brocante réservée à ses hôtes.

Prix : 1 pers. **200 F** 2 pers. **300/350 F** 3 pers. **350/400 F**

10	10	7	8

GOMIS Claudine - La Tremblais - 35320 LA COUYERE - Tél : 02 99 43 14 39 ou SR : 02 99 78 47 57

DINARD *C.M. 230 Pli 11*

E.C. 1 ch. **Dinard sur place. Saint-Malo 10 km.** 1 ch. 2 pers. avec sanitaires privés, à proximité de la chambre, salon réservé aux hôtes avec bibliothèque et jeux de sociétés. Les petits déjeuners copieux seront servis à l'intérieur ou dans le jardin l'été. Pour le confort et le respect des non fumeurs, s'abstenir de fumer dans la maison. St-Enogat, berceau de Dinard à 2 pas de la plage, de la Thalasso. Marie-France et Robert vous accueillent dans leur maison calme et très fleurie. Poss. de bridge avec les propriétaires très amateurs. A découvrir : casino de Dinard, ses villas, sa promenade du clair de lune, son port de plaisance...

Prix : 1 pers. **240 F** 2 pers. **270 F** 3 pers. **350 F**

Ouvert : toute l'année.

0,6	2,5	3	4	0,3

EVEN Marie-France - 3 rue du Port Blanc - 35800 DINARD - Tél : 02 99 46 25 89

DINGE (TH)

E.C. 3 ch. **Combourg 6 km. Dinan 30 km. Base de loisirs de Feins 7 km.** La famille Cointre propose 3 charmantes ch. doubles avec sanitaires privatifs (poss. lits suppl.). Grand jardin enclos de murs. A la table d'hôtes, des plats authentiques sont cuisinés avec les produits soigneusement choisis. Les petits déjeuners servis dans la salle ou en terrasse sont à base de produits frais : pains, confitures... Salon à disposition. A une 1/2 heure de la Côte d'Emeraude et du Mont-Saint-Michel, dans l'ancien presbytère du village datant de 1832.

Prix : 1 pers. **230 F** 2 pers. **280 F** pers. sup. **80 F** repas **100 F**

Ouvert : toute l'année.

6	7	6	15	SP	30	2	SP

COINTRE Claire et Antony - Le Bourg - 35440 DINGE - Tél : 02 99 45 04 13

DOL-DE-BRETAGNE (TH) *C.M. 230 Pli 12*

5 ch. 5 chambres dans une maison de caractère au bord d'une rivière : 2 chambres 2 pers., sanitaires particuliers. 1 chambre triple avec sanitaires particuliers et 2 chambres 4 pers. en duplex avec sanitaires particuliers. Salle de séjour avec cheminée à disposition. Jardin. Terrasse sur parc arboré. Tarif 4 pers. : 390 F.

Prix : 2 pers. **250 F** 3 pers. **320 F** pers. sup. **70 F** repas **100 F**

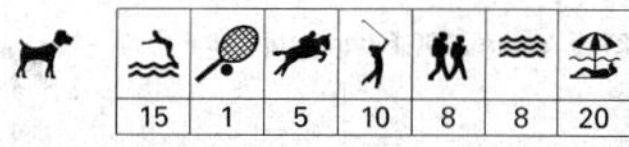

15	1	5	10	8	8	20

COSTARD-SOULABAILLE Catherine - La Begaudière - Mont-Dol - 35120 DOL-DE-BRETAGNE - Tél : 02 99 48 20 04 ou SR : 02 99 78 47 57 - Fax : 02 99 48 20 04 - E-mail : labegaudiere@post.club-internet.fr - http://www.begaudiere.com

DOL-DE-BRETAGNE

E.C. 3 ch. **St-Malo 20 km. Mt-Saint-Michel 28 km.** Marie-Thérèse vous accueille dans sa maison contemporaine très fleurie l'été, avec jardin et salon de jardin à disposition. A l'étage : 3 ch. doubles confortables avec sanitaires privatifs, poss. lit d'appoint. Marie-Thérèse vous servira de copieux petits déjeuners et vous fera goûter ses confitures maison. A la sortie de Dol de Bretagne, petite cité de caractère au cœur de la baie du Mont-Saint-Michel. Le soir vous flanerez dans cette petite cité très agréable avec ses vieilles rues, ses maisons et son cathédraloscope tout récemment créé. Nombreux restaurants gastronomiques et crêperies.

CV

Prix : 1 pers. **180 F** 2 pers. **220 F** 3 pers. **290 F**

Ouvert : de Pâques à octobre.

1	1	10	3	8	20	2	SP

NATURE Marie-Thérèse - 3, rue A. Pelle - 35120 DOL-DE-BRETAGNE - Tél : 02 99 48 23 62

DOL-DE-BRETAGNE Haute Lande *C.M. 230 Pli 12*

3 ch. 2 ch. doubles et 1 ch. triple avec sanitaires privés pour chacune, aménagées dans un ancien manoir du XVIIe avec terrain, pelouse. Salle de séjour/salon. Terrasse avec salon de jardin. Vie à la ferme. A proximité de nombreuses villes touristiques : Dol, Dinan, Saint-Malo, Mont Saint-Michel, Combourg. 330 F/4 pers.

Prix : 1 pers. **230 F** 2 pers. **250 F** 3 pers. **300 F**

Ouvert : toute l'année.

15	20	3	3	10	3	10	3	3

RENTING Riekus et Ineke - Haute Lande - 35120 DOL-DE-BRETAGNE - Tél : 02 99 48 07 02 ou SR : 02 99 78 47 57

DOL-DE-BRETAGNE Launay Begasse *C.M. 230 Pli 12*

3 ch. 3 chambres d'hôtes dont 1 chambre double. 2 chambres triples. Sanitaires particuliers pour chaque chambre. 1 salle pour petits déjeuners copieux, salon, TV. Terrain. Pêche 1 km. Maryvonne et Alain vous accueillent à la ferme dans cette maison en pierres de pays très fleurie agréable à vivre.

Prix : 1 pers. **200 F** 2 pers. **230 F** 3 pers. **300 F**

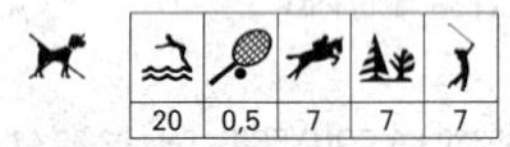

20	0,5	7	7	7

RONCIER Alain - l'Aunay Begasse - 35120 DOL-DE-BRETAGNE - Tél : 02 99 48 16 93 ou SR : 02 99 78 47 57

DOL-DE-BRETAGNE *C.M. 230 Pli 12*

4 ch. **Dol-de-Bretagne 1,5 km. Saint-Malo 25 km. Mont Saint-Michel 20 km.** Dans une partie d'un manoir du XVe siècle. R.d.c. : 1 chambre (4/5 pers.) avec sanitaires privés. 2 chambres doubles avec sanitaires privés. 1 chambre (4 pers.) avec sanitaires privés. Village 500 m. Pêche 4 km.

Prix : 1 pers. **160 F** 2 pers. **200/220 F** 3 pers. **250/270 F**

Ouvert : de Pâques à octobre.

15	4	0,5	4	10	15	20	2

BOURDAIS Jean-Paul - Ferme de Beauregard - 35120 BAGUER-MORVAN - Tél : 02 99 48 03 04 ou SR : 02 99 78 47 57

DOL-DE-BRETAGNE La Loubatais

2 ch. **Saint-Malo 25 km.** Annick vous accueille et vous propose 1 unité familiale de 2 ch. (2 lits 2 pers., 1 lit 1 pers.), salle d'eau et wc privés. Salle de séjour avec salon, cheminée et TV à votre disposition. Vous y trouverez le calme et la détente au retour de votre journée passée à la plage ou à la découverte de la région riche en patrimoine, culture et randonnées.

CV

Prix : 1 pers. **170 F** 2 pers. **200/220 F** 3 pers. **270/290 F** pers. sup. **70 F**

Ouvert : toute l'année.

18	6	3	7	10	10	20	3

DAUMER Annick - La Loubatais - 35120 DOL-DE-BRETAGNE - Tél : 02 99 48 19 27

DOMALAIN *C.M. 230 Pli 12*

2 ch. Dans une maison rurale, 2 chambres d'hôtes communicantes 1 au rez-de-chaussée et 1 à l'étage. 1 chambre 4 pers. et 1 chambre 2 pers. avec sanitaires particuliers. Salle de séjour indépendante à la disposition des vacanciers. Pêche 1,5 km. Jardin aménagé. Plan d'eau aménagé à Domalain avec baignade et pêche. 300 F/4 pers.

Prix : 1 pers. **160 F** 2 pers. **210 F** 3 pers. **260 F** pers. sup. **40 F**

7	14	1,5	14	7	8	14	1,5

TEMPLON Marcelle - Les Hairies - 35680 DOMALAIN - Tél : 02 99 76 36 29 ou SR : 02 99 78 47 57

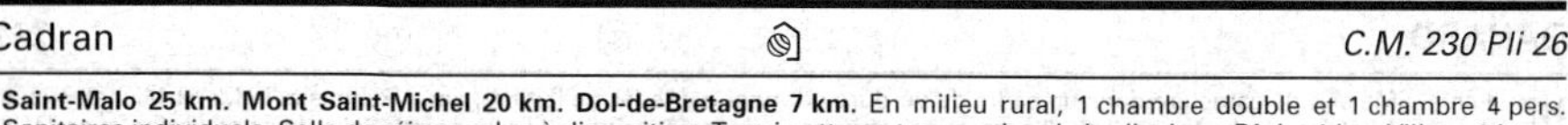

EPINIAC Cadran *C.M. 230 Pli 26*

2 ch. **Saint-Malo 25 km. Mont Saint-Michel 20 km. Dol-de-Bretagne 7 km.** En milieu rural, 1 chambre double et 1 chambre 4 pers. Sanitaires individuels. Salle de séjour, salon à disposition. Terrain attenant avec salon de jardin, jeux. Pêche 1 km. Village 1 km.

Prix : 1 pers. **180 F** 2 pers. **200/220 F** 3 pers. **260/280 F**

15	3	1	4	4

PICHON Robert - Cadran - 35120 EPINIAC - Tél : 02 99 80 02 09 ou SR : 02 99 78 47 57

EPINIAC Cadran *C.M. 230 Pli 26*

2 ch. **Saint-Malo et Mont Saint-Michel 25 km. Dinan 20 km.** 2 chambres doubles avec sanitaires privés pour chacune dans une maison avec jardin aménagé. Salle de séjour/salon.

Prix : 2 pers. **220 F** 3 pers. **270 F**

Ouvert : de Pâques à novembre.

15	15	1	4	15	4	4	6	1,5

SANGUY Régine - Vallée de Cadran - 35120 EPINIAC - Tél : 02 99 80 03 55 ou SR : 02 99 78 47 57

ERBREE Les Ecuries de la Valière

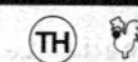

4 ch. **Vitré 3 km.** 4 ch. d'hôtes à l'étage aménagées dans une grande longère rénovée : 2 ch. doubles avec vue sur le plan d'eau et 2 ch. familiales 4 pers., toutes avec sanitaires privés. Salon réservé aux hôtes avec bibliothèque. Jeux de société, TV. Grande terrasse avec salon de jardin. Lucienne vous préparera de copieux petits déjeuners et repas à base de produits maison. Belle propriété aménagée sur une ferme avec élevage de chevaux, dans un cadre verdoyant dominant le magnifique plan d'eau de la Valière, accès direct au plan d'eau à pied. Chemin de randonnée qui vous conduit au Château de Mme de Sévigné et au golf attenant.

Prix : 1 pers. **200 F** 2 pers. **250 F** 3 pers. **330 F** pers. sup. **80 F**
repas **80 F**

Ouvert : toute l'année.

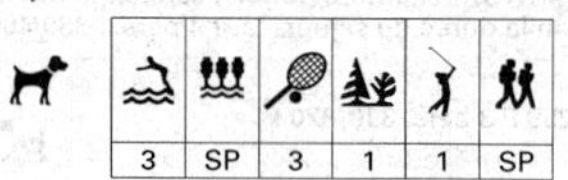

3	SP	3	1	1	SP

LOISIL Lucienne - Les Ecuries de la Valière - 35500 ERBREE - Tél : 02 99 75 09 42

ERBREE Les Ecuries de la Valière *C.M. 230 Pli 42*

5 ch. **Vitre 3 km. Château des Roches de Madame de Sévigné 1 km.** 5 chambres à l'étage conçues dans une grande longère rénovée. 3 ch. 2 pers. dont 2 avec vue sur plan d'eau, sanitaires particuliers. 2 ch. familiales de 5 pers. chacune avec sanitaires particuliers. Salon réservé aux hôtes avec bibliothèque, jeux de société, TV. Grande terrasse avec salon de jardin. Belle propriété aménagée sur une ferme avec élevage de chevaux, dans un cadre verdoyant dominant le magnifique plan d'eau de la valière. Accès direct au plan d'eau à pied, chemin de randonnées qui vous conduit au château de Madame de Sévigné et au golf attenant.

Prix : 1 pers. **200 F** 2 pers. **250 F** 3 pers. **330 F** pers. sup. **80 F**
repas **80 F**

Ouvert : toute l'année.

3	3	4	5	1	3	3

LOISIL Lucienne - Les Ecuries de la Valière - 35500 ERBREE - Tél : 02 99 75 09 42

ESSE La Roche aux Fées A *C.M. 230 Pli 41*

4 ch. **Vitre 25 km.** 4 ch. à l'étage de la maison du propriétaire typique du pays. 3 ch. 2 pers., 1 ch. 4 pers., sanitaires particuliers à chaque chambre. Les petits déjeuners copieux vous seront servis dans le « penty » du rez-de-chaussée. Vous apprécierez les produits maison dont le pain de fabrication artisanale. Terrasse avec salon de jardin. 400 F/4 pers. A deux pas du plus grand dolmen de Bretagne, la Roche aux Fées, Béatrice et Johnny vous accueillent dans leur maison de caractère en schiste située au cœur du hameau. L'auberge sur place propose des produits du terroir. Nombreuses animations autour des fêtes de la Roche aux Fées l'été. Langues parlées : anglais, espagnol, allemand.

Prix : 1 pers. **200 F** 2 pers. **250 F** 3 pers. **340 F** 1/2 pens. **100 F**

Ouvert : toute l'année.

15	3	15	3	3

ROZE-SANTOS Béatrice - La Roche aux Fées - 35150 ESSE - Tél : 02 99 47 73 84 ou 06 07 06 04 22 - Fax : 02 99 44 50 79 - http://www.roche-aux-fées.com

LA FRESNAIS Pont Racine *C.M. 230 Pli 12*

1 ch. **Mont Saint-Michel 26 km. Saint-Malo 16 km.** 1 chambre 4 pers. avec accès indépendant et mezzanine, sanitaires privés. Salle de séjour/salon (TV). A 2 km de la mer dans la baie du Mont Saint-Michel. Terrasse avec salon de jardin, pelouse. Tarif 4 pers. : 320 F.

Prix : 1 pers. **180 F** 2 pers. **210 F** 3 pers. **260 F** pers. sup. **60 F**

16	0,8	4	8	8	2	16	0,2	0,2

COLLET Yves - Pont Racine - 5 rue de la Masse - 35111 LA FRESNAIS - Tél : 02 99 58 71 73 ou SR : 02 99 78 47 57

GAHARD *C.M. 230 Pli 27*

4 ch. Maison de caractère dans un cadre de verdure attenant à une ferme laitière, entre Rennes et le Mt-St-Michel. 4 chambres d'hôtes à l'étage : 2 ch. 2 pers. 2 ch. 3 pers. avec sanitaires privés. (possibilité lit d'appoint). Salle de séjour/salon avec TV à la disposition des vacanciers. Table d'hôtes sur réservation. Jardin avec jeux, terrasse. Pêche 6 km. Randonnée.

Prix : 1 pers. **200 F** 2 pers. **220/260 F** 3 pers. **290/320 F** repas **70/100 F**

10	8	8	1	1	2	30	0,5	40	60	12	1

DUGUEPEROUX Victor et Anne-Marie - Le Viviers - 35490 GAHARD - Tél : 02 99 39 50 19 ou SR : 02 99 78 47 57 - Fax : 02 99 39 50 19

GAHARD *C.M. 230 Pli 27*

3 ch. **Mont Saint-Michel 40 km.** 3 chambres d'hôtes dans une maison de pierre avec terrain attenant et salon de jardin. R.d.c. : 1 ch. 3 pers. avec sanitaires privés. Etage : 1 ch. 2 pers. et 1 ch. 3 pers. avec sanitaires privés. Possibilité de lits supplémentaires. Salle de séjour/salon avec cheminée. Possibilité de cuisine. Pêche à 6 km.

Prix : 1 pers. **160 F** 2 pers. **200/210 F** 3 pers. **250/260 F**

10	10	0,1	0,1	1	SP

HOUDUSSE André et Angèle - La Rogerie - Le Bourg - 35490 GAHARD - Tél : 02 99 39 50 17 ou SR : 02 99 78 47 57

GAHARD Haut Bignonet

3 ch. **Mont Saint-Michel 40 km.** A la campagne, jolie maison avec jardin fleuri, très calme à proximité de bois et forêts. 2 chambres 3 pers. Sanitaires privés. 1 chambre double, sanitaires privés. Salle de séjour/salon/TV. Poss. cuisine sur place. Terrain aménagé. Tarif degressif selon la durée du séjour. Tarif 4 pers. : 380/400 F.

Prix : 1 pers. **210 F** 2 pers. **240/255 F** 3 pers. **310/320 F**

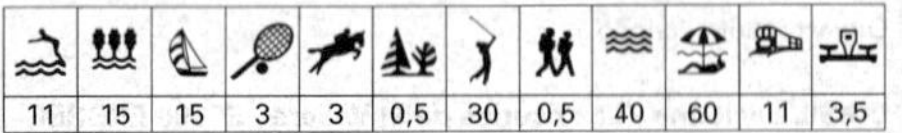

11	15	15	3	3	0,5	30	0,5	40	60	11	3,5

VAUGON Jules et Odile - Haut Bignonet - 35490 GAHARD - Tél : 02 99 55 26 20 ou SR : 02 99 78 47 57

GEVEZE Le Cas Rouge *C.M. 230 Pli 26*

1 ch. **Mont Saint-Michel et Saint-Malo à moins d'1 h. Dinan et Cambray 20 mn.** Au r.d.c. : 1 ch. unité familiale de 2 ch. (1 lit 2 pers., 1 clic-clac 2 pers.), sanitaires privés. Salle de séjour avec salon TV. Cheminée. Petit déjeuner copieux servi avec des produits maison. Pelouse fleurie avec salon de jardin pour votre détente. Accès direct de la chambre à la terrasse. 360 F/4 pers. A 15 mn de Rennes, belle longère rénovée. Découverte de la ferme avec Dominique et Danielle et leurs jeunes enfants.

Prix : 1 pers. **180 F** 2 pers. **220 F** 3 pers. **290 F**

Ouvert : toute l'année.

15	15	15	3	8	15	3

LORRET Danielle & Dominique - Le Cas Rouge - 35850 GEVEZE - Tél : 02 99 69 10 67 ou SR : 02 99 78 47 57 - Fax : 02 99 69 10 67

GUICHEN Château de Bagatz *C.M. 230 Pli 40*

E.C. 2 ch. **Rennes 20 km. Redon 30 km.** Dans un cadre enchanteur et romantique, joli château du XVe siècle, situé sur un parc et des bois de 65 ha. 1er étage : 2 ch. triples, sanitaires privés. Salon et salle de jeux à disposition (bibliothèque, TV, ping-pong). Petits déjeuners copieux servis par la propriétaire. Terrasse avec salon de jardin, bains de soleil. Plan d'eau à votre disposition. Sentiers de randonnée et centre équestre sur place. Vous trouverez le calme et le repos dans ce site magnifique. Vous êtes à 15 mn du sud de Rennes et à 30 mn de la forêt de Brocéliande.

Prix : 1 pers. **330 F** 2 pers. **390 F** 3 pers. **450 F**

Ouvert : toute l'année.

10	2	SP	10	2	2

DIOT Daniel et Christiane - Château de Bagatz - 35580 GUICHEN - Tél : 02 99 57 09 88

GUIPRY La Bouetelaie *C.M. 230 Pli 39*

E.C. 3 ch. **Guipry 2,5 km. Redon 25 km.** A l'étage : 2 ch. doubles, 1 ch. 4 pers. avec salle d'eau et wc privés chacune. Salon avec bibliothèque et TV. Copieux petits déjeuners et table d'hôtes à base de produits du terroir. Grand parc boisé et clos avec jeux d'enfants. Terrasse avec salon de jardin. A 100 m des bords de Vilaine. Vous êtes à Guipry, station verte de vacances (animations l'été). A 10 mn de Loheac, village et musée de l'Automobile. Langues parlées : anglais, espagnol, portugais.

Prix : 1 pers. **200 F** 2 pers. **250 F** 3 pers. **340 F** pers. sup. **80 F** repas **85 F**

3	3	5	SP	SP	45	45	3	2,5

PUIG Marie-Hélène - La Bouetelaie - 35480 GUIPRY - Tél : 02 99 34 76 12 - Fax : 02 99 34 75 34

GUIPRY La Crépinière

C.M. 230 Pli 39

E.C. 3 ch. CV

Redon 25 km. Chambres spacieuses décorées avec goût ouvrant sur le parc. 1 ch. avec suite (1 lit 2 pers. convertible 2 pers.), salon avec fauteuils. 2 ch. 2 pers. Sanitaires individuels par chambre (baignoire ou douche). Salle à manger avec cheminée. Salon avec cheminée. Terrasse avec salon de jardin. Tarif 4 pers. : 460 F. En pays de Vilaine, en station verte de vacances, belle demeure de caractère aménagée sur un parc boisé et fleuri de 6000 m^2. Vous êtes à proximité du port de Guipry. Au village, animations d'été (piscine découverte, tennis, sentiers de randonnée pédestres et équestres, fêtes locales). Langues parlées : anglais, allemand, espagnol.

Prix : 1 pers. **230/300 F** 2 pers. **250/380 F** 3 pers. **420 F**

Ouvert : toute l'année.

1	1	1	30	45	2,5	1

AUVRAY Yves et Christine - La Crepinière - 29 avenue du Port - 35480 GUIPRY - Tél : 02 99 34 24 34 ou 06 15 21 72 04 - E-mail : yves.auvray@wanadoo.fr

HIREL

C.M. 230 Pli 12

4 ch.

Saint-Malo 15 km. Mont Saint-Michel 30 km. Maison rurale à proximité de la mer (Baie du Mont Saint-Michel). A l'étage : 4 chambres 2 pers. avec sanitaires privés. Coin-salon, coin-lecture, salle de séjour/salon, TV. Possibilité lits supplémentaires. Parking privé, jardin. Tarif 4 pers. : 320 F.

Prix : 1 pers. **180 F** 2 pers. **220 F** 3 pers. **260/280 F**

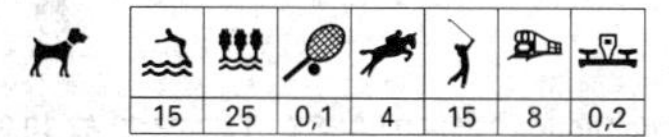

15	25	0,1	4	15	8	0,2

HARDOUIN Marlène et Michel - 10 rue du Domaine - 35120 HIREL - Tél : 02 99 48 95 61 ou SR : 02 99 78 47 57

HIREL

C.M. 230 Pli 12

2 ch. CV

Baie du Mont Saint-Michel 4 km. Cancale 12 km (huitres et moules). A la ferme en baie du Mont Saint-Michel, dans une maison agréable, 2 chambres ont été aménagées. 1 chambre 2 pers. avec douche privée, wc communs. 1 chambre 3 pers., sanitaires privés. Salle de séjour. Pelouse avec salon de jardin.

Prix : 1 pers. **160 F** 2 pers. **200/210 F** 3 pers. **250/260 F**

Ouvert : toute l'année.

20	15	4	8	10	8	4	18	4	4

RICHARD M-Thérèse et Francis - 7, Le Fedeuil - 35120 HIREL - Tél : 02 99 48 08 36 ou SR : 02 99 78 47 57

LES IFFS Château de Montmuran

C.M. 230 Pli 26

1 ch.

Dans un château des XIIe, XIVe, XV et XVIIIe siècles classé monument historique, 1 chambre (1 lit 2 pers.) sanitaires privés. Salle de séjour, salon. Jardin aménagé. Visite offerte du château de Montmuron si arrivée avant 18 heures. Petit village des Iffs, entre Rennes et Saint-Malo.

Prix : 2 pers. **400 F**

Ouvert : de mai à octobre.

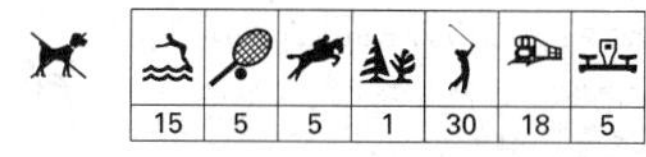

15	5	5	1	30	18	5

DE LA VILLEON Hervé - Château de Montmuran - 35630 LES IFFS - Tél : 02 99 45 88 88 ou SR : 02 99 78 47 57 - Fax : 02 99 45 84 90 - http://www.chateau-montmuran.com

IRODOUER

C.M. 230 Pli 25

2 ch.

2 chambres d'hôtes dans un château entouré d'un parc avec bois et étang (pêche). 1 chambre 3 pers. et 1 chambre 2 pers. avec sanitaires communs et wc, et également wc au rez-de-chaussée. Salle de séjour à la disposition des hôtes. Réduction tarif si plus de 3 nuits. Tarif 4 pers. : 360 F. Langue parlée : anglais.

Prix : 1 pers. **160 F** 2 pers. **200 F** 3 pers. **300 F** pers. sup. **60 F**

Ouvert : de Pâques à fin septembre.

13	SP	18	3	7	6	20	1	45	45

DELORGERIE Geneviève - Château du Quengo - 35850 IRODOUER - Tél : 02 99 39 81 47 ou SR : 02 99 78 47 57

LANDEAN

C.M. 230 Pli 28

1 ch. CV

1 ch. d'hôtes 2/3 personnes avec sanitaires privés. Salle de séjour à disposition. Salon de jardin. Maison en granit en pleine campagne à proximité de la forêt de Fougères. Parc floral de 4000 m^2. Base de loisirs avec plan d'eau, baignade à 5 km. Accès : de Landéan, prendre la route entre la boulangerie et la pharmacie et traverser la forêt sur 2,8 km. En sortant de la forêt, prendre à gauche et suivre fléchage « la Pérouse du Mitan » à 500 m. Langue parlée : anglais.

Prix : 1 pers. **200 F** 2 pers. **250 F** 3 pers. **300 F**

Ouvert : vacances scolaires et week-ends.

10	5	5	10	5	1	30	1	50	50	10	4

RENAULT Angèle et Paul - La Perouse du Mitan - 35133 LANDEAN - Tél : 02 99 97 30 30 ou SR : 02 99 78 47 57 - Fax : 02 99 97 30 30 - E-mail : paul.renault@free.fr

LANDEAN Le Champ Blanc

1 ch. **Fougères 10 km.** A l'orée de la forêt de Fougères, Odette et François vous accueillent dans cette maison contemporaine, dans un cadre de verdure calme et reposant. 1 chambre spacieuse et joliment décorée (1 lit 2 pers., 1 lit 1 pers.), salon attenant, douche, lavabo et wc privés. Poss. 1 lit d'appoint. Terrasse ouvrant sur la forêt pour vos petits déjeuners (confitures maison). Grande véranda ouvrant sur la forêt, jardin avec salon de jardin à votre disposition. Vous êtes à 5 mn de la base de loisirs de Chenedet, vous pourrez vous y rendre à pied ou en vélo. Découvrez aussi Fougères avec son château et ses vieilles rues (animations durant l'été).

Prix : 1 pers. **190 F** 2 pers. **230 F** 3 pers. **290 F**

Ouvert : toute l'année.

10	2	10	2	50	50	10	2

LETOURNEUR Odette et François - Le Champ Blanc - 35133 LANDEAN - Tél : 02 99 97 30 64

LASSY Moulin du Bignon

TH *C.M. 230 Pli 39*

2 ch. 2 chambres doubles avec sanitaires privés, aménagées dans un moulin à eau du XVIe siècle rénové. Salle de séjour/salon avec cheminée, petit coin-cuisine aménagé à disposition. Terrasse aménagée en bordure de rivière. Rivière sur place, sentiers de randonnée, magnifiques paysages vallonnés. Langues parlées : allemand, anglais.

Prix : 1 pers. **230 F** 2 pers. **250 F** repas **100 F**

Ouvert : toute l'année.

15	3	0,1	15	10

KRUST Claude - Moulin de Bignon - 35580 LASSY - Tél : 02 99 42 10 04 ou SR : 02 99 78 47 57

LOUVIGNE-DU-DESERT

C.M. 230 Pli 28

2 ch. **Mont Saint-Michel 45 km. Forêt de Fougères 15 km.** 2 chambres d'hôtes triples avec sanitaires privés. Salle de séjour avec TV et coin-lecture à disposition. Terrain aménagé. Maison neuve en milieu rural sur 5000 m² de bois et de verdure. Base de loisir de Chenedet 15 km (plan d'eau, baignade, voile, randonnée, équitation...).

Prix : 1 pers. **170 F** 2 pers. **220/250 F** 3 pers. **260/280 F**

Ouvert : toute l'année.

15	14	1,5	14	15	1,5	15	15	1,5

PIGNOREL Michel - Le Tertre Alix - 35420 LOUVIGNE-DU-DESERT - Tél : 02 99 98 50 65 ou SR : 02 99 78 47 57

MARCILLE-RAOUL

TH *C.M. 230 Pli 26*

5 ch. **Mont Saint-Michel 30 km. Combourg 10 km (berceau de Châteaubriand).** 1 ch. 4 pers., sanitaires privés. 1 ch. communicante (1 lit 2 pers. 2 lits 1 pers.), sanitaires privés pour chaque chambre. 1 ch. (1 lit 2 pers. 1 conv. 2 pers.), sanitaires privés. 2 ch. (1 lit 2 pers.), sanitaires privés (1 au r.d.c., 1 à l'étage). Séjour/salon pour les hôtes. Pelouse/salon de jardin, barbecue. Cuisine à disposition. Table d'hôtes sur réservation sauf samedi et dimanche. Tarif pension pour 2 pers. Ferme de séjour sur la D794 (Vitré/Dinan). Visite de la ferme. Pêche 3 km. Restaurant 1 km.

Prix : 1 pers. **200 F** 2 pers. **225 F** 3 pers. **275 F** pers. sup. **50 F** repas **95 F** pens. **415 F**

Ouvert : toute l'année.

9	4	3	1	9	4	18	12	30	40	10	1

RAULT Louis et Annick - Le Petit Plessix - 35560 MARCILLE-RAOUL - Tél : 02 99 73 60 62 - Fax : 02 99 73 60 62 ou SR : 02 99 78 47 57

MEILLAC Le Gué

C.M. 230 Pli 26

2 ch. **Saint-Malo 30 km. Mont Saint-Michel 40 km.** 2 ch. doubles (dont 1 avec 2 lits jumeaux) avec sanitaires privés aménagées au rez-de-chaussée. Terrain avec terrasse, salon de jardin, balançoires, toboggan et vélos à disposition. Proche de Combourg. « Cobac Park » (parc aquatique) 2,5 km.

Prix : 1 pers. **150 F** 2 pers. **200 F**

Ouvert : du 1er mai à novembre ou sur réservation.

6	4	1,7	10	3	10	6	2

DE RUGY Xavier & M-Madeleine - Le Gué - 35270 MEILLAC - Tél : 02 99 73 08 68 ou SR : 02 99 78 47 57

MELESSE Le Verger

C.M. 230 Pli 26

2 ch. **Rennes 10 km. Mont Saint-Michel et Saint-Malo 45 km.** 1 ch. 3 pers. et 1 ch. 4 pers. à l'étage (poss. lit bébé). Salle de bains, wc individuels. Petite cuisine à votre disposition au niveau des chambres. A 5 mn de Rennes, Emilienne vous accueille dans sa maison moderne à la campagne dans un cadre verdoyant avec de grands espaces. Petits déjeuners copieux et variés servis dans la séjour/salon avec cheminée. 300 F/4 pers.

Prix : 1 pers. **200 F** 2 pers. **230 F** 3 pers. **270 F**

Ouvert : toute l'année.

5	4	4	5	10	4

MACE Emilienne - Le Verger - 35520 MELESSE - Tél : 02 99 66 51 42 - Fax : 02 99 66 51 42 ou SR : 02 99 78 47 57

MELESSE La Touche Allard

1 ch. — **Rennes 16 km. Mont Saint-Michel 45 km.** 1 chambre double à l'étage, poss. 1 lit d'appoint, salle d'eau avec wc privés sur le palier. Salle de séjour pour votre détente. Petits déjeuners copieux faits à partir de produits du terroir, confitures maison. Salon de jardin et barbecue. Vous êtes à 10 mn de l'entrée nord de Rennes. Marie-Thérèse vous reçoit dans une belle demeure avec un mobilier ancien, située dans un cadre verdoyant. L'environnement est calme et reposant dans cette région touristique. Langue parlée : anglais.

Prix : 1 pers. **180 F** 2 pers. **220 F** 3 pers. **280 F**

Ouvert : toute l'année.

14	2	10	18	50	50	4	2

DAVID Michel et M-Thérèse - La Touche Allard - 35520 MELESSE - Tél : 02 99 66 96 21 - Fax : 02 99 66 13 86

MINIAC-MORVAN Estival

E.C. 5 ch. — **Saint-Malo 15 km. Mont-Saint-Michel 40 km. Dinan 8 km.** 1 unité familiale de 2 ch. (1 lit 2 pers., 2 lits 1 pers.), salle d'eau et wc privés. 3 ch. doubles avec sanitaires privés. 1 ch. double avec sanitaires privatifs sur le palier. Petit déjeuner et repas servis dans la salle à manger ou en terrasse l'été. Tina vous confectionnera des repas faits à partir de produits maison : confitures, gâteaux, crêpes... A proximité des bords de la Rance, Tina et Malcolm vous accueillent dans leur habitation en pierres, avec un grand jardin fleuri, grand terrain attenant, terrasse avec salon de jardin.

Prix : 1 pers. **250 F** 2 pers. **300 F** 3 pers. **400 F** pers. sup. **100 F**
repas **85/115 F**

Ouvert : du 1er mars au 15 novembre.

10	8	3	8	8	SP	15	4	3

KINZETT Tina et Malcolm - Estival - La Vigne Blanche - 35540 MINIAC-MORVAN - Tél : 02 96 83 33 30 - Fax : 02 96 83 33 30 - E-mail : kinzett@wordonline.fr

MINIAC-MORVAN La Chalandière

E.C. 2 ch. — **Saint-Malo 12 km. Dinan 18 km. Mont-Saint-Michel 45 km.** La famille Piton vous reçoit dans 2 ch. d'hôtes aménagées à l'étage : 1 ch. double et 1 ch. triple, chacune avec sanitaires privatifs. Salon privé à proximité des chambres, TV. Terrain à disposition avec salon de jardin, balançoires. Les petits déjeuners copieux vous seront servis dans la superbe salle à manger. Dans l'annexe d'un ancien manoir aménagé dans un cadre de verdure et de calme, en bordure de rivière.

Prix : 1 pers. **225 F** 2 pers. **250 F** 3 pers. **300 F**

Ouvert : week-ends et vacances scolaires.

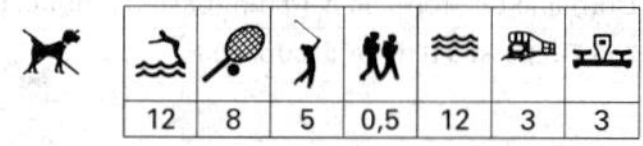

12	8	5	0,5	12	3	3

PITON Marcel et Marie - La Chalandière - 35540 MINIAC-MORVAN - Tél : 02 99 58 00 91 ou 02 96 84 13 35

MINIAC-MORVAN La Ville Boutier 

1 ch. — **Saint-Malo 10 mn.** Dans une longère rénovée entourée d'un grand jardin paysager. 1 ch. 2 pers. au rez-de-chaussée, poss. 1 lit d'appoint, coin-salon, sanitaires privés. Plages de sable fin, côte d'Emeraude, Cancale (capitale de l'huitre), la baie du Mont-Saint-Michel et son fameux « mouton des prés salés »...

Prix : 2 pers. **250 F** 3 pers. **320 F**

Ouvert : toute l'année.

15	5	3	3	8	15	15	5

CHAPRON Denise et René - La Ville Boutier - 35540 MINIAC-MORVAN - Tél : 02 99 58 05 40

MONT-DOL La Roche

C.M. 230 Pli 12

2 ch. — **Baie du mont Saint-Michel 4 km. Saint-Malo 25 km.** Dans une maison en pierre située sur les contreforts du Mont Dol. 3 chambres 6/8 pers. avec sanitaires particuliers. Salle de séjour, salon. Jeux pour enfants. Possibilité de cuisine.

Prix : 1 pers. **200 F** 2 pers. **230 F** 3 pers. **280 F**

25	10	4	3	8	10	4	1

LAIR François-Xavier - La Roche - 35120 MONT-DOL/DOL-DE-BRETAGNE - Tél : 02 99 48 01 65 - Fax : 02 99 48 01 65 ou SR : 02 99 78 47 57

LE MONT-DOL Les Salles

C.M. 230 Pli 12

E.C. 2 ch. — **Dol-de-Bretagne 5 km. Saint-Malo 20 km.** 2 ch. 2 pers., lavabo et bidet dans chaque chambre. Douche et wc communs. Grand séjour avec salon à disposition. Terrasse très ensoleillée avec salon de jardin. Simone vous servira de copieux petits déjeuners sur la terrasse en été. Magnifique maison en pierres aménagées sur un parc boisé et fleuri dans un site agréable, calme et reposant. Vous êtes à 2 km de la mer en baie du mont Saint-Michel et 15 km des grandes plages de la côte d'Emeraude. De cet hébergement, vous partez à la découverte des cités touristiques comme Dol de Bretagne, Combourg, Dinan sans oublier le mont Saint-Michel à 30 km.

Prix : 2 pers. **200 F** 3 pers. **250 F** pers. sup. **60 F**

Ouvert : toute l'année.

20	6	5	12	2	5	3

VIGOUR Yves et Simone - Les Salles - 35120 LE MONT-DOL - Tél : 02 99 48 97 90 - Fax : 02 99 48 97 90

MONTAUBAN-DE-BRETAGNE La Ville Autin

TH *C.M. 230 Pli 25*

1 ch. **Rennes 26 km. Paimpont 25 km (forêt de Brocéliande).** 1er étage : 2 belles ch. (26 et 40 m²) restaurées dans le respect des traditions (mobilier de style, cheminée), salle d'eau et wc privés. Copieux petits déjeuners faits de pain et de confitures maison servis dans la salle de séjour des propriétaires. Produits du terroir et spécialités russes cuisinées à la cheminée servis à la table d'hôtes. Au pays de Brocéliande, Olga, artiste peintre vous accueille dans sa gentilhommière du XVIe, avec un jardin très ensoleillé et calme pour votre détente. Vous êtes à moins d'1 h des plages de la côte d'Emeraude, St-Malo, Cancale, Dinard et du Mt-St-Michel. Exposition permanante de peintures. Langues parlées : russe, anglais, allemand.

Prix : 2 pers. **290 F** 3 pers. **370 F** pers. sup. **80 F** repas **110 F**

Ouvert : toute l'année.

10	8	8	1	8	3	60	1	1

KARADJANIAN Olga - La Ville Autin - 35360 MONTAUBAN-DE-BRETAGNE - Tél : 02 99 06 62 03

MONTAUBAN-DE-BRETAGNE Les Camelias

TH

4 ch. **Rennes 30 km.** Mme Bosi vous accueille dans sa magnifique maison bourgeoise, entourée d'un grand parc clos avec arbres centenaires. 4 ch. d'hôtes spacieuses et joliment décorées (2 doubles et 2 triples), sanitaires privés pour chaque chambre. Salon à disposition des hôtes. TV, salle de jeux avec billard, jeux d'échecs et de société. Petits déjeuners copieux avec produits maison (crêpes, far breton, tartes, confitures...). Au cœur de Brocéliande, sur l'axe Rennes/St-Brieuc. Lieu idéal pour rayonner vers le nord et le sud de la Bretagne. Vous êtes à 8 km de la base de loisirs de Trémelin (plan d'eau avec activités nautiques).

Prix : 1 pers. **240 F** 2 pers. **240/265 F** 3 pers. **340 F** repas **110/140 F**

Ouvert : toute l'année.

20	8	1	8	60	60

BOSI Maryvonne - Les Camelias - 35360 MONTAUBAN-DE-BRETAGNE - Tél : 02 99 06 39 89

MONTERFIL Le Logis

C.M. 230 Pli 25

E.C. 3 ch. Bienvenue chez Yann et Fanny, dans leur maison typique de pays. 1 ch. triple avec salle de bains et wc privés. 2 ch. doubles avec sanitaires privés. Salle de déjeuners à la disposition des hôtes. Copieux petits déjeuners servis à base de produits biologiques et de confitures des fruits du verger. Maison joliment décorée et aménagée sur un parc arboré de nombreuses espèces centenaires. Plan d'eau sur le domaine. Site remarquable avec randonnées sur place. Forêt de Paimpont à 10 mn, vous êtes au Pays de Brocéliande. Domaine de Tremelin à 10 mn (base nautique, plan d'eau avec baignade...). Langues parlées : anglais, espagnol.

Prix : 1 pers. **190 F** 2 pers. **250 F** 3 pers. **310 F** pers. sup. **60 F**

Ouvert : toute l'année.

9	0,5	1	SP	25	9	1

TENIN Yann et Fanny - Le Logis - 35160 MONTERFIL - Tél : 02 99 07 43 27 ou 06 08 48 58 60 - Fax : 02 99 07 43 27

MONTREUIL-SOUS-PEROUSE

C.M. 230 Pli 28

4 ch. **Vitré 3 km (visites culturelles).** 4 chambres d'hôtes en campagne à 500 m d'un plan d'eau dans une maison de caractère entourée d'un terrain avec poneys et autres animaux. 3 chambres 2 pers. et 1 chambre 3 pers. avec sanitaires particuliers (dont 3 avec kitchenette). Salle de séjour et salon avec TV et cheminée à disposition. Départ d'un sentier pédestre de 12 km.

Prix : 1 pers. **170 F** 2 pers. **200/240 F** 3 pers. **260/300 F**

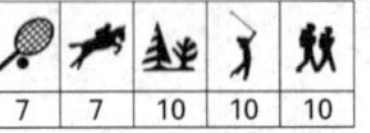

7	7	7	10	10	10

ROZE Jean et Mado - Gouesnelais - 35500 MONTREUIL-SOUS-PEROUSE - Tél : 02 99 75 11 16 ou SR : 02 99 78 47 57

NOYAL-SUR-VILAINE Le Val Froment

3 ch. **Rennes 10 km. Vitré 25 km.** 2 chambres doubles avec salle d'eau et wc privés, 1 chambre triple avec salle d'eau et wc privés. Séjour avec salon (cheminée) et kitchenette réservés aux hôtes. Terrasse avec salon de jardin à disposition. Poss. lits d'appoint et lit bébé. Dans un cadre de verdure, longère restaurée où Edith et Michel vous accueillent à la nuitée ou en séjour. Poss. de découvrir leurs activités agricoles et profiter ainsi des produits fermiers servis au petit déjeuner. Langue parlée : anglais.

Prix : 1 pers. **200 F** 2 pers. **230 F** 3 pers. **300 F** pers. sup. **50 F**

Ouvert : toute l'année.

6	6	1	5	5	70	70	1	0,5

LEHUGER Michel et Edith - Le Val Froment - 35530 NOYAL-SUR-VILAINE - Tél : 02 99 00 66 29 ou 06 88 01 05 85 - Fax : 02 99 00 57 37

NOYAL-SUR-VILAINE Tupinière

C.M. 230 Pli 27

2 ch. Maison neuve sur un terrain paysager de 6000 m² comprenant 2 chambres triples au r.d.c. avec entrée indépendante et sanitaires privés + kitchenette. Salle de séjour avec kitchenette, salon, véranda. Terrain boisé avec jeux pour enfants. Poney.

Prix : 1 pers. **170 F** 2 pers. **200 F** 3 pers. **260 F**

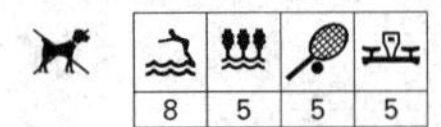

8	5	5	5

PRIMAULT Yves et Bernadette - Tupinière - 35530 NOYAL-SUR-VILAINE - Tél : 02 99 37 67 64 ou SR : 02 99 78 47 57

PACE Manoir de Mehault

C.M. 230 Pli 26

3 ch. **Rennes 6 km.** 3 chambres d'hôtes dans un manoir du XVIIe restauré, parc arboré et fleuri. 2 chambres 2 pers. avec salle de bains et wc particuliers. 1 chambre 3 pers. avec salle de bains particulière et wc. Salle de séjour et salon. Salon de jardin, barbecue. Langue parlée : anglais.

CV

Prix : 2 pers. **235 F** 3 pers. **285 F**

Ouvert : de Pâques à la Toussaint

3	4	4	2	2	20	4	0,2	60	60	7	2

BARRE Hervé - Manoir de Mehault - 35740 PACE - Tél : 02 99 60 62 88 - Fax : 02 99 60 62 88 ou SR : 02 99 60 62 88

PAIMPONT La Corne de Cerf

C.M. 230 Pli 28

3 ch. **Paimpont (son abbaye et son plan d'eau) sur place.** 3 chambres à l'étage dont 2 triples et 1 double avec sanitaires privés. Salle de séjour avec cheminée et salon à disposition. Parc attenant avec salon de jardin. Terrasse. Maison de caractère au cœur de la forêt de Brocéliande avec 3 chambres joliment décorées et harmonieuses avec beaucoup de charme. 1 des ch. peut accueillir 4 pers. Espace détente réservé aux hôtes (salon, cheminée, bibliothèque). Forêt avec de nombreux sentiers de randonnées.

CV

Prix : 1 pers. **250 F** 2 pers. **300 F** 3 pers. **370 F** pers. sup. **70 F**

Ouvert : toute l'année sauf janvier.

12	2	2	2	6	SP	2

MORVAN Annie et Robert - La Corne de Cerf - Le Cannée - 35380 PAIMPONT - Tél : 02 99 07 84 19 ou SR : 02 99 78 47 57

PAIMPONT Manoir de la Ruisselée

C.M. 230 Pli 38

3 ch. **Paimpont 5 km. Plélan-le-Grand 1 km.** 3 ch. joliement décorées, agréables à vivre dans ce manoir du XVIIIe siècle. 1 ch. 2 pers. avec salle de bains et wc. 1 ch. 2 pers. avec salle d'eau et wc. Unité familiale de 2 ch. (4 lits 1 pers.) avec salle d'eau et wc privés. Salon à pisposition des hôtes et jardin d'été pour vos copieux petits déjeuners. A 500 m de la forêt de Brocéliande. Joli manoir aménagé sur un parc boisé et fleuri. Christine vous accueille dans ce site remarquable, couvert de forêts et de landes, à proximité de Plélan-le-Grand. A plélan-le-Grand, piscine découverte agréable pour les jeunes enfants. Langue parlée : anglais.

CV

Prix : 1 pers. **280 F** 2 pers. **300 F** 3 pers. **400 F** pers. sup. **100 F**

Ouvert : toute l'année.

1,5	1,5	5	0,5	60	25	1

HERMENIER Christine - Manoir de la Ruisselée - 35380 PAIMPONT - Tél : 02 99 06 85 94 ou 06 84 61 50 30

PAIMPONT

C.M. 230 Pli 38

2 ch. **Tombeau de Merlin l'Enchanteur 5 km.** 2 ch. soigneusement décorées et personnalisées, 1 ch. double poss. Lit d'appoint, sanitaires privés, 1 ch. double, sanitaires privés. Salle de séjour avec salon cheminée. Pêche à proximité. Régine vous accueille dans cette maison en campagne au cœur de Brocéliande et de sa forêt légendaire, dans un joli cadre où règne le calme, pelouse et fleurs. Les amateurs de randonnées peuvent partir à pied sur de nombreux sentiers.

Prix : 1 pers. **200 F** 2 pers. **250 F** 3 pers. **300 F**

6	SP	0,1	8	SP	SP

POIRIER Régine - Château du Bois - 35380 PAIMPONT - Tél : 02 99 07 83 58 ou SR : 02 99 78 47 57

LE PETIT-FOUGERAY Le Grand Poncé

(TH)

1 ch. **Rennes 15 mn.** A l'étage : 2 ch. attenantes avec salon de lecture et TV (1 lit 2 pers. 2 lits 1 pers.), salle de bains et wc privés. Jeux de société. Terrasse avec salon de jardin dans le grand terrrain attenant boisé et fleuri. A la campagne, dans un cadre de verdure calme et reposant. Belle maison contemporaine confortable. Vous pourrez de ce lieu, randonner à pied ou à vélo. Langue parlée : anglais.

CV

Prix : 1 pers. **190 F** 2 pers. **230 F** repas **90/120 F**

13	10	10	10	10	13	4

MAKRI Marie-Francoise - Le Grand Ponce - 35320 LE PETIT-FOUGERAY - Tél : 02 99 44 68 64 ou SR : 02 99 78 47 57

PIRE-SUR-SEICHE Les Epinays

(TH)

C.M. 230 Pli 41

4 ch. 3 ch. doubles et 1 chambre triple avec sanitaires privés (douche, wc, lavabo), aménagées dans le confort et le charme d'une longère du XVIIIe restaurée, sur un terrain fleuri. Grande salle de séjour/salon avec cheminée. 1 des chambres est accessible aux personnes handicapées. Site vallonné. Table d'hôtes sur réservation. Tél. portable du propriétaire : 06.12.02.38.22.

Prix : 1 pers. **170/220 F** 2 pers. **260 F** 3 pers. **340 F** repas **100 F**

Ouvert : toute l'année.

10	SP	6	25	12	12

COLLEU René - Les Epinays - 35150 PIRE-SUR-SEICHE - Tél : 02 99 00 01 16 ou SR : 02 99 78 47 57

PLEINE-FOUGERES Les Challonges

(TH) *C.M. 230 Pli 27*

1 ch. **Mont Saint-Michel 10 km.** Dans la baie di Mont Saint-Michel, à 800 m du village dans maison entourée d'un jardin ombragé et fleuri. 1 ch. double et 1 ch. triple. Sanitaires communs sur le palier. Salon, séjour. Terrain. Salon de jardin. Table d'hôtes sur réservation.

Prix : 1 pers. **150 F** 2 pers. **170 F** 3 pers. **220 F** repas **75 F**

20	5	0,5	5	7	5	1

THEBAULT Monique - Les Challonges - 35610 PLEINE-FOUGERES - Tél : 02 99 48 60 21 ou SR : 02 99 78 47 57

PLEINE-FOUGERES La Costardière

C.M. 230 Pli 27

3 ch. **Mont Saint-Michel 10 km. Pontorson, Dol, Saint-Malo 35 km.** Manoir du XVIe siècle, sur une ferme en activité comprenant : 1 ch. 2 pers. avec cheminée. 1 ch. 3 pers. 1 ch. 4 pers. avec cheminée. Sanitaires privés pour chaque chambre. Salon. Parc avec animaux et jeux. Champs, bois, plan d'eau (pêche, promenade en barque) autour de la propriété. Calme et verdure, vie à la ferme. Rivière 1 km.

Prix : 1 pers. **170/180 F** 2 pers. **220 F** 3 pers. **270/320 F**

Ouvert : toute l'année.

17	2	4	10	15

HERVE Gérard et Isabelle - La Cotardière - 35610 PLEINE-FOUGERES - Tél : 02 99 48 55 92 ou SR : 02 99 78 47 57

PLELAN-LE-GRAND La Tréberdière

C.M. 230 Pli 39

2 ch. **Paimpont 5 km. Rennes 30 km.** 1 chambre 2 pers. 1 chambre suite de 2 à 4 pers., sanitaires particuliers à chaque chambre. Salon à la disposition des hôtes ouvrant sur un magnifique jardin fleuri. Marie-Léonne vous prépara de copieux petits déjeuners dans la vaste salle à manger où les boiseries dominent. Tarif 4 pers. : 500 F. Proche de la forêt de Brocéliande, dans une remarquable maison du XIXe, sur la place de l'église. Marie-Léonne accueille ses visiteurs avec beaucoup de douceur et de gentillesse. Beaucoup de charme à l'intérieur avec mobilier et parquet anciens, note exotique par de nombreux objets de tous horizons.

Prix : 2 pers. **300 F** 3 pers. **450 F**

Ouvert : toute l'année.

SP	SP	15	2	25	70	SP

DE FLORIS Hubert - La Treberdière - place de l'Eglise - 35380 PLELAN-LE-GRAND - Tél : 02 99 06 83 05

PLERGUER Beaufort

(TH) *C.M. 230 Pli 12*

3 ch. **Saint-Malo et mont Saint-Michel 25 km. Dinan 20 km.** Magnifique longère restaurée située dans un site au milieu de bois, avec beaucoup de charme. Les chambres sont meublées dans le style de la région. 3 ch. à l'étage spacieuses et claires : 2 ch. doubles avec salle d'eau et wc privés, 1 ch. 4 pers. avec salle de bains et wc privés. Salle à manger réservée aux hôtes. Table d'hôtes sur réservation sauf le dimanche soir. Situation idéale pour séjourner et découvrir les richesses historiques, géographiques, culturelles et culinaires de la région. Tarif 4 pers. : 470 F. Langue parlée : anglais.

Prix : 1 pers. **270 F** 2 pers. **290 F** 3 pers. **380 F** pers. sup. **90 F** repas **120 F** 1/2 pens. **245 F**

Ouvert : toute l'année.

6	15	6	6	2	SP	15	20	9	6

POMEL Gérard - Beaufort - 35540 PLERGUER - Tél : 02 99 80 91 99 - Fax : 02 99 80 91 90 - E-mail : beaufort@beaufort.com.fr - http://www.beaufort.com.fr

PLEUGUENEUC La Coudraie

C.M. 230 Pli 25

E.C. 3 ch. **Saint-Malo 35 km et grandes plages 15 mn. Dinan et Combourg 12 km.** 1 ch. au r.d.c. (1 lit 2 pers.), salle d'eau, wc privés. 2 ch. de 4 pers. à l'étage, avec salle d'eau et wc privés dans chaque chambre. Salon de lecture et de musique à dispo. Salle de séjour. Belle maison en pierre de pays avec terrasse donnant sur un plan d'eau (pêche). Salon de jardin. Intérieur soigné et accueillant. A prox. de la N137 (Rennes-St-Malo). 440 F/4 pers. Langue parlée : allemand.

Prix : 1 pers. **240 F** 2 pers. **290 F** 3 pers. **370 F**

12	10	10	3	10	SP	10	12	3

EBERHARD Noëlla - La Coudraie - 35720 PLEUGUENEUC - Tél : 02 99 69 41 18 - Fax : 02 99 69 41 18 ou SR : 02 99 78 47 57

PLEUGUENEUC Lézard Tranquille

C.M. 230 Pli 25

5 ch. **Saint-Malo 25. Mont Saint-Michel 40 km. Dinan 15 km.** Magnifique propriété sur le domaine du château de la Bourbansais (XVIIe siècle). 5 ch. avec salle de bains et wc privés, TV. Salle de séjour/salon avec cheminée. Accès direct au château, son parc avec son zoo et sa meute de chiens. Ping-pong, vélos.

Prix : 1 pers. **190 F** 2 pers. **290 F** 3 pers. **350 F**

15	15	15	0,5	SP	SP	10	SP	15	SP

de LORGERIL Julie - Lézard Tranquille - 35720 PLEUGUENEUC - Tél : 02 99 69 40 36 ou SR : 02 99 78 47 57

QUEDILLAC Tremel

E.C. 1 ch. **Forêt de Brocéliande 15 km. Base de loisirs de Tremelin 20 km.** A l'étage : 1 unité familiale de 2 ch. (1 lit 2 pers., 2 lits 1 pers. enfants) avec TV, salle de bains et wc privés. Séjour et salon au rez-de-chaussée avec possibilité de cuisine. Matériel de puériculture possible. Chrystèle vous servira de copieux petits déjeuners avec confitures maison. Terrasse, salon de jardin, barbecue, portique, VTT. Au pays de Brocéliande, Chrystèle et Régis vous accueillent dans leur maison en pierres de pays, avec un grand parc paysager de 4500 m^2 clôturé. Langues parlées : anglais, allemand.

Prix : 2 pers. **250 F** 3 pers. **320 F** pers. sup. **70 F**

Ouvert : à partir du printemps 2001

5	2	2	15	SP

DOURLENS Chrystèle et Régis - Tremel - 35290 QUEDILLAC - Tél : 02 99 09 49 04 ou 06 03 83 84 07 -
E-mail : regis.dourlens@coralis.fr

LE RHEU Château de la Freslonnière *C.M. 230 Pli 26*

2 ch. 1 chambre double et 1 chambre avec suite pour 4 pers., TV, sanitaires privés pour chaque chambre, aménagées dans un château du XVIIe siècle, situé au cœur d'un domaine boisé abritant un parcours de golf 18 trous et un étang. Salon de jardin dans le parc. Tarif 4 pers. : 680 F. Les chambres sont meublées d'époque. Langue parlée : anglais.

Prix : 1 pers. **380/460 F** 2 pers. **380/460 F** 3 pers. **530 F**

Ouvert : toute l'année.

SP	SP	3	SP	3	SP	SP	7	3

D'ALINCOURT Claude - Château de la Freslonnière - 35650 LE RHEU - Tél : 02 99 14 84 09 ou 02 99 14 94 98 -
E-mail : lafresle@compuserve.com

ROZ-LANDRIEUX Petite Rivière *C.M. 230 Pli 12*

3 ch. **Mont Saint-Michel 30 km. St-Malo et Dinan 20 km. Dol-de-Bretagne 5 km.** Ancienne maison rénovée dans un encadrement de verdure dans la baie du Mont Saint-Michel. 2 chambres doubles. 1 chambre triple. Sanitaires privés. Salle de séjour. Cour avec pelouse et fleurs. Salon de jardin.

Prix : 1 pers. **190 F** 2 pers. **220 F** 3 pers. **270 F**

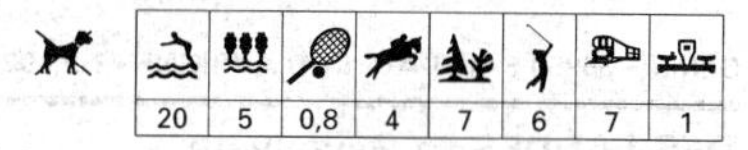

20	5	0,8	4	7	6	7	1

ROBIDOU Geneviève - Petite Rivière - 35120 ROZ-LANDRIEUX - Tél : 02 99 48 15 64 ou SR : 02 99 78 47 57

ROZ-LANDRIEUX Manoir de la Mettrie (TH) *C.M. 230 Pli 26*

5 ch. **Mont Saint-Michel, Saint-Malo et Dinan 20 km.** 3 chambres doubles et 2 chambres 3/4 pers. avec sanitaires particuliers pour chaque chambre, aménagées dans un magnifique manoir des XIIIe et XVIe siècles. Salle de séjour, salon de lecture, salon avec TV. Terrain aménagé avec salon de jardin et jeux pour enfants.

Prix : 1 pers. **210 F** 2 pers. **230/280 F** 3 pers. **290 F** repas **90 F**

Ouvert : toute l'année.

15	3	0,5	0,5	7	4	3	3

JOURDAN Marie-Claude - Manoir de la Mettrie - 35120 ROZ-LANDRIEUX - Tél : 02 99 48 29 21 - Fax : 02 99 48 29 21 ou SR : 02 99 78 47 57

ROZ-LANDRIEUX *C.M. 230 Pli 12*

3 ch. **Saint-Malo et ses plages 15 km. Mont Saint-Michel 20 km.** 3 chambres d'hôtes doubles avec sanitaires privés. Salle de séjour, salon. Terrasse avec salon de jardin. Maison contemporaine sur une pelouse fleurie.

Prix : 1 pers. **160 F** 2 pers. **200/220 F** 3 pers. **250/270 F**

15	15	1	1	6	8	15	3	1

ROGER Maryvonne - La Grande Rivière - 35120 ROZ-LANDRIEUX - Tél : 02 99 48 18 25 ou SR : 02 99 78 47 57

ROZ-SUR-COUESNON *C.M. 230 Pli 13*

5 ch. **Mont Saint-Michel 8 km. Saint-Malo 25 km.** 5 ch. d'hôtes dans une maison du XVIIIe, avec vue sur le Mt-St-Michel. Sanitaires privés pour chaque chambre. 2 ch. 2 pers. 2 ch. 3 pers. dont 2 avec vue panoramique sur le Mont Saint-Michel. 1 ch. 4 pers. « Les Hortensias » (300 F/2 pers. - 350 F/3 pers.). Terrasse : vue panoramique. Jardin clos. Salle de séjour/salon. TV anglaise. Local avec poss. cuisine. Terrain. Pêche 8 km. Char à voile 10 km.

Prix : 1 pers. **180 F** 2 pers. **230 F** 3 pers. **300 F**

10	7	7	1

GILLET Hélène - Val Saint-Revert - 35610 ROZ-SUR-COUESNON - Tél : 02 99 80 27 85 - Fax : 02 99 80 27 85 ou SR : 02 99 78 47 57

ROZ-SUR-COUESNON La Roselière

C.M. 230 Pli 13

5 ch. **Mont Saint-Michel 8 km. Saint-Malo 25 km.** 1 chambre 3 pers. accessible aux personnes handicapées avec sanitaires privés. 2 chambres 3 pers. avec sanitaires privés. 2 chambres 4 pers. avec sanitaires privés. Salle de séjour avec TV. Possibilité de cuisine sur place. Cour et jardin privés. Maison du XVIe siècle, chez Odile et Bernard producteurs de foie gras. Route touristique (Pontorson, Saint-Malo) par la côte. Rivière 7 km.

Prix : 1 pers. **200 F** 2 pers. **230/270 F** 3 pers. **300 F**

Ouvert : toute l'année sauf du 1/10 au 1/03.

20	1	2	8	15	15	1

MOUBECHE Bernard et Odile - La Roselière - 35610 ROZ-SUR-COUESNON - Tél : 02 99 80 22 05 - Fax : 02 99 80 22 05 ou SR : 02 99 78 47 57

ROZ-SUR-COUESNON La Bergerie

C.M. 230 Pli 13

5 ch. Au cœur du Mont Saint-Michel, grande longère du XVII et XVIIIe siècle en granit du pays. 5 ch. de 2 à 4 pers. Sanitaires privés pour chaque chambre. Séjour/salon/coin-cuisine à dispo. Jardin avec pelouse et stationnement privé. La maison est située dans les polders de la baie du Mont Saint-Michel, entre Cancale et le Mont-Saint-Michel. 320 à 350 F/4 pers. Langue parlée : anglais.

Prix : 1 pers. **210/230 F** 2 pers. **230/250 F** 3 pers. **280/300 F**

18	8	9	9	10	13	8	0,2

PIEL Jacky - La Bergerie - La Poultière - 35610 ROZ-SUR-COUESNON - Tél : 02 99 80 29 68 - Fax : 02 99 80 29 68 ou SR : 02 99 78 47 57

SAINT-AUBIN-D'AUBIGNE Gatine

C.M. 230 Pli 26

2 ch. **Mont Saint-Michel 40 km. Rennes 25 km.** Maison rénovée en campagne : 2 chambres doubles avec salles de bains privées et wc communs. Salle de séjour/salon. Jardin. Terrasses.

Prix : 1 pers. **150 F** 2 pers. **190 F** 3 pers. **220 F**

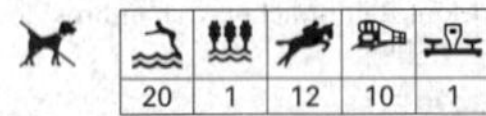

20	1	12	10	1

GARAULT Nicole - Gatine - 35250 SAINT-AUBIN-D'AUBIGNE - Tél : 02 99 55 47 28 - Fax : 02 99 55 49 38 ou SR : 02 99 78 47 57

SAINT-AUBIN-DES-LANDES La Gavouyère

E.C. 1 ch. **Vitré 7 km.** Au pays de la Marquise de Sévigné, dans un environnement verdoyant, Roselyne vous reçoit dans un joli manoir rénové sur un parc de 1 ha. longeant la Vilaine. A l'étage : 1 ch. (1 lit 2 pers., 1 lit enfant), sanitaires privés. Salon au rez-de-chaussée à votre disposition. Roselyne vous servira de copieux petits déjeuners en salle ou l'été dans le jardin. Promenades possibles dans le parc, tennis à disposition. Restaurants gastronomiques et crêperies à Vitré, très jolie ville avec son château, ses vieilles rues et maisons à pans de bois.

CV

Prix : 1 pers. **200 F** 2 pers. **250 F** 3 pers. **320 F**

Ouvert : toute l'année.

7	7

du CLARY Roselyne - La Gavouyère - 35500 SAINT-AUBIN-DES-LANDES - Tél : 02 99 75 21 70 ou 06 19 83 21 94

SAINT-BRIAC-SUR-MER Manoir de la Duchée

C.M. 3 Pli 11

5 ch. **Dinard 8 km. Saint-Malo 12 km.** Manoir du XVIe siècle dans un parc boisé et fleuri. 2 ch. doubles avec TV et sanitaires privés + sèche-cheveux. 2 suites avec s.d.b., TV, sèche-cheveux. 1 ch. duplex avec TV, sanitaires privés et sèche-cheveux. Salon à disposition des hôtes avec bibliothèque, salon d'exposition (peintures, sculpture... Cadre agréable. Demeure de caractère avec mobilier de style. Tarif 4 pers. : 550 F. Petits déjeuners servis dans le jardin d'hiver. Expositions pour l'an 2000 de différentes calèches anciennes. Brocantes.

Prix : 1 pers. **300 F** 2 pers. **350/500 F** 3 pers. **500 F**

3	3	1	SP	3	SP	12	2,5

STENOU Jean-François - Manoir de la Duchée - 35800 SAINT-BRIAC-SUR-MER - Tél : 02 99 88 00 02 - Fax : 02 99 88 92 57 - http://www.Pro.wanadoo.fr/manoir.duchée/ ou SR : 02 99 78 47 57

SAINT-BRIAC-SUR-MER Le Clos du Pont Martin

C.M. 230 Pli 11

3 ch. **Dinard 8 km. Saint-Malo 12 km.** R.d.c. : 1 ch. double (poss. 4 pers.) avec sanitaires privés, TV, terrasse privée avec chaises longues. A l'ét. : 1 ch. double (poss. 4 pers.) avec sanitaires privés, TV, salon. 1 ch. double avec TV, sanitaires privés. Toutes les ch. disposent d'un réfrigérateur mini-bar. Séjour avec salon (cheminée) à dispo. Garage et parking privés. 440 à 490 F/4 pers. Cette demeure meublée en mobilier ancien et de style, décorée avec raffinement, a un charme certain. Dans le parc, barnum en été, salons de jardin, chaises longues, barbecue. Maison de caractère dans un parc entièrement clos, arboré et fleuri où vous trouverez calme et repos.

CV

Prix : 2 pers. **280/330 F** 3 pers. **360/410 F**

Ouvert : toute l'année.

3	2	2	1	6	3	SP	2	2	12	2

COUPLIERE Daniel - Le Clos du Pont Martin - 35800 SAINT-BRIAC-SUR-MER - Tél : 02 99 88 38 07 - Fax : 02 99 88 05 48 - E-mail : info@briac.com - http://www.briac.com ou SR : 02 99 78 47 57

SAINT-BROLADRE La Cour Boutier *C.M. 230 Pli 12*

2 ch. 1 chambre double avec sanitaires privés, 1 chambre double avec douche, lavabo et wc communs et 1 chambre double avec s.d.b. indépendante sur le palier, wc communs. Salle de séjour/salon (TV) à disposition. Parking. Au cœur de la baie du Mont-St-Michel, belle longère rénovée, très fleurie. Terrain attenant avec salon de jardin. Intérieur soigné et confortable. Excellent petit déjeuner.

Prix : 1 pers. **180 F** 2 pers. **200 F** 3 pers. **270 F**

Ouvert : toute l'année.

20	20	20	1,5	1,5	10	10	6	0,5

LEPORT Aimée et Guillaume - La Cour Boutier - 35120 SAINT-BROLADRE - Tél : 02 99 80 26 65 ou SR : 02 99 78 47 57

SAINT-BROLADRE La Bouhourdière *C.M. 230 Pli 12*

1 ch. **Cancale 20 km. Mont Saint-Michel 20 km.** Au cœur de la baie du mont Saint-Michel et à 2 km de la mer, demeure de caractère située dans un cadre verdoyant. 1 chambre double avec sanitaires privés à l'étage. 1 salle de séjour avec salon et cheminée. Terrasse pour les petits déjeuners. Grand jardin fleuri avec meubles de jardin. Langue parlée : anglais.

Prix : 2 pers. **240 F**

Ouvert : de Pâques au 5 septembre.

25	5	25	1	2	35	10	2	2	20	10	1

MILLINGTON Lynne - La Bouhourdière - 35120 SAINT-BROLADRE - Tél : 02 99 80 28 75 ou SR : 02 99 78 47 57

SAINT-COULOMB Les Landes *C.M. 230 Pli 11*

2 ch. **Port de Cancale 3 km. Saint-Malo 9 km.** Dans une ferme du XVIIIe siècle très calme située sur la côte d'Emeraude près de la mer. 2 chambres doubles à l'étage avec sanitaires privés. 1 unité familiale de 2 ch. avec sanitaires privés. Salle de séjour, salon. Pelouse avec salon de jardin.

Prix : 1 pers. **230 F** 2 pers. **260/270 F** 3 pers. **330 F**

Ouvert : toute l'année.

10	2,5	10	2,5	2,5	25	25	25	10	3

HIREL Jeanine - Les Landes - 35350 SAINT-COULOMB - Tél : 02 99 89 01 27 ou SR : 02 99 78 47 57

SAINT-COULOMB La Haute Ville Enoux

4 ch. A l'étage : 1 chambre double et 3 chambres triples, toutes avec sanitaires privés. Salle de séjour/salon avec TV. Terrasse. Maison récente sur un terrain fleuri et ombragé à proximité de la mer (anse Dugueclin). Région de la côte d'Emeraude, Saint-Malo, Cancale. Randonnées pédestres pour se rendre à la plage. 400 F/4 pers. Langue parlée : anglais.

Prix : 1 pers. **230 F** 2 pers. **260/340 F** 3 pers. **370 F**

Ouvert : toute l'année.

10	2,5	1	1,2	3	20	10	1,2

THOMAS René - La Haute Ville Enoux - 35350 SAINT-COULOMB - Tél : 02 99 89 04 79 - Fax : 02 99 89 04 79 ou SR : 02 99 78 47 57

SAINT-COULOMB La Marette - La Guimorais *C.M. 230 Pli 12*

4 ch. **Saint-Malo 9 km.** 1 chambre double, 2 chambres triples ou 1 unité familiale 4 pers. avec sanitaires privés. Salle de séjour/salon. Jardin avec pelouse. Parking privé. En côte d'Emeraude, proche de la mer et des plages où vous vous rendez à pied, Josephine et Emile vous accueillent dans cette maison de pays à mi-route de Cancale/Saint-Malo par la route touristique. 410 F/4 pers.

Prix : 2 pers. **250/260 F** 3 pers. **320/330 F**

Ouvert : toute l'année.

7	2	0,6	2	2	10	0,6	0,6	9

LIMPALER Emile - La Marette - La Guimorais - 35350 SAINT-COULOMB - Tél : 02 99 89 00 46 ou SR : 02 99 78 47 57

SAINT-COULOMB Le Hindre *C.M. 230 Pli 12*

5 ch. **Saint-Malo 10 km.** 4 chambres doubles et 1 chambre 4 pers. avec sanitaires privés, aménagées dans une grande maison rénovée avec grand jardin. Salle de séjour/salon avec cheminée à la disposition des hôtes. Kitchenette. 370 à 380 F/4 pers. Tél. portable : 06.57.01.46.70.

Prix : 1 pers. **210/230 F** 2 pers. **260/270 F** 3 pers. **330/340 F**

Ouvert : toute l'année.

8	3	3	1,5	SP	15	8	1,5

ROBIN Catherine - Le Hindre - 35350 SAINT-COULOMB - Tél : 02 99 89 08 25 - Fax : 02 99 89 08 25 ou SR : 02 99 78 47 57

SAINT-JOUAN-DES-GUERETS Manoir de Blanche Roche

TH — C.M. 230 Pli 11

4 ch. **Saint-Malo 4 km.** Au 2e étage du manoir, 4 ch. doubles aménagées avec sanitaires particuliers. Au r.d.c., salon à disposition. Parc à disposition avec possibilité de promenades. Terrasse avec salon de jardin. Parking. Copieux petits déjeuners. Repas à la table d'hôtes avec des produits locaux. Manoir anglais du XIXe aménagé sur un parc de 1,8 ha. à proximité de la RN137. Le cadre est fort agréable et l'accueil chaleureux. De ce lieu vous partez sur Saint-Malo à la découverte des nombreuses plages et des nombreux sites à visiter.

Prix : 1 pers. **240 F** 2 pers. **290/300 F** repas **100 F**

Ouvert : toute l'année.

4	3	7	12	4	4	0,8

BERTIN Nicole - Manoir de Blanche Roche - 35430 SAINT-JOUAN-DES-GUERETS - Tél : 02 99 19 11 11 ou 06 67 87 45 91 - Fax : 02 99 19 11 11

SAINT-LUNAIRE La Ruaudais

2 ch. **Grandes plages, Saint-Lunaire et Dinard 10 mn.** Louisette et Francis vous accueillent et vous proposent 2 ch. d'hôtes : 1 ch. triple et 1 ch. quadruple avec sanitaires privés. Terrasse et salon de jardin, salon indépendant avec TV. Au petit déjeuner, vous dégusterez la spécialité de la maîtresse de maison : les confitures !

Prix : 1 pers. **230 F** 2 pers. **280 F** 3 pers. **360 F**

Ouvert : toute l'année.

3	3	3	3	3	3	3

PES Louisette et Francis - La Ruaudais - 35830 SAINT-LUNAIRE - Tél : 02 99 46 31 92

SAINT-MALO Goeletterie Quelmer

TH — C.M. 230 Pli 11

5 ch. **Saint-Malo 4 km.** 4 ch. double, 1 ch. 4/5 pers. avec sanitaires particuliers, aménagées dans une maison de caractère, en bordure de Rance (2 chambres avec vue), dans un endroit calme et reposant. Salle de séjour/salon avec cheminée et TV. Terrain avec jeux. Gare maritime 4 km.

Prix : 1 pers. **240/270 F** 2 pers. **270/300 F** 3 pers. **360 F** repas **70/100 F**

Ouvert : toute l'année.

4	4	3	10	5	2

TREVILLY Raymonde - Goeletterie Quelmer - 35400 SAINT-MALO - Tél : 02 99 81 92 64 - Fax : 02 99 82 27 01 ou SR : 02 99 78 47 57

SAINT-MALO Les Croix Gibouins

C.M. 230 Pli 11

4 ch. **Saint-Malo 5 km. Thermes marins 4 km.** Située à l'entrée de Saint-Malo, à 2 km. 4 chambres d'hôtes aménagées à l'étage d'une gentilhommière du XVIe siècle, en campagne. 1 ch. double. 1 ch. 4 pers. 2 ch. communicantes (4 pers.). Sanitaires privés. Salle de séjour/salon. Terrasse avec salon de jardin, terrain, parking privé. Tarif 4 pers. : 400 F. Langue parlée : anglais.

Prix : 2 pers. **260/300 F** 3 pers. **350 F**

Ouvert : toute l'année.

3,5	4	4	6	10	3,5	5	2

BASLE Maryline - Les Croix Gibouins - 35400 SAINT-MALO - Tél : 02 99 81 12 41 - Fax : 02 99 81 12 41 ou SR : 02 99 78 47 57

SAINT-MALO La Bastide

C.M. 230 Pli 11

2 ch. 1 chambre 2 pers. 1 chambre 4 pers. avec sanitaires particuliers. Salle de séjour/salon. Cour fleurie avec pelouse. A 10 mn de Saint-Malo intra-muros et à 5 mn des plages. Madeleine vous reçoit dans sa maison en pierre de pays.

Prix : 1 pers. **185 F** 2 pers. **235/250 F** 3 pers. **290/320 F** pers. sup. **50 F**

Ouvert : toute l'année.

4	1	25	1	1	4	1

LE FUSTEC Madeleine - rue du Docteur Christian Paul - La Bastide - 35400 SAINT-MALO - Tél : 02 99 56 06 29 ou SR : 02 99 78 47 57

SAINT-MALO Le Petit Limoelou

C.M. 230 Pli 11

1 ch. **Saint-Malo 5 km. Cancale 10 km.** A l'étage : 1 ch. 2 pers., possibilité de lit d'appoint avec salle de bains et wc attenants. Salle de séjour avec salon à la disposition des hôtes. Suzanne vous servira un copieux petit déjeuner, sur la terrasse ouverte l'été sur un joli jardin clos avec pelouses et cour très fleurie. A prox. de St-Malo, jolie maison située près du manoir de Jacques Cartier au calme, près des grandes plages de la côte d'Emeraude. Vous rayonnerez sur St-Malo et Cancale à la découverte des grands sites comme l'Ause Duguesclin, la pointe de Grouin... tout en allant sur la baie du mont St-Michel.

Prix : 1 pers. **190 F** 2 pers. **260 F** 3 pers. **310 F**

Ouvert : du 1er mars au 15 novembre.

5	1,5	1,5	25	1	5	1

MOULIN Célestin et Suzanne - Le Petit Limoelou - rue du Docteur C. Paul - 35400 SAINT-MALO - Tél : 02 99 56 04 52

SAINT-MALO
C.M. 230 Pli 11

2 ch. 2 unités familiales de 2 chambres, l'une 3 épis, avec sanitaires particuliers, l'autre 2 épis, avec douche privée et wc communs. 1 ch. double (2 épis) avec douche privée et wc communs.Petits déjeuners aux gâteaux et confitures servis dans une salle de séjour rustique. Cheminée. Poss. de cuisiner sur place. Terrain avec salon de jardin. Barbecue. Maison rustique en pierre, située au pays de la côte d'Emeraude. Proche de la mer et des plages. Tarif 4 pers. : 450 F.

Prix : 1 pers. **200 F** 2 pers. **260 F** 3 pers. **360 F**

Ouvert : toute l'année.

5	3	2	6	6	1

DESBOIS Monique - La Buzardière - 35400 SAINT-MALO - Tél : 02 99 81 76 36 ou SR : 02 99 78 47 57

SAINT-MALO La Flaudais
C.M. 230 Pli 14

3 ch. 3 chambres doubles (dont 1 avec lits jumeaux) avec sanitaires privés. Superbes chambres joliment décorées. Belle salle de séjour pour les petis déjeuners. Tél. portable : 06.61.78.86.71. Malouinière du XVIIe siècle entourée de murs. Le jardin attenant est cultivé pour la production de fleurs coupées. Les chambres donnent sur le jardin, leur entrée est indépendante. Langue parlée : anglais.

Prix : 1 pers. **240 F** 2 pers. **300 F**

Ouvert : toute l'année sauf décembre et janvier.

2,5	3	2	5	15	2	3,5	0,5

MICHEL Patrick - 19 avenue Patton - La Flaudais - 35400 SAINT-MALO - Tél : 02 99 81 86 71 ou SR : 02 99 78 47 57

SAINT-MALO Le Gué

3 ch. **Saint-Malo 5 mn.** 1 ch. double, 1 ch. triple, 1 unité familiale de 2 ch. (1 lit 2 pers., 2 lits 1 pers., 1 lit 1 pers. d'appoint). Sanitaires privés à chaque ch. Salle de séjour avec salon, bibliothèque à votre disposition. Terrasse avec salon de jardin où seront servis de copieux petits déjeuners faits de produits maison. Votre hôtesses vous reçoit dans sa maison bretonne située dans un parc boisé et fleuri. Départ de Saint-Malo vers les îles anglo-normandes et vers le Mont-Saint-Michel à moins d'1 h.

Prix : 1 pers. **290 F** 2 pers. **330 F** 3 pers. **410 F**

Ouvert : toute l'année.

3	2	3	1	20	10	1	2	5	1

COQUIL Joëlle - La Petite Ville Mallet - 35400 SAINT-MALO - Tél : 02 99 81 75 62 - Fax : 02 99 81 75 62

SAINT-MARCAN
C.M. 230 Pli 12

5 ch. **Mont Saint-Michel 12 km. Saint-Malo 20 km.** 5 chambres d'hôtes dans une maison située en baie du Mont Saint-Michel, sur la route Saint-Malo/Mont Saint-Michel par la côte. 2 ch. doubles, 1 ch. triple, 2 ch. 4 pers. avec sanitaires privés. Salle de séjour/salon avec TV à la disposition des hôtes. Possibilité de cuisine. Terrain de jeux. Pêche 5 km. 340 F/4 pers.

Prix : 1 pers. **200 F** 2 pers. **220 F** 3 pers. **275 F**

5

GLE Madelaine - 2 rue Colombel - 35120 SAINT-MARCAN - Tél : 02 99 80 22 78 ou SR : 02 99 78 47 57

SAINT-MARCAN La Gautrais
C.M. 230 Pli 12

5 ch. **Mont Saint-Michel 12 km. Saint-Malo 30 km.** En baie du Mt-St-Michel, en bordure de la route côtière, Corinne a aménagé dans sa longère rénovée 5 ch. doubles avec sanitaires privés. Salle de séjour à la disposition des hôtes (micro-ondes et TV). Les petits déjeuners seront servis dans le jardin en été. Crêpes le dimanche matin. Sentiers de randonnées en face de la maison. Vous êtes à 1/2 heure des plages de la côte d'Emeraude.

Prix : 2 pers. **210 F** 3 pers. **250 F**

Ouvert : toute l'année.

15	2	7	13	6	10	3

CHOUZENOUX Corinne - 1 La Gautrais - 35120 SAINT-MARCAN - Tél : 02 99 80 28 93

SAINT-MAUGAN
C.M. 230 Pli 25

5 ch. 5 chambres d'hôtes aménagées à l'étage d'un ancien presbytère à proximité du village. 5 chambres pour 3 pers. avec 2 salles d'eau et 2 wc communs. Salle de séjour. A proximité : étang communal, pêche. Base de loisirs de Tremelin (baignade, pédalos...). 270 F/4 pers.

Prix : 1 pers. **120 F** 2 pers. **170 F** 3 pers. **220 F**

15	5	5	5	10	5

COMMUNE DE SAINT-MAUGAN - Mairie - 35750 SAINT-MAUGAN - Tél : 02 99 09 99 67 ou SR : 02 99 78 47 57

SAINT-MEEN-LE-GRAND Le Clos Constantin (TH)

2 ch. **St-Malo, Dinan 30 mn. Paimpont 15 km. Golfe du Morbihan 55 mn.** Chaleureuse atmosphère dans une belle demeure d'artistes (fin XIXe). 2 ch. très confortables et calmes, décorées avec élégance et raffinement où les propriétaires ont donné tout leur talent pour y mettre fraîcheur et romantisme. 1 ch./duplex (1 lit 2 pers., 2 lits 1 pers.), 1 ch. (2 lits 1 pers.), toutes 2 avec salle de bains et wc privés. Jardin fleuri avec terrasse. Découverte à quelques encablures de Dinard, Dinan, St-Malo et les légendes de Brocéliande. Vous pourrez aussi dîner avec Catherine (peintre) et Luc (photographe) dans leur délicieuse salle à manger où vous serez reçus en amis (cuisine goûteuse et inventive). Stages aquarelle et photographie. Langue parlée : anglais.

Prix : 1 pers. **240 F** 2 pers. **270 F** 3 pers. **350 F** pers. sup. **80 F** repas **110 F**

Ouvert : toute l'année.

1	15	1	15	10	SP	60	60	10	SP

RUAN Luc et Catherine - 39 avenue Foch - Le Clos Constantin - 35290 SAINT-MEEN-LE-GRAND - Tél : 02 99 09 53 09 ou 06 80 22 45 26 - Fax : 02 99 09 53 09

SAINT-MELOIR-DES-ONDES Les Croix Gibouins *C.M. 230 Pli 11*

3 ch. **Saint-Malo 5 km.** Située à l'entrée de Saint-Malo (2 km), dans 1 maison du XVIe siècle. 1 chambre double avec sanitaires privés, 1 ch. 4 pers. et 1 ch. 3 pers. avec sanitaires communs, 1 ch. 5 pers., sanitaires individuels pour chaque chambre. Salle de séjour, salon. Terrasse, parking privé. Région touristique entre Saint-Malo et le Mont Saint-Michel. Parking privé. 360 à 400 F/4 pers.

Prix : 1 pers. **200/220 F** 2 pers. **250/270 F** 3 pers. **310/330 F**

Ouvert : toute l'année.

3,5	4	4	6	5	3,5	5	2

BASLE Denise - Les Croix Gibouins - 35350 SAINT-MELOIR-DES-ONDES - Tél : 02 99 82 11 97 ou SR : 02 99 78 47 57

SAINT-MELOIR-DES-ONDES Le Buot *C.M. 230 Pli 11*

3 ch. 1 chambre double, 1 chambre triple et 1 unité familiale de 2 ch. séparées avec sanitaires privés. Salle de séjour/salon. Pelouse avec salon de jardin. Aire de jeux pour les enfants. Dans la baie du Mont Saint-Michel, à proximité de Cancale et de Saint-Malo. 400 F/4 pers.

Prix : 1 pers. **200 F** 2 pers. **200/250 F** 3 pers. **300 F**

Ouvert : toute l'année.

10	4	5	2	0,5	25	16	0,2	4	2,5	2,5

BUNOUF Marie-Hélène - Le Buot - 35350 SAINT-MELOIR-DES-ONDES - Tél : 02 99 89 10 29 ou SR : 02 99 78 47 57

SAINT-MELOIR-DES-ONDES Le Grand Pré *C.M. 230 Pli 11*

2 ch. **Cancale 5 km. Saint-Malo 10 km.** 1 chambre double et 1 chambre 4 pers. avec sanitaires privés, aménagées dans une maison de caractère (sur une exploitation légumière), dans la baie du Mont Saint-Michel. Salle de séjour, salon, TV. Kitchenette avec possibilité de faire le repas du soir. Parking privé. Tarif 4 pers. : 360 F.

Prix : 1 pers. **205 F** 2 pers. **250 F** 3 pers. **320 F**

Ouvert : toute l'année.

10	4	4	2	1	25	16	25	2,5	2,5

MAZIER J-Louis et M-Paule - Le Grand Pré - 35350 SAINT-MELOIR-DES-ONDES - Tél : 02 99 89 15 41 ou SR : 02 99 78 47 57

SAINT-MELOIR-DES-ONDES Le Tertre Mande *C.M. 230 Pli 11*

3 ch. A proximité de la mer (baie du Mont Saint-Michel), entre St-Malo et Cancale. Madeleine vous accueille à la ferme (ânes, vaches) dans une demeure de caractère du XVIe siècle. 1 ch. triple avec sanitaires privés, 2 ch. double, sanitaires privés. Coin-kitchenette dans 1 chambre. Salon avec cheminée, séjour/salon commun au propriétaire. Terrasse aménagée. Jardin plein sud. 400 F/4 pers.

Prix : 1 pers. **200 F** 2 pers. **250/300 F** 3 pers. **320 F**

5	5	1	0,5	20	20	20	2,5	2,5

LOCHET Madeleine - Le Tertre Nande - 35350 SAINT-MELOIR-DES-ONDES - Tél : 02 99 89 10 86 ou SR : 02 99 78 47 57

SAINT-MELOIR-DES-ONDES Le Parc *C.M. 230 Pli 12*

4 ch. A la ferme à 4 km de la mer, Sylvie et Pierre vous accueillent dans 4 chambres doubles avec sanitaires privés. Salle de séjour/salon avec TV. Salle à manger des hôtes avec TV. Possibilité lits supplémentaires. Terrain de jeux.

Prix : 1 pers. **215 F** 2 pers. **260 F** 3 pers. **320 F**

6	25	6	3	25	4	5	3

PILORGE Pierre et Sylvie - Le Parc - 35350 SAINT-MELOIR-DES-ONDES - Tél : 02 99 89 12 39 ou SR : 02 99 78 47 57

SAINT-MELOIR-DES-ONDES Langavan

C.M. 230 Pli 12

5 ch. 2 chambres doubles, 3 chambres 4 pers. dont 1 accessible aux personnes handicapées. Sanitaires particuliers. Salon, terrasse avec vue sur la mer. Terrain avec pelouse. Grange rénovée du XVIIIe siècle avec terrasse (vue sur la mer dans la baie du Mont Saint-Michel). Proximité de Cancale et Saint-Malo.

CV

Prix : 1 pers. **180 F** 2 pers. **250 F** 3 pers. **325 F**

Ouvert : de février à novembre.

12	8	5	5	0,3	25	25	SP	0,2	12	5

COLLIN Loïc - Langavan - 35350 SAINT-MELOIR-DES-ONDES - Tél : 02 99 89 22 92 ou SR : 02 99 78 47 57

SAINT-MELOIR-DES-ONDES

E.C. 2 ch. **Saint-Malo 7 km. Cancale 4 km.** Soyez les bienvenus dans cette grande maison de pays, située dans le bourg à proximité de tous commerces. 2 grandes chambres spacieuses et personnalisées aux 1er et 2e étages : 1 ch. 2 pers. avec salle d'eau et wc privés sur le palier, 1 ch. 3 pers. avec salle d'eau et wc privés. Jardin clos calme et intime. Parking privé fermé. Vous êtes à 10 mn de Saint-Malo intra-muros et des grands sites de la Côte d'Emeraude. Cancale, riche en découvertes dont la culture d'huitres et de moules (nombreux restaurants de dégustation).

CV

Prix : 1 pers. **230 F** 2 pers. **270 F** 3 pers. **340 F**

Ouvert : toute l'année.

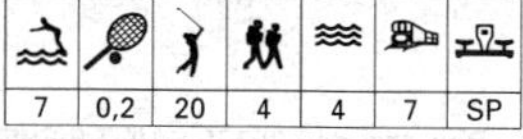

7	0,2	20	4	4	7	SP

BLIN Annick et André - 13, rue de la Baie - 35350 SAINT-MELOIR-DES-ONDES - Tél : 02 99 89 29 76

SAINT-MELOIR-DES-ONDES

C.M. 230 Pli 12

2 ch. **Cancale et baie du Mt St-Michel 4 km. St-Malo, côte d'Emeraude 15 mn.** Chambre double, lavabo, wc privés, 2 ch. communicantes (1 lit 2 pers. 2 lits 1 pers.), lavabo, wc privés, douche commune sur le palier. Salle de séjour, salon avec cheminée, TV. Pelouse avec salon de jardin, barbecue. Parking. Jeux pour enfants. Maison bretonne fleurie à proximité du village. Espace de verdure pour la détente. 400 F/4 pers.

CV

Prix : 1 pers. **190 F** 2 pers. **220 F** 3 pers. **300 F**

Ouvert : toute l'année.

7	4	4	0,5	1	20	2	2	7	0,3

JENOUVRIER Joseph et Marie-Thérèse - 29 rue de Radegonde - 35350 SAINT-MELOIR-DES-ONDES - Tél : 02 99 89 12 65 ou SR : 02 99 78 47 57

SAINT-MELOIR-DES-ONDES

2 ch. **Saint-Malo, la cote d'Emeraude et Cancale 10 mn. Mont St-Michel 40 mn.** Arlette et Etienne vous reçoivent dans un pavillon et vous proposent 1 ch. double avec lavabo, 1 unité familiale (2 lits 2 pers.) avec lavabo, douche et wc sur le palier. Séjour, salon avec TV. Terrasse ombragée donnant sur le jardin. Arlette vous servira de copieux petits déjeuners faits de produits maison.

CV

Prix : 1 pers. **200 F** 2 pers. **220/240 F** 3 pers. **280/300 F**

Ouvert : toute l'année.

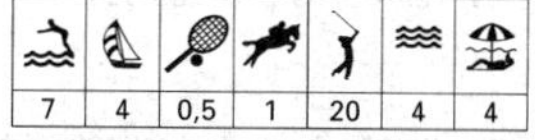

7	4	0,5	1	20	4	4

CHAUVIERE Arlette et Etienne - 1 rue d'Emeraude - 35350 SAINT-MELOIR-DES-ONDES - Tél : 02 99 89 17 82

SAINT-MELOIR-DES-ONDES Le Pont Prim

C.M. 230 Pli 12

3 ch. Dans une maison individuelle entourée d'un jardin arboré. R.d.c. : 2 ch. doubles avec sanitaires privés. Etage : 1 unité familiale de 2 ch. séparées pour 4 pers., sanitaires sur le palier. Salle de séjour/salon et cuisine à disposition des hôtes. Aire de jeux pour enfants. Ouvert toute l'année. Chambres au calme, proches de la Côte d'Emeraude. 400 F/4 pers. Entrée indépendante pour chaque chambre. Salon de jardin et pelouse indépendante pour chaque chambre (barbecue). Tél. portable du propriétaire : 06.07.75.56.76.

CV

Prix : 1 pers. **190 F** 2 pers. **230 F** pers. sup. **60 F**

Ouvert : toute l'année.

4	5	5	2	SP	10	10	2	5	5	4	2

BOUTIER Marie-Joseph - Le Pont Prim - 35350 SAINT-MELOIR-DES-ONDES - Tél : 02 99 89 13 05 - Fax : 02 99 89 13 05 ou SR : 02 99 78 47 57

SAINT-OUEN-LA-ROUERIE

C.M. 230 Pli 27

5 ch. **Mont Saint-Michel 16 km. Fougères 26 km. Saint-Malo 45 km.** 5 chambres dont 2 doubles, 2 avec grand lit, 1 ch. 3/4 pers. Sanitaires privés dans chacune, micro-ondes, réfrigérateur. Entrée indép. chacune. Salon avec TV à disposition. Calme et confort assurés. Belle maison rénovée en pierre, entourée de fleurs et de pelouse, salon de jardin. 370 F/4 pers. Forêt aménagée avec plan d'eau à 12 km.

CV

Prix : 1 pers. **180 F** 2 pers. **200/230 F** 3 pers. **260/290 F** pers. sup. **60 F**

Ouvert : toute l'année.

20	8	12	12	12

LEGROS Thérèse et François - La Morissais - 35460 SAINT-OUEN-LA-ROUERIE - Tél : 02 99 98 38 80 ou SR : 02 99 78 47 57

SAINT-PERE La Ville Hermessan

4 ch. **Saint-Malo 10 km.** Marie-Claude et Marcel vous recevront dans une demeure du XVIIIe dans un cadre champêtre et reposant. 2 chambres triples, salle d'eau et wc privés. 2 chambres doubles avec salle d'eau et wc privés. Salle à manger, salon. Chauffage. Parc de 1,50 ha. avec grandes pelouses et salons de jardin. Parking privé. A proximité : nombreux sites touristiques, Cancale, Dol-de-Bretagne, Combourg et le Mont Saint-Michel. Prêt de vélos, approche du golf (pitching). Relais équestre, jeux de boules et palets. Four à pain. Langue parlée : anglais.

Prix : 1 pers. **210/230 F** 2 pers. **240/270 F** 3 pers. **310/350 F**

Ouvert : du 15 mars au 15 décembre

8	5	5	1	10	5	15	10	1

LE BIHAN - La Ville Hermessan - 35430 SAINT-PERE - Tél : 02 99 58 22 02 - Fax : 02 99 58 22 02 ou SR : 02 99 78 47 57

SAINT-PIERRE-DE-PLESGUEN Bois Mande (TH) *C.M. 230 Pli 25*

2 ch. Maison rénovée dans un parc boisé et fleuri. 1 chambre double et 1 chambre triple. Sanitaires particuliers. Salon dans une véranda donnant sur le parc avec étang (barque, pêche). Joli site. Tél. portable : 06.82.18.29.26.

Prix : 1 pers. **190 F** 2 pers. **220 F** 3 pers. **270 F** repas **80 F**

Ouvert : toute l'année.

10	SP	18	4	5	2	6	18	18	6	4

COUVERT-RAUX Danielle - Bois Mandé - 35720 SAINT-PIERRE-DE-PLESGUEN - Tél : 02 99 73 89 79 ou SR : 02 99 78 47 57

SAINT-PIERRE-DE-PLESGUEN Pont Ricoul *C.M. 230 Pli 25*

2 ch. **Saint-Malo 25 km. Mont Saint-Michel 30 km.** Au calme, dans un cadre privilégié, Catherine vous propose 2 ch. familiales indépendantes avec salle d'eau et wc privés (1 lit 2 pers., 2 lits 1 pers.), 1 ch. avec cheminée dans l'ancien four à pain situé au bord de l'étang, la seconde, spacieuse et en duplex avec salon et terrasse privés. 410 à 510 F/4 pers. Catherine vous servira à votre convenance le dîner aux chandelles en week-end amoureux (780 F/couple). Parc aménagé.

Prix : 1 pers. **200 F** 2 pers. **250/350 F** 3 pers. **330/430 F**

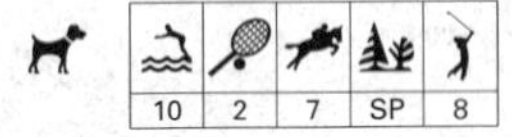

10	2	7	SP	8

GROSSET Catherine - Pont Ricoul - 35720 SAINT-PIERRE-DE-PLESGUEN - Tél : 02 99 73 92 65 - Fax : 02 99 73 94 17 - E-mail : pontricoul@aol.com ou SR : 02 99 78 47 57

SAINT-PIERRE-DE-PLESGUEN Les Petites Chapelles (TH) *C.M. 230 Pli 25*

3 ch. **Saint-Malo et ses plages 25 km. Mont-Saint-Michel 40 km. Dinan 15 km.** Belle longère campagnarde en granit à 5 km de Saint-Pierre. 2 ch. doubles et 1 ch. 4 pers., sanitaires privatifs à chaque chambre. Grand salon réservé aux hôtes avec TV. Jeux, cheminée, piano, bibliothèque. Terrasse, pelouse. Terrain aménagé. Salon de jardin. Petit étang. Table d'hôtes et petits déjeuners servis à base de produits maison.

Prix : 1 pers. **180 F** 2 pers. **220 F** 3 pers. **320 F** pers. sup. **70 F** repas **80 F**

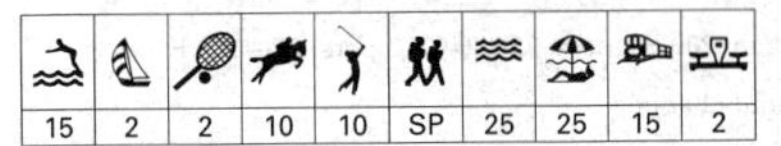

15	2	2	10	10	SP	25	25	15	2

DUHAMEL-RAUX Nadine - Les Petites Chapelles - 35720 SAINT-PIERRE-DE-PLESGUEN - Tél : 02 99 73 84 34 ou SR : 02 99 78 47 57

SAINT-SAUVEUR-DES-LANDES La Galofrais (TH)

3 ch. **Le Mont Saint-Michel 1/2 h. Fougères 10 mn. Saint-Malo 1 h.** Unité familiale de 3 pièces (1 lit 2 pers., 4 lits 1 pers.), s.d.b., wc. 1 ch. 24 m[2] (1 lit 2 pers., 1 lit 1 pers.), s. d'eau, wc. 1 ch. (1 lit 2 pers.), s. d'eau, wc. Salon à colombages à la disposition des hôtes. L'intérieur est soigné avec un mobilier ancien. Table d'hôtes sur réservation avec produits du jardin. Copieux petits déjeuners. Tarif 4 pers. 450 F. Entre Fougères et Rennes, Miguel vous accueille dans sa charmante maison du XVIIIe siècle, entourée d'un parc boisé et fleuri. Fougères (base de loisirs, forêt, château médiéval).

CV

Prix : 2 pers. **290/320 F** 3 pers. **390/420 F** pers. sup. **100 F** repas **90 F**

Ouvert : toute l'année sauf du 2/01 au 15/02. Réservation pour l'hiver.

10	2	2	10	35	50	50	10	1

DESPREZ DE GESINCOURT Miguel - La Galofrais - 35133 SAINT-SAUVEUR-DES-LANDES - Tél : 02 99 98 86 27

SAINT-SULIAC Clos de Brond, 4 (TH)

E.C. 1 ch. **Saint-Malo 10 mn. Dinan 15 mn.** Vue imprenable sur la Rance et dans un environnement exceptionnel. 1 belle ch. d'hôtes (1 lit 160, 1 lit enfant) aménagée à l'étage, avec sanitaires privés. Edith vous servira de copieux petits déjeuners ou de savoureux repas soit dans la salle à manger, soit sur la terrasse donnant sur le jardin. Balançoire, ping-pong. Vous admirerez du jardin les magnifiques couchers du soleil sur la Rance. Site calme et reposant, vous êtes dans le plus beau village classé de France, où vous flanerez le soir sur les bords de la Rance...

CV

Prix : 2 pers. **300 F** 3 pers. **370 F** repas **100 F**

Ouvert : toute l'année.

12	SP	1	12	SP	SP	12	SP

PECHER-ROETYNCK Edith - Clos de Brond, 4 - 35430 SAINT-SULIAC - Tél : 02 99 58 47 15 ou 06 07 38 07 33

SAINT-SULIAC

C.M. 230 Pli 11

E.C. 4 ch. **Saint-Malo 12 km. Dinan 15 km.** 2 ch. 2 pers., 1 ch. 3 pers. et 1 ch. 4 pers., toutes avec sanitaires privés. Salle de séjour avec salon à la disposition des hôtes. A l'arrière, cour fleurie avec salon de jardin. Michelle vous accueille dans cette jolie maison en pierres de pays conçue dans le village de pêcheurs de Saint-Suliac en bord de Rance. 400 F/4 pers. Sentiers de randonnées au départ de la maison. Vous êtes au pays de la côte d'Emeraude proche de Saint-Malo où vous découvrirez Saint-Malo intra-muros, ses grandes plages de sable fin et toute la côte vers Cancale avec ses nombreux sites touristiques à 15 km de la cité de caractère.

Prix : 1 pers. **200 F** 2 pers. **250 F** 3 pers. **310 F** pers. sup. **60 F**

Ouvert : toute l'année.

10	0,5	4	15	0,8	12	0,5

LEFFRAY Michelle - 9 rue de la Bosse - La Margatière - 35430 SAINT-SULIAC - Tél : 02 99 58 40 58 ou 02 99 58 47 49

SAINT-SULIAC Villa Radenec

1 ch. **Saint-Malo 10 km.** 1 chambre double (1 lit 2 pers.) avec vue sur la mer, salle de bains et wc privés. 2 autres chambres au même étage permettent de loger 3 autres pers. et de constituer une unité familiale. Entrée indépendante. Terrasse avec vue sur la Rance où seront servis les petits déjeuners. Salle à manger avec salon à la disposition des vacanciers. Sur les bords de Rance, dans le petit village pittoresque de St-Suliac. Marie-Hélène et Gérard vous accueillent dans une belle maison, et vous feront découvrir la région riche en culture, patrimoine... restaurants gastronomiques et crêperies dans le village. Cet endroit est romantique...

Prix : 2 pers. **280 F** 3 pers. **350 F** pers. sup. **70 F**

Ouvert : toute l'année.

10	SP	0,8	2,5	15	SP	SP

FESAIX M-Hélène et Gérard - Villa Radenec - 11 quai de Rance - 35430 SAINT-SULIAC - Tél : 02 99 58 46 83 ou 06 14 47 86 93

SAINT-SULIAC Les Mouettes

C.M. 230 Pli 11

5 ch. **Saint-Malo 10 km. Dinard 12 km.** Maison du XIXe siècle avec jardin clos à 150 m du port de St-Suliac (village classé plus beau village de France et protégé). 1 ch. (1 lit 2 pers.) sanitaires privés, accessible aux personnes handicapées. 3 ch. (1 lit 2 pers.) sanitaires privés. 1 ch. (2 lits jumeaux) sanitaires privés. Rivière 2 km. Gare maritime 10 mn.

Prix : 1 pers. **220/260 F** 2 pers. **250/290 F**

15	0,5	0,5	0,5	15	5	10	0,5	10	0,1

ROUVRAIS Isabelle - Les Mouettes - Grande Rue - 35430 SAINT-SULIAC - Tél : 02 99 58 30 41 - Fax : 02 99 58 39 41 ou SR : 02 99 78 47 57

SAINT-UNIAC Le Bois Durand

TH

3 ch. **Paimpont 20 km.** Marie et Amand vous accueillent dans cette ancienne ferme rénovée. 1 ch. au r.d.c. et 2 ch. à l'étage (2 doubles et 1 triple) avec sanitaires privés pour chacune. Grande salle de séjour avec salon à la disposition des hôtes. TV et cheminée en service. Marie vous préparera des repas et petits déjeuners faits de produits maison. Accueil agréable dans une région qui mérite d'être connue. A moins de 10 mn du domaine de Trémelin (base nautique avec activités) et tout au début de la forêt de Brocéliande.

Prix : 1 pers. **200 F** 2 pers. **240 F** 3 pers. **300 F** repas **100 F**

Ouvert : toute l'année.

8	8	7	8	60	60	2

LOUVIGNE Marie et Amand - Le Bois Durand - 35360 SAINT-UNIAC - Tél : 02 99 06 44 77

SAINTE-MARIE-DE-REDON l'Aumonerie

E.C. 3 ch. **Redon 6 km. Site des Corbinières 25 km.** Soyez les bienvenus dans notre longère de caractère du XVIIIe, située dans un parc paysager planté d'essences exotiques. 1 unité familiale de 2 ch. (1 lit 180, 2 lits 1 pers.), 1 ch. (2 lits 1 pers.), salle d'eau et wc privés chacune. Salle de séjour avec TV. Parc, terrasse, véranda, salon de jardin, chaises longues et barbecue sont à votre disposition. Etape bridge. Maison paysanne traditionnelle en schiste bâtie sur d'anciennes possessions de l'abbaye de Redon, au moyen-âge on y cultivait la vigne. Elle est située en bordure immédiate d'immenses marais et orientée plein sud. Accès piétonnier direct à la Vilaine. Un chemin de randonnée longe la prop.

Prix : 1 pers. **220 F** 2 pers. **280 F** 3 pers. **360 F** pers. sup. **80 F**

Ouvert : toute l'année.

5	5	30	SP	50	6

ROLLO VAN DE VYVER Régine - Ti Kezeg Ar Sav Eol - l'Aumonerie - 35600 SAINTE-MARIE-DE-REDON - Tél : 02 99 72 05 34

LA SELLE-EN-COGLES La Totinais

C.M. 230 Pli 27

3 ch. **Mont Saint-Michel 35 km. Fougères (château, forêt) 15 km.** 2 chambres doubles et 1 chambre triple avec sanitaires privés, aménagées dans une demeure de caractère du XVIIIe siècle, sur un parc de 1 ha., dans un cadre boisé et fleuri. Salon indépendant avec cheminée. Salon de jardin. 470 F/4 pers. Langue parlée : anglais.

Prix : 1 pers. **220 F** 2 pers. **270 F** 3 pers. **370 F**

Ouvert : de Pâques à fin octobre.

17	3,5	2	15	17	45	45	15

AOUSTIN Jean-Louis - La Totinais - 35460 LA SELLE-EN-COGLES - Tél : 02 99 98 64 69 ou SR : 02 99 78 47 57

SIXT-SUR-AFF Pommery

C.M. 230 Pli 39

E.C. 2 ch.

La Gacilly 6 km. Redon 15 km. 2 ch. conçues dans une jolie propriété de caractère dont l'intérieur du XVIe est conçu avec de jolies cheminées et dalles anciennes. 1 unité familiale de 2 ch. (1 lit 2 pers. 2 lits 1 pers., lit bébé), salle d'eau et wc particuliers. 1 ch. (2 lits 1 pers., lit bébé), sanitaires particuliers. Salle à manger avec salon ouvrant sur le parc. Salon de jardin. A moins d'une heure de la mer et de la plage du sud de la Bretagne. Belle demeure de caractère sur un parc boisé et fleuri, où vous trouverez le calme et un accueil chaleureux des propriétaires. Langues parlées : anglais, espagnol.

Prix : 1 pers. **200 F** 2 pers. **250 F** 3 pers. **330 F**

Ouvert : de Pâques à la Toussaint.

8	8	10	40	45	15	2,5

MORRIER Pascal et Frédérique - Pommery - 35550 SIXT-SUR-AFF - Tél : 02 99 70 07 40 ou 06 68 17 23 01 - E-mail : pfmorrier@aol.com

TINTENIAC

1 ch.

Saint-Malo 38 km. Dinan 25 km. Combourg 12 km. Paul vous accueille dans cette belle maison en pierres du pays, avec un grand terrain à l'arrière pour votre détente. R.d.c. : 1 ch. double, poss. lit d'appoint, salle d'eau et wc privés. Accès direct au jardin par l'arrière. Terrasse avec salon de jardin. Petits déjeuners copieux. De cette chambre, vous pourrez vous rendre à pied au Canal de la Rance, visiter le musée ancien de l'outil. Vous êtes à 5 mn du parc de la Bourbansais. Découvrez aussi les restaurants et crêperies gastronomiques de Tinteniac.

Prix : 1 pers. **200 F** 2 pers. **250 F** 3 pers. **320 F**

Ouvert : toute l'année.

12	0,3	1,5	25	35	35	12	SP

MARQUET Paul - 7 avenue des Trentes - 35190 TINTENIAC - Tél : 02 99 68 08 74 ou 02 99 78 47 57 - Fax : 02 99 66 70 51

TRANS-LA-FORET

E.C. 4 ch.

Mont-Saint-Michel 20 km. Site de Ville Cartier 3 km. Marc vous accueille dans 4 ch. d hôtes aménagées à l'étage : 2 ch. doubles avec lavabo, douche et wc communs, 1 ch. double avec lavabo, wc privés, douche commune, 1 ch. familiale (1 lit 2 pers., 1 lit 1 pers.), 2 lavabos, douche et wc communs. Grande salle de séjour avec cheminée. Véranda, cour fermée, terrain paysager avec salon de jardin. TV satellite. Si vous le souhaitez, Marc peut vous louer des vélos sur place, il vous parlera également de sa région avec ses nombreux sites à visiter (monuments régionaux). Forêt de Ville Cartier (plan d'eau avec pêche, barques, pédalos, bateaux miniatures, sentiers de randonnée cyclistes et pédestres).

Prix : 1 pers. **95 F** 2 pers. **190 F** 3 pers. **285 F**

Ouvert : toute l'année.

12	3	9	3	15	SP	18	15	SP

PIERRON Marc - 3, rue de Saint-Malo - Le Bourg - 35610 TRANS-LA-FORET - Tél : 02 99 48 66 28

TREMBLAY La Michelaie

C.M. 230 Pli 27

2 ch.

Mont Saint-Michel 25 km. Château féodal de Fougères 20 km. 2 chambres doubles aménagées dans une maison de caractère, à la campagne. Douche et lavabo individuels. WC communs. Salon réservé aux hôtes. Salle à manger, cheminée. TV. Terrain attenant avec salon de jardin. Région de Fougères.

Prix : 1 pers. **130 F** 2 pers. **180/190 F** 3 pers. **250/260 F**

Ouvert : de Pâques à la Toussaint.

19	4,5	12	19	19	25	5

BERNARD Raymond et Lisa - La Michelaie - 35460 TREMBLAY - Tél : 02 99 97 79 85 - Fax : 02 99 97 79 85 ou SR : 02 99 78 47 57

LE TRONCHET Le Baillage

3 ch.

Saint-Malo 20 km. Dinan 25 km. Mont Saint-Michel 30 km. Catherine vous accueille dans cette belle demeure de caractère où les chambres sont spacieuses et joliment décorées. 3 chambres doubles avec TV, salle de bains et wc privés chacune. Salle de séjour, salon avec cheminée. Grande terrasse avec salon de jardin. Vous y trouverez le charme et le repos. Sur le golf du Tronchet et du site de la forêt de Mesnil.

Prix : 2 pers. **280/310 F**

Ouvert : toute l'année sur réservation.

6	0,5	0,5	SP	20	20	10	SP

SCALART Catherine - Le Baillage - 35540 LE TRONCHET - Tél : 02 99 58 17 98 - Fax : 02 99 40 17 20 - E-mail : info@lebaillage.com - http://www.lebaillage.com

VAL-D'IZE

1 ch.

Vitré 10 km. Rennes 30 km. 1 chambre d'hôtes 3 pers. en rez-de-chaussée avec sanitaires privés, salon attenant réservé aux hôtes avec 1 clic-clac. Bibliothèque, jeux de société. Possibilité de cuisine aménagée indépendante. Bernard vous servira de copieux petits déjeuners sur la terrasse fleurie, avec vue sur le jardin soigné. Votre première étape en Bretagne, vous la passerez au Val d'Ize, petit bourg rural sympathique, proche de Vitré (cité de caractère, ville d'art et d'histoire).

Prix : 1 pers. **190 F** 2 pers. **210 F** 3 pers. **270 F** pers. sup. **60 F**

Ouvert : toute l'année.

10	SP	10	15	70	70	10	SP

CANU Bernard - 21 rue de l'Eglise - 35450 VAL-D'IZE - Tél : 02 99 49 73 50 - Fax : 02 99 49 73 50

VEZIN-LE-COQUET La Touche Thebault

C.M. 230 Pli 26

4 ch. **Rennes 10 mn. Saint-Malo 1 h.** R.d.c. : 1 ch. 2 pers., 1 ch. 4 pers. Etage : 1 ch. familiale avec mezzanine 5 pers. 1 unité familiale de 2 ch. pour 5 pers. Poss. lit d'appoint. Sanitaires privés et kitchenette (réfrigérateur) pour chacune.L-linge à disposition. Séjour avec salon (TV) réservée aux hôtes. Calme et détente assurés. Tél. portable du propriétaire : 06.03.51.04.43. A 5 mn de Rennes, sur leur exploitation agricole, Marie-Annick, Pierrick et leurs enfants vous accueillent dans leur longère rénovée, joliement décorée dans une ambiance chaleureuse. Pour votre détente, pelouse avec jeux d'enfants. Terrasse, salon de jardin. Découverte de la ferme et des animaux.

Prix : 1 pers. **190 F** 2 pers. **230 F** 3 pers. **290/310 F** pers. sup. **60/90 F**

Ouvert : toute l'année.

5	8	8	2	3	15	10	10	2

LOUAPRE Marie-Annick et Pierrick - La Touche Thebault - 35132 VEZIN-LE-COQUET - Tél : 02 99 60 19 74 - Fax : 02 99 60 19 74 ou SR : 02 99 78 47 57

VEZIN-LE-COQUET Le Rouvray

C.M. 230 Pli 26

5 ch. 2 ch. doubles, 2 ch. triples et 1 ch. double accessible aux pers. handicapées aménagées dans une maison rénovée, près de Rennes, au cœur de la Bretagne. Sanitaires privés pour chaque chambre. Salle de séjour/salon, TV. Salon de jardin, cadre agréable et fleuri. 10% de réduc. à partir de la 4e nuit. Tél. portable du propriétaire : 06.84.93.01.38.

Prix : 1 pers. **190 F** 2 pers. **230 F** 3 pers. **255/310 F**

Ouvert : toute l'année.

4	4	1	25	2	3	0,8

THOUANEL Michel - Le Rouvray - 35132 VEZIN-LE-COQUET - Tél : 02 99 64 56 38 - Fax : 02 99 64 56 38 ou SR : 02 99 78 47 57

VIGNOC

TH

C.M. 230 Pli 26

2 ch. 2 chambres d'hôtes triples au rez-de-chaussée d'une longère de caractère avec sanitaires privés pour chaque chambre. Salle de séjour/salon. Terrain avec jeux. Pêche à 3 km. A 2 pas d'un site unique en Bretagne « Les Ecluses de Hédé ».

Prix : 1 pers. **160/180 F** 2 pers. **210/230 F** 3 pers. **260/280 F** repas **70 F**

12	4	15	2	4

MISERIAUX Jean-Yves - La Blanchais - 35630 VIGNOC - Tél : 02 99 69 85 00 - E-mail : fmiseria@fr.packardbell.org ou SR : 02 99 78 47 57

VILDE-LA-MARINE

C.M. 230 Pli 12

2 ch. **Sur la côte d'Emeraude, à 10 km des grandes plages.** 2 ch. à l'étage avec 1 lit 2 pers., salle de bains et wc privés dans chacune. Salle de séjour avec salon TV et cheminée à dispo. Terrain attenant avec salon de jardin. Parking. Chambres soignées et confortables avec vue sur la mer de chacune. Au cœur de la baie du Mont-St-Michel. Maison bretonne avec terrain fleuri. Tranquillité et calme. A visiter : Cancale, St-Malo, Dinan, Dol-de-Bretagne.

Prix : 1 pers. **215 F** 2 pers. **230 F**

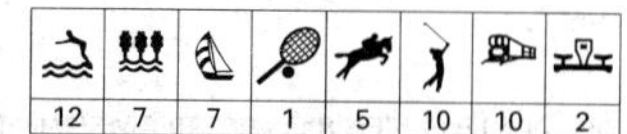

12	7	7	1	5	10	10	2

RICHARD Pierrette - 1 rue du Bout de la Ville - 35120 VILDE-LA-MARINE - Tél : 02 99 58 62 59 ou SR : 02 99 78 47 57

LA VILLE-ES-NONAIS

C.M. 230 Pli 11

5 ch. **Saint-Malo, Dinard 15 km.** Maison en pierre dans le village touristique de la Ville-Es-Nonais. 3 chambres doubles avec sanitaires privés. 1 chambre 3 pers. avec sanitaires privés. 1 chambre 4 pers. avec sanitaires privés. Salle de séjour/salon. Cour à l'avant. Terrain. Pelouses avec salon de jardin. Tarif 4 pers. : 350 F.

Prix : 1 pers. **180 F** 2 pers. **230 F** 3 pers. **290 F**

10	8	5	0,5	8	8	15	SP

BESNARD Mariannick - 48 rue Jacques Cartier - 35430 LA VILLE-ES-NONAIS - Tél : 02 99 58 40 68 ou SR : 02 99 78 47 57

LA VILLE-ES-NONAIS

E.C. 2 ch. **Saint-Malo et Dinard 15 km.** Marie-Hélene vous accueille dans un petit village sur les bords de la Rance dans une maison contemporaine. 1 ch. (1 lit 2 pers.) avec douche et wc, 1 unité familiale de 2 ch. (1 lit 2 pers., 2 lits 1 pers.) avec salle de bains et wc. Salle à manger, salon, terrasse avec vue sur la mer. Salon de jardin, relax, hamac, bancs bain de soleil.

Prix : 2 pers. **230 F** 3 pers. **300 F** pers. sup. **70 F**

Ouvert : toute l'année.

10	3	8	SP	2	15	SP

DIGUINY Marie-Hélène - 1, rue de Brocéliande - 35430 LA VILLE-ES-NONAIS - Tél : 02 99 58 46 25 ou 06 85 59 20 00

VITRE *C.M. 230 Pli 28*

2 ch. 2 chambres d'hôtes doubles avec sanitaires individuels. Possibilité lits supplémentaires. Salle de séjour, salon avec TV. Cheminée, chauffage. Demeure ancienne avec beaucoup de style et une ambiance chaleureuse. Parc fleuri et verdoyant.

Prix : 1 pers. **200 F** 2 pers. **230 F** 3 pers. **270 F**

MEHAIGNERIE Marcelle et Louis - Les Maurepas - 35500 VITRE - Tél : 02 99 74 42 48 ou SR : 02 99 78 47 57

Morbihan

GITES DE FRANCE - Service Réservation
42, avenue Wilson - B.P. 318 - 56403 AURAY Cedex
Tél. 02 97 56 48 12 - Fax. 02 97 50 70 07
http://www.gites-de-france.fr

3615 Gîtes de France 1,28 F/min

ALLAIRE Le Bois du Clos *C.M. 63 Pli 5*

2 ch. **Redon (port de plaisance) 10 km. La Gacilly (village artisans d'art).** Si vous aimez la nature, la tranquillité, arrêtez-vous chez Marie-Hélène et Bernard Josso dont l'habitation est située dans un espace naturel boisé de 7000 m^2 à 1 km d'Allaire. A l'étage, 2 ch. doubles louables à 1 même famille de 2/4 pers. dont 1 avec s.d.b/wc privés non communicants & l'autre (EC) avec s.e/wc privés communicants. Vous pourrez profiter du salon de jardin. Restaurants et crêperie à 1 km. Langue parlée : anglais.

Prix : 1 pers. **190 F** 2 pers. **220 F** pers. sup. **80 F**

Ouvert : toute l'année.

30	30	3	10	1	8	7	10	10	10	1

JOSSO Marie-Hélène - Le Bois du Clos - Route de Deil - 56350 ALLAIRE - Tél : 02 99 71 94 17 ou 06 66 30 14 01

AMBON Le Listy d'En Bas *C.M. 63 Pli 14*

4 ch. **Damgan (les marais de Penerf) 3 km. Muzillac (moulin de Pen Mur) 5 km.** Jean et Patricia vous accueillent dans leur longère rénovée à 1,5 km d'Ambon. Etage, 4 ch. 2 pers., 3 ch. s.e/wc privatifs communicants et 1 ch. s.d.b/wc privatifs communicants. Salle à manger et salon réservé aux hôtes. Jardin, salons de jardin, barbecue. Pêche possible dans l'étang privé. Cuisine à disposition : 30 F/jour. Langues parlées : allemand, hollandais.

Prix : 1 pers. **225/250 F** 2 pers. **250/280 F**

Ouvert : de juin à septembre.

3	3	3	3	1,5	7	20	25	3	25	1,5

COELIS Jean et Patricia - Le Listy d'En Bas - 56190 AMBON - Tél : 02 97 41 04 33 - Fax : 02 97 41 04 33

AUGAN La Ville Ruaud *C.M. 63 Pli 5*

2 ch. **Guer (vallée de l'Aff) 10 km. Forêt de Broceliande 10 km.** M et Mme De Saint Jean vous acccueillent dans leur maison de campagne rénovée. A l'étage : 2 chambres 2 pers. : 1 avec s.e/wc privés communicants et 1 avec s.e/wc privés non communicants. Pour vous détendre, vous profiterez du jardin avec salon de jardin, de la terrasse, du portique. Lit enfant à disposition. Langue parlée : anglais.

Prix : 1 pers. **150 F** 2 pers. **240 F**

Ouvert : juillet et août.

50	50	2	7	3	5	7	7	7	50	3

DE SAINT JEAN Gilles - La Ville Ruaud - 56800 AUGAN - Tél : 02 97 93 44 40 - Fax : 02 97 93 44 40

AURAY *C.M. 63 Pli 2*

3 ch. **Auray 500 m (port de St-Goustan). Vannes (ville d'art) 15 km.** Monsieur Muet vous accueille dans sa maison indépendante, située dans un quartier calme au centre d'Auray. A l'étage, 3 ch. 2 pers. avec TV couleur, s.d.b et wc privés communicants. Chauf. central. Le jardin clos avec salon de jardin, la piscine privée et le parking sont à votre disposition.

Prix : 2 pers. **230 F** 3 pers. **330 F**

Ouvert : du 1er juin au 15 septembre.

12	12	1,5	12	1	10	10	0,1	12	1	0,5

MUET Paul - 26 rue du Pont Neuf - Les Evocelles - 56400 AURAY - Tél : 02 97 56 42 03 - Fax : 02 97 50 83 99

BAUD Kersommer

C.M. 63 Pli 2

4 ch. **Quistinic (Poul Fetan 15 km). Hennebont (remparts, haras) 20 km.** Mme Robic vous accueille dans sa maison indépendante de caractère à proximité d'une autre maison sur une exploitation agricole. 4 ch. dont 1 au r-d-c, toutes équipées de s.e privatives et wc privés communicants. (3 ch. 2 pers. et 1 ch. 3 pers.). Salon, TV, salle à manger, cheminée, lave-linge à disposition, salon de jardin.

CV

Prix : 1 pers. **200 F** 2 pers. **250 F** 3 pers. **320 F**

Ouvert : du 1er avril au 15 novembre.

30	30	3	5	2	7	20	2	5	25	1

ROBIC Alice - Kersommer - 56150 BAUD - Tél : 02 97 51 08 02 - Fax : 02 97 51 08 02

BELLE-ILE-EN-MER Linigour

C.M. 63 Pli 1

2 ch. **Quiberon 45 mn par bateau. Sauzon 6 km.** Mme Bourmaut vous accueille dans sa maison indépendante située à Le Palais. 2 chambres 2 pers. avec s.e/wc privés communicants dont 1 au rez-de-chaussée et 1 à l'étage (avec accès par escalier extérieur). TV couleur. Jardin d'1 hectare à disposition pour vos moments de détente. Gare maritime de Le Palais : 02.97.50.06.90. ou 02.97.31.80.01.

Prix : 1 pers. **395 F** 2 pers. **490 F**

Ouvert : du 15 mars à fin octobre.

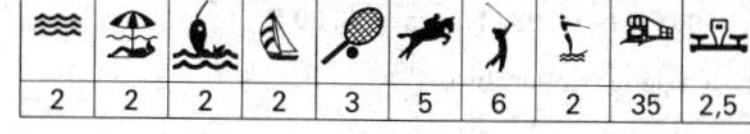

2	2	2	2	3	5	6	2	35	2,5

BOURMAUT Christiane - Linigour - 56360 BELLE-ILE-EN-MER (LE PALAIS) - Tél : 02 97 31 50 64

BELLE-ILE-EN-MER Port Hallan

C.M. 63 Pli 1

1 ch. **Quiberon 45 mn en bateau. Sauzon 5 km.** Mme Guellec vous accueille dans sa maison indépendante à Le Palais (Port-Hallan). 1 chambre 2 pers. avec entrée indépendante et de plain-pied avec salle d'eau/wc privés communicants. Coin-détente et TV couleur dans la chambre. Vous pourrez vous détendre dans le jardin clos (250 m^2). Gare maritime de Le Palais : 02.97.31.80.01. Langue parlée : anglais.

CV

Prix : 1 pers. **290 F** 2 pers. **320 F**

Ouvert : toute l'année.

0,5	0,5	0,5	0,5	0,5	4	9	0,5	35	0,6

GUELLEC Edith - Port-Hallan - 56360 BELLE-ILE-EN-MER (LE PALAIS) - Tél : 02 97 31 40 83 - Fax : 02 97 31 40 83

BELZ Manillo

C.M. 63 Pli 1

2 ch. **Auray (port de St-Goustan) 14 km. Erdeven (ses grandes plages) 5 km.** Mme Guennec vous accueille dans sa maison située à 1 km de la Ria d'Etel. A l'étage, 1 ch. 2 pers. avec s.e et wc privatifs communicants et 1 ch. 2 pers. (EC) avec s.e et wc privatifs non communicants. Chauffage central. Vous prendrez vos petits-déjeuners dans la salle à manger. Le salon et le jardin de 500 m^2 sont à votre disposition pour vous détendre.

Prix : 2 pers. **240/250 F**

Ouvert : de mars à fin octobre.

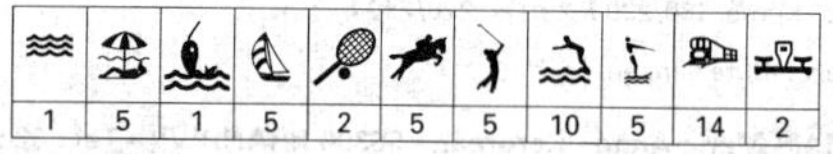

1	5	1	5	2	5	5	10	5	14	2

GUENNEC Pierre-Yves - Manillo - 56550 BELZ - Tél : 02 97 55 37 99 ou 06 88 63 34 08

BELZ Kercadoret

C.M. 63 Pli 1

5 ch. **Auray (port de St-Goustan) 14 km. Erdeven (grandes plages) 7 km.** M. & Mme Rolland vous accueillent dans leur maison typique de caractère totalement indépendante à 50 m de la Ria d'Etel. 5 ch. s.e/wc privés communicants. R-d-c, 1 ch. 3 pers. Etage, 1 ch. 1 pers., 2 ch. 2 pers., 1 ch. 3 pers. Séjour/salon, TV. Cuisine : 25 F/jour. Lave-linge : 15 F/machine. Terrain, salons de jardin, barbecue, ping-pong, jeu de boules. Langues parlées : anglais, italien.

CV

Prix : 1 pers. **200 F** 2 pers. **250/270 F** 3 pers. **310/330 F** pers. sup. **60/80 F**

Ouvert : toute l'année.

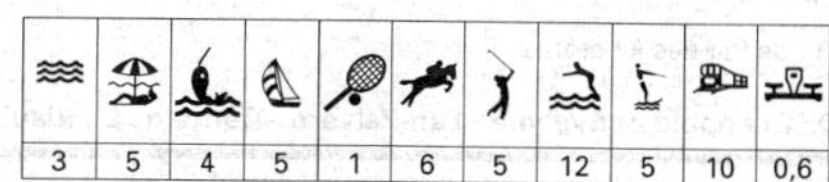

3	5	4	5	1	6	5	12	5	10	0,6

ROLLAND Jean-François - Kercadoret - Route de Ninezur - 56550 BELZ - Tél : 02 97 55 44 01

BELZ Mane-Braz

C.M. 63 Pli 1

2 ch. **Auray (port de St-Goustan) 15 km. Erdeven (ses grandes plages) 5 km.** M. & Mme Le Chapelain vous accueillent dans leur maison contemporaine, avec vue sur la Ria d'Etel, à 3 km de Belz. A l'étage, 2 ch. 2 à 3 pers. dont une E.C avec s.e/wc privatifs communicants. Les petits déjeûners vous seront servis dans la salle à manger. Pour votre détente, vous apprécierez le vaste jardin (2300 m^2) avec terrasse et barbecue au gaz.

Prix : 2 pers. **260 F** 3 pers. **320 F** pers. sup. **50 F**

Ouvert : toute l'année.

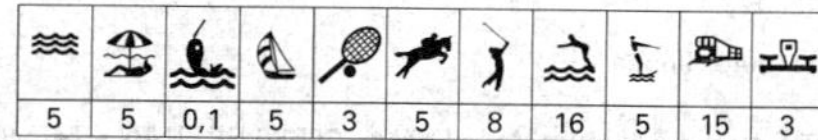

5	5	0,1	5	3	5	8	16	5	15	3

LE CHAPELAIN Pierre - Mane-Braz - 56550 BELZ - Tél : 02 97 55 33 44

BERNE Marta

C.M. 63 Pli 3

6 ch. **Berne 5 km. Plouay (véloparc, vallée du Scorff) 10 km.** A l'orée de la forêt de Pont Calleck et de la Vallée du Scorff, Isabelle et sa famille vous accueillent dans leur maison de campagne de caractère indépendante. R-d-c, 2 ch. 3 pers. Etage, 4 ch. 2 pers. S.e & wc privés communicants chacune. Salon/TV. Jardin 2000 m^2, s. de jardin, barbecue, balançoire, piscine privée chauffée 15m x 6m, ouverte de mai à septembre. Cuisine (30 F/jour). Machine à laver : 30 F (lavée et sèchée par la propriétaire). Parking privé. Tennis de table. Tarifs réduits jusqu'à - 20 % hors juillet/août (-10 % la 1ère nuit, -15 % à partir de 2 nuits, - 20 % à partir de la 4ème nuit). Lit bébé. Langue parlée : anglais.

Prix : 1 pers. **220 F** 2 pers. **270 F** 3 pers. **340 F** pers. sup. **60 F**

Ouvert : toute l'année.

25	25	2	25	5	9	20	0,1	10	25	5

HELLO-BREGARDIS Isabelle - Marta - 56240 BERNE - Tél : 02 97 34 28 58 - Fax : 02 97 34 28 58

BIEUZY-LES-EAUX Lezerhy

C.M. 63 Pli 2

2 ch. **Pontivy (château, le canal) 15 km. Quistinic (Poul Fetan) 10 km.** Mme Maignan vous accueille dans sa maison indépendante située dans la Vallée du Blavet. A l'étage avec accès indépendant, 2 ch. 2 pers. avec s.e/wc privés communicants. Pour vous détendre : séjour, salon, jardin calme avec salon de jardin. Coin-cuisine à disposition. Vous pourrez aussi vous initier à la poterie. Chemins de randonnées et VTT sur place. Langue parlée : anglais.

Prix : 1 pers. **190 F** 2 pers. **230 F** pers. sup. **90 F**

Ouvert : d'avril à début novembre.

45	45	0,2	45	8	15	4	15	3	40	3

MAIGNAN Martine - Lezerhy - 56310 BIEUZY-LES-EAUX - Tél : 02 97 27 74 59 - Fax : 02 97 27 74 59 - E-mail : boivinp@wanadoo.fr - http://www.perso.wanadoo.fr/poterie-de-lezerhy

BRANDERION L'Hermine

C.M. 63 Pli 1

3 ch. **Hennebont (remparts, haras) 5 km. Port Louis (citadelle) 12 km.** Mme Zetunian vous accueille dans sa maison de caractère entourée de 2 ha de bois à 1 km de Brandérion. A l'étage, 2 ch. 2 pers. avec s.d.b et wc privés communicants, 1 ch. 2 pers. avec s.e et wc privés communicants. Le séjour, le jardin de 100 m^2 et le salon de jardin sont à votre disposition pour vos moments de détente. Langues parlées : anglais, espagnol.

Prix : 2 pers. **280 F**

Ouvert : toute l'année.

12	12	1	12	1	3	25	15	5	5	1

ZETUNIAN Mouche - L'Hermine - Route d'Hennebont - 56700 BRANDERION - Tél : 02 97 32 96 17

BRANDIVY Kerdrean

C.M. 63 Pli 2

4 ch. **Auray (port de St-Goustan) 15 km. Bieuzy 7 km (étang de la forêt)** Dans un ensemble de deux chaumières et d'une longère, Marie-Anne Demais vous reçoit dans une superbe propriété boisée. Etage : calme et confort de 3 ch. 2 pers. 3 épis (lits 160 ou jumeaux) (2 ch. s.d.b/wc communicants, 1 ch. s.e/wc communicants), 1 ch. 2 pers. 2 épis (lit 160) (s.e communicante, wc au r-d-c). Séjour/cheminée/TV couleur/piano. Bibliothèque. Grand jardin, salons de jardin. Langue parlée : anglais.

Prix : 1 pers. **180/220 F** 2 pers. **220/290 F**

Ouvert : toute l'année.

20	20	2	20	2	10	20	10	20	15	2

DEMAIS Marie-Anne - Kerdrean - 56390 BRANDIVY - Tél : 02 97 56 12 50 ou 06 08 06 92 81

BRECH Lan-Palvern

C.M. 63 Pli 12

1 ch. **Auray (port de St-Goustan) 8 km. Camors 15 km (forêt domaniale).** M. Baudet vous acccueille dans sa maison indépendante. 1 ch. 2 pers. de plain-pied, avec salle de bains non communicante et wc privés. Le séjour avec télévision couleur, le grand jardin clos 6000 m^2 et la terrasse sont à votre disposition pour vos moments de détente.

Prix : 2 pers. **240 F**

Ouvert : de Pâques à octobre.

18	18	4	18	3	5	10	8	18	8	3

BAUDET Léopold et Evelyne - Lan-Palvern - Route de Landaul - 56400 BRECH - Tél : 02 97 57 73 86 ou 02 97 57 68 68

BREHAN Le Moulin de la Fosse

TH

C.M. 58 Pli 19

2 ch. **Pontivy (le château, le Canal) et Bréhan 6 km. Forêt de Lanouée 5 km.** M.& Mme Holst vous accueillent dans leur moulin du 19e. Etage, 2 ch. 2 pers., 1 ch. s.e et wc privés communicants (2 épis) et 1 ch. s.d.b et wc privés communicants (3 épis). Salle réservée aux hôtes pour les petits déjeuners. Bibliothèque. Jardin, salon de jardin, L.linge (forf. 20 F). Pêche et sentier de randonnée sur place. TH sur résa. A la frontière du Morbihan et des Côtes d'Armor, à mi-chemin entre la Manche et l'Atlantique. Culture et nature se retrouvent au bord du Lië au Moulin de la Fosse. Dans un cadre boisé de 7 ha, vous retrouvez ce que la vie veut dire : un bon lit, un petit déjeuner copieux, un repas le soir. Langues parlées : hollandais, allemand.

Prix : 1 pers. **150 F** 2 pers. **250 F** 3 pers. **340 F** pers. sup. **90 F** repas **120 F**

Ouvert : toute l'année.

50	50	0,1	10	2	12	25	2	2	12	2

HOLST Geus - Le Moulin de la Fosse - 56580 BREHAN - Tél : 02 96 26 61 88 ou 06 07 12 11 01 - Fax : 02 96 26 61 88 - E-mail : brenda.holst@wanadoo.fr

BULEON Vieille Ferme de la Ferrière

(TH) *C.M. 63 Pli 3*

2 ch. **Josselin (château, musée) 10 km. Locmine 15 km.** Patricia vous reçoit dans sa propriété, une ancienne fortification du XVI siècle, située en bordure de Buléon à 10 Km de la cité médiévale de Josselin. Un cadre paisible avec étang et château à proximité immédiate. Etage, 1 ch. 2 pers. s.d.b/wc privatifs communicants. Dans une dépendance de la propriété, 1 ch. 2 pers., s.e/wc privatifs communicants, coin-cuisine. TV dans le salon commun. Petits déjeuners servis dans la salle à manger du propriétaire. Jardin avec salon de jardin pour votre détente. Langue parlée : anglais.

Prix : 1 pers. **230 F** 2 pers. **280 F** pers. sup. **80 F** repas **85 F**

Ouvert : de Pâques à fin octobre, autres périodes sur réservation.

42	42	10	22	10	15	22	10	10	42	1

THRESHER Patricia - Vieille Ferme de la Ferrière - 56420 BULEON - Tél : 02 97 75 35 31 - Fax : 02 97 75 35 31 - E-mail : ronthresher@compuserve.com

CAMORS Lambel

C.M. 63 Pli 2

2 ch. **Forêt domaniale 1 km. Auray (port de St-Goustan) 20 km.** Shirley et Anthony vous accueillent dans leur maison située à 2 kms de Camors. Etage, 1 ch. double 4 pers. louable à la même famille avec terrasse privée & 1 ch. spacieuse 2 pers., s.e/wc privatifs communicants chacune. Petits déjeuners servis dans un agréable séjour à disposition. Forfait lave-linge 15 F. Jardin. Promenades en forêt à proximité. Chaise bébé et lit bébé sont à votre disposition. Langue parlée : anglais.

Prix : 1 pers. **200 F** 2 pers. **230 F** 3 pers. **300 F** pers. sup. **70 F**

Ouvert : toute l'année.

25	25	2	12	3	3	10	5	10	20	0,2

OLDFIELD Shirley - Rue des Mésanges - Lambel - 56330 CAMORS - Tél : 02 97 39 18 62 - Fax : 02 97 39 26 14

CAMPENEAC Le Lidrio

C.M. 63 Pli 5

3 ch. **Ploermel (horloge astronomique) 10 km. Forêt de Broceliande 10 km.** Mme Marguerite Bargain vous accueille dans sa maison indépendante, située sur une exploitation agricole. A l'étage, 3 ch. 2 pers. avec s. d'eau et wc privés non communicants. Les petits déjeuners vous seront servis dans la salle à manger. Salon avec TV, jardin et salon de jardin. Pour vos loisirs : base nautique à 10 km et balades à cheval avec forfait. Cuisine à disposition.

Prix : 1 pers. **200 F** 2 pers. **220 F** pers. sup. **70 F**

Ouvert : toute l'année.

50	50	10	10	3	0,8	10	10	10	50	3

BARGAIN Marguerite - Le Lidrio - 56800 CAMPENEAC - Tél : 02 97 93 41 67

CARNAC

C.M. 63 Pli 12

5 ch. **Carnac (circuit des alignements) 600 m. Auray (St-Goustan) 8 km.** Mme Allain-Balsan vous accueille dans sa maison de caractère totalement indépendante (L'ALCYONE). 5 ch. 2 pers. avec tél., TV à la demande, s.e/wc privés communicants. Salon, TV, jardin clos privatif de 6500 m^2, terrasse et s. de jardin. Appréciez l'océan tout proche et la thalasso. à Carnac-Plage (piscine eau de mer). Tarif réduit : juin/sept : 320 F. Hors saison : 300 F. Langue parlée : anglais.

Prix : 2 pers. **350 F** pers. sup. **100 F**

Ouvert : toute l'année.

0,5	0,5	0,5	0,5	0,5	1	6	1,5	0,5	8	0,8

ALLAIN-BALSAN Marie-France - Impasse de Beaumer - L'Alcyone - 56340 CARNAC - Tél : 02 97 52 78 11 ou 06 68 31 43 17 - Fax : 02 97 52 13 02

CARNAC Quelvezin

C.M. 63 Pli 12

4 ch. **Carnac (alignements et mégalithes) 5 km. La Trinité-sur-Mer 5 km.** Anne-Sophie Daniel vous reçoit dans sa maison (TY-ME-MAMM) située dans la campagne de Carnac. Au r-d-c, 1 ch. 2 pers., s.e privative communicante et wc privatifs communicants. A l'étage, 2 ch. 2 pers., s.e/wc privatifs communicants, 1 ch. 3 pers. s.e privative communicante et wc privatifs communicants. Séjour, salon avec cheminée à disposition. Les petits déjeuners sont servis dans un séjour réservé aux hôtes avec TV. Grand jardin avec salons de jardin pour votre détente. Langue parlée : anglais.

Prix : 1 pers. **200 F** 2 pers. **260 F** 3 pers. **320 F** pers. sup. **60 F**

Ouvert : toute l'année.

7	7	7	7	5	5	7	10	7	10	5

DANIEL Anne-Sophie - Quelvezin - 56340 CARNAC - Tél : 02 97 52 45 87

CARNAC Le Lac

C.M. 63 Pli 12

4 ch. **Carnac (circuit des alignements) 100 m. Vannes (ville d'art) 15 km.** Mme Audic vous accueille dans sa maison indépendante, sur les bords de la rivière de Crach. 4 ch. avec vue sur le bras de mer de 230 F à 270 F. Etage, 3 ch. avec s.e/wc privés. 2 ch. 2 pers. dont 1 en 3 épis (à 250 F) et 1 en 2 épis (à 230 F), 1 ch. double 3 à 4 pers. louable à une même famille. R.d.c, 1 ch. 2 pers. s.d.b/wc privatifs (à 270 F). Séjour confortable avec cheminée, TV, jardin de 1300 m^2, terrasse et salon de jardin. Salle avec micro-ondes et réfrigérateur.

Prix : 1 pers. **220 F** 2 pers. **230/270 F** 3 pers. **350 F** pers. sup. **80 F**

Ouvert : du 1er avril au 30 septembre.

3	3	0,1	3	3	2	10	6	3	12	3

AUDIC Evelyne - Le Lac - 56340 CARNAC - Tél : 02 97 55 78 75

CAUDAN *C.M. 63 Pli 1*

2 ch. **Hennebont (remparts, haras) 10 km. Lorient (base sous-marins) 15 km.** M. Douguet vous accueille dans sa maison indépendante. 2 ch. 2 pers. de plain-pied avec accès indépendant. 1 ch. s.e et wc privés communicants et 1 ch. s.d.b et wc privés communicants. Le séjour, la terrasse et le grand terrain boisé clos sont à votre disposition pour vous détendre. Langues parlées : anglais, italien.

CV

Prix : 1 pers. **180 F** 2 pers. **220 F** pers. sup. **90 F**

Ouvert : toute l'année.

12	12	1	12	2	5	8	2	12	10	2

DOUGUET Yves - Route de Pont-Scorff - 56850 CAUDAN - Tél : 02 97 05 64 28

CLEGUER Le Guern *C.M. 63 Pli 1*

1 ch. **Pont Scorff (la cour des métiers d'art, zoo) 8 km. Hennebont 15 km.** Mme Le Floch vous accueille dans sa maison indépendante. A l'étage, 1 chambre double 4 pers. louable à une même famille, entrée indépendante, s.d.b et wc privés non communicants. Salle à manger. Petite cuisine à disposition avec forfait journalier de 75 F. Vous apprécierez le salon avec TV et le jardin attenant de 1200 m² pour vous détendre.

Prix : 1 pers. **200 F** 2 pers. **230 F** 3 pers. **290 F** pers. sup. **80 F**

Ouvert : d'avril à fin septembre.

14	14	4	14	1,5	7	8	4	14	10	1,5

LE FLOCH Elise - Le Guern - 56620 CLEGUER - Tél : 02 97 05 75 36

CLEGUEREC Kerantourner **A** (TH) *C.M. 58 Pli 1*

4 ch. **Pontivy (le Château, le canal) 12 km. Lac de Guerledan 10 km.** 2 jeunes agriculteurs vous accueillent dans leur ferme-auberge à 2 km de Cléguérec. 4 ch. à l'étage dont 1 ch. 3 pers. 2 épis, 1 ch. 2 pers. 2 épis et 2 ch. 2 pers. 1 épi, s.e et wc privés chacune. A votre disposition, jardin commun avec salon de jardin, jeux de boules. Des produits biologiques vous seront servis aux petits déjeûners. Visite de la ferme conseillée. Langues parlées : anglais, allemand.

CV

Prix : 1 pers. **170/200 F** 2 pers. **220/300 F** 3 pers. **370 F** pers. sup. **60/80 F** repas **80/90 F** 1/2 pens. **190/230 F**

Ouvert : toute l'année sur réservation.

60	60	10	10	2	10	30	12	10	15	2

JOUAN Armel & Philippe - Kerantourner - 56480 CLEGUEREC - Tél : 02 97 38 06 14 ou 06 89 93 68 54 - E-mail : ferme-auberge.douarou-glaz@wanadoo.fr

CONCORET-EN-BROCELIANDE Haligan *C.M. 63 Pli 13*

3 ch. **Forêt de Broceliande 1 km. Mauron (petite cité médiévale) 5 km.** M. & Mme Lecomte vous accueillent dans leur maison située sur une exploitation agricole à 3 km de Concoret, près de la forêt de Brocéliande. Etage, avec accès indépendant, 2 ch. 2 pers. s.e communicante & wc privés, 1 ch. double 4 pers. louable à une même famille s.e non communicante & wc privés. Salons de jardin, terrasse, jardin.

CV

Prix : 1 pers. **180 F** 2 pers. **210 F** 3 pers. **300 F** pers. sup. **75 F**

Ouvert : toute l'année.

60	60	1	20	3	6	20	5	15	50	3

LECOMTE Rémy et Sylvie - Haligan - 56430 CONCORET-EN-BROCELIANDE - Tél : 02 97 22 63 23

LE COURS Le Moulin du Pont de Molac *C.M. 63 Pli 3*

E.C. 1 ch. **Rochefort-en-Terre (cité de caractère 15 km). Questembert 10 km.** Véronique vous accueille dans sa longère au bord de la rivière l'Arz à 1,5 Km de Le Cours. 1 ch. 2 pers. au r-d-c avec accès indépendant et s.d.b/wc privatifs communicants. Vous apprécierez les promenades au bord du bief (1,5 Km) et autour du moulin en cours de rénovation (futur gîte et chambres d'hôtes). Les petits déjeuners vous seront servis dans la salle à manger des propriétaires. Le jardin avec salon de jardin est à votre disposition pour vous détendre.

CV

Prix : 2 pers. **250 F** pers. sup. **80 F**

Ouvert : toute l'année.

30	30	0,1	30	10	5	25	12	15	12	1,5

RESTOIN Véronique - Le Moulin du Pont de Molac - Kermelin - 56230 LE COURS - Tél : 02 97 67 52 40 - Fax : 02 97 67 52 40

CRACH Kerzuc *C.M. 63 Pli 2*

3 ch. **Auray (port de St-Goustan) 10 km. La Trinité-sur-Mer 5 km.** M.et Mme Elhiar vous accueillent dans leur maison de caractère indépendante. A l'étage, 3 chambres 2 pers dont 2 ch. avec s.e communicante et wc privés et 1 ch. avec s.d.b non communicante et wc privés (2 épis). La salle à manger, le salon, la terrasse, le grand jardin avec salon de jardin sont à votre disposition pour votre détente.

CV

Prix : 1 pers. **190 F** 2 pers. **250 F** pers. sup. **100 F**

Ouvert : toute l'année sauf du 9/06 au 30/06.

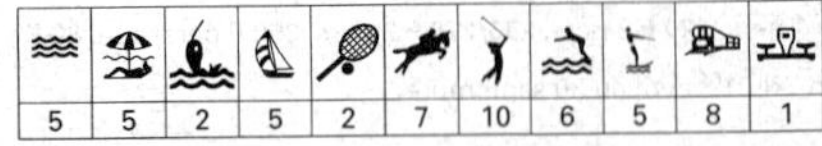

5	5	2	5	2	7	10	6	5	8	1

ELHIAR Michel et Andrée - Kerzuc - 56950 CRACH - Tél : 02 97 55 03 41

CRACH Kerino

C.M. 63 Pli 2

5 ch. **Auray (port de St-Goustan) 8 km. La Trinité-sur-Mer (port) 2 km.** Dans une maison de caractère, sur une exploitation agricole, à 2 km de la Trinité sur Mer. 1 ch. double (soit 2 ch.) 4/5 pers. louable à une même famille, s.d.b/wc privés. A côté, dans un bâtiment rénové d'architecture moderne, 4 ch-duplex 2/3 pers ($36 m^2$) avec entrée indépendante, s.e/wc privés. Salon-TV. Coin-cuisine (40 F/jour) pour chacune. Terrasse, salons de jardin, barbecues, portique. Tarif réduit hors saison & hors vacances scolaires : 280 F/2 pers/nuit à partir de 3 nuits. Langue parlée : anglais.

Prix : 2 pers. **280/360 F** pers. sup. **60/120 F**

Ouvert : toute l'année.

2	3	2	2	1	6	10	6	2	8	1

TANGUY Suzanne - Kerino - 56950 CRACH - Tél : 02 97 55 06 10 - Fax : 02 97 55 06 10 - E-mail : kerino@wanadoo.fr - http://www.kerino.com

CRACH

C.M. 63 Pli 2

2 ch. **Auray (port de St-Goustan) 8 km. La Trinité-sur-Mer (port) 6 km.** M.et Mme Dauvillier vous accueillent dans leur maison indépendante à 100 m du bourg de Crach. A l'étage, 2 ch. dont 1 ch. 3 pers avec s.d.b privée non communicante/wc privés et 1 ch. 2 pers. avec s.e communicante/wc privés. Salle à manger/salon (TV), terrasse/véranda, le jardin avec salons de jardin à votre disposition. Réfrigérateur à disposition. Langue parlée : allemand.

Prix : 1 pers. **190 F** 2 pers. **240 F** 3 pers. **280 F**

Ouvert : de février à octobre.

5	5	5	5	0,1	7	10	6	5	8	0,1

DAUVILLIER Jacques & Huguette - 10 rue du Stade - 56950 CRAC'H - Tél : 02 97 55 14 38

CRACH Keruzerh-Brigitte

C.M. 63 Pli 2

4 ch. **Auray (port de St-Goustan) 3 km. La Trinité-sur-Mer (port) 5 km.** Mme Fravalo vous accueille dans sa maison indépendante ensoleillée à 2 km d'Auray. R-d-c, 1 ch. 3 pers.(TV) s.e communicante, wc privés, (accès direct sur la terrasse, entrée indépendante), 1 ch. 2 pers.(TV) s.d.b. communicante & wc privés. Etage, 1 ch. 2 pers.(TV) s.d.b./wc privés communicants, 1 ch. 2 pers. (TV) s.e/wc privatifs communicants. Cuisine, salon, bibliothèque, terrasse, jardin 3000 m^2, salon de jardin, barbecue, parking privé.

Prix : 1 pers. **160 F** 2 pers. **210 F** 3 pers. **260 F**

Ouvert : toute l'année.

10	10	10	10	6	8	8	3	10	3	1,5

FRAVALO Nelly - Keruzerh-Brigitte - 56950 CRACH - Tél : 02 97 56 47 62

CRACH Le Fort Espagnol

C.M. 63 Pli 2

4 ch. **Auray (port de St-Goustan) 6 km. La Trinité-sur-Mer (le port) 5 km.** Mme Jan vous accueille dans sa maison indépendante située au bord de la rivière du Loch. Etage, 4 ch. 2 pers. dont 3 ch. avec s.d.b/wc privatifs communicants, 1 ch. avec s.e communicante et wc privatifs. TV & réfrigérateur dans les chambres. Petits déjeuners servis dans la salle ou sur la terrasse. Grand jardin, salons de jardin.

Prix : 2 pers. **300 F** pers. sup. **100 F**

Ouvert : d'avril à fin septembre.

5	5	0,1	5	4	10	12	8	7	9	4

JAN Eliane - Le Fort Espagnol - 56950 CRACH - Tél : 02 97 55 02 43 - Fax : 02 97 55 02 43

CRACH Kergoet

C.M. 63 Pli 2

5 ch. **Auray (port de St-Goustan) 10 km. La Trinité-sur-Mer 5 km.** Mme Kervadec vous accueille dans sa maison de caractère indépendante. 5 ch. avec entrée indépendante. R-d-c, 2 ch. 2 pers. s.e communicante et wc privés. Etage, 2 ch. 3 pers. s.d.b communicante et wc privés, 1 ch. 2 pers. s.e communicante et wc privés. Cuisine (10 F/jour). Profitez du séjour-salon/TV couleur, du jardin clos et s. de jardin pour votre repos. Langue parlée : anglais.

Prix : 1 pers. **170 F** 2 pers. **220 F** 3 pers. **270 F**

Ouvert : toute l'année.

7	7	0,5	7	3	7	10	7	7	10	3

KERVADEC Hélène - Kergoet - 56950 CRACH - Tél : 02 97 55 06 91

LA CROIX-HELLEAN/JOSSELIN La Ville Robert

C.M. 63 Pli 4

3 ch. **Josselin (château des Rohan, musée) 2,5 km. Forêt de Broceliande 10 km** Monique et Hervé vous accueillent dans d'anciens bâtiments rénovés à La Croix-Helléan à 2,5 km de Josselin. Dans une aile de la maison, au r-d-c, 1 ch. 2 pers. s.e/wc privés, coin-cuisine, accès direct sur la terrasse. A l'étage, 2 ch. 3 pers. s.e/wc privatifs, coin-cuisine (20 F/jour). Jardin, salons de jardin, barbecue et table de ping-pong. Salle de séjour avec véranda et télévision. Langue parlée : anglais.

Prix : 1 pers. **230 F** 2 pers. **250 F** 3 pers. **330 F** pers. sup. **80 F**

Ouvert : toute l'année.

45	45	3	11	3	1	11	8	11	45	3

NICOLAS Monique et Hervé - La Ville Robert - 56120 LA CROIX-HELLEAN - Tél : 02 97 75 64 37 - Fax : 02 97 75 64 37 - E-mail : h-m-nicolas@yahoo.fr - http://www.geocities.com/h-m-nicolas

DAMGAN *C.M. 63 Pli 13*

1 ch. **Muzillac (Moulin de Pen Mur) 10 km. La Roche Bernard 15 km.** Monsieur et Madame Radiguer vous accueillent dans leur maison de caractère située à 1 km de Damgan. A l'étage, 1 ch. pour 2 pers. avec s.d.b non communicante et wc privés. Pour votre détente, vous pourrez profiter du séjour, du salon avec cheminée et billard américain. Jardin clos avec salon de jardin à votre disposition. Langues parlées : anglais, espagnol.

Prix : 1 pers. **230 F** 2 pers. **270 F**

Ouvert : toute l'année.

0,2	0,2	0,2	2	0,5	10	20	20	2	20	1

RADIGUER Marie-Christine - 19 Grande Rue - Kervoyal - 56750 DAMGAN - Tél : 02 97 41 21 36 ou 06 80 32 45 42 - Fax : 02 97 41 21 37

ELVEN Kerniquel *C.M. 63 Pli 3*

2 ch. **Elven (les Tours d'Argoët) 5 km. Vannes (ville d'art) 20 km.** M. et Mme Le Vannier vous accueillent dans leur maison indépendante située à 5 kms d'Elven. A l'étage, 1 chambre double (soit 2 ch.) de 2 à 4 pers. louable à la même famille 2 épis, s.d.b/wc privatifs non communicants et 1 ch. 2 pers. 3 épis, s.e/wc privatifs communicants. Les petits déjeuners sont servis dans le séjour. Jardin à disposition avec table de pique-nique et barbecue.

Prix : 2 pers. **200 F** 3 pers. **300 F** pers. sup. **60 F**

Ouvert : toute l'année.

25	25	1	25	5	8	24	20	25	20	5

LE VANNIER Michel - Kerniquel - 56250 ELVEN - Tél : 02 97 53 38 28 ou 02 97 53 34 36

ELVEN Kergonan *C.M. 63 Pli 3*

E.C. 3 ch. **Elven (les Tours d'Argoët) 5 km. Vannes (ville d'art) 20 km.** Dans un cadre verdoyant, Nadine et Denis vous proposent 3 ch. 2 pers. au r-d-c d'une aile de leur maison de caractère, avec accès indépendant. 2 ch. s.d.b/wc privés communicants et 1 ch. s.e/wc privés communicants. Une grande salle à manger avec TV vous est réservée pour la détente, salons de jardin, portique. Table de ping-pong. Promenades dans les bois de la propriété (3 ha). Lit bébé à disposition. Possibilité d'abriter vélos et motos sous un porche. Langue parlée : anglais.

Prix : 1 pers. **250 F** 2 pers. **280 F** 3 pers. **360 F** pers. sup. **80 F**

Ouvert : toute l'année.

20	20	1	20	2	8	25	20	20	20	2

FRENKEL Nadine - Kergonan - 56250 ELVEN - Tél : 02 97 53 37 59 - Fax : 02 97 53 37 59 - E-mail : nd1frenkel@aol.com

ERDEVEN Manemeur *C.M. 63 Pli 1*

5 ch. **Erdeven (plages de sable fin) 4 km. Auray (port de St-Goustan) 15 km.** Pascale vous reçoit dans une maison de caractère du XVIIème, proche de son habitation, dans un village. 5 ch. de 2 pers. dont 2 ch. au r-d-c avec s.e/wc privatifs communicants, 3 ch. à l'étage avec s.e/wc privatifs communicants. Chaque chambre dispose d'un accès indépendant sur un jardin de 2000 m^2. Salle à manger réservée aux hôtes. Cuisine à disposition avec forfait de 25 F, terrasse avec salon de jardin, parking. Langue parlée : anglais.

Prix : 2 pers. **290 F** pers. sup. **80 F**

Ouvert : toute l'année.

4	4	4	2	4	4	6	15	6	15	1

ARRADON Pascale - Manemeur - 56410 ERDEVEN - Tél : 02 97 55 93 69 ou 06 15 66 79 95 - Fax : 02 97 55 93 69

ETEL Croix Izan *C.M. 63 Pli 1*

1 ch. **Etel (la barre d'Etel) 100 m. Belz (ile de St-Cado) 5 km.** Mme Pelvin-Le Formal vous accueille dans sa maison, située dans une impasse, dans la campagne d'Etel. Au r-d-c, 1 ch. 2 pers. avec salle de bains et wc privés communicants. Les petits déjeuners vous seront servis dans le séjour. Le jardin avec son salon de jardin sont à votre disposition pour vos moments de détente. Parking privé. Proximité du Port d'Etel, de St Cado et des plages. 240 F/nuit/2 personnes hors juillet/août.

Prix : 2 pers. **250 F** pers. sup. **70 F**

Ouvert : d'avril à octobre.

4	1,3	1,5	1,5	1	6	7	18	4	18	1

PELVIN-LE FORMAL Marie-Thérèse - Rue du Kanves - Croix Izan - BP 70 - 56410 ETEL - Tél : 02 97 55 49 69

ETEL *C.M. 63 Pli 1*

TH

E.C. 5 ch. **Rivière d'Etel, Carnac, presqu'île de Quiberon.** Vony et Didier Person vous reçoivent dans leur maison, l'Amirauté, au cœur d'Etel, petit port à l'entrée de la Ria. A l'étage : 4 ch. de 2 pers. dont 1 ch. avec s.e./wc privés non communicants et 3 ch. avec s.e./wc privés communicants, et 1 ch. 3 pers. avec s.e./wc privés non communicants. Entrée indépendante, salon réservé aux hôtes. Grand jardin clos de 2500 m^2 avec terrasse et salon de jardin. De copieux petits déjeuners vous seront servis dans la grande salle à manger des propriétaires. Un lit bébé et une chaise haute sont à votre disposition. Jeux divers : portique, bac à sable, fléchettes. Location de VTT.

Prix : 1 pers. **265 F** 2 pers. **295 F** 3 pers. **385 F** pers. sup. **90 F** repas **95 F**

Ouvert : toute l'année.

0,4	0,4	0,4	0,5	0,5	6	7	12	0,5	18	0,3

PERSON Yvonne - 9 rue Amiral Schwerer - 56410 ETEL - Tél : 02 97 55 48 59 - Fax : 02 97 55 47 31 - E-mail : person@libertysurf.fr

LE FAOUET Kergoff

C.M. 63 Pli 4

2 ch. **Guemene-s/Scorff (tradition culinaire) 15 km. Plouay (véloparc) 15 km.** Dans un ensemble de bâtiments de caractère, Mr & Mme Brown vous proposent 2 ch. aménagées dans une maison indépendante proche de leur habitation. Etage, 1 ch. 3 pers. & 1 ch. 2 pers, s.e/wc privatifs communicants chacune. Petits déjeuners servis dans un séjour spacieux (cheminée) ou dehors pendant l'été. Barbecue. Accès direct au jardin. Petite cuisine. Langue parlée : anglais.

Prix : 1 pers. **225 F** 2 pers. **275 F** 3 pers. **350 F**

Ouvert : toute l'année.

30	30	3	10	3	10	30	3	10	25	3

BROWN Albert & Angella - Kergoff - 56320 LE FAOUET - Tél : 02 97 23 06 37 - Fax : 02 97 23 06 37 -
E-mail : abrown@fr.packardbell.org

GESTEL Kergornet

C.M. 58 Pli 12

1 ch. **Pont Scorff (zoo) 4 km. Guidel Plage 8 km.** Mme Annick Le Couric vous accueille dans sa maison traditionnelle bretonne. A l'étage : 1 ch. double louable à une même famille (24 m²) de 2 à 3 pers. + 1 enfant, s.d.b/wc privés communicants. Vous apprécierez le confort du coin-salon et TV couleur dans la ch. Le séjour, la terrasse et le grand jardin clos sont à votre disposition.

Prix : 2 pers. **240 F** 3 pers. **290 F**

Ouvert : d'avril à août.

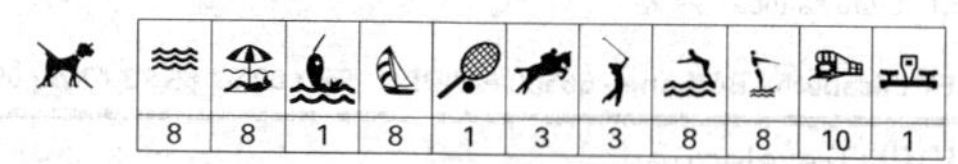

8	8	1	8	1	3	3	8	8	10	1

LE COURIC Annick - Kergornet - 56530 GESTEL - Tél : 02 97 05 00 44

GLENAC Sourdeac

C.M. 63 Pli 5

1 ch. **La Gacilly (artisans d'art) 6 km. Rochefort-en-Terre 15 km.** Mr et Mme de Cacqueray vous accueillent dans un manoir du XVIème siècle situé à 1 km de Glénac. A l'étage, 1 vaste ch. de caractère calme et de bon confort pour 2 ou 3 pers. avec s.d.b et wc privés communicants. Un lit enfant est à votre disposition sur demande. Pour vous détendre, vous pourrez profiter du parc avec salon de jardin. Langue parlée : anglais.

Prix : 1 pers. **300 F** 2 pers. **350 F** 3 pers. **450 F**

Ouvert : du 1er juillet au 2 septembre, du 8 au 22/04 & du 29/10 au 04/11.

45	45	0,5	15	5	4	20	5	20	11	5

DE CACQUERAY Louis et Sylvie - Château de Sourdeac - 56200 GLENAC - Tél : 02 99 08 13 64 ou 01 30 41 67 30 -
E-mail : louis.de-cacqueray@bull.net

GUEHENNO

C.M. 63 Pli 4

E.C. 4 ch. **Josselin 10 km. Unique grand Calvaire du Morbihan à 100 m (enclos).** Florence & Robert vous invitent à découvrir la maison aux Chimères, au cœur de Guéhenno, commune du Patrimoine Rural de Bretagne. 4 ch. avec accès indépendant : au r-d-c 1 ch. 2 pers. accessible avec aide aux personnes handicapées s.e/wc privatifs communicants, 2 ch. 3 pers. sur 2 niveaux s.e/wc privatifs communicants. 1 ch. double pour une même famille sur 2 niveaux avec s.e/wc privatifs communicants. Coin-cuisine (20 F/jour) et lave-linge communs (30 F/jour). Grand jardin à disposition avec jeux d'enfants, aire de pique-nique. Parking dans la propriété. Lits et matériel bébé à disposition. Langue parlée : anglais.

Prix : 1 pers. **190 F** 2 pers. **230 F** 3 pers. **330 F** pers. sup. **80 F**

Ouvert : toute l'année.

37	37	5	18	5	15	18	5	18	25	0,1

BLANCHARD Florence & Robert - 3 rue Saint-Pierre - Les Chimères - 56420 GUEHENNO - Tél : 02 97 42 30 14 ou 06 68 28 15 48 -
Fax : 02 97 42 30 14

GUER La Biliais

TH *C.M. 63 Pli 5*

5 ch. **Guer (vallée de l'Aff) 2 km. Forêt de Broceliande 10 km.** Christine et Albert Chotard vous acccueillent dans leur maison de caractère située sur une exploitation agricole à 10 km de la forêt de Brocéliande et des mégalithes de Monteneuf. 5 ch. s.e et wc privés communicants. R-d-c, 1 ch. 2 pers. avec accès handicapés, étage, 2 ch. 2 pers., 2 ch. 3 pers. Garage. Pour votre détente, salon avec cheminée, grand jardin, véranda. 1 ch. 2 pers. au r-d-c agréée APF. Exposition de vieux matériel sur place. Table de ping-pong, palets, jeu de boules et jeux de sociétés.

Prix : 1 pers. **250 F** 2 pers. **300 F** 3 pers. **380 F** pers. sup. **80 F**
repas **95 F**

Ouvert : toute l'année.

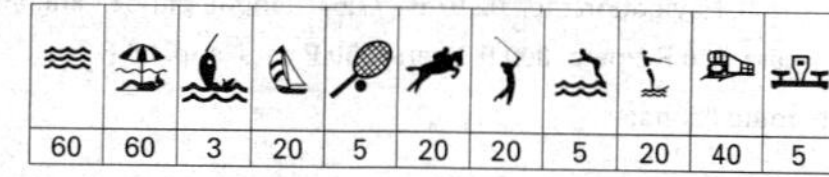

60	60	3	20	5	20	20	5	20	40	5

CHOTARD Albert & Christine - La Biliais - 56380 GUER - Tél : 02 97 75 74 84 - Fax : 02 97 75 81 22

GUIDEL Le Rouho

C.M. 58 Pli 12

5 ch. **Pont Scorff (la cour des métier d'art, zoo) 10 km. Ploemeur 10 km.** M.& Mme Hamon vous accueillent dans leurs maisons de caractère situées dans un parc clos à Guidel. 5 ch. dont 4 ch. 3 pers. dans une annexe avec s.e/wc privés communicants et accès indépendant (r-d-c 2 ch.- étage 2 ch.). Dans leur maison principale, 1 ch. 2 pers. à l'étage, s.e/wc privative non communicante et salon privatif près de cette chambre. Petit déjeuner servi dans la Véranda/TV. Jardin, salons de jardin. Kitchenette 30 F/jour. Halte possible avec chevaux (Paddocks). Langue parlée : anglais.

Prix : 1 pers. **240 F** 2 pers. **280/300 F** 3 pers. **380 F** pers. sup. **80 F**

Ouvert : toute l'année.

5	5	1	5	4	4	8	10	5	15	4

HAMON Robert - Le Rouho - Route de Locmaria - 56520 GUIDEL - Tél : 02 97 65 97 37

GUIDEL Bothane

C.M. 58 Pli 12

1 ch. **Pont Scorff (la cour des Métiers d'art, zoo) 10 km. Ploemeur 10 km.** Mme Robet vous accueille dans une petite dépendance de sa maison de campagne située sur les bords de la rivière -Laïta-. 1 ch. 2 pers. et 1 ch. à lits jumeaux louables à une même famille (s.e et wc privés communicants). Pour votre détente, propriété boisée avec salon de jardin. Petite cuisine forfait 50 F/jour. Remise de 20 % du 1er nov. au 31 mars.

Prix : 1 pers. **180 F** 2 pers. **240 F** 3 pers. **320 F** pers. sup. **70 F**

Ouvert : toute l'année.

10	10	1	10	5	4	6	5	10	8	5

ROBET Elisabeth - Bothane - 56520 GUIDEL - Tél : 02 97 65 93 47 ou 06 10 63 51 49 - Fax : 02 97 65 93 47

GUIDEL Trezeleguen

C.M. 58 Pli 12

3 ch. **Pont Scorff (zoo) 10 km. Ploemeur (fort bloqué) 3 km.** Madame Kerlir vous accueille dans sa maison indépendante située sur une exploitation agricole. 3 ch. dont 2 ch. 2 pers. (s.e communicante et wc privés) et 1 ch. double 2/4 pers. louable à une même famille s.d.b et wc privés non communicants. Pour votre détente : salon, TV couleur, jardin 5000 m², terrasse, salon de jardin. Cuisine à disposition : 30 F/jour.

Prix : 1 pers. **200 F** 2 pers. **220 F** 3 pers. **300 F** pers. sup. **80 F**

Ouvert : toute l'année.

3	3	3	3	4	4	4	7	3	3	3

KERLIR Octave-Roger - Trezeleguen - 56520 GUIDEL - Tél : 02 97 65 91 12 ou 06 08 21 18 01

GUILLIERS Le Bouix

C.M. 63 Pli 4

1 ch. **Ploermel (horloge astronomique) 16 km. Forêt de Broceliande 10 km.** M. & Mme Jan vous accueillent dans leur maison indépendante située sur une exploitation agricole. 1 ch. 3 pers. de plain-pied avec s.d.b et wc privés non communicants. Les petits déjeuners seront servis dans la salle à manger. Coin-cuisine à disposition. Pour vous détendre, profitez du coin-salon avec TV et du grand jardin. Base nautique aménagée à 10 km.

Prix : 1 pers. **160 F** 2 pers. **220 F** 3 pers. **250 F**

Ouvert : toute l'année.

60	60	1	10	3	10	10	10	10	50	3

JAN Michel - Le Bouix - Route de Josselin - 56490 GUILLIERS - Tél : 02 97 74 41 56 - Fax : 02 97 74 46 88

ILE-DE-GROIX Locqueltas

C.M. 58 Pli 12

2 ch. **Lorient 45 mn de traversée par bateau.** Dans sa demeure de grand charme avec vue imprenable sur l'océan, Monique vous accueille dans un cadre raffiné. R-d-c, 1 ch. 2 pers. 2 épis s.d.b/wc privés non communicants, 1 ch. 2 pers. 3 épis, s.d.b/wc privés communicants : accès indép. Les petits déjeuners sont servis dans le séjour/salon meublé ancien (feu de cheminée l'hiver) ou en la terrasse face à la mer. A disposition : un mouillage gratuit pour bateau privé. Accès à l'île par Lorient (Compagnie Morbihannaise de Navigation - Tél. 02.97.64.77.64).

Prix : 2 pers. **380 F** pers. sup. **135 F**

Ouvert : toute l'année.

0,1	0,2	0,2	0,8	0,8	1,5	0,8	0,9

POUPEE Monique - La Criste Marine - Locqueltas - 56590 ILE-DE-GROIX - Tél : 02 97 86 83 04 -
E-mail : la-criste-marine@wanadoo.fr - http://www.groix.com.fr

ILE-DE-GROIX

C.M. 58 Pli 12

E.C. 5 ch. **Lorient à 45 mn de traversée en bateau.** M. & Mme Le Touze vous accueillent à la Grek, ancienne maison d'armateurs de thoniers, mitoyenne à des logements de vacances à Loctudy, bourg de l'île de Groix. A l'étage : 1 ch. double de 2 à 4 pers. louable à une même famille, avec s.e./wc privatifs communicants, 1 ch. 3 pers. avec s.e./wc privatifs communicants, 2 ch. 2 pers. dont l'une avec s.e./wc. La seconde avec s.d.b/wc privatifs communicants. Lave-linge et sèche linge communs. Le séjour, le salon, la bibliothèque, le grand jardin commun, la terrasse commune et les salons de jardin sont à votre disposition. Compagnie Morbihanaise de Navigation : tél. 02.97.64.77.64. Langue parlée : anglais.

Prix : 1 pers. **270 F** 2 pers. **300 F** 3 pers. **350 F** pers. sup. **50 F**

Ouvert : toute l'année.

0,7	1	0,7	0,9	0,8	1,5	0,9	0,2

LE TOUZE J-Yves & Pascale - 3 place du Leurhe - La Grek - 56590 GROIX - Tél : 02 97 86 89 85 ou 06 09 71 01 91 -
Fax : 02 97 86 58 28 - E-mail : groe@infonie.fr - http://www.groix.com

INZINZAC-LOCHRIST Le Ty-Mat Penquesten

C.M. 63 Pli 1

4 ch. **Hennebont (remparts, haras) 5 km. Port Louis (citadelle) 20 km.** Mme Spence vous accueille dans sa maison de caractère du XVIIIème/XIXème siècle, dans un parc de 3 ha, située dans la vallée du Blavet. 4 chambres d'hôtes. 2 ch. 2 pers. et 2 ch. 3 pers. à l'étage avec s.d.b et wc privés communicants. Le séjour, le salon (télévision) sont à votre disposition pour vos moments de détente. Sentiers de randonnées à proximité. Langue parlée : anglais.

Prix : 2 pers. **300 F** 3 pers. **390 F** pers. sup. **90 F**

Ouvert : toute l'année.

22	22	2	12	12	5	15	15	4	8	4

SPENCE Catherine - Le Ty Mat - Penquesten - 56650 INZINZAC-LOCHRIST - Tél : 02 97 36 89 26 - Fax : 02 97 36 89 26 - E-mail : chambre-d-hotes-le-ty-mat@wanadoo.fr - http://www.pro.wanadoo.fr/ty-mat/

INZINZAC-LOCHRIST

C.M. 63 Pli 1

2 ch. **Hennebont (les remparts, le haras) 3 km. Port Louis (citadelle) 15 km.** M. et Mme Bouillère vous recoivent dans leur maison mitoyenne située au bord du Blavet à Inzinzac-Lochrist. Au 2ème étage, 2 chambres de 2 personnes avec s.e/wc privatifs communicants. Vous apprécierez la fraicheur du jardin. Base nautique (canoë, kayak) à proximité. Langues parlées : anglais, espagnol.

Prix : 1 pers. **180 F** 2 pers. **240 F** pers. sup. **70 F**

Ouvert : toute l'année.

15	15	0,1	15	0,2	0,5	20	8	0,1	3	0,2

BOUILLERE Jean-Louis - 12 rue du Blavet - 56650 INZINZAC-LOCHRIST - Tél : 02 97 36 07 72 ou 02 97 21 83 70

JOSSELIN Butte Saint-Laurent

C.M. 63 Pli 4

4 ch. **Josselin (château, musée) 500 m. Ploermel (horloge astronomique)10 km.** Jean et Marie Guyot vous reçoivent dans leur maison indépendante à 500 m de la ville dans un parc ombragé (promenade/jeux enfants). Vous admirerez la Vallée de l'Oust, le Château de Josselin (vue panoramique). 1 ch. 3 pers. s.e/wc privés, 1 ch. 2 pers. s.d.b/wc privés. 2 ch. 2 pers. 2 épis (1 avec s.e/wc non communicants & 1 avec s.d.b/wc non communicants). 3 nuits et + : remise 30 F/nuit. Langue parlée : anglais.

CV

Prix : 1 pers. **270/290 F** 2 pers. **300/320 F** 3 pers. **420 F** pers. sup. **80 F**

Ouvert : du 1er juin au 10 septembre et sur réservation le reste de l'année.

45	45	0,5	12	1	5	12	10	8	45	0,5

GUYOT Jean - La Butte Saint-Laurent - 56120 JOSSELIN - Tél : 02 97 22 22 09 ou 06 14 44 74 63 - Fax : 02 97 73 90 10 - E-mail : chez.guyot@wanadoo.fr - http://www.chez-guyot.ifrance.com

LANDAUL

C.M. 63 Pli 2

2 ch. **Auray (St-Goustan) 12 km. Hennebont (remparts, haras) 20 km.** M.& Mme Jaffré vous accueillent dans leur maison indépendante située au bourg de Landaul. Etage, 2 ch. 2 pers., 1 s.e/wc privatifs communicants et 1 s.e communicante, wc privés extérieurs. Vous apprécierez l'espace qui vous est réservé dans la véranda et le jardin ombragé avec salon de jardin. Entre Auray et Lorient, à 20 mn des plages dans un secteur boisé. Chalet équipé d'une cuisine à disposition.

Prix : 1 pers. **200 F** 2 pers. **230 F** pers. sup. **80 F**

Ouvert : toute l'année.

15	15	2	15	0,5	4	10	10	15	12	0,1

JAFFRE Marie-Reine - 6 rue des Fontaines - 56690 LANDAUL - Tél : 02 97 24 60 75

LANDAUL

C.M. 63 Pli 2

2 ch. **Auray (port de St-Goustan) 10 km. Hennebont (remparts, haras) 20 km.** Mme Plunian vous accueille dans sa maison indépendante. 2 chambres 2 pers. à disposition. 1 ch. 2 épis avec salle d'eau communicante et wc privés extérieurs, 1 ch. 3 épis avec salle de bains communicante et wc privés. Vous pourrez vous détendre dans le jardin de 5000 m². Mise à disposition d'un chalet équipé d'une cuisine.

Prix : 1 pers. **220 F** 2 pers. **250 F** pers. sup. **80 F**

Ouvert : de juin au 15 septembre.

15	15	2	15	0,5	4	10	10	15	10	0,5

PLUNIAN Odile - 27 rue Kermabergal - 56690 LANDAUL - Tél : 02 97 24 61 10 - Fax : 02 97 24 61 10

LANGUIDIC Kermarhin

C.M. 63 Pli 2

1 ch. **Hennebont (les remparts, les haras) 20 km. Forêt de Camors 5 km.** Dans un hameau calme dominant la forêt, Graham et Roz Jefferies vous accueillent dans leur jolie maison en pierres du XVIIIème siècle. Etage, 1 ch. 2 pers. spacieuse et de grand confort, s.e privative communicante et wc privatifs communicants. Vous serez séduits par le charme anglais à la française. Le repos et la détente sont assurés dans un jardin fleuri. Langues parlées : anglais, allemand, italien.

Prix : 2 pers. **270 F** pers. sup. **50 F**

Ouvert : toute l'année.

30	30	7	20	7	5	25	8	10	20	7

JEFFERIES Graham & Roz - Kermarhin - 56440 LANGUIDIC - Tél : 02 97 65 29 26 - Fax : 02 97 65 85 67 - E-mail : graham@bir.fr - http://www.brittany-guide.com/acom/gites/p9048.htm

LANGUIDIC Les Chaumières de Legorgu

C.M. 63 Pli 2

2 ch. **Hennebont (remparts, haras) 10 km. Port-Louis (citadelle) 20 km.** Yvonne Le Roux vous accueille dans sa chaumière typique du XVIIIè. aux abords de la Vallée du Blavet. A l'étage, 1 suite 2/4 pers. (soit 2 ch.), 1 s.e & wc privés non communicants, 1 ch. 2 pers., accès privatif, s.d.b/wc privatifs non communicants. Copieux petits déjeuners servis dans la véranda. Séjour-salon 100 m^2, cheminée, TV, Hifi, bibliothèque. Tennis de table, jardin clos ombragé 5000 m^2. Baby sitting sur demande. A découvrir : le village restauré de Poul Fetan à Quistinic, la Vallée du Blavet. Bien situé entre la mer et la campagne. En venant aux Chaumières, vous aurez plein de bonheur !

Prix : 2 pers. **280/350 F** pers. sup. **50/100 F**

Ouvert : toute l'année.

24	24	3	24	0,8	2	15	8	24	10	0,8

LE ROUX Yvonne - Les Chaumières de Legorgu - 56440 LANGUIDIC - Tél : 02 97 65 81 04 ou 06 10 61 76 92 - Fax : 02 97 65 81 04 - http://www.leschaumieres-morbihan.com

LANTILLAC La Ville Oger

C.M. 63 Pli 3

3 ch. **Josselin (château, musée de poupées) 8 km. Ploermel 20 km.** Mme Nizan vous accueille dans sa maison à la ferme. A l'étage, 3 ch. 2 pers. avec s.e et wc privés communicants et avec accès indépendant. Possibilité 1 lit 1 pers. dans 2 chambres. Salon, TV. Le jardin de 2000 m^2 et le salon de jardin sont à votre disposition. A 7 km, découvrez la cité médiévale de Josselin et la base nautique de Réguiny.

Prix : 1 pers. **200 F** 2 pers. **240 F** 3 pers. **300 F** pers. sup. **50 F**

Ouvert : de mai à octobre.

45	45	0,1	20	5	10	20	7	7	40	1

NIZAN Marie-Françoise - La Ville Oger - 56120 LANTILLAC - Tél : 02 97 75 35 38 ou 06 88 49 12 22 - Fax : 02 97 75 35 38

LARMOR-BADEN Le Ter

C.M. 63 Pli 2

E.C. 2 ch. **Golfe du Morbihan sur place. Toutes les iles à proximité.** A la Goélette, Jean-Pierre Ribes vous accueillera dans son agréable maison au bord de l'eau (accès à une petite crique à 50 m), sur le Golfe du Morbihan face à l'île aux Moines. Au rdc, 1 ch. 2 pers. avec salle d'eau/wc privatifs communicants. A l'étage, 1 ch. 3 pers. avec salle d'eau/wc privatifs communicants. Le jardin et le salon de jardin sont à votre disposition. Le petit déjeuner vous sera servi dans la salle à manger face à la mer, ou par beau temps sur la terrasse, d'où vous pourrez fréquemment observer mouettes, bernaches et avocettes. Venez découvrir notre petit coin de paradis. Langues parlées : allemand, anglais.

Prix : 1 pers. **260/310 F** 2 pers. **280/330 F** 3 pers. **390 F** pers. sup. **60 F**

Ouvert : toute l'année.

0,1	8,5	0,1	0,5	2	2,5	5	12	2,5	12	2

RIBES Jean-Pierre - Le Ter - La Goelette - 56870 LARMOR-BADEN - Tél : 02 97 57 21 17 - Fax : 02 97 57 21 17

LARMOR-PLAGE Les Camélias

C.M. 63 Pli 1

6 ch. **Lorient (base de sous-marins) 3 km. Ploermel (fort bloqué) 10 km.** Mme Allano vous accueille dans sa grande maison indépendante sur la route des plages. 5 ch. 2 pers., 1 ch. 1 pers. R-d-c, 1 ch. 2 épis s.e/wc privés non communicants, 1 ch. s.d.b/wc privés. Etage, 3 ch. avec s.e/wc privés, 1 ch. 2 épis avec s.e/wc privés non communicants. Séjour-TV, jardin 1800 m^2, terrasse, cuisine à disposition du 01/06 au 15/09. Parking privé.

Prix : 1 pers. **220/240 F** 2 pers. **240/270 F**

Ouvert : toute l'année, fermé du 25/09 au 05/10.

0,3	0,3	0,3	1	0,5	1	5	3	0,3	3	0,5

ALLANO Paulette - 9 rue des Roseaux - Villa des Camélias - 56260 LARMOR-PLAGE - Tél : 02 97 65 50 67

LIGNOL Kerimer

C.M. 58 Pli 18

2 ch. **Guemene-sur-Scorff 5 km. Le Faouet (les halles, les musées) 20 km.** Mme Prigent vous accueille dans sa maison totalement indépendante située sur une exploitation agricole. 2 ch. de plain-pied avec accès indépendant. 1 ch. 3 pers. s.d.b communicante et wc privés. 1 ch. 2 pers. s.e communicante et wc privés. Terrasse, salon de jardin, coin-détente pour vous reposer. Cuisine à disposition : 20 F/jour. Langue parlée : anglais.

Prix : 2 pers. **220 F** 3 pers. **280 F** pers. sup. **60 F**

Ouvert : toute l'année.

40	40	0,2	40	7	7	25	20	40	35	1,5

PRIGENT Honoré et Nicole - Kerimer - 56160 LIGNOL - Tél : 02 97 27 00 69 - Fax : 02 97 27 00 69

LOCMALO Manerio

C.M. 58 Pli 18

2 ch. **Guemene-sur-Scorff (pays de l'andouille) 2 km. Le Faouet 15 km.** Mr et Mme Baranger vous reçoivent dans une maison de caractère attenante au logement des propriétaires dans un hameau à 4 Km de Locmalo. 2 ch. à l'étage avec s.e/wc privatifs communicants et TV. Salle de séjour réservée aux hôtes avec coin-cuisine (forfait 10 F/jour), coin-salon (TV avec canal satellite). Grand jardin à disposition avec salon de jardin pour votre détente. Jeux pour enfants : toboggan, balançoire. Jeu de boules.

Prix : 1 pers. **200 F** 2 pers. **240 F** 3 pers. **300 F**

Ouvert : toute l'année.

40	40	3	20	2	8	20	20	20	40	2

BARANGER Marie-France - Manerio - 56160 LOCMALO - Tél : 02 97 51 29 77

LOCMARIAQUER *C.M. 63 Pli 12*

5 ch. **La Trinité-sur-Mer (port) 7 km. Auray (port de St-Goustan) 12 km.** A 5 mn du port, dans un beau jardin très fleuri, la Tykoumad vous offre un espace reposant. Etage, 2 ch. 2 épis - 1 ch. double 4 pers. louable à la même famille, 1 ch. 2 pers., avec chacune s.e/wc privatifs non communicants. En annexe, 3 ch. 3 épis dont 2 ch. à l'étage et 1 au r-d-c : 2 ch. 2 pers., 1 ch. 3 pers. avec s.e/wc privés chacune. Très agréable salon sur jardin réservé aux hôtes. Réfrigérateur, micro-ondes et magnétoscope sont à votre disposition. Langues parlées : anglais, espagnol.

Prix : 2 pers. **275/295 F** pers. sup. **95 F**

Ouvert : de mi-mars à mi-octobre.

1	1	0,5	1	0,3	12	15	12	1	15	0,1

COUDRAY Michelle - 2 impasse de la Ruche - 56740 LOCMARIAQUER - Tél : 02 97 57 33 16 ou 06 72 28 76 18 - Fax : 02 97 57 33 16

LOCMARIAQUER *C.M. 63 Pli 12*

1 ch. **La Trinité-sur-Mer 5 km. Auray (port de St-Goustan) 12 km.** M. Guillevic vous accueille dans sa maison indépendante. Au r-d-c, 1 chambre 2 pers. avec s.d.b privative et wc privés non communicants. Le grand jardin de 2500 m², le mini-golf, le salon de jardin et la table de pique-nique sont à votre disposition pour votre détente et vos loisirs. TV couleur en commun dans le salon. Langue parlée : anglais.

CV

Prix : 1 pers. **220 F** 2 pers. **240 F**

Ouvert : de juin au 10 septembre.

0,8	1,8	0,8	1,8	0,5	12	12	12	1,8	12	1,2

GUILLEVIC Rolland - Route du Terrain des Sports - Ty-Flor Ker Hern - 56740 LOCMARIAQUER - Tél : 02 97 57 34 03

LOCOAL-MENDON Kerohan *C.M. 63 Pli 2*

3 ch. **Auray (port de St-Goustan) 8 km. Belz 5 km.** M.& Mme Le Ny vous accueillent dans leur maison de caractère située sur une exploitation agricole. Au 1er étage, 1 ch. double 5 pers. louable à une même famille 2 épis, s.e & wc privés non communicants, 1 ch. 2 pers. s.d.b & wc privés communicants. Au 2ème étage, 1 ch. 2 pers. s.e & wc privés communicants. Séjour, salon/cheminée, TV/magnétoscope. Jardin de 3000 m², barbecue, salons de jardin pour votre détente. Petits animaux acceptés uniquement. Langue parlée : anglais.

Prix : 1 pers. **190 F** 2 pers. **240 F** 3 pers. **300 F** pers. sup. **60/120 F**

Ouvert : du 1er avril au 15 octobre.

6	12	6	15	3	12	6	12	12	8	3

LE NY Jean-Francois - Kerohan - 56550 LOCOAL-MENDON - Tél : 02 97 24 65 08

LOCOAL-MENDON Kervihern TH *C.M. 63 Pli 2*

6 ch. **Auray (port de St-Goustan) 10 km. Belz 5 km.** A proximité de la ria d'Etel, M-Thérèse et Gabriel vous accueillent dans leur maison de caractère du XVIIe sur une exploitation agricole. 5 ch. indépend. (1 au r-d-c) et 1 suite 4 pers., s.e et wc privés communicants chacune. Vous apprécierez le calme, la table d'hôtes aux produits de la ferme, la salle aux vieilles poutres, cheminées, mobilier ancien. Salon avec TV vous est réservé. Salon de jardin, portique et lave-linge sont à votre disposition. Bicyclettes, ping-pong. Langue parlée : anglais.

CV

Prix : 2 pers. **240/260 F** 3 pers. **330 F** pers. sup. **90 F** repas **85 F**

Ouvert : toute l'année.

5	12	5	12	2	10	5	10	12	10	2

MAHO Gabriel & M-Thérèse - Kervihern - 56550 LOCOAL-MENDON - Tél : 02 97 24 64 09 - Fax : 02 97 24 64 09

LOCOAL-MENDON Manescouarn TH *C.M. 63 Pli 2*

5 ch. **Auray (port de St-Goustan) 11 km. Belz 5 km.** Dans un corps de bâtiments de ferme rénové, mitoyen au logement du prop., Edith et Jean vous accueillent chaleureusement. R.d.c. : 1 ch. 2 pers., salle d'eau/wc privatifs communicants. Etage : 3 ch. 2 pers. EC, salle d'eau ou s.d.b. et wc privatifs communicants et 1 ch. double de 2 à 5 pers. pour une même famille, s. d'eau et wc privatifs communicants. Salle à manger et salon avec TV réservés aux hôtes. Jardin avec salon de jardin. Entre mer, campagne et ville, vous aurez tout le loisir de goûter au calme de la nature et aux bons plats d'Edith et Jean, qu'ils se font un plaisir de partager avec vous à la TH.

CV

Prix : 2 pers. **260 F** 3 pers. **350 F** pers. sup. **90 F** repas **85 F**

Ouvert : toute l'année.

7	7	7	7	3	7	2	11	7	11	3

NICOLAS Jean & Edith - Manescouarn - 56550 LOCOAL-MENDON - Tél : 02 97 24 65 18

MALANSAC (ROCHEFORT-EN-TERRE) Manoir de Saint-Fiacre *C.M. 63 Pli 4*

5 ch. **Rochefort en Terre (cité de caractère) 4 km. La Gacilly 15 km.** M.& Mme Goapper vous accueillent dans leur manoir du 17ème siècle autour d'un parc boisé de 6500 m². Au r-d-c, 1 ch. 2 pers. avec s.d.b/wc privés communicants. Au 1er étage, 1 ch. double 4 pers. louable à la même famille avec s.d.b/wc privatifs communicants et s.e/wc privatifs non communicants, 1 ch. 3 pers. s.d.b/wc communicants avec accès par escalier extérieur. 1 ch. 2 pers. s.d.b/wc privatifs communicants. Au 2ème étage, 1 ch. 3 pers. avec mezzanine, s.d.b/wc privatifs communicants. A votre disposition, séjour avec télévision, jeux de société. Salons de jardin afin de profiter du grand parc paysagé.

CV

Prix : 2 pers. **400/500 F** pers. sup. **100 F**

Ouvert : toute l'année.

25	25	1	25	0,5	5	5	25	0,5	4	1,5

GOAPPER Roger et Denise - Manoir de St-Fiacre - 56220 MALANSAC - Tél : 02 97 43 43 90 ou 06 07 55 64 89 - Fax : 02 97 43 43 40

MAURON-EN-BROCELIANDE Le Grand Launay

C.M. 63 Pli 5

1 ch. **Broceliande 5 km. Paimpont (forêt) 10 km. Mauron 2 km.** Dans un cadre agréable et reposant, Mr et Mme Bara vous reçoivent dans une longère de pierres et de terre. A l'étage, réservé aux hôtes, 1 ch. 3 pers. avec salle d'eau/wc privatifs non communicants. Séjour à disposition. Calme et détente au bord de l'étang poissonneux privé (pêche autorisée) dans un grand jardin. Bibliothèque. Christiane vous fera partager sa passion artistique (peinture...). Venez découvrir le Pays de Brocéliande, terre de légendes marquée par le souvenir de Merlin l'Enchanteur, la Fée Viviane et la Fée Morgane.... Langue parlée : anglais.

Prix : 1 pers. **230 F** 2 pers. **280 F** 3 pers. **330 F** pers. sup. **60 F**

Ouvert : du 1er avril au 30 septembre.

60	60	0,1	20	2	10	20	2	10	20	2

BARA Christiane - Le Grand Launay - 56430 MAURON-EN-BROCELIANDE - Tél : 02 97 22 76 20

MELRAND Quenetevec

TH

C.M. 63 Pli 2

3 ch. **Pontivy (château, le canal) 10 km. Quistinic (Poul Fetan) 6 km.** Mme Chauvel vous accueille dans sa maison de caractère située dans un parc aménagé, traversé par une petite rivière à truites. Etage, 1 ch. double 4 pers. louable à une même famille, s.e & wc privés, 1 ch. 2 pers. s.d.b & wc privés communicants. R-d-c, 1 ch. 2 pers. s.e/wc privés communicants. Petits déjeuners & T. d'hôtes servis dans le salon. Jardin et salon de jardin à disposition. Jeux d'enfants : portique, toboggan, filet de volley, ping-pong. Pour votre détente, vous pourrez profiter de la piscine privée commune avec le propriétaire.

Prix : 1 pers. **220/250 F** 2 pers. **270/300 F** 3 pers. **370 F** pers. sup. **100 F** repas **105 F** 1/2 pens. **240 F**

Ouvert : du 1er mars au 30 octobre.

45	45	5	45	5	2	4	0,1	5	30	5

CHAUVEL Marie-Thérèse - Quenetevec - 56310 MELRAND - Tél : 02 97 27 72 82 ou 06 83 75 08 52 - Fax : 02 97 27 72 82

MENEAC Manoir de Bellouan

C.M. 59 Pli 14

3 ch. **Forêt de Broceliande 25 km. Josselin (cité de caractère) 40 km.** Dans un parc naturel boisé et fleuri de 2 ha, Alfred et Emilienne vous accueillent chaleureusement dans leur manoir du XVIIe siècle. A l'étage une ch. de style pour 2 pers. avec s.e/wc privatifs communicants et 2 ch. 2 pers. E.C., s.e/wc privatifs communicants (dont 1 à 250 F et 1 à 300 F). Séjour et salon à votre disposition. Accès à la chapelle privée. Cuisine indépendante (30 F/jour).

Prix : 2 pers. **250/400 F** pers. sup. **100 F**

Ouvert : de Pâques à la Toussaint.

65	65	1	20	2	20	25	10	20	60	1,5

BELLAMY Emilienne - Manoir de Bellouan - 56490 MENEAC - Tél : 02 97 93 35 57

MESLAN Roscalet

C.M. 58 Pli 17

5 ch. **Le Faouet (les halles, les musées) 10 km. Plouay (véloparc) 10 km.** Dans une propriété privée, Mme Jambou vous accueille dans sa maison de caractère, dans un cadre calme et reposant, totalement indépendante réservée aux hôtes. 5 ch., s.e et wc privés communicants. R-d-c, 1 ch. 2 pers. (lits jumeaux), 1 ch. 3 pers. Salon avec cheminée. Etage, 3 ch. 2 pers. et la mezzanine aménagée en salle de détente (bibliothèque, TV). Jardin privé & ses salons de jardin. Langue parlée : anglais.

Prix : 1 pers. **230 F** 2 pers. **260 F** 3 pers. **350 F** pers. sup. **60 F**

Ouvert : du 1er avril au 31 octobre.

30	30	1	10	4	15	20	8	12	15	4

JAMBOU Marie-France - Roscalet - 56320 MESLAN - Tél : 02 97 34 24 13 - Fax : 02 97 34 24 13

MOHON Bodegat

TH

C.M. 58 Pli 20

4 ch. **Josselin (château, musée de Poupée) 10 km. Forêt de Broceliande 10 km.** Mme Four vous accueille dans sa maison de caractère située à 500 m de Mohon, petite cité de Bronze d'Art, et à proximité de la Forêt de Lanouée. 4 ch. 2 pers. (1 au r-d-c & 3 à l'étage), s.e/wc privatifs communicants chacune. Séjour/cheminée, salon TV, grand jardin avec salon de jardin. Demi-pension au delà de 3 nuits. Randonnées équestres sur place. Langue parlée : anglais.

Prix : 1 pers. **170 F** 2 pers. **230 F** pers. sup. **80 F** repas **80 F** 1/2 pens. **180 F**

Ouvert : toute l'année.

50	50	0,1	17	0,5	0,1	17	15	17	35	0,5

FOUR Marylène - Bodegat - La Charbonnière - 56490 MOHON - Tél : 02 97 93 96 80 - Fax : 02 97 93 97 41 - E-mail : ch-hotes@club-internet.fr

MOREAC Kerivin

C.M. 63 Pli 3

4 ch. **Locmine 5 km. Josselin (château, musée de poupées) 25 km.** Mme Le Sergent vous accueille dans ses 2 maisons indépendantes situées sur une exploitation agricole. A l'étage, 4 ch. avec s.e privative communicante & wc privés. 1 ch. 2 pers. + 1 bébé. 2 ch. 3 pers. et 1 ch. 2 pers. A disposition sur demande : salon (TV couleur/magnétoscope/chaîne HIFI). Jardin, salon de jardin. Cuisine (micro-ondes) forfait 20 F/jour. Lessive + sèchage à la demande forfait 30 F.

Prix : 1 pers. **180 F** 2 pers. **250 F** 3 pers. **300 F** pers. sup. **80 F**

Ouvert : toute l'année.

40	40	3	40	3,5	10	25	7	7	32	3,5

LE SERGENT Pierre - Kerivin - 56500 MOREAC - Tél : 02 97 60 18 88 ou 06 83 03 18 45

NIVILLAC Port de Folleux

TH *C.M. 63 Pli 14*

3 ch. **La Roche Bernard 7 km. La Baule 30 mn.** Dans un jardin paysagé, Maryse et Michel vous accueillent dans leur maison, en vieilles pierres, au bord de la Vilaine. 3 ch. avec accès indépendant et vue sur la Vilaine. A l'étage 2 ch. 2 pers. et au r-d-c 1 ch. 3 pers., s.e/wc privatifs communicants pour chaque chambre. Salons de jardin, bains de soleil, barbecue. Possibilité de croisière sur la Vilaine en trimaran (sous conditions, consulter les propriétaires). Port de plaisance sur place, visite de la Roche Bernard. Tables d'hôtes sur réservation. Tarif réduit à partir de 4 nuitées de 10 F/personne. Langues parlées : anglais, allemand.

Prix : 1 pers. **230 F** 2 pers. **240/260 F** 3 pers. **330 F** pers. sup. **70 F**
repas **90 F** 1/2 pens. **220 F**

Ouvert : toute l'année.

25	25	0,1	0,1	6	7	15	6	0,1	30	7

ARNOU Michel et Maryse - Port de Folleux - 56130 NIVILLAC - Tél : 02 99 90 96 61 - Fax : 02 99 90 96 61

NIVILLAC Saint-Cry

TH *C.M. 63 Pli 14*

4 ch. **La Roche Bernard (port de plaisance) 12 km. Barrage d'Arzal 15 km.** Marie-Pierre et Joseph Chesnin vous accueillent dans leur maison située sur une exploitation agricole. 4 ch. avec entrée indépendante. R-d-c : 1 ch. 2 pers. Etage : 1 ch. 2 pers. et 2 ch. 3 pers. S.e/wc privés communicants pour chaque ch. Salon/cheminée, TV couleur, magnétoscope, s. de jardin/portique/jeu de boules. Dîner possible (sauf dimanche soir). Machine à laver et sèche-linge en commun avec le propriétaire à disposition avec forfait de 20 F.

CV

Prix : 2 pers. **230/250 F** pers. sup. **70 F** repas **85 F** 1/2 pens. **200/210 F**

Ouvert : toute l'année sauf fêtes de fin d'année.

30	30	2	10	7,5	9	15	9	12	22	8

CHESNIN Joseph - Le Moulin du Couedic - Saint-Cry - 56130 NIVILLAC - Tél : 02 99 90 62 47 - Fax : 02 99 90 62 47

NOYALO Quelennec

C.M. 63 Pli 13

5 ch. **Vannes (ville d'art) 10 km. Sarzeau (sa côte, ses sentiers) 15 km.** Mme Jeannétte Le Brech vous accueille dans sa maison indépendante, située à Noyalo. 5 chambres avec s.e et wc privés communicants. R-d-c, 1 ch. 2 pers., à l'étage, 3 ch. 2 pers. et 1 ch. 3 pers. Salle de séjour, coin-salon, TV couleur. Cuisine à disposition avec forfait 30 F/jour (lave-linge & sèche-linge). Jardin attenant, salon de jardin, barbecue. Langue parlée : anglais.

CV

Prix : 2 pers. **230 F** 3 pers. **280 F**

Ouvert : du 15 mai au 15 septembre.

10	10	0,1	10	1	8	18	10	10	10	1

LE BRECH Loïc - Quelennec - 56450 NOYALO - Tél : 02 97 43 03 15 - Fax : 02 97 43 03 15

NOYALO

C.M. 63 Pli 13

2 ch. **Vannes (ville d'art) 8 km. Sarzeau (sa côte, ses sentiers) 15 km.** M.et Mme Zoude-Le Nagard vous accueillent dans leur maison indépendante à l'entrée du Golfe du Morbihan et sur l'Etang de Noyalo. Etage : 1 ch. 2 pers.(s.d.b/wc privés communicants). 1 ch. double louable à une même famille pour 4 pers.(s.d.b/wc privés non communicants). Séjour, salon, TV, cheminée, jardin clos, salon de jardin. Remise de 20 F par nuit hors juillet/août. Langue parlée : anglais.

CV

Prix : 1 pers. **200 F** 2 pers. **240 F**

Ouvert : toute l'année.

10	10	0,8	10	0,8	8	18	10	10	12	1

ZOUDE-LE NAGARD Marie-Madeleine - 29 chemin de Quellenec - 56450 NOYALO - Tél : 02 97 43 14 17

PLOEMEL Kerplat

C.M. 63 Pli 2

2 ch. **Auray (port de St-Goustan) 8 km. Erdeven (grandes plages) 8 km.** Mme Le Boulch vous accueille dans sa maison indépendante située dans un petit hameau. A l'étage, 2 ch. 2 pers. avec entrée indépendante, 1 avec s.e/wc privés communicants et 1 avec s.e/wc privés non communicants. Petit coin-salon (avec réfrigérateur). Grand jardin, terrasse, 2 salons de jardin, barbecue et portique à votre disposition pour votre détente.

CV

Prix : 2 pers. **220 F** pers. sup. **70 F**

Ouvert : de Pâques à la Toussaint.

8	8	8	1,5	1,5	1,5	5	8	8	8	2

LE BOULCH Josiane - Kerplat - 56400 PLOEMEL - Tél : 02 97 56 82 51 - Fax : 02 97 56 72 32

PLOEMEL Kerimel

C.M. 63 Pli 2

4 ch. **Auray (port de St-Goustan) 6 km. Erdeven (ses grandes plages) 8 km.** Dans un ensemble de chaumières de caractère du XVIIème, Babeth et Pierre vous accueillent à 7 km des plages et à 2 km du Golf de St-Laurent. A l'étage, 4 chambres aux meubles anciens : 2 ch. 2 pers. et 2 ch. 3 pers., s. d'eau/wc privatifs communicants. Lits 0,90 x 200 ou 1,80 x 200, sèches cheveux, bouilloire. Séjour/salon réservé aux hôtes avec TV/magnétoscope, bibliothèque, jeux de société. Réfrigérateur à disposition. Vous pourrez apprécier le calme du village en profitant des salons de jardin. Langues parlées : anglais, espagnol.

CV

Prix : 2 pers. **300/350 F** 3 pers. **450 F**

Ouvert : du 1er février au 15 novembre.

7	7	7	7	1	3	2	7	7	6	1

MALHERBE Babeth et Pierre - Kerimel - 56400 PLOEMEL - Tél : 02 97 56 84 72 - Fax : 02 97 56 84 72 -
E-mail : elisabeth.malherbe@wanadoo.fr - http://www.kerimel.free.fr

PLOEMEUR *C.M. 58 Pli 12*

3 ch. **Fort Bloqué Ploemeur 4 km. Guidel 8 km** Christiane Le Lorrec vous accueille dans sa maison au cœur du quartier ancien de Ploemeur. Dans la maison, 1 ch. 3 pers. à l'étage avec s.e/wc privatifs communicants. Dans une dépendance : au r-d-c, 1 ch. 2 pers. mitoyenne à un logement s.e/wc privatifs communicants, à l'étage 1 ch. 2 pers. mitoyenne à un autre logement avec s.d.b/wc privatifs communicants. Détente assurée dans ce havre de verdure situé à 4 km des plages et à proximité d'Océanis, l'escale loisirs aquatiques, proche de 6 circuits de randonnées (campagne, patrimoine historique). Jardin, salon de jardin, barbecue, bibliothèque, TV. Remise de 5 % à partir de 5 jours consécutifs.

Prix : 1 pers. **220 F** 2 pers. **260 F** 3 pers. **340 F** pers. sup. **80 F**

Ouvert : toute l'année.

4	4	4	4	1	3	1	1,5	8	7	0,2

LE LORREC Christiane - 3 bis rue de Saint-Deron - Chapelle Sainte-Anne - 56270 PLOEMEUR - Tél : 02 97 86 10 25 ou 06 72 70 76 48

PLOEREN *C.M. 63 Pli 2*

1 ch. **Auray (port de St-Goustan) 10 km. Vannes (ville d'art) 10 km.** M. & Mme Moulinier vous accueillent dans leur maison indépendante située à 700 m de Ploeren et à 6 km du Golfe du Morbihan. R.d.c, 1 chambre double (soit 2 ch.) de 2 à 3 pers. louable à une même famille, s.e non communicante/wc privés. Salon/TV, jardin clos (500 m^2), salon de jardin. Tarifs réduits hors saison à partir de 3 nuits hors ponts, fériés et vacances scolaires.

Prix : 1 pers. **200 F** 2 pers. **230 F** 3 pers. **320 F** pers. sup. **80 F**

Ouvert : toute l'année.

6	9	6	6	0,5	2	9	9	6	10	0,5

MOULINIER Nadine & Jean - 2 impasse des Korrigans - 56880 PLOEREN - Tél : 02 97 40 06 72

PLOEREN Porh Priendo *C.M. 63 Pli 3*

2 ch. **Vannes (ville d'art et d'histoire) 2 km. Auray (St-Goustan) 15 km.** M. et Mme Dano vous accueillent dans leur maison indépendante de caractère située à 5 km du Golfe du Morbihan et 2 km de Vannes. A l'étage, 1 chambre double louable à une même famille pour 3 pers. (soit 2 chambres) avec s.d.b/wc non communicants et 1 ch. 3 pers. avec s.e/wc communicants. Coin-cuisine dans la véranda (25 F/jour). Jardin, salon de jardin, terrasse pour la détente.

Prix : 2 pers. **250 F** 3 pers. **350 F** pers. sup. **100 F**

Ouvert : toute l'année.

5	5	5	5	1	5	5	3	4	5	2

DANO Edouard & M-Thérèse - 3 impasse du Manoir - Porh-Priendo - 56880 PLOEREN - Tél : 02 97 46 45 14

PLOUAY Kermouel *C.M. 63 Pli 1*

1 ch. **Plouay (véloparc) 4,5 km. Hennebont (haras, remparts) 15 km.** Au cœur du pays de Plouay entre Le Scorff et Le Blavet, paradis des pêcheurs, proche du G.R 34, Nicole vous accueille dans une chaumière du XVIIème s. et vous propose 1 ch. pour 2 pers. avec salle d'eau/wc privatifs communicants. Jardin avec salon de jardin à disposition. Petit déjeuner pris en commun dans la salle à manger au mobilier ancien. Lave-linge forfait 30 F. Cuisine dans un abri de jardin (micro-ondes, congélateur, réfrigérateur). Située entre le Pays de Lorient et le Pays du Faouët, vous pourrez visiter le Véloparc, le Conservatoire de la Voiture Hippomobile, la Vallée du Scorff....

Prix : 1 pers. **230 F** 2 pers. **260 F** pers. sup. **70 F**

Ouvert : du 1er avril au 1er octobre.

30	30	3	20	4,5	5	20	15	20	20	4,5

BILZIC Nicole - Kermouel - 56240 PLOUAY - Tél : 02 97 32 01 70 - E-mail : rbilzic@hotmail.com

PLOUGOUMELEN Cahire *C.M. 63 Pli 2*

4 ch. **Auray (port de St-Goustan) 5 km. Vannes (ville d'art) 10 km.** Dans un site classé, Mr Trochery vous accueille dans un ensemble de chaumières du XVIIe s. 4 ch. spacieuses de caractère de 290 à 380 F dont 1 ch. à 330 F, toutes avec entrée indépendante, coin-salon, s.e communicante et wc privés. R-d-c, 1 ch. 2 pers. et 1 ch. 3 pers. Etage, 1 ch. 2 pers. et 1 ch. 3 pers. Jardin, salon de jardin et terrasse.

Prix : 2 pers. **290/380 F** pers. sup. **75/100 F**

Ouvert : de février à décembre. Fermé du 5 au 20 mars.

10	10	10	10	1	1	3	6	6	6	3

TROCHERY Arsène - Cahire - 56400 PLOUGOUMELEN - Tél : 02 97 57 91 18

PLOUHARNEL Kercroc *C.M. 63 Pli 2*

3 ch. **Auray (St-Goustan) 10 km. Carnac (circuit des alignements) 5 km.** Mme Rousseau vous accueille dans sa maison indépendante située à 0.8 km de Plouharnel dans un village calme, sans issue. R-d-c, 1 ch. 2 pers. s.d.b/wc privés communicants, à l'étage, 1 ch. 2 pers. s.e/wc privés communicants, 1 ch-double 5 pers. louable à une même famille s.d.b/wc privés non communicants. Salle à manger, coin-salon/cheminée (TV coul.). Terrasse. Jardin clos.

Prix : 1 pers. **210 F** 2 pers. **240/260 F** 3 pers. **320 F** pers. sup. **50/80 F**

Ouvert : toute l'année.

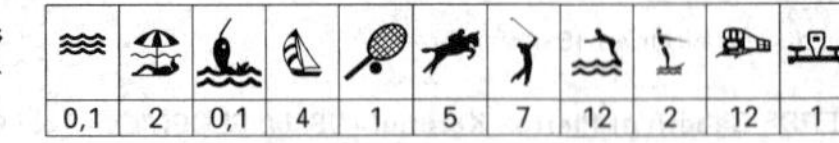

0,1	2	0,1	4	1	5	7	12	2	12	1

ROUSSEAU Marie-Paule - Kercroc - 56340 PLOUHARNEL - Tél : 02 97 52 32 40 ou 06 86 04 72 51

PLOUHARNEL Kerfourchelle *C.M. 63 Pli 1*

3 ch. **Auray (St-Goustan) 13 km. Carnac (circuit des alignements) 5 km.** Mme Le Touzo vous accueille dans sa maison indépendante de bon confort située à 700 m de Plouharnel. Etage : 1 ch. 2 pers. s.e communicante et wc communicants, 1 ch. 3 pers. s.e/wc communicants, 1 ch-double (2 ch.) 4/5 pers. louable à une même famille s.e communicante et wc privés. Salon, TV. Cuisine (micro-ondes) 20 F/jour. Jardin 1600 m^2, salons de jardin. Parking clos. Hors saison : 220 F/2 pers. Langue parlée : anglais.

Prix : 2 pers. **220/260 F** 3 pers. **310 F** pers. sup. **60 F**

Ouvert : toute l'année.

0,6	2,5	2,5	2,5	0,8	4	7	13	2,5	13	0,7

LE TOUZO Anne-Marie - 14 rue Kerfourchelle - 56340 PLOUHARNEL - Tél : 02 97 52 34 38

PLOUHARNEL Sainte-Barbe *C.M. 63 Pli 2*

2 ch. **Auray (St-Goustan) 13 km. Carnac (circuit des alignements) 5 km.** Mme Le Port vous accueille dans sa maison indépendante située à l'entrée du village typique de Sainte Barbe à 2 km de Plouharnel. A l'étage 2 ch. 2 pers. avec s.e/wc privatifs non communicants. Salon/TV et cheminée à disposition. Pour votre détente, salons de jardin dans un grand terrain de 3000 m^2. Belle vue sur la mer et les dunes. A proximité de grandes plages (surf). Petit train le Tir bouchon du 15 juin au 15 septembre.

Prix : 2 pers. **270 F** pers. sup. **90 F**

Ouvert : du 15 mai au 15 septembre.

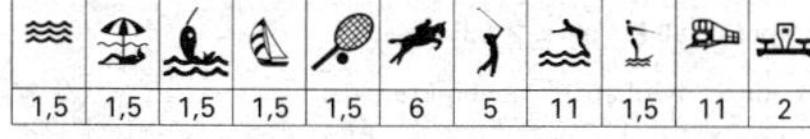

1,5	1,5	1,5	1,5	1,5	6	5	11	1,5	11	2

LE PORT Rémi - Ste-Barbe - 56340 PLOUHARNEL - Tél : 02 97 52 37 40

PLOUHARNEL Kerzivienne *C.M. 63 Pli 2*

3 ch. **Auray (St-Goustan) 12 km. Carnac (circuit des alignements) 5 km.** Mr et Mme Le Baron vous accueillent dans leur maison indépendante située dans un secteur calme à 0,8 km de Plouharnel entre Carnac et Quiberon. Etage, 3 ch. dont 2 avec vue sur la mer. 2 ch. 2 pers. 3 épis s.e/wc privés, 1 ch. 3 pers. 2 épis s.e et wc privés non communicants. Séjour avec TV. Terrain 2000 m^2. Salons de jardin, barbecue, table de ping-pong pour votre détente. Langue parlée : anglais.

Prix : 2 pers. **240/260 F** 3 pers. **300 F** pers. sup. **70 F**

Ouvert : de Pâques à la Toussaint.

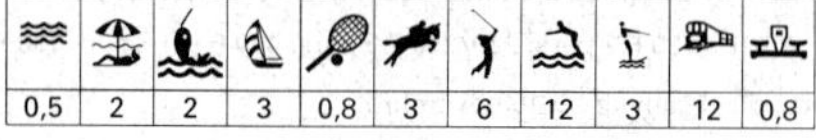

0,5	2	2	3	0,8	3	6	12	3	12	0,8

LE BARON Gilbert - Kerzivienne - 56340 PLOUHARNEL - Tél : 02 97 52 31 44

PLOUHARNEL Kerhellec *C.M. 63 Pli 1*

4 ch. **Auray (St-Goustan) 12 km. Carnac (circuit des alignements) 5 km.** Mme Le Boulaire vous accueille dans sa maison indépendante avec vue sur la mer. A l'étage, 2 ch. 2 pers. s.e privative non communicante et wc privés pour chaque ch., 1 ch. 3 pers. s.e et wc communicants. Au r-d-c, 1 ch. s.e privative et wc communicants. Vous pourrez vous détendre dans le salon avec TV couleur, et dans le grand jardin avec salon de jardin. Réfrigérateur/congélateur à la disposition des hôtes.

Prix : 1 pers. **200 F** 2 pers. **240/260 F** 3 pers. **320 F**

Ouvert : de mai à octobre.

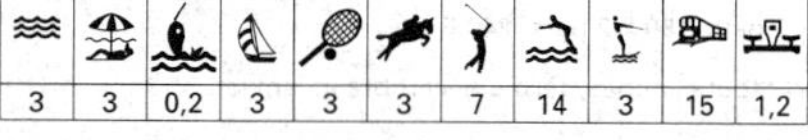

3	3	0,2	3	3	3	7	14	3	15	1,2

LE BOULAIRE Marie-Thérèse - Kerhellec - 56340 PLOUHARNEL - Tél : 02 97 52 33 92 - Fax : 02 97 52 33 92

PLOUHINEC *C.M. 63 Pli 1*

1 ch. **Port-Louis (citadelle) 10 km. Auray (port de St-Goustan) 20 km.** Mme & M. Le Dantec vous accueillent dans leur maison indépendante située dans un village de pêcheurs à proximité de la Ria d'Etel. 1 ch. 2 à 3 pers. (TV) avec entrée indépendante, s.e/wc privatifs communicants. Petits déjeuners servis dans la salle à manger. Jardin clos et terrasses fleuris avec salon de jardin. Parking privé clos. Réfrigérateur privatif à la chambre d'hôte dans le garage. Environnement agréable face à un bras de mer et à 10 minutes des plages.

Prix : 1 pers. **230 F** 2 pers. **260 F** 3 pers. **310 F**

Ouvert : toute l'année.

0,1	2	0,6	0,1	2	15	15	18	2,5	15	3,5

LE DANTEC Yves - 39 rue Mane-Jouan - Vieux Passage - 56680 PLOUHINEC - Tél : 02 97 36 74 07

PLOUHINEC Kermorin *C.M. 63 Pli 1*

1 ch. **Port-Louis (citadelle) 10 km. Auray (port de St-Goustan) 20 km.** Mme Le Quer vous accueille dans sa maison de caractère indépendante située sur une exploitation agricole, dans un cadre fleuri et reposant à 10 mn des plages et de la Ria d'Etel. Etage, 1 ch. double 4 pers. (soit 2 ch.) louable à une même famille (avec TV), s.d.b et wc privés non communicants. Salon TV. Jardin fleuri, salon de jardin, barbecue. Terrain de jeux pour les enfants. Ils pourront également monter à poney et visiter la ferme. Lave-linge (forfait 20 F) et réfrigérateur à disposition. Téléphone dans un local commun aux gîtes et aux chambres d'hôtes.

Prix : 2 pers. **270 F** 3 pers. **380 F** pers. sup. **100 F**

Ouvert : toute l'année.

4	4	4	4	3	12	12	4	4	18	0,8

LE QUER Jean - Kermorin - 56680 PLOUHINEC - Tél : 02 97 36 76 13

PLUHERLIN La Surge

TH *C.M. 63 Pli 4*

2 ch. **Rochefort-en-Terre (cité de caractère) 3 km. La Gacilly 15 km.** Daniel et Yolande vous accueillent dans leur maison indépendante avec vue sur la Vallée de l'Arz à 3 Km de Pluherlin. A l'étage, 2 ch. 3 pers. avec salle d'eau/wc privatifs communicants. Terrasse avec salon de jardin à votre disposition. Vous pourrez vous détendre dans cette propriété de 3 ha avec petit étang privé. Table d'hôtes sur réservation. Langue parlée : anglais.

CV

Prix : 1 pers. **250 F** 2 pers. **290 F** 3 pers. **370 F** pers. sup. **80 F** repas **95 F**

Ouvert : toute l'année.

30	30	0,5	3	3	10	12	11	3	11	5

LEGER Yolande - La Surge - 56220 PLUHERLIN - Tél : 02 97 43 37 35

PLUMELEC Folle Pensée

C.M. 63 Pli 3

1 ch. **Locmine 15 km. Malestroit (musée de la Résistance) 20 km.** M. & Mme Le Labourier vous accueillent dans leur maison indépendante située sur une exploitation avicole. R-d-c, 1 ch. 2 pers avec accès indépendant, s.e/wc privés communicants. Salon/TV, jardin de 400 m², aire de jeux pour enfants, tennis de table, jeu de boules. Terrasse, salon de jardin, barbecue. Possibilité hébergement cavalier (5 boxes). Cuisine commune avec propriétaire à disposition. Langue parlée : anglais.

CV

Prix : 1 pers. **180 F** 2 pers. **230 F**

Ouvert : du 1er avril au 1er novembre.

22	22	2	22	5	9	22	5	22	18	6

LE LABOURIER Pierrick & M-Thérèse - Folle Pensée Lanvaux - 56420 PLUMELEC - Tél : 02 97 42 22 67 ou 06 88 14 88 20 - Fax : 02 97 42 22 67 - E-mail : pierrick.lelabourier@libertysurf.fr

PLUMELIAU

C.M. 63 Pli 2

3 ch. **Quistinic (Poul Fetan) 10 km. Pontivy (château, le canal) 15 km.** M. & Mme Vessier vous accueillent dans leur maison de caractère située à 300 m de Pluméliau. R-d-c, 1 ch-double 2 à 4 pers. 3 épis louable à une même famille s.d.b & wc privés non communicants. Etage, 1 ch. 3 pers, 1 ch. 2 pers. 2 épis, s.d.b non communicante & wc communs. Grand parc arboré au calme de la campagne. Bibliothèque. Terrasse, salon de jardin. Pièce aménagée avec réfrigérateur/congélateur pour préparer les pique-niques.

CV

Prix : 1 pers. **180 F** 2 pers. **220/240 F** 3 pers. **400 F** pers. sup. **100 F**

Ouvert : du 15 janvier au 15 novembre.

40	40	0,4	40	0,4	8	8	8	5	45	0,3

VESSIER Paul & Denise - 29 rue de Kervernen - 56930 PLUMELIAU - Tél : 02 97 51 94 73

PLUMELIAU Kerdaniel

C.M. 63 Pli 2

2 ch. **Qhistinic (Poul Fetan) 10 km. Pontivy (château des Rohan) 12 km.** M. & Mme Le Hir vous accueillent dans leur maison de caractère située à 1,5 Km du bourg de Pluméliau. 1 ch. 2 pers. à l'étage avec s.d.b et wc privatifs non communicants et 1 ch. 2 pers., s. d'eau/wc privés communicants (E.C). TV couleur, salon à disposition. Profitez du jardin fleuri avec salon de jardin, barbecue et jeu de boules. Réfrigérateur à dispo. Mme Le Hir pourra vous initier à l'art du patchwork et autres travaux d'aiguilles.

CV

Prix : 1 pers. **180 F** 2 pers. **240 F**

Ouvert : toute l'année, fermé décembre et janvier.

40	40	5	10	1,5	10	10	9	20	30	1,5

LE HIR Léon et Paulette - Kerdaniel - 56930 PLUMELIAU - Tél : 02 97 51 80 56 ou 06 17 69 06 58

PLUMELIAU Le Rhun

C.M. 63 Pli 2

2 ch. **Baud (base nautique) 9 km. Randonnée au bord du Blavet sur le hallage.** Eva et Jurgen Lincke vous accueillent dans leur propriété où se trouvent 4 gîtes à 3,5 km de Pluméliau. A l'étage, 2 ch. 2 pers. avec s.e/wc privatifs communicants. En communs avec les gîtes : terrain de jeux (volley, jeux de boules, portique, panier basket), piscine, salle de jeux (TV, jeux de société, billard, fléchettes, bibliothèque) et buanderie. Salons de jardin pour votre détente. Cadre verdoyant à côté d'un petit étang en campagne. Langues parlées : anglais, allemand, portugais.

Prix : 2 pers. **260 F** pers. sup. **80 F**

Ouvert : de juin à septembre (autres périodes sur demande).

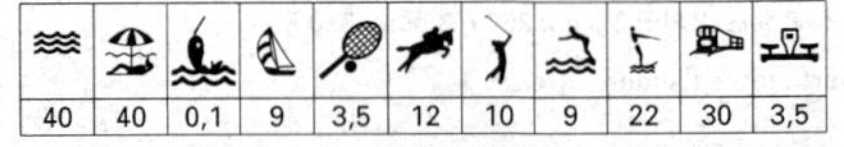

40	40	0,1	9	3,5	12	10	9	22	30	3,5

LINCKE Eva - Le Rhun - 56930 PLUMELIAU - Tél : 02 97 51 83 48 - Fax : 02 97 51 83 48 - E-mail : eva.lincke@wanadoo.fr - http://www.come.to./LeRhun

PLUMELIN Gostrevel

C.M. 63 Pli 3

E.C. 3 ch. **Baud 10 km (conservatoire régional de la carte postale).** M. et Mme Cappy vous reçoivent dans leur agréable maison indépendante à 4 kms de Plumelin et à 7 kms de Locminé. A l'étage, 1 chambre double louable à une même famille de 2 à 4 pers. avec salle d'eau/wc privatifs communicants, 1 chambre 2 pers. avec salle d'eau/wc privatifs non communicants et 1 ch. 3 pers. avec salle d'eau/wc privatifs communicants. Le grand jardin clos est à votre disposition avec salon de jardin. Au cœur du Morbihan, Locminé offre de nombreuses possibilités touristiques, sportives et culturelles.

CV

Prix : 1 pers. **230 F** 2 pers. **280 F** 3 pers. **370 F** pers. sup. **90 F**

Ouvert : toute l'année.

45	45	12	35	3	10	25	7	35	35	4

CAPPY Dominique - Gostrevel - 56500 PLUMELIN - Tél : 02 97 44 20 92

PLUMERGAT Kerthomas/Ste-Anne d'Auray *C.M. 63 Pli 2*

3 ch. **Auray (port de St-Goustan) 10 km. Vannes (ville d'art) 12 km.** M. & Mme Jacq vous accueillent dans leur maison indépendante très calme située à 2 km de Ste-Anne-d'Auray. Etage, 3 ch. - dont 1 ch. 3 pers. et 1 ch. 2 pers. s.e et wc privés communicants 3 épis - et 1 ch. 2 pers. s.e et wc privés non communicants 2 épis. Séjour/coin-salon (TV). Cuisine à disposition. Jardin clos 3500 m^2, salons de jardin, barbecue.

Prix : 1 pers. **200 F** 2 pers. **250 F** 3 pers. **330 F** pers. sup. **80 F**

Ouvert : toute l'année.

15	15	10	15	2	4	15	10	15	10	2

JACQ Joseph - Kerthomas - 56400 PLUMERGAT - Tél : 02 97 57 70 11 - Fax : 02 97 57 70 11

PLUMERGAT Coperit-Bras *C.M. 63 Pli 2*

1 ch. **Auray (port de St-Goustan) 10 km. Vannes (ville d'art) 15 km.** Mme Oliviero vous accueille dans sa maison indépendante située sur une exploitation agricole. A l'étage, 1 chambre 2 pers. avec salle d'eau/wc privés communicants. Le séjour et le salon avec TV sont à votre disposition pour vos moments de détente. Vous pourrez aussi profiter du jardin clos de 500 m^2. Une cuisine commune est à votre disposition.

Prix : 2 pers. **210 F** pers. sup. **50 F**

Ouvert : toute l'année.

20	20	10	12	3	6	6	5	10	10	2

OLIVIERO Joseph - Coperit-Bras - 56400 PLUMERGAT - Tél : 02 97 57 60 35

PLUVIGNER Chaumière de Kerreo (TH) *C.M. 63 Pli 2*

5 ch. **Auray (port de St-Goustan) 15 km. Vannes (ville d'art) 20 km.** Nelly et Gérard vous accueillent dans leur chaumière du XVIIè. 5 ch. 2 pers. (4 avec s.e/wc privés et 1 ch. avec s.d.b/wc privés). Vous apprécierez un intérieur authentique & confortable, une table copieuse, soignée, un parc paysager, dans un cadre campagnard très reposant. Dans un rayon de 15 km : forêt domaniale, mer, village restauré Poul Fetan.... Les repas restent le point d'orgue du séjour. Le menu du marché est concocté par un ancien professeur de cuisine attentif au plaisir de ses hôtes. Langue parlée : anglais.

Prix : 1 pers. **230/260 F** 2 pers. **290/320 F** pers. sup. **60 F** repas **100 F**

Ouvert : toute l'année.

20	20	10	20	7	6	15	20	20	16	7

GREVES Gérard et Nelly - Chaumière de Kerreo - 56330 PLUVIGNER - Tél : 02 97 50 90 48 - Fax : 02 97 50 90 69

PLUVIGNER Keraubert *C.M. 63 Pli 2*

2 ch. **Auray (port de St-Goustan) 15 km. Vannes (ville d'art) 25 km.** Une allée bordée de sapins, hortensias et rhododendrons... Tout au bout, Jacqueline & Bernard vous accueillent pour vous faire vivre un moment de calme et d'amitié dans une ancienne ferme joliment restaurée. 2 ch. 2 pers. (1 ch. E.C.) en r-d-c avec entrées indépendantes, à proximité d'1 gîte. TV couleur, s.e/wc privatifs communicants. Petits déjeuners copieux avec pâtisseries, confitures maison et conversations détendues dans le petit salon plein de charme.

Prix : 1 pers. **230 F** 2 pers. **280 F** pers. sup. **80 F**

Ouvert : toute l'année.

20	20	10	20	7	6	15	8	20	6	7

BELIN Jacqueline - Keraubert - 56330 PLUVIGNER - Tél : 02 97 24 93 10 - Fax : 02 97 24 93 10

PLUVIGNER Kerdavid Duchentil *C.M. 63 Pli 2*

5 ch. **Auray (port de St-Goustan) 15 km. Vannes (ville d'art) 25 km.** Dans une longère de caractère située dans un grand parc ombragé, au calme de la campagne, Mme Collet vous accueille et vous propose 5 ch. de 2 personnes dont 1 double louable à une même famille, entrée indépendante chacune, à proximité d'un gîte. Salle d'eau & wc privés communicants. Cuisine, salon, séjour, TV, salons de jardin, barbecues à disposition. Plan d'eau privé pour la pêche et la détente. Proche de nombreux sites, du Golfe du Morbihan, des plages et des forêts.

Prix : 1 pers. **200 F** 2 pers. **250 F** 3 pers. **330 F**

Ouvert : toute l'année.

25	25	3	18	13	3	13	13	18	15	5

COLLET Marie-Claire - Kerdavid-Duchentil - 56330 PLUVIGNER - Tél : 02 97 56 00 59 ou 06 08 57 05 00

PLUVIGNER Breventec *C.M. 63 Pli 2*

4 ch. **Auray (port de St-Goustan) 15 km. Vannes (ville d'art) 30 km.** Mme Le Louer vous accueille dans sa maison indépendante située sur une exploitation agricole. 4 ch. dont 2 ch. 2 pers. & 1 ch. 3 pers. avec coin salle d'eau dans les ch. et wc communs, 1 ch. 2 pers. et 1 enfant avec s.d.b et wc privés non communicants. Salle commune pour votre détente, séjour, grand jardin clos 5000 m^2, salon de jardin. Cuisine à disposition. Aire de jeux pour les enfants.

Prix : 1 pers. **200 F** 2 pers. **220 F** 3 pers. **270 F** pers. sup. **60 F**

Ouvert : toute l'année.

20	20	1	10	2	1	20	12	20	12	2,5

LE LOUER Marie-Claire - Breventec - 56330 PLUVIGNER - Tél : 02 97 24 74 05

PLUVIGNER Kermec *C.M. 63 Pli 2*

1 ch. **Auray (port de St-Goustan) 8 km. Vannes (ville d'art) 23 km.** Mme Lorgeoux vous accueille dans sa maison de caractère indépendante dans un environnement de qualité. 1 suite 4 pers. composée de 2 ch. avec entrée indépendante, s.d.b/wc privés communicants. Véranda, TV couleur (magnétoscope), coin-salon. Jardin clos avec salon de jardin. Lit enfant. Cuisine mise à disposition (conditions à voir avec le propriétaire). Langue parlée : anglais.

CV

Prix : 1 pers. **200 F** 2 pers. **260 F** 3 pers. **350 F** pers. sup. **80 F**

Ouvert : toute l'année.

20	20	1	12	3	5	20	10	20	8	3

LORGEOUX Noémi - Kermec - 56330 PLUVIGNER - Tél : 02 97 24 92 97 ou 06 83 29 26 46

PONTIVY/NEULLIAC Bel Air *C.M. 59 Pli 12*

4 ch. **Pontivy (château, le canal) 5 km. Loudéac 20 km.** Mme Miloux vous accueille dans sa maison indépendante située à Neulliac. Etage : 3 ch. 2 pers. dont 1 chambre 3 épis, s.d.b et wc privés, 1 chambre 2 épis, s.d.b & wc non communicants, 1 chambre 2 épis, s.e & wc communicants et 1 chambre 3 pers. 3 épis, s.e & wc communicants. Séjour/salon avec cheminée. Parc clos 3000 m^2, jeu de boules. Langue parlée : anglais.

CV

Prix : 2 pers. **240 F** 3 pers. **310 F** pers. sup. **70 F**

Ouvert : toute l'année sur réservation.

50	50	3	10	3	2	3	3	10	50	3

MILOUX Adèle - La Bretonnière - Bel-Air - 56300 NEULLIAC/PONTIVY - Tél : 02 97 39 62 48 - Fax : 02 97 39 62 48

PONTIVY/NOYAL-PONTIVY Coet-David *C.M. 59 Pli 12*

2 ch. **Pontivy (le château, le canal) 3,5 km. Loudéac 20 km.** Mme Accart vous accueille dans sa maison indépendante. A l'étage, 1 ch. 3 pers. avec télévision, s.e/wc privés communicants et 1 ch. 2 pers. avec télévision, s.e/wc privatifs communicants. La véranda, le salon, la TV sont à votre disposition pour vos moments de détente. Vous pourrez également profiter du grand jardin clos aménagé de 3500 m^2. Une cuisine commune est à votre disposition (15 F/jour). Langue parlée : anglais.

Prix : 1 pers. **180 F** 2 pers. **220 F** 3 pers. **280 F**

Ouvert : toute l'année.

40	40	3	15	3	3,5	5	3,5	15	40	3

ACCART Angèle - Coet-David - Iaorana Villa - Axe Pontivy/Vannes - 56920 NOYAL-PONTIVY - Tél : 02 97 25 49 66 - Fax : 02 97 25 49 66

QUESTEMBERT Le Haut Mounouff *C.M. 63 Pli 4*

1 ch. **Questembert (halles) 4 km. Rochefort-en-Terre (cité de caractère) 6 km** Mme Elain vous accueille dans sa maison indépendante située sur une exploitation agricole. Au rez-de-chaussée, 1 ch. 2 pers. avec s.d.b/wc privés communicants. Vous profiterez du séjour, du salon avec cheminée et TV. A votre disposition : terrasse et grand jardin aménagé. Pour vos loisirs : plan d'eau du Moulin Neuf aménagé en base nautique à 5 km. Langue parlée : anglais.

CV

Prix : 2 pers. **260 F**

Ouvert : toute l'année.

25	25	5	5	4	15	15	4	5	3	4

ELAIN Marie-Thérèse - Le Haut Mounouff - 56230 QUESTEMBERT - Tél : 02 97 26 60 72 - Fax : 02 97 26 01 68 - E-mail : bernard.elain@wanadoo.fr

QUEVEN Le Mane *C.M. 63 Pli 1*

3 ch. **Lorient (base de sous-marins) 2 km, ses plages 6 km.** Mme Kermabon vous accueille chaleureusement dans sa propriété entourée d'un cadre de verdure paysagé de 1 ha proche de Lorient et des plages. A l'étage, 1 ensemble familial (1 ch. 2 pers.& 1 ch. 2 enfants s.d.b & wc privés non communicants). 1 ch. 2 pers. 2 épis, s.e & wc privés non communicants. RDC, 1 ch. 2 pers., s.d.b & wc privés non communicants. Les chambres sont indépendantes. Salon/TV, salon de jardin, terrasse, parking. Golf du Val Quéven, zoo de Pont-Scorff, ... Langues parlées : anglais, allemand.

CV

Prix : 1 pers. **220 F** 2 pers. **240/250 F** 3 pers. **330 F** pers. sup. **80 F**

Ouvert : toute l'année.

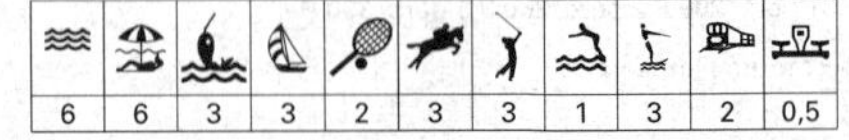

6	6	3	3	2	3	3	1	3	2	0,5

KERMABON Marie-Louise - Le Mane - Route de Kerdual - 56530 QUEVEN - Tél : 02 97 84 83 20

REMUNGOL *C.M. 63 Pli 2*

1 ch. **Quistinic (Poul Fetan) 10 km. Pontivy (château, le canal) 15 km.** M. & Mme Guégan vous accueillent dans leur maison indépendante située à 80 m du bourg de Remungol, petite station verte de vacances. A l'étage, 1 ch. double 4 pers. louable à une même famille s.d.b. non communicante/wc privés. Séjour/salon/cheminée et TV couleur à votre disposition. Vous pourrez profiter du jardin de 2000 m^2 avec salon de jardin. Langue parlée : anglais.

Prix : 1 pers. **180 F** 2 pers. **230 F** pers. sup. **90 F**

Ouvert : d'avril à novembre.

40	40	1	10	0,2	10	15	10	10	35	0,1

GUEGAN Marguerite - 8 chemin de Korn Er Hoed - 56500 REMUNGOL - Tél : 02 97 60 97 30

REMUNGOL La Villeneuve

(TH) *C.M. 63 Pli 2*

4 ch. **Locmine 5 km. Josselin (château, musée de poupées) 25 km.** M. & Mme Le Texier vous accueillent dans leur maison de caractère située sur une exploitation agricole. 2 ch. 2 pers. s.e/wc privés communicants, 1 ch. 3 pers. s.d.b/wc privés communicants et 1 ch. double 4 pers. louable à une même famille s.e/wc privés communicants. Le séjour-salon et la cheminée sont exclusivement réservés aux hôtes. TV, jardin, salon de jardin. Pas de tables d'hôtes en août. Une cuisine est à votre disposition (20 F/jour) en août seulement.

CV

Prix : 1 pers. **200 F** 2 pers. **250 F** 3 pers. **320 F** pers. sup. **70 F**
repas **80 F**

Ouvert : de mars au 15 novembre.

40	40	2,5	40	2,5	10	20	7	10	35	2,5

LE TEXIER Jean & Solange - La Villeneuve - Axe Locmine/Pontivy - 56500 REMUNGOL - Tél : 02 97 60 98 35 - Fax : 02 97 60 98 35

RIANTEC Kervassal

C.M. 63 Pli 1

3 ch. **Port Louis (citadelle) 5 km. Plouhinec (entre Etel et l'océan) 5 km.** Maya et Gonzague Watine vous accueillent dans leur chaumière du XVII ème, dans le calme d'un petit village de campagne et à proximité des plages. A l'étage, 3 ch. spacieuses s.e & wc privés communicants. (2 ch. 3 pers & 1 ch. 2 pers). R-d-c, salon de détente réservé aux hôtes. Vous profiterez du jardin fleuri & ombragé (600 m^2), du salon de jardin. TV à disposit^{e}. Langues parlées : anglais, espagnol, portugais.

CV

Prix : 1 pers. **260 F** 2 pers. **290 F** 3 pers. **370 F** pers. sup. **80 F**

Ouvert : toute l'année.

4	4	2	4	2	3	18	3	4	12	1,5

WATINE Gonzague & Maya - Kervassal - 56670 RIANTEC - Tél : 02 97 33 58 66 - Fax : 02 97 33 49 47 -
E-mail : gonzague.watine@wanadoo.fr

RIEUX La Maison Mavette

C.M. 63 Pli 13

3 ch. **Redon (vallée de l'Oust) 10 km. La Gacilly (25 artisans d'art) 20 km.** Joël Drapkin vous accueille dans son ancien relais à chevaux restauré à 3 km de Rieux. Vue sur la Vilaine. Etage, 1 ch. 2 pers. s.e. & wc privés, 1 ch. 2 épis pour 2 pers. s.d.b/wc non communicants, 1 ch. 3 pers. s.e.& wc privés. Cuisine (forfait 50 F/Jr). Salon-détente / bibliothèque & billard. Terrasse, grand jardin, salon de jardin, barbecue. Langue parlée : anglais.

CV

Prix : 1 pers. **250 F** 2 pers. **260/310 F** 3 pers. **380 F** pers. sup. **100 F**

Ouvert : toute l'année et sur réservation en hors saison.

35	35	4	4	5	5	8	6	4	8	3

DRAPKIN Joel - La Maison Mavette - 56350 RIEUX - Tél : 02 99 91 95 69 ou 06 08 63 35 07 - Fax : 02 99 91 95 69 -
E-mail : joël.drapkin@wanadoo.fr

ROCHEFORT-EN-TERRE

C.M. 63 Pli 4

5 ch. **Rochefort-en-Terre (cité de caractère) 100 m. La Gacilly 15 km.** M. et Mme Le Bihan vous accueillent dans de grands bâtiments, en partie reconvertis en musée, au cœur de la Cité Médiévale de Rochefort en Terre. 5 ch. avec entrée indépendante. Etage, 2 ch. 2 pers. avec vue splendide sur la Vallée et 3 duplex 3 à 4 pers. s.d.b et wc privés communicants. Plan d'eau du Moulin Neuf (base nautique). 2 salles pour le petit déjeuner. Visite du Musée -Hélioscope- attenant gracieusement offerte aux hôtes. Langue parlée : anglais.

CV

Prix : 2 pers. **290/380 F** 3 pers. **490 F** pers. sup. **100 F**

Ouvert : toute l'année.

30	30	2	2	2	1,5	7	10	2	10	0,1

LE BIHAN Yvon - Rue Candre - 56220 ROCHEFORT-EN-TERRE - Tél : 02 97 43 35 44 - Fax : 02 97 43 30 79

RUFFIAC Ferme de Rangera

(TH) *C.M. 63 Pli 4*

5 ch. **Malestroit (musée) 6 km. La Gacilly (village artisans d'art) 15 km.** Dans leur maison aménagée en ferme de séjour mitoyenne à un gîte, M.& Mme Couedelo vous proposent 3 ch. s.e/wc privés communicants. 1 ch. 2 pers (r-d-c) & 2 ch. 3 pers (étage). Séjour/coin-salon, TV. Jardin, salon de jardin, barbecue, jeu de boules. Micro-ondes. Dans leur maison privée, 1 ch. 3 pers, 1 ch. 2 pers s.e/wc privés communicants. Repas sur demande.

CV

Prix : 1 pers. **200 F** 2 pers. **240 F** 3 pers. **300 F** pers. sup. **60 F**
repas **85 F**

Ouvert : du 15 février au 15 novembre.

40	40	3	18	2	6	25	8	18	30	2

COUEDELO Gilbert - Rangera - 56140 RUFFIAC - Tél : 02 97 93 72 18 - Fax : 02 97 93 72 18

SAINT-AIGNAN Croix Even

C.M. 59 Pli 12

2 ch. **Lac de Guerledan 5 km. Pontivy (château des Rohan) 15 km.** Mme Henrio vous accueille dans sa maison indépendante. Au r-d-c : 1 ch. 2 pers. avec salle d'eau privée communicante et 1 ch. 3 pers. avec s.d.b privée communicante. Les wc sont communs. Vous pourrez vous détendre dans le séjour avec TV, le salon et dans le parc ombragé clos 6000 m^2. Cuisine à disposition (en commun avec prop.). Langue parlée : anglais.

CV

Prix : 1 pers. **150 F** 2 pers. **250 F** 3 pers. **300 F** pers. sup. **50 F**

Ouvert : toute l'année.

60	60	10	10	4	10	25	20	10	50	4

HENRIO Micheline - Croix-Even - 56480 SAINT-AIGNAN - Tél : 02 97 27 51 56

SAINT-ALLOUESTRE Bernac

C.M. 63 Pli 3

1 ch. **Locmine 7 km. Josselin (château, le canal) 15 km.** Jeanne et Ernest vous accueillent sur leur ferme située à 6 km de Saint-Allouestre et 7 km de Locminé. Entrée indépendante, 1 ch. de plain-pied spacieuse/2 pers., s.e/wc privatifs communicants. TV. Jardin ombragé 3000 m², salon de jardin. Cuisine gratuite. Visite de la ferme, du verger. Pêche (étang privé). Produits du terroir (terrine, confiture, cidre)... Congélateur et réfrigérateur à disposition gratuitement.

Prix : 1 pers. **180 F** 2 pers. **260 F**

Ouvert : toute l'année.

40	40	1	30	7	10	15	7	30	35	7

LE BRUN Jeanne - Bernac - 56500 SAINT-ALLOUESTRE - Tél : 02 97 60 06 60 - Fax : 02 97 60 06 60

SAINT-ALLOUESTRE Kercorde

C.M. 63 Pli 3

1 ch. **Locmine 8 km. Josselin (château, musée de poupées) 14 km.** Mme Allioux vous accueille dans une annexe de sa maison de campagne rénovée, mitoyenne à un gîte. Au r-d-c, 1 ch. 3 pers. avec accès indépendant, salle d'eau/wc privés communicants. Salle à manger. Vous profiterez du jardin et du salon de jardin pour vous détendre. Pour vos loisirs, base nautique de Réguiny à 8 km.

Prix : 1 pers. **160 F** 2 pers. **220 F** 3 pers. **280 F** pers. sup. **60 F**

Ouvert : toute l'année.

30	30	8	30	8	18	8	8	8	30	0,5

ALLIOUX Marcelle - Kercorde - 56500 SAINT-ALLOUESTRE - Tél : 02 97 60 43 10

SAINT-BARTHELEMY La Chenaie

TH *C.M. 58 Pli 18*

5 ch. **Quistinic (Poul Fetan) 5 km. Pontivy (château, le canal) 15 km.** M & Mme Wildblood vous accueillent dans leur maison mitoyenne à un gîte de groupe située à 2 km de Saint-Barthélémy dans la vallée du Blavet. 5 chambres avec s.e et wc privatifs communicants. R-d-c : 3 ch. (1 ch. 1 pers.- 2 ch. 2 pers.). Etage : 2 ch. 2 pers. A votre disposition : séjour/salon/TV, parc d'1 ha avec salons de jardin. Piscine privée chauffée de juin à septembre. Langue parlée : anglais.

Prix : 1 pers. **200 F** 2 pers. **280 F** repas **125 F** 1/2 pens. **265 F**

Ouvert : toute l'année.

35	35	1	15	1	6	10	0,1	5	35	5

WILDBLOOD Cédric & Joyce - La Chenaie - Talnay - 56150 SAINT-BARTHELEMY - Tél : 02 97 27 14 73 - Fax : 02 97 27 14 73 - E-mail : cedjoy@wanadoo.fr

SAINT-BARTHELEMY

TH *C.M. 58 Pli 18*

2 ch. **Quistinic (Poul Fetan) 5 km. Pontivy (château, le canal) 15 km.** M. et Mme Le Gallo vous accueillent dans leur maison située à la sortie du bourg de St-Barthélémy, en bordure de la D203. R-d-c, 1 ch. 2 pers. avec s.d.b/wc privatifs non communicants. Etage : 1 ensemble familial (soit 3 ch.) de 2 à 5 pers. louable à une même famille, s.e/wc privatifs communicants. Grande terrasse plein sud, petit jardin, salon de jardin, barbecue. Séjour à disposition avec cheminée, TV couleur, magnétoscope, Hifi. Lave-linge, sèche linge et petite cuisine à disposition. Langue parlée : anglais.

Prix : 2 pers. **250 F** pers. sup. **100 F** repas **80 F**

Ouvert : toute l'année.

35	35	2	15	1	7	7	7	15	21	0,5

LE GALLO Gérard - 19 rue de la Mairie - 56150 SAINT-BARTHELEMY - Tél : 02 97 27 12 35 - Fax : 02 97 27 12 35 - E-mail : le-gallo.mireille@wanadoo.fr

SAINT-GILDAS-DE-RHUYS

C.M. 63 Pli 12

1 ch. **Sarzeau (sa côte, ses sentiers) 6 km. Vannes (ville d'art) 30 km.** M. et Mme Bousquet vous accueillent dans leur maison de caractère très calme, située entre les plages et le bourg de St-Gildas-de-Rhuys. A l'étage, 1 ensemble familial pour 3 pers. (soit 2 chambres) dont 1 avec s.e/wc privatifs communicants et 1 avec s.e/wc privatifs non communicants. Réfrigérateur et congélateur à votre disposition. Vous pourrez vous détendre dans un jardin fleuri avec son salon et profiter de la proximité de l'océan, du petit port de plaisance et des sentiers pédestres côtiers. Langue parlée : espagnol.

Prix : 1 pers. **280 F** 2 pers. **300 F** 3 pers. **420 F** pers. sup. **50 F**

Ouvert : du 15 mars au 15 novembre.

0,5	0,5	0,5	0,5	0,5	5	1	30	0,5	30	0,4

BOUSQUET Annie & Gérard - 9 chemin du Bignon - 56730 SAINT-GILDAS-DE-RHUYS - Tél : 02 97 45 26 00

SAINT-GILDAS-DE-RHUYS Keroman

C.M. 63 Pli 12

E.C. 2 ch. **Sarzeau, le golfe du Morbihan, Vannes (ville d'art) 30 km.** Mme Glon vous accueille dans sa maison sur les chemins d'Abélard, à proximité du port, des plages et du bourg de St Gildas de Rhuys. A l'étage, 1 chambre 2 pers. avec s.e./wc privatifs communicants, 1 chambre double louable à une même famille de 2 à 3 pers. avec s.d.b./wc privatifs communicants. A l'étage, un salon de lecture vous est réservé. Le petit-déjeuner vous sera servi dans la véranda côté-jardin. Le jardin clos avec son coin de repos abrité et le salon de jardin sont à votre disposition. Les chambres sont conviviales et bucoliques, dans un cadre calme et agréable. Réfrigérateur à disposition dans le garage. Langue parlée : anglais.

Prix : 1 pers. **280 F** 2 pers. **300 F** 3 pers. **430 F** pers. sup. **90 F**

Ouvert : d'avril au 3 novembre.

1,2	1,2	1,2	1,2	1	3	4	25	1,2	25	1,2

GLON Nicole - 21 chemin de Keroman - 56730 SAINT-GILDAS-DE-RHUYS - Tél : 02 97 45 25 71 ou 06 81 56 00 98

SAINT-GILDAS-DE-RHUYS

C.M. 63 Pli 12

E.C. 2 ch. **Sarzeau (sa côte, sentiers côtiers) 5 km. Vannes (ville d'art) 25 km.** M. et Mme Le Guen vous accueillent dans leur maison indépendante située à proximité de la route des plages de Saint-Gildas-de-Rhuys (D198). A l'étage, 2 chambres 2 pers. avec salle d'eau/wc privatifs communicants. Jardin clos avec salon de jardin. Petit déjeuner servi dans la salle à manger ou sur la terrasse. Langue parlée : espagnol.

Prix : 1 pers. **240 F** 2 pers. **260 F**

Ouvert : du 15 juin au 15 septembre.

0,5	0,5	0,5	0,5	1,5	2	3	30	0,5	30	1,5

LE GUEN Marie-Claire - 2, Résidence Ker-Velin - 56730 SAINT-GILDAS-DE-RHUYS - Tél : 02 97 45 32 58

SAINT-GILDAS-DE-RHUYS

C.M. 63 Pli 12

2 ch. **Sarzeau (sa côte, sentiers côtiers) 5 km. Vannes (ville d'art) 25 km.** Mme Le Goff vous accueille dans sa maison indépendante. A l'étage, 2 ch. dont 1 ch. double 2 à 3 pers. louable à une même famille s.e et wc privés communicants (3 épis) avec petit salon/TV privatif et 1 ch. 2 pers. avec TV (2 épis), s.e privative non communicante et wc privatifs non communicants. Terrasse et jardin clos de 900 m^2 à votre disposition.

Prix : 1 pers. **190/200 F** 2 pers. **230/270 F** 3 pers. **370 F** pers. sup. **50 F**

Ouvert : toute l'année.

0,3	1,5	0,3	1,5	0,8	5	2	25	1,5	25	0,3

LE GOFF Anne-M. 6 A, route du Grand Mont - 56730 SAINT-GILDAS-DE-RHUYS - Tél : 02 97 45 32 52

SAINT-JEAN-BREVELAY Kermarquer

C.M. 63 Pli 3

3 ch. **Locmine 10 km. Vannes (ville d'art et d'histoire) 30 km.** M.et Mme Picaud vous accueillent dans leurs chambres d'hôtes mitoyennes à une petite auberge. 2 ch. 2 pers. au r-d-c avec entrée indépendante, s.e/wc privés communicants. Dans une dépendance de leur propriété, 1 ch. double 4 pers. louable à une même famille s.d.b communicante et wc privatifs. Jardin, terrasse, salon de jardin. Repas s/demande (auberge). Langue parlée : anglais.

Prix : 1 pers. **220 F** 2 pers. **240 F** 3 pers. **360 F** pers. sup. **80 F**

Ouvert : toute l'année.

30	30	0,1	30	1,5	15	50	10	30	20	1,5

PICAUD Etienne et Annie - Kermarquer - Route de Locmine - 56660 SAINT-JEAN-BREVELAY - Tél : 02 97 60 31 61

SAINT-LAURENT-SUR-OUST Evas

C.M. 63 Pli 4

2 ch. **Malestroit (musée) 3 km. La Gacilly (village d'artisans d'art) 15 km.** M. et Mme Gru vous accueillent dans leur maison indépendante, située à proximité du canal de Nantes à Brest. 1 ch. double de 2 à 4 pers. louable à une même famille (soit 2 ch.), TV, s.e/wc privés non communicants, 1 ch. 2 pers. E.C (TV), s.e/wc privés communicants. Salon/TV. Jardin, terrasse, salon de jardin et barbecue pour passer un agréable séjour. Cuisine : 25 F/jour.

Prix : 1 pers. **190 F** 2 pers. **210 F** pers. sup. **70 F**

Ouvert : toute l'année.

30	30	0,3	15	0,5	3	15	3	15	30	3

GRU Madeleine - Evas - 56140 SAINT-LAURENT-SUR-OUST - Tél : 02 97 75 02 62

SAINT-MARCEL

C.M. 63 Pli 4

1 ch. **Malestroit 1 km. Rochefort-en-Terre (cité de caractère) 15 km.** Madame Hemery sera ravie de vous accueillir dans sa maison indépendante à Saint-Marcel à 1500 m du Musée de la Résistance. 1 chambre double pour 4 pers. louable à une même famille, s.e et wc privés non communicants. Pour votre détente, vous apprécierez le salon avec la télévision. A votre disposition, un jardin de 950 m^2 avec son salon de jardin.

Prix : 1 pers. **190 F** 2 pers. **210 F** pers. sup. **70 F**

Ouvert : toute l'année.

35	35	2	16	2	12	16	2	2	15	1

HEMERY Lucienne - 18 rue du Général de Gaulle - La Charmille - 56140 SAINT-MARCEL - Tél : 02 97 75 01 94

SAINT-MARCEL

C.M. 63 Pli 4

1 ch. **Malansac (Parc de préhistoire) 20 km. Rochefort-en-Terre 15 km.** Madame Thibault vous accueille dans sa maison indépendante à Saint-Marcel (à proximité du Musée de la Résistance Bretonne) et à 1 km de Malestroit. A l'étage, 1 ch. double 4 pers. louable à une même famille, s.e et wc privés non communicants. Grand séjour agréable à votre disposition. Grand jardin clos de 1200 m^2 avec salon de jardin.

Prix : 1 pers. **190 F** 2 pers. **210 F** pers. sup. **70 F**

Ouvert : toute l'année.

35	35	2	16	2	12	16	2	2	35	1

THIBAULT Yvette - 20 rue du Général de Gaulle - Bel Air - 56140 SAINT-MARCEL - Tél : 02 97 75 17 42

SAINT-MARTIN-SUR-OUST Le Bois de Haut

TH *C.M. 63 Pli 5*

2 ch. **La Gacilly (village d'artisans d'art) 8 km. Rochefort-en-Terre 10 km.** Mme Le Cannellier vous accueille dans sa maison de caractère où vous apprécierez le calme de la campagne. A l'étage, 2 ch. 2 pers. avec TV, s.d.b non communicante et wc privés. Le séjour-salon avec cheminée, le jardin avec salon de jardin et la piscine privée chauffée sont à votre disposition pour vous détendre. Possibilité de repas le soir sur demande. Langue parlée : anglais.

Prix : 2 pers. **250 F** pers. sup. **70 F** repas **100 F**

Ouvert : toute l'année sauf vacances de Noël.

45	45	3	4	4	12	14	0,1	15	24	4

LE CANNELLIER Monique - Le Bois de Haut - 56200 ST-MARTIN-SUR-OUST - Tél : 02 99 91 55 57

SAINT-PHILIBERT

C.M. 63 Pli 12

3 ch. **La Trinité-sur-Mer (port) 2 km. Auray (port de St-Goustan) 8 km.** Mme Gouzer vous accueille dans sa maison ostréicole avec vue panoramique sur la rivière de Crach. 3 ch. au r-d-c, entrée indépendante, s.e/wc privés communicants chacune. 1 ch. 2 pers., 1 ch. 3 pers. (kitchenette), 1 ch. double louable à une même famille de 2 à 4 pers. (kitchenette), coin-salon, terrasse. Jardin, salon de jardin. Langues parlées : anglais, allemand, espagnol.

CV

Prix : 1 pers. **250/300 F** 2 pers. **300/350 F** 3 pers. **350/400 F** pers. sup. **70 F**

Ouvert : toute l'année.

0,1	2	0,1	0,1	2	6	7	7	0,1	8	2

GOUZER Christine - 17 route de Quehan - Kernivilit - 56470 SAINT-PHILIBERT - Tél : 02 97 55 17 78 - Fax : 02 97 30 04 11 - E-mail : fgouzer@club-internet.fr

SAINT-PIERRE-QUIBERON

C.M. 63 Pli 12

2 ch. **Quiberon 2 km. Auray (port de St-Goustan) 24 km.** Mme Le Blaye vous accueille dans sa maison de caractère indépendante. Vous apprécierez le calme de la Presqu'Ile de Quiberon. A l'étage, 2 ch. 3 pers. avec accès indépendant [1 avec s.e/wc privés communicants et 1 avec. s.e et wc privés non communicants]. Séjour avec cheminée, jardin, salon de jardin et terrasse pour vous détendre. Lit enfant sur demande. Langue parlée : anglais.

CV

Prix : 1 pers. **210 F** 2 pers. **230/260 F** 3 pers. **310 F**

Ouvert : toute l'année sur réservation.

0,8	1,2	0,8	1,2	1	1	16	4	1,2	24	1

LE BLAYE Marie-Annick - 21 rue de l'Eolienne - Keridenvel - 56510 SAINT-PIERRE-QUIBERON - Tél : 02 97 30 84 20 - Fax : 02 97 30 84 20

SAINT-SERVANT-SUR-OUST Le Temple

C.M. 63 Pli 4

1 ch. **Ploermel (horloge astronomique) 7 km. Josselin (château, musée) 7 km.** Mr & Mme Adelys vous accueillent dans leur maison indépendante située sur une exploitation agricole. Au r-d-c, 1 ch. 2 pers. avec s.d.b communicante et wc privés. Le séjour-salon avec cheminée et TV, la terrasse, le grand jardin 2500 m² et le salon de jardin, la véranda sont à votre disposition. Plan d'eau du Lac aux Ducs à 15 km. Langue parlée : anglais.

CV

Prix : 1 pers. **180 F** 2 pers. **210 F**

Ouvert : toute l'année.

45	45	4	15	3	4	10	7	15	40	2

ADELYS Joseph & M-Thérèse - Le Temple - 56120 SAINT-SERVANT-SUR-OUST - Tél : 02 97 22 34 33 - Fax : 02 97 73 93 65

SARZEAU La Croix de Suscinio

C.M. 63 Pli 13

1 ch. **Sarzeau (sa côte, ses sentiers) 3 km. Vannes (ville d'art) 22 km.** Mr et Mme Reignet vous accueillent dans leur maison indépendante située à 3 km de Sarzeau. Au rez-de-chaussée, 1 ch. 2 pers. avec accès indépendant, TV couleur, salle d'eau et wc privés non communicants. Jardin clos avec salon de jardin, terrasse et barbecue. Coin-cuisine à disposition avec forfait de 50 F. Remise de 30 F par nuit à partir de 2 nuits.

CV

Prix : 1 pers. **225 F** 2 pers. **257 F**

Ouvert : toute l'année.

1,6	1,6	1,6	1,6	3	3	10	22	1,6	22	3

REIGNET Georgette - La Croix de Suscinio - 56370 SARZEAU - Tél : 02 97 48 01 84 ou 06 62 75 95 97 - Fax : 02 97 48 01 84

SARZEAU Kerblay

C.M. 63 Pli 13

5 ch. **Sarzeau (sa côte, ses sentiers) 1 km. Vannes (ville d'art) 22 km.** Mr Colin vous accueille dans sa maison de caractère indépendante située à 1,5 km de Sarzeau. 5 ch. spacieuses 2 pers. dont 4 à l'étage, s.e/wc privatifs communicants et 1 au r.d.c, s.d.b/wc privatifs communicants. Les petits déjeuners seront servis dans un vaste séjour avec cheminée. Appréciez le grand jardin avec salons de jardin. Parking à disposition. Langue parlée : anglais.

CV

Prix : 1 pers. **270 F** 2 pers. **295/315 F** pers. sup. **60 F**

Ouvert : de juin à septembre et petites vacances scolaires.

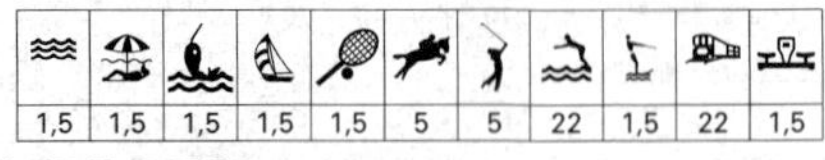

1,5	1,5	1,5	1,5	1,5	5	5	22	1,5	22	1,5

COLIN Jacques - Kerblay - Route de St-Jacques - 56370 SARZEAU - Tél : 02 97 48 05 51

SARZEAU Fournevay *C.M. 63 Pli 13*

E.C. 1 ch. **Golfe du Morbihan 200 m. Sarzeau 3 km.** Mme Fischer met à votre disposition 1 chambre dans sa maison au cœur d'un vieux village au calme. A l'étage, 1 ch. 2 pers. avec s.d.b et wc privatifs communicants. Vous apprécierez les petits déjeuners servis sur une terrasse ensoleillée et le beau jardin. Langues parlées : anglais, allemand.

CV

Prix : 2 pers. **300 F** pers. sup. **120 F**

Ouvert : toute l'année sauf Noël.

5	5	0,2	5	2	5	8	25	5	25	3

FISCHER Régine - Fournevay - 56370 SARZEAU - Tél : 02 97 48 23 54 - Fax : 02 97 48 23 54 - E-mail : regifi@wanadoo.fr

SENE Port-Anna *C.M. 63 Pli 13*

3 ch. **Vannes (ville d'art et d'histoire) 5 km. Auray (St-Goustan) 20 km.** Hélène et Matthieu Lievois vous accueillent dans leur maison au bord du Golfe du Morbihan à 5 kms de Séné bourg. A l'étage, 1 ch. 2 pers. s.d.b & wc privés communicants, 2 ch. 2 pers. s.e & wc privés communicants. Petits déjeuners servis dans le séjour. Jardin clos, salon de jardin à disposition. Parking aménagé (3 places). Découvrez l'atelier de poterie de Matthieu, artisan créateur, et laissez-vous surprendre.... Langue parlée : allemand.

Prix : 1 pers. **200 F** 2 pers. **235 F** pers. sup. **70 F**

Ouvert : toute l'année.

20	20	0,3	4	3	4	13	5	0,3	10	5

LIEVOIS Hélène - 7 route de Port Anna - 56860 SENE - Tél : 02 97 66 90 76 ou 02 97 45 20 77 - Fax : 02 97 66 90 76

SULNIAC Le Douard *C.M. 63 Pli 14*

3 ch. **Questembert (les halles) 5 km. Vannes (ville d'art) 15 km.** M.et Mme Dombreval vous accueillent dans leur maison de charme du XVIè à Sulniac à 15 mn du Golfe du Morbihan. R-d-c, 1 ch. 2 pers. (TV) s.d.b communicante, 1 ch. 2 pers. s.e communicante, wc communs aux 2 ch. Etage, 1 ch.double EC louable à 1 même famille, s.d.b/wc privés communicants. Jardin, piscine privée, portique, ping-pong, j. de boules à disposition. Mme Dombreval vous fera partager sa passion de la musique. Langue parlée : anglais.

Prix : 1 pers. **225/275 F** 2 pers. **250/300 F** 3 pers. **400 F** pers. sup. **100 F**

Ouvert : toute l'année.

15	15	15	15	3,5	3,5	25	0,1	15	12	3,5

DOMBREVAL Dominique - Le Douaro - 56250 SULNIAC - Tél : 02 97 43 25 14 ou 06 10 26 00 91 - Fax : 02 97 43 25 14

SULNIAC Quiban *C.M. 63 Pli 14*

E.C. 2 ch. **Questembert (les halles) 5 km. Vannes (ville d'art) 16 km.** Au milieu d'un parc arboré et fleuri, Arlette et Daniel vous accueillent dans leur demeure de caractère. 2 ch. 2 pers. de plain-pied dont 1 avec s.d.b/wc privés communicants et 1 avec s.e/wc privés communicants. Les petits déjeuners sont servis dans la véranda. Vous pourrez profiter du jardin clos et du salon de jardin. Langues parlées : anglais, allemand.

CV

Prix : 1 pers. **230 F** 2 pers. **280 F** pers. sup. **80 F**

Ouvert : toute l'année.

20	20	5	20	2	1	25	8	20	16	2

SEIBERT-SANDT Arlette - Quiban - 56250 SULNIAC - Tél : 02 97 53 29 05 ou 06 85 38 49 75 - Fax : 02 97 53 29 05

SURZUR Le Petit Kerbocen *C.M. 63 Pli 12*

6 ch. **Sarzeau (sa côte, sentiers côtiers) 10 km. Vannes (ville d'art) 15 km.** M & Mme Gaugendau vous accueillent dans un bâtiment rénové annexe à leur maison privée, et mitoyen à 2 gîtes sur une exploitation agricole. Au r-d-c, 6 ch. avec s.e/wc privés communicants dont 4 ch. 2 pers. et 2 ch. 3 pers. Séjour-salon/TV, jardin, salons de jardin et jeux enfants pour votre détente. Cuisine à disposition gratuitement. Lit enfant sur demande.

CV

Prix : 1 pers. **170/200 F** 2 pers. **220/250 F** 3 pers. **280/320 F** pers. sup. **70 F**

Ouvert : toute l'année.

6	9	6	8	1	8	15	13	8	16	1

GAUGENDAU Claude - Le Petit Kerbocen - 56450 SURZUR - Tél : 02 97 42 00 75 - Fax : 02 97 42 00 75

THEHILLAC Saint-Michel (TH) *C.M. 63 Pli 14*

4 ch. **La Roche Bernard (port de plaisance) 15 km. Redon 10 km.** M. et Mme Brossier vous accueillent dans leur demeure de caractère au bourg de Thehillac. 4 ch. 2 pers. à l'étage dont 3 ch. (3 épis) s.d.b et wc privés communicants et 1 ch. (2 épis) s.d.b et wc privés non communicants. Vous apprécierez le charme de la maison et la quiétude du jardin ombragé avec salon de jardin. Tables d'hôtes sur réservation. Entre mer et rivières, aux confins de 3 départements, tous les loisirs sont à proximité et vous pourrez profiter des connaissances de Madame Brossier en matière de musique, danses et costumes traditionnels. Pas de tables d'hôtes le jeudi soir ni le dimanche soir. Langues parlées : anglais, espagnol.

CV

Prix : 1 pers. **250 F** 2 pers. **280 F** pers. sup. **100 F** repas **100 F**

Ouvert : du 1er avril au 30 septembre.

35	35	2	5	1	12	10	15	5	12	3

BROSSIER Danièle - 7 rue Saint-Michel - 56130 THEHILLAC - Tél : 02 99 90 24 16 - Fax : 02 99 90 24 16

THEIX Le Bezit *C.M. 63 Pli 3*

4 ch. **Vannes (ville d'art) 10 km. Muzillac (moulin de Pen Mur) 15 km.** Josiane et Gérard vous accueillent dans leur métairie du XVIIè siècle à proximité du Golfe du Morbihan. A l'étage : 2 ch. 2 pers. 2 épis avec entrée indépendante, s.e communicante et wc privatifs. A disposition : salon, TV, jardin, salon de jardin. Dans la maison des maîtres, 1er étage, 1 ch. spacieuse 2 pers. 3 épis, s.d.b/wc privatifs communicants (250 F/2 pers). 2ème étage, 1 ch. spacieuse 2 pers. avec s.e communicante et wc privatifs communicants 3 épis (250 F/2 pers.). Séjour avec cheminée et TV à disposition. Cuisine commune (30 F/jour). Langue parlée : anglais.

Prix : 2 pers. **220/250 F** pers. sup. **100 F**

Ouvert : toute l'année.

12	12	2	12	2	15	14	8	12	8	2

LE BOURSICAULT Gérard - Le Bezit - Allée Ty Er Beleg - 56450 THEIX - Tél : 02 97 43 13 75 ou 06 86 23 08 82

THEIX Le Petit Clerigo *C.M. 63 Pli 3*

2 ch. **Vannes (ville d'art) 10 km. Muzillac (moulin de Pen Mur) 15 km.** M. Le Gruyère vous accueille dans sa maison indépendante située sur une exploitation agricole. 2 chambres avec entrée indépendante - Au rez-de-chaussée : 2 ch. 2 pers., salle d'eau/wc privés communicants. Le jardin et le salon de jardin sont à votre disposition pour vos moments de détente.

Prix : 1 pers. **160 F** 2 pers. **200 F** pers. sup. **50 F**

Ouvert : de mars à fin octobre.

15	15	4	4	1	20	20	10	12	10	1

LE GRUYERE Guy - Le Petit Clerigo - 56450 THEIX - Tél : 02 97 43 03 66

THEIX Ker-Cecile *C.M. 63 Pli 3*

3 ch. **Vannes (ville d'art) 10 km. Muzillac (moulin de Pen Mur) 15 km.** M. & Mme Kerrand vous accueillent dans leur maison indépendante. 3 ch. à l'étage avec entrée indépendante. 1 ch. 2 pers. avec s.e et wc privés non communicants, 2 ch. 3 pers. avec s.e/wc privés communicants. Salon avec TV, jardin 2000 m^2, salon de jardin, barbecue, table de ping-pong, jeu de boules sont à votre disposition.

Prix : 2 pers. **220/230 F** pers. sup. **50/70 F**

Ouvert : toute l'année.

12	15	7	7	1	6	15	7	7	12	1

KERRAND Alain - Ker-Cecile - 56450 THEIX - Tél : 02 97 43 15 73

TREHORENTEUC Belle Vue *C.M. 63 Pli 5*

2 ch. **Forêt de Broceliande 2 km. Ploermel (horloge astronomique) 10 km.** Mme Jagoudel vous accueille dans sa maison indépendante, située à proximité de la forêt de Brocéliande. Au r.d.c. 1 ch. 2 pers. 2 épis s.e non communicante et wc privés, à l'étage 1 ch. 2 pers. 3 épis s.e/wc privés communicants. Les petits déjeuners sont servis dans la véranda. Jardin avec salon de jardin à votre disposition.

Prix : 1 pers. **190 F** 2 pers. **220 F** pers. sup. **60 F**

Ouvert : toute l'année.

50	50	1	10	1	0,5	10	10	10	45	2

JAGOUDEL Marie-Annick - Belle-Vue - 56430 TREHORENTEUC - Tél : 02 97 93 02 80 - Fax : 02 97 93 02 80

TREHORENTEUC Le Terrier  *C.M. 63 Pli 5*

1 ch. **Ploermel (horloge astronomique) 10 km. Forêt de Broceliande 2 km.** Mr Morice vous accueille dans sa maison moderne surplombant un petit val charmant à 2 kms de Tréhorenteuc. Etage, 1 ch. double louable à la même famille avec accès indépendant, s.e privative non communicante et wc privatif. Coin-salon avec TV et coin-cuisine (forfait 20 F). Jardin avec salon de jardin, équitation, chemins de randonnée, tennis sur place.

Prix : 1 pers. **180 F** 2 pers. **230 F** 3 pers. **300 F** pers. sup. **70 F**

Ouvert : toute l'année.

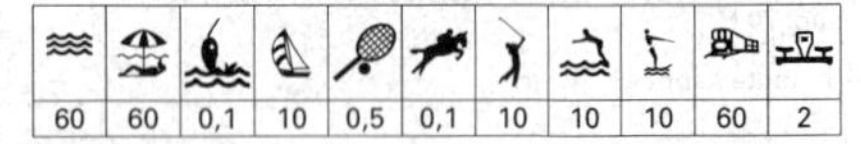

60	60	0,1	10	0,5	0,1	10	10	10	60	2

MORICE Francis - Le Terrier - 56430 TREHORENTEUC - Tél : 02 97 93 09 12

LA TRINITE-SUR-MER Kervilor *C.M. 63 Pli 12*

2 ch. **Port et plages de la Trinité-sur-Mer à 1,5 km. Mégalithes de Carnac.** Le charme de la campagne au bord de la mer vous est proposé dans cette confortable maison, au calme des pins. Au rez-de-chaussée, une ch. 2 pers., s.d.b/wc privatifs communicants. A l'étage, 1 ch. spacieuse 3 pers., s.d.b./wc privés communicants (EC), avec entrée indépendante. Séjour réservé aux hôtes. Le grand jardin et le salon de jardin sont à votre disposition.

Prix : 2 pers. **360/400 F** pers. sup. **100 F**

Ouvert : de février à la Toussaint.

1,5	1,5	0,5	1	2	3	7	10	1	10	1

BAGAGLIA Roland et Sylviane - 61 rue du Latz - Kervilor - 56470 LA TRINITE-SUR-MER - Tél : 02 97 30 18 65 ou 06 17 15 75 54 - Fax : 02 97 30 18 65

VANNES

C.M. 63 Pli 3

1 ch. **Vannes (ville d'art et d'histoire) 1 km. Auray (St-Goustan) 15 km.** Aux portes de Vannes & du Golfe du Morbihan, M. & Mme Le Parc vous accueillent dans leur maison de caractère indépendante entourée d'un très beau jardin au calme dans la nature. Etage, 1 ch. double (soit 2 ch.) 2 à 4 pers. louable à une même famille, s.d.b et wc privés non communicants. Petits déjeûners servis dans le séjour ou la véranda. Sentiers boisés proches.

CV

Prix : 2 pers. **250 F** 3 pers. **360 F** pers. sup. **60 F**

Ouvert : de début mars à fin octobre.

8	8	8	6	3	8	15	6	6	3	0,6

LE PARC Gustave & Annick - 12 allée des Fauvettes - Kerbiquette - 56000 VANNES - Tél : 02 97 47 01 33

VANNES

C.M. 63 Pli 3

1 ch. **Vannes (ville d'art et d'histoire) 1 km. Auray (St-Goustan) 15 km.** Aux portes de Vannes, ville d'Art et d'Histoire, M. & Mme Le Bras vous accueillent dans leur maison située au calme dans un grand jardin arboré et fleuri de 2600 m², salon de jardin, tennis de table, portique, bac à sable. Etage, 1 ch. 2 pers. s.e/wc privés non communicants. Salon privé. Petits déjeuners copieux servis en salle à manger ou terrasse. Possibilité d'un lit bébé et/ou enfant à la demande. Langue parlée : anglais.

CV

Prix : 2 pers. **280 F** pers. sup. **120 F**

Ouvert : toute l'année.

8	8	8	6	3	8	15	2	6	3	0,6

LE BRAS Jean - 8 allée des Tourterelles - Kerbiquette - 56000 VANNES - Tél : 02 97 47 82 38

LA VRAIE-CROIX Kersine

C.M. 63 Pli 4

2 ch. **Questembert 4 km. Rochefort-en-Terre (cité de caractère) 10 km.** M. et Mme Le Garnec vous accueillent dans leur maison située sur une exploitation agricole à 3 kms de la Vraie-Croix. Etage, 1 ch. 2 pers. s.e communicante & wc privés, 1 ch. 2 pers. s.e/wc privés non communicants avec coin-cuisine à usage exclusif de cette chambre (forfait 20 F/jour). Jardin, salon de jardin, étang privé (pêche). Tarif enfant suppl. 70 F. Possibilité de visiter la ferme laitière, voire la traite des vaches.

CV

Prix : 1 pers. **190 F** 2 pers. **220 F** pers. sup. **100/110 F**

Ouvert : de mai à octobre.

20	20	0,5	20	4	18	15	4	15	5	3

LE GARNEC Alfred & Lucie - Kersine - 56250 LA VRAIE-CROIX - Tél : 02 97 67 22 81

CENTRE

Pour réserver, écrire ou téléphoner :

18 - CHER

3615 Gites de France
1,28 F/min

GITES DE FRANCE - LOISIRS ACCUEIL
5, rue de Séraucourt
18000 BOURGES
Tél. : 02 48 48 00 18 - Fax : 02 48 48 00 28
E-mail : tourisme.berry@wanadoo.fr

28 - EURE-ET-LOIR

GITES DE FRANCE
Chambre d'Agriculture
10, rue Dieudonné Costes
28024 CHARTRES Cedex
Tél. : 02 37 24 45 45 - Fax : 02 37 24 45 90

36 - INDRE

GITES DE FRANCE
1, rue Saint-Martin - B.P. 141
36003 CHATEAUROUX Cedex
Tél. : 02 54 22 91 20 - Fax : 02 54 27 60 00

37 - INDRE-ET-LOIRE

3615 Gites de France
1,28 F/min

GITES DE FRANCE TOURAINE
Service Réservation
38, rue Augustin Fresnel - B.P. 139
37171 CHAMBRAY-LES-TOURS Cedex
Tél. : 02 47 48 37 13 - Fax : 02 47 48 13 39
www.loire-valley-holidays.com
E-mail : info@loire-valley-holidays.com

Ⓡ

41 - LOIR-ET-CHER

GITES DE FRANCE - Service Réservation
Tourisme Vert
5, rue de la Voûte du Château - B.P. 249
41001 BLOIS Cedex
Tél. : 02 54 58 81 64 - Fax : 02 54 56 04 13
www.gites-de-france-blois.com
E-mail : gites41@wanadoo.fr

45 - LOIRET

GITES DE FRANCE
LOISIRS ACCUEIL LOIRET
8, rue d'Escures - 45000 ORLEANS
Tél. : 02 38 62 04 88 - Fax : 02 38 62 98 37

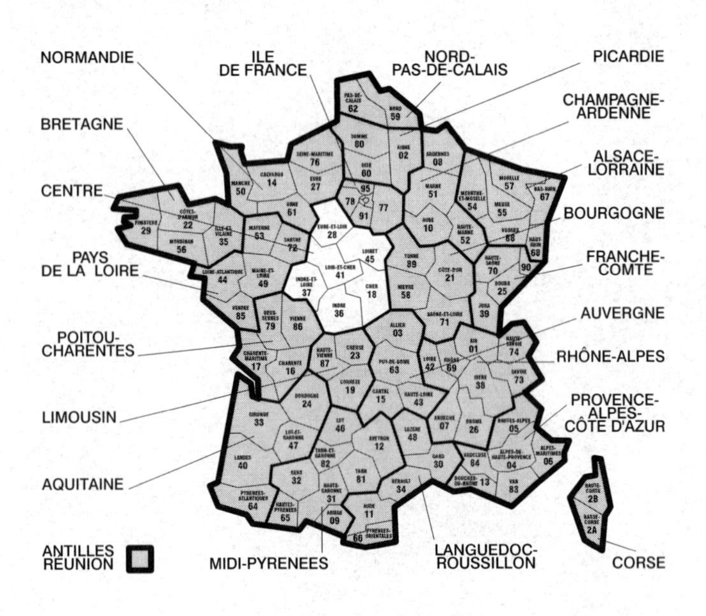

GITES DE FRANCE - LOISIRS ACCUEIL
5, rue de Séraucourt
18000 BOURGES
Tél. 02 48 48 00 18 - Fax. 02 48 48 00 28
E.mail : tourisme.berry@wanadoo.fr

3615 Gîtes de France
1,28 F/min

ANNOIX Ferme du Château Gaillard

C.M. 238 Pli 31

3 ch. Chambres avec accès indépendant aménagées dans une dépendance rénovée. Une suite de 2 ch. (2 pers.) avec salle d'eau/wc et 1 ch. 2 pers. avec salle d'eau/wc. Salle à manger/salon (TV, bibliothèque) réservée aux hôtes. Kitchenette à disposition. Grande cour gazonnée, salon de jardin. Restaurants 4 et 9 km. A 1 km de la RN de Bourges, vous serez accueillis à l'entrée du village d'Annoix (village vert au cœur de la Champagne berrichonne). Langue parlée : anglais.

Prix : 2 pers. **260 F** pers. sup. **90 F**

Ouvert : toute l'année.

18	9	9	1	SP	2	18	18

MAZE Alain et Anita - Ferme du Château Gaillard - 18340 ANNOIX - Tél : 02 48 59 66 59 - Fax : 02 48 59 81 52

ARCAY Belair

C.M. 238 Pli 30

6 ch. 6 ch. de caractère dont 5 Louis XVI régional dans un château du XIXe siècle entouré d'un grand parc ombragé, dans un hameau. 6 ch. 2 pers. avec TV, s.d.b./wc particulière à chaque ch. Une des ch. bénéficie d'une pièce attenante pouvant loger 2 enfants et une autre d'un coin-salon avec cheminée. Séjour. Salon. Location de VTT, circuits balisés et moniteurs. Restaurant à 3 km. Langues parlées : anglais, espagnol.

Prix : 2 pers. **250/350 F** pers. sup. **75 F**

Ouvert : toute l'année.

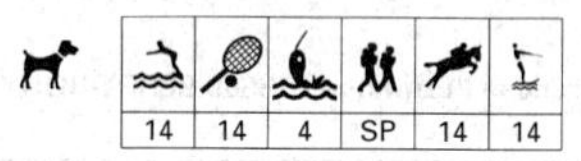

14	14	4	SP	14	14

MAGINIAU Roger et Claudette - Château de Belair - 18340 ARCAY - Tél : 02 48 25 36 72

ARDENAIS Vilotte

TH

C.M. 238 Pli 30

5 ch. 5 ch. 2 pers. dans une belle demeure du XIXe, toutes avec salle de bains/wc privés, 1 ch. (2 pers.) attenante avec lavabo (suppl. 200 F). Accueil/coin-détente (TV). Grand salon avec cheminée. Salle à manger. Grand parc ombragé, roseraie, étang, ferme. Table d'hôtes sur réservation. Perdu dans la nature, cet ancien site romain vous enchantera par son élégance, son architecture harmonieuse, son silence et son confort. Vous serez accueillis par le premier directeur commercial du Futuroscope, propriétaire de cette maison familiale depuis 4 générations. Langue parlée : anglais.

Prix : 2 pers. **360/430 F** pers. sup. **100 F** repas **150 F**

Ouvert : toute l'année.

15	20	5	SP	SP	30	15

CHAMPENIER Jacques - Vilotte - 18170 ARDENAIS - Tél : 02 48 96 04 96 - Fax : 02 48 96 04 96

ARDENAIS La Folie

TH

C.M. 238 Pli 30

3 ch. 1 ch.(1 lit 160), avec s. d'eau/wc, 1 suite de 2 ch.(1 lit 160 - 2 lits 1 pers.) avec s.d.b./wc. Entrée indép., en pleine nature, dans ferme du 18e, ouverte sur le bocage typique de la région. Les hôtes disposent d'un grand espace arboré et, à l'intérieur, du salon/s. à manger (cheminée, TV) et d'un salon de lecture (doc. sur la région et revue détente). Parking. Découvrez le patrimoine, l'histoire locale et l'âme du Berry. Calme et détente. Accueillis par Annick qui vous fera partager ses connaissances sur la nature et vous suggèrera une découverte de la région. Base naut. à Sidiailles, bords de rivière, forêts, rando. Langue parlée : anglais.

Prix : 2 pers. **260/280 F** pers. sup. **80 F** repas **100 F**

Ouvert : toute l'année (hiver sur réservation).

4	15	4	4	SP	12	20	13

JACQUET Annick - La Folie - 18170 ARDENAIS - Tél : 02 48 96 17 59 - http://perso.wanadoo.fr/cher.berry.la.folie

BEDDES

A TH

C.M. 238 Pli 42

4 ch. Chambres de 1 à 3 pers., toutes avec salle d'eau et wc au 1er étage d'une ferme-auberge. Petit salon avec TV réservé aux hôtes, jardin arboré, salons de jardin, piscine (9*4). A prox. : jardins du prieuré d'Orsan, école d'Alain Fournier, abbaye de Noirlac, châteaux d'Ainay-le-Vieil et Culan, vallée de George Sand, vignoble de Châteaumeillant. Vous serez accueillis dans une ferme-auberge sur une exploitation de polyculture et élevage et apprécierez les copieux petits-déjeuners. Langue parlée : anglais.

Prix : 2 pers. **250 F** pers. sup. **50/80 F** repas **70/120 F**

Ouvert : toute l'année.

23	SP	4	5	SP	15	23	25	4

AUPETIT Jean-Claude - Le Grand Vernet - 18370 BEDDES - Tél : 02 48 56 20 31 - Fax : 02 48 56 30 23

BELLEVILLE-SUR-LOIRE *C.M. 238 Pli 20*

4 ch. **Cosne-sur-Loire 15 km. Sancerre 25 km.** Ancienne écurie rénovée, indépendante, face à la maison des propriétaires. Chambres de 2 pers. toutes avec salle d'eau et wc privés aménagées au 1er étage. Salon (TV), salle à manger et kitchenette réservés aux hôtes. Beau terrain arboré donnant sur un jardin aquatique et le canal latéral à la Loire. Salon de jardin. Restaurant sur place. A la limite de Loiret et de la Nièvre, vous serez chaleureusement accueillis dans des chambres confortables baptisées Magnolias, Orme, Chêne et Acacia. Langue parlée : anglais.

Prix : 2 pers. **230 F** pers. sup. **80 F**

Ouvert : du 15 juin au 15 septembre ou sur réservation.

SP	SP	SP	SP	15	SP

DE JENLIS Gery et Christine - 20, route de Beaulieu - 18240 BELLEVILLE-SUR-LOIRE - Tél : 02 48 72 49 60 ou 06 11 61 41 57 - Fax : 02 48 72 49 60

BERRY-BOUY L'Ermitage *C.M. 238 Pli 30*

5 ch. 2 ch. aménagées dans l'aile d'une demeure de caractère et 3 ch. au 1er étage d'un ancien moulin attenant. 1 ch. (3 pers.) avec s.d.b. et wc particuliers. 3 ch. (2 pers.) avec s.d.b. ou s. d'eau et wc particuliers. 1 ch. (4 pers.) avec s. d'eau et wc particuliers. TV dans chacune. Salle de séjour réservée aux hôtes. Laurence et Géraud, qui dirigent une ferme de polyculture et d'élevage à deux pas de Bourges, habitent une ravissante maison de maître. Ils ont restauré avec un goût raffiné leurs chambres d'hôtes, très confortables, au calme du parc aux arbres centenaires. Parking. Restaurants 3 km. Langues parlées : anglais, allemand.

Prix : 1 pers. **210/220 F** 2 pers. **270/290 F** pers. sup. **100 F**

Ouvert : toute l'année.

8	5	5	SP	SP	5	8

DE LA FARGE Géraud et Laurence - l'Ermitage - 18500 BERRY-BOUY - Tél : 02 48 26 87 46 - Fax : 02 48 26 03 28

BLANCAFORT *C.M. 238 Pli 19*

3 ch. **Aux portes de la Sologne et du Sancerrois.** Dans une demeure du XVIIIe, face au château de Blancafort. Chambre « bleue d'Aurore » (2 pers.) et suite « Grand Maulnes » (2/4 pers.) 4 pers. 580 F. avec s.d.b. ou s. d'eau, wc et TV. Parc fleuri, parking fermé. Petit-déjeuner, servi dans le salon privé, sous la pergola ou dans la salle « Claudine à l'école » réservée aux hôtes. Marie du Berry, vous proposera des w.e. ou séjours à thème littéraire (G. Sand, A. Fournier, Colette) et de découvertes des vins du Centre/Val de Loire et un circuit sorcellerie. Prix « coup de cœur » du salon des vacances en france 99. TH les w.e. à thème pour 2/6 pers. (180 à 200 F). Vélos à dispo. Langue parlée : anglais.

Prix : 2 pers. **340 F** pers. sup. **120 F**

Ouvert : d'avril au 11 novembre.

15	7	7	SP	SP	7	15	21	SP

HARDY-CALLOT Jacques et M-Claude - La Renardière - 21, rue Pierre Juglar - 18410 BLANCAFORT - Tél : 02 48 58 40 16 - Fax : 02 48 58 40 16

BLET *C.M. 238 Pli 32*

5 ch. 1 ch. et 2 suites au 1er ét. d'un château des XVe et XVIe siècles avec grande terrasse et parc ombragé (21 ha.). 1 ch. (2 pers.), 1 suite (2/3 pers.) et 1 suite (2/4 pers.), avec bains, wc, TV couleur. Salle de billard et petit salon réservés aux hôtes. Salle à manger pour les petits-déjeuners. Salon de jardin. Proche de Bourges, Noirlac, Sancerre, Nevers. Dans cette demeure de caractère, vous serez charmés par l'authenticité, le confort, les spacieuses salles de bains des ch. aux roses, bleue ou aux médaillons. Restaurants à 15 km.

Prix : 2 pers. **400 F** pers. sup. **150 F**

Ouvert : toute l'année.

25	15	15	0,5	SP	15	25	15	SP

BIBANOW Michel - Château de Blet - 18350 BLET - Tél : 02 48 74 76 66 ou 02 48 74 72 02

BLET Chassy *C.M. 238 Pli 31*

3 ch. **Bourges 40 km.** Au r.d.c. d'une demeure du XVIIIe et au 1er ét. d'un ancien pigeonnier du XIVe, 3 ch. 2 pers. avec chacune entrée indépendante, salles d'eau ou de bains et wc privés. Séjour/salon (cheminée) à dispo. Location TV. Grand terrain, salons de jardin. TH sur résa. Animaux admis au chenil. Golf à 25 km. Vélos sur place. Vous serez chaleureusement accueillis dans une belle demeure restaurée par ses proprétaires hollandais. Vous goûterez au charme de chambres confortables, indépendantes, dans un lieu calme et retiré. Langues parlées : hollandais, anglais, allemand.

Prix : 2 pers. **300/350 F** pers. sup. **80 F** repas **100 F**

Ouvert : du 1er avril au 31 octobre.

30	SP	7	15	SP	20	30	40	3

DE VILDER François et HULSHOF Margit - Domaine de Chassy - 18350 BLET - Tél : 02 48 74 72 47 - Fax : 02 48 74 72 47

BUE

C.M. 238 Pli 20

2 ch. **Sancerre 3 km, région de vignobles.** 1 suite de 2 chambres (2 pers.) avec salle de bains et wc privés, accès indépendant, aménagées dans le pavillon des propriétaires. Grand terrain clos, salon de jardin. Parking fermé. Restaurants dans le bourg sur place.

CV

Prix : 2 pers. **220 F**

Ouvert : toute l'année.

5	5	5	5	SP	8	5	16	3

CROUZET Roger et Bernadette - Route de Sancerre - 18300 BUE - Tél : 02 48 54 28 37

LA CELLE-CONDE Pont-Chauvet

A TH *C.M. 238 Pli 30*

2 ch. 2 chambres 2 pers. avec chacune salle d'eau/wc particuliers, aménagées au 1er étage d'une ferme-auberge, dans une maison de maître du XVIIIe siècle. Salon avec TV et bibliothèque réservé aux hôtes. Terrasse, salon de jardin. Chasse à la journée et promenades en attelage sur place. Dans un écrin de verdure, retrouver le cadre et le charme de la vie paysanne. Sa tradition est notre compagne de chaque jour.

Prix : 2 pers. **230/250 F** pers. sup. **70 F** repas **80/95 F**

Ouvert : toute l'année.

10	25	5	3	SP	10	10	25	5

MANSSENS Alain et Elisabeth - Pont Chauvet - 18160 LA CELLE-CONDE - Tél : 02 48 60 22 19

LA CHAPELLE-D'ANGILLON Les Aulnains

C.M. 238 Pli 19

2 ch. 2 ch. (1 lits 180 chacune) avec salle de bains, wc et TV au 1er étage d'une grande maison bourgeoise des XVIIIe et XIXe siècles sur une propriété solognote avec étang et rivière. Séjour, salon (TV, cheminée) à dispo. Salons de jardin. Pêche toute l'année et fumage traditionnel des poissons. Loc. VTT. Poss. d'accueil de chevaux (prés et boxes). Animaux acceptés tenus en laisse. Les amateurs de pêche trouveront aux Aulnains de quoi satisfaire leur passion, ils apprécieront l'accueil, l'atmosphère et le confort de l'intérieur de Véra et son mari. Langue parlée : anglais.

Prix : 2 pers. **325 F** pers. sup. **100 F**

Ouvert : toute l'année, sauf mars.

1	15	1	SP	SP	15	1	35	1

KIRCHHOFF Véra - Les Aulnains - route de Presly - 18380 LA CHAPELLE-D'ANGILLON - Tél : 02 48 73 40 09 - Fax : 02 48 73 44 56

CHARENTON-LAUGERE La Serre

C.M. 238 Pli 31

3 ch. 3 ch. avec terrasse au 1er ét. d'une maison du début du siècle, entièrement meublées art-déco. Parc. Jardin. Salon de jardin. 2 salons et s. à manger à dispo. des hôtes. 3 ch. de 2 pers. avec s.d.b./wc privée. Claude Moreau vous fera partager sa passion pour l'art topiaire et la création de jardin à la Française. Restaurants 3 km. Vous trouverez un ensemble homogène de l'époque Art-Déco et contemporain. Les oeuvres présentées dans la maison peuvent quelquefois surprendre mais sont au moins toutes originales et authentiques, nous serons ravis de vous les faire découvrir devant un pot d'accueil. Langue parlée : anglais.

Prix : 2 pers. **380/450 F** pers. sup. **100 F**

Ouvert : du 1er avril au 30 septembre ou sur réservation.

6	15	3	SP	SP	4	6	15	3

MOREAU Claude et Claude - La Serre - route de Dun - 18210 CHARENTON-LAUGERE - Tél : 02 48 60 75 82

CHARENTONNAY Les Michons

C.M. 238 Pli 20

1 ch. 1 chambre avec accès indépendant aménagée au rez-de-chaussée de la maison des propriétaires. 1 chambre 3 pers. avec salle d'eau/wc. Séjour avec TV à disposition. Jardin arboré, salon de jardin, portique, ping-pong. Location de vélos. Restaurants à 7 km. Langue parlée : anglais.

CV

Prix : 2 pers. **230 F** pers. sup. **70 F**

Ouvert : toute l'année.

15	15	7	7	SP	7	15	15	7

CHAUVEAU Daniel et Jacqueline - Les Michons - 18140 CHARENTONNAY - Tél : 02 48 72 73 92 - Fax : 02 48 72 70 12

CHARLY

C.M. 238 Pli 32

2 ch. Suite aménagée à l'étage d'une maison berrichonne rénovée dans joli petit village calme. Terrain fleuri. Salon de jardin. Coin-détente/lecture réservé aux hôtes (bibliothèque, TV). Une chambre 3/4 pers. avec salle d'eau/wc particuliers et une chambre 2 pers. attenante. C'était une de ces maisons berrichonnes très anciennes, nichée au cœur du village, près de son église romane. On dit que ses derniers propriétaires en sont tombés amoureux. Alors ils l'ont restaurée avec tout leur cœur, leur goût de la pierre, du bois, des fleurs et leur sens de l'hospitalité. Langue parlée : anglais.

CV

Prix : 2 pers. **200/250 F** pers. sup. **90 F**

Ouvert : toute l'année.

36	36	5	SP	SP	36	36	2

CHARPENTIER Jacques et Astrid - 3, rue du Lavoir - 18350 CHARLY - Tél : 02 48 74 75 22 - Fax : 02 48 74 76 56

LE CHATELET Estiveaux

(TH) *C.M. 238 Pli 30*

3 ch. 3 ch. (lits 2 pers. baldaquin) dans une demeure de caractère au milieu d'un grand parc ombragé. Toutes ch. avec s.d.b./wc. Salle à manger. Petit salon fumeur avec TV, bibliothèque et grand salon (non fumeur). Restaurant 1,5 km. Parking. Etang, pêche sur place. Salle de jeux et remise en forme. Au cœur du Berry et au sud de la Route Jacques Coeur, à 2 heures et demi de Paris, le calme, le confort, l'accueil chaleureux. Tout un art de vivre à découvrir grâce aux ch. d'hôtes d'Estiveaux, spacieuses, calmes et raffinées.

CV

Prix : 2 pers. **550/600 F** pers. sup. **100 F** repas **150/200 F**

Ouvert : toute l'année sur réservation.

19	25	2	SP	SP	36	19

DE FAVERGES Odette - Estiveaux - 18170 LE CHATELET - Tél : 02 48 56 22 64

CHEZAL-BENOIT

C.M. 238 Pli 30

1 ch. **Issoudun 17 km. Bourges 40 km.** 1 ch. 2 pers. avec salle d'eau et wc privés au 1er ét. d'une grande maison. Salon/salle à manger (TV, cheminée) à la disposition des hôtes. Jardin arboré, terrasse, salon de jardin. Parking fermé. Petits animaux acceptés. Restaurants à prox. Base de planeurs du Camp de Fay, festival de musique de la Prée. Golf à 40 km.

Prix : 2 pers. **220 F**

Ouvert : d'avril à septembre.

8	17	SP	SP	SP	8	8	17	SP

LABECKI Josée - 2, allée des Peupliers - 18160 CHEZAL-BENOIT - Tél : 02 48 61 12 71

CLEMONT

(TH) *C.M. 238 Pli 18*

5 ch. Chambres de 2 pers. toutes avec sanitaires privés, au rez-de-chaussée et 1er étage d'une charmante ferme solognote environnée de forêts et d'étangs. Séjour/salon avec cheminée et TV. Chiens admis au chenil et chevaux (3 boxes). Nombreux sites touristiques alentour et à proximité aéroclub, tennis, équitation, golf, etc... Sur place : étangs, rivière et parcours privé, pêche sportive au black-bass, truites et carpes. Sorties brame du cerf en saison, entrainement chiens d'arrêt sur le domaine, chasse photographique. Langue parlée : anglais.

Prix : 1 pers. **300 F** 2 pers. **340 F** pers. sup. **120 F** repas **150 F**
1/2 pens. **640 F** pens. **940 F**

Ouvert : toute l'année sur réservation.

10	SP	SP	5	10	34	4

DAUDE Roland et M-José - Ferme des Givrys - 18410 CLEMONT - Tél : 02 48 58 80 74 - Fax : 02 48 58 80 74

COUST

(TH) *C.M. 238 Pli 31*

3 ch. Chambres (2/3 pers. et 2/5 pers.) avec s.d.b. ou s. d'eau et wc. 1 ch. indép. de plain-pied et 2 ch. à l'ét. d'une ancienne ferme berrichonne du XIXe. Séjour/salon avec TV à dispo. Salle de ping-pong. Vous serez reçus autour d'un verre dans un joli jardin clos et fleuri. Une belle pelouse et quelques chaises longues vous permettront d'admirer le coucher du soleil. A « La Madenrie », vous serez accueillis comme des amis et vous apprécierez le calme qui règne autour de ce lieu. Tarif 5 pers. : 550 F. Forêt de Tronçais. Nombreuses randonnées. Langues parlées : espagnol, anglais.

Prix : 1 pers. **220 F** 2 pers. **270 F** pers. sup. **90 F** repas **100/150 F**

Ouvert : du 1er avril au 30 novembre et sur réservation l'hiver.

8	10	2	8	SP	8	8	10	2

VOLCOVICI Henri - Le Haut de Changy - 18210 COUST - Tél : 02 48 63 52 84

COUST

C.M. 238 Pli 31

2 ch. Chambre de 2/4 pers. et 1 chambre 3/5 pers. toutes avec salle d'eau/wc, d'accès indépendant, aménagées dans des bâtiments accolés à l'habitation principale, sur une ancienne fermette berrichonne. Pelouse, salon de jardin, cour close. Salle à manger chez le propriétaire. A l'entrée du village, près de la forêt de Tronçais, dans ce pays du Boischaut, vous profiterez l'été d'une pelouse fleurie et ombragée. Châteaux de la route Jacques Coeur.

Prix : 2 pers. **200 F** pers. sup. **100 F**

Ouvert : toute l'année.

8	8	SP	SP	SP	8	8	8	SP

DEROUSSEN Albert et M-Thérèse - Route d'Ainay - 18210 COUST - Tél : 02 48 63 52 32

COUY

C.M. 238 Pli 32

1 ch. 1 ch., avec accès indépendant, aménagée au 1er ét. de la maison des propriétaires, avec vue sur le jardin fleuri. 1 ch. 2 pers. avec salle d'eau/wc particuliers. Coin-cuisine à dispo. des hôtes. Pelouse ombragée avec salon de jardin réservé aux hôtes. Restaurant à 6 et 9 km. Tarif dégressif à partir du 3e jour. Vous serez accueillis avec le sourire dans un cadre calme et agréable.

CV

Prix : 2 pers. **190 F** pers. sup. **80 F**

Ouvert : toute l'année.

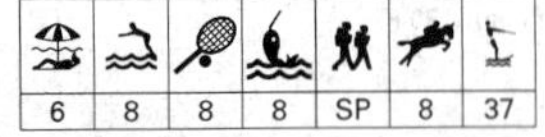

6	8	8	8	SP	8	37

ADRIEN Lucien et Liliane - 1, route de Sevry - 18140 COUY - Tél : 02 48 72 73 94

CREZANCY-EN-SANCERRE Reigny *C.M. 238 Pli 20*

3 ch. **Sancerre 9 km. Cosne-sur-Loire 20 km.** Au 1er étage d'une ancienne grange rénovée, accès indépendant. 2 ch. 2 pers. et 1 ch. 2/4 pers. toutes avec salle d'eau et wc privés. Séjour/salon réservés aux hôtes. Terrasse, salon de jardin, parking privé. Promenades, randonnées cyclistes. Restaurants à 7 km. Golf à 9 km. Au cœur des vignobles du Sancerrois, dans un village de viticulteurs, vous serez charmés par le confort de ces chambres : leurs teintes, leur harmonie, leurs meubles peints qui égayeront votre séjour.

Prix : 2 pers. **280/300 F** pers. sup. **75 F**

Ouvert : toute l'année.

14	9	9	9	SP	14	20	9

CHARLON Karine et Hubert - Reigny - 18300 CREZANCY-EN-SANCERRE - Tél : 02 48 79 05 43

CROISY Bouchereux *C.M. 238 Pli 32*

2 ch. **Nevers 40 km. Bourges 42 km.** Au 1er ét. d'une ancienne ferme rénovée, 1 suite de 2 ch. avec s.d.b., douche et wc privés. Coin-cuis. et buanderie à dispo. Séjour/salon (TV, cheminée). Salons de jardin, chaises longues. Parc. Sur place : vélos et jeux de pétanque. Restaurant 8 km. Petits animaux admis. 2e ch. 1 pers. (150 F) louée uniquement avec ch. principale. Sur les hauteurs des bocages de la vallée de Germigny, vous apprécierez le calme et le confort d'une chambre spacieuse avec vue sur le parc fleuri. Village médiéval d'Apremont à prox.

Prix : 2 pers. **350 F** 3 pers. **500 F** pers. sup. **100 F**

Ouvert : de mars à septembre.

15	22	15	SP	10	40	8

VANNESTE Jacqueline - Bouchereux - 18350 CROISY - Tél : 02 48 76 80 05

DAMPIERRE-EN-CROT Les Poupardins *C.M. 238 Pli 19*

1 ch. Au cœur du Pays Fort-Sancerrois, 1 suite de 2 ch. (3 pers.) avec salon (TV, bibliothèque), salle d'eau/wc, aménagée à l'ét., avec accès indépendant, d'une ancienne ferme restaurée. Très beau jardin arboré, salon de jardin, chaises longues. Nombreuses promenades. Restaurants dans les environs. Vous tomberez tout de suite amoureux de cette belle demeure, de son environnement et des chambres confortables que vous y trouverez. Langue parlée : anglais.

Prix : 2 pers. **270 F** 3 pers. **450 F**

Ouvert : d'avril au 1er octobre.

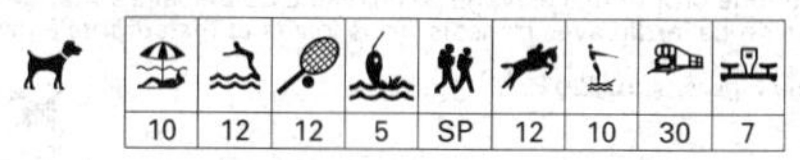

10	12	12	5	SP	12	10	30	7

PORTELLE-PIZZINI Jacqueline - Les Poupardins - 18260 DAMPIERRE-EN-CROT - Tél : 02 48 73 72 44

ENNORDRES *C.M. 238 Pli 18*

2 ch. Chambres (2 et 3 pers.) toutes avec salle d'eau et wc au 1er étage d'un manoir du XVIIIe sur une grande propriété solognote avec 2 ha. de parc boisé. Salons de jardin. Salon avec cheminée, TV, piano, jeux et salle à manger à la disposition des hôtes. Tarif dégressif à partir de la 2e nuit. Vous serez séduits par cet ancien relais de chasse remanié au fil des ans et enchantés par l'ambiance familiale qui vous sera réservée. Langue parlée : anglais.

Prix : 2 pers. **330 F** pers. sup. **60/90 F**

Ouvert : toute l'année.

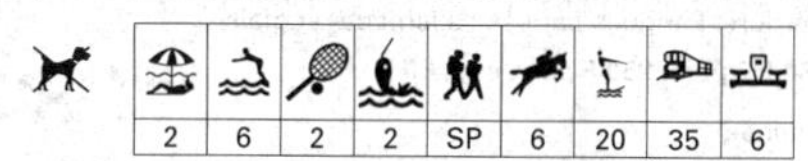

2	6	2	2	SP	6	20	35	6

DE POMMEREAU Odile et Olivier - La Brossette - 18380 ENNORDRES - Tél : 02 48 58 07 73 - Fax : 02 48 58 07 88

EPINEUIL-LE-FLEURIEL Le Moulin d'Epineuil *C.M. 238 Pli 31*

3 ch. Au pays du Grand Meaulnes, 1 ch. 2 pers. avec lavabo, douche et wc, TV, au 1er ét. d'une grande bâtisse du XIXe. Salle à manger à dispo. des hôtes, 1 suite 5 pers. (2 ch. + salon), s. d'eau, wc et TV dans annexe à l'entrée de la propriété. Cuisine, vélos à dispo. Grand terrain arboré, salon de jardin. Rivière sur place, forêt à prox. Restaurants à 2 et 5 km. Tarifs dégressifs à partir de la 2e nuit pour 2 ch. occupées. Dans le village d'Alain Fournier, vous visiterez son école et ferez une halte de charme chez les propriétaires qui exploitent un moulin à grain toujours en activité.

Prix : 2 pers. **280 F** pers. sup. **100 F**

Ouvert : toute l'année.

10	18	SP	SP	SP	5	15	3	SP

FAYAT Pierre et Claude - Le Moulin d'Epineuil - 18360 EPINEUIL-LE-FLEURIEL - Tél : 02 48 63 03 94

EPINEUIL-LE-FLEURIEL *C.M. 238 Pli 31*

2 ch. 1 suite 2 ch. (2 et 3 pers.) avec salle d'eau et wc au 1er étage d'une grande demeure du XVIe, sur la place du village. Jardin arboré, parking fermé. Salon réservé aux hôtes avec bibliothèque, billard français, TV et cheminée. Restaurants à 2 et 5 km. Ici, vous séjournerez dans la « maison du notaire » décrite par A. Fournier (école et musée dans le village) dans son roman « Le Grand Meaulnes » dont le propriétaire ne manquera pas de vous conter l'histoire. Langues parlées : espagnol, anglais.

Prix : 2 pers. **200/240 F** pers. sup. **80 F**

Ouvert : du 1er avril au 15 novembre, l'hiver pour longs séjours uniquement.

10	18	SP	SP	SP	5	15	27	SP

COUTURIER Gilles et Dominique - La Grand Maison - 18360 EPINEUIL-LE-FLEURIEL - Tél : 02 48 63 08 79

FARGES-EN-SEPTAINE Augy *C.M. 238 Pli 31*

3 ch. **Bourges 15 km.** Au 1er ét. d'une dépendance de ferme de la fin XVIIIe, 1 ch. 2/4 pers. avec salle d'eau et wc privés, 1 suite de 2 ch. 2/4 pers. dans une ancienne bergerie avec entrée indépendante. Lit bébé. Cuisine à dispo. des hôtes. Parc arboré et fleuri, salon de jardin. Parking et garage. Golf à 15 km. Restaurants à 2 et 5 km. Vous tomberez tout de suite amoureux de cette belle demeure restaurée avec le goût de la pierre et du bois, en appréciant le confort et l'espace qu'offrent ces chambres, le calme qui règne sur cette propriété et la gentillesse des propriétaires.

Prix : 2 pers. **250/280 F** pers. sup. **90 F**

Ouvert : toute l'année.

15	11	11	SP	15	15	15	5

LEGOFFE Noëlle et ROUET Serge - 7, route du Vieux Moulin - Augy - 18800 FARGES-EN-SEPTAINE - Tél : 02 48 69 16 01 - Fax : 02 48 69 15 40

FOECY Le Petit Prieuré *C.M. 238 Pli 30*

3 ch. **Entre les châteaux de la Route Jacques Coeur et ceux de la Loire.** Aux portes de la Sologne, dans un petit prieuré clos de murs, propriété d'un sculpteur. Au r.d.c. : 1 ch. 2 pers. avec terrasse, salon privé et s.d.b./wc privés. Au 1er étage de l'aile gauche : 2 ch. 2 pers. avec s.d.b./wc privés, séjour/salon et kitchenette. Calme. Entrée indép. Parking clos. Musée vivant de la porcelaine et restaurant à 1 km. Le raffinement de la décoration, la chaleur de l'accueil et la douceur des lieux sans oublier le somptueux petit-déjeuner pris dans le jardin fleuri, vous apporteront détente et repos. Une étape de choix à recommander où il fera bon rester et revenir. « Inconnu tu arriveras, Ami tu repartiras ».

CV

Prix : 2 pers. **290/340 F** pers. sup. **85/105 F**

Ouvert : toute l'année.

25	10	SP	4	SP	10	25	10	10	SP

ALARD Claude et Chantal - 7, rue de l'Eglise - 18500 FOECY - Tél : 02 48 51 01 76

FUSSY Le Clos *C.M. 238 Pli 31*

1 ch. **A 5 mn de Bourges.** 1 ch. 2 pers. avec accès indépendant (1 lit 160), avec salle d'eau/wc privés, au 1er ét. d'une maison du XVIIIe, sur une propriété d'élevage de chevaux. Salon/salle à manger réservé aux hôtes (TV, cheminée). Grand terrain clos arboré et fleuri. Salon de jardin avec transats. Tous loisirs et restaurants à prox. Salle de reliure d'art à dispo., poss. initiation.

Prix : 2 pers. **350 F** pers. sup. **120 F**

6	6	SP	8	SP	5	6	6	1

BAY-MORIZET Michelle - Le Clos - 18110 FUSSY - Tél : 02 48 69 38 70

GRON Les Chapelles *C.M. 238 Pli 20*

3 ch. Entre Sancerre et Bourges, 3 ch. d'accès indépendant, aménagées à l'ét. d'une maison contiguë à l'habitation principale. 3 ch. 2 pers., toutes avec s.d.b./wc. Terrain arboré et fleuri, salon de jardin. Séjour/salon avec TV réservé aux hôtes. Parking. Restaurant 3 et 4 km. Vous apprécierez un petit déjeuner copieux dans un salon confortable ou sur la terrasse dans un agréable cadre de verdure. Langues parlées : allemand, anglais.

Prix : 1 pers. **190 F** 2 pers. **250 F** pers. sup. **80 F**

Ouvert : toute l'année.

4	4	SP	30

MEFFERT Stéphanie - Les Chapelles - 18800 GRON - Tél : 02 48 68 51 49 - Fax : 02 48 68 51 49

LA GROUTTE A (TH) *C.M. 238 Pli 31*

2 ch. 2 ch. dans un bâtiment indépendant dans le prolongement de la ferme-auberge. 2 ch. 2 pers. avec salle de bains et wc. Salle à manger/salon réservée aux hôtes. Salon de jardin, parking et cour. Tous loisirs et restaurants à St-Amand-Montrond (5 km). Château d'Ainay-le-Vieil. Après un bon repas régional, vous vous endormirez dans le silence d'un petit village en rêvant, peut-être à ses vestiges gallo-romains, tel « le camp de César ».

CV

Prix : 2 pers. **250 F** pers. sup. **70 F** repas **80 F**

Ouvert : toute l'année.

25	5	5	0,5	SP	5	25	5	5

LE BORGNE Jean et Renée - Le Bourg - 18200 LA GROUTTE - Tél : 02 48 96 08 03

LA GUERCHE-SUR-L'AUBOIS *C.M. 238 Pli 32*

2 ch. **Nevers 21 km.** Au 1er étage d'une maison de bourg du XIXe, 1 suite de 2 chambres (1 lit 2 pers. 2 lits 1 pers.), salle d'eau et wc. Séjour/détente avec kitchenette à disposition. Terrasse et salon de jardin privatifs. Jardin engazonné clos. Garage. Restaurant dans le bourg. Vous apprécierez la tranquilité de ce petit appartement indépendant joliment décoré où tout à été fait pour que vous passiez un agréable séjour. Langues parlées : anglais, espagnol.

Prix : 2 pers. **250 F** pers. sup. **90 F**

Ouvert : toute l'année.

1,5	20	SP	1,5	1,5	1,5	1,5	21	SP

CHABAUD Christophe & Thérèse - 58, rue Henri Barbusse - 18150 LA GUERCHE-SUR-L'AUBOIS - Tél : 02 48 74 29 51 - Fax : 02 48 74 29 51

HENRICHEMONT Le Lac aux Fées *C.M. 238 Pli 19*

4 ch. **Village de potiers 3 km.** Entre Bourges et Sancerre, chambres d'accès indépendant, dans le prolongement de l'habitation principale. R.d.c. avec petit salon et cuisine à dispo. 1 ch. 3 pers., 1 ch. 2/4 pers. 1er étage : kitchenette/coin-détente à dispo. 1 ch. 2 pers. et 1 ch. 3 pers. Toutes les chambres ont salle d'eau/wc et TV. Terrain arboré, terrasse, salon de jardin. Restaurants sur place. Vous découvrirez un cadre agréable et reposant, une ferme restaurée qui à travers les siècles a su garder le charme de sa légende : « Le Lac aux Fées ». Langues parlées : anglais, espagnol.

Prix : 2 pers. **260 F** pers. sup. **80 F**

Ouvert : toute l'année.

SP	12	SP	SP	SP	10	30	SP

MORIN J-Claude et M-Odile - Le Lac aux Fées - 18250 HENRICHEMONT - Tél : 02 48 26 71 23

HENRICHEMONT *C.M. 238 Pli 19*

1 ch. **Village de potiers de la Borne 4 km. Sancerre 27 km. Bourges 30 km.** Au 1er étage d'une belle demeure du XVIIe, classée site protégé, 1 chambre 2 pers. avec salle d'eau, wc et kitchenette. Salon à dispo. Jardin, terrasse, salons de jardin. Parking fermé. Restaurants dans le bourg. Vignobles de Menetou, Salon et Sancerre. Golf à 30 km. Au centre de la cité de Sully, la propriétaire vous parlera en connaisseuse de son Berry et de sa ville, qui fut cité royale, et vous accueillera dans la maison d'un des notables de l'époque.

Prix : 2 pers. **240 F** pers. sup. **80 F**

Ouvert : d'avril à septembre.

SP	12	SP	SP	SP	10	30	30	SP

CHEVALLIER Maryse-Elisabeth - 28, place Henri IV - 18250 HENRICHEMONT - Tél : 02 48 26 70 82

HERRY *C.M. 238 Pli 20*

3 ch. **Canal et Loire sur place. Sancerre 15 km.** 3 ch. confortables et originales aménagées avec meubles peints, au 1er ét. d'une maison du XIXe, au cœur d'un village. 3 ch. 2 pers. toutes avec s. d'eau, wc, TV et 2 coins-salon. Salle à manger/salon réservée aux hôtes. Jardin arboré, salon de jardin, terrasse. Restaurants à 200 m et à 7 km. Poss. : stage de peinture et traiteur sur demande. Tout est douillet et coloré chez Marie-Christine Genoud. Ses peintures au pochoir et son cocktail de fruits « maison » vous raviront les yeux et les papilles. Remise au-delà de 3 nuits. Langue parlée : anglais.

Prix : 2 pers. **280/300 F** pers. sup. **75 F**

Ouvert : toute l'année.

7	7	SP	SP	SP	10	7	7	SP

GENOUD Marie-Christine - 10, place du Champ de Foire - 18140 HERRY - Tél : 02 48 79 59 02

HERRY Les Butteaux *C.M. 238 Pli 20*

3 ch. **Sancerre 10 km. La Charité 15 km.** Au r.d.c. et au 1er ét. d'une maison de maître du XIXe, accès indépendant. 1 ch. 2 pers. et 2 ch. 3 pers. avec salle d'eau et wc privés. Séjour/salon réservé aux hotes. Poss. lits bébé. Grand terrain arboré avec piscine, salons de jardin, portique. Garage, parking. Chemins privés le long de la Loire. Restaurant à 2 km. Aux portes de deux vignobles réputés (Pouilly et Sancerre), Martine, artiste peintre et artisan en encadrement, a su donner à ses chambres le ton envoûtant des noms de parfum célèbre qu'elles portent. Vous saurez apprécier leur chaleur au cœur de ce calme domaine au bord de la Loire. Langue parlée : anglais.

Prix : 2 pers. **320 F** pers. sup. **70 F**

Ouvert : toute l'année.

SP	10	1	SP	10	15	5

BELTRAMELLI Martine - Domaine des Butteaux - 18140 HERRY - Tél : 02 48 79 54 57 ou 02 48 79 56 11 - Fax : 02 48 79 51 03

IDS-SAINT-ROCH Les Riaux *C.M. 238 Pli 30*

2 ch. 2 chambres 2 pers. avec salle de bains/wc, aménagées au 1er étage d'une fermette berrichonne. Garage. Salon avec TV réservé aux hôtes. Table d'hôtes sur réservation. Salon de jardin. Restaurants 3 et 8 km. Location de vélos.

Prix : 2 pers. **240 F** pers. sup. **70 F** repas **80/90 F**

Ouvert : toute l'année.

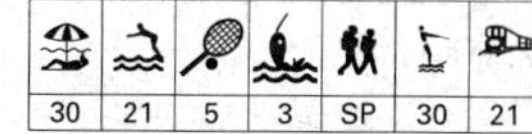

30	21	5	3	SP	30	21

RADUJET Paul et Marie - Les Riaux - 18170 IDS-SAINT-ROCH - Tél : 02 48 56 30 14 - Fax : 02 48 56 25 85

IVOY-LE PRE Château d'Ivoy *C.M. 238 Pli 19*

6 ch. **Aubigny-sur-Nere 20 km. Bourges 30 km. Polo du Bouloy 35 km.** Au 1er étage d'un château, 5 ch. 2 pers. et 1 suite 2/3 pers., toutes avec salle de bains ou d'eau et wc privés, de très grand confort. Salons, bibliothèque, salle à manger à disposition des hôtes. Parc arboré de 10 ha. Salons de jardin. Poss. de chasse. Animaux admis au chenil. Table d'hôtes sur réservation uniquement et pour groupes constitués. En limite du Berry et de la Sologne, aux portes du Sancerrois, ce château du XVIIe, vous ouvre ses portes pour un week-end ou plus. Vous apprécierez le charme d'un accueil convivial et discret dans le cadre confortable d'une demeure au passé riche d'histoire, et au caractère familial. Golf à 14 km. Langues parlées : anglais, allemand, russe.

Prix : 2 pers. **820/1120 F** pers. sup. **350 F** repas **150/250 F**

Ouvert : toute l'année.

5	SP	SP	SP	SP	25	5	30	SP

GOUEFFON J.Gérard et M.France - Château d'Ivoy - 18380 IVOY-LE-PRE - Tél : 02 48 58 85 01 - Fax : 02 48 58 85 02

IVOY-LE-PRE La Redderie *C.M. 238 Pli 19*

2 ch. 2 chambres d'hôtes aménagées dans une maison située en pleine campagne. 1 ch. 2 pers. et 1 ch. 1 pers. attenante. Salle d'eau/wc particuliers aux chambres. Salle de séjour. Salon avec TV à la disposition des hôtes. Restaurant à 4 km.

Prix : 1 pers. **130 F** 2 pers. **220 F**

Ouvert : toute l'année.

5	20	4	2	SP	20	5

BARANGER Simone - La Redderie - 18380 IVOY-LE-PRE - Tél : 02 48 58 90 64

IVOY-LE-PRE La Verrerie (TH) *C.M. 238 Pli 19*

2 ch. **Sancerre 32 km. Aubigny 15 km.** En lisière de la forêt d'Ivoy, 1 suite de 2 ch. 2 pers. sanitaires privés (1 bain, 1 douche, 2 wc) et salon (vidéo, cheminée) dans dépendance du 18e d'une ancienne maison de Maître de Forge. Salle à manger réservée aux hôtes. Jardin de buis environné de 3 piéces d'eau. Salon de jardin, cuisine et garage à dispo. Accueil chevaux (pré et box). Pêche à la mouche. Chiens acceptés uniquement au chenil. Réduction à partir de la 3e nuit. Gratuit enf. - 5 ans. Prix 4 pers. 950 F. Au milieu d'une nature préservée, cette suite allie confort et intimité, un intérieur douillet agrémenté de meubles d'époque. Langues parlées : anglais, allemand.

Prix : 1 pers. **500 F** 2 pers. **650 F** 3 pers. **800 F** pers. sup. **150 F**
repas **100/150 F** 1/2 pens. **859 F**

Ouvert : toute l'année.

8	15	6	SP	SP	15	8	35	2,5

DE SAPORTA Etienne et Marie - La Verrerie - 18380 IVOY-LE-PRE - Tél : 02 48 58 90 86 - Fax : 02 48 58 92 79

JARS La Brissauderie *C.M. 238 Pli 20*

4 ch. Dans la maison des propriétaires, au calme. Au r.d.c. : 1 ch. 2 pers. avec salle d'eau/wc. Au 1er étage : palier/détente, 1 ch. 2 pers. et 1 suite de 2 chambres 3/5 pers., toutes avec salle d'eau/wc. Salle de séjour, salon avec TV à disposition des hôtes. Parking. VTT sur place. Restaurant à 4 km. Au cœur du Sancerrois, vous apprécierez la décoration de ces chambres aux meubles peints et aux dessins muraux.

Prix : 2 pers. **200/240 F** pers. sup. **80 F**

Ouvert : toute l'année.

2	12	2	2	SP	5	2	22	4

JAY Philippe & Madeleine - La Brissauderie - 18260 JARS - Tél : 02 48 58 74 94 - Fax : 02 48 58 71 76

JARS La Brissauderie *C.M. 238 Pli 19*

1 ch. **Sancerre 12 km.** Chambre 3 pers. spacieuse avec salle d'eau/wc, d'accès indépendant, au 1er étage d'une belle maison berrichonne. Séjour/salon réservé aux hôtes. Salon de jardin. Parking. Restaurants aux alentours. Golf à 12 km. A proximité de Sancerre, sur une exploitation caprine (fabrication de crottin de Chavignol).

Prix : 2 pers. **200 F** pers. sup. **80 F**

Ouvert : toute l'année.

2	12	2	2	SP	5	20	22	4

LEGRAS Magali et GUILLOT Dominique - La Brissauderie - 18260 JARS - Tél : 02 48 58 70 89 - Fax : 02 48 58 71 76

JOUET-SUR-L'AUBOIS Dompierre *C.M. 238 Pli 32*

2 ch. **La Charité 20 km. Nevers 15 km.** Près du canal latéral à la Loire, dans une maison de campagne du XIXe, 1 suite de 2 chambres 2 pers. avec salle d'eau et wc. Entrée indépendante. Grand terrain arboré clos. Salon de jardin. Parking. TV sur demande. Restaurant à 1 km. Golf à 10 km. Accueil chevaux (box, nourriture). Sancerre à prox. Langue parlée : anglais.

Prix : 2 pers. **250 F** pers. sup. **50 F**

Ouvert : toute l'année.

15	10	5	SP	SP	1	15	15	1,2

BATTEUX Michel et Christiane - Domaine de Dompierre - 18320 JOUET-SUR-L'AUBOIS - Tél : 02 48 76 40 52 - Fax : 02 48 76 10 46

LAPAN A *C.M. 238 Pli 30*

4 ch. **Bourges (cathédrale, musées, ...) 20 km.** Le long de la vallée du Cher, 4 chambres de 2 pers. toutes avec salle d'eau et wc privés, au 1er étage du bar « la Plage », dans un petit bourg calme. Sur place : brasserie, prêt de canoë. Karting et location de quads à 6 km. Langues parlées : anglais, espagnol.

Prix : 2 pers. **180/200 F** pers. sup. **50 F**

Ouvert : toute l'année.

10	10	SP	SP	15	20	SP	10	10

BAUJARD Jérôme - Le bourg - 18340 LAPAN - Tél : 02 48 68 98 73

LUNERY La Vergne

C.M. 238 Pli 30

6 ch. 6 ch. d'hôtes aménagées dans les anciennes dépendances d'une maison du XVIIe siècle. Terrasse. Jardin. Salon de jardin. Salon/salle à manger réservé aux hôtes. Bibliothèque. 4 chambres de 2 pers., 1 ch. 4 pers. et 1 ch. 1 pers. Toutes les chambres ont une salle d'eau particulière et TV. Restaurants à proximité. Marie-Hélène et Francis vous accueillent à la Vergne, propriété familiale du XVIIe, qui domine la vallée du Cher. Vous en apprécierez le confort, le calme et le charme. Langues parlées : anglais, allemand.

Prix : 1 pers. **170 F** 2 pers. **230/250 F** pers. sup. **90 F**

Ouvert : toute l'année.

10	25	2	10	SP	10	10	25	2

JACQUIER Francis et M-Hélène - La Vergne - 18400 LUNERY - Tél : 02 48 68 01 07

MEHUN-SUR-YEVRE Les Buissons

C.M. 238 Pli 30

3 ch. **A 15 mn de Bourges.** Chambres d'accès indép. dans une dépendance d'une ancienne ferme XIXe. 2 ch. 2 pers. 1 ch. 3 pers. toutes avec s. d'eau/wc privés. Salon/salle à manger réservé aux hôtes (coin-lecture, TV). Porcelaines, expositions d'art et restaurants sur place. Salon de jardin. Jardin. Parking clos. Forêt, vignobles à 6 km. Lit bébé. Vous trouverez la détente dans cet enclos de verdure surplombant la vallée de l'Yèvre, vous apprécierez le confort des ch. en découvrant par la décoration et le mobilier, le patrimoine typique du Berry d'autrefois. Réduction après 3 nuits consécutives. Langue parlée : anglais.

Prix : 2 pers. **270 F** pers. sup. **90 F**

Ouvert : de mars à octobre inclus et sur réservation.

20	SP	SP	SP	SP	4	6	SP	SP

COMPAGNIE-GUIDOT Jeanne - 107, avenue Jean Chatelet - 18500 MEHUN-SUR-YEVRE - Tél : 02 48 57 31 22 - Fax : 02 48 57 31 22

MENETOU-SALON

C.M. 238 Pli 19

5 ch. 5 chambres d'hôtes situées dans un ensemble de bâtiments, en plein bourg. 1 ch. studio (1 lit 2 pers. 1 lit 1 pers.), cuisine, salle d'eau/wc particuliers. 2 ch. 3 pers. avec salle d'eau/wc communs. 1 ch. 2 pers. salle d'eau/wc communs. 1 ch. 2 pers. salle d'eau/wc particuliers.

Prix : 2 pers. **180/220 F** pers. sup. **60 F**

Ouvert : toute l'année.

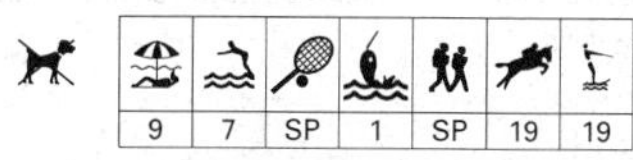

9	7	SP	1	SP	19	19

JOUANNIN Margueritte - Rue Franche - 18510 MENETOU-SALON - Tél : 02 48 64 80 85

MONTIGNY La Reculée

TH *C.M. 238 Pli 19*

5 ch. **Au pied des collines du Sancerrois.** 5 ch. avec entrée indépendante dans ferme de caractère berrichon. 5 ch. 2 pers. avec s.d.b./wc ou s. d'eau/wc privées. Cuisine/salon avec cheminée réservée aux hôtes. Calme. Restaurant à proximité. Pas de table d'hôtes le dimanche. TV. Prêt VTT. - 10% à partir de 3 nuits. Vous goûterez au charme, à la paix des ch. « Liseron, Bleuet, Coquelicot, Primevère ou Bouton d'or ». Pour le repas, la détente, un salon (cheminée), meublé en ancien, s'ouvre sur le jardin où la propriétaire sert de copieux petit déjeuner, lors des beaux jours. Langue parlée : anglais.

Prix : 2 pers. **290 F** pers. sup. **100 F** repas **110 F**

Ouvert : du 15 mars au 15 novembre.

26	26	10	10	SP

GRESSIN Elisabeth - Domaine de la Reculée - 18250 MONTIGNY - Tél : 02 48 69 59 18 - Fax : 02 48 69 52 51 - E-mail : scarroir@terre-net.fr

MORLAC

C.M. 238 Pli 30

2 ch. Chambres de 2 pers. chacune avec salle d'eau ou salle de bains et wc au 1er étage d'une maison de bourg dans une petite commune calme. Salon avec TV réservé aux hôtes. Séjour/salon à disposition. Jardin, salon de jardin. Restaurants à proximité.

Prix : 2 pers. **250 F** pers. sup. **80 F**

Ouvert : toute l'année.

28	14	7	2	SP	SP	28	14	4

TABRANT Yvette et Pierre - Le Bourg - 18170 MORLAC - Tél : 02 48 56 24 27

MORLAC La Foretrie

TH *C.M. 238 Pli 30*

5 ch. 5 chambres 2 pers. dont 1 ch. au r.d.c. : 1 ch. avec salle de bains/wc particuliers et balcon. 4 ch. avec salle d'eau/wc particuliers. 2 salons avec TV réservés aux hôtes. Salle de jeux. Cheminée. Salon de jardin, terrain. Etang sur place. Forêt 500 m. Restaurant 5 km. Gratuit pour les enfants - 6 ans. Arlette vous accueillera dans une ferme typiquement berrichonne. Vous y apprécierez le confort, le calme de la campagne et la nature.

Prix : 2 pers. **250 F** pers. sup. **70 F** repas **85/95 F**

Ouvert : toute l'année.

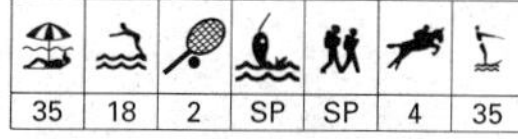

35	18	2	SP	SP	4	35

GENTY Arlette - La Foretrie - 18170 MORLAC - Tél : 02 48 60 08 39 - Fax : 02 48 60 26 78

NERONDES *C.M. 238 Pli 32*

2 ch. Chambres 2 pers. avec salle d'eau/wc particuliers et accès indépendant aux rez-de-chaussée et 1er étage d'une maison berrichonne. Grand terrain clos gazonné, arboré et fleuri. Salon de jardin. Salon/salle à manger avec TV à la disposition des hôtes. Restaurants 1,5 km.

CV

Prix : 2 pers. **230 F** pers. sup. **80 F**

Ouvert : toute l'année.

12	33	1,5	1,5	SP	12	2	1,5

BALDUINI Bernard et J-Marie - Route de Bourges - 18350 NERONDES - Tél : 02 48 74 86 04

NEUILLY-EN-SANCERRE Les Girardins 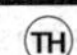 TH *C.M. 238 Pli 19*

4 ch. Chambres de 2 pers. toutes avec s. d'eau ou s.d.b. et wc, avec accès indépendant, au r.d.c et à l'ét. d'une maison de ferme rénovée, sur une propriété d'élevage de chevaux. Jardin avec piscine privée. Salon de jardin. Séjour/salon (cheminée) réservé aux hôtes. TV sur demande. Accueil de chevaux. Gratuit pour enfant de moins de 2 ans. Langue parlée : anglais.

CV

Prix : 2 pers. **235 F** 3 pers. **305 F** pers. sup. **50 F** repas **110 F**

Ouvert : toute l'année.

18	SP	12	18	SP	SP	18	18	30	5

HERLIN Christine et Thierry - Les Girardins - 18250 NEUILLY-EN-SANCERRE - Tél : 02 48 26 75 69

NEUVY-DEUX-CLOCHERS La Brosse Imbault *C.M. 238 Pli 20*

1 ch. **Sancerre 15 km. Cosne-sur-Loire 25 km.** Dans un ancien bâtiment d'exploitation situé sur le GR31, accès indépendant. 1 grande ch. 2 pers. avec coin-salon (insert), salle d'eau et wc privés. Lit bébé à dispo. Grande cour et terrain. Petit-déjeuner servi dans la maison de ferme ou en terrasse. Restaurants dans le bourg et à 5 km. Animaux acceptés tenus en laisse. Dans les collines du Sancerrois, vous apprécierez le confort de cette chambre spacieuse et sa vue sur les coteaux du Pays Fort. Golf à 15 km.

Prix : 2 pers. **250 F** pers. sup. **50 F**

Ouvert : toute l'année.

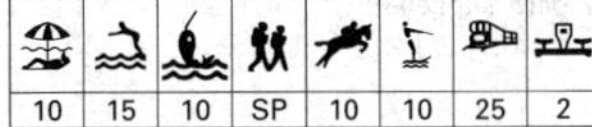

10	15	10	SP	10	10	25	2

MOLLE Lucette - La Brosse Imbault - 18250 NEUVY-DEUX-CLOCHERS - Tél : 02 48 79 05 65 - E-mail : jlm7860@club-internet.fr

NEUVY-SUR-BARANGEON Le Bas-Guilly TH *C.M. 238 Pli 18*

6 ch. Chambres 2 pers. avec s. d'eau/wc privée dans une maison de caractère en pleine campagne, dont 1 indépendante au r.d.c. Ancienne exploitation Solognote. Séjour, cheminée, salon/coin-cuisine dans une dépendance attenante. Jardin, terrain, parking. Pré. Rivière. Gîte d'étape à côté avec 8 ch. individuelles. Poss. accueil chevaux et loc. VTT sur place. Aucun souci au Bas Guilly. La pêche, les promenades à travers ces magnifiques allées solognotes à la découverte des étangs sauvages et du Barangeon, en attendant une nuit calme dans des ch. confortables et accueillantes. Voiture indispensable.

Prix : 2 pers. **290 F** pers. sup. **100 F** repas **120/200 F**

Ouvert : toute l'année.

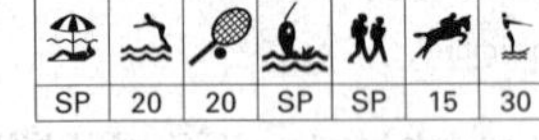

SP	20	20	SP	SP	15	30

ESTEVE Patrick - Le Bas Guilly - 18330 NEUVY-SUR-BARANGEON - Tél : 02 48 51 64 46

ORVAL La Trolière TH *C.M. 238 Pli 31*

3 ch. Chambres 2 pers. dans une demeure de caractère avec parc ombragé. Séjour. Salon à la dispo. des hôtes. Terrain. parking. Rivière 500 m. Forêt 4 km. 2 ch. avec s. d'eau privée et wc communs. 1 ch. avec s.d.b. privée et wc. Halte de charme à ne pas manquer où la maîtresse des lieux vous propose sur réservation sa table d'hôtes « cuisine sentiment de saison ». Langue parlée : anglais.

CV

Prix : 2 pers. **270/320 F** pers. sup. **80 F** repas **100/120 F**

Ouvert : toute l'année.

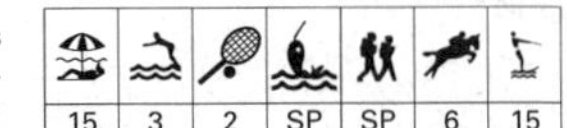

15	3	2	SP	SP	6	15

DUSSERT Marie-Claude - La Tromière - 18200 ORVAL - Tél : 02 48 96 47 45

OSMOY Chalusse *C.M. 238 Pli 31*

1 ch. **A 6 km du centre de Bourges.** Chambre amenagée au rez-de-chaussée d'une grande maison avec beau terrain arboré et fleuri. 1 chambre 2 pers. avec salle d'eau et wc. Salle à manger/salon (TV, cheminée) à la disposition des hôtes. Terrasse, salon de jardin. Tous loisirs, distractions et restaurants à Bourges. Langue parlée : anglais.

Prix : 2 pers. **250 F** pers. sup. **100 F**

Ouvert : toute l'année.

6	6	6	2	SP	6	6	6	2

MARTINAT Geneviève et Roland - Chalusse - 18390 OSMOY - Tél : 02 48 20 28 66

PLAIMPIED-GIVAUDINS *C.M. 238 Pli 31*

4 ch. **Bourges 10 km.** Au 1er ét. d'une grande maison du XIXe face à une abbatiale romane du XIIe dans un petit bourg calme comprenant 1 ch. 3 pers., 2 suites 3 pers. et 1 ch. 2 pers., toutes avec salle d'eau et wc. Séjour/salon (TV, biblio.) réservé aux hôtes. Vélos à dispo. Parking, cour close, salon de jardin. Restaurant sur place. Martine saura vous procurer l'accueil familial que vous recherchez et vous donnera l'envie de la découverte de sa région. Langues parlées : anglais, espagnol.

Prix : 2 pers. **200/230 F** pers. sup. **80 F**

Ouvert : toute l'année.

10	10	SP	SP	SP	10	10	10	SP

VANDAMME Régis et Martine - 1, rue de l'Abbaye - 18340 PLAIMPIED-GIVAUDINS - Tél : 02 48 25 64 28

PREVERANGES Epiranges *C.M. 238 Pli 42*

1 ch. Chambre 2 pers. avec salle de bains/wc particuliers aménagée à l'étage d'une maison (élevage). Séjour à disposition des hôtes. Restaurant à 4 km.

Prix : 2 pers. **140 F** pers. sup. **40 F**

Ouvert : toute l'année.

4	35	4	SP	SP	15	4	15	15

CHAPELIERE Yves et Annie - Epiranges - 18370 PREVERANGES - Tél : 02 48 56 44 66

QUANTILLY Château de Champgrand *C.M. 238 Pli 19*

4 ch. **A 20 mn de Bourges, patrie de Jacques Coeur.** Au cœur du vignoble et des vergers de Menetou-Salon, 4 ch. 2 pers. au 2e ét. d'un château du XIXe avec un grand parc ombragé. Chevaux disponibles sur demande. Ch. avec s.d.b. et wc particuliers, TV. Salon/salle à manger et kitchenette à disposition. Terrasse. Poss. loc. salles avec traiteur. VTT à dispo. Vous serez séduits par cet élégant château qui se dresse dans un magnifique parc, en partie boisé, de 18 ha. Ici le temps marque une pause et son propriétaire vous réserve un accueil chaleureux. Langue parlée : anglais.

Prix : 2 pers. **350/450 F** pers. sup. **50 F**

Ouvert : toute l'année.

15	15	1	5	SP	SP	15

GAZEAU Alain - Château de Champgrand - 18110 QUANTILLY - Tél : 02 48 64 11 71

QUINCY Domaine du Pressoir TH *C.M. 238 Pli 18*

4 ch. **Exposition d'art, château Charles VII et porcelaine 5 km.** A l'étage d'un ancien cellier du XIXe restauré et indép. , 1 ch. 2 pers. 1 ch. 3 pers. 1 ch. 4 pers. 1 ch. 5 pers. Salle d'eau et wc pour chaque ch. Vaste salle d'accueil (TV, réfrigérateur). Piscine privée, parc fleuri, salons de jardin, parking. Local extérieur avec coin-cuisine (25 F./J). Table d'hôtes sur résa de mai à septembre. Situées sur une exploitation vinicole, vous pourrez visiter les caves et dégustez le vin de Quincy.

Prix : 2 pers. **260 F** pers. sup. **80 F** repas **105 F**

Ouvert : du 1er mars à fin décembre.

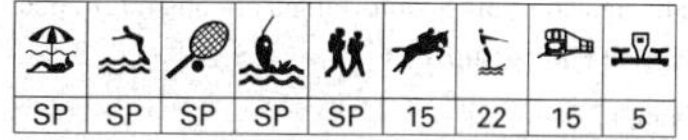

SP	SP	SP	SP	SP	15	22	15	5

HOUSSIER Claude et Georgette - Domaine du Pressoir - 18120 QUINCY - Tél : 02 48 51 30 04 ou 02 48 51 31 13

RIANS La Chaume TH *C.M. 238 Pli 19*

5 ch. Dans le prolongement d'une maison de caractère. Entrée indép. Jardin. Séjour/salon (TV) réservé aux hôtes. 2 ch. 2 pers. 2 ch. 3 pers. (dont 1 est 2 épis). 1 ch. 4 pers., toutes avec s. d'eau/wc privés. Salon de jardin, barbecue. Lit bébé sur demande. Table d'hôtes sur résa. sauf le dimanche. Cuisine à dispo. Aux portes du Sancerrois, dans un cadre de verdure et de repos, nous serons heureux de vous accueillir, que vous soyez de passage ou pour plusieurs jours. Langue parlée : anglais.

Prix : 2 pers. **240/260 F** pers. sup. **90 F** repas **80/90 F**

Ouvert : toute l'année.

20	4	4	5	SP	25	20	20	4

PROFFIT Yves et Odile - La Chaume - Rians - 18220 LES AIX-D'ANGILLON - Tél : 02 48 64 41 58 - Fax : 02 48 64 29 71

SAINT-BAUDEL Parassay *C.M. 238 Pli 30*

4 ch. 4 ch. 2 pers. toutes avec s. d'eau/wc privés, dans un ancien bâtiment de ferme indépendant. Terrain avec pelouse, salon de jardin, jeux d'enfants, portique. Salon/salle à manger (TV, cheminée) réservé aux hôtes. Nombreux châteaux à proximité. Aire de loisirs au bord de l'Arnon à 3 km avec aire de pique-nique. En séjour, gratuité de la 7e nuit. Vous trouverez ici le confort, le calme et un accueil chaleureux.

Prix : 2 pers. **240/250 F** pers. sup. **80 F**

Ouvert : toute l'année.

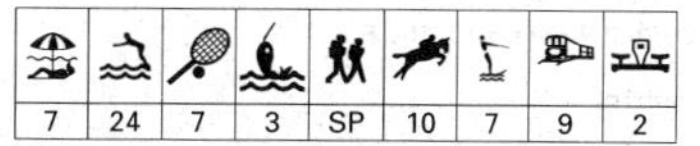

7	24	7	3	SP	10	7	9	2

CARTERON Christophe et Béatrice - Parassay - 18160 SAINT-BAUDEL - Tél : 02 48 60 14 18 ou 02 48 60 00 81

SAINT-DOULCHARD Varye
C.M. 238 Pli 30

4 ch. **A 4 km de Bourges.** 4 ch. aux 1er et 2e étages d'une maison de caractère, dans un environnement agréable avec parc ombragé de 5 ha. 1 ch. 2 pers. 2 ch. 3 pers. 1 ch. 2 pers. + 1 lit enfant. S. d'eau/wc ou s.d.b./wc + TV dans chaque ch. Séjour. Salon avec TV à dispo. des hôtes. Garage. Terrasse couverte. Restaurant 1 km. Poneys et chevaux dans la propriété. Langues parlées : anglais, espagnol.

Prix : 2 pers. **180/250 F** pers. sup. **75 F**

Ouvert : toute l'année.

6	2	SP	5	SP	1	6

DE GOURNAY Marie-Thérèse - Château de Varye - 18230 SAINT-DOULCHARD - Tél : 02 48 24 25 53

SAINT-ELOY-DE-GY La Rongère
C.M. 238 Pli 30

5 ch. 3 ch. (2 et 3 pers.) et 1 suite (2 ch. 2 pers.), toutes avec salle de bains ou salle d'eau et wc privés, aménagées dans maison de caractère, située dans un superbe parc arboré. Lieu très calme. Salle de séjour, salon (TV, bibliothèque) à dispo. Parking. Ouvert toute l'année sur réservation. Tarif 4 pers. : 500 F. Prix séjour - 10 %. Les propriétaires vous accueillent dans leur maison de famille. Des arbres centenaires et une atmosphère sympathique contribueront à votre détente. Langues parlées : anglais, allemand.

Prix : 2 pers. **290/330 F** pers. sup. **90 F**

Ouvert : toute l'année sur réservation.

10	8	8	5	SP	8	10

ATGER-ROCHEFORT Philippe et Florence - La Rongère - 18110 SAINT-ELOY-DE-GY - Tél : 02 48 25 41 53 - Fax : 02 48 25 47 31 - E-mail : philippe.atger@wanadoo.fr

SAINT-ELOY-DE-GY La Grande Mouline
C.M. 238 Pli 18

4 ch. Au r.d.c. de maison berrichonne de caractère et de grande dépend. avec coin/cuisine, salon, vaste terrain arboré/fleuri, accès indép. 1 ch. 4 pers. Mezz. Petit salon (bain, douche, wc). 1 ch. 2/4 pers. (bain, wc). 1 ch. 3 pers. + 1 pièce 2 lits 1 pers., 1 ch. 3 pers. (douche, wc). Salon/biblio. Jeux. Salon/s. à manger. TV. Vélos dispo. Terrasse, salon de jardin. Très ancienne demeure campagnarde où vous serez toujours accueillis chaleureusement et vous trouverez au cœur d'une campagne riante et boisée où tout est calme. Vous apprécierez la fraîcheur d'une promenade en forêt l'été. La chaleur d'un grand feu de cheminée l'hiver. Langues parlées : espagnol, anglais.

CV

Prix : 2 pers. **250 F** pers. sup. **65 F**

Ouvert : toute l'année.

13	11	11	1	SP	11	13

MALOT Jean et Chantal - La Grande Mouline - Bourgneuf - 18110 SAINT-ELOY-DE-GY - Tél : 02 48 25 40 44 - Fax : 02 48 25 40 44

SAINT-GEORGES-SUR-LA-PREE
C.M. 238 Pli 17

3 ch. Chambres de 2 pers., toutes avec s.d.b. ou s. d'eau et wc, aménagées à l'étage d'une ancienne ferme du XVIIe siècle rénovée. Salle à manger/salon (cheminée) à la disposition des hôtes. Parking, cour, grand terrain et terrasse. Salon de jardin. Possibilité de TV dans les chambres. Vélos mis à disposition. Restaurant 8 km. Aux portes de la sologne, Jacqueline et Daniel vous accueilleront dans des chambres confortables et vous feront découvrir la beauté de leur région.

Prix : 2 pers. **220/240 F** pers. sup. **60 F**

Ouvert : toute l'année.

15	1,5	SP	15	15	1,5

LEFEVRE Jacqueline et Daniel - 10, chemin des Menoux - 18100 SAINT-GEORGES-SUR-LA-PREE - Tél : 02 48 52 00 51

SAINT-GERMAIN-DES-BOIS Bannay
C.M. 238 Pli 31

3 ch. Chambres d'hôtes aménagées au 1er étage de la maison des propriétaires. 3 chambres de 2 pers. avec salle d'eau/wc particuliers. Salon (bibliothèque, TV) réservé aux hôtes. Langue parlée : anglais.

CV

Prix : 2 pers. **200 F** pers. sup. **80 F**

Ouvert : toute l'année.

20	11	3	10	SP	20	20	20	3

CHAMBRIN Jean et Marie-Jo - Bannay - 18340 SAINT-GERMAIN-DES-BOIS - Tél : 02 48 25 31 03

SAINT-GERMAIN-DU-PUY Jacquelin
C.M. 238 Pli 31

4 ch. **A 5 km de Bourges.** Chambres de 2 pers. (dont 2 avec lits 160), avec s.d.b./wc ou s. d'eau/wc et TV, accès indép., coin-salon (TV), au r.d.c. et 1er ét. d'une maison du XVe et d'une de ses dépendances. Cuisine à dispo. Parc arboré, salons de jardin. Aux portes de Bourges, vous apprécierez le calme de la campagne dans cette belle maison de ferme et son environnement champêtre. Langues parlées : anglais, allemand.

Prix : 2 pers. **250/300 F** pers. sup. **100 F**

Ouvert : toute l'année.

7	1	1	7	SP	7	7	7	1

JOLLY Irène et Jean-Paul - Jacquelin - 18390 SAINT-GERMAIN-DU-PUY - Tél : 02 48 30 84 97 - Fax : 02 48 30 61 37

SAINT-PIERRE-LES-BOIS La Réserve

(TH) *C.M. 238 Pli 42*

1 ch. **Saint-Amand-Montrond 25 km.** 1 suite (1 ch. 2 pers.+ salon/repas) avec s. d'eau, wc et TV, aménagée dans une partie indépendante d'une belle maison berrichonne du XIXè. Grand terrain arboré. Salon de jardin. Garage. Micro-ondes à disposition. Poss. matériel bébé. Pêche dans pièce d'eau. Restaurants à 2 km. Table d'hôtes sur réservation (produits fermiers élevés exclusivement sur place). D'abord séduits par cette belle maison, vous apprécierez ensuite la chambre confortable et joliment décorée qui vous est offerte et la gentillesse de vos hôtes. A proximité : Abbaye de Noirlac, jardins d'Orsan, Culan. Langue parlée : anglais.

Prix : 2 pers. **250 F** pers. sup. **70 F** repas **80 F**

Ouvert : toute l'année.

18	25	2	SP	SP	7	18	25	2

ALEONARD Philippe et LEFRERE Corinne - La Réserve - 18170 SAINT-PIERRE-LES-BOIS - Tél : 02 48 56 28 64 - Fax : 02 48 56 28 64

SAINT-PIERRE-LES-ETIEUX La Ville du Bout

(TH) *C.M. 238 Pli 31*

2 ch. Au 1er étage d'une ancienne ferme rénovée surplombant le Pays de Tronçais (vue panoramique), comprenant 2 chambres 2 pers. toutes avec salle d'eau et wc et 1 ch. complémentaire pour enfants. Séjour/salon (cheminée) reservé aux hôtes. Terrain. Salon de jardin. Parking fermé. Table d'hôtes avec produits du terroir, plats bio et spécialités de grands thés pour tea-time. Restaurant à 8 km. Catherine, Gilles et leurs jeunes enfants, vous accueillent dans une ambiance chaleureuse et familiale. Vous pourrez vous ressourcer au calme de cette campagne en y découvrant « les charmes discrets du Berry ». Langue parlée : anglais.

Prix : 2 pers. **220 F** pers. sup. **80 F** repas **95 F**

Ouvert : du 1er avril au 31 octobre.

15	8	8	3	SP	5	15	8	8

BELLE Catherine - La Ville du Bout - 18210 SAINT-PIERRE-LES-ETIEUX - Tél : 02 48 60 78 30 - Fax : 02 48 60 78 30

SAINT-SATUR

C.M. 238 Pli 20

2 ch. Chambres de 2 pers. avec salle d'eau particulière (1 avec wc communs), dont 1 avec entrée indépendante, aménagées dans une maison à proximité du canal. Jardin fleuri. Parking privé. Séjour/salon (TV, bibliothèque, jeux) à disposition. Calme. 1 ch. est classée 2 épis et l'autre 3 épis. Restaurant sur place. Les propriétaires ont installé ces 2 chambres en souhaitant que vous y passerez un agréable séjour et en gardiez un bon souvenir. Tarif dégressif à partir de la 4e nuit. Langue parlée : anglais.

Prix : 1 pers. **230 F** 2 pers. **290 F** pers. sup. **80 F**

Ouvert : toute l'année sauf juillet.

2	2	2	2	SP	10	2	15	SP

ROSENBERGER DUBREUIL Daniel et Huguette - 18, rue Basse des Moulins - 18300 SAINT-SATUR - Tél : 02 48 54 05 96

SAINTE-GEMME

C.M. 238 Pli 20

1 ch. Chambre de 2 pers. avec salle d'eau, wc et TV aménagée dans une petite maison indépendante face à celle des propriétaires. Séjour à disposition. Terrain clos arboré et fleuri, salon de jardin. Parking. ULM 5 km. Restaurant sur place. Animaux acceptés sur demande. Fabienne et Bernard vous accueilleront dans ce charmant village du Pays Fort-Sancerrois et vous feront découvrir cette belle région. Langue parlée : anglais.

Prix : 2 pers. **250 F** pers. sup. **90 F**

Ouvert : du 21 mars au 11 novembre.

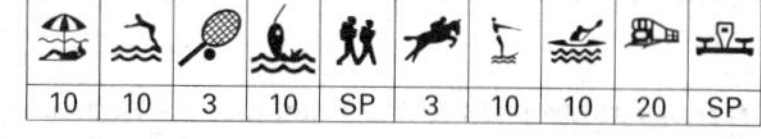

10	10	3	10	SP	3	10	10	20	SP

ROBIN Bernard et Fabienne - Le Bourg - 18240 SAINTE-GEMME - Tél : 02 48 79 32 46

SAINTE-GEMME La P'tite Auberge

A *C.M. 238 Pli 20*

3 ch. 3 ch. à l'étage d'une ancienne maison du Sancerrois restaurée à côté d'une auberge campagnarde. Petit jardin. Salon de jardin. Coin-salon et salle à manger/kitchenette réservés aux hôtes. 2 ch. 2 pers. et 1 ch. 3 pers., toutes avec s. d'eau/wc privés. Poss. repas à l'auberge. Langue parlée : anglais.

Prix : 2 pers. **220 F** pers. sup. **90 F** repas **69/109 F**

Ouvert : toute l'année sauf 15 jours en sept. et 15 jours en fév. (vacances).

10	10	SP	4	SP	10	10	10	SP

VENEAU Philippe et Joëlle - La P'tite Auberge - 18240 SAINTE-GEMME - Tél : 02 48 79 38 51

SAINTE-GEMME Les Verdoys

C.M. 238 Pli 20

2 ch. **Sancerre 10 km. Cosne-sur-Loire 9 km.** Au 1er étage d'une ancienne ferme berrichonne rénovée, 1 suite de 2 chambres 2 pers. avec salle de bains et wc privés. Jardin, terrasse, salon de jardin. Restaurant 1 km. Golf 10 km. Au cœur des vignobles du Sancerrois, entre Sancerre et Cosne-sur-Loire.

Prix : 2 pers. **230 F** pers. sup. **60 F**

Ouvert : toute l'année.

6	10	10	1	SP	8	13	9	6

PINARD Andrée - Les Verdoys - 18240 SAINTE-GEMME - Tél : 02 48 79 38 40 ou 06 07 34 34 82

SANCERRE

C.M. 238 Pli 20

1 ch. Vieille demeure sancerroise du XVIIIe siècle dans laquelle est aménagée 1 chambre de caractère 2/3 pers. avec salle d'eau, wc et TV. Classée 2e prix des maisons restaurées du Cher. Calme et indépendance. Petit jardin en terrasse agréable et fleuri. Sur place : vignobles, caves, visites, restaurants. Possibilité de promenade en canoë sur la Loire avec supplément. Amoureux des vieilles pierres, vous serez charmés par l'atmosphère de cette chambre « belle époque » et sous le ciel de lit en dentelle, vous rêverez aux petits déjeuners exceptionnels servis par votre hôtesse. Langue parlée : anglais.

Prix : 2 pers. **320 F** pers. sup. **60/90 F**

Ouvert : toute l'année sauf fêtes de Noël.

2	2	2	2	SP	10	SP

THIBAUDAT Myriam et François - 31, rue Saint-André - 18300 SANCERRE - Tél : 02 48 78 00 04

SANCERRE

C.M. 238 Pli 20

2 ch. Au cœur de la cité historique, grande demeure restaurée des XIV et XVe siècles, 2 belles chambres 2/3 pers. blu-berry et botanica décorées de gravures anciennes, avec salles d'eau ou de bains et wc privés. Superbes petits déjeuners buffet servis dans le jardin ou au coin du feu. Sur place : découverte oenologique, gastronomie, randonnées, location de vélos. Golf 18 trous à 2 km et visite des châteaux. Langues parlées : anglais, italien.

Prix : 2 pers. **320 F** pers. sup. **140 F**

Ouvert : toute l'année.

2	2	2	SP	2	2	11	SP

CHARPENTIER Pascal et Nadia - 3, rue du Chantre - 18300 SANCERRE - Tél : 02 48 78 09 45 ou 06 14 42 16 33 - Fax : 02 48 78 09 45

SANTRANGES

A

C.M. 238 Pli 20

3 ch. Chambres dans maison indépendante dans un petit bourg calme et agréable. 1 chambre 2 pers. et 1 ch. 3 pers. avec salle d'eau/wc privés et 1 ch. 4 pers. avec kitchenette et salle d'eau/wc privés. Entre la Sologne et le Sancerrois, vous serez accueillis dans un village légendaire où séjourna Jeanne d'Arc et où Louis XI récoltait des châtaignes. Langue parlée : anglais.

CV

Prix : 2 pers. **210/250 F** pers. sup. **85 F** repas **70/90 F**

Ouvert : toute l'année.

15	15	9	SP	SP	SP	15	15	SP

BAUX Claudine - Le Bourg - 18240 SANTRANGES - Tél : 02 48 72 63 87

SAULZAIS-LE-POTIER La Truffiere

TH

C.M. 238 Pli 43

3 ch. 1 suite de 2 ch. avec coin-salon, s. d'eau, wc et TV à l'étage d'une maison berrichonne restaurée, 1 ch. 2 pers. Au r.d.c. avec wc et s.d.b. 4 ha. de terrain boisé peuplé d'animaux. Salon de jardin. Salon, TV à la dispo. des hôtes. Poss. d'hébergement de 2 chevaux, GR à proximité. Tél. et fax à disposition. Table d'hôtes les lundis et mardis. Dans cette maison ancienne plantée au milieu des chênes séculaires dans un grand parc, vous apprécierez les chambres qui vous sont offertes. Langues parlées : anglais, italien.

CV

Prix : 1 pers. **270 F** 2 pers. **350 F** pers. sup. **100 F** repas **90/120 F**

Ouvert : du 1er avril au 30 septembre, sur réservation pour les autres périodes

4	SP	15	SP	SP	20	25	15	5

HAMMES Jacques et Mme LEPRAT Dominique - La Truffière - 18360 SAULZAIS-LE-POTIER - Tél : 02 48 63 04 59

SENS-BEAUJEU Les Bergères

TH

C.M. 238 Pli 20

3 ch. **Sancerre 15 km. Cosne-sur-Loire 25 km.** Au r.d.c. et au 1er ét. d'une ancienne grange attenante à l'habitation, entrée indépendante. 3 ch. 2 pers. avec s.d.b. et wc privés. Salon (TV) et petite cuisine réservée aux hôtes. Jardin botanique, terrasse, salon de jardin, chaises longues. Parking fermé. Animaux acceptés au chenil. Restaurants à 5 km. Enfant 60 F. Au cœur du Pays Fort, à prox. de Sancerre. Sauna à dispo. Volley, ping-pong. Golf à 15 km. Château de Boucard, vignobles. Langues parlées : anglais, espagnol.

Prix : 2 pers. **290 F** repas **89 F**

Ouvert : toute l'année.

5	15	5	10	SP	5	10	25	5

DESTOUCHES Nathanael et Carole - Les Bergères - 18300 SENS-BEAUJEU - Tél : 02 48 58 75 51

SIDIAILLES La Fosse-Ronde

TH

C.M. 238 Pli O2

3 ch. Entre le bourg médiéval de Culan et l'Oppidum romain de Chateaumeillant. Au 1er ét. d'une maison berrichonne rénovée, comprenant 3 ch. 2 pers., toutes avec bains et wc. Séjour/salon, TV. Cheminées. Grand terrain engazonné et clos. Terrasse, salon de jardin, parking. Animaux acceptés au chenil. A Culan : châteaux-forts, restaurants. Circuit de la route Jacques Coeur. Forêt de Tronçais. A la frontière de 3 régions touristiques. Poss. de circuits touristiques sur demande. Quelques animaux de ferme feront le plaisir des enfants. Langues parlées : anglais, italien, allemand.

CV

Prix : 2 pers. **230/270 F** pers. sup. **75 F** repas **65/90 F**

Ouvert : toute l'année.

5	28	2,5	5	SP	7	5	5	28	2,5

GARIH Gilberte et M. CARLI Umberto - La Fosse Ronde - 18270 SIDIAILLES - Tél : 02 48 56 61 25 - Fax : 02 48 56 61 25 - E-mail : carligarih@libertysurf.fr

SUBLIGNY

C.M. 238 Pli 20

2 ch. **Sancerre 15 km.** 1 suite de 2 chambres avec salle d'eau et wc, accès indépendant, dans la partie XVe d'une demeure bourgeoise du XVIIIe. Salle à manger et salon avec cheminée à disposition des hôtes. Grand jardin arboré, salons de jardin. Parking fermé. Dans un petit village typique du pays Fort-Sancerrois, la maison, sa tour et sa porte ancienne vous charmeront, puis vous découvrirez tout l'art de la décoration assurée par votre hôtesse. Langues parlées : espagnol, anglais.

Prix : 2 pers. **350 F**

Ouvert : du 15 avril au 15 septembre.

8	15	SP	8	SP	3	8	25	8

SINGER Agnès - La Chenevière - 18260 SUBLIGNY - Tél : 02 48 73 89 93 ou 06 81 53 68 24 - Fax : 02 48 73 89 93 - E-mail : agnes.singer@universal.fr

THENIOUX Le Petit-Nançay

C.M. 238 Pli 17

5 ch. 5 ch. dont 2 de plain-pied, avec chacune entrée indép. dans d'anciens bâtiments de ferme de caractère du XVe. 5 ch. 2/4 pers. avec chacune salle d'eau/wc particuliers. Salle commune. 2 salons, bibliothèque et coin-cuis. à dispo. Cuisines intérieur et extérieur avec barbecue. Restaurant sur place. Italien parlé également. Langues parlées : anglais, allemand, espagnol.

Prix : 2 pers. **240 F** pers. sup. **60/90 F**

Ouvert : toute l'année.

2	4	SP	SP	SP	7	2

BARDIOT-JOBLEAU Joël et Michele - Le Petit Nançay - 5, route de Genouilly - 18100 THENIOUX - Tél : 02 48 52 01 58 - Fax : 02 48 52 01 58

VERDIGNY

A

C.M. 238 Pli 20

4 ch. 3 chambres 2 pers., 1 chambre 3 pers. avec salle d'eau/wc particuliers. Jardin, terrain, aire de jeux. Forêt à 5 km. Possibilité de repas sur demande à l'auberge sur place.

Prix : 2 pers. **185/210 F** pers. sup. **90 F**

Ouvert : toute l'année sauf fêtes de fin d'année et 15 derniers jours d'août.

7	4	4	7	SP	6	7

PASDELOUP Jocelyne - Auberge du Vigneron - 18300 VERDIGNY - Tél : 02 48 79 38 68

VESDUN Bon Merle

C.M. 238 Pli 42

1 ch. **Culan 5 km.** A proximité de Culan, 1 suite comprenant 1 chambre (2 lits 1 pers.), salle d'eau, wc, 1 salon (TV, convertible 2 pers.) et 1 coin-cuisine, aménagée dans un ancien corps de ferme indépendant. Terrasse, salon de jardin. Tarif degressif à partir de la 2e nuit. Sur place équitation (promenade, manège), accueil chevaux et location de quads. Location de vélos et restaurant à 2 km. Les propriétaires possèdent également un camping à la ferme. Langues parlées : hollandais, anglais, allemand.

Prix : 2 pers. **250 F** pers. sup. **60 F**

Ouvert : d'avril à octobre.

12	2	2	SP	SP	12	30	2

PENNING Andries et Lidy - Bon Merle - 18360 VESDUN - Tél : 02 48 63 04 27 - Fax : 02 48 63 08 16

VIGNOUX-SOUS-LES-AIX La Petite Nous

TH

C.M. 238 Pli 19

3 ch. **Vignoble de Menetou-Salon 5 km. A 10 mn de Bourges.** Chambres de 2 et 3 pers. chacune avec salle d'eau/wc. Accès indépendant à l'ét. d'une ancienne ferme berrichone du XIXe. Grand terrain arboré avec pièce d'eau. Terrasse. Salon de jardin. Séjour/salon (cheminée, TV) à disposition. Châteaux de la Route Jacques Coeur. Vous serez séduits par cette belle ferme rénovée, la gentillesse des propriétaires et le confort qu'ils vous offriront.

Prix : 2 pers. **230 F** pers. sup. **70 F** repas **90 F**

Ouvert : toute l'année.

12	12	12	3	SP	12	12	12	1

GILBERT Jean-François et Danielle - La Petite Noue - 18110 VIGNOUX-SOUS-LES-AIX - Tél : 02 48 64 56 55

VIGNOUX-SUR-BARANGEON Villemenard

C.M. 238 Pli 18

6 ch. Aux portes de la Sologne, 6 ch. (3 de 2 pers., 2 de 3 pers. et 1 de 4 pers.), toutes avec s.d.b. et wc, aux 2e et 3e étage d'une grande demeure bourgeoise du XIXe reconstruite sur un site très ancien. Salle à manger ouverte aux hôtes. Parc arboré avec rivière et étangs (pêche, promenade en barque). Salons de jardin. Nombreux restaurants à prox. Le charme de la propriété, son calme et la salle à manger aux magnifiques boiseries et tableaux de faïence vous feront d'autant plus apprécier cette halte agréable. Langues parlées : espagnol, anglais.

Prix : 2 pers. **260/280 F** pers. sup. **90 F**

Ouvert : toute l'année.

5	5	SP	SP	8	25	5	8

GREAU Jacques et Marie-Dominique - Villemenard - 18500 VIGNOUX-SUR-BARANGEON - Tél : 02 48 51 53 40 - Fax : 02 48 51 58 77

VILLECELIN L'Auzon *C.M. 238 Pli 30*

1 ch. **Châteauneuf-sur-Cher 10 km. Lignières 7 km.** A 3 km de la D.940, entre Châteauneuf et Lignières, 1 suite (1 ch. 2 pers. 1 ch. 1 pers.), avec sanitaires privés, au 1er étage (avec entrée indépendante) d'une grande maison en pleine nature. Belle vue sur la campagne environnante. Grand terrain arboré. Pour un séjour de 7 nuits, la 7e est offerte. Salon de jardin. Chambre 1 pers. (120 F) louée uniquement en complément de la chambre principale. Nombreux châteaux à proximité. Aire de loisirs et de pique-nique à 3 km au bord de l'Arnon.

Prix : 2 pers. **240 F** pers. sup. **80 F**

Ouvert : toute l'année.

7	3	7	SP	10	7	10	7

CARTERON Jacques et Gilberte - l'Auzon - 18160 VILLECELIN - Tél : 02 48 60 00 81 ou 02 48 60 14 18

Eure-et-Loir

GITES DE FRANCE - Chambre d'Agriculture
10, rue Dieudonné Costes - 28024 CHARTRES Cedex
Tél. 02 37 24 45 45 - Fax. 02 37 24 45 90

AMILLY *C.M. 60 Pli 17*

3 ch. **Chartres 5 km.** A la périphérie de Chartres, dans une ancienne grange du 19è siècle, Michèle et Jean-Claude vous proposent à l'étage de leur maison 3 chambres climatisées, dont 2 avec lit en 160 et 1 avec 2 lits 1 pers. Salle d'eau et wc privées pour chaque chambre. Entrée, séjour, salon indépendant avec TV. Golf à 30 km.

Prix : 1 pers. **250/290 F** 2 pers. **290/330 F** pers. sup. **70 F**

Ouvert : toute l'année.

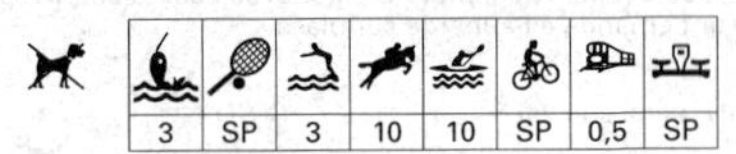

CAT Michèle et J-Claude - La Martignyère - 12, bis rue de la Gare - 28300 AMILLY - Tél : 02 37 32 96 12 - Fax : 02 37 32 96 12

BAILLEAU-L'EVEQUE Levesville (TH) *C.M. 60 Pli 7*

3 ch. Dans une grande maison de ferme, à l'étage : 1 ch. : 2 pièces contiguës avec 2 lits 1 pers. dans chacune, salle d'eau-wc privée, 2 ch. avec 1 lit 2 pers., salle de bains, wc privés, poss. 1 lit suppl. Au rez-de-chaussée : salon à dispo. exclusive des hôtes. Chambres non fumeur. Garage. Accès jardin. Grand calme et verdure. Langue parlée : anglais.

Prix : 1 pers. **250 F** 2 pers. **300/350 F** pers. sup. **100 F** repas **100 F**

Ouvert : toute l'année.

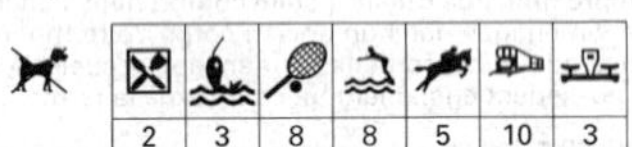

VASSEUR Bruno et Nathalie - Avenue du Château - Levesville - 28300 BAILLEAU-L'EVEQUE - Tél : 02 37 22 97 02 - Fax : 02 37 22 97 02

LA BAZOCHE-GOUET (TH) *C.M. 60 Pli 16*

1 ch. 1 chambre aménagée dans un logement indépendant et mitoyen avec un gîte rural dans la cour d'un moulin du XVIIe siècle. Rez-de-chaussée : séjour avec TV. Téléphone en réception uniquement. Coin-cuisine, wc. Etage : 1 chambre avec 1 lit 2 pers., salle de bains, wc. Nombreux loisirs sur place. Etang de pêche. Langues parlées : espagnol, anglais.

Prix : 1 pers. **220 F** 2 pers. **270 F** repas **90 F**

Ouvert : toute l'année.

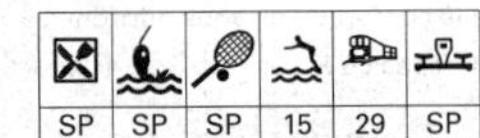

COURNARIE Marie-Claude - 3, rue du Moulin - 28330 LA BAZOCHE-GOUET - Tél : 02 37 49 26 76

BOISSY-LES-PERCHE A 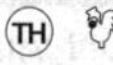 *C.M. 60 Pli 16*

2 ch. **Verneuil-sur-Avre 5 km. Ferté-Vidame 14 km.** Simone et Guy vous accueillent dans leur ferme percheronne et vous proposent 2 chambres avec poutres dont 1 (1 lit 2 pers.) avec banquette convertible, l'autre (1 lit 2 pers. 2 lits 1 pers.), dans chacune salle d'eau, wc, kitchenette, TV. Poss. de promenades en calèches et location de roulotte. Table d'hôtes sur réservation le soir. Contexte agréable et verdoyant. 4 pers. : 360 F. Golf à 30 km. Langue parlée : anglais.

Prix : 1 pers. **180 F** 2 pers. **240/260 F** 3 pers. **300 F** pers. sup. **60 F** repas **90 F**

Ouvert : toute l'année.

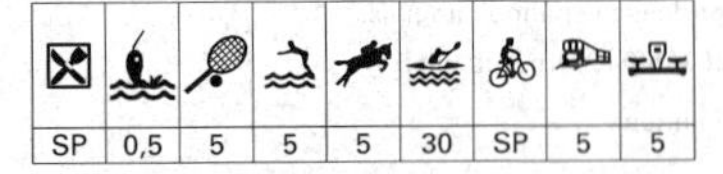

BUTHIER Simone et Guy - Calèche de Philmain - 28340 BOISSY-LES-PERCHE - Tél : 02 37 37 65 38 ou 06 13 64 59 38 - Fax : 02 37 37 65 38

BOULLAY-MIVOIE Fonville *C.M. 60 Pli 17*

1 ch. **Dreux 10 km. Chartres 20 km.** Dans un corps de ferme de caractère, une chambre indépendante de plein pied, est mise à disposition (1 lit 2 pers.), mezzanine avec 2 lits 1 pers. + 1 canapé convertible. Salle de bains et wc privatifs. A proximité, centre nautique, promenades, pêche.

Prix : 1 pers. **250 F** 2 pers. **300 F** 3 pers. **350 F**

Ouvert : toute l'année.

3,5	3,5	3,5	10	3,5	4	10	3,5

HEBERT Dominique - 5, rue de la Chapelle - Fonville - 28210 BOULLAY-MIVOIE - Tél : 02 37 38 35 02

LE BOULLAY-THIERRY La Musardière *C.M. 60 Pli 17*

1 ch. **Chartres 18 km. Dreux 12 km.** Charmant village avec château et église du XII et XVIIe s., à 1 km de la RN154 Chartres/Dreux, jolie maison du XVIIe au milieu d'un jardin clos fleuri et arboré fruitiers. Chambre d'hôtes avec salle de bains privative, TV couleur, petit déjeuner soigné et copieux à volonté. Parking fermé, intrée indépendante, environnement calme et bucolique, à 1 heure de Paris. Ouverture d'une 2e chambre à partir de mai 2001. Langue parlée : anglais.

Prix : 2 pers. **280/300 F** 3 pers. **360/380 F** pers. sup. **80/100 F**

Ouvert : toute l'année.

5	SP	9	9	12	10	12	5

M. et Mme POINCELET - Villa « La Musardière » - 7, rue du Marchis - 28210 LE BOULLAY-THIERRY - Tél : 02 37 38 32 72

LE BOULLAY-THIERRY (TH) *C.M. 60 Pli 17*

2 ch. **Chartres 25 km. Dreux 10 km. Paris 1 heure.** Muriel sera ravie de vous recevoir dans sa chaumière contemporaine. A votre disposition : 2 chambres d'hôtes décorées dans le style campagnard anglais, 1 au rez-de-chaussée (lit 2 pers.), salle de bains, wc privés, 1 au 1er étage (lit 200), salle de douche, wc privés. Petit déjeuner copieux, table d'hôtes sur réservation. Golf 12 km.

Prix : 2 pers. **280 F** repas **90 F**

Ouvert : toute l'année.

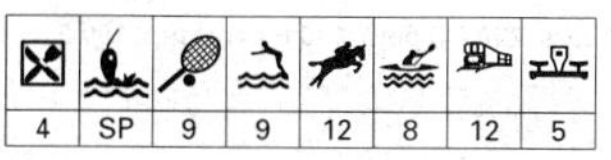

4	SP	9	9	12	8	12	5

DESSART Muriel - 8, rue Neuve - 28210 LE BOULLAY-THIERRY - Tél : 02 37 38 37 15

LA BOURDINIERE-SAINT-LOUP Le Temple *C.M. 60*

5 ch. Marcel et Marguerite vous accueillent dans 5 chambres d'hôtes aménagées au rez-de-chaussée de leur maison de ferme. Entrées indépendantes, salles d'eau et wc privatifs. TV et cuisine à disposition exclusive des hôtes. L-linge. Parking privé clos. Coin de verdure, salons de jardin, balançoires. A 4 km A11. Sortie Thivars Chartres centre direction Tours. Brasserie à 300 m, restaurant à proximité.

Prix : 1 pers. **180 F** 2 pers. **220 F** 3 pers. **280 F** pers. sup. **60 F**

Ouvert : toute l'année.

0,3	12	15	12	12	15	15	6

GUIARD Marcel et Marguerite - Le Temple - 3, route Nationale 10 - 28360 LA BOURDINIERE-SAINT-LOUP - Tél : 02 37 26 61 90 - Fax : 02 37 26 61 90 - http://www.francebonjour.com/guiard/

BOUTIGNY-SUR-OPTON La Musse (TH) *C.M. 60 Pli 8*

2 ch. Dans la maison des propriétaires, situé à l'étage 1 ch. (1 lit 2 pers. 1 lit 1 pers.). Salle d'eau et wc particuliers. Poss. lit enfant 50 F petit déj.compris, (si usage des 2 lits pour 2 pers. supplément de 30 F). 1 ch. 3 lits et sanitaires privés avec salle de bains. R.d.c. : cuisine et grande salle de réception, salle de séjour, salon, cheminée, TV à disposition. A proximité, chambres à disposition avec le même confort sanitaire en gîte de séjour. Circuits et visites organisés. Prix nuit 6 pers. : 600 F. 1/2 pension pour 2 pers. : 430 F. Vin compris dans le prix du repas.

Prix : 1 pers. **190/200 F** 2 pers. **250/260 F** 3 pers. **340 F** repas **85 F**

Ouvert : toute l'année.

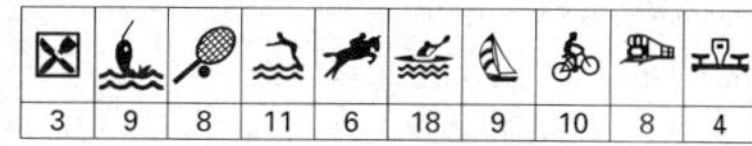

3	9	8	11	6	18	9	10	8	4

MARECHAL Serge & Jeanne-Marie - S.C.E.A. des Tourelles - La Musse - 11, rue des Tourelles - 28410 BOUTIGNY-PROUAIS - Tél : 02 37 65 18 74 ou 06 08 06 29 98 - Fax : 02 37 65 18 74

BREZOLLES Les Chatelets A (TH) *C.M. 60*

3 ch. Le charme d'autrefois avec le confort d'aujourd'hui dans une ancienne grange rénovée pour vous accueillir en hôtes privilégiés. Claude vous propose 3 ch. indépendantes donnant sur terrasse, entièrement meublées et équipées (wc, salle d'eau, TV). Salle à manger, salon, bibliothèque. Tarifs spéciaux pour famille et longue durée.

Prix : 1 pers. **320 F** 2 pers. **350 F** repas **160 F**

Ouvert : du 1er avril au 30 septembre.

9	4	12	15	12	4

MAILLOT Claude - Genesteux - Les Chatelets - 28270 BREZOLLES - Tél : 02 37 48 40 29

BROU *C.M. 60*

1 ch. Dans un petit chef-lieu de canton, 1 ch. d'hôtes aménagée à l'étage d'une superbe maison. 1 lit 2 pers., bibliothèque, salle de bains et wc privés. Ensemble décoré avec beaucoup de soin par Réjane, la propriétaire. Petit déjeuner pris dans la salle à manger, dans le jardin d'agrément ou dans le jardin d'hiver. Chauffage central. Sortie autoroute A11, Luigny 8 km. Base nautique de loisirs 1,5 km.

Prix : 1 pers. **240 F** 2 pers. **290 F** 3 pers. **370 F**

Ouvert : toute l'année.

SP	1	1	1	1	1	1	1	SP	SP

RAIMBERT Réjane - 6, avenue du Général Leclerc - 28160 BROU - Tél : 02 37 47 16 40 ou 02 37 47 02 38 - Fax : 02 37 47 19 88

BU A *C.M. 60 Pli 8*

3 ch. Christian et Anne-Marie vous proposent 3 chambres à l'étage, dans le cadre de leur base d'attelages. Entrée indépendante. 3 ch. (2 lits 2 pers. 3 lits 1 pers.), salle d'eau et wc privés dans chacune. Poss. couchage supplémentaire 2 pers. en mezzanine. Poss. promenades en calèche. Langue parlée : anglais.

Prix : 1 pers. **180 F** 2 pers. **230/260 F** 3 pers. **310/340 F** pers. sup. **80 F** repas **65/80 F** 1/2 pens. **240 F** pens. **300 F**

Ouvert : toute l'année.

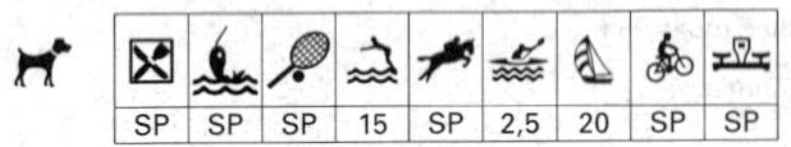

SP	8	SP	12	SP	10	8	SP	3	SP

BARBOT Christian et A-Marie - L'Avaloir - 8, rue Saint-Antoine - 28410 BU - Tél : 02 37 82 13 85 - Fax : 02 37 82 16 98

CHAMPROND-EN-GATINE (TH) *C.M. 60 Pli 6*

3 ch. 3 chambres d'hôtes aménagées à l'étage d'une maison dans un petit bourg. 2 chambres (1 lit 2 pers.), 1 chambre (2 lits 1 pers.). Salle d'eau pour chaque chambre, 2 wc communs à l'usage exclusif des hôtes. Chauffage central. Jardin d'agrément. Balançoires. Coin-lecture. Ouvert toute l'année. Circuits et visites organisés.

Prix : 1 pers. **170 F** 2 pers. **230 F** 3 pers. **310 F** pers. sup. **100 F** repas **90 F**

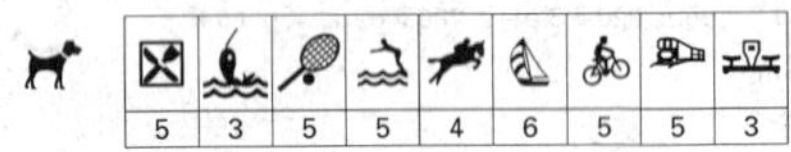

SP	SP	SP	15	SP	2,5	20	SP	SP

MICHEL Pierre et Michelle - 10, rue des Rosiers - 28240 CHAMPROND-EN-GATINE - Tél : 02 37 49 80 36 ou 02 37 37 30 92

CHATEAUDUN Moulin de Vouvray *C.M. 60 Pli 17*

4 ch. 4 chambres d'hôtes aménagées à l'étage d'un moulin (site exceptionnel), à 3 km du bourg. 4 ch. 3 pers. avec lavabo et bidet pour chacune. Salle de bains et wc communs. Pièce de séjour au rez-de-chaussée. Jardin, parking à la disposition des hôtes. Langue parlée : anglais.

Prix : 1 pers. **140 F** 2 pers. **215 F** 3 pers. **280 F**

Ouvert : du 1er juillet au 15 septembre.

5	3	5	5	4	6	5	5	3

MICHAU Yves - Moulin de Vouvray - 28200 SAINT-DENIS-LES-PONTS - Tél : 02 37 45 22 07

CHATEAUDUN (TH) *C.M. 60 Pli 17*

3 ch. 3 ch. d'hôtes dans un petit village avec entrée indépendante. 2 ch. (2 lits 2 pers.), et possibilité de 1 lit 1 pers. et salle d'eau pour chacune. 1 ch. avec lavabo (2 lits 1 pers. et 1 lit enfant). 2 wc. Petite cuisine à disposition des hôtes. Possibilité lit bébé et lit suppl. 1/2 pension sur la base de 2 pers. - 10 % à partir de la 3e nuit. Langue parlée : anglais.

Prix : 1 pers. **150/160 F** 2 pers. **175/200 F** 3 pers. **270 F** pers. sup. **50 F** repas **58 F** 1/2 pens. **315 F**

Ouvert : toute l'année.

5	4	5	5	5	5	10

ALLEZY Monique - 8, rue de l'Etoile - Crépainville - 28200 CHATEAUDUN - Tél : 02 37 45 37 44

CHATEAUNEUF-EN-THYMERAIS (TH) *C.M. 60 Pli 7*

1 ch. Dans une maison située dans le bourg, 1 ch. 2 pers. + lit bébé + lit cage avec salle d'eau particulière. Salon avec TV. Jardin avec salon, parking. Randonnées sur place. Ouvert toute l'année.

Prix : 1 pers. **180 F** 2 pers. **200 F** 3 pers. **260 F** repas **70 F**

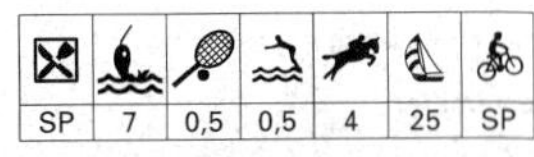

SP	7	0,5	0,5	4	25	SP

VILTROUVE Lucette - 1 bis, rue de la Lune - 28170 CHATEAUNEUF-EN-THYMERAIS - Tél : 02 37 51 82 26

CHATEAUNEUF-EN-THYMERAIS (TH) *C.M. 60 Pli 7*

1 ch. **Forêt domaniale 150 m. Golf du Bois d'O 3 km.** 1 chambre à l'étage dans une maison récente en bordure d'une petite ville. 1 lit 2 pers. et lavabo. Salle de bains et wc particuliers. Garage. Table d'hôtes le soir sur demande. Golf 3 km.

Prix : 1 pers. **180 F** 2 pers. **200 F** 3 pers. **260 F** repas **70 F**

Ouvert : toute l'année.

0,5	0,5	0,5	4	SP	SP

BREARD Geneviève - 8, résidence Chêne de Lorette - 28170 CHATEAUNEUF-EN-THYMERAIS - Tél : 02 37 51 80 59

CHAZAY *C.M. 60 Pli 17*

1 ch. **Chartres 10 km. Dreux 35 km.** Dans un petit village calme à 10 mn de Chartres, Yveline et Jean-Marie vous accueillent dans leur chambre « La Marmotte » : ch. spacieuse en r.d.c. avec entrée indép. (1 lit 2 pers.), avec poss. de couchages suppl. Salle de bains et wc privées. Coin-salon TV. Lit bébé sur demande. Calme garanti. 3500 m^2 de terrain avec arbres fruitiers, vue sur les champs et la forêt. Accès : par la RN23 direction Le Mans. Passer le village d'Amilly puis entrer dans Cintray. Suivre direction Chazay. Par la D24 direction Senonches. A Saint-Aubin-des-Bois, prendre sur la gauche direction Chazay. Golf 25 km. Langue parlée : anglais.

Prix : 1 pers. **190 F** 2 pers. **240 F** pers. sup. **50 F**

Ouvert : toute l'année.

2,5	6	6	8	10	6	6	SP	6	2,5

GUINARD Yveline et J.Marie - 38, rue Jean Moulin - 28300 CHAZAY - Tél : 02 37 32 80 53 ou 06 81 34 01 71 -
E-mail : jmguinard@aol.com - http://www.bonjour.com/guinard/

CHERISY *C.M. 60 Pli 17*

1 ch. 1 ch. d'hôtes à l'étage d'une maison contemporaine au bord d'un étang sur terrain arboré de 3 ha. dans la vallée de l'Eure, à proximité d'une forêt domaniale. 1 chambre, très confortable (1 lit 2 pers.), poss. de ch. (2 lits) 450 F, TV, s.d.b./wc. A disposition des locataires, salon avec billard. Poss. d'1 suite 2 ch. avec s.d.b. commune. Langues parlées : anglais, allemand.

Prix : 1 pers. **380 F** 2 pers. **420 F**

Ouvert : toute l'année.

SARRUT Jacques - 6, route de Paris - L'Etang du Pont de Bois - 28500 CHERISY - Tél : 02 37 43 81 67 ou 06 08 34 44 20 -
Fax : 02 37 62 03 03

CLOYES Ferme du Carrefour *C.M. 60 Pli 17*

3 ch. Dans un hameau, au milieu des champs, Odile et Dominique vous proposent 3 ch. confortables dans leur ferme située à 1 km du chef-lieu du canton. 1 ch. (1 lit 2 pers.), salle d'eau et wc privés. 1 ch. (1 lit 2 pers.) + 1 petite ch. attenante (1 lit 1 pers.), salle d'eau et wc privés. 1 ch. (2 lits jumeaux, et lit suppl. 1 pers.), salle d'eau et wc privés. Séjour/salle à manger avec TV couleur à disposition des hôtes. Terrasse, parking, ping-pong.

Prix : 1 pers. **180 F** 2 pers. **220 F** 3 pers. **270 F**

Ouvert : toute l'année.

1	1	1	10	10	2	2	14	1	1

CLICHY Dominique et Odile - Ferme du Carrefour - 28220 CLOYES - Tél : 02 37 98 53 10 - Fax : 02 37 98 53 10

DANGEAU Bouthonvilliers (TH) *C.M. 60 Pli 17*

3 ch. A la frontière de la Beauce et du Perche, Bouthonvilliers vous accueille , 1 ch. (1 lit 2 pers.). 1 ch. (2 lits 1 pers.). 1 suite composée de 2 chambres (dont 1 avec 1 lit 2 pers. et 1 avec 1 lit 1 pers.). Toutes les chambres ont salle de bains et wc privatifs. Table d'hôtes sur réservation. A proximité : châteaux de la Loire et activités de loisirs. Langue parlée : anglais.

Prix : 1 pers. **350 F** 2 pers. **650 F** 3 pers. **950 F** pers. sup. **150 F** repas **220 F**

Ouvert : toute l'année.

0,1	5	7	7	7	SP	7	5

DE VERDUN Thérèse et Richard - Bouthonvilliers - 28160 DANGEAU - Tél : 02 37 96 77 04

ECROSNES Château de Jonvilliers *C.M. 60 Pli 8*

5 ch. **Paris 1 h. Cathédrale de Chartres 20 mn.** Richard et Virginie vous accueillent dans une demeure de caractère du XVIIIe. Au milieu d'un parc ombragé, bordé d'un bois, vous trouverez nos 5 ch. au 2e ét. : 3 ch. (3 lits 160), 1 ch. (2 lits 1 pers.), 1 ch. (1 lit 2 pers. et 1 lit 1 pers.). Chaque chambre avec lavabo, douche, wc. Langue parlée : anglais.

Prix : 2 pers. **350/400 F** 3 pers. **450 F**

Ouvert : de début mars jusqu'à fin octobre.

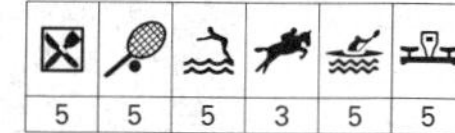

5	5	5	3	5	5

THOMPSON Richard et Virginie - 17, rue d'Epernon - Jonvilliers - 28320 ECROSNES - Tél : 02 37 31 41 26 - Fax : 02 37 31 56 74 -
E-mail : information@chateaudejonvilliers.com - http://www.chateaudejonvilliers.com

LA FERTE-VIDAME Manoir de la Motte *C.M. 60 Pli 6*

2 ch. Aux confins de la Normandie et du Perche, le charme d'une demeure du XIXe siècle où l'ont vous réservera un accueil chaleureux. 1 ch. 2 pers., 1 ch. enfant et 1 suite/2 ch. 4 pers., avec salles de bains/wc privées. Jardin d'hiver avec TV. Accès bibliothèque. Sur place golf 3 trous. Parc, jogging. 800 F/4 pers. Aux alentours : Cité historique, randonnées, routes tranquilles du Perche (Parc National). Langues parlées : anglais, allemand.

Prix : 2 pers. **420/520 F**

Ouvert : toute l'année.

1 | 2 | 15 | 15 | 12 | 12 | 1

JALLOT Jean-Pierre et Anne - La Motte - 28340 LA FERTE-VIDAME - Tél : 02 37 37 51 69 ou 06 11 01 79 54 - Fax : 02 37 37 51 56 - E-mail : Manoir.de.la.Motte.LFV@wanadoo.fr

GERMAINVILLE *C.M. 60 Pli 7*

3 ch. Dans un village, habitation de ferme. 2 chambres 2 pers. au rez-de-chaussée (2 épis). 1 chambre 3 pers. Poss. lit suppl. (3 épis). Entrées indépendantes. Sanitaires particuliers à chaque chambre. Salle de séjour avec coin-cuisine à usage des locataires. Prise TV. Salon de jardin. Lave-linge. Parking. Plan d'accès sur demande. Circuits vélos.

Prix : 1 pers. **160 F** 2 pers. **220/280 F** 3 pers. **320 F** pers. sup. **50 F**

Ouvert : toute l'année.

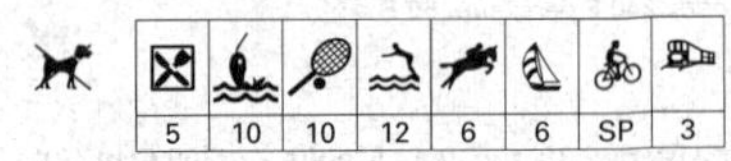

PRUNIER Bernard et Thérèse - 4, rue des Marsauceux - 28500 GERMAINVILLE - Tél : 02 37 43 72 77 - Fax : 02 37 43 23 22

ILLIERS-COMBRAY La Patrière **A** *C.M. 60 Pli 17*

1 ch. Robert met à votre disposition une chambre d'hôtes en r.d.c. de leur grande maison située dans un hameau (bourg 2 km) : 1 lit 2 pers., petit salon (TV couleur, bibliothèque, canapé), salle d'eau, salle de bains et wc privatifs. Grand espace arboré. Parking. Possibilité lit enfant (gratuit jusqu'à 6 ans). Ouvert toute l'année. Table d'hôtes le soir sur réservation. Circuits organisés.

Prix : 1 pers. **220 F** 2 pers. **250 F** pers. sup. **75 F**

Ouvert : toute l'année.

DUBREUIL Robert - La Patrière - 28120 ILLIERS-COMBRAY - Tél : 02 37 24 05 46 - Fax : 02 37 24 05 46

LANDELLES Les Rivelles

1 ch. Aux confins du Perche et de la Vallée de l'Eure, 1 chambre (indépendante en rez-de-jardin), vous accueille dans cette demeure de caractère bordée d'un parc à l'anglaise, située à 100 m de l'Eure. Chambre avec 1 lit 2 pers. donnant sur terrasse et tonnelle végétale, salle de bains et wc privatifs séparés. TV couleur. Poss. 2 couchages suppl. pour enfants en mezzanine. Bel environnement. Pêche, ski nautique, randonnées, circuits des fermes fortifiées à proximité.

Prix : 1 pers. **230 F** 2 pers. **270 F** pers. sup. **60 F**

Ouvert : toute l'année.

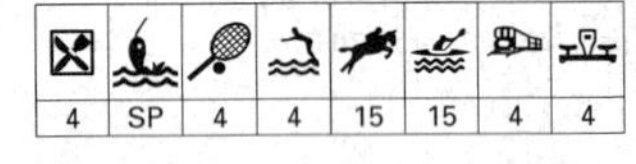

ELEAUME Nicole et Alain - Les Rivelles - 5, rue de la Rivière Neuve - 28190 LANDELLES - Tél : 02 37 23 34 61

LUISANT *C.M. 60 Pli 7*

2 ch. **Chartres 2,5 km.** Dans un pavillon, vallée de l'Eure, 2 chambres à l'étage : 1 chambre (1 lit 2 pers., poss. lit suppl.). 1 chambre (2 lits 1 pers. poss. 1 lit suppl.). Salle d'eau, wc particuliers attenants à chaque ch. Cadre agréable. Jardin avec salon. Etang et rivière à proximité. Notions d'anglais. Plan d'accès : centre Chartres, prendre direction Tours. Compter 4 feux après place des Epars, tournez à gauche, puis 1er feu droite direction Barjouville. Les chambres d'hôtes sont à 800 m à droite. Langue parlée : anglais.

Prix : 1 pers. **200 F** 2 pers. **270 F** pers. sup. **80 F**

Ouvert : toute l'année.

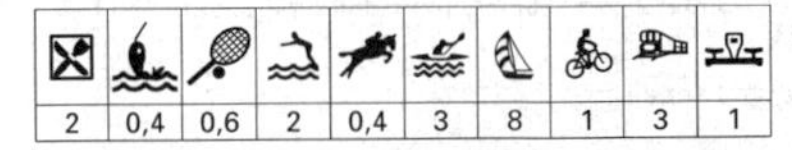

FLEURY Michèle - 38, rue Pasteur - 28600 LUISANT - Tél : 02 37 34 74 88 - Fax : 02 37 34 74 88 - E-mail : micfo@minitel.net

MAINVILLIERS Seresville *C.M. 60 Pli 7*

2 ch. Une grange a été rénovée pour vous recevoir. Un escalier de meunier conduit à l'étage où 2 ch. avec TV sont à votre disposition : 1 ch. (1 lit 2 pers. poss. 1 lit d'appoint 80). 1 ch. (2 lits 1 pers.), à disposition lit d'enfant, wc et s. d'eau privatifs. Au rez-de-chaussée : dans le séjour, avec poêle alsacien, une kitchenette vous permettra de préparer vos repas. Ouvert toute l'année. Langue parlée : anglais.

Prix : 1 pers. **180 F** 2 pers. **230 F**

Ouvert : toute l'année.

M. et Mme SOYER-DUVIVIER - 9, rue de l'Arsenal - Seresville - 28300 MAINVILLIERS - Tél : 02 37 21 54 70

LA MANCELIERE La Musardière

C.M. 60

4 ch. Belle propriété comprenant salon avec cheminée, TV coul. 3 ch. et 1 suite, avec coin cuisine, indépendantes donnant sur terrasse (1 lit 2 pers.), sanitaires et wc dans chacune. 2 nuits minimum week-end en saison. Prix de la suite 490 F. Dans un parc de verdure de 1 ha., calme et fleuri traversé par un ruisseau, aux confins de la Normandie et du Perche. Piscine couverte et chauffée avec abri mobile. Langues parlées : anglais, allemand.

Prix : 1 pers. **340 F** 2 pers. **390 F** 3 pers. **480 F** pers. sup. **90 F**

Ouvert : de Pâques à la Toussaint, l'hiver sur réservation.

2	5	8	8	12	8

SCHAFFNER-ORVOEN Renée et Wilhelm - La Musardière - 28270 MONTMUREAU-LA-MANCELIERE - Tél : 02 37 48 39 09 - Fax : 02 37 48 42 63 - E-mail : lamuse.cdh@wanadoo.fr - http://www.pro.wanadoo.fr/lamusardiere.fr

MONTLANDON

TH *C.M. 60 Pli 16*

2 ch. Maison confortable et contemporaine, aux abords du village. R.d.c. : 1 ch. (1 lit 2 pers.), salle de bains et wc privés. 1er étage : 1 ch. (1 lit 2 pers., possibilité lit suppl.), salle d'eau et wc privés. Grand jardin avec joli panorama. Parking. Dîner sur réservation. Apéritif maison et vin compris dans le tarif repas. A proximité de la RN23, entre Chartres et Nogent-le-Rotrou.

Prix : 1 pers. **205 F** 2 pers. **220 F** 3 pers. **290 F** repas **80 F**

Ouvert : toute l'année sauf 1ère quinzaine de septembre.

SP	4	4	10	4	18	10	10

GALLET Gérard et Suzanne - 7, rue de la Tour - 28240 MONTLANDON - Tél : 02 37 49 81 06

MORANCEZ

C.M. 60 Pli 18

1 ch. Catherine et Richard vous proposent 1 chambre d'hôtes à l'étage de leur pavillon, en périphérie de Chartres, dans un endroit calme avec pelouse et arbres. 1 lit 2 pers., salle de bains et wc privés. Nombreux loisirs à proximité. Langue parlée : anglais.

Prix : 1 pers. **175 F** 2 pers. **240 F**

Ouvert : toute l'année

1,5	1	1	3	1	1	10	6	2

HUET Richard et Catherine - 139 bis, rue de Chartres - 28630 MORANCEZ - Tél : 02 37 34 57 04 - Fax : 02 37 34 57 04 - E-mail : ricangella@hotmail.com

NOGENT-LE-PHAYE Chartres

C.M. 60 Pli 8

5 ch. 5 chambres d'hôtes aménagées au second étage d'une grande maison. 3 chambres avec cabinet de toilette chacune, 2 chambres avec lavabo chacune. 4 des chambres ont 1 lit 2 pers. chacune et 1 a 2 lits 1 pers. Sur le palier une petite salle de bains. WC et douche indépendants communs aux chambres. Au rez-de-chaussée : salle à manger, TV. WC. A proximité de Chartres dans le cadre d'un petit parc calme.

Prix : 1 pers. **180 F** 2 pers. **220/240 F**

SP	7	SP	7	3	7	18	8	SP

LEGRAND-LEBOUCQ Annick - 1, rue de Chartres - 28630 NOGENT-LE-PHAYE - Tél : 06 09 39 54 60

NOGENT-LE-PHAYE

C.M. 60

5 ch. André et son épouse vous proposent 5 ch. d'hôtes à l'étage de leur maison neuve nichée dans la verdure à quelques km de Chartres. 1 ch. (2 lits 80 jumelables en 160), 1 ch. (2 lits 1 pers.), 2 ch. (1 lit 2 pers. chacune), 1 ch. (2 lits 2 pers.), toutes avec salle d'eau ou s.d.b. avec wc et TV. Salle à manger et coin-salon à disposition exclusive des locataires. Ouvert toute l'année.

Prix : 1 pers. **280 F** 2 pers. **320/350 F**

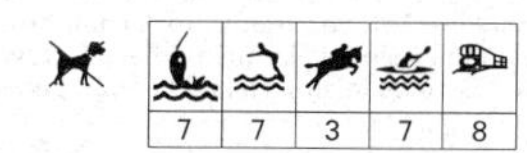

7	7	3	7	8

LEBOUCQ André - 1, rue de la Boissière - 28630 NOGENT-LE-PHAYE - Tél : 06 09 39 54 60

NOGENT-LE-ROI Moulin du Roi

C.M. 60 Pli 8

4 ch. **Maintenon 8 km.** Dans un moulin en pleine verdure, au bord de l'Eure, jardin clos, arboré et fleuri, parking clos. 2 grandes chambres en r.d.c., chacune avec s.d.b. et wc. Suite de 2 chambres à l'étage, avec s.d.b. et wc. Salon à disposition pour petits déjeuners campagnards et veillée devant la cheminée. 4 pers. : 500 F. Vous serez charmés par la douceur des lieux, le calme des bords de rivière et la pêche sur place. Vous apprécierez la proximité du bourg et des restaurants accessibles à pied. A une heure de Paris et 20 minutes des flèches de la cathédrale de Chartres. Langue parlée : anglais.

Prix : 1 pers. **210/260 F** 2 pers. **260/320 F** 3 pers. **400 F**

Ouvert : de février à novembre.

SP	0,5	0,3	3	8	8	0,5

FAURE Claude et Jeanne - Rue du Pont de Demoiselle - Moulin du Roi - 28210 NOGENT-LE-ROI - Tél : 02 37 51 32 39 - Fax : 02 37 51 22 83 - E-mail : cdrhum@hotmail.com - http://www.cdrhum.com

OINVILLE-SAINT-LIPHARD  *C.M. 60 Pli 19*

E.C. 3 ch. Au cœur de la Beauce 3 ch. d'hôtes sont à votre disposition. Entrée indép., TV et sanitaires privatifs à chacune. R.d.c. : ch. »Simple« (1 lit 160). A l'étage : ch. « Plus » (1 lit 2 pers. possibilité lit d'appoint), coin-cuisine. Ch. « Double », ensemble de 2 ch. (1 lit 160, poss. lit suppl et 2 lits 1 pers.). Grande cour fermée et terrain arboré. Salon de jardin, barbecue, cuisine, vélos, lave-linge à disposition. Possibilité lit bébé. Réduction à partir de la 2e nuit. Enfant de moins de 4 ans gratuit et de 4 à 10 ans demi-tarif. Langue parlée : anglais.

Prix : 1 pers. **180 F** 2 pers. **250 F** 3 pers. **320 F** pers. sup. **70 F**

Ouvert : toute l'année.

4	4	4	SP	4	4

MAILLAUX Annette - 1 et 3, rue du Moulin - Détour Beauceron - 28310 OINVILLE-SAINT-LIPHARD - Tél : 02 37 90 28 76 ou 06 14 78 14 40 - Fax : 02 37 90 28 76

OINVILLE-SOUS-AUNEAU Cherville *C.M. 60 Pli 18*

E.C. 1 ch. **Chartres 18 km. Auneau 6 km.** taroline et Christophe vous accueillent en chambre d'hôtes dans une maisonette indépendante située dans la cour de leur ferme beauceronne, avec 1 ch. (1 lit 2 pers.), TV couleur, salle d'eau et wc séparés. Séjour détente avec kitchenette à disposition des hôtes. Golf à 20 km. Langues parlées : anglais, allemand, italien.

Prix : 1 pers. **200 F** 2 pers. **270 F** 3 pers. **320 F** pers. sup. **50 F**

Ouvert : toute l'année.

6	6	6	6	3	15	6	3

LETHUILLIER Christophe - 2, rue des Prunus - Cherville - 28700 OINVILLE-SOUS-AUNEAU - Tél : 02 37 31 72 80 - Fax : 02 37 31 38 56 - E-mail : christophe.lethuillier@libertysurf.fr

PRE-SAINT-MARTIN Le Carcotage Beauceron *C.M. 60 Pli 17*

4 ch. Aménagées avec goût à l'étage d'une ferme beauceronne du XVIIIe et début XXe. 1 ch. 2 pers. 1 ch. 3 pers. et 2 ch. 4 pers., (meubles famille anciens). Toutes avec s. d'eau et wc séparés. Salon avec TV, cheminée et biblio. Chauffage central. Jardin d'agrément fleuri. Pelouse bordée de haies bocagères. Cour fermée. Piscine pour enfants. Tarif 4 pers. : 415 F. Cuisine mise à dispo. La 10e nuit gratuite. Accueil convivial, 4 chambres spacieuses et confortables meublées ancien vous assurent le calme et le confort, dans un charmant cadre entre Paris et les châteaux de la Loire. A 5 km de la N10, dir. Moriers-Pré-St-Martin, sortie Thivars A11. ULM 1 km. VTT. Langue parlée : anglais.

Prix : 1 pers. **230 F** 2 pers. **270 F** 3 pers. **330 F** pers. sup. **70 F**

Ouvert : toute l'année.

8	8	4	8	7	8	25	SP	8

VIOLETTE Jean-Baptiste - 8, rue Saint-Martin - Le Carcotage Beauceron - 28800 PRE-SAINT-MARTIN - Tél : 02 37 47 27 21 ou 02 37 47 38 09 - E-mail : carcotage.beauceron@wanadoo.fr - http://www.carcotage.com

ROMILLY-SUR-AIGRE La Touche *C.M. 60 Pli 17*

1 ch. A Romilly-sur-Aigre, village dont Emile Zola s'inspira pour écrire son livre « La Terre », de plain-pied avec entrée indépendante. 1 lit 2 pers. Salle d'eau à l'usage exclusif des hôtes avec wc. Chauffage central. Cour gazonnée.

Prix : 1 pers. **180 F** 2 pers. **250 F**

Ouvert : toute l'année.

5	5	5	15	15	0,5	5	5

BOURDON René et Kristine - La Touche - 28220 ROMILLY-SUR-AIGRE - Tél : 02 37 98 30 48

SAINT-ELIPH L'Auberdière *C.M. 60 Pli 6*

3 ch. Dans habitation de ferme, 3 chambres aménagées à l'étage. Chaque chambre dispose d'un lit 2 pers. (1 possède en + 1 lit 1 pers.) et de sa salle d'eau particulière. WC communs aux 3 chambres. Coin-salon avec TV et lecture. Salle d'accueil au rez-de-chaussée. Téléphone en service restreint. Salon de jardin, barbecue. Ouvert toute l'année. Dans la région « Perche », les chambres offrent un environnement tranquille. Base de loisirs à 5 km. Langue parlée : anglais.

Prix : 1 pers. **180 F** 2 pers. **200 F** 3 pers. **240 F**

1	0,6	0,6	2	6	2	2	2

BOUDET Jean-Pierre - L'Auberdière - 28240 SAINT-ELIPH - Tél : 02 37 81 10 46

SAINT-GEORGES-SUR-EURE Berneuse *C.M. 60 Pli 7*

2 ch. De plain-pied dans une maison comtemporaine située dans un hameau, en bordure de rivière. 1 lit 2 pers. (possibilité chambre complémentaire), salle de bains et wc privés. Terrasse intégrée. Superbe parc arboré. Langues parlées : anglais, italien, espagnol.

Prix : 1 pers. **220 F** 2 pers. **250 F** 3 pers. **350 F**

Ouvert : toute l'année.

1	SP	1	5	1	SP	1	SP	3	1

VARRIALE Lucien et Marie-Laurence - Berneuse - 12, rue Basse - 28190 SAINT-GEORGES-SUR-EURE - Tél : 02 37 26 80 49

SAINT-LAURENT-LA-GATINE *C.M. 60 Pli 18*

3 ch. **Versailles 50 km. Paris 80 km.** Au 1er étage d'une maison, fin XIXe, calme et verdure, offrant le charme d'une vieille demeure avec des chambres à colombages. 1 ch. (2 lits 1 pers.), 1 ch. (1 lit 2 pers.), 1 ch. (1 lit 2 pers. 1 lit enfant). Chaque chambre dispose d'une s.d.b. et de wc privés. Au r.d.c. : une salle d'hôtes avec cheminée, terrasse avec salon de jardin. 2 pers. + 1 enfant : 450 F. Golf à 15 km.

Prix : 1 pers. **320 F** 2 pers. **380 F**

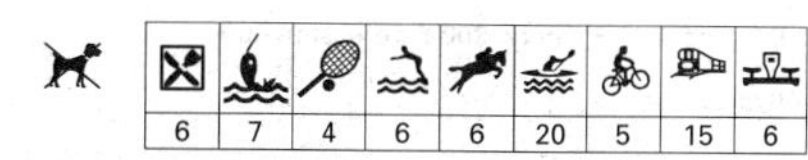

6	7	4	6	6	20	5	15	6

JAMES Francis & Bernadette - Bourg - 28210 SAINT-LAURENT-LA-GATINE - Tél : 02 37 38 24 02

SAINT-LUBIN-DE-LA-HAYE Ferme des Friches *C.M. 60 Pli 18*

E.C. 4 ch. **Anet 15 km.** Au milieu des champs, dans une maison indépendante fin XVIIIe, 4 chambres vous attendent. 1 ch. (1 lit 2 pers. 1 lit 1 pers.), accès indépendant. 1 ch. (2 lits 110), 1 ch. (1 lit 2 pers.), 1 ch. (2 lits 1 pers. avec baignoire). Chambres non fumeurs. Douche et wc dans chacune. Salle à manger, lit bébé, cuisine à disposition. Piste ULM privée. Vol en mongolfière en soirée ou au petit matin sur demande. Langues parlées : anglais, allemand.

Prix : 1 pers. **200 F** 2 pers. **230 F** pers. sup. **50 F**

Ouvert : toute l'année, réservation conseillée pour week-end.

5	10	5	20	5	10	15	5

AFCHAIN Delphine et Bernard - Ferme des Friches - 28410 SAINT-LUBIN-DE-LA-HAYE - Tél : 02 37 82 06 44 - Fax : 02 37 65 90 14

SAINT-MAIXME Le Bois d'O (TH) *C.M. 60 Pli 7*

1 ch. **Chartres 25 km. Maillebois 6 km.** Au calme, dans un écrin de verdure, Christine et Philippe vous accueillent et vous proposent une chambre (1 lit 2 pers., 1 lit 1 pers.) - accès par escalier de ferme sur leur exploitation agricole avec entrée indép. et salle d'eau privative. Salle d'accueil à disposition des hôtes. Pelouse avec salon de jardin, barbecue. Lit et matériel bébé sur demande. Table d'hôtes le soir sur réservation. Sur place : tir à l'arc, forêt, randonnées pédestres, produits régionnaux, location de VTT, VTC. Paniers pique-nique (40 F.), chasse, golf. Ouvert toute l'année. Langue parlée : anglais.

Prix : 1 pers. **180 F** 2 pers. **200 F** 3 pers. **260 F** repas **80 F**

Ouvert : toute l'année.

SP	15	2,5	2,5	2,5	SP	15	2,5

GOURCI Christine & Philippe - Le Bois d'O - 28170 SAINT-MAIXME - Tél : 02 37 51 68 68 - Fax : 02 37 51 68 68

SAINT-MAIXME-HAUTERIVE La Rondellière (TH) *C.M. 60 Pli 16*

4 ch. Dans un petit village, Catherine et Jean-paul vous accueillent à la ferme de la Rondellière. Indépendamment de leur habitation : au r.d.c., une salle de réception avec salon, cheminée et TV, une cuisine pour fête familiale. A l'ét. : 4 ch. : 2 ch. (2 lits 1 pers.), 1 ch. (1 lit 2 pers, et canapé conv.), 1 ch. (1 lit 2 pers.). Toutes sont équipées de bains et wc privés. Possibilité de lits supplémentaires ou de lit bébé. Table d'hôtes sur réservation. Tir à l'arc et golf à 2 km. Tennis et vélos sur place. Langue parlée : anglais.

Prix : 1 pers. **180 F** 2 pers. **220 F** pers. sup. **50 F** repas **70 F**

Ouvert : toute l'année.

5	20	SP	5	2	25	SP	20	5

LANGLOIS Catherine et J-Paul - 11, rue de la Mairie - La Rondellière - 28170 SAINT-MAIXME-HAUTERIVE - Tél : 02 37 51 68 26 - Fax : 02 37 51 08 53

SAINT-MAURICE-SAINT-GERMAIN Le Clos Moussu   *C.M. 60 Pli 6*

3 ch. **Château des Vaux 1 km.** Au cœur des forêts du Parc Régional du Perche, 3 ch. d'hôtes de plain-pied avec chacune sanitaires privés. Dans un ancien relais de poste du XVIIIe siècle donnant sur le parc de 4 ha. paysagé par Truffaut vers 1940. Environnement végétal et bâti remarquable, site protégé sur toute la vallée de l'Eure. Ouvert toute l'année. GR 35 sélectionné par le W.W.F., gîte panda. Accueil de groupe, stages culturels et artistiques. Ambiance familiale. Base de loisirs de 8 ha. à 5 minutes.

Prix : 1 pers. **180/200 F** 2 pers. **250/300 F** 3 pers. **300/350 F** repas **75 F**

Ouvert : toute l'année.

3	SP	SP	6	1	20	20	6	6	3

THOMAS Marie et Joseph - Le Clos Moussu - 28240 SAINT-MAURICE-SAINT-GERMAIN - Tél : 02 37 37 04 46

SAINT-MAURICE-SAINT-GERMAIN Les Evesqueries *C.M. 60 Pli 6*

2 ch. En bordure de la D920 à mi-chemin entre la Loupe et Pontgouin, Bernadette et Fernand mettent à votre disposition 2 chambres d'hôtes de plain-pied. 1 ch. (16 m^2, 1 lit 2 pers., 1 lit 1 pers.), avec salle de bains et wc. 1 ch. (1 lit 2 pers.) avec salle d'eau et wc. A disposition, un séjour équipé d'un coin-cuisine. Proximité forêt et base de loisirs.

Prix : 1 pers. **180 F** 2 pers. **200 F** 3 pers. **250 F**

Ouvert : toute l'année.

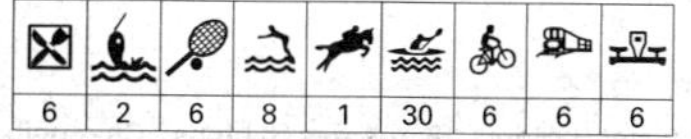

6	2	6	8	1	30	6	6	6

GOUPIL Bernadette & Fernand - Les Evesqueries - 28240 SAINT-MAURICE-SAINT-GERMAIN - Tél : 02 37 37 00 47

SAINT-PIAT

C.M. 60 Pli 18

3 ch. Moulin à eau sur l'Eure, au centre du village dans un contexte verdoyant et agréable sur 2 étages. 3 chambres dont 1 au r.d.c. (1 lit 2 pers.), s. d'eau privée. Au 1er ét. : 1 ch. pouvant accueillir 4 pers. (ch. + annexe) et au 2è ét. : 1 ch. pouvant accueillir 5 pers. (ch. + annexe) d'une même famille. S. d'eau et wc à chaque étage. Ouvert toute l'année. Golf à 8 km. Langues parlées : anglais, allemand.

Prix : 1 pers. **150 F** 2 pers. **240 F** 3 pers. **300 F** pers. sup. **60 F**

Ouvert : toute l'année.

SP	SP	SP	SP	SP	0,5	SP

M. WIMMER - Place de l'Eglise - 28130 SAINT-PIAT - Tél : 02 37 32 42 48 - Fax : 02 37 32 44 48

SAINT-PREST

(TH) *C.M. 60 Pli 8*

1 ch. **Chartres 7 km.** Jacques et Ginette se proposent de vous accueillir dans une chambre/salon indépendante et de plain-pied, comprenant 1 lit 2 pers., une cheminée avec insert, TV couleur, salle d'eau/wc privatifs. Parking. Jardin. Notions d'allemand et italien. Table d'hôtes sur réservation. Situé à Saint-Prest, petite commune à 7 km de Chartres en direction de Maintenon. Endroit paisible dans la vallée de l'Eure. Langue parlée : anglais.

Prix : 1 pers. **180 F** 2 pers. **220 F** repas **70 F**

Ouvert : toute l'année.

1	3	SP	7	3	SP	1,5	1

RAGU Jacques et Ginette - 28, rue de la Pierre Percée - 28300 SAINT-PREST - Tél : 02 37 22 30 38 ou 01 45 55 01 52 - Fax : 01 45 55 01 52

SAINVILLE

(TH) *C.M. 60 Pli 9/19*

1 ch. Dans grande maison de ferme, Jonathan et Lyn (qui sont anglais) vous accueilleront dans leur ch. d'hôtes. Entrée indépendante sur hall avec s. d'eau/wc, vestiaire : 1 chambre 14 m^2 (2 lits 1 pers.), TV. Poss. lit bébé et 2 ch. suppl. Possibilité couchage supplémentaire. Grand jardin arboré, petite piscine garage. Possibilité pique-nique. Langue parlée : anglais.

Prix : 1 pers. **200 F** 2 pers. **270 F** 3 pers. **350 F** repas **100 F**

Ouvert : toute l'année.

5	15	3	15	10	12	3

HOUGH Jonathan et Lyn - 7, Grande Rue - Manterville - 28700 SAINVILLE - Tél : 02 37 33 38 83 ou 06 09 43 78 87 - Fax : 02 37 24 65 15

SANTILLY Château Gaillard

(TH) *C.M. 60 Pli 19*

3 ch. En Beauce, dans cette ferme restaurée, à l'étage : 2 ch. (chacunes avec 2 lits 1 pers.), TV, salle d'eau, wc. 1 ch. (1 lit 2 pers.), , salle de bains (balnéo-thérapie), wc. Séjour à disposition des hôtes. Maison confortable. Espace vert arboré. Salon de jardin. Balançoire. Garage. Table d'hôtes sur réservation. Abords RN20. Isolation accoustique. Sortie A10 Artenay N°13 ou Allaines N°12. Entrée route de Santilly.

Prix : 1 pers. **200/250 F** 2 pers. **250/290 F** pers. sup. **75 F** repas **85 F**

Ouvert : toute l'année.

6	20	6	6	20	28	SP	0,8	6

VILLETTE Florence et Bruno - 12, rue C. Péguy - Château Gaillard - 28310 SANTILLY - Tél : 02 37 90 24 98 ou 02 37 90 01 52 - Fax : 02 37 90 24 98

VER-LES-CHARTRES La Varenne

C.M. 60

3 ch. **Chartres 7 km.** En vallée de l'Eure, au rez-de-chaussée d'un pavillon indépendant et très calme : 1 suite de 2 chambres (1 lit 2 pers. 1 lit 1 pers. et possibilité d'un 2e lit 1 pers.), 2 chambres avec chacune (1 lit 2 pers.). Salle d'eau ou salle de bain avec wc. Kitchenette à disposition. Piscine couverte et chauffée. Grand jardin. Parking privé. Langue parlée : anglais.

Prix : 1 pers. **300 F** 2 pers. **350 F** 3 pers. **450 F** pers. sup. **100 F**

Ouvert : toute l'année.

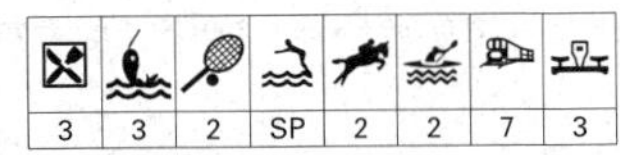

3	3	2	SP	2	2	7	3

PICAULT Cécile et Guillaume - 20, rue de Tachainville - La Varenne - 28630 VER-LES-CHARTRES - Tél : 02 37 26 45 32

VILLIERS-LE-MORHIER Chandelles

C.M. 60 Pli 17

3 ch. Dans une ancienne ferme restaurée, Catherine et Jean-Marc vous accueillent dans leurs 3 ch. avec TV. 1 ch. (1 lit 160), 2 ch. (2 lits 1 pers. chacune), salle de bains et wc dans chacune. Possibilité de leçons et stages de golf sur demande l'été. Accueil chevaux, 4 boxes, carrière de 70 x 30. Chiens acceptés en laisse.

Prix : 2 pers. **350 F**

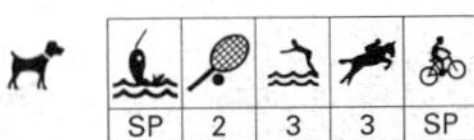

SP	2	3	3	SP	3	3

SIMON Catherine et J-Marc - 19, rue des Sablons - Chandelles - 28130 VILLIERS-LE-MORHIER - Tél : 02 37 82 71 59 - Fax : 02 37 82 71 59 - E-mail : chandellesgolf@aol.com - http://www.chandelles-golf.com

GITES DE FRANCE
1, rue Saint-Martin - B.P. 141
36003 CHATEAUROUX Cedex
Tél. 02 54 22 91 20 - Fax. 02 54 27 60 00

AIGURANDE La Crouzette (TH) *C.M. 68 Pli 19*

4 ch. **Musée George Sand à la Châtre 25 km. Nohant 30 km.** Situées dans une grande maison neuve entourée d'un jardin ombragé, à 200 m du centre ville, 2 chambres au rez-de-chaussée (2 lits 140) contigües pour une famille avec salle de bains particulière et wc. Etage : 2 chambres (2 lits 140, 1 lit 90) pour une famille avec salle de bains et wc particuliers. Salon (TV) à dispositon. Terrasse (salon de jardin). Suite 360 F. Région de la Vallée Noire à proximité. Fêtes Romantiques, théâtre, maison de G. Sand. Table d'hôtes sur réservation.

Prix : 1 pers. **200 F** 2 pers. **200 F** 3 pers. **360 F** pers. sup. **50 F** repas **70 F**

Ouvert : toute l'année.

20	25	10	0,5	20	20	30	0,5	50	0,2

LE JEANNE Elise - La Crouzette - Route de Chateauroux - 36140 AIGURANDE - Tél : 02 54 06 32 61 ou 02 54 06 45 81

ARGENTON-SUR-CREUSE Le Moulin Mou *C.M. 68 Pli 17*

2 ch. **Argenton-sur-Creuse 5 km. Site archéologique 3 km. Gargilesse 15 km.** Tim et Mary Beedell vous accueillent à la ferme à proximité de la RN 20, dans leurs deux chambres d'hôtes situées à l'étage. 1ère ch. (1 lit 140), 2ème chbre (1 lit 140, 1 lit 90, canapé-lit appoint 140). Salle de bains, wc réservés aux chambres. S. à manger. Salon (TV). Salle de jeux pour les enfants. Abri couvert (s. de jardin, barbecue, jeux extérieurs). Forfait séjour : 100 F. Tarif 4 pers. 480 F. Enfant 55 F. Sortie A20 N° 16. Langue parlée : anglais.

Prix : 1 pers. **150 F** 2 pers. **240 F** 3 pers. **360 F** pers. sup. **120 F**

Ouvert : toute l'année.

20	5	12	5	20	20	5	33	SP	5	5

BEEDELL Tim - Le Moulin Mou - 36200 ARGENTON-SUR-CREUSE - Tél : 02 54 24 32 51 - Fax : 02 54 24 47 17 - E-mail : fbeedell@club-internet.fr

LE BLANC Les Chezeaux *C.M. 68 Pli 16*

2 ch. 2 chbres d'hôtes situées à l'étage d'une maison de maître retirée, très au calme en pleine campagne (1 lit 140, 1 canapé-lit enfant 90, 1 lit 160) avec salles de bains et WC attenants. Salle à manger. Grand salon avec cheminée (bibliothèque). Grand jardin d'agrément (salon de jardin, barbecue). Parking. Hénergement réservé aux non fumeurs. Nombreux circuits pédestres et cyclistes balisés alentours. Possibilité pratique canoé, baignade, équitations.

Prix : 1 pers. **270 F** 2 pers. **300 F** pers. sup. **70 F**

Ouvert : toute l'année.

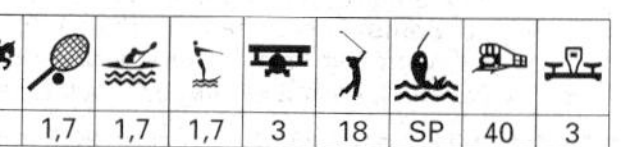

13	1,7	7	1,7	1,7	1,7	3	18	SP	40	3

JUBARD Alain - Les Chezeaux - 36300 LE BLANC - Tél : 02 54 37 32 17

BOUGES-LE-CHATEAU Petit Château de Ste-Colombe A *C.M. 68 Pli 8*

2 ch. **Musée du Cuir et du Parchemin à Levroux 6 km. Château de Bouges 3 km.** Dans un cadre de verdure, petit château du XVème sc. agrémenté d'une piscine, comportant 2 suites de 2 à 4 personnes (4 lits 140) avec salles de bains/WC attenants à chacune. Jardin d'hiver pour petit déjeuner. A disposition dans les dépendances, cuisine d'été aménagée pour les séjours. Parking. Barbecue, salon de jardin, chaises longues, banc. Enfant : 100 F. Suite 600 F. Langue parlée : anglais.

Prix : 1 pers. **300 F** 2 pers. **300 F** 3 pers. **400 F** pers. sup. **100 F**

Ouvert : du 1er mars au 1er décembre.

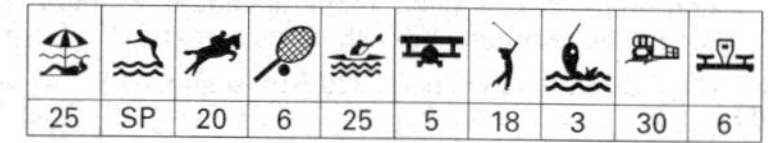

25	SP	20	6	25	5	18	3	30	6

DAQUEMBRONNE Marie-Antoinette - Petit Château de Ste-Colombe - 36110 BOUGES-LE-CHATEAU - Tél : 02 54 35 88 33 - Fax : 02 54 35 15 21

CHABRIS Les Bizeaux *C.M. 64 Pli 18*

3 ch. **Château de la Loire : Valençay 15 km. Forêt de Gâtines 12 km.** 3 chambres d'hôtes mansardées à l'étage d'une ancienne fermette restaurée, entourée d'un vaste terrain. 1ère chambre (1 lit 140, 1 lit 90, coin salon), salle d'eau et WC privés. 2ème chambre (1 lit 140), salle d'eau et WC attenants. 3ème chambre (2 lits 90), salle d'eau et WC attenants. Salon (TV). Salle à manger. Terrasse (salon de jardin). Parking. Plage aménagée sur les bords du Cher à 1 km (baignade, pêche, canoé). Langue parlée : anglais.

Prix : 1 pers. **230 F** 2 pers. **280 F** 3 pers. **360 F** pers. sup. **50 F**

Ouvert : toute l'année.

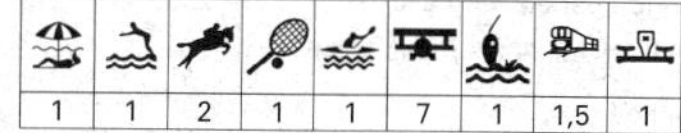

1	1	2	1	1	7	1	1,5	1

PLANQUES Bernadette - Les Bizeaux - 36210 CHABRIS - Tél : 02 54 40 14 51 - Fax : 02 54 40 14 51

CHALAIS Le Grand Ajoux

(TH) *C.M. 68 Pli 16*

3 ch. 2 chbres d'hôtes et suite pour 4 pers. avec sanitaires privés dans un manoir du XVIIème sc. entièrement rénové. Dans le parc de la Brenne, calme et détente dans les 53 hectares, dont 2 étangs privés de 1 et 2 hectares (pêche). Salle à manger avec cheminée. Jardin fleuri (salon de jardin, chaises longues). Piscine. VTT, ping-pong. Grand intérêt cynégétique (brâme du cerf) et ornithologique. Départ de chemins de randonnée. Initiation à la tapisserie (point d'Aubusson). Accompagnement sorties en VTT. Suite 580 F. Table d'hôtes sur réservation. Langues parlées : anglais, espagnol.

Prix : 1 pers. **290 F** 2 pers. **320 F** pers. sup. **100 F** repas **120 F**

Ouvert : de Pâques à la Toussaint (autres périodes sur réservation).

20	SP	SP	5	5	20	20	15	SP	35	5

DE LA JONQUIERE-AYME Aude - Le Grand Ajoux - 36370 CHALAIS - Tél : 02 54 37 72 92 ou 06 80 30 92 74 - Fax : 02 54 37 56 60 - E-mail : grandajoux@AOL.com - http://www.membersAOL.com/grandajoux

CHAMPILLET Le Grand Communal

(TH) *C.M. 68 Pli 19*

1 ch. **Musée George Sand à la Châtre 7 km. Nohant 16 km. Saint-Chartier 18 km** 1 chambre d'hôtes à l'étage d'une grande maison située à l'entrée du bourg, pour 2 pers. Salle d'eau et WC attenants. Salon particulier (canapé-lit 140, TV couleur, réfrigérateur). Grand jardin clos de 4 ha (salons de jardin, jeux pour enfants). Parking. Etangs privés (pêche possible). Table d'hôtes sur réservation.

Prix : 1 pers. **180 F** 2 pers. **250 F** 3 pers. **350 F** repas **70 F**

Ouvert : toute l'année.

7	9,5	2	7	7	16	16	SP	7	1

DUCROT Jean-Claude - Le Grand Communal - 36160 CHAMPILLET - Tél : 02 54 31 41 63

CHASSENEUIL Les Tailles

C.M. 68 Pli 17

2 ch. **Argenton-sur-Creuse 12 km. Saint-Marcel 7 km. Parc de la Brenne 10 km.** 2 chambres d'hôtes situées dans une maison indépendante de plain-pied, face à la ferme des propriétaires. 1ère chbre (1 lit 140, canapé-lit pour 2 enfts, douche, lavabo attenants). 2ème chbre (1 lit 140, 2 lits 90, lit enft. -de 3 ans, douche, lavabo attenants). WC commun aux chambres dans l'entrée. Grde salle commune (coin-cuisine) pour séjours. 4 pers. : 340 F. Cour non close (salon de jardin, barbecue). Sortie 15 de l'A20 (en provenance de Paris) et sortie « Saint-Gaultier » en venant du Sud. Sentiers pédestres.

Prix : 1 pers. **190 F** 2 pers. **210 F** 3 pers. **270 F**

Ouvert : du 1er mai au 30 septembre.

25	12	25	7	7	25	16	25	12	7

FAUDUET Yvette et Jacques - Les Tailles - 36800 CHASSENEUIL - Tél : 02 54 36 77 05 - Fax : 02 54 36 77 05

CHATILLON-SUR-INDRE Les Bigorne

(TH) *C.M. 68 Pli 6*

3 ch. **Châtillon-sur-Indre 3 km. Obterre 15 km.** 3 chambres d'hôtes situées dans une ferme d'élevage (goûters à la ferme : 35 F/adulte et 20 F/enfant), à l'étage. 1ère chambre (1 lit 140), salle d'eau et WC attenants. 2ème chambre (1 lit 140, 2 lits 90), salle d'eau et WC attenants. 3ème chambre (1 lit 140, 1 lit 120), salle de bains et WC partculiers. S. à manger (cheminée)/salon à disposition. Cour à l'avant. Jardin à l'arrière (jeux extérieurs pour enfants, salon de jardin). Petite cuisine équipée pour les séjours. Visite de la ferme (vaches). Forfait semaine : 1 500 F. Table d'hôtes sur réservation.

Prix : 1 pers. **190 F** 2 pers. **250 F** pers. sup. **90 F** repas **45/70 F**

Ouvert : toute l'année sur réservation.

10	3	6	3	20	20	6	27	SP	45	3

PASQUIER Michel et Huguette - Les Bigorne - 36700 CHATILLON-SUR-INDRE - Tél : 02 54 38 80 74 - Fax : 02 54 38 79 31

CHEZELLES Le Priouzé

(TH) *C.M. 68 Pli 8*

3 ch. **Villegongis 3 km. Argy 18 km. Bouges 25 km. Valençay 30 km.** A l'étage d'une agréable maison bourgeoise du XVIIIème sc., dans un parc ombragé bordé d'une rivière : 3 chbres d'hôtes (2 lits 140, 2 lits 120) avec sanitaires complets, prises TV chacune. Salle à manger. Salon avec cheminée (TV, jeux, bibliothèque, coin musique). Terrasse (salons de jardin, barbecue, ping-pong, portique, nombreux jeux de plein air, pique-nique). Pêcherie. Forfait séjour : 1 500 F. Gîte rural sur la propriété. Accès N°11 de l'A20. Parc naturel de la Brenne (Mille Etangs) à proximité. Table d'hôtes sur réservation.

Prix : 1 pers. **220 F** 2 pers. **270 F** 3 pers. **330 F** pers. sup. **60 F** repas **60/80 F**

Ouvert : toute l'année.

14	14	15	0,1	14	14	6	SP	15	6

BABLIN Michelle et Georges - 4 rue du Priouze - 36500 CHEZELLES - Tél : 02 54 36 66 28 - Fax : 02 54 36 66 28

CIRON Cochet

(TH) *C.M. 68 Pli 17*

4 ch. 2 chambres pour une famille au rez-de-chaussée d'une fermette du XVIIIe s. rénovée située en pleine Brenne (2 lits 140) avec salle d'eau (lavabo) et wc particuliers. Etage : 2 ch. pour une famille de 3 pers. (1 lit 140, 1 lit 90) avec salle d'eau et wc particulier. 2 lavabos dans les chambres. Salle à manger. Salon (TV, vidéo, cheminée). Table d'hôtes sur réservation. Grand terrain aménagé (s. jardin, barbecue, vélos). Parc de la Haute-Touche à Obterre. Réserve d'oiseaux de Chérine à Mézières-en-Brenne Aux alentours : châteaux, abbayes, églises, musées... Pays de George Sand Circuits de randonnée. Location de vélos sur place. Tarif 4 pers. 500 F. Langue parlée : anglais.

Prix : 1 pers. **250 F** 2 pers. **280 F** repas **120 F**

Ouvert : toute l'année.

5	16	7	5	5	5	16	7	5	25	7

BARLOW Den et Linda - Beau Rêve - Cochet - 36300 CIRON - Tél : 02 54 28 55 71 - Fax : 02 54 28 55 71

CIRON Château de l'Epine

A *C.M. 68 Pli 17*

E.C. 2 ch. Au cœur du P.N.R. de la Brenne, en bordure de la Creuse, dans un château entouré d'un parc boisé de 1 ha, 1 chambre d'hôtes au 1er étage (1 lit 160 à baldaquin), s. de bains/WC attenants, salon particulier. Au 2ème étgage, 1 suite (4 pers.) possédant une échanguette dominant la Creuse qui privilégie l'observation des oiseaux, avec 1 lit 200 et 1 lit 140. Coin salon, salle de bains et WC particuliers. A la disposition des hôtes : Salle à manger/salon (cheminée). Salle de détente (TV, bibliothèque, jeux...). VTT, raquettes à disposition, tennis privé. Suite : 850 F. Langue parlée : anglais.

Prix : 1 pers. **460 F** 2 pers. **500 F**

Ouvert : toutes les vacances scolaires.

SP	16	7	SP	SP	SP	16	7	SP	25	SP

VALLIN Christine et Maurice - Château de l'Epine - 7, chemin de l'Epine - 36300 CIRON - Tél : 02 54 28 75 29 ou 06 81 10 69 80 - Fax : 02 54 28 75 29 - E-mail : christine.vallin@caramail.com

COINGS Domaine de Villecourte

(TH) *C.M. 68 Pli 8*

4 ch. Aménagées dans une ferme céréalière de caractère entourée de verdure et d'un parc ombragé, 2 ch. doubles dans la maison du prop. (sanitaires privés). Cuisine à dispo. Salon (canapé-lit, prise TV). Grand terrain arboré. Dans les dépendances, 2 ch. de séjour indépendantes avec sanitaires complets, cuisine aménagée et équipée. Prises TV. Table d'hôtes sur réservation. Terrain non clos : vue sur plan d'eau et bordure de rivière. Abris voitures. S. de jardin, barbecue. Accès direct N°11 de l'A20. Locations meublées au mois. Prix forfaitaire (charges en supplément). Séjour : 1500F Possibilité accompagnement pour circuits touristiques. Langue parlée : anglais.

Prix : 1 pers. **160/200 F** 2 pers. **250/280 F** pers. sup. **80 F** repas **95 F**

Ouvert : toute l'année.

10	10	15	10	10	10	10	17	5	10	7

DAGUET-RAULT Claudine - Domaine de Villecourte - 36130 COINGS - Tél : 02 54 22 12 56 - Fax : 02 54 22 12 56

CUZION Moulin de Châteaubrun

C.M. 68 Pli 18

4 ch. **Gargilesse 15 km. Lac d'Eguzon 3 km.** 3 chambres d'hôtes à l'étage d'un ancien moulin (1 lit 140), salle d'eau privée et WC commun. 1 chambre (1 lit 140) avec salle de bains et WC privés. Salle commune à la disposition des hôtes pour le petit déjeuner. Forfait séjour : 115 F/1 pers. et 145 F/2 pers. Tir à l'arc, circuits, baignade, voile, ski nautique, pêche ... Randonnées VTT sur place à Cuzion.

Prix : 1 pers. **150 F** 2 pers. **190 F** pers. sup. **40 F**

Ouvert : toute l'année.

3	20	3	SP	3	SP	20	3

SYNDICAT MIXTE SITE LAC D'EGUZON - 36270 EGUZON-CHANTOME - Tél : 02 54 47 46 40 ou 02 54 47 47 20

DOUADIC Le Fresne

C.M. 68 Pli 13

2 ch. Dans une belle maison de Maître du XVIIIème sc. située dans le Parc Naturel Régional de la Brenne, 2 chambres d'hôtes à l'étage. 1ère chbre (1 lit 140) avec salle d'eau et WC. 2ème chbre (2 lits 100) avec salle de bains et WC. Salles à manger et coin salon à disposition. Terrasse (salon de jardin). Grand parc de 4 ha. CENTRE EQUESTRE SUR LA PROPRIETE. Musée des Oiseaux à Le Blanc à 13 km. Abbaye de Fontgombault à 10 km. Etang de la Mer Rouge (180 ha) et château du Bouchet à Rosnay à 3 km.

Prix : 1 pers. **200/230 F** 2 pers. **250/280 F**

Ouvert : de Pâques à la Toussaint.

13	SP	13	13	13	23	13	50	3

GARCIA-LIVA Calliope - Le Fresne - 36300 DOUADIC - Tél : 02 54 37 83 00 ou 02 54 37 10 28

DOUADIC Château du Pin

A (TH) *C.M. 68 Pli 13*

E.C. 2 ch. **Le Blanc 13 km. Abbaye de Fontgombault 10 km. Rosnay 13 km.** Dans une demeure du XVIIIème sc. entourée d'un parc arboré de 28 essences d'arbres dont certaines de plus de deux siècles, au milieu du P.N.R. de la Brenne, 1 chbre d'hôtes et 1 suite (3 pers.) vous accueillent à l'étage. Suite (1 lit 140, 1 lit 125, lit bébé, prises TV et tél.) avec sanitaires (douche/WC) attenants. 1 chbre (2 lits 90, prises tél. et TV). S. de bains. Biblio. (cheminée). S. à manger/salon à disposition. Abris pour voitures. Salon de jardin, chaises longues. Panier pique-nique : 40 F. Suite : 400 F. Langues parlées : anglais, allemand.

Prix : 1 pers. **250 F** 2 pers. **280 F** pers. sup. **70 F** repas **100 F**

Ouvert : de juin à août et sur réservation d'avril à juin et de septembre à octobre.

13	2	13	13	13	23	13	50	3

ZACHARIE-THERET Elisabeth - Château du Pin - 36300 DOUADIC - Tél : 02 54 37 40 55 ou 01 48 93 62 21

EGUZON-CHANTOME La Bergerie a Bousset

 *C.M. 68 Pli 18*

E.C. 2 ch. A 500 m du centre du bourg, dans une magnifique demeure ancienne et restaurée (ameublement de qualité), au calme, 2 chambres d'hôtes au 1er étage (2 lits 140, 1 lit 90) toutes équipées de salles d'eau et WC privés. Séjour avec cheminée (TV). Parc de 5000 m^2 paysagé et ombragé avec piscine privée et salon de jardin. Parking. Vélos à disposition. A 1 km : Lac d'Eguzon (base de loisirs, baignade). Randonnées pédestres.

Prix : 1 pers. **260 F** 2 pers. **280 F** pers. sup. **100 F** repas **100 F**

Ouvert : toute l'année.

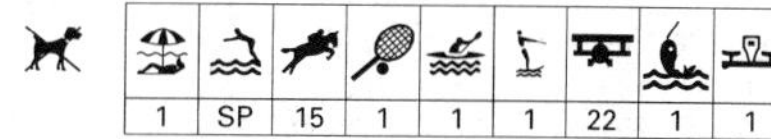

1	SP	15	1	1	1	22	1	1

HENRY Philippe et Josy - La Bergerie a Bousset - 36270 EGUZON-CHANTOME - Tél : 02 54 47 37 91 - Fax : 02 54 47 37 91

ETRECHET Les Menas (TH) *C.M. 38 Pli 8*

4 ch. **Châteauroux 2 km.** 4 chbres d'hôtes aménagées dans une maison du XVIIIème sc. entourée d'un grand parc ombragé. R.D.C. : 2 chambres avec 2 lits 140, sanitaires complets attenants. Etage : 2 chambres (2 lits 140), dont 1 avec cheminée (s. d'eau. s. de bains, WC attenants). Salon privé (TV. biblio., bureaux). S. à manger. Salon de jardin, balançoire. Pêche, baignade, voile, canoé sur le lac de Belle-Isle et promenades. Vieille ville et Musée Bertrand (souvenirs napoléoniens, expositions picturales). Forêt domaniale de Châteauroux (parcours de santé, randonnées, VTT). Enfant 70 F. Langues parlées : anglais, espagnol.

Prix : 1 pers. **160/220 F** 2 pers. **270/300 F** pers. sup. **80 F**
repas **65/85 F**

Ouvert : toute l'année.

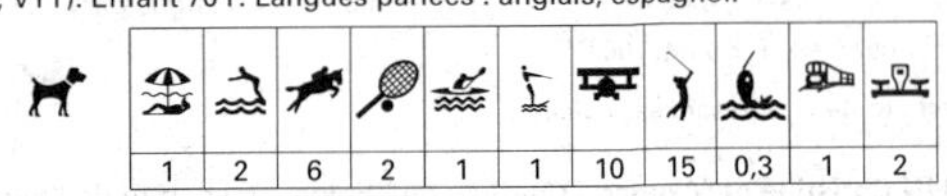

LYSTER Nicole - Les Menas - 36120 ETRECHET - Tél : 02 54 22 63 85 - Fax : 02 54 22 63 85

FLERE-LA-RIVIERE Les Cèdres *C.M. 68 Pli 6*

1 ch. **Château de Loches (ville médiévale) 16 km (37). Zoo de Beauval 40 km.** 1 chambre d'hôtes spacieuse (poutres, pierres apparentes) comprenant 1 lit 140, 1 lit 90, salon privé (TV), aménagée dans une maison de maître du XVIIIème sc. entourée d'un parc ombragé bordé d'un cours d'eau (salon de jardin, barbecue). Sanitaires attenants. Garage. Forfait séjour à partir de la 4ème nuit. Arrêt de car à proximité. Région de la Brenne à proximité (parc animalier de la Haute Touche) à 15 km, randonnées équestres, pédestres, cyclistes à partir de l'O.T. de Mézières-en-Brenne). GR 46 à proximité.

Prix : 1 pers. **240 F** 2 pers. **270 F** pers. sup. **80 F**

Ouvert : toute l'année.

8	6	3	6	30	6	30	SP	15	SP

COULON Huguette - 33, rue Nationale - 36700 FLERE-LA-RIVIERE - Tél : 02 54 39 31 13

FLERE-LA-RIVIERE Les Vincents *C.M. 68 Pli 6*

3 ch. **Château de Loches (37) 16 km (ville médiévale).** Aux portes des châteaux de la Loire et du Parc Naturel Régional de la Brenne, à l'étage d'une demeure de caractère située en pleine campagne à l'ombre des tilleuls : 2 chambres d'hôtes avec sanitaires complets, « Les Muriers » avec 1 lit 140 et « Les Tilleuls » avec 2 lits 90. Salon avec cheminée (TV). Une suite en duplex (1 lit 140, 2 lits 90, lit pour enft.). Salle de bains et WC privés. Terrasse. Salon de jardin et parking. Région de la Brenne à proximité. GR 46 à proximité et sentier du Pays de Valençay à 1 km. Suite : 350/550 F. Langue parlée : anglais.

Prix : 1 pers. **250 F** 2 pers. **350 F** pers. sup. **100 F**

Ouvert : du 15 juin au 15 septembre. Location sur réservation possible (w.e.).

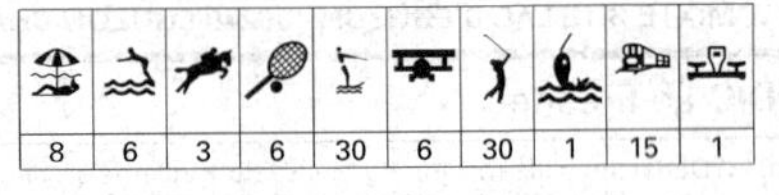

RENOULT Claude - Le Clos Vincents - 2, les Vincents - 36700 FLERE-LA-RIVIERE - Tél : 02 54 39 30 98 - Fax : 02 54 39 30 98

FLERE-LA-RIVIERE Le Moulin du Bourg (TH) *C.M. 68 Pli 6*

3 ch. 3 ch. d'hôtes dans un ancien moulin de bourg en bordure de rivière. R.d.c. : Salle à manger/salon (ancienne salle des engrenages) avec TV, chaîne stéréo. 1 chbre (1 lit 140), salle d'eau, WC attenants avec accès sur la terrasse. Etage : 1 chbre (1 lit 120, 1 lit 90). 1 suite pour une famille (1ère chbre (1 lit 140), 2ème chbre (2 lits 90)). S. d'eau et WC attenants. Biblio. Parking. S. de jardin. Barbecue, ping-pong, VTT. Tarif dégressif sauf week-end de fêtes, juillet et août. Loches (37), ville médiévale à 16 km. La Brenne à proximité. Sentier de randonnée GR46 attenant. Etang communal situé face au moulin. Suite 350/400 F.

Prix : 1 pers. **200 F** 2 pers. **250 F** pers. sup. **40/80 F** repas **105 F**

Ouvert : toute l'année (sauf 2 semaines hors saison).

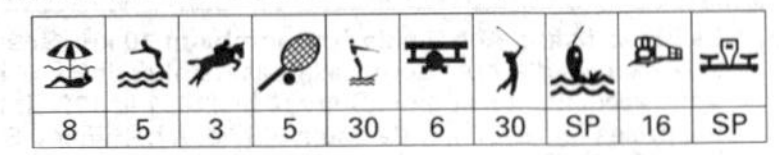

AUMERCIER Danielle - Le Moulin du Bourg - 36700 FLERE-LA-RIVIERE - Tél : 02 54 39 34 41 - Fax : 02 54 39 34 93 -
E-mail : lemoulindeflere@wanadoo.fr

GEHEE Château de Touchenoire (TH) *C.M. 68 Pli 7*

6 ch. **Château de Valençay 12 km. Château de Bouges 10 km.** Au château dans un parc boisé de 30 ha, près d'un étang de 2 ha, 6 ch. d'hôtes. 1er étage : 2 ch. (2 lits 120, 2 lits 90), salle d'eau et WC attenants. Suite pour 3 pers. (2 lits 100, 1 lit 120), deux salles d'eau, deux WC attenants. 2e étage : 2 chbres (1 lit 160, 1 lit 140), s. d'eau et WC attenants. 1 ch. (2 lits 90) avec salle d'eau attenante et WC sur le palier. Salle à manger. Salon avec cheminée. Terrasse. Grande salle de jeux (ping-pong, s. de jardin). Parking. Tarif 4 pers. : 700 F.

Prix : 1 pers. **175/300 F** 2 pers. **330/450 F** 3 pers. **500/550 F**
repas **100 F**

Ouvert : du 1er mai au 30 septembre.

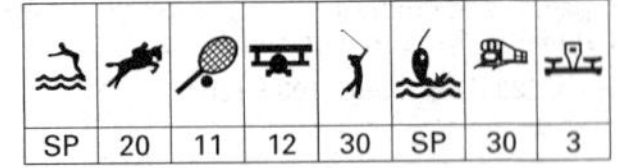

DE CLERCK Jacques - Château de Touchenoire - 36240 GEHEE - Tél : 02 54 40 87 34 - Fax : 02 54 40 87 34

INGRANDES Château d'Ingrandes

(TH) *C.M. 68 Pli 16*

4 ch. 4 chbres d'hôtes situées dans les vestiges féodaux d'un château du XIème- XVème sc., en bordure de rivière. R.d.c. : Salle à manger (XVème sc.) avec grande cheminée. Etage : Grand salon (XVème sc.)/bibliothèque avec cheminée (TV). 1 chbre (1 lit 160) avec s. de bains et WC attenants. 1 chbre mansardée (5 pers.) avec 1 lit 160 3 lits 90 et s.d.b., wc attenants. 1 ch. aménagé dans le donjon (1 lit à baldaquin 140), s.d.b. et WC. Suite en duplex (1 lit 160, 2 lits 90), sanitaires complets privés. Salon de jardin, barbecue. Parking. Forf. séjour : 300 F. Site inscrit (ISMH) et ouvert au public. Tarif 4 pers. 450 F. Tarif 5 pers. 550 F. Langues parlées : anglais, allemand.

Prix : 1 pers. **250 F** 2 pers. **300/400 F** pers. sup. **50 F** repas **110 F**

Ouvert : du 1er avril au 30 juin (sur réservation) et du 1er juillet au 15/10.

11	9	17	9	11	9	16	SP	48	9

DROUART Jacqueline - Château d'Ingrandes - Place de l'Eglise - 36300 INGRANDES - Tél : 02 54 37 46 01 - Fax : 02 54 28 64 55 - E-mail : alaindrouart@PS.net

LURAIS Fournioux

C.M. 68 Pli 15

1 ch. **La Roche Posay 15 km. Futuroscope 45 mn. Angles/Anglin 3 km.** Chambre de séjour située dans un hameau entre Vallées de la Creuse et de l'Anglin, aux confins du Poitou et de la touraine, au pays des Mille Etangs. Cuisine équipée. Salle d'eau et WC attenants à la chambre (1 lit 140). Coin salon (TV, canapé-lit 90). Jardin clos. Gîte rural indépendant sur la propriété. Enfant 60 F. Fontgombault 5 km : abbaye.

Prix : 1 pers. **220 F** 2 pers. **250 F** 3 pers. **350 F**

Ouvert : toute l'année.

0,8	15	4	5	1	14	4	1	38	4

LAMY Maurice et Monique - 6 rue des Lilas - Fournioux - 36220 LURAIS - Tél : 02 54 37 52 61 - Fax : 02 54 35 52 61 - E-mail : lamy.gite@wanadoo.fr

MERIGNY Le Bois d'Haut

(TH) *C.M. 68 Pli 16*

1 ch. **Musée des Oiseaux à Le Blanc 15 km.** Aménagée dans une exploitation en agriculture biologique de plantes médicinales et aromatiques, 1 chambre d'hôtes (1 lit 140, salle d'eau et WC) au rez-de-chaussée, avec entrée indépendante. Petit déjeuner pris dans la cuisine familiale. Cour à l'avant et jardin à l'arrière (salon de jardin, vélos à disposition, jeux d'extérieur pour enfants, ping-pong). Possibilité de participer à des stages de phytothérapie et agri-biologie (en fonction du calendrier), sorties botaniques. Sentier de découverte. Rocher d'escalade de la Dube et vallée de l'Anglin à proximité. Langues parlées : anglais, allemand.

Prix : 1 pers. **170 F** 2 pers. **190 F** pers. sup. **40 F** repas **65 F**

Ouvert : toute l'année.

2	15	4	2	2	35	15	6	SP	45	2

GUZA Serge et Maryse - Le Bois d'Haut - 36220 MERIGNY - Tél : 02 54 37 36 52 - Fax : 02 54 37 36 52

MERS-SUR-INDRE Le Lac

C.M. 68 Pli 19

5 ch. **Nohant 8 km. Saint-Chartier 10 km.** 4 ch. d'hôtes (4 lits 2 pers.) avec salle d'eau et wc attenants, situées dans une maison indépendante à côté de celle des propriétaires, dans la forêt. Grande salle à manger commune avec cheminée (insert). Coin-salon. Petit coin-cuisine. 1 ch. (4/5 pers.) dans la maison des propriétaires (1 lit 2 pers. 1 lit 120, 1 lit 1 pers.), sanitaires privés. Grand parc boisé de 30 ha. pour randonnées (VTT et pédestres). Salon de jardin. Parking. Table de pique-nique. Maison de George Sand, Fêtes Romantiques. Festival International des Luthiers et Maîtres Sonneurs.

Prix : 1 pers. **160 F** 2 pers. **200 F** 3 pers. **260 F** pers. sup. **60 F**

Ouvert : toute l'année.

20	6	16	5	20	20	20	SP	20	5

GATESOUPE Françoise - Le Lac - 36230 MERS-SUR-INDRE - Tél : 02 54 36 29 49

MEZIERES-EN-BRENNE Domaine des Vigneaux

C.M. 68 Pli 6

2 ch. 2 chambres (2 lits 2 pers.) avec salles de bains/wc particulières, situées dans une agréable propriété de Brenne. Face à un étang de 140 ha. Grande cuisine/salle à manger (petit déjeuner). Grand jardin clos (tennis privé). Terrasse (salon de jardin). Etangs privés (possibilité de pêche à la journée). Location en séjour uniquement (minimum 2 jours). Randonnées équestres, pédestres, cyclistes à partir de l'Office de Tourisme de Mézières-en-Brenne (Maison de la Pisciculture). Réserves ornithologique et Naturelle à proximité. Nombreux chemins de randonnées balisés alentours.

Prix : 1 pers. **240 F** 2 pers. **280 F** 3 pers. **340 F** pers. sup. **60 F**

Ouvert : toute l'année.

5	22	12	SP	20	20	28	SP	35	10

LEFEBURE Nicole - Domaine des Vigneaux - 36290 MEZIERES-EN-BRENNE - Tél : 02 54 38 11 32

MEZIERES-EN-BRENNE La Presle

C.M. 68 Pli 6

2 ch. Ancienne ferme de caractère restaurée située à l'entrée du bourg, comprenant 1 chbre au rez-de-chaussée (1 lit 140) avec salle de bains et WC attenants, donnant sur la terrasse. 1 suite à l'étage (1 lit 140, 2 lits 90) avec coin salon et s. de bains et WC attenants. Salon de jardin et barbecue. Proposition de réservation de visites accompagnées par un ornithologue. Nombreux chemins de randonnée alentours. Tarif 4 pers. : 500 F. Langues parlées : anglais, italien.

Prix : 1 pers. **230/260 F** 2 pers. **280/300 F** 3 pers. **450 F** pers. sup. **100 F**

Ouvert : toute l'année.

8	18	15	SP	23	8	23	30	SP	40	SP

NICAUD Arlette - La Presle - 36290 MEZIERES-EN-BRENNE - Tél : 02 54 38 12 36

MONTCHEVRIER La Gagnerie

C.M. 68 Pli 19

2 ch. **Nohant 30 km. La Châtre 30 km. Gargilesse 20 km. Lac d'Eguzon 20 km.** 2 chambres d'hôtes situées à l'étage d'une ferme d'élevage. 1ère chbre (1 lit 140, 1 lit 90) avec salle d'eau et WC attenants. 2ème chbre (1 lit 140) avec salle d'eau et WC attenants. Salle à manger/salon à disposition Cour et jardin non clos (salon de jardin, chaises longues). Pêche en rivière (»La Bouzanne«) à 1 km. Région de la Vallée Noire à proximité : Fêtes Romantiques, théâtre, maison de George Sand. Circuit de F3. Village d'artiste, Festival de Harpe. Langue parlée : anglais.

Prix : 1 pers. **180 F** 2 pers. **220 F** 3 pers. **270 F**

Ouvert : toute l'année.

20	25	10	4	20	20	20	20	1	30	4

MADELENAT Christine et Pierre - La Gagnerie - 36140 MONTCHEVRIER - Tél : 02 54 06 30 41

MONTIPOURET

C.M. 68 Pli 19

2 ch. **Nohant et Saint-Chartier 5 km. Moulin d'Angibault 3 km.** Dans le pays de George Sand, 2 chambres d'hôtes (1 lit 140, 1 lit 90) pour une famille, situées à l'étage d'une maison de bourg, avec entrée indépendante. Salle d'eau et WC particuliers aux chambres. Cuisine à disposition pour les séjours. Salle à manger/jardin d'hiver (pour les petits déjeuners). Grand jardin clos (salon de jardin). Parking. Maison de George Sand, Festival International des Luthiers et Maîtres Sonneurs. Enfant 50 F.

Prix : 1 pers. **160 F** 2 pers. **190 F** 3 pers. **260 F**

Ouvert : de Pâques à la Toussaint.

10	20	SP	21	1	2

BLANCHARD Roland - 4, rue du Chuillet - 36230 MONTIPOURET - Tél : 02 54 31 04 88

NOHANT-VIC Ripoton

TH

C.M. 68 Pli 19

4 ch. **Nohant 2 km. La Châtre 7 km. Saint-Chartier 2 km.** Au cœur de la Vallée Noire, au Pays de George Sand, 4 chambres d'hôtes situées à l'étage d'une ferme restaurée, ayant chacune salle d'eau et WC particuliers (3 lits 140, 1 lit 120, 3 lits 90). Grande salle commune avec cheminée, bibliothèque, documentation touristique et circuits de randonnée. Terrasse. Parking. Abri voiture. Grand jardin en bordure de l'Indre (salon de jardin). Maison de G. Sand, Festival Chopin, Fêtes Romantiques. Fresques de l'église de Vic. Festival International des Luthiers et Maîtres Sonneurs.

Prix : 1 pers. **160 F** 2 pers. **220 F** 3 pers. **280 F** repas **90 F**

Ouvert : du 1er février à la Toussaint.

SP	7	12	7	25	18	SP	30	2

COLOMB Martine - Ripoton - 36400 NOHANT-VIC - Tél : 02 54 31 06 10

ORVILLE Les Fouages

C.M. 64 Pli 19

2 ch. **Château de Valençay 20 km. Château de Bouges 22 km. Levroux 30 km.** 1 ch. de séjour pour 2 pers. (2 lits 1 pers., possibilité lit appoint) avec sanitaires et cuisine. 1 ch. (1 lit 2 pers.), sanitaires attenants à l'étage de la maison. Jardin d'agrément fleuri tout autour (salon de jardin, chaises longues, portique, bac à sable). Jardin d'hiver à disposition pour les petits déjeuners (pain et confiture maison). Forfait séjour : 1000 F/semaine.

Prix : 1 pers. **160 F** 2 pers. **190/210 F** pers. sup. **70 F**

Ouvert : toute l'année.

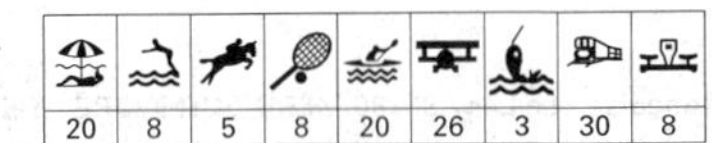

20	8	5	8	20	26	3	30	8

PYOT Lydia - Les Fouages - 36210 ORVILLE - Tél : 02 54 40 67 33

PARNAC La Villonnière

C.M. 68 Pli 17

3 ch. **Saint-Benoît-du-Sault 7 km. Gargilesse 20 km. Argentomagus 22 km.** 3 chambres d'hôtes à l'étage d'une ancienne ferme entièrement restaurée située dans un petit hameau près du Val de Creuse. 1ère chbre (1 lit 140), salle d'eau attenante. WC particulier au rez-de-chaussée. 2ème chbre (2 lits 90), salle d'eau et WC attenants. 3ème chbre (1 lit 140), salle d'eau et WC particulier sur le palier. Salon/salle à manger. Salon particulier. Salon de jardin. 1290 F/2 personnes/semaine. Maison de George Sand. Musée archéologique, chantier de fouilles.

Prix : 1 pers. **160/190 F** 2 pers. **190/230 F** pers. sup. **65 F**

Ouvert : du 1er avril au 1er octobre.

17	17	15	17	17	18	17	24	7

MARCHAND Jeanine - La Villonnière - 36170 PARNAC - Tél : 02 54 47 68 76

PELLEVOISIN Le Relais

C.M. 68 Pli 7

2 ch. **Stages archéologiques 5 km. Levroux 15 km.** 2 chambres d'hôtes dans une ferme d'élevage (chèvres) au rez-de-chaussée. 1ère chbre (3 lits 90, prise TV, bibliothèque) et salle d'eau, WC dans le couloir. 2ème chambre (1 lit 140, prise TV, bibliothèque, lavabo), WC et salle d'eau. Petite cuisine disponible sur demande. Salle à manger (petits déjeuners). Cour de ferme non close (salon de jardin, portique). Garage. - 20 % pour 8 jours. Etang (pêche, jeux) près du bourg de Pellevoisin. Musée du Cuir et du Parchemin. Enfant 65 F. Langues parlées : anglais, allemand, italien.

Prix : 1 pers. **170 F** 2 pers. **230 F** 3 pers. **310 F**

Ouvert : toute l'année.

10	10	25	1,5	22	1,5	30	1,5

DOUBLIER Denis et NICOLAS Anne-Marie - Le Relais - 36180 PELLEVOISIN - Tél : 02 54 39 01 77

LE POINCONNET

C.M. 68 Pli 8

3 ch. **Châteauroux 6 km. Parc des Chenevières à Déols 7 km.** Dans une maison de maître du XVIIIè sc. entourée d'un parc de 15 ha, 2 suites pour 2/5 personnes avec salon, salles de bains et WC attenants et 1 chambre pour 2 personnes (1 lit 140) avec salle d'eau privée. Séjour et salon (TV). Salon de jardin. Logement de chevaux sur place. Possibilité organisation week-en chasse à courre, week-end méchoui (18 pers.). Swin golf privé 9 trous (clubs fournis) : 45 F/pers. Forêt domaniale (allées cavalières) à proximité. Autoroute A20 : Sortie N° 12 et Sortie Sud N° 14. Suite 330 F.

Prix : 1 pers. **220/240 F** 2 pers. **250/270 F** 3 pers. **370 F** pers. sup. **110 F**

Ouvert : toute l'année.

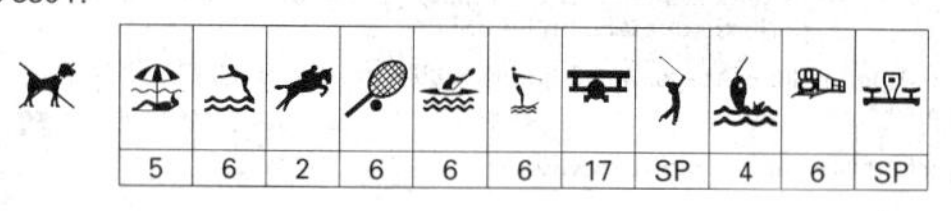

5	6	2	6	6	6	17	SP	4	6	SP

DROUIN Lionel - Les Divers - Allée Paul Rue - 36330 LE POINCONNET - Tél : 02 54 35 40 23 - Fax : 02 54 35 40 23

LE POINCONNET Le Petit Epot

C.M. 68 Pli 8

2 ch. **Châteauroux 6 km.** 2 chambres d'hôtes près du bourg aménagées à l'étage d'une grande maison de caractère, avec salle d'eau praticulière à chaque chambre (2 lits 140, 1 lit 90). Salle de séjour, salon (TV) et bibliothèque à la disposition des hôtes. Terrasse. Parc ombragé clos (salon de jardin). Possibilité parking voitures. Possibilité forfait séjour en hors saison. Châteauroux : vieille ville, lac de Belle-Isle (pêche, baignade et canoé), musée Bertrand (souvenirs napoléoniens, expositions picturales). Forêt domaniale de 5 000 ha à proximité (nombreuses allées cavalières, promenades fléchées, parcours aménagés pour les sportifs). Squash. Enfant 35 F.

Prix : 1 pers. **170 F** 2 pers. **200/250 F** 3 pers. **270/300 F** pers. sup. **65/100 F**

Ouvert : toute l'année.

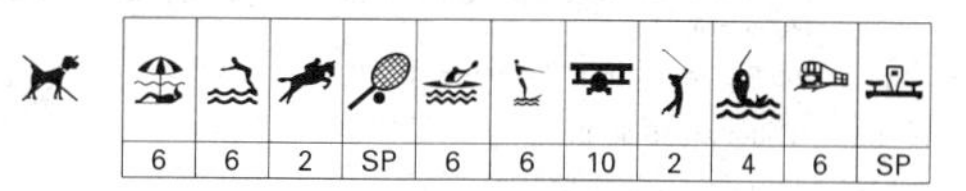

6	6	2	SP	6	6	10	2	4	6	SP

MITATY Suzanne - 63, le Petit Epot - 36330 LE POINCONNET - Tél : 02 54 35 40 20

LE PONT-CHRETIEN La Baronne

TH

C.M. 68 Pli 18

3 ch. **Site de la Boucle du Pin 13 km. Gargilesse (maison George Sand) 17 km.** Chbre de séjour (1 lit 140, 1 lit 90) avec coin cuisine, salle d'eau et WC, aménagée dans une maisonnette dans une cour de ferme. 2 ch. d'hôtes à l'étage de la ferme (2 lits 140, 1 lit 90) avec sanitaires (WC, douche et lavabo) particuliers à chaque chambre. Salon réservé aux hôtes (TV, bar) donnant sur un jardin aménagé (salon de jardin, portique, chaises longues). Enfant - de 2 ans gratuit. Séjour : 1 260 F. Sentiers balisés autour du lac de Chambon à 21 km. Ruines du château de la Prune au Pot à 17 km. Musée des Arts et Traditions Populaires (Eguzon 30 km).

Prix : 1 pers. **200 F** 2 pers. **230 F** 3 pers. **300 F** pers. sup. **70 F** repas **70 F**

Ouvert : toute l'année.

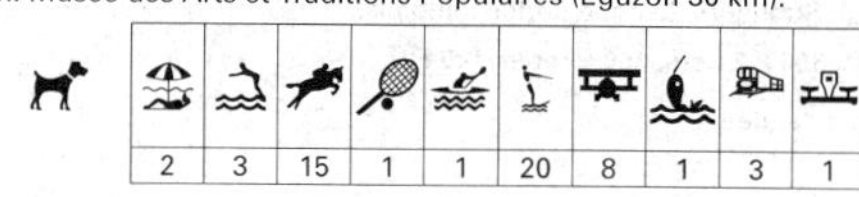

2	3	15	1	1	20	8	1	3	1

GAUTIER Laurent - La Baronne - 36800 LE PONT-CHRETIEN CHABENET - Tél : 02 54 25 82 09 - Fax : 02 54 25 82 09

POULIGNY-NOTRE-DAME Le Pédard

C.M. 68 Pli 19

3 ch. **Nohant 24 km. La Châtre 18 km. Saint-Chartier 23 km.** Dans l'enceinte d'une exploitation d'élevage bovin, 3 chambres d'hôtes au rez-de-chaussée, avec entrée indépendante, ayant chacune salle d'eau et WC attenants (2 lits 140, 2 lits 90). Salle à manger sous véranda avec coin salon (TV, tél., micro-ondes) réservée aux hôtes. Grd terrain clos (s. de jardin, barbecue, portique). Etang privé. Parking. Forfait séjour : 900 à 1200 F. La Vallée Noire à proximité : maison de George Sand. Circuit de F3. Festival International des Luthiers et Maîtres Sonneurs. Verneuil-sur-Igneraie à 25 km (poteries).

Prix : 1 pers. **170 F** 2 pers. **220 F** pers. sup. **50 F**

Ouvert : toute l'année.

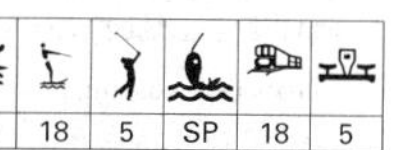

5	15	12	5	10	18	5	SP	18	5

LAMY Danielle - Le Pedard - 36160 POULIGNY-NOTRE-DAME - Tél : 02 54 30 22 46 - Fax : 02 54 30 22 46

POULIGNY-NOTRE-DAME Le Gachet

A *C.M. 68 Pli 19*

3 ch. **Nohant 15 km. La Châtre 20 km. Saint-Sévère 6 km. Saint-Chartier 20 km** Dans le cadre d'une ferme berrichonne restaurée d'élevage bovin, 2 chbs d'hôtes à l'étage avec entrée indépendante. 1ère chbre (1 lit 150), coin salon, s. de bains, WC particuliers. 2ème chbre (1 lit 150), s. d'eau, WC chambre de séjour (1 lit 150, 1 lit 90), cuisine équipée/salon (canapé), s. d'eau/WC. Intérieur de caractère régional. Grand séjour/salle à manger/bar/salon avec cheminée (TV). Salon de jardin. Parking. Chambre séjour (3 Pers.) : 1700 F/semaine. Maison de G. Sand). Festival des Luthiers. Golf et balnéo à 500 m.

CV

Prix : 1 pers. **240/280 F** 2 pers. **270/320 F**

Ouvert : toute l'année.

10	SP	15	SP	8	10	SP	SP	45	SP

DELACHATRE Monique et Jacques - Le Gachet - 36160 POULIGNY-NOTRE-DAME - Tél : 02 54 30 20 52 ou 02 54 30 11 12

PRUNIERS Le Moulin de Palbas

TH *C.M. 68 Pli 9*

E.C. 4 ch. **Nohant 18 km. Saint-Chartier 15 km. Forêt de Bommiers 5 km.** Sur 33 ha de lande, forêt et eau, 3 chambres d'hôtes mansardées dans une propriété. 1ère chbre 2 lits 140, 2 lits 90). 2ème chbre (1 lit 140). Suite (2 lits 140). 1 chbre au rez-de-chaussée (1 lit 160) avec mezzanine (1 lit 120), aménagée pour handicapé. Salle de bains privative à chacune des chambres. R.d.c. : S. à manger (cheminée). Grand salon (bibliothèque). TV, piano, coin pour les enfants. Terrasse. Jardin. Parking. Piscine chauffée. Etang et aire de jeux. Vallée Noire : maison G. Sand. Rencontres musicales en mai à l'abbaye de la Prée à 20 km. Tarif 4 pers. : 500 F. Langues parlées : anglais, hollandais.

Prix : 1 pers. **300 F** 2 pers. **300 F** 3 pers. **500 F** pers. sup. **75 F** repas **75 F**

Ouvert : toute l'année sur réservation.

15	18	5	5	15	15	15	SP	20	5

TEN HAAFT Joke - Le Moulin de Palbas - 36120 PRUNIERS - Tél : 02 54 49 13 01 - Fax : 02 54 49 13 01 -
E-mail : lemoulindepalbas@yahoo.com

REBOURSIN Le Moulin

C.M. 68 Pli 9

3 ch. **Levroux 20 km. Château de Valençay 10 km. Issoudun 20 km.Reboursin 2k** Suite pour 4 personnes aménagées dans une maison de caractère du XVIIIème sc.. 1 chambre (1 lit 140) avec salle de bains et WC attenants (2 lits 90). Mezzanine (2 lits 120). Salon à disposition. Grand parc (salon de jardin) ombragé. Abri voiture. Forfait séjour : 1300 F. Musée du Cuir et du Parchemin. Demeure de Talleyrand, spectacle son et lumière en été. Complexe sportif (piscine à vagues, patinoire, bowling...). Langues parlées : anglais, espagnol.

Prix : 1 pers. **250 F** 2 pers. **300 F** pers. sup. **150 F**

Ouvert : du 1er juillet au 15 août.

3	12	3	18	20	3	20	3

CHENEAU Gérard - Le Moulin - 36150 REBOURSIN - Tél : 02 54 49 72 05

SAINT-AOUT Château la Villette

A TH *C.M. 68 Pli 9*

2 ch. **Nohant 15 km. Forêt de Bommiers 14 km.** Dans une belle demeure du XIXème sc. entourée d'un parc ombragé de 8 ha et bordé d'un étang de 7 ha, 2 chbres d'hôtes à l'étage (2 lits 180) avec salle de bain et WC attenants à chacune. Grand salon et salle à manger à disposition. Parking. Salon de jardin, chaises longues. Grande salle de chasse à disposition (tarif sur demande) pour réunions. Etang (barques). Chenil. Parking. Région de la Vallée Noire : maison de George Sand. Festival des Luthiers et Maîtres Sonneurs. Langue parlée : anglais.

Prix : 1 pers. **300 F** 2 pers. **350 F** repas **120 F**

Ouvert : toute l'année.

SP	6	18	4	20	20	25	6	SP	22	4

VERBURGH Karin - Château la Villette - 36120 SAINT-AOUT - Tél : 02 54 36 28 46

SAINT-AUBIN La Planche a l'Ouaille

TH *C.M. 68 Pli 9*

4 ch. **Issoudun 10 km.** 4 ch. d'hôtes (dont 2 attenantes) aménagées à l'étage d'un bâtiment d'exploitation céréalière entièrement restauré, disposant toutes d'une salle d'eau ou d'une salle de bains et d'un WC privé et attenant (3 lits 140, 4 lits 90). Grande salle commune/coin salon (doc. touristique, livres). Grand jardin non clos et terrasse (salon de jardin, barbecue, portique, jeux). Parking. Musée de l'Apothicairerie, complexe sportif (piscine à vagues, bowling, patinoire...). Forêt de Bommiers à proximité (randonnées). Vol à voile à Fay/Ségry à 3 km.

CV

Prix : 1 pers. **200 F** 2 pers. **250 F** pers. sup. **90 F** repas **70/100 F**

Ouvert : de Pâques à la Toussaint.

12	10	12	3	12	3	10	12	10	10

ROCHETON Annie - La Planche à l'Ouaille - 36100 SAINT-AUBIN - Tél : 02 54 21 05 93 - Fax : 02 54 21 59 94

SAINT-BENOIT-DU-SAULT *C.M. 68 Pli 17*

3 ch. Maison de caractère du XIVème et XVème sc., porte fortifiée de la cité. 1ère chbre (1 lit 140), sanitaires complets (douche, lavabo, WC). 2ème chbre (1 lit 140, 2 lits 90, coin salon, TV coul.), baignoire, lavabos, WC. Chambre de séjour (1 lit 100, 1 lit 90), sanitaires complets, coin salon, TV coul. Cuisine équipée au r.d.c.. Petite terrasse. Parking. Séjour : 1 500 F à 2000 F/semaine. Enfant 50 F. Cité médiévale (église du XIème sc., prieurés des XVème-XVIIIème sc., maison de l'Argentier, porte fortifiée). A proximité : Dolmen des Gorces et de Passebonneau, cascades des Rocs-Martes. Mme Boyer possède un atelier artisanal.

Prix : 1 pers. **200/250 F** 2 pers. **250/300 F** pers. sup. **100 F**

Ouvert : toute l'année.

10	18	10	1	18	30	1	18	SP

BOYER Marie-France - Cité Médiévale - Le Portail - 36170 SAINT-BENOIT-DU-SAULT - Tél : 02 54 47 57 20 - Fax : 02 54 47 57 20

SAINT-CHARTIER La Breuille *C.M. 68 Pli 19*

3 ch. **Saint-Chartier 3 km.** 3 chambres d'hôtes (2 lits 140, 2 lits 90, lavabos) situées à l'étage d'une ferme d'élevage. Salle d'eau, salle de bains et 2 WC à l'étage, communs aux chambres. Cuisinette à la disposition des hôtes pour les séjours. Coin salon privé réservé aux hôtes. Salon de jardin. Vallée Noire à proximité (Pays de George Sand). Festival International des Luthiers et Maîtres Sonneurs. Sentier de randonnée balisé des Maîtres Sonneurs à proximité. Enfant : 50 F.

Prix : 1 pers. **150 F** 2 pers. **180 F** pers. sup. **60 F**

Ouvert : toute l'année.

13	20	13	24	SP	12	3

RAFFIN Monique - La Breuille - 36400 SAINT-CHARTIER - Tél : 02 54 31 02 86 - Fax : 02 54 31 02 86

SAINT-CHARTIER Vinceuil *C.M. 68 Pli 19*

2 ch. **Nohant 2 km. La Châtre 15 km.** 2 chambres d'hôtes (2 lits 140) à l'étage d'une ancienne ferme située à proximité du sentier de randonnée des Maîtres Sonneurs. Salle d'eau particulière à chaque chambre et WC commun aux deux. Petit salon réservé aux hôtes (TV). Salle à manger/salon pour petits déjeuners. Cour close (salon de jardin). Terrasse. Parking. Festival International des Luthiers et Maîtres Sonneurs dans le château de Saint-Chartier en Juillet. Maison de George Sand. Fêtes Romantiques, théâtre. Musée George Sand, circuit de Formule 3.

Prix : 1 pers. **170 F**

Ouvert : le week-end et toutes les vacances scolaires.

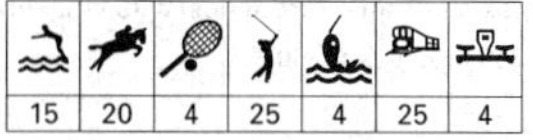

15	20	4	25	4	25	4

PASQUET-DARCHY Maurice et Martine - Vinceuil - 36400 SAINT-CHARTIER - Tél : 02 54 36 27 03

SAINT-GAULTIER (TH) *C.M. 68 Pli 17*

E.C. 2 ch. **Argenton-sur-Creuse 10 km. Château de la Prune 23 km. Gargilesse 25 km** Dans un manoir de 1650, entouré d'un parc de 4 500 m^2 de cèdres et de séquoïas, les propriétaires proposent 1 grande chambre au rez-de-chaussée (1 lit 160) avec salon (cheminée) et 2 salles de bains/WC. A l'étage, 1 grande chambre (1 lit 140) avec coin salon (cheminée) et salle d'eau/WC. Musée de la Chemiserie. Musée et site archéologique. Site de la Boucle du Pin à 15 km. Saint-Marcel 16 km. Langues parlées : anglais, hollandais.

Prix : 2 pers. **550 F** repas **160 F**

Ouvert : toute l'année sauf du 15 décembre au 1er janvier.

30	10	14	2,5	2,5	30	15	0,5	10	2

RIJPSTRA Renze - Le Manoir des Remparts - 14, rue des Remparts - 36800 SAINT-GAULTIER - Tél : 02 54 47 94 87 - Fax : 02 54 47 94 87

SARZAY Montgarni (TH) *C.M. 68 Pli 19*

3 ch. **Nohant 8 km. Saint-Chartier 14 km.** Maison de maître XIXème entourée d'un parc ombragé clos. 3 chbres d'hôtes au 1er étage (2 lits 140, 2 lits 90), salle de bains et WC attenants à chacune. Grande salle commune répartie en salon (cheminée), coin TV, salon/bibliothèque, espace musique, salle à manger, à la disposition des hôtes. Terrasse donnant sur le parc. Piscine privée. Parking. Produits de la ferme. A proximité : château de Sarzay. Circuit George Sand (Fêtes Romantiques). Festival Inernational des Luthiers et Maîtres Sonneurs. Circuit F3 à La Châtre. Langue parlée : anglais.

Prix : 1 pers. **200 F** 2 pers. **250 F** pers. sup. **60 F** repas **60/90 F**

Ouvert : toute l'année.

25	SP	20	7	25	25	20	0,5	7	7

LABAURIE Michel - Montgarni - 36230 SARZAY - Tél : 02 54 31 31 05 - Fax : 02 54 31 30 10

SARZAY Château de Sarzay (TH) *C.M. 68 Pli 19*

4 ch. **Nohant 5 km. La Châtre 7 km.** 4 chambres d'hôtes aménagées dans l'enceinte d'un château du XIVème sc. ouvert au public (visites guidées). Grande cour intérieure (expositions diverses). Grande salle de réunion aménagée dans les dépendances pour les mariages et fêtes de famille. R.d.c. : Grand séjour avec cheminée (piano) /coin cuisine. 1 chbre (1 lit 140) avec salle d'eau/WC attenante. Etage : coin détente (canapé, vidéo). 3 chbres (2 lits 140, 2 lits 90) possédant chacune salle d'eau/WC attenants. Musée George Sand. Animations estivales. Langue parlée : anglais.

Prix : 1 pers. **250 F** 2 pers. **280 F** repas **60 F**

Ouvert : toute l'année.

25	7	20	7	25	25	22	6	7	7

HURBAIN Richard - Château de Sarzay - 36230 SARZAY - Tél : 02 54 31 32 25

SAULNAY La Marchandière *C.M. 68 Pli 7*

3 ch. **Parc animalier de la Haute Touche 20 km. Bellebouche 11 km.** 3 chbres d'hôtes dans une ferme de Brenne située en pleine campagne. 2 chbres au rez-de-chaussée avec entrée indépendante (1 lit 140), salle d'eau et WC attenants. 1 chbre à l'étage (pour famille de 5 pers.) avec accès indépendant (1 lit 140, 3 lits 90) par escalier, salle d'eau et WC attenants. S. à manger avec cheminée à disposition (TV couleur). Salon (magnétoscope). S. de jardin, portique, VTT. Grange aménagée en salle de jeux (ping-pong, billard américain, cuisine équipée pour séjours). Randonnées à partir de l'O.T. de Mézières-en-Brenne.

Prix : 1 pers. **200 F** 2 pers. **230 F** pers. sup. **80 F**

Ouvert : toute l'année.

11	16	12	8	11	11	10	SP	45	2,5

RENONCET Alain et Jocelyne - La Marchandière - 36290 SAULNAY - Tél : 02 54 38 42 94

SAUZELLES *C.M. 68 Pli 5*

2 ch. **Aire de loisirs de Mijault à 500 m. Abbaye de Fontgombault 2 km.** Dans la vallée de la Creuse ancienne grange restaurée offrant 2 chambres d'hôtes à l'étage (2 lits 140, 1 lit 90) avec chacune salle d'eau et WC attenants. Possibilité lits appoint pour enfants. Entrée indépendante. Terrasse couverte. Jardin d'agrément (salon de jardin, portique). Parking Tarif dégressif à partir de 2 nuits-forf. séjour : 900 F/2 pers./semaine. Animations gratuites proposées par le Sipat l'été, tir à l'arc, kayak... Aire de loisirs de Mijault à 500 m. Fromage de Pouligny-Saint-Pierre (AOC) 10 km. Angles-sur-Anglin (broderies) à 15 km. Futuroscope de Poitiers à 50 km. Tarif 4 pers. : 350 F.

Prix : 1 pers. **200 F** 2 pers. **250 F** 3 pers. **300 F**

Ouvert : de Pâques à la Toussaint.

1	7	2	2	7	7	2	0,5	50	2

CHEZEAUX Marie-Françoise - 3, rue de la Vallée - 36220 SAUZELLES - Tél : 02 54 37 63 33 - Fax : 02 54 37 63 33

SAUZELLES *C.M. 68 Pli 5*

2 ch. **Abbaye de Fontgombault 2 km. Fromage de Pouligny-Saint-Pierre 10 km.** Dans une ferme berrichonne de la fin du XIXe s. située dans le Parc Régional de la Brenne, entre les vallées de la Creuse et de l'Anglin, 2 chambres d'hôtes (2 lits 140, possibilité lit pour bébé) de plain-pied avec sanitaires complets attgenants. Grand jardin arboré et fleuri clos (chaises longues, salon de jardin). Parking. Enft -de 5 ans gratuit. Animations gratuites proposées par le SIPAT l'été, tir à l'arc, kayak... Aire de loisirs de Mijault à 500 m. Angles-sur-Anglin (broderies) à 15 km. Futuroscope de Poitiers à 50 km.

Prix : 1 pers. **225 F** 2 pers. **250 F** pers. sup. **60 F**

Ouvert : toute l'année.

1	7	2	2	7	7	2	0,5	50	2

BAELDE J.-Cl. et Jeannette - 4, impasse des Charbonnières - Tilloux - 36220 SAUZELLES - Tél : 02 54 28 58 56 - Fax : 02 54 28 59 23 - E-mail : les-treilles@wanadoo.fr

TENDU La Chasse *C.M. 68 Pli 18*

3 ch. **Argenton-sur-Creuse 10 km. Saint-Marcel 6 km. Site Boucle du Pin 18 km** Un accueil chaleureux vous attend à »La Chasse« , une ferme d'élevage de 200 hectares, où vous trouverez 3 chambres d'hôtes à l'étage. 1ère chbre (1 lit 140) avec salle d'eau et wc attenants (3 Epis). Salle de bains et WC réservés aux 2 autres chambres (2 lits 140, 1 lit 90, 2 lavabos) (2 Epis). Salle à manger/salon avec cheminée. Parking. Salon de jardin. Hébergement réservé aux non fumeurs. Musée de la Chemiserie. Chantier de fouilles et musée archéologique. Enfant 80 F. Suite 390 F. Langue parlée : anglais.

Prix : 1 pers. **160/180 F** 2 pers. **270/300 F** 3 pers. **360 F** repas **50/160 F**

Ouvert : toute l'année sauf en janvier, février, mars.

1	10	13	10	30	30*	14	33	SP	10	10

MITCHELL Robin - La Chasse - 36200 TENDU - Tél : 02 54 24 07 76

THEVET-SAINT-JULIEN La Garenne *C.M. 68 Pli 19*

2 ch. **Nohant 8 km. Saint-Chartier 7 km. La Châtre 10 km.** 2 chbres d'hôtes ayant chacune une entrée indépendante, aménagées au rez-de-chaussée d'une ferme restaurée du XVIIIème sc. 1ère chbre (1 lit 140, 1 lit ancien 120), salle de bains et WC attenants. 2ème chbre (1 lit 140), salle de bains et WC attenants. Grand séjour (TV, coin musique) avec cheminée. Cour (parking privé) et jardin fleuri. Randonnées sur place (7 à 21 km). Maison de George Sand, théâtre. Festival International des Luthiers et Sonneurs en Juillet. Musée George Sand, circuit de Formule 3.

Prix : 1 pers. **220 F** 2 pers. **280/320 F** pers. sup. **80 F**

Ouvert : de Pâques à la Toussaint.

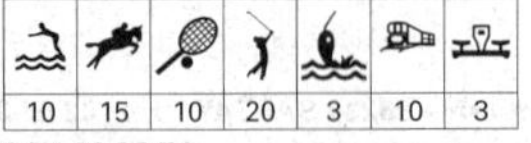

10	15	10	20	3	10	3

FRENKEL Solange - La Garenne - 36400 THEVET-SAINT-JULIEN - Tél : 02 54 30 04 51

THEVET-SAINT-JULIEN La Garenne *C.M. 68 Pli 19*

1 ch. **Nohant 8 km. Saint-Chartier 7 km. La Châtre 10 km.** Dans une maison située dans un petit hameau, une chambre d'hôtes (1 lit 140, douche et WC attenants) avec entrée indépendante au rez-de-chaussée. Salon avec cheminée à disposition (TV). Jardin (salon de jardin, chaises longues, vélos). Parking. Maison de George Sand, théâtre. Festival International des Luthiers et Sonneurs en Juillet. Musée George Sand, circuit de Formule 3. Enfant : 80 F.

Prix : 1 pers. **200 F** 2 pers. **250 F** pers. sup. **100/150 F**

Ouvert : du 1er avril au 31 octobre.

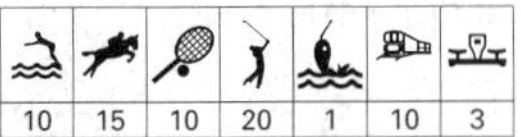

10	15	10	20	1	10	3

BEVIS Françoise - La Garenne - 36400 THEVET-SAINT-JULIEN - Tél : 02 54 30 05 29

TOURNON-SAINT-MARTIN La Charité

C.M. 68 Pli 6

1 ch. **Fontgombault 12 km. Argentomagus 50 km. Futuroscope de Poitiers 60 km.** 1 chambre d'hôtes (1 lit 140) aménagée au rez-de-chaussée d'une ferme d'élevage. Salle d'eau attenante. WC dans l'entrée. Salle de séjour (TV) à la disposition des hôtes. Cour non close. Possiblité logement de chevaux. Circuit nature sur la ferme et observatoire. Sur place : gîte rural et gîte d'étape. Parc animalier de la Haute Touche à 20 km. Musée archéologique et chantier de fouilles. Langues parlées : anglais, espagnol.

Prix : 1 pers. **150 F** 2 pers. **180 F** repas **70 F**

Ouvert : toute l'année.

12	20	15	4	20	30	20	17	2	40	4

FERME DE LA CHARITE - Famille GAGNOT - Route de Martizay - 36220 TOURNON-SAINT-MARTIN - Tél : 02 54 37 52 77 - Fax : 02 54 37 52 77

TOURNON-SAINT-MARTIN

C.M. 68 Pli 6

3 ch. Au pays des Mille Etangs, en bordure de Creuse, 3 chambres d'hôtes (2 lits 140, 1 lit 160) avec salle de bains et WC attenants à chacune et terrasse privative, situées dans une habitation contemporaine entourée d'un jardin paysagé agrémenté d'une piscine (salon de jardin, chaises longues, barbecue à disposition).

Prix : 1 pers. **300 F** 2 pers. **350 F**

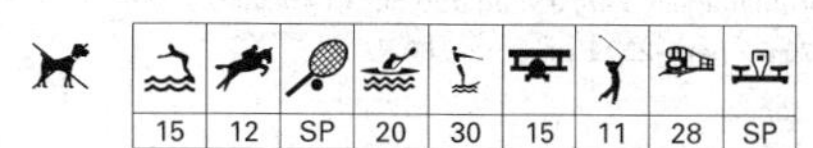

15	12	SP	20	30	15	11	28	SP

SIMONNET Christiane - 24 bis, route de le Blanc - 36220 TOURNON-SAINT-MARTIN - Tél : 02 54 28 77 34 - Fax : 02 54 28 77 34

TRANZAULT

C.M. 68 Pli 19

2 ch. 1 chambre d'hôtes indépendante à l'étage de la ferme (1 lit 140) avec salle d'eau et WC. Salon à disposition (TV couleur, canapé-lit 140). Cour et grand parc (aire de jeux, salon de jardin). Chambre de séjour aménagée dans une maisonnette située à côté de celle du propriétaire (1 lit 140) : Cuisine (lave-linge, réfrigérateur, micro-ondes), salon, TV couleur., Canapé-lit 140. Possibilité pêche sur petit étang privé. Randonnées sur sentiers balisés (GR46). Logement de chevaux sur place. Chambre de séjour (2 PERS.) : 1200 F/semaine. Enfant - de 10 ans : 40 F.

Prix : 1 pers. **170 F** 2 pers. **220 F** 3 pers. **320 F**

Ouvert : toute l'année.

6	15	20	6	6	25	SP	28	5

MICHOT Bertrand - 15, chemin de Coutin - 36230 TRANZAULT - Tél : 02 54 30 88 42 - Fax : 02 54 30 96 52

VEUIL Les Rôtis

C.M. 64 Pli 18

1 ch. **Château de Valençay 6 km. Forêt de Gâtines 3 km.** Chambre de séjour située sur une base U.L.M. à côté d'un petit gîte d'étape. Séjour/salon. Coin cuisine aménagé (micro-ondes, lave-linge). 1 chambre (1 lit 140, 1 lit 90). Sanitaires complets (douche, lavabo, WC). Jardin à l'avant (salon de jardin, barbecue). Piscine d'usage commun. Possibilité bâptème de l'air en U.L.M. et location VTT. Forfait séjour 1600 F. Châteaux de la Loire à proximité.

Prix : 1 pers. **200 F** 2 pers. **250 F** 3 pers. **320 F** pers. sup. **70 F** repas **80 F**

Ouvert : toute l'année.

SP	SP	2	6	14	14	SP	SP	6	2

COLIN Stéphane - Les Rôtis - 36600 VEUIL - Tél : 02 54 40 35 04 - Fax : 02 54 40 31 63

VICQ-SUR-NAHON L'Echalier

C.M. 64 Pli 18

3 ch. **Valençay 7 km. Luçay-le-Mâle 8 km.** Ferme restaurée sur une exploitation agricole comprenant 3 chambres d'hôtes. Chambre Wright et Chambre Blériot (1 lit 2 pers. chacune), salle de bains et wc privatifs à chacune. Chambre Saint-Exupéry (1 lit 2 pers. 2 lits 1 pers. superposés). Salle de bains privative. Salon de jardin. Club house et billard américain. Location VTT. Vols promenades au dessus des châteaux de la Loire avec le propriétaire. Langues parlées : anglais, allemand.

Prix : 1 pers. **230 F** 2 pers. **260 F** pers. sup. **70 F** repas **70/150 F**

Ouvert : toute l'année.

20	7	20	2,5	20	25	SP	30	2,5	20	2,5

MOSZKOWICZ Helmut et Banyen - L'Echalier - 36600 VICQ-SUR-NAHON - Tél : 02 54 40 35 98 - Fax : 02 54 40 36 00 - E-mail : hmoszko@wanadoo.fr

VIGOULANT Les Pouges

C.M. 68 Pli 19

3 ch. **La Châtre 17 km. Nohant 22 km. Saint-Chartier 25 km.** 3 chbres d'hôtes, ayant chacune salle d'eau et WC attenants, situées dans une ancienne ferme entièrement restaurée, à proximité de la Creuse. 1ère chbre (1 lit 180, 1 lit 90), 2ème chbre (2 lits 90, 1 lit enfant). 3ème chbre (2 lits 90). Grde salle à manger commune. Salon à disposition (TV) Pièce détente/coin salon (jeux). Jeux d'extérieur, s. de jardin. Petit déjeuner et couchage enfant - 5 ans gratuit. VTT, pêche sur place. Possibilité accès piscine du propriétaire. Circuit de F3, musée George Sand. Animations estivales. Festival des Luthiers.

Prix : 1 pers. **190 F** 2 pers. **220 F** 3 pers. **250 F** pers. sup. **40 F** repas **35/69 F**

Ouvert : toute l'année.

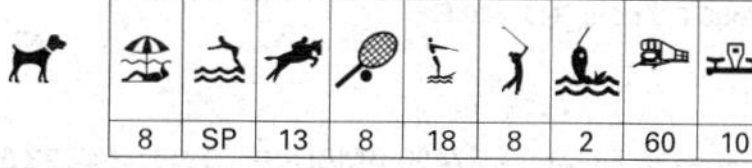

8	SP	13	8	18	8	2	60	10

HYZARD Anne-Marie - La Ferme des Vacances - Les Pouges - 36160 VIGOULANT - Tél : 02 54 30 60 60

VIGOUX

C.M. 68 Pli 17

2 ch. **Lac Chambon 20 km. Site archéologique d'Argentomagus 12 km.** 2 chambre d'hôtes à l'étage d'une ferme. 1ère chambre (1 lit 160), salle d'eau et WC attenants. 2 chambres contigües (2 à 4 pers.) avec salle d'eau et WC attenants. Grand séjour à la disposition des hôtes. Cour close (salon de jardin). Terrasse et jardin fleuri en saison. A 71 : sortie 19 (Vigoux-Celon).

Prix : 2 pers. **230 F** pers. sup. **100 F**

20	10	10	10	20	20	15	2	SP

DAMET Odette - 5, rue des Bois - 36170 VIGOUX - Tél : 02 54 25 30 26

VILLEDIEU-SUR-INDRE La Bruère

C.M. 68 Pli 7

3 ch. **Châteauroux 15 km. Déols 17 km.** Ancienne ferme rénovée, entourée de 2 ha de jardin, située à proximité d'un golf, comprenant 3 chambres d'hôtes (2 lits 140, 2 lits 90) ayant chacune des sanitaires complets (douche, lavabo, WC) attenants. Salon avec cheminée (TV) à disposition. Salon de jardin et portique. Abri pour voiture. Enfant - 5 ans gratuit. Golf 18 trous à Villedieu. Musée Bertrand (souvenirs napoléoniens, expositions picturales), couvent des Cordeliers, lac de Belle-Isle (pêche, bain, voile, canoé, promenades). Parc écologique des Chenevières, sentiers de randonnée. Langue parlée : anglais.

CV

Prix : 1 pers. **170 F** 2 pers. **220 F** pers. sup. **60 F**

Ouvert : toute l'année.

15	5	14	6	15	15	10	6	6	16	6

STONE Alec-Stephen - La Bruere - 36320 VILLEDIEU-SUR-INDRE - Tél : 02 54 26 11 14

Indre-et-Loire

GITES DE FRANCE TOURAINE - Service Réservation
38, rue Augustin Fresnel - B.P. 139
37171 CHAMBRAY-LES-TOURS Cedex
Tél. 02 47 48 37 13 - Fax. 02 47 48 13 39
http://www.loire-valley-holidays.com
E.mail : info@loire-valley-holidays.com

3615 Gîtes de France
1,28 F/min

AMBOISE Chanteloup

C.M. 64 Pli 16

2 ch. Ds une maison rurale d'aspect modeste offrant un confort simple : 2 ch. 1e ch. (1 lit 2 pers., salle d'eau privée : lavabo, douche, toilettes). 2e ch. (1 lit 2 pers., 1 lit 1 pers., salle d'eau privée : lavabo, douche), wc privé réservé à la 2e ch. sur le palier. Jardin d'agrément (salon de jardin pour pique-nique). Proximité d'une ferme et de la forêt d'Amboise. Parking privé. La maison, une ancienne plâtrerie du site classé de Chanteloup, est située au calme en retrait à 2 km d'Amboise. Toutes les ch., claires et aérées, ont chauffage d'appoint en toute saison et des sanitaires ventilés. 2 nuits minimum en vacances scol. Réduc. de 10 % à partir de 3 nuits.

Prix : 1 pers. **185 F** 2 pers. **245 F** 3 pers. **290 F** pers. sup. **55 F**

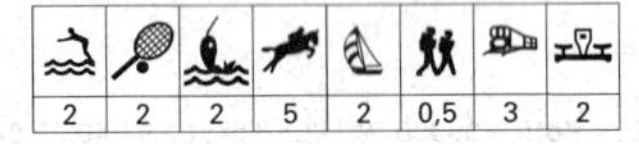

2	2	2	5	2	0,5	3	2

LAIZE Caroline - Chanteloup - 37400 AMBOISE - Tél : 02 47 57 03 85

AMBOISE

C.M. 64 Pli 16

3 ch. Aménagées dans une belle maison face à des vignes, 3 ch. Grand jardin ombragé. 1e ch. (1 lit 2 pers., 2 lits 1 pers.) avec salle de bains et wc privés non attenants. 2e ch. (1 lit 180) avec salle d'eau et wc privés. 3e ch. (1 lit 2 pers.) avec salle de bains et wc privés non attenants. Lit bébé : 60 F. Salon de jardin, terrasse, parking. Gare à 1 km. Belle région pour activités sportives et touristiques. Swin-golf à 1 km. Langue parlée : anglais.

CV

Prix : 1 pers. **240 F** 2 pers. **270 F** 3 pers. **300/340 F**

0,5	2	2	5	8	0,5	1	1

JOLIVARD Lucette - 2 clos de la Gabiliere - 37400 AMBOISE - Tél : 02 47 57 21 90

AMBOISE Les Vallinières

C.M. 64 Pli 16

2 ch. Dans maison de caractère,2 ch. Calme absolu, pleine campagne, bord de forêt d'Amboise, balades à pieds, à vélo. 1 ch. (1 lit 2 pers., 2 lits 1 pers., baignoire, douche, lavabo et wc privés), 1 ch. (1 lit 2 pers., 1 lit 1 pers.) avec bains, douche et sanitaires privatifs non attenants. Parking, cour, terrasse. Location vélos (500 m). Petit déjeuners au bord de l'eau sous regard envieux des tortues et des carpes gourmandes. Sur D61, chemin privé à droite, 1.3 km aprés rond-point de sortie d'Amboise.

CV

Prix : 2 pers. **250/350 F** 3 pers. **340/440 F**

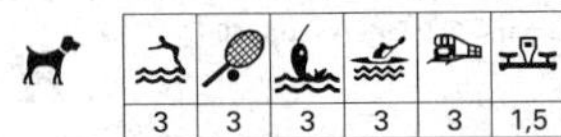

3	3	3	3	3	1,5

PASQUET Pierre - Les Vallinieres - 37400 AMBOISE - Tél : 02 47 23 27 42 ou SR : 02 47 48 37 13 - Fax : 02 47 23 25 05 - E-mail : pierre@pasquet.com

AMBOISE Les Vergers de la Ménaudière *C.M. 64 Pli 16*

1 ch. Dans une ancienne ferme de la fin XVIIIe située dans un cadre de verdure (parc de 3 ha. avec pièce d'eau), à 2 km du centre d'Amboise : 1 suite. Ameublement de qualité. La suite est composée d'une 1e ch. avec 2 lits 1 pers., d'une 2e ch. avec 1 lit 2 pers., d'une salle de bains et de wc privés. Accés direct à la forêt d'Amboise pour promenade. Tarif pour 4 personnes : 450F. Langue parlée : anglais.

Prix : 2 pers. **300 F** 3 pers. **400 F**

2,5	2,5	2,5	9	4	SP	2	2

FOREST Gérard - Les Vergers de la Menaudiere - 37400 AMBOISE - Tél : 02 47 57 06 96 ou SR : 02 47 48 37 13 - Fax : 02 47 57 06 96

ANCHE *C.M. 64 Pli 13*

2 ch. Dans une maison paysanne des XVIII et XIX au cœur d'un village vigneron du Val de Vienne, à 6 km de Chinon : 2 ch. d'hôtes indép.(dont 1 suite à mi-étage). Elles ont chacune salle de bains et wc privés. La suite se compose d'une chambre avec 1 lit 2 pers. et d'un grand salon avec cheminée et 1 lit 1 pers. La chambre située au r.d.c. est équipée de 2 lits 1 pers. Possibilité de lits d'enfants sur demande. Ameublement et décoration de style. Grand jardin clos et ombragé. Parking. Langues parlées : italien, anglais.

Prix : 1 pers. **240 F** 2 pers. **280/320 F** 3 pers. **400 F** pers. sup. **70 F**

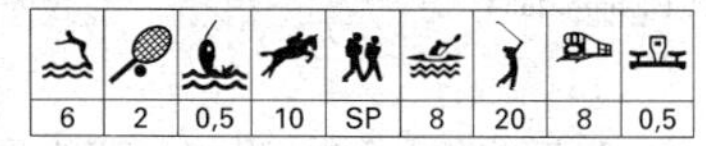

6	2	0,5	10	SP	8	20	8	0,5

FOURRIER - Les Prunellieres - 16 rue de la Gautraie - 37500 ANCHE - Tél : 02 47 93 15 47 ou SR : 02 47 48 37 13

ARTANNES-SUR-INDRE *C.M. 64 Pli 14*

1 ch. Dans la dépendance d'une maison tourangelle du XIXe située au centre du village. 1 suite composée de 2 ch. : (1 lit 2 pers., 1 lit 1 pers.) et (1 lit 120) à l'étage avec salle d'eau et wc privés. Séjour en r.d.c. avec coin-cuisine à l'usage exclusif des hôtes (ameublement rustique, TV, tèl. à compteur). Cour fleurie, parking intérieur. Possibilité forfait séjour : 1700 F/semaine pour 2 pers. Lit bébé à disposition. GR3 sur place.

Prix : 1 pers. **250 F** 2 pers. **280 F** pers. sup. **90 F**

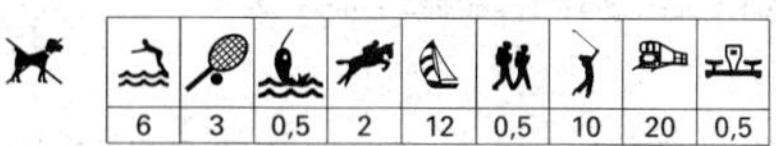

6	3	0,5	2	12	0,5	10	20	0,5

SCHAEFER Evelyne - 23 avenue de la vallée du Lys - 37260 ARTANNES-SUR-INDRE - Tél : 02 47 26 80 22 ou SR : 02 47 48 37 13

ATHEE-SUR-CHER Vallet (TH) *C.M. 64 Pli 15*

3 ch. Dans une maison de caractère du XVIIIe en bord de Cher : 3 ch. au r.d.c ou à l'étage. Toutes les chambres sont équipées d'une salle de bains, de wc privés. 2 chambres ont chacune 1 lit 2 pers. et 1 lit 1 pers. La 3e chambre a 1 lit 2 pers. TV, magnétoscope et films à disposition des hôtes. Terrasse, beau parc, parking. Table d'hôtes le soir. Langues parlées : allemand, anglais.

Prix : 1 pers. **270/380 F** 2 pers. **300/400 F** pers. sup. **100 F** repas **140 F**

5	5	SP	5	5	SP	SP	22	2

CHAUDIERE Augustin - Vallet - 37270 ATHEE-SUR-CHER - Tél : 02 47 50 67 83 ou SR : 02 47 48 37 13 - Fax : 02 47 50 68 31 - E-mail : pavillon.vallet@wanadoo.fr

ATHEE-SUR-CHER Le May *C.M. 64 Pli 15*

1 ch. Maison d'habitation située dans une ancienne ferme. 1 chambre au r.d.c. avec 1 lit 2 pers., 1 convertible de qualité, salle d'eau et wc privés. TV installée dans la chambre. Séjour avec TV et cheminée. Accueil et repos avec salon de jardin. Billard possible. Terrasse, parking. Maison située à 1 km d'Athée sur la D83 à droite. 1500 F/semaine pour 2 pers. Lit de bébé gratuit.

Prix : 1 pers. **200 F** 2 pers. **250 F** pers. sup. **70 F**

6	1	2	SP	6	SP	18	1

POITEVIN Laurence - Le May - 4 ch. la Trepignerie - 37270 ATHEE-SUR-CHER - Tél : 02 47 50 68 14 ou SR : 02 47 48 37 13 - Fax : 02 47 50 60 24

AZAY-LE-RIDEAU Les Méchinières *C.M. 64 Pli 14*

2 ch. Dans une ferme en activité (moutons, daims), ancienne dépendance du château du Gerfault : 2 ch. en rez-de-chaussée. Totalement indépendantes ces chambres ont chacune salle d'eau privée et wc privé : 1e ch. (1 lit 2 pers.), 2e ch. (2 lits 120). Grand salon à disposition des hôtes. Coin-cuisine disponible sous condition. Grand jardin en pelouse et terrasse avec mobilier de jardin. Langue parlée : anglais.

Prix : 1 pers. **270 F** 2 pers. **300 F**

4	SP	SP	7	SP	18	3,5	3,5

DE CHENERILLES François - Les Mechinieres - 37190 AZAY-LE-RIDEAU - Tél : 02 47 45 32 67 ou SR : 02 47 48 37 13

AZAY-LE-RIDEAU La Petite Loge  *C.M. 64 Pli 14*

5 ch. Dans une ancienne fermette tourangelle sur 1 ha. en partie boisé, à 1 km du centre d'Azay-le-Rideau : 5 ch. bénéficiant d'une entrée indépendante. 1 ch. (2 lits 2 pers.), 1 ch. (2 lits 1 pers.) et 3 ch. avec chacune 1 lit 2 pers. Toutes étant équipées d'une salle d'eau et de wc privés. Coin-cuisine à disposition. Parking, mobilier de jardin, portique. Langues parlées : anglais, espagnol.

Prix : 1 pers. **250 F** 2 pers. **280 F** pers. sup. **100 F**

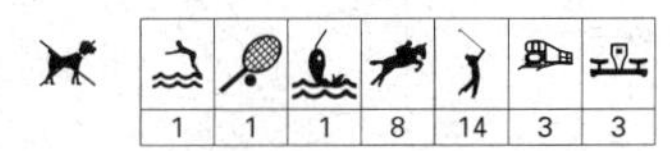

1	1	1	8	14	3	3

BANTAS Christine - La Petite Loge - 15, route de Tours - 37190 AZAY-LE-RIDEAU - Tél : 02 47 45 26 05 ou SR : 02 47 48 37 13

AZAY-LE-RIDEAU Marnay *C.M. 64 Pli 14*

2 ch. Maison neuve dans village. 2 ch. au r.d.c. (1 lit de 2 pers.). Douche et wc privés. Terrain non clos. Entrée indépendante. Parking. Musée Maurice Dufresne à proximité (machines anciennes).

Prix : 1 pers. **135 F** 2 pers. **155 F**

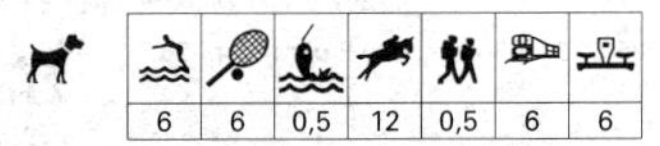

6	6	0,5	12	0,5	6	6

NICAUD Catherine - 1, chemin de la Butte - Marnay - 37190 AZAY-LE-RIDEAU - Tél : 02 47 45 23 30

AZAY-SUR-CHER Le Clos des Augers  *C.M. 64 Pli 15*

2 ch. Dans les dépendances d'une propriété rurale XVIIIe : une chambre et une suite. Suite duplex 2/4 pers. (TV, 1 lit 2 pers., douche, wc au r.d.c. et espace nuit avec 1 lit gigogne 2 pers. à l'étage). 1 ch. (TV, 1 lit 2 pers., douche, wc). Table d'hôtes sur réservation, partagée avec propriétaires dans leur salle à manger. Cour fleurie avec salons de jardin, garage, voiture, étang, prairie 2 ha. avec animaux, prés à chevaux. Réservation possible par minitel 3615 Gîtes de France. Langue parlée : anglais.

Prix : 1 pers. **270 F** 2 pers. **290 F** 3 pers. **380 F** repas **120 F**

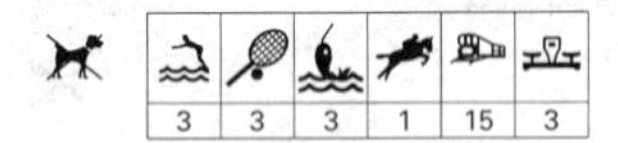

3	3	3	1	15	3

HELLIO Philippe - Le Clos des Augers - 37270 AZAY-SUR-CHER - Tél : 02 47 50 49 49 ou SR : 02 47 48 37 13 - Fax : 02 47 50 49 51 - E-mail : closdesaugers@wanadoo.fr

AZAY-SUR-CHER Le Patouillard *C.M. 64 Pli 15*

3 ch. 3 chambres indépendantes sur exploitation agricole en activité. 1er étage : salle d'eau ou salle de bains et wc privés. 2 ch. (1 lit 2 pers.), 1 ch. (2 lits 1 pers.). Salle de séjour (cheminée). Coin-cuisine à disposition des hôtes. Jardin, mobilier de jardin.

Prix : 1 pers. **200 F** 2 pers. **250 F** 3 pers. **310 F**

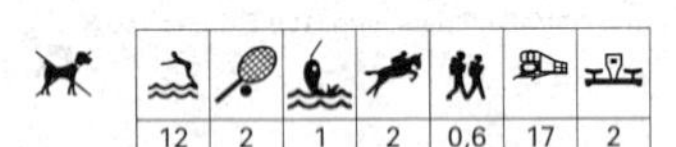

12	2	1	2	0,6	17	2

MOREAU Marinette - Le Patouillard - 37270 AZAY-SUR-CHER - Tél : 02 47 50 41 32 - Fax : 02 47 50 47 65

AZAY-SUR-CHER Château du Coteau *C.M. 64 Pli 15*

6 ch. A l'étage du pavillon de l'horloge d'une propriété romantique du XIXe, au milieu d'un parc animalier de 12 ha. au bord du cher : 6 chambres. Toutes les ch. ont salle de bains ou douche, wc, tél. et TV. 4 ch. (2 lits 1 pers. juxtaposables en 1 lit 2 pers.), 1 ch. (1 lit 160), 1 appartement (salon, coin-cuisine, 1 ch. à 1 lit 2 pers., 1 ch. à 3 lits 1 pers.). Salon à disposition des hôtes (piano). Nuitée pour 2 pers. dans l'appartement : 780 F. Parc animalier. Vol en montgolfière. Langue parlée : anglais.

Prix : 2 pers. **485/780 F** pers. sup. **160 F**

5	5	SP	SP	SP	SP	15	17	2

TASSI - Château du Coteau - 37270 AZAY-SUR-CHER - Tél : 02 47 50 47 47 ou SR : 02 47 48 37 13 - Fax : 02 47 50 49 60

AZAY-SUR-INDRE Moulin de la Follaine *C.M. 64 Pli 16*

3 ch. Dans un moulin de caractère aux mécanismes en état de marche : 3 ch. dont 2 suites. La Follaine, ancien territoire de chasse du Marquis de La Fayette, située entre Val de Loire et Touraine du sud. Vous apprécierez tranquillité et fraicheur du parc aquatique de 2 ha., qui abrite, en outre, un gîte rural. Chaque chambre a salle de bains et wc privés. 1 chambre en rez-de-jardin (1 lit 2 pers.). Etage : 1 suite (3 lits 1 pers.), 1 suite (1 lit 2 pers., 1 lit 130, 1 lit 1 pers.). Salon (TV, cheminée). TV sur demande dans ch. Parc avec mobilier jardin, pêche possible. Labyrinthe végétal : Reignac 3 km. Langues parlées : anglais, espagnol.

Prix : 1 pers. **300/340 F** 2 pers. **320/380 F** 3 pers. **420/480 F** pers. sup. **100 F**

10	3	SP	6	10	SP	1	20	10	3

LIGNELET Danie - Moulin de la Follaine - 37310 AZAY-SUR-INDRE - Tél : 02 47 92 57 91 - http://www.multimania.com/moulindefollaine

AZAY-SUR-INDRE La Bihourderie — TH — *C.M. 64 Pli 16*

4 ch. Dans la maison du porteur de lances, Mignés sera heureuse de vous accueillir dans une des 4 ch. indépendantes au r.d.c. de sa jolie demeure typique du Lochois, 1e prix gîtes fleuris. Mignés fête cette année ses 10 ans de chambres d'hôtes. Pour l'occasion, de janvier à mars et d'octobre à décembre, pour 3 nuits louées Mignés offre la 4e. Dans chaque chambre bains ou douche et wc privés : 1 twin (2 lits 1 pers.), 1 double, 2 triples. Lit bébé. Salon conçu pour les hôtes (cuisine, TV vidéo). Jardin (portique, ping-pong, vélo, pétanque). Panier pique-nique possible à midi. Langue parlée : anglais.

Prix : 1 pers. **220 F** 2 pers. **250/270 F** 3 pers. **330/350 F** pers. sup. **80 F** repas **85 F**

10	6	2,5	6	18	0,5	20	60	4	5

BOUIN Marie-Agnes - La Bihourderie - 37310 AZAY-SUR-INDRE - Tél : 02 47 92 58 58 ou SR : 02 47 48 37 13 - Fax : 02 47 92 22 19

BALLAN-MIRE Château du Vau — TH — *C.M. 64 Pli 14*

4 ch. A l'étage d'un château bati vers la fin du XVIIIe et situé sur 110 ha. de parc et forêt : 4 chambres. A proximité d'une ferme produisant du foie gras (volailles fermières, moutons, chevaux) et à mi-chemin entre Tours et Azay-le-Rideau. 1 ch. (2 lits 1 pers.), 3 ch. (1 lit 2 pers.), avec chacune salle de bains et wc privés. 2 salons réservés aux hôtes. Accès au parc du château. Golf 18 trous à 300 m. Langues parlées : anglais, allemand.

Prix : 1 pers. **480/510 F** 2 pers. **510/550 F** 3 pers. **610/650 F** pers. sup. **100 F** repas **150/180 F**

9	2	2	0,3	13	2

CLEMENT Bruno - Château du Vau - 37510 BALLAN-MIRE - Tél : 02 47 67 84 04 ou SR : 02 47 48 37 13 - Fax : 02 47 67 55 77 - E-mail : chateauduvau@chez.com - http://www.chez.com/chateauduvau

BALLAN-MIRE Château de Bois Renault — *C.M. 64 Pli 14*

5 ch. A l'étage d'un château du XVIIIe remanié au XIXe, dans un parc boisé de 22 ha clos de mur, à 10 mn de Tours : 5 chambres luxueuses. Toutes les chambres bénéficient d'une vaste salle de bains et de wc privés. Elles sont équipées soit de 2 lits 1 pers., soit d'un lit 2 pers. de grande dimension (160 ou 180). Une des chambres donne sur une terrasse qui domine le parc. Toutes les chambres ont le téléphone et deux d'entre elles sont climatisées. Salon. Salle TV. Langues parlées : anglais, allemand.

Prix : 1 pers. **550/850 F** 2 pers. **600/900 F** pers. sup. **150 F**

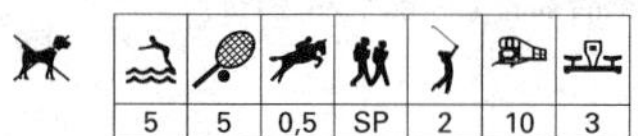

5	5	0,5	SP	2	10	3

DUHOUX François - Château de Bois Renault - 37510 BALLAN-MIRE - Tél : 02 47 67 89 38

BEAUMONT-EN-VERON La Balastière-Grézille — TH — *C.M. 64 Pli 13*

4 ch. Dans ancienne ferme restaurée XVe-XIXe : 4 chambres avec entrées indép. Gd jardin ombragé entouré par le vignoble. R.d.c. : 2 chambres (1 lit 2 pers. ou 2 lits 1 pers., s. de bains ou douche, 1 wc chacune, 1 coin-cuisine). Etage : 1 chambre (1 lit 2 pers., douche, wc), 1 grande chambre 50 m² (1 lit 2 pers., 2 lits 1 pers., baignoire, wc, coin-cuisine). Animation sur le goût et la gastronomie. La ferme est située à mi-chemin entre Chinon et Bourgueil. 1 gîte (4 pers.) sur place. Table d'hôtes sur réservation. Label »Panda« . Langues parlées : anglais, allemand.

Prix : 2 pers. **240/320 F** 3 pers. **390 F** repas **120 F**

3,5	3,5	1,5	4	5	0,5	5	3,5

DEGREMONT Antoinette - La Balastiere - Grezille - 37420 BEAUMONT-EN-VERON - Tél : 02 47 58 87 93 ou 06 81 69 35 06 - Fax : 02 47 58 82 41 - E-mail : balastiere@infonie.fr - http://perso.infonie.fr/balastiere

BEAUMONT-EN-VERON Château de Coulaine — *C.M. 64 Pli 13*

3 ch. A l'étage d'un château fin XVe (ISMH) au milieu d'un grand parc. 1 suite avec salle de bains (1 lit 160, 1 lit 1 pers., 1 lit enfant). 1 suite 3 pers. avec salle d'eau et wc. 1 ch. (lit 160 avec salle d'eau et wc). Salle avec cheminée et pièce avec réfrigérateur et four micro-ondes. Accueil des cavaliers. Réduction de 10% (2 nuits)et 15% (7 nuits et plus).

Prix : 1 pers. **280 F** 2 pers. **360 F** 3 pers. **420 F** pers. sup. **50 F**

Ouvert : 1er mars au 15 novembre.

3	3	0,5	3	3	0,5	3	4	3

DE BONNAVENTURE Jacques - Château de Coulaine - 37420 BEAUMONT-EN-VERON - Tél : 02 47 93 01 27

BEAUMONT-EN-VERON Grézille — *C.M. 64 Pli 13*

3 ch. A l'étage d'une ancienne propriété rurale du XVIIIe au cœur du Chinonais : 3 chambres. Entrée indépendante, grand séjour-salon avec coin-cuisine. 1 ch. (2 lits 1 pers., salle de bains et wc), 2 ch. avec douche et wc (1 lit 2 pers.). Jardin ombragé avec mobilier. Vue sur le vignoble. Langue parlée : allemand.

Prix : 2 pers. **290 F**

2	2	1	2,5	0,5	12	6	3,5

BACH Micheline - Grezille - 37420 BEAUMONT-EN-VERON - Tél : 02 47 58 43 53 ou 06 80 30 61 00 - Fax : 02 47 58 43 63 - E-mail : grezille.bach@wanadoo.fr

BEAUMONT-LA-RONCE La Guillonière *C.M. 64 Pli 5*

1 ch. Dans ancienne ferme. R.d.c. : 1 ch. avec douche et wc (1 lit 2 pers.). Parking. Restaurants : 1 km.

Prix : 2 pers. **170 F**

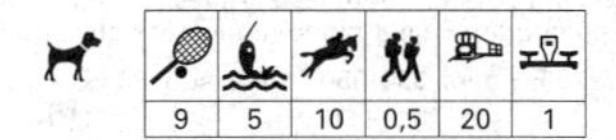

9	5	10	0,5	20	1

GERNIER Madeleine - La Guillonniere - 37360 BEAUMONT-LA-RONCE - Tél : 02 47 24 42 83

BEAUMONT-LA-RONCE La Louisière  *C.M. 64 Pli 5*

3 ch. Dans une ferme en activité située à proximité du bourg face au parc du château de Beaumont et à la lisière de la forêt : 3 chambres. Situées au 1e étage, elles ont toutes salle de bains ou salle d'eau privée et wc privés. Elles ont respectivement 2 lits 1 pers., ou 1 lit 2 pers. et 1 lit 1 pers. ou 1 lit 2 pers. et 3 lits 1 pers. Lit bébé. Séjour (cheminée et TV). Jardin. Parking. Jeux pour enfants, vélos. Restaurant à 300 m. Télévision dans toutes les chambres. Langue parlée : anglais.

Prix : 1 pers. **200 F** 2 pers. **230/250 F** 3 pers. **300/320 F** pers. sup. **70 F**

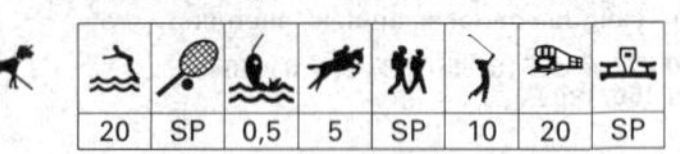

20	SP	0,5	5	SP	10	20	SP

CAMPION Michel - La Louisiere - 37360 BEAUMONT-LA-RONCE - Tél : 02 47 24 42 24 ou SR : 02 47 48 37 13

BERTHENAY Les Prés Bayard (TH) *C.M. 64 Pli 14*

2 ch. **Tours 12 km. Villandry 4 km.** Dans la dépendance (en partie XVe) d'une maison tourangelle XVIIIe, typique des bords de Loire, sur 7500 m² paysagers. 1 ch. (1 lit 2 pers.), 1 ch. (2 lits 1 pers. ou 1 lit 2 pers.) avec chacune douche et wc privés. Repas à réserver, sauf mercredi et dimanche soir. Piscine privée sécurisée. Ch. familiale et coin-cuisine en cours de réalisation. Parking privé. Accès rapide : axes autoroutiers (8 km). Animaux acceptés sous conditions. Remise 10% sur 3e nuit et suivantes. Langues parlées : anglais, espagnol.

Prix : 1 pers. **280 F** 2 pers. **320 F** pers. sup. **80 F** repas **110 F**

SP	3	SP	5	SP	3	8	1,5	3

BOUCHON Catherine - Les Prés Bayard - 37510 BERTHENAY - Tél : 02 47 50 13 14 ou 06 81 15 10 88 - Fax : 02 47 50 13 14 - E-mail : pres-bayard@wanadoo.fr

BERTHENAY L'Aireau des Bergeons  *C.M. 64 Pli 14*

2 ch. A l'étage, dans une ancienne fermette tourangelle (1840) située à 500 m en contrebas de la Loire et à 1 km du Val de Cher : 2 ch. Superbe jardin fleuri avec plusieurs terrasses et tonnelle disséminées dans une roseraie. Les chambres ont chacune 1 lit 2 pers. et un wc privé, plus une salle d'eau privée ou une salle de bains privée. Piscine privée (8x4m). A 20 mn de Tours et 5 mn du Châtau de Villandry. Langue parlée : anglais.

Prix : 1 pers. **250/280 F** 2 pers. **320/350 F** pers. sup. **80 F** repas **100 F**

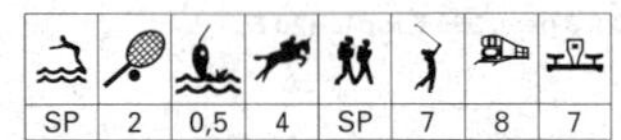

SP	2	0,5	4	SP	7	8	7

SALBREUX Marie - Chantoiseau - L'Aireau des Bergeons - 37510 BERTHENAY - Tél : 02 47 43 50 22

BERTHENAY La Grange aux Moines  *C.M. 64 Pli 14*

5 ch. **Tours 12 km. Villandry 5 km.** Situées dans une ancienne ferme du XVIIe restaurée, dans un hameau en bord de Loire : 5 chambres. Toutes avec entrée indép. salle d'eau et wc privés. R.d.c. : 1 ch. (1 lit 2 pers., 2 lits 1 pers.). Etage : 1 suite (1 lit 2 pers., 2 lits 1 pers.), 2 ch. (1 lit 2 pers.), 1 ch. (2 lits 1 pers.). Piscine privée, parc ombragé. Garage fermé. Location de bicyclettes. Langue parlée : anglais.

Prix : 1 pers. **290 F** 2 pers. **340/390 F** pers. sup. **140 F**

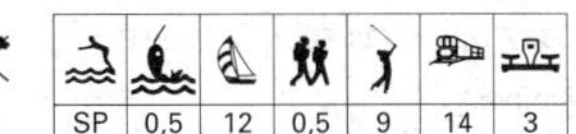

SP	0,5	12	0,5	9	14	3

MILLET Janine - La Grange aux Moines - 37510 BERTHENAY - Tél : 02 47 50 06 91 ou SR : 02 47 48 37 13 - Fax : 02 47 50 06 91

BLERE Moulin du Fief Gentil  *C.M. 64 Pli 16*

4 ch. Dans un moulin (XVIe et XIXe), à la sortie de Bléré, dans une propriété de 2,3 ha : 4 chambres. Sur place un étang de 6000 m² alimentant le bief qui passe sous le séjour où sont servis les repas. 2 chambres ont chacune 1 lit 160 ainsi que salle de bains et wc privés. Les 2 autres ont chacune 2 lits 1 pers., wc privés soit une s.de bains, soit une s.d'eau privée. Réduction de 10% pour 3 nuits et plus. Table d'hôtes sur réservation. Langues parlées : anglais, allemand.

Prix : 1 pers. **400/500 F** 2 pers. **450/550 F** pers. sup. **100 F** repas **175 F**

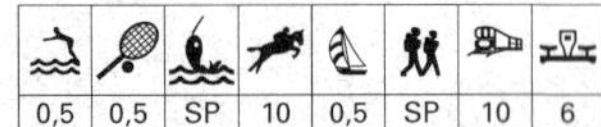

0,5	0,5	SP	10	0,5	SP	10	6

MASON Ann - Le Moulin du Fief Gentil - 37150 BLERE - Tél : 02 47 30 32 51 - Fax : 02 47 57 95 72 - E-mail : fiefgentil@wanadoo.fr - http://perso.wanadoo.fr/fiefgentil

BOSSAY-SUR-CLAISE La Fertauderie  *C.M. 68 Pli 6*

4 ch. Dans la dépendance d'une fermette XVIe, en pleine campagne. Parc paysager 6000 m^{2}, piscine privée. R.d.c. : 1 ch. 4 pers. (bains et wc). Etage : 2 ch. (chacune 1 lit 2 pers., douche et wc). 1 suite (1 ch. avec 1 lit 2 pers., douche, wc, séjour-cuisine avec 2 lits pliants 1 pers.). Coin-cuisine et salle de musique avec instruments à disposition. Séjour (cheminée, TV). Jardin en pelouse. Proximité des vallées de la Claise et de la Creuse, station thermale la Roche-Posay. Langue parlée : anglais.

Prix : 1 pers. **220 F** 2 pers. **250/280 F** 3 pers. **350 F** repas **80 F**

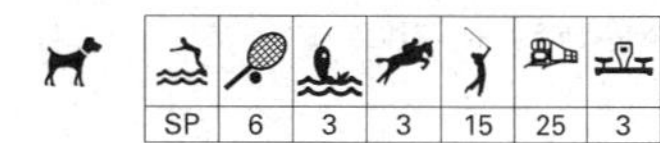

SP	6	3	3	15	25	3

GLENN JACQUES ET SA FAMILLE . - La Fertauderie - 37290 BOSSAY-SUR-CLAISE - Tél : 02 47 94 43 74 ou SR : 02 47 48 37 13 - Fax : 02 47 94 44 63 - E-mail : glennhome@free.fr

BOURGUEIL Bois Gravot  *C.M. 64 Pli 13*

2 ch. Dans un logis XVIIe bâti en lisière de forêt, au cœur d'un environnement naturel remarquable, idéalement calme, au bord d'un ruisseau et d'un sentier de randonnée. 2 ch. avec entrée indép. : 1 ch. à l'étage avec 1 lit 2 pers., salle d'eau et wc privés. 1 ch. au r.d.c. sur jardin, 1 lit 120, s.de bains, wc privés. Salon d'été avec cheminée. Parking privé. Vélos dispo. Grand jardin avec terrasse et parc ombragé. Proche de Chinon, Saumur et des Châteaux d'Azay-le-Rideau, Villandry et Langeais.

Prix : 1 pers. **300 F** 2 pers. **330 F**

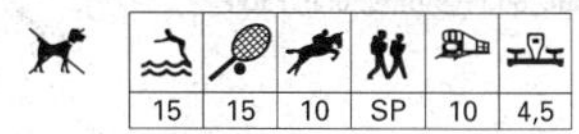

15	15	10	SP	10	4,5

THIBAUDAT Jacques - Bois Gravot - 3 route de Gravot - 37140 BOURGUEIL - Tél : 02 47 97 71 14 - Fax : 02 47 97 71 14

BOURGUEIL Le Moulin de Touvois (TH) *C.M. 64 Pli 13*

5 ch. Dans un ancien moulin du XVIIIe, à 5 km de Bourgueil et à 100 m d'un restaurant gastronomique : 5 chambres. 1 ch. au r.d.c. et 4 ch. à l'étage. 4 chambres sont équipées avec 1 lit 160 ou 2 lits 1 pers. jumelables plus salle de bains et wc privés. 1 chambre a 1 lit 2 pers. ainsi que douche et wc privés. Sur place à disposition des hôtes une piscine privée (12x6m). La piscine est située au milieu d'une grande pelouse dont l'accès est commandé par un petit pont de bois enjambant un ruisseau. Randonnées au départ du moulin. Table d'hôtes sur réservation.

Prix : 1 pers. **270/310 F** 2 pers. **300/350 F** pers. sup. **70 F** repas **80 F**

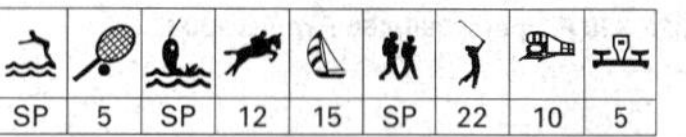

SP	5	SP	12	15	SP	22	10	5

MARCHAND Myriam - Le Moulin de Touvois - 37140 BOURGUEIL - Tél : 02 47 97 87 70 - Fax : 02 47 97 87 70

BRAYE-SUR-MAULNE Domaine de la Bergerie  *C.M. 64 Pli 13*

3 ch. Dans le château d'une propriété romantique de 1850, sur un parc paysager et fleuri de 12 hectares, où nichent aussi 3 gîtes ruraux : 2 chambres et 1 suite. Ce site, doté en outre d'une immense pièce d'eau, est un havre de quiétude dans un écrin de verdure. Les chambres, toutes situées au 2e étage, sont équipées avec 1 lit 160x200, salle de bains et wc privés. La suite offre, en plus, 2 lits 1 pers. Table d'hôtes sur réservation. Salle de réception sur place. Langues parlées : anglais, allemand.

Prix : 1 pers. **360 F** 2 pers. **400 F** 3 pers. **600 F** repas **130 F**

12	2,5	SP	4	SP	8	12	3

DEFOND Colette - Domaine de la Bergerie - 37330 BRAYE-SUR-MAULNE - Tél : 02 47 24 90 88 - Fax : 02 47 24 90 88 - E-mail : clairedefond@gmx.net

CANDES-SAINT-MARTIN *C.M. 64 Pli 13*

3 ch. Dans une maison bourgeoise du XIXe : 3 chambres indépendantes avec salle d'eau et wc privés 1 ch. (1 lit 2 pers.), 1 ch. (2 lits 1 pers.). Etage : 1 ch. (1 lit 2 pers.). Jardin et terrasse face à la Loire. Parc ombragé, terrain de volley. Parking. Possibilité de location à la semaine. Réglement carte bancaire accepté.

Prix : 1 pers. **275 F** 2 pers. **305 F** pers. sup. **100 F**

11	0,8	0,5	12	SP	0,5	8	17	1

LAMBERT Jack - « La Fontaine » - 46, route de Compostelle - 37500 CANDES-SAINT-MARTIN - Tél : 02 47 95 83 66 ou SR : 02 47 48 37 13 - Fax : 02 47 95 83 09

LA CELLE-SAINT-AVANT Le Grignon *C.M. 68 Pli 5*

3 ch. A l'étage d'une ancienne fermette restaurée, dans un hameau situé entre la Celle-Saint-Avant et Descartes (vivante bourgade en bord de Creuse et village natale du philosophe). 2 chambres avec chacune 1 lit 2 pers., une salle d'eau et des wc privés. Suite avec 1 lit 120, 2 lits 1 pers., 1 lit enfant, salle de bains et wc privés. Séjour avec TV et cheminée. Possibilité d'autres lits d'enfants. Jardin en pelouse, parking. Golf et voile à 35 mn. Futuroscope à 35 mn.

Prix : 1 pers. **200/220 F** 2 pers. **240/260 F** 3 pers. **320/340 F** pers. sup. **100 F**

6	6	1,5	7	25	SP	6	30	12	6

CHUIT Claude - Le Grignon - 3 allée du Grignon - 37160 LA CELLE-SAINT-AVANT - Tél : 02 47 65 13 61 ou 06 86 50 61 92 - E-mail : nicoleclaudechuit@minitel.net

CERE-LA-RONDE Le Petit Biard *C.M. 64 Pli 16*

4 ch. Dans une propriété rurale en pleine campagne, 15 km au sud de Chenonceaux : 4 ch. à l'étage. 1 ch. familiale (1 lit 2 pers., 2 lits 1 pers.), 1 ch. (1 lit 2 pers.) et 1 ch. à 2 lits avec chacune douche et wc privés non communiquants. 1 ch. (1 lit 2 pers.) avec douche et wc particuliers. Environnement calme et boisé avec mobilier de jardin. Grande salle d'hôtes avec cheminée. Mobilier ancien. Parking clos. Réduction 10% à partir de la 3e nuit. Restaurants 3 km. Petits déjeuners servis jusqu'à midi. Langue parlée : anglais.

Prix : 1 pers. **170 F** 2 pers. **205/235 F** 3 pers. **290 F**

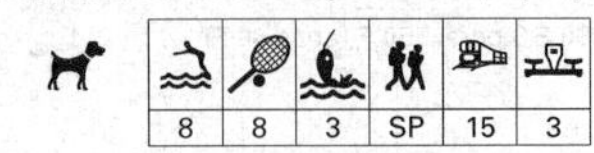

8	8	3	SP	15	3

LAIZE Martine - Le Petit Biard - 37460 CERE-LA-RONDE - Tél : 02 47 59 51 18 - Fax : 02 47 59 51 18

CERELLES Château de la Chesnaye  *C.M. 64 Pli 15*

4 ch. Dans une belle propriété batie à la fin du XVIIIe, située à 12 km au nord de Tours sur 6,5 ha. de parc boisé : 4 chambres d'hôtes dont une suite. Ces 4 chambres spacieuses ont chacune salle de bains et wc privés. 2 ch. ont 1 lit 160. La suite composée de 2 ch. est équipée de 1 lit 2 pers., 2 lits 1 pers. avec en plus lavabo et wc. Grande piscine et tennis privé. Restaurants à proximité. Petit déjeuner copieux. Situées sur le RD29. Langues parlées : anglais, allemand.

Prix : 1 pers. **400/550 F** 2 pers. **450/600 F** 3 pers. **600/750 F**

SP	SP	15	8	SP	5	15	2

KERGOAT Elizabeth - Château de le Chesnaye - Langennerie - 37390 CERELLES - Tél : 02 47 55 27 85 ou SR : 02 47 48 37 13 - Fax : 02 47 55 27 85

CHAMBOURG-SUR-INDRE Le Petit-Marray  *C.M. 64 Pli 16*

4 ch. Ds une ancienne ferme tourangelle de 1830, 4 ch. spacieuses avec entrées indép. R.d.c. : 1 suite (1 ch. avec 1 lit 2 pers., 1 ch. avec 2 lits 1 pers., douche, wc). Etage : 1 suite (salon avec 1 lit 1 pers., 1 ch. avec 2 lits 1 pers., bains, wc), 1 ch. (1 lit 2 pers., douche, wc). Dans logis indépendant, 1 chambre 24 m² accessible pour handicapés (1 lit 2 pers., possibilité 2 lits 1 pers. en plus, bains, wc). TV dans les chambres, bibliothèque, jeux. Jardin de 6000 m². Langue parlée : anglais.

Prix : 2 pers. **320/390 F** 3 pers. **390/460 F** repas **130 F**

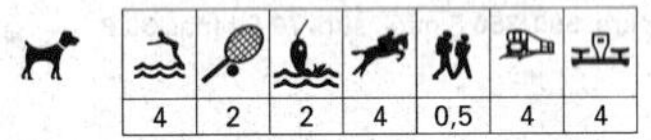

4	2	2	4	0,5	4	4

PLANTIN Serge - Le Petit-Marray - 37310 CHAMBOURG-SUR-INDRE - Tél : 02 47 92 50 67 ou SR : 02 47 48 37 13 - Fax : 02 47 92 50 67 - E-mail : splantin@opencom.fr

CHAMBRAY-LES-TOURS La Louveterie (TH) *C.M. 64 Pli 15*

E.C. 1 ch. Dans une maison tourangelle rurale restaurée (fin XVIIIe), sur un grand jardin fleuri et ombragé de 3000 m² : 1 suite au r.d.c. avec entrée indép. Situation idéale en pleine campagne de Chambray, à la limite d'Esvres-sur-Indre. La suite offre 2 douches, un wc privé et 2 ch. ayant chacune 1 lit 2 pers. Elle bénéficie d'une petite terrasse privative. Un salon est à disposition avec TV et cheminée. Ameublement de qualité. Propriétaire spécialisée dans le linge ancien.

Prix : 1 pers. **300 F** 2 pers. **330 F** 3 pers. **420 F** repas **120 F**

4	4	2	2	SP	10	4

DUFOUR Catherine - La Louveterie - 8 chemin de Tuloup - 37170 CHAMBRAY-LES-TOURS - Tél : 02 47 28 67 32 ou 06 62 22 67 32

CHAMPIGNY-SUR-VEUDE La Pataudière (TH) *C.M. 68 Pli 3*

2 ch. Dans une ferme typique du Richelais (bâtiments XVIe), avec entrée indépendante : 2 ch. d'hôtes au r.d.c. Chacune étant équipée d'un lit 2 pers. avec salle de bains et wc privés. Terrasses avec mobilier de jardin. Découverte des truffes de décembre à février (dîners à thème). Nombreux châteaux à visiter, dont certains privés, dans un rayon de 20 km. Futuroscope à proximité. Langue parlée : anglais.

Prix : 1 pers. **300 F** 2 pers. **350 F** repas **120 F**

2	2	2	12	SP	25	18	2

GAULANDEAU Françoise - La Pataudière - 37120 CHAMPIGNY-SUR-VEUDE - Tél : 02 47 58 12 15 ou SR : 02 47 48 37 13 - Fax : 02 47 58 12 15

CHANCAY Vau-Morin *C.M. 64 Pli 15*

2 ch. Dans une belle demeure du XVe sur une exploitation agricole en pleine campagne vouvrillonne : 2 vastes ch. de 70 m². Situées à l'étage elles ont chacune une cheminée d'époque, un salon avec TV, ainsi qu'une salle de bains et des wc privés. 1 ch. familiale (1 lit 160, 1 lit 120, convertible 2 pers.), 1 ch. (1 lit 160, 1 lit 80). Cuisine réservée aux hôtes. Verger ombragé avec salon de jardin et jeux de plein air à disposition.

Prix : 1 pers. **320 F** 2 pers. **350 F** pers. sup. **90 F**

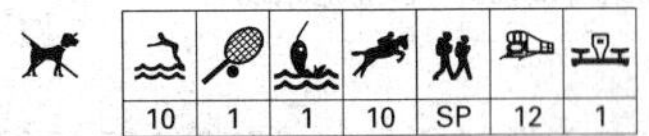

10	1	1	10	SP	12	1

CHAVIGNY Roland - Vau Morin - 37210 CHANCAY - Tél : 02 47 52 92 12 ou SR : 02 47 48 37 13 - Fax : 02 47 52 27 78

CHANCAY Ferme de Launay

TH *C.M. 64 Pli 15*

3 ch. Ancienne ferme des XVe et XVIIIe située sur le vignoble de Vouvray dans une propriété de 1,6 ha. : 3 chambres. 1 ch. au r.d.c. avec 1 lit 2 pers., wc et salle de bains privés. 2 ch. à l'étage avec chacune wc et salle d'eau privés et 1 lit 2 pers. ou 2 lits 1 pers. Salle de séjour avec cheminée. Table d'hôtes uniquement sur réservation. Etablissement non fumeur. Langues parlées : anglais, allemand.

Prix : 1 pers. **350/400 F** 2 pers. **400/500 F** pers. sup. **50 F** repas **150 F**

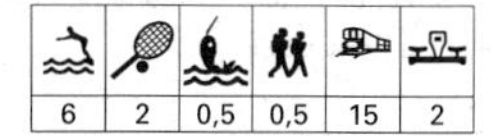

SCHWEIZER Jean-Pierre - Ferme de Launay - 37210 CHANCAY - Tél : 02 47 52 28 21 - Fax : 02 47 52 28 21

CHANCEAUX-SUR-CHOISILLE Le Moulin de la Planche

C.M. 64 Pli 15

3 ch. Dans un ancien moulin bordé par la Choisille, sur une propriété de caractère très calme : 3 chambres. A l'étage 2 chambres avec chacune salle d'eau et wc privés, 1 ch. de 2 lits 1 pers. et 1 ch. de 1 lit 2 pers. Au r.d.c. une chambre avec 1 lit 2 pers., salle d'eau et wc privés équipés pour handicapés et possibilité d'un lit supplémentaire. Jardin avec jeux d'enfants. Parking. TV dans toutes les chambres. Langues parlées : anglais, italien.

Prix : 1 pers. **235 F** 2 pers. **270 F** 3 pers. **400 F**

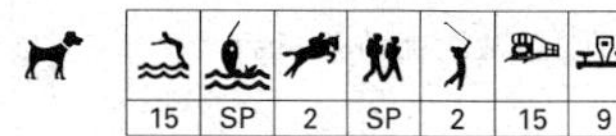

CHAUVEAU Jacqueline - Le Moulin de la Planche - 37390 CHANCEAUX-SUR-CHOISILLE - Tél : 02 47 55 11 96 ou SR : 02 47 48 37 13 - Fax : 02 47 55 24 34

CHANNAY-SUR-LATHAN Le Tertre

C.M. 64 Pli 13

3 ch. Dans une ancienne dépendance sur une exploitation agricole (élevage moutons, vaches et chevaux) : 3 chambres. Toutes situées au r.d.c. elles ont chacune salle d'eau et wc privés. 2 ch. ont 1 lit 2 pers. et une a 2 lits 1 pers. Salle réservée aux hôtes. Grande cour, parking. A proximité du lac de Rillé (2,5 km), du golf des Sept Tours et des châteaux. Possibilité de faire vos repas pour les enfants, cuisine à votre disposition. Baignade au Lac de Rillé. Langue parlée : anglais.

Prix : 1 pers. **220 F** 2 pers. **250 F** 3 pers. **320 F** pers. sup. **70 F**

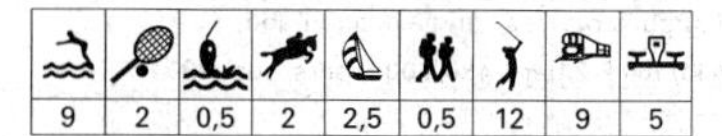

GAUDIN Sophie - Le Tertre - 37330 CHANNAY-SUR-LATHAN - Tél : 02 47 24 65 26 ou SR : 02 47 48 37 13 - Fax : 02 47 24 27 43

CHARGE Les Têtes Noires

C.M. 64 Pli 16

3 ch. A l'étage d'une propriété à la campagne, avec chacune salle de bains ou douche et wc privés. 1 ch. avec 1 lit 160 (possibilité 1 pers. en plus dans 1 lit 1 pers.), s. de bains attenante. 1 ch. avec 1 lit 2 pers. (ou possibilité ch. avec 2 lits 1 pers.), s. de bains non attenante. 1 ch. avec 1 lit 2 pers., douche attenante. S. de séjour pour le petit déjeuner. Grand jardin avec salon de jardin. Parking intérieur.

Prix : 2 pers. **220/250 F** 3 pers. **320 F**

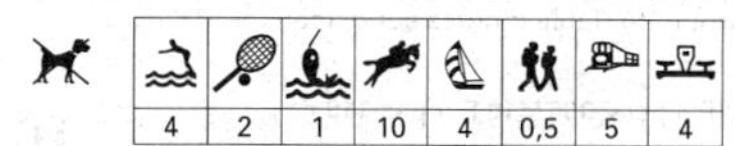

RONFLARD Janine - Les Têtes Noires N° 23 - 37530 CHARGE - Tél : 02 47 57 04 91

CHARGE

C.M. 64 Pli 16

5 ch. Aménagées en r.d.c. 5 chambres dans dépendance de construction récente située à proximité de la maison des propriétaires et d'un gîte rural. 1 lit 2 pers. dans chaque chambre avec salle d'eau et wc privés (lit d'appoint possible). Cuisine à disposition. Parking intérieur. Jardin, terrasse, mobilier de jardin. Langue parlée : anglais.

Prix : 1 pers. **200/220 F** 2 pers. **220/240 F** 3 pers. **280/300 F**

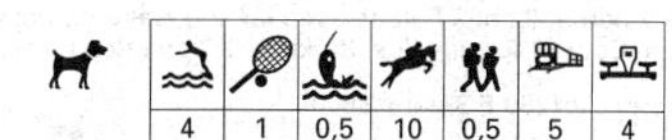

CLERQUIN Nicole - Chante-Merle - 1 impasse du Colombier - 37530 CHARGE - Tél : 02 47 57 06 33 ou 06 61 14 06 33 - Fax : 02 47 57 06 33

CHARNIZAY Les Bénestières

TH  *C.M. 68 Pli 6*

4 ch. Sur ferme en activité (céréales, bovins) en pleine campagne. Brenne et Vallée de la Creuse à proximité. Douche et wc privés chacune. R.d.c. : 1 ch. pour handicapé (1 lit 2 pers.), 1 ch. (1 lit 2 pers., 2 lits 1 pers). Etage : 2 ch. (chacune 1 lit 2 pers., 1 lit 1 pers.). Séjour. Coin cuisine. Jardin en pelouse. 1/2 pens. 2 nuits et + : 200 F/pers. (en ch. double). Supplément 20 F/animal. Tél. téléséjour. Ferme de séjour : suivi cultures, découverte forêt et, à proximité, stages d'archéologie. Repas à réserver. Futuroscope 1 heure.

Prix : 1 pers. **210 F** 2 pers. **240 F** pers. sup. **80 F** repas **90 F**

5	5	5	12	SP	16	20	5

ROBERT Martine - Les Benestieres - 37290 CHARNIZAY - Tél : 02 47 94 56 78 ou SR : 02 47 48 37 13 - Fax : 02 47 94 41 70 - E-mail : henri-martine.robert@wanadoo.fr

CHATEAU-LA-VALLIERE *C.M. 64 Pli 14*

2 ch. A l'étage d'une maison bourgeoise de caractère (début XVIIIe), sur la hauteur dominant le lac et jouxtant le parc de la Grand Maison : 2 suites spacieuses avec entrées indépendantes. Chacune avec salle d'eau et wc privés. L'une, formée de 2 chambres, possède 1 lit 2 pers. et 2 lits 1 pers. L'autre, composée d'une chambre et d'un salon privé, a 1 lit 160 et 1 lit bébé. Jardin de charme avec belvédère et mobilier de jardin. Promenades en voiture hippomobile (avec supplément). Langues parlées : anglais, allemand.

Prix : 1 pers. **430 F** 2 pers. **480/600 F** 3 pers. **680 F**

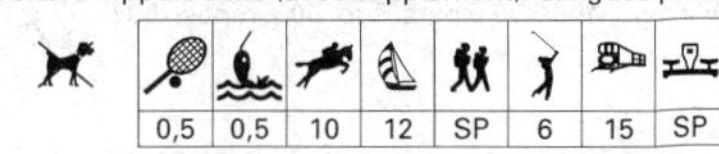

0,5	0,5	10	12	SP	6	15	SP

FAUCHERE Dominique - 15 rue Lezay Marnesia - 37330 CHATEAU-LA-VALLIERE - Tél : 02 47 24 13 42

CHATEAU-LA-VALLIERE Vaujours TH *C.M. 64 Pli 14*

3 ch. Au r.d.c. dans une ferme (chèvres) : 3 chambres indépendantes. Salles d'eau et wc privés. TV couleur. 1 ch. twin (2 lits 1 pers.) et 2 ch. doubles (1 lit 2 pers.). Possibilité de lit d'appoint ou de lit bébé. Parking-jardin (mobilier de jardin, barbecue). Restaurant à 400 m. Table d'hôtes sur réservation. Piscine privée sur place.

CV

Prix : 1 pers. **220 F** 2 pers. **250 F** pers. sup. **80 F** repas **85 F**

SP	3	0,3	7	12	0,5	5	2,5	2,5

RIBERT - Vaujours - 37330 CHATEAU-LA-VALLIERE - Tél : 02 47 24 08 55 ou SR : 02 47 48 37 13 - Fax : 02 47 24 19 20 - E-mail : rib007@aol.com

CHAVEIGNES La Varenne *C.M. 68 Pli 4*

3 ch. En pleine campagne, à 4 km de Richelieu, modèle architectural unique, 3 chambres dans une harmonieuse demeure XVIIe aux vastes chais, centre d'un domaine consacré à la production de noix et de miel. Très spacieuses et calmes, les ch. sont toutes équipées de bains et wc privés (lits 160 ou 2 lits 1 pers.). Salon chaleureux avec piano et cheminée. Petits déjeuners gourmands. Sur place : piscine-miroir chauffée, jardins, 5 ha. de bois, promenades pédestres, prêts de vélos et de solex. Futuroscope à 40 km. Langues parlées : anglais, allemand.

CV

Prix : 1 pers. **440/560 F** 2 pers. **480/600 F** pers. sup. **160 F**

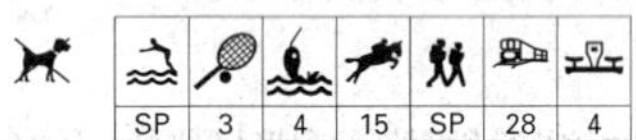

SP	3	4	15	SP	28	4

DRU-SAUER - La Varenne - 37120 CHAVEIGNES - Tél : 02 47 58 26 31 ou SR : 02 47 48 37 13 - Fax : 02 47 58 27 47 - http://www.la-varenne.com

CHEDIGNY Le Moulin de la Rochette TH *C.M. 64 Pli 16*

2 ch. Dans un moulin situé au bord de l'Indrois, 2 ch. d'hôtes à l'étage. 1 ch. avec 1 suite (1 lit 2 pers., 1 lit 1 pers.), salle de bains et wc privés. 1 ch. (2 lits de 1 pers.), salle d'eau et wc privés. Entrée indépendante. Jardin au bord de l'eau. Ping-pong, pêche en rivière sur la propriété. Table d'hôtes sur demande.

CV

Prix : 2 pers. **280/290 F** 3 pers. **360/410 F** repas **110 F**

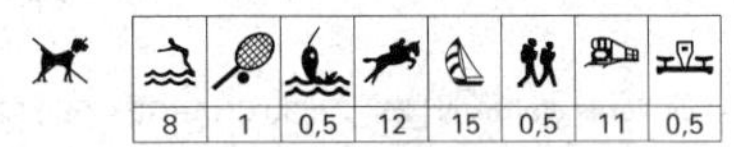

8	1	0,5	12	15	0,5	11	0,5

BENEDICT Louise - Le Moulin de la Rochette - 37310 CHEDIGNY - Tél : 02 47 92 51 66 ou SR : 02 47 48 37 13 - Fax : 02 47 92 25 72

CHEDIGNY L'Orge-Bercherie *C.M. 64 Pli 16*

3 ch. Maison fleurie à proximité du bourg dans une ancienne ferme renovée. 1 ch. tout confort au r.d.c. avec salle d'eau et wc particuliers (2 lits de 1 pers.). 2 ch. à l'étage avec lavabo, salle de bains et wc sur le palier. Vue panoramique sur le bourg. Terrasse avec salon de jardin. Cour et terrain clos. Parking. 1er prix des fermes fleuries 1992. Possibilité de pique-nique.

Prix : 1 pers. **180/230 F** 2 pers. **200/250 F** 3 pers. **300 F** pers. sup. **100 F**

9	SP	SP	10	10	SP	11	SP

BERTHAULT Edith et Raoul - L'Orge-Bercherie - 37310 CHEDIGNY - Tél : 02 47 92 51 67 ou SR : 02 47 48 37 13

CHEILLE TH *C.M. 64 Pli 14*

1 ch. Dans un hameau qui domine le Val de l'Indre : 1 chambre aménagée à l'étage. Sur la rive sud, à 4 km du château d'Azay-le-Rideau. La chambre bénéficie d'un lit 2 pers. avec salle de bains et wc privés, d'une TV. Possibilité d'un lit d'appoint. Table d'hôtes sur réservation. Langues parlées : anglais, italien.

CV

Prix : 1 pers. **230 F** 2 pers. **260 F** 3 pers. **330 F** repas **100 F**

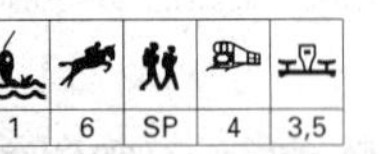

4	3	1	6	SP	4	3,5

GUILLON Bertrand - 5, route de Baigneux - 37190 CHEILLE - Tél : 02 47 45 91 59 ou SR : 02 47 48 37 13 - Fax : 02 47 45 91 59

CHEILLE La Grange Bleue-Grand Vaujoint (TH) *C.M. 64 Pli 14*

1 ch. Dans une maison de maître du XIXe,1 chambre d'hôtes de caractère, avec entrée indép. dans un hameau dominant le Val de l'Indre, à 4 km d'Azay-le-Rideau. Nombreux châteaux aux alentours. La chambre a 1 lit 2 pers. et 1 lit 1 pers., salle de bains et wc privés, possibilité 1 lit supplémentaire et lit bébé, meubles anciens, poutres. Jardin clos et calme, salon de jardin, parking intérieur. Copieux petit-déjeuner. Réduction de 10 % à partir de 3 nuits. Possibilité de table d'hôtes sur réservation. Accès par la D17 à 300 m. Langue parlée : anglais.

Prix : 1 pers. **250 F** 2 pers. **280 F** 3 pers. **350 F** pers. sup. **70 F** repas **100 F**

4,5	4,5	1	10	18	SP	4	16	4	4

MINIER Elisabeth - La Grange bleue, Grd Vaujoint - 37190 CHEILLE - Tél : 02 47 45 94 75 ou SR : 02 47 48 37 13

CHEILLE Les Ecureuils (TH) *C.M. 64 Pli 14*

2 ch. Propriété rurale XIXe dans hameau dominant le Val de l'Indre, Ussé 10 km et Azay-le-Rideau à 4 km. Suite XVIIIe indép. de 4/5 pers. (kitchenette, 1 lit 2 pers., douche, wc au r.d.c. plus 2 lits 1 pers. en mezzanine). 1 ch. triple à l'étage du logis principal (entrée indép., 1 lit 2 pers., 1 lit 1 pers., douche, wc). Salon (meubles anciens). Lit bébé. Petits déjeuners copieux et raffinés. Dîners sur réservation. Mobilier jardin de qualité. Tennis (40 F/heure). Forêt Chinon 1 km. Remise 10 % dès 3 nuits. Forfait semaine sous conditions 2000 F. Langues parlées : anglais, italien.

Prix : 1 pers. **260/300 F** 2 pers. **290/340 F** 3 pers. **350/400 F** pers. sup. **60 F** repas **110 F**

5	SP	1	6	18	SP	17	6	3

MENORET - 1 chemin du Grand Vaujoint - Les Ecureuils-Cheille - 37190 AZAY-LE-RIDEAU - Tél : 02 47 45 39 74 ou SR : 02 47 48 37 13 - E-mail : Ecureuils.Menoret@wanadoo.fr

CHEILLE Le Vaujoint *C.M. 64 Pli 14*

3 ch. Dans la dépendance d'une propriété familiale du XIXe, dans un petit hameau à 4 km d'Azay-le-Rideau : 3 chambres de caractère. Salon réservé aux hôtes (TV, cheminée, mobilier ancien). 2 ch. (1 lit 2 pers.), 1 ch. (2 lits 1 pers.), salle d'eau et wc privatifs. Grand jardin ombragé avec barbecue, salon de jardin. Parking privé. Forêt à 800 m. Une dizaine de châteaux dans un rayon de 20 km. GR3 à 500 m. Langue parlée : anglais.

Prix : 1 pers. **250 F** 2 pers. **280 F** pers. sup. **100 F**

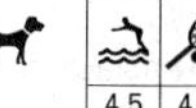

4,5	4,5	10	18	0,5	4	16	4	4

JOLIT - Le Vaujoint - Cheille - 37190 AZAY-LE-RIDEAU - Tél : 02 47 45 48 89 ou SR : 02 47 48 37 13 - Fax : 02 47 58 68 11

CHEMILLE-SUR-DEME La Bauberie (TH) *C.M. 64 Pli 5*

2 ch. Dans une ancienne ferme située en pleine campagne à la limite du Vendomois et de la vallée du Loir : 2 chambres. Chacune avec salle d'eau et wc privés non communiquants. 1 ch. (1 lit 2 pers., 2 lits 1 pers., lavabo), 1 ch. (1 lit 2 pers., 1 lit 1 pers., lavabo). Séjour avec cheminée. Jardin. Parking. Réduction 10% à partir de 3 nuits. Langue parlée : anglais.

Prix : 1 pers. **170 F** 2 pers. **200 F** 3 pers. **245 F** pers. sup. **45 F** repas **65 F**

10	5	7	2	8	30	5

MANIAVAL Frédéric - La Bauberie - 37370 CHEMILLE-SUR-DEME - Tél : 02 47 52 34 72 ou SR : 02 47 48 37 13

CHENONCEAUX Clos Mony *C.M. 64 Pli 16*

3 ch. A l'étage d'une maison tourangelle de la fin du XIXe, dans un quartier calme au centre de Chenonceaux et à 500 m de l'entrée de son réputé château : 3 chambres d'hôtes. Les chambres sont équipées chacune avec salle d'eau et wc privés. 2 ch. avec chacune 1 lit 2 pers., 1 ch. avec 2 lits 1 pers. Grand jardin de 3400 m^2 avec bassin d'agrément d'accès protégé. Langue parlée : anglais.

Prix : 1 pers. **270 F** 2 pers. **300 F** pers. sup. **90 F**

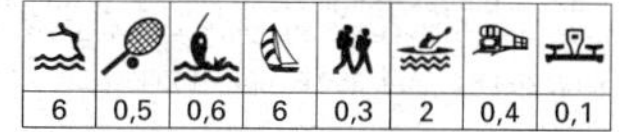

6	0,5	0,6	6	0,3	2	0,4	0,1

LE CLAINCHE Betty - Le Clos Mony - 6 rue des Bleuets - 37150 CHENONCEAUX - Tél : 02 47 23 82 68 ou SR : 02 47 48 37 13 - Fax : 02 47 23 82 68 - E-mail : clos.mony@wanadoo.fr

CHENONCEAUX La Baiserie *C.M. 64 Pli 16*

3 ch. Dans une ancienne fermette du XVe restaurée située dans un environnement calme et fleuri, 3 ch. à proximité du château et du village. Entrée indép. au r.d.c. : 1 ch. (1 lit 2 pers., TV, salle d'eau et wc privés). A l'étage : 1 ch. (1 lit 2 pers., 2 lits 1 pers., TV) et 1 ch. (1 lit 2 pers., 1 lit 1 pers., TV), chacune avec salle de bains et wc privés. Salle à manger-salon, avec TV, réservé aux hôtes. Parc sur 1 ha. avec animaux de la ferme. Terrasse, salon de jardin, VTT à disposition. Parking clos (accès par digicode).

Prix : 1 pers. **270/350 F** 2 pers. **300/400 F** 3 pers. **480 F**

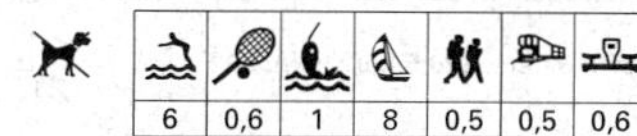

6	0,6	1	8	0,5	0,5	0,6

GUYOMARD Claude - La Baiserie - 37150 CHENONCEAUX - Tél : 02 47 23 90 26 ou 02 47 23 81 26 - Fax : 02 47 23 81 26 - E-mail : info@labaiserie.com - http://www.labaiserie.com

CHINON Le Clos de Cément *C.M. 64 Pli 13*

2 ch. A l'étage d'une ancienne ferme située à 2 km du centre de Chinon : 2 chambres. Lavabo dans chaque chambre. 1 douche et 1 wc communs sur le palier. 1 ch. (1 lit 2 pers.). 1 ch. (2 lits 1 pers.). Jardin avec salon de jardin.

Prix : 2 pers. **205 F** 3 pers. **280 F**

2	2	2	2	2	0,5	2	2	2

DE GRAEVE Etienne - Le Clos de Cement - La Rochelle - 37500 CHINON - Tél : 02 47 93 11 86

CHISSEAUX (TH) *C.M. 64 Pli 16*

E.C. 3 ch. Dans une ancienne ferme viticole de la fin XIXe, restaurée et située dans le village de Chisseaux : 3 chambres au r.d.c. Les propriétaires vous proposeront la table d'hôtes au jardin ou dans un troglodyte. Les 3 chambres sont équipées d'une salle d'eau et wc privés. L'une possède 2 lits 1 pers., les deux autres ont chacune 1 lit 2 pers.

Prix : 1 pers. **270 F** 2 pers. **300 F** pers. sup. **90 F** repas **120 F**

7	0,5	0,5	6	SP	15	2	2

ANSAR Mireille - 5 rue du Perpasse - 37150 CHISSEAUX - Tél : 02 47 23 81 20

CHOUZE-SUR-LOIRE La Cernée (TH) *C.M. 64 Pli 13*

2 ch. Aménagées dans une ancienne ferme restaurée typiquement tourangelle : 2 ch. d'hôtes avec entrées indépendantes. 1 suite trés spacieuse comportant 2 ch. avec 1 lit 2 pers., 2 lits gigognes 1 pers., salle de bains et wc privés. 1 ch. avec 2 lits 1 pers., salle d'eau et wc privés. Table d'hôtes régionale sur réservation. Grand jardin ombragé avec mobilier de jardin. La ferme est située non loin de la levée de la Loire, à proximité de Bourgueil, Chinon, Saumur et des châteaux.

Prix : 1 pers. **230 F** 2 pers. **250/260 F** 3 pers. **320/330 F** pers. sup. **70 F**
repas **95 F**

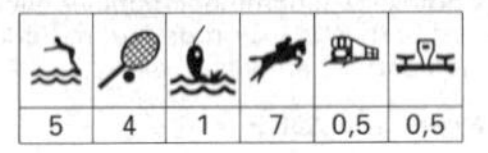

5	4	1	7	0,5	0,5

JULIENNE Paola - La Cernée, 32 rue hurtauderie - Port-Boulet - 37140 CHOUZE-SUR-LOIRE - Tél : 02 47 95 12 70 ou SR : 02 47 48 37 13

CHOUZE-SUR-LOIRE La Perruchonnière *C.M. 64 Pli 13*

5 ch. En pleine campagne 5 ch. dans maison tourangelle. R.d.c. : 1e ch. (lit 2 pers., s.de bains et wc privés). 2e ch. (1 lit 2 pers., 2 lits 1 pers., s. d'eau et wc privés, cuisine contigüe, usage possible : 90 F/jour, forfait semaine), ces deux avec entrée indépendante sur jardin. Etage : 3e ch. (1 lit 2 pers., s.d'eau et wc privés). 4e chambre (1 lit 2 pers. 1 lit 2 pers., 1 lit 1 pers., lavabo, coin cuisine), douche et wc. 5e ch. (1 lit 2 pers., 1 lit 1 pers., salle d'eau privée, wc privé), ces trois avec entrée indépendante. Réduction 8% (3 nuits) et 10% (à partir de 4 nuits), sauf week-end et haute saison. Langues parlées : anglais, italien.

Prix : 2 pers. **260/310 F** 3 pers. **350/400 F**

8	4	3	8	0,5	4	4

BODY Germaine - La Perruchonnière - 37140 CHOUZE-SUR-LOIRE - Tél : 02 47 95 15 68 - Fax : 02 47 95 03 23 - E-mail : body.germaine@wanadoo.fr

CHOUZE-SUR-LOIRE Montachamps (TH) *C.M. 64 Pli 13*

5 ch. A l'étage d'une ferme en activité : 5 chambres indépendantes. 3 ch. ont 1 lit 2 pers. plus 1 lit 1 pers. et 2 chambres ont 1 lit 2 pers. 4 d'entre elles sont équipées avec une salle d'eau privée et 1 avec salle de bains privée. Toutes les 5 ont des wc privés. Vente de produits de la ferme. Jardin. Demi-pension pour 3 nuits minimum en ch. double 220F/pers par nuit. Activités ferme de séjour : cueillette des asperges, traite des vaches, dégustation de vins. Repas sur réservation et tous les soirs sauf le dimanche. Réduction pour 3 nuits (hors juillet et août). Langue parlée : espagnol.

Prix : 1 pers. **220 F** 2 pers. **260 F** 3 pers. **350 F** repas **100 F**

12	6	3	14	0,5	17	8	6

PLASSAIS Michele - Montachamps - 37140 CHOUZE-SUR-LOIRE - Tél : 02 47 95 10 73 ou SR : 02 47 48 37 13 - Fax : 02 47 95 06 72

CIGOGNE La Peignère *C.M. 64 Pli 16*

E.C. 1 ch. Dens une ferme céréalière en activité, à 10 mn du Val de Cher et à mi-chemin entre Amboise et Loches : 1 chambre quadruple en rez-de-chaussée avec entrée indépendante. La chambre est équipée d'un lit 160, 2 lits gigognes 80, ainsi que salle d'eau et wc privés. Salon à disposition des hôtes. Langues parlées : anglais, espagnol.

Prix : 1 pers. **220 F** 2 pers. **250 F** 3 pers. **320 F** pers. sup. **50 F**

9	5	7	SP	9	6

FONTAINE Patrick - 8 La Peignere - 37310 CIGOGNE - Tél : 02 47 23 53 27 ou 06 08 34 24 31 - Fax : 02 47 30 39 73

CINQ-MARS-LA-PILE La Meulière *C.M. 64 Pli 14*

3 ch. Dans une maison bourgeoise située à proximité de la gare, 3 chambres à l'étage. 2 ch. avec chacune 1 lit 2 pers. ainsi que salle d'eau et wc privés. 1 ch. familiale (2 lits 2 pers. salle de bains et wc privés). Séjour avec TV. Langue parlée : anglais.

Prix : 1 pers. **210 F** 2 pers. **255 F** 3 pers. **325 F** pers. sup. **70 F**

4	0,5	1	4	0,5	8	0,5	0,5

VOISIN Patrick - La Meuliere - rue du Breuil - 37130 CINQ-MARS-LA-PILE - Tél : 02 47 96 53 63 ou SR : 02 47 48 37 13

CIVRAY-DE-TOURAINE *C.M. 64 Pli 16*

1 ch. Dans une maison tourangelle du XVIe restaurée et agrandie, située à la sortie du bourg, à 1 km de Chenonceaux et du Val de Cher : 1 suite aménagée sur tout le 1er étage. Cette suite comprend une chambre avec 1 lit 2 pers. et une chambre avec 2 lits 1 pers., 1 lit d'appoint sur demande. Un grand palier avec coin-salon ainsi qu'une salle d'eau et wc privés. Jardin en pelouse, parking. Réduction 10% à partir de la 4e nuit. Possibilité de découverte du Vignoble de la vallée du Cher avec visite de cave (appellation Touraine).

Prix : 1 pers. **220 F** 2 pers. **260 F** 3 pers. **380 F**

5	0,8	0,5	4	5	0,5	5	1	5

AUGER Gisèle - 1 rue des Pichards - 37150 CIVRAY-DE-TOURAINE - Tél : 02 47 23 94 75 ou 06 08 80 26 03

CIVRAY-DE-TOURAINE (TH) *C.M. 64 Pli 16*

2 ch. Dans une dépendance (début XXe) d'une propriété de caractère, maison de maître du XVIIe : 2 chambres d'hôtes avec aussi 1 gîte rural sur place. 1 chambre au r.d.c. (1 lit 160, salle de bains, wc, cheminée), 1 chambre à l'étage (1 lit 2 pers., douche, wc). Parc de 3 ha. en partie boisé et enclos avec animaux (moutons, ânes, volailles). Ping-pong commun. A 4 km du célèbre château de Chenonceau. Table d'hôtes avec produits bio, sur réservation.

Prix : 1 pers. **300 F** 2 pers. **350 F** pers. sup. **100 F** repas **120 F**

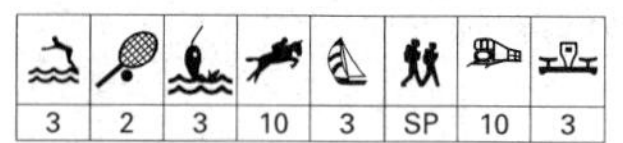

3	2	3	10	3	SP	10	3

BOBLET Marie - 22 vallée de Mesvres - 37150 CIVRAY-DE-TOURAINE - Tél : 02 47 23 51 04 ou 06 88 83 82 48

CIVRAY-DE-TOURAINE Les Cartes  *C.M. 64 Pli 16*

2 ch. Situées dans une propriété avec étang. 1 ch. au r.d.c. avec 2 lits 1 pers., salle d'eau et wc privés. 1 ch. à l'étage avec 2 lits 1 pers., convertible 2 pers., salle de bains et wc privés. Terrasse avec salon de jardin. Parc d'environ 2 ha. avec parking privé. Sauna (35 F/séance), vélos. Piscine privée, couverte, chauffée de mai à septembre.

Prix : 1 pers. **350 F** 2 pers. **380/480 F** pers. sup. **100 F**

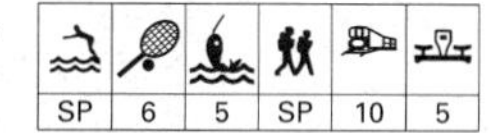

SP	6	5	SP	10	5

PINQUET Françoise - Les Cartes - 37150 CIVRAY-DE-TOURAINE - Tél : 02 47 57 94 94 - Fax : 02 47 57 89 33

CONTINVOIR La Butte de l'Epine *C.M. 64 Pli 13*

3 ch. Dans une demeure d'esprit XVIIe. 3 ch. twin (2 lits 1 pers.) avec chacune salle d'eau et wc privés. Séjour à disposition des hôtes. Ameublement de qualité. Grand jardin fleuri. Parking. Etablissement non fumeurs. A partir de 3 nuits 320 F la nuit. Langue parlée : anglais.

Prix : 1 pers. **320 F** 2 pers. **350 F** pers. sup. **120 F**

14	2	6	3	6	0,5	16	15	7

BODET - La Butte de l'Epine - 37340 CONTINVOIR - Tél : 02 47 96 62 25 ou SR : 02 47 48 37 13 - Fax : 02 47 96 07 36

CORMERY  *C.M. 64 Pli 15*

3 ch. Dans une maison de caractère des XVe à XIXe attenante à l'ancienne abbaye carolingienne et située dans le centre historique de Cormery. 3 chambres au rez-de-chaussée ou au 2e étage, toutes avec salle de bains ou salle d'eau privée et wc privé. 1 ch. avec 1 lit 2 pers. et 1 lit 1 pers., 1 ch. avec 1 lit 2 pers. et 1 ch. avec 2 lits 1 pers. Séjour avec cheminée. Parking intérieur, jardin avec porte romane du XIIe. Vélos à disposition. Table d'hôtes sur réservation et pas les samedi. Azay-le-Rideau et Villandry à 30 km, Chenonceaux et Loches à 20 km. Langue parlée : anglais.

Prix : 1 pers. **320/370 F** 2 pers. **350/400 F** 3 pers. **500 F** pers. sup. **100 F** repas **160 F**

6	0,5	0,3	11	SP	18	20	SP

MCGRATH Susanna - 3 rue Alcuin - 37320 CORMERY - Tél : 02 47 43 08 23 ou SR : 02 47 48 37 13 - E-mail : sacriste@creaweb.fr

COURCELLES-DE-TOURAINE La Gallechère

(TH) *C.M. 64 Pli 13*

1 ch. Au 1er étage d'une construction neuve. 1 ch. mansardée avec poutres apparentes (1 lit 2 pers., 2 lits 1 pers.). Salle de bains et wc individuels. Salle réservée aux hôtes. A proximité : musée du Falun, château du Lude, lac de Rillé. Accés : D 67. Terrasse, salon de jardin, parc clos. Golf, U.L.M. et cité ornithologique à 6 km. Proche des châteaux de la Loire.

Prix : 1 pers. **160 F** 2 pers. **210 F** 3 pers. **240 F** repas **80 F**

6	6	2	6	6	0,5	5	20	6

BERGE - La Gallechere - 37330 COURCELLES-DE-TOURAINE - Tél : 02 47 24 63 65 ou SR : 02 47 48 37 13

COURCELLES-DE-TOURAINE

(TH) *C.M. 64 Pli 13*

4 ch. Dans une fermette restaurée : 4 chambres indépendantes. Aire de jeux. Mobilier de jardin, portiques. 2 ch. au 1er étage (1 lit 2 pers., 2 lits 1 pers.), 2 ch. au r.d.c. (1 lit 2 pers.). Salles de bains et wc privés. Petit salon. Idéale pour famille. Jeux d'enfants et ping-pong sur place. Situées à 6 km de Château-la-Vallière, sur la route de Bourgueil-Chinon. Langues parlées : anglais, italien.

Prix : 1 pers. **220 F** 2 pers. **250 F** 3 pers. **330 F** pers. sup. **80 F** repas **120 F**

Ouvert : toute l'année.

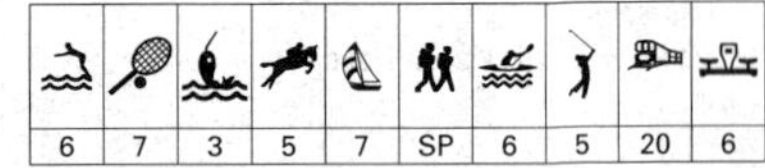

6	7	3	5	7	SP	6	5	20	6

GABARRE Jean-Marie - 3 La Grande Gallechère - 37330 COURCELLES-DE-TOURAINE - Tél : 02 47 24 90 77 ou SR : 02 47 48 37 13 - Fax : 02 47 24 90 77

CRAVANT-LES-COTEAUX Pallus

C.M. 64 Pli 14

3 ch. Maison ancienne de caractère restaurée dans hameau viticole chez antiquaire : 3 ch. au 1er étage avec salle de bains et wc privés (1 lit 2 pers.) dont 1 suite (1 lit de 180 et 2 lits 1 pers.), salon réservé aux hôtes. Ameublement de qualité. Piscine privée dans jardin. Langues parlées : allemand, anglais.

Prix : 2 pers. **500/550 F** pers. sup. **150 F**

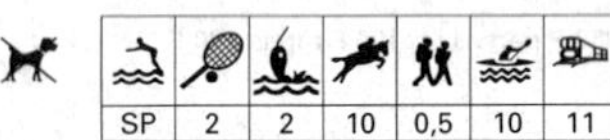

SP	2	2	10	0,5	10	11	2

CHAUVEAU Bernard et Barbara - Pallus - 37500 CRAVANT-LES-COTEAUX - Tél : 02 47 93 08 94 ou SR : 02 47 48 37 13 - Fax : 02 47 98 43 00 - E-mail : bcpallus@club-internet.fr

CRAVANT-LES-COTEAUX Les Bertinières

C.M. 64 Pli 14

3 ch. Dans une maison bourgeoise de la fin XIXe et de style néo-gothique : 3 chambres. 1 ch. au r.d.c. avec salle d'eau privée (1 lit 140). Etage : 1 suite avec salle de bains privée (1 lit 2 pers., 2 lits 120), 1 ch. avec salle d'eau privée (1 lit 2 pers.). 2 wc communs au r.d.c. et à l'étage. Parking. Jardin ombragé (salon de jardin, terrasse, portique).

Prix : 1 pers. **150 F** 2 pers. **210 F**

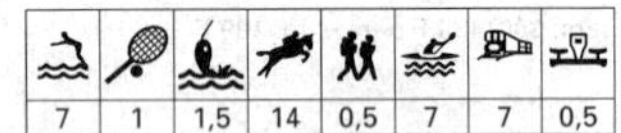

7	1	1,5	14	0,5	7	7	0,5

SCHLECHT-BURY Geneviève - 4, Les Bertinieres - 37500 CRAVANT-LES-COTEAUX - Tél : 02 47 93 12 40

LA CROIX-EN-TOURAINE La Jaunière

C.M. 64 Pli 16

3 ch. Dans maison ancienne rénovée, 3 ch. au r.d.c. avec salle d'eau et wc privés. 2 ch. (1 lit de 2 pers., 2 lits de 1 pers.). 1 ch. (1 lit de 2 pers.). Salle réservée aux hôtes. Accés facile pour personne handicapée (maison de plain-pied). Jardin attenant, parking privé. Animaux acceptés.

Prix : 1 pers. **200 F** 2 pers. **220 F** 3 pers. **300 F**

2	2	2	2	0,5	2	0,5

GUEUDIN Andrée - La Jauniere - 22, rue de la République - 37150 LA CROIX-EN-TOURAINE - Tél : 02 47 57 95 82

LA CROIX-EN-TOURAINE La Chevallerie

C.M. 64 Pli 16

4 ch. Dans une fermette près de la forêt d'Amboise 4 chambres avec entrée indépendante de celle du propriétaire. S.d'eau et wc privés pour chacune. 2 ch. au r.d.c. avec chacune 1 lit 2 pers., 1 lit 1 pers. et 1 lit pliant. Salle à manger avec coin-cuisine à disposition des hôtes. Etage : 1 ch. (1 lit 2 pers.) et 1 ch. (2 lits 1 pers.) avec salle à manger, coin cuisine. Terrasse avec salon de jardin, portique et barbecue. Grand jardin clos avec pelouse.

Prix : 1 pers. **200 F** 2 pers. **240 F** pers. sup. **80 F**

4	4	4	2	SP	6	4

ALEKSIC Martine - La Chevallerie - 37150 LA CROIX-EN-TOURAINE - Tél : 02 47 57 83 64 ou SR : 02 47 48 37 13

LA CROIX-EN-TOURAINE Le Pressoir de Villefrault *C.M. 64 Pli 16*

2 ch. Au r.d.c. d'une dépendance située dans une ferme équestre comprenant en outre un gîte d'étape : 2 chambres d'hôtes. Elles sont équipées d'une salle d'eau et de wc privés ainsi que d'un lit 2 pers. ou 2 lits jumeaux (lit supplémentaire possible). Cuisine à disposition. Cour fermée avec salon de jardin. Parking. Espaces verts. Vente de vin de la propriété. Langue parlée : anglais.

CV

Prix : 2 pers. **220/250 F** 3 pers. **300/330 F**

4	4	SP	SP	4	SP	3	2

PAILLAUD Jean-Marc - Villefrault - 37150 LA CROIX-EN-TOURAINE - Tél : 02 47 23 53 29 ou SR : 02 47 48 37 13 - Fax : 02 47 30 36 28 - E-mail : pressoir.de.villefrault@wanadoo.fr - http://perso.wanadoo.fr/pressoir

CROUZILLES Château de Pavier (TH) *C.M. 68 Pli 4*

2 ch. Dans une aile du château de Pavier, une demeure du XVe restaurée au XIXe et entourée de douves sèches : 2 chambres d'hôtes avec entrée indépendante. Situées au rez-de-chaussée, elles ont chacune 1 lit 2 pers. ainsi que salle de bains ou salle d'eau et wc privés. Parc de 5 ha. pour promenades. Table d'hôtes sur réservation. Langues parlées : anglais, allemand.

CV

Prix : 1 pers. **350 F** 2 pers. **450 F** pers. sup. **100 F** repas **150 F**

5	5	1	7	SP	30	10	5

DE NOUEL Bernard - Château de Pavier - 37220 CROUZILLES - Tél : 02 47 58 55 14 - Fax : 02 47 58 55 14

DESCARTES Villouette (TH) *C.M. 68 Pli 5*

2 ch. 1 ch. avec lavabo (2 pers.). 1 ch. avec lavabo (3 pers.). Salle de bains et wc réservés aux hôtes. Séjour avec cheminée à disposition. Jardin d'agrément avec mobilier. Parking. Baignade 4 km. Possibilité de table d'hôtes. Animaux acceptés. Situé à 4 km de Descartes sur la D31 en direction de Loches. Proche des châteaux de la Loire et d'accès rapide au Futuroscope.

CV

Prix : 1 pers. **140 F** 2 pers. **200 F** 3 pers. **250 F** repas **80 F**

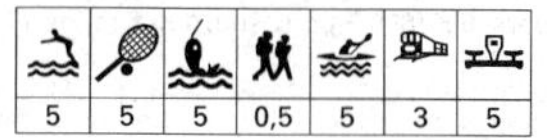

5	5	5	0,5	5	3	5

DELAUNAY Marie-Thérèse - Villouette - 37160 DESCARTES - Tél : 02 47 59 80 07

DIERRE Le Bourg *C.M. 64 Pli 16*

5 ch. Aménagées dans une maison de bourg : 5 chambres. R.d.c. : 1 chambre avec bains (1 lit 2 pers., 1 lit 1 pers.), wc non attenant. 1 chambre avec douche (1 lit 2 pers.), wc privés. Etage : 3 chambres avec salle de bains (3 x 1 lit 2 pers.), 1 wc pour ces 3 chambres. Café-restaurant en face. Tel. Parking.

CV

Prix : 1 pers. **200 F** 2 pers. **230 F** 3 pers. **280 F**

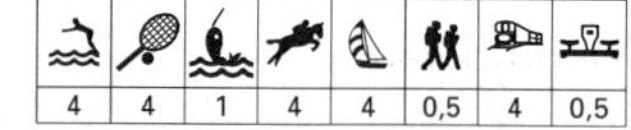

4	4	1	4	4	0,5	4	0,5

BOURREAU Jean-Pierre - Le Bourg - 37150 DIERRE - Tél : 02 47 57 93 92

DOLUS-LE-SEC Manoir du Puy (TH) *C.M. 64 Pli 15*

1 ch. 1 suite composée de 2 chambres occupant le 1er étage du Manoir du Puy, un édifice du XVe et XVIIe (I.S.M.H.), superbement restauré par la propriétaire. Cette suite est équipée d'une s.de bains (baignoire et douche), d'un wc avec lavabo, 3 lits 1 pers. ds 1 chambre et 1 lit 2 pers dans l'autre. Table d'hôtes au coin du feu (très belle cheminée dans chaque pièce). Grand jardin avec mobilier de jardin. 1 gîte de caractère (5 pers.) dans les dépendances.

CV

Prix : 1 pers. **360 F** 2 pers. **390 F** 3 pers. **520 F** pers. sup. **70 F** repas **120 F**

Ouvert : du 15 mai au 30 septembre.

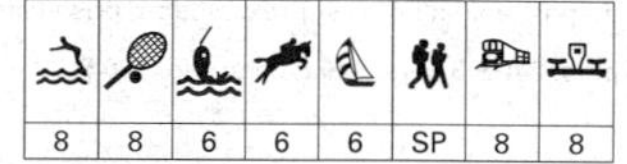

8	8	6	6	6	SP	8	8

BRUNEAU Marie-Thérèse - Le Puy - 37310 DOLUS-LE-SEC - Tél : 02 47 59 38 23

EPEIGNE-LES-BOIS Les Doumées (TH) *C.M. 64 Pli 16*

3 ch. A l'étage d'une maison tourangelle restaurée et située dans un hameau à proximité de Chenonceaux et Montrichard (10 km) : 3 chambres. Les chambres ont chacune un wc privé et soit une salle de bains privée, soit une salle d'eau privée. 1e ch. (1 lit 2 pers., 1 lit 1 pers.), 2e ch. (1 lit 2 pers.), 3e ch. (1 lit 2 pers., 1 lit 1 pers.). Salon à disposition avec cheminée et TV. Jardin intérieur ombragé. Table d'hôtes sur réservation. Langues parlées : anglais, espagnol.

CV

Prix : 1 pers. **260 F** 2 pers. **290 F** 3 pers. **360 F** pers. sup. **70 F** repas **100 F**

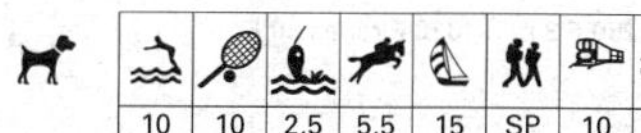

10	10	2,5	5,5	15	SP	10	10

COSTA Vasco et Martine - Les Doumées - 2 route d'Echédan - 37150 EPEIGNE-LES-BOIS - Tél : 02 47 23 84 21 ou 06 71 52 81 60 - Fax : 02 47 23 84 21

EPEIGNE-LES-BOIS Crissevent *C.M. 64 Pli 16*

4 ch. Dans une ferme restaurée en activité (chèvres, production fromagère) : 4 chambres d'hôtes (2 lits 1 pers.). 1 ch. avec salle d'eau et wc privés. 3 ch. avec lavabo et wc privés, plus 1 salle d'eau réservée à ces 3 chambres. English spoken. Animaux acceptés aprés accord préalable des propriétaires. En bordure des bois de Montpoupon, calme et tranquillité. Possibilité de disposer d'une pièce commune avec cheminée. 1 chambre « 2 épis » et 3 chambres « 1 épi ». Langue parlée : anglais.

Prix : 1 pers. **210 F** 2 pers. **240/270 F** pers. sup. **70 F**

12	6	10	15	0,5	15	6

TRANQUART Christiane - Crissevent - 37150 EPEIGNE-LES-BOIS - Tél : 02 47 23 90 18 ou 06 83 36 09 50 - Fax : 02 47 23 90 18

EPEIGNE-SUR-DEME Château de Girardet *C.M. 64 Pli 4*

5 ch. 5 chambres dont 1 suite aux 1er et 2e étage d'un château bati et restauré au cours des XVe, XVIIe et XIXe, donnant sur un parc de 5 ha. où passent sangliers et chevreuils. 2 chambres doubles, 2 chambres triples (dont la suite) et 1 chambre pour 4 pers. Quatre chambres sont équipées de salle de bains et wc privés, une chambre avec douche et wc privés. Séjour avec cheminée. 2 salons à disposition. Table de ping-pong. Location de vélos sur place. Langues parlées : allemand, anglais.

Prix : 1 pers. **315/585 F** 2 pers. **350/650 F** pers. sup. **150 F**

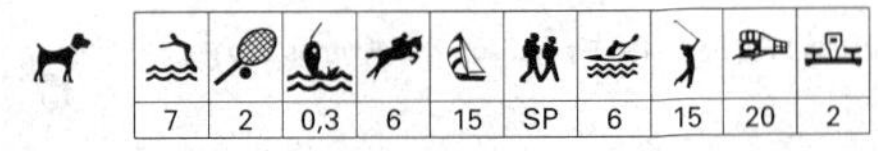

7	2	0,3	6	15	SP	6	15	20	2

CHESNAUX Jacques et Maryse - Château de Girardet - 37370 EPEIGNE-SUR-DEME - Tél : 02 47 52 36 19 - Fax : 02 47 52 36 90

ESVRES-SUR-INDRE Les Moulins de Vontes (TH) *C.M. 64 Pli 15*

3 ch. Nichées dans un écrin d'eau et de verdure, dans l'un des moulins de Vontes qui ont été reconstruits à la fin du XVIIIe, sur l'Indre, à 2,5 km en amont du village d'Esvres : 3 chambres. Réparties sur 3 étages, les chambres ont toutes salle d'eau et wc privés. 2 ch. (1 lit 160 chacune), 1 ch. (2 lits 1 pers.). Elles sont indépendantes du moulin principal où les hôtes trouveront à leur disposition un salon avec TV. Réduction de 10 % pour 3 nuits et plus. Table d'hôtes sur réservation. Langues parlées : anglais, allemand, italien.

Prix : 1 pers. **450/550 F** 2 pers. **500/600 F** pers. sup. **150 F** repas **150 F**

2,5	2,5	SP	5	15	7	20	2,5	2,5

DEGAIL Odile - Les Moulins de Vontes - 37320 ESVRES-SUR-INDRE - Tél : 02 47 26 45 72 - Fax : 02 47 26 45 35 - E-mail : jjdegail@aol.com

LA FERRIERE Les Logeries *C.M. 64 Pli 5*

3 ch. Au r.d.c. d'une ferme à 2 km de la route Blois-Angers : 3 chambres. Entrées indépendantes. Coin-cuisine à disposition. Salles d'eau et wc privés dans chacune des 3 chambres. 2 ch. (1 lit 2 pers. chacune) et 1 ch. (1 lit 2 pers., 1 lit 1 pers.). Grande cour (salon de jardin).

Prix : 1 pers. **180 F** 2 pers. **200 F** 3 pers. **270 F**

14	2	2	6	0,5	14	5

DUCHESNE Colette - Les Logeries - 37110 LA FERRIERE - Tél : 02 47 56 30 92

FERRIERE-LARCON Châtre (TH) *C.M. 68 Pli 5*

3 ch. Au sud-ouest de Loches, entre D50 et D59, 3 chambres d'hôtes de plain-pied avec entrées indépendantes, dans une ferme de caractère. Salle d'eau et wc privés. Une kitchenette est à disposition. Vous dormirez au calme sur une literie de qualité. Pelouse ombragée, salon de jardin, ping-pong, panneau de basket, portique. Futuroscope à 45 mn. Remise de 10% pour séjour de plus de 3 nuits. Repas table d'hôtes sur réservation, pris avec les propriétaires. Menu enfant : 50 F.

Prix : 1 pers. **210 F** 2 pers. **240 F** 3 pers. **340 F** pers. sup. **100 F** repas **90 F**

6	6	1	11	0,5	18	6

GUILLARD François - Chatre - 37350 FERRIERE-LARCON - Tél : 02 47 59 67 47 ou SR : 02 47 48 37 13 - Fax : 02 47 59 67 47

FERRIERE-SUR-BEAULIEU La Brétignière (TH) *C.M. 68 Pli 5*

2 ch. Dans une ancienne grange restaurée située sur 85 ha. de près et de bois avec pièce d'eau : 2 chambres d'hôtes indépendantes à l'étage. 2 ch. avec chacune salle de bains et wc privés. 1 lit 2 pers. dans l'une, 1 lit 2 pers. et 1 lit 1 pers. dans l'autre. Salle réservée aux hôtes. Jardin, parking. Prix semaine : 1500 F pour 2 pers. Langue parlée : anglais.

Prix : 1 pers. **210 F** 2 pers. **250 F** 3 pers. **320 F** repas **80 F**

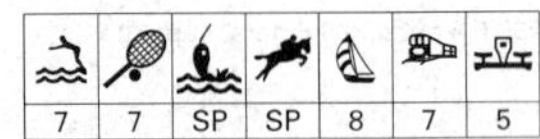

7	7	SP	SP	8	7	5

LAUVRAY Michel - La Bretigniere - 37600 FERRIERE-SUR-BEAULIEU - Tél : 02 47 91 59 54 ou SR : 02 47 48 37 13 - Fax : 02 47 94 04 96

FRANCUEIL Le Moulin (TH) *C.M. 64 Pli 16*

5 ch. Dans un ancien moulin du XIXe : 5 chambres. Salle de bains et wc privés dans chaque chambre. Parc paysager avec rivières, chute d'eau, étang et canards. Petit déjeuner servi au bord de l'eau. Jardin d'hiver et grand salon à disposition des hôtes. Piscine privée et salons de jardin. Possibilité de panier pique-nique le midi. Dégustation de Vins AOC. Parking clos. Norvégien également parlé. Langues parlées : anglais, allemand, espagnol.

Prix : 1 pers. **370/470 F** 2 pers. **420/850 F** 3 pers. **590 F** pers. sup. **70 F** repas **140 F**

SP	1	SP	2	6	0,5	6	20	1,5	0,5

NAESS Solange - Le Moulin - 28 rue du Moulin Neuf - 37150 FRANCUEIL - Tél : 02 47 23 93 44 - Fax : 02 47 23 94 67 - E-mail : le-moulin.naess@wanadoo.fr - http://www.france-bonjour.com/le-moulin/

GENILLE Le Moulin de la Roche *C.M. 64 Pli 16*

4 ch. Dans un moulin des XVe, XVIIe et XIXe situé sur l'Indrois, à proximité de Loches et de la vallée du Cher : 4 chambres. Au r.d.c. : 1 ch. (1 lit 2 pers., salle d'eau et wc privés). Au 1er étage : 2 ch. doubles (1 lit 150 ou 2 lits 1 pers.) et 1 ch. triple (1 lit 150, 1 lit 1 pers.). Toutes avec wc et salle d'eau privés. Salon avec cheminée. Jardin ombragé 2000 m^2 entouré par la rivière et son bief. Parking privé. Propriétaires franco-britanniques. Ping-pong. Restaurant à proximité. Langues parlées : anglais, espagnol.

Prix : 1 pers. **290 F** 2 pers. **350/370 F** 3 pers. **440/460 F**

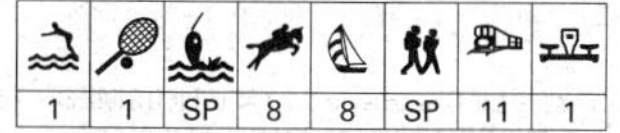

1	1	SP	8	8	SP	11	1

MIEVILLE Josette et Clive - Le Moulin de la Roche - 37460 GENILLE - Tél : 02 47 59 56 58 ou SR : 02 47 48 37 13 - Fax : 02 47 59 59 62 - E-mail : clive.mieville@wanadoo.fr - http://www.moulin-de-la-roche.com

GENILLE Les Carrés *C.M. 64 Pli 16*

4 ch. Dans une propriété de caractère du XIXe sur terrain clos de 3000 m^2 : 4 chambres. 1 gîte rural à la même adresse (45 m^2 avec coin cuisine, chambre, bains et wc pour 2/4 pers.). A l'étage : 2 ch. doubles (chacune 1 lit 2 pers.), 1 ch. twin (2 lits 1 pers.), 1 ch. triple (1 lit 2 pers., 1 lit 1 pers.), toutes avec salle de bains, ou douche, plus wc privés. Lave-linge à disposition. Proximité de Loches, des vallées de l'Indre et du Cher. Langue parlée : anglais.

Prix : 1 pers. **250 F** 2 pers. **320 F** pers. sup. **90 F**

Ouvert : du 1er avril au 15 octobre.

0,5	0,5	0,5	8	8	0,5	10	0,5

COUSIN Michel - Les Carrés - 1 rue du 11 Novembre - 37460 GENILLE - Tél : 02 47 59 53 25

GENILLE Domaine de Marolles  *C.M. 64 Pli 16*

6 ch. Maison attenante au château des XVe et XVIIIe dans un cadre forestier d'une tranquillité totale. 6 ch. pour 2 pers. avec lavabo. Salle de bains, douches, wc. Possibilité de repas (cuisine et salle à manger privées). Ping-pong, tennis privé.

Prix : 1 pers. **150 F** 2 pers. **200 F**

Ouvert : du 1er avril au 30 septembre

2,5	SP	8	SP	45	12	2,5

COUTURIE Alain - Château de Marolles - 37460 GENILLE - Tél : 02 47 59 50 01 - Fax : 02 47 59 96 51

GENILLE La Frillère *C.M. 64 Pli 16*

4 ch. Situées à l'étage d'une demeure de caractère dans un parc forestier : 4 chambres. Très calme. 2e étage : 1 suite, bains et wc privés (2 lits 2 pers., 1 lit 120, 1 lit 1 pers.). 1 ch., wc et douche privés (1 lit 2 pers.). 3e étage : 1 suite (4 lits 1 pers.), douche et wc privés. 1 ch. (1 lit 2 pers., 2 lits 1 pers.), douche et wc privés. Etang avec châlet dans propriété pour pêche et pique-nique. Hors saison sur réservation.

Prix : 1 pers. **180/230 F** 2 pers. **220/270 F** pers. sup. **80 F**

Ouvert : du 15 avril au 1er octobre.

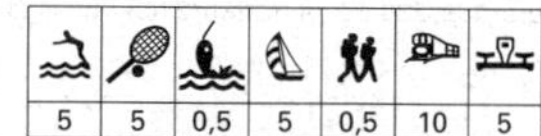

5	5	0,5	5	0,5	10	5

VALLETTE Bernard - La Frillere - 37460 GENILLE - Tél : 02 47 59 51 01

LES HERMITES La Persillerie  *C.M. 64 Pli 5*

3 ch. A l'étage d'une maison restaurée dans une ancienne ferme (2 chèvres, basse-cour en liberté). Proche de la Vallée du Loir : 3 chambres. 1 salle de bains, 1 salle d'eau et 2 wc réservés aux hôtes. Possibilité de table d'hôtes. Produits de la ferme. D72 au N-O de Château-Renault.

Prix : 1 pers. **160 F** 2 pers. **200 F** 3 pers. **250 F** pers. sup. **50 F** repas **70 F**

15	10	6	1	0,5	10	3

COCHEREAU Michele - La Persillerie - 37110 LES HERMITES - Tél : 02 47 56 32 04

HOMMES Le Vieux Château (TH) *C.M. 64 Pli 13*

5 ch. Dans une ancienne grange dimière du XVe : 5 chambres de caractère. Grand salon à disposition (cheminée, TV, tél.). 1 ch. pour handicapé en r.d.c. (2 lits 2 pers.). 4 ch. à l'étage : (2 lits 1 pers. ou 1 lit 2 pers.), salle de bains et wc privés. Parc et cour d'honneur. Sur place : piscine privée, point-phone, location VTT. Table d'Hôtes sur réservation. Demi-pension : 395 F/jour/personne. Langues parlées : anglais, italien, allemand.

CV

Prix : 1 pers. **455 F** 2 pers. **505/650 F** 3 pers. **650 F** pers. sup. **140 F**
repas **185 F**

SP	4	SP	2,5	1,5	SP	1,5	7	12	3

HARDY Albine - Relais du Vieux-Château - 37340 HOMMES - Tél : 02 47 24 95 13 - Fax : 02 47 24 68 67

HUISMES La Chaussée *C.M. 64 Pli 13*

3 ch. Dans une belle propriété du XIXe, mélange de briques et de tuffeau, sur toile de fond romantique, un parc de 1,5 ha. en grande partie boisé sur lequel s'écoule une petite rivière : 3 chambres. 2 ch. avec chacune 2 lits 1 pers., salle d'eau ainsi que wc privés. 1 ch. avec 1 lit 2 pers., 1 lit 110, une grande s.de bains privée avec baignoire et douche, wc privés. Piscine privée sur place. Langues parlées : hollandais, anglais.

Prix : 1 pers. **320 F** 2 pers. **350/490 F** pers. sup. **120 F**

SP	1	SP	1,5	SP	6	2,5

BRINCKMAN Marie-José - La Chaussée - 37420 HUISMES - Tél : 02 47 95 45 79 ou SR : 02 47 48 37 13 - Fax : 02 47 95 45 79 - E-mail : ariasse@yahoo.fr - http://www.lachaussee.fr.st

HUISMES *C.M. 64 Pli 13*

3 ch. Dans une belle propriété de 5000 m^2 au cœur du village : 3 chambres d'hôtes. L'une (la suite) est située en r.d.c. dans une dépendance, elle a 1 lit 2 pers., 1 lit 1 pers. dans la pièce séjour, salle d'eau et wc privés. A l'étage de la maison : 1 ch. (1 lit 2 pers., salle de bains), 1 ch. (2 lits 1 pers., douche), ces 2 chambres bénéficiant d'un wc commun. Intérieur raffiné et ameublement ancien. Piscine privée sur place. Restaurant dans le village. Suite 3 épis et 2 ch. 2 épis. Langue parlée : anglais.

Prix : 1 pers. **220 F** 2 pers. **250/300 F** pers. sup. **80 F**

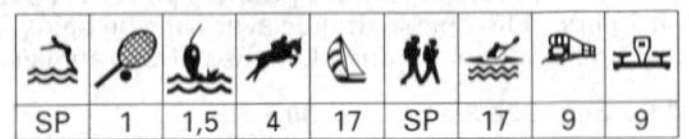

SP	1	1,5	4	17	SP	17	9	9

BUREAU Anne et Jean-Marc - Le Clos de l'Ormeau - 4 rue du Presbytère - 37420 HUISMES - Tél : 02 47 95 41 54 ou SR : 02 47 48 37 13 - Fax : 02 47 95 41 54

HUISMES Château de la Poitevinière *C.M. 64 Pli 13*

4 ch. Dans une belle demeure du XVIIIe ouvrant sur un parc de 5 ha, à 4 km de la cité médiévale de Chinon : 4 chambres. Spacieuses et situées à l'étage, elles sont toutes équipées d'une salle de bains et wc privés. L'une d'entre elles a 1 lit de 2 pers., les 3 autres ont chacune un lit « king-size » de 2 pers. (200x200). Salon réservé aux hôtes avec TV (canal satellite). Etablissement non fumeur. Langues parlées : anglais, espagnol.

CV

Prix : 1 pers. **560/655 F** 2 pers. **625/720 F** 3 pers. **820 F**
pers. sup. **100 F**

6	2	4	1	SP	19	4	3

PESQUET Marie-Christine - Château de la Poitevinière - 37420 HUISMES - Tél : 02 47 95 58 40 ou SR : 02 47 48 37 13 - Fax : 02 47 95 43 43 - E-mail : pesquet@club-internet.fr - http://www.chateauloire.com

HUISMES L'Ermitage (TH) *C.M. 64 Pli 13*

5 ch. Dans une gentilhommière, sur exploitation agricole (cressiculture) : 5 chambres d'hôtes dont 2 ch. à l'étage. 2 personnes par chambre, plus 1 lit 1 pers. dans grand cabinet de toilette. WC à la porte des chambres, salle de bains au bout du couloir. 1 ch. dans les dépendances au r.d.c. avec salle d'eau et wc privés. Cheminée. Coin-cuisine. TV. Table d'hôte sur réservation. 2 chambres supplémentaires avec salle de bains et wc privés. Salle à disposition des hôtes. Salon de jardin. 2 chambres 3 épis, 1 chambre 2 épis, 2 chambres 1 épi. Langue parlée : anglais.

CV

Prix : 1 pers. **160/250 F** 2 pers. **180/280 F** 3 pers. **230/270 F** repas **60 F**

5	1	4	2	6	0,5	7	3

DE VERNEUIL Marie-Chantal - L'Ermitage - 37420 HUISMES - Tél : 02 47 95 52 40 - Fax : 02 47 95 58 71

HUISMES *C.M. 64 Pli 13*

2 ch. Dans dépendance d'une propriété viticole du XVIe au XVIIIe, située en centre bourg : 2 chambres à l'étage. Entrée indépendante. 1e ch. (1 lit 2 pers., 1 canapé convertible), 2e ch. (1 lit 2 pers., 1 lit 1 pers.). Salle d'eau et wc privés. Possibilité 1 lit bébé. Salle de dégustation et petit déjeuner réservés aux hôtes. Grande cour, parking intérieur. Salon de jardin. Restaurant 150 m.

CV

Prix : 1 pers. **225 F** 2 pers. **250 F** pers. sup. **70 F**

Ouvert : 1er avril au 31 octobre.

7	1	1	5	0,5	9	9	0,5

BELLIVIER Vincent - La Tourette - 12, rue de la Tourette - 37420 HUISMES - Tél : 02 47 95 54 26 ou SR : 02 47 48 37 13 - Fax : 02 47 95 54 26

HUISMES La Pilleterie *C.M. 64 Pli 13*

3 ch. Dans une dépendance d'une ferme restaurée : 3 chambres de caractère. Cadre bucolique et calme assuré. 1 ch. (2 lits 1 pers., douche et wc privés). 1 ch. (1 lit 2 pers., bains et wc privés). 1 suite (1 lit 2 pers., 2 lits 1 pers., bains et wc privés). Salon conçu pour les hôtes (cheminée, TV couleur), cuisine à disposition. Grand jardin. Parking.

Prix : 2 pers. **290/350 F** pers. sup. **100 F**

6	2	3	4	0,5	6	2

PRUNIER Marie-Claire - La Pilleterie - 37420 HUISMES - Tél : 02 47 95 58 07 ou SR : 02 47 48 37 13 - E-mail : marie.claire.guilletat.prunier@wanadoo.fr

L'ILE-BOUCHARD Le Moulin de Saussaye A *C.M. 68 Pli 4*

3 ch. Ferme-auberge avec 3 chambres d'hôtes dans dépendance d'une ferme d'élevage en activité avec moulin XVIIIe au bord de la Manse : 1 ch. (2 pers.) et 2 suites (4 pers. et 5 pers.) avec mezzanine. Salle d'eau et wc privés. Coin-cuisine dans 1 chambre. Vente de vins Chinon AOC. Sur place pêche (truites et carpes). Possibilité de demi-pension et pension complète avec repas à la ferme-auberge des propriétaires. Visite des animaux. Chiens acceptés sous conditions. Langue parlée : anglais.

Prix : 1 pers. **200 F** 2 pers. **250 F** 3 pers. **330 F** pers. sup. **80 F**

0,8	0,8	SP	7	0,8	SP	0,8	15	0,5

MEUNIER - Le Moulin de Saussaye - 37220 L'ILE-BOUCHARD - Tél : 02 47 58 50 44 ou SR : 02 47 48 37 13 - Fax : 02 47 58 66 54 - E-mail : info@moulindesaussaye.com - http://www.moulindesaussaye.com

INGRANDES-DE-TOURAINE Le Clos Saint André TH *C.M. 64 Pli 13*

6 ch. Sur propriété viticole (XVIIe et XVIIIe) : 6 chambres avec salle de bains et wc privés. R.d.c. : 1 ch. (1 lit 2 pers., 2 lits 1 pers.). 1e étage : 2 ch. (1 lit 2 pers.), 1 ch. (1 lit 2 pers., 1 lit 1 pers). 2e étage : 1 ch. (1 lit 2 pers., 1 lit 1 pers.), 1 ch. (2 lits 1 pers., 1 lit enfant). Salle avec cheminée. Parking, terrasse. Jardin ombragé réservé aux hôtes. Jeux d'enfants, ping-pong, pétanque. Vins de Bourgueil de la propriété. Table d'hôtes sur réservation (sauf dimanche) avec une 1/2 bouteille de Bourgueil AOC comprise. Langue parlée : anglais.

Prix : 1 pers. **260 F** 2 pers. **290/340 F** 3 pers. **420 F** pers. sup. **80 F**
repas **150 F**

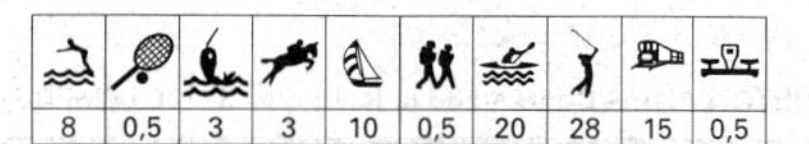

8	0,5	3	3	10	0,5	20	28	15	0,5

PINCON Michele - Le Clos Saint-André - 37140 INGRANDES-DE-TOURAINE - Tél : 02 47 96 90 81 ou 06 85 26 84 81 - Fax : 02 47 96 90 81 - E-mail : mmpincon@club-internet.fr

JAULNAY La Rivagère TH *C.M. 68 Pli 4*

2 ch. Dans une ferme en activité (asperges, melons) : 2 chambres dont 1 suite au rez-de-chaussée. Il y a une salle d'eau et des wc privés et séparés dans chacune. La chambre a 1 lit 2 pers. La suite, composée de 2 ch., possède une entrée privative et contient 1 lit 2 pers. et 3 lits 1 pers. A proximité : Richelieu (12 km), Châtellerault (18 km) et le Futuroscope.

Prix : 1 pers. **180 F** 2 pers. **200 F** 3 pers. **280 F** pers. sup. **60 F**
repas **70 F**

Ouvert : du 1er juillet au 15 juin.

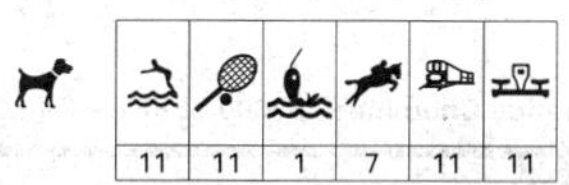

11	11	1	7	11	11

PATROUILLAULT Marie-Madeleine - La Rivagere - 37120 JAULNAY - Tél : 02 47 95 66 55 - Fax : 02 47 95 67 20

LANGEAIS *C.M. 64 Pli 14*

3 ch. A l'étage d'une maison ancienne située au bord d'une rivière, la Roumère, à proximité immédiate du château de Langeais : 3 chambres. Elles sont toutes équipée d'une salle d'eau et de wc privés. 1 ch. (1 lit 2 pers., TV), 1 ch. (2 lits 2 pers., TV), 1 ch. familiale (1 lit 2 pers., 3 lits 1 pers., TV). Grand jardin, pêche au coup, promenade en barque, pétanque. Petit déjeuner au bord de l'eau. Langue parlée : anglais.

Prix : 1 pers. **220/240 F** 2 pers. **250/280 F** 3 pers. **350 F** pers. sup. **60 F**

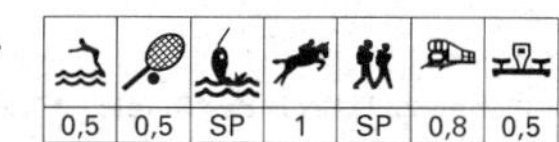

0,5	0,5	SP	1	SP	0,8	0,5

VENOT Marion - 28, rue Foulques Nerra - 37130 LANGEAIS - Tél : 02 47 96 68 45 - E-mail : venot-marion@wanadoo.fr - http://perso.wanadoo.fr/marion.venot/

LANGEAIS Châteaufort *C.M. 64 Pli 14*

5 ch. Au château au milieu d'un grand parc boisé près de Langeais (1.5 km de la gare, 6 restaurants) : 5 chambres dont 4 avec chacune bains ou douche et wc privés pour 2 ou 3 pers. et 1 ch. avec bains et wc privés pour 3 ou 4 pers. 2 grands salons (TV, hi-fi, piano). Langue parlée : allemand.

Prix : 1 pers. **225 F** 2 pers. **250/290 F** 3 pers. **320/380 F**

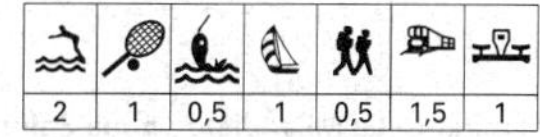

2	1	0,5	1	0,5	1,5	1

BOURROUX Jacques - Chateaufort - 37130 LANGEAIS - Tél : 02 47 96 85 75 - Fax : 02 47 96 86 03

LANGEAIS L'Epeigné

(TH) *C.M. 64 Pli 14*

3 ch. A l'étage d'une belle ferme restaurée en activité (élevage viande limousine) : 3 chambres. 2 ch. 2 pers. et 1 suite 4 pers. avec salle d'eau et wc privés, cuisine et salle indépendantes réservées aux hôtes, pouvant être louées à des groupes. Jardin d'agrément, bois, box pour chevaux. 1/2 pension à partir de 3 nuits : 450 F/couple. Table d'hôtes (produits fermiers : volaille, viande limousine). Direction : à Langeais prendre D15 ou rue Rabelais sur 2 km. Langue parlée : anglais.

Prix : 1 pers. **250 F** 2 pers. **290 F** 3 pers. **350/390 F** repas **100 F**

2	2	0,5	0,5	7	0,5	2	2

HALOPE Martine - L'Epeigne - 37130 LANGEAIS - Tél : 02 47 96 54 23 ou 02 47 96 84 06 - Fax : 02 47 96 54 23

LEMERE La Chalomière - Neuilly

C.M. 68

1 ch. En r.d.c. 1 chambre avec entrée indépendante, dans une propriété rurale des XVIIe et XIXe, située dans un hameau entre Chinon et Richelieu. Chambre équipée de 2 lits 1 pers., salle d'eau et wc privés. Grand jardin arboré et ombragé avec un potager biologique. Mobilier de jardin à disposition des hôtes, pour la détente. Possibilité de séances de relaxation et de sophrologie. Langue parlée : anglais.

Prix : 1 pers. **250 F** 2 pers. **270 F**

Ouvert : toute l'année.

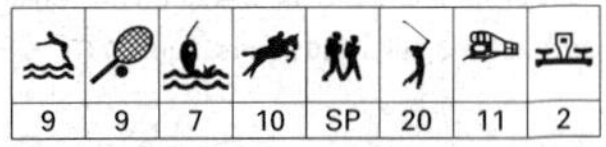

9	9	7	10	SP	20	11	2

HORER Suzanne - La Chalomière-Neuilly - 37120 LEMERE - Tél : 02 47 95 73 34 - Fax : 02 47 95 73 34

LEMERE Château de la Noblaye

C.M. 68

E.C. 1 ch. A l'étage du château de la Noblaye, 1 suite dans un édifice du XVIIe situé à mi-chemin entre Chinon et Richelieu qui ouvre sur un parc de 21 hectares avec une terrasse belvédère donnant sur le vallon (mobilier de jardin). La suite dispose d'une salle d'eau et wc privés ainsi que d'un lit 2 personnes plus 2 lits gigognes 1 pers. Salon à disposition. Un petit gîte rural 4 épis dans une aile du château. Une seconde chambre d'hôtes est en cours de réalisation. Langue parlée : anglais.

Prix : 1 pers. **300 F** 2 pers. **330 F** 3 pers. **400 F**

7	3	3	7	SP	28	18	2,5

MARQUETON Alain - Château de la Noblaye - 37120 LEMERE - Tél : 02 47 95 77 52 - Fax : 02 47 95 79 23

LERNE La Grande Cheminée

C.M. 64 Pli 13

3 ch. Dans une ferme de caractère du XVIIe (volailles), aux confins du Poitou, de la Touraine et de l'Anjou, 3 ch. à l'étage avec entrée indépendante : 1 ch. à 2 lits avec salle d'eau et wc privés non attenants. 1 ch. double et 1 suite (1 lit 2 pers., 2 lits 1 pers.) avec chacune salle d'eau et wc privés. Petit salon réservé aux hôtes. Grand jardin ombragé. Lit d'appoint possibles, équipement pour bébé. Grande salle et coin-cuisine à disposition. Produits fermiers, vins.

Prix : 1 pers. **200 F** 2 pers. **240/250 F** 3 pers. **350 F** pers. sup. **100 F**

15	2,5	6	0,5	4	15	4

BLANCHARD Suzanne - La Grande Cheminée - 37500 LERNE - Tél : 02 47 95 94 46 ou SR : 02 47 48 37 13 - Fax : 02 47 95 86 20

LIGNIERES-DE-TOURAINE

C.M. 64 Pli 14

2 ch. Situeés au r.d.c. de bâtiments du XIXe, 1 suite 4 pers. ds 1 dépendance et 1 ch. avec une entrée indép. Suite composée d'un salon avec kitchenettte et 2 lits 1 pers.ainsi que d'une chambre avec 1 lit 2 pers. La chambre est équipée d'un lit 2 pers., d'un lit d'appoint, douche et wc privés. Terrasse privative à la suite. Jardin ombragé. Les chambres sont situées sur une exploitation arboricole (pommes, poires), entre Azay-le-Rideau et Langeais, lieu stratégique pour la visite des châteaux de la région. Garage à dispositon. Forfait semaine possible (1650 F sans petit déjeuner).

Prix : 1 pers. **260 F** 2 pers. **290 F** 3 pers. **360 F** pers. sup. **50 F**

7	3	0,5	6	SP	17	7	7

DUVEAU-CHARDON Jean-Pierre - 22 la Croix des Durets - 37130 LIGNIERES-DE-TOURAINE - Tél : 02 47 96 85 04 - Fax : 02 47 96 57 99

LIGRE La Milaudière

C.M. 68 Pli 3

3 ch. A l'étage d'un ensemble de caractère XVIe, au centre de Ligré : 3 chambres. Havre de quiétude aux confins de Touraine et Poitou, proche de Chinon. Toutes ont bains ou douche et wc privés. 1 ch. (2 lits 1 pers.), 1 ch. (4 lits 1 pers.), 1 ch. (1 lit 2 pers.). Séjour (TV, cheminée). Cour, jardin paysager. Possibilité de yoga avec Michelle, professeur de yoga viniyoga. Etablissement non fumeurs. Randonnées sur place. Ping-pong, aire de pique- nique à disposition. Remise 10 % dès 3ème nuit hors juillet/aout. Coin cuisine possible (20 F/jour). Langues parlées : anglais, espagnol.

Prix : 1 pers. **220/250 F** 2 pers. **250/280 F** pers. sup. **80 F**

7	7	4	7	SP	7	20	7	7

MAROLLEAU Michelle et Laurent - La Milaudiere - 5 rue Saint-Martin - 37500 LIGRE - Tél : 02 47 98 37 53 - Fax : 02 47 93 36 74 - E-mail : mbforma@club-internet.fr - http://perso.club-internet.fr/mbforma

LIGRE Le Clos de Ligré (TH) *C.M. 68 Pli 3*

3 ch. Dans une belle demeure bourgeoise 1850, formant un clos et jouissant d'un jardin d'un hectare : 3 ch. spacieuses dont 2 indépendantes (au r.d.c ou étage). Toutes ont salle de bains et wc privés et TV. L'une est aménagée dans un ancien pressoir (1 lit 2 pers.). Une autre est située dans un ancien fruitier (2 lits 1 pers., 1 canapé lit dans un salon contigü). La 3e ch. étant dans la maison (1 lit 2 pers., 1 lit 1 pers.). Salon de musique et de lecture à disposition. Piscine privée. Terrasse couverte (salon jardin). Remise 10% d'octobre à avril, pour 3 nuits et plus. Table d'hôtes sur réservation. Langues parlées : anglais, espagnol.

Prix : 1 pers. **380 F** 2 pers. **480 F** pers. sup. **130/150 F** repas **150 F**

SP	7	5	15	SP	7	25	7	7

DESCAMPS Martine - Le Clos de Ligre - 22 rue du Rouilly - 37500 LIGRE - Tél : 02 47 93 95 59 - Fax : 02 47 93 06 31 - E-mail : martinedescamps@hotmail.com

LIGUEIL Le Moulin de la Touche (TH) *C.M. 68 Pli 5*

5 ch. Dans un moulin du début XIXe. 5 chambres à l'étage : 3 ch. (1 lit 2 pers.), 1 ch. (1 lit 2 pers., 1 lit 1 pers.) et 1 ch. avec terrasse (1 lit 160, 1 lit 1 pers.). Chambres décorées en style anglais avec salle d'eau, wc privés. Salon à disposition des hôtes. Jardin. TV satellite. Location vélos à 2 km. Gare routière à 2 Km. Piscine privée. Jardin d'hiver disponible pour groupes. Langue parlée : anglais.

CV

Prix : 1 pers. **280/360 F** 2 pers. **310/450 F** 3 pers. **410/550 F** pers. sup. **100 F** repas **150 F**

SP	1	SP	12	12	0,5	30	20	2

REES Margareth - Moulin de la Touche - 37240 LIGUEIL - Tél : 02 47 92 06 84 ou SR : 02 47 48 37 13 - Fax : 02 47 59 96 38 - E-mail : reesmill@wanadoo.fr - http://www.pro.wanadoo.fr/reesmill/

LIGUEIL Le chemin Vert (TH) *C.M. 68 Pli 5*

1 ch. Dans une ancienne ferme à 1 km du centre de Ligueil : 1 chambre au r.d.c. Salle d'eau et wc privés. 1 lit 2 pers. et 1 lit 1 pers. Jardin ombragé clos. Parking fermé. Salon de jardin. Chemin pédestre devant le bâtiment. Table d'hôtes sur réservation. Réduction à partir de 2 nuits. Accès : direction subdivision équipement. Mini-golf à 1.5 km. Accès rapide au Futuroscope et aux châteaux. Etang à 1,5 km.

CV

Prix : 1 pers. **150 F** 2 pers. **210 F** 3 pers. **260 F** repas **80 F**

1,5	1,5	1	12	12	0,5	18	1

THIELIN Joseph et Lucie - Le Chemin Vert - 37240 LIGUEIL - Tél : 02 47 59 61 23 ou 06 65 50 66 13

LIMERAY *C.M. 64 Pli 16*

4 ch. A l'étage d'une dépendance située au centre de Limeray avec salle de bains et wc privés : 4 chambres d'hôtes amenagées. 2 ch. (1 lit 2 pers.), 2 ch. (1 lit 2 pers., 1 lit 1 pers.). Salle réservée aux hôtes (frigo). Jardin suspendu ombragé. Abri couvert adossé au rocher avec cheminée utilisable. Langue parlée : anglais.

Prix : 1 pers. **260 F** 2 pers. **300 F** 3 pers. **390 F**

8	2	1	5	0,5	8	0,5

BAZINET Gilbert - 19 rue de Blois - Limeray - 37530 AMBOISE - Tél : 02 47 30 09 31 ou SR : 02 47 48 37 13 - Fax : 02 47 30 05 25 - E-mail : g.bazinetetcie@wanadoo.fr - http://www.g.bazinetetcie.com

LIMERAY Les Grillons A *C.M. 64 Pli 16*

5 ch. Dans une ferme d'élevage avicole : 5 chambres d'hôtes dont 1 au r.d.c. Auberge avec spécialités régionales sur place. 3 chambres doubles et 2 chambres triples, toutes étant équipées d'une salle de bains et de wc privés. Terrain avec salon de jardin. Langues parlées : anglais, allemand.

Prix : 1 pers. **230 F** 2 pers. **260 F** 3 pers. **320 F**

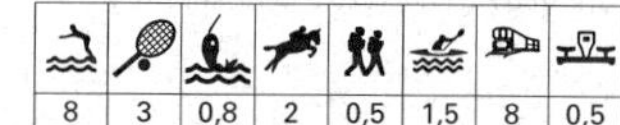

8	3	0,8	2	0,5	1,5	8	0,5

FAMILLE GUICHARD - Auberge « Les Grillons » - 37530 LIMERAY - Tél : 02 47 30 11 76 ou SR : 02 47 48 37 13

LOCHE-SUR-INDROIS La Gironnerie (TH) *C.M. 68 Pli 7*

3 ch. Ds une maison bourgeoise de 1840 située en pleine campagne à proximité de Loches et de Montrésor. 3 chambres dont : 1 au r.d.c. avec 1 lit 2 pers., s.de bains et wc privés. Etage : 1 ch. avec 1 lit 2 pers., 1 lit 1 pers., s.d'eau et wc privés, 1 suite familiale (composée de 2 ch.) avec 2 lits 2 pers., 1 lit 120, 1 lit 1 pers., salon bibliothèque, s.d'eau et wc privé. Parking intérieur. Sur place : parc de 5000 m^2 sur une propriété de 7 ha. avec pièce d'eau.

CV

Prix : 1 pers. **240 F** 2 pers. **280 F** 3 pers. **390 F** pers. sup. **90 F** repas **115 F**

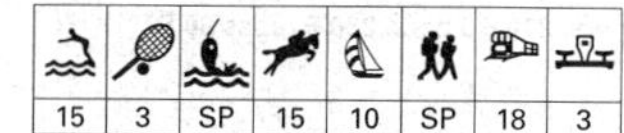

15	3	SP	15	10	SP	18	3

SEDJAL Françoise - La Gironnerie - 37460 LOCHE-SUR-INDROIS - Tél : 02 47 92 63 36 ou SR : 02 47 48 37 13 - E-mail : lagiron@club-internet.fr

LOCHES Les Jolletières

(TH) *C.M. 68 Pli 6*

E.C. 3 ch. Dans une ferme en activité située dans la vallée de l'Indre, à 3 km du centre de Loches : 3 chambres. 1er étage : 3 ch. avec salle d'eau et wc privés (2 lits 2 pers., 2 lits 1 pers.). Possibilité lit supplémentaire. Salle à disposition des hôtes (TV). Jardin pelouse ombragée (salon de jardin). VTT et ULM sur place. Réduction de 10% au delà de 3 nuits. Table d'hôtes sur réservation sauf dimanche. Langue parlée : anglais.

Prix : 1 pers. **210 F** 2 pers. **240 F** pers. sup. **70 F** repas **95 F**

Ouvert : du 1er oct. au 31 déc. et du 1er fév. au 31 mars uniquement sur résa.

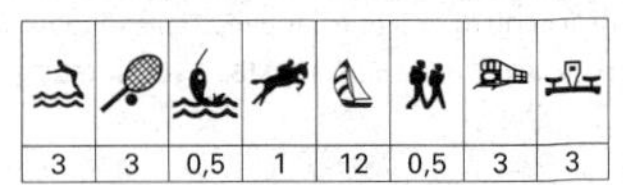

3	3	0,5	1	12	0,5	3	3

DOUARD Elisabeth - Les Jolletieres - 37600 LOCHES - Tél : 02 47 59 06 61 - Fax : 02 47 59 06 61

LE LOUROUX La Chaumine

C.M. 64 Pli 15

2 ch. Dans une ferme en activité jouxtant le camping à la ferme : 2 chambres. Dans chacune : 1 lit 2 pers., 1 canapé 2 pers., salle d'eau et wc privés, TV. Petite cuisine dans une ch. pour séjours prolongés (forfait semaine pour 2 pers. : 1300 F en juillet-aout, 1100 F en hors saison). Terrasse couverte (ping-pong). Grand espace en pelouse (salon de jardin, barbecue, portique). Exposition des produits du terroir. Réduction 10% à partir de 4 nuits. Lac de 65 ha. à 500 m. Langues parlées : anglais, espagnol.

Prix : 1 pers. **230 F** 2 pers. **250 F** pers. sup. **80 F**

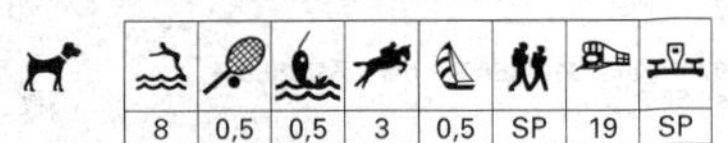

8	0,5	0,5	3	0,5	SP	19	SP

BAUDOIN Claude - La Chaumine - 37240 LE LOUROUX - Tél : 02 47 92 82 09 ou SR : 02 47 48 37 13

LUSSAULT-SUR-LOIRE Château de Pintray

C.M. 64 Pli 16

5 ch. Sur propriété viticole, cœur vignoble de Montlouis, dans château XVIIe, XIXe : 5 ch.d'hôtes. R.d.c. : 2 ch. (au choix 1 lit 2 pers. ou 2 lits 1 pers.) + canapé 1 pers. dans l'une. Etage : 1 ch. (1 lit 2 pers.), suite (2 lits 120, 1 lit 160, autre lit possible). Bains, wc privés chacune. Suite (1 lit 160, au choix 2 lits 1 pers. ou 1 lit, 2 s.d.b., 2 wc privés). Salon (cheminée, TV, billard). Possibilité lit supplémentaire. Charme dans ameublement et décoration de qualité. Parc et vignobles forment clos 6 ha. Randonnée pédestre. Langue parlée : anglais.

Prix : 1 pers. **530 F** 2 pers. **580 F** 3 pers. **720 F** pers. sup. **140 F**

6	6	2	7	SP	6	6

RAULT-COUTURIER . - Château de Pintray - Lussault-sur-Loire - 37400 AMBOISE - Tél : 02 47 23 22 84 ou SR : 02 47 48 37 13 - Fax : 02 47 57 64 27 - E-mail : marius.rault@wanadoo.fr

LUZILLE Les Bourdes

(TH) *C.M. 64 Pli 16*

2 ch. Dans une ancienne fermette XIXe restaurée et située en pleine campagne, à 15 mn du château de Chenonceau : 2 ch. avec entrée chacune indépendante. 1 ch. au r.d.c. (1 lit 2 pers., salle d'eau, wc). La seconde, située à l'étage, est une petite suite composée de 2 ch. (4 lits 1 pers., 1 lit bébé, salle de bains, wc). Cuisine d'été à disposition. 3 box pour chevaux. Grand jardin avec piscine privée sécurisée. 10 % de réduction à partir de 3 nuits. Location de bicyclettes. Langue parlée : anglais.

Prix : 1 pers. **270 F** 2 pers. **300 F** 3 pers. **400 F** pers. sup. **70 F** repas **100 F**

SP	2	10	SP	10	2

AUSSENARD Pascale - Les Bourdes - 37150 LUZILLE - Tél : 02 47 30 37 26 - Fax : 02 47 30 37 26

LUZILLE Bois-Joubert

(TH) *C.M. 64 Pli 16*

1 ch. Aménagée à l'étage d'une maison tourangelle située dans un hameau : 1 chambre (2 lits 2 pers.), salle d'eau et wc privés non attenants. Salle de séjour à disposition des hôtes. Terrasse. Château de Chenonceau à 7 km. Table d'hôtes sur réservation. Langue parlée : anglais.

Prix : 1 pers. **140 F** 2 pers. **180 F** 3 pers. **220 F** pers. sup. **40 F** repas **60 F**

7	3	3	7	0,5	3

SARTIS Andrée - Bois Joubert - 37150 LUZILLE - Tél : 02 47 30 21 45 ou 06 20 90 87 02

MONTHODON Le Sentier

(TH) *C.M. 64 Pli 5*

6 ch. Dans maréchalerie du XVIIIe, indép. des propriétaires, surplombant jolie vallée calme. 6 ch. avec douche et wc privés. 3 ch. (1 lit 2 pers.), 1 ch. (2 lits 1 pers.), 1 ch. (1 lit 2 pers., 1 lit 1 pers.), 1 ch. (2 lits 2 pers., 1 lit 100). Salle à manger réservée aux hôtes dans ancienne forge (cheminée, bibliothèque, TV, harmonium). Meubles anciens, vieilles poutres, vieux bibelots. Jardin arboré (mobilier, relax), prairie 6000 m² en bord de ruisseau. Prêt vélos, matériel pêche, jeux d'enfants. Animaux (ânes). Langues parlées : anglais, allemand.

Prix : 1 pers. **190 F** 2 pers. **210 F** 3 pers. **280 F** repas **80 F**

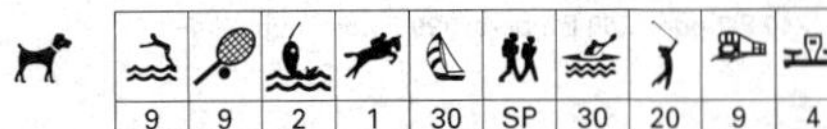

9	9	2	1	30	SP	30	20	9	4

NIEDBALSKI Patricia et Danny - Le Sentier - 6, rue des Rosiers - 37110 MONTHODON - Tél : 02 47 29 61 66 ou SR : 02 47 48 37 13 - E-mail : lamarechalerie@aol.com - http://www.member.aol.com/lamarechalerie

MONTLOUIS-SUR-LOIRE 

C.M. 64 Pli 15

2 ch. Au cœur des châteaux et du vignoble, entre Amboise et Tours, propriété de caractère fin XIXe surplombant la vallée de la Loire, au bord du GR3 avec accès direct pour la promenade. 2 chambres au second étage offrant une vue panoramique sur la Loire. 1 ch. double (1 lit), 1 ch. triple (3 lits), chacune avec salle d'eau et wc privés. Parc boisé et paysager de 1,4 ha avec tennis privé à disposition. Parking intérieur. Gîte rural dans une dépendance à la même adresse. Langues parlées : anglais, espagnol.

Prix : 1 pers. **350 F** 2 pers. **390 F** 3 pers. **490 F** pers. sup. **100 F**

1	SP	0,5	1	SP	8	SP

CHALONS Jean-Pierre - 7, rue Madeleine Vernet - 37270 MONTLOUIS-SUR-LOIRE - Tél : 02 47 50 98 18

MONTLOUIS-SUR-LOIRE 

C.M. 64 Pli 15

3 ch. Dans maison de caractère et colombier XVIIe, au pied du vignoble de Montlouis. 1 ch. (1 lit 2 pers.) et 1 ch. (2 lits 1 pers., 2 lits supp.) avec terrasses. Le colombier : 1 ch. en duplex (1 lit 2 pers., 2 lits supp.) avec coin repas. Salle de bains privée (baignoire, douche, wc) dans chaque chambre. Grand jardin avec cèdre centenaire. Parking intérieur. Randonnées dans le vignoble et dégustation vin AOC Montlouis sur place. Divers restaurants à 3 km, Loire à 300 m. Forêt d'Amboise, plages, canoë, Aquarium à proximité. Vélos sur place. Langues parlées : anglais, allemand.

Prix : 2 pers. **300/370 F** pers. sup. **100 F**

Ouvert : du 15 janvier au 15 décembre

5	5	0,4	5	7	0,5	7	15	7	5

MOREAU-RECOING Marie-Annick - Le Colombier - 4 grande rue - 37270 HUSSEAU/MONTLOUIS-SUR-LOIRE - Tél : 02 47 50 85 24

MONTRESOR Le Moulin 

C.M. 64 Pli 16

4 ch. Dans un moulin du XIXe bati sur l'Indrois et situé à la sortie du village classé de Montrésor, sur 1 ha. de terrain : 4 chambres à l'étage. 2 ch. ont chacune 2 lits 1 pers., salle d'eau privée et wc privé. 2 ch. ont chacune salle de bains privée, wc privé, et soit 1 lit 2 pers., soit 1 lit 160. Grand séjour-salon ayant beaucoup de caractère, avec vue sur le bief. Plusieurs restaurants à proximité. Piscine privée. Langues parlées : anglais, allemand, polonais.

Prix : 1 pers. **260/310 F** 2 pers. **290/340 F** pers. sup. **80 F**

SP	0,5	SP	12	2	17	0,5

WILLEMS Alain et Sophie - Le Moulin - 37460 MONTRESOR - Tél : 02 47 92 68 20 ou SR : 02 47 48 37 13 - Fax : 02 47 92 74 61

MONTRESOR

C.M. 64 Pli 16

2 ch. Dans une maison ancienne de caractère à pignon du XVe. Ce bâtiment situé au pied du château de Montrésor, s'intègre idéalement dans ce bourg classé parmi les plus beaux villages de France. La propriétaire, illustratrice, vous accueillera dans une ambiance et un décor intérieur personnalisés. 2 ch. (1 lit 2 pers. ou 2 lits 1 pers.) avec chacune s. d'eau et wc privés.

Prix : 1 pers. **220 F** 2 pers. **250 F** pers. sup. **70 F**

8	2	2	2	2	SP	18	0,2

PIVET Catherine - 15 rue Branicki - 37460 MONTRESOR - Tél : 02 47 92 69 26 - Fax : 02 47 92 78 77 - E-mail : catherine.pivet@wanadoo.fr

MONTS Château de la Roche

C.M. 64 Pli 15

3 ch. Dans un château du XIXe situé au bord de l'Indre, sur un parc clos 200 ha. avec forêt, dans un cadre exceptionnel. Aux portes de Tours et d'Azay-le-Rideau. 1 ch. (1 lit 2 pers.) et 1 ch. (2 lits 1 pers.) avec chacune 1 salle d'eau et 1 wc privés. 1 ch. (1 lit 2 pers.) avec salle de bains et wc privés. Les chambres sont situées aux 1er et 2e étages. Possibilité d'un lit pour enfant (avec supplément). TV et téléphone dans les 3 chambres.

Prix : 1 pers. **600 F** 2 pers. **700 F** 3 pers. **1000 F**

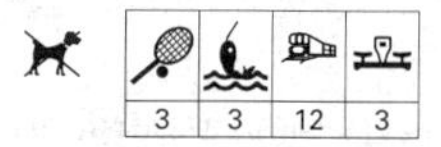

3	3	12	3

DE CHAMBURE Diane - Château de la Roche - 37260 MONTS - Tél : 02 47 26 70 08 ou SR : 02 47 48 37 13 - Fax : 02 47 26 63 94

MORAND L'Allier

C.M. 64 Pli 6

2 ch. Aménagées à l'étage de la maison d'habitation dans une ferme céréalière des XVIIIe et XIXe : 1 chambre et 1 suite. Les deux sont équipées d'une salle d'eau et de wc privés. 1 grand lit 2 pers. dans la chambre, 1 grand lit 2 pers. plus 2 lits 1 pers. dans les 2 ch. composant la suite. Séjour (TV, cheminée). Cour et jardin en pelouse. Réduction de 10% à partir de 2 nuits hors saison. Langue parlée : anglais.

Prix : 1 pers. **200 F** 2 pers. **260 F** 3 pers. **320 F**

6	3	7	12	SP	20	6

DATTEE Jean-Marc - L'Allier - 37110 MORAND - Tél : 02 47 56 00 14 ou SR : 02 47 48 37 13 - Fax : 02 47 56 00 14

MOSNES Le Buisson *C.M. 64 Pli 15*

E.C. 3 ch. Dans une ancienne ferme située sur les hauteurs à 3 km de la Loire et 12 km d'Amboise : 3 chambres à l'étage. Chacune des chambres est équipée avec salle d'eau et wc privés. 2 ch. (chacune avec 1 lit 2 pers. et 1 lit 1 pers.), 1 ch. (1 lit 2 pers.). Petits déjeuners servis dans le séjour ou sur la terrasse. Sur place : basse-cour, mares, jardin potager bio.

Prix : 1 pers. **220 F** 2 pers. **250 F** pers. sup. **70 F**

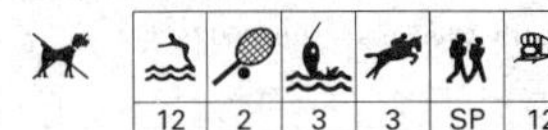

12	2	3	3	SP	12	2,5

BAQUET Marie-France - Le Buisson - 37530 MOSNES - Tél : 02 47 57 31 09 - Fax : 02 47 57 61 43

MOSNES Les Hauts Noyers *C.M. 64 Pli 15*

2 ch. Ancienne ferme XVIIIe restaurée entre vignes et bois à 1 km de la Loire. 1 ch. (1 lit 2 pers., salle de bains et wc privés), 1 suite 60 m^2 (1 lit 2 pers., 2 lits 1 pers., 1 lit d'enfant, wc, salle de bains et coin-salon privés). Ameublement de qualité. Entrée indépendante (terrasse et salon de jardin pour chaque chambre). Salle de séjour réservée aux hôtes. Parking privé. Vélos à disposition. Beau jardin primé. Meilleur petit déjeuner 1996. Jeu de boules.

Prix : 1 pers. **290 F** 2 pers. **310 F** 3 pers. **410 F** pers. sup. **100 F**

10	2,5	1	3	11	0,5	10	1

SALTRON - Les Hauts Noyers - 37530 MOSNES - Tél : 02 47 57 19 73 - Fax : 02 47 57 60 46

NAZELLES-NEGRON Le Château des Ormeaux *C.M. 64 Pli 16*

6 ch. Dans un château romantique dominant plein sud le Val de Loire. 6 ch à l'étage. Proximité d'Amboise et du vignoble de Vouvray. 3 chambres avec 1 lit 2 pers. et 2 ch. avec 2 lits 1 pers., toutes avec vue sur la vallée, mobilier d'époque, téléphone avec ligne directe, salle de bains ou salle d'eau et wc privés. Salon avec cheminée. Parc de 25 ha. avec piscine privée. Animaux acceptés sous condition (petite taille). Langues parlées : anglais, italien.

Prix : 1 pers. **550/650 F** 2 pers. **600/700 F** pers. sup. **150 F**

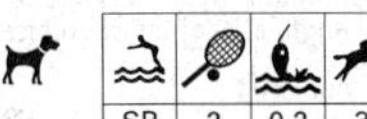

SP	2	0,2	3	SP	4	2

MERLE Xavier - Le Château des Ormeaux - Nazelles-Négron - 37530 AMBOISE - Tél : 02 47 23 26 51 ou SR : 02 47 48 37 13 - Fax : 02 47 23 19 31 - E-mail : chateaudesormeaux@wanadoo.fr - http://www.chateaudesormeaux.com

NAZELLES-NEGRON Château de Nazelles (TH) *C.M. 64 Pli 16*

3 ch. Dans une authentique demeure du XVIe classée monument historique, construite par Thomas Bohier (aussi constructeur du château de Chenonceau) et qui domine plein sud la vallée de la Loire et le château d'Amboise. 1 chambre double dans pavillon, 2 chambres doubles à l'étage du château (dont une avec 2 lits simples). Les chambres possèdent toutes salle de bains et wc attenants. Grand salon réservé aux hôtes. Le parc présente une succession de terrasses et abrite quelques habitations troglodytiques et une piscine privée creusée dans le roc (à disposition des hôtes). Langues parlées : anglais, italien.

Prix : 1 pers. **470/530 F** 2 pers. **520/580 F** repas **150 F**

SP	0,5	6	SP	9	2	0,2

FRUCTUS Véronique - Château de Nazelles - 16 rue Tue la Soif - 37530 NAZELLES-NEGRON - Tél : 02 47 30 53 79 - Fax : 02 47 30 53 79 - E-mail : info@chateau-nazelles.com

NAZELLES-NEGRON *C.M. 64 Pli 16*

3 ch. Dans une maison bourgeoise à 300 m de la gare SNCF et 1 km d'Amboise : 3 chambres au 1er étage. Salles d'eau privées. 2 wc communs. 1 ch. (1 lit 2 pers.), 1 ch. (1 lit 2 pers., 1 lit 1 pers.), 1 ch. (1 lit 120, 1 lit 1 pers.). Lit de bébé (25 F). Grand jardin en pelouse de 1800 m^2. Parking. TV couleur dans toutes les chambres. Langues parlées : anglais, espagnol.

Prix : 1 pers. **170 F** 2 pers. **200 F** 3 pers. **270 F** pers. sup. **80 F**

0,7	0,7	0,4	10	0,5	1	0,2

JOLY Marie-Antoinette - 10, boulevard des Platanes - 37530 NAZELLES-NEGRON - Tél : 02 47 23 22 42 ou SR : 02 47 48 37 13

NEUIL-SACHE Les Hautes Mougonnières (TH) *C.M. 64 Pli 14*

5 ch. Ferme en activité (foie gras, framboises, volailles), 5 ch. en étage avec douche + wc privés. Suite (1 lit 2 pers., 2 lits 1 pers.), 2 ch. (1 lit 2 pers., 1 lit 1 pers.) dont 1 a entrée indép. + coin cuisine. 1 ch. (1 lit 2 pers.), 1 ch. (2 lits). Etage : coin-détente (bibliothèque). R.d.c. : salle pour les hôtes, meubles anciens. Coin-cuisine. Véranda, jardin. Pelouse. Parking. Vente de produits régionaux. Dès 3 nuits 1/2 pens. (230 F/j/pers./ch. double). Prix suite : 480 F. Saché 5 km. Azay-le-Rideau 12 km. Accès : D8 entre Thilouze et St-Epain. Futuroscope à 1 H. Langue parlée : anglais.

Prix : 1 pers. **230 F** 2 pers. **260 F** 3 pers. **350 F** repas **110 F**

10	2	5	0,5	10	2

MESTIVIER Soline - Les Hautes Mougonnieres - 37190 NEUIL - Tél : 02 47 26 87 71 ou SR : 02 47 48 37 13 - Fax : 02 47 26 82 29 - E-mail : jp.mestivier@voila.fr

NEUILLE-LE-LIERRE La Roche *C.M. 64 Pli 16*

4 ch. Dans une partie d'une seigneurie du XIVe située dans un parc de 8 ha. (dont 4 boisés) bordé d'une rivière : 4 chambres à l'étage avec entrée indépendante. 1 ch. double (1 lit 2 pers.), 1 ch. twin (2 lits 1 pers.), bains et wc privés, 2 ch. triples avec douche et wc privés. Séjour avec coin-cuisine conçu pour les hôtes. Parking. Chèques vacances acceptés. Située à 8 mn de le sortie Amboise de l'autoroute A10.

Prix : 1 pers. **250 F** 2 pers. **320 F** 3 pers. **420 F** pers. sup. **100 F**

12	4	0,5	5	12	0,5	10	1

RAMEAU - La Roche - 37380 NEUILLE-LE-LIERRE - Tél : 02 47 52 98 10 ou 06 71 15 55 58

NEUVY-LE-ROI *C.M. 64 Pli 4*

1 ch. Dans une maison bourgeoise en centre bourg : 1 chambre avec salle d'eau et wc privés. 1 chambre (2 lits 1 pers., TV) dans dépendance avec coin cuisine. TV, cheminée. Jardin, pelouse (salon de jardin). Parking couvert. Possibilité de location semaine (1250 F). Lingerie à disposition. Langues parlées : italien, anglais.

Prix : 1 pers. **220 F** 2 pers. **255 F**

10	0,1	1	12	15	0,5	24	0,2

LEPAPE Bernadette - 5, rue Pilate - 37370 NEUVY-LE-ROI - Tél : 02 47 24 40 26 ou SR : 02 47 48 37 13

NEUVY-LE-ROI Le Château du Bois (TH) *C.M. 64 Pli 4*

4 ch. Dans une ferme en activité datant du XIXe. Belle grange du XVIe sur place. Située à 500 m du bourg sur la D2. Etage : 2 chambres de 2 pers. et 2 chambres de 4 pers. avec une salle de bain et wc privés par chambre. Salon à disposition (TV). Jardin avec salon. Langues parlées : anglais, espagnol.

Prix : 1 pers. **130 F** 2 pers. **200 F** 3 pers. **250 F** repas **70 F**

9	0,7	0,6	7	15	0,5	13	11	1,5

CORMERY Marie - Le Château du bois - 37370 NEUVY-LE-ROI - Tél : 02 47 24 44 76 ou SR : 02 47 48 37 13 - Fax : 02 47 24 86 58

NOIZAY Vallée de Beaumont *C.M. 64 Pli 15*

3 ch. Au 1er étage d'une maison tourangelle du XVIIIe : 3 chambres avec entrée indépendante. 1 ch. triple (salle de bains, wc et douche). 1 ch. twin et 1 ch. triple avec salle d'eau et wc privés. Salon. Terrasse couverte. Jardin en pelouse. Langues parlées : hollandais, anglais, allemand.

Prix : 2 pers. **250/320 F** 3 pers. **380/400 F**

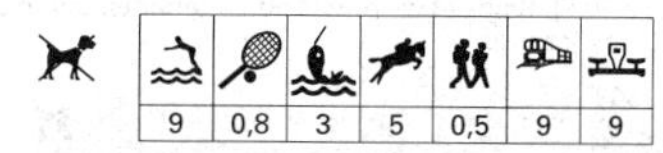

9	0,8	3	5	0,5	9	9

BOSMA Timmy - Les Jours Verts - Vallée de Beaumont - 37210 NOIZAY - Tél : 02 47 52 12 90 ou SR : 02 47 48 37 13

NOUANS-LES-FONTAINES La Petite Richerie (TH) *C.M. 68 Pli 7*

2 ch. En pleine campagne, dans une ferme en activité (céréales, volailles), aux confins de la Touraine et de l'Indre. 1 ch. au r.d.c. avec entrée indépendante, jardin d'hiver et terrasse privative, 2 lits 1 pers., salle d'eau et wc privés. A l'étage grande ch. de 40 m² avec 1 lit 2 pers. 2 lits 1 pers., s. d'eau, wc privés. Grand jardin ombragé avec piscine privée et chauffée. Barbecue, ping-pong. Petite rivière à truites en bordure de propriété. Réduction 10 % à partir de 3 nuits. Située au cœur du triangle Loches/Valençay/Saint-Aignan. Langue parlée : anglais.

Prix : 1 pers. **240 F** 2 pers. **285 F** pers. sup. **80 F** repas **90 F**

SP	3	0,5	8	13	SP	22	3

CHARPENTIER Dominique - La Petite Richerie - 37460 NOUANS-LES-FONTAINES - Tél : 02 47 92 62 48 ou SR : 02 47 48 37 13 - Fax : 02 47 92 62 48

NOUANS-LES-FONTAINES *C.M. 68 Pli 7*

4 ch. Dans dépendance d'une maison de bourg. 1 ch. quadruple au r.d.c. avec salle d'eau et wc privés (1 lit 2 pers., 2 lits 1 pers., coin cuisine), 1 ch. accessible aux handicapés (1 lit 2 pers., 1 lit 1 pers., douche, wc, lavabo, coin cuisine). 2 ch. à l'étage avec chacune lavabo, salle d'eau et wc privés (1 lit 2 pers. ou 1 lit 2 pers. et 1 lit 1 pers.). Jardin, terrasse, ping-pong. Restaurant à 100 m. Promenades en forêt. Châteaux de Loches et Valençay à 25 km. Détente. Petit déjeuner sous véranda, devant cour fleurie. Jeux pour enfants. Langue parlée : anglais.

Prix : 1 pers. **150/200 F** 2 pers. **200/270 F** 3 pers. **250/320 F**

0,5	0,5	0,3	7	10	0,5	25	0,5

HUYGHE-EAST Gisèle - 5, rue Victor Hugo - 37460 NOUANS-LES-FONTAINES - Tél : 02 47 92 79 07 ou SR : 02 47 48 37 13 - Fax : 02 47 92 79 07

NOYANT-DE-TOURAINE Fayette *C.M. 68 Pli 4*

1 ch. 1 suite à l'étage d'une ferme en activité (céréales), située à 2 km de l'A10 sortie Sainte-Maure-de-Touraine. 1 ch. (1 lit 2 pers.) et 1 ch. annexe (1 lit 120). Salle de bains et wc privés sur le palier. Séjour avec TV. Grande cour. Jardinet avec salon de jardin.

Prix : 1 pers. **175 F** 2 pers. **190 F** 3 pers. **270 F**

5	5	2	3	1	5

RAGUIN Bernard - Fayette - 37800 NOYANT-DE-TOURAINE - Tél : 02 47 65 82 34 ou SR : 02 47 48 37 13

ORBIGNY La Canterie *C.M. 64 Pli 17*

3 ch. Dans une dépendance d'une ancienne fermette située en pleine campagne, aux confins de la Touraine et du Berry. 2 ch. (1 lit 2 pers., 1 lit 1 pers.), l'une ayant salle d'eau et wc privés, l'autre salle de bains et wc privés. 1 ch. (2 lits 1 pers.) avec salle de bains et wc privés. Séjour réservé aux hôtes, salon et TV. Jardin de 4000 m² avec mobilier de jardin. VTT sur place, forêt à 500 m, base de loisirs et baignade à 12 km. Langues parlées : anglais, allemand.

Prix : 1 pers. **240 F** 2 pers. **270 F** 3 pers. **350 F** pers. sup. **60 F** repas **100 F**

5	5	5	15	12	SP	15	5

PERRAUD Gérard - La Canterie - 37460 ORBIGNY - Tél : 02 47 92 61 44 ou SR : 02 47 48 37 13

PANZOULT Beauséjour *C.M. 64 Pli 14*

2 ch. Demeure de caractère sur domaine viticole. Dans le logis principal : 1 suite avec entrée indépendante, salle de bains et wc privés (1 lit 2 pers., 1 lit 120). Dans la tourelle en bord de piscine : 1 ch. avec entrée indépendante, salle de bains et wc privés (1 lit 2 pers.). Jardin en terrasse avec piscine privée, surplombant la vallée de la Vienne, vue magnifique. Parking. Langue parlée : anglais.

Prix : 2 pers. **480/550 F** 3 pers. **580/650 F**

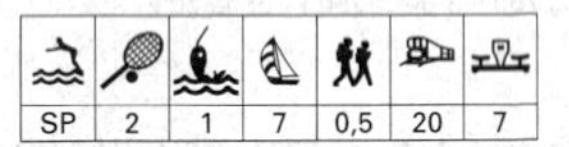

SP	2	1	7	0,5	20	7

CHAUVEAU Marie-Claude - Beauséjour - 37220 PANZOULT - Tél : 02 47 58 64 64 ou SR : 02 47 48 37 13 - Fax : 02 47 95 27 13 - E-mail : gdc37@club-internet.fr

PANZOULT La Tranchée *C.M. 64 Pli 14*

1 ch. Dans une ancienne fermette située dans le vignoble chinonais. 1 chambre à l'étage avec 1 lit 2 pers., possibilité d'un lit bébé (supplément de 10 F). Bains et wc privés non attenants. Salon et coin-cuisine à disposition (10 F/repas). Grande cour close. Parking. Terrasse (salon de jardin).

Prix : 1 pers. **160 F** 2 pers. **180 F**

4	1	1,5	13	0,5	4	18	1

MORON Huguette - La Tranchée - 37220 PANZOULT - Tél : 02 47 58 62 88 ou SR : 02 47 48 37 13

LE PETIT-PRESSIGNY *C.M. 68 Pli 5*

4 ch. Maison indépendante centre petit bourg très calme. Grande salle tradition tourangelle (poutres et pierres apparentes), cheminée, à disposition des hôtes. Par chambre : 1 lit 140, salle d'eau (wc, douche, lavabo). Petits déjeuners copieux, pain maison. Remise à partir de 5 et 12 nuits. 1 chambre accessible aux handicapés. Supplément 20F/animal. Possibilité de visiter une ferme à 3 km (fromage chèvres AOC, vaches viande, volailles, chevaux...). Langue parlée : anglais.

Prix : 1 pers. **230 F** 2 pers. **250 F** pers. sup. **80 F**

8	8	SP	10	SP	17	10	SP

LIMOUZIN Bernard et Natacha - La Pressignoise - 9, rue du Savoureulx - 37350 LE PETIT-PRESSIGNY - Tél : 02 47 91 06 06 - E-mail : natacha.limouzin@wanadoo.fr

POCE-SUR-CISSE Les Mésanges *C.M. 64 Pli 16*

2 ch. A 3,5 km d'Amboise, près des châteaux de la Loire et de leurs vignobles, du parc des mini-châteaux et de l'Aquarium géant. 2 chambres à l'étage dans un cadre champêtre agréable et calme. 1 ch. (1 lit 2 pers.) et 1 ch. (3 lits 1 pers.) avec salles d'eau privées, wc commun aux 2 chambres. Grand jardin paysager avec barbecue et salons de jardin. Possibilité d'observation au téléscope. Parking privé. Réduction pour séjour d'une semaine.

Prix : 1 pers. **155/165 F** 2 pers. **200/220 F** 3 pers. **290 F** pers. sup. **70 F**

Ouvert : du 1er avril au 15 novembre

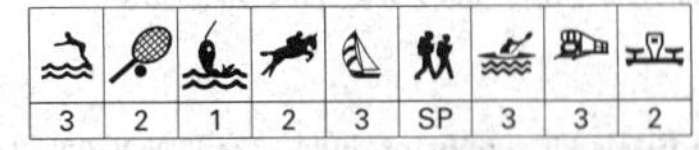

3	2	1	2	3	SP	3	3	2

PITAULT Marie-Claire - Les Mésanges - Vaussubleau - 37530 POCE-SUR-CISSE - Tél : 02 47 57 02 59 - Fax : 02 47 23 10 15

POCE-SUR-CISSE

C.M. 64 Pli 16

1 ch. Dans une belle maison du XVIIIe située dans le centre du village : 1 suite aménagée au rez-de-chaussée avec 2 lits de 2 pers. (situés dans 2 pièces séparées), salle de bains privée, wc privé. Séjour avec cheminée. Cour et terrasse. Langue parlée : anglais.

Prix : 1 pers. **170 F** 2 pers. **200 F** 3 pers. **250 F**

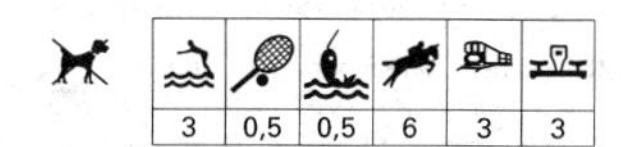

3	0,5	0,5	6	3	3

BOUTEAUX Nicole - 6 rue d'Amboise - 37530 POCE-SUR-CISSE - Tél : 02 47 57 26 14

RAZINES Château de Chargé

C.M. 68 Pli 4

3 ch. Dans un château de Chargé (XIVe et XVIIe), ancienne demeure des gouverneurs de Chinon et Richelieu. A l'étage : Ch. XIVe (1 lit 180 ou 2 lits 90) et ch. XVIIe (1 lit 160) chacune avec bains et wc privés. Ch. XVIIIe (1 lit 2 pers.) avec salle d'eau et wc privés. Salon à disposition des hôtes. Cour d'honneur et parc avec piscine privée. Réduction au delà de 3 nuits. A 35 km du Futuroscope. Allemand également parlé. Langues parlées : anglais, russe, espagnol.

Prix : 1 pers. **450/650 F** 2 pers. **500/700 F**

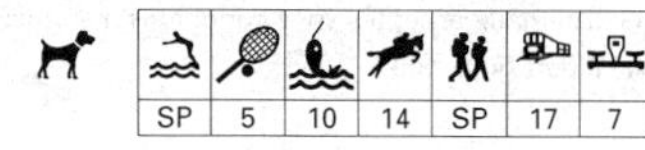

SP	5	10	14	SP	17	7

D'ASFELD Claude et Marie-Louise - Château de Charge - 37120 RAZINES - Tél : 02 47 95 60 57 ou SR : 02 47 48 37 13 - Fax : 02 47 95 67 25

RAZINES La Prunelière

C.M. 68 Pli 4

3 ch. Dans une ancienne grange restaurée, dans une propriété rurale des XVIe et XVIIe typique du Richelais : 3 ch. à l'étage dont 1 suite avec entrée indépendante. Toutes ont une TV ainsi que douche et wc privés. 1 ch. (1 lit 2 pers.), 1 ch. (2 lits 1 pers.), 1 suite composée de 2 ch. (1 lit 2 pers., 2 lits 1 pers., 1 lit bébé, réfrigérateur, micro-ondes. Grande salle de séjour à disposition avec mise en valeur de l'ancien pressoir (piano). Cette propriété de 1.5 hectares offre terrasses et jardins paysagers.

Prix : 1 pers. **220/270 F** 2 pers. **250/300 F** 3 pers. **380 F** pers. sup. **40 F** repas **90 F**

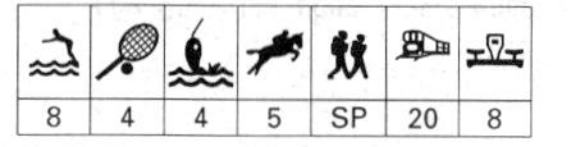

8	4	4	5	SP	20	8

MENANTEAU-BERTON . - La Prunelière - 37120 RAZINES - Tél : 02 47 95 67 38

RESTIGNE

C.M. 64 Pli 13

2 ch. Dans une propriété rurale (XIXe) restaurée, avec une belle façade en pierre de taille, dans un hameau viticole du bourgueillois. 1e chambre à l'étage dans une dépendance (1 lit 2 pers., 1 lit 120, salle de bains privée, wc privé). 2e chambre au r.d.c. dans le logis principal (1 lit 2 pers., salle d'eau privée, wc privé). Jardin paysager.

Prix : 1 pers. **300 F** 2 pers. **350 F** pers. sup. **70 F**

10	7	2	12	SP	15	7

LAFONTAINE Monique - 9 les champs de Millère - 37140 RESTIGNE - Tél : 02 47 97 40 41

RESTIGNE

C.M. 64 Pli 13

2 ch. Dans une belle maison tourangelle de vigneron, dans le vignoble de Bourgueil (vin de la propriété), formant un clos autour d'un jardin paysager. Toutes les 2 à l'étage les ch. sont chacune équipées avec s. d'eau et wc privés. 1 ch. (1 lit 2 pers., 1 convertible 2 pers.), 1 ch. (1 lit 2 pers., 1 lit 1 pers.). Table d'hôtes sur réservation. La propriétaire cultive les fraises des bois et les courges.

Prix : 1 pers. **250 F** 2 pers. **280 F** 3 pers. **350 F** repas **90 F**

10	3	4	SP	17	3

HUDEBINE Josiane - 77, rue Basse - 37140 RESTIGNE - Tél : 02 47 97 32 93

RESTIGNE Château Louy

C.M. 64 Pli 13

1 ch. Dans une dépendance d'une propriété ancienne du XVIIe. Le studio avec entrée indépendante comprend : 1 salle de bains, des wc privés, 1 coin-cuisine, 2 lits 1 pers. et 1 mezzanine avec 2 lits (2 enfants). Jardin calme. Langue parlée : anglais.

Prix : 1 pers. **250 F** 2 pers. **300 F** 3 pers. **360 F**

5	1	3	5	0,5	20	11,5	1

LUFF Geoffrey - Château Louy - 37140 RESTIGNE - Tél : 02 47 96 95 22 ou 02 47 48 37 13 - E-mail : joy.luff@wanadoo.fr

RESTIGNE — *C.M. 64 Pli 13*

3 ch. Dans une maison tourangelle sur une propriété viticole : 3 chambres à l'étage. Salle d'eau et wc privés. 1 ch. (1 lit 2 pers.), 1 ch. (2 lits 1 pers.) et 1 ch. (1 lit 2 pers. et 2 lits 1 pers.). Entrée indépendante. Cuisine. Parking. Jardin. Table d'hôtes sur réservation. Usage cuisine : 80 F/jour. Forfait semaine. Restauration à 1 km. Activité ferme de séjour : initiation à la boule de Fort et à la dégustation des vins dans une cave pittoresque (vin de Bourgueil de la propriété), visite de caves.

Prix : 1 pers. **240 F** 2 pers. **270/280 F** 3 pers. **350 F** pers. sup. **100 F** repas **95 F**

2	4	3	8	0,5	5	0,5

GALBRUN Annette - 15, rue Croix des Pierres - 37140 RESTIGNE - Tél : 02 47 97 33 49 ou SR : 02 47 48 37 13 - Fax : 02 47 97 46 56

RICHELIEU — *C.M. 68 Pli 3*

4 ch. Belle demeure bourgeoise du début XIXe située au cœur de l'ensemble architectural (XVIIe) de Richelieu et donnant sur un parc intérieur calme de 2000 m². 4 chambres à l'étage, toutes équipées d'une salle de bains et de wc privés. 2 ch. ont chacune 2 grands lits 1 pers., les 2 autres ayant chacune 1 lit 2 pers. de 160 x 200. Grand salon avec cheminée, téléphone à compteur et TV. Parking intérieur, garage. Animaux acceptés sous conditions. Langues parlées : italien, anglais.

Prix : 1 pers. **450 F** 2 pers. **500 F** pers. sup. **100 F**

0,5	0,5	1	7	25	SP

COUVRAT-DESVERGNES Michele - 6 rue Henri Proust - 37120 RICHELIEU - Tél : 02 47 58 29 40 ou SR : 02 47 48 37 13

RICHELIEU — *C.M. 68 Pli 3*

4 ch. Aménagées dans une demeure de caractère au centre de Richelieu : 4 ch. d'hôtes de style (2/3 pers). Salles d'eau et wc privés. Ameublement de qualité. Jardin d'hiver à usage exclusif des hôtes. Jardins à la française. Restaurants à proximité. Poneys à 6 km, swin-golf à 9 km.

Prix : 1 pers. **280 F** 2 pers. **380 F** 3 pers. **500 F** pers. sup. **60 F**

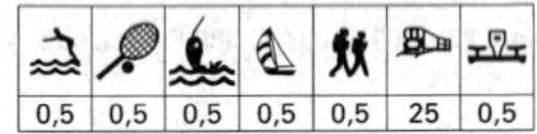

0,5	0,5	0,5	0,5	0,5	25	0,5

LEPLATRE Marie-Josephe - 1, rue Jarry - 37120 RICHELIEU - Tél : 02 47 58 10 42 ou SR : 02 47 48 37 13

RIGNY-USSE Le Pin — *C.M. 64 Pli 13*

4 ch. Dans une ancienne ferme restaurée en orée de forêt : 4 chambres. Toutes avec salle de bains et wc privés. 1e ch. (2 lits 2 pers.), 2e ch. (2 lits 2 pers.), 3e ch. en duplex (1 lit 2 pers., coin-cuisine), 4e ch. (1 lit 2 pers.). Salon avec cheminée et poutres apparentes (billard, TV). Sauna. Piscine privée. Parking. Ping-pong. Siituée sur les terres du château de la Belle au bois dormant. Une dizaine d'autres châteaux dans un rayon de 20 km. Langue parlée : anglais.

Prix : 1 pers. **250 F** 2 pers. **250/400 F** 3 pers. **500 F** pers. sup. **100 F**

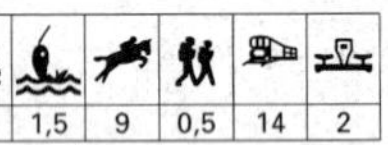

SP	1,5	9	0,5	14	2

BROUSSET Jany - Le Pin - 37420 RIGNY-USSE - Tél : 02 47 95 52 99 ou SR : 02 47 48 37 13 - Fax : 02 47 95 43 21

RIGNY-USSE La Petite Prée — *C.M. 64 Pli 13*

2 ch. Ancienne fermette restaurée (élevage chevaux), entre Loire et Indre, vue sur château d'Ussé. R.d.c. avec entrées indépendantes : 1 ch. (1 lit 2 pers., douche, wc, option lit supp.). 1 suite 4/5 pers. (325/370 F) ayant 2 ch. (1 lit 2 pers. et coin canapé plus 1 lit 2 pers. et 1 lit 1 pers.) avec douche et wc privés mais séparés. Lit bébé (20 F/jour). Séjour commun (poutres, cheminée). Jardin. Box (40 F/nuitée). Parking privé. Hébergement non fumeurs. Dîners sur réservation 24 H à l'avance (pas de table d'hôtes les jeudi, dimanche et jours fériés). Micro-ondes et frigo à disposition. Remise 10% du 1/10 au 31/03.

Prix : 1 pers. **180/200 F** 2 pers. **200/250 F** 3 pers. **265/295 F** repas **85 F**

10	10	0,4	8	0,5	12	2

GAZAVE Dominique et Hélène - La Petite Prée - 37420 RIGNY-USSE - Tél : 02 47 95 54 71 ou SR : 02 47 48 37 13

RIVARENNES La Gourdonnerie — *C.M. 64 Pli 14*

1 ch. Maison du XIXe entièrement restaurée et située au milieu d'un parc clos, au bord de la forêt de Chinon : 1 suite au r.d.c. avec entrée indépendante, coin-salon. La suite est équipée d'une chambre avec 1 lit 2 pers. et d'une chambre avec 1 lit de 120. Elles bénéficient d'une salle de bains et wc privés. Langues parlées : allemand, anglais.

Prix : 1 pers. **240 F** 2 pers. **270 F** 3 pers. **390 F**

10	10	2	0,5	SP	10	10	2

DOBERT-SCHRADER Monika - La Gourdonnerie - 37190 RIVARENNES - Tél : 02 47 58 01 86 ou 06 83 96 07 89

RIVARENNES La Loge (TH) *C.M. 64 Pli 14*

3 ch. 36 km de Tours et Saumur, 5 km d'Ussé, 13 km d'Azay-le-Rideau, Chinon et Langeais. 3 ch. au r.d.c. d'une maison tourangelle en orée de forêt de Chinon. 1 ch. (3 lits 1 pers., salle d'eau et wc privé), 1 ch. (1 lit 2 pers., douche), wc privé non attenant. 1 ch. (1 lit 80, 2 lits 1 pers. juxtaposés) avec bains et wc privés non attenants. Séjour (cheminée, TV). Parking. Grand jardin. Remise 5% à partir de 3 nuits et 10% à partir de 5 nuits. Accès par D 139. Table d'hôtes sur réservation. Musée de « la poire tapée » à 2 km. Balades et stages équestres avec monitrice DE (poneys et chevaux). Frigo et micro-ondes à disposition. Langue parlée : anglais.

Prix : 1 pers. **180/200 F** 2 pers. **210/230 F** 3 pers. **270/290 F** pers. sup. **50 F** repas **90 F**

12	5	2,5	SP	SP	12	2,5	2

MULLER-FOUIN Marie-Reine - La Loge - Rivarennes - 37190 AZAY-LE-RIDEAU - Tél : 02 47 95 42 63 - Fax : 02 47 95 42 63

SACHE Le Moulin Vert de la Chevrière *C.M. 64 Pli 14*

4 ch. Dans un moulin (base XVe) situé sur l'Indre, à 1.5 km en amont de Saché, à 7 km d'Azay-le-Rideau. 4 ch. aux 1er ou 2e étage, toutes avec d'une salle de bains et wc privés, 1 ch. (1 lit 2 pers.), 1 ch. (2 lits 1 pers.) et 2 ch.(1 lit 160 chacune). Au 3e étage : grand salon avec TV et vidéo (grand écran, satellite), bibliothèque et billard. Terrasse en éperon sur la rivière. Promenades au bord de l'eau sur 4 ha. de la propriété. Etablissement non fumeur.

Prix : 1 pers. **500 F** 2 pers. **550 F**

7	1,5	SP	3	SP	7	1,5

LETOURNEAU Gérard - Le Moulin vert de la Chevrière - 12 route Basse Chevrière - 37190 SACHE - Tél : 02 47 26 83 95 - Fax : 02 47 26 83 95 - E-mail : gs.letourneau@wanadoo.fr

SACHE Les Tilleuls - La Sablonnière *C.M. 64 Pli 14*

4 ch. Maison ancienne de la fin XIXe ayant 1 ch. et 1 suite à l'étage ainsi qu'une dépendance avec 2 ch., dans un hameau dominant le Val d'Indre et situé à 1,5 km du pittoresque village de Saché. Toutes les ch. ont une salle d'eau et un wc privé. 1 suite avec 2 lits 2 pers., 2 ch. avec chacune 1 lit 2 pers. et 1 ch. avec 3 lits 1 pers. Séjour avec TV. Jardin ombragé et paysager, parking. Langues parlées : anglais, allemand.

Prix : 1 pers. **300 F** 2 pers. **400 F** 3 pers. **500 F** pers. sup. **100 F**

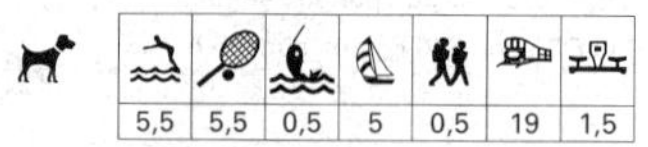

5,5	5,5	0,5	5	0,5	19	1,5

PILLER Michelle - Les Tilleuls - La Sablonniere - 37190 SACHE - Tél : 02 47 26 81 45 ou SR : 02 47 48 37 13 - Fax : 02 47 26 84 00

SAINT-BAULD Le Moulin du Coudray (TH) *C.M. 64 Pli 15*

3 ch. Ancien moulin du XVIe restauré au XXe et situé sur 3 ha. de parc paysager avec un étang de 1 ha. offrant une possibilité de pêche. Toutes les chambres sont équipées d'une luxueuse salle de bains privée (dont 2 avec baignoire et douche), de wc privés et enfin soit d'un lit 2 pers. soit de 2 lits 1 pers. Salle de séjour reservée aux hôtes et salon avec cheminée. Terrasse pavée et ombragée de 100 m^2 donnant sur le parc. VTT. Salle de gymnastique à disposition. Table d'hôtes sauf le vendredi et sur réservation uniquement. Langue parlée : anglais.

Prix : 1 pers. **280 F** 2 pers. **320 F** pers. sup. **80 F** repas **120 F**

Ouvert : toute l'année.

8	5	SP	3	15	4

PERIA Sylvie - Le Moulin du Coudray - 37310 SAINT-BAULD - Tél : 02 47 92 82 64 ou 06 67 20 02 17 - Fax : 02 47 92 82 64

SAINT-BRANCHS Le Joncheray *C.M. 64 Pli 15*

1 ch. Ancienne fermette restaurée comprenant 1 suite à l'étage (1 lit 2 pers. 2 lits 1 pers.), possibilité lits d'appoint et bébé. Salle d'eau et wc privés. Grand séjour à disposition des hôtes, TV. Ameublement de qualité. Jardin en pelouse et terrasse avec salon de jardin. Parking intérieur. Jeux de boules.

Prix : 1 pers. **230 F** 2 pers. **270 F** 3 pers. **370 F**

4	2,5	2	5	8	0,5	25	2,5

Mme FARGE Jeanine et M. DAMON J.C. - Le Joncheray - 37320 SAINT-BRANCHS - Tél : 02 47 26 35 28

SAINT-BRANCHS La Paqueraie (TH) *C.M. 64 Pli 15*

4 ch. Dans une très belle demeure restaurée ouvrant sur une pelouse. 2 ch. ont chacune un lit 2 pers. et 2 ch. ont chacune 2 lits 1 pers. Toutes sont équipées soit d'une salle d'eau soit d'une salle de bains et de wc privés. Séjour avec cheminée. Parc de 1 ha. avec parking et garage, belle pelouse. Piscine privée. Langues parlées : anglais, espagnol.

Prix : 1 pers. **350 F** 2 pers. **385 F** 3 pers. **485 F** pers. sup. **120 F** repas **150 F**

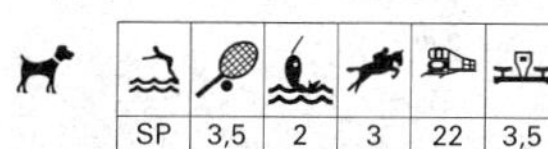

SP	3,5	2	3	22	3,5

BINET Monique - La Paqueraie - 37320 SAINT-BRANCHS/CORMERY - Tél : 02 47 26 31 51 ou SR : 02 47 48 37 13 - Fax : 02 47 26 39 15 - E-mail : monique.binet@wanadoo.fr - http://perso.wanadoo.fr/lapaqueraie/

SAINT-EPAIN La Maison Rouge (TH) *C.M. 64 Pli 14*

2 ch. Dépendance fin XVIIe ds un ensemble de bâtiments ruraux surplombant la vallée de la Manse et situés à 800 m de Crissay-sur-Manse, classé parmi les plus beaux villages de France. Une chambre offre 2 lits gigognes 1 pers., 1 lit 2 pers. ainsi que s. de bains et wc privés. L'autre a 1 lit 2 personnes sur mezzanine plus lit gigogne en bas, s. de bains et wc privés. Langue parlée : anglais.

CV

Prix : 2 pers. **250/280 F** 3 pers. **330/360 F** repas **100 F**

10	2	0,3	10	SP	16	2

ROSSI Josseline - La Maison Rouge - 37800 SAINT-EPAIN - Tél : 02 47 73 59 76 - E-mail : rossijo@libertysurf.fr

SAINT-ETIENNE-DE-CHIGNY Le Portail *C.M. 64 Pli 14*

3 ch. Calme, repos et simplicité. Au rez de chaussée, dans une dépendance d'une propriété XVIIe et XIXe dominant le vieux bourg de Saint-Etienne, un village de caractère à proximité de Luynes. 3 chambres de charme avec entrée indépendante, équipées d'un lit 2 pers., d'un canapé convertible en couchage, d'une salle de bains et de wc privés. Grande piscine privée et terrasse au sein d'un vaste jardin arboré. Langue parlée : anglais.

CV

Prix : 1 pers. **280 F** 2 pers. **300 F** 3 pers. **380 F** pers. sup. **80 F**

SP	3	2	5	SP	17	12	3

DE CLERVAL - Le Portail - Vieux Bourg - 37230 SAINT-ETIENNE-DE-CHIGNY - Tél : 02 47 55 66 12 ou SR : 02 47 48 37 13 - E-mail : declerval@hotmail.com - http://www.multimania.com/leportail/

SAINT-HIPPOLYTE Le Vallon de Vitray (TH) *C.M. 68 Pli 6*

4 ch. Dans dépendance d'une ancienne ferme XVIIIe restaurée, aux confins de la Touraine et du Berry, dans vallon calme et verdoyant. 1 ch. accessible aux handicapés au r.d.c. et 3 ch. à l'étage, toutes ayant salle d'eau et wc privés. 1 ch. au r.d.c. (2 lits 1 pers.). Etage : 1 ch. (1 lit 2 pers.), 1 ch. (1 lit 160), 1 suite (4 lits 1 pers.). TV dans les 4 chambres. Salle à manger avec cheminée. Entrée indépendante. Grand jardin paysager 2000 m^2 (salon de jardin, ping-pong), terrasse dominant le vallon. Réduction 10 % à partir de 3 nuits. Location VTT sur place. Langue parlée : anglais.

CV

Prix : 1 pers. **230 F** 2 pers. **260 F** 3 pers. **340 F** pers. sup. **65 F** repas **100 F**

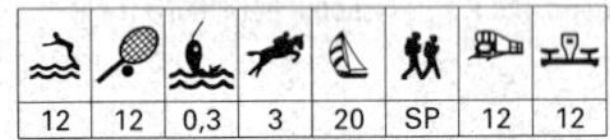

12	12	0,3	3	20	SP	12	12

DESNOS Robert et Michelle - Le Vallon de Vitray - 37600 SAINT-HIPPOLYTE - Tél : 02 47 94 75 73 ou SR : 02 47 48 37 13 - Fax : 02 47 94 75 73 - E-mail : miro@micro-video.fr

SAINT-JEAN-SAINT-GERMAIN Le Moulin de Saint Jean (TH) *C.M. 68 Pli 6*

5 ch. Dans un moulin du XIXe ancré sur l'Indre à la sortie du village de Saint-Jean, 6 km en amont de la cité médiévale de Loches. Salle de bains et wc privés dans chaque. 3 ch. avec 1 lit 2 pers. ou 2 lits 1 pers. et 2 ch. avec 1 lit 2 pers. et 1 lit 1 pers. Salon à disposition, terrasse sur l'Indre, parc et rivière sur 4000 m^2. Propriétaires britanniques. Langue parlée : anglais.

Prix : 1 pers. **300 F** 2 pers. **300/350 F** 3 pers. **450 F** pers. sup. **100 F** repas **150 F**

6	6	SP	6	12	SP	6	6

HUTTON - Le Moulin de Saint-Jean - 37600 SAINT-JEAN-SAINT-GERMAIN - Tél : 02 47 94 70 12 ou SR : 02 47 48 37 13 - Fax : 02 47 94 77 98

SAINT-LAURENT-EN-GATINES Château de la Brosse *C.M. 64*

5 ch. Dans un château bâti au XVIIIe, sur un parc de 9 ha. : 5 chambres d'hôtes luxueuses aménagées au 1er étage. Cette demeure située sur l'axe Angers-Blois (D766), est à moins de 30 mn au nord de Tours. Toutes les chambres ont TV, salle de bains et wc privés. 2 ch. (1 lit 160 chacune), 1 ch. (1 lit 180), 1 ch. (1 lit 200), 1 ch. (2 lits 1 pers.). Salon-bibliothèque et fumoir à disposition. Détente dans le parc. Langue parlée : anglais.

CV

Prix : 1 pers. **500/700 F** 2 pers. **580/780 F** pers. sup. **150 F**

12	6	SP	12	12

ROSSET-FAVRE - Château de la Brosse - 37380 SAINT-LAURENT-EN-GATINES - Tél : 02 47 56 91 62 - Fax : 02 47 56 99 36

SAINT-MARTIN-LE-BEAU Fombêche *C.M. 64 Pli 15*

6 ch. Dans une maison neuve indépendante du logement du propriétaire, sur une exploitation vinicole. Salle réservée aux hôtes. 1 ch. (2 lits 1 pers.). 1 ch. (1 lit 2 pers., 1 lit 1 pers.). 4 ch. avec lits 2 pers. Salle de bains et wc privés pour chacune des 6 ch., toutes situées au r.d.c. Terrasse. Parking privé. Point-phone. Aéroclub. Restaurant troglodytique 50 m.

Prix : 1 pers. **210 F** 2 pers. **270 F** 3 pers. **330 F**

7	1	0,5	2	2	0,5	9	1

GUESTAULT Jean - Fombeche - 2, rue de la Rochere - 37270 SAINT-MARTIN-LE-BEAU - Tél : 02 47 50 25 52 ou SR : 02 47 48 37 13 - Fax : 02 47 50 28 23

SAINT-MARTIN-LE-BEAU Cangé — *C.M. 64 Pli 15*

5 ch. Dans propriété viticole XIXe, cœur vignoble de Montlouis : 5 ch. au r.d.c. Entrée indép. Douche, wc, TV dans chacune. 1 ch. (1 lit 2 pers.), 2 ch. (1 lit 2 pers. et sur mezzanine : 2 lits 1 pers.), 1 ch. (1 lit 2 pers., convertible 2 pers.), 1 ch. (2 lits 1 pers., baignoire). Grand séjour (cheminée, bibliothèque, téléphone). Kitchenette. Jardin (salon de jardin). Parking. Anglais parlé. Restaurant 2 km. Gare TGV 12 km. Tours 16 km. Amboise 8 km. Chai sur place. Dégustation vins et confiture de vins. Langue parlée : anglais.

Prix : 1 pers. **220 F** 2 pers. **280 F** 3 pers. **350 F**

Ouvert : toute l'année.

8	2	2	2	2	SP	30	2	2

MOYER - rue des Caves « Cange » - Domaine de Beaufort - 37270 SAINT-MARTIN-LE-BEAU - Tél : 02 47 50 61 51 ou SR : 02 47 48 37 13 - Fax : 02 47 50 27 56

SAINT-NICOLAS-DE-BOURGUEIL Chevrette — *C.M. 64 Pli 13*

3 ch. Maison dans vignoble (très calme). Au r.d.c. : 2 ch. avec 1 lit 2 pers., salle d'eau et wc privés. 1 ch. (1 lit 2 pers., 1 lit 120) avec salle d'eau et wc privés non attenants. Portes sur terrasse et jardin. Véranda, salon, cuisine et TV réservés aux hôtes.

Prix : 1 pers. **190 F** 2 pers. **220 F** 3 pers. **290 F**

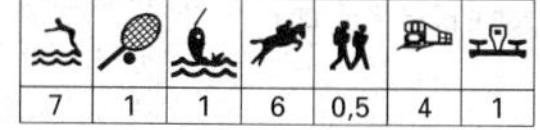

7	1	1	6	0,5	4	1

CADARS Linette - Chevrette - 37140 SAINT-NICOLAS-DE-BOURGUEIL - Tél : 02 47 97 80 03

SAINT-NICOLAS-DE-BOURGUEIL Le Fondis  — *C.M. 64 Pli 13*

4 ch. Dans une haute maison bourgeoise de la fin XIXe entièrement réservée aux hôtes : 4 chambres à l'étage. Salle d'eau et wc privés par chambre. 3 ch. (1 lit 2 pers.) et 1 ch. twin (2 lits 1 pers.). Salon, séjour. Téléphone à 50 m. Exploitation viticole.

Prix : 1 pers. **220 F** 2 pers. **270 F** 3 pers. **320 F** pers. sup. **60 F**

3	1	0,2	6	0,5	8	2

JAMET Martine - Le Fondis - 37140 SAINT-NICOLAS-DE-BOURGUEIL - Tél : 02 47 97 78 58 ou SR : 02 47 48 37 13 - Fax : 02 47 97 43 59

SAINT-OUEN-LES-VIGNES Le Bois de la Chainée — *C.M. 64 Pli 16*

3 ch. Dans une ancienne fermette (XIXe) restaurée et située dans un hameau boisé à 1 km du bourg ainsi qu'à proximité d'Amboise et du Val de Loire. Entrée indépendante et parking intérieur. 1 suite avec coin-cuisine (2 lits 1 pers., convertible 2 pers.) et 1 ch. (1 lit 2 pers., 1 lit 80), 1 suite (composée de 2 ch.) pour 5 pers., avec chacune s.d'eau et wc privés. Forfait semaine : 1900 F pour 2 pers. Jardin en pelouse et bois sur 1 ha. (salon de jardin). Langues parlées : anglais, italien.

Prix : 1 pers. **220 F** 2 pers. **260/310 F** pers. sup. **90 F**

6	6	2	2	SP	25	6	1

PASSEMARD MICHELE - Le Bois de la Chainee - 37530 SAINT-OUEN-LES-VIGNES - Tél : 02 47 30 13 17 - Fax : 02 47 30 10 75

SAINT-OUEN-LES-VIGNES  — *C.M. 64 Pli 16*

E.C. 1 ch. Dans une maison du XIXe (qq marches), au cœur du village et à proximité d'un restaurant gastronomique : 1 chambre avec entrée indépendante au r.d.c. La chambre est équipée avec 1 lit 2 pers., salle d'eau et wc privés. Jardin à la Française délimité par la Ramberge (pêche possible). Promenade sur le reste de la propriété (2,2 ha.). Piscine privée et loc. de VTT.

Prix : 1 pers. **220 F** 2 pers. **250 F**

SP	8	SP	4	8	4

BRACQUART Sylvie - 19-21 rue Jules Gautier - 37530 SAINT-OUEN-LES-VIGNES - Tél : 02 47 30 13 27

SAINT-PATERNE-RACAN — *C.M. 64 Pli 4*

2 ch. Maison indépendante dans bourg comprenant 2 ch. au 1er étage : 1 ch. avec salle de bains, wc et 2 lits 1 pers., et 1 ch. avec salle d'eau, wc et 1 lit 2 pers. Salle réservée aux hôtes. Jardin clos. Chambres non fumeur. 3 restaurants sur place.

Prix : 1 pers. **190 F** 2 pers. **230 F**

0,5	0,5	SP	5	10	0,5	10	SP	0,5

BOUCHET Renée - 1, place de la gare - 37370 SAINT-PATERNE-RACAN - Tél : 02 47 29 21 67

SAINT-QUENTIN-SUR-INDROIS La Bertinière (TH) *C.M. 64 Pli 16*

1 ch. Dans une longère de caractère (XVIIe et XVIIIe), une suite au r.d.c avec entrée indépendante. La propriété, sur 7000 m^{2} de parc boisé clos, est située en pleine campagne. La suite est composée d'une chambre (1 lit 2 pers., salle de bains et wc privés) et d'un salon-bibliothèque avec convertible clic-clac 2 pers., chaine hifi et TV. Parc clos avec piscine privée. Location de vélos. Sur place à disposition des hôtes : ping-pong, jeux de boules, salon de jardin. Animaux acceptés sous réserve et aprés accord préalable. 2 autres chambres en cours de réalisation. Langues parlées : anglais, espagnol.

Prix : 1 pers. **350 F** 2 pers. **390 F** pers. sup. **100 F** repas **100 F**

SP	4	3	8	15	SP	15	10	4

MMES DUBOIS - GUIBRAY Françoise et Valérie - La Bertiniere - Route de Chenonceaux - 37310 SAINT-QUENTIN-SUR-INDROIS - Tél : 02 47 92 57 89 ou 06 83 54 13 63 - Fax : 02 47 92 56 25

SAINT-REGLE La Pelleterie *C.M. 64 Pli 16*

4 ch. Dans une maison restaurée, située sur 1 ha. de jardin paysager et ombragé, avec mobilier de jardin et barbecue. A l'étage : 2 ch. doubles, 1 ch. triple et 1 ch. quadruple équipée d'un coin-cuisine. Toutes les chambres ont une salle de bains ou une douche privée et un wc privé. Le propriétaire propose croissants maison et parfois pain. Sur place : ping-pong, jeu de boules, VTT, balade en forêt. Swin-golf à 2 km. Langue parlée : anglais.

Prix : 1 pers. **230 F** 2 pers. **260 F** pers. sup. **80 F**

5	5	5	10	30	SP	5	25	5	2,5

GUERY Daniel - La Pelleterie - 37530 SAINT-REGLE - Tél : 02 47 57 16 71

SAINT-REGLE *C.M. 64 Pli 16*

2 ch. Dans une maison tourangelle dans hameau calme : 2 chambres à l'étage. Douche et wc privés. TV couleur dans chaque chambre. 1 ch. triple (3 lits 1 pers., canapé), 1 ch. triple (1 lit 2 pers., 1 lit 1 pers.). Petit salon à l'étage et pièce de jour réservée aux hôtes. Restaurant à 500 m. Pour 5 nuits réservées la 5e nuit sera offerte. Jardin. Langue parlée : italien.

Prix : 1 pers. **150 F** 2 pers. **250 F** 3 pers. **320 F**

3	3	2,5	3	0,5	3,5	0,5

TAVERNIER Emma - 6, impasse des Thomeaux - Saint-Regle - 37530 AMBOISE - Tél : 02 47 57 41 65

SAINTE-CATHERINE-DE-FIERBOIS La Tinellière

2 ch. Dans une ancienne fermette restaurée (fin XVIIe), dans un hameau à la campagne : 2 chambres quadruples au r.d.c. 1 chambre avec mezzanine dans le logis principal (1 lit 160, 2 lits gigognes 1 pers.). 1 chambre dans une dépendance donnant sur la terrasse au sud (1 lit 2 pers., 2 lits 1 pers.). Les 2 chambres ont chacune TV, salle d'eau et wc privés. Accès au salon (cheminée, meublés anciens). Jardin clos, jeux de boules. Réduction de 10 % à partir de 4 nuits.

Prix : 1 pers. **200/230 F** 2 pers. **230/260 F** 3 pers. **310/340 F** pers. sup. **80 F**

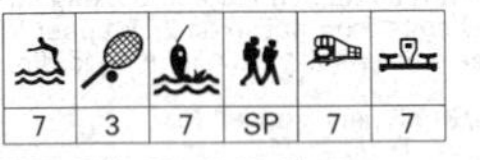

7	3	7	SP	7	7

PELLUARD Eliane - La Tinellière - 37800 SAINTE-CATHERINE-DE-FIERBOIS - Tél : 02 47 65 61 80

SAVIGNE-SUR-LATHAN La Haute Rongère (TH) *C.M. 64 Pli 13*

4 ch. Dans une ancienne fermette restaurée située en pleine campagne, à 2 km du village de Savigné (musée des Faluns) : 4 ch. au r.d.c. dont 2 totalement indépendantes. Salle de bains ou salle d'eau privée et wc privés dans chaque chambre. 1 ch. double (1 lit 2 pers.), 1 ch. twin (2 lits 1 pers.), 1 ch. (3 lits 1 pers.), 1 ch. (1 lit 2 pers., 1 lit 1 pers.). Possibilité 1 lit bébé. Séjour-salon à disposition (cheminée). Jardin clos 8000 m2 (barbecue, salon de jardin). Pour 3 nuits réservées la 4e nuit sera offerte. Langue parlée : anglais.

Prix : 1 pers. **220/270 F** 2 pers. **240/290 F** pers. sup. **100 F** repas **130 F**

18	3,5	3,5	8	6	20	3,5

BRICARD Anne - La Haute Rongere - 37340 SAVIGNE-SUR-LATHAN - Tél : 02 47 24 19 70 ou 06 11 96 33 15 - Fax : 02 47 24 19 70

SAVIGNY-EN-VERON Chevire (TH) *C.M. 64 Pli 13*

3 ch. Dans une grange XVIIIe attenante au logis propriétaires (belle maison bourgeoise en pierre de taille), dans village vigneron au cœur du Parc Naturel Régional. 1 ch. (1 lit 160, 2 lits gigognes 1 pers., salle de bains, wc), 1 ch. avec salle d'eau et wc privés non attenants (1 lit 2 pers.), 1 ch. (1 lit 2 pers., 1 lit 1 pers., salle de bains, wc). Grand séjour avec coin cuisine à usage exclusif des hôtes. Possibilité 1 lit bébé. Cour et jardin (mobilier de jardin). Garage voiture. Prairie avec coin pique-nique. Table d'hôtes sur réservation sauf les dimanche et lundi. Langue parlée : anglais.

Prix : 1 pers. **190/240 F** 2 pers. **230/280 F** pers. sup. **70 F** repas **90 F**

4	1	2	6	SP	10	15	10	1

CHAUVELIN Marie-Françoise - Chevire - 11 rue Basse - 37420 SAVIGNY-EN-VERON - Tél : 02 47 58 42 49 ou SR : 02 47 48 37 13 - Fax : 02 47 58 42 49

SAVONNIERES Prieuré St-Anne

C.M. 64 Pli 14

1 ch. Demeure tourangelle de caractère des XVe et XVIIe. Salle réservée aux hotes (cheminée). Ameublement de qualité. Au 1er étage : 1 suite composée de 2 chambres (2 lits 2 pers., 1 lit d'enfant). Salle d'eau et wc privés. Jardin.

Prix : 1 pers. **220 F** 2 pers. **340 F** pers. sup. **100 F**

10	0,5	0,5	2	5	0,5	5	12	0,5

CARE Lucette - Le Prieuré Sainte-Anne - 10, rue chaude - 37510 SAVONNIERES - Tél : 02 47 50 03 26 ou SR : 02 47 48 37 13

SAVONNIERES La Martinière

C.M. 64 Pli 14

2 ch. Au cœur des châteaux de la Loire à 1 km de Villandry, dans une vieille ferme restaurée du XVIIe. Calme, repos, simplicité. Pour un arrêt d'un ou plusieurs jours, ou un week-end entre amis. 2 ch. indépendantes avec douche et wc privés. Petit déjeuner anglais. Sur place : piscine et tennis privés, ping-pong. Langue parlée : anglais.

Prix : 2 pers. **350 F** 3 pers. **410 F**

SP	SP	2	2	8	0,5	14	2

CHAINEAU Françoise - La Martiniere - 37510 SAVONNIERES - Tél : 02 47 50 04 46 - Fax : 02 47 50 11 57

SAVONNIERES Le Prieuré des Granges

C.M. 64 Pli 14

6 ch. Dans une propriété des XVIIe et XIXe sur parc de 7 hectares avec piscine privée : 6 chambres avec entrée indépendante. 2 ch. (1 lit 2 pers.), 2 ch. (1 lit 2 pers., 1 lit 1 pers.), 1 ch. (2 lits 1 pers.), 1 suite (4 lits 1 pers.). Toutes avec salle de bains ou douche et wc privés. Salon (cheminée, TV). Téléphone dans chaque chambre. Notions d'allemand. Nuitée 4 pers. dans la suite : 1100 F. Langues parlées : anglais, espagnol.

Prix : 1 pers. **520 F** 2 pers. **590 F** pers. sup. **170 F**

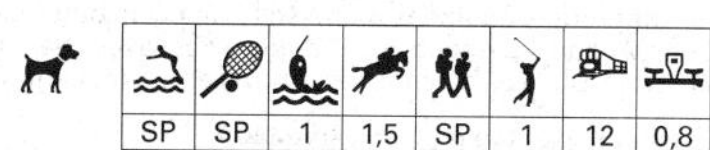

SP	SP	1	1,5	SP	1	12	0,8

SALMON Eric - Le Prieuré des Granges - 37510 SAVONNIERES - Tél : 02 47 50 09 67 ou SR : 02 47 48 37 13 - Fax : 02 47 50 06 43 - E-mail : salmon.eric@wanadoo.fr - http://www.chateauxcountry.com

SAVONNIERES

C.M. 64 Pli 14

1 ch. Dans une ancienne maison du XVIe, restaurée au XXe et bénéficiant d'une superbe vue sur le Cher. Située au r.d.c., la chambre a 4 lits de 1 pers. et offre salle d'eau et wc privés non attenants. Séjour avec cheminée et TV. Jardin, parking. Piscine troglodytique privée et chauffée toute l'année. Langues parlées : anglais, espagnol.

Prix : 1 pers. **265 F** 2 pers. **320 F** 3 pers. **440 F**

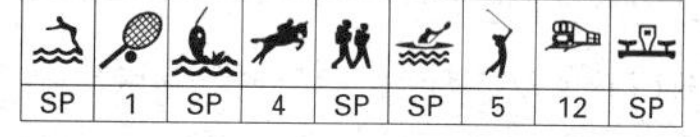

SP	1	SP	4	SP	SP	5	12	SP

LISBONA Marie-Claude - 7 rue des Grottes - La Variniere - 37510 SAVONNIERES - Tél : 02 47 50 14 04 - Fax : 02 47 50 14 04 - E-mail : la_variniere@yahoo.fr

SEPMES La Ferme des Berthiers

(TH) *C.M. 68 Pli 5*

6 ch. Dans une maison de maitre (1856) d'une ferme tourangelle. 3 ch. au 1er étage : 1 ch. (3 lits 1 pers., douche, wc), 1 ch. (1 lit 2 pers., 1 lit 1 pers., douche, wc), 1 ch. (1 lit 2 pers., bains, wc). 1 suite au r.d.c. composée de 2 ch. avec 1 lit 150, 1 lit 120, douche et wc. 2 ch. dans dépendance : 1 double et 1 quadruple avec chacune wc et salle d'eau privés. Séjour, salon, cour close, jardin ombragé. Possibilité lit bébé et chambre enfants. Langues parlées : anglais, allemand, hollandais.

Prix : 1 pers. **220 F** 2 pers. **270/300 F** 3 pers. **320/350 F** repas **120 F**

7	0,5	3	SP	7	0,5

VERGNAUD Anne-Marie - La Ferme des Berthiers - 37800 SEPMES - Tél : 02 47 65 50 61 ou SR : 02 47 48 37 13 - Fax : 02 47 65 50 61 - E-mail : lesberthiers@libertysurf.fr

SORIGNY

(TH) *C.M. 64 Pli 15*

2 ch. Dans une ancienne ferme. 1 ch. double avec salle d'eau et wc privés et 1 ch. double avec salle de bains et wc privés. RN 10, autoroute Aquitaine et château d'eau à proximité. Au cœur des châteaux de la Loire. Table d'hôtes sur réservation.

Prix : 1 pers. **200 F** 2 pers. **225 F** 3 pers. **280 F** repas **100 F**

8	0,5	3	6	0,5	17	0,5

AUDENET Marie-Thérèse - Rue de Monts - 37250 SORIGNY - Tél : 02 47 26 20 90

SOUVIGNE *C.M. 64 Pli 14*

4 ch. Dans les dépendances d'une belle maison XVIIIe (sortie du village), donnant sur bel espace 4500 m2 clos de murs anciens. Suite duplex (2 lits 1 pers., TV, 1 lit 2 pers.), 1 ch. (1 lit 2 pers., TV), 1 ch. (2 lits 1 pers.), toutes ont douche et wc privés. Suite (bains + wc privés, 1 lit 160, convertible 1 pers., clic-clac 150). Salon (TV et chaminée à dispo.). Lit bébé. Lavage + séchage linge possible. Téléphone téléséjour. Remise dès 3e nuit. Terrasse. Atelier poterie. Jardin bordé par petite rivière à son extrémité. Mobilier de jardin. Langue parlée : anglais.

Prix : 1 pers. **190/210 F** 2 pers. **220/280 F** 3 pers. **350 F**
pers. sup. **80/100 F**

11	5	SP	10	20	0,5	5	30	7

BRUNET Liliane et Patrick - La Mésange Potiere - 10 rue Juliette Aveline - 37330 SOUVIGNE - Tél : 02 47 24 54 36 ou SR : 02 47 48 37 13 - Fax : 02 47 24 54 36 - E-mail : mesangep@club-internet.fr - http://perso.club-internet.fr/mesangep

LA TOUR-SAINT-GELIN La Néronnerie *C.M. 68 Pli 4*

1 ch. Située dans une petite dépendance d'une propriété viticole du XIXe à mi-chemin entre l'Ile-Bouchard et Richelieu (cité du cardinal) : 1 suite composée de 2 ch. (2 lits de 2 pers. et 1 canapé clic-clac de 120) avec salle d'eau et wc privés. TV couleur et frigo dans la chambre. Jardin en pelouse avec mobilier de jardin à disposition des hôtes. Parking.

Prix : 2 pers. **250 F** 3 pers. **400 F**

7	7	7	15	7	17	7

DUBOIS Yvonne - La Neronnerie - 37120 LA TOUR-SAINT-GELIN - Tél : 02 47 58 31 84 ou SR : 02 47 48 37 13

TRUYES Chaix *C.M. 64 Pli 15*

6 ch. Dans un manoir du XVIe, à 3 km du village de Truyes, 6 chambres réparties au r.d.c., 1e et 2e étages. Spacieuse et calmes, les chambres sont toutes équipées d'une salle de bains ou d'une salle d'eau ainsi que de wc privés. R.d.c. : 1 ch. avec 1 lit 2 pers. 1e étage : 2 ch. (2, 3 ou 4 personnes). 2e étage : 2 ch. avec chacune 1 lit 2 pers. et 1 ch. avec 3 lits 1 pers. Salon à disposition des hôtes. Piscine et tennis privés. Table d'hôtes sur réservation. Langues parlées : anglais, allemand.

Prix : 1 pers. **230/270 F** 2 pers. **290/340 F** 3 pers. **400/440 F**
repas **100 F**

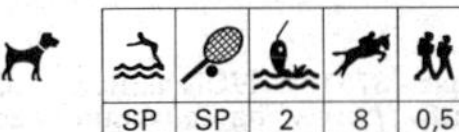

SP	SP	2	8	0,5	20	3

CASAROMANI Dominique - Manoir de Chaix - 37320 TRUYES - Tél : 02 47 43 42 73 - Fax : 02 47 43 05 87

VARENNES Crêne *C.M. 68 Pli 5*

3 ch. Dans une ferme en activité : 3 ch.à l'étage. 1e ch. (1 lit 2 pers., 1 lit 1 pers.), salle de bains et wc privés. 2e ch. (1 lit 2 pers., 1 lit 1 pers.), salle de bains et wc réservés, non attenants. 3e ch. (1 lit 2 pers., 1 lit 1 pers.), bains et wc privés. Grand séjour à usage exclusif des hôtes, avec coin cuisine et TV. Cour et jardin. Situé sur la D31 entre Ligueil et Loches. Supplément de 20 F par animal.

Prix : 1 pers. **140 F** 2 pers. **220 F** 3 pers. **270 F** pers. sup. **60 F**
repas **85 F**

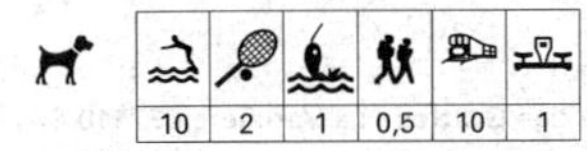

10	2	1	0,5	10	1

BARANGER Nicole - Crene - Varennes - 37600 LOCHES - Tél : 02 47 59 04 29 - Fax : 02 47 59 04 29

VERETZ Le Clairault *C.M. 64 Pli 15*

1 ch. Dans une longère tourangelle du XVIIIe restaurée, dans un hameau à proximité de Tours (15 mn du centre ville) et de la Vallée du Cher : 1 chambre au r.d.c. La chambre est équipée avec 1 lit 2 pers., 1 lit 1 pers. ainsi que salle de bains et wc privés. 2 gîtes ruraux sont aménagés sur la même propriété. Langues parlées : portugais, anglais, espagnol.

Prix : 1 pers. **250 F** 2 pers. **280 F** 3 pers. **330 F**

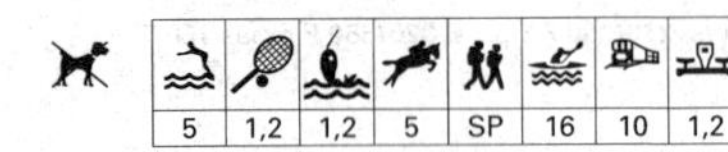

5	1,2	1,2	5	SP	16	10	1,2

ROUXEL Gilles - Le Clairault - 37270 VERETZ - Tél : 02 47 50 52 06

VERETZ *C.M. 64 Pli 15*

1 ch. Dans l'annexe d'une maison tourangelle située au calme, dans un hameau à 2 km de la vallée du Cher et 15 mn de Tours centre. Cette chambre très indépendante située au r.d.c. est équipée d'un lit 2 pers. plus salle de bains et wc privés. Lit d'appoint et lit bébé possible. Grand espace ombragé de 4000 m^2 en pelouse.

Prix : 1 pers. **230 F** 2 pers. **260 F** pers. sup. **70 F**

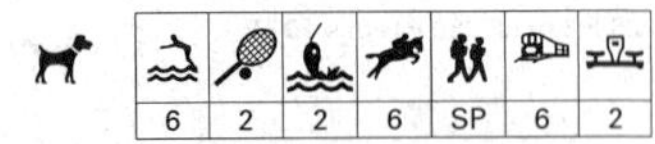

6	2	2	6	SP	6	2

FILLIQUET Colette - 34 Chemin de la Vitrie - 37270 VERETZ - Tél : 02 47 50 52 92 ou 06 89 45 65 55

VERETZ La Pidellerie

C.M. 64 Pli 15

1 ch. Maison de maitre du XVIe à 300 m des rives du Cher. 1 chambre à l'étage avec 2 lits 1 pers., salle d'eau et wc privés. Parking privé. Jardin avec mobilier de jardin. Salon à disposition des hôtes. Accès : RN-76 entre Véretz et Azay-sur-Cher. Langues parlées : anglais, allemand.

Prix : 1 pers. **250 F** 2 pers. **300 F**

8	2	0,2	4	SP	12	3

CASAROMANI - La Pidellerie - 11 chemin de Roujoux - 37270 VERETZ - Tél : 02 47 50 31 93 ou SR : 02 47 48 37 13

VERNEUIL-SUR-INDRE La Capitainerie

TH *C.M. 68 Pli 6*

3 ch. Dans une dépendance d'une propriété du XVIIIe située à l'écart du village : 3 ravissantes chambres d'hôtes mansardées (2 gîtes à l'adresse). Chaque chambre est équipée avec salle d'eau et wc privés. 1 ch. triple avec 1 lit 160 et 1 lit 1 pers., 2 ch. avec chacune 2 lit 1 pers. Un lit bébé à disposition. Petit séjour avec kitchnette à usage exclusif des hôtes. Jardin ombragé. Parking. Table d'hôtes sur réservation. Piscine privée et golf 9 trous sur la propriété. Téléphone à carte. Langue parlée : anglais.

CV

Prix : 1 pers. **290 F** 2 pers. **370 F** 3 pers. **480 F** pers. sup. **100 F** repas **150 F**

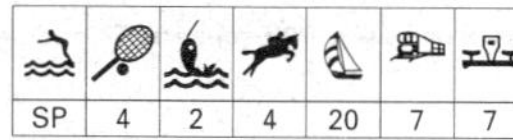

SP	4	2	4	20	7	7

MASSELOT Malvina - La Capitainerie - 37600 VERNEUIL-SUR-INDRE - Tél : 02 47 94 88 15 - Fax : 02 47 94 70 75 - E-mail : captain@creaweb.fr - http://www.eurobandb.com/gites/capitainerie_f.htm

VERNOU-SUR-BRENNE Le Moulin Garnier

TH *C.M. 64 Pli 15*

4 ch. Dans un espace paysager de 1 ha. à 500 m du centre du village de Vernou, 4 ch. à l'étage d'un ancien moulin du XVe donnant sur la Brenne : 1 ch. (2 lits 1 pers. salle de bains, wc privés), 1 ch. (1 lit 2 pers.) bénéficie d'une salle de bains et wc privés non attenants. 2 ch. sont équipées chacune avec 1 lit 2 pers. plus salle de bains privée et ont 1 wc commun. Langues parlées : anglais, allemand.

CV

Prix : 1 pers. **230/310 F** 2 pers. **250/330 F** pers. sup. **100 F** repas **100 F**

4	0,5	SP	14	SP	13	0,5

GUEGNAUD Marcel - Le Moulin Garnier - 21, route de Château Renault - 37210 VERNOU-SUR-BRENNE - Tél : 02 47 52 10 91 ou 06 81 40 64 72 - Fax : 02 47 52 10 91 - E-mail : mpguegnaud@aol.com

VERNOU-SUR-BRENNE Vallée de Cousse

C.M. 64 Pli 15

6 ch. Dans une ferme ancienne du XVe, mobilier ancien. 4 ch. indépendantes au r.d.c. avec salle de bains et wc privés et 2 ch. à l'étage. Composition : 3 ch. (1 lit 2 pers.), 1 ch. (2 lits de 110), 1 ch. (2 lits 2 pers.), 1 ch. (1 lit de 130, 1 lit de 100).

CV

Prix : 1 pers. **270 F** 2 pers. **330 F** 3 pers. **380 F**

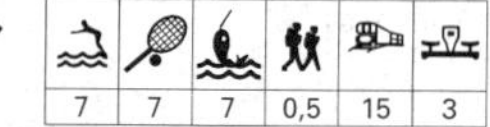

7	7	7	0,5	15	3

BELLANGER Genevieve - Ferme des Landes - Vallée de Cousse - 37210 VERNOU-SUR-BRENNE - Tél : 02 47 52 10 93 - Fax : 02 47 52 08 88

VERNOU-SUR-BRENNE Château de Jallanges

TH *C.M. 64 Pli 15*

6 ch. Au centre du vignoble de Vouvray, entre Tours et Amboise, en plein cœur du Val de Loire et les plus beaux châteaux dans un rayon de 50 km. 2 suites de 2 à 5 pers. et 4 ch. dans un château du XVe construit par Louis XI en 1460. Chambres meublées de style avec cheminée et vue sur parc et bois de 25 ha. WC et bains privés, mini-bar et salon réservés aux hôtes. expositions ponctuelles, billards, parc et jardin renaissance française. Sur place : piscine, dégustation et vente de vins, promenades en calèche, envol en montgolfière, jeux de croquet, vélos... Aéroport à 9 km. Langues parlées : anglais, allemand, italien.

Prix : 2 pers. **750/1100 F** 3 pers. **950/1150 F** repas **260 F**

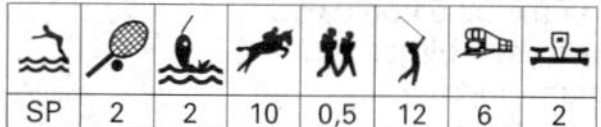

SP	2	2	10	0,5	12	6	2

FERRY-BALIN - Château de Jallanges - Vernou-sur-Brenne - 37210 VOUVRAY - Tél : 02 47 52 06 66 - Fax : 02 47 52 11 18 - E-mail : info@chateaudejallanges.fr - http://www.chateaudejallanges.fr

VILLANDRY Le Colombier

C.M. 64 Pli 14

1 ch. Dans une dépendance, dans le calme et la tranquillité d'une propriété située en contrebas de la levée du Cher (rive droite), à 2.5 km du confluent du Cher et de la Loire. La chambre située au r.d.c. est indépendante et équipée d'1 lit 2 pers., 1 lit 1 pers., ainsi que s.d.b. et wc privés. Possibilité de lit bébé. Jardin paysager de 4000 m^{2} avec mobilier de jardin. Piscine privée chauffée sur la propriété. Réduction de 10 % à partir de 3 nuits. Accès par le pont de Savonnières. Langue parlée : anglais.

CV

Prix : 1 pers. **270 F** 2 pers. **300 F** 3 pers. **380 F**

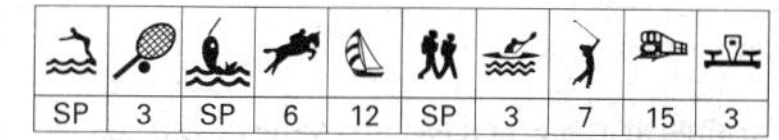

SP	3	SP	6	12	SP	3	7	15	3

FAVROLLE - Le Colombier - 37510 VILLANDRY - Tél : 02 47 50 02 41

VILLEDOMER Gâtines

TH — *C.M. 64 Pli 15*

1 ch. Dans une ferme au rez-de-chaussée, 1 chambre pour 2 pers. avec douche et wc privés. Accès direct par RN 766 à 1,5 km. Route d'Angers à mi-chemin entre Château-Renault et Saint-Laurent-en-Gâtines. En forêt au bord d'un étang, dans le cadre d'une ancienne abbaye des XIIe, XIVe, XVe et XVIIIe. Barque sur place à disposition.

Prix : 1 pers. **165 F** 2 pers. **195 F** repas **75 F**

7	7	SP	SP	7	7

JAVET - Abbaye de Gatines - 37110 VILLEDOMER - Tél : 02 47 29 54 75

VILLEDOMER L'Auverderie

TH — *C.M. 64 Pli 15*

3 ch. Dans dépendance d'une ferme en activité (vaches laitières). 2 ch. doubles (lit 2 pers.) et 1 ch. familiale (1 lit 2 pers. 1 lit 120, 1 lit 1 pers.), avec chacune s. d'eau et wc privés. Séjour-salon en r.d.c. à l'usage exclusif des hôtes, avec coin-cuisine à disposition. Jardin et grande cour de ferme (salon de jardin). Les ch. sont situées au r.d.c. ou à l'étage. Située entre N10 et D766 sur la route le Boulay. Réduction de 10% (plus de 3 nuits).

Prix : 1 pers. **190 F** 2 pers. **220 F** pers. sup. **70 F** repas **80 F**

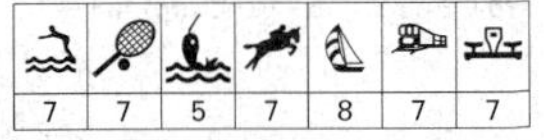

7	7	5	7	8	7	7

AUROUET Alain - L'Auverderie - 37110 VILLEDOMER - Tél : 02 47 55 01 57 ou 06 81 72 63 21 - Fax : 02 47 55 02 77

VOU La Métairie des Bois

C.M. 68 Pli 5

2 ch. Dans une ancienne ferme restaurée du XVIe, en bordure de forêt (150 ha accessibles). Chaque chambre a 1 lit 160, TV, salle d'eau et wc privés. Elles sont toutes les deux accessibles par une terrasse privée et bénéficient chacune d'un salon de jardin. A disposition des hôtes : portique et petite piscine pour enfants, ping-pong, vélos. La forêt et les étangs vous permettront de voir et d'entendre les cerfs, en particulier au moment du brame, de pratiquer la pêche et d'écouter les nombreux bruits au bord de l'eau. Langues parlées : anglais, espagnol.

Prix : 1 pers. **270 F** 2 pers. **300 F** pers. sup. **80 F**

12	5	SP	14	SP	25	12	12

BAILLOU Jean-Claude - La Métairie des Bois - 37240 VOU - Tél : 02 47 92 36 46 ou 06 80 36 15 28 - Fax : 02 47 92 36 46 - E-mail : baillou@wanadoo.fr

VOUVRAY Domaine des Bidaudières

C.M. 64 Pli 15

6 ch. Dans un château du XVIIIe sur propriété de 12 ha., un ancien domaine viticole situé sur le côteau plein sud à la sortie de Vouvray. 6 ch. luxueuses et climatisées au 2e étage (ascenceur). 2 ch. doubles, 2 ch. twins et 1 ch. triple, toutes étant équipées d'une s.d.b. et de wc privés. Salle réservée aux hôtes (TV). Grande salle troglodytique pour mariage et réceptions. Parc avec grande piscine privée et terrasses. Langues parlées : anglais, allemand.

Prix : 1 pers. **500 F** 2 pers. **680 F** 3 pers. **780 F**

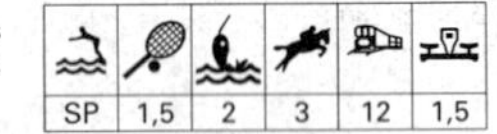

SP	1,5	2	3	12	1,5

SUZANNE Pascal et Sylvie - Domaine des Bidaudieres - rue du Peu Morier - 37210 VOUVRAY - Tél : 02 47 52 66 85 - Fax : 02 47 52 62 17 - E-mail : info@bandb-loire-valley.com - http://www.bandb-loire-valley.com

Loir-et-Cher

GITES DE FRANCE - Service Réservation Tourisme Vert
5, rue de la Voute du Château - B.P. 249 - 41001 BLOIS Cedex
Tél. 02 54 58 81 64 - Fax. 02 54 56 04 13
http://www.gites-de-france-blois.com
E.mail : gites 41@wanadoo.fr

AUTAINVILLE Laleu

C.M. 64 Pli 7

E.C. 3 ch. En Val de Loire, à 600 m de la forêt de Marchenoir, à prox. châteaux de Chambord, Blois et Talcy. Ancienne batisse restaurée avec parking où Josyane saura vous proposer l'accueil que vous recherchez ainsi que sa cuisine familiale. Sur un terrain clos engazonné où par beau temps le petit déjeuner et les repas vous seront servis (sur réservation). L'hiver, profitez de l'âtre de la cheminée dans le salon après le diner pris dans la salle à manger. Pour vous reposer à l'étage : chambres spacieuses. 2 ch (1 lit 140 et 1 lit 90). 1 ch (1 lit 140, 2 lits 90 + lit bébé si besoin). Douche et wc privatifs. SP vélos, table ping-pong et portique.

Prix : 1 pers. **210 F** 2 pers. **250 F** 3 pers. **320 F** pers. sup. **70 F** repas **90 F**

Ouvert : toute l'année.

10	20	13	15	SP	SP	20	5

CARIO et DUBREUIL Denis et Josyane - 3 rue de Citeaux - 41240 AUTAINVILLE - Tél : 02 54 72 39 70 - Fax : 02 54 82 26 89 ou SR : 02 54 58 81 64

AVARAY

C.M. 64 Pli 8

1 ch. A proximité de Blois et de Chambord, sur une exploitation agricole, 1 chambre 2 personnes (1 lit 1,40 m), salle d'eau et wc privatifs, située au pied du château d'Avaray sur le GR 3. Possibilité pique-nique. Langue parlée : anglais.

Prix : 1 pers. **205 F** 2 pers. **220 F** 3 pers. **280 F** pers. sup. **60 F**

Ouvert : toute l'année.

5	SP	5	SP	11	16	15	SP	5	5	SP

SAUVAGE Didier - 2 rue de la Place - 41500 AVARAY - Tél : 02 54 81 33 22

AZE Ferme de Crislaine

TH C.M. 64 Pli 6

5 ch. 5 Chambres d'hôtes à la ferme avec accès indépendant (10 mn gare TGV). A l'étage : 1 ch. familiale (1 lit 140, 2 lits 90), 3 ch. 2 pers. (3 lits 140), 1 ch. (2 lits 90), poss. lit d'appoint dans chaque ch. (WC, douches, lavabo privatifs) mez. avec TV donnant sur une salle com. avec coin cuis., pour les familles avec jeunes enf., matériel de puéric. Dans le verger, pisc. ouv., pétanque, portique, sal.de jard., vélos, VTT, taxis SP à disp. des hôtes, déc. ferme et activités.(vaches laitières-culture biologique). Table d'hôtes sur résa : 100 Frs (pas de repas le dimanche). Chamb.familiale (2/4 pers.) : 240 à 340 Frs.

CV

Prix : 1 pers. **190 F** 2 pers. **230 F** pers. sup. **35 F** repas **100 F**

SP	2,5	2,5	SP	3	7	20	1	SP	6	2,5

GUELLIER Christian - Ferme de Crislaine - 41100 AZE - Tél : 02 54 72 14 09 - Fax : 02 54 72 18 03 ou SR : 02 54 58 81 64

AZE Gorgeat

TH C.M. 64 Pli 6

6 ch. La Ferme de Gorgeat en agriculture biologique se situe en bordure de forêt, gare TGV 3 kms (propriétaire dispo. pour déplacement gare). Découv. activités à la ferme : porcs en plein air, poules et cultures céréalières. SP, vente produits bio, tennis. 3 ch 2 pers (3 lits 140), 2 ch familiales, s. d'eau et wc privés. 1 ch salle de bains (baignoire balnéo). Séjour, coin cuisine réservés aux hôtes. Poss. séjour balnéo (alimentation bio). Table d'hôtes sur résa. Tarif enfant -12 ans : 50 F. -10% à partir d'1 semaine. Animaux admis sous réserve. Tarif 4 pers. : 340 F. Langue parlée : anglais.

CV

Prix : 1 pers. **190/200 F** 2 pers. **230/240 F** 3 pers. **290 F** pers. sup. **35 F** repas **90 F**

Ouvert : toute l'année.

5	SP	SP	SP	1	4	20	SP	SP	3	2

BOULAI Michel et Nadège - La Ferme des Gourmets - Gorgeat - 41100 AZE - Tél : 02 54 72 04 16 - Fax : 02 54 72 04 94 - E-mail : michel.boulai@wanadoo.fr - http://www.perso.wanadoo.fr/gorgeat ou SR : 02 54 58 81 64

BOURRE Domaine de la Salle du Roc

C.M. 64 Pli 17

4 ch. Au cœur de la vallée du Cher, 4 chambres aménagées dans un manoir de caractère du XIIIè siècle. A l'étage : 2 ch. avec lits 140 (sanit. priv.), 1 grande chambre avec salle de bains, cabinet de toilettes, WC, TV, téléphone. Au rez-de-chaus. : une suite comprenant 2 ch. de 2 pers. avec sanitaires privatifs. Tarif 4 pers. : 900 F. Langue parlée : anglais.

Prix : 1 pers. **400 F** 2 pers. **450/700 F** 3 pers. **850 F** pers. sup. **150 F**

Ouvert : toute l'année.

4	SP	SP	10	10	4	3	4

BOUSSARD Patricia - 69 route de Vierzon - Manoir de la Salle - 41400 BOURRE - Tél : 02 54 32 73 54 - Fax : 02 54 32 47 09 ou SR : 02 54 58 81 64

BOURSAY La Madeleinière

TH C.M. 60 Pli 16

3 ch. 3 ch. d'hôtes aménagées dans une ancienne ferme percheronne, 1 ch. (1 lit 140, 2 lits 90 jumeaux), 1 ch. (1 lit 130), 1 ch. (1 lit 140, 1 lit 90), salles d'eau et wc privatifs, chemin botanique SP. Table d'hôtes sur réservation. Tarif 4 pers. : 365 F. Langue parlée : anglais.

CV

Prix : 1 pers. **125 F** 2 pers. **205 F** 3 pers. **285 F** repas **70 F**

Ouvert : toute l'année.

7	SP	4,5	SP	1,5	23	15	4	30	4

LEGUAY Colette - 21 rue des Ecoles - La Madeleinière - 41270 BOURSAY - Tél : 02 54 80 92 61

CANDE-SUR-BEUVRON Le Court au Jay

C.M. 64 Pli 17

3 ch. A la ferme, au rez de ch. : 1 ch. (1 lit 140, 1 lit 90) salle d'eau et WC privés. A l'étage : 1 ch. (1 lit 140), salle de bains et wc privés, 1 ch. (2 lits jumeaux 90), salle d'eau et WC privés, poss. lit d'appoint dans chaque ch. (50 F), chauf. cent., atelier de fleurs séchées SP, 10 % de réduc. pour 1 semaine complète, 20 % de réduc. pour 1 mois complet.

CV

Prix : 1 pers. **210/230 F** 2 pers. **230/250 F** 3 pers. **280/330 F** pers. sup. **50 F**

Ouvert : toute l'année.

16	1	1	SP	1	16	SP	SP	10	1

MARSEAULT - Le Court au Jay - 41120 CANDE-SUR-BEUVRON - Tél : 02 54 44 03 13 - Fax : 02 54 44 03 13

CELLETTES *C.M. 64 Pli 17*

2 ch. Dans le bourg, au calme, 2 chambres d'hôtes aménagées à l'étage d'une maison de caractère de style solognot : 1 chambre (1 lit 2 personnes), salle d'eau et wc privatif, 1 chambre double mansardée (1 lit 2 pers. 1 lit 1 pers., poss. lit d'appoint), salle d'eau et wc privatifs. Chauf. central. Jardin arboré, parking privé, jeux divers, petits-déjeuners au jardin l'été. Animaux admis sous réserve. Langue parlée : anglais.

CV

Prix : 1 pers. **270 F** 2 pers. **300 F** pers. sup. **70 F**

Ouvert : toute l'année.

10	SP	SP	SP	3	10	7	1	10	10	SP

HEYTE Marie-Françoise - 9 rue des Ormeaux - 41120 CELLETTES - Tél : 02 54 70 49 85 - Fax : 02 54 70 49 84 - E-mail : francoise.heyte@wanadoo.fr ou SR : 02 54 58 81 64

CHATEAUVIEUX La Pouarderie *C.M. 64 Pli 17*

3 ch. Au milieu des vignes, ancienne ferme restaurée : 3 chambres d'hôtes avec entrée indépendante, 1 pour personnes à mobilité réduite (1 ch. 2 personnes : 1 lit 1,40 m), 2 ch. 3/4 personnes : 1 lit 1,40 m, 2 lits 0,90 m), salle d'eau et wc privatifs. A disposition lit de bébé + baignoire, chaise haute. Grande salle avec coin cuisine. Grand espace vert. Cheminée. Barbecue. Zoo Beauval à 1 km. Animaux admis sous réserve. Langue parlée : anglais.

CV

Prix : 1 pers. **210 F** 2 pers. **260 F** 3 pers. **310 F** pers. sup. **60 F**

Ouvert : toute l'année.

4	3	4	SP	4	5	30	2	4	5	4

M. et Mme VENISSE - La Pouarderie - 41110 CHATEAUVIEUX - Tél : 02 54 75 32 23 - Fax : 02 54 75 06 53 - http://www.geocities.com/avenisse/

CHATILLON-SUR-CHER *C.M. 64 Pli 17*

3 ch. Entre le Canal du Berry et le Cher, maison de caractère avec un grand jardin. 1 chambre (1 lit 1,40 m) avec salle de bains et wc privatifs. 1 chambre (1 lit 1,40 m) et 1 chambre (2 lits 0,90 m) avec salle d'eau et wc communs aux 2 chambres. Cuisine avec coin détente + cheminée (TV et chaine hifi) réservés aux hôtes. Poss. d'accompagnement de groupes en VTT et vélos tourisme. Gratuité enfant -4 ans.

CV

Prix : 1 pers. **190 F** 2 pers. **230 F**

Ouvert : toute l'année.

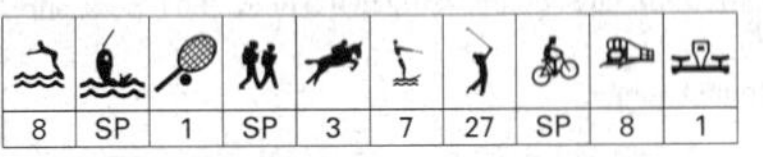

8	SP	1	SP	3	7	27	SP	8	1

LEMENAGER Christian - 1 rue de Trevety - 41130 CHATILLON-SUR-CHER - Tél : 02 54 32 07 74 - Fax : 02 54 32 07 74

CHATRES-SUR-CHER *C.M. 64 Pli 19*

4 ch. 4 ch. d'hôtes aménagées dans une ancienne maison de bourg, à 200 m du Canal du Berry : 1 ch. (1 lit 140, 1 lit 90), 1 ch. (1 lit 140 + convertible « enfants »), 1 ch. (1 lit 140, 1 canapé lit 140) et 1 mezzanine (1 lit 2 pers.), 1 ch. (2 lits 140). Pour chaque ch. : salle d'eau, WC privatifs et entrée indépendante. Poss. couchage enfants.

CV

Prix : 1 pers. **180 F** 2 pers. **210 F** 3 pers. **260 F** pers. sup. **50 F**

Ouvert : toute l'année.

3	SP	0,3	10	3	2	20	SP

LACLAUTRE Bruno - 19 rue Jean Segretin - 41320 CHATRES-SUR-CHER - Tél : 02 54 98 10 24

CHAUMONT-SUR-LOIRE Les Hauts de Chaumont *C.M. 64 Pli 16*

3 ch. A 100 m du château de Chaumont/Loire et du Festival International des Jardins, au cœur des châteaux, 3 chambres d'hôtes au 1er avec douches et wc privatifs. 2 ch. (1 lit 1,40) et 1 ch. (2 lits 0,80). Au rez de chaussée : salon réservé aux hôtes comportant tables pour petits déjeuners, kitchenette, TV-magnétoscope, coin cheminée, piano, jeux de société. Piscine à disposition sur place. Terrasses. Ping-pong. Parking privé. Location de vélos SP. Prix spéciaux pour 1 ou 2 pers hors saison (Nov. à Mars). A partir de la 3e nuit 270 F/2 pers.

CV

Prix : 1 pers. **290 F** 2 pers. **290 F** pers. sup. **80 F**

Ouvert : toute l'année.

SP	1	0,1	SP	1	5	15	SP	4	SP

GOMBART Daniel - 2 rue des Argillons - Les Hauts de Chaumont - 41150 CHAUMONT-SUR-LOIRE - Tél : 02 54 33 91 45 - Fax : 02 54 33 91 45 - E-mail : gombart@free.fr - http://www.france-bonjour.com/hauts-de-chaumont/ ou SR : 02 54 58 81 64

CHAUMONT-SUR-THARONNE La Farge *C.M. 64 Pli 9*

3 ch. Parc boisé de 40 ha, maison de caractère. Au rez-de-ch. : 1 ch.(1 lit 140) avec salle de bains et wc particuliers, 1 suite de 2 ch. (2 lits 90, 1 lit 140), salle de bains, douche, wc particuliers, 1 appart. 3 pers. : 450/500 F, (1 ch. 1 lit 140, séjour, convertible 130, cheminée, cuisine, TV), poss. cuisine le soir, piscine, équitation. Animaux admis sous réserve. Tarif 4 pers. : 500 F. Langue parlée : anglais.

CV

Prix : 2 pers. **350/450 F** 3 pers. **500 F** pers. sup. **80 F**

Ouvert : toute l'année.

SP	5	5	SP	SP	5	SP	5	10	5

M. et Mme DE GRANGENEUVE - La Farge - 41600 CHAUMONT-SUR-THARONNE - Tél : 02 54 88 52 06 - Fax : 02 54 88 51 36 - E-mail : SylvieLansier@wanadoo.fr - http://www.web-de-loire.com/C/41H1034.htm

CHAUMONT-SUR-THARONNE La Farge

C.M. 64 Pli 9

2 ch. Manoir du XIXè siècle sur 50 ha boisés avec étang. Les chambres sont spacieuses, meublées et décorées avec soin. Un grand salon avec télévision, jeux de société et lecture sont à la disposition des hôtes. Ils peuvent pêcher à l'étang et se promener sur la propriété. L'été, une table de jardin avec fauteuils et chaises longues sont à leur disposition pour pique-niquer. 1 chambre d'enfants avec 2 lits d'une personne : 200 F. Langue parlée : anglais.

Prix : 1 pers. **350 F** 2 pers. **350 F**

Ouvert : toute l'année.

10	SP	10	SP	10	5	15	SP	SP	10	5

ALLAIN JOURDIN Thérèse - Manoir de la Farge - 41600 CHAUMONT-SUR-THARONNE - Tél : 02 54 88 53 94 ou 06 82 94 02 53 - Fax : 02 54 88 23 49 - E-mail : theresallain@aol.com

CHEVERNY La Menerie

C.M. 64 Pli 17

2 ch. Au cœur des châteaux de la Loire, à 6 km du château de Cheverny dans une propriété de 10 hect. en bordure de forêt. Dans la maison du propriétaire avec entrée indépendante au rez de chaussée. 2 ch double (1 lit 2 places), salle de bains, wc privatifs. Tennis privé sur place. Grill. Restaurant à 1 km.

Prix : 1 pers. **250 F** 2 pers. **320/450 F** pers. sup. **90 F**

Ouvert : toute l'année.

4	SP	SP	0,5	5	20	6	SP	4	20	4

BERLAND Gérald - La Ménerie - 41700 CHEVERNY - Tél : 02 54 79 62 41 ou SR : 02 54 58 81 64

CHEVERNY Ferme des Saules

TH

C.M. 64 Pli 17

6 ch. A 2 km du château de Cheverny, dans un cadre forestier et champêtre, 6 chambres d'hôtes avec salle de bains et wc privés. 2 chambres avec 1 lit double, 2 chambres avec lits jumeaux, 2 chambres avec 1 lit 160. Poss. lit sup. pour enfant. Table d'hôtes le vendredi, samedi, lundi sur réservation, avec produits régionaux (maître des lieux cuisinier). Tarif 4 pers. : 500 F. Restaurants à 1800 mètres. Piscine sur place. Langues parlées : anglais, hollandais.

Prix : 1 pers. **280 F** 2 pers. **295/380 F** 3 pers. **450 F** repas **125 F**

Ouvert : toute l'année.

SP	SP	5	0,1	5	10	SP	SP	5	20	2

MERLIN-OVERSCHIE Didier - Ferme des Saules - 41700 CHEVERNY - Tél : 02 54 79 26 95 - Fax : 02 54 79 97 54

CHITENAY

C.M. 64 Pli 17

1 ch. 1 chambre d'hôtes aménagée dans un bâtiment mitoyen à la maison des propriétaires, avec entrée indépendante (2 lits 90), salle d'eau avec WC privatifs. Petite terrasse sur jardin. TV. Kitchenette, abri voiture.

Prix : 1 pers. **230 F** 2 pers. **280 F**

Ouvert : toute l'année.

12	2,5	SP	0,5	12	12	12	4	10	12	0,4

M. et Mme GRILLET - 12 route de Cellettes - 41120 CHITENAY - Tél : 02 54 70 42 22

CHITENAY Le Clos Dussons

C.M. 64 Pli 17

3 ch. Au cœur des Châteaux de la Loire à 6 km de Cheverny dans une propriété de caractère du XVIIème, au calme, entourée par la nature, 3 chambres d'hôtes avec salle d'eau et wc privatifs. 1 ch. pour 2 pers, 1 ch. (suite) pour 2 ou 4 pers et 1 appartement pigeonnier XVI pour 2 ou 4 pers. Petit déjeuner copieux. Nombreux restaurants à proximité. Passionné d'architecture, Monsieur BRAVO vous conseillera sur la visite des Châteaux de la Loire. Salon de jardin. Langue parlée : anglais.

Prix : 2 pers. **290/550 F** pers. sup. **100 F**

15	5	2	SP	1	15	6	1	6	15	2

BRAVO Roland - Le Clos Bigot - Le Clos Dussons - 41120 CHITENAY - Tél : 02 54 44 21 28 - Fax : 02 54 44 38 65 - E-mail : clos.bigot@wanadoo.fr - http://www.argos41.com/closbigot

CONTRES La Rabouillère

C.M. 64 Pli 17

6 ch. Au cœur des châteaux de la Loire, à 6 km de Cheverny, aménagées dans une demeure de caractère solognote, entourée d'un parc. Au rez-de-ch. : 4 ch. d'hôtes, avec salle de bain et wc partic. (2 ch. avec gd lit, 2 ch. avec lits jumeaux). A l'étage : 1 suite 2 pers. (1 lit 180) salle de bain, WC privés, poss. TV sur dde dans chque ch., cheminée, s. de séjour, salon à disposition. Appartement dans petite maison annexe, comprenant 2 ch. avec s. de bain et WC privatifs, interphone relié à l'office, TV sur demande, salon avec cheminée, cuisine équipée communs aux 2 ch. Restaurant (3 km). Animaux admis sous réserve. Tarif 4 pers. : 800 F. Langue parlée : anglais.

Prix : 1 pers. **300 F** 2 pers. **360/550 F** 3 pers. **650 F**

Ouvert : toute l'année.

3	10	3	0,5	20	20	6	0,5	SP	25	3

THIMONNIER Martine - Chemin de Marcon - La Rabouillère - 41700 CONTRES - Tél : 02 54 79 05 14 - Fax : 02 54 79 59 39 - E-mail : rabouillere@wanadoo.fr - http://rabouillere.ifrance.com/ ou SR : 02 54 58 81 64

CORMERAY L'Achet *C.M. 64 Pli 17*

4 ch. A 5 km de Cheverny, 1 ch. d'hôtes aménagée dans une ancienne écurie, mitoyenne à la maison des propriétaires (2 lits 140), s. d'eau et wc privatifs avec cuisine à disposition. 3 ch.d'hôtes dans un corps de ferme à colombage, proche de l'habitation du propriétaire, 1 ch. (2 lits 140), salle d'eau et wc privatifs, 1 ch. (2 lits 140), salle d'eau et wc privatifs. 1 ch. (1 lit 140 + 1 lit 90), salle d'eau et wc privatifs. Chauf. élect. Jardin clos. Salon de jardin. Un petit déjeuner copieux et varié, « accompagné de pain, pâtisseries et confitures, fabrication maison ». Tarif 4 pers. : 350/380 F.

Prix : 1 pers. **200 F** 2 pers. **250/280 F** 3 pers. **300/330 F** pers. sup. **50 F**

Ouvert : toute l'année.

8	7	3	SP	1	15	5	5	5	14	3

LEHOUX Dominique - L'Achet - 41120 CORMERAY - Tél : 02 54 44 20 94 ou 06 84 40 06 98

COUR-CHEVERNY Le Béguinage (TH) *C.M. 64 Pli 17*

6 ch. A proximité du château de Cheverny, dans une maison de caractère, 6 ch. d'hôtes dont 1 ch. (2 lits 90, 1 lit bébé), 1 ch. (1 lit 140, 2 lits 90), 1 ch. (1 lit 140), 1 ch. (1 lit 140, 2 lits 90), salles d'eau, wc privatifs. 1 ch. (1 lit 140), 1 ch. (1 lit 140), s. de bains et WC privatifs. Grand parc paysagé, parking privé, poss. pêche SP (rivière en limite de jardin). Table d'hôtes sur réservation. Vol en montgolfière sur place ou dans les environs suivant la météo. Tarif 4 pers. : 500/540 F. Langue parlée : anglais.

Prix : 1 pers. **270/320 F** 2 pers. **290/390 F** 3 pers. **420/440 F** pers. sup. **100 F** repas **100 F**

Ouvert : toute l'année.

2	SP	0,3	SP	5	15	3	1	0,4	15	0,2

DELOISON Brice et Patricia - Le Beguinage - 41700 COUR-CHEVERNY - Tél : 02 54 79 29 92 - Fax : 02 54 79 94 59 - E-mail : LE.BEGUINAGE@wanadoo.fr - http://www.multimania.com/beguinage/ ou SR : 02 54 58 81 64

CROUY-SUR-COSSON Le Moulin de Crouy (TH) *C.M. 64 Pli 8*

4 ch. A 1h30 de Paris, dans un cadre privilégié et calme, 4 chambres à l'étage d'un moulin, personnalisés par les propriétaires, tapissiers-décorateurs : Milady (1 lit de 1.60m) salle de bain avec WC - Pastourelle (1 lit de 1.40m) salle de bain, WC - Clé des Champs (1 lit de 1.40m), salle d'eau avec WC - Rose des Sables (1 lit de 1.40m), salle d'eau avec WC. Au rez de chaussée : vaste séjour avec cheminée et télévision, donnant sur la terrasse. Parc de 14 ha. Promenades. Randonnées. Tennis sur place. Parc de Chambord à 4 km. Table d'hôtes sur réservation.

Prix : 1 pers. **290 F** 2 pers. **320/350 F** 3 pers. **400 F** repas **110 F**

Ouvert : toute l'année.

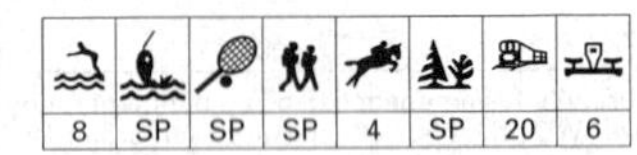

8	SP	SP	SP	4	SP	20	6

HARRAULT Nathalie - 3 route de la Cordellerie - Le Moulin de Crouy - 41220 CROUY-SUR-COSSON - Tél : 02 54 87 56 19 - Fax : 02 54 87 51 14 - E-mail : lemoulindecrouy@wanadoo.fr ou SR : 02 54 58 81 64

DANZE La Borde *C.M. 64 Pli 6*

5 ch. Entre Danzé et la Ville aux Clercs, dans une propriété boisée de 10 ha, arrosée par le Boulon (1ère catégorie) : au 1er étage d'une maison de caractère : 5 ch. tout confort, chacune avec salle d'eau et wc privatifs, lit d'appoint, salon TV réservé aux hôtes, club ULM 5 km. Tarif dégressif à partir de la 2e nuit. Salon de jardin. Tarif 4 pers. : 470/510 F. Langues parlées : anglais, espagnol.

Prix : 1 pers. **180/260 F** 2 pers. **240/320 F** 3 pers. **410/450 F** pers. sup. **70 F**

Ouvert : toute l'année.

SP	SP	2	3	7	20	15	3	15	15	2

M. et Mme KAMETTE - La Borde - 41160 DANZE - Tél : 02 54 80 68 42 - Fax : 02 54 80 63 68

ECOMAN (TH) *C.M. 64 Pli 7*

E.C. 4 ch. Dans le château, à l'étage, nous disposons de 4 ch. d'hôtes dont 1 suite (45 m^2) avec 2 couchages 2 pers. et 1 ch. double type parents/enfants (2 lits 2 pers.), 2 ch. (2 lits 2 pers.). Toutes équipées de salle d'eau et wc privatifs. Poss. lit d'appoint et lit bébé. Table d'hôtes sur réservation. Coin-détente avec TV dans salon réservé aux hôtes. Parking privé. A la croisée du Perche, de la Beauce et de la Sologne, soyez les bienvenus au château d'Ecoman, demeure du XIXe récemment restauré, situé au cœur du village. Propriété entourée d'un parc boisé de 10 ha. avec étang. Tarif 4 pers. : 490 F. Langues parlées : anglais, allemand.

Prix : 1 pers. **210 F** 2 pers. **250/350 F** 3 pers. **420 F** pers. sup. **80 F** repas **100 F**

Ouvert : toute l'année.

8	SP	6	SP	25	6	4	SP	6	27	6

BIGOT/FONTAINE Richard - 11-13, rue de Châteaudun - 41290 ECOMAN - Tél : 02 54 82 68 93 - Fax : 02 54 82 00 66 ou SR : 02 54 58 81 64

EPUISAY L'Etang *C.M. 64 Pli 6*

1 ch. A la ferme, au R. de ch. : 1 ch. d'hôtes (1 lit 120, 1 lit 140) avec s. d'eau, WC particuliers, entrée indép., chauf. cent. Situé à prox. de la nationale 157 Orléans-Le Mans. Elevage de cervidés SP.

Prix : 1 pers. **160 F** 2 pers. **190 F** 3 pers. **240 F**

Ouvert : toute l'année.

10	4	10	4	9	SP	2

NORGUET Patrice - L'Etang - 41360 EPUISAY - Tél : 02 54 72 01 67

FAVEROLLES-SUR-CHER *C.M. 64 Pli 16*

E.C. 4 ch. Sur la route des vins, à 3 km du donjon de Montrichard, à 8 km de Chenonceaux, à 18 km d'Amboise, de Chaumont S/Loire. Christiane aura le plaisir de vous accueillir dans 1 suite composée de 2 chambres très spacieuses (1 ch 1 lit 160 + 1 lit banquette 90 et 1 ch 2 lits 90), meublées de mobilier ancien à l'étage d'une ancienne maison de vigneronne Tuffeau. Salle de bains et wc privatifs. Entrée non indépendante. Parking. Petits déjeuners servis dans la salle à manger du propriétaire. Tarifs dégressifs à partir de la troisième nuit. Salon de jardin. Portique. Tarif 4 pers. : 450 F.

Prix : 1 pers. **190/260 F** 2 pers. **240/330 F** 3 pers. **350/400 F** pers. sup. **70 F**

Ouvert : toute l'année.

3,7	1,7	3,7	0,5	19	3,7	30	6	4,5	5	2,7

CORDIER Christiane - 27 rue de la Clémencerie - 41400 FAVEROLLES-SUR-CHER - Tél : 02 54 32 26 96 -
E-mail : Christiane.CORDIER@wanadoo.fr - http://www.site.voila.fr/clemencerie ou SR : 02 54 58 81 64

FEINGS Favras *C.M. 64 Pli 17*

3 ch. Ds le Val de Loire, sur la rte des Châteaux, à 15 km de Blois, Gisèle et Jean auront le plaisir de vous accueillir et seront dispo. pour vous faire découvrir cette belle région. 3 ch. à l'ét. de l'habitation des propr. avec accès indépendant, 1 ch. (1 lit 140), 1 ch. (1 lit 140 et 1 lit 90). Au r. de ch. d'une maison att. 1 ch. (2 lits 90) et salon (canapé-lit 140). Pour chaque ch. salle d'eau, wc priv. et TV. Accueillant séjour rés. aux hôtes avec coin-cuisine, réfrig. et cheminée. Un copieux petit-dejeuner est servi dans la salle à manger familiale (confitures maison). Parc arboré avec étang privé. Animaux admis sous réserve.

Prix : 1 pers. **250 F** 2 pers. **280/300 F** 3 pers. **380 F**

Ouvert : du 1er au 15 novembre.

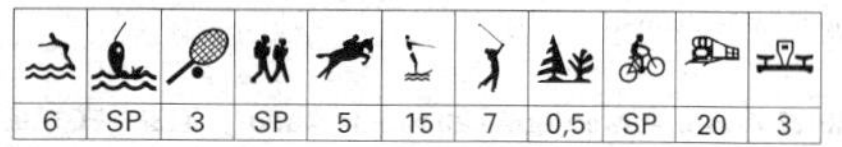

6	SP	3	SP	5	15	7	0,5	SP	20	3

LIONDOR Jean et Gisèle - Favras - Les Roseaux - 41120 FEINGS - Tél : 02 54 20 27 70 ou SR : 02 54 58 81 64

FEINGS Favras *C.M. 64 Pli 17*

3 ch. A 15 km de Blois, venez découvrir le Val de Loire, ses Châteaux, ses musées, ses abbayes. Maison de caractère, du XVIIIè siècle, gardée par un cèdre séculaire. Denise et Régis vous y accueillent. 1 suite (1 ch. 1 lit 180, 1 ch. 2 lits 90), s. de bains, WC, TV. 1 suite (1 ch. 1 lit 140, 1 ch. 2 lits 90) s. d'eau, WC, TV. 1 ch. (1 lit 140), s. d'eau, WC, TV. S. de jeux. Coin-cuisine. Vous apprécierez 1 copieux petit déjeûner (confitures maison). Parc ombragé. Animations culturelles en été (concerts musique classique, spectacles historiques sons et lumières). Réduction de 10% à partir de la 3e nuitée. Tarif 4 pers. : 450 F.

Prix : 1 pers. **250 F** 2 pers. **280/320 F** 3 pers. **400 F** pers. sup. **60 F**

Ouvert : du 1er mars au 15 novembre.

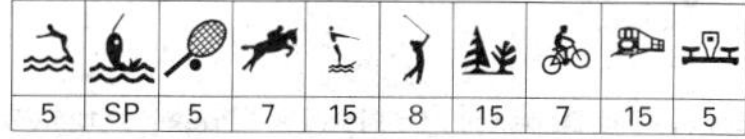

5	SP	5	7	15	8	15	7	15	5

M. et Mme PAPINEAU - Le Petit Bois Martine - Favras - 41120 FEINGS - Tél : 02 54 20 27 31 - Fax : 02 54 33 20 98 ou SR : 02 54 58 81 64

FEINGS Bellyvières *C.M. 64 Pli 17*

1 ch. A proximité des châteaux du Val de Loire (spectacles historiques, été culturel et musical...), 1 chambre d'hôtes située sur une exploitation viticole, aménagée dans une ancienne maison rénovée, située à 30 m de l'habitation des propriétaires. Pièce d'accueil au R. de ch. avec cuisine aménagée (réservée à la chambre). A l'étage, 1 ch. (1 lit 140, 2 lits). Salle d'eau et wc privés, matériel bébé. Télévision. Lave linge commun. Salon de jardin et barbecue. Jeux pour enfants.

Prix : 1 pers. **200 F** 2 pers. **250 F** 3 pers. **320 F** pers. sup. **70 F**

Ouvert : toute l'année.

7	SP	1	SP	15	20	10	15	7	20	7

DESTOUCHES Solange - Bellyvières - 41120 FEINGS - Tél : 02 54 20 23 35

LA FERTE-SAINT-CYR

4 ch. En Sologne, proche de Chambord, dans une propriété de 5 ha avec 2 étangs, en lisière de la forêt. Au rez de chaussée : 3 chambres avec lit de 2 personnes, salle d'eau et wc privatifs. 1 suite au premier étage de 1 chambre (1 lit 140) et 1 chambre (1 lit 140) avec salle d'eau et wc . Salon de jardin, barbecue et TV à disposition des hôtes. Tarif 4 pers. : 450 F.

Prix : 1 pers. **260 F** 2 pers. **300 F** 3 pers. **360 F**

Ouvert : toute l'année (sous réserve).

15	SP	0,5	1	0,5	9	0,5	15	0,5

LAVADO Alexandre - 4 route de Ligny - 41220 LA FERTE-SAINT-CYR - Tél : 02 54 87 90 05 ou SR : 02 54 58 81 64

FONTAINE-RAOUL Le Poteau *C.M. 60 Pli 16*

E.C. 1 ch. Dans un hameau, un cadre champêtre et reposant, entouré de bois vous accueille. 1 chambre avec lits jumeaux, salle d'eau, wc particuliers, lit d'appoint et entrée indépendante. Langues parlées : anglais, allemand.

Prix : 1 pers. **180 F** 2 pers. **220 F** pers. sup. **50 F**

Ouvert : toute l'année.

22	9	8	8	9	9	15	2	8	9

MAHIEU Véronique - Le Poteau - 41270 FONTAINE-RAOUL - Tél : 02 54 80 52 88

FONTAINES-EN-SOLOGNE La Paquetière *C.M. 64 Pli 18*

2 ch. A 5 km du bourg de Fontaines-en-Sologne, dans une demeure solognote, au calme, à proximité des Châteaux (8 km de Cheverny, 15 km de Chambord...). 2 ch. d'hôtes en rez de chaussée, indépendantes de la maison des propriétaires. 1 ch. (2 lits 90), 1 ch. (1 lit 140), poss. lit suppl. dans chaque ch. Les ch. disposent chacune d'une salle de bains et wc privatifs. Chauf. élec. Terrasse. Salon de jardin, espace de détente, parc avec pièce d'eau. 7ème nuit gratuite.

Prix : 1 pers. **230 F** 2 pers. **250 F** 3 pers. **330 F** pers. sup. **80 F**

Ouvert : toute l'année.

10	8	8	2	8	20	8	2	10	15	8

PLOQUIN Gérald - La Paquetière - 41250 FONTAINES-EN-SOLOGNE - Tél : 02 54 79 21 97 - Fax : 02 54 79 21 97 ou SR : 02 54 58 81 64

FOSSE *C.M. 64 Pli 7*

2 ch. A 5 km de Blois, sur l'axe Blois-Le Mans, dans une ancienne ferme au centre d'un petit village. A l'étage : 1 chambre (1 lit 1,40 m) avec salle de bains et wc privatifs. 1 chambre (1 lit 1,40 m) avec douche et wc privatifs. Possibilité lit d'appoint et lit bébé. Salon commun aux hôtes avec télévision. Possibilité coin-kitchenette.

Prix : 2 pers. **250 F** pers. sup. **70 F**

Ouvert : toute l'année.

14	7	2	4	10	8	20	4	7	5	2

PARENT André et Monique - 20 rue de Audun - 41330 FOSSE - Tél : 02 54 20 04 08 - Fax : 02 54 20 04 08

FOUGERES-SUR-BIEVRE Ma Dépense *C.M. 64 Pli 17*

2 ch. Au cœur des Châteaux de la Loire, à 1 km du Château de Fougères, au rez-de-chaussée d'une ferme, 2 chambres d'hôtes (1 ch. 2 épis et 1 ch. 3 épis) 1 chambre (1 lit 140) avec accès indépendant, salle d'eau et wc privatifs, prise TV, chauffage électrique ; 1 chambre (1 lit 140) salle d'eau et wc privatifs, chauffage central. Poss. lit d'appoint 1 pers. dans les 2 chambres (70 F), cuisine d'été aménagée. Salon de jardin.

Prix : 1 pers. **200 F** 2 pers. **230 F** pers. sup. **70 F**

Ouvert : toute l'année.

7	1	1	SP	10	20	10	6	7	20	1

HEMERY Roger - Ma Dépense - La Pierre à 3 Poux - 41120 FOUGERES-SOUS-BIEVRE - Tél : 02 54 20 26 57

GIEVRES La Pierre *C.M. 64 Pli 18*

3 ch. A 100 m de la route Tours/Vierzon, 3 ch. d'hôtes aménagées sur une exploitation agricole céréalière, avec entrée indépendante. Au rez-de-ch. : 2 ch. (1 lit 140, 2 lits 90), salle d'eau et WC privatifs. Espace salon à l'étage, avec 1 ch. (1 lit 160, 2 lits 90), salle de bains et wc privatifs. Pièce de séjour avec cheminée réservée aux hôtes. Coin-cuisine à leur disposition. Possibilité lit d'appoint. Etang sur place. Préau pour voiture. Salon de jardin. Jeux pour enfants. Animaux admis sous réserve. Tarif 4 pers. : 370 F.

Prix : 1 pers. **210 F** 2 pers. **250/280 F** 3 pers. **320 F** pers. sup. **50 F**

Ouvert : toute l'année sauf vacances de février.

5	SP	3	SP	5	10	40	SP	10	30	3

VATIN Isabelle - La Pierre - 41130 GIEVRES - Tél : 02 54 98 66 93 ou 06 63 74 49 89 - Fax : 02 54 98 66 93

HOUSSAY Les Morines (TH) *C.M. 64 Pli 6*

3 ch. A la ferme, à l'étage : 3 ch. d'hôtes (dont 2 classées 2 épis) 1 ch. (1 lit 140, 2 lits 90), 1 ch. (1 lit 140, 2 lits 90), douche, WC privatifs. 1 ch. double (2 lits 140) douche particulière, WC communs. Chauf. cent. Vente de fromage de chèvre, camping à la ferme. Lave linge. Salon de jardin et barbecue. Jeux pour enfants. Tarif 4 pers. : 300 F.

Prix : 1 pers. **130 F** 2 pers. **250 F** 3 pers. **270 F** repas **75 F**

Ouvert : toute l'année.

9	6	9	SP	9	6	1	9	3

PETIT Hubert - Les Morines - 41800 HOUSSAY - Tél : 02 54 77 19 64

LANGON Nocfond

C.M. 64 Pli 19

4 ch. Ancienne ferme restaurée, dans un grand parc fleuri et ombragé, située en pleine Sologne. Les chambres ont un nom : « Bagatelle » : 2 lits jumeaux avec salle de bains et wc privatifs. « Berthe St James » : 1 lit 1,40 m avec salle de bains et wc privatifs. « La Varende » : 1 lit 1,40 m avec salle d'eau et wc privatifs. « Les Guernazelles » : 1 lit 1,40 m avec salle d'eau, wc. Parking privé. Animaux admis sous réserve. Les chiens sont acceptés.

Prix : 1 pers. **280 F** 2 pers. **280/330 F** pers. sup. **70 F**

Ouvert : toute l'année.

6	3	7	SP	3	20	SP	SP	17	6

COUTON-PROD'HOMME Thierry - Nocfond - 41320 LANGON - Tél : 02 54 98 16 21 ou SR : 02 54 58 81 64

LESTIOU

TH

C.M. 64 Pli 8

E.C. 3 ch. Au cœur des châteaux de la Loire, à 12 km de Chambord, 20 mn de Blois, 7 km de Beaugency, 1h30 de Paris. Marie-Jeanne et Marguerite FAUCONNET et Albert CATARIVAS vous accueillent dans maison du 17è s. restaurée avec authenticité et offrent 3 ch d'hôtes de caractère avec leurs charpentes apparentes. 1 ch (1 lit 140), 1 ch (1 lit 160 + 2 lits 80). 1 ch. (2 lits 80 en twins + 1 convertible 140), s. de bains et wc privatifs. Aménagées à l'étage, elles bénéficient d'une vue magnifique sur la Loire, la campagne et le jardin. Prix spéciaux pour les enfants. Tarifs dégressifs pour plusieurs nuits. Table d'hôtes sur résa. 2e tél. : 06.81.69.79.69.

Prix : 2 pers. **295/360 F** pers. sup. **60 F** repas **110 F**

Ouvert : de Pâques à décembre inclus.

9	0,2	SP	0,2	24	7	10	12	7	7	2

FAUCONNET Marie-Jeanne - 56 Grande Rue - 41500 LESTIOU - Tél : 02 54 81 22 36 - Fax : 02 54 81 22 36 ou SR : 02 54 58 81 64

LUNAY La Belle Etoile

C.M. 64 Pli 5

1 ch. A la ferme, 1 ch. d'hôtes indépendante, aménagée en rez de ch. (1 lit 140, 1 lit 90), poss. lit d'appoint, wc et salle d'eau privés, coin cuisine et salle de repas, chauf. élec. Pêche sur place (étang privé). Jeux pour enfants. Terrain de boules SP. Piscine gratuite à 7 km. Villages troglodytes, Châteaux, etc... 1 nuit 2 personnes : 260 F, deuxième nuit : 220 F.

Prix : 1 pers. **180 F** 2 pers. **260 F** 3 pers. **300 F** pers. sup. **60 F**

Ouvert : toute l'année.

7	SP	5	8	20	25	5	10	20	5

ABLANCOURT Robert - La Belle Etoile - 41360 LUNAY - Tél : 02 54 72 00 89 ou SR : 02 54 58 81 64

LUNAY Château de la Vaudourière

C.M. 64 Pli 6

2 ch. Les propriétaires, de cette demeure ayant appartenu à la famille d'Alfred de Musset, vous accueillent comme des amis. Vous pourrez apprécier les chambres confortables, vous détendre dans le grand salon ou vous promener sous les arbres centenaires du parc. Endroit secret ou le calme et la nature sont rois. Dans un petit château des XVIII et XIXe, 2 grandes chambres tout confort, décorées de meubles anciens, salle d'eau avec bains et douche, wc privés. Salon d'hôtes avec télévision. Parc arboré de 4 ha. Piscine. Langue parlée : anglais.

Prix : 1 pers. **480 F** 2 pers. **580 F**

Ouvert : toute l'année.

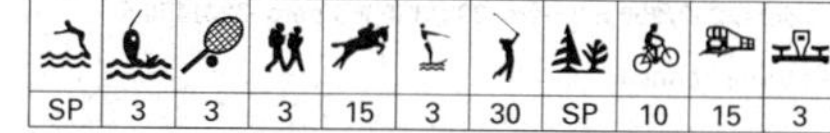

SP	3	3	3	15	3	30	SP	10	15	3

MM. VENON & CLAYS - Château de la Vaudourière - 41360 LUNAY - Tél : 02 54 72 19 46 - Fax : 02 54 72 19 46

MAREUIL-SUR-CHER La Lionnière

A

C.M. 64 Pli 17

2 ch. Ferme Tourangelle, à proximité du val de Loire et au cœur de la vallée du Cher (châteaux, vignobles...), 2 ch. aménagées au 1er étage avec salle de bains et wc privatifs pour chaque ch. 1 ch. (1 lit 140 et 2 lits 90), 1 ch. (3 lits 140). Calme et détente dans jardin paysagé. Elevage de chèvres, moutons, volailles SP. Produits fermiers SP. Tarif 1/2 pension à partir de 3 jours. A partir de Mareuil/Cher, tourner à la boulangerie, puis parcourir 4 km vers le coteau. Langue parlée : anglais.

Prix : 2 pers. **240 F** pers. sup. **75 F** repas **98/125 F**

Ouvert : toute l'année sur réservation.

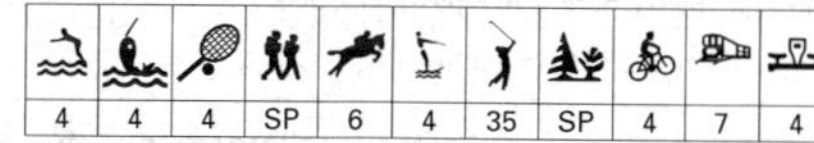

4	4	4	SP	6	4	35	SP	4	7	4

BOULAND Frédéric - Ferme Auberge de la Lionnière - 41110 MAREUIL-SUR-CHER - Tél : 02 54 75 24 99 - Fax : 02 54 75 44 74 - E-mail : fa-lionnière@wanadoo.fr

MAREUIL-SUR-CHER Les Aulnaies

TH

C.M. 64 Pli 17

5 ch. Ancienne bergerie au cœur des vignobles, à l'orée de la forêt. 5 chambres toutes avec salle de bains et wc privatifs. (3 chambres pour 2 personnes et 2 chambres pour 4 personnes). TV chaines européennes. Piscine privée, étang. Pêche. Vélos à disposition. Terrain de Volley-ball. Parc clos de 3 ha. A 2 km du Zoo de Beauval.

Prix : 1 pers. **300 F** 2 pers. **360 F** 3 pers. **460 F** pers. sup. **100 F** repas **120 F**

Ouvert : du 15 février au 31 décembre.

SP	SP	3	SP	4	4	30	5	4

BODIC Bernard - 2 rue des Aulnaies - 41110 MAREUIL-SUR-CHER - Tél : 02 54 75 43 89 - Fax : 02 54 75 43 89

LA MAROLLE-EN-SOLOGNE Bel Air

(TH) *C.M. 64 Pli 8*

4 ch. Au cœur de la Sologne, à proximité des étangs, 3 ch.d'hôtes 2 pers. (3 lits 140) sanitaires privés. 1 suite (1 ch. 1 lit 140, 1 ch. 2 lits 90), sanitaires communs, kitchenette, aménagées dans un bâtiment de ferme restauré, annexe à la maison des propriétaires. Accès indépendant pour chaque ch., donnant sur une grande terrasse. Terrain non clos. Poss. lit d'appoint. chauf. élec., 10 % de réduc. à partir du 3ème jour en 1/2 pension. Table d'hôte sur réservation. Tarif 4 pers. : 400 F. Langue parlée : anglais.

Prix : 1 pers. **220 F** 2 pers. **260 F** 3 pers. **300 F** pers. sup. **50 F**
repas **85 F** 1/2 pens. **190 F**

Ouvert : toute l'année.

15	2	4	0,5	12	30	20	SP	SP	25	2

LAMBERT-NEUHARD - Bel Air - 41210 LA MAROLLE-EN-SOLOGNE - Tél : 02 54 83 60 47 - Fax : 02 54 83 73 85 ou SR : 02 54 58 81 64

MENNETOU-SUR-CHER Les Barres

A *C.M. 64 Pli 19*

4 ch. A la ferme, à 3 km du bourg, 4 ch. aménagées, dans une maison solognote dans un parc calme. 1 ch. (1 lit 140), 1 ch. (2 lits 90), 1 ch (3 lits 90), 1 ch. (2 lits 1 pers., 2 lits sup. 90), s. d'eau, wc dans chaque ch., chauf. élec., entrée indépendante, parking, poss. location roulottes, chariots bâchés. Tarif 4 pers. : 430 F.

Prix : 1 pers. **245 F** 2 pers. **275 F** 3 pers. **350 F** pers. sup. **50 F**

Ouvert : du 1er mars au 31 janvier.

3	3	3	SP	10	5	SP	15	20	3

PITET Nicole - Ferme-Auberge des Barres - 41320 MENNETOU-SUR-CHER - Tél : 02 54 98 03 77 ou 06 08 24 20 39 - Fax : 02 54 98 10 12

MER

C.M. 64 Pli 8

5 ch. 5 ch. d'hôtes aménagées dans une maison de caractère, 1 ch. (1 lit 140, 1 lit 90), salle de bains, wc privatifs. 1 ch. (1 lit 140, poss. lit d'appoint 90), salle d'eau, wc. 1 ch. (2 lits 80 accolés), salle d'eau, wc. 1 suite de 2 ch. : 1ère ch. (2 lits 90) + 2è ch. (2 lits 80, salle de bains, wc). 1 ch. (1 lit 140, 1 lit 80), salle de bains, wc. Salon et kitchenette à dispos. des hôtes. Billard. Expo et vente tableaux SP. Coin détente. Jardin et parking clos. 2 gîtes ruraux à proximité. Tarif 4 pers. : 410/580 F.

Prix : 1 pers. **260 F** 2 pers. **290/400 F** 3 pers. **360/520 F** pers. sup. **80 F**

Ouvert : toute l'année.

0,5	2	0,5	SP	10	15	12	5	SP	SP	SP

MORMICHE Claude et Joelle - 9 rue Jean et Guy Dutems - Le Clos - 41500 MER - Tél : 02 54 81 17 36 - Fax : 02 54 81 70 19 - http://www.France-bonjour.com/mormiche ou SR : 02 54 58 81 64

MEUSNES

C.M. 64 Pli 17

4 ch. Charme et tranquilité dans cette ancienne école de jeunes filles fin XVIIIème . 4 chambres donnant sur un parc clos de murs. 1 suite (lit 140, petit boudoir lit de 120, douche, baignoire, wc). 1 grande chambre (lit 140 et lit 90, baignoire, wc). 1 chambre (lit 140, douche, wc). 1 grande chambre (lit 140, possibilité lit d'appoint 140, baignoire, wc). Piscine couverte à disposition. Salon de jardin. Possibilité de pique-nique dans le parc. Tarif 4 pers. : 400/500 F.

Prix : 1 pers. **250/300 F** 2 pers. **290/350 F** 3 pers. **320/450 F**

Ouvert : toute l'année.

SP	0,8	0,5	0,3	12	12	30	0,5	6	0,2

LEGRAS Patrick et Dominique - 210 rue Jean Jaurès - La Saulaie - 41130 MEUSNES - Tél : 02 54 32 59 66 ou SR : 02 54 58 81 64

MILLANCAY Villeloup

C.M. 64 Pli 18

2 ch. 2 ch. d'hôtes dans une ferme typiquement solognote, à 500 m de la D 122, au milieu des bois et des prairies, très calme. 2 ch. 2 pers., poss. lit supplémentaire dans l'une, avec s. de bains commune. Chauf. élec. forêt SP, patinoire 10 km. 10 francs de réduction a partir de la 2ème nuit.

Prix : 1 pers. **180 F** 2 pers. **210 F** pers. sup. **50 F**

Ouvert : du 1er avril au 15 novembre.

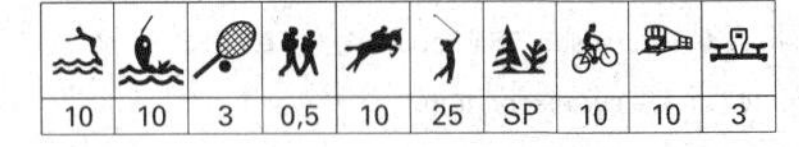

10	10	3	0,5	10	25	SP	10	10	3

SEVAUX Solange - Villeloup - 41200 MILLANCAY - Tél : 02 54 96 64 32

MONDOUBLEAU

(TH) *C.M. 64 Pli 5*

4 ch. A 170 km de Paris, au cœur du Perche/Vendômois, à moins d'1h des châteaux de la Loire, et de la Touraine, un artisan, dessinateur ébéniste et une cuisinière passionnée, vous accueillent dans leur maison du XVIIe. 4 ch d'hôtes : (3 ch 2 épis et 1 ch 3 épis), au Rez de ch : 1 ch (1 lit 140) s. de bains, WC privés. 1 ch familiale (1 lit 90) avec mezzanine (1 lit 140). S. d'eau, wc privés. Au 1er étage : 1 ch (1 lit 140), s. d'eau et wc privés au rez-de-ch. 1 suite de 2 ch (1 lit 140, 1 lit 80 et 1 lit 140, 2 lits superposés, 1 lit 80), douche et wc. Table d'hôtes sur résa avec vin de Pays. Cours de cuisine sur demande. Tarif 4 pers. : 410 F. Langue parlée : anglais.

Prix : 1 pers. **225/265 F** 2 pers. **255/295 F** 3 pers. **335 F** pers. sup. **80 F**
repas **120 F**

Ouvert : toute l'année.

0,5	0,3	0,5	SP	8	40	10	SP	28	SP

PEYRON-GAUBERT Alain et Isabelle - Carrefour de l'Ormeau - 41170 MONDOUBLEAU - Tél : 02 54 80 93 76 - Fax : 02 54 80 88 85

MONT-PRES-CHAMBORD Manoir de Clénord

TH — *C.M. 64 Pli 17*

6 ch. Dans un manoir du XVIIe s., 6 ch. dont 2 suites : 1 suite (1 ch. 1 lit 2 pers., 1 ch. 2 lits 1 pers., s.d.b., wc) 1 suite (1 ch. 2 lits 1 pers. + 1 ch. 1 lit 1 pers., s.d.b., wc), 1 ch. (2 lits 1 pers., s.d.b., wc). En annexe, 1 ch. (1 lit 2 pers., douche), 1 ch. (2 lits 1 pers., s.d.b., wc), 1 ch. (1 lit 2 pers., douche, wc). Réduc. 10 % du 15.11 au 15.03. Lit bébé gratuit. Lit sup. enfant 60 F. Tarif 4 pers. : 1180 F. Langues parlées : anglais, espagnol.

CV

Prix : 1 pers. **350/650 F** 2 pers. **360/960 F** 3 pers. **760/1080 F** pers. sup. **100 F** repas **200 F**

Ouvert : du 1er février au 15 décembre, hors saison sur demande.

SP	SP	SP	SP	6	10	5	SP	5	10	3

RENAULD Christiane - 998 route de Clenord - Manoir de Clenord - 41250 MONT-PRES-CHAMBORD - Tél : 02 54 70 41 62 - Fax : 02 54 70 33 99 ou SR : 02 54 58 81 64

MONTEAUX

C.M. 64 Pli 16

3 ch. A 200 m du centre du village, sur la route des vignobles, 3 ch. d'hôtes. 1 suite 2/4 pers. 390 F (1 ch. 1 lit 140, 1 salon canapé-lit 140, douche, wc privatifs), kitchenette. A l'étage de la maison des propriétaires, avec entrée indépendante : 2 ch. (1 lit 140 chacune), s. de bains/WC privatifs. Poss. lit d'appoint (60 F), jardin clos, salon de jardin. Parking privé. Equipement complet pour accueil bébé. Tarif 4 pers. : 390 F.

CV

Prix : 1 pers. **220 F** 2 pers. **280 F** 3 pers. **340 F** pers. sup. **60 F**

Ouvert : toute l'année.

11	2	5	SP	15	40	13	10	5	2	SP

LECOMTE Michel - 20 rue de la Briderie - Les Cèdres - 41150 MONTEAUX - Tél : 02 54 70 20 09 - Fax : 02 54 70 20 09 ou SR : 02 54 58 81 64

MONTHOU-SUR-BIEVRE Le Chêne Vert

C.M. 64 Pli 17

3 ch. Dans une ancienne ferme du XVIè siècle, au cœur d'un parc paysagé d'un hectare, à proximité des Châteaux de la Loire, 3 ch. d'hôtes dont : 1 suite (1 ch. 1 lit 2 pers. 160 x 200 + 1 ch. 1 lit 2 pers., salle d'eau, WC, salon indépendant, cheminée, TV), poss. forfait week-end avec cuisine équipée, salle à manger, linge, base maison : 2 nuits 4/6 pers. 1500 F, sur résa. Dans une maisonnette indépendante, 1 ch. au rez de ch. (1 lit 2 pers. et 1 lit 1 pers.), salle d'eau, salon (1 lit 120 et 1 lit 140), wc. Tarif 4 pers. : 750 F. Langue parlée : anglais.

Prix : 1 pers. **300 F** 2 pers. **380/550 F** 3 pers. **470/750 F** pers. sup. **100 F**

Ouvert : du 15 mai au 15 octobre.

3	3	SP	3	16	12	3

TOHIER Marie-France - Le Chêne Vert - 41120 MONTHOU-SUR-BIEVRE - Tél : 02 54 44 07 28 - Fax : 02 54 44 07 28

MONTHOU-SUR-BIEVRE La Poulinière

C.M. 64 Pli 17

3 ch. A proximité des Châteaux de la Loire, dans une ferme restaurée, 3 chambres d'hôtes pour 2 personnes avec sanitaires privatifs dont 1 chambre en r.d.c. accessible aux personnes à mobilité réduite (3 lits en 1,40, possibilité lit d'appoint). TV. Salon de jardin et barbecue. Jeux pour enfants. 2e tél. : 06.14.63.62.85.

CV

Prix : 1 pers. **150 F** 2 pers. **240 F** 3 pers. **300 F**

Ouvert : toute l'année.

8	4	10	1	5	15	8	2	4	8	6

ROUVRE Lucien - La Poulinière - 41120 MONTHOU-SUR-BIEVRE - Tél : 02 54 44 15 57 - Fax : 02 54 44 15 57 ou SR : 02 54 58 81 64

MONTHOU-SUR-CHER

C.M. 64 Pli 17

2 ch. A 3 km de Montrichard, au cœur de la vallée du Cher, au premier étage par escalier privatif : 1 chambre familiale (1 lit 2 pers, 3 lits 1 pers, 1 lit enfant + 1 suite lit 130 avec douche et wc privés pour les 2 chambres). Pour plusieurs jours, espace cuisine dans chalet avec terrasse sur jardin de 2000 m^{2}. Salon de jardin. Tarif enfant jusqu'à 6 ans : 60 F Langues parlées : anglais, allemand.

Prix : 2 pers. **250 F** 3 pers. **350 F** pers. sup. **100 F**

Ouvert : toute l'année.

10	2	3	2	4	3	2	3	4	2

VRILLAUD Françoise - 8 rue de Vineuil - Vineuil - 41400 MONTHOU-SUR-CHER - Tél : 02 54 32 70 65

MONTLIVAULT

TH — *C.M. 64 Pli 7*

5 ch. Entre Loire et Chambord, aux portes de la Sologne, nombreuses possibilités touristiques et sportives : prêt de vélos, randonnées pédestres, sports nautiques, tennis. 5 chambres d'hôtes avec entrée indépendante de plain pied, dans une ancienne ferme viticole, à 4 km de Chambord et à 10 km de Blois. Suite familiale (1 lit 1,40 et 2 lits 90). 1 ch pour 3 pers (3 lits 0,90), 2 ch (1 grand lit 1,60), 1 ch (1 lit 1,40). Salles de bains ou salles d'eau et wc privatifs. Parking privé et clos, jardin. Table d'hôtes sur résa. Poss. transfert avec gare SNCF. Tarif 4 pers. : 460 F. Langue parlée : anglais.

CV

Prix : 1 pers. **220 F** 2 pers. **260/320 F** 3 pers. **380 F** pers. sup. **80 F** repas **100 F**

Ouvert : toute l'année.

7,5	1	SP	4	1,5	4	4	SP	12	SP

PARZY Jean-Claude - 1 rue de Saint-Dye - 41350 MONTLIVAULT - Tél : 02 54 20 69 55 - Fax : 02 54 20 69 55 - E-mail : salamandres@ifrance.com - http://www.salamandres.fr.fm ou SR : 02 54 58 81 64

MUIDES-SUR-LOIRE Château de Colliers  *C.M. 64 Pli 8*

5 ch. Ouvert toute l'année, l'hiver, sur réservation, en bordure de Loire, dans une demeure du XVII-XVIIIè s. à 5 km de Chambord, 5 ch. d'hôtes avec bain, WC privatifs (5 lits 2 pers., 2 lits 1 pers.) chauf. cent., cheminée dans 4 des 5 ch. Piscine zodiac SP non surveillée. Héliport et mongolfière SP. Animaux admis sous réserve. Tarif 4 pers. : 850/1000 F. Langues parlées : anglais, espagnol.

Prix : 2 pers. **600/750 F** pers. sup. **100 F**

Ouvert : toute l'année.

SP	SP	1	SP	6	10	1	5	6	1

DE GELIS Christian - Château de Colliers - 41500 MUIDES-SUR-LOIRE - Tél : 02 54 87 50 75 - Fax : 02 54 87 03 64 - E-mail : CH Colliera@aol.com

MUIDES-SUR-LOIRE *C.M. 64 Pli 8*

1 ch. Maisonnette ancienne, indépendante de celle des propriétaires, située à 1 km du domaine de Chambord. La Arnaudière est face à l'église du 16ème siècle, en bordure de Loire. 2 lits 90 en mezzanine. Au rez de chaussée , 1 lit 140. Sanitaires privatifs. Lit bébé sur demande. Petit déjeuner composé de confitures et pâtisserie maison, servi dans le séjour ou le jardin. Salon de jardin. Place de parking. Pêche dans la Loire à 100 m. Endroit calme, sans circulation. Tarif 4 pers. : 460 F. Langue parlée : anglais.

Prix : 1 pers. **250 F** 2 pers. **300 F** 3 pers. **400 F**

Ouvert : toute l'année.

5	SP	0,1	SP	8	14	5	1	1	5	SP

DURAND Bruno - 24 rue de la Mairie - La Arnaudière - 41500 MUIDES-SUR-LOIRE - Tél : 02 54 87 06 26 ou 06 66 11 36 15 - E-mail : arnaudiere@everyday.com

NEUNG-SUR-BEUVRON *C.M. 64 Pli 19*

3 ch. Dans le bourg, à prox. des châteaux de la Loire, 3 ch. d'hôtes dont 1 ch. (1 lit 140) aménagée dans un bâtiment annexe à l'habitation de la propriétaire, S. d'eau/WC privatifs, séjour avec mezzanine (1 lit 90, canapé-lit 140), coin cuisine à disposition des hôtes. A l'étage : 2 ch. 2 pers. avec sanitaires privés, poss. lit d'appoint, lit bébé. Grand jardin, vélo, terrain de boules, parking intérieur. L'autoroute 71 à 17 km. Restaurant à 400 m. Langue parlée : anglais.

Prix : 1 pers. **200 F** 2 pers. **280 F** 3 pers. **360 F** pers. sup. **80 F**

Ouvert : toute l'année.

17	SP	1	SP	17	30	10	SP	SP	22	SP

CREHAN Patrick - 16 rue du 11 novembre - Breffni - 41210 NEUNG-SUR-BEUVRON - Tél : 02 54 83 66 56 - Fax : 02 54 83 66 56 ou SR : 02 54 58 81 64

NOUAN-SUR-LOIRE Bois Renard *C.M. 64 Pli 8*

3 ch. Château du XIXè siècle où se trouve un gîte, situé dans un parc au milieu des bois, en bordure du Parc de Chambord. A l'étage : 1 chambre (2 lits 0,90 m) avec salle de bains et wc privatifs. 1 chambre (2 lits 0,90 m) avec salle de bains et wc privatifs. 1 chambre (1 lit 1,40 m + 1 lit 0,90 m) avec salle de bains et wc privatifs. Salon réservé aux hôtes. 2e tél. : 02.54.87.00.26. Langue parlée : anglais.

Prix : 2 pers. **400 F** 3 pers. **500 F**

Ouvert : juillet et août.

5	2	2	7	20	5	SP	7	2

DE WARREN Michel - 6 rue Edouard Fournier - 75116 PARIS - Tél : 01 40 72 82 78 ou SR : 02 54 58 81 64

OISLY *C.M. 64 Pli 17*

3 ch. Dans le village, 3 ch. d'hôtes aménagées au R. de ch. d'une ferme. 1 ch. avec cuisine (1 lit 1 pers., 1 lit 2 pers, TV). A l'ét. 1 ch. avec kitchenette (1 lit 1 pers., 1 lit 2 pers., TV). 1 ch. (2 lits 1 pers.), s. d'eau, WC privatifs. chauf. cent. et élec. Garage. Salle de jeux. Coin pêche. Restaurants dans le village.

Prix : 1 pers. **160 F** 2 pers. **200/220 F** 3 pers. **290 F** pers. sup. **60 F**

Ouvert : toute l'année.

5	SP	5	SP	10	12	5	5

BONNET François - Rue du Stade - Le Bourg - 41700 OISLY - Tél : 02 54 79 52 78

OISLY La Presle *C.M. 64 Pli 17*

1 ch. A la ferme, au cœur des Châteaux de la Loire, dans un environnement calme, arboré et fleuri. A l'étage : 1 suite dont 1 ch. (1 lit 2 places), 1 ch. (2 lits 1 place), salle d'eau et wc réservés aux hôtes. Rez de chaussée : cuisine-séjour, TV, salle de jeux, dégustation, vente de vins de Touraine. Basse cour, âne, location VTT.

Prix : 1 pers. **180 F** 2 pers. **220 F**

Ouvert : toute l'année.

6	SP	6	SP	9	30	15	2	6	15	6

BOUCHER Claude - La Presle - 41700 OISLY - Tél : 02 54 79 52 69

OUCHAMPS Les Motteux  *C.M. 64 Pli 17*

3 ch. Au cœur des Châteaux de la Loire. A la ferme, au calme dans bâtiment annexe, aménagées au R. de ch., 2 ch. avec s. d'eau et WC privatifs : 1 ch. (1 lit 2 pers. + 1 lit d'appoint 1 pers.), 1 ch. (1 lit 2 pers., 1 lit d'appoint 1 pers.), kitchenette attenante. Véranda avec coin-cuisine, TV couleur. R.d.c. mitoyen à la maison des prop., avec entrée indépendante : 1 chambre 3 épis (1 lit 2 pers., 1 lit 1 pers.), salle d'eau, wc privatifs. TV couleur, coin cuisine, chauf. élec., jardins d'agrément privatifs. Restaurant à 3 et 5 km. Tarif 4 pers. : 400 F.

Prix : 1 pers. **200 F** 2 pers. **230 F** 3 pers. **300 F** pers. sup. **60 F**

Ouvert : toute l'année.

12	1	3	1	6	1	SP	14	3

VERNON Jean et Eliane - Les Motteux - 41120 OUCHAMPS - Tél : 02 54 70 42 62 - Fax : 02 54 70 42 62

LE POISLAY Les Coteaux *C.M. 60 Pli 16*

3 ch. A la ferme, en activité avec des animaux (bovins, volailles), 1 ch. au rez-de-chaussée (2 lits 1 pers.), 1 ch. à l'étage (1 lit 2 pers. + 1 lit 1 pers.), 1 ch. à l'ét. (1 lit 2 pers. + 2 lits 1 pers. + 1 lit bébé), salle de bains et wc dans chaque ch., 1 pièce (TV, micro-ondes, frigo), poss. découvrir les travaux de la ferme, table ping-pong, VTT, vélos. Tarif dégressif au nombre de nuits. Animaux admis sous réserve. Tarif 4 pers. : 360 F.

Prix : 1 pers. **170 F** 2 pers. **220 F** 3 pers. **280 F** pers. sup. **60 F**

Ouvert : toute l'année.

25	2	3	10	6	15	25	1	2

COIGNEAU Michel - Les Coteaux - 41270 LE POISLAY - Tél : 02 54 80 53 19 - Fax : 02 54 80 19 11

PONTLEVOY *C.M. 64 Pli 17*

3 ch. A prox. des châteaux de la Loire, gde maison indép. sit. ds bourg de Pontlevoy. A l'ét. ds bâtiment ann. : 2 ch. avec s. d'eau, WC priv. 1 ch. (3 lits 90),1 ch. (2 lits 90). Au R. de ch. : 1 ch. (1 lit 140), s. d'eau, wc priv., salle d'acc. à disp. des hôtes. Ts commerces et restau. à 300 m. Cuis. à disp. des hôtes.

Prix : 1 pers. **200/240 F** 2 pers. **240/300 F** 3 pers. **330/370 F**

Ouvert : toute l'année.

7	6	SP	SP	3	20	20	20	SP	10	SP

DEBRUYNE Régis - 7 rue de la Boule d'Or - 41400 PONTLEVOY - Tél : 02 54 32 52 69 - Fax : 02 54 32 52 69

PONTLEVOY Les Bordes *C.M. 64 Pli 17*

6 ch. Au cœur des Châteaux de la Loire, route de Chaumont sur Loire (D 114), ferme offrant 6 ch. d'hôtes indépendantes de la maison d'habitation. 1 ch. au R. de ch. (1 lit 2 pers., 2 lits 1 pers.), 5 ch. à l'ét. dont 1 ch. (2 lits 1 pers.), 3 ch. (1 lit 2 pers.), s. d'eau, WC privatifs, 1 ch. (1 lit 2 pers., 1 lit 1 pers.), s.d.b., wc particuliers. Chauffage électrique. Parc et jeux, salle d'accueil. Tarif 4 pers. : 370 F.

Prix : 1 pers. **210 F** 2 pers. **240 F** 3 pers. **320 F** pers. sup. **70 F**

Ouvert : toute l'année.

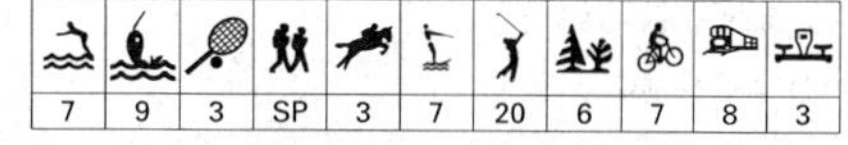

7	9	3	SP	3	7	20	6	7	8	3

GALLOUX Josiane - Les Bordes - Route de Chaumont-sur-Loire - 41400 PONTLEVOY - Tél : 02 54 32 51 08 - Fax : 02 54 32 64 43

PRUNIERS-EN-SOLOGNE Domaine de Saugirard *C.M. 64 Pli 18*

1 ch. Ancienne ferme, proche des Châteaux de la Loire. Dans un cadre de verdure, une étape sereine, dans un domaine solognot, Marie-France vous fera partager le charme de cette région. Rez-de-chaussée : 1 chambre (1 lit 1.40 m) avec salle d'eau et wc privatifs. Réservation uniquement en week-end. 3e tél. : 02.54.97.45.54.

Prix : 1 pers. **220 F** 2 pers. **260 F** 3 pers. **360 F**

Ouvert : toute l'année, en week-end seulement.

4	SP	4	SP	15	15	25	SP	SP	4	4

BISSON Marie-France - La Ferme de Saugirard - Les Tilleuils - 41200 PRUNIERS-EN-SOLOGNE - Tél : 02 54 96 56 90 ou 06 70 40 08 96

RILLY-SUR-LOIRE Ferme du Plessis (TH) *C.M. 64 Pli 16*

2 ch. 2 ch. d'hôtes aménagées dans un ancien manoir du XVe siècle. A l'étage : 2 ch. double (1 lit 140 dans chacune). salle de bains/wc communs aux 2 ch. Sur place : aire naturelle de camping (25 emplacements), tir à l'arc (avec animateur). Chauffage central au bois. Possibilité randonnées équestres accompagnées (6 box + 3 paddocks). VTT avec moniteur. Langue parlée : anglais.

Prix : 1 pers. **210 F** 2 pers. **240 F** pers. sup. **60 F** repas **75/85 F**

Ouvert : toute l'année.

12	SP	4	SP	SP	10	6	SP	SP	8	8

SERIN Christophe - Ferme du Plessis - 41150 RILLY-SUR-LOIRE - Tél : 02 54 20 90 55 - Fax : 02 54 20 90 55

ROCE La Touche

TH — *C.M. 64 Pli 6*

4 ch. A 5 kms à l'est de Vendôme, dans un cadre de verdure et de repos. 1 ch. (2 lits 1 pers.), lavabo, douche, wc. 2 ch. (1 lit 2 pers., 1 lit 1 pers.), séjour. 1 espace familial sur 2 niveaux (4/5 pers.), lavabo, douche, wc, coin-cuisine priv. Espace vert. Volley. Tir à l'arc. Ping-pong. Vélos + VTT. Table d'hôtes sur demande et tarif enfant. Tarif 4 pers. : 370 F. Langue parlée : anglais.

CV

Prix : 1 pers. **175 F** 2 pers. **250/290 F** 3 pers. **310 F** pers. sup. **60 F** repas **90 F**

Ouvert : de mai à septembre.

6	SP	3	SP	7	14	15	SP	SP	14	6

NOUVELLON Jean-Louis - La Touche - 41100 ROCE - Tél : 02 54 77 19 52 - Fax : 02 54 77 06 45 ou SR : 02 54 58 81 64

ROMORANTIN

C.M. 64 Pli 18

5 ch. 5 ch. d'hôtes dans une maison de caractère. Au 1er étage : 1 ch. (2 épis) 3/4 pers. avec s. d'eau. 1 ch. 2 pers. avec s.d.b., wc. 1 ch. 3 pers. avec coin-nurserie, s.d.b. et wc. Au 2e ét. : 1 suite 5 pers. (1 ch. 1 lit 2 pers. et 1 ch. 1 lit 2 pers. 1 lit 1 pers.), douche, wc sur le palier. Lit bébé 55 à 65 F. Abri couvert. Salon de jardin. Jeux divers. Parc d'attractions. Parc boisé.

Prix : 1 pers. **195 F** 2 pers. **195/265 F** 3 pers. **385 F** pers. sup. **110/115 F**

Ouvert : toute l'année.

2	0,5	2	6	10	2	1

Mme RAQUIN - 32 route de Selles-sur-Cher - 41200 ROMORANTIN - Tél : 02 54 76 01 59

SAINT-AIGNAN-SUR-CHER

C.M. 64 Pli 17

4 ch. A prox. des châteaux de la Loire, 4 ch. d'hôtes de charme, situées ds une demeure bourg (jardin à la française, vue panoram. sur château et collégiale). Au 1er ét. : 1 suite de style avec 2 lits 140, s.d.b., wc communs aux 2 ch. Au 2e ét. : 1 ch (2 lits 90), s. d'eau, wc privatifs, 1 ch. de style avec 1 lit 140 et 1 lit 120, s.d.b. et wc privatifs. 1 ch. donnant sur le jardin (1 lit 140 et 2 lits 90), salle d'eau et wc privatifs. Au cœur de la vallée du cher, à prox. du val de Loire (châteaux, musées, abbayes). Tarif 4 pers. : 400/420 F.

CV

Prix : 1 pers. **230 F** 2 pers. **260/320 F** 3 pers. **350/370 F** pers. sup. **80 F**

Ouvert : toute l'année.

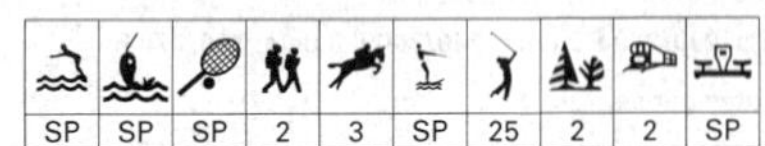

SP	SP	SP	2	3	SP	25	2	2	SP

BESSON Geneviève - 66 rue Maurice Berteaux - 41110 SAINT-AIGNAN-SUR-CHER - Tél : 02 54 75 24 35 - Fax : 02 54 75 24 35

SAINT-AMAND-LONGPRE

TH — *C.M. 64 Pli 6*

3 ch. Située en Vallée du Loir, à 12 km de Vendôme, à 30 km de Blois, et 1 km de la RN 10, dans une maison de caractère avec grand jardin clos équipé d'une piscine privative (12 m x 5 m). 3 ch. d'hôtes - 1 suite dont 1 ch. (1 lit 130, poss. lit 90) + 1 ch. (1 lit 120, 1 lit 90), 1 ch. (1 lit 140, 1 lit 90), 1 ch. (1 lit 140, poss. lit 90), salle de bains + wc. Salon TV et pièce de réception avec cheminée. Petits déjeuners copieux avec produits maison. Table d'hôtes sur réservation (sauf le dimanche soir).

CV

Prix : 1 pers. **210/250 F** 2 pers. **260/300 F** 3 pers. **340/380 F** pers. sup. **80 F** repas **90 F**

Ouvert : toute l'année.

SP	0,5	0,5	SP	5	30	SP	10	0,5

GATIEN Chantal - 3 avenue du Président Grellet - 41310 SAINT-AMAND-LONGPRE - Tél : 02 54 82 94 44

SAINT-DENIS-SUR-LOIRE Mace

TH — *C.M. 64 Pli 7*

6 ch. A 3 km de Blois, 6 ch. aménagées dans une propriété des XVIIIe-XIXe siècles, entourées d'un parc, sur les bords de la Loire. R. de ch. : 1 ch.2 pers. A l'étage : 5 ch. : 2 de 4 pers. + 3 de 2 pers., toutes équipées de sanitaires et wc privés. Salon, bibliothèque à disposition des hôtes. Table d'hôtes sur réservation. Tarif 4 pers. : 540/820 F. Langues parlées : anglais, espagnol.

CV

Prix : 1 pers. **350 F** 2 pers. **420/620 F** 3 pers. **480/720 F** repas **200 F**

Ouvert : toute l'année, l'hiver sur réservation.

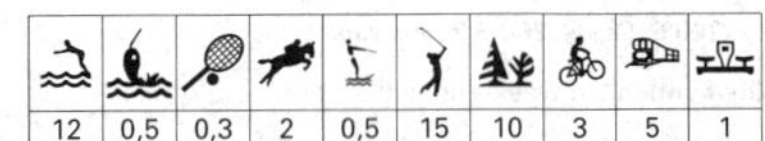

12	0,5	0,3	2	0,5	15	10	3	5	1

M. et Mme CABIN-SAINT-MARCEL - La Villa Médicis - Mace - 41000 SAINT-DENIS-SUR-LOIRE - Tél : 02 54 74 46 38 - Fax : 02 54 78 20 27

SAINT-DENIS-SUR-LOIRE

C.M. 64 Pli 7

E.C. 4 ch. La Malouinière, ancienne demeure du peintre Bernard Lorjou. Une douce lumière sur ses toits d'ardoises, son parc et une piscine entourée de vieux murs sont une invitation au bonheur de vivre. Avec 4 chambres qui allient charme et grand confort, salon, billard et chaleureuse salle à manger aux poutres de chênes centenaires. La Malouinière vous accueille pour passer des moments de parfaite détente à proximité des plus beaux châteaux de la Loire.

CV

Prix : 2 pers. **650/800 F** pers. sup. **150 F**

Ouvert : toute l'année sur réservation.

SP	3	SP	3	2	15	SP	5

DE SAINT-LEGER Edith - 1, rue de Bellevue - 41000 SAINT-DENIS-SUR-LOIRE - Tél : 02 54 74 62 56 ou SR : 02 54 58 81 64

SAINT-DYE-SUR-LOIRE

C.M. 64 Pli 7

3 ch. A 4 km de Chambord, Francis et Béatrice vous ouvrent leur maison d'artistes du XVIII siècle dans un jardin romantique au port fluvial de Chambord. Ils se feront un plaisir de vous assister dans vos exploits culturels et gourmands, en Français, Anglais ou Allemand. 3 ch. de caractère comprenant : 1 ch (1 lit 140), salle de bains et wc privatif. 1 ch. (2 lits 90) salle d'eau et wc privatif, 1 ch (1 lit 1,40) salle d'eau et wc privatif. Garage et Parking. Petits déjeuners dans le jardin. Bicyclettes à louer. Langues parlées : anglais, allemand.

Prix : 1 pers. **300 F** 2 pers. **350 F** 3 pers. **450 F** pers. sup. **100 F**

Ouvert : d'avril à octobre.

8	SP	8	SP	3	10	15	3	SP	8	SP

BONNEFOY Françis - 120 rue Nationale - 41500 SAINT-DYE-SUR-LOIRE - Tél : 02 54 81 60 01 - Fax : 02 54 81 60 01 - E-mail : fbonnefoy@libertysurf.fr - http://www.perso.libertysurf.fr/fbonnefoy

SAINT-FIRMIN-DES-PRES Haie de Champs

C.M. 64 Pli 6

3 ch. A 6 km de Vendôme, 30 km de Blois, sur la route de la vallée du Loir, 3 ch. d'hôtes de plain-pied, aménagées dans les écuries annexes d'une ancienne ferme du XVIè s. : 1 ch. (2 lits 90), 1 ch. familiale (1 lit 140, 2 lits 90), 1 ch. (1 lit 140 et 1 lit de 0.90m), possibilité de lit d'appoint (60 F), salle d'eau, WC privatifs, prise TV ds chaque chambre. Cuisine équipée à disp., poss. déplac. propriétaire gare TGV ou ville (Vendôme). Grand terrain avec salon de jardin et jx enfants. Petit déj. copieux servi ds salle à manger des propriétaires (conf. maison). Langues parlées : anglais, espagnol.

Prix : 1 pers. **190 F** 2 pers. **240 F** 3 pers. **300 F** pers. sup. **60 F**

Ouvert : toute l'année.

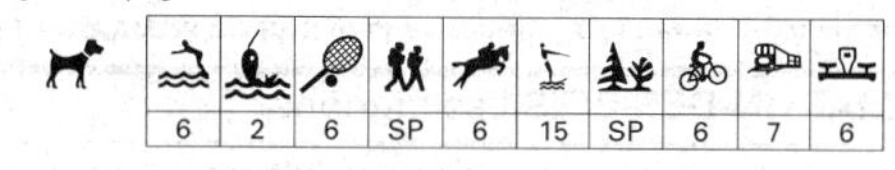

6	2	6	SP	6	15	SP	6	7	6

PRUDOR Jean - 4 route Belle Vallée - Haie de Champ - 41100 SAINT-FIRMIN-DES-PRES - Tél : 02 54 23 40 97 ou SR : 02 54 58 81 64

SAINT-GEORGES-SUR-CHER

C.M. 64 Pli 16

3 ch. A proximité des châteaux de la Loire, le Prieuré de la chaise du XVIè siècle avec sa chapelle du XIIè, est une étape au calme, dans un authentique domaine viticole. Au R de ch. : 2 ch. 2 pers. (1 lit 140, 1 lit de 150), douche, WC privatifs. Au 1er étage : 1 appartement - 2 ch., salle de bains, WC, (1 lit 140, 1 lit 160 + 1 lit gigogne 2 personnes). Tarif 4 pers. : 700 F. Langue parlée : anglais.

Prix : 1 pers. **300 F** 2 pers. **400 F** 3 pers. **620 F** pers. sup. **100 F**

Ouvert : toute l'année.

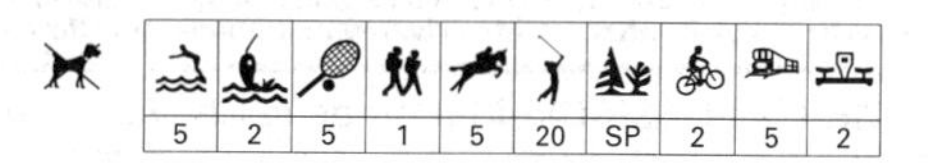

5	2	5	1	5	20	SP	2	5	2

DURET-THERISOLS Danièle - Prieuré de la Chaise - 8 rue du Prieuré - 41400 SAINT-GEORGES-SUR-CHER - Tél : 02 54 32 59 77 - Fax : 02 54 32 59 77 - E-mail : ctgduret@cub-internet.fr - http.//Prieuredelachaise.com ou SR : 02 54 58 81 64

SAINT-HILAIRE-LA-GRAVELLE Clairefontaine

A

C.M. 64 Pli 7

4 ch. A la ferme, ancien fief du 18è siècle, Marie Bernadette vous accueille dans un cadre champêtre et reposant entouré de bois et fontaines. Loisirs sur place, pêche, promenade et randonnées. Pour vos week end, venez vous détendre à Clairefontaine. Chambre « Myosotis » : 1 lit 1.40, salle d'eau, wc et lit bébé. Chambre « Les Roses » : 1 lit 140 et 1 lit 90, salle d'eau, wc. Chambre « Chevrefeuille » : 1 lits 1.40 + 1 lit 0.90, salle d'eau, wc (accessible handicapés). Chambre « Glycine » : 2 lits 0.90, salle d'eau avec wc. Lit bébé : 60 Frs jusqu'à 5 ans. Dans le repas : boissons comprises sauf apéritifs.

Prix : 1 pers. **240 F** 2 pers. **295 F** 3 pers. **410 F** pers. sup. **105 F**
repas **130 F** 1/2 pens. **280/370 F** pens. **495 F**

Ouvert : de mars à décembre.

15	SP	1	1	5	5	SP	20	5	3,5

AVRAIN Marie-Bernadette - Ferme-Auberge - Clairefontaine - 41160 ST-HILAIRE-LA-GRAVELLE - Tél : 02 54 82 01 19 - Fax : 02 54 82 06 91 ou SR : 02 54 58 81 64

SAINT-JULIEN-DE-CHEDON

C.M. 64 Pli 16

2 ch. Sur un domaine viticole : à l'étage avec entrée indép., 1 ch. (1 lit 140, 1 lit 90) et une 2ème ch. (1 lit 140) s. d'eau, WC à l'usage exclusif des hôtes, chauf. élec., produits fermiers, dégustation de vin, cour fermée, salon de jardin à disposition des hôtes. Coin télévision. Tarifs 4 pers. : 500 F, 5 pers : 550 F. Animaux admis sous réserve.

Prix : 1 pers. **180 F** 2 pers. **250 F** 3 pers. **300 F**

Ouvert : toute l'année.

3	3	3	1	10	17	3	1	4	5	2

BOUGES Elie - 3 route de la Puannerie - Domaine de la Puannerie - 41400 ST-JULIEN-DE-CHEDON - Tél : 02 54 32 11 87 - Fax : 02 54 32 77 14

SAINT-LAURENT-NOUAN
C.M. 64 Pli 8

3 ch. A la porte des chateaux de la Loire et des sentiers de Sologne, à quelques minutes de Chambord, sur la route D 951, Catherine et Maurice vous feront partager le charme et le calme de leur demeure du XVIIè siècle et de son parc. 3 ch. d'hôtes de charme. 1 ch. 2 pers. (1 lit 140), 1 ch. 2 pers. (1 lit 140), 1 ch. 3 pers. (1 lit 140, 1 lit 90). Pour chacune des chambres, salle d'eau privative. Salle à manger séjour à diposition des hôtes. Poss. de pique-niquer sur place dans le parc.

Prix : 1 pers. **240 F** 2 pers. **280 F** 3 pers. **340 F**

Ouvert : toute l'année.

1	1	SP	SP	10	1	1	1	SP	8	0,5

LIBEAUT Maurice et Catherine - 26 rue de l'Ormoie - 41220 SAINT-LAURENT-NOUAN - Tél : 02 54 87 24 72 - Fax : 02 54 87 24 93 - E-mail : maurice.catherine.libeaut@wanadoo.fr

SAINT-LEONARD-EN-BEAUCE La Coudraye
C.M. 64 Pli 7

1 ch. Dans une petite maison attenante à celle des propriétaires, à 3 km de la D 924 (Chartres/Blois), 1 chambre d'hôtes en mezzanine (1 lit 2 pers.), un séjour rustique (1 lit 2 pers.), lit de bébé à disposition (30 Frs), salle d'eau et wc indépendants. Coin cuisine à disposition des hôtes (plaques, réfrigérateur). Repos et calme assurés. Tarif 4 pers. : 350 F. Poss. de petit déjeuner en terrasse l'été. Restaurant à 5 km. Langue parlée : anglais.

Prix : 1 pers. **210 F** 2 pers. **250 F** 3 pers. **300 F**

7	10	7	5	10	30	12	5	7	20	5

CHANTEREAU Véronique - La Coudraye - 41370 SAINT-LEONARD-EN-BEAUCE - Tél : 02 54 23 27 03 - Fax : 02 54 72 31 19

SAINT-MARTIN-DES-BOIS Les Pignons
(TH) *C.M. 64 Pli 5*

4 ch. 4 ch d'hôtes dans authentique ferme d'élevage. A l'étage : 1 ch (1 lit 140, 1 lit 90), 1 ch (2 lits 90), 1 ch (1 lit 140, 2 lits 90, 1 conv.) s. d'eau et WC privatifs. R. de ch. : 1 ch (1 lit 140, 1 lit 90), s. d'eau, wc privés, access. pers. hand. Peut compléter gîte rural 4 pers (l-linge). Entrée indép. dans séjour (cheminée) et coin cuisine. Chauf. cent. Ping-pong, volley, poneys. Propriétaires à dispo pour déplac. à la gare. Rando. proposées (circuits, cartes) ou accompagnées. Liaison GR 35 et 335 et de Pays. Animaux admis sous réserve. Tarif 4 pers. : 360 F.

CV

Prix : 1 pers. **180 F** 2 pers. **230 F** 3 pers. **295 F** pers. sup. **60 F**
repas **90 F**

Ouvert : toute l'année.

6	2	4	SP	20	20	0,5	6	25	2

CHEVEREAU Guy et Elisabeth - Ferme des Pignons - 41800 SAINT-MARTIN-DES-BOIS - Tél : 02 54 72 57 43 - Fax : 02 54 72 57 39 - E-mail : guychevereau@yahoo.fr - http://www.multimania.com/fermedespignons ou SR : 02 54 58 81 64

SAINT-MARTIN-DES-BOIS Manoir de la Chevalinière
C.M. 64 Pli 5

E.C. 2 ch. En Vallée du Loir, entre Troo et Montoire, sur la route de Saint Jacques de Compostel, dans un Manoir du XVème siècle. A l'étage : 1 chambre double (1 lit 1,40 m, 1 lit 1,30 m et 1 lit 0,90 m), salle de bains et wc privatifs. Coin salon privatif dans la chambre. 1 chambre (1 lit 140 et 1 lit 110), salle de bains et wc privatifs. Espace vert à dispo. avec pièce d'eau poissonneuse et ruisseau 1ère catégorie sur la propriété. Restaurant à 2 km. Animaux admis sous réserve. Langues parlées : anglais, espagnol.

CV

Prix : 1 pers. **230/250 F** 2 pers. **280/300 F** pers. sup. **60 F**

Ouvert : de Pâques à la Toussaint.

3,5	SP	2	1	20	10	5	SP	21	3,5

LUCIEN-BRUN/DEBEAUMONT Grégoire - Manoir de la Chevalinière - 41800 SAINT-MARTIN-DES-BOIS - Tél : 02 54 72 53 94 - Fax : 02 54 72 53 94 ou SR : 02 54 58 81 64

SAINT-RIMAY Saint-Nicolas
(TH) *C.M. 64 Pli 6*

3 ch. A 3 km de Montoire S/Loir, à la ferme, ds l'anc. chapelle St Nicolas du XIè s., 3 ch. d'hotes. A l'étage : 2 ch.,dont 1ch. 3 pers. (1lit 140, 1 lit90), 1 ch. 2 pers. (2 lits 90),s. de bain,wc communs. 1 ch.familiale 2 épis (1 lit 140, 2 lits 90), s.d'eau, WC part. poss. lit d'appoint : 70 F, coin cuisine, cour close, barbecue. Prod. ferm. Gîte rural annexe. 10 % réduc. à part. d'un séj. d'1 sem. Tél. Table d'hôtes sur dde. Musée du folklore international de Montoire s/Loir et gare historique 23/24 octobre 1940 (4 km). Pour 2 pers, à partir de la 2e nuit : 230 F/nuit. Animaux admis sous réserve. Tarif 4 pers. : 400 F.

CV

Prix : 1 pers. **180 F** 2 pers. **260 F** 3 pers. **330 F** pers. sup. **70 F**
repas **80/90 F**

Ouvert : toute l'année.

4	1	4	2	10	9	4	3	4	14	3

COLAS André - 25 route de Saint-Nicolas - 41800 SAINT-NICOLAS-SAINT-RIMAY - Tél : 02 54 85 03 89 - Fax : 02 54 85 03 89

SAINT-ROMAIN-SUR-CHER
C.M. 64 Pli 17

2 ch. Située au cœur des châteaux de la Loire, dans une maison restaurée à l'ancienne. Au r. de ch. : 1 ch. 2 pers. (1 lit 140), salle de bains, wc privés + petit salon rotin. Au 1er étage : 1 ch. avec salle de bains + wc privés, (1 lit 140). Poss. lit sup. Animaux admis sous réserve. Langue parlée : anglais.

Prix : 1 pers. **160 F** 2 pers. **260 F** 3 pers. **310 F** pers. sup. **60 F**

Ouvert : toute l'année.

6	2	2	1	6	1	SP	30	0,5

FASSOT-CHANGARNIER Elisabeth - Le Bourg - 41140 SAINT-ROMAIN-SUR-CHER - Tél : 02 54 71 31 98

SALBRIS

C.M. 64 Pli 19

4 ch. 4 ch. d'hôtes. A l'étage : 3 ch. (2 lits 140, 2 lits 90) WC et s. d'eau dans chaque ch. Chauf. cent. terrain individuel clos. Découverte de la sologne. Chien 20 F. 1 ch. (1 lit 140) dans la cour.

CV

Prix : 1 pers. **200 F** 2 pers. **220 F** pers. sup. **70 F**

Ouvert : toute l'année.

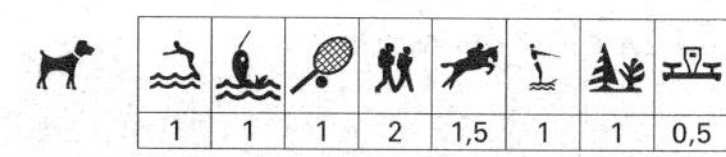

1	1	1	2	1,5	1	1	0,5

GUERU Robert - 9 avenue de Toulouse - 41300 SALBRIS - Tél : 02 54 97 23 28 - Fax : 02 54 97 23 28

SAMBIN

(TH) *C.M. 64 Pli 17*

E.C. 5 ch. Au pays des chateaux, 5 chambres d'hôtes et un salon/salle à manger avec véranda ; (3 chambres à 1 lit, 2 chambres à 2 lits, dont, pour une famille, une chambre à un lit communiquant avec une chambre à 2 lits). Maison calme dans un grand jardin. Possibilité de table d'hôtes le soir, sur réservation. Nourriture biologique à 95%.

CV

Prix : 1 pers. **190/260 F** 2 pers. **230/300 F** pers. sup. **70 F** repas **92 F**

Ouvert : de février à octobre.

11	8	SP	SP	6	20	15	12	20	SP

GELINIER Sophie - 23 rue Fontaine Saint-Urbain - 41120 SAMBIN - Tél : 02 54 20 24 95 ou SR : 02 54 58 81 64

SANTENAY Le Bas Beau Pays

(TH) *C.M. 64 Pli 6*

4 ch. Sur une exploitation agricole du Val de Loire, à proximité des Châteaux, 4 chambres. Au R de ch. : 1 ch. (1 lit 140, 1 lit 90). A l'étage : 1 ch. (1 lit 140, 2 lits 90), 1 ch. (2 lits jumeaux 90), 1 ch. (1 lit 140) s. d'eau, WC privatifs, entrée indép., chauf. cent., jardin ombragé non clos. 10 % réduc. pour séjour 1 semaine. Table d'hôtes sur réservation. Tarif 4 pers. : 360 F.

CV

Prix : 1 pers. **170 F** 2 pers. **220 F** 3 pers. **290 F** pers. sup. **70 F** repas **95 F**

Ouvert : toute l'année.

4	SP	4	SP	20	20	20	10	13	14	4

DEUTINE Jean et Monique - Le Bas Beau Pays - 41190 SANTENAY - Tél : 02 54 46 12 33 ou 06 71 72 18 96 - Fax : 02 54 46 12 33

SANTENAY La Borderie

C.M. 64 Pli 6

1 ch. Sur une exploitation agricole, 1 ch. (1 lit 140), avec s. de bain, WC particuliers. Terrasse ombragée, salon de jardin. Poss. lit bébé. Tarif dégressif à part. 2ème nuit. Garage. Langue parlée : anglais.

CV

Prix : 1 pers. **200 F** 2 pers. **230 F**

Ouvert : toute l'année.

5	5	20	15	20	5

TERRIER Jean-Louis - La Borderie - 41190 SANTENAY - Tél : 02 54 46 11 33 - Fax : 02 54 46 11 33 ou SR : 02 54 58 81 64

SANTENAY Herceux

C.M. 64 Pli 6

1 ch. Située au cœur des châteaux, entre Blois et Amboise, ancienne ferme restaurée, sur un terrain de 3 ha. 1 suite composée de 2 chambres (1 lit 1,40 m et 1 lit 90, 1 lit 140 et 1 lit 1,20 m), salle de bains (baignoire et douche) et wc privatifs, salon et salle de jeux réservés aux hôtes. Possibilité lit bébé.

CV

Prix : 1 pers. **275 F** 2 pers. **300 F** pers. sup. **120 F**

Ouvert : toute l'année.

9	12	10	SP	12	20	15	12	SP	13	10

THOMAS Bernard - Herceux - 41190 SANTENAY - Tél : 02 54 46 12 10

SARGE-SUR-BRAYE La Vougrerie

C.M. 64 Pli 5

3 ch. A 4 kms du bourg, dans une ferme située en pleine campagne, avec vue panoramique sur le bocage percheron. 3 ch. avec sanit. priv. Salon à dispos. des hôtes. vélos 10 vit., VTT et piscine privée SP. Pêche ds étang priv. Stage d'init. peint. sur soie sur dem. préalable. Coin cuisine. Animaux admis sous réserve.

CV

Prix : 1 pers. **190 F** 2 pers. **230 F** 3 pers. **290 F** pers. sup. **60 F**

SP	SP	4	SP	4	18	20	SP	9	4

ROUSSEAU Claude et Martine - La Vougrerie - 41170 SARGE-SUR-BRAYE - Tél : 02 54 72 78 24 - Fax : 02 54 72 75 96 - E-mail : vougrerie@free.fr ou SR : 02 54 58 81 64

SAVIGNY-SUR-BRAYE Villeaux *C.M. 64 Pli 5*

2 ch. Sur une ferme, dans une grande maison indépendante, à 17 km de Vendôme (gare TGV), à 2.5 km de Savigny sur Braye, à l'ét. : 2 ch. (3 lits 2 pl.,1 lit 1 pl.), s. d'eau, s. de bains, wc part. à chaque ch., chauf. cent., prod. fermiers, pique-nique ds jardin, barbecue, initiation à la cuisine régionale, cuisine d'été. Piscine gratuite à 2 km. 1 gîte et 1 gîte de groupe SP (cap. 30 pers.) Salle 45 places. Fermeture annuelle janvier. 5 % de remise à partir de 3 nuits (hors saison). Lit supplémentaire 65 F. Animaux admis sous réserve.

Prix : 1 pers. **180 F** 2 pers. **225 F** pers. sup. **65 F**

3	SP	2,5	SP	10	13	25	1	7	15	2,5

CROSNIER Huguette - Villeaux - 41360 SAVIGNY-SUR-BRAYE - Tél : 02 54 23 71 49 ou SR : 02 54 58 81 64

SEILLAC La Renaudière (TH) *C.M. 64 Pli 16*

4 ch. 1 ch. d'hôtes accessible aux personnes handicapées (2 lits jumeaux), s. d'eau, WC. 1 ch. (1 lit 2 pers.), s. d'eau, WC. 1 ch. (2 lits jumeaux), s. d'eau, wc. 1 ch (1 lit 2 pers., 1 lit 1 pers.), s. d'eau, WC. Rez-de-ch. : 1 salle commune rustique avec cheminée et sanitaires. Remise en fonction du nbre de nuits et du nbre de personnes. Table d'hôtes sur réservation. Animaux admis sous réserve. Enfants : tarifs spéciaux sur entente préalable. Langue parlée : anglais.

Prix : 2 pers. **260 F** pers. sup. **60 F** repas **120 F** 1/2 pens. **250 F**

Ouvert : toute l'année, sauf janvier.

1	SP	1	0,5	7	14	5	0,5	7	7

NENON Guy - La Renaudière - 41150 SEILLAC - Tél : 02 54 20 80 04 - Fax : 02 54 33 72 00

SELLES-SAINT-DENIS Les Atelleries *C.M. 64 Pli 19*

3 ch. Au cœur de la Sologne, sur 65 ha, dans une ancienne ferme de style solognot restaurée, 3 ch d'hôtes aménagées dans des dépendances indépendantes. 2 ch dans une ancienne « boulangerie » restaurée avec son four à pain. Au R. de ch. : 1 ch 2 pers. (1 lit 160), s. de bain, WC privatifs. A l'étage : 1 ch 3 pers (1 lit 160, 1 lit 90), s. de bain, WC. WC privatifs + 1 ch 3 pers dans bâtiment à colombages (3 lits 90), salle de bains, WC privatifs. Cuisine à dispo. Salon réservé aux hôtes. Chien admis sous réserve (chenil). Forfait chasse accomp. sur le territoire. Tarif 4 pers. : 400 F. Langues parlées : anglais, espagnol.

Prix : 1 pers. **240 F** 2 pers. **300 F** 3 pers. **350 F**

Ouvert : toute l'année.

14	SP	5	5	14	13	15	SP	SP	5	5

QUINTIN Caroline - Les Atelleries - 41300 SELLES-SAINT-DENIS - Tél : 02 54 96 13 84 - Fax : 02 54 96 13 84 -
E-mail : caroline.quintin@wanadoo.fr - http://www.perso.wanadoo.fr/caroline.quintin/

SELLES-SUR-CHER Bezaine *C.M. 64 Pli 18*

2 ch. Au bord du canal du Berry, 2 ch. d'hôtes 2 pers. amén. ds une maison de caractère, 1 ch. (2 lits jumeaux 90), s. de bains, WC priv. 1 ch. (2 lits jumeaux 90), s. de bains, WC priv. Piscine sur la propriété. Billard. Gare de Selles S/Cher 5 km.

Prix : 1 pers. **250 F** 2 pers. **300 F** pers. sup. **60 F**

Ouvert : toute l'année.

5	SP	5	5	20	10	20	SP	5	5	5

M. et Mme LERATE - 29 rue des Rieux - Bezaine - 41130 SELLES-SUR-CHER - Tél : 02 54 97 51 35 ou SR : 02 54 58 81 64

SERIS (TH) *C.M. 64 Pli 8*

5 ch. Région du val de Loire et de ses châteaux, 5 ch. aménagées dans une ferme du XIXè, situées sur une exploitation agricole en activité. 3 ch. de plein-pied avec douche et WC privatifs. 1 ch. (1 lit 140), 1 ch.(2 lits 90 + 2 lits d'appoint), 1 ch. (1 lit 160 et banquette convertible en 140). A l'ét. 1 ch.(1 lit 140, 1 lit 90 + lit appoint, 1 lit bb). 1 ch. lit 160 - TV, salle de bains, wc priv. Salon réservé aux hôtes aménagé dans une ancienne cave, abri couvert, jardin-activités : découv. de la région en vélo, poss. d'accompagnement des groupes, VTT et vélos tourisme à louer SP. Poss. de confectionner ses confitures. Animaux admis sous réserve. Langue parlée : anglais.

Prix : 1 pers. **250 F** 2 pers. **280/300 F** pers. sup. **80 F** repas **100 F**

Ouvert : toute l'année.

7	10	5	10	10	15	10	SP	7	5

PESCHARD Jean-Yves et Annie - 10 chemin de Paris - 41500 SERIS - Tél : 02 54 81 07 83 - Fax : 02 54 81 39 88 ou SR : 02 54 58 81 64

SEUR La Valinière (TH) *C.M. 64 Pli 17*

5 ch. Situées géographiquement au milieu des châteaux de la Loire. 5 ch d'hôtes ds mais. de bourg, meubles anciens, salle de bains et wc privés pr chaque ch. 1 ch indépendante 2 pers, 1 ch RC 3 pers, 3 ch 2 à 4 pers avec accès direct sur pièce commune spacieuse adaptée aux longs séjours. Fan de music : salon music au RC jouxtant la salle à manger. Ptt déj copieux. Repas simple le soir sur résa sauf le dimanche (entrée, plat, dessert ou fromage). Promo 7 nuits 6 repas 1160 à 1350 F/pers (du 13/7 au 26/8), 1050 à 1200 F/pers en moyenne saison. Salon de jardin. Jeux pour enfants. Tarif 4 pers. : 405/450 F.

Prix : 1 pers. **194/240 F** 2 pers. **234/280 F** 3 pers. **320/355 F** repas **75 F**

Ouvert : toute l'année.

10	SP	SP	SP	5	10	10	1	10	3

D'ELIA Jean-Pierre - La Valinière - 41120 SEUR - Tél : 02 54 44 03 85 - Fax : 02 54 44 17 87 - E-mail : la_valiniere@ifrance.com
ou SR : 02 54 58 81 64

SOINGS-EN-SOLOGNE

C.M. 64 Pli 18

2 ch. Entre la Loire et le Cher, 2 ch. d'hôtes situées dans le bourg d'un village. Au rez-de-chaussée : douche et WC communs réservés aux hôtes. A l'étage : 1 ch. (1 grand lit), 1 ch. (2 lits 1 pers.). Salon de jardin. Tarif 4 pers. : 400 F.

CV

Prix : 1 pers. **190 F** 2 pers. **210 F** 3 pers. **300 F**

Ouvert : toute l'année.

7	0,5	0,5	SP	6	20	8	SP	16	25	SP

BRISSET Jacques et Alice - 8 rue de Selles - 41230 SOINGS-EN-SOLOGNE - Tél : 02 54 98 70 13 - Fax : 02 54 98 72 08 ou SR : 02 54 58 81 64

SOUGE La Mulotière

C.M. 64 Pli 5

2 ch. Entre Vendôme-Tours-Le Mans. Au cœur de la Vallée du Loir. Vous serez accueillis chaleureusement par les propriétaires de cette charmante demeure du 18ème siècle. Calme et appaisante. Située à 4 km de Troo, village troglodite. 6 Km de Poncé/Loir, village artisanal. 5 Km de Couture, Manoir du poète Ronsard. Proche des châteaux de la Loire. 1 ch. (1 lit 2 pers), salle de bains privés : 3 épis. 1 ch. (1lit 2 pers + 1 lit 1 pers), salle de bains privés : 2 épis. Salon de jardin. Vélos. Parking privé. Restaurants 2 km. Panier repas possible sur demande. Tarif 4 pers. : 440 F.

CV

Prix : 1 pers. **190 F** 2 pers. **240 F** 3 pers. **320 F** pers. sup. **80 F**

Ouvert : de Pâques à la Toussaint.

10	SP	10	SP	20	9	12	SP	30	SP

PARTHENAY Alain et Fabienne - 10 rue du Bourg Neuf - La Mulotière - 41800 SOUGE - Tél : 06 80 33 72 55 - Fax : 02 54 72 46 97 ou SR : 02 54 58 81 64

SUEVRES

C.M. 64 Pli 7

5 ch. Vous aimez le calme et la nature au bord de l'eau, Marie-Françoise et André vous accueillent dans un ancien moulin à eau du XVIIIè s., entouré d'un écrin de verdure, au cœur du val de Loire entre Chambord et Blois. Ils vous conseilleront sur vos itinéraires, visites, balades... Vaste jardin paysagé avec piscine privée sur place. Parking clos. Salon, TV. Restaurant à 1 km. 4 ch. de charme avec salle de bains et wc privés, et 1 suite familiale : 2 ch. (lit 160 + lit 90), 1 ch. à 2 lits, 1 ch. lit 140, 1 suite (lit 180 + 2 lits 90). Tarif 4 pers. : 630 F. Langue parlée : anglais.

CV

Prix : 1 pers. **280 F** 2 pers. **320/450 F** 3 pers. **400/550 F** pers. sup. **100 F**

Ouvert : toute l'année.

SP	SP	1	15	15	15	10	SP	5	1

SEGUIN Marie-Françoise - 8 rue des Choiseaux - Le Moulin de Choiseaux-Diziers - 41500 SUEVRES - Tél : 02 54 87 85 01 - Fax : 02 54 87 86 44 - E-mail : choiseaux@wanadoo.fr - http://www.choiseaux.ifrance.com ou SR : 02 54 58 81 64

THORE-LA-ROCHETTE Le Carroir

C.M. 64 Pli 6

2 ch. Sur une exploitation viticole, dans la vallée du Loir, 2 ch. d'hôtes aménagées dans des bâtiments annexes à la maison du propriétaire, avec salle d'eau ou salle de bain et WC privatifs. 1 ch. (1 lit 140), 1 ch. (1 lit 140, 1 lit 90).

Prix : 1 pers. **170 F** 2 pers. **200 F** 3 pers. **250 F**

Ouvert : toute l'année.

9	0,8	1	SP	SP	9	1	SP

BRAZILIER Jean - 17 rue des Ecoles - Le Carroir - 41100 THORE-LA-ROCHETTE - Tél : 02 54 72 81 72

THOURY La Bruyère Marion

C.M. 64 Pli 8

2 ch. Au cœur des châteaux de la Loire, à 10 km du château de Chambord, dans une ancienne ferme, en bordure de forêt, 2 ch. d'hôtes dont 1 ch. (1 lit 140), 1 ch. (1 lit 140, 1 lit 90) aménagées dans un bâtiment annexe à la maison des propriétaires. Séjour à dispo. des hôtes. Grand jardin. Chauf. élec (s. d'eau et WC privatifs). Parking. Restaurant à 3 km. Langue parlée : anglais.

Prix : 1 pers. **200 F** 2 pers. **260 F** 3 pers. **320 F** pers. sup. **40 F**

Ouvert : toute l'année.

12	SP	5	SP	10	18	10	SP	14	4

TOUCHET Jean-Louis - La Bruyère Marion - 41220 THOURY - Tél : 02 54 87 56 55 ou 02 54 87 06 23

THOURY

C.M. 64

4 ch. A proximité de la Sologne (foret, chasse, rando. pédestres, équitation), près du parc de Chambord dans une ancienne ferme Solognote, dotée d'un parc ombragé avec étang. 1 ch. triple (1 lit 2 pers., 1 lit 1 pers., salle d'eau, wc privatif), 1 ch. double (2 lits 1 pers., salle d'eau, wc privatif), 1 ch. triple (1 lit 2 pers., 1 lit 1 pers., salle de bains. 1 suite (1 lit 2 pers., 1 lit 1 pers., 1 lit 1 pers. en appoint, salle de bains, wc privatif). Parking privée. Cuisine à disposition des hôtes. Salon avec TV et cheminée réservé aux hôtes.

CV

Prix : 1 pers. **240 F** 2 pers. **320/420 F** 3 pers. **400 F** pers. sup. **80 F**

Ouvert : toute l'année.

10	SP	3	SP	10	10	10	3	SP	10	1

VERMET et GOBY Claude et Dominique - 4 rue du Pavillon - La Grange aus Herbes - 41220 THOURY - Tél : 02 54 87 55 79 ou SR : 02 54 58 81 64

THOURY La Maugerie

E.C. 5 ch. Au cœur de la Sologne, à 6 km du Château de Chambord, 5 chambres d'hôtes spacieuses avec wc et salle de bains privatifs. Dans une ancienne grange rénovée, 5 chambres dont 2 suites et une chambre adaptée aux personnes à mobilité réduite. Salle restaurant avec grandes baies vitrées donnant sur la campagne et la terrasse. Table d'hôtes sur demande. Sur place : poneys, jeux pour enfants, VTT, petit élevage de chevaux, possibilité d'accueil chevaux. Tarif 4 pers. : 500 F. Langue parlée : anglais.

Prix : 1 pers. **260/300 F** 2 pers. **300/400 F** 3 pers. **450 F** pers. sup. **90 F**
repas **100 F**

Ouvert : toute l'année.

10	2	2	SP	8	25	15	SP	SP	12	1

LANGE Gérard - 8 route de la Maugerie - 41220 THOURY - Tél : 02 54 87 05 07 - E-mail : glange@atos-group.com ou SR : 02 54 58 81 64

TOUR-EN-SOLOGNE La Baguenodière *C.M. 64 Pli 18*

4 ch. A la ferme, indépendant du propriétaire. A l'étage : 4 ch. d'hôtes, 1 ch.(1 lit 140, 2 lits 90), 2 ch. (2 lits 140), 1 ch. (1 lit 140, 1 lit 90), s. d'eau et WC communs à l'usage exclusif des hôtes. chauf. élec. cuisine aménagée à disposition des hôtes. Vente laine mohair. Fermé le dimanche après-midi. Tarif 4 pers. : 320 F.

Prix : 1 pers. **150 F** 2 pers. **210/225 F** 3 pers. **250/265 F**

Ouvert : toute l'année.

3	1	3	10	15	15	2	3	0,5

MAUGUIN Maurice - 7 chemin de la Baguenodière - 41250 TOUR-EN-SOLOGNE - Tél : 02 54 46 45 33

TROO *C.M. 64 Pli 5*

1 ch. Au cœur de la partie troglodytique du village de Troo, Barbara et Bernard, dans une ambiance franco-américaine, vous accueillent dans leur chambre d'hôtes troglodyte aménagée pour 3 personnes (1 lit 1,40 m et 1 lit 1,20 m) avec salle de bain et wc privatifs. Accès indépendant, cheminée, petit coin terrasse, petits-déjeuners avec confiture maison. Barbecue. Tarif 4 pers. : 330 F. Langue parlée : anglais.

Prix : 1 pers. **200 F** 2 pers. **230/270 F** 3 pers. **300 F**

Ouvert : toute l'année.

6	0,5	0,5	0,5	9	25	15	6	25	0,5

SAVAETE B. et B. - Escalier St-Gabriel - 41800 TROO - Tél : 02 54 72 50 34 - E-mail : bandbcave@minitel.net

TROO La Passagère *C.M. 64 Pli 5*

3 ch. Dans une demeure de caractère, au cœur d'un village troglodyte, au 1er étage : 2 ch. (2 lits 140),s. d'eau/WC privatifs. Au 2ème ét. : 1 grande ch. familiale (1 lit 140, 2 lits 90, 1 lit bb), s. d'eau/WC privatifs. chauf. élec. Petits déj. servis dans le salon/séjour de la propriétaire. jardin dominant sur caves troglodytes, cour fermée à dispo. des hôtes. Salon de jardin. Animaux admis sous réserve.

Prix : 1 pers. **200 F** 2 pers. **250/300 F** pers. sup. **70 F**

Ouvert : toute l'année.

6	2	0,5	SP	20	6	6	20	6

OGE Jeanne - Rue Haute - La Passagère - 41800 TROO - Tél : 02 54 72 61 38

VALAIRE La Caillaudière *C.M. 64 Pli 17*

3 ch. Au cœur des Châteaux du Val de Loire (Blois, Chambord...), à proximité de la Sologne (forêts, chasse...) proche de Chaumont sur Loire, dans une ferme du XVIè siècle, 3 ch. aménagées à l'étage : 1 ch. 2 pers. (1 lit 140), 1 ch. 2 pers. (1 lit 140), 1 ch. 2 pers. (2 lits 90), s. d'eau et WC priv. pour chaque ch., kitchenette réservée aux hôtes, coin salon-séjour.

Prix : 1 pers. **190 F** 2 pers. **230 F** 3 pers. **300 F** pers. sup. **70 F**

Ouvert : toute l'année.

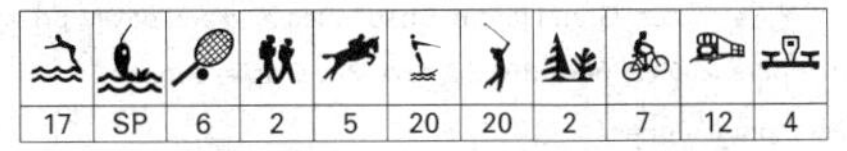

17	SP	6	2	5	20	20	2	7	12	4

GALLOU Etienne - La Caillaudière - 41120 VALAIRE - Tél : 02 54 44 03 04 - Fax : 02 54 44 03 04

VALLIERES-LES-GRANDES Ferme de la Quantinière *C.M. 64 Pli 16*

5 ch. Entre Loire et Cher, au cœur du « triangle d'or », 5 chambres d'hôtes aménagées dans une ancienne ferme restaurée. Les chambres sont toutes équipées d'une salle de douche ou de bains et de wc privés. Venez profiter de la ferme de la Quantinière qui vous propose calme, détente et cuisine de qualité dans une magnifique demeure du XIXème siècle. Table d'hôtes sur réservation. Tarif 4 pers. : 520 F. Langues parlées : anglais, hollandais.

Prix : 1 pers. **280 F** 2 pers. **320 F** 3 pers. **420 F** pers. sup. **100 F**
repas **120 F**

Ouvert : d'avril à décembre, hors saison sur réservation.

8	4	3	SP	10	8	12	SP	SP	8	3

DOYER Annie - Ferme de la Quantinière - 41400 VALLIERES-LES-GRANDES - Tél : 02 54 20 99 53 - Fax : 02 54 20 99 53 - E-mail : fermequantiniere@minitel.net - http://www.france-bonjour.com/la-quantiniere

VALLIERES-LES-GRANDES La Hubardière

TH — C.M. 64 Pli 16

3 ch. — A la ferme, à l'étage dans un environnement calme, 2 ch. (1 lit 140, 2 lits 90), s. d'eau particulière et WC communs à l'usage exclusif des hôtes, 1 ch. avec salle de bains et WC particuliers 3 épis. Chauffage élec. Poss. pique-nique SP, barbecue, exploitation agricole d'élevage. Table d'hôtes sur réservation (vin et café compris). Poss. circuits ULM. 2e tél. : 06.86.37.63.15.

CV

Prix : 1 pers. **200 F** 2 pers. **240/260 F** pers. sup. **100 F** repas **100 F**

Ouvert : toute l'année.

12	SP	3	10	3	25	10	SP	6	10	3

LEVIEUGE Gérard et Joelle - La Hubardière - 41400 VALLIERES-LES-GRANDES - Tél : 02 54 20 95 38 - Fax : 02 54 20 90 35 ou SR : 02 54 58 81 64

VENDOME La Bretonnerie

TH

E.C. 3 ch. — A proximité de Vendome, 3 chambres d'hôtes sur une propriété arboré de 2 ha. 1 chambre (1 lit 140, 1 lit 90, 1 lit d'appoint), salle d'eau, wc. 1 chambre 2 pièces (1ère pièce : 1 lit 140 et 1 lit 90. 2ème pièce : 1 lit 90 et 1 lit bébé), salle de bains, wc. 1 chambre 2 pièces (1ère pièce : 1 lit 140. 2ème pièce : 1 lit 140 et 1 lit 90), salle d'eau, wc. TV dans chaque chambres. Salle de séjour. Cuisine, salon de jardin et barbecue à disposition des hôtes. Chauffage central. Equipement bébé à disposition. Table d'hôtes sur réservation. Animaux admis sous réserve (tenus en laisse). Tarif 4 pers. : 360 F.

CV

Prix : 1 pers. **210 F** 2 pers. **260 F** 3 pers. **310 F** pers. sup. **50 F** repas **85 F**

Ouvert : toute l'année.

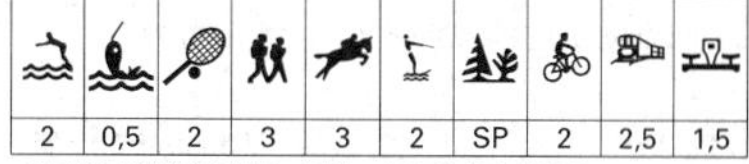

2	0,5	2	3	3	2	SP	2	2,5	1,5

SALAÜN Yves et Claudine - 32 route du Bois la Barbe - La Bretonnerie - 41100 VENDOME - Tél : 02 54 77 46 22 - Fax : 02 54 77 46 22 ou SR : 02 54 58 81 64

VERNOU-EN-SOLOGNE

C.M. 64 Pli 18

2 ch. — Repos. Calme. Accueil chaleureux. Au cœur de la Sologne (à 2 kms du bourg - direction Route de Millançay). 2 chambres d'hôtes situées à l'étage avec douche et wc particuliers pour chaque chambre. 1 ch (1 lit 140).1 ch (1 lit 140 + 1 lit 90). Grand jardin arboré et fleuri. Maisonnette aménagée permettant préparation repas (gaz, frigo, vaisselle, barbecue). Proche des châteaux de la Loire. Réduction de 10% à partir de 4 nuits. Animaux admis sous réserve.

Prix : 1 pers. **200 F** 2 pers. **250 F** 3 pers. **350 F** pers. sup. **100 F**

Ouvert : du 1er mai au 31 octobre.

15	2	2	2	15	30	20	SP	15	20	2

LEHEUX Rose et André - Chemin d'Yssaire - La Rosandray - 41230 VERNOU-EN-SOLOGNE - Tél : 02 54 98 20 91

VILLEBAROU

C.M. 64 Pli 7

3 ch. — A 5 km de Blois, à droite de la RN 924 (Châteaudun-Chartres), 3 ch. d'hôtes (2 lits 140 dans chaque ch.), aménagées dans une maison de caractère, située en Rez-de-Ch.(1 ch. accessible aux pers. à mobilité réduite-normes handicapés). Chaque chambre a une entrée indépendante et salle d'eau et WC privatifs. Un fournil de 36 m^2 est aménagé en séjour-salle à manger avec équipement cuisine. TV commune réservée aux hôtes. Cour fleurie avec parking fermé. Tennis de table. Parc ombragé avec portique. Tarif 4 pers. : 440 F. Langue parlée : anglais.

CV

Prix : 1 pers. **250 F** 2 pers. **280 F** 3 pers. **360 F** pers. sup. **80 F**

Ouvert : toute l'année (l'hiver, sur réservation).

4	10	1	15	10	10	10	SP	5	2

MASQUILIER Jacques et Agnès - 8 rte de la Chaussée St-Victor - « Le Retour » - Francillon - 41000 VILLEBAROU - Tél : 02 54 78 40 24 - Fax : 02 54 56 12 36

VILLECHAUVE La Lune et les Feux

C.M. 64 Pli 5

3 ch. — Situées sur le GR 335, entre Lavardin et Vouvray, dans une ancienne école rurale aménagée, 3 ch. amén. au Rez-de-ch., 2 ch. 3 pers. avec douche priv. (2 lits 140), 1 ch. avec salle de bain (1 lit 140), poss. lit sup. Produits de la ferme servis au petit déjeuner, préau et cour pour véhic., jardin d'agrément à l'usage des hôtes. Tarif 4 pers. : 300 F. Gare TGV 15 km. Vallées du Loir (églises romanes, châteaux fortifiés) et de la Loire à proximité. Animaux admis sous réserve. Langues parlées : anglais, allemand, italien.

CV

Prix : 1 pers. **180 F** 2 pers. **210 F** 3 pers. **250 F**

Ouvert : toute l'année.

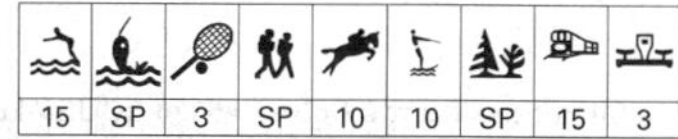

15	SP	3	SP	10	10	SP	15	3

LABALLE Claude - La Lune et les Feux - 41310 VILLECHAUVE - Tél : 02 54 80 37 80 ou SR : 02 54 58 81 64

VILLENEUVE-FROUVILLE

C.M. 64 Pli 7

3 ch. — 3 ch. d'hôtes aménagées à l'étage d'une ferme céréalière du XVè siècle, situées dans le bourg d'un village typique et calme, à 150 m de la D 924 (Chartres-Blois). 1 ch. 2 pers. (2 lits 90), 1 ch. 1 pers. (1 lit 125, 1 lit bébé), 1 ch. 3 pers. (2 lits 90, 1 lit 120). Salles d'eau privatives. Chauf. élec. Garage et cour fermée. Poss. de petit déjeuner au jardin d'été. Lit bébé sup. : 50 F. Restaurant à 4 km.

CV

Prix : 1 pers. **210 F** 2 pers. **250/270 F** 3 pers. **350 F** pers. sup. **70 F**

Ouvert : toute l'année.

4	10	4	6	20	6	8	4	20	4

POHU Bernard - 5 place de l'Eglise - 41290 VILLENEUVE-FROUVILLE - Tél : 02 54 23 22 06 - Fax : 02 54 23 22 06 ou SR : 02 54 58 81 64

VILLENY La Giraudière  *C.M. 64 Pli 8*

5 ch. Dans une propriété priv., demeure du XVIIIè s., au 1er ét. : 3 ch. de style (3 lits 2 pers.), s. de bains privative et WC privés pour 2 ch. Au 2è ét. : 2 ch. (2 lits 1 pers.), s. de bains ou cabinet de toilette dans chaque ch., wc sur palier. Tennis privé. Réd. 15 % pour 1 semaine.

Prix : 1 pers. **350/450 F** 2 pers. **350/450 F** pers. sup. **100 F**

Ouvert : du 1er avril au 11 novembre.

25	10	SP	SP	10	35	20	SP	10	3

ORSINI Anne - Château de la Giraudière - 41220 VILLENY - Tél : 02 54 83 72 38

VILLERBON Villejambon *C.M. 64 Pli 7*

3 ch. 3 ch. d'hôtes sit. sur une ancienne ferme beauceronne, à prox. de Blois. Ancien cellier restauré compr. 3 ch. d'hôtes avec s. d'eau et WC pour chaque ch. (1 lit 150,1 lit 140, 2 lits 90), séj., salon avec meubles régionaux à disposition des hôtes. Jeux. Poss. pique-nique et repos dans jardin d'agrément. Cuisine à disposition des hôtes. Animaux admis sous réserve.

Prix : 1 pers. **250 F** 2 pers. **280 F** pers. sup. **80 F**

Ouvert : toute l'année, sur réservation du 10/11 au 10/03.

10	4	2	10	10	8	2	10	10	10	8

LESOURD Elisabeth - 3 route des Grèves - Villejambon - Cidex 8520 - 41000 VILLERBON - Tél : 02 54 46 83 16 - Fax : 02 54 46 83 16

Loiret

GITES DE FRANCE - LOISIRS ACCUEIL LOIRET
8, rue d'Escures - 45000 ORLEANS
Tél. 02 38 62 04 88 - Fax. 02 38 62 98 37

BOUGY-LES-NEUVILLE La Chenaie

1 ch. **Chamerolles (Château des Parfums) 8 km.** Belle chambre d'hôte à l'étage de la maison des propriétaires (1 lit 160), salle d'eau et wc communiquante sur le palier, chambre supplémentaire avec 2 lits 1 pers. Au cœur de la Forêt d'Orléans, Pierrette et Michel vous accueilleront dans leur maison au calme, proche du château de Chamerolles (Musée des Parfums). Grand espace arboré dans une clairière. Langue parlée : anglais.

Prix : 1 pers. **200 F** 2 pers. **250 F** pers. sup. **60 F**

Ouvert : toute l'année.

5	10	SP	SP	15	25	5

PARMENON Pierrette et Michel - La Chenaie - 135 rte des Vallées d'Orléans - 45170 BOUGY-LES-NEUVILLE - Tél : 02 38 75 57 55 - Fax : 02 38 62 66 92 - E-mail : michel.parmenon@wanadoo.fr

BOUGY-LEZ-NEUVILLE Le Climat des Quatre Coins *C.M. 60 Pli 19*

2 ch. Dans un bâtiment indépendant, à l'étage : 1 ch. 3 pers. (1 lit 2 pers. 1 lit 1 pers.), salle de bains, wc, kitchenette. Salon (cheminée, conv. 2 pers.). R.d.c. : 1 ch. (1 lit 2 pers.), salle de bains, wc privés. Jardin, barbecue, salon de jardin à dispo. Poss. accueil de cavaliers (boxes, pré, carrière). A l'orée de la forêt d'Orléans à 500 m d'un village très calme, M. Glotin vous recevra dans un bâtiment près de sa maison. Les randonneurs équestres pourront trouver le gîte idéal. Supplément enfant : 60 F. Langues parlées : anglais, allemand.

Prix : 1 pers. **170 F** 2 pers. **230 F** 3 pers. **290 F** pers. sup. **60 F**

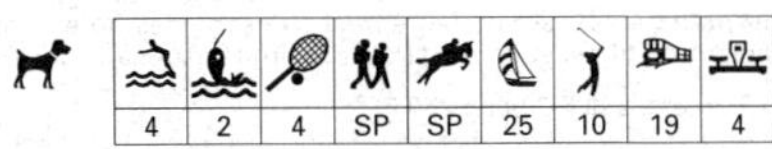

4	2	4	SP	SP	25	10	19	4

GLOTIN Alain - Le Climat des Quatre Coins - 45170 BOUGY-LEZ-NEUVILLE - Tél : 02 38 91 80 89

BRAY-EN-VAL Les Saules

3 ch. **Sully-sur-Loire (château) 7 km. St-Benoit-sur-Loire (abbaye) 3 km.** Rez-de-chaussée : 1 chambre (1 lit 2 pers.), salle d'eau et wc privés, 1 chambre (1 lit 2 pers.), salle de bains et wc privés. A l'étage : 1 chambre (1 lit 2 pers., 2 lits 1 pers.), salle de bains et wc privés séparés. Possibilité 1 lit 1 pers. suppl. Lit bébé à disposition. Chauffage central. Entre Loire et forêt d'Orléans (3 km), dans une propriété ancienne restaurée, 3 chambres raffinées. Les hôtes pourront disposer d'un salon, salle de billard, terrasses avec salons de jardin et se promener dans le parc boisé et paysagé traversé par une rivière (3 ha.). Parking. Pique-nique possible.

Prix : 1 pers. **230/300 F** 2 pers. **280/350 F** pers. sup. **90 F**

Ouvert : toute l'année.

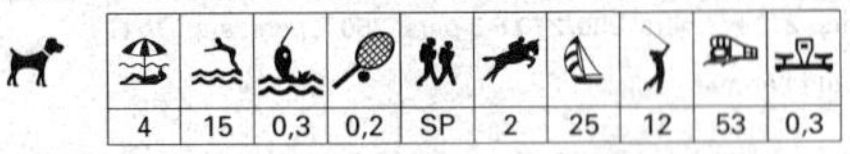

4	15	0,3	0,2	SP	2	25	12	53	0,3

BEZIN Monique et Jacques - Les Saules - 18 rue des Jardins de Coulouis - 45460 BRAY-EN-VAL - Tél : 02 38 29 08 90

BRETEAU La Chenauderie

5 ch. **Château de Saint-Fargeau 12 km. Briare et son canal 15 km.** Rez-de-chaussée : salle à manger, salon à disposition. 1 chambre (1 lit 2 pers.). A l'étage : 1 chambre (1 lit 2 pers., 2 lits 1 pers.), salle de bains, wc et 3 chambres (5 lits 1 pers., 1 lit 2 pers.), salle d'eau, wc dans chacune. Table d'hôtes sur réservation. Salon de jardin, barbecue. Dans une grange aménagée vous sont proposées 5 chambres d'hôtes spacieuses, à proximité des étangs de la Puisaye (pêche). Langue parlée : anglais.

Prix : 1 pers. **230 F** 2 pers. **280 F** 3 pers. **340 F** pers. sup. **60 F** repas **100 F**

Ouvert : toute l'année.

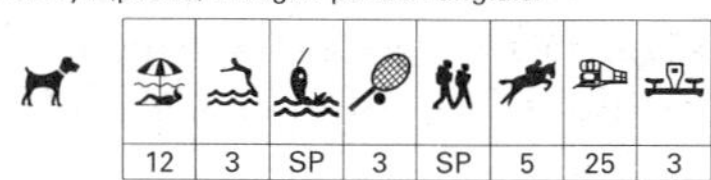

12	3	SP	3	SP	5	25	3

ROBILLIARD Brigitte - La Chenauderie - 45250 BRETEAU - Tél : 02 38 31 97 88

BRIARE Domaine de la Thiau

C.M. 65 Pli 2

4 ch. Entre Gien et Briare, maison du XVIIIe de style Mansart, proche de celle des propriétaires, dans 1 parc de 3 ha à 300 m de la Loire, access. par 1 allée privée. Au r.d.c., 1 suite avec coin-cuisine, s.d.b. et wc privés (1 lit 2 pers. 1 lit 1 pers. 1 lit sup. poss.), cheminée. A l'étage, 3 ch. (1 lit 2 pers. 1 lit 1 pers.), s.d.b./wc privés. Salon, TV, lecture, jeux). Coin-repas (frigo, micro-ondes dispo.) à partir de la 2e nuit, lave-linge commun. Entrées individuelles. Ping-pong. Tennis. Location 2 VTT possible. Supplément animaux 20 F/jour. 10 % de réduction à partir de 3 nuits consécutives hors périodes de pont. Langues parlées : anglais, allemand.

Prix : 1 pers. **240/300 F** 2 pers. **270/340 F** 3 pers. **350/420 F** pers. sup. **80 F**

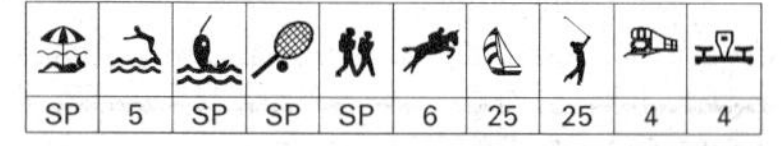

SP	5	SP	SP	SP	6	25	25	4	4

FRANCOIS Bénédicte - Domaine de la Thiau - Route de Gien - 45250 BRIARE - Tél : 02 38 38 20 92 - Fax : 02 38 67 40 50 - E-mail : lathiau@club-internet.fr - http://www.perso.club-internet.fr/lathiau

BRIARRES-SUR-ESSONNE Francorville

C.M. 61 Pli 11

2 ch. Dans un ancien moulin par la D25 entre Villereau et Briarres-sur-Essonne, 1 chambre 3 pers. et 1 chambre 2 pers. Salle d'eau et wc indépendants pour chacune. Rivière sur place avec promenades. Calme assuré. Réduction à partir de la 2e nuit. Bon restaurant à 2 km.

Prix : 1 pers. **180 F** 2 pers. **230 F** 3 pers. **300 F**

Ouvert : toute l'année.

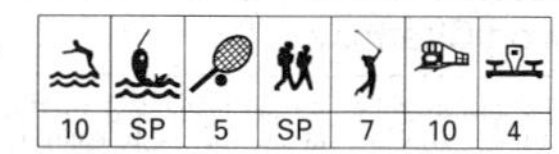

10	SP	5	SP	7	10	4

COULON Bernard - Francorville - 45390 BRIARRES-SUR-ESSONNE - Tél : 02 38 39 13 59

LA BUSSIERE La Chesnaye

5 ch. **La Bussière (Château des pêcheurs) 1 km.** R.d.c. : grande salle à manger pour les petits déjeuners, salon avec TV. 1er étage : 2 chambres avec salles de bains et wc privés. 2e étage : 2 suites avec salles de bains et wc privés. 1 chambre (2 épis) avec salle de bains et wc privés sur le palier. Tarif 4 pers. 450 F. 5 chambres confortables proposées dans le petit château de la Chesnaye du 19e siècle.

Prix : 2 pers. **380 F** 3 pers. **380 F** pers. sup. **70 F**

Ouvert : toute l'année.

0,8	10	10	15	10	0,8

MARTIN-DENIS Madeleine et Marcel - Château de la Chesnaye - 45230 LA BUSSIERE - Tél : 02 38 35 99 39 - Fax : 02 38 35 99 39

CHAILLY-EN-GATINAIS Le Grand Chesnoy

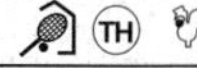

4 ch. **Sully-sur-Loire 25 km. Gien 30 km.** Entrée indépendante, salle à manger/salon réservée aux hôtes, repas dans le jardin, salle de billard. 1er étage : 1 ch. (1 lit 2 pers.), grande salle de bains, wc, 1 ch. (1 lit 2 pers.), petit salon, 1 lit 100, salle d'eau, wc. 2e étage : 1 ch. (1 lit 160), grande salle de bains avec vue, wc. 1 ch. (2 lits 100), grande salle de bains avec vue, wc. Au cœur d'une propriété largement boisée (observation des grands animaux), bordant le canal d'Orléans (poss. pêche), reliée à la forêt d'Orléans par des sentiers pédestres, Marie et Benoit vous accueillent dans 4 ch. confortables où vous apprécierez le calme et la nature... Langue parlée : anglais.

Prix : 1 pers. **290 F** 2 pers. **340 F** 3 pers. **440 F** repas **130/170 F**

Ouvert : du 31 mars au 1er novembre. Du 1er novembre au 31 mars sur réservation

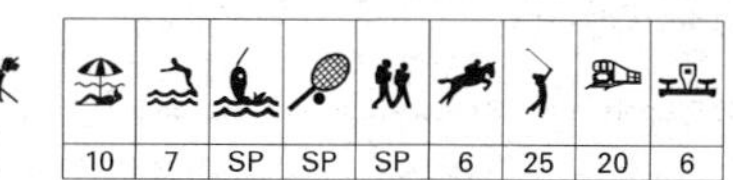

10	7	SP	SP	SP	6	25	20	6

CHEVALIER Benoit et Marie - Ferme du Grand Chesnoy - 45260 CHAILLY-EN-GATINAIS - Tél : 02 38 96 27 67 ou 06 72 14 68 78 - Fax : 02 38 96 27 67

CHAINGY

2 ch. **Orléans 10 km.** Sur la route des châteaux, dans une maison de caractère du XVIe, entourée d'un grand jardin fleuri, 2 ch. d'hôtes avec entrée indép. : 1 ch./suite avec au r.d.c. salon avec 1 conv. 2 pers. et 1 ch. à l'étage (1 lit 2 pers.). 1 ch. (1 lit 2 pers.) à l'autre bout du bât., sanitaires privés attenants à chacune. Poss. lit d'appoint. Bibliothèque. Parking intérieur. Salon de jardin. Vous apprécierez le grand salon avec cheminée pour les petits déjeuners. Langues parlées : allemand, anglais.

Prix : 1 pers. **200/280 F** 2 pers. **220/330 F** 3 pers. **390 F** pers. sup. **50 F**

Ouvert : du 1er avril au 31 octobre. Du 1er novembre au 31 mars sur demande.

10	5	2	1	SP	2	10	15	8	1

MOUTON Ursula - 18 rue de la Grolle - 45380 CHAINGY - Tél : 02 38 80 65 68

CHATILLON-SUR-LOIRE La Giloutière

C.M. 65 Pli 2

3 ch. **Briare et son pont Canal 5 km.** A l'étage : 1 ch. (1 lit 2 pers.), s. d'eau privée, wc. 1 ch. (1 lit 2 pers.), s. d'eau privée, wc. 1 ch. d'appoint (1 lit 1 pers.). Salon/salle à manger communs aux hôtes. Cheminée. Annexe : 1 duplex, salon/séjour, kitchenette (l-vaiss., m-ondes). TV. 1 ch. (1 lit 2 pers.), salle d'eau, wc. Semaine : 1200 F., week-end : 650 F. M. et Mme Lefranc vous accueillent dans une ancienne maison de mariniers près du canal de Briare, près de la Loire, à 1 km de la RN7. Langue parlée : anglais.

Prix : 1 pers. **220 F** 2 pers. **270 F** 3 pers. **350 F**

Ouvert : toute l'année.

5	SP	2	SP	11	30	5	SP

LEFRANC Gilbert - La Giloutière - 13, rue du Port - 45360 CHATILLON-SUR-LOIRE - Tél : 02 38 31 10 61

CHATILLON-SUR-LOIRE Les Brulis

3 ch. **Briare 10 km. Gien 20 km. Sancerre 25 km.** R.d.c. : salle à manger et détente, coin-cuisine, TV. 1 chambre (2 lits 1 pers.), salle d'eau et wc indépendants privatifs. Etage : 2 chambre (1 lit 2 pers.), salle d'eau et wc indépendants privatifs. Dans une propriété rurale rénovée, au calme, entourée de verdure, proche des bords de Loire et de Châtillon, dont les vieux quartiers sont un enchantement. A ne pas manquer un site classé, unique en France, « Mantelot » et sa gare d'eau. Nombreuses balades en bord de Loire.

Prix : 1 pers. **220 F** 2 pers. **280 F**

Ouvert : toute l'année.

10	6	SP	6	6	12	6

EDMET Micheline et Robert - Les Brulis - 45360 CHATILLON-SUR-LOIRE - Tél : 02 38 31 42 33

CHAUSSY Château de Chaussy

TH *C.M. 61 Pli D2*

4 ch. **Toury 5 km.** 1 chambre à l'étage (2 pièces 1 lit 1 pers. 1 lit 2 pers.), s.d.b. et wc privatifs. Salon avec TV à disposition des hôtes. Dans les dépendances, 4 ch. salle de bains ou salle d'eau et wc privés pour chaque chambre. Table d'hôtes sur réservation. Poss. organisation stages, séminaires, réceptions. Piscine privée. Situées dans une demeure du 17e siècle sur l'axe Châteaudun-Pithiviers. Langues parlées : anglais, allemand, portugais.

Prix : 1 pers. **270 F** 2 pers. **350/370 F** 3 pers. **380/420 F** pers. sup. **80 F** repas **100/120 F**

Ouvert : toute l'année.

7	SP	15	35	5

HAENTJENS Yan et Geneviève - Château de Chaussy - 45480 CHAUSSY - Tél : 02 38 39 36 98 ou 06 12 63 74 26 - Fax : 02 38 39 36 98

CHECY Les Courtils

3 ch. **Combleux 2 km.** Au centre d'un village, ancienne grange restaurée. 3 ch. et 1 salle d'accueil, cheminée. Jardin clos et terrasse dominent le canal d'Orléans et la vallée de la Loire. Au r.d.c., 1 ch. (1 lit 2 pers.) banquette d'appoint, s.d.b./wc. A l'étage, 2 ch. : 1 ch. (2 lits 1 pers. 2 lits d'appoint), s.d.b./wc. plus 1 ch. d'appoint (1 lit 2 pers.), s.d.b./wc. A proximité derrière l'église, un restaurant. Village à 10 km d'Orléans. Langues parlées : anglais, allemand.

Prix : 1 pers. **240 F** 2 pers. **300 F** 3 pers. **390 F**

Ouvert : toute l'année sauf 2 semaines en hiver, période non définie.

12	5	SP	SP	SP	5	SP	6	10	SP

MEUNIER Annie - Les Courtils - Rue de l'Ave - 45430 CHECY - Tél : 02 38 91 32 02 - Fax : 02 38 91 48 20

CHEVANNES

TH *C.M. 61 Pli 12*

3 ch. Dans une maison indépendante, 1 chambre (4 pers.). 2 chambres (3 pers.), avec douche et wc privatifs pour chacune, salon avec cheminée. Table d'hôtes sur réservation. Mireille et Olivier Tant vous accueilleront dans leur sympathique petit village du Gâtinais. A 1 heure de Paris.

Prix : 1 pers. **180 F** 2 pers. **230 F** 3 pers. **295 F** pers. sup. **65 F** repas **90 F**

Ouvert : toute l'année.

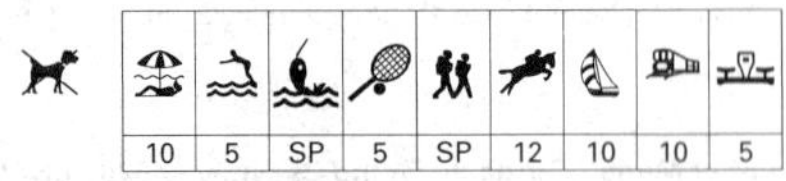

10	5	SP	5	SP	12	10	10	5

TANT Olivier - Le Village - 45210 CHEVANNES - Tél : 02 38 90 92 23 ou 06 11 84 99 20

CHEVILLON-SUR-HUILLARD Le Grand-Casseau  *C.M. 65 Pli 2*

3 ch. **Montargis 4 km.** Dans une maison récente en bordure de forêt, 3 chambres aménagées au r.d.c. : 2 ch. 2 épis (1 lit 2 pers.), salle de bains privée et wc communs aux hôtes. 1 ch. 3 épis (1 lit 2 pers.), salle d'eau et wc privés. Salle commune, salon avec cheminée. Grand parc boisé. 2 garages. Poss. pique-nique. RN60 1 km. Prendre direction Lorris D961, ensuite Chevillon. Langue parlée : anglais.

Prix : 1 pers. **170 F** 2 pers. **200/220 F** 3 pers. **270 F** pers. sup. **70 F**

Ouvert : toute l'année.

4	4	3	3	4	4	4	5	3

GRANDDENIS Gérard - Le Grand Casseau - 45700 CHEVILLON-SUR-HUILLARD - Tél : 02 38 97 80 45

COULLONS *C.M. 65 Pli 1*

4 ch. Sur 3 ha., dans une ancienne ferme du second empire. Rez-de-chaussée : 3 ch. 2 pers., salle de bains privée chacune, wc communs aux 3 ch. A l'étage : 1 grande ch. 2/4 pers., de grand confort (classée 3 épis), salle de bains et wc. Salle à manger/détente réservée aux hôtes. TV. Aire de pique-nique. Etang privé : pêche possible. 440 F/4 pers.

Prix : 1 pers. **190 F** 2 pers. **240/340 F** 3 pers. **380 F**

Ouvert : toute l'année.

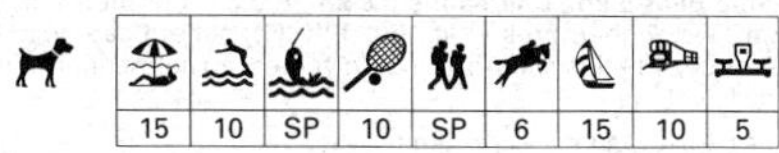

15	10	SP	10	SP	6	15	10	5

RAFFIN Jean-Luc - Gault - 45720 COULLONS - Tél : 02 38 67 59 77 - Fax : 02 38 38 23 42

COURTENAY La Jacqueminière  

2 ch. **Montargis 25 km. Sens 25 km.** Maison de construction récente située dans un hameau calme, avec un bel espace paysager. Etage : 1 ch. (1 lit 2 pers.), salle d'eau/wc communicante, 1 convertible, TV. 1 suite (2 lits 2 pers., 1 lit 1 pers.), petit salon avec TV, salle de bains non communicante et wc indépendants. Petit patio pour chacune. 1 lit enfant à disposition. Jardin, salon de jardin. Les petits déjeuners vous seront servis dans la salle à manger et l'été sur la terrasse sous le regard malicieux des écureuils. Réduction à partir de la 4e nuit.

Prix : 1 pers. **240 F** 2 pers. **280 F** 3 pers. **340 F** pers. sup. **60 F** repas **90 F**

Ouvert : toute l'année.

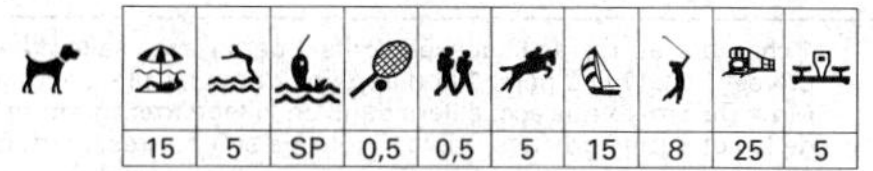

15	5	SP	0,5	0,5	5	15	8	25	5

LEFEVRE Mireille - 72 allée des Pinsons - La Jacqueminière - 45320 COURTENAY - Tél : 02 38 97 95 36 ou 06 72 66 51 60 - Fax : 02 38 97 95 36

CRAVANT Villecoulon

1 ch. **Beaugency 11 km. Chambord 24 km.** Ch. duplex pouvant accueillir un couple ou une famille de 5/6 pers., au r.d.c. : grand salon avec bibliothèque, lit 2 pers. et canapé lit 2 pers., sur la mezzanine 1 lit 2 pers., TV, s.d.b., wc. Entrée et garage privés. Terrasse et salon de jardin sur parc paysager. Au cœur du Val des Châteaux, en pleine campagne, Serge et Martine vous recevront dans une ancienne ferme rénovée, indépendante calme et confortable. Tarif dégressif à partir de la 5e personne.

Prix : 1 pers. **260 F** 2 pers. **290 F** 3 pers. **380 F** pers. sup. **90 F**

Ouvert : toute l'année.

11	11	11	3	SP	13	28	23	11	3

VICAT DIT PIRAUD Martine - Villecoulon - 45190 CRAVANT - Tél : 02 38 44 67 58 - Fax : 02 38 44 67 58

DONNERY Cornella (TH) *C.M. 64 Pli 10*

2 ch. Dans une ancienne ferme restaurée à 700 m du bourg, en rez-de-chaussée : 1 chambre 2 pers. avec salle d'eau et wc privés. A l'étage : 1 chambre (2 lits jumeaux, 1 lit enfant), salle de bains et wc privés dans une ambiance rustique et de style. Chauffage central. Jardin. Table d'hôtes sur demande. Pour arriver chez nous, prendre à droite de l'église, la rue A. Bolland sur 600m , puis à droite la rue Vennecy. (N°27).

Prix : 1 pers. **230 F** 2 pers. **280 F** pers. sup. **90 F** repas **100 F**

Ouvert : toute l'année.

5	4	0,7	0,7	SP	5	2	0,7

AVRIL Jacques - Cornella - 27 rue de Vennecy - 45450 DONNERY - Tél : 02 38 59 26 74 - Fax : 02 38 59 29 69

DONNERY La Poterie (TH) *C.M. 64 Pli 10*

3 ch. Dans une ferme en activité proche du canal d'Orléans D709 entre Donnery et Fay aux Loges. 3 chambres indépendantes et 1 coin-cuisine, séjour réservés aux hôtes en continuité de l'habitation : 2 ch. (1 lit 2 pers. chacune), salle d'eau, wc privés, 1 ch. (3 lits 1 pers.), salle d'eau et wc privés. Table d'hôtes sur réservation.

Prix : 1 pers. **200 F** 2 pers. **250 F** 3 pers. **310 F** repas **90 F**

Ouvert : toute l'année.

12	0,2	0,8	3	3	1,5	18	0,8

CHARLES M-Claude & Dominique - La Poterie - 45450 DONNERY - Tél : 02 38 59 20 03 - Fax : 02 38 57 04 47 - E-mail : lapoteriecharles@wanadoo.fr

ECHILLEUSES (TH) *C.M. 61 Pli 11*

2 ch. Sur l'itinéraire « bis Paris/Clermont » entre Puiseaux et Bellegarde : 2 ch. en rez-de-chaussée de l'habitation des propriétaires. 1 ch. (1 lit 2 pers. 1 conv.), grande salle d'eau, wc. 1 ch. (1 lit 2 pers.), salle d'eau, wc. Chauffage électrique. Prise TV. M. et Mme Hyais vous accueillent dans les dépendances d'un ancien château, dans une cour fleurie, fermée et très calme. Détente assurée dans un cadre verdoyant et confortable d'un village du gâtinais.

CV

Prix : 1 pers. **190 F** 2 pers. **240 F** 3 pers. **320 F** pers. sup. **80 F**
repas **90 F**

Ouvert : toute l'année.

20	5	5	5	SP	17	25	20	20	5

HYAIS Francine - 3 cour du Château - 45390 ECHILLEUSES - Tél : 02 38 33 60 16

FAY-AUX-LOGES Herbault *C.M. 64 Pli 10*

4 ch. **Chamerolles 5 km. Châteauneuf 8 km.** R.d.c. : 1 grande salle pour les petits-déjeuners avec coin-salon. Etage : 1 ch. (1 lit 150), salle d'eau, wc. 2 chambres (1 lit 150, 1 lit 80), salle d'eau, wc. 1 chambre (2 lits 1 pers.), salle d'eau, wc. Dans une ancienne ferme restaurée, 4 belles chambres confortables, au calme à proximité de la forêt d'Orléans et du canal. Pique-nique possible, restaurant dans le village.

CV

Prix : 1 pers. **250 F** 2 pers. **280 F** 3 pers. **350 F**

10	0,5	0,5	1	3	20	1,5

SONNEVILLE Dominique - Herbault - Route de Vitry - 45450 FAY-AUX-LOGES - Tél : 02 38 59 21 18

FEROLLES La Bretêche (TH) *C.M. 60 Pli 9*

3 ch. 1 chambre au rez-de-chaussée (2 lits 1 pers.) avec salle d'eau et wc privés. 1 chambre à l'étage (2 lits 2 pers.), salle d'eau et wc privés. 1 ch. (1 lit 2 pers. 1 lit d'appoint 2 pers.), salle d'eau, wc privés. Grand jardin clos, arboré et fleuri. Tarif pour 4 pers. : 380 F. Mme De Smet vous accueillera dans un village très calme situé sur le Val de Loire. Randonnées à proximité en Sologne. Châteaux de la Loire tous proches. Table d'hôtes le soir sur réservation. Langue parlée : anglais.

CV

Prix : 1 pers. **180 F** 2 pers. **250 F** 3 pers. **320 F** pers. sup. **70 F**
repas **80 F**

Ouvert : toute l'année.

15	20	5	8	8	5	15	22	3

DE SMET Susan - 8 route du Martroi - La Bretêche - 45150 FEROLLES - Tél : 02 38 59 79 53

LA FERTE-SAINT-AUBIN La Vieille-Forêt *C.M. 64 Pli 9*

4 ch. A quelques km des châteaux de la Loire, en Sologne, 4 ch. avec entrées indépendantes : 1 ch. (1 lit 2 pers.), 1 ch. (1 lit 2 pers. 1 lit 1 pers.), 2 suites (1 lit 2 pers. 2 lits 1 pers.), salle de bains et wc privés à chacune. Lit bébé sur demande. Cuisine et pièce commune à dispo. des hôtes. Tarif pour 4 pers. : 400 F. Calme et confort vous attendent en pleine nature à 20 km au sud d'Orléans, dans une ancienne ferme rénovée. Halte idéale pour la visite des châteaux de la Loire et la découverte des richesses de la Sologne. 5 golfs à proximité. Promenades sur place. Château du XVIIe siècle à visiter au village. Langues parlées : anglais, espagnol.

CV

Prix : 1 pers. **220 F** 2 pers. **270 F** 3 pers. **330 F** pers. sup. **70 F**

Ouvert : toute l'année.

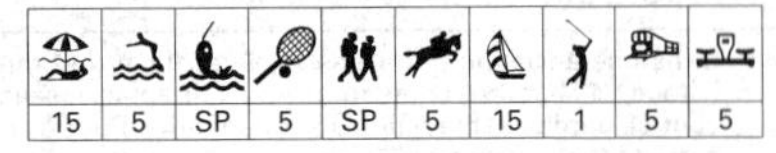

15	5	SP	5	SP	5	15	1	5	5

RAVENEL Marie-Françoise - La Vieille Forêt - Route de Jouy le Potier - 45240 LA FERTE-SAINT-AUBIN - Tél : 02 38 76 57 20 - Fax : 02 38 64 82 80

LA FERTE-SAINT-AUBIN *C.M. 64 Pli 10*

3 ch. 3 ch. au 1er étage du château. 1 ch./suite avec baldaquin (XVIIIe), vue sur les îles et le parc du château avec s.d.b. et wc. 1 ch. (XVIIe) avec baldaquin, vue sur les jardins de la cour d'honneur avec s.d.b. et wc. 1 ch./suite avec vue sur jardin et cour d'honneur avec baldaquin (XIXe). Château ouvert au public, mais non les ch. louées dans pavillon indépendant. Château historique privé ouvert à la visite avec parc romantique (40 ha.), « Ile enchantée et jeux de jardin ». Ferme pour enfants, écuries et selleries. Cuisines historiques avec dégustation. Les chambres sont les pièces d'honneur du château meublées d'époque. Langues parlées : anglais, espagnol.

CV

Prix : 2 pers. **800/1100 F** 3 pers. **1000/1500 F**

Ouvert : du 1er mai au 30 septembre.

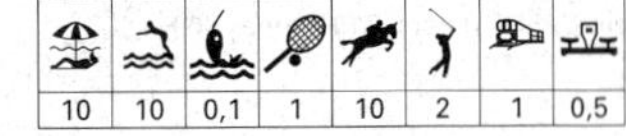

10	10	0,1	1	10	2	1	0,5

GUYOT Catherine - Château de la Ferté-St-Aubin - 45240 LA FERTE-SAINT-AUBIN - Tél : 02 38 76 52 72 - Fax : 02 38 64 67 43

GERMIGNY-DES-PRES (TH) *C.M. 64 Pli 10*

5 ch. Dans un petit village ligérien, célèbre par son oRatoire carolingien, nous vous proposons 5 ch. de 2 à 3 pers., lits individuels et/ou couple, poss. lit suppl. Salle de bains/wc privés pour chacune situées dans un bâtiment attenant, elles s'ouvrent sur un grand jardin paysager (porte-fenêtre au rez-de-chaussée), très calme. Vous apprécierez le barbecue, salon de jardin, jeux enfants, cuisine équipée. Dans le salon : bibliothèque, jeux, TV. Exposition artistes locaux. Parking fermé. Excellent restaurant à 200 m. Table d'hôtes d'octobre à mars sur réservation. Langues parlées : anglais, espagnol, italien.

Prix : 1 pers. **220 F** 2 pers. **280 F** 3 pers. **330 F** pers. sup. **50 F** repas **85 F**

Ouvert : toute l'année.

2	5	1	4	SP	7	15	20	5

KOPP Marie et Laurent - 28 route de Châteauneuf - 45110 GERMIGNY-DES-PRES - Tél : 02 38 58 21 15 - Fax : 02 38 58 21 15

GIDY Ferme de la Volière *C.M. 60 Pli 19*

3 ch. Dans un bourg calme proche d'Orléans, 3 ch. sont aménagées à l'étage. 1 ch. (2 lits 1 pers.), salle de bains, wc. 1 ch. (2 lits 1 pers.), salle d'eau, wc sur le palier. 1 ch. (1 lit 2 pers.), salle d'eau. WC. Salle commune. Coin-cuisine. Jardin. Libre service (fruits, légumes, produits du terroir). Tarif dégressif à partir de la 2e nuit. Boulangerie et épicerie sur place. Langue parlée : anglais.

Prix : 1 pers. **170 F** 2 pers. **200 F**

Ouvert : toute l'année.

4	12	SP	6	4	16	12	SP

LECOMTE-FOUSSET Ph. & M-J. - 181, rue de Malvoviers - 45520 GIDY - Tél : 02 38 75 43 18 - Fax : 02 38 75 43 18

HUISSEAU-SUR-MAUVES

E.C. 1 ch. **Meung-sur-Loire (Château) 9 km. Orléans 20 km.** R.d.c. : salle à manger à disposition. Etage : 1 chambre (1 lit 160, 1 lit 1 pers.), salle d'eau, wc privés. Entre Beauce et Val de Loire, Catherine et Joël vous accueillent pour une étape champêtre dans leur maison située à 1 km de la N. 157. Une pause nature sur un parcours de randonnée ou en longeant les Mauves Langue parlée : anglais.

Prix : 2 pers. **260 F** pers. sup. **60 F**

Ouvert : toute l'année.

9	9	SP	5	20	20	5

RIBIERAS-DEFARGES Catherine et Joël - 200, impasse de Montpipeau - 45130 HUISSEAU-SUR-MAUVES - Tél : 02 38 74 09 35

ISDES (TH) *C.M. 64 Pli 10*

1 ch. Situé dans un bâtiment solognot avec entrée indép. : 1 suite comprenant : séjour, salon, chambre (1 lit 2 pers.), salle de bains et wc privatifs, portes fenêtres donnant sur un vaste jardin. Parc avec salon de jardin. Parking privé. Table d'hôte sur réservation. Supplément animal : 40 F. Petits-déjeuners que vous pourrez prendre aux beaux jours dans le jardin. Parking privé. Situation idéale pour découvrir la Sologne : bois, étangs pays de Raboliot, ses châteaux. Accés facile : autoroute A71, sortie N°3.

Prix : 1 pers. **300 F** 2 pers. **340 F** pers. sup. **150 F** repas **105 F**

12	13	SP	8	SP	8	12	12	20	SP

HATTE Renée - 30 route de Clémont - 45620 ISDES - Tél : 02 38 29 10 89 - Fax : 02 38 29 10 00

JOUY-LE-POTIER (TH) *C.M. 64 Pli 9*

1 ch. **Chambord 30 km.** A l'étage, 1 suite comprenant : 1 ch. (2 lits 1 pers.) et 1 ch. (1 lit 160, 1 lit 1 pers.), salle d'eau et wc privés. Bibliothèque (TV) attenante. Salon commun avec cheminée. Terrasse. Vaste Jardin arboré, parking. Poss. table d'hôtes sur réservation. Supplément bébé 20 F (lit à disposition). Accès par la D7 ou D18. En plein cœur de la Sologne, au sud d'Orléans (25 km), M. et Mme Becchi vous accueillent dans une maison de style solognot située sur un chemin tranquille, vous pourrez découvrir la Sologne avec ses bois, ses étangs et ses châteaux. A 71, (sortie N°2 à 11 km), et A10 (sortie N° 15 à 17 km).

Prix : 1 pers. **210 F** 2 pers. **260 F** 3 pers. **320 F** repas **95 F**

Ouvert : toute l'année.

15	5	0,5	SP	3	5	11	1,5

BECCHI Jacques & Christiane - 778, rue de Chevenelle - 45370 JOUY-LE-POTIER - Tél : 02 38 45 83 07

LORCY *C.M. 61 Pli 11*

3 ch. **Montargis 25 km. Fontainebleau 60 km.** 3 ch. d'hôtes : 1 ch. à l'étage (1 lit 180 x 200, 1 lit 1 pers.), salle de bains, wc. De plain-pied : 1 ch. (1 lit 160), salle d'eau, wc, 1 ch. (1 lit 2 pers.) avec mezzanine (1 lit 80), salle de bains, wc. Salon/salle à manger avec TV à disposition. Vélos. Salon de jardin et ping-pong, parking privé. Une halte reposante et un accueil amical entre forêt d'Orléans et Montargis. Chambres raffinées au centre d'un petit bourg, dans une maison typiquement gâtinaise du XVIIIe, attenante à la maison bourgeoise. A 1h15 de Paris avec sortie d'autoroute à 15 km. Calme, détente, promenades vélos... Langues parlées : anglais, italien.

Prix : 1 pers. **300/370 F** 2 pers. **350/420 F** 3 pers. **430/500 F** pers. sup. **80 F**

Ouvert : toute l'année.

20	4	8	4	SP	10	29	25	SP

DE MERSAN Danielle - 15 rue de la Mairie - 45490 LORCY - Tél : 02 38 92 20 76 ou 06 88 39 15 81 - Fax : 02 38 92 91 97 - E-mail : la_petite_cour@yahoo.fr - http://www.club-internet.fr/perso/demersan

MARCILLY-EN-VILLETTE *C.M. 64 Pli 9*

2 ch. **Orléans 20 km sud.** Dans une fermette « La Nouët » située dans un bois en Sologne, sur la CD64. 1 chambre 2 pers. avec salle d'eau (douche et wc privés) et 1 chambre attenante (2 lits 1 pers.). Restaurant 1 km. Propriété close, fleurie. Ouvert toute l'année. Calme garanti. Promenades sur des chemins balisés en forêt. Etang. Centre équestre. Golf 3 km.

CV

Prix : 2 pers. **230/250 F**

8	1	1	SP	2	2	3	1

RICHARD-PRENGERE Maryse - La Nouet - Route de Sennely - 45240 MARCILLY-EN-VILLETTE - Tél : 02 38 76 17 40

MAREAU-AUX-PRES Les Muids TH

E.C. 4 ch. **Sud Orléans 10 km. Parc Floral d'Orléans de la Source 12 km.** R.d.c. : grande salle avec cheminée pour repas et petits-déjeuners. 1 chambre (2 lits 1 pers.) pour handicapés, salle d'eau, wc privés. Etage : 1 suite (1 lit 160, 3 lits 1 pers.), salle d'eau, wc. 1 chambre (1 lit 2 pers.), salle d'eau, wc. 1 chambre (3 lits 1 pers.), salle de bains, wc. Elles sont toutes climatisées. Aux portes de la Sologne, sur la route de la vallée des Rois, Nathalie vous accueille dans l'ancienne graineterie du village datant du 19e siècle. Piscine couverte utilisable toute l'année. Parking fermé. Pour votre détente, une remise en forme, des stages de VTT pourront être organisés.

CV

Prix : 1 pers. **320 F** 2 pers. **370 F** 3 pers. **430 F** pers. sup. **80 F**
repas **100/140 F**

Ouvert : toute l'année.

SP	3	1	5	10	6	1

BOUTTIER Nathalie - 1045, rue des Muids - 45370 MAREAU-AUX-PRES - Tél : 02 38 45 63 16 - Fax : 02 38 45 63 16

MARIGNY-LES-USAGES Les Usses *C.M. 64 Pli 9*

3 ch. **Orléans 12 km. Sully-sur-Loire 40 km.** Ch. d'hôtes dans un bâtiment attenant à la maison des propriétaires. 3 ch. spacieuses à l'étage (literie 140), avec chacune s.d.b. et wc privés, téléphone direct, 1 salon-biblio. à dispo. équipé TV et hi-fi permettant 2 couchages suppl. (literie 90). R.d.c. : grande salle à manger avec coin-cuisine, équipement bébé sur demande. Découvrez une nature douillette au cœur du Val de Loire. Point de départ pour la visite des Châteaux, voici une ancienne ferme rénovée en bordure de la forêt d'Orléans et idéale pour les balades pédestres ou VTT (mis à disposition par les propriétaires). Langues parlées : anglais, allemand.

CV

Prix : 1 pers. **280 F** 2 pers. **300 F** 3 pers. **350 F** pers. sup. **50 F**

Ouvert : toute l'année.

12	8	4	1	SP	1	12	8	12	1

MARIN Christine - 145 rue du Courtasaule - Les Usses - 45760 MARIGNY-LES-USAGES - Tél : 02 38 75 14 77 ou 02 38 75 29 40 - Fax : 02 38 75 90 65 - E-mail : kris.marin@wanadoo.fr

MENESTREAU-EN-VILLETTE *C.M. 64 Pli 9*

E.C. 4 ch. 4 chambres aménagées dans une maison solognote rénovée. R.d.c. : 3 chambres. A l'étage : 1 chambre avec salle d'eau et wc privés. Salle commune aux hôtes. Parking. Dans un cadre soigné, au milieu d'un grand jardin boisé, Mme Cadel vous permettra de faire une étape d'une ou plusieurs nuits à la découverte de la Sologne. Langues parlées : anglais, allemand.

CV

Prix : 1 pers. **200/250 F** 2 pers. **300 F** pers. sup. **50 F**

Ouvert : toute l'année.

0,5	0,5	0,5	3	10	10	0,5

CADEL Camille - 115, chemin de bethleem - 45240 MENESTREAU-EN-VILLETTE - Tél : 02 38 76 90 70

MENESTREAU-EN-VILLETTE La Ferme des Foucault *C.M. 64 Pli 9*

3 ch. Ancien corps de ferme rénové, au cœur de la forêt solognote, dans un bel environnement de grand calme. 1 ch./suite située en r.d.c. avec entrée indép. : (1 lit 160, 1 lit d'appoint 2 pers.), s.d.b./wc privés, 2 très grandes ch. à l'étage dont 1 avec terrasse privée. : (1 lit 160, 1 lit d'appoint 2 pers.), s.d.b./wc privés, TV dans chaque ch. Langues parlées : anglais, allemand.

CV

Prix : 1 pers. **320/380 F** 2 pers. **360/420 F** pers. sup. **100 F**

Ouvert : toute l'année.

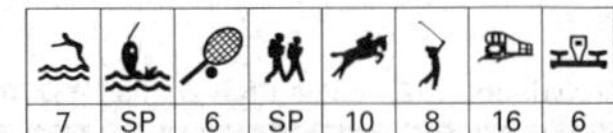

7	SP	6	SP	10	8	16	6

BEAU Rosemary - La Ferme des Foucault - 45240 MENESTREAU-EN-VILLETTE - Tél : 02 38 76 94 41 ou 06 83 39 70 94 - Fax : 02 38 76 94 41

MESSAS 

1 ch. **Beaugency 3 km. Orléans 28 km.** 1 chambre/suite au rez-de-chaussée (1 lit 2 pers.), salon avec cheminée, Etage : 4 lits 1 pers. Salle d'eau et wc privés au rez-de-chaussée. Salon de jardin, VTT, jeux d'enfants, piscine. Table d'hôtes sur réservation. Tarifs spécifiques pour familles. Maison vigneronne dans un parc paysager indépendant et clos (meilleur fleurissement 98), aux portes de la Sologne et au pays des châteaux. Langues parlées : anglais, espagnol, allemand.

CV

Prix : 1 pers. **250 F** 2 pers. **290 F** 3 pers. **360 F** pers. sup. **70 F**
repas **95 F**

Ouvert : toute l'année.

4	4	3	1	SP	8	8	4	4

GIL Martine - 19 rue de Villeneuve - 45190 MESSAS - Tél : 02 38 44 21 34 - Fax : 02 38 44 04 73

MEUNG-SUR-LOIRE Hameau de la Nivelle  *C.M. 64 Pli 8*

4 ch. Dans une maison située dans un hameau. R.d.c. : 1 ch. (2 lits 1 pers.) avec salle de bains privée et wc. A l'étage : 1 ch. (1 lit 2 pers.), 1 ch. d'enfants attenante (2 lits 1 pers.) avec salle de bains et wc communs. 1 ch. (1 lit 2 pers.), salle de bains, wc privés. Chambres aménagées dans une maison avec jardin arboré et fleuri, située dans un hameau calme. Parking intérieur. Grande terrasse. Prise TV dans chaque ch. Loc. bicyclettes sur place. Ping-pong. Portique. Tarifs dégressifs à partir de la 2e nuit. Enfant : 70 F.

CV

Prix : 1 pers. **200 F** 2 pers. **260 F**

Ouvert : toute l'année.

3	3	0,3	3	SP	3	3	10	3	3

BECHU - Hameau de la Nivelle - 30 rue de la Batissière - 45130 MEUNG-SUR-LOIRE - Tél : 02 38 44 34 38 - Fax : 02 38 44 34 38

MONTCRESSON Le Chesnoy

1 ch. **La Bussière 6 km. Gien 25 km.** Dans ne petite maison indépendante, belle suite (1 lit 2 pers.) au r.d.c. A l'étage (2 lits 1 pers.), salle de bains, wc. Salon et salle à manger à disposition avec cheminée. Salon de jardin. Accueil chaleureux dans une propriété de famille au centre d'un décor boisé sur le site de l'ancienne écluse du Chenoye (1640) à 300 m du canal de Briare et du GR13. Langues parlées : anglais, espagnol.

Prix : 1 pers. **200 F** 2 pers. **300 F** 3 pers. **380 F** pers. sup. **100 F**

Ouvert : toute l'année.

6	SP	SP	6	20	12	3

BARTHELEMY Inès - 1, rue de la Montagne Jaune - Le Chesnoy - 45700 MONTCRESSON - Tél : 02 38 90 00 63 ou 06 84 22 37 39 - Fax : 02 38 90 02 07

MONTEREAU-EN-GATINAIS Courpalet 

3 ch. 3 chambres situées dans la maison du propriétaire. 2 ch. (1 lit 2 pers.), 1 ch. (2 lits 1 pers.), s.d.b. privative pour chaque chambre, wc communs. TV à disposition dans le séjour. Salon de jardin. Accueil de chevaux. Table d'hôtes sur réservation. A l'orée de la forêt d'Orléans, en pleine nature dans un cadre calme et fleuri, Christiane Hamelin vous accueille.

CV

Prix : 1 pers. **250 F** 2 pers. **280/300 F** pers. sup. **75 F** repas **100 F**

Ouvert : toute l'année.

10	SP	SP	2	SP	5	25	2

HAMELIN Christiane - Route d'Ouzouer-sur-Loire - Courpalet - 45260 MONTEREAU-EN-GATINAIS - Tél : 02 38 87 72 44 - Fax : 02 38 87 72 44

MONTLIARD Château de Montliard TH

4 ch. **Paris 100 km.** A l'étage, dans le château, 4 ch. de caractère spacieuses, très confortables. Salle d'eau ou salle de bains et wc privés. Equipement bébé. Vous serez séduit par le charme, le calme et l'authenticité de ce lieu et y trouverez de quoi vous reposer et vous détendre : bicyclettes, ping-pont, jeux, TV etc ... Bébé gratuit. A proximité : tennis, piscine, golf. Château renaissance du XVIe entouré de douves en eau et d'un parc de 14 ha., appartenant à la même famille depuis 1384, en lisière de forêt d'Orléans. Ecuries - Chenil. Langues parlées : anglais, allemand, italien.

Prix : 1 pers. **300/400 F** 2 pers. **390/550 F** 3 pers. **450/650 F** pers. sup. **100 F** repas **120/170 F** 1/2 pens. **600/800 F** pens. **700/1000 F**

Ouvert : toute l'année.

4	4	SP	4	SP	4	25	30	30	2

GALIZIA Annick et François - 5 route de Nesploy - Château de Montliard - 45340 MONTLIARD - Tél : 02 38 33 71 40 - Fax : 02 38 33 86 41 - E-mail : montliard@infonie.fr - http://www.France-bonjour.com/montliard/

NEVOY Sainte-Barbe TH *C.M. 65 Pli 2*

3 ch. Annie aura le plaisir de vous accueillir dans sa propriété rurale du XIXe siècle donnant sur le jardin. A l'étage : 1 grande chambre (1 lit 2 pers. 1 lit d'appoint 80), salle de bains, wc privés, 1 ch. (2 pers.), s.d.b./wc privés, 1 ch. (1 pers.), douche/wc privés. Accès indépendant. Au r.d.c. : salle d'accueil, salon à dispo. des hôtes, cheminée, TV couleur. Langue parlée : anglais.

CV

Prix : 1 pers. **220/270 F** 2 pers. **350 F** 3 pers. **420 F** pers. sup. **75 F** repas **120/150 F**

Ouvert : toute l'année sur demande.

25	SP	SP	SP	SP	9	25	5	5

LE LAY Annie - Sainte-Barbe - 45500 NEVOY - Tél : 02 38 67 59 53 - Fax : 02 38 67 28 96 - E-mail : annielelay@aol.com - http://www.france-bonjour.com/sainte-barbe

NEVOY

1 ch. **Gien 4 km. Sully 15 km.** Dans verdure, au calme mais proche de la ville, dans une demeure ancienne, séjour avec cheminée et 1 belle chambre. Au rez-de-chaussée : 1 chambre avec salle de bains et wc privatifs, salon privatif avec cheminée. Langue parlée : anglais.

Prix : 2 pers. **350 F** 3 pers. **450 F**

Ouvert : toute l'année.

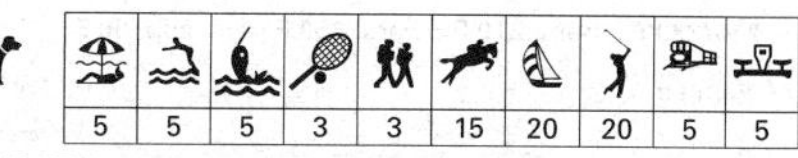

5	5	5	3	3	15	20	20	5	5

OSSUDE Patrick et Béatrice - Domaine les Marceaux - 45500 NEVOY - Tél : 02 38 38 03 85 ou 02 38 67 95 21 - Fax : 02 38 67 95 22

NOGENT-SUR-VERNISSON Les Grandes Bruyères (TH) *C.M. 65 Pli 2*

2 ch. 2 chambres avec poutres apparentes, salle d'eau et wc privés sur Petit palier (1 lit 2 pers.). Lits d'enfants à disposition (60 F). Grande salle avec baie à colombages donnant sur un étang de 2 ha. bien arboré. Salle à manger, style campagnard, commune avec les propriétaires. Possiblité de faire de la barque. Dans une ancienne ferme à l'orée de la forêt d'Orléans, Nicole et Guy vous accueilleront avec plaisir. Repas familial, l'hiver dans la salle à manger au coin du feu, cheminée ancienne, et aux beaux jours face à la campagne ou bien dehors au bord de l'eau. Cuisine tradionnelle, produits naturels.

Prix : 1 pers. **190 F** 2 pers. **220 F** repas **100 F**

Ouvert : toute l'année.

SP	15	SP	3	SP	SP	15	5	5

M. et Mme GIRAUX - Les Grandes Bruyères - 45290 NOGENT-SUR-VERNISSON - Tél : 02 38 96 10 37

OUZOUER-SUR-TREZEE Domaine de la Chaurie *C.M. 65 Pli 2*

E.C. 4 ch. Dans d'anciens bâtiments agricoles rénovés, 3 chambres 2 pers., salle de bains et wc attenants à chaque chambre. 1 chambre d'appoint (2 pers.). Grande salle commune, séjour avec cheminée, terrasse, jardin. Animaux admis dans chenil. Chasse à la journée sur place.

Prix : 1 pers. **150/300 F** 2 pers. **220/300 F**

4	2,5	4	SP	7	30	2,5

GUENOT Jean-Luc - Domaine de la Chaurie - 45250 OUZOUER-SUR-TREZEE - Tél : 02 38 29 61 73 ou 02 38 29 65 25

PAUCOURT Domaine de Bel Ebat (TH) *C.M. 61 Pli 12*

4 ch. **Fontainebleau 40 km. Gien 30 km. Sancerre 80 km. Chablis 80 km.** Au cœur d'une forêt domaniale, maison de famille où l'on perpétue l'art de vivre à la française. les chambres décorées avec goût ont toutes un style différent. Ambiance raffinée et conviviale dans une demeure ancienne bénéficiant du confort le plus moderne. 3 ch. doubles avec wc et s.d.b. privés. 1 suite de 2 ch. communiquantes avec wc et s.d.b. 900 F/4 pers. Italien parlé. Langues parlées : anglais, allemand, espagnol.

Prix : 1 pers. **600 F** 2 pers. **700 F** 3 pers. **800 F** repas **200 F**

Ouvert : toute l'année.

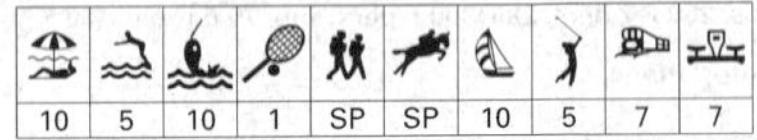

10	5	10	1	SP	SP	10	5	7	7

DE JESSE CHARLEVAL Emmanuelle & Antoine - Domaine de Bel Ebat - 45200 PAUCOURT - Tél : 02 38 98 38 47 ou 06 81 34 68 99 - Fax : 02 38 85 66 43

SAINT-BENOIT-SUR-LOIRE Fleury

1 ch. 1 chambre d'hôtes aménagée dans une maison de construction récente avec entrée indépendante dans jardin clos, située aux abords de Saint-Benoît-sur-Loire. Le 1er étage est à l'usage exclusif des hôtes avec 1 ch. (1 lit 2 pers.), salle d'eau et wc privés, 1 coin-salon à disposition, 1 chambre supplémentaire avec canapé convertible sur demande. A proximité : abbaye de Saint-Benoît-sur-Loire, Châteaux de la Loire, Orléans, etc.

Prix : 1 pers. **200 F** 2 pers. **220 F** 3 pers. **320 F** pers. sup. **100 F**

Ouvert : de mai à septembre.

6	8	2	2	2	6	16	15	30	1

LECLERC Lionel - 21 route de Sully - Fleury - 45730 SAINT-BENOIT-SUR-LOIRE - Tél : 02 38 35 10 80

SAINT-BENOIT-SUR-LOIRE La Borde (TH) *C.M. 64 Pli 10*

6 ch. **Abbaye de Saint-Benoît 2 km.** Etage : 1 ch. (3 lits 1 pers.), 1 ch. (2 lits 1 pers.), s. d'eau et wc privés. R.d.c. : 2 ch. (2 lits 1 pers.), s. d'eau/wc privés chacune. Dans une maison indép. dans le jardin, r.d.c. : 1 suite (4 lits 1 pers.), s.d.b., wc privés et 1 suite pers. hand. (4 lits 1 pers.), s. d'eau, wc. Salle d'accueil, cuisine aménagée à disposition. Agréable jardin arboré et potager, salon de jardin. Poss. loc. vélos. Mireille et Dominique vous accueilleront et vous aideront à découvrir les richesses du Val de Loire : châteaux, églises... Enfant : 60 F. Demi-pension pour 2 pers. : 470/500 F. Langue parlée : anglais.

Prix : 1 pers. **230/260 F** 2 pers. **270/300 F** 3 pers. **360/450 F** pers. sup. **100 F** repas **100 F**

Ouvert : toute l'année.

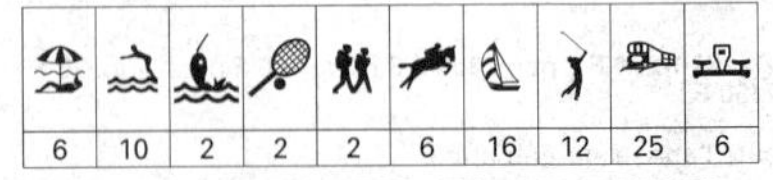

6	10	2	2	2	6	16	12	25	6

BOUIN Mireille & Dominique - 6 chemin de la Borde - La Borde - 45730 SAINT-BENOIT-SUR-LOIRE - Tél : 02 38 35 70 53 - Fax : 02 38 35 10 06 - E-mail : Mireille-Dominique.BOUIN@wanadoo.fr - http://www.france-bonjour.com/la-borde/

SAINT-MARTIN-D'ABBAT Le Haut des Bordes *C.M. 64 Pli 10*

1 ch. Grande maison dans un hameau calme, en bordure de rivière, avec étang et grand jardin boisé. 1 chambre (1 lit 2 pers.), 1 lit d'appoint (2 pers.), dans pièce attenante. Salle de bains et wc privatifs. Chauffage central. Tarif pour 4 pers. : 400 F. En plein Val de Loire, Mme Pelletier vous accueille pour vous faire découvrir, Germigny des Prés et l'abbaye de Saint-Benoît-sur-Loire, Sully-sur-Loire et tous les autres charmes de cette région.

Prix : 1 pers. **210/230 F** 2 pers. **270 F** 3 pers. **350 F** pers. sup. **50 F**

Ouvert : toute l'année.

18	9	SP	9	SP	2	18	18	35	4

PELLETIER Chantal - Le Haut des Bordes - 45110 SAINT-MARTIN-D'ABBAT - Tél : 02 38 58 22 09

TAVERS Le Clos de Pontpierre

C.M. 64 Pli 8

4 ch. Au r.d.c. : 1 ch. (1 lit 1 pers. 1 lit 2 pers.), 1 ch. (2 lits 1 pers.), s. d'eau/wc privés et TV chacune. A l'étage : 1 ch. (1 lit 2 pers.), s. d'eau/wc privés et TV et 1 ch. (1 lit 2 pers. 2 lits 1 pers.), s. d'eau/wc privés, coin-salon, TV. Séjour avec cheminée, meubles anciens. Table d'hôtes sur réservation. Au cœur de la vallée de la Loire, Patricia vous accueillera au clos de Pontpierre, ancienne ferme du 18e s. donnant sur un parc boisé et fleuri. Terrasse autour de la piscine, salon de jardin, ping-pong. Les chambres sont calmes et confortables, avec vue sur le parc. Entrée indép. Parking fermé.

Prix : 1 pers. **260 F** 2 pers. **290 F** 3 pers. **370 F** repas **100 F**

Ouvert : toute l'année sauf en février. Sur réservation en décembre et janvier.

3	SP	2	1	SP	10	20	10	2	SP

FOURNIER Pierre et Patricia - Le Clos de Pontpierre - 115 rue des Eaux Bleues - 45190 TAVERS - Tél : 02 38 44 56 85 - Fax : 02 38 44 58 94 - E-mail : le-clos-de-pontpierre@wanadoo.fr

TAVERS Les Grattelièvres

C.M. 64 Pli 8

2 ch. Au calme, dans une maison fleurie avec jardin arboré. 1 chambre (1 lit 2 pers. 1 lit 1 pers.), salle d'eau, wc privés, 1 chambre (1 lit 2 pers. 1 lit 1 pers.), salle d'eau, wc privés. Lit bébé à disposition. Séjour avec cheminée. Table d'hôtes sur réservation. Terrasse, salon de jardin, parking. Située au cœur du Val de Loire : châteaux, spectacle historique, son et lumière en été, musées. Langues parlées : anglais, espagnol.

Prix : 1 pers. **200 F** 2 pers. **250 F** 3 pers. **320 F** pers. sup. **70 F** repas **100 F**

Ouvert : toute l'année.

3	1,5	1,5	SP	14	3	10	3	SP

TERLAIN Patrick et Sylviane - Les Grattelièvres - 74 bis rue des Eaux Bleues - 45190 TAVERS - Tél : 02 38 44 92 58 ou 06 14 74 31 32

TRAINOU

C.M. 64 Pli 10

2 ch. Dans une fermette rénovée, dans un bâtiment indépendant : 1 chambre (1 lit 2 pers. 1 lit bébé), cabinet de toilette, wc au 1er étage. 1 chambre attenante (2 lits 1 pers.), louable à une même famille. Au rez-de-chaussée, salle d'eau, et salle de détente. Réfrigérateur. Chauffage central. Jardin. Ping-pong. Toboggan, cage à poules. Langues parlées : anglais, espagnol.

Prix : 1 pers. **200 F** 2 pers. **250 F**

Ouvert : toute l'année.

15	7	7	3	SP	3	15	10	2

GUY Daniel - 538 rue du Grand Gouqueau - 45470 TRAINOU - Tél : 02 38 65 64 55

VANNES-SUR-COSSON

3 ch. Dans une maison solognote de caractère dans le centre du village. 1 chambre (1 lit 2 pers.), salle de bains et wc, 1 chambre 2 pers. avec douche et wc. 1 chambre (1 lit 2 pers. 1 lit 1 pers.), salle d'eau et wc. Langue parlée : anglais.

Prix : 1 pers. **230 F** 2 pers. **260 F** 3 pers. **320 F** repas **100 F**

Ouvert : toute l'année.

15	15	SP	SP	SP	25	15	10	35	SP

NICOURT Gérard - 6 rue Croix Madeleine - 45510 VANNES-SUR-COSSON - Tél : 02 38 58 15 43

VANNES-SUR-COSSON Domaine de Sainte-Hélène

2 ch. **Sully-sur-Loire 13 km. La Ferté Saint-Aubin 18 km.** De plain-pied : grande chambre indép. (1 lit 160), bains et wc privés, salon contigu 40 m², alcôve (2 lits 1 pers.), réfrigérateur, TV, très calme et ensoleillée, ambiance personnalisée. 1 ch. indép. sur jardin (1 lit 2 pers.), s. d'eau et wc privés, TV, décor très raffiné. Cuisine équipée à disposition. Parking privé. Table d'hôtes très exceptionnellement. Maison typiquement solognote dans un cadre de verdure avec piscine privée. Très bonnes tables à proximité. Châteaux, musées jardins à moins d'une heure. Petits déjeuners copieux et variés. Barbecue, piscine, ping-pong. Randonnées pédestres et équestres 1 km. Château et golfs. Langues parlées : anglais, espagnol.

Prix : 1 pers. **300/400 F** 2 pers. **350/500 F** pers. sup. **100 F** repas **150/200 F**

Ouvert : toute l'année, sauf du 23 décembre au 5 janvier.

13	SP	1	1	SP	SP	13	7	30	1

CELERIER Agnès - Route d'Isdes - Domaine-de-Sainte-Hélène - 45510 VANNES-SUR-COSSON - Tél : 02 38 58 04 55 - Fax : 02 38 58 28 38 - E-mail : celerierloiret@netclic.fr

VANNES-SUR-COSSON Le Haut des Tuileries

1 ch. **Sully-sur-Loire 18 km. Châteauneuf-sur-Loire 15 km.** 1 suite située dans une maison typiquement solognote, dans un environnement calme. 1 suite de plain-pied (1 lit 2 pers., 1 lit 120), salle d'eau et wc privatifs non communicants. Salle de convivialité (TV, bibliothèque, musique). Entrée indépendante.

Prix : 1 pers. **200 F** 2 pers. **280 F** 3 pers. **360 F** pers. sup. **100 F**

Ouvert : toute l'année.

28	15	3	3	SP	9	12	40	3

ETOURNEAU Christophe - Le Ludion - Le Haut des Tuileries - 45510 VANNES-SUR-COSSON - Tél : 02 38 58 12 87

CHAMPAGNE-ARDENNE

Pour réserver, écrire ou téléphoner :

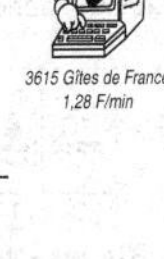

08 - ARDENNES

GITES DE FRANCE - Service Réservation
6, rue Noël - B.P. 370
08106 CHARLEVILLE-MEZIERES Cedex
Tél. : 03 24 56 89 65 - Fax : 03 24 56 89 66
http://perso.wanadoo.fr/gitardennes

10 - AUBE

GITES DE FRANCE - Service Réservation
2 bis, rue Jeanne d'Arc - B.P. 4080
10014 TROYES Cedex
Tél. : 03 25 73 00 11 - Fax : 03 25 73 94 85

51 - MARNE

GITES DE FRANCE - Service Réservation
Route de Suippes - B.P. 525
51009 CHALONS-EN-CHAMPAGNE Cedex
Tél. : 03 26 64 95 05 - Fax : 03 26 64 95 06

52 - HAUTE-MARNE

GITES DE FRANCE - Service Réservation
40 bis, avenue Foch - 52000 CHAUMONT
Tél. : 03 25 30 39 08 - Fax : 03 25 30 39 09
E-mail : tourisme.hautemarne@wanadoo.fr
www.tourisme-hautemarne.com

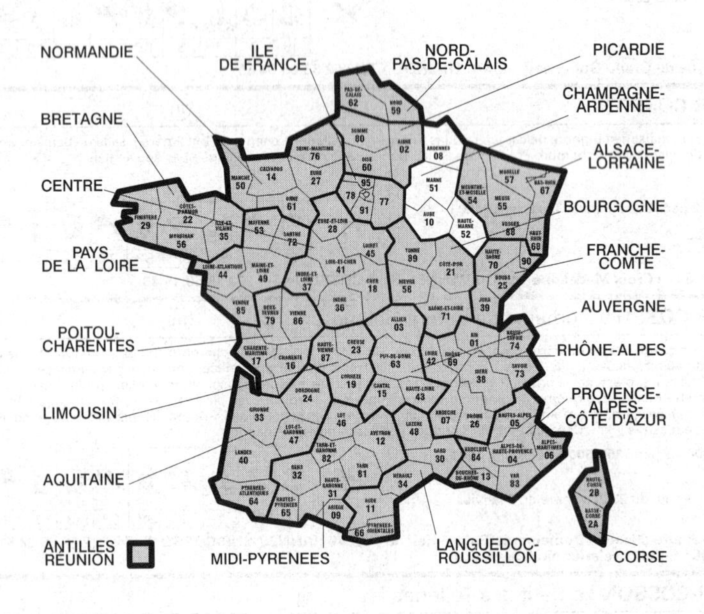

GITES DE FRANCE - Service Réservation
6 rue Noël - B.P. 370
08106 CHARLEVILLE-MEZIERES Cedex
Tél. 03 24 56 89 65 - Fax. 03 24 56 89 66
http://perso.wanadoo.fr/gitardennes

3615 Gîtes de France 1,28 F/min

ACY-ROMANCE

C.M. 56 Pli 7

3 ch. Corps de ferme du début du siècle à 150 m de l'Aisne (rivière) et du Canal des Ardennes, situé en village dans un joli cadre verdoyant. Terrain attenant. Garage. R.d.c. : salle d'hôtes. Etage : 2 ch. (1 lit 2 pers., 1 lit appoint 1 pers., s.e., wc). 1 ch.-suite (1 ch. (TV, 2 lits 2 pers.) annexe (1 lit 2 pers., 1 lit appoint 2 pers.)), s.e. WC. Lit bébé. Vous randonnerez tranquillement à pied ou à vélo (2 bicyclettes sur place) sur le sentier « Nature » balisé à 1 km. Musée, aéroclub, église gothique, belvédère, arboretum 1 km. Produits fermiers, visite d'exploitation sur place. Pistes VTT.

Prix : 1 pers. **170 F** 2 pers. **210 F** pers. sup. **60 F**

Ouvert : toute l'année.

15	1	1	20	25	25	1	1	1	0,2	1	1

LEBEGUE Alain et Noëlle - Rue de l'Oseraie - 08300 ACY-ROMANCE - Tél : 03 24 38 50 16 - Fax : 03 24 38 50 16

AUTRECOURT-ET-POURRON Hameau de Pourron

TH

C.M. 56 Pli 9

1 ch. 1 chambre d'hôtes et sa suite à l'étage d'une maison mitoyenne avec terrain clos, terrasse. Chambre : 1 lit 2 pers. (150 cm), 2 lits 1 pers. (90 cm). Suite : 3 lits 1 pers. (130 cm, 120 cm, 90 cm). Lit bébé. TV couleur. Salle de bains + douche. WC. Table d'hôtes. Salle d'hôtes spacieuse, mobilier de caractère. 10 % de réduction au-delà de la 3e nuit. Accueil et pension chevaux (pâture, 6 attaches sous abri). Le hameau est entouré de magnifiques paysages, au grand calme.

Prix : 1 pers. **160 F** 2 pers. **220 F** 3 pers. **310 F** pers. sup. **90 F** repas **75 F**

Ouvert : toute l'année.

SP	10	5	25	10	25	5	15	SP	SP	15	4

LALLEMENT Abel - Hameau de Pourron - 08210 AUTRECOURT-ET-POURRON - Tél : 03 24 26 24 33

BOGNY-SUR-MEUSE La Vinaigrerie

TH

C.M. 53 Pli 18

4 ch. 4 chambres d'hôtes dans maison en pierres en bordure de la forêt, de la Meuse et d'une route. R.d.c. (accès 5 marches) : terrasses. Séjour/salon de caractère (insert). WC. 1er ét. : 3 ch. (1 lit 2 p., s.e., wc). 2e ét. mansardé : 1 ch. (1 lit 2 p.-annexe 2 lits superpo. 1 p., lit bébé). S.e., wc. Salon (clic-clac, TV, Nintendo, réfrigérateur). Ch. cent. gaz. Double vitrage. Serrure-sécurité dans chaque chambre. Terrain clos 1 000 m² (pergola, parking). Garage possible. Sentiers VTT, pédestres GR 12C sur place. Table d'hôtes le soir sur réserv. : 80 F 1/4 vin compris, enfant -10 ans 50 F. Lit bébé pliant. Non fumeur. Réduction à partir 3e nuitée.

Prix : 1 pers. **220 F** 2 pers. **250 F** pers. sup. **100 F** repas **80 F**

Ouvert : toute l'année.

SP	15	15	15	5	1	20	SP	SP	0,7	0,8

LAUNOIS Ghislain et Régine - 6, rue de la Vinaigrerie - 08120 BOGNY-SUR-MEUSE - Tél : 03 24 53 07 17 ou 06 83 66 21 65 - Fax : 03 24 53 07 17

BOSSEVAL

TH

C.M. 53 Pli 19

3 ch. 3 ch. d'hôtes dans un ancien presbytère du 18è comportant 2 gîtes en r.d.c. 1er ét. : 1 ch. (1 lit 2 pers., s.d.b., wc, fauteuils, TV). 2e ét. : coin-cuisine, 1 ch. mezza. (4 lits 1 pers., coin salon, TV, s.d.b., wc). 1 ch. (1 lit 2 pers., coin-salon, TV, s.d.b., wc). 2 lits bébé. L.linge. Réduc. 10 % >4 nuits. Balançoire. Chambres de charme, de caractère au mobilier ancien. Table d'hôtes le soir du 1/9 au 15/5 sur réserv. 48 heures avant 100 F boissons comprises, enf. < 7 ans 60 F. Pelouses. Barbecues. 3 salons de jardin. Poss. 4 VTT. Tennis gratuit, boulodrome 100 m. Accueil 4 chevaux à 6 km (boxes, pâture close).

Prix : 1 pers. **200 F** 2 pers. **250 F** 3 pers. **320 F** pers. sup. **80 F** repas **100 F**

Ouvert : toute l'année.

SP	10	10	15	10	10	SP	7	SP	3,2	10	SP

LAMBERTY Jean-François - 4, place de la République - 08350 BOSSEVAL - Tél : 03 24 52 19 99 ou 03 24 27 43 02 - Fax : 03 24 52 79 60

BRIENNE-SUR-AISNE

C.M. 56 Pli 6

3 ch. 3 chambres d'hôtes de caractère, avec entrée indépendante, au sein du corps de ferme des propriétaires, dans un cadre verdoyant, spacieux et tranquille. 1er étage : 2 ch. avec chacune : mezzanine (1 lit 2 pers., 1 lit 1 pers.) coin-salon (TV couleur), s.e. et wc privés. 1 ch. (1 lit 2 pers., TV couleur) avec s.e. privée et wc dans le couloir. Cuisine à disposition (coin repas). Restaurant au village. Terrain attenant : barbecue, portique. Salle de jeux dans ancienne écurie (ping-pong, baby-foot). Vélos à disposition. Musée privé. Caves de Champagne, Reims 20 km. « Chemin des Dames » 25 km.

Prix : 1 pers. **150 F** 2 pers. **180/230 F** 3 pers. **300 F** pers. sup. **70 F**

Ouvert : toute l'année.

SP	35	18	4	35	7	18	5	2	1	18	1

LERICHE Jacqueline et J-Pierre - 13, route Poilcourt Sydney - 08190 BRIENNE-SUR-AISNE - Tél : 03 24 72 94 25 - Fax : 03 24 72 94 25

CHAMPIGNEULLE

C.M. 56 Pli 9

3 ch. 3 chambres d'hôtes dans corps de ferme situé à proximité de la forêt d'Argonne. Terrain et parking attenants. Rez-de-chaussée : salle d'hôtes (TV). Etage : 1 ch. (1 lit 2 pers., salle d'eau, wc). 1 ch. (1 lit 2 pers., 1 lit 1 pers., salle d'eau, wc). 1 ch. (1 lit 2 pers., 2 lits 1 pers., wc, salle de bains). Lit bébé. Possibilité de pique-niquer sur place. Rivière 1 km. Restaurant 6 km.

Prix : 1 pers. **160 F** 2 pers. **210 F** 3 pers. **260 F** pers. sup. **50 F**

Ouvert : toute l'année.

SP	10	25	20	6	10	6	1	55	6

DECORNE Marie-Ange - 08250 CHAMPIGNEULLE - Tél : 03 24 30 78 66 ou 03 24 30 78 31

CHATEL-CHEHERY

(TH) *C.M. 56 Pli 9*

3 ch. Entre lacs et forêts, 3 chambres d'hôtes dans château XVIIIe, dans un village à flanc de côteau, dominant la vallée de l'Aire avec parc arboré offrant un panorama exceptionnel. R.d.c. : 1 ch. (double entrée, 2 lits 1 pers., s.e., wc, coin-salon, cheminée, coin-cuisine). Etage : 1 ch. (1 lit 2 pers., s.e., wc). 1 ch. (2 lits 1 pers., 1 lit 120 cm, s.e., wc). Table d'hôtes le soir sur réservation 100 F + boisson. Barbecue. Lit et nécess. enfant. Poss. lave et sèche-linge. Piscine privée chauffée du 15/6 au 15/9. Etang privé. Rivière à truites au village. Séjour gastronomique. Riche patrimoine : abbaye séculaire, églises fortifiées. Remise > 4 nuits.

Prix : 1 pers. **250/300 F** 2 pers. **400/450 F** pers. sup. **150 F** repas **100 F**

Ouvert : toute l'année.

SP	30	SP	30	30	0,3	15	SP	SP	65	12

HUET Jacques et Simone - Château de Châtel - 08250 CHATEL-CHEHERY - Tél : 03 24 30 78 54 - Fax : 03 24 30 25 51

CHEMERY-SUR-BAR

C.M. 56 Pli 9

3 ch. 3 chambres d'hôtes dans maison du XVIIIe dans le village. Jardin et parking. Rez-de-chaussée : salle d'hôtes (cheminée). Etage : 1 ch. (1 lit 2 pers., cabinet de toilette, wc). 1 ch. (1 lit 2 pers., cabinet de toilette), 1 ch. (2 lits 1 pers., cabinet de toilette). Douche et wc communs. Chauffage central. Passage routes des Forêts, Lacs et Abbayes. Eglise romane classée. Route Ardennes Eifel. Sentiers (étape du GR 14). Rivière, canal, halte fluviale 500 m. Aire de pique-nique et point de vue 1 km. Restaurants 12 km. Aérodrome 15 km. Ski de fond 20 km. Langue parlée : anglais.

Prix : 1 pers. **170 F** 2 pers. **200/250 F** pers. sup. **90 F**

Ouvert : du 1er avril au 30 septembre, plus vacances scolaires.

5	12	16	12	12	12	12	SP	0,5	16	SP

GUILLAUME Nicole et Rémy - La Brasserie - 08450 CHEMERY-SUR-BAR - Tél : 03 24 35 40 31

DONCHERY Le Sautou

(TH) *C.M. 53 Pli 19*

4 ch. Situées au cœur de l'Ardenne, dans une clairière, au château du Sautou XIXe, 4 spacieuses et charmantes chambres. R.d.c. : salle d'hôtes, salon (cheminées), wc, véranda avec vue sur parc. 1er étage privé. 2e étage : salon, 1 ch (1 lit 2 p., s.e., wc), 1 ch (2 lits 1 p., s.d.b., wc), 1 ch. (1 lit 2 p., s.d.b., wc), 1 suite (1 lit 1 p., 1 lit 2 p., s.d.b., wc). Coin cuisine (café, chauffe-biberon), nécessaire puériculture au 2e étage. Table d'hôtes le soir sur réservation : 120/140 F boisson non comprise. Coins salons privatifs dans chaque chambre (2 en tourelle). Cadre forestier (12 hectares) : bois, étang, ruisseau, tennis, piscine.

Prix : 1 pers. **350 F** 2 pers. **450 F** repas **120/140 F**

Ouvert : toute l'année.

SP	4	SP	20	30	20	SP	8	SP	4	8	4

GARDAN Michèle et Yvon - Le Sautou - 08350 DONCHERY - Tél : 03 24 52 70 08 - Fax : 03 24 52 70 08

FUMAY

C.M. 53 Pli 18

3 ch. 3 chambres d'hôtes dans maison de caractère du XVIIIe siècle en bordure de Meuse. Rez-de-chaussée : salon, salle d'hôtes (TV couleur). Etage : 1 ch. (1 lit 2 pers., salle d'eau, wc). 1 ch. (1 lit 2 pers., salle de bains, wc). 1 ch. (1 lit 2 pers., 1 lit 1 pers., salle de bains, wc). Chauffage central gaz. A 200 m possibilité de repas au feu de bois du mardi au dimanche soir : 80 F boisson non comprise (50 % de remise pour les enfants).

Prix : 1 pers. **250 F** 2 pers. **280 F** pers. sup. **100 F**

Ouvert : toute l'année.

SP	15	8	40	15	2	SP	15	SP	SP	2	SP

LORENT Jean-Claude - 3, rue du docteur Bourgeois - 08170 FUMAY - Tél : 03 24 41 29 66 ou 03 24 41 12 12

GIRONDELLE

(TH) *C.M. 53 Pli 17*

3 ch. 3 chambres d'hôtes de caractère. Entrée indépendante. Terrain attenant. Terrasse, aire de jeux. R.d.c. : salle d'hôtes rustique (cheminée). Etage : 1 ch. (1 lit 2 pers., 1 lit 1 pers.), 1 ch. (1 lit 2 pers., 2 lits 1 pers. gigognes), 1 ch. (1 lit 2 pers.), s.e. et wc privés. Possibilité lit bébé. Table d'hôtes : 80 F tout compris. (35 à 50 F/enfant - 15 ans). Découverte de la ferme. Village fleuri. Possibilité pêche en rivière au village. Accueil chevaux en pâture. Téléphoner de préférence aux heures de repas. Mise à disposition de vélos.

Prix : 1 pers. **180 F** 2 pers. **230 F** pers. sup. **100 F** repas **80 F**

Ouvert : toute l'année.

SP	15	12	25	15	15	5	15	SP	1	30	4

BROSSE Pascal et Pierrette - 08260 GIRONDELLE - Tél : 03 24 54 31 32 ou 06 84 85 67 49 - Fax : 03 24 54 31 32

GIVET

C.M. 53 Pli 9

2 ch. 2 chambres d'hôtes dans pavillon de haut standing sur propriété de 3700 m^2 (terrasse, barbecue, balançoire), en bordure de la frontière belge, à l'entrée du bourg. A l'étage, 1 ch. (1 lit 2 pers., TV couleur). Salle d'eau privée non communiquante avec wc. 1 ch. (2 lits 1 pers., TV couleur). Salle d'eau privée avec wc. Chauffage électrique. Garage. Berges de la Meuse à 500 m. Restaurants à 1 km. Métiers d'Arts, Fort de Charlemont à Givet.

Prix : 1 pers. **200 F** 2 pers. **250 F** pers. sup. **80 F**

Ouvert : toute l'année.

0,5	1	1	60	50	10	1	10	0,5	1	0,5	0,5

DUJEUX Robert et Josiane - 19 bis, route de Philippeville - 08600 GIVET - Tél : 03 24 42 75 33 - Fax : 03 24 40 01 66

GRANDPRE

TH *C.M. 56 Pli 9*

3 ch. 3 chambres d'hôtes dans maison XIXe et corps de ferme. Jardin d'agrément 1000 m^2. Garage. Cour fermée. Rez-de-chaussée : salle d'hôtes (piano à queue, TV, cheminée). 1er étage : 1 ch. (1 lit 2 pers., lit bébé), salle de bains et wc privés. 2e étage : 2 suites (1 lit 2 pers., 2 lits 1 pers.). Salles de bains et wc privés. Table d'hôtes : 70/80 F + boissons (vins : plus de 100 crus). 35 F enfants (- 8 ans). Chauffage central fuel. Produits fermiers. Boxes chevaux. Rivière sur place. Langue parlée : anglais.

Prix : 1 pers. **160 F** 2 pers. **220 F** 3 pers. **260 F** repas **70/80 F**

Ouvert : toute l'année.

SP	13	17	20	SP	13	SP	SP	17	SP

ARNOULD Dominique & Philippe - Rue de Montflix - 08250 GRANDPRE - Tél : 03 24 30 52 87 - Fax : 03 24 30 52 87

GRIVY-LOISY Le Pied des Monts

A *C.M. 56 Pli 8*

5 ch. 5 chambres d'hôtes dans corps de ferme situé dans un hameau, cadre verdoyant et tranquille. Terrasse, aire de jeux. R.d.c. : auberge de campagne (pet.déj. et repas). 1er étage : 4 chambres mezzanines (2 lits 2 pers.), salle d'eau et wc privatifs. 1 ch. (1 lit 2 pers., 1 lit 1 pers., salle d'eau et wc). Coin-salon avec TV et téléphone dans chaque chambre. Terrain et parking attenants. Sentiers, canoë, VTT, aquacycle 4 km. Lac 16 km.

Prix : 1 pers. **240/260 F** 2 pers. **270/290 F** 3 pers. **370 F** pers. sup. **80 F** repas **65/160 F**

Ouvert : toute l'année.

15	16	6	25	16	4	15	4	15	26	6

CREUWELS Maurice - Auberge du Pied des Monts - Grivy - 08400 GRIVY-LOISY - Tél : 03 24 71 92 38 - Fax : 03 24 71 96 21 - E-mail : auberge-du-pied-des-monts@wanadoo.fr - http://www.pied-des-monts.com

HAYBES

C.M. 53 Pli 18

4 ch. 4 chambres d'hôtes 1 et 2 épis au rez-de chaussée d'une vaste demeure en bord de Meuse. Entrée indépendante aux hôtes. Vue directe sur la Meuse et sur la forêt d'Ardenne. Parc 4 000 m^2 avec coins terrasse. Salle d'hôtes de prestige (TV coul.) et grand balcon. 2 ch. 1 épi (1 lit 2 p., lavabo). S.e. et wc communs. 2 ch. 2 épis (1 lit 2 p.). S.e. et wc privatifs. Chauffage central fuel. Restaurants sur place. 2 gîtes ruraux pour 3 et 4 personnes dans annexe. Accès direct au chemin de halage de la Meuse, ouvert toute l'année. Mini golf à 1 km. Possibilité ski de fond aux Vieux Moulins de Thilay à 10 km. Langue parlée : espagnol.

Prix : 1 pers. **230 F** 2 pers. **250/280 F** pers. sup. **50 F**

Ouvert : toute l'année.

SP	27	12	40	27	SP	2	27	SP	SP	SP	SP

BLONDEAU Noël et Mariana - 42, rue Saint-Louis - 08170 HAYBES - Tél : 03 24 41 61 93

LALOBBE La Besace

TH *C.M. 53 Pli 18*

4 ch. 4 chambres d'hôtes pour l'évasion dans maison indépendante. Hameau au cœur de la forêt. R.d.c. : salle d'hôtes. Salon (cheminée, TV couleur). Véranda. Etage : 2 ch. 2 épis (1 lit 2 pers., s.e.). WC privatifs attenants. 1 ch. 3 épis (1 lit 2 pers., 1 lit 1 pers., s.e., wc). 1 ch. 3 épis (1 lit 2 pers., s.e., wc). Jardin fleuri, arboré 5 000 m^2. Terrain de pétanque, ping-pong. Accueil chevaux (pâture attenante). GR12, sentiers balisés à 50 mètres. Location VTT à Signy l'Abbaye 5 km. Table d'hôtes sur réservation : 90 F boissons comprises. Possibilité de menus gastronomiques (gibier d'octobre à janvier) 150 F. Réduction 10 %>4 nuits. Langues parlées : allemand, anglais.

Prix : 1 pers. **220/240 F** 2 pers. **250/270 F** 3 pers. **320 F** repas **90/150 F**

Ouvert : toute l'année.

SP	35	24	28	35	35	5	14	SP	3	24	5

CARPENTIER Claude - La Besace - 08460 LALOBBE - Tél : 03 24 52 81 94 ou 03 24 52 82 15

MOUZON Villemontry

C.M. 56 Pli 10

4 ch. 4 chambres d'hôtes dans corps de ferme donnant sur la Meuse. Rez-de-chaussée : salle d'hôtes (cheminée, réfrigérateur). 4 ch. (1 lit 2 pers., 1 lit pliant 1 pers.), salles d'eau et wc privés. Vue exceptionnelle sur la gorge boisée de l'Alma et la vallée riante de Mouzon. Pension chevaux. Mini-golf 2 km. Canotage 10 km. Lac 12 km.

Prix : 1 pers. **170 F** 2 pers. **220 F** 3 pers. **310 F** pers. sup. **90 F**

Ouvert : toute l'année.

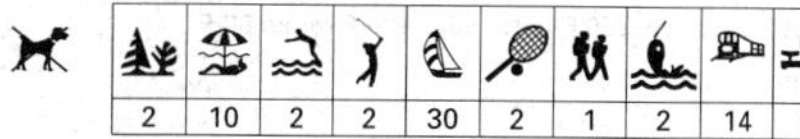

2	10	2	2	30	2	1	2	14	2

ADAMS Madeleine - Villemontry - 08210 MOUZON - Tél : 03 24 26 12 73

ROCROI *C.M. 53 Pli 18*

3 ch. 3 chambres d'hôtes dans ville fortifiée. Garage pour moto. Terrain (terrasse, barbecue). R.d.c. : salle d'hôtes (cheminée insert, TV couleur). Etage : 1 ch. 3 épis (1 lit 2 pers., salle d'eau, wc). 1 ch. 2 épis (1 lit 2 pers.). 1 ch. (2 lits 1 pers. superposés, 1 lit 1 pers., 1 lit 2 pers.). Salle d'eau, wc communs. L.linge. 2 VTT à disposition. Lit enfant 2 ans à disposition. Toutes les chambres sont équipées de TV couleur Canal Satellite. Table d'hôtes le soir sur réservation de 8O à 120 F boissons comprises (- 50 % enfants < 12 ans). En frontière franco-belge. Etape pour pélerins de Saint Jacques de Compostelle. Non fumeur.

Prix : 1 pers. **160/170 F** 2 pers. **240/250 F** pers. sup. **100 F**
repas **80/120 F**

2	8	SP	8	8	8	7	SP	8	12	SP

DUMONCEAU Françoise - 5, rue d'Hersigny - 08230 ROCROI - Tél : 03 24 53 86 37 - Fax : 03 24 53 86 37

SAILLY Grand'rue *C.M. 56 Pli 10*

1 ch. 1 chambre d'hôtes et sa suite dans maison rénovée en pierres. Garage. Terrasse, jardin et verger. Rez-de-chaussée : séjour/salon de caractère (TV couleur parabole). 1 ch. (1 lit 2 pers.) avec vue sur jardin et campagne. Salle d'eau. WC. Etage : suite (1 lit 2 pers., 1 lit 120 cm). Grand calme au sein d'un village de 250 habitants. Semi-aménagement pour handicapés à mobilité réduite. 2 bicyclettes à disposition.

Prix : 1 pers. **180 F** 2 pers. **240 F** pers. sup. **95 F**

Ouvert : toute l'année.

1,5	15	8	8	20	3	3	12	0,7	0,8	3	1,5

GADAN Maurice - Grand'Rue - 08110 SAILLY - Tél : 03 24 22 20 92 ou 06 74 42 00 56

SAPOGNE-SUR-MARCHE (TH) *C.M. 57 Pli 1*

2 ch. 2 chambres d'hôtes dans une ancienne ferme restaurée au cœur d'un petit village rural à la frontière belge. Entrée indépendante. Rez-de-chaussée : 2 ch. (2 lits 1 pers. longueur 2 m) avec salle d'eau et wc privés. Coin repas détente (poêle bois feu ouvert). Terrasse, cour, abri couvert. Table d'hôtes : à partir de 70 F. Circuits touristiques et gastronomiques transfrontaliers. Possibilité de week-end et mid-week golf avec initiation. Abbaye d'Orval, Avioth et St Walfroy 6 km. Citadelle Montmédy 15 km. Château-fort de Sedan 30 km. Langues parlées : hollandais, anglais, allemand.

Prix : 1 pers. **200 F** 2 pers. **300 F** repas **70/200 F**

Ouvert : toute l'année.

SP	20	12	6	25	25	15	25	SP	1	18	3

KLERKX Irène - Rue de l'Eglise - 08370 SAPOGNE-SUR-MARCHE - Tél : 03 24 29 44 02 - Fax : 03 24 29 67 86

SAULCES-MONCLIN Les Sources (TH) *C.M. 56 Pli 8*

5 ch. Calme, détente, repos, nature et convivialité, dans une maison de maître avec parc de 5 ha, une rivière, des cascades et un étang d'un ha. 5 ch. (3 lits 1 pers., s.d.b., wc privés pour 4, communs pour 1). A table , Sylvie et Régis vous feront partager leurs passions : peinture sur bois et soie, jardinage bio, photo, pêche, informatique. Remise > 2 nuits. A mi chemin entre Reims et Charleville, les Crêtes Préardennaises offrent de nombreuses activités dont randonnées à pied, cyclo, vtt et équestres (700 km de chemins balisés sur cartoguide) et tourisme de la Champagne à la Belgique. La gare de Rethel (12 km) est directe avec Paris (2 heures). Langue parlée : anglais.

Prix : 1 pers. **200 F** 2 pers. **270 F** 3 pers. **340 F** repas **90 F**

Ouvert : toute l'année.

SP	25	12	20	25	12	6	12	SP	SP	12	0,5

GOULDEN Régis et Sylvie - Les Sources - 08270 SAULCES-MONCLIN - Tél : 03 24 38 59 71 - Fax : 03 24 72 74 60 -
E-mail : sources@club-internet.fr

TOULIGNY Ferme de la Basse Touligny (TH) *C.M. 53 Pli 18*

3 ch. 2 chambres et une suite dans Ferme Fortifiée de 1652, cadre verdoyant. R.d.c. : salle d'hôtes. Salon (TV couleur, cheminée). 1 ch. (1 lit 2 pers., 1 lit 1 pers., s.d.b., wc). Etage : 1 ch. (1 lit 2 pers., 1 lit 1 pers., s.d.b., wc). 1 suite (1 ch. (1 lit 2 pers., 1 lit 1 pers.), annexe (1 lit 2 pers., 1 lit 1 pers.), coin-salon, salle d'eau, wc. Ferme champêtre classée monument historique d'élevage bovin et ovin dans cadre calme avec parcours de pêche privée sur la Vence. Table d'hôtes le soir sur réservation : 120 F boissons comprises, 60 F repas enfants (moins de 12 ans). Réductions pour groupes et long séjour. Supplém. animaux 20 F. Langues parlées : allemand, anglais.

Prix : 1 pers. **200 F** 2 pers. **250 F** pers. sup. **60 F** repas **120 F**

Ouvert : toute l'année.

SP	18	15	15	18	18	2,5	15	SP	SP	15	2,5

LEDOUX-FOSTIER J.Claude & Dominique - La Basse Touligny - 08430 POIX-TERRON - Tél : 03 24 35 60 07 - Fax : 03 24 35 51 45

TOURNAVAUX (TH) *C.M. 53 Pli 19*

3 ch. 3 chambres d'hôtes dans maison de pays située dans cadre verdoyant et tranquille en bordure de Semoy (rivière). Terrain, parking attenants. Rez-de-chaussée : salle d'hôtes (cheminée, TV couleur). Etage : 2 ch. (1 lit 2 pers., 1 lit 1 pers., salle d'eau, wc). 1 ch. avec mezzanine 20 m^2 (1 lit 2 pers., 1 lit 1 pers., coin-cuisine, s.e., wc). Lit bébé. Table d'hôtes le soir sur réservation à partir de 80 F (1 boisson comprise), enfants moins de 10 ans (40 F). Lit bébé. Réduction 15% à partir de la 6e nuitée. Supplément kitchenette 50 F.

Prix : 1 pers. **200 F** 2 pers. **250 F** pers. sup. **100 F** repas **80 F**

Ouvert : toute l'année.

SP	1	10	15	SP	1	10	SP	SP	9	SP

DUPONT Guy - 25/27 Grand'Rue - 08800 TOURNAVAUX - Tél : 03 24 32 83 54 ou 06 14 25 55 36 - Fax : 03 24 32 83 54

VIEL-SAINT-REMY Margy

TH *C.M. 56 Pli 8*

3 ch. 3 chambres d'hôtes aménagées dans une ancienne fermette du Porcien. Environnement nature. Jardin verger, étang pour pêche gratuite. Terrasse couverte et ouverte avec vue remarquable. Salle d'hôtes et salon (cheminée). Etage : accès privatif. 1 ch. (1 lit 2 pers.). 2 ch. (1 lit 2 pers., 1 lit 1 pers.). Salle d'eau et wc privatifs pour chaque chambre. Lit bébé et accessoires bébé, TV sur demande. Décoration personnalisée par les proriétaires (patchwork, broderies, tableaux 3D...). Table d'hôtes le soir sur réservation : 95 F boisson comprise, repas enfant moins de 10 ans : 50 F. Garage pour motos et vélos.

Prix : 1 pers. **190 F** 2 pers. **230 F** 3 pers. **320 F** pers. sup. **80 F** repas **95 F**

Ouvert : toute l'année.

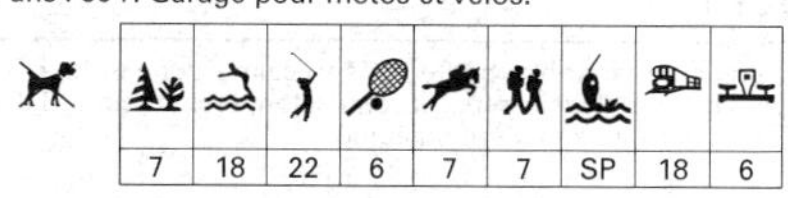

7	18	22	6	7	7	SP	18	6

TURQUIN Thérèse et René - Margy - 08270 VIEL-SAINT-REMY - Tél : 03 24 38 56 37 - Fax : 03 24 38 56 37

VIEUX-LES-ASFELD

A *C.M. 56 Pli 6*

4 ch. 4 chambres aménagées dans une ferme ancienne très fleurie. R.d.c. : salle d'hôtes (cheminée, point phone toutes cartes), salle séminaire. Etage : 1 ch. avec mezzanine (1 lit 2 pers., 2 lits 1 pers., s.e., wc, TV). 1 ch. (2 lits 1 pers., s.e., wc, TV). 1 ch. (1 lit 2 pers., 2 lits superposés, 1 lit 1 pers., s.d.b., wc, TV). 1 ch. (1 lit 2 pers., s.e., wc, TV). Chauffage central. Auberge de campagne, parking, jardin, terrasse, espace jeux, basse-cour, volière, moutons sur place. Pêche, rivière, canal. Possibilité VTT. Route Porcien. Eglise Asfeld (XVIe). Chemin des Dames. Musées. Caves Champagne, Reims 25 km.

Prix : 1 pers. **200 F** 2 pers. **240 F** pers. sup. **85/100 F** repas **60/150 F**

Ouvert : toute l'année.

0,5	25	25	10	40	1	5	12	SP	1	25	1,5

AUBERGE D'ECRY - Christiane LAMOTTE et Michel BOUCTON - 08190 VIEUX-LES-ASFELD - Tél : 03 24 72 94 65 - Fax : 03 24 38 39 41 - http://www.stpi.com/fermes_auberges/ffr08001.html

VILLERS-SUR-LE-MONT

TH *C.M. 53 Pli 18*

4 ch. 4 chambres d'hôtes dans corps de ferme isolé, avec cour, jardin et parking attenants. Rez-de-chaussée : salle d'hôtes (TV, cheminée). Etage : 1 ch. (1 lit 2 pers., 1 lit 1 pers., salle de bains, wc). 1 ch. (1 lit 2 pers., 1 lit 1 pers., salle d'eau, wc). 2 ch. (1 lit 2 pers., salle d'eau, wc). Lit bébé sur demande. Grand calme au milieu des prés et des bois.

Prix : 1 pers. **180 F** 2 pers. **220 F** pers. sup. **70 F** repas **75 F**

Ouvert : toute l'année.

3	25	14	5	25	25	3	5	SP	SP	14	3

COLINET M.France et J.Claude - 08430 VILLERS-SUR-LE-MONT - Tél : 03 24 32 71 66 - Fax : 03 24 32 71 66

VIREUX-WALLERAND

C.M. 53 Pli 18

1 ch. 1 chambre d'hôtes et 1 chambre annexe au second étage d'une maison mitoyenne avec terrain clos (barbecue) commun avec un gîte rural. Possibilité garage ou abri couvert. Coin cuisine. 1 ch. (1 lit 2 pers., 1 lit enfant 5 ans). 1 ch. (2 lits 1 pers.). Salle d'hôtes (TV couleur, divan). Salle d'eau. WC. Chauffage central. Commerce local. Restaurant, produits fermiers au village. Visite Camp Romain. Lac des Vieilles Forges 30 km.

Prix : 1 pers. **200 F** 2 pers. **250 F** pers. sup. **100 F**

Ouvert : toute l'année.

SP	10	10	30	3	SP	SP	SP	SP	SP	SP

HENQUIN Edouard - 8, place de l'Eglise - 08320 VIREUX-WALLERAND - Tél : 03 24 41 61 57 ou 03 24 42 08 29 - Fax : 03 24 42 08 29 - E-mail : quindard@aol.com

WARNECOURT

C.M. 53 Pli 18

1 ch. 1 chambre d'hôtes indépendante en pierres, à 20 m de la maison des propriétaires. Terrain avec étang d'agrément. Parking privé. Terrasse et terrain privatifs clos 80 m^{2}. Chambre de caractère de plain pied (1 lit 2 pers.) avec TV couleur (cheminée). Couchage 1 pers. en mezzanine (accès par échelle meunier). Lit bébé (30 F). Salle d'eau avec wc. Chauffage électrique. Petit village situé à 6 km de Charleville-Mézières (musées, place Ducale, cinéma, théâtre...) et 15 km de Launois sur Vence (brocantes, métiers d'art, gastronomie, artisanat...). Location de VTT à 6 km. Cabine téléphonique à 10 m. Langue parlée : anglais.

Prix : 1 pers. **230 F** 2 pers. **280 F** pers. sup. **90 F**

Ouvert : toute l'année.

1	6	6	3	30	8	0,3	13	SP	6	6	6

PERRET Bernard - 25, rue de la Hobette - 08090 WARNECOURT - Tél : 03 24 58 08 76

GITES DE FRANCE
Service Réservation
2 bis, rue Jeanne d'Arc - B.P. 4080
10014 TROYES Cedex
Tél. 03 25 73 00 11 - Fax. 03 25 73 94 85

3615 Gîtes de France
1,28 F/min

AVIREY-LINGEY

C.M. 61 Pli 17

2 ch. Au cœur du vignoble, petite maison calme donnant sur les vignes, 2 chambres avec salle d'eau et wc individuels. 1 ch. (1 lit 2 pers.), 1 ch. (2 lits 1 pers.). Grand salon, bibliothèque, TV. Jardinet fleuri, salon de jardin. Petit déjeuner copieux. Possibilité de pêche à la truite en rivière ou étang.

Prix : 1 pers. **200 F** 2 pers. **260/290 F**

Ouvert : toute l'année.

35	SP	SP	25	25	8	SP	SP	8

MAITRE - 6, rue du Torchepot - 10340 AVIREY-LINGEY - Tél : 03 25 29 39 63 ou SR : 03 25 73 00 11

BAROVILLE

C.M. 61 Pli 9

1 ch. Sur la Route Touristique du Champagne, maison de caractère sur terrain clos, arboré et fleuri. Salon de jardin. A l'étage de la maison du propriétaire, 1 chambre (1 lit 2 pers.) donnant sur les vignes. Salle d'eau et wc privatifs. Possibilité de visiter l'exploitation viticole avec dégustation.

Prix : 1 pers. **120 F** 2 pers. **200 F**

Ouvert : toute l'année.

15	25	SP	25	25	15	SP	12	4

URBAIN Michel - Les Combelles - 10200 BAROVILLE - Tél : 03 25 27 00 36 ou SR : 03 25 73 00 11 - Fax : 03 25 27 78 80

BERCENAY-EN-OTHE

(TH) *C.M. 61 Pli 16*

3 ch. **Troyes 15 km.** Accueil familial, Chantal et Albert sont à votre disposition. Maison de caractère local avec un accès indépendant s'ouvrant sur une terrasse et un grand espace vert aménagé de jeux et clôturé. 3 ch. avec coin-toilette (2 lits 1 pers. possilité lit suppl. lit bébé gratuit), s.d.b. commune avec douche faisant suite aux 2 ch. Table d'hôtes (cuisine traditionnelle), spécialité : cerf d'élevage, repas pris au coin d'un feu de cheminée. Village reposant,entouré de chemins de randonnées de la forêt d'Othe. Langues parlées : anglais, allemand.

Prix : 1 pers. **140 F** 2 pers. **200 F** 3 pers. **260 F** repas **75/105 F**

Ouvert : toute l'année.

10	10	10	10	15	10	SP	10	15	5

GERLACH Albert - 7, rue d'Estissac - 10190 BERCENAY-EN-OTHE - Tél : 03 25 75 86 40 - Fax : 03 25 75 82 57

BERNON

(TH)

4 ch. Dans ancienne fromagerie, ferme d'héliciculture aux portes de la Bourgogne et des côteaux de Chablis. Rez-de-chaussée avec entrée indép. : 1 ch. (1 lit 2 pers.), s. d'eau, wc, 1 ch. (2 lit 1 pers.), s.d.b., wc. A l'étage : 1 ch. (1 lit 2 pers.), s. d'eau, wc et 1 ch. (2 lits 2 pers.), s. d'eau, wc. Salon, séjour avec cheminée. TV dans les chambres. Cuisine à disposition, jardin d'agrément avec salon, parking. Table d'hôtes et goûter à la ferme sur réservation, vente de produits du terroir. Langue parlée : anglais.

Prix : 1 pers. **210/230 F** 2 pers. **230/250 F** repas **90 F**

Ouvert : toute l'année.

17	1	SP	40	10	12	SP	12	17	SP

PETIT Daniel et Claudine - 2, rue de la Fontaine - 10130 BERNON - Tél : 03 25 70 55 42 ou 03 25 70 08 34 - Fax : 03 25 70 50 90

BOUILLY

(TH) *C.M. 61 Pli 16*

3 ch. Sur la RN77, à 10 mn de Troyes, direction Auxerre, 30 mn des lacs, aux portes de la Forêt d'Othe, Michèle et Jean-Paul vous accueillent dans leur ferme à pans de bois. 2 ch. (1 lit 2 pers. 1 lit d'appoint). S.d.b. et wc privés. 1 ch. (1 lit 2 pers. 2 lits 1 pers.). Salle de détente avec cheminée, TV, bibliothèque. Cour fermée, fleurie. Parc ombragé, salon de jardin. Jeux pour enfants. Table d'hôtes boisson non comprise.

Prix : 1 pers. **210 F** 2 pers. **250 F** pers. sup. **80 F** repas **75/90 F**

Ouvert : toute l'année.

13	10	SP	25	13	SP	SP	8

BENOIT Jean-Paul et Michèle - 27, rue du Bois - 10320 BOUILLY - Tél : 03 25 40 25 35 ou SR : 03 25 73 00 11

BOURGUIGNONS

C.M. 61 Pli 17

3 ch. A 2 H de Paris sur la route du Champagne, faites halte à « la Capitainerie », ancienne administration éclusière de 150 ans. 4 ch. personnalisées, vue sur la seine et jardin. 1 ch. (2 lits 1 pers. 1 lit 2 pers.), 2 ch. (1 lit 2 pers.), 1 ch. (1 lit 2 pers. poss. 3 pers.), salle de bains et wc individuels. La salle du four à pain sert d'atelier de peinture sur œufs. Pelouse avec meubles de jardin. Cuisine d'été et véranda aménagée. De vieilles porcelaines égayent le petit déjeuner.

Prix : 1 pers. **200 F** 2 pers. **220/270 F** 3 pers. **350 F** pers. sup. **80 F**

Ouvert : toute l'année.

30	SP	3	18	18	2	SP	19	SP

GRADELET Raymond - Capitainerie de Saint-Vallier - 10110 BOURGUIGNONS - Tél : 03 25 29 84 43

BOURGUIGNONS

TH — *C.M. 61 Pli 17*

5 ch. **Lacs d'Orient 15 km.** Au cœur du vignoble champenois, ancienne ferme restaurée, située à 500 m de la N71. 5 chambres de plain-pied : 2 ch. (1 lit 2 pers. 1 lit 1 pers.), 2 ch. (1 lit 2 pers.), 1 ch. (2 lits 1 pers.). Salle d'eau, wc individuel. Salon de jardin dans grande cour fleurie. Salle commune avec salon, TV, cheminée, coin-cuisine à disposition. Parking fermé.

Prix : 1 pers. **120/160 F** 2 pers. **230/265 F** 3 pers. **345 F** pers. sup. **120 F** repas **95 F** 1/2 pens. **210 F** pens. **250 F**

Ouvert : toute l'année.

25	SP	SP	20	20	SP	SP	3	2

GRIS Francis - 28, rue Jean Monnet - 10260 VIREY-SOUS-BAR - Tél : 03 25 29 73 19 ou SR : 03 25 73 00 11

BOUY-LUXEMBOURG

TH — *C.M. 61 Pli 17*

4 ch. Nicole, Serge et leurs enfants vous accueillent dans leur ferme familiale en activité. Dans un bâtiment indépendant rénové 4 chambres avec sanitaires et douches individuels. 2 ch. (1 lit 2 pers. 1 lit 1 pers.), 1 ch. (1 lit 2 pers. 2 lits superposés), 1 ch. (1 lit 2 pers.). Possibilité lit supplémentaire. Cuisine à disposition. Grande salle de détente. A la ferme découverte des animaux et du matériel agricole. Possibilité de visiter l'Eglise XV et XVIe siècles.

Prix : 1 pers. **150 F** 2 pers. **200 F** pers. sup. **50 F** repas **80 F**

Ouvert : toute l'année.

15	10	10	10	10	10	SP	10	15	5

BOUVRON Nicole et Serge - 10220 BOUY-LUXEMBOURG - Tél : 03 25 46 31 67 - Fax : 03 25 46 31 67

BOUY-SUR-ORVIN

C.M. 61 Pli 5

2 ch. Ferme forte du XVIIIe siècle insérée dans le bâtit villageois, composé d'éléments défensifs et d'un superbe pigeonnier nouvellement restauré. En haut d'un escalier monumental en bois, 1 ch. (2 lits 2 pers. lavabo), 1 ch. (1 lit 2 pers.), coin-cuisine. Salle d'eau et wc à l'extérieur de la chambre. L'Orvin coule au fond d'un jardin entretenu avec passion et paré de mille fleurs où vous dégusterez des fruits de saisons. Langue parlée : anglais.

Prix : 1 pers. **130 F** 2 pers. **200 F** 3 pers. **300 F**

Ouvert : toute l'année.

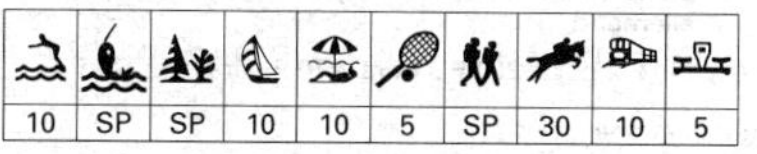

10	SP	SP	10	10	5	SP	30	10	5

BAUGNET James - Ferme du Château - 10400 BOUY-SUR-ORVIN - Tél : 03 25 39 20 56 - Fax : 03 25 39 23 74

BREVONNES

C.M. 61 Pli 18

2 ch. Au cœur des lacs de la Forêt d'orient, vaste maison, calme donnant sur jardin ombragé. En rez-de-chaussée, 1 chambre (1 lit 2 pers. 1 lit 1 pers.), 1 chambre (2 lits 2 pers. 1 lit 1 pers.), douche, lavabo individuel, wc communs. Entrée indépendante aux propriétaire. Barbecue et réfrigérateur à disposition.

Prix : 1 pers. **150 F** 2 pers. **200 F** pers. sup. **50 F**

Ouvert : toute l'année.

20	SP	SP	10	10	SP	SP	10	5

MAILLY René - Rue du Bois - 10220 BREVONNES - Tél : 03 25 46 31 30

BREVONNES

TH — *C.M. 61 Pli 18*

3 ch. Au cœur des grands lacs de la Forêt d'Orient, grande maison au calme dans un vaste jardin ombragé donnant sur les prés. Salon de jardin, jeux d'enfants. Rez-de-chaussée : 2 ch. (1 lit 2 pers.), 1 ch. (1 lit 2 pers. 1 lit 1 pers. et possibilité lits sup.). Salle d'eau et wc privés. Entrée indépendante. Petite cuisine et barbecue à disposition. Table d'hôtes réputée sur réservation.

Prix : 1 pers. **160 F** 2 pers. **230/240 F** repas **90 F**

Ouvert : toute l'année.

20	SP	SP	10	10	SP	SP	10	30	4

ANTOINE Gilles - 6, rue de Dienville - 10220 BREVONNES - Tél : 03 25 46 31 44

CHARMONT-SOUS-BARBUISE

TH — *C.M. 61 Pli 7*

2 ch. Au centre de la plaine champenoise, sortie A26 Troyes Nord N°31, sur la commune, à 10 mn des lacs et magasins d'usines. En r.d.c. de la maison des propriétaire, 2 ch. de plain-pied entrée et cour indépendantes donnant sur un jardin où passe la rivière, grand calme. Chaque chambre (1 lit 2 pers.), s. d'eau, wc, TV. Possibilité lit supplémentaire et lit bébé 10 F. Table d'hotes le soir sur réservation de préférence.

Prix : 1 pers. **180 F** 2 pers. **230 F** pers. sup. **50 F** repas **95 F**

Ouvert : toute l'année.

14	10	10	10	10	SP	10	6	14	14

LAURENT Claudine - 27, rue des Sources - 10150 CHARMONT-SOUS-BARBUISE - Tél : 03 25 41 01 64

COURTERON

(TH) C.M. 61 Pli 18

3 ch. Dans un vaste corps de ferme fortifiée du XVIe intégrant un ancien monastère du XIIIe, 3 ch. intimes de plain-pied avec mur de pierre apparent et décorées dans les tons pastels entrée individuelle. 1 ch. (1 lit 2 pers. 1 lit 1 pers.), 2 ch. (1 lit 2 pers.), chacune avec wc et salle d'eau individuels. Restaurant sur place, et uniquement le week-end en pleine saison. Salon de jardin, espaces verts fleuris, chemin de randonnées des cadoles + plus route touristique du champagne passant au village. Vente à la ferme : volailles + foie gras.

Prix : 1 pers. **190 F** 2 pers. **220 F** 3 pers. **300 F** pers. sup. **80 F** repas **100 F**

Ouvert : de février à décembre.

20	2	1	35	SP	8	SP	10	10

SARL FERME DE LA GLOIRE DIEU - La Gloire Dieu - 10250 COURTERON - Tél : 03 25 38 20 67

LES CROUTES

(TH) C.M. 61 Pli 16

3 ch. Entre la Champagne et la Bourgogne, aux portes du Chablisien, maison contemporaine de caractère avec parc boisé (1 ha.). 2 ch. (1 lit 2 pers.), s d'eau, wc. 1 ch. (2 lits 1 pers. 1 lit 2 pers.), s. d'eau et wc. Coin-détente autour d'une grande cheminée, TV, vidéo. Salon, bibliothèque à disposition, salon de jardin. Table d'hôtes de qualité (apéritif, vin compris) réservation avant 16 h. Petit déjeuner : viennoiseries et confitures maison.

Prix : 1 pers. **195/225 F** 2 pers. **225/275 F** 3 pers. **325 F** repas **105 F**

Ouvert : du 16 mars au 14 novembre.

25	SP	SP	3	SP	15	12	5

ALBERT-BRUNET Marie-Anne - 10130 LES CROUTES - Tél : 03 25 70 60 90 - Fax : 03 25 70 60 90

DIENVILLE

C.M. 61 Pli 18

5 ch. **Base nautique de Port Dienville à environ 200 m.** Dans bâtiments de style champenois du XIXe, couplées à un camping, le « Colombier » offre à l'étage : 2 ch. (1 lit 2 pers.), 1 ch. (2 lits 1 pers.), 2 ch. (1 lit 2 pers. 1 lit 1 pers.). 2 wc et 2 douches communes. Cuisine équipée et salle de repas à la dispo. des clients, salle de détente. Ping-pong, baby-foot, TV, parking. entrée indépendante. En saison restauration rapide sur place. Terrain avec jeux et rivière Aube. Petit déjeuner copieux. Langues parlées : anglais, allemand.

Prix : 1 pers. **150 F** 2 pers. **200 F** 3 pers. **270 F** pers. sup. **70 F**

Ouvert : toute l'année.

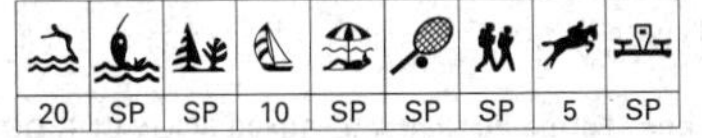

20	SP	SP	10	SP	SP	SP	5	SP

LE COLOMBIER - 10500 DIENVILLE - Tél : 03 25 92 23 47

EAUX-PUISEAUX

C.M. 61 Pli 6

3 ch. **Musée du Cidre au village.** Dans le Pays d'Othe, Marie-Paule et Francis vous accueillent dans leur ferme et vous proposent 3 chambres toutes équipées de salle d'eau et wc ainsi que de TV. 1 ch. (1 lit 2 pers.), 1 ch. (2 lits 1 pers.), 1 ch. (1 lit 2 pers. + lits superposés + 1 lit 1 pers.). Jeux d'enfants à disposition portique, location et circuit VTT sur place. Langue parlée : anglais.

Prix : 1 pers. **180 F** 2 pers. **230 F** pers. sup. **60 F**

Ouvert : toute l'année.

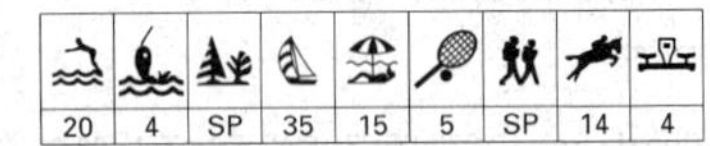

20	4	SP	35	15	5	SP	14	4

LAMBERT Francis - Ferme des Hauts Frènes - 10130 EAUX-PUISEAUX - Tél : 03 25 42 15 04 - Fax : 03 25 42 02 95

ESTISSAC

(TH) C.M. 61 Pli 16

5 ch. Au pied de la rivière « La Vanne », 5 chambres à l'étage du moulin. WC, salle de bains, TV dans chaque chambre. 4 ch. (1 lit 2 pers.), 1 ch. (3 lits 1 pers.). Sauna, grande salle et salon à disposition. Parc ombragé, parking, boutique cadeaux du terroir, parc animalier. Cuisine du Terroir. Chambres non fumeur. Langues parlées : anglais, allemand.

Prix : 1 pers. **280/320 F** 2 pers. **320/360 F** 3 pers. **430 F** repas **108 F**

Ouvert : toute l'année.

7	SP	SP	10	6	1	SP	3	25	SP

MESLEY Edouard - Moulin d'Eguebaude - 10190 ESTISSAC - Tél : 03 25 40 42 18 ou 03 25 40 40 92 - Fax : 03 25 40 40 92

ESTISSAC

C.M. 61 Pli 16

4 ch. Dans le Pays d'Othe, Monsieur Philippe et ses 2 filles vous accueillent chaleureusement dans leur propriété agrémentée d'un agréable parc ombragé, d'un plan d'eau, d'une piscine couverte et chauffée. 1 ch. (1 lit 2 pers.), 1 ch. (1 lit 2 pers. 1 lit 1 pers.), 1 ch. (2 lits 2 pers.), 1 ch. (1 lit 2 pers. 2 lits 1 pers.), baignoire balnéo, douche, wc. Possibilité de lit d'appoint et lit bébé dans toutes les chambres. Petit déjeuner copieux (confiture, miel, viennoiserie...). Langues parlées : anglais, allemand.

Prix : 1 pers. **200 F** 2 pers. **240 F** 3 pers. **280 F** pers. sup. **40 F**

Ouvert : toute l'année.

7	SP	SP	10	6	1	SP	3	SP

PHILIPPE Laurent - 23, rue J. Hector - 10190 ESTISSAC - Tél : 03 25 40 67 01 ou 06 80 65 54 93

FOUCHERES

C.M. 61 Pli 17

5 ch. Dans village orné de bois et traversé par la Seine, maison juste à côté de l'église. 3 ch. avec cheminée. En r.d.c. : 1 ch. (2 lits 2 pers.). A l'étage : 1 ch. (2 lits 2 pers.), 1 ch. (2 lits 2 pers. 1 lit 1 pers.). Salle d'eau, wc. Dans un autre bâtiment restauré 2 ch. meublées XVIIIe et XIXe (1 lit 2 pers. 1 lit 1 pers.). Espace détente. Note québecoise au petit déjeuner. Prieuré du XIe siècle desservi par une tour centrale situé dans une ferme en activité.

Prix : 1 pers. **220 F** 2 pers. **270 F** pers. sup. **75 F**

Ouvert : toute l'année.

SP	SP	SP	18	SP	5	SP	8	22	4

BERTHELIN Gilles et Sylvie - Place de l'Eglise - Le Prieuré - 10260 FOUCHERES - Tél : 03 25 40 98 09

FULIGNY

TH *C.M. 61 Pli 9*

1 ch. En bordure des lacs et du vignoble champenois, maison ancienne au milieu d'une campagne verte et boisée. En rez-de-chaussée : entrée indépendante formant bureau, bibliothèque ouverte sur terrasse et jardin. A l'étage : 1 chambre tout confort (1 lit 2 pers. 1 lit 1 pers.), poss. lit supplémentaire. Vélos, ping-pong, TV. Table d'hôtes, cuisine gastronomique sur réservation uniquement. Langue parlée : anglais.

Prix : 1 pers. **220 F** 2 pers. **260 F** pers. sup. **50 F** repas **95 F**

Ouvert : toute l'année.

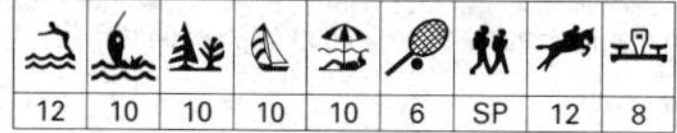

12	10	10	10	10	6	SP	12	8

GEORGES Nicole - 17, rue des Ecuyers - 10200 FULIGNY - Tél : 03 25 92 77 11 ou SR : 03 25 73 00 11 - Fax : 03 25 92 77 11

GERAUDOT

C.M. 61 Pli 17

6 ch. Dans les larges espaces de la Champagne Humide, en bordure du Lac de la Forêt d'Orient, notre maison en pierre abrite 6 chambres. 2 ch. (1 lit 2 pers.), 2 ch. (1 lit 1 pers. 1 lit 2 pers.), 1 ch. (2 lits 1 pers. 1 lit 2 pers.), 1 ch. (1 lit 2 pers. 2 lits 1 pers. douche individuelle). 2 salles d'eau et wc communs pour les autres chambres. Coin-cuisine. Taxe de séjour. Langue parlée : anglais.

Prix : 1 pers. **110 F** 2 pers. **180 F** 3 pers. **220 F** pers. sup. **50 F**

Ouvert : toute l'année.

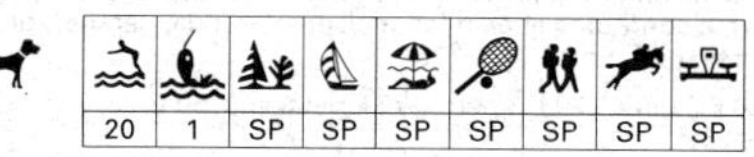

20	1	SP	SP	SP	SP	SP	SP	SP

RENAUDET Marcelle - 19, rue du Général Bertrand - 10220 GERAUDOT - Tél : 03 25 41 22 92 ou 03 25 80 63 40 - Fax : 03 25 80 11 24

JEUGNY

TH *C.M. 61 Pli 16*

4 ch. A l'orée du chaourçois, région de forêts profondes riches en champignons et gibier, Jean et Danielle vous accueillent dans leur grande maison typiquement champenoise au milieu d'un verger. 1 ch. (2 lits 1 pers.), 1 ch. (1 lit 2 pers. 1 lit 1 pers.), 1 ch. (3 lits 1 pers.), 1 ch. (2 lits 1 pers., bureau). Chambres de plain-pied avec s.d.b. et wc. Salle commune avec cheminée, coin-cuisine, salon de jardin, parking. Excursions : promenades à pieds, ou vélos dans forêt, visite de Troyes, route du Champagne. Le Pays d'Othe avec son musée du cidre, parc de la Forêt d'Orient et lac.

Prix : 1 pers. **190 F** 2 pers. **240 F** 3 pers. **290 F** repas **90 F**

Ouvert : toute l'année.

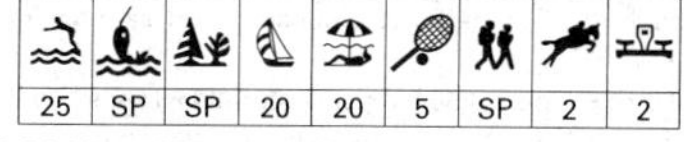

25	SP	SP	20	20	5	SP	2	2

CHALONS Jean - 22, rue de Villeneuve - 10320 JEUGNY - Tél : 03 25 40 21 93 ou SR : 03 25 73 00 11

LANDREVILLE

C.M. 61 Pli 18

2 ch. A Landreville, petit village de caractère, Françoise et Yves Dufour vous accueillent dans leur grande maison, à côté de l'église du XIIe siècle. Ils vous proposent 1 suite familiale de 2 chambres séparées + s. d'eau et wc privatifs. Ch. « d'annette » (1 lit 2 pers.), ch. « aux papillons » (1 lit 130). Vous retrouverez l'âme des vignerons et la passion du vin de vos hôtes. Au cœur des côteaux du vignoble de la Côte des Bar sur la route touristique du Champagne. Langue parlée : anglais.

Prix : 1 pers. **200 F** 2 pers. **250 F** 3 pers. **400 F**

Ouvert : toute l'année.

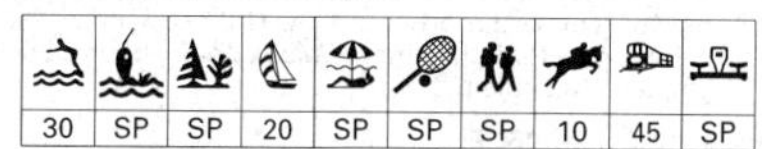

30	SP	SP	20	SP	SP	SP	10	45	SP

**DUFOUR Françoise - 4, rue la Croix Malot - 10110 LANDREVILLE - Tél : 03 25 29 66 19 - Fax : 03 25 38 56 50 -
E-mail : dufourearl@aol.com**

LAUBRESSEL

C.M. 61 Pli 17

6 ch. Sur un terrain clos arboré et fleuri, parking privé, 6 chambres avec salle d'eau et wc privés dans une ancienne grange et pigeonnier tout en colombage régional. 1 ch. (1 lit 2 pers.), 2 ch. (1 lit 2 pers. 2 lits 1 pers.), 1 ch. (4 lits 1 pers.), 2 ch. (2 lits 2 pers.). 2 salles/coin-cuisine dont 1 salle avec cheminée. L-linge disponible. Salon de jardin, piscine, barbecue. Petit déjeuner (lait, fromage blanc, yaourt de la ferme, viennoiseries confitures maison). Autoroute A26 Thennelière 4 km. Sur le circuit touristique du Balcon du Parc Naturel de la Forêt d'Orient.

Prix : 1 pers. **150 F** 2 pers. **230 F** 3 pers. **280 F** pers. sup. **320 F** repas **40 F**

Ouvert : toute l'année.

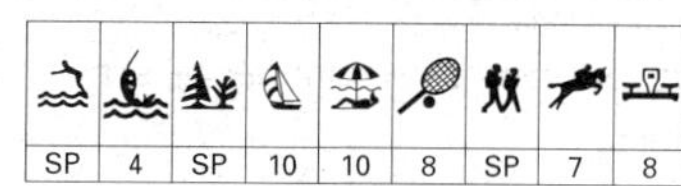

SP	4	SP	10	10	8	SP	7	8

JEANNE Joëlle - 33, rue du Haut - 10270 LAUBRESSEL - Tél : 03 25 80 27 37 - Fax : 03 25 80 80 67

LAUBRESSEL

C.M. 61 Pli 17

3 ch. Dans sa maison à pans de bois, Nelly est heureuse de vous proposer 1 chambre familiale pour 3 ou 5 pers., 1 ch. (1 lit 2 pers.), salles d'eau et wc privés. Pour vous sentir chez vous, selon la saison, un coin salon devant la cheminée ou un barbecue dans le jardin. Cuisine à disposition. Petit déjeuner copieux. Lacs et forêt d'Orient à 8 km.

Prix : 1 pers. **160 F** 2 pers. **230 F** 3 pers. **270 F**

Ouvert : toute l'année.

10	4	SP	10	10	8	SP	7	8

NOAILLY Nelly - 2, rue Paty - 10270 LAUBRESSEL - Tél : 03 25 80 61 77

LESMONT

(TH) *C.M. 61 Pli 8*

E.C. 5 ch. Sur bord du parc de la forêt d'orient, au sein d'un ancien relais de chasse à courre, jouxtant parc boisé et rivière aube, 5 ch. tout confort (salle de bains, wc, TV), dont 2 ch. en r.d.c. 3 ch. (1 lit 2 pers.), 1 ch. (2 lits 1 pers.), 1 ch. (3 lits 1 pers.). Salon avec cheminée, à l'étage salle de détente au-dessus de la salle de repas. Piscine 15 x 7 m, jeux pour enfants, terrain de boules, étape équestre 6 boxes. Nombreuses ballades à pied (GR) ou à VTT (possibilité) pour observer la nature ou pédaler jusqu'aux lacs 10 km. Possibilité lit enfant, parking privé, chenil pour animaux Langue parlée : anglais.

Prix : 1 pers. **280 F** 2 pers. **330 F** 3 pers. **400 F** repas **100 F**

Ouvert : toute l'année.

SP	SP	SP	10	SP	10	SP	10	30	SP

BRADIER François - Domaine des Lacs - 10500 LESMONT - Tél : 03 25 92 00 70 ou SR : 03 25 73 00 11 - Fax : 03 25 92 00 70 - http://www.perso.wanadoo.fr/ddl/ddl.htm

LONGCHAMP-SUR-AUJON

C.M. 61 Pli 19

3 ch. Dans la vallée de l'Aube, au pied del'Abbaye de Clairvaux, vous serez accueillis comme des amis dans ma maison traditionnelle avec parc fleuri et clos. 1er étage : 1 ch. (1 lit 2 pers. 1 lit 1 pers.), 2e étage : 1 ch. (1 lit 2 pers.), 1 ch. (1 lit 2 pers. 1 lit 1 pers.), lavabo, douche dans chaque chambre, wc communs à chaque étage. Grande cheminée dans la salle d'accueil, petit déjeuner avec lait de la ferme confitures et pain fait maison. Véranda, garage, salon de jardin. Ferme auberge en face. Visite de l'Abbaye tous les samedis après midi. Sortie A5 N°23.

Prix : 1 pers. **180 F** 2 pers. **220 F** 3 pers. **270 F** pers. sup. **50 F**

Ouvert : toute l'année.

13	SP	SP	40	13	SP	SP	3	SP

BRESSON Robert - Hameau d'Outre Aube - 10310 LONGCHAMP-SUR-AUJON - Tél : 03 25 27 80 17 - Fax : 03 25 27 87 69 - E-mail : GILBERTE.BRESSON@wanadoo.fr

LUSIGNY-SUR-BARSE

A (TH) *C.M. 61 Pli 17*

5 ch. Dans une annexe de la ferme, vieille maison restaurée avec goût, proposant 5 chambres sur un jardin privatif donnant sur les champs et une sur terrasse. 2 chambres dans une aile de plain-pied (1 lit 2 pers.), wc, douche, lavabo, TV. A l'étage : 2 ch. (1 lit 2 pers.), douche, wc, TV. 1 ch. (1 lit 1 pers.), douche, wc, TV. Salle commune avec bibliothèque. Table d'hôtes sur réservation (vendredi et samedi). A disposition un sauna, douche, wc et salle de détente dans une petite maison face aux chambres. Ping-pong.

Prix : 1 pers. **180/230 F** 2 pers. **260 F** 3 pers. **400/480 F** repas **100 F**

Ouvert : toute l'année.

20	4	SP	4	4	4	SP	SP	15	3

HUOT Philippe - Ferme de la Porcherie - 10270 LUSIGNY-SUR-BARSE - Tél : 03 25 41 54 20 ou SR : 03 25 73 00 11 - Fax : 03 25 41 54 77

MARAYE-EN-OTHE

C.M. 61 Pli 16

4 ch. Village au creux d'une petite vallée du Pays d'Othe, traversé par le GR24C et offrant de nombreuses possibilités d'itinéraires. Vieille maison sur jardin arboré. 1 ch. (2 lits 2 pers.), 1 ch. (1 lit 2 pers. 1 lit 1 pers. + lit enfant), 2 ch. (1 lit 2 pers.). Salles de bains communes. Petit déjeuner copieux : pain, beurre confiture, fromage et gâteau maison. 5 F supplémentaire pour personne accompagnée d'un chien

Prix : 1 pers. **110 F** 2 pers. **150 F**

Ouvert : toute l'année.

10	4	SP	10	10	SP	SP	25	10

LAINE Claude - Grande Rue - 10160 MARAYE-EN-OTHE - Tél : 03 25 70 14 86

MESSON

A *C.M. 61 Pli 16*

5 ch. Dans un petit village situé dans la région du Pays d'Othe, 5 chambres dans une maison de caractère ayant appartenue à la famille de Savoie. 1 ch. (2 lits 1 pers.). 2 ch. (1 lit 2 pers. 1 lit 1 pers.). 1 ch. (3 lits 1 pers.). 1 ch. (1 lit 2 pers. 2 lits 1 pers.). Un gîte rural attenant à ces chambres peut permettre un accueil total de 19 pers. Vente de produits du Terroir Aubois. Ferme-Auberge en face. Balade en forêt.

Prix : 1 pers. **190 F** 2 pers. **250 F** 3 pers. **300 F** pers. sup. **50 F**

Ouvert : toute l'année.

30	15	SP	30	10	8	30	15	8

SARL DEBROUWER - La Cray'Othe - 10190 MESSON - Tél : 03 25 70 31 12 - Fax : 03 25 70 37 03

LA MOTTE-TILLY
C.M. 61 Pli 4

5 ch. Dans la vallée de la Seine et à proximité du Château de la Motte Tilly, maison indépendante donnant sur une cour de ferme avec terrasse. Chaque chambre est équipée d'une salle d'eau, wc, prise TV. En rez-de-chaussée, 1 ch. (2 lits 1 pers. aménagée pour pers. handicapées). A l'étage 4 ch. (1 lit 2 pers.), cuisine à disposition. Petit déjeuner copieux avec pâtisseries et confitures maison.

Prix : 1 pers. **180 F** 2 pers. **250 F**

Ouvert : toute l'année.

6	SP	SP	4	4	6	SP	10	4

RONDEAU Marie-Louise - 12, rue du Chêne - 10400 LA MOTTE-TILLY - Tél : 03 25 39 83 85 ou SR : 03 25 73 00 11

NOGENT-SUR-SEINE
TH *C.M. 61 Pli 5*

5 ch. La Quiétude est une péniche de 1931 restaurée avec passion par Anita, amarée à Nogent avec une vue imprenable sur les Moulins de Nognet datant du XIXe. De l'avis de tous on dort très bien, doucement bercé par le bruit de la Seine poursuivant son chemin vers Paris. Cheminée, piano, bibliothèque, salle de séjour sous verrière, vélos et canoë à dispo. à bord. 5 ch. ambiance boiseries marines raviront les moussaillons qui pourront admirer par les hublots en cuivre un panorama au ras des flots. 3 ch. (1 lit 2 pers.), 1 ch. (2 lits 1 pers.), 1 ch. (1 lit 2 pers. + 1 pers.). Sallle d'eau et wc individuels. Table d'hôtes sur réservation. Langues parlées : anglais, espagnol.

Prix : 1 pers. **250/350 F** 2 pers. **300/400 F** 3 pers. **400 F**
repas **100/150 F**

Ouvert : toute l'année.

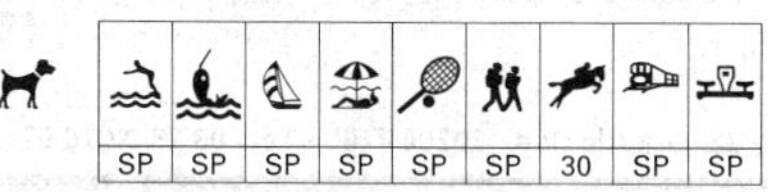

SP	SP	SP	SP	SP	SP	30	SP	SP

FARGUES Anita - Rue de l'Ile Olive - Péniche « La Quiétude » - 10400 NOGENT-SUR-SEINE - Tél : 03 25 39 80 14 ou 03 25 40 79 39 - Fax : 03 25 39 80 14 - http://www.perso.wanadoo.fr/quietude/

PLANCY-L'ABBAYE
C.M. 61 Pli 6

3 ch. Très belle propriété au bord de l'Aube. Demeure du XVIIIe Siècle donnant dans un grand parc aux allées dessinées et fleuries. 3 belles chambres amenagées avec des meubles de style et décorées avec raffinement. Un décor de rêve pour oublier le quotidien. 1 ch. familiale (2 lits 2 pers.) et (1 lit 1 pers.), TV. 2 ch. (1 lit 2 pers.). Salle de bains et wc privés. Cuisine à disposition, balcon sur jardin, parking.

Prix : 1 pers. **250 F** 2 pers. **300 F** 3 pers. **400 F**

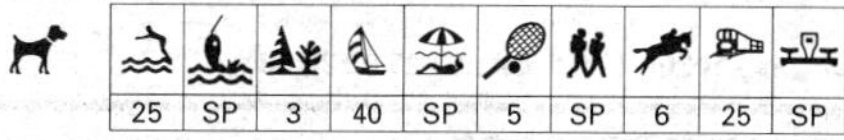

25	SP	3	40	SP	5	SP	6	25	SP

MISSWALD Patricia - 1, place du Maréchal Foch - 10380 PLANCY-L'ABBAYE - Tél : 03 25 37 44 71

POUGY
C.M. 61 Pli 7

5 ch. Prés des lacs de la forêt d'Orient et dans un parc clos d'un hectare aux arbres plus que centenaires, superbe propriété de la fin du XVIIIe, style empire abritant 5 ch. personnalisées avec goût. 3 ch. (1 lit 2 pers.), possible lit appoint, wc, s.d.b. ou s. d'eau privée. 1 ch. (1 lit 2 pers.), wc, s. d'eau, 1 ch. (1 lit 2 pers. 2 lits 1 pers.), wc, s. d'eau. Salle à manger commune donnant sur parc. A l'étage petit salon détente proposant des infos touristiques. Possibilité pêche en étang au filet du 15 octobre au 15 Janvier. Pêche aux gros en étang toute l'année. Langue parlée : anglais.

Prix : 1 pers. **225 F** 2 pers. **250 F** pers. sup. **30 F** repas **90 F**

Ouvert : toute l'année.

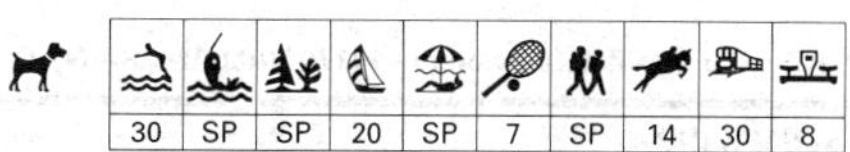

30	SP	SP	20	SP	7	SP	14	30	8

MORLET Antoine - Grande Rue - Château de Pougy - 10240 POUGY - Tél : 03 25 37 09 41 - Fax : 03 25 37 87 29

RIGNY-LE-FERRON
C.M. 61 Pli 15

5 ch. Au cœur du Pays d'Othe, vous découvrirez à la sortie du village, la ferme fortifiée des Ardents du XVIIe siècle avec ses deux tours et ses pigeonniers, cour fleurie. 5 chambres mansardées. 4 ch. (2 lits 1 pers.), 1 ch. (1 lit 2 pers. possibilité lit supplémentaire). Salle d'eau et salle de bains wc communs. Kitchenette, salle à manger, TV à disposition des hôtes.

Prix : 1 pers. **140 F** 2 pers. **180 F** pers. sup. **50 F**

Ouvert : toute l'année.

10	4	SP	10	10	SP	SP	1	35	2

DERAEVE Patrice - 16, rue du Moulin - 10160 RIGNY-LE-FERRON - Tél : 03 25 46 79 82 - Fax : 03 25 46 75 80

SAINT-GERMAIN
C.M. 61 Pli 16

5 ch. Dans maison de caractère avec parc fleuri et arboré, en r.d.c. : 1 ch. (1 lit 2 pers., s. d'eau, wc). A l'étage : 2 ch. (1 lit 2 pers., s.d.b., wc), 1 ch. (2 lits 1 pers.), 1 ch. (1 lit 160). Coin-détente avec TV, kitchenette à disposition. Proche de Troyes (5 km), parking aménagé. Petit déjeuner maison (confitures, viennoiseries...). Chambres non fumeur. Langues parlées : anglais, italien.

Prix : 1 pers. **250 F** 2 pers. **290 F** pers. sup. **80 F**

Ouvert : toute l'année.

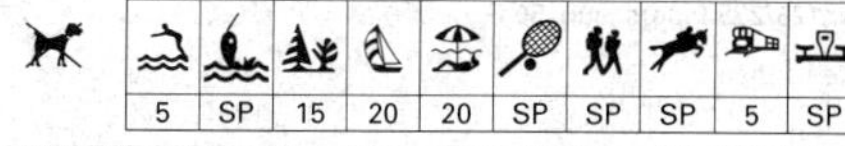

5	SP	15	20	20	SP	SP	SP	5	SP

MEEKEL Marie - 412, route de Lépine - « Les Beauchots » - 10120 SAINT-GERMAIN - Tél : 03 25 79 51 92 ou SR : 03 25 73 00 11

SOLIGNY-LES-ETANGS

C.M. 61 Pli 15

3 ch. Le Vallon est un relais de calme et de confort du Pays Nogentais, aux abords de rivière et de belles forêts vous augurant un séjour de détente et d'air pur. Décoration méticuleuse. 3 chambres (1 lit 2 pers.). Salle d'eau et wc indépendants. Possibilité lit supplémentaire dans chaque chambre. Cheminée, TV, cuisine possible, salon, salle à manger. Grand confort. Jardin fleuri.

Prix : 1 pers. **150 F** 2 pers. **260 F**

Ouvert : toute l'année.

7	SP	4	7	7	5	SP	35	5

HERBOMEL Jeannine - Le Vallon - 10400 SOLIGNY-LES-ETANGS - Tél : 03 25 39 22 08

THIL

C.M. 61 Pli 19

2 ch. **Dienville 20 km. Lac du Der 25 km. Colombey-les-Deux-Eglises 17 km.** Dans une ferme abritant encore en arrière cour poules et lapins. 2 chambres refaites à neuf. Point de départ pour de nombreuses visites et promenades aux alentours. 1 ch. (1 lit 2 pers. +1 pers.), lavabo, douche, wc. 1 ch. (2 lits 1 pers.), douche, lavabo, wc. Salon de jardin, tourelle, baby-foot, ping-pong. Micro ondes à la disposition des hôtes. Cour fermée. Bar-sur-Aube 17 km. Forêt d'Orient 45 km.

Prix : 1 pers. **140 F** 2 pers. **200 F** pers. sup. **60 F**

Ouvert : toute l'année.

15	25	SP	45	25	9	SP	20	3

HENRY Michel - 22, Grande Rue - 10200 THIL - Tél : 03 25 92 76 67

THIL

C.M. 61 Pli 19

2 ch. **Soulaines d'Huys 3 km.** Dans une ferme en activité de 1853, située dans un village en limite Est du département, vous découvrirez le calme de ce petit village agricole ou Laurence et François vous accueilleront chaleureusement. 2 chambres à l'étage avec entrée indépendante. 1 ch. (1 lit 2 pers.), lavabo, douche, wc sur le pallier. 1 ch. (2 lits 1 pers., lavabo), douche, wc sur le pallier. Pelouse avec salon de jardin, possibilté location de vélos pour promenade en forêt. Chenil pour animaux. Langue parlée : anglais.

Prix : 1 pers. **120 F** 2 pers. **180 F**

Ouvert : toute l'année.

15	25	SP	25	25	9	SP	20	3

HENRY François - 10200 THIL - Tél : 03 25 92 73 58

VALLANT-SAINT-GEORGES

C.M. 61 Pli 6

3 ch. Dans un village le long de la Seine, 2 ch. d'hôtes indépendantes situées dans 2 petits pavillons. Grand terrain arboré et fleuri. 1 ch. (2 lits 1 pers.), salle d'eau, wc, kitchenette. 1 ch. (1 lit 2 pers.), salle d'eau, wc. A l'étage de la maison du propriétaire 1 grande ch. (1 lit 2 pers. 1 lit 1 pers. + lit enfant), douche, wc privés. Grande cour fleurie et fermée, volailles et lapins. Petit déjeuner confitures et brioche maison.

Prix : 1 pers. **160 F** 2 pers. **200 F** 3 pers. **260 F**

15	SP	SP	40	40	3	SP	4	4

GALLAND Jean - 24, rue des Chevaliers - 10170 VALLANT-SAINT-GEORGES - Tél : 03 25 21 12 47

VILLEHARDOUIN

TH

C.M. 61 Pli 7

5 ch. Dans un cadre rustique : 2 ch. (1 lit 2 pers.), sanitaires privés. 1 ch. (1 lit 2 pers. 1 lit 1 pers.), 2 ch. (1 lit 2 pers. 2 lits 1 pers.). 1 salle de bains, 2 salles d'eau, 3 wc communs. Possibilité de 1/2 pesion : 2 jours/2 pers. : 790/880 F. Cuisine à disposition, salle à manger, bibliothèque, jeux d'intérieur et d'extérieur. Animaux admis sous réserve. Dans un petit village au nom historique, à l'orée du Parc Naturel de la Forêt d'Orient, Jean-Pierre et Thérèse vous accueillent dans leur ferme et vous feront découvrir quelques uns des charmes de la vie rurale et des paysages aubois.

Prix : 1 pers. **140/185 F** 2 pers. **220/280 F** 3 pers. **260/300 F**
pers. sup. **50 F** repas **100 F**

Ouvert : toute l'année.

25	7	SP	9	9	5	SP	10	4

MEURVILLE-DETHUNE Thérèse - 10220 VILLEHARDOUIN - Tél : 03 25 46 40 28 ou SR : 03 25 73 00 11 - Fax : 03 25 46 32 39 - E-mail : jpmeurville-dethune@wanadoo.fr

VILLEMAUR-SUR-VANNE

C.M. 61 Pli 5

2 ch. En Pays d'Othe, maison typiquement champenoise du XIXe siècle sur 5000 m^2 de terrain arboré et un verger de pommiers au bord de la Vanne. Accueil sympathique et dynamique d'Evelyne qui propose à l'étage : 2 chambres spacieuses de charme (1 lit 2 pers.). Salle de bains, wc privés. Salle de séjour avec TV, barbecue, 2 VTT à disposition. A ne pas manquer, un jubé du XVIe siècle dans l'église du village et un vieux pont en pierre qui fait « le gros dos depuis des siècles au-dessus de la vanne ».

Prix : 2 pers. **175/225 F** pers. sup. **50 F**

Ouvert : toute l'année.

2	SP	SP	2	2	2	SP	50	6

DAUPHIN Evelyne - 27, rue Notre Dame - 10190 VILLEMAUR-SUR-VANNE - Tél : 03 25 40 55 57

VILLIERS-LE-BRULE

TH — *C.M. 61 Pli 18*

5 ch. Située dans le parc de la Forêt d'Orient, le Bocage vous accueille, venez découvrir son confort abritant 5 chambres. 2 ch. (1 lit 2 pers.) avec douche privée, 1 ch. (1 lit 2 pers. 1 lit d'appoint), 1 ch. (1 lit 2 pers. + lit bébé), 1 ch. (1 lit 2 pers. 1 lit 1 pers.), salles de bains, wc communs. Salon avec TV, salle à manger. Son auvent champenois aménagé en salon d'extérieur donnant sur la prairie, les champs, les bois. Jardin ombragé à la française. Parking. Forfait (2 jours) 1/2 pens. 750 F. (3 jours) 1/2 pens. 1100 F. Forfait semaine : 1/2 pens : 2500 F. Chien 35 F/nuit.

CV

Prix : 1 pers. **180/200 F** 2 pers. **200/220 F** 3 pers. **280/300 F** pers. sup. **50 F** repas **90/100 F**

Ouvert : toute l'année.

20	7	SP	7	7	2	SP	3	20	2

WIECZORECK Edouard - 10220 VILLIERS-LE-BRULE - Tél : 03 25 46 32 86 - Fax : 03 25 46 32 86

VULAINES

C.M. 61 Pli 15

5 ch. Dans Pays d'Othe, maison de caractère du XIXe avec 5 chambres personnalisées, lumineuses, décorées avec soin. En r.d.c. surélevé, 1 ch. (1 lit de 150 + lit sup.), s.d.b., wc. 2 ch. (1 lit 2 pers.), s. d'eau, wc, 1 ch. (2 lits 1 pers.), s. d'eau, wc, 1 ch. (1 lit 2 pers.), s. d'eau. Séjour, TV à disposition. Restaurant à 200 m. Sortie A5 N°19 à 2 km. Accueil chaleureux dans un leiu calme agrémenté d'un grand jardin fleuri, terrasse où vous pourrez vous détentre. Petits déjeuners copieux et variés (viennoiseries, pâtisseries et confitures maison). Plan d'eau 5 km avec pêche, planche à voile, baignade. Sentiers, forêt, circuits VTT proches.

CV

Prix : 1 pers. **190/220 F** 2 pers. **210/270 F** pers. sup. **60 F**

Ouvert : toute l'année.

35	5	SP	5	5	3	SP	50	4

FANDARD SCHMITE - 7, rue de l'Ancienne Gare - 10160 VULAINES - Tél : 03 25 40 80 99 - Fax : 03 25 40 80 99

Marne

GITES DE FRANCE - Service Réservation
Route de Suippes - B.P. 525
51009 CHALONS-EN-CHAMPAGNE Cedex
Tél. 03 26 64 95 05 - Fax. 03 26 64 95 06

AMBRIERES

TH

1 ch. **Lac du Der-Chantecoq 5 km.** 1 ch. d'hotes (1 lit 2 pers.) chez un agriculteur. Salle d'eau et wc privés. Accueil simple et familial. Garage. Parking. Restaurant 3 km. Voile 4 km. Baignade 5 km. Entrée indépendante.

Prix : 1 pers. **160 F** 2 pers. **210 F** pers. sup. **80 F** repas **80 F** 1/2 pens. **370 F**

Ouvert : toute l'année.

4	1	10	3	9	10	3

TRICHOT Thérèse - 51290 AMBRIERES - Tél : 03 26 73 70 03

AVIZE Le Vieux Cèdre

TH — *C.M. 56 Pli 16*

3 ch. **Epernay 12 km.** Dans une demeure bourgeoise de 1845 typiquement champenoise, 3 ch. d'hotes. 1 ch. (1 lit 160), 1 ch. (2 lits 100), 1 ch. 2 épis (1 lit 150). S.d.b. et wc privés pour chaque chambre. Poss. lit suppl. Propriété viticole située dans vieux bourg au cœur de la Cote des Blancs, entourée d'un parc privé, arbres centenaires. Jeux société, ping pong. Accueil chaleureux. Visite de caves sur place. Langue parlée : anglais.

Prix : 2 pers. **270 F** 3 pers. **350 F** pers. sup. **80 F** repas **140 F**

Ouvert : toute l'année sauf pendant la période de vendanges.

SP	SP	1	SP	8	30	SP	10	SP

PIERSON-WHITAKER Imogen et Didier - 14 route d'Oger - Le Vieux Cèdre - 51190 AVIZE - Tél : 03 26 57 77 04 - Fax : 03 26 57 97 97 - E-mail : champagnepiersonwhitaker@worldnet.fr

BANNAY

TH — *C.M. 56 Pli 15*

4 ch. **Baye 3 km. Sézanne 15 km. Epernay 30 km.** Dans village pittoresque, maison de caractère dans un cadre rustique confortable et calme. 1 ch. 2 p. (SdB et wc privés séparés d'un rideau), 1 ch. 3 p. (SdB et wc privés), 1 ch. 3 p (SdB et wc privés). Séjour campagnard. Dans une maison indép. : 1 ch. 2 pers. + suite 1 lit 90 et canapé convertible. Salle d'eau et wc privés, kichenette à disposition. Spécialités à la table d'hôte, produits fermiers. Jeux de société et biblio. Panier pique nique. Visite de la ferme avec ses animaux. Site préhistorique. Pelouse et jardin d'agrément. Langues parlées : anglais, allemand.

CV

Prix : 1 pers. **220/280 F** 2 pers. **275/335 F** pers. sup. **100/180 F** repas **140/160 F**

Ouvert : toute l'année.

SP	5	SP	8	10	15

CURFS J-Pierre et Muguette - 51270 BANNAY - Tél : 03 26 52 80 49 - Fax : 03 26 59 47 78

BELVAL-SOUS-CHATILLON Hameau du Paradis (TH)

3 ch. **Reims 25 km. Epernay 15 km.** Entre la forêt et le vignoble, dans une ancienne ferme rénovée, 3 chambres d'hôtes : 1 lit de 2 pers. dans chacune. Salle d'eau et wc privés pour chaque chambre. Possibilité lit bébé. Jardin, salon de jardin. Table d'hôtes uniquement sur réservation.

Prix : 1 pers. **210 F** 2 pers. **300 F** 3 pers. **380 F** pers. sup. **100 F**
repas **150 F**

Ouvert : toute l'année.

SP	10	SP	8	10	15	15	SP	12	15	5

GRAFTIAUX Daniel - Hameau du Paradis - 51480 BELVAL-SOUS-CHATILLON - Tél : 03 26 58 13 15 - Fax : 03 26 58 11 67

BLIGNY *C.M. 56*

2 ch. **Reims 15 km. Epernay 25 km. Eurodisney 1 heure.** Dans un petit village de la Vallée de l'Ardre réputée pour ses églises romanes, 1 ch. avec suite (1 lit 2 pers. 2 lits 1 pers.), 1 ch. (1 lit 2 pers.), salon, TV., cabinet de toilette, douche, wc indépendants. Terrasse, pelouse, parking. 3 terrains de golf à 10 mn. Au cœur du Parc Naturel de la Montagne de Reims. Région agricole et viticole, sillonnée de sentiers de randonnées pédestres. Vous serez accueillis dans une maison très confortable avec un feu de bois.

Prix : 1 pers. **220 F** 2 pers. **270 F** pers. sup. **100 F**

Ouvert : toute l'année.

1	2	1	2	12	12	15	5

ROBION Jean - 8 rue de la Barbe aux Canes - 51170 BLIGNY - Tél : 03 26 49 27 79 - Fax : 03 26 49 25 77

BOISSY-LE-REPOS Basse Vaucelle (TH) *C.M. 237*

2 ch. **Sezanne 20 km. Montmirail 7 km. Paris 100 km.** 2 jolies ch. meublées de façon rustique, à l'étage d'une fermette rénovée, à caractère typiquement champenois, aux abords accueillants et fleuris. 1 lit 2 p. pour chaque ch., s.d.b., wc privés. Poss. lits suppl. Située dans vallée calme, verdoyante, idéale pour le repos. Entrée indép. S.d.Jardin, portique. Parking. Endroit abrité pour la belle saison. Poss. équitation. Sentiers pédestres balisés. Table d'hotes sur réser. 24 h à l'avance. Possib. préparation panier pique-nique. Promenade en calèche 2 km, cinéma 6 km. Location vélos 6 km. Prix 1/2 pens. 2 pers. à partir de 3 nuits.

Prix : 1 pers. **190 F** 2 pers. **220 F** pers. sup. **90 F** repas **95/110 F**
1/2 pens. **355 F**

Ouvert : toute l'année.

SP	3	6	SP	15	6	20	6	30	6

LAFORET Roselyne & Jean - La Basse Vaucelle - 51210 BOISSY-LE-REPOS - Tél : 03 26 81 16 52 - Fax : 03 26 81 16 52

BOURSAULT La Boursaultière

4 ch. **Epernay 14 km. Dormans 14 km. Paris 120 km. Eurodisney 100 km.** Au cœur du vignoble, dans une maison de caractère, 4 chambres d'hôtes calmes, très confortables avec douche et wc privés dans chaque chambre. Entrée indépendante pour une chambre. Salle de séjour avec cheminée, jardin, terrasse, salon de jardin. Route touristique champenoise, vue panoramique, nombreuses promenades, forêt. Parking privé.

Prix : 1 pers. **230 F** 2 pers. **270/310 F** 3 pers. **370/410 F**
pers. sup. **100 F**

Ouvert : toute l'année.

1	SP	6	10	14	14	14	4

DE CONINCK Françoise - 44 rue de la Duchesse d'Uzes - La Boursaultière - 51480 BOURSAULT - Tél : 03 26 58 47 76 - Fax : 03 26 58 47 76

BOURSAULT Les Impériales *C.M. 56*

5 ch. **Epernay 9 km. Dormans 14 km. Reims 30 km. Eurodisney 100 km.** Sur les côteaux de la Vallée de la Marne, en bordure de forêt, dans un cadre calme et verdoyant, ancienne maison de vignerons entièrement rénovée, 5 chambres d'hôtes avec douche et wc privés. Hall d'entrée indépendant, séjour avec vue sur le parc, salon avec TV, terrasse et s.d. jardin. Nombreuses promenades, visites et restaurations à proximité.

Prix : 1 pers. **250 F** 2 pers. **270 F** 3 pers. **350 F** pers. sup. **80 F**

Ouvert : toute l'année sauf Noël et Jour de l'An.

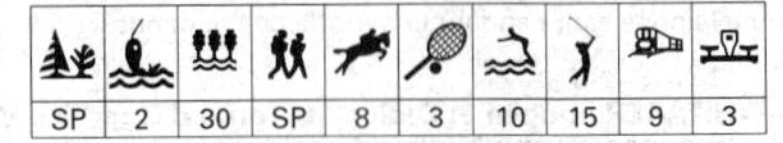

SP	2	30	SP	8	3	10	15	9	3

CUCHET Françoise et Dominique - 2 rue de l'Ascension - Les Impériales - 51480 BOURSAULT - Tél : 03 26 58 63 71 ou 06 62 70 04 85 - Fax : 03 26 57 87 94

BROUILLET

3 ch. **Reims 20 km. Paris 130 km.** Dans la verdoyante Vallée de l'Ardre, maison de caractère du 18ème avec grand jardin très fleuri. 3 chambres d'hôtes (1 lit 2 pers), salle d'eau ou salle de bain et wc privés pour chaque chambre. Accès indépendant aux chambres. Point accueil de la route touristique du Champagne. Visite de cave, dégustation. Randonnées pédestres. Cour fermée la nuit. Langues parlées : anglais, allemand.

Prix : 1 pers. **240 F** 2 pers. **250/260 F**

Ouvert : toute l'année.

8	SP	10	18	10	5	11	3

ARISTON Rémi et Marie - 4, 8 Grande Rue - 51170 BROUILLET - Tél : 03 26 97 43 46 - Fax : 03 26 97 49 34 - E-mail : Champagne.Ariston.Fils@wanadoo.fr

CAUROY-LES-HERMONVILLE

E.C. 1 ch. **Reims 15 km. Eurodisney 1h15.** Sur la route touristique du Champagne, chez un viticulteur-agriculteur, 1 chambre d'hôtes (1 lit 2 pers.) avec douche et wc privés, TV. Lit bébé à disposition. Salon de jardin, barbecue. Prêt VTT, promenade dans les bois et les vignes. Visites conseillées.

Prix : 1 pers. **180 F** 2 pers. **250 F**

Ouvert : toute l'année sauf du 18 au 24 décembre inclus.

0,8	15	25	SP	20	20	1	15	0,5

VIGREUX Jean-Marc - 13 petite Rue - 51220 CAUROY-LES-HERMONVILLE - Tél : 03 26 61 55 87 - Fax : 03 26 61 50 72 - E-mail : info@champagnevigreuxfrere.com

CHAMPAUBERT-LA-BATAILLE

(TH)

2 ch. **Au Sud d'Epernay 20 km. Reims 45 km. Paris 100 km. Eurodisney 1 heure.** Chez un agriculteur, dans un cadre de verdure, 2 ch. d'hôtes à l'étage d'une maison de grand confort, avec salle d'eau et wc pour chacune. Séjour campagnard avec cheminée à disposition. Table d'hôte, le soir uniquement, préparée avec les produits fermiers. Possibilité pique nique et barbecue l'été. Restaurants à 3 km. Tarif dégressif à partir de la 3ème nuit. Agréable panorama sur la plaine. Sur l'axe D33 et D51. Routes de 4 victoires. Itinéraires conseillés. Proximité de la route du Champagne.

Prix : 1 pers. **180 F** 2 pers. **210 F** 3 pers. **280 F** pers. sup. **70 F** repas **70/85 F**

Ouvert : toute l'année.

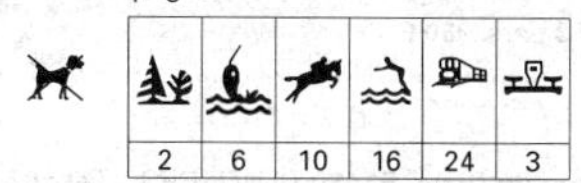

2	6	10	16	24	3

LEGRET Gilbert et Agnès - 51270 CHAMPAUBERT-LA-BATAILLE - Tél : 03 26 52 80 22 - Fax : 03 26 52 06 26

LES CHARMONTOIS

(TH)

3 ch. 3 ch. d'hôtes aménagées dans une ferme rénovée. R.d.c. : Entrée indépendante : 1 ch. 2 pers. avec petit salon (fauteuils convertibles). 1 ch. 3 pers. (1 lit 2 pers., 1 lit 1 pers.) Poss. 1 lit suppl. Accès handicapés. Etage : 1 ch. 2 pers. Salle d'eau et wc dans chaque chambre. Salle de séjour. Piano. Jardin. Produits fermiers sur place. Sur place, camping rural.

Prix : 1 pers. **180 F** 2 pers. **220 F** pers. sup. **60 F** repas **80 F**

Ouvert : toute l'année.

SP	SP	SP	SP	9	18	18

PATIZEL Bernard et Nicole - 5 rue Saint-Bernard - 51330 LES CHARMONTOIS - Tél : 03 26 60 39 53 - Fax : 03 26 60 39 53 - E-mail : nicole.patizel@wanadoo.fr

CONDE-SUR-MARNE

(TH)

3 ch. Au cœur d'un village situé sur la route du vignoble champenois, au pied d'un clocher classé monument historique, dans une ancienne ferme entièrement renovée, 3 ch. d'hôtes, décoration raffinée. 1 ch. 2 lits 1 pers., 2 ch. 1 lit 2 pers. Douche, WC privés dans chq chambre. Cuisine, s. à manger, salon avec TV, cheminée, véranda, réservés aux hôtes. Pelouse, salon de jardin. Accès indépendant aux chambres. Possibilité visite de cave dans village. Halte nautique. Passage GR4. Circuits VTT et pédestres proposés. Club ULM à 10 mn. Table d'hôtes uniquement sur réservation.

Prix : 1 pers. **200 F** 2 pers. **250/280 F** repas **100 F**

Ouvert : toute l'année.

8	SP	SP	SP	10	SP	15	SP	15	4

BARRAULT Jeanne - 7 rue Albert Barre - 51150 CONDE-SUR-MARNE - Tél : 03 26 67 95 49 ou 03 26 66 90 61 - Fax : 03 26 66 82 97

CONGY

(TH)

5 ch. **Epernay 25 km. Reims 55 km. Paris 120 km.** Venez découvrir la Champagne dans une exploitation familiale. 5 ch. d'hôtes dans une maison de caractère indép., entièrement rénovée (3 ch. 1 lit 2 p., 2 ch. 2 lits 2 p. + clic-clac. Très belle salle de bains avec système hydromassage et wc dans chaque chambre. Salle de séjour réservée aux hôtes, salon avec cheminée. Accès indépendant aux chambres. Pelouse, salon de jardin à disposition. Visite de cave et accueil au Champagne. Poss. repas gastronomique.

Prix : 1 pers. **280 F** 2 pers. **350 F** 3 pers. **450 F** pers. sup. **100 F** repas **150/220 F**

Ouvert : toute l'année sauf pendant la période de vendanges.

1	9	12	SP	15	20	20	SP	25	0,6

TRUFFAUT André et M-Thérèse - 20 rue Saint-Rémy - 51270 CONGY - Tél : 03 26 59 31 23 - Fax : 03 26 59 60 07

COURCELLES-SAPICOURT

C.M. 56 Pli 6

2 ch. **Reims 15 km. Gueux 3 km.** Dans petit village champenois, maison ancienne de caractère. Deux chambres très confortables. Accès indépendant. Une ch. au rez de chaussée (2 lits 1 p.), une ch. au 1er étage (1 lit 2 p.). Possibilité lit supplémentaire. Salle d'eau et wc privés pour chaque chambre. Kitchenette à disposition des hôtes. Jardin, terrasse. Accès à la piscine privée des propriétaires. Route du Champagne. Parc Régional de la Montagne de Reims.

Prix : 1 pers. **250 F** 2 pers. **280 F** 3 pers. **380 F**

Ouvert : du 1er mai au 30 novembre.

SP	10	SP	2	SP	SP	3	30	15	5

CARRE Catherine et Pierre - 3 rue du Montcet - 51140 COURCELLES-SAPICOURT - Tél : 03 26 48 27 90 ou 03 26 08 18 08 - Fax : 03 26 08 75 63

CRAMANT

C.M. 56

4 ch. **Epernay 8 km. Reims 35 km.** A Cramant, au cœur du vignoble champenois de la côte des Blancs, en bordure de forêt et des vignes sur une exploitation viticole familiale. 4 ch. à l'étage. 2 ch. (2 p.) 3 épis avec s.d.b. et wc privés, 1 ch. (3 p.) 2 épis avec SdB privée, 1 ch. (2 p.) 2 épis avec s.d.b. privée. WC privés communs pour les 2 dernières chambres. Poss. lit enfant. Coin-détente, TV couleur, magazines, jeux... Cour avec s.d.jardin. Parking extérieur. VTT à dispo. Vue panoramique. Vente de Champagne voirin-Jumel. Visite de caves, pressoir, cuverie.

Prix : 1 pers. **180/200 F** 2 pers. **240/260 F** 3 pers. **300 F**

Ouvert : toute l'année sauf période vendanges et fêtes de fin d'année.

0,1	10	6	SP	10	4	8	25	SP	25	10	0,5

VOIRIN Valérie et Patrick - 555 rue de la Libération - 51530 CRAMANT - Tél : 03 26 57 91 19

CUMIERES

2 ch. **Epernay 3 km.** Au pied des côteaux, dans un village viticole, sur la route touristique du Parc Naturel de la Montagne de Reims, 2 ch. d'hôtes indépendantes. 1 ch (1 lit 2 pers. 1 lit 1 pers.), 1 ch. (1 lit 2 pers.). Possib. lit suppl. Douche et wc privés pour chaque chambre. S. de séjour, TV, s. de jardin, barbecue. Abbaye d'Hautvillers, berceau du champagne à 1 km.

Prix : 1 pers. **230 F** 2 pers. **260 F** 3 pers. **330 F**

Ouvert : toute l'année.

SP	4	4	SP	4	SP

PATE Anne et Jean-Pol - 177 rue de Dizy - 51480 CUMIERES - Tél : 03 26 51 66 46 ou 06 80 72 37 39

LE GAULT-SOIGNY

TH *C.M. 61 Pli 5*

3 ch. **Montmirail 10 km. Sézanne 12 km. Forêt domaniale du Gault 1 km.** Ferme typique de la Brie Champenoise, accès ind. aux chambres. R.d.c. : salle de détente (TV, cheminée), coin cuisine. Etage : 1 ch. style scandinave (2 lits 1 pers.), s.d.b., wc privés. 1 ch. style romantique (1 lit 2 pers.), s.d.b. et wc privés attenants à la chambre. Dans la maison des prop. : 1 ch. style ancien (1 lit 2 pers. 1 lit 1 pers.), s.d.b. et wc privés. Lit supplémentaire sur demande. Cadre verdoyant proche d'une belle forêt. Table d'hôtes sur réservation. Panier pique-nique. Langue parlée : anglais.

Prix : 1 pers. **190 F** 2 pers. **220 F** 3 pers. **280 F** pers. sup. **80 F**
repas **95/100 F**

Ouvert : toute l'année.

SP	8	SP	3	10	30	10

BOUTOUR Guy et Nicole - Ferme de Désire - 51210 LE GAULT-SOIGNY - Tél : 03 26 81 60 09 - Fax : 03 26 81 67 95

LES GRANDES-LOGES

C.M. 56 Pli 17

3 ch. **Reims 30 km. Châlons 13 km. Vignoble Champenois 15 mn.** Maison ancienne indépendante dans un corps de ferme situé au cœur du village. R.d.C. : salle de détente avec cheminée, canapé, jeux de société, lecture, kitchenette. 1 ch. accessible aux pers. handicapées, (1 lit 2 p., 1 lit 1 p.), salle d'eau, wc. Etage : 1 ch. (1 lit 2 p.), 1 ch. (2 lits 1 p.). Salle d'eau et wc privés chacune. Salon de jardin. Balançoire, parking couvert, cour fermée. Tarif dégressif à partir de la 3ème nuit. Tennis et ping-pong au village.

Prix : 1 pers. **190 F** 2 pers. **240 F** 3 pers. **300 F**

10	6	60	SP	SP	13	25	60	18	11

JANSON Etienne - 1 rue de Chalons - 51400 LES GRANDES-LOGES - Tél : 03 26 67 32 38

IGNY-COMBLIZY

TH *C.M. 56 Pli 15*

6 ch. **Dormans 7 km.** Chateau du XVIIIe, dans un parc de 15 ha. 6 ch. d'hôtes de caractère, avec s.d.b. et wc privés. Salle à manger Louis XVI avec cheminée, salon Louis XV avec cheminée, biblio. et TV. Table d'hotes sur réservation. Repas enfant 50 F. Restaurant à 7 km. Etangs non clos sur la propriété.

Prix : 1 pers. **380/480 F** 2 pers. **400/500 F** 3 pers. **500/600 F**
repas **100 F** 1/2 pens. **175/250 F**

Ouvert : toute l'année.

SP	SP	7	9	7	7

GRANGER Robert - Château du Ru Jacquier - 51700 IGNY-COMBLIZY - Tél : 03 26 57 10 84 - Fax : 03 26 57 82 80

ISLES-SUR-SUIPPE

C.M. 56 Pli 7

3 ch. **Reims 15 km. Rethel 20 km.** En bordure de rivière dans un cadre calme et verdoyant, maison de caractère fleurie. A l'ét. 1 ch. spacieuse (2 épis), 1 lit 2 p. + 1 lit 1 p., sdb. et wc privés extérieurs à la ch., 1 ch. (1 lit 2 p.), douche et wc privés, 1 ch. 1 lit 2 p. douche et wc privés. Prise TV. Lit bébé. Biblio., jeux société, TV à disposition, ameublement de qualité. Ambiance chaleureuse. R.d.c., salon, salle à manger, service petits déjeuners améliorés. Jardin arboré, salon de jardin, possibilité pique-nique. Portique, ping-pong. Garage. Restaurants à proximité. Promenade.

Prix : 1 pers. **180 F** 2 pers. **250 F** 3 pers. **360 F**

Ouvert : toute l'année.

SP	SP	17	18	17	1

DEIBENER Simone - 34 rue du Piquelet - Le Chignicourt - 51110 ISLES-SUR-SUIPPE - Tél : 03 26 03 82 31

MAILLY-CHAMPAGNE

C.M. 56 Pli 16

2 ch. **Sud-Est de Reims 14 km. Epernay 25 km.** Chez un viticulteur, au cœur du vignoble et du Parc Régional de la Montagne de Reims, à l'étage d'une vieille maison champenoise, 2 ch. indépendantes, meublées en ancien (+ 1 suite) avec salle d'eau et wc privés. 1 ch. (1 lit 2 pers.), 1 ch. (1 lit 2 pers. + 1 lit 1 pers.) + 1 ch. communiquante (1 lit 2 pers.). Salon. Parking dans cour fermée. Terrasse sur jardin d'agrément, avec espace fumeurs. Restaurant dans village voisin. Vente de champagne. Musée panoramique du phare de Verzenay sur le Champagne à 2,5 km. Langue parlée : anglais.

Prix : 1 pers. **290 F** 2 pers. **320 F** 3 pers. **450/530 F**

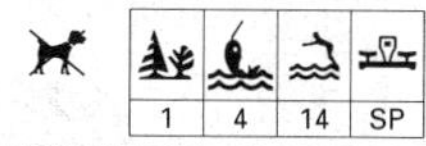

1	4	14	SP

CHANCE Irène et Jacques - 18 rue Carnot - 51500 MAILLY-CHAMPAGNE - Tél : 03 26 49 44 93

MAISONS-EN-CHAMPAGNE

C.M. 56

2 ch. **Vitry-le-François 8 km. Reims et Epernay 55 mn. Lac Der-Chantecoq 30mn** 2 ch. d'hotes 2 pers. avec poss. lit suppl. (60F), lit bébé (20 F) et accessoires. Salle d'eau et wc particuliers dans chaque chambre. Etage réservé aux locataires avec salle de détente, TV. Terrasse. Ferme champenoise en limite du vignoble. Possibilité de promenades pédestres sur place.

Prix : 1 pers. **165 F** 2 pers. **200 F**

Ouvert : toute l'année.

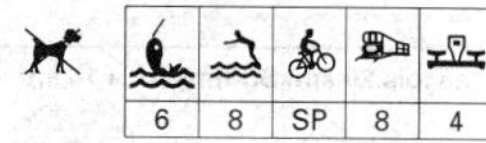

6	8	SP	8	4

COLLOT Michel - 19 rue de Coole - 51300 MAISONS-EN-CHAMPAGNE - Tél : 03 26 72 73 91

MAREUIL-SUR-AY

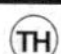

3 ch. **Paris 140 km. Epernay 7 km. Reims 30 km.** Dans village viticole, ancien domaine d'un maître vigneron du 18ème, 3 ch. de caract. s.d.b. et wc privés, TV couleur + magnétos., mini bar-réfrig., 1 ch 1 lit 2 p., 1 ch. 1 lit 2 p. (convertible 2 p.). 1 ch. duplex (3 épis) 2 p. + convert., kitchenette. Salle à manger, cheminée, vaste parc clos arboré, pelouse, terrasse, sdj, garage, parking. Lits et chaises pour enf. Grande salle de jeux. Centre amincissement et relaxation, UV. Table d'hôte uniquement sur réservation. Possibilité repas gastronomique sur réservation, 2 pers. minimum 250 F. Langues parlées : anglais, allemand, espagnol.

Prix : 1 pers. **330/420 F** 2 pers. **360/450 F** 3 pers. **430/550 F**
pers. sup. **100 F** repas **150 F**

Ouvert : toute l'année sauf en février.

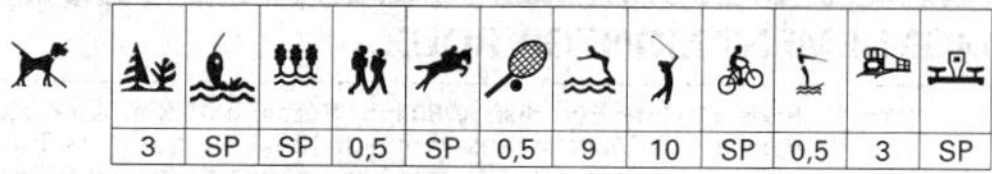

3	SP	SP	0,5	SP	0,5	9	10	SP	0,5	3	SP

GIRAUD Yves et Martine - 11 rue Sadi Carnot - Domaine de La Marotière - 51160 MAREUIL-SUR-AY - Tél : 03 26 52 11 00 ou 03 26 52 03 13 - Fax : 03 26 52 95 30 - E-mail : LAMAROTIERE@Wanadoo.Fr

MAREUIL-SUR-AY

4 ch. **Reims 30 km. Châlons-en-Champagne 25 km. Epernay 10 km.** A 7 km à l'Est d'Epernay, en bordure du canal, sur la route touristique du Champagne, dans une ancienne demeure de 1837 chez un producteur de Champagne, 4 chambres de caractère, tout confort, avec salle d'eau et wc privés pour chaque chambre. Accès indépendant aux chambres. Salon de détente avec mini bar. Parking et grand jardin clos. Table d'hôtes avec repas gastronomiques servis dans un ancien cellier champenois. Petits animaux acceptés. Langues parlées : anglais, allemand.

Prix : 1 pers. **300 F** 2 pers. **350/400 F** 3 pers. **500/650 F**
repas **150/250 F**

Ouvert : toute l'année.

5	SP	SP	2	0,5	7	10	SP	3	SP

CHARBAUT Guy - SARL Champagne Guy Charbaut - 12 rue du Pont - 51160 MAREUIL-SUR-AY - Tél : 03 26 52 60 59 - Fax : 03 26 51 91 49 - E-mail : champagne.guy.charbaut@wanadoo.fr - http://www.champagne-guy-charbaut.com

MARGERIE-HANCOURT Ferme de Hancourt

TH

4 ch. **Vitry-le-François 20 km. Lac du Der-Chantecoq 20 km.** Maison indép. dans un corps de ferme. Salle de détente avec coin cuisine, TV, cheminée. R.d.c. : 2 ch. 2 pers. avec s.d.b. et wc dans chaque chambre. A l'étage : 1 ch. (1 lits 2 pers. et 1 lit 1 pers.) s.d.b. et wc, 1 ch. (2 lits 2 pers.), s.d.b. et wc. Possibilité de lit bébé. Balançoire et salon de jardin. Tarif dégressif à partir 3ème nuit.

CV

Prix : 1 pers. **160 F** 2 pers. **200 F** 3 pers. **250 F** pers. sup. **50 F**
repas **70 F**

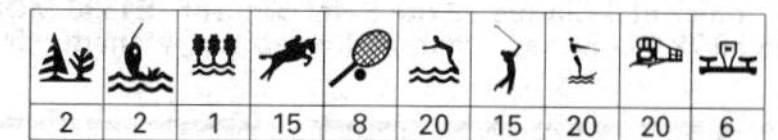

2	2	1	15	8	20	15	20	20	6

GEOFFROY Michelle et Denis - 51290 MARGERIE-HANCOURT - Tél : 03 26 72 48 47 - Fax : 03 26 72 48 47

MARGERIE-HANCOURT Le Clos de Margerie

TH

2 ch. **Vitry 20 km. Lac de Der 20 km. Lac de Dienville 25 km.** 2 chambres d'hôtes spacieuses dans un ancien corps de ferme, au centre du village (2 lit 2 pers., 1 lit 1 pers.). Salle d'eau et wc privés pour chaque chambre. Accès indépendant aux chambres. Salle de détente et bibliothèque. Calme assuré. Repas au Champagne sur réservation. Poss. lit bébé.

Prix : 1 pers. **170 F** 2 pers. **220 F** 3 pers. **300 F** pers. sup. **60 F**
repas **85/120 F**

3	1	18	SP	10	5	20	10	18	20	6

BRASSART Maurice et Claudine - 4 rue des Clos - Le Clos de Margerie - 51290 MARGERIE-HANCOURT - Tél : 03 26 41 02 14 ou 06 07 44 34 75

MATOUGUES

TH *C.M. 56 Pli 5*

3 ch. **Châlons-en-Champagne 8 km. Epernay 15 km. Reims 35 km.** Dans une maison de grand confort, cadre accueillant, verdoyant et fleuri, 1 ch.(2 épis) 2 pers., 2 ch. (3 épis) 2 à 4 pers. Poss. lit suppl. S.d.b. ou douche, wc privés. Bibliothèque sur la champagne. Randonnée GR 14 à 2 km. Circuits VTT et touristiques proposés. Espace vert et arborétum. Jeux intérieurs et extérieurs. Ferme poly.-élevage, Vallée de Marne, proche vignoble champenois. Poss. repas gastronomique (boissons en suppl.) et anniversaire sur réser. A partir 6 pers. soirées raclette, fondue, pierrade (115 F). 10 % remise à partir de 3 nuits. Pas de table d'hôtes le dimanche soir.

Prix : 1 pers. **200 F** 2 pers. **255/265 F** 3 pers. **300 F**
1/2 pens. **105/160 F**

Ouvert : toute l'année.

4	60	SP	SP	10	18	60	8	5

SONGY Jacques et Nicole - Chemin de Saint-Pierre - La Grosse Haie - 51510 MATOUGUES - Tél : 03 26 70 97 12 - Fax : 03 26 70 12 42

LE MEIX-TIERCELIN

C.M. 61 Pli 7

1 ch. **Sompuis 6 km. Vitry-le-François 20 km. Sommesous 16 km.** 1 ch. (1 lit 2 pers. 1 lit 1 pers.), salle de bains et wc privés.

Prix : 1 pers. **170 F** 2 pers. **260 F** 3 pers. **300 F**

Ouvert : toute l'année.

5	SP	6	20	20	SP

COLLOMBAR Emile - 7 Grande Rue - 51320 LE MEIX-TIERCELIN - Tél : 03 26 72 40 37

MONDEMENT-MONTGIVROUX

C.M. 56

6 ch. **Paris 110 km. Eurodisney 80 km. Sézanne 10 km.** A proximité des Marais de St Gond et des caves de Champagne, Domaine équestre de Montgivroux, ferme du XVIIe, typique de la Brie Champenoise, entièrement restaurée sur 29 ha, vous accueillera dans ses 6 ch. mansardées, de très bon confort, toutes équipées de SdB, WC, TV. Logement chevaux possible. Centre équestre, VTT, ping-pong, promenade pédestre, salon de jardin.

Prix : 1 pers. **350 F** 2 pers. **400 F** 3 pers. **550 F**

Ouvert : toute l'année sauf de novembre à février.

SP	SP	SP	10	10	SP	38	10

CARBONARO Laurent - Domaine Equestre Montgivroux - 51120 MONDEMENT-MONTGIVROUX - Tél : 03 26 42 06 95 ou 03 26 42 06 93 - Fax : 03 26 42 06 94

MONTHELON

TH *C.M. 56*

3 ch. **Epernay 6 km. Châlons-en-Champagne 30 km. Reims 30 km.** 3 chambres d'hôtes chez un viticulteur. RdC : 1 ch. 1 lit 2 p. (douche et wc privés), 1 ch. 1 lit 2 p. et 1 lit 1 p. (possib. lit suppl.), douche et wc privés extérieurs à la chambre (ch. classée 1 épi). Etage : 1 ch. 1 lit 2 p. (salle de bain et wc privés). Salon de détente avec TV. Terrasse, salon de jardin. Petits animaux acceptés. Visite de caves, pressoir, cuverie et vignes suivie d'une dégustation.

Prix : 1 pers. **200 F** 2 pers. **250 F** 3 pers. **350 F** pers. sup. **100 F**
repas **120 F**

Ouvert : toute l'année.

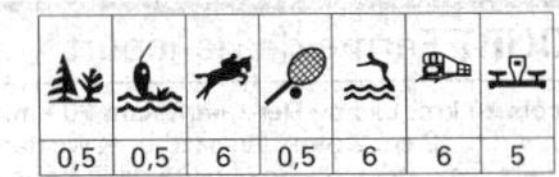

0,5	0,5	6	0,5	6	6	5

LE BRUN Annick et J-Claude - 9 rue Saint-Vincent - 51530 MONTHELON - Tél : 03 26 59 73 51 ou 06 07 99 59 21 - Fax : 03 26 59 72 05 - E-mail : champagne-lebrun@wanadoo.fr

NUISEMENT-SUR-COOLE

TH *C.M. 56 Pli 17*

1 ch. **Epernay et Vitry-le-François 30 km. Reims et Lac du Der-chantecoq 45km** Maison dans un village de la vallée de la Coole au cœur de la Plaine champenoise. 1 ch. (1 lit 2 p.) + 1 ch. contigue (1 lit 2 p.) avec s.d.b. et wc privés. Calme et repos parmi les arbres et les fleurs. Salon de jardin, coin détente, bibliothèque et jeux. Table d'hôtes sur réservation uniquement.

CV

Prix : 1 pers. **200 F** 2 pers. **240 F** repas **105 F**

Ouvert : toute l'année.

35	SP	45	SP	7	SP	10	20	SP	10	10

PICARD Patrick et Régine - 6 rue du Moulin - 51240 NUISEMENT-SUR-COOLE - Tél : 03 26 67 62 14 - Fax : 03 26 67 62 14 - E-mail : pat.picard@wanadoo.fr

OEUILLY

4 ch. **Epernay et Dormans 12 km. Reims 35 km. Paris 120 km. Eurodisney 100 km** 4 ch. d'hôtes calmes et confortables, dans un pavillon individuel au r.d.c.. 4 ch. 2 pers. douche et wc dans chaque chambre. Chez un vigneron, au cœur du vignoble champenois, visite des caves et dégustation commentée de nos Champagnes. Sur la route touristique du Champagne avec vue panoramique sur la pittoresque Vallée de la Marne. Pelouses fleuries, s.d.j., parking privé. Au village : randonnées pédestres (forêt et vignoble), 3 musées, église classée. Langues parlées : anglais, allemand.

Prix : 1 pers. **230 F** 2 pers. **280 F** 3 pers. **360 F** pers. sup. **100 F**

Ouvert : d'avril à novembre.

0,1	2	SP	3	0,1	12	10	12	12	10	3

TARLANT Jean-Mary - 51480 OEUILLY - Tél : 03 26 58 30 60 - Fax : 03 26 58 37 31 - E-mail : Champagne@Tarlant.com - http://www.tarlant.com

OGER

4 ch. **Reims 20 km. Avize 1,5 km.** 4 ch.d'hôtes avec sanitaires privés. Coin-détente sur le palier. Salle de réception pour prendre le petit déjeuner, meublée d'objets champenois. TV, jeux de société, ping-pong, baby-foot. Parking. Loisirs variés dans un rayon de 9 km : randonnée, musée, cave, etc.). Vente de champagne. Oger, l'un des plus beaux villages de France, fort renommé pour ses lavoirs et ses girouettes, baigne dans les vignes. Notre maison est typiquement champenoise, caractéristique de la demeure traditionnelle et familiale viticole du pays. Bois à proximité (vue panoramique).

Prix : 1 pers. **250 F** 2 pers. **270 F** 3 pers. **370 F** pers. sup. **100 F**

Ouvert : du 1er mars au 30 novembre.

2	8	2	7	10	1

DREMONT-LEROY Brigitte - 7 rue du Fort - 51190 OGER - Tél : 03 26 57 94 78 - Fax : 03 26 59 17 41

PASSY-GRIGNY Le Temple *C.M. 56 Pli 15*

4 ch. Offrez vous le pittoresque du Tardenois dans un cadre verdoyant au pied des ruines de cette ancienne commanderie des Templiers où vous savourerez le calme de la campagne. 3 ch. 2 pers. à l'étage, 1 ch. (3 lits 1 pers.) au r.d.c. Douche et wc privés pour chaque chambre. Dans notre jardin, vous pourrez vous détendre près de vieilles pierres. Langue parlée : anglais.

Prix : 1 pers. **280 F** 2 pers. **300 F** 3 pers. **400 F**

Ouvert : toute l'année.

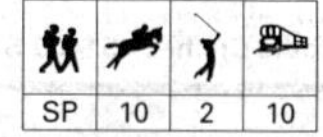

SP	10	2	10

LE VARLET Michel et Chantal - Le Temple - 51700 PASSY-GRIGNY - Tél : 03 26 52 90 01 - Fax : 03 26 52 18 86 - E-mail : M.LEVARLET@libertysurf.fr

PONTGIVART-AUMENANCOURT *C.M. 56 Pli 6*

5 ch. 5 ch. d'hôtes aménagées dans les anciens greniers à foin, dans un cadre verdoyant et fleuri, très calme, chez un agriculteur. 3 ch. (2 lits 1 pers., 1 ch. (4 lits de 1 pers.), 1 ch. (3 lits + 2 en mezzanine pour enfants). Douches et lavabos privés. Cheminée et cuisine à disposition. Pique nique possible. Organisation de circuits et visites. Restaurants 5 km. Langues parlées : anglais, allemand.

Prix : 1 pers. **150 F** 2 pers. **230 F** 3 pers. **330 F**

Ouvert : toute l'année.

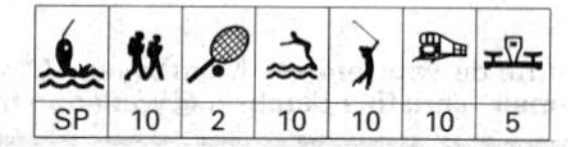

SP	10	2	10	10	10	5

DUPUIT Jean-René - 2 rue du Molveau - La Carandace - 51110 PONTGIVART-AUMENANCOURT - Tél : 03 26 97 53 69 - Fax : 03 26 97 00 59

PROUILLY *C.M. 56*

3 ch. **Reims 15 km. Epernay 40 km. Paris 130 km. Eurodisney 1 heure.** Sur la route touristique du Champagne, chez un vigneron, 3 chambres d'hôtes avec douche et wc privés, (2 lits d'une pers. pour chacune). Parking privé, terrasse, salon de jardin. Ping pong. Restaurants à 2 km. Circuits pédestres balisés. Visite de nos caves.

Prix : 1 pers. **210 F** 2 pers. **280 F**

Ouvert : toute l'année sauf fermé pendant la période de vendanges.

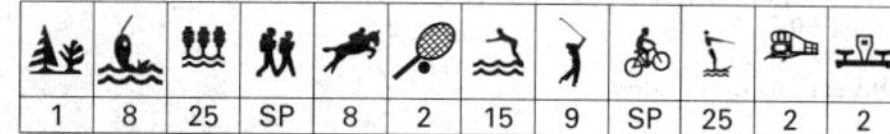

1	8	25	SP	8	2	15	9	SP	25	2	2

GOULARD Jean-Marie - 13 Grande Rue - 51140 PROUILLY - Tél : 03 26 48 21 60 - Fax : 03 26 48 23 67 - E-mail : goulard@club-internet.fr

PRUNAY A *C.M. 56*

2 ch. **Reims 5 mn.** 1 ch. 2 pers., 1 ch. 3 pers. Salle d'eau et wc privés pour chaque chambre. Possibilité lits supplémentaires. Accès indépendant aux chambres. Salle de séjour/coin repos . TV, lecture, jeux. Réfrigérateur. Baby sitting. Restaurants proches. Cinéma 10 mn. Parc des expositions 5 mn. Vous êtes attendus dans une maison de caractère, ancien relais de chasse ou vous pourrez profiter d'un beau jardin clos avec salons, pelouse, portique, ping pong. Visite de Reims et route du Champagne.

Prix : 1 pers. **270 F** 2 pers. **320 F** 3 pers. **470 F** pers. sup. **100/150 F**

Ouvert : toute l'année.

10	SP	12	12	15	12	3

LE BEUF Christian et Odile - La Bertonnerie en Champagne - 51360 PRUNAY - Tél : 03 26 49 10 02 - Fax : 03 26 49 17 13

RILLY-LA-MONTAGNE Au Chérubin

C.M. 56 Pli 16

3 ch. **Reims 10 km. Epernay 20 km.** Situé au cœur du vignoble, dans village avec tous commerces, chez un récoltant manipulant, 3 chambres d'hôtes dans une maison calme avec cour et parking fermés. 2 ch. 1 lit 2 p. + 1 lit 1 p., 1 ch. 1 lit 2 p. (possibilité 1 lit suppl.). Salle d'eau et wc privés pour chaque chambre. Berceau et lit bb gratuit. Jardin, salon de jardin, jeux pour enfants. Barbecue. Kitchenette à disposition. Salle de détente. Visite des caves. Découverte du Champagne. Gratuit pour enfants - de 3 ans. Restaurants à 6 km.

Prix : 1 pers. **230 F** 2 pers. **280 F** 3 pers. **350 F** pers. sup. **60 F**

Ouvert : toute l'année.

SP	SP	SP	7	20	SP	SP	SP

JEANGOUT Didier - 3 rue Gervais - 51500 RILLY-LA-MONTAGNE - Tél : 03 26 03 41 90 - Fax : 03 26 03 49 39

SAINT-ETIENNE-AU-TEMPLE

TH

2 ch. Dans la plaine champenoise, au milieu de champs, chez des agriculteurs éleveurs, 2 chambres d'hôtes. 1 ch. (1 lit 2 pers.), 1 ch. (2 lits 1 pers.). Douche et wc privés pour chaque chambre. Entrée indépendante. Salle de séjour et salon réservés aux hôtes. Jeux, lecture à disposition. Calme et repos assuré. Possibilité lit bébé et lit d'appoint. Table d'hôtes sur réservation.

Prix : 1 pers. **200 F** 2 pers. **260 F** 3 pers. **320 F** repas **100 F**

Ouvert : toute l'année sauf fête fin d'année.

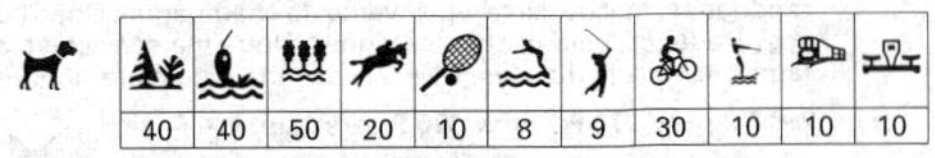

40	40	50	20	10	8	9	30	10	10	10

HAMANT Nadine - Chemin de la Jorne - 51460 SAINT-ETIENNE-AU-TEMPLE - Tél : 03 26 66 32 02

SAINT-HILAIRE-AU-TEMPLE

C.M. 56

E.C. 2 ch. **Parc Naturel 10 mn. Caves de Champagne 30 mn.** Sandrine et J.Michel vous accueillent dans une maison indépendante, 2 ch (1 lit 2 pers., 1 lit 1 pers.) dans chacune, salle d'eau et wc privés. Salle de détente : canapé, TV, lecture, jeux, équipement cuisine. Possibilité lit bébé gratuit. Parking couvert, petite terrasse, barbecue. Proximité des sites et monuments. Village fleuri.

Prix : 1 pers. **200 F** 2 pers. **240 F** 3 pers. **300 F**

Ouvert : toute l'année.

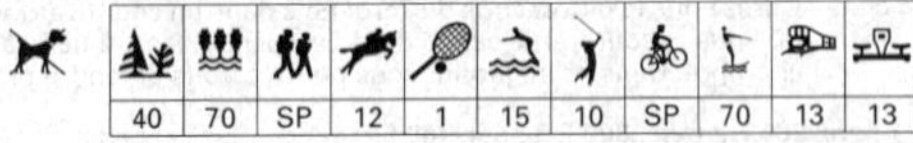

40	70	SP	12	1	15	10	SP	70	13	13

THENOT Sandrine et J-Michel - 51 rue Louis Cochet - 51400 SAINT-HILAIRE-AU-TEMPLE - Tél : 03 26 66 33 94 ou 06 14 88 44 17

SAINT-MARTIN-D'ABLOIS

C.M. 56

4 ch. Un viticulteur vous accueille dans un site panoramique, grand calme, entre forêt et vignes. Notre maison (accès en r.d.c.) surplombe le village. 3 ch. 2 pers. (poss. lit supp.) + 1 ch. 3 pers. avec ch. enfants communiquante (130 F/1 pers., 220 F/2 pers.), douche et wc dans chacune. Kitchenette à dispo. Salon, TV coul., hifi. Jardin et parking clos, Sdj. Visite de cave. Vente de champagne. Forfaits w.e. (circuits historiques, viticoles, initiation à la dégustation) randonnées pédestres. Musée Petit Déjeuner. Tarif après 3 nuits hiver. Gratuit enf. - 2 ans. 1/2 tarif - 6 ans. Langues parlées : anglais, espagnol.

Prix : 1 pers. **220 F** 2 pers. **270 F** 3 pers. **360 F** pers. sup. **90 F**

Ouvert : toute l'année.

0,5	1,5	0,5	10	1	12	20	12	1

DAMBRON Christian - Route de Vauciennes - Montbayen - 51530 SAINT-MARTIN-D'ABLOIS - Tél : 03 26 59 95 16 ou 06 81 85 74 23 - Fax : 03 26 51 67 91 - E-mail : christine.dambron@wanadoo.fr

SAINT-REMY-EN-BOUZEMONT

TH

C.M. 61 Pli 8

E.C. 5 ch. **Vitry-le-François 13 km. Saint-Dizier 35 km. Lac Der-Chantecoq 13 km.** Dans une maison champenoise à pans de bois et colombages datant de 1776, 4 chambres de 2 à 3 personnes aménagées dans la maison des propriétaires. 1 ch. s.d.b. et wc privés extérieurs à la ch. (traverser le couloir), 1 ch. salle d'eau et wc privés, 1 ch. 3 pers. s.d.b. et wc privés + 1 ch. communiquante 3 pers., s.d.b. et wc privés. 1 ch. 2 pers. s.d.b. et wc privés. Salon à disposition des hôtes. Location sur place : vélos, VTT, canoés, barques, planches à voile, pédalos. Possibilité pêche en rivière ou lac du DER. Table d'hôtes (heure repas 20 h). Cuisine familiale. 50 F/enfant - 5 ans.

Prix : 1 pers. **210 F** 2 pers. **260 F** 3 pers. **340 F** pers. sup. **90 F** repas **90 F**

Ouvert : toute l'année.

15	SP	7	SP	5	13	4	7	13	SP

GRINGUILLARD François - Au Brochet du Lac - 15 Grande Rue - 51290 SAINT-REMY-EN-BOUZEMONT - Tél : 03 26 72 51 06 - Fax : 03 26 73 06 95

SAINTE-EUPHRAISE-ET-CLAIRIZET

C.M. 56

4 ch. **Reims 10 km. Epernay 25 mn.** Sur une exploitation viticole familiale, dans un ensemble de bâtiments de ferme et d'une maison de caractère, 4 ch. d'hôtes aves salle de bains et wc indépendants : 3 ch (1 lit 2 pers. chacune), 1 ch. (2 lits 1 pers.). Grande salle de réception pour les petits déjeuners. Cour fermée. TV. Salon de jardin. Visites conseillées, randonnées avec topoguide. Espace verdoyant et très calme. Visite de notre cave, pressoir.

Prix : 1 pers. **300 F** 2 pers. **340 F**

Ouvert : toute l'année.

6	SP	12	13	6

DELONG Guy - 24 rue des Tilleuls - 51390 SAINTE-EUPHRAISE-ET-CLAIRIZET - Tél : 03 26 49 20 86 - Fax : 03 26 49 24 90

SARCY

2 ch. 2 ch. 3 pers. (mobilier de famille) avec 2 s. d'eau et wc privés. 1 lit en mezzanine avec TV, biblio. Bons petits déjeuners (confiture, pains et jus de fruits maison), servis près d'un feu de bois ou sur la terrasse couverte, dominant le jardin, le verger, la vallée de l'Ardre et l'étang privé (pêche). Parking, garage. Cuisine à disposition. Dans la belle campagne vallonnée du Tardenois, dans le Parc Régional de la Montagne de Reims, M. et Mme Bouché vous accueillent avec simplicité et gentillesse dans leur maison calme et confortable (intérieur chaud et rustique).

Prix : 1 pers. **220 F** 2 pers. **250/270 F** 3 pers. **370 F**

Ouvert : toute l'année.

SP	SP	17	4

BOUCHE Michel et Michelle - 33 rue de la Sous-Préfecture - 51170 SARCY - Tél : 03 26 61 86 71

SELLES

C.M. 56

2 ch. **Reims 20 km.** A un quart d'heure de Reims, dans une petite maison bourgeoise au cœur du village, 2 ch. d'hôtes. 1 ch (1 lit 2 p.), 1 ch. (3 lits 90) + 1 lit 90 suppl. Salle de bain et wc privés. Accueil chaleureux. Cadre calme et verdoyant. Jardin, salon de jardin, garage. TV à disposition des hôtes. Petit déjeuner copieux. Restaurant 2 km.

Prix : 1 pers. **200 F** 2 pers. **250 F** 3 pers. **350 F** pers. sup. **100 F**

3	50	SP	2	20	25	20	2

GUERIN Hélène et Alain - 10 Grande Rue - 51490 SELLES - Tél : 03 26 48 70 60

SEZANNE

C.M. 61 Pli 5

3 ch. **Paris 100 km. Reims 70 km. Toyes 60 km. Eurodisney 80 km.** Anne-Marie et Jacques, viticulteurs, vous accueillent dans leur propriété où vous pourrez y séjourner, au calme, dans 3 ch. confortables (lits 2 pers.). Accès indép. aux chambres. S.d.b. et wc privés extérieurs aux chambres. Lit bébé. Salon, TV. Tarif degressif après 2 nuits. Visite des celliers. Accueil au champagne. Tous services et restaurants sur place. A l'intersection de la RN4 et de la D51.

Prix : 1 pers. **190 F** 2 pers. **240 F**

Ouvert : toute l'année.

SP	SP	SP	8	SP	SP	25	SP

PINARD Jacques & Anne-Marie - 29 rue Gaston Laplatte - 51120 SEZANNE - Tél : 03 26 80 58 81 - Fax : 03 26 81 37 37

TALUS-SAINT-PRIX

C.M. 56

1 ch. **Epernay 35 km. Sézanne 15 km. Paris, Reims, Troyes, Châlons 1 heure.** Dans 1 petit village de Champagne, à l'étage d'une maison de pierres, vous serez toujours nos seuls hôtes dans la suite : 1 ch. (1 lit 140, 1 lit 90) + 1 ch. (2 lits 90), s.d.b. et wc privés. Salle de repos avec jeux de société, billard, hifi, biblio., doc. régionale, TV, Frigo. Les terrasses, le grand jardin fleuri, les pelouses accueilleront vos instants de détente. Un petit déjeuner varié (confitures maison) vous sera servi l'été sur la terrasse et l'hiver dans la salle à manger devant un feu de bois. Restaurants 3 km. Langues parlées : anglais, espagnol.

Prix : 1 pers. **200 F** 2 pers. **250 F** 3 pers. **310 F** pers. sup. **100 F**

Ouvert : toute l'année.

0,5	1	1	SP	5	16	16	SP	35	3

CHARMEL-DEGUINES Corinne - La Charmette - 17 Grande Rue - 51270 TALUS-SAINT-PRIX - Tél : 03 26 52 82 11

VAL-DE-VESLE

C.M. 56 Pli 17

5 ch. Chez des agriculteurs, au pied du vignoble champenois, dans une ferme entièrement rénovée, 5 ch. d'hôtes, décoration très raffinée. R.d.c. : 1 ch. 2 pers. (acces. handicapés), 1 ch. 2 pers. Etage : 3 ch. 2 pers., S.d.b. ou salle d'eau et WC privés pour chaque chambre. Coin salon avec convertible dans 3 ch. Lits Bébé à dispo. Accès indépendant aux chambres. S. à manger, cuisine, salon, TV, lecture, réservés aux hôtes. Jeux pour enf., terrasse, pelouse, s.d.jardin. Parking dans cour fermée. Ancien village calme et verdoyant de Courmelois. Rivière, église XIIè, visite de caves à proximité, route du Champagne. Tarif 4 pers. : 460 F. Langue parlée : anglais.

Prix : 1 pers. **220 F** 2 pers. **280 F** 3 pers. **370 F**

Ouvert : toute l'année.

4	SP	5	1,5	18	5	18	SP

LAPIE Joy et Laurent - 1 rue Jeanne d'Arc - 51360 VAL-DE-VESLE - Tél : 03 26 03 92 88 ou 06 87 27 84 44 - Fax : 03 26 02 76 16

VERT-TOULON

C.M. 56 Pli 16

2 ch. **Vertus 12 km.** 1 ch. 1 lit 1 pers., 1 lit 2 pers., TV, salle d'eau et wc privés, 1 ch. 1 lit 2 pers., salle de bains et wc privés. Garage, salon de jardin, balançoire, cheminée. Boulangerie, épicerie et restaurant sur place. Connaissances de la vigne, du vin et visite des caves. Langue parlée : anglais.

Prix : 1 pers. **170 F** 2 pers. **220 F** 3 pers. **270 F**

Ouvert : toute l'année sauf période de vendanges.

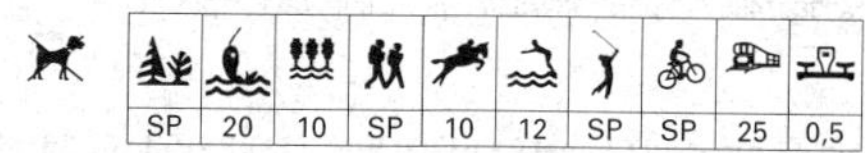

SP	20	10	SP	10	12	SP	SP	25	0,5

LECLERC Didier - 20 rue des Ruisselots - 51130 VERT-TOULON - Tél : 03 26 52 10 46 ou 03 26 52 20 59 - Fax : 03 26 52 10 46

VERTUS La Madeleine (TH)

3 ch. **Epernay 18 km. Château de Montmort 12 km.** Au cœur du vignoble champenois, dans un environnement très calme, verdure, fleurs, à prox. de la forêt, vous serez accueillis chez un agriculteur/éleveur. 2 ch. 2 pers., mezz., salon, balcon, sanitaires pour chaque chambre. 1 ch. (accès indép.) 3 pers. avec cheminée et sanitaires privés. Séjour, TV, tél. à dispo. Poss. lit supp. Lit bébé gratuit. Rochers d'escalade et parcours sportif à 800 m, circuits touristiques, circuits GR, visite chez un viticulteur. Vol libre 4 km. Table d'hôtes sur réservation.

Prix : 1 pers. **200 F** 2 pers. **250/270 F** 3 pers. **330 F** pers. sup. **80 F** repas **110/150 F**

Ouvert : toute l'année.

SP	2	70	SP	2	2	70	18	SP

CHARAGEAT René et Huguette - La Madeleine - 51130 VERTUS - Tél : 03 26 52 11 29 - Fax : 03 26 59 22 09

VERTUS *C.M. 56 Pli 16*

2 ch. **Epernay 20 km. Reims 50 km. Châlons-en-Champagne 30 km.** A Vertus, au cœur du vignoble champenois de la Cote des Blancs, un des plus prestigieux crus classés de la Champagne. Chez un viticulteur, dans un cadre calme et verdoyant, 1 ch. 3 épis (1 lit 160) avec s.d.b. et wc privés, 1 ch. 2 épis (1 lit 160 + 1 clic clac) s.d.b. et wc privés non communiquants. Grande pièce commune au r.d.c. Terrasse et s.d.jardin. Parking intérieur et garage. Langue parlée : anglais.

Prix : 1 pers. **200/220 F** 2 pers. **250/270 F** pers. sup. **80 F**

Ouvert : du 1er mars au 30 novembre sauf pendant la periode des vendanges.

SP	SP	70	SP	10	SP	SP	50	SP	20	SP

DOQUET Jean-Claude - Route de la Cense-Bizet - Les Chantereines - 51130 VERTUS - Tél : 03 26 52 14 68 - Fax : 03 26 58 41 28

VERTUS

4 ch. **Epernay 20 km. Reims 50 km. Paris 2 heures.** Au cœur du vignoble champenois, un couple de viticulteurs vous accueille dans un environnement calme et verdoyant. Entrée indépendante. 3 ch, décoration raffinée, (1 lit 2 p.) 1 ch. (2 lits 1 p.). Possibilité lit suppl. Lit bébé. Douche et wc dans chaque chambre. Coin détente, salon, TV, cheminée, réservés aux hôtes. Terrasse, salon de jardin. Parking intérieur. Restaurants sur place.

Prix : 1 pers. **220 F** 2 pers. **270 F** pers. sup. **80 F**

Ouvert : toute l'année sauf pendant les vendanges, janvier et février.

1	2	2	SP	1	0,5	20	1

JUMEL Serge - 31, avenue de Bammental - 51130 VERTUS - Tél : 03 26 52 02 80 - Fax : 03 26 52 06 58

VILLE-EN-TARDENOIS

4 ch. **Reims et Epernay 20 km. Paris 1 heure.** Dans une ancienne ferme, 4 ch. dont 1 ch. 2 pers. + suite 1 pers. avec s.d.b., wc et TV. 1 ch. 2 pers + suite 2 pers. avec s.d.b., wc et TV, 1 ch. 2 pers. + suite 2 pers. avec s.d.b. et wc, et 1 ch. pour 2 pers. avec s.d.b., wc. Accès indépendant. Terrasse, salon de jardin. Parking abrité et fermé. 1 restaurant au village. Village verdoyant et agricole du Tardenois. Belles promenades. Tarif 4 pers. 450 F.

Prix : 1 pers. **220 F** 2 pers. **290 F** 3 pers. **370 F**

Ouvert : toute l'année.

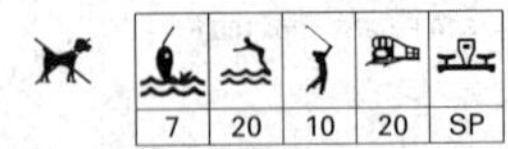

7	20	10	20	SP

LELARGE Nathalie et Eric - Ferme du Grand Clos - Rue de Jonquery - 51170 VILLE-EN-TARDENOIS - Tél : 03 26 61 83 78

VILLENEUVE-RENNEVILLE (TH)

3 ch. **Châlons-en-Champagne 20 km. Epernay 19 km.** Au cœur du vignoble de la Cote des Blancs, chez un viticulteur, 3 ch. d'hotes situées dans un cadre verdoyant et très calme. 2 ch. de 2 pers. avec salle de bains et wc privés. 1 ch. (3 épis) 2 pers. Salle d'eau et WC Privés. Gratuit pour - de 2 ans. Tarif dégressif à partir de 3 nuits. Possibilité repas gastronomique sur réservation à partir de 6 pers : 250 F. Vente de champagne Jacques Collard sur place, visite des caves de la propriété, cuverie, pressoir.

Prix : 1 pers. **280 F** 2 pers. **350 F** 3 pers. **450 F** repas **150/250 F**

Ouvert : toute l'année.

4	SP	4	4	20	4

COLLARD Jacques - Château de Renneville - 51130 VILLENEUVE-RENNEVILLE - Tél : 03 26 52 12 91 - Fax : 03 26 51 10 49

VINCELLES (TH) *C.M. 56*

4 ch. **Dormans 1 km. Reims, Epernay 30 km. Eurodisney 1 heure.** Dans un village de la vallée de la Marne, au milieu du vignoble champenois, 4 chambres d'hôtes dans une maison de caractère. Etage : 2 ch. (2 épis) 2 p., sdb et wc privés extérieurs à la ch., 1 ch. (3 épis) 2 p.) sdb et wc privés, 1 ch. + suite (3 p.) sdb et wc privés. Salon à dispo. avec TV. Terrasse, s.d.j., abri couvert pour voitures. Accueil simple et familial. Activités : visites guidées à thèmes, location VTT, promenades en bateau avec pique nique. Découverte de la Champagne par les golfs. Pêche.

Prix : 2 pers. **300/450 F** 3 pers. **380/530 F** pers. sup. **80 F** repas **160 F**

1	0,2	0,2	SP	1	1	1	2	SP	1	1	1

**SIMON Alain - 3 rue Paul Chapelle - 51700 VINCELLES - Tél : 03 26 58 87 94 ou 06 84 43 52 32 - Fax : 03 26 58 87 94 -
E-mail : simonal@minitel.net**

GITES DE FRANCE - Service Réservation
40 bis avenue Foch - 52000 CHAUMONT
Tél. 03 25 30 39 08 - Fax. 03 25 30 39 09
E.mail : tourisme.hautemarne@wanadoo.fr - http://www.tourisme-hautemarne.com

ANROSEY

TH *C.M. 66 Pli 4*

5 ch. **Langres ville fortifiée 30 km. Aventure Parc à Guyonvelle 4 km.** 5 chambres d'hôtes (2/3 pers.) situées au cœur du village avec salle d'eau et 2 wc à l'usage exclusif des hôtes. 3 chambres possèdent une douche particulière. Salle de séjour à la disposition des hôtes. Ch. central. Jardin. Half-court sur place. Repas préparés à partir des produits de la ferme. Ping-pong. Chemins pédestres balisés. 1/2 pension/pers. : 165 F à partir de la 3ème nuitée. Vannerie, vignobles. Langue parlée : anglais.

CV

Prix : 1 pers. **150 F** 2 pers. **200 F** 3 pers. **260 F** pers. sup. **80 F**
repas **70 F**

Ouvert : de Pâques au 1er novembre.

SP	SP	SP	3	17	10	30	30	25	12

GUILLAUMOT Monique - 52500 ANROSEY - Tél : 03 25 88 83 12 ou 03 25 88 88 27 - Fax : 03 25 88 83 12

CHALINDREY Les Archots

TH

5 ch. **Langres 10 km** 5 ch. avec salles d'eau et wc privatifs : 2 ch. 5 pers., 2 ch. 2 pers. et 1 ch. 4 pers. Séjours, salon et salle de jeux. Table d'hôtes sur réservation. Bibliothèque. Parking. Dans un domaine de 5 ha. traversé par 3 rivières, en bordure de l'ancienne voie romaine, dans un cadre verdoyant et sauvage. En lisière de 2000 ha. de forêt. Aire de jeux pour enfants. Cueillette de champignons et promenades vous sont proposés. Langues parlées : allemand, anglais.

Prix : 1 pers. **150 F** 2 pers. **220 F** 3 pers. **290 F** pers. sup. **70 F**
repas **80 F**

Ouvert : toute l'année.

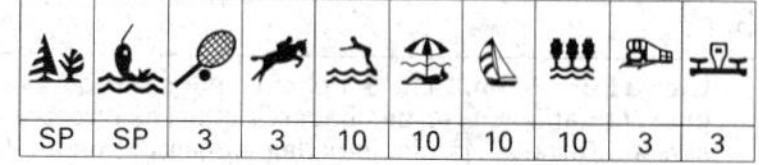

SP	SP	3	3	10	10	10	10	3	3

FRANCOIS Serge et Véronique - Les Archots - Gîtes des Archots - 52600 CHALINDREY - Tél : 03 25 88 93 64

CHAMOUILLEY

4 ch. 4 chambres dans maison de caractère comprenant 2 chambres 2 pers. et 2 chambres 3 pers. avec salles d'eau et wc particuliers. TV. Cour. Terrain. Parking. Possibilité de cuisiner. Salle de billard. Entrée indépendante. Langue parlée : anglais.

Prix : 1 pers. **190 F** 2 pers. **230 F** 3 pers. **270 F** pers. sup. **50 F**
Ouvert : toute l'année.

1	1	1	8	8	12	12	12	3	1

MARSAL Liliane et Antoine - 4 route d'Eurville - 52410 CHAMOUILLEY - Tél : 03 25 55 02 26

COIFFY-LE-HAUT Ferme Adrien

TH

3 ch. 3 ch. d'hôtes, toutes personnalisées, aménagées dans une ferme entourée de prairies et de belles forêts. 1 ch. (1 lit 2 pers. 2 lits 1 pers.). 1 ch. (1 lit 2 pers. 1 lit 1 pers.). 1 ch. (1 lit 2 pers. 1 lit 110). Salles d'eau et wc particuliers. Parking, cuisine, salle de séjour, salle de jeux, bibliothèque, TV. Mobilier de jardin, barbecue, ping-pong, jeux, billard. Petite région pittoresque, belles forêts, vignobles des côteaux de Coiffy, nombreux sites et monuments à visiter. Vélos à dispostion. Sentiers pédestres. Musée familial.

CV

Prix : 1 pers. **180 F** 2 pers. **220 F** 3 pers. **310 F** pers. sup. **80 F**
repas **75 F** 1/2 pens. **250 F** pens. **320 F**

Ouvert : Toute l'année.

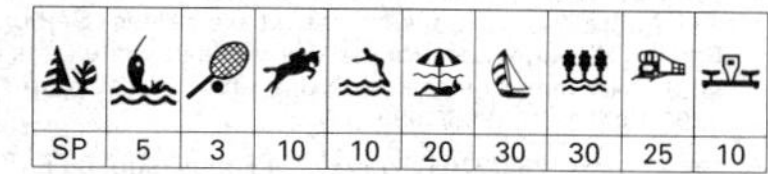

SP	5	3	10	10	20	30	30	25	10

PELLETIER Henri et Gaby - Ferme des Granges du Vol Adrien - 52400 COIFFY-LE-HAUT - Tél : 03 25 90 06 76

COLMIER-LE-BAS

TH *C.M. 66 Pli 1*

4 ch. 4 chambres d'hôtes aménagées dans une ancienne maison de maître rénovée. Salles de bains avec wc privés. Séjour, TV, bibliothèque. Garage. Parking. Table d'hôtes sur réservation. Produits biologiques selon disponibilité. Les propriétaires anglais qui ont rénové cette maison, vous accueillent chaleureusement dans 4 chambres spacieuses et de grand confort. Cuisine classique, bienvenue aux végétariens. Vues superbes. Maison non fumeur. Langue parlée : anglais.

Prix : 1 pers. **210 F** 2 pers. **280 F** 3 pers. **350 F** pers. sup. **70 F**
repas **85 F**

Ouvert : toute l'année.

1	3,5	3,5	3,5	35	3,5	35	35	35	10

McNAMARA Terence - Le Chat-Dodu - 52160 COLMIER-LE-BAS - Tél : 03 25 88 93 43 - Fax : 03 25 88 93 43 -
E-mail : LeChatDodu@aol.com

CULMONT

(TH) *C.M. 66*

4 ch. **Lac de la Liez à 8 km. Langres 10 km.** 4 chambres d'hôtes avec salles d'eau et wc particuliers dans chacune. Entrées indépendantes. Salon, TV. Possibilité de cuisiner. Chauffage central. Parking, cour et terrain. Accès par la RN19 (proche de l'A31/A5). A l'entrée d'un village calme, dans une vallée boisée. Au pays des 4 lacs et à proximité des remparts de Langres et de ses sites historiques. Table d'hôtes sur réservation. Langues parlées : anglais, finlandais.

CV

Prix : 1 pers. **150 F** 2 pers. **210 F** 3 pers. **260 F** pers. sup. **60 F** repas **80 F**

Ouvert : toute l'année.

SP	2	3	1	10	8	8	8	2	2,5

VARNEY Edith et Jean-Claude - 9 rue du Haut - 52600 CULMONT - Tél : 03 25 88 91 61 ou 03 25 84 90 87 - Fax : 03 25 88 91 61

DROYES

C.M. 61 Pli 9

2 ch. **Lac de Der 5 mn.** 2 chambres dont 1 avec suite pour enfants ou amis, avec salles de bains et wc privatifs. (3/4 pers.). Taxe de séjour : 1 F/pers./nuit. Enfants de 4/10 ans : 1/2 tarif et tarif dégressif après la 3e nuit. Jardin clos. Sur la route des églises à pans de bois, à quelques kilomètres à vol de Grue Cendrée, du plus grand lac artificiel d'Europe (lac du Der/Chantecoq), vous serez accueillis dans une maison à pans de bois, fleurie, calme. Langues parlées : anglais, espagnol.

Prix : 1 pers. **220 F** 2 pers. **290 F** 3 pers. **390 F** pers. sup. **100 F**

Ouvert : toute l'année.

SP	SP	SP	SP	25	9	9	9	25	7

GRAVIER Sylvie - 11 rue de la Motte - 52220 DROYES - Tél : 03 25 04 62 30

DROYES

2 ch. **Lac du Der à 5 mn.** 2 ch. (3/4 pers.) à pans de bois avec mobilier d'époque dans une ancienne ferme champenoise avec salles d'eau et wc privatifs. En rez-de-chaussée et accès direct sur la terrasse. Coin de jour dans chaque chambre : TV, bibliothèque et jeux de société. Terrasse, jardin, jeux de plein air et parking (abri couvert) sur la propriété. Randonnées pédestres. Vélos sur place. Lac du Der : toutes activités nautiques, observation d'oiseaux migrateurs. Langues parlées : anglais, italien.

Prix : 1 pers. **220 F** 2 pers. **270 F** 3 pers. **350 F** pers. sup. **80 F**

Ouvert : toute l'année.

SP	SP	SP	4	25	9	9	9	25	7

ARNOULD-STEIN Pascale - 6 rue de la Motte - 52220 DROYES - Tél : 03 25 94 32 44

ESNOMS-AU-VAL

(TH) *C.M. 66 Pli 2*

5 ch. 5 chambres aménagées dans une maison de caractère. Salles d'eau et wc privés. Salle de séjour, salon, TV, cheminée. Terrain d'1 ha 600 avec verger, salon de jardin, balançoire, piscine. Chemins de randonnées (VTT, pédestre et équestre). Recommandé par le guide du Routard et FFCT.

CV

Prix : 1 pers. **180 F** 2 pers. **250 F** 3 pers. **290 F** repas **80 F**

Ouvert : toute l'année.

1	5	SP	SP	12	12	12	25	8

PASCARD Gérard - Au Gîte du Val - 52190 ESNOMS-AU-VAL - Tél : 03 25 84 82 02

FLAGEY

(TH) *C.M. 66 Pli 2*

4 ch. **Langres 12 km** 4 chambres aménagées dans la maison rénovée du propriétaire. 1 ch. 4 pers. (2 pièces). 2 chambres 3 pers. 1 chambre 2 pers. Salles d'eau et wc privés. Séjour, salon, TV, bibliothèque. Possibilité lit bébé (50 F). Chauffage électrique. Parking. Garage. Location de VTT/vélos et visite de la ferme sur place. Petit village de 50 habitants à 3 km de l'A31 (sortie Langres sud). Ancienne ferme. Jardin avec beaucoup de fleurs et arbres fruitiers. 1er prix chambres d'hôtes fleuries 1995/1996/1997/1998/1999.

CV

Prix : 1 pers. **190 F** 2 pers. **250/270 F** 3 pers. **350 F** pers. sup. **80 F** repas **80 F**

Ouvert : toute l'année.

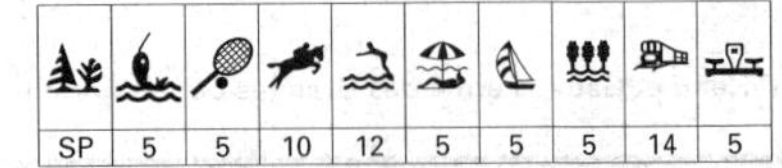

SP	5	5	10	12	5	5	5	14	5

JAPIOT Sylvie - 52250 FLAGEY - Tél : 03 25 84 45 23

FRESNES-SUR-APANCE

C.M. 62 Pli 14

2 ch. **Langres 40 km** Dans une maison de caractère avec terrasse et grand parc, 2 chambres 3 personnes. Salle d'eau et wc privatifs. Séjour. TV. Bibliothèque. Cadre intérieur spacieux et agréable. Petits déjeuners variés. Garage. Parking. Plan d'eau sur place. Propriétaires appréciant les contacts humains et qui ont toujours pratiqué la convivialité et l'accueil. Langue parlée : anglais.

CV

Prix : 1 pers. **190 F** 2 pers. **230 F** pers. sup. **50 F**

Ouvert : du 15 juin au 15 septembre.

SP	SP	7	7	40	40	40	40	7

CHATELAIN Guy et Chrsitiane - Route de Bourbonne - 52400 FRESNES-SUR-APANCE - Tél : 03 25 90 09 78

LANTY-SUR-AUBE

(TH)

2 ch. 2 chambres au rez-de-chaussée avec salles d'eau et wc privatifs. 1 chambre 2 pers. et 1 ch. 3 pers. Salle de séjour. TV. Parking. Garage. Tour close. Sotie autoroute A5 à 10 mn. Restaurant sur place. Dans notre jolie demeure restaurée en pierres de région, nous venons de créer au rez-de-chaussée 2 charmantes chambres d'hôtes d'un confort et de calme assurés. Une table d'hôtes avec produits du terroir est à votre disposition sur réservation. Annette et Jean seront heureux de vous accueillir.

Prix : 1 pers. **180 F** 2 pers. **260 F** 3 pers. **340 F** repas **80 F**

Ouvert : toute l'année

1	1	25	30	30	2	30	30	30	12

PERRAIN Annette et Jean - 9 rue Pautel - 52120 LANTY-SUR-AUBE - Tél : 03 25 02 77 92 - Fax : 03 25 01 90 50

LONGEVILLE-SUR-LA-LAINES

(TH)

5 ch. **Lac du Der 15 km : migration des grues cendrées (mars et oct./nov.).** 5 chambres d'hôtes 2 pers., avec s. de bains et wc privés. 1 chambre avec suite pour 2 enfants. Parc verdoyant et reposant dominant étang et rivière. Sympathique table d'hôtes où vous apprécierez la qualité d'une cuisine familiale (sur réservation). Circuit des églises champenoises. A visiter : Maison de l'Oiseau et du Poisson, Route du Fer, Haras de Montier-en-Der. Langue parlée : anglais.

Prix : 1 pers. **270/330 F** 2 pers. **290/350 F** 3 pers. **390/450 F**
pers. sup. **100 F** repas **150 F**

Ouvert : toute l'année

2	SP	2	7	25	15	15	15	40	10

VIEL-CAZAL Philippe & Chrsitine - Boulancourt - 52220 LONGEVILLE-SUR-LA-LAINES - Tél : 03 25 04 60 18

LUZY-SUR-MARNE

1 ch. **Chaumont 6 km. Langres 30 km.** 1 chambre et sa suite pour amis ou enfants avec salon, salle d'eau et wc privatifs. Situé à l'étage d'une maison rénovée dans propriété fleurie. Chauffage central. Séjour. Véranda. TV. Jeux de société. Bibliothèque. Garage. Terrain clos. Possibilité table pour pique-nique. Suite 3 pièces : 2 chambres avec 1 lit 2 pers. Salon privatif.

CV

Prix : 1 pers. **230 F** 2 pers. **280 F** 3 pers. **380 F**

Ouvert : toute l'année

SP	SP	6	6	6	20	20	20	6	6

FEYL Martine et Christian - Grand'rue - 52000 LUZY-SUR-MARNE - Tél : 03 25 31 16 05

MANDRES-LA-COTE

(TH)

3 ch. **Nogent 4 km. Langres 28 km.** 2 chambres 2 pers. 1 ch. 4 pers. et 1 ch. 5 pers. (suite 2 pièces), dans une ancienne ferme rénovée, salle d'eau et wc privatifs. Salon. Bibliothèque. TV dans chaque chambre. Parking. Terrain de jeux.

CV

Prix : 1 pers. **180 F** 2 pers. **220 F** 3 pers. **280 F** pers. sup. **60 F**
repas **65 F**

Ouvert : toute l'année.

1	2	SP	4	4	25	25	17	4

LESPRIT Christiane et Robert - 6 rue de Normandie - 52800 MANDRES-LA-COTE - Tél : 03 25 01 94 03 - Fax : 03 25 01 94 03

NULLY

C.M. 61 Pli 19

2 ch. **Colombey-les-Deux-églises 15 km. Nigloland 20 km. Lac-du-Der 20 km** 2 chambres d'hôtes aménagées à l'étage de la maison des propriétaires. 2 chambres 2 pers. avec salle d'eau et wc, réservés aux hôtes. Salle de séjour et salon à la disposition des hôtes. Abri couvert. Parking. Chauffage central. Cour intérieure fleurie avec terrasse. Restaurant à 6 km. Sur la route 960 entre Brienne-le-Château et Joinville.

Prix : 1 pers. **140 F** 2 pers. **200 F** pers. sup. **80 F**

Ouvert : toute l'année.

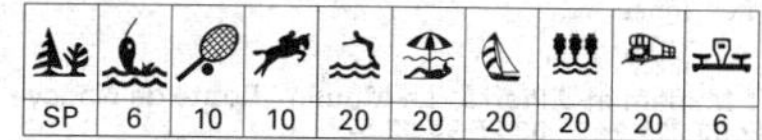

SP	6	10	10	20	20	20	20	20	6

MOREL Madeleine - 52110 NULLY - Tél : 03 25 55 40 36

POUILLY-EN-BASSIGNY

3 ch. **Bourbonne-les-Bains 10 km.** 3 chambres dans une ancienne ferme rénovée. Salles d'eau et wc privatifs. Chauffage central. Séjour. Salon. TV. Parking. Garage.

CV

Prix : 1 pers. **120 F** 2 pers. **180 F** 3 pers. **250 F**

Ouvert : toute l'année.

2	3	10	20	10	7	30	25	10	5

BAULERET Jean-Louis - rue du centre - 52400 POUILY-EN-BASSIGNY - Tél : 03 25 88 04 57

PRANGEY

3 ch. **Lac de Villegusien 2 km. Langres 15 km.** 3 chambres avec chacune : salle de bains et wc privatifs. Séjour/salon. 2 chambres avec 1 lit 2 pers. et 1 chambre avec 2 lits 1 pers. Tarif spécial 1 semaine 2 pers. : 1800 F. Parking fermé. Les propriétaires vous accueillent pour un séjour de détente dans une demeure de charme située à côté du château, dans un cadre séduisant où règnent le calme et l'agrément d'une nature verdoyante et reposante. Langue parlée : anglais.

Prix : 1 pers. **240 F** 2 pers. **290/320 F** pers. sup. **80 F**

Ouvert : toute l'année (hors saison sur réservation).

SP	2	2	18	10	2	2	2	15	2

TRINQUESSE Monique et Patrick - L'Orangerie - 52190 PRANGEY - Tél : 03 25 87 54 85 - Fax : 03 25 88 01 21

PRESSIGNY

(TH)

4 ch. 3 ch. plus une suite 2/4 pers. dans une maison bourgeoise du XIXe s située dans un village calme et accueillant, près d'un étang de pêche. 2 chambres 2 pers. avec salles d'eau privatives et wc communs, 1 chambre 3 pers. avec salle d'eau et wc privatifs. Séjour, salon, salle de jeux, TV et bibliothèque. Parking, garage et jardin. Exposition permanente d'aquarelles réalisées par le propriétaire. Tarif suite 2/4 pers. : 300 F/450 F. Langue parlée : anglais.

Prix : 1 pers. **190/220 F** 2 pers. **220/250 F** 3 pers. **320 F** pers. sup. **70 F** repas **75 F**

Ouvert : toute l'année.

SP	SP	SP	15	SP	10	30	10	25	SP

POOPE Evalyne et Michel - Maison Perrette - 52500 PRESSIGNY - Tél : 03 25 88 80 50 - Fax : 03 25 88 80 49

SAINT-BROINGT-LES-FOSSES

4 ch. **Langres 19 km.** 4 chambres dans une ancienne ferme rénovée. 2 ch. 3 pers. et 2 ch. 2 pers. Salle d'eau et wc privés. Salon, TV et bibliothèque. Chauffage central. Terrain avec salon de jardin, balançoire. Garage et parking. Possibilité lit bébé.

Prix : 1 pers. **180 F** 2 pers. **240 F** pers. sup. **80 F**

Ouvert : toute l'année.

SP	5	5	15	15	5	5	5	20	3

PETIT Marie-Bernard - 52190 SAINT-BROINGT-LES-FOSSES - Tél : 03 25 88 40 83 - Fax : 03 25 88 95 23

SAINT-LOUP-SUR-AUJON

2 ch. **Langres 25 km.** 2 chambres d'hôtes aménagées dans une maison située dans une grande cour. 1 ch. 2 pers. et 1 ch. 3 pers. avec salle d'eau particulière et wc à l'usage exclusif des hôtes. Barbecue. Parking. Golf 10 km. Produits fermiers sur place. Sentiers de grande randonnée. Tarif spécial pour long séjour. Sorties autoroute 15 et 20 km. Jardin d'agrément, portique pour enfants. Restaurant au village (fermé mardi soir et mercredi).

Prix : 1 pers. **130 F** 2 pers. **190 F** 3 pers. **250 F** pers. sup. **50 F**

Ouvert : toute l'année.

SP	SP	3	10	25	25	25	18	30	10

LARDENOIS Henri et Claudette - Saint-Loup sur Aujon - 52210 ARC-EN-BARROIS - Tél : 03 25 84 40 64

THONNANCE-LES-JOINVILLE Le Moulin

(TH)

4 ch. **Joinville 3 km.** 4 chambres, dont une suite, situées dans un moulin en bordure de forêt. Salles d'eau et wc privatifs. Chauffage central. Séjour. Salon. TV. Cheminée. Bibliothèque, vidéothèque. Salle de jeux. Parking. Visite gratuite pour les hôtes d'une astaciculture (élevage d'écrevisse). Forfait pêche sur étang privé : 180F/journée. 100F/ demi-journée. Langues parlées : anglais, allemand.

Prix : 1 pers. **200 F** 2 pers. **240 F** 3 pers. **300 F** pers. sup. **80 F** repas **80 F**

Ouvert : toute l'année.

SP	1	3	1	30	30	3	1

GEERAERT Myriam et J.Pierre - Le Moulin - Route de Nancy - 52300 THONNANCE-LES-JOINVILLE - Tél : 03 25 94 13 76 ou 06 07 82 90 91 - Fax : 03 25 94 02 52

TREIX

(TH) *C.M. 62 Pli 11*

2 ch. 2 ch. 2 pers. dans 1 ancienne ferme restaurée avec goût. 1 ch. (1 lit 2 pers.), 1 ch. (2 lits 1 pers. + 1 conv.). Possibilité lits suppl. dans chaque ch. S.d.b. et wc privés dans chacune. Salle de séjour. Salon avec cheminée. Jardin, terrain avec salon de jardin. Garage. Treix, agréable village calme et fleuri, à l'orée de la forêt. Les prop. vous accueilleront avec chaleur et vous aideront à découvrir la région (coutellerie de Nogent, Colombey-les-2-Eglises). En été, les repas préparés à partir de produits sains et naturels se dégustent à l'ombre du lilas. Table d'hôtes du 1er avril au 30 sept. sur résa. Poss. pique-nique. Langues parlées : anglais, allemand.

Prix : 1 pers. **150 F** 2 pers. **180 F** 3 pers. **240 F** pers. sup. **60 F** repas **75 F**

Ouvert : toute l'année.

SP	5	1	6	5	35	35	35	7	5

PAUTHIER Francis - 52000 TREIX - Tél : 03 25 32 26 88

VAUX-SUR-BLAISE

2 ch. **Joinville 15 km. Lac du Der 20 km.** 2 chambres 3 pers. dans une grande maison du XIXème siècle. Salles d'eau et wc privatifs. Chauffage central. Séjour. Salon. TV. Parking couvert. Garage. Cour close. Possibilité de pêche en rivière 1ère catégorie. Possibilité de cuisiner. Vous serez accueillis par un couple d'agriculteurs retraités ayant l'habitude de cotoyer les enfants. Restaurant sur place.

Prix : 1 pers. **180 F** 2 pers. **220 F** 3 pers. **280 F** pers. sup. **20 F**

Ouvert : toute l'année.

1	SP	SP	7	3	20	3	16	3

BUAT Adeline et J.Claude - 5 rue des Moulins - 52130 VAUX-SUR-BLAISE - Tél : 03 25 55 34 09

VELLES

4 ch. **Parc de loisirs Aventure Parc à Guyonvelle 3 km.** 4 chambres d'hôtes aménagées dans une ancienne ferme. 3 chambres 2 pers. et 1 chambre 3 pers. avec salles d'eau particulières et wc réservés aux hôtes. Possibilité de cuisiner. Pelouse. Abri couvert. Randonnées équestres, pédestres, tir à l'arc, et location de vélos sur place. Animaux admis sauf dans les chambres. Terrain multisports sur place. Maison de caractère située au bout du village. Cadre et environnement calmes et reposants dans un village d'artistes et d'artisans (artiste peintre). Promenades en calèche, circuit botanique, poésie, musique, apiculture. Langue parlée : anglais.

Prix : 1 pers. **140 F** 2 pers. **190 F** 3 pers. **230 F**

Ouvert : toute l'année.

1	3	5	SP	15	3	35	35	20	5

ROUSSELOT Aalin et Chrsitine - 52500 VELLES - Tél : 03 25 88 85 93 - Fax : 03 25 88 85 93

VERBIESLES

1 ch. **Chaumont 5 km. Langres 20 km.** A 1 km de la RN19 1 ch. (1 lit 2 pers.) et sa suite (2 lits 1 pers.). Salle de bains et wc privés. Parking, cour fermée, terrasses et pelouse détente. A l'étage d'une ancienne ferme rénovée à l'entrée du village dans un site verdoyant en pleine campagne. Bienvenue aux non fumeurs. Langues parlées : anglais, allemand.

Prix : 1 pers. **230 F** 2 pers. **280 F** 3 pers. **390 F** pers. sup. **100 F**

Ouvert : de Pâques à la Toussaint inclus.

SP	SP	SP	6	6	6	20	20	7	5

MARUSIAK Marie-Thérèse - 52000 VERBIESLES - Tél : 03 25 31 16 41

VILLARS-SANTENOGE

TH *C.M. 66 Pli 2*

5 ch. **Langres 40 km.** 5 chambres aménagées dans un style rustique. 4 chambres 2 pers. 1 chambre 3 pers. 2 salles d'eau et 2 wc dont 1 indépendant, à l'usage exclusif des hôtes. Séjour. Possibilité cuisine. Cheminée. Terrasse donnant sur un grand espace vert. Chauffage électrique. Parking. Centre équestre sur place. Table d'hôtes sur réservation. Ancienne maison de ferme rénovée dans un cadre naturel rural de qualité. Possibilité randonnées pédestres et équestres sur les sentiers de la région (GR7 10 km). Pêche dans rivières et étangs. Langues parlées : anglais, allemand.

Prix : 1 pers. **130 F** 2 pers. **180 F** 3 pers. **220 F** repas **90 F**
1/2 pens. **190 F** pens. **250 F**

Ouvert : toute l'année (fermeture le lundi).

SP	SP	SP	SP	40	15	40	40	40	SP

GUENIN Lionel - Realis de la Vallé de l'Ource - 52160 VILLARS-SANTENOGE - Tél : 03 25 84 20 62 - Fax : 03 25 84 34 05

VILLEGUSIEN-SUR-LAC

TH

1 ch. **Langres 16 km.** 1 chambre à l'étage de la maison du propriétaire, avec accès indépendant. Salle d'eau et wc privatifs. Salle de jeux. Parking. Mini-bar. Micro-ondes. 1 chambre : 1 lit 2 pers. 1 lit 1 pers. 1 lit d'appoint. Grande chambre située dans une maison ancienne de caractère, avec vue sur le jardin d'agrément.

Prix : 1 pers. **190 F** 2 pers. **240 F** 3 pers. **270 F** pers. sup. **30 F**
repas **80 F** 1/2 pens. **260 F** pens. **330 F**

Ouvert : toute l'année sur réservation

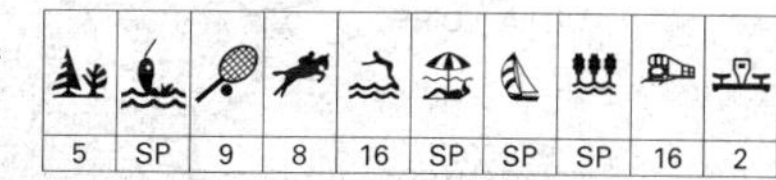

5	SP	9	8	16	SP	SP	SP	16	2

MANIN-POUILLY Danièle et Claude - Rue de l'église - 52190 VILLEGUSIEN-LE-LAC - Tél : 03 25 88 49 78 ou 06 10 89 77 69

VILLIERS-SUR-SUIZE

TH

2 ch. **Langres 15 km. Chaumont 17 km.** 2 chambres 3 pers. ds une ferme rénovée. Salles d'eau etwc privatifs. Possibilité lit suppl. Chauffage central. Séjour. Salon. Cheminée. TV. Garage. Parking. Mobilier de jardin. Location de VTT. Restaurant sur place. Chambres d'hôtes à la ferme dans un cadre fleuri et calme. Découverte des activités de la ferme. Loisirs en forêt et nature. Randonnée dans les étoiles : observatoire d'astronomie privé sur place. Langue parlée : anglais.

Prix : 1 pers. **190 F** 2 pers. **260 F** 3 pers. **300 F** pers. sup. **70 F**
repas **75 F**

Ouvert : toute l'année

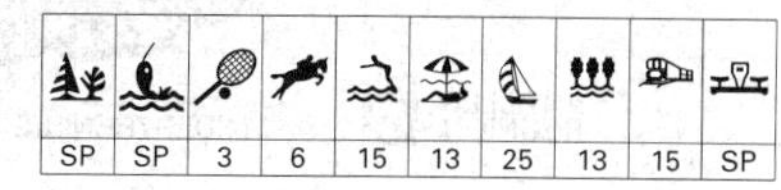

SP	SP	3	6	15	13	25	13	15	SP

GRUOT Roselyne et Eric - 52210 VILLIERS-SUR-SUIZE - Tél : 03 25 31 11 80 ou 03 25 31 23 07

CORSE

Pour réserver, écrire ou téléphoner :

3615 Gîtes de France
1,28 F/min

20 - CORSE
GITES DE FRANCE SERVICES
1, rue Général Fiorella - B.P. 10
20181 AJACCIO Cedex 01
Tél. : 04 95 51 72 82 ou 04 95 32 27 78
Fax : 04 95 51 72 89

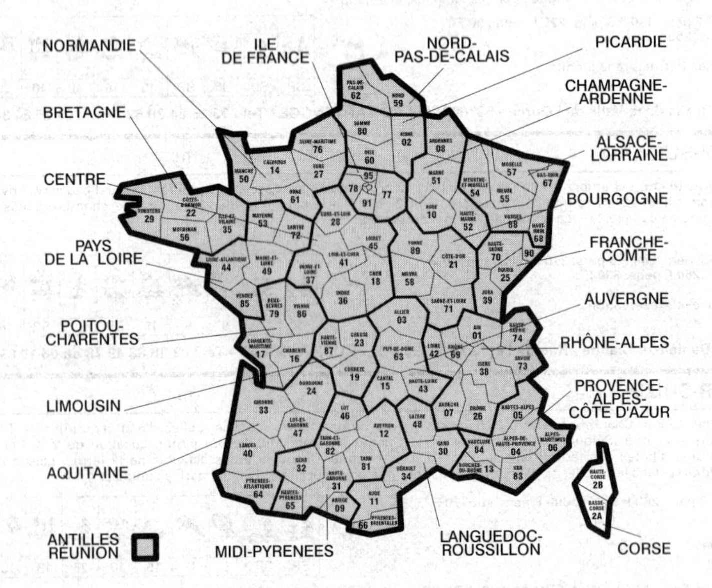

GITES DE FRANCE SERVICES
1, rue Général Fiorella - B.P. 10
20181 AJACCIO Cedex 01
Tél. 04 95 51 72 82 ou 04 95 32 27 78
Fax. 04 95 51 72 89

3615 Gîtes de France
1,28 F/min

ALERIA Cateraggio

5 ch. — 5 chambres d'hôtes aménagées au 1er étage de la maison du propriétaire (maison en pierres apparentes), située au bord du fleuve. S. d'eau/wc privatifs pour chaque chambre. Terrasse ou balcon. Séjour commun aux propriétaires avec télévision, terrasse couverte donnant sur la rivière.

Prix : 1 pers. **250 F** 2 pers. **270 F**

Ouvert : toute l'année.

3	3

MARTINIERE Alain - Route de Corte - 20270 ALERIA - Tél : 04 95 57 02 89 - Fax : 04 95 57 02 89

ASCO

Alt. : 630 m — TH — *C.M. 90 Pli 14*

5 ch. — 5 Chambres d'hôtes : 2 ch. (1 lit 2 pers. et 1 lit 1 pers. chacune), 1 ch. (1 lit 2 pers.), 2 ch. (1 lit 2 pers. et 2 lits 1 pers.), sanitaires privatifs pour chacune des 5 ch. Terrasse, terrain, balcon, parking. Poss. 1/2 pension (120 F le repas/pers.). Animaux admis sous réserve. Rivière autour du village : kayak, baignade. Ski sur place.

Prix : 2 pers. **280 F** 3 pers. **375 F** pers. sup. **75 F** repas **120 F**

Ouvert : d'avril à octobre.

SP

VESPERINI Ambroise - 20276 ASCO - Tél : 04 95 47 83 53 ou 04 95 47 61 89

CARBUCCIA

2 ch. — Au cœur du parc régional de la Gravona : chambres d'hôtes aménagées dans une construction annexe à la maison des propriétaires. 2 grandes ch. (1 lit 2 pers.), s. d'eau /w.c pour chaque ch., salle commune dans la maison des propriétaires pour les petits déjeuners. Accès indép. pour chacune des 2 ch. Terrasse privative avec salon de jardin pour chaque chambre. Piscine (5,6 X 5,6), jeux d'enfants. superficie des chambres 45 et 35 m².

CV

Prix : 1 pers. **270 F** 2 pers. **300 F**

Ouvert : toute l'année.

20	3	3	SP	3	3

DELLAPINA Alexandre - Route de Peri - U Machjone - 20133 CARBUCCIA - Tél : 04 95 52 82 50 ou 06 12 55 42 00 - Fax : 04 95 52 82 50

CASTA

E.C. 1 ch. — Ch. d'hôtes dans la maison des propriétaires. 1 ch. (1 lit 2 pers. 1 lit 1 pers.) avec sanitaires privatifs. Séjour avec TV, et cheminée communs avec les propriétaires. Kitchenette à disposition des hôtes. Ferme équestre sur place.

Prix : 2 pers. **250 F** 3 pers. **300 F**

Ouvert : toute l'année.

6	7	SP	8

FERRARI Any - Casta - Relais Equestre - 20217 SAINT-FLORENT - Tél : 04 95 37 17 83

CERVIONE Prunete

3 ch. — Trois chambres d'hôtes de caractère, chaleureuses et accueillantes, aménagées dans la maison des propriétaires sur deux niveaux. R.d.c. : une suite (1 ch. 1 lit 2 pers., 1 ch. 1 lit 120 cm avec petite terrasse commune), s. d'eau/wc privatifs, wc indép., salon et salle à manger communs aux hôtes et aux propriétaires, avec TV et cheminée. 1er étage : coin-détente, 2 ch. (1 lit 2 pers. chacune dont une avec petite terrasse), s. d'eau/wc privatifs. lit pliant à la demande pour enfant de moins de 10 ans. A l'exterieur : 2 terrasses couvertes, jardin fleuri, parking. Route nationale à 150 mètres.

Prix : 2 pers. **300 F** 3 pers. **450 F** pers. sup. **70 F**

Ouvert : toute l'année.

0,5	4	5	7	50	45	30	40	4

DOUMENS Anne-Marie - Prunete - 20221 CERVIONE - Tél : 04 95 38 01 40 ou 04 95 57 00 77

CORTE San Gavinu

Alt. : 500 m

5 ch. — Dans une maison en pierres : 5 chambres d'hôtes (1 lit 2 pers. chacune, s. d'eau privative /wc pour chaque chambre). Séjour commun aux hôtes, bibliothèque. Produits artisanaux : confitures maison, huiles essentielles.

Prix : 2 pers. **300 F**

Ouvert : toute l'année.

2	SP	3	3	3	3

VALENTINI Antoine - RN 193 - San Gavinu - 20250 CORTE - Tél : 04 95 61 02 88 - Fax : 04 95 46 08 02

FIGARI San Gavino

TH *C.M. 90 Pli 9*

2 ch. **Bonifaccio 17 km.** 2 ch. d'hôtes dans la maison de la propriétaire (accès indép.). 1 ch. (1 lit 2 pers), 1 ch. (1 lit 2 pers. et 1 lit 1 pers.), sanitaires privés pour chaque chambre. Salon avec cheminée et TV communs avec la propriétaire. Superficie des chambres 18 et 20 m². Table d'hôtes (120 F/pers.). Bonifaccio, ville pitoresque de la Corse, cité médiévale isolée du reste de l'île par un vaste et aride plateau calcaire.

Prix : 1 pers. **250 F** 2 pers. **350 F** 3 pers. **450 F** repas **120 F**

Ouvert : toute l'année.

7	2	4	SP	1	18	10

BARTOLI Alberte - l'Orca de San Gavino - 20114 SAN-GAVINO-DE-FIGARI - Tél : 04 95 71 01 29

FIGARI San Gavino

TH *C.M. 90 Pli 9*

E.C. 1 ch. **Bonifaccio 17 km.** 1 ch. d'hôtes au 1er étage de la maison de la propriétaire. 1 ch. (1 lit 2 pers), sanitaires privatifs. Salon privé avec cheminée, TV et bibliothèque. Table d'hôtes (120 F/pers.), demi-pension. Bonifaccio, ville pitoresque de la Corse, cité médiévale isolée du reste de l'île par un vaste et aride plateau calcaire.

Prix : 1 pers. **300 F** 2 pers. **400 F** repas **120 F**

Ouvert : toute l'année.

7	2	4	SP	1	18	10

BARTOLI Alberte - l'Orca de San Gavino - 20114 SAN-GAVINO-DE-FIGARI - Tél : 04 95 71 01 29

FIGARI Piscia

A *C.M. 90 Pli 9*

5 ch. A la campagne au cœur du maquis corse dans une ferme auberge, maison de caractére en pierres située sur une exploitation agricole de 100 ha, 5 chambres d'hôtes : 2 ch (1 lit 2 pers.) au r.d.c. entrée indépendante, et 1 ch. (1 lit 2 pers.) et 2 ch. (1 lit 2 pers. et 1 lit 1 pers.) au 1er étage, s.d.b, wc privatifs pour chacune des chambres. Décoration (bois et plâtre), salle de ferme auberge, cuisine familliale traditionnelle corse. Terrasse, piscine de 23 m², cascade, bains de soleil. Trés belle vue sur la plaine et les côtes sud de l'Ile. Chambres de 15 m² et 11 m².

Prix : 1 pers. **300 F** 2 pers. **360 F** 3 pers. **540 F** repas **200 F**
1/2 pens. **380 F**

Ouvert : toute l'année.

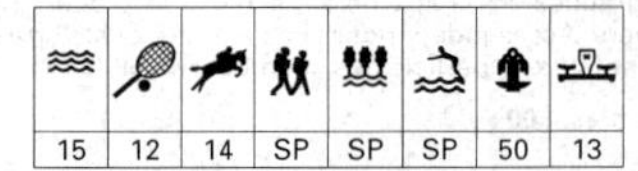

15	12	14	SP	SP	SP	50	13

FINIDORI Marc - Les Bergeries de Piscia - 20114 FIGARI - Tél : 04 95 71 06 71 - Fax : 04 95 71 06 71

FIGARI Valicella Sheranée

C.M. 90

3 ch. Sur une exploitation agricole, trois chambres d'hôtes (1 lit 2 pers. et 1 lit 1 pers. chacune) aménagées dans la maison du propriétaire. (Ancienne cave à vin entièrement renové sur une propriété de 10 ha. S. d'eau/wc privatifs, salle de séjour commune aux hôtes et au propriétaire. Terrasse couverte, salon de jardin en bois pour chaque chambre, parking.

Prix : 2 pers. **350 F** 3 pers. **450 F**

Ouvert : toute l'année.

8	4	4	SP	2	SP	20	10

GALIETTI Renée - Valicella - Sheranée - 20114 FIGARI - Tél : 06 82 58 17 32

LURI Santa-Severa

C.M. 90 Pli 2

4 ch. Ch. d'hôtes aménagées à l'étage de la maison des propriétaires avec accès indép. 4 ch. (1 lit 2 pers. chacune), sanitaires privés. Balcon avec salon de jardin pour chaque chambre, salle commune pour les petits déjeuners. Jardin ombragé. Vue sur la mer et les montagnes. Tarif mai : 250 F.

Prix : 2 pers. **300 F**

Ouvert : de mai à fin septembre.

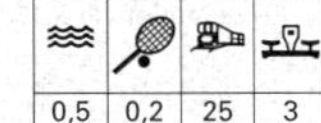

0,5	0,2	25	3

MICHELI Raymonde - Santa Severa - 20228 LURI - Tél : 04 95 35 01 27

LURI Hameau de Campo

TH

2 ch. Dans le hameau de Campo : 2 chambres d'hôtes (1 lit 2 pers.) dans la maison des propriétaires (accés indépendant). Sanitaires privatifs (pour 1 des 2 chambres sanitaires non cloisonnés sauf WC). Réfrigérateur dans chaque chambre. Salle de séjour commune aux hôtes et propriétaires. Table d'hôtes. 1/2 pension 2 pers. (380 F). Jardin d'agrément. Bibliothèque. Topo-guide randonnées.

CV

Prix : 1 pers. **200 F** 2 pers. **230 F** repas **85 F** 1/2 pens. **380 F**

Ouvert : toute l'année.

2	2	15	SP	2	34	34	2

ABELLI Georges - Campo - 20228 LURI - Tél : 04 95 35 05 64

MONTICELLO (TH) *C.M. 90 Pli 13*

5 ch. A la sortie du village : 5 ch. d'hôtes dans la maison des propriétaires. 5 ch. (1 lit 2 pers. chacune), sanitaires privatifs pour 4 chambres et sanitaires privatifs mais non communicants pour 1 chambre. Salle à manger commune aux hôtes et aux propriétaires, petit déjeuners servis sur la terrasse. Pour enfant de moins de dix ans : 50 F. Pêche : 3 Kms.

Prix : 1 pers. **250 F** 2 pers. **300 F** 3 pers. **400 F** repas **120 F**

Ouvert : toute l'année.

4	1,5	1,5	1,5	5	5

BANDINI Christiane - Lieu-dit tre Castelli - Route de Reginu - 20220 MONTICELLO - Tél : 04 95 60 24 27

PARTINELLO (TH)

2 ch. 2 chambres d'hôtes côté vallée dans la maison du propriétaire (accès indépendant) 2 chambres (1 lit 2 pers. chacune), s. d'eau/wc privatifs pour chaque chambre. Salle de séjour commune.

Prix : 2 pers. **280 F** repas **110 F**

Ouvert : du 15 avril au 15 septembre.

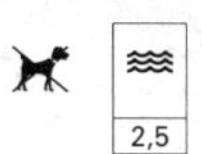

2,5

GANDOLFI Antoine - U Radadiu - 20147 PARTINELLO - Tél : 04 95 27 32 25 - Fax : 04 95 27 32 25

PATRIMONIO Calvello *C.M. 90 Pli 3*

2 ch. Ch. d'hôtes située dans une maison de caractère. Suite composée de 2 ch. (2 lits 110 cm et 1 lit 2 pers.), s. d'eau/wc. Salon privé, mobilier rustique. Petit déjeuner maison. Parking. Calme assuré.

Prix : 2 pers. **360/390 F**

Ouvert : de mai à octobre.

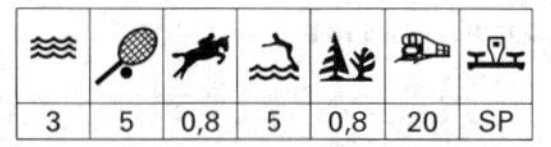

3	5	0,8	5	0,8	20	SP

FICAJA Pierre-Louis - Château Calvello - 20253 PATRIMONIO - Tél : 04 95 37 01 15

PIAGGIOLA (TH) *C.M. 90 Pli 17*

6 ch. Ch. d'hôtes dans une maison de caractère située sur un domaine de chasse privé de 350 ha. 6 ch. (1 lit 2 pers. chacune), sanitaires privés pour chacune des 6 ch. Salon et salle à manger avec TV, tél. à pièces réservé aux hôtes. Balcon et salon de jardin privatifs pour chaque chambre. Poss. table d'hôtes (120 F le repas).

Prix : 2 pers. **350 F** repas **120 F**

Ouvert : toute l'année.

12	SP	20	10

PAOLONI Joseph - Piaggiola Par Marato - 20166 PORTICCIO - Tél : 04 95 24 23 79 - Fax : 04 95 24 23 79

PIANOTTOLI Favalli

2 ch. A la campagne : deux chambres d'hôtes dans la maison des propriétaires (1 lit 2 pers. chacune), s. d'eau/wc privatifs pour chaque chambre. Séjour commun aux hôtes, terrain avec salon de jardin. Chemin d'accès en terre sur 800 m. Situées dans une petite pépinière d'ornement, au milieu du maquis. Cadre reposant.

Prix : 2 pers. **280 F**

Ouvert : toute l'année.

5	3	1

LABBE Bernard - Favalli - 20131 PIANOTTOLI - Tél : 04 95 71 86 18

PIANOTTOLI Favalli

1 ch. A la campagne : 1 chambre d'hôte dans une maison indépendante à proximité de la maison des propriétaires : 1 lit 2 pers. et 1 lit 1 pers., s. d'eau/wc privatifs. Séjour commun aux hôtes. Salon de jardin. Chemin d'accès en terre sur 800 m. Située dans une pépinière. Cadre reposant.

Prix : 2 pers. **280 F** 3 pers. **360 F**

Ouvert : toute l'année.

5	3	1

LABBE Bernard - Favalli - 20131 PIANOTTOLI - Tél : 04 95 71 86 18

PINO

1 ch. Chambre d'hôtes située dans la maison du propriétaire (accès indépendant). 1 ch. (1 lit 2 pers. et 1 lit 1 pers.), donnant sur une grande terrasse. Salle d'eau et wc privatif.

Prix : 2 pers. **250 F** 3 pers. **300 F**

Ouvert : toute l'année.

2	10	25	10	40	40	10

BENEVENTI Martine - 20228 PINO - Tél : 04 95 35 10 42

PROPRIANO (TH) *C.M. 90 Pli 18*

3 ch. Ch. d'hôtes sous forme de châlets indépendants situés à proximité de la maison des propriétaires. 3 ch./châlets (1 lit 2 pers. chacun), salle d'eau, wc privative pour chaque châlet, (2 châlets avec balcon, 1 châlet avec terrasse) dans un endroit boisé. Salle de séjour/cheminée, TV, bibliothèque commune avec les propriétaires. Photos sur demande. Possibilité de longs séjours à la demande.

CV

Prix : 1 pers. **200 F** 2 pers. **250 F** repas **100 F** 1/2 pens. **450 F**

Ouvert : toute l'année.

2	10	3	2	2	SP

TAFANELLI Gisèle - Ile de Beauté - Route de Viggianello - 20110 PROPRIANO - Tél : 04 95 76 06 03

PROPRIANO Baracci (TH)

4 ch. 4 chambres d'hôtes à l'étage de la maison familiale. 4 petites chambres (2 lits 1 pers.), s. d'eau privative, wc communs. Petits déjeuners servis dans la salle à manger ou sur la terrasse. Table d'hôtes. Ferme équestre sur place. Superficie des chambres 13 m².

CV

Prix : 1 pers. **125 F** 2 pers. **230 F** repas **110 F**

Ouvert : toute l'année.

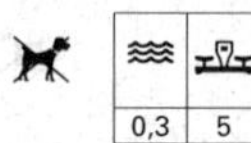

0,3	5

LEANDRI Carole - Ferme Equestre de Baracci - BP 65 - 20110 PROPRIANO - Tél : 04 95 76 19 48 - Fax : 04 95 76 19 48

PROPRIANO Baracci (TH)

1 ch. Chambre d'hôtes (1 lit 2 pers., s. d'eau/wc privatifs), à l'étage de la maison familiale, qui comprend 4 autres petites chambres d'hôtes. Petits déjeuners servis dans la salle à manger ou sur la terrasse. Table d'hôtes. Ferme équestre sur place.

CV

Prix : 1 pers. **125 F** 2 pers. **230 F** repas **110 F**

Ouvert : toute l'année.

3	5

LEANDRI Carole - Ferme Equestre de Baracci - BP 65 - 20110 PROPRIANO - Tél : 04 95 76 19 48 - Fax : 04 95 76 19 48

SAINT-PIERRE-DE-VENACO Alt. : 800 m (TH) *C.M. 90 Pli 5*

2 ch. Ch. d'hôtes dans la maison des propriétaires (maison traditionnelle en pierre), qui comprend également un gîte d'étape. 2 ch. (1 lit 2 pers. et 1 lit 1 pers. chacune) avec sanitaires privatifs. Salle de séjour commune avec les propriétaires. Table d'hôtes : repas 75 F/vin compris. (Poss. demi-pension), poss. de cuisiner. Superficie des chambres 17 m². Maison traditionnelle en pierre dans un village de l'intérieur de la corse.

CV

Prix : 1 pers. **200 F** 2 pers. **250 F** 3 pers. **300 F** repas **75 F**

Ouvert : toute l'année.

1	SP	7	3	1	3	10	1

HIVER Charles - 20250 SAINT-PIERRE-DE-VENACO - Tél : 04 95 47 02 80 ou 04 95 47 07 29 - Fax : 04 95 47 02 80

SAINTE-LUCIE-DE-TALLANO *C.M. 90 Pli 8*

1 ch. Situé en rez de jardin de la maison des propriétaires (entrée indép.), composée de : 1 ch. (2 lits 1 pers.), salon privatif avec cheminée (conv. 2 pers.), s. d'eau/wc privatifs. Poss. cuisine. Balcon, salon de jardin. Très calme, vue imprenable.

Prix : 2 pers. **300 F** 3 pers. **450 F**

Ouvert : toute l'année.

18	2	SP

MINCHELLI Antoinette - 20112 SAINTE-LUCIE-DE-TALLANO - Tél : 04 95 78 81 40

SAN-MARTINO-DI-LOTA *C.M. 90 Pli 3*

4 ch. Ch. d'hôtes dans un ancien couvent de capucins du XVIIe siècle. 4 ch. (3 lits 2 pers. 2 lits 1 pers.), s.d.b et wc privés pour chacune des 4 ch. L'une d'entre elle dispose d'une terrasse. Salon privatif aux hôtes, salle à manger avec cheminée. Mobilier de caractère. Grand parc avec salons de jardin. Ping-Pong. 3 restaurants dans le village. Cet ancien couvent de Capucins date du XVIIe siècle. La famille Cagninacci l'acquiert au début de notre siècle et le transforme en joli château. Tarif Basse saison : 1 pers. : 405 F, 2 pers. : 430 F, 3 pers. 530 F. Langues parlées : anglais, italien.

Prix : 1 pers. **445 F** 2 pers. **470 F** 3 pers. **570 F**

Ouvert : du 15 mai au 30 septembre.

8	SP	11	4

CAGNINACCI Bertrand & Florence - Château Cagninacci - 20200 SAN-MARTINO-DI-LOTA - Tél : 04 95 31 69 30 - Fax : 04 95 31 91 15

SCATA Rumitorio (TH) *C.M. 90 Pli 4*

1 ch. Ch. d'hôtes dans la maison des propriétaires. 1 ch. (1 lit 2 pers.), sanitaires privés. Séjour avec cheminée et TV communs avec les propriétaires. Poss. table d'hôtes : repas traditionnels corses (90 F/repas/pers.). Au cœur de la Castagniccia : une région verte, même en été.

Prix : 1 pers. **290 F** 2 pers. **320 F** repas **90 F**

Ouvert : de juin à septembre.

9	9	15	0,2	7

FONTANA Marie - Villa les Prairies - Rumitoriu - 20213 SCATA - Tél : 04 95 36 95 90

SERRA-DI-FERRO Favalella (TH)

2 ch. 2 chambres d'hôtes au r.d.c de la maion des propriétaires. 1 ch. (1 lit 2 pers.), 1 ch. (2 lits 1 pers.), s.d.b. et wc communs aux deux chambres. Salle de séjour réservée aux hôtes. Table d'hôtes. Maison à proximité de la route.

Prix : 1 pers. **230 F** 2 pers. **260 F** repas **100 F**

Ouvert : toute l'année.

SANTONI Jean-Luc - Favavella - 20140 SERRA-DI-FERRO - Tél : 04 95 74 01 83 - Fax : 04 95 74 01 83

SOLLACARO Cigala-Filitosa *C.M. 90 Pli 18*

3 ch. A la campagne : 3 chambres d'hotes : 1 ch. 1 lit 2 pers., 2 ch 2 lits 1 pers., situées au r.d.c. de la maison des propriétaires. S. d'eau, wc indép. dans chaque chambre. Séjour et coin-salon commun aux hôtes et aux propriétaires. Deux terrasses dont une couverte, terrain clos, parking. TV et salon de jardin pour chaque chambre, lit bébé et chaise haute à la demande. Superficie 16 m^2.Vue sur la mer et la plaine du bas Taravo.

Prix : 1 pers. **200 F** 2 pers. **350 F**

Ouvert : toute l'année.

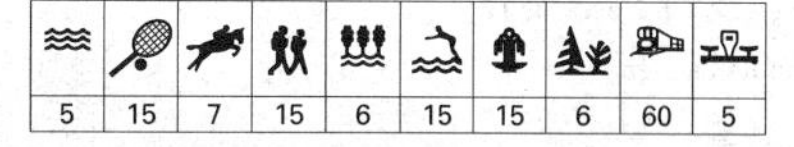

5	15	7	15	6	15	15	6	60	5

TARDIF Anita - Cigala - Filitosa - 20140 SOLLACARO - Tél : 06 62 43 13 69 ou 04 95 74 29 48

SOTTA Petralonga Salvini (TH) *C.M. 19*

5 ch. A la campagne : 5 chambres d'hôtes aménagées dans un bâtiment annexe à la maison des propriétaires. 3 ch. (1 lit 2 pers. et 1 lit 1 pers.), 2 ch. (1 lit 2 pers.), s. d'eau/wc privatifs pour chaque chambre. Salle de séjour et coin-salon communs aux hôtes. Tables d'hôtes. Petit-déjeuner et repas servis sur une terrasse couverte. superficie des chambres (15 m^2 et 18 m^2).

Prix : 2 pers. **360 F** 3 pers. **480 F** repas **120 F**

Ouvert : toute l'année.

5	7

MELA Sébastien - Petralonga Salvini - 20146 SOTTA - Tél : 04 95 71 25 65

SPELUNCATO Regino A *C.M. 90 Pli 13*

5 ch. Dans un ancien moulin situé au cœur de la vallée du Régino, un oasis de calme et de tranquilité, 3 ch. d'hôtes (1 lit 2 pers. chacune), situées au 1er étage de la maison des propriétaires et 2 ch. d'hôtes (1 lit 2 pers. chacune) situées dans une bâtisse à deux étages (1 ch . à chaque étage) à proximité immédiate de la maison des propriétaires. Sanitaires privatifs pour chaque chambre. Grand salon commun avec TV par satellite. Grande terrasse ombragée, salon de jardin. Au cœur de la Balagne, vous vivrez un véritable retour aux sources. Tarifs dégressifs hors saison.

Prix : 1 pers. **300 F** 2 pers. **400 F**

Ouvert : toute l'année.

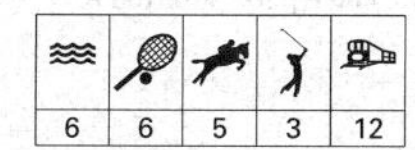

6	6	5	3	12

FRANCISCI . - Auberge du Barrage - Régino - 20281 SPELUNCATO - Tél : 04 95 61 50 31 - Fax : 04 95 61 50 31

SUARICCHIO U Celavu — A — *C.M. 90 Pli 16*

E.C. 5 ch. Ch. d'hôtes mansardées au-desus de la ferme-auberge à prox. de la RN 193 direction Bastia. 3 ch. (2 lits 1 pers. chacune), 1 ch. (1 lit 2 pers. et 1 lit 1 pers.), chq ch. possède 1 sanitaire complet, suite composée de 2 ch. (1 lit 2 pers. chacune), s. d'eau/wc. Ferme auberge au r.d.c., poss. repas traditionnel (produits de la ferme). Demi pension 420 F pour 2 pers. Chambres d'hôtes situées à 800 m du parc à tortues, 10 mn du petit train.

Prix : 1 pers. **245 F** 2 pers. **270 F** 3 pers. **335 F** repas **110 F**
1/2 pens. **420 F**

Ouvert : toute l'année.

22	22	1

ORSONI François - U Celavu - Ferme Auberge U Celavu - 20133 SUARICCHIO - Tél : 04 95 52 80 64 ou 04 95 20 33 77 - Fax : 04 95 20 33 77

TASSO — Alt. : 800 m — A — *C.M. 90 Pli 7*

4 ch. Ch. d'hôtes au dessus de la ferme auberge des propriétaires. 3 ch. (1 lit 2 pers. chacune), 1 ch. (2 lits 1 pers.), sanitaires pour chaque ch.. Salon de jardin. Poss. repas (120 F/jour/pers.). Idéal pour les amateurs de randonnés en montagne, de calme et de tranquilité.

Prix : 2 pers. **250 F** repas **120 F**

Ouvert : toute l'année.

60	60

BARTOLI Jacques - 20132 TASSO - Tél : 04 95 24 50 54

TRALONCA — Alt. : 700 m — TH — *C.M. 90 Pli 4*

4 ch. **Musée de la Corse 12 km Corté.** Ch. d'hôtes dans une maison au cœur du village. 3 ch. (1 lit 2 pers. chacune), 1 ch. (2 lits 1 pers.), sanitaires communs aux hôtes. Escalier intérieur très raide. Salle de séjour avec cheminée et TV communs avec les propriétaires. Table d'hôtes 100 F/repas.

Prix : 1 pers. **175 F** 2 pers. **200 F** 3 pers. **300 F** repas **100 F**

Ouvert : toute l'année.

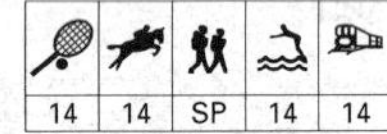

SIMONETTI Pierre - Bistugliu 52 - 20250 TRALONCA - Tél : 04 95 46 07 72 ou 04 95 47 10 19

VICO Col Saint-Antoine — Alt. : 500 m — A — *C.M. 90 Pli 15*

5 ch. Ch. d'hôtes au dessus de la ferme auberge, accès indép.. 3 ch. (2 lits 1 pers. chacune), 1 ch. (1 lit 2 pers.), 1 ch. (1 lit 2 pers. et 1 lit 1 pers.), sanitaires privatifs à chaque ch.. Tarifs dégressifs en moyenne et basse saison. Vico est un village au-dessus de Sagone, petite station balnéaire. Idéal pour allier mer et montagne.

Prix : 2 pers. **250 F** 3 pers. **350 F**

Ouvert : toute l'année.

14	2

ARRIGHI Emilie - Col Saint-Antoine - 20160 VICO - Tél : 04 95 26 61 51

VIZZAVONA Casa-Alta — Alt. : 1000 m — *C.M. 90 Pli 6*

5 ch. Ch. d'hôtes aménagées dans une grande maison en pierre dans la forêt de pins de Vizzavona. 2 ch. (2 lits 1 pers.), 3 ch. (1 lit 2 pers.), 2 sanitaires communs aux hôtes. Chaque ch. est personnalisée. Salle de séjour commune aux hôtes avec bibliothèque, TV, magnétoscope. Petits déjeuners copieux et variés. Chauffage electrique. Escalade sur place.

Prix : 1 pers. **280 F** 2 pers. **330 F** 3 pers. **400 F**

Ouvert : toute l'année.

COSTA-JOURDAN Pauline - Casa-Alta - Vizzavona - 20219 VIVARIO - Tél : 04 95 47 21 09

ZERUBIA — Alt. : 800 m — TH

4 ch. Dans le village : 4 chambres d'hôtes dans la maison des propriétaires (maison ancienne en pierres de taille). 1 ch. (2 lits 1 pers.), 3 ch. (1 lit 2 pers.), s. d'eau/wc privatifs pour chaque chambre. Table d'hôtes.

Prix : 1 pers. **250 F** 2 pers. **300 F** 3 pers. **400 F** pers. sup. **100 F**
repas **120 F** 1/2 pens. **450 F**

Ouvert : toute l'année.

40	2	SP	4	40	2

COMITI Marie-Claire - U Rughjonu - 20116 ZERUBIA - Tél : 04 95 78 73 64

FRANCHE-COMTE

Pour réserver, écrire ou téléphoner :

25 - DOUBS
GITES DE FRANCE
4 ter, Faubourg Rivotte
25000 BESANÇON
Tél. : 03 81 82 80 48 - Fax : 03 81 82 38 72

39 - JURA
LOISIRS ACCUEIL - Service Réservation
8, rue Louis Rousseau
39000 LONS-LE-SAUNIER
Tél. : 03 84 87 08 88 - Fax : 03 84 24 88 70

70 - HAUTE-SAÔNE
GITES DE FRANCE
6, rue des Bains
70000 VESOUL Cedex
Tél. : 03 84 97 10 70 - Fax : 03 84 97 10 71

90 - TERRITOIRE-DE-BELFORT
GITES DE FRANCE
2 bis, rue Clemenceau
90000 BELFORT
Tél. : 03 84 21 27 95 - Fax : 03 84 55 90 99

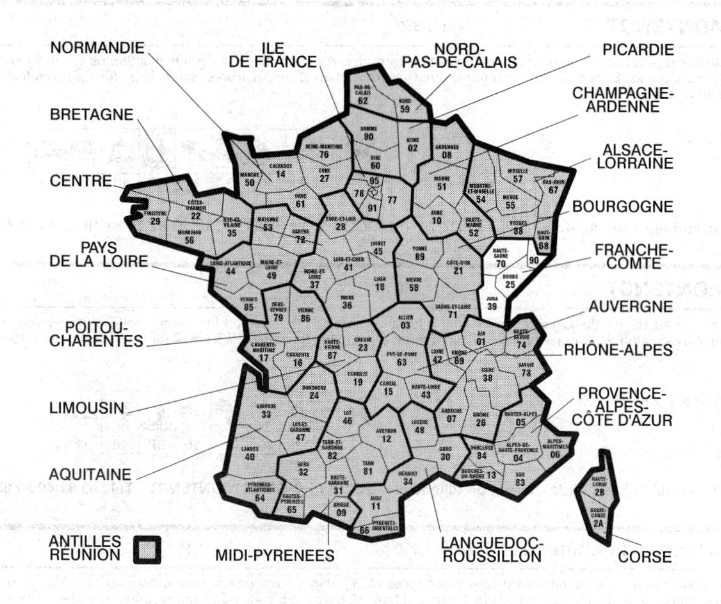

Doubs

GITES DE FRANCE
4 ter, faubourg Rivotte - 25000 BESANCON
Tél. 03 81 82 80 48 - Fax. 03 81 82 38 72

AMANCEY

Alt. : 600 m (TH) *C.M. 70 Pli 5*

1 ch. **Ornans à 15 km. Vallées de la Loue et du Lison à 10 km.** Aménagé au r.d.c de l'habitation des propriétaires 1 chambre double (1 lit 2 pers. 1 lit 1 pers. ou 2 lits enfants) avec cheminée, salle de bains privée, wc indép. Entrée indép. Séjour privé avec four à pain. Terrain commun partiellement clos avec salon de jardin. Parking. Cabine téléphonique à proximité. Langue parlée : anglais.

Prix : 1 pers. **180 F** 2 pers. **230 F** pers. sup. **80 F** repas **70/85 F**

Ouvert : toute l'année.

5	SP	15	15	30	28	SP

MAURY Jean - 6 rue du Four - 25330 AMANCEY - Tél : 03 81 86 53 65

ARC-SOUS-CICON Les Rochers

Alt. : 860 m (TH) *C.M. 70 Pli 6*

1 ch. **Vallée de La Loue 13 km.** Chambre double avec entrée indép., aménagée dans la vaste maison de maître de la propr., en pleine nature. Chambre double : 1 ch. (1 lit 2 pers. + lit bébé), 1 lavabo (équipement bébé), 1 ch. (2 lits 1 pers. superp.) et espace bureau. S.d.b. et wc privé. Salle à manger commune (cheminée). Terrasse et terrain ombragé. Taxe de séjour en sus. Table d'hôtes sur réservation. Animaux acceptés avec suppl. Accueil chevaux possible. ULM à 3,5 km.

CV

Prix : 1 pers. **160 F** 2 pers. **280 F** 3 pers. **350 F** pers. sup. **70 F** repas **65 F**

Ouvert : pendant les vacances scolaires de la zone C.

3,5	27	3,5	20	15	18	19	8	3,5

JOLY Elisabeth et LEMBOLEY Daniel - Route de Passonfontaine - Les Rochers - 25520 ARC-SOUS-CICON - Tél : 03 81 69 90 90 ou 01 43 36 22 09

ARC-SOUS-MONTENOT

Alt. : 650 m *C.M. 70 Pli 5*

1 ch. 1 chambre d'hôtes au 1er étage d'une belle maison comtoise. A proximité de la « Route des Sapins ». 1 lit 2 pers. 1 lit 1 pers., salle d'eau et wc privés. Salle à manger commune avec les propriétaires. Jardin arboré, salon de jardin. Cabine téléphonique à 100 m et restaurant à 5 km.

CV

Prix : 1 pers. **160 F** 2 pers. **220 F** pers. sup. **60 F**

12	40	3	10	SP	12	18	12

PERROT-MINOT Jeannine - 3 rue Anatole Maillard - 25270 ARC-SOUS-MONTENOT - Tél : 03 81 49 30 16 ou 03 81 49 37 27

ARC-SOUS-MONTENOT

Alt. : 630 m *C.M. 70 Pli 5*

1 ch. 1 chambre au rez-de-chaussée d'une ancienne ferme rénovée (1 lit 2 pers. 1 lit 1 pers.), salle d'eau privée, wc séparés privés. Pelouse avec salon de jardin. A proximité de la route des sapins. Restaurant à 5 km. Cabine téléphonique à 100 m.

CV

Prix : 1 pers. **160 F** 2 pers. **220 F** pers. sup. **60 F**

12	40	3	10	SP	18	12

MICHEL-AMADRY Gabriel et Raymonde - 18 rue de Villeneuve - 25270 ARC-SOUS-MONTENOT - Tél : 03 81 49 30 63

AUBONNE La Ferme du Château

Alt. : 650 m (TH) *C.M. 70 Pli 7*

3 ch. 3 ch. avec chacune des sanitaires privés aménagées au 1e étage, dans une ancienne demeure du 18è. 1 ch. (1 lit 2 pers. 2 lits 1 pers. superp.), s. d'eau, wc. 1 ch. (1 lit 2 pers.), 1 conv. 2 pers., s. d'eau, wc. 1 ch. avec hall d'entrée (1 lit 2 pers. 2 lits 1 pers. superposés), s.d.b., wc. Salon privé avec TV. Bibliothèque. Vaste parc aménagé comprenant l'équipement de jardin, ping-pong. Exploitation agricole dans l'une des dépendances. A proximité des vallées touristiques de la Loue et du Lison. Repas avec produits de la ferme. Langue parlée : anglais.

CV

Prix : 1 pers. **180 F** 2 pers. **230 F** 3 pers. **280 F** pers. sup. **50 F** repas **70 F** 1/2 pens. **250/370 F**

6	23	6	23	9	16	SP	14	15	9

LOMBARDOT Xavier et Isabelle et CHOGNARD Véronique - 2 rue du Château - La Ferme du Château - 25520 AUBONNE - Tél : 03 81 69 90 56

LE BARBOUX — Alt. : 900 m — *C.M. 66 Pli 18*

1 ch. **Sauts du Doubs 11 km. Musée de l'horlogerie 12 km.** 1 ch. double 2 pers. avec 1 lit 2 pers., 2 lits 1 pers., 1 lit enfant (- 3 ans), salle d'eau, wc séparés et privés, chambre non fumeur. Terrain non clos avec salon de jardin. Cabine téléphonique à 2 km. Restaurants à 7 km. Taxe de séjour en sus. Une ch. double avec sanitaires privés aménagés au 1e étage de l'habitation des propriétaires, sur l'exploitation agricole située dans un hameau « partie de Bize », où vous pouvez apprécier le calme de la campagne environnante. Visite de la ferme. Possibilité de participer aux travaux de la ferme.

CV

Prix : 1 pers. **150 F** 2 pers. **200 F** pers. sup. **50/70 F**

Ouvert : toute l'année.

SP	20	7	18	10	26	12	12	7

BERNARD Michel et Isabelle - Partie de Bize - 25210 LE BARBOUX - Tél : 03 81 43 77 57

LE BARBOUX — Alt. : 900 m — *C.M. 66 Pli 18*

2 ch. 1 chambre double aménagée dans une grande maison située au centre du village. 2 ch. 2 pers. (2 lits 1 pers. 1 lit 2 pers.) avec salle d'eau commune aux 2 ch. Salle de séjour commune avec le propriétaire. Cabine téléphonique à proximité. Restaurant à 7 km.

Prix : 1 pers. **130 F** 2 pers. **200 F** pers. sup. **70 F**

SP	20	7	18	10	26	12	12	7

MAILLOT André et M-Madeleine - 25210 LE BARBOUX - Tél : 03 81 43 77 10

BAUME-LES-DAMES Saint-Ligier — A — *C.M. 66 Pli 16*

2 ch. 2 ch. d'hôtes identiques (1 lit 2 pers. 1 lit 1 pers.) avec salle d'eau et wc privés aménagées au 1er étage de la ferme-auberge des propriétaires. Poss. de rajouter 1 lit 1 pers. dans chaque chambre. Petit coin-détente en mezzanine avec canapé. Véronique et Patrice vous accueillent dans leur ferme-auberge située dans un cadre naturel verdoyant, calme et dominant Baume-les-Dames (direction A36), très belle vue. Spécialités régionales : saucisses et jambon fumés, fondues, veau de lait, röschtis... Langue parlée : allemand.

Prix : 1 pers. **180 F** 2 pers. **250 F** 3 pers. **330 F** pers. sup. **80 F**
repas **80 F**

Ouvert : du 31 janvier au 23 décembre.

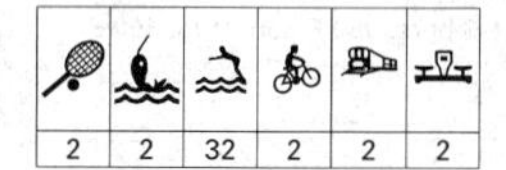

2	2	32	2	2	2

RAMEL Patrice et Véronique - Saint-Ligier - 25110 BAUME-LES-DAMES - Tél : 03 81 84 09 13 - Fax : 03 81 84 09 13

BRETONVILLERS La Joux — Alt. : 800 m — *C.M. 66 Pli 17*

E.C. 4 ch. **Site de consolation 12 km.** 4 ch. d'hôtes, avec chacune des sanitaires privés, dans une ancienne ferme typique du Haut-Doubs. Entrée par pont de grange. Ch. 1 : 4 lits 1 pers. s.d.b. wc. Ch. 2 : 1 lit 2 pers. s. d'eau, wc. Ch. 3 : 3 lits 1 pers. s. d'eau, wc. Ch. 4 : 2 lits 1 pers., s. d'eau, wc. Salon commun (bibliothèque, TV). Téléphone avec carte France Telecom. Terrain avec équipement de jardin. Randonnée pédestre sur place, escalade, varappe à 5 km. Langue parlée : anglais.

CV

Prix : 1 pers. **170 F** 2 pers. **230 F** 3 pers. **300 F** pers. sup. **60 F**

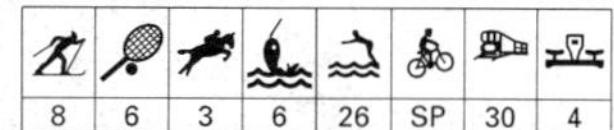

8	6	3	6	26	SP	30	4

DORGET Patrick - La Joux - 25380 BRETONVILLERS - Tél : 03 81 44 35 78

CHAPELLE-D'HUIN Le Magasin Neuf — Alt. : 800 m — A — *C.M. 70 Pli 6*

2 ch. 2 ch. avec entrée indép. aménagées au 1er étage d'un ancien relais de diligence. En bordure de la D472 « Le Relais des salines ». Auberge au r.d.c. 2 ch. avec chacune (1 lit 2 pers. 2 lits 1 pers. superp.), s. d'eau et wc privés. Prix repas boissons non comprises. Terrasse commune. Ponit-phone. Langues parlées : anglais, allemand.

CV

Prix : 1 pers. **160 F** 2 pers. **220 F** 3 pers. **280 F** pers. sup. **60 F**
repas **60 F**

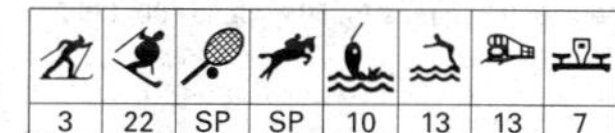

3	22	SP	SP	10	13	13	7

BONNOT Jean-Claude - Le Magasin Neuf - 25270 CHAPELLE-D'HUIN - Tél : 03 81 89 56 49

CHAPELLE-D'HUIN — Alt. : 800 m — *C.M. 70 Pli 16*

1 ch. 1 chambre (2 lits 2 pers.) avec douche, lavabo et wc privés, aménagée au 1er étage de la ferme des propriétaires (accès indépendant par escalier extérieur). Salon de jardin. Garage. Visites guidées sur demande. Cabine téléphonique à proximité. Possibilité de cuisiner moyennant supplément.

CV

Prix : 1 pers. **150 F** 2 pers. **200 F** pers. sup. **60 F**

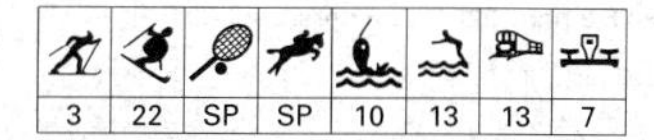

3	22	SP	SP	10	13	13	7

PRITZY Jean et Colette - 35 Grande rue - 25270 CHAPELLE-D'HUIN - Tél : 03 81 89 52 76

CHAPELLE-DES-BOIS Les Creux

Alt. : 1080 m (TH) *C.M. 70 Pli 16*

2 ch. Au 1er étage de la maison des propriétaires, 2 chambres avec entrée indép. (2 lits 1 pers. 1 lit 2 pers.), sanitaires privés à chaque chambre. Chauffage central. Salle à manger avec coin-détente réservée aux hôtes.Terrain non clos avec équipement de jardin. Au cœur du Massif Jurassien. Location de ski et VTT. Réduction pour les enfants. Taxe de séjour en sus. Langue parlée : anglais.

Prix : 1 pers. **170 F** 2 pers. **250/280 F** pers. sup. **80 F** repas **85 F**

Ouvert : toute l'année.

SP	7	SP	18	3	6	SP	15	SP

BLONDEAU Marguerite - Les Creux - 25240 CHAPELLE-DES-BOIS - Tél : 03 81 69 23 04

CHAPELLE-DES-BOIS La Chaumoz

Alt. : 1080 m (TH) *C.M. 70 Pli 16*

E.C. 4 ch. **Parc Naturel régional du Haut-Jura sur place** R.d.c. 1 ch. aux normes handicapés (1 lit 2 pers. salle d'eau, wc), séjour/salon réservé aux hôtes. 1er étage : 1 chambre et mezzanine (1 lit 2 pers. 2 lits 1 pers.), 1 chambre double (1 lit 2 pers. 2 lits 1 pers.) avec chacune kitchenette, salle d'eau et wc. 1 chambre (2 lits 1 pers. salle d'eau, wc). Vaste terrain non clos, parking. Réductions enfants. Taxe de séjour en sus. Langues parlées : anglais, espagnol.

Prix : 1 pers. **150 F** 2 pers. **240 F** repas **75 F** 1/2 pens. **225 F**

Ouvert : toute l'année.

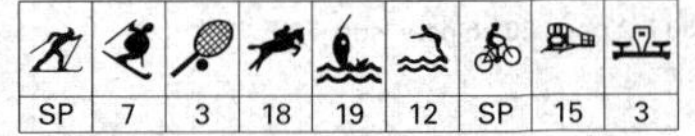

SP	7	3	18	19	12	SP	15	3

MARTY Ghyslaine - La Chaumoz - 25240 CHAPELLE-DES-BOIS - Tél : 03 81 69 27 23 - Fax : 03 81 69 12 63

CHARQUEMONT

Alt. : 1000 m *C.M. 66 Pli 18*

4 ch. 1er ét. de la maison du prop., 2 ch. avec accès par escalier ext. privé. Grillon 1 : 1 ch. 2 pers. Balcon, s.d.b. et wc. Grillon 2 : 1 ch. double (1 lit 2 pers. 1 lit 1 pers.), s.d.b. et wc. S. à manger/coin-biblio. Terrasse privée. 1 lit pliant 1 pers. suppl. R.d.c. dans un pavillon voisin, Grillon 4 : 1 ch. double ouvrant sur terrasse (2 lits 1 pers. s. d'eau, wc). Grillon 3 : 1 ch. ouvrant sur terrasse (3 lits 1 pers.), salle de bains, wc séparés, téléphone et TV. 1 ch. Grillon 2 et 4 (classée 3 épis). Restauration possible à 100 m (fermée en janvier).

Prix : 1 pers. **210 F** 2 pers. **260 F** 3 pers. **360 F** pers. sup. **100 F**

Ouvert : toute l'année.

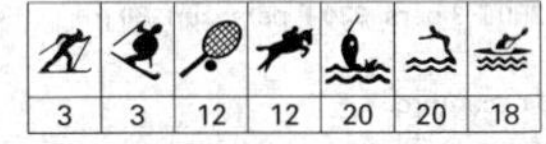

3	3	12	12	20	20	18

MARCELPOIX Sylvie - Le Bois de la Biche - 25140 CHARQUEMONT - Tél : 03 81 44 07 01

CHOUZELOT

C.M. 66 Pli 15

2 ch. 2 chambres d'hôtes situées un peu à l'écart du village. Calme. 1 chambre au 2e étage (1 lit 2 pers. 2 lits 1 pers.) avec salle d'eau et wc privés. 1 chambre double (2 lits 2 pers.) avec salle de bains et wc privés. Terrasse commune. Accès piscine privée du propriétaire (baignade non surveillée). Cabine téléphonique et restaurants à 1 km.

Prix : 1 pers. **170 F** 2 pers. **230 F** 3 pers. **300 F** pers. sup. **70 F**

Ouvert : toute l'année.

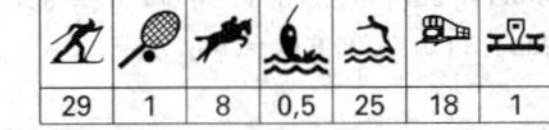

29	1	8	0,5	25	18	1

SAGE Gérard - 21 route du Mont-Gardot - 25440 CHOUZELOT - Tél : 03 81 63 66 83 - Fax : 03 81 63 66 83

CHOUZELOT Maison sous les Feuilles

(TH) *C.M. 66 Pli 15*

1 ch. **Saline Royale d'Arc-en-Senans 14 km.** Très belle ch. aménagée dans une partie de l'habitation des propr. entrée indép. Ch. en duplex : 1er ét. (1 lit 2 pers. 1 lit 1 pers.), s.d.b. wc privés. R.d.c., séjour privé, TV + téléphone, réfrig. et micro-ondes à dispo. Terrasse privée avec salon de jardin. Garage. Table d'hôtes sur résa., repas végétarien poss. Piscine sur la propriété, baignade non surveillée. Langue parlée : anglais.

Prix : 1 pers. **300 F** 2 pers. **350 F** pers. sup. **60 F** repas **100/120 F**

Ouvert : toute l'année.

1	9	SP	SP	1	1	15	1

PRILLARD Martine - 1 rue du village - 25440 CHOUZELOT - Tél : 03 81 63 71 60

LA CLUSE-ET-MIJOUX

Alt. : 1000 m *C.M. 70 Pli 7*

2 ch. **Frontière Suisse à 5 km.** 2 chambres au r.d.c. d'une belle demeure comtoise (2 gîtes ruraux sous le même toit). 1 ch. (1 lit 2 pers.), salle d'eau, wc privés attenants. 1 ch. (1 lit 2 pers.), salle de bains, wc privés. Lave-linge à disposition. Salle de séjour commune avec la propriétaire, cheminée, TV. Terrain ombragé avec équipement de jardin. Restaurant à 5 km.

Prix : 1 pers. **170/180 F** 2 pers. **220/235 F** pers. sup. **60 F**

Ouvert : toute l'année.

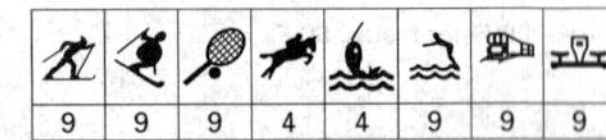

9	9	9	4	4	9	9	9

MARGUIER Liliane - Hameau de Montpetot - 25300 LA CLUSE-ET-MIJOUX - Tél : 03 81 69 42 50

CROSEY-LE-PETIT La Montnoirotte (TH) *C.M. 66 Pli 17*

E.C. 4 ch. **Château de Belvoir à 7 km** R.d.c. : 1 ch. aux normes hand. (2 lits 1 pers.), salle à manger, terrasse couverte. R.d.c. surélevé : salle commune, coin-repas (kitchenette), espace-salon (biblio. TV, magnétoscope). Etage : 1 ch. (1 lit 2 pers. poss. lit enfant ou bébé). 1 ch. (1 lit 2 pers. 2 lits 1 pers. superposés). 1 ch. (1 lit 1 pers. 2 lits 1 pers.), s. d'eau. Wc privés pour chaque ch. Ch. d'hôtes dans une ferme comtoise typique, isolée, cadre verdoyant et calme. Situées sur la chaîne du Lomont entre la vallée du Cusansin et du Doubs. Elevage de chevaux, promenades, randonnées, stages avec guide de tourisme équestre diplomé. Salon de jardin. Piscine, baignade non surveillée.

Prix : 1 pers. **180 F** 2 pers. **270 F** pers. sup. **100 F** repas **90 F**
1/2 pens. **250 F**

Ouvert : toute l'année.

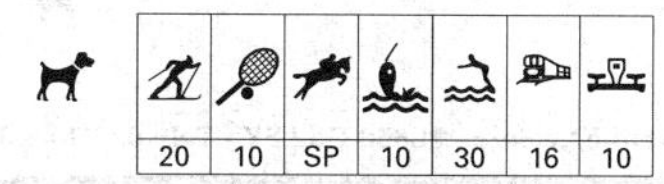

20	10	SP	10	30	16	10

BOUCHON Joëlle et Alain - Ferme de la Montnoirotte - 25340 CROSEY-LE-PETIT - Tél : 03 81 86 83 98 ou 06 80 66 85 10 - Fax : 03 81 86 82 53

DOMMARTIN Alt. : 800 m (TH) *C.M. 70 Pli 6*

E.C. 2 ch. **Lac Saint-Point à 14 km. Station de Métabief/Mont d'Or à 22 km.** Belles chambres avec chacune sanitaires privés au 1er étage de l'habitation des propriétaires. 1 ch. (1 lit 2 pers. salle d'eau et wc séparés. 1 ch. (1 lit 2 pers. 1 lit 1 pers. salle d'eau, wc indép. Espace petit-déjeuner, séjour réservés aux hôtes. Local rangement (ski, vélo). Jardin aménagé avec son équipement. Table d'hôtes le week-end. Restaurant 1 km. Tarifs dégressifs au-delà de 3 nuits. Enfants -6 ans : gratuit, jusqu'à 15 ans demi tarif. Langues parlées : anglais, allemand, italien.

Prix : 1 pers. **200 F** 2 pers. **270 F** 3 pers. **360 F** repas **80 F**
1/2 pens. **200/280 F**

7	12	5	3	SP	5	5	3

GEFFROY Claude - 2 Grande rue - 25300 DOMMARTIN - Tél : 03 81 39 21 67 - Fax : 03 81 39 21 67

LES ECORCES Bois Jeunet Alt. : 900 m *C.M. 66 Pli 18*

3 ch. 3 ch. au 1er étage de l'habitation typique du Haut Doubs du prop., en pleine campagne, avec 3 autres locations de vacances. 1 ch. 2 pers., lavabo, balcon. Salle de bains/wc privés au r.d.c. 1 ch. (1 lit 2 pers. 1 lit 1 pers.), lavabo, s.d.b./wc privés. 1 ch. (2 lits 2 pers.), s.d.b./wc privés. Piscine sur la propriété, tennis de table. Lit enfant et buanderie à dspo. Tables d'hôtes sur réservation (120 F/repas). Restaurants 2 km. Biblio. à dispo. Grand parc, terrasse. Parking. Salon de jardin. Animaux admis avec supplément de 20 F/jour. 10% de réduction en dehors de février, juillet et août. Tarif enfant : réduction à partir de 2 nuits. Langues parlées : anglais, allemand.

Prix : 1 pers. **200 F** 2 pers. **230/250 F** 3 pers. **330/350 F**
pers. sup. **100 F**

Ouvert : toute l'année.

0,5	2	2	8	7	SP	SP	15	25	2

PERROT Paul - Bois-Jeunet - 25140 LES ECORCES - Tél : 03 81 68 63 18 - Fax : 03 81 68 63 18

FRANOIS *C.M. 66 Pli 15*

1 ch. 1 chambre d'hôtes aménagée au rez-de-chaussée de la maison des propriétaires, entrée indépendante. 1 chambre (1 lit 2 pers. 2 lits 1 pers.). Salle d'eau et wc. Prise téléphone, réfrigérateur. Garage, salon de jardin sur terrain clos ombragé commun. Plan d'eau à 12 km. Golf 24 km. TGV 6 km. Cabine téléphonique à 500 m. Restaurant à 3 km. Langues parlées : allemand, anglais, espagnol.

Prix : 1 pers. **150 F** 2 pers. **210 F** 3 pers. **270 F** pers. sup. **60 F**

SP	4	8	5	8	9	9	0,5

GARCIA Maurice et Gisèle - 14, chemin du Clousey - 25770 FRANOIS - Tél : 03 81 59 03 84

GILLEY Montagne de Gilley Alt. : 1040 m (TH) *C.M. 70 Pli 7*

2 ch. En pleine nature, 2 ch. avec entrée indépendante, au 1er étage de l'habitation des propriétaires, au calme. 1 ch. (1 lit 2 pers.), s. d'eau, wc privés dans le hall. 1 ch. (1 lit 2 pers. 2 lits 1 pers. superp.). S. d'eau, wc, gratuit pour les enfants de - de 3 ans. Taxe de séjour pour les + 12 ans. Réduction à partir de 4 jours. Produits de la ferme. 1 téléski sur place. Table d'hôtes fermée samedi et dimanche soir en juillet et août. Langue parlée : anglais.

Prix : 1 pers. **150 F** 2 pers. **200 F** pers. sup. **60 F** repas **70 F**

Ouvert : toute l'année.

SP	24	9	4	20	12	3	3

MARGUET Adrien - 14 La Montagne de Gilley - 25650 GILLEY - Tél : 03 81 43 31 54 ou 03 81 43 37 91

GILLEY

Alt. : 860 m TH *C.M. 70 Pli 7*

E.C. 1 ch. **Musée de l'horlogerie 12 km. Abbaye de Montbenoit 4 km.** 1 chambre double ouvrant sur un balcon, au 1er étage de la maison de la propriétaire, comprenant : 1 chambre (1 lit 2 pers.), 1 ch. (1 lit 2pers. et lit bébé), salle d'eau, wc privés. Terrain non clos. Terrasse, ping-pong, piste VTT sur place. Cabine téléphonque à 200 m. Ski de piste avec 1 téléski à 4 km.

CV

Prix : 1 pers. **150 F** 2 pers. **220 F** 3 pers. **280 F** pers. sup. **60 F**
repas **70 F**

Ouvert : toute l'année.

SP	24	SP	5	1	20	12	1	SP

HENRIET Jeannine - 2 avenue Leclerc - 25650 GILLEY - Tél : 03 81 43 30 46

GRAND-COMBE-DES-BOIS Ville Basse

Alt. : 1000 m TH *C.M. 66 Pli 18*

2 ch. **Parcours des échelles de la mort 10 km.** Ch. 1 : 1 lit 2 pers. 1 lit 1 pers. salle d'eau. Ch. 2 (1 lit 2 pers.), salle de bains. Wc communs aux 2 chambres. Réfrigérateur à disposition. Sur le passage du GR5 et de la GTJ (grande traversée du Jura). Parking, séjour commun propriétaires avec TV, salon de jardin. Cabine téléphonique à 1 km. 2 ch. d'hôtes aménagées au 1er étage de l'habitation des propriétaires. Vue panoramique sur la Suisse. Tarifs spéciaux hors saison et enfants.

CV

Prix : 1 pers. **120 F** 2 pers. **200 F** 3 pers. **250 F** pers. sup. **60 F**
repas **70 F** 1/2 pens. **160 F**

Ouvert : toute l'année.

7	10	7	17	2	25	17	17	7

TAILLARD Louis - Ville Basse - 25210 GRAND-COMBE-DES-BOIS - Tél : 03 81 43 70 42

GRAND-COMBE-DES-BOIS

Alt. : 1000 m TH *C.M. 66 Pli 18*

1 ch. 1 ch. double (2 pièces) au 1er étage de l'habitation des propriétaire située au centre du village, (1 lit 2 pers. 1 lit 1 pers. chacune, salle de bains, wc). Salon avec TV réservé aux hôtes. Parking privé, cour, pelouse, salon de jardin, balançoires. Situées sur le passage du GR5 et de la GTJ (grande traversée du Jura). Cabine tél. à 20 m.

CV

Prix : 1 pers. **180 F** 2 pers. **200 F** pers. sup. **60 F** repas **80 F**

Ouvert : toute l'année.

7	10	7	17	1	25	17	17	7

MAILLOT Colette et Jean - 7 rue principale - 25210 GRAND-COMBE-DES-BOIS - Tél : 03 81 43 70 36

JALLERANGE

C.M. 66 Pli 14

E.C. 4 ch. **Grottes d'Oselles 21 km. Besançon 28 km.** 4 ch. aménagées à l'étage de la vaste habitation des propriétaires, avec chacune un lavabo. 1 ch. (1 lit 2 pers. 1 lit 1 pers.). 1 ch. (1 lit 2 pers. 1 lit bébé). 1 ch. (1 lit 2 pers. 1 lit 1 pers.). 1 ch. (3 lits 1 pers.). Sanitaires communs : salle d'eau (douche, lavabo), 1 douche, 2 wc séparés. Salon privé, vaste terrain non clos, parking.

Prix : 1 pers. **170 F** 2 pers. **250 F** pers. sup. **80 F**

Ouvert : toute l'année.

6	15	1	28	SP	28	11	6

COEURDEVEY Colombe et Emmanuel - 11 Grande rue - 25170 JALLERANGE - Tél : 03 81 58 21 06

LAVANS-VUILLAFANS

Alt. : 700 m A *C.M. 66 Pli 16*

5 ch. Ferme-auberge et 1 chalet/chambre en pleine nature. R.d.c. 1 ch. (1 lit 2 pers.), s.d.b. (baignoire/cabine douche/lavabo) et wc privés. 1 ch. 2 épis (1 lit 2 pers.), salle d'eau privée, wc communs. 1er étage : 1 ch. (1 lit 2 pers. 2 lits 1 pers.), s.d.b., wc. 1 ch. double (1 lit 2 pers., 3 lits 1 pers.), s.d.b./wc. Chalet/chambre situé à prox. de la ferme auberge (1 lit 2 pers. 2 lits 1 pers.), s. d'eau et wc privés, coin-détente, terrasse avec salon de jardin. Boissons non comprises dans le prix du repas. Petit-déjeuner amélioré, vente de produits fermiers. Longs séjours, nous consulter.

Prix : 1 pers. **260/290 F** 2 pers. **290/340 F** pers. sup. **110 F**
repas **100/150 F**

Ouvert : de janvier à novembre.

6	5	18	8	9	8	9	9

BOURDIER Bernard - Ferme du Rondeau - 25580 LAVANS-VUILLAFANS - Tél : 03 81 59 25 84 ou 03 81 59 26 64 - Fax : 03 81 59 29 31

LAVANS-VUILLAFANS Le Rondeau

Alt. : 700 m A *C.M. 66 Pli 16*

2 ch. **Vallée de la Loue 15 km.** A 3 km du village, en pleine nature, très grand calme et belle vue. 2 chambres au 1er étage de la maison des propriétaires avec chacune 1 lit 2 pers., salle de bains et wc privés. Coin-salon en mezzanine. Vente de produits fermiers. Repas : boissons non comprises. Petits-déjeuner amélioré. Longs séjours, nous consulter.

Prix : 1 pers. **260 F** 2 pers. **290 F** 3 pers. **400 F** pers. sup. **110 F**
repas **100/150 F**

Ouvert : de janvier à novembre sur réservation.

6	5	18	8	9	8	9	9

BOURDIER Emile - Ferme du Rondeau - 25580 LAVANS-VUILLAFANS - Tél : 03 81 59 25 84 ou 03 81 59 26 64 - Fax : 03 81 59 29 31

MORTEAU

Alt. : 800 m *C.M. 70 Pli 7*

2 ch. **Ferme Comtoise, Saut du Doubs à 7 km. Musée de l'horlogerie à Morteau.** 2 chambres spacieuses décorées avec goût et raffinement dans belle maison bourgeoise. Chambre 1 (1 lit 2 pers.), s. d'eau, wc séparés privés. Chambre 2 (1 lit 2 pers.), s. d'eau et wc privés. Séjour/salon avec cheminée et TV, communs avec la propriétaire. Bibliothèque et tél. à disposition. Terrasse avec salon de jardin. Propriété close avec jardin ombragé. Ski nautique à 7 km. Langue parlée : anglais.

Prix : 1 pers. **240 F** 2 pers. **310 F** pers. sup. **160 F**

Ouvert : toute l'année.

10	10	SP	6	SP	22	SP	SP	SP	SP

LAUDE Arlette - 7 rue de la Guron - 25500 MORTEAU - Tél : 03 81 67 42 33 - Fax : 03 81 67 49 83

MYON La Fin du Moulin

C.M. 70 Pli 5

3 ch. 3 ch. d'hôtes dont 1 en r.d.c. access. aux pers. hand. (1 lit 2 pers.), douche/lavabo, wc. 2 ch. 2 pers. (1 lit 2 pers. 2 lits 1 pers.) au 1er ét. avec douche et lavabo chacune. 2 wc communs (1 au r.d.c., 1 à l'étage). Salle de détente au 1er avec TV coul. Biblio. Jeux de société. L-linge commun au sous-sol. Pelouse/terrasses avec salons de jardin. Calme et repos assurés dans ces chambres d'hôtes situées dans la verdoyante vallée du Lison. Coin-cuisine au r.d.c. Parking. Téléphone à disposition.Tarifs réduits à partir du 3e jour. Lit bébé à dispo. Restauration possible à 300 m. Langue parlée : allemand.

Prix : 1 pers. **150 F** 2 pers. **220 F** pers. sup. **70 F**

Ouvert : toute l'année.

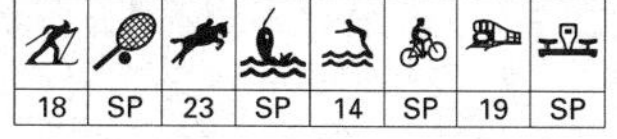

18	SP	23	SP	14	SP	19	SP

NEDEY Noël - Le Bergeret - 25440 MYON - Tél : 03 81 63 72 26

PALANTINE

C.M. 70 Pli 5

1 ch. 1 chambre totalement indép. au r.d.c. d'une très belle maison de campagne dans un petit village calme, à proximité des vallées de la Loue et du Lison (GR590). Ornans, Saline Royale d'Arc-et-Senans, Salins-les-Bains. 1 ch. (1 lit 2 pers.), salle d'eau (lave-linge) et wc privés, TV. Terrasse privée avec salon de jardin. Vaste parc. Chasse sur place. Restaurant à 6 km. Cabine téléphonique à 4 km.

Prix : 1 pers. **160 F** 2 pers. **210 F** pers. sup. **60 F**

Ouvert : toute l'année.

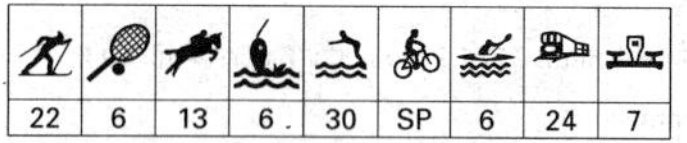

22	6	13	6	30	SP	6	24	7

FAILLENET Bernadette et Pierre - 7 rue des Charrieres - 25440 PALANTINE - Tél : 03 81 63 65 70

PESSANS

C.M. 66 Pli 5

4 ch. **Quingey 4 km.** 4 ch. dans 1 maison neuve à 500 m de l'exploitation agricole des propr., à proximité de la R.N 83. R.d.c. : 1 ch. (1 lit 2 pers. 2 lits 1 pers.), s. d'eau. 1 ch. (1 lit 2 pers.), s. d'eau. WC communs dans le hall. 1er ét. : 1 ch. familiale : 1 piéce (1 lit 2 pers.), 1 piéce (3 lits 1 pers.), avec s. d'eau. 1 ch. : (1 lit 2 pers.), s. d'eau, wc communs aux 2 ch. Séjour avec TV. Vallée de la Loue, rivière à 1 km. Auberge à 2 km. Salins-les-Bains ville thermale avec casino, centre de remise en forme... à 19 km. Delta-plane. Ouvert toute l'année. Jardin commun à disposition avec équipement de jardin. Suppl. de 10 F/animal/jour. Langue parlée : anglais.

Prix : 1 pers. **160 F** 2 pers. **200 F** pers. sup. **60 F**

Ouvert : toute l'année.

30	4	12	1	19	3	1	13	4

DROZ-VINCENT Colette - Rue de la Fontaine - 25440 PESSANS - Tél : 03 81 63 75 43

PIERREFONTAINE-LES-VARANS Le Creusot

Alt. : 750 m TH *C.M. 66 Pli 17*

3 ch. **Cirque de consolation à 16 km.** Aménagées dans une belle ferme comtoise. 1 chambre au r.d.c. aux normes handicapées (2 lits 1 pers. avec lavabo), salle d'eau et wc privés. 1er étage : 1 ch. (1 lit 1 pers., lavabo), 1 ch. (2 lits 1 pers., lavabo), salle d'eau et wc communs. Salle de séjour et salon communs avec les propriétaires. TV couleur. Vaste terrain aménagé non clos avec salon de jardin. 1 téléski sur la commune. Langue parlée : allemand.

Prix : 1 pers. **180 F** 2 pers. **230 F** pers. sup. **60 F** repas **60/70 F**
1/2 pens. **240 F** pens. **345 F**

Ouvert : toute l'année.

SP	3	3	5	17	33	16	3

GODAT Marie-Madeleine - Le Creusot - 25510 PIERREFONTAINE-LES-VARANS - Tél : 03 81 56 07 16 - Fax : 03 81 56 07 16

RENNES-SUR-LOUE

TH *C.M. 70 Pli 5*

2 ch. 2 ch. d'hôtes avec accès indép. dans une maison de ferme traditionnelle en pierre, recouverte de vigne vierge, implantée au centre d'un village en bordure de rivière. 1 ch. (1 lit 2 pers. Poss. lit 1 pers. suppl.), salle d'eau, wc privés. 1 ch. (2 lits 1 pers.), Poss. 1 lit 1 pers. suppl. s. d'eau, wc privés. Terrasse de 40 m^2 avec salon de jardin. Possibilité table d'hôtes le soir. Suppl. 10 F/animal.

Prix : 1 pers. **180 F** 2 pers. **230 F** pers. sup. **80 F** repas **55/70 F**

Ouvert : toute l'année.

34	11	19	SP	14	6	6	6

TRIBUT/FAURE Claudine - Place du Village - 25440 RENNES-SUR-LOUE - Tél : 03 81 63 78 29 ou 03 81 63 52 62

RENNES-SUR-LOUE

C.M. 70 Pli 5

1 ch. 1 chambre (1 lit 2 pers.), salle de bains (baignoire, douche, lavabo) et wc séparés privés. 1 lit pliant 1 pers. Coin-salon avec TV réservé aux hôtes. Espace pelouse ombragé avec salon de jardin. Possibilité de table d'hôtes chez Tribut/Faure Claudine à proximité. Cabine téléphonique sur place. Restaurant 5 km. Belle chambre au 1er étage d'un pavillon neuf dominant une aire naturelle de camping à proximité de la rivière « La Loue ». Grand calme.

Prix : 1 pers. **180 F** 2 pers. **230 F** pers. sup. **80 F**

Ouvert : juillet et août.

11	10	SP	14	6	6	6

TRIBUT Philippe - 25440 RENNES-SUR-LOUE - Tél : 03 81 63 52 62 ou 03 81 63 78 29

SAINT-GEORGES-D'ARMONT

Alt. : 530 m (TH) C.M. 66 Pli 16

1 ch. **Château de Belvoir 15 km.** 1 chambre aménagée dans la vaste maison des propriétaires. 1 chambre (1 lit 2 pers. 1 lit d'appoint), salle d'eau et wc privés. Séjour-salon commun aux propriétaires (TV à disposition). Terrain non clos, salon de jardin. Repas à base de produits sans traitements chimiques. Cabine téléphonique à 300 m.

CV

Prix : 1 pers. **170 F** 2 pers. **240 F** pers. sup. **60 F** repas **65/80 F** 1/2 pens. **220/250 F**

Ouvert : toute l'année.

9	13	3	10	SP	7	7

DUNZER Bernard et Nelly - Rue Foley - 25340 SAINT-GEORGES-D'ARMONT - Tél : 03 81 93 86 15

LA SOMMETTE La Doleze

Alt. : 730 m C.M. 66 Pli 17

2 ch. 1 chambre double au 2e étage de la maison des propriétaires comprenant également 2 gîtes ruraux. 1 chambre (1 lit 2 pers.). 1 chambre (2 lits 1 pers.). Salle d'eau et wc privés. Vaste terrain. Ski de piste à 5 km avec 1 téléski. Restaurant à 3 km. Cabine téléphonique à 500 m.

CV

Prix : 1 pers. **180 F** 2 pers. **250 F** 3 pers. **330 F** pers. sup. **80 F**

Ouvert : toute l'année.

5	4	5	6	16	9	4

GUINCHARD Dominique & Michelle - La Doleze - 25510 LA SOMMETTE - Tél : 03 81 56 02 84 ou 03 81 56 12 45

VAUDRIVILLERS Chez Mizette

(TH) C.M. 66 Pli 17

4 ch. Situées dans un petit village sur le plateau du Lomont 4 chambres aménagées au r.d.c. et étage : 1 ch. (1 lit 2 pers.), s. d'eau, wc et 1 ch. (1 lit 2 pers.), s. d'eau, wc. 1 ch. (1 lit 2 pers.), s. d'eau et wc, 1 ch. (1 lit 2 pers.), s. d'eau et wc, poss. lit enf. Salon avec TV couleur, bibliothèque et coin-cuisine intégrée communs aux hôtes. Terrain non clos. Cabine téléphonique à 100 m. Langue parlée : allemand.

CV

Prix : 1 pers. **170 F** 2 pers. **230 F** 3 pers. **300 F** pers. sup. **70 F** repas **70 F** 1/2 pens. **230 F** pens. **300 F**

Ouvert : toute l'année.

19	12	11	8	23	SP	SP	15	3

PHILIPPE Marie-Josephe - 3 rue de l'église - Chez Mizette - 25360 VAUDRIVILLERS - Tél : 03 81 60 45 70 - Fax : 03 81 60 45 70

VERNIERFONTAINE

Alt. : 730 m C.M. 66 Pli 16

2 ch. 2 chambres d'hôtes aménagées dans la maison des propriétaires. 2 ch. 2 pers. (1 lit 2 pers. dans chaque chambre) avec cabinet de toilette commun (wc, lavabo). Possibilité 1 lit 1 pers. supplémentaire. Parking. Location de VTT et restaurants au village.

Prix : 1 pers. **95 F** 2 pers. **145 F** 3 pers. **190 F** pers. sup. **45 F**

11	36	SP	8	12	7	SP	12	7	SP

BOLARD Joseph - 6 rue du stade - 25580 VERNIERFONTAINE - Tél : 03 81 60 02 55

VERNIERFONTAINE

Alt. : 730 m C.M. 66 Pli 16

1 ch. 1 chambre au 1er étage de la maison des propriétaires. Entrée indépendante par escalier extérieur. 1 lit 2 pers. Possibilité 1 lit enfant. Salle d'eau, wc séparés. Terrain avec salon de jardin. Parking. Restaurants au village. Cabine téléphonique à proximité. Réductions pour séjours de plus de 4 jours.

Prix : 1 pers. **170 F** 2 pers. **220 F** pers. sup. **70 F**

11	36	SP	8	11	7	SP	12	7	SP

GAULARD Michel - 19 rue du Stade - 25580 VERNIERFONTAINE - Tél : 03 81 60 01 27

VILLERS-LE-LAC Le Cernembert

Alt. : 1300 m A *C.M. 70 Pli 7*

5 ch. 1 ch. (1 lit 2 pers. 2 lits 1 pers. superp.), s. d'eau, wc. Coin-séjour/kitchenette, 1 ch. acc. pers. hand. EC (1 lit 2 pers.), coin-salon (1 lit 1 pers.), s. d'eau/wc. 1 ch. (1 lit 2 pers.) ouvrant sur terrasse, s. de jardin, s. d'eau, wc, coin-séjour, frigo, 1 ch. double (1 lit 2 pers. 2 lits 1 pers. superp.), s.d.b., wc. Kitchenette/coin-salon, ouvrant sur terrasse privée avec salon de jardin. R.d.c. : pièce commune (repas, coin-salon/cheminée). 1 ch. (1 lit 2 pers. 1 lit 1 pers.), s.d.b., wc, kitchenette/coin-séjour. Séjours organisés avec accompagnateur « gens de pays ». Langues parlées : anglais, allemand.

Prix : 1 pers. **240/290 F** 2 pers. **290/340 F** pers. sup. **80/111 F**
repas **90 F** 1/2 pens. **195/285 F** pens. **320/350 F**

SP	10	SP	11	2	16	SP	2	6	2

MARGUET Jean-Paul - Le Cernembert - Mont Genevrier - 25130 VILLERS-LE-LAC - Tél : 03 81 68 01 85 - Fax : 03 81 68 16 49 - E-mail : marguet@saut-du-doubs.com - http://www.saut-du-doubs.com (paiement sécurisé).

VILLERS-LE-LAC La Courpée

Alt. : 1300 m *C.M. 70 Pli 7*

1 ch. 1 chambre double : 2 lits 2 pers., salle d'eau, wc privés. Jardin d'agrément non clos. Equipement de jardin (balancelle, petite piscine enfant). Abri pour vélos, motos et skis. Taxe de séjour. Enfant de moins de 10 ans : 50 F. Cabine téléphonique à 500 m. 1 chambre au 1er étage de la maison des propriétaires « La Rose des Vents ». Entrée commune. Endroit calme. Belle vue.

Prix : 1 pers. **200 F** 2 pers. **290 F** 3 pers. **370 F** pers. sup. **90 F**

SP	10	SP	11	2	16	SP	2	6	1

VERNIER Lucienne - 42, route des Fins - La Courpée - 25130 VILLERS-LE-LAC - Tél : 03 81 68 11 95 ou SR : 03 81 82 80 48

VILLERS-SOUS-CHALAMONT

Alt. : 710 m *C.M. 70 Pli 5*

3 ch. 3 chambres chez un propriétaire agriculteur. 1er étage de la ferme : 1 ch. (1 lit 2 pers. 1 convertible 120), salle d'eau, wc. 2 ch. dans une petite maison en r.d.c. à côté de la ferme comprenant chacune 1 lit 2 pers. et salle d'eau, wc, séjour, kitchenette communs aux 2 ch. Cabine téléphonique à proximité. Restaurant à 8 km. Terrain avec salon de jardin. A proximité de la route des Sapins. Réductions pour séjours de plus d'une semaine.

Prix : 1 pers. **160 F** 2 pers. **220 F** 3 pers. **280 F** pers. sup. **60 F**

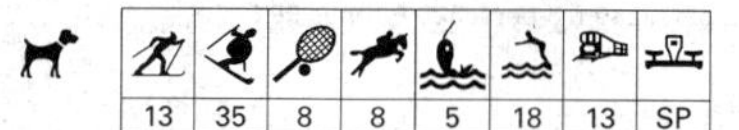

13	35	8	8	5	18	13	SP

JEUNET Yves et Jeanne - 5 grande rue - 25270 VILLERS-SOUS-CHALAMONT - Tél : 03 81 49 37 51 - Fax : 03 81 49 32 26

VUILLAFANS

C.M. 70 Pli 6

5 ch. Vaste batisse entourée d'un parc en bordure de la Loue. 1er étage : 1 chambre double avec balcon (2 lits 2 pers.), lavabo, s.d.b., wc non attenants. 2e étage : 4 ch. (3 lits 2 pers. 3 lits 1 pers. 1 lit enfant) avec lavabo dont 1 avec salle d'eau privée. Salle d'eau et wc communs aux 3 autres chambres. Supplément pour le chauffage l'hiver. Taxe de séjour. Cabine téléphonique à 500 m.

Prix : 1 pers. **130 F** 2 pers. **170 F** 3 pers. **250 F** pers. sup. **80 F**

Ouvert : toute l'année.

16	SP	17	SP	20	SP	SP	29	SP

FAIVRE-DUBOZ Jean-Claude - 31 rue de Besançon - Villa sans Façon - 25840 VUILLAFANS - Tél : 03 81 60 90 79 - Fax : 03 81 60 90 79

Jura

LOISIRS ACCUEIL - Service Réservation
8, rue Louis Rousseau - 39000 LONS-LE-SAUNIER
Tél. 03 84 87 08 88 - Fax. 03 84 24 88 70

ANDELOT-EN-MONTAGNE

Alt. : 650 m (TH) *C.M. 70 Pli 5*

6 ch. **Pontarlier 30 km. Champagnole 15 km.** 6 ch. de 2 à 4 pers. avec salle d'eau ou salle de bains, wc, tél. dans chacune. Salon avec cheminée, grande salle à manger, salle de jeux. Jardin et terrasses fleuries. Belle maison au centre du village. Forêt, pâturages et cours d'eau abondent dans la région. Randonnées sur place. Langue parlée : anglais.

Prix : 1 pers. **190 F** 2 pers. **250 F** 3 pers. **300 F** pers. sup. **50 F**
repas **65 F** 1/2 pens. **190 F**

Ouvert : toute l'année.

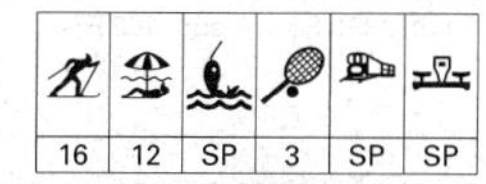

16	12	SP	3	SP	SP

BOURGEOIS et BOUSSON A-Marie et Thérèse - Grande Rue - 39110 ANDELOT-EN-MONTAGNE - Tél : 03 84 51 43 77

ANDELOT-LES-SAINT-AMOUR Château d'Andelot Alt. : 520 m  *C.M. 70 Pli 13*

6 ch. 5 ch., sanitaires, s.d.b. et wc séparés et 1 suite avec 1 s.d.b. et wc séparés (1 lit 2 pers. 1 lit 1 pers. 1 conv.), coin-salon/cheminée. Magnifique salle à manger du XIVe pour les hôtes. Cour, parc et terrasses. Grand salon. VTT sur place. Tir à l'arc, montgolfière. Salle de lecture réservée aux hôtes. Tarif suite pour 2 pers. : 1295 F. Magnifique demeure (XIIe/XIVe siècles) construite par l'illustre famille de Coligny, domine de plus de 100 m le village d'Andelot et la large vallée du Suran. 3 ch. aménagées dans l'ancien donjon, les 3 autres entre la salle gothique et la porterie. Gratuit enfants de -4 ans. Langues parlées : anglais, allemand.

Prix : 2 pers. **950/1295 F** pers. sup. **150 F**

Ouvert : toute l'année.

5	SP	SP	30	5

BELIN Harry - Château d'Andelot SARL - rue de l'Eglise - 39320 ANDELOT-LES-SAINT-AMOUR - Tél : 03 84 85 41 49 - Fax : 03 84 85 46 74 - E-mail : Chateau.Andelot@wanadoo.fr - http://www.andelot.com

ARLAY Le Jardin de Misette (TH) *C.M. 70 Pli 4*

4 ch. **Abbaye de Baume-les-Messieurs 12 km.** 4 ch. dont 2 familiales (1 ch. + 2 ch. communicantes), avec salle d'eau et wc privés. 1 des ch. est aménagée dans une petite maison indép. Salon, bibliothèque, salon de lecture et de musique avec cheminée. Jardin fleuri avec cour et terrasses et salon de jardin. Belle maison vigneronne en bordure de rivière, dans un petit bourg historique au patrimoine très riche. Très joli jardin fleuri et ombragé. Calme, tranquillité et convivialité sont au rendez-vous. Langues parlées : anglais, allemand.

Prix : 1 pers. **250 F** 2 pers. **250 F** 3 pers. **325 F** pers. sup. **75 F** repas **85 F**

Ouvert : toute l'année.

SP	SP	20	6	5

PETIT Christian et M-Claude - Le Jardin de Misette - 39000 ARLAY - Tél : 06 11 63 86 58

AUMONT (TH) *C.M. 70 Pli 4*

2 ch. A 2 pas du vignoble d'Arbois, au rez-de-chaussée : 1 ch. 2 pers., 1 ch. 4 pers. avec salle de bains et wc privés. Jardin, salon de jardin, terrasse, jardin d'hiver, cour. Salon commun aux 2 ch. avec TV. Piscine privée (9 x 5), aire de jeux, table de ping-pong. Petits déjeuners servis sous une véranda. Tarif 4 pers. : 380 F. La région d'Aumont est une région vallonnée, bien boisée où abondent cours d'eau et étangs. Langue parlée : allemand.

Prix : 1 pers. **200 F** 2 pers. **240 F** 3 pers. **320 F** repas **90 F** 1/2 pens. **290 F**

Ouvert : toute l'année.

10	SP	1	9	20

TOUPLAIN Pierre et Andrée - 8 route de Dole - 39800 AUMONT - Tél : 03 84 37 50 74 - Fax : 03 84 37 50 74

BAUME-LES-MESSIEURS l'Abbaye A *C.M. 70 Pli 4*

3 ch. Dans une ancienne abbaye classée monument historique, 3 grandes chambres avec sanitaires privés dans chaque chambre. Beau mobilier, grand salon avec billard. Ouvert toute l'année. Boutique et restaurant de produits régionaux sur place. Les petits déjeuners peuvent être pris en terrasse avec superbe vue panoramique. Tarif 4 pers. : 600 F. Dégustation des produits du terroir. Dans le cadre prestigieux de la vallée et de l'abbaye de Baume-les-Messieurs (Xe-XVIe siècles). Langue parlée : anglais.

Prix : 1 pers. **390 F** 2 pers. **390 F** 3 pers. **495 F** pers. sup. **105 F**

Ouvert : toute l'année.

12	12	SP	6	15	12	6

BROULARD Ghislain - Abbaye - 39210 BAUME-LES-MESSIEURS - Tél : 03 84 44 64 47

BAUME-LES-MESSIEURS *C.M. 70 Pli 4*

1 ch. 1 chambre d'hôtes comportant 2 lits 1 personnes, 1 salle d'eau et 1 wc privés, située au rez-de-chaussée de la maison des propriétaires. Salon de jardin. Ancienne maison de village située au centre du bourg, près de l'abbaye. Auberge à 50 m. Le village et le site de Baume sont classés comme un des plus beaux sites de France. Langue parlée : anglais.

Prix : 1 pers. **150 F** 2 pers. **200 F**

Ouvert : toute l'année.

20	SP	SP	8	15	12	5

ANDREWS Marie - rue de Crancot - 39210 BAUME-LES-MESSIEURS - Tél : 03 84 44 65 72 - Fax : 03 84 44 65 72 - E-mail : andrewsrm@infonie.fr

BELLECOMBE La Dalue Alt. : 1250 m A *C.M. 70 Pli 15*

4 ch. **Suisse 20 km. Saint-Claude 20 km.** 4 chambres de 2 à 4 pers. avec salle d'eau et wc privés. Salle à manger avec cheminée, salle de détente. Salon de jardin. Grands espaces alentours. Possibilité d'accès à une cuisine. Chambres aménagées dans une ancienne ferme de montagne en pleine nature et au cœur du Parc Naturel Régional du Haut Jura. Pâturages, alpages et forêts de sapins constituent la toile de fond de ce haut pays frontalier. Langues parlées : anglais, allemand.

Prix : 1 pers. **170 F** 2 pers. **260 F** 3 pers. **390 F** pers. sup. **100 F** repas **70 F** 1/2 pens. **230 F**

Ouvert : toute l'année.

SP	5	10	6	15	20	10

PERRIER Bernard - La Dalue - 39310 BELLECOMBE - Tél : 03 84 41 69 03 - Fax : 03 84 41 66 22 - E-mail : PERRIER.LADALUE@wanadoo.fr

BONLIEU

Alt. : 800 m *C.M. 70 Pli 15*

4 ch. 4 ch. d'hôtes avec accès indépendant aménagées dans la maison du propriétaire, s.d.b. et wc privés. 2 chambres 2 pers. et 2 chambres 3 pers. avec un accès direct sur une grande terrasse. Cour et jardin d'agrément. Salons de jardin. Tarif 4 pers. : 370 F. Christine et Dominique, jeunes agriculteurs, ont rénové en totalité une belle maison construite en 1815, au cœur de la région des Lacs. Plans d'eau, cascades et belvédères (plus de 50) constituent la toile de fond de ce pays de montagnes. Langue parlée : anglais.

Prix : 1 pers. **190 F** 2 pers. **220/270 F** 3 pers. **270/320 F** pers. sup. **50 F**

Ouvert : toute l'année.

5	2	6	2	SP	4	SP

GRILLET Christine et Dominique - 12 rue de la Maison Blanche - 39130 BONLIEU - Tél : 03 84 25 59 12

BRACON Grange Cavaroz

Alt. : 550 m **A** *C.M. 70 Pli 5*

2 ch. 2 chambres d'hôtes avec entrée indépendante. 1 chambre au rez-de-chaussée (1 lit 2 pers.) avec salle d'eau et wc privés. 1 chambre à l'étage avec 1 seconde petite chambre complémentaire, salle d'eau et wc privés. Chauffage central. Jardin fleuri, terrasse et salon de jardin. Réduction pour enfants de moins de 5 ans. Dominant la station thermale de Salins-les-Bains et la vallée de la Furieuse, Michel et Colette vous accueilleront dans leur vaste ferme située en pleine nature. Calme, grands espaces et confitures maison ne manqueront pas de séduire parents et enfants.

Prix : 1 pers. **170 F** 2 pers. **220 F** 3 pers. **280 F** pers. sup. **60 F**

Ouvert : toute l'année.

3	SP	2	30	10	3

DUQUET Michel et Colette - Grange Cavaroz - 39110 BRACON - Tél : 03 84 73 00 07

CERNON Sous le Château

Alt. : 800 m (TH) *C.M. 70 Pli 14*

3 ch. **Lac de Vouglans 4 km. Pays des lacs et cascades.** 3 chambres d'hôtes aménagées dans un chalet en pleine nature. 1 ch. (1 lit 2 pers., 2 lits 1 pers.), salle d'eau, wc et salon privé. 1 ch. (1 lit 2 pers., 2 lits 1 pers.), salle d'eau et wc privé. 1 ch. (1 lit 2 pers.), salle d'eau et wc privé. Tarif 4 pers. : 480 F. Le chalet dispose d'une très belle vue sur le village et toute la campagne avoisinante. Lacs, forêts et grands espaces abondent dans cette région au patrimoine naturel et très riche. Langue parlée : anglais.

CV

Prix : 1 pers. **270 F** 2 pers. **300 F** 3 pers. **390 F** pers. sup. **90 F**
repas **90 F** 1/2 pens. **220 F**

Ouvert : toute l'année.

2	5	2	SP	25	25	12

LAMARCHE Françoise - Sous le Château - Viremont - 39240 CERNON - Tél : 03 84 35 75 17 - Fax : 03 84 35 75 17

CHARENCY

Alt. : 800 m *C.M. 70 Pli 5*

2 ch. **Forêt de la Haute Joux 15 km et de la Joux 5 km.** Au centre d'un petit village, dans un environnement de forêts, de sapins et de pâturages, 2 chambres aménagées au 1er étage d'une maison ancienne. 2 ch. 3 pers. (2 lits 2 pers. 2 lits 1 pers.) avec salle d'eau particulière et wc communs. Parking. Piscine 4 km. Restaurant 6 km.

CV

Prix : 1 pers. **130 F** 2 pers. **230 F** 3 pers. **275 F** pers. sup. **50 F**

Ouvert : toute l'année.

15	2	5	SP	8

MELET Roger et M-Louise - 39250 CHARENCY - Tél : 03 84 51 16 11

CHAREZIER

Alt. : 500 m (TH) *C.M. 70 Pli 14*

4 ch. 4 ch. d'hôtes : 3 ch. sont aménagées dans un petit pavillon indépendant dans le parc, chacune avec s.d.b. et wc particuliers, donnant de plain-pied dans le parc. La 4e est dans la maison des propriétaires, dans le village, sur la route des lacs. 1 ch. 3 pers. (1 lit 2 pers. 1 lit 1 pers.) avec salle d'eau particulière. Salle de séjour, salon avec TV. Tarif 4 pers. : 280 F. Voile 7 km. Restaurant 5 km.

Prix : 1 pers. **160 F** 2 pers. **200 F** 3 pers. **240 F** pers. sup. **40 F**
repas **60 F** 1/2 pens. **155 F**

Ouvert : toute l'année.

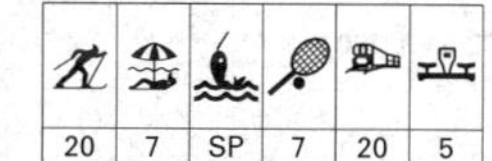

20	7	SP	7	20	5

DEVENAT Guy et Jacqueline - rue du Vieux Lavoir - 39130 CHAREZIER - Tél : 03 84 48 35 79

CHAREZIER

Alt. : 500 m *C.M. 70 Pli 14*

1 ch. 1 chambre (1 lit 2 pers.) avec salle de bains et wc privés aménagée dans un petit bâtiment indépendant. Cour et terrain attenant. Salon de jardin. Maison ancienne entièrement rénovée. Ferme auberge à 200 m. Charezier est situé au cœur du Pays des Lacs, région parsemée de 50 lacs et cascades. Forêts, pâturages et sentiers de randonnées caractérisent cette partie du Jura des Plateaux.

Prix : 1 pers. **170 F** 2 pers. **210 F**

Ouvert : toute l'année.

7	7	SP	1	7	25	20	6

MAITRE Henri et Madeleine - rue du Vieux Lavoir - 39130 CHAREZIER - Tél : 03 84 48 32 78

CHAREZIER

Alt. : 500 m A *C.M. 70 Pli 14*

4 ch. **Lac de Chalain 8 km.** Au cœur du « Pays des Lacs », les chambres sont aménagées dans une ferme auberge. 4 chambres 2 à 4 pers. avec salle d'eau et wc privés. Salon, (TV, magnétoscope). Terrasse aménagée. Jeux de boules. Lacs, cascades, grandes forêts et innombrables sentiers de randonnées caractérisent cette région très touristique du Jura.

CV

Prix : 1 pers. **170 F** 2 pers. **190 F** 3 pers. **240 F** pers. sup. **50 F**
repas **65 F** 1/2 pens. **155 F**

Ouvert : du 01/04 au 05/11 et vacances scolaires d'hiver.

20	5	SP	7	20	5

BAILLY Cécile et Claude - 39130 CHAREZIER - Tél : 03 84 48 35 07

CHATELNEUF

Alt. : 800 m *C.M. 109 Pli 7*

1 ch. 1 chambre d'hôtes dans une maison située dans un village. 1 chambre de 2 pers. avec salle d'eau et wc particuliers. Salle de séjour avec TV à la disposition des hôtes. Garage, jardin, terrain, parking, pré. Possibilité cuisine. Piscine 8 km. Voile 10 km.

Prix : 1 pers. **130 F** 2 pers. **160 F**

Ouvert : toute l'année.

14	6	6	3	SP	8	12

MICHAUD André et Mariette - 75 route de Mont-sur-Monnet - 39300 CHATELNEUF - Tél : 03 84 51 61 70

CHATENOIS La Thuilerie des Fontaines

C.M. 66 Pli 14

4 ch. Aux confins de la Franche Comté et de la Bourgogne, entre les massifs de la Serre, de la forêt de la Chaux, près de la basse vallée du Doubs, 4 ch. avec s.d.b. et wc privés, aménagées dans une maison du milieu du XVIIIe s. Grande et belle salle à manger avec cheminée. Salon avec TV, salon de lecture. Piscine privée dans un parc attenant. Terrasse. Salon de jardin. Tarif 4 pers. : 350 F. Entre le massif forestier de la Serre et la basse Vallée du Doubs. A 7 km au nord de Dole en direction de Besançon (RN73). Sortie autoroute A36 à 2 km (Dole nord), tourner 3 fois à gauche. Langues parlées : anglais, allemand.

CV

Prix : 1 pers. **200 F** 2 pers. **250 F** 3 pers. **300 F** pers. sup. **50 F**

Ouvert : toute l'année.

50	2	2	1	SP	15	6	6

MEUNIER Michel - 2 rue des Fontaines - 39700 CHATENOIS - Tél : 03 84 70 51 79 - Fax : 03 84 70 57 79 -
E-mail : Michel.meunier2@wanadoo.fr - http://www.perso.wanadoo.fr/hotes-michel.meunier/michel.htm

CHISSEY-SUR-LOUE

C.M. 70 Pli 4

3 ch. 3 ch. d'hôtes (2 lits 2 pers., 2 lits 1 pers.) avec douche ou salle de bains privées, aménagées dans une maison rénovée de la Vallée de la Loue. Cour, jardin clos attenant, terrasse ombragée et couverte. Rivières, forêts et étangs constituent la toile de fond de cette région. Salines Royales d'Arc et Senans, Salins-les-Bains (ville thermale). Langues parlées : anglais, allemand.

Prix : 1 pers. **200 F** 2 pers. **230 F** pers. sup. **50 F**

Ouvert : toute l'année.

1	1	1	SP	SP	4	9	9

OSINGA Sandrine et Lone - 37 Grande Rue - 39380 CHISSEY-SUR-LOUE - Tél : 03 84 37 79 17 -
E-mail : sandrine.osinga@wanadoo.fr

CONDAMINE

C.M. 70 Pli 13

2 ch. 2 ch. avec salle d'eau et salle de bains privées. WC privés. TV dans chaque chambre. Salon avec cheminée et bibliothèque commun. Beau jardin fleuri. Salon de jardin. Entrées des ch. totalement indépendantes. Belle ferme jurassienne rénovée, située dans un petit bourg. Vignobles, forêts, rivières et étangs caractérisent cette région aux fortes traditions gastronomiques. Vins du Jura et volailles de Bresse sont là pour en témoigner. Langue parlée : allemand.

CV

Prix : 1 pers. **250 F** 2 pers. **280 F** 3 pers. **300 F**

Ouvert : toute l'année

10	0,5	1	5	10	10	8

NICOLAS Jean et Michelle - 39570 CONDAMINE - Tél : 03 84 35 32 38 - Fax : 03 84 35 36 03

COURLAOUX Les Vernes

C.M. 70 Pli 13

2 ch. 2 jolies chambres avec salle de bains et wc privés. Petit réfrigérateur dans les chambres. Salon et bibliothèque réservés aux hôtes. TV couleur. Grande salle à manger avec terrasse. Parc attenant. Piscine (10x5). Salon de jardin. Garage. 4 pers. : 500 F. Possibilité de repas. Aux confins de la Bresse Jurassienne et Bourguignone. Grande villa moderne au milieu d'un joli parc arboré et richement fleuri. Forêts, pâturages et étangs parsèment cette région réputée pour ses volailles et ses poissons.

Prix : 1 pers. **250 F** 2 pers. **300 F** 3 pers. **400 F** pers. sup. **100 F**

Ouvert : toute l'année.

10	10	4	SP	4	8	8	7

MATHY Michel et M-Louise - Les Vernes - 39570 COURLAOUX - Tél : 03 84 35 37 16 - Fax : 03 85 74 16 49

DARBONNAY

(TH) *C.M. 70 Pli 4*

2 ch. — 2 ch. d'hôtes dans 1 maison francomtoise en pleine campagne, à l'entrée d'un village du vignoble. 2 ch. 4 pers. avec salle d'eau et wc privés. Salle de séjour avec cheminée. Parking. Balades en chariot. Pêche en rivière et en étang. Location VTT. Séjours à thème organisés. Langue parlée : anglais.

CV

Prix : 1 pers. **200 F** 2 pers. **250 F** 3 pers. **350 F** pers. sup. **100 F**
repas **100/110 F**

Ouvert : de Pâques à la Toussaint.

10	10	10	SP	12	20	8	8

FOUGERE Pascal et Agnès - Les Tilleuls - 39230 DARBONNAY - Tél : 03 84 85 58 27 - Fax : 03 84 85 58 27

DARBONNAY

C.M. 70 Pli 4

1 ch. — Une chambre aménagée dans une belle demeure. Chambre de plain-pied donnant sur un beau parc. Salle de bains et wc privés. TV couleur dans la chambre. Salon. Terrasse. Salon de jardin. Petit village situé au cœur du Vignoble Jurassien. Beaucoup de charme dans la chambre.

Prix : 1 pers. **250 F** 2 pers. **280 F**

Ouvert : toute l'année.

10	SP	SP	12	20	8	8

BONNET Philippe et Annette - place de la Mairie - 39230 DARBONNAY - Tél : 03 84 85 50 12 - Fax : 03 84 85 50 12

DENEZIERES

Alt. : 650 m *C.M. 70 Pli 15*

1 ch. — 1 chambre 2 pers. avec salle de bains et wc privés. Très vaste salon avec galerie et cheminée monumentale. TV couleur. Terrasse et jardin. Au cœur du « Pays des Lacs », la chambre est aménagée dans une grosse et ancienne maison de village. Forêts, lacs, rivières et cascades constituent la toile de fond de cette région touristique. Langue parlée : anglais.

Prix : 1 pers. **190 F** 2 pers. **230 F** 3 pers. **270 F**

Ouvert : toute l'année.

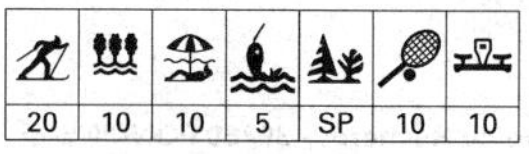

20	10	10	5	SP	10	10

LIEHN Pierre et Jocelyne - Grande Rue - 39130 DENEZIERES - Tél : 03 84 25 58 05 - Fax : 03 84 25 58 05 - http://www.//195.132.19.252/liehngite-index.htm

DOMPIERRE-SUR-MONTS

Alt. : 515 m *C.M. 70 Pli 14*

1 ch. — Claude, jeune agriculteur et Annie vous accueillent dans leur villa proche de leur exploitation et vous proposent, 1 ch. d'hôtes (1 lit 2 pers.) avec salle de bains et wc privés, possibilité d'ajouter 1 lit enfant. Possibilité table d'hôtes. Dans un village du Pays des Lacs, maison récente disposant d'une vaste cour et d'un jardin attenant. Terrasse et salon de jardin. Nombreuses activités possibles au Lac de Vouglans, un des plus grand lac de France. Forêts sur place. Langue parlée : anglais.

Prix : 1 pers. **160 F** 2 pers. **200 F**

Ouvert : toute l'année.

10	10	10	1	4	20	18	4

PONCET Claude et Annie - route de Lons - 39270 DOMPIERRE-SUR-MONTS - Tél : 03 84 25 42 50

ETIVAL-LES-RONCHAUX

Alt. : 800 m *C.M. 109 Pli 7*

2 ch. — Au cœur de la région des lacs, à proximité des grandes forêts jurassiennes, 2 chambres 4 pers. avec cabinet de toilette et wc particuliers pour l'une, l'autre avec douche, lavabo et wc. Réfrigérateur à la disposition des hôtes. Terrain, parking, pré. Possibilité cuisine. Tarif 4 pers. : 280 F.

CV

Prix : 1 pers. **160/170 F** 2 pers. **220 F** 3 pers. **250 F**

Ouvert : toute l'année.

SP	SP	SP	SP	SP	10	11

JAILLET Maguy - 39130 ETIVAL-LES-RONCHAUX - Tél : 03 84 44 87 19

LA FAVIERE

Alt. : 900 m (TH) *C.M. 70 Pli 5*

4 ch. — 4 chambres aménagées, 1 au rez-de-chaussée et 3 à l'étage. Salles de bains et wc particuliers à chaque chambre. Ch. de 2 à 5 pers., dans ce cas la ch. est très vaste et dispose d'une mezzanine. Salon avec TV commun aux chambres. Terrasse, jardin, salon de jardin. Ferme rénovée en bordure de village avec barbecue, jeux d'enfants dans le jardin. Réduction enfant. Tarif 4 pers. : 300 F. Billard dans une grande salle de jeux. Coin-cuisine aménagé. Prairies et forêts à 100 m.

Prix : 1 pers. **150 F** 2 pers. **200 F** 3 pers. **250 F** pers. sup. **50 F**
1/2 pens. **165 F**

Ouvert : toute l'année.

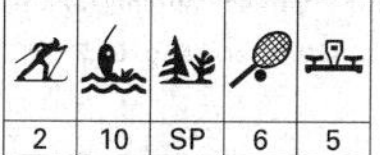

2	10	SP	6	5

COURVOISIER Chantal - Ferme des Coucous - 39200 LA FAVIERE - Tél : 03 84 51 16 74 - Fax : 03 84 51 16 74

FAY-EN-MONTAGNE

Alt. : 550 m (TH) *C.M. 70 Pli 4*

3 ch. 1 ch. d'hôtes au rez-de-chaussée et 2 ch. à l'étage d'une maison du centre du village. Les chambres comportent chacune 1 lit 2 pers. et 1 lit 1 pers. ainsi qu'une salle de bains et wc particuliers. Le village de Fay-en-Montagne est situé entre vignobles et plateaux, au cœur d'une région au patrimoine historique très riche. Réduction enfant et pour les séjours d'une semaine.

CV

Prix : 1 pers. **180 F** 2 pers. **240 F** 3 pers. **300 F** pers. sup. **50 F**
repas **70/80 F** 1/2 pens. **250 F**

Ouvert : toute l'année.

17	9	9	SP	10	25	12	12

ROMAND Andrée - 39800 FAY-EN-MONTAGNE - Tél : 03 84 85 30 79 - Fax : 03 84 85 39 69

FAY-EN-MONTAGNE

Alt. : 520 m *C.M. 70 Pli 4*

2 ch. 2 chambres au 1er étage dans une ferme ancienne très typée. Environnement calme et reposant. Chaque chambre dispose d'une douche, salle d'eau et wc privés. 2 chambres mitoyennes peuvent constituer une suite. Terrasse avec salon de jardin et barbecue. Salon avec TV couleur. Tarif 4 pers. : 350 F. Kitchenette à disposition des hôtes. Chambres aménagées dans un village du 1er plateau jurassien. Forêts, prairies et larges espaces caractérisent cette région.

Prix : 1 pers. **180 F** 2 pers. **240 F** 3 pers. **300 F** pers. sup. **60 F**

Ouvert : toute l'année.

25	8	0,5	8	28	12	12

BAILLY Jean et Raymonde - route de Bonnefontaine - 39800 FAY-EN-MONTAGNE - Tél : 03 84 85 30 81

FONCINE-LE-HAUT

Alt. : 1050 m *C.M. 70 Pli 15*

2 ch. 2 chambres d'hôtes (2 lits 2 pers.) au rez-de-chaussée d'une ancienne maison de construction récente, avec jardin et terrasse fleurie. Forêts, vastes pâturages, cours d'eau, chevreuils et chamois abondent dans cette région. A proximité de la Suisse.

Prix : 1 pers. **180 F** 2 pers. **210 F**

Ouvert : toute l'année.

SP	SP	18	SP	SP	SP	50	15	SP

PIANET Françoise - 19 rue du Rocheret - 39460 FONCINE-LE-HAUT - Tél : 03 84 51 90 84

FONCINE-LE-HAUT Le Bayard

Alt. : 1050 m (TH) *C.M. 70 Pli 15*

2 ch. 1 ch. (3 lits 1 pers.), douche, wc privés, salon attenant et coin-cuisine privé, TV et tél. 1 ch. (1 lit 2 pers., 2 lits 1 pers.), douche, wc et salon privé. Location de vélos et VTT. Les chambres disposent d'un bel environnement et d'une superbe vue sur la Vallée de la Saine et les hauts sommets du massif du Jura. Chevreuils et chamois abondent dans ce secteur. Sur réservation uniquement. Suisse à proximité. Lac à 12 km, ski de piste à 2 km. Langues parlées : anglais, allemand.

Prix : 1 pers. **225 F** 2 pers. **260 F** 3 pers. **350 F** pers. sup. **100 F**
repas **90 F** 1/2 pens. **240 F**

Ouvert : toute l'année.

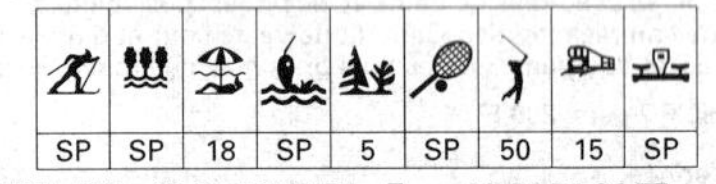

SP	SP	18	SP	5	SP	50	15	SP

PRETET Bernadette et Daniel - 48, Le Bayard - 39460 FONCINE-LE-HAUT - Tél : 03 84 51 94 55 - Fax : 03 84 51 94 55 - E-mail : bernadette-pretet@freesbee.fr - http://www.freesbee

LE FRASNOIS

Alt. : 800 m (TH) *C.M. 70 Pli 15*

4 ch. 5 ch. d'hôtes avec s. d'eau et wc privés, dont 1 accessible aux pers. hand.. Coin-salon avec canapé dans toutes les chambres. Salon en mezzanine avec TV, bibliothèque et coin-feu réservé aux hôtes. Terrasse, jardin et salons de jardin. Equipement bébé. Réduction pour enfants de 2 à 10 ans, gratuit pour les moins de 2 ans. Non fumeurs. Panier pique-nique sur demande (45 F). Au cœur du Pays des Lacs, chambres aménagées dans une ancienne ferme jurassienne entièrement rénovée. Lacs, cascades, forêts constituent la toile de fond de cette région très touristique. Langues parlées : anglais, espagnol, allemand.

CV

Prix : 1 pers. **220 F** 2 pers. **275 F** 3 pers. **350 F** pers. sup. **85 F**
repas **80 F** 1/2 pens. **205 F**

Ouvert : toute l'année.

10	0,5	0,5	0,5	SP	12	10

COLOMBATO Philippe et Laurence - Les 5 Lacs - 66 route des Lacs - 39130 LE FRASNOIS - Tél : 03 84 25 51 32 - Fax : 03 84 25 51 32 - E-mail : Pcolomba@club-internet.fr - http://auberge.5.lacs.free.fr

LE FRASNOIS La Fromagerie

Alt. : 800 m A *C.M. 70 Pli 15*

4 ch. 4 chambres d'hôtes dont 2 avec mezzanine. Salle d'eau et wc privés dans chaque chambre. Accès à une terrasse privée depuis chaque chambre. Grand salon commun et coin-salon dans chaque chambre. Chambres de 3 à 5 couchages. Salon de jardin. Auberge à 100 m. Tarif 4 pers. : 420 F. Grand chalet situé au milieu du vallon, au cœur de la Région des Lacs. Exposition et jardin botanique sur place, animée par le propriétaire. 5 lacs à moins de 3 km. Gorges et cascades du Hérisson, classées 3 étoiles, à 500 m du chalet. Langues parlées : anglais, allemand.

CV

Prix : 1 pers. **220 F** 2 pers. **270 F** 3 pers. **330 F** pers. sup. **60 F**

Ouvert : toute l'année.

4	1	1	SP	15	3

MONNERET Christian - La Fromagerie - 39130 LE FRASNOIS - Tél : 03 84 25 57 27 ou 03 84 25 50 60 - Fax : 03 84 25 50 38

GATEY *C.M. 70 Pli 3*

1 ch. 1 ch. d'hôtes (1 lit 2 pers.) avec salle de bains, wc privés, salon et cuisine équipée donnant sur la piscine, entrée indépendante, terrasse, cheminée, TV couleur. 1 convertible 2 pers. dans le salon. Piscine privée dans le jardin. Dans la basse vallée du Doubs, pays de forêts et de bocages, Anne-Marie a aménagé une chambre avec salon privé. Cour et jardin arboré. La région de Gatay est riche en forêts et étangs, parsemée d'innombrables sentiers de randonnées. Langue parlée : anglais.

Prix : 1 pers. **200 F** 2 pers. **250 F** 3 pers. **300 F**

Ouvert : toute l'année.

10	2	SP	3	15	2

LACAILLE Anne-Marie - 16 rue Neuve - 39120 GATEY - Tél : 03 84 81 75 63

GERUGE La Grange Rouge (TH) *C.M. 70 Pli 14*

4 ch. 4 ch. d'hôtes aménagées dans une ferme-auberge de caractère, située dans un très beau cadre naturel. 4 ch. 3 pers. Salles d'eau et wc particuliers. Salle de séjour, salon TV. Grand jardin avec plusieurs terrasses ombragées. Piscine 10 km. Possibilité pension et 1/2 pension. Repas enfants moins de 10 ans : 50 F. Tarif pour 4 pers. : 370 F. Gratuit pour les enfants de moins de 2 ans.

Prix : 1 pers. **200 F** 2 pers. **250 F** 3 pers. **310 F** pers. sup. **60 F**
repas **75 F** 1/2 pens. **400 F**

Ouvert : toute l'année.

20	20	SP	5	6	10	10

VERJUS Anne-Marie - La Grange Rouge - 39570 GERUGE - Tél : 03 84 47 00 44 ou 03 84 47 34 15

GEVRY (TH) *C.M. 66 Pli 13*

5 ch. Au centre d'un petit village, aménagées dans une ancienne ferme du XVIIIe siècle, 5 ch. d'hôtes 2 et 3 pers. 3 ch. à l'étage et 2 ch. au rez-de-chaussée. Toutes disposent de salle de bains et wc particuliers. Grand salon avec cheminée à la disposition des hôtes. Grand parc ombragé et fleuri avec salon de jardin. A la jonction des 3 régions : Bourgogne, Bresse et Jura. Sortie autoroute 1,5 km. Arrivée souhaitable vers 16 h. Langue parlée : allemand.

Prix : 1 pers. **210 F** 2 pers. **260 F** 3 pers. **310 F** repas **100 F**

Ouvert : toute l'année.

3	1	2	4	4	6	6

PILLOUD Monique et Jean-Gabriel - 3 rue du Puits - 39100 GEVRY - Tél : 03 84 71 05 93 ou 06 89 33 06 17 - Fax : 03 84 71 08 08

GRUSSE (TH) *C.M. 70 Pli 14*

2 ch. 2 chambres avec salle d'eau, salle de bains et wc privés. 1 chambre dispose d'une kitchenette équipée. Grand salon commun. Cour, jardin fleuri, grande terrasse. Salon de jardin. TV couleur dans une chambre. Antenne satellite. Réduction enfant. Belle maison vigneronne située au milieu des vignes. Le cadre et la vue depuis la maison sont superbes. Les propriétaires agriculteurs et vignerons accordent beaucoup de temps et d'attention à leurs hôtes touristes. Langue parlée : allemand.

Prix : 1 pers. **180 F** 2 pers. **230 F** 3 pers. **330 F** pers. sup. **100 F**
repas **90 F** 1/2 pens. **270 F**

Ouvert : toute l'année.

10	10	SP	7	10	10	3

BAUD Germaine et Douglas - 39190 GRUSSE - Tél : 03 84 25 04 03 - Fax : 03 84 25 04 03

LE LAC-DES-ROUGES-TRUITES Le Marechet Alt. : 900 m **A** *C.M. 70 Pli 15*

3 ch. 3 chambres d'hôtes aménagées au 1er étage d'une maison indépendante située dans un hameau. 2 ch. 2 pers. et 1 ch. 3 pers. (3 lits 2 pers. 1 lit 1 pers.). 1 ch. avec douche et lavabo privés. 2 ch. avec douche et lavabo communs. 1 wc commun aux 3 ch. Cuisine aménagée (supplément 10 F/jour). Piscine et ski alpin 8 km. Restaurant 3 km.

Prix : 1 pers. **120 F** 2 pers. **170 F** 3 pers. **210 F**

Ouvert : toute l'année.

SP	10	3	3	6	6

VIONNET Guy et Elisabeth - 205, Le Marechet - 39150 LE LAC-DES-ROUGES-TRUITES - Tél : 03 84 60 18 95

LAJOUX-MIJOUX Mijoux Alt. : 1000 m (TH) *C.M. 70 Pli 15*

5 ch. Aux limites du Jura et de l'Ain, station de Mijoux-La-Faucille, 5 chambres de 2 à 4 pers. avec s. d'eau et wc privés, dans une ancienne ferme typique jurassienne rénovée. Grande salle rustique avec bar, salon, cheminée, bibliothèque, TV, local à skis et VTT, salle de jeux, terrasse, jardin d'agrément. Jeux enfants. Tarif 4 pers. : 440 F. Réduction hors saison -10% et enfant de moin de 10 ans. Environnement calme, vue agréable sur la vallée et le village, parking privé. Piste de fond et GR9 au pied de la maison. Ski alpin et randonnées sur place.

Prix : 1 pers. **215 F** 2 pers. **270 F** 3 pers. **355 F** pers. sup. **85 F**
repas **80 F** 1/2 pens. **215 F**

Ouvert : toute l'année sauf novembre.

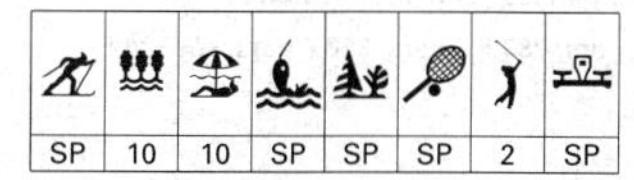

SP	10	10	SP	SP	SP	2	SP

METZELARD Florence et Alain - La Michaille - 01410 LAJOUX-MIJOUX - Tél : 04 50 41 32 45

LE LARDERET

Alt. : 600 m *C.M. 70 Pli 5*

2 ch. 2 chambres avec salle de bains et wc privés, aménagée au 1er étage d'une maison de village ancienne et rénovée. Cour et terrain attenant. Salon de jardin. Petit village situé au pied du massif forestier de la Fresse, une des plus belles forêts de sapins de France. Rivières, pâturages, forêts et sentiers de randonnées sont nombreux dans la région. Etangs à proximité. Langue parlée : anglais.

Prix : 1 pers. **160 F** 2 pers. **210 F** 3 pers. **260 F** pers. sup. **50 F**

Ouvert : toute l'année.

20	3	SP	3	15	5

MARGUET Christian et Christine - 1 route de Nans - 39300 LE LARDERET - Tél : 03 84 51 46 82

LAVANS-LES-SAINT-CLAUDE

C.M. 70 Pli 15

2 ch. 2 chambres aménagées à l'étage d'une maison surplombant le village et la vallée de la Bienne. 2 chambres (1 lit 2 pers. par ch.). 2 salles de bains et 2 wc. Salon intérieur et terrasse couverte. Jardin couvert. Jardin d'été et d'hiver. Belle vue sur la vallée depuis les chambres. TV couleur dans les chambres. Tarif 4 pers. 350 F.

Prix : 1 pers. **170 F** 2 pers. **200 F** 3 pers. **330 F** pers. sup. **40 F**

Ouvert : toute l'année.

18	20	20	3	SP	6	8

TOMASSETTI Marie - Lizon - 39170 LAVANS-LES-SAINT-CLAUDE - Tél : 03 84 42 85 30 - Fax : 03 84 42 36 52

LAVANS-LES-SAINT-CLAUDE

C.M. 70 Pli 14

2 ch. Au cœur du Parc Naturel Régional du Haut Jura. Dans un village dominant la vallée de la Bienne, 1 suite de 2 chambres communicantes (2 lits 2 pers.) dans une grande villa, avec accès totalement indépendant. Salle d'eau et wc communs pour la suite. Grand salon privé avec bibliothèque, fauteuils, canapé et TV couleur, réservé exclusivement aux hôtes. Cuisine aménagée. Lave-linge. Tarif 4 pers. : 350 F. Terrasse et grand jardin d'agrément, salon de jardin. Vue magnifique sur la vallée. Langue parlée : anglais.

Prix : 1 pers. **190 F** 2 pers. **250 F** 3 pers. **300 F** pers. sup. **40 F**

Ouvert : toute l'année.

10	13	17	5	2	SP	15	13	SP

BONDIER Marie-Claude - 9 chemin sous Trechelle - 39170 LAVANS-LES-SAINT-CLAUDE - Tél : 03 84 42 23 73

LAVANS-LES-SAINT-CLAUDE

Alt. : 600 m (TH) *C.M. 70 Pli 15*

3 ch. 1 chambre (1 lit 2 pers., 1 lit 1 pers.). 1 chambre (2 lits 2 pers.), 1 chambre (1 lit 2 pers.), salle d'eau, wc et salon communs, jardin attenant. La maison, situé au cœur du Parc Naturel Régional du Haut-Jura, domine la large et profonde vallée de la Bienne. Magnifique point de vue depuis les chambres sur les plus hauts sommets du Jura. Tarif 4 pers. : 350 F. Suisse à proximité. Lac à 12 km. Ski de piste à 30 km. Langue parlée : allemand.

Prix : 1 pers. **200 F** 2 pers. **240 F** 3 pers. **280 F** pers. sup. **40 F**
repas **95 F**

Ouvert : toute l'année.

12	4	13	4	1	15	10	SP

FUMEY Marthe et Jacques - 19 rue de Fourger - 39170 LAVANS-LES-SAINT-CLAUDE - Tél : 03 84 42 18 51

LOISIA Les Carrats

Alt. : 550 m *C.M. 70 Pli 13*

2 ch. Au sud du département, dans la région appelée « Petite Montagne », 2 chambres aménagées dans une maison ancienne rénovée, située dans un petit hameau. Salle de bains et wc particuliers à chaque chambre à l'étage et rez-de-chaussée. Calme et tranquillité caractérisent ces 2 chambres. Larges espaces verts à proximité immédiate.

Prix : 1 pers. **160 F** 2 pers. **200 F** 3 pers. **240 F**

Ouvert : toute l'année.

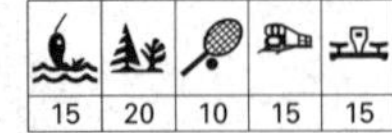

15	20	10	15	15

GUIDARD Raymond et Josiane - Les Carrats - 39320 LOISIA - Tél : 03 84 44 52 74

LONGCHAUMOIS Les Adrets

Alt. : 1000 m *C.M. 70 Pli 15*

2 ch. 2 chambres avec salle de bains et salle d'eau privées, wc privés. Grand séjour avec coin-bar, coin-salon, cheminée, bibliothèque. Grand jardin. Cour et terrasse. Salon de jardin. Tarif 4 pers. : 420 F. Ancienne ferme Jurassienne située dans un superbe vallon, au cœur du Parc Régional Naturel. Pâturages, forêts, sentiers sur place. Grands espaces, calme, et pleine nature caractérisent le lieu. Langues parlées : anglais, allemand.

Prix : 1 pers. **220 F** 2 pers. **280 F** 3 pers. **350 F** pers. sup. **70 F**

Ouvert : toute l'année.

SP	13	12	SP	4	20	12	4

BOURGEOIS Gérard - Les Adrets - 39400 LONGCHAUMOIS - Tél : 03 84 60 60 48 - Fax : 03 84 60 67 41

MACORNAY

(TH) *C.M. 70 Pli 14*

2 ch. 2 chambres d'hôtes dont 1 avec salon privé, aménagées à l'étage. Salle de bains et wc dans chaque chambre. Grand séjour avec cheminée, TV et bibliothèque. Beau jardin fleuri, terrasse, salon de jardin. Les chambres sont vastes, mansardées et ont beaucoup de charme. Tarif 4 pers. : 320 F. Boissons non comprises dans le prix repas. Le village de Macornay est un joli village du vignoble au cœur du Val de Sorne. Très beaux circuits VTT et pédestres au départ du gîte. Langues parlées : anglais, allemand.

Prix : 1 pers. **180 F** 2 pers. **220 F** 3 pers. **270 F** pers. sup. **50 F**
repas **75 F**

Ouvert : toute l'année.

15	SP	2	3	SP

RAYNAUD Hervé et Catherine - 288 rue du Tram - 39570 MACORNAY - Tél : 03 84 47 51 78

MIGNOVILLARD Petit Villard

Alt. : 800 m (TH) *C.M. 70 Pli 6*

2 ch. Sur les hauts plateaux du Jura dans un cadre naturel préservé, 2 ch. d'hôtes dans une ferme typique de la montagne. 2 ch. de 3 et 4 pers. Salle d'eau et wc particuliers chacune. Coin-kitchenette équipé. Jardin, abri couvert, pré, terrain. Salle de séjour avec TV. Salle de jeux. Restaurant 3 km. Ski alpin 15 km. 4 pers. 360 F. Table d'hôtes en hiver le soir.

Prix : 1 pers. **160 F** 2 pers. **240 F** 3 pers. **300 F** repas **75 F**

Ouvert : toute l'année.

SP	15	5	1	SP	10

VACELET Maurice et A-Marie - Petit Villard - 39250 MIGNOVILLARD - Tél : 03 84 51 32 34

MONTIGNY-LES-ARSURES

C.M. 70 Pli 7

2 ch. 2 chambres d'hôtes avec salle de bains et wc privés. Grand salon, terrasse, jardin fleuri, salon de jardin. Jolie villa au milieu des vignes, belle vue panoramique sur le village, les chambres sont très plaisantes, vastes et aménagées avec beaucoup de goût. Réduction pour enfant. Le village de Montigny se trouve sur la « route des vins du Jura », très joli village au patrimoine très riche (château, manoirs, belles demeures vigneronnes). La décoration de la maison est particulièrement bien soignée. Petits déjeuners superbes. Langues parlées : anglais, allemand.

Prix : 1 pers. **200 F** 2 pers. **250 F** 3 pers. **350 F**

Ouvert : toute l'année.

12	12	3	SP	3	25	5	5

SUSTERAC Daniel et Simone - chemin de la Tour - 39600 MONTIGNY-LES-ARSURES - Tél : 03 84 66 21 86 - Fax : 03 84 66 21 77

NEVY-LES-DOLE Le Moulin

(TH) *C.M. 70 Pli 4*

1 ch. 1 chambre aménagée dans une grande suite avec salon privé. Salle d'eau et salle de bains. Cours et jardin privés. Terrasse aménagée en bord de rivière. Salon de jardin. Tarif 4 pers. : 500 F. Ancien moulin rénové. L'intérieur a beaucoup de charme. Rivière sur place. La région de Nevy est dénommée à juste titre le « Val d'Amour ». Langue parlée : anglais.

Prix : 1 pers. **170 F** 2 pers. **250 F** repas **100 F**

Ouvert : toute l'année.

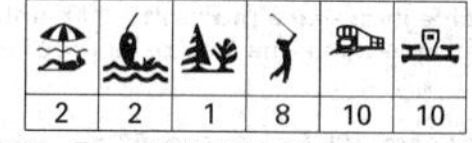

2	2	1	8	10	10

WHITE Pamela - Le Moulin - 39380 NEVY-LES-DOLE - Tél : 03 84 71 08 96 - Fax : 03 84 71 02 45 - E-mail : pamoulin@wanadoo.fr

OUNANS l'Houteau

(TH) *C.M. 70 Pli 4*

2 ch. 2 ch. d'hôtes : 1 ch. (1 lit 2 pers.), 1 ch. (2 lits 1 pers. jumeaux) avec entrées totalement indépendantes, salles de bains et wc privés, sont aménagées dans une ancienne ferme comtoise rénovée, ancien relais de diligence d'Ounans sous la présidence de Jules Grévy. Coin-salon avec bibliothèque commun, TV dans chaque chambre. Les chambres donnent sur un pré de 40 ares et sont joliment décorées. Terrasse et salon de jardin pour chaque chambre. Les repas sont confectionnés à partir des légumes du potager cultivés par la propriétaire. Spécialités franc-comtoises et niçoises au choix. Langues parlées : espagnol, anglais, italien.

Prix : 1 pers. **200 F** 2 pers. **230 F** 3 pers. **300 F** pers. sup. **70 F**
repas **95 F** 1/2 pens. **210 F**

Ouvert : toute l'année.

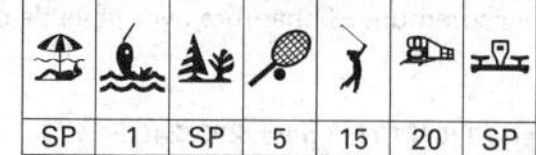

SP	1	SP	5	15	20	SP

ARNAUD Gisèle - 28 route de Dole - 39380 OUNANS - Tél : 03 84 37 62 53 - Fax : 03 84 37 66 43 - E-mail : houteau@free.fr - http://www.houteau.free.fr

LA PESSE

Alt. : 1250 m (TH) *C.M. 70 Pli 15*

6 ch. 6 chambres. 2 ch. 2 pers. avec salle de bains particulière. 2 ch. avec mezzanine 4 pers. avec salle de bains particulière. 2 ch. 2 pers. avec salle de bains commune aux 2 chambres. 2 salons, bar. WC communs. Grande terrasse. Salon de jardin. Salle de jeux. Activités sportives diverses (ski de fond, chien de traîneaux). Tarif 4 pers. : 600 F. Sauna et salle de gym, ping-pong. Légèrement à l'écart du village, dans un très beau cadre naturel, ancienne ferme de montagne totalement rénovée. Forêts et vastes espaces verts sur place. Réduction pour les enfants. VTT sur place. Langue parlée : anglais.

Prix : 1 pers. **150 F** 2 pers. **300 F** 3 pers. **450 F** pers. sup. **150 F**
repas **90 F** 1/2 pens. **290 F**

Ouvert : toute l'année.

SP	15	15	SP	6	20	20	2

PORTAL Annick - Boréal - 39370 LA PESSE - Tél : 03 84 42 70 99 - Fax : 03 84 42 70 99 - E-mail : aportal@free.fr - http://www.boreal.free.fr

LES PLANCHES-EN-MONTAGNES A la Montagne Ronde Alt. : 1200 m (TH) *C.M. 70 Pli 15*

4 ch. 3 chambres (1 lit 2 pers.), salle d'eau, wc privé et TV. 1 Chambre (2 lits 1 pers.), salle d'eau et wc privé. Salon en commun. En pleine nature, dans un cadre très reposant, les chambres ont été aménagées dans une ancienne et vaste ferme jurassienne totalement rénovée. Charme et bon goût caractérisent les chambres. Cuisine régionale. Rivière à 2 pas. Gorges de la Langouette à proximité. Langue parlée : anglais.

Prix : 1 pers. **210 F** 2 pers. **260 F** pers. sup. **190 F** repas **110 F**
1/2 pens. **300 F**

Ouvert : toute l'année.

10	SP	12	SP	4	15	SP

PREVOT Didier et Michèle - A La Montagne Ronde - 3 chemin de la Montagne Ronde - 39150 LES PLANCHES-EN-MONTAGNE - Tél : 03 84 51 53 98 - Fax : 03 84 51 59 48

PRESILLY (TH) *C.M. 70 Pli 14*

4 ch. 4 ch. d'hôtes de 3 et 4 pers. avec TV, salles de bain ou salle d'eau privées. WC privés. Grand salon commun avec cheminée, fax, téléphone. Salle à manger. Terrasse, salon de jardin. Cuisine et plats du terroir vous attendent à la table d'hôtes. Parking privé, terrasse. Animaux acceptés sur demande. Dans le pays des lacs, ancienne fermette de village totalement rénovée. Présilly est un petit village du premier plateau situé à 2 pas du lac de Vouglans dominé par un château du XIe siècle. Lacs, forêts et vastes espaces caractérisent cette région très touristique. Langue parlée : anglais.

Prix : 1 pers. **290 F** 2 pers. **320 F** pers. sup. **130 F** repas **100 F**
1/2 pens. **260 F**

Ouvert : toute l'année.

8	8	8	SP	5	12	17	4

CHALET Régine - La Baratte - 39270 PRESILLY - Tél : 03 84 35 55 18 - Fax : 03 84 35 56 05

SAINT-AMOUR *C.M. 70 Pli 16*

5 ch. 3 chambres (1 lit 2 pers.), salle d'eau, wc et salon privé. 2 chambres (2 lits 1 pers.), salle d'eau, wc et salon privé. Tél. dans les chambres. Salon de lecture et bibliothèque à disposition. Grand parc arboré. Piscine (14x8) et sauna privés. Dans le sud du département, cette belle demeure du début du siècle, domine la petite cité historique de Saint-Amour. Vignoble du Revermont et Dombes (étangs, oiseaux) à proximité. Langues parlées : anglais, allemand.

Prix : 1 pers. **320 F** 2 pers. **380 F**

Ouvert : du 1er mars au 31 octobre.

1	10	1	SP	35	SP	SP

NAGELI Rita et Hans - 6, avenue de Lyon l'Achapt - 39160 SAINT-AMOUR - Tél : 03 84 48 75 70 - E-mail : LACHAPT@WANADOO.FR

SAINT-CYR *C.M. 70 Pli 4*

1 ch. **Arbois 5 km. Vignoble jurassien à proximité.** 1 chambre (1 lit 2 pers., 1 lit 1 pers.), salle de bains et wc privés. La chambre vaste et spacieuse est aménagée dans une très belle propriété. Le parc et les jardins sont à la disposition des hôtes. Langues parlées : anglais, allemand.

Prix : 1 pers. **220 F** 2 pers. **250 F** 3 pers. **300 F** pers. sup. **50 F**

Ouvert : du 1er avril au 30 septembre.

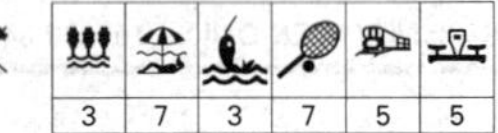

3	7	3	7	5	5

DURET Marie-Christine - 1 rue de l'Ecole - 39600 SAINT-CYR - Tél : 03 84 66 00 63 - Fax : 03 84 66 00 63

SAINT-LAURENT-EN-GRANDVAUX Les Poncets Alt. : 900 m *C.M. 109 Pli 7*

2 ch. 4 chambres d'hôtes simples dans une maison située dans un hameau, en pleine campagne. 1 chambre 2 pers., 2 chambres 3 pers. avec salle d'eau commune. 1 chambre avec salle de bains et wc privés (2 épis). Jardin, terrain, parking, pré. Ski alpin 7 km.

Prix : 1 pers. **140/180 F** 2 pers. **170/210 F** 3 pers. **200/240 F**

Ouvert : toute l'année.

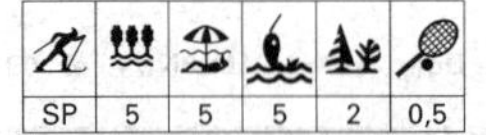

SP	5	5	5	2	0,5

PIARD Claude et M-Jeanne - 2 Les Poncets - 39150 SAINT-LAURENT-EN-GRANDVAUX - Tél : 03 84 60 87 18

SAINT-LOUP *C.M. 70 Pli 3*

4 ch. **Dole 15 km. Saint-Aubin 4 km. Chemin 3 km.** Dans la plaine Doloise, au contact des plaines du Doubs et de la Saône, 4 jolies chambres d'hôtes. 1 chambre 2 pers. 2 chambres 3 pers. 1 chambre 4 pers. 2 salles de bains et 1 wc. Cuisine équipée à la disposition exclusive des hôtes. TV couleur dans le salon. Abri couvert, parking, pré. Jardin attenant ombragé avec balançoires, jeux de pétanque, 2 salons de jardin. Restaurant 3 km. Tarif 4 pers. : 290 F.

Prix : 1 pers. **130 F** 2 pers. **180 F** 3 pers. **240 F**

Ouvert : toute l'année.

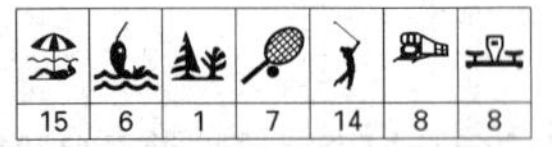

15	6	1	7	14	8	8

THEVENIN Pascal et Andrée - 4 rue Chanaux - 39120 SAINT-LOUP - Tél : 03 84 70 10 72 - Fax : 03 84 70 10 72

SAINT-MAUR

Alt. : 600 m — *C.M. 70 Pli 14*

4 ch. 4 chambres avec salles de bains et wc privés, disposant d'un salon privé. Grand séjour avec salon commun. Cour et jardin attenant. Cuisine réservée aux hôtes. Salon de jardin. 1 lit 2 personnes et 1 lit 1 personne par chambre. Tarif 4 pers. : 300 F. Grande maison rénovée en bordure du village. Très belle vue sur la montagne jurassienne. Le village de Saint-Maur se situe au carrefour du Vignoble et du Pays des Lacs.

Prix : 1 pers. **190 F** 2 pers. **230 F** 3 pers. **260 F**

Ouvert : toute l'année.

10	10	10	1	5	5	10	10

TRANCHANT Michelle et J-Pierre - chemin de Nogna - 39570 SAINT-MAUR - Tél : 03 84 44 23 34 - Fax : 03 84 44 21 57

SAINT-MAURICE-CRILLAT

Alt. : 800 m — TH — *C.M. 70 Pli 15*

2 ch. 2 chambres d'hôtes avec chacune une grande mezzanine et un petit salon privé. Salle de bains et wc privés. TV couleur dans les chambres, 1 chambre possède une kitchenette équipée, l'autre un réfrigérateur et un four micro-ondes. Cour et jardin attenant avec salon de jardin. Au cœur du Pays des Lacs, ferme entièrement rénovée. Lacs, forêts, vastes pâturages caractérisent cette région de montagnes et de larges vallées. Tarif 4 pers. : 340 F.

Prix : 1 pers. **200 F** 2 pers. **250 F** 3 pers. **300 F** pers. sup. **50 F** repas **75 F**

Ouvert : toute l'année.

10	7	7	6	7	30	6

RIGOULET Marie-Claude - 37 rue du Mont Fleuri - 39130 SAINT-MAURICE-CRILLAT - Tél : 03 84 25 21 02

SAINT-PIERRE Les Croyets

Alt. : 900 m — *C.M. 70 Pli 15*

1 ch. Une chambre avec salon privé et kitchenette équipée. (1 lit 2 pers. 1 convertible 1 pers.), salle de bains et wc privés. Entrée indépendante. Jardin fleuri, cour et terrasse ombragée. Salon de jardin. Très jolie chambre aménagée dans une bâtisse jurassienne entièrement rénovée. Pâturages, lacs et vastes forêts de résineux constituent la toile de fond de cette région, au cœur du Parc Naturel Régional.

Prix : 1 pers. **210 F** 2 pers. **282 F** 3 pers. **328 F**

Ouvert : toute l'année.

SP	5	5	5	SP	4	25	4	4

PONCET Nicole et Bernard - 23 Grande Rue - Les Croyets - 39150 SAINT-PIERRE - Tél : 03 84 60 84 79 ou 06 87 38 48 57 - Fax : 03 84 60 84 79

SALANS Château de Salans

C.M. 66 Pli 14

4 ch. 4 chambres 2 pers., dont 1 suite, avec salle de bains et wc particuliers. 1 suite 3 pers., 1 suite 2 pers. avec chambres, salon, et salle de bains particulière. 2 grands salons sont à la disposition des hôtes. Grand parc directoire classé. Salon de jardin. Possibilité table d'hôtes (sur réservation). Restaurant 1 km. Au bord de la forêt de Chaux (2e massif forestier de France), à quelques kilomètres de la Saline Royale d'Arc-et-Senans (inscrite au patrimoine mondial), le château de Salans est un bel édifice du XVIIIe siècle. Charme et tranquillité caractérisent ce lieu et cette charmante demeure. Langues parlées : allemand, anglais.

Prix : 1 pers. **500 F** 2 pers. **600 F** 3 pers. **800 F**

Ouvert : toute l'année.

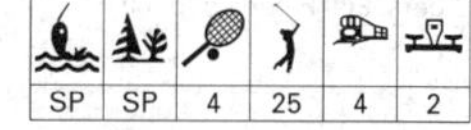

SP	SP	4	25	4	2

OPPELT Claus et Béatrice - Château de Salans - 39700 SALANS - Tél : 03 84 71 16 55 - Fax : 03 84 79 41 54

SALINS-LES-BAINS

C.M. 70 Pli 5

2 ch. 2 chambres avec salle de bains et wc particuliers, aménagées au 1er étage. Terrasse et salon de jardin. Au cœur du vieux Salins (station thermale classée). Les ch. sont aménagées au 1er étage d'une maison du XVIIIe. Belle vue sur la ville depuis le jardin. Grand choix de randonnées depuis la maison. Langues parlées : anglais, allemand.

Prix : 1 pers. **160 F** 2 pers. **200 F** 3 pers. **260 F** pers. sup. **60 F**

Ouvert : toute l'année.

2	1	SP	25	8	SP

DELOLME Jean-Claude et Annie - Faubourg Saint-Nicolas N°8 - 39110 SALINS-LES-BAINS - Tél : 03 84 73 16 32

SAMPANS Aux Champs du Bois

C.M. 66 Pli 13

3 ch. Entre Bourgogne et Franche-Comté, dans un joli manoir du début siècle dernier, 3 chambres d'hôtes ont été coquettement aménagées avec salle de bains ou douche et wc privatifs. Grand parc boisé et clos avec possibilité de garrer bateau ou remorques. Bibliothèque et salon de TV à disposition. Langues parlées : anglais, allemand.

Prix : 1 pers. **210 F** 2 pers. **260 F** 3 pers. **310 F**

Ouvert : toute l'année.

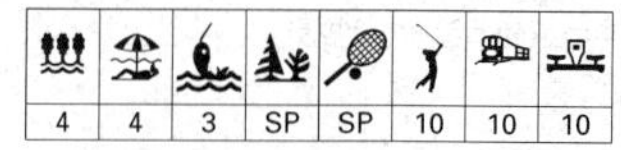

4	4	3	SP	SP	10	10	10

LAGE Colette - Au Champs du Bois - 39100 SAMPANS - Tél : 03 84 82 25 10 - Fax : 03 84 82 25 10

SARROGNA Marangea

Alt. : 500 m (TH) *C.M. 70 Pli 14*

2 ch. 1 ch. (1 lit 2 pers.), 1 ch. (2 lits 1 pers.), salle d'eau, wc et salon communs. Les chambres sont aménagées dans une ancienne maison totalement rénovée, dans un joli village de la Petite Montagne, au pays des lacs et cascades. Poss. de stage peinture. A deux pas du lac de Vouglans. Langues parlées : hollandais, anglais, allemand.

Prix : 1 pers. **140 F** 2 pers. **210 F** repas **80 F** 1/2 pens. **185 F** pens. **240 F**

Ouvert : toute l'année.

8	8	2	SP	6	20	12	5

DE VOOGD Ria et Cornelis - Marangea - Le Niocraux - 39270 SARROGNA - Tél : 03 84 35 53 70 - Fax : 03 84 35 53 70 - E-mail : niocraux@yahoo.fr

SYAM Vieux Château

Alt. : 650 m *C.M. 70 Pli 5*

5 ch. **Forges de Syam.** 2 appartements avec grand salon, cuisine, s. d'eau, wc indép., 1 ch. (1 lit 2 pers.), 1 ch. (2 lits 1 pers.). 2 ch. (1 lit 2 pers.), s. d'eau, wc, kitchenette, 1 ch. (1 lit 2 pers.), s. d'eau et wc privés. TV satellite et tél. dans toutes les chambres. Salon de réception et biblioth. à dispo. des hôtes. Rivière et parcours de pêche 1ère cat. dans le parc. Aux portes du Pays des lacs et du Haut-Jura, dans une région riche en forêts, en rivières et cascades, le domaine de Syam présente, dans une nature sauvage un ensemble d'édifices aux toits polychromes. Les chambres meublées d'époque, ouvrent sur de grands parcs, et respirent la vie d'antan. Langue parlée : anglais.

Prix : 1 pers. **280 F** 2 pers. **380 F**

Ouvert : du 1er avril au 30 septembre.

15	SP	SP	SP	5	8	8

GAY Annie et Jean-Paul - Château Bontemps - 39600 ARBOIS - Tél : 03 84 51 64 87 ou 06 08 05 65 04 - Fax : 03 84 66 14 13

THERVAY

C.M. 66 Pli 14

2 ch. 2 chambres d'hôtes avec salle de bains et wc privés pour chaque chambre. Salon privé avec bibliothèque et TV. Jardin fleuri avec terrasses, salon de jardin. Restaurant à 3 et 6 km. Dans la vallée de l'Ognon, région de forêts et de grands cours d'eau, les chambres sont aménagées dans une maison ancienne totalement rénovée.

Prix : 1 pers. **190 F** 2 pers. **220 F**

Ouvert : de Pâques à octobre.

2	1	SP	30	20	SP

PONCELIN J-Pierre et Colette - 34 route de Dijon - 39290 THERVAY - Tél : 03 84 70 20 04

VERNANTOIS

C.M. 70 Pli 14

2 ch. **Lons-le-Saunier 7 km.** 2 chambres d'hôtes aménagées dans une maison vigneronne. Salle de bains et wc privés dans chaque chambre. 1 de ces chambres communique avec une 3e le cas échéant. Salon commun avec piano, cheminée, TV couleur. Terrasse, jardin fleuri, verger, salon de jardin. Au cœur du vignoble et en bordure du golf 18 trous du Val de Sorne, les chambres à l'étage sont vastes et bénéficient d'une très belle vue sur le village. Une galerie d'art a été aménagée au rez-de-chaussée de la maison. Tarif pour 4 personnes : 360 F. Langue parlée : anglais.

Prix : 1 pers. **200 F** 2 pers. **240 F** 3 pers. **300 F** pers. sup. **60 F**

Ouvert : toute l'année.

1	15	1	SP	6	3

RYON Michel et Monique - 8 rue Lacuzon - 39570 VERNANTOIS - Tél : 03 84 47 17 28 - Fax : 03 84 47 17 28

VILLENEUVE-LES-CHARNOD

Alt. : 500 m (TH) *C.M. 70 Pli 13*

2 ch. 2 ch. d'hôtes aménagées dans la maison du propriétaire avec accès totalement indépendant. Salle de bains et wc privés pour chaque chambre. 1 ch. 2 pers., 1 ch. 3 pers. Cour et espaces verts attenants. Salon de jardin. Sur l'itinéraire équestre du Grand Huit (1900 km de pistes balisées), Serge et Françoise vous accueillent dans leur ancienne ferme rénovée. Location de chevaux sur place. Cette région appelée « Petite Montagne » est riche en sites naturels et historiques. Langue parlée : anglais.

Prix : 1 pers. **150 F** 2 pers. **200 F** 3 pers. **250 F** repas **70 F**

20	20	2	1	5	30	5

BRUN Serge et Françoise - 39240 VILLENEUVE-LES-CHARNOD - Tél : 03 84 44 31 63

VILLERS-FARLAY

C.M. 70 Pli 4

1 ch. A 10 minutes du vignoble d'Arbois, des thermes de Salins les Bains et de la Saline Royale d'Arc et Senans, classée au patrimoine mondial, une très jolie chambre avec s.d.b. et wc privés, est aménagée dans une maison de caractère de la Vallée de la Loue. Belle salle à manger, jardin fleuri, terrasse. Non fumeurs. Forêts, étangs sur place. Langue parlée : anglais.

Prix : 1 pers. **180 F** 2 pers. **240 F** 3 pers. **300 F**

Ouvert : toute l'année.

6	2,5	2,5	SP	1	20	5	5

GAMELON Evelyne et Jean - 62 rue Pasteur - 39600 VILLERS-FARLAY - Tél : 03 84 37 61 44

VILLERS-LES-BOIS *C.M. 70 Pli 3*

2 ch. 2 chambres aménagées, l'une au rez-de-chaussée avec salle de bains et wc privés, l'autre au 1er étage avec salle d'eau et wc privés. TV et magnétoscope dans 1 chambre. Jardin. Terrasse. VTT sur place. 1 chambre accessible aux personnes à mobilité réduite. Situées entre le « Val d'Amour » et le Vignoble. Maison ancienne récemment restaurée. Forêts, étangs et bocages caractérisent cette région vallonnée. Langues parlées : anglais, allemand.

Prix : 1 pers. **200 F** 2 pers. **230 F** 3 pers. **290 F** pers. sup. **60 F**

Ouvert : toute l'année.

13	2	1	5	15	15	5

CORRETJA Marc et Géraldine - 23 rue Principale - l'Oustal - 39800 VILLERS-LES-BOIS - Tél : 03 84 37 57 90 - Fax : 03 84 37 57 90 - E-mail : Marc.Métifeu@wanadoo.fr

VILLERS-ROBERT Le Moulin (TH) *C.M. 70 Pli 3*

3 ch. 2 chambres d'hôtes de caractère dans un moulin restauré, dont 1 ch. familiale composée de 2 chambres communiquantes. S.d.b., wc privés et TV dans chacune. Salle à manger et salon avec cheminée. Parc arboré attenant avec rivière (pêche privée sur place). Salon de jardin. Piscine 10 km. Tarif 4 pers. : 500 F. La région de Villers-Robert est une région de bocages où forêts, prairies et terres cultivées se partagent l'essentiel de l'espace. Etangs et cours d'eau y sont nombreux. Villers-Robert est le village où a vécu Marcel Aymé. Langue parlée : anglais.

Prix : 1 pers. **270 F** 2 pers. **320 F** 3 pers. **430 F** repas **100 F**

Ouvert : toute l'année.

0,5	1	8	10	22	4

MONAMY Jacqueline - Le Moulin - 39120 VILLERS-ROBERT - Tél : 03 84 71 52 39

VINCELLES Bonnaisod (TH) *C.M. 70 Pli 13*

3 ch. 3 ch. d'hôtes (2 lits 2 pers., 3 lits 1 pers.) de grand confort aménagées au 1er étage d'une ancienne ferme rénovée. Sanitaires privés, entrée indépendante. Grand jardin arboré et fleuri avec terrasse ombragée. Le soir, sur réservation, table d'hôtes avec des produits du terroir et du potager. Cet endroit calme et champêtre entre bocages bressans et coteaux du sud Revermont ne manquera pas de vous séduire. Langues parlées : anglais, hollandais.

Prix : 1 pers. **190 F** 2 pers. **230 F** 3 pers. **290 F** repas **80 F**

Ouvert : toute l'année.

25	15	2	SP	6	15	15	5

JACQMIN Nicole et Maurice - 2 route de Rieland - Bonnaisod - 39190 VINCELLES - Tél : 03 84 25 19 17 - Fax : 03 84 25 17 78 - E-mail : champs.derriere@worldonline.fr

VOITEUR Château Saint-Martin (TH) *C.M. 70 Pli 4*

5 ch. 5 ch. d'hôtes dont 1 suite (3 lits 2 pers., 3 lits 1 pers.), vastes, lumineuses et pleines de charme sont aménagées dans une belle demeure du vignoble. Grand parc avec potager, petite vigne et arbres centenaires. Situé à 2 pas du village et du site de Baume-les-Messieurs (abbaye), classés comme un des plus beaux sites de France. Vous apprécierez également sa célèbre reculée, son abbaye et ses grottes à visiter. Vignoble jurassien, Château Chalon, village classé. Langues parlées : anglais, allemand.

CV

Prix : 1 pers. **500 F** 2 pers. **550 F** pers. sup. **150 F** repas **100 F**

Ouvert : toute l'année.

10	10	SP	SP	10	10	10	SP

KELLER Brigitte et Mickaël - Château Saint-Martin - 39210 VOITEUR - Tél : 03 84 44 91 87 - Fax : 03 84 44 91 87

VOITEUR (TH) *C.M. 70 Pli 4*

3 ch. 3 chambres (3 lits 2 pers.) avec salle d'eau et wc privés aménagées dans une maison de construction récente. Salon, TV. Piscine privée, jardin, terrasse. Cette maison nichée dans un cadre de verdure naturel, au cœur du vignoble jurassien, à 2 pas de Château Chalon et du village de Baume-les-Messieurs saura vous séduire. Calme et tranquillité assurés. Langue parlée : anglais.

Prix : 1 pers. **280 F** 2 pers. **320 F** repas **95 F**

Ouvert : toute l'année.

10	10	SP	SP	10	15	10	SP

MONACI Colette - 5 route de Menetrux - 39210 VOITEUR - Tél : 03 84 85 28 43

GITES DE FRANCE
6, rue des Bains - 70000 VESOUL Cedex
Tél. 03 84 97 10 70 - Fax. 03 84 97 10 71

AROZ *C.M. 66 Pli 5*

2 ch. 2 chambres d'hôtes dans une maison indépendante située dans un petit village à 3 km de la Saône. 1 ch. de 3 pers., salle de bains indépendante, TV. 1 ch. 2 pers. au 2e étage avec salon, salle de bains et wc. Salle de séjour, salon. Jardin, terrain. Restaurant 8 km. Parking. Voiture indispensable. Parcours d'orientation 38 km.

Prix : 1 pers. **180 F** 2 pers. **250 F** 3 pers. **330 F**

Ouvert : d'avril à septembre.

3	SP	10	10	7	7	10	10	10	2

FRANCOIS Yvette - 70360 AROZ - Tél : 03 84 78 86 19

LA BASSE-VAIVRE La Chenevière (TH) *C.M. 66 Pli 15*

2 ch. 1 ch. (1 lit 2 pers.), salle d'eau et wc particuliers et attenants. 1 ch. (1 lit 2 pers. 2 lits 1 pers.), salle d'eau et wc privés non attenants. Ces chambres sont aménagées à l'étage, dans la maison du prop., située dans un parc aménagé, calme. Salle de séjour, salon, bibliothèque, TV, salon de jardin à la disposition des hôtes. Parcours d'orientation 29 km. Circuit villes d'eau. Tarif pour 4 pers. : 320 F pour 1 couple + 2 enfants.

Prix : 1 pers. **180 F** 2 pers. **200/220 F** 3 pers. **260 F** repas **80 F**
1/2 pens. **180 F**

SP	SP	10	15	37	27	42	45	4

MESSEY Suzanne - La Chenevière - 70210 LA BASSE-VAIVRE - Tél : 03 84 92 83 73

BOUHANS-LES-MONTBOZON Ferme de la Vaucelle (TH) *C.M. 66 Pli 16*

2 ch. 2 ch. d'hôtes dans la maison des prop., à proximité de leur exploitation agricole. 1 ch. (1 lit 2 pers.), douche/lavabo/wc attenants, 1 ch. (1 lit 2 pers. 2 lits 1 pers.), s. d'eau/wc privés sur le palier. Séjour, salon de jardin et portique enfants communs au prop. Repas enfant - 12 ans 50 F. La Haute Vallée de l'Ognon vous propose de multiples activités de plein air avec le centre de villersexel et le complexe de Bonnal. Au fil de vos promenades, de jolis monuments sont à visiter. Langue parlée : allemand.

Prix : 1 pers. **140/150 F** 2 pers. **170/200 F** 3 pers. **220 F** pers. sup. **50 F**
repas **80 F** 1/2 pens. **210/220 F**

Ouvert : toute l'année.

2	2	6	SP	8	15	2	6	34	5

RAGUIN Jean et Anne-Marie - Ferme de la Vaucelle - 70230 BOUHANS-LES-MONTBOZON - Tél : 03 84 92 30 67 - Fax : 03 84 92 36 70

CHAMPAGNEY La Quarantaine A *C.M. 66 Pli 7*

1 ch. 1 chambre d'hôtes aménagée dans une ferme haut-saônoise parfaitement rénovée, au cœur d'un parc de 5 ha. avec 3 étangs. 1 lit 2 pers. avec salle d'eau, wc, TV, réfrigérateur, bar et salon de jardin privés. Auberge à la ferme. Vous apprécierez le charme de cette ferme dans le Parc Naturel Régional des Ballons des Vosges. La base de plein air et le bassin de Champagney, la proximité des Vosges (Planche des Belles Filles, Ballon d'Alsace) permettent de nombreuses activités. A voir : chapelle de Ronchamp, cité de Belfort...

Prix : 1 pers. **400 F** 2 pers. **450 F**

Ouvert : du 1er avril au 31 octobre.

SP	SP	17	SP	39	54	SP	15	4

MEYER Josyane - La Quarantaine - chemin des Planches - 70290 CHAMPAGNEY - Tél : 03 84 23 15 62

CHAUMERCENNE *C.M. 66 Pli 14*

3 ch. Maison ancienne située dans petit village, 1 ch. (1 lit 2 pers.), lavabo. 1 ch. (3 lits 1 pers.) et lavabo, 1 petite chambre (1 lit 1 pers.) et lavabo/wc indép. et s.d.b. commune aux hôtes. Salon, salle à manger, TV, jardin d'agrément communs avec le propriétaire. Olive et Suzanne, 2 charmantes anglaises vous accueilleront dans un intérieur cossu, aménagé avec goût. Située dans la Basse-Vallée de l'Ognon, découvrez Pesmes, petite cité comtoise de caractère, animations et loisirs regorgent dans ce joli coin de verdure. VTT 5 km. Langues parlées : anglais, italien.

Prix : 1 pers. **170 F** 2 pers. **230 F** 3 pers. **290 F**

Ouvert : toute l'année.

5	5	20	18	5	5	12	31	5

STEARN Olive - Cidex 06 - 70140 CHAUMERCENNE - Tél : 03 84 32 26 01

CULT Les Egrignes

(TH) *C.M. 66 Pli 14*

3 ch. **Pesmes (cité de caractère) 15 km. Vallée de l'Ognon 4 km.** Vous succomberez à l'accueil chaleureux qui vous sera réservé et tomberez sous le charme de cette belle demeure (château de 1854) décorée et meublée avec goût et raffinement. Vous apprécierez l'harmonie et la quiétude des lieux ainsi que l'excellente cuisine servie à la table d'hôtes. Une étape à ne pas manquer. Animaux admis après accord. 2 suites 2 pers. et 1 ch. 2 pers. (2 lits jumeaux) avec sanitaires privés. Petit déjeuner : viennoiseries, patisseries et confitures maison, céréales... Table d'hôtes : terrines, magret de canard aux griottines, croustillants d'escargots... Jeux de société, salon. Parc, ping-pong, vélos. Langues parlées : anglais, allemand.

Prix : 1 pers. **300/320 F** 2 pers. **350/400 F** pers. sup. **120 F** repas **130 F**

Ouvert : toute l'année.

5	5	20	20	5	25	25	4

LEGO-DEIBER Fabienne - Château de Cult - rte d'Hugier - Les Egrignes - 70150 CULT - Tél : 03 84 31 92 06 ou 06 84 20 64 91 - Fax : 03 84 31 92 06

DAMPIERRE-LES-CONFLANS La Renaudine

(TH) *C.M. 66 Pli 6*

4 ch. Maison indépendante avec terrain non clos, belle vue sur les Vosges. 1 ch. (1 lit 2 pers., 2 lits 1 pers.), s.d.b., wc attenants, 1 ch. (1 lit 2 pers., 1 lit 1 pers., poss. lit bébé), s.d.b. + douche et wc attenants privés, 1 ch. (1 lit 1 pers.), lavabo, s.d.b. sur le palier, 1 ch. (2 lits 1 pers.), s.d.b., douche et wc privés attenants. Séjour, salon avec TV à la disposition des hôtes. Prix spéciaux pour enfants. Parcours d'orientation 18 km. Promenades en calèche à la ferme. Langues parlées : allemand, anglais.

CV

Prix : 1 pers. **160 F** 2 pers. **240 F** 3 pers. **270 F** pers. sup. **30 F**
1/2 pens. **190 F** pens. **260 F**

Ouvert : toute l'année.

2	SP	10	14	8	29	2	25	20	4

THEVENOT Claudine - La Renaudine - 70800 DAMPIERRE-LES-CONFLANS - Tél : 03 84 49 82 34

ECHENOZ-LE-SEC Les Gambes

(TH) *C.M. 66 Pli 7*

4 ch. **Château de Filain 2 km. Point de vue et Chapelle Sainte-Anne 2 km.** 4 ch. dans la ferme du propr. dans un hameau. 4 ch. à l'ét. : 1 ch. (2 lits 1 pers.), s. d'eau privative (2 lavabos, 1 wc, 2 douches) attenante non communicante, 2 ch. (2 lits 1 pers., lavabo), 1 ch. (1 lit 2 pers. 2 lits 1 pers., lavabo), s. d'eau pour les 3 ch. (2 lavabos, 2 wc, 2 douches). Séjour, salon, biblio., salon de jardin, barbecue. T.H sur résa. 20% de réduct. à partir de la 5e nuit. Petit terrain d'agrément à disposition des hôtes. La Moyenne Vallée de la Saône vous offre de multiples activités culturelles et sportives, VTT, randonnée pédestre, voile. Chambres d'hôtes situées à 2 km d'un magnifique point de vue (chapelle Sainte-Anne). Langues parlées : allemand, anglais.

Prix : 1 pers. **230 F** 2 pers. **300 F** 3 pers. **400 F** pers. sup. **100 F**
repas **80 F**

Ouvert : toute l'année.

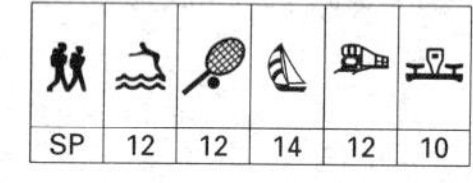

SP	12	12	14	12	10

VETSCH Yvonne - route de Filain - Les Gambes - 70000 ECHENOZ-LE-SEC - Tél : 03 84 78 35 39

ECROMAGNY La Champagne

(TH) *C.M. 66 Pli 7*

5 ch. **Luxeuil-les-Bains (ville d'art et d'eau) 17 km.** A l'étage d'une ancienne ferme rénovée à l'écart du village, dans la forêt. 2 ch. (1 lit 2 pers.), s. d'eau/wc privés et attenants pour chacune, 1 lit enf. pour 1 des ch., 1 ch. (1 lit 2 pers., lit enf -10 ans), conv., s. d'eau/wc privés attenants. 2 ch. (2 lits 2 pers.), s. d'eau/wc privés et attenants, 1 lit enf. A dispo. : salle de séjour avec coin-salon privatif. Terrasse avec salon de jardin. Ch. d'hôtes situées sur le plateau des 1000 étangs dans les Vosges Saônoises. Randonnées sous toutes ses formes, VTT, pédestre. Aucune habitation à moins de 500 m, la maison se trouve au milieu des bois. Poss. table d'hôtes. Suppl. 1 nuit : 20 F. Langues parlées : allemand, anglais.

Prix : 1 pers. **190 F** 2 pers. **250 F** 3 pers. **350 F** pers. sup. **100 F**
repas **80/140 F**

Ouvert : toute l'année.

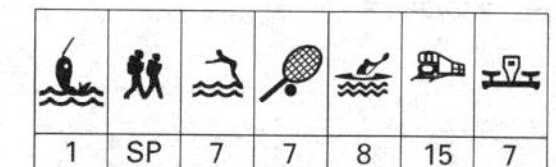

1	SP	7	7	8	15	7

BORK Luzia et Adalbert - La Champagne - 70270 ECROMAGNY - Tél : 03 84 20 04 72 - Fax : 03 84 20 04 72

EPENOUX-PUSY Château d'Epenoux

(TH) *C.M. 66 Pli 6*

4 ch. 1er ét. : ch. bleue : suite avec 1 ch. (1 lit 2 pers.), s.d.b./wc, 1 ch. (2 lits 1 pers.), s. d'eau, wc. Ch. du général (1 lit 2 pers.), s.d.b./wc. Ch. romantique (2 lits 1 pers. jumelables), s.d.b./wc. 2e ét. : ch. Pompadour (2 lits 1 pers.), s.d.b./wc, ch. du parc (1 lit 2 pers.), s.d.b./wc. Tous les sanitaires sont privés et attenants aux chambres. Salon, salle à manger, TV dans chaque chambre, accès au parc. Repas de noël et réveillon de la St-Sylvestre sur résa. Circuit VTT sur place, circuit karting 3 km. Construit au XVIIIe, au cœur d'un petit village comtois, le château d'Epenoux dispose d'un parc fleuri et boisé de 5 ha. Langues parlées : anglais, allemand.

CV

Prix : 1 pers. **350 F** 2 pers. **400/450 F** repas **180/200 F**

Ouvert : toute l'année.

4,5	4,5	4,5	8	0,5	17	4,5	4,5	4,5	2

GAUTHIER Germaine - Direction route de Saint-Loup - D10 - Gendarmerie - 70000 EPENOUX-PUSY - Tél : 03 84 75 19 60 - Fax : 03 84 76 45 05

ESMOULIERES Es Vouhey

Alt. : 600 m *C.M. 66 Pli 7*

5 ch. 5 ch. d'hôtes dans une ancienne ferme typique des Vosges Saônoises. Maison indépendante comportant un gîte rural au r.d.c. 3 ch. (2 lits 1 pers.), 1 adaptée aux pers. handicapées. 2 ch. (1 lit 2 pers.). Salle d'eau et wc chacune. A la disposition des hôtes : salle à manger/salon/coin-cuisine, bibliothèque, terrasse, TV. Table d'hôtes sur réservation. Situées au cœur du Parc Naturel régional des Ballons des Vosges, vous découvrirez le plateau des 1000 Etangs, site pittoresque du département. A proximité : Luxeuil-les-Bains, station thermale, offre de nombreuses activités et animations.

Prix : 1 pers. **248 F** 2 pers. **275 F**

Ouvert : toute l'année.

5	SP	20	20	32	38	32	50	7

DUCHANOIS Colette - Es Vouhey ou Evouhey - 70310 ESMOULIERES - Tél : 03 84 49 35 59

ESMOULINS Au Hêtre Pourpre

C.M. 66

2 ch. **Gray 7 km.** 2 ch. d'hôtes aménagées dans une ancienne maison de maître, sur une propriété arborée de 1 ha. avec ruisseau et vivier (poss. pêche). 1 ch. (2 lits 1 pers.), salle de bains avec wc privée et attenante à la ch. 1 ch. (1 lit 2 pers.), salle d'eau avec wc privée et attenante à la ch. A disposition des hôtes : salle à manger, salon privé, grand parc, matériel bébé. Possibilité de lit d'appoint moyennant supplément. Parking privé dans la propriété. 25 % de réduction au delà de la 3e nuitée.

Prix : 1 pers. **260/280 F** 2 pers. **300/320 F** repas **95 F**

Ouvert : toute l'année.

SP	3	7	5	7	5	40	3

VEZZOLI Marie-Claude - Au Hêtre Pourpre - rue de la Tenise - 70100 ESMOULINS - Tél : 03 84 67 45 16 ou 06 89 83 49 35

FRAHIER Les Gros Chênes

C.M. 66 Pli 7

4 ch. **Belfort 10 km.** Dans la maison du prop., 1 aile est réservée aux hôtes. Entrée indép., salle à manger, salon avec cheminée, TV. 1 ch. (2 lits 1 pers.), 2 ch. (1 lit 2 pers.), 1 ch. (4 lits 1 pers.). Salle d'eau et wc pour chacune. Mezzanine avec coin-repos (poss. couchage 2 pers.). Terrasses avec salon de jardin, terrain d'agrément, balançoire, véranda. 390 F/4 pers. Mini-golf 12 km. Réduction 15% pour séjour de 4 jours minimum. Couchage gratuit : enfant - moins 5 ans. Marie-Elisabeth et Philippe vous accueillent dans leur cadre champêtre, au cœur d'un paysage vallonné, au pied du Ballon d'Alsace et du Ballon de Servance. Langues parlées : allemand, anglais.

Prix : 1 pers. **225 F** 2 pers. **250 F** 3 pers. **320 F** pers. sup. **50 F** repas **70 F** 1/2 pens. **170 F**

Ouvert : toute l'année.

SP	SP	10	5	10	5	5	10	1

PEROZ M-Elisabeth et Philippe - Les Gros Chênes - 70400 FRAHIER - Tél : 03 84 27 31 41 - Fax : 03 84 27 31 41

FRESSE Hameau de Montaujeu

Alt. : 700 m *C.M. 66 Pli 7*

4 ch. **Bonchamp 10 km. Luxeuil-les-Bains 30 km. Belfort 25 km.** 4 ch. d'hôtes dans 4 chalets individuels de 25 m^2 sur un terrain arboré, face à la maison des propriétaires. 3 chalets identiques : 1 lit 2 pers., coin-cuisine, salle d'eau-wc, balcon. 1 chalet (plus petit) : 2 lits 1 pers., coin-cuisine, salle d'eau avec wc, balcon. A disposition des hôtes : salon de jardin, terrasse, barbecue, balançoires, terrain de pétanque. Réduction enfants. A proximité du Plateau des Mille Etangs et du Ballon d'Alsace, venez découvrir à pied, à VTT ou à cheval cette région aux multiples facettes. Langues parlées : allemand, anglais.

Prix : 1 pers. **180/200 F** 2 pers. **230/260 F**

Ouvert : toute l'année.

0,5	SP	12	9	20	9

FERREUX Pierre - Hameau de Montaujeu - 70270 FRESSE - Tél : 03 84 63 32 07

GY

C.M. 66 Pli 14

1 ch. **Marnay 15 km. Pesmes 20 km.** Dans 1 ancien moulin indépendant. Terrain non clos, parking privé avec poss. abri couvert. R.d.c. : 1 ch. familiale/2 ch. communicantes : 1 ch. (2 lits 1 pers.) et 1 ch. (1 lit 2 pers.), poss. lit suppl. enfant (gratuit) et lit bébé, s. d'eau avec wc privative et communicante, accessible depuis chaque ch. Salle petit déj., salon avec cheminée, salon de jardin. Biblio. Maison dans un environnement très vert au bord d'un petit ruisseau, beaucoup de calme et de liberté. Promenades à pied dans un très beau massif forestier (flore intéressante). Château, musée à proximité. Visite et dégustation aux caves Guillaume « vins de Gy ». Poss. accueil cavaliers. Langues parlées : anglais, allemand.

Prix : 1 pers. **200 F** 2 pers. **270 F** 3 pers. **400 F**

Ouvert : toute l'année.

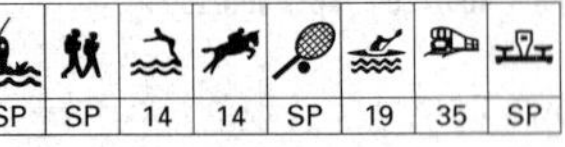

SP	SP	14	14	SP	19	35	SP

DUROY Andrée - rue du Moulin de l'Etang - 70700 GY - Tél : 03 84 32 94 12 - Fax : 03 84 32 94 12

HUGIER

C.M. 66 Pli 14

4 ch. Maison indép., terrain non clos. Terrasse couverte. Parking privé, barbecue, salon de jardin. R.d.c. : 1 ch. double avec TV (1 lit 2 pers. 2 lits 1 pers.), s. d'eau/wc privés. 1er ét. : 1 ch. (1 lit 2 pers.), TV, 1 lit enfant, douche/wc/s.d.b., 1 ch. 2 pers. avec TV, s.d.b., wc attenants privés. Salle à manger. Piscine à dispo. des hôtes (sous leur responsabilité). Maison située dans la Basse Vallée de l'Ognon, vous découvrirez le plaisir de la pêche et du canoë-kayak. Vous visiterez l'un des plus beaux villages de France : Pesmes et découvrirez les monuments et châteaux des villages environnants. Langue parlée : allemand.

Prix : 1 pers. **160/180 F** 2 pers. **210/250 F** 3 pers. **280 F** pers. sup. **70 F**

Ouvert : toute l'année.

6	6	3	13	42	15	6	30	6

KNAB Pierre - route de Sornay - 70150 HUGIER - Tél : 03 84 31 58 30 ou 03 84 31 53 82

MAGNY-LES-JUSSEY

C.M. 66 Pli 5

2 ch. Ferme en haut du village, monter vers la mairie, maison ancienne rénovée. 1 ch. (1 lit 2 pers.), s. d'eau attenante et privative, wc privés attenants indép. de la s. d'eau. 1 ch. double (1 lit 2 pers. 2 lits 1 pers. 1 lit bébé), s. d'eau/wc privatifs et attenants. Table à langer. Terrasse et tonnelle fleuries. Bibliothèque. Paysage verdoyant très calme. Abri pour voiture. Parcours d'orientation 38 km. Terrasse et tonnelle fleuries, bibliothèque.

Prix : 1 pers. **180 F** 2 pers. **230 F** 3 pers. **310 F** pers. sup. **80 F**

4,5	6	10	15	8	41	8	38	35	8

BILLY Bernadette - 70500 MAGNY-LES-JUSSEY - Tél : 03 84 68 07 28

MELIN à l'Abri du Pin

C.M. 66 Pli 4

3 ch. Ferme rénovée à côté du prop. avec un grand terrain non clos. Au r.d.c. : 1 ch. (1 lit 2 pers.), s. d'eau/wc attenante et privée. 1 ch. (1 lit 2 pers.) s. d'eau/wc privée et attenante. A l'ét. : 1 grande ch. (1 lit 2 pers.), canapé, s. d'eau/wc privée et attenante. Poss. couchage enfant et bébé. A dispo. des hôtes : salle petit-déjeuner avec coin-salon. Poss. cuisine. Cheminée. TV. Salon de jardin avec portique. Garage, barbecue. Produits fermiers au village. Pédalo. Parc de loisirs à 9 km. Pizzeria au village. Cyclotourisme. Vélos et table de ping-pong à la disposition des hôtes. Terrasse couverte. Langues parlées : anglais, allemand.

Prix : 1 pers. **150/175 F** 2 pers. **190/220 F** pers. sup. **50/100 F**

Ouvert : toute l'année.

3	15	15	15	15	7

VIENNOT Raymond - A l'Abri du Pin - 70120 MELIN - Tél : 03 84 92 12 50 - E-mail : abridupin@chez.com - http://www.chez.com/abridupin

MERCEY-SUR-SAONE

C.M. 66 Pli 4

1 ch. Aménagée dans un petit château du XVIIe siècle, en bordure de Saône, dans un parc clos, ombragé : 1 suite indépendante dite d'apparât en boiserie décor XVIIIe s. comprenant : 1 ch. 2 pers. + 1 lit enfant, séjour avec 1 lit 1 pers., s.d.b., 2 wc, de plain pied avec terrasse et salon de jardin privatifs. A disposition : bassin-piscine, vélos, barques, canoë-kayak. Petits déjeuners raffinés aux produits frais de la propriété.

Prix : 1 pers. **285 F** 2 pers. **420 F**

Ouvert : de mai à octobre (sur réservation uniquement).

SP	3	20	20	7	22	40	40	52	5

JANTET Bernadette - 70130 MERCEY-SUR-SAONE - Tél : 03 84 67 07 84

LA ROSIERE Le Chant du Petit Pré

Alt. : 700 m (TH) *C.M. 66*

1 ch. **Luxeuil-les-Bains 8 km.** 1 ch. d'hôtes aménagée dans une ancienne ferme rénovée (pierre et bois) valorisant l'habitat sain. Terrain 5 ha. avec petit étang, vue panoramique. 1 ch. (2 lits 1 pers., avec poss. de l'utiliser en 1 seul lit), s. d'eau privative attenante et communicante, wc séparés. Terrasse privative. Salon, biblio., TV communs aux prop. Prix 1/2 pens. pour 7 jours. Petit déj. maison à base de produits du terroir ou végétarien. Le site accueille les amateurs d'espace, de calme et du chant des oiseaux. Celui qui a besoin d'être étonné par des animaux insolites, qui désire se ressourcer ou faire le point au fil des saisons... Label gîte Panda. Langue parlée : anglais.

Prix : 1 pers. **305 F** 2 pers. **340 F** repas **100 F** 1/2 pens. **2500 F**

Ouvert : toute l'année.

3	SP	18	10	5	30	15	3

BALAND Christian - Le Chant du Petit Pré - 70310 LA ROSIERE - Tél : 03 84 94 44 75 ou 03 29 23 14 63 - Fax : 03 84 94 44 75 - E-mail : le_chant_du_petit_pre@fnac.net

SAUVIGNEY-LES-PESMES

C.M. 66 Pli 14

6 ch. **Pesmes 1,5 km, petite cité comtoise de caractère.** 6 chambres d'hôtes dans la maison du propriétaire, entrée indépendante chacune. 1 ch. (1 lit 1 pers.), 2 ch. (1 lit 2 pers.), 2 ch. (1 lit 2 pers. 1 lit 1 pers.), 1 ch. (1 lit 2 pers. 2 lits 1 pers.), s. d'eau/wc privés et attenants chacune. A dispo. des hôtes : salon, TV, cour et salon de jardin. Garage fermé gratuit. Sauvigney-les-Pesmes est un village situé dans la basse vallée de l'Ognon, à 1,5 km de Pesmes. Ce secteur est riche en sites et monuments. La rivière l'Ognon vous invite à la pêche, à la pratique du canoë-kayak et à la randonnée. Langue parlée : anglais.

Prix : 1 pers. **220 F** 2 pers. **260 F** 3 pers. **340 F** pers. sup. **80 F**

Ouvert : toute l'année.

1,5	SP	15	20	1,5	40	1,5	17	20	1,5

BONNEFOY Claude-Marie - 70140 SAUVIGNEY-LES-PESMES - Tél : 03 84 31 21 01 - Fax : 03 84 31 20 67

TERNUAY

C.M. 66 Pli 7

5 ch. Situées dans la maison du propriétaire, 2 chambres (2 lits 2 pers.). 1 chambres (1 lit 130). 1 chambre (2 lits 2 pers.). 1 chambre (1 lit 2 pers. 1 lit 1 pers.), s. d'eau/wc attenants et privatifs pour chaque ch. Salle à manger, salon communs avec le propriétaire. Terrasse et salon de jardin. Revues/jeux de société. 380 F/4 pers. Situé dans le Parc Naturel Régional des Ballons des Vosges, découvrez une nature exceptionnelle dont le plateau des milles étangs. En faisant halte à Ternuay, vous y serez accueillis chaleureusement. Boxes pour chevaux (ouverture printemps 2001).

Prix : 1 pers. **200 F** 2 pers. **260 F** 3 pers. **320 F** pers. sup. **60 F**

Ouvert : toute l'année uniquement sur réservation.

SP	SP	13	16	5	27	13	7

CARITEY Jean ou URS Stöckli - route de Melay - 70270 TERNUAY - Tél : 03 84 20 42 28

VILLERS-SUR-SAULNOT La Forge d'Isidore

A — *C.M. 66 Pli 7*

6 ch. 6 ch. d'hôtes aménagées dans un bâtiment neuf. 1 ch. (1 lit 2 pers. 1 lit 1 pers.), 2 ch. (2 lits 1 pers.), 3 ch. (1 lit 2 pers.). Douche, lavabo, wc pour chaque chambre. Sur place : gîte d'étape, relais équestre. Spécialités de la ferme-auberge : poulet au comté et veau de lait (sur réservation). La proximité de Montbéliard, Héricourt et Villersexel offre de multiples possibilités d'activités et d'animations. Pour les amateurs de spéléologie, nombreuses grottes dans le secteur de Villers-sur-Saulnot. Langue parlée : allemand.

Prix : 1 pers. **160 F** 2 pers. **220 F** 3 pers. **260 F**

Ouvert : toute l'année.

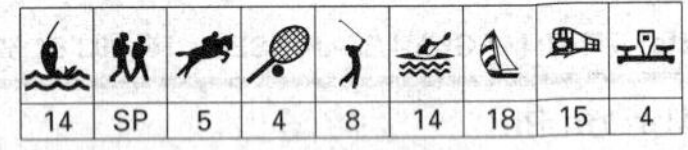

14	SP	5	4	8	14	18	15	4

ROBERT Daniel et Colette - La Forge d'Isidore - 10 Grande Rue - 70400 VILLERS-SUR-SAULNOT - Tél : 03 84 27 43 94

Territoire-de-Belfort

GITES DE FRANCE
2 bis, rue Clémenceau - 90000 BELFORT
Tél. 03 84 21 27 95 - Fax. 03 84 55 90 99

AUXELLES-HAUT

Alt. : 600 m — *C.M. 66 Pli 8*

1 ch. **Belfort 14 km. Mulhouse.** Maison de campagne située sur les hauteurs du village. Chambre d'hôtes aménagée au r.d.c. Salle de bains, wc privatif, coin-salon, petite kitchenette. Chauffage central. Entrée privative et petite terrasse. Grand confort. Charmant village de moyenne montagne où depuis la chambre on observe une magnifique vue panoramique sur la région.

Prix : 1 pers. **270 F** 2 pers. **295 F** pers. sup. **50 F**

Ouvert : toute l'année.

8	10	5	13	SP	SP	12	5

SCHAFFHOLD Joëlle - 14 rue Saint-Jean - 90200 AUXELLES-HAUT - Tél : 03 84 27 13 46 ou 06 07 87 85 01 - Fax : 03 84 29 53 94

AUXELLES-HAUT

Alt. : 615 m — **A**  *C.M. 66*

E.C. 3 ch. **Ballon d'Alsace 15 km. Belfort 12 km.** 3 chambres d'hôtes avec douche et wc communs situées au 2e étage de l'auberge. Chambres avec lits double ou simple. Possibilité lit supplémentaire. Situées dans le petit village de montagne d'Auxelles-Haut dans un cadre campagnard. L'auberge est au centre du village, point de départ de randonnées. Langue parlée : anglais.

Prix : 1 pers. **180 F** 2 pers. **240 F** pers. sup. **90 F**

10	SP	12	4,5

LE COIN DE LA STOLLE - 1 rue de la Stolle - 90200 AUXELLES-HAUT - Tél : 03 84 29 07 92

BESSONCOURT

C.M. 66 Pli 8

1 ch. A proximité de Belfort, 1 chambre d'hôtes aménagée au 1er étage avec salle d'eau et wc. Chauffage gaz.

Prix : 1 pers. **160 F** 2 pers. **210 F**

Ouvert : toute l'année.

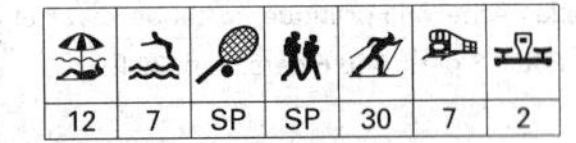

12	7	SP	SP	30	7	2

SIBRE Marie-Thérèse - 6 rue des Eglantines - 90160 BESSONCOURT - Tél : 03 84 29 93 97

CHAVANNES-LES-GRANDS

C.M. 66/87 Pli 8/1

1 ch. **Belfort 18 km. Delle 12 km.** Dans une maison neuve située dans un endroit calme, 1 chambre (1 lit 2 pers.) 1 ch. (1 lit 1 pers.) à l'étage avec balcon, douche et wc. Chauffage central. Restaurant 500 m.

Prix : 1 pers. **170 F** 2 pers. **220 F** 3 pers. **260 F** pers. sup. **50 F**

Ouvert : de mai à septembre.

25	11	25	8	15	SP	45	5	5

MATTIN Pierre - 3 rue des Vosges - 90100 CHAVANNES-LES-GRANDS - Tél : 03 84 23 37 13

ETUEFFONT

TH *C.M. 66 Pli 8*

1 ch. Astride et Daniel vous accueillent dans une maison ancienne rénovée, au calme. 1 chambre d'hôtes située au 1er étage, (1 lit 2 pers. 1 lit d'appoint enfant), salle de bains, wc. Chauffage central. Grand parc ombragé et fleuri à disposition des hôtes. Point de départ de sentiers de randonnées. Possibilité de stage peinture. (3 x 4 h., matériel fourni : 960 F). Auberge à proximité. Langues parlées : allemand, anglais.

Prix : 1 pers. **280 F** 2 pers. **305 F** 3 pers. **345 F** repas **110/130 F**

Ouvert : toute l'année.

14	SP	14	11	SP	4	SP	22	15	SP

ELBERT Daniel - 8 rue de la Chapelle - 90170 ETUEFFONT - Tél : 03 84 54 68 63 - E-mail : daniel.elbert@wanadoo.fr

FOUSSEMAGNE

C.M. 66 Pli 8

1 ch. Chambre d'hôtes aménagée au 1er étage, dans une maison de caractère située sur une grande propriété du XVIIIe siècle. 1 chambre (1 lit 2 pers.), salon, TV, salle d'eau et wc attenants. Parc de 1 ha. Grand confort. Séjour agréable au calme et dans la nature. Propriétaire possèdant des chevaux.

Prix : 1 pers. **220 F** 2 pers. **270 F** pers. sup. **60 F**

Ouvert : toute l'année.

20	16	16	SP	SP	35	16	6

LIOTE Marianne - 7 rue des Vosges - 90150 FOUSSEMAGNE - Tél : 03 84 23 48 76

FOUSSEMAGNE

1 ch. 1 chambre aménagée au rez-de-chaussée dans une maison de campagne située dans un cadre agréable, dans un petit village au calme, aux portes de l'Alsace et de la Suisse, comportant 1 lit 2 pers., salle d'eau et wc privés. Chauffage central, TV, jardin. Pêche sur place. Base nautique à 20 km.

Prix : 1 pers. **170 F** 2 pers. **210 F**

Ouvert : toute l'année.

15	11	SP	10	SP	16	SP

PANZANI Jean - 8 rue des Vosges - Cidex 331 - 90150 FOUSSEMAGNE - Tél : 03 84 23 34 01

LARIVIERE

C.M. 66 Pli 8

2 ch. 2 chambres d'hôtes confortables meublées en rustique, à l'étage d'une grande maison alsacienne, au centre du village. Chaque chambre dispose d'une salle de bains et wc particuliers. Salle commune à la disposition des hôtes. Pour votre détente, vous apprécierez notre piscine et notre terrasse avec jardin ombragé et fleuri. Parking fermé. Poss. pique-nique. Restaurants à proximité. Langues parlées : allemand, anglais.

Prix : 1 pers. **200 F** 2 pers. **260 F** 3 pers. **310 F** pers. sup. **50 F**

Ouvert : toute l'année.

5	7	15	15	2	10	SP	25	15	SP

LIGIER Alain et Maryse - 4 rue du Margrabant - 90150 LARIVIERE - Tél : 03 84 23 80 46

LEPUIX-GY

Alt. : 1247 m **A** *C.M. 66*

4 ch. 4 ch. (2 pers.) dont 1 ch. (2 lits 1 pers.). WC, s.d.b. chacune. Dans les 2 salons destinés aux pensionnaires : canapés, fauteuils, tables et chaises (TV). Vous serez accueillis dans 1 cadre chaleureux et convivial. 1 vue panoramique exceptionnelle sur toutes les Vosges et avec un peu de chance, toute la chaîne des Alpes Françaises et Suisses. Au cœur du parc naturel régional des ballons des Vosges. Parapente, VTT, ski de fond et alpin, randonnée pédestre et raquettes sur place. Musée 10 km.

Prix : 1 pers. **230 F** 2 pers. **290 F** pers. sup. **80 F** repas **90 F**
1/2 pens. **300 F** pens. **440 F**

Ouvert : toute l'année.

20	5	10	25	SP	SP	30	10

FERME-AUBERGE DU BALLON D'ALSACE - Mr MOREL Michel - Ballon d'Alsace - 90200 LEPUIX-GY - Tél : 03 84 23 97 21

PETITEFONTAINE La Corbière *C.M. 66 Pli 8*

1 ch. **Belfort 20 km.** Chambres d'hôtes au r.d.c., comportant (1 lit 2 pers.), salle de bains et wc particuliers, coin-salon avec TV. Ancienne ferme rénovée sur une grande propriété située dans un petit village au sud du massif des Vosges, à proximité de l'Alsace. Langue parlée : hollandais.

CV

Prix : 1 pers. **200 F** 2 pers. **250 F** pers. sup. **50 F**

Ouvert : toute l'année.

DE GROOTE Jacques - 63 rue du Tilleul - 90150 FONTAINE - Tél : 03 84 23 80 27 ou 03 84 23 02 18

ILE-DE-FRANCE

Pour réserver, écrire ou téléphoner :

77 - SEINE-ET-MARNE
GITES DE FRANCE - Service Réservation
11, rue Royale
77300 FONTAINEBLEAU
Tél. : 01 60 39 60 39 - Fax : 01 60 39 60 40
www.tourisme77.net

78 - YVELINES
GITES DE FRANCE - Service Réservation
Hôtel du Département
2, place André Mignot
78012 VERSAILLES Cedex
Tél. : 01 30 21 36 73 - Fax : 01 39 07 88 56

91 - ESSONNE
GITES DE FRANCE - Service Réservation
2, cours Monseigneur Roméro
91025 EVRY Cedex
Tél. : 01 64 97 23 81 - Fax : 01 64 97 23 70

95 - VAL-D'OISE
GITES DE FRANCE - Service Réservation
Château de la Motte
Rue François de Ganay
95270 LUZARCHES
Tél. : 01 30 29 51 00 - Fax : 01 30 29 30 86

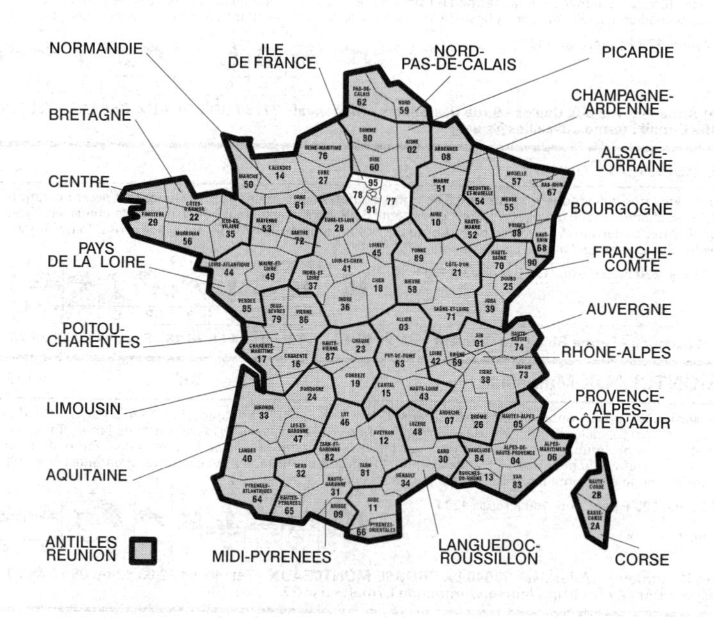

GITES DE FRANCE - Service Réservation
11, rue Royale - 77300 FONTAINEBLEAU
Tél. 01 60 39 60 39 - Fax. 01 60 39 60 40
http://www.tourisme77.net

BANNOST-VILLEGAGNON Marchelong

C.M. 4077 Pli F3

E.C. 1 ch. **Provins 20 km.** Dans un charmant hameau, maison traditionnelle avec jardin clos. 1 suite familiale : 1 ch. (1 grand lit 2 pers.) et 1 ch. (2 lits 1 pers.), salle d'eau et wc privés. R.d.c. : salle pour petits déjeuners, salon avec coin-cheminée. Terrasse. Nombreux sites touristiques aux alentours. Accueil chaleureux. Langue parlée : anglais.

Prix : 1 pers. **240 F** 2 pers. **280 F** pers. sup. **105 F**

Ouvert : toute l'année.

2	20	10	8	3	2	23	20	3

CHIMENTO Gilbert et Geneviève - 37 Hameau de Marchelong - 77970 BANNOST-VILLEGAGNON - Tél : 01 64 01 55 28

BAZOCHES-LES-BRAY

1 ch. **Bray-sur-Seine 4 km. Provins 20 km.** 1 chambre d'hôtes dans une maison indépendante dans le village, accueil sympathique. 1 chambre 3 pers. (1 lit 2 pers. + 1 lit 1 pers.), salle d'eau, wc privés. Salle des petits déjeuners. Bibliothèque. Jardin clos, terrasse. Ferme céréalière typiquement briarde. Voile 20 km. Langue parlée : anglais.

Prix : 1 pers. **250 F** 2 pers. **290 F** pers. sup. **90 F**

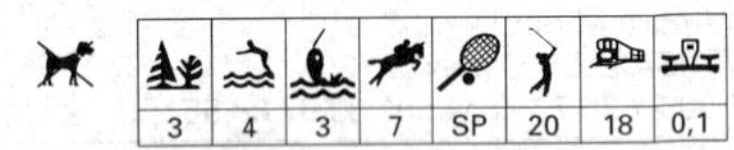

3	4	3	7	SP	20	18	0,1

BENOIT Laurence - 13 rue de la Poterne - 77118 BAZOCHES-LES-BRAY - Tél : 01 60 67 14 05 - Fax : 01 60 67 14 05

BOISSY-AUX-CAILLES Marlansal

2 ch. **Fontainebleau 18 km. Malesherbes 7 km.** 2 ch. d'hôtes spacieuses et décorées avec goût aménagées à l'étage. 1 chambre double + 1 chambre (1 lit 2 pers. 1 lit 1 pers.), avec salle d'eau, wc privés. Au rez-de-chaussée, salle des petits déjeuners, salon avec cheminée. Terrasse aménagée. Belle ferme en lisière de la forêt de Fontainebleau avec grande cour paysagère. Calme et détente assurés. Accueil convivial. Varappe et base de loisirs à 4 km. Accueil cavalier et boxe pour cheval. Langue parlée : anglais.

Prix : 1 pers. **240 F** 2 pers. **270 F** pers. sup. **110 F**

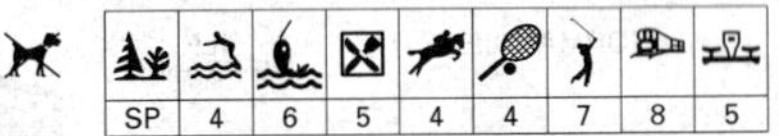

SP	4	6	5	4	4	7	8	5

POCHON Patrick et Anne - Ferme aux Cailles - 9 rue des Saules - Marlanval - 77760 BOISSY-AUX-CAILLES - Tél : 01 64 24 57 69 - Fax : 01 64 24 56 46 - E-mail : ferme.auxcailles@free.fr

BREAU Ferme Relais du Couvent

(TH)

3 ch. **Melun 15 km.** Très belle ferme restaurée où 3 chambres d'hôtes sont aménagées. 1 chambre 2 pers. 1 chambre 3 pers. 1 chambre 4 pers. avec chacune, salle d'eau et wc. Salle pour petits déjeuners et la table d'hôtes, au rez-de-chaussée. Table d'hôtes : boissons en suppl. 6 ha. de terrain. Spécialités de la ferme : le vol en montgolfière. VTT sur place. Poss. baby-sitting. 1 gîte de séjour et 3 gîtes ruraux à la ferme. Langue parlée : anglais.

CV

Prix : 1 pers. **240 F** 2 pers. **270 F** pers. sup. **100 F** repas **85/120 F**

SP	7	2	3	SP	5	7	1

LEGRAND Nicole et Jacques - Ferme Relais du Couvent - 77720 BREAU - Tél : 01 64 38 75 15 - Fax : 01 64 38 75 75

LA BROSSE-MONTCEAUX Malassise

(TH)

C.M. 4077 Pli E5

2 ch. **Moret-sur-Loing 10 km. Fontainebleau 20 km. Paris 85 km.** 2 ch. d'hôtes à l'étage : 1 ch. (1 lit 2 pers.), salle d'eau et wc, 1 ch. (1 lit 2 pers., 1 lit 1 pers.), salle d'eau et wc. Salle à manger au rez-de-chaussée. Terrasse, salon de jardin. Table d'hôtes de qualité sur réservation. Les propriétaires vous feront partager leur passion pour la cuisine et la musique. Fermette briarde du XVIIIe siècle rénovée, au carrefour du pays de Seine et de l'Yonne. Chambres confortables avec poutres apparentes et mobilier original. Accueil chaleureux, calme et détente assurés. Langue parlée : anglais.

Prix : 1 pers. **280 F** 2 pers. **320 F** pers. sup. **100 F** repas **120 F**

Ouvert : toute l'année.

0,1	10	6	4	6	3	4	4	4

GIRONDE Michel et Dominique - Malassise - 77940 LA BROSSE MONTCEAUX - Tél : 01 64 32 93 12 ou 06 81 48 78 79 - E-mail : malasisse@wordonline.fr - http://perso.wordonline.fr/malassise-77

BUSSY-SAINT-MARTIN

1 ch. **Lagny-sur-Marne 3 km. Paris 25 km. Disneyland Paris 10 mn.** 1 chambre d'hôtes de 3 personnes, aménagée dans une maison briarde (1 lit 2 pers. + 1 lit 1 pers.), salle d'eau et wc. Salon de détente, entrée indépendante, coin-cuisine. Jardin fleuri. Beaucoup de charme. A proximité de sites touristiques : Châteaux de Champs, Ferrières, Guermantes, etc. Maison de Pays située près de l'église, site classé, dans un charmant village. Décoration soignée. Accueil chaleureux. Langue parlée : anglais.

Prix : 1 pers. **270 F** 2 pers. **310 F** pers. sup. **105 F**

2	3	2	2	1	2	2	3	2

HERRENSCHMIDT Jean-Guy - 3, rue de la Montagne - 77600 BUSSY-SAINT-MARTIN - Tél : 01 64 66 11 24

BUSSY-SAINT-MARTIN

C.M. 4077 Pli C2

1 ch. **Disneyland Paris 6 km. Paris 25 km.** 1 chambre au rez-de-chaussée avec accès indépendant (1 lit 2 pers.), coin-salon avec 1 convertible 2 pers., coin-cuisine, salle d'eau et wc. Salon de jardin. Petit déjeuner chez la propriétaire. Maison indépendante sur un vaste terrain clos et arboré, calme et détente assurés. Nombreux sites touristiques aux alentours.

Prix : 1 pers. **230 F** 2 pers. **270 F** pers. sup. **100 F**

Ouvert : toute l'année.

6	3	2	2	1	2	2	3	2

DAUTUN Martine - 6 rue du Moulin - 77600 BUSSY-SAINT-MARTIN - Tél : 01 64 66 35 45 - E-mail : Dautun@Fr.ibm.com

BUTHIERS Herbeauvilliers

(TH)

2 ch. **Fontainebleau 20 km. Malesherbes 5 km.** « La Perrichonière » magnifiquement restaurée, vous propose un jardin d'agrément, au r.d.c. : salle de petits déjeuners, salon de détente (TV) au 1er étage : 1 suite familiale composée d'1 ch. (2 lits 1 pers.), 1 ch. (1 lit 2 pers.), s.d.b. et wc privés. R.d.c. : 1 ch. double sur jardin avec salle d'eau, wc. Excellente table d'hôtes. Dans un charmant village, très belle propriété restaurée avec goût, sur un magnifique jardin paysager. Accueil personnalisé. Riche patrimoine culturel aux alentours. Langue parlée : anglais.

Prix : 1 pers. **350 F** 2 pers. **400/450 F** 3 pers. **590 F** pers. sup. **140 F**
repas **150 F**

Ouvert : toute l'année.

2	2	2	2	5	2	2	5	5

ROBERT Alain et Béatrice - 55 rue Grande - Herbeauvilliers - 77760 BUTHIERS - Tél : 01 64 24 16 26 - Fax : 01 64 24 16 39 - E-mail : mediagreen@wanadoo.fr

CELY-EN-BIERE

Alt. : 500 m

2 ch. **Fontainebleau 14 km. Barbizon 6 km.** Très belle ferme dans une magnifique région. Vaste terrain. Jardin. Meubles de jardin. Séjour/salon. Dans un bâtiment annexe, 2 chambres. Au r.d.c. 1 ch. (2 lits 1 pers.), s. d'eau et wc privés, 1 ch. au 1er étage (1 lit 2 pers.), s. d'eau et wc privés. Très belle maison. Mobilier de grande qualité. Beaucoup de caractère et de charme. Région très touristique avec de nombreuses promenades alentours. Fontainebleau (Forêt et Palais). Barbizon, village des peintres paysagistes. Domaine de Vaux-le-Vicomte. Vallée de la Seine. Langue parlée : italien.

Prix : 1 pers. **240 F** 2 pers. **270 F** 3 pers. **360 F** pers. sup. **105 F**

5	6	0,2	SP	2	0,5	0,3	14	SP

BOURDIN Jean et Rita - 23 rue de la Mairie - 77930 CELY-EN-BIERE - Tél : 01 64 38 05 96

CESSOY-EN-MONTOIS Le Petit Cessoy

(TH)

3 ch. **Provins 15 km.** Au 1er étage, 2 ch. 2 pers. spacieuses avec salles d'eau et wc séparés. 1 ch. familiale (2 ch. communicantes), s.d.b./wc séparés. TV dans les ch. Salon de détente avec billard, salle à manger avec cheminée. Table d'hôtes de qualité. Prix dégressifs en 1/2 pension et pens. complète à partir de 3 jours. Beaucoup de charme pour cette ferme rénovée dans la très belle région du Montois. Beau parc et calme assuré. Cadre et accueil chaleureux. Organisation de banquets. Nombreuses activités sur place. Mongolfière sur demande. Animaux sous réserve. Conditions particulières à partir de 3 nuitées. Langues parlées : espagnol, anglais, allemand.

Prix : 1 pers. **350 F** 2 pers. **450 F** pers. sup. **150 F** repas **150/200 F**

Ouvert : toute l'année.

4	12	0,2	4	SP	3	15	12	4

DINEUR Sylvie et Philippe - Le Clos Thibaud de Champagne - Le Petit Cessoy - 77520 CESSOY-EN-MONTOIS - Tél : 01 60 67 32 10 - Fax : 01 64 01 36 50

CHAILLY-EN-BIERE

C.M. 4077 Pli B5

3 ch. **Fontainebleau 10 km. Barbizon 2 km. Disneyland Paris 70 km.** Bâtiment annexe d'un ancien corps de ferme. 3 chambres familiales composées chacune de 2 ch. séparées avec sanitaires communs à chaque chambre (3 lits 2 pers., 2 lits 1 pers.), salle d'eau et wc. Petit déjeuner pris chez le propriétaire dans le corps de ferme. A 55 km de Paris. A proximité de Fontainebleau, Chailly-en-Bière est un très beau village briard. Sur place, très beau musée du Père Noël et Média musée. Nombreuses promenades et sites aux alentours. Langues parlées : anglais, suédois, finlandais.

Prix : 1 pers. **200 F** 2 pers. **230 F** pers. sup. **90 F**

Ouvert : de mai à octobre.

1	10	6	1	3	2	4	10	1

MAJAVESI Tuula - 17 rue de la Fromagerie - 77930 CHAILLY-EN-BIERE - Tél : 01 60 69 22 54 - http://perso.wanadoo.fr/fermedelafromagerie/

CHALMAISON

1 ch. **Cité médiévale de Provins 10 km.** Maison indép. avec jardin et terrasse. 1 ch. dans un bâtiment annexe avec (1 lit 2 pers.), s. d'eau et wc privés, tisanerie. Salon et salle des petits-déjeuners chez le propriétaire. Jardin paysager. Région touristique avec de nombreuses promenades entre Bassée et Prounois. Petit village calme. Vallée de la Seine à proximité.

Prix : 1 pers. **240 F** 2 pers. **270 F** pers. sup. **105 F**

Ouvert : toute l'année.

2	10	1	2	10	4	10	4	4

ZENTZ André et Liliane - 19 rue Eugène Jacquelin - 77650 CHALMAISON - Tél : 01 64 01 77 59 - Fax : 01 64 01 77 59 - E-mail : andre.zentz@provins20.com - http://www.provins20.com

LA CHAPELLE-IGER

(TH)

1 ch. **Rozay-en-Brie 4 km. Champeaux 17 km. Disneyland Paris 23 km.** 1 chambre (2 pers.) avec salle d'eau et wc privés. Grande salle et salon, TV. Véranda. 1 chambre confortable aménagée dans une vieille maison briarde rénovée. Week-end à thème, remise en forme (musicothérapie thérapie manuelle, énergétique et relaxation). Accueil sympathique. Possibilité de table d'hôtes sur réservation. Thème : chambre d'hôtes « oxygène ». Langue parlée : anglais.

Prix : 1 pers. **250 F** 2 pers. **290 F** pers. sup. **120 F** repas **90 F**

Ouvert : toute l'année.

10	1,5	4	4	3	0,1	10	13	1,5

MESMAQUE Francine - 4 rue du Maréchal Leclerc - 77540 LA CHAPELLE-IGER - Tél : 01 64 42 91 99 - Fax : 01 64 42 91 99

LES CHAPELLES-BOURBON Manoir de Beaumarchais

C.M. 4077 Pli D3

1 ch. **Disneyland Paris 12 km.** Le Manoir classé monument historique est entouré d'un parc de 12 ha. composé de bois et de prés pour les chevaux. Grande suite située au 1er étage composée d'une vaste chambre (1 lit 2 pers.), d'un salon installé dans la tour et d'une salle de bains avec wc. Petit déjeuner servi dans la salle à manger ou en terrasse. TV. Le Manoir de Beaumarchais est situé à 3/4 d'heure de Paris par l'A4. Belle décoration, beaucoup de goût. Accueil très chaleureux. Nombreux sites culturels et loisirs à proximité. Langue parlée : anglais.

CV

Prix : 1 pers. **710 F** 2 pers. **760 F**

Ouvert : toute l'année.

5	5	12	5	6	1	15	6	6

CHARPENTIER Francine et Hubert - Manoir de Beaumarchais - 77610 LES CHAPELLES-BOURBON - Tél : 01 64 07 11 08 - Fax : 01 64 07 14 48 - E-mail : Hubert.charpentier@wanadoo.fr - http://www.le-manoir-debeaumarchais.com

CHARTRETTES Château de Rouillon

C.M. 4077 Pli C5

2 ch. **Paris 50 km. Fontainebleau et Vaux-le-Vicomte 10 km.** R.d.c. : salon, salle à manger avec biblio. et vidéothèque. 1er ét. : 1 ch. (1 lit 2 pers.), s.d.b. et wc. 1 suite : 1 ch. (1 lit 2 pers.), 1 ch. (2 lits 1 pers.), s.d.b., wc. 2e ét. : 1 ch. (1 lit 2 pers.), s.d.b. et wc + 1 petite ch. (1 lit 1 pers.), 1 suite : 1 ch. (1 lit 2 pers.) et 1 ch. (2 lits 1 pers.), s.d.b., wc. Vue sur la Seine et le parc à la Française. Cadre et aménagement de grande qualité. Le château de Rouillon, magnifique propriété du XVIIe, sur les bords de Seine. Magnifique parc de 2 ha. avec jardin à la française, terrasse. Accueil chaleureux. Base de loisirs de Bois-le-Roi 2 km. Nombreux sites culturels à proximité. Disneyland Paris 70 km. Langue parlée : anglais.

Prix : 1 pers. **300/350 F** 2 pers. **350/390 F** pers. sup. **140 F**

Ouvert : toute l'année.

2	5	SP	1	2	2	2	3	1

MORIZE-THEVENIN Peggy - Château de Rouillon - 41 ave du Général de Gaulle - 77590 CHARTRETTES - Tél : 01 60 69 64 40 - Fax : 01 60 69 64 55

CHARTRETTES

C.M. 4077 Pli C5

1 ch. **Fontainebleau 10 km. Base de loisirs de Bois-le-Roi 2 km. Paris 50 km.** Belle maison de pays rénovée avec goût dans un charmant village du bord de Seine. Au 1er étage d'un bâtiment annexe : 1 chambre (1 lit 2 pers.), salle d'eau etwc, tisanerie, coin-repas. Salon de jardin. Marie-Hélene et Michel sont artisans créateurs de jouets et vous proposent des stages modulables. Excellent accueil. Demandez à visiter le magnifique pressoir du XVIIe siècle. Langues parlées : anglais, italien.

CV

Prix : 1 pers. **240 F** 2 pers. **270 F**

Ouvert : de mars à octobre.

1	10	1	1	2	2	2	2	0,5

CHEVILLON M-Hélène et Michel - 28 rue Aristide Briand - 77590 CHARTRETTES - Tél : 01 60 69 51 17 - Fax : 01 64 87 12 09 - E-mail : lepressoirchevillon@minitel.net

LE CHATELET-EN-BRIE

C.M. 237 Pli 43

2 ch. **Fontainebleau 12 km. Vaux-le-Vicompte 14 km. Paris 57 km.** « La Fauconnière », 2 chambres d'hôtes sont aménagées dans une très belle ferme fleurie, environnement soigné. A l'étage 1 ch. (1 lit 2 pers.), s. d'eau non cloisonnée dans la chambre. 1 ch. familiale de 4 pers. avec s. d'eau sur le palier, wc communs. Salon à la disposition. Jardin. Terrain. Pré. Abri couvert.

Prix : 1 pers. **200 F** 2 pers. **230 F** pers. sup. **90 F**

2	7	0,1	3	2	3	7	7	3

DUMORTIER Christophe - Ferme de la Fauconnière - 77820 LE CHATELET-EN-BRIE - Tél : 01 60 69 40 45 - Fax : 01 60 69 40 45

CHATENOY La Gatinière

C.M. 4077 Pli B6

1 ch. **Nemours 6 km. Fontainebleau 18 km. Paris 90 km.** 1 suite familiale à l'étage d'une belle maison de village aménagée avec goût, jolie décoration et harmonie. Suite : 1 ch. (1 lit 2 pers.), grand salon détente avec 1 convertible 2 pers., salle d'eau et wc privés. Petit déjeuner dans la salle à manger ou au jardin en terrasse. Jardin clos de murs. Nombreux sites touristiques aux alentours. Accueil chaleureux. Langues parlées : anglais, allemand, espagnol.

CV

Prix : 1 pers. **260 F** 2 pers. **300 F** pers. sup. **100 F**

Ouvert : toute l'année.

1	6	6	2	10	4	18	6	4

BEAUDOIN Stéphanie et Jacques - La Gatinière - 15 rue Grande - 77167 CHATENOY - Tél : 01 64 28 76 96

CHATILLON-LA-BORDE La Borde   Alt. : 500 m   (TH)

2 ch. **Vaux-le-Vicomte 8 km. Paris-Gare de Lyon 25 mn. Paris 60 km.** Autoroute A5 3 km, sortie « Chatillon-la-Borde ». Belle fermette rénovée dans un hameau calme et boisé. Jardin. Salon de jardin. Terrasse. R.d.c. : salon/s. à manger, cheminée et TV. 1er ét., 1 ch. 2 pers. (3 épis), s. d'eau part, wc + 1 ch. 2 pers. (2 épis), s. d'eau privée, wc non communiquants. Accueil chaleureux. Théme : chambre d'hôtes « oxygène ». Table d'hôtes : spécialités de terrines et de pâtisseries maison. Nombreux sites touristiques à proximité. Cours de cuisine. Poss. transfert SNCF Melun. Prix spécial 1/2 pension le week-end à partir de 2 nuitées (sauf juillet et août). Langue parlée : anglais.

Prix : 1 pers. **210/240 F** 2 pers. **240/270 F** pers. sup. **105 F** repas **130 F**

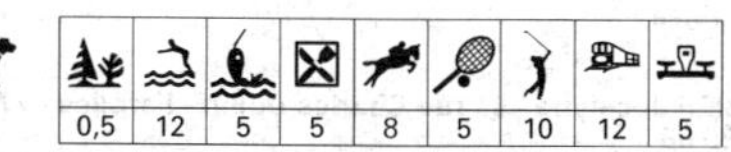

0,5	12	5	5	8	5	10	12	5

GUERIF Yves et Nadine - 16 Grande Rue - Hameau de la Borde - 77820 CHATILLON-LA-BORDE - Tél : 01 60 66 60 54 - http://www.bonadresse.com/IledeFrance/Chatillon-la-Borde.htm

CHATRES Le Portail Bleu   (TH)

4 ch. **Tournan-en-Brie 7 km. Disneyland Paris 20 mn.** 1 ch. au rez-de-chaussée avec 1 lit 2 pers. Salle de bains et wc séparés, salle à manger/salon avec cheminée, mobilier et décoration soignés. 1 ch. familiale communicante à l'étage (5 pers.), salle d'eau, wc. 2 ch. dans bâtiment annexe avec accès indép. Calme et détente. Cuisine familiale de qualité à la table d'hôtes. Baby-sitting, et nombreux loisirs de proximité. Gîte rural sur place. Langue parlée : anglais.

Prix : 1 pers. **260 F** 2 pers. **300 F** pers. sup. **110 F** repas **110 F**

Ouvert : toute l'année.

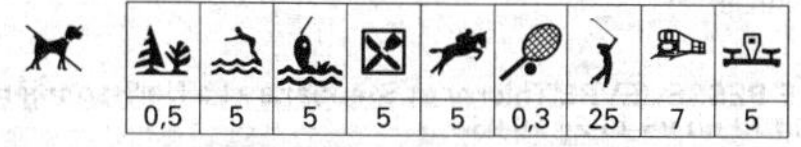

0,5	5	5	5	5	0,3	25	7	5

LAURENT Pierre et Dominique - Le Portail Bleu - 2 route de Fontenay - 77610 CHATRES - Tél : 01 64 25 84 94 - Fax : 01 64 25 84 94

CHENOISE   (TH)   *C.M. 4077 Pli F4*

1 ch. **Paris 70 km. Cité médiévale de Provins 9 km.** Maison de village rénovée avec grand jardin et parking. Salle pour petits déjeuners au rez-de-chaussée. Terrasse. 1 chambre au rez-de-chaussée (1 lit 2 pers.), salle d'eau et wc privés. Coin-cheminée dans le salon. Animaux admis sous réserve. Belle région avec de nombreux attraits touristiques. Accueil chaleureux. Table d'hôtes : cuisine traditionnelle. Calme et détente assurés.

Prix : 1 pers. **200 F** 2 pers. **230 F** pers. sup. **90 F** repas **100 F**

Ouvert : toute l'année.

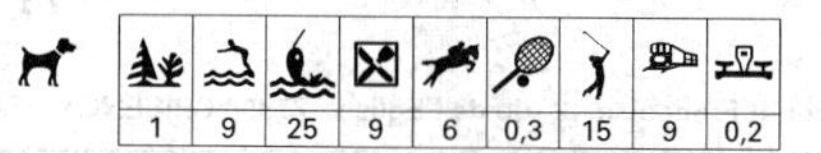

1	9	25	9	6	0,3	15	9	0,2

GIREUD Patrick - 20 rue du Parc - 77160 CHENOISE - Tél : 01 64 00 96 55 ou 06 84 15 56 72 - Fax : 01 64 00 96 55

CHOISY-EN-BRIE Champbonnois   *C.M. 4077 Pli F3*

4 ch. **Disneyland Paris 35 mn. Paris 80 km.** 4 ch. d'hôtes à l'étage d'une maison indép. rénovée avec goût, dans un hameau. 2 ch. (1 lit 2 pers.), 2 ch. (1 lit 2 pers., 1 lit 1 pers. chacune). Salles de bains et salles d'eau avec wc privés. Lit bébé. Séjour/salon avec cheminée au r.d.c. Bibliothèque. Salon de jardin, terrasse. Jardin aménagé et fleuri. Accueil chaleureux, calme et détente assurés. Langue parlée : anglais.

Prix : 1 pers. **270 F** 2 pers. **300 F** pers. sup. **110 F**

Ouvert : toute l'année.

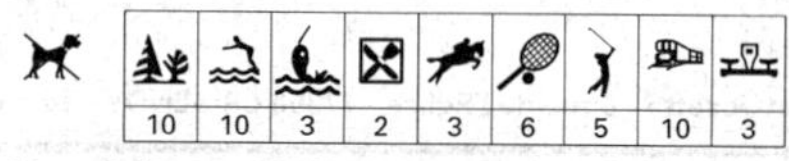

10	10	3	2	3	6	5	10	3

MORRIOT Catherine et Jean - La Marvalière - Champbonnois - 10 rue Bulot - 77320 CHOISY-EN-BRIE - Tél : 01 64 04 46 80 - Fax : 01 64 20 44 96 - E-mail : cjmorriot@aol.com

COURPALAY Ferme de Gratteloup

4 ch. 4 chambres de 2, 3 et 4 pers. avec salle d'eau et wc individuels. TV dans les chambres. Salle rustique pour petits déjeuners avec salon détente au coin du feu l'hiver. Ferme de caractère rénovée. Isolée, calme sur un terrain vallonné de 3 ha. Ferme équestre, accueil de cavaliers randonneurs avec hébergement du cheval. Ambiance chaleureuse. GR 1 à 3 km. Animaux sous réserve. Restaurants à 5 km. Langue parlée : anglais.

Prix : 1 pers. **240 F** 2 pers. **280 F** pers. sup. **100 F**

Ouvert : toute l'année.

4	1	5	5	1	1	12	10	1

BERTRAND Patrick - Ferme de Gratteloup - 77540 COURPALAY - Tél : 01 64 25 63 04

CRECY-LA-CHAPELLE

1 ch. **Disneyland Paris 7 km. Meaux 15 km.** Maison située dans le bourg, bordé par une rivière, une chambre agréable avec accès de plain-pied donnant sur un jardin clos, (2 lits 1 pers. 1 lit bébé.), salle d'eau, wc privés. Salon. TV. Grand séjour rustique. Salle pour petits-déjeuners. Chauffage central. Piscine couverte et chauffée. Jardin spacieux. Nombreux sites touristiques aux alentours. Langues parlées : anglais, allemand.

Prix : 1 pers. **220 F** 2 pers. **250 F** pers. sup. **90 F**

5	5	SP	0,5	1	0,1	1	0,5	0,1

DUFOUR Muguette - 63 rue du Général Leclerc - 77580 CRECY-LA-CHAPELLE - Tél : 01 64 63 83 89 - Fax : 01 64 83 89 65

CRECY-LA-CHAPELLE Hameau de Ferolles

1 ch. **Disneyland Paris et Meaux 15 km.** Agréable préau donnant sur le jardin. Accès indépendant. 1 chambre de 2 personnes aménagée avec goût, salle d'eau et wc privés. Accès indépendant. TV. 2e tél. : 06.11.67.77.07. Très joli hameau de Ferolles. Calme et détente. Nombreuses promenades aux alentours. VTT. Possibilité lit bébé et baby-sitting. Animaux acceptés sous réserve.

Prix : 1 pers. **250 F** 2 pers. **280 F**

Ouvert : toute l'année.

5	1	1	1	1	1	1	1	1

JOLIVET-LAUBIER Jocelyne - 34 rue Charles Dullin - Ferolles - 77580 CRECY-LA-CHAPELLE - Tél : 01 64 63 89 98 ou 06 11 67 77 07 - Fax : 01 64 63 89 98

CRECY-LA-CHAPELLE La Hérissonnière (TH) *C.M. 4077 Pli D2*

5 ch. **Disneyland Paris 15 km. Paris 45 km.** 5 chambres dont 4 dans un bâtiment annexe : 1 ch. (1 lit 2 pers.), 4 ch. (1 lit 2 pers., 1 lit 1 pers. chacune). Salles de bains et salles d'eau et wc dans chaque chambre. Salon/salle à manger. TV dans les chambres. Jardin, vaste terrasse, pergola fleurie. Table d'hôtes sur réservation. Maison de bourg sur les bords du Grand Morin, environnement de qualité. Nombreux sites touristiques aux alentours. Accueil de qualité. Langue parlée : anglais.

Prix : 1 pers. **300 F** 2 pers. **340 F** pers. sup. **120 F** repas **140 F**

Ouvert : toute l'année.

3	12	SP	SP	5	0,4	15	0,8	0,1

BORDESSOULE-BESSELIEVRE Thierry et Stéphane - La Hérissonnière - 4 rue du Barrois - 77580 CRECY-LA-CHAPELLE - Tél : 01 64 63 00 72 ou 06 11 24 16 93

CRISENOY *C.M. 237 Pli 42*

4 ch. 4 chambres aménagées dans un très beau corps de ferme. Au 1er étage : 2 chambres 4 pers. 1 chambre 2 pers. Salle d'eau et wc communs. Salle d'eau particulière. Au rez-de-chaussée : 1 chambre 5 pers. Salle d'eau privée, wc. Séjour, TV, cheminée. Jardin. Accueil chaleureux. Ambiance sympathique. Baby-sitting. Langue parlée : anglais.

Prix : 1 pers. **200 F** 2 pers. **230 F** pers. sup. **90 F**

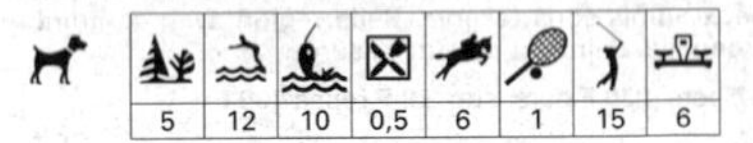

5	12	10	0,5	6	1	15	6

CHATTE Didier et Françoise - 2 rue de l'Eglise - 77390 CRISENOY - Tél : 01 64 38 82 79 - Fax : 01 64 38 84 01

CRISENOY *C.M. 237 Pli 42*

4 ch. Maison briarde rénovée avec goût. 2 ch. 2 pers. au 1er étage et 1 ch. indépendante en r.d.c. avec suite (4 pers.). Lit enfant. Lavabos dans les chambres. Salle d'eau et wc pour chaque chambre. Salle commune pour petits déjeuners avec cheminée au rez-de-chaussée. Accueil chaleureux. Détente assurée. Terrasse, jardin, parking, meubles de jardin. Langue parlée : anglais.

Prix : 1 pers. **230 F** 2 pers. **260 F** pers. sup. **100 F**

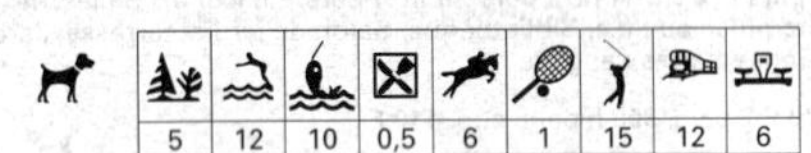

5	12	10	0,5	6	1	15	12	6

VALERY Alain et Josette - 6 rue de l'Eglise - 77390 CRISENOY - Tél : 01 64 38 83 20

CROISSY-BEAUBOURG

2 ch. **Disneyland Paris 10 km. Torcy 2 km.** Belle demeure du XVIIIe s. : 2 ch. d'hôtes. A l'étage. 1 ch. avec (1 lit 2 pers.), (1 lit 1 pers.), s. d'eau et wc privés. Au r.d.c. : 1 ch. familiale composée de 2 ch. communicantes 1 ch. (1 lit 2 pers.), 1 ch. (3 lits 1 pers.), s.d.b. et wc privés. Salon avec cheminée. TV. Salle pour petits déjeuners. Véranda. Environnement paisible. Calme et détente. Voile 5 km. Parc arboré de 2 ha. avec étang à l'orée de la forêt de Ferrières. Aire de pique-nique. A 25 km de Paris, accès par autoroute A4 ou par la Francilienne. Organisation de visites ou circuits avec location de voitures. Famille bilingue. Chambres d'hôtes « Oxygène ». Langue parlée : anglais.

Prix : 1 pers. **250 F** 2 pers. **300 F** pers. sup. **110 F**

SP	2	5	1	5	1	4	2	2

PASQUIER J-Louis et Christine - allée de Clotomont - 77183 CROISSY-BEAUBOURG - Tél : 01 64 62 99 86 - Fax : 01 60 05 03 45 - E-mail : france.ontario@wanadoo.fr

DAMMARIE-LES-LYS Vosves *C.M. 237 Pli 42*

2 ch. Hameau de Vosves, belle ferme avec vaste terrain. Accueil chaleureux. Salle des petits déjeuners au r.d.c., 1 ch. au dessus de l'atelier avec (1 lit 2 pers.) et (2 lits 1 pers.), s. d'eau et wc privés. 1 ch. au r.d.c. d'un bâtiment annexe avec (1 lit 2 pers.), s. d'eau et wc privés. Séjour. Salon à disposition. Très beau jardin. Patinoire. De mi-avril, mai et juin : stages d'aquarelle et de peintures « fleurs du jardin » (Mme Lemarchand est artiste peintre). Langue parlée : anglais.

Prix : 1 pers. **250 F** 2 pers. **300 F** pers. sup. **100 F**

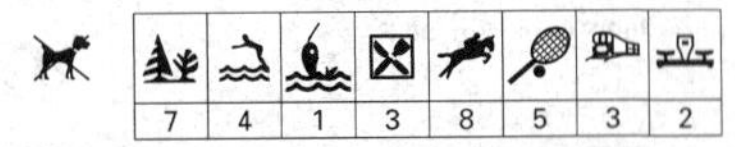

7	4	1	3	8	5	3	2

LEMARCHAND Geneviève - Vosves - 155 rue de Boissise - 77190 DAMMARIE-LES-LYS - Tél : 01 64 39 22 28 - Fax : 01 64 79 17 26

DORMELLES

2 ch. **Fontainebleau 18 km. Moret-sur-Loing 10 km.** Au rez-de-chaussée, salle pour les petits déjeuners. 1 chambre 2 pers. au 1er étage d'un bâtiment indépendant. Salle d'eau et wc privés. Chauffage central. Décoration soignée. Possibilité 1 ch. mitoyenne pour famille (2 pers.). Réduction de 10% à partir de 2 nuits consécutives. Très belle région. Maison avec beaucoup de caractère. Vaste jardin. Le propriétaire est artisan (cuir). Accueil chevaux (pré et abri).

Prix : 1 pers. **250 F** 2 pers. **300 F** pers. sup. **120 F**

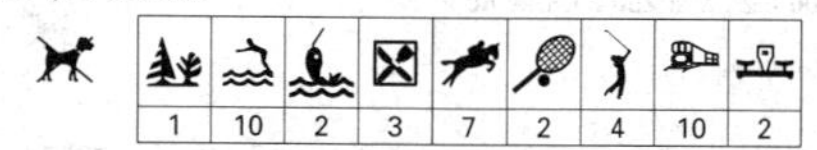

LARGILLIERE Guy et Odile - Les Bois de Dormelles - 17 rue de la Mare aux Loups - 77130 DORMELLES - Tél : 01 60 96 62 46 - Fax : 01 64 70 90 90

ECHOUBOULAINS Ferme de la Recette

A

3 ch. **Melun et Fontainebleau 20 km.** 3 chambres d'hôtes confortables à la décoration soignée sont aménagées à l'étage. 1 chambre (1 lit 2 pers.) et 2 chambres (2 lits 1 pers. chacune). Salle d'eau et wc privés. Grande ferme avec beaucoup de charme où l'on vous réserve un accueil chaleureux. Gîte rural sur place. Gîte de séjour et ferme auberge. Voile 20 km.

Prix : 1 pers. **230 F** 2 pers. **260 F** pers. sup. **100 F**

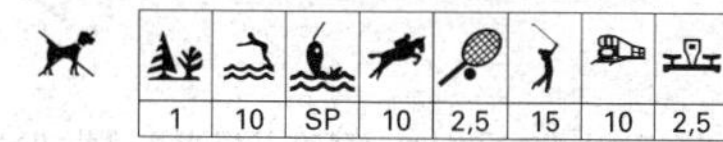

FAMILLE DUFOUR - Ferme de la Recette - 3 rue du Moulin - Echou - 77820 ECHOUBOULAINS - Tél : 01 64 31 81 09 - Fax : 01 64 31 89 42 - http://www.STPI.COM/fermes auberges/fermesfr.HTLM

EGREVILLE

C.M. 237 Pli 43

1 ch. Dans une maison moderne, à 500 m du centre de la commune, terrasse. Salle des petits-déjeuners au r.d.c. Au 1er étage : 1 suite familiale composée de 2 ch. avec chacune (1 lit 2 pers.), s. d'eau et wc privés. Coin salon avec TV. Beau village avec vieilles halles du XVIe siècle. Baignade, voile, jardin clos. Langue parlée : allemand.

Prix : 1 pers. **240 F** 2 pers. **270 F** pers. sup. **105 F**

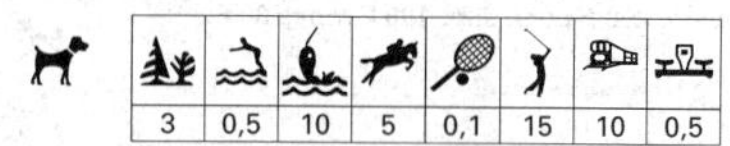

DELANDRE Roger et Geneviève - 21 route de Bransles - 77620 EGREVILLE - Tél : 01 64 29 51 85

GRISY-SUR-SEINE Ferme de Toussacq

TH

5 ch. **Bray-sur-Seine 6 km. Villenauxe-la-Petite 3 km. Provins 25 km.** Dans l'ancienne bergerie, 5 ch. d'hôtes spacieuses et confortables de 2 à 3 pers. avec chacune salle d'eau ou de bains, wc privés. Au r.d.c., accueil, salle petits déjeuners avec TV. Salon de jardin. TV dans les chambres sur demande. Ferme de Toussacq : en bordure de la Seine, à 1 h 15 de Paris par l'A5. Dans le parc d'un ancien château, pigeonnier, chapelle. Table d'hôtes sur réservation sauf le dimanche soir et le mardi soir. Calme et détente assurés. Thème : chambre d'hôtes « oxygène ». Langue parlée : anglais.

Prix : 1 pers. **250 F** 2 pers. **290 F** pers. sup. **100 F** repas **80 F**

Ouvert : toute l'année.

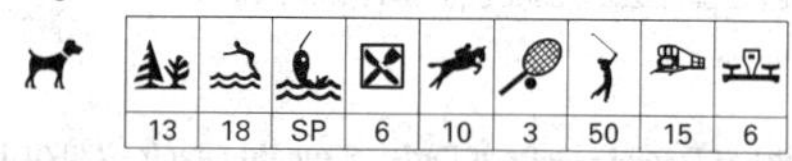

COLAS Dominique et J-Louis - Ferme de Toussacq - D411 - 77480 GRISY-SUR-SEINE - Tél : 01 64 01 82 90 - Fax : 01 64 01 82 61 - E-mail : toussac@terre-net.fr

GRISY-SUR-SEINE Ouinottes

TH

2 ch. **Bray-sur-Seine 7 km. Provins 20 km.** En rez-de-chaussée : 1 chambre familiale communicante pouvant accueillir 5 personnes, (2 lits 2 pers. 1 lit 1 pers.), salle d'eau et wc privés. Séjour, coin-salon, TV. A l'étage : 1 ch. familiale spacieuse composée de 2 ch. communicantes avec s. d'eau et wc privés (2 lits 2 pers. 1 lit 1 pers.), coin-salon. Cour avec salon de jardin. Accueil convivial. Promenade donnant directement au bord de la Seine. Animaux acceptés sous conditions. Produits de la ferme. Table d'hôtes, cuisine familiale. Site ornithologique. Pêche sur place. Baignade. Langue parlée : anglais.

Prix : 1 pers. **200 F** 2 pers. **230 F** pers. sup. **100 F** repas **95 F**

Ouvert : toute l'année.

10	13	1	7	6	5	52	13	7

FLON Martine et Philippe - Ouinottes - 1 Ferme de Ouinottes - 77480 GRISY-SUR-SEINE - Tél : 01 64 01 85 31

HERICY

C.M. 237 Pli 43

1 ch. 1 chambre d'hôtes familiale aménagée dans une maison proche du bourg et du bord de Seine, avec salle d'eau, wc communs. Salle de séjour, salon avec TV à la disposition des hôtes. Jardin, terrain. Rivière, baignade, voile, sur place. Patinoire 15 km. Produits fermiers sur place.

Prix : 1 pers. **210 F** 2 pers. **240 F** pers. sup. **100 F**

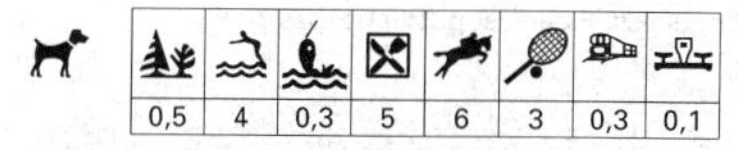

MADAMOUR Roger et Josette - Le Relais - 1 rue Elie Rousselot - 77850 HERICY - Tél : 01 64 23 63 54

HERICY (TH)

1 ch. **Fontainebleau 6 km.** 1 chambre d'hôtes de 2 personnes aménagée dans une dépendance dans le jardin. Salle de bains et wc. Salle pour petits déjeuners chez le propriétaire. Jardin clos. Charmant village en bordure de la Seine. Nombreuses visites à proximité. Table d'hôtes de cuisine traditionnelle. Langue parlée : anglais.

Prix : 1 pers. **200 F** 2 pers. **250 F** repas **80 F**

Ouvert : toute l'année.

1	6	0,5	2	6	1	6	0,2	0,2

MAEHREL M-Hélène et Serge - 9, avenue de Fontainebleau - 77850 HERICY - Tél : 01 64 23 81 33 - Fax : 01 60 74 29 93

JAIGNES (TH)

2 ch. **Disneyland Paris 30 km. Paris 50 km.** Au r.d.c., 2 salons avec cheminées et TV. Salle des petits-déjeuners. Entrée indép. Au 1er : 1 ch. (1 lit 2 pers.), s.d.b., wc privés et TV. 1 suite avec 1 ch. (2 lits 1 pers.), 1 ch. (1 lit 2 pers.), s. d'eau, wc privés et TV. Très belle maison dans un village calme et détente. Grand jardin, terrasse. Table d'hôtes sur réservation. Accueil privilégié et de qualité. Chambres d'hôtes « Oxygène ». Langues parlées : anglais, espagnol.

Prix : 1 pers. **310 F** 2 pers. **350 F** pers. sup. **110 F** repas **150 F**

Ouvert : toute l'année.

8	7	0,5	SP	10	2	8	5	5

CARRE Daniel et Gisèle - 1 rue des Vignes - 77440 JAIGNES - Tél : 01 60 01 73 34 - Fax : 01 60 01 73 01 -
E-mail : daniel.carre.consultant@wanadoo.fr

JOUARRE Ferme de la Brosse (TH)

5 ch. **Meaux 18 km. Disneyland 12 km.** 5 chambres de style rustique aménagées au rez-de-chaussée dont 2 communicantes, dans une aile de la ferme. 3 ch. 2 pers. 2 ch. 3 pers. Salle d'eau, wc privés. Salle des petits déjeuners avec cheminée. Grande ferme briarde avec cour fermée. Nombreux sites et promenades aux alentours. Salon de jardin. Table d'hôtes sur réservation. Location de salle pour mariages, séminaires. Théme : chambre d'hôtes « oxygène ».

Prix : 1 pers. **210 F** 2 pers. **250 F** pers. sup. **100 F** repas **90 F**

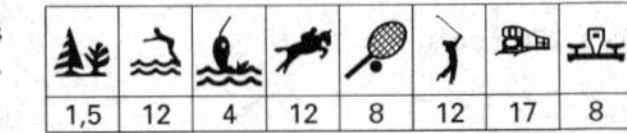

1,5	12	4	12	8	12	17	8

VAN PRAET Marie-Thérèse - Ferme la Brosse - D19 - 77640 JOUARRE - Tél : 01 60 22 15 14 - Fax : 01 60 22 36 58

JOUY-LE-CHATEL Le Petit Paris (TH)

2 ch. **Disneyland Paris 35 km. Provins et Nangis 15 km.** 2 chambres dont 1 ch. à l'étage 2 pers. avec salle d'eau et wc non communicants. Au rez-de-chaussée, 1 ch. familiale 4 pers. avec cabinet de toilette, salle d'eau et wc privés. Salon, salle de billard. Piscine dans un agréable jardin fleuri. Table d'hôtes sur réservation, enfant : 45 F. Hameau du Petit-Paris, calme et détente assurés. Promenades aux alentours. Salle de ping-pong. Langue parlée : anglais.

Prix : 1 pers. **220 F** 2 pers. **250 F** pers. sup. **100 F** repas **70 F**

Ouvert : toute l'année.

0,5	SP	8	5	2	2	20	15	2

DIVET Raymonde et Daniel - Le Petit Paris - 9 rue du Lavoir - 77970 JOUY-LE-CHATEL - Tél : 01 64 01 55 98

LAVAL-EN-BRIE Le Grand Buisson *C.M. 4077 Pli D5*

1 ch. **Vallée du Loing 15 km.** 1 suite familiale aménagée dans un bâtiment annexe, rénovée avec goût : vaste ch. (1 lit 2 pers.), salon avec 1 convertible 2 pers., salle d'eau et wc privés. Coin-cheminée. Jardin clos arboré et fleuri. Petit déjeuner chez le propriétaire. Nombreuses promenades aux alentours. Belle maison briarde rénovée sur un grand jardin clos, beaucoup de charme. Hameau calme, détente assurée et accueil chaleureux... Langues parlées : anglais, espagnol.

Prix : 1 pers. **280 F** 2 pers. **330 F** pers. sup. **120 F**

Ouvert : toute l'année.

4	5	5	1	10	1,5	10	5	2

MANULELIS Georges et Florence - l'Atalante - Le Grand Buisson - 8 rue du Grand Buisson - 77148 LAVAL-EN-BRIE -
Tél : 01 45 82 94 02 ou 06 86 18 54 98 - Fax : 01 45 82 94 02

LIZINES (TH) *C.M. 237 Pli 44*

3 ch. **Cité médiévale de Provins 12 km.** 3 chambres d'hôtes très agréables aménagées dans un corps de ferme. Au rez-de-chaussée : 1 ch. 2 pers. avec salle d'eau, wc. 1 ch. 3 pers. 1 ch. 2 pers. avec salle d'eau, wc indép. Séjour, TV. Petits déjeuners avec produits fermiers. Table d'hôtes le soir uniquement sauf le vendredi sur réservation. Accueil chaleureux. Ambiance familiale. Coin-cuisine à disposition. Ferme adossée à une belle église. Nombreuses visites aux alentours. Thème : ch. d'hôtes « oxygène ».

Prix : 1 pers. **240 F** 2 pers. **270 F** pers. sup. **100 F** repas **70 F**

15	12	1	SP	15	4	12	7	4

DORMION Jean-Marie et Annick - 24 rue de Perre - Lizines - 77650 LONGUEVILLE - Tél : 01 60 67 32 47 - Fax : 01 60 67 32 47

LIZINES

5 ch. **Provins 12 km.** A la ferme, 5 ch. d'hôtes confortables et spacieuses. 1 ch. double au rez-de-chaussée et 2 ch. 3 pers. à l'étage, face à la ferme des propriétaires. Salle de bains et wc privés. TV dans les chambres. Salon de jardin. 2 ch. indépendantes à l'étage chez le propriétaire. Repas le soir, produits de la ferme. Ambiance familiale et chaleureuse. Accueil à la gare. Région touristique. Grange avec coin-barbecue et cuisine. Ping-pong. Tarif dégressif suivant la durée du séjour.

CV

Prix : 1 pers. **240 F** 2 pers. **270 F** pers. sup. **105 F** repas **80 F**

15	12	15	8	4	12	7	4

DORMION J-Claude & Christine - 2 rue des Glycines - 77650 LIZINES - Tél : 01 60 67 32 56 - Fax : 01 60 67 32 56

MAINBERVILLIERS

2 ch. 2 chambres d'hôtes de style rustique et spacieuses sont aménagées à l'étage. 1 chambre (1 lit 2 pers.), 1 chambre (1 lit 2 pers. 1 lit 1 pers.), avec salle d'eau et wc privés. Salle à manger/coin-détente. Terrasse ensoleillée. TV dans chaque ch. Parking. Cour fermée. Table d'hôtes sur réservation. Baby-sitting. Vaste jardin. Ping-pong. Vous serez reçus dans une des dépendances de la ferme entièrement rénovée et chaleureusement aménagée pour votre confort. A proximité de la base de Buthiers et site de varappe. GR1 et forêt de Fontainebleau, vol à voile à 6 km. Langue parlée : anglais.

CV

Prix : 1 pers. **240 F** 2 pers. **270 F** pers. sup. **105 F** repas **95 F**

Ouvert : toute l'année.

0,1	3	6	4	3,5	6	5	5

STELMACK Laurent et Nadine - 6 rue de la Libération - Mainbervilliers - 77760 BOISSY-AUX-CAILLES - Tél : 01 64 24 56 77 - Fax : 01 64 24 56 77

MERY-SUR-MARNE

C.M. 4077 Pli F2

2 ch. **Paris 80 km. Disneyland Paris 35 km.** Situé dans une boucle de la Marne, le Russelet est une vaste maison de la fin du XIXe siècle, sur un parc arboré de 2 ha. R.d.c. : salle pour petits déjeuners, salle de jeux. 1er étage : coin-salon, 1 ch. (1 lit 2 pers.), salle d'eau et wc, 1 suite familiale : 1 ch. (1 lit 2 pers.) et 1 ch. (2 lits 1 pers.), salle d'eau et wc. TV sur demande. Belle propriété avec magnifique jardin, point de vue sur la vallée de la Marne depuis les chambres. Nombreuses promenades aux alentours. Accueil chaleureux. Langue parlée : anglais.

Prix : 1 pers. **280 F** 2 pers. **330 F** pers. sup. **130 F**

Ouvert : toute l'année.

SP	7	0,1	2,5	2	2	20	2,5	1,5

LEROY-DROLLER Sylvie et Yves - 6 route du Russelet - 77740 MERY-SUR-MARNE - Tél : 01 60 23 57 29 - Fax : 01 60 23 54 99 - E-mail : Russelet@wanadoo.fr - http://perso.wanadoo.fr/russelet

MONTCEAUX-LES-PROVINS

1 ch. **Provins 18 km.** Au rez-de-chaussée, salle pour les petits déjeuners de qualité. Salon avec cheminée. 1 chambre 2 pers. de style. Salle de bains et wc au rez-de-chaussée. Possibilité 1 chambre familiale supplémentaire. Très belle maison aménagée avec goût, située dans le village. Jardin clos avec meubles de jardin. Accueil chaleureux.

Prix : 1 pers. **240 F** 2 pers. **270 F** pers. sup. **100 F**

2	18	5	5	5	5	18	5

EYRAUD Alberte - impasse du Prieuré - 77151 MONTCEAUX-LES-PROVINS - Tél : 01 64 01 99 31

MONTIGNY-SUR-LOING

3 ch. **Fontainebleau 8 km. Moret-sur-Loing 6 km.** Maison de caractère dans le bourg : 3 chambres confortables (2 ou 3 pers.), décoration soignée, salle d'eau et wc privés chacune. Lit bébé. TV, coin-lecture. Salle petits déjeuners au rez-de-chaussée. Agréable vallée du Loing. Nombreuses promenades et sites touristiques. Cour fermée, salon de jardin. Langues parlées : anglais, allemand.

CV

Prix : 1 pers. **240 F** 2 pers. **270 F** pers. sup. **105 F**

Ouvert : toute l'année.

0,5	0,3	0,1	0,4	25	0,6	0,2

GICQUEL Pascale et J-Michel - 46 rue Réné Montgermont - 77690 MONTIGNY-SUR-LOING - Tél : 01 64 45 87 92

MONTMACHOUX

3 ch. Maison indépendante dans le jardin. Accès indépendant. Salon et salle pour petits déjeuners au r.d.c., tous deux avec cheminée. Terrasse. Au r.d.c., 1 chambre (2 lits 1 pers.), salle d'eau et wc. Au 1er étage, 1 chambre (1 lit 2 pers.), salle d'eau et wc. 1 chambre (1 lit 2 pers. 2 lits 1 pers.), salle d'eau et wc. Très beau village. Environnement soigné. Accueil chaleureux et personnalisé. Terrasse et jardin. 1 chambre au rez-de-chaussée accessible aux personnes à mobilité réduite. Beaucoup de charme. Décoration soignée. Chambres d'hôtes oxygène. Circuits de randonnée. Langue parlée : anglais.

Prix : 1 pers. **250 F** 2 pers. **340 F** pers. sup. **100 F**

Ouvert : toute l'année.

0,2	8	8	4	6	4	4	8	4

ROUSSEAU Catherine et Jacques - 7, Grande Rue - 77940 MONTMACHOUX - Tél : 01 64 70 21 31 ou 06 82 66 28 65 - Fax : 01 64 70 29 68 - E-mail : la-marechale@infonie.fr - http://www.perso.infonie.fr/la-marechale/

MONTOLIVET La Fontaine aux Loups (TH) *C.M. 4077 Pli G3*

5 ch. Très belle maison rénovée au cœur de la campagne. Salle pour petits déjeuners et salon au r.d.c. 1 ch. au r.d.c. (1 lit 2 pers.), salle d'eau, wc. A l'étage : 3 ch. (1 lit 2 pers., 1 lit 1 pers.), salle d'eau et wc chacune, 1 ch. (1 lit 2 pers.), salle d'eau et wc. Terrasse. Très belle région sud de la vallée du petit Morin. Nombreuses promenades aux alentours. A proximité des vignobles de Champagne. Calme et détente assurés. Accueil chaleureux. Location de vélos. Piscine. Langue parlée : anglais.

Prix : 1 pers. **220 F** 2 pers. **250 F** pers. sup. **100 F** repas **80/120 F**

Ouvert : toute l'année.

5	10	10	10	2	10	15	11	11

VAPPEREAU-BOISSON Gérard et Pierre - La Fontaine aux Loups - 77320 MONTOLIVET - Tél : 01 64 03 76 76 - Fax : 01 64 03 76 77 - E-mail : ceran@club-internet.fr

NESLES-LA-GILBERDE Ferme de Bourbeaudoin (TH)

3 ch. **Rozay-en-Brie 6 km. Coulommiers 15 km. Disneyland Paris 25 km.** 3 chambres rustiques (2 pers.), salle d'eau et wc privés chacune. Salle petits-déjeuners et table d'hôtes au rez-de-chaussée. Animaux acceptés sous réserve. Nombreuses promenades en forêt. Piscine. Terrain de boules, barbecue, salon de jardin. Gîtes ruraux et de séjour sur place. Langue parlée : anglais.

Prix : 1 pers. **210 F** 2 pers. **240 F** pers. sup. **100 F** repas **50/120 F**

Ouvert : toute l'année.

SP	SP	3	8	6	10	10	5

HARLIN Yolande et Kleber - Ferme de Bourbeaudoin - D402 - 77540 NESLES-LA-GILBERDE - Tél : 01 64 25 65 24 - Fax : 01 64 42 99 84

NOISY-SUR-ECOLE

2 ch. Belle maison de pays avec jardin paysager. 2 chambres d'hôtes à l'étage d'une dépendance. 1 chambre de 2 personnes avec salle d'eau et wc indépendants et non communicants. 1 chambre de 4 personnes avec salle d'eau et wc indépendants. Séjour/salon et petits déjeuners chez la propriétaire. Bérénice, paysagiste, vous fera partager sa passion du jardin. Beaucoup de charme. Accueil chaleureux. Village charmant avec de nombreuses possibilités de promenades aux alentours (Fontainebleau, Milly-la-Forêt, Forêt, etc.). Varappe à proximité. Thème : ch. d'hôtes « oxygène ». Langue parlée : anglais.

Prix : 1 pers. **270 F** 2 pers. **300 F** pers. sup. **120 F**

Ouvert : toute l'année.

0,2	5	0,5	0,1	0,5	0,5	10	9	2

BROUARD Bérénice - 23, rue d'Anvers - 77123 NOISY-SUR-ECOLE - Tél : 01 64 24 79 12 - Fax : 01 64 24 72 71

ORMEAUX La Ferme du Vieux Château (TH) *C.M. 4077 Pli D3*

3 ch. **Paris 50 km.** 3 ch. avec sanitaires privés. « Faire plaisir et se faire plaisir », credo des hôtes qui vous recevront avec chaleur et saurons vous faire découvrir la région y compris en attelage. Les petits déjeuners « à la Vermeci » et la table d'hôtes aux chadelles sont de grands moments. Bibliothèque, musique, TV dans les chambres. Immense cheminée. Grand parc au calme absolu. La Ferme du Vieux Château d'architecture typiquement briarde (XVIIIe), rénovée avec passion, à la décoration de charme (nombreux objets d'art et collection d'outils anciens), vous accueille Langues parlées : anglais, allemand.

Prix : 1 pers. **320 F** 2 pers. **360 F** repas **85/220 F**

Ouvert : toute l'année.

5	10	SP	1	SP	5	15	12	3

MAEGERLEIN Inge - Ferme du Vieux Château - 77540 ORMEAUX - Tél : 01 64 25 78 30 ou 06 85 19 04 39 - Fax : 01 64 07 72 91 - E-mail : BandB77@wanadoo.fr - http://www.chambres-table-hotes.com

OTHIS Beaumarchais

2 ch. **Ermenonville 8 km. Disneyland Paris 20 mn.** En r.d.c. : 1 ch. de charme de 2 pers. avec salon. Dressing, wc séparés, s.d.b. A l'étage : 1 ch. 2 pers. Terrasse et jardin fleuri. Prestations de très haute qualité. Décoration raffinée et accueil chaleureux. Véritable hâvre de paix, propice à la détente où un petit-déjeuner inoubliable vous sera servi. Hameau de Beaumarchais « Plaisance ». A 1/2 heure de Paris. 18 km de l'aéroport de Charles de Gaulle. Une adresse qui vous enchantera. Langues parlées : anglais, italien.

Prix : 1 pers. **650/700 F** 2 pers. **690/760 F** pers. sup. **150 F**

Ouvert : toute l'année.

0,2	10	5	5	6	3	15	6	3

MONTROZIER Françoise - Beaumarchais - 12 rue des Suisses - 77280 OTHIS - Tél : 01 60 03 33 98 - Fax : 01 60 03 56 71

PENCHARD

2 ch. **Meaux 6 km. Disneyland Paris 20 km.** 2 chambres de 3 personnes (1 lit 2 pers. 1 lit 1 pers.) à l'étage avec salles d'eau/wc indépendants. TV dans les chambres. Salle des petits déjeuners à l'étage (tisanerie) avec salon, jardin et vaste cour de ferme. Belles chambres décorées avec goût près de Paris. Belles promenades aux alentours. Salon de jardin. Langue parlée : anglais.

Prix : 1 pers. **250 F** 2 pers. **280 F** pers. sup. **110 F**

Ouvert : toute l'année sauf Noël et 1er janvier.

SP	5	3	1	5	8	5	1

VIARD Chantal et Georges - 2 place de la Mairie - 77124 PENCHARD - Tél : 01 60 09 56 34 - Fax : 01 60 23 95 36 ou SR : 01 60 39 60 39

PERTHES-EN-GATINAIS

TH *C.M. 4077 Pli 5B*

2 ch. **Paris 47 km. Fontainebleau 13 km. Barbizon 5 km.** Maison indépendante avec jardin. Côté jardin, au r.d.c. : salon avec cheminée et coin-tisanerie. Et. : 1 ch. (1 lit 2 pers.), s.d.b., wc. Côté cour, dépendance aménagée avec au 1er ét. : 1 ch. 2 pers., salon, s.d.b. et wc. Poss. lit suppl. Vaste jardin ceint de murs et verger. Petit déjeuner pris chez le propriétaire ou en terrasse. Corps de ferme rénové avec goût situé dans un bourg. Table d'hôtes sur réservation : cuisine traditionnelle. Nombreux sites et pormenades aux alentours. Accueil chaleureux. Langue parlée : anglais.

Prix : 1 pers. **260/310 F** 2 pers. **300/350 F** pers. sup. **130 F**
repas **130/180 F**

Ouvert : toute l'année.

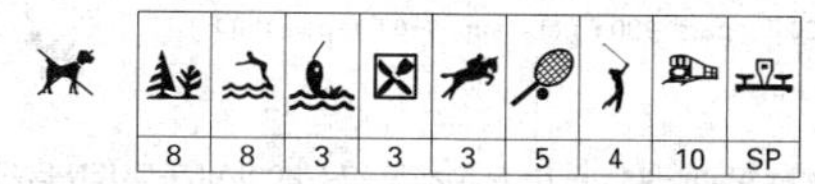

8	8	3	3	3	5	4	10	SP

DUPUY Viviane et Philippe - 14 rue de Melun - 77930 PERTHES-EN-GATINAIS - Tél : 01 60 66 18 93 ou 06 09 15 67 63

POLIGNY Haras de la Fontaine

2 ch. **Paris 70 km. Haras de la Fontaine à 5 km de Nemours (A6).** Ferme équestre. A l'étage : 1 chambre avec (3 lits 1 pers.), s. d'eau et wc privés. 1 ch. (1 lit 2 pers., 1 lit 1 pers.), s. d'eau et wc privés non communicants. Terrasse, salon et salle pour petits déjeuners au rez-de-chaussée. Activités équestres sur place. Forêt et promenades à proximité. Bel environnement. Calme et détente assurés. Halte équestre. Langue parlée : anglais.

Prix : 1 pers. **200 F** 2 pers. **240 F** pers. sup. **90 F**

Ouvert : toute l'année.

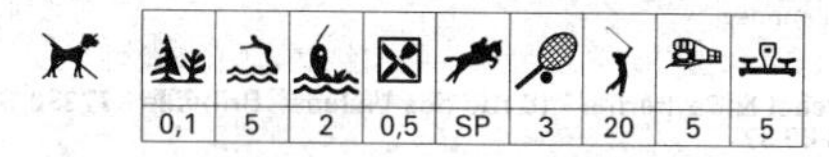

0,1	5	2	0,5	SP	3	20	5	5

AMIEL Catherine et Gilbert - 3, rue de la Fontaine - Haras de la Fontaine - 77167 POLIGNY - Tél : 01 64 78 01 17

POMMEUSE Le Moulin de Pommeuse

TH *C.M. 4077 Pli E3*

6 ch. **Coulommiers 7 km. Disneyland Paris 18 km. Paris 50 km.** Dans un petit village briard, Annie et Jacky proposent détente et repos sur un site champêtre et soigné. Authentique moulin à eau dont les origines se situent au XIVe. Bât. rénové : vaste hall d'accueil, salons surplombant le cours d'eau, salle à manger, 3 cheminées, 6 ch. à l'étage dont 2 familiales pour 4 pers. avec salles d'eau et wc privés. Parc de 3 ha. aménagé et arboré en bordure de rivière. Ile accessible dans la propriété. Jeux de plein air, VTT, pêche, randonnées. Châteaux et sites historiques à proximité. Langue parlée : anglais.

Prix : 1 pers. **270 F** 2 pers. **310 F** pers. sup. **130 F** repas **120 F**

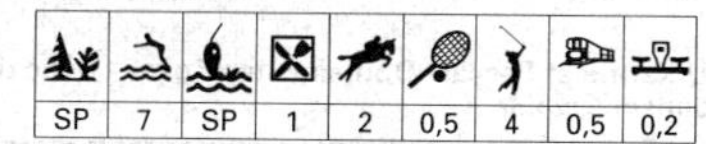

SP	7	SP	1	2	0,5	4	0,5	0,2

THOMAS Jacky et Annie - Le Moulin de Pommeuse - 32 ave du Général Huerne - 77515 POMMEUSE - Tél : 01 64 75 29 45 - Fax : 01 64 75 29 45 - E-mail : infos@le-moulin-de-pommeuse.com - http://www.le-moulin-de-pommeuse.com

PROVINS Ferme du Chatel Ville Haute

5 ch. **Fontainebleau 55 km. Disneyland Paris 50 km.** Ferme du Chatel en ville-Haute. Rez-de-chaussée : 1 ch. (2 pers.), 1 ch. 3 pers. s. d'eau/wc privés chacune. Salle d'accueil et petits déjeuners, coin-détente, TV, coin-cuisine. Jardin et salon de jardin. Parking. A l'ét. : 1 ch. (3 pers.), 2 ch. (4 pers.), s. d'eau/wc privés. Poss. pique-nique. Baby-sitting. Dans une cité médiévale classée, nombreuses animations estivales. Un accueil chaleureux vous attend près des remparts de la vieille ville. Petite salle de séminaire (10/12 pers.). Langue parlée : anglais.

Prix : 1 pers. **265 F** 2 pers. **285 F** pers. sup. **100 F**

Ouvert : toute l'année.

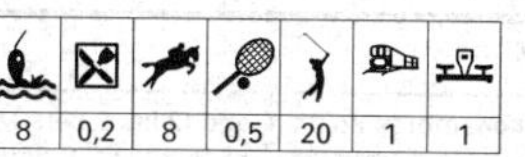

6	1	8	0,2	8	0,5	20	1	1

LEBEL Annie et Claude - Ville Haute - Ferme du Chatel - 5 rue de la Chapelle St-Jean - 77160 PROVINS - Tél : 01 64 00 10 73 - Fax : 01 64 00 10 99 - E-mail : info@provins.net - http://www.provins.net

SAINT-FARGEAU-PONTHIERRY Auxonnettes

TH

3 ch. **Fontainebleau 18 km. Milly et Barbizon 10 km. Paris 40 km.** Maison indép. dans le jardin. salle de petits-déjeuners dans le séjour très agréable des propriétaires ou en terrasse. 1 ch. au r.d.c. (2 lits 1 pers.), s.d.b. et wc privés. 2 ch. à l'étage, avec (1 lit 2 pers., 1 lit 1 pers.), s.d.b. et wc privés dans chaque chambre. Sauna, solarium, table d'hôtes sur réservation, baby sitting. A proximité de sites exceptionnels comme Barbizon, Fontainbleau ou Milly la forêt, charmant village. Belle maison restaurée donnant sur un jardin paysager. Sylvie vous regalera d'une excellente cuisine familiale et de produits du jardin en table d'hôtes. Circuits pédestres et VTT accompagnés. Langues parlées : anglais, italien.

Prix : 1 pers. **260 F** 2 pers. **290 F** pers. sup. **110 F** repas **120 F**

Ouvert : toute l'année.

5	2	3	2	3	3	5	4	1

BOUTIN Sylvie - 13 rue E. Petit - Hameau d'Auxonnettes - 77310 SAINT-FARGEAU-PONTHIERRY - Tél : 01 60 65 68 12 ou 06 82 37 26 91 - E-mail : la-grange@wordonline.fr - http://www.hsdi.be/lagrange

SAINT-OUEN-EN-BRIE

(TH) *C.M. 4077 Pli D4*

1 ch. **Provins (cité médiévale) 30 km. Paris 60 km.** A l'étage (accès par un escalier extérieur) : 1 ch. (1 lit 2 pers., 1 lit bébé), 1 ch. (1 lit 2 pers.), 1 ch. (1 lit 2 pers., 1 lit 1 pers.), toutes avec salle d'eau et wc privés. Cheminée, coin-détente et tisanerie. Séjour/salon avec cheminée. Table d'hôtes sur réservation (produits du terroir). Jardin clos, salon de jardin. Accueil très chaleureux. « Le Logis Brie Art » vous accueille dans un cadre champêtre. Rosine, artiste peintre et Alain, photographe d'art vous feront partager la passion de leur métier.

CV

Prix : 1 pers. **220 F** 2 pers. **280 F** pers. sup. **110 F** repas **100 F**

Ouvert : toute l'année.

2	6	3	3	0,1	3	3	6	3

GOHET Rosine et Alain - 41 rue de la Mairie - 77720 SAINT-OUEN-EN-BRIE - Tél : 01 64 08 46 38 ou 06 83 28 21 47

SAINT-SAUVEUR-SUR-ECOLE Brinville

(TH)

2 ch. **Fontainebleau 10 km. Barbizon 5 km.** Maison indép. sur vaste terrain paysager avec piscine, terrasse. Au r.d.c. : salle des petits-déjeuners et salon. Terrasse sur le jardin. A l'étage : salon avec TV et magnifique billard. 2 ch. (1 lit 2 pers.), s. d'eau et wc privés dans chaque chambre. TV dans les chambres. Décoration soignée. Très beau village proche de Fontainebleau et de sa forêt. Site préservé. Calme et détente assurés dans ce hameau plein de charme. Nombreuses visites et promenades aux alentours. Chambres d'hôtes oxygène. Langue parlée : anglais.

Prix : 1 pers. **310 F** 2 pers. **360 F** repas **120/150 F**

Ouvert : toute l'année.

2	SP	2	5	1	0,5	5	5	5

LETANG J-Michel & Catherine - 15 rue des Vallées - Brinville - 77930 SAINT-SAUVEUR-SUR-ECOLE - Tél : 01 60 65 66 37 - Fax : 01 60 65 66 37

SOUPPES-SUR-LOING Champs sur les Bois

(TH) *C.M. 4077 Pli C6*

5 ch. **Base de loisirs 2 km. Nemours 8 km. Paris 90 km.** A l'étage du Domaine des Roses, 5 chambres confortables et personnalisées. 2 ch. (1 lit 2 pers., 1 lit 1 pers.), 3 ch. (1 lit 2 pers.), salle d'eau et wc privés dans chaque chambre. Salle à manger/salon avec cheminée à disposition. TV, bibliothèque. 4 ha. de terrain clos. Table d'hôtes sur réservation. Accueil sympathique. Hameau à 2 km de Souppes-sur-Loing. Ecurie des propriétaires sur place (halte équestre). Nombreux sites aux alentours. Langues parlées : anglais, espagnol.

Prix : 1 pers. **270/320 F** 2 pers. **300/350 F** pers. sup. **85 F** repas **100 F**

Ouvert : toute l'année.

2	2	2	2	3	7	7	2	2

GUITTONNEAU Karine et Pascal - Domaine des Roses - 6 rue du Marais Brulé - 77460 SOUPPES-SUR-LOING - Tél : 01 60 55 09 81 - E-mail : sguittonneau@aol.fr

THOMERY

C.M. 237 Pli 43

1 ch. **Fontainebleau 7 km.** Belle maison du XVIIIe siècle avec jardin, au centre d'un charmant village. 1 grande ch. spacieuse, meublée avec style, (1 lit 2 pers.), salle d'eau, wc privés. Poss. 2e ch. contiguë pour famille (1 lit 2 pers.). Salle pour petits déjeuners au rez-de-chaussée. Région très touristique et proche de la forêt de Fontainebleau. Voile 20 km. Langue parlée : anglais.

Prix : 1 pers. **250 F** 2 pers. **270 F**

SP	5	0,5	0,5	5	5	5	5	0,1

FARNAULT Jean et Régine - 7 rue de Cronstadt - 77810 THOMERY - Tél : 01 60 70 07 23

THOMERY

4 ch. 4 chambres au 1er étage (2 lits 2 pers.), 2 salles d'eau communes, wc séparés. Salon de détente au 1er étage. Terrasse, véranda. Maison spacieuse. Très beau jardin fleuri, beaucoup d'espace. Chambres propices à la détente dans ce beau village de la forêt de Fontainebleau. Accueil très chaleureux et souriant.

Prix : 1 pers. **230 F** 2 pers. **250 F** pers. sup. **105 F**

Ouvert : toute l'année.

SP	7	0,2	SP	5	2	8	2	1

VARNEROT Marie-Rose - 56 rue Neuve - 77810 THOMERY - Tél : 01 60 96 43 26

THOURY-FEROTTES

C.M. 237 Pli 43

3 ch. Dans une très belle ferme fortifiée isolée, avec beaucoup de caractère, 2 ch. 3 pers. avec s. d'eau privées, wc et 1 suite familiale composée d'1 ch. (1 lit 2 pers.) et 1 ch. (2 lits 1 pers.), salle de bains + douche et wc privés. Jardin + club house. Possibilité repas. Golf 18 trous sur place.

Prix : 1 pers. **240 F** 2 pers. **270/290 F** pers. sup. **110 F**

SP	10	2	4	20	4	SP	10	4

CRAPARD François et Michèle - La Forteresse - 77940 THOURY-FEROTTES - Tél : 01 60 96 95 10 ou 01 60 96 97 00 - Fax : 01 60 96 01 41

TREUZY-LEVELAY Levelay

2 ch. **Nemours 10 km.** 2 ch. (2 pers.) confortables à l'étage d'une maison agréable dans le hameau de Levelay. Salle de bains ou salle d'eau et wc privés. Petits déjeuners à base de produits locaux. Jardin arboré de 4000 m^2. Agréable vallée de l'Orvanne et du Lunain. Nombreuses promenades et sites touristiques. Ancienne grange aménagée. Langues parlées : anglais, italien.

Prix : 1 pers. **270 F** 2 pers. **300 F** pers. sup. **120 F**

Ouvert : toute l'année.

0,2	8	1	3	3	0,1	7	8	3

CAUPIN Damienne et Gilles - Levelay - 3 rue Creuse - 77710 TREUZY-LEVELAY - Tél : 01 64 29 01 11 ou 01 64 29 07 47 - Fax : 01 64 29 05 21

URY *C.M. 4077 Pli B5*

1 ch. **Fontainebleau 7 km. Paris 70 km.** 1 suite familiale dans un bâtiment annexe donnant sur le jardin surélevé : 1 lit 2 pers., 2 lits 1 pers., coin-salon, TV, salle d'eau et wc privés. Salon de jardin, agréable jardin. Petit déjeuner chez le propriétaire. Nombreux sites et promenades aux alentours. Très jolie maison de village en pierres, rénovée avec goût. A proximité de la forêt de Fontainebleau. Langue parlée : anglais.

Prix : 1 pers. **290 F** 2 pers. **330 F** pers. sup. **120 F**

Ouvert : toute l'année.

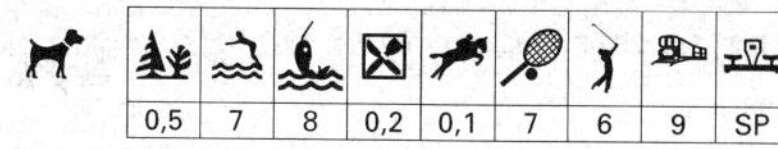

0,5	7	8	0,2	0,1	7	6	9	SP

DELOFFE Christian et Christiane - 9 rue de Melun - 77760 URY - Tél : 01 64 24 44 21 ou 06 83 28 99 80

VANVILLE La Grand'Maison (TH) *C.M. 4077 Pli E4*

4 ch. **Provins 18 km. Paris 70 km.** Très belle ferme restaurée avec grande cour carrée, terrasse et salon de jardin. R.d.c. : grande salle/coin-salon, tisanière et coin-cuisine, 1 ch. (1 lit 2 pers., 1 lit 1 pers.). A l'étage : 1 suite familiale (1 lit 2 pers., 4 lits 1 pers.), 1 ch. (1 lit 2 pers.), 1 ch. (2 lits 2 pers.). Toutes les ch. avec s. d'eau et wc privés., Table d'hôtes sur réservation. Accueil chaleureux et détente assurés. Belle région avec la magnifique cité médiévale de Provins à proximité et ses nombreuses animations. Boxes pour chevaux. Langues parlées : anglais, russe, allemand.

Prix : 1 pers. **260 F** 2 pers. **300 F** 3 pers. **400 F** pers. sup. **100 F** repas **120 F**

Ouvert : toute l'année.

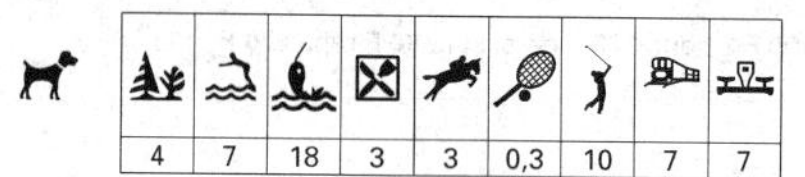

4	7	18	3	3	0,3	10	7	7

HALLIER Myriam - Ferme Grand'Maison - 77370 VANVILLE - Tél : 01 64 01 63 18 - E-mail : hallier@wanadoo.fr

VAUDOY-EN-BRIE *C.M. 237 Pli 44*

2 ch. **Disneyland Paris 30 km. Provins, cité médiévale 20 km.** 2 chambres d'hôtes dans une ferme aménagée et meublée avec goût. Au 1er étage : 1 chambre 3 pers. (1 lit 2 pers. 1 lit 1 pers.), salle d'eau et wc privés. 1 chambre 2 pers. (2 lits 1 pers.), salle d'eau et wc privés. Salle de séjour. Salon à disposition des hôtes. Jardin. Garage. Poss. pique-nique. Chambres d'hôtes oxygène. Accès en bus de Paris possible. Aire de jeux pour enfants à 500 m. Langue parlée : hollandais.

Prix : 1 pers. **240 F** 2 pers. **270 F** pers. sup. **105 F**

5	10	SP	0,2	10	SP	15	0,2

VANDIERENDONK Gilbert et Marie-Jo - 7 rue de Coulommiers - 77141 VAUDOY-EN-BRIE - Tél : 01 64 07 51 38 - Fax : 01 64 07 52 79

VAUX-SUR-LUNAIN Ferme de l'Abondance

2 ch. **Nemours 18 km. Disneyland Paris 70 km. Fontainebleau 30 km.** 2 chambres confortables à l'étage de cette très belle ferme du XVIIe siècle. 1 ch. (3 lits 1 pers.), 1 ch. double avec cheminée. Salle d'eau et wc privés dans chaque chambre. Grand séjour et salon avec cheminée au rez-de-chaussée. Magnifique ferme du bocage gâtinais. Belles promenades aux environs.

Prix : 1 pers. **240 F** 2 pers. **270 F** pers. sup. **105 F**

Ouvert : toute l'année.

5	7	18	5	5	0,7	10	18	5

DOUBLIER Henri et Sylvie - Ferme de l'Abondance - 18 rue de Lorrez - 77710 VAUX-SUR-LUNAIN - Tél : 01 64 31 50 51 - Fax : 01 64 31 49 13

VILLENEUVE-LE-COMTE

2 ch. **Meaux 20 km. Disneyland Paris 6 km.** Au cœur du village, maison ancienne rénovée dans un environnement très calme, au rez-de-chaussée : 1 ch. (1 lit 2 pers.), entrée indép., salle de bains, wc privés. A l'étage : 1 suite familiale : 1 ch. (1 lit 2 pers., 1 lit 1 pers.) et 1 ch. (2 lits 1 pers.), salle de bains, wc privés. TV. Décoration soignée. Salle petit déjeuner agréable. Chambres d'hôtes « Oxygène ». Accès à un jardin fleuri, clos avec salon de jardin. Entrée indépendante. Accueil chaleureux. Panier pique-nique sur demande. Baby-sitting. Accueil gares TGV, RER ou aéroport. Langue parlée : anglais.

Prix : 1 pers. **240 F** 2 pers. **280 F** pers. sup. **100 F**

Ouvert : toute l'année.

0,2	12	10	0,1	10	12	0,1

BRUT Anne-Marie - 8 place de la Mairie - 77174 VILLENEUVE-LE-COMTE - Tél : 01 60 43 04 01 ou 06 12 30 32 88 - Fax : 01 60 43 07 15

VILLENEUVE-LE-COMTE *C.M. 4077 Pli C3*

5 ch. **Disneyland Paris 4 km. Paris 30 km.** 5 ch. d'hôtes dans un bâtiment annexe rénové situé dans le jardin des propriétaires. R.d.c. : 1 ch. (1 lit 2 pers.). A l'étage : 4 ch. (1 lit 2 pers., 2 lits 1 pers. en mezzanine chacune). Salles d'eau, salles de bains et wc privés dans chaque chambre. Salle à manger au r.d.c. avec TV et coin-tisanerie. Jardin fleuri avec salon. Accueil chaleureux de qualité.

Prix : 1 pers. **260 F** 2 pers. **290 F** pers. sup. **110 F**

Ouvert : toute l'année.

0,2	12	8	0,2	10	10	10	12	0,2

TEISSEDRE René et Eliane - 55 bld de l'Est - 77174 VILLENEUVE-LE-COMTE - Tél : 01 60 43 28 27 - Fax : 01 60 43 10 42

VOINSLES Ferme de Planoy

1 ch. **Disneyland 28 km. Rozay-en-Brie 7 km.** 1 chambre en rez-de-chaussée 3 pers. accessible avec une certaine autonomie (1 pers. en fauteuil roulant), 1 lit double, 1 lit simple, salle d'eau et wc privés. Espace vert face à la chambre. Belle ferme briarde (gîte de groupe sur place). Décor rustique, accueil chaleureux. Randonnées à proximité.

Prix : 1 pers. **230 F** 2 pers. **260 F** pers. sup. **100 F**

Ouvert : toute l'année.

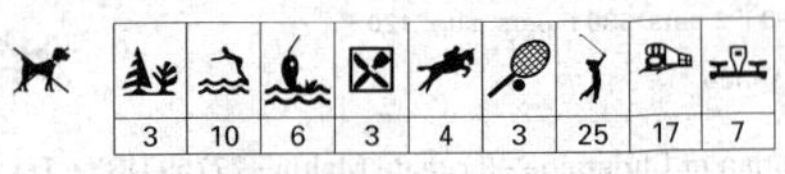

3	10	6	3	4	3	25	17	7

DESAINDES Louisette et Bernard - Ferme de Planoy - 77540 VOINSLES - Tél : 01 64 07 51 48 ou 01 64 25 74 46

YEBLES-GUIGNES (TH) *C.M. 237 Pli 44*

3 ch. Dans ce très beau domaine, 3 chambres d'hôtes de 2 pers. avec salle de bains et wc pour chaque chambre. Salle de séjour, salle de jeux, vaste terrain clos. Ruisseau. Randonnées sur place. Possibilité de recevoir des groupes.

Prix : 1 pers. **190 F** 2 pers. **220 F** pers. sup. **90 F** repas **70 F**

SP	10	SP	SP	SP	10	5	2

BOISSELIER Annick - Domaine de la Pierre Blanche - RN19 - 77390 YEBLES/GUIGNES - Tél : 01 64 06 31 05

Yvelynes

GITES DE FRANCE - Service Réservation
Hôtel du Département - 2, place André Mignot
78012 VERSAILLES Cedex
Tél. 01 30 21 36 73 - Fax. 01 39 07 88 56

AUFFARGIS

1 ch. **Paris 35 km. Rambouillet 10 km.** Avec entrée indép. : 1 ch. (2 lits 1 pers.), salle d'eau avec wc, TV avec magnétoscope (2500 films). Jardin. Possibilité de petit déjeuner dans le salon (cheminée) ou la véranda. Maison dans le Parc Naturel Régional de la Haute Vallée de Chevreuse et sur le GR1. A proximité : abbaye des Vaux de Cernay. Circuits de randonnée à Maincourt, pistes cyclables à Dampierre-en-Yvelines et Montfort-l'Amaury. Langues parlées : espagnol, anglais, allemand.

Prix : 1 pers. **220 F** 2 pers. **290 F**

Ouvert : toute l'année.

SP	15	SP	1,7	8	5	0,2	4	1,7	1

Mme DEPAOLI - Chemin des Côtes - 78610 AUFFARGIS - Tél : 01 34 84 95 97 - Fax : 01 34 84 95 97 - E-mail : peckinpah@free.fr

BAILLY

2 ch. **Versailles 5 km. Saint-Germain-en-Laye 7 km. Paris 15 km.** A l'étage : 1 grande ch. (1 lit 2 pers.) avec s. d'eau, wc, privatifs et salon avec TV et magneto, 1 ch. (2 lits 1 pers.), s.d.b., wc privatifs et salon/kitchenette. Possibilité de lit supplémentaire et TV. Grand jardin avec accès à un étang. Petits déjeuners copieux et variés à base de produits biologiques. Réduction à partir de la 4e nuitée. Aux portes de Versailles, connue depuis 1464, rattachée au domaine Royal (maison du médecin de Louis XIV), la ferme des Moulineaux est située dans un cadre de verdure et de terres agricoles. Lieu privilégié et paisible. Sur place : poney (enfants et adultes), pêche (fourniture matériel). Langues parlées : anglais, suédois.

Prix : 1 pers. **230/250 F** 2 pers. **290/300 F** pers. sup. **100 F**

Ouvert : toute l'année sauf 15 jours en avril et 15 jours en août.

2	4	3	2	SP	2	SP	3	3

THOMAS Gérard - Ferme des Moulineaux - 78870 BAILLY - Tél : 01 34 62 63 00 - Fax : 01 34 62 63 00

BEHOUST

C.M. 196 Pli 3

2 ch. Petite maison indép. comprenant 2 ch. R.d.c. : 1 ch. (1 lit 2 pers.) avec coin-salon pour le petit déjeuner, s.d.b. et wc indép. Au 1er étage : 1 ch. (2 lits 1 pers.). Possibilité lit bébé disponible gratuitement. Salle de jeux. Vélos à dispo. 10 % de réduction à partir de la 2e nuit. Tarif 4 pers. : 550 F. Michel et Josiane ont aménagé dans leur propriété une petite maison indép. pour en faire une grande chambre d'hôtes de très bon confort pouvant recevoir 4 personnes. Décoration raffinée. Situation calme dans petit village à proximité du château de Thoiry et du golf de la Couarde. Langue parlée : anglais.

Prix : 1 pers. **250 F** 2 pers. **330 F** 3 pers. **440 F**

Ouvert : toute l'année.

1	6	1	3	14	9,5	1,5	14	1,5	1

SERAY Michel et Josiane - 2, rue de la Masse - 78910 BEHOUST - Tél : 01 34 87 27 88 - Fax : 01 34 86 76 77

CHAPET

2 ch. **Paris 34 km. Saint-Germain-en-Laye 12 km.** A l'étage de la maison du propriétaire, 1 ch. (1 lit 2 pers.), 1 ch. (1 lit 2 pers. avec possibilité d'1 lit supplémentaire). Salle de bains avec wc communs. Petit salon particulier avec TV. Possibilité table d'hôtes sur demande. Parking privé dans la cour. Dans un charmant village francilien, 2 chambres d'hôtes confortables au calme avec jardin donnant sur la campagne à 10 mn de Versailles et 15 mn de Paris. Langues parlées : anglais, allemand.

Prix : 1 pers. **170 F** 2 pers. **220 F** pers. sup. **120 F**

Ouvert : toute l'année.

2	8	SP	5	12	1	12	5	0,5

Mme PIQUEREY - 15, rue du Parc - 78130 CHAPET - Tél : 01 34 74 84 51

DANNEMARIE

2 ch. **Houdan 3 km. Paris 60 km.** M. & Mme Hièle vous prosposent 2 ch. de charme dans une longère XVIIIe siècle : 1 ch. (2 lits 1 pers.) avec entrée privative donnant sur le jardin, s.d.b., wc privatifs. Dans le corps de ferme attenant : 1 grande chambre (1 lit 2 pers.), s.d.b., wc privatifs, entrée terrasse privatives aménagées sur le jardin, parking intérieur. Langue parlée : anglais.

Prix : 1 pers. **250 F** 2 pers. **350 F**

Ouvert : toute l'année.

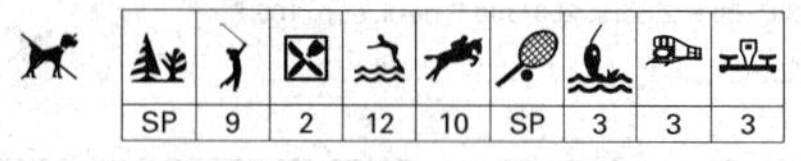

SP	9	2	12	10	SP	3	3	3

M. et Mme HIELE - 2, rue de la Chaude Joute - 78550 DANNEMARIE - Tél : 01 30 59 68 01

EPONE

C.M. 196 Pli 4

3 ch. Dans une partie de l'ancienne ferme au cœur d'un village typique des coteaux de la Vallée de la Seine avec salle d'eau et wc privatifs. 1 ch. (1 lit 2 pers.). Chauffage central. 2 ch. (2 lits 1 pers.), chauffage électrique. Chambres de bon confort. Location de vélos de randonnée et VTT (réduction à partir de la 2e nuitée). 2 ch. accessibles aux personnes handicapées. Langue parlée : anglais.

Prix : 1 pers. **215 F** 2 pers. **240/280 F** pers. sup. **75 F**

Ouvert : toute l'année sauf les 13, 14 et 15 octobre.

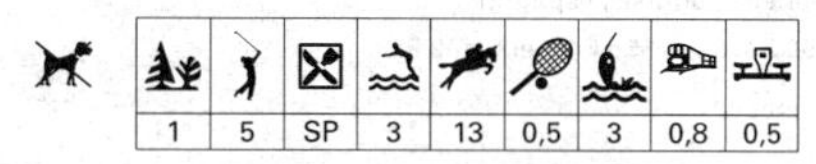

1	5	SP	3	13	0,5	3	0,8	0,5

DEGORRE Olivier et Denise - 17, rue Roulette - 78680 EPONE - Tél : 01 30 95 30 00 - Fax : 01 30 95 33 32 -
E-mail : gite.épone@wanadoo.fr - http://perso.wanadoo.fr/gite.épone

FOURQUEUX

(TH)

3 ch. **Saint-Germain-en-Laye 2 km. Versailles 12 km. Paris 25 km.** Chambres d'hôtes agréables et de bon confort, aménagées dans la maison du propriétaire, au cœur du village. Au r.d.c. : 1 ch. (1 lit 2 pers.) et 1 ch. (1 lit 2 pers.) avec s.d.b. et wc communs (ouvertes uniquement en juillet et août). A l'étage : 1 ch. (1 lit 2 pers.) couchage japonais futon et (1 lit 1 pers.) avec s. d'eau et wc non privatifs. Possibilité lit bébé. Jardin. Possibilité de table d'hôtes. 4 pers. : 560 F. RER à proximité. Langues parlées : anglais, espagnol.

Prix : 1 pers. **190 F** 2 pers. **280 F** 3 pers. **470 F** repas **80 F**

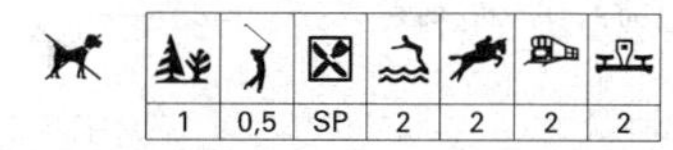

1	0,5	SP	2	2	2	2

BISSIANNA Viviane - 6, allée des Jardins - 78112 FOURQUEUX - Tél : 01 30 61 05 33

HARGEVILLE

E.C. 1 ch. **Versailles 30 km. Paris 50 km.** Chambre familiale (1 ch. 1 lit 2 pers., 1 ch. 1 lit 1 pers.), agréable, aménagée à l'étage d'une dépendance à proximité du propriétaire, dans un petit village très calme. Salle d'eau et wc indépendants. Séjour/coin-cuisine aménagé, TV. Vaste jardin à disposition. Langue parlée : anglais.

Prix : 1 pers. **270 F** 2 pers. **350 F** 3 pers. **440 F**

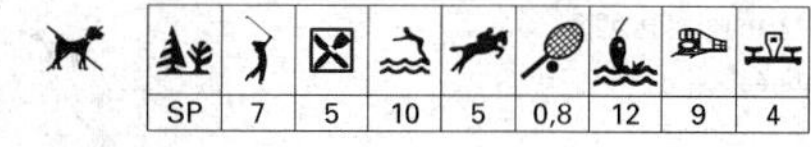

SP	7	5	10	5	0,8	12	9	4

Mme LEYMARIE - 26, rue d'Elleville - 78790 HARGEVILLE - Tél : 01 30 42 33 40

MAULE

2 ch. **Versailles 27 km. Paris 45 km.** 1 chambre (1 lit 2 pers. 1 lit 1 pers.) et 1 ch. (1 lit 2 pers.) avec salle d'eau et wc communs. Possibilité de barbecue et mise à disposition d'un salon de jardin. 2 ch. agréables au 1er étage de la maison des propriétaires, sur un terrain paysagé de 1000 m^2, calme absolu. Langue parlée : anglais.

Prix : 1 pers. **185 F** 2 pers. **230 F** 3 pers. **295 F**

Ouvert : toute l'année.

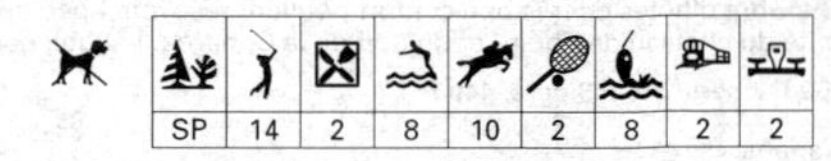

SP	14	2	8	10	2	8	2	2

M. et Mme VAUZELLE - 14, rue du Centre - 78580 MAULE - Tél : 01 30 90 64 16

MEDAN

2 ch. **Maison d'Emile Zola à Medan 2 km. Bords de Seine 1 km.** A l'étage : 1 grande chambre (1 lit 160) et dressing-room, 1 ch. (1 lit 1 pers.), salle de bains, wc privatifs. Accès au salon (cheminée) et à la terrasse sur le jardin. Petits déjeuners soignés. A 8 km de Saint-Germain-en-Laye, au cœur de la forêt de Médan, patrie d'Emile Zola, à l'étage d'une demeure calme et confortable.

Prix : 1 pers. **220 F** 2 pers. **320 F** 3 pers. **420 F**

Ouvert : toute l'année.

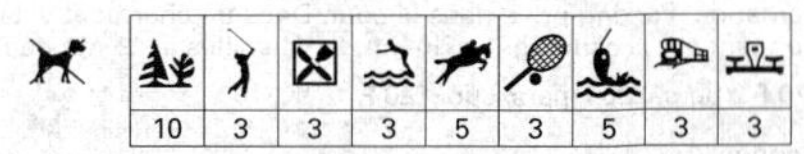

10	3	3	3	5	3	5	3	3

LISSEMORE Liliane - 2, clos Jardinet - 21, rue Pierre Curie - 78670 MEDAN - Tél : 01 39 75 54 69

MEZIERES-SUR-SEINE

3 ch. **Giverny 30 km. Thoiry 15 km. Mantes-la-Jolie 10 km.** Au r.d.c. : 1 ch. (2 lits 1 pers.) avec accès privatif, salle d'eau, wc privés, sauna et terrasse privative. 1 ch. (1 lit 1 pers.) avec entrée privée donnant sur cour intérieure, salle d'eau et wc privés. A l'étage : 1 ch. (1 lit 2 pers.), salle d'eau et wc, avec un accès privé. Possibilité de lit bébé et de lit supp. Piscine commune avec les propriétaires. Parking intérieur. 2 vélos à disposition. A 45 km de Paris, 2 ch. d'hôtes aménagées dans un ancien corps de ferme. Poss. de stage de dessin, aquarelle et pastel. La Roche-Guyon 35 km. Langues parlées : anglais, allemand, hollandais.

Prix : 1 pers. **180/200 F** 2 pers. **260/300 F** pers. sup. **100 F**

Ouvert : toute l'année.

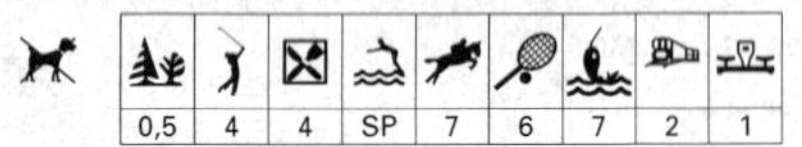

0,5	4	4	SP	7	6	7	2	1

Mme MAINGUY - 68, rue de Chauffour - 78970 MEZIERES-SUR-SEINE - Tél : 01 30 90 15 35 - E-mail : smainguy@aol.com

MOISSON

3 ch. Entrée, salle à manger avec cheminée et poutres apparentes, salle vidéo. 1er étage : 1 ch. (1 lit 2 pers.), s. d'eau/wc privatifs, sauna. 1 ch. (1 lit 130), s.d.b./wc privatifs. 2e étage : 1 ch. (1 lit 2 pers.), s. d'eau/wc privés. Salle de réception (tarifs à voir avec le prop.). Ancien prieuré (XVIe) de charme dans un village de la boucle de la Seine. Parc fleuri, piscine chauffée, pool-house, barbecue. 3 ch. décorées avec goût. Petits-déjeuner copieux avec brunch possible. Le plus de Prieuré : balade en voitures anciennes. Langues parlées : anglais, espagnol.

Prix : 1 pers. **290 F** 2 pers. **350 F** 3 pers. **400 F**

Ouvert : toute l'année.

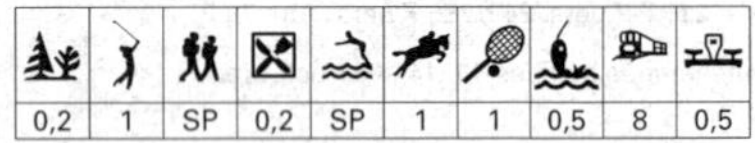

0,2	1	SP	0,2	SP	1	1	0,5	8	0,5

LEVI Brigitte - 4, allée du Jamborée - 78840 MOISSON - Tél : 01 34 79 37 20 - Fax : 01 34 79 37 58

NEAUPHLE-LE-CHATEAU

E.C. 3 ch. **Montfort l'Amaury 10 km. Versailles 15 km. Paris 25 km.** A l'étage avec accès indépendant par le jardin d'hiver : 1 ch. (2 lits 1 pers.) avec s.d.b. et wc privés, 1 ch. (1 lit 160) avec s. d'eau et wc privés, 1 ch. (1 lit 160) avec s. d'eau et wc privés, 1 ch. (1 lit 200 x 200) avec s. d'eau et wc privés. Accès salon Napoléon III avec TV. Petit déjeuner dans la véranda. Dans le village de Neauphle-le-Château, 3 chambres d'hôtes de bon confort aménagées dans une demeure Napoléon III, au milieu d'un parc. Langue parlée : anglais.

Prix : 1 pers. **550 F** 2 pers. **550 F** pers. sup. **85 F**

Ouvert : toute l'année.

1	5	SP	3	3	SP	5	SP

M. et Mme DROUELLE - 33, rue Saint-Nicolas - 78640 NEAUPHLE-LE-CHATEAU - Tél : 01 34 89 76 10 - Fax : 01 34 89 76 10

LA QUEUE-LEZ-YVELINES

1 ch. **Montfort-l'Amaury 4 km. Houdan 15 km. Paris 45 km.** Entrée indépendante, 1 ch. (2 lits 1 pers.), salle d'eau privative avec lave-linge, wc indépendants, cuisine équipée et coin-salon. Possibilité lit bébé. Proche de la forêt de Rambouillet, grande chambre d'hôtes aménagée dans une petite maison entièrement rénovée. Langues parlées : anglais, allemand.

Prix : 2 pers. **350 F** pers. sup. **50 F**

Ouvert : toute l'année.

3	1	3	4	10	1	15	2,5	1

M. et Mme STEFFENS - 35, rue Grosrouvre - 78940 LA QUEUE-LEZ-YVELINES - Tél : 01 34 86 57 99

GITES DE FRANCE - Service Réservation
2, cours Monseigneur Roméro
91025 EVRY Cedex
Tél. 01 64 97 23 81 - Fax. 01 64 97 23 70

BALLANCOURT La Fironnette *C.M. 237 Pli 42*

1 ch. **Paris 40 km. Fontainebleau 20 km.** Dominique et Marie-José vous accueillent et vous proposent une chambre dans un studio indépendant. Tarifs dégressifs pour plusieurs nuitées. 1 chambre en mezzanine (1 lit 2 pers.) avec salon et coin-repas, accès indépendant. Parking clos.

Prix : 1 pers. **250 F** 2 pers. **330 F**

Ouvert : toute l'année.

1	3	4	0,8	1	5	1	0,1

FIRON M-José et Dominique - 7 rue Saint-Martin - 91610 BALLANCOURT - Tél : 01 64 93 24 19 ou 06 11 23 17 54

BOISSY-SOUS-SAINT-YON *C.M. 237 Pli 41*

2 ch. Frédérique et Philippe vous accueillent dans leur très belle propriété située au cœur du village. 1 suite 3 pers. aménagée au 2e étage de la maison. 2 chambres (1 lit 2 pers. 1 lit 1 pers.) avec salle d'eau et wc privés. Au 1er étage, une grande chambre (2 lits 1 pers.), avec salle de bains et wc privés. Grand jardin paysager. De copieux petits déjeuners maison sont servis dans une salle de séjour de charme. A proximité : centre équestre, sentier de randonnée GR 1, forêt (500 m). Accueil international. Restaurant 2 km. Tarifs dégressifs pour plusieurs nuitées. Langue parlée : anglais.

Prix : 1 pers. **250/300 F** 2 pers. **320/360 F** 3 pers. **420 F**
pers. sup. **100 F**

Ouvert : toute l'année.

0,5	0,5	3	0,5	3	13	2	0,2

JAILLON Philippe - 3 rue du Pont Cage - 91790 BOISSY-SOUS-SAINT-YON - Tél : 01 60 82 08 03 - Fax : 01 60 82 17 15 - E-mail : jaillon@francenet.fr

BROUY (TH) *C.M. 237*

E.C. 1 ch. **Etampes 17 km. Malesherbes 10 km.** R.d.c. : 1 grande ch. (1 lit 2 pers.) avec salle d'eau et wc privés, couchage 2 pers. en mezzanine (2 lits 1 pers.), accès indépendant. Halte équestre. Un petit déjeuner traditionnel vous sera servi au choix dans la chambre, en famille ou au jardin clos de murs, calme garanti. Tarifs dégressifs pour plusieurs nuitées. Table d'hôtes sur réservation (vin inclus). A la limite du Parc du Gâtinais, Isabelle et Philippe accueillent dans leur propriété tous les amoureux de la nature (randonneurs à pied, à cheval ou en voiture). A proximité : GR11 et 111C, vol à voile, halle et chapelle St-Blaise à Milly-la-Forêt, escalade à Buthiers, canoë-kayak... Langue parlée : anglais.

Prix : 1 pers. **250 F** 2 pers. **320 F** 3 pers. **390 F** pers. sup. **70 F**
repas **90/120 F**

Ouvert : toute l'année.

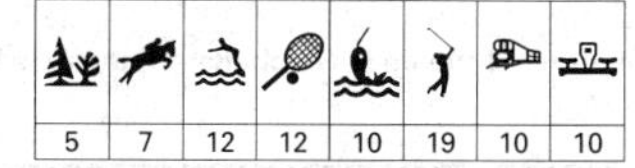

5	7	12	12	10	19	10	10

DANVERS Philippe et Isabelle - 8 rue du Gatinais - 91150 BROUY - Tél : 01 64 99 31 27 - Fax : 01 64 99 31 27

BUNO-BONNEVAUX Chantambre *C.M. 237*

1 ch. **Paris 70 km. Fontainebleau 30 km. Eurodisney 70 km. Chartres 80 km.** M. et Mme Despert vous proposent 1 suite familiale mansardée, dans une maison de village restaurée, avec entrée indépendante. 1 suite : 1 ch. (1 convertible 2 pers.), 1 ch. (2 lits 1 pers.), salle d'eau, wc, kitchenette (évier, réfrigérateur, micro-ondes) privés. Milly-la-Forêt 8 km. Vaux-le-Vicomte 40 km. Langue parlée : anglais.

Prix : 1 pers. **250 F** 2 pers. **310 F** 3 pers. **350 F** pers. sup. **50 F**

Ouvert : toute l'année.

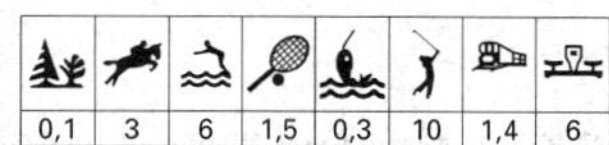

0,1	3	6	1,5	0,3	10	1,4	6

DESPERT Geneviève et Albert - 8 route de Malesherbes - 91720 BUNO-BONNEVAUX - Tél : 01 64 99 40 23 - E-mail : adespert@fr.packardbell.org

CERNY *C.M. 237 Pli 41*

1 ch. **Milly-la-Forêt 16 km. La Ferté-Alais 1 km.** M. et Mme Laporte vous accueillent dans une maison récente, située à proximité du cœur du village. 1 ch. est aménagée en rez-de-jardin (1 lit 2 pers. 1 lit d'appoint), TV. Entrée indépendante par une terrasse. S. d'eau/wc privés. Animaux acceptés sur demande. Restaurants 1 km. Petits déjeuners servis dans une salle très agréable réservée aux hôtes avec un coin-salon ou sur la terrasse. Accès au jardin. A prox. : aérodrome de Cerny (musée volant, meeting aérien à la Pentecôte), étangs de pêche, sentier de randonnée GR 111. Tarifs dégressifs pour plusieurs nuitées. Langue parlée : anglais.

Prix : 1 pers. **250 F** 2 pers. **300 F** pers. sup. **60 F**

Ouvert : toute l'année.

0,5	3	1	1	3	8	1	1

LAPORTE Annie - 9 rue du Moulin à Vent - 91590 CERNY - Tél : 01 64 57 75 44

CHALO-SAINT-MARS Hameau de Boinville *C.M. 237 Pli 41*

1 ch. **Etampes 7 km.** A 7 km d'Etampes, dans une très belle propriété située en Vallée de la Chalouette, 1 chambre d'hôtes aménagée au r.d.c. de la maison des propriétaires (1 lit 2 pers. 2 lits 1 pers.), salle de bain et wc privés. Salon privé avec cheminée. Accès à une terrasse et à un jardin paysager clos, salon de jardin. Langue parlée : anglais.

Prix : 1 pers. **300 F** 2 pers. **400 F** 3 pers. **500 F** pers. sup. **100 F**

Ouvert : toute l'année.

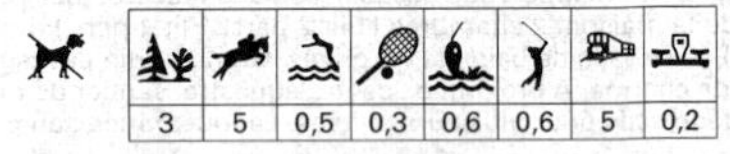

SP	1	8	3	0,1	20	7	3

LE MORVAN-CHAPTAL Christine et Alain - 4 hameau de Boinville - 91780 CHALO-SAINT-MARS - Tél : 01 64 95 49 76

CHEVANNES *C.M. 237 Pli 42*

2 ch. **Fontainebleau 15 mn. Disneyland 45 mn.** Dans une ferme de caractère, 2 chambres d'hôtes de charme aménagées dans un bâtiment annexe avec un accès indépendant. 2 chambres (2 lits 2 pers. 1 lit 1 pers.) avec salle d'eau et wc privés. Dans chaque chambre un coin-cuisine, TV. Petits déjeuners servis dans une agréable salle dans 1 jolie cour fleurie (salon de jardin). Sur place : loc. de vélos. Dans le village : golf, restaurant. A proximité : piscine olympique 2 km. Auberge à proximité. Prix dégressifs pour plusieurs nuitées. Après midi « foie gras » et « confitures étonnantes » à la ferme. Langues parlées : anglais, espagnol.

Prix : 1 pers. **350 F** 2 pers. **430 F** 3 pers. **480 F**

Ouvert : toute l'année.

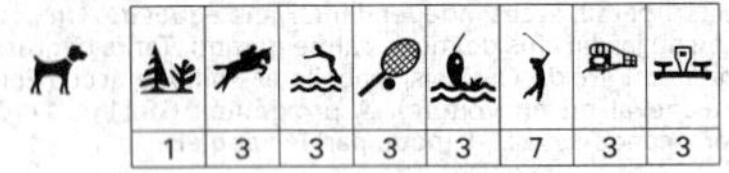

3	5	0,5	0,3	0,6	0,6	5	0,2

POUTEAU Martine - 14 rue Saint-Martin - Ferme de la Joie - 91750 CHEVANNES - Tél : 01 64 99 70 70 - Fax : 01 64 99 74 74 -
E-mail : martinepouteau@aol.com - http://www.cf-2p.fr/b&b-chevannes.htm

DOURDAN Hameau le Rouillon *C.M. 237 Pli 40*

2 ch. **Dourdan 3 km.** Dans un hameau, M. et Mme Evain vous attendent dans une très belle ferme classée. 2 ch. d'hôtes, 1 chambre (1 lit 2 pers. 1 lit 1 pers.), salle de bains privée non communicante, wc privés. 1 chambre (1 lit 2 pers. 1 lit 1 pers.) salle de bains communicante, wc privés. Prise TV dans chaque chambre. De copieux petits déjeuners vous seront servis dans une belle salle rustique (cheminée). Accès à un jardin (salon de jardin) calme assuré. Sur place : location de vélos, à proximité : forêt de Dourdan, sentiers de randonnée GR111. Restaurants 3 km.

Prix : 1 pers. **190/200 F** 2 pers. **240/260 F** 3 pers. **310/330 F**
pers. sup. **70 F**

Ouvert : toute l'année.

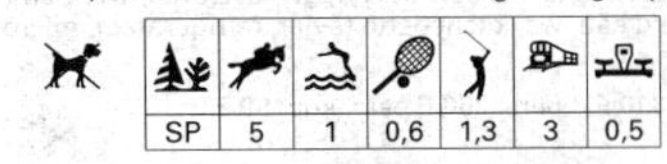

1	3	3	3	3	7	3	3

EVAIN Paulette et Bernard - 4 rue de la Gambade - Hameau le Rouillon - 91410 DOURDAN - Tél : 01 64 59 84 27 -
Fax : 01 64 59 84 27

GOMETZ-LE-CHATEL Le Vieux Village *C.M. 237 Pli 41*

E.C. 2 ch. **Paris 30 km. Versailles 20 km.** 2 ch. de caractère aménagées à l'étage, avec un accès indépendant (1 lit 2 pers., 2 lits 1 pers., 1 lit d'appoint) avec salles d'eau et wc privés. Prise téléphone dans chaque chambre. Salon d'hôtes où sont servis les petits déjeuners. Coin-cuisine à disposition. Tarifs dégressifs pour plusieurs nuitées. Sentiers GRP, PR1 et 8. Gare RER B à 3 km. A voir : vallée de Chevreuse, châteaux de St-Jean-de-Beauregard, de Breteuil, de Dampierre. A 1 km de Gif-sur-Yvette, M. et Mme Henriot vous accueillent dans leur maison ancienne « Au Point du Jour », située au cœur du vieux village. Langue parlée : anglais.

Prix : 1 pers. **240 F** 2 pers. **300 F** pers. sup. **80 F**

Ouvert : toute l'année.

SP	5	1	0,6	1,3	3	0,5

HENRIOT J-Louis et M-Pierre - 43 rue Saint-Nicolas - 91940 GOMETZ-LE-CHATEL - Tél : 01 60 12 30 87 -
E-mail : jlmp.henriot@wanadoo.fr

MILLY-LA-FORET Ferme de la Grange Rouge *C.M. 237 Pli 42*

5 ch. **Milly-la-Forêt 3 km.** Sophie et Jean-Charles vous accueillent dans une ferme aux champs, du XVe siècle, typique d'Ile-de-France. 5 ch. de caractère, avec accès indépendant. 3 ch. (1 lit 2 pers.), 2 ch. (2 lits 1 pers. lit d'appoint). Chaque chambre est équipée d'une prise TV, d'une salle d'eau et de wc. Les petits déjeuners sont servis dans une salle de séjour chaleureuse avec coin-salon, ouverte sur un agréable jardin clos. A proximité : Milly-la-Forêt (halle, Cyclop...), forêt de Fontainebleau, sentiers de randonnée GR1, vol à voile, base de loisirs 14 km. Restaurants 3 km.

Prix : 1 pers. **210 F** 2 pers. **250 F** pers. sup. **60 F**

Ouvert : toute l'année sauf janvier et du 15/12 au 31/12.

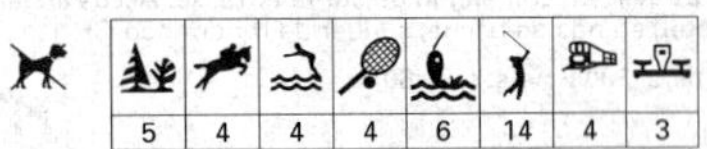

5	4	4	4	6	14	4	3

DESFORGES Sophie et J-Charles - route de Gironville - Ferme de la Grange Rouge - 91490 MILLY-LA-FORET - Tél : 01 64 98 94 21 -
Fax : 01 64 98 99 91

MOIGNY-SUR-ECOLE

C.M. 237 Pli 42

1 ch. **Milly-la-Forêt 3 km. Paris 48 km.** M. et Mme Appel-Roulon vous accueillent dans une maison de caractère, dans un joli village du Gâtinais. 1 suite familiale. 1 ch. (1 lit 2 pers.), 1 ch. (2 lits 1 pers.), TV, salle d'eau/wc privés. La suite a un accès indépendant sur le jardin, salon de jardin. Coin-cuisine à dispo. De copieux petits déjeuners vous seront servis dans une salle de séjour, chaleureuse. A proximité : ne manquer pas la visite de Milly-la-Forêt (halle, le Cyclop...), le château de Courances, Barbizon, Fontainebleau. sentier de randonnée GR 11. A 40 minutes de Paris. Restaurants 3 km. Langues parlées : anglais, espagnol.

Prix : 1 pers. **210 F** 2 pers. **260 F** 3 pers. **405 F** pers. sup. **60 F**

Ouvert : toute l'année.

0,5	2,5	3	0,5	1	7	7	0,1

APPEL-ROULON Claude - 10 sentier de la Grille - 91490 MOIGNY-SUR-ECOLE - Tél : 01 64 98 49 97

MOIGNY-SUR-ECOLE

TH *C.M. 237 Pli 42*

3 ch. **Milly-la-Forêt 3 km.** Dans un joli village et dans une propriété de caractère, 3 ch. d'hôtes indépendantes. En r.d.c. 1 ch. (1 lit 2 pers.) avec salle d'eau et wc privés, TV. A l'étage : 1 ch. (1 lit 2 pers. lit d'appoint), 1 suite (2 lits 1 pers. lit d'appoint). Dans chaque chambre salle d'eau/wc privés et TV. Salle des petits déjeuners réservée aux hôtes avec coin-cuisine, vaste salon à disposition, table d'hôtes sur résa, vin non compris. Accès à un jardin clos paysager (salon de jardin). A proximité : sentier GR 11, Milly la Forêt (halle, le Cyclop), forêt de Fontainebleau. Restaurant 3 km. Langue parlée : anglais.

Prix : 1 pers. **210 F** 2 pers. **280/320 F** 3 pers. **360 F** pers. sup. **60 F**
repas **85 F**

Ouvert : toute l'année.

0,5	0,5	3	3	1	7	9	3

LENOIR Frédéric - 9 rue du Souvenir - Milly-la-Forêt - 91490 MOIGNY-SUR-ECOLE - Tél : 01 64 98 47 84 ou 01 64 57 33 53 - Fax : 01 64 57 22 50

SACLAS Ferme des Prés de la Cure

C.M. 237 Pli 41

3 ch. M. et Mme Souchard vous accueillent dans leur très belle ferme du XVe siècle située au cœur du village. 3 ch. d'hôtes de caractère aménagées à l'étage, avec un accès indépendant. 3 ch. (3 lits 2 pers. 1 lit d'appoint 1 pers.) avec salles d'eau et wc privés. Prise TV dans chaque chambre. De copieux petits déjeuners sont servis dans une salle de séjour avec coin-salon, accès à une terrasse et à un jardin. A 50 m, parc paysager avec plan d'eau, sentier de randonnée GR111. Aérodrome 5 km, base de loisirs à Etampes à 10 km (piscine à vagues). Restaurants 100 m.

Prix : 1 pers. **240 F** 2 pers. **300 F** pers. sup. **70 F**

Ouvert : toute l'année sauf décembre, janvier et février.

0,1	5	6	0,1	0,1	12	8	0,1

SOUCHARD André et Françoise - 17 rue Jean Moulin - Ferme des Prés de la Cure - 91690 SACLAS - Tél : 01 60 80 92 28

SAINT-CYR-SOUS-DOURDAN Le Logis d'Arnière

C.M. 237 Pli 40

2 ch. **Rambouillet, Etampes 25 km. Chartres 35 km.** Dans un très beau manoir, parc en bordure de rivière, (site classé), Tae et Claude vous feront découvrir le charme de leur logis et de leurs suites décorées avec raffinement comprenant 2 ch. (1 lit 2 pers. et 2 lits 1 pers.), une vaste s.d.b. 1930 et wc. Tarif dégressif plusieurs nuitées. Accès au parc de 7 ha. en bord de rivière, salon jardin, aire de jeux, vélos, garage. A proximité sentier GR111. Centre équestre, châteaux du Marais et de Courson, centre historique de Dourdan. Restaurants ouverts tous les jours. Langues parlées : anglais, espagnol.

Prix : 1 pers. **380 F** 2 pers. **420 F** 3 pers. **580 F** pers. sup. **70 F**

Ouvert : toute l'année.

0,3	3	5	5	SP	3	5	5

DABASSE Claude - 1 rue du Pont Rue - Logis d'Arnière - 91410 SAINT-CYR-SOUS-DOURDAN - Tél : 01 64 59 14 89 - Fax : 01 64 59 07 46

SERMAISE Mondetour

C.M. 237 Pli 40

2 ch. CV **Dourdan 6 km. Paris 50 km.** A l'étage, 1 ch. (1 lit 2 pers. 1 lit d'appoint enfant suppl. 50 F/nuit) avec s.d.b. privée, une suite familiale (2 lits 2 pers.) avec s.d.b. privée non communicante. 2 wc. Prise TV dans chaque ch. Petits déjeuners servis dans une grande salle de séjour avec salon, cheminée et TV. Cuisine à disposition. Lit bébé gratuit. Parking clos. Terrasse. Sortie Dourdan A10 à 10 mn. Dans une ancienne ferme rénovée où se situe également un gîte de séjour, M. et Mme Ivert vous reçoivent au Hameau de Mondétour. Accès direct chemin de randonnées pédestres, VTT, équestres, GR1 à 1 km. GR111 à 3 km. Forêt domaniale de Dourdan 5 km. Langue parlée : anglais.

Prix : 1 pers. **200/220 F** 2 pers. **265/420 F** 3 pers. **450/620 F**
pers. sup. **70 F**

Ouvert : toute l'année.

1	5	7	3	5	10	3	5

IVERT Daniel et Isabelle - 8 rue de Morainville - Hameau de Mondetour - 91530 SERMAISE - Tél : 01 64 59 51 49 ou 06 87 40 60 74 - E-mail : daniel.ivert@wanadoo.fr - http://www.perso.wanadoo.fr/daniel.ivert

VAUHALLAN

C.M. 237 Pli 5

1 ch. **Palaiseau 5 km.** Au cœur d'un village, M. et Mme Leblond proposent 1 ch. d'hôtes à l'étage de leur maison (1 lit 2 pers.). Salle d'eau et wc privés, proches de la chambre. Les petits déjeuners sont servis dans la salle de séjour (cheminée), salon à la disposition des hôtes. Accès à un jardin clos (salon de jardin). A proximité : vallées de la Bièvre et de Chevreuse, Bièvres à 5 km, musée de la photographie, musée littéraire de V. Hugo. Dans le village : passage du GR11, restaurants. RER à Massy-Palaiseau 5 km puis bus. Auberge à proximité.

Prix : 1 pers. **210 F** 2 pers. **260 F**

Ouvert : toute l'année.

5	2	5	5	3	6	2,5	0,2

LEBLOND Louise et Serge - 2 impasse Leclerc - 91430 VAUHALLAN - Tél : 01 69 41 31 19

VERT-LE-GRAND

TH *C.M. 237 Pli 41*

5 ch. **Arpajon 10 km. Paris 35 km.** Dans une ferme du village, Mme Le Mezo propose 3 ch. (5 pers.) aménagées à l'étage de sa maison. 1 suite 3 épis : 2 ch. (1 lit 2 pers. 1 lit 1 pers.), s. d'eau/wc privés. 1 ch. 2 épis (2 lits 1 pers.), s. d'eau/wc privés proches. 2 ch. indépendantes E.C. (2 lits 2 pers.1 lit 1 pers.), avec s. d'eau/wc privée, prise TV et parking dans la cour de la ferme. De copieux petits déjeuners vous seront servis dans le séjour (cheminée) de la maison. Possibilité table d'hôtes boissons non comprises. A proximité : étangs de pêche, sentiers de randonnée GR11C et PR, château de Ballancourt. Restaurants 4 km.

Prix : 1 pers. **180/250 F** 2 pers. **220/300 F** 3 pers. **385 F** pers. sup. **70 F** repas **75 F**

Ouvert : toute l'année.

1	1	6	0,5	3	3	8	0,5

LE MEZO Lucette - 10 rue des Herses - 91810 VERT-LE-GRAND - Tél : 01 64 56 00 28

LA VILLE-DU-BOIS

C.M. 237

3 ch. **Paris 20 km. Montlhéry 1 km.** R.d.c. : 1 ch. 2 épis (1 lit 2 pers.) avec s.d.b. privative et wc communs aux hôtes. A l'étage : 1 ch. (1 lit 2 pers., 1 lit d'appoint 1 pers.), 1 ch. (1 lit 2 pers.) avec s.d.b. et wc indépendants communs aux hôtes (1 épi). Petits déjeuners servis dans le séjour ou en terrasse. Coin-salon avec cheminée et TV. Lit bébé. Jardin, parking dans la propriété. Tarifs dégressifs pour plusieurs nuitées. Fabrication et vente d'artisanat. A proximité : châteaux de Courson, St-Jean-de-Beauregard, Versailles. Forêt aménagée à 500 m. Accès : A10, A6 à 5 km. RER B et C. Dans un cadre verdoyant et calme, à prox. de la N20, 3 chambres spacieuses et agréables. Langue parlée : espagnol.

Prix : 1 pers. **200/250 F** 2 pers. **240/300 F** pers. sup. **70 F**

Ouvert : toute l'année.

0,5	2	4	0,8	3	6	4	0,5

CALMEL Josiane et Guy - 14 avenue de Beaulieu - 91620 LA VILLE-DU-BOIS - Tél : 01 69 01 30 43

Val-d'Oise

GITES DE FRANCE - Service Réservation
Château de la Motte - rue François de Ganay
95270 LUZARCHES
Tél. 01 30 29 51 00 - Fax. 01 30 29 30 86

AMBLEVILLE

1 ch. 1 chambre d'hôtes 3 pers. à l'étage avec salle de bains particulière et wc au rez-de-chaussée. Salle de séjour. Chambre située sur une ferme dont l'activité est arrêtée. Ambiance champêtre très au calme. Gratuité pour les enfants jusqu'à 3 ans.

CV

Prix : 1 pers. **180 F** 2 pers. **210 F** 3 pers. **240 F**

Ouvert : toute l'année.

10	5	22	4	5	5	22	22	7	3

DEBEAUDRAP - Ferme d'en haut - 95710 AMBLEVILLE - Tél : 01 34 67 71 08 - Fax : 01 30 29 30 86

AMBLEVILLE

1 ch. 1 chambre 2 pers. (1 lit 2 pers.) située au 1er étage de la maison du propriétaire. Salle de bains à l'usage exclusif des hôtes. WC au rez-de-chaussée.

Prix : 1 pers. **180 F** 2 pers. **210 F**

Ouvert : toute l'année.

10	5	22	4	5	5	22	22	7	3

Mme SAVALE - 3 rue d'en haut - 95710 AMBLEVILLE - Tél : 01 34 67 72 47 - Fax : 01 30 29 30 86

AUVERS-SUR-OISE Hameau de Chaponval

C.M. 55

3 ch. 3 ch. d'hôtes avec salon pour les petits déjeuners, accès indépendant. 1 ch. 25 m² (1 lit 2 pers. 1 lit 1 pers.), salle d'eau/wc privés, accès par le couloir. 1 ch. 20 m² (1 lit 2 pers. 2 lits 1 pers.), petit salon, salle d'eau, wc. Aménagement rustique, champêtre. Cour de ferme fleurie, jardin (petit déjeuner possible à l'extérieur). 4 pers. ; 420 F. 1 studio avec coin-cuisine. S. d'eau wc. (1 lit 2 pers.). Village des impressionnistes : château, église, tombe de Van-Gogh, maison Ravoux, musée de l'absinthe, Daubigny. Pontoise, ville d'art, vallée de l'Oise. Accès rapide par SNCF de Paris St Lazare ou Nord (halte de Chaponval).

Prix : 1 pers. **230 F** 2 pers. **280 F** 3 pers. **350 F** pers. sup. **70 F**

Ouvert : toute l'année.

1	1	3	1	0,5	4	3	0,3	1

CAFFIN Serge - 4 rue Marceau - Ferme du Four - Hameau de Chaponval - 95430 AUVERS-SUR-OISE - Tél : 01 30 36 70 26 - Fax : 01 30 29 30 86

AUVERS-SUR-OISE

1 ch. **Pontoise 6 km. Paris 35 km.** Dans 1 secteur calme, le jardin bordé par l'Oise, dans 1 maison récente, studio de 40 m² en r.d.c. Parking, salon de jardin, accès indép. 1 lit 2 pers. 1 conv. 2 pers. Coin-cuisine, s. d'eau, wc. TV. Confort simple, accueil familial, convivial. 4 pers. : 430 F. Prix semaine : 1450 F/1 pers. 1850 F/2 pers. Terrasse. A 1 km du centre du village, site impressionniste, château d'Auvers/Oise, atelier Daubigny. Musée de l'absinthe, Maison Ravoux (V. Van-Gogh). A la limite de Butry/Oise, musée des transports. Idéal pour les amateurs d'art, de pêche. Langue parlée : anglais.

Prix : 1 pers. **230 F** 2 pers. **290 F** 3 pers. **350 F**

1	1	5	1	SP	0,5	5	1	1

BABA Lydie - 3 bis rue du Clos Sermon - 95430 AUVERS-SUR-OISE - Tél : 01 30 36 16 63 - Fax : 01 30 36 16 63

AUVERS-SUR-OISE La Ramure

TH

3 ch. **Pontoise 5 km.** 3 ch. spacieuses à la décoration soignée. S. d'eau privée, wc pour 1 grande chambre. WC sur le même étage pour les deux autres chambres. 1 seule chambre avec sanitaires dans la chambre, les deux autres accès par le couloir. Salon. Salle à manger au r.d.c. Table d'Hôtes au salon d'hiver ou jardin, l'été. Accueil chaleureux. Tarifs ch.1 : 250F, ch.2 : 350F, ch.3 : 400F. Vallée de l'Oise. Vue sur l'église d'Auvers-sur-Oise. Village des impressionnistes : château. Maison Van Gogh. Musée Daubigny. Grande maison bourgeoise fin XIXème siècle. Parc clos de 2000 m², terrasse. Vue sur la vallée de l'Oise. Parking sur propriété. Expositions permanentes : peintures ... Langues parlées : anglais, espagnol.

Prix : repas **80/150 F**

Ouvert : toute l'année.

1	1	1	SP	5	5	0,3	0,5

M. et Mme AMANIERA - 38 rue de Montiel - La Ramure - 95430 AUVERS-SUR-OISE - Tél : 01 30 36 79 32 - Fax : 01 30 29 30 86 - http://perso-club-internet.fr/laramure

AVERNES

TH

3 ch. **La Rocheguyon 15 km. Auvers-sur-Oise 20 km. Paris 70 km.** Maison des années 30 restaurée sur un parc boisé de 8000 m². Parking sur la propriété. Accès aux chambres indépendant situées au r.d.c. 1 ch. 20 m² (1 lit 2 pers.), lavabo, TV. 1 ch. 12 m² (1 lit 2 pers.), TV. 1 ch. 12 m² (2 lits 1 pers.), lavabo, TV. Lit bébé disponible. 2 wc et 2 s. d'eau à usage exclusif des hôtes pour les 3 ch. Table d'hôtes sur réservation. Petit déjeuner au jardin d'hiver : grande baie vitrée très agréable ou en terrasse, l'été. Solarium, jeux extérieurs. Maison agréable et conviviale en toute saison. Vexin Français, parc naturel régional à 400 m du bourg, 12 km de Magny-en-Vexin, 15 km du RER Cergy, 70 km de Rouen.

Prix : 1 pers. **240 F** 2 pers. **260 F** repas **70/110 F**

Ouvert : toute l'année.

0,8	1	2	1	15	15	0,5

JOMARD J-Jacques et Eliane - 15 rue de Gadancourt - 95450 AVERNES - Tél : 01 30 39 26 64 - Fax : 01 34 66 13 29

CHERENCE

5 ch. **La Roche-Guyon 5 km. Cergy 40 km. Paris 70 km.** Maison rurale de caractère avec un grand jardin d'agrément fleuri, au cœur du village, très calme. Terrasse, salon de jardin. Parking dans la propriété. Rez-de-chaussée : salle à manger, cheminée, TV, salon. 1er étage : 5 ch. avec salle de bains ou d'eau et wc. Chauffage central. Ambience champêtre et rustique. Périmètre du Parc Régional du Vexin Français. Château, vallée de la Seine. Vol à voile, montgolfière. Route des crêtes, jardins de Giverny, et Musée américain (10 km), Vernon, château de Villarceaux. Limite de l'Eure et des Yvelines. Langues parlées : anglais, allemand.

Prix : 2 pers. **360 F**

1	SP	15	SP	2	4	15	16	4

PERNELLE Andrée - 1 rue des Cabarets - 95510 CHERENCE - Tél : 01 34 78 15 02 - Fax : 01 30 29 30 86

MERIEL

1 ch. **Auvers-sur-Oise 2,5 km. L'Isle-Adam 4 km.** Très spacieuse chambre d'hôtes indépendante de 40 m^2 coquettement aménagée, jardin paysager de 500 m^2, terrasse, parking. Entrée (1 lit 1 pers.), salon/coin-cuisine (1 conv. 120), TV. 1 grande ch. de 17 m^2 (1 lit 160), s. d'eau, wc. Entrée indép. Petit déjeuner servi dans le salon. Poss. de préparation de repas (réfrigérateur, gazinière). Poss. lit bébé. Au cœur du village, tout près des commerces, de la gare, sur la D2, entre Auvers/Oise, château, site impressionniste et L'Isle-Adam, ville touristique, plage fluviale, croisières sur l'Oise. Pontoise, ville d'art Sur place : musée Jean Gabin, syndicat d'initiative. Abbaye du Val. 4 pers. : 380 F.

Prix : 1 pers. **240 F** 2 pers. **290 F** 3 pers. **340 F**

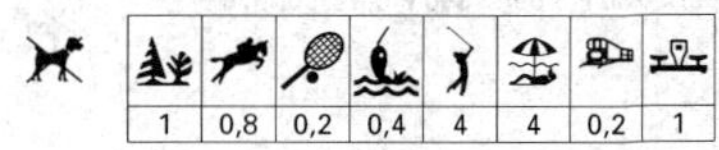

1	0,8	0,2	0,4	4	4	0,2	1

PONTHIEUX Sylvie et Arnaud - 1 rue du Haut Val Mary - 95630 MERIEL - Tél : 01 34 48 11 98 - Fax : 01 34 48 11 98 - E-mail : apouthie@fr.pakardbell.org

MONTSOULT

2 ch. **Cergy-Pontoise 20 km.** Dans le vieux Montsoult, au calme, agréable maison des années 80. Jardin de 1500 m^2 clos, fleuri et ombragé. Terrasse, salon de jardin, parking. 1er ét. : 2 grandes ch. 18 m^2 (2 lits 1 pers. 1 lit 160), lit bébé à dispo. S. d'eau, wc privés. Vue privilégiée sur la plaine de France et la forêt de l'Isle-Adam (1ère plage fluviale de France). Tarif 4 pers. : 430F. Gîte rural à proximité. Ambiance claire et reposante. Ecouen, musée national de la Renaissance au château. Chantilly, Ermenonville. Auvers/Oise, site impressionniste, château, musée, église. Accès rapide à Paris par N1. Train (30 mn). L'Isle-Adam, ville touristique. Langues parlées : anglais, espagnol.

Prix : 1 pers. **230 F** 2 pers. **280 F** 3 pers. **340 F**

Ouvert : toute l'année.

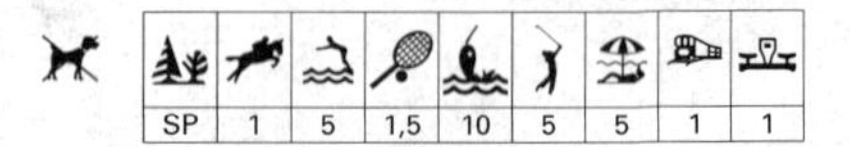

SP	1	5	1,5	10	5	5	1	1

BITRAN Henri - 53 rue de Pontoise - 95560 MONTSOULT - Tél : 01 34 69 91 51 - Fax : 01 30 29 30 86

NESLES-LA-VALLEE Hameau de Verville

2 ch. **Pontoise 10 km. l'Isle-Adam 5 km.** Maison ancienne, en vallée du Sausseron. 2 grande ch. à l'étage : 1 ch. (1 lit 130. 1 lit 1 pers.) avec bibliothèque, 1 ch. (1 lit 130. 1 lit 100), s.d.b. et wc indép. communs aux 2 ch. Mobilier ancien. Sur le palier, petit salon avec revues et livres, jeux. Petit déjeuner dans le séjour ou terrasse d'été. Poss. garage. Maison de non fumeurs. Jardin clos et ombragé contigu au GR1. Près d'Auvers, poss. de découvrir le château d'Auvers et le musée de l'impressionnisme. Plage fluviale et site touristique de l'Isle-Adam. Pontoise, ville d'art et capitale du Vexin.

Prix : 1 pers. **200 F** 2 pers. **260 F** 3 pers. **320 F** pers. sup. **80 F**

Ouvert : toute l'année.

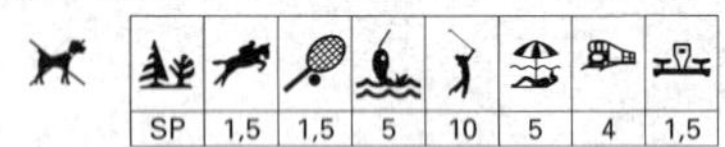

SP	1,5	1,5	5	10	5	4	1,5

DAUGE Michel - Hameau de Verville - 51 route de Valmondois - 95690 NESLES-LA-VALLEE - Tél : 01 30 34 73 09 - Fax : 01 30 34 73 09

NESLES-LA-VALLEE

2 ch. **L'Isle-Adam 4 km. Auvers-sur-Oise 7 km. Paris 35 km.** Ancienne ferme vexinoise dans le Parc Naturel Régional du Vexin Français. 2 ch. à l'étage : 12 m^2 et 45 m^2. 1 ch. (1 lit 2 pers.), s. d'eau et wc privés dans la ch., TV. 1 grande ch. (2 lits 1 pers., 1 lit 2 pers. en mezzanine). Salon avec TV. S.d.b. et wc privés dans la ch. Petit déjeuner servi dans la maison. Charme et tranquilité. Parking, grand jardin très agréable, chemins de randonnée. Dans la vallée de l'Oise, près du site impressionniste d'Auvers/Oise. Le hameau de Verville est à 1,5 km du bourg. Forêt et plage fluviale à l'Isle-Adam. Tarif 4 pers. : 600 F. Langue parlée : anglais.

Prix : 1 pers. **250/400 F** 2 pers. **300/450 F** 3 pers. **530 F**

Ouvert : toute l'année.

SP	0,8	2	4	4	4	3	2,5

BOULANGER Dominique - 19 rue Carnot - Hameau de Verville - 95690 NESLES-LA-VALLEE - Tél : 01 34 70 66 59 - Fax : 01 34 70 87 72 - E-mail : dboul@bigfoot.com

PARMAIN

4 ch. **Cergy 15 km. L'Isle-Adam 500 m. Auvers-sur-Oise 6 km.** Grande ferme en activité avec cour fermée. Parking à l'intérieur, terrasse, salon de jardin. R.d.c. : cuisine, salle des petits-déjeuners, style bistrot, TV. 1er étage : 2 ch. de 25 et 30 m^2 (2 lits 1 pers.), s. d'eau, wc, (1 lit 2 pers.), s.d.b., wc. 2e ét. : 2 ch. de 25 et 30 m^2 (2 lits 1 pers. 1 lit 2 pers.), (1 lit 2 pers.), s.d.b., wc pour chacune. Salon TV dans une cave voutée. Ouvert toute l'année. Idéal pour les pers. sans véhicule : tout sur place. L'Isle-Adam, ville touristique : plage fluviale, forêt. Auvers/Oise : château, site impressionniste. Half-court de tennis (demi-terrain) dans la cour. Ping-pong. 4 pers. : 430 F. Langue parlée : anglais.

Prix : 1 pers. **240 F** 2 pers. **300 F** 3 pers. **370 F**

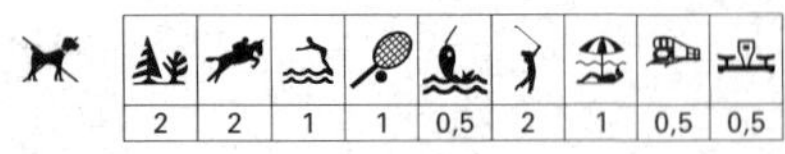

2	2	1	1	0,5	2	1	0,5	0,5

DELALEU Laurent - 131 rue du Maréchal Foch - 95620 PARMAIN - Tél : 01 34 73 02 92 - Fax : 01 34 08 80 76

PUISEUX-EN-FRANCE (TH)

2 ch. **Roissy-en-France 7 km. Cergy-Pontoise 30 km. Paris 25 km.** 2 chambres aménagées à l'étage d'une maison récente à proximité d'un petit bois. 1 ch. double (1 lit 2 pers. 2 lits 1 pers.), 1 ch. (2 lits 1 pers.). Possibilité 2 lits suppl. Salle de bains, wc à usage exclusif des hôtes. Petit déjeuner dans le salon du propriétaire. Grand jardin. Table de ping-pong. Prix pour 4 pers. : 410 F. Table d'hôtes sur réservation. Environnement : plaine de France, Chantilly, vallée de l'Oise, abbaye de Royaumont. Paris et aéroports : accès rapide. Langue parlée : anglais.

Prix : 1 pers. **200 F** 2 pers. **260 F** 3 pers. **340 F** pers. sup. **70 F** repas **110 F** 1/2 pens. **230/445 F**

Ouvert : toute l'année.

10	5	22	4	SP	5	30	3	1

Mme STEIMETZ - 3 chemin de la Porte du Temple - Le Village - 95380 PUISEUX-EN-FRANCE - Tél : 01 34 72 32 74 - Fax : 01 30 29 30 86 - E-mail : sophie.ste@wanadoo.fr

LA ROCHE-GUYON (TH)

6 ch. **Paris 70 km.** Chambres situées au cœur du village, l'un des plus beaux de France, dominant les falaises de craie de la vallée de la Seine. 2 ch. (2 lits 2 pers.), 4 ch. (4 lits 2 pers. 4 lits 1 pers.), s.d.b. et wc privés chacune. Grand confort. Ameublement années 30. Salon (bibliothèque, TV). Salle pour petits déjeuners ou repas. Sites impressionnistes : Vétheuil, Giverny. Grande maison bourgeoise avec un grand verger. Dégustation des fruits de saison. Repas à l'extérieur, l'été. -10% à partir de la 3e nuit. Repas à partir de 3 nuits. Langue parlée : anglais.

Prix : 1 pers. **230 F** 2 pers. **290/320 F** 3 pers. **360 F** repas **90/110 F** 1/2 pens. **255/630 F**

Ouvert : toute l'année.

1	4	15	SP	SP	8	15	6	0,3

M. et Mme BOUQUET - 3 route de Gasny - 95780 LA ROCHE-GUYON - Tél : 01 34 79 75 10

SAINT-CLAIR-SUR-EPTE (TH)

2 ch. Chambres à l'étage. 1 ch. (1 lit 2 pers.) avec douche et lavabo. 1 ch. (2 lits 1 pers.) avec douche. WC communs aux 2 ch. sur le palier réservés aux hôtes. Aménagement contemporain en pin. Petit déjeuner et repas à l'intérieur ou à l'extérieur. TV, bibliothèque. Location de VTT et de canoës sur place. Chambres d'hôtes dans une grande maison à colombages du XVIIIe siècle sur la N14, en centre ville. Parking dans la cour ou à l'extérieur. Région du Vexin Français. Village à la limite de l'Eure. Vallée de l'Epte, château de Villmarceaux. Stages d'initiation ou de confirmation : parapente, ULM...

Prix : 1 pers. **180 F** 2 pers. **240 F** repas **55/90 F**

Ouvert : toute l'année.

1	8	20	0,5	0,8	6	20	12	SP

Mme MALARTIC - 12 Place Rollon - 95770 SAINT-CLAIR-SUR-EPTE - Tél : 01 34 67 68 74 ou 06 83 29 09 15

SAINT-MARTIN-DU-TERTRE (TH)

1 ch. **Royaumont 10 km. Chantilly 15 km. Ermenonville 20 km. Cergy 30 km.** Grande ch. (17 m²) dans 1 bâtiment attenant à la maison des prop. Terrasse, salon de jardin, accès indép. de plain-pied (1 lit 2 pers. 1 conv. 2 pers.), 1 lit bébé à dispo. Coin-salon. TV. Salle de bains avec wc dans la ch. Repas sur demande. En plaine de France, au cœur du village le plus haut d'Ile-de-France, site classée et pittoresque. Tarif 4 pers. : 370 F. A l'orée de la forêt de Carnelle : site archéologique, randonnée. Cyclotourisme : circuits, chemins balisés. Site du lac Bleu. Accès à Paris : 35 km par la N1.

Prix : 1 pers. **190 F** 2 pers. **240 F** pers. sup. **70 F** repas **70/90 F**

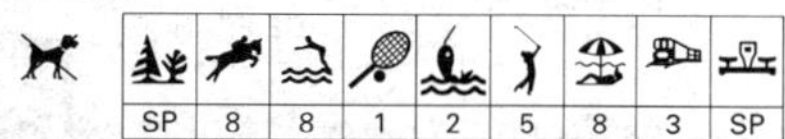

SP	8	8	1	2	5	8	3	SP

MIGLIANICO Elisabeth - 29 rue du Lieutenant Baud - 95270 SAINT-MARTIN-DU-TERTRE - Tél : 01 30 35 93 49 - Fax : 01 30 29 30 86

SAINT-PRIX (TH)

2 ch. **Paris 20 km.** Plain-pied, accès indép. 2 ch. communicantes ouvrant sur la terrasse (1 convert. 2 pers. 2 lits 1 pers.). Petit salon, TV, mini-biblio., mini-bar-frigo, jeux de société. S. d'eau (douche, wc, lavabo). Lavabo dans la 2e ch. Parking. Portique pour enfants, ping-pong. Salon de jardin. Transats. Petit-déjeuner en terrasse l'été ou dans le salon, cheminée l'hiver. Jardin clos et fleuri. Maison de construction récente située dans un quartier résidentiel calme. Accueil autour de petits déjeuners « maison » copieux. Enghien-les-Bains : lac, champ de courses, thermalisme à 3 km. Auvers-sur-Oise : site impressionniste. Prix 4 pers. : 430 F.

Prix : 1 pers. **230 F** 2 pers. **280 F** 3 pers. **360 F** repas **95 F**

Ouvert : toute l'année.

2	3	1	1	3	5	10	1	SP

BESQUENT Daniel et Monique - 4 rue de la Liberté - 95390 SAINT-PRIX - Tél : 01 34 16 48 30 - Fax : 01 34 16 24 19

WY-DIT-JOLI-VILLAGE Château d'Hazeville

2 ch. **Paris à 3/4 d'heure.** 2 ch. dans un magnifique pigeonnier au milieu d'une ferme près du château où habitent les propriétaires. 1er étage : 1 chambre 25 m² en demi-cercle (2 lits 1 pers.), s.d.bains, wc, TV, bibliothèque et coin-salon. 2e étage : 1 ch. avec mezzanine sous la charpente en ombrelle du toit (1 lit 2 pers. à baldaquin), s.d.bains et wc, TV, salon, raffinement. Site classé monument historique (16e). Petit-déjeuner à la table de « Léonie d'Hazeville » dans une vaisselle qu'il a peint à la main. Possibilité de table d'hôtes. Site du Vexin dans le Parc Naturel Régional. Langues parlées : anglais, espagnol.

Prix : 1 pers. **580 F** 2 pers. **700 F**

Ouvert : toute l'année.

SP	2	SP	1	1	2	15	10	10

DENECK Guy - Château d'Hazeville - Hazeville - 95420 WY-DIT-JOLI-VILLAGE - Tél : 01 34 67 06 17 ou 01 42 88 67 00 - Fax : 01 34 67 17 82

LANGUEDOC-ROUSSILLON

Pour réserver, écrire ou téléphoner :

11 - AUDE

GITES DE FRANCE - Service Réservation
78 ter, rue Barbacane
11000 CARCASSONNE
Tél. : 04 68 11 40 70 - Fax : 04 68 11 40 72

3615 Gîtes de France
1,28 F/min

30 - GARD

GITES DE FRANCE - Service Réservation
C.D.T. - 3, place des Arènes - B.P. 59
30007 NÎMES Cedex 4
Tél. : 04 66 27 94 94 - Fax : 04 66 27 94 95

3615 Gîtes de France
1,28 F/min

34 - HERAULT

GITES DE FRANCE - Service Réservation
Maison du Tourisme - B.P. 3070
34034 MONTPELLIER Cedex 1
Tél. : 04 67 67 71 62 ou 04 67 67 71 83
Fax : 04 67 67 71 69
www.gites-de-france-herault-asso.fr

3615 Gîtes de France
1,28 F/min

48 - LOZERE

GITES DE FRANCE - Service Réservation
14, boulevard Henri Bourrillon - B.P. 4
48001 MENDE Cedex
Tél. : 04 66 48 48 48 - Fax : 04 66 65 03 55

66 - PYRENEES-ORIENTALES

SERVICE RESERVATION
C.D.T. Pyrénées Orientales
B.P. 540 - 66005 PERPIGNAN Cedex
Tél. : 04 68 66 61 11 - Fax : 04 68 67 06 10
E-mail : gites-de-france66@msa66.msa.fr
www.resinfrance.com

3615 Gîtes de France
1,28 F/min

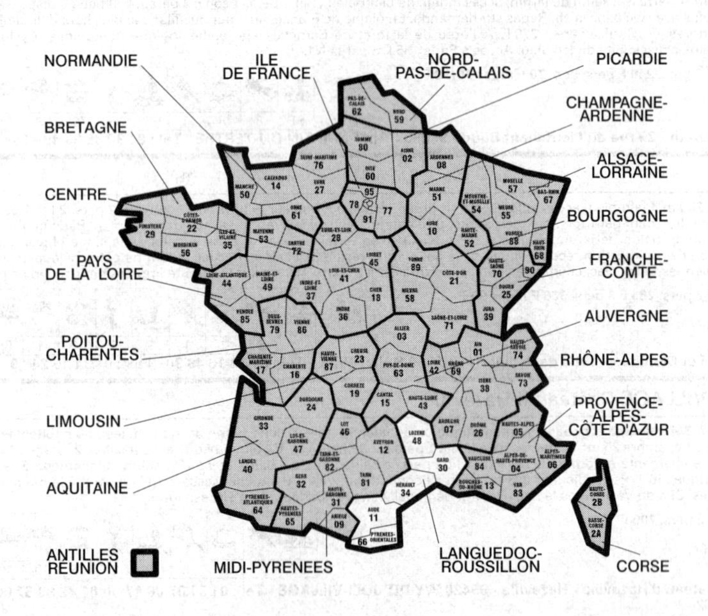

GITES DE FRANCE - Service Réservation
78 ter, rue Barbacane
11000 CARCASSONNE
Tél. 04 68 11 40 70
Fax. 04 68 11 40 72

3615 Gîtes de France
1,28 F/min

ALBIERES Domaine de Boutou

Alt. : 550 m (TH) *C.M. 86 Pli 8*

5 ch. 5 chambres d'hôtes dans la maison du propriétaire, dans un cadre de pleine nature à proximité d'un petit village des Corbières au cœur du Pays cathare à 10 km de Mouthoumet. Les chambres (2 pers.) sont situées au 1er étage avec sa salle d'eau et son wc particulier. Salle commune, chauffage central. Grande terrasse, espace extérieur entretenu. Loisirs : boucles et sentiers de randonnées pédestres, visite des sites Cathares : château d'Arques, thermes, Peyrepertuse. Point info sur les animations au district de Mouthoumet.

Prix : 1 pers. **220 F** 2 pers. **250 F** 3 pers. **320 F** pers. sup. **70 F** repas **100 F**

Ouvert : toute l'année.

65	7	7	7	7	20	4	15	32	10

LAFARGUE Christian - Domaine de Boutou - 11330 ALBIERES - Tél : 04 68 70 04 05

ALET-LES-BAINS Val d'Aleth

1 ch. Chambre d'hôtes en suite pour 4 pers. avec salle de bains et wc privatifs non attenant à la chambre. Salle à manger donnant sur une terrasse face au parc, salon avec cheminée, TV. Ambiance familiale. Propriétaire : Mme Craumer-Leblanc, tél. : 04.68.69.90.40. Chambre d'hôtes située à l'étage de la maison familiale de caractère situé au cœur d'un village médiéval et thermal d'Alet Les Bains. Grand parc ombragé en bord de rivière. Circuits pedestres et VTT aménagés autour du village. Location VTT sur place, restaurants à proximité. Langues parlées : espagnol, anglais.

Prix : 1 pers. **160 F** 2 pers. **220 F** 3 pers. **280 F** pers. sup. **60 F**

Ouvert : toute l'année.

100	SP	15	4	SP	SP	SP	62	SP	1	SP

GITES DE FRANCE-SERVICE RESERVATION - 78 Ter, rue Barbacane - 11000 CARCASSONNE - Tél : 04 68 11 40 70
ou PROP : 04 68 69 90 40 - Fax : 04 68 11 40 72 - E-mail : GITESDEFRANCE.AUDE@wanadoo.fr - http://www.itea.fr/GDF/11

ARAGON Le Château d'Aragon

C.M. 83 Pli 11

5 ch. A 12 km de Carcassonne, au sommet d'un petit village paisible, haut perché entre vignes et garrigues, le château d'Aragon dresse ses deux tours depuis le XIIe siècle. Laetitia et Rodolphe vignerons passionnés, vous y accueillent et vous proposent 5 chambres de caractère équipées tout confort dont 3 au 1er étage communiquant avec le grand balcon à la vue superbe. Vous ferez la découverte des produits issus de leurs vignobles (Corbières et Minervois) en contemplant l'architecture du salon et de la cour intérieure. 4 pers. : 500 F. Lit bébé : 60 F. Propriétaire : Mme Ourliac, tél. : 04.68.77.19.62. Langues parlées : anglais, espagnol.

Prix : 2 pers. **300/350 F** pers. sup. **100 F**

Ouvert : du 01/04 au 15/10. Toute l'année pour les groupes et séminaires.

90	SP	25	8	10	2	10	12	5

GITES DE FRANCE-SERVICE RESERVATION - 78 Ter, rue Barbacane - 11000 CARCASSONNE - Tél : 04 68 11 40 70
ou PROP : 04 68 77 19 62 - Fax : 04 68 11 40 72 - E-mail : GITESDEFRANCE.AUDE@wanadoo.fr - http://www.itea.fr/GDF/11

AZILLE

C.M. 83 Pli 12

4 ch. Maison de maître au centre d'un village du Minervois avec jardin d'intérieur, comprenant 4 ch. d'hôtes avec sanitaires privés dont 1 avec terrasse privée. Au 1er étage : 1 chambre avec terrasse (1 lit 2 pers.), 1 ch. (3 lits 1 pers.) avec salon, 1 ch. (1 lit 2 pers.). Au 2e étage : 1 ch. (1 lit 2 pers.), avec salon, cheminée. Prop. M. Tenenbaum, tél : 04.68.91.56.90. Chauffage central, pièce commune et salon. Loisirs : balade sur les sentiers de Pays et visite site de Minerve, baignade et randonnées équestres autour du lac de Jouarres. Randonnées près du Canal du Midi. Piscine du propriétaire à disposition, salon de jardin et bains de soleil.

Prix : 2 pers. **300 F** pers. sup. **100 F**

Ouvert : toute l'année.

55	SP	3	4	3	3	SP	18	SP

GITES DE FRANCE-SERVICE RESERVATION - 78 Ter, rue Barbacane - 11000 CARCASSONNE - Tél : 04 68 11 40 70
ou PROP : 04 68 91 56 90 - Fax : 04 68 11 40 72 - E-mail : GITESDEFRANCE.AUDE@wanadoo.fr - http://www.itea.fr/GDF/11

BAGES Domaine du Pavillon

C.M. 86 Pli 9

2 ch. 2 chambres d'hôtes sur un domaine viticole à quelques kilomètres de Narbonne, au bord de l'étang de Bages. 2 ch. (1 lit 2 pers.), salle d'eau et wc privés. Domaine viticole face aux étangs de Bages la Nautique, en retrait par rapport à la RN9, comprenant 2 chambres en rez de Chaussée de la maison familiale. Loisirs : balades autour des étangs de Bages et de Sigean. Visite de la ville de Narbonne. Autoroute à proximité.

Prix : 2 pers. **200 F** 3 pers. **250 F**

Ouvert : du 15 juin au 15 septembre.

10	1	3	3	3	3	4	4	4

FOISSIER Michele - Domaine du Pavillon - 11100 BAGES - Tél : 04 68 41 13 56 - Fax : 04 68 41 13 56

BIZANET Domaine Saint-Jean

4 ch. Sur la route des châteaux cathares, dans un domaine viticole au cœur des Corbières, face au Massif et à l'abbaye de Fontfroide. La propriété, dans un environnement de senteurs et de végétaux méditéranées, est située à 12 km de Narbonne et à 25 km de la mer. 4 ch. dont 1 avec mezzanine pour 4 pers. (s. d'eau et wc privés), à l'étage d'une dépendance du domaine. Accueil au rez-de-chaussée avec salon cheminée, salle à manger. Terrasse pour les petits déjeuners et jardins aménagés en harmonie avec le milieu naturel. 1 ch. 3 pers. avec terrasse attenante. Propriétaire M. Delbourg tél. : 04.68.45.17.31. Langue parlée : espagnol.

Prix : 2 pers. **300/400 F** pers. sup. **50 F**

Ouvert : toute l'année.

25	3	15	15	25	55	12	12	12	3

GITES DE FRANCE-SERVICE RESERVATION - 78 Ter, rue Barbacane - 11000 CARCASSONNE - Tél : 04 68 11 40 70
ou PROP : 04 68 45 17 31 - Fax : 04 68 11 40 72 - E-mail : GITESDEFRANCE.AUDE@wanadoo.fr - http://www.itea.fr/GDF/11

BOUISSE Domaine des Goudis

Alt. : 650 m — TH — *C.M. 86 Pli 8*

6 ch. Ensemble de chambres d'hôtes grand confort, sur un domaine entièrement restauré, tout en vieilles pierres, en plein cœur du Pays Cathare. Face aux Pyrénées, le domaine offre aux amateurs de vie au grand air de nombreuses activités : randonnées équestres et pédestres, piscine privée chauffée. Visite de sites cathares, visite de l'élevage de chevaux... 6 chambres d'hôtes avec télephone direct, sanitaires et wc privatifs. Salle à manger avec cheminée, salon, bibliothèque, parc, pelouse et jardin en terrasse, salle à manger d'été. Vente de produits régionaux. Propriétaire M. Delattre tél. : 04.68.70.02.76. Langues parlées : anglais, allemand.

Prix : 1 pers. **430 F** 2 pers. **480 F** 3 pers. **610 F** pers. sup. **130 F**
repas **139 F**

70	6	90	6	15	25	15	90	SP	17	17

GITES DE FRANCE-SERVICE RESERVATION - 78 Ter, rue Barbacane - 11000 CARCASSONNE - Tél : 04 68 11 40 70
ou PROP : 04 68 70 02 76 - Fax : 04 68 11 40 72 - E-mail : GITESDEFRANCE.AUDE@wanadoo.fr - http://www.itea.fr/GDF/11

BOUTENAC La Bastide des Corbières

TH

5 ch. 5 ch. d'hôtes (18 à 30 m²) situées aux 1er et 2e étages de la maison des propriétaires, personnalisées au travers de son mobilier et de sa décoration avec salle de bains-wc et dressing privatif, 2 ch. avec salle d'eau-wc. A l'étage : espace lecture et jeux. Au rez-de-chaussée : salle à manger et salon avec cheminée. Parking. Prop. M. Camel tél. : 04.68.27.20.61. Parc arboré avec terrasse et châpiteaux de réception où sont servis de mai à octobre les petits déj. et les repas. Maison de maître vigneronne au cœur des Corbières à proximité des abbayes de Lagrasse et de Fontfroide, sur la route des châteaux cathares et à 35 km de la cité de Carcassonne.

Prix : 1 pers. **340/380 F** 2 pers. **370/410 F** pers. sup. **80 F** repas **130 F**

30	SP	30	6	6	3	6	6	SP

GITES DE FRANCE-SERVICE RESERVATION - 78 Ter, rue Barbacane - 11000 CARCASSONNE - Tél : 04 68 11 40 70
ou PROP : 04 68 27 20 61 - Fax : 04 68 11 40 72 - E-mail : GITESDEFRANCE.AUDE@wanadoo.fr - http://www.itea.fr/GDF/11

BRAM Domaine de Pigne

A — *C.M. 82 Pli 20*

2 ch. Ensemble de 2 chambres d'hôtes situées au-dessus de la Ferme-Auberge du Pigné, à 1 km du village de Bram. Les chambres sont pour 2 personnes (1 lit supplémentaire dans la chambre N°1 est possible) et disposent de sanitaires avec wc privatifs et attenants. Les petits déjeuners pourront être pris dans le patio ou dans la salle à manger de la Ferme Auberge. Un grand espace vert arboré est proposé avec mobilier de jardin. De nombreuses petites balades sont possibles autour du domaine. Les sites touristiques de Fanjeaux et Carcassonne sont tout prêts à 10 et 15 km. Propriétaire Mme Piquet tél. : 04.68.76.10.25.

Prix : 2 pers. **240 F** pers. sup. **80 F** repas **135 F**

100	1	25	8	7	30	1	5	1	1

GITES DE FRANCE-SERVICE RESERVATION - 78 Ter, rue Barbacane - 11000 CARCASSONNE - Tél : 04 68 11 40 70
ou PROP : 04 68 76 10 25 - Fax : 04 68 11 40 72 - E-mail : GITESDEFRANCE.AUDE@wanadoo.fr - http://www.itea.fr/GDF/11

BUGARACH Le Presbytère

TH — *C.M. 86 Pli 7*

5 ch. Ensemble de 5 ch. d'hôtes non fumeurs aménagées dans l'ancien presbytère de Bugarach au cœur du pays cathare, à 8 km des thermes de Rennes les Bains, à 8 km du Donjon d'Arques et 20 km de Rennes le Château. La bâtisse est de caractère avec son jardin arboré sud face au Pic de Bugarach. Panier pique-nique : 40 F. Taxe de séjour : 3 F/pers. (+ de 18 ans). Nombreuses randonnées possibles au départ du village dont la fameuse ascension du pic (1230 m). Ch. avec sanitaires et wc privatifs et attenants pour 2, 3 ou 4 pers. Chauffage central. Salle à manger pour les repas en table d'hôtes. Accueil randonneurs assurés.

Prix : 1 pers. **200 F** 2 pers. **270 F** pers. sup. **135 F** repas **90 F**
1/2 pens. **220 F** pens. **260 F**

Ouvert : toute l'année sur réservation.

70	10	10	SP	10	25	SP	12	35	SP

JEANNIN Monique - Le Presbytère - 11190 BUGARACH - Tél : 04 68 69 82 12

CASCASTEL Domaine Grand Guilhem

C.M. 86 Pli 9

4 ch. 4 chambres d'hôtes de grand confort dans une belle maison de maître vigneronne du XIXe siècle, en pierre de pays avec parc arboré en pinèdes avec piscine (11x5). Vue panoramique sur le château du village, la guarrigue et les vignes en coteaux. Salle à manger avec cheminée et piano, salon. Propriétaire M. Contrepois tél. : 04.68.45.86.67. Les propriétaires viticulteurs vous feront découvrir les vins du Haut Fitou. Chambres d'hôtes de grand confort situées aux 1er et 2e étages offrant chacune un coin-salon, salle de bains privative, wc indépendants. Chauffage électrique. Parking. Langue parlée : anglais.

Prix : 1 pers. **380 F** 2 pers. **420 F** 3 pers. **490 F** pers. sup. **70 F**

25	2	25	7	SP	SP	SP	30	SP

GITES DE FRANCE-SERVICE RESERVATION - 78 Ter, rue Barbacane - 11000 CARCASSONNE - Tél : 04 68 11 40 70
ou PROP : 04 68 45 86 67 - Fax : 04 68 11 40 72 - E-mail : GITESDEFRANCE.AUDE@wanadoo.fr - http://www.itea.fr/GDF/11

CASTANS Laviale

Alt. : 650 m **A** *C.M. 83 Pli 12*

2 ch. Chambres situées dans un village du Haut Cabardès, à 2 pas du gouffre de Cabrespine et du lac de Pradelles Cabardès, à 1/2 h. des châteaux de Lastours, de l'abbaye de Caunes, randonnées pédestres, VTT, et équestres sur les multiples boucles et itinéraires balisés. Repas possibles à la petite auberge « les Trois Petits Cochons », juste à côté des ch. (75 F). 2 ch. avec salle d'eau et wc attenants et privatifs à chaque ch., aménagées dans une dépendance de l'habitation, avec entrée indép. 1 ch. peut accueillir 3 pers., la 2e 4 pers. Les petits dejeuners peuvent être servis sous un châtaignier quadri-centenaire. Prop. M. Lapeyre tél. : 04.68.26.14.18.

Prix : 1 pers. **170 F** 2 pers. **245 F** pers. sup. **80 F**

Ouvert : toute l'année.

85	SP	40	6	5	5	21	35	15

GITES DE FRANCE-SERVICE RESERVATION - 78 Ter, rue Barbacane - 11000 CARCASSONNE - Tél : 04 68 11 40 70
ou PROP : 04 68 26 14 18 - Fax : 04 68 11 40 72 - E-mail : GITESDEFRANCE.AUDE@wanadoo.fr - http://www.itea.fr/GDF/11

CAUX-ET-SAUZENS Domaine des Castelles

(TH) *C.M. 83 Pli 11*

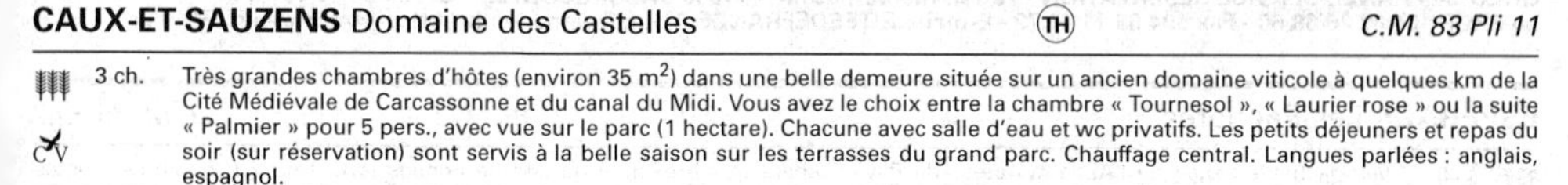

3 ch. Très grandes chambres d'hôtes (environ 35 m²) dans une belle demeure située sur un ancien domaine viticole à quelques km de la Cité Médiévale de Carcassonne et du canal du Midi. Vous avez le choix entre la chambre « Tournesol », « Laurier rose » ou la suite « Palmier » pour 5 pers., avec vue sur le parc (1 hectare). Chacune avec salle d'eau et wc privatifs. Les petits déjeuners et repas du soir (sur réservation) sont servis à la belle saison sur les terrasses du grand parc. Chauffage central. Langues parlées : anglais, espagnol.

Prix : 2 pers. **330/380 F** pers. sup. **90 F** repas **120 F**

Ouvert : toute l'année.

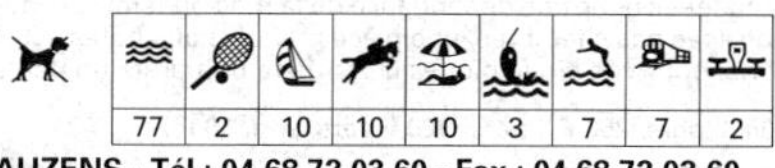

77	2	10	10	10	3	7	7	2

CLAYETTE Isabelle - Domaine des Castelles - 11170 CAUX-ET-SAUZENS - Tél : 04 68 72 03 60 - Fax : 04 68 72 03 60

CAVANAC

(TH) *C.M. 86 Pli 7*

3 ch. 3 chambres d'hôtes à l'etage d'une maison de vigneron situées dans le village avec sanitaires privatifs, salle à manger, salon bibliothèque. Dépendances pour les véhicules, jardin d'agrément à 150 m. Boucles et sentiers de randonnées passant devant la maison, visite de la cité de Carcassonne à 5 km, de l'abbaye de Saint-Hilaire à 10 km.

Prix : 1 pers. **140 F** 2 pers. **180 F** repas **70 F**

Ouvert : toute l'année.

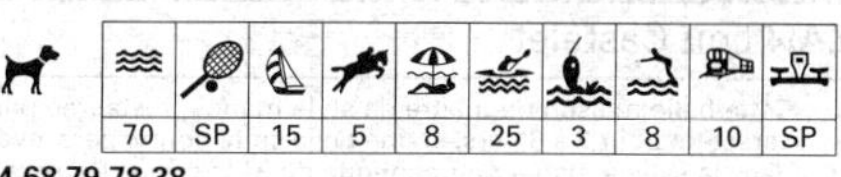

70	SP	15	5	8	25	3	8	10	SP

SOURNIES Henri - 54, rue Traversière - 11570 CAVANAC - Tél : 04 68 79 78 38

CAZALRENOUX Saint-Estephe

(TH) *C.M. 82 Pli 20*

2 ch. 2 ch. d'hôtes (2 à 4 pers.) sur un domaine de la Piège, petite région au sud de Castelnaudary, à 4 kms du village (D102), sur la route de Fanjeaux-Belpech, dans la maison familiale. Domaine avec jardin et vue panoramique sur les Pyrénées. Salles d'eau privées et wc communs. Salle commune. Chauffage. Parc et piscine privés.

Prix : 2 pers. **220 F** pers. sup. **70 F** repas **70 F**

Ouvert : toute l'année sauf le mercredi.

100	6	30	2	SP	8	SP	20	8

CHAUVEL Joëlle - Saint-Estephe - 11270 CAZALRENOUX - Tél : 04 68 60 51 67

CUCUGNAN L'Amandière

C.M. 86 Pli 7

2 ch. A proximité des sites cathares de Quéribus et Peyrepertuse et aux abords du charmant petit village de Cucugnan, 2 chambres d'hôtes classées 3 épis et 1 chambre en complément pour 2 pers. Sanitaires et wc privatifs. Site arboré avec vue imprenable et 3 terrasses sur jardin. Parking privé dans la propriété. Restaurants au village à 100 m. Loisirs : balades pédestres sur les sentiers du pays cathare et dans le site des Gorges de Galamus, visite du théâtre virtuel à Cucugnan. Langues parlées : anglais, allemand.

Prix : 2 pers. **270 F** 3 pers. **350 F**

Ouvert : Fermé du 01/01 au 15/02, du 01/07 au 28/07 et du 01/10 au 28/10.

50	13	45	0,5	3	35	3	75	12	45	4

VERHEVEN Ghislaine - L'Amandière - 3, chemin de la Chapelle - 11350 CUCUGNAN - Tél : 04 68 45 43 42

CUCUGNAN Les Sentolines

3 ch. Au cœur du village de caractère de Cucugnan rendu célèbre par son « curé » d'Alphone Daudet, et entre les Châteaux cathares de Quéribus et Peyrepertuse, Patrick vous accueille en chambre d'hôtes. 3 chambres avec salle d'eau et wc privatifs et attenants sont disponibles. Toutes les chambres sont équipées du chauffage. Prop. M. Mounie tél. : 04.68.45.00.04. Les petit déjeuners sont servis dans la salle commune. La batisse donne sur la rue principale du village qui mène au restaurant et au « petit théatre ». De nombreuses excursions sur les sentiers et dans les gorges de Galamus sont possibles. Garage à disposition pour vélos et motos.

CV

Prix : 1 pers. **250 F** 2 pers. **270 F** 3 pers. **350 F**

Ouvert : toute l'année.

50	8	45	5	5	35	3	14	45	4

GITES DE FRANCE-SERVICE RESERVATION - 78 Ter, rue Barbacane - 11000 CARCASSONNE - Tél : 04 68 11 40 70
ou PROP : 04 68 45 00 04 - Fax : 04 68 11 40 72 - E-mail : GITESDEFRANCE.AUDE@wanadoo.fr - http://www.itea.fr/GDF/11

CUXAC-CABARDES Domaine du Pujol (TH) *C.M. 83 Pli 11*

2 ch. A 5 km au dessus du village de Cuxac Cabardès, le domaine de Pujol vous séduit par le charme de ces batisses de pierres de pays, situé dans un cadre de forêts. 2 chambres (sanitaires communs) situées dans la maison familiale avec un grand terrain aménagé à côté du potager. Les petits déjeuners sont pris sur la terrasse. Les repas en table d'hôtes sont élaborés avec les légumes du jardin accompagnés des vins du pays. Propriétaire M. Susstrunk tél. 04.68.26.68.60. Langues parlées : anglais, allemand.

Prix : 1 pers. **200 F** 2 pers. **230 F** pers. sup. **75 F** repas **85 F**

Ouvert : toute l'année.

85	5	8	6	8	60	5	5	25	5

GITES DE FRANCE-SERVICE RESERVATION - 78 Ter, rue Barbacane - 11000 CARCASSONNE - Tél : 04 68 11 40 70
ou PROP : 04 68 26 68 60 - Fax : 04 68 11 40 72 - E-mail : GITESDEFRANCE.AUDE@wanadoo.fr - http://www.itea.fr/GDF/11

ESPERAZA Les Pailheres (TH) *C.M. 86 Pli 7*

4 ch. Vers la haute vallée de l'Aude, au cœur du Pays Cathare et à proximité du site de Rennes le Château, 4 chambres d'hôtes aménagées dans une dépendance de la maison familiale, avec sanitaires et wc privatifs donnant sur une terrasse panoramique. En contrebas des chambres, une pièce privative aux hôtes est disponible. Salle à manger et cuisine élaborée à base de produits de la ferme, pour vos pique niques la fermière préparera un panier de choix. Langue parlée : espagnol.

CV

Prix : 1 pers. **210 F** 2 pers. **250 F** 3 pers. **320 F** pers. sup. **60 F** repas **90 F**

Ouvert : toute l'année.

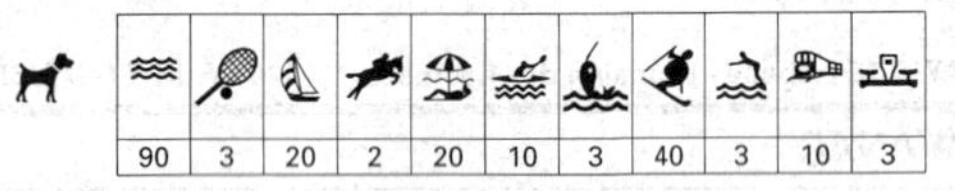

90	3	20	2	20	10	3	40	3	10	3

PONS Monique - Les Pailheres - Caderonne - 11260 ESPERAZA - Tél : 04 68 74 19 23 - Fax : 04 68 74 19 23

FABREZAN Lou Castelet *C.M. 86 Pli 9*

5 ch. Cette belle maison de maître de style manoir, restaurée par un couple de Belges flamands, offre à l'étage 4 chambres d'hôtes de caractère pour 2 à 3 pers. et une belle suite pour 4 pers. avec salle d'eau ou de bains privatives. Petits déjeuners sur la terrasse ou dans la salle à manger authentique du XIXe siècle. Deux salons avec jeux et TV à dispo. des hôtes. La maison, au cœur du village natal de Charles Cros, possède une tour offrant une vue panoramique sur les vignobles environnants, avec un parc ombragé et une piscine privée. Propriétaire M. Wouters tél. : 04.68.43.56.98. Langues parlées : hollandais, allemand.

Prix : 1 pers. **385 F** 2 pers. **420/590 F** 3 pers. **505/695 F** pers. sup. **35 F**

Ouvert : toute l'année.

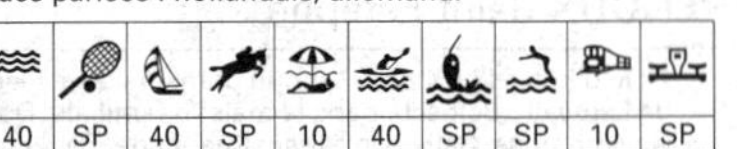

40	SP	40	SP	10	40	SP	SP	10	SP

GITES DE FRANCE-SERVICE RESERVATION - 78 Ter, rue Barbacane - 11000 CARCASSONNE - Tél : 04 68 11 40 70
ou PROP : 04 68 43 56 98 - Fax : 04 68 11 40 72 - E-mail : GITESDEFRANCE.AUDE@wanadoo.fr - http://www.itea.fr/GDF/11

FAJAC-EN-VAL La Mignoterie (TH) *C.M. 86 Pli 8*

4 ch. La Corbière ne se donne pas, elle se gagne. La Mignoterie est peut-être le 1er pas vers cette conquête. La légende veut qu'au début des années 70, Trénet ait composé bon nombre de chansons en ces lieux où amitié, convivialité et bien vivre à partager sont en parfaite harmonie. Vous choisirez entre 4 ch. dont 1 familiale 4 pers. Prop. M. Mignot tél. : 04.68.79.71.42. Toutes les chambres sont équipées de sanitaires privatifs : la rose que le soleil arrose, la bleu pour les amoureux, la jaune ouverte sur la lune et la blanche pour les noces. La pièce musique, jardin et terrasse à votre disposition. Tarif hors saison 290 F. 1 enfant : 70 F, 2 enfants : 150 F.

CV

Prix : 2 pers. **300/330 F** pers. sup. **100 F** repas **100 F**

Ouvert : toute l'année.

70	6	18	10	1	1	18	18	10

GITES DE FRANCE-SERVICE RESERVATION - 78 Ter, rue Barbacane - 11000 CARCASSONNE - Tél : 04 68 11 40 70
ou PROP : 04 68 79 71 42 - Fax : 04 68 11 40 72 - E-mail : GITESDEFRANCE.AUDE@wanadoo.fr - http://www.itea.fr/GDF/11

FELINES-TERMENES L'Habitarelle (TH) *C.M. 86 Pli 8*

3 ch. **Lezignan-Corbières 35 km.** 3 chambres d'hôtes aménagées à l'étage d'un bâtiment mitoyen à la maison des propriétaires avec espaces extérieurs attenant non clos. Chambres avec salle d'eau attenante et privative, wc communs, situées au 1er étage. En rez-de-chaussée, salle de séjour avec cheminée. Chauffage électrique. Vous pouvez profiter des sentiers petites vadrouilles qui sont à proximité ou bien visitr les citadelles cathares (Termes ou Villerouge à 4 km), Carcassonne et la mer sont à 1 heure de route. Accès : à la sortie du village à gauche en allant sur Davejean au lieu dit l'Habitarelle.

Prix : 1 pers. **170 F** 2 pers. **200 F** repas **80 F**

Ouvert : du 1er juillet au 30 septembre.

45	SP	45	30	SP	SP	4	35	SP

CAUQUIL-HOUALET Georgette - 4, route de Davejean - « l'Habitarelle » - 11330 FELINES-TERMENES - Tél : 04 68 70 04 40

FESTES-SAINT-ANDRE Le Grand Balcon (TH) *C.M. 86 Pli 6*

E.C. 2 ch. Ensemble de deux chambres d'hôtes situées aux abords d'un petit village du pays limouxin dans un cadre de pleine nature de la vallée de Corneilla. Maison familiale avec grande terrasse solarium plein sud, grand séjour-salle à manger avec cheminée, 2 chambres 2 à 3 pers. avec sanitaires-wc attenants et privatifs. Chauffage central au fioul. Table d'hôtes le soir avec repas végétarien ou bio à la demande. Week-end découverte de l'agriculture bio avec rencontre avec éleveurs apiculteurs et vignerons. Petite randonnée de 3 h. avec découverte du milieu et lecture du paysage. Propriétaire Mme Bennon tél. : 04.68.31.46.89. Langues parlées : anglais, allemand.

Prix : 2 pers. **255 F** pers. sup. **45 F** repas **70 F**

Ouvert : toute l'année.

15	15	20	20	1	15	15	15

GITES DE FRANCE-SERVICE RESERVATION - 78 Ter, rue Barbacane - 11000 CARCASSONNE - Tél : 04 68 11 40 70
ou PROP : 04 68 31 46 89 - Fax : 04 68 11 40 72 - E-mail : GITESDEFRANCE.AUDE@wanadoo.fr - http://www.itea.fr/GDF/11

FONTIERS-CABARDES La Canade Alt. : 780 m (TH) *C.M. 83 Pli 11*

2 ch. 2 chambres d'hôtes dans une ferme d'élevage située à 3 km du village dans un cadre de prairie et de forêts. Chambres aménagées au 1er étage. 1 ch. 2 pers., 1 ch. 2 pers. et 3 enfants avec salle d'eau commune. Salle de séjour et bibliothèque à la disposition des hôtes. Terrasse. Parking. Salle de jeux, coin cuisine. Lave-linge (20 F)..Espace de jeux pour enfants. Chasse à 1 km, pêche à la truite dans un petit lac collinaire du domaine. Produits fermiers à 500 m. Restaurant à 3 kms. Vente produits artisanaux sur place. Enfants de moins de 10 ans : 60 F/nuit + petit déjeuner.

Prix : 1 pers. **170 F** 2 pers. **230 F** 1/2 pens. **380 F**

Ouvert : toute l'année.

100	3	15	5	15	SP	12	30	3

DURET Béatrice - La Canade - 11310 FONTIERS-CABARDES - Tél : 04 68 26 61 04 - Fax : 04 68 26 61 04

FONTJONCOUSE La Selve (TH) *C.M. 86 Pli 9*

3 ch. Ensemble de 3 chambres d'hôtes aménagées dans une maison de maître, dans un village typé des Corbières, à proximité immédiate de l'auberge du Vieux Puits. Un jardin attenant est disponible pour les repas en extérieur et les petits déjeuners. Des stages de peinture, gravure sur bois, de patchwork sont proposés à la demande. Prop. Mme Raillard tél. : 04.68.44.08.06. 1 ch. pour 2 pers. est aménagée au rez-de-chaussée avec s. d'eau et wc attenants, 2 autres ch. sont à l'étage : 1 double pour 4 pers. et wc non attenants, 1 ch. pour 2 pers. avec s. d'eau et wc. Une salle à manger est disponible en rez-de-chaussée, salon avec TV. 4 pers. : 480 F. Langues parlées : allemand, anglais.

Prix : 1 pers. **225 F** 2 pers. **250 F** repas **100 F**

Ouvert : toute l'année.

28	15	28	18	28	5	15	30	5

GITES DE FRANCE-SERVICE RESERVATION - 78 Ter, rue Barbacane - 11000 CARCASSONNE - Tél : 04 68 11 40 70
ou PROP : 04 68 44 08 06 - Fax : 04 68 11 40 72 - E-mail : GITESDEFRANCE.AUDE@wanadoo.fr - http://www.itea.fr/GDF/11

GAJA-LA-SELVE Saint-Sauveur (TH) *C.M. 82 Pli 19*

3 ch. Chambres d'hôtes situées dans un domaine en pleine campagne entourées de bois, face au Pyrénées, lac pour pêcher le brochet et la carpe. 3 chambres à l'étage d'une dépendance du château de Saint-Sauveur avec sanitaires privés et salle commune. Séjour avec cheminée. Chauffage électrique. Piscine privée. Réservation 78 h. 4 pers. : 400 F.

Prix : 1 pers. **160 F** 2 pers. **260 F** 3 pers. **320 F** repas **100 F**

Ouvert : toute l'année sauf en juillet et août.

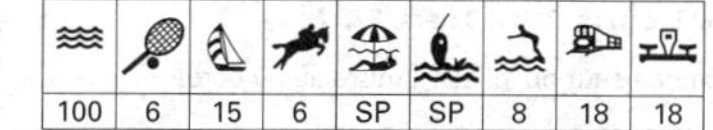

100	6	15	6	SP	SP	8	18	18

GRANEL Simone - Saint-Sauveur - 11270 GAJA-LA-SELVE - Tél : 04 68 60 61 59 - Fax : 04 68 60 62 07

GINCLA

Alt. : 590 m *C.M. 86 Pli 17*

5 ch. 5 chambres d'hôtes (3 en 2 épis et 2 en 3 épis) aménagées aux 1er, 2e et 3e étages dans la maison du propriétaire avec salle d'eau privée + wc, à l'entrée du village sur la D22, à 4 km du château cathare de Puilaurens dans la belle et calme vallée de la Boulzane. Salle commune. Chauffage. Restaurant à proximité. Cuisine équipée à disposition. Pour 2 personnes rajouter 40 F si 2 lits. Tarifs dégressif selon la durée du séjour. 4 pers. : 395 F. Langues parlées : allemand, anglais.

Prix : 1 pers. **190/230 F** 2 pers. **250/295 F** 3 pers. **325/375 F**

Ouvert : toute l'année.

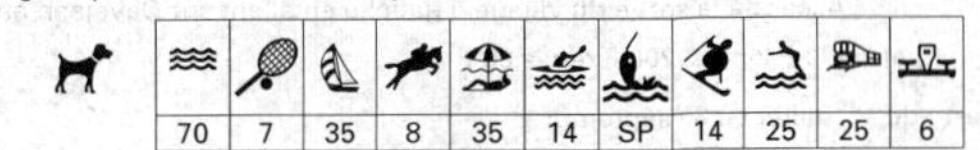

70	7	35	8	35	14	SP	14	25	25	6

BRUCHET Jean-Charles - 2, route de Boucheville - 11140 GINCLA - Tél : 04 68 20 50 92 - Fax : 04 68 20 50 92

GINESTAS Fauve

3 ch. 3 chambres d'hôtes de caractère aménagées dans un logis languedocien situé au cœur du village de Ginestas. L'ensemble dispose d'un grand hall, d'une salle à manger, d'un salon décorés avec les oeuvres du peintre Florès Alders. Le jardin aux senteurs méditarannéenes permet les petits déjeuners à l'extérieur. Propriétaire Mme Alders tél. : 04.68.46.31.27. Dans la journée, des excurtions à Sallèles au Musée des Potiers, à Minerve sont conseillés. 3 chambres d'hôtes très spacieuses, 1 avec salle d'eau et wc privatifs (3 épis), 2 avec salle d'eau et wc communs (1 épi) sont aménagées à l'étage du logis. Restaurant au village. Langues parlées : anglais, allemand.

Prix : 1 pers. **200 F** 2 pers. **250/300 F**

Ouvert : du 1er mai au 15 novembre.

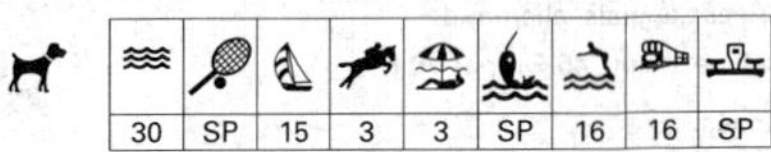

30	SP	15	3	3	SP	16	16	SP

GITES DE FRANCE-SERVICE RESERVATION - 78 Ter, rue Barbacane - 11000 CARCASSONNE - Tél : 04 68 11 40 70
ou PROP : 04 68 46 31 27 - Fax : 04 68 11 40 72 - E-mail : GITESDEFRANCE.AUDE@wanadoo.fr - http://www.itea.fr/GDF/11

GINESTAS La Promenade

TH 

3 ch. Ensemble de 3 chambres d'hôtes de bon confort situé dans une belle maison de village avec un grand jardin attenant ombragé et une terrasse. Parking assuré dans la propriété. Un salon est à disposition. Les petits déjeuners peuvent être servis sur la terrasse. Dans la journée, des excursions Minerve, au Somail ou à Narbonne sont conseillés. Les 3 chambres sont pour 2 personnes disposent d'une salle d'eau avec wc privatifs. L'ensemble est spacieux et peut convenir pour de longs séjours. Propriétaire Mme Gauthier tél. : 04.68.46.31.62. Langue parlée : anglais.

Prix : 1 pers. **250 F** 2 pers. **300 F** repas **90 F**

Ouvert : toute l'année.

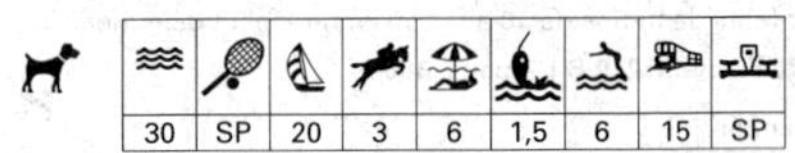

30	SP	20	3	6	1,5	6	15	SP

GITES DE FRANCE-SERVICE RESERVATION - 78 Ter, rue Barbacane - 11000 CARCASSONNE - Tél : 04 68 11 40 70
ou PROP : 04 68 46 31 62 - Fax : 04 68 11 40 72 - E-mail : GITESDEFRANCE.AUDE@wanadoo.fr - http://www.itea.fr/GDF/11

LABECEDE-LAURAGAIS Domaine de Villemagne

TH *C.M. 82 Pli 20*

2 ch. 2 chambres d'hôtes pour 2 ou 3 personnes avec salle d'eau-wc privatifs. (2 lits de 2 pers et 1 lit d'appoint dans chacune.). Petit salon privatif aux 2 ch. avec TV. Chauffage central. Salle à manger avec cheminée, TV. Chambres d'Hôtes aménagées dans la maison familiale sur un domaine d'élevage ovin de la Montagne Noire. Enfants : 50 F. A 2 pas du GR7 et du lac de St-Ferréol que l'on peut relier en 1 h 30 de marche et 1 h en VTT. Cadre de pleine nature et la vue sur les Pyrénées sont inoubliables. Acc. équestre. Baignade en rivière et pêche à proximité. Propriétaire Mme Gacquière tél. : 04.68.60.44.89. Langues parlées : anglais, espagnol.

Prix : 2 pers. **230 F** pers. sup. **65 F** repas **70 F**

Ouvert : toute l'année.

15	15	SP	15	15	15	15	15

GITES DE FRANCE-SERVICE RESERVATION - 78 Ter, rue Barbacane - 11000 CARCASSONNE - Tél : 04 68 11 40 70
ou PROP : 04 68 60 44 89 - Fax : 04 68 11 40 72 - E-mail : GITESDEFRANCE.AUDE@wanadoo.fr - http://www.itea.fr/GDF/11

LAGRASSE Hameau de Villemagne

C.M. 86 Pli 8

2 ch. **Lagrasse 8 km.** 2 chambres d'hôtes aménagées dans une demeure de caractère avec jardin ombragé. 1 ch. (2 lits 1 pers.), 1 ch. composée de 2 pièces pour 4 pers. (2 lits 120. 1 lit 2 pers.), sanitaires et wc privés. Salle commune au rez-de-chaussée. « Château Villemagne » est situé à l'entrée des gorges de l'Alsou. Le propriétaire sera heureux de vous faire visiter le caveau et goûter les vins du domaine. Langues parlées : espagnol, anglais.

Prix : 1 pers. **160 F** 2 pers. **210 F** 3 pers. **270 F**

Ouvert : toute l'année sauf du 15 septembre au 30 octobre.

60	8	60	25	20	0,1	20	27	3

CARBONNEAU Roger - Hameau de Villemagne - 11220 LAGRASSE - Tél : 04 68 24 06 97 - Fax : 04 68 24 06 97

LAURE-MINERVOIS Domaine du Siestou

C.M. 83 Pli 12

4 ch. 4 ch. non fumeurs aménagées à l'étage, mitoyenne avec le propriétaire. Entrée indépendante. 3 ch. pour 2 pers. dont 1 avec 2 lits 1 pers. 1 ch. familiale pour 4 pers. (1 lit 2 pers. 2 lits superposés 1 pers.) avec salles d'eau et wc privatifs. Grande salle à manger avec coin-détente, jardin ombragé en pinède clos et parking. Lave-linge disponible. 4 pers. : 450 F. Chambres de 2 à 4 pers, au milieu des vignes, Gaby et Roger vous accueillent au Domaine du Siestou. Vignerons, ils vous proposent la découverte des cépages et des terroirs ainsi qu'une initiation à la dégustation des vins du cellier Lauran Cabaret. Prop. Mme Dhoms tél. : 04.68.78.30.81. Langue parlée : espagnol.

Prix : 1 pers. **240 F** 2 pers. **270 F** pers. sup. **100 F** repas **90 F**

Ouvert : toute l'année.

60	3	10	8	4	8	4	5	20	3

GITES DE FRANCE-SERVICE RESERVATION - 78 Ter, rue Barbacane - 11000 CARCASSONNE - Tél : 04 68 11 40 70
ou PROP : 04 68 78 30 81 - Fax : 04 68 11 40 72 - E-mail : GITESDEFRANCE.AUDE@wanadoo.fr - http://www.itea.fr/GDF/11

LEUCATE

C.M. 86 Pli 10

2 ch. 2 ch. de caractère aménagées dans la maison familiale sur l'avenue principale du village, aux 1er et 2e étages. 1 ch. en suite 4 pers. avec s. d'eau et wc privatifs. 1 ch. pour 2 pers. avec s. d'eau et wc privatifs. Au r.d.c. : salle à manger, séjour avec cheminée et TV, cour jardin en patio. Parking face maison. 4 pers. : 460 F. Prop. M. Vigier tél. : 04.68.40.98.55. Ch. d'hôtes situées dans un village de vignerons et de pêcheurs du littoral audois. Balades pédestres et VTT autour des étangs et sur la falaise, visite des parcs ostréicoles, base nautique de planches à voile, dégustation vins et visite de la cave de Leucate. Restaurant sur place. Langues parlées : anglais, espagnol.

Prix : 1 pers. **230 F** 2 pers. **250 F** 3 pers. **440 F** pers. sup. **80 F**

Ouvert : toute l'année.

2	SP	10	2	2	10	1	85	1	5	SP

GITES DE FRANCE-SERVICE RESERVATION - 78 Ter, rue Barbacane - 11000 CARCASSONNE - Tél : 04 68 11 40 70
ou PROP : 04 68 40 98 55 - Fax : 04 68 11 40 72 - E-mail : GITESDEFRANCE.AUDE@wanadoo.fr - http://www.itea.fr/GDF/11

MARSEILLETTE La Fargues

C.M. 83 Pli 12

2 ch. Chambres avec salle d'eau et wc privatifs, aménagées au 2e étage d'une maison de caractère. Salon avec bibliothèque, TV, salle à manger, petit déjeuner dans le parc. 2 chambres d'hôtes dans une belle demeure du début du siècle avec parc attenant ombragé. Petit village du Minervois en bordure du Canal du Midi et de l'Aude. Balade en bicyclette sur les chemins de l'étang, tennis au village. Langues parlées : espagnol, anglais.

Prix : 2 pers. **300 F** pers. sup. **80 F** repas **100 F**

Ouvert : de début avril à fin septembre.

55	0,5	20	8	2	1	2	17	0,5

DE ROULHAC Martine - 16, avenue de la Belle Aude - La Fargues - 11800 MARSEILLETTE - Tél : 04 68 79 13 88 - Fax : 04 68 79 13 88

MIREPEISSET Beau Rivage

C.M. 83 Pli 13

3 ch. Trois chambres d'hôtes aménagées dans une villa aux abords du village à proximité d'une Ferme équestre, avec terrain attenant, parking, terrasse couverte, pièce commune. Chambres pour deux personnes avec sanitaires et wc privatifs. Loisirs : Visite de la Cité de Minerve, de la Grange Cistercienne de Fontcalvy près d'Ouveillan, baignade et jeux au village sur la base de la Garenne. Balades sur les berges ombragées du Canal du Midi. Musée du chapeau et des potiers,le Somail, Amphoralis, gare touristique. Piscine. Langues parlées : anglais, allemand.

Prix : 1 pers. **220 F** 2 pers. **250 F** pers. sup. **80 F**

Ouvert : de Pâques à octobre.

25	2	20	SP	SP	SP	SP	15	15	1

LEFEVRE DURAND Claire - « Beau Rivage » - 11120 MIREPEISSET - Tél : 04 68 46 25 07

MIREPEISSET L'Herbe Sainte

C.M. 83 Pli 13

4 ch. 4 ch. d'hôtes aménagées au 1er étage d'une maison de maître sur un domaine viticole du Minervois à 200 m du village. 3 chambres de 2 pers. avec lavabos individuels, sanitaires, wc communs. 1 chambre avec salle d'eau, wc privatif pour 3 à 4 pers. Salle à manger détente, réfrigérateur commun à disposition des locataires, jardin ombragé, plan d'eau à proximité. Loisirs : visite de la Cité de Minerve, du Musée des potiers « Amphoralis à Salleles d'Aude ». Sentiers pédestres et baignade sur la base de la Garenne, canal du midi à 500 m. Remise de 5% hors saison pour un séjour de 3 jours.

Prix : 1 pers. **180 F** 2 pers. **220/240 F** 3 pers. **320 F** pers. sup. **50 F**

25	2	20	1	2	1	15	15	1

RANCOULE Monique - L'Herbe Sainte - 11120 MIREPEISSET - Tél : 04 68 46 31 17

MOLANDIER Borde du Bosc

C.M. 82 Pli 19

1 ch. 1 chambre d'hôtes située dans une ferme du Lauragais, en rez-de-chaussée de la maison du propriétaire. Vue magnifique sur toute la plaine de Pamiers et de l'Ariège. Sanitaires privés. Chauffage central. Chambre pour 2 adultes et 2 enfants en rez de chaussée avec accès indépendant. Loisirs : balade et baignade dans le lac de la Ganguise, visite des Châteaux et Maisons de Maître de la route du Pastel en Pays de Cocagne. Visite du Musée Riquet et de Castelnaudary.

Prix : 2 pers. **200 F** pers. sup. **80 F**

Ouvert : toute l'année sur réservation.

100	3	15	10	15	20	1	100	7	15	3

CLOUYE Evelyne - Borde de Bosc - 11420 MOLANDIER - Tél : 04 68 60 66 25

MONTBRUN-DES-CORBIERES Domaine des Noyers A *C.M. 83 Pli 13*

5 ch. 5 chambres d'hôtes dans une maison située à l'entrée du village sur D65. 3 chambres de 2 pers. avec salle d'eau particulière. Chauffage électrique. 2 chambres de 3 pers. avec salle d'eau particulière. Chauffage électrique. Piscine, terrasse, cour, jardin, parking. Repas possible en Ferme-Auberge. Loisirs : ballades sur les boucles et sentiers du Pays GR 77 et petite halte à l'église de Notre Dame du Colombier, perdue au milieu des vignes. Visite du vignoble du propriétaire et dégustation. Langues parlées : anglais, allemand.

Prix : 1 pers. **180 F** 2 pers. **210 F** 3 pers. **290 F** repas **100 F**
1/2 pens. **390 F**

Ouvert : de Pâques au 31 novembre.

45	SP	15	7	7	6	6	SP	7	3

GALY Thérèse - Domaine des Noyers - 11700 MONTBRUN-DES-CORBIERES - Tél : 04 68 43 94 01 - Fax : 04 68 43 94 01

MONTBRUN-DES-CORBIERES Le Petit Lion (TH) *C.M. 83 Pli 13*

2 ch. 2 chambres d'hôtes situées dans le petit village des Corbières. 1 chambres 3 pers., 1 chambre pour 4 pers. avec sanitaires individuels et chauffage. Salle à manger commune avec possibilité de repas en table d'hôtes avec des spécialités du Terroir. Terrasse, entrée indépendante. Piscine à disposition chez le propriétaire. Loisirs : balades sur les sentiers du Pays (Sentier GR77). Petite halte à l'église Notre Dame du Colombier perdue au milieu des vignes. Prix 1/2 pension pour 2 personnes.

Prix : 1 pers. **170 F** 2 pers. **200 F** 3 pers. **260 F** repas **95 F**
1/2 pens. **390 F**

Ouvert : toute l'année.

45	SP	15	7	7	6	6	SP	7	3

ESQUIVA Thérèse - 11700 MONTBRUN-DES-CORBIERES - Tél : 04 68 43 94 25

MONTFORT-SUR-BOULZANE Alt. : 800 m (TH) *C.M. 86 Pli 17*

4 ch. A 7 km du château cathare de Puilaurens, dans un petit village de la belle et calme vallée de la Boulzane dans les Pyrénées Audoises, 4 chambres d'hôtes aménagées au 1er étage de la maison familiale de Dany et Jean Daubeze. 2 chambres avec salle d'eau et wc privatif, 1 chambre avec lavabo et salle d'eau non attenante. Salle à manger. Chauffage central. Repas à la demande à la table familiale. Loisirs : petites randonnées sur les sentiers et boucles du pays et sites cathares à proximité.

Prix : 2 pers. **160/175 F** 3 pers. **195/210 F** repas **80 F**

Ouvert : toute l'année.

70	SP	30	7	30	15	SP	30	27	27	SP

DAUBEZE Jean - 11140 MONTFORT-SUR-BOULZANE - Tél : 04 68 20 62 56

MONTMAUR (TH) *C.M. 82 Pli 19*

2 ch. Chambre d'hôtes de caractère, aménagée sur un domaine du Lauragais, à l'ouest de Castelnaudary, dans la maison du propriétaire dans un environnement calme et agréable, jardin aménagé et piscine des propriétaires à disposition avec solarium. Chambre avec douche et wc privés. Chauffage, salon avec télévision, vidéo, bibliothèque. Loisirs : randonnées pédestres sur les sentiers et boucles du pays. Pêche et baignade autour du lac de la Ganguise à 10 km. Nombreuses excursions. Exposition permanente de patchwork et aratoires. Logement de chevaux des hôtes. Propriétaire M. Vanderzeypen tél. : 04.68.60.00.40. Langues parlées : anglais, allemand.

Prix : 1 pers. **230/250 F** 2 pers. **280/300 F** 3 pers. **400 F** repas **120 F**

Ouvert : toute l'année.

4	10	10	SP	4	SP	6	17

GITES DE FRANCE-SERVICE RESERVATION - 78 Ter, rue Barbacane - 11000 CARCASSONNE - Tél : 04 68 11 40 70
ou PROP : 04 68 60 00 40 - Fax : 04 68 11 40 72 - E-mail : GITESDEFRANCE.AUDE@wanadoo.fr - http://www.itea.fr/GDF/11

MONTOLIEU Le Bousquet *C.M. 83 Pli 11*

2 ch. 2 chambres (1 lit 2 pers. 2 lits 1 pers.) avec sanitaires indépendants, aménagées au 1er étage d'une maison neuve aux abords du village. WC communs. Une des chambres dispose d'une terrasse plein sud. Pièce d'accueil au rez-de-chaussée. Chauffage. Chambres d'hôtes dans une propriété aux abords du « village du livre » de Montolieu, sur la route de Saissac et des plans d'eaux du Cabardès.

Prix : 2 pers. **200 F**

Ouvert : toute l'année.

90	3	15	10	15	1	3	18	1

BOYER Gilles - Le Bousquet - 11170 MONTOLIEU - Tél : 04 68 24 84 58

MONTOLIEU Le Bousquet *C.M. 83 Pli 11*

1 ch. 1 chambre d'hôtes d'accès indépendant, de plain-pied, donnant sur une terrasse couverte avec salon de jardin et bains de soleil, face au grand jardin bien ensoleillé de la propriété. Aux abords du village du Livre de Montolieu. Promenade pédestre sur les boucles de Pays du Cabardès. Propriétaire Mme Agasse tél. : 04.68.24.84.88. Ch. pour 2 pers. avec sanitaires attenants et privatifs (salle d'eau et wc indépendants). Chauffage central, petite pièce de séjour privative (TV) attenante donnant sur la terrasse. Les petits déjeuners seront pris au choix sur les différentes terrasses de la maison selon les saisons. Langues parlées : espagnol, anglais.

Prix : 2 pers. **250 F** pers. sup. **60 F**

Ouvert : toute l'année.

85	3	15	10	15	1	3	17	0,8

GITES DE FRANCE-SERVICE RESERVATION - 78 Ter, rue Barbacane - 11000 CARCASSONNE - Tél : 04 68 11 40 70
ou PROP : 04 68 24 84 88 - Fax : 04 68 11 40 72 - E-mail : GITESDEFRANCE.AUDE@wanadoo.fr - http://www.itea.fr/GDF/11

MONTOLIEU Hameau de Franc *C.M. 83 Pli 11*

E.C. 2 ch. Chambres d'hôtes situées dans une belle maison de caractère orientée plein sud sur un domaine arboré et fleuri à 3 km du village du livre de Montolieu. Grande terrasse avec mobilier de jardin pour profiter du climat de la région. Ensemble de 2 chambres de 2 pers. à l'étage de la maison familiale avec sanitaires et wc non attenants aux chambres. Au rez-de-chaussée, une salle de séjour avec cheminée est à votre disposition. Boucles de randonnées et VTT sur place.

Prix : 2 pers. **200 F** pers. sup. **50 F**

Ouvert : d'avril à mi-octobre.

90	3	15	10	3	3	3	25	3

BURTET Monique - Hameau de Franc - La Grange - 11170 MONTOLIEU - Tél : 04 68 24 86 33

MOUX Relais de l'Alaric (TH) *C.M. 86 Pli 8*

5 ch. 5 chambres d'hôtes à l'étage de la maison familiale aux abords du village, dont 4 avec wc et salle d'eau et 1 avec salle de bains privatives, table d'hôtes avec salle d'accueil (TV), bibliothèque, grande cheminée. Nuisances possibles (voie ferrée à 100 m). Propriétaire M. Sarda tél. : 04.68.43.97.68. Loisirs : Visites et dégustations des vins des Corbières chez les propriétaires. Piscine du propriétaire à disposition. Initiation à l'aeronautique. Promenades aériennes. VTT à disposition. Langues parlées : anglais, espagnol.

Prix : 1 pers. **220 F** 2 pers. **280 F** 3 pers. **380 F** pers. sup. **100 F** repas **90 F**

Ouvert : toute l'année.

42	12	20	8	20	5	SP	12	1

GITES DE FRANCE-SERVICE RESERVATION - 78 Ter, rue Barbacane - 11000 CARCASSONNE - Tél : 04 68 11 40 70
ou PROP : 04 68 43 97 68 - Fax : 04 68 11 40 72 - E-mail : GITESDEFRANCE.AUDE@wanadoo.fr - http://www.itea.fr/GDF/11

NARBONNE Chemin du Bas Razimbaud (TH) *C.M. 83 Pli 14*

5 ch. 5 chambres d'hôtes aménagées dans une maison récente, indépendante. 3 ch. (3 épis) avec sanitaires individuels. 2 ch. (2 épis) avec salle d'eau privée, wc communs. A proximité de Narbonne, en direction de Coursan RN9, structure aménagée dans la maison familiale pouvant être le point de départ de journées découvertes (culturelle et historique) ou de journées de détente sur « l'Espace Liberté », bases de loisirs de Narbonne, en bord de mer.

Prix : 2 pers. **250 F** pers. sup. **75 F** repas **90 F**

Ouvert : toute l'année.

15	2	15	15	15	SP	5	2	2

BALESTA Jérome - Chemin Bas Razimbaud - 11100 NARBONNE - Tél : 04 68 32 52 06

NARBONNE Domaine de Jonquières *C.M. 86 Pli 9*

4 ch. 4 chambres d'hôtes de grand confort avec salle de bains, wc indépendants et privatifs, dressing. Salon commun avec cheminée, bibliothèque et TV. Aménagées dans une maison de maître languedocienne sur un domaine viticole des environs de Narbonne à 20 km de la plage. Piscine, tennis et sauna sur place. Site comprenant également des gîtes. Propriétaire SA Vignerons de la Méditerranée tél. : 04.68.42.85.00.

Prix : 2 pers. **392 F** pers. sup. **100 F**

20	SP	5	5	5	5	5	SP	10	5

GITES DE FRANCE-SERVICE RESERVATION - 78 Ter, rue Barbacane - 11000 CARCASSONNE - Tél : 04 68 11 40 70
ou PROP : 04 68 42 85 00 - Fax : 04 68 11 40 72 - E-mail : GITESDEFRANCE.AUDE@wanadoo.fr - http://www.itea.fr/GDF/11

NEBIAS L'Assaladou Alt. : 600 m (TH) *C.M. 86 Pli 6*

3 ch. 3 chambres avec salle d'eau et wc privatifs, situées à l'étage d'une dépendance mitoyenne à la maison du propriétaire, salle à manger avec cheminée, espace extérieur ombragé. 1 chambre 2 personnes, 1 chambre 3 personnes, 1 chambre pour 4. Chauffage électrique, repas en table d'hôtes. Propriétaire M. Painco tél. : 04.68.20.80.89. Domaine d'élevage équestre situé à 500 mètres de Nébias sur le sentier Cathare et le GR 7. Lac privé ombragé à 1 km pour la pratique de la pêche. Accueil de randonneurs équestres assuré. Langues parlées : anglais, espagnol.

Prix : 1 pers. **180 F** 2 pers. **240 F** pers. sup. **60 F** repas **85 F**

Ouvert : toute l'année sur réservation.

85	1	10	0,5	10	10	1	30	10	10	1

GITES DE FRANCE-SERVICE RESERVATION - 78 Ter, rue Barbacane - 11000 CARCASSONNE - Tél : 04 68 11 40 70
ou PROP : 04 68 20 80 89 - Fax : 04 68 11 40 72 - E-mail : GITESDEFRANCE.AUDE@wanadoo.fr - http://www.itea.fr/GDF/11

OUVEILLAN Grangette Haute (TH) *C.M. 83 Pli 13*

3 ch. Chambres d'hôtes aménagées dans une maison languedocienne entièrement rénovée, située en pleine campagne à 2 km du village, à proximité du Canal du midi, de Minerve (site cathare) et des plages. Sur l'arrière de la maison, un parc en pelouse avec des pins parasols vous est réservé. Vue sur le village d'Ouveillan et ses environs. 3 chambres avec sanitaires (salle d'eau ou salle de bains) privatifs attenant situées au 1er étage. Salon et blibliothèque à disposition. Table d'hôtes sur réservation. Tarifs dégressifs pour séjour prolongé. Langues parlées : anglais, allemand.

Prix : 1 pers. **280 F** 2 pers. **340/380 F** pers. sup. **100 F** repas **100 F**

Ouvert : toute l'année.

30	2	30	SP	20	2	20	20	2

RENOUX-MEYER Mireille - Domaine de la Grangette Haute - 11590 OUVEILLAN - Tél : 04 68 46 86 24 - Fax : 04 68 46 86 24

PALAIRAC Les Ginestous

(TH)  *C.M. 86 Pli 8*

3 ch. Chambres d'hôtes situées dans une bâtisse de caractère d'un village des Hautes Corbières à côté de la fontaine communale. Loin de toute agitation, à une demi-heure des châteaux cathares, de nombreuses balades sont possibles. La Méditerranée est à 1 h de route. La maison comprend 3 niveaux : rez-de-chaussée : coin-toilette, salle à manger avec cheminée, coin-cuisine. Au 1er étage : 3 chambres dont 1 en suite pour 4 pers., 2 ch. pour 2 pers. avec sanitaires et wc privatifs. Au 2e dominant les toits du village une grande terrasse solarium avec un séjour pour les petits déjeuners. Bibliothèque à disposition. 4 pers. : 540 F. Prop. M. Lacaze tél. : 04.68.45.01.24. Langues parlées : anglais, espagnol.

Prix : 1 pers. **220 F** 2 pers. **290 F** pers. sup. **125 F** repas **100 F**

Ouvert : de Pâques à Noël.

55	12	55	12	12	10	12	45	12

GITES DE FRANCE-SERVICE RESERVATION - 78 Ter, rue Barbacane - 11000 CARCASSONNE - Tél : 04 68 11 40 70
ou PROP : 04 68 45 01 24 - Fax : 04 68 11 40 72 - E-mail : GITESDEFRANCE.AUDE@wanadoo.fr - http://www.itea.fr/GDF/11

PENNAUTIER Château de Liet

C.M. 83 Pli 11

6 ch. A 5 km de Carcassonne, ensemble de 6 ch. d'hôtes de caractère avec sanitaires privés aménagées dans un château du XIXe siècle au cœur d'un parc boisé de 7 ha. 3 ch. sont des suites pour 3 à 4 pers., les autres pour 2 pers. 2 ch. et 2 suites bénéficient d'une vue imprenable sur le parc et la piscine. Une des ch. et une suite disposent d'une terrasse privative. Toutes les chambres sont également équipées d'un mini-bar. Le petit déjeuner sera servi dans la salle à manger dépoque. Le parc et la piscine privée sont réservés uniquement à la clientèle du domaine. Ping-pong à disposition dans le parc. 4 pers. : 550/600 F. Langues parlées : anglais, espagnol.

Prix : 2 pers. **300/400 F** 3 pers. **550/600 F** pers. sup. **100 F**

Ouvert : toute l'année sur réservation.

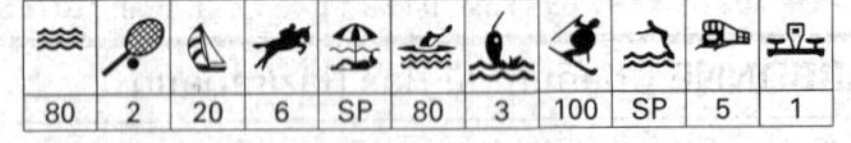

80	2	20	6	SP	80	3	100	SP	5	1

MEYNIER Claude - SARL le Liet - Château le Liet - 11610 PENNAUTIER - Tél : 04 68 11 19 19 - Fax : 04 68 47 05 22

PEYREFITTE-DU-RAZES Domaine de Couchet

(TH) *C.M. 86 Pli 6*

4 ch. 4 chambres d'hôtes aménagées dans une très belle maison de maître du XVIIIe, dans un cadre de pleine nature soigné et fleuri. Salle d'eau et wc privés pour chaque chambre. Bibliothèque et salon accessibles aux hôtes. 2 lits 370 F. Hors Saison séjour possible minimum 3 jours sur réservation. Loisirs : balades sur les boucles et sentiers balisés du pays, piscine sur place. Baignade et pêche autour du lac de Montbel, et visite de la vieille ville de Mirepoix. Réduction de 10 % pour tous séjour supérieur à 3 nuits. Langue parlée : anglais.

Prix : 1 pers. **300 F** 2 pers. **180/350 F** 3 pers. **400 F** pers. sup. **100 F** repas **130 F**

Ouvert : toute l'année.

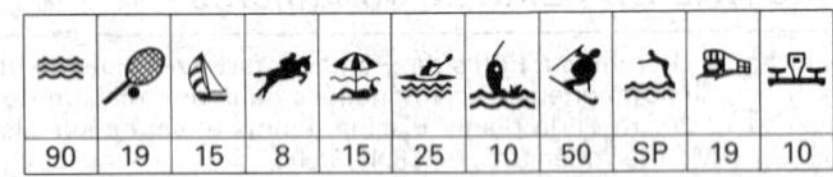

90	19	15	8	15	25	10	50	SP	19	10

ROPERS Jean-Pierre - Domaine de Couchet - 11230 PEYREFITTE-DU-RAZES - Tél : 04 68 69 55 06 - Fax : 04 68 69 55 06

PORTEL-DES-CORBIERES La Terrienne

(TH) *C.M. 86 Pli 9*

2 ch. 2 chambres d'hôtes situées au premier étage de la maison des propriétaires avec sanitaires privés pour chaque chambre. Terrasse et piscine. Table d'hôtes familiale et conviviale autour des propriétaires vignerons qui vous feront découvrir leur région autour de leur activité principale. La maison est située dans un village des Corbières Maritimes, à 15 minutes de la mer et 7 minutes des étangs. Visite du site de Notre dame des Oubiels, de la réserve africaine de Sigean, balades sur les sentiers du pays et visite des caves de vieillissement Terravinea.

Prix : 2 pers. **220 F** pers. sup. **70 F** repas **80 F**

Ouvert : toute l'année.

15	1	7	4	7	60	10	SP	15	SP

MOMBELLET Jacky - 21, rue Quartier Neuf - La Terrienne - 11490 PORTEL-DES-CORBIERES - Tél : 04 68 48 36 20

POUZOLS-MINERVOIS Les Auberges

(TH) *C.M. 83 Pli 13*

3 ch. 3 chambres d'hôtes aménagées à l'étage de la maison familiale du propriétaire avec sanitaires et wc privatifs, situées sur un domaine en bordure de la D5 (de Carcassonne à Béziers), au cœur du vignoble du Minervois. Structure d'accueil comprenant 3 chambres d'hôtes, 2 gîtes ruraux et un camping. Repas en table d'hôtes sur réservation. Loisirs : sur place 3 circuits VTT (20-10-5 km), vous profiterez également de la piscine sur place dans le cadre d'un camping 1 étoile de 19 places et de nombreuses promenades pédestres. 5% de Réduction au delà de 5 jours.

Prix : 2 pers. **170 F** pers. sup. **30 F** repas **70 F** 1/2 pens. **310 F**

Ouvert : toute l'année.

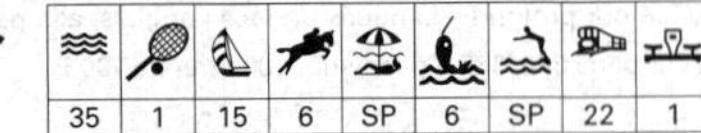

35	1	15	6	SP	6	SP	22	1

PRADAL Véronique - 6, les Auberges - 11120 POUZOLS-MINERVOIS - Tél : 04 68 46 26 50 ou 04 68 46 13 87

POUZOLS-MINERVOIS

(TH)

2 ch. — 2 ch. de charme situées dans une bâtisse de caractère d'un domaine viticole du Minervois, au cœur des vignes et des pinédes à 300 m du joli village de Pouzols. Anne, viticultrice vous accueille et vous fera découvrir ses passion : la vigne et le vin. Boucles de randonnées à pieds et à VTT balisés au départ du domaine. Prop. Mme Chardonnet tél. : 04.68.46.38.69. Canal du Midi et pêche à la truite 4 km, Minerve 15 km, lac de Jouares 8 km. 2 ch. d'hotes de charmes pour 2 pers. mitoyennes à un gîte rural situées dans la maison familliale avec sde et wc privatif, salle à manger, salon bibliothèque. Chauffage central. Le petit dejeuner peut être servi dehors. Langues parlées : anglais, allemand.

Prix : 1 pers. **260/280 F** 2 pers. **270/290 F** pers. sup. **80 F** repas **90 F**

Ouvert : toute l'année.

35	SP	35	6	2	6	2	15	SP

GITES DE FRANCE-SERVICE RESERVATION - 78 Ter, rue Barbacane - 11000 CARCASSONNE - Tél : 04 68 11 40 70
ou PROP : 04 68 46 38 69 - Fax : 04 68 11 40 72 - E-mail : GITESDEFRANCE.AUDE@wanadoo.fr - http://www.itea.fr/GDF/11

PRAT-DE-CEST

C.M. 86 Pli 9

5 ch. — 5 chambres d'hôtes aménagées au 1er étage de la maison familiale. 2 ch. 4 pers., 1 ch. 3 pers., 2 ch. 2 pers. avec douches privées. Restaurant à proximité. Animaux admis avec accord préalable du propriétaire. Jardin avec table pour pique-niquer. 4 pers. : 280 F. Chambres d'hôtes situées dans une maison en bordure de la RN9, dans le village de Prat de Cest à quelques kilomètres de la mer et des étangs.

Prix : 1 pers. **150 F** 2 pers. **200/220 F** 3 pers. **250 F** pers. sup. **50 F**

Ouvert : toute l'année.

18	4	4	4	8	3	7	10	10

BOU Martine - Les Vacquiers - 11100 PRAT-DE-CEST - Tél : 04 68 41 58 36 - Fax : 04 68 41 58 36

PRAT-DE-CEST Domaine d'Estarac

C.M. 86 Pli 9

5 ch. — 5 chambres d'hôtes situées dans la maison familiale, au cœur d'un environnement maritime protégé. 1 ch. 2 pers., 1 ch. 4 pers. en suite, 3 ch. pour 3 pers. avec salles d'eau particulières. Chauffage central. Jardin, abri voiture, parking. Pêche. Forêt. Patinoire 8 km. Restaurant 2 km. Bowling à 8 km. 4 pers. : 360 F. Chambres aménagées dans une maison bourgeoise rurale du XIXe siècle sur un domaine en bordure des étangs de Bages et de Sigean. Langues parlées : anglais, hollandais.

Prix : 1 pers. **200 F** 2 pers. **250 F** 3 pers. **310 F**

Ouvert : toute l'année sauf Noël et jour de l'An.

18	4	4	10	5	3	10	10	2

VAN DER ELST Alexandre - Domaine d'Estarac - 11100 PRAT-DE-CEST - Tél : 04 68 41 57 31

RAISSAC-D'AUDE La Cicindelle

4 ch. — Entre Narbonnais et Corbières, à 5 mn du Canal du Midi, 4 chambres d'hôtes avec sanitaires privatifs. Séjour avec cheminée, chauffage central. Prix spécial hors saison suivant durée. Les propriétaires sont passionnés d'entomologie et de paléontologie, leur collection est remarquable. Chambres d'hôtes situées au cœur de village très calme aménagées au 1er étage d'une maison familiale de caractère (XVIIIe) avec cour en devant de porte aménagée pour les petits déjeuners. Les chambres sont ouvertes en toute saison. Langues parlées : anglais, espagnol.

Prix : 1 pers. **200 F** 2 pers. **240 F** 3 pers. **300 F** pers. sup. **80 F**

Ouvert : toute l'année.

30	2	30	15	15	1	15	15	2

TILLIER Laureen - 4, rue des Pacaniers - 11200 RAISSAC-D'AUDE - Tél : 04 68 43 80 95

ROQUETAILLADE Maison de Léoncie

(TH) *C.M. 86 Pli 7*

4 ch. — La Maison de Léoncie dispose de 4 ch. aux 1er et 2e étages : 2 ch. avec salles d'eau et wc attenants privatifs, 2 ch. avec salles d'eau attenantes et wc à l'extérieur privatifs. Ch. pour 2 à 3 pers. avec chauf. élect. Une salle à manger, un coin salon avec four à pain, cheminée ainsi qu'une bibliothèque avec ouvrages spécialisés et documents sur le Pays Cathare. Au cœur d'un village où l'on taille avec le même savoir faire la vigne et la pierre « Roquetaillade ». Le village et son château du XIe s. dominent le vignoble de la blanquette où d'admirables points de vue s'offrent à vous. Table d'Hôtes sur résa. Propriétaire Mme Blondel tél. : 04.68.31.58.54.

Prix : 1 pers. **180/200 F** 2 pers. **250/280 F** pers. sup. **50 F** repas **100 F**

Ouvert : toute l'année.

60	10	20	15	20	15	10	50	10	10	10

GITES DE FRANCE-SERVICE RESERVATION - 78 Ter, rue Barbacane - 11000 CARCASSONNE - Tél : 04 68 11 40 70
ou PROP : 04 68 31 58 54 - Fax : 04 68 11 40 72 - E-mail : GITESDEFRANCE.AUDE@wanadoo.fr - http://www.itea.fr/GDF/11

SAINT-DENIS La Salamandre

Alt. : 500 m

2 ch. — Chambres d'hôtes aménagées à la sortie de Saint Denis vers Cuxac Cabardès. La maison est entourée d'un parc de 4000 m^2 descendant vers la rivière. L'environnement est propice aux randonnées, à la pêche et à la baignade (nombreux lacs à proximité). Location de VTT sur place. Les extérieurs sont aménagés en terrasses avec salon de jardin. 2 chambres d'hôtes (3 lits 1 pers. par ch.) situées à l'étage de la maison familiale avec salle d'eau-wc privative à chaque chambre. Les chambres sont équipées d'un chauffage et donnent sur un petit salon. Un coin cuisine est disponible. Propriétaire Mme Lambinet tél. : 04.68.26.42.13. Langue parlée : anglais.

Prix : 1 pers. **210 F** 2 pers. **230 F** pers. sup. **50 F**

Ouvert : toute l'année.

105	SP	3	6	6	SP	6	28	1

GITES DE FRANCE-SERVICE RESERVATION - 78 Ter, rue Barbacane - 11000 CARCASSONNE - Tél : 04 68 11 40 70
ou PROP : 04 68 26 42 13 - Fax : 04 68 11 40 72 - E-mail : GITESDEFRANCE.AUDE@wanadoo.fr - http://www.itea.fr/GDF/11

SAINT-FRICHOUX La Belle Minervoise

TH C.M. 83 Pli 12

5 ch. 5 ch. d'hôtes pour 2-3 pers. dans la maison familiale avec salle d'eau et wc privatifs attenants. Petits déjeuners gourmands avec confiture à l'ancienne faites maison qui peuvent être servis sur la terrasse, cuisine raffinée et variée. Chambres situées dans une maison de maître du XIXe siècle, vue sur les vignes pour 4 chambres. Prop. Mme Jarry : 04.68.78.23.65. La maison dispose de 2 terrasses (au sud et au nord) un petit parc non attenant et arboré est disponible à 200 m. Possibilité de randonnées au départ de la maison. Dégustation des vins du Minervois par le vigneron du village sur rendez-vous. Possibilité de table d'hôtes sur réservation. Langue parlée : anglais.

Prix : 2 pers. **280 F** pers. sup. **80 F** repas **95 F**

Ouvert : toute l'année.

50	3	15	15	4	8	4	8	25	SP

GITES DE FRANCE-SERVICE RESERVATION - 78 Ter, rue Barbacane - 11000 CARCASSONNE - Tél : 04 68 11 40 70
ou PROP : 04 68 78 23 65 - Fax : 04 68 11 40 72 - E-mail : GITESDEFRANCE.AUDE@wanadoo.fr - http://www.itea.fr/GDF/11

SAINT-HILAIRE

C.M. 86 Pli 7

5 ch. **Carcassonne 15 km.** Au cœur du vignoble du plus vieux brut du monde, le « Crémant de Limoux ». Les chambres sont aménagées dans une maison de maître du village, dont la remarquable abbaye bénédictine du VIIIe s. est à visiter, ainsi que celle de Ste Polycarpe. Baignades dans les gorges verdoyantes du Lauquet très agréables. 4 pers. : 430 F. Propriétaire M. Hoyos tél. : 04.68.69.41.21. 5 chambres d'hôtes situées au 1er étage d'une maison de maître au cœur du village dont 3 avec salle d'eau et wc privatifs attenants. 2 avec salle de bains et wc privatifs. Les petits déjeuners peuvent être servis dans la salle à manger ou bien à l'extérieur dans le petit jardin et terrasse. Langues parlées : espagnol, anglais.

Prix : 1 pers. **250 F** 2 pers. **250/290 F** 3 pers. **380 F**

Ouvert : toute l'année.

80	SP	17	7	5	20	1	15	15	SP

GITES DE FRANCE-SERVICE RESERVATION - 78 Ter, rue Barbacane - 11000 CARCASSONNE - Tél : 04 68 11 40 70
ou PROP : 04 68 69 41 21 - Fax : 04 68 11 40 72 - E-mail : GITESDEFRANCE.AUDE@wanadoo.fr - http://www.itea.fr/GDF/11

SAINT-MARTIN-LALANDE La Capelle

TH C.M. 82 Pli 20

3 ch. 3 ch. 3 épis avec coin-cuisine dans le séjour, wc, salle d'eau indépendante. Chauffage électrique. Téléphone public sur la propriété. 4 pers. : 400 F. 3 chambres d'hôtes aménagées sur un domaine agricole, à proximité du Canal du Midi (3 km) et de Castelnaudary « la cité du cassoulet » dans un cadre de verdure, sur la route de l'Abbaye de St Papoul avec vue panoramique sur la chaîne pyrénéenne. Langue parlée : espagnol.

Prix : 2 pers. **250/300 F** 3 pers. **350 F** repas **120 F**

Ouvert : du 15 juin au 15 septembre.

90	2	20	10	5	70	2	80	5	6	2

SABATTE Jacques - « La Capelle » - 11400 SAINT-MARTIN-LALANDE - Tél : 04 68 94 91 90

SAINT-MARTIN-LALANDE Domaine Escourrou

TH C.M. 82 Pli 20

3 ch. 3 chambres d'hôtes situées dans la maison familiale au 1er étage. Chambres pour 2 à 3 personnes avec sanitaires et wc privatifs. La ch. N°2 a son sanitaire à l'extérieur sur le palier, la ch. N°3 dispose d'une salle de bains balnéothérapie. En rez-de-chaussée une salle à manger avec coin feu et TV s'ouvre sur le parc fleuri et ombragé. Ferme de charme lauragaise à 5 km de Castelnaudary en écart de la RN113 (à 1 km), en bordure du Canal du Midi (au bout du jardin), à proximité du GR7. Espace fleuris et en pelouse. Salle de jeux, espace ludique pour les enfants (portique, baby-foot). Propriétaire M. Delcroix tél. : 04.68.94.98.41. Langue parlée : anglais.

Prix : 1 pers. **130 F** 2 pers. **220 F** 3 pers. **300 F** pers. sup. **80 F** repas **120 F**

6	20	10	SP	SP	SP	5	5

GITES DE FRANCE-SERVICE RESERVATION - 78 Ter, rue Barbacane - 11000 CARCASSONNE - Tél : 04 68 11 40 70
ou PROP : 04 68 94 98 41 - Fax : 04 68 11 40 72 - E-mail : GITESDEFRANCE.AUDE@wanadoo.fr - http://www.itea.fr/GDF/11

SAINT-MARTIN-LE-VIEIL

C.M. 82 Pli 20

2 ch. 2 chambres d'hôtes aménagées dans une villa indépendante aux abords du village, près du centre équestre de la « cavale St-Félix » et d'un parc de loisirs avec baignade aménagée. Les chambres pour 2 personnes sont équipées de salles d'eau privatives (douches et lavabos), wc communs. Séjour, terrasse, salon avec cheminée et TV. Chauffage central. Table d'hôtes sur réservation à la table familiale. Langue parlée : italien.

Prix : 2 pers. **200 F** pers. sup. **60 F**

Ouvert : toute l'année.

90	0,5	18	1	0,5	0,5	7	20	7

VENDRAMINI Bernard - Gerrino - 11170 SAINT-MARTIN-LE-VIEIL - Tél : 04 68 76 02 80

SAINT-MARTIN-LE-VIEIL Villelongue Coté Jardins

C.M. 83 Pli 11

2 ch. 2 chambres d'hôtes 3 épis de grand confort avec salle de bains et wc attenants et privatifs, chauffage central. Les chambres pour 2 pers. sont aménagées au 1er étage de la maison familiale. Une salle à manger est disponible pour les petits déjeuners. A 5 km du village du livre de Montolieu et à 20 km de Carcassonne. Prop. Mme Antoine tél. : 04.68.76.09.03. Villelongue « côté jardin » vous accueille en ch. d'hôtes dans le cadre verdoyant de son parc du XIXe siècle aux essences rares. Etablies au pied de la Montagne Noire, riches en balades et découvertes. A 100 m, l'auberge vous propose sa cuisine traditionnelle. Langue parlée : anglais.

Prix : 1 pers. **280 F** 2 pers. **300 F** pers. sup. **70 F**

Ouvert : toute l'année.

85	5	20	5	5	5	5	12	5

GITES DE FRANCE-SERVICE RESERVATION - 78 Ter, rue Barbacane - 11000 CARCASSONNE - Tél : 04 68 11 40 70
ou PROP : 04 68 76 09 03 - Fax : 04 68 11 40 72 - E-mail : GITESDEFRANCE.AUDE@wanadoo.fr - http://www.itea.fr/GDF/11

SAINT-MICHEL-DE-LANES Tout Tens

C.M. 82 Pli 19

3 ch. Au cœur du Pays de Cocagne et du Lauragais d'où jaillissent toutes les nuances des verts et des jaunes, la ferme de « Tout Tens » vous invite à séjourner en toute convivialité dans ces lieux imprégnés d'authenticité dont les origines remontent au XVIIIe siècle. Dans ce cadre de pleine nature, vous découvrirez le four à pain. Ensemble de 3 ch. d'hôtes dont 1 en cours de classement avec sanitaires privatifs aménagées à l'étage de la maison familiale. Petits déjeuners servis en terrasse. L'étable a été rénovée en pièce à vivre. Animaux sur acceptation et tenus en laisse. Propriétaire M. Barcelo tél. : 04.68.60.39.57. Langue parlée : anglais.

Prix : 1 pers. **190 F** 2 pers. **290 F** pers. sup. **100 F**

Ouvert : toute l'année.

7	4	4	4	4	20	20	7

GITES DE FRANCE-SERVICE RESERVATION - 78 Ter, rue Barbacane - 11000 CARCASSONNE - Tél : 04 68 11 40 70
ou PROP : 04 68 60 39 57 - Fax : 04 68 11 40 72 - E-mail : GITESDEFRANCE.AUDE@wanadoo.fr - http://www.itea.fr/GDF/11

SAINT-MICHEL-DE-LANES

C.M. 82 Pli 19

1 ch. Au cœur d'un ravissant village médiéval du Lauragais, à 30 minutes de Toulouse et quelques km du Canal du Midi, Alix et Vincent de La Panouse proposent aux amateurs d'histoire, de poésie et de romantisme, 1 suite de prestige dans leur petit château de famille. Centuré par un parc de 2 ha. aux cèdres bicentenaires. Les enfants de moins de 4 ans sont invités. La suite qui donne sur le parc est située dans une aile indépendante du château avec sanitaires privés. Le salon de style néo-gothique est remarquable par son plafond à caissons et sa cheminée de marbre rouge. Les petits déjeuners sont proposés dans le parc si le temps le permet.

Prix : 2 pers. **600 F**

4	3	15	3	3	20	20	7

DE LA PANOUSE Alix et Vincent - Chemin de St-Michel de Lanes - 11410 SAINT-MICHEL-DE-LANES - Tél : 04 68 60 31 80

SAINT-PAPOUL Le Falga

C.M. 82 Pli 20

2 ch. 2 chambres d'hôtes aménagées dans la maison du propriétaire, 1 ch. 3 pers. (1 lit 2 pers. 1 lit 1 pers.). 1 ch. (3 lits 1 pers.). Lavabo individuel. Salle d'eau et wc communs. Chauffage électrique. Salle commune au rez-de-chaussée pour petit-déjeuner. A l'entrée du village de St-Papoul à 2 pas de l'Abbaye sur le GR7, chambres d'hôtes au 1 er étage de la maison familiale.

Prix : 1 pers. **120 F** 2 pers. **200 F** 3 pers. **280 F** pers. sup. **60 F**

Ouvert : toute l'année.

150	1	15	10	15	45	15	8	8	2

AVELINE Angès - Le Falga - 11400 SAINT-PAPOUL - Tél : 04 68 94 94 74

SAISSAC L'Albejot

Alt. : 600 m

TH

C.M. 83 Pli 11

5 ch. 5 chambres d'hôtes de 2 à 4 pers., dans la maison du propriétaire, dont 3 avec salle d'eau commune et 2 avec entrée indépendante salle de bains et wc privatifs. Salle commune avec cheminée, repas en table d'hôtes à 70 F avec produits de la ferme. Balade équestre sur place et autour du lac avec moniteur agréé Jeunesse et Sports. 4 pers. : 300 F. Sur une ferme d'élevage des environs de Saissac (D408), à proximité du plan d'eau du Lampy, dans un cadre de prairies et de forêts. Langues parlées : espagnol, anglais.

Prix : 1 pers. **120/150 F** 2 pers. **180/240 F** 3 pers. **250 F** pers. sup. **50/60 F** repas **80 F** 1/2 pens. **190/220 F**

Ouvert : toute l'année.

100	3	2	SP	2	2	3	23	2

ARREDONDO André - L'Albejot - 11310 SAISSAC - Tél : 04 68 24 44 03

SAISSAC Le Lampy Neuf

Alt. : 650 m

TH

C.M. 83 Pli 11

4 ch. 4 chambres d'hôtes dont une double, aménagées dans une maison de maître du XIXe siècle, au cœur de l'arboretum du Lampy, parc centenaire et au bord du lac et des rigoles du Canal du Midi. Chambres au 1er étage avec sanitaires et wc privatifs et communiquants. Salles communes, salon, salle à manger, bibliothèque. Organisation de séjour à thème à la demande, parcours des fables de La Fontaine. Langues parlées : espagnol, anglais.

Prix : 2 pers. **200/350 F** pers. sup. **100 F** repas **120 F**

Ouvert : toute l'année.

110	5	SP	5	SP	SP	10	25	5

BOUDET Claude - Le Lampy Neuf - 11310 SAISSAC - Tél : 04 68 24 46 07

SAISSAC Castel de Bataille (TH) *C.M. 83 Pli 11*

2 ch. Chambres d'Hôtes situées dans une maison de maître du début du siècle à mi chemin de Saissac et de Montolieu au cœur d'un pays d'élevage et de prairies. Attenant à la maison, un petit parc de 3 ha. traversé par un ruisseau. Piscine. Vélos prêtés par les propriétaires. 2 chambres avec sanitaires privatifs attenant situées aux 1er et 2e étages. Les ch. donnent sur le parc. Les petits déjeuners et les repas seront proposés en terrasse selon la saison. Les produits servis sont issus du potager et des fermes environnantes. Tarif hors saison : 270 F pour 2 pers. Possibilité randonnées pédestres et VTT. Prop. M. Halley tél. : 04.68.24.45.26. Langues parlées : anglais, espagnol.

CV

Prix : 2 pers. **295 F** repas **85 F**

Ouvert : toute l'année.

100	6	22	15	SP	10	SP	20	5

GITES DE FRANCE-SERVICE RESERVATION - 78 Ter, rue Barbacane - 11000 CARCASSONNE - Tél : 04 68 11 40 70
ou PROP : 04 68 24 45 26 - Fax : 04 68 11 40 72 - E-mail : GITESDEFRANCE.AUDE@wanadoo.fr - http://www.itea.fr/GDF/11

SALSIGNE Domaine de Combestremières A (TH) *C.M. 83 Pli 11*

5 ch. 5 chambres d'hôtes dont 4 de 2 pers. et 1 de 3 pers. aménagées au 1er étage de la maison familiale avec sanitaires individuels privatifs. Salle commune. Repas en table d'hôtes servis en ferme auberge au prix de 100 F avec tous les produits de la ferme servis dans une salle de caractère avec cheminée (feu de bois). Possibilité d'avoir un casse-croûte. Sur un domaine agricole de la Montagne Noire, entre Salsigne et Villardonnel, magnifique ferme restaurée bordée de bois, à proximité du Site Cathare des Châteaux de Lastours et des sentiers de randonnée qui sillonnent le Cabardès. Possibilité de location de VTT (5).

CV

Prix : 2 pers. **220 F** 3 pers. **270 F** repas **100 F** 1/2 pens. **210 F**

Ouvert : juillet et août.

85	12	25	10	25	6	12	25	4

LAFAGE André - Domaine de Combestremières - 11600 SALSIGNE - Tél : 04 68 77 06 97 - Fax : 04 68 77 56 39

SONNAC-SUR-L'HERS Roubichoux Alt. : 500 m *C.M. 86 Pli 6*

1 ch. Sur un domaine du Chalabrais, à quelques km du Lac de Montbel, dans un cadre de prairies et de forêts. 1 chambre d'hôtes (1 lit 2 pers. 1 lit 1 pers.) avec entrée indépendante, sanitaires. Chauffage. Salle commune.

CV

Prix : 1 pers. **160 F** 2 pers. **210 F** 3 pers. **260 F** pers. sup. **50 F**

Ouvert : toute l'année.

100	8	12	4	12	12	3	15	25	4

BENET Jean - Roubichoux - 11230 SONNAC-SUR-L'HERS - Tél : 04 68 69 22 93

SOULATGE La Giraudasse (TH) *C.M. 86 Pli 8*

5 ch. A mi-route entre les châteaux cathares de Quéribus et Peyrepertuse, et les gorges de Galamus, dans une ancienne maison de maître du XVIIe siécle, Katia et Anibal vous proposent 5 chambres d'hôtes spacieuses, non fumeurs, avec salle d'eau et wc privés. Grand jardin avec arbres fruitiers. Chauffage central. En été, repas et petits déjeuners sont pris sous la tonnelle, en hiver, le salon et son coin-lecture vous acceuillent près de la cheminée. A la table d'hôtes, dégustation de cassoulet, d'agneau, de lapin... Langues parlées : anglais, espagnol.

CV

Prix : 1 pers. **240 F** 2 pers. **300 F** 3 pers. **360 F** repas **120 F**
1/2 pens. **540 F**

Ouvert : toute l'année sauf du 20/12 au 31/01. En hiver, fermé le mardi.

55	14	55	8	10	40	1	14	50	8

SOMOZA-TIBERGHIEN Anibal et Katia - La Giraudasse - 11350 SOULATGE - Tél : 04 68 45 00 16 - Fax : 04 68 45 05 40 -
E-mail : giraudasse@hotmail.com

VENTENAC-EN-MINERVOIS *C.M. 83 Pli 13*

2 ch. A 20 km de Narbonne, près des berges du canal du Midi, chambres d'hôtes aménagées dans une ancienne maison du Canal, en pierres apparentes et donnant sur un grand jardin fleuri et arboré de fruitiers. Deux chambres pour une ou deux personnes dont une 3 épis disposant d'un sanitaire-wc privatif, la 2e (2 épis) d'une salle d'eau, le wc étant extérieur à la chambre. Chauffage en supplément : 15 F par jour en hiver. Selon la saison, salle à manger, véranda et terrasse pour petit déjeuner gourmand. Jardin d'agrément et verger pour amateurs de sieste ou de pique-nique. Barbecue, frigo et vélos à disposition des Hôtes. Langues parlées : anglais, allemand.

CV

Prix : 1 pers. **200/220 F** 2 pers. **230/250 F**

Ouvert : toute l'année.

25	3	18	8	7	SP	8	8	3

MEERT Dominique - Route de Canet - Les Soleils Bleus - 11120 VENTENAC-EN-MINERVOIS - Tél : 04 68 43 21 65 -
Fax : 04 68 43 28 01 - E-mail : jean-pierre.steinbrecher@wanadoo.fr

VILLARDONNEL Abbaye de Capservy

3 ch. Denise et Daniel vous accueilleront à leur table pour vous faire partager et apprécier les richesses de la gastronomie locale. 3 chambres d'hôtes aménagées à l'étage comprenant 2 ch. avec mezzanine 4/5 pers. avec s.d.b., wc privés attenants, 1 ch. 2 pers. avec s.d.b., wc privés attenants. Salle à manger avec cheminée, salon de lecture. Jardin, salon de jardin. Chambres de caractère aménagéesdans l'ancienne abbaye de Capservy du XIe siècle, à 17 km de Carcassonne, au cœur d'une nature exceptionnelle. Petit lac, piscine sur place. Table d'hôtes sur réservation sauf dimanche soir. 4 pers. : 400/440 F, 5 pers. : 490 F. Prop. M. Meilhac tél. : 04.68.26.61.40.

Prix : 1 pers. **225 F** 2 pers. **250/290 F** 3 pers. **330/370 F** repas **120 F**

Ouvert : toute l'année.

80	5	15	6	SP	SP	SP	17	2

GITES DE FRANCE-SERVICE RESERVATION - 78 Ter, rue Barbacane - 11000 CARCASSONNE - Tél : 04 68 11 40 70
ou PROP : 04 68 26 61 40 - Fax : 04 68 11 40 72 - E-mail : GITESDEFRANCE.AUDE@wanadoo.fr - http://www.itea.fr/GDF/11

VILLARDONNEL Domaine de la Calm

C.M. 83 Pli 11

4 ch. En balcon sur la plaine du Carcassonnais, baigné par les brumes matinales le domaine de La Calm vous invite à partager en toute convivialité la vie d'une famille d'éleveurs ovins du Pays Cathare. Marie et Eric ont aménagé 4 belles ch. équipées de sanitaires privés. Salle à manger où la table fermière et la cheminée en pierre de pays témoignent des traditions rurales. Sur la terrasse, les petits déjeuners pourront être servis (confiture maison garantie). A leur table (sur réservation), vous dégusterez les produits de la ferme préparés par Marie pendant qu'Eric vous initiera au tir à l'arc. Enfant : 80 F. Propriétaire M. Martin tél. : 04.68.26.52.13. Langue parlée : anglais.

Prix : 1 pers. **200 F** 2 pers. **260 F** pers. sup. **100 F** repas **80 F**

Ouvert : toute l'année.

85	5	10	5	5	5	5	25	4

GITES DE FRANCE-SERVICE RESERVATION - 78 Ter, rue Barbacane - 11000 CARCASSONNE - Tél : 04 68 11 40 70
ou PROP : 04 68 26 52 13 - Fax : 04 68 11 40 72 - E-mail : GITESDEFRANCE.AUDE@wanadoo.fr - http://www.itea.fr/GDF/11

VILLARZEL-DU-RAZES Domaine du Granet

C.M. 86 Pli 7

3 ch. 3 chambres d'hôtes aménagées au 1er étage d'une maison de maître sur un domaine agricole (250 ha.). 2 ch. 2 épis (1 lit 2 pers.) avec salle d'eau privée et wc communs. 1 ch. 3 épis (1 lit 2 pers. 1 lit 1 pers.) avec sanitaires et wc privés. Salle commune. Chauffage central. Petit parc aménagé fleuri, salon de jardin, ping-pong. Enfant de moins de 10 ans : 50 F. Prairies, vergers, potager, élevage d'agneaux, céréales, vignoble. Plan d'eau sur le domaine. Propriétaire Mme Gianesini tél. : 04.68.31.38.46.

Prix : 1 pers. **160 F** 2 pers. **220/250 F** pers. sup. **50 F** repas **80 F**
1/2 pens. **190/205 F**

Ouvert : toute l'année.

80	10	30	5	12	12	10	12	12	12

GITES DE FRANCE-SERVICE RESERVATION - 78 Ter, rue Barbacane - 11000 CARCASSONNE - Tél : 04 68 11 40 70
ou PROP : 04 68 31 38 46 - Fax : 04 68 11 40 72 - E-mail : GITESDEFRANCE.AUDE@wanadoo.fr - http://www.itea.fr/GDF/11

VILLEMAGNE Col de Borios

C.M. 82 Pli 20

2 ch. 2 chambres d'hôtes à l'étage de la maison familiale avec salle de bains, wc communs aux 2 chambres (wc indépendants) d'une capacité de 2 et 3 personnes. Pièce commune avec coin cheminée. Salle à manger pour le petit-déjeuner. Jardin ombragé. Chambres d'hôtes aménagées dans la maison familiale d'un domaine d'élevage ovin de la Montagne Noire. A 1 km du petit village de Villemagne, à 9 km de l'Abbaye de Saint Papoul, à 10 km du lac du Lampy. Les boucles de randonnée passent sur le domaine. Visite du domaine et de l'élevage ovins. Propriétaire M. Castillo tél. : 04.68.94.23.11. Langues parlées : anglais, espagnol.

Prix : 1 pers. **150 F** 2 pers. **200 F** pers. sup. **60 F** repas **80 F**

Ouvert : des vacances de février aux vacances de Toussaint.

7	10	7	10	10	7	15	1

GITES DE FRANCE-SERVICE RESERVATION - 78 Ter, rue Barbacane - 11000 CARCASSONNE - Tél : 04 68 11 40 70
ou PROP : 04 68 94 23 11 - Fax : 04 68 11 40 72 - E-mail : GITESDEFRANCE.AUDE@wanadoo.fr - http://www.itea.fr/GDF/11

VILLENEUVE-LES-CORBIERES Domaine Lerys

C.M. 86 Pli 9

2 ch. 2 chambres d'hôtes avec terrasse situées à l'entrée du village à l'étage d'un caveau de dégustation des vins du domaine viticole. Vous êtes ici au cœur des Corbières à deux pas des sites cathares. Par beau temps, en se promenant sur les boucles de randonnées, vous pourrez apercevoir la Méditérannée. Au village, un petit restaurant de pays mérite le détour. 2 chambres dont 1 de 4 places avec salle d'eau et wc attenants privatifs, donnant sur une grande terrasse (salon de jardin), salle commune en rez-de-chaussée pour les petits déjeuners.

Prix : 2 pers. **250 F** pers. sup. **90 F**

Ouvert : toute l'année.

30	SP	30	15	4	SP	4	40	SP

IZARD Alain - 11360 VILLENEUVE-LES-CORBIERES - Tél : 04 68 45 95 47 - Fax : 04 68 45 86 11

VILLEROUGE-TERMENES

C.M. 86 Pli 8

1 ch. Chambre de caractère indépendante en rez-de-chaussée, mitoyenne à la maison des propriétaires, pour 3 personnes (1 lit 2 pers. 1 lit 1 pers.), salle d'eau, wc indépendants. Coin kitchenette. Chauffage électrique. Propriétaire Mme Lefranc tél. : 04.68.70.00.42. Chambre d'hôtes située au cœur d'un village médiéval des Corbières aux ruelles tortueuses et fleuries, le village est remarquable par son château, sa rôtisserie médiévale et ses animations estivales. Autour du village, de nombreuses petites vadrouilles vous sont proposées. Langues parlées : anglais, espagnol.

Prix : 2 pers. **245 F** 3 pers. **310 F**

Ouvert : toute l'année.

40	SP	40	5	15	1	7	33	SP

GITES DE FRANCE-SERVICE RESERVATION - 78 Ter, rue Barbacane - 11000 CARCASSONNE - Tél : 04 68 11 40 70 ou PROP : 04 68 70 00 42 - Fax : 04 68 11 40 72 - E-mail : GITESDEFRANCE.AUDE@wanadoo.fr - http://www.itea.fr/GDF/11

VILLESEQUE-DES-CORBIERES Château du Haut Gléon

C.M. 86 Pli 9

6 ch. Dans le cadre d'un château viticole de la vallée du Paradis dans les Corbières, à 25 km des côtes méditérranéennes, 6 chambres d'hôtes de charme aménagées dans la maison des bergers et la maison des vendangeurs. 2 chambres avec sanitaires et wc non communiquants sont classées en 2 épis. 4 chambres avec sanitaires et wc communiquants sont classées en 3 épis. Une salle à manger avec salon et cheminée sont à disposition. Cour commune, parking et parc ombragé aménagé accessible à tous.

Prix : 2 pers. **350/450 F**

Ouvert : toute l'année.

25	2	25	7	7	2	7	20	7

DUHAMEL Léon-Nicolas - Château de Haut Gléon - 11360 VILLESEQUE-DES-CORBIERES - Tél : 04 68 48 85 95 - Fax : 04 68 48 46 20

Gard

GITES DE FRANCE - Service Réservation
C.D.T. - 3, place des Arènes - B.P. 59
30007 NÎMES Cedex 4
Tél. 04 66 27 94 94 - Fax. 04 66 27 94 95

3615 Gites de France
1,28 F/min

AIGALIERS La Buissonnière

6 ch. **Nimes 25 km. Avignon 30 km.** 4 ch. avec coin-salon : 3 ch. (1 lit 2 pers. 1 lit 1 pers. chacune), 1 ch. (1 lit 2 pers. 2 lits 1 pers.), 2 suites avec mezzanine et coin-salon (1 lit 2 pers. 2 lits 1 pers.), toutes avec wc séparés, salle d'eau, mini-bar, téléphone direct, terrasse individuelle. TV sur demande. Dépaysement total à l'intérieur des chambres. 1 nuit suppl. 100 F. Espace calme pour les amoureux de la nature et des belles choses. Dans un petit hameau, en pleine nature, piscine au pied de zone verte, vue exceptonnelle, harmonie des bâtiments en pierres blondes et de la nature environnante. Idéal pour se ressourcer un week-end ou une semaine. Langues parlées : anglais, hollandais, allemand.

Prix : 2 pers. **500/900 F** pers. sup. **200 F**

Ouvert : toute l'année, l'hiver sur réservation.

8	8	8	0,5	SP	75	10	13	3	25	4

KÜCHLER Esther et ROBBERTS Léonard - La Buissonnière - Hameau de Foussargues - 30700 AIGALIERS - Tél : 04 66 03 01 71 - Fax : 04 66 03 19 21 - E-mail : la.buissonniere@wanadoo.fr - http://www.labuissonniere.com

AIGUES-VIVES

C.M. 83 Pli 8

2 ch. Dans maison bourgeoise, 2 ch. avec salle de bains et wc indépendants, avec 1 lits 2 pers. Jardin clos de murs, espace vert. Possibilité repas, point-phone. Grand séjour. Espace enfant, lit enfant gratuit sur demande et matériel. Buanderie et cuisine à disposition. Entre Nîmes et Montpellier, aux portes de la Camargue et des Cévennes, dans un village typique du sud à tradition gardiane (taureaux) proche de la mer, du Grau du Roi, de la Grande Motte et de la rivière Vidourle.

Prix : 1 pers. **350 F** 2 pers. **400 F**

Ouvert : toute l'année.

SP	SP	5	6	SP	15	1	SP

MONOD Edwige - 145 rue de la Poste - 30670 AIGUES-VIVES - Tél : 04 66 35 49 48 - Fax : 04 66 35 52 36

AIGUEZE

4 ch. **Gorges de l'Ardèche 2 km.** Au calme, dans ce charmant village, site inscrit dominant l'arrivée des gorges par ses falaises. 3 ch. dans une maison indép. provençale avec jardin fleuri et oliviers, toutes personnalisées et indép. avec terrasse donnant sur le jardin, sanitaires privés et réfrigérateur. Cuisine/salon, TV. Tarif semaine : 350 F/nuit. Gîtes 2/4 pers. sur place. Copieux petit déjeuner servi en terrasse avec confiture maison. Au fond du jardin coin-repos, piscine privée (5 x 10 avec bains de soleil) couverte en hors-sais. Parking privé fermé. L-linge à dispo. Animaux admis sous réserve. Au village : restaurant, grill. Accès à l'Ardèche par escalier.

Prix : 2 pers. **350/380 F** pers. sup. **100 F**

Ouvert : du week-end des Rameaux à mi-octobre.

SP	1	SP	20	SP	110	SP	1

CHENIVESSE Michel - entrée du Village - 30760 AIGUEZE - Tél : 04 66 82 15 75 ou 04 66 82 11 42 - Fax : 04 66 82 35 85

AIMARGUES Mas des Cabanes

5 ch. — 5 ch. aménagées au rez-de-chaussée avec salle de bains et wc dans chaque chambre. Coin-cuisine. Terrasse, jardin, aire de jeux, parking privé. Tennis privé. En pleine Camargue. A proximité de Nîmes, Arles et Montpellier. Langue parlée : anglais.

CV

Prix : 1 pers. **250 F** 2 pers. **300 F** 3 pers. **350 F** pers. sup. **50 F**

Ouvert : toute l'année.

5	SP	5	10	SP	15	20	2

PASQUALINI Adeline - Mas des Cabanes - 30470 AIMARGUES - Tél : 04 66 88 03 43 ou 06 89 83 90 04 - Fax : 04 66 88 03 43

ALLEGRE-LES-FUMADES

TH — *C.M. 80 Pli 8*

4 ch. — Maison isolée, en pleine campagne. 2 ch. 2 pers., avec s. d'eau commune. 1 ch. (1 lit 2 pers.) avec s. d'eau et wc privés, 1 ch. 2 pers. (2 lits 1 pers.), avec s. d'eau et wc privés. Séjour à la disposition des hôtes. Abri couvert, parking. Logement pour chevaux sur place. Spéléologie. Escalades. Stage poterie. Langue parlée : anglais.

Prix : 1 pers. **180 F** 2 pers. **240/280 F** 3 pers. **310 F** repas **85 F**

Ouvert : toute l'année.

4	1,5	0,5	1	7	8	7	4	2

SIMONOT Michel et Françoise - Mas Cassac - Allègre - 30500 SAINT-AMBROIX - Tél : 04 66 24 85 65 - Fax : 04 66 24 80 55

ALZON

Alt. : 600 m — **A**

5 ch. — Dans l'ancienne résidence d'été des Evêques de Nîmes, 5 ch. spacieuses et personnalisées, avec 1 lit 2 pers. dans chacune. Salle de bains indépendante, wc. Séjour commun, terrasse et jardin communs. A l'étage une suite. Pension et 1/2 pension sur demande. Dans les Cévennes, aux portes de l'Aveyron, le château de Mazel, havre de paix et de verdure. Auberge accessible aux personnes handicapées. Langues parlées : anglais, allemand.

Prix : 2 pers. **555/890 F** 3 pers. **795/1200 F** repas **115/165 F**
1/2 pens. **753/1070 F** pens. **915/1250 F**

Ouvert : de Pâques à mi-novembre.

0,2	0,1	SP	80	30	SP	80	0,5

RECOLIN Gabriel - route de Villaret - Château de Mazel - 30770 ALZON - Tél : 04 67 82 06 33 - Fax : 04 67 82 06 37

ANDUZE Veyrac

C.M. 80 Pli 17

2 ch. — **Bambouseraie et petit train à vapeur 2 km.** 2 ch. (1 lit 2 pers. 1 lit 1 pers.) à l'étage, avec salle d'eau et wc privés pour chaque chambre. Cuisine collective. Jardin. Max et Jeanine vous accueillent dans un cadre calme et verdoyant. Vieille ferme indép.

CV

Prix : 1 pers. **220 F** 2 pers. **280 F** 3 pers. **350 F**

Ouvert : toute l'année.

2	1	1	5	15	80	30	5	15	4

TIRFORT Max - 125 chemin de Veyrac - 30140 ANDUZE - Tél : 04 66 61 74 87 ou 04 66 60 53 29

ANDUZE Le Cornadel

A TH

5 ch. — Ancienne ferme rénovée comprenant 1 grande ch. 2 ou 3 pers., 2 ch. 2 pers., 2 suites de 2 ou 4 pers., tout confort. Dans chaque chambre : réfrigérateur, TV, magnétoscope, climatisation. Cadre très agréable, salle repas avec cheminée. Spécialités cévenoles : cèpes, truffes, truites, charcuterie... Langue parlée : espagnol.

Prix : 1 pers. **350 F** 2 pers. **390 F** 3 pers. **490 F** pers. sup. **100 F**
repas **150 F**

Ouvert : toute l'année sauf du 15 au 30/11 et du 15 au 31/01.

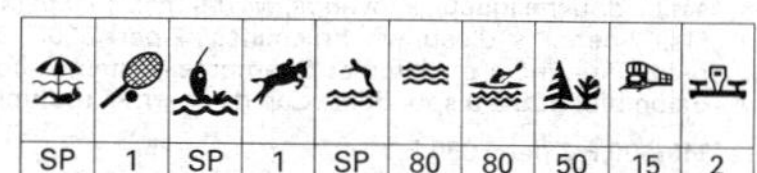

SP	1	SP	1	SP	80	80	50	15	2

ANFOSSO Karine - Le Cornadel - 30140 ANDUZE - Tél : 04 66 61 79 44 - Fax : 04 66 61 80 46 - E-mail : anfosso@cornadel.fr - http://www.cornadel.fr

ARAMON

C.M. 81 Pli 11

4 ch. — 2 ch. 2 pers., 1 ch. 2 pers. (4 épis), 1 ch. 3 pers., toutes avec salle de bains ou douche et wc pirvés. Petit déjeuner à l'anglaise, confiture maison. Salle de séjour, salle de jeux avec TV, musique, bibliothèque à disposition. Point-phone. Cuisine d'été aménagée. Barbecue. Terrasse. Ping-pong. Piscine avec vue panoramique. Fermé du 31 octobre au 1er avril. Mas situé sur 7 ha. vallonnés. Une oasis de calme en plein cœur d'une région touristique et culturelle. Accès : sur le D126 entre la D2 et la N100. Langue parlée : anglais.

Prix : 1 pers. **340 F** 2 pers. **360/460 F** 3 pers. **560 F**

Ouvert : du 1er mai au 30 septembre.

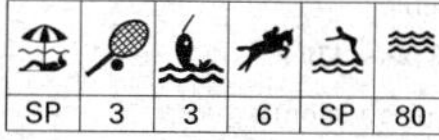

SP	3	3	6	SP	80

MALEK André et Annie - Le Rocher Pointu - Plan de Deve - 30390 ARAMON - Tél : 04 66 57 41 87 - Fax : 04 66 57 01 77 - E-mail : amk@imaginet.fr - http://www.imaginet.fr/[]amk

ARGILLIERS La Bastide de Boisset

5 ch. **Pont du Gard 4 km. Uzès 9 km. Nîmes et Avignon 30 km. Orange 40 km.** Belle maison ancienne restaurée en pierre du Gard. Et. : 1 ch. (2 lits 1 pers.), s.d.b., douche, wc, 1 ch. (1 lit double), douche et wc indép., 1 ch. (1 lit double), douche, wc indép., 2 suites avec s.d.b., wc. Meubles ancien, décoration très soignée, Chaque chambre et suite dans style différent. BibliothèqueA, cheminée. Piscine privée, terrasse, jardin. Parking privé. Maison très confortable, très calme dans un petit village. Table d'hôtes, nous consulter. Paysage de vergers, vignes, garrigues, à l'écart de la route. Repos et tranquillité assurés. Prix des suites (4 pers.) : 600 F. Langue parlée : anglais.

Prix : 2 pers. **350/380 F** pers. sup. **60 F**

Ouvert : du 6 janvier au 19 décembre.

4	3	3	SP	80	3	30	3

DE CORNEILLAN Guillemette et Philippe - Le Village - La Bastide de Boisset - 30210 ARGILLIERS - Tél : 04 66 22 91 13

ARPAILLARGUES-ET-AUREILHAC Mas de Luna

4 ch. **Pont du Gard 15 km. Nîmes 25 km. Arles 45 km. Avignon 45 km.** R.d.c. : 1 ch. (1 lit 2 pers.). Etage : 1 petite suite de 2 ch. (1 lit 160, 2 lits 1 pers.), 1 ch. (1 lit 160), 1 ch. (1 lit 160, 1 lit 1 pers.), toutes avec salle de bains et wc privés. Séjour, terrasse et balcon communs. Poss. repas le soir, cuisine traditionnelle. Dans un village pittoresque à 7 km d'Uzès, vous serez accueillis dans une demeure du XVIIIe siècle entièrement restaurée, disposant de chambres décorées avec raffinement. Langues parlées : anglais, espagnol.

Prix : 1 pers. **350 F** 2 pers. **400 F** 3 pers. **500 F** pers. sup. **100 F**

Ouvert : toute l'année.

5	6	5	5	6	70	10	0,5	25	1

DUPRAT Danielle - Mas de Luna - place du Pouzet - 30700 ARPAILLARGUES - Tél : 04 66 03 30 67 ou SR : 04 66 27 94 94 - Fax : 04 66 03 30 67 - E-mail : masdeluna@wanadoo.fr

ARPHY La Baumelle

Alt. : 500 m (TH)

1 ch. Dans une chataîgneraie, 1 ch. indépendante avec douche et wc. Jardin indépendant. Dans une batisse en pierres, au cœur d'une chataigneraie, indépendante de la maison du propriétaire, de plain-pied, sur jardin ombragé réservé à la chambre, bordé d'un ruisseau. Piscine commune au prop. En bordure du Parc National, vue imprenable. Randonnées possibles à proximité et visites de nombreux sites. Langue parlée : anglais.

Prix : 1 pers. **275/325 F** 2 pers. **300/350 F** 3 pers. **325/375 F** repas **70 F**

Ouvert : toute l'année.

2	2	2	4	SP	70	15	SP	7	2

GRENOUILLET Anne et Patrick - La Baumelle - 30120 ARPHY - Tél : 04 67 81 12 69

AUJAC Le Brouzet

Alt. : 550 m

1 ch. Chambre d'hôtes indépendante au rez-de-chaussée, avec salle de bains (douche, wc). Jardin et terrasse indépendants. Piscine commune. Lave-linge commun. Cadre agréable, calme et tranquillité. Vue magnifique sur le village et le mont Lozère. Baignade, promenades et Parc National à proximité. Sites historiques.

Prix : 1 pers. **180 F** 2 pers. **230 F**

Ouvert : toute l'année.

2	1	2	10	SP	80	SP	12

CABA Serge - Le Brouzet - 30450 AUJAC - Tél : 04 66 61 24 01

BARJAC La Sérénité

3 ch. Belle maison du XVIIIe s., sur la place du village, vue superbe sur les Cévennes. 1 suite (1 lit 2 pers., 1 lit 1 pers.) avec grand salon, s.d.b., douche indép., 2 lavabos, wc (55 m^2). 1 suite familiale/2 ch. (1 lit 2 pers. 2 lits 1 pers.) avec s.d.b., 2 lavabos, wc (55 m^2). 1 ch. (1 lit 2 pers.), s. d'eau, wc. Prix suites : 2 pers/500F., 3 pers./690F., 4 pers./815F. Jardin arboré de 1500 m^2. Immense terrasse pour petits déjeuners et détente. Chambres vastes et confortables avec meubles et objets anciens (le propriétaire est antiquaire. Salon/biblioth. à dispo. Beaucoup de charme, multiples richesses régionales à proximité.

Prix : 2 pers. **340/500 F** 3 pers. **690 F**

Ouvert : toute l'année sur réservation.

6	1	6	3	7	110	12	30	0,1

L'HELGOUALCH Catherine et Yannick - La Sérénité - place de la Mairie - 30430 BARJAC - Tél : 04 66 24 54 63 - Fax : 04 66 24 54 63

BARJAC

4 ch. Maison de village (XVIIIe siècle) entièrement restaurée, entourée d'un beau jardin ombragé clos de hauts murs. 4 chambres avec sanitaires privés, beau salon voûté avec cheminée à la disposition des hôtes. La piscine et son coin-repos est au fond du jardin. Salons voûtés, pierres apparentes, vastes chambres, mobilier ancien. Auberge dans le village. Plusieurs coins de détente dans le jardin. Forfait 7 nuits : 2100 F/1 pers. - 2300 F/2 pers. - 3200 F/3 pers. - 3800 F/ch. familiale. Poss. assiette froide le midi sur place 60 F./pers., vin compris.

Prix : 1 pers. **310 F** 2 pers. **340 F** 3 pers. **470 F**

Ouvert : toute l'année (l'hiver sur réservation).

SP	0,5	5	5	SP	100	5	70	SP

CIARAMELLA Claudy - Le Mas de la Ville - rue Basse - 30430 BARJAC - Tél : 04 66 24 59 63 - Fax : 04 66 24 59 63

BARJAC La Villette

(TH)

2 ch. A 2 pas du village renaissance de Barjac, près des gorges de l'Ardèche, le mas Escombelle, bâtisse du XVIIe vous accueille dans un cadre convivial. 1 ch. sur piscine (2 lits 1 pers.), 1 ch. avec plafond voûté en pierre (1 lit 2 pers.), s. d'eau, wc et accès indép. pour chacune. 1 des ch. donne sur une cour ombragée avec de belles arcades en pierre. Jardin paysager et piscine de 10 x 5 m. Conseils et indications pour randonnées pédestres, VTT et cyclotourisme. Langue parlée : anglais.

Prix : 1 pers. **250 F** 2 pers. **300 F** pers. sup. **50 F** repas **100 F**

Ouvert : toute l'année.

6	1	6	2	SP	12	30	1

AGAPITOS Antoine et Isabelle - La Villette - Mas Escombelle - 30430 BARJAC - Tél : 04 66 24 54 77 - E-mail : mas-escombel@wanadoo.fr

BARJAC

2 ch. En rez-de-chaussée totalement indépendantes, dans la partie sud d'un mas provençal, 2 ch. avec pour chacune 1 lit 2 pers. et 1 lit 1 pers. En mezzanine pour l'une d'entre elles, douche, wc, coin-cuisine équipé, grande terrasse et salon de jardin pour chaque chambre. Abri voiture jouxtant les chambres. Grand parc et pré attenant. Lieu très calme avec très belle vue panoramique sur la campagne environnante, les Cévennes et la vallée de la Cèze. Nombreuses curiosités et promenades (grottes, avens, randonnées pédestres, gorges de l'Ardèche et de la Cèze).

Prix : 1 pers. **280 F** 2 pers. **300 F** 3 pers. **360 F**

Ouvert : du 15 mars au 15 novembre.

8	2,5	8	4	8	100	8	4	60	2,5

DIVOL Jean - Le Mas Neuf - 30430 BARJAC - Tél : 04 66 24 50 79

BEAUCAIRE Le Petit Saint-Paul

C.M. 240 Pli 4

2 ch. **Nîmes 20 km. Arles 16 km. Tarascon 10 km. Avignon 30 km.** Dans un environnement de maisons isolées, 2 chambres (1 lit 2 pers. 1 lit 1 pers.) avec douche et wc privés, en rez-de-chaussée. Jardin commun, abri voiture. Parc à chevaux. Repas possible sur réservation (80 F). Au milieu des vignes et des vergers. Au cœur d'une région touristique, aux portes de la Camargue. Le Pont du Gard, le Palais des Papes, les Baux de Provence... à visiter aux alentours. Sur la D163 entre la N113 et la D999. Langues parlées : anglais, espagnol.

Prix : 1 pers. **230 F** 2 pers. **270 F** 3 pers. **310 F** pers. sup. **50 F**

Ouvert : toute l'année.

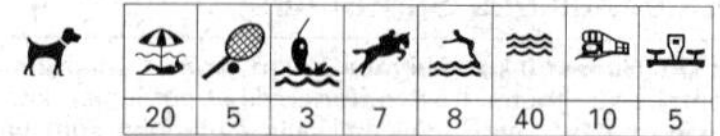

20	5	3	7	8	40	10	5

GIBERT Annie - chemin de Valescure - Le Petit Saint-Paul - 30300 BEAUCAIRE - Tél : 04 66 74 54 82 - Fax : 04 66 74 54 82 - E-mail : agibert@club-internet.fr

BEAUCAIRE Domaine des Clos

5 ch. **Arles 15 km. Tarascon 7 km. Avignon 25 km. St-Rémy-de-Provence 20 km.** Mas provençal du XVIIIe situé en pleine campagne. A l'étage : ch. Jaune (2 lits 1 pers), ch. Rouge (1 lit 2 pers.), ch. Verte (1 lit 2 pers.), ch. Rose (2 lits 1 pers.), ch. Bleue (1 lit 2 pers.), douche, lavabo et wc pour chacune. Salle à manger et cuisine communes réservées aux ch. Auvent avec barbecue. Grand jardin, piscine. Avec son pigeonnier, sa cave à vins, sa fontaine, ses écuries, il a gardé tout son caractère. La décoration mèle terres cuites, pierres de taille et colonnades. Nombreuses activités golf, vélo, sports nautiques, randonnées. Langues parlées : anglais, allemand.

Prix : 2 pers. **300/450 F** pers. sup. **100 F**

Ouvert : toute l'année.

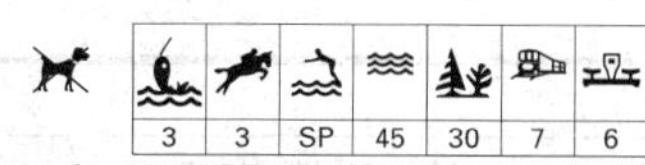

3	3	SP	45	30	7	6

AUSSET David et Sandrine - Domaine des Clos - route de Bellegarde - 30300 BEAUCAIRE - Tél : 04 66 01 14 61 ou 06 11 81 62 78 - Fax : 04 66 01 00 47 - E-mail : aussetd@aol.com

BELVEZET

1 ch. **Uzès 12 km.** Au calme, dans une vallée tranquille, en bordure de hameau. 1 chambre d'hôtes (1 lit 2 pers.) avec entrée indépendante, aménagée au 1er étage, salle de bains et wc privés. Piscine et jardin. Possibilité repas sur demande. Randonnées à pied et VTT.

Prix : 2 pers. **300 F**

Ouvert : du 1er avril au 31 octobre.

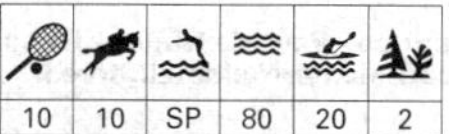

10	10	SP	80	20	2

NOLENT Hélène - Le Tilleul Bleu - 30580 BELVEZET - Tél : 04 66 22 15 93 - Fax : 04 66 22 15 93

BEZ-ET-ESPARON Château Massal

(TH)

3 ch. 3 ch. de style avec lits 2 pers., salle de bains et wc indépendants. Entrée indépendante, dans le château du XIXe flanqué de 2 tours disposant d'un cadre exceptionnel : bois de chêne et châtaigniers, roches ruiniformes, vue sur la vallée de l'Arre et vieux villages. Jardin arboré et fleuri où vous pourrez prendre vos repas et vous reposer. Grand salon d'intérieur. Possibilité repas sur réservation. Au cœur des Cévennes très riches en loisirs : randonnées dans forêts de l'Aigoual, immensité minérale des Causses, Cirques de Navacelle, grottes (Demoiselles), gorges (Tarn, Jonte). Suppl. 50 F pour lit enfant. Langue parlée : anglais.

Prix : 1 pers. **300 F** 2 pers. **350/450 F** pers. sup. **50 F** repas **100 F**

Ouvert : toute l'année.

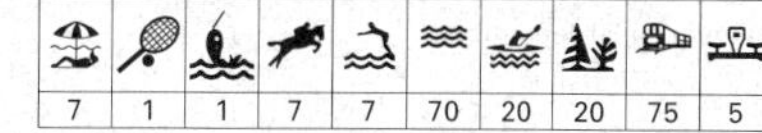

7	1	1	7	7	70	20	20	75	5

DU LUC Françoise - Château Massal - 30120 BEZ-ET-ESPARON - Tél : 04 67 81 07 60 ou 06 14 35 45 04 - Fax : 04 67 81 07 60

BOISSAC-ET-GAUJAC Le Montaud

2 ch. **Musée du Désert 6 km. Musée de la Soie 20 km. Bambouseraie 3 km.** Jean et Lili vous accueilent dans un ancien Mas languedocien, dans leurs deux chambres. « Campanule », comprend douche, wc, lavabo et un petit coin-salon avec 2 fauteuils, « Hellébore » (2 épis) comprend douche et lavabo, wc privatifs à proximité. Chauffage central. Les chambres situées au r.d.c., avec entrée indépendantes, donnent sur le jardin avec terrasse. L'environnement est calme et ensoleillé dans les chênes verts, à l'écart de la circulation. Possibilité de remise en forme par massages relaxant (S.G.M). Langue parlée : anglais.

Prix : 1 pers. **230/250 F** 2 pers. **280/300 F**

Ouvert : toute l'année.

2,5	2,5	2,5	3	11	70	3	11	2,5

DEMOLDER Jean et Lili - Mas le Montaud (N°686) - 30140 BOISSET-ET-GAUJAC (ANDUZE) - Tél : 04 66 60 85 62 - Fax : 04 66 60 85 62

BREAU Maison Forestière de Puechagut

Alt. : 1000 m (TH)

3 ch. **Mont Aigoual 18 km. Parc National des Cévennes 1 km.** 3 ch. en pierres apparentes : 1 ch. (2 lits 1 pers.), salle de bains avec baignoires et wc indépendants,1 ch. (1 lit 2 pers.), salle de bains avec douche et wc indépeendants, et 1 ch. classée 1 épi (2 lits 1 pers.), lavabo et wc indépendants, douche commune. En plein cœur de la forêt domaniale, à proximité de nombreux G.R. et des sites touristiques (Cirque de Navacelles, Lac des Pises, grottes...), la Maison des Cévennes offre de nombreuses poss. culturelles et sportives, pour la découverte d'un monde naturel et d'ouverture sur les cultures locales. Langues parlées : anglais, espagnol.

Prix : 2 pers. **210/260 F** repas **70/90 F** 1/2 pens. **190/215 F** pens. **260/285 F**

Ouvert : toute l'année.

10	12	1	12	18	70	30	SP	18

ASSIOCIATION DES AMIS DE L'AIGOUAL - Maison des Cévennes - Puechagut - 30120 BREAU - Tél : 04 67 81 70 96 ou 04 67 81 76 26 - Fax : 04 67 81 76 29

LA BRUGUIERE Le Mas des Santolines

(TH)

5 ch. **Uzès 12 km. Nîmes 30 km. Avignon 35 km. Arles, Camargue 45 km.** Mas du début du XIXe siècle entièrement rénové, composé de 5 ch. dont 1 suite, toutes très confortables et agréablement décorées. Lits en 160 ou 100, salles de bains pratiques et soignées. Pièces communes : salon, cuisine, salle à manger, sont vastes et claires et accueillantes. Chiens admis sur demande. Poss. transfert du mas à l'aéroport ou gare. Niché au cœur de la Provence gardoise, Le Mas des Santolines est à proximité de sites incomparables, et proche de la Camargue et de la Méditerranée. Le vaste jardin offre sa végétation méditerranéenne et l'agrément de sa piscine privée. Cuisine gourmande servie sous le figuier centenaire. Langues parlées : anglais, espagnol.

Prix : 1 pers. **550 F** 2 pers. **550 F** 3 pers. **600 F** repas **120 F**

Ouvert : toute l'année.

10	2	10	10	SP	45	10	2	25	3

PARMENTIER Marie-Claude - Le Mas des Santolines - 30580 LA BRUGUIERE - Tél : 04 66 72 85 04 ou SR : 04 66 27 94 94 - Fax : 04 66 72 87 38 - http://www.mas-santolines.com

CALVISSON

(TH)

3 ch. 3 ch. à l'étage avec salle de bains et wc particuliers. Salle de séjour/salon avec cheminée, terrasses. Chambres donnant sur un patio intérieur. Garage voiture 30 F. Environnement de village, totalement indépendant. Hôtel particulier du XVIe siècle entièrement restauré. Visites guidées d'Arles, Nîmes, Montpellier, Avignon. Expositions de peinture sur place. Langues parlées : anglais, italien, espagnol.

Prix : 1 pers. **230 F** 2 pers. **280 F** 3 pers. **350 F** pers. sup. **50 F** repas **90 F**

Ouvert : de début février à fin novembre.

8	SP	8	5	SP	20	18	25	8	SP

BURCKEL DE TELL Régis et Corinne - Pays de Nîmes - Grande Rue 48 - 30420 CALVISSON - Tél : 04 66 01 23 91 - Fax : 04 66 01 42 19 - E-mail : corinne.burckeldetel@free.fr

CAMPESTRE-ET-LUC

Alt. : 700 m

2 ch. Chaque chaque comprend : 1 lit 2 pers., salle d'eau et wc indépendants et sont aménagées à l'étage. Salle commune, TV. Sites à découvrir : Lacouvertoirade, Roquefort, le Cirque de Navacelle, Millau, le St-Gairal, le Mont Aigoual... Le causse de Campestre est un causse particulier, si vous passez par là il ne vous laissera pas indifferent, comme une femme qui a un attrait inexplicable. Le village de Campestre va vous retenir comme une oasis au milieu du désert, d'où ma joie de vous le faire connaitre, lui et ses secrets.

Prix : 2 pers. **250 F**

Ouvert : du 15 juin au 30 septembre.

15	15	10	3	15	80	15	7	3

CAUSSE Marc - Le Village - 30770 CAMPESTRE-ET-LUC - Tél : 04 67 82 09 96 ou 04 67 81 10 65 - Fax : 04 67 81 10 65

CAMPESTRE-ET-LUC Le Luc

Alt. : 750 m A (TH)

6 ch. **Cirque de Navacelle 25 km. Saint-Guilhem-le-Désert 45 km.** 6 chambres avec s.d.b. et wc indépendants. Grand séjour avec cheminée et coin-lecture. Jardin, terrasse. Repas d'hôtes (le soir). Parking. Le domaine se situe à moins de 50 km d'une quinzaine de sites touristiques. C'est un ancien bagne pour enfant qui a une très longue histoire. Il est situé au départ d'un GR. et est entre la mer et la montagne. La Couvertoirade à 20 km. Langue parlée : anglais.

Prix : 1 pers. **240 F** 2 pers. **290 F** repas **80 F**

Ouvert : toute l'année.

40	15	0,1	22	115	40	20	30	15

BOUDOU - Domaine du Luc - Au Pays des Templiers - 30770 CAMPESTRE-ET-LUC - Tél : 04 67 82 01 01 ou 06 14 42 03 86 - Fax : 04 67 44 51 55

LA CAPELLE-MASMOLENE

1 ch. **Uzès 13 km. Le Pont du Gard 15 km.** 1 chambre indépendante avec douche et wc. Terrasse. Jardin commun. Ouvert toute l'année. A 1 km du village, environnement de mas en pleine campagne, ombragé et calme. Vols en montgolfière sur place. Langues parlées : anglais, flamand.

Prix : 1 pers. **220 F** 2 pers. **270 F**

Ouvert : toute l'année.

12	0,3	1	45	12	SP	33	10

DONNET Jean et Diane - route de la Capelle - 30700 LA CAPELLE-MASMOLENE - Tél : 04 66 37 11 33 - Fax : 04 66 37 15 21 - E-mail : jean.donnet@wanadoo.fr

CASTELNAU-VALENCE

 (TH)

3 ch. **Uzes 15 km. Nîmes 25 km.** Maison de village en pierre, calme et confortable. 1er ét. : 1 ch. 3 pers. 2e ét. : 1 ch. 2 pers. et 1 ch. 2 à 5 pers., toutes avec s. d'eau et wc indép. dans la ch. Salle à manger, salon. Terrasse et piscine communes. Parking clos. Repas possible midi et soir sur commande. Tarifs dégressifs suivant la durée du séjour. Poss. 1/2 pens. et pension. Table d'hôtes soignée. Langue parlée : allemand.

Prix : 1 pers. **290 F** 2 pers. **350 F** 3 pers. **450 F** repas **95 F**

Ouvert : de février à fin novembre.

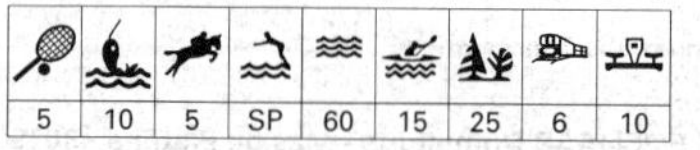

5	10	5	SP	60	15	25	6	10

BARTHELEMY André - La Maison d'Alcalure - rue du Camp - 30190 CASTELNAU-VALENCE - Tél : 04 66 60 13 26 ou SR : 04 66 27 94 94 - Fax : 04 66 60 13 26

CASTILLON-DU-GARD Mas de Raffin

C.M. 83 Pli 10

4 ch. Dans un vieux mas entièrement restauré. R.d.c. : 1 ch. 2 pers., 1 ch. voûtée 2 ou 3 pers., 1 ch. (poutres) 2 ou 3 pers. Etage : 2 ch. 2 ou 4 pers. (poutres) avec coin-cuisine. Salle d'eau et wc séparés pour chaque chambre. TV. Cour fermée. Garage. 550 F/4 pers. En plein cœur des vignes et de la garrigue à 5 mn du pont du Gard. A 10 mn d'Uzès « 1er Duché de France ». Calme, repos, détente assurés. Cave particulière en côte du Rhône (rouge et rosé). Langues parlées : anglais, italien.

Prix : 1 pers. **290 F** 2 pers. **390/450 F** 3 pers. **550 F**

Ouvert : toute l'année.

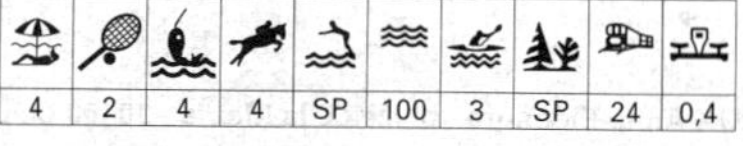

4	2	4	4	SP	100	3	SP	24	0,4

VIC Michel - Mas de Raffin - 30120 CASTILLON-DU-GARD - Tél : 04 66 37 13 28 - Fax : 04 66 37 62 55

CAVEIRAC

3 ch. 3 chambres d'hôtes au r.d.c., s'ouvrant sur une terrasse fleurie. Totalement indépendantes. 2 ch. avec 1 lit 2 pers. chacune dont 1 équipée d'une kitchenette (290 F) et 1 ch. avec 1 lit jumeaux, salle d'eau et wc pour chaque chambre. 2 chambres sont équipées d'un réfrigérateur. Grand jardin. Très calme. Piscine privée. Restaurant 500 m.

Prix : 1 pers. **220 F** 2 pers. **270 F** 3 pers. **350 F**

Ouvert : toute l'année.

40	1	20	15	SP	40	20

MARTIN Clément - rue de la Station - 30820 CAVEIRAC - Tél : 04 66 81 35 16

CENDRAS Le Puech

2 ch. 2 chambres d'hôtes (1 lit 2 pers.) avec douches, lavabos et wc indépendants. TV. Jardin indépendant, terrasse. Piscine privée de 10 x 5 avec terrasse. Tarif 4 pers. 450 F. Villa très calme avec vue panoramique, très ensoleillée. En Cévennes, nombreuses activités à proximité (équitation, piscine, etc...). Nombreuses curiosités à visiter : bambouseraie, musée du désert, musée de la soie, etc...

Prix : 2 pers. **300 F** 3 pers. **400 F**

Ouvert : toute l'année.

0,5	0,2	0,5	9	0,2	80	30	20	6	0,5

BORD René - Le Puech - 30480 CENDRAS - Tél : 04 66 30 20 28 - Fax : 04 66 30 20 28

LE CHAMBON

4 ch. **Alès 32 km. Besseges 12 km.** 4 chambres.

Prix : 1 pers. **300 F**

Ouvert : toute l'année.

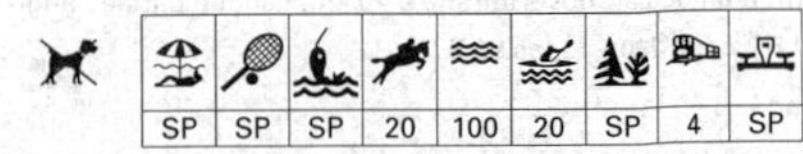

SP	SP	SP	20	100	20	SP	4	SP

PASSIEU Dominique - place Louis Badourle - 30450 LE CHAMBON - Tél : 04 66 61 49 25 - Fax : 04 66 61 50 36

CHAMBORIGAUD Le Mas du Seigneur Alt. : 510 m

5 ch. Dans un mas cévenol du XVIe, 5 chambres rénovées et décorées avec soin à accès indépendant : 1 lit 2 pers., salle d'eau et wc dans chacune. Poss. lit suppl. Bibliothèque. Piscine, boulodrome, parking privé. 1/2 pension, 1 semaine minimum. Situé au milieu de 15 ha. de pins, de châtaigniers centenaires. Nous serons heureux de vous faire profiter de la nature environnante, du calme, de la beauté du site et de nombreuses activités (marche, cueillette, baignade). Langues parlées : anglais, espagnol.

Prix : 1 pers. **280 F** 2 pers. **380 F** 3 pers. **530 F** pers. sup. **100 F**
repas **110 F** 1/2 pens. **250 F**

Ouvert : du 1er avril au 31 octobre.

2	4	1	10	SP	90	15	SP	5	4

BERTRAND Louis et Danièle - Altayrac - Le Mas du Seigneur - 30530 CHAMBORIGAUD - Tél : 04 66 61 41 52 - Fax : 04 66 61 41 52 - http://www.i-france.com/seigneur

COLLORGUES

3 ch. 3 chambres d'hôtes indépendantes, aménagées dans un vieux mas indépendant, en limite de village. 1 ch. (2 lits 1 pers.), 2 ch. (1 lit 2 pers.) avec cabinet de toilette (lavabo, wc, douche) pour chacune. 2 chambres sont en r.d.c., 1 à l'étage. Jardin méditerranéen. Terrasses indépendantes. Piscine privée. Parking fermé. Golf à 11 km. Langues parlées : allemand, anglais.

Prix : 1 pers. **300/320 F** 2 pers. **340/360 F**

Ouvert : de Pâques à la Toussaint.

11	5	11	SP	60	15

DANZEISEN-LEIJENAAR Dominique - Mas du Platane - 30190 COLLORGUES - Tél : 04 66 81 29 04

COLOGNAC Alt. : 600 m

2 ch. 2 chambres d'hôtes au 2e étage. Vue sur la campagne. Salle d'eau dans chaque chambre. WC réservés aux 2 chambres. Salle de séjour avec cheminée. Jardin. Terrasse. Prix demi-pension 420F. pour 2 personnes. Langues parlées : anglais, espagnol.

Prix : 1 pers. **185 F** 2 pers. **250 F** 3 pers. **315 F** pers. sup. **45 F**
repas **85 F** 1/2 pens. **265/420 F**

Ouvert : toute l'année.

6	0,1	0,1	6	6	60	15	0,1

CHARTREUX Anne-Eléonore - place de la Mairie - 30460 COLOGNAC - Tél : 04 66 85 28 84 - Fax : 04 66 85 48 77

CONGENIES L'Amourie

2 ch. 1 chambre (2 lits 1 pers.) et 1 chambre (1 lit 2 pers.) + mezzanine 2 enfants avec salle d'eau et wc particuliers dans chacune. Mezzanine avec 2 lits enfant. Séjour commun, grande cour commune avec cuisine d'été. Enfant : 90 F. Animation musicale à l'Amourié (orgue à tuyaux, musique ancienne) entre mer et montagne, petit village du midi calme et reposant. Langue parlée : allemand.

Prix : 1 pers. **220 F** 2 pers. **240 F** pers. sup. **80 F**

Ouvert : toute l'année sauf novembre et décembre.

10	2	10	5	8	35	12	0,3

ARMAND-DELORD Danielle - 34 avenue de la Malle Poste - 30111 CONGENIES - Tél : 04 66 80 76 35

CONQUEYRAC Ceyrac

C.M. 83

6 ch. En pays cévenol, grand mas du XVIIIe, 6 chambres studios avec lits 2 pers. et 1 lit 1 pers., salle d'eau et wc indépendants pour chaque chambre. Salle commune. Terrasse. Tennis. Piscine disponible juillet et août. Calme assuré, cadre très agréable. A proximité : nombreuses curiosités à visiter. Langues parlées : anglais, italien.

Prix : 1 pers. **200/220 F** 2 pers. **250/270 F** 3 pers. **330/350 F**

Ouvert : toute l'année.

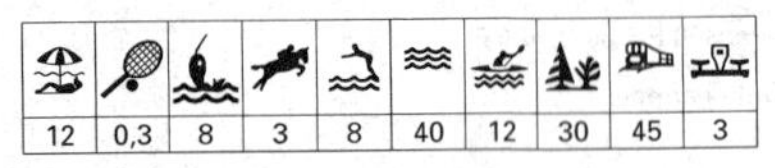

12	0,3	8	3	8	40	12	30	45	3

S.A. SUMAR - Ceyrac - Domaine de Ceyrac - 30170 CONQUEYRAC - Tél : 04 66 77 68 85 - Fax : 04 66 77 91 29

COURRY Croix-Parens

(TH)

5 ch. **Barjac 20 km. Uzès 50 km. Nîmes 65 km.** Dans un vieux mas restauré, aux voûtes centenaires, meublé en ancien, 5 ch. à l'étage, toutes avec salle de bains et wc privés. Salle à manger, 2 salons avec TV. Terrasse, jardin, parking privé. Table d'hôtes le soir sur réservation. 520 F/4 pers. Au pied des Cévennes, à la limite Gard/Ardèche. En bordure d'un petit village, calme assuré, confort, accueil chaleureux. Activités : tennis au village, VTT, balades, p-pong, jeu de boules. Parc National des Cévennes, bambouseraie, Gorges de l'Ardèche, vallée de la Cèze, Pont du Gard. Langue parlée : anglais.

Prix : 1 pers. **290 F** 2 pers. **340/400 F** 3 pers. **470 F** pers. sup. **100 F** repas **100 F**

Ouvert : de mars à la Toussaint (sur réservation en hors-saison).

7	0,3	7	6	SP	110	0,7	5	7	SP

MALET Catherine - La Picholine - Courry - 30500 SAINT-AMBROIX - Tél : 04 66 24 13 30 - Fax : 04 66 24 09 63 - E-mail : picholine@wanadoo.fr

CROS Le Château

1 ch. 1 chambre d'hôtes indépendante avec vue sur un paysage sauvage, calme et de caractère. 1 ch. de 18 m² au 1er étage (1 lit 2 pers.), salle d'eau et wc privés. Rez-de-chaussée : cuisine/séjour de 18 m² avec 1 clic-clac. Parking, terrain attenant. Enfant : 40 F. Langue parlée : allemand.

Prix : 2 pers. **220 F** 3 pers. **280 F**

Ouvert : de mi-avril à fin septembre.

4	5	SP	4	5	60	15	SP	5

FOHREN Lore - Le Château - 30170 CROS - Tél : 04 66 77 92 92

DURFORT

2 ch. **Alès 25 km. Anduze 10 km.** Environnement de mas, dans la maison du propriétaire entourée de bois, vignes et prairies. 1 ch. (1 lit 2 pers. 1 lit 1 pers.), avec douche et wc indépendants, 1 ch. (2 lits 1 pers.) avec s.d.b., wc. Pièce de jour commune avec cheminée et TV. Grand terrain boisé, très beau panorama. Tous loisirs à proximité. Langue parlée : anglais.

Prix : 1 pers. **230 F** 2 pers. **260 F** 3 pers. **300 F**

Ouvert : toute l'année.

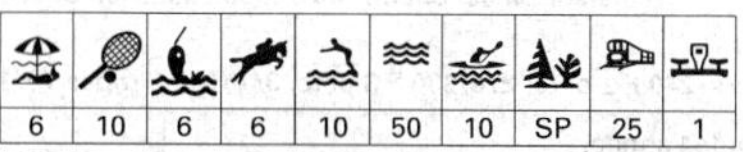

6	10	6	6	10	50	10	SP	25	1

VIGNON Michel - Mas de Gouze - 30170 DURFORT - Tél : 04 66 77 03 44

EUZET

2 ch. **Uzès 17 km. Nîmes 30 km.** Les chambres bénéficiant d'un accès indép. par le patio. La ch. « Iris », avec une terrasse privée dominant le jardin de bambous, comprend 1 ch. principale (lit 2 pers.), 1 ch. voutée (lit 1 pers.) et 1 s.d.b. avec baignoire et wc. La ch. « Olive », son grand lit à baldaquin, s.d.b. avec douche et terrasse avec vue d' exception. Gratuit pour les enf. - 7ans. Adossé à la montagne et à la garrigue, en haut du village, le chateau d'Euzet à une vue dominante sur la vallée qui mène à Uzès. Entouré d'un jardin terrasse, il domine « le jardin de bambous » où est situé la piscine. La demeure de style provencal comporte de nombreuses pièces à vivre. Langue parlée : anglais.

Prix : 2 pers. **400/550 F** 3 pers. **550 F**

Ouvert : toute l'année.

60	1	10	4	SP	60	10	SP	16	15

LEVIEL Anne - rue du Château - Le Château - 30360 EUZET-LES-BAINS - Tél : 04 66 83 38 38 - Fax : 04 66 83 37 38 - E-mail : EUZET@club-internet.fr

FONS-SUR-LUSSAN La Magnanerie

(TH)

2 ch. **Uzès 25 km. Pont du Gard 32 km. Anduze et Vallon Pont d'Arc 40 km.** 1 ch. (2 lits 1 pers.), 1 ch. (1 lit 2 pers.), toutes avec salle de bains et wc, aménagées dans une magnanerie (élevage de vers à soie) du XVIIIe. Décoration raffinée dans un esprit « sud ». 2 terrasses accueillantes. Cuisine régionale et conviviale à la table d'hôtes. Dans un village authentique de la garrigue, calme et préservé. Nombreuses randonnées entre vignes, oliveraies et garrigue. Possibilité de stages de décoration murale à la chaux (peintures et enduits) par le propriétaire. Langues parlées : anglais, allemand.

Prix : 1 pers. **290 F** 2 pers. **320 F** repas **100 F**

Ouvert : toute l'année.

8	4	8	1	4	90	8	2	45	0,2

GENVRIN Michel - La Magnanerie - 30580 FONS-SUR-LUSSAN - Tél : 04 66 72 81 72

GARRIGUES-SAINTE-EULALIE Sainte-Eulalie

C.M. 80 Pli 18

1 ch. **Uzès 12 km. Nîmes 25 km. Porte des Cévennes 30 km.** Chambre avec 2 lits 1 pers., salle d'eau et wc. Chauffage central. Environnement de hameau dans une maison familiale. A moins d'une heure de la mer. A la limite de la Provence, au cœur de la garrigue.

Prix : 2 pers. **350 F**

Ouvert : toute l'année.

5	2	5	15	0,1	70	10	25	3

ACCABAT Daniel et Elyett - Garrigues Ste-Eulalie - Ste-Eulalie - 30190 SAINT-CHAPTES - Tél : 04 66 81 21 12 - Fax : 04 66 81 93 39 - http://www.GITESDESTEEULALIE.TSX.ORG

ISSIRAC (TH)

3 ch. Au pied du village, dans une maison en pierre au charme authentique, 3 ch. d'hôtes équipées de douche et wc, balcon attenant. Grand jardin avec très belle vue. De la maison : sentiers pédestres, circuits VTT à la découverte des charmes de la garrigue. Au pays des lavandes et des cerises, Issirac est un petit village calme et pittoresque avec ses ruelles, son clocher caractéristique dominant les Gorges de l'Ardèche et la Vallée de la Cèze.

CV

Prix : 1 pers. **260 F** 2 pers. **290 F** 3 pers. **340 F** repas **80 F**

Ouvert : toute l'année.

6	6	6	10	2	90	12	0,5

CHAVE Pascale - chez Dame Tartine - rue de la Fontaine - 30760 ISSIRAC - Tél : 04 66 82 17 06

JUNAS Domaine de Christin

1 ch. **Nîmes 30 km. Uzès 40 km. Montpellier 30 km.** 1 ch. d'hôtes (1 lit 2 pers.), salle de bains, wc privés. Jardin commun sur la propriété du mas viticole. Séjour commun. Possibilité abri voiture. Calme et repos assurés. Taxe de séjour : 4 F/pers./jour. Entre Cévennes et Camargue, sur les Terres de Sommières, à la croisée des hauts lieux touristiques. Marie-France et André vous accueillent dans leur mas viticole languedocien, dans la verdure du château de Christin (monument histo.). Viticulture, visites du vignoble, des chais, dégustation. Soirée. Langue parlée : espagnol.

Prix : 1 pers. **250 F** 2 pers. **310 F**

Ouvert : toute l'année.

5	3	3	4	3	30	15	3

MAHUZIES Mathieu et M-France - route d'Aubais - Domaine de Christin - 30250 JUNAS - Tél : 04 66 80 95 90 - Fax : 04 66 80 95 90 - http://www.logassist.fr/christin

LASALLE Domaine de Bagard (TH)

5 ch. 5 chambres d'hôtes (1 lit 2 pers. ou 1 lit 1 pers.) selon la chambre, douche et wc indépendants. Terrasse et jardins communs. Piscine sur place. Chambres situées dans les Cévennes. Langue parlée : anglais.

Prix : 1 pers. **240 F** 2 pers. **270/330 F** 3 pers. **340/350 F** repas **70/100 F**

Ouvert : toute l'année.

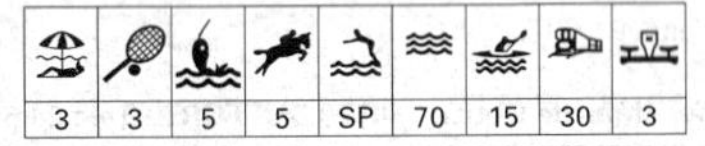

3	3	5	5	SP	70	15	30	3

MAC DONALD John - Domaine de Bagard - 30460 LASALLE - Tél : 04 66 85 25 51

LASALLE Domaine de Soulages

4 ch. **Uzes, Nimes, Montpellier 50 km. Bambouseraie, grottes, gorges 20 km.** Chambres d'hôtes et suite spacieuses et agréables, avec salle de bains et wc. Belle vue. Meubles et objets de style et d'époque. L'architecture de la demeure est favorable aussi bien aux réunions conviviales qu'à l'isolement intimiste. Le domaine s'étale sur 38 ha., il a été profondement remanié par l'édification de magnifiques murs en granit en terrasses ou barrages. Région de festival : Uzes, Le Vigan...

Prix : 1 pers. **480 F** 2 pers. **500 F** 3 pers. **680 F** pers. sup. **100 F**

Ouvert : toute l'année sur réservation.

SP	2	10	2	SP	50	20	SP

GOURGAS Guillaume - Saint-Louis de Soulages - 30460 LASALLE - Tél : 04 66 85 41 83 ou 04 67 64 49 13

LAUDUN Château de Lascours

5 ch. **Aéroports d'Avignon 25 km et Nîmes 40 km. Uzès 17 km.** 4 ch. et 1 suite indépendantes avec salle de bains et wc particuliers, aménagées dans un château (XII et XVII siècles), classé monument historique, entouré de douves en eau vive. Salle d'accueil, petit déjeuner copieux, parking. Tranquillité assurée. Piscine dans le parc. Alentours du château : Laudun, camp de César (site archéologique) et vignoble classé. Bagnols sur Cèze : musée de peinture. Langues parlées : anglais, italien.

Prix : 1 pers. **450 F** 2 pers. **500 F** 3 pers. **580 F** pers. sup. **80 F**

Ouvert : toute l'année.

0,1	0,1	0,1	0,5	0,1	80	30	SP	25	0,1

BASTOUIL Jean-Louis - Château de Lascours - 30290 LAUDUN - Tél : 04 66 50 39 61 - Fax : 04 66 50 30 08 - E-mail : CHATEAU.DE.LASCOURS@wanadoo.fr

LAVAL-SAINT-ROMAN Trescouvieux A

2 ch. 2 chambres d'hôtes (1 lit 2 pers.) aménagées à l'étage avec douche et wc indépendants. Pays spiripontain, Cèze-Ardèche. Auberge de campagne.

Prix : 1 pers. **240 F** 2 pers. **270 F** 3 pers. **340 F** repas **85/110 F**

3	3	3	5	9	100	3	1	25	3

GAEC CHARMASSON - Trescouvieux - 30760 LAVAL-SAINT-ROMAN - Tél : 04 66 82 17 46

LAVAL-SAINT-ROMAN Le Mas de la Chapelle

3 ch. Maison indép. de caractère à la sortie du village. R.d.c. : 1 ch. (1 lit 2 pers., 1 lit 1 pers.), douche, wc, terrasse privés, 1 ch. (1 lit, 2 pers. 2 lits 1 pers. en mezzanine), douche et wc. 1er ét. : 1 ch. (1 lit 2 pers.), s.d.b. et. Chauffage, ventilateur, moustiquaire. Séjour (cheminée). Parking clos. Piscine 6 x 12. 410 F/4 pers. Jardin d'agrément avec salons et jeux. Barbecues, réfrig. commun, cuisine commune à dispo. Accueil chaleureux. Situées entre la Vallée de la Cèze et les gorges de l'Ardèche, entre Orange et Montelimar, nombreux sites à visiter. Langue parlée : anglais.

Prix : 1 pers. **300 F** 2 pers. **330 F** 3 pers. **370 F**

Ouvert : toute l'année.

5	5	5	7	130	5	5	30	5

LAMY Anne - Le Village - Le Mas de la Chapelle - 30760 LAVAL-SAINT-ROMAN - Tél : 04 66 82 36 22 - Fax : 04 66 82 36 22

LIOUC Clos du Martinou

TH *C.M. 83 Pli 7*

5 ch. 5 ch. avec s. d'eau et wc indépendants, dont 2 à l'étage (lits 2 pers. et 3 lits enfants superposés), balcon. 1 ch. à l'étage (lit 2 pers.), terrasse. 2 ch. au r.d.c. (lits 2 pers.). 1 ch. access. aux pers. hand. Salle à manger et cuisine commune. Tarif 1/2 pens. : 480 F/2 pers., 660 F/3 pers. et 840 F/4 pers. Village de 80 habitants, situé au cœur du vignoble du Salavès. Eglise du XIe siècle, bois de chêne centenaires, escalade 10 km (Claret : class Europ), bord de rivière le Vidourle, piscine privée, VTT, randonnées GR, PR. A 40 mn de la mer et des Cévennes. Prix en arrière saison et groupe. Langues parlées : anglais, espagnol.

Prix : 1 pers. **240 F** 2 pers. **280 F** 3 pers. **350 F** repas **110 F**
1/2 pens. **350 F**

Ouvert : toute l'année.

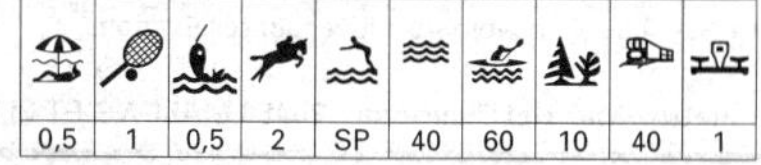

0,5	1	0,5	2	SP	40	60	10	40	1

RATIER Slivy et Jack - Clos de Martinou - 30260 LIOUC - Tél : 04 66 77 41 42 - Fax : 04 66 77 31 68

LOGRIAN Le Mas des Elfes

1 ch. **Nimes 40 km. Uzes 30 km. Anduze 12 km.** Dans un mas en pleine campagne à l'orée d'un bois de chêne bordé d'oliviers. Elisabeth et Christian vous accueillent dans une chambre totalement indépendant aménagée à l'étage d'un mazet en pierres avec s.d.b. et wc privés. Terrasse avec salon de jardin ombragé. Piscine à disposition. Ping-pong. Randonnées pédestre et equestre. Belle vue sur les cévennes. Bienvenue aux amoureux du calme et de la nature. Langue parlée : anglais.

Prix : 2 pers. **350 F**

Ouvert : toute l'année.

6	6	3	3	SP	30	SP	6

CHAVAN Elisabeth et Christian - Le Mas des Elfes - 30610 LOGRIAN - Tél : 04 66 77 45 16

LUSSAN La Lèque

A TH *C.M. 80*

4 ch. 4 chambres d'hôtes confortables avec salle de bains et wc indépendants, aménagées avec goût dans un beau mas, faisant partie d'un petit hameau très pittoresque. Chauffage. Grand séjour commun avec cheminée, billard. Table d'hôtes sur réservation (cuisine provençale). Rivière la Cèze, randonnées pédestres et cheval. Langue parlée : allemand.

Prix : 1 pers. **310 F** 2 pers. **350 F** 3 pers. **425 F** repas **80 F**

Ouvert : de février au 2 janvier.

12	SP	12	SP	SP	150	12	50	4

DOLLFUS Sylvia - La Leque - Mas des Garrigues - 30580 LUSSAN - Tél : 04 66 72 91 18 - Fax : 04 66 72 97 91

LUSSAN Mas de Rossière

TH

2 ch. 2 chambres avec lits 2 pers., salle d'eau et wc indépendants. Pièce commune avec cheminée. Ferme équestre et en exploitation, possibilité location de chevaux, nombreuses promenades pédestres. Piscine privée, spéléo 3 km, escalade 5 km, pistes VTT. Possibilité de loger son cheval à l'écurie : 50 F avec nourriture, promenade en calèche. 1/2 pension en chambre 2 pers.

Prix : 1 pers. **210 F** 2 pers. **230 F** repas **90 F** 1/2 pens. **280 F**

Ouvert : de mars à novembre sur réservation.

12	4	12	SP	SP	70	12	SP	26	4

CAILAR Maurice et Nicole - Mas de Rossière - 30580 LUSSAN - Tél : 04 66 72 96 57

LUSSAN Les Buis de Lussan

TH

2 ch. 2 ch. d'hôtes avec entrée indépendante aménagées dans la maison du propriétaire. 1 ch. (2 lits séparés), 1 ch. (lit double) avec douche et wc privés. Chauffage central. Séjour indépendant. Jardin méditerranéen avec bassin jaccuzi et vue panoramique. Au cœur du village médiéval de Lussan, maison restaurée avec l'ambiance du sud. Uzès, Avignon, les Cévennes, Pont du Gard, Camargue. Prêt de VTT. Langues parlées : anglais, espagnol.

Prix : 1 pers. **350/390 F** 2 pers. **390/430 F** repas **150 F**

Ouvert : toute l'année.

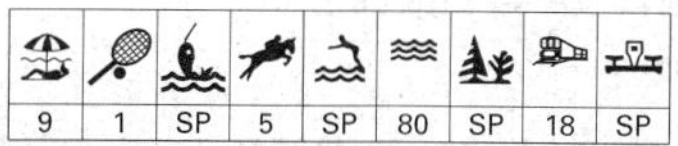

9	1	SP	5	SP	80	SP	18	SP

VIEILLOT Thierry - Les Buis de Lussan - rue de la Ritournelle - 30580 LUSSAN - Tél : 04 66 72 88 93 - Fax : 04 66 72 88 93

LUSSAN *C.M. 80 Pli 19*

2 ch. Situé au centre d'un très beau village médiéval, environnement de garrigues. 2 chambres avec 1 lit 2 pers., salle d'eau et wc indép. dans chacune. 1 lit enfant. Chauffage électrique. Possibilités de promenades et randonnées. Possibilité de se restaurer sur place « Restaurant les 3 Muriers ».

Prix : 2 pers. **250 F**

Ouvert : toute l'année.

9	9	SP	SP	9	80	9	SP	40	SP

COMMUNE DE LUSSAN - place Jules Ferry - Le Village - 30580 LUSSAN - Tél : 04 66 72 89 77

MALONS-ET-ELZE Hameau de Elze Alt. : 600 m (TH)

4 ch. **Les Vans (07) 18 km. Nîmes 60 km. Alès 99 km.** 2 ch. avec entrée indép., chacune avec s.d.b. et wc privés, (1 lit 2 pers., 1 lit 1 pers. chacune), 2 ch. (2 lits 1 pers.) avec s. d'eau et wc privés. Séjour commun, grande cheminée, biblioth. Dans un vieux mas du 17è, entièrement restauré au cœur d'un domaine de 25 ha. dominant la Vallée des Cévennes Ardèchoises et dans la périphérie du Parc National des Cévennes. Vous profiterez d'un séjour de détente et de repos dans un pays étonnement varié. Langues parlées : hollandais, anglais.

Prix : 1 pers. **270 F** 2 pers. **340 F** pers. sup. **110 F** repas **115 F**
1/2 pens. **285 F** pens. **330 F**

Ouvert : du 1er avril au 1er novembre, l'hiver sur réservation.

5	20	SP	18	SP	130	18	SP	14	14

MERMET Colette - Mas Del Chamoun - 30450 MALONS-ET-ELZE - Tél : 04 66 61 13 01 - Fax : 04 66 61 13 01

MANDAGOUT Le Vigan Alt. : 500 m (TH)

1 ch. **Le Mont Aigoual 30 km. Le Cirque de Navacelle 35 km.** Dans un écrin de verdure unique, mas cévenol authentique du XIe à découvrir. 1 ch. (2 lits 1 pers.), mezzanine (1 lit 1 pers.), salle de douche, wc. Terrain attenant. Table d'hôtes le soir. Enfant : 50 F.

CV

Prix : 1 pers. **200 F** 2 pers. **280 F** 3 pers. **360 F** repas **85 F**

Ouvert : toute l'année.

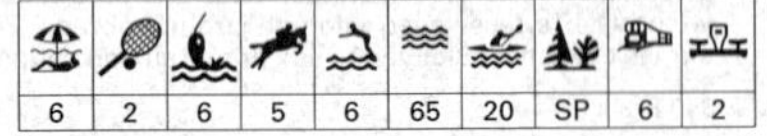

6	2	6	5	6	65	20	SP	6	2

SEGUY Jean-Pierre - Le Mas du Haut - Le Serre - 30120 MANDAGOUT - Tél : 04 67 81 88 48 - Fax : 04 67 81 88 48

MARGUERITTES Mas de Brignon

2 ch. **Nîmes 12 km.** 1 ch. à l'étage, avec douche et wc, kitchenette équipée. 1 ch. au r.d.c. avec salle d'eau et wc, kitchenette. Réfrigérateur dans les 2 chambres. Séjour commun aux 2 chambres. Terrasse indép., jardin commun, abri voiture. Dans un mas semi-indépendant, hameau à 2 km du village, entre mer, Cévennes et Préalpes.

CV

Prix : 1 pers. **240 F** 2 pers. **270 F**

Ouvert : du 1er mars au 30 novembre.

14	14	3	50	14	12	2

RAGOT Nicole - Mas de Brignon - 30320 MARGUERITTES - Tél : 04 66 75 07 17

MIALET A

3 ch. **Musée du Désert, bambouseraie 4 km. Nîmes, Pont du Gard 30 km.** Mas Cévénol (1664). Ferme-Auberge en activité, chambre d'hôtes attenantes. Terrasse ombragée. Salle intérieur, cheminée. Rivière à 200 m. Nombreux sites à visiter, à proximité. 80 F/enfant. Langue parlée : espagnol.

CV

Prix : 1 pers. **150 F** 2 pers. **260 F** repas **100 F** 1/2 pens. **450 F**
pens. **650 F**

Ouvert : toute l'année.

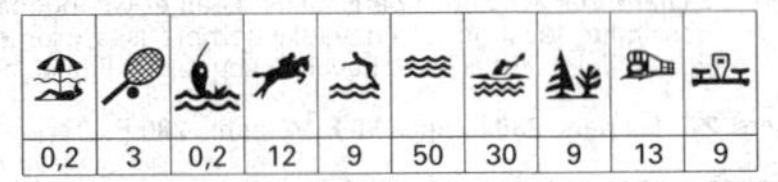

0,2	3	0,2	12	9	50	30	9	13	9

PEREZ Ginette et Jean-Luc - Hameau de Paussan - 30140 MIALET - Tél : 04 66 85 00 58

MIALET Le Col d'Uglas Alt. : 539 m A (TH)

2 ch. 2 chambres (2 lits 2 pers.) avec s.d.b. et wc. Terrasse individuelle. Terrain. Parking privé. Au cœur des montagnes. Calme, repos et détente. Terrasse panoramique couverte, vue imprenable. Nuitée + repas du soir avec 1/4 de vin par pers. et café + petite déjeuner : 265 F./pers., 120F./enfant. Cuisine cévénole (menu ou carte). Parcours de santé sur place. Nombreux GR pour randonneurs et cyclistes. VTT, juin/septembre transhumance. Nombreuses visites à proximité, bambouseraie, musée du désert, train à vapeur, musée du santon, musée des mineurs, corniche des Cévennes, écomusée du Galeizon. Cueillette de chataîgnes. Parc animalier sur place.

CV

Prix : 1 pers. **220 F** 2 pers. **350 F** repas **85/110 F**

Ouvert : toute l'année.

9	12	6	12	10	SP	11	11

VIGIER Brigitte - Le Col d'Uglas - 30140 MIALET - Tél : 04 66 86 62 07 - Fax : 04 66 86 19 43 - E-mail : col-duglas@infonie.fr - http://www.ot.anduze.fr

MONOBLET Le Mas de l'Aubret

C.M. 240 Pli 15

6 ch. **Anduze 13 km. Nîmes 50 km. Parc National des Cévennes 15 km.** Dans un cadre de verdure, près du village, grande maison comprenant 6 ch. d'hôtes de 2 ou 3 pers. chacune, avec salle de bains et wc. Lit enfant suppl. 50 F. Terrasse. Grand salon de loisirs avec cheminée. Bibliothèque. Cuisine d'été. Coin-repas à l'ombre des lauriers à disposition. Entre Anduze et St-Hippolyte-du-Fort, Monoblet, village typiquement cévenol se situe dans les premiers contreforts des Cévennes, entre vignes et chataîgniers, sur l'itinéraire des GR6 et GR63. Nombreuses randonnées pédestres de tous niveaux. Pré-parc national. Langue parlée : anglais.

Prix : 1 pers. **180 F** 2 pers. **250 F** 3 pers. **300 F**

Ouvert : toute l'année.

12	7	12	10	7	60	15	2	50	0,2

COYNEL Robert - Le Mas de l'Aubret - La Pause - 30170 MONOBLET - Tél : 04 66 85 42 19 - Fax : 04 66 85 40 65 - E-mail : masdelaubret.chambresdhotes@wanadoo.fr

MONTAREN Mas d'Oléandre

6 ch. **Uzes 5 km. Nîmes 25 km. Avignon 35 km. Pont du Gard 20 km.** Dans un vieux mas. Douche, lavabo, wc et grand lit pour 3 chambres. 1 chambre avec coin-cuisine et salle de bains et 2 gîtes, toutes avec terrasse individuelle. Cour intérieure avec jardin fleuri. Espace calme et vert pour les amoureux de la nature et des belles choses. Vue exceptionnelle sur le Mont-Ventoux, idéale pour se ressourcer un week-end ou une semaine. Langues parlées : anglais, allemand.

Prix : 2 pers. **400 F** 3 pers. **550 F** pers. sup. **150 F**

Ouvert : toute l'année ; hors-saison sur réservation.

8	8	8	2	75	10	30	25	5

KÜCHLER Esther - Mas d'Oléandre - Hameau Saint-Médiers - 30700 MONTAREN - Tél : 04 66 22 63 43 - Fax : 04 66 03 14 06 - E-mail : oleandre@provence-sud.com - http://www.provence-sud.com/oleandre

MONTAREN

TH

3 ch. **Nîmes 30 km. Avignon 40 km.** Chambres avec salle d'eau individuelle, dont 2 de 4 pers. et 1 de 2 pers. Vue sur Uzès et sur la piscine. Chauffage central. Piscine privée, aire de jeux, vue panoramique sur le Duche D'uzès. Tranquilité, repos. Prix 4 pers. 440F.

Prix : 1 pers. **300 F** 2 pers. **320 F** 3 pers. **380 F** repas **100 F**

Ouvert : toute l'année.

15	6	15	15	SP	80	15	5	30	6

STENGEL Diane - La Bergerie, Montée de Larnac - route de Saint-Ambroix - 30700 MONTAREN-SAINT-MEDIERS - Tél : 04 66 03 32 02 ou 06 87 45 76 07 - Fax : 04 66 03 32 02

MONTAREN-SAINT-MEDIERS

TH

C.M. 80 Pli 19

4 ch. 4 chambres d'hôtes aménagées dans un mas de caractère en pleine campagne, au 1er étage. Salle d'eau et wc individuels dans chaque chambre. Possibilité 1/2 pension. TH sur résa. le soir, produits de la ferme, confitures (canards, coqs, asperges, fruits et légumes). Chauffage. Calme assuré. Environnement de garrigues. 440 F/4 pers. Prix 1/2 pens. pour 2 pers. Terrasse panoramique, vue sur la campagne autour d'Uzès. Piscine privée.

Prix : 1 pers. **300 F** 2 pers. **320 F** 3 pers. **380 F** repas **110 F**
1/2 pens. **540 F**

Ouvert : toute l'année.

8	5	10	5	80	10

STENGEL-DELBOS Thérèse - Cruviers Larnac - 30700 MONTAREN-SAINT-MEDIERS - Tél : 04 66 22 10 89 - Fax : 04 66 22 06 76

MONTCLUS

A

3 ch. 3 chambres d'hôtes comprenant 1 lit 2 pers. 1 lit 1 pers. lavabo. Douche, wc communs aux 3 chambres. Terrasse. Taxe de séjour : 2 F/pers. Langues parlées : allemand, anglais.

Prix : 1 pers. **170 F** 2 pers. **190 F** 3 pers. **250 F** repas **75/90 F**
1/2 pens. **245 F** pens. **320 F**

Ouvert : d'avril à octobre.

0,1	1	0,1	10	10	80	0,1	50	10

BRUGUIER Claudine - Le Moulin - 30630 MONTCLUS - Tél : 04 66 82 32 52

MONTDARDIER

Alt. : 630 m TH

C.M. 83 Pli 6

4 ch. **Montdardier 2 km. Cirque de Navacelles 9 km. Le Vigan 12 km.** 1 chambre (lit 1 pers., salle d'eau et wc. 1 chambre (1 lits 2 pers.), salle d'eau et wc. 1 chambre (4 pers.), douche-cabine, lavabo, wc. 1 ch. (2 lits jumeaux), salle d'eau et wc. Terrasse privative pour chaque chambre. Maison de plain-pied, salle de documentation sur la région, avec TV. Maison isolée sur une exploitation de 75 hectares. 320 F/4 pers. Sur le Causse de Blandas. Elevage de lamas et ânes. Randonnées avec ânes bâtés. GR sur l'exploitation. Langue parlée : allemand.

Prix : 1 pers. **180 F** 2 pers. **220 F** 3 pers. **260 F** pers. sup. **60 F**
repas **70 F** 1/2 pens. **180 F** pens. **240 F**

Ouvert : toute l'année.

9	2	9	7	11	65	14	2	60	2

C. HYNEK et AM. NOYER - Causse et Lama - route de Navas - 30120 MONTDARDIER - Tél : 04 67 81 52 77 - Fax : 04 67 81 53 69 - E-mail : Causse-Lama@wanadoo.fr - http://www.mageos.ifrance.com/causseetlama

MOUSSAC

C.M. 80 Pli 18

1 ch. Chambre en totalité au rez-de-chaussée avec 1 lit 2 pers., salle d'eau et wc indépendants. Coin-cuisine dans la chambre. Séjour commun. Piscine privée. Pays Alès-Nîmes-Uzès : à proximité du village de Moussac. Calme assuré. Nombreuses curiosités aux alentours. Langues parlées : anglais, espagnol.

Prix : 1 pers. **250 F** 2 pers. **280 F**

Ouvert : toute l'année.

20	0,5	1	SP	60	20	3	0,5

ISSAURAT Jean-Louis - route de Castelnau - 30190 MOUSSAC - Tél : 04 66 81 68 14 - Fax : 04 66 81 68 14 - E-mail : i6poupi7@aol.com

MUS La Paillere

3 ch. **Nîmes et Montpellier 25 km. Camargue 5 km.** Elégante et vaste demeure du XVIIe aux couleurs chaleureuses et à la décoration soignée. 1 ch. (2 lits 1 pers.), s.d.b. et wc, 1 ch. (2 lits 1 pers.), s.d.b. avec douche et wc, 1 ch. (1 lit 160, 1 lit 1 pers.), s.d.b. avec douche et wc. Salon de détente, cheminée, salle à manger, salle de réunion. Cour intérieure arborée. Grandes cheminées de pierre et ravissant patio ombragé par les bambous et les palmiers. Petits déjeuners copieux et raffinés servis dans la poterie vernissée typique de la région. Les plages de Camargue sont proches. Langue parlée : anglais.

Prix : 2 pers. **350/380 F** pers. sup. **100 F**

Ouvert : toute l'année.

25	1	12	25	22

PARIS Chantal - 26 rue du Puits Vieux - La Paillère - 30121 MUS - Tél : 04 66 35 55 93 - Fax : 04 66 81 85 86 - E-mail : paillere@jpl.fr

NIMES

1 ch. **Nîmes 5 km.** Maison indépendante, entourée de pins et d'oliviers comprenant 1 chambre d'hôtes au rez-de-chaussée (1 lit 2 pers.), douche et wc indépendants. Jardin commun. Chambre située en garrigues. Langue parlée : allemand.

Prix : 1 pers. **220 F** 2 pers. **270 F**

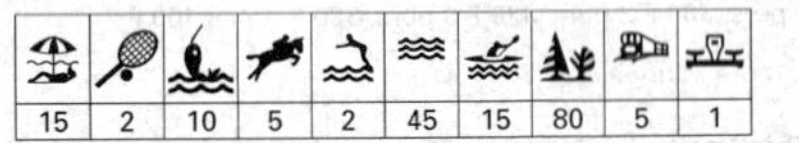

15	2	10	5	2	45	15	80	5	1

PIT Anne-Marie - 7, impasse du Blasinier - 30000 NIMES - Tél : 04 66 27 04 80 ou 06 88 98 71 56

NIMES Le Garric

(TH) *C.M. 83 Pli 9*

5 ch. 5 chambres (lits 160) équipées de salle de bains et wc indépendants. Terrasse ou balcon de 20 m^2 environ. TV couleur, téléphone. Parc ombragé, terrain de boules, ping-pong, billard. Pièce commune en bordure de piscine équipée d'une cuisine où seront pris les petits déjeuners et les repas du soir. Une belle maison récente clos de murs en pierres sèches en plein cœur des garrigues nîmoises classées site protégé. Une oasis de verdure peuplée d'écureuils, d'oiseaux et de plantes aromatiques où règne le calme et la quiétude. Magnifiques paysages sur le plateau de Garrons.

CV

Prix : 1 pers. **460/470 F** 2 pers. **500 F** 3 pers. **600 F** pers. sup. **100/150 F** repas **150 F** 1/2 pens. **350/390 F**

Ouvert : du 1er mars au 31 octobre.

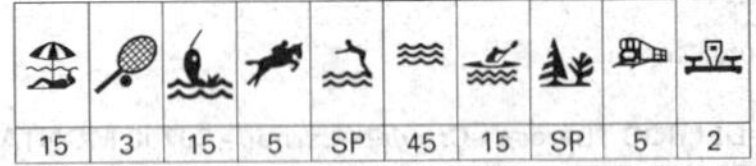

15	3	15	5	SP	45	15	SP	5	2

MARTIN Michel et Eliane - 631 chemin d'Engance - 30000 NIMES - Tél : 04 66 26 84 77 - Fax : 04 66 26 84 77

NOTRE-DAME-DE-LA-ROUVIERE Le Redonnel

Alt. : 500 m

1 ch. 1 chambre d'hôtes située au cœur des Cévennes. 2 lits 2 pers., douche et wc privés. Jardin en traversiers. Chauffage électrique. Cirque de Navacelles et Uzes. Langue parlée : anglais.

Prix : 1 pers. **180 F** 2 pers. **220 F** 3 pers. **270 F** pers. sup. **50 F**

Ouvert : toute l'année.

SP	6	SP	4	13	90	SP	65	1

BOUSQUET Agnès - Le Redonnel - 30570 NOTRE-DAME-DE-LA-ROUVIERE - Tél : 04 67 82 47 69

PONT-SAINT-ESPRIT

C.M. 80 Pli 10

3 ch. 3 chambres d'hôtes aménagées à l'étage d'une vieille bastide époque Empire, au bord de l'Ardèche (plage privée), dans un parc d'1,5 hectare de vergers et d'arbres fruitiers. Salle d'eau individuelle. 400 F/4 pers. Langues parlées : anglais, espagnol.

Prix : 1 pers. **270 F** 2 pers. **300 F** 3 pers. **350 F**

Ouvert : toute l'année.

SP	3	SP	3	SP	100	6	6	7	3

DE VERDUZAN Ghislaine - Pont d'Ardèche - 30130 PONT-SAINT-ESPRIT - Tél : 04 66 39 29 80 - Fax : 04 66 39 51 80

PONT-SAINT-ESPRIT Domaine de Lamartine *C.M. 80 Pli 10*

4 ch. 4 chambres d'hôtes aménagées au 2e étage disposant chacune d'une salle de bains et d'un wc privés. 1 lit 2 pers. ou 2 lits 1 pers. pour chacune. Petits déjeuners servis sous les ombrages. Maison de caractère, meublée en ancien. Demeure ancestrale, à proximité des Gorges de l'Ardèche, au milieu d'une région très riche en archéologie, histoire de l'architecture, culture et tourisme (Orange, Avignon, Nîmes, Vaison-la-Romaine).

Prix : 1 pers. **220 F** 2 pers. **250 F** 3 pers. **320 F**

Ouvert : du 15 mars au 15 octobre.

0,5	SP	0,5	3	SP	100	3	3	10	3

DE VERDUZAN Sabine - Domaine de Lamartine - 30130 PONT-SAINT-ESPRIT - Tél : 04 66 39 09 08 - Fax : 04 66 39 09 08

PONTEILS-ET-BRESIS Le Chambonnet Alt. : 550 m (TH) *C.M. 80 Pli 17*

1 ch. Au château. 1 chambre d'hôtes (2 lits 1 pers.) avec salle d'eau et wc, aménagée au 1er étage d'un manoir du XVIIIe siècle (boiseries datées, cheminée en noyer), entouré de vergers et de forêts. Possibilité lit enfant. Petit déjeuner servi dans la chambre ou le jardin. En zone périphérique du Parc des Cévennes. Nombreuses randonnées possibles. Langues parlées : anglais, espagnol, finnois.

Prix : 1 pers. **350 F** 2 pers. **400 F** 3 pers. **470 F** repas **80 F**

Ouvert : toute l'année.

0,3	10	0,3	2	2	100	10	0,3	10	10

DELAFONT Jean-Paul et Heini - Le Chambonnet - Château du Chambonnet - 30450 PONTEILS-ET-BRESIS - Tél : 04 66 61 17 98 - Fax : 04 66 61 24 46

PONTEILS-ET-BRESIS Alt. : 560 m (TH)

2 ch. 2 chambres dans maison indépendante à l'entrée du village, située en pleine campagne. Salle de séjour commune avec cheminée, possibilité cuisine. 1 ch. (1 lit 2 pers. 1 lit 1 pers.), salle d'eau et wc indépendants. 1 ch. (4 lits 1 pers. dont 2 sur mezzanine), salle d'eau et wc indépendants, possibilité lit enfant. A 100 m du cœur d'un petit village cévenol, face au Mont Lozère et au Parc National des Cévennes, Marie-Luce et Jean-Marie vous accueillent pour quelques jours de repos. Ils vous font connaître la vie rurale, leurs produits et spécialités fermières. Langue parlée : anglais.

Prix : 2 pers. **250 F** 3 pers. **350 F** repas **80 F**

Ouvert : toute l'année.

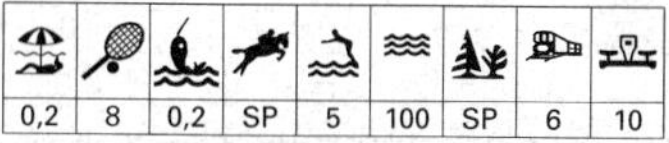

0,2	8	0,2	SP	5	100	SP	6	10

COUSTES Jean-Marie - Ponteils - 30450 PONTEILS-ET-BRESIS - Tél : 04 66 61 21 62 ou 06 70 34 36 48

PUJAUT Les Bambous (TH)

1 ch. Maison de caractère du XVIIIe en pierres apparentes, tout confort, dans le village. 1 ch. (1 lit 2 pers.) avec 1 mezzanine (1 lit 2 pers.), salle de bains et wc indépendants. Séjour commun. Cour ombragée et fleurie. Poss. parking. Tarif 4 pers. : 480 F. Langue parlée : anglais.

Prix : 1 pers. **230 F** 2 pers. **280 F** 3 pers. **380 F** repas **80 F**

Ouvert : toute l'année.

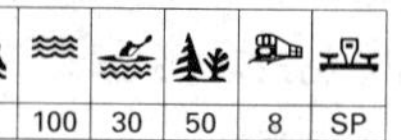

30	3	5	3	3	100	30	50	8	SP

ROUSSEAU Joël et Michèle - Les Bambous - rue de la Mairie - 30131 PUJAUT - Tél : 04 90 26 46 47 ou 06 80 52 94 98 - Fax : 04 90 26 46 47 - E-mail : rousseau.michele@wanadoo.fr

PUJAUT (TH) *C.M. 81 Pli 1*

1 ch. **Avignon 8 km.** Chambre et salon adjacent dans pièces voûtées avec salle d'eau, wc et douche (lits jumeaux). Salon avec lit gigogne. Réfrigérateur. Possibilité café ou thé à toute heure. Entrée indépendante. Maison de village du XVIIe avec jardin et cuisine d'été. Parachutisme et vol à voile à 1.5 km. Langue parlée : anglais.

Prix : 1 pers. **220 F** 2 pers. **250 F** 3 pers. **350 F** pers. sup. **100 F** repas **80 F**

Ouvert : toute l'année.

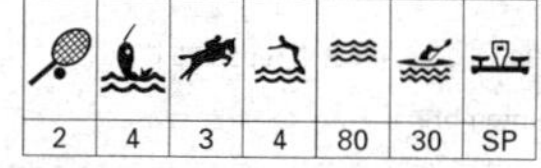

2	4	3	4	80	30	SP

THOMPSON Helen - place des Consuls - 30131 PUJAUT - Tél : 04 90 26 31 68 ou 06 87 68 83 74

REMOULINS Pont du Gard *C.M. 80*

5 ch. **Nîmes et Avignon 20 km. Uzès 15 km. Arles 35 km.** Dans une grande bâtisse : 5 ch. spacieuses climatisées (1 lit 160 chacune) avec bain ou douche et wc, chacune de style différent. Parking fermé. Salon commun, TV, piano. Terrasse avec vue sur le parc. P-pong, et piscine. Accès à la rivière, pêche possible. Lit suppl. : enfant (-12 ans) 80 F., adulte 150 F. Gratuit enfant - 2 ans, 80 F/de 2 à 12 ans. Promenades sur les sentiers de la forêt privée de 5 ha. A 900 m du Pont du Gard, patrimoine mondial. Bienvenue aux amoureux de la nature, des oiseaux et du calme. Petit déjeuner gourmand, « brunch ». Langues parlées : anglais, italien, allemand.

Prix : 1 pers. **370/420 F** 2 pers. **420/520 F** 3 pers. **570/670 F** pers. sup. **150 F**

Ouvert : de mars à octobre.

SP	1	SP	8	SP	50	1	SP	20	1

CRISTINI Gérard et Catherine - Pont du Gard/Rive Droite - La Terre des Lauriers - 30210 REMOULINS - Tél : 04 66 37 19 45 ou 06 12 10 61 92 - Fax : 04 66 37 19 45

REMOULINS

4 ch. 4 chambres d'hôtes avec salle d'eau et wc particuliers, (1 lit 2 pers., 2 lits 1 pers.). Salon et jardin communs. Salon à l'étage. Remoulins est situé entre Nîmes et Avignon. Nombreuses curiosités à visiter à proximité (Pont du Gard, Cité des Papes, Baux de Provence...)

Prix : 1 pers. **220 F** 2 pers. **290 F** 3 pers. **390 F**

Ouvert : du 1er mars au 30 novembre.

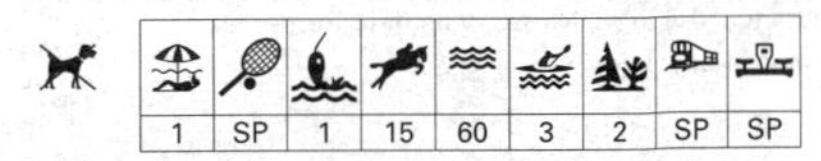

1	SP	1	15	60	3	2	SP	SP

BARRE Georges - 18 chemin du Grand Champ - Le Grand Champ - 30210 REMOULINS - Tél : 04 66 37 07 84 ou 04 66 37 21 01

REVENS

TH

5 ch. 5 chambres d'hôtes, toutes avec bains et wc (1 avec kitchenette), aménagées dans un prieuré roman restauré des Xe, XIe et XVe siècles. Les chambres sont meublées en ancien et rustique, 4 disposent de lits à baldaquin. Repas possible le soir en hors-saison. Vous apprécierez la beauté sauvage de la Vallée de la Dourbies. Entre Saint-Véran et Cantobre.

Prix : 1 pers. **300 F** 2 pers. **350/450 F** pers. sup. **75 F** repas **110 F**

Ouvert : toute l'année.

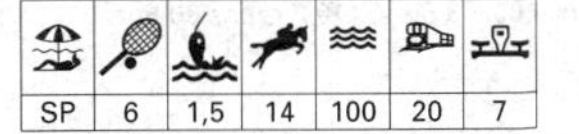

SP	6	1,5	14	100	20	7

MACQ Madeleine - Hermitage Saint-Pierre - Saint-Pierre de Revens - 12230 NANT - Tél : 05 65 62 27 99

RIBAUTE-LES-TAVERNES Mas de l'Amandier

TH

4 ch. Ancienne maison de maître, en pleine campagne, avec vue sur les Cévennes. 4 ch. d'hôtes dont 1 suite, toutes avec accès indépendant : 3 ch. (1 grand lit 2 pers. 1 lit 1 pers. chacune), 1 ch./suite (1 grand lit 2 pers., 4 lits 1 pers.), avec salle de bains et wc privés pour chacune. Table d'hôtes sur réservation (vin compris). 490 à 640 F/4 pers. Langue parlée : anglais.

Prix : 1 pers. **370 F** 2 pers. **410 F** 3 pers. **450 F** repas **130 F**

Ouvert : toute l'année.

10	1,5	10	1,5	60	15	35	1,5

LASBLEIZ Sophie - BERNARD DOMINIQUE - Camp Galhan - Mas de l'Amandier - 30720 RIBAUTE-LES-TAVERNES - Tél : 04 66 83 87 06 - Fax : 04 66 83 87 69

ROCHEFORT-DU-GARD

2 ch. **Avignon 8 km. Rochefort-du-Gard 3 km.** 2 chambres d'hôtes au rez-de-chaussée d'une maison de caractère à l'abri d'un bosquet de chênes verts. Chambres complètement indépendantes avec 1 lit 2 pers., salle d'eau et wc privés dans chacune. Grand jardin. Langue parlée : anglais.

Prix : 1 pers. **230 F** 2 pers. **250 F**

Ouvert : toute l'année

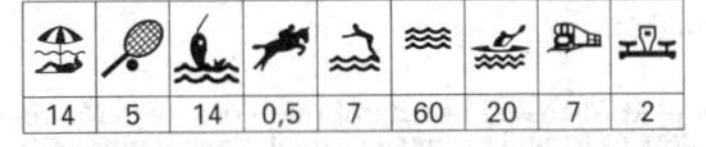

14	5	14	0,5	7	60	20	7	2

CARRET Alain et Chantal - LES JONCS - 30650 ROCHEFORT - Tél : 04 90 31 75 11

ROCHEGUDE

TH

1 ch. 1 chambre (1 lit 2 pers. 1 lit 1 pers. possibilité lit enfant/85 F), salle de bains, wc indépendants. Balcon, terrasse privée. Parking. Repas possible le soir. Piscine privée. Environnement village médiéval restauré, ruelles piétonnes. Organisation d'activités sportives, culturelles et artisanales. Pêche en rivière. Langue parlée : anglais.

Prix : 1 pers. **250 F** 2 pers. **300 F** 3 pers. **420 F** repas **85 F**

Ouvert : du 1er mai au 30 septembre.

SP	8	0,5	SP	SP	80	1	22	1,5

CACES Michèle - Rochegude - 30340 BARJAC - Tél : 04 66 24 48 91 - Fax : 04 66 24 48 91

ROGUES

Alt. : 560 m 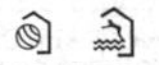 TH *C.M. 80 Pli 16*

5 ch. 5 ch. d'hôtes indépendantes dans un mas caussenard, 2/3 lits avec mezzanines, wc, douches, lavabos privés. Séjour, salle de travail, biblioth. Aire de jeux pour enfants. Cuisine à tendance végétarienne poss. 1/2 tarif enfant - 8 ans. Pour séjour supérieur à 2 jours : 190 F/1/2 pens. et 250 F/pension. 350F/4 pers. Demi tarif pour enfant.

Prix : 1 pers. **160 F** 2 pers. **240 F** 3 pers. **300 F** repas **85 F**

Ouvert : toute l'année.

10	0,1	7	15	SP	80	20	SP

SALAVERT Daniel - Le Revel - Rogues - 30120 LE VIGAN - Tél : 04 67 81 50 89 - Fax : 04 67 81 50 89 - E-mail : daniel.salavert@wanadoo.fr - http://perso.wanadoo.fr/gitelerevel/

ROGUES La Jurade

Alt. : 630 m A *C.M. 80 Pli 16*

3 ch. **Cirque de Navacelles.** Dans un mas cévenol. 3 ch. indépendantes (2, 3 ou 4 pers.) + 1 suite 4 pers., toutes avec wc et douche. R.d.c. : 1 ch. permettant accès aux pers. handicapées. Terrasse, salon de jardin, jeux pour enfant. Grand espace intérieur. Salle de restaurant dans un autre batiment. Accueil des groupes, séminaires, réunions familiale ou amicales. Sur le Causse, en pleine nature, près du Cirque de Navacelles, La Jurade invite au calme et à la découverte du patrimoine naturel et historique. Son auberge offre la possibilité de repas variés privilégiant les produits régionaux. Prix enfant : 1/2 pension : 90F., pension : 130 F. Langue parlée : anglais.

Prix : 1 pers. **170 F** 2 pers. **230 F** 3 pers. **280 F** pers. sup. **50 F**
repas **85/125 F** 1/2 pens. **100/180 F** pens. **140/240 F**

Ouvert : toute l'année.

2	10	5	10	80	20	2

BERNIER Isabelle et Luc - Auberge de la Jurade - 30120 ROGUES - Tél : 04 67 81 53 17

LA ROQUE-SUR-CEZE

6 ch. 2 ch. d'hôtes au 1er étage et 4 ch. d'hôtes au 2e étage d'une maison en pierre de type cévenol. 4 ch. (1 lit 2 pers. ou 2 lits 1 pers.), 1 ch. (1 lit 2 pers., 1 lit 1 pers. chacune), 1 ch. 4 pers., toutes avec douche, lavabo et wc. Jardin, barbecue et piscine à disposition. 500 F/4 pers. Taxe de séjour : 3 F/pers. en juillet et août. Dans le centre du village (site inscrit, pont classé monument historique), au pied duquel coule le Cèze qui forme les cascades du Sautadet (site classé).

Prix : 1 pers. **270 F** 2 pers. **310/360 F** 3 pers. **400 F**

0,5	6	0,5	1	100	10	4

RIGAUD Pierre et Yolande - La Roque sur Cèze - 30200 BAGNOLS-SUR-CEZE - Tél : 04 66 82 79 37 - Fax : 04 66 82 79 37

SAINT-ALEXANDRE Mas Chamfrass

(TH)

2 ch. **Avignon 30 mn. Orange 20 mn.** Dans un cadre de verdure, au calme, 2 ch. : chacune équipée de s.d.b. avec douche ou baignoire et wc. Accès par entrée indépendante. Parking ombragé, poss. éventuellement de garage. Terrasse orientée au sud, piscine (naturisme possible au bord de celle ci). Entre les gorges de l'Ardèche et la vallée de la Cèze. Poss. TH le soir en été, sur réservation. Un lieu qui privilégie le calme et le repos. Langues parlées : anglais, italien.

Prix : 1 pers. **280/300 F** 2 pers. **300/350 F** 3 pers. **420/470 F**
repas **100 F**

Ouvert : toute l'année.

10	5	10	5	SP	100	15	SP	5	5

CHAMBON Pierre-Jean - Quartier Vaillan - Chemin de Carsan - 30130 SAINT-ALEXANDRE - Tél : 04 66 39 39 07 - Fax : 04 66 39 39 07

SAINT-AMBROIX

5 ch. **Uzès et Anduze 35 km. Nîmes 60 km. Vallon Pont d'Arc 20 km.** Bâtisse en pierre (bastide) calme avec vue dominante, très beau panorama. Equipements neufs disposant de chambres avec salle d'eau privées chacune. Très bon literie. TV sur demande. Grand placard, grande penderie. Petit déjeuner copieux. Poss. coin-cuisine. Séjour. Grand espace indépendant. A proximité de Saint-Ambroix. Station thermale : Les Fumades 3 km.

Prix : 1 pers. **200 F** 2 pers. **250 F** 3 pers. **300 F** pers. sup. **50 F**

Ouvert : toute l'année.

3	5	3	4	5	90	3	6	5	4

JULHAN Guy et Elisabeth - 880 Saint-Germain - rte de St-Julien de Lassagnas - 30500 SAINT-AMBROIX - Tél : 04 66 24 31 87 ou 06 12 79 43 00 - Fax : 04 66 24 31 87 - E-mail : ge.julhan@free.fr

SAINT-ANDRE-D'OLERARGUES La Bégude

(TH)

2 ch. Ferme en pierre restaurée, en pleine nature, 2 ch. d'hôtes jumelées (1 lit 2 pers. 2 lits 1 pers.), s.d.b. bains pour chacune, coin-repas et kitchenette aménagés, coin-salon (30 m^2), lessive et TV sur demande. Chauff. central. Piscine privée (4 x 8 m), terrain de jeux ombragé avec boules, ping-pong, badminton, portique et toboggan pour enfants. Coin pique-nique aménagé au bord du ruisseau. Chambres calmes et confortables. A proximité de la Roque-sur-Cèze, village classé. Repas et barbecue possible à l'extérieur. De nombreux divertissements proposés au cœur d'une région touristique de la Vallée de la Cèze.

Prix : 1 pers. **310 F** 2 pers. **350 F** 3 pers. **390 F** pers. sup. **40 F**
repas **115 F**

Ouvert : toute l'année.

2	8	SP	2	SP	100	8	5	8

FRAYSSE Geneviève - La Begude - 30330 SAINT-ANDRE-D'OLERARGUES - Tél : 04 66 79 08 63 - Fax : 04 66 79 08 63

SAINT-ANDRE-DE-MAJENCOULES Le Villaret

(TH)

1 ch. Appartement au niveau d'un jardin floral, avec accès direct sur ce dernier. 1 chambre indépendante (1 lit 2 pers. 2 lits 1 pers.), salle d'eau, wc indépendants. Salon, salle de séjour. Terrasse. Selon la saison, dîner servi dans le jardin. Répondeur téléphonique. Tarif 4 pers. : 400 F. Enfant : 40 F. Langues parlées : anglais, allemand.

Prix : 1 pers. **200 F** 2 pers. **250 F** 3 pers. **300 F** repas **90 F**

Ouvert : toute l'année.

0,2	12	0,2	12	70	12	SP

BRUCKIN Nicolas et Agnès - Le Villaret - 30570 SAINT-ANDRE-DE-MAJENCOULES - Tél : 04 67 82 46 47

SAINT-ANDRE-DE-VALBORGNE

2 ch. Chambres à l'étage, bains et wc dans chaque chambre. Séjour commun. Cuisine et terrasse commune avec l'autre chambre. Chambres situées au cœur d'un beau village Cévénol, dans le parc national des Cévennes. Grande maison de Maître où chaleur et convivialité vous assureront un agréable séjour.

Prix : 1 pers. **200 F** 2 pers. **240 F**

Ouvert : toute l'année.

0,5	1	25	100	0,2

MAIRIE DE SAINT-ANDRE-DE-VALBORGNE - 30940 SAINT-ANDRE-DE-VALBORGNE - Tél : 04 66 60 39 16 ou SR : 04 66 27 94 94 - Fax : 04 66 60 39 16

SAINT-BRES Le Deves

1 ch. 35 m² au sol + mezzanine 10 m². 1 chambre (1 lit 2 pers.), mezzanine avec 2 couchages. Sanitaires (douche, wc), chauffage. Salon avec cheminée et TV. Téléphone dans chaque chambre. Coin-cuisine intégré (lave-linge). Terrasse aménagée, ping-pong. Jardin. 390 F/4 pers. Entre Cévennes et Ardèche, rayonnant sur Nîmes, Pont du Gard, Uzés, Avignon, Camargue, Les Gorges du Tarn, les grottes renommées, la mer. A proximité de la rivière de la Cèze : baignade, canoë, pédalos, pêche, orpaillage. Au cœur de la campagne, dans une vieille maison cernée de terrasses arborées.

Prix : 2 pers. **290 F** 3 pers. **340 F** pers. sup. **50 F**

Ouvert : toute l'année.

1	1	1	6	1	85	2	2	2	1

BEAUDOU Christian - Le Deves - 30500 SAINT-BRES - Tél : 04 66 24 36 81

SAINT-CHRISTOL-LES-ALES

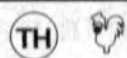

3 ch. 3 chambres d'hôtes pour 2 ou 4 pers. aménagées dans une ferme située en pleine campagne. Salle d'eau et wc particuliers. Salle de séjour à la disposition des hôtes. Produits fermiers sur place. Jeux. Possibilité repas du soir pris en commun avec les fermiers. Camping, calme. Piscine privée. 360 F/4 pers.

Prix : 1 pers. **180 F** 2 pers. **220 F** 3 pers. **290 F** pers. sup. **60 F**
repas **70 F** 1/2 pens. **250 F** pens. **360 F**

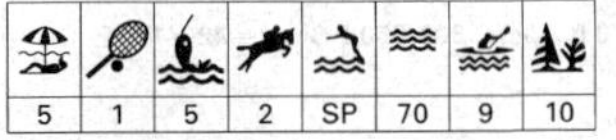

5	1	5	2	SP	70	9	10

MAURIN Hélène - Mas Cauvy - 30380 SAINT-CHRISTOL-LES-ALES - Tél : 04 66 60 78 24

SAINT-CHRISTOL-LES-ALES Boujac

4 ch. 3 chambres d'hôtes, dont 1 suite familiale, avec salle d'eau et wc indépendants et 2 chambres avec salle de bains et wc, aménagées dans un mas entièrement rénové. 1 indépendante, cabanon, 1 entrée indépendante. Chauffage central. Grand séjour commun avec cheminée. Enfant de moins de 7 ans : 50 F. 450 F/' pers. Mas provençal en pleine nature, calme et repos assurés. Activités sportives à proximité (piscine, VTT, circuit équestre, remise en forme). Possibilité d'accueil l'hivers pour personnes qui veulent se reposer.

Prix : 1 pers. **200/250 F** 2 pers. **250/350 F** 3 pers. **380/400 F**
repas **100 F**

Ouvert : toute l'année.

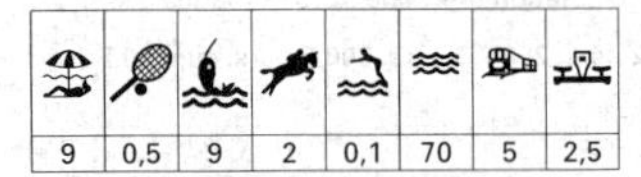

9	0,5	9	2	0,1	70	5	2,5

SALLIERES Clotilde - Boujac « Les Micocouliers » - 128 chemin des Brusques - 30380 SAINT-CHRISTOL-LES-ALES - Tél : 04 66 60 71 94

SAINT-GILLES

4 ch. 4 chambres d'hôtes de 1 à 4 pers. aménagées dans un bâtiment neuf, avec salle d'eau et wc indépendants. Donnant sur un jardin clos. Parking ombragé clos. 340 F/4 pers. Langues parlées : anglais, espagnol.

Prix : 1 pers. **220 F** 2 pers. **250 F** 3 pers. **300 F**

Ouvert : toute l'année.

30	3	4	5	2	35	30	5	17	2

DUPLISSY Claude - Mas Plisset - route de Nîmes - 30800 SAINT-GILLES - Tél : 04 66 87 18 91

SAINT-GILLES La Palunette

1 ch. 1 chambre d'hôtes indépendante joliment meublée, ouverte sur la pelouse du jardin avec salon de jardin et terrasse dallée. 1 chambre coquette avec des meubles peints (1 lit 2 pers. 1 lit 1 pers.), salle d'eau, wc et TV privés.

Prix : 2 pers. **300 F** 3 pers. **380 F**

30	5	1	1	SP	30	5	20	5

DOMINGUEZ Florence - La Palunette - route de Fourques - 30800 SAINT-GILLES - Tél : 04 66 87 49 80 - Fax : 04 66 87 18 55

SAINT-HIPPOLYTE-DU-FORT

5 ch. 5 chambres dont 4 avec 2 lits jumeaux + lits d'appoint 1 pers. et 1 autre avec 1 lit 2 pers. Salle de bains et wc privés. Jardin à disposition des hôtes. Maison de charme et de caractère du XVIIIe, avec un grand jardin très calme. Terrasse à disposition des hôtes. En pleine Cévennes. Langue parlée : anglais.

Prix : 1 pers. **220/250 F** 2 pers. **300 F** 3 pers. **370 F**

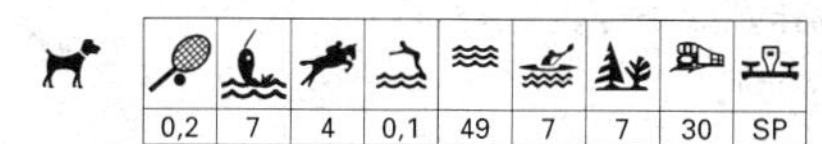

0,2	7	4	0,1	49	7	7	30	SP

NAINTRE-COLLIN Arlette - 14 rue Blanquerie - 30170 SAINT-HIPPOLYTE-DU-FORT - Tél : 04 66 77 94 10 - Fax : 04 66 77 94 10

SAINT-JEAN-DU-GARD Caderle

Alt. : 500 m (TH) *C.M. 80 Pli 17*

4 ch. 4 ch., toutes chauffées et équipées de douche et wc privés. Elles ont toutes un accès indépendant et un petit salon privatif. Piscine couverte du 01/05 au 31/10. Mas situé dans la zone limithophe du Parc des Cévennes, au milieu des chataîgniers. Langue parlée : anglais.

CV

Prix : 1 pers. **170/300 F** 2 pers. **230/380 F** 3 pers. **280/480 F** repas **100 F**

Ouvert : du 1er février au 30 novembre.

13	8	5	18	SP	80	8	SP	30	8

DAVID Claude - Mas le Canton - Caderle - 30270 SAINT-JEAN-DU-GARD - Tél : 04 66 85 47 99 - Fax : 04 66 85 47 99

SAINT-JEAN-DU-GARD Bannière

C.M. 242 Pli 11

1 ch. Chambre 2 pers. (1 lit 2 pers. + couchette enfant), dans un mas cévenol sur une exploitation agricole. Entrée indépendante : terrasse ombragée. Chauffage central. Douche, wc indépendants, réfrigérateur. Rivière, GR, aquarium, musée, bambouseraie à proximité. D260 - Route corniche des Cévennes. Langues parlées : anglais, espagnol.

CV

Prix : 1 pers. **235 F** 2 pers. **260 F**

Ouvert : toute l'année.

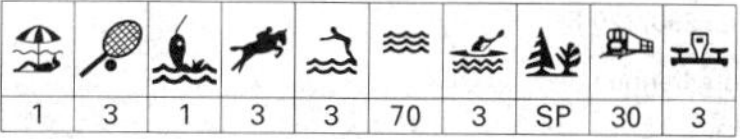

1	3	1	3	3	70	3	SP	30	3

BOUDET Luc - Bannière - 30270 SAINT-JEAN-DU-GARD - Tél : 04 66 85 13 05

SAINT-JULIEN-DE-LA-NEF Château d'Isis

A

3 ch. 3 ch. d'hôtes : 1 ch. Rose (2 lits 1 pers.) avec s.d.b., plafond à la Française, sol ancien. 1 ch. Bleue (1 lit 2 pers.) avec vue sur parc, plafond à la Française, carrelage du XVIIIe. 1 ch. verte avec lits à baldaquin (2 x 2 pers.) + 1 à 2 lits 1 pers. 2 tours dans la ch. WC et lavabo dans l'une, baignoire et lavabo dans l'autre. Salon avec cheminée. Château du XIVe en cours de rénovation. Prix pens. et 1/2 pens. selon le nombre de pers. Sur réservation. Cuisine du terroir : gigot à la broche, gibier, écrevisses, foie gras, menu végétarien sur demande. Dans la verdure et les magnolias, en Cévennes, calme assuré. Ruisseau, cascades, bois, prés. Langues parlées : anglais, espagnol, italien.

CV

Prix : 1 pers. **230/320 F** 2 pers. **320/400 F** 3 pers. **420/520 F** pers. sup. **100 F** repas **85/95 F** 1/2 pens. **315/720 F** pens. **400/800 F**

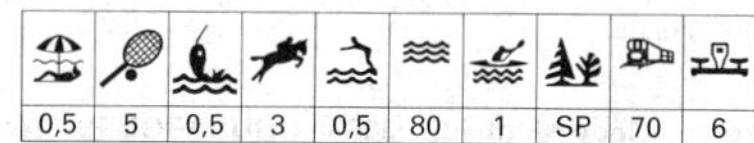

0,5	5	0,5	3	0,5	80	1	SP	70	6

M. ROUDIER ET MME VILLARD - Château d'Isis - Rive Droite de l'Hérault - 30440 SAINT-JULIEN-DE-LA-NEF - Tél : 04 67 73 56 22 - Fax : 04 67 73 56 22

SAINT-JUST-ET-VACQUIERES

(TH)

3 ch. 3 chambres d'hôtes (2 lits 2 pers., 2 lits 1 pers. et poss. 3e lit dans chaque chambre) avec salle de bains, lavabo, douche et wc privés, possibilité lit enfant. Accès direct au jardin. Piscine privée. A proximité auberge de campagne, restauration familiale de qualité. 1/2 pens. sur la base de 2 pers. Environnement de qualité, calme assuré. Nombreuses curiosités à visiter aux alentours. Langues parlées : allemand, anglais, hollandais.

CV

Prix : 1 pers. **270 F** 2 pers. **320/380 F** 3 pers. **400/460 F** pers. sup. **80 F** 1/2 pens. **270/310 F**

Ouvert : toute l'année.

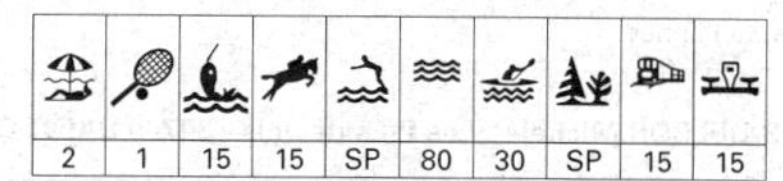

2	1	15	15	SP	80	30	SP	15	15

ANTOINE Alain - route de Vacquières - 30580 SAINT-JUST-ET-VACQUIERES - Tél : 04 66 83 72 02 - Fax : 04 66 83 72 02

SAINT-MAMERT

(TH)

3 ch. Maison du XIXe siècle rénovée contemporain comprenant à l'étage : 2 chambres (1 lit 2 pers.) et 1 chambre (1 lit 2 pers., 2 lits 1 pers.) avec salle de bains et wc particuliers dans chacune, et donnant sur cour et jardin. Chauffage. Langue parlée : espagnol.

Prix : 1 pers. **250 F** 2 pers. **300 F** pers. sup. **70 F** repas **100 F**

Ouvert : toute l'année.

20	SP	15	6	11	40	20	15	SP

COUSTON Eliette - 12 rue de la Mazade - 30730 SAINT-MAMERT - Tél : 04 66 81 17 56 - Fax : 04 66 81 17 56

SAINT-NAZAIRE-DES-GARDIES

2 ch. 2 chambres d'hôtes avec salle de bains et wc indépendants aménagées dans la maison du propriétaire. Entrée indépendante. Grande piscine, terrasses et jardin. En pleine campagne. Chambres très confortables dans une ancienne magnanerie bien restaurée avec une superbe vue et une tranquillité parfaite. Langue parlée : anglais.

Prix : 1 pers. **400 F** 2 pers. **475 F** 3 pers. **570 F**

Ouvert : toute l'année.

SP	0,5	7	10	SP	50	20	7

PRICE Edna - Mas de la Fauguière - 30610 SAINT-NAZAIRE-DES-GARDIES - Tél : 04 66 77 38 67 - Fax : 04 66 77 11 64

SAINT-PAULET-DE-CAISSON La Cantarelle *C.M. 80 Pli 9*

3 ch. **Gorges de l'Ardèche 4,5 km.** Au cœur d'une région touristique, au calme. 1 chambre 3 pers. 2 chambres 4 pers. Lavabo et douche privés. WC communs aux 3 chambres. Entrée indépendante du propriétaire. Séjour à la disposition des hôtes. Jardin, piscine privée avec abri, douche, wc. Barbecue, poss. pique-nique. Restaurant 4,5 km. Plage. Pédalos, canoës 4,5 km. 395 F/4 pers. De Pont-Saint-Esprit, direction Barjac N86 puis D901.

Prix : 1 pers. **225 F** 2 pers. **255 F** 3 pers. **335 F** pers. sup. **75 F**

Ouvert : toute l'année.

1	4,5	1	1	SP	100	4,5	7	10	1

GUET Daniel et Françoise - La Cantarelle - 30130 SAINT-PAULET-DE-CAISSON - Tél : 04 66 39 17 67

SAINT-PAULET-DE-CAISSON Mas Canet

6 ch. **Vallée de la Cèze 9 km. Pont-St-Esprit 7 km. Gorges de l'Ardèche 9 km.** 3 ch. (1 grand lit 2 pers. chacune) avec salle d'eau/wc et prise TV, 3 ch. (1 grand lit 2 pers.) avec salle de bains, wc, prise TV. Possibilité location TV. Piscine privée commune aux hôtes. Aux portes de la Provence et du Languedoc, dans une belle forêt domaniale, à 3 km de Chartreuse-de-Valbonne, belle ferme du XVIe siècle en pierres apparentes, construite par les moines. Pont-Saint-Esprit (très beau marché le samedi matin).

Prix : 2 pers. **290/320 F**

Ouvert : toute l'année.

9	3	9	8	SP	100	9	SP	10	4

PELLOUX Bernard - Mas du Canet - 30130 SAINT-PAULET-DE-CAISSON - Tél : 04 66 39 25 96 - Fax : 04 66 39 25 96

SAINT-PRIVAT-DE-CHAMPCLOS

1 ch. 1 ch. d'hôtes aménagée à l'étage dans un mas régional typique surplombant la vallée de la Cèze, dans un hameau en bordure de la D 901. Chambre avec 1 lit 2 pers. 2 lits superposés dans pièce attenante. Salle d'eau et wc dans la chambre. Terrasse, plage privée 2 km au bord de la Cèze. Camping à la ferme et gîtes sur place. Piscine sur place.

Prix : 1 pers. **230 F** 2 pers. **260 F** pers. sup. **50 F**

Ouvert : toute l'année.

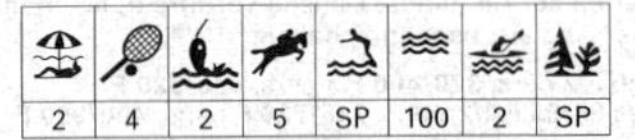

2	4	2	5	SP	100	2	SP

BAYLE Maurice - Linde Montclus - 30630 GOUDARGUES - Tél : 04 66 24 50 96 - Fax : 04 66 24 50 96

SAINT-QUENTIN-LA-POTERIE Les Pins de Jols *C.M. 80 Pli 18*

4 ch. **Uzès 4 km. Le Pont du Gard 15 km. Nîmes 30 km. Avignon 35 km.** 4 ch. d'hôtes équipées pour 2 ou 3 pers. avec s. d'eau et wc privés, 2 ch. avec kitchenette, dans une maison de charme située dans un parc avec piscine. Calme, confort et convivialité au milieu des pins, à 5 mn d'Uzès, 10 mn du Pont du Gard, 45 mn des Cévennes et des gorges de l'Ardèche. Sur place, nombreux potiers d'art de St-Quentin-la-Poterie. Langue parlée : anglais.

Prix : 1 pers. **300 F** 2 pers. **350 F** 3 pers. **450 F** pers. sup. **100 F**

Ouvert : toute l'année.

15	2	15	2	SP	75	1	30	2

CLAMENS-DELCOR Michèle - Les Pins de Jols - 30700 SAINT-QUENTIN-LA-POTERIE - Tél : 04 66 03 16 84 - Fax : 04 66 03 16 84

SAINT-QUENTIN-LA-POTERIE La Rabade

2 ch. En bordure du village de St-Quentin-la-Poterie, à 5 minutes d'Uzès. 1 ch. (2 lits 1 pers. 1 lit enfant), s.d.b. et wc indépendants, TV. 1 ch. double ou suite (1 lit 2 pers., 2 lits 1 pers.), s.d.b. et wc indépendants, TV. Terrasse, grand jardin ombragé commun, piscine, cuisine d'été commune avec barbecue, p-pong. Loc. de vélos. Poss. table d'hôtes. Selon la saison, les petits déjeuners sont servis en terrasse sous l'olivier. 620 F/4 pers. Langue parlée : anglais.

Prix : 1 pers. **300 F** 2 pers. **380/420 F** 3 pers. **460/540 F** pers. sup. **80 F**

Ouvert : toute l'année.

10	1	3	5	SP	75	10	2	25	0,2

ANQUETIL Catherine - La Rabade - avenue du 14 Juillet - 30700 SAINT-QUENTIN-LA-POTERIE - Tél : 04 66 03 01 76 - Fax : 04 66 03 01 76

SAINT-ROMAN-DE-CODIERES Mas Cougnot (TH)

1 ch. **Grottes Demoiselles Lauriers 15 km. Cirque de Navacelle 25 km.** Mas cévenol restauré entre les traversiers réaménagés et les chataîgnes. R.d.c. : douche, wc dans la chambre, terrasse indépendante. 3 ha de jardin. Table d'hôtes sur demande. Forêt. Sites touristiques et culturels à proximité. St-Hyppolite 15 km, Sauve 25 km, Anduze 30 km. Langues parlées : espagnol, anglais.

Prix : 1 pers. **230 F** 2 pers. **280 F** 3 pers. **340 F** repas **80 F**

Ouvert : toute l'année.

10	5	5	10	1,5	60	10	0,1	60	4,5

CHALVET Odile - Mas Cougnot - Chemin du Recodier - 30440 SAINT-ROMAN-DE-CODIERES - Tél : 04 67 81 39 05 ou SR : 04 66 27 94 94 - Fax : 04 67 81 39 05

SAINT-SEBASTIEN-D'AIGREFEUILLE Le Mas des Sources (TH)

5 ch. **Anduze 4 km. Bambouseraie 3 km.** Au pied des Cévennes, sur 8 ha. de terrain boisé dans une magnanerie du XVIIe, 5 ch. spacieuses et raffinées. S.d.b., wc privés et TV pour chacune. Séjour, petite cuisine et buanderie réservés à la clientèle. Selon la saison, les petits déjeuners et les repas sont servis dans la magnanerie, sur la terrasse couverte ou bien encore dans le patio, près du four à pain. Prix 1/2 pension fixé sur la base de 2 pers. Langues parlées : anglais, russe.

Prix : 1 pers. **300 F** 2 pers. **350 F** 3 pers. **430 F** pers. sup. **70 F** repas **115 F** 1/2 pens. **580 F**

Ouvert : toute l'année.

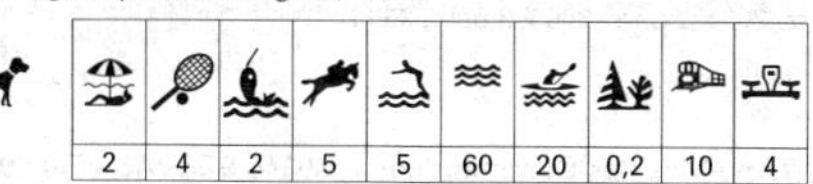

2	4	2	5	5	60	20	0,2	10	4

NABZDYSAK Sandra - Le Mas des Sources - 30140 SAINT-SEBASTIEN-D'AIGREFEUILLE - Tél : 04 66 60 56 30 - Fax : 04 66 60 56 30

SANILHAC

3 ch. **Uzès 8 km. Pont du Gard 10 km. Nîmes 20 km. Anduze 40 km.** Dans une maison de village avec cour intérieure, au calme, 3 chambres d'hôtes avec salle d'eau et wc privés. Pièce de jour avec petit réfrigérateur. Livres à disposition. Accès indépendant. Parking à proximité. Proche du site de la Beaume St-Veredeme (gorges du Gardon et de Collias, départ canoës). Golf 9 trous à 9 km. Possibilité table d'hôtes 2 fois par semaine. Possibilité parking fermé : 20 F/nuit.

Prix : 1 pers. **250 F** 2 pers. **300 F**

Ouvert : de Pâques à la Toussaint.

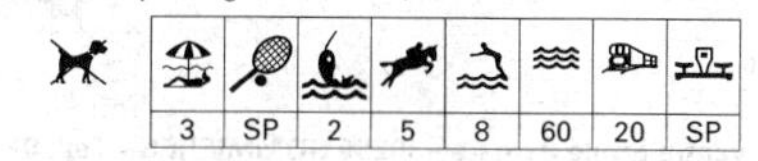

3	SP	2	5	8	60	20	SP

DOMMAGET Maryse - Confiboutis - place du Château - 30700 SANILHAC - Tél : 04 66 22 56 50

SAUVE A

6 ch. 4 chambres avec mezzanine (1 lit 2 pers. 2 lits 1 pers. dans chaque chambre), 2 ch. (1 lit 2 pers.). Salle de bains et wc privés. Possibilité 1/2 pension. Piscine privée. Chambres d'hôtes avec mezzanine contruites dans un bâtiment de ferme situé au milieu des vignes, un puits à roue curiosité architecturale caractérise le domaine. Rivière à proximité.

Prix : 1 pers. **230 F** 2 pers. **250 F** 3 pers. **300 F** repas **98 F**

Ouvert : toute l'année.

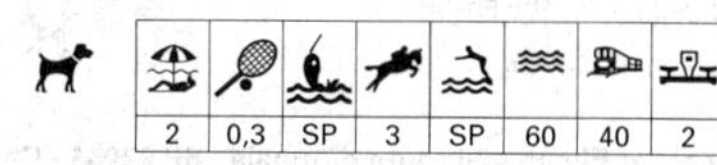

2	0,3	SP	3	SP	60	40	2

MEILHAC Stéphane - La Pousaranque - 30610 SAUVE - Tél : 04 66 77 51 97 ou 04 66 77 00 97

SAUVE Perdiguier-Bas

3 ch. **Anduze 12 km. Nîmes 40 km. Montpellier 45 km.** Chambres à l'étage, avec douche et wc dans chaque chambre. Salle commune pour petits déjeuners. Terrasse, piscine. Parking en commun. Mas sur un vaste terrain au milieu des vignes, bordé par le cours d'eau « Le Crieulon ». Offrant calme et détente au bord de la piscine et sous les arbres, permettant promenades et ballades en VTT à proximité. Circuits de randonnées pédestres à 5 km.

Prix : 1 pers. **220 F** 2 pers. **280 F**

Ouvert : toute l'année.

5	3	SP	60	35	5

RENAULT Annie - La Renaudière - Perdiguier-Bas - 30610 SAUVE - Tél : 04 66 77 36 22 ou 06 03 22 46 14

SAUVETERRE l'Hoste (TH) *C.M. 80 Pli 20*

3 ch. L'Hoste est une ferme rénovée dans le style avec pierres apparentes, décor provençal. 3 ch. à l'étage avec mezzanine : 1 ch. (1 lit 2 pers. 2 lits 1 pers.), 2 ch. (4 lits 1 pers.). Salle d'eau, wc et chauff. central dans chaque chambre. Salon à la dispo. des hôtes. Terrasse ombragée, parking fermé. Pelouse fleurie, potager, verger. Endroit calme à proximité d'Avignon. En pleine campagne. Piscine privée, pétanque, ping-pong. Choregies d'Orange, festival d'Avignon, vignobles Tavel et Châteauneuf-du-Pape. Langues parlées : espagnol, italien.

Prix : 1 pers. **310 F** 2 pers. **360 F** 3 pers. **440 F** pers. sup. **80 F** repas **130 F**

Ouvert : toute l'année.

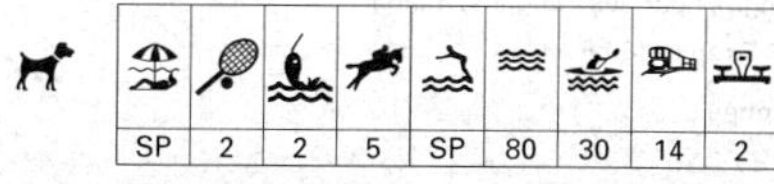

SP	2	2	5	SP	80	30	14	2

SOULIER Christiane - chemin de Saint-Marc - 136, chemin de l'Hoste - 30150 SAUVETERRE - Tél : 04 66 82 55 91

SAZE La Calade

3 ch. 1 ch. au r.d.c. avec 2 lits 1 pers., douche et wc. Ouverture sur terrasse et jardin. 2 autres ch. à l'ét. avec 1 lit 2 pers., douche et wc indép. par chambre. Chambres équipées d'un réfrigérateur. Petit déjeuner continental, derrière la maison un autre jardin qui vous invite à la détente avec piscine privée (12 X 7). Maison d'hôtes de style provençal, proche d'Avignon. Nombreuses visites et activités dans un rayon de 30 km. Langue parlée : anglais.

Prix : 1 pers. **320 F** 2 pers. **360 F** pers. sup. **75 F** repas **125 F**

Ouvert : toute l'année.

10	5	10	5	SP	80	10	5	12	5

GAILLAC Valérie et Michel - chemin du Puech de Soullie - Villa la Calade - 30650 SAZE - Tél : 04 90 31 70 52 - Fax : 04 90 31 70 52 - E-mail : la.calade.saze@wanadoo.fr

SERVAS

4 ch. **Eaux thermales « Les Fumades » 3,5 km.** En pleine nature, 4 chambres avec lits de 2 pers., salle d'eau et wc indépendants pour chaque chambre, salon, salle commune. Calme assuré, piscine privée, cour commune avec barbecue. Nombreuses curiosités à visiter aux alentours (les cascades du Sautadet, Pont du Gard, Arènes de Nîmes, etc...). Enfant : 40 F. 400 F/4 pers.

Prix : 1 pers. **260 F** 2 pers. **300 F** 3 pers. **360 F**

Ouvert : toute l'année.

SP	5	0,3	2	SP	80	25	5	5

SORDI Myriam - Mas des Commandeurs - 30340 SERVAS - Tél : 04 66 85 67 90

SOMMIERES

3 ch. 3 chambres d'hôtes aménagées à l'étage : 2 ch. (1 lit 2 pers.) avec salle de bains et wc. 1 ch. (1 lit 2 pers. 2 lits 1 pers.) avec salle d'eau. Terrasse indépendante. Piscine privée. Jardin. Restaurants sur place. Calme, entre mer et Cévennes. Gastronomie régionale. Ville médiévale. Tennis dans le village. Langue parlée : anglais.

Prix : 1 pers. **330 F** 2 pers. **340/420 F** 3 pers. **440/520 F** pers. sup. **100 F**

Ouvert : toute l'année.

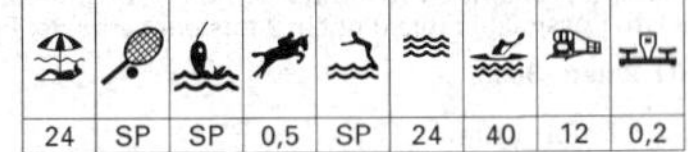

24	SP	SP	0,5	SP	24	40	12	0,2

LABBE Colette - 8 avenue Emile Jamais - 30250 SOMMIERES - Tél : 04 66 77 78 69 - Fax : 04 66 77 78 69

SOMMIERES Mas Davignon

C.M. 83 Pli 08

2 ch. **Nîmes 25 km. Uzes 35 km.** 2 ch. avec douches/wc, séjour (avec piano droit), et salon (TV) communs. Accès indép. à l'étage. Garage fermé. Jardin méditérranéen de 5000 m^2 avec piscine. Entre mer et Cévennes, aux portes de la Camargues, Eliane et Jean-François vous invitent à partager leur passion pour la nature, la musique et les automobiles de collection. Repas possible le soir sur réservation. Langues parlées : anglais, allemand.

CV

Prix : 2 pers. **340/360 F** pers. sup. **100 F**

Ouvert : du 1er février au 20 décembre.

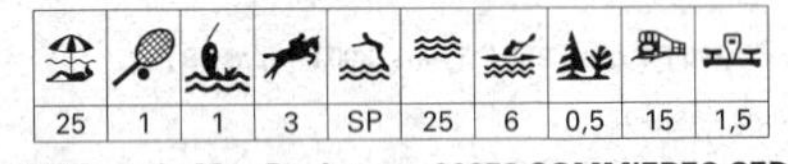

25	1	1	3	SP	25	6	0,5	15	1,5

GAUDRIAULT J-François et Eliane - 26 route d'Aubais - BP 92031 - Ch. D'hôtes du Mas Davignon - 30252 SOMMIERES CEDEX - Tél : 04 66 80 02 22 ou 04 66 80 02 83 - Fax : 04 66 77 77 05 - E-mail : sommieres@wanadoo.fr - http://perso.wanadoo.fr/jean-francoisgaudriault

SOUDORGUES

5 ch. **Anduze 25 km. Nîmes 55 km.** Chacune de nos 5 chambres d'hôtes possède des lits individuels, salle de bains (douche) et sanitaires privatifs. Calme et nature, au cœur d'une chataigneraie traversée par les GR 61 et 63, à 10 mn rivière pour baignade et à proximité de grands sites touristiques. Un professionnel de la randonnée à dispo. Soirée à thèmes, animations. Parking. Terrasse. Salon. 1/2 pension pour 2 pers. : 400 F. Langue parlée : anglais.

Prix : 1 pers. **180 F** 2 pers. **280 F** repas **80 F** 1/2 pens. **230 F**

Ouvert : toute l'année.

1	0,5	1	4	100	18	SP	30	4

HOREL Xavier - Gîte Longitude - Le Village - 30460 SOUDORGUES - Tél : 04 66 85 07 89 - http://perso.wanadoo.fr/gite.longitude/

TAVEL Enclos de l'Olivier

2 ch. **Tavel 1,2 km (1er rosé de France).** Dans une maison rose aux volets verts, 2 chambres d'hôtes (1 lit 2 pers.), avec accès indépendant, salle de bains et wc. Cuisine d'été. Parc pour voitures. Au milieu des vignobles. Très reposant. Accès rapide : autoroute A9, sortie Roquemaure, dir. Tavel 6 km. Vin de Tavel compris à la table d'hôtes. Vous passerez devant une cave Coop, puis à droite passez devant le stade (côté sud), 200 m à droite. Dégustation. Membre de la Commanderie de Tavel. Visite route du Vignoble. Langues parlées : anglais, italien.

Prix : 2 pers. **300 F** repas **100 F**

Ouvert : toute l'année.

18	1,2	20	10	1,2	80	60	8	12	1,2

THOUVEREZ Gilberte - Enclos de l'Olivier - Chemin des Oliviers - 30126 TAVEL - Tél : 04 66 50 03 20

THOIRAS Hameau de Prades

4 ch. **Anduze, bambouseraie, train val., corniche des Cévennes, mt Aigoual.** 4 chambres (20m^2), toutes avec sanitaires complets (douche/wc, bain/wc). Au 1er étage : ch. avec terrasse (1 lit 2 pers., 1 lit 1 pers.), bain/wc, ch. avec terrasse (1 lit 2 pers.), douche/wc, ch. avec terrasse (1 lit 2 pers., 1 lit 1 pers.), douche/wc. Au r.d.c., ch. (1 lit 2 pers.), bain/wc. Poss. lit suppl. Salle audio-vidéo. Patio, parc, piscine, parking, garage. Demeure du XVIIè, vue dominante sur les collines. Vastes chambres au décor raffiné autour d'un patio fleuri. La piscine et le parc contribueront à l'agrément de votre séjour. Langues parlées : anglais, allemand.

Prix : 1 pers. **300 F** 2 pers. **350 F** 3 pers. **400 F** pers. sup. **70 F**
repas **110 F**

Ouvert : de Pâques à octobre.

1	0,5	1	3	SP	50	1	0,5	20	2

AUVRAY Sophie - Mas de Prades - Thoiras - 30140 ANDUZE - Tél : 04 66 85 09 00 - Fax : 04 66 85 09 00

THOIRAS Hameau de Massiès Nord

1 ch. **Bambouseraie de Prafrance 10 km.** A l'étage de la maison du propriétaire. Salle d'eau et wc dans la chambre. Séjour commun. Jardin commun, abri voiture. Autobus proche. En bordure de rivière, situé entre Anduze et St-Jean-du-Gard, environnement de hameau. Langue parlée : anglais.

Prix : 1 pers. **250 F** 2 pers. **300 F** repas **90 F**

Ouvert : du 16 janvier au 14 décembre.

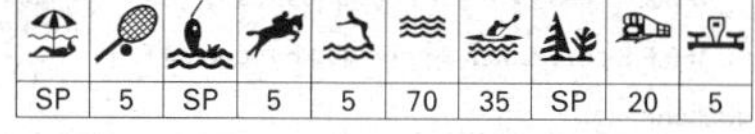

SP	5	SP	5	5	70	35	SP	20	5

LANORD Corinne - Hameau de Massiès Nord - 30140 THOIRAS - Tél : 04 66 85 06 57 ou SR : 04 66 27 94 94 - Fax : 04 66 85 37 07 - E-mail : lanord@online.fr

THOIRAS Massies

4 ch. Chambre N°1 avec mezzanine (1 lit 2 pers.), salle d'eau et wc indépendants. Chambres N°2 et 3 avec mezzanine (1 lit 2 pers. 2 lits 1 pers.), salle d'eau et wc indépendants. Chambre N°4 avec mezzanine (1 lit 2 pers. 3 lits 1 pers.), salle d'eau et wc indépendants. Terrasse et jardin communs. Salle commune. Chambres situées dans un corps de ferme, dans un petit hameau typique des Cévennes, proche de Gardon. Calme, repos, détente.

Prix : 1 pers. **210 F** 2 pers. **250 F** 3 pers. **300 F** pers. sup. **50 F**

Ouvert : de février à novembre.

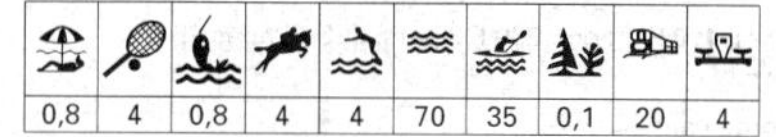

0,8	4	0,8	4	4	70	35	0,1	20	4

GUYOT Paul et Danièle - Massies - 30140 THOIRAS - Tél : 04 66 85 11 66

UZES Domaine de Malaric *C.M. 80 Pli 19*

5 ch. **Uzès 3 km. Pont du Gard 11 km. Nîmes 20 km. Avignon 35 km.** 4 ch. spacieuses à l'étage comprenant chacune 1 lit 2 pers. + 1 clic-clac, salle d'eau et wc. 1 ch. au r.d.c. avec 2 lits 1 pers. avec sanitaires privés et terrasse. Séjour en r.d.c., salon, bibliothèque avec TV. Réfrigérateur à la disposition des clients. Chauffage. Cour, paking clos. Taxe de séjour : 3 F/pers./jour. Réduct. à partir de 3 nuits. Chambre à 2 lits 2 pers. : 360/450 F. Domaine agricole du XVIIe siècle en pleine nature, calme assuré. Rivières, parc ombragé. Randonnées pédestres et VTT. Réservation conseillée Langue parlée : allemand.

Prix : 1 pers. **280 F** 2 pers. **340 F** 3 pers. **390 F**

Ouvert : de mars à la Toussaint.

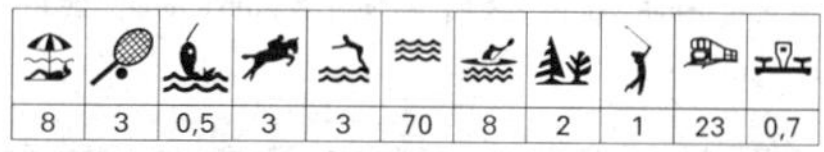

8	3	0,5	3	3	70	8	2	1	23	0,7

STRAUB René et Michèle - Pont des Charrettes - Domaine de Malaric - 30700 UZES - Tél : 04 66 22 15 24 - Fax : 04 66 03 00 69

VALLABREGUES A

2 ch. **Chateaux Beaucaire, Tarascon 6 km. Baux de Provence 20 km.** 1 chambre 2 pers., salle d'eau et wc indép., 1 chambre 2 pers. + 2 lits supp., salle d'eau et wc indép. Dans propriété à la campagne, calme, à proximité du village, tous commerce. Au centre du triangle Nîmes - Arles - Avignon. A 1 heure de Sainte Marie de La Mer, Pont du Gard à 1/4 d'heures. Avignon, Pont St Benget, Palais des Papes à 20 km. Langues parlées : anglais, espagnol.

Prix : 2 pers. **280 F** pers. sup. **180 F** repas **100/110 F**

Ouvert : de mai à Septembre.

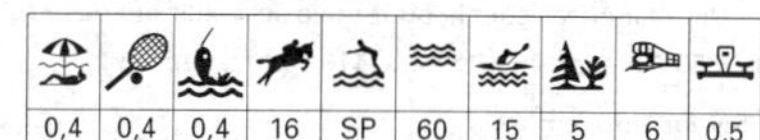

0,4	0,4	0,4	16	SP	60	15	5	6	0,5

CHAPELLE Yvon - 30300 VALLABREGUES - Tél : 04 66 59 11 57 - Fax : 04 66 59 11 57

VALLERAUGUE l'Esperou Alt. : 1230 m 

2 ch. 2 chambres avec douche et lavabo, au 1er étage d'une maison particulière, avec jardin, balcon. Salon à disposition des hôtes. Langues parlées : italien, anglais.

Prix : 1 pers. **180/210 F** 2 pers. **210/235 F** repas **75 F**

Ouvert : toute l'année.

6	SP	SP	8	30	100	40	SP	90	SP

DAUDEMARD Elisabeth - l'Esperou - Villa Notre Dame du Bonheur - 30570 VALLERAUGUE - Tél : 04 67 82 60 06

VALLERAUGUE Mas Gibert - Ardaillers

Alt. : 600 m

3 ch. **Mt Aigoual 35 km. Cirque de Navacelle 50 km. St-Guilhem 60 km.** 1 ch. 2 pers., 1 ch. 4 pers., 1 suite de 2 ch. pour 5 pers. meublées rustiques, toutes avec s.d.b. et wc indépendants. Salon d'accueil avec cheminée cévenole. En été, repas et petit déjeuner au bord de la piscine. Propriété exposée plein sud avec vaste panorama sur les montagnes. Nombreuses visites touristiques dans un rayon de 50 km. Repas enfant - 12 ans : 50 F. Dans un hameau authentique au cœur des Cévennes, vous passerez un séjour au calme dans un écrin de verdure et de montagne. Au gré des G.R vous découvrirez la faune et la flore du Parc National des Cévennes. Langues parlées : anglais, espagnol.

Prix : 1 pers. **170/230 F** 2 pers. **238/322 F** 3 pers. **357/483 F** pers. sup. **68/92 F** repas **85 F**

Ouvert : toute l'année.

10	8	5	15	SP	85	20	1	75	7

GUILLOME Didier - La Soleillade - Mas Gibert - Ardaillers - 30570 VALLERAUGUE - Tél : 04 67 82 44 37 - Fax : 04 67 82 44 37

VALLERAUGUE l'Esperou

Alt. : 1285 m

2 ch. **Meyrues 27 km. Le Vigan 28 km.** 1 ch. (1 lit pers.) avec TV, salle d'eau et wc indépendants. 1 coin-cheminée + TV dans une pièce à côté de la chambre. 1 ch. (1 lit 2 pers., 2 lits 1 pers. superposés) avec TV, salle d'eau et wc indépendants. Proche du Mont Aigoual à 3 km de la station de ski de Part-Peyrot, dans un paysage extraordinaire, en plein cœur du Parc National des Cévennes (grottes, randonnées pédestres et équestres, VTT, pêche, canoë, spéléo, champignons...).

Prix : 1 pers. **150 F** 2 pers. **250 F** 3 pers. **350 F** repas **80 F**

Ouvert : toute l'année.

3	0,5	1	0,1	27	90	45	0,1	45	0,1

JOVER Philippe - l'Esperou - route des Cascades d'Orgon - 30570 VALLERAUGUE - Tél : 04 67 82 62 99 ou 06 86 95 02 95

VALLERAUGUE l'Esperou

Alt. : 1280 m

1 ch. Chambre avec 1 lit 2 pers. 1 lit superposé. Salle d'eau et wc particuliers. Terrasse. Possibilité d'utiliser la cuisine. Situé à proximité du Mont Aigoual au cœur du parc national des Cévennes. Environnement de ferme entouré de pâturages et de forêts. Musée de la météorologie nationale, abîme de Bramabiau. 400 F/4 pers. Langue parlée : anglais.

Prix : 1 pers. **150 F** 2 pers. **230 F** 3 pers. **325 F** repas **85 F** 1/2 pens. **225 F**

Ouvert : toute l'année.

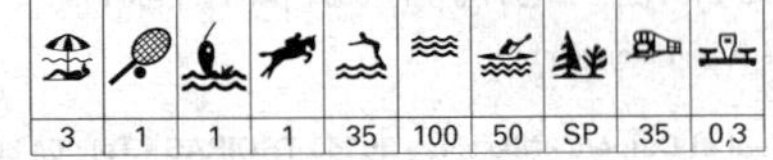

3	1	1	1	35	100	50	SP	35	0,3

MONZO Sylvie - Draille du Languedoc - l'Esperou - 30570 VALLERAUGUE - Tél : 04 67 82 64 69

VAUVERT Montcalm

3 ch. 3 chambres avec chacune salle de bains et wc, 1 lit 2 pers., 2 lits 1 pers. Meubles peints, décoration personnalisée. Parc de 1 ha. ombragé. En pleine Camargue entre vignes et mer. Au centre de 4 hauts lieux touristiques : les Saintes-Maries de la Mer, Aigues-Mortes, Arles, Nîmes. Approche de la Camargue profonde. Animaux de la ferme. Langue parlée : allemand.

Prix : 2 pers. **290 F** 3 pers. **365 F** pers. sup. **80/100 F** repas **125 F**

Ouvert : toute l'année.

20	25	3	4	20	12	11

WAELDELE Jo - route d'Aigues Mortes - Montcalm « Mas Apolline » - 30600 GALLICIAN - Tél : 04 66 73 52 20 - Fax : 04 66 73 52 20 - E-mail : apolline.image@wanadoo.fr - http://www.archimix.com/Web/Masapolline

VENEJAN Les Calandres

3 ch. **Avignon 40 km. Orange 20 km. Nîmes 50 km. Uzès 35 km. Vaison 45 km.** Chaque chambre à l'étage avec lits individuels juxtaposables et pouvant héberger un couple et 2 enfants, toutes avec salle de bains, chauffage individuel, TV et entrée indépendante. Vous y accéder par un escalier extérieur. Le petit déjeuner est servi en terrasse ou dans la salle selon votre convenance. Poss. table d'hôtes (spécialités méditérranéennes). Dans un mas du XVIIIe restauré avec soin, situé face au Ventoux et dans un village classé, les chambres sont là pour vous accueillir et vous procurer confort et bien être pour un séjour calme et reposant.

Prix : 1 pers. **350 F** 2 pers. **400 F** 3 pers. **475 F** pers. sup. **75 F**

Ouvert : de février à novembre.

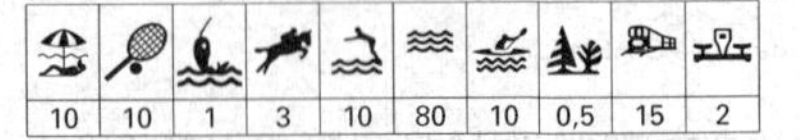

10	10	1	3	10	80	10	0,5	15	2

PARMENTIER Marie-Rose - route de St-Etienne des Sorts - 30200 VENEJAN - Tél : 04 66 79 26 53 ou 04 66 50 61 31

VERS-PONT-DU-GARD La Begude

4 ch. 4 chambres d'hôtes aménagées à l'étage d'un vieux mas de famille, à 1 km du Pont du Gard. Chambres avec mezzanines, salle d'eau et wc dans chaque chambre. Salon avec cheminée et TV, salle de séjour. Patio. Exposition de peinture. La garrigue à 2 pas, location VTT sur place. 430 F/4 pers. Circuit F1 6 km, monuments 1 km, sites historiques 20 km.

Prix : 1 pers. **250 F** 2 pers. **310 F** 3 pers. **370 F** repas **80 F**

Ouvert : de Pâques à octobre.

SP	1	SP	4	13	50	5	80	25	3

TURION-PRADE Jacqueline - La Begude de vers Pont du Gard - 30210 REMOULINS - Tél : 04 66 37 18 11

LE VIGAN Mas de Campelle *C.M. 80 Pli 16*

1 ch. **Le Vigan 2 km.** 1 ch. d'hôtes dans une ancienne magnanerie, en rez-de-chaussée et indépendante (1 lit 2 pers.) avec 1 mezzanine (1 lit 1 pers.), douche, wc et terrasse + réfrigérateur. Superbe environnement plein sud, avec vue exceptionnelle. Nombreuses activités à proximité. A la fois proche des commodités du Vigan et en retrait de toute habitation. Poss. table d'hôtes.

Prix : 2 pers. **250 F** 3 pers. **300 F**

Ouvert : toute l'année.

2	3	2	3	2	70	25	0,1	65	2

SAHUC Alain - Mas de Campelle - 30120 LE VIGAN - Tél : 04 67 81 21 33

VILLENEUVE-LES-AVIGNON Les Jardins de la Livrée **A** *C.M. 81 Pli 11*

4 ch. **Avignon 3 km.** 4 chambres d'hôtes avec douche et wc pour chacune, aménagées à l'étage. Terrasse. Grand jardin, parking fermé, piscine privée. Si vous le souhaitez, vos journées se termineront autour d'une table où vous dégusterez une cuisine du terroir. Dans l'ancien centre de Villeneuve-les-Avignon (art et histoire). Cité Papale, une bâtisse s'ouvre sur un vaste jardin calme et verdoyant. Découverte de la Provence et du Languedoc. Langue parlée : anglais.

Prix : 1 pers. **340/400 F** 2 pers. **380/440 F** 3 pers. **500/560 F**
repas **100/145 F**

Ouvert : toute l'année.

SP	0,5	1	1	SP	80	60	5	SP

GRANGEON Irène - Les Jardins de la Livrée - 4 bis rue Camp de Bataille - 30400 VILLENEUVE-LES-AVIGNON - Tél : 04 90 26 05 05

VILLENEUVE-LES-AVIGNON Les Ecuries des Chartreux *C.M. 81 Pli 11*

2 ch. 2 chambres d'hôtes aménagées dans une maison ancienne restaurée et indépendante. Salle de bains et wc indépendants. 1 ch. (1 lit 2 pers.) + 1 mezzanine (1 lit d'appoint 1 pers.). 1 ch. (1 lit 2 pers.). Coin-salon, coin-cuisine. TV. Une partie du jardin est réservée aux locataires. Chambres situées au cœur historique du village (chartreuses, livrées cardinalices, fort). A proximité immédiate d'Avignon. Nombreuses activités culturelles et sportives. Route des vins à découvrir, Camargue, etc... Langues parlées : anglais, espagnol.

Prix : 1 pers. **355/510 F** 2 pers. **390/545 F** 3 pers. **495/580 F**

Ouvert : toute l'année.

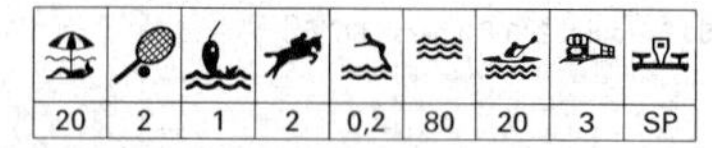

20	2	1	2	0,2	80	20	3	SP

LETELLIER Pascale - Les Ecuries des Chartreux - 66, rue de la République - 30400 VILLENEUVE-LES-AVIGNON - Tél : 04 90 25 79 93 - Fax : 04 90 25 79 93 - http://www.avignon-et-provence.com/ecuries-chartreux

Hérault

GITES DE FRANCE - Service Réservation
Maison du Tourisme - B.P. 3070
34034 MONTPELLIER Cedex 1
Tél. 04 67 67 71 62 ou 04 67 67 71 83 - Fax. 04 67 67 71 69
http://www.gites-de-france-herault.asso.fr

3615 Gîtes de France
1,28 F/min

ADISSAN (TH) *C.M. 83 Pli 5*

4 ch. Maison de maître à la périphérie du village. R.d.c. : salon, cuisine, salle de séjour. 1er étage : 2 chambres 4 pers., s.d.b./wc, 2 chambres 2 pers., s.d.b., wc. Chauffage central. TV dans chaque chambre, cuisine d'été. Terrasse, parc ombragé, ping-pong, parking clos. Table d'hôtes sur réservation. Dégustation produits du terroir. Tarif dégressif hors saison. Possibilité baptême de l'air.

Prix : 1 pers. **230 F** 2 pers. **280 F** 3 pers. **330 F** pers. sup. **80 F**
repas **90 F**

Ouvert : toute l'année.

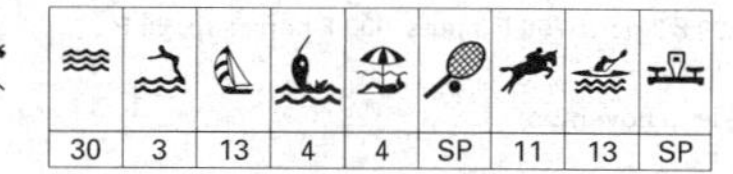

30	3	13	4	4	SP	11	13	SP

FILLON Siti et Laurent - 15, avenue de Pezenas - Villa des Roses - 34230 ADISSAN - Tél : 04 67 25 01 24 ou SR : 04 67 67 71 62 - E-mail : FILLON@FRANCEMAIL.COM

AIGUES-VIVES *C.M. 83 Pli 13*

5 ch. 5 chambres dans maison traditionnelle dont 2 climatisées, au 2e étage. 3 chambres 2 pers., salles d'eau indiv. attenantes, wc, (poss. lit enfant), 2 chambres 2 à 4 pers. avec salle de bains indiv. attenante, wc, chauffage électrique, frigo/bar, lave-linge, cheminée. Lit de bébé, TV sur demande. Petite cour intérieure.

Prix : 1 pers. **200 F** 2 pers. **250 F** 3 pers. **290 F** pers. sup. **100 F**

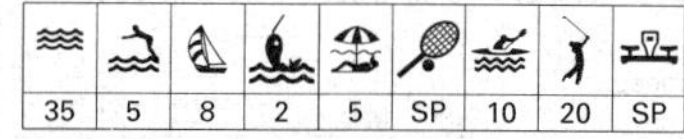

35	5	8	2	5	SP	10	20	SP

MONTE Robert - Rue Etienne Iche - 34210 AIGUES-VIVES - Tél : 04 68 91 32 34 ou SR : 04 67 67 71 62

AUTIGNAC *C.M. 83 Pli 14*

5 ch. A la lisière du village, chambres de plain-pied, dans pavillon mitoyen à la maison du propriétaire. Salle de séjour dans véranda, coin-cuisine. 3 chambres 3 pers., 2 chambres 4 pers., s.e./wc privatifs, ch. électr., réfrigérateur par ch. Jardin ombragé, salon de jardin, parking, barbecue.

Prix : 1 pers. **200 F** 2 pers. **240 F** 3 pers. **300 F** pers. sup. **60 F**

Ouvert : du 1er avril au 30 octobre.

30	5	30	12	12	SP	12	20	18	SP

CONDOUMY Alice - 2, rue du Moulin - 34480 AUTIGNAC - Tél : 04 67 90 26 34 ou SR : 04 67 67 71 62

AUTIGNAC (TH) *C.M. 83 Pli 14*

3 ch. Au cœur du vignoble, dans le centre du village, 3 chambres 2 et 3 pers., salle d'eau, wc privatifs, chauffage électrique, coin-salon, TV, réfrigérateur, lave-linge. Jardin ombragé, barbecue, salon de jardin, ping-pong. Langue parlée : espagnol.

Prix : 1 pers. **200 F** 2 pers. **270 F** 3 pers. **340 F** pers. sup. **70 F**
repas **110 F**

Ouvert : toute l'année.

30	4	30	10	10	SP	SP	10	20	18	SP

HORTER Josette - Rue du 8 Mai - 34480 AUTIGNAC - Tél : 04 67 90 24 05

AVENE Truscas *C.M. 83*

5 ch. **Station Thermale d'Avène-les-Bains 3 km.** 5 chambres sur 2 niveaux, au centre du hameau. 3 chambres (1 lit 2 pers.), 2 chambres (2 lits 1 pers.), salle de bains et wc privatifs, chauffage électrique, pièce commune. Cour non attenante face à la maison, salon de jardin.

Prix : 1 pers. **190 F** 2 pers. **240 F** 3 pers. **300 F**

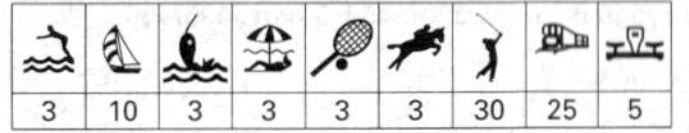

3	10	3	3	3	3	30	25	5

SICA D'AVENE Mr CASTAN Serge - 34260 AVENE - Tél : 04 67 23 40 99

BAILLARGUES Domaine de Saint-Antoine *C.M. 83 Pli 7*

6 ch. Chambres d'hôtes sur domaine viticole proche autoroute A9. 6 chambres 2 pers., salles d'eau et wc privatifs, chauffage central, lave-linge. Terrasse, cour intérieure avec possibilité parking, aire de jeux. Langue parlée : espagnol.

Prix : 1 pers. **150 F** 2 pers. **200 F**

Ouvert : toute l'année.

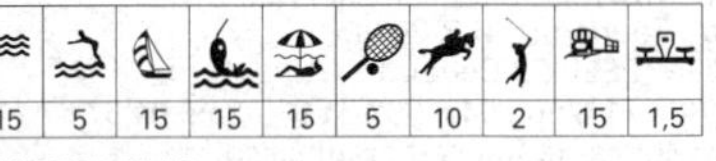

15	5	15	15	15	5	10	2	15	1,5

VITOU Michel - Domaine de Saint-Antoine - 34670 BAILLARGUES - Tél : 04 67 70 15 58

BEDARIEUX Domaine de Pelissols (TH) *C.M. 83 Pli 4*

4 ch. Chambres sur domaine, terrain très ombragé (platanes centenaires). Fontaine du XVIIe siècle. 2 chambres 3 pers., s.e./wc privés, 1 chambre 3 pers., s.d.b./wc privés, 1 ch. 2 pers., s.e/wc priv., TV, réfrigérateur dans salle commune, chauffage central. Terrasse, piscine en Juillet et Août (autres dates nous consulter), dégustations de vins. Pas de table d'hôtes le dimanche soir en juillet et août.

Prix : 1 pers. **200 F** 2 pers. **250 F** 3 pers. **300 F** pers. sup. **60 F**
repas **90 F**

Ouvert : de février à novembre.

50	SP	10	SP	SP	2	4	12	2	2

BONNAL Mireille - Domaine de Pelissols - 34600 BEDARIEUX - Tél : 04 67 95 42 12 - Fax : 04 67 95 04 64

BELARGA (TH) *C.M. 83 Pli 6*

1 ch. Chambre dans ancienne cave vinicole en pierres apparentes dans cour fermée, au bord de l'Hérault. 1 chambre (2 lits 1 pers.), mezzanine (2 lits 1 pers.), salles d'eau et wc privatifs, salle de séjour commune, TV, chauffage électrique. Terrasse, salon de jardin, parking clos, ping-pong, billard, pêche sur place. Prix repas enf. - 12 ans : 50 f. Langues parlées : allemand, anglais.

Prix : 1 pers. **220 F** 2 pers. **275 F** 3 pers. **325 F** pers. sup. **50 F**
repas **90 F**

Ouvert : toute l'année.

35	2	35	SP	SP	0,5	6	30	45	30	2

RIBOUX Patricia - 20, avenue du Telon - 34230 BELARGA - Tél : 04 67 25 36 19

BESSAN (TH) *C.M. 83 Pli 16*

4 ch. 4 chambres dans maison de maître en bordure de RD. R.d.c : 1 chambre 3 pers., 1er ét. : 2 chambres 2 et 3 pers., 2e ét. : 1 suite (4 Lits 1 pers.), s.e. et wc, ch. électr., salle de séjour réservée aux hôtes, TV. Réfrigérateur/congélateur à dispo. Poss. lave-linge pour séjour. Tennis de table, jardin arboré clos 3000 m^2, parking fermé. Autoroute A9 sortie. 2 km du péage Agde-Pézénas. 1 gîte dans le village.

CV

Prix : 1 pers. **200 F** 2 pers. **250 F** 3 pers. **320/350 F** pers. sup. **70 F**
repas **90 F**

Ouvert : toute l'année.

10	6	10	1	1	SP	10	10	6	SP

PAUL Lucien - 30, avenue de la Victoire - 34550 BESSAN - Tél : 04 67 77 40 07 - Fax : 04 67 77 40 07

BEZIERS Mas Croix de la Reilhes *C.M. 83 Pli 15*

3 ch. Vous trouverez le charme de la campagne et la proximité de la ville dans cette maison méditerranéenne, au milieu d'un parc de 6000 m^2. 1 ch. 3 pers., terrasse, 2 ch. 2 pers., salles de bains privatives, wc communs, salons intérieur et extérieur pour petits-déjeuner, TV. Garage, parking clos.

CV

Prix : 1 pers. **180 F** 2 pers. **230 F** 3 pers. **280 F** pers. sup. **50 F**

Ouvert : toute l'année.

12	2	12	2	2	0,3	2	2	6	2	1

GRANIER-MARECHAL Nicole - Mas Croix de la Reilhes - Rue des Lutins - 34500 BEZIERS - Tél : 04 67 31 26 57

BEZIERS Domaine de la Cremade (TH) *C.M. 83 Pli 15*

1 ch. Anne et René vous accueillent en chambre d'hôte sur ancien domaine du XVIIè dans un cadre de verdure entouré de 30 ha de cultures méditerranéennes. 1 ch. en rez-de-de-chaussée pour 2 pers., salle d'eau et wc privatifs, ch. central, prise TV, salon, salle de séjour. Jardin privatif, cour clôturée, garage. Table d'hôte sur résa. Poss. équip. BB. Prix à partir de 3 nuitées : 280 F. Langues parlées : anglais, allemand.

CV

Prix : 2 pers. **320 F** pers. sup. **70 F** repas **100 F**

Ouvert : toute l'année.

8	8	8	4	2,5	3	3	15	4	4

PURSEIGLE Anne et René - Domaine de la Cremade - 34500 BEZIERS - Tél : 04 67 49 30 71 - Fax : 04 67 49 30 71 - E-mail : gites.lacremade@wanadoo.fr

CAPESTANG La Bastide Vieille (TH) *C.M. 83 Pli 14*

3 ch. A 3 km du village et du Canal du Midi, au cœur de la campagne, 2 chambres 2 pers. de plain-pied en r.d.c., 1 chambre 3 pers. salle de bains ou salles d'eau, wc privatifs, chauffage électrique. Salle de séjour, salon, cheminée. Terrasse, salon de jardin.

CV

Prix : 2 pers. **260 F** 3 pers. **350 F** pers. sup. **80 F** repas **90 F**

Ouvert : du 1er février au 30 novembre.

25	6	25	12	25	5	25	25	15	3

FOUISSAC Bernard - La Bastide Vieille - 34310 CAPESTANG - Tél : 04 67 93 46 23 ou 06 13 93 93 44

CASTANET-LE-HAUT Le Fau Alt. : 800 m A *C.M. 83 Pli 3*

2 ch. Ferme dans cadre verdoyant aux portes des Monts du Caroux et de l'Espinouse. 1er étage : 2 chambres 4 pers. avec lavabo, sanitaires communs : 2 douches, 2 lavabos, 2 wc. Chauffage. Gîte de séjour et ferme-auberge sur place. Possibilité VTT, belles randonnées pédestres, escalade, grottes. Langues parlées : espagnol, anglais.

CV

Prix : 1 pers. **150 F** 2 pers. **185 F** 3 pers. **270 F** pers. sup. **85 F**
repas **85 F**

60	25	15	7	15	6	10	25	23	30	10

BOUSQUET Daniel et Elisabeth - Le Fau - La Croix de Mounis - 34610 SAINT-GERVAIS-SUR-MARE - Tél : 04 67 23 60 93 - Fax : 04 67 23 60 93

CASTELNAU-DE-GUERS Saint-Paul-de-Fannelaure (TH) *C.M. 83 Pli 15*

1 ch. Au cœur du vignoble, sur la route des vins et des pêcheurs du pays d'Agde, Michèle et Philippe vous ouvrent leur demeure languedocienne. 1er étage : 1 chambre 2 pers., s.e./wc privatifs, chambre pour enfants. Terrasse, salon de jardin, piscine. Possibilité forfait famille. Fermeture TH en septembre. Langues parlées : anglais, espagnol.

CV

Prix : 1 pers. **200 F** 2 pers. **260 F** 3 pers. **360 F** pers. sup. **100 F**
repas **90 F**

Ouvert : toute l'année.

12	SP	12	7	7	4	18	18	15	4

VAILLE Philippe - Domaine St-Paul-de-Fannelaure - 34120 CASTELNAU-DE-GUERS - Tél : 04 67 98 93 87 - Fax : 04 67 98 00 95 - E-mail : fannelaure@aol.com

CAUX *C.M. 83 Pli 15*

2 ch. Maison de maître du XIXᵉ siècle. Rez-de-chaussée : salle de séjour, cuisine, salon, TV. 1er étage : 2 chambres 2 pers, possibilité 2 lits d'appoint 80, salle d'eau/wc privatifs, chauffage, lave-linge. Petite cour, parking.

CV

Prix : 1 pers. **185 F** 2 pers. **220 F** 3 pers. **270 F** pers. sup. **50 F**

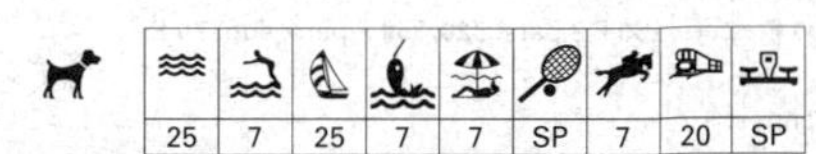

25	7	25	7	7	SP	7	20	SP

SCEA LAMBEYRAN - 10, avenue de Neffies - 34720 CAUX - Tél : 04 67 98 40 25 ou 04 67 98 43 59 - Fax : 04 67 98 40 25

LE CAYLAR Alt. : 750 m (TH) *C.M. 83 Pli 5*

5 ch. Chambres dans maison typique des Causses du Larzac. 2 chambres 2 pers., 2 chambres 3 pers., 1 chambre 4 pers., salle d'eau, wc privatifs, salle de séjour, chauffage central, cheminée. Terrasse, parking. Chambre 4 pers. : 460 F.

Prix : 1 pers. **230 F** 2 pers. **300 F** 3 pers. **350 F** repas **110 F**
1/2 pens. **250 F**

Ouvert : toute l'année.

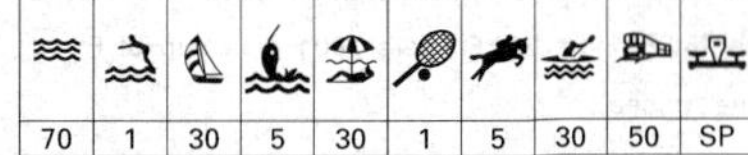

70	1	30	5	30	1	5	30	50	SP

CLARISSAC Bernard - Faubourg Saint-Martin - 34520 LE CAYLAR - Tél : 04 67 44 50 19 - Fax : 04 67 44 52 36

CAZILHAC Aux Trois Cèdres *C.M. 83 Pli 6*

2 ch. Dans les Cévennes de la soie, avec son parc au bord de l'eau, la demeure qu'occupait le Bonnetier, dans la filature du XIXᵉ siècle vous accueille avec, salon, bibliothèque. 1er étage : la suite des Roses pour 3 pers., s.d.b., wc privatifs. La chambre des Glycines (1 lit baldaquin), s.d.b., wc privatifs, ch. central. Parc ombragé. Repas à la ferme à 8 km, restaurant 50 m.

CV

Prix : 1 pers. **250/280 F** 2 pers. **300/320 F** 3 pers. **400 F**
pers. sup. **100 F**

Ouvert : toute l'année sur réservation.

57	10	SP	SP	SP	SP	SP	47	0,5

ISNARD Nadia - 166, avenue des Deux Ponts - Aux Trois Cèdres - 34190 CAZILHAC - Tél : 04 67 73 50 77

CAZOULS-LES-BEZIERS Domaine de la Plaine (TH) *C.M. 83 Pli 14*

4 ch. **Canal du Midi 7 Km.** Maison de caractère du XIXè siècle sur ancien domaine viticole. R.d.c. : 1 suite 4 pers., 1er ét. : 2 ch. 3 pers., 1 ch. 2 pers., se/wc priv., prise TV, séjour, salon, ch. électr., Tél. Terrain, terrasse, salon de jardin, barbecue, terrain de jeux, parking et garage, pergola, buanderie (L.linge), boulodrome. Suite 4 pers. : 390 F. Langue parlée : espagnol.

CV

Prix : 1 pers. **190 F** 2 pers. **240 F** 3 pers. **310 F** repas **80 F**

24	8	24	4	4	5	8	4	8	1,2

RAMOS Marcel - La Noria - Domaine de la Plaine - 34370 CAZOULS-LES-BEZIERS - Tél : 04 67 93 58 27 - Fax : 04 67 93 58 27

CELLES Les Vailhes (TH) *C.M. 83 Pli 5*

5 ch. Ancienne bergerie restaurée et agrandie dans le style traditionnel au bord du Lac du Salagou. 4 chambres 2 pers., 1 chambre 3 pers. (lit d'appoint), salles d'eau/wc privatifs, chauffage central, L.linge, salle de séjour/coin-salon, cheminée. Terrain, terrasse avec vue sur le lac. Possibilité demi-pension. Langues parlées : allemand, anglais.

CV

Prix : 1 pers. **260 F** 2 pers. **300 F** pers. sup. **120 F** repas **100 F**

Ouvert : toute l'année.

55	SP	SP	SP	7	SP	SP	35	50	9

BERNARD Antoine - La Maison du Lac - Les Vailhes - Celles - 34700 LODEVE - Tél : 04 67 44 16 33 - Fax : 04 67 44 46 02

CLERMONT-L'HERAULT Les Bories (TH) *C.M. 83 Pli 5*

3 ch. Au cœur de l'arrière pays languedocien, chambres en pleine nature dans un cadre de verdure. 3 ch. de plain-pied (2 lits 90 cm), s. d'eau et wc privatifs, TV. Jardin, s.d.j. terrasse, parking. Local aménagé pour pêcheurs et VTT, planche à voile. En hiver, séjour minimum 3 jours, tarif dégressif (1 pers. 240 F, 2 pers. 280 F) Les terrains de la propriété sont en refuge pour la protection des oiseaux. Langue parlée : allemand.

CV

Prix : 1 pers. **250 F** 2 pers. **300 F** repas **90 F**

Ouvert : ouvert toute l'année.

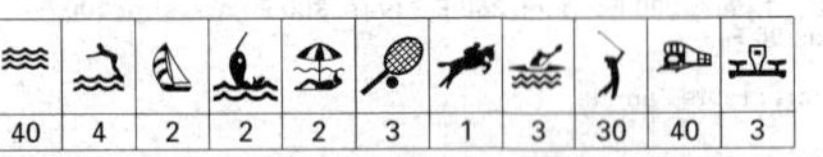

40	4	2	2	2	3	1	3	30	40	3

MOREAU Pascal et Martine - Le Mas Font Chaude - Les Bories - 34800 CLERMONT-L'HERAULT - Tél : 04 67 96 19 77 - Fax : 04 67 96 19 77

CLERMONT-L'HERAULT La Genestière *C.M. 83 Pli 5*

2 ch. **Lac de Salagou 2 km.** Maison récente dans un jardin verdoyant entouré de pinèdes. 2 ch. plain-pied avec entrées ind., 1 ch. 2 pers. (1 lit 180), s.d.b. et wc privatifs, 1 suite 2 ou 3 pers. (lits 160 et 90), salle d'eau et wc privatifs. Cuisine d'été couverte avec barbecue à disposition, salon de jardin, parking. Langue parlée : anglais.

Prix : 1 pers. **240/290 F** 2 pers. **270/320 F** 3 pers. **350/400 F**

Ouvert : toute l'année.

40	4	2	2	2	3	1	2	30	25	4

NEVEU Maurice et Flore - Route de Liausson - La Genestière - 34800 CLERMONT-L'HERAULT - Tél : 04 67 96 30 97 ou 04 67 96 18 46 - Fax : 04 67 96 32 56

COLOMBIERES-SUR-ORB (TH) *C.M. 83 Pli 4*

2 ch. Maison de maître avec jardin en bordure de la RD 908. 2 chambres 2 personnes avec lavabo, salle d'eau et wc communs non attenants, salle de séjour/salle-à-manger, chauffage, jardin, parking privatif clos. Table d'Hôte sauf Juillet, Août et Septembre. Cuisine à la disposition des hôtes. Possibilité pique-nique sur place, dans jardin ou salle de séjour.

Prix : 1 pers. **140 F** 2 pers. **170 F** 3 pers. **210 F** repas **70 F**

Ouvert : toute l'année.

60	7	SP	2	4	7	5	6	7

RAYNAL Simone - 34390 COLOMBIERES-SUR-ORB - Tél : 04 67 95 84 69

COLOMBIERES-SUR-ORB Sevirac (TH) *C.M. 83 Pli 4*

2 ch. Chambres au r.d.c. de la maison du propriétaire, sur propriété de 4 ha, au pied des monts du Caroux. 1 chambre 2 pers., 1 chambre 4 pers., s.d.b./wc privatifs, ch. électr., salle de détente, cheminée. Terrain clôturé, terrasse, jeux d'enfants et de société, boulodrome, ping-pong, TH sur réservation, parking. Vente de fruits SP, ruisseau de 1ère cat.

Prix : 1 pers. **190 F** 2 pers. **220 F** pers. sup. **50 F** repas **85 F**

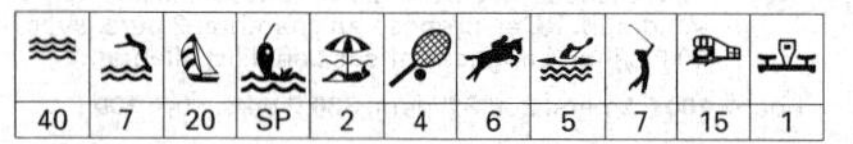

40	7	20	SP	2	4	6	5	7	15	1

AZEMA Marie-José - Sevirac - 34390 COLOMBIERES-SUR-ORB - Tél : 04 67 95 89 80

COURNIOU La Metairie Basse Alt. : 500 m *C.M. 83 Pli 13*

2 ch. Nous vous offrons 2 chambres dans un corps de ferme de caractère, en moyenne montagne, au cœur du Parc du Haut-languedoc. 2 chambres 3 pers., salle d'eau, wc privatifs, chauffage, cheminée, coin-cuisine à disposition. Terrasse, jardin à l'ombre de tilleuls centenaires, parking, jeux (ping-pong), restaurants à proximité. Ferme avec animaux. Randonnées pédestres. Lac. Sites cathares. Grottes. Langues parlées : anglais, italien.

Prix : 1 pers. **220 F** 2 pers. **270 F** 3 pers. **320 F** pers. sup. **50 F**

Ouvert : du 1er avril au 30 septembre.

60	8	20	SP	15	2	15	15	30	25	7

LUNES Jean-Louis et Eliane - La Metairie Basse - Prouilhe - 34220 COURNIOU - Tél : 04 67 97 21 59 - Fax : 04 67 97 21 59

DIO-ET-VALQUIERES Vernazoubres (TH) *C.M. 83 Pli 4*

5 ch. Pour un séjour paisible, en toute quiétude, nous vous accueillons dans le cadre chaleureux de notre demeure très confortablement aménagée, dotée de 5 chambres d'hôtes 2 et 3 pers., salle de bains ou salle d'eau et wc privés. Beau séjour, cheminée, salon, TV, jeux de société, piscine. Notre table d'hôte vous fera apprécier les spécialités du terroir. Diverses randonnées pédestres ou équestres, vous permettront de parcourir la campagne autour de Vernazoubres, petit hameau situé à 15 minutes du lac du Salagou et proche des stations thermales d'Avène et Lamalou-les-Bains. Langue parlée : anglais.

Prix : 1 pers. **210 F** 2 pers. **310 F** 3 pers. **410 F** pers. sup. **110 F** repas **95 F** 1/2 pens. **240 F**

Ouvert : du 30 mars au 31 décembre.

45	SP	11	SP	11	17	SP	8	17	12	12

SICA VALLEE ROUGE 9342 - Mme Lauffenberger - Vernazoubres - 34650 DIO-ET-VALQUIERES - Tél : 04 67 23 00 65 - Fax : 04 67 23 00 65

GIGEAN (TH) *C.M. 83*

2 ch. Maison de maître du XIXe siècle dans village typique du Languedoc. 1 ch. 2 pers., s.e./wc privatifs, 1 ch. 3 pers., s.e./wc privatifs. Parc (3500 m^2), piscine, ping-pong. Ferme-équestre 1 km, ULM 1 km, ball-trap 4 km. Table d'hôte sur réservation. Langues parlées : anglais, espagnol.

Prix : 1 pers. **200 F** 2 pers. **260/290 F** pers. sup. **100 F** repas **100 F**

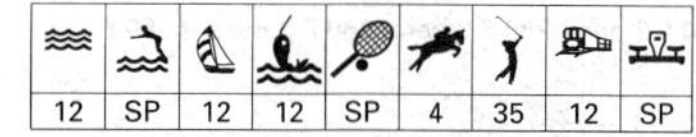

12	SP	12	12	SP	4	35	12	SP

NIERI Roland et BARBE Françoise - 55, avenue de la Gare - 34770 GIGEAN - Tél : 04 67 78 39 91 ou 06 82 66 23 11

GIGNAC Mas de Pélican

A *C.M. 83 Pli 6*

4 ch. Grand Mas languedocien, environnement de vignes et garrigues dominant la vallée. 1er ét. : 3 chambres avec mezzanine et coin/salon pour 4 pers., s.e./wc privatifs, 1 ch. 2 pers., s.d.b./wc privatifs, chauffage central, lave-linge. Balcon, parking dans cour non clôturée. Ferme-auberge SP, possibilité 1/2 pension. Langues parlées : anglais, espagnol.

Prix : 1 pers. **250/280 F** 2 pers. **300/330 F** pers. sup. **50 F** repas **115 F** 1/2 pens. **260 F**

Ouvert : toute l'année sauf Toussaint.

30	SP	15	4	15	1	10	10	25	30	3,5

THILLAYE DE BOULLAY Baudoin et Isabelle - Mas de Pélican - 34150 GIGNAC - Tél : 04 67 57 68 92 - Fax : 04 67 57 68 92

GORNIES Le Grenouillet

(TH) *C.M. 83 Pli 6*

E.C. 5 ch. Dans maison du XVIIe siècle, 5 chambres en 1er ét. au seuil des Cévennes, en bordure de la Vis (rivière 1ère cat.). 1 ch. 3 pers., 1 suite 4 pers., 2 ch. 2 pers., 1 ch. 1 pers., s.d.b., s.e., wc communs. R.d.c. : Salle de séjour, cheminée, TV, ch. central. Terrain, terrasse, salon de jardin. Randonnées, escalade sur place. Poss. lave-linge et lit suppl. VTT 15 km. Langues parlées : hollandais, anglais.

Prix : 1 pers. **150 F** 2 pers. **210 F** 3 pers. **270 F** pers. sup. **60 F** repas **75/95 F**

Ouvert : toute l'année.

85	16	35	SP	SP	7	7	15	30	70	16

SERVAYE René et Elisabeth - La Source des Lutins - Le Grenouillet - 34190 GORNIES - Tél : 04 67 73 42 82 ou 06 88 33 52 04 - Fax : 04 67 73 42 82

GRABELS Le Mazet

C.M. 83

3 ch. **Montpellier 4 km.** Aux portes de l'arrière pays Héraultais, Le Mazet, maison Languedocienne propose 3 ch. d'hôtes : La Provençale (1 lit 2 pers.), l'exotique (2 lits 1 pers. ou 1 lit 2 pers.), chacune avec mezzanine (1 lit 1 pers.), s.d.e./wc privés. La Méditerranéenne peut accueillir 2 pers. s.d.e/wc privés. Piscine 10 - 12 H - 16 - 18 H, parking clos et arboré. TH sur réservation (Le Lundi, Mercredi, Vendredi). P.Déj. proposé en chambre. 2 pers. avec lit séparé suppl. 20 Frs/jour, enfant - de 3 ans : 30 Frs. Chien accepté suppl. de 10 Frs/jour. Langues parlées : anglais, allemand.

Prix : 1 pers. **200 F** 2 pers. **260 F** 3 pers. **360 F** pers. sup. **100 F**

16	SP	16	0,5	25	0,5	4	25	8	8	SP

ROBARDET Philippe et Suzanne - 253, chemin du Mas de Matour - 34790 GRABELS - Tél : 04 67 03 36 57

GRAISSESSAC Les Platanes

(TH) *C.M. 83 Pli 4*

3 ch. Maison de maître du XIXè avec jardin mi-ombragé. Salon/cheminée/TV, salle de séjour/bibliothèque. 1 chambre 4 pers., 2 chambres 3 pers., poss. lit enfant, s.e., wc privatifs, chauffage central, réfrigérateur à dispo. Parking, cour fermée, jardin, coin détente, tennis de table, barbecue. Table d'hôte sur réserv., poss. lave-linge. Langues parlées : anglais, allemand.

Prix : 1 pers. **200 F** 2 pers. **250 F** pers. sup. **50 F** repas **90 F**

Ouvert : toute l'année.

55	15	25	SP	SP	SP	15	20	10	15	SP

MARTINET Roger - 11, rue de la Gare - 34260 GRAISSESSAC - Tél : 04 67 23 93 43 - Fax : 04 67 23 93 43 - E-mail : platanes.les@fnac.net

LAMALOU-LES-BAINS

C.M. 83 Pli 4

3 ch. Maison de maître des années 1930, au centre de la station thermale de Lamalou-les-Bains. 2ème niveau : 1 chambre (2 lits 1 pers.), douche, lavabo, 1 chambre (1 lit 2 pers.), douche, lavabo, 1 chambre (1 lit 2 pers. 160 cm), douche, lavabo, wc communs, salle de séjour, salon, chauffage central. Terrasse couverte, jardin, salon de jardin, parking. Langue parlée : italien.

Prix : 1 pers. **150 F** 2 pers. **250 F**

Ouvert : de mars à octobre.

50	1	50	4	15	1	3	10	5	7	1

VALENZA Mario - 33, avenue de la République - 34240 LAMALOU-LES-BAINS - Tél : 04 67 95 28 13

LIEURAN-LES-BEZIERS

C.M. 83 Pli 15

2 ch. Maison de style méditerranéen, au cœur du village. 2 chambres 2 et 3 pers., salles d'eau/wc privatifs, coin-repos, coin-cuisine à disposition, chauffage, TV et climatiseur, frigo-bar, jeux de société. Jardin ombragé 1000 m^2, terrasses, garage, cuisine d'été, cheminée-barbecue, lave-linge, lave-vaisselle.

Prix : 1 pers. **200 F** 2 pers. **280 F** 3 pers. **360 F** pers. sup. **80 F**

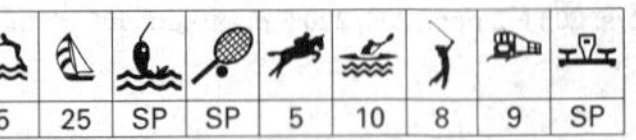

25	5	25	SP	SP	5	10	8	9	SP

MARESMA Claude - 11, Grand Rue - 34290 LIEURAN-LES-BEZIERS - Tél : 04 67 36 13 74

LUNAS Laval de Nize

Alt. : 500 m — **A** — *C.M. 83 Pli 4*

E.C. 1 ch. Au pied des Cévennes méridionales, près du Parc du haut Languedoc, nous saurons vous accueillir dans un cadre authentique. 1 chambre pour 2 personnes avec salle d'eau et wc privatifs, chauffage, TV. Possibilité séminaires (journées thématiques), sauna, musculation, aire de jeux. Piscine, auberge SP. Basse et moyenne saison 2 pers. 290 F. 75 F/enfant suppl. Langue parlée : anglais.

Prix : 2 pers. **380 F** pers. sup. **150 F**

Ouvert : toute l'année.

60	14	14	SP	SP	3,5	3,5	10	3,5

DOMAINE DU VAL DE NIZE - Laval de Nize - 34650 LUNAS - Tél : 04 67 23 34 23 - Fax : 04 67 23 34 24

LUNEL Pont de Lunel

C.M. 83

1 ch. 1 chambre d'hôte dans une bastide, anciennement relais de poste et auberge très renommée. 1 chambre 4 pers., lavabo et douche, 2 wc sur palier. Terrain, terrasse, salon de jardin.

Prix : 1 pers. **200 F** 2 pers. **230 F** 3 pers. **300 F** pers. sup. **44 F**

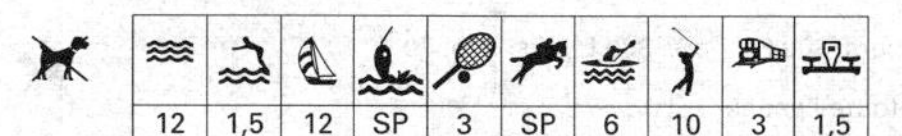

12	1,5	12	SP	3	SP	6	10	3	1,5

BERTHELON Blandine - Pont de Lunel - 34400 LUNEL - Tél : 04 67 71 40 97

MAUREILHAN Les Arbousiers

TH — *C.M. 83 Pli 14*

6 ch. **Canal du Midi 5 km.** Propriétaire-viticulteur possédant 6 chambres au cœur du village. 1er ét. : 4 chambres climatisées (2 et 3 pers.), salles d'eau ou bains et wc privatifs. R.d.c. : 2 ch. (2 à 4 pers.), salles d'eau et wc privés, salle de séjour/coin-repos, bibliothèque, TV, cheminée. Jardin, aire de jeux, terrasse ombragée, parking clos. Langues parlées : anglais, espagnol.

Prix : 1 pers. **200 F** 2 pers. **250 F** 3 pers. **325 F** pers. sup. **75 F**
repas **90 F**

20	9	20	4	4	SP	15	15	9	SP

FABRE-BARTHEZ Bruno et Jacqueline - Les Arbousiers - 34370 MAUREILHAN - Tél : 04 67 90 50 50 ou 06 84 20 04 28 - Fax : 04 67 90 50 50 - E-mail : ch.d.hôtes.les.arbousiers@wanadoo.fr

MIREVAL Savino

C.M. 83 Pli 17

1 ch. 1 chambre 2 pers. au rez-de-chaussée de la villa du propriétaire avec entrée indépendante, salle d'eau/wc privatifs, coin-cuisine, TV, chauffage central, frigo/bar, loggia. Parking clos et couvert, jardin arboré. Langue parlée : anglais.

Prix : 1 pers. **200 F** 2 pers. **230 F**

4	6	4	4	4	0,3	1	25	12	0,4

GARNIER Simone - 4, rue Ronsard - 34110 MIREVAL - Tél : 04 67 78 15 24

MIREVAL

C.M. 83 Pli 17

3 ch. **Montpellier et Sète 12 km.** Au centre d'un village languedocien, Anne-Marie vous accueille dans sa maison contemporaine aménagée dans un ancien chai. R.d.c. : salle de séjour, espace repas et salon, bureau/bibliothèque (TV, vidéo, cheminée). Entrée indép. A l'étage 2 ch. (1 lit 2 pers.), 1 ch. (2 lits 1 pers.), poss. lit suppl., s.e et wc privatifs, chauffage électrique. Jardin arboré clos, s.d.j., parking. Site : village languedocien sous le signe de Rabelais, muscat très réputé, proche Aigues-Mortes, Saintes-Maries de la Mer, la Camargue. Langue parlée : italien.

Prix : 1 pers. **250 F** 2 pers. **295 F** pers. sup. **100 F**

Ouvert : toute l'année.

4	6	4	4	4	0,8	1	50	25	2	SP

CONTE-PRIVAT Anne-Marie - 15 avenue de Verdun - L'Enclos - 34110 MIREVAL - Tél : 04 67 78 39 70 ou SR : 04 67 67 71 62 - Fax : 04 67 78 39 70

MONS-LA-TRIVALLE

TH — *C.M. 83 Pli 3*

2 ch. Au pied des monts du Caroux et de l'Espinouse, à la porte des gorges d'Héric, Véronique et Antoine vous accueillent dans leur maison « les 4 saisons » dans 1 suite (3 pers.), 1 suite (5 pers.), s.e., wc privatifs, coin-salon, salle à manger, cheminée,. Terrasse, jardin non clos, salon de jardin, barbecue, parking privatif. Poss. tarif 1/2 pens. Langue parlée : espagnol.

Prix : 2 pers. **250/300 F** 3 pers. **350/400 F** repas **100 F**

Ouvert : toute l'année.

55	15	25	SP	SP	SP	SP	SP	10	15	5

SAUSSOL Véronique et MARTINEZ Antoine - Le Village - 34390 MONS-LA-TRIVALLE - Tél : 04 67 97 70 93 ou 04 67 97 80 43

MONTAGNAC *C.M. 83*

4 ch. Sur ancien domaine viticole, en bordure de la N 113, 3 chambres d'hôtes indépendantes 2 pers., 1 chambre 3/4 pers., salle d'eau/wc privatifs, chauffage électrique, salon, salle à manger, cuisine, buanderie. Jardin clos ombragé, terrasse, salon de jardin, parking clos. Langue parlée : anglais.

CV

Prix : 1 pers. **220 F** 2 pers. **250 F** 3 pers. **300 F** pers. sup. **50 F**

Ouvert : toute l'année.

22	5	22	4	SP	3	4	20	22	SP

GENER Daniel - 34, avenue Pierre Sirven - 34530 MONTAGNAC - Tél : 04 67 24 03 21 - Fax : 04 67 24 03 21

MONTAUD *C.M. 83 Pli 7*

1 ch. Maison du XIXe siècle sur 2 niveaux. R.d.c. : grande salle de séjour, coin-détente, cheminée. 1 chambre pour 2 personnes, salle de bain + douche balnéo, wc, chauffage central, TV, magnétoscope, réfrigérateur. Jardin clos, salon de jardin, garage, piscine, ping-pong. Tarif hors saison 340 Frs/2 pers.

CV

Prix : 1 pers. **300 F** 2 pers. **380 F** pers. sup. **70 F**

Ouvert : toute l'année.

30	SP	30	SP	SP	3	15	20	3

FARE Bernadette - 11, rue Fontaine des Amours - 34160 MONTAUD - Tél : 04 67 86 56 99 - Fax : 04 67 86 56 99

MOULES-ET-BAUCELS Domaine de Blancardy A *C.M. 83 Pli 16*

3 ch. **Station Aigoual 40 km.** Mas du XIIe & XVIe siècle sur domaine de 350 ha, à mi-chemin entre mer et montagne. 1er et 2e étage : 3 chambres 2 pers., s.e./wc privatifs, ch. électr., TV. Cour intérieure, parking, vente de produits. Auberge (vins, carthagène, foies gras...) Dégustation de vins, jeux enfants. Randonnée sur place, escalade 3 km. Ski de fond et piste. Langues parlées : anglais, espagnol.

CV

Prix : 1 pers. **180 F** 2 pers. **260 F** pers. sup. **60 F** repas **95/195 F**
1/2 pens. **220 F**

Ouvert : toute l'année sur réservation.

45	8	SP	7	7	3	7	7	40	7

MARTIAL Laure - Domaine de Blancardy - 34190 MOULES-ET-BAUCELS - Tél : 04 67 73 94 94 - Fax : 04 67 73 55 59 - E-mail : Blancardy@aol.fr

MURVIEL-LES-BEZIERS l'Hacienda des Roucans (TH) *C.M. 83*

6 ch. Un havre de paix de 9000 m² au bord de la rivière, vous serez séduit par le confort des chambres, des installations et l'accueil chaleureux. 1 double chambre avec s.d.b./wc (4 lits 1 pers.), 3 ch. (1 lit 2 pers.), 1 ch. (2 lits 1 pers., canapé-lit), 1 ch. (1 lit 2 pers., salon, canapé-lit), s.d.b./wc. TV dans chaque chambre, avec toutes accès direct au jardin et piscine, bibliothèque, sauna. Parking, garage, barbecue, ping-pong, baby-foot. Langues parlées : anglais, hollandais.

CV

Prix : 2 pers. **380/545 F** pers. sup. **90 F** repas **130 F**

Ouvert : toute l'année.

20	SP	20	SP	SP	2	5	SP	25	15	2

BLANPAIN-VANDERMOSTEN Pierre et Linda - L'hacienda des Roucans - - Route de Reals - 34490 MURVIEL-LES-BEZIERS - Tél : 04 67 32 90 10 - Fax : 04 67 32 90 81

MURVIEL-LES-BEZIERS Château de Murviel *C.M. 83 Pli 14*

3 ch. 3 chambres dans château médiéval sur les hauteurs du village en circulade. 1 ch. 2 pers. (lit 160 baldaquin), salle d'eau/wc, 1 ch. (3 lits 90), suite (1 lit 160, canapé 2 pers.), salle d'eau/wc, TV, chauffage électrique, salle de séjour, lave-vaisselle, poss. lave-linge. Cour intérieure 210m². Gratuit enf. -2ans. Tarif semaine, voir prop. Parking clos. Langue parlée : anglais.

CV

Prix : 1 pers. **350 F** 2 pers. **390 F** 3 pers. **490 F** pers. sup. **100 F**

Ouvert : toute l'année sauf février, semaine entre Noël et jour de l'An.

25	15	25	3	3	0,5	10	5	25	15	0,5

BERNARD Marie-Laure - 1, place Clémenceau - Château de Murviel - 34490 MURVIEL-LES-BEZIERS - Tél : 04 67 32 35 45 ou 06 82 35 05 65 - Fax : 04 67 32 35 25 - E-mail : ABAQUE.34@wanadoo.fr

NISSAN-LEZ-ENSERUNE Les Cigalines *C.M. 83 Pli 14*

4 ch. **Nissan 1 km. Colombiers 2,5 km.** Le temps d'une étape ou d'un séjour soyez cigale. Entre vigne et garrigue, vous apprécierez le confort de nos chambres. 3 ch. 2 pers., 1 ch. 1 pers., s.d.b. individuels, TV, ch. central. Dans le jardin arboré, les chaises longues vous invitent au farniente. Grande terrasse couverte (réfrigérateur, barbecue à dispo). Parking clos. Clinique Causse, Oppidum d'Ensérune. Langues parlées : anglais, allemand.

CV

Prix : 1 pers. **180/200 F** 2 pers. **220/250 F** pers. sup. **50 F**

Ouvert : toute l'année.

15	4	15	15	15	2	2	30	15	7	SP

BARDEL-PAINT Nicole - Villa les Cigalines - 34440 NISSAN-LEZ-ENSERUNE - Tél : 04 67 37 16 20 - Fax : 04 67 37 16 20

NISSAN-LEZ-ENSERUNE Domaine Salabert

C.M. 83 Pli 14

4 ch. Sur domaine viticole depuis le début du 19ème siècle, 4 ch. à proximité de la maison du vigneron. 2 ch. 2 pers., 2 ch. 3 pers., s.e/wc privatifs. Poss. lit BB, salle de séjour, cuisine à dispo., ch. électrique. Jardin, s.d.j., barbecue, pinède, jx d'enfants, piscine, VTT. Parking priv. Visite des vignes, de la cave. Sur place les propriétaires vous proposent la visite de leur cave avec dégustation de leur vin. Oppidum d'Enserune, abbaye de Foncaude, Béziers (féria en Août), Narbonne, Minerve (cité cathare), Pézenas (ville de Molière), les plages (Valras-Plage à 12 km) Langues parlées : anglais, allemand.

CV

Prix : 1 pers. **200 F** 2 pers. **280 F** 3 pers. **340 F** pers. sup. **60 F**

Ouvert : toute l'année.

15	SP	15	8	SP	2	2	30	30	8	2

LAURENS Danièle et Rodolphe - Domaine Salabert - Les Iris - 34440 NISSAN-LEZ-ENSERUNE - Tél : 04 67 37 19 43 ou 06 86 49 43 81 - E-mail : rodolphe.laurens@freesbee.fr

NOTRE-DAME-DE-LONDRES Le Pous

C.M. 83 Pli 7

6 ch. Dans belle demeure du XVIIIe siècle, entourée de bois et garrigues, 6 chambres 2 pers., salles d'eau ou salles de bains et wc privatifs, chauffage, salle de séjour. Grand terrain.

CV

Prix : 1 pers. **280 F** 2 pers. **300/350 F** 3 pers. **350 F** pers. sup. **50 F**

Ouvert : toute l'année.

40	40	12	10	2	2	10	35	9

NOUALHAC Elisabeth - Le Pous - 34380 NOTRE-DAME-DE-LONDRES - Tél : 04 67 55 01 36

OLARGUES

C.M. 83 Pli 3

3 ch. Dans site classé, sur les berges du Jaur, ancien Relais de poste en pierres de pays. Accès plain-pied : 1 ch. (1 lit 2 pers.), 1 ch. (2 lits 1 pers.), 1 ch. (1 lit 2 pers., 1 lit appoint), salles d'eau privatives/wc, chauffage central, sauna, pièce de jour/bibliothèque, cheminée, espace détente. Terrasse, jardin, s.d.j., parking privatif. Langues parlées : anglais, allemand.

CV

Prix : 1 pers. **240 F** 2 pers. **280 F** pers. sup. **100 F**

Ouvert : toute l'année.

70	20	25	SP	SP	0,5	20	4	20	25	0,5

DEES Edial et Marie - Rue du Tour des Ponts - 34390 OLARGUES - Tél : 04 67 98 34 87 - Fax : 04 67 98 34 87

PEZENES-LES-MINES Les Vignals

TH

C.M. 83 Pli 5

4 ch. A seulement 10 km de la ville, vous vous sentirez loin du monde dans une nature préservée et sauvage. Le repos dans un cadre de pierre et bois et sur la table les produits du jardin. 2 ch. 2 pers., 1 ch. 3 pers., 1 ch. 4 pers., salle d'eau, wc, chauf. électrique, séjour/cheminée. Terrasse, barbecue, boulodrome, parking privé. Tarif 1/2 pens/sem/2 pers. 2800 F. Langues parlées : anglais, allemand.

CV

Prix : 1 pers. **180 F** 2 pers. **260 F** pers. sup. **60 F** repas **90 F**

Ouvert : toute l'année.

45	9	10	9	10	9	10	10	15	9	9

VERDIER Roland - Les Vignals - 34600 PEZENES-LES-MINES - Tél : 04 67 95 12 42 - Fax : 04 67 95 12 42 - E-mail : VERDIERR@aol.com

PIGNAN

C.M. 83 Pli 7

4 ch. Chambres dans maison de caractère au centre du village. 2 ch. 2 pers. salles d'eau privatives, wc communs, 1 ch. 2 pers., salle d'eau/wc privatifs, 1 ch. 3 pers. salle d'eau/wc privatifs. Salle de séjour, chauffage. Garage, cour.

CV

Prix : 1 pers. **165/180 F** 2 pers. **205/230 F** 3 pers. **300 F**

17	2	17	3	SP	4	5	10	SP

PINEDE Gilbert - 1, rue de la Cité - 34570 PIGNAN - Tél : 04 67 47 72 46

LE POUGET

C.M. 83 Pli 6

2 ch. Sur les hauteurs du village, dans ancienne remise rénovée, 2 ch. mansardées à l'étage. Salle de séjour, TV et bibliothèque réservés aux hôtes, 1 ch. 2 pers. (lit 160), salle d'eau/wc, TV, 1 ch. 2 pers. (2 lits 90), salle d'eau/wc, chauf./climatiseur. Petite cour fleurie pour petit-déjeuners. Poss. L.linge, parking à proximité. Possibilité petit-déjeuner en garrigue (promenade accompagnée). Langue parlée : anglais.

CV

Prix : 1 pers. **300 F** 2 pers. **350 F** pers. sup. **80 F**

Ouvert : toute l'année.

25	10	13	1	1	SP	1	20	25	25	SP

ISQUIERDO Henri - Rue de l'Estang - 34230 LE POUGET - Tél : 04 67 96 84 58 ou 04 67 88 63 68

POUZOLLES

TH *C.M. 83 Pli 15*

5 ch. Chambres climatisées dans maison attenante à celle des propriétaires vignerons. R.d.c. : salle de séjour/salon. 1er ét. : 5 chambres 2 à 4 pers., salle d'eau ou de bain et wc privatifs, ch. électr., cheminée, TV, réfrigérateur. Piscine, parking clos. TH tous les soirs (vins inclus), menu à la carte à 13 H. Jardin, terrasse ombragée, garage vélos. Motos, balançoires. Salle de loisirs (doc. jeux de société, ping-pong). Repas enfant - de 6 ans : 60 F. 7 nuits hors saison 1495 F en demi-pension par personne.

Prix : 1 pers. **260 F** 2 pers. **300 F** 3 pers. **400 F** pers. sup. **100 F**
repas **100 F** 1/2 pens. **240 F**

Ouvert : du 1er avril au 22 septembre.

31	SP	25	10	10	SP	8	20	8	6	SP

GELLY Brigitte - Domaine l'Eskillou - 4, rue de la Distillerie - 34480 POUZOLLES - Tél : 04 67 24 60 50 - Fax : 04 67 24 60 50 - E-mail : brigitte.gelly@wanadoo.fr

PUIMISSON

C.M. 83 Pli 14

2 ch. Au rez-de-chaussée de la maison du propriétaire, 1 chambre 3 pers. et une chambre 2 pers. de plain-pied, salle d'eau/wc privatifs, chauffage. Petite cuisine d'été à l'extérieur, lave-linge commun. Grand parc ombragé.

Prix : 1 pers. **190 F** 2 pers. **210 F** 3 pers. **240 F**

Ouvert : toute l'année.

25	25	10	10	SP	9	9	15	SP

SERRUS Madeleine - Rue des Caves - 34480 PUIMISSON - Tél : 04 67 36 09 57

QUARANTE

TH *C.M. 83 Pli 14*

4 ch. Entre mer et montagne, région vallonnée idéal randonnées, 4 km Canal du Midi, maison de maître du XIXe siècle, parc 3500 m² ombragé, 4 ch. spacieuses. 1er ét. : 3 ch. 3 pers., s.d.b./wc priv., 2è ét. : 1 ch. 4 pers., s.d.b./wc priv., salon, T.V, cheminée, s.d.j., parking clos, pétanque, vélo. Repas/réservation. Réductions pour séjours. E-mail : wolffhelge@hotmail.com. Béziers et Narbonne à 25 km, restaurants proches. Langues parlées : anglais, allemand.

Prix : 2 pers. **280/330 F** 3 pers. **370/420 F** pers. sup. **70 F** repas **120 F**

35	7	35	1	1	SP	2	19	21	25	SP

WOLFF Helge - 24, Grande Rue - 34310 QUARANTE - Tél : 04 67 89 34 72 - Fax : 04 67 89 30 64 - E-mail : wolffhelge@hotmail.com

RIOLS

TH *C.M. 83 Pli 13*

5 ch. **Gorges d'Héric, Massif du Caroux 15 km. Lac de la Raviège 25 km.** La Cerisaie, très belle maison bourgeoise du XIXe siècle avec son magnifique parc ombragé, 5 ch. sur 2 niveaux. R.d.c. : salle à manger, biblio., salon. 1er ét. : 2 ch. 2 pers., 2e ét. : 3 ch. 2 pers., s.e/wc privatifs, chem., TV. Ch. électr. Terrasse, s.d.j., piscine. Ping-pong, parking. Table d'hôte sur réservation. Remise 10 %/7 jours. Grottes de la Devèze 9 km. Langues parlées : anglais, allemand.

Prix : 1 pers. **305 F** 2 pers. **340/420 F** pers. sup. **95 F** repas **130 F**

Ouvert : du 1er février et 1er décembre.

60	SP	60	0,2	25	0,2	20	15	35	50	4

JAN KARSTEN Honorah et Albert - 1, route de Bedarieux - La Cerisaie - 34220 RIOLS - Tél : 04 67 97 03 87 - Fax : 04 67 97 03 88 - E-mail : CERISERAIE@wanadoo.fr

ROQUEBRUN Les Mimosas

TH *C.M. 83 Pli 4*

4 ch. Dans beau village, en bordure de l'Orb et aux portes du Parc du Haut-Languedoc, belle maison de maître du XIXe siècle. R.d.c. : salon, biblio., 1 ch. 2 pers., s.e/wc privés. 1er ét. : 1 ch. 2 pers., 1 suite 4 pers., s.e./wc priv. 2e ét. : 1 ch. 2 pers., s.e./wc privés, coin-détente, Tél. Terrasse, garage. Maison non fumeur. Langue parlée : anglais.

Prix : 1 pers. **380/460 F** 2 pers. **395/475 F** pers. sup. **60/100 F**
repas **155/175 F**

45	30	45	SP	SP	SP	25	SP	25	30	SP

LA TOUCHE Denis et Sarah - Avenue des Orangers - Les Mimosas - 34460 ROQUEBRUN - Tél : 04 67 89 61 36 - Fax : 04 67 89 61 36 - E-mail : la-touche.les-mimosas@wanadoo.fr

SAINT-ANDRE-DE-BUEGES Bombequiols

TH *C.M. 83*

6 ch. Bastide médiévale, dans site sauvage et préservé. Salle à manger sous les arches de la terrasse ou devant la cheminée. 2 ch., 1 duplex, 3 suites 1 à 4 pers. élégamment meublés et distribués autour de la cour intérieure, s.d.b., wc privatifs. Piscine, parc de 50 ha, lac collinaire. Calme et sérénité pour les inconditionnels du silence. TH uniquement/réservation. Produits du terroir, vins de pays. Randonnées et visites de qualité : St-Guilhem-le-Désert, La Couvertoirade, églises romanes, Grotte des Demoiselles, bambouseraie d'Anduze. VTT à 5 km.

Prix : 1 pers. **400/650 F** 2 pers. **450/700 F** 3 pers. **750/850 F**
pers. sup. **150 F** repas **150 F**

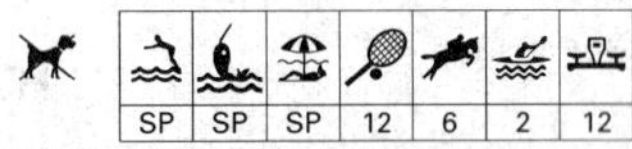

SP	SP	SP	12	6	2	12

BOUEC Anne-Marie - Route de Brissac - Bombequiols - 34190 SAINT-ANDRE-DE-BUEGES - Tél : 04 67 73 72 67 - Fax : 04 67 73 72 67

SAINT-CLEMENT-DE-RIVIERE  *C.M. 83 Pli 7*

5 ch. Un havre de paix et de silence pour ces 5 chambres dans maison de maître du XVIIIe siècle. 1 suite 3 pers., 1 chambre 2 pers. avec coin-salon, 3 chambres 2 pers., sanitaires privatifs, salle de séjour, grand salon, cheminée. Piscine, parc. Nombreuses possibilités de promenades et activités sportives entre mer et montagne. Circuits pédestres et cyclo-tourisme. Langue parlée : anglais.

Prix : 1 pers. **400/450 F** 2 pers. **450/550 F** 3 pers. **650 F**

15	SP	15	SP	SP	0,5	8	5	7	0,5

BERNABE Calista - Domaine de Saint-Clément - 34980 SAINT-CLEMENT-DE-RIVIERE - Tél : 04 67 66 70 89 - Fax : 04 67 84 07 96 - E-mail : CALISTA.BERNABE@wanadoo.fr

SAINT-FELIX-DE-L'HERAS Madières-le-Haut Alt. : 680 m **A** *C.M. 83 Pli 5*

4 ch. 4 chambres de plain-pied dans bâtiment annexe à une ferme du Larzac, avec vue sur paysage typique caussenard. 2 ch. (3 lits 1 pers.), 2 ch. (1 lit 160, 1 lit 1 pers.), salles d'eau et wc privatifs, salle commune à disposition, TV, chauffage électrique. Terrasses, salons de jardin, auberge sur place. Sup./chambre : 30 m². Langue parlée : anglais.

Prix : 1 pers. **300 F** 2 pers. **400 F** 3 pers. **500 F** pers. sup. **50 F**

Ouvert : toute l'année.

70	10	20	2	20	4	12	50	45	2

TEISSERENC Marguerite - Madières-Le-Haut - 34520 SAINT-FELIX-DE-L'HERAS - Tél : 04 67 44 50 41 - Fax : 04 67 44 50 41

SAINT-JEAN-DE-BUEGES Le Grimpadou *C.M. 83*

4 ch. 4 chambres dans maison au centre du village. 3 ch. 2 pers., 1 ch. 3 pers., salle d'eau, wc privatifs, salle de séjour/coin-repos, TV, chauffage. Jardin. Prix dégressifs à la semaine. Suppl. animaux : 20 Frs. Auberge dans le village.

Prix : 1 pers. **205 F** 2 pers. **270 F** 3 pers. **315 F** pers. sup. **30 F**

50	18	SP	SP	SP	1	7	45	SP

COULET Jean-Luc - Le Grimpadou - 34380 SAINT-JEAN-DE-BUEGES - Tél : 04 67 73 11 34

SAINT-MARTIN-DE-L'ARCON La Pomarède  *C.M. 83 Pli 4*

2 ch. 2 chambres 2 personnes au rez-de-chaussée d'une maison en pierre apparente, salle d'eau privative, wc commun, cheminée, chauffage central. Terrasse.

Prix : 1 pers. **170 F** 2 pers. **210 F** 3 pers. **250 F** pers. sup. **50 F**
repas **75 F** 1/2 pens. **180 F** pens. **215 F**

60	7	30	SP	1	2	2	SP	9	16	1,5

RAYNAL Marie-Pierre - La Pomarede - 34390 OLARGUES - Tél : 04 67 95 80 42

SAINT-SERIES Mas de Fontbonne 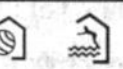 *C.M. 83 Pli 7*

5 ch. Dans un Mas, au cœur de la campagne et des vignobles, 5 ch. 2 pers. en r.d.c., salle d'eau, wc privatifs, ch. électr., frigo-bar, coin-détente (TV hors saison). Terrain, terrasse, salon de jardin, barbecue, parking couvert, piscine couverte avril à oct. Ping-pong, foot, volley, tir à l'arc, jx d'enfants, rest.à 1,5 km. Gîtes sur place. Sortie autoroute 5 km. Langues parlées : anglais, espagnol.

Prix : 1 pers. **220 F** 2 pers. **280 F** 3 pers. **320 F** pers. sup. **40 F**

Ouvert : toute l'année.

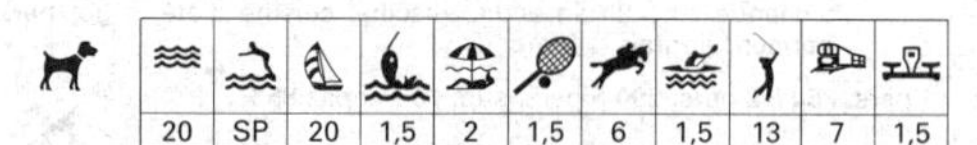

20	SP	20	1,5	2	1,5	6	1,5	13	7	1,5

LIGNON Luc - Mas de Fontbonne - 34400 SAINT-SERIES - Tél : 04 67 86 00 30 ou 04 67 86 08 74 - Fax : 04 67 86 00 30 - E-mail : fontbonne@multimania.com

SAINTE-CROIX-DE-QUINTILLARGUES L'Euzière *C.M. 83 Pli 7*

3 ch. Dans site reposant, entre les Cévennes la Camargue et Montpellier, maison de caractère au cœur d'un village typiquement languedocien. 1 ch. 2 pers., 2 ch. 3 pers. en rez-de-chaussée avec entrées ind., salles d'eau/w.c privatifs, frigo-bar. Salle à manger, salon, cheminée, TV, chauf. central. Terrasse couverte, grand terrain clos arboré 5000 m². Salon de jardin, parking couvert, nombreuses activités sportives, culturelles et artistiques à proximité. 280 F pour 5 nuits et plus. Langue parlée : anglais.

Prix : 1 pers. **270 F** 2 pers. **290 F** 3 pers. **400 F** pers. sup. **100 F**

Ouvert : toute l'année.

25	5	25	8	20	5	5	20	15	30	5

GUEUGNEAU Michèle et Bernard - Chemin des Clausses - L'Euzière - 34270 SAINTE-CROIX-DE-QUINTILLARGUES - Tél : 04 67 55 35 88 - Fax : 04 67 55 36 16

SALASC Route du Mas Canet

 A *C.M. 83 Pli 5*

E.C. 5 ch. 5 chambres dans maison indépendante, auberge attenante. 1 ch. 2 pers., 3 ch. 3 pers., 1 ch. 4 pers., salle d'eau/wc privatifs, lave-linge. Salle de séjour à disposition. Terrasse privative à chaque chambres. Petit tennis sur place.

Prix : 1 pers. **210 F** 2 pers. **260 F** 3 pers. **340 F** repas **95 F**
1/2 pens. **210 F** pens. **260 F**

Ouvert : toute l'année.

50	4	4	4	4	4	4	4	10

JEANROY Christine et Xavier - Route du Mas Canet - 34800 SALASC - Tél : 04 67 96 15 62 ou 04 67 88 13 39 - Fax : 04 67 96 15 62

SALELLES-DU-BOSC

C.M. 83 Pli 5

E.C. 4 ch. Maison de maître dans le village, 2 ch. 2 pers., 2 ch. 3 pers., aménagées au deuxième étage, salle d'eau/wc privatifs, grande cuisine, chauffage, cheminée, TV. véranda, terrasse.

Prix : 1 pers. **200 F** 2 pers. **250 F** 3 pers. **300 F** pers. sup. **50 F**

Ouvert : toute l'année.

50	0,5	3	3	3	0,5	3	15	12	50	SP

VAILLE Huguette - 1, rue de la Marguerite - 34700 SALELLES-DU-BOSC - Tél : 04 67 44 70 60 - Fax : 04 67 44 73 11

LA SALVETAT-SUR-AGOUT La Moutouse

Alt. : 870 m (TH) *C.M. 83 Pli 3*

2 ch. Sur le chemin de St-Jacques de Compostelle, dans le parc naturel du Haut Languedoc, Noël et Noëlie vous accueillent dans une ancienne ferme. 1 ch. 4 pers., 1 ch. 3 pers., s. d'eau et wc privatifs, chauffage central. Hors saison, la table d'hôte composée de produits de la ferme sera prise sur place, l'été les repas seront servis dans une auberge à 100 m des chambres.

Prix : 2 pers. **230 F** pers. sup. **60/80 F** repas **80 F**

Ouvert : du 1er avril au 31 octobre.

87	5	5	4	5	5	5	SP	4

PISTRE Noëlie - La Moutouse - 34330 LA SALVETAT-SUR-AGOUT - Tél : 04 67 97 61 63

SAUSSAN

C.M. 83 Pli 7

4 ch. Nous vous accueillons dans un ancien bâtiment viticole, en pierres apparentes au centre du village. 4 chambres avec entrée indépendante. R.d.c. : grand séjour, salon, 2 ch. 2 pers., s.e./wc privés. 1er ét. : 2 ch. 2 pers., s.e./wc privatifs, chauffage central. Terrasse ombragée, grand jardin arboré, parking clos.

Prix : 1 pers. **200 F** 2 pers. **250 F**

10	3	10	SP	4	10	10	SP

GINE Ariane - 6, rue des Pénitents - 34570 SAUSSAN - Tél : 04 67 47 81 01

THEZAN-LES-BEZIERS

 (TH) *C.M. 83 Pli 14*

3 ch. Villa récente sur colline dominant la Vallée de l'Orb près du centre du village. 1er étage : 1 ch. 2 pers.(2 lits 90), s.d.b./wc privatifs non attenants, 1 ch. 2 pers. (lit 140), s.e./wc priv. non attenants, 1 ch. 2 pers. (lit 140), s.e., wc priv. attenants. Petite terrasse à chaque ch., Jardin, s.d.j., piscine, cuisine d'été, frigo, barbecue, parking clos. Repas uniquement le soir d'arrivée. Langues parlées : anglais, allemand.

Prix : 1 pers. **250 F** 2 pers. **290 F** pers. sup. **75 F** repas **85 F**

Ouvert : toute l'année.

25	SP	25	5	5	7	7	10	18	10	SP

HIGGINS Ann-Marie - 5, rue René Soulette - 34490 THEZAN-LES-BEZIERS - Tél : 04 67 37 05 55 - Fax : 04 67 37 05 55

LA TOUR-SUR-ORB

(TH) *C.M. 83*

6 ch. Maison de maître du XIXe siècle. 4 ch. 2 pers., 2 ch. 3 pers., salle de bains, wc privatif, chauffage, salle de séjour, cheminée, TV, lave-linge. Jardin et parc ombragés, terrasse, parking privé, patio, salle donnant dans le parc, pouvant accueillir : musique, littérature, séminaires, spectacles.

Prix : 1 pers. **230 F** 2 pers. **270 F** 3 pers. **330 F** pers. sup. **70 F**
repas **100 F**

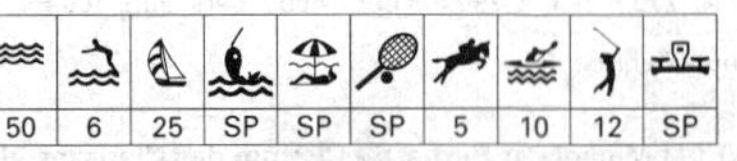

50	6	25	SP	SP	SP	5	10	12	SP

CHEVALIER-PERIER Françoise - 34260 LA TOUR-SUR-ORB - Tél : 04 67 95 02 99

VAILHAUQUES

(TH) *C.M. 83 Pli 6*

3 ch. A la périphérie du village, 3 ch. (dont une 3 épis) dans la villa du propriétaire. 1 ch. 2 pers., s.e./wc privatifs, 1 ch. 3 pers., s.e. privative, wc communs, 1 ch. 3 pers., s.e./wc privatifs, poss. lit enf., ch. central, TV, cheminée, cuisine à dispo. pour séjour été. Garage (vélos, motos). Terrain attenant 1 ha clôturé.

Prix : 1 pers. **190 F** 2 pers. **220/270 F** pers. sup. **100 F** repas **75 F**

Ouvert : toute l'année.

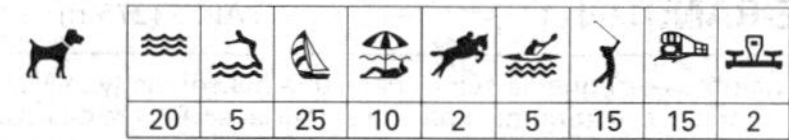

20	5	25	10	2	5	15	15	2

BOTTINELLI-FAIDHERBE Huguette - 41, Place des Fontanelles - 34570 VAILHAUQUES - Tél : 04 67 84 41 26

VIAS Domaine de la Source

C.M. 83

6 ch. Chambres en r.d.c. surélevé sur une exploitation agricole. 1 ch. 2 pers., 2 ch. 3 pers., 3 ch. 4 pers., salle d'eau, wc privatifs, chauffage électrique, salle de séjour/coin-salon, TV, frigo-bar. Terrasse, salon de jardin, jeux pour enfants, tennis de table, parking.

CV

Prix : 1 pers. **230 F** 2 pers. **260 F** 3 pers. **320 F** pers. sup. **50 F**

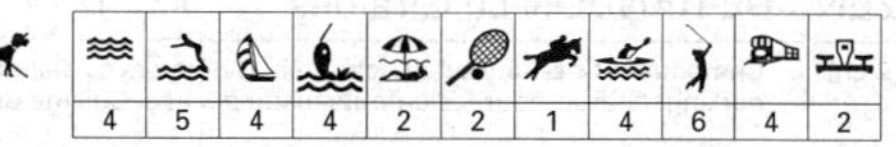

4	5	4	4	2	2	1	4	6	4	2

DUPLAN Pierre - Domaine de la Source - Route de Beziers - 34450 VIAS - Tél : 04 67 21 67 49

VIAS

(TH) *C.M. 83 Pli 15*

1 ch. Au cœur du vieux village languedocien, maison traditionnelle agrémentée d'une cour intérieure qui mène à une suite indépendante couleurs du midi, située au 1er étage (1 lit 2 pers. 1 lit 1 pers.), 2 lavabos, s.e, wc privatifs, chauffage. Salon de jardin, petit-déj. et table d'hôte servis dans le patio ou le séjour. Prix 1/2 pens./2 pers. A proximité du canal du Midi (loc. de bateaux), randonnées pédestres et VTT (loc. sur place). Langues parlées : anglais, hollandais.

CV

Prix : 1 pers. **210 F** 2 pers. **270 F** 3 pers. **340 F** repas **95 F**
1/2 pens. **460 F**

Ouvert : toute l'année.

3	5	3	1	3	0,1	1	3	7	4	SP

TCHOLAKIAN Pascaline - 3, rue Racine - 34450 VIAS - Tél : 04 67 01 65 92 ou 06 83 56 94 88

VILLENEUVE-LES-BEZIERS

(TH) *C.M. 83*

4 ch. **Valras-Plage 8 km.** Belle maison de maître sur deux niveaux, au centre du village. 1 ch. 2 pers., s.e./wc priv., 1 ch. 2 pers., s.d.b./wc priv., 2 ch. 2 pers., s.d.b./wc + douche priv., salle de séjour, chauffage central et électrique. Cour, Canal du Midi sur place. Ecoplage de Sérignan. Langue parlée : anglais.

CV

Prix : 1 pers. **280 F** 2 pers. **280 F** 3 pers. **350 F** pers. sup. **70 F**
repas **90 F**

Ouvert : toute l'année.

8	6	8	0,5	8	0,5	1	3	15	5	SP

VINER Jennifer - 7, rue de la Fontaine - 34420 VILLENEUVE-LES-BEZIERS - Tél : 04 67 39 87 15 - Fax : 04 67 32 00 95 - E-mail : anges-gardiens@wanadoo.fr

VILLETELLE Les Bougainvilliées

(TH) *C.M. 83*

5 ch. Belle maison de caractère, ch. de plain-pied avec chacune une entrée, terrasse et salon de jardin indépendants. 4 ch. 2 pers. + coin-salon (canapé d'appoint), s.e. ou s.d.b., wc. 1 suite 4 pers. (dont 1 lit 160), s.d.b., wc. Ch. électr., L.linge commun, coin-cuisine. Piscine, tennis, terrain 2 ha clos, parking couvert, jeux divers. 4 pers. 590/630F Prix repas vin inclus. Langue parlée : anglais.

CV

Prix : 1 pers. **330 F** 2 pers. **350 F** 3 pers. **450/590 F** pers. sup. **100 F**
repas **150 F**

Ouvert : toute l'année.

20	SP	20	1	SP	1	1	20	6	1

BARLAGUET Daniel - 343 chemin des Combes Noires - Les Bougainvilliées - 34400 VILLETELLE - Tél : 04 67 86 87 00 - Fax : 04 67 86 87 00

VILLETELLE

(TH) *C.M. 83 Pli 8*

4 ch. Proche de la Camargue et de la Méditerranée, belles chambres dans demeure construite par les Compagnons, sur terrain arboré de 4000 m². R.d.c. 1 suite 3 pers., s.d.b./wc, 1 ch. 2 pers. (lit 160), s.d.b./wc, 1er ét. 1 ch. 2 pers. (lit 160), salle d'eau/wc, terrasse, suite indép.(3 épis) de plain-pied en r.d.c.4 pers.(lit 160 et canapé 2 pers.), s.d.b./wc. TV, salle de séjour, salon, cuisine d'été, salle de remise en forme avec suppl. (sauna, balnéo..). Jardin et parking clos, terrasse, piscine non clôturée. Langue parlée : anglais.

CV

Prix : 1 pers. **340 F** 2 pers. **390 F** pers. sup. **100 F** repas **120 F**

Ouvert : toute l'année.

20	SP	20	1	SP	1	1	20	7	1

SCALESSE Paul - Villa l'Amairadou - 620, chemin de Montpellier - 34400 VILLETELLE - Tél : 04 67 86 80 65 ou SR : 04 67 67 71 62

GITES DE FRANCE - Service Réservation
14, bd. Henri Bourrillon - B.P. 4
48001 MENDE Cedex
Tél. 04 66 48 48 48 - Fax. 04 66 65 03 55

ARZENC-DE-RANDON

Alt. : 1275 m (TH) *C.M. 76 Pli 16*

1 ch. 2 chambres et 1 gîte de séjour dans une maison de type Margeride. Grande cheminée. Sanitaires communs. Salle d'eau dans les chambres, wc communs. Salle de séjour avec TV à la disposition des hôtes. Restaurant, randonnées. Accessible par la D3. Repas à partir de nos produits : pain maison, porc, poulet, jardin, lait, beurre.

Prix : 1 pers. **110 F** 2 pers. **220 F** 1/2 pens. **170/200 F**

Ouvert : toute l'année.

SP	SP	10

AMARGER Alexis et Françoise - Le Giraldes - Arzenc-de-Randon - 48170 CHATEAUNEUF-DE-RANDON - Tél : 04 66 47 92 70

ARZENC-DE-RANDON Le Giraldes

Alt. : 1276 m (TH)

2 ch. **Chateauneuf-de-Randon 10 km.** 2 ch. d'hôtes avec salle d'eau et wc privés chacune. Salle à manger, cheminée. Terrasse, rivière, parking. Gratuit pour les enfants jusqu'à 3 ans. Cuisine du terroir, spécialités : moche, flecque, ponty. Langue parlée : espagnol.

Prix : 1 pers. **105 F** 1/2 pens. **185 F** pens. **265 F**

Ouvert : toute l'année.

SP	SP	10	30	30	30	10	30	12

VALY Daniel et Jeannette - Le Giraldes - 48170 ARZENC-DE-RANDON - Tél : 04 66 47 93 62 - E-mail : valy@ordilyon.fr - http://www.ordilyon.fr/ousta de baly

LA CANOURGUE La Vialette

Alt. : 850 m (TH) *C.M. 80 Pli 5*

6 ch. 6 chambres d'hôtes avec salle de bains, wc, TV. Fax à disposition. Accès : D998, 12 km après la Canourgue prendre dir. Ste-Enimie en face la Capelle. Ferme Caussenarde du XVe siècle. Accueil chaleureux.

Prix : 1 pers. **200 F** 2 pers. **270 F** repas **80 F** 1/2 pens. **280 F**

Ouvert : toute l'année.

15	15	12	8	20	15	20	12

FAGES Jean et Anne-Marie - La Vialette - en face la Capelle - 48500 LA CANOURGUE - Tél : 04 66 32 83 00 ou 04 66 32 94 62

LA CANOURGUE Le Mazelet

Alt. : 800 m A (TH) *C.M. 80 Pli 4/5*

3 ch. 3 chambres d'hôtes (1 lit 2 pers. 1 lit 1 pers.) dont 1 avec salle d'eau et wc privés (3 épis) et 2 avec salle d'eau privée et wc communs (2 épis). Chauffage. Calme assuré. Accès par D998, au golf du Sabot : D46, à droite direction la Malène D43 à gauche. A 13 km des Gorges du Tarn. Terrasse avec transat. Badminton, parking. Menu gastronomique et carte des vins. Spécialité : charcuterie, aligot, truffade, coupetade. Langue parlée : anglais.

Prix : 1 pers. **180 F** 2 pers. **235 F** 3 pers. **305 F** pers. sup. **70 F**
1/2 pens. **250 F**

Ouvert : toute l'année.

10	13	6	5	5	13	6	7

TRANCHARD Muriel - Le Mazelet - 48500 LA CANOURGUE - Tél : 04 66 32 83 16

LA CANOURGUE Paulhac

Alt. : 700 m

1 ch. Sur le Causse de Sauveterre entre la vallée du Lot et les gorges du Tarn, dans une maison rénovée : 1 ch. (5 pers.) chez le propriétaire, accessible aux pers. handicapées. Chambre fumeurs, wc et salle de bains privés. Salon commun, cheminée, TV, salon de jardin, terrasse. Réservation obligatoire. Langues parlées : anglais, allemand.

Prix : 1 pers. **150 F** 2 pers. **200 F** 3 pers. **250 F**

Ouvert : de pâques à fin novembre.

4	25	5	4	15	25	4

GILLE Roger et Josette - Paulhac - 48500 LA CANOURGUE - Tél : 04 66 32 83 39

CHANAC Le Moulin de Magre

Alt. : 630 m (TH) *C.M. 80 Pli 5*

4 ch. **Gorges du Tarn 20 km. Lot 200 m.** 4 ch. dans un ancien moulin, ruisseau. 1 ch. pour 4 pers. 1 ch. 2 pers. s. d'eau + wc privatifs. 2 ch. 2 pers. s. d'eau privative et wc communs au 2 ch. Table d'hôte sur réservation. Espaces verts, jardins et parking privés. Tarif 4 pers. : 340 F.

Prix : 1 pers. **160 F** 2 pers. **200/220 F** 3 pers. **280 F** repas **70 F**

Ouvert : toute l'année.

SP	SP	SP	SP	20	20	SP	SP	SP

DALLES-SABAT Anne-Marie - Le Moulin de Magre - avenue de la Gare - 48230 CHANAC - Tél : 04 66 48 17 28

CHANAC Le Jas — Alt. : 900 m — TH — *C.M. 80 Pli 5*

3 ch.

Gorges du Tarn 12 km. Vallée du Lot 6 km. Entre les Gorges du Tarn et la Vallée du Lot. Accès D 31 puis D 44 de Chanac. A 75 sortie « Le Monastier ». Chambres d'hôtes à la ferme. 3 ch. indépendantes chez le propriétaire sur 5000 m^2 de terrain. 8 places. WC. S. d'eau privatifs par chambre. Parking, salon de jardin, coin TV, l-linge, kitchenette. Equip. bébé, barbecue. Réservations obligatoires, charges comprises. Gratuite jusqu'à 2 ans et - 40 % jusqu'à 6 ans. Pas de repas en août. Les dimanches, Mercredi et Jeudi en juillet. Randonnées pédestres sur place. Cuisine copieuse et chaleureuse du terroir à base de Roquefort et lait de brebis.

Prix : 1 pers. **230 F** 2 pers. **260 F** 3 pers. **340 F** pers. sup. **80 F**
repas **85 F** 1/2 pens. **215 F**

Ouvert : de Pâques à mi-septembre.

7	7	6	6	23	6	12	6	7	6

DURAND J-Pierre et Sylvie - Le Jas - 48230 CHANAC - Tél : 04 66 48 22 93

CHANAC Le Gazy — Alt. : 800 m — A — TH — *C.M. 80 Pli 5*

6 ch.

1 ch. 3 épis (2 lits 2 pers.), salle d'eau, wc, 2 ch. (1 lit 2 pers.), douche, lavabo, wc communs aux 2 ch. sur le palier, 1 ch. (2 lits 120), douche, lavabo, wc, 1 ch. (1 lit 2 pers.), douche, lavabo, 1 ch. double (1 lit 2 pers. 1 lit 1 pers.), douche, lavabo, wc communs à ces 2 ch. 300 F/4 pers. 1/2 pens. sur la base de 2 pers.

Prix : 2 pers. **200 F** 3 pers. **280 F** repas **70 F** 1/2 pens. **340 F**

Ouvert : toute l'année sur réservation.

7	7	7	7	20	10	25	7	7	7

PRADEILLES Marie-Thérèse - Le Gazy - 48230 CHANAC - Tél : 04 66 48 21 91

CHANAC Le Cros Bas — Alt. : 800 m — TH

4 ch.

Les Gorges du Tarn 15 km. 3 chambres avec lavabos, douches et wc communs et 1 ch. 3 pers. (3 épis) avec salle d'eau et wc privés et 2 chambres 1 épi. Salle à manger. Parking, terrain, salon de jardin. Réservation obligatoire. Enfant gratuit jusqu'à 3 ans.

Prix : 1 pers. **150/190 F** 2 pers. **200/250 F** 3 pers. **375 F** pers. sup. **60 F**
repas **70 F**

Ouvert : du 1er avril au 30 septembre.

4	15	4	14	20	15	4	5	4

SAHUQUET Catherine et SALANSON Gilles - Le Cros Bas - 48230 CHANAC - Tél : 04 66 48 10 60

CHAUCHAILLES Boutans Bas — Alt. : 960 m — TH — *C.M. 80*

4 ch.

Les loups du Gévaudan 15 km. L'Aubrac 15 km. Chaudes-Aigues 15 km. 4 ch. indépendantes. Ch. fumeurs. Cuisine du terroir. Spécialités : produits fermiers. WC privatifs par chambre. Salle d'eau/bain privatif par chambre. Cheminée. Salle à manger. Terrasse. Terrain, parking. Coin-baignade dans la cour. Ferme restaurée entourée de prés. Le village le plus proche est à 8 km.

Prix : 1 pers. **180 F** 2 pers. **250 F** 3 pers. **330 F** pers. sup. **80 F**
repas **100 F** 1/2 pens. **240 F**

Ouvert : de mai à octobre.

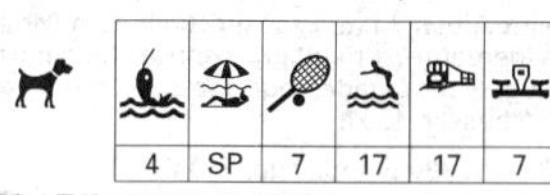

4	SP	7	17	17	7

ALILI Malik et M-Christine - Boutans Bas - 48310 CHAUCHAILLES - Tél : 04 66 31 61 12

CHEYLARD-L'EVEQUE — Alt. : 1130 m — TH — *C.M. 76 Pli 17*

4 ch.

Langogne 10 km. Pradelles 15 km. Au centre d'un village paisible, à l'orée de la forêt de Mercoire. Maison rénovée en granit et lauzes de pays. 4 ch. calmes et confortables de 2 ou 4 pers. S. d'eau, bains privés. Détente et sports nature. Proximité GR4 et GR7. Halte Stevenson sur GR70. Accès Langogne/Mende. Table d'hôtes le soir. Spécialités régionales. Gîte de pêche et neige. Salon commun. Expo photo « Antarctique ». TV. Satellite. Hifi vidéo. Bibliothèque. Cheminée. Salle à manger, terrasse ombragée. Jardin, boulodrome. Parking. Réservation obligatoire. Séminaire. Repas à thème, buffet. Prêt matériel : VTT, pêche, escalade, ski. Langue parlée : anglais.

Prix : 1 pers. **210 F** 2 pers. **290 F** 3 pers. **420 F** repas **90 F**
1/2 pens. **230 F**

Ouvert : toute l'année.

8	SP	10	10	5	5	5	12	12	12

**SIMONET Agnès et Christian - Refuge de Moure - Cheyland l'Evèque - 48300 LANGOGNE - Tél : 04 66 69 03 21 -
Fax : 04 66 69 03 21 - E-mail : gitap.simonet@wanadoo.fr**

CHIRAC Les Violles — Alt. : 1100 m — A — *C.M. 80*

4 ch.

3 ch. (1 lit 2 pers. 1 lit 1 pers.), 1 ch. (1 lit 2 pers. 2 lits 1 pers.), s. d'eau commune. A l'extérieur, dans une ancienne porcherie : 2 ch. (1 lit 2 pers. 1 lit 1 pers.), s.d.b. dans un ancien four à pain. Biblio., salon de repos dans salle typique lozérienne avec grande cheminée. 1/2 pens. : 380 F/2 pers. En suivant un petit sentier longeant le Rioulong à 9 km de Chirac. Dans une ancienne ferme, l'auberge offre des produits fabriqués maison, dans une nature intacte. Langues parlées : anglais, allemand.

Prix : 1 pers. **190 F** 2 pers. **190 F** 3 pers. **225 F** pers. sup. **25 F**
repas **100 F** 1/2 pens. **270 F**

Ouvert : toute l'année.

SP	10	10	18	10	10	1	14	10

PROCKL Bernard - Auberges des Violles - 48100 CHIRAC - Tél : 04 66 32 77 66

LE COLLET-DE-DEZE Le Lauzas — Alt. : 600 m — (TH) — *C.M. 80 Pli 7*

1 ch. Dans un mas cévenol, propriété de 20 ha. 1 ch. (1 lit 2 pers.) avec cabinet de toilette indépendant (douche, wc). Isolation complète, chauffage central. Bibliothèque. Piano, Forêt, randonnée. Conseil gratuit sur la région et la randonnée par une accompagnatrice montagne diplômée d'état. Table d'hôtes sur demande. Pique-nique 40 F. - 50% pour enfant - 8 ans. RN106 Alès-Florac-Mende. Repas froid : 40 F. Repas avec apéritif vin et café compris. Extension possible en gîte. SNCF : Paris/Nîmes. Langue parlée : anglais.

Prix : 1 pers. **245 F** 2 pers. **275 F** pers. sup. **70 F** repas **95 F**

Ouvert : toute l'année.

SP	SP	SP	8	15	15	15	10	8

COUDERT Pierrette - Le Lauzas - 48160 LE COLLET-DE-DEZE - Tél : 04 66 41 03 88

LE COLLET-DE-DEZE Lou Rey — Alt. : 500 m — (TH) — *C.M. 80 Pli 7*

6 ch. **Collet-de-Deze 5 km. Alès 30 km.** Dans un Mas cévenol surplombant une des nombreuses vallées avec une vue saisissante depuis la terrasse, et toutes les chambres. 6 ch. avec lavabo et douche cabine : 1 ch. (1 lit 2 pers. 1 lit 1 pers.), 3 ch. (1 lit 2 pers.), 2 ch. (1 lit 2 pers. 2 lits 1 pers. en mezzanine). 2 wc communs aux 6 ch. Salle commune. Randonnées, activités nautiques. 1/2 pension/2 pers. : 340 F. Pension complète/2 pers. : 450 F. Possibilité de dortoir 12 pers. 90 F/nuit petit déjeuner compris. Tarif 4 pers. : 570 F. Langues parlées : anglais, allemand.

Prix : 1 pers. **180 F** 2 pers. **220 F** 3 pers. **280 F** repas **75 F**
1/2 pens. **240 F** pens. **290 F**

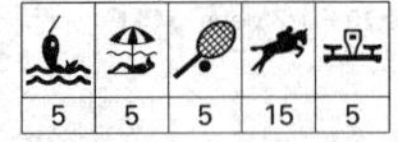

5	5	5	15	5

SAWALICH David - Lou Rey - 48160 LE COLLET-DE-DEZE - Tél : 04 66 45 58 58 - Fax : 04 66 45 58 58 - E-mail : saw.lou.rey@wanadoo.fr

FLORAC Lé Pradal — Alt. : 1000 m — (TH) — *C.M. 80 Pli 6*

1 ch. 1 ch. 3 pers. (1 lit 2 pers. 1 lit 1 pers.), salle de bains et wc indépendants. Sur le Causse Méjean et au cœur du Parc National des Cévennes, en bordure des corniches du Tarn et du Tarnon. 1/2 pens. sur la base de 2 pers.

CV

Prix : 2 pers. **260 F** 3 pers. **348 F** repas **75 F** 1/2 pens. **416 F**

Ouvert : toute l'année.

6	6	6	6	60	6	6	8	60	6

PUEL Gilbert - Le Pradal - 48400 FLORAC - Tél : 04 66 45 12 77 - Fax : 04 66 45 12 77

FONTANS Les Sapins Verts — Alt. : 1000 m — A — *C.M. 76 Pli 15*

5 ch. **Serverette 4 km. Saint-Alban 7 km. Lacs du Gavinet et Moulinet 15 km.** 5 ch. d'hôtes de 2 à 3 pers. avec salle d'eau et wc privés, dans une ancienne demeure. Chauffage central. Cuisine familiale et traditionnelle, spécialités du terroir et de la Margeride (volailles, truffade, aligot, coupetade, tourtelle...). 1/2 pens. enfant 160 F. 1/2 pens. : 450 F/2 pers. Réserve à bisons 12 km. Parc avec loups 20 km. Lac de Naussac 40 km.

Prix : 1 pers. **210 F** 2 pers. **270 F** 3 pers. **380 F** pers. sup. **110 F**
repas **85 F** 1/2 pens. **295 F**

Ouvert : de début avril à mi-octobre.

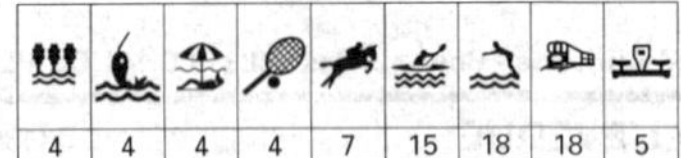

4	4	4	4	7	15	18	18	5

CRUEIZE Louis et M-Paule - Les Sapins Verts - Chazeirollettes - 48700 FONTANS - Tél : 04 66 48 30 23

FOURNELS Grandviala — Alt. : 950 m — A (TH) — *C.M. 76 Pli 14*

3 ch. **Parc à loups 30 km. Réserve des bisons 26 km.** 3 chambres indépendantes pour 6 pers. Chambres fumeurs. Salon commun. Cuisine du terroir. Terrain, parking. Aux portes de l'Aubrac.

Prix : 2 pers. **200 F** pers. sup. **60 F** repas **90 F**

Ouvert : toute l'année.

SP	1	9	12	12	30	SP

PERRIER Henri et Julie - Grandviala - 48310 FOURNELS - Tél : 04 66 32 52 96 ou 06 89 53 70 61

GATUZIERES — Alt. : 800 m

1 ch. Chambre grand confort 2 à 4 pers., d'accès indépendant de plain-pied. Salle de bains/wc privatifs. Pelouse, jardin. Sur le fond de paysage, la faune locale en mosaïque, d'où son nom : « La Mosaïque ». Calme assuré. Randonnées à pied, en VTT à partir de la chambre. - 10 % à partir de 3 nuitées. Située à 6 km de Meyrueis entre la Causse Méjean et l'Aigoual. Langue parlée : anglais.

Prix : 1 pers. **250 F** 2 pers. **280 F** 3 pers. **350 F** pers. sup. **50 F**

Ouvert : toute l'année.

SP	SP	6	25	6	45	6

TRESCARTE Muriel - 48150 GATUZIERES - Tél : 04 66 45 64 10

GRANDRIEU Bellelande

Alt. : 1160 m — TH

4 ch. — 4 ch. d'hôtes indépendantes, toutes avec wc privés. Salle d'eau ou de bains privative ou commune. Salon et TV communs, cheminée dans la salle des repas. Salon de jardin, terrasse, parking. Réservation obligatoire. Enfant gratuit jusqu'à 4 ans. Réduction 50% pour les enfants jusqu'à 10 ans. Cuisine du terroir (aligot, charcuteries maison, veau, volaille...). 2 chambres 2 épis et 2 chambres 3 épis.

Prix : 1 pers. **120 F** 2 pers. **240 F** repas **85 F** 1/2 pens. **190 F** pens. **240 F**

Ouvert : toute l'année.

5

ASTRUC Eloi - Bellelande - 48600 GRANDRIEU - Tél : 04 66 46 30 53

HURES-LA-PARADE Le Buffre

Alt. : 1000 m — TH — *C.M. 80 Pli 6*

1 ch. — Chambre d'hôtes située dans un petit hameau au cœur du causse Méjean. Ch. 2 lits 1 pers. Salle de bains et wc indépendants. TV couleur. Chauffage électrique.

Prix : 1 pers. **210 F** 2 pers. **270 F** repas **70 F**

Ouvert : de Pâques à Novembre.

15	15	18	15	18	50	18

GAL Denis - Le Buffre - 48150 MEYRUEIS - Tél : 04 66 45 61 84

JONTANELS-GATUZIERES

Alt. : 900 m — TH

2 ch. — Dans un hameau paisible, au cœur du Parc National des Cévennes, maison typique indépendante en bordure de la Jonte, belles balades en forêt. 2 ch. avec salle d'eau/bains et wc privés. Salle à manger, salon avec cheminée et TV. Lave-linge. Salon de jardin, terrasse, parking. Réservation obligatoire. Grottes l'Aven Armand, Causses Méjéan, Noir et Sauveterre, Larzac, gorges, Belvédère des Vautours, Mont Aigoual...

Prix : 1 pers. **250 F** 2 pers. **280 F** repas **85 F** 1/2 pens. **450 F**

Ouvert : toute l'année.

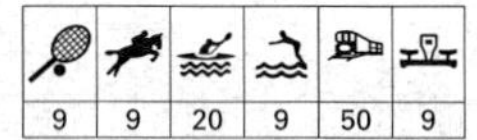

9	9	20	9	50	9

BUONAMINI Alain - Jontanels Gatuzières - 48150 MEYRUEIS - Tél : 04 66 45 67 37

LANGOGNE

Alt. : 912 m — TH — *C.M. 76 Pli 16*

3 ch. — Maison de village en rénovation écotechnique, dans une rue calme au centre de Langogne, à 200 m de chemins de randonnée. 1 ch. (1 lit 2 pers.), 1 suite (2 lits 2 pers. 2 lits 1 pers.), 1 suite (2 lits 2 pers.), 4 sanitaires complets. Draps, couettes et serviettes de bains fournis. Lave-linge, sèche-linge. Bibliothèque. Vidéothèque, rétroprojecteur, billard, bar d'accueil, salle pour séminaire. Garage, terrasse d'été. TH le soir. Membre de l'association « sur le chemin de Stevenson ». Lac de Naussac, eaux vives, golf, VTT sur place. Site web : http ://ourworld.compuserve.com/homepages/blancp. Langue parlée : anglais.

Prix : 1 pers. **170 F** 2 pers. **260 F** repas **100 F** 1/2 pens. **270 F**

Ouvert : toute l'année.

SP	1,5	1,5	SP	4	6	1,5	1,5	0,6	0,1

BLANC Philippe - 9 rue de la Honde - 48300 LANGOGNE - Tél : 04 66 69 15 25 ou 06 07 61 55 66 - Fax : 04 66 69 17 96 - E-mail : philippe.blanc@gr70.com - http://www.gr70.com

LAVAL-ATGER Mas de Bonnaude

Alt. : 1000 m — TH — *C.M. 76 Pli 16*

3 ch. — 1 ch. avec vue (1 lit 2 pers.), salle de bains marbre, lavabo, baignoire, wc et bidet. 2 ch. sur 2 niveaux (1 lit 2 pers. en mezzanine), au r.d.c. : 1 lit 1 pers. avec lavabo, douche, et wc privatifs. Chauffage central. Prise TV. coin-salon. Table d'hôtes avec cheminée. Piscine et tennis privés. Demeure historique ayant appartenu au tristement célèbre abbé du Chayla, déclencheur de la guerre des « Camisards » sous Louis XIV. Cuisine du terroir à la table d'hôtes (le soir). Balades à pieds ou en VTT. Promenades à cheval. Accueil de cavaliers. Réduct. 20% hors juil./août. Langues parlées : anglais, italien.

Prix : 1 pers. **285/400 F** 2 pers. **345/460 F** 3 pers. **481 F** repas **100 F** 1/2 pens. **377/492 F**

Ouvert : toute l'année.

SP	SP	SP	15	SP	SP	15	SP	15	5

SCHWANDER Chantal - Mas de Bonnaude - 48600 LAVAL-ATGER - Tél : 04 66 46 46 01 - http://www.chez.com/galoper/

LAVAL-DU-TARN

Alt. : 800 m — TH — *C.M. 80 Pli 5*

3 ch. — 1 ch. (2 lits 2 pers.), 1 ch. attenante pour enfants (190 F), 1 ch. à 2 lits pour 2 ou 3 pers. Poss. 1 lit suppl. dans les ch. S. d'eau et wc privés pour chacune. Petits déjeuners servis sur la terrasse avec confitures maison, beurre et miel. Sur commande, repas du soir avec les produits de la ferme (volailles, lapins, quiches aux champignons, aligot, truites). D'autres chambres sont disponibles pour les groupes. Ouvert toute l'année. Randonnées pédestres sur place (nombreux chemins et sentiers balisés). Découverte de la flore du Causse. A 75 sortie 40 direction Gorges du Tarn.

Prix : 1 pers. **130/170 F** 2 pers. **220/250 F** 3 pers. **290/310 F** pers. sup. **60 F** repas **80 F**

Ouvert : toute l'année.

9	9	9	9	15	9	9	17	20	9

MIRMAND Jean et Anne-Marie - 48500 LAVAL-DU-TARN - Tél : 04 66 48 51 51

LA MALENE *C.M. 80 Pli 5*

2 ch. **Le Causse 2 km. Grottes 15 km.** Dans une vieille maison en pierre adossée aux rochers des gorges du Tarn, 2 chambres d'hôtes mansardée avec sanitaires privés (2 places et 4 places), coin-détente dans le jardin avec vue sur les gorges. Rivière et plage à 300 m. Calme, confort et activités diverses. Descente en barque sur place. Accès : D907 bis ou D43, A75 à 20 km. Langue parlée : anglais.

Prix : 1 pers. **230 F** 2 pers. **260 F** 3 pers. **430 F** pers. sup. **60 F**

Ouvert : toute l'année.

SP	SP	SP	12	20	SP	20	SP

BRUN Christophe et Myriam - Village - 48210 LA MALENE - Tél : 04 66 48 55 95

LA MALENE *C.M. 80 Pli 5*

1 ch. **Gorges du Tarn sur place. Descente en barque. Nombreuses excursions.** 1 chambre indépendante, 2 places. WC privés pour chaque chambre. Terrasse. Réservation obligatoire. Vue sur jardin. Au cœur des gorges du Tarn et des grands Causses.

Prix : 1 pers. **230/260 F** 2 pers. **260/275 F**

Ouvert : d'avril à octobre.

SP	SP	12	20	SP	24	SP

BRUN Huguette - 48210 LA MALENE - Tél : 04 66 48 51 02

LA MALENE *C.M. 80 Pli 5*

1 ch. 1 chambres d'hôtes (1 lit 2 pers.) indépendante et calme, douches/wc privés indépendants. TV. Chauffage électrique. Terrasse privée. Activités diverses à proximité dans les gorges du Tarn.

Prix : 1 pers. **190 F** 2 pers. **240 F**

Ouvert : toute l'année.

SP	SP	20	SP	SP	24	SP

FAGES Michel - Le Pigeonnier - 48210 LA MALENE - Tél : 04 66 48 57 51

MARCHASTEL Alt. : 1200 m (TH) *C.M. 76*

5 ch. **Parc à loups du Gévaudan 15 km. Station thermale 20 km.** Jeanine et André ont aménagés cinq chambres avec accès indépendants et équipées d'une salle d'eau et wc privés dans une ancienne grange, un bâtiment de caractère de la propriété familiale, situé au cœur de l'Aubrac dans un joli village, très paisible, avec randonnées sur place. Une salle à manger avec kitchenette pour préparer vos pique-nique. Un l-linge à votre disposition. Cuisine du terroir et spécialités régionales. En basse saison 10 % de réduction sur la chambre pour un séjour minimum de 3 jours consécutifs excepté en juillet et août. A 15 km du Parc à loups et 20 km de la station thermale Chaldette.

Prix : 1 pers. **220 F** 2 pers. **250 F** pers. sup. **65 F** repas **75 F**

Ouvert : toute l'année sauf les mois d'hiver.

2	2	15	20	30	5	30	23	5

BOYER André et Jeanine - Marchastel - 48260 NASBINALS - Tél : 04 66 32 53 79

MARVEJOLS Alt. : 650 m A *C.M. 80 Pli 5*

6 ch. Situées dans un château des XVIIe et XIXe siècles, 6 ch. de 2 à 4 pers. avec sanitaires privatifs dont 1 ch. avec mezzanine. Salle à manger, salon. Parking, parc, piscine, salon de jardin. Cheminée, TV à usage collectif. Dans un domaine de 9 ha. Auberge à 50 m.

Prix : 1 pers. **300/310 F** 2 pers. **350/450 F** 3 pers. **500/550 F** pers. sup. **100 F**

Ouvert : de juin à septembre.

3	SP	4	28	SP	5	4

MIALANES Jacques et Maryse - Château de Carrière - quartier de l'Empery - 48100 MARVEJOLS - Tél : 04 66 32 02 27 ou 04 66 32 28 14 - Fax : 04 66 32 49 60

MAS-SAINT-CHELY Prunets Alt. : 1000 m (TH) *C.M. 80 Pli 6*

1 ch. **Sainte-Enimie 20 mn.** 1 chambre indépendante avec son entrée, salle d'eau, wc, lavabo, douche. Meublée avec des meubles anciens. Ch. très claire, propre avec peintures récentes (1 lit 2 pers. 1 lit 1 pers.). Dans une ferme Caussenarde du XVIIIe, en bordure des gorges du Tarn. Table d'hôtes sur réservation. Propriété de 193 ha., loin de toute nuisance, piscine privée, grands espaces pour toutes randonnées. Auberges à 7 km.

Prix : 2 pers. **295 F** 3 pers. **400 F** repas **85 F**

Ouvert : toute l'année.

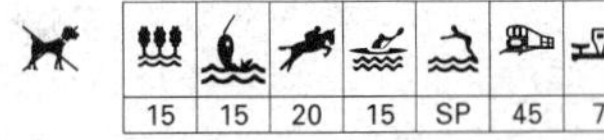

15	15	20	15	SP	45	7

MOREAU Dominique - Prunets - 48210 MAS-SAINT-CHELY - Tél : 04 66 48 55 98

MOISSAC-VALLEE-FRANCAISE Le Cambon — *C.M. 80 Pli 6*

4 ch. 1 ch. 3 pers. (3 lits 1 pers.), 1 ch. 2 pers. (1 lit 2 pers.), 1 ch. 3 pers. (1 lit 2 pers. 1 lit 1 pers.), 1 ch. (1 lit 2 pers.) en duplex avec 3 lits 1 pers. Toutes les chambres possèdent des sanitaires privés. Piscine à dispo. Produits de la ferme et du jardin, pain et confitures maison. Sur la ferme : rucher cévenol et jardins en terrasse. Le domaine du Cambon est situé en bordure du Gardon. L'accueil est proposé dans l'ancien mas restauré attenant au parc.

Prix : 1 pers. **140 F** 2 pers. **280 F** 3 pers. **420 F** repas **125 F** 1/2 pens. **240 F**

Ouvert : toute l'année.

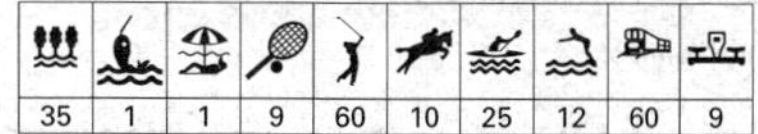

SP	SP	6	20	6	SP	17	6

DIVOUX Hubert - Le Cambon - 48110 MOISSAC-VALLEE-FRANCAISE - Tél : 04 66 44 73 13 - Fax : 04 66 44 73 15

MOLEZON La Baume — Alt. : 510 m

2 ch. **Ecomusée de la Cévenne 3 km.** Mas entièrement restauré. Chambres d'hôtes confortables, agréables et claires disposent toutes de salles d'eau et wc indépendants. Petit salon avec magnétoscope, jeux et bibliothèque (nombreux ouvrages sur les Cévennes) vous est réservé. Repas pris à la table familiale. Petite exploitation agricole située sur un magnifique environnement calme et reposant de prés, de ruisseaux et de chataîgneraies. Sur la commune, nombreux éléments de l'Ecomusée du Parc National des Cévennes. Rivière à proximité et sentiers de randonnée au départ de la Baume. Langues parlées : anglais, norvégien, allemand.

Prix : 1 pers. **215 F** 2 pers. **260 F** pers. sup. **60 F** 1/2 pens. **300 F**

Ouvert : toute l'année.

35	1	1	9	60	10	25	12	60	9

DOLLFUS Nathalie - La Baume - 48110 MOLEZON - Tél : 04 66 44 76 99 - Fax : 04 66 44 74 34 - E-mail : dollfus@aol.com

MONTBEL — Alt. : 1200 m — *C.M. 76*

2 ch. 2 chambres d'hôtes avec wc privés et salle d'eau par chambre, salon commun, cheminée, salle à manger, TV commune. Parking, équipement bébé. Possibilité accueil chevaux.

Prix : 1 pers. **150 F** 2 pers. **220 F** 3 pers. **300 F** pers. sup. **70 F** repas **90 F** 1/2 pens. **240 F**

Ouvert : toute l'année.

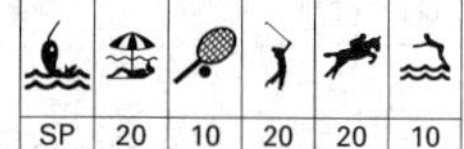

SP	20	10	20	20	10

MOULIN Jackie - La Grange des Moulin - 48170 MONTBEL - Tél : 04 66 47 95 61

MONTBRUN Mativet — Alt. : 910 m — *C.M. 80 Pli 6*

1 ch. Ferme située dans un cadre désertique et reposant, comprenant 1 chambre d'hôtes (1 lit 2 pers. 2 lits 1 pers.), wc, salle d'eau privative. Terrain. Proximité Gorges du Tarn. Terrain de vol à voile à proximité. Possibilité de randonnées pédestres.

Prix : 2 pers. **230 F** 3 pers. **280 F** pers. sup. **70 F** repas **75 F**

Ouvert : de Pâques à la Toussaint.

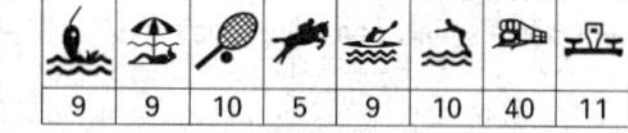

9	9	10	5	9	10	40	11

MICHEL Juliette - Mativet - 48210 MONTBRUN - Tél : 04 66 45 04 76

MONTBRUN Mativet — Alt. : 900 m — *C.M. 80 Pli 6*

1 ch. Chambre dans la maison du propriétaire. Douche et wc privatifs. Ch. avec 1 lit 2 pers. et 2 lits enfants. Au milieu du Causse Méjean, calme et détente assurés. Possibilités randonnées, VTT, vol à voile sur place.

Prix : 2 pers. **220 F** 3 pers. **270 F** pers. sup. **50 F** repas **80 F**

Ouvert : du 1er février au 30 novembre.

10	10	12	10	20	40	12

MICHEL Béatrice - Mativet - 48210 MONTBRUN - Tél : 04 66 45 00 37

NAUSSAC Pomeyrols — Alt. : 1000 m — A — *C.M. 76 Pli 7*

4 ch. Ancienne ferme traditionnelle entièrement rénovée comprenant 4 chambres au 1er étage chez le propriétaire. Sanitaires privatifs (douche, wc, lavabo) dans chacune. Salon commun. Chauffage central. Accès : RN88 puis D26. 1/2 pens. 2 pers. : 440 F. Spécialités à base de veau de la ferme. Entre le lac de Naussac, en bordure de l'Allier, au cœur d'une forêt et à proximité de Langogne, la ferme de Pomeyrols offre convivialité, calme et indépendance. Chevaux, animaux de la ferme (vaches allaitantes), promenade. Pédestres et VTT. Langue parlée : anglais.

Prix : 1 pers. **175 F** 2 pers. **260 F** repas **90 F** 1/2 pens. **265 F**

Ouvert : de février à novembre et vac. scol. de Noël sur réservation.

SP	5	8	10	10	10	5	8	8

AUGUSTE Georges et Sylviane - l'Escapade - Pomeyrols - 48300 NAUSSAC - Tél : 04 66 69 25 91

LE POMPIDOU Le Village

Alt. : 750 m A TH *C.M. 80 Pli 6*

4 ch. 4 ch. de 2 ou 3 pers. avec salle d'eau et wc privatifs. Salon commun avec documentation et réfrigérateur. Terrasse avec salon de jardin. Parking et jardin privés. Chambres aménagées dans une maison de maître dans un petit village sur la corniche des Cévennes. A la croisée des vallées Borgne et Française, au pied de la can de l'Hospitalet, vous découvrirez une région riche en histoire et en paysages.

Prix : 1 pers. **189/210 F** 2 pers. **225/250 F** 3 pers. **315/350 F** pers. sup. **60 F** repas **75 F** 1/2 pens. **264/285 F**

Ouvert : toute l'année sauf du 23 au 30/06 et du 22/12 au 06/01.

10	10	SP	10	23	30	60	SP

CAUSSE Jean-Marie - Le Village - 48110 LE POMPIDOU - Tél : 04 66 60 31 82

LE PONT-DE-MONTVERT Le Merlet

Alt. : 1100 m TH *C.M. 80 Pli 7*

6 ch. 6 chambres 2 pers. avec salle d'eau et wc privés aménagées dans une ferme du XVIe, dans le Parc National des Cévennes, un merveilleux bout du monde selon « Le Guide du Routard ». Nous partageons les repas élaborés à partir des produits de la ferme. Itinéraires pour rand. pédestres. Taxe de séjour : 2 F/jour/pers. Suppl. single : 50 F. Maison paysanne de France 1997. Le Merlet, un pays où le temps prend encore le temps. Langues parlées : anglais, allemand.

Prix : repas **95 F** 1/2 pens. **255/310 F**

Ouvert : toute l'année.

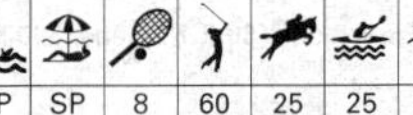

SP	SP	8	60	25	25	30	8

GALZIN Philippe & Catherine - Le Merlet - 48220 LE PONT-DE-MONTVERT - Tél : 04 66 45 82 92 - Fax : 04 66 45 80 78

LE PONT-DE-MONTVERT Finiels

Alt. : 1200 m TH *C.M. 80 Pli 16*

5 ch. Dans une maison restaurée, nos 5 ch. d'hôtes sont confortables, toutes avec sanitaires privés. Au cœur du Parc National des Cévennes et sur le chemin de Stevenson (GR 70) été comme hiver vous pouvez venir profiter des loisirs de détente : baignade, respirer et s'ennivrer du parfum des narcisses et genêts au printemps. Promenades en forêts en automne. Ce petit village sur le flanc sud du mont Lozère, Finiels baigne dans le calme. Possibilité table d'hôtes à base de produits maison ou locaux. Repas servis devant la cheminée XVIe siècle. 1/2 pens. sur la base de 2 pers. Langue parlée : anglais.

Prix : 2 pers. **312 F** repas **80 F** 1/2 pens. **472 F**

Ouvert : toute l'année.

SP	SP	6	6	10	25	15	30	6

GALZIN Jacqueline - Maison Victoire - Finiels - 48220 LE PONT-DE-MONTVERT - Tél : 04 66 45 84 36

PREVENCHERES Albespeyres

Alt. : 880 m TH *C.M. 80 Pli 7*

5 ch. Village le plus proche 5 km. Accès D 906, 5 ch. indépendantes. WC et s. d'eau, bains privés par chambre. Salon commun. Salle à manger, terrasse, terrain, parking. Réservation obligatoire. Cuisine du terroir, spécialités agneau et dessert au miel. En bordure des Gorges du Chassezac, la Garde-Guérin (village médiéval) paysage de Landes à Genets et bruyère, séjour à thème : Brame du Cerf, visite de Miellerie, location d'ânes, chevaux, randonnées pédestres, raquettes accompagnées (accompagneur diplômé). Réduction 10 % jusqu'à 10 ans.

Prix : 1 pers. **130 F** 2 pers. **260 F** 3 pers. **390 F** repas **80 F** 1/2 pens. **200 F**

Ouvert : toute l'année.

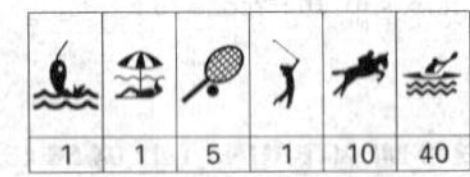

1	1	5	1	10	40

GALLAND Christine - Albespeyres - 48800 PREVENCHERES - Tél : 04 66 46 06 47 ou 06 81 98 90 56 - Fax : 04 66 46 06 47

QUEZAC

Alt. : 600 m TH *C.M. 80 Pli 6*

3 ch. **Sainte-Enimie 16 km. Florac 12 km.** « La Maison de Marius » vous accueille au cœur des Gorges du Tarn. La demeure est authentique, les maîtres de maison chaleureux, la cuisine du terroir vous séduira ainsi que le gateau aux noix.

Prix : 1 pers. **250/400 F** 2 pers. **280/400 F** pers. sup. **100 F** repas **100 F**

Ouvert : toute l'année.

SP	SP	2	1	2	28	2

MEJEAN Danielle - La Maison de Marius - 8 rue du Pontet - 48320 QUEZAC - Tél : 04 66 44 25 05 - Fax : 04 66 44 25 05

RIEUTORT-DE-RANDON Les Fangettes

Alt. : 1000 m *C.M. 76 Pli 15*

1 ch. **Parc à loups du Gévaudan 20 km. Rieutort-de-Randon 2 km.** Dans un petit hameau de la Margeride : 1 ch. chez le propriétaire, 2 places. Sanitaires privés, salle à manger, TV commune. Réservation obligatoire.

Prix : 1 pers. **175 F** 2 pers. **200 F**

Ouvert : toute l'année.

2	2	18	2

JOUVE Albert - Les Fangettes - 48700 RIEUTORT-DE-RANDON - Tél : 04 66 47 35 81

LE ROZIER

C.M. 80 Pli 5

4 ch. Au confluent des Gorges du Tarn et de la Jonte, à l'écart du village, 6 chambres d'hôtes aménagées à l'étage de la maison du propriétaire. 4 chambres 2 pers. 1 ch. 3 pers. et 1 ch. 4 pers., toutes avec salle d'eau et wc privés. Terrasse avec salon de jardin. Piscine privée. Randonnées sur les Corniches du Méjean au départ de la maison. Tarif 4 pers. : 410 F.

Prix : 1 pers. **190 F** 2 pers. **260 F** 3 pers. **330 F** pers. sup. **80 F**

Ouvert : toute l'année.

SP	SP	SP	5	SP	20	SP

ESPINASSE Francis - route de Capluc - 48150 LE ROZIER - Tél : 05 65 62 63 06

SAINT-ANDEOL-DE-CLERGUEMORT Le Cros

Alt. : 640 m (TH)

1 ch. **Collet de Dèze 11 km. Le Pont de Montvert 20 km.** Entre Alès et Florac, mas cévenol traditionnel du XVIIIe, dans un hameau accroché au versant sud du Parc National des Cévennes. 1 ch. double 40 m² avec s.d.b. et wc privés. Chauffage électrique. Equipement bébé. Salon, salle à manger, coin-cuisine en gestion libre. Bibliothèque. TV sur demande. Terrasse, salon de jardin. Sentiers huguenots en Cévennes. Mont Lozère. Langues parlées : anglais, espagnol.

Prix : 2 pers. **260 F** 3 pers. **340 F** pers. sup. **50 F** repas **80 F**

Ouvert : toute l'année.

15	SP	8	10	5	15	18	35	11

PETIT-DUNOGIER Anne-Marie - Le Cros - 48160 SAINT-ANDEOL-DE-CLERGUEMORT - Tél : 04 66 41 05 85

SAINT-ETIENNE-VALLEE-FRANCAISE Le Ranc des Avelacs

Alt. : 550 m (TH) *C.M. 80 Pli 17/7*

6 ch. 6 ch. d'hôtes tout confort avec terrasses privatives. 3 ch. (1 lit 2 pers.), 1 ch. (4 lits 1 pers.), 2 ch. (2 lits 1 pers.). Chauffage. S. d'eau et wc dans chacune. Table d'hôtes dans une salle commune avec cheminée ou une terrasse couverte attenante. Randonnées pédestres sur place. Piscine privée sur place. En pleine nature (vue exceptionnelle sur la Corniche des Cévennes et le Mt Aigoual). Accès par un chemin forestier panoramique en terre sur 3 km. Mas cévenol en pierre de schiste rénové. Vente de miel récolté au mas. Spécialités de cuisine au miel (pain d'épices, tajines). Langues parlées : anglais, espagnol.

Prix : 1 pers. **195 F** 2 pers. **280 F** 3 pers. **380 F** pers. sup. **100 F** repas **80 F** 1/2 pens. **275 F**

Ouvert : toute l'année sur réservation.

3	3	3	5	70	5	50	SP	43	5

CHATIN Bernard et Martine - Le Ranc des Avelacs - 48330 SAINT-ETIENNE-VALLEE-FRANCAISE - Tél : 04 66 45 71 80 - Fax : 04 66 45 75 58

SAINT-FREZAL-DE-VENTALON Vimbouches

Alt. : 700 m **A** *C.M. 80 Pli 7*

2 ch. **Saint-Privat-de-Vallongue 6 km.** Suite familiale pour 5 pers. : 1 ch. 2 pers. (1 lit 2 pers.) et 1 ch. 3 pers. (1 lit 2 pers. 1 lit 1 pers.) avec cabine de douche, lavabo et wc privatifs pour chacune. Bibliothèque (ouvrages régionaux) et meubles de style à chaque chambre. Grande salle commune avec cheminée. Repas sur terrasse ou au coin du feu. Ferme cévenole en culture biologique au cœur du Parc Naturel des Cévennes. Repas à la ferme-auberge où l'on cultive le goût de l'authentique. Langue parlée : anglais.

Prix : 2 pers. **240 F** 3 pers. **290 F** repas **100/140 F** 1/2 pens. **220 F**

Ouvert : toute l'année.

SP	SP	15	30	6	35	6

PIN J-Yves et Catherine - Vimbouches - 48240 SAINT-FREZAL-DE-VENTALON - Tél : 04 66 45 54 00

SAINT-FREZAL-DE-VENTALON Le Viala

Alt. : 600 m (TH) *C.M. 80 Pli 7*

4 ch. Dans un mas cévenol du XVIème siècle, entièrement restauré et primé par les maisons paysannes de France, 4 ch. meublées par les artisans de Lozère. Elles communiquent sur un patio et une terrasse sous treilles et un grand jardin fleuri. Agrément gîte Panda/WWF.

Prix : 1 pers. **190 F** 2 pers. **235 F** 3 pers. **295 F** pers. sup. **45 F** repas **90 F** 1/2 pens. **210 F**

Ouvert : toute l'année.

8	4	8	10	10	40	10	20	10

BRUGUES Bernard et Maryse - Gîte du Viala - Le Viala - 48240 SAINT-FREZAL-DE-VENTALON - Tél : 04 66 45 54 08

SAINT-GERMAIN-DE-CALBERTE Lou Pradel

Alt. : 740 m (TH) *C.M. 80 Pli 7*

3 ch. Au cœur des Cévennes, 3 chambres d'hôtes grand confort avec sanitaires privatifs, salon avec cheminée, bibliothèque, le tout dominant les vallées cévenoles. GR67 sur place. Produits du pays. Location VTT. Enclos pour ânes, hébergements équestres. Repas assurés sur résa. Chambres d'hôtes « Panda ». Soirée : histoire des camisards. Week-end connaissance des chataîgnes. RN106 puis, au Collet de Déze D13 dir. Saint-Germain-de-Calberte. Séjour à thème. Une vue imprenable sur la Cévenne des Cévennes. Table d'hôtes les mercredis et les samedis, pour les autres soirs, ferme auberge à 1 km. Langues parlées : anglais, allemand.

Prix : 2 pers. **290 F** 3 pers. **380 F** pers. sup. **50 F** repas **90 F**

Ouvert : toute l'année.

10	10	12	2	12	30	10

BECHARD Nicole et Jean - Lou Pradel - 48370 SAINT-GERMAIN-DE-CALBERTE - Tél : 04 66 45 92 46 - Fax : 04 66 45 92 46 - E-mail : pradel.nbechard@wanadoo.fr

SAINT-GERMAIN-DE-CALBERTE Vernet

Alt. : 620 m TH *C.M. 81 Pli 7*

6 ch. 6 ch. d'hôtes. Sanitaires privés pour chaque chambre (douche, wc, lavabo). Salon avec cheminée. Chauffage central. Terrasse sous la treille. Bibliothèque. Classement Panda, recommandé par le Parc National des Cévennes. Accès par N106 et D984. Découverte du milieu naturel, faune. Elevage ânes, brebis, poss. de voir les animaux, de ramasser les framboises avec l'agriculteur. Repas préparés avec les produits du jardin et de la ferme.

CV

Prix : 1 pers. **230 F** 2 pers. **280 F** 3 pers. **360 F** pers. sup. **100 F** repas **80 F**

Ouvert : toute l'année.

10	2	10	12	10	35	10

LAMY Sabine - Vernet - 48370 SAINT-GERMAIN-DE-CALBERTE - Tél : 04 66 45 91 94 - Fax : 04 66 45 93 36 - E-mail : gerard.lamy@libertysurf.fr

SAINT-GERMAIN-DE-CALBERTE Le Mazelet Bas

A TH *C.M. 80 Pli 7*

1 ch. Grande salle de séjour avec coin-cuisine et cheminée (1 lit 1 pers.), 1 chambre (1 lit 2 pers.), lavabo, une salle de bains avec wc. Chauffage central. Terrasse indépendante avec salon de jardin. Poss. de louer à la semaine en juillet/août. Vente de crème de marrons. Camping 3 étoiles à prox. Langues parlées : anglais, espagnol.

Prix : 1 pers. **210 F** 2 pers. **220 F** 3 pers. **230 F** repas **60 F** 1/2 pens. **270 F**

Ouvert : toute l'année.

0,3	0,3	7	30	7	15	4

MARTIN Jeannine - Le Mazelet Bas - 48370 SAINT-GERMAIN-DE-CALBERTE - Tél : 04 66 45 90 45

SAINT-JULIEN-D'ARPAON

Alt. : 600 m TH *C.M. 80 Pli 6*

2 ch. 2 ch. d'hôtes dans une propriété : 1 ch. (1 lit 2 pers.) et 1 ch. (2 lits 1 pers.) avec salle d'eau et wc privés. Toutes avec terrasse. Poss. de panier repas pour pique-nique. Salle de loisirs : billard américain/français, TV, vidéo. Balançoire, jeu de pétanque, p-pong. Piscine hors sol. 1/2 pension : 500 F/2 pers. Domaine des Trois Tilleuls dont l'histoire remonte au XVIIe siècle domine la vallée de la Minerbe. dans un cadre magnifique, à l'ombre d'arbres centenaires, au cœur du Parc des Cévennes, aux portes des gorges du Tarn. Gratuit jusqu'à 3 ans.

CV

Prix : 1 pers. **190 F** 2 pers. **300 F** repas **100 F** 1/2 pens. **290 F**

Ouvert : toute l'année.

SP	SP	SP	8	8	15	8

DOMAINE DES TROIS TILLEULS - Village - 48400 SAINT-JULIEN-D'ARPAON - Tél : 04 66 45 25 54 ou 04 66 45 25 94 - Fax : 04 66 45 25 95 - http://www.cevennes.net/les-trois-tilleuls.htm

SAINT-MARTIN-DE-BOUBAUX

Alt. : 550 m TH *C.M. 20 Pli 7*

4 ch. 4 ch. indépendantes dans un vieux mas camisard du XVIIIe siècle, dominant la vallée du « Galeizon », classée réserve de biosphère par l'Unesco. Cuisine du terroir. Spécialités : pain maison, légumes du jardin, confitures de Claudine. Repos au milieu des fleurs. Convivialité et calme. Possibilité promenade accompagnée. Gratuit jusqu'à 3 ans.

Prix : 1 pers. **220 F** 2 pers. **260 F** 3 pers. **320 F** repas **85 F**

Ouvert : toute l'année.

1	20	2	20	15

RICHER Claudine - Les Molières - 48160 SAINT-MARTIN-DE-BOUBAUX - Tél : 04 66 45 51 21

SAINT-MARTIN-DE-LANSUSCLE Le Cauvel

Alt. : 800 m TH *C.M. 80 Pli 6*

5 ch. Une maison, une aspiration, une respiration, une inspiration, une invitation, un lieu où s'imaginer, où l'on imagine, une imagination, une image, l'image d'une maison, l'image de soi dans la maison. Une famille avec ses 5 enfants l'habite, ouvre et partage ce lieu pour ceux qui y viennent puissent, à leur tour, en saisir la beauté, la quiétude et l'énergie. Des chambres douillettes, une odeur de pain chaud, de confiture. Une cuisine inventive. Rencontre, partage. Prendre le temps de penser à soi, aux autres, d'être soi parmi les autres. Gîte Panda. Langue parlée : anglais.

Prix : 1 pers. **220/260 F** 2 pers. **440/510 F** repas **90 F** 1/2 pens. **240/280 F**

Ouvert : les week-ends du 11/11 au 01/04.

4	4	4	12	9	22	12	45	9

PFISTER Hubert et A-Sylvie - Château de Cauvel - 48110 SAINT-MARTIN-DE-LANSUSCLE - Tél : 04 66 45 92 75 - Fax : 04 66 45 94 76

SAINT-PIERRE-DES-TRIPIERS Le Courby

Alt. : 900 m A *C.M. 80 Pli 5*

6 ch. **Aven Armand 10 km. Centre de réintroduction des vautours 3 km.** 6 chambres entièrement rénovées avec douche et wc privatifs. 3 ch. (2 lits 1 pers.), 3 ch. (1 lit 2 pers.). Possibilité d'un lit supplémentaire dans 4 des chambres. 1/2 pension/2 pers. : 450 F, pension complète : 580 F/2 pers. Piscine chauffée privée. Accueil de chevaux (8 box, paddock). Sur le Causse Méjean, ancienne ferme dans le hameau de Courby, dans un domaine en partie boisé de 200 ha. Centre d'acclimatation des chevaux de Prejwalsky. Randonnées, escalade et rafting 15 km. Langues parlées : anglais, espagnol.

CV

Prix : 1 pers. **240 F** 2 pers. **320 F** 3 pers. **400 F** pers. sup. **85 F** repas **85/135 F** 1/2 pens. **300 F** pens. **360 F**

Ouvert : du 1er avril au 30 septembre.

20	20	20	20	20	20	SP	35	20

AVEN ARMAND S.A. DAVID Catherine - Le Courby - Saint-Pierre-des-Tripiers - 48150 MEYRUEIS - Tél : 04 66 45 63 21 ou 05 63 54 09 26 - Fax : 05 63 54 73 99

SAINT-PIERRE-DES-TRIPIERS La Viale Alt. : 900 m A (TH) *C.M. 80 Pli 5*

2 ch. **Arcs de Saint-Pierre sur place. Réserve biosphère.** 2 ch. de 4 pers. chacune avec salle d'eau et wc privés pour chacune. Propriété de 900 ha. sur plateau calcaire avec forêts de pins et de chênes. Sur le lieu de réintroduction des vautours fauves. 4 pers. : 440 F. Randonnées, spéléo, VTT sur place et escalade à 10 km.

CV

Prix : 1 pers. **240 F** 2 pers. **270 F** 3 pers. **355 F** repas **80 F**

Ouvert : d'avril à novembre.

10	10	10	10	20	10	10	30	10

POQUET Pascal - La Viale - 48150 SAINT-PIERRE-DES-TRIPIERS - Tél : 04 66 48 82 39

SAINT-PIERRE-DES-TRIPIERS La Volpilière Alt. : 930 m (TH) *C.M. 80 Pli 5*

3 ch. 3 chambres de charme (2 à 4 pers.) avec salle de bains ou salle d'eau et wc privés. Chauffage central. Grand séjour avec coin-salon, cheminée et TV. Notions d'anglais. Tarif 1/2 pension (à partir de 3 jours), 1 pers : 320 F., 2 pers : 440 F. Sur le Causse Méjean, au dessus des gorges du Tarn et de la Jonte, en pleine nature, maison indépendante avec terrasse et vue superbe sur la campagne et le mont Aigonal. Cadre agréable et raffiné. Randonnées pédestres (GR6), site de réintroduction du vautour fauve à prox. Corniches du Méjean.

CV

Prix : 1 pers. **260 F** 2 pers. **310 F** pers. sup. **85 F** repas **85 F**

Ouvert : du 15 mars au 15 novembre.

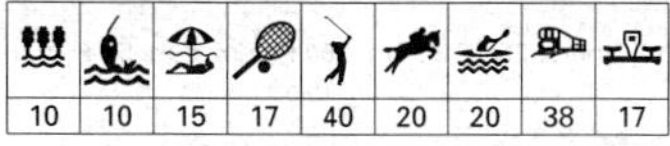

10	10	15	17	40	20	20	38	17

GAL Danielle et Michel - Le Choucas - La Volpilière - Saint-Pierre-des-Tripiers - 48150 MEYRUEIS - Tél : 04 66 45 64 28 - Fax : 04 66 45 64 28

SAINT-ROME-DE-DOLAN l'Aubépine Alt. : 860 m *C.M. 80 Pli 4*

3 ch. Petit coin calme à proximité des gorges du Tarn, dans une maison neuve. 3 chambres (1 lit 2 pers.) avec lavabo. Baignade et autres activités nautiques, aire de sports à 2 km (tennis, boules, football et volley), randonnées pédestres et VTT. Flore et faune exceptionnelles. Langue parlée : anglais.

CV

Prix : 2 pers. **190 F**

Ouvert : toute l'année.

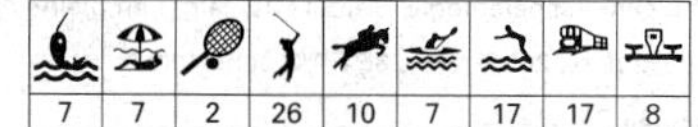

7	7	2	26	10	7	17	17	8

NURIT Roger et Marinette - l'Aubépine - 48500 SAINT-ROME-DE-DOLAN - Tél : 04 66 48 81 46 - Fax : 04 66 48 81 46

SAINT-ROME-DE-DOLAN Combelasais Alt. : 870 m *C.M. 80 Pli 4*

3 ch. 2 chambres 2 épis (1 lit 2 pers. chacune), 1 avec salle de bains et 1 avec salle d'eau, wc communs. 1 chambre 3 épis (4 pers.), douche, lavabo et wc privatifs. A75, N88 à Sévérac-le-Château prendre la route des gorges du Tarn (Le Massegros). Combelasais, Sainte-Rome-de-Dolan.

CV

Prix : 1 pers. **140 F** 2 pers. **190/220 F** 3 pers. **280 F** pers. sup. **60 F**

Ouvert : toute l'année.

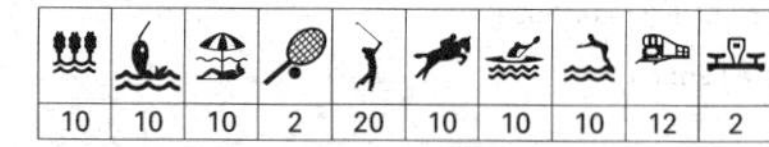

10	10	10	2	20	10	10	10	12	2

CALMELS Pierre et Yvonne - Combelasais - 48500 SAINT-ROME-DE-DOLAN - Tél : 04 66 48 80 08

SAINT-ROME-DE-DOLAN Almières Alt. : 950 m (TH) *C.M. 80 Pli 4*

1 ch. **Gorges du Tarn sur place.** Maison caussenarde du 18ème siècle sur le splendide panorama des Gorges du Tarn et les grands espaces du Causse propices à de merveilleuses balades. Chambre chez le propriétaire. Sanitaires privés. Table d'hôtes. Ouvert toute l'année. L'hiver sur réservation.

CV

Prix : 3 pers. **400 F** repas **75 F**

Ouvert : toute l'année.

5	5	7	15	10	5	15	7

CHAYTAN Nathalie - Les Fleurines - Almières - 48500 SAINT-ROME-DE-DOLAN - Tél : 04 66 48 81 01 ou 06 82 42 97 71 - Fax : 04 66 48 81 01

SAINTE-COLOMBE-DE-PEYRE Lasfonds Alt. : 1165 m (TH)

4 ch. **Lac du Moulinet 3 km. Parc des Loups 7 km. Bisons d'Europe 30 km.** Fermette traditionnelle (murs en granit et toit de lauzes). 4 chambres, toutes avec salle d'eau et wc. Cheminée. Chauffage central. Terrain. Garage pour vélos. Possibilité accompagnement gare. 1/2 pens. sur la base de 2 pers. Randonnées, VTT, ski de fond. A proximité du GR65 (St-Jacques de Compostelle). Cascades du Déroc 20 km.

Prix : 1 pers. **220 F** 2 pers. **280 F** pers. sup. **80 F** repas **80 F**
1/2 pens. **400 F**

Ouvert : toute l'année.

3	3	3	20	35	20	20	8	8

PAUC Georges - Le Chaudoudoux - Lasfonds - 48130 SAINTE-COLOMBE-DE-PEYRE - Tél : 04 66 42 93 39 ou 06 72 83 58 13

SAINTE-CROIX-VALLEE-FRANCAISE Alt. : 600 m (TH) *C.M. 80 Pli 6*

3 ch. Belle demeure historique comprenant 2 chambres (1 lit 2 pers.) avec lavabo, 1 chambre (1 lit 2 pers. 2 lits 1 pers.) avec lavabo. Douche et wc communs. Vente de produits fermiers. Participation aux travaux agricoles sur demande. D 983 par Pont-Ravagers.

Prix : 1 pers. **150 F** 2 pers. **170 F** 3 pers. **245/285 F** pers. sup. **75 F**
1/2 pens. **215 F** pens. **290 F**

Ouvert : de début février à mi-novembre.

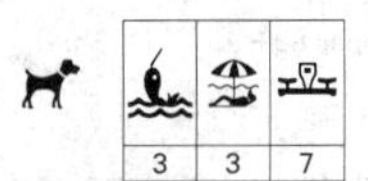

3	3	7

CHARBONNIER M.Claude, Corinne et MAUGE Fabrice - La Deveze par Pont Ravagers - 48110 SAINTE-CROIX-VALLEE-FRANCAISE - Tél : 04 66 44 74 41

SAINTE-ENIMIE Nissoulogres Alt. : 920 m (TH) *C.M. 80 Pli 5*

6 ch. 6 ch. de 2 à 4 pers. avec salle de bains et wc privatifs, dont 1 ch. accés handicapés. Ouvert toute l'année. Repas en groupe. Possibilité 1/2 pension et pension. Situées sur le Causse de Sauveterre au dessus de Sainte-Enimie. Langues parlées : allemand, italien.

Prix : 1 pers. **250 F** 2 pers. **280 F** 3 pers. **360 F** pers. sup. **50 F**
repas **75 F**

Ouvert : toute l'année.

13	13	11	13	30	22	13

FOUQUEROLLE Annie et Patrice - Nissoulogres - 48210 SAINTE-ENIMIE - Tél : 04 66 48 53 86 - Fax : 04 66 48 58 43 - E-mail : patrice.fouquerolle@wanadoo.fr

SAINTE-ENIMIE La Perigouse Alt. : 850 m (TH) *C.M. 80 Pli 5*

3 ch. Dans une ferme de 1769, 3 ch. avec salle de bains/wc privatifs. Dalle calcaire et poutres apparentes d'époque, meubles anciens, ambiance d'autrefois. Italiens également parlé. Découverte de la ferme biologique et de son élevage de chevaux en liberté. Cheval, VTT, canoë, spéléologie. Séjours au calme en pleine nature ou séjours actifs. Langues parlées : anglais, allemand.

Prix : 1 pers. **230 F** 2 pers. **260 F** repas **85 F** 1/2 pens. **260 F**

Ouvert : toute l'année.

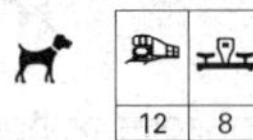

12	8

POURQUIER Jean-Pierre - La Perigouse - 48210 SAINTE-ENIMIE - Tél : 04 66 48 53 71 - Fax : 04 66 48 54 67

SAINTE-ENIMIE La Jasse

E.C. 4 ch. Bâtisse de caractère située au centre du village médiéval. 4 ch., salle d'eau, wc dans chaque chambre. Jardin privatif, garage moto/vélo. Causse Méjean et Causse Sauveterre, gorges du Tarn.

Prix : 2 pers. **350 F** 3 pers. **500 F**

Ouvert : toute l'année.

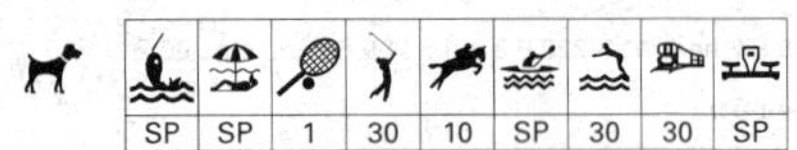

SP	SP	1	30	10	SP	30	30	SP

WOUTERS Nathalie - La Jasse - rue de la Combe - 48210 SAINTE-ENIMIE - Tél : 04 66 48 53 96

TERMES La Narce Alt. : 1100 m (TH) *C.M. 76 Pli 14*

3 ch. Chambres individuelles de 2 lits. Salle d'eau et wc privatifs. Grande salle à manger avec cuisine aménagée et cheminée. Blottie entre Aubrac et Margeride en pleine nature, à 500 m du village sur parc de 3 ha. La Narce est une ancienne ferme restaurée dans le respect des traditions. Calme et tranquillité garantis. Accès par chemin privé.

Prix : 1 pers. **225 F** 2 pers. **250 F** pers. sup. **75 F** repas **70 F**
1/2 pens. **195 F**

Ouvert : toute l'année.

8	5

CHALVET Alain - La Narce - 48310 TERMES - Tél : 04 66 31 64 12 - Fax : 04 66 31 64 12

LA TIEULE Alt. : 935 m A *C.M. 80 Pli 4*

6 ch. 6 ch. spacieuses avec bains et wc privés. Salle détente avec TV. Dans une ferme caussenade restaurée. Coin-cheminée. Piscine, terrasse. Accueil chaleureux et convivialité. Produits sains et régionaux, viande d'autruche. Sur le Causse Sauveterre, près des gorges du Tarn. Sortie A41 (A75) 3 km. Gîte d'étape et équestre avec écuries. Pension chevaux. Sport et nature. Langues parlées : anglais, espagnol.

Prix : 1 pers. **303 F** 2 pers. **336 F** 3 pers. **429 F** pers. sup. **93 F**
1/2 pens. **378 F**

Ouvert : du 14 février au 31 décembre.

7	SP	7	7	5	7	SP	7	7

BASSET Christine - 48500 LA TIEULE - Tél : 04 66 48 82 83 - Fax : 04 66 48 89 23

LES VIGNES

4 ch. Au cœur des Gorges du Tarn dans un village pittoresque. 4 ch. indépendantes, 10 places. WC, salle d'eau, salle de bains privés par chambre. Terrasse, parking, réservation conseillée. Formule randonnée : 1 ch. et 2 journées canoë 300 F pour 2 pers. et 275 F/4 pers. 100 F/pers./nuit supplémentaire. Pédalos sur place, randonnées pédestres sur place, escalade 3 km.

Prix : 2 pers. **220 F** 3 pers. **275 F** pers. sup. **75 F**

Ouvert : du 1er mai au 30 septembre.

SP	SP	SP	10	SP	30	SP

CAVALIER Hervé - route de Malène - 48210 LES VIGNES - Tél : 04 66 48 83 87 - Fax : 04 66 48 83 87

Pyrénées-Orientales

SERVICE RESERVATION
CDT Pyrénées Orientales
B.P. 540 - 66005 PERPIGNAN Cedex
Tél. 04 68 66 61 11 - Fax. 04 68 67 06 10
E.mail : gites-de-france66@msa66.msa.fr - http://www.resinfrance.com

3615 Gîtes de France
1,28 F/min

ARGELES-SUR-MER Mas Senyarich

TH — *C.M. 86 Pli 20*

5 ch. A 5 km des plages et à 6 km de Collioure, 5 ch. de caractère, dans très beau mas catalan. Vue exception. sur la mer et environ. très calme. RDC haut : hall d'entrée, sal./s. à manger (cheminée, TV). 3 ch. : Méditerranée (2 lits 1 pers, s.d.b. et wc priv.), Mar i Sol et Tamaris chacune (1 lit 2 pers, 1 lit 1 pers, s.d.b. et wc priv.). RDC bas : 2 ch : Séville et Farniente chacune (1 lit 2 pers, 1 lit 1 pers, s.e. et wc priv.). Jardin fleuri, boisé, s. de jardin, accès à piscine privée du propriétaire, stationnement couvert. Buanderie à la dispo. des hôtes. Lav. du linge payant. Collioure (6 km), art roman (7 km). TS. Langues parlées : anglais, espagnol.

Prix : 1 pers. **290/330 F** 2 pers. **320/360 F** 3 pers. **410/450 F**
repas **120 F**

Ouvert : toute l'année.

5	1	SP	5	5	SP	SP	5	5	5

ROMERO Marina - Mas Senyarich - 66700 ARGELES-SUR-MER - Tél : 04 68 95 93 63 - Fax : 04 68 95 93 63

CAMELAS Mas Félix

TH — *C.M. 86 Pli 19*

5 ch. 4 ch. d'hôtes et 1 suite dans mas de caractère (XVIIIe) sur un tertre, entouré de vignobles et forêts (48 ha). RDC : hall d'entrée (tél. av. compteur taxes), salon (chem.), s. à manger (biblio.). Van Gogh (3 lits 1 pers), Petra (2 lits 1 pers), Renoir (1 lit 2 pers, 1 lit 1 pers), Gauguin (1 lit 2 pers), suite Monet (2 lits 1 pers) (1 lit 2 pers). Structure non fumeurs. Accès indép. à chaque ch. Chambres avec TV, salle d'eau, wc indép. 2 garages et parking. Ping-pong, pétanque, solarium. Possibilité randonnées pédestres. Thuir (7 km), Castelnou (2 km). Langues parlées : anglais, allemand.

Prix : 1 pers. **290 F** 2 pers. **350 F** 3 pers. **430 F** repas **130 F**

Ouvert : du 1er avril au 15 septembre.

36	5	5	5	5	SP	SP	75	2	15	7

BOULITROP Lucie - Mas Félix - 66300 CAMELAS - Tél : 04 68 53 46 71 ou SR : 04 68 66 61 11 - Fax : 04 68 53 40 54 -
E-mail : lucie.boulitrop@wanadoo.fr

CASTELNOU Domaine de Querubi

TH — *C.M. 86 Pli 19*

6 ch. Majestueux mas catalan (XIIe et XVIe) sur 200 ha face au cirque des Pyrénées, vue grandiose, calme et sérénité. RDC : s. à manger, s. de jeux (billard), terrasse (s. de jardin). 1er ét : terrasse, salon/biblio., (1 lit 2 pers + div. 1 pers, s.d.b/wc), (ter., 1 lit 2 pers, s.e/wc), (1 lit 2 pers, 1 div. 1 pers, s.e/wc), (1 lit 2 pers, s.d.b/wc), suite : 2 ch chac (2 lits 1 pers, s.d.b, wc). 2e ét : suite familiale 2 ch (1 lit 2 pers + 3 lits 1 pers. + sal., s.d.b., wc). TV et tél à chaq. ch. Piscine privée, solarium, pool house. Chasse, randos, VTT. Village médiéval de Castelnou, musée Dali (Figueras, 35 km). Abbayes romanes(20k) Langues parlées : espagnol, anglais.

Prix : 1 pers. **380 F** 2 pers. **420 F** 3 pers. **480 F** repas **150 F**

Ouvert : toute l'année.

25	SP	SP	25	5	SP	SP	50	SP	20	7

NABET-CLAVERIE Roland et Françoise - Domaine de Quérubi - 66300 CASTELNOU - Tél : 04 68 53 19 08 - Fax : 04 68 53 18 96 -
http://www.querubi.com

CASTELNOU La Figuera

C.M. 86 Pli 19

4 ch. 4 ch. d'hôtes (décoration raffinée), dans maison de caractère au cœur du village. RDC surélévé : s. à manger/séjour (TV, cheminée) donnant sur terrasses pour petit-déj. 1 ch (1 lit 160) donnant sur terrasse. 1er ét : 2 ch chac. av. 1 lit 160, dont 1 avec terrasse. 1 ch av. 1 lit 160, 1 lit 1 pers et petit salon de lecture. Chambres avec s.e, wc, TV. 3 emplacements dans parking privé à l'entrée du village. Jardin clos fleuri (figuiers, s. de jardin, solarium). Serv. suppl : lavage et séchage du linge, panier pique-nique (payants). Artisanat local (ferronnerie, peintures), musée Dali (Figueras, 35 km). Abbayes romanes (20 km). Langues parlées : anglais, hollandais.

Prix : 1 pers. **380/420 F** 2 pers. **380/420 F** 3 pers. **490 F**

Ouvert : toute l'année.

25	12	5	25	5	SP	SP	80	7	20	5

DE GREEF Patrick et DIEZ Luc - 3 Carrer de la Font d'Avall - 66300 CASTELNOU - Tél : 04 68 53 18 42 ou SR : 04 68 66 61 11 -
Fax : 04 68 53 18 42 - E-mail : la-figuera@wanadoo.fr - http://www.la-figuera.com

CAUDIES-DE-FENOUILLEDES

C.M. 86 Pli 7

3 ch. A deux pas du pays cathare, 3 chambres d'hôtes aménagées dans une exploitation viticole. RDC : salle à manger/salle de vente des produits viticoles, 1 chambre (1 lit 2 pers). 1er étage : 2 chambres chacune avec (1 lit 2 pers, 2 lits superposés 1 pers). Chaque chambre dispose d'une salle de bain ou d'eau et wc privatifs, TV. Terrain non clos (parking privatif, balançoire). Matériel bébé à disposition. Vente des produits de la ferme. Sentiers de randonnées : GR 32 (1 km), ermitage Notre Dame de Laval (1 km), Château Puylaurens (6 km), gorges de St Jaume (2 km). Langues parlées : espagnol, anglais.

CV

Prix : 1 pers. **220 F** 2 pers. **270 F** 3 pers. **370 F**

Ouvert : toute l'année.

60	1	10	15	1	5	1	30	2	20	1

JOURET Pierre - avenue du Roussillon - 66220 CAUDIES-DE-FENOUILLEDES - Tél : 04 68 59 91 97 ou SR : 04 68 66 61 11

CERET Domaine de Bellevue

C.M. 86 Pli 19

1 ch. 1 chambre d'hôte dans une superbe maison du XIXe, située sur un domaine agricole (cerisiers, vignes). RDC : 1 chambre totalement indépendante de la maison d'habitation et donnant directement sur le jardin (1 lit 2 pers, canapé-lit, salle d'eau (wc)). TV, possibilité téléphone. Parc fleuri et ombragé avec s. de jardin, barbecue, aire de jeux, parking. Céret : capitale de la cerise, arènes, Festival International de Sardanes, musées des traditions catalanes, musée d'art moderne, musée d'archéologie, bibliothèque. Espagne (10 km). TAXE DE SEJOUR COMPRISE.

CV

Prix : 1 pers. **280 F** 2 pers. **320 F**

Ouvert : toute l'année.

25	1	2	2	2	3	3	2	3	2

DE BONET Olivier - Domaine de Bellevue - route de Maureillas - 66400 CERET - Tél : 04 68 87 38 42

CERET Las Bourguères

C.M. 86 Pli 19

3 ch. A 3 km de Céret, très beau mas catalan restauré situé sur 4 ha de champs et de peupliers, comportant 3 ch. d'hôtes spacieuses. Vue panoramique sur le Canigou. RDC : salle pour petit déjeuner donnant sur terrasse (salon de jardin), wc. Verte (1 lit 2 pers, 1 pers, s.e, wc indép) donnant sur jardin. 1er étage : Rose et Bleu, chacune (1 lit 2 pers, s.e, wc indép). Parking privé et abrité sur propriété. Possibilité promenades en montagne. Céret : capitale de la cerise, arènes, Festival International de Sardanes, musée d'art moderne, musée d'archéologie. Espagne (10 km). Féria de Céret (11 et 12 juillet), sardanes (25 août). TAXE DE SEJOUR COMPRISE.

CV

Prix : 1 pers. **260 F** 2 pers. **300 F** 3 pers. **360 F**

Ouvert : toute l'année.

25	2	3	25	3	3	SP	3	3	4

JOSSE-ROUX Simone - Mas Terra Rosa - Las Bourgueres - 66400 CERET - Tél : 04 68 87 34 00 ou 06 09 06 76 63

ELNE Mas de la Roubine

TH

C.M. 86 Pli 20

3 ch. 3 ch. de caractère dans un très beau mas catalan situé dans un parc arboré, sur une exploitation arboricole, dans environnement très calme. RDC : s. à manger donnant sur le parc. 1 ch. (3 lits 1 pers, s.d.b. et wc priv.). 1er ét. : 1 ch. (1 lit 2 pers + 1 lit 1 pers, s.d.b. et wc priv.), 1 ch. (1 lit 2 pers + 1 lit 1 pers, s.d.b. et wc priv.). Lit d'enfant dispo. Parc arboré et fleuri, vastes pelouses avec s. de jardin, stationnement privé. Dans rayon de 5 km : musées, cloître, golf, sports nautiques. Excursions vers Collioure et Banyuls. Randonnées dans les Albères. TAXE DE SEJOUR.

Prix : 1 pers. **280 F** 2 pers. **310 F** 3 pers. **380 F** repas **120 F**
1/2 pens. **550 F**

Ouvert : toute l'année.

4	2	3	4	5	15	SP	4	4	4

PIQUEMAL PASTRE Régine - Mas de la Roubine - 66200 ELNE - Tél : 04 68 22 76 72 - Fax : 04 68 22 76 72

ELNE Mas de la Couloumine

TH

C.M. 86 Pli 20

6 ch. 6 ch. d'hôtes, chacune climatisée, confortablement aménagées dans mas situé sur exploit. arboricole et maraîchère. RDC : salon (TV, chem., tél av. compteur), s. à manger. 1er ét. : 1 ch. dble chac. (1 lit 2 pers, s.e. avec wc), 2 ch. chac. (1 lit 2 pers, s.e. avec wc), 3 ch. chac. (1 lit 2 pers) (1 lit 2 pers) (1 lit 2 pers + 1 lit 1 pers), s.e. (wc). Accès à piscine privée du propriétaire, petit bassin pour enfants, jardin ombragé fleuri, solarium. Ter. avec s. de jardin, aire de jx : ping-pong, pétanque, parking. Serv. suppl. : lavage du linge (payant). TAXE DE SEJOUR COMPRISE.

CV

Prix : 1 pers. **190 F** 2 pers. **230 F** 3 pers. **300 F** repas **85 F**

Ouvert : toute l'année.

7	2	SP	7	1	15	SP	1	1	1

TUBERT Chantal et Louis - Mas de la Couloumine - route de Bages - 66200 ELNE - Tél : 04 68 22 36 07

ELNE

TH

C.M. 86 Pli 20

6 ch. Bâtisse catalane, aux pieds de la cathédrale et de son cloître offrant 5 ch. et 1 suite familiale : salon (cheminée), s. à manger, wc indép. 1er ét. : salon détente, 3 ch. chac. (1 lit 2 pers) et 1 suite (1 lit 2 pers + 2 lits 1 pers). 2ème étage : 1 ch (1 lit 2 pers), 1 ch (1 lit 2 pers, 1 lit 1 pers). Chaque ch est équipée d'une s.d.b ou s.e avec wc privatifs. Accès à piscine privée du propriétaire, jardin fleuri, salon de jardin. Possibilité parking à 200 m (non privatif). Serv. supplémentaires : lavage, séchage et repassage du linge (payant). Musées, cloître. Excursions vers Collioure et Banyuls. Perpignan (12 km). Taxe de séjour.

CV

Prix : 1 pers. **300 F** 2 pers. **330 F** 3 pers. **390 F** repas **90 F**

Ouvert : toute l'année.

5	2	SP	5	1	2	SP	1	1	5

LE CORRE Virginie - Can Oliba - 24 rue de la Paix - 66200 ELNE - Tél : 04 68 22 11 09 ou 06 09 35 67 44 - Fax : 04 68 22 11 09 - E-mail : elna@club-internet.fr

FINESTRET

C.M. 86 Pli 18

2 ch. A 10 km de Prades et à 4 km de Vinça, 2 ch. aménagées, dans le village, en RDC d'un bâtiment annexe d'une bergerie du XVIIème rénovée, rés. du proprio., chac. avec (1 lit 2 pers, 1 lit 1 pers, coin salon, s.e (wc)). Chaque chambre donne directement sur le jardin (s. de jardin). Grande salle commune avec proprio (TV, cheminée, bibliothèque). Parking, garage (à proximité). Jardin clos, arboré, fleuri. Prestations payantes : lav. du linge, loc. vélos. Eglise paroissiale Ste Colombe romane, vallée la Lentilla. Commerces ambulants sur place. GR10 (Canigou) sur place, Abbaye St Michel de Cuxa (14 km), Festival Pablo Casal (10 km). Langues parlées : espagnol, anglais.

Prix : 1 pers. **210 F** 2 pers. **250 F** 3 pers. **300 F**

Ouvert : du 15 mars au 15 novembre.

36	SP	12	4	4	SP	SP	45	8	4	4

DEON Odile - La Bergerie - 7 Carrer de la Font Fresca - 66320 FINESTRET - Tél : 04 68 05 99 05 ou 06 11 34 79 41

LATOUR-BAS-ELNE

C.M. 86 Pli 20

4 ch. Entre Elne et St Cyprien, 4 ch. d'hôtes et 1 gîte rural aménagés avec goût dans une grande bâtisse à l'architecture de caractère - mas catalan - annexe à la rés. princ. du proprio. RDC : grande s. à manger pour petit déj., wc indép. 1er étage : 4 ch. avec escalier indépendant, chacune (1 lit 2 pers, s.e et wc indép). Local (table de ping-pong), parking dans propriété clôturée (s. de jardin, poss. pique-nique). Argelès-plage (6 km), Collioure (10 km). Randonnées dans les Albères (10 km), restauration à proximité au village, excursions sur Côte Vermeille, en Espagne (30 mn), Barcelone (2 heures). Langue parlée : espagnol.

Prix : 1 pers. **280 F** 2 pers. **320 F**

Ouvert : toute l'année.

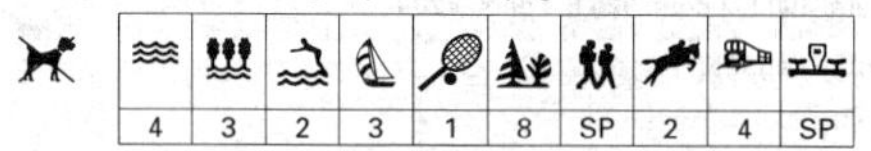

4	3	2	3	1	8	SP	2	4	SP

ARMENGOL Colette - chemin Dels Horts - BP 07 - 66200 LATOUR-BAS-ELNE - Tél : 04 68 22 75 28 ou SR : 04 68 66 61 11 - Fax : 04 68 22 75 28

LLO

Alt. : 1410 m (TH) *C.M. 86 Pli 16*

5 ch. 5 ch. d'hôtes aménagées dans jolie ferme ancienne cerdane. RDC : s. à manger/salon (cheminée, piano) donnant sur terrasse non close (salon de jardin) avec vue dominante sur le village. 1er étage : Grand-mère et Sépia (1 lit 2 pers, 1 lit 1 pers) chac. 2ème étage : Garance, Abricot et Céleste (1 lit 2 pers, 1 lit 1 pers) chac. Ch. avec s.e (wc) privative. Parking privé à proximité. Services supplémentaires : panier pique-nique (payant). Bains d'eaux sulfureuses (Llo). Espagne (4 km). Découverte faune et flore. Patrimoine culturel, église du XIIe(cloches Demoiselles). Via Ferrata. Langues parlées : anglais, espagnol.

Prix : 1 pers. **220 F** 2 pers. **260 F** 3 pers. **300 F** repas **90 F** 1/2 pens. **310 F**

Ouvert : toute l'année.

SP	1	14	2	SP	SP	5	5	4	4

MASSIE Jean-Pierre - Cal Miquel - 66800 LLO - Tél : 04 68 04 19 68 - E-mail : calmiquel@wanadoo.fr - http://www.calmiquel.com

LOS MASOS

Alt. : 500 m  *C.M. 86 Pli 17*

1 ch. A 8 km de Prades, 1 ch.d'hôtes dans maison individuelle. RDC : s. à manger/salon (TV, chem.) communs avec proprios, donnant sur terrasse (s. de jardin). Hall d'entrée commun. 1er étage : Pissaro (1 lit 2 pers, s.eau (wc), TV) donnant sur terrasse (s.de jardin). Grand terrain clos arboré et fleuri avec accès à la piscine privée du propriétaire, douche solaire. Parking. Lavage du linge payant. A proximité de St Michel de Cuxa. Rétable de Prades (8 km), Eus (5 km), Villefranche de Conflent (15 km). Langues parlées : anglais, hollandais.

Prix : 2 pers. **320 F**

Ouvert : toute l'année.

40	8	SP	8	SP	SP	SP	40	SP	8	8

AMERYCKX Jacqueline et Jean - Plein sud - 4 chemin de las Maroches - 66500 LOS MASOS - Tél : 04 68 96 29 87 - Fax : 04 68 96 29 87

MATEMALE Cal Simunot

Alt. : 1500 m *C.M. 86 Pli 16*

4 ch. Au cœur du Capcir, 4 chambres d'hôtes aménagées dans une ferme en activité. Au 1er étage : salle à manger dans la véranda des propriétaires (réfrigérateur et mini-four à disposition). Dans une aile de la maison. RDC et 1er étage : 4 chambres chac. avec (1 lit 2 pers, 1 lit 1 pers), salle d'eau et wc privatifs. Cour non close (salon de jardin, barbecue, parking), terrasse fleurie. Possibilité tarifs basse saison. Découverte des activités de la ferme, vente de produits du terroir. Lac de Matemale, Nombreuses possibilités de randonnées, stations de sports d'hiver (2 km).TAXE DE SEJOUR COMPRISE. Langue parlée : espagnol.

Prix : 1 pers. **220 F** 2 pers. **250 F** 3 pers. **340 F**

Ouvert : toute l'année.

SP	1	2	SP	SP	SP	2	2	12	SP

VERGES Cathy et Jean-Pierre - Cal Simunot - 25 bis ave de la Mouline - 66210 MATEMALE - Tél : 04 68 04 43 17 ou SR : 04 68 66 61 11

MAUREILLAS-LAS-ILLAS Mas d'En Bach

(TH) *C.M. 86 Pli 19*

4 ch. En venant de Céret, à l'entrée du village, 3 ch. d'hôtes et 1 suite aménagées dans mas catalan du XVIIIe. RDC : Palmier et Bambou, av. entrée indép., chac. (1 lit 2 pers, 1 lit 1 pers, coin salon, s.d.b, wc indép). Entrée cne : Murier (1 lit 2 pers, coin salon, s.d.b, wc indép),Laurier Sauce ((2 lits 1 pers, 2 lits 1 pers), s.e avec wc, wc indép). RDC bas : séjour (TV)/s. de jeux. RDC haut : hall d'entrée, salle pour p. déj., s. à manger. Parc boisé de 3 ha (barbecue, s. de jardin, accès à piscine privée du proprio., parking). Lav. du linge (payant). Musée du liège unique en France. T. DE SEJOUR INC. Accès par chemin privé non goudronné. Langue parlée : anglais.

Prix : 1 pers. **250 F** 2 pers. **290/350 F** 3 pers. **380/410 F** repas **120 F**

Ouvert : toute l'année.

24	SP	SP	25	1	SP	SP	7	28	1

PENFOLD Claire - Mas d'En Bach - 66480 MAUREILLAS - Tél : 04 68 83 04 10 ou SR : 04 68 66 61 11 - Fax : 04 68 83 07 69

MILLAS

C.M. 86 Pli 19

2 ch. 2 ch. aménagées dans une maison située aux abords du village. RDC : salle à manger/séjour communs avec le proprio (TV, hi-fi, magnétoscope, cheminée, biblio.) donnant sur terrasse et jardin (s. de jardin), 1 ch (1 lit 2 pers), salle d'eau (wc). 1er étage : 1 ch (1 lit 2 pers, 1 lit 1 pers, TV, salle d'eau (wc)), boudoir. Grand jardin clos arboré et fleuri. Accès à piscine privée du propriétaire, salon de jardin, barbecue. Services supplémentaires : lavage, séchage, repassage du linge (payant). Orgues d'Ille sur Têt (9 km), Tautavel (22 km), gorges de Galamus (20 km). Langue parlée : espagnol.

Prix : 1 pers. **300 F** 2 pers. **320 F** 3 pers. **420 F**

Ouvert : toute l'année.

30	SP	SP	12	SP	5	5	70	15	SP	SP

SANCHEZ Evelyne et Julien - 11 avenue Ludovic Masse - 66170 MILLAS - Tél : 04 68 57 32 78 ou 06 08 30 51 34

MILLAS

C.M. 86 Pli 19

2 ch. 2 ch. chacune avec entrée indépendante, situées au 1er étage d'une maison aux abords du village (accès sur 60 m par chemin gravillonné). RDC : s.à manger privative donnant sur un espace aménagé avec s. de jardin. 1er étage : 1 ch. (1 lit 2 pers), 1 ch. (1 lit 2 pers, 1 lit 1 pers), chacune avec salle d'eau (wc privatifs), TV, petit balcon. Grand jardin commun clos paysager et fleuri. Parking privé couvert. Serv. suppl. : lavage, séchage, repassage du linge (payant). Moulin à huile du village (unique dans le département), château musée de Bélesta (8 km), ULM à Corneilla de la Rivière (5 km).

Prix : 1 pers. **210 F** 2 pers. **280 F** 3 pers. **350 F**

Ouvert : toute l'année.

25	SP	8	12	SP	5	5	70	15	SP	SP

VINOUR Lucienne et Gabriel - avenue Ludovic Masse - 66170 MILLAS - Tél : 04 68 57 16 51 ou SR : 04 68 66 61 11 - Fax : 04 68 57 16 51 - E-mail : lgvinour@aol.com

MILLAS

C.M. 86 Pli 19

1 ch. Au cœur du pays catalan, belle maison de caractère dans le village. 1er étage : salon, salle à manger pour le petit-déjeuner, communs avec les propriétaires. 2ème étage : 1 ch (1 lit 2 pers, 1 lit 1 pers (mezzanine), s.d.b, wc) avec accès à une petite terrasse (salon de jardin). Parking réservé dans l'impasse, devant la maison. Une jolie vue sur le Canigou et les toits de Millas. Perpignan (17 km), site de Força Réal (6 km), Orgues d'Ille sur Têt (7 km), Tautavel (22 km). Langue parlée : espagnol.

Prix : 1 pers. **200 F** 2 pers. **270 F** 3 pers. **340 F**

Ouvert : toute l'année.

40	SP	8	12	SP	5	5	70	15	SP	SP

RICHARD Monique et Joseph - 6 place de la Portalade - 66170 MILLAS - Tél : 04 68 57 22 17 ou 06 03 75 23 25

MONT-LOUIS

Alt. : 1600 m *C.M. 86 Pli 16*

5 ch. 5 ch. dans maison d'hôtes du XVII ème (demeure du gouverneur de Louis XIV), porte d'entrée de la citadelle de Mt Louis. RDC haut et 1er ét : salons (esp. détente, biblio., coin enfants, chem., TV,). 3 ch. (1 lit 2 pers, 1 lit 1 pers), 1 ch. (1 lit 2 pers), 1 ch. (2 lits 1 pers) avec chac. s.d.b (wc) dans décor chaud de faïence. Cuisine équipée à dispo. Jardin sur remparts (s.de jardin) : panoramique de la chaine des Pyrénées. RDC : local (VTT, ski, motos). Poss. lav. du linge (payant), pique-nique (commande). Solarium, thalasso. SP, source d'eau chaude naturelle, Andorre 50 km), Espagne (20 km), petit train jaune, TAXE DE SEJOUR COMPRISE. Langues parlées : anglais, espagnol.

Prix : 1 pers. **250 F** 2 pers. **310 F** 3 pers. **395 F**

Ouvert : toute l'année sauf Pâques.

89	SP	1	4	SP	SP	SP	2	2	1	SP

SCHAFF Martine - La Voluté - 1 place d'Armes - 66210 MONT-LOUIS - Tél : 04 68 04 27 21 ou SR : 04 68 66 61 11 - Fax : 04 68 04 27 21

MONTESQUIEU-DES-ALBERES Les Trompettes Hautes *C.M. 86 Pli 19*

5 ch. A 5 km de Montesquieu, entre le Boulou et St Génis, 5 ch. dans un lotissement résidentiel (les Trompettes Hautes). RDC et 1er étage : hall d'entrée, wc indép, s.à manger/salon (cheminée, TV), 3 ch. chac. avec (1 lit 2 pers), 2 ch. (2 lits 1 pers). Chambres du 1er étage avec terrasse privative (s. de jardin). Chaque ch. équipée de TV, s.e, wc indép. Grand Jardin clos de 2500 m2, arboré (stationnemnt, salon de jardin, accès à la piscine privée du propriétaire). Argelès (20 km), Collioure (26 km), art roman (27 km), Céret (2 km), possibilité de randonnées à proximité. Langue parlée : anglais.

Prix : 1 pers. **280/350 F** 2 pers. **450 F**

Ouvert : d'avril à novembre.

20	1	SP	20	5	1	1	6	20	5

HAYES Norman et Jacqueline - 13 rue du Tambori - Les Trompettes Hautes - 66740 MONTESQUIEU-DES-ALBERES - Tél : 04 68 83 00 56 ou SR : 04 68 66 61 11 - Fax : 04 68 83 00 56

MONTFERRER Mas Can Ripe Alt. : 820 m TH *C.M. 86 Pli 18*

6 ch. 6 ch. d'hôtes aménagées dans un mas perché, dominant le Vallespir (chemin non goudronné). RDC : s.à manger, salon (chem., TV), terrasse, wc indép. 1er étage : Familiale (2 lits 1 pers + 2 lits 130), Douce pénombre (2 lits 1 pers). 2ème étage : Bellevue (1 lit 2 pers, 1 lit 1 pers), Petite Bleue, Grande Indépendante et Mazette, chac. avec (1 lit 2 pers.). Salon, salle d'eau ou de bains avec wc ou wc indep dans chaque chambre. Terrasses, parking, barbecue, solarium, piscine, mobilier de jardin, jeux pour enfants. Le mas est entouré de bois et forêts : calme et nature. Table d'hôtes servie uniquement le soir. Céret (20 km), Espagne (50 km). Langues parlées : hollandais, anglais.

Prix : 1 pers. **250 F** 2 pers. **300 F** 3 pers. **400/450 F** repas **80 F**

Ouvert : du 1er mars au 31 octobre.

51	SP	SP	51	SP	SP	SP	20	16	50	8

CASTRICUM Adrianus - Mas Can Ripe - Baynat d'En Galangau - 66150 MONTFERRER - Tél : 04 68 39 81 08 - Fax : 04 68 39 81 08

MOSSET Mas Lluganas Alt. : 710 m A TH *C.M. 86 Pli 17*

6 ch. 6 ch dans ferme-auberge sur une propr. de 3 ha de prairie et de vergers. RDC : gde salle à manger de la ferme-auberge (chem. et coin biblio.). 1er ét. : 2 ch. chac (1 lit 2 pers, 1 lit 1 pers, s.e. avec wc), 1 ch. (3 lits 1 pers, s.e. avec wc), 1 ch. (2 lits 1 pers, lav. et bidet), 2 ch. chac. (1 lit 2 pers, lav. et bidet). 2 douches et 2 wc communs aux 3 ch. Chaque ch. équipée du tél. Jardin, aire de jeux enfants, parking privé. Visite de la ferme. Serv. suppl. : lavage du linge (payant), pique-nique. St Michel de Cuxa (15 km), Villefranche de Conflent (14 km). Langues parlées : allemand, anglais.

Prix : 1 pers. **145/220 F** 2 pers. **177/260 F** repas **95 F**

Ouvert : du 1er avril au 15 octobre + vac. scol. d'hiver.

60	20	10	16	3	10	SP	SP	12	2,5

FEIJOO-TUBLET - Mas Lluganas - 66500 MOSSET - Tél : 04 68 05 00 37 - Fax : 04 68 05 04 08 - E-mail : maslluganas@aol.com

MOSSET La Forge Alt. : 700 m *C.M. 86 Pli 17*

4 ch. 4 ch dans anc. forge catalane, à la ferme (2 ha de prés), bordée par rivière (truites). Accès par chem. non goudronné (300 m). RDC : sal. (chem., tél.cpteur, TV, piano, bibli.). S. à manger pt-déj. (chem.). Wc (lav.). 1er ét. : 1 ch (1 lit 2 pers, s.e. (wc) privée, non communiquante), 2 ch chac. (2 lits 1 pers) (1 lit 2 pers), s.e., wc. Suite fam. (accès indép.) : ter. (s.jard.), rdc : salon (canapé), sdb (wc), en mezz. : (1 lit 2 pers) (2 lits 1 pers). Jardin arboré, fleuri (barb., s.jard., terr. av. tonnelle). Ferme-auberge à prox. (poss. navette). Train jaune (14 km), Prieuré de Serrabone (20 km). Langues parlées : anglais, allemand.

Prix : 1 pers. **220 F** 2 pers. **260 F**

Ouvert : toute l'année.

63	SP	13	19	6	SP	SP	3	13	1

CARMONA Judith - La Forge - Mas Lluganas - 66500 MOSSET - Tél : 04 68 05 04 84 ou SR : 04 68 66 61 11 - Fax : 04 68 05 04 08 - E-mail : maslluganas@aol.com

MOSSET Hameau de Brezes Alt. : 600 m TH *C.M. 86 Pli 17*

3 ch. Au cœur de la vallée de la Castellane, 3 ch. d'hôtes aménagées dans maison isolée. RDC : s. à manger/salon (TV, hi-fi, tél.). Biblio. (jeux de société). Soleil (1 lit 2 pers, 1 lit 1 pers, s. de bain, wc). 1er étage : Terre (2 lits 1 pers, s. d'eau, wc), Eucalyptus suite fam. non communicante (2 lits 2 pers, s.e et wc non communicants). Jardin fleuri et boisé, terrasse (meubles de jardin), barbecue, accès à la piscine privé du propriétaire, parking dans la propriété. Serv. suppl. : lavage et séchage du linge, panier pique-nique, navette. Lit bébé. Randos, calme, nature. Villefranche de Conflent (14 km), abbayes romanes (15 km). Langues parlées : hollandais, anglais.

Prix : 1 pers. **250 F** 2 pers. **280/300 F** 3 pers. **380 F** repas **95 F**

Ouvert : toute l'année.

60	1	SP	16	0,5	SP	SP	15	2	10	2

D'HUYVETTER Aurelle - La Casa Del Gat - rte de Campone / Hameau Brezes - 66500 MOSSET - Tél : 04 68 05 07 50 - Fax : 04 68 05 07 50 - E-mail : joaurelie@hotmail.com

ORTAFFA Mas des Genets d'Or

TH — *C.M. 86 Pli 19*

6 ch. — 6 chambres d'hôtes dans une superbe maison située aux abords du village. RDC : salle à manger, salon (cheminée), piano, billard, TV, bar à disposition des hôtes, bibliothèque. 1 ch. (2 lits 1 pers, s. d'eau, wc indép), 1 ch. (1 lit 2 pers, s. d'eau avec wc). RDC surélevé : 1 ch. (1 lit 2 pers + 1 lit 1 pers, s. d'eau, wc indép). 1er ét. : 2 ch. (1 lit 2 pers, s.d.b. avec wc), (1 lit 2 pers, s. d'eau, wc indép). 2e étage : 1 ch.(1 lit 2 pers + 1 lit 1 pers, s. d'eau, wc indép). Accès à piscine (clôturée) et bassins pour enfants du prop., jardin, aire de jeux, mini-golf, tennis. Service suppl. : lavage du linge (payant). Langue parlée : allemand.

CV

Prix : 1 pers. **285 F** 2 pers. **325 F** 3 pers. **430 F** repas **135 F**

Ouvert : toute l'année.

10	2	SP	10	SP	10	SP	10	6	1

CHOLLAT-NAMY Marie-Claude - Mas des Genets d'Or - 66560 ORTAFFA - Tél : 04 68 22 17 60

PERPIGNAN Domaine du Mas Boluix

TH — *C.M. 86 Pli 19*

6 ch. — A 8 km de la mer (Canet-plage), près de Perpignan, au milieu des vergers et des vignobles, 5 ch. d'hôtes et 1 suite climatisées, dans un domaine viticole du XVIIIème rénové. 2ème niv. : salon/séjour (TV) communs avec propriétaire, Sunyer (1 lit 2 pers, 1 lit 1 pers), Dali (1 lit 160). 1er niv. : Rigaud et Maillol chac. avec (1 lit 160), Picasso (2 lits 1 pers). 3ème niveau : Suite Casals (1 lit 2 pers) (1 lit 2 pers). Chaque chambre est équipée de s.d.b, wc indép. TV satellite (chaîne anglaise ou allemande à la demande). Séminaires. RDC : s. de jeux (ping-pong, billard, baby-foot). Parking, jardin (s. de jardin). Vente de vin du domaine. Langue parlée : espagnol.

Prix : 1 pers. **330 F** 2 pers. **370 F** 3 pers. **470 F** repas **130 F**

Ouvert : toute l'année.

8	2	5	8	2	15	15	80	2	3	1

CEILLES Huguette et J-Louis - Domaine du Mas Boluix - chemin du Pou de les Coulobres - 66100 PERPIGNAN - Tél : 04 68 08 17 70 - Fax : 04 68 08 17 71 - http://www.domaine-de-boluix.com

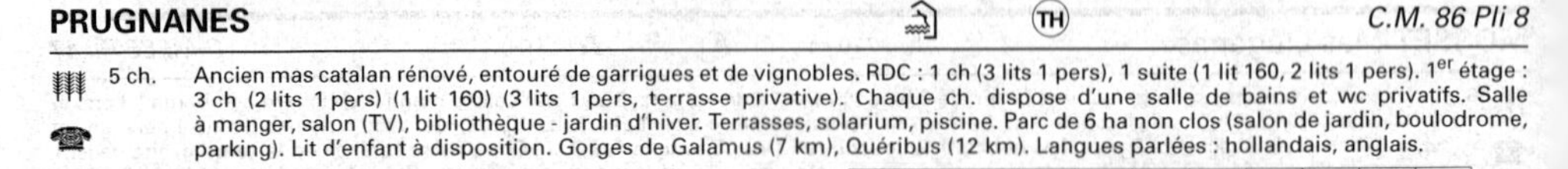

PRUGNANES

TH — *C.M. 86 Pli 8*

5 ch. — Ancien mas catalan rénové, entouré de garrigues et de vignobles. RDC : 1 ch (3 lits 1 pers), 1 suite (1 lit 160, 2 lits 1 pers). 1er étage : 3 ch (2 lits 1 pers) (1 lit 160) (3 lits 1 pers, terrasse privative). Chaque ch. dispose d'une salle de bains et wc privatifs. Salle à manger, salon (TV), bibliothèque - jardin d'hiver. Terrasses, solarium, piscine. Parc de 6 ha non clos (salon de jardin, boulodrome, parking). Lit d'enfant à disposition. Gorges de Galamus (7 km), Quéribus (12 km). Langues parlées : hollandais, anglais.

Prix : 1 pers. **300 F** 2 pers. **350 F** 3 pers. **400 F** repas **130 F**

Ouvert : toute l'année.

50	SP	SP	20	5	SP	SP	50	7	45	5

MAES Joo - Domaine de Coussères - 66220 PRUGNANES - Tél : 04 68 59 23 55 ou SR : 04 68 66 61 11 - Fax : 04 68 59 23 55 - http://www.cousseres.com

SAINT-CYPRIEN Las Parts

C.M. 86 Pli 20

3 ch. — Entre St Cyprien village et plage, villa comp. 4 gîtes, 1 appartement, attenants à la résidence princ. du propr., avec 3 ch. d'hôtes. 1er étage : s. à manger commune avec propr. pour petit déj. 2 ch Campanule et Bleuet chac. (1 lit 2 pers, s.d.b., wc indép, balcon), terrasse commune, 1 ch Muscat : (1 lit 2 pers, s.e., wc indép, balcon), terrasse commune. Parking privé, jardin clos commun (barbecue). Téléphone commun à l'extérieur. Activités équestres proposées par la propriétaire. Golf à 500 m, plages à 1,5 km. Excursions vers l'Espagne, Collioure (15 km) et Banyuls sur Mer. Cloître d'Elne (3 km). TAXE DE SEJOUR. Langues parlées : anglais, allemand.

CV

Prix : 1 pers. **240 F** 2 pers. **270 F**

Ouvert : vacances scolaires.

1,5	3	1,5	2	2	10	SP	0,3	6	1,5

BERDAGUER Monique - quartier de l'Aygual - Las Parts - 66750 SAINT-CYPRIEN - Tél : 04 68 21 97 97 - Fax : 04 68 21 97 97

SERRALONGUE Case Guillamo

Alt. : 620 m — TH — *C.M. 86 Pli 18*

3 ch. — Au cœur du ht Vallespir, à 4 km de Serralongue, 3 ch amén. dans mas de 1839, niché dans forêt (45 ha, sources, rivière). RDC ht : terrasse ombragée. Coin sal. /s. à manger (chem), 2 ch (2 lits 1 pers) (2 lits 1 pers jumelables) avec chac. (s.d.b, wc priv., TV). 1er ét : suite fam : salon, cheminée, TV, 2 ch (1 lit 160 élect.) (2 lits 1 pers), s.d.b avec wc. Accès par chem. privé non goudronné sur 1,8 km. Accès à piscine et petit bassin (privés) pour enfants, parking. SP : pêche, rando. A prox. : golf, VTT, tennis, équitation. Lav. du linge (payant). Musée traditions catalanes (4 km), Gorges de la Fou (15 km). Musée de Céret (30 km). Langues parlées : allemand, espagnol.

CV

Prix : 1 pers. **300 F** 2 pers. **350 F** 3 pers. **450 F** repas **150 F**
1/2 pens. **450 F**

Ouvert : toute l'année.

55	SP	SP	55	4	SP	SP	18	8	64	4

BRACCKEVELDT Elisabeth & Philippe - Case Guillamo - 66230 SERRALONGUE - Tél : 04 68 39 60 50 ou SR : 04 68 66 61 11

TAURINYA

Alt. : 560 m (TH) *C.M. 86 Pli 17*

6 ch. Prades (5 km) - St Michel de Cuxa (2 km). Dans mas catalan de caractère, composé de plusieurs corps de bât., 6 ch. chac. avec s.e. et wc priv. RDC : 2 ch.(1 lit 2 pers) (3 lits 1 pers). 1er ét : s. à manger (chem.), salon pour hôtes, 3 ch. (2 lits 1 pers) (1 lit 2 pers + 1 lit 1 pers) (1 lit 2 pers), 1 suite (1 lit 2 pers, salon) donnant sur terrasse. Jardin fleuri avec salon de jardin. Parking couvert pour 3 véhicules et stationnement pour 2 voitures. Lavage du linge payant, poss. lit bébé, accueil de séminaires. St Michel de Cuxa (2 km), festival Pablo Casals (2 km). Au pied du Canigou. Langues parlées : anglais, espagnol.

Prix : 1 pers. **220 F** 2 pers. **260 F** 3 pers. **330 F** repas **100 F**

Ouvert : toute l'année.

50	SP	5	15	5	SP	SP	55	15	6	SP

LOUPIEN Bernard - Las Astrillas - 12 Carrer d'Aval - 66500 TAURINYA - Tél : 04 68 96 17 01 ou SR : 04 68 66 61 11 - Fax : 04 68 96 17 01

THUIR Mas Petit

C.M. 86 Pli 19

6 ch. 6 ch dans un mas de caractère du XIe. RDC : hall, 1 ch (2 lits 1 pers, sal., s.e., wc indép), 1 ch (1 lit 2 pers, s.e., wc indép), 2 ch, accès indép, chac.(1 lit 2 pers, sal., s.e., wc indép dont 1 avec accès étroit et bas). 1 suite, accès indép, sur 2 ét.(rdc : sal. (chem.), (s.d.b avec wc), au 1er ét. : dressing, 1 ch (1 lit 2 pers)). 1er ét : 1 ch (2 lits 1 pers, sal., s.e./wc). Gd sal./séj. (cheminée, gde terrasse). Parking commun, grand parc clos (canal fort débit d'eau, accès à piscine privée du propriétaire, solarium, sal. de jardin). Vente d'oeuvres d'art. Chaque ch. équipée de TV, tél., mini-bar. Langues parlées : anglais, espagnol.

Prix : 1 pers. **380/460 F** 2 pers. **420/500 F**

Ouvert : toute l'année.

22	SP	SP	22	2	7	SP	22	10	13	2

FOURMENT Joëlle - Casa del Arte - Mas Petit - 66300 THUIR - Tél : 04 68 53 44 78 ou SR : 04 68 66 61 11 - Fax : 04 68 53 44 78 - E-mail : casadelarte@wanadoo.fr - http://perso.wanadoo.fr/casa.del.arte/

LIMOUSIN

Pour réserver, écrire ou téléphoner :

19 - CORREZE
GITES DE FRANCE
Immeuble Consulaire - Puy-Pinçon
Tulle est - B.P. 30
19001 TULLE Cedex
Tél. : 05 55 21 55 61 - Fax : 05 55 21 55 88

23 - CREUSE
GITES DE FRANCE
1, rue Martinet - B.P. 89
23011 GUERET Cedex
Tél. : 05 55 61 50 15 - Fax : 05 55 41 02 73

87 - HAUTE-VIENNE
GITES DE FRANCE
32, avenue du Général Leclerc
87065 LIMOGES Cedex
Tél. 05 55 77 09 57 - Fax : 05 55 10 92 29
E-mail : gites.de.france.87@wanado.fr

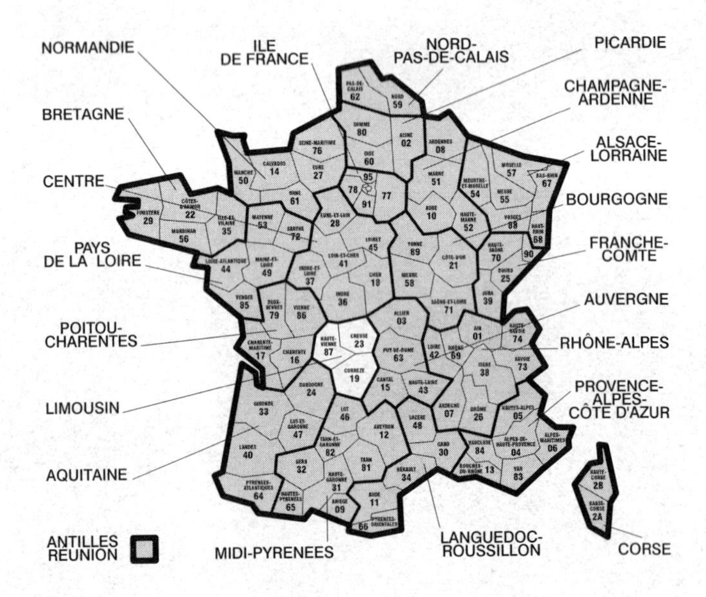

GITES DE FRANCE
Immeuble Consulaire - Puy Pinçon - Tulle est - B.P. 30
19001 TULLE Cedex
Tél. 05 55 21 55 61 - Fax. 05 55 21 55 88

AFFIEUX-PRES-TREIGNAC Maury

2 ch. Superbes chambres confortables avec suites dans un charmant Manoir au cœur des Monédières. Calme, beauté du paysage, promenades enchanterresses sont au programme. Les suites sont composées d'une chambre pour 2 pers. et d'un coin-salon avec 1 couchage 1 pers. Gratuit pour les enfants jusqu'à 3 ans, - 30 F de 3 à 10 ans.

Prix : 1 pers. **270 F** 2 pers. **310 F** 3 pers. **370 F** pers. sup. **60 F**

Ouvert : toute l'année.

SP	2	3	8	SP	3	30	8	25	6

ROGER-GILLET Georges et Odile - Maury - 19260 AFFIEUX-PRES-TREIGNAC - Tél : 05 55 98 04 01 ou 06 84 56 54 26 - Fax : 05 55 98 04 01

AIX Chalons d'Aix Alt. : 730 m (TH)

3 ch. **Le Sancy 40 km. Ussel 15 km.** A 5 km du bourg, venez découvrir à la limite du Limousin et de l'Auvergne, la Haute Corrèze avec ses forêts, rivières, plan d'eau. Nathalie et Christian vous accueillent sur leur exploitation (bovins) dans un cadre verdoyant et calme. 3 ch. dans la maison restaurée des propriétaires, avec salles d'eau et wc privés. Moins 10 % à partir de 5 nuits. Sortie autouroute N° 27.

CV

Prix : 1 pers. **190 F** 2 pers. **240 F** 3 pers. **310 F** pers. sup. **70 F** repas **80 F**

Ouvert : toute l'année.

SP	4	SP	6	5	15	35	25	5	5

FAGEOLLE Christian & Nathalie - Chalons d'Aix - 19200 AIX - Tél : 05 55 94 31 17

ALTILLAC La Majorie Basse (TH)

5 ch. Michel et Christine vous reçoivent dans une grande maison à proximité de la Dordogne, dans un cadre enchanteur. 4 chambres et 1 suite équipée d'une cuisinette, salon, terrasse vous permetront de passer un excellent séjour. Piscine privée. Tarif semaine/2 pers. : 1920 F, lit supplémentaire 50 F. Suite 4 pers./semaine : 3400 F, lit suppémentaire 30 F. Tarif hors saison sur demande.

CV

Prix : 1 pers. **260 F** 2 pers. **320 F** 3 pers. **370 F** repas **80/120 F**

Ouvert : toute l'année.

1	SP	SP	SP	SP	10	3	1

GILLIERON Michel et Christine - La Majorie Basse - 19120 ALTILLAC - Tél : 05 55 91 28 70 - Fax : 05 55 91 28 70

AMBRUGEAT Le Goumoueix Alt. : 700 m (TH)

2 ch. **Meymac 5 km.** Le Manoir du Goumoueix, situé sur un parc de 5 ha., dans un environnement calme, loin de toutes pollutions, au cœur de paysages sauvages et naturels. Vos hôtes vous feront découvrir la région remplie de sites historiques. Le GR440, chemin de grandes randonnées, vous guidera jusqu'au Lac de Séchemailles, rendez-vous de pêche, de baignade et de sports nautiques. Ouvert toute l'année. Langue parlée : anglais.

Prix : 1 pers. **230 F** 2 pers. **290 F** 3 pers. **350 F** repas **95 F**

Ouvert : toute l'année.

SP	SP	SP	4	SP	4	25	4	5	5

Mesdames COURTEIX Françoise et ANDERSON - Manoir le Goumoueix - 19250 AMBRUGEAT - Tél : 05 55 95 12 87

ARGENTAT

2 ch. Aux portes de la jolie ville d'Argentat, ce havre de paix idyllique sur les bords de la Dordogne, dans un parc de 5000 m^2 vous accueille pour un séjour chaleureux et convivial. Deux chambres accès de plain-pied. Une des chambres est équipée d'un lit 160 articulé, TV, frigo, douche hydro-massage. Bibliothèque. En saison, de bons conseils pour la cueillette de champignons vous seront proposés. Pour ceux qui préfèrent la pêche, les rives de la Dordogne et de la Maronne s'offrent à eux. Langues parlées : espagnol, anglais.

CV

Prix : 2 pers. **300/320 F** 3 pers. **350/370 F**

Ouvert : toute l'année (hiver sur réservation).

2	2	SP	SP	2	40	SP

PARLANT-MONTSERRAT - 4, route du Chastang - 19400 ARGENTAT - Tél : 05 55 28 87 14 - Fax : 05 55 28 83 31

BEAULIEU-SUR-DORDOGNE *C.M. 75 Pli 19*

6 ch. Située au cœur de Beaulieu, à 2 pas de la Dordogne, la Maison, dès le seuil franchi vous surprendra par ses colonnes voûtées d'inspiration mexicaine. 4 ch. donnent sur patio intérieur fleuri et 2 sur jardin suspendu et la piscine. Chacune a une décoration originale. Chambre indienne, 1930, de la mariée, aux oiseaux... Une grande pièce avec cheminée vous est réservée. Passionnée de brocante et chineuse invétérée, Christine vous dévoilera ses adresses.

Prix : 1 pers. **250/290 F** 2 pers. **300/370 F** 3 pers. **400/500 F**

Ouvert : du 1er avril au 30 septembre.

SP	SP	SP	30	SP	SP	17	30	7	0,2

HENRIET J-Claude & Christine - 11, rue de la Gendarmerie - 19120 BEAULIEU-SUR-DORDOGNE - Tél : 05 55 91 24 97 - Fax : 05 55 91 51 27

BENAYES Forsac

C.M. 72 Pli 18

3 ch. **Base de la Minoterie 15 km (kayak, VTT, tir à l'arc).** Chambres d'hôtes situées au 1er étage d'un château des XIII, XVIe et XIXe siècles, en cours de restauration, situées sur une exploitation agricole. Sur place, un enclos de chasse. Possibilité de pêche. Possibilité de repas sur demande. Base de la Minoterie 15 km (kayak, VTT, Tir à l'arc). Karting à 10 km. Langue parlée : anglais.

Prix : 1 pers. **190 F** 2 pers. **220 F** 3 pers. **260 F**

Ouvert : toute l'année.

6	6	SP	15	SP	15	30	15	5

DEMONTBRON Henry et Mireille - Forsac - 19510 BENAYES - Tél : 05 55 73 47 78 - Fax : 05 55 73 47 78

BILHAC Mas-Vidal

(TH)

3 ch. 3 chambres (1 avec loggia) à l'étage d'une maison en pierre, wc, salle d'eau pour chaque chambre, chauffage, lits supplémentaires. Salon de repos, TV, lecture, accès au parc ombragé, salon de jardin. Ecole d'équitation à 500 m. A proximité de Curemonte, Collonge-la-Rouge, Turenne, Beaulieu, Argentat etc... Ouvert toute l'année. Prix 1/2 pension : 450 F/2 pers. Repas gastronomique 120 F. Situés sur les coteaux sud dominant la Vallée de la Dordogne, nombreux sites, Rocamadour, Sarlat, Tours de Saint-Laurent (Jean Lurçat), festival de Saint-Céré, Arts, Châteaux... Accès : voie rapide Brive/Toulouse, sortie 52 Noailles/Turenne. Langue parlée : anglais.

Prix : 1 pers. **220 F** 2 pers. **250 F** 3 pers. **300 F** repas **80/100 F**

Ouvert : toute l'année.

5	SP	3	0,5	SP	SP	10	25	3	3

SIMBILLE Pierre et Michele - Mas Vidal - 19120 BILHAC - Tél : 05 55 91 08 74

BORT-LES-ORGUES

C.M. 239 Pli 41

3 ch. **A 40 km du Sancy et du Puy-Mary.** Dans un petit village traversé par la Dordogne, 2 ch. avec vue sur les orgues donnant sur jardin, 1 ch. donnant sur l'église de Bort. Les 3 chambres ont un sanitaire complet. 2 salons de jardin, barbecue. Possibilité de baptême ULM, pêche sur barrage et rivière 3 km. Restaurants à proximité, sentiers, randonnées VTT limitrophes du Cantal. Salon très spacieux avec grande baie vitrée. Animaux acceptés sous certaines conditions.

Prix : 1 pers. **190 F** 2 pers. **240 F** 3 pers. **300 F**

Ouvert : toute l'année.

3	3	3	3	3	1	20	3	SP	SP

BOURDOUX Jean-Claude - 51, boulevard de la Nation - place de l'Eglise - 19110 BORT-LES-ORGUES - Tél : 05 55 96 00 58 - Fax : 05 55 96 00 58

CHAMBERET

3 ch. Jean-François et Nicole vous accueillent dans leur maison fin XVIIIe. 3 chambres sises dans le bourg avec jardinet et tonnelle d'ifs centenaires, salon de jardin. Toutes les chambres avec : douche, wc, kitchenette. Pièce de jour avec TV, livres. Le petit déjeuner est pris dans les chambres. Au cœur des animations estivales. Restaurant sur place. Langues parlées : anglais, allemand.

Prix : 1 pers. **190 F** 2 pers. **240 F** 3 pers. **310 F**

Ouvert : toute l'année.

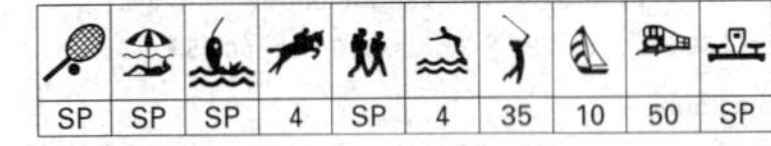

SP	SP	SP	4	SP	4	35	10	50	SP

DESMOULIN-CATONNET Jean-François - 2, route du Mont Gargan - 19370 CHAMBERET - Tél : 05 55 98 34 26 - Fax : 05 55 97 90 66

CHAMBOULIVE Le Bourg

C.M. 75 Pli 8

3 ch. **Seilhac 6 km.** Dans un petit bourg calme à l'étage d'une maison des XIXe et XXe siècles. Tous services sur place. Près du Plateau de Millevaches et de la Vézère. A 6 km de l'A.20.

Prix : 1 pers. **180 F** 2 pers. **200 F**

Ouvert : toute l'année.

SP	SP	SP	6	SP	10	25	6	15	SP

FLEYGNAC Maurice - Le Bourg - 19450 CHAMBOULIVE - Tél : 05 55 21 62 95

LA CHAPELLE-SAINT-GERAUD Lagrange

Alt. : 520 m (TH) C.M. 75

2 ch. Au cœur de la Xaintrie dominant la vallée de la Dordogne vous découvrirez une petite ferme d'élevage où Lucette vous accueille et vous propose des chambres dans une maison typique de la région. Pelouse ombragée et salon de jardin. Chauffage central au mazout. Piscine et canoë-kayak 8 km. Limite Lot et Cantal, vallée de la Dordogne. Près des sites touristiques : Rocamadour, Padirac, Sarlat, Beaulieu. Prix dégressifs à partir de la 2e nuit.

Prix : 1 pers. **150 F** 2 pers. **200 F** repas **75 F**

Ouvert : de Pâques à la Toussaint.

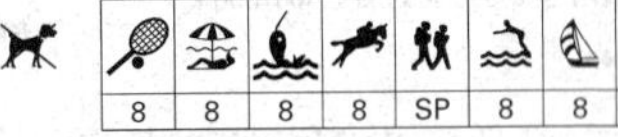

8	8	8	8	SP	8	8	38	8

DUPUY Lucette - La Grange - 19430 LA CHAPELLE-SAINT-GERAUD - Tél : 05 55 28 51 50

CHASTEAUX Chauzanel

C.M. 75 Pli 8

2 ch. Maison de caractère, 2 chambres d'hôtes avec salle d'eau et wc particuliers. Terrasses fleuries sur 3 côtés, prairie. Lits enfants possibles. A 3 km du bourg. Région touristique et culturelle (Limousin, Périgord, Quercy). Réduction pour séjour au delà de 3 nuits : 250 F. Langue parlée : anglais.

Prix : 1 pers. **200 F** 2 pers. **280 F**

Ouvert : du 15 juin au 15 septembre.

3	3	3	3	2	6	3	3	7	5

PUYBARET Annick et Jacques - Chauzanel - 19600 CHASTEAUX - Tél : 05 55 85 81 44 - http://www.eteks.com./chauzanel

CHAUMEIL Tréphy

Alt. : 750 m

2 ch. Au cœur des Monédières, au sein d'une ferme équestre, 2 chambres d'hôtes de plain-pied avec mezzanine aménagées dans un bâtiment rénové en granit, avec salle d'eau et wc privés. Lieu idéal pour se reposer, partir à la découverte de la région, à pied, VTT ou à cheval. Patrice organise des randonnées équestres toute l'année pour débutants ou initiés. Accès indépendant, salon, TV, cheminée (cantou), chauffage électrique. Produits de la ferme. Séjours. Elevage et vente de chevaux. Langues parlées : anglais, hollandais.

Prix : 1 pers. **200 F** 2 pers. **260 F** 3 pers. **340 F** pers. sup. **70 F** repas **80 F**

Ouvert : toute l'année, du 15 novembre au 30 mars sur réservation.

3	3	3	SP	SP	15	40	15	15	8

BARGEAU Anita - Ferme Equestre de Trephy - 19390 CHAUMEIL - Tél : 05 55 21 40 34 - Fax : 05 55 21 40 34 -
E-mail : TREPHY@wanadoo.fr

CLERGOUX Leix

Alt. : 550 m

4 ch. **Château de Sédières 5 km.** Dans une ferme de caractère, au calme, 4 chambres de plain-pied avec entrées indépendantes, mitoyennes à la maison des propriétaires, avec salle d'eau et wc particuliers. Equitation et attelages sur place, table d'hôtes avec produits de la ferme. A 3 km du bourg, lac à proximité. Langues parlées : anglais, hollandais.

Prix : 1 pers. **190 F** 2 pers. **275 F** 3 pers. **350 F** repas **90 F**

Ouvert : toute l'année.

SP	5	SP	SP	SP	8	21	3

RICHARD SOUDANT Sylvie - Leix - 19320 CLERGOUX - Tél : 05 55 27 75 49 - Fax : 05 55 27 75 49

COLLONGES-LA-ROUGE Domaine de la Raze

5 ch. A 2 pas de Collonges-la-Rouge vue sur le paysage majestueux des tours du village. Eliane et Jean-Pierre vous reçoivent dans une ancienne métairie de caractère entourée d'un jardin de peintre composé de bouquets d'arbres fleuris et de rosiers anciens odorants. D'agréables chambres claires décorées de rideaux et courtepointes de couleurs offrent un havre de tranquilité. Douches et wc dans chaque chambre. Grand séjour avec cheminée, bilbiotèque, coin-cuisine, grande piscine privée.

Prix : 1 pers. **200 F** 2 pers. **250/280 F** 3 pers. **320/350 F**

Ouvert : toute l'année.

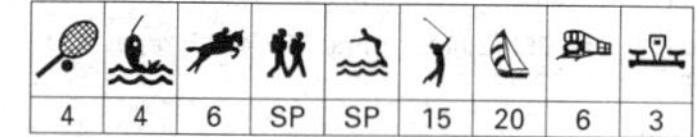

4	4	6	SP	SP	15	20	6	3

TATIEN Eliane - Domaine de la Raze - 19500 COLLONGES-LA-ROUGE - Tél : 05 55 25 48 16 - Fax : 05 55 25 49 00

COLLONGES-LA-ROUGE La Vigne Grande

5 ch. Dans un des plus beaux villages de France, ancienne grange restaurée dans un cadre charmant et tranquille, 5 chambres à l'étage équipées de salle de bains avec wc chacune. Séjour, TV, cheminée, bibliothèque, possibilité de pique-niquer. Chauffage électrique et bois. Grande piscine privée, chauffée. A 2 km du bourg. Plusieurs restaurants dans le village. Langues parlées : anglais, italien.

Prix : 1 pers. **175 F** 2 pers. **235 F** 3 pers. **295 F**

Ouvert : toute l'année.

SP	5	5	5	SP	3	25	25	21	2

DIGIANNI Gabrielle - La Vigne Grande - 19500 COLLONGES - Tél : 05 55 25 39 20 - Fax : 05 55 84 05 39 -
E-mail : La-vigne-grande@infonie.fr

COMBRESSOL Les Chaussades

Alt. : 630 m

3 ch. Maison typique du Plateau de Millevaches, en pierres. Accueil de cavaliers. 2 chambres avec salles d'eau privatives, 1 chambre avec salle de bains. A proximité de Meymac (centre d'art comtemporain), radonnées...

Prix : 2 pers. **220/240 F** 3 pers. **330 F** repas **90 F**

Ouvert : toute l'année.

SP	4	SP	5	SP	5	15	5	6	1,5

MIGNON Marcelle - Les Chaussades - 19250 COMBRESSOL - Tél : 05 55 94 27 89 - Fax : 05 55 94 27 89

CUREMONTE

A (TH)

3 ch. Dans l'un des plus beaux villages de France, aux confins du Périgord, au cœur d'une cité médiévale, Fernande, agricultrice vous recevra dans ses 3 chambres d'hôtes très confortables avec salle d'eau particulière, de style rustique, aménagées dans une ancienne grange. Exploitation broutard, noix, canard gras.

Prix : 1 pers. **200 F** 2 pers. **290 F** 3 pers. **390 F** repas **80/100 F**
1/2 pens. **300 F**

Ouvert : toute l'année sur réservation.

12	12	12	25	SP	12	25	25	30	10

RAYNAL Fernande - Le Bourg - 19500 CUREMONTE - Tél : 05 55 25 35 01

ESPAGNAC La Traverse

Alt. : 550 m (TH) *C.M. 75 Pli 9*

2 ch. **Tulle 15 km.** Ce petit village se trouve dans une région pittoresque, sur les hauteurs proches des gorges de la Dordogne. Les chambres sont aménagées dans une demeure de caractère construite en 1640. En compagnie de M. Rouget, les gourmets pourront découvrir la vie des abeilles ou s'initier aux petits secrets de la cuisine régionale. Salon, TV, vidéo, lecture, piano. Relax dans le jardin fleuri, jeux d'enfants, environnement exceptionnel pour la randonnée pédestre. 1/2 pension pour 1 pers. occupant une chambre seule 250 F.

Prix : 1 pers. **200 F** 2 pers. **240 F** 3 pers. **330 F** pers. sup. **50 F**
repas **90 F** 1/2 pens. **200 F**

Ouvert : de Pâques à la Toussaint.

SP	2	SP	12	SP	6	12	12	2

ROUGET - La Traverse - 19150 ESPAGNAC - Tél : 05 55 29 29 79 - Fax : 05 55 29 28 22 - http://www.chez.com/bunny

ESPAGNAC Le Mourigal

Alt. : 525 m

1 ch. **Cascade de Gimel 10 km. Château de Sedière 15 km.** Au Mourigal, sympathique hameau de caractère, nous offrons gîte et petit-déjeuner à tous les curieux de vie rurale. Nous vous proposons de goûter au plaisir de la randonnée/promenade avec un compagnon-âne bâté, de visiter les producteurs locaux et déjeuner ou dîner dans les fermes auberges voisines. Les chevaux et leurs cavaliers sont les bienvenus. Langue parlée : anglais.

Prix : 1 pers. **195 F** 2 pers. **230 F** 3 pers. **300 F**

Ouvert : toute l'année.

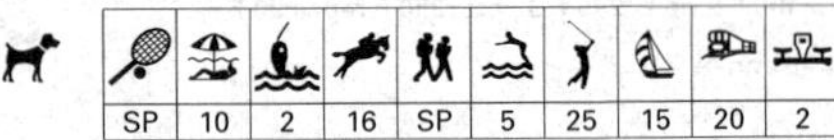

SP	10	2	16	SP	5	25	15	20	2

MARTIN-DUPLESSY Christine - Le Mourigal - 19150 ESPAGNAC - Tél : 05 55 29 15 08 - Fax : 05 55 29 15 08

ESTIVAUX Les Rebières

A (TH) *C.M. 75 Pli 8*

2 ch. **Uzerche perle du Limousin 15 km.** Gorges de la Vézère. Maison indépendante entourée de vergers issus de cultures biologiques, comprenant 2 chambres situées au 1er étage, chacune avec salle d'eau et wc, salon avec réfrigérateur, télévision, bibliothèque commune. Au r.d.c., salle à manger avec cheminée. Chauffage central au bois, jardin, coin-repos, étang, pêche, nombreux sentiers pédestres. Carte prétée. Château de Comborn. Belvédères. Table d'hôtes sur demande.

Prix : 1 pers. **200 F** 2 pers. **250/300 F** 3 pers. **350/400 F** repas **85 F**
1/2 pens. **210/285 F** pens. **250/325 F**

Ouvert : toute l'année.

SP	10	SP	18	SP	10	10	10	6

BUGEAT Anne-Marie - Les Rebières - 19410 ESTIVAUX - Tél : 05 55 73 77 55 - Fax : 05 55 98 98 67

EYBURIE Laschamps

1 ch. Chambre d'hôtes indépendante à l'étage avec vue sur les Monédières, salle d'eau et wc privatifs. Possibilité 2 pers. supplémentaires dans 1 chambre attenante et possibilité lit enfant. Terrasse avec store, salon de jardin, chaises longues. Restaurant à proximité, joli point de vue. A 800 m du bourg.

Prix : 1 pers. **260 F** 2 pers. **260 F** 3 pers. **360 F**

Ouvert : toute l'année.

8	8	SP	10	SP	8	10	SP

DUMORTIER Yvonne - Laschamps - 19140 EYBURIE - Tél : 05 55 98 83 32

FORGES La Souvigne

(TH) *C.M. 75 Pli 19*

3 ch. **Argentat 10 km.** Ian et Jacquie vous invitent dans une ancienne demeure restaurée. 3 chambres d'hôtes, 2 à l'étage avec salle d'eau et wc privés et 1 au rez-de-chaussée avec salle de bains et wc privés. Salle de séjour à la disposition des hôtes. Chauffage électrique, bibliothèque. Parking facile. Table d'hôtes sur réservation seulement. Langues parlées : anglais, allemand.

Prix : 1 pers. **165/185 F** 2 pers. **185/205 F** repas **85 F**

Ouvert : toute l'année.

SP	11	SP	15	SP	11	15	15	15	3

HOARE Ian et Jacquie - La Souvigne - 19380 FORGES - Tél : 05 55 28 63 99 - Fax : 05 55 28 65 62

GIMEL-LES-CASCADES

1 ch. Jolie chambre d'hôtes située au cœur du village de Gimel Les Cascades. Michèle et Pascal vous accueillent dans le calme de leur chaleureuse maison de granit. Le village fleuri est charmant et les cascades grandioses. Nombreuses balades le long de la vallée de la Montane. Langue parlée : anglais.

CV

Prix : 1 pers. **240 F** 2 pers. **260 F**

1	2	SP	6	SP	6	25	6	12	6

ANDRIESSENS Pascal - Le Bourg - 19800 GIMEL-LES-CASCADES - Tél : 05 55 21 23 47 - Fax : 05 55 21 23 47

GOURDON-MURAT Gourdon

Alt. : 700 m

2 ch. **Bugeat 7 km.** 2 chambres dont 1 au rez-de-chaussée avec salle d'eau et wc particuliers. Possibilité de cuisine/séjour dans les 2 chambres. Tout confort : TV, réfrigérateur, gazinière. Chauffage central. Cadre reposant à la campagne. Pêche en étang privé appartenant au propriétaire, au cœur du plateau de Millevaches. Prix 2 chambres 4 pers. : 400 F.

CV

Prix : 1 pers. **210 F** 2 pers. **230/250 F** 3 pers. **300 F**

Ouvert : toute l'année.

SP	6	SP	6	SP	12	6	6

CHEZE Eva - 19170 GOURDON-MURAT - Tél : 05 55 94 01 56

JUILLAC Fouillargeas

2 ch. **Pompadour 14 km.** Henri et Monique vous reçoivent dans leur maison, sur une exploitation arboricole (pommes). 2 chambres d'hôtes situées au 2e étage de la maison. Chaque chambre a un lavabo. La salle d'eau est commune aux 2 chambres. Chauffage électrique. A 3 km du bourg. Possibilité de repas à 3 km. Parc avec salon de jardin. Les 2 chambres 280 F/nuit pour une même famille.

Prix : 1 pers. **160 F** 2 pers. **170 F** 3 pers. **180 F**

Ouvert : toute l'année.

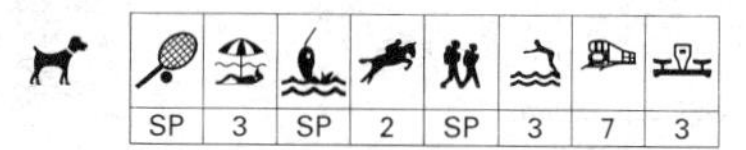

SP	3	SP	2	SP	3	7	3

POUQUET Henri - Fouillargeas - 19350 JUILLAC - Tél : 05 55 25 60 44

LESTARDS Coissac

Alt. : 650 m TH

5 ch. Maison typique en granit située dans un petit hameau au cœur du plateau de Millevaches, face aux Monts des Monédières. Christophe et Dominique élèvent des bovins, des moutons et des chevaux. Les magnifiques sous-bois invitent à des promenades tranquilles, et selon la saison, à la cueillette des myrtilles et des champignons. Auberge 4 km. Table d'hôtes sur demande. Langue parlée : anglais.

CV

Prix : 1 pers. **120 F** 2 pers. **180 F** 3 pers. **230 F** pers. sup. **50 F** repas **60/140 F** 1/2 pens. **180 F** pens. **220 F**

Ouvert : toute l'année sur réservation.

SP	6	SP	12	SP	25	12	12	12

BARDELLE Nelly - Coissac - 19170 LESTARDS - Tél : 05 55 94 01 11 ou 05 55 94 02 60 - Fax : 05 55 94 01 32

LIOURDRES

1 ch. Cette chambre d'hôtes, très confortable, avec salle d'eau et wc particuliers, a été aménagée dans la tour d'une maison contemporaine. Elle ouvre sur la Vallée de la Dordogne. Lit enfant disponible. Terrasse, parc ombragé et fleuri. Salle de séjour avec cheminée et TV... Lit supplémentaire 1 pers. dans chambre à part 120 F. Langues parlées : allemand, anglais.

CV

Prix : 1 pers. **150 F** 2 pers. **190 F**

Ouvert : toute l'année.

8	1	1	7	SP	8	15	7	3

PREVILLE Pierre et Irmtraud - Les Esplaces de la Vidalie - Haute - 19120 LIOURDRES - Tél : 05 55 91 19 58

LOSTANGES

TH

2 ch. Margaret et Peter vous accueillent dans leur charmante maison du Mont-joli, située à Lostanges, village tranquille entre Beaulieu/Dordogne et Meyssac. Vue panoramique sur la vallée de la Dordogne. 4 ch. louables 2 par 2 (pour famille), avec salle de bains. Possibilité loc. chambre seule avec salle de bains. Langue parlée : anglais.

CV

Prix : 1 pers. **140 F** 2 pers. **200 F** 3 pers. **250/280 F** repas **70/80 F**

Ouvert : toute l'année.

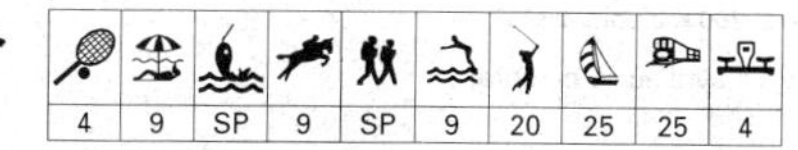

4	9	SP	9	SP	9	20	25	25	4

HARRISON Margaret - Le Bourg - 19500 LOSTANGES - Tél : 05 55 84 09 37 - Fax : 05 55 84 09 37

MANSAC Le Seuil-Bas

5 ch. Les chambres sont aménagées dans un ancien bâtiment de ferme, dans une région limitrophe du Périgord. Ferme de séjour avec camping à la ferme et gîte rural. Sur place : piscine, jeux d'enfants, tennis. Langue parlée : anglais.

CV

Prix : 1 pers. **190 F** 2 pers. **230 F** 3 pers. **270 F** repas **90 F**

Ouvert : toute l'année.

SP	SP	6	12	SP	SP	12	12	11	4

FRAYSSE Noël - Le Seuil Bas - 19520 MANSAC - Tél : 05 55 85 27 14 ou 05 55 85 11 69

MARCILLAC-LA-CROISILLE La Teyssonnière Alt. : 550 m

4 ch. Dans un hameau, repos et calme vous sont assurés. La Maison près du Lac est là, demeure de caractère, cadre chaleureux, cantou avec feu de bois, avec ses 4 chambres confortables, au décor raffiné, pourvues chacune d'une salle de bains. A proximité (2 km), 4 restaurants ayant chacun ses spécialités régionales. Paysages Corréziens, vallée de la Dordogne. Le Lac est à 600 m au bout du chemin. Prix 4 pers. : 320 F.

CV

Prix : 1 pers. **190 F** 2 pers. **230 F** 3 pers. **270 F**

Ouvert : toute l'année.

SP	SP	SP	SP	SP	8	SP	17	2

CLEMENT Jean-Claude - La Teyssonnière - 19320 MARCILLAC-LA-CROISILLE - Tél : 05 55 27 58 99

MEYSSAC Bellerade *C.M. 75 Pli 9*

3 ch. 3 chambres d'hôtes dans le manoir de Bellerade, ancienne demeure d'un colonel d'Empire sur un domaine de 8 ha. Toutes les chambres ont une salle de bains et wc privés, téléphone. Proximité de Collonges-la-Rouge, un des plus beaux villages de France. Tarif 1 pers. 320 F, 2 pers. 420 F à partir de la 2ème nuit. Langues parlées : espagnol, anglais.

Prix : 1 pers. **340 F** 2 pers. **440 F** pers. sup. **80 F**

Ouvert : du 1er avril au 30 septembre.

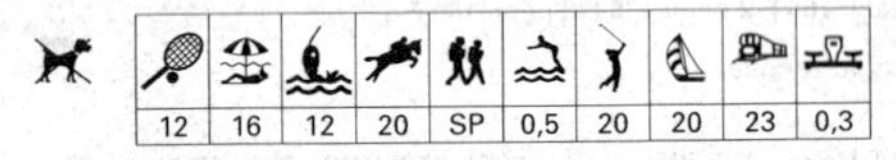

12	16	12	20	SP	0,5	20	20	23	0,3

FOUSSAC-LASSALLE Jeanne - Manoir de Bellerade - 19500 MEYSSAC - Tél : 05 55 25 41 42 - Fax : 05 55 84 07 51

MEYSSAC Le Chauze *C.M. 75 Pli 9*

1 ch. **Tulle 35 km.** Paul et Andrée vous accueillent sur leur exploitation (élevage de bovins et polyculture). L'ombre de la Treille fera votre bonheur pour déguster un petit-déjeuner aux saveurs du terroir (pain au levain, confitures maison, miel). Repos et calme vous sont assurés dans 1 chambre avec douche et wc privés. Langues parlées : anglais, allemand.

Prix : 1 pers. **180 F** 2 pers. **200 F** 3 pers. **250 F**

Ouvert : du 15 avril au 30 septembre.

2	12	12	20	2	2	15	20	25	1

RIVIERE Paul - Le Chauze - 19500 MEYSSAC - Tél : 05 55 25 34 22

MEYSSAC Grand Rue

4 ch. **Collonges-la-Rouge 1 km. Rocamadour et Padirac 20 mn.** Jean-Luc et Valérie sont heureux de vous accueillir dans leur demeure en gré rouge avec une tour du XVIIe siècle au cœur du vieux Meyssac. Turenne et Curemonte à proximité. 4 chambres spacieuses avec suite. Langue parlée : anglais.

Prix : 1 pers. **230 F** 2 pers. **260/290 F** 3 pers. **330/360 F**

SP	10	10	5	SP	SP	15	20	20	SP

LEBAS Jean-Luc - La Dame Blanche - Grand Rue - 19500 MEYSSAC - Tél : 05 55 84 05 96 ou 06 83 30 53 99

MILLEVACHES Le Magimel Alt. : 900 m

4 ch. Située au cœur du Plateau de Millevaches, dans un lieu calme, maison indépendante avec chambres à l'étage. Une pièce de réception, ainsi qu'une terrasse extérieure avec salon de jardin sont à votre disposition. A 2 km du bourg. Promenades pédestres, sous bois agréables, pêche.

CV

Prix : 1 pers. **200 F** 2 pers. **230 F**

Ouvert : du 1er avril au 15 octobre.

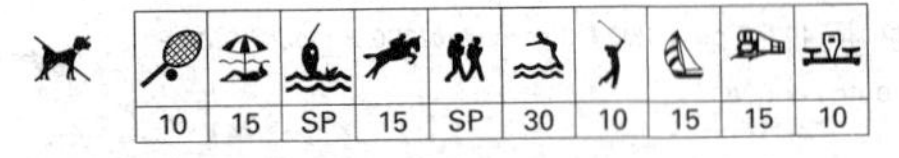

10	15	SP	15	SP	30	10	15	15	10

DESASSIS Maryline - Le Maginel - 19290 MILLEVACHES - Tél : 05 55 95 61 24 - Fax : 05 55 95 17 27

MONCEAUX-SUR-DORDOGNE Saulières

C.M. 75 Pli 9/10

4 ch. **La Dordogne (rivière) 200 m.** Au cœur de la Vallée où coule la Dordogne, rivière et nature préservées, Marie-Jo et Jean-Marie vous accueillent dans leur maison, sur leur exploitation (élevage de bovins, noix). Les chambres sont aménagées dans une extension de leur maison contemporaine, chacune avec salle d'eau et wc privés et décoration particulière. Terrain bord rivière pour pique-niquer. Cuisine équipée, salon, salle à manger et terrasse à disposition des hôtes, cheminée. Prix 4 pers. : 400 F. Langue parlée : anglais.

Prix : 1 pers. **200 F** 2 pers. **250 F** 3 pers. **300 F** pers. sup. **50 F**

Ouvert : toute l'année.

3	SP	SP	6	SP	6	20	6	30	2

LAFOND Marie-José - Saulières - 19400 MONCEAUX-SUR-DORDOGNE - Tél : 05 55 28 09 22 - Fax : 05 55 28 09 22

MONTGIBAUD Le Bourg

TH

2 ch. **Pompadour (cité du cheval) 15 km.** Dans un charmant petit bourg, à proximité de Pompadour, cité du cheval, et de l'A20 (sortie 42). « Les Tilleuls » (2 chambres mansardées au décor fleuri, salon) vous invite à découvrir les superbes paysages et le patrimoine du Bas-Limousin. Restaurant à 50 m. Langue parlée : anglais.

Prix : 1 pers. **225 F** 2 pers. **270 F** 3 pers. **310 F** repas **85 F**

Ouvert : du 1er mars au 30 novembre.

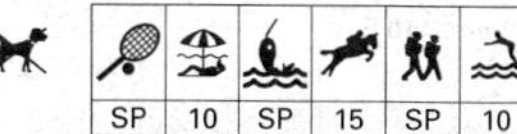

SP	10	SP	15	SP	10	12	10

COULAUD Mylène - Le Bourg - 19210 MONTGIBAUD - Tél : 05 55 73 44 94 - Fax : 05 55 73 44 94

MOUSTIER-VENTADOUR Messence

Alt. : 650 m TH

2 ch. Jacqueline et Jean vous accueillent dans une charmante maison fleurie, blottie dans un écrin de verdure. A proximité des Gorges de la Dordogne. 2 chambres à l'étage, cheminée, bibliothèque. Chevaux et promenades à cheval, pêche sur place dans l'étang de la propriété. Piscine privée. Langues parlées : anglais, allemand, hollandais.

Prix : 1 pers. **175 F** 2 pers. **320 F** repas **125 F** 1/2 pens. **295 F**

Ouvert : du 1er avril à début novembre.

9	SP	SP	SP	SP	SP	15	15	9	9

FLAPPER ET VAN OVERVELD Jacqueline et Jean - Messence - 19300 MOUSTIER-VENTADOUR - Tél : 05 55 93 25 36 - Fax : 05 55 93 92 97 - E-mail : Renardieres@wanadoo.fr

NAVES Gourdinot

TH

3 ch. **Uzerches 25 km. Tulle 12 km.** En arrivant chez Brunhild et Jean-Marc, on se croirait au bout du monde et pourtant... 3 ch. raffinées à l'étage. 1 ch. avec grand lit à baldaquin et salon confortable, 1 ch. sur loggia (1 lit 2 pers.), 1 ch. (2 lits 1 pers.). Au r.d.c., c'est la vie familiale, salon, TV et bibliothèque. Grande cuisine avec cantou, vous attend pour vos repas à la table d'hôtes. Dans cette charmante maison typique de la Corrèze, vous apprécierez la gastronomie locale et le calme. Brunhild pourra vous initier à la fabrication du pain dont le délicieux parfum vous ravira. Langue parlée : anglais.

Prix : 1 pers. **190 F** 2 pers. **230/260 F** 3 pers. **300/330 F** repas **85 F**

Ouvert : toute l'année.

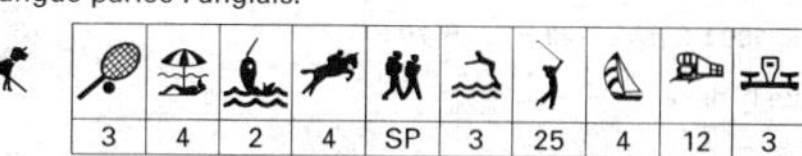

3	4	2	4	SP	3	25	4	12	3

PERROT Brunhild & Jean-Marc - Gourdinot - 19460 NAVES - Tél : 05 55 27 08 93

NESPOULS Belveyre

TH

4 ch. Le calme et l'accueil de cette ancienne demeure restaurée sera au rendez-vous. Nous vous recevrons comme nos amis dans un cadre chaleureux et sympathique en proposant des nuits douillettes grâce à 4 chambres raffinées, équipées de salles d'eau, wc privés, et... chut ! plein de surprises encore. Prix 1/2 pension/pers. si 2 pers. 180 F. A « Cheval » sur le Lot et la Dordogne, vous aimerez Pompadour et ses haras, Collonges la Rouge, Rocamadour, etc... Et si vos vacances se passaient à Belveyre ?

Prix : 1 pers. **180 F** 2 pers. **200/250 F** 3 pers. **250/300 F** repas **90 F**

Ouvert : du 1er mai au 30 septembre.

5	SP	5	5	SP	10	10	5	15	2

LALLE Eloi et Marie-France - Belveyre - 19600 NESPOULS - Tél : 05 55 85 84 47

NOAILLES Pont de Coudert

4 ch. **Plan d'eau du Causse 6 km.** A la limite du Quercy et du Périgord. Région touristique par excellence. Proche de l'autoroute A20, à 600 m du bourg. Possibilité de garage, cour fermée pour voitures. Chauffage, salle de séjour, salon, TV. 4 chambres dont 1 pour 4 pers. avec petite cuisine attenante. Restaurant à promité. Prix 4 pers. : 380 F. Langue parlée : espagnol.

Prix : 1 pers. **210 F** 2 pers. **240/250 F** 3 pers. **340 F**

Ouvert : toute l'année.

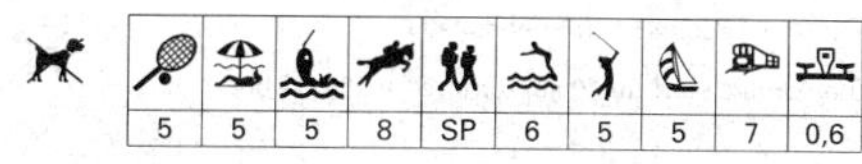

5	5	5	8	SP	6	5	5	7	0,6

DURAND Marie - Le Pont de Coudert - 19600 NOAILLES - Tél : 05 55 85 83 22

NONARDS Le Marchoux

C.M. 239 Pli 27

2 ch. **Beaulieu-sur-Dordogne 5 km.** Dans une maison de caractère confortable, 2 ch. d'hôtes à l'étage : 1 ch. à 2 lits et 1 ch. avec un grand lit. Lit pliant suppl. 50 F. Salle de bains et wc à l'usage exclusif des hôtes. Chauffage central. Parking privé. Poss. de pique-nique ou barbecue dans le petit parc. Dans un cadre très tranquille mais près de la D940. Idéal pour les itinéraires touristiques du Quercy. Langue parlée : anglais.

Prix : 1 pers. **150 F** 2 pers. **180 F** 3 pers. **230 F**

Ouvert : du 3 avril au 30 septembre.

SP	6	5	2	6	25	14	6

GREENWOOD Paul - Le Marchoux - 19120 NONARDS - Tél : 05 55 91 52 73 - Fax : 05 55 91 52 73 - E-mail : Pgreen7472@aol.com

OBJAT

2 ch. Belle demeure restaurée du XIXe siècle, Stâhlhana situé à mi-chemin entre le haras de Pompadour et la cité de Brive la Gaillard, est blottie en douce terre corrézienne, aux confins du Périgord et du Haut-Quercy, Stâhlhana vous offre le charme d'une suite spacieuse dont le décor raffiné est en harmonie avec l'accueil attentif de Béatrice et Eric-Marie. Vous disposez d'une bibliothèque et d'un salon particulier pour préparer ensemble vos visites culturelles, touristiques ou sportives. Langues parlées : anglais, espagnol.

Prix : 1 pers. **280 F** 2 pers. **340 F** 3 pers. **410 F**

Ouvert : toute l'année.

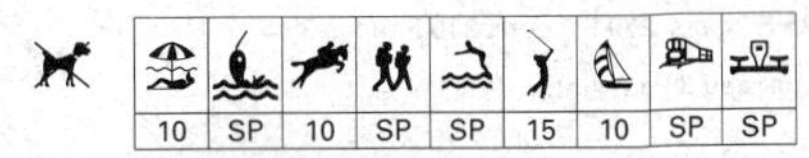

10	SP	10	SP	SP	15	10	SP	SP

DOUCET Béatrice et Eric - 14, avenue Raymond Poincaré - 19130 OBJAT - Tél : 05 55 25 58 42 ou 06 84 82 40 91

PALAZINGES

Alt. : 540 m 

5 ch. 5 chambres d'hôtes spacieuses dans une grange restaurée à l'ancienne, équipées chacune de salle d'eau et de wc. Table d'hôte. Vue exceptionnelle. A proximité de Tulle et de Brive. Langue parlée : anglais.

Prix : 1 pers. **200 F** 2 pers. **250 F** repas **85 F**

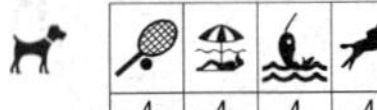 

4	4	4	4	SP	4	4	4

CURE Dominique et Nicole - Le Bourg - 19190 PALAZINGES - Tél : 05 55 84 63 44

ROSIERS-D'EGLETONS La Peyrière

Alt. : 600 m (TH)

2 ch. Propriété privée. Grand parc. Etang et bois. Chambres avec vue sur le parc, très calme. Salle de bains réservée aux hôtes. WC attenants. Cadre pour les amateurs de la nature. Grandes randonnées pédestres.

Prix : 1 pers. **190 F** 2 pers. **220 F** repas **70 F**

Ouvert : toute l'année.

 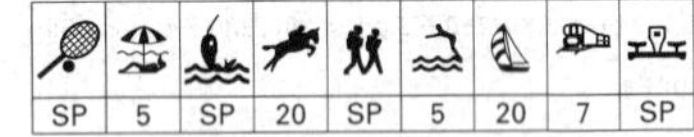

SP	5	SP	20	SP	5	20	7	SP

PEYRICOT Jacqueline - La Peyrière - 19300 ROSIERS-D'EGLETONS - Tél : 05 55 93 10 73

SAILLAC La Bertine

C.M. 75 Pli 19

1 ch. **Collonges-la-Rouge 2 km. Cité de Turenne 4 km.** Au pays de la noix vous serez accueillis dans une chambre très calme située au rez-de-chaussée d'un logement indépendant avec wc et salle d'eau particuliers. Chauffage électrique. Jardin d'agrément dans un cadre charmant et tranquille, possibilité de pique-niquer. Produits fermiers. Abri voiture. Proche du Lot et de la Dordogne.

Prix : 1 pers. **200 F** 2 pers. **230/250 F** 3 pers. **300/330 F**

Ouvert : toute l'année.

3	4	4	4	SP	4	15	15	4	4

ULMET Joël - La Bertine - 19500 SAILLAC - Tél : 05 55 25 41 24

SAINT-BONNET-L'ENFANTIER La Borde

(TH) *C.M. 75 Pli 8*

5 ch. Nadine vous accueille chaleureusement dans sa ferme d'élevage d'oies entourée de noyeraies. Cinq chambres sont aménagés à l'étage. Chaque chambre a un sanitaire complet. Descente de la Vézère en canoë-kayak (15 km). Nadine organise en hiver des weeks-end d'initiation à la cuisine régionale (foie gras). Sur place, cuisine, jeux de société, jeux de plein air. Tarif 2 pers. à compter de 2 nuitées : 230 F (15 % de réduction). Tarif 1/2 pension à compter de 2 nuitées : 200 F/pers.

Prix : 2 pers. **270 F** repas **85 F** 1/2 pens. **220 F**

Ouvert : toute l'année sauf du 10 septembre au 25 octobre.

3	10	10	SP	10	20	20	3

BUGE Nadine - La Borde - 19410 SAINT-BONNET-L'ENFANTIER - Tél : 05 55 73 72 44 - Fax : 05 55 73 72 44

SAINT-CERNIN-DE-LARCHE Le Moulin de la Roche (TH)

4 ch. Danielle et Michel vous accueillent dans la quiétude de la grange restaurée (1693) du vieux moulin. De l'une des 4 ch. personnalisées au décor soigné (chacune équipée d'une s.d.b. et toilettes privées, TV) le regard s'échappe vers le pittoresque petit village de Laroche ou vers le parc environné des pentes boisées des falaises du cirque du ruisseau de la Doux. Le mobilier de caractère, la grande cheminée et les terres cuites anciennes donnent du charme à la grande salle à manger, cadre de vos petits déjeuners. Repas sur réservation. Langues parlées : anglais, espagnol.

Prix : 1 pers. **270 F** 2 pers. **300 F** 3 pers. **390 F** pers. sup. **90 F**
repas **100/120 F**

Ouvert : du 1er mars au 31 octobre.

0,8	0,6	0,6	5	SP	0,6	5	0,6	4	3

ANDRIEUX Michel et Danielle - Le Moulin de la Roche - 19600 SAINT-CERNIN-DE-LARCHE - Tél : 05 55 85 40 92 - Fax : 05 55 85 34 66

SAINT-CHAMANT (TH)

6 ch. Marie-Madeleine et Germain vous accueillent dans leur grande maison située dans un vieux quartier très calme du village. Six chambres avec salle d'eau et wc privés dont une accessible aux personnes handicapées et deux avec salon privé. Salle de séjour, TV. Table d'hôtes sur demande.

Prix : 1 pers. **200 F** 2 pers. **240 F** 3 pers. **360 F** repas **85 F**
1/2 pens. **205 F**

Ouvert : du 1er avril au 15 novembre.

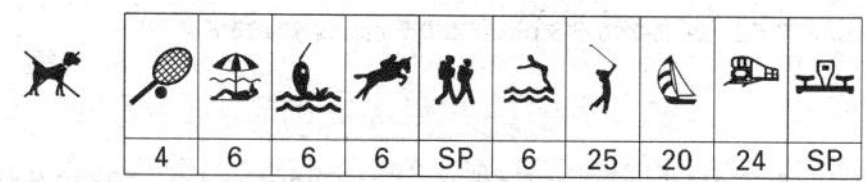

4	6	6	6	SP	6	25	20	24	SP

COUTAL Madeleine et Germain - Le Bourg - 19380 SAINT-CHAMANT - Tél : 05 55 28 05 46 - Fax : 05 55 28 84 03

SAINT-HILAIRE-PEYROUX Bel-Air

2 ch. Marie-Christine fille de Madeleine vous accueille à la ferme de polyculture élevage (veaux de lait sous la mère), sur un plateau entre Tulle et Brive, la nature et le calme sont assurés. 2 chambres d'hôtes avec 2 salles d'eau indépendantes et 2 wc. A 500 m du bourg. Restaurant à 500 m.

Prix : 1 pers. **160 F** 2 pers. **200 F** 3 pers. **230 F**

Ouvert : toute l'année.

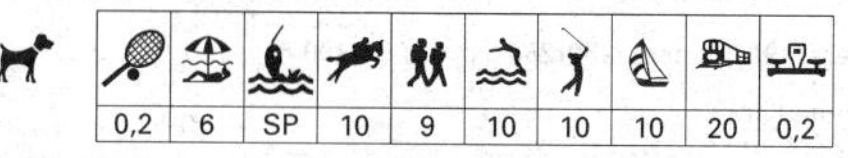

0,2	6	SP	10	9	10	10	10	20	0,2

BANNE Marie-Christine - Bel Air - 19560 SAINT-HILAIRE-PEYROUX - Tél : 05 55 25 72 71 ou 06 82 63 39 00

SAINT-JAL Les Bessines Alt. : 500 m

2 ch. **Uzerches 7 km.** Au 1er étage de leur maison, dans un cadre champêtre, parmis les bois et les prés, les chambres vous assureront calme et repos. Vous garderez de votre passage l'accueil chaleureux de votre hôte et le souvenir des paysages corréziens. Langue parlée : espagnol.

Prix : 1 pers. **200 F** 2 pers. **230 F**

Ouvert : du 15 mars au 15 novembre.

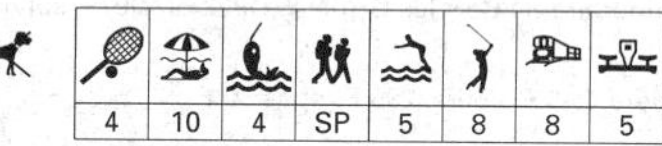

4	10	4	SP	5	8	8	5

DESAGUILLER Gaby et Simone - Les Bessines - 19700 SAINT-JAL - Tél : 05 55 73 19 70

SAINT-JULIEN-PRES-BORT La Garenne à Nuzejoux Alt. : 600 m

4 ch. **Bort-les-Orgues 6 km.** Ancienne demeure à l'intérieur entièrement rénovée dans un parc boisé. Au cœur de l'Artense, aux limites de 3 départements. Dispose de 4 chambres raffinées, équipées de salles d'eau, wc privés, d'une véranda, coin-repas. TV, jeux, piscine privée. Tarifs dégressifs. Réduction basse-saison. Amis de la nature, de la pêche, Eric et Martine vous feront découvrir les sites et vastes horizons sans oublier la gastronomie régionale.

Prix : 1 pers. **220 F** 2 pers. **280 F** 3 pers. **360 F** pers. sup. **70 F**
repas **80/100 F**

Ouvert : toute l'année.

5	5	5	3	SP	SP	20	5	20	7

MESNIL Eric - La Garenne à Nuzejoux - 19110 SAINT-JULIEN-PRES-BORT - Tél : 05 55 94 83 83 - Fax : 05 55 94 83 83

SAINT-MARTIN-SEPERT Le Château *C.M. 75 Pli 8*

3 ch. **Pompadour, cité du cheval 10 km.** Ce château du XVIIIe siècle aux lignes pures ouvre sur un grand parc. Les hôtes disposent de chambres confortables et d'une cuisine dans une annexe. Les cavaliers qualifiés trouveront sur place des chevaux pour aller à la découverte de ce joli coin de Corrèze. A 15 km, la vieille citée d'Uzerche mérite une visite et une descente en kayak. Des circuits « routes des sources », « route des églises romanes », « route des rétables » sont proposés. Prix : réduction à partir du 8ème jour. Langues parlées : anglais, espagnol.

Prix : 1 pers. **200/250 F** 2 pers. **200/260 F** 3 pers. **250/300 F**

Ouvert : toute l'année.

10	6	SP	1	SP	6	45	9	12	6

DE CORBIER Jean-Luc et Dorothée - Château de Saint-Martin Sepert - 19210 SAINT-MARTIN-SEPERT - Tél : 05 55 73 50 70 ou 05 55 17 05 68 - Fax : 05 55 73 50 70

SAINT-MATHURIN-LEOBAZEL Mialaret

Alt. : 530 m

6 ch. Six chambres d'hôtes dans une maison de caractère au sein d'une ferme équestre avec salle d'eau et wc dans chaque chambre. Chauffage électrique. Grande salle à manger. Salon, point-phone sur place, salon de jardin, balançoire, toboggan. Langue parlée : anglais.

Prix : 1 pers. **230 F** 2 pers. **310 F** 3 pers. **380 F** repas **75 F**
1/2 pens. **230 F** pens. **290 F**

Ouvert : toute l'année.

5	5	SP	SP	SP	10	25	5

SEGOL Guy et Maryse - Mialaret - 19430 SAINT-MATHURIN-LEOBAZEL - Tél : 05 55 28 50 09 - Fax : 05 55 28 54 00

SAINT-YRIEIX-LE-DEJALAT Les Chaussades

Alt. : 620 m

2 ch. 2 chambres d'hôtes à l'étage avec vue sur une ferme conduite en biologie, dont vous trouverez les produits à la table d'hôte. Calme, forêts, ruisseaux, possibilité de randonnées au départ de la ferme.

Prix : 1 pers. **210 F** 2 pers. **240 F** 3 pers. **280 F** repas **75/95 F**

8	8	SP	SP	8	8	8

PHILIPPE/ROUSSEAU Daniel et Nadine - Les Chaussades - 19300 SAINT-YRIEIX-LE-DEJALAT - Tél : 05 55 93 21 72 - Fax : 05 55 93 21 72

SARRAN Rouffiat

Alt. : 600 m

2 ch. Eddy et Heidi vous accueillent dans leur charmante demeure traditionnelle au cœur des Monédières. 2 très jolies chambres confortables. Calme et farniente sont au programme. Spécialités culinaires locales, Belges et Suisses mais également cuisine végétarienne sur demande. Espagnol également parlé. Langues parlées : anglais, allemand, hollandais.

Prix : 1 pers. **190 F** 2 pers. **230/280 F** repas **80/100 F**

Ouvert : toute l'année.

6	6	SP	10	SP	6	37	10	11	6

MERCHIE-SCHALLER Eddy et Heidi - Rouffiat - 19800 SARRAN - Tél : 05 55 21 29 39 - Fax : 05 55 21 29 39

SARROUX Puy-de-Bort

Alt. : 800 m

4 ch. Roger et Odette, agriculteurs en ferme biologique, vous accueillent sur leur exploitation (bovins, lait et viande). Quatre chambres d'hôtes aménagées avec wc et salle d'eau particuliers, salle de séjour, produits fermiers. Vue sur les Orgues, le Puy Mary et le Sancy. Itinéraire de Bort les Orgues : D922 ou D979, suivre le circuit des Orgues.

Prix : 1 pers. **180 F** 2 pers. **240 F** 3 pers. **290 F** repas **80 F**

Ouvert : toute l'année.

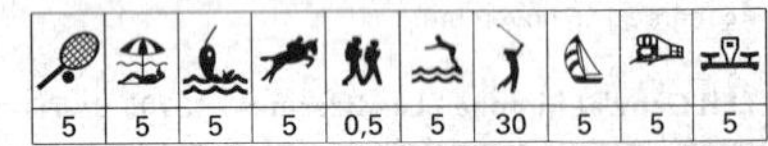

5	5	5	5	0,5	5	30	5	5	5

VENNAT Roger - Puy de Bort - 19110 SARROUX - Tél : 05 55 96 05 10

TARNAC Larfeuil

Alt. : 800 m

2 ch. Jean-Luc et Anny vous reçoivent sur leur exploitation agricole (bovins limousins et équidés) dans une ancienne grange comprenant au rez-de-chaussée deux chambres d'hôtes avec wc et douche particuliers, salle de séjour avec cheminée, chauffage. Equitation et attelage sur place. Entre Bugeat et Tarnac.

Prix : 1 pers. **200 F** 2 pers. **230 F**

Ouvert : toute l'année sauf à la Toussaint.

5	SP	7	SP	5	15	7	7	7

JAGAILLOUX Jean-Luc - Larfeuil - 19170 TARNAC - Tél : 05 55 95 51 66

TROCHE La Petite Brunie

5 ch. **Pompadour 3 km.** En plein cœur du Limousin, à proximité du Périgord, Jacques et Martine, jeunes exploitants agricoles (bovins et pommiers) vous accueillent dans une bâtiment entièrement rénové et indépendant avec 5 chambres confortables équipées avec salle d'eau et wc particuliers, chauffage électrique, cheminée, salle de séjour commune. Bourg à 3 km. Sur place : étang de 3 ha. (pêche).

Prix : 1 pers. **190/240 F** 2 pers. **220/270 F**

Ouvert : toute l'année.

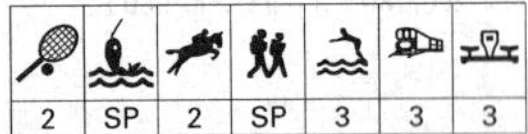

2	SP	2	SP	3	3	3

CROUZILLAC Jacques et Martine - La Petite Brunie - 19230 TROCHE - Tél : 05 55 73 34 17 - Fax : 05 55 73 57 25

TUDEILS Château de la Salvanie

4 ch. Dans ce château où l'on peut apprécier la quiétude de la campagne et le charme des demeures anciennes sont situées 3 chambres d'hôtes et une suite (wc, lavabo, douche), séjour, TV, cheminée, salon. Micro-ondes et réfrigérateur. Terrasse avec salon de jardin.

Prix : 1 pers. **250 F** 2 pers. **300 F** 3 pers. **350 F** pers. sup. **50 F**

Ouvert : du 1er avril au 1er octobre.

8	8	8	8	8	8	8

POUJADE Edmond - Château de la Salvanie - 19120 TUDEILS - Tél : 05 55 91 53 43

TURENNE Le Bourg

2 ch. 2 chambres d'hôtes, situées dans l'un des plus beaux villages de France, au pied de la Tour César. Dominique vous accueille dans une vieille demeure entièrement restaurée et réservée aux hôtes. Entrée indépendante. R.d.c. grand séjour avec cantou. 1 chambre (1 lit 2 pers.), à l'étage 1 chambre (1 lit 2 pers.) avec suite (2 lits 1 pers.). Possibilité lit bébé, chaise haute, baignoire. Salle d'eau et wc privés dans chaque chambre. Chauffage central au fuel. Capitale de la vicomté, Turenne sera votre point de départ pour découvrir des sites naturels, historiques architecturaux.

Prix : 1 pers. **220 F** 2 pers. **270 F** 3 pers. **320 F**

Ouvert : toute l'année sauf vacances de Pâques (zone B).

7	15	1	7	SP	10	15	3	SP

DELAUNAY Dominique - Le Bourg - 19500 TURENNE - Tél : 05 55 22 04 07

TURENNE Coutinard

(TH) *C.M. 75 Pli 8*

5 ch. **Brive 14 km. Tulle 40 km.** Le château est situé à 800 m de la pittoresque bourgade de Turenne, au milieu d'un parc de 14 ha. 5 chambres avec sanitaires complets. Le mobilier est de l'époque du château, XVIIIe siècle. A la porte du Quercy, terre de merveilles, berceau de la cuisine régionale naturelle : mique, cajasse, miassous, truffes.

Prix : 1 pers. **250 F** 2 pers. **300 F** 3 pers. **350 F** repas **100 F**
1/2 pens. **250 F** pens. **300 F**

Ouvert : toute l'année.

6	10	0,8	10	SP	10	10	10	0,8	0,8

CONTINSOUZAS Jacqueline - Château de Coutinard - 19500 TURENNE - Tél : 05 55 85 91 88

TURENNE Au Bontemps

6 ch. En bordure du Quercy, ancienne ferme isolée, calme, située dans un des plus beaux villages de France, 6 chambres d'hôtes dans une ancienne grange restaurée avec salles d'eau privatives (lavabo, douche, wc). Salle de séjour, TV, bibliothèque, petit déjeuner servi dans la salle à manger des propriétaires.

Prix : 1 pers. **180 F** 2 pers. **240 F** 3 pers. **310 F** pers. sup. **70 F**

Ouvert : toute l'année.

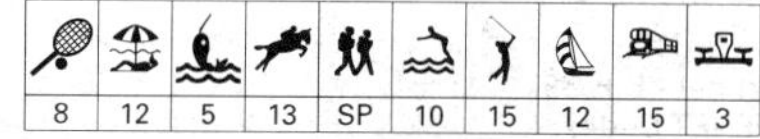

8	12	5	13	SP	10	15	12	15	3

SOUSTRE Jean-Pierre - Au Bontemps - 19500 TURENNE - Tél : 05 55 85 97 72

USSEL La Grange du Bos

Alt. : 650 m (TH)

3 ch. Michèle, vous reçoit dans sa grande maison de caractère située dans une ferme d'élevage de bovins limousins qu'elle exploite en GAEC avec son mari et son fils. Les chambres sont aménagées à l'étage. Autour de la maison, un parc fleuri avec jeux d'enfants invite au séjour. Baignade, pêche et tennis au plan d'eau du Ponty (800 m). Les repas sont préparés avec les produits de la ferme.

Prix : 1 pers. **125 F** 2 pers. **215 F** 3 pers. **320 F** repas **80 F**
1/2 pens. **190 F** pens. **235 F**

Ouvert : toute l'année.

0,8	0,8	0,8	0,8	3	20	20	0,8	4	2

MALPELAS Michèle - La Grange du Bos - 19200 USSEL - Tél : 05 55 72 15 68

VARS-SUR-ROSEIX Le Logis Varsois

5 ch. Jean et Annick vous reçoivent dans leur maison restaurée du XIXe siècle, entièrement rénovée. 5 chambres d'hôtes à l'étage avec douche et wc particuliers. Grande salle avec cheminée (cantou). Bibliothèque. Parking. Chauffage électrique. Restaurant à 50 m. Prix dégressifs à la semaine.

Prix : 1 pers. **190 F** 2 pers. **230 F** 3 pers. **285 F**

Ouvert : du 1er avril au 30 octobre.

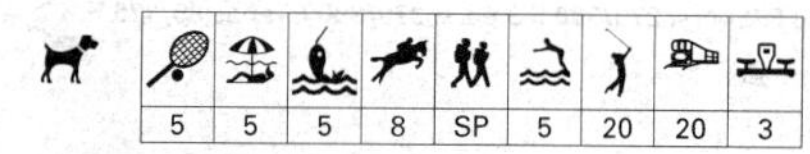

5	5	5	8	SP	5	20	20	3

VAN CAUWENBERG Annick - Le Logis Varsois - 19130 VARS-SUR-ROSEIX - Tél : 05 55 25 23 61

VEGENNES Laverdes

C.M. 75 Pli 3

2 ch. A la limite du Lot. Région touristique par excellence. Proche du Quercy et de la Vallée de la Dordogne. Nombreuses visites touristiques et culturelles. Sur place : cuisine, terrain clos et jeux d'enfants au calme.

CV

Prix : 1 pers. **150 F** 2 pers. **185 F** 3 pers. **230 F**

Ouvert : du 1er avril au 15 novembre.

3	5	3	5	SP	5	13	12	3	3

LACROIX Rémy - Laverdes - 19120 VEGENNES - Tél : 05 55 91 10 98

VITRAC-SUR-MONTANE

Alt. : 600 m *C.M. 75 Pli 10*

2 ch. **Cascades de Gimel 12 km. Les Monédières 14 km. Tulle 21 km.** Raymonde et Roland vous reçoivent dans leur maison en granit et toit de Lauzes où 2 chambres d'hôtes sont à l'étage avec douche et wc particuliers, salle de bains. Salle de séjour avec grande cheminée, TV. Chauffage central. Coin pique-nique sur pelouse fleurie et ombragée. Bibliothèque. Sentiers pédestres. 1 restaurant.

CV

Prix : 1 pers. **220 F** 2 pers. **260 F** 3 pers. **320 F**

Ouvert : toute l'année.

SP	10	SP	10	SP	10	10	10	10

MANOURY Roland et Raymonde - Place de l'Eglise - 19800 VITRAC-SUR-MONTANE - Tél : 05 55 21 35 50 - Fax : 05 55 21 35 50 - E-mail : rolmanv@aol.com

VOUTEZAC Sajueix

(TH)

3 ch. **Pompadour (cité du cheval) 14 km.** Jean-Charles vous reçoit dans sa charmante demeure « la gentilhômmière » située dans un petit village au cœur de la vallée de la Vézère et de la Loyère. 3 ch. à l'étage dont 1 avec suite. Séjour, TV, cheminée, bibliothèque. Au programme, farniente et gastronomie, ping-pong. A proximité de Pompadour et d'Objat. Autoroute A20 sortie 45 ou 48. Lit supplémentaire + 40 F. Canoë-kayak 5 km.

CV

Prix : 1 pers. **200/210 F** 2 pers. **230/250 F** repas **90 F**
1/2 pens. **200/280 F**

Ouvert : toute l'année.

6	6	1,5	15	SP	7	27	30	7	2

RELIER Jean-Charles - Sajueix 14 - 19130 VOUTEZAC - Tél : 05 55 25 80 70

Creuse

GITES DE FRANCE
1, rue Martinet - B.P. 89
23011 GUERET Cedex
Tél. 05 55 61 50 15 - Fax. 05 55 41 02 73

AJAIN La Maison du Bois

C.M. 72 Pli 10

4 ch. 4 chambres d'hôtes situées dans un hameau. 3 ch. 2 pers. 1 ch. 4 pers. Salle d'eau, wc réservés aux hôtes. Salle de séjour à la disposition des hôtes. Chauffage central. Terrain. Possibilité cuisine. Restaurant 2 km. Prix 4 pers. 180 F. Langue parlée : anglais.

Prix : 1 pers. **90 F** 2 pers. **130 F** 3 pers. **150 F**

Ouvert : toute l'année.

6	10	5	10	5	2	6	10	2

SENOTIER Maxime - La Maison du Bois - 23380 AJAIN - Tél : 05 55 80 92 59

ALLEYRAT Ourdeaux

Alt. : 576 m A *C.M. 73 Pli 1*

4 ch. **Aubusson 7 km.** Aubusson « Capitale de la tapisserie » sur une ferme traditionnelle de 75 ha consacrée à l'élevage, Patrice et Guylaine ont crée dans un ancien corps de ferme, 2 ch. 2 pers., 1 ch. 3 pers., 1 ch. 4 pers. avec coin-salon. Les repas préparés avec les produits de l'exploitation sont dégustés dans leur ferme-auberge. Salon avec TV, bibliothèque. Terrasse. Chauffage électrique. Parking. Piscine. Promenades à cheval en attelage sur place. Prix 4 pers. 450 F.

Prix : 1 pers. **250 F** 2 pers. **270/300 F** 3 pers. **370/390 F** repas **95/120 F**

Ouvert : toute l'année.

SP	SP	7	SP	SP	7	7

D'HIVER Patrice et Guylaine - Ourdeaux - 23200 ALLEYRAT - Tél : 05 55 66 29 65

AUZANCES-LES-MARS Les Coursières Alt. : 600 m (TH) *C.M. 73 Pli 2*

4 ch. 4 chambres d'hôtes situées dans un village. 1 ch. 2 pers. 1 ch. 3 pers. 2 ch. 4 pers. 2 salles d'eau et 3 wc communs. Séjour, salon (TV) à disposition des hôtes. Terrain, cour. Salle de repassage. Chauffage électrique. Restaurant 3 km. Prix 4 pers. 190 F. Langue parlée : anglais.

Prix : 1 pers. **130 F** 2 pers. **160 F** 3 pers. **180 F** repas **70 F**

Ouvert : toute l'année.

4	20	4	4	4	4	3	4

KIRSCH Antoinette - Les Coursières - 23700 AUZANCES - Tél : 05 55 67 05 78

BANIZE Meyzoux Alt. : 600 m (TH) *C.M. 72 Pli 10*

4 ch. 4 chambres d'hôtes aménagées dans un ancien manoir situé en pleine campagne. 1 ch. 4 pers. avec salle de bains privée. 1 ch. 1 pers. avec salle d'eau privée. 1 ch. 2 pers. avec salle de bains privée. 1 ch. 2 pers. avec salle d'eau privée. Séjour/coin-salon avec TV, bibliothèque. TV dans les chambres. Chauffage central. Parc. Restaurant à 10 km. Ski de fond 18 km. Menu végétarien à la demande.

Prix : 1 pers. **170 F** 2 pers. **280 F** repas **75/90 F**

Ouvert : de février à octobre.

25	14	5	25	5	3	2,5	14	4

GUY Maryse - Meyzoux - Banize - 23120 VALLIERES - Tél : 05 55 66 07 17

BETETE Château de Moisse *C.M. 68 Pli 19*

4 ch. 4 chambres d'hôtes dans un château bâti en 1840 et 1882. R.d.c. : séjour, salon (TV). 1er étage : ch. « comtesse » (1 lit 2 pers.), salle de bains/wc, ch. « rouge » (1 lit 2 pers.), salle d'eau/wc, ch. « marquise » (1 lit 2 pers.), salle d'eau/wc, ch. « Marie des Neiges » (2 lits 1 pers.), salle d'eau/wc. Sur un parc arboré de 25 ha. Chauffage au gaz. Parking. Restaurant à 3,5 km. Location de vélos. Langues parlées : anglais, allemand, belge.

Prix : 1 pers. **450 F** 2 pers. **500 F** 3 pers. **700 F**

Ouvert : du 1er juin au 30 septembre et sur réservation.

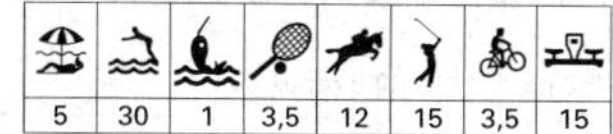

5	30	1	3,5	12	15	3,5	15

DEBOUTTE Simone et Ignace - Château de Moisse - 23270 BETETE - Tél : 05 55 80 84 25 - Fax : 05 55 80 84 25

BOUSSAC La Courtepointe (TH) *C.M. 68 Pli 20*

4 ch. 4 chambres d'hôtes aménagées dans une ancienne demeure du XVIIIe siècle. Rez-de-chaussée : ch. 1 « Verdure » (1 lit 2 pers. lit enfant), salle d'eau, wc. Séjour/salon avec TV et bibliothèque. A l'ét. : ch. 2 « Rose » (3 lits 1 pers.), salle be bains, wc, suite 3 « Mauve & Muguet » (1 lit 2 pers. 2 lits 1 pers.), salle de bains, wc. Ch. 4 « Jardin d'artiste » avec accès indépendant (1 lit 2 pers. 2 lits 1 pers.), salle d'eau, wc et possibilité cuisine. Chauffage central. Garage 200 m. Prix enfant de 3 à 10 ans : 50 F. Prix 4 pers. : 440 F. Terrasse avec salon de jardin. Jardin. Parking. Restaurant à proximité. Table d'hôtes.

Prix : 1 pers. **200 F** 2 pers. **280 F** 3 pers. **360 F** repas **80 F**

Ouvert : Toute l'année.

10	10	1	20	SP	8	SP	SP

GROS Françoise - 3, rue des Loges - La Courtepointe - 23600 BOUSSAC - Tél : 05 55 65 80 09 - Fax : 05 55 65 80 09 - E-mail : courtepointe@wanadoo.fr

BUSSIERE-DUNOISE Les Couperies *C.M. 72 Pli 9*

2 ch. **Pays des 3 Lacs, Guéret 13 km.** Deux chambres tout confort au décor soigné au 1er étage, (1 lit 2 pers.), salle d'eau et wc par chambre. Salle à manger, salon avec cheminée, TV, bibliothèque au rez-de-chaussée à la disposition des hôtes. Jardin avec terrasse, bosquet privé, parking. Chambres d'hôtes aménagées dans un joli petit village si calme et pourtant tout proche de Guéret, des belles plages animées du « Pays des 3 Lacs » et de sites remarquables. Langue parlée : anglais.

Prix : 1 pers. **200 F** 2 pers. **250 F**

Ouvert : toute l'année.

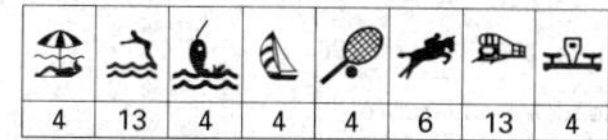

4	13	4	4	4	6	13	4

BOUERY Paule et Roger - Les Couperies - 23320 BUSSIERES-DUNOISE - Tél : 05 55 81 63 23 - Fax : 05 55 81 63 23

LA CELLE-DUNOISE L'Age (TH) *C.M. 68 Pli 18*

4 ch. Ancienne école du début du siècle, en pleine nature. R.d.c., indép. du logement du prop., 3 ch. avec mezz. pour enfants : 1 ch. (2 lits 1 pers. 2 lits enf.), s. d'eau, wc. 1 ch. (1 lit 2 pers. 2 lits enf.), s. d'eau, wc. 1 ch. (1 lit 2 pers. 2 lits enf.), s.d.b., wc. Etage : 1 suite (1 lit 2 pers. 2 lits 1 pers.), s.d.b., wc. Tarifs dégressifs selon durée des séjours. Séjour-salon, bibliothèque, cuisine réservée aux hôtes. Chauffage électrique. Jardin de vivaces, parking clos, bassin d'agrément, pergola. Restaurant 4 km. Prix 4 pers. : 425 F. Enfant à partir de 3 ans : 75 F. Locations vélos, barques de pêche, canoës et ping-pong. Guidage (visites de sites). Langue parlée : anglais.

Prix : 1 pers. **220 F** 2 pers. **275 F** 3 pers. **350 F** repas **90 F**

Ouvert : toute l'année sauf Noël.

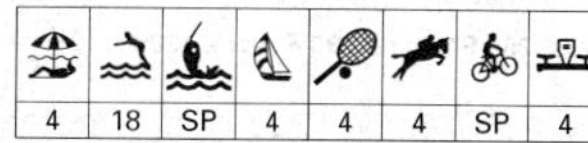

4	18	SP	4	4	4	SP	4

N'GUYEN Henry et Béatrice - L'Age - L'Ecole Buissonnière - 23800 LA CELLE-DUNOISE - Tél : 05 55 89 23 49 - Fax : 05 55 89 27 62 - E-mail : ecolebuissonniere@wanadoo.fr

CHAMBON-SAINTE-CROIX (TH) *C.M. 68 Pli 18*

4 ch. **Fresselines 7 km. Crozant 14 km. La Celle Dunoise 6 km.** Ancienne maison du siècle passé, implantée à proximité des sites où vécurent les impressionnistes de Crozant. 2 ch. 2 pers., 1 ch. 2 pers. + lit enfant et 1 ch. 4 pers. avec salles d'eau privées (TV dans les chambres) séjour avec coin-salon, jardin aménagé et terrasse (salon de jardin). Chauffage central. Prix 4 pers. 400 F. Restaurant à 6 et 12 km.

Prix : 1 pers. **230 F** 2 pers. **250 F** 3 pers. **300 F** repas **90 F**

Ouvert : toute l'année.

10	20	4	10	12	30	28	11	12

CARPENTIER Roger-Charles - 2 rue de la Mairie - Le Bourg - 23220 CHAMBON-SAINTE-CROIX - Tél : 05 55 89 24 80 - Fax : 05 55 89 24 80

LA CHAPELLE-SAINT-MARTIAL *C.M. 72 Pli 10*

3 ch. Maison de caractère, totalement indépendante. R.d.c. : séjour. 1er étage : 1 ch. 2 pers., salle d'eau et wc privés. 2e étage : 1 ch. 2 pers., salle d'eau et wc privés. De plain-pied, indépendante avec vue sur le jardin et la piscine : 1 ch. 2 pers., salle d'eau et wc privés. TV couleur dans les chambres. Chauffage central. Terrasse avec salon de jardin, parking. Restaurant à 6 km. Petits animaux admis. Langue parlée : anglais.

Prix : 1 pers. **220/350 F** 2 pers. **260/380 F** pers. sup. **50 F**

Ouvert : toute l'année.

10	SP	2	25	4	10	30	13	8

COUTURIER Alain - Le Bourg - La Chapelle Saint-Martial - 23250 PONTARION - Tél : 05 55 64 54 12 - Fax : 05 55 64 54 12

CHATELUS-MALVALEIX Lauzine (TH) *C.M. 68 Pli 19*

2 ch. 2 chambres d'hôtes aménagées au 1er étage d'une maison contemporaine (1 lit 2 pers./chambre). Salle d'eau et wc communs aux 2 chambres. Séjour avec coin-salon et TV couleur. Chauffage électrique. Terrain attenant. Parking aménagé. Restaurants à 2 km.

Prix : 1 pers. **160/200 F** 2 pers. **180/220 F** repas **80 F**

Ouvert : toute l'année.

2	27	2	2	2	3

FOURREAU Claude et Véronique - Lauzine - 23270 CHATELUS-MALVALEIX - Tél : 05 55 80 76 16

CHATELUS-MALVALEIX Le Chereix (TH) *C.M. 68 Pli 19*

1 ch. **Boussac 20 km.** Ancienne construction du XIXe dans laquelle une partie des combles a été aménagée en chambres d'hôtes de caractère. En r.d.c., séjour avec coin-salon (TV/bibliothèque). 1 ch. au 1er étage (1 lit 2 pers. 2 lits 1 pers.) avec salle d'eau, wc, et coin-salon (bibliothèque, TV). Chauffage central. Terrain aménagé, pergola. Parking. Restaurant à 800 m. Prix 4 pers. : 360 F. Réduction de 15 % au-delà de 2 nuits.

Prix : 1 pers. **180 F** 2 pers. **240 F** 3 pers. **300 F** repas **60 F**

Ouvert : toute l'année sauf les deux dernières semaines de décembre.

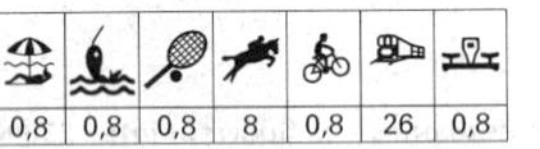

0,8	0,8	0,8	8	0,8	26	0,8

BAUWENS Mona et Jean-Marie - Le Chereix - 23270 CHATELUS-MALVALEIX - Tél : 05 55 80 52 75

CHAVANAT La Roussille Alt. : 597 m **A**

4 ch. 2 châlets comprenant chacun 2 chambres confortablement aménagées, avec terrasses privées (salons de jardin). En r.d.c. : 1 chambre 2 pers. (1 lit 2 pers.) avec salle de bains, wc. Mezzanine pour enfants à l'étage (2 lits 1 pers.). Séjour-salon avec cheminée dans la maison du propriétaire. Bibliothèque. Terrain aménagé. Auberge de pays à proximité. Prix 4 pers. 310 F. Langue parlée : anglais.

Prix : 1 pers. **220 F** 2 pers. **250 F** 3 pers. **280 F**

Ouvert : toute l'année sauf en novembre.

3	17	3	2	SP	7

OTCHAKOVSKY Guenaële et Henry - La Roussille - 23250 CHAVANAT - Tél : 05 55 66 63 29 - Fax : 05 55 66 84 33 - http://members.aol.com/paprouge

COLONDANNES Le Bourg (TH) *C.M. 72 Pli 9*

1 ch. **La Souterraine 18 km.** Maison du début du siècle au décor raffiné, implantée dans le bourg de Colondannes. A l'étage : 1 chambre 3 pers. (1 lit 2 pers. 1 lit 1 pers.), salon, sanitaires communs. Petits-déjeuner et dîner servis dans la salle de séjour en r.d.c. ou sur la terrasse. Parking. Langue parlée : anglais.

Prix : 1 pers. **210 F** 2 pers. **250 F** 3 pers. **330 F** repas **130 F**

Ouvert : toute l'année.

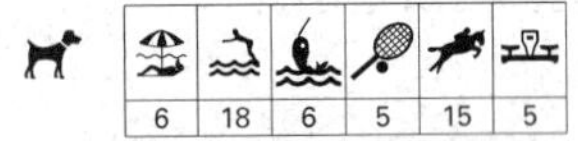

6	18	6	5	15	5

LAUDO Eric - Le Bourg - Maison d'Artiste - 23800 COLONDANNES - Tél : 05 55 89 98 66 ou 05 55 89 74 21

CROCQ La Hetraie

Alt. : 770 m *C.M. 73 Pli 11*

2 ch. Maison contemporaine située à 500 m du bourg, dans un cadre de calme et de verdure. 1 ch. 2 pers., salle d'eau privée. 1 ch. 2 pers. + lit enfant, salle de bains privée. Séjour (TV couleur). TV dans chaque chambre. Chauffage central. Parking, terrasse avec salon de jardin et barbecue. Possibilité cuisine. Restaurant dans le bourg. Enfant à partir de 5 ans : 60 F.

Prix : 1 pers. **210/230 F** 2 pers. **260/280 F** 3 pers. **320/340 F**

Ouvert : toute l'année.

10	25	SP	SP	3	SP	0,5

LONGCHAMBON Jacques et Edithe - La Hetraie - 23260 CROCQ - Tél : 05 55 67 41 77 - Fax : 05 55 67 49 60

CROCQ

Alt. : 770 m

2 ch. Maison indépendante située dans un bourg. 2 chambres 3 pers. confortables, au décor chaleureux, au 1er étage (1 lit 2 pers. 1 lit 1 pers.). Sanitaires communs aux chambres. Chauffage central. Coin-salon avec TV. Terrasse commune. Garage. Enfant à partir de 5 ans : 60 F. Restaurant dans le bourg.

Prix : 1 pers. **180 F** 2 pers. **230 F** 3 pers. **300 F**

Ouvert : toute l'année.

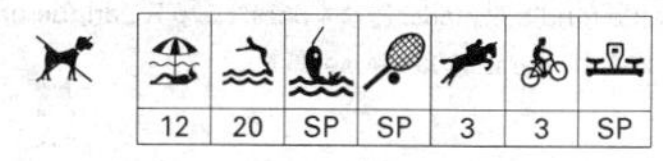

12	20	SP	SP	3	3	SP

LAFRIQUE Jacques et Colette - Route de la Bourboule - 23260 CROCQ - Tél : 05 55 67 41 45

LE DONZEIL Lascaux

Alt. : 590 m *C.M. 73 Pli 2*

1 ch. Chambre d'hôtes avec suite, dans un bâtiment ancien, proche de la maison des propriétaires. R.d.c. : séjour/coin-salon (TV, bibliothèque, cheminée), salle de bains, wc. Etage : 1 chambre (1 lit 2 pers.) avec suite (1 lit enfant.). Chauffage électrique. Parking. Restaurant 3 km. Enfant à partir de 2 ans : 50 F.

Prix : 1 pers. **250 F** 2 pers. **300 F**

Ouvert : de Pâques à la Toussaint.

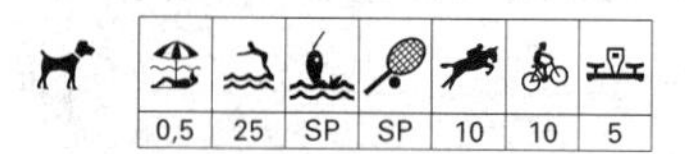

0,5	25	SP	SP	10	10	5

FRIC René et Denise - Lascaux - 23480 LE DONZEIL - Tél : 05 55 66 64 18

LE DONZEIL

C.M. 72 Pli 10

1 ch. Maison de caratère entièrement restaurée, totalement indépendante de la maison des propriétaires, située dans un bourg. 1 chambre (1 lit 2 pers.), salle d'eau, wc. Séjour, TV. Chauffage central, jardin, garage. Restaurant 4 km. Poss. cuisine. Baignade à 500 m non surveillée. Enfant à partir de 2 ans : 80 F.

Prix : 1 pers. **210 F** 2 pers. **280 F**

Ouvert : toute l'année hors-saison sur réservation.

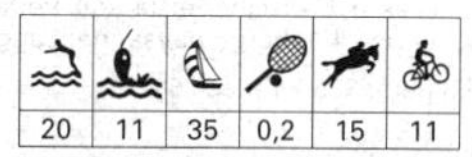

20	11	35	0,2	15	11

FROIDEFON Claude et M.Josèphe - Le Bourg - 23480 LE DONZEIL - Tél : 05 55 66 67 81

FRESSELINES Confolent

TH *C.M. 68 Pli 18*

3 ch. Très belle maison creusoise, des XVIIe et XVIIIe siècles, implantée sur le site Claude Monet au confluent des deux Creuse. 2 ch. 2 pers. avec salle de bains et wc, 1 ch. 2 pers. avec salle d'eau et wc. Séjour. Salon avec TV et bibliothèque. Chauffage central. Parking. Restaurant à 10 km. Enfant à partir de 10 ans : 150 F. Langue parlée : anglais.

Prix : 1 pers. **350 F** 2 pers. **395/460 F** 3 pers. **495/550 F** repas **95/135 F**

Ouvert : toute l'année.

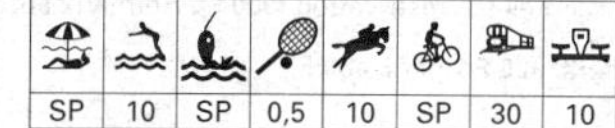

SP	10	SP	0,5	10	SP	30	10

DEMACHY-DANTIN Danielle - Confolent - 23450 FRESSELINES - Tél : 05 55 89 70 83

GENOUILLAC Montfargeaud

A

5 ch. Aux portes du département, à mi-chemin entre Guéret et La Châtre, 4 chambres d'hôtes et 1 suite aménagées dans une ancienne ferme située dans un village paisible. 3 ch. 3 pers., 1 ch. 2 pers., 1 suite 4 pers., chacune avec s.d.b., wc, tél. et TV. Séjour. Chauffage électrique. Parking. Enfant à partir de 8 ans : 80 F. Prix 4 pers. 400 F. Langues parlées : anglais, allemand.

Prix : 1 pers. **260 F** 2 pers. **290 F** 3 pers. **370 F** repas **58/148 F**

Ouvert : toute l'année.

1	12	1	2	10	12	2

AUDOUX Annie - 20 Montfargeaud - Petite Marie - 23350 GENOUILLAC - Tél : 05 55 80 85 60 - Fax : 05 55 80 75 73

GENTIOUX Pallier la Commanderie

Alt. : 830 m TH *C.M. 72 Pli 20*

5 ch. Maison du XVIIIe siècle (ancienne maison forte templière), avec 5 chambres d'hôtes. Rez-de-chaussée : séjour, salon (TV, bibliothèque), 2 ch. (1 lit 2 pers.), s. de bains et wc. 1er étage : 1 ch. (1 lit 2 pers.), s. de bains et wc, 1 ch. (1 lit 2 pers.), s. de bains et wc. 2e étage : 1 ch. (3 lits 1 pers., lit enfant), s. de bains et wc. Prix 4 pers. 400 F. Enfant de 2 à 8 ans : 45 F. Chauffage central et cheminées. Terrain aménagé, parking, jardin médiéval, étang, pêcherie pour enfants. Boissons non comprises dans le prix repas. Restaurants à 9 km. Ski de fond sur place.

Prix : 1 pers. **245 F** 2 pers. **290 F** 3 pers. **345 F** repas **95 F**

Ouvert : du 1er mars au 15 novembre.

13	27	SP	13	9	9	15	9	4

GOMICHON Yolande et Yves - Pallier - La Commanderie - 23340 GENTIOUX - Tél : 05 55 67 91 73 - Fax : 05 55 67 91 73

GENTIOUX-PIGEROLLES Ferme des Nautas

Alt. : 850 m A *C.M. 72 Pli 20*

3 ch. Maison de caractère sur le « Plateau de Millevaches », sur 1 ferme orientée principalement vers l'élevage (bovins et ovins). 2 ch. : 1 ch. (2 lits 2 pers.), s. d'eau, wc. 1 ch. (1 lit 2 pers. 2 lits 1 pers.), s. d'eau, wc. 1 ch. 4 pers. dans 1 maison indép. située à 20 m de l'habitation (2 lits 2 pers.), s. d'eau, wc. Séjour/coin-salon (TV, biblio.). Chauffage central. Terrain ombragé, parking. Ferme-auberge sur place. Ski de fond sur place. Prix 4 pers. : 370 F. Langue parlée : anglais.

Prix : 1 pers. **210 F** 2 pers. **260 F** 3 pers. **310 F** repas **85 F**

Ouvert : toute l'année.

15	SP	15	15	15	10	SP	7

CHATOUX François et Danielle - Pigerolles - 23340 GENTIOUX-PIGEROLLES - Tél : 05 55 67 90 68 - Fax : 05 55 67 93 12 - E-mail : les_nautas@wanadoo.fr - http://perso.wanadoo.fr/les.nautas

GOUZON

C.M. 73 Pli 1

2 ch. **Guéret 31 km. Boussac 19 km. Aubusson 28 km.** 2 ch. 2 pers. (poss. lit enfant), au 1e étage partagent salle d'eau et wc sur le pallier. Séjour avec coin-salon (TV, cheminée), Chauffage central. Terrain aménagé. Parking. Restaurant dans le bourg. A la sortie du bourg de Gouzon, en direction de Domeyrot, Nicole et Guy vous accueillent dans leur maison contemporaine entourée d'un terrain ombragé.

Prix : 1 pers. **170 F** 2 pers. **190 F**

Ouvert : toute l'année.

10	20	SP	SP	20	SP	1

AUBERT Nicole et Guy - Route de Domeyrot - 23230 GOUZON - Tél : 05 55 62 27 43

LE GRAND-BOURG Montenon

A *C.M. 72 Pli 9*

5 ch. Dans une demeure de caractère située sur une colline dominant la vallée de la Gartempe. 1 chambre 3 pers. 2 chambres 2 pers. 2 chambres 4 pers. Salle d'eau et wc dans chaque chambre. Séjour (bibliothèque, jeux de société). Terrain attenant. Ping-pong. Parking. Enfant jusqu'à 10 ans : 70 F. Prix 4 pers. : 420 F. Martine et Michel Limousin vous reçoivent dans une ambiance chaleureuse. Vous aurez accès à la piscine, et le soir vous pourrez déguster les produits du terroir (fromages de chèvres, foie gras, confits), qui seront servis à l'auberge paysanne. Langue parlée : anglais.

Prix : 1 pers. **180 F** 2 pers. **250 F** 3 pers. **335 F** repas **85 F**

Ouvert : toute l'année sauf janvier.

10	SP	SP	15	5	10	SP	15	6

LIMOUSIN Michel et Martine - Montenon - 23240 LE GRAND-BOURG - Tél : 05 55 81 30 00 - Fax : 05 55 81 36 33 - E-mail : montenon@wanadoo.fr

GUERET Beausoleil - Le Cottage

4 ch. Maison de caractère totalement indépendante. 1 ch. 2 épis NN (1 lit 2 pers.). 3 ch. 3 épis NN (1 lit 2 pers./chambre). Séjour/coin-salon avec bibliothèque régionale. Chauffage central. Terrain aménagé. Parking, terrasse couverte. Restaurant 300 m. Possibilité de table d'hôtes sur réservation (100 F). Animaux admis sur demande.

Prix : 1 pers. **280 F** 2 pers. **320 F** 3 pers. **480 F**

Ouvert : toute l'année.

0,3	2	0,3	0,3	0,3	3	0,3	3	3

ROYER Jeanine - Beausoleil - Le Cottage - 23000 GUERET - Tél : 05 55 81 90 96

JOUILLAT Villecoulon

C.M. 72 Pli 10

3 ch. **Guéret 18 km.** Ancienne demeure fin du siècle, implantée dans le village de Villecoulon, à proximité des lacs. 3 ch. de 2 pers.(1 lits 2 pers. 1 lit enf./ch.), salle de bains, wc. Séjour avec cheminée, salon (TV, cheminée, bibliothèque). Chauffage central. Terrain aménagé, parking. Restaurant à 1 km. Langues parlées : anglais, italien.

Prix : 1 pers. **200 F** 2 pers. **230 F**

Ouvert : toute l'année.

2	18	2	2	18	11

GIRARDOT Danielle et Gilbert - Villecoulon - 23220 JOUILLAT - Tél : 05 55 51 24 47 - Fax : 05 55 51 24 47

LUSSAT Puy-Haut *C.M. 73 Pli 1*

5 ch. Au cœur du village de Puy-Haut se trouve un beau bâti du XIIIe restauré au XVIIe. R.d.c. : séjour, salon (TV, bibliothèque), 1 ch. 2 pers. 1er étage : 3 ch. 2 pers., 1 ch. 3 pers., salle de bains et wc pour chaque chambre. Chauffage électrique. Terrain aménagé. Poss. cuisine (kitchenette). Parking. Prix 4 pers. : 470 F. Jeux enfants, piscine privée entourée d'un jardin aménagé avec lits de soleil.

Prix : 1 pers. **300 F** 2 pers. **330/360 F** 3 pers. **420 F** repas **105 F**

Ouvert : du 1er avril à la Toussaint, autres périodes sur réservation.

15	SP	4	4	7

RIBBE Claude et Nadine - Puy-Haut - 23170 LUSSAT - Tél : 05 55 82 13 07 - Fax : 05 55 82 13 07

MAGNAT-L'ETRANGE Alt. : 750 m

2 ch. Maison de caractère indép. située dans un bourg. R.d.c. : salle à manger avec cheminée, salon avec billard. 1 ch. (1 lit 2 pers.), salle de bains, wc, salon. A l'étage : salle de lecture avec TV, TPS, jeux de société, bibliothèque régionale, 1 ch. (1 lit 2 pers.), salle de bains, wc, salon. Chauffage central. Parking. Parc entièrement clos par un mur en pierres sèches, salon de jardin, barbecue. Restaurant à 15 km.

Prix : 1 pers. **250 F** 2 pers. **300 F** repas **100 F**

Ouvert : toute l'année.

15	28	SP	15	15	15	14

CHEVALLIER Ginou et Michel - Le Bourg - 23260 MAGNAT-L'ETRANGE - Tél : 05 55 67 88 38 - Fax : 05 55 67 88 38

MAINSAT La Chaumette Alt. : 540 m

2 ch. Maison de caractère totalement indépendante. 2 chambres à l'étage. 2 ch. de 2 pers. Salon réservé aux hôtes avec bibliothèque régionale. R.d.c : séjour, salon (TV). Chauffage central. Garage. Parking. Terrain aménagé. Restaurant à 4 km. Tarif préférentiel à partir de la 2e nuit. Cette maison creusoise sera pour vous un havre de repos idéal pour les amoureux de la nature. Langue parlée : anglais.

Prix : 1 pers. **230 F** 2 pers. **290 F** 3 pers. **380 F** pers. sup. **90 F**

Ouvert : toute l'année.

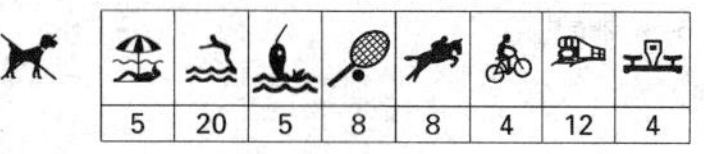

5	20	5	8	8	4	12	4

BAUDERE Brigitte - La Chaumette - 23700 MAINSAT - Tél : 05 55 83 11 52 - http://www.adhmc.com/

MARSAC Le Bourg *C.M. 72 Pli 8*

2 ch. 2 ch. d'hôtes aménagées dans une maison de caractère du début du siècle. ch. 1 (1 lit 2 pers. 1 lit 1 pers.), ch. 2 (2 lits 1 pers.), s.d.b., wc pour chaque chambre. Séjour/coin-salon (TV, biblioth.). Chauff. central. Parking. Enf. à partir de 3 ans et jusqu'à 8 ans : 50 F. Restaurant dans le bourg. Week-end « gastronomie » (de sept. à fin mai).

Prix : 1 pers. **240 F** 2 pers. **280 F** 3 pers. **320 F** repas **80 F**

Ouvert : toute l'année.

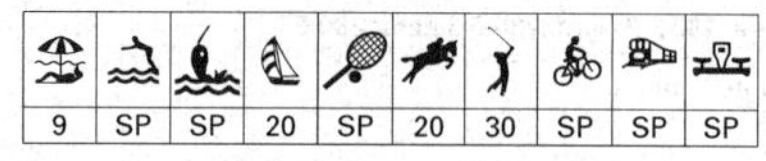

9	SP	SP	20	SP	20	30	SP	SP	SP

NOEL Francette et Daniel - 15, rue de Lavaud - Le Bourg - 23210 MARSAC - Tél : 05 55 81 50 49

MERINCHAL Le Montaurat Alt. : 780 m *C.M. 73 Pli 2*

3 ch. Maison en pierre, totalement indépendante. R.d.c. : séjour, 1 chambre (3 pers.) avec salle de bains et wc. Etage : 1 ch. (2 pers.), 1 ch. (3 pers.), chacune avec salle de bains et wc. Salon (TV, bibliothèque régionale). Chauffage central. Possibilité cuisine. Terrain. Parking. Restaurant 3 km. Pour un enfant : 50 F.Prix 4 pers. : 350 F.

Prix : 1 pers. **200 F** 2 pers. **250/300 F** 3 pers. **300 F**

Ouvert : toute l'année.

15	30	4	4	10	4	4

LABAS Didier et Odile - Le Montaurat - 23420 MERINCHAL - Tél : 05 55 67 25 99 ou 06 83 05 11 88 - Fax : 05 55 67 25 99

NAILLAT Les Villettes *C.M. 72 Pli 9*

2 ch. **La Souterraine 20 km. Guéret 24 km.** Demeure du début du siècle implantée sur une ancienne exploitation agricole. Rez-de-chaussée : séjour, salon (TV, bibliothèque), 1 chambre (1 lit 2 pers.), salle d'eau, wc. A l'étage : 1 suite (1 lit 2 pers. 2 lits 1 pers.), salle de bains, wc. Chauffage central. Terrain aménagé, parking. Enfant à partir de 3 ans : 50 F. 4 pers. : 340 F.

Prix : 1 pers. **220 F** 2 pers. **260 F** 3 pers. **300 F** repas **80/120 F**

Ouvert : vacances d'été, week-end, petites vac. scol. de la zone B uniquement.

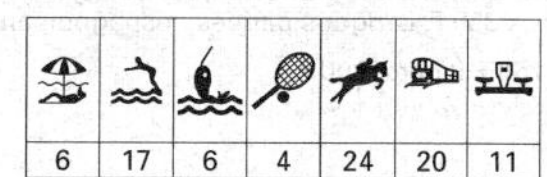

6	17	6	4	24	20	11

PRADEAU Elisabeth - Les Villettes - 23800 NAILLAT - Tél : 05 55 89 12 15

NOUZEROLLES Château de la Rapidière *C.M. 68 Pli 18*

2 ch. **Fresselines 8 km. Crozant 16 km.** Tout près de la Vallée des 2 Creuse, manoir romantique dominant la campagne ou Marie et Gilbert sont heureux d'accueillir leurs hôtes afin de leur faire partager calme et détente. Une chambre très agréable (1 lit 2 pers.), salle d'eau, wc. 1 suite au décor raffiné (1 lit 2 pers. 1 lit 1 pers.), salle de bains, wc. Salon, TV, bibliothèque. Possibilité de faire la cuisine. Parc, parking. Restaurant à 10 km.

Prix : 1 pers. **250/350 F** 2 pers. **300/400 F** 3 pers. **500 F**

Ouvert : toute l'année.

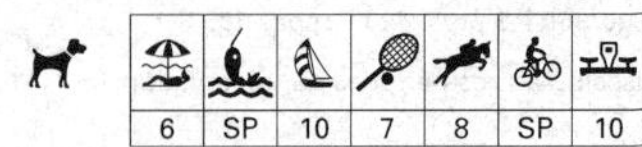

6	SP	10	7	8	SP	10

SOCHON Marie et Gilbert - Château de la Razidière - 23360 NOUZEROLLES - Tél : 05 55 89 97 54

PEYRAT-LA-NONIERE La Vaureille *C.M. 73 Pli 1*

2 ch. 2 chambres d'hôtes dans un château situé dans un hameau. 2 ch. de 2 pers. avec salle de bains commune. Salle commune à disposition des hôtes. Parc, étang sur place. Restaurant 3 km.

Prix : 1 pers. **160 F** 2 pers. **250 F**

Ouvert : du 1er juin au 30 septembre.

3	18	SP	3	18	SP	10

DELAMBERTERIE Odette - La Vaureille - 23130 PEYRAT-LA-NONIERE - Tél : 05 55 62 32 04

PIONNAT *C.M. 72 Pli 10*

2 ch. **Guéret 12 km.** Demeure de caractère du XIXe siècle, située sur la place du petit bourg de Pionnat, face à l'église St-Martin-de-Tours (XIIIe). Rez-de-chaussée : séjour-salon (bibliothèque), ch. 1 (2 lits 1 pers.), salle d'eau, wc. A l'étage : ch. 2 (1 lit 2 pers.), salle d'eau, wc. TV dans chaque chambre. Chauffage central. Jardin aménagé avec terrasse. Garage, parking. Restaurant dans le bourg. Langue parlée : espagnol.

Prix : 1 pers. **180 F** 2 pers. **250 F**

Ouvert : toute l'année.

12	12	4	12	12	8	12	12

GUILLON Isabelle - 5, place de la Mairie - 23140 PIONNAT - Tél : 05 55 81 86 16

PONTARION Château Gaillard *C.M. 72 Pli 9*

3 ch. 3 ch. d'hôtes dans une maison d'habitation avec entrée indép. : 2 ch. de 4 pers. (2 épis NN), salle d'eau, wc. 1 Chambre de 3 pers. (3 épis NN) acc. aux handicapés moteurs accompagnés avec poss. de faire la cuisine. Séjour, salon (TV, bibliothèque) en r.d.c. Parking. Barbecue. Chauffage électr. Restaurant à 500 m. Enfant à partir de 4 ans : 50 F. Prix 4 pers. : 320 F.

Prix : 1 pers. **180 F** 2 pers. **230 F** 3 pers. **280 F**

Ouvert : toute l'année.

6	23	SP	25	23	12	0,5

MAYNE Roger et Lorette - 3, Château-Gaillard - 23250 PONTARION - Tél : 05 55 64 52 76

ROCHES La Vergnolle Alt. : 530 m TH *C.M. 72 Pli 10*

4 ch. CV Nelly et Philippe vous accueillent dans une agréable demeure où 4 chambres ravissantes avec TV vous y attendent. 3 chambres de 2 pers. (2 ch. avec 1 lit 2 pers., 1 ch. avec 2 lits 1 pers.), 1 ch de 3 pers. (1 lit 2 pers., 1 lit 1 pers.). Séjour (TV, bibliothèque), terrain aménagé, jeux d'enfants. Parking. Sur place : piscine, étangs et nombreux animaux de la ferme. Langue parlée : anglais.

Prix : 1 pers. **230 F** 2 pers. **280 F** 3 pers. **350 F** repas **85/110 F**

Ouvert : toute l'année.

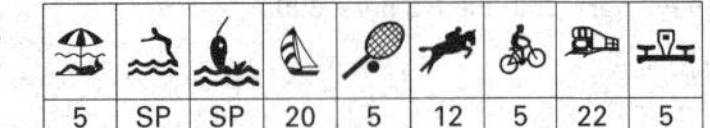

5	SP	SP	20	5	12	5	22	5

BOURET Nelly et Philippe - La Vergnolle - 23270 ROCHES - Tél : 05 55 80 81 97 ou 06 87 47 76 28 - Fax : 05 55 80 88 12

SAINT-AGNANT-DE-VERSILLAT L'Aumône *C.M. 72 Pli 8*

E.C. 1 ch. **La Souterraine 1 km (cité à caractère médiévale).** Mercedes, passionnée de peinture, accueille ses hôtes dans sa maison contemporaine entourrée d'un jardin ombragé, agrémenté d'un petit bassin. Rez-de-chaussée : séjour. A l'étage : 1 suite (1 lit 2 pers. 2 lits 1 pers.), salle d'eau, wc, TV, bibliothèque. Garage, parking. Pergola. Petit déjeuner servi dans séjour ou sous pergola. Restaurants à 1 km. 4 pers. : 350 F. Langues parlées : espagnol, anglais.

Prix : 1 pers. **200 F** 2 pers. **250 F** 3 pers. **300 F**

Ouvert : toute l'année.

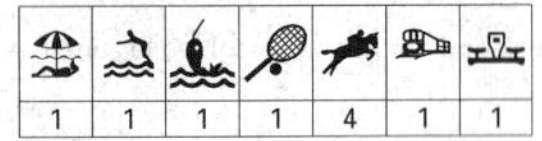

1	1	1	1	4	1	1

GOGUE Mercedes - 20, l'Aumône - 23300 SAINT-AGNANT-DE-VERSILLAT - Tél : 05 55 63 04 94

SAINT-BARD Château de Chazepaud   Alt. : 690 m   (TH)

5 ch. Chambres aménagées dans un château néo-renaissance implanté dans un parc centenaire. R.d.c. : salle à manger renaissance, salon Louis XVI avec TV. A l'étage : 1 ch. (1 lit 2 pers.), avec s. d'eau, 2 ch. (1 lit 2 pers., 1 lit 1 pers/ch.), avec s.d.b., 1 suite 4 pers. Au 2ème étage : 1 ch. 3 pers. (1 lit 2 pers., 1 lit 1 pers., avec s.d.b. Ch. central. Parking. Restaurant à 2 km. Prix 4 pers. : 550/700 F. Piscine couverte et chauffée. Salle de remise en forme. Jeux pour enfants.

Prix : 1 pers. **300/450 F** 2 pers. **350/500 F** 3 pers. **450/600 F**
repas **110 F**

Ouvert : d'avril à octobre.

15	SP	0,5	15	8	8	SP	8

ALBRIGHT Patrick et Madeleine - Château de Chazepaud - 23260 SAINT-BARD - Tél : 05 55 67 33 03 ou 06 83 12 58 61 - Fax : 05 55 67 30 25

SAINT-DIZIER-LEYRENNE Le Masbeau   *C.M. 72 Pli 9*

3 ch. **Bourganeuf 10 km.** Dans la dépendance de leur maison bourgeoise du début du siècle, Nicole et Jean-Pierre ont aménagé 3 ch. de caractère. En r.d.c. : séjour avec TV. Au 1er étage : salon (bibliothèque). 2 ch. de 2 pers. avec 2 lits enfant chacune et 1 ch. 2 pers., s. d'eau et wc privés. Chauffage électr. Salle de jeux, terrain aménagé. Garage, parking. Poss. de cuisiner. Une piscine implantée dans le petit parc agrémente le séjour de leurs hôtes. Prix 4 pers. 350 F. Restaurant à 3 km. Langue parlée : anglais.

Prix : 1 pers. **220 F** 2 pers. **250 F** 3 pers. **300 F**

Ouvert : de mars à novembre.

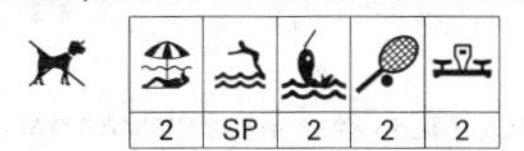

2	SP	2	2	2

PELEGE Jean-Pierre - Le Masbeau - 23400 SAINT-DIZIER-LEYRENNE - Tél : 05 55 64 40 11 - Fax : 05 55 64 46 42 - E-mail : j-p.pelege@wanadoo.fr

SAINT-DIZIER-LEYRENNE La Villatte   (TH)   *C.M. 72 Pli 9*

1 ch. **Bourganeuf 13 km.** 1 ch. 2 pers. au 1er étage avec salle d'eau-wc. En rez-de-chaussée : séjour, salon avec TV et bibliothèque. Chauffage électrique. Terrain aménagé, parking. Restaurant à 3 km. Julia Dunbar se fait un plaisir d'accueillir des hôtes dans sa demeure de la fin du siècle dernier. Les repas du soir peuvent être pris dans la salle de séjour ou sur la terrasse aménagée à cet effet. Langue parlée : anglais.

Prix : 1 pers. **150 F** 2 pers. **200 F** repas **70 F**

Ouvert : toute l'année.

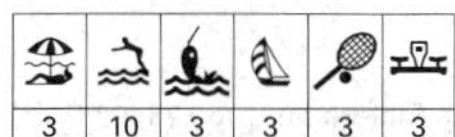

3	10	3	3	3	3

DUNBAR Julia - La Villatte - 23400 SAINT-DIZIER-LEYRENNE - Tél : 05 55 64 43 34 - Fax : 05 55 64 43 34

SAINT-ELOY La Forêt   Alt. : 580 m   *C.M. 72 Pli 9*

3 ch. 3 chambres d'hôtes dans une maison située dans un hameau. 1 chambre 3 pers., 2 ch. 2 pers. Séjour avec coin-salon (TV, bibliothèque). Chauffage central. Parking. Restaurant 6 km. Langue parlée : anglais.

Prix : 1 pers. **170 F** 2 pers. **220 F** 3 pers. **270 F**

Ouvert : toute l'année.

6	14	5	14	14	6	13	13

PERRET Denise - La Forêt - 23000 SAINT-ELOY - Tél : 05 55 52 35 43

SAINT-HILAIRE-LA-PLAINE Grand-Villard   *C.M. 72 Pli 10*

1 ch. Chambre d'hôtes dans une maison située dans un village. 1 chambre 2 pers. avec salle d'eau commune. Séjour. Cour ombragée. Chauffage central. Restaurant 6 km.

Prix : 1 pers. **100 F** 2 pers. **150 F**

Ouvert : de mai à septembre.

14	14	3	14	6	14	6

PAULY Aimée - Grand-Villard - 23150 SAINT-HILAIRE-LA-PLAINE - Tél : 05 55 80 04 11

SAINT-HILAIRE-LE-CHATEAU La Chassagne   *C.M. 72 Pli 9/10*

5 ch. Magnifique demeure, château des XV et XVIIe, surplombant la vallée du Thaurion, avec parc ombragé de 5 ha. bordé d'une rivière à truites « Le Thaurion ». 4 ch. au château (3 lits 2 pers. 2 lits 1 pers.), 1 suite dans la maison du garde (1 lit 2 pers. 1 lit 1 pers.), coin-salon avec TV. Salle de bains et wc dans chaque chambre. Séjour. Chauffage central. Restaurants gastronomique à 3 km.

Prix : 1 pers. **450/550 F** 2 pers. **500/600 F** 3 pers. **600/700 F**

Ouvert : toute l'année.

27	3	27	3	3

FANTON M-Christine & Gérard - La Chassagne - 23250 SAINT-HILAIRE-LE-CHATEAU - Tél : 05 55 64 55 75 ou 05 55 64 50 12 - Fax : 05 55 64 90 92

SAINT-MARTIAL-LE-MONT Les Bregères *C.M. 72 Pli 10*

2 ch. 2 chambres d'hôtes aménagées au rez-de-chaussée d'une maison d'habitation implantée dans un parc. 2 chambres 2 pers. Séjour (TV), bibliothèque. Possibilité cuisine. Restaurant 1 km. Parking. Terrain ombragé (salon de jardin).

Prix : 1 pers. **180 F** 2 pers. **220 F**

Ouvert : du 20 juin au 10 septembre.

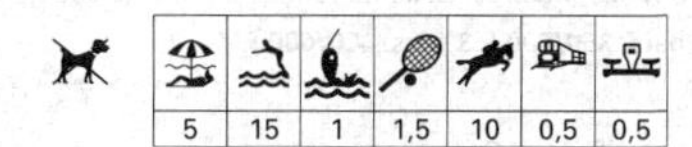

5	15	1	1,5	10	0,5	0,5

LOPEZ Carlos et Christiane - Les Bregères - 23150 SAINT-MARTIAL-LE-MONT - Tél : 05 55 62 47 90

SAINT-MARTIAL-LE-MONT Sainte-Marie (TH) *C.M. 72 Pli 10*

3 ch. Maison de campagne, ancien Relais de Poste, située dans un parc de 2 ha. Les chambres décorées des oeuvres de Monique, artiste peintre, sont des plus accueillantes. 3 ch. au 1er étage : 1 ch. 2 pers. (classée 2 épis NN) avec s.d.b., wc privés non attenants à la chambre. 2 ch. 3 pers. (3 épis NN) avec s.d.b., wc privés. En r.d.c. : séjour, salon avec TV. Parking.

Prix : 2 pers. **220/250 F** 3 pers. **300 F** repas **85 F**

Ouvert : toute l'année.

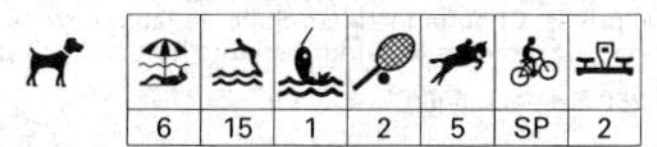

6	15	1	2	5	SP	2

TORTERAT Monique et Marc - Sainte-Marie - 23150 SAINT-MARTIAL-LE-MONT - Tél : 05 55 81 43 36

SAINT-MOREIL La Ribière au Gué (TH) *C.M. 72 Pli 19*

2 ch. **Lac de Vassière 18 km. Bourganeuf 20 km.** 2 ch. 3 pers. au 1er étage avec salles d'eau privées, séjour avec coin-salon (TV, bibliothèque). Chauffage central. Terrain aménagé (jeux et piscine pour enfants), parking. Sur une ancienne demeure (début du XIXe) située sur un ancien domaine agricole d'un hectare, avec piéce d'eau, Cécile et André se font le plaisir d'accueillir leurs hôtes entourés d' Edouard et Aiglonne. Langues parlées : anglais, allemand, espagnol.

Prix : 1 pers. **180 F** 2 pers. **260 F** 3 pers. **360 F** repas **80 F**

Ouvert : toute l'année.

15	15	25	10	15	9

STOEBNER Cécile et André - La Ribière au Gué - 23400 SAINT-MOREIL - Tél : 05 55 54 93 81 - Fax : 05 55 54 93 81

SAINT-PARDOUX-LE-NEUF Les Vergnes Alt. : 650 m (TH) *C.M. 73 Pli 1*

6 ch. **Aubusson 7 km (capitale de la tapisserie).** Dans une ferme du XVIIIe, belle maison creusoise avec étang privé face aux chambres. 6 ch. (5 lits 2 pers. 2 lits 1 pers.) + ch. communicante (2 lits 1 pers.). Salle d'eau et wc particuliers dans chaque chambre. Séjour avec cheminée. Salon, TV. Bibliothèque. Piscine. Ch. élect. Parc attenant. Terrasse sur place. Restaurant à 7 km. Prix 4 pers. : 550 F. Langue parlée : anglais.

Prix : 1 pers. **300 F** 2 pers. **340/480 F** 3 pers. **450 F** repas **105 F**

Ouvert : du 1er avril à fin octobre.

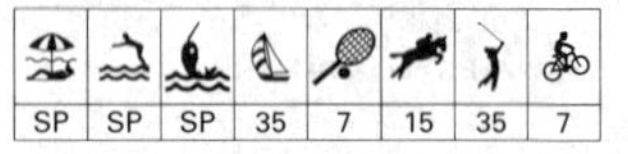

SP	SP	SP	35	7	15	35	7

DUMONTANT Patrick et Sylvie - Les Vergnes - 23200 SAINT-PARDOUX-LE-NEUF - Tél : 05 55 66 23 74 - Fax : 05 55 67 74 16

SAINT-PARDOUX-LES-CARDS Le Mont Gapier Alt. : 540 m (TH)

4 ch. Maison de caractère du XVIe implantée sur les anciennes terres du château de Villemonteix (élevage bovin limousins). R.d.c. : séjour/coin-salon, TV, bibliothèque, cheminée. Terrain aménagé, jeux enfants. A l'étage : 1 ch. (1 lit 2 pers.), 1 suite (1 lit 2 pers. 1 lit 1 pers. 1 lit enfant), s.d.b., wc, dans chaque ch. Au 2e : 2 ch. (1 lit 2 pers./ch.), s. d'eau. WC dans chaque chambre. Restaurant à 3 km. Prix 4 pers. : 410 F.

Prix : 1 pers. **220/240 F** 2 pers. **290/350 F** 3 pers. **380 F** repas **95/105 F**

Ouvert : toute l'année.

1,5	1,5	1,5	23	SP	3

JUHEL Ghislaine - Le Mont Gapier - 23150 SAINT-PARDOUX-LES-CARDS - Tél : 05 55 62 35 16

SAINT-PIERRE-BELLEVUE La Borderie Alt. : 700 m (TH) *C.M. 72 Pli 9*

5 ch. Grande maison du XIXe siècle, en pierres de taille, située dans un village. 1 ch. 4 pers., 2 ch. 2 pers. (1 épi NN), 2 ch. 2 pers., (3 épis NN). Séjour/salon avec TV, bibliothèque et cheminée. Chauffage central. Terrain aménagé, parking. Ski de fond 20 km. Enfant de moins de 7 ans : 40 F. Restaurant à 1 km. Prix 4 pers. : 320 F. Langue parlée : anglais.

Prix : 1 pers. **180/200 F** 2 pers. **200/250 F** 3 pers. **260 F** repas **90 F**

Ouvert : toute l'année.

10	30	SP	10	8	3	SP	8

DESCHAMPS Marc et Maryse - La Borderie - 23460 SAINT-PIERRE-BELLEVUE - Tél : 05 55 64 96 51 - Fax : 05 55 64 94 11 - http://www.gites-de-la-borderie.com

SAINT-SULPICE-LE-GUERETOIS Domaine du Mouchetard *C.M. 72 Pli 9*

2 ch. 1 suite 4 pers. avec salle de bains, wc. 1 suite 3 pers. avec salle d'eau, wc. Salle à manger. Chauffage électrique. Parking. Restaurant 7 km. Prix 4 pers. 400 F. Dans un manoir, au cœur d'un parc animalier de 30 ha.

Prix : 1 pers. **250 F** 2 pers. **250 F** 3 pers. **350 F**

Ouvert : du 1er avril au 15 novembre.

7	7	SP	7	7	7	7	7	7

LE MINTIER Bernadette - Domaine du Mouchetard - 23000 SAINT-SULPICE-LE-GUERETOIS - Tél : 05 55 52 34 03

SAINT-SYLVAIN-MONTAIGUT Le Pont du Cher (TH) *C.M. 72 Pli 9*

3 ch. **Guéret et de Saint-Vaury 9 km.** 3 chambres aménagées dans une ancienne ferme entièrement restaurée, pleine campagne, avec entrée indépendante. R.d.c. : séjour avec coin-salon (TV, cheminée, bibliothèque). Etage : 1 ch. avec mezzanine 4 pers., 1 ch. 2 pers. et suite 4 pers., salles d'eau, wc. Chauffage électrique. Stationnement privé et clos. Restaurants à 4 km. Prix 4 pers. : 430 à 470 F. Parc de 2 ha. arboré et fleuri aménagé autour d'un étang, traversé par un ruisseau (pêche sur place). Repos et gastronomie. Repas enfant 40 F jusqu'à 4 ans.

CV

Prix : 1 pers. **240 F** 2 pers. **260 F** 3 pers. **345/385 F** repas **90 F**

Ouvert : toute l'année.

9	9	SP	9	9	9	9	9	9

LECAILLE Guy et Annie - Le Pont du Cher - 23320 SAINT-SYLVAIN-MONTAIGUT - Tél : 05 55 81 95 17 - Fax : 05 55 81 95 17 - http://www.pont-ducher.com

SAINT-YRIEIX-LA-MONTAGNE Gibouleaux Alt. : 700 m (TH) *C.M. 72 Pli 20*

3 ch. Maison de caractère de 1863. 2 chambres 2 pers., avec lit enfant, 1 ch. 4 pers., salles d'eau et wc particuliers. Séjour/salon avec TV. Chauffage électrique. Terrain aménagé. Parking. Enfants : 80 F. Ouvert toute l'année. Prix 4 pers. 400 F.

Prix : 1 pers. **210 F** 2 pers. **250 F** pers. sup. **80 F** repas **85 F**

Ouvert : toute l'année.

8	20	8	25	6	6	30	20	20

DARDUIN Richard et Danièle - Gibouleaux - 23460 SAINT-YRIEIX-LA-MONTAGNE - Tél : 05 55 66 03 27 - Fax : 05 55 66 05 82

SAINT-YRIEIX-LA-MONTAGNE La Valette Alt. : 650 m *C.M. 72 Pli 10*

3 ch. **Aubusson 20 km.** 2 ch. 2 pers. et 1 suite 4 pers. avec salles de bains privées. Séjour (avec TV et bibliothèque). Terrain aménagé, parking, chauffage central. Salle de jeux et piscine communes à 3 autres gîtes. Prix pour 4 pers. : 500 F. Restaurant à 7 km. Corinne et Charles accueillent leurs hôtes dans un ancien village bâti par les Maçons Creusois récemment rénové en complexe touristique.

Prix : 1 pers. **350 F** 2 pers. **350 F**

Ouvert : de juillet à septembre.

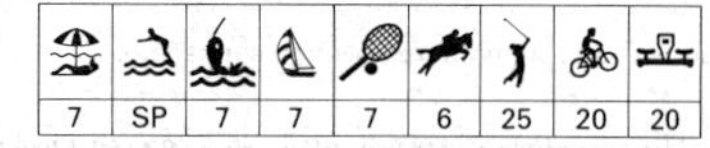

7	SP	7	7	7	6	25	20	20

KULUNKIAN Corinne et Charles - La Valette - 23460 SAINT-YRIEIX-LA-MONTAGNE - Tél : 05 55 66 07 77 - Fax : 05 55 66 04 08

SANNAT Le Tirondet (TH)

4 ch. Maison de caractère fin XVIIIe siècle, sur une propriété de 100 ha. A l'étage, 1 ch. 2 pers. + lit bébé, avec salle d'eau, 1 ch. 4 pers. avec salle de bains, wc communs à ces 2 chambres. 1 Ch. 2 pers., 1 ch. 4 pers. + lit bébé avec sanitaires privés. 2 ch. 2 épis, 2 ch. 3 épis. Séjour, salon et chauffage central. Piscine. Parc arboré. Barbecue et salle pour pique-nique (le midi). Tir à l'arc. Parking. Salle de jeux (billard, ping-pong, TV, bibliothèque). Prix 4 pers. : 390 F. Langue parlée : anglais.

Prix : 1 pers. **220 F** 2 pers. **280 F** 3 pers. **330 F** repas **90 F**

Ouvert : toute l'année.

SP	SP	SP	2	SP	20	SP	13

CARL Eric - Le Tirondet - 23110 SANNAT - Tél : 05 55 82 37 13

SAVENNES Les Vergnes Alt. : 665 m *C.M. 72 Pli 9*

1 ch. Dans la nature Creusoise, en lisière de la forêt domaniale de Chabrière près d'un ruisseau, une maison de pierre et de bois avec en rez-de-chaussée un séjour avec kitchenette (comprenant 1 lit 1 pers.). Au 1er étage, 1 chambre 2 pers. Un jardin aménagé agrémente l'ensemble. Randonnée, jeux enfants sur place.

CV

Prix : 1 pers. **280 F** 2 pers. **330 F** 3 pers. **380 F**

Ouvert : Du 1er avril au 31 octobre.

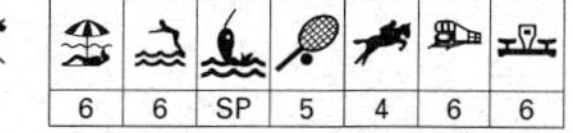

6	6	SP	5	4	6	6

PEITER Nicole - Les Vergnes - 23000 SAVENNES - Tél : 05 55 80 08 20 ou 05 55 81 90 13 - Fax : 05 55 51 04 85

SOUBREBOST Le Masmontard

Alt. : 700 m — TH — *C.M. 72 Pli 9*

3 ch. — 3 ch. d'hôtes aménagées dans une maison du début du siècle implantée sur un parc de 4 ha. Rez-de-chaussée : séjour avec coin-salon, bibliothèque. 1er étage : 1 ch. (1 lit 2 pers.), salle d'eau, wc. 2e étage : 1 ch. 2 pers. (1 lit 2 pers.), 1 ch. 3 pers. (1 lit 2 pers., 1 lit 1 pers.), salle d'eau, wc dans chaque ch., salon commun aux 2 chambres. Chauffage central. Parking. Restaurants à 2 km. Prix enfants à partir de 8 ans : 60 F.

Prix : 1 pers. **200 F** 2 pers. **240 F** 3 pers. **280 F** repas **80 F**

Ouvert : toute l'année.

8	3	25	12	10	25	5

HAYEZ Bernard - Le Masmontard - 23250 SOUBREBOST - Tél : 05 55 64 59 27

TOULX-SAINTE-CROIX Les Montceaux

Alt. : 655 m — TH — *C.M. 73 Pli 1*

1 ch. — **Boussac 8 km. Toulx-Sainte-Croix 4 km.** Demeure du début du siècle, aux portes de Toulx-Sainte-Croix, à proximité de Boussac, tenue par Brigitte, artiste peintre. La galerie d'art est intégrée dans la demeure. 1 chambre 2 pers. au 2e étage avec salle de bains et wc privés. Au 1er étage : séjour avec coin-salon (bibliothèque). Terrain aménagé, parking, garage. Restaurants à 8 km. Langues parlées : hollandais, anglais, espagnol.

Prix : 1 pers. **250 F** 2 pers. **300 F** repas **85 F**

Ouvert : toute l'année.

SP	8	8	SP	8

VAN DE WEGE Brigitte - Les Montceaux - 23600 TOULX-SAINTE-CROIX - Tél : 05 55 65 09 55 - Fax : 05 55 65 09 55 - E-mail : brigitte.van-de-wege@wanadoo.fr - http://perso.wanadoo.fr/chez.brigitte/

Haute-Vienne

GITES DE FRANCE
32, avenue du Général Leclerc
87065 LIMOGES Cedex
Tél. 05 55 77 09 57 - Fax. 05 55 10 92 29
E.mail : gites.de.france.87@wanadoo.fr

AMBAZAC Le Puy d'Henriat

TH — *C.M. 72 Pli 8*

2 ch. — Une belle et grande demeure dans un parc de 5 ha. A l'étage : 2 ch. aménagées en suites familiales, avec salle d'eau et wc privés. 1 ch. avec balcon ouvrant sur le parc. « La Limousine » vous assure un accueil chaleureux, le calme et le repos dans un cadre privilégié. A 4 km, le centre de loisirs d'Ambazac : équitation, tennis, VTT, randonnées dans les monts d'Ambazac, baignade.

Prix : 1 pers. **220 F** 2 pers. **280 F** 3 pers. **380 F** pers. sup. **100 F** repas **95 F**

Ouvert : du 15 juin au 15 septembre (réservation souhaitée).

6	4	4	4	4	4	4

MAIRE Jeanine - La Limousine - Le Puy d'Henriat - 87240 AMBAZAC - Tél : 05 55 56 74 40 - Fax : 05 55 56 74 40

ARNAC-LA-POSTE

TH — *C.M. 72 Pli 8*

3 ch. — Dans la maison de Mme Rouart, 2 chambres au 1er étage et 1 chambre au 2e étage. Chacune est équipée de sanitaires privés. Convecteurs électriques. Salon avec cheminée réservé aux hôtes. TV, bibliothèque. Dans le village, cette ancienne maison rénovée ouvre sur un jardin ombragé et sur la petite place où se dresse un grand marronnier. Mme Rouart vous offrira un accueil de qualité. Langues parlées : anglais, allemand.

Prix : 2 pers. **230 F** 3 pers. **300 F** repas **80 F**

Ouvert : du 1er juin au 20 septembre.

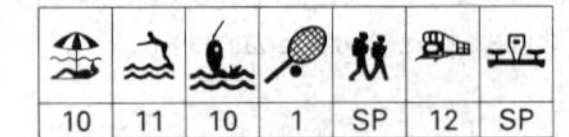

10	11	10	1	SP	12	SP

ROUART Yvonne - Rond Point du Marronnier - 87160 ARNAC-LA-POSTE - Tél : 05 55 76 87 26

BELLAC

TH — *C.M. 72 Pli 7*

3 ch. — Chambres d'hôtes aménagées dans une maison de caractère du XVIIe siècle, au cœur du vieux Bellac. 3 ch. (2, 3 ou 4 pers.), aux 1er et 2e étages avec sanitaires privés. Salon. Salle de séjour. Parking privé. Cour intérieure, petit terrain avec pelouse. Table d'hôtes sur réservation. Langues parlées : allemand, anglais.

Prix : 1 pers. **180 F** 2 pers. **220 F** 3 pers. **280 F** pers. sup. **60 F** repas **80 F**

Ouvert : toute l'année.

1	1	1	SP	4	2	SP

FONTANEL Jean-Paul et Odile - 8 rue du Docteur Vetelay - 87300 BELLAC - Tél : 05 55 68 11 86 - Fax : 05 55 68 78 96 - E-mail : bellac@free.fr - http://bellac.free.fr

BELLAC

(TH) *C.M. 72 Pli 7*

4 ch. 4 ch. d'hôtes aménagées aux 1er et 2e étages d'une ancienne maison située dans le centre historique de Bellac. Ch. pour 2, 3 ou 4 pers. 3 ch. avec s. d'eau et wc, 1 avec salle d'eau et wc sur palier. Salle à manger et salon réservés aux hôtes. Possibilité cuisine. Petite cour intérieure. Parking à proximité, garage privé fermé.

Prix : 1 pers. **170 F** 2 pers. **220 F** 3 pers. **270 F** pers. sup. **50 F** repas **80 F**

Ouvert : toute l'année.

1	1	1	SP	4	1	SP

GAUTIER Jean et Colette - Le Bourg - 20, rue Armand Barbes - 87300 BELLAC - Tél : 05 55 68 74 45

BERSAC-SUR-RIVALIER Domaine du Noyer

(TH) *C.M. 72 Pli 8*

4 ch. 4 ch. dans logis seigneurial du XVIe siècle au cœur d'une propriété de 20 ha., avec piscine, salle de gym, vélos. 4 ch. 2 pers. (3 lits 2 pers. 2 lits 1 pers.) avec s. d'eau et wc privés. Salle de séjour, salon, cheminée, biblio., salle de jeux. Anna, médecin/acupuncteur/homéopathe et Jean, sculpteur vous accueillent pour passage, séjour et week-end. Boxes pour chevaux, carrière d'entrainement. Etang de pêche sur place. 1/2 pension/pers. pour 1 semaine : 1660 F. Langue parlée : anglais.

CV

Prix : 1 pers. **220 F** 2 pers. **285 F** 3 pers. **360 F** repas **95 F**

Ouvert : toute l'année.

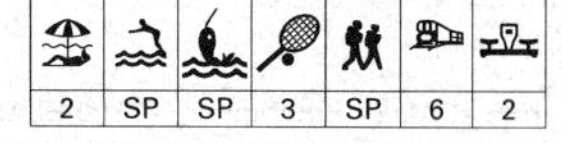

MASDOUMIER Jean et Anna - Domaine du Noyer - Bersac-sur-Rivalier - 87370 SAINT-SULPICE-LAURIERE - Tél : 05 55 71 52 91 - Fax : 05 55 71 51 48 - E-mail : noyer.prats@cyberpoint.tm.fr

BERSAC-SUR-RIVALIER Le Pré de Lafont

(TH) *C.M. 72 Pli 8*

3 ch. Dans une ancienne chaumière du XVIIe siècle, 3 chambres en mansarde (1 lit 2 pers.) avec salle d'eau et wc privés, salle d'hôtes avec cheminée. TV réservée aux hôtes. Grand terrain, coin-détente sous préau, piscine hors sol (8 x 4 m). Table d'hôtes sur réservation. Gérard aime faire apprécier la vie de son pays natal, au cœur des monts d'Ambazac, et vous proposera avec son épouse de superbes randonnées. Langue parlée : anglais.

CV

Prix : 1 pers. **190 F** 2 pers. **235 F** 3 pers. **290 F** pers. sup. **55 F** repas **85 F**

Ouvert : de Pâques à la Toussaint.

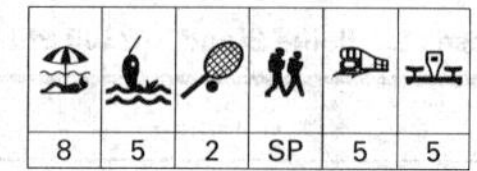

JACQUEMAIN Annie - Le Pré de Lafont - 87370 BERSAC-SUR-RIVALIER - Tél : 05 55 71 47 05 - Fax : 05 55 71 47 05 - E-mail : annie.jacquemain@libertysurf.fr

BESSINES-SUR-GARTEMPE Morterolles-sur-Semme

(TH) *C.M. 72 Pli 8*

3 ch. Dans une annexe indépendante de la maison, 3 chambres d'hôtes vastes et claires ouvrent sur une terrasse et 1 jardin. Elles accueillent de 2 à 4 pers. et disposent chacune d'une salle d'eau et wc particuliers. Salon mitoyen réservé aux hôtes. Terrain aménagé avec balançoires. Table d'hôtes sur réservation sauf le dimanche soir. La ferme d'élevage bovin de Jean-Marie et d'Andrée Tessier se trouve dans un petit hameau tout proche de l'A20, sortie 23.1 ou 24. Jean-Marie vous fera visiter sa ferme avant de vous inviter à goûter aux rillettes de lapins et aux volailles maison. Langue parlée : anglais.

CV

Prix : 1 pers. **170 F** 2 pers. **200 F** 3 pers. **250 F** pers. sup. **50 F** repas **80 F**

Ouvert : toute l'année.

6	4	5	5	7	2

TESSIER Jean-Marie et Andrée - Chez Doussaud - Morterolles-sur-Semme - 87250 BESSINES-SUR-GARTEMPE - Tél : 05 55 76 06 94 - Fax : 05 55 76 09 17

BESSINES-SUR-GARTEMPE Montmassacrot

Alt. : 500 m (TH) *C.M. 72 Pli 8*

E.C. 3 ch. Catherine et Alain ont été séduits par cette grande maison de granit du XVIIIe s., dans un hameau des Monts d'Ambazac. Ils ont aménagé à l'étage 3 ch. accueillantes et confortables avec s. d'eau/wc privés. Le gîte ouvre sur un agréable terrain exposé au sud. Les repas sont préparés à partir de produits naturels du jardin. Un gîte au calme à proximité des circuits de randonnée des Monts d'Ambazac. Accès par autoroute A20, sortie 24. Langue parlée : anglais.

CV

Prix : 1 pers. **210 F** 2 pers. **240 F** 3 pers. **270 F** pers. sup. **35 F** repas **85 F**

Ouvert : du 1er janvier au 30 novembre.

6	6	5	1	11	15	15	5

FOUQUET Alain et Catherine - Le Clos des Roses - Montmassacrot - 87250 BESSINES-SUR-GARTEMPE - Tél : 05 55 71 03 11 - Fax : 05 55 71 03 11

BLANZAC Rouffignac (TH) *C.M. 72 Pli 7*

5 ch. Dans cette belle maison bourgeoise située dans un grand parc, 5 chambres confortables avec sanitaires privés. Séjour, salon, TV à disposition des hôtes. Jardin. Aire de jeux, parking, pré. Pour réserver, téléphonez aux heures repas. Poss. de restauration à la ferme sur réservation. Rivière 1 km. Lac à 20 km. Produits fermiers sur place. Langues parlées : anglais, allemand.

Prix : 1 pers. **200 F** 2 pers. **240 F** 3 pers. **300 F** pers. sup. **40 F**
repas **95 F**

Ouvert : toute l'année.

4	SP	4	SP	8	4	4

LEQUERE Marcelle - Rouffignac - RN145 - 87300 BLANZAC - Tél : 05 55 68 03 38

BLANZAC Rouffignac A (TH) *C.M. 72 Pli 7*

5 ch. Dans une ferme d'élevage, 5 ch. d'hôtes très confortables avec salle d'eau et wc privés, donnent en mezzanine sur un vaste séjour au décor contemporain. Catherine vous propose à la table de sa ferme-auberge un dîner copieux à partir des produits de l'exploitation : quiche aux rilettes de canard, agneau à l'indienne, grime au lait... Les Monts de Blond, Bellac, Mortemart, centre de la Mémoire d'Oradour-sur-Glane... Langue parlée : anglais.

Prix : 1 pers. **210 F** 2 pers. **260 F** 3 pers. **320 F** pers. sup. **100 F**
repas **95 F**

Ouvert : toute l'année.

4	SP	4	SP	8	4	4

KUBIAK LE QUERE Catherine et Alex - Rouffignac - 87300 BLANZAC - Tél : 05 55 68 02 14 - Fax : 05 55 68 86 89

BLOND La Plaine Blond (TH) *C.M. 72 Pli 6*

5 ch. 5 ch. (2 à 4 pers.). Salle d'eau/wc particuliers dans chaque ch. s. à manger avec cheminée, salle de jeux (ping-pong) avec coin-cuisine à la disposition des hôtes. Aire de jeux. Bicyclettes. 1/2 pens./2 pers./sem. : 2200 F. Au pied des monts de blond dans une ancienne ferme fortifiée, Gérard et Thérèse, agriculteurs, vous parleront de leur métier et des nombreuses promenades pour découvrir les pierres à légende.

Prix : 1 pers. **195 F** 2 pers. **220 F** 3 pers. **270 F** pers. sup. **50 F**
repas **75 F**

Ouvert : toute l'année.

11	13	11	2	SP	5	12	2

VAUGOYEAU Gérard et Thérèse - La Plaine Blond - 87300 BELLAC - Tél : 05 55 68 82 57 - Fax : 05 55 68 82 57

BLOND Thoveyrat (TH) *C.M. 72 Pli 7*

5 ch. 5 chambres confortables dont 1 en rez-de-chaussée avec terrasse, un salon et un grand séjour avec cheminée, dans cette grande maison de caractère, près des monts de Blond. A la saison, Pierre fait déguster l'agneau de pays, élevé à l'herbe, et sur demande, une savoureuse cuisine végétarienne. Langues parlées : anglais, allemand.

Prix : 1 pers. **170 F** 2 pers. **200 F** 3 pers. **250 F** pers. sup. **50 F**
repas **80 F**

14	3	1	3	SP	7	3	3

MORICE Myriam et Pierre - Thoveyrat - 87300 BLOND - Tél : 05 55 68 86 86 - Fax : 05 55 68 86 86

BOISSEUIL Domaine de Moulinard *C.M. 72 Pli 18*

5 ch. A l'étage de cette grande maison, 5 ch. spacieuses et claires, au mobilier ancien. Des fenêtres, vue sur le jardin calme et ombragé qui entoure la maison. Chaque chambre dispose de sanitaires privés. Restaurant 2 km. A 6 km, golf 18 trous, parcours sportif, piscine chauffée. A 10 mn au sud de Limoges, non loin de l'axe Paris/Toulouse (accès A20 sortie 37), en pleine campagne, Moulinard est une ferme d'élevage ovin et d'arboriculture. M. et Mme Ziegler ont restauré une partie de la maison de maître du XVIIIe siècle, près de leur habitation. Idéal pour découvrir Limoges. Langue parlée : anglais.

Prix : 1 pers. **180 F** 2 pers. **230 F**

Ouvert : d'avril à octobre.

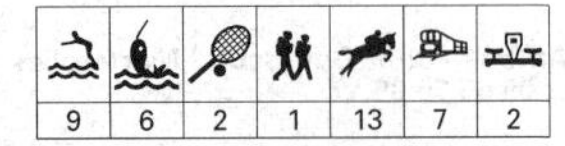

9	6	2	1	13	7	2

**ZIEGLER Brigitte - Domaine de Moulinard - 87220 BOISSEUIL - Tél : 05 55 06 91 22 - Fax : 05 55 06 98 28 -
E-mail : philippe.ziegler@wanadoo.fr**

BONNAC-LA-COTE La Drouille Noire *C.M. 72 Pli 7*

E.C. 3 ch. **Limoges 20 mn.** En pleine nature, à proximité de l'autoroute A20 (sortie N°27), 3 chambres d'hôtes avec salle d'eau et wc privés à l'étage d'une grange proche de la maison familiale. Dans cette ancienne dépendance de l'Abbaye de Grandmont, Pierre produit des légumes, de la rhubarbe, des petits fruits et conduit une des rares vignes de la Haute-Vienne. Limoges, capitale des arts du feu, musées de la porcelaine et des émaux, ancienne cité et cathédrale, centre de la Mémoire d'Oradour-sur-Glane... Langue parlée : anglais.

Prix : 1 pers. **200 F** 2 pers. **220 F** 3 pers. **270 F**

Ouvert : toute l'année.

15	15	SP	6	SP	15	15	14	2

NIVET Pierre - La Drouille Noire - 87270 BONNAC LA COTE - Tél : 05 55 39 90 84 ou 06 19 08 73 41 - Fax : 05 55 39 90 84

BUJALEUF Langlard (TH) *C.M. 72 Pli 19*

E.C. 1 ch. **Pays Monts et Barrages.** Une chambre aménagée à l'étage, avec sanitaire privé. Salon avec cheminée et coin-bibliothèque dans une maison indépendante près d'une ferme. Philippe vous indiquera quelques belles balades et de fameux coins de pêche dans la Vienne et la Maulde.

CV

Prix : 1 pers. **200 F** 2 pers. **260 F** 3 pers. **330 F** repas **85 F**

Ouvert : toute l'année.

5	11	3	6	SP	11	11	4

RADONNET Philippe - Langlard - 87460 BUJALEUF - Tél : 05 55 69 14 13 - E-mail : gite.langlard@wanadoo.fr

BUJALEUF Les Côtes du Maine (TH) *C.M. 72 Pli 19*

5 ch. Une grande maison avec vue sur le lac de Bujaleuf. A l'étage 5 chambres dont 3 suites familiales, chacune avec salle d'eau et wc privés. Chauffage central, TV et salon réservés aux hôtes (terrasse avec vue sur le lac). 1/2 pens. : 1300 F/pers./semaine. La table d'hôtes fait une large place aux produits de la ferme et aux légumes du jardin. Située sur une propriété boisée de 3 ha., la maison de Natacha et Bertrand est à 300 m de la plage. Langue parlée : anglais.

CV

Prix : 1 pers. **200 F** 2 pers. **250 F** 3 pers. **290 F** pers. sup. **30 F** repas **80 F**

Ouvert : toute l'année.

0,5	14	SP	3	3	3	0,5	6	1

JACQUELINE Natacha et Bertrand - Les Côtes du Maine - 87460 BUJALEUF - Tél : 05 55 69 51 45

BURGNAC Le Marchadeau (TH) *C.M. 72 Pli 17*

3 ch. **18 km au sud de Limoges. Aixe-sur-Vienne 7 km.** En pleine campagne, dans une grande maison de caractère. Suite de 2 chambres pour 2 à 4 pers. avec accès indépendant. Chauffage central. Salle de bains et wc réservés aux hôtes. Table d'hôtes sur réservation.

CV

Prix : 1 pers. **200 F** 2 pers. **240 F** repas **80 F**

Ouvert : toute l'année.

8	7	6	6	1	8	7	18	7

DACCORD - Le Marchadeau - 87800 BURGNAC - Tél : 05 55 58 13 30

BUSSIERE-BOFFY *C.M. 72 Pli 6*

5 ch. 5 chambres d'hôtes dans une maison située dans un village. 3 ch. 2 pers. 2 ch. 3 pers. Salle d'eau commune. Salle de séjour, cuisine à la disposition des hôtes. Jardin, parking, forêt sur place. Restaurant 5 km.

Prix : 1 pers. **115 F** 2 pers. **155 F** 3 pers. **170 F** pers. sup. **10 F**

Ouvert : toute l'année.

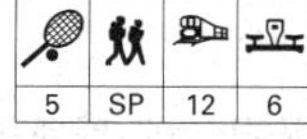

5	SP	12	6

VILLEGER-BARTKOWIAK Emilie - Le Bourg - 87330 BUSSIERE-BOFFY - Tél : 05 55 68 35 36

BUSSIERE-GALANT Brumas Alt. : 500 m (TH) *C.M. 72 Pli 17*

3 ch. 3 chambres d'hôtes dans une ferme située dans un village au sommet des Monts de Châlus, avec salle d'eau et wc communs sur le palier. Salle de séjour à la disposition des hôtes. Garage, terrain, parking. Denise et Jean-Raymond ont une large expérience de l'accueil en chambres d'hôtes : accueil chaleureux en toute simplicité. Parc Naturel Régional du Périgord Limousin, forteresse de Montbrun, châteaux de Brie et de Châlus, pays de la météorite...

Prix : 1 pers. **150 F** 2 pers. **180 F** 3 pers. **220 F** repas **70 F**

Ouvert : toute l'année.

6	10	8	4	SP	8	7	5

BARRY Denise et J-Raymond - Brumas - 87230 BUSSIERE GALANT - Tél : 05 55 78 80 52

BUSSIERE-GALANT Contentigne *C.M. 72 Pli 16*

E.C. 3 ch. Un élevage de pur sang arabes aux confins de la Dordogne et du Limousin, 3 chambres avec salle d'eau et wc privés sont aménagées dans une grange mitoyenne à la maison familiale. Bibliothèque, salon, jeux. Paniers repas. Dans cette ancienne ferme restaurée avec goût, vous admirerez les poulains, juments et étalons qui galopent ensemble dans les prés. Parc Naturel Régional du Périgord Limousin, forteresse de Montbrun, châteaux de Brie et de Châlus, pays de la météorite... Langues parlées : anglais, allemand.

Prix : 1 pers. **200 F** 2 pers. **260 F**

Ouvert : toute l'année.

4	3	SP	4	SP	9	4	3

ELLEBOODE Christelle - Contentigne - 87230 BUSSIERE GALANT - Tél : 06 85 67 73 88

BUSSIERE-POITEVINE 21/23 Champagnac

(TH) *C.M. 72 Pli 6*

E.C. 3 ch. A l'étage d'un ancien logis marchois, 3 chambres avec salle d'eau et wc privés. Séjour aménagé dans une salle ouvrant par de grandes baies vitrées sur le jardin. Chantal et Patrice se sont récemment installés dans ce petit hameau tranquille, tout près de la Vallée de la Gartempe. Le Parc Naturel Régional de la Brenne, la Collégiale romane du Dorat, Le Futuroscope...

Prix : 2 pers. **250 F** 3 pers. **310 F** repas **80 F**

Ouvert : toute l'année.

16	0,5	3	14	14	14	3,5

GAUTIER Chantal et Patrice - 21/23 Champagnac - 87320 BUSSIERE POITEVINE - Tél : 05 55 60 07 65

BUSSIERES-POITEVINE

(TH) *C.M. 72 Pli 6*

2 ch. Maison indépendante dans un hameau proche de la vallée de la Gartempe, entre Poitiers et Limoges. A l'étage, 2 chambres simples mais coquettes, avec salle d'eau, wc communs, sur le palier. Rose et Peter ont pris leur retraite dans ce coin tranquille de la Marche Limousine. Ils accueillent dans un français encore hésitant mais avec beaucoup de gentillesse. Le Futuroscope est à 1 heure de route. Langue parlée : anglais.

CV

Prix : 1 pers. **150 F** 2 pers. **250 F** repas **85 F**

Ouvert : toute l'année.

9	3	2	SP	9	2

BALLARD Rose et Peter - 7, Le Bouchage - 87320 BUSSIERE-POITEVINE - Tél : 05 55 68 47 59 - Fax : 05 55 68 47 59

LE CHALARD Le Petit Masvieux

(TH) *C.M. 72 Pli 17*

5 ch. **Cimetière Mérovingien de Chalard 3 km. Périgord Vert 5 km.** Dans un manoir du XIXe, 4 ch. pour 2 ou 3 pers. avec salle d'eau et wc privés et 1 belle suite de 4 pers. Grande salle à manger et salon avec bibliothèque et billard. Etang de pêche (carpes). Yoland et Kaspar ont quitté leur plat pays pour s'installer dans ce logis situé tout près du Périgord Vert, sur une belle propriété de 58 ha. de prairies, de bois et d'étangs. Table d'hôtes sur réservation. Langues parlées : anglais, hollandais, allemand.

Prix : 1 pers. **280 F** 2 pers. **360 F** 3 pers. **390 F** pers. sup. **230 F** repas **110 F**

Ouvert : toute l'année.

3	11	SP	2	5	11	12	3

CLARIJS Yoland et PINTARIC Kaspar - Le Petit Masvieux - 87500 LE CHALARD - Tél : 05 55 09 94 14 - Fax : 05 55 09 20 81 - E-mail : le-petit-masvieux@wanadoo.fr - http://perso.wanadoo.fr/le-petit-masvieux

CHALUS l'Age

 *C.M. 72*

1 ch. Près de la maison des propriétaires, petite maison indépendante comprenant une suite familiale des 2 chambres avec salle d'eau et wc privés. Séjour et coin-salon donnant sur le jardin, coin-cuisine, TV. Restaurants à Chalus à 3 km. Une étape au calme, sur la route Richard Coeur de Lion, entre Limoges et Périgeux. Langue parlée : allemand.

CV

Prix : 1 pers. **200 F** 2 pers. **250 F** 3 pers. **320 F** pers. sup. **60 F**

Ouvert : toute l'année, juillet-août sur réservation.

6	3	SP	3	11	3	3

LAGARDE Marie-Claire - l'Age - 87230 CHALUS - Tél : 05 55 78 44 24

CHAMPAGNAC-LA-RIVIERE

 (TH) *C.M. 72 Pli 16*

4 ch. Château du XVe siècle situé dans un parc de 3 ha. avec piscine et tennis. 4 ch. de caractère aux 1er et 2e étages. Salle de bains et wc privés. Salon, salle à manger, bibliothèque. Sur la propriété : vélo, promenades en forêt. Langue parlée : anglais.

CV

Prix : 2 pers. **600 F** repas **250 F**

Ouvert : du 1er mai au 1er novembre, autres mois sur réservation.

11	SP	SP	SP	2	11	8	5

DU MANOIR DE JUAYE Pierre - Château de Brie - 87150 CHAMPAGNAC-LA-RIVIERE - Tél : 05 55 78 17 52 - Fax : 05 55 78 14 02 - E-mail : chateaudebrie@wanadoo.fr

LA CHAPELLE-MONTBRANDEIX Lartimache

(TH) *C.M. 72 Pli 16*

4 ch. 4 ch. à l'étage d'un ancien grenier aux poutres apparentes, dont 1 suite familiale 4/6 pers. S. d'eau ou s.d.b. et wc privés chacune. Grande pièce avec cheminée, terrasse, l-linge et coin-cuisine à la disposition des pensionnaires, ping-pong, jeux de société, prêt de vélos, initiation à la pêche. Evelyne et Bernard vous accueillent cordialement dans l'ancienne ferme qu'ils ont rénovée, sur un site verdoyant avec 2 étangs privés, en plein cœur du Parc Naturel Régional du Périgord-Limousin. Accueil randonneurs et chevaux, ambiance familiale. Semaine 1/2 pension pour 4 pers. : 4000 F. Langue parlée : anglais.

CV

Prix : 1 pers. **180 F** 2 pers. **240 F** 3 pers. **280 F** pers. sup. **60 F** repas **75 F**

Ouvert : toute l'année.

4	SP	5	SP	20	9

GUERIN Evelyne et Bernard - Lartimache - 87440 LA CHAPELLE-MONTBRANDEIX - Tél : 05 55 78 75 65

LA CHAPELLE-MONTBRANDEIX Doumailhac (TH) *C.M. 72 Pli 16*

E.C. 3 ch. Une gentihommière du XVIIe siècle à l'écart du village. A l'étage : 3 chambres avec salle d'eau ou salle de bains et wc privés (1 suite familiale pour 4 pers. et 2 chambres de 2 pers. chacunes). Au rez-de-chaussée : un grand séjour aux vieillesdalles de granit où sont servis les repas et un living réservé aux hôtes. Laurence et Benoît se sont récemment installés dans cette jolie demeure du Parc Naturel Périgord-Limousin. Ils vous proposent de découvrir ce pays à l'occasion de balades pédestres ou VTT sur les nombreux chemins forestiers proches de leur gîte.

Prix : 1 pers. **220 F** 2 pers. **280 F** 3 pers. **350 F** pers. sup. **50 F** repas **85 F**

Ouvert : toute l'année.

6	3	6	SP	19	7

DE RADIGUES Benoît et Laurence - Doumailhac - 87440 LA CHAPELLE-MONTBRANDEIX - Tél : 05 55 78 57 06 - Fax : 05 55 78 57 06

CHATEAU-CHERVIX La Chapelle (TH) *C.M. 72 Pli 18*

4 ch. Dans une ferme d'élevage biodynamique de chèvres, petite maison traditionnelle avec 4 chambres, salle d'eau et wc particuliers. Salle de séjour avec bibliothèque reservée aux hôtes. Jardin, aire de jeux, terrain, parking. Rivière 3 km. Forêt sur place. Voiture indispensable. Coin-cuisine à la disposition des hôtes. Table d'hôtes (du 01/07 au 15/08 sur réservation). Cuisine avec les produits de la ferme. Accès par A20, sortie 41 à Magnac Bourg. 1/2 pension/pers. pour 1 semaine : 1290 F. Langues parlées : anglais, espagnol.

Prix : 1 pers. **190 F** 2 pers. **240 F** 3 pers. **270 F** repas **85 F**

Ouvert : toute l'année.

6	6	4	SP	6	4

LESPAGNOL Patrick et Mayder - La Chapelle - 87380 CHATEAU-CHERVIX - Tél : 05 55 00 86 67 - Fax : 05 55 00 70 78 - E-mail : lespagno@club-internet.fr

CHATEAUPONSAC Les Verines (TH) *C.M. 72 Pli 7*

4 ch. 4 chambres 2/3 pers. ouvertes par de grandes baies sur une terrasse de plain-pied. A l'étage : 1 chambre 2 pers. et 1 enfant. Chaque chambre dispose de sanitaires particuliers. Salon réservé aux hôtes. Salle de jeux, TV. Garage et terrain aménagé. Etangs de pêche. Jacques et Dominique résident dans une grande maison de style contemporain, près d'un hameau qui domine la vallée de la Gartempe, un cours d'eau réputé pour la pêche à la truite. Vous visiterez le musée des traditions limousines de Châteauponsac.

Prix : 1 pers. **180 F** 2 pers. **240 F** 3 pers. **260 F** pers. sup. **40 F** repas **105 F**

Ouvert : toute l'année.

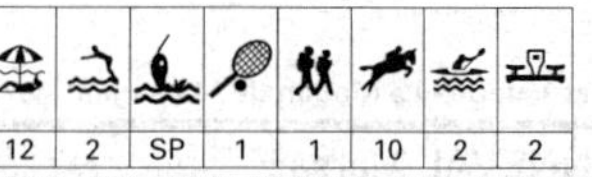

12	2	SP	1	1	10	2	2

BOUTINAUD Jacques et Dominique - Les Verines - 87290 CHATEAUPONSAC - Tél : 05 55 76 31 28 - Fax : 05 55 76 59 08

CHERONNAC Le Coudert (TH) *C.M. 72 Pli 15*

2 ch. Dans la maison des propriétaires, 1 chambre avec salle d'eau/wc privés pour 3 pers. Dans un bâtiment extérieur, 1 chambre 4 pers. avec salle d'eau et wc privés et coin-salon. Aux sources de la Charente, admirez le plus beau platane de France. Jacques et Florence vous accueillent dans le cadre verdoyant de leur ferme laitière. Repas pris ensemble dans la convivialité. Boxes pour chevaux.

Prix : 1 pers. **170 F** 2 pers. **210 F** 3 pers. **250 F** pers. sup. **60 F** repas **75 F**

Ouvert : toute l'année sur réservation.

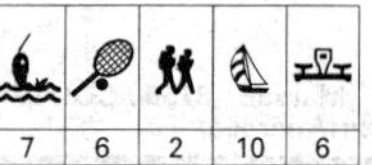

7	7	6	2	10	6

DE RANCOURT Jacques et Florence - Le Coudert - 87600 CHERONNAC - Tél : 05 55 48 61 08 - Fax : 05 55 48 64 28

CIEUX Les Volets Bleus (TH) *C.M. 72 Pli 7*

3 ch. Maison ouvrant sur un jardin, tout près du Lac de Cieux, 3 ch. à l'étage, avec salle d'eau et wc particuliers. Salle à manger et coin-salon avec cheminée, réservés aux hôtes, bibliothèque, TV. Table d'hôtes et menu végétarien sur réservation. Kathy et Tony, jeunes retraités, ont eu le coup de foudre pour ce petit village situé au pied des Monts de Blond, tous près d'un étang aménagé pour la baignade. Kathy sert à table les produits frais de son jardin, et sur demande un menu végétarien. Langue parlée : anglais.

Prix : 1 pers. **200 F** 2 pers. **250 F** repas **100 F**

Ouvert : d'avril à octobre.

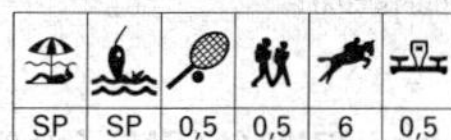

SP	SP	0,5	0,5	6	0,5

FRENCH Kathy et Tony - Les Volets Bleus - l'Etang - 8/10 rte d'Oradour-sur-Glane - 87520 CIEUX - Tél : 05 55 03 26 97 - Fax : 05 55 03 26 97

CIEUX Les Lathières (TH) *C.M. 72 Pli 7*

2 ch. **Pays des Monts de Blond.** 2 chambres dont une de plain-pied ouvrent sur les prés. Trois chambres simples sont également proposées aux randonneurs. Séjour avec cheminée. Une petite route forestière conduit à cette ancienne ferme nichée entre prairies et châtaigneraies. René et Geneviève connaissent bien les chemins qui mènent aux pierres à légendes des Monts de Blond. Langues parlées : espagnol, anglais.

Prix : 1 pers. **180 F** 2 pers. **220 F** repas **70 F**

Ouvert : toute l'année (réservation conseillée).

4	4	4	SP	10	30	4

DE LA BARDONNIE Geneviève et René - Les Lathières - 87520 CIEUX - Tél : 05 55 03 30 61 - Fax : 05 55 03 30 61

COMPREIGNAC — TH — *C.M. 72 Pli 17*

1 ch. **Le lac de Saint-Pardoux (330 ha.) 5 km.** Maison contemporaine nichée dans un agréable jardin ombragé et fleuri. L'étage, entièrement réservé aux hôtes, se compose d'1 suite familiale de 3 chambres avec salle d'eau, wc et coin-salon particulier. Grand terrain en pelouse, parking privé. Table d'hôtes sur réservation. Le lac offre tous les plaisirs de la baignade et du nautisme.

CV

Prix : 1 pers. **200 F** 2 pers. **240 F** 3 pers. **360 F** pers. sup. **50 F** repas **90 F**

Ouvert : toute l'année.

5	5	5	0,5	13	5	0,5

PELISSON Danielle et Xavier - 15 route de Nantiat - 87140 COMPREIGNAC - Tél : 05 55 71 03 83

COUSSAC-BONNEVAL Las Gouttas — TH — *C.M. 72 Pli 17*

3 ch. 3 chambres de 2 personnes et une suite familiale 3/4 pers. chacune avec salle d'eau et wc privés, l'autre avec salle de bains et wc privés. Cuisine à disposition pour séjours, repas sur réservation. Maison indépendante située dans une petite ferme d'élevage ovin, au milieu des près, à proximité de la Corrèze et de la Dordogne.

CV

Prix : 1 pers. **190 F** 2 pers. **220 F** 3 pers. **270 F** pers. sup. **50 F** repas **80 F**

Ouvert : d'avril à novembre.

12	14	3	3	3	14	14	3

PENAUD Nicole et Marcel - Las Gouttas - 87500 COUSSAC-BONNEVAL - Tél : 05 55 75 24 25

COUSSAC-BONNEVAL Le Moulin de Marsaguet — TH — *C.M. 72 Pli 17*

3 ch. Au bord d'un bel étang de 13 ha., dans un ancien moulin, 3 chambres de 2 à 3 pers. avec bains ou douches et wc. Valérie et Renaud vous accueillent dans la grande maison de maître de forge où vous pourrez déguster les excellents produits de leur ferme (foie gras, confits, magrets...). Week-end foie gras. Langue parlée : anglais.

CV

Prix : 1 pers. **220 F** 2 pers. **250 F** repas **90 F**

Ouvert : toute l'année sur réservation.

14	14	SP	3	SP	14	12	3

GIZARDIN Renaud et Valérie - Le Moulin de Marsaguet - 87500 COUSSAC-BONNEVAL - Tél : 05 55 75 28 29 - Fax : 05 55 75 28 29

COUSSAC-BONNEVAL Marsac — TH — *C.M. 72 Pli 17*

3 ch. **Pompadour, château de Coussac Bonneval sur place.** Petite ferme d'élevage dans un joli site, en pleine nature, au cœur du Pays Arédien. 2 ch. de plain-pied et 1 en mezzanine dans 1 maisonnette indép. (2 à 4 pers.), chacune avec s. d'eau et wc privés. Séjour et coin-salon réservés aux hôtes. Thierry élève en biologique et en plein air des cochons cul-noir, spécialité régionale que vous dégusterez à sa table d'hôtes. Table d'hôtes sur réservation. Langues parlées : anglais, espagnol.

CV

Prix : 1 pers. **210 F** 2 pers. **240 F** 3 pers. **290 F** pers. sup. **60 F** repas **80 F**

Ouvert : toute l'année.

14	14	SP	3	SP	14	14	3

CHIBOIS Catherine et Thierry - Marsac - 87500 COUSSAC-BONNEVAL - Tél : 05 55 75 95 61 - Fax : 05 55 75 95 61 - http://www.france-bonjour.com/marsac/

CUSSAC Fayolas — *C.M. 72 Pli 16*

3 ch. A l'étage d'une maison indépendante, 3 chambres pour 2 et 3 pers. avec salle d'eau et wc privés. Séjour au rez-de-chaussée. Auberge dans le bourg de Cussac à 2 km. Parc Naturel Régional du Périgord-Limousin, forteresse de Montbrun, châteaux de Brie et de Châlus, pays de la météorite... La maison de Cliff et Margaret est située dans un ancien hameau du Parc Naturel Régional Périgord-Limousin, elle ouvre sur une terrasse et une grande pelouse fleurie. Agréable panorama sur les Monts de Châlus et le Puyconnieux. Langue parlée : anglais.

CV

Prix : 1 pers. **220 F** 2 pers. **250 F** 3 pers. **300 F**

Ouvert : toute l'année.

8	14	8	2	SP	3	20	2

BENTLEY Margaret et Cliff - Fayolas - 87150 CUSSAC - Tél : 05 55 70 96 46 - Fax : 05 55 70 96 46 - E-mail : cliff.mag@wanadoo.fr

DOURNAZAC Les Tilleuls — TH — *C.M. 72 Pli 16*

4 ch. **Parc Naturel Régional.** Grande demeure du XIXe siècle, vous accueille dans un bourg tranquille du Parc Naturel Régional Périgord-Limousin. A l'étage : 4 ch. dont 2 suites familiales, chacune avec salle d'eau et wc privés. R.d.c. : grand salon avec bibliothèque, jeux, TV donnant sur le jardin. Chaises longues, balancelle, salon de jardin et balançoire sont à votre disposition. Catherine et Pierre vous indiqueront les Hauts-Lieux de la route Richard Coeur de Lion, comme la tour de Chalus et la forteresse médiévale de Montbrun. Table d'hôtes avec de savoureux produits régionaux.

CV

Prix : 1 pers. **200 F** 2 pers. **250 F** 3 pers. **320 F** pers. sup. **80 F** repas **80 F**

Ouvert : toute l'année.

10	7	1	7	SP	11	7	SP

MERLE Catherine et Pierre - 87230 DOURNAZAC - Tél : 05 55 78 68 47 - Fax : 05 55 78 68 47

EYMOUTIERS Moulin Bachellerie *C.M. 72 Pli 19*

3 ch. A la sortie d'Eymoutiers, près de la maison des propriétaires, 3 ch. d'hôtes dans un ancien moulin au bord de la Vienne. 1 ch. 2 pers. avec salle de bains et wc, 2 suites de 2 ch. pour 3 ou 4 pers. avec salle d'eau et wc privés. Restaurant à proximité. Réduction pour les enfants. Un coin idéal pour les pêcheurs à la truite... et pour s'endormir en se laissant bercer par le bruit de la rivière. Le Lac de Vassivières (1000 ha.) et le plateau de Millevaches, Saint-Léonard-de-Noblat et Eymoutiers, ancienne cité sur la Vienne. Langue parlée : allemand.

Prix : 2 pers. **280/300 F** 3 pers. **530 F**

Ouvert : toute l'année.

13	1	SP	1	3	13	0,5	0,5	0,5

IHLE Paul - Moulin Bachellerie - 87120 EYMOUTIERS - Tél : 05 55 69 17 29

EYMOUTIERS La Roche Alt. : 500 m (TH) *C.M. 72 Pli 19*

2 ch. 2 chambres aménagées à l'étage d'un ancien relais de diligence, avec sanitaires privés. Salon avec cheminée réservé aux hôtes. Terrain paysager. Location VTT sur place. Michel Jaubert, architecte d'intérieur, peintre et sculpteur habite avec son épouse, un petit hameau situé dans la montagne Limousine, dans l'arrière pays du lac de Vassivière. Randonnée pédestre douce, 2-3 jours, acheminement bagages assuré. Langues parlées : anglais, allemand.

Prix : 1 pers. **230 F** 2 pers. **290 F** 3 pers. **360 F** pers. sup. **80 F** repas **90 F**

Ouvert : toute l'année.

10	8	1	8	4	8	8	8

JAUBERT Josette - La Roche - 87120 EYMOUTIERS - Tél : 05 55 69 61 88

FEYTIAT Le Vieux Crezin *C.M. 72 Pli 17*

3 ch. **A 5 minutes du centre de Limoges.** Dans un petit hameau tranquille, Danielle et Bernard, ont aménagé dans une vaste grange 3 chambres d'hôtes spacieuses donnant en mezzanine sur séjour avec billard. Chaque chambre dispose d'une salle d'eau ou salle de bains et de wc privés. Accès par autoroute 20 (sortie 35).

Prix : 1 pers. **260 F** 2 pers. **310 F** 3 pers. **370 F** pers. sup. **60 F**

Ouvert : toute l'année.

3	2	4	5	6	2

BRULAT Danielle et Bernard - Le Vieux Crezin - 87220 FEYTIAT - Tél : 05 55 06 34 41 - Fax : 05 55 48 37 16

FEYTIAT (TH) *C.M. 72 Pli 18*

3 ch. Aux 1er et 2e étages : 3 belles chambres dont 1 suite familiale et 1 chambre prestige avec salle d'eau et wc particuliers. Toutes les chambres ouvrent sur le parc qui entoure la maison. Vaste panorama sur la vallée. A 10 minutes de Limoges, surplombant la vallée de la Valoine, cet ancien prieuré du XVIe vous transporte dans le temps et la sérénité. Mady et Gérard, passionnés de porcelaine, vous accueillent dans la maison familiale et se proposent de vous faire découvrir les arts de la table à différentes époques (week-end « arts de la table » sur réservation). Limoges, capitale des arts du feu. Musées de la porcelaine et des émaux... Langue parlée : anglais.

Prix : 1 pers. **350/600 F** 2 pers. **400/650 F** repas **100/180 F**

Ouvert : toute l'année.

5	7	SP	2	4	9	6	1

CHASTAGNER Mady et Gérard - Allée du Puy Marot - 87220 FEYTIAT - Tél : 05 55 48 33 97 - Fax : 05 55 48 33 97

FROMENTAL Le Moulin du Goutay (TH) *C.M. 72 Pli 8*

3 ch. A l'étage de la maison, 3 chambres confortables dont 1 avec petit coin-cuisine, avec salle d'eau privée, wc communs, cheminée. Chauffage central. Bibliothèque. Jeux extérieurs. Table d'hôtes sur réservation de préférence. Site pittoresque d'un ancien moulin. Nathalie, Patrick et leur petite fille Winona, guide de tourisme équestre, éleveurs de chevaux, ont entièrement restauré leur maison pour vous accueillir. Sur place : VTT et promenade attelée et montée. Les propriétaires servent les repas dans l'ancienne salle du moulin.

CV

Prix : 1 pers. **160 F** 2 pers. **200 F** 3 pers. **240 F** pers. sup. **20 F** repas **80 F**

Ouvert : toute l'année.

9	SP	5	SP	SP	12	11	10

EMERY Nathalie - Le Moulin du Goutay - 87250 FROMENTAL - Tél : 05 55 76 60 22 - Fax : 05 55 76 14 59 - E-mail : LE-MOULIN-DU-GOUTAY@wanadoo.fr

FROMENTAL Montautre (TH) *C.M. 72 Pli 8*

E.C. 4 ch. Dans une gentilhommière du XVe siècle, 4 ch. d'hôtes de caractère avec salle d'eau et wc privés. Séjour, salon, bibliothèque. Table d'hôtes sur réservation. Stages de danse et de yoga. Norma et Rini, ébéniste, ont rénové cet ancien logis qui dresse son donjon carré et ses machicoulis sur un paysage de prés et de bois, aux confins de la Creuse. La Vallée de la Gartempe, Châteauponsac (musée), le lac de Saint-Pardoux, Limoges et les arts du feu. Langues parlées : anglais, espagnol, hollandais.

Prix : 1 pers. **295 F** 2 pers. **350 F** 3 pers. **400 F** repas **80 F**

Ouvert : toute l'année.

9	8	7	SP	6	10	4

RIVA SCHIPPER Norma - Montautre - 87250 FROMENTAL - Tél : 05 55 76 69 81 - E-mail : Normarini@compuserve.com

FROMENTAL  TH *C.M. 72 Pli 8*

1 ch. A la sortie du bourg, un petit chemin mène à ce joli mas couvert de fleurs, à l'orée de la forêt. Au rez-de-chaussée : 1 ch. avec salle de bains et wc privés, séjour aux boiseries de chêne avec cheminée. Table d'hôtes sur réservation. Possibilité repas gastronomique : 130 F. Située dans un parc de 2 ha., la maison dispose d'un court de tennis en terre battue. Monique sera heureuse de vous faire découvrir son étonnant jardin aux essences rares. A20 sortie 24. Langue parlée : anglais.

Prix : 1 pers. **190 F** 2 pers. **220 F** 3 pers. **250 F** pers. sup. **25 F**
repas **80 F**

Ouvert : toute l'année.

12	1	SP	5	2	11	2	7

KEMPF-THEILLAUD Monique - 87250 FROMENTAL - Tél : 05 55 76 25 26 ou 06 72 51 57 72

GLANGES Laucournet *C.M. 72 Pli 18*

1 ch. Cette ravissante maison à votre dispo. sur réservation. Au rez-de-chaussée : séjour/coin-bibliothèque et cheminée. Salle de bains. A l'étage : une suite de 2 chambres d'hôtes très calme. Vue sur les champs. Terrasse. Possibilité logement chevaux. Rivière 3 km. Forêt 10 km. Restaurant 6 km. Voiture indispensable (à 10 mn de l'A20 Limoges/Toulouse, sortie 41), D82 direction Glanges sur 1 km, puis D120 après passage à niveau, direction Saint-Méard sur 5 km, parcours fléché. Langues parlées : anglais, espagnol.

Prix : 1 pers. **250 F** 2 pers. **300 F** 3 pers. **350 F** pers. sup. **50 F**

Ouvert : du 15 juin au 15 septembre.

7	2	7	10	7

DESMAISON Jean-Luc et A-Marie - Laucournet - 87380 GLANGES - Tél : 05 55 00 81 27 - Fax : 05 55 00 81 27

LES GRANDS-CHEZEAUX Le Grand Moulin TH *C.M. 68 Pli 17*

2 ch. A 3 km de l'A20 (sortie 21), 800 m après les Grands Chezeaux, dans un coin de campagne très calme, Malou et Hervé vous accueillent dans leur ferme où ils élèvent des moutons et des poulets. 2 ch. avec sanitaires privés. Salon, TV. Terrasse. TH sur réservation. Animaux admis sauf dans les chambres. Prix 1/2 pens./pers. pour 1 semaine. Accès par A20, sortie 21. Langue parlée : anglais.

Prix : 1 pers. **200 F** 2 pers. **240 F** 3 pers. **300 F** pers. sup. **50 F**
repas **90 F** 1/2 pens. **1320 F**

Ouvert : toute l'année.

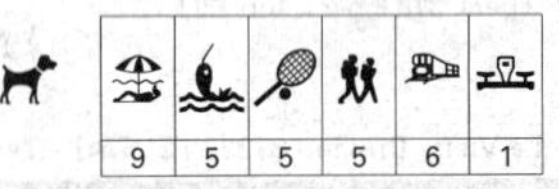

9	5	5	5	6	1

DRU Hervé et Malou - Le Grand Moulin - 87160 LES GRANDS-CHEZEAUX - Tél : 05 55 76 75 67 - Fax : 05 55 76 75 67

ISLE Château de la Chabroulie *C.M. 72 Pli 17*

4 ch. 4 chambres avec salle de bains et wc privés. Salon, coin-bibliothèque, cheminée. Domaine de 70 ha autour du château. A 6 km de Limoges, la Chabroulie offre toute la chaleur et la qualité de ces vieilles demeures familiales où il fait bon s'arrêter. Il est possible de randonner en voiture à cheval sur la propriété. Langue parlée : anglais.

Prix : 1 pers. **350 F** 2 pers. **380 F**

Ouvert : toute l'année.

8	1	2	SP	6	8	8	2

DE LA SELLE Bénédicte & Philippe - Château de la Chabroulie - 87170 ISLE - Tél : 05 55 36 13 15 - Fax : 05 55 36 13 15 - E-mail : dls@chateau-chabroulie.com - http://www.chateau-chabroulie.com

ISLE Verthamont TH *C.M. 72 Pli 17*

3 ch. A 2 pas de Limoges, cette belle maison de style contemporain est retirée en pleine campagne avec vue panoramique sur la vallée de la Vienne. 3 ch. avec salle d'eau et wc particuliers, 2 d'entre elles ouvrent par de grandes baies vitrées sur des terrasses individuelles avec salon de jardin. Piscine privée, jardin paysager fleuri. Chauffage central. Centre ville à 10 minutes. Repas à base de produits biologiques. Langues parlées : anglais, allemand.

Prix : 1 pers. **180 F** 2 pers. **230 F** 3 pers. **280 F** pers. sup. **70 F**
repas **90 F**

Ouvert : toute l'année.

SP	1	4	SP	6	4	8	3

BRUNIER Edith - Pic de l'Aiguille - Verthamont - 87170 ISLE - Tél : 05 55 36 12 89 - E-mail : brunieredith@yahoo.fr

LADIGNAC-LE-LONG Les Etangs TH *C.M. 72 Pli 17*

3 ch. A l'étage d'une maison attenante à son habitation, Mme Jarry a aménagé 3 chambres avec salle d'eau privée. WC en commun. Au rez-de-chaussée : séjour réservé aux hôtes. Prix 1/2 pension pour 1 semaine pour 2 pers. : 2000 F. Pour satisfaire votre gourmandise, Mme Jarry vous propose ses produits de la ferme.

Prix : 1 pers. **160 F** 2 pers. **190 F** 3 pers. **240 F** pers. sup. **50 F**
repas **80 F**

Ouvert : toute l'année.

5	5	5	6	10	1	5

JARRY Fernande - Les Etangs - 87500 LADIGNAC-LE-LONG - Tél : 05 55 09 36 47

LADIGNAC-LE-LONG Les Etangs — A — *C.M. 72 Pli 17*

1 ch. **A 30 km au sud de Limoges.** Dans une ferme d'élevage, Françoise et Christian proposent une suite familiale de 2 chambres, salle d'eau, wc et salon privés, dans une partie mitoyenne à leur habitation. Vous dégusterez dans leur ferme-auberge le confit de canard maison, l'agneau d'herbe et les légumes du jardin. La ferme est située au bord d'un très bel étang, on y entre en passant sous un curieux porche-pigeonnier. A 5 km, le lac de Saint-Hilaire : pêche, baignade, équitation, tennis. Langue parlée : anglais.

Prix : 1 pers. **180 F** 2 pers. **200 F** 3 pers. **330 F** pers. sup. **20 F**
repas **80/155 F**

Ouvert : du 15 avril au 30 septembre.

5	5	5	6	10	10	10

GRANGER Françoise et Christian - Les Etangs - 87500 LADIGNAC-LE-LONG - Tél : 05 55 09 38 16

LAURIERE La Bezassade — Alt. : 500 m — *C.M. 72 Pli 8*

1 ch. **Monts d'Ambazac sur place.** Andrée Chanudet aime revenir chaque année dans sa ferme limousine, au cœur des Monts d'Ambazac. 1 ch. indépendante avec salle d'eau et wc privés. Petit salon. Accès au coin-cheminée, TV.

CV

Prix : 1 pers. **190 F** 2 pers. **220 F** 3 pers. **300 F** pers. sup. **50 F**

Ouvert : du 1er juillet au 1er septembre.

6	4	4	SP	4	4

CHANUDET Robert et Andrée - La Bezassade - 87370 LAURIERE - Tél : 05 55 71 58 07

MAGNAC-BOURG — A — *C.M. 72 Pli 18*

3 ch. Dans une maison indépendante, sur une ferme d'élevage de canards gras et de porcs fermiers. 3 ch. avec s. d'eau et wc privés (2 au r.d.c., 1 à l'étage). Accès par A20 sortie 41 ou 42. Anne-Marie et Jean-Claude vous proposent à la table de leur ferme-auberge quelques spécialités allèchantes : foie gras poêlé au miel, tournedos de canard aux cèpes, magret de canard avec son foie gras, clafoutis aux framboises. Langues parlées : anglais, espagnol.

CV

Prix : 1 pers. **210 F** 2 pers. **240 F** 3 pers. **280 F** pers. sup. **40 F**
repas **80 F**

Ouvert : de mai à octobre.

5	SP	5	7	12	35	4

ROCHE A-Marie et J-Claude - La Roche de Caux - 87380 MAGNAC-BOURG - Tél : 05 55 00 56 43 - Fax : 05 55 00 56 43

MAGNAC-LAVAL l'Age — TH — *C.M. 72 Pli 7*

5 ch. Aux 1er et 2e étages d'un manoir, 5 ch. claires et spacieuses pour 2 à 4 pers. avec sanitaires particuliers (3 avec salle d'eau, 2 avec salle de bains). Au rez-de-chaussée : 1 grand salon avec billard, coin-cheminée et bibliothèque. Au bas de la colline, une bonne auberge de campagne où l'on peut se rendre à pied. Annie et Jean-Paul sont des enseignants spécialistes du Moyen-Orient. Abritée dans un joli parc centenaire leur grande demeure offre un vaste panorama sur le bocage de la basse Marche. Langues parlées : anglais, espagnol, persan.

CV

Prix : 1 pers. **200 F** 2 pers. **280 F** 3 pers. **350 F** pers. sup. **70 F**
repas **95 F**

Ouvert : toute l'année.

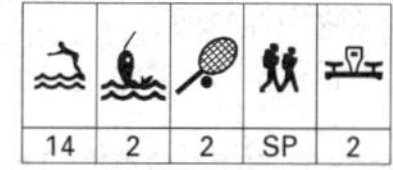

14	2	2	SP	2

ALBESPY Jean-Paul et Annie - l'Age - 87190 MAGNAC-LAVAL - Tél : 05 55 68 26 03 - http://www.France-bonjour.com/albespy/

MAGNAC-LAVAL La Thibarderie — *C.M. 72 Pli 7*

3 ch. Dans une maison proche de la leur, Hélène et Louis proposent 3 chambres (2 à l'étage et 1 au r.d.c.) avec lavabo, douche et wc communs au rez-de-chaussée. A la Thibarderie, l'hospitalité est un art de vivre. Etienne, le fils aîné, a ouvert sur place une auberge de campagne où l'on déguste les spécialités du Limousin. Dany, le fils cadet, élève des bovins et des cervidés qui viennent s'ébrouer à 2 pas de la maison. Langue parlée : allemand.

Prix : 1 pers. **170 F** 2 pers. **200 F** 3 pers. **270 F** pers. sup. **110 F**

Ouvert : de mai à octobre.

14	2	2	3	12	2

MULLER Louis et Hélène - La Thibarderie - 87190 MAGNAC-LAVAL - Tél : 05 55 68 55 31

MASLEON — *C.M. 72 Pli 18*

5 ch. Dans une maison indépendante, 3 ch. d'hôtes à l'ét. dont 1 familiale, 2 au r.d.c., chacune avec s. d'eau ou de bains/wc particuliers. R.d.c. : 2 salons avec cheminée réservé aux hôtes, TV, biblio. Terrasse, salon de jardin. Réfrigérateur et l-linge à dispo. : pétanque, ping-pong. Parking fermé. Marylène et Frédéric sont éleveurs de bovins limousins, dans un village à 7 km des lacs de Bujaleuf et de Chateauneuf la Forêt aménagés pour la baignade. Ce lieu est recommandé pour un séjour. Entre Limoges et Vassivière par la D979.

CV

Prix : 1 pers. **210 F** 2 pers. **240/290 F** 3 pers. **350 F** pers. sup. **100 F**

Ouvert : du 15 juillet au 15 août.

8	3	8	7	10	8	10	0,1

CHARBONNIAUD Frédéric et Marylène - Le Bourg - 87130 MASLEON - Tél : 05 55 57 00 63 - Fax : 05 55 57 00 63 - E-mail : Marylene.CHARBONNIAUD@wanadoo.Fr

NANTIAT Les Leszes *C.M. 72 Pli 7*

2 ch. **Lac de Saint-Pardoux (300 ha.) 15 km.** A l'étage d'un château, une chambre avec salle d'eau et wc privés, 2 pers. et une suite de 2 chambres (4 pers) avec salle d'eau et wc attenants. Le château des Leszes est situé dans un parc au cœur d'un domaine forestier peuplé d'arbres centenaires, nombreuses randonnées pédestres. Piscine. Salle de ping-pong. Loc. VTT sur place. Langue parlée : anglais.

Prix : 1 pers. **200 F** 2 pers. **250 F** 3 pers. **350 F**

Ouvert : toute l'année.

13	SP	2	2	SP	13	3	2

VEYRIRAS Emmanuel - Les Leszes - 87140 NANTIAT - Tél : 05 55 53 59 31 - Fax : 05 55 53 36 22

ORADOUR-SUR-GLANE La Tuilière des Bordes *C.M. 72 Pli 7*

2 ch. **A 3 km de la cité martyre d'Oradour-sur-Glane.** Dans un hameau, une maison comportant 2 chambres 3 pers. avec salle d'eau particulière. WC sur le palier. Salle de séjour. Chauffage central. Terrain clos. Supplément 15 F/jour par animal. Restaurant à 3 km.

Prix : 1 pers. **180 F** 2 pers. **200 F** 3 pers. **260 F**

Ouvert : juillet-août et sur réservation les autres mois.

6	6	2	5	10	3

de CATHEU Louis et Paulette - La Tuilière des Bordes - 87520 ORADOUR-SUR-GLANE - Tél : 05 55 03 11 50

PAGEAS La Ribière *C.M. 72 Pli 16*

E.C. 2 ch. A l'étage d'une ancienne grange limousine rénovée, 2 ch. pour 3 pers. avec salle d'eau et wc privés, réfrigérateur, TV satellite. Séjour et coin-cuisine communs aux chambres. Ouverture en rez-de-jardin sur une terrasse fleurie. Studios au r.d.c. Sur place 2 étangs de pêche (carpes, brochets, truites), piscine extérieure chauffée, sauna, jeux d'enfants, jeu de boules. Auberge à 3 km. Sylviane et Michel réservent un accueil chaleureux dans leur belle propriété de 47 ha, près d'un étang de 10 ha. Sur la route du Parc Régional Périgord-Limousin. Forteresse de Montbrun, châteaux de Brie et Châlus, pays de la météorite. Langues parlées : anglais, espagnol.

Prix : 1 pers. **240 F** 2 pers. **290 F** 3 pers. **340 F**

Ouvert : toute l'année.

9	SP	SP	2	2	10	16	16	6

BONNEAU Sylviane et Michel - La Ribière - 87230 PAGEAS - Tél : 05 55 78 44 35 - Fax : 05 55 78 56 71

PANAZOL La Petite Prade (TH) *C.M. 72 Pli 18*

1 ch. Près de Limoges, Annette a aménagé une chambre d'hôtes dans sa maison située à la campagne. R.d.c. : séjour avec kitchenette, salle d'eau, wc, lave-linge. A l'étage : mezzanine mansardée. Sur le terrain boisé et fleuri, une piscine hors-sol commune est à la disposition des hôtes. Séjour à la semaine : 1500 F. Table d'hôtes sur réservation. Possibilité accueil chevaux au pré. Limoges, capitale des arts du feu, musées de la porcelaine et des émaux. Centre de la mémoire d'Oradour-sur-Glane... Langue parlée : anglais.

Prix : 1 pers. **190 F** 2 pers. **250 F** 3 pers. **280 F** repas **80 F**

Ouvert : de juin à septembre.

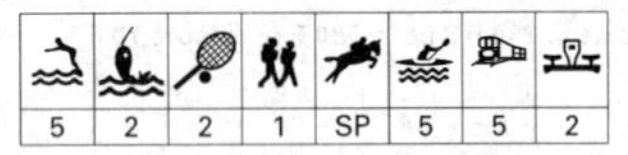

5	2	2	1	SP	5	5	2

MALEFOND Annette - La Petite Prade - 87350 PANAZOL - Tél : 05 55 06 04 71 ou 05 55 10 86 97 - Fax : 05 55 10 86 99

PANAZOL Echaudieras *C.M. 72 Pli 17*

2 ch. Un coin de campagne, à 2 pas de Limoges. Dans une partie mitoyenne et indépendante de l'habitation ont été aménagées 2 chambres avec salle d'eau et wc particuliers : 1 ch. (1 lit 2 pers.), 1 ch. (2 lits 1 pers.). L'ensemble ouvre de plain-pied sur un terrain boisé et fleuri. Restaurant 2 km. Roselyne et Daniel, originaires du nord, aiment le Limousin et auront plaisir à vous faire découvrir tout le patrimoine de Limoges et de sa région. En hors-saison : possibilité location avec coin-cuisine équipé pour séjour longue durée. A20 à 3 km, sorties 34 ou 35. Golf 4 km.

Prix : 1 pers. **200 F** 2 pers. **240 F** 3 pers. **290 F**

Ouvert : toute l'année.

6	5	2	2	1	2	5	5	2

MAQUET Daniel et Roselyne - Echaudieras - 87350 PANAZOL - Tél : 05 55 06 05 17

PENSOL (TH) *C.M. 72 Pli 16*

3 ch. 3 chambres douillettes aménagées en mansarde dans une ancienne maison de caractère, chacune avec salle d'eau et wc privés. Au r.d.c. : salon et séjour réservés aux hôtes avec cheminée portant un écusson de 1622. Pensol est un petit bourg tranquille au cœur du Parc Naturel Régional du Périgord-Limousin. Prix 1/2 pension pour 1 semaine. A la table d'hôte : produits fermiers et légumes du jardin, que de bons produits naturels ! Langue parlée : anglais.

Prix : 1 pers. **200 F** 2 pers. **250 F** 3 pers. **330 F** repas **80 F**
1/2 pens. **1500 F**

Ouvert : toute l'année.

9	7	3	SP	7	8

FOURGEAUD Agnès et J-François - La Vieille Maison - 87440 PENSOL - Tél : 05 55 78 75 14

PENSOL Le Moulin — A — *C.M. 72 Pli 16*

3 ch. Ancien moulin situé au bord du Bandiat dans le Parc Naturel Régional. A l'étage : 3 ch. pour 2 et 4 pers., avec salle d'eau et wc privés. Au r.d.c., une petite salle où sont servis les repas de la ferme-auberge. Lapins, volailles et petits fruits produits naturellement, titilleront avec délice vos papilles à la table de la ferme-auberge. Langue parlée : anglais.

Prix : 1 pers. **180 F** 2 pers. **220 F** 3 pers. **250 F** pers. sup. **50 F** repas **80 F**

Ouvert : toute l'année.

9	15	SP	5	SP	10	16	15

BERTHELOT Catherine - Le Moulin - 87440 PENSOL - Tél : 05 55 78 21 31 - Fax : 05 55 78 21 31

PEYRAT-DE-BELLAC La Lande — (TH) — *C.M. 72 Pli 7*

3 ch. Dans une belle maison marchoise : 3 chambres avec sanitaires particuliers. Grande salle commune avec cheminée qui donne de plain-pied sur une terrasse et un jardin avec piscine privée. A 3 km de la route Poitiers-Limoges (N147). Proche de Bellac, en direction de Poitiers, une petite route conduit à la ferme d'élevage ovin, de Marie et Georges. A la table d'hôtes, Marie, fin cordon bleu, vous fera déguster ses spécialités limousines après un apéritif maison : agneau de leur élevage, paté de pommes de terre...

Prix : 1 pers. **210 F** 2 pers. **250 F** 3 pers. **300 F** repas **95 F**

Ouvert : de Pâques à fin octobre.

SP	3	5	5	1	5	5

QUESNEL Georges et Marie - La Lande - 87300 PEYRAT-DE-BELLAC - Tél : 05 55 68 00 24 ou 05 55 68 31 83

PEYRAT-LE-CHATEAU Bois la Combe — Alt. : 560 m — *C.M. 72 Pli 19*

E.C. 2 ch. **Lac de Vassivière 10 km.** Une grande maison dans une propriété au cœur de la Montagne Limousine, vous propose de plain-pied : 1 ch. 2 pers. et 1 suite de 2 ch. pour 4 pers., avec salle d'eau et wc. Nicole et sa fille Odile vous feront découvrir leur atelier de peinture sur soie et sur tissus.

Prix : 1 pers. **200 F** 2 pers. **230 F** 3 pers. **430 F** pers. sup. **30 F**

Ouvert : toute l'année.

2	12	2	2	1	9	13	12	3

LYRAUD Nicole - La Ribière aux Gours - Bois la Combe - 87470 PEYRAT-LE-CHATEAU - Tél : 05 55 69 41 64

PEYRAT-LE-CHATEAU Quenouille — Alt. : 750 m — (TH) — *C.M. 72 Pli 19*

4 ch. **Lac de Vassivière (1000 ha.) 3 km.** Le hameau de Quenouille bénéficie d'une vue imprenable sur la petite vallée de Peyrat-le-Château. 4 chambres avec salles d'eau particulières dont 1 avec wc privés dans une maison contiguë à l'habitation de Bruno et ses enfants. Séjour/coin-salon avec TV. Prix 1/2 pens. pour 1 semaine. Langues parlées : anglais, allemand.

CV

Prix : 1 pers. **180 F** 2 pers. **220 F** 3 pers. **250 F** pers. sup. **20 F** repas **90 F** 1/2 pens. **1200 F**

Ouvert : de février à novembre.

4	12	4	4	SP	8	4	12	12	6

PERIN Bruno - Quenouille - 87470 PEYRAT-LE-CHATEAU - Tél : 05 55 69 25 76 - Fax : 05 55 69 25 76

PEYRAT-LE-CHATEAU Villards — (TH) — *C.M. 72 Pli 19*

5 ch. **Lac de Vassivière 8 km.** Une belle bâtisse en pierre sur une propriété de 30 ha. de forêts et de prairies. 1 ch. au r.d.c. et 4 ch. à l'étage (2 à 4 pers.), toutes avec salle d'eau et wc privés. Salon avec cheminée (bibliothèque, TV, billard). Location VTT. Nous vous invitons à découvrir la nature sauvage de Millevaches au cours de magnifiques balades pédestres, équestres ou en VTT.

CV

Prix : 1 pers. **210 F** 2 pers. **250 F** 3 pers. **300 F** pers. sup. **50 F** repas **80 F**

Ouvert : toute l'année.

2	12	2	SP	SP	SP	8	12	12	2

LEPORCHER Bernard - Villards - 87470 PEYRAT-LE-CHATEAU - Tél : 05 55 69 21 36

PEYRILHAC La Boisserie — *C.M. 72 Pli 7*

3 ch. 3 chambres dans une maison indépendante, avec salle d'eau privée, séjour, coin-salon. Vous serez accueillis chez des artisans, dans des chambres spacieuses et confortables. Restaurant 3 km. Poss. location cuisine pour séjours. La Boisserie est un hameau tranquille à 2 km de la nationale Limoges/Poitiers. Base de départ pour randonnées dans les monts de Blond.

CV

Prix : 1 pers. **200 F** 2 pers. **230 F** 3 pers. **320 F**

Ouvert : du 1er avril au 31 octobre.

11	7	3	3	2	3

SAVATTE Louis et Josette - La Boisserie - 87510 PEYRILHAC - Tél : 05 55 75 69 68

PIERRE-BUFFIERE

C.M. 72 Pli 18

E.C. 4 ch. **Abbaye de Solignac 15 km. Limoges 17 km.** Dans une maison bourgeoise de la fin du 19e siècle, 4 chambres (2 à 4 pers.) avec salle d'eau et wc privés. Salon avec cheminée, jardin clos. Excellent restaurant dans le bourg. A 17 km au sud de Limoges, Pierre Buffière est un bourg pittoresque dominant la Vallée de la Briance. Langues parlées : espagnol, anglais.

Prix : 1 pers. **220 F** 2 pers. **260 F** 3 pers. **300 F** pers. sup. **40 F**

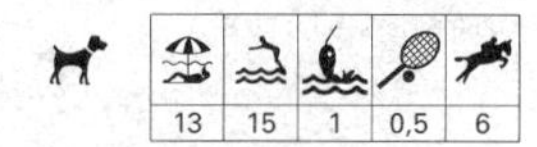

FRUGIER Philippe - 53, avenue de la République - 87260 PIERRE-BUFFIERE - Tél : 05 55 00 91 00

RANCON

C.M. 72 Pli 7

4 ch. **Base de loisirs du lac de Saint-Pardoux (300 ha.) 10 km.** A l'étage d'une maison dans le bourg de Rancon, 4 chambres pour 2 pers. et 3 pers. avec salle d'eau particulière, ch. élect. Les petits déjeuners sont servis dans le petit restaurant « du Commerce » par Micheline Lusseau, à proximité des chambres. Poss. repas et casse-croûte sur demande.

Prix : 1 pers. **180 F** 2 pers. **230 F** 3 pers. **280 F**

Ouvert : toute l'année.

17	9	0,5	9	SP	3	9	SP

DUMET Bernard - Le Bourg - 87290 RANCON - Tél : 05 55 68 09 78 ou 05 55 60 23 25

REMPNAT Château de la Villeneuve

Alt. : 500 m TH *C.M. 72 Pli 19*

3 ch. **Lac de Vassivière 15 km.** 3 chambres dont une suite, avec salle d'eau et wc privés, ouvrent par de grandes fenêtres sur le parc ou sur la rivière. Au r.d.c. salon avec cheminée, salle à manger. Manoir du XIXème siècle sur les contreforts du plateau de Millevaches entouré d'un vaste parc. Piscine intérieure chauffée. Ateliers de peinture sur soie et de miniatures. Billard snooker. Pêche privée no kill sur la Vienne ou dégustation de savoureux menus préparés par le maître de maison. Langue parlée : anglais.

Prix : 1 pers. **390 F** 2 pers. **490 F** 3 pers. **590 F** pers. sup. **100 F** repas **100/250 F**

Ouvert : toute l'année.

AEN Jean-Claude - Château de la Villeneuve - 87120 REMPNAT - Tél : 05 55 69 99 28 - Fax : 05 55 69 99 26 - E-mail : jean-claude.aen@wanadoo.fr

RILHAC-LASTOURS Rilhac

C.M. 72 Pli 17

3 ch. Dans une maison mitoyenne à celle de M. Debord : 3 chambres d'hôtes à l'étage, chacune pour 3 pers. avec salle d'eau et wc privés. Dans un village voisin, 2 petites maisons mitoyennes ont été aménagées pour l'accueil de 5 pers., chacune avec sanitaires particuliers et cuisine, elles peuvent être louées à la semaine (1400 F).

Prix : 1 pers. **200 F** 2 pers. **240 F** 3 pers. **300 F**

Ouvert : toute l'année.

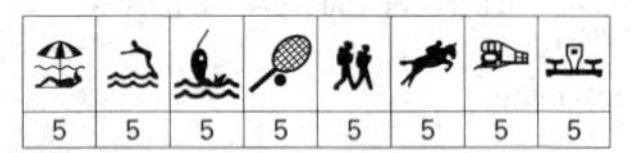

DEBORD Alexis - Rilhac - 87800 RILHAC-LASTOURS - Tél : 05 55 58 22 43

ROYERES Le Masbareau

TH *C.M. 72 Pli 18*

1 ch. 1 chambre d'hôtes au mobilier de caractère, avec sanitaires privés, au 1er étage de la demeure avec splendide panorama. Sur place : étang de pêche, équitation avec moniteur diplômé (manège, carrière, cross, balades). Promenades en forêt privée. Vous êtes accueillis dans un parc aux arbres centenaires, au cœur d'un domaine agricole et forestier où sont élevés bovins limousins et poneys Connemara. Langue parlée : anglais.

Prix : 1 pers. **245 F** 2 pers. **270 F** 3 pers. **320 F** pers. sup. **75 F** repas **85 F**

Ouvert : toute l'année.

BOUDET Anne - Le Masbareau - 87400 ROYERES - Tél : 05 55 00 28 22 - Fax : 05 55 00 28 22

SAINT-AUVENT Coufiegeas

TH *C.M. 72 Pli 16*

4 ch. A prox. de Rochechouart, sur une colline dominant la Gorre, ferme de caractère rénovée dans un cadre de verdure, accueillant et calme. A l'étage : 4 ch. avec sanitaires particuliers. A la table d'hôtes, vous dégusterez les produits de la ferme : jambon de campagne et, selon les saisons, omelette de cèpes, confit de porc, tatin de fruits, gâteau de châtaignes. Réduc. de 10% à partir de la 3e nuit. Langue parlée : anglais.

Prix : 1 pers. **200 F** 2 pers. **230 F** 3 pers. **260 F** pers. sup. **30 F** repas **80 F**

Ouvert : toute l'année.

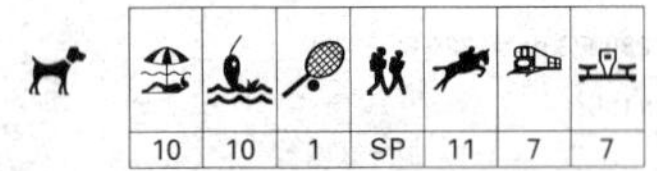

TILLEUL Geoffroy - Coufiegeas - 87310 SAINT-AUVENT - Tél : 05 55 48 16 12 - Fax : 05 55 48 16 12

SAINT-BONNET-BRIANCE Fraissanges

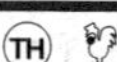

C.M. 72 Pli 18

1 ch. A l'étage de la maison, 1 chambre avec douche et wc particuliers (1 lit 2 pers. 1 lit 1 pers. 1 lit bébé) et 1 petit coin-salon indépendant avec 1 convertible 2 pers. Ouvert de mai à septembre. Mme Vincent et ses enfants vous accueillent avec beaucoup de cordialité dans leur ferme d'élevage. Langue parlée : anglais.

Prix : 1 pers. **160 F** 2 pers. **190 F** 3 pers. **240 F** repas **60 F**

Ouvert : de mai à septembre.

11	3	1	9	7

VINCENT Simone - Fraissanges - 87260 SAINT-BONNET-BRIANCE - Tél : 05 55 75 50 34 ou 05 55 75 57 49

SAINT-BRICE-SUR-VIENNE

C.M. 72 Pli 6

5 ch. 4 chambres harmonieusement décorées et 1 chambre familiale avec sanitaires privés (3 épis). En mezzanine coin-salon avec jeux de société et bibliothèque. Terrasse, portique, vélos. La Musardière est située à deux pas de la Vienne, sur un grand terrain bordée par un ruisseau. Langue parlée : anglais.

Prix : 1 pers. **180 F** 2 pers. **220 F** 3 pers. **320 F** pers. sup. **60 F**

Ouvert : toute l'année.

8	SP	1	1	11	1	8	3

BONNOT Lydie - 2 route de Saint-Victurnien - 87200 SAINT-BRICE-SUR-VIENNE - Tél : 05 55 03 34 07 - Fax : 05 55 03 34 07 - E-mail : lamusardiere@wanadoo.fr - http://perso.wanadoo.fr/musardiere/

SAINT-HILAIRE-BONNEVAL

C.M. 72 Pli 18

4 ch. Dans un petit village typique du Val de Briance, 3 ch. avec salle d'eau et wc privés dans une ancienne forge et 1 ch. dans la maison du forgeron. Elles donnent de plain-pied sur un grand salon avec cheminée et sur un parc verdoyant et fleuri. Dominique et Aude vous feront partager leur passion pour ce site qu'ils ont choisi. Table d'hôtes sur réservation. Accès A20 sortie 39 à 3 km.

Prix : 1 pers. **190 F** 2 pers. **230 F** 3 pers. **270 F** repas **75 F**

Ouvert : toute l'année.

16	16	2	SP	SP	3	4	5

BATAILLER Dominique et Aude - Le Bourg - La Forge - 87260 SAINT-HILAIRE-BONNEVAL - Tél : 05 55 00 68 57

SAINT-JOUVENT La Planche

C.M. 72 Pli 7

3 ch. 3 chambres d'hôtes dans un pavillon près d'un hameau. 2 ch. 3 pers. avec salle de bains commune. 1 ch. 4/5 avec salle d'eau particulière. WC. Salle de séjour, salon avec TV à disposition des hôtes. Garage. Jardin. Forêt 2 km. Rivière 7 km. Lac 15 km. Repas sur réservation.

Prix : 1 pers. **150 F** 2 pers. **210 F** 3 pers. **280 F** repas **70 F**

Ouvert : toute l'année.

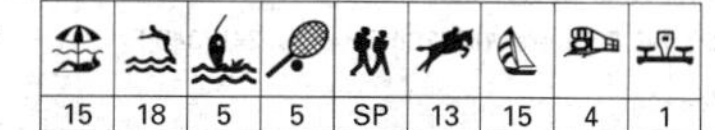

15	18	5	5	SP	13	15	4	1

BUREAU Marie-Louise - La Planche - 87510 SAINT-JOUVENT - Tél : 05 55 75 81 44

SAINT-JUNIEN-LES-COMBES

C.M. 72 Pli 7

2 ch. **Lac de Saint-Pardoux 15 km.** En mansarde, une suite de deux chambres claires aux larges lucarnes ouvertes sur le ciel. Douche et wc privés. En arrivant dans le village, on remarque immédiatement la maison de Margarete, aménagée et fleurie avec soin. Langues parlées : allemand, anglais.

Prix : 1 pers. **190 F** 2 pers. **220 F** 3 pers. **270 F** repas **80 F**

Ouvert : du 15 juin au 15 septembre.

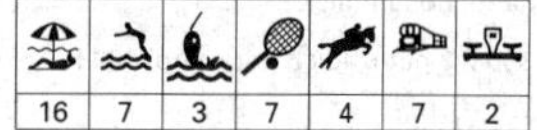

16	7	3	7	4	7	2

MERCIER Margarette et Claude - 87300 SAINT-JUNIEN-LES-COMBES - Tél : 05 55 68 93 36

SAINT-JUNIEN-LES-COMBES Château de Sannat

C.M. 72 Pli 7

4 ch. 4 chambres doubles très spacieuses avec sanitaires privés (douche ou bain) dont une classée 3 épis. Grand salon avec TV, salle à manger dans une belle demeure du XVIIIe siècle. Edifié sur une ancienne place forte, le château offre un large panorama sur les monts de Blond. Vaste parc avec jardin suspendu à la française, au cœur d'une propriété boisée de 500 ha, avec piscine et tennis privés. Langues parlées : allemand, espagnol.

Prix : 2 pers. **600 F** repas **150 F**

Ouvert : juillet, août, septembre et vacances de la Toussaint.

SP	SP	SP	SP	3	9	9

de SAINTE-CROIX Claude et Jacques - Château de Sannat - 87300 SAINT-JUNIEN-LES-COMBES - Tél : 05 55 68 13 52 - Fax : 05 55 68 13 52 - E-mail : labelette@aol.com

SAINT-JUST-LE-MARTEL Les Petits Rieux

C.M. 72 Pli 18

2 ch. **A 15 km à l'est de Limoges. Saint-Léonard-de-Noblat 10 km.** 2 chambres (3 pers.) aménagées dans une maison à 800 m de la ferme avec salle de bains et wc privés. Terrain. Parking. Tennis privé. Plage, rivière 10 km. Prix 1/2 pension pour 1 semaine. Situées à 500 m de la N141.

Prix : 1 pers. **160 F** 2 pers. **220 F** 3 pers. **280 F** pers. sup. **60 F** repas **75 F** 1/2 pens. **1150 F**

Ouvert : toute l'année.

10	8	SP	3

BON François et Bernadette - Les Petits Rieux - 87590 SAINT-JUST-LE-MARTEL - Tél : 05 55 09 24 85 - Fax : 05 55 09 24 85

SAINT-LEGER-LA-MONTAGNE Saint-Léger

Alt. : 580 m *C.M. 72 Pli 8*

3 ch. 3 chambres sont aménagées à l'étage d'une maison communale qui abrite un gîte d'étape au rez-de-chaussée. Sanitaires communs. Chauffage électrique. Le petit déjeuner et le dîner sont servis dans l'auberge sympathique des « Trois Clochers » à 2 pas. Sur place, départ de sentiers de randonnée. Dans le petit village de Saint-Léger au cœur des monts d'Ambazac, une grande maison de granit.

Prix : 1 pers. **145 F** 2 pers. **175 F**

Ouvert : toute l'année.

9	6	5	SP	12	10	6

COMMUNE DE SAINT-LEGER-LA-MONTAGNE - 87340 SAINT-LEGER - Tél : 05 55 39 80 83 - Fax : 05 55 39 81 27

SAINT-LEGER-LA-MONTAGNE Lasgorceix

Alt. : 550 m (TH) *C.M. 72 Pli 8*

E.C. 3 ch. Dans une ancienne ferme rénovée au cœur des Monts d'Ambazac, 1 chambre et 2 suites de 2 chambres avec salle d'eau et wc privés. Pascal, professeur de français à Talwan vous fera découvrir l'art du thé chinois et vous apprendra à calligraphier votre nom en mandarin. Les Monts d'Ambazac : pays du granit et des maçons limousins. Musée de minéralogie... Langues parlées : anglais.

Prix : 1 pers. **190 F** 2 pers. **250 F** 3 pers. **310 F** repas **80 F**

Ouvert : à partir de juin 2001.

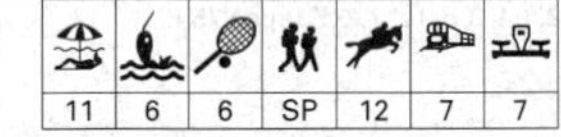

11	6	6	SP	12	7	7

BRUNEAU Anne et Pascal - Lasgorceix - 87340 SAINT-LEGER-LA-MONTAGNE - Tél : 05 55 79 66 59 - E-mail : pascalbr@aol.com

SAINT-LEONARD-DE-NOBLAT

C.M. 72 Pli 18

5 ch. Dans le bourg de St-Léonard-de-Noblat, remarquable cité médiévale, 2 chambres (1 épi) dans la maison, avec salle d'eau et wc communs et 3 chambres avec salle d'eau et wc privés dans la maison attenante reliée par un jardin fleuri. A disposition : salon, lave-linge. Pour séjours prolongés : coin-repas avec cuisine. Tarifs groupe, week-end et semaine. Françoise vous racontera Léonard, les massepains et vous fera partager son goût pour la création de petits émaux et la fabrication de bouquets secs. Accueil particulier réservé aux cyclotouristes, dans la patrie de Raymond Poulidor.

Prix : 1 pers. **150/185 F** 2 pers. **185/260 F** 3 pers. **240/345 F**

Ouvert : toute l'année.

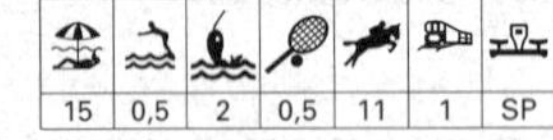

15	0,5	2	0,5	11	1	SP

BIGAS Françoise - 20, rue Jean Jaures - 87400 SAINT-LEONARD-DE-NOBLAT - Tél : 05 55 56 19 47 - Fax : 05 55 56 19 47

SAINT-LEONARD-DE-NOBLAT La Réserve à Bassoleil

C.M. 72 Pli 18

2 ch. 1 chambre d'hôtes 2 pers. aménagée à l'étage d'une maisonnette, attenante à la maison des propriétaires, au cœur d'un joli parc fleuri de perces neige, de rhododendrons ou d'hortensias bleus selon la saison. Salon avec cheminée. Cuisine (lave-linge). Salle d'eau et wc au rez-de-chaussée. Possibilité 1 chambre annexe. Réduction de 25 F/pers. à partir de la 2e nuit. Langues parlées : anglais, allemand, hollandais.

Prix : 1 pers. **200 F** 2 pers. **300 F** 3 pers. **400 F** pers. sup. **100 F**

Ouvert : toute l'année sur réservation.

8	6	3	6	9	5	5

JANSEN DE VOMECOURT Neline - La Réserve à Bassoleil - 87400 SAINT-LEONARD-DE-NOBLAT - Tél : 05 55 56 18 39 - E-mail : vomecourt.jansen1@libertysurf.fr

SAINT-LEONARD-DE-NOBLAT Chabant

C.M. 72 Pli 18

2 ch. Maison indépendante située dans la campagne, à 2 km du bourg. 2 chambres : 1 (3 épis) à l'étage avec salle d'eau et wc privés et 1 (2 épis) au rez-de-chaussée avec douche et wc privés. Jardin et parking fermés. A proximité du bourg médiéval de Saint-Léonard-de-Noblat, patrie de Raymond Poulidor.

Prix : 1 pers. **190 F** 2 pers. **240 F** 3 pers. **300 F**

Ouvert : toute l'année.

13	1	2	1	2	15	13	2	1,5

JACQUELINE Thérèse et René - Chabant - 87400 SAINT-LEONARD-DE-NOBLAT - Tél : 05 55 56 88 95

SAINT-MARTIN-LE-MAULT Le Vieux Logis de St-Martin (TH) *C.M. 68 Pli 16*

3 ch. **Parc Naturel de la Brenne 19 km.** Un manoir de 1402 récemment restauré, plein de charme, au bord d'un petit village situé aux confins du Limousin, du Berry et du Poitou, près du Parc Naturel Régional de la Brenne. 3 ch. de caractère (dont 1 dans la dépendance face au manoir) avec salle de bains et wc privés. Salon de musique avec piano à queue, bibliothèque et cheminée monumentale. Accès facile à partir de l'autoroute A20 (sortie 20 ou 22). Un week-end avec des concerts de musique classique est organisé tous les mois de l'année. Langues parlées : anglais, allemand, hollandais.

Prix : 1 pers. **300/450 F** 2 pers. **350/500 F** 3 pers. **500 F** repas **125 F**

Ouvert : toute l'année.

13	13	4	3

BAARENS DE GRANDRY Véronique et Wim - Le Vieux Logis de St-Martin - 87360 SAINT-MARTIN-LE-MAULT - Tél : 05 55 60 65 26

SAINT-MARTIN-TERRESSUS La Gasnerie (TH) *C.M. 72 Pli 8*

4 ch. Entre St-Leonard et Ambazac, dans une dépendance ouvrant sur un jardin ombragé et fleuri, 3 ch. lambrissées à l'étage, avec s.d.b. et wc privés. R.d.c. : 1 ch. avec s. d'eau/wc, poss. lit bébé. Salon. Chauffage électrique. Repas sur réservation. 1/2 pens. pour 2 pers./semaine : 2500 F. A20 sorties 26 et 33, à 1 km de la D5, sur la D29. Si vous aimez la douceur de la campagne, le calme, la nature, les animaux, les paysages vallonnés, Marie et Paul vous invitent à venir partager le charme de la Gasnerie.

Prix : 1 pers. **180 F** 2 pers. **220 F** 3 pers. **270 F** repas **80 F**

Ouvert : toute l'année.

6	12	3	3	8	12	3

POUSSIN Paul et Marie - La Gasnerie - 87400 SAINT-MARTIN-TERRESSUS - Tél : 05 55 57 11 64 - Fax : 05 55 57 12 65

SAINT-PARDOUX Vauguenieges (TH) *C.M. 72 Pli 7*

5 ch. Dans un parc de 7 ha., avec piscine couverte et chauffée, sauna, jacuzzi, château du XIXe. 5 grandes ch. avec salle d'eau particulière. Salons (TV, bibliothèque, piano). Centre équestre sur place. Cuisine au choix : produits du terroir, plats cuisinés, spécialités diététiques. Un espace est réservé aux fumeurs. Espagnol parlé également. Centre équestre sur place. Marick, professeur de yoga, Gestalt practicienne, dietéticienne et Alain, professeur d'éducation physique et maître nageur/sauveteur proposent des séjours à thèmes : natation, forme, détente, santé... Langues parlées : anglais, allemand, italien.

Prix : 1 pers. **330/350 F** 2 pers. **415/435 F** 3 pers. **495/515 F** repas **125 F**

Ouvert : du 1er avril au 1er novembre.

3	SP	SP	6	3	SP	10	38	3

CLAUDE Alain et Marick - Château de Vauguenige - 87250 SAINT-PARDOUX - Tél : 05 55 76 58 55 - Fax : 05 55 76 57 11 - E-mail : vauguenige@lemel.fr

SAINT-PARDOUX Chantot *C.M. 72 Pli 7*

2 ch. Dans la maison de ferme, 2 chambres avec douche et wc dans chaque chambre. La ferme d'élevage bovin de Francis et Nathalie est à 2 km du lac de Saint-Pardoux, magnifique plan d'eau de 330 ha. aménagés pour la baignade, la planche à voile et la pêche au brochet.

Prix : 1 pers. **192 F** 2 pers. **228 F** 3 pers. **281 F**

Ouvert : de juillet à fin août.

3	3	6	3	1	10	3

CHAMBON Nathalie et Francis - Chantot - 87250 SAINT-PARDOUX - Tél : 05 55 76 38 62

SAINT-PRIEST-LIGOURE Moulin du Cap (TH) *C.M. 72 Pli 17*

4 ch. 4 chambres d'hôtes aménagées dans un moulin, au bord d'un petit étang. 3 chambres avec douche et wc privés (2 et 3 épis), 1 chambre avec douche privée et wc communs (2 épis). Chauffage central. Jeux, parking, pré. Forêt 9 km. Lac 10 km. Renée vous fera goûter ses spécialités : boudins aux châtaignes, patissons frits, lapin sauté, tarte aux pommes. Gaston vous guidera dans la visite de son moulin.

Prix : 1 pers. **180 F** 2 pers. **200 F** 3 pers. **250 F** pers. sup. **50 F** repas **80 F**

Ouvert : toute l'année.

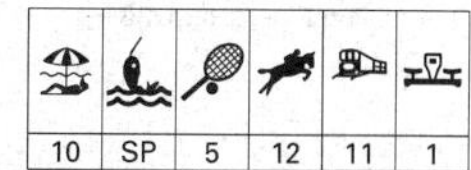

10	SP	5	12	11	1

AUDEVARD Gaston et Renée - Moulin du Cap - 87800 SAINT-PRIEST-LIGOURE - Tél : 05 55 00 62 28

SAINT-SYLVESTRE Fanay Alt. : 520 m (TH) *C.M. 72 Pli 8*

2 ch. Belle maison de granit dans un hameau typique des Monts d'Ambazac. Dans une partie indépendante de la maison, en rez-de-chaussée, 2 chambres pour 2 pers. avec salle d'eau, wc et salon particuliers. Repas gastronomiques sur réservation (100 F). Isabelle et Erick vous invitent à faire étape dans ce lieu tranquille à 5 mn de l'autoroute A20 (sortie 26 sens sud-nord). Isabelle adore faire la cuisine et vous fera déguster ses petits plats. Langues parlées : anglais, espagnol.

Prix : 2 pers. **220 F** 3 pers. **270 F** pers. sup. **80 F** repas **70 F**

Ouvert : toute l'année.

8	8	2	4	8	8

RAYNAUD Erick et Isabelle - Fanay - 87240 SAINT-SYLVESTRE - Tél : 05 55 71 08 37 - Fax : 05 55 71 08 37

SAINT-SYLVESTRE-GRANDMONT Bois Sauvage Alt. : 600 m (TH) C.M. 72 Pli 8

3 ch. Au cœur des Monts d'Ambazac, dans une belle maison en bois massif, entourée de forêts et d'étangs, 3 ch. confortables et coquettes (2/4 pers.) avec s.d.b. et wc privés. Lieu calme propice à des séjours de repos. Cuisine saine et familiale. Repas végetarien sur demande. Exposition de peintures sur place. randonnées, cueillette de champignons, centres équestres, tennis. Lac de Saint-Pardoux et sa base nautique à 10 km. Accueil chaleureux. Langues parlées : italien, anglais, espagnol.

Prix : 1 pers. **250 F** 2 pers. **270 F** 3 pers. **370 F** pers. sup. **100 F**
repas **90 F**

Ouvert : toute l'année.

8	8	8	SP	8	8	8

RAPPELLI Edith et Lorenzo - Les Chênes - Les Sauvages par Grandmont - 87240 SAINT-SYLVESTRE - Tél : 05 55 71 33 12 - Fax : 05 55 71 33 12 - E-mail : les.chenes@wanadoo.fr - http://www.haute-vienne.com/chenes.htm

SAINT-VICTURNIEN La Chapelle Blanche (TH) C.M. 72 Pli 7

2 ch. 1 chambre (2 lits 1 pers.) et 1 chambre (1 lit 2 pers. 2 lits 1 pers.), chacune dispose d'une salle d'eau et wc privés. ping-pong, préau. Repas à la table d'hôtes préparés avec produits de la ferme, sur réservation. Dans leur ferme typiquement limousine (élevage ovin), adossée au village de la Chapelle Blanche. Marcel et Anne-Marie vous proposent 2 chambres donnant sur les prés et le jardin fleuri. Grande cour fermée. Jolies balades dans les chemins de la ferme.

Prix : 1 pers. **190 F** 2 pers. **220/250 F** 3 pers. **300 F** pers. sup. **50 F**
repas **75 F**

Ouvert : du 15 avril au 31 octobre.

12	2	4	4	4	13	3

LALOYAUX Anne-Marie et Marcel - La Chapelle Blanche - 87420 SAINT-VICTURNIEN - Tél : 05 55 03 58 20

SAINT-VICTURNIEN La Gloriette (TH) C.M. 72 Pli 6

3 ch. La Gloriette est une grande maison de caractère située dans un petit bourg au nord de la Vienne. A l'étage : 3 ch. claires et spacieuses avec salle d'eau ou salle de bains et wc privés, décorées avec soin. C'est avec beaucoup de gentillesse et d'attention qur Sylvie et Pascal vous accueillent à la Gloriette. Après un copieux petit déjeuner, la vallée de la Vienne et la route Richard Coeur de Lion vous invitent à la découverte de nombreux sites touristiques.

Prix : 1 pers. **210/230 F** 2 pers. **260/320 F** 3 pers. **310/370 F** repas **80 F**

Ouvert : toute l'année.

8	10	0,5	0,5	SP	15	SP	SP	SP

CAPEYRON Sylvie et Pascal - rue Alluaud - La Gloriette - 87420 SAINT-VICTURNIEN - Tél : 05 55 03 29 03

SAINT-VICTURNIEN Le Loubier C.M. 72 Pli 6

4 ch. **Oradour-sur-Glane 4 km.** Près de la vallée de la Vienne, cette grande demeure du XIXe siècle ouvre sur un parc peuplé d'arbres centenaires. A l'étage : 3 ch. spacieuses de 2 à 4 pers. au mobilier de caractère, avec salle d'eau et wc privés. R.d.c. : 1 suite familiale accessible aux personnes handicapées. Réduc. pour séjour 1 semaine. Restaurants à proximité. A la belle saison, Michel installe sa table d'hôtes en terrasse, à l'ombre des marronniers. A 5 km, centre de la mémoire d'Oradour-sur-Glane : village de St-Victurnien, la route Richard Coeur de Lion, les monts de Blond.

Prix : 1 pers. **200 F** 2 pers. **270 F** 3 pers. **320 F** pers. sup. **40 F**

Ouvert : toute l'année.

11	11	3	3	3	14	3	3	3

DAURIAC Michel - Le Loubier - 87420 SAINT-VICTURNIEN - Tél : 05 55 03 29 22

SAINT-VITTE-SUR-BRIANCE Lapeyrousse (TH) C.M. 72 Pli 18

4 ch. 4 chambres d'hôtes aménagées dans une maison indépendante. Salle d'eau et wc communs aux chambres. Chauffage central, salon, TV. Garage, terrain. Prix 1/2 pension pour 1 semaine. N[o] tél. portable : 06.87.50.50.32. Accès par A20, sortie 42, direction La porcherie.

Prix : 1 pers. **160 F** 2 pers. **180 F** 3 pers. **250 F** pers. sup. **30 F**
repas **65 F** 1/2 pens. **1050 F**

Ouvert : toute l'année.

6	6	6	SP	5	5

DELORT Marie-Christine - Manin - Lapeyrousse - 87380 SAINT-VITTE-SUR-BRIANCE - Tél : 05 55 71 83 23 ou 05 55 71 70 60

SAINT-YRIEIX-LA-PERCHE Baudy (TH) C.M. 72 Pli 17

3 ch. 3 chambres d'hôtes aménagées dans une grande maison de pierres sur leur ferme d'élevage dominant St-Yrieix. 3 ch. de 2 à 4 personnes (lits 2 pers.), avec salle d'eau commune. Salle de séjour, salon, bibliothèque à disposition des hôtes. Prix 1/2 pension pour 1 semaine. Langue parlée : anglais.

Prix : 1 pers. **160 F** 2 pers. **180 F** 3 pers. **250 F** pers. sup. **30 F**
repas **85 F** 1/2 pens. **1300 F**

Ouvert : toute l'année.

0,5	2	0,5	2	2	2	2

JARRY Jean-M et Bernadette - Baudy - 87500 SAINT-YRIEIX-LA-PERCHE - Tél : 05 55 75 06 93 - Fax : 05 55 75 12 84

SAINT-YRIEIX-SOUS-AIXE La Roche (TH) *C.M. 72 Pli 17*

3 ch. **Limoges 12 km.** 2 ch. avec douche, prise TV, 1 ch. avec grande salle de bains, prise TV. Dans cette demeure du début du siècle située sur les coteaux du Val de Vienne, Monique et Gérard vous accueillent toute l'année. Laissez-vous tenter par le chocolat et les confitures maison du petit-déjeuner, servi en été, à l'ombre des arbres centenaires. Langue parlée : espagnol.

Prix : 1 pers. **200 F** 2 pers. **230/260 F** repas **85 F**

Ouvert : toute l'année.

11	9	SP	1	4	9	9	9

CABIN Monique - La Roche - 87700 SAINT-YRIEIX-SOUS-AIXE - Tél : 05 55 03 54 77

VEYRAC Grand Moulin (TH) *C.M. 72 Pli 7*

E.C. 3 ch. **Limoges 17 km. Centre de la Mémoire d'Oradour-sur-Glane 6 km.** M. et Mme Doridant ont aménagé une ancienne grange limousine située près de leur logis. 3 chambres avec salle d'eau et wc privés. Salle à manger, salon en mezzanine. Musées de la porcelaine et des émaux. Langue parlée : anglais.

Prix : 1 pers. **210 F** 2 pers. **260 F** 3 pers. **310 F** repas **80 F**

Ouvert : toute l'année.

12	16	6	1	1	10	16	16	1

DORIDANT Guy et Gisèle - Grand Moulin - 87520 VEYRAC - Tél : 05 55 03 11 86 - Fax : 05 55 03 11 86

MIDI-PYRENEES

Pour réserver, écrire ou téléphoner :

09 - ARIEGE
GITES DE FRANCE - LOISIRS ACCUEIL
31 bis, rue du Général de Gaulle - B.P. 143
09000 FOIX
Tél. : 05 61 02 30 80 ou 05 61 02 30 89
Fax : 05 61 65 17 34
E-mail : gites-de-france.ariege@wanadoo.fr

12 - AVEYRON
CENTRALE DE RESERVATION
GITES DE FRANCE - Maison du Tourisme
17, rue A. Briand - B.P. 831
12008 RODEZ Cedex
Tél. : 05 65 75 55 55 - Fax : 05 65 75 55 61
E-mail : gites.de.france.aveyron@wanadoo.fr

3615 Gîtes de France
1,28 F/min

31 - HAUTE-GARONNE
GITES DE FRANCE - LOISIRS ACCUEIL
14, rue Bayard - B.P. 845
31015 TOULOUSE Cedex 06
Tél. : 05 61 99 44 00 - Fax : 05 61 99 44 19
E-mail : tourisme31@wanadoo.fr
www.cdt-haute-garonne.fr

32 - GERS
GITES DE FRANCE - Service Réservation
Maison de l'Agriculture
Route de Tarbes - B.P. 161
32003 AUCH Cedex
Tél. : 05 62 61 79 00 - Fax : 05 62 61 79 09
E-mail : loisirs.accueil.gers@wanadoo.fr
www.resinfrance.com

3615 Gîtes de France
1,28 F/min

46 - LOT
GITES DE FRANCE - Maison du Tourisme
B.P. 162
46003 CAHORS Cedex 9
Tél. : 05 65 53 20 75
Fax : 05 65 53 20 79
E-mail : gites-de-france.lot@wanadoo.fr

65 - HAUTES-PYRENEES
GITES DE FRANCE
22, place du Foirail
65000 TARBES
Tél. : 05 62 34 31 50 ou 05 62 34 64 37
Fax : 05 62 34 37 95
http://www.gites-france-65.com

81 - TARN
GITES DE FRANCE - Service Réservation
Maison des Agriculteurs
La Milliasolle - B.P. 89
81003 ALBI Cedex
Tél. : 05 63 48 83 01
Fax : 05 63 48 83 12

3615 Gîtes de France
1,28 F/min

82 - TARN-ET-GARONNE
GITES DE FRANCE - LOISIRS ACCUEIL
2, boulevard Midi-Pyrénées
B.P. 534
82005 MONTAUBAN Cedex
Tél. : 05 63 21 79 61 - Fax : 05 63 66 80 36
E-mail : cdt82@wanadoo.fr
www.resinfrance.com

3615 Gîtes de France
1,28 F/min

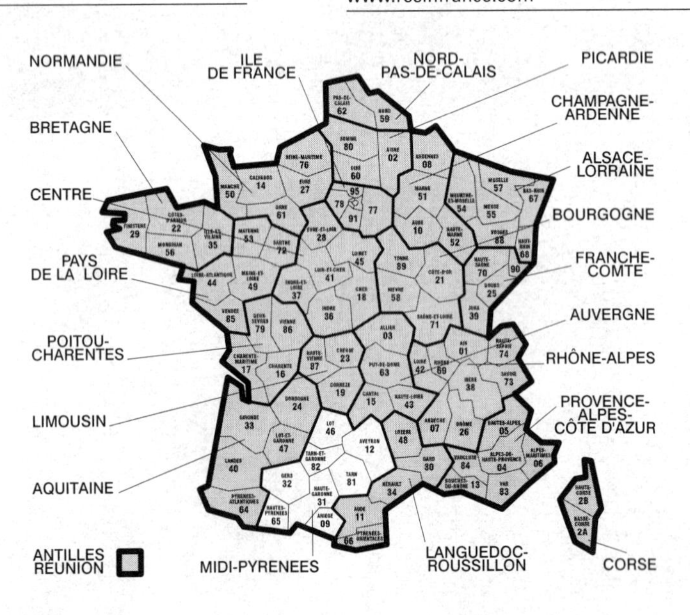

GITES DE FRANCE - LOISIRS ACCUEIL
31 bis, rue du Général de Gaulle - B.P. 143 - 09000 FOIX
Tél. 05 61 02 30 80 ou 05 61 02 30 89 - Fax. 05 61 65 17 34
E.mail : gites-de-france.ariege@wanadoo.fr

ALLIAT
Alt. : 600 m — *C.M. 86 Pli 4*

2 ch. **Tarascon 5 km. Grottes de la Lombrives 4 km et de la Bedeilhac à 7 km.** Maison indépendante sur un terrain arboré de 2000 m^2. 2 ch. d'hôtes pour une même famille : en mezzanine (1 lit 2 pers.), salle d'eau et wc privés attenants et 1 ch. contiguë (2 lits 1 pers.). A la sortie d'Alliat et à proximité de la grotte de la Vache (400 m). Musée Paysan de Niaux 1 km. Escalade à Gérat à 4 km. Langues parlées : espagnol, anglais.

Prix : 1 pers. **200 F** 2 pers. **220 F** pers. sup. **100 F**

Ouvert : toute l'année.

5	5	0,1	30	5	SP	5	5

SOUSSAN Juliette et Fernand - 09400 ALLIAT - Tél : 05 61 05 51 50 - Fax : 05 61 05 51 50

APPY
Alt. : 970 m — TH — *C.M. 86 Pli 15*

3 ch. R.d.c. : salle commune avec cheminée. 1er étage : 2 ch. (1 lit 2 pers. 1 lit 1 pers., salle d'eau et wc privés chacune). 2e étage : 1 ch. familiale (1 lit 180, 1 annexe 3 lits 1 pers.), s. d'eau et wc privés. Salon de jardin. Dans une jolie maison de montagne, au cœur du petit village d'Appy. Grand jardin attenant. Prix 1/2 pension et pension sur la base de 2 pers.

Prix : 1 pers. **190 F** 2 pers. **230/300 F** 3 pers. **300/370 F** pers. sup. **70 F** repas **90 F** 1/2 pens. **410 F** pens. **550 F**

Ouvert : toute l'année.

9	9	8	18	10	22	18	1	9	9

SERENA Martine - 09250 APPY - Tél : 05 61 64 46 88 - http://perso.wanadoo.fr/patrick.blaser/

ARTIGAT Ferme Thibaut
TH — *C.M. 86/82 Pli 2/4*

5 ch. R.d.c. : grand séjour avec cheminée, coin-salon et bibliothèque, table d'hôtes à l'extérieur en été. Poss. repas végétarien. Etage : 4 ch. pour 2 pers. et 1 ch. pour 3 pers., salle d'eau ou s.d.b. privée avec wc (dont 2 ch. classées 1 épi). Chauffage électrique. Dans la vallée de la Lèze, à 1 km d'Artigat au coueur d'un domaine de 14 ha. Endroit idéal pour des personnes recherchant le calme, ni radio, ni TV. 1/2 pension possible. Langues parlées : anglais, allemand, hollandais.

Prix : 1 pers. **200 F** 2 pers. **250 F** 3 pers. **320 F** repas **80 F**

Ouvert : du 1er avril au 30 novembre ou sur réservation pour 3 nuits minimum.

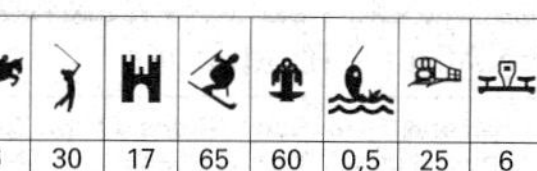

1	1	6	30	17	65	60	0,5	25	6

BLOK Corry et Hans - Ferme Thibaut - 09130 ARTIGAT - Tél : 05 61 68 58 45 - Fax : 05 61 68 58 45

ARTIX Varilhes
C.M. 86 Pli 4

E.C. 2 ch. **Varilhes 6 km.** Dans une maison indépendante, toute en pierres apparentes, au milieu des prés et des bois en pleine campagne, sur un très grand terrain de 5000 m^2 clos. 2 ch. d'hôtes en cours de classement. R.d.c. : séjour avec cheminée et coin-salon. Accès indépendant aux chambres. 1 ch. (1 lit 2 pers.), 1 ch. (1 lit 1 pers.), salle d'eau et wc privés communs aux 2 chambres. Madame Galy vous accueille dans sa maison d'hôtes, situées en pleine campagne ariégeoise, au milieu de prés et entourée de bois, vous savourerez calme et tranquilité. Rivière à 6 km et randonnée à 30 km. Abri couvert pour voitures.

Prix : 1 pers. **200 F** 2 pers. **220 F** pers. sup. **90 F**

Ouvert : toute l'année.

6	6	30	6	3

GALY Pierrette - Sangy - 09120 ARTIX - Tél : 05 61 69 58 15

AUGIREIN
Alt. : 600 m — *C.M. 86 Pli 4*

2 ch. **Saint-Lizier 25 km. Saint-Bertrand-de-Comminges 35 km.** Au bord d'une petite rivière, à 200 m du village. Les propriétaires, pépiniéristes, vous proposent dans une maison typique des montagnes ariégeoises, 2 chambres : 1 ch.(1 lit 160, 1 lit 1 pers.), 1 ch.(1 lit 160 et canapé-lit), chacune avec salle d'eau et wc privés. Lieux communs : salon, terrasse et jardin fleuri et arboré. Les propriétaires vous feront partager dans un écrin de verdure arboré et fleuri, leur passion des plantes ornementales. A proximité d'un camping (15 places). Langues parlées : anglais, italien.

Prix : 1 pers. **200 F** 2 pers. **240 F** 3 pers. **290 F**

Ouvert : du 1er juin au 20 novembre.

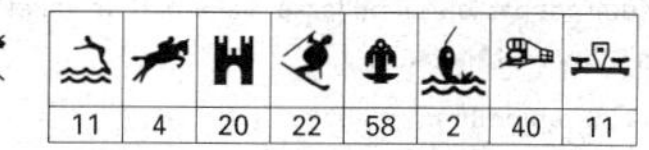

11	4	20	22	58	2	40	11

DAFFIS Charles et Claudine - La Vie en Vert - 09800 AUGIREIN - Tél : 05 61 96 82 66 - Fax : 05 61 04 73 00

AX-LES-THERMES Bazerques Alt. : 800 m *C.M. 86 Pli 15*

5 ch. 5 chambres dont 2 au rez-de-chaussée et 3 à l'étage avec chacune 2 lits 1 pers., salle d'eau et wc privatifs. Grand séjour/salle à manger chaleureux avec une cheminée en pierre. Barbecue dans la cour. Ax-les-Thermes, station thermale réputée pour les affections rhumatismales et ORL. A la sortie d'Ax-les-Thermes, en direction d'Andorre et de l'Espagne, dans un petit hameau perché et ensoleillé, facile d'accès, Margreth et Pierre vous accueilleront dans leur maison de montagne. Belle cheminée dans le salon, idéal pour séjour à la montagne, ski et randonnée. Langue parlée : allemand.

Prix : 1 pers. **180 F** 2 pers. **270 F**

Ouvert : toute l'année sauf novembre.

3	3	5	70	20	10	2	SP	4	2

SERRES Pierre - 2E Bazerques - « l'Adret » - 09110 AX-LES-THERMES - Tél : 05 61 64 05 70

BENAC Château de Benac Alt. : 500 m TH *C.M. 86 Pli 4*

6 ch. **Foix 8 km.** Au « château de Bénac », demeure du XVIIe. En r.d.c., salles communes : TV, cheminées, bibliothèque, jeux enfants. Au 2e étage : 3 ch. avec 1 lit 2 pers. et 3 ch. avec 1 lit 2 pers. et 1 lit 110, salle d'eau, wc. Chauffage électrique. Au Château de Bénac, situé au milieu de la nature, dans la vallée de la Barguillère, Serge et Sylvie vous accueillent dans leur magnifique demeure, au centre du département, dans le pays du Comte de Foix.

Prix : 1 pers. **250 F** 2 pers. **300 F** 3 pers. **350 F** pers. sup. **70 F**
repas **100 F** 1/2 pens. **230/250 F**

Ouvert : du 1er février au 15 novembre.

2	2	5	20	15	20	8	8

DOUMENC Serge et Sylvie - Château de Benac - 09000 BENAC - Tél : 05 61 02 65 20

LE BOSC Madranque Alt. : 900 m TH

3 ch. **Foix 15 km. Col des Marous 2 km.** 3 chambres, 2 chambres avec salle d'eau et wc privatifs, accès indépendant. 1 chambre familiale, salle d'eau et wc privés (1 lit 2 pers.), 2 lits dans une annexe pour une même famille. Séjour avec cheminée. Prêt du lave-linge et du sèche-linge. Animaux acceptés sur demande. Dans « la Vallée Verte », ancienne ferme dans un petit hameau de montagne, joliment restaurée avec vue sur les crêtes et la vallée. Possibilité de panier pique-nique. En hiver : ski de fond accompagné. Sur demande : stages de tissages et teintures végétales. Langues parlées : allemand, anglais.

CV

Prix : 1 pers. **210 F** 2 pers. **240 F** 3 pers. **320 F** pers. sup. **80 F**
repas **80 F**

Ouvert : toute l'année.

6	6	6	20	25	4	35	2	15	6

LOIZANCE Birgit et J-Claude - Madranque - 09000 LE BOSC - Tél : 05 61 02 71 29 - Fax : 05 61 02 71 29

BOUSSENAC Les Trinquades Alt. : 800 m A *C.M. 86 Pli 4*

4 ch. **Massat 7 km. Saint-Girons 30 km. Tarascon 23 km.** 4 chambres d'hôtes dans un 4 chalets individuels sur une propriété. Chacun pour 3 pers. : 1 ch. (1 lit 2 pers., 1 lit 80), salle d'eau avec wc, chauffage électrique. A proximité du Col de Port, la ferme-auberge domine toute la vallée, belles balades en montagne.

Prix : 1 pers. **170 F** 2 pers. **250 F** 3 pers. **350 F** 1/2 pens. **200 F**

Ouvert : tous les jours en saison et tous les week-ends en hors saison.

23	7	7	23	7

SOULA Marie-Christine - Les Trinquades - 09320 BOUSSENAC - Tél : 05 61 96 95 39

CAMON *C.M. 86 Pli 6*

2 ch. **Mirepoix 14 km.** Sur une ferme d'élevage de bovins, dans une villa indépendante séparée des bâtiments agricoles, à l'étage : 1 ch. 3 épis (2 lits 2 pers.), s. d'eau et wc privés et 1 ch. 2 épis (1 lit 2 pers.), s. d'eau et wc privés. TV. Piscine et tennis sur place. Camping à la ferme. Produits fermiers. Restaurant 1,5 km.

Prix : 1 pers. **160 F** 2 pers. **200 F** 3 pers. **260 F** pers. sup. **40 F**

Ouvert : toute l'année.

SP	SP	5	0,3

DUMONS Roger - La Besse - 09500 CAMON - Tél : 05 61 68 13 11

CAPOULET-JUNAC Le Pré de la Forge Alt. : 600 m *C.M. 86 Pli 17*

3 ch. Dans une maison indépendante entourée d'espaces verts et de fleurs, dans un cadre reposant, aménagées au 1er étage 2 ch. 2 épis : 1 ch. (2 lits 1 pers.), s.d.b., wc. 1 ch. (1 lit 2 pers.), s. d'eau non fermée, wc privés (au r.d.c.). 1 ch. 3 épis (1 lit 2 pers.), s. d'eau privée attenante, wc. Chambres non fumeurs. Les propriétaires vous accueilleront en toute simplicité dans leur maison et vous séduiront par leur gentillesse. Séjours hors juillet/août -20% à partir de la 5e nuit sur la totalité du séjour.

Prix : 1 pers. **200/220 F** 2 pers. **220/240 F**

Ouvert : du 1er avril au 30 septembre.

7	1	6	3	10	SP	7	7

DA SILVA Pierre - Le Pré de la Forge - 09400 CAPOULET-ET-JUNAC - Tél : 05 61 05 93 57

CAZAUX Guillemot

(TH)

1 ch. A « Guillemot », petit hameau de caractère très ancien, Hugo et Annie vous accueillent dans leur fermette, lieu ouvert, au grand calme. R.d.c. : salle commune et salon. A l'étage : 1 ch. (1 lit 2 pers.) avec s.d.b. et wc privatifs. TH sur réservation. Produits de la ferme mention nature et progrès. Cuisine familiale. Langues parlées : anglais, hollandais.

Prix : 1 pers. **200 F** 2 pers. **250 F** repas **70 F**

Ouvert : toute l'année.

12	4	4	15	8	50	30	12	8

CABON-ELLEMEET Hugo et Annie - Guillemot - 09120 CAZAUX - Tél : 05 61 05 39 81 - Fax : 05 61 05 33 43

CESCAU

Alt. : 700 m *C.M. 86 Pli 2*

1 ch. En haut d'un village de montagne face aux Pyrénées (15 km), maison paysanne rénovée à pans et balcons de bois. 3 pièces privatives : ch. (1 lit 2 pers.), salle de bains et wc séparés, donnant dans un grand séjour avec mezzanine (1 lit 1 pers.). Confort et esthétique. Arts plastiques et étude nature pratiqués. Bibliothèque, grand jardin sauvage, entrée indépendante. Tarifs dégressifs au delà de 8 jours : - 10 %. Langue parlée : anglais.

Prix : 1 pers. **210 F** 2 pers. **250 F** pers. sup. **80 F**

Ouvert : toute l'année.

2	2	2	30	7	40	30	SP	13	1,5

RICHARD Bernard - 09800 CESCAU - Tél : 05 61 96 74 24

COS Caussou

Alt. : 500 m **A** (TH)

6 ch. Ferme indépendante consacrée à l'élevage Gascon. 2 ch. (1 lit 2 pers. chacune), 2 ch. (1 lit 2 pers. 1 lit 1 pers.), 2 ch. (3 lits 1 pers.), 1 ch. (2 lits 1 pers.). S. d'eau et wc privés pour chacune. 2 ch. avec balcon. Chambres à l'étage. Séjour, salle à manger, salon avec cheminée et biblitothèque. Lit suppl. sur demande. Parc fleuri autour de la maison. A proximité de la ville de Foix (5 mn en voiture) et près de Cos (petit village), la ferme de Caussou, entièrement rénovée, permet de passer d'agréables séjours au calme. Balades et randonnées autour du Caussou. Poss. de monter en estive avec la propriétaire 1 jour/semaine.

Prix : 1 pers. **210/230 F** 2 pers. **240/280 F** 3 pers. **300/360 F** pers. sup. **80 F** repas **90 F** 1/2 pens. **380/420 F**

Ouvert : toute l'année.

0,3	0,3	1,5	12	18	45	30	3	2	2

BABY Paulette - Caussou - 09000 COS - Tél : 05 61 65 34 42

COS Lanque

1 ch. **Foix 5 km. Montségur 20 km.** 1 chambre indépendante de 31 m² (1 lit 2 pers., 1 lit 1 pers.), salle d'eau, wc et terrasse privatifs. Chauffage central. Salle à manger commune en rez-de-chaussée. Loggia avec table en bois, jeux et terrasse privée. Située dans une très belle ferme du XVIIe siècle, face aux Pyrénées Ariégeoises avec une très belle vallée, exposée plein sud, dominant la forêt.

Prix : 1 pers. **200 F** 2 pers. **280 F** pers. sup. **70 F**

Ouvert : toute l'année.

1	1	2	11	35	6	5

DURAND Monique - Lanque - Route de Lizonne - 09000 COS - Tél : 06 83 28 94 46

DUN Cambel

(TH)

2 ch. R.d.c. : grande salle à manger, salon. 1er étage : 1 grande chambre (1 lit 1 pers. 1 lit 150), salle d'eau privative, wc. 2e étage : 1 grande chambre (3 lits 1 pers.), salle d'eau et wc privés. Chauffage. Prix 1/2 pension sur la base de 2 pers. Séjour de 4 nuits ou plus : 190 F/2 pers. Poss. repas végétarien ou dissocié sur demande. Au bord du Douctouyre, grande maison de caractère où vous seront servis des repas à base de produits de qualité.

CV

Prix : 1 pers. **180 F** 2 pers. **230 F** 3 pers. **310 F** pers. sup. **60 F** repas **80 F** 1/2 pens. **195 F**

Ouvert : du 1er avril au 1er novembre.

15	0,5	0,5	45	35	30	60	SP	20	15

COPIN-THEVENET Françoise et René - Cambel - 09600 DUN - Tél : 05 61 68 69 31 - Fax : 05 61 68 69 31

ESPLAS-DE-SEROU Le Guerrat

Alt. : 560 m (TH) *C.M. 86 Pli 4*

E.C. 2 ch. **Mas d'Azil 18 km. Saint-Lizier 20 km. Foix 35 km.** Dans une ancienne grange rénovée à 4 km de Rimont, 2 ch. avec table d'hôtes végétarienne. R.d.c. : grande salle avec coin-salon. Etage : 1 ch. (1 lit 160, 1 lit 1 pers.), 1 ch. (1 lit 2 pers. 1 lit 1 pers.), salle d'eau + wc privés à chaque chambre. Chauffage par poêles à bois. Parking. Accès des chambres directement sur le jardin pelousé. Terrasse demi-ombragée. Susan et Trévor vous proposent une table d'hôtes végétarienne avec des produits biologiques de leur exploitation qu'ils cultivent à proximité (3 km) et qu'ils transforment dans leur atelier sur place. Cuisine à la disposition des hôtes le midi. Langues parlées : anglais, espagnol, allemand.

Prix : 1 pers. **140 F** 2 pers. **240 F** 3 pers. **300 F** pers. sup. **60 F** repas **70 F**

Ouvert : de Pâques au nouvel an.

18	4	18	25	4	60	60	1	18	18

MORRIS Susan - Le Guerrat - 09420 ESPLAS-DE-SEROU - Tél : 05 61 96 37 03 - E-mail : leguerrat@aol.com - http://www.vegan.port5.com/flashvegangite.html

FOIX La Prairie *C.M. 86 Pli 4*

2 ch. **Château de Foix 1 km. Grottes, château Cathares.** En direction du Prat d'Albis à 1,5 km du centre, dominant Foix 2 chambres d'hôtes au r.d.c. de la maison des propriétaires, villa indépendante. 1 ch. (1 lit 2 pers.), poss. d'une 2e chambre (2 lits 1 pers.) pour une même famille, salle de bains et wc privés. Salle de détente avec TV réservée aux hôtes. Terrasse. Terrain ombragé dans un cadre reposant et calme. Langues parlées : anglais, espagnol.

CV

Prix : 1 pers. **140 F** 2 pers. **200 F** pers. sup. **50 F**

Ouvert : toute l'année.

1,5	1,5	8	1,5	1,5

FAURES Anne-Marie - La Prairie - avenue Lafagette - 09000 FOIX - Tél : 05 61 65 12 64 - Fax : 05 61 65 12 64

GAUDIES Certes (TH) *C.M. 82/86*

4 ch. Dans les coteaux, maison ancienne entièrement rénovée à proximité de la maison des propriétaires avec séjour, salon au r.d.c. 4 ch. à l'étage (dont 1 en cours de classement) : 1 ch. 2 pers., 3 ch. 3 pers. avec s.d.b. et wc privatifs. Chauffage. Grand espace extérieur. Stages de création artistique sur place, programme sur demande. Langues parlées : hollandais, anglais, allemand.

Prix : 1 pers. **140/170 F** 2 pers. **200/250 F** 3 pers. **300/ F** repas **90 F**
1/2 pens. **175/200 F**

Ouvert : toute l'année.

13	4	15	45	SP	13	4

GOSSELIN Jeanne - Certes - 09700 GAUDIES - Tél : 05 61 67 01 56 - Fax : 05 61 67 42 30

IGNAUX Alt. : 1000 m

2 ch. 2 chambres d'hôtes aménagées dans une maison traditionnelle de montagne. 2 chambres 4 pers. avec salle d'eau et wc privés. Coin-cuisine, salon. Salon de jardin ombragé avec vue sur la montagne. Ax-les-Thermes 5 km. Sensibilité bio - Découverte milieu montagnard - Contes et légendes - pastoralisme. Langue parlée : anglais.

CV

Prix : 1 pers. **175 F** 2 pers. **230 F** 3 pers. **285 F** pers. sup. **55 F**

Ouvert : toute l'année.

5	5	3	3	10	5	SP	5

M. et Mme ROLLAND - Maison de Casimir - 09110 IGNAUX - Tél : 05 61 64 04 40

LACOURT Alt. : 600 m (TH)

3 ch. Proche de St-Girons au bout d'une étroite route de montagne, 2 petites maisons indép. dans hameau familial entouré de forêts et de prairies. Et. : 2 ch. « couple » (1 épi) modulables pour famille (4 pers. maxi.). S. d'eau privée, wc communs sur palier. 1 ch. (1 lit 2 pers. 1 lit 1 pers. suppl. 1 lit enfant). 1 ch. (1 lit 2 pers. + 2 lits enfant sur mezz.). Dans la 2e maison : 1 ch. 2 épis (1 lit 2 pers.) avec salle de bains et wc privés. Salle à manger, salon au rez-de-chaussée. Terrasse. Chauffage. Langue parlée : anglais.

Prix : 1 pers. **170 F** 2 pers. **190/220 F** 3 pers. **250 F** repas **75 F**

Ouvert : toute l'année.

12	12	6	15	SP

LORNE Muriel - Raoubots - 09200 LACOURT - Tél : 05 61 66 62 65

LANOUX Le Touron (TH) *C.M. 86 Pli 4*

4 ch. A 370 m d'altitude, au pays de Martin Guerre, une superbe contrée de coteaux verdoyants et boisés, un peu plus loin la chaîne des Pyrénées, c'est ce que vous verrez depuis votre chambre. 3 ch. pour 2 ou 3 pers. (3 épis) + 1 ch. 2 pers. (1 épi). R.d.c. : salon et séjour donnant accès à une terrasse ombragée et à un vaste parc fleuri. Tarif dégressif pour enfants. TH sur résa. Danielle et François vous feront découvrir leurs élevages : canards gras, porcs, volailles, brebis, chevaux de Mérens. C'est au dîner, à la table d'hôtes, que vous goûterez les produits de la ferme. Environnement soigné et calme. Nombreux sites à proximité (lacs, musées, grottes...).

CV

Prix : 1 pers. **200/220 F** 2 pers. **240/260 F** 3 pers. **300/320 F** repas **90 F**

Ouvert : toute l'année.

7	7	6	30	12	75	6	28	7

DENRY François et Danielle - Le Touron - 09130 LANOUX - Tél : 05 61 67 15 73 - Fax : 05 61 67 55 41

LERAN Bon Repos (TH) *C.M. 235*

3 ch. **Lac de Montbel 3 km.** 3 ch. d'hôtes avec s.d.b. et wc privés, au 1er étage d'une ferme en activité (élevage, laitières). Salle à manger, salon avec cheminée et piano à l'usage exclusif des hôtes. Terrain ombragé. Ferme très calme. Sur la propriété : piscine privée, ping-pong, aménagement pique-nique, jardin ombragé. Forfait 1 semaine 2 pers. : 3000 F. Promenades pédestres avec parcours naturalistes, VTT, promenades en ULM, soirées. Karting 3 km. Musée du textile 8 km. Musée de la machine agricole 3 km. Sites historiques : Montségur, Mirepoix, Camon, Foix, Puivert. Langue parlée : anglais.

Prix : 1 pers. **240 F** 2 pers. **270 F** 3 pers. **350 F** pers. sup. **80 F**
repas **100 F** 1/2 pens. **210 F**

Ouvert : toute l'année.

3	14	5	25	25	5	37	3

DE BRUYNE Marie-Anne - Ferme Bon Repos - 09600 LERAN - Tél : 05 61 01 27 83 - Fax : 05 61 01 27 83

LERAN

(TH) *C.M. 86 Pli 5*

E.C. 3 ch. **Lac de Léran (plage...) 2 km. Mirepoix (village du XIIIe) 17 km.** Maison entourée d'un parc ombragé et clos, avec au r.d.c. : salon, salle de séjour avec coin-bibliothèque et accès sur une cour aménagée pour les repas et petits déjeuners. A l'étage : 1 ch. (1 lit 160), s. d'eau et wc privés, 1 ch. (1 lit 160, 1 lit 1 pers.), s.d.b. et wc privés. 1 suite de 2 pièces (1 lit 160, 2 lits 1 pers.), s. d'eau et wc privés indépendants. Charmante maison du XVIIIe siècle, restaurée par un couple d'australiens. Dans cet agréable cadre de caractère, vous pourrez vous relaxer dans un magnifique oasis vert où la tranquilité est assurée par un petit ruisseau. Découvrez les produits du terroir (mais aussi la cuisine australienne). Langue parlée : anglais.

Prix : 1 pers. **300 F** 2 pers. **350 F** 3 pers. **440 F** pers. sup. **90 F**
repas **95 F**

Ouvert : toute l'année.

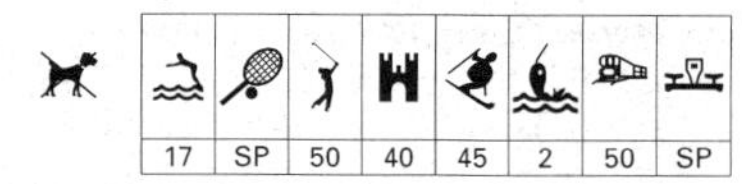

17	SP	50	40	45	2	50	SP

FURNESS John et Lee-Ann - Impasse du Temple - 09600 LERAN - Tél : 05 61 01 50 02 ou SR : 05 61 02 30 80 - Fax : 05 61 01 50 02 - E-mail : john.furness@wanadoo.fr - http://perso.wanadoo.fr/impassedutemple/

LESCURE La Baquette

(TH) *C.M. 86 Pli 3*

E.C. 3 ch. A l'est de Saint-Girons en pleine campagne, face aux Pyrénées, 1 chambre (2 épis) au rez-de-chaussée (2 lits 1 pers.), douche, lavabo, wc privés et à l'étage : 2 ch. (EC) : 1 ch. (1 lit 2 pers.), et l'autre ch. (2 lits 1 pers.), chacune avec douche, lavabo, wc privés. Chauffage. Véranda et jardin. Randonnées accompagnées. Nicholas spécialiste de la randonnée vous fera découvrir les plus belles espèces d'oiseaux. Il vous accompagnera dans les Pyrénées pour l'étude de la vie sauvage. Chambre d'hôtes Panda, stage découverte de la faune et de la flore sur place. 1/2 pens. : mini. 3 jours, prix 230F./1 pers, 370F./2 pers. Langue parlée : anglais.

Prix : 1 pers. **180 F** 2 pers. **240 F** 3 pers. **300 F** repas **85 F**
1/2 pens. **230/370 F**

Ouvert : toute l'année.

8	2	12	15	15	28	25	8	8

GOLDSWORTHY Nicholas - La Baquette - 09420 LESCURE - Tél : 05 61 96 37 67

LORP Prat du Ritou

(TH) *C.M. 86 Pli 3*

3 ch. **Lorp 1 km.** « La Maison Blanche » à 3 km de Saint-Girons, maison indépendante, de plain-pied : 1 ch. (1 lit 2 pers. 1 lit 120), s. d'eau et wc privés. 1 ch. (1 lit 2 pers.), terrasse de 10 m^2, s.d.b. et wc privés. 1 ch. (2 lits jumeaux et 2 lits superposés), s. d'eau et wc privés. TV, vidéothèque, bibliothèque. Parc. Relais équestre. Maison réservée aux non fumeurs. Bicyclettes, VTT, pêche, chevaux sur place. Vol à voile 1 km. Parapente 5 km. Escalade et randonnée en montagne. Equipement pour enfants Label « Accueil Toboggan ». Promenade en attelage. Soins aux chevaux. Langues parlées : anglais, espagnol.

Prix : 1 pers. **220 F** 2 pers. **280 F** 3 pers. **350 F** pers. sup. **70 F**
repas **80 F**

Ouvert : toute l'année.

3	3	3	25	25	35	25	SP	3	1

ROQUES Alain et Agnès - Prat du Ritou - Maison Blanche - 09190 LORP-SAINT-LIZIER - Tél : 05 61 66 48 33 ou 06 12 52 36 00 - Fax : 05 61 66 36 71 - http://perso.wanadoo.fr/a.roques.lamaisonblanche

LUDIES Château de Ludies

 (TH) *C.M. 86 Pli 5*

5 ch. **Mirepoix, ville médiévale 10 km. Vals 5 km. Montségur 50 km.** 4 ch. et 1 suite toutes avec bains et wc privés : 1 ch. 1 lit 2 pers., 2 ch. avec chacune 1 lit 160, 1 ch. 2 lits 1 pers., 1 ch. 2 lits 1 pers. et 1 lit 80 en alcôve. Petits déjeuners copieux, table d'hôtes à base de produits du terroir (sur réservation). Biblio., salon TV, atelier de peinture. Parc avec piscine, tennis, tonelle et terrasse d'été. Suite : 350 à 500 F. Le château de Ludies, face aux Pyrénées vient d'être entièrement reconstruit et restauré. Matériaux anciens et décors personnalisés vous séduiront. Mobilier d'époque, cheminée en pierre et four à pain vous charmeront à l'heure du dîner. Vous pourrez vous détendre dans ce lieu paisible et raffiné.

Prix : 1 pers. **250/300 F** 2 pers. **360/400 F** 3 pers. **460 F**
pers. sup. **100 F** repas **120 F**

Ouvert : toute l'année sur réservation.

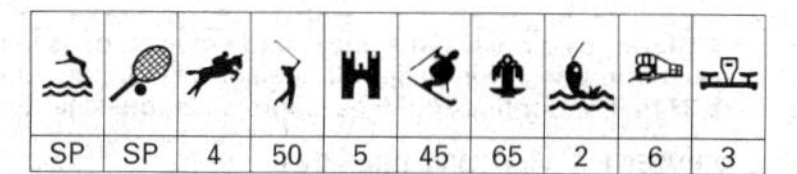

SP	SP	4	50	5	45	65	2	6	3

BOGULINSKI-FINES Laure et Jean-Paul - Château de Ludies - 09100 LUDIES - Tél : 05 61 69 67 45 ou SR : 05 61 02 30 80

MASSAT Las Paousses

Alt. : 750 m (TH) *C.M. 86 Pli 3*

2 ch. Dans la maison des propriétaires, 2 chambres (1 lit 2 pers. 1 lit d'appoint chacune), salle d'eau et wc privés. Chauffage. Cuisine équipée Salon avec cheminée, TV et vidéo au rez-de-chaussée. Coin-repas aménagé dans le jardin avec barbecue. Table d'hôtes sur réservation. Dans une maison isolée, à 1 km du village de Massat, Denis, pépiniériste, Béatrice, infirmière et leurs 3 enfants vous accueillent. Langue parlée : anglais.

Prix : 1 pers. **190 F** 2 pers. **240 F** 3 pers. **300 F** pers. sup. **60 F**
repas **90 F**

Ouvert : toute l'année.

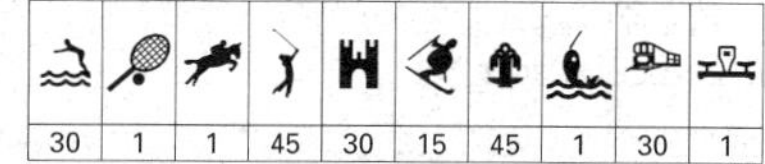

30	1	1	45	30	15	45	1	30	1

LEBLON Denis - Las Paousses - 09320 MASSAT - Tél : 05 61 04 94 45 ou 05 61 96 94 31 - Fax : 05 61 04 94 45

MAZERES (TH) — C.M. 86 Pli 18

5 ch. Dans une belle maison d'autrefois, au cœur de Mazères, avec jardin priv. magnifiquement arboré. 5 ch. d'hôtes de caractère, au charme d'antan associé au confort actuel. Chacune avec sanitaire priv. (lavabo, bain, wc, lit 2 pers.), 2 avec lit d'appoint (1 pers.), et 2 avec ch. annexes (2 lits 1 pers). 1 avec accès indép. S. à manger, biblioth., salon avec jeux et TV. Table d'hôtes sur réserv. Cet Hotel particulier de 1740, berceau de la famille Martimor, vous permettra de respirer au calme. Avec cour intérieure et nombreuses dépendances. Vous pourrez vous promenez dans le village de pierres roses ensoleillées, où se situe cette demeure classée Maison de France. Langues parlées : anglais, espagnol.

Prix : 1 pers. **250 F** 2 pers. **280/350 F** 3 pers. **450 F** pers. sup. **100 F** repas **100 F**

Ouvert : toute l'année.

0,5	0,5	6	70	50	7	SP

GUYBERT Emmanuel et LOISIRS ACCUEIL ARIEGE PYRENEES - 10, rue Martimor - 09270 MAZERES - Tél : 05 61 69 42 81 ou SR : 05 61 02 30 80

MERCENAC Nerou - l'Esclopier — Alt. : 500 m — A — C.M. 86 Pli 3

4 ch. A prox. du village de Mercenac dans une grande maison traditionnelle avec superbe vue sur les Pyrénées, 4 ch. à l'étage (2 en 3 épis, 2 en 2 épis). 3 ch. (1 lit 2 pers.), 1 ch. (3 pers. poss. 1 pers. suppl.). Salle d'eau et wc privés chacune. Rez-de-chaussée : salle commune avec cheminée. Produits fermiers aux repas. Petits animaux admis. 4 pers. : 340 F. La famille Feuillerat saura vous présenter toutes les richesses de la région (orpaillage, pêche, randonnées, cité médiévale de Saint-Lizier...).

Prix : 1 pers. **190 F** 2 pers. **240 F** 3 pers. **300 F** pers. sup. **80 F** repas **85 F** 1/2 pens. **205 F**

Ouvert : toute l'année.

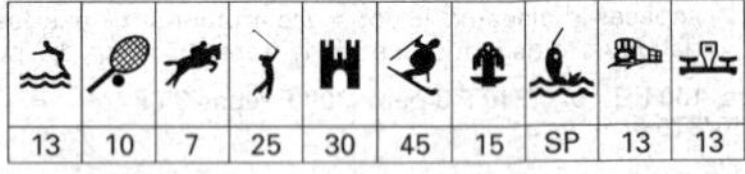

13	10	7	25	30	45	15	SP	13	13

FEUILLERAT Jean-Marc - Nerou « l'Esclopier » - 09160 MERCENAC - Tél : 05 61 96 65 40

MERCENAC — Alt. : 500 m — (TH) — C.M. 86 Pli 3

E.C. 2 ch. **Cite de Saint-Lizier 7 km.** Grande bâtisse construite vers 1800 surplombant le village de Mercenac, comprenant : 2 ch. chacune avec salle de bains et wc privés, l'une à l'étage (2 lits jumeaux + 1 couchage enfant) face au mont Valier, l'autre (1 lit 180, sommiers séparés), sur le parc et accessible aux pers. à mobilité réduite. Séjour commun de 50 m² avec salle à manger, salon TV, cheminée. Salle de détente de 60 m² pour la lecture. Nombreux jeux : billard, baby-foot, bibliothèque, jeux de sociétés, coin-aménagé pour la lecture et la détente dans le parc de la maison aux volets bleus où Alain et Nicole vous attendent pour un séjour familial ou pour vous ressourcer au calme.

Prix : 1 pers. **240 F** 2 pers. **280 F** 3 pers. **330 F** repas **90 F**

Ouvert : d'avril à octobre inclus.

13	10	7	25	30	45	15	SP	13	7

MEUNIER Alain et Nicole - Les Volets Bleus - 09160 MERCENAC - Tél : 05 61 96 68 55 ou SR : 05 61 02 30 80 - Fax : 05 61 96 68 55

MONTAUT — C.M. 235 Pli 38

4 ch. 4 ch. d'hôtes : 1 ch. avec ch. attenante 2 épis, 2 ch. 3 épis. Situées au 1er étage d'une très belle maison ancienne. 1 ch.(1 lit 2 pers.) attenante à 1 ch.(1 lit 1 pers.), 1 ch.(1 lit 2 pers.), 1 ch.(2 lits 120). Toutes avec salle d'eau et wc privatifs. Au r.d.c. : séjour réservée aux hôtes. Cuisine à dispo. Grand parc ombragé aux essences d'arbres variées, donnant sur un plan d'eau de 10 ha. Langues parlées : anglais, italien.

Prix : 1 pers. **180 F** 2 pers. **230/250 F** pers. sup. **50 F**

Ouvert : toute l'année.

6	1	2	SP

GIANESINI Casimir & Bernadette - Royat - 09700 MONTAUT - Tél : 05 61 68 32 09 - Fax : 05 61 68 32 09

MONTBEL Canterate — Alt. : 600 m — (TH)

4 ch. 4 chambres d'hôtes dans une grande maison dans le hameau de Canterate avec lavabo, 2 ch. avec douches privées, salle d'eau et wc communs sur le palier. Située sur une colline au milieu des prés et des bois. Très beau paysage. Calme. Jeux d'enfants. Lac à 3 km. Randonnées guidées, cours de langues, jardin, ferme dans le hameau. 370 F/4 pers. Langues parlées : allemand, anglais.

Prix : 2 pers. **230/250 F** 3 pers. **300 F** repas **70 F**

Ouvert : d'avril à octobre.

25	12	12	45	3

CROISON Pierre - Hameau de Canterate - 09600 MONTBEL - Tél : 05 61 68 18 45

MONTEGUT-PLANTAUREL Château de la Hille — C.M. 86 Pli 4

1 ch. **Varilhes 15 km. Foix 22 km.** Dans un château du XVIe où est installé dans le parc un camping. 1 ch. (1 lit 2 pers.) avec salle d'eau et wc privés, salon. Chauffage central. Entrée indépendante. Sur cette ferme, vous pourrez apprécier le calme dans un beau parc ombragé, avec piscine privée et commune avec une autre installation de ch. d'hôtes, observer les animaux, pratiquer la pêche dans la rivière.

Prix : 1 pers. **250 F** 2 pers. **300 F**

Ouvert : toute l'année.

SP	2	7	18	5	30	15	4

DANDINE-DEDIEU Odile - Château de la Hille - 09120 MONTEGUT-PLANTAUREL - Tél : 05 61 67 34 94 - Fax : 05 61 67 34 94

MONTEGUT-PLANTAUREL Château de la Hille (TH) *C.M. 86 Pli 4*

1 ch. Dans un château du XVIe où, dans le parc est installé un camping. Ensemble comprenant : 1 ch. d'hôtes 2 pers. et 1 salon avec couchage 2 pers. S. d'eau et wc privés. Ch. central. TV. Entrée indépendante. Sur cette ferme, vous pourrez apprécier le calme dans un beau parc ombragé, observer les animaux, pratiquer la pêche dans la rivière. Sur cette ferme, vous pourrez apprécier le calme dans un beau parc ombragé avec piscine privée et commune avec une autre installation de chambres d'hôtes, observer les animaux, pratiquer la pêche dans la rivière.

Prix : 1 pers. **250 F** 2 pers. **300 F** pers. sup. **70 F** repas **100 F**

Ouvert : toute l'année.

SP	2	7	18	5	45	30	15	4

DEDIEU Gaston - Château de la Hille - 09120 MONTEGUT-PLANTAUREL - Tél : 05 61 67 34 94

MONTOULIEU Alt. : 650 m

2 ch. **Foix 8 km.** Dans un petit village de montagne, en direction de Tarascon, 2 ch. d'hôtes aménagées à l'étage, chez des propriétaires retraités. 2 ch. avec chacune 1 lit 2 pers. (pour 4 pers. de la même famille). S.d.b. et wc privés. Accès direct aux ch. par escalier extérieur. Cour close, terrasse panoramique avec salon de jardin.

Prix : 1 pers. **180 F** 2 pers. **200 F** 3 pers. **360 F**

Ouvert : toute l'année.

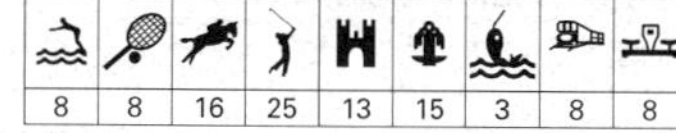

8	8	16	25	13	15	3	8	8

AMIEL Georges - 09000 MONTOULIEU - Tél : 05 61 65 35 60

SAINT-GIRONS Encausse

4 ch. 1 ch. familiale (1 lit 2 pers. 2 lits 1 pers.), sanitaires complets. 2 ch. doubles avec sanitaires complets privés + 1 annexe avec lavabo. 1 ch. double dans un petit appartement (salon, cheminée, cuisine, sanitaires). 1 grande salle commune (salon, TV, cheminée, piano, possibilité de cuisiner). A 1,5 km de la ville, dans un cadre de verdure, belle maison de caractère. Vous pourrez associer le calme de la nature à proximité d'une localité (tous commerces), offrant les activités les plus diversifiées (animations estivales). Prix pour 4 pers. : 400 F. Langues parlées : anglais, espagnol.

Prix : 1 pers. **200 F** 2 pers. **250 F** 3 pers. **335 F**

Ouvert : toute l'année.

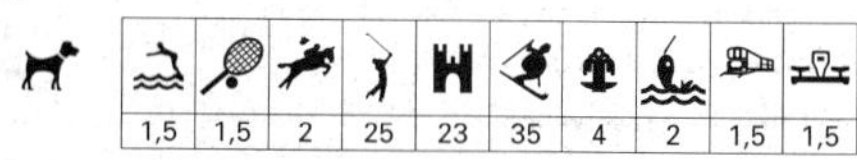

1,5	1,5	2	25	23	35	4	2	1,5	1,5

CATHALA Lysette - Le Relais d'Encausse - 09200 SAINT-GIRONS - Tél : 05 61 66 05 80

SAINT-LARY Alt. : 700 m

1 ch. 1 chambre d'hôtes aménagée avec soin, au 2e étage avec accès intérieur ou extérieur indépendant (1 lit 2 pers. 1 lit 125), salle de bains et wc privés. Entrée avec réfrigérateur, rangement, micro-ondes. Chauffage. Pêche et promenade en montagne. Tous services à Castillon 15 km. Restaurant au village. Sentiers VTT. Dans un petit village de montagne, chez le fromager local, une délicieuse chambre d'hôtes climatisée bien indépendante, pour profiter des balades en forêt ou pour la pêche.

Prix : 1 pers. **180 F** 2 pers. **230 F** 3 pers. **250 F**

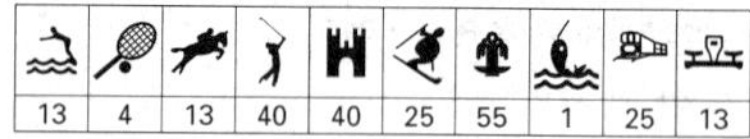

13	4	13	40	40	25	55	1	25	13

ESTAQUE Zelia - Village - 09800 SAINT-LARY - Tél : 05 61 96 70 32 - Fax : 05 61 04 71 75

SAINT-MARTIN-DE-CARALP Cantegril Alt. : 535 m (TH)

4 ch. Dans une maison indépendante, en bout du hameau de Cantegril, 4 chambres d'hôtes aménagées dans la maison du propriétaire avec accès indépendant. Séjour, salon réservés aux hôtes. Cheminée. Bar. 3 ch. (1 lit 2 pers.), 1 ch. (2 lits 1 pers.). S. d'eau ou s.d.b. et wc privés pour chaque chambre. Environnement exceptionnel. Pension avec 2 heures d'équitation incluses. Cantegril est un petit hameau fréquenté surtout par les passionnés du cheval (stage d'initiation et de perfectionnement). Installation située sur un sentier de randonnées pédestres et équestres. Tous services et animations à Foix 10 mn. Notions d'anglais et d'espagnol. Langues parlées : anglais, espagnol.

Prix : 1 pers. **200 F** 2 pers. **210/220 F** 3 pers. **290 F** pers. sup. **70 F** repas **65 F** pens. **285/370 F**

Ouvert : toute l'année.

7	1	SP	10	10	20	25	SP	7	7

PAGES Jean-Michel - Ecole d'Equitation Cantegril - 09000 SAINT-MARTIN-DE-CARALP - Tél : 05 61 65 15 43 - Fax : 05 61 02 96 86

SAINT-MARTIN-DE-CARALP Cantegril Alt. : 535 m (TH)

3 ch. **Foix 7 km.** Cantegril est un petit hameau sur 40 ha. Au rez-de-chaussée : table d'hôtes d'intérieur et d'extérieur. A l'étage : 1 ch. (2 lits 1 pers.), 2 ch. (1 lit 2 pers.) avec coin-toilette. Salle d'eau et wc communs. Installation située sur un sentier de randonnées équestres et pédestres. Environnement exceptionnel, Cantegril est un petit hameau fréquenté surtout par les passionnés du cheval (stages d'initiation et de perfectionnement).

Prix : 1 pers. **140 F** 2 pers. **155 F** 3 pers. **225 F** pers. sup. **70 F** repas **65 F**

Ouvert : toute l'année.

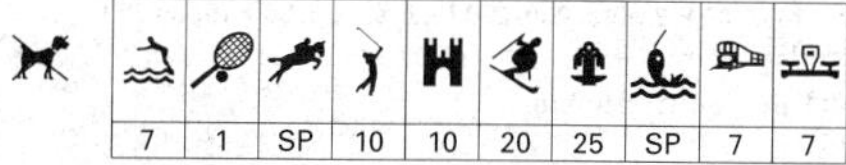

7	1	SP	10	10	20	25	SP	7	7

PAGES Elisabeth - Ecole Equitation de Cantegril - 09000 SAINT-MARTIN-DE-CARALP - Tél : 05 61 65 15 43 - Fax : 05 61 02 96 86

SAINT-PAUL-DE-JARRAT

3 ch. **Foix 7 km.** Très belle maison individuelle entourée de prés et de forêts. 1 ch. très spacieuse (1 lit 2 pers.), s. d'eau et wc privés. R.d.c. : 1 ch. (1 lit 2 pers.), 1 ch. (2 lits 1 pers.), s. d'eau et wc privés chacune. 1 ch. 2 épis, les 2 autres 3 épis. Lit bébé/demande. Vaste salon avec TV. Cuisinette à la dispo. des hôtes. Ski nautique 4 km, deltaplane 8 km. Langues parlées : anglais, espagnol.

Prix : 1 pers. **200 F** 2 pers. **240 F**

Ouvert : du 1er mai au 30 septembre.

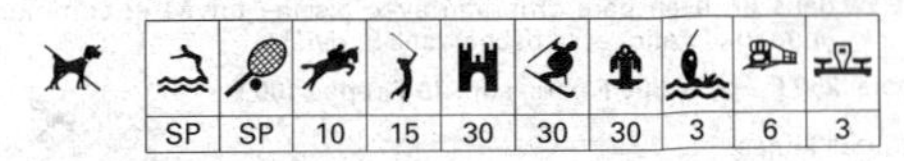

SP	SP	10	15	30	30	30	3	6	3

SAVIGNOL Paul - 09000 SAINT-PAUL-DE-JARRAT - Tél : 05 61 64 14 26

SAINTE-CROIX-VOLVESTRE

(TH)

6 ch. Dans une belle maison de caractère, près du lac. 1 ensemble avec 1 ch. (1 lit 2 pers.) et 2 ch. attenantes 3 épis (1 lit 1 pers.), s. d'eau et wc. 1 ensemble avec 1 ch. (1 lit 2 pers.), 1 ch. (1 lit 1 pers.), salon, s. d'eau et wc (3 épis). 1 ensemble avec 1 ch. (1 lit 2 pers.), s. d'eau et wc (2 épis). Séjour, billard, salon, TV, piano, cheminée. Terrasse, jardin. Mini-golf. Ferme aux enfants.

CV

Prix : 1 pers. **160 F** 2 pers. **230 F** repas **80 F**

Ouvert : toute l'année.

20	0,3	SP	35	0,3	13	0,5

PERE Josette - La Maison du Bout du Pont - 09230 SAINTE-CROIX-VOLVESTRE - Tél : 05 61 66 73 73

SALSEIN

Alt. : 725 m (TH) *C.M. 86 Pli 2*

3 ch. **Castillon 3 km. Saint-Crions 12 km.** Maison indép. dans un petit village de montagne, 2 ch. pour 2 pers. avec accès direct au jardin, lavabo, wc et s.d.b. privés. A l'ét. 1 suite comportant 1 ch. 3 pers. avec baie vitrée, 1 ch. 2 pers. (1 lit d'appoint) avec balcon, s.d.b., wc. Salon commun avec cheminée, bibliothèque et photothèque. Animaux acceptés sur demande. Judith vous accueille dans sa maison où vous pourrez découvrir ses talents de décoratrice, mêlés aux charmes des traditions anciennes, four à pain, toit en ardoises. Elle vous conseillera dans le choix de vos randonnées, vous aidera à découvrir les curiosités du pays, les artisans d'art... Langues parlées : anglais, russe, tchèque.

Prix : 2 pers. **250 F** 3 pers. **330 F** repas **90 F**

Ouvert : toute l'année sur réservation.

3	3	15	30	40	3

MATULOVA Judith - La Maison de la Grande Ourse - 09800 SALSEIN - Tél : 05 61 96 16 51

SAURAT Layrole

Alt. : 800 m (TH) *C.M. 86 Pli 4*

1 ch. **Saurat 3 km.** Sur la route du Col de Port, maison indépendante située dans un site de montagnes, entourée d'un parc arboré et fleuri. 1 ch. (1 lit 2 pers.), salle d'eau privée avec douche et lavabo. WC indépendants. TV. Bibliothèque. Terrasse et terrain arboré. Les hôtes s'abstiennent de fumer. Table d'hôtes sur réservation. Site d'escalade - Grotte à Bédeilhac (5km).

Prix : 1 pers. **200 F** 2 pers. **220 F** repas **90 F**

Ouvert : du 15 avril au 15 octobre.

10	3	10	5	20	SP	9	3

ROBERT Roger - Layrole - 09400 SAURAT - Tél : 05 61 05 73 24

SAURAT Le Pradal

Alt. : 680 m **A** (TH) *C.M. 86 Pli 4*

E.C. 1 ch. **Tarascon sur Ariège 7 km. Parc pyrénéen art préhistorique 5 km.** Maison de montagne située dans le petit village de Saurat, dans une belle vallée verdoyante avec très belle vue sur les pics environnants en rez-de-chaussée de la maison avec un accès indépendant. 1 ch. (1 lit 2 pers.), sanitaires, wc privés. Salon de lecture, séjour. Jardin extérieur aménagé, arboré. Table d'hôtes sur réservation. Maison indépendante dans un village de montagne idéale pour se reposer et visiter les nombreux sites alentours : grottes de Bédeilhac 2 km, Niaux 11 km, ou savourer les plaisirs sportifs : site d'escalade à 2 km, plan d'eau à 11 km avec téleski-nautique.

Prix : 1 pers. **200 F** 2 pers. **220 F** repas **90 F**

Ouvert : toute l'année.

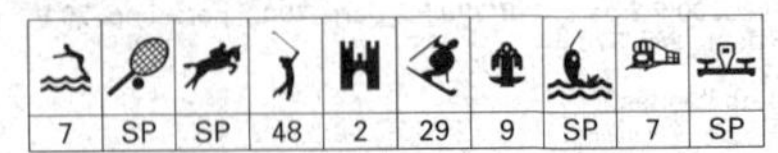

7	SP	SP	48	2	29	9	SP	7	SP

JAUZE Renée - Le Pradal - 09400 SAURAT - Tél : 05 61 05 67 62 - Fax : 05 61 05 67 62

SERRES-SUR-ARGET Le Poulsieu

Alt. : 800 m (TH)

5 ch. **Foix 12 km.** Ferme de montagne sur domaine de 70 ha. avec une vue magnifique. Salle à manger et salon avec cheminée et TV. Comprenant 5 chambres d'hôtes : 2 ch. (1 lit 2 pers, 1 lit 1 pers.), 1 ch. (2 lits 1 pers.), 1 ch. (1 lit 2 pers.), 1 ch. (1 lit 2 pers. et 2 lits 1 pers. en mezzanine). Salle d'eau et wc privés pour chaque chambre. Cuisine à disposition pour le midi, table d'hôtes extérieure et/ou intérieure. Grande terrasse. Jardin fleuri, aire de jeux, piscine privée. Langues parlées : anglais, allemand, hollandais.

Prix : 1 pers. **180/200 F** 2 pers. **230/250 F** pers. sup. **50 F** repas **75 F**
1/2 pens. **185/195 F**

Ouvert : du 1er avril au 1er octobre.

SP	3	SP	14	20	20	SP	12	4

BROGNEAUX Bob et Jenny - Le Poulsieu - 09000 SERRES-SUR-ARGET - Tél : 05 61 02 77 72 - Fax : 05 61 02 77 72

TARASCON-SUR-ARIEGE
Alt. : 500 m — TH — *C.M. 86 Pli 4*

5 ch. **Tarascon 1 km.** Dans grande et belle maison de maître du XVIIe s. entourée par 1 parc aux arbres centenaires, et par 1 bois classé. 3 ch. (lit 2 pers.), s. de bains et wc privés, 1 ch.(1 lit 160, 2 lits 1 pers.), 1 ch.(1 lit 2 pers., 3 lits 1 pers.), ces 2 ch. sont composées de 2 grandes pièces avec s. de bains et wc privés. Table d'hôtes sur demande. 1/2 pens. sur la base de 2 pers. Dans cette grande et belle maison, vous pourrez découvrir les animaux et les oiseaux qui peuplent les lieux du parc et du bois, et séjourner grâce à la diversité des chambres soit en couple, en famille ou encore entres amis. Piscine intérieure privée sur le domaine. 4 pers. : 490 à 540 F.

Prix : 1 pers. **260 F** 2 pers. **320 F** 3 pers. **400/450 F** pers. sup. **50 F** repas **100 F** 1/2 pens. **510 F**

Ouvert : toute l'année.

SP	1	20	1,5	1	1

MARIE Pierre - Domaine Fournie - Route de Saurat - 09400 TARASCON-SUR-ARIEGE - Tél : 05 61 05 54 52

UNAC L'Oustal
Alt. : 650 m — TH — *C.M. 86 Pli 15*

2 ch. **Grottes de Miaux 17 km. Circuit Chapelles Romanes départ sur place.** Deux chambres d'hôtes dans une grande maison de caractère avec grande terrasse et jardins attenants. Chambres avec s.d.b. et wc privés. Table d'hôtes sur réservation uniquement. Dans notre petit village ariégeois, venez découvrir le charme d'une maison familiale avec table d'hôtes représentative de notre savoir faire gastronomique. Les prix du repas comprennent les boissons. La 1/2 pension inclue le petit déjeuner, le repas du soir et la chambre, les prix sont fixés pour 1 pers. Les propriétaires seront vous faire découvrir les charmes de cette région. Randonnées sur place. Langues parlées : allemand, espagnol.

Prix : 2 pers. **390 F** 3 pers. **490 F** repas **180 F** 1/2 pens. **375 F**

Ouvert : du 1er avril au 15 octobre.

8	3	5	15	8	3	3

DESCAT Michel - L'Oustal - 09250 UNAC - Tél : 05 61 64 48 44

UNAC
Alt. : 650 m — TH

5 ch. Dans la vallée de la Haute-Ariège, ancienne maison entièrement restaurée avec 5 ch. au 1er ét. dont 2 en annexe. Salle à manger, salon, TV. 1 ch. (2 lits 1 pers.), s.d.b. et wc. 2 annexes pour la même famille : 1 avec 2 ch. (2 lits 2 pers.), l'autre avec 1 ch. (1 lit 2 pers.), 1 ch. (1 lit 2 pers. 1 lit 1 pers.) en cours de classement. S. d'eau, wc privés à chaque ch. La famille Berde vous accueillera autour d'une table gourmande dans un cadre chaleureux. Bonne cuisine familiale. Proximité de la station thermale et climatique d'Ax-les-Thermes. Animaux admis sur demande. Tarif ch. annexe : 250/320 F. Cour, jardin avec vue sur les montagnes. Parking.

Prix : 1 pers. **200 F** 2 pers. **230/250 F** 3 pers. **250/340 F** repas **85 F**

Ouvert : toute l'année.

8	8	4	45	15	16	8	2	2

BERDE J-Claude & Madeleine - 09250 UNAC - Tél : 05 61 64 45 51 - Fax : 05 61 64 49 07

VENTENAC Saint-Martin

4 ch. **Varilhes 10 km. Foix 15 km. Pamiers 17 km.** Chez des agriculteurs qui gèrent un camping en ferme d'accueil. 1 ch. (1 lit 2 pers., 2 épis) avec s. d'eau et wc privés, 3 ch.(1 lit 2 pers. ou 2 lits 1 pers., 1 épi) avec sanitaires sur le palier. Camping à la ferme sur place avec piscine. Ambiance très chaleureuse dans cette installation de tourisme qui reste très familale. Jeux, ping-pong, salle de réunion, rando.

Prix : 1 pers. **180 F** 2 pers. **200/230 F** pers. sup. **70 F**

Ouvert : toute l'année.

SP	10	20	25	10	10

COMELONGUE Robert et Marinette - Saint-Martin - 09120 VENTENAC - Tél : 05 61 60 72 43

LE VERNET Saint-Paul

4 ch. **Le Vernet 1 km.** Dans une grande ferme de caractère rénovée, 4 chambres avec pour chacune : 1 lit 2 pers., salle de bains et wc. Entrée particulière aux hôtes. Salon, salle à manger communs avec cheminée et coin-bibliothèque. Dans un endroit très calme, ferme rénovée avec un parc de 2 ha., arboré, entourée d'une part par la rivière l'Ariège et d'autre part par un petit ruisseau. Très proche de la RN20, malgré tout très calme, facile d'accès. Langues parlées : anglais, espagnol.

Prix : 1 pers. **180 F** 2 pers. **230 F** pers. sup. **70 F**

Ouvert : toute l'année.

4	1	10	40	20	60	40	SP	1	4

TOULIS Marie-France - Saint-Paul - 09700 LE VERNET - Tél : 05 61 68 32 93 ou 05 61 68 37 63 - Fax : 05 61 68 31 53

VICDESSOS Les Marmousets
Alt. : 700 m — *C.M. 86 Pli 14*

2 ch. 1 ch. dans un chalet en bois (1 lit 2 pers.), salle d'eau et wc privés, 1 ch. dans un chalet en bois à 20 m (2 lits 1 pers. jumeaux, 1 lit 80), salle d'eau et wc privés. Chauffage. En bordure de Vicdessos, petit village de montagne, Françoise vous accueillera de façon simple et chaleureuse. Accueil de public sourd et muet (pratique le langage des signes). Nombreuses animations : salle d'activités, bibliothèque, jeux de sociétés. Espace détente : cheminée. Terrain de jeux de quilles, ping-pong, badminton. Langue parlée : anglais.

Prix : 1 pers. **190 F** 2 pers. **240 F** 3 pers. **350 F** pers. sup. **80 F**

Ouvert : toute l'année.

1	1	12	15	25	5	15	SP

TIENNOT Françoise - Les Marmousets - 09220 VICDESSOS - Tél : 05 61 64 81 62

CENTRALE DE RESERVATION
GITES DE FRANCE
Maison du Tourisme - 17 rue A. Briand - B.P. 831
12008 RODEZ Cedex
Tél. 05 65 75 55 55 - Fax. 05 65 75 55 61
E.mail : gites.de.france.aveyron@wanadoo.fr

3615 Gîtes de France
1,28 F/min

ALPUECH La Violette

Alt. : 1150 m — TH — *C.M. 76 Pli 13*

5 ch. **Laguiole 8 km.** 5 ch. chez l'habitant, d'accès indép. 4 ch. de 2 pers., salle d'eau ou bains/wc privés, 1 ch. familiale 4 pers. (2 ch. contigües), salle de bains/wc privés. Salon privatif avec cheminée, TV, séjour commun avec cheminée. Terrasse, espace vert sur 2 ha., salon de jardin, ping-pong. Montgolfière. L'aubrac vous accueille... Délassez-vous en admirant les immenses pâtures où fleurissent, au printemps, les genêts et où paissent les troupeaux de vaches. Randonnez à loisir sur ces mêmes grands espaces. Découvrez pourquoi pas toute cela « d'en haut », dans la nacelle d'une montgolfière.

CV

Prix : 1 pers. **280/300 F** 2 pers. **330/350 F** 3 pers. **450 F** pers. sup. **80 F**
repas **100 F**

Ouvert : du 13/04 au 24/09, du 27/10 au 3/11 et du 27/12 au 04/01.

8	SP	8	8	20	15	16	60	3

IZARD Danielle et Gilbert - BDG Air Aubrac - La Violette - 12210 ALPUECH - Tél : 05 65 44 33 64 ou 05 65 68 52 36 - Fax : 05 65 44 33 64

AMBEYRAC

C.M. 79 Pli 10

3 ch. 3 ch. d'hôtes 2 pers. au château, salle de bains/wc ou salle d'eau/wc privés, TV dans les ch. Séjour commun, cheminée. Terrasse et jardin, salon de jardin, ping-pong, VTT, piscine privée. Réduction pour séjours. Camboulan, petit village paisible et fleuri aux pierres blanches. Le château et sa grande terrasse dominent une large vallée et une rivière : le Lot. Les pièces sont ici monumentales, le séjour avec une immense cheminée, la belle chambre au lit à baldaquin. De beaux meubles et objets dont un superbe cheval à bascule, décorent ce lieu. Langues parlées : anglais, hollandais, allemand.

CV

Prix : 1 pers. **300/350 F** 2 pers. **350/600 F** 3 pers. **480/680 F**

Ouvert : du 1er mai au 31 octobre (autres périodes sur réservation).

4	SP	15	13	18	18	2

PRAYSSAC Nadine et Michel - Château de Camboulan - 12260 AMBEYRAC - Tél : 05 65 81 54 61 ou 05 65 81 54 15 - Fax : 05 65 81 54 61

ASPRIERES Le Mas de Clamouze

C.M. 79 Pli 10

4 ch. 4 chambres d'hôtes dans un bâtiment indépendant, face à la piscine privée, 2 ch. 2 pers., salle d'eau/wc privés. 2 ch. familiales (2 pers. et 1 convertible), salles d'eau/wc privés. Sous un auvent couvert, salle réservée aux hôtes (poss. cuisine, frigo., barbecue). Attelage, ping-pong sur place. Chiens admis sous réserve. Tarif pour les enfants. Dans cette belle région vallonnée, le Mas de Clamouze, à l'écart du village, abrite une bâtisse de pierres et son pigeonnier dans une espace calme et boisé.

CV

Prix : 1 pers. **210 F** 2 pers. **300 F** 3 pers. **390 F** pers. sup. **90 F**

Ouvert : de mai à septembre.

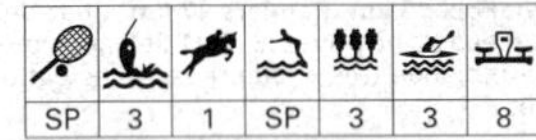

SP	3	1	SP	3	3	8

MAUREL Serge et Christiane - Le Mas de Clamouze - 12700 ASPRIERES - Tél : 05 65 63 89 89

AUZITS La Serre

TH — *C.M. 80 Pli 1*

1 ch. 1 chambre d'hôtes de plain-pied, dans une grange aménagée. 1 chambre (1 lit 2 pers. 2 lits 1 pers.) avec salle d'eau, wc privés et coin-salon (réfrigérateur). Chauffage électrique. Pré, poneys. Produits fermiers. Table d'hôtes sur réservation fermée les 3 premières semaines d'août. Restaurant à 500 m. Cette chambre, facile d'accès, bénéficie d'une situation propice pour découvrir les richesse environnantes qu'elles soient gastronomiques avec le vin de Marcillac et le stockfish ou culturelles avec Conques et la vallée du Lot.

CV

Prix : 1 pers. **175 F** 2 pers. **210/220 F** 3 pers. **260/270 F** pers. sup. **50 F**
repas **80 F**

Ouvert : toute l'année.

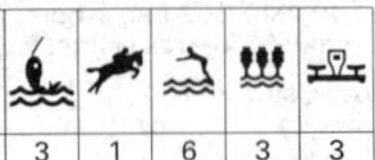

3	3	1	6	3	3

PINQUIE Jean-Paul et Annie - La Serre - Côte d'Hymes N140 - 12390 AUZITS - Tél : 05 65 63 43 13

AUZITS Lestrunie

TH — *C.M. 80 Pli 1*

1 ch. 1 chambre d'hôtes (1 lit 2 pers. 1 lit 100) de plain-pied, dans un petit bâti indépendant avec salle d'eau et wc privés, coin-salon. Salle à manger. Centre de thermalisme (rhumatisme) à Cransac 6 km. Corps de ferme avec son pigeonnier, accroché au coteau surplombant une petite vallée boisée. C'est ce paysage que vous admirerez. Pour vous aider à le découvrir, J.Marie a tracé des itinéraires de randonnées. Quant aux gourmands, ils pourront déguster les délicieuses confitures d'Anne-Marie.

CV

Prix : 1 pers. **170 F** 2 pers. **200 F** 3 pers. **235 F** pers. sup. **35 F**
repas **65 F**

Ouvert : toute l'année.

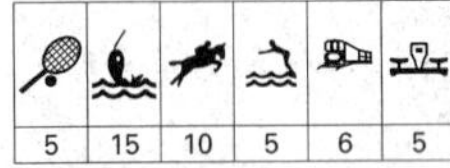

5	15	10	5	6	5

DELCAMP J-Marie et A-Marie - Lestrunie - Rulhe - 12390 AUZITS - Tél : 05 65 63 11 40

BALAGUIER-D'OLT

C.M. 79 Pli 10

2 ch. 2 chambres d'hôtes dans une belle demeure typique du village, au 1er étage de la maison du propriétaire. 1 ch. familiale 4 pers. avec salle d'eau/wc privés. 1 chambre 2 pers. avec salle d'eau/wc privés. Salle à manger et séjour avec cheminée communs. Terrasse, salon de jardin. Réduction pour séjour. Dans ce cadre champêtre et boisé, d'agréables promenades mènent à la découverte de la vallée du Lot, rivière propice aux activités comme le canoë, la baignade et la pêche. Langue parlée : anglais.

Prix : 1 pers. **220 F** 2 pers. **270 F** 3 pers. **320 F** pers. sup. **50 F**

Ouvert : du 1er février au 30 novembre.

2	SP	14	15	2	2	16	5

LE FUR Maud - Place de la Mairie - 12260 BALAGUIER-D'OLT - Tél : 05 65 64 62 31 - Fax : 05 65 64 62 31

LA BASTIDE-L'EVEQUE Le Pontet

Alt. : 600 m TH *C.M. 79 Pli 20*

3 ch. 3 chambres d'hôtes aménagées dans une maison située en pleine campagne. 1 ch. 4 pers., salle d'eau et wc privés. 1 ch. 2 pers. et 1 ch. 3 pers. avec salles d'eau privées et wc communs. Chauffage central. Salle à manger avec TV à disposition. Cour, pelouse ombragée. Camping en ferme d'accueil. Rivière 6 km. Lac sur l'exploitation (pêche). Raymond et son épouse vous réservent un accueil chaleureux et familial dans leurs chambres à la ferme. C'est en pleine campagne, mais tout près de la bastide animée de Villefranche-de-Rouergue que vous savourerez cette tranquillité.

Prix : 1 pers. **130 F** 2 pers. **170/190 F** 3 pers. **210/230 F** pers. sup. **40 F**
repas **70 F**

Ouvert : toute l'année.

2	SP	12	7	SP	8

BESSOU Raymond - Le Pontet - 12200 LA BASTIDE-L'EVEQUE - Tél : 05 65 29 92 34 ou 05 65 29 95 60

BOURNAZEL La Borde

Alt. : 500 m *C.M. 80 Pli 1*

4 ch. **Belcastel 10 km. Villefranche-de-Rouergue 25 km.** Dans un bâtiment annexe, sur 2 niveaux avec accès indép., 2 ch. 2/3 pers., salles d'eau et wc privés, 2 ch. familiales (mezzanine) 2/4 pers., salle d'eau et wc privés. Séjour commun avec cheminée, TV. Terrain non clos, salon de jardin, cuisine d'été, barbecue, ping-pong. Poss. lit d'appoint et lit bébé. Camping en ferme d'accueil. Ferme-Auberge à 200 m. A la ferme de la Borde, l'ambiance et l'accueil sont chaleureux, et l'on aime bien recevoir. Vous pourrez en juger en découvrant l'agréable aménagement de l'ancienne bergerie ainsi que la décoration harmonieuse et fort réussie des chambres.

Prix : 1 pers. **190 F** 2 pers. **220 F** 3 pers. **270 F** pers. sup. **50 F**

Ouvert : toute l'année.

0,2	1	7	7	2	20	9	7

MATHAT Pilar et Roland - La Borde - 12390 BOURNAZEL - Tél : 05 65 64 41 09

BOURNAZEL

Alt. : 550 m *C.M. 80 Pli 1*

2 ch. 2 chambres d'hôtes aménagées dans la maison des propriétaires. 2 ch. 3 pers. en duplex (1 lit 2 pers. et 1 convertible dans chaque chambre), salles d'eau/wc privés. Salon de jardin, piscine (12 x 6 m), pêche, VTT, pétanque, ping-pong sur place. Cures thermales réputées (7 km). Ferme-auberge à proximité immédiate. Vous serez accueillis au cœur du village de Bournazel où ruelles et maisons de caractère côtoient le superbe château renaissance. Isabelle et Alain mettent à votre disposition un cheval pour découvrir les chemins des forêts communales de Bournazel. Langue parlée : anglais.

Prix : 1 pers. **170 F** 2 pers. **200 F** 3 pers. **245 F** pers. sup. **45 F**

Ouvert : toute l'année.

SP	SP	SP	SP	60	7	7

GRANIER Alain et Isabelle - 12390 BOURNAZEL - Tél : 05 65 64 45 21

BOURNAZEL

Alt. : 500 m A *C.M. 80 Pli 1*

4 ch. 4 chambres d'hôtes, dans un village. 3 ch. 2 pers. avec salle d'eau et wc privés. 1 ch. 4 pers. (suite) avec salle d'eau et wc privés. Lit d'appoint possible. Cour et pelouse closes. Piscine privée. Centre de thermalisme à Cransac 7 km. 4 chambres d'hôtes aménagées dans les mansardes d'une grande maison de pierres, où vous convient Nicole et Claude. Un château de la Renaissance domine le petit village de Bournazel. Dans le verger, de l'autre côté de la rue un coin de fraîcheur : la piscine et le petit étang. Langues parlées : anglais, espagnol.

Prix : 1 pers. **170 F** 2 pers. **200 F** 3 pers. **245 F** pers. sup. **45 F**
repas **60 F**

Ouvert : du 15 mars au 15 décembre.

SP	SP	7	SP	7	7	7

NICOULAU Claude et Nicole - 12390 BOURNAZEL - Tél : 05 65 64 52 86 ou 06 86 98 53 33 - Fax : 05 65 64 52 86

BOZOULS Les Brunes

Alt. : 610 m *C.M. 80 Pli 3*

E.C. 1 ch. **Plateau de l'Aubrac 40 km. Vallée du Lot : Estaing 25 km.** 1 ch. d'hôtes 2 pers. avec salle de bains et wc privés, aménagée au 1er étage de la maison de la propriétaire. Séjour commun avec TV, cheminée. Jardin, terrasse, salons de jardin. 3 autres chambres en cours d'aménagement. Restaurants 5 km. Située sur le Causse, entre Rodez et la Vallée du Lot, la belle maison de maître des Brunes et son vaste espace arboré vous ouvre ses portes. Vous prendrez vos petits déjeuners dans la grande cuisine aux dalles de pierres, la cheminée et son four à pain donnent un charme certain à cette pièce. Langue parlée : anglais.

Prix : 1 pers. **320 F** 2 pers. **390 F**

Ouvert : toute l'année.

5	5	5	14	35	17	5

PHILIPPONNAT Monique - Les Brunes - 12340 BOZOULS - Tél : 05 65 48 50 11 ou 06 80 07 95 96 - Fax : 05 65 48 50 11 - E-mail : monique.philipponnat@libertysurf.fr

CALMONT Le Puech Saint-Amans

Alt. : 650 m — C.M. 80 Pli 2

1 ch. — 1 ch. d'hôtes chez l'habitant, au 1er étage. 1 ch. familiale 2/3 pers., salle d'eau et wc privés non communicants. Séjour commun (TV). Pelouse ombragée, salon de jardin, barbecue. Vous êtes accueillis aux portes de Rodez dans une ferme située en pleine campagne. De là vous partirez à la découverte de la capitale aveyronnaise et des grands lacs du Lavezou, mais d'abord poussez jusqu'au village de Calmont blotti au pied de son château.

Prix : 1 pers. **160 F** 2 pers. **200 F** 3 pers. **260 F** pers. sup. **60 F**

Ouvert : du 1er avril au 31 octobre.

13	10	10	15	3	3

TERRAL Fernande - Le Puech Saint-Amans - 12450 CALMONT - Tél : 05 65 69 45 21

CAMARES Rigols

Alt. : 650 m — C.M. 80 Pli 13

4 ch. — **Abbaye de Sylvanés 18 km.** 4 chambres d'hôtes chez l'habitant, dans un hameau. Sur 2 niveaux 1 ch. familiale 3 pers., 3 ch. 2 pers., salles d'eau et wc privés, lits bébé. Séjour (cheminée, TV, bibliothèque) commun, coin-cuisine. Jardins, terrasse, salon de jardin, barbecue, poss. de plateaux repas froids. Restaurants à 6 km. Ancien prieuré du sud Aveyron, cette vaste demeure offre un séjour agréable, lumineux et sympathique petit jardin à l'arrière. Situé dans le Parc naturel régional des grands causses, vous pourrez découvrir le Rougier de Camares, le Tarn, l'Hérault, Sylvanés... Balades en perspective. Langue parlée : anglais.

CV

Prix : 2 pers. **245/300 F** 3 pers. **325 F**

Ouvert : du 1er avril au 1er novembre.

10	3	6	10	30	60	6

DESPREZ Anne-Marie - Rigols - 12360 CAMARES - Tél : 05 65 99 51 37 - Fax : 05 65 99 51 37 - E-mail : desprez.anne-marie@wanadoo.fr - http://www.france-bonjour.com/le-prieuré-st-jean/

CAMBOULAZET Sabin

Alt. : 560 m — C.M. 80 Pli 2

2 ch. — 2 chambres d'hôtes aménagées dans la maison du propriétaire avec accès indépendant. 2 ch. 3 pers. avec salle d'eau, wc et TV privés. Salle de séjour commune. Cour commune close. Réduction à partir de la 3e nuit. Bernard et Martine vous proposent un petit séjour dans leur campagne aveyronnaise. Tout proche, le Viaur pour les amateurs de pêche ou pourquoi pas de siestes au bord de l'eau. En parcourant le pays aux 100 vallées, vous visiterez entre autre le château du Bosc (Toulouse Lautrec). Langue parlée : anglais.

Prix : 2 pers. **220 F** 3 pers. **270 F** pers. sup. **50 F**

Ouvert : de Pâques à la Toussaint.

4	1	10	10	10	9

BLUY Bernard et Martine - Sabin - 12160 CAMBOULAZET - Tél : 05 65 72 28 25 - E-mail : bernard.bluy@wanadoo.fr

CAMPOURIEZ Banhars

C.M. 76 Pli 12

2 ch. — 2 ch. d'hôtes chez l'habitant, au 1er étage, avec accès indépendant. 2 ch. 2 pers., salle d'eau ou de bains/wc privés. Séjour et salon communs (TV, cheminée). Terrasse, jardin, salon de jardin. A 3 km d'Entraygues, route de Saint-Amans-des-Côts. Rédu. à partir de la 4e nuit. Banhars est un village « d'eau », au confluent de la vallée du Lot et des gorges de la Truyère, du lac des Tours, de Conques et d'Estaing. Amateurs de grands espaces verdoyants, l'Aubrac et le Carladez sont tout proches. Pêcheurs, cavaliers, amoureux de flore et de nature... vous êtes les bienvenus. Langue parlée : anglais.

CV

Prix : 1 pers. **200 F** 2 pers. **250 F** 3 pers. **350 F** pers. sup. **100 F**

Ouvert : toute l'année.

SP	SP	8	SP	12	35	35	3	45	3

MADAMOURS Monique - Banhars - Les Hortensias - 12140 CAMPOURIEZ - Tél : 05 65 44 51 21 - Fax : 05 65 44 51 21

LA CAPELLE-BALAGUIER

C.M. 79 Pli 10

5 ch. — 5 ch. d'hôtes avec accès indépendant, 3 à l'étage de la maison du propriétaire, petit café/restaurant et épicerie au r.d.c. et 2 dans un bâtiment attenant, au centre du petit village de la Capelle-Balaguier. 3 ch. 2 pers., salles d'eau/wc privés. 2 ch. 3 pers., salle d'eau/wc privés. Jardin et pelouse ombragée. Terrasse. Dans un petit village du causse, entre la vallée du Lot et la Bastide de Villeneuve, ces chambres d'accès indépendant seront un excellent pied-à-terre pour de nombreuses randonnées à pied ou en VTT.

Prix : 1 pers. **180 F** 2 pers. **230 F** 3 pers. **280 F** pers. sup. **50 F**

Ouvert : de mai à octobre.

SP	13	5	SP	14	14	14	14

CALMETTE Gérard - 12260 LA CAPELLE-BALAGUIER - Tél : 05 65 81 62 52

CASTELNAU-PEGAYROLS Le Fau

Alt. : 850 m — C.M. 80 Pli 13

2 ch. — 2 ch. d'hôtes chez l'habitant. 1 ch. 4 pers. au rez-de-chaussée, d'accès indépendant avec salle d'eau et wc privés. 1 ch. 3 pers. à l'étage avec salle de bains et wc privés non attenants. Salle à manger commune. Terrasse et jardin, salon de jardin, ping-pong. Randonnées pédestres à 2 km. Réduction pour séjour à partir de 2 nuits. Au Fau, vous pourrez alterner entre le repos ou les activités. D'un côté les lacs du Levezou (nombreuses activités nautiques), Micropolis, la cité des insectes, de l'autre le Parc Naturel Régional des Grands Causses, la randonnée, le parapente... et les visites des gorges et de la vallée du Tarn.

Prix : 2 pers. **200 F** 3 pers. **260 F**

Ouvert : du 1er avril au 31 octobre.

SP	6	20	20	15	20	20	15

TAILLEFER Claude - Le Fau - 12620 CASTELNAU-PEGAYROLS - Tél : 05 65 62 01 62

CASTELNAU-PEGAYROLS Le Sahut

Alt. : 900 m — C.M. 80 Pli 13

3 ch. — 3 ch. avec entrée indépendante. 2 ch. 2 pers., sanitaires privés et wc communs. 1 ch. 2 pers. de plain-pied, douche/wc privés (1 épi). Séjour avec cheminée et TV. Cour non close, pelouse, portique, ping-pong, salon de jardin, lac collinaire (pêche). Camping à la ferme sur place. Restaurant 3 km. Delta-plane 16 km. Restaurant 3 km. La ferme du Sahut, en pleine campagne est idéalement placée pour la découverte. Au sud « les Raspes » de la vallée du Tarn, à l'est, les somptueuses gorges du Tarn, au nord le Lévezou et ses grands lacs et juste à côté le village médiéval de Castelnau.

Prix : 2 pers. **200 F** pers. sup. **60 F**

Ouvert : du 5 janvier au 28 décembre.

4	SP	15	21	30	12	15

SOULIE Guy - Le Sahut - 12620 CASTELNAU-PEGAYROLS - Tél : 05 65 62 02 26

CAUSSE-ET-DIEGE

C.M. 79 Pli 10

E.C. 1 ch. — **Saut de la Mouline 20 km. Vallée du Lot 10 km.** 1 chambre d'hôtes chez l'habitant, dans un hameau. Au r.d.c. : ch. 2 pers., salle d'eau et wc privés non attenants, séjour commun (cheminée, TV). Jardin, salon de jardin, barbecue, piscine (5 x 10). Restaurants à 3 km. Sur le Causse du Quercy, près de Figeac et de la vallée du Lot, dans un petit hameau agricole, vous êtes accueillis dans une grande maison de maître qui fait face à son pigeonnier. Sur l'arrière, la vaste terrasse et sa piscine vous invitent aux bains de soleil.

Prix : 1 pers. **200 F** 2 pers. **280 F**

Ouvert : du 1er juillet au 15 septembre.

12	7	16	13	13	12	13	13

LHEUREUX Dominique - 5, rue du Béarn - 91130 RIS-ORANGIS - Tél : 01 69 43 21 89 ou 05 65 64 66 72

CENTRES La Malente

C.M. 80 Pli 12

2 ch. — 2 ch. d'hôtes chez l'habitant. 2 ch. 2 pers. avec salle d'eau et wc privés, d'accès indépendant et de plain-pied. Séjour avec cheminée et salon avec TV communs. Petites terrasses, jardin, piscine privée, salons de jardin, barbecue. Réduction de 5% à partir de la 8e nuit. Restaurant à 3 km. En pleine campagne, vous êtes accueillis dans une maison accrochée à des prairies arborées qui plongent vers un ruisseau. Le paysage est verdoyant, le site calme et les environs foisonnent de sentiers qui vous feront découvrir le pays « des Cent Vallées » dont la vallée de Viaur et ses viaducs. Langue parlée : anglais.

Prix : 1 pers. **190 F** 2 pers. **220 F** pers. sup. **50 F**

Ouvert : du 1er mai au 31 octobre.

3	SP	20	SP	30	8	13

BOIDOT Claudine - 42, Sente de la Grotte - 78510 TRIEL-SUR-SEINE - Tél : 01 39 70 68 06 ou 05 65 69 26 19 - E-mail : jean-pierre.boidot2@libertysurf.fr

COLOMBIES Combrouze

Alt. : 700 m — C.M. 80 Pli 1

3 ch. — 3 ch. d'hôtes chez l'habitant, d'accès indépendant. 2 ch. 3 pers., salles d'eau ou de bains et wc privés, 1 ch. 2 pers., salle d'eau et wc privés. Séjour et salon communs (cheminée, bibliothèque). Cour et jardin, salon de jardin, barbecue. Poss. lits bébé. -10 % à partir de la 2e nuitée. Françoise et Claude vous reçoivent dans l'ancienne école d'un hameau du Ségala, en pleine campagne. Vous aimerez surement les tons bleus du salon, le confort des chambres et le verger sur l'arrière de la maison.

Prix : 1 pers. **220 F** 2 pers. **290 F** 3 pers. **360 F**

Ouvert : du 1er avril au 30 septembre.

6	10	16	6	40	32	6

GALAMPOIX Françoise et Claude - Ancienne Ecole - Combrouze - 12240 COLOMBIES - Tél : 05 65 69 97 07

COMBRET Notre Dame de Betirac

C.M. 80 Pli 3

2 ch. — **Abbaye de Sylvanés 25 km. Cités templières du sud Aveyron 50 km.** 2 chambres d'hôtes à la ferme, sur 2 niveaux, dans un bâtiment annexe à l'ancien couvent du village, accès indép. 2 ch. 2 pers. (poss. lit bébé), s. d'eau et wc privés, séjour réservé aux hôtes (canapé, TV), coin-cuisine. Pelouse, salon de jardin, barbecue, portique, VTT. Circuit de karting et aéroclub à Belmont/Rance (11 km). Réduc. pour séjour. Vous profiterez d'une vue exceptionnelle sur les Monts de Lacaune et vous vous reposerez dans la fraîcheur des pierres de cette demeure du XIXèmè. Pour vos excurssions, vous êtes idéalement situés pour découvrir les grands sites : Albi, Millau, les Gorges du Tarn, Roquefort... Langue parlée : anglais.

Prix : 1 pers. **200 F** 2 pers. **250 F**

Ouvert : du 1er juillet au 3 septembre.

11	6	11	11	40	11

CHOCHINA Anne et Luc - Notre Dame de Bétirac - 12370 COMBRET - Tél : 05 65 99 80 45 ou 06 72 93 14 29 - Fax : 05 65 99 80 45 - E-mail : anne.chochina@wanadoo.fr

COMPEYRE Quiers

Alt. : 630 m — A — C.M. 80 Pli 14

6 ch. — 6 chambres de plain-pied et à l'étage, dans un bâtiment annexe. 5 ch. 2 pers., s.d.b. ou s. d'eau et wc privés. 1 ch. 4/5 pers., s. d'eau et wc privés. Lits d'appoint. Tél. dans les ch. Salon de jardin. Prix 1/2 pens. par pers. en ch. double. Pas de table d'hôtes le dimanche soir hors 07/08 et le lundi soir sur toute la période. Repas sur réservation uniquement. Taxe de séjour. La ferme de Quiers : un petit « bout du monde » agrippé aux contreforts des falaises du Causse, un lieu, une ambiance à découvrir absolument. Plus loin, les Gorges du Tarn vous attireront par le spectacle du relief et la profusion d'activités.

Prix : 2 pers. **280 F** 3 pers. **340/410 F** pers. sup. **60 F** repas **85/110 F**
1/2 pens. **215 F**

Ouvert : du 1er avril au 15 novembre.

5	5	15	12	40	5	12

LOMBARD-PRATMARTY Jean et Véronique - Quiers - 12520 COMPEYRE - Tél : 05 65 59 85 10 - Fax : 05 65 59 80 99

CONQUES Montignac

C.M. 80 Pli 1/2

3 ch. **Site classé de Conques 2 km : abbatiale, trésor d'orfévrerie.** 3 ch. d'hôtes d'accès indépendant aménagées dans une maison proche de celle des propriétaires, dans un hameau. 3 ch. 2 et 3 pers., salles d'eau et wc privés. Séjour commun. Petite cour et terrasse, salon de jardin. Un souci de vie naturelle anime vos hôtes et ils souhaitent vous le faire partager ; la production du jardin est servie à la table d'hôtes, des matériaux naturels ont servis à aménager cette maison à colombages, aux portes de Conques. Un lieu de charme et la décoration des chambres mérite une halte. Langues parlées : anglais, allemand, espagnol.

Prix : 1 pers. **225 F** 2 pers. **250 F** 3 pers. **300 F** repas **80 F**

Ouvert : du 1er avril au 3 novembre.

7	SP	7	7	5	35	7

ACHTEN Maurya et Gérard - Montignac - 12320 CONQUES - Tél : 05 65 69 84 29

CONQUES Cambelong

C.M. 80 Pli 1/2

1 ch. **Conques 1 km. Rodez 35 km.** 1 ch. d'accès indép. (1 lit 160, 1 convertible 2 pers.), salle d'eau/wc privée. Salon (bibliothèque, piano, cheminée, jeux) et séjour (cheminée) communs, accès payant à une cuisine d'été. Lave-linge. Terrasse couverte, parc aménagé, salon de jardin, accès à la piscine de l'hôtel. Des collines boisées qui « glissent » vers le Dourdou, une belle maison de pierres où vous êtes cordialement reçus. Vous pourrez randonner dans les environs sur le GR de St-Jacques de Compostelle, mais aussi pêcher dans le Dourdou et vous profiterez des conseils d'un passionné, votre hôte.

Prix : 1 pers. **260 F** 2 pers. **280 F** 3 pers. **350 F**

Ouvert : du 15 avril au 30 septembre.

7	SP	1	SP	37	7

GARCIA Christine et Alain - Cambelong - 12320 CONQUES - Tél : 05 65 69 80 71 - Fax : 05 65 69 80 13 - E-mail : lamaisondelasource@hotmail.com

COUPIAC Lapaloup

Alt. : 580 m TH C.M. 80 Pli 12

3 ch. **Route des Seigneurs du Rouergue (châteaux) dans un rayon de 30 km.** 3 ch. d'hôtes aménagées au 1er étage de la maison de la propriétaire. 3 ch. 2 et 3 pers., salles d'eau/wc privés. Séjour et salon communs (cheminée, TV). Cour et terrasse couverte, salon de jardin, barbecue, ping-pong. Abbaye de Sylvanes 50 km. La ferme se consacre à l'élevage des chevaux et offre une vue panoramique sur les prés et forêts. Ce site est propice à la découverte grâce à de nombreux sentiers balisés du « Pays des 7 Vallons », au cœur du Parc Naturel Régional des Grands Causses à parcourir à pied, à cheval ou en VTT. Langue parlée : anglais.

Prix : 1 pers. **190 F** 2 pers. **240 F** 3 pers. **360 F** repas **100 F**

Ouvert : toute l'année.

4	SP	13	4	12	45	4

SLUIMAN Rosette - Lapaloup - 12550 COUPIAC - Tél : 05 65 99 71 49 - Fax : 05 65 99 72 63

ENTRAYGUES Mejanasserre

A C.M. 76 Pli 12

2 ch. **Estaing 17 km. Conques 30 km.** Dans bâtis annexe, d'accès indép. 1 ch. 4/5 pers., s.d.b. et wc privés (3 épis), 1 ch. 3 pers., s. d'eau et wc privés (EC). Pelouse à prox., salon de jardin, ping-pong. Poss. pension chevaux (carrière, box, pâture...). Vous aimerez les maisons de pierres de Méjanasserre, les recoins fleuris, la volière, la vue splendide sur la vallée du Lot. L'ambiance y est conviviale et la décoration, très personnalisée « signée » de la maîtresse de maison. Les pains que vous dégusterez, sont cuits dans le four à pain qui trône dans l'entrée de la ferme-auberge.

Prix : 1 pers. **240 F** 2 pers. **290 F** 3 pers. **350 F** pers. sup. **75 F** repas **120 F**

Ouvert : du 1er avril au 30 septembre.

4	4	7	4	35	45	4

FORVEILLE Véronique - Mejanasserre - 12140 ENTRAYGUES - Tél : 05 65 44 54 76 - Fax : 05 65 44 54 76

ESTAING Cervel

TH C.M. 80 Pli 3

4 ch. 4 ch. d'hôtes de caractère, au pied de l'Aubrac. 2 ch. 2 pers. et 2 ch. familiale 3 pers. (lits 160) avec s. d'eau et wc privés, TV, poss. lits suppl. Salon réservé aux hôtes, avec boiseries, cheminée, piano, biblio. et TV. Salon de jardin. Tarif 1/2 pens./pers. pour séjour de plus de 2 nuits en chambre double. Séjour gourmand en toute saison grâce aux produits de la ferme et du jardin. Dans ce petit hameau de la vallée du Lot, Madeleine et André vous ouvrent les portes de leurs chambres meublées en traditionnel à l'étage d'une ferme avec vue sur la cour ombragée et la terrasse fleurie.

Prix : 1 pers. **230 F** 2 pers. **280 F** 3 pers. **360 F** pers. sup. **80 F** repas **90 F** 1/2 pens. **215 F**

Ouvert : du 1er avril au 15 novembre.

5	1,5	7	5	7	30	30	5	35	5

ALAZARD André et Madeleine - Cervel - Route de Vinnac - 12190 ESTAING - Tél : 05 65 44 09 89 - Fax : 05 65 44 09 89

FLAVIN Nouvel Vayssac

Alt. : 600 m C.M. 80 Pli 2

1 ch. **Rodez 10 mn.** 1 chambre d'hôtes aménagée au 1er étage de la maison du propriétaire. 1 ch. 2 pers. avec salle d'eau, wc privés. Poss. lit d'appoint. Garage à disposition. Pelouse commune. Salon de jardin. Portique, vélos, pétanque, chevaux. Restaurant à Flavin 3 km. A Nouvel-Vayssac, au milieu d'un élevage charolais, Henri et Véronique vous invitent à découvrir leur passion pour ce métier. Pour les amateurs de baignade, les lacs du Levezou sont tout proches.

Prix : 1 pers. **300 F** 2 pers. **300 F** 3 pers. **390 F** pers. sup. **90 F**

Ouvert : du 1er avril au 31 octobre.

3	10	6	15	10	15	3

VIDAL Henri et Véronique - Nouvel Vayssac - 12450 FLAVIN - Tél : 05 65 71 98 07 - Fax : 05 65 71 98 07

FLORENTIN-LA-CAPELLE La Capelle — Alt. : 700 m — TH — *C.M. 76 Pli 13*

2 ch. **Laguiole (coutellerie, fromagerie) 25 km. Entraygues 18 km.** 2 ch. d'hôtes avec accès indépendant aménagées sur 3 niveaux dans la maison des propriétaires, dans un hameau. 2 ch. 2 et 3 pers., salles d'eau et wc privés. Séjour privé (TV, bibliothèque), coin-cuisine à disposition. Panier pique-nique. Terrasse, petit jardin, salon de jardin. Poss. lit bébé. Table d'hôtes sur réservation. De La Capelle, plongez vers la Vallée du Lot : Estaing, Entraygues ou poursuivez la montée vers l'Aubrac, à moins que vous ne préfériez farnienter au bord du lac de la Selve (pêche, baignade). De retour chez vos hôtes vous apprécierez les repas à la table familiale et l'accueil sympathique.

Prix : 1 pers. **200 F** 2 pers. **250 F** 3 pers. **330 F** pers. sup. **70 F**
repas **80 F**

Ouvert : toute l'année.

6	4	10	4	4	16	55	8

VEYRE Valérie et Lucien - Les Capellous - La Capelle - 12140 FLORENTIN LA CAPELLE - Tél : 05 65 44 46 39 - Fax : 05 65 44 46 39

GISSAC Saint-Etienne — Alt. : 700 m — TH — *C.M. 80 Pli 13*

4 ch. **Abbaye de Sylvanés 10 km.** 4 chambres d'hôtes chez l'habitant, un gîte à proximité, dans un superbe corps de ferme isolé en campagne. Au 2è étage : 2 ch. 2 pers., salle d'eau et wc privés, 2 ch. 2/4 pers., salle d'eau et wc privés, lit bébé. Séjour (cheminée) et salon commun. Cour et jardin, salon de jardin. Passez le porche, la maison de maître ouvre sur la cour pavée, entourées d'anciennes bergeries voûtées. Dalles de pierre, grandes chambres aux murs peints à la chaux créent l'ambiance. Et pour découvrir le sud de l'Aveyron, le Parc des grands causses suivez les conseils passionnés de vos hôtes.

Prix : 1 pers. **210 F** 2 pers. **260 F** 3 pers. **360 F** pers. sup. **100 F**
repas **90 F**

Ouvert : toute l'année.

10	10	10	23	35	10

BOSC Anne-Marie & Gilbert - Saint-Etienne - 12360 GISSAC - Tél : 05 65 99 59 27 - Fax : 05 65 99 59 27

LACROIX-BARREZ Vilherols — Alt. : 850 m — *C.M. 76 Pli 12*

4 ch. Dans la maison du prop. 1 ch. familiale 3 pers. avec s. d'eau et wc privés. Accès au salon avec TV et cheminée. Dans un bâtiment annexe, 3 ch. 2 pers. (TV) dont 1 avec terrasse privée, s. d'eau et wc privés. Coin-cuisine dans les chambres. Jardin et prairie communs, salon de jardin, parking. Accès pers. hand. De belles maisons de pierres et de lauzes, des chambres agréablement décorées, et face à vous, un vaste panorama se déploie sur la sauvage vallée de la Truyère. Restaurant à 4 et 6 kms. Centre de remise en forme à 6 km.

Prix : 1 pers. **230/320 F** 2 pers. **280/400 F** 3 pers. **380/500 F**
pers. sup. **100 F**

Ouvert : juillet et août + vacances scolaires.

4	10	6	16	8

LAURENS Jean - Vilherols - 12600 LACROIX-BARREZ - Tél : 05 65 66 08 24 - Fax : 05 65 66 19 98

LAGUIOLE Bouet — Alt. : 1000 m — *C.M. 76 Pli 13*

4 ch. 4 ch. avec accès indép. pour 3/4 pers., salle d'eau ou s.d.b./wc privés, TV dans les ch. Séjour commun (cheminée), lave-linge, réfrigérateur. Cour et terrain herbeux, salons de jardin, barbecues. Réduc. pour séjour. Taxe de séjour. Vous avez entendus parler de l'aligot, des couteaux de Laguiole, de la transhumance... C'est ici sur l'Aubrac, immense plateau d'altitude que vous découvrirez tout cela. Et vous serez au cœur du sujet : la ferme de Bouët où sont élevés de belles vaches de la race Aubrac, est aux portes de Laguiole.

Prix : 1 pers. **250 F** 2 pers. **300 F** 3 pers. **350 F**

Ouvert : du 1er avril au 15 novembre.

1	1	2	1	8	6	56	1

CHAYRIGUES Evelyne et Michel - Bouet - 12210 LAGUIOLE - Tél : 05 65 44 33 33

LAGUIOLE Moulhac — Alt. : 1100 m — *C.M. 76 Pli 13*

4 ch. **Laguiole 3 km.** 4 chambres d'hôtes à la ferme aménagées au 1er étage d'une ancienne grange. 3 ch. 2 pers., 1 ch. 4 pers., salles d'eau ou de bains/wc privés. Séjour privé au rez-de-chaussée (cheminée), coin-cuisine à disposition, jardin, animaux acceptés sous réserves (chien : 25 F./nuit). Petit lac sur la propriété. Sur le plateau de l'Aubrac, une ferme en pleine nature où l'on élève des vaches. Les chambres jouxtent la maison d'habitation. Un parti pris de décoration, mélant des matériaux traditionnels et des éléments modernes, donne un charme certain à ce lieu. L'adresse conviviale et insolite de l'Aubrac... Langue parlée : anglais.

Prix : 1 pers. **250 F** 2 pers. **310 F** pers. sup. **80 F**

Ouvert : toute l'année.

3	SP	11	15	15	65	3

LONG Claudine et Philippe - Moulhac - 12210 LAGUIOLE - Tél : 05 65 44 33 25 - Fax : 05 65 44 33 25 - http://www.france-bonjour.com/moulhac/

LAPANOUSE

Alt. : 700 m — *C.M. 80 Pli 4*

3 ch. **Gorges du Tarn 25 km.** 3 chambres dans ancienne grange jouxtant la maison d'habitation, dans village, proche de l'église. 1 ch. 2 pers., 1 ch. (mezz.) 4 pers.,1 ch. (duplex) 5 pers., coin-cuisine, s. d'eau et wc privés, séjour privé (cheminée, TV). Terrasse, jardinet, salon de jardin, barbecue, réserve pour animaux. Chambres non fumeur. Restaurant à 100 m. Equip. bébé. Lapanouse : village du Parc naturel régional des grands causses, resserré autour de son église du XIème. D'ici découvrez les Gorges du Tarn, la vallée du Lot, l'Aubrac. Pour décorer les chambres, vos hôtes ont choisi des harmonies de couleurs. Dans le coin-salon, la cheminée vous invite à la détente. Langue parlée : anglais.

Prix : 1 pers. **210/250 F** 2 pers. **250 F** 3 pers. **330 F** pers. sup. **80 F**

Ouvert : toute l'année.

3	1	8	3	48	35	3	3

COSTES Armelle et Henri - Rue des Rosiers - 12150 LAPANOUSE - Tél : 05 65 71 64 40 - Fax : 06 65 71 64 40

MILLAU Montels

Alt. : 580 m — *C.M. 80 Pli 14*

3 ch. Chez l'habitant, 1 chambre d'hôtes familiale (4 pers.), salle d'eau/wc privés, 2 chambres (2 pers.), salles d'eau/wc (accès indép.), TV dans les chambres, séjour commun. Jardin, cour et terrasse, salon de jardin, barbecue. Taxe de séjour. Montels, une ferme accrochée aux flancs des plateaux qui entourent Millau. Vous bénéficierez d'une vue pittoresque sur la ville et les contreforts du Larzac. Ne soyez pas surpris de voir planer quelques parapentes, activité fort pratiquée en cette région. Les randonnées y sont nombreuses, les paysages rocailleux, sauvages et si beaux. Vous êtes au pays des Gorges du Tarn.

Prix : 1 pers. **220/240 F** 2 pers. **240/260 F** 3 pers. **300/320 F** pers. sup. **60 F**

Ouvert : toute l'année.

5	7	5	35	5	5	5

CASSAN Henriette - Montels - 12100 MILLAU - Tél : 05 65 60 51 70

MONTJAUX Candas

C.M. 80 Pli 13

3 ch. **Roquefort 20 km. Gorges du Tarn 40 km.** 3 chambres d'hôtes avec entrée indépendante, située dans un hameau. 3 ch. 2 pers. avec possibilité lit supplémentaire 1 pers. et lit bébé. Salle de bains et wc communs. Restaurant 4 km. Base nautique à 7 km. Plage aménagée sur le Tarn à 300 m. Réduction pour séjour. Abbaye de Sylvanés et Micropolis à visiter. Candas est un petit hameau niché au creux de la vallée du Tarn, assagie depuis Millau. En effet, au tumulte des gorges succède une vallée moins abrupte mais tout aussi belle et passionnante avec ses paysages de vignes et de vergers et ses villages traditionnels, tel Candas. Langue parlée : anglais.

Prix : 2 pers. **180 F** pers. sup. **50 F**

Ouvert : toute l'année.

8	0,3	8	17	6	17	7

CAUMES Alain - Candas - 12490 MONTJAUX - Tél : 05 65 62 52 25

MONTLAUR Le Mas d'Azais

C.M. 80 Pli 13

4 ch. 4 ch. d'hôtes chez l'habitant. A l'ét. : 1 ch. 3 pers., s. d'eau/wc privée, 2 ch. 2 pers. et 1 ch. 3 pers., s. d'eau et wc communs. Séjour (cheminée, TV) commun, grand salon privé. Terrasse et cour, salon de jardin, barbecue, ping-pong, pêche dans canal sur la propriété. Poss. lit d'appoint et lit bébé. - 10% sur séjour min. 3 nuits. Rando 2 km. Une ferme vous accueille dans cette vallée du Dourdou où domine le rouge de la terre et des maisons de pierres. Ce lieu regorge de curiosités, la première sur la propriété : une mini-centrale électrique installée sur un des canaux d'irrigation qui sillonnent la plaine. Château de Montaigut...

Prix : 1 pers. **130/150 F** 2 pers. **180/250 F** pers. sup. **50 F**

Ouvert : toute l'année.

3	SP	3	12	3	30	3

COVINHES Jeanine et Joël - Le Mas d'Azais - 12400 MONTLAUR - Tél : 05 65 49 57 87

MORLHON Le Verdier

Alt. : 560 m — *C.M. 79 Pli 20*

1 ch. 1 chambre d'hôtes 2 pers., dans une maison attenante à celle du propriétaire avec salle de bains, wc et séjour avec cheminée privés. Devant de porte herbeux non clos, salon de jardin, barbecue. Réduction pour séjour. Morlhon, aux portes de la bastide royale de Villefranche-de-Rouergue et du village médiéval de Najac, est un village historique où subsistent encore quelques vestiges du passé. Au Verdier, votre séjour sera marqué par le calme et la richesse des paysages aux reliefs accidentés.

Prix : 1 pers. **170 F** 2 pers. **220 F** 3 pers. **300 F**

Ouvert : toute l'année.

3	SP	12	10	3	10

PEZET Yvette - Le Verdier - 12200 MORLHON-LE-HAUT - Tél : 05 65 29 93 88

MUR-DE-BARREZ Domaine des Hautes Cimes

Alt. : 920 m — *C.M. 76 Pli 12*

5 ch. 5 chambres d'hôtes aménagées dans une maison indépendante face à l'habitation du propriétaire. 1 ch. 2 pers., salle d'eau et wc privés. 2 ch. 2 pers., salles d'eau privées. 2 ch. 3 pers., salles d'eau privées. 2 wc communs. Salle de séjour avec cheminée et salon privé. Terrain, pré. Animaux admis sous réserve. Garderie d'enfants au village. Restaurant 9 km. Le domaine des « Hauts Cimes » est une grande maison de maître couverte de lierre située dans un hameau de la campagne de Carladez.

Prix : 1 pers. **170 F** 2 pers. **200/220 F** 3 pers. **250 F**

Ouvert : du 15 mai au 15 septembre.

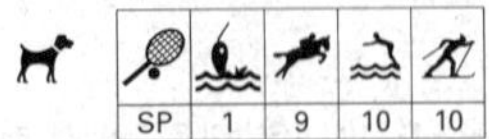

SP	1	9	10	10

PRUNET Jean - Domaine des Hautes Cimes - La Salesse - 12600 MUR-DE-BARREZ - Tél : 05 65 66 14 27

NAJAC La Prade Haute *C.M. 79 Pli 20*

1 ch. 1 ch. d'hôtes dans un bâtiment annexe, chambre familiale pour 4 pers. sur 2 niveaux, salle d'eau et wc privés. Poss. lit bébé. Terrasse et jardin communs, salon de jardin, ping-pong. Etang privé (pêche). Taxe de séjour. Bel et ancien corps de ferme avec sa cour intérieure, proche du site médiéval de Najac et des gorges de l'Aveyron. La chambre est spacieuse, chaleureuse et vous apprécierez les petits déjeuners servis sur la terrasse, dans le jardin ou la très belle cuisine aux tons bleus. Langue parlée : anglais.

Prix : 1 pers. **200 F** 2 pers. **240 F** pers. sup. **70 F**

Ouvert : du 1er avril au 11 novembre.

4	4	1	4	15	4	4	4

DELERUE-SOURNAC Hervé et Marie - La Prade Haute - 12270 NAJAC - Tél : 05 65 29 74 30 - E-mail : lapradehaute@wanadoo.fr

NAJAC *C.M. 79 Pli 20*

3 ch. 3 chambres chez l'habitant sur 2 niveaux : 2 ch. de 2 pers., salle de bains/wc privés et 1 ch. familiale 4 pers., salle de bains et wc privés. Séjour et salon communs. Petit jardin et terrasse, salon de jardin. Réduction pour séjour. Vous serez accueillis dans une vieille demeure de Najac, village dominé par un château médiéval. Les peintures de votre hôte animent l'impressionnante cage d'escalier qui mène aux chambres, sobres et agréables. Un jardinet sur l'arrière de la maison vous invite au repos. Langue parlée : anglais.

Prix : 1 pers. **200 F** 2 pers. **280 F** 3 pers. **370 F** pers. sup. **50 F**

Ouvert : toute l'année.

2	2	2	2	2	SP	SP

MAURAU-HANRION Frédéric - Place du Faubourg - Maison Authesserre - 12270 NAJAC - Tél : 05 65 29 73 47

NAJAC La Prade *C.M. 79 Pli 20*

3 ch. 3 chambres aménagées chez l'habitant. 1 ch. 3 pers. (2 épis) avec salle d'eau/wc privés, 2 ch. (2 et 3 pers.) avec salle d'eau et wc communs. Salle de séjour. Restaurant 3 km. Camping à la ferme à proximité, location d'un mobil-home et de caravanes. Réduc. 10% sur séjour pour 3 nuits minimum. Chez Maïté et Jean-Pierre vous êtes accueillis dans une ambiance familiale. Calme et convivialité sont toujours au rendez-vous et des sites tout proches sont à découvrir : Najac et les gorges de l'Aveyron notamment.

Prix : 2 pers. **170/200 F** 3 pers. **220/250 F** pers. sup. **50 F**

Ouvert : toute l'année.

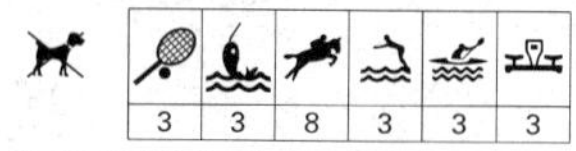

3	3	8	3	3	3

VERDIER Jean-Pierre et Maïte - La Prade - 12270 NAJAC - Tél : 05 65 29 71 51 - Fax : 05 65 29 71 51

NANT Mas de la Place Alt. : 510 m *C.M. 80 Pli 15*

2 ch. **La Couvertoirade (commanderie templière) 15 km. Saint-Véran 20 km.** Dans un bâti annexe, d'accès indép. et de plain-pied, 2 ch. 2 pers., salles d'eau/wc privés. Coin-cuisine attenant. Séjour commun. Cour, salon de jardin, barbecue, ping-pong. Poss. week-end pêche, chasse en saison. Animaux acceptés sous réserve. Réduc. pour séjour. Entre Larzac et Cévennes, au cœur du Parc Naturel Régional des Grands Causses, vous pratiquerez mille activités culturelles : églises romanes, visite des sites Templiers et hospitaliers... et sportives : pêche, randonnées... ou de détente au pied du chêne séculaire qui ombrage l'entrée de la ferme. Langue parlée : anglais.

Prix : 1 pers. **200 F** 2 pers. **230 F** 3 pers. **300 F** pers. sup. **70 F**

Ouvert : du 1er mars au 31 octobre.

5	SP	5	5	37	5

COULET M-Claire et J-Claude - Le Chêne - Mas de la Place - 12230 NANT - Tél : 05 65 62 27 40 - Fax : 05 65 62 27 40

NOAILHAC Montbigoux Alt. : 580 m *C.M. 80 Pli 1*

2 ch. **Conques 8 km.** 2 ch. d'hôtes chez l'habitant, au 1er étage mansardé. 1 ch. 2 pers., salle d'eau/wc privée non communicante. 1 ch. 3 pers., salle d'eau/wc privée. Séjour commun (cheminée, TV). Cour et terrasse commune, salon de jardin, barbecue, garage. De Montbigoux, vous discernerez sur fond d'un vaste horizon, la cathédrale de Rodez...fort éloignée pourtant, ainsi que la vallée du Dourdou et les collines environnantes. A 6 km de Conques, classé patrimoine mondial de l'UNESCO, son abbatiale et le GR65, chemin de St Jacques de Compostelle à 200 m.

Prix : 1 pers. **180 F** 2 pers. **220 F** 3 pers. **280 F** pers. sup. **60 F**

Ouvert : toute l'année.

5	5	6	5	17	38	5

FALIP Michel et Simone - Montbigoux - 12320 NOAILHAC - Tél : 05 65 69 85 01 ou 06 81 93 34 50 - Fax : 05 65 69 85 01

ONET-LE-CHATEAU Les Cabaniols Alt. : 600 m *C.M. 80 Pli 2*

4 ch. 4 ch. d'accès indépendant. Dans une ancienne grange 3 ch. (2, 3 et 4 pers.), dans un petit bâti, 1 ch. (2 pers.), salles d'eau/wc privés, coin-cuisine et séjour (TV, bibliothèque) privatifs. Jardin, salon de jardin, barbecue. Possibilité lit bébé. Aux portes de Rodez, tout en étant à la campagne, ces chambres s'ouvrent sur un agréable jardin fleuri. Des randonnées à pied sur les Causses, tout proche, aux balades lointaines vers Conques, les lacs du Levezou ou l'Aubrac, ou encore le golf de Fontanges, à quelques pas : vous ne manquerez pas d'activités.

Prix : 2 pers. **270/300 F** 3 pers. **350 F** pers. sup. **60 F**

Ouvert : toute l'année.

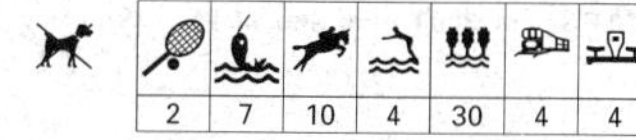

2	7	10	4	30	4	4

CONSTANS Nadine - Les Cabaniols - 12850 ONET-LE-CHATEAU - Tél : 05 65 42 68 33 ou 06 82 08 57 63

PEYRELEAU l'Ermitage  *C.M. 80 Pli 4*

5 ch. 3 ch. chez l'habitant. 2 ch. 2 pers. et 1 ch. 3 pers., salles d'eau ou bains/wc privées. Dans la dépendance : 2 ch. (2 et 3 pers.), s. d'eau/wc privée, salle voûtée (repas), salon privé (TV, musique, cheminée). Terrasse, salon de jardin, VTT, spa. Table d'hôtes sur réservation les vendredi et samedi soir uniquement. Réduct. hors-saison à partir de 4 nuits. L'Ermitage, vaste demeure et ancien couvent dominant le village classé de Peyreleau, au confluent des gorges du Tarn et de la Jonte. Le calme, la vue imprenable et un accueil chaleureux dans une maison qui a incontestablement du charme. Langues parlées : anglais, allemand.

Prix : 1 pers. **300 F** 2 pers. **330/480 F** 3 pers. **480/580 F** pers. sup. **100 F** repas **140 F**

Ouvert : du 20 mars au 12 novembre.

SP	SP	4	9	40	40	SP	20	SP

GARSI Doris et Philippe - l'Ermitage - 12720 PEYRELEAU - Tél : 05 65 62 61 91

PEYRELEAU *C.M. 80 Pli 4*

3 ch. 3 ch. d'hôtes chez l'habitant aux rez-de-chaussée et 1er étage. 1 ch. 2 pers. (2 épis), 1 ch. 3 pers. (3 épis), 1 ch. 4 pers. (2 épis), chacune avec salle d'eau/wc privée. Séjour avec cheminée et salon communs. Terrasse couverte, jardin, salon de jardin. Randonnée pédestre sur place. Taxe de séjour. Une belle maison, toute en hauteur accrochée aux parois du village de Peyreleau, au confluent des gorges du Tarn et de la Jonte. Une terrasse qui ne donne qu'une envie, s'y attarder... Un paysage et un lieu où vous pourrez aussi « bouger » : canoë, spéléo, escalade, randonnées... Langue parlée : anglais.

Prix : 1 pers. **230 F** 2 pers. **300 F** 3 pers. **380 F** pers. sup. **70 F**

Ouvert : du 01/02 au 31/12 et du 01/01 au 15/01.

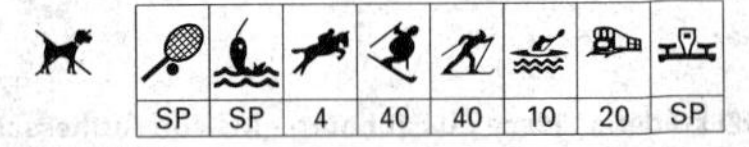

SP	SP	4	40	40	10	20	SP

BOISNARD Florence - l'Amorier - 12720 PEYRELEAU - Tél : 05 65 62 67 20

POMAYROLS Alt. : 550 m *C.M. 80 Pli 4*

1 ch. m ch. d'hôtes spacieuse chez l'habitant, avec accès indépendant. 1 ch. 3 pers., salle d'eau et wc privés + kitchenette. Séjour commun. Terrasse, salon de jardin. 2e N° de téléphone durant les vacances scolaires + un 3e N° de téléphone : 05.65.52.70.28. Pomayrols, petit village proche de Saint-Geniez-d'Olt, domine la vallée du Lot. Au nord, l'Aubrac : espace, grand air et quiétude garantis.

Prix : 2 pers. **200 F** pers. sup. **50 F**

Ouvert : du 1er avril au 30 octobre.

7	1	7	7	12	30	30	7	25	7

ROUCH Pierrette - 4 passage Severine - 91600 SAVIGNY-SUR-ORGE - Tél : 01 69 21 32 56 ou 05 65 47 44 00

POMAYROLS Alt. : 550 m *C.M. 80 Pli 4*

1 ch. 1 chambre d'hôtes (2 pers) au 2e étage dans le village, salle d'eau/wc privés, séjour commun (cheminée, TV). Petit jardin, salon de jardin, barbecue, garage. Vous êtes là, aux portes de l'Aubrac, en haut du village de Pomayrols, près du château qui domine la vallée du Lot. La chambre claire et mansardée vous permet de profiter de ces paysages verdoyants. Langue parlée : anglais.

Prix : 2 pers. **210 F** 3 pers. **270 F**

Ouvert : du 1er juillet au 30 septembre.

7	SP	7	35	35	7	20	7

RASCALOU-BROUZES Claudine - 11, rue François 1er - 92170 VANVES - Tél : 01 46 45 18 48 ou 05 65 47 40 22

PONT-DE-SALARS La Coste Alt. : 690 m (TH) *C.M. 80 Pli 3*

3 ch. **Micropolis, la cité des insectes 20 km.** 3 ch. d'hôtes dans la maison du prop. dans le village, face à la gendarmerie. R.d.c., entrée indép. 2 ch. (lit 2 pers.), 1 ch. (2 lits 1 pers.). S. d'eau, wc privés, TV (réception satellite) chacune. Séjour commun. Jardin d'agrément, salon de jardin à dispo. Rivière, voile sur place. Restaurant 500 m. Animaux admis sous réserve. Table d'hôtes sur résa. uniquement (pas de table le dimanche soir en juil./août). Réduct. séjour en basse saison. Taxe de séjour. Pont-de-Salars, au cœur du Levezou, 3 lacs (1800 ha.), grande variété d'activités nautiques. Mireille, guide touristique a réalisé pour vous des circuits découvertes.

Prix : 1 pers. **250 F** 2 pers. **270 F** pers. sup. **100 F** repas **100 F**

Ouvert : toute l'année.

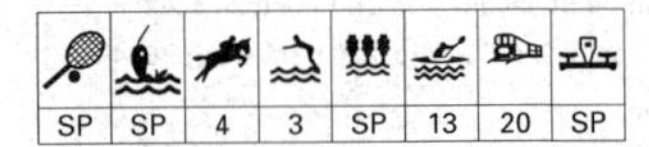

SP	SP	4	3	SP	13	20	SP

BEDOS Michel et Mireille - 12290 PONT-DE-SALARS - Tél : 05 65 46 84 14 ou 06 83 46 42 71 - Fax : 05 65 46 84 14 - E-mail : vacances.aveyron@free.fr - http://www.vacances.aveyron.free.fr/chambres.hotes

POUSTHOMY La Rivière *C.M. 80 Pli 12*

4 ch. 4 chambres situées en pleine campagne. 4 ch. 2 pers. avec 2 salles d'eau et 2 wc communs, lit d'appoint possible. Véranda, terrain non clos à la disposition des hôtes. Possibilité cuisine. Promenades pédestres. Ruisseau, piscine privée sur place. Table de ping-pong. Réduction 10% pour famille nombreuse en séjour. Dans la campagne du sud-Aveyron, retrouvez le calme et découvrez à proximité les Vallées du Tarn et du Rance dont les cours sont ponctués de village au cachet préservé : St-Sernin, plaisance pour le Rance, Lincou, Brousse et Ambialet pour le Tarn.

Prix : 1 pers. **130 F** 2 pers. **220 F** 3 pers. **300 F** pers. sup. **80 F**

Ouvert : toute l'année.

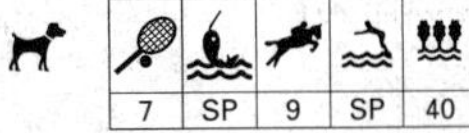

7	SP	9	SP	40

JACOBY Gunter - La Rivière - 12380 POUSTHOMY - Tél : 05 65 99 63 18

PRADES-DE-SALARS Boulouis

Alt. : 830 m — A — *C.M. 80 Pli 3*

5 ch. — 5 ch. dans ancienne grange avec accès indép. 3 ch. 2 pers., 2 ch. 4 pers., dont une familiale, salles d'eau/wc. Poss. lit bébé. Séjour privatif, bibliothèque, terrasses, jardin, salons de jardin, ping-pong, boulodrome. Repas en ferme auberge uniquement sur réservation (pas de repas le lundi midi). Réduction pour séjour. Au bord du lac de Pareloup (300 m), ferme coquette et fleurie. Les chambres aménagées dans une bâtisse en pierre portent des noms de pré. Vous profiterez des plaisirs de la plage, des balades en pleine nature et vous rénouerez avec la gastronomie campagnarde à la table de la ferme-auberge. Langues parlées : anglais, espagnol.

Prix : 1 pers. **220 F** 2 pers. **260 F** 3 pers. **350 F** pers. sup. **80 F**
repas **90 F**

Ouvert : toute l'année.

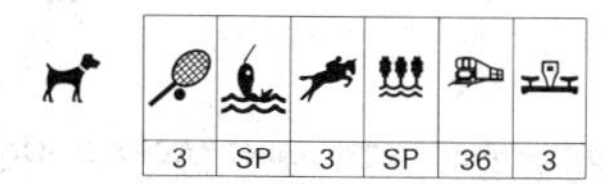

CLUZEL Annie et David - Boulouis - 12290 PRADES-DE-SALARS - Tél : 05 65 46 34 55 - Fax : 05 65 46 34 55

RIGNAC La Garrissonie

Alt. : 515 m — *C.M. 80 Pli 1*

3 ch. — 3 ch. aménagées dans une maison de caractère avec mezzanine, poutres apparentes et terrasse couverte fleurie. 2 ch. 2 pers. avec salle d'eau/wc privée. 1 ch. 3 pers. (2 épis) avec salle de bains/wc privée non attenants. Jardin ombragé avec salon de jardin, possibilité barbecue et pique-nique. 2 chevaux à dispo. des hôtes. Animaux admis sous réserve. 340 F/4 pers. Restaurants 4 km. Ferme-auberge à 2 km. A la Garrissonie, l'accueil est simple, chaleureux et spontané. Tout proche de Rodez, vous pourrez découvrir les petites rues qui mènent à la cathédrale, visiter Belcastel ou déguster le vin local « Le Marcillac » chez un producteur. 340 F/4 pers.

Prix : 1 pers. **220 F** 2 pers. **250/270 F** 3 pers. **300 F** pers. sup. **60 F**

Ouvert : toute l'année.

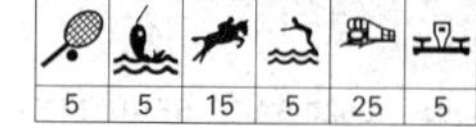

PRADEL André et Monique - La Garrissonie - 12390 RIGNAC - Tél : 05 65 64 53 25 - Fax : 05 65 64 53 25

RIVIERE-SUR-TARN Les Salles

TH — *C.M. 80 Pli 4*

5 ch. — **Millau 12 km.** 4 ch. 2 pers., 1 ch. 3 pers. avec s. d'eau et wc privés, accès indép. Aire de jeux, ping-pong, terrasse, barbecue, parking, portique, pétanque. Pas de table d'hôtes le dimanche. Plage à 1 km (base de loisirs) sur le Tarn. Taxe de séjour. Réduction pour séjours. Tarif 1/2 pension par pers. en chambre double. Pour vous accueillir sur la route des gorges du Tarn : une ferme viticole. Implantée au cœur du hameau, la grande maison de pierres, avec sa vigne et son verger sur l'arrière, domine une agréable piscine.

Prix : 2 pers. **250 F** 3 pers. **345 F** repas **80 F** 1/2 pens. **205 F**

Ouvert : toute l'année.

MELJAC Jean et Jeanine - Les Salles - 12640 RIVIERE-SUR-TARN - Tél : 05 65 59 85 78 - Fax : 05 65 59 85 78

RIVIERE-SUR-TARN

TH — *C.M. 80 Pli 4*

5 ch. — 5 ch. dans la maison du prop., avec accès indép. 3 ch. 2 pers. à l'étage avec s. d'eau/wc privées, 2 ch. 2 et 3 pers. (2 épis), de plain-pied avec s. d'eau/wc privées. TV dans 1 ch. Séjour commun. Terrasse, pelouse close par des haies, salon de jardin, parking. Taxe de séjour. Pas de table d'hôtes le dimanche soir. Animaux admis sous réserve. L'Arcade, grande maison avec son verger se trouve sur la route des gorges du Tarn. Un environnement idéal pour des vacances actives et sportives. Jeux d'enfants, ping-pong, portique. Base de loisirs 1 km. Pas de TH le dimanche soir, cuisine régionale, produits du jardin. Langues parlées : anglais, espagnol.

Prix : 1 pers. **210 F** 2 pers. **250 F** 3 pers. **300 F** pers. sup. **50 F**
repas **80 F**

Ouvert : du 1er mars au 15 novembre.

FABRE Jeanine et Francis - l'Arcade - rue Beausoleil - 12640 RIVIERE-SUR-TARN - Tél : 05 65 59 85 88

LA ROUQUETTE Le Moulin de Castel

TH — *C.M. 79 Pli 20*

E.C. 1 ch. — 1 ch. d'hôtes 2 pers. avec salle d'eau/wc privés et entrée indépendante, aménagée dans la maison des propriétaires. Séjour commun avec TV et cheminée. Jardin, salons de jardin, portique. Les Bastides du Rouergue : Najac et Villefranche-de-Rouergue. En pleine campagne, cette agréable maison de pierre blanche, très fleurie est séparée du Moulin de Castel par un ruisseau : l'Assou. Situé entre Villefranche de Rouergue et Najac, vous ne manquerez pas de sites à visiter à moins que vous ne préfériez parcourir le GR36.

Prix : 1 pers. **220 F** 2 pers. **280 F** repas **80 F**

Ouvert : toute l'année.

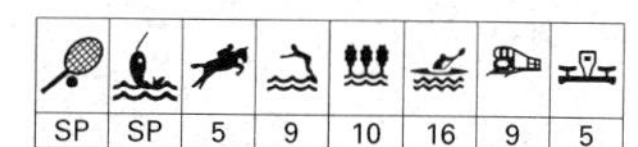

MAUGY Maryla et Jean - Le Moulin de Castel - 12200 LA ROUQUETTE - Tél : 05 65 29 48 81

SAINT-ANDRE-DE-NAJAC l'Homp  *C.M. 79 Pli 20*

1 ch. 1 chambre 2 pers. dans la maison du propriétaire. Salle de bains, douche et wc privés non communicants à la chambre. Poss. lits supplémentaires. Séjour-salon communs, cheminée, TV. Cour et grand jardin fleuri. Petit étang, terrasse, salon de jardin. Réduction pour séjour. Cette ancienne ferme, en pleine campagne, s'ouvre sur le large panorama de la vallée du Viaur : calme et quiétude garantis. La propriétaire vous recevra dans sa maison fleurie, au charme très personnalisé. Langues parlées : anglais, hollandais.

CV

Prix : 1 pers. **190 F** 2 pers. **250 F** 3 pers. **325 F** repas **95 F**

Ouvert : du 10/04 au 10/11 (autres périodes sur réservation).

2	2	4	6	6	27	4

DETHIER Michele - Lormaleau - L'Homp - 12270 SAINT-ANDRE-DE-NAJAC - Tél : 05 65 65 70 46 - Fax : 05 65 65 70 48

SAINT-BEAUZELY Les Landes Alt. : 700 m  *C.M. 80 Pli 14*

E.C. 3 ch. **Les Gorges du Tarn 40 km.** 3 chambres d'hôtes chez l'habitant. Au 1er étage : 2 ch. 2 pers., salles d'eau ou de bains et wc privés non attenants. A l'étage de la maison du gardien : 1 ch. familiale 4 pers., salle d'eau et wc privés. Séjour (cheminée, TV) et salon commun. Jardins, piscine (12x6) du 15/06 au 30/09), jacuzzi. Petits déjeuners gourmands. Restaurant à 800 m. Les Landes, bel ensemble de maisons entouré de verdure près du ruisseau « La Muze ». Intérieur surprenant : des objets de tous pays côtoient le désign le plus moderne. A cela s'ajoute un environnement propice à la randonnée et à la découverte : Micropolis, l'abbaye de Courberoumale.

Prix : 1 pers. **200/300 F** 2 pers. **250/350 F** 3 pers. **280/380 F**

Ouvert : toute l'année.

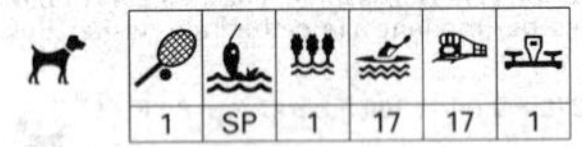

1	SP	1	17	17	1

ESPERCE Jean-Louis - Les Landes - 12620 SAINT-BEAUZELY - Tél : 05 65 62 03 14 - E-mail : domainedeslandes@fr.fm - http://www.domainedeslandes.fr.fm

SAINT-COME Boraldette *C.M. 80 Pli 3*

2 ch. 2 ch. au 1er étage de la maison du propriétaire. 2 chambres 2 pers. avec salle d'eau et wc communs. Accès au séjour. Cour non close commune, barbecue, salon de jardin. Maison proche de la route Saint-Côme/Espalion. Pour réserver, téléphoner aux heures des repas. Réduction pour séjours. D'agréables chambres s'offrent à vous, à proximité d'Espalion, gros bourg blotti autour de son pont médiéval qui enjambe le Lot. Pour agrémenter votre séjour, vous avez un large choix : circuits dans la vallée du Lot ou sur l'Aubrac, visites des villages typiques : Estaing, St-Côme-d'Olt.

CV

Prix : 1 pers. **150 F** 2 pers. **180 F** pers. sup. **50 F**

Ouvert : du 01/05 au 30/09 et les week-ends toute l'année.

2	SP	1	2	30	30	2	30	2

BURGUIERE Henri et Solange - Boraldette - Route d'Espalion - 12500 SAINT-COME - Tél : 05 65 44 10 61

SAINT-GEORGES-DE-LUZENCON Les Tilleuls *C.M. 80 Pli 14*

E.C. 5 ch. **Gorges du Tarn 40 km. Caves de Roquefort 15 km.** 5 ch. d'hôtes 2 pers. avec salles d'eau et wc privés, aménagées au 1er étage de la maison des propriétaires, en pleine campagne. Salon commun avec TV et cheminée. Parc, salons de jardin, piscine privée (12 x 6) non close utilisable de mai à octobre. Restaurants 2 et 12 km. Vous êtes au pied du Larzac, dans une région riche en activités sportives et en sites touristiques. Une allée de tilleuls mène à la grande maison où vous séjournerez ; le lieu est calme, les chambres spacieuses et la piscine dominée par une grande arche vous invite à plonger... Langues parlées : anglais, allemand, hollandais.

Prix : 1 pers. **340 F** 2 pers. **400 F** pers. sup. **120 F**

Ouvert : toute l'année.

2	2	3	SP	12	12	2

GILBOS-SEGERS Hans et Martine - Les Tilleuls - 12100 SAINT-GEORGES-DE-LUZENCON - Tél : 05 65 62 47 38 ou 06 07 19 56 38 - Fax : 05 65 62 47 38

SAINT-GEORGES-DE-LUZENCON Saint-Geniez de Bertrand *C.M. 80 Pli 14*

1 ch. **Gorges du Tarn 45 km. Caves de Roquefort 18 km.** 1 ch. d'hôtes 3 pers. avec salle d'eau et wc privés aménagée au 1er étage de la maison des propriétaires. Séjour commun avec TV et cheminée. Pelouse, salon de jardin, ping-pong. Réduction pour séjours. Découvrez le site classé de St-Geniez de Bertrand, entre la vallée du Tarn et le plateau du Larzac. Pendant votre séjour vous profiterez alternativement de la douceur de vivre de la vallée et de grandes escapades sur l'immensité grisante du Causse du Larzac.

Prix : 1 pers. **200 F** 2 pers. **260 F**

Ouvert : du 1er juin au 30 août.

5	SP	15	15	5

FABRE Colette et Michel - Saint-Geniez de Bertrand - 12100 SAINT-GEORGES-DE-LUZENCON - Tél : 05 65 62 38 85

SAINT-GEORGES-DE-LUZENCON

A C.M. 80 Pli 14

6 ch. 6 ch. dans un ancien bât. de ferme. 3 ch. 2 pers. avec s.d.b. et wc privés. 2 ch. 3 pers. avec s. d'eau privées et 2 wc communs. 1 ch. 3 pers. avec s. d'eau/wc privés. Jardin avec mobilier. Piscine privée. Parking. Delta-plane 5 km. GR763 à prox. Salle à manger climatisée. Repas en ferme auberge. Taxe de séjour. Ségonac, entre gorges et vallée du Tarn, une ferme pour vous accueillir. Les chambres sont indép., coquettes, sobres et spacieuses et proche de la piscine. A la ferme auberge, vous pourrez déguster des spécialités du sud Aveyron.

Prix : 2 pers. **250 F** 3 pers. **270/310 F** repas **80 F**

Ouvert : du 1er mars au 15 novembre.

2	1	14	SP	5	3

GOUTTENOIRE Michel et Françoise - Ferme Auberge du Sanglier - Segonac - 12660 SAINT-GEORGES-DE-LUZENCON - Tél : 05 65 62 38 40 ou 06 16 95 59 76 - Fax : 05 65 62 38 40 - E-mail : michel.GOUTTENOIRE@vnumail.com - http://www.ifrance.com/millau

SAINT-IGEST Couderc-Batut

(TH) C.M. 79 Pli 10

1 ch. **Saut de la Mounine 25 km. Bastide de Villefranche-de-Rouergue 16 km.** 1 chambre d'hôtes chez l'habitant, dans un hameau. A l'étage : 1 chambre familiale (2 ch. distinctes) 4 pers., avec salle d'eau/wc privatifs, séjour (TV, cheminée, bibliothèque) commun. Jardin, salon de jardin et barbecue. Table d'hôtes sur réservation. D'origine anglaise, Mr et Mme Lilley ont choisi de se retirer dans ce petit hameau proche du causse du Quercy, de la vallée du Lot et de la Diège. Ils vous feront goûter leurs spécialités anglaises et françaises à la table d'hôtes. Langue parlée : anglais.

Prix : 1 pers. **150 F** 2 pers. **200 F** 3 pers. **300 F** repas **75 F**

Ouvert : du 1er avril au 30 octobre.

5	5	16	15	30	16	6

LILLEY - Couderc Batut - 12260 SAINT-IGEST - Tél : 05 65 81 51 97 - Fax : 05 65 81 51 97

SAINT-REMY Mas de Jouas

(TH) C.M. 79 Pli 10

6 ch. 6 ch. proche de la maison du propr. Sur 2 niveaux, 5 ch. 2 pers., s.d.b., wc privés. 1 chambre 3 pers., s.d.b., wc privés. TV dans chaque chambre. Séjour à dispo au r.d.c. Grand terrain non clos. Salons de jardin, petit étang. Tennis gratuit. Pas de table d'hôtes le samedi soir (juillet et aout), sur réserv. les autres jours. Taxe de séjour. Réduction pour séjour. Tout près de Villefranche de Rouergue, vieille bastide royale, on déniche le Mas du Jouas : une impression de bout du monde... et la sereine quiétude de la campagne. Au pied des chambres aménagées dans une ancienne bergerie, la piscine et la cascade dominent un large panorama. Langues parlées : anglais, allemand, hollandais.

Prix : 1 pers. **280 F** 2 pers. **380/400 F** 3 pers. **470/490 F** repas **120 F**

Ouvert : du 1er mars au 31 décembre.

1	SP	7	SP	20	7	7

TAILLET Guy et Christel - Mas de Jouas - 12200 SAINT-REMY - Tél : 05 65 81 64 72 - Fax : 05 65 81 50 70

SAINT-SATURNIN-DE-LENNE La Caillebotte

Alt. : 650 m (TH) C.M. 80 Pli 4

1 ch. **Saint-Geniez-D'Olt 10 km. Gorges du Tarn 40 km.** 1 chambre d'hôtes chez l'habitant, dans un village. A l'étage : 1 chambre familiale 2/4 pers., d'accès indépendant, salle de bains et wc privés, séjour (cheminée, TV, canapé, bibliothèque) commun. Jardin clos, salon de jardin. Une halte sympathique, la maison est entourée d'un agréable jardin et sort de l'ordinaire : c'est une ancienne laiterie de Roquefort. L'accueil y est simple et chaleureux et le lieu tranquille. Découvrez la vallée du Lot ou les Gorges du Tarn et parcourez les sentiers de pays au départ du village. Langues parlées : anglais, allemand.

Prix : 1 pers. **150 F** 2 pers. **220 F** 3 pers. **250 F** pers. sup. **50 F** repas **65 F**

Ouvert : du 15 juin au 30 août.

SP	SP	8	5	35	15	5

SIEGER Théa - La Caillebotte - 12560 SAINT-SATURNIN-DE-LENNE - Tél : 05 65 47 46 30

SAINTE-CROIX Les Allemands

C.M. 79 Pli 9/10

2 ch. 2 ch. chez l'habitant, aux 1er et 2e étages. 2 ch. 2 et 4 pers. avec salles d'eau/wc privés. Séjour commun (cheminée, TV). Parc de 2500 m², salon de jardin, ping-pong. Réduction pour séjour. Animaux admis sous réserve. Une grande maison accueillante, entourée d'un cèdre et de marronniers, sur le Causse de Villeneuve. Des découvertes en perspective entre Lot et Aveyron. Langue parlée : anglais.

Prix : 1 pers. **260/280 F** 2 pers. **320/340 F** 3 pers. **400 F**

Ouvert : du 1er mai au 30 septembre.

1	12	5	3	15	15	15	5

PETIT Fabien et Monique - Le Cèdre - Les Allemands - 12260 SAINTE-CROIX - Tél : 05 65 81 50 46 - Fax : 05 65 81 50 46

SAINTE-EULALIE-DE-CERNON Les Clauzets Alt. : 650 m *C.M. 80 Pli 14*

E.C. 2 ch. **Sites templiers dans un rayon de 20 km. Caves de Roquefort 25 km.** 2 ch. d'hôtes 2 pers. avec salles d'eau privatives et accès indépendant, aménagées au rez-de-chaussée de la maison des propriétaires. Séjour commun avec TV. Poss. lit d'appoint. Jardin non clos, salon de jardin. Réduction pour séjours. Restaurants 500 m. Au pied du Larzac, dans le Parc Naturel Régional des Grands Causses, au pays des templiers et des hospitaliers, vous êtes reçus chez de jeunes agriculteurs, éleveurs de brebis laitières. Un patrimoine riche, des possibilités de randonnées... Il y en a pour tous les goûts.

Prix : 1 pers. **200 F** 2 pers. **230 F** pers. sup. **50 F**

Ouvert : toute l'année.

SP	SP	15	6	54	25	25	SP

GLANDIERES Martine et Robert - Les Clauzets - 12230 SAINTE-EULALIE-DE-CERNON - Tél : 05 65 62 74 39 - Fax : 05 65 58 70 97

SAINTE-EULALIE-DE-CERNON Les Clauzets Alt. : 650 m *C.M. 80 Pli 14*

3 ch. 3 chambres chez l'habitant, au r.d.c., accès indépendant. 1 chambre 3 pers. 2 chambres 2 pers. Salles d'eau/wc privées. Pelouse, barbecue, salon de jardin, portique. Réduction 10% à partir de la 2e nuit. GR71 sur place. Restaurants au village. Au cœur du Parc Naturel Régional des Grands Causses et du pays Templiers, la ferme des Clauzets est aux portes de la commanderie templière de Ste-Eulalie-de-Cernon. L'architecture du village est marquée de leur empreinte. Faites un détour par Roquefort ou évadez-vous sur les immensités du Larzac.

Prix : 1 pers. **200 F** 2 pers. **230 F** 3 pers. **300 F** pers. sup. **50 F**

Ouvert : toute l'année.

SP	SP	15	20	40	25	6

VINAS Henri et Monique - Les Clauzets - 12230 SAINTE-EULALIE-DE-CERNON - Tél : 05 65 62 71 26

LA SALVETAT-PEYRALES Campels Alt. : 500 m TH *C.M. 80 Pli 1*

3 ch. 3 ch. aménagées au r.d.c. surélevé de la maison des propriétaires, dans un petit village calme. 2 ch. 2 pers. 1 ch. 3 pers. avec salle d'eau et wc communs. Chauffage central, salle à manger avec cheminée. Balcon, terrain aménagé avec salon de jardin, balançoire. Sentiers pédestres balisés en forêt, pêche en rivière. De ce petit hameau du Ségala, vous garderez le souvenir d'un certain art de vivre grâce à la table d'hôtes et ses spécialités et aussi grâce à la nature environnante généreuse en sentiers et en ruisseaux.

Prix : 1 pers. **150 F** 2 pers. **200 F** 3 pers. **250 F** repas **75 F**

Ouvert : du 31 mars au 31 septembre.

4	2	6	11	8	11	10

BARBANCE Gilbert et Marinette - Campels - 12440 LA SALVETAT-PEYRALES - Tél : 05 65 81 82 04

LA SALVETAT-PEYRALES Les Tronques A *C.M. 80 Pli 1*

6 ch. 6 ch. de plain-pied avec s. d'eau et wc chacune, dans une maison attenante, en pleine campagne. 4 ch. 2 pers., 1 ch. familiale 5 pers., 1 ch. 2 pers. (acces. aux pers. hand.). Cour ombragée, pré avec salon de jardin à dispo., balançoires. Découverte de la ferme. Réduc. pour séjour. Pas de table d'hôtes le lundi soir en juillet et août. Animaux admis sous réserve. Sentiers de pays. Sur place : soirée gastronomique et expo. de peinture l'été, animation musicale rock et stages équestres (w.e. et semaine) en hiver. Fermeture selon travaux agricoles en septembre ou octobre.

Prix : 1 pers. **230 F** 2 pers. **250 F** 3 pers. **370 F** repas **90 F**

Ouvert : toute l'année sur réservation.

2	SP	2	12	SP	2

FOULQUIER Marc et Régine - Les Tronques - 12440 LA SALVETAT-PEYRALES - Tél : 05 65 81 81 34 - http://www.lestronques.fr.fm

SANVENSA Monteillet TH *C.M. 79 Pli 20*

3 ch. Dans un hameau, 3 ch. d'hôtes 2/4 pers. dont 2 au r.d.c. de la maison du prop. (accès indép.) : 2 ch. 2 pers. (2 et 3 épis), s. d'eau ou de bains/wc privés, terrasse commune. Bât. annexe : 1 ch. 2/4 pers. (3 épis), kitchenette, s.d.b./wc privée, terrasse. En commun : séjour (cheminée, TV), cour non close, salon de jardin, barbecue, p-pong. Petits déjeuners en plein air, sous la tonnelle, belle terrasse ouvrant sur la campagne, les fleurs, le calme... Vous trouverez tout cela chez Monique et Pierre et vous profiterez des nombreux sites alentours : Najac, gorges de l'Aveyron... Pas de TH les dimanche, mardi, jeudi soir ou sur résa. Langues parlées : anglais, italien.

Prix : 1 pers. **230/280 F** 2 pers. **250/300 F** 3 pers. **300/350 F** repas **100 F** 1/2 pens. **170 F**

Ouvert : du 01/01 au 08/09 et du 24/09 au 31/12.

SP	5	1	11	20	15	11	SP

BATESON Pierre et Monique - Monteillet - 12200 SANVENSA - Tél : 05 65 29 81 01 - Fax : 05 65 65 89 52 - E-mail : pbc.@wanadoo.fr

SAUVETERRE-DE-ROUERGUE Jouels Alt. : 540 m TH *C.M. 80 Pli 1*

4 ch. 4 chambres d'hôtes au 1er étage d'une maison de caractère, accès indépendant. 1 ch. familiale de 4/5 pers., 3 chambres 2 pers., salles d'eau et wc privés. Séjour, salon avec TV réservés aux hôtes. Terrasse, salon de jardin, parking. Tarif 1/2 pension par pers. en chambre double. Table d'hôtes sur réservation. C'est dans l'ancien couvent du village, une maison de caractère, que sont installées ces chambres au décor personnalisé. L'autre bonne raison de séjourner à Jouels : bien sûr la proximité de la bastide royale de Sauveterre mais aussi le village de Belcastel et le château du Bosc.

Prix : 1 pers. **220 F** 2 pers. **275/345 F** 3 pers. **375/440 F** repas **90 F** 1/2 pens. **220 F**

Ouvert : toute l'année.

2	SP	4	4	10	10	4

PRIVAT Marcel et Maguy - Lou Cambrou - Jouels - 12800 SAUVETERRE-DE-ROUERGUE - Tél : 05 65 72 13 40

LA SERRE Monteils
Alt. : 650 m (TH) *C.M. 80 Pli 12*

4 ch. 4 ch. chez l'habitant,(dont 2 classées 1 épi). 2 ch. 2 et 3 pers., salles d'eau et wc privés, accès au séjour (cheminée, TV) de plain-pied et indépendant. 1 ch. 3 pers. à l'étage, salle d'eau et wc privés. 1 ch. 2 pers. au r.d.c., accès indépendant, avec salle d'eau et wc privés. Véranda et terrasse, grande pelouse ombragée, salon de jardin. Réduction pour séjour. Les chambres de la ferme de Monteils, toutes proches de St-Sernin-sur-Rance, ouvrent sur un large panorama qui porte jusqu'aux Monts de Lacaune. Les amateurs de pêche trouveront leur bonheur avec le Rance et les ruisseaux.

Prix : 2 pers. **200 F** pers. sup. **40 F** repas **65 F**

Ouvert : du 1er avril au 31 octobre.

4	4	4	4	35	4

CAMBON Marcellin - Monteils - 12380 LA SERRE - Tél : 05 65 99 62 73

SEVERAC-LE-CHATEAU Bois de Coursac
Alt. : 800 m (TH) *C.M. 80 Pli 4*

5 ch. Chambres non fumeur. Au 1er étage, 2 ch. (4 pers.) dont 1 familiale, s.d.b. et wc privés, 1 ch. 2 pers., s. d'eau/wc privés. Dans un bâtiment mitoyen, accès indép., 1 ch. duplex 2 pers. et 1 suite 2/4 pers. avec s. d'eau/wc privés. Jardin et véranda, salon de jardin, barbecue et ping-pong. Table d'hôtes sur réservation. Taxe de séjour. Chambre non fumeur. Tarifs réduits en hors juillet et août. Une belle maison de pierres, nichée au creux des bois. Un choix de vacances actives et curieuses ou de repos en ce lieu paisible où flotte une odeur de buis. Proche des gorges du Tarn et des lacs du Levezou.

Prix : 1 pers. **220/240 F** 2 pers. **260/280 F** pers. sup. **70 F** repas **90 F**

Ouvert : toute l'année.

7	3	15	15	30	20	15	15

LEMAIRE Esmeralda et Xavier - Bois de Coursac - 12150 SEVERAC-LE-CHATEAU - Tél : 05 65 58 80 61

SYLVANES La Grine
(TH) *C.M. 80 Pli 13/14*

5 ch. 5 ch. dans une ancienne grange. 4 ch. 2 pers. 1 ch. 4 pers. Toute avec s. d'eau et wc privés. Salle à manger et cheminée commune. 1 ch. accessible aux pers. hand. Réduction pour séjour. Table d'hôtes sur résa. (fermée le dimanche soir). La Grine, belle bâtisse de pierres rouges vous accueille dans ce coin tranquille du sud Aveyron. Nombreuses promenades : abbaye Cistercienne de Sylvanès, réputée pour ses manifestations musicales d'art sacré mais aussi la bergerie de Claude Arvieu.

Prix : 1 pers. **200 F** 2 pers. **260 F** 3 pers. **310 F** repas **80 F**

Ouvert : toute l'année pour les groupes (mini 6 pers.) sinon du 15/3 au 10/11.

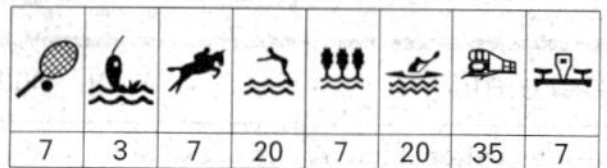

7	3	7	20	7	20	35	7

ARVIEU Claude et Annie - La Grine - 12360 SYLVANES - Tél : 05 65 99 52 82

TAYRAC Montarsés
(TH) *C.M. 80 Pli 1*

E.C. 3 ch. **Villefranche de Rouergue 40 km. Parc animalier de Pradinas 6 km.** 3 ch. d'hôtes d'accès indépendant aménagées dans une maison proche de celle du propriétaire, en pleine campagne. 2 ch. familiales 4 pers. (1 avec coin-cuisine) et 1 ch. 2 pers., salles d'eau ou salle de bains et wc privés. Séjour commun avec TV. Cour, terrasse, salons de jardin. Poss. accueil équestre + carrière d'obstacles, lac collinaire. La route s'arrête à Montarsés, une ferme située en pleine campagne. Les chambres ouvrent sur les champs où paissent les vaches et les chevaux, ces derniers sont la passion de votre hôte. Un havre de paix proche de sites touristiques : Sauveterre-de-Rouergue, la Vallée du Viaur, Cordes... Langues parlées : anglais, espagnol.

Prix : 1 pers. **250 F** 2 pers. **280 F** 3 pers. **340 F** pers. sup. **80 F** repas **90 F**

Ouvert : du 31/03 au 30/09 et du 23/12 au 31/12.

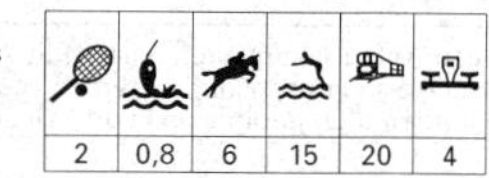

2	0,8	6	15	20	4

GAILLARDON Jean-Pierre - Montarsés - 12440 TAYRAC - Tél : 05 65 81 46 10 - Fax : 05 65 81 46 10

THERONDELS La Gentiane
Alt. : 950 m (TH) *C.M. 76 Pli 13*

2 ch. 1 ch. 2 pers. chez l'habitant, s. d'eau et wc privés. Dans 1 bâti annexe, accès indép. : 1 ch. familiale 4 pers., salle d'eau/wc privée. Séjour, salon communs (cheminée et bibliothèque, piano). Cour et pelouse, salon de jardin, barbecue, VTT. TH sur réservation. Moyennant participation, découvrez la montagne en 4x4 avec votre hôte. Tél. portable : 06.12.34.38.96. Une maison typique du haut plateau du Carladez vous accueille. Vous en apprécierez le confort chaleureux et la possibilité de multiples découvertes et activités qu'elle vous offre. Pour les pêcheurs et les baigneurs, la presqu'île de Laussac est toute proche. Langue parlée : anglais.

Prix : 1 pers. **200 F** 2 pers. **230 F** 3 pers. **300 F** repas **90 F**

Ouvert : toute l'année.

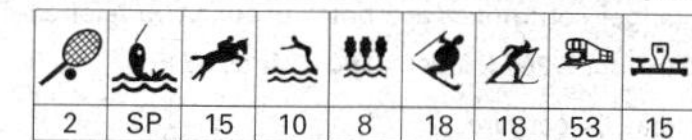

2	SP	15	10	8	18	18	53	15

DRI René - La Gentiane - Frons - 12600 THERONDELS - Tél : 05 65 66 08 47 ou 05 65 66 02 98

LE VIBAL Les Moulinoches Alt. : 750 m (TH) *C.M. 80 Pli 3*

4 ch. 4 ch. au 1er étage de la maison du propriétaire. 2 ch. 2 pers., 1 ch. 3 pers., salle d'eau et wc communs. 1 chambre familiale de 6 pers., salle d'eau et wc privés. R.d.c. : réfrigérateur à disposition. Cour non close. Taxe de séjour. Camping à la ferme au bord du lac. Location de bateau de pêche. La ferme des Moulinoches a quasiment les pieds dans l'eau. Face au lac de Pont-de-Salars (plage surveillée à 200 m), ce lieu de séjour est une aubaine pour tous les amateurs de baignade et de farniente, mais aussi pour les « actifs ».

Prix : 1 pers. **140 F** 2 pers. **170 F** 3 pers. **220 F** pers. sup. **50 F**
repas **85 F**

Ouvert : toute l'année.

7	SP	3	0,2	7

VIALARET André - Les Moulinoches - 12290 LE VIBAL - Tél : 05 65 46 85 80

VILLEFRANCHE-DE-ROUERGUE Les Pesquies *C.M. 79 Pli 20*

3 ch. 3 ch. d'hôtes au 1er étage de la maison du propriétaire, avec accès indépendant. 2 ch. 2 pers., salles de bains et wc privés, 1 ch. 3 pers., salle d'eau et wc privés. Kitchenette/séjour et salon (cheminée) privatifs. Poss. lits d'appoint et lit bébé. Jardin, salon de jardin. Réduction pour séjour. Que vous dormiez dans la chambre provençale ou dans la chambre africaine, vous apprécierez le charme, l'ambiance du Mas de Comte et l'accueil de M. et Mme Jayr. Vous serez idéalement situés pour découvrir deux belles régions : le Lot et l'Aveyron. Langues parlées : anglais, allemand.

Prix : 1 pers. **220 F** 2 pers. **275 F** 3 pers. **340 F** pers. sup. **65 F**

Ouvert : toute l'année.

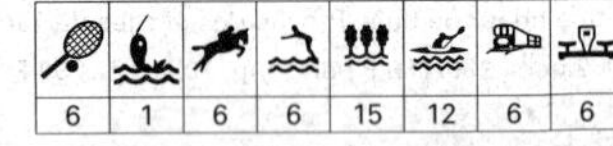

6	1	6	6	15	12	6	6

JAYR Agnès - Le Mas de Comte - Les Pesquies - 12200 VILLEFRANCHE-DE-ROUERGUE - Tél : 05 65 81 16 48 - Fax : 05 65 81 16 48

Haute-Garonne

GITES DE FRANCE - LOISIRS ACCUEIL
14, rue Bayard - B.P. 845
31015 TOULOUSE Cedex 06
Tél. 05 61 99 44 00 - Fax. 05 61 99 44 19
E.mail : tourisme31@wanadoo.fr - http://www.cdt-haute-garonne.fr

ANTIGNAC Suberbielo Alt. : 600 m (TH) *C.M. 86 Pli 1*

1 ch. **Bagnères-de-Luchon 4 km.** Au r.d.c. : salle à manger (insert) pour la table d'hôtes familiale, salon commun (cheminée, bibliothèque, vidéo, jeux de société). A l'étage : chambre 35 m² avec (1 lit 2 pers.) et 1 lit bébé, alcôve avec (2 lits 1 pers. superposés), salle de bains/wc privatifs et communicants. A Suberbielo, Michelle, Philippe et leurs enfants vous accueilleront à bras ouverts dans leur grande maison de village, au centre d'Antignac, à deux pas de Luchon. Cour pavée de galets en devant de porte, jardin. Stationnement facile. Espace chien. Langues parlées : anglais, espagnol.

Prix : 1 pers. **190 F** 2 pers. **260 F** 3 pers. **390 F** repas **80 F**
1/2 pens. **270 F** pens. **350 F**

Ouvert : toute l'année.

4	0,5	SP	4	1,5	2	2

NORD Michelle - Suberbielo - 31110 ANTIGNAC - Tél : 05 61 94 37 03 - Fax : 05 61 94 37 03

AURIAC-SUR-VENDINELLE *C.M. 82 Pli 19*

2 ch. Salle à manger et coin-salon (cheminée). 1 ch. (1 lit 2 pers.) salle de bains avec wc dans la maison du propriétaire. 1 ch. (1 lit 2 pers.), salle d'eau et wc séparés, bénéficiant d'un accès extérieur indép. Terrasse. Aire de stationnement. Villa de plain-pied à la sortie du village, entourée d'un jardin clos fleuri. (Lit supplémentaire possible et lit bébé). Restaurant au village à 300 m. Langue parlée : anglais.

Prix : 1 pers. **200/220 F** 2 pers. **220/260 F** 3 pers. **290 F** pers. sup. **70 F**

Ouvert : toute l'année sauf janvier et février.

6	0,5	18	SP	0,5	15	35	0,2

LECOLLIER Madeleine - 10 route de Vaux - 31460 AURIAC-SUR-VENDINELLE - Tél : 05 62 18 95 54 ou 06 03 85 48 69

AURIGNAC (TH) *C.M. 82 Pli 16*

2 ch. **Saint-Gaudens 20 km.** Distibuées par un escalier remarquable au r.d.c. : ch.1 (1 lit 2 pers.) avec salle d'eau et wc privés. Au 1e étage : cuisine, salle à manger et terrasse. Au 2e étage : ch.2 (1 lit 2 pers. 1 lit 1 pers.) avec s.d.b. et wc non attenants. TV dans les chambres. « Hôtel de Carsalade ». Au cœur d'Aurignac, 2 ch. d'hôtes aménagées dans un hôtel particulier du XVe s. Cuisine et salle à manger communes aux hôtes et aux propriétaires. Terrasse. Langues parlées : italien, anglais, espagnol.

Prix : 1 pers. **230 F** 2 pers. **280 F** 3 pers. **350 F** repas **85 F**

Ouvert : du 1er juin au 31 octobre.

0,5	2	5	SP	0,5	0,5	9	SP

BRUNET Claude et Jeanne - Rue des Murs - Hôtel de Carsalade - 31420 AURIGNAC - Tél : 05 61 98 75 08

AUTERIVE Les Murailles

A — *C.M. 82 Pli 18*

5 ch. A l'étage : salon détente (TV, bibliothèque, jeux de société), salle des petits déjeuners, 2 ch. (1 lit 2 pers., 2 lits 1 pers. et 1 lit 1 pers. d'appoint) avec chacune s. d'eau et wc privés. Au rez-de-chaussée : 3 chambres (3 lits 2 pers.) avec chacune salle d'eau et wc privés. 1 chambre accessible aux pers. handicapées. Sur une exploitation céréalière et d'élevage (volailles, canards gras), à 2,5 km du village, ferme toulousaine rénovée comprenant une ferme-auberge et 5 chambres d'hôtes aménagées dans une ancienne grange.

Prix : 2 pers. **270/280 F** pers. sup. **110 F** repas **100 F**

Ouvert : toute l'année sur réservation.

2,5	10	SP	2,5	2,5	2	3

TOURNIANT Hélène - Route de Grazac - Les Murailles - 31190 AUTERIVE - Tél : 05 61 50 76 98 - Fax : 05 61 50 76 98 - E-mail : helene.tourniant@wanadoo.fr

AUTERIVE La Manufacture

C.M. 82 Pli 18

4 ch. Au r.d.c. : salle à manger et salon indép. avec cheminée et TV communs avec propriétaires. A l'étage : « ch. noire » (1 lit 160, 1 lit 120), s.d.b./wc. « Ch. Empire » (2 lit 120), s. d'eau/wc, « ch. du parc » (2 lits 120, 1 lit 1 pers.) salle de bains/wc, « ch. de Claude » (1 lit 2 pers.) avec s.d.b./wc. Prise TV dans les 2 premières ch. Ancienne Manufacture Royale (fabrication de draps) du XVIIIe en bordure d'Ariège, au cœur d'Auterive. Superbe jardin d'agrément, cour et parc de 1 ha. 1 gîte rural sur place. Aire de stationnement. Piscine, vélos, portique, ping-pong, jeux... Langues parlées : anglais, espagnol.

Prix : 1 pers. **290 F** 2 pers. **380 F** 3 pers. **490 F** pers. sup. **100 F**

Ouvert : toute l'année.

SP	SP	15	SP	0,5	8	0,8	SP

BALANSA Valérie - 2 rue des Docteurs Basset - La Manufacture - 31190 AUTERIVE - Tél : 05 61 50 08 50 - Fax : 05 61 50 08 50

AUZAS

A — *C.M. 82 Pli 16*

3 ch. A l'étage : grande salle réservée aux hôtes, avec cheminée (coin-TV), 3 ch. avec dans chacune 1 rochelle, dans chaque ch. (1 lit 2 pers. 2 lits 1 pers.), salle d'eau et wc privés pour chaque chambre. Piscine sur place. Sur une exploitation agricole (ovins, canards gras), produits de la ferme, visite de l'exploitation, stages découpe et mise en conserve canards gras, fabrication de pain (produits naturels). Gîte rural sur place. Langue parlée : espagnol.

Prix : 1 pers. **200 F** 2 pers. **240 F** 3 pers. **330 F** pers. sup. **90 F** repas **80 F** 1/2 pens. **180 F** pens. **250 F**

Ouvert : toute l'année.

SP	1	SP	1	5	10	5

SCHMITT Angeline - 31360 AUZAS - Tél : 05 61 90 23 61 - Fax : 05 61 90 23 61

AUZAS

TH — *C.M. 82 Pli 16*

2 ch. Demeure typiquement commingeoise. 1 ch. avec suite (2 lits 2 pers.), salle de bains et wc indépendants. 1 ch. (2 lits 100.), salle de bains et wc indép. Séjour avec cheminée et TV. Salle à manger. Terrasse aménagée. Garage. Propriété forestière clôturée, grand parc avec jardin fleuri, 3 lacs privés. Langues parlées : anglais, allemand.

Prix : 1 pers. **300 F** 2 pers. **350 F** repas **70 F**

Ouvert : toute l'année.

6	SP	SP	SP	3	6	10	6

JANDER Gabrielle - Domaine de Menaut - 31360 AUZAS - Tél : 05 61 90 21 51

AVIGNONET-LAURAGAIS En Jouty

C.M. 82 Pli 19

2 ch. Au rez-de-chaussée : séjour commun avec cheminée. A l'étage : 1 ch. (2 lits 1 pers.) avec salle d'eau privée. 1 ch. (1 lit 2 pers.) avec salle de bains privée non attenante, wc communs réservés. Parking, abri voiture. Jardin, cour. Ferme du Lauragais (céréales, volailles, asperges) à 3 km du village. Lac sur place (pêche). Langue parlée : espagnol.

Prix : 2 pers. **230 F** 3 pers. **300 F** pers. sup. **80 F**

Ouvert : du 1er mars au 31 octobre.

10	SP	SP	SP	3	44	45	4

LEGUEVAQUES Agnès et Anne - En Jouty - 31290 AVIGNONET-LAURAGAIS - Tél : 05 61 81 57 35

AZAS En Tristan

C.M. 82 Pli 9

4 ch. Au r.d.c. : grand séjour avec cheminée (TV). A l'étage : 4 ch. mansardées avec salle d'eau/wc privés : ch. Rose (2 lits 1 pers.), ch. bleue (1 lit 2 pers. 1 lit 1 pers.), ch. verte (1 lit 2 pers. 1 lit 1 pers.), ch. jaune (1 lit 2 pers. 1 lit 1 pers.). Salon de lecture et de repos réservé aux hôtes. Jardin et cour fermée aménagée avec coin-barbecue. Espace jeux. Dans une ancienne métairie restaurée, à 2 km du village en direction de Garrigues. Grande terrasse au sud. 1 chambre est classée 2 épis. Langue parlée : anglais.

Prix : 1 pers. **200/230 F** 2 pers. **230/260 F** 3 pers. **350 F**

Ouvert : toute l'année.

8	3	10	SP	5	5	7	8

ZABE Gérard et Chantal - En Tristan - 31380 AZAS - Tél : 05 61 84 94 88 - Fax : 05 61 84 94 88 - E-mail : gerard.zabe@free.fr - http://en.tristan.free.fr/en.tristan

BERAT Le Soubiran (TH) *C.M. 82 Pli 17*

2 ch. Ancienne ferme de plain-pied rénovée à l'entrée du village. Salle à manger, salon, cheminée, avec accès indépendant. 2 ch. (1 lit 2 pers.), (2 lits 1 pers.) salle d'eau privative avec wc, à chaque chambre. Parking. Grand terrain clos fleuri, animaux, potager. Réductions séjours. Table d'hôtes sur réservation.

Prix : 1 pers. **220 F** 2 pers. **250 F** pers. sup. **80 F** repas **80 F**

Ouvert : toute l'année.

6	SP	5	SP	0,5	6	25	36	0,1

CAILLEAUD Danièle et J-Pierre - 168 route de Gratens - 31370 BERAT - Tél : 05 61 91 52 57 - E-mail : jp.cailleaud@free.fr - http://www.perso.libertysurf.fr/cailleaud

BOULOC Bouxoulis *C.M. 82 Pli 8*

3 ch. R.d.c. : salle commune réservée aux hôtes et aux repas (coin-cuisine) avec en rochelle un coin-salon avec TV. A l'étage : 2 ch. (1 lit 2 pers.) avec s. d'eau. 1 ch. (1 lit 2 pers.), s. d'eau et wc, 1 ch. attenante (2 lits 1 pers.) avec lavabo, salle d'eau attenante, wc communs. Lave-linge sur demande. Possibilité lit supplémentaire en 90 cm. 1 des chambres est classée 2 épis. Aire de stationnement. Ancienne ferme rénovée située à 200 m de l'exploitation agricole du propriétaire.

Prix : 1 pers. **120/140 F** 2 pers. **160/190 F** pers. sup. **50 F**

Ouvert : toute l'année.

7	10	10	3	4	3	21	20	7

SOULARD Lucien - Bouxoulis - 31620 BOULOC - Tél : 05 61 82 03 29

BRETX Domaine de Fleyres (TH) *C.M. 82 Pli 7*

4 ch. R.d.c. : salle à manger, séjour, cheminée, coin-TV, cuisine. Ch. du jardin (2 épis) : poss. accès indép. (1 lit 2 pers. 1 lit 80), s. d'eau attenante/wc privés. Etage : ch. verte : (1 lit 2 pers. 1 lit bébé), s. d'eau/wc, ch. Suite de l'Evêque : (1 lit 160, 1 lit 1 pers.), coin-salon (1 lit 2 pers.), s.d.b./wc. Ch. Demoiselles (1 lit 2 pers. 1 lit 120), s. d'eau, wc. Très belle maison de maîtres avec un grand parc non clos, gazonné et fleuri, situé à 100 m de l'exploitation agricole. Agrément Fédération National du Cheval.

Prix : 1 pers. **250 F** 2 pers. **280 F** 3 pers. **350 F** pers. sup. **60 F** repas **80 F**

Ouvert : toute l'année.

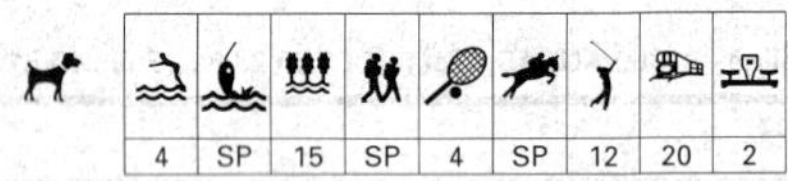

4	SP	15	SP	4	SP	12	20	2

DELPRAT André - Domaine de Fleyres - 31530 BRETX - Tél : 05 61 85 39 53 ou 06 15 42 75 12 - Fax : 05 61 85 39 53

CABANAC-SEGUENVILLE Château de Séguenville (TH) *C.M. 82 Pli 6*

4 ch. **Toulouse 45 km.** Balcon sur les Pyrénées et les collines du Gers. Au R.d.c. : cuisine, salon, salle à manger, terrasse. A l'étage : Thibault de Séguenville (1 lit 120, 1 lit 180), s. d'eau/wc, Magne de Brugymont (1 lit 180), s. d'eau/wc. Corbeyran de Faudoas (2 lits 1 pers.), salle de bains, wc indépendants. Lucrèce de Roquemaurel (1 lit 180), salle de bains avec douche, wc séparés. Au cœur de la Gascogne, le château de Séguenville, reconstruit au XIXe siècle, vous accueille dans un cadre exceptionnel. Le parc aux arbres centenaires est le lieu idéal pour vous reposer, vous détendre ou vous baigner dans la pisciner. Profitez ici d'une qualité et d'un art de vivre. Langues parlées : anglais, allemand, espagnol.

Prix : 2 pers. **480/580 F** 3 pers. **580/650 F** repas **120 F**

Ouvert : toute l'année.

SP	5	12	SP	12	45	12

LARENG Jean-Paul et Marie - Château de Séguenville - 31480 CABANAC SEGUENVILLE - Tél : 05 61 85 05 10 - Fax : 05 61 85 05 10 - E-mail : info@chateau-de-seguenville.com - http://www.chateau-de-seguenville.com

CALMONT Château de Terraqueuse *C.M. 82 Pli 18*

2 ch. **Calmont 3 km.** 1er ét. : 2 ch. comprenant chacune salle de bains et wc privés (lits 160). R.d.c. : pièces de réception, billard. Piscine et tennis sur place. Le château de Terraqueuse classé Monuments Historiques, dont il subsiste une tour, la cour d'honneur de 2500 m^2 et les communs du XVIIe siècle, est situé dans un parc de 20 ha. cloturé, avec de nombreuses pièces d'eau en bordure de rivière.

Prix : 1 pers. **350 F** 2 pers. **500 F** pers. sup. **250 F**

Ouvert : du 25 juin au 31 août.

SP	SP	10	SP	SP	10	35	48	8

SCI DE TERRAQUEUSE - M. de CARAYON TALPAYRAC - Château de Terraqueuse - 31560 CALMONT - Tél : 05 61 08 10 04 - Fax : 05 61 08 73 32

CAMBIAC En Pecoul

TH *C.M. 82 Pli 19*

2 ch. R.d.c. : salle à manger, salon, TV, cheminée, communs avec le propriétaire. A l'ét. : salon réservé aux hôtes, 1 ch. (1 lit 2 pers.) et (1 lit 1 pers.) dans une chambre attenante. 1 ch. (1 lit 2 pers.). S. d'eau/wc privés à chaque ch. Lit bébé à disposition, lit supplémentaire. Chambres mansardées. Abri voiture. En toute saison, sur leur exploitation agricole, Elisabeth et Noël vous reçoivent dans la tradition familiale qui fait la renommée des chambres d'hôtes. L'art et la douceur de vivre s'y conjuguent à la richesse d'une région où tout est possible. Langue parlée : anglais.

Prix : 1 pers. **220 F** 2 pers. **260 F** 3 pers. **410 F** pers. sup. **80 F**
repas **85 F**

Ouvert : toute l'année.

3	3	3	SP	3	4	37	33	3

MESSAL - En Pecoul - 31460 CAMBIAC - Tél : 05 61 83 16 13 - Fax : 05 61 83 16 13

CARAMAN Le Croisillat

C.M. 82 Pli 19

5 ch. Château de Croisillat des XIVe et XVIIIe siècles isolé à 2,5 km du village, entouré d'un jardin fleuri et d'un parc clôturé ombragé, de 11 ha. A l'ét. : 1 ch. (1 lit 2 pers.), salle d'eau, wc. 2 ch. (2 lits 2 pers.), salles de bains, wc, 1 ch. (2 lits 1 pers.), s.d.b., wc, 1 ch. (1 lit 2 pers. et 2 lits 1 pers.), s. d'eau et wc. Salon avec cheminée. Les chambres donnent sur le parc ou sur la cour intérieure du château et sont meublées d'époque. Sur place, piscine commune aux chambres et à un gîte rural. Buanderie, aire de stationnement et salon de jardin communs. Tous les sanitaires ne sont pas chauffés. Langues parlées : anglais, espagnol.

Prix : 1 pers. **400 F** 2 pers. **500/600 F** pers. sup. **100 F**

Ouvert : du 15 mars au 15 novembre.

SP	2,5	2,5	SP	2,5	2,5	29	30	2,5

GUERIN - Château de Croisillat - 31460 CARAMAN - Tél : 05 61 83 10 09 - Fax : 05 61 83 30 11

CASTELNAU-D'ESTRETEFONDS Saint-Guilhem

C.M. 82 Pli 7

4 ch. **Fronton 2,5 km. Toulouse 24 km.** Séjour commun avec coin-détente (TV) dans chapelle restaurée. 4 ch. non fumeurs avec chacune s.d.b. et wc privatifs : suite Floralie (1 lit 2 pers. 2 lits 1 pers.), chambre Bengali (2 lits 1 pers.), chambre Azur (2 lits 1 pers.), suite Negrette (1 lit 160 cm 1 lit 1 pers. 1 lit bébé). 4 chambres d'hôtes aménagées dans une propriété viticole, à 2.5 km du village, en étage au-dessus du Chais. Accès aux chambres indépendant de l'habitation mitoyenne. Grand domaine boisé avec arboretum naturel et piscine extérieure. Langues parlées : anglais, espagnol.

Prix : 1 pers. **220/300 F** 2 pers. **270/320 F** pers. sup. **80 F**

Ouvert : toute l'année.

SP	12	15	SP	2,5	4	15	8	2,5

LADUGUIE Esméralda & Philippe - Domaine de Saint-Guilhem - 31620 CASTELNAU-D'ESTRETEFONDS - Tél : 05 61 82 12 09 ou 06 85 20 54 18 - Fax : 05 61 82 65 59

CATHERVIELLE

Alt. : 1200 m TH *C.M. 85 Pli 20*

3 ch. **Bagnères-de-Luchon 8 km. Espagne 20 km.** Au r.d.c. de l'annexe : séjour privatif aux 3 ch. d'hôtes avec coin-cuisine à dispo. Petit-salon (TV). Ch. (1 lit 2 pers. 1 lit 1 pers enfant), s. d'eau/wc non attenant. 1er ét. : ch. double (1 lit 2 pers. 1 lit 1 pers.) avec s.d.b./wc attenante, 2e ch. (1 lit 2 pers.) avec s.d.b./wc communicante. Dans l'habitation des propriétaires, très vaste pièce de séjour avec salle à manger et salon communs. « La Soulan », ancienne grange aménagée pour la table d'hôtes, vue privilégiée sur la montagne. Terrain, aire de jeux, grande terrasse, aire de stationnement. Proche su GR10.

Prix : 1 pers. **170 F** 2 pers. **220 F** 3 pers. **300 F** pers. sup. **80 F**
repas **80 F**

Ouvert : toute l'année.

8	0,5	6	0,5	2	5	8	8	3

RONDEAU Colette - La Soulan - 31110 CATHERVIELLE - Tél : 05 61 79 06 35

CAUJAC Rieumajou

TH *C.M. 82 Pli 18*

E.C. 4 ch. 4 ch. : 3 ch. mansardées à l'étage (5 lits 1 pers. 1 lit 2 pers.), lavabo et douche dans l'une des ch., salle d'eau et wc sur le palier. R.d.c. : 1 ch. (1 lit 2 pers. 2 lits 1 pers.) avec lavabo et douche privés, s. d'eau, wc communs. Salle de séjour avec cheminée, TV. Coin-cuisine poss. Buanderie commune avec L-linge. Table et fer à repasser. Sur une exploitation agricole de 180 ha. (céréales), une maison de maître à colombages, entièrement rénovée. Piscine privée gratuite. Barbecue. Langues parlées : allemand, hollandais.

Prix : 1 pers. **120 F** 2 pers. **190 F** 3 pers. **240 F** repas **70 F**

Ouvert : toute l'année sauf décembre et janvier.

SP	5	20	SP	10	10	44	10	10

GORIS Henri - Rieumajou - 31190 CAUJAC - Tél : 05 61 08 93 83 - Fax : 05 61 08 93 83

CAUJAC Mana

TH *C.M. 82 Pli 18*

4 ch. Au r.d.c. : grande salle de séjour avec cheminée, TV, buanderie commune avec lave-linge, matériel de repassage. 2 ch. avec salle d'eau et wc privatifs (4 lits 1 pers. 2 lits 2 pers.). A l'ét. : 2 ch. mansardées avec salles d'eau et wc privatifs (2 lits 1 pers. 1 lit 2 pers.). Terrasse couverte avec barbecue. Sur une exploitaion de céréales, villa construite dans le style toulousain à colombages. Langues parlées : anglais, allemand, hollandais.

Prix : 1 pers. **150 F** 2 pers. **220 F** 3 pers. **270 F** repas **70 F**

Ouvert : toute l'anée sauf en décembre et janvier.

SP	SP	10	10	10	10

GORIS Reino - Mana - 31190 CAUJAC - Tél : 05 61 08 93 83 - Fax : 05 61 08 93 83

CINTEGABELLE

C.M. 82 Pli 18

4 ch. Au r.d.c. : 1 ch. avec salle d'eau et wc (1 lit 2 pers.). A l'étage : 1 ch. avec salle de bains et wc (1 lit 2 pers. 1 lit 1 pers.), 1 ch. (2 lits 1 pers.) avec s. d'eau/wc, 1 suite (1 lit 2 pers. 3 lits 1 pers.), wc/s. d'eau indép. Salle de séjour commune pour les repas. Coin-TV. Salon réservé aux hôtes. Sur les coteaux du Lauragais, dans une ancienne ferme rénovée. Forfait w.e. : 750 F/2 pers. (2 repas dont 1 gastronomique). Ping-pong et portique avec jeux pour enfants. Laverie.

Prix : 1 pers. **220 F** 2 pers. **250/275 F** 3 pers. **355/480 F** pers. sup. **80 F** repas **90 F**

Ouvert : de Pâques au 30 septembre.

SP	3	10	SP	SP	4	40	4	4

DESCHAMPS-CHEVREL Danielle - Serres d'en Bas - Route de Nailloux - 31550 CINTEGABELLE - Tél : 05 61 08 41 11 - Fax : 05 61 08 41 11

CINTEGABELLE Escoutils

C.M. 82 Pli 18

2 ch. Ancienne maison de maître, située à 2 km du village, au milieu d'un grand parc ombragé, descendant jusqu'à la rivière. Situation exceptionnelle, face aux Pyrénées. Terrasse. Ping-pong, hamac, TV. A l'étage : 1 ch. (1 lit 2 pers.) avec salle de bains, wc, petite terrasse privée. Petite chambre attenante 1 pers. 1 chambre (1 lit 2 pers.) avec salle d'eau et wc. Abri voiture. Réduction pour enfants et pour séjours prolongés. Agrément Fédération National du Cheval.

Prix : 1 pers. **80 F** 2 pers. **240/280 F** repas **80 F**

8	SP	8	SP	3	SP	41	2

DE GRAMONT Martine - Escoutils - 31550 CINTEGABELLE - Tél : 05 61 08 08 60

FIGAROL Chourbaou

C.M. 86 Pli 2

4 ch. Rez-de-chaussée, salle à manger avec cheminée réservée aux hôtes, coin TV. Etage, 2 ch. (2 lits 2 pers.) salle de bains et wc attenants pour chaque chambre. Terrasse commune. 2 ch. (1 lit 2 pers. 2 lits 1 pers.) salle d'eau privée attenante à chacune, wc non attenants. Poss. lits enfants et lits d'appoint. 2 chambres sont classées 2 épis. Ancienne ferme de caractère datant de 1878, entièrement rénovée, située face aux Pyrénées, vue à 180° (du Pic du Midi au Pic du Valier). Grand terrain clôturé, ombragé, fleuri. Abri voitures. Possibilité de pique-nique dans le jardin. Gîte rural sur place.

Prix : 1 pers. **170/220 F** 2 pers. **200/250 F** pers. sup. **80 F** repas **80 F**

Ouvert : toute l'année.

7	2	7	SP	4	7	10	5

BORDERES MARQUAIS - Chourbaou - 31260 FIGAROL - Tél : 05 61 98 25 54

FRANCON La Bastide

C.M. 82 Pli 16

4 ch. Très grande maison ancienne, à proximité du village. Rez-de-jardin : piscine, terrasse ombragée, cuisine d'été. R.d.c. : un grand séjour/salle à manger avec cheminée. A l'ét. : 3 ch. (2 lits 2 pers. 2 lits 1 pers.), salle d'eau et wc privatifs dans chacune, 1 ch. (2 lits 1 pers.), s.d.b. et wc privatifs non communicants. Salon de détente commun. Piscine chauffée. Terrain clos ombragé et fleuri. Parking.

Prix : 1 pers. **230 F** 2 pers. **275 F** pers. sup. **90 F** repas **95 F** 1/2 pens. **200 F**

Ouvert : d'avril à octobre.

SP	15	15	SP	5	8	30	8

DUCLAUD Vidiane - La Bastide - 31420 FRANCON - Tél : 05 61 98 67 25

L'ISLE-EN-DODON En Catello

C.M. 82 Pli 16

4 ch. Aménagées à l'étage dans les anciens communs : 4 chambres (3 lits 2 pers. 2 lits 1 pers.) avec chacune salle d'eau et wc privatifs (lit bébé disponible). Lave-linge commun. Salon de détente (TV, bibliothèque, jeux de société), grande loggia réservée aux hôtes (ping-pong). 4 chambres d'hôtes aménagées sur une exploitation agricole à 3 km du village à côté de l'habitation des propriétaires et de 2 gîtes ruraux. Grand espace et cour commune. Langue parlée : anglais.

Prix : 1 pers. **160 F** 2 pers. **190 F** pers. sup. **80 F** repas **80 F**

Ouvert : toute l'année.

3	3	15	SP	3	20	40	3

EGRETAUD Philippe - En Catello - 31230 L'ISLE-EN-DODON - Tél : 05 61 88 67 72 - Fax : 05 61 88 67 72

LABROQUERE Sacoume

Alt. : 500 m *C.M. 86 Pli 1*

2 ch. Au r.d.c. : cuisine, salon (cheminée), kitchenette pour préparation pique-nique. A l'ét. : 1 ch. avec balcon (1 lit 2 pers.) salle de bains communicante avec wc. 1 chambre familiale avec salle de bains et wc (2 lits 1 pers. et 1 lit 2 pers.). Lave-linge, TV, jeux de société. Jardin arboré non clos, salon de jardin. Grande maison isolée dans les bois, surplombant la vallée et les sites de St-Bertrand-de-Comminges et de Valcabrère. Aire de stationnement. Langues parlées : anglais, espagnol.

Prix : 1 pers. **200/220 F** 2 pers. **225/275 F** 3 pers. **325 F** pers. sup. **50 F**

Ouvert : toute l'année.

8	1	3	SP	1	1	8	8	4

WILSON Bruce et Judith - Sacoume - 31510 LABROQUERE - Tél : 05 61 95 56 37

LABROQUERE Château de Vidaussan

C.M. 86 Pli 1

5 ch. **Saint-Bertrand-de-Comminges 4 km.** Au r.d.c. : grande salle à manger (cheminée) et salon communs. A l'étage : Ch. 1 (1 lit 2 pers.), salle d'eau/wc. Ch. 2 (1 lit 2 pers.), salle d'eau/wc, salon privatif. Ch. 3 (1 lit 2 pers. 1 lit 120), salle de bains/wc. Ch. 4 (1 lit 160), salle d'eau/wc. Ch. 5 (1 lit 2 pers. 1 lit 130), (2 lits 1 pers.), avec salle de bains/wc. Dans un cadre d'exception, vous serez accueillis au Château de Vidaussan, en bord de Garonne, et pourrez profiter à loisir du grand parc arboré, de la piscine, de la pêche et des visites culturelles alentours (Saint-Bertrand de Comminges, Valcabrère ...). Langues parlées : allemand, hollandais, anglais.

Prix : 1 pers. **240 F** 2 pers. **270 F** 3 pers. **350 F** pers. sup. **100 F**
repas **90 F**

Ouvert : toute l'année.

SP	SP	5	0,1	0,8	5	5	5

SIPIETER Christiane - Château de Vidaussan - 31510 LABROQUERE - Tél : 05 61 95 05 68

LANTA Garnes d'Espagne

C.M. 82 Pli 9

3 ch. 1 ch. à l'étage : (1 lit 2 pers. 1 lit 1 pers.), avec une ch. attenante (2 lits 1 pers.), s.d.b. et wc. R.d.c. : salon privé avec TV. 1 seconde ch. indép. aménagée en étage (1 lit 2 pers. 2 lits 1 pers. en mezzanine), s. d'eau et wc. R.d.c. : 1 ch. 1 pers. avec s.d.b. et wc. Salon privatif. Salon de jardin. Chambres d'hôtes aménagées dans l'aile d'une demeure de caractère, ancienne maison de maître entourée d'un parc de 15000 m^2 environ. Possibilité de pique-nique dans le jardin (réfrigérateur à dispo.). Accueil familial, douceur de vie à la campagne. Restaurant à 2 km au village.

Prix : 1 pers. **230 F** 2 pers. **270 F** 3 pers. **370 F**

Ouvert : d'avril à novembre.

8	2	2	SP	2	4	5	20	2

PANEGOS Charles et Denise - Garnes d'Espagne - 31570 LANTA - Tél : 05 61 83 75 23

LAPEYROUSSE-FOSSAT

C.M. 82 Pli 8

1 ch. **Toulouse 12 km.** Chambre d'hôtes aménagée de plain-pied dans la maison des propriétaires, avec possibilité d'accès indépendant. Petite pièce de repos attenante avec kitchenette réservée aux hôtes. Aux portes de Toulouse, cette chambre d'hôtes est aménagée dans une maison récente entourée d'un grand parc. Piscine privée, grande terrasse. Langue parlée : anglais.

Prix : 1 pers. **220 F** 2 pers. **250 F** repas **80 F**

Ouvert : toute l'année.

SP	15	SP	1,5	1	6	12	1,5

GRIMAUD Tatiana - 5, route de l'Union - 31180 LAPEYROUSSE-FOSSAT - Tél : 05 61 09 19 45 ou 06 86 16 56 16

LARRA

C.M. 82 Pli 7

3 ch. 3 ch. d'hôtes. et 3 petites ch. attenantes : 1 ch. (1 lit 160. 2 lits 1 pers.), s.d.b., wc. 1 ch. (1 lit 2 pers. 2 lits 1 pers.), s. d'eau, wc. 1 ch. (1 lit 2 pers. 2 lits 1 pers.), s. d'eau, wc. Coin-cuisine, salon avec TV, aire de stationnement. Château du XVIIIe siècle, entouré d'un parc de 15 ha. non clos atmosphère unique : aménagement parfois un peu désuet mais charmant. Salon de jardin.

Prix : 2 pers. **400 F** 3 pers. **500 F** repas **150 F**

Ouvert : de Pâques à la Toussaint.

7	8	8	SP	8	6	12	28	7

DE CARRIERE Brigitte - Château de Larra - 31330 LARRA - Tél : 05 61 82 62 51

LATOUR Namaste

C.M. 82 Pli 17

4 ch. **Carbonne 20 km. Toulouse 60 km.** Au rez-de-jardin (accès indépendant) : 1 ch. (3 lits 1 pers.) avec s. d'eau et wc séparés. Côté cour, mitoyennes de l'habitation des propriétaires. 3 ch. avec s. d'eau et wc privatifs (1 lit 2 pers 1 lits 1 pers.). Dans la maison, grande salle à manger commune (cheminée monumentale) et salle d'activités avec matériel hi-fi/vidéo (stages). Animaux non admis. Produits biologiques (exploitation agricole « bio »). A « Namasté », les 4 ch. de Marie-Paule vous accueillent dans un cadre original et convivial. Jardin et beau panorama sur les Pyrénées. Possibilité stages sportifs danse, yoga, etc ...), culturels (poterie, cuisine canard) et séminaires. Langues parlées : anglais, italien, allemand.

Prix : 1 pers. **200 F** 2 pers. **250 F** 3 pers. **340 F** pers. sup. **80 F**
repas **85 F**

Ouvert : toute l'année.

7	7	12	SP	7	12	50	50	7

REVEILLES Marie-Paule - Primoulas - 31310 LATOUR - Tél : 05 61 97 46 87 ou 06 84 19 42 64 - Fax : 05 61 90 33 57

LAVALETTE La Poterie

C.M. 82 Pli 8

4 ch. **Toulouse 15 km.** Maison de plain-pied : entrée par la cuisine, salle à manger (cheminée), wc indépendant. 4 ch. distribuées autour d'un couloir central, disposant chacune d'une sortie directe sur le jardin. Ramsès (2 lits 1 pers.), salle d'eau/wc. Milano (1 lit 180, 2 lits 1 pers.) avec s.d.b./wc, Soprano (1 lit 180), s. d'eau/wc. Louise (2 lit 1 pers.), s.d.b./wc. Chauffage électrique. Cette ancienne poterie a tout spécialement été réaménagée pour vous accueillir en chambres d'hôtes. Vous pourrez vous y détendre, à deux pas de Toulouse, en profitant de son jardin fleuri ... et en dégustant la bonne cuisine de Jean-Loup. Langue parlée : anglais.

Prix : 1 pers. **240 F** 2 pers. **280 F** 3 pers. **360 F** pers. sup. **90 F**
repas **80 F** 1/2 pens. **300 F** pens. **360 F**

Ouvert : toute l'année.

5	5	8	SP	1	2	5	5

**THIBAUD Jean-Loup - La Poterie - Route de Lavaur - D112 - 31590 LAVALETTE - Tél : 05 61 84 34 49 - Fax : 05 61 84 99 19 -
E-mail : lapoterie@free.fr - http://lapoterie.free.fr**

LEGUEVIN Domaine de Labarthe *C.M. 82 Pli 7*

3 ch. CV

Au r.d.c. : 2 salons communs (cheminée, TV, bibliothèque). A l'étage : 3 chambres (3 lits 1 pers. 2 lits 2 pers., 1 lit 120, 1 convertible 2 pers. 1 lit enfant), salle d'eau et wc indépendants communs aux 3 chambres. Chauffage central. Salon de jardin, barbecue. Sur une exploitation agricole céréalière à 1,5 km du village, 3 chambres aménagées à l'étage d'une grande maison ancienne, rénovée en briques et galets de la Garonne.

Prix : 1 pers. **150/200 F** 2 pers. **180/280 F** pers. sup. **80/150 F**

Ouvert : toute l'année.

1,5	14	14	SP	1,5	3	18	1,5

LAPOINTE Charles - Domaine de Labarthe - 31490 LEGUEVIN - Tél : 05 61 86 60 25

LUNAX (TH) *C.M. 82 Pli 15*

2 ch. CV

Ancienne ferme rénovée à 1 km du village avec terrasse et parking. R.d.c. : salle à manger (cheminée) et salon communs avec TV. 1 chambre (1 lit 2 pers.), salle d'eau avec wc, accès indépendant. A l'étage : 1 chambre (2 lits 1 pers.), salle d'eau, wc indépendants, accès indépendant. Lit supplémentaire sur demande. Chauffage central. Terrain de camping sur place. Langues parlées : allemand, anglais.

Prix : 1 pers. **180 F** 2 pers. **240 F** pers. sup. **100 F** repas **90 F**
1/2 pens. **250 F**

Ouvert : toute l'année.

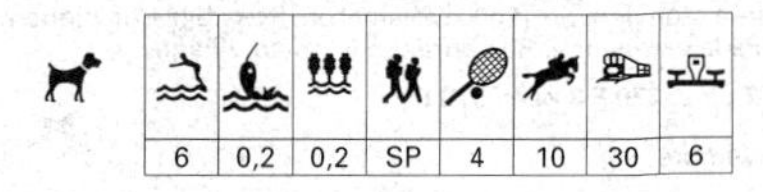

6	0,2	0,2	SP	4	10	30	6

MAZANEK - 31350 LUNAX - Tél : 05 61 88 26 06

MARTRES-TOLOSANE Campignas (TH) *C.M. 82 Pli 16*

2 ch. CV

Au rez-de-chaussée : 1 ch. principale et 1 ch. attenante avec accès indépendant (3 lits 1 pers.), salle d'eau et lavabo privés. WC indépendants et privés. A l'étage : 1 ch. principale et 1 ch. attenante (1 lit 2 pers. 2 lits 1 pers.), salle d'eau et wc réservés aux hôtes. Salle à manger et salon cheminée communs avec les propriétaires. Sur une exploitation agricole (céréales et vergers), une maison de maître avec un petit parc ombragé vous attend. Bâtiment d'exploitation à proximité. Langues parlées : espagnol, anglais.

Prix : 1 pers. **200 F** 2 pers. **220 F** 3 pers. **300 F** pers. sup. **80 F**
repas **80 F** 1/2 pens. **175 F**

Ouvert : du 1er juin au 15 septembre.

1	3	10	10	10	1	0,8	60	2	1

PERRIER André - Campignas - 31220 MARTRES-TOLOSANE - Tél : 05 61 90 02 29 - Fax : 05 61 90 02 29

MILHAS Alt. : 538 m *C.M. 86 Pli 2*

4 ch. CV

Dans le petit village de Milhas, en bordure d'un petit ruisseau de montagne. A l'étage : 1 ch. (1 lit 2 pers.), s. d'eau, wc privés. 1 ch. (1 lit 2 pers. 1 lit 110), s.d.b., wc privés. R.d.c. : 1 ch. (1 lit 2 pers. 1 lit 120, 1 lit 110), s. d'eau, wc attenants. Dans une annexe au r.d.c. : 1 ch. (1 lit 2 pers. 1 lit 1 pers.), s. d'eau et wc communicants. 2 chambres sont classées 1 épi. salle à manger commune au r.d.c. (cheminée, TV). Possibilité de garage et de pique-nique.

Prix : 1 pers. **180 F** 2 pers. **200 F** 3 pers. **250 F** pers. sup. **50 F**

Ouvert : toute l'année.

4	SP	25	20	SP	4	4	50	18

LAYLLE Jean-Bertrand - Milhas - 31160 ASPET - Tél : 05 61 88 41 06

MOLAS Les Figuiers 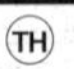 (TH) *C.M. 82 Pli 15*

2 ch. CV

L'Isle-en-Dodon 5 km. Saint-Gaudens 45 km. Au r.d.c. : séjour commun aux propriétaires et aux hôtes (cheminée), petit salon de télévision. A l'étage : coin-détente sur le palier, 2 grandes chambres (1 lit 2 pers. 1 lit 120) avec salle de bains/wc privative, et (1 lit 160) avec salle d'eau/wc. Chauffage central au fuel. Animaux non admis. Table d'hôtes sur réservation. Aux Figuiers, vous serez reçus en amis dans cette belle maison commingeoise située à flanc de coteau, dans le village de Molas. Vous profiterez du grand jardin et du parc aux arbres centenaires, face à la chaîne des Pyrénées. Aire de stationnement. Langue parlée : anglais.

Prix : 1 pers. **200 F** 2 pers. **250 F** 3 pers. **350 F** pers. sup. **80 F**
repas **80 F**

Ouvert : toute l'année.

5	10	10	SP	5	15	20	45	5

VALENTIN Annick - Les Figuiers - 31230 MOLAS - Tél : 05 61 94 15 46 ou 06 83 49 07 12

MONTBERAUD Toubies (TH) *C.M. 82 Pli 17*

3 ch. CV

Cazères 12 km. Toulouse 60 km. Au r.d.c. : salle de séjour commune (cheminée) et à l'étage : 2 ch. (1 lit 2 pers.), s. d'eau avec wc privatifs pour chacune. Mitoyenne et accessible par une galerie couverte : chambre de la tour (1 lit 2 pers. 2 lits 1 pers. en duplex) avec s.d.b. et wc. Salon privatif. Egalement donnant sur le patio : salle d'activités (ping-pong, jeux divers, atelier ...). Coin-cuisine. A l'écart du village, cette ancienne ferme rénovée vous offre l'hospitalité dans une de ses chambres d'hôtes aménagées autour d'un patio. Jolie vue sur les Pyrénées. Piscine sur place (6 x 12 m). Langues parlées : hollandais, allemand, anglais.

Prix : 1 pers. **180 F** 2 pers. **260 F** pers. sup. **130 F** repas **90 F**

Ouvert : toute l'année.

SP	5	5	SP	5	30	12	12

ALBRECHT ET LAGENDIJK Birgit et Peter - Toubies - 31220 MONTBERAUD - Tél : 05 61 98 14 35 - Fax : 05 61 98 14 35

MONTBERAUD La Prieuresse

C.M. 82 Pli 17

2 ch. **Cazères 12 km.** Au r.d.c. : salon (cheminée), salle à manger (cheminée), véranda. A l'étage : 1 chambre (1 lit 2 pers.) avec salle d'eau et wc privatifs, 1 suite (1 lit 2 pers.) + (1 lit enfant dans salon réservé) avec salle de bains et wc. La Prieuresse vous invite à faire une halte champêtre dans ses 2 chambres d'hôtes aménagées dans une ferme rénovée. Beau panorama sur les Pyrénées. Jardin, cour, véranda, aire de stationnement. Langues parlées : allemand, anglais.

Prix : 1 pers. **190/210 F** 2 pers. **240/260 F** 3 pers. **310 F** repas **85 F**

Ouvert : du 1er juin au 30 septembre.

12	2	12	3	4	3	3

ZIMPEL Dietrich - La Prieuresse - 31220 MONTBERAUD - Tél : 05 61 98 15 71

MONTBRUN-BOCAGE Pavé

C.M. 82 Pli 17

4 ch. 4 ch. spacieuses et claires, chacune avec s. d'eau et wc privés : 2 ch. (1 lit 2 pers. chacune), 1 ch. (1 lit 2 pers. 1 lit 1 pers.). 1 ch. avec mezzanine (1 lit 2 pers. 2 lits 1 pers.). Salle à manger/cheminée où le soir le repas est pris à la table familiale. Terrasse pour petit-déjeuner et dîner l'été. Table d'hôtes avec des produits de la ferme. Réduction séjours. 1 ch. est classée 1 épi. Cadre très chaleureux pour cette petite ferme entourée de prés et de bois où se pratique l'élevage de brebis. Langue parlée : anglais.

Prix : 1 pers. **200 F** 2 pers. **240 F** 3 pers. **345 F** repas **85 F**

Ouvert : toute l'année sur réservation.

20	1	10	SP	5	20	20	10

PARINAUD Josette - Pave - 31310 MONTBRUN-BOCAGE - Tél : 05 61 98 11 25

MONTESQUIEU-LAURAGAIS

C.M. 82 Pli 18

5 ch. **Toulouse 25 km. Villefranche-Lauragais 6 km.** Au r.d.c. : grande pièce d'accueil avec kitchenette pour servir des petits-déjeuners hors été. A l'étage accessible par maison propriétaires : ch. 1 (1 lit 2 pers.) avec s. d'eau et wc dans la ch. Ch. 2 (1 lit 2 pers. 1 lit 1 pers. pour 1 enfant en rochelle) avec s.d.b. (douche à jets, jaccuzi), et wc indépendants non communicants. 3 ch. accessibles par pièce d'accueil (3 lits 2 pers. 2 lits 1 pers.) avec chacune s. d'eau et wc séparés, salon réservé. TV, biblio. Piano. « Bigot » ferme lauragaise entièrement rénovée, entourée d'un grand jardin paysagé très fleuri. Verger, vaste terrasse couverte. Abri voiture. Langues parlées : anglais, espagnol, allemand.

Prix : 1 pers. **250 F** 2 pers. **250/300 F** 3 pers. **380 F** pers. sup. **80 F**

Ouvert : d'avril à octobre.

SP	SP	10	SP	2	10	25	6

PINEL Irène et Joseph - Bigot - 31450 MONTESQUIEU-LAURAGAIS - Tél : 05 61 27 02 83 - Fax : 05 61 27 02 83 - http://www.couleur-media.com/Lauragais/bigot

MONTESQUIEU-VOLVESTRE

C.M. 82 Pli 17

2 ch. R.d.c. : salon et salle à manger réservés aux hôtes, wc. Vaste terrasse et pelouse intérieure. Etage : ch. chaleureuses et spacieuses, 1 ch. (1 lit 2 pers.), s. d'eau/wc privés. 1 ch. (2 lits 1 pers.), s. d'eau/wc privés. Réduc. pour enfants et longs séjours. TV dans toutes les chambres. Les chambres sont situées dans une maison du XVIIIe siècle au cœur du village. Langue parlée : anglais.

Prix : 1 pers. **210 F** 2 pers. **240 F** pers. sup. **90 F**

Ouvert : d'avril à septembre.

0,5	SP	SP	0,5	5	15	10	0,1

QUEROLLE Alain - 9 rue des Olières - 31310 MONTESQUIEU-VOLVESTRE - Tél : 05 61 90 63 08 ou 06 07 95 85 00

MONTESQUIEU-VOLVESTRE La Halte du Temps

C.M. 82 Pli 17

3 ch. R.d.c. : salle à manger commune, grande cheminée. Etage : 3 ch. avec « ciel de lit » dans alcôve. Les Tisanes (1 lit 2 pers.), coin-bureau et détente, s.d.b., wc indép. privés, La Roseraie (1 lit 2 pers.), coin-bureau et détente, ch. enfant Les Eglantines (1 lit 1 pers.) attenante, s. d'eau et wc privés. Les Cardines (1 lit 2 pers.) coin-salon, s.d.b., wc indép. privés. Salon de musique. On accède à cet hôtel particulier du XVIIe siècle par une charmante cour intérieure. Terrasse sur jardin clos. Un escalier Louis XIII mène aux chambres. Toutes les pièces ont une cheminée. Langues parlées : anglais, allemand, italien.

Prix : 1 pers. **200/250 F** 2 pers. **250/350 F** 3 pers. **350 F** pers. sup. **100 F** repas **90 F** 1/2 pens. **225 F**

Ouvert : toute l'année.

0,5	0,5	SP	0,5	5	15	11	SP

GARCIN Marie-Andrée - 72 rue Mage - La Halte du Temps - 31310 MONTESQUIEU-VOLVESTRE - Tél : 05 61 97 56 10 ou 05 61 97 56 10

MONTGAILLARD-DE-SALIES

C.M. 82 Pli 1

2 ch. **Mane 2,5 km.** Au r.d.c. : salle à manger commune (poêle à bois). Demi-palier : salle d'eau/wc privés à la chambre Jaune. A l'étage : chambre Jaune : parents-enfants, (1 lit 2 pers. 1 lit 1 pers.) avec coin-salon. Au 2e étage : ch. Bleue classée 3 épis (2 lits 1 pers. 1 lit 110) avec s. d'eau/wc communicante. Chauffage électrique. « Les Baladous », grande maison commingeoise disposant d'une cour à l'avant et d'un jardin sur l'arrière. Abri voiture, salon de jardin. Accueil cavaliers et chevaux. Langue parlée : anglais.

Prix : 1 pers. **190 F** 2 pers. **210 F** 3 pers. **280 F** pers. sup. **50 F** repas **80 F** 1/2 pens. **160 F**

Ouvert : toute l'année.

3	SP	3	2	15	2,5

CHANJOURDE Claude - Les Baladous - 31260 MONTGAILLARD-DE-SALIES - Tél : 05 61 90 63 99 - Fax : 05 61 90 08 07 - E-mail : baladous@aol.com

MONTMAURIN Caso Nousto — TH — *C.M. 82 Pli 15*

3 ch. **Boulogne-sur-Gesse 10 km.** Au r.d.c. : salle à manger et salle pour petits-déjeuners. A l'étage : 3 chambres. Ch. 1 (1 lit 2 pers.) avec s. d'eau et wc indépendants. Ch. 2 (1 lit 2 pers. 1 lit 1 pers.) avec s. d'eau/wc. Ch. 3 (1 lit 2 pers. 1 lit 1 pers.) avec s. d'eau et wc. En table d'hôtes : dégustation de plats régionaux élaborés à partir du jardin et des volailles élevées sur place. Chauffage central. Hébergement avec piscine. Sur exploitation agricole. A 500 m du village, en haut d'une colline, ancienne ferme rénovée datant de 1810 avec parc cloturé, ombragé et fleuri, comprenant 2 gîtes ruraux et 3 chambres d'hôtes. Villa Gallo-Romaine de Montmaurin. Langue parlée : espagnol.

Prix : 1 pers. **200 F** 2 pers. **220/250 F** pers. sup. **100 F** repas **80 F**

Ouvert : toute l'année.

SP	0,8	10	0,8	15	5	5

DALLIER Louis et Nicole - Caso Nousto - 31350 MONTMAURIN - Tél : 05 61 88 25 50 ou 06 85 07 44 37

MONTPITOL Stoupignan — *C.M. 82 Pli 9*

3 ch. Dans le pays toulousain, grande maison de maître style Louis XIII entouré d'un grand parc arboré. Salon de jardin. Chauffage électrique. 1 ch. (2 lits 1 pers.), salle de bains, wc. 1 ch. (2 lits 1 pers.), salle d'eau et wc. 1 ch. (1 lit 2 pers.), salle de bains, wc. Grand salon. Poss. séminaires (10 pers. maxi). TV dans chaque chambre. Langue parlée : anglais.

CV

Prix : 1 pers. **300 F** 2 pers. **500 F** pers. sup. **100 F**

Ouvert : toute l'année.

4,5	10	26	26	SP	4,5	18	10

FIEUX Claudette - Stoupignan - 31380 MONTPITOL - Tél : 05 61 84 22 02

PALAMINY Les Pesques — TH — *C.M. 82 Pli 16*

2 ch. Salon, salle à manger communs avec le propriétaire (poële à bois). Ch. de violette au r.d.c. (1 lit 2 pers. 1 lit 1 pers.) avec vestibule. Salle d'eau privée, wc indép. ch. de rose (accès indép.). (2 lits 1 pers. au r.d.c.) avec s. d'eau/wc, et à l'étage communicant par 1 escalier extérieur (1 lit 2 pers.) avec lavabo. Réduction enfants. Ancienne ferme de caractère, indépendante située sur un terrain non clos de 2 ha. Grande cour intérieure de 1500 m^2 environ, ombragée, gazonnée et fleurie avec allée piétonne. Accueil chevaux possible. Langue parlée : anglais.

Prix : 1 pers. **200 F** 2 pers. **250 F** 3 pers. **330 F** pers. sup. **80 F** repas **80 F** 1/2 pens. **195 F**

Ouvert : toute l'année.

3	0,8	3	SP	3	3	3	3

LE BRIS Brigitte et Bruno - Les Pesques - 31220 PALAMINY - Tél : 05 61 97 59 28 - Fax : 05 61 98 12 97

PEGUILHAN — A — *C.M. 82 Pli 15*

2 ch. Ancienne ferme avec maison de caractère située à 800 m du village. 2 chambres aménagées à l'étage : 1 ch. (1 lit 2 pers. 2 lits 1 pers.), salle d'eau et wc privés. 1 ch. (1 lit 2 pers. 1 lit 1 pers.), salle d'eau et wc privés. R.d.c. : salle commune avec cheminée, TV. Réductions pour séjour, enfants et 1/2 pension couple. Organisation de week-end ou semaine en pension complète sur le thème « Initiation à la gastronomie » : programme et tarifs sur demande. Langues parlées : anglais, espagnol.

CV

Prix : 1 pers. **160 F** 2 pers. **240 F** pers. sup. **100 F** 1/2 pens. **210 F** pens. **275 F**

Ouvert : toute l'année.

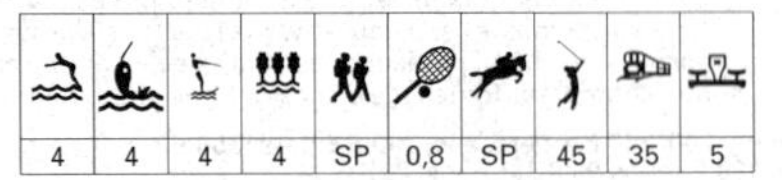

4	4	4	4	SP	0,8	SP	45	35	5

CASTEX Annie - Ferme Auberge de Peguilhan - 31350 PEGUILHAN - Tél : 05 61 88 75 78 - Fax : 05 61 88 75 78

PEYSSIES — TH — *C.M. 82 Pli 17*

2 ch. **Cazères 15 km.** Maison moderne entourée d'un jardin non clos. Terrasses avec salons de jardin pour détente et repas de plein-air. Abri voiture. De plain-pied : grande salle de séjour commune avec coin-repas et coin-salon (cheminée, TV). Ch. accès intérieur et sortie possible sur le jardin (1 lit 2 pers.) avec s.d.b. (douche et baignoire) privative non cloisonnée. WC indépendants attenants. Lit bébé et lit 1 pers. disponibles. Réductions séjour. A l'étage, chambre (4 lits 1 pers. dont 2 sur mezzanine), salle d'eau privative cloisonnée, sortie sur balcon. Salon attenant avec jeux et bibliothèque. Langues parlées : espagnol, portugais.

CV

Prix : 1 pers. **240 F** 2 pers. **280 F** pers. sup. **75 F** repas **80 F** 1/2 pens. **200 F**

Ouvert : du 1er avril au 31 octobre.

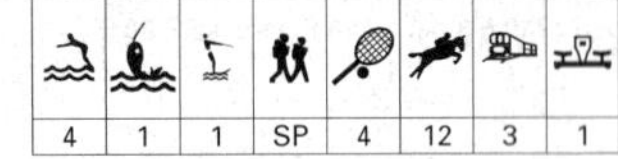

4	1	1	SP	4	12	3	1

DECOMPS Etiennette et Pierre - La Dourdouille - 31390 PEYSSIES - Tél : 05 61 87 99 20 - Fax : 05 61 87 99 20

PIN-MURELET-RIEUMES En Jouanet — TH — *C.M. 82 Pli 16*

2 ch. **Gers 3 km.** Ancienne ferme restaurée, située en pleine campagne à 3 km du village. Au r.d.c. : séjour commun (cheminée). A l'ét. : duplex avec terrasse privée comprenant une ch. (1 lit 2 pers.) communiquant avec 1 ch. enfants (3 lits 1 pers.), s. d'eau privée, wc privatifs non communiquants. 1 ch. (1 lit 180). Poss. lit enfant, s.d.b. dans la chambre, wc indép. non attenants. Abri voiture. Table d'hôtes sur réservation. Produits gastronomiques de Gascogne : foies gras, magrets et confits de canards. Jeux de société. Billard indien. Village à côté de Rieumes. Langues parlées : anglais, espagnol.

Prix : 1 pers. **240 F** 2 pers. **290 F** pers. sup. **90 F** repas **80 F**

Ouvert : de Pâques à la Toussaint.

SP	5	5	SP	2	2	45	6

FLOUS Annie et Jean-Louis - En Jouanet - 31370 LE PIN-MURELET - Tél : 05 61 91 91 05 - Fax : 05 61 91 91 05

PRESERVILLE La Pigeonnière — TH — *C.M. 82 Pli 18*

2 ch. Au r.d.c. : vaste séjour/coin-salle à manger/coin-salon commun aux propriétaires. A l'ét. : 2 ch. aménagées sous les combles (2 lits 1 pers. et 1 lit 2 pers.), chacune avec salle d'eau et wc privatifs. Poss. lit supplémentaire ou lit bébé. Abri voiture. Ancienne ferme lauragaise à 800 m du village avec grand terrain non clos et piscine. Langue parlée : anglais.

Prix : 1 pers. **230 F** 2 pers. **260 F** pers. sup. **80 F** repas **85 F**

Ouvert : toute l'année.

SP	4	30	SP	0,8	5	10	20	5

GERIN J-Claude & Catherine - La Pigeonnière - 31570 PRESERVILLE - Tél : 05 61 83 82 11

SAINT-ELIX-LE-CHATEAU L'Enclos — TH — *C.M. 82 Pli 17*

2 ch. Au r.d.c. : salle à manger (cheminée) et salon (cheminée) communs avec le propriétaire. A l'étage : salle de jeux et de lecture, ch. bleue (1 lit 160 cm, 1 lit enfant), ch. jaune mansardée (1 lit 2 pers. 2 lits 100) avec chacune s. d'eau et wc indép. Poss. lit bébé et lit d'appoint 1 pers. Réduction pour enfants et longs séjours. Maison de maître à la sortie du village avec parc ombragé et fleuri, piscine. Menu gastronomique sur commande. Langue parlée : espagnol.

Prix : 1 pers. **200 F** 2 pers. **260 F** 3 pers. **340 F** pers. sup. **80 F** repas **85 F**

Ouvert : toute l'année.

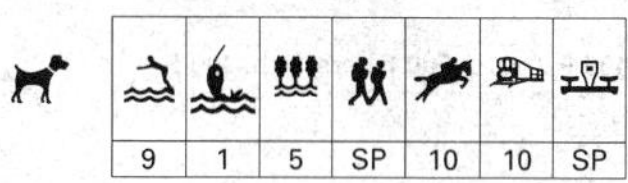

9	1	5	SP	10	10	SP

BOUISSET Michèle et Patrice - L'Enclos - 31430 SAINT-ELIX-LE-CHATEAU - Tél : 05 61 87 61 46 ou 06 83 51 51 54 - Fax : 05 61 87 61 46 - E-mail : pbouisset@hotmail.com

SAINT-FELIX-DE-LAURAGAIS — *C.M. 82 Pli 19*

4 ch. Grande maison avec jardin, garage, parking. Au rez-de-chaussée : 2 ch. (1 lit 2 pers.), salle d'eau et wc privés. A l'étage : 1 ch. (1 lit 2 pers. 1 lit 1 pers.), 1 ch. (1 lit 2 pers.). Salle de bains et wc communs. Salle à manger, véranda, coin-cuisine indépendant. 2 chambres sont en cours de classement.

Prix : 1 pers. **200 F** 2 pers. **230/250 F** 3 pers. **330 F** pers. sup. **100 F**

Ouvert : toute l'année.

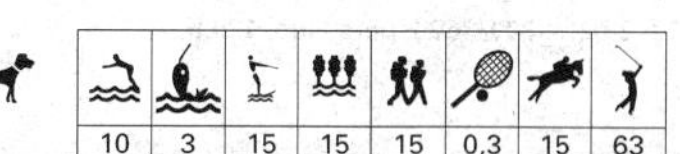

10	3	15	15	15	0,3	15	63

ANGELINI Olga - Faubourg du Midi - 31540 SAINT-FELIX-DE-LAURAGAIS - Tél : 05 61 83 02 47

SAINT-FRAJOU Moulères — TH — *C.M. 82 Pli 16*

2 ch. **Saint-Gaudens 35 km. Espagne 75 km.** Au r.d.c. : séjour commun aux propriétaires et aux hôtes (cheminée, piano). A l'étage (accès indépendant possible) : grand salon privatif aux hôtes (bibliothèque, jeux). 2 chambres familiales (1 lit 2 pers. 2 lits 1 pers.) avec chacune leur salle d'eau et leur wc indépendants privatifs. Chauffage central au gaz. Sur les coteaux du Comminges, cette ferme (élevage de chevaux lourds, production de petits fruits rouges) vous accueille dans un cadre ombragé (jardin aménagé autour d'une petite mare). Grande aire de stationnement et abri-voitures possible sous le hangar, ou la grange. Langues parlées : anglais, espagnol, hollandais.

Prix : 1 pers. **200 F** 2 pers. **270 F** 3 pers. **380 F** repas **80 F**

Ouvert : toute l'année.

11	11	2	SP	11	7	25	11

BUTERY Chantal - Route des Crêtes - Moulères - 31230 SAINT-FRAJOU - Tél : 05 61 94 14 14 - Fax : 05 61 94 14 14

SAINT-GAUDENS Domaine de Bellefond — *C.M. 86 Pli 01*

1 ch. 1 chambre d'hôtes aménagée au 2e étage d'une maison de caractère sur une exploitation agricole. 1 ch. (1 lit 2 pers. 1 lit 120 suppl.) avec lavabo et bidet. Salle de bains et wc à l'étage réservés aux hôtes. Salle de séjour avec TV. Jardin, garage. Langues parlées : italien, espagnol.

Prix : 1 pers. **180 F** 2 pers. **200 F** pers. sup. **50 F**

Ouvert : toute l'année.

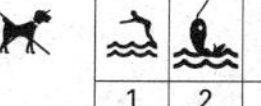

1	2	2	2	1	1	2	30	3	1

PELLIZARI Gino - Domaine de Bellefond - 31800 SAINT-GAUDENS - Tél : 05 61 89 20 67

SAINT-LEON Pagnard

A — *C.M. 82 Pli 18*

5 ch. Au rez-de-chaussée : salle à manger de la ferme-auberge avec cheminée. Au 1e étage : petit salon privatif avec TV et téléphone. 5 chambres (4 lits 2 pers.), (1 lit 2 pers. 2 lits 1 pers.) avec salles d'eau et wc privatives et communicantes à chaque chambre. Grande maison du XVIIIe siècle rénovée avec ferme auberge sur place. Les chambres d'hôtes sont aménagées dans le bâtiment mitoyen de la maison des propriétaires. Exploitation agricole diversifiée (élevage de gibier, basse-cour, céréales). Piscine couverte chauffée sur place. Langues parlées : anglais, espagnol.

Prix : 1 pers. **250 F** 2 pers. **250 F** pers. sup. **100 F** repas **60 F**

Ouvert : toute l'année.

SP	SP	5	5	5	40	10	5

LAMOUROUX Anne-Marie - Pagnard - 31560 SAINT-LEON - Tél : 05 61 81 92 21 - Fax : 05 61 81 92 21

SAINT-MARCET Becad

TH — *C.M. 82 Pli 15*

2 ch. Vaste salle à manger commune avec les propriétaires avec coin-détente, cheminée et TV. 2 ch. aménagées de plain-pied (1 lit 2 pers. 2 lits 1 pers. superp.), salle d'eau et wc indép. pour chacune. Prises TV dans les ch. Chauffage élect. Aire de stationnement dans la cour de la ferme. Table d'hôtes sur demande en période scolaire. Ferme commingeoise à 1,5 km du village. Les ch. sont aménagées dans une partie annexe de la maison principale dont elles sont reliées par une grande terrasse pour les hôtes. Local access. par la terrasse, avec wc, douche, lave-linge. Langue parlée : espagnol.

Prix : 1 pers. **200 F** 2 pers. **240 F** pers. sup. **70 F** repas **80 F**
1/2 pens. **180 F** pens. **260 F**

Ouvert : toute l'année.

12	SP	18	SP	2	3	24	12	12

LAVIGNE Jacques et Gisèle - Becad - 31800 SAINT-MARCET - Tél : 05 61 89 22 21 ou 05 61 88 94 58 - Fax : 05 61 89 22 21

SAINT-PIERRE-DE-LAGES Château du Bousquet

C.M. 82 Pli 8

1 ch. Au 2e étage : 1 suite avec chambre principale (1 lit 2 pers.) et 1 chambre attenante (2 lits 1 pers.), salle d'eau et wc privés. Salon de jardin. Chauffage central au bois. Sur la route du Pastel, au cœur d'un bois de 15 ha, siège de l'exploitation agricole, bel ensemble du XVIIe avec château, cour intérieure et communs.

Prix : 1 pers. **300 F** 2 pers. **400 F** 3 pers. **500 F** pers. sup. **100 F**

Ouvert : toute l'année.

10	1	1	SP	0,8	10	1	12	12

DE LACHADENEDE Arnaud et Inès - Château du Bousquet - 31570 SAINT-PIERRE-DE-LAGES - Tél : 05 61 83 78 02 - Fax : 05 62 18 98 29

SAINTE-FOY-D'AIGREFEUILLE Le Petit Roquette

C.M. 82 Pli 8

2 ch. Dans une ancienne ferme du Lauragais du XVIIIe. Salle de séjour privée avec cheminée. Ch. suite Rose avec accès indép. (1 lit 160), 2 lits 1 pers. dans partie salon. Salle de bains, wc privés, ch. Tournesol (1 lit 2 pers.) et s. d'eau avec wc. Salle à manger et salon communs avec les propriètaires. Terrasse couverte, très grand terrain arboré et fleuri, non clos. Piscine commune sur place. Langues parlées : anglais, espagnol, allemand.

Prix : 1 pers. **270/330 F** 2 pers. **300/360 F** pers. sup. **120 F**

Ouvert : toute l'année.

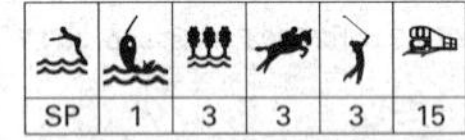

SP	1	3	3	3	15

CHANFREAU-PHIDIAS - Le Petit Roquette - 31570 SAINTE-FOY-D'AIGREFEUILLE - Tél : 05 61 83 60 88 - Fax : 05 61 83 60 88

SAMOUILLAN Le Moulin

TH — *C.M. 82 Pli 16*

4 ch. Ancien moulin situé à 1 km du village sur un petit cours d'eau, avec terrain ombragé et potager pour la table d'hôtes. Au r.d.c. : salle à manger commune avec cheminée. A l'étage : 2 ch. (2 lits 2 pers. 1 lit 1 pers.), salle d'eau et wc communs. 2 ch. (2 lits 2 pers. 2 lits 1 pers.), salle d'eau avec wc privés chacune. Abri voiture. Les 2 chambres avec le sanitaire commun sont classées 1 épi. Plats végétariens à la demande. Langues parlées : anglais, espagnol.

Prix : 1 pers. **175 F** 2 pers. **245 F** pers. sup. **110 F** repas **85 F**
1/2 pens. **260 F**

Ouvert : du 1er mai au 31 octobre.

15	SP	10	15	15	20	15

CALLEN Steve - Le Moulin - 31420 SAMOUILLAN - Tél : 05 61 98 86 92 - Fax : 05 61 98 86 92 - E-mail : kris.steve@free.fr - http://moulin-vert.net

TAILLEBOURG

C.M. 85 Pli 20

1 ch. ch. aménagée en r.d.c. et ouvrant sur la terrasse : 1 lit 2 pers., avec salle d'eau, wc privés. Salle à manger et salon (cheminée, TV) communs aux propriétaires. TV et radio dans la chambre. Jardin clos, terrasse couverte, aire de stationnement réservée. Jacuzzi, VTT. « La Maison Basque » dans un petit hameau, chambre aménagée dans la maison des propriétaires, avec accés indépendant. Langues parlées : anglais, espagnol.

Prix : 1 pers. **225 F** 2 pers. **250 F**

Ouvert : toute l'année sauf février.

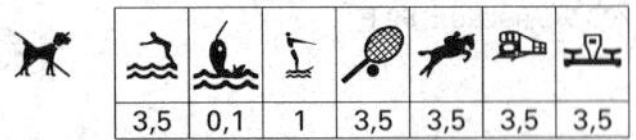

3,5	0,1	1	3,5	3,5	3,5	3,5

BLIN Michel et Judith - La Maison Basque - 31210 PONLAT-TAILLEBOURG - Tél : 05 61 95 49 37 - Fax : 05 61 95 49 37

TREBONS-SUR-LA-GRASSE Le Pesques — TH — *C.M. 82 Pli 19*

2 ch. **Villefranche-Lauragais 4,5 km.** Aménagement de plain-pied : salle à manger et salon communs avec les propriétaires (cheminée/insert). 2 ch. non fumeurs : ch. bleue (1 lit 2 pers. + appoint enfant) avec s.d.b./wc non communicante, chambre rose (1 lit 2 pers.) avec s. d'eau/wc attenante. Hébergement avec piscine. « Le Pesques », ferme lauragaise rénovée. Ferme un peu à l'écart du village, disposant d'une cour gravillonnée à l'avant (possibilité de stationner sous le hangar) et d'un grand jardin clôturé de 5000 m^2, petit plan d'eau non protégé). Terrasse couverte, jeux d'enfants (portique, toboggan, bac à sable, ping-pong).

Prix : 1 pers. **235 F** 2 pers. **250 F** pers. sup. **100 F** repas **100 F**

Ouvert : du 1er avril 15 octobre.

SP	1,5	SP	0,5	10	4,5	4,5

JEAN Nicole et Michel - Le Pesques - La Roque - 31290 TREBONS-SUR-LA-GRASSE - Tél : 05 61 27 25 70 - Fax : 05 61 27 25 70

LES VARENNES Château des Varennes — TH — *C.M. 82 Pli 19*

2 ch. **Montgiscard 8 km. Toulouse 26 km.** Au r.d.c. : vaste entrée, salon, salle à manger avec cheminées communs avec les propriétaires, bibliothèque (billard ...) réservée à la clientèle. Ch. du Bedouen (1 lit 160), s.d.b. privée et wc indép. A l'étage : ch. de la Tour (1 lit 160) + lit enfant dans la ch. attenante), ch. des Oiseaux (1 lit 160), ch. des Mariés (1 lit 160), chacune s.d.b. et wc privés. Construit au XVIe siècle en briques roses, le château des Varennes vous accueille dans un parc aux arbres centenaires et propose de séjourner dans 4 chambres avec vue superbe sur les coteaux. Promenades dans le parc, détente dans la piscine et découverte de l'art de vivre en « pays de cocagne ». Langues parlées : anglais, espagnol.

Prix : 1 pers. **450/650 F** 2 pers. **500/700 F** repas **150 F**

SP	SP	SP	0,2	20

MERICQ Béatrice et Jacques - Château des Varennes - 31450 LES VARENNES - Tél : 05 61 81 69 24 - Fax : 05 61 81 69 24

Gers

GITES DE FRANCE - Service Réservation
Maison de l'Agriculture - Route de Tarbes - B.P. 161
32003 AUCH Cedex
Tél. 05 62 61 79 00 - Fax. 05 62 61 79 09
E.mail : loisirs.accueil.gers@wanadoo.fr - http://www.resinfrance.com

3615 Gîtes de France
1,28 F/min

ARROUEDE Le Traquet — A — *C.M. 82 Pli 15*

6 ch. A l'étage, 6 chambres d'hôtes : 1 chambre 4 pers. avec salle d'eau et wc particuliers. 5 chambres 2 pers. avec salle d'eau et wc particuliers. Possibilité 3 lits supplémentaires sur demande. Au rez-de-chaussée : pièce détente/salon, cheminée, TV, salle de l'auberge à la disposition des hôtes (repas 85 F). Ferme située sur la route de crête d'Arrouede à Mont d'Astarac, face à la chaîne des Pyrénées. Restaurant à la ferme. Repas enfant : 35 F, prix 4 pers. : 410 F. Station de ski à 70 km. Poss. de stages de golf, en liaison avec le club de Masseube (6 km). Tarif 4 pers. 430F.

Prix : 1 pers. **200 F** 2 pers. **230 F** 3 pers. **330 F** pers. sup. **100 F** repas **85 F**

Ouvert : toute l'année.

3	3	3	3	10	3	3	35	10

STAELENS Joël et Chantal - Le Traquet - 32140 ARROUEDE - Tél : 05 62 66 09 87 ou SR : 05 62 61 79 00

AUCH Le Castagne — *C.M. 82 Pli 5*

4 ch. 4 ch. à l'étage : 2 ch. (1 lit 2 pers. 1 lit 1 pers.), s. d'eau avec wc dans chaque ch. 1 ch. (3 lits 1 pers.), s. d'eau avec wc. 1 ch. (1 lit 2 pers. 2 lits 1 pers.), s. d'eau avec wc. Coin-salon à l'étage. R.d.c. : coin-cuisine (réfrigérateur), salle de séjour (cheminée, TV). Chauff. Services proposés : l-linge, lit bébé. vente produits fermiers. Véronique vous accueille dans une maison restaurée du siècle dernier (terrasse, salon de jardin, barbecue) aux portes d'Auch (cathédrale), vue imprenable sur châteaux et campagne. VTT, salle de jeux, pédalos, mini-golf, piscines. Prix 4 pers. : 400 F. Gîte rural, camping en ferme d'accueil. Langue parlée : anglais.

Prix : 1 pers. **200 F** 2 pers. **260 F** 3 pers. **350 F** pers. sup. **70 F**

Ouvert : toute l'année.

SP	25	25	SP	8	8	8	4	4

SEMEZIES-DUPUY Véronique - Route de Toulouse - Le Castagne - 32000 AUCH - Tél : 05 62 63 32 56 ou SR : 05 62 61 79 00 - Fax : 05 62 63 32 56

AUTERRIVE Poudos — TH — *C.M. 82 Pli 5*

5 ch. 1 ch. familiale (1 lit 2 pers. 2 lits 1 pers. 1 lit bébé), s. d'eau/wc dans la maison de la prop. Dans une annexe, à l'étage : 1 ch. (1 lit 2 pers., s. d'eau/wc), 1 ch. familiale (3 lits 1 pers.), s.d.b./wc. R.d.c. : 1 ch. familiale (3 lits 1 pers.), 1 ch. (1 lit 2 pers.) toutes avec s. d'eau/wc. 2 ch. classées 3 épis. Coin-cuisine. Piscine, ping-pong, balançoire. 5 ch. au domaine de Poudos (parc ombragé fleuri). Salle et cuisine familiale. Biblioth., TV. Chauff. central. Tarifs réduits à partir de la 3e nuitée. Repas enf. : 35 F. Prix 4 pers. : 430 F. Propriétaire d'origine hollandaise. Séminaires à thèmes. Langues parlées : anglais, allemand, hollandais.

Prix : 1 pers. **180 F** 2 pers. **250 F** 3 pers. **360 F** pers. sup. **70 F** repas **75 F** 1/2 pens. **200 F**

Ouvert : toute l'année.

SP	19	19	1	5	5	12	8	5

WIEGGERS Gerda - Poudos - 32550 AUTERRIVE - Tél : 05 62 61 00 93 ou SR : 05 62 61 79 00 - Fax : 05 62 61 00 93

BARS Cantaou *C.M. 82 Pli 14*

1 ch. 1 ch. aménagée sur 3 niveaux dans la tour de la maison avec accés direct indép., ouvrant sur cour fermée (arbres, pelouse, salon de jardin et petit bassin). Au r.d.c. : salle des petits-déjeuners (cheminée). Au 1er étage : salle de bains avec wc. 2e étage : 1 lit 2 pers. 1 lit 1 pers. Ch. central. Denise et Jean-Louis vous accueillent dans une grande demeure du XVIIIe. Elevage de taureaux de combat, à proximité de la D.34. Festival de country Music à Mirande à 9 km (semaine du 14/07). Festival « jazz in Marciac » 18 km (semaine du 15/08). Langue parlée : espagnol.

Prix : 1 pers. **200 F** 2 pers. **230 F** 3 pers. **280 F**

Ouvert : toute l'année.

9	9	9	0,5	9	8	25	35	9

DARRE Denise - Cantaou - 32300 BARS - Tél : 05 62 66 53 55

BEAUMARCHES Labeyrie *C.M. 82 Pli 3*

2 ch. **Route des Bastides et des Castelnaux, Festival de jazz à Marciac 7 km** A l'étage, 2 chambres : Chambre Jaune (1 lit 2 pers.), salle de bains, wc séparé. Chambre Rose (1 lit 2 pers.), salle de bains, wc. 2 lits d'appoint de 1 pers. Au rez-de-chaussée : pièce de jour, salle à manger. Marie-Edith et sa famille vous accueillent dans leur maison de maître (ferme gasconne), entourée d'un parc ombragé, sur la route des bastides. Sur la propriété : très beau lac collinaire au beau milieu des bois (pêche, promenade). Tarifs dégressifs à partir de la 4e nuit.

Prix : 1 pers. **260 F** 2 pers. **280 F**

Ouvert : toute l'année

7	8	7	7	3	15	45	8

SAMSON-LARRIEU Marie-Edith - « Labeyrie » - 32160 BEAUMARCHES - Tél : 05 62 69 49 11 ou SR : 05 62 61 79 00 - E-mail : alabeyrie@multimania.com - http://www.multimania.com/alabeyrie

BELLEGARDE-ADOULINS La Garenne TH *C.M. 82 Pli 15*

1 ch. ch. 1 duplex familial à l'étage : 1 ch. (1 lit 2 pers.), 1 ch. contiguë (1 lit 130, poss. lit d'appoint 1 pers.), salle d'eau et wc privés. Séjour avec cheminée et TV couleur à dispo. Ch. central. Parking. 2 gîtes sur place. Tarifs dégressifs à partir de 3e nuitée. Tarif 4 pers. 420 F. Cuisine en juillet/août (50 F/jour). Sur la commune de Bellegarde, belle maison restaurée à proximité d'une exploit. agricole. Terrasse couverte, grand balcon (salon de jardin, piscine commune « Zodiac » entérrée (9,20 x 4,50 x 1,20). Vue sur côteaux de l'Astarac et Chaîne des Pyrénées. Vélos. Rando pédestre. Table d'hôtes sur demande. Langues parlées : anglais, espagnol.

CV

Prix : 1 pers. **200 F** 2 pers. **270 F** 3 pers. **360 F** repas **90 F**

Ouvert : toute l'année.

SP	13	6	4	4	5	30	4

COUROUBLE Olivier et Mireille - La Garenne - 32140 BELLEGARDE - Tél : 05 62 66 03 61 - Fax : 05 62 66 03 61

BELMONT Les Figuiers *C.M. 82 Pli 4*

4 ch. **Feria de Pentcote, Festival Tempo Latino à Vic Fezensac 11 km.** 4 chambres d'hôtes à l'étage, avec petit coin salon sur le palier. 1 ch. (1 lit 160, 1 lit d'enfant 80), 1 ch. (2 lits jumeaux, 1 lit 1 pers.), 1 ch. (1 lit 2 pers.). Dans chaque chambre : salle d'eau (douche, lavabo) avec wc. R.d.c. : salle à manger/séjour, bibliothèque, TV. Grand jardin et piscine. John et Violette vous accueillent dans leur grande maison gasconne, ouvrant sur jardin fleuri. Piscine. Vue panoramique sur les coteaux. Langues parlées : anglais, espagnol.

CV

Prix : 2 pers. **320 F** 3 pers. **395 F**

Ouvert : du 1er avril au 31 décembre.

SP	11	11	11	11	25	32	11

SMITH Violette et John - « Les Figuiers » - Couté - 32190 BELMONT - Tél : 05 62 06 58 33 ou SR : 05 62 61 79 00 - Fax : 05 62 06 58 33

BERAUT Bordeneuve TH *C.M. 82 Pli 4*

5 ch. 5 ch. d'hôtes dans une grande ferme entourée de pelouses ombragées. A l'étage : 1 ch. 3 pers., coin-toilette non cloisonné (douche lavabo), 1 ch. 3 pers., coin-toilette (douche lavabo), 1 ch. 3 pers. (s.d.b.). Sur palier : wc communs aux 3 ch. R.d.c. : 2 ch. (1 lit 2 pers.), s. d'eau, wc chacune. A la disposition des vacanciers une pièce détente avec TV. Chauffage. Station thermale 16 km. Sur place : kit piscine (6 m de diamètre), gîte rural, camping à la ferme, vente de produits de la ferme.

Prix : 1 pers. **175 F** 2 pers. **250 F** 3 pers. **375 F** repas **80 F**
1/2 pens. **205 F**

Ouvert : toute l'année sauf la 1ère quinzaine de novembre.

6	15	15	7	3	6	25	46	6

VIGNAUX Robert et Evelyne - Bordeneuve - 32100 BERAUT - Tél : 05 62 28 08 41

BERAUT Le Hour TH *C.M. 82 Pli 4*

2 ch. 2 ch. d'hôtes à l'étage de la maison du propriétaire. 2 chambres 2 pers. Salle de bains et 2 wc communs. Station thermale à 16 km. Sur demande : ch. enfant (1 lit 120). Chauffage central. Lave-linge payant. Gîte rural sur place. Suppl. repas gastronomique : 50 F, repas enf. : 50 F.

Prix : 1 pers. **170 F** 2 pers. **220 F** repas **100 F** 1/2 pens. **210 F**

Ouvert : toute l'année

6	15	15	7	6	6	25	46	6

DUSSAUT Yvon et Hélène - Le Hour - 32100 BERAUT - Tél : 05 62 28 02 08

BIRAN Betaire-Sud *C.M. 82 Pli 4*

3 ch. 3 ch. d'hôtes : A l'étage 1 ch. double familiale (2 lits 2 pers.), s.d.b. et wc , accès par couloir privatif. Au r.d.c. : 1 ch. (1 lit 2 pers.), s. d'eau et wc contigus, 1 ch. (2 lits 1 pers., TV), s. d'eau avec wc, coin-cuisine attenant. Poss. lit enfant (suppl. 50 F.). Salle à manger, salon, cheminée, TV à la disposition des hôtes. Maison dominant le village et les collines, avec parc ombragé, prairie de 2000 m². Terrain de pétanque à 500 m. Lac privé 1 km, golf à Embats/Auch (12 km). Auberge à Saint-Lary (8 km), Lavardens (12 km), Auch (12 km). Prix nuit 4 pers. : 400 F.

Prix : 1 pers. **160 F** 2 pers. **230 F** pers. sup. **70 F**

Ouvert : toute l'année.

15	12	15	3	15	15	12	15	8

BARBE Henri et Jeannette - Betaire Sud - 32350 BIRAN - Tél : 05 62 64 63 73

BIRAN La Broquerie *C.M. 82 Pli 4*

3 ch. A l'étage 2 ch. d'hôtes et 1 ch. d'appoint pour enfants : 1 ch. 3 pers. (cabinet de toilette), 1 ch. 2 pers. avec cabinet de toilette, ch. d'appoint (2 lits 1 pers.), sanitaires réservés communs aux ch. WC sur palier. Sanitaires des propriétaires à l'étage. Salle à manger, cheminée, salon, TV à la disposition des hôtes. A 300 m de la RN 124 Auch-Vic Fezensac, sur la commune de Biran, grande maison entourée d'un jardin fleuri, salon de jardin sur terrasse clôturée.

Prix : 1 pers. **140 F** 2 pers. **190 F** 3 pers. **250 F** pers. sup. **70 F**

Ouvert : toute l'année.

11	7	7	2	11	7	17	17	2

BOURDERE Claude et Paulette - La Broquere - 32350 BIRAN - Tél : 05 62 64 62 17

BOUZON-GELLENAVE Château du Bascou (TH) *C.M. 82 Pli 3*

3 ch. 3 ch. à l'étage : 1 ch. (1 lit baldaquin 2 pers., salle d'eau avec wc), 1 ch. (1 lit 2 pers. décoré, salle d'eau avec wc), 1 ch. (2 lits 1 pers. jumeaux, salle d'eau, wc). A disposition : séjour, salon commun. Service proposé : lave-linge. 12% de remise à partir de la 2e nuitée. Au village, Cathy et Robert vous accueillent dans leur belle demeure meublée et décorée avec goût, entourée d'un parc sur un domaine viticole (Floc, Armagnac : dégustation, vente). Sur place : VTT. Sur la propriété : plan d'eau (pêche). Langues parlées : anglais, espagnol.

Prix : 2 pers. **350 F** repas **100 F**

Ouvert : toute l'année sauf du 25 août au 15 septembre.

4	6	11	0,2	20	4	25	60	4

ROUCHON Catherine et Robert - Château du Bascou - 32290 BOUZON-GELLENAVE - Tél : 05 62 09 07 80 - Fax : 05 62 09 08 94

CAHUZAC-SUR-ADOUR A Galuppe (TH) *C.M. 82 Pli 2*

3 ch. 3 ch. aménagées au r.d.c. : 1 ch. 2 épis ouvrant sur parc (1 lit 2 pers.) salle d'eau et wc privés attenants. 1 ch. 1 épi (1 lit 2 pers.) cabinet de toilette. 1 ch. 1 épi (1 lit 2 pers.) cabinet de toilette. Salle de bains et wc réservés aux 2 chambres. Chauffage central. Prise TV dans les chambres. Salle à manger (cheminée), véranda/salon. Corinte, Angélo et Ginette vous accueillent dans une belle villa récente, entourée d'un parc avec piscine et tennis, située dans le petit village de Cahuzac-sur-Adour. Ouvert toute l'année. Langue parlée : italien.

Prix : 1 pers. **200 F** 2 pers. **220 F** repas **90 F** 1/2 pens. **200 F**

Ouvert : toute l'année.

SP	10	10	0,1	20	SP	40	45	5

POZZOBON CORINTE Angelo et Ginette - A Galuppe - 32400 CAHUZAC-SUR-ADOUR - Tél : 05 62 69 22 48 - Fax : 05 62 69 28 89

CASTELNAU-BARBARENS La Tuquette A (TH) *C.M. 82 Pli 5*

1 ch. 1 chambre familiale : 1 lit 2 pers. et 2 lits 1 pers., sanitaires privés : salle de bains et wc (accès par couloir). A disposition des hôtes : salle de séjour, cuisine de la table d'hôtes. Anne-Marie et Max vous accueillent en toute amitié dans leur maison rénovée au milieu des coteaux (cultures et bois). Piscine, barbecue, terrasse couverte et salon de jardin. Supplément pour repas gastronomiques : 40 F/pers. Repas enfant : 40 F, tarif 4 pers. : 350 F. Sur place : 1 gîte rural.

Prix : 1 pers. **160 F** 2 pers. **200 F** 3 pers. **300 F** repas **80 F**
1/2 pens. **180 F** pens. **260 F**

Ouvert : toute l'année.

SP	7	7	2	2	7	25	20	7

BOGDANOS Anne-Marie et Max - La Tuquette - 32450 CASTELNAU-BARBARENS - Tél : 05 62 65 95 08

CASTELNAU-BARBARENS Le Baste (TH) *C.M. 82 Pli 5*

2 ch. 2 chambres d'hôtes aménagées au 1er étage de la maison du XVIIIe des propriétaires, avec parc ombragé. 2 chambres 2 pers. dont 1 ch. avec salle de bains et wc privés, l'autre avec salle d'eau et wc privés. A la disposition des hôtes séjour avec cheminée et TV. Chauffage. Cuisine de nos grand-mères et repas pris à la table familiale.

Prix : 1 pers. **180 F** 2 pers. **270 F** repas **90 F** 1/2 pens. **225 F**

Ouvert : toute l'année.

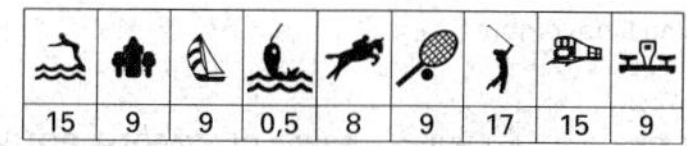

15	9	9	0,5	8	9	17	15	9

CARTIER René et Alice - Au Baste - 32450 CASTELNAU-BARBARENS - Tél : 05 62 65 97 17 ou SR : 05 62 61 79 00

CASTELNAU-D'ARBIEU (TH) *C.M. 82 Pli 5*

2 ch. **Lectoure (ville d'art et d'histoire) 10 km. Saint-Clar 5 km.** Claude et Maryse vous accueillent dans leur maison, rénovée, ouvrant sur un jardin avec piscine. Aménagées à l'étage : 2 ch. (1 lit 2 pers. 1 lit 1 pers. dans chacune), salle d'eau, wc pour chacune. Terrasse fleurie de 50 m² attenante aux 2 chambres et équipée de 2 salons de jardin. Séjour avec coin-salon réservé au hôtes. Supplément repas gastronomique : 90 F. Langue parlée : anglais.

Prix : 1 pers. **310 F** 2 pers. **350 F** 3 pers. **470 F** repas **110 F**

Ouvert : du 15 janvier au 15 décembre.

SP	5	8	2	8	0,3	10	43	5

COCHARD Claude et Maryse - Rue au Barry - 32500 CASTELNAU-D'ARBIEU - Tél : 05 62 64 07 32 ou SR : 05 62 61 79 00 - Fax : 05 62 64 06 91

CASTELNAU-D'AUZAN Le Juge (TH) *C.M. 79 Pli 13*

3 ch. **Eauze (capitale de l'Armagnac) 8 km. Barbotan 12 km.** 3 chambres à l'étage. 2 ch. (2 lits 2 pers.), 1 ch. (2 lits 1 pers.), salle d'eau, wc dans chacune. Chauffage. Séjour et salon avec TV communs. Lave-linge. Lit bébé sur demande. Sur un domaine agricole et viticole de 30 ha., Michel et Bernadette vous accueillent dans leur maison de maître ouvrant sur le jardin arboré, avec salon de jardin. Suppl. repas gastronomique : 60 F. Repas enfant : 50 F. Promenade sur le domaine de 30 ha., dont 10 ha. de vignes. Visite d'une Palombière sur la propriété. Tél portable : 06.83.97.89.19. Langue parlée : anglais.

Prix : 1 pers. **240 F** 2 pers. **300 F** 3 pers. **395 F** pers. sup. **95 F** repas **110 F**

Ouvert : toute l'année.

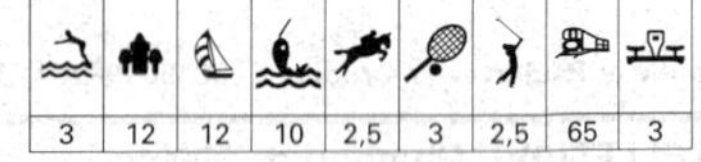

3	12	12	10	2,5	3	2,5	65	3

DENIS Michel et Bernadette - Domaine de la Musquerie - Le Juge - 32440 CASTELNAU-D'AUZAN - Tél : 05 62 29 21 73 ou SR : 05 62 61 79 00 - Fax : 05 62 29 28 47

CAUSSENS Le Vieux Pressoir A *C.M. 82 Pli 4*

3 ch. 3 ch. à l'étage (salon pour les hôtes sur palier). 1 ch. familiale (2 lits 2 pers.), s. d'eau communicante avec wc. 1 ch. (2 lits 1 pers.), s. d'eau avec wc, 1 ch. (1 lit 140), s.d.b. avec wc. Chauffage central. TV dans les ch. A dispo. des hôtes : salle à manger (TV couleur) donnant sur terrasse. Service payant : l-linge : 50 F la machine. Tarif 4 pers. : 400/495 F. Grande demeure en pierre du XVIIe siècle donnant sur un parc fleuri (piscine, jacuzzi). Panorama sur les coteaux. Ouvert toute l'année. Tarifs dégressifs à partir de la 3e nuit. Sur place : produits fermiers (foie gras confit), repas enf. : 40/60 F, suppl. repas gastro. : 55 F.

CV

Prix : 1 pers. **210 F** 2 pers. **310 F** 3 pers. **350/430 F** repas **95 F**

Ouvert : toute l'année.

SP	15	15	0,5	6	8	28	40	8

MARTIN Christine et Laurent - Le Vieux Pressoir - Saint-Fort - 32100 CAUSSENS - Tél : 05 62 68 21 32 ou SR : 05 62 61 79 00 - Fax : 05 62 68 21 32

CAZAUX-VILLECOMTAL Le Presbytère (TH) *C.M. 82 Pli 13*

2 ch. **Marciac, Festival de jazz 10 km. Mirande, Festival Country Music 35k** 2 chambres d'hôtes aménagées au r.d.c. de la maison des propriétaires. 1 ch. avec possibilité d'accès indép. par terrasse (1 lit 150, 1 lit d'appoint), s.d.b. avec wc. 1 ch. familiale (1 lit 2 pers. 1 lit 1 pers.), salle d'eau, wc, possibilité lit supplémentaire 1 pers. Tarifs dégressifs à partir de la 3e nuit. Daniel et Michele vous réservent le meilleur accueil dans leur maison (ancien presbytère) récemment rénovée, ouvrant sur un jardin agréable. Joli panorama sur la vallée et la chaîne des Pyrénées. Langue parlée : anglais.

Prix : 2 pers. **280 F** 3 pers. **380/410 F** pers. sup. **100/130 F** repas **90 F** 1/2 pens. **230 F**

Ouvert : toute l'année.

10	18	1	7	10	10	30	10

NOURY Daniel - Le Presbytère - 32230 CAZAUX-VILLECOMTAL - Tél : 05 62 64 89 26

CLERMONT-POUYGUILLES Au Hillian (TH) *C.M. 82 Pli 14*

1 ch. **Mirande 12 km (festival de Country Music en juillet, bastide, musée).** 1 ch. (accés indépendant sur jardin) : 1 lit 2 pers., s. d'eau, wc. A disposition : salle à manger/salon (cheminée) communs. Chauffage. Services proposés : lave-linge, nuitée, piano, vélos. Table d'hôtes sur réservation. Demi-pension : 200F/personne/jour sur 5 jours et plus. VTT. Chantal et Michael vous accueillent au calme dans leur maison de charme qui offre une perspective sur les coteaux de Gascogne. Jardin verdoyant et fleurie (petit plan d'eau). Atelier, au 1er étage, 100 m² disponible pour séjour de peinture et de musique. Langue parlée : anglais.

CV

Prix : 1 pers. **200 F** 2 pers. **270 F** pers. sup. **85 F** repas **105 F**

Ouvert : 1er avril au 5 novembre.

7	7	30	7	15	7	10	20	7

PAVARD-GIBBS Chantal - Au Hillian - 32300 CLERMONT-POUYGUILLES - Tél : 05 62 66 26 15 ou SR : 05 62 61 79 00 - Fax : 05 62 66 26 15 - E-mail : chantal.gibbs@free.fr

CONDOM En Parette  *C.M. 79 Pli 14*

2 ch. **Condom (sites, navigation sur la Baïse) 5 km. Abbaye de Flaran 15 km.** 2 ch. à l'étage : 1 ch. (1 lit 2 pers. 1 lit 1 pers., s. d'eau, wc), 1 ch. (1 lit 2 pers. s. d'eau, wc sur palier). Au r.d.c. : séjour commun (cheminée, TV). Chauffage. Services proposés : lit bébé, l-Linge, minitel. Vente produits de la ferme sur place. Pêche à proximité. Denise vous accueille ds une ancienne ferme rénovée du 18e (conserverie à la ferme), cour et salon de jardin, à 1 km de la rivière Baïse, sur un sentier de randonnée. Sur place : aire naturelle (camping-car). Ferme-Auberge à 10 km, station thermale à 22 km. Vélo, VTT enfants, chemin de randonnée. Langue parlée : espagnol.

Prix : 1 pers. **130 F** 2 pers. **200 F** 3 pers. **250 F** pers. sup. **50 F**
repas **80 F** 1/2 pens. **180 F**

Ouvert : toute l'année.

5	22	7	1	8	5	25	40	5

DUPUY Denise - A Parette - 32100 CONDOM - Tél : 05 62 28 19 39 - Fax : 05 62 28 19 39

COURTIES Tauzin-Dessus *C.M. 82 Pli 3*

1 ch. **Marciac 7 km.** A l'étage : 1 chambre familiale (2 lits 2 pers.), salle d'eau avec wc. Chauffage. Séjour et salon commun avec TV à disposition des hôtes. Odette et Elie vous accueillent dans leur maison de ferme gascogne, cour clôturée, salon de jardin, barbecue. Prix nuit 4 pers. : 360 F. Restaurants et randonnée à 7 km. A 7 km de Marciac, territoire du Jazz, festival (sem. du 15 août) et concerts toute l'année lors des week-end.

Prix : 1 pers. **160 F** 2 pers. **180 F** 3 pers. **340 F**

Ouvert : toute l'année

7	7	7	7	7	7	15	50	7

CASTETS Odette - Tauzin-Dessus - 32230 COURTIES - Tél : 05 62 70 91 51

EAUZE Mounet **A** (TH) *C.M. 82 Pli 3*

3 ch. Gentilhommière entourée d'un parc. Spécialisé dans la production de foie gras d'oie et de canard : visite élevage. Conserverie à la ferme (dégustation et vente). 3 ch. d'hôtes dont 2 à l'étage : 1 ch. (1 lit 2 pers.), s. d'eau/wc privés. 1 ch. (1 lit 2 pers. 1 lit d'appoint 1 pers), s. d'eau/wc privés. R.d.c. : 1 ch. (1 lit 2 pers.), s.d.b. attenante avec wc. Accueil dans la salle à manger familiale (TV, cheminée), au r.d.c. A la disposition des hôtes à l'étage : coin-détente, salon (TV, biblio.). Station thermale 12 km. Suppl. repas gastronomique : 100 F/pers. Repas enfant : 60 F. Langues parlées : anglais, espagnol.

Prix : 1 pers. **250/290 F** 2 pers. **280/320 F** repas **120 F**

Ouvert : de Pâques à la Toussaint.

3	12	12	4	3	3	3	55	4

MOLAS Bernard et Monique - Mounet - 32800 EAUZE - Tél : 05 62 09 82 85 ou SR : 05 62 61 79 00 - Fax : 05 62 09 77 45

EAUZE Hourcazet *C.M. 82 Pli 15*

4 ch. **Eauze (capitale de l'Armagnac) 6 km.** 2 ch. à l'étage de la maison des propriétaires. 1 ch. (1 lit 160, 1 lit 1 pers., salle d'eau avec wc, TV), 1 ch. (1 lit 2 pers., 1 lit 130, salle d'eau avec wc, TV). 2 ch. en r.d.c. de l'annexe : chacune avec (1 lit 2 pers., salle d'eau/wc et TV). Chauffage. Séjour/salon commun (TV, cheminée, bibliothèque) à disposition des hôtes. Retirée au milieu des vignes, dans un parc fleuri planté de chênes centenaires, cette ancienne ferme à colombages entierement rénovée et décorée avec goût, vous offre dans une ambiance champêtre alliant charme et simplicité, un séjour chaleureux grace à l'accueil attentionné de sa propriétaire. Langues parlées : anglais, italien.

Prix : 1 pers. **300 F** 2 pers. **350 F** pers. sup. **100 F**

Ouvert : du 15 avril au 15 novembre, autres périodes nous consulter.

6	13	13	13	6	6	6	60	6

LEJEUNE Claude - Hourcazet - 32800 EAUZE - Tél : 05 62 09 99 53 ou SR : 05 62 61 79 00 - Fax : 05 62 09 99 53 -
E-mail : c-lejeune@voila.fr - http://site.voila.fr/hourcazet

ENDOUFIELLE Malyni (TH) *C.M. 82 Pli 6*

1 ch. **Toulouse 45 km.** 1 ch. à l'étage : 1 lit 2 pers. à baldaquin, TV, s. d'eau/wc. A la disposition des hôtes, pièces communes avec la propriétaire : cuisine (réfrigérateur), séjour/salon (cheminée, TV). Chauffage. Services proposés : 1 lit d'appoint, l-linge, garage privé. Table d'hôtes sur demande. Maison récente entourée d'un grand jardin arboré (salon de jardin, barbecue), dans la vallée de la Save, à 2 km du village. Festival de Flamenco, Toros y Cocinas Gimont (27 km) en juin.

Prix : 1 pers. **170 F** 2 pers. **230 F** pers. sup. **90 F** repas **110 F**

Ouvert : toute l'année

8	8	8	2	8	8	12	8	8

DUFOUR Myriam - Malyni - 32600 ENDOUFIELLE - Tél : 05 62 07 96 56 ou 05 62 07 26 43

ESTANG Espelette *C.M. 82 Pli 2*

1 ch. 1 chambre à l'étage (parquet, belle charpente apparente) : 1 lit 110, 1 lit 2 pers., sanitaires privatifs sur le palier (salle d'eau et wc indépendants). Mezzanine. A la disposition des hôtes : salle à manger, salon (TV). Chauffage central. Service payant : lave-linge. Marcelle et Gérard vous accueillent dans leur belle maison en pierre entourée d'un parc (salon de jardin) dominant le village, à 200 m de la mairie d'Estang. Tennis au village.

Prix : 1 pers. **200 F** 2 pers. **250 F** 3 pers. **320 F**

Ouvert : toute l'année.

6	10	10	0,3	10	0,1	20	35	0,1

LABARTHE Marcelle et Gérard - Espelette - 32240 ESTANG - Tél : 05 62 09 66 83

FOURCES Bajolle *C.M. 79 Pli 13*

1 ch. 1 ch. avec poss. d'accès direct par une porte fenêtre ouvrant sur la cour de ferme : 1 lit 2 pers., s. d'eau/wc attenante. A dispo. : salle à manger/salon (petits déjeuners), cuisine/coin-repas. Ch. central. Lave-linge payant. Jardin fleuri avec salon de jardin. Restaurant 1,5 km. Solange et Pierre vous accueillent dans leur grande maison gasconne, sur une ferme (vignes, céréales, vaches laitières), à proximité du joli petit village de Fourcès (Bastide ronde). Langue parlée : espagnol.

Prix : 2 pers. **215 F**

Ouvert : d'avril à septembre.

8	7	30	1	8	1,5	20	50	1,5

MONDIN Solange et Pierre - Bajolle - 32250 FOURCES - Tél : 05 62 29 40 65 - Fax : 05 62 29 45 79

GALIAX Le Monjon (TH) *C.M. 82 Pli 3*

2 ch. 2 ch. à l'ét. : grande ch. (1 lit 2 pers., 2 lits 1 pers./mezz.), s. d'eau et wc privés. 1 ch. familiale (1 lit 2 pers. 1 lit 1 pers.), s.d.b. et wc privés. R.d.c. : hall, salle à manger, salon à la dispo. des hôtes. Chauff. central. Suppl. repas gastronomique : 50 F/pers. Repas enfant : 45 F. Prix pour 4 pers. : 390/410 F. Tarifs dégressifs à partir de la 3e nuitée. A 400 m du village de Galiax, grande maison (rez-de-chaussée et étage) entourée d'un jardin ombragé et fleuri, située sur une exploitation agricole de polyculture et d'élevage, dans la vallée de l'Adour.

Prix : 1 pers. **160/180 F** 2 pers. **230/260 F** 3 pers. **320/350 F** repas **90 F**
1/2 pens. **205/220 F**

Ouvert : toute l'année.

3	12	20	2	4	3	7	3

PUSTIENNE Paul et Yvonne - Le Minjon - 32160 GALIAX - Tél : 05 62 69 34 35

GALIAX Au Hameau *C.M. 82 Pli 3*

3 ch. 3 ch. d'hôtes aménagées à l'étage de la maison des propriétaires. 2 ch. 2 pers. avec s. d'eau et wc privés. 1 ch. 2 pers. avec s.d.b. et wc privés. Salle à manger et salon avec cheminée au r.d.c. Chauffage. Station thermale 35 km. Tarifs dégressifs à partir de la 3e nuitée. Gîte rural sur place.

Prix : 1 pers. **160 F** 2 pers. **240 F** pers. sup. **70 F**

Ouvert : du 8 janvier au 20 décembre.

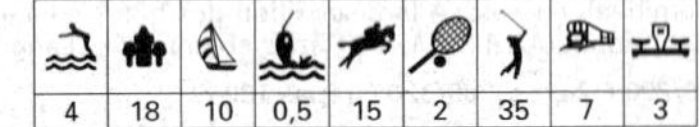

4	18	10	0,5	15	2	35	7	3

METAYER Pierre et Michele - 32160 GALIAX - Tél : 05 62 69 34 23

GAUJAC Pagayrac *C.M. 82 Pli 16*

2 ch. **Saramon, Samatan et Simorre 7 km. Castelnau Barbarens 10 km.** 2 ch. à l'étage : 1 grande ch./salon (1 lit 2 pers., canapé, TV, s. d'eau avec wc), 1 grande ch. (1 lit 2 pers., 1 lit 110, 1 lit 1 pers., banquette/lit, TV), s. d'eau avec wc sur palier. Chambres fleuries, meubles de qualité. Chauffage. A disposition : véranda commune. Services proposés : l-linge, minitel, fax. Nuitée. Tarif 4 pers. 650F. Nous vous accueillons dans notre demeure du XIXè siècle restaurée dans un parc fleuri d'1 ha. dominant les coteaux. Vue panoramique. Piscine privée (11 x 6), lits de repos grand calme au cœur de la nature. Propriéte de 100 ha. Petit-déjeuner servi avec argenterie. Langue parlée : anglais.

Prix : 1 pers. **350 F** 2 pers. **395 F** 3 pers. **550 F** pers. sup. **150 F**

Ouvert : du 1er mai au 31 octobre.

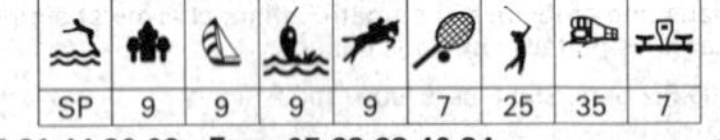

SP	9	9	9	9	7	25	35	7

LOO Suzanne - Papayrac - 32220 GAUJAC - Tél : 05 62 62 40 34 ou 05 61 44 30 09 - Fax : 05 62 62 40 34

GAZAUPOUY Domaine de Polimon  (TH) *C.M. 79 Pli 14*

3 ch. 2 ch. d'hôtes à l'étage dans une aile de la demeure, avec vue sur le parc. 1 ch. (2 lits jumeaux), s. d'eau avec wc, 1 ch. (1 lit 2 pers.), s. d'eau avec wc, ch. central. Séjour privatif (biblio. petit-déj.) Dans une petite orangerie : 1 suite (1 lit 2 pers. 1 lit 1 pers.), s. d'eau avec wc et coin-salon. Pergola. Ch. élect. Poss. lit suppl. enfant et lit bébé. A proximité de la D931, Condom 10 km, vieille demeure gasconne restaurée donnant sur un parc fleuri et ombragé, salons de jardin, coin-jeux enfants. Gîte 3 épis sur place. Piscine, tennis, cadre agréable et raffiné. Table d'hôtes en juillet, août. Repas enfant 50 F. Langues parlées : anglais, espagnol.

Prix : 1 pers. **230/280 F** 2 pers. **310/360 F** 3 pers. **440 F** pers. sup. **80 F**
repas **100 F**

Ouvert : toute l'année.

SP	8	8	8	10	SP	30	26	10

BOLAC Philippe & Catherine - Domaine de Polimon - 32480 GAZAUPOUY - Tél : 05 62 28 82 66 - Fax : 05 62 28 82 88

GOUX Maupeou (TH) *C.M. 82 Pli 2*

2 ch. **Tour et musée du Panache gascon à Termes d'Armagnac 6 km.** 2 ch. à l'étage : 1 ch. (1 lit 2 pers. 1 lit 1 pers., s. d'eau avec wc), 1 ch. (1 lit 2 pers., s. d'eau avec wc). A disposition : séjour avec coin-salon (TV), chauffage. Services proposés : lave-linge, télécopie, minitel, lit bébé, vélos. Table d'hôtes sur demande. Suppl. repas gastronomique : 50 F. Repas enfant : 60 F. Ouvert du 10 janvier au 20 décembre. Catherine et Jean-Pierre vous accueillent dans une ancienne ferme gasconne rénovée. Terrasse, espace ombragé et fleuri de 5000 m^{2} (salon de jardin), territoires et Festival du jazz à Marciac 22 km. Pays de l'Adour : vignoble de Madiran.

Prix : 1 pers. **260 F** 2 pers. **280 F** 3 pers. **380 F** pers. sup. **90 F**
repas **100 F**

Ouvert : du 10 janvier au 20 décembre.

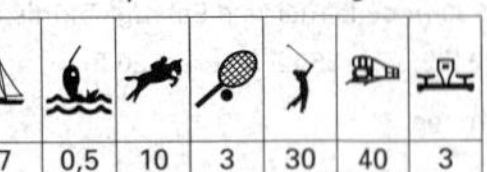

7	7	7	0,5	10	3	30	40	3

COGITORE Catherine & J-Pierre - Maupeou - 32400 GOUX - Tél : 05 62 69 21 90 ou 06 08 52 57 58 - E-mail : jcogitore@libertysurf.fr

LE HOUGA Les Vignes

(TH) *C.M. 82 Pli 2*

1 ch. — 1 ch. familiale mansardée, comprenant 2 chambres (2 lits 2 pers.), une s.d.b. et wc donnant sur une mezzanine (petit coin-salon). Chauffage électrique. R.d.c. : séjour/salon (cheminée, piano, TV) à disposition des hôtes. Possibilité 1 lit d'appoint et 1 lit bébé. Suppl. repas gastronomique : 50 F/pers. Tarif dégressif à partir de la 3e nuitée. A 500 m du village, maison récente neuve de style landais avec terrasse couverte, entourée de pelouse (salon de jardin, barbecue, terrain de pétanque).

Prix : 1 pers. **200 F** 2 pers. **200 F** pers. sup. **50 F** repas **90 F**
1/2 pens. **190 F**

Ouvert : toute l'année.

6	25	1	1	1	0,5	30	10	0,4

POUSSADE Raymond et Thérèse - Les Vignes - 32460 LE HOUGA - Tél : 05 62 08 97 07

IDRAC-RESPAILLES Au Noby

(TH) *C.M. 82 Pli 4*

4 ch. — **Mirande (bastide, musée, festival de country music en juillet) 3 km.** 4 ch. 1 lit 2 pers., s. d'eau avec wc dans chaque chambre. A disposition : coin-cuisine (réfrigérateur), séjour. Chauffage. Service proposé : lave-linge. Nuitée, demi-pension. Supplément repas gastronomique : 30 F. Tarifs dégressifs à partir de la 3e nuit). Alain vous accueille dans une maison de construction récente (terrasse, terrain ombragé, salon de jardin) donnant sur la campagne (lac), proche de la ferme (bovins, basse-cour). Langues parlées : espagnol, anglais.

Prix : 1 pers. **180 F** 2 pers. **220 F** 3 pers. **280 F** repas **90 F**
1/2 pens. **200 F**

Ouvert : toute l'année.

3	17	17	3	6	3	25	21	3

FILLOS Alain - Les Quatre Saisons - Au Noby - 32300 IDRAC-RESPAILLES - Tél : 05 62 66 60 74 ou SR : 05 62 61 79 00

L'ISLE-JOURDAIN Le Fiouzaire

(TH) *C.M. 82 Pli 6/7*

5 ch. — **l'Isle-Jourdain 4 km.** Chez prop. 1 ch. familiale (1 lit 2 pers.), salon, conv., TV, s. d'eau, wc. Ch. élect. Dans annexe : 1 ch. (1 lit 2 pers. s. d'eau/wc), 2 ch. (1 lit 2 pers., 2 lits 1 pers., mezz., s. d'eau, wc, prise TV, kitchenette chacune, 1 lit 1 pers. suppl. dans 1 ch.), 1 ch. (1 lit 2 pers. 1 lit 1 pers. s. d'eau avec wc). 420 F/4 pers. Ferme typique gasconne en r.d.c., espaces verts et ombragés (terrasse, coin-repas, cheminée, barbecue, piscine commune). Fermier conserveur (foie gras). Stage de cuisine. VTT et promenades. A dispo. des hôtes dans l'annexe : salle commune, TV, l-linge. Tarifs degressifs à partir de la 3e nuit.

CV

Prix : 1 pers. **200 F** 2 pers. **250 F** 3 pers. **340 F** repas **100 F**
1/2 pens. **225 F**

Ouvert : toute l'année.

SP	4	4	4	4	4	4	1	4

CHAUVIGNE Jacques et M-Claude - Le Fiouzaire-Chemin de Ninets - Route de Grenade - 32600 L'ISLE-JOURDAIN - Tél : 05 62 07 18 80 ou SR : 05 62 61 79 00 - Fax : 05 62 07 08 24

L'ISLE-JOURDAIN Au Pigeonnier de Guerre

A (TH) *C.M. 82 Pli 6/7*

3 ch. — 3 ch. dont 1 donnant sur l'exterieur. 2 ch. (1 lit 2 pers., salle d'eau et wc pour chacune), 1 ch. (1 lit 2 pers. 1 lit 1 pers.), s. d'eau et wc. A la disposition des hôtes : hall d'accueil, salle de séjour (cheminée, TV, hi-fi), terrasse et salon de jardin. Tarifs dégressifs à partir de 3 nuits. 2e tél. : 05.62.07.07.97. Eliane vous accueille au calme dans une dépendance de la ferme attenante à sa maison, près d'un pigeonnier typique de la région, vue sur la vallée de la Save et ses vallons. Possibilité de recevoir des groupes (8 pers.). Suppl. repas gastronomique : 100 F, repas enf. : 50 F. Langues parlées : anglais, espagnol.

Prix : 1 pers. **200 F** 2 pers. **250 F** 3 pers. **350 F** pers. sup. **70 F**
repas **90 F** 1/2 pens. **215 F**

Ouvert : toute l'année.

3	3	3	0,3	10	3	4	2	2

BAJON Eliana - Au Pigeonnier de guerre - 32600 L'ISLE-JOURDAIN - Tél : 05 62 07 29 17 ou SR : 05 62 61 79 00 - Fax : 05 62 07 31 70

JEGUN

(TH) *C.M. 82 Pli 4*

4 ch. — **Auch (cathédrale, musées) 15 km.** 4 chambres au 2e étage : 1 ch. familiale (1 lit 2 pers. à baldaquin, 1 lit 1 pers.), s. d'eau, wc., 2 ch. (1 lit 2 pers. 2 lits 1 pers.), s. d'eau, wc dans chacune, 1 ch. (1 lit 2 pers.), avec coin-salon, s.d.b. et wc. Au 1er étage : séjour/salon (TV, hi-fi) réservé aux hôtes, kitchenette. Service proposé : lave-linge. Rolande vous accueille dans une maison de pierres restaurée, au cœur de la bastide, à proximité du « Parc du Bastion », offrant un large panorama sur la campagne environnante. Demi-pension sur de mande. Suppl. repas gastronomique : 50 F. Langue parlée : espagnol.

CV

Prix : 1 pers. **250/270 F** 2 pers. **290/320 F** 3 pers. **360 F**
pers. sup. **120 F** repas **125 F**

Ouvert : du 1er mars au 31 octobre.

13	4	4	4	13	0,1	15	15	SP

MENGELLE Rolande - 28 Grand rue - 32360 JEGUN - Tél : 05 62 64 55 03 ou SR : 05 62 61 79 00

JEGUN Houreste *C.M. 82 Pli 4*

2 ch. 2 ch. aménagées à l'étage. Chambre rose (1 lit 2 pers.), salle d'eau et wc privés. Chambre rotin (1 lit 2 pers.), salle d'eau et wc privés. A la disposition des hôtes : salon (TV, cheminée, bibliothèque), abri voiture. Possibilité 2 lits d'appoint, 1 lit bébé. Poss. 1 lit bébé. Tarifs dégressifs à partir de la 3e nuitée. Marie-Josephe et Louis vous accueillent chaleureusement dans leur ferme, dans un cadre agréable. Lac, pêche à proximité sur la propriété, ainsi qu'un gîte rural. Station thermale et base de loisirs à 6 km. Langues parlées : espagnol, italien.

Prix : 1 pers. **160 F** 2 pers. **280 F** pers. sup. **100 F**

Ouvert : toute l'année.

10	6	6	0,1	10	3	20	20	3

CAVERZAN Louis et M-Josephe - Houreste - 32360 JEGUN - Tél : 05 62 64 51 96 ou SR : 05 62 61 79 00

JUILLAC Au Château (TH) *C.M. 82 Pli 3*

3 ch. **Festival de jazz à Marciac 5 km (août)**. 3 ch. à l'étage d'une aile attenante à la demeure des propriétaires : 2 ch. (1 lit 2 pers.), s. d'eau avec wc dans chaque ch., 1 ch. (2 lits 1 pers.), s. d'eau avec wc. R.d.c. : pièce de jour (cheminée, coin-kitchenette). Chauff. élect. Service payant : l-linge. 1 lit d'appoint enf. + lit bébé à dispo. Suppl. repas gastro : 50 F. Repas enf. : 60 F. Yves et Héléne vous accueillent dans une chartreuse du XVIIIe, grand parc ombragé et fleuri aux arbres centenaires dominant les coteaux Gersois, vue jusqu'aux Pyrénées. Calme et repos assuré. Prêt de 2 vélos de balade. Tél. portable : 06.15.90.25.31.

Prix : 1 pers. **280 F** 2 pers. **300 F** pers. sup. **70 F** repas **100 F**
1/2 pens. **250 F**

Ouvert : toute l'année.

5	5	5	0,3	5	5	10	40	5

DE RESSEGUIER Yves et Hélène - Au Château - 32230 JUILLAC - Tél : 05 62 09 37 93 ou SR : 05 62 61 79 00

JUILLAC (TH) *C.M. 82 Pli 3*

2 ch. **Marciac à 3 km : Festival de Jazz, semaine du 15 Août** 2 chambres d'hôtes à l'étage de la maison des propriétaires : 1 chambre (1 lit 2 pers.), lavabo, douche. 1 ch. (2 lits 1 pers.), lavabo, salle de bains sur le palier. Wc communs sur le palier. Coin-détente enfants. Au rez-de-chaussée : grande salle-à-manger et salon communs. Maiei-France et Didier vous accueilent, au calme, dans leur maison du 19e s. ouvrant sur un parc agréable. Table d'hôtes sur réservation. Tarif dégressif à partir de la 3e nuit. Artisan conserveur : foie gras « Les Folies de Marciac ».

Prix : 1 pers. **180/190 F** 2 pers. **210/230 F** pers. sup. **70 F** repas **90 F**
1/2 pens. **195/205 F**

Ouvert : toute l'année

3	3	3	3	8	40	3

PAQUIE Marie-France - 32230 JUILLAC - Tél : 05 62 09 33 31 - Fax : 05 62 09 30 93

JUILLES Au Soulan de Laurange (TH) *C.M. 82 Pli 6*

3 ch. **Gimont (pays du foie gras, abbaye, bastide) 5 km. Toulouse 60 km.** 3 ch. d'hôtes raffinées et confortables : 1 ch. (1 lit 160, 1 lit 80), s.d.b. avec wc, 1 ch. (2 lits 80, 1 lit 120), s. d'eau/wc, 1 ch. familale (1 lit 160), s. d'eau et wc et (1 lit 2 pers.), s.d.b. et wc sur le palier. Chauffage. A disposition : séjour et salons communs (TV, bibliothèque, jeux). Services proposés : lave-linge, vélos. Table d'hôtes sur résa. Gérard & Alain vous accueillent au calme dans une belle demeure du 18e, à l'allure toscane, avec parc, terrasses (salon de jardin) piscine, dominant les coteaux du Gers : vue panoramique. Calme assuré. 1 gîte rural 3 épis dans une annexe. Repas enf. 3/10 ans : 60 F. Enf. : 100 F/nuit. 4 pers. 730 F. Langues parlées : anglais, espagnol.

Prix : 1 pers. **350 F** 2 pers. **390 F** 3 pers. **490/690 F** pers. sup. **100 F**
repas **120 F** 1/2 pens. **315 F**

Ouvert : toute l'année.

SP	17	25	6	6	6	25	6	5

CROCHET Gérard et PETIT Alain - Chemin de Ladeveze - Au Soulan de Laurange - 32200 JUILLES - Tél : 05 62 67 76 62 ou SR : 05 62 61 79 00 - Fax : 05 62 67 76 62

LAAS Marchou (TH) *C.M. 82 Pli 14*

4 ch. 4 ch. d'hôtes à l'étage d'une ancienne ferme avec terrasse. Jardin ombragé et fleuri. 1 ch. 3 épis (1 lit 2 pers.), s.d.b./wc privés. 2 ch. 2 épis (1 lit 2 pers. s. d'eau privée chacune), 2 wc sur le palier réservés aux 2 ch. 1 ch. familiale 3 épis (1 lit 2 pers. 2 lits 1 pers. 1 lit d'appoint, 1 lit bébé), s. d'eau/wc privés. Salle à manger/salon avec cheminée et TV. Salle à manger, auvent pour repas à l'extérieur. Suppl. repas gastronomique : 50 F, repas enf. : 50 F. Prix pour 4 pers. : 400 F.

Prix : 1 pers. **150/180 F** 2 pers. **200/250 F** 3 pers. **325 F** pers. sup. **75 F**
repas **100 F** 1/2 pens. **200/225 F**

Ouvert : toute l'année.

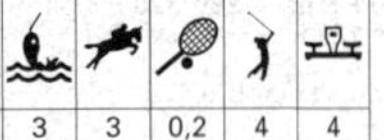

10	3	3	3	3	0,2	4	4

DUFFAR Paul et Odette - Marchou - 32170 LAAS - Tél : 05 62 67 57 14 ou SR : 05 62 61 79 00

LAAS Castelnau *C.M. 82 Pli 14*

2 ch. 2 ch. à l'étage : 1 ch. (1 lit 2 pers. 1 lit d'appoint 1 pers.) s. d'eau et wc privés. 1 ch. (1 lit 2 pers.) s.d.b. et wc privés. A la dispo. des hôtes au r.d.c. : salle à manger (cheminée, TV), salon (cheminée). Chauff. central. Isabelle et Claude vous accueillent dans leur grande maison gasconne ouvrant sur un jardin fleuri et ombragé. Ils vous feront partager leur passion pour la Gascogne et les meubles anciens, au cœur de la campagne vallonnée. Les Pyrénées sont à 1 h de route.

Prix : 1 pers. **280 F** 2 pers. **350 F** pers. sup. **100 F**

Ouvert : juillet et août

12	1	1	1	1	15	6	35	4

LESCURE Claude et Isabelle - Castelnau - 32170 LAAS - Tél : 05 62 67 57 08 - Fax : 05 62 96 97 07

LAAS Aux Trilles *C.M. 82 Pli 14*

3 ch. **Mirande (12 km) Festival Country Music. Marciac (10 km) Festival Jazz** 3 chambres à l'étage. 1 chambre familiale (en 2 modules ouvrant sur palier : 1 lit 160, 2 lits 1 pers. superposés) avec immense salle de bains, wc séparés. 2 chambres donnant sur galerie couverte : 1 chambre (1 lit 2 pers.), salle d'eau/wc. 1 chambre (1 lit 2 pers. 1 lit d'appoint), salle de bains/wc. Cor et Elly vous ouvrent leur maison, entourée d'un jardin ombragé et fleuri. Tarifs dégressifs à partir de la 3e nuit sauf pendant les périodes de Festival Jazz et Festival Country Music. Langues parlées : hollandais, anglais, allemand.

Prix : 1 pers. **225 F** 2 pers. **275 F** 3 pers. **375/425 F** pers. sup. **150 F**

Ouvert : toute l'année.

13	6	6	12	2	5	40	6

NUIJENS Cor - Aux Trilles - 32170 LAAS - Tél : 05 62 67 65 89 - Fax : 05 62 67 65 89

LAMAZERE Le Presbytère *C.M. 82 Pli 4*

1 ch. **Festival de country music à Mirande 6 km (juillet).** 1 chambre à l'étage : (1 lit 2 pers.) avec poss. d'accès indépendant donnant sur cour intérieure, s. d'eau privative avec wc. A la disposition des hôtes : grand salon, bibliothèque. Service sur demande : lave-linge (30 F). Ferme-auberge à 15 km. Presbytère du XIXe restauré construit sur un emplacement de remparts moyennageux surplombant la vallée de la Baise. Vue sur la chaîne des Pyrénnées. Festival de jazz à Marciac en aôut. Festival de salsa (en juillet) et Féria (à la Pentecôte) à Vic Fezensac. Langues parlées : anglais, espagnol.

Prix : 1 pers. **170 F** 2 pers. **250 F**

Ouvert : toute l'année.

6	20	20	2	10	3,5	20	20	6

MAISONNEUVE Yolande & Jean-Louis - Le Presbytère - 32300 LAMAZERE - Tél : 05 62 66 79 63 ou SR : 05 62 61 79 00 - Fax : 05 62 66 79 63

LANNE-SOUBIRAN (TH) *C.M. 82 Pli 2*

1 ch. 1 chambre familiale (1 lit 2 pers. 1 lit 120.). Salle d'eau et wc. Salle de séjour et de détente avec cheminée et coin-kitchenette à la disposition des hôtes. Téléphoner aux heures de repas. Suppl. repas gastronomique : 50 F/pers. Au village, maison restaurée, à pignon, entourée d'une cour fleurie avec salon de jardin, sur le chemin de Saint-Jacques-de-Compostelle. Table d'hôtes sur demande.

Prix : 1 pers. **170 F** 2 pers. **200 F** 3 pers. **300 F** repas **100 F**
1/2 pens. **200 F** pens. **270 F**

Ouvert : du 1er avril au 31 octobre.

7	20	7	7	6	0,5	25	15	7

MARTET Aline - Au Village - 32110 LANNE-SOUBIRAN - Tél : 05 62 69 04 19

LARROQUE-SAINT-SERNIN Domaine de Commelongue (TH) *C.M. 82 Pli 4*

3 ch. **Abbaye cistercienne de Flaran 15 km. Navigation sur la Baïse 10 km.** Au r.d.c. : 1 ch. (1 lit 2 pers.), salle d'eau, wc cloisonné. A l'étage 1 ch. (2 lits 1 pers.), salle de bains avec wc cloisonné, 1 ch. double (1 lit en 100, 2 lits 1 pers.), salle de bains avec wc. Chauffage. Salle à manger, salon communs (TV, cheminée, chaîne Hifi), téléphone (compteur), lave-linge, télécopie et minitel à disposition des hôtes. Yvan et Caroline sont heureux de vous accueillir à Commelongue, ancien hameau rénové, à la campagne, qui vous réserve calme et sérénité. Grand jardin, salon de jardin, prairies, étang. Prix nuit 4 pers. : 650 F. Suppl. repas gastronomique 50 F. Tarifs dégressifs nour consulter. Langues parlées : anglais, allemand, russe.

Prix : 2 pers. **350 F** pers. sup. **150 F** repas **120 F** 1/2 pens. **295 F**
pens. **415 F**

Ouvert : toute l'année.

SP	3	3	8	3	28	28	3

FELDSER Yvan - Domaine de Commelongue - 32410 LARROQUE-SAINT-SERNIN - Tél : 05 62 68 18 47 ou SR : 05 62 61 79 00 - Fax : 05 62 68 18 47

LARTIGUE Moulin de Mazeres (TH) *C.M. 82 Pli 5*

4 ch. 4 ch. aménagées dans un ancien moulin à eau composé d'un bel ensemble de bâtiments (pelouse, prairies, arbres). 1 ch. (1 lit 2 pers.), s. d'eau, wc privés. 1 ch. (2 lits 1 pers.), salle d'eau, wc privés. 1 ch. (3 lits 1 pers.), salle d'eau, wc privés. 1 ch. « la Grange aux Chouettes » (2 lits 1 pers.), salle d'eau, wc privés, coin-salon, cheminée. Salon d'été avec TV. Situées sur la D40. Piscine, ping-pong sur place. Chauffage. Repas enfant : 100 F. Langue parlée : anglais.

Prix : 1 pers. **335 F** 2 pers. **370 F** 3 pers. **405 F** repas **125 F**

Ouvert : toute l'année.

SP	7	7	SP	15	12	20	20	7

BERTHEAU Régine - Moulin de Mazeres - 32450 LARTIGUE - Tél : 05 62 65 98 68 - Fax : 05 62 65 83 50

LARTIGUE Hameau de Mazères  *C.M. 82 Pli 5*

4 ch. Au r.d.c. : 2 ch. ouvrant sur terrasse (2 lits 1 pers.). A l'étage : 2 ch. avec balcon (1 lit 2 pers.). Salle d'eau et wc pour chaque chambre. A dispo. : séjour (TV, cheminée, piano), lave-linge, lit bébé, télécopie, minitel. Table d'hôtes sur demande. Repas enf. : 45 F. Suppl. repas gastronomique 50 F. Nicole et Philippe (artisan conserveur) vous accueillent, au calme, dans une aile rénovée de leur maison ouvrant sur un grand terrain ombragé et fleuri, salon de jardin et ping-pong. Pays du Haut Astarac (Nature, randonnée, pêche, chasse). Les Pyrénées à 1 heure. Langue parlée : anglais.

Prix : 1 pers. **275 F** 2 pers. **300 F** 3 pers. **375 F** repas **90 F**

Ouvert : toute l'année.

17	7	7	0,5	6	7	25	20	7

DEVAUX Nicole et Philippe - Hameau de Mazeres - 32450 LARTIGUE - Tél : 05 62 65 80 72 ou SR : 05 62 61 79 00 - Fax : 05 62 65 80 75

LARTIGUE Garrigas *C.M. 82 Pli 5*

3 ch. **Les Pyrénées à 1 heure.** Au r.d.c. de l'annexe : 3 ch. (1 lit 2 pers., 2 lits 150), salle d'eau avec wc pour chaque chambre. Chauffage. Dans la maison des propriétaires, salle à manger (service des petits dejeuners), salon (TV). Lit bébé à disposition des hôtes. Marie-Claire et Jean vous accueillent dans une annexe de leur maison, ouvrant sur un grand jardin arboré et fleuri (salon de jardin), surplombant la vallée de l'Arratz. Vue sur les coteaux. Poss. séjours « Chasse et pêche ». Ferme-auberge à 5 km. Pays du Haut Astarac (Nature, randonnée). Langues parlées : anglais, italien.

Prix : 1 pers. **240 F** 2 pers. **260 F** pers. sup. **80 F**

Ouvert : du 1er avril au 15 décembre

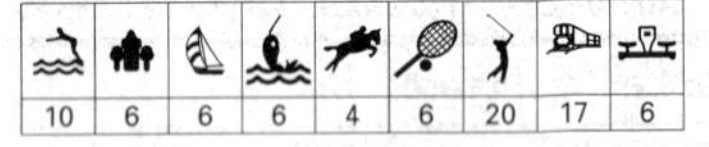

10	6	6	6	4	6	20	17	6

FORGET Marie-Claire - Garrigas - 32450 LARTIGUE - Tél : 05 62 65 42 10 ou SR : 05 62 61 79 00 - Fax : 05 62 65 49 25

LAUJUZAN Domaine du Verdier  *C.M. 82 Pli 2*

3 ch. 2 ch. au r.d.c. : 1 ch. (1 lit 2 pers. s.d.b. avec wc), 1 ch. ouvrant sur parc (2 lits jumelables 1 pers., s.d.b. avec wc). A l'étage : 1 ch. double : (1 lit 160, 2 lits 110 dans alcôve, s.d.b. avec wc). A dispo. des hôtes : salle à manger d'été/salon (TV), cuisine, accès depuis le parc. Chambre double 2/5 pers. : 550 F. Geneviève et Jean-Pierre vous accueillent dans leur demeure Napoléon III, sur les coteaux de l'Armagnac en Gascogne, dans un cadre harmonieux et paisible. Parc ombragé et fleuri, étang. Sur place : 3 vélos, table de ping-pong, croquet, filet et ballon de volley, pétanque, piscine. Langues parlées : anglais, espagnol.

Prix : 1 pers. **250 F** 2 pers. **300 F** 3 pers. **550 F** pers. sup. **50 F**

Ouvert : du 15 juin au 15 septembre.

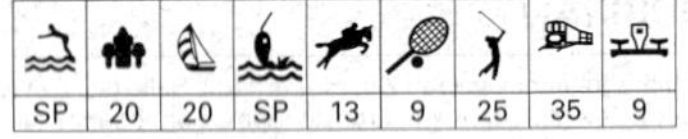

SP	20	20	SP	13	9	25	35	9

SANDRIN J-Pierre & Geneviève - Domaine du Verdier - 32110 LAUJUZAN - Tél : 05 62 09 06 57

LAURAET Au Bernes *C.M. 82 Pli 4*

3 ch. 2 ch. mansardées au 2e étage : ch. « Orange » (2 lits 1 pers.), ch. « Citron » (1 lit 2 pers.), s.d.b. avec wc chacune. 1 suite/2 ch. au 1er étage : ch. « Amande » (2 lits 1 pers.), wc privés et ch. « Lavande » (1 lit 2 pers.), wc privés, s.d.b. En commun : séjour/coin-salon (cheminée, TV, biblio.). Chauffage. Services proposés : tel., fax, minitel. Léa et Jérôme vous accueillent dans une demeure gasconne, au cœur des vignobles de l'Armagnac, dans un triangle riche en passé gallo-romain. Terrasses, jardin, salon de jardin, barbecue. Pétanque, p-pong, VTT. Tarif 4 pers. : 520F. Repas enfant 60 F. Langue parlée : anglais.

Prix : 1 pers. **260 F** 2 pers. **310/400 F** 3 pers. **450 F** pers. sup. **60 F** repas **110 F** 1/2 pens. **265 F**

Ouvert : toute l'année.

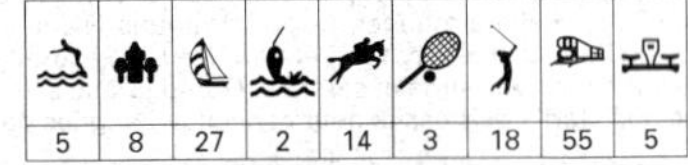

5	8	27	2	14	3	18	55	5

TROUCHE-HERBINIERE Jérome et Léa - Au Bernes - La Bastidoun - 32330 LAURAET - Tél : 05 62 68 29 49 - Fax : 05 62 68 29 49

LAURAET Le Peillot *C.M. 82 Pli 3*

4 ch. 4 chambres dont 1 au r.d.c. et 1 familiale, disposant chacune d'une salle d'eau et wc. 2 chambres avec 1 lit 2 pers. 1 ch. (2 lits 100, 1 convertible 140). Ch. familale (1 lit 2 pers. 2 lits 1 pers.). Salle à manger et salon privatifs. Sur place : location d'une salle de réception dans l'annexe. Dominique et Pierre vous accueillent dans le cadre verdoyant et calme d'une vieille ferme gasconne, entierement restaurée, sur un domaine de 4 ha. Piscine et pateaugeoire enfants. Tarif dégressif à partir de la 6e nuit. Condom : musée de l'Armagnac, cathédrale. Langue parlée : anglais.

Prix : 1 pers. **310 F** 2 pers. **350 F** 3 pers. **450 F** pers. sup. **100 F**

Ouvert : toute l'année

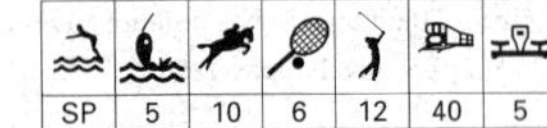

SP	5	10	6	12	40	5

MORARDET Dominique - Le Peillot - 32330 LAURAET - Tél : 05 62 29 51 85 ou SR : 05 62 61 79 00 - Fax : 05 62 29 51 85

LAVARDENS Mascara

TH — *C.M. 82 Pli 4*

4 ch. A l'étage : 3 ch (1 lit 2 pers., s. d'eau avec wc), 1 ch. (2 lits 100, s.d.b. avec wc). R.d.c. : salle à manger, salon avec cheminée et TV, piano et bibliothèque à la disposition des hôtes. Ouvert de février à décembre. Week-ends gastronomiques d'octobre à juin sur résa. Vente de produits régionaux. Pas de table d'hôtes le dimanche, les autres jours sur réservation. Repas enfant : 60 F. Suppl. repas gastronomique : 50 F. Sur la D103 de Vic-Fezensac à Fleurance, grande maison de campagne ouvrant sur un jardin fleuri (piscine, terrasse, pelouse, salon de jardin, VTT, ping-pong). A proximité une garenne ombragée. Langues parlées : anglais, allemand, italien.

Prix : 1 pers. **300/350 F** 2 pers. **350/400 F** pers. sup. **100 F** repas **125 F**
1/2 pens. **285/310 F**

Ouvert : de février à décembre.

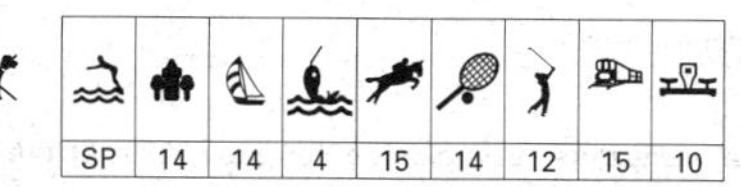

SP	14	14	4	15	14	12	15	10

HUGON Roger et Monique - Mascara - 32360 LAVARDENS - Tél : 05 62 64 52 17 ou SR : 05 62 61 79 00 - Fax : 05 62 64 58 33

LAVARDENS Nabat

A — *C.M. 82 Pli 4*

2 ch. 2 ch. d'hôtes 2 pers. situées à l'étage de la maison des propriétaires. Salle d'eau et wc particuliers. Espace ombragé et fleuri. Station thermale 10 km. Supplément repas gastronomique : 30 F/pers. Repas enf. : 40 F. Tarif dégressif à partir de la 3e nuitée.

Prix : 1 pers. **210 F** 2 pers. **240 F** pers. sup. **120 F** repas **80 F**

Ouvert : toute l'année.

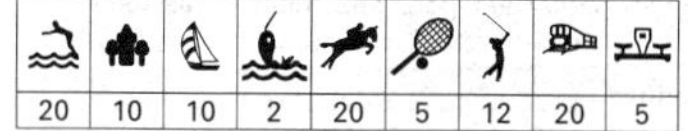

20	10	10	2	20	5	12	20	5

ULRY Jack et Angèle - Nabat - 32360 LAVARDENS - Tél : 05 62 64 51 21

LECTOURE Le Pradoulin

C.M. 82 Pli 5

1 ch. Suite aménagée à l'étage d'une maison de maître, parc ombragé et fleuri (salon de jardin, hamac) comprenant 2 chambres donnant sur un grand salon, (1 lit 2 pers. 1 lit 1 pers.) salle de bains et wc privés (accessibles par salon). A disposition des hôtes : maison avec souvenirs de plusieurs époques (meubles anciens, collections de tapis, tableaux, pièces archéologiques). Station thermale à Lectoure 1 km.

Prix : 1 pers. **200 F** 2 pers. **250 F** 3 pers. **350 F**

Ouvert : toute l'année.

1	2	2	2	8	1	14	35	1

VETTER Martine - Le Pradoulin - 32700 LECTOURE - Tél : 05 62 68 71 24

LIGARDES Bazignan

TH — *C.M. 79 Pli 14*

2 ch. **Condom 14 km : Musée de l'Armagnac, Cathédrale** Au rez-de-chaussée : salle à manger, salon, cuisine, 2 ch. (1 lit 160, salle de bains, wc), 1 ch. (4 lits 1 pers., salle de bains, wc). A disposition : 1 chambre alcove (1 lit gigogne 2x80). Henri et Sophie vous accueillent dans les dépendances mitoyennes au château familial de Bazignan, terrasse (store) donnant sur un parc aux arbres centenaires, au cœur de l'exploitation agricole. A proximité : salle de jeux de 36m^2 donnant sur terrasse. Tarif dégressif à partir de la 3e nuit.

Prix : 1 pers. **250 F** 2 pers. **300 F** pers. sup. **75 F** repas **100 F**
1/2 pens. **250 F**

Ouvert : de janvier à fin mai et d'octobre à fin décembre

SP	14	14	15	14	35	14	14

DOUSSAU de BAZIGNAN Henri et Sophie - Bazignan - 32480 LIGARDES - Tél : 05 62 28 83 01 ou SR : 05 62 61 79 00 - Fax : 05 62 28 86 78

LOUSSOUS-DEBAT

TH — *C.M. 82 Pli 3*

5 ch. R.d.c. : 1 ch. (1 lit 2 pers.) et 1 ch. (2 lits 1 pers.), s. d'eau, wc, ch. central. Dans 3 annexes : 1 ch. (1 lit 2 pers.) + 1 mezz. (2 lits 1 pers.), s. d'eau/wc + kitchenette. A l'ét. : 2 ch. indép. (2 lits 1 pers./ch.), s. d'eau, wc chacune, 1 ch. (1 lit 2 pers. Lit enf.), s. d'eau/wc + kitchenette au r.d.c. Salle à manger, salle détente, Ch. élect. Salle de jeux. Ancienne ferme restaurée avec piscine, au cœur du vignoble des Côtes de St-Mont. Jardin attenant à la maison avec espace de jeux clos (ping-pong, portique). Poss. rand. pédestres et cyclistes. Accueil toboggan. 480 F/4 pers. Repas enf. : 45 F. Potager bio. Langues parlées : anglais, espagnol.

Prix : 1 pers. **210 F** 2 pers. **270 F** 3 pers. **375 F** pers. sup. **70 F**
repas **95 F** 1/2 pens. **230 F**

Ouvert : du 1er avril au 31 octobre.

SP	6	6	6	20	6	30	15	6

CARAVANNIER Pierre et DE JOLY Agnès - Au Village - 32290 LOUSSOUS-DEBAT - Tél : 05 62 09 21 98 ou SR : 05 62 61 79 00 - Fax : 05 62 09 21 98

LUPIAC Domaine de Hongrie (TH) *C.M. 82 Pli 3*

1 ch. **Lupiac 2,5 km.** R.d.c. : 1 ch. 2 pers. (TV), salle de bains avec wc. Bibliothèque, salon de détente, salle à manger avec cheminée à la disposition des hôtes. Ch. central. Salle de jeux (billard américain), terrain de volley, pétanque. Poss. table d'hôtes sur réservation. Ancienne ferme restaurée au sommet d'un côteau, au Pays de Dartagnan. Tarifs dégressifs à partir de la 3e nuitée. Supplément repas gastronomique : 100 F. Langue parlée : anglais.

Prix : 1 pers. **260 F** 2 pers. **300 F** repas **100 F**

Ouvert : de février à novembre.

10	2,5	0,5	10,5	15	2,5	35	10

GILLET René et Jacqueline - Domaine de Hongrie - 32290 LUPIAC - Tél : 05 62 06 59 58 - Fax : 05 62 64 41 93

MARSOLAN Le Nauton (TH) *C.M. 82 Pli 5*

5 ch. **Lectoure, ville épiscopale 6 km.** 5 ch. au r.d.c., à prox. de la maison des prop. 2 ch. (1 lit 2 pers.), s.d.b. avec wc pour chacune, 1 ch. (1 lit 2 pers.), s.d'eau avec wc, 1 ch. (2 lits 1 pers.), s.d.b. avec wc, 1 ch. (2 lits 1 pers.), s. d'eau avec wc. Salon (cheminée, TV) et salle à manger communs. Mobilier ancien de qualité. Chauffage central. 1/2 pens. sur la base de 2 pers. Repas enfant : 75 F. Michele vous accueille dans une belle demeure des XVIIe et XVIIIe siècles, dans un parc de 3 ha., à la campagne. Cadre reposant. Sur place : piscine, ping-pong, boulodrome. Nombreux villages fortifiés dans la région. Langues parlées : anglais, allemand, italien.

Prix : 1 pers. **480 F** 2 pers. **480 F** pers. sup. **150 F** repas **150 F**
1/2 pens. **390 F**

Ouvert : toute l'année.

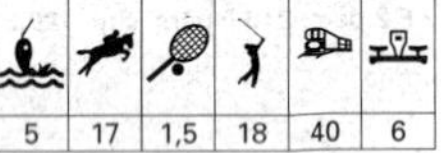

SP	8	8	5	17	1,5	18	40	6

VINCENT Michèle - Le Nauton - Saint-Jacques - 32700 MARSOLAN - Tél : 05 62 68 99 82 ou SR : 05 62 61 79 00 - Fax : 05 62 68 99 81

MAUPAS Le Pouy *C.M. 82 Pli 2*

4 ch. R.d.c. : 1 ch. (1 lit 2 pers. 1 lit bateau 120), s. d'eau/wc, 1 ch. (1 lit 2 pers. style 1900, 1 lit d'angle 1 pers., cheminée en marbre), s.d.b./wc, 1 ch. (1 lit 2 pers. à baldaquin style Empire, cheminée en marbre), s.d.b./wc. 1 ch. E.C.C. (1 lit 2 pers.), s.eau, wc. A disposition : cuisine/séjour (cheminée), salon (cheminée, TV). Ch. élect. Germaine et sa fille Béatrice vous accueillent chaleureusement dans leur maison du XVIIe rénovée, située sur une colline de sable fauve, plantée d'eucalyptus et dominant une forêt de chênes (région de vignobles : Armagnac et Floc). Piscine et terrain de jeux sur place. Langues parlées : anglais, espagnol.

Prix : 1 pers. **240/260 F** 2 pers. **270/290 F** 3 pers. **350/370 F**
pers. sup. **80 F**

Ouvert : de Pâques à mi-novembre.

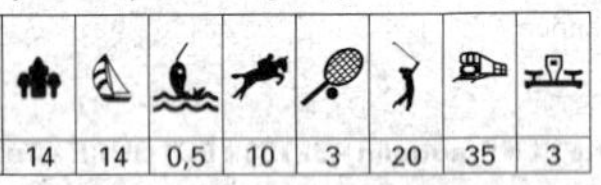

SP	14	14	0,5	10	3	20	35	3

DUCASSE Germaine et Béatrice - Le Pouy - 32240 MAUPAS - Tél : 05 62 09 60 68 ou SR : 05 62 61 79 00 - Fax : 05 62 09 60 68

MAURENS Menjoulet (TH) *C.M. 82 Pli 6*

2 ch. 2 ch. à l'étage d'une maison ancienne récemment rénovée, ouvrant sur un jardin fleuri et terrain clos. 1 ch. (1 lit 2 pers. salle d'eau communicante/wc) 1 ch. (1 lit 2 pers., salle d'eau communicante/wc). A dispo. des hôtes : salle à manger, salon. Piscine 11 x 5,5. Poss. 1/2 pension. Tarifs réduits dès la 3e nuit. 1 gîte rural (2 pers.) sur place. Suppl. repas gastronomique : 50 F, repas enfant : 45 F. Langues parlées : anglais, espagnol.

Prix : 1 pers. **180 F** 2 pers. **260 F** repas **90 F** 1/2 pens. **220 F**

Ouvert : toute l'année.

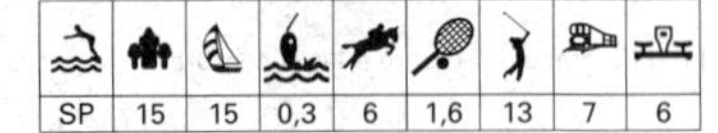

SP	15	15	0,3	6	1,6	13	7	6

FOUROUX Maurice et Maryse - Menjoulet - 32200 MAURENS - Tél : 05 62 67 83 40 ou SR : 05 62 61 79 00

MAUROUX La Ferme des Etoiles (TH) *C.M. 82 Pli 5/6*

2 ch. 1 ch. au r.d.c. : (1 lit 2 pers. 1 lit 1 pers.), s.d.b., wc, 1 ch. à l'ét. : (1 lit 2 pers. 1 lit 1 pers.), s.d.b./wc. Espaces communs à 1 gîte de séjour à thème (plate-forme d'observation astronomique, coupole, planétarium, téléscopes, salle de projection, TV, vidéo). Tarif 4 pers. en petit-déjeuner : 490 F. Demi-pension et pension sur base 2 pers. Bruno et Betty vous accueillent dans une demeure gascone restaurée dans le plus grand respect du style traditionnel, implantée au cœur de la Lomagne et entourée d'un parc arboré et fleuri (piscine, salons de jardin). Suppl. repas gastronomique : 55 F/pers, repas enf. : 60 F. Station thermale 15 km. Langues parlées : anglais, espagnol.

Prix : 1 pers. **235 F** 2 pers. **310 F** 3 pers. **400 F** pers. sup. **90 F**
repas **95 F** 1/2 pens. **250 F**

Ouvert : début avril à mi-novembre.

SP	4	4	4	15	4	15	40	4

MONFLIER Bruno - La Ferme des Etoiles - Le Corneillon - 32380 MAUROUX - Tél : 05 62 66 46 83 ou SR : 05 62 61 79 00 - Fax : 05 62 06 24 99

MAUROUX Moulin au Pouteou

C.M. 82 Pli 6

4 ch. **Saint-Clar (bastide, hall) 4 km. Lectoure 19 km.** R.d.c : 1 ch. (1 lit 2 pers. 1 lit 1 pers., s.d.b., wc), 1 ch. (1 lit 160 1 lits 2 pers.), 1 ch. (1 lit 160 1 lit 1 pers.), 1 ch. à l'étage : (1 lit 2 pers.). S. d'eau et wc pour chaque ch. A dispo. : s. à manger avec cheminée et bar expresso, cuisine avec équipement moderne, séjour, salon avec cheminée, biblioth., TV, chaîne Hifi, fax. Frigo, l-linge, sèche-linge. Poss. de repas le midi ou le soir. Maison de ferme rénovée de style gascon, jardin fleuri, piscine (salon de jardin, mare). Station thermale et remise en forme à 19 km. Tarifs dégr. à partir de la 3e nuit, tarif 4 pers. : 530 F. Repas enf. : 80 F.

Prix : 2 pers. **400 F** 3 pers. **450/470 F** repas **150 F**

Ouvert : du 1er février au 31 décembre.

SP	4	4	4	20	4	15	55	4

HILPERT Bernhard et Ingrid - Moulin au Pouteou - 32380 MAUROUX - Tél : 05 62 66 33 82 ou SR : 05 62 61 79 00 - Fax : 05 62 66 33 82

MIELAN La Tannerie

C.M. 82 Pli 14

2 ch. A l'étage : 1 ch. 2 pers., s.d.b. et wc, 1 ch. 2/3 pers. avec s.d.b. et wc. Coin-salon (TV), réfrigérateur à disposition des hôtes. A l'entrée du village de Mielan, grande maison bourgeoise du XIXe siècle, entourée d'un parc ombragé, avec vue sur la chaine des Pyrénées. Terrasse, parking privé. Propriétaires d'origine britannique. Langues parlées : anglais, espagnol.

Prix : 1 pers. **225 F** 2 pers. **275/320 F** 3 pers. **400 F** pers. sup. **80 F**

Ouvert : de mars à novembre sauf 15 jours en juin.

14	2	2	2	2	2	9	35	1

BRYSON Barry et Carol - La Tannerie - 32170 MIELAN - Tél : 05 62 67 62 62 - Fax : 05 62 67 62 62

MIRAMONT-LATOUR Au Baqué

C.M. 82 Pli 5

2 ch. **Auch 20 km (cathédrale, musées, monuments).** James et son épouse, d'origine anglaise vous accueillent dans leur maison aménagée avec goût, entouré d'un jardin et d'une terrase. En r.d.c. : 1 ch. (2 lits 1 pers.), salle de bains, wc. A l'étage : 1 ch. familiale (2 lits 1 pers. 1 lit 2 pers.), salle de bains, wc. A disposition : salle à manger et grand séjour privatifs (cheminée, 2 coins salon, HIFI, TV, piano). Accueil enfants à partir de 13 ans. Langue parlée : anglais.

Prix : 1 pers. **300 F** 2 pers. **400 F** pers. sup. **100 F**

Ouvert : de janvier à fin septembre et de novembre à fin décembre

SP	23	6	12	6	10	20	11

WRIGT James - Au Baqué - 32390 MIRAMONT-LATOUR - Tél : 05 62 62 20 62

MIRANDE Moulin de Régis

C.M. 82 Pli 14

4 ch. 4 ch. au 2e ét. sur le pourtour d'une galerie (escalier, ascenseur) : 1 ch. (1 lit 160, s. d'eau, wc.), 1 ch. (2 lits 1 pers., s.d.b. et wc séparés), 1 ch. (1 lit 160, s. d'eau/wc séparés), 1 ch. (1 lit 160, 2 pers. en mezzanine, s. d'eau/wc séparés). Chaque ch. : TV et prise tél. A dispo. : salle (cheminée, salon), sauna, jaccuzi. Tarif 4 pers. 700 F. Ancien moulin à eau du XIIe rénové, entouré de pelouse ombragée et fleurie (piscine couverte et chauffée), au bord du canal, en Pays d'Astarac. 2 gîtes 3 épis, poss. canoë-kayak, chevaux, boxes à chevaux. Festival de Country en juillet à Mirande.

Prix : 1 pers. **450 F** 2 pers. **500 F** 3 pers. **600 F**

Ouvert : toute l'année.

SP	14	14	SP	2	0,8	20	20	0,5

TREMONT Gisèle et Pierre - Moulin de Régis - 32300 MIRANDE - Tél : 05 62 66 66 29 ou SR : 05 62 61 79 00 - Fax : 05 62 66 51 06

MIRANDE Le Président

C.M. 82 Pli 14

3 ch. **Mirande sur place : Festival de Country Music (semaine du 14 juillet).** Au rez-de-chaussée, 2 chambres avec accès indépendant par terrasse et petit jardin. Dans chaque chambre : 1 lit 2 pers. 1 convertible, salle d'eau et wc. A l'étage : 1 chambre familiale en 2 modules mansardés (1 lit 2 pers. 2 lits 1 pers.), 2 salles d'eau et wc. Salle de jeux avec billard. Marie-Hélène et Jacques vous reçoivent dans leur grande maison récemment rénovée, ouvrant sur un grand jardin fleuri. Possibilité de « Séjour golf » avec le golf de Pallane. Langues parlées : anglais, espagnol.

Prix : 1 pers. **270 F** 2 pers. **300 F** 3 pers. **375/450 F** pers. sup. **75 F**

Ouvert : toute l'année.

1,5	15	1,5	4	1,5	20	25	1

PIQUEMIL Marie-Hélène - Le Président - Route d'Auch - 32300 MIRANDE - Tél : 05 62 66 64 06 ou SR : 05 62 61 79 00 - Fax : 05 62 66 64 06

MONFERRAN-PLAVES Les Merisiers

(TH) *C.M. 82 Pli 15*

3 ch. 3 ch. dans une aile de la maison. Etage : 1 ch. ouvrant sur terrasse (1 lit 160, 1 lit d'appoint 1 pers.), s.d.b. et wc séparés, 1 ch. (2 lits 1 pers.), s.d.b., wc séparés. R.d.c. : 1 ch. ouvrant sur terrasse et parc avec accès indép. (1 lit 140), salle d'eau et wc séparés. Chauffage. Salon (cheminée, TV, biblio., chaîne Hifi), l-linge, matériel et lit bébé à dispo. Au sommet d'une colline, sur la route des Pyrénées, Louisette et Auguste vous réservent un accueil sympathique dans leur fermette gasconne, parc, salon de jardin, terrasse avec s. à manger d'été. Poss. de séjours « Foie gras » et « Chasse ». Repas enf. 50 F. Suppl. repas gastronomique 60 F. Langue parlée : anglais.

Prix : 1 pers. **210/230 F** 2 pers. **250/270 F** 3 pers. **340 F** pers. sup. **70 F** repas **100 F** 1/2 pens. **225/235 F**

Ouvert : du 1er janvier au 25 décembre.

3	20	20	10	3	13	23	3

LEBRUN Louisette - Les Merisiers - 32260 MONFERRAN-PLAVES - Tél : 05 62 66 20 90 ou SR : 05 62 61 79 00

MONFERRAN-SAVES Le Meillon

C.M. 82 Pli 6

4 ch. A l'étage : 2 chambres (1 lit 160), salle de bains et wc pour chacune. 1 chambre (1 lit 150) , salle d'eau et wc. 1 chambre (2 lits 1 pers.), salle d'eau et wc. Au rez-de-chaussée : salle à manger et salon réservés aux hôtes. Anne-Marie et Jean-Raymond vous accueillent dans leur demeure, située dans une ferme et ouvrant sur un grand jardin, avec vue panoramique sur les vallons. Piscine, jacuzzi. Pêche (lac). Lave-linge : service payant. Supplément repas gastronomique : 50 F. Repas enfant : 60 F. Langues parlées : anglais, espagnol.

Prix : 1 pers. **280 F** 2 pers. **350 F** pers. sup. **100 F** repas **110 F**

Ouvert : toute l'année

SP	7	7	7	7	7	30	7

LANNES Anne-Marie - Le Meillon - 32490 MONFERRAN-SAVES - Tél : 05 62 07 83 34 ou SR : 05 62 61 79 00 - Fax : 05 62 07 83 57

MONTAMAT Caufepe

C.M. 82 Pli 15/16

3 ch. 3 ch. à l'étage : ch. verte (1 lit 140, 1 lit enfant). Ch. ancienne (1 lit 2 pers. 1 lit 1 pers.). Ch. bleue (1 lit 2 pers.). Salle d'eau et wc privés dans chaque chambre. Sur palier : petit salon. A dispo. des hôtes : salle à manger/salon (TV). Ch. élect. Suppl. repas gastro. : 30 F. Repas enfant (jusqu'à 10 ans) : 60 F. Monique et Lucien vous accueillent chaleureusement dans leur ferme du 18e siècle sur les côteaux du Gers. Jardin. Salle à manger d'été avec cuisine aménagée à dispo. Ils vous feront découvrir les produits de leur ferme. Sur demande : l-linge, paniers pique-nique.

Prix : 1 pers. **180 F** 2 pers. **270 F** 3 pers. **360 F** repas **100 F**
1/2 pens. **240 F**

Ouvert : toute l'année.

5	7	7	7	10	5	30	28	5

JONCKEAU Lucien et Monique - Caufepe - 32220 MONTAMAT - Tél : 05 62 62 37 55 ou SR : 05 62 61 79 00 - Fax : 05 62 62 32 10

MONTESQUIOU

C.M. 82 Pli 4

4 ch. 4 ch. personnalisées. 2e étage : 1 ch. (1 lit 2 pers. 1 lit 80), s. d'eau/wc. 1 ch. (2 lits 1 pers. jumelables), s.d.b. avec wc. 1er étage : 1 ch. (1 lit 160 à baldaquin), s. d'eau/wc. 1 ch. (2 lits 1 pers. jumelables), s. d'eau/wc. A dispo. des hôtes : grand séjour ouvrant sur terrasse. Tarif pers. sup. pour les 2 à 12 ans. Tarif dégressifs à partir de la 5e nuit. Sur la route des Bastides et des Castelnaux, maison (fin XVIIIe) restaurée, attenante à la porte fortifiée (XIIIe), dans une rue très calme du pittoresque village de Montesquiou. Cabine téléphonique. Ferme-auberge 4 km. Tél. portable du propriétaire : 06.87.89.31.02.

Prix : 1 pers. **220/270 F** 2 pers. **270/350 F** pers. sup. **120 F**

Ouvert : du 01/01 au 09/01 et du 6 février au 31 décembre.

10	7	20	7	5	0,5	29	0,5

KOVACS Marie-Thérèse - Au village - 32320 MONTESQUIOU - Tél : 05 62 70 97 59 ou SR : 05 62 61 79 00 - Fax : 05 62 70 97 59

MONTESTRUC En Saubis

C.M. 82 Pli 5

1 ch. **Montestruc 1 km**. Dans une annexe contiguë à la maison des propriétaires, à l'étage : 1 ch. 3 pers. d'accès indép. (1 lit 2 pers. 1 lit bateau 110). Au r.d.c. : s.d.b., wc, kitchenette. Chez le prop. : salle à manger avec cheminée, coin-salon avec TV à la disposition des hôtes. Grande maison de ferme avec jardin ombragé et fleuri, terrasse couverte, salon de jardin. Camping en ferme d'accueil sur place. Activité : pétanque, ping-pong. Tarifs dégressifs à partir de la 3e nuitée. Langue parlée : anglais.

CV

Prix : 1 pers. **220 F** 2 pers. **220 F** 3 pers. **320 F**

Ouvert : du 1er juin au 15 septembre.

7	12	12	4	5	1	5	17	1

DAGUZAN Alain et Arlette - En Saubis - 32390 MONTESTRUC - Tél : 05 62 62 26 12

MONTREAL Seviac

C.M. 79 Pli 13

1 ch. **Montréal (1re bastide de Gascogne) 2 km.** 1 ch. familiale : 2 lits 2 pers., salle de bains, wc. Pièce de vie : TV, séjour avec coin-salon. Chauffage. Gérard et Lydie vous accueillent dans une ancienne ferme rénovée avec cour et jardinet (salon de jardin), à proximité de la villa gallo-romaine de Séviac. Tarif 4 pers. : 440 F.

Prix : 1 pers. **220 F** 2 pers. **220 F** 3 pers. **440 F**

Ouvert : toute l'année

15	2	25	2	17	2	14	53	2

CAHUZAC Gérard et Lydie - Seviac - 32250 MONTREAL - Tél : 05 62 29 44 12

MONTREAL-DU-GERS Gala

C.M. 79 Pli 13

1 ch. **Montréal 4 km. Villa gallo-romaine de Séviac 3 km.** 1 ch. mansardée (2 lits 2 pers. 2 lits 1 pers.), salle d'eau attenante, wc. Accès indépendant par escalier extérieur, terrasse attenante à la chambre, salon de jardin, poss. d'y prendre les petits déjeuners. A disposition des hôtes : salle à manger ouvrant sur une terrasse (cheminée). 480 F/4 pers. Tarifs dégressifs à partir de la 3e nuitée. Rosine, Camille et leur fille Séverine, vous accueillent dans leur grande maison récente, pelouse ombragée et fleurie, 2 terrasses, salon de jardin, à proximité d'une exploitation agricole. Langues parlées : espagnol, anglais.

Prix : 1 pers. **180 F** 2 pers. **260 F** 3 pers. **360 F** pers. sup. **120 F**

Ouvert : toute l'année sauf octobre.

6	6	25	1	20	4	6	60	4

RANC Rosine et Camille - Gala - 32250 MONTREAL-DU-GERS - Tél : 05 62 29 43 72 - Fax : 05 62 29 46 84

MONTREAL-DU-GERS Macon

A (TH) — *C.M. 82 Pli 3*

2 ch. — 2 ch. à l'étage d'une ancienne ferme, entourée d'une chêneraie, située à 500 m de la villa gallo-romaine de Séviac. 2 ch. 2 pers. avec s. d'eau/wc privés. Poss. 1 lit 1 pers. supplémentaire. 2 salles de séjour avec cheminée. Station thermale et remise en forme à 15 km. Langues parlées : anglais, espagnol.

Prix : 2 pers. **260 F** pers. sup. **110 F** repas **90 F** 1/2 pens. **220 F**

Ouvert : du 1er/04 au 31/10 (tous les jours) et du 1er/11 au 31/03 (week-end).

14	1	25	1	1	1	14	55	1

TRAMONT Yolande - Macon - 32250 MONTREAL-DU-GERS - Tél : 05 62 29 42 07 - Fax : 05 62 29 44 85

POLASTRON Lou-Cantou

(TH) — *C.M. 82 Pli 6*

4 ch. — 4 ch. dont 2 au r.d.c. : ch. « Les Années 30 » (1 lit 2 pers.), Ch. « Campagne » (1 lit 2 pers.). A l'étage : ch. « Chez Grand Mère » (1 lit 2 pers.), Ch. « les Roses Bleues » (2 lits 1 pers.), salle d'eau et wc privés pour chaque chambre. A la disposition des hôtes : salle à manger, cheminée. L-linge. Lise et Louis vous accueillent pour 1 nuit ou un agréable séjour dans une maison rénovée au cœur du petit village de Polastron. Table d'hôtes (sur résa.), vente de produits de la ferme, visite conserverie. Tarifs dégressifs à partir de la 4e nuitée. Suppl. repas gastronomique : 50 F/pers. Langue parlée : italien.

Prix : 1 pers. **180 F** 2 pers. **250 F** 3 pers. **320 F** pers. sup. **70 F** repas **95 F** 1/2 pens. **220 F** pens. **315 F**

Ouvert : du 15 janvier au 15 décembre sauf du 15 au 30 septembre.

8	5	5	5	8	4	30	12	8

BENEDET Louis et Lise - Lou Cantou - 32130 POLASTRON - Tél : 05 62 62 53 39 ou 05 62 62 41 71 - Fax : 05 62 62 41 71

RISCLE Bidouze

A — *C.M. 82 Pli 2*

5 ch. — 5 ch. à l'ét. : 1 ch. (2 lits 1 pers. 1 lit 2 pers. s. d'eau et wc séparés), 1 ch. (1 lit 2 pers. 1 lit 1 pers., s. d'eau avec wc.), 1 ch. (2 lits jumeaux 1 pers., s. d'eau/wc), 1 ch. (1 lit 2 pers., s. d'eau avec wc), s.d.b. et wc séparés. 1 ch. familiale avec mezzanine (2 lits 2 pers.), s.d.b., wc séparés. Chauffage électrique. Entre les Landes et les Pyrénées, maison de ferme restaurée. Sur place : gîte de séjour, TV , 3 lits 1 pers. suppl. Services payants : lave-linge et sèche-linge. 500 F/4 pers. Suppl. repas gastro : 80 F, repas enfant : 35 F. Equipements communs au gîte de séjour : salon/séjour (TV), kitchenette.

Prix : 2 pers. **280/300 F** 3 pers. **380/400 F** repas **70 F**

Ouvert : toute l'année.

2	2	15	2	18	2	50	2

DUBOS Georgette et Daniel - Bidouze - 32400 RISCLE - Tél : 05 62 69 86 56 - Fax : 05 62 69 75 20

SAINT-ARROMAN Lasserre

(TH) — *C.M. 82 Pli 14*

1 ch. — **Mirande 20 km.** A l'étage : 1 ch. (1 lit 2 pers.), salle de bains, wc privatifs sur le palier. Séjour commun (TV, cheminée) et lave-linge à disposition des hôtes. Repas enfant : 45 F. Suppl. repas gastronomique 30 F. Tarifs dégressifs à partir de la 3e nuitée. Grande maison face à la chaîne des Pyrénées, jardin ombragé et fleuri, salon de jardin. Sur une exploitation agricole (produits fermiers : foie gras, poulets, agneaux). Sur place un gîte rural à l'étage d'une aile de la maison. Festival de Country Music à Mirande (sem. du 14 juillet). Langue parlée : anglais.

Prix : 1 pers. **200 F** 2 pers. **270 F** pers. sup. **50 F** repas **90 F** 1/2 pens. **225 F** pens. **270 F**

Ouvert : toute l'année.

5	15	15	15	20	5	5	25	5

PERRIER Madeleine et LACONDEMINE M-Claude - Lasserre - 32300 SAINT-ARROMAN - Tél : 05 62 66 09 10 ou SR : 05 62 61 79 00 - E-mail : ferme.lassene@free.fr

SAINT-CLAR

(TH)

3 ch. — Maison de maître en pierre de taille, rénovée. Ch. d'hôtes à l'ét. : ch. Bacchus : ch. (1 lit 2 pers., 1 lit d'appoint enf.), entrée, s. d'eau, wc. Ch. Bagatelle : ch. (1 lit 2 pers.), antichambre avec 1 lit 80 pers., s. d'eau, wc). Ch. Fleur : ch. (1 lit 1 pers., 1 lit 110), s. d'eau/wc. Poss. ch. enf. : 2 lits 80, douche, lavabo. Grand salon avec TV. Communs aux propriétaires : grande cuisine, salle à manger avec cheminée. Jardin clos aménagé. Dans le site classé d'une halle du 13e siècle. Repas enfant : 50 F. Langue parlée : anglais.

Prix : 1 pers. **220 F** 2 pers. **300/360 F** 3 pers. **460 F** pers. sup. **80 F** repas **90 F** 1/2 pens. **240/270 F**

Ouvert : février à décembre.

10	4	4	1	4	1	10	35	SP

COURNOT Nicole - Place de la Mairie - 32380 SAINT-CLAR - Tél : 05 62 66 47 31 ou SR : 05 62 61 79 00 - Fax : 05 62 66 47 70 - E-mail : nicole.cournot@wanadoo.fr

SAINT-GEORGES En Balent

C.M. 82 Pli 6

1 ch. — 1 chambre familiale à l'étage avec petit salon (1 convertible, 1 lit 2 pers., 2 lits 1 pers.). Sanitaires privés : salle d'eau avec wc, wc indépendants. A la disposition des hôtes : salon/salle à manger (cheminée). 400 F/4 pers. Tarifs réduits à partir de la 3e nuitée. Maison en pierre ouvrant sur un grand jardin (pelouse, terrasse, salon de jardin). Propriétaire d'origine anglaise. Ferme-auberge 18 km. Langues parlées : anglais, allemand.

Prix : 1 pers. **170 F** 2 pers. **225 F** 3 pers. **315 F**

Ouvert : toute l'année.

10	6	6	6	18	10	18	18	10

BRAMLEY Colette et Bob - En Balent - 32430 SAINT-GEORGES - Tél : 05 62 65 03 98

SAINT-LARY Le Cousteau

A (TH) *C.M. 82 Pli 4*

5 ch. **Jegun 6 km.** 5 ch. d'hôtes aménagées dans une maison gasconne. A l'étage : 2 ch. 2 pers. avec salle d'eau et wc privés et 2 ch. 2 pers. avec salle de bains et wc privés. R.d.c. (accès direct) : 1 ch. 4 pers. avec salle de bains et wc privés. Chauffage central. Ameublement rustique. Salle de séjour, terrasse. Piscine privée. Station thermale à 11 km. Week-ends : préparation cuisine gasconne et foies gras.

Prix : 1 pers. **200 F** 2 pers. **240 F** 3 pers. **340 F** repas **110 F**
1/2 pens. **230 F** pens. **330 F**

Ouvert : du 01/02 au 31/08 et du 01/10 au 31/12.

SP	11	11	20	15	15	14	6

MALARET Yann - Le Cousteau - 32360 SAINT-LARY - Tél : 05 62 64 53 50 ou SR : 05 62 61 79 00

SAINT-MAUR Domaine de Loran

C.M. 82 Pli 14

4 ch. 4 ch. à l'étage, dont 2 familiales. Ch. Jaune (1 lit 2 pers. 2 lits jumeaux), s.d.b./wc. Ch. Rose (1 lit 160. 2 lits 1 pers.), s.d.b./wc. Ch. Verte (1 lit 2 pers.), s. d'eau/wc. Ch. Blanche (1 lit 2 pers.), s. d'eau et wc sur le palier. A la dispo. des hôtes : séjour, salle de jeux (billard), bibliothèque. 460 F/4 pers. Poss. lit bébé. Chauffage d'appoint. Marie et Jean vous accueillent de Pâques à la Toussaint dans leur grande demeure, disposant d'un beau parc et d'un plan d'eau à proximité.

Prix : 1 pers. **200/220 F** 2 pers. **260/290 F** 3 pers. **390 F**
pers. sup. **100 F**

Ouvert : de Pâques à la Toussaint.

3	5	5	0,5	3	3	12	28	3

NEDELLEC Jean et Marie - Domaine de Loran - 32300 SAINT-MAUR - Tél : 05 62 66 51 55 ou SR : 05 62 61 79 00

SAINT-MAUR Noailles

C.M. 82 Pli 14

3 ch. 3 ch. d'hôtes aménagées au 1er étage de la maison des propriétaires. 2 ch. 2 pers. (1 lit 2 pers. 2 lits 1 pers.), salle d'eau et wc privés pour chaque chambre. 1 ch. familiale 2 épis (2 lits 2 pers.), salle d'eau et wc privés sur palier. Salle de bains et wc communs. Salle à manger, salon, coin-préparation cuisine. Jardin clos ombragé. Promenades sur place. 4 pers. : 420 F.

Prix : 1 pers. **200 F** 2 pers. **230 F** 3 pers. **370 F** pers. sup. **50 F**

Ouvert : toute l'année.

8	4	4	4	4	1	12	32	8

SABATHIER Marthe - Noailles - 32300 SAINT-MAUR - Tél : 05 62 67 57 98 ou SR : 05 62 61 79 00

SAINT-MEZARD Sabathe

(TH) *C.M. 79 Pli 15*

2 ch. 1 ch. familiale (2 lits 1 pers. 1 lit 2 pers.), salle d'eau/wc privée, 1 ch. (2 lits 1 pers.), salle de bains privée, wc indépendants. Séjour/salon réservé aux hôtes. A la disposition des hôtes : salle à manger (service des petits-dejeuners et repas en table d'hôtes). Poss. pens. complète sur demande. 370 F/4 pers. Repas enf. : 45 F. Salle polyvalente. Maison rénovée, en pierre dans un hameau. Thierry et Sylvie vous accueillent en toute amitié pour un séjour reposant. Poss. séjours à thème : Qi Gong, Tai Chi (exercices traditionnels chinois), remise en forme. Tarifs dégressifs à partir de la 3e nuitée. Langue parlée : anglais.

Prix : 1 pers. **160 F** 2 pers. **240 F** 3 pers. **305 F** pers. sup. **65 F**
repas **75 F** 1/2 pens. **195 F** pens. **240 F**

Ouvert : toute l'année.

8	15	3	20	0,5	25	30	8

BARRETEAU Sylvie et Thierry - Le Sabathe - 32700 SAINT-MEZARD - Tél : 05 62 28 84 26 ou SR : 05 62 61 79 00

SAINT-PUY La Lumiane

(TH) *C.M. 82 Pli 4*

5 ch. **Flaran 10 km (abbaye cistercienne). Castéra-Verduzan 9 km (thermes).** 1 ch. dans la maison du prop. (2 lits 1 pers.), s.d.b. avec wc. 4 ch. dans une annexe : 2 ch. à l'étage (1 lit 2 pers. chacune), l'une avec s.d.b. et wc, l'autre avec s. d'eau et wc, r.d.c. : 1 ch. (1 lit 2 pers.), s.d.b., wc, 1 ch. (1 lit 2 pers.), s. d'eau avec wc. Tél. et TV dans chaque ch. Séjour, cheminée, salon, TV, communs. Chauff. Lit bébé, l-linge, fax. J-Louis et Catherine vous accueillent dans leur ancienne demeure rénovée du XVIIIe, au cœur du village. Terrain 1500 m², piscine, salon de jardin, barbecue. Suppl. repas gastro. : 30 F. Langues parlées : anglais, italien.

Prix : 1 pers. **330 F** 2 pers. **380 F** pers. sup. **120 F** repas **140 F**

Ouvert : toute l'année.

SP	9	9	9	11	0,1	18	34	0,1

SCARANTINO J-Louis et Catherine - La Lumiane - 32310 SAINT-PUY - Tél : 05 62 28 95 95 ou SR : 05 62 61 79 00 - Fax : 05 62 28 59 67 - E-mail : LA.LUMIANE@wanadoo.fr

SAINTE-DODE Au Manot le Village

(TH) *C.M. 82 Pli 14*

5 ch. **Vallée Pyrénéenne, Lourdes 60 km.** 5 chambres avec acces indép. par terrasse ou galerie. Au r.d.c. : 1 ch. (2 lits 1 pers.), salle d'eau et wc. A l'étage : 3 ch. (2 lits 1 pers.), 1 ch. (1 lit 2 pers.), salle d'eau et wc pour chaque chambre. Chauff. A dispo. : séjour, salon (TV), lave-linge (payant), lit bébé, télécopie. Table d'hôtes (du 1er juil. au 30 sept.). Repas enf. 45 F. Anne, Claudine et Eric vous accueillent dans une aile entièrement rénovée de leur maison traditionelle ouvrant sur un grand jardin ombragé, salon de jardin, vélos, VTT, ping-pong. Langue parlée : anglais.

Prix : 1 pers. **230 F** 2 pers. **260 F** pers. sup. **70 F** repas **90 F**

Ouvert : toute l'année.

SP	8	8	8	20	6	16	40	6

LALANNE Anne et LAVERDURE Claudine - Au Manot - Le Village - 32170 SAINTE-DODE - Tél : 05 62 67 11 31 - Fax : 05 62 67 11 31

SAMATAN Latrillote

C.M. 82 Pli 16

3 ch. 3 ch. d'hôtes dans une fermette entourée de prairie, pelouse. 2 ch. 2 pers. 3 épis avec s.d.b./wc particuliers. 1 ch. 2 pers. 2 épis avec s. d'eau particulière et wc dans le hall. Poss. chambre d'enfant (2 lits 1 pers.). Séjour. Salle à manger. Chauffage central. Terrasse couverte. Repas enf. : 50 F. Tarif réduit à partir de la 3e nuitée. Camping en ferme d'accueil. A 3 km au nord-est de Samatan sur la D4 au lieu-dit Latrillote (route de Gimont).

Prix : 1 pers. **170/190 F** 2 pers. **210/250 F** repas **100 F**
1/2 pens. **200/220 F**

Ouvert : du 05/01 au 20/12.

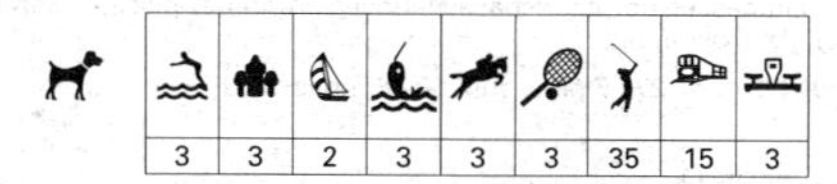

MORVAN Monique - Latrillote - 32130 SAMATAN - Tél : 05 62 62 31 17 ou SR : 05 62 61 79 00 - Fax : 05 62 62 31 17

SARRAGACHIES La Buscasse

C.M. 82 Pli 2

3 ch. Fabienne, Jean-Michel et leurs enfants vous reçoivent dans leur belle demeure du 18e s. entourée d'un parc avec vue magnifique, sur une exploitation agri-viticole. Cadre très reposant. Nombreux sites, monuments et bases de loisirs à proximité. Visites de chais d'Armagnac, de Madiran, de Saint-Mont. Piscine, vélos, tir à l'arc. 3 jolies chambres à l'étage : ch.1 (1 lit 160/200), s.d.b./wc, ch.2 (2 lits 1 pers.), s. d'eau/wc, ch.3 (1 lit 2 pers.), s. d'eau/wc. A disposition : salle à manger-salon avec cheminée, cuisine, lave-linge. Langues parlées : anglais, espagnol.

Prix : 1 pers. **280 F** 2 pers. **300 F** pers. sup. **100 F**

Ouvert : toute l'année.

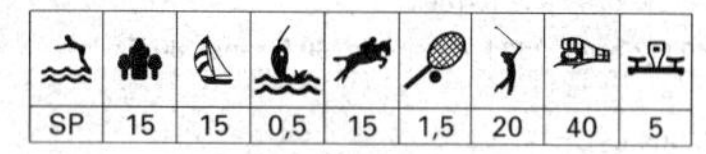

**ABADIE Fabienne et J-Michel - La Buscasse - 32400 SARRAGACHIES - Tél : 05 62 69 76 07 ou SR : 05 62 61 79 00 -
Fax : 05 62 69 79 17 - E-mail : Buscasse@aol.com**

SCIEURAC-ET-FLOURES Setzeres

C.M. 82 Pli 3

2 ch. **Tour de Bassoues 5 km. Territoires du jazz à Marciac 12 km.** 2 ch. à l'étage : 1 ch. (1 lit 2 pers.), 1 ch. (2 lits 1 pers.). S.d.b. avec wc dans chaque chambre. A dispo. : séjour (cheminée) et salon (TV) communs. Lave-linge commun (supplément). Table d'hôtes sur résa (vin non compris). Enfants (-12 ans) déconseillés. Chambres non-fumeurs. Christine & Michaël vous accueillent dans une maison gasconne (18e), terrasse, (salon de jardin, boules, croquet), jardin, prairie (2 ha.). Vue panoramique. 2 gîtes sur place. Propriétaires d'origine britannique. Piscine commune (13 x 7m). Langues parlées : anglais, allemand.

Prix : 1 pers. **400 F** 2 pers. **700 F** repas **250 F**

Ouvert : toute l'année sauf Noël et réveillon.

**FURNEY Christine et Michael - Setzeres - 32230 SCIEURAC-ET-FLOURES - Tél : 05 62 08 21 45 ou SR : 05 62 61 79 00 -
Fax : 05 62 08 21 45 - E-mail : setzeres32@aol.com**

SCIEURAC-ET-FLOURES La Maison du Pin

C.M. 82 Pli 3

2 ch. **Mirande (18 km) Festival Country Music. Marciac (12 km) Festival Jazz** R.d.c. 1 chambre (1 lit 2 pers.), s. d'eau et wc séparé. 1 chambre d'accès indépendant (1 lit 2 pers.), s. de bains et wc séparé, s. à manger commune, TV, salon (jeux de société, bilbiothèque). Salle à manger d'été (terrasse couverte). A dispo. : salle de avec équipement sportif d'intérieur. Lit bébé, lit d'appoint sur demande. Tarif dégressif à partir de la 3e nuit. Lave-linge (service payant). Pierre et Françoise vous accueillent chaleureusement, au calme dans leur maison entouré e d'un jardin. Large panorama sur la campagne vallonnée.

Prix : 1 pers. **200 F** 2 pers. **220 F** pers. sup. **100 F** repas **60 F**
1/2 pens. **170 F**

Ouvert : du 1er avril au 31 octobre.

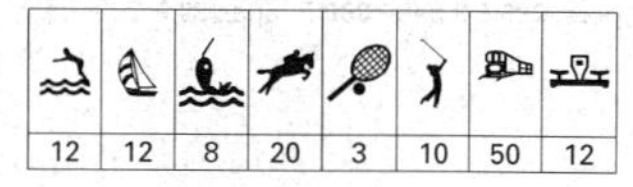

PRUD'HOMME Pierre - La Maison du Pin - 32230 SCIEURAC-ET-FLOURES - Tél : 05 62 09 34 74

SEREMPUY Lartigolle

C.M. 82 Pli 5/6

2 ch. **Mauvezin (bastide et circuit/randonnée du foie gras) 6 km.** 2 ch. (accès indépendant sur jardin) : 1 lit 2 pers., s. d'eau avec wc dans chaque chambre. A disposition : salle à manger, séjour/salon (TV) commun. Chauffage. Services proposés : lave-linge, lit bébé, lit supplémentaire 1 pers. Repas enfant : 45 F. Auguste et Agnès vous accueillent dans leur maison gasconne, pelouse ombragé et fleuri. Terrasse, salon de jardin.

Prix : 1 pers. **150 F** 2 pers. **200 F** repas **80 F**

Ouvert : 1er avril au 31 octobre.

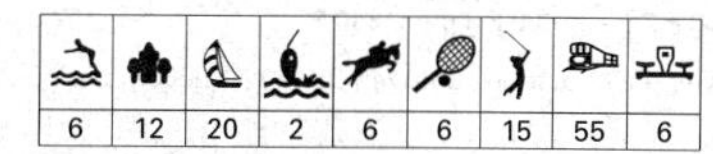

HOLDERBAUM Auguste - Lartigolle - 32120 SEREMPUY - Tél : 05 62 06 71 20 - Fax : 05 62 61 71 20

SIMORRE La Ferme du Rey

TH — *C.M. 82 Pli 15*

4 ch. — 4 ch. aménagées à l'étage (mobilier ancien de qualité) : 1 ch. (1 lit 2 pers.), s. d'eau/wc attenants, 1 ch. (1 lit 160), s. d'eau/wc, 1 ch. (1 lit 160), s. d'eau/wc. 1 ch. (2 lits 1 pers.), s. d'eau/wc. A dispo. : coin-détente/hall (canapé, TV, magnétoscope, bibliothèque). R.d.c. : salle de séjour, cheminée. Chauff. central. Poss. lit bébé. Supplément repas gastronomique : 50 F. Repas enf. 50 F. Service payant : lave-linge. Marie et Pascal vous accueillent chaleureusement dans leur maison de maître restaurée dans les coteaux vallonnés et boisés, espace fleuri et ombragé, piscine. Sentiers de randonnée à proximité. Chasse à 8 km. Langues parlées : anglais, espagnol.

Prix : 1 pers. **200 F** 2 pers. **270 F** pers. sup. **100 F** repas **100 F**
1/2 pens. **235 F**

Ouvert : du 15/02 au 30/11.

SP	7	7	1,5	3	4	4	35	3

CONSIGLIO Marie et Pascal - La Ferme du Rey - 32420 SIMORRE - Tél : 05 62 65 35 91 ou SR : 05 62 61 79 00 - Fax : 05 62 65 36 42

TERMES-D'ARMAGNAC Domaine de Labarthe

TH — *C.M. 82 Pli 2*

4 ch. — A l'étage : chambre Verte (1 lit 2 pers. 1 lit 1 pers), salle de bains, wc. Chambre Tournesol (1 lit 2 pers.), salle d'eau/wc. Chambre Bleue (1 lit 2 pers. 1 lit 1 pers.), salle de bains , wc. 2 coins-salon au 1er étage. Pièce de séjour et salle à manger privée au rez-de-chaussée. Marlène et sa mère vous accueillent dans une ferme de la vallée de l'Adour, ancienne propriété de la « Tour de Termes d'Armagnac » (site historique, musée). Jardin entouré de mares avec poissons (anciens fossés, fortifications). Production de foie gras à la ferme.

Prix : 1 pers. **240 F** 2 pers. **280 F** pers. sup. **80 F** repas **80 F**
1/2 pens. **220 F**

Ouvert : toute l'année.

7	10	1,5	20	7	50	7

LARDENOIS Christiane & Marlène - Domaine de Labarthe - 32400 TERMES-D'ARMAGNAC - Tél : 05 62 69 24 97 ou SR : 05 62 61 79 00 - Fax : 05 62 69 24 97

TERMES-D'ARMAGNAC Sempe

TH — *C.M. 82 Pli 3*

4 ch. — **Tour et musée du Panache gascon à Termes d'Armagnac 1 km.** 2 ch. à l'étage d'un bâtiment rénové contigu à la maison des prop. 1 ch. (1 lit 2 pers.), 1 ch. (2 lits 2 pers.), 1 ch. (1 lit 2 pers. 1 lit 1 pers.), 1 ch. (3 lits 1 pers.). S. d'eau, wc ds chaque ch. Salon (TV), coin-cuisine (réfrigérateur). 2 ch. (ECC). 1 ch. (1 lit 2 pers. 1 lit 1 pers. s. d'eau/wc), 1 ch. (3 lits 1 pers.), s. d'eau/wc. Chauffage. Ariane vous accueille à la ferme (gavage, conserverie), jardin avec végétation luxuriante (salon de jardin, ping-pong, VTT). Poss. stage découpe et transformation canards gras. Vente de produits fermiers. Territoires et festival jazz à Marciac (en août). Langues parlées : allemand, espagnol.

Prix : 1 pers. **210 F** 2 pers. **240 F** 3 pers. **340 F** pers. sup. **70 F**
repas **80 F**

Ouvert : toute l'année.

SP	10	10	3	20	0,5	34	54	9

LAINE Ariane - Sempe - 32400 TERMES-D'ARMAGNAC - Tél : 05 62 69 25 13 ou SR : 05 62 61 79 00 - Fax : 05 62 69 25 13

TOURNECOUPE

TH — *C.M. 82 Pli 6*

5 ch. — 5 ch. d'hôtes dans une aile de la maison des propriétaires (ancien pigeonnier). R.d.c. : 2 ch. (1 lit 2 pers. chacune), 2 ch. (1 lit 2 pers., 1 lit 1 pers. chacune). A l'ét. : 1 ch. (1 lit 2 pers.), toutes avec s. d'eau et wc particuliers. Ch. central. Sans suppl. sur place : piscine, bicyclettes, pêche, l-linge, putting green. Possibilité préparation repas du midi sous auvent aménagé. Salon avec TV, salle à manger avec chemineé. Jardin ombragé. 2 gîtes ruraux sur place.

Prix : 1 pers. **200 F** 2 pers. **280 F** 3 pers. **380 F** repas **80 F**
1/2 pens. **220 F**

Ouvert : toute l'année.

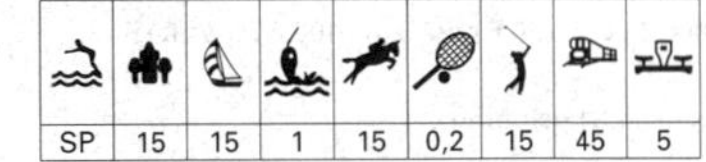

SP	15	15	1	15	0,2	15	45	5

MARQUE Jean et Jacqueline - En Bigorre - 32380 TOURNECOUPE - Tél : 05 62 66 42 47 ou SR : 05 62 61 79 00

VILLECOMTAL/ARROS Le Rive Droite

C.M. 82 Pli 13

1 ch. — **Piémont Pyrénéen-Lourdes 45 km. Vue panoramique sur Pyrénées 3 km.** 1 ch. familiale à l'étage : 1 lit 200, 1 lit 2 pers., s.d.b. avec wc, coin-salon. A disposition : séjour et salon (TV) communs, chauffage. Services proposés : télécopie, lave-linge, lit-bébé. Nuitée. Tarif 4 pers. : 690 F. Tarifs dégressifs à partir de la 3e nuitée. Myriam vous accueille dans leur appartement privé dans une demeure du 19e s entourée d'un parc agréable et ombragé (salon de jardin), en bordure de la rivière Arros, dans le village, à proximité du chemin de St-Jacques de Compostelle. Sur place : table de la Ronde des Mousquetaires.

Prix : 1 pers. **350 F** 2 pers. **400 F** 3 pers. **640 F**

Ouvert : 1er janvier au 23 octobre, 3 novembre au 31 décembre.

15	15	15	SP	3	0,5	18	22	0,1

PITON Myriam - 1 Chemin St-Jacques - Le Rive Droite - 32730 VILLECOMTAL/ARROS - Tél : 05 62 64 83 08 ou SR : 05 62 61 79 00 - Fax : 05 62 64 84 02

GITES DE FRANCE - Maison du Tourisme
B.P. 162 - 46003 CAHORS Cedex 9
Tél. 05 65 53 20 75 - Fax. 05 65 53 20 79
E.mail : gites-de-france.lot@wanadoo.fr

ALBAS Le Soleil

C.M. 79 Pli 7

3 ch. Dans la maison des propriétaires avec entrées indépendantes, chambre 1 (1 lit 2 pers.), salle d'eau, wc. Chambre 2 (1 lit 2 pers., 1 lit d'appoint 2 pers.), salle d'eau, wc. Chambre 3 (1 lit 2 pers. 2 lits 1 pers.) dans une chambre attenante, salle d'eau, wc. Terrasse, salon de jardin, barbecue. Chambres aménagées dans une maison de caractère. Piscine découverte (12 x 6). Tarif 4 pers. : 380/400 F.

CV

Prix : 1 pers. **250 F** 2 pers. **280 F** 3 pers. **300/355 F**

Ouvert : toute l'année.

SP	3	8	0,2	0,2	22	3

FERRON M.Thérèse et J.François - Rivière Haute - 46140 ALBAS - Tél : 05 65 30 91 90 - Fax : 05 65 30 91 90 - E-mail : le-soleil@wanadoo.fr

ALBAS La Méline

TH

C.M. 79 Pli 7

3 ch. Dans une belle demeure retirée ayant un très beau point de vue sur les forêts et les vignes. 1 ch. (1 lit 2 pers., 1 lit 1 pers.) avec s. d'eau et wc. 1 ch. accessible pers. hand. (2 lits 1 pers.) avec s.d.b. et wc. 1 ch. (1 lit 2 pers.) avec s. d'eau et wc. TV dans chaque ch. Ch. central. Terrasse, salon de jardin, parc arboré. Site calme et reposant. Belles randonnées pédestres. Le reste de l'année sur réservation uniquement. Langues parlées : anglais, allemand, hollandais.

CV

Prix : 1 pers. **190 F** 2 pers. **275 F** 3 pers. **345 F** repas **110 F**
1/2 pens. **247 F** pens. **247 F**

Ouvert : du 1er avril au 30 septembre.

7	4	9	4	4	4	9	20	7

VOS Edouard et Nel - La Méline - 46140 ALBAS - Tél : 05 65 36 97 25 - Fax : 05 65 36 97 25

ALBAS

TH

C.M. 79 Pli 7

3 ch. **Cahors 24 km.** A l'étage d'une annexe de la maison des propriétaires. 1 chambre (4 lits 1 pers.), salle de bains et wc, 1 chambre (1 lit 2 pers.), salle de bains et wc, 1 chambre (3 lits 1 pers.), salle de bain + wc. Cuisine d'été (réfrigérateur). Piscine privée (12 m x 6 m). Randonnée sur place. Dans une propriété quercynoise de 4 ha. au cœur du vignoble du Cahors et de la Vallée du Lot. Tarif 4 pers. : 460 F. Langues parlées : espagnol, anglais.

Prix : 1 pers. **260 F** 2 pers. **290 F** 3 pers. **370 F** repas **100 F**

Ouvert : du 1er avril au 30 novembre.

SP	4	16	2,5	2,5	24	4

GRAVES Max - Crespiat - 46140 ALBAS - Tél : 05 65 20 18 04 ou 06 08 60 60 09 - Fax : 05 65 30 75 20

ALVIGNAC Mazeyrac

C.M. 75 Pli 19

3 ch. **Sites de Rocamadour et de Padirac 8 km.** Au rez-de-chaussée (1 lit 2 pers.) avec salle d'eau et wc (entrée indépendante). 2 ch. à l'étage : 1 ch. (1 lit 2 pers., 2 lits 1 pers.) avec salle d'eau et wc et 1 ch. (1 lit 2 pers.) avec salle d'eau et wc. Chauffage central. Prix 4 pers. : 300 à 340 F.

CV

Prix : 1 pers. **180 F** 2 pers. **200 F** 3 pers. **260/300 F** pers. sup. **50 F**

Ouvert : toute l'année.

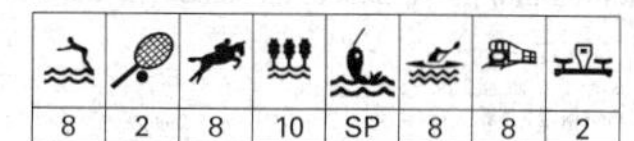

8	2	8	10	SP	8	8	2

LASCOSTE Elie - Route de Rocamadour - Mazeyrac - 46500 ALVIGNAC - Tél : 05 65 33 61 16

ALVIGNAC

C.M. 79 Pli 19

2 ch. **Gouffre de Padirac et site de Rocamadour 6 km.** A l'étage d'une maison de caractère dans le village (3 lits 2 pers. 1 lit 1 pers.), possibilité d'un lit d'appoint, salle de bains ou salle d'eau et wc particuliers pour chaque chambre. Chauffage central. 4 pers. 280 F. Langue parlée : polonais.

CV

Prix : 1 pers. **180 F** 2 pers. **200 F** 3 pers. **240 F** pers. sup. **40 F**

Ouvert : du 1er mars au 30 octobre.

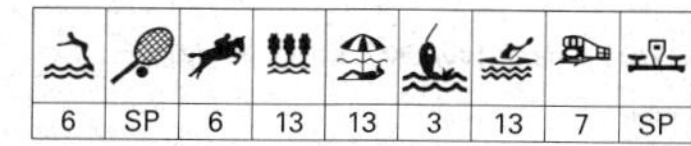

6	SP	6	13	13	3	13	7	SP

LASCOSTE Paul - Route de Padirac - 46500 ALVIGNAC - Tél : 05 65 33 60 95

ANGLARS-JUILLAC Mas de Bouyssou  *C.M. 79 Pli 7*

2 ch. Dans la vallée du Lot au cœur du vignoble de Cahors AOC. 1 ch. 2 pers., 1 ch. 4 pers. avec salle de bains et wc particuliers à chaque ch. Salle de séjour avec TV à la disposition des hôtes. Bibliothèque. Restaurant 500 m. 300 F/nuit 4 pers.

Prix : 1 pers. **200 F** 2 pers. **220 F** 3 pers. **280 F** repas **100 F**
1/2 pens. **195 F**

Ouvert : toute l'année.

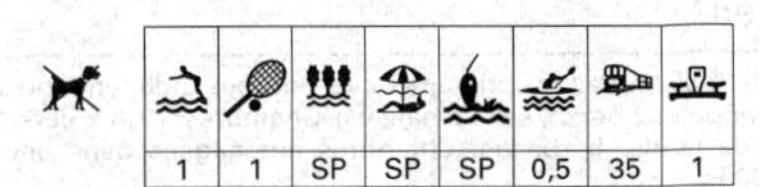

1	1	SP	SP	SP	0,5	35	1

BOUYSSET Claudine - Mas de Bouyssou - 46140 ANGLARS-JUILLAC - Tél : 05 65 36 25 25 ou 06 87 93 98 38

ARCAMBAL Le Bousquet TH *C.M. 79 Pli 8*

1 ch. Au rez-de-chaussée de la maison des propriétaires avec entrée indépendante (1 lit 2 pers. 1 lit 1 pers.), salle d'eau et wc particuliers. Chauffage électrique.

Prix : 1 pers. **185 F** 2 pers. **220 F** 3 pers. **270 F** pers. sup. **40 F**
repas **70 F**

Ouvert : toute l'année.

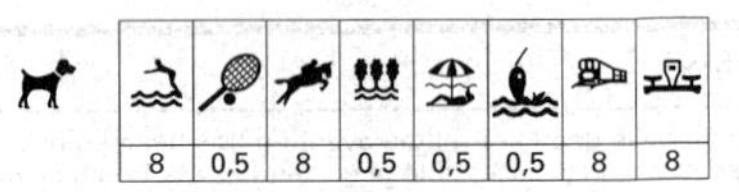

8	0,5	8	0,5	0,5	0,5	8	8

GAUTHERET Daniel - Rue de l'Eglise - Le Bousquet - 46090 ARCAMBAL - Tél : 05 65 30 03 12

ARCAMBAL Pasturat *C.M. 79 Pli 8*

2 ch. **Cahors 17 km.** A l'étage de la maison des propriétaires, avec entrées indépendantes. 1 ch. (1 lit 2 pers.) avec salle d'eau et wc. 1 ch. (3 lits 1 pers.) avec salle d'eau et wc. Chauffage. Possibilité de repas à partir de 70 F. Langue parlée : anglais.

Prix : 1 pers. **180 F** 2 pers. **200 F** 3 pers. **250 F**

Ouvert : toute l'année.

15	2	3	0,5	0,5	0,5	0,5	17	2

CHARAZAC Anne-Marie - Pasturat - 46090 ARCAMBAL - Tél : 05 65 31 44 94 ou 05 65 31 40 57 - Fax : 05 65 31 41 99

LES ARQUES Domaine des Olmes 

2 ch. Dans la maison des propriétaires dont 1 à l'étage (1 lit 2 pers.), et la 2ème au r.d.c. (2 lits 1 pers.) avec entrée indépendante, terrasse privée et salon de jardin. Salle d'eau, wc privatif à chaque chambre. Possibilité d'un lit d'appoint et d'un lit bébé). Chambres non fumeur. Piscine, jardin. Langues parlées : anglais, allemand, hollandais.

Prix : 1 pers. **250/300 F** 2 pers. **330 F** 3 pers. **450 F**

Ouvert : toute l'année.

10	5	5	5	5

VAN BUCHEM Ineke - Domaine les Olmes - Sarrau - 46250 LES ARQUES - Tél : 05 65 21 48 18 - Fax : 05 65 21 48 18 - E-mail : pbuchem@club-internet.fr

AUTOIRE Taillefer *C.M. 75 Pli 19*

1 ch. De plain-pied avec entrée indépendante (1 lit 2 pers.), salle d'eau et wc particuliers. Chauffage central. Située dans un village exceptionnel tant par la qualité de ses bâtiments que son environnement naturel (cirque d'Autoire). Téléphoner aux heures des repas.

Prix : 1 pers. **180 F** 2 pers. **220 F**

Ouvert : toute l'année.

6	6	15	5	5	5	5	14	6

FEUILLADE Christian - Taillefer - 46400 AUTOIRE - Tél : 05 65 38 24 33 - E-mail : christian.FEUILLADE@wanadoo.fr

AUTOIRE Taillefer *C.M. 75 Pli 19*

1 ch. Entrée indépendante (1 lit 2 pers. 1 lit d'appoint 1 pers.), aménagée au rez-de-chaussée de la maison de la propriétaire, située à la sortie du village « classé ». Salle d'eau et wc particuliers. Terrasse.

Prix : 1 pers. **150/170 F** 2 pers. **180/200 F** 3 pers. **250/270 F**

Ouvert : toute l'année.

7	7	7	5	5	5	14	7

VESPIERS Odette - Taillefer - 46400 AUTOIRE - Tél : 05 65 38 15 60

AUTOIRE La Rivière

(TH) *C.M. 75 Pli 19*

3 ch. **Gouffre de Padirac 6 km.** Dans une maison de caractère située à 1,5 km du village classé : 1 ch. (1 lit 2 pers.), 1 ch. (1 lit 160, 1 lit 1 pers.), s.d.b. et wc pour chaques chambres, 1 ch. (2 lits 1 pers.), s. d'eau et wc. Salon avec TV. Chauffage central. Vente de produits régionaux sur place. Golf 9 trous à 3 km. Taxe de séjour : 3 F/jour/pers. Repas enfant 45 F.

Prix : 1 pers. **200 F** 2 pers. **220 F** 3 pers. **300 F** pers. sup. **50 F**
repas **90 F**

Ouvert : toute l'année.

4	4	4	5	5	0,5	14	4

GRAVES Christiane - La Rivière - 46400 AUTOIRE - Tél : 05 65 38 18 01 - Fax : 05 65 38 00 50

AUTOIRE La Plantade

(TH) *C.M. 75 Pli 19*

3 ch. **Autoire (village classé) 1,5 km. Saint-Céré (festival musique) 4 km.** A l'étage de la maison des propriétaires. 1 ch. (1 lit 2 pers. 1 lit 1 pers.). 1 ch. (1 lit 2 pers.). 1 ch. (2 lits 2 pers.), salle d'eau et wc privés chacune. Chauffage central. 280 F/4 pers. Golf (9 trous) 3 km.

CV

Prix : 1 pers. **160 F** 2 pers. **180 F** 3 pers. **250 F** pers. sup. **30 F**
repas **75 F**

Ouvert : toute l'année.

4	4	4	SP	5	14	4

GAUZIN Solange - La Plantade - 46400 AUTOIRE - Tél : 05 65 38 15 61

BAGAT-EN-QUERCY Mourgues Lasbouygues

C.M. 79 Pli 17

1 ch. Entrée indépendante (2 lits 2 pers. 1 lit bébé sur demande) avec salle d'eau et wc privés. Poss. 1 lit 2 pers. dans ch. attenante. Ch. central. Barbecue. Salle de jeux. Portique. Salon de jardin. Camping à la ferme sur place. Piscine privée, mini-golf, ping-pong réservés également aux hôtes d'un gîte rural et du camping à la ferme. Petit déjeuner servi dans la véranda. Possibilité de pique-nique. Prix 4 pers. : 350 F.

CV

Prix : 1 pers. **150 F** 2 pers. **280 F** 3 pers. **280 F** pers. sup. **50 F**

Ouvert : toute l'année.

SP	7	8	25	4

DELMAS Anne-Marie - Mourgues Lasbouygues - 46800 BAGAT-EN-QUERCY - Tél : 05 65 36 91 03

BAGNAC-SUR-CELE Escaloutat

(TH) *C.M. 80 Pli 1*

5 ch. Dans la maison des propriétaires, 2 ch. au 1er étage (2 lits 2 pers.) avec lavabo, salle d'eau et wc communs aux 2 ch. 3 ch. au 2e étage (3 lits 2 pers., 2 lits 1 pers.) avec salle d'eau et wc communs aux 3 ch.

Prix : 1 pers. **170 F** 2 pers. **240 F** 3 pers. **260 F** repas **80 F**

Ouvert : toute l'année.

2	2	2	15	2	2	15	2	2

SENAT Thérèse - Escaloutat - 46270 BAGNAC-SUR-CELE - Tél : 05 65 34 94 20

LE BASTIT Bel-Air

(TH) *C.M. 75 Pli 19*

6 ch. Dans une maison Quercynoise de caractère. 2 ch. (2 lits 1 pers.). 1 ch. (1 lit 2 pers. 1 lit d'appoint). 3 ch. (1 lit 2 pers.). Salle d'eau ou salle de bains et wc particuliers chacune. Chauffage central. Salon, TV, buvette, terrasse ombragée. Terrain de boules, salon de jardin, spéléologie, sentiers sur place. Téléséjour. Minitel. Coin-cuisine. Sites de Rocamadour et de Padirac à proximité. 340 F/4 pers. Repas enfant 50 F. Langue parlée : anglais.

CV

Prix : 1 pers. **200 F** 2 pers. **250 F** 3 pers. **300 F** repas **90/120 F**

Ouvert : toute l'année.

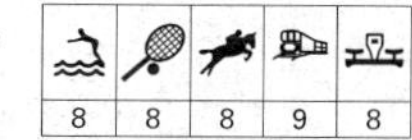

8	8	8	9	8

CHAMBERT Francine - Bel Air - 46500 LE BASTIT - Tél : 05 65 38 77 54 - Fax : 05 65 38 85 18

BELAYE Marliac

(TH) *C.M. 79 Pli 7*

5 ch. (6 lits 1 pers. 4 lits 160), salle d'eau et wc particuliers pour chaque chambre. Terrasse, barbecue, lave-linge, chauffage électrique. Ouvert toute l'année. Chaque ch. avec accès indépendant. Piscine privée de 10 x 5 m. Jeux d'enfants, ping-pong, jeu de boules. Taxe de séjour : 1 F/jour/pers. 600 F/4 pers. 5 chambres d'hôtes dont 2 aménagées en duplex situées dans une belle ferme Quercynoise du XVIIIe siècle. Repas enfant 35 F. Langues parlées : hollandais, italien.

CV

Prix : 1 pers. **165/270 F** 2 pers. **360/400 F** 3 pers. **455/495 F**
pers. sup. **95 F** repas **110 F**

Ouvert : toute l'année.

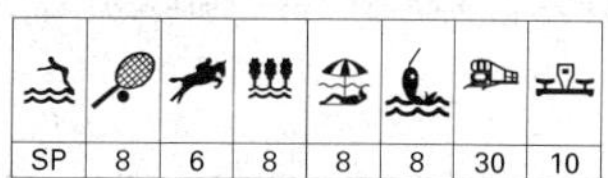

SP	8	6	8	8	8	30	10

STROOBANT Véronique - Marliac - 46140 BELAYE - Tél : 05 65 36 95 50 - Fax : 05 65 31 99 04

BELMONT-BRETENOUX *C.M. 75 Pli 19*

3 ch. Au rez-de-chaussée petit salon (3 lits 1 pers.), salle d'eau + wc réservés aux hôtes de 2 ch. 1 ch. à l'étage (1 lit 2 pers.), salle d'eau + wc particuliers. Possibilité de lit bébé. Jardin privatif réservé aux hôtes. Chauffage électrique. Langue parlée : anglais.

Prix : 1 pers. **150/160 F** 2 pers. **195/240 F**

Ouvert : toute l'année.

6	6	6	20	6	6	10	10	4

WILDER Anne - 46130 BELMONT-BRETENOUX - Tél : 05 65 38 22 61

BELMONTET Laspeyrières *C.M. 79 Pli 17*

1 ch. Dans une annexe à la maison des propriétaires (1 lit 2 pers. 1 lit enfant), salle d'eau et wc particuliers.

Prix : 1 pers. **170 F** 2 pers. **200 F** 3 pers. **240 F**

Ouvert : toute l'année.

6	6	6	6	6	30	6

SOUQUES Bernard - Laspeyrière - 46800 BELMONTET - Tél : 05 65 31 91 38 - Fax : 05 65 31 91 38

BELMONTET Le Chartrou *C.M. 79 Pli 17*

3 ch. Dans la maison des prop. (3 lits 1 pers.) 1 des 2 ch. est au r.d.c. avec entrée indép. 1 ch. aménagée dans une annexe (1 lit 2 pers.), salle de bains ou salle d'eau et wc chacune. Séjour de remise en forme (soin d'hygiène naturelle : yoga, sauna, jaccuzi, hydromassage, baignoire à jet sous-marin). Restaurant 6 km. Musculation, gymnastique, vibromassage.

Prix : 1 pers. **170 F** 2 pers. **240 F**

Ouvert : toute l'année.

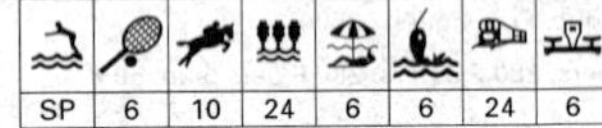

DARGERE Dominique - Le Chartrou - 46800 BELMONTET - Tél : 05 65 31 90 23

BOISSIERE La Garrigue *C.M. 79 Pli 8*

4 ch. A l'étage de la maison des propriétaires, chambre 1 (1 lit 2 pers.), salle d'eau, wc. Chambre 2 (1 lit 2 pers. 1 lit 1 pers.), salle d'eau, wc. Chambre 3 (1 lit 1 pers.), salle d'eau, wc. Chambre 4 (1 lit 2 pers.), salle d'eau, wc. Chauffage d'appoint, terrasse, salon de jardin, cour, terrain 1/2 clos. Jardin arboré 1200 m². Vue imprenable, proche de la forêt.

Prix : 1 pers. **180 F** 2 pers. **210 F** 3 pers. **290 F**

Ouvert : toute l'année.

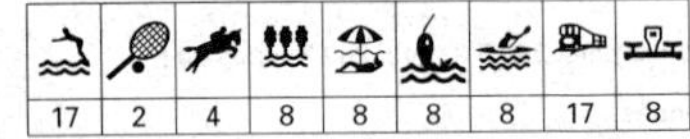

BOUVIER Jean-Claude - La Garrigue - 46150 BOISSIERES - Tél : 05 65 30 98 40

LE BOURG Mas de la Feuille (TH) *C.M. 79 Pli 10*

3 ch. Au rez-de-chaussée de la maison des propriétaires avec entrée indépendante (7 lits 1 pers.), salle de bains ou salle d'eau et wc particuliers pour chaque chambre. Chauffage électrique. Golf 25 km. Barbecue. Repas enfant 45 F. Langues parlées : anglais, japonais.

Prix : 1 pers. **230 F** 2 pers. **290 F** 3 pers. **370 F** pers. sup. **70 F**
repas **110 F**

Ouvert : du 1er avril au 31 octobre.

3	3	5	3	6	3

LARROQUE Charles - Mas de la Feuille - 46120 LE BOURG - Tél : 05 65 11 00 17 - Fax : 05 65 11 00 17

BOUSSAC Domaine des Villedieu A (TH) *C.M. 79 Pli 10*

4 ch. De plain-pied avec accès indép. dans des annexes à la maison des propr. (3 lits 2 pers. 2 lits 1 pers. 1 lit d'appoint 1 pers.), salle d'eau + wc pour chacune. Salon, bibliothèque. Chauffage électr. d'appoint. Salon de jardin. Piscine privée (14 x 6 m) commune avec la clientèle de la ferme-auberge. Produits fermiers sur place. Prix 4 pers. : 680 F. Langues parlées : anglais, allemand.

Prix : 1 pers. **280/320 F** 2 pers. **280/500 F** 3 pers. **590 F** pers. sup. **70 F**
repas **115 F**

Ouvert : toute l'année.

SP	10	10	2	2	2	2	10	10

VILLEDIEU Martine - Domaine des Villedieu - 46100 BOUSSAC - Tél : 05 65 40 06 63 - Fax : 05 65 40 09 22 - E-mail : villedi@aol.com - http://www.villedieu.com

BRENGUES Vigne Grande
C.M. 79 Pli 9

2 ch. A l'étage de la maison des propriétaires (1 lit 2 pers. 2 lits 1 pers.), salle d'eau et wc particuliers. Chauffage central. Lave-linge. Coin-cuisine avec réfrigérateur. TV. Piscine privée commune à 2 gîtes ruraux. Mini-golf 2 km. Restaurant 600 m. 390 F/4 pers.

Prix : 1 pers. **210 F** 2 pers. **250 F** 3 pers. **340 F**

Ouvert : toute l'année.

SP	0,5	15	0,5	0,5	0,5	0,5	14	0,6

OULIE Guy - Vigne Grande - 46320 BRENGUES - Tél : 05 65 40 00 46 - Fax : 05 65 40 09 00

BRENGUES Merlet
C.M. 79 Pli 9

3 ch. A l'étage de la maison des propriétaires, située à 100 m du Célé : (2 lits 2 pers. 3 lits 1 pers. 1 lit bébé). Salle de bains ou salle d'eau et wc particuliers pour chaque chambre. Chauffage. Restaurant 1 km.

CV

Prix : 1 pers. **200 F** 2 pers. **250 F** 3 pers. **300 F**

Ouvert : toute l'année.

1	1	12	SP	SP	SP	SP	15	1

CHANUT Thérèse - Merlet - 46320 BRENGUES - Tél : 05 65 40 05 44 - Fax : 05 65 40 05 44

BRETENOUX Ferme de Borie
C.M. 75 Pli 19

6 ch. **Festival de musique au château de Castelnau 2,5 km du 20/07 au 15/08.** Dans une ferme de caractère du XIVe siècle avec entrée indépendante. 4 ch. (2 lits 1 pers.) et 2 ch. (1 lit 2 pers.). Salle d'eau et wc dans chaque chambre. Petit salon. Terrasse panoramique dominant les 12 ha. Chauffage électrique. Parc ombragé avec tables pour pique-nique. Restaurants 300 m. Langue parlée : anglais.

CV

Prix : 1 pers. **180 F** 2 pers. **220 F**

Ouvert : toute l'année.

1	0,5	8	0,3	0,3	0,3	0,3	2	0,3

RIGAL Jeanine - Ferme de Borie - 46130 BRETENOUX - Tél : 05 65 38 41 74 ou 05 65 38 61 49

CABRERETS
C.M. 79 Pli 9

3 ch. A l'étage de la maison des propriétaires (3 lits 2 pers. 3 lits 1 pers.). Salle d'eau et wc particuliers pour chacune. Poss. d'un couchage suppl. sur canapé clic-clac. Coin-cuisine. Chauffage d'appoint. 360 F/4 pers. Langues parlées : anglais, hollandais.

Prix : 1 pers. **180 F** 2 pers. **220 F** 3 pers. **290 F** pers. sup. **70 F**

Ouvert : du 1er février au 30 octobre.

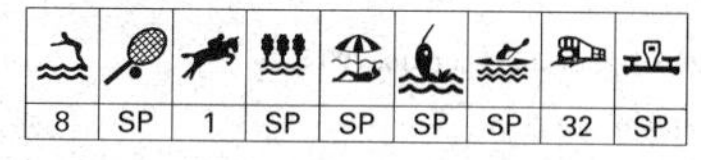

8	SP	1	SP	SP	SP	SP	32	SP

BESSAC Patrick - Place de la Mairie - 46330 CABRERETS - Tél : 05 65 31 27 04 - Fax : 05 65 30 25 46

CAHORS Saint-Henri

C.M. 79 Pli 8

4 ch. Dans la maison du propriétaire (3 lits 2 pers. 4 lits 1 pers.), 1 chambre (1 lit 2 pers. possibilité 1 lit 2 pers. supplémentaire), salle de bains ou salle d'eau et wc particuliers. TV couleur dans chaque chambre. Chauffage électrique. Piscine privée (10 x 5 m), tennis privé. 350 F/4 pers.

CV

Prix : 1 pers. **200 F** 2 pers. **240 F** 3 pers. **300 F** pers. sup. **50 F** repas **95 F**

Ouvert : toute l'année.

SP	SP	5	5	5	5	5

MASCHERETTI Noël - Saint-Henri - 46000 CAHORS - Tél : 05 65 22 56 47 ou 06 81 55 55 36

CAHORS
C.M. 79 Pli 8

2 ch. Entrées indépendantes. 2 chambres (4 lits 1 pers.), possibilité de 3 lits 1 pers. supplémentaires dans une chambre attenante. Salle de bains et wc particuliers pour chaque chambre. Chauffage électrique. Grandes terrasses, salons de jardin. Salon avec bibliothèque et TV. Piscine privée (9,5 x 4 m) commune avec la propriétaire. 400 F/4 pers.

CV

Prix : 1 pers. **250 F** 2 pers. **280 F** 3 pers. **330 F** pers. sup. **50 F**

Ouvert : de Pâques à la Toussaint.

SP	3	3	3	3	3	3

NOGARET Lucienne - 535 Combe d'Arnis - 46000 CAHORS - Tél : 05 65 35 39 68

CALES Lac Boutel *C.M. 75 Pli 18*

4 ch. De plain-pied aménagées dans une annexe à la maison des propriétaires (4 lits 2 pers. 3 lits 1 pers.), s. d'eau ou s.d.b. et wc privés. Chauffage. Terrasses pour chaque chambre, réfrigérateur à disposition. Poss. 1 lit d'appoint 2 pers. Piscine privée sur place. 400 F/4 pers. Poss. chasse et ball-trap sur place. Langue parlée : anglais.

Prix : 1 pers. **220 F** 2 pers. **250 F** 3 pers. **330 F** repas **80 F**

Ouvert : toute l'année.

SP	9	7	7	7	7	7	12	9

VERGNES Alain - Lac Boutel - 46350 CALES - Tél : 05 65 37 95 70 - Fax : 05 65 41 90 89

CAPDENAC-LE-HAUT Malirat *C.M. 79 Pli 10*

4 ch. Dans une maison attenante à celle des propriétaires. 2 ch. (1 lit 2 pers.), 2 ch. (2 lits 1 pers. chacune), lavabo dans chaque chambre. Salle d'eau et wc communs aux hôtes. Poss. lit d'appoint jusqu'à 12 ans : 60 F/nuit.

Prix : 1 pers. **150 F** 2 pers. **180 F**

Ouvert : de mai à novembre.

5	5	5	1	5	1	5	4	1,5

DOURNE-GANIL Raymonde - Malirat - 46100 CAPDENAC-LE-HAUT - Tél : 05 65 34 19 53

CARDAILLAC Le Pressoir Cadépice *C.M. 79 Pli 10*

1 ch. Au 2e étage d'une demeure du XVIIIe siècle, située dans un village médiéval. Elle se compose de 2 pièces indépendantes (1 lit 2 pers. 1 lit 120, 1 lit 1 pers. 1 lit bébé), salle d'eau, wc. Bibliothèque, jardin, terrasse. (week-end et férié sur réservation). Demeure de caractère du XVIIIe siècle située dans un village médiéval. Vous pourrez prendre le petit-déjeuner près du Cantou et visiter l'ancien pressoir à noix dans l'atelier du propriétaire artiste-peintre.

Prix : 2 pers. **250 F** 3 pers. **310 F** pers. sup. **60 F**

Ouvert : vacances de février, juillet, août.

6	10	SP	1	1	10	SP

HEDOUIN Gisèle et Philippe - Rue Sénéchal - Pressoir Cadepice - 46100 CARDAILLAC - Tél : 05 65 40 18 49 ou 06 81 66 91 72

CORN Laparrot *C.M. 79 Pli 9*

1 ch. Au r.d.c. de la maison de la propriétaire, 1 chambre (1 lit 2 pers.), salle d'eau, wc. Prise TV. Chauffage central au sol. Vous pourrez prendre le petit déjeuner en terrasse ou dans la salle de séjour au choix, dans une maison typique agrémentée de 2 pigeonniers.

Prix : 1 pers. **220 F** 2 pers. **250 F** 3 pers. **300 F**

Ouvert : toute l'année.

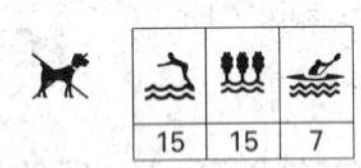

15	15	7

ALBAGNAC Monique - Laparrot - 46100 CORN - Tél : 05 65 11 41 55

CRAYSSAC Le Mas de Laurent  *C.M. 79 Pli 7*

1 ch. **Cahors 15 km.** Au 1er étage de la maison des propriétaires. 1 chambre (1 lit 2 pers.), salle d'eau et wc indépendants, poss. de 2 lits 1 pers. dans chambre attenante. Possibilité coin-cuisine, chauffage centrale. Terrasse. Tennis privé, randonnée.

Prix : 1 pers. **200 F** 2 pers. **220 F**

Ouvert : toute l'année.

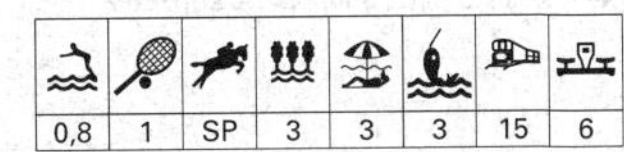

0,8	1	SP	3	3	3	15	6

DESTAL Raymond - Mas de Laurent - 46150 CRAYSSAC - Tél : 05 65 20 03 77

CREGOLS La Métairie Rouge *C.M. 79 Pli 9*

2 ch. **Cahors 23 km.** A l'étage de la maison des propriétaires avec entrées indépendantes. 2 chambres avec 2 lits jumeaux 1 pers., salle d'eau, wc chacunes. Terrasse couverte. VTT, ping-pong, billard, terrain de pétanque, badmington, piscine privée commune aux locations de vacances. Salon de TV. Lave-linge. Billard. Réfrigérateur. Supplément repas gastronomique 150 F. Repas enfant 50 F. Langues parlées : anglais, allemand.

Prix : 1 pers. **230 F** 2 pers. **350 F** 3 pers. **420 F** repas **100 F**

Ouvert : toute l'année.

4	10	7	7	7	7	23	10

SERRUYS Dominique - La Métairie Rouge - 46330 CREGOLS - Tél : 05 65 30 26 57 - Fax : 05 65 30 26 57

DEGAGNAC Domaine de Montsalvy

TH — *C.M. 79 Pli 7*

2 ch. A l'étage d'une ancienne ferme restaurée. 1 ch. (1 lit 2 pers.), s. d'eau et wc, 1 ch. (2 lits 1 pers.), s. d'eau et wc, poss. lit d'appoint et lit bébé. Séjour (TV, vidéo, biblioth., cheminée). Terrain de 4 ha. Calme, verdure, accueil chaleureux, riche documentation sur le région. Rando sur place, plan d'eau à 2.8 km. Repas enfant 30 F. Langue parlée : anglais.

Prix : 1 pers. **180 F** 2 pers. **250 F** pers. sup. **90 F** repas **90 F**

Ouvert : du 1er juin au 31 août.

SP	SP	1	20	2,8	13	2,8

NODON Guy - Domaine de Montsalvy - 46340 DEGAGNAC - Tél : 05 65 41 51 57 - Fax : 05 65 41 51 57

DEGAGNAC La Cabane - Poudens

C.M. 75 Pli 17

3 ch. **Gourdon 6 km.** Spacieuses, aménagées à l'étage d'une maison bourgeoise. 1 ch./suite (1 lit 160) avec coin-salon, salle de bains et wc. 1 ch. (1 lit 160) avec salle d'eau et wc. 1 ch. (2 lits 1 pers.) avec coin-salon, salle d'eau et wc. Poss. lits d'appoint. Salons de jardin, terrasse, jardin et pré, piscine découverte. Vue sur la vallée du Céou. Langues parlées : anglais, allemand, hollandais.

Prix : 2 pers. **280/395 F** 3 pers. **390/495 F** pers. sup. **100 F**

Ouvert : toute l'année.

SP	3,5	6	14	6	6

BINNENDIJK Occo - La Cabane - Poudens - 46340 DEGAGNAC - Tél : 05 65 41 49 74 - Fax : 05 65 41 49 74

DURAVEL La Roseraie

A — *C.M. 79 Pli 7*

4 ch. Au cœur du vignoble de Cahors, vue sur la vallée du Lot. 3 chambres (1 lit 2 pers.), 1 chambre (2 lits 1 pers.). Salle d'eau et wc particuliers pour chaque chambre. Salon avec TV. Ch. élect. Piscine privée commune à la clientèle de 2 gîtes. Taxe de séjour : 2 F/pers./jour. Elevage d'autruches. Table d'hôte à partir de 3 nuits. 1 km du village, tous commerces. Parc privatif. Langue parlée : anglais.

Prix : 1 pers. **180 F** 2 pers. **250 F** pers. sup. **65 F** repas **90 F**

Ouvert : toute l'année.

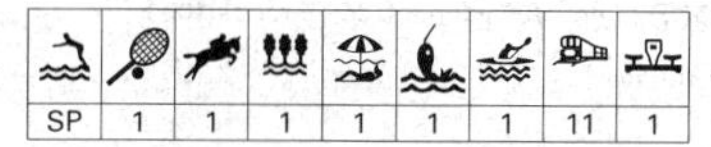

SP	1	1	1	1	1	1	11	1

RIGAL Denis et Patricia - La Roseraie - 46700 DURAVEL - Tél : 05 65 24 63 82 - Fax : 05 65 30 89 75

DURAVEL Château-de-Rouffiac

C.M. 79 Pli 7

3 ch. **Puy-l'Evèque 6,5 km.** A l'étage du château au cœur du vignoble de Cahors. Ch. « Jaune » (1 lit 160) avec salle d'eau et wc. Ch. « Verte » (1 lit 160) avec salle de bains et wc. Ch./suite « Rose » (1 lit 160) avec salon privé, salle de bains, wc et 1 lit d'appoint 160. Chauffage. Salon de lecture avec TV satellite, bibliothèque. En cours de classement 4 épis. Langues parlées : anglais, allemand.

Prix : 2 pers. **395/645 F** pers. sup. **125 F**

Ouvert : du 29 avril au 14 octobre.

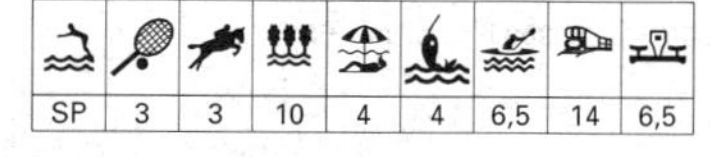

SP	3	3	10	4	4	6,5	14	6,5

WIEGAND Wulf - Château de Rouffiac - 46700 DURAVEL - Tél : 05 65 36 54 27 - Fax : 05 65 36 44 14

ESCAMPS

TH — *C.M. 79 Pli 19*

1 ch. **Marché de la truffe de Lalbenque 8 km.** A l'étage d'une demeure du XVIIIe siècle. 1 ch./suite (1 lit 2 pers. à baldaquin) et 1 lit 1 pers. dans une petite chambre attenante. Coin-salon, salle de bains, wc, cheminée, bibliothèque. Chauffage central. Garage. En cours de classement 4 épis. Langues parlées : anglais, espagnol.

Prix : 1 pers. **320/420 F** 2 pers. **350/450 F** 3 pers. **420/520 F** repas **90/140 F**

Ouvert : toute l'année.

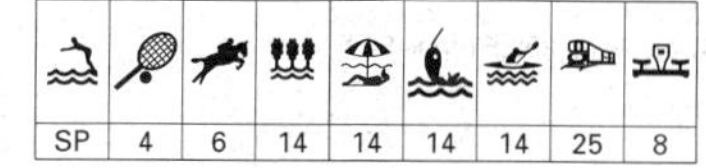

SP	4	6	14	14	14	14	25	8

PELISSIE Claude - 46230 ESCAMPS - Tél : 05 65 31 63 60 - Fax : 05 65 31 73 48

FAJOLES Le Pech de Compassy

TH — *C.M. 75 Pli 18*

2 ch. **Gourdon 9 km.** Dans une annexe attenante à la maison des propriétaires (projet de 2 ch. supplémentaires pour 2000). 1 ch. (1 lit 2 pers.) avec mezzanine (1 lit 1 pers.), salle d'eau et wc, 1 ch. (1 lit 2 pers.). Chauffage central. Piscine commune aux propriétaires. Langue parlée : anglais.

Prix : 1 pers. **190 F** 2 pers. **240 F** 3 pers. **310 F** repas **80/120 F**

Ouvert : toute l'année.

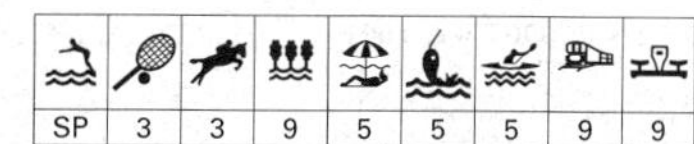

SP	3	3	9	5	5	5	9	9

CUFFAUX Philippe - Le Pech de Compassy - 46300 FAJOLES - Tél : 05 65 37 69 27 - Fax : 05 65 37 69 27

FARGUES Bru

(TH) *C.M. 79 Pli 7*

1 ch. Au rez-de-chaussée (1 lit 160 + 1 lit d'appoint 2 pers.). Salle d'eau et wc particuliers. Salon, salle de séjour. Chauffage électrique. Salon de jardin réservé aux hôtes. Chemins balisés équestres, pédestres, VTT sur place. Possibilité de pique-nique. Prix 4 pers. : 300 F. Repas enfant 50 F.

CV

Prix : 2 pers. **200 F** 3 pers. **250 F** repas **100 F**

Ouvert : du 1er mars au 30 novembre.

10	7	10	10	28	10

DALBERGUE Dominique - Bru - 46800 FARGUES - Tél : 05 65 36 92 20

FAYCELLES

C.M. 79 Pli 10

2 ch. A l'étage d'une maison de caractère bénéficiant d'un très beau point de vue sur la vallée du Lot, (3 lits 2 pers. 1 lit 1 pers. 1 lit d'appoint 1 pers.), salle d'eau et wc particuliers pour chaque chambre. Chauffage central. Possibilité pique-nique. Coin-cuisine à disposition. 310 F/4 pers. Nombreuses animations dans le village. Langue parlée : allemand.

Prix : 1 pers. **210 F** 2 pers. **240 F** 3 pers. **280 F**

6	0,5	6	2,5	6	2,5	6	7	SP

BESSE-DAYNAC Eloi - Le Bourg - 46100 FAYCELLES - Tél : 05 65 34 07 66

FAYCELLES Lavalade

(TH) *C.M. 79 Pli 10*

2 ch. Au r.d.c. de la maison des propriétaires, avec entrées indép. et bénéficiant d'un très beau point de vue sur le Lot (1 lit 2 pers. 3 lits 1 pers. 1 lit d'appoint 120). S. d'eau et wc privés pour chaque chambre. Réfrigérateur. Chauffage central. Parc, terrasse, salon de jardin, barbecue. Parking. Piscine privée (12 x 6 m). Chambres non fumeur. Langues parlées : anglais, allemand, hollandais.

Prix : 1 pers. **250 F** 2 pers. **300 F** 3 pers. **360 F** repas **100 F**

Ouvert : toute l'année.

SP	2	8	2	8	2	10	8	8

DUMOULIN Fernand - La Valade - 46100 FAYCELLES - Tél : 05 65 34 61 31 - Fax : 05 65 34 61 31

FAYCELLES La Cassagnole

C.M. 79 Pli 10

1 ch. Au r.d.c. avec entrées indépendantes, (1 lit 2 pers., 2 lits 1 pers.), situées sur le GR65 de Saint-Jacques-de-Compostelle. Salle d'eau et wc particuliers. Coin-cuisine et terrasse. Chauffage. Stages sur place (calligraphie, peinture...). 340 F/4 pers.

CV

Prix : 2 pers. **250 F** 3 pers. **300 F** pers. sup. **50 F**

Ouvert : toute l'année.

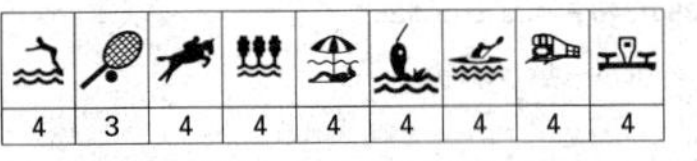

4	3	4	4	4	4	4	4	4

LEFRANCOIS Jean - Relais Saint-Jacques - La Cassagnole - 46100 FAYCELLES - Tél : 05 65 34 03 08 - Fax : 05 65 34 03 08

FLAUGNAC Le Jardinet

(TH) *C.M. 79 Pli 18*

1 ch. **Castelnau-Montratier 3,5 km. Cahors 17 km.** Au rez-de-chaussée, avec entrée indépendante. 1 ch. (1 lit 2 pers.), avec lavabo, douche et wc. Chauffage. Piscine privée commune avec les propriétaires et les hôtes d'un gîte. Langue parlée : anglais.

Prix : 1 pers. **230 F** 2 pers. **250 F** repas **90 F**

Ouvert : toute l'année.

SP	0,5	6	10	17	3,5

PONCIN-ARNOUIL Edwige - Le Jardinet - 46170 FLAUGNAC - Tél : 05 65 21 81 41 - Fax : 05 65 21 83 43

FONS La Piale

(TH) *C.M. 79 Pli 10*

1 ch. Au r.d.c. de la maison des propriétaires (1 lit 2 pers.), salle de bains, wc indépendant. Chauffage. Supplément repas gastronomique : 150 F. Ancienne demeure du XVIIIe siècle bénéficiant d'une piscine (12 m x 6 m) et d'un parc de 7 ha. Grande chambre de caractère avec salle de bains, wc et salon d'hôtes (1 lit 2 pers.). Les propriétaires ont conservé des éléments d'origine dans la salle à manger tels que le « Cantou » ou la « Souillarde ». Langues parlées : anglais, hollandais.

CV

Prix : 1 pers. **350 F** 2 pers. **390 F** repas **90 F**

Ouvert : toute l'année.

10	10	10	10	10	10

VIPREY Charlotte - La Piale - 46100 FONS - Tél : 05 65 40 19 52

FONTANES-DU-CAUSSE Magnens Haut

(TH) *C.M. 79 Pli 9*

4 ch. **Padirac, Rocamadour, vallée du Célé 20 km.** A l'étage de la maison des propriétaires, située sur le Causse de Granat. 4 ch. (1 lit 2 pers. 1 lit 1 pers. 1 lit pliant). Salles d'eau particulières, wc communs aux ch. Chauffage électrique. Spéléologie, sentiers sur place, location VTT à 15 km. Table d'hôtes sur réservation. Repas enfant : 40 F. 300 F/4 pers. Langues parlées : anglais, espagnol.

CV

Prix : 1 pers. **150 F** 2 pers. **210 F** 3 pers. **260 F** repas **80 F**
1/2 pens. **170 F**

Ouvert : du 15/6 au 15/9.

10	10	15	20	20	20	15	10

ISSALY Jacquie - Magnens Haut - 46240 FONTANES-DU-CAUSSE - Tél : 05 65 21 16 09 - Fax : 05 65 31 10 74

FRAYSSINET-LE-GELAT La Serpt

A *C.M. 79 Pli 7*

1 ch. De plain-pied avec entrée indépendante (1 lit 2 pers.), salle d'eau + wc particuliers. Chauffage électrique. Terrasse, salon de jardin. Repas enfant 50 F.

CV

Prix : 1 pers. **160 F** 2 pers. **200 F** pers. sup. **50 F** repas **80/170 F**

Ouvert : du 1er mars au 30 octobre.

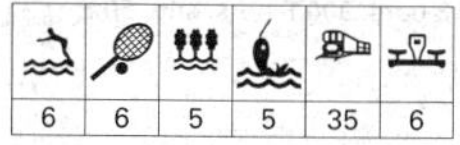

6	6	5	5	35	6

SOULIE Jean-Claude - La Serpt - 46250 FRAYSSINET-LE-GELAT - Tél : 05 65 36 66 15 ou 05 65 36 60 34 - Fax : 05 65 36 60 34

FRAYSSINET-LE-GELAT La Thèze

C.M. 75 Pli 17

1 ch. Au r.d.c. da la maison du propriétaire avec entrée indépendante (1 lit 2 pers.), poss. 2 lits 1 pers. dans 1 chambre attenante. Salle d'eau et wc particuliers. Coin-cuisine. Chauffage électrique. 310 F/4 pers. Ferme Auberge 500 m.

CV

Prix : 1 pers. **180 F** 2 pers. **200 F** 3 pers. **260 F**

Ouvert : toute l'année.

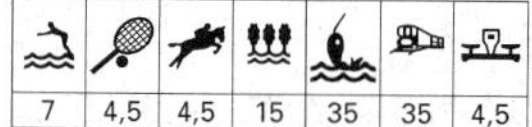

7	4,5	4,5	15	35	35	4,5

MURAT Robert - La Thèze - 46250 FRAYSSINET-LE-GELAT - Tél : 05 65 36 65 92

FRAYSSINET-LE-GOURDONNAIS Le Pech

(TH) *C.M. 79 Pli 8*

1 ch. Au r.d.c. avec entrée indépendante et située dans le village (1 lit 2 pers.). Salle de bains et wc communs avec la propriétaire. Coin-cuisine. Chauffage central. Terrasse. Salon de jardin. Barbecue. Piscine privée (8 m x 4 m) commune avec la propriétaire. Lit d'appoint 1 pers.

Prix : 1 pers. **200 F** 2 pers. **220 F** repas **65 F**

Ouvert : du 1er juin au 30 septembre.

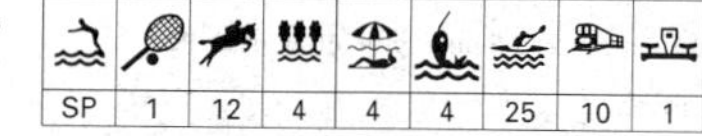

SP	1	12	4	4	4	25	10	1

DENEUX Nicole - Le Pech - 46310 FRAYSSINET-LE-GOURDONNAIS - Tél : 05 65 24 52 10

GINDOU Le Ségalard

(TH) *C.M. 79 Pli 7*

3 ch. **Gourdon 19 km.** 2 avec entrées indépendantes et 1 au 1er étage de la maison des propriétaires. Ch. « La Pergola » (1 lit 160, 1 lit 1 pers.) avec salle d'eau et wc. Ch. « La Source » (2 lits 1 pers.) avec salle d'eau et wc. Ch. « Cocoon » (1 lit 160, 1 lit 1 pers.) avec salle d'eau et wc. Chauffage. Piscine commune aux propriétaires (9 x 4 m). Salon. Télévision (dans 1 chambre).

Prix : 1 pers. **275/300 F** 2 pers. **300/340 F** 3 pers. **450 F**
repas **125/180 F**

Ouvert : toute l'année.

SP	4	10	4	4	4	19	4

DELAUNOIT Monique - Le Segalard - 46250 GINDOU - Tél : 05 65 21 62 71 - Fax : 05 65 21 62 71

GOURDON Chaunac

C.M. 79 Pli 8

2 ch. Dans la maison des propriétaires, chambre 1 (1 lit 2 pers.), salle d'eau, wc, coin-cuisine/coin-salon. TV, réfrigérateur, lave-linge. Lit d'appoint possible, cour avec salon de jardin. Chambre dans l'annexe (1 lit 2 pers.), salle d'eau, wc. Prise TV. Chauffage, salon de jardin. Chambres simples et coquettes situées dans un cadre de verdure et à proximité de Gourdon.

Prix : 1 pers. **200 F** 2 pers. **200 F** pers. sup. **50 F**

Ouvert : toute l'année.

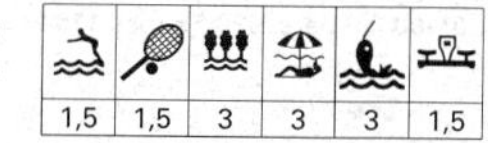

1,5	1,5	3	3	3	1,5

BARRIERE Danièle - Chaunac - 46300 GOURDON - Tél : 05 65 41 19 49

GOURDON Le Paradis — C.M. 79 Pli 8

4 ch. Dans la maison du propriétaire, 1 ch. (1 lit 2 pers.), salle d'eau privée, 2 ch. (1 lit 2 pers. 2 lits 1 pers.), salle d'eau, wc indépendants pour les 3 ch. et 1 ch. (1 lit 2 pers. 1 lit 1 pers.) avec salle d'eau et wc particuliers. Piscine privée (14 m x 7 m), pataugeoire commune avec la clientèle d'une aire naturelle de camping. Taxe de séjour : 2 F/jour/pers.

Prix : 1 pers. **200 F** 2 pers. **230 F** 3 pers. **310 F** repas **80/120 F**

Ouvert : toute l'année.

SP	1	4	1	11	4	0,5

JARDIN Jacquie - Le Paradis - Route de Salviac - D 673 - 46300 GOURDON - Tél : 05 65 41 09 73 ou 06 72 18 05 44

GOURDON — C.M. 79 Pli 8

2 ch. **Sarlat 25 km.** Entrée indépendante aménagée au rez-de-chaussée (1 lit 2 pers.), l'autre aménagée à l'étage (1 lit 2 pers.), possibilité 1 lit 2 pers. et 1 lit d'appoint 80 dans une chambre attenante, salle d'eau et wc particuliers. Chauffage central. Chambres situées à la sortie de Gourdon. 380 F/4 pers.

Prix : 1 pers. **190 F** 2 pers. **220 F** 3 pers. **300 F** pers. sup. **50 F**

Ouvert : toute l'année.

0,5	0,5	3	0,5	0,5	0,5	10	1	SP

BASTIT Jeanne - 37, rue Jean Joseph Calles - 46300 GOURDON - Tél : 05 65 41 09 37

GRAMAT Ferme du Gravier — C.M. 79 Pli 9

5 ch. **Rocamadour et Padirac 9 km.** Dans une fermette typique du Causse, dans la maison des propriétaires, dont 3 à l'étage et 2 au rez-de-chaussée (4 lits 2 pers. 3 lits 1 pers. 2 lits superposés 1 pers.), salle d'eau + wc particuliers. Chauffage électrique. Possibilité de lits d'appoint. Terrasse, salon de jardin. 380 F/4 pers. Repas enfant 50 F. Langues parlées : anglais, italien.

Prix : 1 pers. **200 F** 2 pers. **240/260 F** 3 pers. **310 F** pers. sup. **70 F** repas **90 F**

Ouvert : toute l'année.

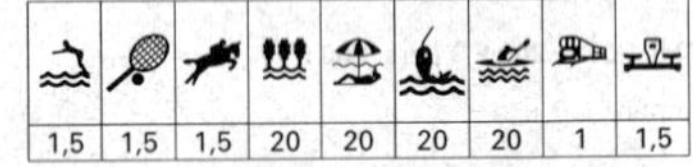

1,5	1,5	1,5	20	20	20	20	1	1,5

RAVET Patrice et Lydia - Ferme du Gravier - Le Gravier - 46500 GRAMAT - Tél : 05 65 33 41 88 - Fax : 05 65 33 73 75

GRAMAT Montanty — C.M. 79 Pli 9

4 ch. **Rocamadour et Padirac 13 km.** A l'étage de la maison des propriétaires, dans une ancienne grange entièrement restaurée. 4 ch. (1 lit 2 pers. chacune) avec salle d'eau et wc particuliers. Poss. lit bébé et lit d'appoint. Langues parlées : anglais, espagnol.

Prix : 1 pers. **200 F** 2 pers. **240 F** pers. sup. **60 F** repas **90 F**

Ouvert : toute l'année.

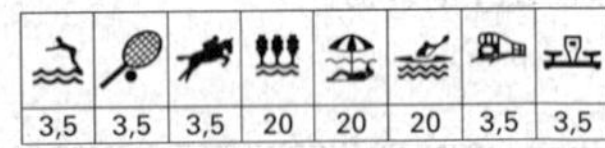

3,5	3,5	3,5	20	20	20	3,5	3,5

DUMAS Brigitte - Montanty - 46500 GRAMAT - Tél : 05 65 33 41 65 - Fax : 05 65 33 41 66

GRAMAT Le Cloucau - Cavagnac — C.M. 75 Pli 19

4 ch. Dans une vaste demeure du XVIIIè siècle, au cœur du Causse de Gramat. Accès indépendant. Chambre 1 : « L'Hortensia » (1 lit 2 pers.), salle de bains et wc, chambre 2 : « Le Pigeonnier » (1 lit 160), salle d'eau et wc. La « Caussanette » (suite r.d.c. 1 lit 2 pers., à l'étage 2 lits 1 pers., s.d.b. + wc. La « Brocantine » (suite r.d.c. 1 lit 1.60 m, chambre attenante 2 lits 1 pers., s.d'eau + wc). Piscine 5 x 10 m avec plongeoir. Ping-pong. TV. Piano. Chauffage. Randonnée sur place.

Prix : 2 pers. **295/345 F** 3 pers. **440/490 F** pers. sup. **70 F** repas **115 F**

Ouvert : toute l'année.

SP	4	4	5	4	4

BOUGARET Francine - Le Cloucau - Cavagnac - 46500 GRAMAT - Tél : 05 65 33 76 18 ou 06 12 90 03 28

GRAMAT Moulin de Fresquet — C.M. 75 Pli 19

5 ch. **Sites de Rocamadour et Padirac 9 km.** Maison de caractère et de charme dans 1 authentique moulin à eau quercynois du XVIIe, dont 3 avec accès direct sur le parc ombragé de 3 ha. avec cour d'eau privé. 5 ch. (6 lits 2 pers.). Salle d'eau et wc privés chacune. Chauffage. Terrasse. Bibliothèque. Salon avec TV et bibliothèque. Pêche dans cours d'eau privé. 560 F/4 pers. Repas enfant 60 F.

Prix : 1 pers. **320/350 F** 2 pers. **320/430 F** 3 pers. **520 F** repas **120 F**

0,8	0,8	0,8	1	SP	SP	15	1	1

RAMELOT Claude - Moulin de Fresquet - 46500 GRAMAT - Tél : 05 65 38 70 60 ou 06 08 85 09 21 - Fax : 05 65 38 70 60

ISSEPTS

(TH) *C.M. 79 Pli 19*

2 ch. **Figeac 12 km.** A l'étage de la maison, située à l'entrée du village, dans une ancienne grange entièrement restaurée. 1 ch. (1 lit 160) avec salle d'eau et wc et 1 ch. (1 lit 2 pers., 2 lits 1 pers.) dans une chambre attenante avec salle de bains et wc. Chauffage. Prix 4 pers. : 280 F. Langue parlée : anglais.

Prix : 1 pers. **160/170 F** 2 pers. **190/200 F** 3 pers. **240 F** repas **80 F**

Ouvert : toute l'année.

8	12	12	12	12	4	12	5	4

GRISE Catherine - 46320 ISSEPTS - Tél : 05 65 40 17 61

ISSEPTS Le Pech d'Issepts

(TH) *C.M. 79 Pli 10*

2 ch. Au rez-de-chaussée de la maison des propriétaires. 1 chambre (1 lit 2 pers.), salle d'eau et wc, 1 chambre (1 lit 2 pers.), salle d'eau et wc. Chauffage central. Box et prés pour l'accueil de chevaux. Jardin, terrasse, billard, bibliothèque, ping-pong, VTT et randonnée sur place. Repas enfant 45 F. Repas pour séjour à la semaine, ou plus : 65 F.

Prix : 1 pers. **180 F** 2 pers. **230 F** 3 pers. **280 F** repas **85 F**

Ouvert : toute l'année.

8	1,2	12	16	16	16	16	3	3

FALGUIERES Nathalie - Le Pech d'Issepts - 46320 ISSEPTS - Tél : 05 65 40 10 51 - Fax : 05 65 40 10 51

LES JUNIES Le Château

C.M. 79 Pli 7

2 ch. Au 2e étage du château des Junies. 1 ch. (2 lits 1 pers.) et 1 ch. (1 lit 2 pers. à baldaquin), salle d'eau et wc particuliers à chaque chambre. Salon privé. Parc. Langue parlée : anglais.

Prix : 1 pers. **350 F** 2 pers. **400 F**

4,5	3	3	SP	25	7

BARBERET Janine - Le Château - 46150 LES JUNIES - Tél : 05 65 36 29 98

LABASTIDE-MURAT Larcher

C.M. 79 Pli 8

2 ch. De plain-pied avec entrée indépendante, (2 lits 2 pers. 1 lit d'appoint 1 pers. 2 pers.). Salle d'eau et wc dans chaque chambre. Chauffage central. Salon de jardin. Vente directe à la ferme (foie gras, confit, pâtés...), piscine privée et ping-pong sur place. Prix 4 pers. : 290 F.

Prix : 1 pers. **160 F** 2 pers. **210 F** 3 pers. **250 F**

Ouvert : toute l'année.

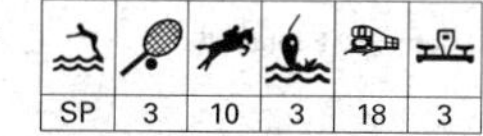

SP	3	10	3	18	3

COLDEFY Patrick - Larcher - 46240 LABASTIDE-MURAT - Tél : 05 65 31 10 39 ou 05 65 21 13 15 - Fax : 05 65 31 14 84

LABASTIDE-MURAT Domaine de la Grèze

C.M. 79 Pli 8

2 ch. Dans la maison des propriétaires, bénéficiant d'un très beau point de vue. Au 1er étage : 1 chambre (2 lits 1 pers.), salle d'eau et wc. Au 2ème étage : 1 chambre (2 lits 1 pers.), salle de bains et wc. Chauffage. Salles d'aérobic et de musculation, sauna, solarium sur place (avec suppl. de prix). Parcourt de santé et randonnée. En cours de classement 4 épis.

Prix : 1 pers. **250/300 F** 2 pers. **250/300 F**

Ouvert : toute l'année.

SP	0,5	10	2	21	0,5

VAN CITTER Henri - Domaine de la Crèze - 46240 LABASTIDE-MURAT - Tél : 05 65 24 52 97 - Fax : 05 65 24 52 97

LACAM-D'OURCET Les Teuillères

Alt. : 550 m (TH) *C.M. 75 Pli 20*

2 ch. **Plan d'eau de Tolerme 2 km.** A l'étage de la maison des propriétaires. 1 ch. (1 lit 2 pers.) avec salle d'eau et wc et 1 ch. (2 lits 1 pers.) avec salle d'eau et wc. Chauffage. Salon avec bibliothèque. Ping-pong. Jardin, salon de jardin, cour, terrasse. Possibilité de panier repas : 45 F. Camping sur place. Table d'hôtes uniquement sur réservation. 1 lit d'appoint. Langues parlées : allemand, hollandais, anglais.

Prix : 1 pers. **180 F** 2 pers. **210 F** pers. sup. **90 F** repas **75 F**

Ouvert : du 1er mars au 31 décembre.

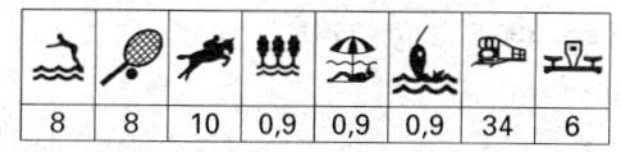

8	8	10	0,9	0,9	0,9	34	6

VAN REEUWIJK Adriaan - Les Teuillères - 46190 LACAM-D'OURCET - Tél : 05 65 11 90 55 - Fax : 05 65 11 90 55 -
E-mail : camping.Les-teuilleres@wanadoo.fr - http://www.perso.wanadoo.fr/campinglesteuilleres/bienvenu.htlm

LACAPELLE-MARIVAL La Garrouste *C.M. 75 Pli 19*

1 ch. Au rez-de-chaussée de la maison des propriétaires (1 lit 2 pers.), salle de bains et wc particuliers. Chauffage électrique. TV. Visite du château de Lacapelle (XIIe siècle), exposition de peinture, sculpture et artisanat en saison, du 1er juillet au 15 septembre.

Prix : 1 pers. **220 F** 2 pers. **270 F**

Ouvert : toute l'année.

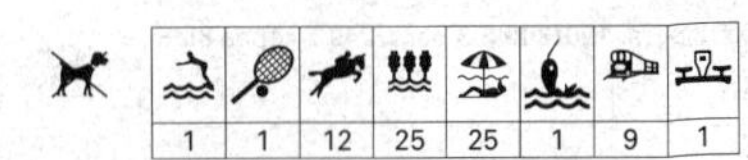

1	1	12	25	25	1	9	1

BOUSSAC Marcel - La Garrouste - Route de Latronquière - 46120 LACAPELLE-MARIVAL - Tél : 05 65 40 84 15

LACHAPELLE-AUZAC Lachapelle Basse *C.M. 75 Pli 18*

3 ch. Sous forme de suite dans une partie de la demeure des propriétaires (3 lits 2 pers. 6 lits 1 pers.), salle de bains ou salle d'eau et wc particuliers chacune. Grand salon avec TV. Salon de jadin, terrasse. Piscine privée (11,5 x 5,5 m) commune avec les propriétaires. Prix 4 pers : 450 F. Golf à 3 km.

Prix : 1 pers. **240 F** 2 pers. **280 F** 3 pers. **380 F**

Ouvert : toute l'année.

SP	5	5	5	5	5	5	5	5

LOURDJANE René - Lachapelle Basse - 46200 LACHAPELLE-AUZAC - Tél : 05 65 37 82 77 - Fax : 05 65 37 82 77 -
E-mail : lourdjanerene@wanadoo.fr. - http://www.france-bonjour.com/lachapelle-auzac/

LAMOTHE-CASSEL Le Mas-Blanc *C.M. 75 Pli 18*

2 ch. Dans une maison attenante à celle des propriétaires. 1 ch. (2 lits 2 pers., 2 lits 1 pers., 1 lit bébé), s.d.b., wc privés. 1 ch. au rez-de-chaussée (2 lits 2 pers. 2 lits 1 pers.), s. d'eau, wc. Salle de séjour à la disposition des hôtes. Chauffage électrique. Cheminée. Propriétaire de 3 gîtes ruraux. 300 F/4 pers.

Prix : 1 pers. **150 F** 2 pers. **200 F** 3 pers. **250 F** pers. sup. **50 F**

Ouvert : toute l'année.

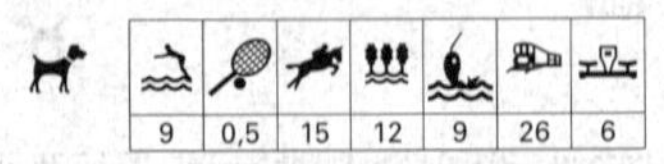

9	0,5	15	12	9	26	6

GARRIGUES Maria - Le Mas Blanc - 46240 LAMOTHE-CASSEL - Tél : 05 65 36 80 11 - Fax : 05 65 36 80 11

LAMOTHE-FENELON Gatignol (TH) *C.M. 79 Pli 8*

3 ch. De plain-pied avec accès indépendants dont 1 ch. dans une annexe (1 lit 2 pers. 1 lit 100) et 2 ch. au rez-de-chaussée de la maison des propriétaires (1 lit 2 pers.), salle d'eau ou de bains et wc particuliers. Chauffage central. Salon de jardin, petite terrasses privatives. Repas enfant - 10 ans : 50 F. Pas de table d'hôte le dimanche. Langues parlées : espagnol, anglais.

Prix : 1 pers. **180 F** 2 pers. **240 F** 3 pers. **290 F** repas **85 F**

Ouvert : toute l'année.

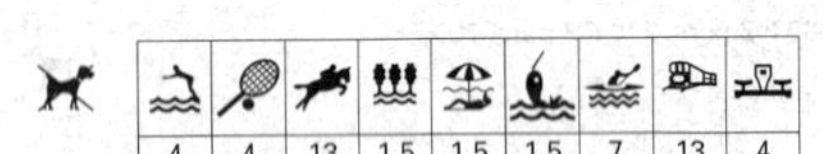

4	4	13	1,5	1,5	1,5	7	13	4

MONTARNAL Eliane - Gatignol - 46350 LAMOTHE-FENELON - Tél : 05 65 37 60 24

LAMOTHE-FENELON *C.M. 75 Pli 18*

3 ch. A l'étage (2 lits 2 pers. 2 lits 1 pers.), salle d'eau et wc réservés aux hôtes des 2 chambres et 1 située au r.d.c. (1 lit 2 pers.), salle d'eau et wc privés. Chauffage central. Possibilité de pique-nique, terrasse couverte. Site de Rocamadour et Sarlat dans les environs. 230 F/4 pers. Restaurant sur place dans le village.

Prix : 1 pers. **150 F** 2 pers. **170/200 F** 3 pers. **200 F**

Ouvert : toute l'année.

7	7	SP	7	7	7	12	SP

FRANCOULON Colette - 46350 LAMOTHE-FENELON - Tél : 05 65 37 60 22

LANZAC Le Prieuré - Cieurac *C.M. 75 Pli 18*

4 ch. **Vallée de la Dordogne 1 km.** A l'étage de la maison des propriétaires. 1 ch. (1 lit 2 pers. + 1 lit 1 pers.) avec salle d'eau et wc. 1 ch. (1 lit 2 pers.) avec salle d'eau et wc. 1 ch. (4 lits 1 pers.) avec salle d'eau et wc, 1 chambre (1 lit 1 pers.), salle d'eau, wc. Chauffage. Piscine privée. Prix 4 pers. : 425 F. Langues parlées : hollandais, anglais, allemand.

Prix : 1 pers. **220 F** 2 pers. **290 F** 3 pers. **365 F**

Ouvert : toute l'année.

SP	2,5	2,5	1	1	1	2,5	2,5	2,5

ZIJLSTRA Albert - Le Prieuré - Cieurac Lanzac - 46200 SOUILLAC - Tél : 05 65 32 74 61 - Fax : 05 65 32 74 61 -
E-mail : zijlstra@club-internet.fr - http://www.perso.club-internet.fr/zijlstra

LARNAGOL Ancien Presbytère (TH) *C.M. 79 Pli 9*

1 ch. A l'étage de la maison des propriétaires surplombant la rivière le Lot (2 lits 1 pers.). Possibilité 1 lit 2 pers. supplémentaire dans une chambre attenante. Salle d'eau et wc particuliers. Chauffage. Jardin indépendant avec salon de jardin réservé aux hôtes. 380 à 420 F/4 pers. Supplément repas gastronomique : 85 F. Repas enfant 40 F.

CV

Prix : 1 pers. **195/215 F** 2 pers. **220/240 F** 3 pers. **350/380 F** repas **70 F**

Ouvert : toute l'année.

7	7	5	SP	SP	SP	7	7	7

CASSOULET Maylis - Ancien Presbytère - 46160 LARNAGOL - Tél : 05 65 30 25 27 - Fax : 05 65 30 25 27

LATOUILLE-LENTILLAC Le Moulin de Latouille *C.M. 75 Pli 20*

E.C. 4 ch. **Saint-Céré 7 km.** Au 1er étage de la maison des propriétaires. 3 chambres (1 lit 2 pers.), salle de bains et wc, 1 chambre (1 lit 2 pers. et 1 lit 1 pers.), salle de bains et wc. Jardin, cour. Restaurant à 500 m. Randonnée.

Prix : 1 pers. **160 F** 2 pers. **210 F** 3 pers. **280 F**

Ouvert : toute l'année.

7	7	5	0,3	0,3	0,2	13	7

GAILLARD Philippe - Le Moulin de Latouille - 46400 LATOUILLE-LENTILLAC - Tél : 05 65 38 29 02 ou 05 65 38 05 17

LEBREIL Labrugade (TH) *C.M. 79 Pli 17*

3 ch. Entrées indépendantes, dans un bel environnement boisé et vallonné, du Quercy Blanc. 3 ch. (3 lits 2 pers., 1 lit 1 pers., 1 lit d'appoint, 1 lit bébé), salle d'eau et wc privés. Chauffage central. Cour, salon, bibliothèque. Repas enfant 45 F. Vous serez accueillis au cœur d'une campagne riante, fleurie et boisée où tout est calme et reposant. L'été, vous apprécierez la terrasse ombragée équipée d'un salon de jardin et l'hiver la chaleur d'un bon feu de cheminée.

CV

Prix : 1 pers. **190 F** 2 pers. **240 F** 3 pers. **300 F** pers. sup. **65 F** repas **85 F**

Ouvert : toute l'année.

4	4	4	4	4	SP	25	4

BIBARD Madeleine - Labrugade - 46800 LEBREIL - Tél : 05 65 31 84 66

LENTILLAC-SAINT-BLAISE Le Mas des Garrits (TH) *C.M. 79 Pli 10*

E.C. 1 ch. A la limite des départements du Lot et de l'Aveyron, 1 chambre familiale, avec chambre attenante aménagée dans la maison des propriétaires, de façon agréable (2 lits 2 pers.), salle d'eau, wc. Chauffage. Piscine découverte (5,5 m x 11 m). Salon de jardin. Jardin.

CV

Prix : 1 pers. **300 F** 2 pers. **320 F** 3 pers. **410 F** pers. sup. **90 F** repas **120 F**

Ouvert : toute l'année.

SP	13	3	3	4	0,5

VIGUIE Macha et Jacques - Le Mas des Garrits - 46100 LENTILLAC-SAINT-BLAISE - Tél : 06 12 92 89 25

LHOSPITALET Le Baylou *C.M. 79 Pli 18*

1 ch. A l'étage de la maison des propriétaires (1 lit 2 pers. 1 lit 1 pers.), salle de bains et wc communs avec les propriétaires. Ch. central. Sur place également, un camping à la ferme. Golf (9 trous) 15 km. Chasse sur place. Véranda couverte.

CV

Prix : 1 pers. **140 F** 2 pers. **170 F** 3 pers. **210 F**

Ouvert : toute l'année.

12	4	4	12	4	10	10

GIRMA Micheline - Le Baylou - 46170 LHOSPITALET - Tél : 05 65 21 00 57

LIMOGNE-EN-QUERCY *C.M. 79 Pli 9*

2 ch. **Parc de loisirs 8 km.** A l'étage de la maison des propriétaires, 1 ch. (1 lit 2 pers., 1 lit 1 pers.) avec s. d'eau et wc privés, 1 ch. (1 lit 2 pers., 1 lit 1 pers.) avec s.d.b. et wc communs avec le propr. Séjour à la dispo. des hôtes. Ch. élect. Terrasse et cour ombragée, site calme. Accès indépendant donnant sur cour. Terrain. Restaurant sur place.

CV

Prix : 1 pers. **140/170 F** 2 pers. **160/200 F** 3 pers. **220/250 F**

Ouvert : toute l'année.

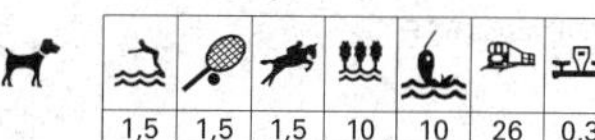

1,5	1,5	1,5	10	10	26	0,3

DUBRUN Roland - Route de Cenevières - 46260 LIMOGNE-EN-QUERCY - Tél : 05 65 31 50 50

LINAC La croux *C.M. 75 Pli 20*

1 ch. Au r.d.c. avec accès indépendant dans une maison typique, dans un parc au cœur du Ségala, dans un très bel environnement boisé et vallonné. (1 lit 2 pers. 1 lit d'appoint 120), salle d'eau et wc privés. Ch. élect. et central. Salon de jardin, barbecue. Enclos pour chevaux et ping-pong. Découverte guidée de la région en VTT par le propriétaire (initiateur VTT fédéral). Cuisine d'été. TV dans la chambre. Location de vélo. VTT sur place.

Prix : 1 pers. **200 F** 2 pers. **260 F** 3 pers. **300 F**

Ouvert : toute l'année.

| 7 | 7 | 7 | 5 | 5 | 3 | 5 | 14 | 7 |

FABIEN Gérard - La Croux - Route de Latronquière - 46270 LINAC - Tél : 05 65 34 93 04 ou 06 08 34 10 89

LISSAC-ET-MOURET L'Oasienne Clavies *C.M. 79 Pli 10*

3 ch. A l'étage de la maison des propriétaires (3 lits 2 pers. 2 lits 1 pers. 1 lit enfant). Salle d'eau et wc privés pour chaque ch. Gîte rural, camping à la ferme sur place. 2 piscines et 1 jaccuzi privés communs avec la clientèle d'un camping à la ferme et de 2 gîtes. Trampoline. Mini-golf, barbecue. Buvette sur place. Restaurant 7 km. 260 F/4 pers. Langue parlée : anglais.

Prix : 1 pers. **180 F** 2 pers. **200 F** 3 pers. **230 F** repas **85 F**

Ouvert : toute l'année.

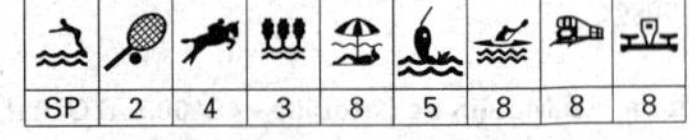

GAY Gérard et Nicole - L'Oasienne Clavies - 46100 LISSAC-ET-MOURET - Tél : 05 65 34 40 98 - Fax : 05 65 34 40 98

LIVERNON L'Oustal del Rey *C.M. 75 Pli 19*

2 ch. Entrées indépendantes, dont une aménagée au r.d.c. (1 lit 2 pers. 1 lit 120), salle d'eau, wc. Une à l'étage (1 lit 2 pers.), salle d'eau, wc. Chauffage central. Terrasse, terrain, restaurant à 500 m.

Prix : 1 pers. **180 F** 2 pers. **200 F** 3 pers. **270 F**

Ouvert : toute l'année.

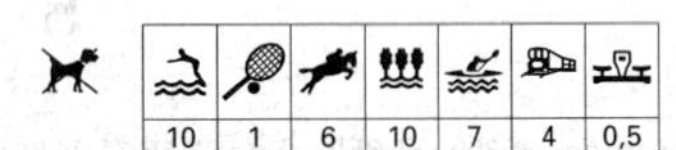

GOUTAL Audrey et Jean-Luc - L'Oustal del Rey - Mas de Charles - 46320 LIVERNON - Tél : 05 65 40 58 39

MARCILHAC-SUR-CELE Les Tilleuls *C.M. 79 Pli 9*

4 ch. A l'étage d'une demeure du XVIIIe siècle : 7 lits 1 pers. 2 lits 2 pers. 1 lit bébé. Salle d'eau et wc particuliers chacune. Chauffage électrique. Salon réservé aux hôtes. Parc ombragé, salon de jardin, barbecue. Restaurant à proximité.

Prix : 1 pers. **170 F** 2 pers. **220/240 F** 3 pers. **300 F**

Ouvert : du 1er janvier au 15 novembre.

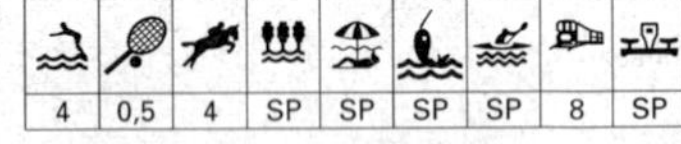

MENASSOL Michèle - Les Tilleuls - Maison Falret - 46160 MARCILHAC-SUR-CELE - Tél : 05 65 40 62 68 - Fax : 05 65 40 74 01

MARCILHAC-SUR-CELE Cap de la Coste *C.M. 79 Pli 9*

2 ch. Au rez-de-chaussée : 1 chambre (1 lit 2 pers.), salle de bains et wc. A l'étage : 1 chambre (1 lit 2 pers.), salle d'eau et wc. Chauffage. Piscine privée (10 x 5). Plan d'eau à 1 km, randonnée sur place. Tarif 4 pers. : 410 F. Chambre avec 1 lit 2 pers. et 2 lits 1 pers., formant suite avec la chambre de l'étage (pour 1 famille). Table d'hôte occasionnelle pour les marcheurs.

Prix : 1 pers. **220 F** 2 pers. **250 F** 3 pers. **330 F** repas **90 F**

Ouvert : toute l'année.

BESSY Colette - La Caussenarde - Cap de la Coste - 46160 MARCILHAC-SUR-CELE - Tél : 05 65 40 69 10

MARCILHAC-SUR-CELE Lou-Cayrou *C.M. 79 Pli 9*

4 ch. A l'étage de la maison des propriétaires, dans un site un peu isolé à proximité de la vallée du Celé. « Fer à cheval » (2 lits 1 pers.), s.d.b. et wc, « La Chouette » (1 lit 2 pers.), s. d'eau et wc, « Le Chapeau » (2 lits 1 pers.), s.d.b. et wc, « La Paille » (1 lit 2 pers.), s.d.b. et wc. Chauffage. Restaurant à 3 km (15 mn à pied). Plan d'eau à 3 km, randonnée sur place.

Prix : 1 pers. **195 F** 2 pers. **275 F** repas **65 F**

Ouvert : toute l'année.

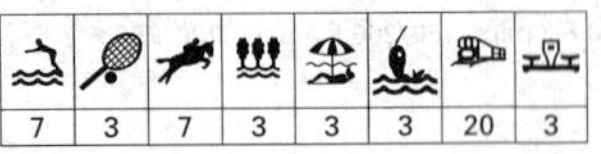

REUSEMANN Peter - Lou Cayrou - 46160 MARCILHAC-SUR-CELE - Tél : 05 65 31 28 41 - Fax : 05 65 31 28 41

MARCILHAC-SUR-CELE Monteils

C.M. 79 Pli 9

4 ch. A l'étage : 1 ch. (1 lit 2 pers.), 1 ch. (2 lits 2 pers.), 2 ch. (2 lits 1 pers.), salle d'eau et wc communs aux 4 chambres. Chauffage électrique. Possibilité d'un lit d'enfant. Tarif 4 pers. : 200 F.

Prix : 1 pers. **120 F** 2 pers. **140 F** 3 pers. **170 F** pers. sup. **30 F**

Ouvert : toute l'année.

7	3	5	SP	SP	SP	SP	22	14

SOURSOU Robert - Monteils - 46160 MARCILHAC-SUR-CELE - Tél : 05 65 31 28 62

MARCILHAC-SUR-CELE Montredon

C.M. 79 Pli 9

2 ch. Au r.d.c. de la maison du propriétaire, (2 lits 2 pers. 1 lit d'appoint 1 pers.), lavabo, douche et wc particuliers pour chaque chambre, poss. d'un lit suppl. (130), dans une chambre attenante. Chauffage central. Jardin, terrasse ombragée. Produits fermiers. Portique, toboggan. Salon de jardin. Prix 4 pers. : 350 F.

Prix : 1 pers. **160 F** 2 pers. **220 F** 3 pers. **270/300 F**

Ouvert : toute l'année.

5	5	4	5	5	5	5	8	5

BLANC Huguette - Montredon - 46160 MARCILHAC-SUR-CELE - Tél : 05 65 40 67 74 ou 05 65 40 69 77

MARTEL Les 3 Chats

C.M. 75 Pli 18

E.C. 2 ch. Chambres aménagées dans une annexe. Chambre 1 (1 lit 2 pers.), salle d'eau, wc. Chauffage électrique. TV. Chambre 2 (2 lits 1 pers.), salle d'eau, wc. TV. Les 2 chambres ont un accès direct à un jardin. Demeure traditionnelle au cœur de Martel, cité médiévale, les « 3 chats » vous accueilleront dans un cadre agréable.

Prix : 1 pers. **230 F** 2 pers. **260 F** pers. sup. **60 F**

Ouvert : toute l'année.

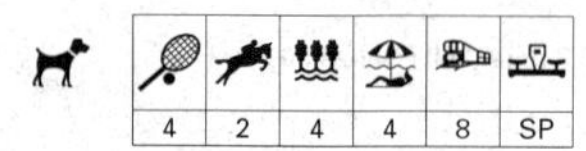

4	2	4	4	8	SP

ROUCHON-MAZERAT Michèle - Rue Montpezat - Les 3 Chats - 46600 MARTEL - Tél : 05 65 37 10 12

MARTEL La Cour au Tilleul

C.M. 75 Pli 18

3 ch. Avec entrée indépendante, donnant sur une cour intérieure, dans une demeure charmante (1 lit à baldaquin 160, 1 lit 2 pers. 3 lits 1 pers. possibilité de lits suppl.), salle d'eau et wc particuliers. Chauffage central. Petit déjeuner servi en terrasse l'été. Prix 4 pers. : 350 à 480 F.

Prix : 1 pers. **250/280 F** 2 pers. **280 F** 3 pers. **300/380 F**

Ouvert : toute l'année.

10	4	4	4	4	4	4	5	SP

BAZIN Myriam - Avenue du Capitani - La Cour au Tilleul - 46600 MARTEL - Tél : 05 65 37 34 08

MARTEL Croix-Mathieu

TH

C.M. 75 Pli 18

4 ch. 4 chambres d'hôtes : 1 aménagée à l'étage de la maison des propriétaires (1 lit 2 pers. 1 lit 1 pers.), avec salle d'eau et wc particuliers. Possibilité (1 lit 2 pers. 1 lit bébé) dans une chambre attenante. 3 chambres en r.d.c. avec entrée indépendante aménagées dans l'annexe de la maison des propriétaires (1 lit 2 pers. 1 lit 1 pers.). Poss. lit d'appoint, 2 s. deau et wc privés, s.d.b. et wc privés. Séjour/coin-salon avec TV et cheminée. Terrasse couverte avec barbecue. Piscine privée commune aux propriétaires. Poss. pique-nique sur place. Site panoramique calme et reposant. Suppl. repas gastronomique : 150 F. Repas enfant 50 F. Langue parlée : anglais.

Prix : 1 pers. **210 F** 2 pers. **250 F** 3 pers. **410 F** pers. sup. **80 F**
repas **100 F**

Ouvert : toute l'année.

13	1	8	5	5	5	5	8	1

MACAINE Liliane - Croix Mathieu - 46600 MARTEL - Tél : 05 65 37 41 78 ou 05 65 27 13 03

MAUROUX La Borde

TH

C.M. 79 Pli 6

5 ch. **Puy l'Evèque 11 km.** Dans une ancienne ferme de caractère avec accès indépendants. 1 chambre (2 lits 1 pers.), 1 chambre (1 lit 160 + mezzanine 2 lits 1 pers.), 1 chambre (2 lits 1 pers.), 1 chambre (1 lit 160 et 1 lit 1 pers.), 1 chambre (1 lit 160), salle d'eau et wc dans chaques chambres. Chauffage. Piscine privée (5 x 12), randonnées 4 x 4 (sauf en juillet et août), plan d'eau à 8 km, randonnée pédestre sur place. Repas gastronomique : 180 F., repas enfant : 60 F. Week-end à thème.

Prix : 1 pers. **300/380 F** 2 pers. **300/380 F** 3 pers. **360/460 F**
pers. sup. **60/80 F** repas **120 F**

Ouvert : toute l'année sauf du 15 janvier au 15 février.

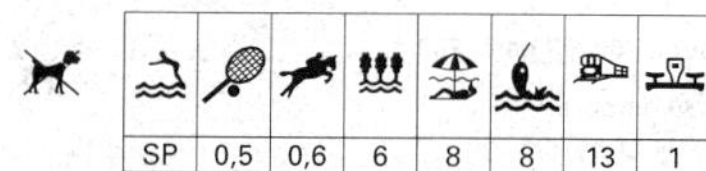

SP	0,5	0,6	6	8	8	13	1

TREBOSSEN Laure - Mas de Laure - 46700 MAUROUX - Tél : 05 65 30 67 39 - Fax : 05 65 30 67 39

MAYRINHAC-LENTOUR Gontal-Bas
TH *C.M. 75 Pli 19*

2 ch. **Gouffre de Padirac 6 km. Rocamadour 20 km.** Au rez-de-chaussée de la maison des propriétaires, dont 1 avec entrée indépendante : 1 ch. (2 lits 2 pers.) avec salle d'eau et wc et 1 ch. (1 lit 2 pers., 1 lit 1 pers.) avec salle d'eau et wc. Chauffage électrique.

CV

Prix : 1 pers. **140 F** 2 pers. **170 F** 3 pers. **210 F** repas **70 F**

Ouvert : toute l'année.

12	2	5	12	12	5

DONNADIEU Marie-Line - Gontal-Bas - 46500 MAYRINHAC-LENTOUR - Tél : 05 65 38 06 14

MAYRINHAC-LENTOUR La Grèze
C.M. 75 Pli 19

3 ch. **Saint-Céré 12 km. Padirac 4 km.** A l'étage de la maison des propriétaires. 1 ch. (1 lit 2 pers.) avec salle d'eau et wc. 1 ch. (2 lits 1 pers.) avec salle d'eau et wc. 1 ch. (1 lit 2 pers., 2 lits 1 pers.) avec salle d'eau et wc. Chauffage. Salon de jardin, terrasse. Piscine commune aux propriétaires. Prix 4 pers. : 400 F. Langue parlée : anglais.

Prix : 1 pers. **230 F** 2 pers. **250 F** 3 pers. **300 F**

Ouvert : toute l'année.

SP	3	10	10	10	10	10	10

CROOK Bryan - La Grèze - 46500 MAYRINHAC-LENTOUR - Tél : 05 65 33 73 48 - Fax : 05 65 33 73 48

MAYRINHAC-LENTOUR La Coste
TH *C.M. 75 Pli 19*

2 ch. **Gouffre de Padirac 6 km. Rocamadour 20 km.** Dans la maison du propriétaire à l'étage (3 lits 1 pers.), salle d'eau et wc. Chauffage. 1 chambre indépendante sur jardin (1 lit 2 pers.), salle d'eau + wc, chauffage, salon de jardin, terrasse avec accès indépendant. Prêt de vélos. Randonnées sur place. Langue parlée : espagnol.

CV

Prix : 1 pers. **190 F** 2 pers. **240 F** 3 pers. **300 F** repas **90 F**

Ouvert : toute l'année.

8	1,5	6	10	10	10	8	6

IGNACIO Robert - La Coste - 46500 MAYRINHAC-LENTOUR - Tél : 05 65 10 88 48 - Fax : 05 65 10 88 48 - E-mail : ignaciorobert@wanadoo.fr

MERCUES Le Mas Azemar
TH *C.M. 79 Pli 8*

6 ch. Dans une belle demeure de charme au cœur du vignoble AOC Cahors. 1 ch. (1 lit 2 pers. 1 lit 1 pers.). 2 ch. (1 lit 2 pers. chacune). 1 ch. (2 lits 120, 1 lit 1 pers.). 1 ch. (2 lits 1 pers.). 1 ch. (3 lits 1 pers.). S.d.b. ou s. d'eau et wc particuliers pour chacune. Salon. Chauffage central. Taxe de séjour : 4.00 F./pers./jour. Repas enfant : 80 F. Tarif 4 pers. : 690 F. Supplément repas gastronomique 195 F. Langue parlée : anglais.

Prix : 1 pers. **390/490 F** 2 pers. **390/490 F** 3 pers. **450/590 F** pers. sup. **100 F** repas **150 F**

Ouvert : toute l'année sur réservation.

SP	0,5	5	5	5	10	0,5

PATROLIN Claude - Le Mas Azemar - 46090 MERCUES - Tél : 05 65 30 96 85 - Fax : 05 65 30 53 82 - http://www.masazemar.com

MIERS Lamothe
C.M. 75 Pli 19

2 ch. **Rocamadour 8 km. Padirac 6 km.** A l'étage de la maison des propriétaires 1 ch. (1 lit 2 pers., 1 lit d'appoint), salle de bain et wc réservés aux hôtes, 1 ch. (1 lit 2 pers., 1 lit d'appoint), salle d'eau, possibilité d'1 lit supplémentaire (2 pers.) dans une chambre attenante. Salle à manger réservée aux hôtes. Chauffage central.

Prix : 1 pers. **120/150 F** 2 pers. **150/180 F** 3 pers. **200/220 F**

Ouvert : toute l'année.

10	2	10	10	10	2	10	11	2

SALACROUP Armande - Lamothe - 46500 MIERS - Tél : 05 65 33 64 14

MIERS Borie
C.M. 75 Pli 19

1 ch. **Rocamadour 8 km. Padirac (gouffre) 4 km. Parc aquatique 3 km.** Dans la maison des propriétaires, avec entrée indépendante (1 lit 2 pers. 1 lit 1 pers. 1 lit d'appoint). Salle de bains et wc particuliers. Chauffage. Terrasse. Salon de jardin. Location de VTT à 11 km. A la ferme, démonstration de garage, vente directe de produits fermiers. Tarif 4 pers. 280 F.

CV

Prix : 1 pers. **170 F** 2 pers. **200 F** 3 pers. **250 F**

Ouvert : du 1er mai au 30 octobre.

11	2	11	8	4	6	8	12	2,5

LAVERGNE Alice - Borie - 46500 MIERS - Tél : 05 65 33 60 48

MIERS Grezes

C.M. 75 Pli 19

4 ch. **Site de Rocamadour 10 km. Padirac 5 km.** A l'étage d'une ancienne grange restaurée à côté de la maison des propriétaires (5 lits 2 pers. 1 lit 1 pers. 2 lits 1 pers. superposés, 1 lit d'appoint, 1 lit bébé). Salle d'eau et wc particuliers pour chaque chambre. Chauffage électrique. Salons de jardin. Barbecue. Portique. Réduction 10% à la semaine. Taxe de séjour comprise. Prix 4 pers. : 320 F. Golf à 18 km.

CV

Prix : 1 pers. **180 F** 2 pers. **220 F** 3 pers. **270 F**

Ouvert : de Pâques à la Toussaint.

3	1,5	10	8	4	8	8	10	2

LAVERGNE Josiane - Grezes - Le Vieux Séchoir - 46500 MIERS - Tél : 05 65 33 68 33 - Fax : 05 65 33 68 33 -
E-mail : levieuxsechoir@wanadoo.fr - http://www.site.voila.fr/levieuxsechoir

MILHAC Château-Vieux

TH

C.M. 75 Pli 18

5 ch. **Gourdon 7 km. Grottes de Cougnac 4 km. Sarlat 15 km. Rocamadour 20 km.** Au rez-de-chaussée accessible aux pers. hand. 1 ch. (2 lits 2 pers.) avec salle d'eau et wc, et 4 chambres à l'étage. 3 ch. (1 lit 2 pers., 1 lit 1 pers.) avec salle d'eau et wc. 1 ch. (1 lit 2 pers.) avec salle d'eau et wc. Chauffage. Prix 4 pers. : 400 F. Supplément repas gastronomique 150 F. TH sur réservation. Repas enfant. Lac à 3 km.

CV

Prix : 1 pers. **180 F** 2 pers. **240 F** 3 pers. **280 F** repas **90 F**

Ouvert : toute l'année.

7	1	2	4	4	4	4	7	7

BOUDET Christian - Château Vieux - 46300 MILHAC - Tél : 05 65 41 02 11 ou 06 86 74 69 83 - Fax : 05 65 41 02 11 -
E-mail : chateau_vieux@hotmail.com - http://www.internet46.fr/chateau_vieux.html

LE MONTAT Les Tuileries

TH

C.M. 79 Pli 18

3 ch. Au sud de Cahors, à proximité du GR65, N 20 et A20. 1 ch. (1 lit 2 pers., 2 lits 1 pers.), 1 ch. (1 lit 2 pers., 1 lit 1 pers.), 1 ch. (1 lit 2 pers.). Salle d'eau et wc pour chaque chambre. Chauffage. Salons de jardin, TV pour chaque chambre. Rando. étape, enclos pour chevaux. Découverte de la truffe l'hiver. Prix 4 pers. : 400 F. Supplément repas gastronomique 100 F. Chambres non fumeur. Langue parlée : anglais.

CV

Prix : 1 pers. **250/270 F** 2 pers. **280/290 F** 3 pers. **340/370 F** repas **85 F**

Ouvert : toute l'année.

8	1	4	10	10	8	5

CARRIER André - Les Tuileries - 46090 LE MONTAT-CAHORS - Tél : 05 65 21 04 72 - Fax : 05 65 21 04 72 -
E-mail : domainelestuileries@yahoo.fr - http://www.multimania.com/domlestuileries

MONTBRUN La Treille

C.M. 79 Pli 9

4 ch. Entrée indépendante, situées à l'étage de la maison des propriétaires, en bordure de la rivière le Lot. 1 ch. accessible aux pers. hand. (1 lit 2 pers.), 1 ch. (1 lit 2 pers.), 1 ch. (2 lits 1 pers.), 1 ch. (1 lit 2 pers. 2 lits 1 pers.), salle d'eau et wc pour chacune. Poss. lits bébé et d'appoint. Chauffage. Séjour privatif, salon de jardin. Prix 4 pers. : 300 F.

CV

Prix : 1 pers. **180 F** 2 pers. **220 F** 3 pers. **260 F**

Ouvert : toute l'année.

8	8	8	SP	8	SP	8	8	8

PRADINES Emmanuel - La Treille - 46160 MONTBRUN - Tél : 05 65 40 77 20

MONTCUQ Caufour-Rouillac

TH

C.M. 79 Pli 17

E.C. 1 ch. **Montcuq 5 km.** Au rez-de-chaussée de la maison des propriétaires, avec entrée indépendante. 1 ch. (1 lit 2 pers.) avec salle de bains et wc. Chauffage. Le propriétaire possède 2 gîtes ruraux. Table d'hôtes sur demande. Repas enfant 50 F. Langues parlées : anglais, allemand, italien.

CV

Prix : 1 pers. **200/250 F** 2 pers. **250/300 F** repas **120/150 F**

Ouvert : toute l'année.

5	5	5	5	25	5

DECHAUX Guy - Caufour-Rouillac - 46800 MONTCUQ - Tél : 05 65 31 91 52 - Fax : 05 65 31 91 52

MONTDOUMERC Lamourio

TH

C.M. 79 Pli 8

3 ch. Au sud de Cahors, lieu calme. Invitation à la douceur de vivre, séjour gastronomique : confits, foie-gras, magret, truffes. 3 chambres avec chacune douche, lavado, wc. Ch. « rose » 4 pers. (2 lits 2 pers.), ch. « verte/bleue » 3 pers. (1 lit 2 pers., 1 lit 1 pers.). Lave-linge. Jardin, piscine, VTT. Prix 4 pers. : 350/385 F. Repas enfant 45 F. 8 jours/7 nuits : 1/2 pension 2 personnes à partir de 3075 F.

CV

Prix : 1 pers. **220/330 F** 2 pers. **250/330 F** 3 pers. **300/330 F**
pers. sup. **60 F** repas **85/130 F**

Ouvert : toute l'année.

SP	3	7	4	4	17	10

ROUILLON Jacqueline - Lamourio - 46230 MONTDOUMERC - Tél : 05 65 24 30 04 - Fax : 05 65 24 72 67 -
http://www.perso.wanadoo.fr/jacqueline.rouillon

MONTVALENT La Blatte

C.M. 75 Pli 18

2 ch. **Rocamadour et Padirac 12 km.** Dans une annexe à la maison des propriétaires, dont 1 à l'étage (1 lit 2 pers., 2 lits 1 pers.) avec salle d'eau et wc. 1 ch. aménagée sous forme de suite (1 lit 2 pers., 2 lits 1 pers.) avec salle d'eau et wc. Chauffage électrique. Taxe de séjour : 2 F/jour/pers. Prix 4 pers. : 340 F. Assiette froide (viande-légume-fromage ou dessert) : 50 F.

CV

Prix : 1 pers. **200 F** 2 pers. **240 F** 3 pers. **290 F**

Ouvert : toute l'année.

6	4	6	4	4	4	4	10	9

LAILLIER Monique - La Blatte - 46600 MONTVALENT - Tél : 05 65 37 38 13

MONTVALENT Merquey-haut

TH *C.M. 75 Pli 19*

4 ch. **Martel 12 km.** Au rez-de-chausée d'une annexe à la maison des propriétaires, avec entrées indépendantes. 2 ch. (2 lits 1 pers.) avec salle d'eau et wc. 1 ch. (1 lit 2 pers., 1 lit 1 pers.) avec salle d'eau et wc. 1 ch. (1 lit 2 pers., 2 lits 1 pers.) avec salle d'eau et wc. Chauffage. Piscine. Prix 4 pers. 400 F. Repas enfant 55 F. Instruments de musique mis à disposition (piano). Accompagnement rando-réfrigérateur. Parapente. Langues parlées : anglais, allemand.

CV

Prix : 1 pers. **230 F** 2 pers. **280 F** 3 pers. **340 F** pers. sup. **50 F**
repas **85/110 F**

Ouvert : toute l'année.

SP	4	12	3	3	3	3	6	12

BERNOL Laurence - Terre du Regard - Merquey-Haut - 46600 MONTVALENT - Tél : 05 65 37 30 05

NADAILLAC-DE-ROUGE Les Cassous

C.M. 75 Pli 18

1 ch. De plain-pied avec entrée indépendante (1 lit 2 pers.). Salle d'eau et wc particuliers. Possibilité 1 lit enfant et 1 lit bébé dans une chambre attenante.

CV

Prix : 1 pers. **160 F** 2 pers. **185 F** 3 pers. **235 F**

Ouvert : toute l'année.

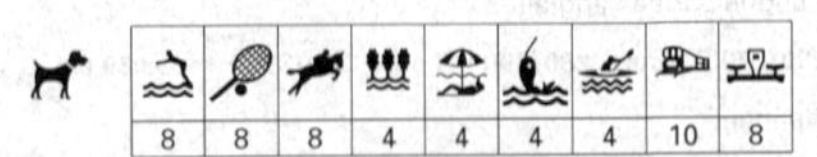

8	8	8	4	4	4	4	10	8

COLONGE Gisèle - Les Cassous aux Cassagnes - 46350 NADAILLAC-DE-ROUGE - Tél : 05 65 37 64 07

PADIRAC Latreille

TH *C.M.75 Pli 19*

4 ch. **Site de Rocamadour 15 km. Site de Padirac 1 km.** A l'étage de la maison des propriétaires. 3 ch. (1 lit 2 pers., 1 lit 1 pers. chacune) et 1 ch. (1 lit 2 pers.). Salle d'eau et wc pour chacune. 3 lits d'appoint. Chauffage. Taxe de séjour incluse. Repas enfant 50 F. Tarif 4 pers. : 330 F.

CV

Prix : 1 pers. **170 F** 2 pers. **210 F** 3 pers. **260 F** repas **85 F**

Ouvert : toute l'année.

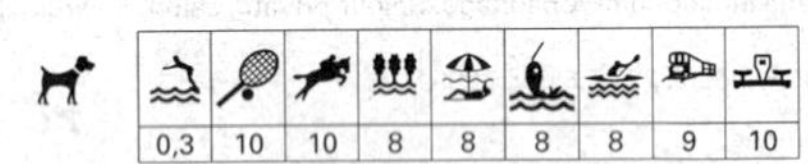

0,3	10	10	8	8	8	8	9	10

LESCALE Philippe et M-Joëlle - Latreille - 46500 PADIRAC - Tél : 05 65 33 67 57 ou 06 80 42 38 98

PAYRAC La Cheneraie

TH *C.M. 79 Pli 8*

5 ch. Au rez-de-chaussée, 2 chambres (2 lits 1 pers.), lavabo, wc. 2 chambres (1 lit 2 pers.), lavabo, wc, douche privée pour chaques chambres, 1 chambre (1 lit 2 pers., 1 lit 1 pers.), salle d'eau et wc. Chauffage. Randonnée sur place. Langues parlées : hollandais, anglais, allemand.

CV

Prix : 1 pers. **220/270 F** 2 pers. **270/300 F** 3 pers. **375 F** pers. sup. **75 F**
repas **125 F**

Ouvert : toute l'année.

0,3	0,3	10	10	10	15	0,3

REP Klass - La Cheneraie - 46350 PAYRAC - Tél : 05 65 41 93 47 - Fax : 05 65 41 93 23 - E-mail : krep@bigfoot.com et La Cheneraie@wanadoo.fr - http://www.rjgp.nl/LaCheneraie

PAYRIGNAC/GOURDON Le Syndic

TH *C.M. 75 Pli 8*

6 ch. Avec entrée indép., dont 4 au 2e étage : 1 ch. (1 lit 2 pers., 3 lits 1 pers.), 3 ch. (1 lit 2 pers. chacune) et 2 au r.d.c. : 1 ch. (1 lit 2 pers.), 1 ch./suite (2 lits 2 pers.). Toutes avec s. d'eau et wc. Chauffage. Salons de jardin, balançoires. Poss. pique-nique. Prix nuit 4 pers. : 440 à 480 F. Repas enf. 50 F. Itinéraire Sarlat/Rocamadour.

CV

Prix : 1 pers. **220 F** 2 pers. **250/280 F** 3 pers. **340 F** pers. sup. **90 F**
repas **85/125 F** 1/2 pens. **410/450 F**

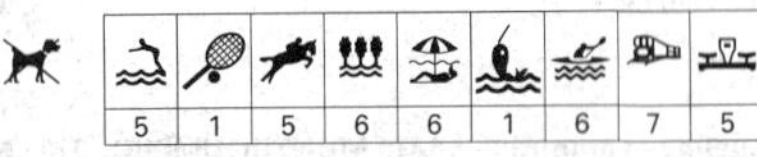

5	1	5	6	6	1	6	7	5

CAPY Marie-France - le Syndic - 46300 PAYRIGNAC - Tél : 05 65 41 15 70 - Fax : 05 65 41 15 70

PELACOY Mas de Jaillac *C.M. 79 Pli 8*

2 ch. Au rez-de-chaussée avec entrée indépendante donnant sur 1 pelouse et vue sur la campagne : 1 ch. (1 lit 2 pers.) et 1 ch. (1 lit 2 pers., 1 lit 1 pers.), salle de bains et wc communs aux 2 chambres. Chauffage central. Possibilité pique-nique sur place. Prix 4 pers. 280F.

CV

Prix : 1 pers. **120 F** 2 pers. **160 F** 3 pers. **200 F**

Ouvert : de Pâques à la Toussaint ou sur réservation.

12	12	18	16	12

IMBERT Jean-Jacques - Mas de Jaillac - 46090 PELACOY - Tél : 05 65 36 86 12

PEYRILLES Trespecoul *C.M. 79 Pli 18*

3 ch. Entrée indépendante. 2 ch. (1 lit 2 pers.), s. d'eau et wc pour chacune. 1 ch. (1 lit 2 pers. et 1 lit 1 pers.), s.d.b. et wc privés. Poss. un lit supp. (1 pers.) dans chacune avec supp. de 30 F. Chauffage électr. Salon de jardin, barbecue, coin-cuisine, ping-pong à la disposition des hôtes. Restaurant 2 km. Prix 4 pers. : 330 F. Langue parlée : anglais.

CV

Prix : 1 pers. **180 F** 2 pers. **200/230 F** 3 pers. **230/300 F**

Ouvert : de Pâques à la Toussaint.

2	2	15	SP	17	2

CHRISTOPHE André et Jacqueline - Trespecoul - 46310 PEYRILLES - Tél : 05 65 31 00 91 ou 06 80 81 86 15 - Fax : 05 65 31 00 91 - E-mail : JetaCHRISTOPHE@wanadoo.fr

PINSAC Le Port de Pinsac *C.M. 75 Pli 18*

1 ch. Entrée indépendante, (3 lits 1 pers.) avec salle de bains et wc particuliers. Chauffage central. Taxe de séjour : 2 F/jour/pers. Langue parlée : anglais.

CV

Prix : 1 pers. **180 F** 2 pers. **240 F** 3 pers. **290 F**

Ouvert : du 1er mars au 15 novembre.

5	5	5	0,1	0,1	0,1	0,1	6	5

DU PELOUX DE SAINT-ROMAIN Laurence - Le Port de Pinsac - 46200 PINSAC - Tél : 05 65 37 02 40 - Fax : 05 65 37 11 21

PINSAC Les Combettes *C.M. 75 Pli 18*

4 ch. Dans une annexe accolée à la maison des propriétaires, avec entrée indépendante. 3 ch. (1 lit 2 pers. dont 1 avec lit bébé), 1 ch. (1 lit 2 pers. 1 lit 1 pers.), salle d'eau et wc pour chaque chambre. Coin-cuisine. Chauffage électrique. Poss. lit d'appoint dans chaque chambre. Tarif 4 pers. : 400 F. Langue parlée : anglais.

CV

Prix : 1 pers. **220 F** 2 pers. **270 F** 3 pers. **340 F**

Ouvert : toute l'année.

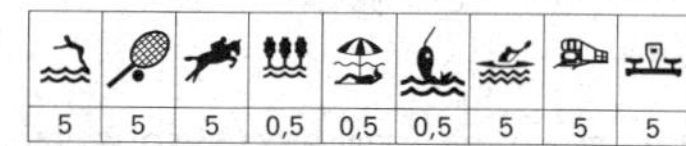

5	5	5	0,5	0,5	0,5	5	5	5

CONSTANT Georges - 46200 PINSAC - Tél : 05 65 37 00 19

PRADINES Valrose - Le Poujal *C.M. 79 Pli 8*

2 ch. **Cahors 5 km.** Au 1er étage d'une élégante propriété entourée de terrasse dominant la vallée du Lot, à proximité immédiate de Cahors. 1 chambre (1 lit 2 pers.), salle d'eau non attenante, 2 chambres communicantes (1 lit 160, 1 lit 2 pers.), salle de bains. Wc communs aux 2 chambres. Cour, terrasse. Bibliothèque. Prix 4 pers. : 470.00F.

Prix : 2 pers. **270 F** 3 pers. **450 F**

Ouvert : toute l'année.

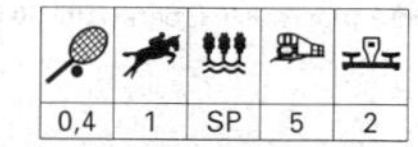

0,4	1	SP	5	2

FAILLE Claude - Valrose - Le Poujal - 46090 PRADINES - Tél : 05 65 22 18 52 ou 06 16 53 51 44

PRADINES Flaynac - Les Poujades *C.M. 79 Pli 8*

2 ch. A l'étage de la maison des propr. au cœur du vignoble de Cahors AOC (2 lits 2 pers., 1 lit 1 pers., 1 lit d'appoint 1 pers.). S.d.b. ou s. d'eau et wc privés. Terrasse, salon de jardin, parc ombragé et fleuri. Petit déjeuner servi en terrasse. Beau point de vue. Chauffage. Pour réserver, téléphonez aux heures des repas. Restaurant à 2 km.

CV

Prix : 1 pers. **200 F** 2 pers. **240 F** 3 pers. **330 F**

Ouvert : toute l'année.

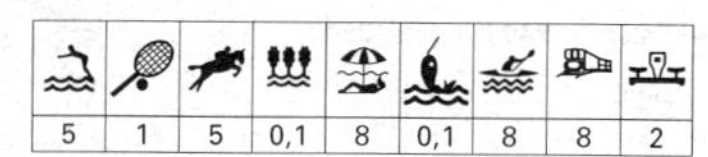

5	1	5	0,1	8	0,1	8	8	2

FAYDI Jean et Fernande - Flaynac - Les Poujades - 46090 PRADINES - Tél : 05 65 35 33 36

PRAYSSAC Niaudon — *C.M. 79 Pli 7*

1 ch. Dans une annexe de la maison des propriétaire, (1 lit 2 pers.), salon (TV), plus 1 chambre indépendante (1 lit 2 pers.), salle de bains et wc. Terrasse, parc, piscine privée commune avec les propriétaires. Langue parlée : anglais.

Prix : 1 pers. **230/260 F** 2 pers. **260/300 F**

Ouvert : de mai à octobre.

SP	2,7	7	3	3	3	6	25	3

LE DU Robert - Niaudon - 46220 PRAYSSAC - Tél : 05 65 22 45 25 - E-mail : N.R.LEDU@wanadoo.fr

PUY-L'EVEQUE Maison Rouma — *C.M. 79 Pli 7*

3 ch. Chambres d'hôtes aménagées aux 1er et 2e étages de la maison des propriétaires située dans Puy-l'Evèque au bord de la rivière. Blue Room (1 lit 2 pers.), salle de bains, wc indépendants. Nikki's Room (1 lit 2 pers.), salle de bains, wc indépendants. Henry's Room (2 lits jumeaux 1 pers.), salle de bains, wc indépendants. Cour, terrasse pour petits déjeuners. Parking. Piscine découverte. Langue parlée : anglais.

Prix : 1 pers. **275 F** 2 pers. **300 F** 3 pers. **350 F**

Ouvert : toute l'année.

0,5	0,5	8	SP	0,5	33	SP

ARNETT Bill - Maison Rouma - 2, rue du Docteur Rouma - 46700 PUY-L'EVEQUE - Tél : 05 65 36 59 39 - Fax : 05 65 36 59 39

PUY-L'EVEQUE Loupiac (TH) — *C.M. 79 Pli 7*

4 ch. A l'étage de la maison des propriétaires avec entrées indépendantes. 1 ch. (1 lit 2 pers.), 1 ch. (1 lit 2 pers., 1 lit 120), 1 ch. (1 lit 2 pers., 2 lits 1 pers.), 1 ch. (1 lit 2 pers., 1 lit 1 pers.). Salle d'eau et wc privés. Salle de détente. Salon de jardin. Terrasse. Base nautique et VTT à 4 km. Prix 4 pers. : 270 F. Pour réserver, téléphonez aux heures des repas. Repas enfant 45 F.

Prix : 1 pers. **170/190 F** 2 pers. **190/210 F** 3 pers. **230/250 F** repas **75/110 F**

Ouvert : toute l'année.

3	3	3	3	3	3	3	20	3

BORREDON Michel - Loupiac - Moulin de Cledelle - 46700 PUY-L'EVEQUE - Tél : 05 65 30 83 39

PUY-L'EVEQUE La Bouyssette — *C.M. 79 Pli 7*

2 ch. Dans la maison des propriétaires (1 lit 2 pers. 1 lit d'appoint 1 pers.), salle d'eau et wc particuliers. 1 chambre dans la maison des propriétaires (1 lit 2 pers.), poss. 1 lit suppl. dans ch. attenante, salle de bains et wc particuliers. Chauffage électrique. Salon de jardin. Club de bridge 2 km. Cueillette de champignons dans les bois du propriétaire. Piscine privée (10 m x 5 m). Prix 4 pers. : 320 à 350 F.

Prix : 1 pers. **180/200 F** 2 pers. **200/260 F** 3 pers. **240/300 F**

Ouvert : juillet et août.

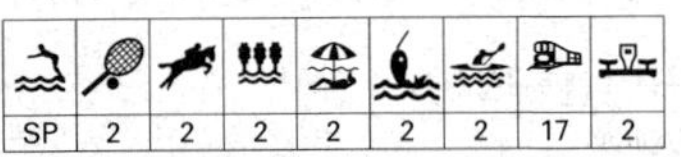

SP	2	2	2	2	2	2	17	2

VASSE Bernard - La Bouyssette - 46700 PUY-L'EVEQUE - Tél : 05 65 21 37 04 ou 05 65 30 80 93

LES QUATRE-ROUTES Saint-Julien (TH) — *C.M. 75 Pli 19*

3 ch. **Sites de Turenne et de Colonge-la-Rouge 10 km.** Dans la maison des propriétaires, avec entrées indépendantes. Rez-de-chaussée « Tilleul » : 1 ch. (1 lit 2 pers.) avec salle d'eau et wc, « Tournesol » 1 ch. (2 lits 2 pers) avec s.d.b., wc et TV couleur. A l'étage : « Lavande » 1 ch. (1 lit 2 pers.) avec s. d'eau et wc. Chauffage. Terrasse. Prix 4 pers. : 370 F. Repas enfant : 40 F. A la saison, Josette propose démonstration et participation au cavage des truffes.

Prix : 1 pers. **190/220 F** 2 pers. **220/250 F** 3 pers. **340 F** pers. sup. **50 F** repas **85 F**

Ouvert : toute l'année.

10	1	10	6	1	1	6	1	1

EYMAT René et CHABOY Josette - Saint-Julien - 46110 LES QUATRE-ROUTES - Tél : 05 65 32 11 82

RIGNAC Causse de Roumegousse — *C.M. 75 Pli 19*

E.C. 1 ch. A l'étage de la maison des propriétaires, chambre (1 lit 2 pers.), (1 lit 2 pers.) dans une pièce attenante, salle d'eau, wc, terrasse. Chauffage électrique. Maison de construction neuve bénéficiant d'une terrasse avec une belle vue sur les collines environnantes. Tarif 4 pers. : 400 F.

Prix : 1 pers. **240 F** 2 pers. **240 F** 3 pers. **350 F**

Ouvert : toute l'année.

3	3	1	15	15	15	3	3

BOUZA-BERGOUGNOUX Marie-Claude - Causse de Roumegouse - 46500 RIGNAC - Tél : 05 65 33 73 01

RIGNAC Pouch

C.M. 75 Pli 19

E.C. 2 ch. Au r.d.c. de la maison des propriétaires. 1 ch. (1 lit 2 pers., 2 lits 1 pers. superposés) avec salle de bains et wc. 1 ch. (1 lit 2 pers., 1 lit 1 pers.) avec salle d'eau et wc. 1 chambre aménagée au 1er étage (2 lits 1 pers.), salle d'eau, wc. Grand salon. Prix 4 pers. : 380 F. Repas enfant 45 F. Langue parlée : anglais.

Prix : 1 pers. **200 F** 2 pers. **240/250 F** 3 pers. **310 F** repas **90 F**

Ouvert : toute l'année.

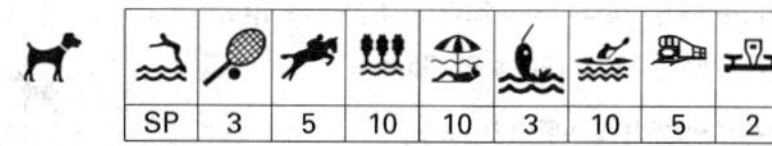

SP	3	5	10	10	3	10	5	2

BELL Lillian - Pouch - 46500 RIGNAC - Tél : 05 65 33 66 84 - Fax : 05 65 33 71 31

RIGNAC Les Bourruts

C.M. 75 Pli 19

2 ch. A l'étage de la maison des propriétaires, avec entrée indépendante. 1 ch. (1 lit 2 pers. 2 lits 1 pers.), salle d'eau et wc. 1 ch. (1 lit 2 pers. 2 lits 1 pers.), salle d'eau et wc. Chauffage électrique. Jardin ombragé. Possibilité lit d'appoint pour enfant. Possibilité de table pour pique-niquer.

Prix : 1 pers. **180 F** 2 pers. **220 F** 3 pers. **260 F** pers. sup. **50 F**

Ouvert : toute l'année.

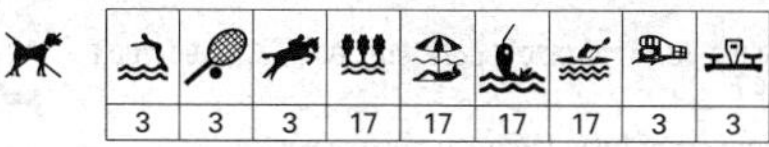

3	3	3	17	17	17	17	3	3

BALAYSSAC Patrick - Les Bourruts - 46500 RIGNAC - Tél : 05 65 33 69 31

RIGNAC Roumegouse

C.M. 75 Pli 19

E.C. 1 ch. **Gramat 3 km.** A l'étage de la maison des propriétaires avec entrée indépendante, (1 lit 2 pers., 2 lits 1 pers.), salle de bains, wc. Chauffage. Piscine privée. Restaurants dans les environs. Prix 4 pers. : 330.00 F. Langues parlées : anglais, espagnol.

Prix : 1 pers. **230 F** 2 pers. **230 F** 3 pers. **280 F**

Ouvert : toute l'année.

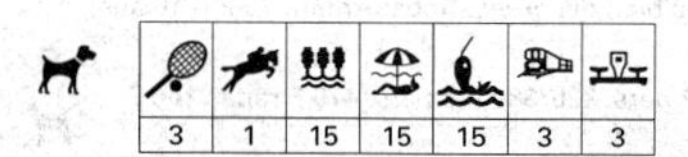

3	1	15	15	15	3	3

WATTIER Felicidad - Roumegouse - 46500 RIGNAC - Tél : 05 65 33 62 56 ou 05 65 10 53 97

ROCAMADOUR Maison-Neuve

C.M. 75 Pli 19

3 ch. **Rocamadour, rocher des Aigles, forêts des Singes 1 km.** Avec entrée indépendante. S. d'eau et wc privés pour chacune : 1 ch. (1 lit 2 pers.), 1 ch. (1 lit 2 pers. 1 lit 1 pers. poss. 1 lit d'appoint 1 pers.), 1 ch. (1 lit 2 pers. 1 lit 1 pers.). Poss. 1 lit 2 pers. suppl. dans 1 ch. au r.d.c. avec s. d'eau et wc. Ch. élect. Possibilité d'1 lit d'appoint 1 pers. Taxe de séjour : 2 F/jour/pers. Prix 4 pers. 310 F.

Prix : 1 pers. **180 F** 2 pers. **210/230 F** 3 pers. **260 F**

Ouvert : toute l'année.

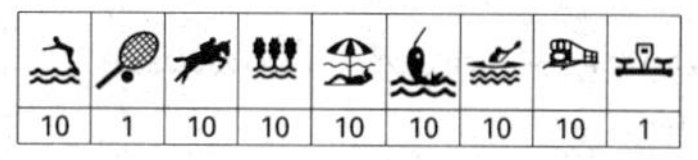

10	1	10	10	10	10	10	10	1

ARCOUTEL Odette - Maison Neuve - 46500 ROCAMADOUR - Tél : 05 65 33 62 69

ROCAMADOUR L'Hospitalet

C.M. 75 Pli 19

5 ch. A l'étage de la maison des propriétaires. 2 ch. (1 lit 2 pers., 1 lit 1 pers.) avec s.d.b. et wc. 1 ch. (1 lit 2 pers.) avec s.d.b. et wc. 2 ch. (1 lit 2 pers.) avec s. d'eau et wc. R.d.c. : 1 ch. (1 lit 2 pers.) avec s. d'eau et wc privée. Poss. lits d'appoint. Taxe de séjour : 2 F/jour. Prix 4 pers. 360/420 F. Chambres situées à proximité du site de Rocamadour, de la forêt des Singes, du Rocher des Aigles. Possibilité de repas hors saison uniquement sur réservation. Restaurant sur place ou à proximité.

Prix : 1 pers. **200 F** 2 pers. **210/260 F** 3 pers. **270/320 F**

Ouvert : toute l'année.

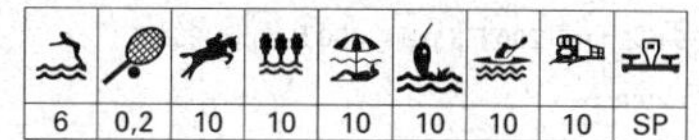

6	0,2	10	10	10	10	10	10	SP

LARNAUDIE Marguerite - L'Hospitalet - 46500 ROCAMADOUR - Tél : 05 65 33 62 60 - Fax : 05 65 33 62 60

SAIGNES La Mazotière

C.M. 75 Pli 19

3 ch. Dans une annexe à la maison des propriétaires, de plain-pied, adaptées aux handicapés. Chambre 1 (1 lit 2 pers.), salle d'eau, wc. Chambre 2 (1 lit 2 pers. 1 lit 1 pers.), salle d'eau, wc. Chambre 3 (1 lit 2 pers. 1 lit 1 pers.), salle de bains, wc. Salle de séjour et coin-salon réservés aux hôtes avec TV et magnétoscope. Terrasse, terrain.

Prix : 1 pers. **200 F** 2 pers. **240 F** 3 pers. **300 F** repas **90 F**

Ouvert : du 1er mai au 30 septembre.

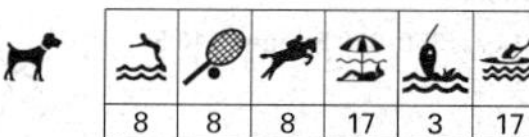

8	8	8	17	3	17	8	8

DUMONT Véronique - La Mazotière - 46500 SAIGNES - Tél : 05 65 33 75 31 ou 06 71 44 35 21 - Fax : 05 65 33 75 31

SAINT-BRESSOU Rabanel

TH *C.M. 75 Pli 20*

2 ch. Dans une belle maison quercynoise, les chambres sont aménagées dans la maison des propriétaires avec entrées indépendantes. Chambre 1 « l'Atelier d'Artiste » (1 lit 2 pers.) (1 lit 120, en mezzanine, salle d'eau, wc, véranda). Chambre 2 « Gauguin » (1 lit 2 pers.), salle d'eau, wc, véranda. Terrain non clos. Chambres dans une belle maison quercynoise, situées dans un cadre de verdure et bénéficiant d'un très beau point de vue.

Prix : 2 pers. **250 F** 3 pers. **310 F** repas **65/95 F**

Ouvert : du 1er novembre au 31 octobre.

8	8	4	18	18	15	8

HAGENDORF Maurice - Rabanel - 46120 SAINT-BRESSOU - Tél : 05 65 40 88 54

SAINT-CHAMARAND Les Cèdres de Lescaille

TH *C.M. 75 Pli 18*

5 ch. A l'étage de la maison des propriétaires. 4 ch. (1 lit 2 pers. 1 lit 1 pers. chacune), 1 ch. (1 lit 2 pers.), salle d'eau et wc pour chaque chambre. Poss. lit d'appoint. Chauffage. Jardin, terrasse, piscine privée commune aux propr. Tarif dégressif suivant la saison. Prix 4 pers. 340 à 390 F. Repas enfant 40 F.

CV

Prix : 1 pers. **180 F** 2 pers. **220/270 F** pers. sup. **60 F** repas **90/160 F**
1/2 pens. **195/220 F**

Ouvert : toute l'année, sur réservation en hors-saison.

SP	1	7	4	1,5	12	4

CHAMPEAU André - Les Cèdres de Lescaille - 46310 SAINT-CHAMARAND - Tél : 05 65 24 50 02 - Fax : 05 65 24 50 78

SAINT-CHAMARAND Le Cayrou

TH *C.M. 79 Pli 8*

2 ch. En rez-de-chaussée, avec entrées indépendantes. 1 ch. (1 lit 2 pers.), s. d'eau et wc. 1 ch. dans une petite annexe dans le jardin (1 lit 2 pers. 1 lit 1 pers.), s.d.b. et wc. Poss. lit d'appoint. Chauffage. Jardin, piscine privée commune aux propriétaires. Chambres de charme très bien décorées. Repas enfant 70 F (- 10 ans).

CV

Prix : 1 pers. **250/310 F** 2 pers. **320/380 F** 3 pers. **470 F** repas **100 F**

Ouvert : d'avril à octobre.

SP	1,5	7	4	11	4

BEAUHAIRE Jean-Philippe - Le Cayrou - 46310 SAINT-CHAMARAND - Tél : 05 65 24 50 23

SAINT-CHELS Ussac

C.M. 79 Pli 9

2 ch. A l'étage de la maison des propriétaires. 1 ch. (1 lit 2 pers.) avec s.d.b., 1 ch. (1 lit 2 pers.) avec s. d'eau. Poss. 1 lit 130 dans 1 chambre attenante. WC réservés aux hôtes. Chauffage central. Salle de séjour avec TV. Terrasse, jardin, salon de jardin, barbecue. Bibliothèque.

CV

Prix : 1 pers. **160/180 F** 2 pers. **200/220 F** 3 pers. **250/260 F**

Ouvert : toute l'année.

6	6	6	5	5	5	23	6

VINGHES Janette - Ussac - 46160 SAINT-CHELS - Tél : 05 65 40 63 43

SAINT-CIRGUES Roudergue

TH *C.M. 75 Pli 20*

3 ch. Au 2ème étage de la maison des propriétaires. La « Rouge » (1 lit 160), salle d'eau et wc, la « Blanche » (1 lit 160, 1 lit 1 pers.), salle d'eau et wc, la « Dorée » (1 lit 160, 1 lit 1 pers.), salle d'eau et wc. Chauffage central. Plan d'eau à 15 km, randonnée sur place. Parc ombragé. St Cirgues se trouve à la limite des 3 départements Cantal, Aveyron, Lot. Véronique et Philippe sont producteur de miel. (proche de Figeac).

CV

Prix : 1 pers. **275 F** 2 pers. **290 F** 3 pers. **400 F** repas **95 F**

Ouvert : toute l'année.

12	12	12	0,5	15	1	12	12

THIBAUDEAU Véronique - Roudergue - 46210 SAINT-CIRGUES - Tél : 05 65 40 37 40 - Fax : 05 65 40 49 83

SAINT-CYPRIEN Marcillac

TH *C.M. 79 Pli 17*

4 ch. A l'étage d'une ancienne grange, au cœur du Quercy Blanc sur le GR65. 1 ch. (1 lit 2 pers.), 2 ch. (2 lits 1 pers.), chacune avec s. d'eau et wc privés. 1 ch. dans une annexe (3 lits 1 pers.) avec s. d'eau et wc. Chauffage central. Salon de détente. Piscine. Stage initiation : truffe et cuisine quercymoise. Festival du Quercy Blanc (musique classique) du 20/07 au 15/08 sur place. Pêche sur place en lac privé. Golf (9 trous) à 5 km. Chemins de randonnées pédestres, équestres et VTT sur place. 1/2 pension à partir de 3 jours de 220 F à 250 F par personne.

CV

Prix : 1 pers. **210 F** 2 pers. **280 F** 3 pers. **350/370 F** repas **110 F**

Ouvert : toute l'année.

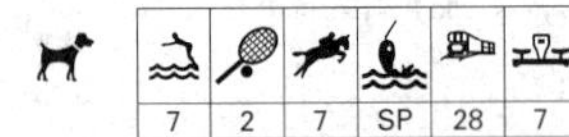

7	2	7	SP	28	7

PINATEL Mireille - Marcillac - 46800 SAINT-CYPRIEN - Tél : 05 65 22 90 42 ou 05 65 22 90 73 - Fax : 05 65 24 91 05

SAINT-DENIS-LES-MARTEL Cabrejou

(TH) *C.M. 75 Pli 19*

3 ch. Dont 2 situées en r.d.c. et 1 à l'étage avec salon particulier. 2 ch. (1 lit 2 pers. 1 lit 1 pers.), 1 ch. (2 lits 1 pers.). S. d'eau ou s.d.b. et wc privés pour chaque chambre. Chauffage central ou électrique. Parc ombragé. Salons de jardin. Table d'hôtes uniquement de Pâques à la Toussaint. Prix 4 pers. 300 F.

Prix : 1 pers. **180 F** 2 pers. **220 F** 3 pers. **260 F** repas **80 F**

Ouvert : toute l'année.

5	5	5	6	6	6	6	5	3,5

ANDRIEUX Roger et Marinette - Cabrejou - 46600 SAINT-DENIS-MARTEL - Tél : 05 65 37 31 89

SAINT-DENIS-LES-MARTEL Cabrejou

(TH) *C.M. 75 Pli 19*

4 ch. A l'étage d'une ancienne grange à côté de la maison des propriétaires. 1 ch. (1 lit 2 pers.) avec salle de bains et wc. 2 ch. (1 lit 2 pers.) avec salle d'eau et wc. 1 ch. (2 lits 1 pers.) avec salle de bains et wc. Poss. 1 lit d'appoint 1 pers. Grand séjour avec cheminée. Chauffage électrique. Coin-cuisine. Table d'hôtes uniquement de Pâques à la Toussaint.

Prix : 1 pers. **180 F** 2 pers. **220 F** 3 pers. **260 F** repas **80 F**

Ouvert : toute l'année.

5	5	5	6	6	6	6	5	3,5

ANDRIEUX Jean-Paul - Cabrejou - 46600 SAINT-DENIS-LES-MARTEL - Tél : 05 65 37 31 89

SAINT-GERMAIN-DU-BEL-AIR Laborie

(TH) *C.M. 79 Pli 8*

1 ch. Au 2è étage de la maison des propriétaires. 1 chambre (1 lit 2 pers. 2 lits 1 pers. dans une chambre attenante), salle d'eau et wc. Chauffage. Plan d'eau à 1.5 km, randonnée sur place. Prix 4 pers. : 400 F. Repas gastronomique 135 F. Projet de 3 chambres supplémentaires pour 2000.

Prix : 1 pers. **200 F** 2 pers. **220 F** 3 pers. **320 F** repas **85 F**

Ouvert : toute l'année.

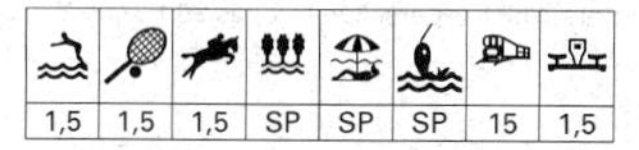

1,5	1,5	1,5	SP	SP	SP	15	1,5

CALONGE Roger - Laborie - 46310 SAINT-GERMAIN-DU-BEL-AIR - Tél : 05 65 31 09 23

SAINT-GERY Domaine du Porche

C.M. 79 Pli 8

4 ch. Dans le village, avec entrées indépendantes, 2 à l'étage et 2 au r.d.c. de la maison des propriétaires. 1 ch. (1 lit 2 pers.) avec s.d.b. et wc. 3 ch. (1 lit 2 pers., 1 lit 1 pers.) avec salle d'eau et wc. Poss. 1 lit bébé. Chauffage central. Cuisine d'été. Piscine privée. Terrasse ombragée, jardin pour pique-nique.

Prix : 1 pers. **170/200 F** 2 pers. **200/240 F** 3 pers. **240/280 F**

Ouvert : toute l'année.

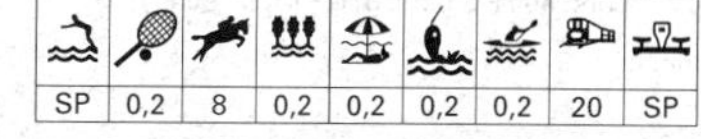

SP	0,2	8	0,2	0,2	0,2	0,2	20	SP

LADOUX Jean-Claude - Domaine du Porche - 46330 SAINT-GERY - Tél : 05 65 31 45 94 - Fax : 05 65 31 45 94

SAINT-LAURENT-LES-TOURS Lacombe

C.M. 75 Pli 19

2 ch. Sur les hauteurs de Saint-Céré (vue panoramique), situées à l'étage de la maison des propriétaires. 1 ch. (1 lit 2 pers., 1 lit 1 pers.) avec s. d'eau et wc. 1 ch. (1 lit 180, 2 lits 1 pers. 1 lit 1 pers.) avec s.d.b. et wc. Terrasse, véranda. Chauffage. Piscine privée (9 x 5,5 m). Festival de musique classique du 14/7 au 15/8.

Prix : 1 pers. **200 F** 2 pers. **220/280 F** 3 pers. **300/340 F**

Ouvert : toute l'année.

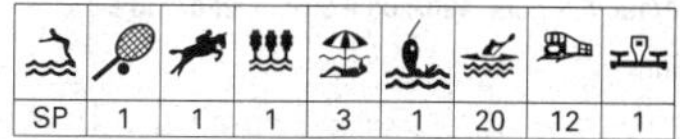

SP	1	1	1	3	1	20	12	1

CALVIGNAC Paquerette - 256, rue des Cartoules Lacombe - 46400 SAINT-LAURENT-LES-TOURS - Tél : 05 65 38 38 03

SAINT-MARTIN-LE-REDON Castel du Bouysset

  *C.M. 79 Pli 6*

5 ch. Dans la grange du Castel, à l'étage : 3 ch. (1 lit 2 pers. chacune), s.d.b. ou s. d'eau + wc. Plain-pied (accessible au pers. handicapées) : 1 ch. (2 lits 1 pers.), salle d'eau, wc, 1 ch. (1 lit 2 pers.) avec mezzanine (1 lit 2 pers. 1 lit 1 pers.), salle d'eau et wc. Chauffage central. Terrasse avec salon de jardin, terrain. Piscine privée commune aux propriétaires. Prix 4 pers. 800 F. Langues parlées : allemand, anglais, hollandais.

Prix : 1 pers. **360 F** 2 pers. **400 F** repas **120 F**

Ouvert : toute l'année.

SP	1	SP	5	10	5

MEYER Jean-Luc - Castel du Bouysset - 46700 SAINT-MARTIN-LE-REDON - Tél : 05 65 30 34 00 - Fax : 05 65 30 34 09

SAINT-MEDARD Le Quoireuil

TH C.M. 79 Pli 7

2 ch. A l'étage d'une ancienne grange entièrement restaurée, jouxtant la maison des propriétaires, à la sortie du village. 1 chambre (1 lit 2 pers., 1 lit 1 pers.), salle d'eau et wc, 1 chambre (1 lit 2 pers., 1 lit 1 pers.) salle d'eau et wc. Piscine privée. Plan d'eau à 4 km, randonnée sur place. Dans un petit village dominant la vallée du Vert, à 17 km de Cahors. Au r.d.c., salon commun aux 2 chambres avec réfrigérateur, terrasse, salon de jardin, treille, tonnelle, parc. Langue parlée : anglais.

Prix : 1 pers. **230 F** 2 pers. **250 F** 3 pers. **330 F** repas **100 F**

Ouvert : toute l'année.

SP	4	5	SP	4	4

DENIS Jean-Paul - Le Quoireuil - 46150 SAINT-MEDARD - Tél : 05 65 21 48 37 - Fax : 05 65 21 48 37 - E-mail : quoireuil@wanadoo.fr

SAINT-PANTALEON Malbouyssou

TH C.M. 79 Pli 17

4 ch. **Grottes de Roland 12 km.** Avec entrée indépendante : 1 ch. (1 lit 2 pers.) avec lavabo et douche. 1 ch. (3 lits 1 pers.) avec lavabo et douche. 2 ch. (2 lits 1 pers.) avec lavabo et douche. 2 wc communs aux 4 chambres. Chauffage électrique. Possibilité 1 lit d'appoint. Repas enfant : 50 F.

Prix : 1 pers. **150 F** 2 pers. **200 F** 3 pers. **270 F** repas **75/100 F**

Ouvert : toute l'année.

10	10	1,5	10	0,1	20	10

TOUZET Claude - Malbouyssou - Saint-Martial - 46800 SAINT-PANTALEON - Tél : 05 65 31 87 59 - Fax : 05 65 31 87 59

SAINT-PANTALEON Preniac

TH C.M. 79 Pli 17

4 ch. Dans la maison des propriétaires (2 au r.d.c. et 2 à l'étage), située sur la GR65. 1 ch. (1 lit 2 pers., 1 lit 1 pers.) avec salle d'eau et wc, 1 ch. (3 lits 1 pers.) avec salle d'eau et wc., 1 ch. (1 lit 2 pers.) avec salle d'eau et wc, 1 ch. (2 lits 1 pers.) avec salle d'eau et wc. Chauffage. Prix 4 pers. 390 F. Langues parlées : anglais, espagnol.

Prix : 1 pers. **200 F** 2 pers. **260 F** 3 pers. **320 F** repas **85 F**
1/2 pens. **165/210 F**

Ouvert : toute l'année.

4	4	4	4	4	20	4

CARDINET Françoise - Preniac - 46800 SAINT-PANTALEON - Tél : 05 65 31 88 51 - Fax : 05 65 31 88 51

SAINT-PIERRE-TOIRAC La Cloterie

TH C.M. 79 Pli 10

1 ch. A l'étage d'une ancienne maison de maître datant du XVIIIe siècle et aménagée sous forme de suite (1 lit 160, 1 lit 110. 1 lit 100.), s.d.b. et wc privés, coin-salon. Chauffage central. Parc clos et ombragé, jardin à la française avec roseraie. Téléphoner de 13 h à 15 h ou après 21 h. Prix 4 pers. 450 F. Epicerie dans le village.

Prix : 1 pers. **350 F** 2 pers. **400 F** 3 pers. **360 F** repas **90 F**

Ouvert : toute l'année.

14	1	1	1	1	1	14	14

GIRY Emma - La Cloterie - 46100 SAINT-PIERRE-TOIRAC - Tél : 05 65 34 15 21

SAINT-SIMON Mas de Lavit

C.M. 75 Pli 9

1 ch. A l'étage de la maison des propriétaires avec entrée indépendante (1 lit 2 pers.), possibilité 2 lits 1 pers. dans une chambre attenante, salle de bains et wc particuliers. Prix 4 pers. 260 à 280 F. Langues parlées : anglais, allemand.

Prix : 1 pers. **160/180 F** 2 pers. **180/200 F** 3 pers. **220/240 F**

Ouvert : toute l'année.

10	5	0,5	15	15	15	15	4	4

BAYARD Jean - Mas de Lavit - 46320 SAINT-SIMON - Tél : 05 65 40 48 75 ou 05 65 40 57 15

SAINT-SOZY Le Pech Grand

TH C.M. 75 Pli 18

5 ch. En prolongement de la maison des propriétaires avec entrée indépendante. 1 ch. (4 lits 1 pers.), s. d'eau et wc, 1 ch. (2 lits 1 pers.), lavabo et bidet, 1 ch. (1 lit 160, lavabo, bidet), 2 ch. (2 lits 1 pers.), douche, lavabo, wc, 1 salle d'eau et wc indép., 1 baignoire, 1 wc indép. Chauffage d'appoint. Randonnée sur place. Prix 4 pers. : 420 F. Repas enfant 47.50 F. Langues parlées : hollandais, anglais, allemand.

Prix : 1 pers. **170/200 F** 2 pers. **220/280 F** 3 pers. **360 F** pers. sup. **80 F**
repas **95 F**

Ouvert : de février à octobre.

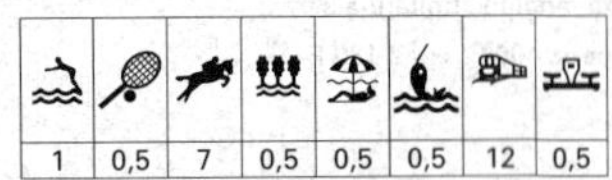

1	0,5	7	0,5	0,5	0,5	12	0,5

HINSSEN Charles - Le Pech Grand - 46200 SAINT-SOZY - Tél : 05 65 32 27 98 - E-mail : PECHGRAND@wanadoo.fr

SAINT-SULPICE-SUR-CELE Mas de Jordy (TH) *C.M. 79 Pli 9*

2 ch. Au rez-de-chaussée avec entrée indépendante. 1 ch. (1 lit 2 pers.) avec salle d'eau et wc. 1 ch. (1 lit 2 pers., 1 lit 1 pers.) avec salle d'eau et wc. Poss. 1 lit 2 pers. et 1 lit 1 pers. suppl. dans chambre attenante. Chauffage électrique. Réfrigérateur. Terrasse ombragée. Parking.

CV

Prix : 1 pers. **160 F** 2 pers. **200/210 F** 3 pers. **240/250 F** repas **75 F**

Ouvert : toute l'année.

3,5	3,5	1	3,5	3,5	3,5	3,5	14	16

RAFFY Raymond - Mas de Jordy - 46160 SAINT-SULPICE-SUR-CELE - Tél : 05 65 40 03 80

SAINTE-ALAUZIE Le Fort *C.M. 79 Pli 17*

1 ch. 2 pièces en enfilade située à l'étage d'une maison de maître dominant la vallée. 1 ch. (1 lit 150, 1 lit 110), salle de bains et wc communs avec la propriétaire. Chauffage central. Salon de jardin. Terrain de 4 ha., golf 8 trous à 6 km.

Prix : 2 pers. **350 F** 3 pers. **450 F**

Ouvert : du 1er juillet au 31 août.

7	7	7	25	7

SOULE Christiane - Le Fort - 46170 SAINTE-ALAUZIE - Tél : 05 65 22 92 21

SALVIAC Le Catalo *C.M. 79 Pli 7*

2 ch. A l'étage de la maison des propriétaires (2 lits 2 pers.). Salle de bains et wc réservés aux hôtes. Chauffage. Piscine privée (12 m x 7 m) commune à 2 gîtes ruraux. Golf 15 km.

CV

Prix : 1 pers. **200 F** 2 pers. **240 F**

Ouvert : toute l'année.

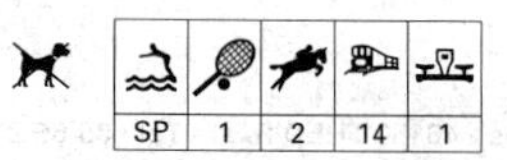

SP	1	2	14	1

MOMMEJAT Gérard - Le Catalo - 46340 SALVIAC - Tél : 05 65 41 56 36 ou 06 10 69 27 42

SARRAZAC Château de Couzenac (TH) *C.M. 75 Pli 18*

4 ch. A l'étage d'un château datant du XVIIIe siècle, entièrement restauré. 1 ch. (2 lits 1 pers.) avec salle de bains et wc. 3 ch. (1 lit 2 pers.) avec salle de bains et wc. Grand salon avec TV. Chauffage central. Parc ombragé et fleuri. Langue parlée : anglais.

Prix : 1 pers. **220 F** 2 pers. **280/300 F** 3 pers. **300/350 F** repas **100 F**

Ouvert : toute l'année.

10	3	10	15	15	15	15	6	6

MAC CONCHIE Louise - Château de Couzenac - 46600 SARRAZAC - Tél : 05 65 37 78 32 ou 05 55 91 00 30 - Fax : 05 55 91 00 30

SAULIAC-SUR-CELE Les Fargues (TH)

3 ch. Entrées indépendantes, aménagées au rez-de-chaussée de la maison des propriétaires. 1 ch. (2 lits 1 pers., 1 convertible) avec salle d'eau et wc. 1 ch. (1 lit 2 pers., 1 lit enfant) avec salle de bains et wc. 1 ch. (1 lit 2 pers.) avec salle d'eau et wc. Terrasses privées. Chauffage.

CV

Prix : 1 pers. **200 F** 2 pers. **230/240 F** 3 pers. **280/290 F** pers. sup. **50 F** repas **80 F**

Ouvert : toute l'année.

14	9	14	0,5	0,5	0,5	0,5	40	9

RONCIN Claude - Les Fargues - 46330 SAULIAC-SUR-CELE - Tél : 05 65 31 29 96 - Fax : 05 65 31 29 96

SAUX La Guilhaumière *C.M. 79 Pli 7*

2 ch. Dans une maison typiquement quercynoise. 1 ch. (1 lit 2 pers.), 1 ch. (2 lits 1 pers.), s. d'eau et wc privés pour chaque chambre. Chauffage. Poss. de partager la cuisine d'été de la piscine. Lave-linge. TV dans 1 des chambres. Parc clos de 1 ha., potager. Piscine privée (12 x 6 m) commune à un gîte rural. Prix 4 pers. 550 F. Langue parlée : anglais.

CV

Prix : 1 pers. **230 F** 2 pers. **300 F** 3 pers. **430 F** pers. sup. **60 F**

Ouvert : toute l'année.

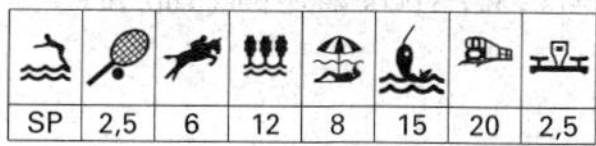

SP	2,5	6	12	8	15	20	2,5

MAHIEU-DULOR Régine - Le Mas - La Guilhaumière - 46800 SAUX - Tél : 05 65 31 91 82

SENAILLAC-LAUZES *C.M. 79 Pli 8*

E.C. 1 ch. A l'étage de la maison des propriétaires, 1 chambre (1 lit 2 pers.), 2 lits 1 pers., dans une pièce attenante, salle d'eau, wc. Chauffage central. Ancienne école construite en 1870 et restaurée en 1995, située dans le village d'Artix, sur les hauteurs. Tarif 4 pers. : 400 F.

Prix : 1 pers. **200 F** 2 pers. **250 F** 3 pers. **320 F**

Ouvert : toute l'année.

9	9	SP	SP	9	32	9

MAURY Emilien - Artix - 46360 SENAILLAC-LAUZES - Tél : 05 65 31 18 11

TAURIAC *C.M. 75 Pli 19*

E.C. 4 ch. Dans la maison des propriétaires, restaurée dans le style du pays et située dans le village, 3 chambres (1 lit 2 pers.), salle d'eau. 1 chambre (2 lits 2 pers.), salle d'eau avec accès extérieur, wc communs aux 4 chambres. Chauffage central. Tarif 4 pers. 300 F.

Prix : 1 pers. **175 F** 2 pers. **200 F** 3 pers. **280 F**

Ouvert : du 1er avril au 1er novembre.

5	2	7	0,2	1	1	6	2

DESTRAUX Paulette et Guy - 46130 TAURIAC - Tél : 05 65 38 53 31

THEDIRAC Manoir de Surgès (TH) *C.M. 79 Pli 7*

3 ch. A l'étage d'un manoir du XVIIème, chambres de grand confort dont 1 en duplex. 1 ch./duplex (1 lit 160 à baldaquin, 2 lits 1 pers.), 1 ch. (1 lit 160 à baldaquin), 1 ch. (1 lit 160, 1 lit 1 pers.), s.d.b. et wc pour chacune. Poss. 2 lits d'appoints. Chauffage central. Séjour avec TV, cheminée. Terrasse avec salon de jardin. Prix 4 pers. 490 F. Supplément repas gastronomique : 180 F. Repas enfant : 50 F. Propriété de 36 ha. permettant randonnée et VTT. Piscine privée commune aux propriétaires.

Prix : 1 pers. **300 F** 2 pers. **330 F** 3 pers. **410 F** pers. sup. **80 F**
repas **130 F** 1/2 pens. **510 F**

Ouvert : toute l'année.

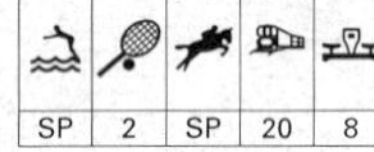

SP	2	SP	20	8

DELILLE Joëlle - Manoir de Surges - 46150 THEDIRAC - Tél : 05 65 21 22 45

THEMINETTES Friaulens Haut (TH) *C.M. 75 Pli 19*

4 ch. Au rez-de-chaussée de la maison de la propriétaire, avec entrée indépendante. 3 ch. (1 lit 2 pers.), salle d'eau et wc, 1 chambre (2 lits 1 pers.), salle d'eau et wc. Possibilité de 3 lits d'appoint supplémentaires. Randonnée sur place. Repas enfant 50 F. Télécopie. Langues parlées : anglais, allemand.

Prix : 1 pers. **250 F** 2 pers. **250 F** pers. sup. **70 F** repas **90 F**

Ouvert : toute l'année.

7	7	3

NGUYEN-THANH Isabelle - La Gaoulière - Friaulens Haut - 46120 THEMINETTES - Tél : 05 65 40 97 52 ou 06 81 04 14 21 - Fax : 05 65 40 97 52

THEMINETTES *C.M. 79 Pli 9*

1 ch. Au rez-de-chaussée de la maison des propriétaires, avec entrée indépendante et située dans le village. 1 chambre (1 lit 2 pers.), salle d'eau et wc privés. Chauffage central. Randonnée. Langues parlées : anglais, espagnol.

Prix : 1 pers. **260 F** 2 pers. **260 F**

Ouvert : toute l'année.

8	6	3	16	16	16	16	5	5

BURNET Nicholas - Le Bourg - 46120 THEMINETTES - Tél : 05 65 40 94 40 - Fax : 05 65 40 94 40

TOUR-DE-FAURE Combe de Redoles  *C.M. 79 Pli 9*

6 ch. Entrée indépendante, dans une ferme quercynoise restaurée, en lisière de forêt, face à Saint-Cirq Lapopie. Salle d'eau et wc privés dans chaque chambre (lits 1 pers. ou 2 pers.). Chauffage central, salle à manger et salon privatif, piano, cuisine d'été, barbecue, salon de jardin, jeux de plein-air. Piscine (10 m x 5 m) + piscine enfant. Prix 4 pers. 330 F. Repas enfant 40 F. Langue parlée : anglais.

Prix : 1 pers. **210 F** 2 pers. **240 F** 3 pers. **290 F** pers. sup. **70 F**
repas **80/100 F**

Ouvert : toute l'année.

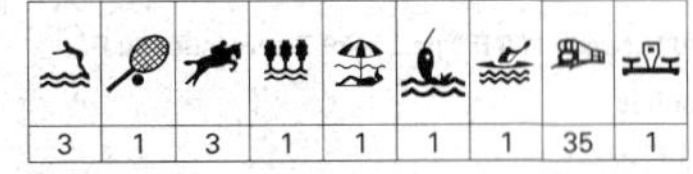

3	1	3	1	1	1	1	35	1

DRUOT Philippe - Combe de Redoles - 46330 TOUR-DE-FAURE - Tél : 05 65 31 21 58

UZECH-LES-OULES Le Château

(TH) *C.M. 79 Pli 8*

4 ch. 1 tour du XIVe siècle et 1 tour en pierre entièrement restaurées, dans l'enceinte du château. 1 ch. en duplex (1 lit 2 pers. 1 lit 120) avec s.d.b., wc, salon privé. 1 ch. (1 lit 2 pers.) avec s.d.b., wc, salon privé et terrasse. 1 ch. en duplex (1 lit 180. 1 lit 1 pers.) avec s. d'eau, wc. 1 ch. (1 lit 1 pers.) avec s. d'eau, wc. Chauffage. Piscine privée (10 x 5 m). Repas gastronomique 200 F. Langues parlées : anglais, espagnol.

Prix : 1 pers. **300 F** 2 pers. **500 F** 3 pers. **600 F** repas **150/200 F**
1/2 pens. **700 F**

Ouvert : toute l'année.

SP	7	20	30	25	10

BRUN Dominique - Le Château - 46310 UZECH-LES-OULES - Tél : 05 65 22 75 80 - Fax : 05 65 22 75 80

UZECH-LES-OULES Les Bories

(TH) *C.M. 79 Pli 8*

4 ch. Dans le prolongement de la maison des propriétaires. 4 ch. (1 lit 2 pers. chacune) avec salle d'eau et wc. Poss. lit d'appoint (canapé). Chauffage. Prix 4 pers. 220F.

Prix : 1 pers. **150 F** 2 pers. **170 F** 3 pers. **200 F** pers. sup. **30 F**
repas **70 F**

Ouvert : toute l'année.

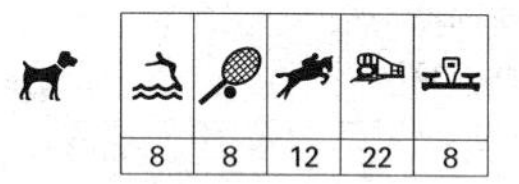

8	8	12	22	8

PRADIE Jean-Michel - Les Bories - 46310 UZECH-LES-OULES - Tél : 05 65 22 74 68

VERS Le Bois-Noir

(TH) *C.M. 79 Pli 8*

6 ch. Dans une grande maison située au cœur d'une chêneraie. 6 chambres (6 lits 2 pers. 3 lits 1 pers.), s.d.b. ou s. d'eau et wc privés dans chacune. Chauffage électrique. Salon de jardin, terrasse. Piscine privée (14 x 6 m). Jeux de société, bibliothèque, ping-pong. Taxe de séjour : 2 F/pers. Prix 4 pers. 310F. Repas enfant 60 F. Langue parlée : anglais.

Prix : 1 pers. **190/230 F** 2 pers. **180/220 F** 3 pers. **240/290 F** repas **80 F**

Ouvert : toute l'année.

SP	2	2	2	2	20	15	2

DUFLOS Jacques - Le Bois Noir - 46090 VERS - Tél : 05 65 31 44 50 - Fax : 05 65 31 47 10

VIDAILLAC Moulin de Vidaillac

(TH) *C.M. 79 Pli 19*

E.C. 2 ch. Dans une très belle maison de caractère restaurée. 1 ch. au rez-de-chaussée (1 lit 2 pers., 1 lit 1 pers.) avec salle d'eau et wc. 1 ch. à l'étage (2 lits 2 pers., 1 lit 1 pers.) avec salle d'eau et wc. Poss. lit bébé. Supplément repas gastronomique 110 F. Réfrigérateur. Langues parlées : anglais, allemand, espagnol.

Prix : 1 pers. **200 F** 2 pers. **230 F** pers. sup. **80 F** repas **100 F**

Ouvert : en juillet et août.

7	2	12	15	20	15	12	26	7

VAISSIERE Cécile - Moulin de Vidaillac - 46260 VIDAILLAC - Tél : 05 65 31 56 31 ou 01 46 21 16 75 - Fax : 05 65 31 56 91

LE VIGAN-SUR-GOURDON Manoir de la Barrière

(TH) *C.M. 75 Pli 8*

4 ch. De 30 à 50 m², avec entrées indépendantes, aménagées dans un manoir du XIIIe siècle entièrement restauré. « La Quercy » (1 lit 2 pers.), salle de bain, wc. « l'Occitane », 1 chambre (1 lit 160), salle de bain, wc. « La Régence » (1 lit 2 pers.), salle de bain, wc. « Le Pigeonnier » (1 lit 2 pers. 2 lits 1 pers.), salle de bain, wc. Coin-salon dans chaque chambre. Parc de 1 ha. ombragé avec ruisseau. Prix 4 pers. : 500/600 F. Piscine privée. Langue parlée : anglais.

Prix : 1 pers. **250/300 F** 2 pers. **400/450 F** 3 pers. **450/500 F**
pers. sup. **100 F** repas **170 F**

Ouvert : du 1er avril au 20 octobre.

SP	0,2	3	SP	SP	6	SP

AUFFRET Michel et Christiane - Manoir de la Barrière - 46300 LE VIGAN-SUR-GOURDON - Tél : 05 65 41 40 73 - Fax : 05 65 41 40 20
E-mail : manoirauffret@aol.com - http://www.france-bonjour.com/manoir-la-barrière/

GITES DE FRANCE
22, place du Foirail - 65000 TARBES
Tél. 05 62 34 31 50 ou 05 62 34 64 37 - Fax. 05 62 34 37 95
http://www.gites-france-65.com

ADAST

C.M. 85 Pli 17

3 ch. 3 chambres d'hôtes et 1 suppl. sur demande : 1 ch. au rez-de-chaussée et 2 à l'étage. Dans chacune : 1 lavabo et 1 lit 2 pers., wc indép. à l'étage et 1 salle de bains communs à tous les locataires. Séjour commun avec les propriétaires. Terrain. Camping de 6 emplacements à proximité.

Prix : 2 pers. **180 F** pers. sup. **50 F**

Ouvert : toute l'année.

SP	1	1	1	25	50	1	1

CAMPET Henri - Adast - 8 rue des Coquelicots - 65260 PIERREFITTE-NESTALAS - Tél : 05 62 92 73 88

ADE

C.M. 85 Pli 8

5 ch. 5 chambres d'hôtes 2 pers. avec cabinet de toilette individuel et salle de bains commune. Appartement du propriétaire situé au rez-de-chaussée, accès extérieur pour les chambres d'hôtes. Salle de séjour. Cour pour les voitures. Forêt, restaurant 5 km. Squash 4 km. Voile et lac 5 km. Lourdes au sud, centre mondial du pélerinage qui contraste au milieu des communes rurales posées dans des paysages très vallonnés.

Prix : 1 pers. **120 F** 2 pers. **180 F** 3 pers. **210 F**

Ouvert : de Pâques à octobre.

10	SP	SP	4	5

POUEY Jean et Angèle - 7 rue du Lavedan - 65100 ADE - Tél : 05 62 94 67 36

ADE

C.M. 85 Pli 8

3 ch. 1 ch. d'hôtes au r.d.c. de la maison des prop. (1 lit 2 pers., 2 lits 1 pers.), avec s.d.b. et wc à proximité. A l'étage d'un bâtiment situé en face de la maison d'habitation : 2 ch. avec s. d'eau et wc communs. Salon, parking dans la cour, pelouse et salon de jardin. Point-phone à pièce. 320 F/4 pers.

Prix : 1 pers. **170 F** 2 pers. **200 F** 3 pers. **260 F** pers. sup. **60 F**

Ouvert : toute l'année.

SP	SP	4	4	4	4	5	4	SP

MATHEU Michel - rue Delasalle - 65100 ADE - Tél : 05 62 94 44 02

ANCIZAN

Alt. : 760 m A C.M. 85 Pli 8

1 ch. Dans un petit village, 1 chambre rustique lambrissée (1 lit 2 pers.) chez l'habitant : accueil familial, repos et tranquillité assurés. Douche, lavabo et wc dans la chambre et TV. Bus SNCF sur place. Lac 10 km.

Prix : 1 pers. **200 F** 2 pers. **230 F**

Ouvert : toute l'année.

SP	SP	SP	7	SP	30	1	30	SP

MOULIE Lucien - 12 cap de Bourg - 65440 ANCIZAN - Tél : 05 62 39 96 89

ANERES Les Sorbiers

TH C.M. 85 Pli 9

3 ch. 3 chambres : 2 ch. avec salle d'eau et wc indépendants. Salle à manger, salon, TV, bibliothèque. Chauffage central. Parking privé à l'extérieur. Nombreux loisirs et grottes à proximité. L'hiver, station de ski Nistos-Cap-Nestes. Cour commune aux propriétaires. Cuisine régionale. Ce jeune couple vous recevra dans une ancienne maison jouxtant un gîte.

Prix : 2 pers. **240 F** 3 pers. **300 F** pers. sup. **60 F** repas **85 F**

Ouvert : toute l'année.

SP	SP	SP	9	2	6	6	12	2

ROGE Valérie - Les Sorbiers - 65150 ANERES - Tél : 05 62 39 75 41

LES ANGLES

Alt. : 650 m TH C.M. 85 Pli 7

2 ch. **Lourdes 8 km.** 2 ch. d'hôtes dans une ferme isolée Bigourdane dans un cadre de verdure charmant. 1 ch. (1 lit 2 pers.), rez-de-chaussée : salle d'eau, wc communicants. Etage : 1 ch. (2 lits 120, 1 lit 2 pers.), salle de bains et wc privés sur palier. Poss. lits bébé et enfant. Séjour avec bibliothèque et cheminée, salon de jardin, barbecue, chemin privée non goudronné. Repas à 80 % composés de produits fermiers. Animaux de la ferme sur place. Possibilité d'accompagner les propriétaires pour la transhumance des brebis.

Prix : 1 pers. **180 F** 2 pers. **220 F** 3 pers. **370 F** repas **100 F**
1/2 pens. **210 F**

Ouvert : toute l'année.

SP	SP	SP	8	8	8	5	8	8

STALIN Evelyne - Aliouret - 65100 LES ANGLES - Tél : 05 62 42 93 69 - Fax : 05 62 42 93 69 - E-mail : Ferme.Aliouret@wanadoo.fr - http://www.perso.wanadoo.fr/Ferme.Aliouret

ANSOST

(TH) *C.M. 85 Pli 8*

5 ch. **Fronton 5 km.** Dans un corps de ferme rénové dans un petit village, 5 chambres à l'étage, 4 ch. (1 lit 2 pers.), 1 ch. (1 lit 2 pers. cabine avec lits superposés), wc, douche et lavabo dans chacune. Possibilité lit supplémentaire. Chauffage électrique. TV, lit bébé. Cour avec ombrage et pelouse. Voile et lac 18 km.

Prix : 1 pers. **160 F** 2 pers. **200 F** repas **70 F**

Ouvert : toute l'année.

3	10	7	3	5	25	7

LOUIT Charles - 65140 ANSOST - Tél : 05 62 96 62 63 - Fax : 05 62 96 62 63

ARBEOST

Alt. : 760 m **A** *C.M. 85 Pli 7*

3 ch. **Lourdes 40 km. Espagne 50 km. Aubisque 17 km.** Maison située dans un village de montagne. 3 ch. d'hôtes à l'étage : 3 ch. (3 lits 2 pers., 2 lits 1 pers.). Salle à manger commune, cheminée, bibliothèque, jeux de société. Terrasse commune, salon de jardin. Pêche à la truite en torrent. Randonnée pédestre balisée sur place. Pique-nique : 45 F/pers. Maison de montagne rénovée face au col d'Aubisque. Possibilité d'accompagnement ou de conseils pour promenades en montagne. Circuits de découverte du patrimoine local. Langues parlées : espagnol, anglais.

Prix : 1 pers. **180/200 F** 2 pers. **237/260 F** 3 pers. **337/372 F** repas **75 F**
1/2 pens. **200 F**

Ouvert : du 15 décembre au 15 novembre.

SP	SP	SP	17	17	18	25	17

SAINT-MARTIN Raymond - 65560 ARBEOST - Tél : 05 59 71 42 50 - Fax : 05 59 71 43 37

ARCIZAC-EZ-ANGLES

C.M. 85 Pli 18

3 ch. **Lourdes 4 km.** 3 chambres d'hôtes au rez-de-chaussée (3 lits 2 pers. 1 lit 1 pers. poss. 1 lit d'appoint) dans la maison du propriétaire, sanitaires privatifs. Cour fermée avec pelouse et parking. Dans un petit village de 150 habitants. Voile et lac 5 km.

Prix : 1 pers. **180 F** 2 pers. **230 F** 3 pers. **280 F** pers. sup. **50 F**

Ouvert : toute l'année.

SP	SP	SP	5	5	5	10	5	4

TARBES Amélie - Arcizac ez Angles - 65100 LOURDES - Tél : 05 62 42 92 63

ARCIZANS-AVANT

Alt. : 600 m *C.M. 85 Pli 17*

3 ch. **Parc National des Pyrénées 10 km.** Frédéric, accompagnateur en montagne et Maïté, vous accueillent dans 1 maison ancienne (1855) typiquement Bigourdane dans 1 petit village très calme. 3 ch. de 1, 3 et 5 pers. avec douche, lavabo et wc privés. A dispo. : coin-cuisine avec TV. Terrasse avec une vue splendide sur les montagnes. 2 restaurants dans le village. Station thermale 2 km. Station de ski (alpin et fond) 10 km. - 20% en hors-vacances scolaires. Langues parlées : anglais, espagnol.

Prix : 1 pers. **180 F** 2 pers. **250 F** 3 pers. **330 F** pers. sup. **80 F**

Ouvert : toute l'année.

0,5	0,5	3	2	2	2	2	10	2

VERMEIL Maïté - 3 rue du Château - 65400 ARCIZANS-AVANT - Tél : 05 62 97 55 96 - Fax : 05 62 97 55 96

ARCIZANS-AVANT Château du Prince Noir

Alt. : 700 m **A** (TH) *C.M. 85 Pli 17*

3 ch. 3 ch. d'hôtes dans une ancienne bâtisse du lavedan . Et. : 1 ch. (1 lit 2 pers. poss. 1 lit 1 pers. suppl.), sanitaires adjacents (baignoire). 1 ch. communicante (1 lit 2 pers. 1 lit enft.), 1 ch. (2 lits 1 pers.), sanitaires privés (douche). Grand séjour avec cheminée. Salon de jardin, terrasse. Sur un site classé (monuments historiques), en haut d'un village pyrénéen avec panorama/belvédère. La propriétaire est passionnée de chevaux.

Prix : 1 pers. **180 F** 2 pers. **250 F** 3 pers. **340 F** pers. sup. **90 F**
repas **80 F**

Ouvert : toute l'année.

SP	SP	SP	4	4	18	6	16	4

DOYEN Véronique - Le Château du Prince Noir - 65400 ARCIZANS-AVANT - Tél : 05 62 97 02 79 - http://www.prince-noir@free.fr

ARIES-ESPENAN Moulin d'Aries

(TH) *C.M. 85 Pli 10*

5 ch. **Pyrénées et Espagne 1 h. Atlantique 2 h (nombreuses excursions).** 2 ch. au r.d.c., 3 ch. à l'ét. 1 ch. (1 lit 2 pers.), 4 ch. (2 lits 1 pers.), dans 2 ch. poss. 2 adultes et 2 enf. ou 3 adultes (1 grand lit suppl.). Douche et wc chacune. Grand pré derrière la maison. Salon, bibliothèque, cheminée, salle à manger, TV satellite. 2e séjour dans une partie du moulin avec biblio., TV satellite, vidéo, jeux société et enfants. Vélos à disposition. Proche de la D929 mais complètement au calme dans 1 moulin du XIVe au bord du Gers, entièrement rénové dans 1 vallée riante du Piémont Pyrénéen. Sites, villes, marchés de ce pays gourmand, promenades à pied, à bicyclette. Langues parlées : allemand, anglais.

Prix : 1 pers. **270 F** 2 pers. **330 F** 3 pers. **390 F** pers. sup. **60 F**
repas **100 F**

Ouvert : du 15 mai au 15 janvier ou sur réservation.

SP	SP	SP	1	1	22	SP	22	2

WEIMER-VD-WEYDEN Dorit - Moulin d'Aries - Aries Espenan - 65230 CASTELNAU-MAGNOAC - Tél : 05 62 39 81 85 - Fax : 05 62 39 81 85

ARRENS-MARSOUS Maison Sempé Alt. : 877 m (TH) *C.M. 85*

4 ch. **Lourdes 25 km. Cauterets 40 km. Gavarnie 45 km.** 4 ch. d'hôtes (poss. 1 ch. familiale composée de 2 ch. communicantes), situées chez le propriétaire dans une maison de caractère du XVIIIe siècle, au cœur d'un village pyrénéen. Sanitaires privatifs. Séjour et salle à manger communs aux propriétaires. Cheminée (poêle à bois), bibliothèque, TV. Terrasse, jardin, salon de jardin. Table d'hôtes : spécialités régionales et cuisine familiale. Sylvie et Michel seront heureux de vous accueillir dans l'une des plus belles maisons de caractère du village, dans une vallée offrant diverses animations : ski de fond, chiens de traîneaux, raquette, VTT, parapente, etc... Langue parlée : anglais.

Prix : 1 pers. **220 F** 2 pers. **290 F** 3 pers. **350 F** pers. sup. **50 F**
repas **90 F** 1/2 pens. **235 F**

Ouvert : toute l'année.

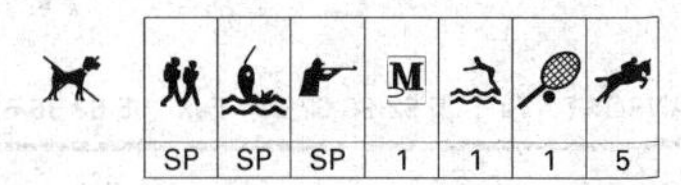

SP	SP	SP	1	1	1	5

GUILLET Sylvie - Maison Sempé - 3 rue Marque de Dessus - 65400 ARRENS-MARSOUS - Tél : 05 62 97 41 75 - Fax : 05 62 97 41 75

ARRENS-MARSOUS Les Lenses Alt. : 956 m (TH) *C.M. 85 Pli 18*

2 ch. Dans une maison isolée comprenant l'hébergement des propriétaires et 2 gîtes. A l'étage : 2 ch. (1 lit 2 pers.), 1 suite (2 lits 1 pers. ou 1 lit 2 pers.) avec sanitaires privés (douche, wc). Salle à manger commune aux prop. Coin-salon dans chaque chambre. Balcon pour 1 des chambres. Terrasse commune, terrain, barbecue, parking. VTT 3 km. Pas de repas le dimanche. 380 F/4 pers. Le propriétaire est guide accompagnateur de pêche. Station de ski de fond 7 km. A proximité immédiate d'un petit village de montagne avec tous services, les chambres sont situées dans un vallon spacieux.

Prix : 1 pers. **180 F** 2 pers. **230 F** 3 pers. **280 F** pers. sup. **50 F**
repas **90 F**

Ouvert : toute l'année.

SP	SP	1	3	1	1	25	25	1

THOREZ Serge - Les Lenses - 65400 ARRENS-MARSOUS - Tél : 05 62 97 45 23 - Fax : 05 62 97 45 23

ARRENS-MARSOUS Alt. : 920 m *C.M. 85 Pli 17*

1 ch. Maison indépendante sur un terrain dominant le village. 1 ch. au r.d.c. (1 lit 2 pers.), avec salle de bains et wc indépendants. Séjour avec cheminée, salon. Terrasse (balancelle), salon de jardin, pelouse. Piscine avec toboggan et golf miniature à proximité. Belle vue et calme assuré. En surplomb du village, entourée de pelouse, villa confortable à la décoration moderne, où votre hôtesse vous accueillera chaleureusement.

Prix : 1 pers. **200 F** 2 pers. **250 F**

Ouvert : toute l'année.

SP	SP	2	2	24	0,6

DUMERC Lucette - 10 rue Espoune Loungue - 65400 ARRENS-MARSOUS - Tél : 05 62 97 21 59

ARRENS-MARSOUS Alt. : 860 m *C.M. 85 Pli 17*

2 ch. 2 ch. d'hôtes dans la maison du propriétaire, entourée de prairies, dans un site de montagne. R.d.c. : 1 ch. (1 lit 2 pers.), 1 suite (1 lit 2 pers.), sanitaires privatifs (baignoire, lavabo, bidet, wc). 1er étage : 1 ch. (1 lit 2 pers. 1 lit 1 pers.), sanitaires privés (douche, lavabo, wc). Séjour avec TV et cheminée. Chauffage électrique. Site de loisirs 100 m. 350 F/4 pers. Langue parlée : anglais.

Prix : 1 pers. **200 F** 2 pers. **250 F** 3 pers. **300 F**

Ouvert : toute l'année.

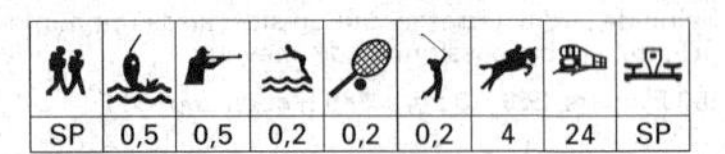

SP	0,5	0,5	0,2	0,2	0,2	4	24	SP

BATAN-LAPEYRE Lucie - 51 route d'Azun - 65400 ARRENS-MARSOUS - Tél : 05 62 97 12 93 - Fax : 05 62 97 43 88

ARTIGUES Alt. : 650 m *C.M. 85*

3 ch. **Lourdes 5 km. Bagnères-de-Bigorre 18 km.** Dans une ancienne ferme typique bigourdane, 3 ch. dans la ferme au r.d.c., entrée indépendante. 1 suite : 1 ch. (1 lit 2 pers. 1 convertible 1 pers.), 1 ch. (2 lits 1 pers.). Dans l'ancienne bergerie devenue la maison des hôtes : 1 ch. à l'étage avec entrée indép. (1 lit 2 pers. 1 convertible 2 pers.), cheminée. Chacune de ces ch. dispose de sa s. d'eau. Kitchenette, terrasse avec salon de jardin et barbecue. Au r.d.c. : 1 ch. (1 lit 2 pers.), s. d'eau. Salon commun avec les propriétaires. Découvrez un petit village de 30 habitants, avec la ferme typiquement bigourdane au bout du village où les chambres s'ouvrent sur les prairies.

Prix : 1 pers. **200 F** 2 pers. **250 F** 3 pers. **300 F** pers. sup. **50 F**

Ouvert : toute l'année.

SP	5	5	5	5	5	5	5	5	5

CAPDEVIELLE Colette - 65100 ARTIGUES - Tél : 05 62 42 92 42 - E-mail : Colette.Capdevielle@wanadoo.fr - http://www.pyrenees-online.fr/Capdevielle

ASPIN-EN-LAVEDAN

A TH *C.M. 85 Pli 17*

6 ch. CV

Cauterets 30 km. Argeles 12 km. Gavarnie 49 km. Dans un petit village à 3 km de Lourdes, sur le siège d'une exploitation agricole. 2 ch. 2 épis (3 lits 2 pers.), douche, lavabo privatifs, wc communs. 4 ch. 3 épis dont 1 ch. familiale (7 lits 2 pers.), sanitaires privés. TV dans chaque chambre. Poss. de lits supplémentaires. Pelouse, coin-détente, parking clôturé. Repas enfant moins de 7 ans 45 F. 310/350 F/4 pers. Table d'hôtes : les repas sont préparés avec les produits de la ferme. Vente de produits fermiers. Visite de l'exploitation. Langues parlées : anglais, espagnol.

Prix : 1 pers. **170 F** 2 pers. **200/240 F** 3 pers. **260/280 F** pers. sup. **50 F**
repas **75 F**

Ouvert : toute l'année.

SP	3	3	3	3	12	3	3

FAMILLE BOYRIE-LAMARQUE - Ferme Mongeat - 1 chemin du Turoun Debat - 65100 ASPIN-EN-LAVEDAN - Tél : 05 62 94 38 87 ou 06 81 35 53 01

AUCUN

Alt. : 950 m *C.M. 85*

E.C. 2 ch. CV

Lourdes 20 km. Parc National 7 km. 2 ch. d'hôtes avec entrée indépendante, dans une grange typique (pierre et bois), à proximité d'un camping. 1 lit 2 pers. pour chacune avec mezzanine (enfant - 13 ans), douche privée, wc communs. Salle à manger commune, cheminée, pièce de jour privée avec coin-salon, TV, bibliothèque, jeux. Salon de jardin, parking, grand terrain. Lieu où se mêlent avec simplicité, moderne et ancien. Réveil au petit matin grâce à un panorama d'exception, au cœur des Pyrénées.

Prix : 1 pers. **190 F** 2 pers. **230 F** 3 pers. **280 F**

Ouvert : toute l'année.

SP	SP	SP	2	2	20	6

LANNE Yves - chemin des Poueyes - 65400 AUCUN - Tél : 05 62 97 45 05 - Fax : 05 62 97 45 05 - E-mail : yves.lanne1@libertysurf.fr

AYROS

C.M. 85 Pli 17

3 ch. CV

Lourdes 10 km. Cauterets 17 km. Gavarnie 35 km. Tourmalet 39 km. Au 2e étage de la maison du propriétaire : 3 ch. (1 lit 2 pers., 1 lit 1 pers. chacune), sanitaires complets privés pour chaque chambre. Salle de séjour privative. Coin-salon, TV au rez-de-chaussée. Jardin, salon de jardin, parkings. Dans une ancienne pension de famille réaménagée en chambres d'hôtes, au pied du Hautacam, venez savourer un séjour tranquille dans un petit village typiquement haut-pyrénéen. Belle vue sur la montagne. Restaurant 300 m. Langues parlées : anglais, espagnol.

Prix : 1 pers. **185 F** 2 pers. **250 F** 3 pers. **300 F**

Ouvert : toute l'année.

			M				
SP	2	SP	11	3	2	11	5

PAMBRUN Raymonde et J-Marie - 3 Camin Dera Hont - 65400 AYROS - Tél : 05 62 97 04 00 - Fax : 05 62 97 04 00

AYZAC-OST Maison Bellocq

C.M. 85 Pli 17

2 ch. CV

Dans une ancienne maison Bigourdane cossue, meublée à l'ancienne, dans le village, 2 ch. au 2e étage : 1 ch. (1 lit 2 pers.), poss. 2 lits 1 pers. dans ch. attenante, douche, lavabo, wc. 1 ch. (2 lits 1 pers.), douche, lavabo, wc. TV dans chaque ch. Chauffage. Salon de jardin, jardin, cour. Bibliothèque. Auberge sur place. Dans une ancienne ferme au caractère authentique et au décor raffiné, dans de vastes chambres au grand confort, savourer la quiétude d'un séjour ou d'une nuit au pays des 7 vallées du Lavedan. Langue parlée : espagnol.

Prix : 1 pers. **200 F** 2 pers. **280 F** 3 pers. **360 F** pers. sup. **80 F**

Ouvert : de mai à octobre.

SP	SP	SP	3	3	8	3	8	3

CABAR Claudine - Maison Bellocq - 4 chemin de Sailhet - 65400 AYZAC-OST - Tél : 05 62 90 33 15 ou 06 87 63 15 71 - Fax : 05 62 90 33 15

BAGNERES-DE-BIGORRE

Alt. : 500 m TH *C.M. 85 Pli 18*

2 ch. CV

Bagnères-de-Bigorre 1 km. 2 ch. d'hôtes dans une villa à 200 m de la ferme, dominant la ville de Bagnères-de-Bigorre (station thermale). Séjour commun. 2 ch. (1 lit 2 pers., 1 lit 1 pers. chacune) avec coin-douche. WC communs. Salon de jardin. 1/2 pension sur la base de 2 pers. La maîtresse de maison cuisinera des repas fermiers très copieux. Visite de la ferme (animaux).

Prix : 1 pers. **180 F** 2 pers. **200 F** 3 pers. **250 F** repas **80 F**
1/2 pens. **360 F**

Ouvert : toute l'année.

			M						
SP	1	SP	2	1	2	0,5	4	2	2

BELLOCQ Denis - quartier Monloo - 65200 BAGNERES-DE-BIGORRE - Tél : 05 62 95 41 47

BARBAZAN-DEBAT Le Château

TH *C.M. 85 Pli 18*

2 ch. CV

Tarbes 6 km. Lourdes 20 km. Bagnères-de-Bigorre 15 km. Dans la maison du propriétaire, 2 chambres d'hôtes avec entrée indépendante : 1 ch. (2 lits 1 pers.), 1 ch. (1 lit 2 pers. 1 lit 1 pers.), salle d'eau, wc pour chacune. TV sur demande à l'avance. Suppl. animaux 20 F. Parc calme, salon de jardin. Voile et lac 20 km. Situées sur une petite hauteur et entourées de forêts, ces chambres d'hôtes vous permettront de goûter au calme. A proximité du chef-lieu du département. Langue parlée : espagnol.

Prix : 1 pers. **150 F** 2 pers. **250 F** 3 pers. **350 F** pers. sup. **100 F**
repas **73 F**

Ouvert : toute l'année.

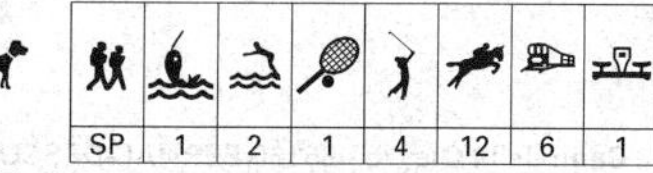

SP	1	2	1	4	12	6	1

DE CASTELBAJAC Arnaud - Le Château - 65690 BARBAZAN-DEBAT - Tél : 05 62 33 83 51 - Fax : 05 62 33 83 51

BAREGES

Alt. : 1300 m *C.M. 85 Pli 18*

5 ch. 4 ch. d'hôtes avec dans chaque chambre 1 ou 2 lits, lavabo, douche et wc privés dans chaque chambre. 1 ch. avec douche et wc communs. Salle à manger commune pour les repas du soir. Au cœur des Pyrénées, tout près des sites touristiques importants, Lourdes, Gavarnie, Pic du Midi, Cauterets. 4 pers. : 360/385 F. Formule originale de cuisine, chaque famille établit son menu, fait ses provisions et la propriétaire se charge de cuisiner et de servir les repas le soir uniquement demandés en été seulement (sans supplément de prix).

Prix : 1 pers. **160 F** 2 pers. **230/265 F** 3 pers. **290/315 F**

Ouvert : du 1er juillet au 30 septembre et l'hiver.

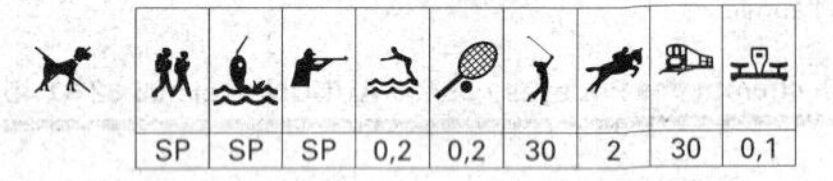

SP	SP	SP	SP	SP	SP	30	SP

LASSALLE CAZAUX Joséphine - 10 rue Polard - 65120 BAREGES - Tél : 05 62 92 68 27

BAREGES

Alt. : 1250 m *C.M. 85 Pli 18*

5 ch. Sur 2 ét. d'1 vieille maison typique barègeoise du XVIIIe, au 2e ét. : 1 ch. (1 lit 2 pers.), 1 ch. (1 lit 2 pers.), 1 ch. (2 lits 1 pers.), s. d'eau et wc sur le palier et cabinet de toilette chacune. 1er ét. : 2 ch. communicantes avec s.d.b. (1 lit 2 pers. 1 lit 120), salle à manger commune. Jardin, salon de jardin. Local à skis. Petite ville montagnarde balnéaire et illustre, station de ski. A portée sans avoir à utiliser de voiture, toutes activités de loisirs en même temps que le charme irremplacable d'1 maison ancienne. Restaurants, auberge à proximité. Langues parlées : espagnol, anglais.

CV

Prix : 1 pers. **160/180 F** 2 pers. **220/240 F** 3 pers. **330/360 F**
pers. sup. **50 F**

Ouvert : du 15/12 au 15/04 et du 15/05 au 15/10.

SP	SP	SP	0,2	0,2	30	2	30	0,1

REY Ginette - Passage des Ciseaux - 65120 BAREGES - Tél : 05 62 92 68 53

BARTRES

C.M. 85 Pli 7

5 ch. Habitat dans une ferme au cœur du village : 5 chambres d'hôtes dont 1 accessible aux pers. hand. (3 lits 2 pers. 6 lits 1 pers. 2 conv.), salle à manger et salon communs avec les prop., cheminée, TV, biblio. Cour, terrain entièrement clôturé, jardin, parking, restaurant à 80 m, salon de jardin. 310 F/4 pers. Venez découvrir ces chambres situées dans une ferme en activité, au cœur d'un village de caractère au passé historico-religieux reconnu aux pieds des grands sites pyrénéens. Langue parlée : espagnol.

CV

Prix : 1 pers. **160 F** 2 pers. **210 F** 3 pers. **260 F**

Ouvert : toute l'année.

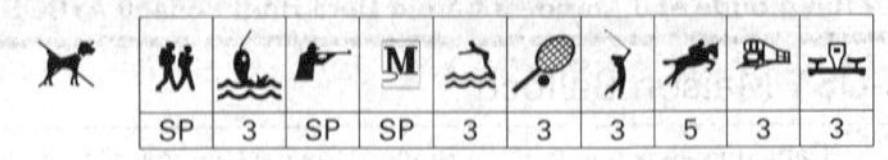

SP	3	SP	SP	3	3	3	5	3	3

LAURENS Daniel - 3 route d'Ade - 65100 BARTRES - Tél : 05 62 94 58 06 - Fax : 05 62 94 58 06

BEAUCENS

Alt. : 500 m *C.M. 85 Pli 18*

3 ch. **Argeles-Gazost 5 km. Lourdes 15 km.** 3 ch. d'hôtes de caractère, chacune 1 lit 2 pers. 1 lit 1 pers., possibilité lit d'appoint. 1er étage : grande chambre mobilier XIXe, s.d.b./wc, balcon avec petit salon extérieur. 2e étage : 2 belles chambres (douche/wc). Grand séjour avec cheminée, TV, bibliothèque. Micro ondes et réfrigérateur à dispo. Terrasse, jardin, potager, prairie. Parking. Restaurants au village. Au sud de Lourdes, vous serez tout à la fois au plus grand calme et magnifiquement situés pour découvrir les plus beaux coins des Pyrénées : Gavarnie, le Pic du Midi... ou encore au village le Donjon des Aigles... Langues parlées : anglais, espagnol.

CV

Prix : 2 pers. **270/320 F** 3 pers. **340/390 F** pers. sup. **70 F**

Ouvert : de mai à octobre (le reste de l'année sur demande).

SP	2	10	5	5	15	5	15	5

VIELLE Henri - 15 route de Vielle - « Eth Béryé Petit » - 65400 BEAUCENS - Tél : 05 62 97 90 02 - Fax : 05 62 97 90 02 - http://www.pyrenees-online.fr/vielle

BERNAC-DESSUS

TH *C.M. 85*

1 ch. **Pic du Midi 30 km. Lourdes 20 km. La Mongie (station de ski) 25 km.** 1 ch. d'hôtes (1 lit 2 pers., poss. de rajouter 1 lit d'appoint) au 1er étage, avec vue sur les Pyrénées. Salle d'eau et wc privés attenants à la chambre. Poss. de garer la voiture dans la cour. La propriétaire vous fera déguster les spécialités du pays. Propriétaires pratiquant la randonnée en montagne, le ski, les raquettes et également les balades en 4x4.

CV

Prix : 1 pers. **220 F** 2 pers. **270 F** pers. sup. **50 F** repas **80 F**

Ouvert : toute l'année.

SP	SP	7	4	1

BOURRE Christine - 2 Cami de la Gleyze - 65360 BERNAC-DESSUS - Tél : 05 62 45 32 11 ou 06 84 39 86 95 - E-mail : c.bourre@wanadoo.fr - http://perso.wanadoo/christinebourre/

BETPOUEY
Alt. : 980 m — *C.M. 85 Pli 18*

4 ch. **Barèges (station thermale) 3 km.** 4 ch. d'hôtes avec salle d'eau et wc privés : 1 ch. 4 pers. au r.d.c., 1 ch. 3 pers. à l'étage et 2 ch. 2 pers. sont aménagées dans une grange restaurée, située dans un village de montagne, au pied du Tourmalet. Parking privé. Salle de séjour avec cheminée et TV. 360 F/4 pers. Un jeune couple natif de la vallée vous fera partager la tradition séculaire de l'accueil pratiqué vis à vis des thermalistes et amoureux des Pyrénées. Le village est petit et typique.

Prix : 1 pers. **200 F** 2 pers. **250 F** 3 pers. **310 F** pers. sup. **70 F** repas **80 F**

Ouvert : toute l'année.

SP	SP	SP	4	3	4	25	3

LASSALLE Christine - 65120 BETPOUEY - Tél : 05 62 92 88 50

BONREPOS
Alt. : 520 m — *C.M. 85 Pli 9*

2 ch. **Tarbes 30 km. Lannemezan 12 km.** Dans une ancienne ferme rénovée, 2 chambres (l'une avec 1 lit 2 pers., l'autre avec 2 lits 1 pers.). Cour, parking privé, grand prè. Départs de randonnées pédestres, équestres et VTT.

Prix : 2 pers. **250 F**

Ouvert : toute l'année.

SP	SP	SP	12	15	20	12	10

RAGOT Jean-François - Era Maidou - 65330 BONREPOS - Tél : 05 62 99 77 55 - Fax : 05 62 99 79 76

BOO-SILHEN Les Aillans
C.M. 85 Pli 17

3 ch. Dans une grange rénovée, à proximité de la maison du prop. (maison de caractère du XVe), dans un hameau isolé, en pleine verdure, 3 ch. d'hôtes dont 1 familiale (2 ch. communicantes), sanitaires privés pour chaque chambre. Salle à manger et salon indépendants. Cheminée, TV, biblio., vidéo, Hifi. Cour, parc entièrement clos, salon de jardin, garage. Calme, repos et charme ancien comme l'espace extérieur et intérieur sont préservés par les propriétaires conviviaux. Franck avec son 4 x 4 sera heureux de vous faire découvrir les Hautes Pyrénées d'une façon inhabituelle et conviviale (forfait 4 pers. 400 F, pique-nique inclus). - de 5 ans 50 F. Langues parlées : espagnol, anglais, allemand.

Prix : 2 pers. **250 F** 3 pers. **330 F** repas **90 F**

Ouvert : toute l'année.

2	1	SP	2	2	10	8	12	2,5

BROUILLET Franck - Les Aillans - Silhen Débat - 65400 BOO-SILHEN - Tél : 05 62 97 59 22 - Fax : 05 62 97 59 22

BORDERES-LOURON
Alt. : 850 m

2 ch. **Genos Loudenvielle 10 km. Saint-Larry 18 km.** Ancienne ferme rénovée comprenant 2 ch. d'hôtes aux 1er et 2e étages : 1 ch. (1 lit 2 pers.), 1 ch. (1 lit 2 pers., 1 lit 1 pers.), sanitaires complets privés. Salle à manger et salon communs. TV. Jardin, pelouse, salon de jardin. Anne-Lise et Henri seront heureux de vous accueillir dans une vieille ferme restaurée au cœur des Pyrénées, dans une vallée offrant diverses activités : ski, parapente, randonnées, VTT, etc...

Prix : 1 pers. **200 F** 2 pers. **280 F** 3 pers. **350 F** repas **80 F**

Ouvert : toute l'année.

SP	10	SP	32	2

BRACHET Anne-Lise et CHAMARY Henri - Le Village - 65590 BORDERES-LOURON - Tél : 05 62 99 98 89

BORDERES-LOURON
Alt. : 850 m — *C.M. 85 Pli 19*

3 ch. **Arreau 5 km. Génos 8 km.** A l'étage d'une grande maison, 3 chambres de 20 m² chacune meublées rustique comprenant chacune douche et lavabo. 1 ch. (1 lit 2 pers.), 1 ch. (1 lit 2 pers. 1 lit 1 pers.), 1 ch. (1 lit 2 pers.). WC communs. Cuisine, salle à manger avec coin-salon. Terrasse, salon de jardin, parking privé. Lacs d'altitude artificiel de Génos à 8 km. Visite du patrimoine local (églises classées). Loisirs à proximité : piscine, tennis, randonnées équestres et pédestres, escalade, voile, chasse, pêche, ski, hôtel/restaurant à 50 m.

Prix : 1 pers. **180 F** 2 pers. **200 F** 3 pers. **230 F**

Ouvert : toute l'année.

			M						
SP	SP	SP	8	8	8	8	8	30	8

MARSALLE Gilles - 65590 BORDERES-LOURON - Tél : 05 62 98 65 79

BORDERES-SUR-ECHEZ Borderes
C.M. 85 Pli 8

1 ch. **Lourdes et Bagnères 30 km.** A l'étage de la maison familiale, 1 chambre de caractère de 35 m² pour 2 ou 3 pers. (1 lit 2 pers. 1 lit 1 pers.), mobilier ancien, coin-salon, salle d'eau attenante. Salle à manger commune. Cour, jardin, salon de jardin. Sur une ferme très fleurie avec jardin où l'on pratique hors l'amour des fleurs, l'élevage des anglo-arabes. Nous sommes à 5 km du haras de Tarbes.

Prix : 1 pers. **200 F** 2 pers. **250 F** 3 pers. **300 F**

Ouvert : toute l'année.

			M						
40	3	SP	3	3	SP	8	7	3	SP

FONTAN Marthe - 18 rue Pasteur - 65320 BORDERES-SUR-ECHEZ - Tél : 05 62 36 42 61

BOURG-DE-BIGORRE *C.M. 85 Pli 19*

2 ch. **Bagnères 15 km. Pic du Midi 35 km. Lourdes 38 km. Esparros 11 km.** 1 ch. au r.d.c. de 22 m², carrelée, très claire avec porte donnant sur le parc, sanitaires complets privés. A ch. à l'étage avec entrée par escalier indépendant ou entrée par maison, très spacieuse (45 m²) avec dressing, grande salle de bains et wc. A disposition : VTT, cuisine, terrasse, bain de soleil, lave-linge. Conseils et documentations en randonnée, divers sports, gastronomie, visites et curiosités de la région, l'artisanat.

Prix : 2 pers. **320/350 F** 3 pers. **370/400 F** pers. sup. **50 F**

Ouvert : toute l'année.

SP	SP	SP	15	2	15	16	10

MAGNIEN Gérald - Le Village - 65130 BOURG-DE-BIGORRE - Tél : 05 62 39 08 63

CABANAC Villa Sans Souci *C.M. 85 Pli 8*

2 ch. **Bagnères-de-Bigorre 18 km. Lourdes 40 km. Tarbes 15 km.** 2 ch. d'hôtes dans une maison de famille au charme retrouvé typique des coteaux pyrénéens. Sur le palier du 1er étage, 2 ch. (1 lit 2 pers. chacune), les 2 ch. avec sanitaires intérieurs. Séjour spacieux et confortable, cheminée, TV, chaîne Hifi, magnétoscope, coin-salon. Jardin d'agrément devant la maison avec salon de jardin. Jardin potager sur le côté de la maison. M. et Mme Laurent natifs du Pas de Calais sont tombés amoureux des Pyrénées et de cette maison, ils vous feront apprécier le charme de l'un et de l'autre. Dans un ancien relais de poste sur la place du village (210 hab.), 2 ch. « La Belle Epoque » et « l'Age Tendre ». Centre équestre à prox.

Prix : 1 pers. **200 F** 2 pers. **260 F** 3 pers. **360 F** pers. sup. **80 F**

Ouvert : toute l'année.

SP	SP	10	4	0,5	4

LAURENT Maryse - Villa Sans Souci - 65350 CABANAC - Tél : 05 62 35 17 78

CAMOUS Alt. : 650 m *C.M. 85*

2 ch. **Sarrancolin 2 km.** Dans 1 petit village typiquement pyrénéen de 24 hab. Au pied du col d'Aspin, 2 ch. d'hôtes à l'étage d'une villa avec balcon. 1 ch. (1 lit 2 pers.), 1 suite (1 lit 2 pers. 1 lit 120) avec sanitaires privés (1 avec baignoire et 1 avec douche). Salle à manger/coin-salon privés. TV, cheminée. Jardin clôturé, salon de jardin, barbecue, parking privé. Dans un tout petit village de montagne de la vallée d'Aure, ces chambres d'hôtes vous permettront la découverte du terroir et la possibilité de nombreuses randonnées... L'Espagne est aussi à leur porte. Langues parlées : anglais, espagnol, allemand.

Prix : 1 pers. **190 F** 2 pers. **240 F** 3 pers. **300 F**

Ouvert : toute l'année.

SP	3	15	3	12

BECH Francine - 65410 CAMOUS - Tél : 06 07 51 92 11

CAMPAN La Laurence Alt. : 1000 m (TH) *C.M. 85 Pli 18*

5 ch. Dans un chalet de grand confort avec vue panoramique, 5 ch. d'hôtes indépendantes avec salle d'eau et wc, coin-salon, balcon ou terrasse, kitchenette pour 3 ch. 1 des chambres est classée 2 épis. Salle à manger commune au propriétaire, salon, bibliothèque, TV. Proche du col d'Aspin, superbe vue sur la vallée et les montagnes. 155 F/enfant de moins de 10 ans. Christian, passionné de montagne vous fera découvrir les bons coins et les belles randonnées, et Marian vous régalera de ses bons petits plats. 1/2 pens. à partir de 175 F. Suppl. chauffage : 25 F/jour/chambre. Réductions pour chèques vacances et groupes (en hors-saison). Langues parlées : anglais, italien, allemand.

Prix : 1 pers. **230 F** 2 pers. **285 F** 3 pers. **390 F** pers. sup. **90 F**
repas **95 F** 1/2 pens. **175 F**

Ouvert : du 1er décembre au 30 octobre.

SP	SP	SP	15	1	4	15	3	12	3

**MASSON Marian - La Laurence - 65710 CAMPAN - Tél : 05 62 91 84 02 ou 05 62 91 84 21 - Fax : 05 62 91 84 21 -
E-mail : lalaurence@wanadoo.fr - http://www.perso.wanadoo.fr/lalaurence**

CAMPAN Alt. : 600 m *C.M. 85 Pli 17*

3 ch. **Campan 2 km. Grottes 3 km.** 3 chambres d'hôtes dans une grange rénovée à l'ancienne, mitoyenne à la maison des propriétaires. Rez-de-chaussée : coin-cuisine, salle à manger, coin-salon privatifs. A l'étage : 2 ch. (2 lits 1 pers.), salle de bains. 1 ch. (1 lit 2 pers. + mezzanine 2 couchages) avec salle de bains. Verger, potager, espace vert, salon de jardin, barbecue. 450 F/4 pers. Serge, moniteur de ski/guide culturel et Catherine vous proposent de partager les différentes activités autour de leur habitation : escalade, parapente, VTT, raquettes, surf, ce qui ne vous empêchera pas de rester sur place à savourer l'air du temps et la beauté du paysage... Langues parlées : anglais, espagnol.

Prix : 1 pers. **140 F** 2 pers. **280 F**

Ouvert : toute l'année.

5	5	5	7	1	8	8	1

DUFFAU Catherine et ABADIE Serge - chemin d'Angoue - 65710 CAMPAN - Tél : 05 62 91 77 95

CAMPARAN
Alt. : 920 m *C.M. 85 Pli 19*

2 ch. **Saint-Lary-Soulan 4 km.** 2 chambres dans une ferme de montagne, à l'entrée d'un tout petit village. 1 ch. (1 lit 2 pers.), 1 ch. (1 lit 2 pers., 2 lits 1 pers.) avec sanitaires privatifs pour chacune (douche). Mezzanine. Salle à manger commune avec les propriétaires. Cour, balcon, mobilier de jardin, parking. Très belle vue sur la vallée d'Aure et les Pics qui l'entourent. Stations de ski et thermale à proximité. Nombreuses activités très proches. Maison conservée dans le style avec son mobilier d'origine dans le séjour. Tarif 4 pers. 400 F.

Prix : 1 pers. **200 F** 2 pers. **250 F** 3 pers. **340 F** pers. sup. **90 F**

Ouvert : toute l'année.

		M						
SP	2	8	4	4	30	4	30	3

MOREILHON Marie-Thérèse - La Couette de Bieou - 65170 CAMPARAN - Tél : 05 62 39 41 10

CASTELNAU-MAGNOAC Au Verdier
TH *C.M. 85 Pli 10*

3 ch. 3 ch. d'hôtes (4 lits 2 pers. 1 lit 1 pers.) avec sanitaires privatifs. Balcon dans chaque galerie. Dans la salle de séjour, trône une grande table bigourdane où vous pourrez prendre de succulents petits déjeuners et repas avec les produits frais de la ferme. TV, téléphone, bibliothèque. Vous serez accueillis dans une ancienne étable où mangeoires et râteliers ont été conservés, on y a installé 3 belles chambres dans la grange à grains, chacune différente. Du balcon, on peut admirer les parterres de fleurs et le parc. Un lac de pêche est à votre disposition ainsi qu'une terrasse. Langue parlée : espagnol.

Prix : 1 pers. **200 F** 2 pers. **250 F** 3 pers. **300 F** pers. sup. **70 F**
repas **90 F**

Ouvert : d'avril à octobre sur réservation uniquement.

SP	SP	1	13	3	23	5	25	2

CARRILLON-FONTAN Nathalie - Au Verdier - route de Lamarque - 65230 CASTELNAU-MAGNOAC - Tél : 05 62 99 80 95 - Fax : 05 62 39 85 45

CASTELNAU-RIVIERE-BASSE Hameau de Mazeres
TH *C.M. 85 Pli 2*

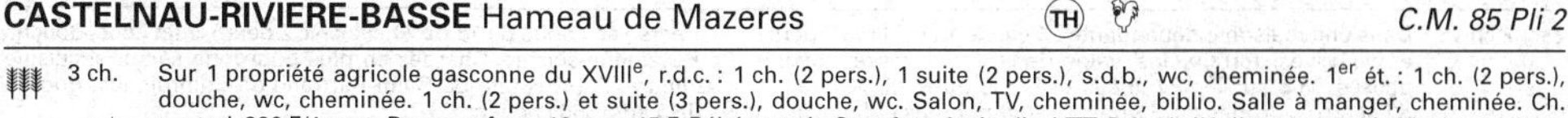

3 ch. Sur 1 propriété agricole gasconne du XVIIIe, r.d.c. : 1 ch. (2 pers.), 1 suite (2 pers.), s.d.b., wc, cheminée. 1er ét. : 1 ch. (2 pers.), douche, wc, cheminée. 1 ch. (2 pers.) et suite (3 pers.), douche, wc. Salon, TV, cheminée, biblio. Salle à manger, cheminée. Ch. central. 390 F/4 pers. Repas enfant - 12 ans : 45 F. Bébé gratuit. Cour fermée, jardin, VTT. Près de l'église romane de Mazères, Nicole et Jean-Louis se consacrent à l'élevage et à la sauvegarde de l'âne des Pyrénées. Rando. pédestres avec âne de bât, pêche sur les bords de l'Adour. Table d'hôtes réputée. Langues parlées : allemand, anglais.

Prix : 1 pers. **250 F** 2 pers. **280 F** 3 pers. **360 F** pers. sup. **50 F**
repas **90 F** 1/2 pens. **210 F**

Ouvert : toute l'année.

SP	SP	SP	2	2	15	2	40	2

GUYOT Nicole et Jean-Louis - Hameau de Mazeres - 65700 CASTELNAU-RIVIERE-BASSE - Tél : 05 62 31 90 56 - Fax : 05 62 31 92 88

CASTELNAU-RIVIERE-BASSE
TH *C.M. 85 Pli 2/3*

4 ch. 4 ch. dans les dépendances d'1 château : toutes avec des lits à baldaquin (sauf celle du r.d.c.). R.d.c. : 2 ch. (1 lit 180), s.d.b. 1 ch. (2 lits 1 pers.), s. d'eau, wc privés chacune. Poss. lit d'appoint. Et. : 1 ch. (1 lit 160), s. d'eau et wc privés. 1 suite (1 lit 2 pers.), 1 ch. attenante (2/3 lits), s.d.b. et wc privés. Séjour/salon communs aux hôtes. Vidéothèque, bibliothèque. Piscine, jardin, salon de jardin. Table d'hôtes sur réservation. Notions d'italien. Ancien vignoble. Langues parlées : anglais, allemand.

Prix : 1 pers. **350/450 F** 2 pers. **350/450 F** pers. sup. **100 F** repas **130 F**

Ouvert : toute l'année sur réservation.

SP	1	SP	0,5	25	5	45	0,8

ONGYERT Marion et Claus - Le Château du Tail - 65700 CASTELNAU-RIVIERE-BASSE - Tél : 05 62 31 93 75 - Fax : 05 62 31 93 72 - E-mail : chateau.du.tail@wanadoo.fr - http://www.sudfr.com/chateaudutail

CASTELNAU-RIVIERE-BASSE Pont de Prechac
C.M. 85 Pli 8

3 ch. **Tarbes 40 km. Lourdes 60 km. Marciac 20 km.** 3 chambres d'hôtes au 1er étage d'une ancienne maison restaurée sur les berges de l'Adour. 1 ch. (1 lit 2 pers.), 1 ch. (2 lits 1 pers.), salle de bains et wc communs sur le palier. 1 ch. (1 lit 150, 1 lit 1 pers.) avec salle de bains et wc privés. Grande salle commune avec cheminée et terrasse. Parc, portique, pêche. Castelnau-Rivière-Basse près du Madiranais, à proximité de la D935 à la limite des Landes, du Gers et des Pyrénées Atlantiques.

Prix : 1 pers. **200 F** 2 pers. **220 F** 3 pers. **270 F**

Ouvert : toute l'année.

SP	3	3	40	0,5	6

BOULANGER Claudine - Pont de Prechac - route de Plaisance - 65700 CASTELNAU-RIVIERE-BASSE - Tél : 05 62 31 90 41

CHEZE Le Palouma
Alt. : 780 m *C.M. 85 Pli 17*

3 ch. Habitat situé dans un petit village de montagne à côté de la maison du prop. Accès extérieur 5 marches. 3 ch. (2 lit 2 pers. 3 lits 1 pers.), lavabo, douche et wc pour 2 ch., lavabo, douche (wc dans le couloir) pour la 3e ch. Salle à manger et salon communs aux prop. Cheminée, TV, biblio. Jeux, jardin et verger clos. Terrasse, salon de jardin, parking communal. Chambres d'hôtes à l'entrée d'un petit village haut perché au cœur des montagnes Pyrénéennes, très belle vue sur la vallée de Luz-Saint-Sauveur. 3 stations de ski. 2 stations thermales. Montagne, randonnée, photo...

Prix : 1 pers. **180 F** 2 pers. **220 F** 3 pers. **300 F**

Ouvert : toute l'année.

SP	5	5	6	30	15	30	5

THEIL Marie-Hélène - Le Palouma - Cheze - 65120 LUZ-SAINT-SAUVEUR - Tél : 05 62 92 90 90 - Fax : 05 62 92 90 90

CHIS *C.M. 85 Pli 8*

3 ch. **Lourdes 25 km.** Chez des agriculteurs, dans une maison restaurée à l'ancienne, 3 chambres (1 lit 2 pers.), salle de bains particulière avec wc, séjour, salon. Garage fermé. Restaurant à proximité immédiate. Ping-pong, poney sur place. Voile et lac 20 km. Vaches, chevaux, ânes, volailles et produits fermiers à la ferme. Langue parlée : espagnol.

Prix : 1 pers. **200 F** 2 pers. **260 F** pers. sup. **80 F**

Ouvert : toute l'année.

SP	SP	SP	7	SP	10	2	7	1

DALAT Jacques - Ferme Saint-Féreol - 1 chemin du Camparces le Buron - 65800 CHIS - Tél : 05 62 36 21 12

CLARENS Alt. : 600 m (TH) *C.M. 85 Pli 19*

2 ch. **Lourdes 45 km. Lannemezan 6 km. Galan 7 km.** A l'étage : 1 suite de 2 ch. pour 1 famille (1 lit 2 pers., 2 lits 1 pers.), douche et wc attenants. R.d.c. : 1 grande ch. (1 lit 2 pers. 2 lits 1 pers.), salle d'eau. Grand séjour, coin-salon, cheminée, TV. 2 terrasses, salon de jardin, barbecue, piscine hors sol. 310 à 350 F/4 pers. Pour savourer à l'anglaise le plus grand calme d'un village des côteaux (400 habitants). La pelouse est comme un tapis, la cuisine soignée, l'accueil chaleureux. Enfin la simplicité de ce couple installé au pays depuis quelques années vous ravira. Le village présente un intérêt historique. Langue parlée : anglais.

CV

Prix : 1 pers. **195 F** 2 pers. **220 F** 3 pers. **265/285 F** repas **70 F**
1/2 pens. **180 F**

Ouvert : de mai à octobre.

SP	SP	SP	6	6	6	9	6	6

ROBERTS Joan - 6 rue Marque Debat - 65300 CLARENS - Tél : 05 62 98 22 94 - Fax : 05 62 98 22 94

ESCALA Lannemezan Alt. : 600 m *C.M. 85 Pli 19*

2 ch. Dans une maison indépendante : 1 ch. de 18 m² (1 lit 2 pers., 1 lit 1 pers.) et 1 suite de 18 m² (1 clic-clac 2 pers.), 2 lavabos, douche et wc privés. Terrain clos, salon de jardin, terrasse, parking. TV. Possibilité cuisine. Charges en plus pour long séjour si cuisine utilisée. Vue sur les Pyrénées et le Pic du Midi. Montagne à 1/2 heure. A proximité de Saint-Bertrand-de-Comminges, gouffre d'Esparros, grottes de Gargas. Gratuit pour les enfants de moins de 3 ans. 350 F/4 pers.

CV

Prix : 1 pers. **200 F** 2 pers. **250 F** 3 pers. **300 F** pers. sup. **50 F**

Ouvert : toute l'année.

6	8	5	3	5	5	5

BERTRAM Madeleine - Le Belvédère - 7 rue des Ormes - 65250 ESCALA - Tél : 05 62 98 26 36

ESCAUNETS Ferme de Daunat (TH) *C.M. 85 Pli 8*

2 ch. **Pau et Tarbes 25 km. Lourdes 30 km.** 2 ch. d'hôtes dont 1 avec suite (1 lit 2 pers. chacune) + 1 lit d'appoint 1 pers., à l'étage d'une ferme. L'une avec salle d'eau, l'autre avec salle de bains. Téléphone, salle à manger paysanne. Cour, jardin, salon de jardin, jeux d'enfants. 2 km de circuit de 1h15 en bordure d'un lac, parc à autruches, bois : tarif 50 F. Centre équestre 8 km. Petit gîte rural de 2/3 pers. sur place. Promenades à dos d'ânes, en bordure d'un bois et d'un lac, sans accompagnement. Tarif : 50 F/le circuit de 1 heure 1/4 à 1 heure 1/2.

Prix : 1 pers. **150 F** 2 pers. **210 F** pers. sup. **50 F** repas **75 F**
1/2 pens. **200 F**

Ouvert : toute l'année.

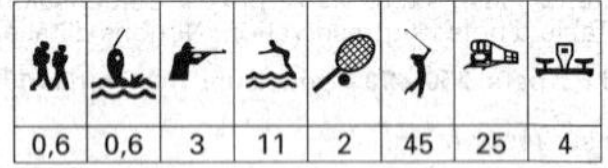

0,6	0,6	3	11	2	45	25	4

GRANGE Maryline et Félix - Ferme de Daunat - 65500 ESCAUNETS - Tél : 05 59 81 50 67

ESPARROS Le Randonneur Alt. : 520 m *C.M. 85 Pli 18*

4 ch. En plein cœur des Baronnies, paradis de verdure et de calme, 3 chambres avec lavabo, douche, wc et réfrigérateur. 1 ch. attenante avec lavabo, bains et wc. Séjour, salon, billard, grande terrasse, piscine, sauna. Poss. loc. VTT sur place et organisation de rand. à pied. Parapente. Salle de réunion pour stage (hors-saison sur demande). 380 F/4 pers. Vous serez très gentillement accueillis par M. Duthu qui connait très bien sa région native et bien d'autres. Possibilité de repas à l'auberge à 500 m (70 F/pers.). Langues parlées : espagnol, anglais.

Prix : 1 pers. **230 F** 2 pers. **280 F** 3 pers. **330 F** pers. sup. **60 F**

Ouvert : vacances scolaires.

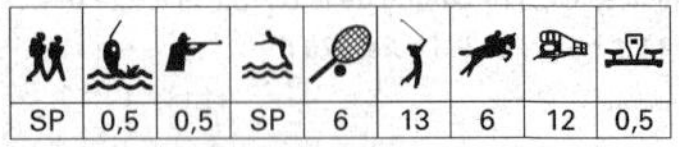

SP	0,5	0,5	SP	6	13	6	12	0,5

DUTHU Bernard - Le Randonneur - 65130 ESPARROS - Tél : 05 62 39 19 34 - Fax : 05 62 39 18 00 - http://www.perso.wanadoo.fr/lerandonneur

ESQUIEZE-SERE Alt. : 700 m *C.M. 85 Pli 18*

1 ch. **Barèges, Luz, Ardiden, station thermale 2 km.** 1 ch. d'hôtes en bordure de la route. Entrée indépendante, 1 grande ch. (2 lits 1 pers.), séjour, coin-salon (1 conv. 2 pers.), salle de bains et wc privés. TV, kitchenette équipée. Chauffage central. Parking. Poss. camping sur place. Auberges 2 km. Dans la très belle vallée de Luz, la « grange bigourdane » vous propose 1 chambre d'hôtes sur une ancienne ferme typique avec terrain clos fleuri. Langues parlées : espagnol, italien.

CV

Prix : 1 pers. **150/175 F** 2 pers. **300/380 F** pers. sup. **50 F**

Ouvert : toute l'année.

SP	SP	0,5	0,5	0,5	30	0,5

RIVIERE ACCORNERO - Esquieze Sere - 65120 LUZ-SAINT-SAUVEUR - Tél : 05 62 92 87 43

FONTRAILLES

(TH) *C.M. 85 Pli 9*

2 ch. Dans une très belle ferme de caractère, 2 ch. (avec poss. ch. supplémentaire) comprenant chacune une grande salle de bains privée, douche et toilettes séparées. Bibliothèque, salon de musique, cheminée, TV. Salon de jardin abrité, terrasse, jardin. Réserve ornithologique. Festival « nuits musicales » de Trie-sur-Baïse à l'Ascension. 520 F/4 pers. Belle propriété de caractère située dans la paisible et verdoyante région des Coteaux, face aux Pyrénées où Claudine Casteret vous réserve cet accueil chaleureux et convivial qui fait des hôtes de véritables amis. Table d'hôtes très raffinée avec spécialités régionales et autres. Langues parlées : anglais, allemand.

Prix : 2 pers. **350/400 F** repas **120/150 F**

Ouvert : toute l'année.

SP	SP	SP	2	0,8	10	30	25	5

CASTERET Claudine - 65220 FONTRAILLES - Tél : 05 62 35 51 70

FONTRAILLES

(TH) *C.M. 85 Pli 9*

4 ch. Au sud Gascogne, dans les coteaux pyrénéens, au milieu d'une nature particulièrement protégée. A l'ét. : 2 ch. (1 lit 2 pers.), 1 ch. (1 lit 80. 1 lit 120), 1 ch. (1 lit 2 pers. 1 lit 1 pers.), sanitaires privés chacune dans 1 partie indép. Salon et salle de jour/salle à manger indép. avec biblio., piano et jeux. Parc avec piscine, badminton, ping-pong. Location de vélos. Tennis au village. Chambres d'hôtes de caractère au cœur d'une campagne particulièrement protégée. A Trie-sur-Baïse, prendre la D939. Après le panneau Fontrailles (environ 1,5 km), 1ère route à gauche et 1ère maison à gauche. Langues parlées : espagnol, anglais, allemand.

Prix : 1 pers. **280 F** 2 pers. **320/350 F** pers. sup. **60 F** repas **120 F**

Ouvert : toute l'année.

SP	SP	SP	0,5	15	29	2

COLLINSON Nicolas et Dominique - Jouandassou - 65220 FONTRAILLES - Tél : 05 62 35 64 43 - Fax : 05 62 35 66 13 - E-mail : nich@collinson.fr - http://www.planète.net/vniske/tourism.html

GAILLAGOS l'Ayous

Alt. : 950 m (TH) *C.M. 85*

1 ch. **Lourdes 20 km. Gavarnie 45 km. Cauterets 30 km. Lac d'Estaing 15 km.** Chez le propriétaire dans une ancienne bergerie rénovée, au milieu de la prairie. 1 ch. (2 lits 1 pers. associés) avec salle d'eau et wc privés. Salon, cheminée et salle à manger communs aux propriétaires. Vue panoramique sur le plc du Midi d'Arrens (50 km). Pêche à la truite sur la propriété. C'est une bergerie ancienne conçue comme une maison de famille, le site est absolument exceptionnel, panorama grandiose sur la chaîne des Pyrénées...

Prix : 1 pers. **200 F** 2 pers. **280 F** repas **80 F**

Ouvert : toute l'année.

SP	SP	10	10	25	25	25	10

ROBAIN Ingrid et Jean-Louis - l'Ayous - 65400 GAILLAGOS - Tél : 05 62 97 41 29 - Fax : 05 62 97 41 29

GALAN Namaste

Alt. : 500 m (TH) *C.M. 85 Pli 9*

2 ch. A la sortie du village, Namaste est une ancienne ferme typique du XIXe siècle. Rez-de-chaussée : 2 chambres avec sanitaires privés et accès indépendant (lits simples ou doubles à convenir lors de la réservation). Salon, cheminée, TV, bibliothèque, piano et sauna. Garage privé couvert. jardin clos. Etape de charme. Jean et Danièle vous accueillent dans leur ferme rénovée autour d'une table de produits du pays. Excellent pour se ressourcer. Langue parlée : anglais.

Prix : 1 pers. **250 F** 2 pers. **280 F** 3 pers. **350 F** pers. sup. **80 F** repas **100 F** 1/2 pens. **180 F**

Ouvert : toute l'année.

SP	SP	SP	10	0,5	15	15	12	0,5

FONTAINE Jean - Namaste - 13 rue de la Baise - 65330 GALAN - Tél : 05 62 99 77 81 - Fax : 05 62 99 77 81

GARDERES

(TH) *C.M. 85 Pli 7*

4 ch. 4 chambres d'hôtes aménagées dans une ancienne grange de style, indépendantes de la maison du propriétaire (3 lits 2 pers. 2 lits 1 pers.), sanitaires privatifs. Poutres apparentes, chambres insonorisées, terrasse couverte, cour et garage fermés. Produits fermiers à la table d'hôtes. Ping-pong, TV. Visite de la ferme. Le site se trouve dans les enclaves des Hautes-Pyrénées sur la route départementale N°47 (Aire-sur-Adour, Lourdes). Vue sur les Pyrénées.

Prix : 1 pers. **170 F** 2 pers. **220 F** 3 pers. **280 F** pers. sup. **60 F** repas **70 F**

Ouvert : toute l'année.

30	5	5	20	10	18	5

LABORDE Joseph et Josette - 27 route de Seron - 65320 GARDERES - Tél : 05 62 32 53 86

GEZ-ARGELES

Alt. : 650 m (TH) *C.M. 85 Pli 17*

5 ch. **Argeles-Gazost 2 km (station thermale).** Ancienne ferme restaurée près de la maison du prop. au cœur des Pyrénées dans 1 cadre verdoyant et calme : 4 ch. à l'ét. 1 ch. au r.d.c. accès aux pers. hand. 2 ch. (1 lit 2 pers.), 2 ch. (2 lits 2 pers.), 1 ch. (1 lit 2 pers. 2 lits 1 pers.), s. d'eau, wc privés. Salle à manger, salon, TV. Parking privé. Pelouse, salon de jardin, pergola, barbecue. Située dans un petit village, grange confortable. Venez découvrir une source inépuisable de sites panoramiques, lacs, randonnées etc... Langue parlée : espagnol.

Prix : 1 pers. **190 F** 2 pers. **240 F** 3 pers. **330 F** pers. sup. **90 F** repas **70 F**

Ouvert : du 1er mai au 30 septembre.

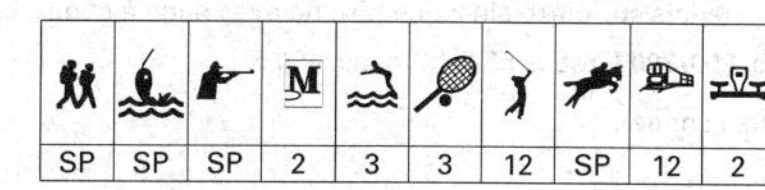

SP	SP	SP	2	3	3	12	SP	12	2

DOMEC Jean - 65400 GEZ-ARGELES - Tél : 05 62 97 28 61

GREZIAN Alt. : 760 m (TH) *C.M. 85 Pli 18*

2 ch. 2 ch. d'hôtes dans la maison du propriétaire, dont 1 avec accès indépendant. 1 ch. (1 lit 160), 1 ch. 2/3 pers. avec salle de bains + wc privatifs pour chaque chambre. Salle à manger, salon, cheminée, bibliothèque, TV. Cour, parking, jardin arboré, salon de jardin, barbecue. Loisirs à proximité. Dans cette ancienne ferme familiale, sur un petit village typique, M. Giboudeaux (guide et moniteur de ski) vous fera partager ses connaissances sur la région et l'histoire de tout le pays, tandis que Mme Giboudeaux fera revivre les saveurs, couleurs et odeurs des plats issus de la tradition. Langue parlée : espagnol.

Prix : 2 pers. **260 F** 3 pers. **350 F** repas **80 F** 1/2 pens. **210 F**

Ouvert : toute l'année.

SP	0,2	SP	5	1	27	1	27	1

GIBOUDEAUX Michel et Martine - 65240 GREZIAN - Tél : 05 62 39 96 78 ou 06 88 32 58 82

JUNCALAS Maison Monseigneur Laurence (TH) *C.M. 85 Pli 18*

4 ch. R.d.c. : salle à manger, coin-salon, wc et lavabo. 1er ét. : 2 ch. de caractère, 2 ch. (1 lit 2 pers. chacune). 2e ét. : 2 ch., petit salon. Sanitaires privés par ch. Cheminée, TV. 1 lit 2 pers. chacune. Garage, parking, cour privative, salon de jardin, barbecue. Lourdes à proximité. Voile, lac 7 km. Arlette et Robert vous accueillent en Piémont Pyrénéen dans une maison de caractère où Monseigneur Laurence (évèque des apparitions de Lourdes) a passé 1 partie de son enfance. Parc ombragé avec ruisseau. VTT sur place. Sorties pêche (initiation par le prop.) et montagne accomp., soirées grillades.

Prix : 1 pers. **200 F** 2 pers. **230/240 F** 3 pers. **260 F** pers. sup. **60 F**
repas **100 F** 1/2 pens. **220 F**

Ouvert : toute l'année.

SP	SP	5	3	7	7	10	7	7

ASSOUERE Robert - Maison Monseigneur Laurence - 65100 JUNCALAS - Tél : 05 62 42 02 04 ou 06 80 22 42 08 - Fax : 05 62 94 13 91

JUNCALAS *C.M. 85 Pli 18*

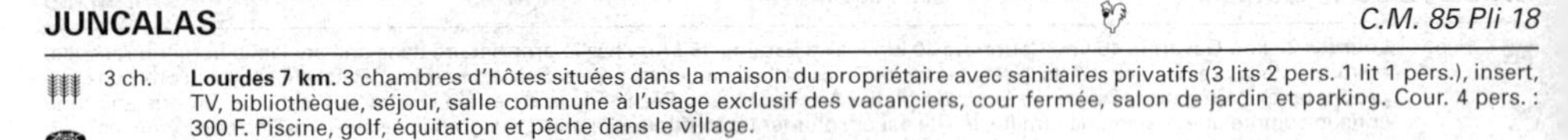

3 ch. **Lourdes 7 km.** 3 chambres d'hôtes situées dans la maison du propriétaire avec sanitaires privatifs (3 lits 2 pers. 1 lit 1 pers.), insert, TV, bibliothèque, séjour, salle commune à l'usage exclusif des vacanciers, cour fermée, salon de jardin et parking. Cour. 4 pers. : 300 F. Piscine, golf, équitation et pêche dans le village.

Prix : 1 pers. **160 F** 2 pers. **200 F** 3 pers. **260 F**

Ouvert : toute l'année.

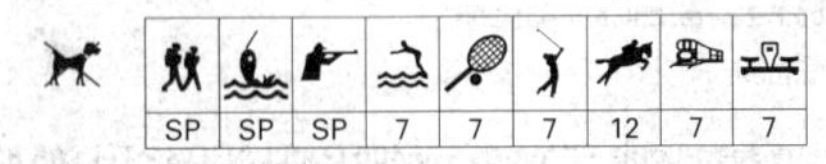

SP	SP	SP	7	7	7	12	7	7

COUMES Daniel - 65100 JUNCALAS - Tél : 05 62 94 76 26

LABASTIDE Lauga Alt. : 600 m (TH) *C.M. 85 Pli 19*

4 ch. Ancienne bergerie comportant 4 ch. à l'étage (2 à 4 pers.) avec chacune sanitaires privés. Salle de séjour réservée aux hôtes autour de la cheminée, salon avec billard, salle TV. Piscine couverte et chauffée, tennis couvert, salle de gym., cour, jardin, parking. Tél. : 05.62.98.20.57.

Prix : 1 pers. **300 F** 2 pers. **390 F** repas **105 F** 1/2 pens. **300 F**

Ouvert : toute l'année.

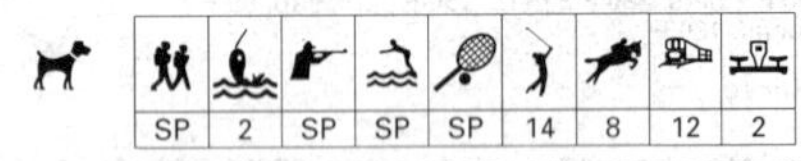

SP	2	SP	SP	SP	14	8	12	2

DASQUE Alain et Evelyne - Les Granges du Col de Coupe - route d'Esparros - 65130 LABASTIDE - Tél : 05 62 98 80 27 ou 06 87 48 53 21 - Fax : 05 62 98 20 57

LABASTIDE Alt. : 700 m (TH) *C.M. 85 Pli 18*

4 ch. Grande maison avec galerie au dessus des prop., 4 ch. à l'étage avec escalier ext. 1 ch. (1 lit 2 pers. 2 lits 1 pers.) sanitaires privés, coin-salon, tél. 1 ch. (1 lit 2 pers.), sanitaires privés, tél. 1 ch. + pièce attenante, sanitaires privés (1 lit 2 pers. 3 lits 1 pers.), coin-salon, tél. A proximité d'un gîte. Vue dégagée et panoramique sur la chaine. Loisirs privatifs : parc de 1 ha., ping-pong, terrain de volley, badminton, piscine hors-sol. Poss. 1/2 pension nous consulter. 360 F/4 pers. 410 F/5 pers. Langue parlée : anglais.

Prix : 1 pers. **210 F** 2 pers. **260 F** 3 pers. **310 F**

Ouvert : toute l'année.

SP	2	SP	SP	5	10	10	2

COSSON Agnès - La Colo d'Alz - 65130 LABASTIDE - Tél : 05 62 98 10 03 ou 06 70 95 07 73

LABATUT-RIVIERE (TH) *C.M. 85 Pli 8*

4 ch. Sur une exploitation céréalière dans une aile rénovée d'un manoir, 5 ch. à l'étage : 2 ch. avec salle de bains commune et 2 ch. avec salle d'eau privées. Réfrigérateur, bar. Possibilité TV. Prise téléphone. Parking, spa et sauna privés. Poney, bicyclette, VTT sur place. Restaurant 1 km, ferme-auberge 3 km. Lac, voile 7 km. 1/2 pension et pension sur la base de 2 pers. et sur demande. Court de tennis sur place ainsi que piscine avec nage à contre-courant, terrain de boules, salle d'animation. Langue parlée : anglais.

Prix : 2 pers. **250/300 F** repas **85 F** 1/2 pens. **450 F**

Ouvert : toute l'année.

SP	SP	SP	SP	SP	35	SP	30	SP

SOUQUET Daniel - rue du Manoir Souquet - Labatut Rivière - 65700 MAUBOURGUET - Tél : 05 62 96 34 12 - Fax : 05 62 96 95 92

LABORDE

TH *C.M. 85 Pli 18*

5 ch. 5 ch. de style dont 2 suites, dans un petit château en plein cœur des Baronnies, avec balcon, salle d'eau privative (5 douches, 1 baignoire). Salle commune, coin-salon, bibliothèque, piano. Joli parc et espace vert de 1,5 ha., avec vieux arbres, palmiers, bananiers, rosiers et traversé par une rivière (truites, écrevisses). Grande terrasse, cour, salons de jardin. Aire de jeux, p-pong, boulodrome, petit lac. Cuisine traditionnelle ou exotique. Garderie. Danses et soirées. Randonnées accompagnées, stages linguistiques. Réduction enfants. Ambiance familiale. Chambres tenues par un couple canadien/allemand. Langues parlées : espagnol, anglais, allemand.

Prix : 1 pers. **220 F** 2 pers. **295 F** 3 pers. **390 F** pers. sup. **95 F**
repas **79 F**

Ouvert : toute l'année.

SP	SP	SP	SP	7	15	SP	15	1

ENGLISCH Petra - Le Petit Château - 65130 LABORDE - Tél : 05 62 40 90 16 - Fax : 05 62 40 90 18 -
E-mail : Petit.Chateau@wanadoo.fr

LAMARQUE-PONTACQ

TH *C.M. 85 Pli 7*

2 ch. **Lourdes 11 km. Tarbes 20 km. Soumoulou 15 km.** 1 ch. d'hôtes très spacieuse aménagée dans la maison de la propriétaire, maison de style Ile de France, de plain-pied, dans un cadre très fleuri, dans un petit village. 1 ch. (1 lit 2 pers.), 1 ch. (2 lits jumeaux, lit enfant) avec s. d'eau, 1 s.d.b., salle à manger, salon, TV, bibliothèque. Cour, parc entièrement clôturé, terrasse. Salon de jardin, barbecue, parking. Possibilité chambre supplémentaire si besoin est. Cuisine très soignée, plats régionaux. 410 F/4 pers. Langues parlées : espagnol, anglais.

Prix : 1 pers. **250 F** 2 pers. **250 F** 3 pers. **330 F** repas **100/120 F**

Ouvert : du 1er avril à fin octobre (le reste de l'année sur demande).

5	SP	1	1	4	12	SP

AGUT - 8 chemin d'Alie - 65380 LAMARQUE-PONTACQ - Tél : 05 59 53 51 22

LANNE

C.M. 85 Pli 8

3 ch. **Lourdes 10 km.** 2 ch. d'hôtes dans les 2 corps de bâtiments différents d'1 ancienne ferme indép. de la maison du prop. 1 ch. (1 lit 2 pers.), s. d'eau attenante. Salon privatif avec conv. 2 pers. Kitchenette. 1 ch. avec ch. enfants attenante, s.d.b. commune (1 lit 2 pers. 2 lits jumeaux 1 pers.) dont 1 avec salon et coin-kitchenette. Salle à manger commune avec les propriétaires. TV, bibliothèque, jardin, salon de jardin, abri couvert, barbecue. Poss. de cuisiner. Petits animaux acceptés. Ancienne ferme typique avec verger, potager et volaille. 2 restaurants à 2 km.

Prix : 1 pers. **200 F** 2 pers. **250 F** 3 pers. **300 F** pers. sup. **50 F**

Ouvert : toute l'année.

SP	SP	SP	5	5	10	2	10	2

POURTALET-NADAU Louisette - 12 rue du Lavoir - 65380 LANNE - Tél : 05 62 45 40 58

LARAN

C.M. 85

3 ch. **Lourdes 60 km. Garaison 7 km.** 3 chambres d'hôtes meublées à l'ancienne au 1er étage du château. 2 ch. (1 lit 2 pers. 1 lit 1 pers dans une alcôve), salle de bains et wc privés. 1 ch. nuptiale avec coin-salon (1 lit 2 pers. 1 lit 80), salle de bains privée. Séjour commun avec coin-salon, cheminée, bibliothèque. Parc. Forfait séjour : 1 semaine 900 F. Séjour calme et convivial dans 3 chambres de caractère au château érigé en 1305, situées à l'écart d'un village de 47 habitants, limitrophe du Gers et de la Haute-Garanne. Dans les douves, plan d'eau poissonneux (poss. pêche). Joli pigeonnier à 9 piliers. Gratuit pour les enfants jusqu'à 10 ans. Langues parlées : anglais, espagnol.

Prix : 1 pers. **290 F** 2 pers. **350 F** 3 pers. **390 F** pers. sup. **60 F**

Ouvert : toute l'année.

			M						
SP	SP	SP	35	19	3	16	10	16	7

LORMIERES Michel - Le Château - 65670 LARAN - Tél : 05 62 99 41 35

LAU-BALAGNAS

C.M. 85 Pli 17

5 ch. 5 chambres d'hôtes en bord de route. 4 ch. (1 lit 2 pers. Possibilité lit d'appoint), 1 ch. (2 lits 1 pers.), douche, wc, lavabo dans chaque chambre.

Prix : 1 pers. **200 F** 2 pers. **230 F** 3 pers. **265 F**

Ouvert : toute l'année.

15	0,1	SP	SP	SP	12	3	12	1

NOGRABAT Pierre - 65400 LAU-BALAGNAS - Tél : 05 62 97 22 45

LAU-BALAGNAS Les Artigaux

C.M. 85 Pli 17

3 ch. 3 ch. d'hôtes tout confort. Lavabo, douche et wc pour 2 ch. et salle de bains et wc pour 1 ch. Chauffage central. Bibliothèque pour enfants. Calme assuré. 300 F/4 pers. Langue parlée : anglais.

Prix : 1 pers. **200 F** 2 pers. **240 F** 3 pers. **270 F**

Ouvert : toute l'année.

SP	SP	SP	SP	15	1	1	1

VIGNES Georges - Les Artigaux - 65400 LAU-BALAGNAS - Tél : 05 62 97 06 35 ou 05 62 42 06 87 -
http://perso.wanadoo.fr/marc.vignes/

LAYRISSE La Ferme Davanches

Alt. : 500 m A (TH) *C.M. 85 Pli 17*

3 ch. 3 chambres d'hôtes dans une ancienne ferme attenante à la maison des propriétaires. 3 ch. d'hôtes avec sanitaires privatifs (douche) au 1er étage avec charpente apparente et mobilier ancien. Salle à manger, salon. Salon de jardin, jeux d'enfants, parking privé, terrain clos. Repas enfant - 5 ans : 30 F. 320 F/4 pers. 1/2 pens. sur la base de 2 pers. Un jeune couple d'agriculteurs et leur petite fille vous recevront dans leur maison et à leur table d'hôtes, sur un petit village typique des environs de Lourdes. Layrisse (150 hab.) bien situé géographiquement à la croisée des 3 vallées : Bagnères-de-Bigorre, Tarbes et Lourdes.

Prix : 1 pers. **160 F** 2 pers. **220 F** 3 pers. **270 F** pers. sup. **50 F**
repas **70 F** 1/2 pens. **360 F**

Ouvert : toute l'année.

SP	SP	SP	12	12	10	12	2

SALLES Thierry - La Ferme Davancens - 65380 LAYRISSE - Tél : 05 62 45 47 22

LOUBAJAC

(TH) *C.M. 85 Pli 8*

4 ch. Dans une maison de caractère bigourdane entourée d'un terrain et d'un jardin, Nadine et Jean-Marc vous proposent : 2 chambres (1 lit 2 pers.), 1 chambre (1 lit 2 pers. 1 lit 1 pers.), 2 chambres (2 lits 2 pers.), chacune avec salle de bains et wc. Salon privé avec TV et bibliothèque. Salon de jardin. 300 F/4 pers. Voile et lac 5 km.

Prix : 1 pers. **180 F** 2 pers. **220 F** 3 pers. **280 F** repas **80 F**
1/2 pens. **190 F**

Ouvert : toute l'année.

SP	10	SP	5	5	5	5	5

VIVES Nadine et Jean-Marc - 28 route de Bartres - 65100 LOUBAJAC - Tél : 05 62 94 44 17 ou 06 08 57 38 95 - Fax : 05 62 42 38 58 - E-mail : Nadine.Vives@wanadoo.fr - http://www.anousta.com

LOURDES

(TH) *C.M. 85 Pli 17*

2 ch. 2 ch. d'hôtes avec sanitaires privés et TV, possibilité 1 ch. supplémentaire. Petit déjeuner copieux avec pains frais, brioche, confiture maison, jus d'orange, yaourt et œuf coque. Table d'hôtes : garbure, confit, légumes du potager, dessert maison. A 800 m des sanctuaires, dans un parc arboré, jardin. Vue magnifique sur les Pyrénées. Belle maison spacieuse de style contemporain, accès par un chemin privé en pleine campagne, dans un calme complet. Grand parc ombragé de 6000 m^2 avec piscine. Lourdes, centre mondial du pélerinage et également une étape agréable pour découvrir les Pyrénées où de nombreuses excursions sont possibles.

Prix : 1 pers. **200 F** 2 pers. **270 F** 3 pers. **350 F** repas **100 F**
1/2 pens. **300 F**

Ouvert : toute l'année.

1	1	SP	1	1	10	1,2	1

MOUSSEIGNE J-Marie et Monique - chemin des Coustere - 65100 LOURDES - Tél : 05 62 94 39 93 - Fax : 05 62 94 39 93

LOURES-BAROUSSE Ferme de Maribail

Alt. : 500 m *C.M. 85 Pli 20*

2 ch. 2 chambres d'hôtes avec cabinet de toilette, douche et wc dans chacune. Pelouse arborée et fleurie en bordure d'eau (canal). Les 2 chambres sont dans une ferme arboricole (pommiers) avec cour et jardin. Chambres calmes et fraîches avec possibilité détente dans le jardin. VTT sur place. Voile et lac à 5 km. Langues parlées : espagnol, anglais.

Prix : 1 pers. **175 F** 2 pers. **200 F**

Ouvert : toute l'année.

SP	SP	SP	3	7	2	5	2	5	1

RICKWAERT Yves - Ferme Maribail - 65370 LOURES-BAROUSSE - Tél : 05 61 88 32 58 ou 05 61 94 93 88

LUZ-SAINT-SAUVEUR La Lanne

Alt. : 730 m *C.M. 85 Pli 18*

1 ch. **Barèges (sation thermale) 8 km. Gavarnie 23 km.** Dans une maison occupée par les propriétaires, à côté d'un gîte, située dans le village, entourée d'une prairie. 1 ch. d'hôtes au r.d.c. (1 lit 2 pers.) avec s.d.b. privée dans le couloir et wc communs. Cuisine à disposition. Poss. ch. suppl. Pelouse, salon de jardin. Forêt 400 m. Langues parlées : espagnol, anglais.

Prix : 1 pers. **200 F** 2 pers. **250 F**

Ouvert : toute l'année.

5	5	1	0,5	30	1	0,5	0,5

CASTAGNE-CLOZE Nadine - La Lanne - rue de la Forge - 65120 LUZ-SAINT-SAUVEUR - Tél : 05 62 92 89 41

MAUBOURGUET Domaine de la Campagne

(TH) *C.M. 85 Pli 8*

4 ch. **Maubourguet 1 km.** Rez-de-chaussée, 2 grandes ch. avec sanitaires privés chacune (3 épis) + 2 grandes ch. avec s.d.b. privée, wc communs (2 épis). Salle de séjour/coin-salon, jeux. Voile et lac 13 km. Terrain de sport, parc d'agrément. Hamac et transat face aux Pyrénées. Piscine. Parking. Bonne table d'hôtes. Festival de jazz en août (à Marciac). Calme assuré. Accès : direction Sauveterre D50, puis Auriebat, à 800 m après Maubourguet près de la rivière Estéous.

Prix : 1 pers. **130/150 F** 2 pers. **230/250 F** 3 pers. **250/300 F** repas **70 F**
1/2 pens. **180 F** pens. **390 F**

Ouvert : de Pâques à la Toussaint.

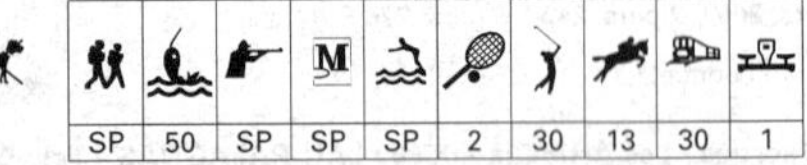

SP	50	SP	SP	SP	2	30	13	30	1

NOUVELLON Françoise et H-Paul - Domaine de la Campagne - 65700 MAUBOURGUET - Tél : 05 62 96 45 71 - Fax : 05 62 96 02 29

MOLERE Le Gîte du Poiré *C.M. 85*

2 ch. **Bagnères-de-Bigorre 18 km. Lourdes 45 km.** A l'étage : 2 ch. d'hôtes mansardées dans une ferme bigourdanne rénovée. 1 ch. (1 lit 2 pers., 1 lit 1 pers.), 1 ch. (2 lits 1 pers.), salle d'eau privative dans chaque chambre, wc communs. Coin-salon, bibliothèque. Salon de jardin, barbecue. Au cœur d'un petit village des Baronnies vous trouverez des chambres de charme, avec décoration raffinée et accueil chaleureux. Belle vue sur la chaîne des Pyrénées et le Pic du Midi. Langues parlées : anglais, espagnol.

Prix : 2 pers. **200 F** pers. sup. **50 F**

Ouvert : toute l'année.

SP	3	SP	3	5	3	7	7	7	7

ARHEIX Sylvie - Le Gîte du Poiré - 65130 MOLERE - Tél : 05 62 39 05 65 ou 06 71 28 27 76 - Fax : 05 62 39 05 65

MOMERES A *C.M. 85 Pli 8*

6 ch. **Lourdes 18 km.** 6 chambres d'hôtes dans une ferme-auberge typiquement bigourdane, proche de la station thermale de Bagnères-de-Bigorre. 3 ch. (1 lit 2 pers.), 3 ch. (2 lits 2 pers.), salle de bains dans chacune. Parc, jardin, cour, terrasse, plan d'eau, VTT, Ping-pong. Vente produits fermiers. Ferme spécialisée dans le gavage des canards. 4 pers. : 350 F.

Prix : 1 pers. **200 F** 2 pers. **240 F** 3 pers. **285 F** pers. sup. **50 F**
repas **80 F** pens. **400 F**

Ouvert : toute l'année.

SP	SP	SP	5	SP	2	5	5	SP

CABALOU Arlette - 65360 MOMERES - Tél : 05 62 45 99 34 ou 06 07 96 31 04 - Fax : 05 62 45 31 57

MONTGAILLARD Maison Buret (TH) *C.M. 85 Pli 18*

3 ch. 3 ch. d'hôtes dont 1 suite dans une maison de maître 1791 qui a tenu à garder son caractère originel. R.d.c. : 1 ch. (1 lit 2 pers. 1 lit 1 pers.), douche et wc privés. A l'étage : 1 suite/2 ch. (1 lit 2 pers. 1 lit 130. 1 lit 1 pers.), s.d.b. et wc. 1 ch. (2 lits 2 pers.), douche et wc privés dansla ch. Pelouse, barbecue, salon de jardin. Parkings privés. Maison de famille ayant appartenu à un vétérinaire, ayant conservé ses instruments et dont le petit fils sait faire revivre la mémoire. Petit village traditionnel (700 hab.) pyrénéen. Collection d'outils de ferme et instruments de musique anciens. Langues parlées : anglais, espagnol.

Prix : 1 pers. **200 F** 2 pers. **200/275 F** pers. sup. **50 F** repas **90 F**

Ouvert : toute l'année.

SP	SP	SP	6	6	6	6	6	6	1

CAZAUX Jean-Louis et Jo - 67 La Cap de la Veille - Maison Buret - 65200 MONTGAILLARD - Tél : 05 62 91 54 29 ou 06 11 77 87 74 - Fax : 05 62 91 52 42

NISTOS Alt. : 700 m (TH) *C.M. 85 Pli 19*

E.C. 2 ch. **Découverte de la vallée de Nistos sur place.** 2 chambres identiques meublées à l'ancienne, 1 au r.d.c., l'autre à l'étage de la maison du propriétaire. Elles comportent chacune : coin-table, 1 lit 2 pers. et 1 alcôve séparée avec 2 lits superposés ainsi qu'un wc, 1 douche et lavabo attenants. Salle à manger et salon commun. Jardin, salon de jardin. Tarif 4 pers. 400 F. Très proche d'une station de ski de fond en hiver, dans une vallée verdoyante avec rivière à truites. Ces chambres vous assureront le dépaysement et le calme attendus. Une chère gastronomique y refera vos forces. Supplément repas gastronomique : 20 F.

Prix : 1 pers. **180 F** 2 pers. **250 F** 3 pers. **350 F** repas **80 F**
1/2 pens. **270 F**

Ouvert : toute l'année.

SP	SP	SP	15	15	10	10	8	15	8

BERTRAND Sébastien - Relais E l'Ours - 65150 NISTOS - Tél : 05 62 39 77 02 - Fax : 05 62 39 74 24

OMEX Cami Deths Escourets Alt. : 600 m (TH) *C.M. 85 Pli 17*

3 ch. 3 ch. d'hôtes dans une maison typique (pierre et bois), dont 1 en r.d.c. « La Couturière » avec terrasse (2 lits jumeaux 1 pers.), s.d.b. indép. A l'étage « Tourmalet » (1 lit 2 pers. 1 lit 1 pers. en alcôve), 1 ch. « Bigorre » (2 lits jumeaux 1 pers. + 1 lit-bateau 120), s.d.b. privatives attenantes. Séjour, coin-salon, cheminée. Tél. et TV dans chaque ch. Salon de jardin. Pelouse, piscine, potager. Arbres fruitiers. Parking privé. Climatisation. Sur 1 petit village pyrénéen resté intact, vous serez accueillis par Murielle, ancienne costumière de l'opéra de Paris qui a mis en oeuvre son talent de décoratrice pour redonner vie à 1 ancienne ferme. Langue parlée : anglais.

Prix : 1 pers. **250 F** 2 pers. **330 F** 3 pers. **400 F** pers. sup. **70 F**
repas **100 F**

Ouvert : toute l'année.

SP	SP	SP	SP	3	6	4	4

FANLOU Murielle - Cami Deths Escourets - Les Rocailles - 65100 LOURDES-OMEX - Tél : 05 62 94 46 19 - Fax : 05 62 94 33 35

ORDIZAN Le Presbytère Ancien *C.M. 85 Pli 18*

1 ch. **Bagnères (station thermale) 6 km. Tarbes 15 km.** 1 ch. d'hôtes de 26 m² à l'étage du beau et ancien presbytère d'un village du haut Adour. 1 ch. (1 lit 2 pers., 1 lit 1 pers.). Séjour avec cheminée, bibliothèque, téléphone. Salon de jardin, jardin clos, parking privé. Le mobilier ancien de la maison ainsi que sa décoration vous plongeront dans l'atmosphère d'un temps révolu : celui où l'on avait le temps de vivre.

Prix : 1 pers. **180 F** 2 pers. **250 F** 3 pers. **300 F**

Ouvert : toute l'année.

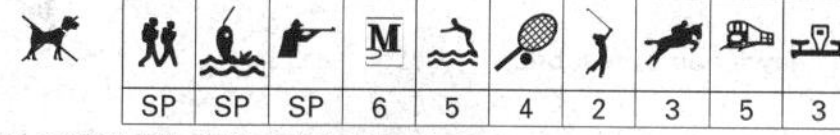

SP	SP	SP	6	5	4	2	3	5	3

BRIANTI Claude - Le Presbytère Ancien - 1 route d'Antist - 65200 ORDIZAN - Tél : 05 62 95 13 91

ORINCLES

TH *C.M. 85*

3 ch. **Lourdes 12 km. Bagnères (ville thermale) 15 km.** Proche de Lourdes, plaque tournante donnant accès aux différentes vallées pyrénéennes, ancien moulin rénové où le bruit des meules a cessé mais où le chant de l'eau est toujours là, calme et apaisant. 2 ch. (1 lit 2 pers., 1 lit 1 pers. chacune) et 1 ch. (1 lit 2 pers.) + mezzanine (2 lits 1 pers.), toutes avec salle de bains privative. Petits animaux admis. Poss. randonnées pédestres avec accompagnateurs diplômés. Langues parlées : anglais, espagnol.

Prix : 1 pers. **250 F** 2 pers. **300 F** 3 pers. **360 F** pers. sup. **60 F**
repas **100 F** 1/2 pens. **350 F**

Ouvert : toute l'année.

SP	SP	SP	10	10	10	10	4

GRIMBERT Françoise - Passage du Moulin - 65380 ORINCLES - Tél : 05 62 45 40 65 - Fax : 05 62 45 60 50 - E-mail : moulindo@free.fr

OSSUN-BOURG

TH *C.M. 85 Pli 8*

4 ch. Entre Tarbes et Lourdes, 4 ch. d'hôtes simples et accueillantes à l'étage avec salle d'eau privée sur un site agréable et reposant entre Tarbes et Lourdes avec vue sur les Pyrénées, dans un petit village calme. Entrée indépendante. Cour, jardin, terrasse, pétanque, ping-pong, VTT. Parking privé. Voile et lac 10 km. 1/2 tarif enfant jusqu'à 10 ans.

Prix : 1 pers. **180 F** 2 pers. **220 F** 3 pers. **270 F** pers. sup. **50 F**
repas **80 F** 1/2 pens. **260 F**

Ouvert : toute l'année sur réservation.

SP	SP	3	10	5	SP	5	SP	SP	SP

ABADIE Michel et Marinette - 38 rue Henri Maninat - 65380 OSSUN - Tél : 05 62 32 89 07

OUEILLOUX

Alt. : 500 m TH *C.M. 85*

3 ch. **Bagnères-de-Bigorre 13 km. Abbaye de l'Escaladieu 15 km.** Dans l'ancienne étable et le grenier de la maison du propriétaire. 3 ch. à l'étage, chacune avec 4 lits 1 pers., douche et wc privés. Salle à manger, salon réservés aux hôtes. Cheminée insert. Espace pelouse ombragé, parking privé, salon de jardin, TV, coin-cuisine. 350 F/4 pers. Au pied des Pyrénées, Rachel et Alain vous accueillent au « Relais du Barboutou » pour un séjour qui ne laisse qu'un regret... celui de le quitter !

Prix : 1 pers. **200 F** 2 pers. **250 F** 3 pers. **300 F** repas **80 F**

Ouvert : toute l'année.

SP	7	7	7	SP

GUIDICI Rachel et Alain - 15 Cami Deth Barboutou - 65190 OUEILLOUX - Tél : 05 62 35 07 66 - Fax : 05 62 35 07 66

OUZOUS La Ferme du Plantier

Alt. : 550 m *C.M. 85 Pli 17*

2 ch. 2 chambres d'hôtes (2 lits 2 pers.) avec sanitaires privatifs. Séjour, coin-détente (cheminée, TV, bibliothèque, jeux de société), coin-cuisine (possibilité de préparer son dîner). Grande terrasse avec vue sur les Pyrénées. Fabienne et Bernard Capdevielle vous accueillent dans leur ferme typiquement bigourdane. Agriculteurs, ils vous proposent 2 chambres sous charpente dans une ancienne grange. Petit camping à la ferme sur place. A moins de 2 km, vous pourrez profiter de 4 petits restaurants de campagne.

Prix : 1 pers. **200 F** 2 pers. **240 F** 3 pers. **270 F**

Ouvert : toute l'année.

SP	SP	SP	3	3	2	10	3

CAPDEVIELLE Fabienne - La Ferme du Plantier - Ouzous - 65400 ARGELES-GAZOST - Tél : 05 62 97 58 01

OUZOUS

Alt. : 500 m *C.M. 85 Pli 17*

4 ch. 4 chambres d'hôtes aux 1er et 2e étages d'une grande et ancienne ferme de caractère : 2 lits jumeaux, 4 lits 2 pers. 2 lits d'appoint, avec sanitaires privatifs. Séjour, salon et bibliothèque. Bélvédère, salon de jardin. Petits animaux admis. Restaurant typique. Dans un petit village montagnard de la vallée d'Argeles avec ses murettes de gros cailloux, vos salons de jardin sont placés sur un bélvédère qui surplombe toute la vallée. Vous serez agréablement surpris par le calme et le charme de la maison bigourdane du XVIIIe siècle et de son jardin fleuri. Langues parlées : espagnol, anglais.

Prix : 1 pers. **210 F** 2 pers. **260 F** 3 pers. **340 F**

Ouvert : toute l'année.

SP	SP	SP	4	4	13	3	4	4

NOGUEZ Pierre - chemin de l'Eglise - 65400 OUZOUS - Tél : 05 62 97 24 89 ou 05 62 97 26 69 - Fax : 05 62 97 29 87

PIERREFITTE-NESTALAS

TH *C.M. 85 Pli 18*

4 ch. **Argeles 5 km. Tarbes 37 km.** 4 ch. d'hôtes dans l'ancienne grange de la ferme, située dans la cour des propriétaires, à proximité d'un gîte. A l'étage : 1 ch. (1 lit 2 pers.), 1 ch.(2 lits 2 pers.), 1 ch. (2 lits 1 pers.), 1 ch. (1 lit 2 pers. + 1 lit 2 pers. en mezzanine), sanitaires privés. Rez-de-chaussée : grand séjour/coin-salon et cheminée, cuisine attenante. 330 F/4 pers. Chambres situées dans un cadre calme et reposant. Le carrefour des vallées de Luz, Cauterets, val d'Azun, Hautacam, Lourdes.

Prix : 1 pers. **170 F** 2 pers. **230 F** 3 pers. **280 F** pers. sup. **50 F**
repas **70 F**

Ouvert : du 1er février au 31 octobre.

SP	SP	5	4	SP	18	2	12	SP

DUBARRY Claire et Noël - 21 rue Parmantier - 65260 PIERREFITTE-NESTALAS - Tél : 05 62 92 74 77

PINAS Domaine de Jean-Pierre — Alt. : 600 m — *C.M. 85 Pli 19*

3 ch. Au calme, sur le plateau de Lannemezan, 3 belles chambres d'hôtes avec salle de bains et wc privés dans une grande maison de caractère avec parc ombragé. Etape de charme, jolie décoration intérieure, salon, bibliothèque, piano. Hôtesse et petit chien joyeux très accueillants. Restaurant 3 km. 420 F/4 pers. Accès : par A64 et N117, 5 km à l'est de Lannemezan. A l'église de Pinas, direction Villeneuve, maison à droite à 800 m. Langues parlées : anglais, espagnol.

Prix : 1 pers. **250 F** 2 pers. **280 F** 3 pers. **350 F** pers. sup. **70 F**

Ouvert : toute l'année, l'hiver sur réservation.

20	SP	5	1	3	3	5	1

COLOMBIER Marie - route de Villeneuve - Domaine de Jean-Pierre - 65300 PINAS - Tél : 05 62 98 15 08 - Fax : 05 62 98 15 08 - E-mail : marie.colombier@wanadoo.fr

SAINT-ARROMAN Domaine Vega — Alt. : 600 m — TH — *C.M. 85 Pli 9*

5 ch. CV Dans un manoir, 5 chambres d'hôtes rénovées avec chacune : 1 lit 2 pers. sanitaires complets privatifs, poss. lit enfant suppl. Séjour commun aux prop., salon/biblio. Piano, parc, salon de jardin, terrain de 3 ha. Chambres décorées au pochoir. Parc planté d'arbres centenaires, piscine paysagere (très belle vue). Accueil chaleureux. M. Mun qui vit dans ce manoir chargé d'histoire et qu'il réhabilite, vous fera partager l'amour qu'il porte à son activité principale : l'élevage des pigeons de Chair. Langues parlées : espagnol, anglais.

Prix : 1 pers. **240 F** 2 pers. **300 F** pers. sup. **50 F** repas **120 F** 1/2 pens. **540 F**

Ouvert : du 1er février au 31 octobre.

SP	2	SP	5	12	5	12	5

MUN Jacques - Domaine Vega - 65250 SAINT-ARROMAN - Tél : 05 62 98 96 77 - Fax : 05 62 98 96 77

SAINT-PE-DE-BIGORRE Ferme Versailles — TH — *C.M. 85 Pli 7*

3 ch. Dans une grande maison bigourdane, 3 chambres confortables avec salle d'eau/wc privés. Chauffage central. Salon avec TV. Grande salle à manger avec mobilier ancien dans la maison du propriétaire construite par ses grands-parents en 1863. Parking dans la cour de la ferme. Voile et lac 10 km. Site facile d'accès, agréable et reposant. Table d'hôtes avec des produits de la ferme, cuisine soignée. Nombreuses activités, promenades, excursions, visite à proximité. 1/2 tarif enfant - 12 ans. Langue parlée : anglais.

Prix : 2 pers. **230 F** repas **85 F** 1/2 pens. **200 F**

Ouvert : du 1er mars au 15 décembre.

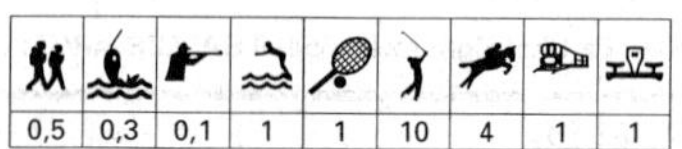

0,5	0,3	0,1	1	1	10	4	1	1

AZENS Michel et Lucienne - Ferme Versailles - 65270 SAINT-PE-DE-BIGORRE - Tél : 05 62 41 80 48

SAINT-PE-DE-BIGORRE La Calèche — TH — *C.M. 85 Pli 7*

3 ch. **Lourdes, grottes de Betharram 10 km.** 4 chambres, 1 avec salle de bains, 3 avec salle d'eau. Petit déjeuner à base de croissants, toast, gâteau maison, jus de fruits. Parking sur place. Au pied des Pyrénées, à St-Pé-de-Bigorre, la Calèche est une maison de maître du XVIIe siècle. Les 4 chambres toutes différentes, de style Louis XIII, romantique, provençale ou rustique sont décorées avec goût. Vous apprécierez la table d'hôtes (quiche aux graisserons, canard aux pêches), généreuse et conviviale, dans les anciennes écuries ou sous la glycine de la terrasse et disposerez du parc privé avec piscine. Langues parlées : anglais, allemand, espagnol.

Prix : 1 pers. **250 F** 2 pers. **250/300 F** 3 pers. **375 F** pers. sup. **75 F** repas **125 F**

Ouvert : toute l'année.

10	10	SP	SP	10	10	4	SP	SP

L'HARIDON Françoise et Luc - La Calèche - 6 rue du Barry - 65270 SAINT-PE-DE-BIGORRE - Tél : 05 62 41 86 71 ou 05 62 94 60 17 - Fax : 05 62 94 60 50

SAINT-PE-DE-BIGORRE — *C.M. 85 Pli 17*

4 ch. **Pau 25 km. Lourdes 8 km.** 4 ch. (1 lit 2 pers., 1 lit 1 pers. chacune) dans 1 maison de maître du XVIIe avec sanitaires privés. Meubles de style, vaste salle à manger/séjour, bibliothèque et TV, cheminée dans chaque ch. Parc aux grands arbres, jardin, parking clos dans la propriété, salon de jardin, piscine pour enfants. Au village, base préolympique de raft. Le Grand Cèdre, demeure de caractère (1604), maison de maître du XVIIe siècle, sise au cœur de Saint-Pe-de-Bigorre, bastide au passé chargé d'histoire à 50 m de la place aux arcades et de l'église classée du XIe siècle. Langues parlées : anglais, espagnol, allemand, italien.

Prix : 1 pers. **300 F** 2 pers. **350 F** pers. sup. **80 F**

Ouvert : toute l'année.

			M						
1	0,2	3	SP	0,2	0,2	8	5	0,5	SP

PETERS Christian - Le Grand Cèdre - 6 rue Barry - 65270 SAINT-PE-DE-BIGORRE - Tél : 05 62 41 82 04 - Fax : 05 62 41 85 89 - E-mail : chp@grandcedre.com - http://www.grandcedre.com

SAINT-PE-DE-BIGORRE Ferme Campseisillou

TH — *C.M. 85 Pli 17*

3 ch. **Lourdes 13 km.** 3 chambres d'hôtes avec sanitaires privatifs attenants (3 lits 2 pers. 1 lit 120, 1 lit 1 pers.), séjour réservé aux hôtes, TV, salon. Terrasse, salon de jardin. Table d'hôtes à base de produits fermiers. A 3 km du centre du village sont juchées 3 ch. en pleine montagne au milieu de la forêt dans le plus grand calme et jouissant chacune d'une très belle vue de leur porte-fenêtre. Langues parlées : anglais, espagnol, portugais.

Prix : 1 pers. **170 F** 2 pers. **220 F** 3 pers. **280 F** pers. sup. **50 F** repas **75 F**

Ouvert : toute l'année.

SP	SP	SP	3	3	13	1	13	3

ARRAMONDE Marie-Luce - Campseisillou - quartier du Mousques - 65270 SAINT-PE-DE-BIGORRE - Tél : 05 62 41 80 92 - E-mail : camparaa@clubinternet.fr

SALIGOS La Munia

Alt. : 650 m — TH — *C.M. 85 Pli 18*

3 ch. **Luz-Saint-Sauveur 3 km.** Dans un petit village de 81 hab., calme et reposant, avec un joli point de vue sur la montagne. 3 ch. d'hôtes à l'étage avec mezzanine (3 lits 2 pers., 4 lits 1 pers.), lavabo, douche et wc privés. TV, téléphone, bibliothèque et jeux de société. Terrasse, salon de jardin, barbecue, parking. 320 F/4 pers.

Prix : 1 pers. **140 F** 2 pers. **200 F** 3 pers. **260 F** repas **65 F**

Ouvert : toute l'année.

9	SP	3	3	9	25	2

LABIT Monique - La Munia - 65120 SALIGOS - Tél : 05 62 92 84 74

SALLES-ARGELES La Chataigneraie

Alt. : 650 m — A TH — *C.M. 85 Pli 17*

1 ch. **Gavarnie 60 km. Cauterets 25 km. Luz-Saint-Sauveur 36 km.** Dans la maison du propriétaire, à proximité du restaurant, 1 ch. d'hôtes au 2e étage avec sanitaires privés. Séjour et coin-repas chez le propriétaire. Cheminée, TV et magnétoscope dans la chambre. Bibliothèque. Cour, jardin, terrasse, parking, salon de jardin. Au cœur des Pyrénées (Gavarnie, Luz, Cauterets), Dany et Jean-Pierre vous accueilleront dans leur maison typique meublée à l'ancienne et située dans un parc. Langues parlées : anglais, espagnol.

Prix : 2 pers. **250 F** pers. sup. **80 F** 1/2 pens. **220 F**

Ouvert : toute l'année sauf janvier.

		M				
SP	5	6	6	6	5	25

DESSAY Danielle - La Chataigneraie - 65400 SALLES-ARGELES - Tél : 05 62 97 17 84 - Fax : 05 62 97 93 14

SALLES-ARGELES

Alt. : 700 m — TH — *C.M. 85 Pli 17*

4 ch. 4 chambres d'hôtes : 1 ch. (1 lit 2 pers., 2 lits superp.), 2 ch. (2 lits 1 pers.), 1 ch. (3 lits 1 pers.), sanitaires privés chacune (lavabo, douche et wc). Salle à manger et salon. S'ouvrant sur les 3 vallées de Luz, Cauterêts, Arrens, le Bélvédère est d'abord un accueil chaleureux dans un cadre exceptionnel, baigné de soleil et de tranquillité. Des moments de détente partagés autour d'une table généreuse, sur notre terrasse face aux Pyrénées. Langues parlées : espagnol, anglais.

Prix : 2 pers. **260 F** pers. sup. **93 F** repas **85 F** 1/2 pens. **210 F**

Ouvert : toute l'année sauf novembre.

SP	SP	SP	4	4	1	8	4

CRAMPE - Le Belvédère - 65400 SALLES-ARGELES - Tél : 05 62 97 23 68

SARRANCOLIN

Alt. : 640 m — *C.M. 85 Pli 19*

2 ch. **Sarrancolin 300 m.** 2 chambres d'hôtes (1 lit 2 pers. 2 lits 1 pers.) avec salle de bains et wc attenants, aménagées dans une maison individuelle pyrénéenne à 300 m du village. Coin-salon et TV. Poss. cuisine au sous-sol si long séjour. Parc arboré avec balançoires, salon de jardin, dans un endroit calme et reposant près d'une route forestière. Bus à 300 m. Langue parlée : espagnol.

Prix : 1 pers. **160 F** 2 pers. **220 F** 3 pers. **330 F**

Ouvert : toute l'année.

SP	0,4	1	20	0,4	18	18	18	0,3

PUCHOL Jeanne - route du Tous - 65410 SARRANCOLIN - Tél : 05 62 98 78 18

SARRANCOLIN

Alt. : 635 m — *C.M. 85 Pli 19*

1 ch. 1 chambre d'hôtes confortable (1 lit 2 pers. possibilité 1 lit 1 pers. et 1 lit bébé), salle d'eau et wc privés sur le palier, dans la maison du propriétaire. Station de ski de fond, 2 stations thermales, piscine et plan d'eau à 18 km. Montagne, randonnées, gastronomie et pêche aux environs. 40 F/enfant. Voile et lac à 15 km. En pleine nature, calme et repos garantis. Langue parlée : espagnol.

Prix : 1 pers. **180 F** 2 pers. **230 F** 3 pers. **290 F** pers. sup. **40 F**

Ouvert : toute l'année.

SP	SP	SP	18	SP	15	12	2	2

MENVIELLE Marie - quartier Portailhet - 4 chemin de Couste - 65410 SARRANCOLIN - Tél : 05 62 98 77 60

SARRANCOLIN
Alt. : 640 m *C.M. 85 Pli 18*

1 ch. **Lannemezan 18 km.** 1 grande ch. d'hôtes aménagée à l'étage de la villa de la propriétaire. 1 ch. (1 lit 2 pers. 1 lit 1 pers.), sanitaires. Salle à manger commune avec la propriétaire. Cheminée, TV, bibliothèque. Terrain, pelouse, salon de jardin, parking. Vue sur la chaîne des Pyrénées, chapelle à proximité. Langue parlée : espagnol.

CV

Prix : 1 pers. **160 F** 2 pers. **220 F** 3 pers. **250/300 F**

Ouvert : toute l'année.

SP	SP	18	18	0,5	18	12	SP	0,8

PLANA Joséphine - quartier des Plantats - 65410 SARRANCOLIN - Tél : 05 62 98 77 98

SAUVETERRE
A TH *C.M. 85 Pli 8*

4 ch. 4 chambres d'hôtes (1 lit 2 pers. chacune), salle d'eau indépendante, séjour, salon. Parking, garage. Vaste pelouse ombragée pour le repos et les jeux de plein air, ping-pong, badminton. Voile et lac 11 km. Activités à 2 km, ULM. Tarif 4 pers. : 260 F.

CV

Prix : 1 pers. **135 F** 2 pers. **160 F** 3 pers. **235 F** repas **70 F**
1/2 pens. **195 F** pens. **260 F**

Ouvert : toute l'année.

SP	SP	SP	5	3	11	5	5

GOUT Raymonde et Gilles - Ferme Auberge Bidot - Sauveterre - 65700 MAUBOURGUET - Tél : 05 62 96 36 76

SOMBRUN Château de Sombrun
TH *C.M. 85 Pli 8*

3 ch. me château de ce charmant petit village vous accueillera dans ses chambres : 1 ch. et 2 suites de 2 ch. (2 lits 1 pers. 1 lit 2 pers.) avec s.d.b. et wc privés. Piano, salle de billard et bibliothèque, salon TV et musique, salle à manger. Parc aux arbres centenaires, piscine. Diner sur réservation. Repas enfant 60 F. Au carrefour du Béarn de la Bigorre et de l'Armagnac, le château de Sombrun situé sur un parc de 6 ha., vous offre un cadre exceptionnel propice au repos, à la détente et au bien vivre. Poss. 2 ch. suppl. dans les dépendances dont 1 avec 2 lits 1 pers., l'autre avec 1 lit 2 pers., s.d.b., wc privés. Langue parlée : anglais.

Prix : 1 pers. **300 F** 2 pers. **320 F** 3 pers. **400 F** pers. sup. **80 F**
repas **120 F**

Ouvert : toute l'année sauf du 1er décembre au 31 janvier.

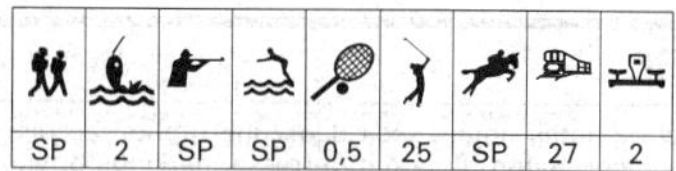

SP	2	SP	SP	0,5	25	SP	27	2

BRUNET Josette et Gilles - Château de Sombrun - Sombrun - 65700 MAUBOURGET - Tél : 05 62 96 49 43 - Fax : 05 62 96 01 89

TOSTAT
TH *C.M. 85 Pli 8*

4 ch. Dans les anciennes écuries du château, classé monument historique, se trouve 1 chambre accessible aux pers. hand. en r.d.c. (2 lits 1 pers.), à l'étage : 1 ch. (1 lit 2 pers. 1 lit 1 pers.), 2 ch. (2 lits jumeaux 1 pers.), sanitaires privatifs chacune. Poss. lits d'appoint et lit bébé. Grande cuisine pouvant être en gestion libre, grand salon. Poss. de recevoir des séminaires (12/15 pers.). En contrebas de l'imposant château XVIIIe, l'espace intérieur de ces chambres redonne une âme aux anciennes écuries, l'extérieur dégage toute l'atmosphère de la plaine de l'Adour. Tarif 1/2 pension forfaitaire. Langue parlée : espagnol.

Prix : 1 pers. **280 F** 2 pers. **300 F** pers. sup. **90 F** repas **90 F**

Ouvert : toute l'année.

SP	SP	10	10	10	10	12	5	10	6

RIVIERE D'ARC Catherine - allée du Château - 65140 TOSTAT - Tél : 05 62 31 23 27 - Fax : 05 62 31 23 27

VIC-EN-BIGORRE
TH *C.M. 85 Pli 8*

4 ch. **Vignoble Madiran 15 km.** 3 ch. dans une extension avec coin-cuisine à côté de la maison du prop. (2 lits 2 pers. 2 lits 1 pers. 2 lits superp. dans l'1 des ch.), s. d'eau et wc chacune. 1 ch. (1 lit 2 pers.) avec s. d'eau, wc privés dans la maison du prop. Séjour, salon communs avec le propriétaire, cheminée, TV, jeux, tél. Cour, parc clos, salon de jardin, barbecue et parking. Salle à manger d'été réservée aux hôtes. Toutes sortes d'activités sur place. Circuit VTT, aéromodélisme, plan d'eau à 10 km. Tir à l'arc 5 km. Pétanque. Quelques monuments historiques. Accès : route de Bordeaux, direction Tarbes-Lourdes.

CV

Prix : 1 pers. **200 F** 2 pers. **220 F** 3 pers. **270 F** pers. sup. **50 F**
repas **90 F**

Ouvert : vacances scolaires.

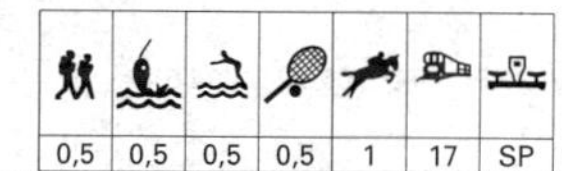

0,5	0,5	0,5	0,5	1	17	SP

BROQUA Lucienne - rue Osmin Ricau - 65500 VIC-EN-BIGORRE - Tél : 05 62 96 26 29 ou 06 87 22 75 54

VIDOU
TH *C.M. 85 Pli 7*

3 ch. Ancienne ferme bigourdane en région de coteaux : 3 chambres avec sanitaires indép. complets. Rez-de-chaussée : grande ch. (1 lit 2 pers. poss. 2 lits superp. suppl., douche). Etage : 1 ch. mansardée (1 lit 2 pers., douche), 1 ch. avec mezzanine (2 lits 2 pers., baignoire). 2 salons, séjour. Piscine, jeux d'enfants. Pré, salon de jardin, barbecue. Enfant - 10 ans : 50 F. Vos fenêtres s'ouvriront sur les Pyrénées, le jardin potager et le charme de la campagne. Table d'hôtes le soir avec des produits frais du jardin. 1/2 pens. : 1350 F/semaine, enfant - 10 ans : 675 F. Langue parlée : anglais.

Prix : 1 pers. **180 F** 2 pers. **240 F** pers. sup. **90 F** repas **90 F**

Ouvert : toute l'année.

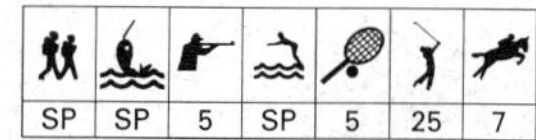

SP	SP	5	SP	5	25	7

MANSOUX Chantal - Las Peloches - 65220 VIDOU - Tél : 05 62 35 65 04

VIELLA Les Cabanes

Alt. : 900 m (TH) *C.M. 85 Pli 18*

3 ch. **Tourmalet, Pic du Midi 10 km. Gavarnie, Pont d'Espagne 30 km.** 3 ch. d'hôtes situées dans un endroit calme à 300 m de la route du Tourmalet sur 1 petit village de montagne. A l'étage : 1 ch. (1 lit 2 pers. 2 lits 1 pers.), s. d'eau et wc privés. R.d.c. : 2 ch. (1 lit 2 pers.), s. d'eau et wc privés. Salle à manger, TV, coin-bibliothèque. Grande terrasse, salon de jardin, barbecue. 4 pers. 350 F. Très joli point de vue sur les monts environnants.

Prix : 1 pers. **180 F** 2 pers. **240 F** 3 pers. **300 F** pers. sup. **60 F**
repas **75 F** 1/2 pens. **195 F**

Ouvert : toute l'année.

1	1	1	2	2	2	5	30	2

LAPORTE Marcel et Jocelyne - Les Cabanes - Eslias - 65120 VIELLA - Tél : 05 62 92 84 58

VIELLE-AURE

Alt. : 800 m (TH) *C.M. 85*

3 ch. **Station de ski et thermale de Saint-Lary 1,5 km. Espagne 20 km.** Dans un village typique des Pyrénées en montagne, 3 ch. à l'étage d'une maison ancienne avec mobilier d'époque (3 lits 2 pers. 2 lits 1 pers.), salle d'eau et wc privés, salle à manger pour le petit déjeuner et la table d'hôtes. Salon de jardin, parking. Car SNCF sur place. Sur la route du GR10. Réserve du Neouvielle 20 km. Tarif 4 pers. : 450 F. Près de la réserve naturelle de Néouvielle, de nombreuses stations de ski. Parapente, différentes activités de montagne. (canoë, raft...).

Prix : 1 pers. **230 F** 2 pers. **260 F** 3 pers. **360 F** repas **85 F**

Ouvert : de mai à octobre.

SP	SP	1,5	1,5	35	3	SP

FOURCADE-ABBADIE Claude - 65170 VIELLE-AURE - Tél : 05 62 39 42 33

VIELLE-AURE

Alt. : 800 m *C.M. 85 Pli 18*

3 ch. 3 ch. d'hôtes aménagées dans une grange accolée à la maison de la propriétaire. A l'étage : 3 ch. (3 lits 2 pers.), salle d'eau privative. Salon de jardin, terrasse, parkings privatifs. Chambres très calmes, très confortables avec une très belle vue sur les massifs environnants. Pièce non-aménagée (table + chaise) pour manger. Grand pré devant. Village situé dans la vallée d'Aure, tout à fait typique et vivant. Gîte rural 6 pers. sur place.

Prix : 1 pers. **230 F** 2 pers. **260 F** pers. sup. **80 F**

Ouvert : toute l'année.

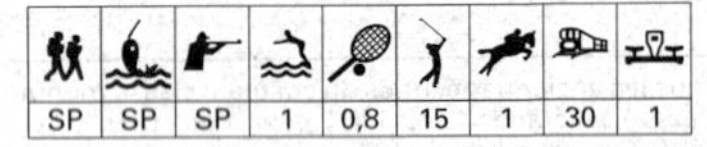

SP	SP	SP	1	0,8	15	1	30	1

BEYRIE Pauline - 65170 VIELLE-AURE - Tél : 05 62 39 52 68 ou 05 62 39 59 78

VIGNEC

Alt. : 840 m *C.M. 85 Pli 8*

4 ch. 4 ch. d'hôtes dans la maison du propriétaire. 1 ch. (2 lits 1 pers.), 3 ch. (1 lit 2 pers. chacune), salle d'eau et wc pour chaque chambre. Petit salon, grande salle avec cheminée. Petit parc arboré. Taxe de séjour : 4,95 F/pers., de 4 à 11 ans : 2,45 F, moins de 4 ans gratuit. Agriculteurs/éleveurs, petit camping, sur un petit village typique. Visite du troupeau en estives, fenaisons avec goûter.

Prix : 2 pers. **230 F**

Ouvert : toute l'année.

1	1	1	1	1

VERDOT Daniel - 65170 VIGNEC - Tél : 05 62 39 54 53

VIZOS La Grange

Alt. : 830 m (TH) *C.M. 85 Pli 18*

2 ch. **Luz-Saint-Sauveur 2 km. Gavarnie 22 km.** Ancienne grange située sur une prairie dévalant vers la vallée. 2 ch. d'hôtes à l'étage avec entrée indépendante, sanitaires communs, coin-salon, TV, bibliothèque, salle à manger/coin-cuisine avec cheminée. A proximité, petits animaux de la basse-cour (poules, lapins) et moutons. Poss. de barbecue, salon de jardin. Lieu calme et tranquille pour profiter pleinement de la montagne avec une vue exceptionnelle sur la vallée. Possibilité de camper et de découvrir le milieu selon la saison.

Prix : 1 pers. **140 F** 2 pers. **180 F** 3 pers. **240 F** repas **70 F**

Ouvert : toute l'année.

SP	2	2	30	2

ALBERT Bruno - La Grange - 65120 VIZOS - Tél : 05 62 92 87 41

GITES DE FRANCE - Service Réservation
Maison des Agriculteurs
La Milliasolle - B.P. 89
81003 ALBI Cedex
Tél. 05 63 48 83 01 - Fax. 05 63 48 83 12

3615 Gîtes de France
1,28 F/min

AIGUEFONDE Le Fourchat

(TH) *C.M. 83 Pli 11*

5 ch. **Mazamet 5 km. Lac des Montagnès 10 km.** A la ferme, ancien bâtiment de ferme rénové : 5 ch. pour 2 à 4 pers., dans un site calme et boisé. Séjour et salon réservés aux hôtes avec TV. A l'ét., 2 ch. (1 lit 2 pers.), 1 ch. (2 lits 1 pers.), 2 ch. (1 lit 2 pers., 2 lits superp), s.e. et wc privés dans chacune. Table d'hôtes avec produits de la ferme. Cour, s/jardin. Simone, Roger et Véronique Lelièvre vous accueillent avec convivialité et authenticité dans leur ferme de séjour. Outre l'aspect traditionnel et la fraîcheur des lieux, la nature est omniprésente. Animations à la ferme : poneys pour les enfants. Nombreuses découvertes et activités sportives.

Prix : 1 pers. **175 F** 2 pers. **220 F** 3 pers. **280 F** pers. sup. **60 F** repas **80 F**

Ouvert : toute l'année.

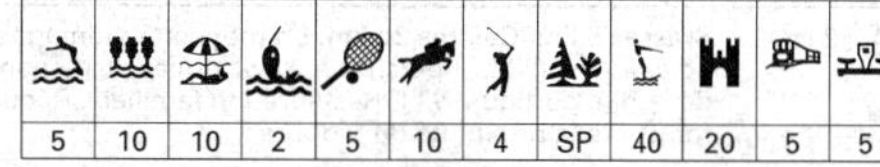

5	10	10	2	5	10	4	SP	40	20	5	5

LELIEVRE Roger et Simone - Le Fourchat - 81200 AIGUEFONDE - Tél : 05 63 61 22 67 ou 05 63 98 12 62

ALGANS Montplaisir

(TH) *C.M. 82 Pli 09*

5 ch. **Lavaur et Puylaurens 12 km.** Dans une maison de maître du XVIIè siècle, 5 ch. de 2 à 3 pers. avec s.e. et wc privés dans chacune. 1 ch. (2 lits 1 pers.), 2 ch. (1 lit 2 pers., 1 lit 1 pers.), 2 ch. (3 lits 1 pers.). Salle à manger, coin-salon, TV. L.linge et frigo à dispo. Grand jardin avec espace jeux, piscine, ping pong. Prêt de VTT. Table d'hôtes de juin à sept sur réservation. Nous vous accueillons dans une maison restaurée, en pierres apparentes et colombages, en pleine nature, avec les Pyrénées comme horizon et au cœur du pays de Cocagne. Sur place : piscine, VTT, baby-sitting sur demande, badmington, poss. de stage. Langues parlées : anglais, espagnol.

Prix : 1 pers. **250/300 F** 2 pers. **300/330 F** 3 pers. **450 F** repas **110 F**

Ouvert : toute l'année.

SP	15	15	10	6	6	12	25	25	5	12	6

MAZZIA Thierry - Montplaisir - En Rose - 81470 ALGANS - Tél : 05 63 75 02 33 - Fax : 05 63 75 02 33

AMBIALET Ambels

C.M. 83 Pli 01

3 ch. **Prieuré et méandre d'Ambialet 6 km. Albi 22 km.** A quelques kms du site d'Ambialet, sur une exploit. agricole, 2 ch. d'hôtes et une suite pour 2 et 3 pers. 1 ch. (1 lit 2 pers.), s.e. priv., wc sur palier, 1 ch. (1 lit 2 pers., 1 lit 1 pers.) s.e., wc priv. La suite de 2 ch. communiquantes (1 lit 2 pers., 1 lit 120, 1 lit 1 pers.), s.e., wc privés. TV dans salon commun. Jardin, s/jardin, portique. Ces chambres sont aménagées dans la région de la Vallée du Tarn, en pleine campagne, parc ombragé avec aire de pique-nique aménagée. Langue parlée : espagnol.

Prix : 1 pers. **160/180 F** 2 pers. **200/220 F** 3 pers. **280 F** pers. sup. **60 F**

Ouvert : toute l'année.

15	20	20	6	6	16	22	15	6	6	22	6

ALIBERT Christine - Ambels - 81430 AMBIALET - Tél : 05 63 55 38 60 ou 06 82 24 73 49

ANGLES Béthanie

Alt. : 750 m *C.M. 83 Pli 02*

2 ch. **Brassac 12 km. Lac de la Raviège 8 km.** Au centre du village, 2 ch. pour 2 ou 3 pers. Au 1er : 1 ch. (1 lit 2 pers., 1 lit 1 pers.) avec s.d.b. et wc privés attenants. Au 2è : 1 ch. (1 lit 180) avec s.d.b. et wc non attenants. Poss. de compléter cette ch. avec une autre (1 lit 120). Séjour, salon, biblio. Cour intérieure ombragée, salon de jardin. Terrain clos à 100m. Dans cette spacieuse maison ancienne fortifiée, au cœur du village, la propriétaire vous accueillera dans les 2 chambres d'hôtes qu'elle a aménagées. Vous y serez confortablement installés, au calme, et pourrez déguster les copieux petits-déjeuners préparés par votre hôtesse.

Prix : 1 pers. **250/300 F** 2 pers. **300/350 F** 3 pers. **420/470 F** pers. sup. **120 F**

Ouvert : toute l'année.

15	8	8	8	1	4	27	2	8	SP	27	SP

CAUFMENT Sophie-Dominique - Bethanie - Place de la Poste - 81260 ANGLES - Tél : 05 63 50 49 55 - Fax : 05 63 50 49 55

BELLEGARDE La Borie Neuve

(TH) *C.M. 80 Pli 11*

5 ch. **Albi 12 km.** 5 ch. pour 2 pers. avec entrée indép., toutes avec s.d.b. ou s.e. et wc particuliers, 4 ch. avec 2 lits 1 pers., 1 ch. avec 1 lit 2 pers. TV sur demande. Poss. kitchenette. L.linge. Garderie d'enfants sur demande. Table d'hôte le soir. Piscine privée sur place, ping-pong. 2 gîtes ruraux sur le même site. Animaux acceptés sur demande. Ancien corps de ferme du XVIè siècle restauré, à 400 mètres du village, un cadre très calme et champêtre. A visiter : ALBI avec sa cathédrale, et ses musées dont celui de Toulouse-Lautrec. Chaque année, la ville organise des festivals de musique, théâtre, région très touristique, bastide, forêt Langues parlées : anglais, espagnol.

Prix : 1 pers. **245/305 F** 2 pers. **270/330 F** pers. sup. **75 F** repas **110 F**

Ouvert : toute l'année.

SP	6	10	6	0,4	20	12	15	6	12	12	4

RICHARD Jacqueline - La Borie Neuve - 81430 BELLEGARDE - Tél : 05 63 55 33 64

LE BEZ Amiguet

Alt. : 600 m *C.M. 83 Pli 02*

5 ch. **Brassac 1 km. Castres 23 km.** Dans une région de moyenne montagne avec forêts de sapins : 5 ch. pour 2 pers. ou 3 pers. avec 1 lit 2 pers. dans 3 ch. et 1 lit 2 pers. et 1 lit 1 pers. dans 2 autres ch., 2 s.e. et 2 wc communs. Terrain, salon de jardin. Situées près de la région granitique du Sidobre et des Monts de Lacaune, vous pourrez faire de belles promenades dans les bois.

Prix : 1 pers. **140 F** 2 pers. **160 F** 3 pers. **180 F**

Ouvert : toute l'année.

3	10	10	10	3	3	22	SP	22	22	22	1

HOULES Maurice - Amiguet - 81260 LE BEZ - Tél : 05 63 74 00 62

LE BEZ Le Reclot

Alt. : 750 m *C.M. 83 Pli 02*

2 ch. **Brassac 5 km. Castres 30 km.** En moyenne montagne, 2 ch. pour 2 pers., à l'ét. : 1 ch. (1 lit 2 pers.), s.e. avec wc non attenante au r.d.c. + 1 ch. (2 lits 1 pers.), s.e. et wc privés et attenants. Salon communs aux hôtes et aux propriétaires, terrasse, jardin. TV. Salon de jardin, portique, VTT. Restauration familiale. Réduction pour enfants. Gîte rural sur place. 2 chambres d'hôtes dans une région forestière, à proximité du Sidobre.

Prix : 1 pers. **150/170 F** 2 pers. **170/190 F** pers. sup. **60 F** repas **80 F**

Ouvert : toute l'année.

10	5	5	5	10	3	30	SP	SP	30	10

JARDRIT Chantal - Le Reclot - 81260 LE BEZ - Tél : 05 63 74 05 36

BRIATEXTE En Galinier

(TH) *C.M. 82 Pli 09*

2 ch. **Graulhet 6 km. Lavaur 15 km.** A la ferme. 2 ch. pour 4 et 3 pers. dans leur maison d'habitation : 1 ch. (1 lit 2 pers, 2 lits 1 pers. superp.), s.d.b. et wc privés, 1 ch. (1 lit 2 pers., 1 lit 1 pers.), s.e. et wc privés. L.linge. Salle de détente avec TV, biblio. ping-pong, petit terrain de foot, bac à sable. Terrasse ombragée, jardin. Produits du jardin et verger. Geneviève et Jean vous accueillent dans leur ferme (élevage ovins et cultures), à la limite de l'Albigeois Castrais et aux portes du Lauragais. Réductions séjours à partir de 2è nuitée.

Prix : 1 pers. **170 F** 2 pers. **230 F** 3 pers. **290 F** pers. sup. **60 F** repas **60/85 F**

Ouvert : toute l'année.

6	20	12	6	6	6	8	8	40	12	6

BRU Geneviève - En Galinier - 81390 BRIATEXTE - Tél : 05 63 42 04 01 ou 05 63 42 09 47 - Fax : 05 63 42 04 01

BROUSSE La Métairie Grande

(TH) *C.M. 82 Pli 10*

1 ch. **Lautrec 6 km. Castres 20 km.** Maison située à quelques kms du village médiéval de Lautrec, sur l'exploitation agricole. 1 ch. pour 2 pers., à l'étage, avec s.e. et wc privatifs (1 lit 2 pers. + 1 lit bébé). Salle de séjour, salon communs, biblio. TV dans la ch. L.linge à la demande. Jardin, terrasse, plan d'eau sur place (pêche). Table d'hôtes (produits de la ferme et du jardin). Près du village et d'une base de loisirs (baignade surveillée, piscine avec jeux d'enfants) et proche de Castres et de la région granitique du Sidobre, ces chambres sont sur une ferme où l'on produit l'ail de Lautrec. Moutons sur place.

Prix : 1 pers. **170 F** 2 pers. **200 F** 3 pers. **300 F** pers. sup. **100 F** repas **80 F**

Ouvert : toute l'année.

6	SP	6	5	6	3	20	SP	30	6	20	6

PALAFRE - CALMELS Pierre & Anne-Marie - La Métairie Grande - 81440 BROUSSE - Tél : 05 63 75 92 29

CAGNAC-LES-MINES Las Campagnies

(TH)

3 ch. **Cordes (cité médiévale) 12 km. Musée de la mine de Carmaux 15 km.** Proche d'Albi, 3 ch. de 3 pers. R.d.c. : 1 ch.(3 lits 90). A l'ét. : 2 ch. (1 lit 160, 1 lit 90) avec s.e ou s.d.b et wc privés. Salle à manger, TV, salon, cheminée. Jardin d'hiver, biblio, musique. Equip.BB. Aire de jeux, piscine, parking privé. La table d'hôtes vous séduira par ses odeurs, couleurs, variétés anciennes de légumes Bio. Panier pique-nique. Sur la route des Bastides, près de Cordes, maison en pierres apparentes de style régional sur une prop. maraichère de 2 ha. Décoration chaleureuse et originale : jeux de mosaïques inspirés des couleurs et éléments naturels du site. Couchers de soleil inoubliables. Tarifs hors été. Langue parlée : anglais.

Prix : 1 pers. **300 F** 2 pers. **370 F** 3 pers. **470 F** pers. sup. **100 F** repas **100 F**

Ouvert : toute l'année.

SP	1	15	0,5	5	15	10	2	15	12	10	5

GITES DE FRANCE-SERVICE RESERVATION - Maison des Agriculteurs - BP 89 - 81003 ALBI Cedex - Tél : 05 63 48 83 01 ou PROP : 05 63 53 92 97 - Fax : 05 63 48 83 12 - E-mail : gitesdutarn@free.fr - http://www.gites-tarn.com

CAHUZAC-SUR-VERE

C.M. 79 Pli 19

2 ch. **Gaillac 12 km. Cordes 10 km.** Sur la place du village, 2 ch. à l'ét. pour 2 pers., avec s.e. dans chacune et wc communs sur palier aux 2 ch. (1 lit 2 pers. dans chacune). Salon avec TV privatif, frigo. Produits fermiers. Restaurant et commerces au village ainsi que piscine et location VTT. Disponibilités toute l'année. Réservation par tél. de 13H à 18H et après 21H de préférence. Annie Delpech vous accueille dans sa maison ancienne, en plein cœur du pays des Bastides.

Prix : 1 pers. **180 F** 2 pers. **200 F** 3 pers. **230 F**

Ouvert : toute l'année.

0,2	15	15	0,2	0,2	15	18	8	18	10	12	SP

DELPECH Annie - Place de l'Eglise - 81140 CAHUZAC-SUR-VERE - Tél : 05 63 33 95 50 ou 05 63 33 90 25 - Fax : 05 63 33 97 09

CAHUZAC-SUR-VERE (TH) *C.M. 79 Pli 19*

3 ch. **Gaillac 12 km. Cordes 10 km.** Dans le village. 3 ch. pour 2 et 4 pers., à l'ét. d'une maison entièrement restaurée, avec des meubles rustiques : 2 ch. (1 lit 2 pers. dans chacune) s.e. et wc privés, 1 ch. (1 lit 2 pers., 1 lit 110, 1 lit 120), s.d.b. et wc privés. Lit bébé sur demande. Table d'hôtes fermée du 14/07 au 15/08, avec les produits fermiers. Terrasse fleurie avec salon de jardin. Claudine vous accueille dans sa maison. Cahuzac est un petit village situé dans le circuit des Bastides, entre Cordes et Gaillac.

Prix : 1 pers. **180 F** 2 pers. **220/250 F** pers. sup. **50 F** repas **80 F**

Ouvert : toute l'année.

0,2	15	15	0,2	0,2	12	10	10	10	10	8	SP

MIRAILLE Claudine - Place de l'Eglise - 81140 CAHUZAC-SUR-VERE - Tél : 05 63 33 91 53 - Fax : 05 63 33 99 59

CAHUZAC-SUR-VERE La Ventresque (TH) *C.M. 79 Pli 19*

5 ch. **Cordes et Gaillac 12 km.** A 1 km du village, 5 ch. à l'ét., de 2 à 4 pers. 2 ch. (1 lit 2 pers.), 2 ch. (1 lit 2 pers., 2 lits 1 pers.),1 ch. (3 lits 1 pers.). 4 ch. ont s.e. et wc privés attenants, l'autre a s.e. et wc privés non attenants. 3 lits bébé + équip. à dispo. Cuisine d'été à dispo. Salon avec TV. Table d'hôtes (soir). Piscine (5x10m). 2 VTT. Jeux enf. Dans leur maison traditionnelle, Aurore et Jean-Marc ont aménagé 5 jolies chambres. Vous pourrez déguster les spécialités de la cuisine régionale. Possibilité de panier pique-nique pour le midi. Les petits déjeuners sont copieux. Prix dégressifs pour séjours, prix h.saison. Gratuité pour bébé. Langues parlées : anglais, espagnol.

Prix : 1 pers. **220 F** 2 pers. **270 F** 3 pers. **330 F** pers. sup. **80 F** repas **90 F**

Ouvert : toute l'année.

SP	13	13	2	1	14	20	15	13	7	17	1

CUQUEL Aurore et Jean-Marc - La Ventresque - 81140 CAHUZAC-SUR-VERE - Tél : 05 63 33 29 94 - Fax : 05 63 33 29 94

CAMBON-D'ALBI Rayssaguel (TH) *C.M. 80 Pli 11*

5 ch. **Albi 7 km.** Propriété viticole et d'élevage. 5 ch. pour 2, 3 pers. Dans annexe : 2 ch. 3 épis NN. 1 lit 140 dans chaque ch. (poss. lit suppl.), s.d.b., wc privés. 3 ch. 2 épis NN dont 2 avec 1 lit 140 et 1 lit 90, une avec 1 lit 140, s.e. privée et wc communs. Salon. TV. Table d'hôtes avec produits fermiers. 2 ch. sanitaires acces. pers. hand. Cour, terrasse, vélos. Renée et Paul vous accueillent dans leur propriété du XVIIIè siècle, à la campagne, près d'Albi, avec visite d'élevage traditionnel, conserverie, dégustation. Vente directe de confits et foies de canards gras. Médaille d'or et d'argent au Concours Général Agr. de Paris. 2 gîtes sur place. Langues parlées : anglais, espagnol.

Prix : 1 pers. **160 F** 2 pers. **210 F** 3 pers. **260 F** pers. sup. **50 F** repas **85/130 F**

Ouvert : toute l'année.

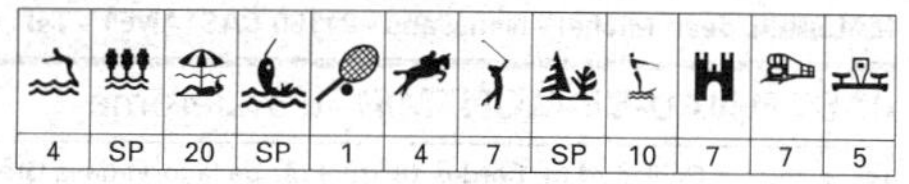

4	SP	20	SP	1	4	7	SP	10	7	7	5

ROLLAND Paul - 47 chemin de Rayssaguel - 81990 CAMBON-D'ALBI - Tél : 05 63 53 00 34 - Fax : 05 63 53 00 34 - http://www.ferme.de.rayssaguel.com

CAMBOUNES Oms Alt. : 500 m (TH) *C.M. 83 Pli 02*

1 ch. **Brassac 8 km. Le Sidobre 3 km.** Dans une ferme d'élevage équins de trait, au cœur d'une région de moyenne montagne : 1 ch. pour 2 ou 3 pers. (1 lit 2 pers.), poss. lit d'appoint, s.e. et wc. Table d'hôtes avec les produits du terroir. Jardin avec terrasse. Gîte de 5 pers. sur place. Dans un coin très calme, repos assuré en bordure du plateau granitique du Sidobre, Roselyne et Pierre vous accueillent.

Prix : 2 pers. **210 F** pers. sup. **50 F** repas **70 F**

Ouvert : toute l'année.

8	15	15	3	8	SP	21	SP	20	SP	21	8

MARTY Pierre - Oms - 81260 CAMBOUNES - Tél : 05 63 74 54 89

CAMBOUNET-SUR-LE-SOR Château de la Serre (TH) *C.M. 82 Pli 10*

3 ch. **Castres 10 km. Toulouse et Carcassonne 60 km. Albi 40 km.** Une suite et 2 ch. pour 2 et 3 pers. Suite : ch. 1 lit 2 pers. et 1 lit 1 pers. dans une tour attenante, s.d.b. et wc privés. 2 autres ch. de caractère (1 lit 2 pers), (2 lits 1 pers), s.d.b. et wc privés. Salle à manger familiale où est servi le petit-déjeuner. Table d'hôtes à la dem., billard, piscine. Dans le cadre historique d'un château du XVIè siècle, vous serez accueillis dans le patrimoine de la famille de Limairac qui a aménagé pour vous, dans le charme des vieilles pierres, 3 chambres d'hôtes dans un grand parc avec piscine privée sur place. Langue parlée : anglais.

Prix : 1 pers. **550/700 F** 2 pers. **550/700 F** 3 pers. **700 F** repas **150/180 F**

Ouvert : du 1er mai au 30 octobre.

SP	15	4	4	2	4	15	15	15	15	6	1

DE LIMAIRAC BERTHOUMIEUX Chantal - Château de la Serre - 81580 CAMBOUNET-SUR-SOR - Tél : 05 63 71 75 73 - Fax : 05 63 71 76 06 - E-mail : reservations@la-serre.com - http://www.la-serre.com

CAMBOUNET-SUR-LE-SOR La Serre  *C.M. 82 Pli 10*

4 ch. **Castres et Puylaurens 10 km. Toulouse 60 km.** Sur un domaine agricole, au calme : 4 ch. pour 2, 3, 4 pers. 1 ch. au r.d.c. (1 lit 140, 1 lit 140 sur mezz.), s.d.b., wc. A l'ét. : 1 ch. double (1 lit 140, 1 lit 90) TV, s.d.b. et wc, 2 ch. (2 lits 140), s.e. et wc privés à chacune. Poss. ch. suppl. Séjour, salon communs. Terrain. Table d'hôtes le soir (sauf WE). 10% de réduction à partir de la 5è nuit. Le Bois des Demoiselles offre une maison avec un intérieur de caractère et des chambres accueillantes sur un terrain boisé. Vous pourrez approfondir vos connaissances sur l'agriculture par le contact avec le fils du prop. qui est exploitant.

Prix : 1 pers. **140/170 F** 2 pers. **160/190 F** 3 pers. **240/250 F** pers. sup. **60 F** repas **70 F**

Ouvert : toute l'année.

8	3	3	1	1	4	15	15	15	15	6	1

ANDRE Alice - La Serre - Le Bois des Demoiselles - 81580 CAMBOUNET-SUR-LE-SOR - Tél : 05 63 71 73 73 - Fax : 05 63 71 74 37

LES CAMMAZES Bel Air Bas Alt. : 600 m (TH) *C.M. 82 Pli 20*

3 ch. **Bassin de St-Ferréol 6 km. Revel 11 km.** En pleine campagne, maison ancienne rénovée. 3 ch. pour 3 et 4 pers. (1 lit 2 pers., 1 lit 80), (1 lit 2 pers., 2 lits 1 pers. superp.), (1 lit 2 pers., 2 lits 1 pers. superp.), lavabo dans chaque ch., s.e. commune et 1 wc indép. Cheminée. Coin-cuisine, salle de séjour, salon, TV, l.linge. Terrain, terrasse. Remise 10% pour séjour >5 jours. Dans le Parc Naturel du Haut Languedoc et dans une région boisée, maison en pierres et poutres apparentes, entièrement refaite, à 300 m du village et au bord du GR 7. Activités sportives : possibilité de tir à l'arc, pêche et promenade en barque sur le lac de St Ferréol.

Prix : 1 pers. **140 F** 2 pers. **180 F** pers. sup. **70 F** repas **80 F**

Ouvert : toute l'année.

11	6	6	SP	6	1	SP	6	SP	11	10

LARCHER André et Patricia - Bel Air Bas - 81540 LES CAMMAZES - Tél : 05 63 74 16 61

CASTANET Naussens (TH) *C.M. 79 Pli 20*

5 ch. **Albi 15 km.** Région viticole : 2 ch. pour 2 et 4 pers.avec terrasse, entrée indép. 1 ch. (1 lit 2 pers.) 1 ch. (1 lit 2 pers., 2 lits 1 pers). 3 autres ch. pour 2, 3 pers, dans une grange rénovée à prox. avec terrasse. 2 ch. (2 lits 2 pers.), 1 ch. (1 lit 2 pers., 1 lit 1 pers.), s.e. et wc privés à chacune. Piscine commune. A quelques kilomètres d'Albi et de Cordes, Jean-Michel et Catherine vous accueillent dans leur maison où ils ont aménagé 2 chambres, et 3 autres chambres dans une grange annexe. Les repas sont préparés avec les produits fermiers. « Accueil bébé » : 50 F pour les moins de 3 ans.

Prix : 1 pers. **200 F** 2 pers. **200 F** 3 pers. **300 F** pers. sup. **100 F** repas **80 F**

Ouvert : toute l'année.

SP	6	6	6	6	3	6	SP	15	15	5	6

MALBREIL Jean-Michel - Naussens - 81150 CASTANET - Tél : 05 63 55 22 56

CASTELNAU-DE-MONTMIRAL St-Jérome *C.M. 79 Pli 19*

2 ch. **Gaillac 7 km. Cordes 18 km.** Près de la forêt de la Grésigne et de Cordes, cité médiévale : 2 ch. pour 3 pers. L'une avec 1 lit 2 pers., 1 lit 1 pers., s.e. wc privés, 3 épis NN. L'autre avec 1 lit 2 pers, 1 lit 1 pers., s.e. privée et wc dans couloir, 2 épis NN. Frigo à dispo. Terrasse avec salon de jardin, terrain. Restauration à 4 km. Ces chambres sont situées dans la belle région du Circuit des Bastides. Ce sont plein de petits villages fortifiés, entourés de vignobles, cultures et forêts.

Prix : 1 pers. **160/190 F** 2 pers. **190/230 F** 3 pers. **240/280 F**

Ouvert : du 1er mars au 30 octobre.

7	4	4	4	4	8	SP	SP	5	5	7	4

CAMALET Jacques - St-Jérome - 81140 CASTELNAU-DE-MONTMIRAL - Tél : 05 63 33 10 09 - Fax : 05 63 33 20 26

CASTELNAU-DE-MONTMIRAL Le Vert *C.M. 79 Pli 19*

2 ch. **Gaillac 15 km. Cordes 20 km.** 2 ch. pour 2 pers. + 1 enf. (1 lit 2 pers. et 1 lit enf. dans chacune), s.e. avec wc particuliers. Salon particulier aux hôtes, TV. communs avec le propriétaire. Cheminée. Cour, salon de jardin, parking privé, ping-pong. Ces chambres sont situées dans une ferme à proximité de la forêt de la Grésigne, faisant partie du circuit de randonnée pédestre du Pays des Bastides Albigeoises. Langue parlée : anglais.

Prix : 1 pers. **150 F** 2 pers. **180 F**

Ouvert : toute l'année.

10	4	4	4	4	5	20	4	15	20	14	5

GALAUP Jacques - Le Vert - 81140 CASTELNAU-DE-MONTMIRAL - Tél : 05 63 33 13 87

CASTELNAU-DE-MONTMIRAL Luman (TH) *C.M. 79 Pli 19*

4 ch. **Gaillac 13 km. Cordes 18 km.** Maison en pleine campagne, près du village médiéval de Castelnau de Montmiral. 4 ch. pour 2 et 4 pers. : 3 ch. 1 épi NN avec s.d.b. et wc communs dont 1 suite (dans la suite : 1 lit 150, 2 lits 100 + lavabo), 2 ch. (1 lit 2 pers. dans chacune). 1 ch. 2 épis NN avec douche, lavabo et wc commun (2 lits 100). Table d'hôtes avec produits fermiers. Lucette et Charles vous accueillent dans leur propriété viticole située dans la région du circuit des Bastides. Langues parlées : espagnol, anglais.

Prix : 1 pers. **140 F** 2 pers. **160 F** 3 pers. **200 F** pers. sup. **60 F** repas **70 F**

Ouvert : de mars à octobre.

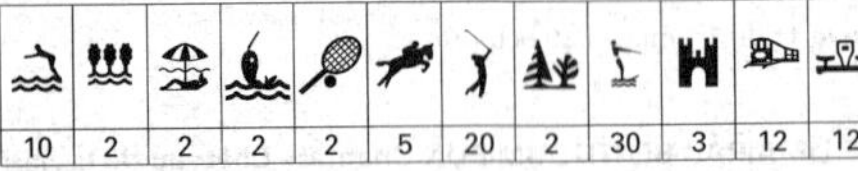

10	2	2	2	2	5	20	2	30	3	12	12

ROBERT Charles - Luman - 81140 CASTELNAU-DE-MONTMIRAL - Tél : 05 63 33 10 20

CASTELNAU-DE-MONTMIRAL Barreau

TH *C.M. 79 Pli 19*

3 ch. **Gaillac 12 km. Cordes 18 km.** A 1 km du village, 3 ch. de 2 à 3 pers. 1 ch. au r.d.c. (1 lit 2 pers., 1 lit 1 pers.), s.d.b. et wc privés. A l'ét. : 2 ch. (1 lit 2 pers., 1 lit 1 pers),(1 lit 160), chacune avec s.e. et wc privés. Lits d'appoint 1 pers sur dem. Lit bébé à dispo. TV dans les ch./dem. Salon et séjour. Terrain, pétanque, ping-pong. Piscine (10x5.5m). Entre vignobles et Bastides, proche du village de Castelnau de Montmiral, les propriétaires ont aménagé 3 chambres confortables avec vue sur le village dans leur maison rénovée. Repas gastro, régional ou cuisine exotique sur demande. Panier pique-nique. Tarif dégressif selon durée Langue parlée : anglais.

Prix : 1 pers. **250 F** 2 pers. **310 F** 3 pers. **380 F** pers. sup. **70 F**
repas **110 F**

Ouvert : toute l'année.

SP	4	4	3	4	12	20	6	15	1	10	1

GITES DE FRANCE-SERVICE RESERVATION - Maison des Agriculteurs - BP 89 - 81003 ALBI Cedex - Tél : 05 63 48 83 01 ou PROP : 05 63 33 18 46 - Fax : 05 63 48 83 12 - E-mail : gitesdutarn@free.fr - http://www.gites-tarn.com

CASTELNAU-DE-MONTMIRAL

1 ch. **Cordes 25 km. Gaillac 12 km.** Au cœur du village, dans une petite rue calme, 1 ch. aménagée à l'ét. pour 2 ou 3 pers. (1 lit 2 pers., 1 lit pliant 1 pers. sur demande) avec s.e. et wc privés. Séjour-salon avec TV, cheminée. Bibliothèque. Terrasse plein sud avec vue dégagée sur la campagne, abri fermé. Animaux admis sur demande. Dans une Bastide du XIIIè siècle, maison traditionnelle en pierres, briques et poutres apparentes, une étape idéale pour découvrir le vignoble de Gaillac, la forêt de Grésigne et le Circuit des Bastides. Base de loisirs à 3 km (baignade, activités nautiques..)

Prix : 1 pers. **160 F** 2 pers. **180 F** 3 pers. **250 F**

Ouvert : toute l'année.

10	3	3	3	6	6	20	3	20	SP	12	SP

MALBERT Reine - Rue des Chiffonniers - 81140 CASTELNAU-DE-MONTMIRAL - Tél : 05 63 33 19 45

CASTELNAU-DE-MONTMIRAL Château de Mayragues

C.M. 79 Pli 19

2 ch. **Gaillac 10 km. Castelnau de Montmiral 5 km.** Dans un château, 2 ch. spacieuses au décor raffiné desservies par le chemin de ronde, chacune pour 2 pers. 1 ch. (1 lit 2 pers) avec s.d.b. et wc. 1 ch. (2 lits 1 pers.), s.e. et wc. Randonnées et ping-pong/place. Base de loisirs à 8 km. Un gîte sur place. Une étape idéale pour découvrir le vignoble, l'architecture, l'histoire. Au cœur du vignoble de Gaillac, près de la forêt de Grésigne et des Bastides, sur une propriété de 60 ha (vignes et forêts), chambres de caractère aménagées au 2è étage du Château de Mayragues (14-15è s) donnant sur la galerie en colombages (très belle vue). Vinification sur place. Langue parlée : anglais.

Prix : 1 pers. **400 F** 2 pers. **450 F** pers. sup. **100 F**

Ouvert : toute l'année sauf Noël et nouvel an.

8	8	8	2	8	8	18	SP	8	4,5	10	4,5

GEDDES Alan et Laurence - Château de Mayragues - 81140 CASTELNAU-DE-MONTMIRAL - Tél : 05 63 33 94 08 - Fax : 05 63 33 98 10 - E-mail : geddes@chateau-de-mayragues - http://www.chateau-de-mayragues.com

CASTRES

C.M. 83 Pli 01

2 ch. **Castres 2 km. Le Sidobre 15 km.** A 2 km du centre de Castres, 2 ch. de 2 à 4 pers. : 1 suite indép. donnant sur jardin comprenant 1 ch. (1 lit 2 pers.), petit salon, canapé conv., s.e. et wc 1 ch. à l'ét. de la maison principale (1 lit 160) avec s.d.b et wc. Poss. de 2 ch. en complément (4 lits 1 pers.), lavabo. Salon et séjour communs. Ping-pong. A 10 mn du centre ville, en allant vers le Sidobre, Pierre et Evelyne ont aménagé 2 jolies chambres dans leur maison. Vous y serez logés dans un cadre de verdure, calme et retiré. Proximité de nombreux loisirs et services. Langues parlées : anglais, espagnol.

Prix : 1 pers. **180 F** 2 pers. **220 F** 3 pers. **300 F** pers. sup. **80 F**

Ouvert : toute l'année.

2	15	2	2	2	2	2	4	2	SP	2	2

ROUVE Evelyne et Pierre - 101 chemin des Fontaines - 81100 CASTRES - Tél : 05 63 35 60 40 - Fax : 05 63 35 72 11 - E-mail : pleinciel@castres.com

CORDES La Bouriette

A *C.M. 79 Pli 20*

5 ch. **Cordes 3 km.** 5 ch. situées dans une annexe, accès indép., pour 2 à 4 pers. 1 ch. avec 2 lits 1 pers., poss. d'1 lit suppl.), s.e. et wc privés dans chaque ch. 4 autres ch. (3 lits 2 pers. + 1 suite avec 1 lit 2 pers. et 2 lits 1 pers.). TV dans les ch. Auberge de campagne. Terrasses fermée et ouvertes au bord de la piscine. Poss. de 1/2 pens. Remise de -10% en basse saison. Nadine et Jean-Marc vous accueillent dans leur Auberge de campagne, sur une exploitation de céréales. Situé à 3 km de Cordes (cité médiévale), dominant la Vallée du Cérou. L'Auberge de la Bourriette vous accueille en plein pays cathare. Calme et confort. Location VTT. Langues parlées : anglais, espagnol.

Prix : 1 pers. **260/280 F** 2 pers. **320 F** 3 pers. **410 F** pers. sup. **100 F**
repas **60/200 F**

Ouvert : toute l'année.

SP	15	15	1	7	10	20	SP	15	3	7	3

ALUNNI-FEGATELLI Jean-Marc - La Bouriette - Campes - 81170 CORDES - Tél : 05 63 56 07 32

CORDES Le Kerglas

(TH) C.M. 79 Pli 20

5 ch. **Cordes 4 km.** A 3 km de Cordes. 5 ch. pour 2 ou 3 pers. Vous pourrez apprécier la tranquilité, le calme et la verdure, le confort de chacune d'elles, avec leur entrée indép. Dans chaque ch. 1 lit 180 ou 2 lits 90, 4 s.d.b., 1 s.e. et wc privatifs. Table d'hôtes. Animaux acceptés : 25 F. GR 36.46 et VTT. La famille Kerjean vous accueille dans leur ferme de 1730. Ils ont aménagé dans d'anciens bâtiments de la ferme 5 chambres. Une partie face à la cité médiévale de Cordes avec une vue panoramique, l'autre face à la campagne.

Prix : 1 pers. **227/268 F** 2 pers. **258/290 F** 3 pers. **386/418 F**
repas **124/220 F**

Ouvert : toute l'année.

3	20	3	3	3	12	30	SP	15	3	6	4

FAMILLE KERJEAN - La Vedillerie - Les Cabannes - 81170 CORDES - Tél : 05 63 56 04 17 ou 06 82 83 94 78 - Fax : 05 63 56 18 56 - E-mail : le.kerglas@wanadoo.fr

CORDES Les Tuileries

(TH) C.M. 79 Pli 20

5 ch. **Cordes 600 m.** Au pied de Cordes. A l'ét. : 5 vastes ch. pour 2, 3 et 4 pers. ttes avec s.e., wc privés. Une maison de maître dans un coin de verdure près de la Bastide se fait à la fois ferme et ch. d'hôtes pour vous accueillir, vous offre le calme, l'espace, une vue exceptionnelle, une agréable piscine, l'ombre des marronniers. Tarif 350 F. (15/07-15/08), 300 F. hors été. A la table d'hôtes où les produits de la ferme figurent en bonne place, le dîner se déroule en toute convivialité, près de la cheminée en hiver, en plein air dès les beaux jours. Sur place : garage et aires de jeux, salon avec TV, ping-pong, lit d'appoint suppl. pour enf. Petits chiens admis. Langue parlée : anglais.

Prix : 1 pers. **250 F** 2 pers. **300/350 F** 3 pers. **360/400 F** pers. sup. **60 F**
repas **105 F**

Ouvert : toute l'année.

SP	15	3	SP	0,2	12	22	SP	15	0,6	3	0,6

RONDEL Annie et Christian - Les Tuileries - 81170 CORDES - Tél : 05 63 56 05 93 - Fax : 05 63 56 05 93 - E-mail : christian.rondel@wanadoo.fr

CORDES Aurifat

C.M. 79 Pli 20

4 ch. **Cordes 1 km.** 3 ch. et une suite pour 2 et 4 pers., toutes avec entrée indép.et sanitaires privés, la plupart avec balcon ou terrasse fleuris où l'on sert le petit-déj : 1 ch. (2 lits 100), 1 ch. (2 lits 90) dans tour de guet, 1 ch (1 lit 2 pers.) dans le pigeonnier et 1 suite (4 lits 1 pers.). Terrasse, cuisine d'été, barbecue. Biblio. Parc 1 ha. Sur le versant sud de Cordes, à 5 mn de la Cité médiévale et touristique (rest. et serv.) mais bénéficiant du calme de la campagne, Ian et Pénélope vous accueillent dans leur maison de caractère et partagent leur gd jardin avec piscine privée (16x7m). Jolie vue sur la vallée. Prix selon saison. Langues parlées : anglais, espagnol.

Prix : 1 pers. **240/300 F** 2 pers. **320/400 F** 3 pers. **520/650 F**

Ouvert : d'avril à décembre.

SP	16	3	1	1	20	22	5	16	1	4	1

WANKLYN Ian et Pénélope - Aurifat - 81170 CORDES - Tél : 05 63 56 07 03 - Fax : 05 63 56 07 03 - E-mail : aurifat@wanadoo.fr

DONNAZAC

(TH) C.M. 79 Pli 20

5 ch. **Cordes 7 km.** Dans un petit village, 5 ch. pour 2, 3 et 5 pers. Au r.d.c. : 2 ch. (1 lit 160)(3 lits 1 pers.). A l'ét. : 1 suite (3 lits 1 pers. et 2 lits 80 superp.), 1 ch. (3 lits 1 pers.), 1 ch. (1 lit 160, 1 lit 1 pers), toutes avec s.d.b., wc et TV. Séjour, salon. A dispo : frigo, l.vaiss. Jardin clos et piscine, jeux d'enf. Table d'hôtes sauf mardi (juil./août). Au cœur du Gaillacois et près des Bastides Albigeoises, dans un petit village de pierres blanches, sur un ensemble commun de 5000 m2 clôturé, chambres d'hôtes de caractère, spacieuses, à la décoration soignée. Jeux sur place : ping-pong, badmington, 4 vélos adultes. 2 gîtes sur place. Langues parlées : anglais, espagnol.

Prix : 1 pers. **330/500 F** 2 pers. **350/500 F** 3 pers. **470/570 F**
pers. sup. **70 F** repas **150 F**

Ouvert : toute l'année.

SP	15	8	5	5	11	22	20	15	7	8	7

GITES DE FRANCE-SERVICE RESERVATION - Maison des Agriculteurs - BP 89 - 81003 ALBI Cedex - Tél : 05 63 48 83 01 ou PROP : 05 63 56 86 11 - Fax : 05 63 48 83 12 - E-mail : gitesdutarn@free.fr - http://www.gites-tarn.com

DOURGNE

C.M. 82 Pli 20

1 ch. **Revel 15 km. Bassin de St-Ferréol 15 km.** Au pied de la Montagne Noire, au cœur du village, une suite pour 4 à 6 pers., au 2è étage. La suite (1 lit 2 pers., 2 lits 1 pers., poss. lit enf.), s.e. et wc indép. Poss. d'1 ch. en compl. (1 lit 2 pers.) avec lavabo dans la ch. et douche au r.d.c. Salle de séjour, kitchenette, frigo privatifs. Restaurant sur place. Aéroport à 14 km. Dans une maison du XVIIè siècle, sur le chemin de St Jacques de Compostelle, près des Abbayes bénédictines d'Encalcat.

Prix : 1 pers. **160 F** 2 pers. **200 F** 3 pers. **280 F** pers. sup. **60 F**

Ouvert : toute l'année.

13	15	15	SP	SP	SP	5	18	15	SP

PAUTHE Rose - 8 les Promenades - 81110 DOURGNE - Tél : 05 63 50 31 30

DOURGNE En Azemar

C.M. 82 Pli 20

2 ch. **Lac de St-Ferréol 12 km. Montagne Noire à proximité.** Ancienne ferme rénovée. 2 ch. d'hôtes à l'ét., pour 4 pers. avec chacune 1 lit 2 pers., 2 lits 1 pers. dont 1 couchage en mezz., s.d.b. et wc privés dans l'une, s.e. et wc privés dans l'autre. Lit et équipement bb. Séjour, salon au r.d.c. avec poêle. Terrain, salon de jardin sous tonnelle. Gîte rural sur place. 10% de réduction à partir de la 4ème nuit. Dans le Parc Régional du Haut Languedoc, en pleine campagne, au pied de la Montagne Noire et à 2 km du village de Dourgne. Jeux de société, ping-pong, local VTT. Langues parlées : anglais, allemand.

Prix : 1 pers. **225 F** 2 pers. **250 F** 3 pers. **330 F** pers. sup. **80 F**

Ouvert : toute l'année.

12	12	12	2	2	2	18	2	18	2	12	2

BERARD Lionel et KOVACS Agnès - En Azemar - 81110 DOURGNE - Tél : 05 63 50 12 97 - Fax : 05 63 50 12 97 - E-mail : lionel.berard@free.fr

ESCOUSSENS Mont St-Jean

TH *C.M. 83 Pli 11*

3 ch. **Au pied de la Montagne Noire. Castres 15 km.** 3 ch. pour 2 et 3 pers. avec s.e. et wc privés : 2 ch. à l'ét. (1 lit 2 pers., 1 lit 1 pers., 1 lit enfant), (1 lit 2 pers.), 1 ch. en r.d.c. (1 lit 2 pers. 1 lit 1 pers.). Poss. d'1 ch. suppl. (1 lit 2 pers., 1 lit 1 pers. et lavabo) pour famille. Salle de détente, TV. Cheminée. Table d'hôtes. Terrasse couverte, s/jardin, barbecue,ping-pong. Lit bébé à dispo. Marie-Thérèse vous accueille dans sa ferme, ancienne habitation des Chartreux, à 1 km d'Escoussens, au pied de la Montagne Noire, sur le chemin de St Jacques de Compostelle. Langue parlée : anglais.

Prix : 1 pers. **200 F** 2 pers. **220 F** 3 pers. **280 F** repas **90 F**

Ouvert : toute l'année.

7	12	12	0,2	1	14	14	SP	20	14	7

ESCAFRE Marie-Thérèse - Mont St-Jean - 81290 LES ESCOUSSENS - Tél : 05 63 73 24 70

ESPERAUSSES

Alt. : 700 m TH *C.M. 83 Pli 02*

4 ch. **Lacaune et le Sidobre 15 km.** Au cœur du village, 4 ch. d'hôtes dans une maison entièrement rénovée, pour 2 et 3 pers. A l'ét. : 2 ch. (1 lit 2 pers.), 2 ch. (1 lit 2 pers., 1 lit 110), s.e. et wc privatifs dans chacune. Cheminée. Salle de séjour, salon communs, TV. Terrasse, salon de jardin, barbecue. Billard. Bébés accueillis gratuitement. Près du Sidobre et des Monts de Lacaune, dans une maison ancienne (de 350 ans) aux pierres et poutres apparentes connue sous le nom de « Maison de Jeanne ». Possibilité de pêche à proximité. Tarifs dégressifs pour les séjours et repas gastronomique à la demande.

Prix : 1 pers. **200 F** 2 pers. **220 F** 3 pers. **300 F** pers. sup. **80 F** repas **90 F**

Ouvert : du 16 janvier au 14 décembre.

11	25	25	SP	11	10	35	2	25	SP	35	11

ARTERO Florence - La Maison de Jeanne - Le Bourg - 81260 ESPERAUSSES - Tél : 05 63 73 02 77

LES FARGUETTES

TH *C.M. 80 Pli 11*

3 ch. **Albi 24 km. Viaduc du Viaur 9 km.** Dans la région du Ségala-Carmausin, direction Albi-Rodez : 3 ch. pour 2 pers. 1 ch. 2 épis (1 lit 2 pers.), lavabo et wc privés. Les 2 autres ch. sont 1 épi : 1 ch. (1 lit 2 pers. baldaquin + 1 lit enf.), 1 ch. (1 lit 2 pers, 1 lit enf/dem.) s.d.b., douche et wc communs. Lit d'appoint/dem. L.linge, frigo. André et Jacqueline sont des propriétaires charmants et très accueillants. Leurs chambres sont équipées de mobilier ancien. Vous pourrez profiter de leur piscine (10x5m) commune avec le camping à la ferme et vous apprécierez les repas pris sur la terrasse avec les produits de la ferme

Prix : 1 pers. **150 F** 2 pers. **180/200 F** 3 pers. **250 F** repas **60/70 F** 1/2 pens. **60 F**

Ouvert : toute l'année.

SP	4	4	SP	5	4	15	SP	4	7	5	5

SALINIER Jacqueline - Route nationale 88 - 81190 LES FARGUETTES - Tél : 05 63 76 66 90

LES FARGUETTES-SAINTE-GEMME La Branie

TH *C.M. 80 Pli 11*

1 ch. **Albi 24 km. Viaduc du Viaur 15 km.** Entre Albi et Rodez : 1 ch. d'hôte pour 3 pers. (1 lit 2 pers., 1 lit 1 pers.) avec salon privé, TV, canapé-lit, s.d.b. et wc privés. Véranda, terrain à partager avec les 2 daims et une ânesse des propriétaires. Salon de jardin, parking. Base de loisirs de la Roucarié (baignade, pêche...) à 3 km. Cette chambre est aménagée dans une maison de conception récente, dans un hameau habité.

Prix : 1 pers. **180 F** 2 pers. **200 F** 3 pers. **250 F** repas **90 F**

Ouvert : avril, mai, juillet, août, septembre.

6	3	3	3	6	3	16	3	3	6	6	6

PETIOT Bernard - N88 - Face au garage Renault - La Branie - 81190 STE-GEMME - LES FARGUETTES - Tél : 05 63 36 72 28

GAILLAC

C.M. 82 Pli 09

6 ch. **Cordes 22 km. Albi 23 km.** Dans un hôtel particulier du XVIIe siècle : 6 ch. pour 2 pers. (2 lits 140, 3 lits 160, 2 lits 90), TV, s.d.b. et wc privés dans ttes les ch. Meubles anciens, bel escalier en pierres, cour intérieure fleurie, dépendances de caractère. Petits déjeuners dans salle d'hôte ou sur terrasse couverte donnant sur l'Abbatiale. Grand et petit salon avec TV. Au centre du vieux GAILLAC, vue sur l'Abbatiale Saint Michel, le TARN et les toits de la vieille ville Aux alentours : Circuits touristique des Bastides, vins de Gaillac. Langue parlée : anglais.

Prix : 1 pers. **250 F** 2 pers. **280/400 F**

Ouvert : toute l'année.

0,4	12	12	0,1	0,4	10	12	12	SP	1	SP

PINON Lucile - 8 place St-Michel - 81600 GAILLAC - Tél : 05 63 57 61 48 - Fax : 05 63 41 06 56

GAILLAC La Grouillère

C.M. 82 Pli 10

5 ch. **Gaillac 5 km. Cordes 28 km.** Au calme, 5 ch. (chauffage central, 1 ch. en r.d.c., 4 ch. au 1er ét.). 1 lit 2 pers., 1 lit 1 pers. dans chacune. 3 ch. avec s.d.b. et wc privés, 2 ch. avec s.e. privées et wc commun à ces 2 ch. Beau et chaleureux séjour, salon privatif. TV, biblio., cheminée. Terrasse fleurie. Sur place : 3 gîtes dans un autre corps de bâtiment. Piscine commune (5x10m). Près d'Albi, de Cordes, dans cette vaste propriété viticole et élevage de cervidés, vous aimerez son cadre bucolique, son charme champêtre. Vous apprécierez la vue panoramique, la piscine (non privée), le lac, le parc ombragé, les saveurs de la table et la boutique de produits du terroir. Langues parlées : anglais, espagnol.

Prix : 2 pers. **200/250 F** 3 pers. **280/330 F** pers. sup. **60 F** repas **85 F**

Ouvert : toute l'année.

SP	SP	12	0,5	5	1	12	1	25	5	5	5

SOULIE Lyne et Denis - Domaine de Gradille - D 999 - 81310 LISLE-SUR-TARN - Tél : 05 63 41 01 57 - Fax : 05 63 57 43 73 - E-mail : lynesoulie@wanadoo.fr

GAILLAC Le Mas de Sudre

C.M. 82 Pli 09

4 ch. **Gaillac 4 km. Cordes 20 km.** 4 ch. claires et spacieuses pour 2 pers. 2 ch. dans une annexe, l'une avec 1 lit 140, l'autre avec 2 lits 90, s.e. et wc privés dans chacune. 2 autres ch. dans la maison des prop : 1 ch. (2 lits 90), 1 ch. (1 lit 140) s.e. et wc privés à chacune. Séjour et salon communs. TV. piano. Grand jardin avec terrasse, tennis, piscine, boulodrome. Les propriétaires, qui sont anglais d'origine, vous accueilleront dans leur grande maison de maître, calme, en plein cœur du vignoble gaillacois Vous bénéficierez de leur piscine privée, de leur tennis ainsi que de leurs jeux (ping-pong, badmington, etc...). Langue parlée : anglais.

Prix : 1 pers. **275 F** 2 pers. **350 F** pers. sup. **100 F**

Ouvert : toute l'année.

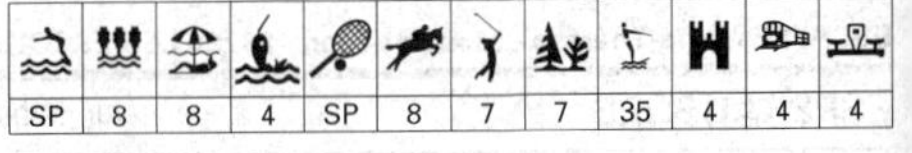

SP	8	8	4	SP	8	7	7	35	4	4	4

RICHMOND-BROWN Philippa - Le Mas de Sudre - 81600 GAILLAC - Tél : 05 63 41 01 32 - Fax : 05 63 41 01 32 - E-mail : georgerbrown@free.fr

GARREVAQUES Château de Gandels

C.M. 82 Pli 20

5 ch. **Revel 3 km. Bassin de St-Ferréol 6 km.** Près de Revel : 5 ch. spacieuses de grand confort de 2 à 4 pers. dont 1 ch. avec 1 lit 140, les autres avec des lits 160 ou 90, s.d.b, wc, et TV privatifs à chaque ch. Séjour, salon privatifs. Mobilier d'époque. Parc de 5 ha avec piscine 20x4 m, terrasse, s/jardin. Table d'hôtes (repas gastro). Chevaux. Imaginez un château de charme au cœur du Lauragais, entre Toulouse et Castres. Parc de 5 ha avec piscine, dessiné par Lenotre avec bassins et fontaines, une cuisine délicieuse et inventive, vous êtes au Château de Gandels. Organisation de réceptions et séminaires. Langues parlées : anglais, allemand.

Prix : 2 pers. **650/1200 F** pers. sup. **125 F** repas **190 F**

Ouvert : toute l'année.

SP	9	9	1	6	13	10	9	6	3	6

DUPRESSOIR Martine et Philippe - Château de Gandels - 81700 GARREVAQUES - Tél : 05 63 70 27 67 ou 06 07 14 11 55 - Fax : 05 63 70 27 67 - E-mail : dupressoir@chateau-de-gandels.com - http://www.chateau-de-gandels.com

GIROUSSENS Le Pepil

C.M. 82 Pli 09

4 ch. **Lavaur 6 km.** A la ferme : 4 ch. pour 2,3,4 pers. 2 ch. (1 lit 2 pers.), 1 ch. (1 lit 2 pers., 1 lit 1 pers.), 1 ch. (2 lits 1 pers., 2 lits superp.) avec s.e. et wc privés. Grande salle de séjour avec cheminée. TV, frigo, l.linge. Parc avec four à pain, barbecue et s/jardin. Vélos, ping-pong, biblio. Table d'hôtes (produits de la ferme). Cuisine à dispo. : 200F/semaine. Marie-Josée, Jean-Paul et leurs enfants vous réservent le meilleur accueil dans leur ferme typique de la région pour vous faire partager la vie campagnarde, le calme, l'espace, la détente et les bons repas régionaux avec le pain fait maison et le vin de Gaillac. Jardin botanique à 2 km. Langues parlées : anglais, espagnol.

Prix : 1 pers. **210 F** 2 pers. **240/250 F** 3 pers. **330 F** pers. sup. **70 F** repas **90 F**

Ouvert : toute l'année.

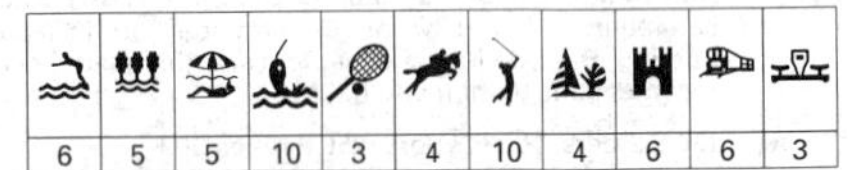

6	5	5	10	3	4	10	4	6	6	3

RAYNAUD Jean-Paul - Le Pepil - 81500 GIROUSSENS - Tél : 05 63 41 62 84

LABASTIDE-ROUAIROUX Montplaisir Alt. : 520 m

C.M. 83 Pli 12

1 ch. **Montagne Noire 5 km. Mazamet 30 km.** Au milieu des bois, cette ancienne fabrique textile est dédiée aujourd'hui à l'écotourisme et à la randonnée. 1 ch. (1 lit 2 pers), s.d.b et wc indép., chauffage. Moniteur VTT sur place, circuits à thèmes, GR tout près, sentiers balisés, randonnées pédestres, cyclistes. Jardin, terrasse. Dans un site sauvage, bâtiment de pierres aménagé en 1 chambre et un gîte d'étape dans une maison indépendante. Langues parlées : espagnol, italien.

Prix : 1 pers. **170 F** 2 pers. **200 F** pers. sup. **50 F** repas **75 F**

Ouvert : toute l'année.

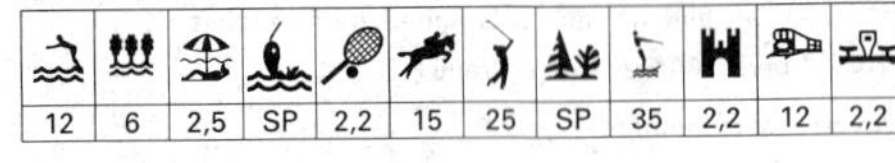

12	6	2,5	SP	2,2	15	25	SP	35	2,2	12	2,2

BASTIDE Gérard - Montplaisir - 81270 LABASTIDE-ROUAIROUX - Tél : 05 63 98 05 76 - Fax : 05 63 98 05 76

LACAUNE Couloubrac — Alt. : 800 m — (TH) — *C.M. 83 Pli 03*

5 ch. **Lacaune 5 km. Lac du Laouzas 15 km.** 5 ch. de 2 à 4 pers. ttes avec s.e. et wc privés. 1 ch. (1 lit 2 pers). 1 suite (1 lit 2 pers, 2 lits 1 pers), 3 ch. de 3 pers. (1 lit 2 pers, 1 lit 1 pers). Coin salon avec cheminée + TV. Jardin, lac (pêche), barbecue, four à bois. VTT, ping-pong, volley, badmington à dispo. Table d'hôtes (produits fermiers). Claude et Christine vous accueillent à Lacaune-les-Bains dans une maison de caractère. Le Relais de Couloubrac (55 ha) est dans un cirque motuel de verdure, là où jaillissent les sources, blotti au creux des montagnes. Sur place, sentiers de randonnées.

Prix : 1 pers. **230 F** 2 pers. **280 F** 3 pers. **370 F** pers. sup. **60 F**
repas **95 F**

Ouvert : toute l'année.

5	SP	15	SP	5	15	45	SP	45	5	45	5

SERENO Claude et Christine - Couloubrac - 81230 LACAUNE - Tél : 05 63 37 14 94 - Fax : 05 63 37 14 94

LACAZE La Borie de Ganoubre — Alt. : 600 m — **A** — *C.M. 83 Pli 02*

3 ch. **Lacaune 18 km. Castres 45 km.** Ferme d'élevage ovins et volailles sur une propriété de 34 ha. Dans la Vallée du Gijou : 3 ch. pour 2 ou 3 pers. toutes avec s.e. et wc privés. 1 ch. (1 lit 2 pers.), 1 ch. (1 lit 2 pers., 1 lit 1 pers.), 1 ch. (2 lits 1 pers.). Terrasse pour petit déjeuner. Salle de détente, frigo, l.linge à dispo. Accès indépendant. Repas à la ferme auberge sur place. Situées dans les Monts de LACAUNE, Sidobre tout proche. Sentiers balisés pédestre.

Prix : 1 pers. **160 F** 2 pers. **220 F** 3 pers. **260 F** pers. sup. **50 F**
repas **70 F** 1/2 pens. **180 F**

Ouvert : toute l'année sauf de mi-septembre à mi-octobre.

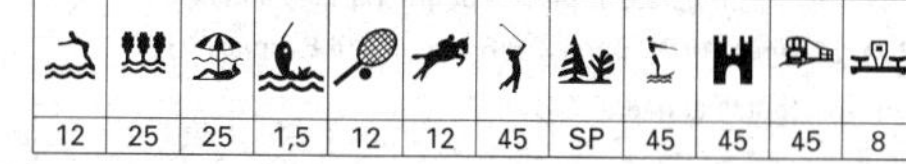

12	25	25	1,5	12	12	45	SP	45	45	45	8

BRUS Jean-Pierre - La Borie de Ganoubre - 81330 LACAZE - Tél : 05 63 50 44 23

LACROUZETTE Cremaussel — Alt. : 600 m — **A** — *C.M. 83 Pli 01*

5 ch. **Le Sidobre sur place. Castres 17 km.** Région du Sidobre, site classé : 5 ch. d'hôtes (pension, demi-pension) dont 1 ch. pour 3 pers., 1 ch. pour 4 pers., 3 ch. pour 2 pers., toutes avec s.e. et wc privés. Auberge sur place : menus campagnards et gastronomiques. Cheminée, salle de séjour. Jardin, salon de jardin. Les propriétaires vous accueillent dans leur auberge. Panorama splendide.

Prix : 1 pers. **225 F** 2 pers. **250 F** 3 pers. **325 F** pers. sup. **75 F**
repas **90 F**

Ouvert : de mars à décembre (sur réservation).

9	3	17	3	17	3	17	SP	10	17	17	4

HOULES Gilbert - Auberge de Cremaussel - 81210 LACROUZETTE - Tél : 05 63 50 61 33 - Fax : 05 63 50 61 33

LAGARDIOLLE En Calas — (TH) — *C.M. 82 Pli 20*

2 ch. **Bassin de St-Ferréol 15 km. Revel 13 km.** A la ferme, dans une ancienne étable restaurée : 2 ch. pour 3 et 4 pers. L'une avec 1 lit 2 pers. et 1 lit 1 pers., s.e. et wc privés, l'autre avec 2 lits 2 pers. s.d.b. et wc privés. Salle de séjour, salon avec TV et jardin communs. Table d'hôtes ou pique-nique avec produits de la ferme. Lit bébé + équipement. Dans un petit hameau calme, Laurence, Jean-Claude et leurs enfants vous accueillent dans leur ferme où la basse-cour fera le bonheur des petits (chèvres, moutons, cochons, pigeons, lapins, etc...) et la table le bonheur des grands (charcuterie maison, cassoulet..). Langues parlées : anglais, espagnol.

Prix : 1 pers. **160 F** 2 pers. **200 F** 3 pers. **250 F** pers. sup. **50 F**
repas **65/140 F**

Ouvert : toute l'année.

12	15	15	15	8	4	20	15	4	20	4

LARROQUE Laurence et J-Claude - En Calas - 81110 LAGARDIOLLE - Tél : 05 63 50 38 17 - Fax : 05 63 50 38 17

LAMONTELARIE La Tranquille — Alt. : 700 m — (TH) — *C.M. 83 Pli 02*

4 ch. **La Salvetat-sur-Agoût 12 km. Lac de la Raviège 1 km.** Dans le Parc Rég. du Ht-Languedoc, 4 ch. pour 2 ou 4 pers. (1 lit 2 pers. dans chaque) + poss. ch. suppl. 2 lits 1 pers. superp., s.e. et wc privés. 1 ch. acces. aux hand. Lit bébé et lit d'appoint (70) en suppl. Séjour. salon, cheminée. L.linge à dispo. Terrasse, parc 1 ha, ping-pong. Table d'hôtes le soir. Réduct. pour séjour à partir de 3 nuits. Sophie et Denis vous accueillent dans leur maison en pleine verdure, à deux pas du Lac de la Raviège. Là, allongé dans l'herbe au bord du ruisseau de Rieupeyroux, vous pourrez écouter la nature, observer les truites dans un grand aquarium et profiter pleinement du temps qui passe. Langue parlée : anglais.

Prix : 1 pers. **196 F** 2 pers. **240 F** 3 pers. **310 F** pers. sup. **70 F**
repas **70 F**

Ouvert : du 15 février au 1er novembre.

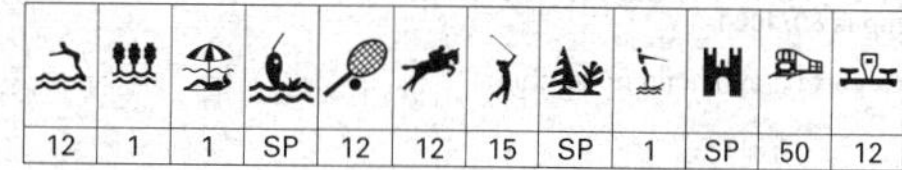

12	1	1	SP	12	12	15	SP	1	SP	50	12

SAILLARD Denis et Sophie - La Tranquille - 81260 LAMONTELARIE - Tél : 05 63 74 56 54 - Fax : 05 63 74 56 54

LARROQUE Peyre-Blanque

Alt. : 500 m A *C.M. 79 Pli 19*

5 ch. **Gaillac 26 km.** Dans la région des Bastides : 5 ch. avec accès indép., pour 2 et 3 pers. : 1 ch (1 lit 2 pers., 1 lit 1 pers.), 4 ch. avec lit 2 pers. dans chacune. Lit suppl. sur demande, s.e. et wc privés dans chacune. Salle d'accueil, ferme auberge sur place pour déguster des repas maison avec des produits fermiers (vente directe sur place). Terrain, terrasse. Cécile et Serge vous accueillent dans leur propriété en pleine forêt de la Grésigne sur le circuit des Bastides, près du GR46, entre Larroque et Bruniquel. Langue parlée : anglais.

CV

Prix : 1 pers. **220 F** 2 pers. **220 F** 3 pers. **320 F** pers. sup. **90 F** repas **100 F**

Ouvert : toute l'année sauf dimanche soir et le lundi.

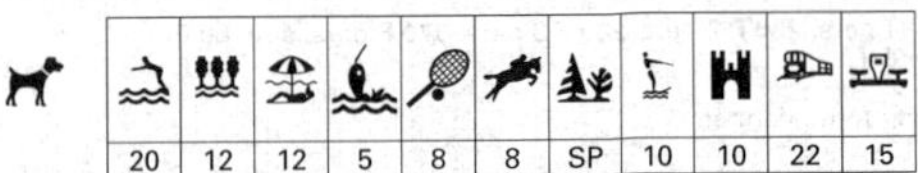

20	12	12	5	8	8	SP	10	10	22	15

CAZEAUX Serge et MINETTO Cécile - Peyre Blanque - 81140 LARROQUE - Tél : 05 63 33 10 92 - Fax : 05 63 33 17 28

LASGRAISSES Labouriasse

TH *C.M. 82 Pli 10*

2 ch. **Albi 22 km.** A la ferme : 2 ch. d'hôtes indép. pour 2 ou 4 pers. 1 ch. (1 lit 2 pers., 1 lit d'appoint), s.e, wc privés, 1 ch. (1 lit 2 pers.) s.e., wc privés + ch. compl. (2 lits 1 pers). Repas pris à la table familiale préparés avec les produits de la ferme (canards gras, conserves). Salle de détente avec TV, terrasse. Réduction de 10% pour long séjour (chambre seulement). Au calme, avec une jolie vue sur la campagne environnante, Simone et Yves vous accueillent chaleureusement dans leur ferme avicole. Un gîte rural pour 6 pers. sur place. Langue parlée : anglais.

CV

Prix : 1 pers. **210 F** 2 pers. **240 F** 3 pers. **310 F** repas **80 F**

Ouvert : toute l'année.

7	17	15	4	7	15	19	22	22	7

FLORENCHIE Simone et Yves - Labouriasse - 81300 LASGRAISSES - Tél : 05 63 34 78 20 - Fax : 05 63 34 78 20

LAUTREC Château de Montcuquet

TH *C.M. 82 Pli 10*

2 ch. **Lautrec 5 km. Castres 10 km.** Dans un château du XVIè siècle, 2 ch. pour 2 pers., 1 lit 2 pers. dans chacune, s.d.b. et wc privatifs à chaque ch., meubles anciens. Poss. ch. suppl. pour famille. Salle de séjour, salon de lecture avec TV, cheminée. Table d'hôtes. Petits déjeuners sur terrasse ombragée. Parc, salon de jardin. A proximité du charmant village de LAUTREC, Françoise et Laurent VENE vous accueillent dans leurs 2 chambres calmes et spacieuses. Base nautique à Lautrec. Langue parlée : espagnol.

CV

Prix : 1 pers. **300 F** 2 pers. **300 F** 3 pers. **400 F** pers. sup. **100 F** repas **100 F**

Ouvert : toute l'année sauf vacances de Noël.

5	10	5	SP	5	6	15	25	15	15	10	5

VENE Laurent - Château de Montcuquet - 81440 LAUTREC - Tél : 05 63 75 90 07

LAUTREC Moulin de Ginestet

TH *C.M. 82 Pli 10*

1 ch. **Lautrec 3 km. Castres 13 km.** A proximité du site médiéval de Lautrec : 1 ch. pour 2 pers. avec 1 lit 2 pers., s.e. et wc privés. Poss. couchage suppl., coin-salon attenant (2 lits 1 pers.). Cheminée, chauffage, salle de séjour, salon avec TV, bibliothèque. Terrain, terrasse, salon de jardin, garage privé. VTT, ping-pong. Chambre dans un moulin du XVIIIè siècle, dans un cadre de verdure. Langue parlée : anglais.

CV

Prix : 1 pers. **170 F** 2 pers. **200 F** pers. sup. **60 F** repas **90 F**

Ouvert : du 1/06 au 30/09 et vac. scolaires. Autres dates possibles sur réserv.

4	4	4	0,1	3	3	13	13	3	13	3

GUY - DUBOIS Nadine et Gilles - Moulin de Ginestet - 81440 LAUTREC - Tél : 05 63 75 32 65 - Fax : 05 63 75 32 65 - E-mail : duboisgilles@aol.com

LAUTREC

TH *C.M. 82 Pli 10*

4 ch. **Castres 15 km.** 3 ch. et 1 suite pour 2 à 4 pers., à l'ét. d'une maison ancienne rénovée. Toutes avec sanitaires privés. 1 ch. (2 lits 100), s.e., wc. 1 ch. (1 lit 160), s.d.b/wc. 1 ch. (1 lit 2 pers.), s.e./wc, 1 suite de 2 ch., s.d.b./wc. TV dans les ch. Séjour, grand salon. Terrasse, table d'hôtes. Garage à vélos. Piscine en prévision. Dans le charmant village médiéval de Lautrec, ces chambres sont confortablement aménagées avec goût (meubles anciens). Entrée sur la place centrale et donnant sur un jardin, au pied du moulin de Lautrec. Vue sur le moulin ou sur la place des marronniers. Langues parlées : anglais, espagnol, allemand.

CV

Prix : 1 pers. **220/250 F** 2 pers. **250/300 F** pers. sup. **50 F** repas **80/100 F**

Ouvert : d'avril à fin novembre.

2	2	2	15	1	2	12	SP	10	SP

ROUTIER Alain - Place du Monument - 81440 LAUTREC - Tél : 05 63 75 98 77 - E-mail : chamacot@aol.com - http://www.alapergola.com

LAUTREC Cadalen

C.M. 82 Pli 10

E.C. 3 ch. **Lautrec 4 km. Castres 15 km.** Dans une maison de caractère, 3 ch. pour 2 et 3 pers. à l'étage, entrée indép., toutes avec grandes s.e. et wc privés. 1 ch. (1 lit 2 pers.et 1 lit 1 pers), 1 suite (1 lit 120 et 1 lit 1 pers) et 1 suite (1 lit 2 pers.). Salon et salle à manger communs. Poss. de TV dans les ch. sur demande. Jardin. Ping-pong, bibliothèque, jeux. Situées dans la plaine de Lautrec, entre Castres et Albi, au calme, chambres avec meubles d'époque. Deux beaux pigeonniers sur la propriété. A proximité : base de loisirs, village médiéval et sentiers de randonnée . Langues parlées : espagnol, anglais.

Prix : 1 pers. **250 F** 2 pers. **300 F** 3 pers. **350 F** pers. sup. **50 F**

Ouvert : toute l'année.

4	4	4	3	3	5	15	20	16	4	15	3

ROUQUIER Alain - Cadalen - 81440 LAUTREC - Tél : 05 63 75 30 02 ou 06 11 53 21 85 - E-mail : cadalen81@hotmail.com

LAVAUR Fontauriole

C.M. 82 Pli 09

2 ch. **Lavaur 10 km. Toulouse 30 km.** Près de Lavaur. 2 ch. à l'ét. pour 2 et 3 pers, soit 1 ch. (1 lit 2 pers, 1 lit 1 pers, poss. lit suppl.) avec salle d'eau et wc privés. L'autre ch. (1 lit 2 pers) avec lavabo, wc, s.d.b. Salle de séjour, salon à dispo. (TV, musique, frigo, cheminée) donnant sur terrasse. Animaux acceptés si petite taille. Poss. table d'hôtes le samedi soir. Maison en plein champs, terrasse face aux Pyrénées, espace boisés et cultivés vallonnés en pays cathare, à 30 km de Toulouse et 10 km de Lavaur sur la rte de Belcastel-Teulat (D28), près de la route des vins, du Pastel, des Bastides. Prévenir (veille) de l'heure et du jour d'arrivée Langue parlée : anglais.

Prix : 1 pers. **135/140 F** 2 pers. **190/200 F** 3 pers. **260 F** pers. sup. **70 F** repas **65 F**

Ouvert : toute l'année.

6	3	30	3	3	20	15	SP	10	10	6

TAILLEFER René - En Charlemagne Fontauriole - 81500 BELCASTEL - Tél : 05 63 58 71 93 - Fax : 05 63 58 71 93

LAVAUR En Roque

C.M. 82 Pli 09

5 ch. **Lavaur 3,5 km.** Situées entre Toulouse, Castres et Albi, 5 ch. de 2 à 6 pers., s.d.b., wc et TV privés dans chacune. 3 suites avec 1 lit 160 ou 180, de 2 à 4 lits 1 pers. dans chacune et 2 ch. (1 lit 180). 2 lits bébé à dispo. Cheminée. Salle de séjour, salon privatif. Terrain de 3 ha clos, terrasse, cour ombragée, piscine clôturée (14x7m), ping-pong. Pour un week-end ou plus, que vous ayez une préférence pour l'histoire, les arts, le sport ou la sieste, notre maison vous est ouverte. Service Babby-sitting, espace jeux enfants et matériel bébé, taxi aéroport-gare. Boxes pour chevaux, promenade à cheval. Prix dégressif après la 1^{er}e nuit. Langues parlées : anglais, allemand.

Prix : 1 pers. **260/510 F** 2 pers. **355/510 F** 3 pers. **455/510 F** pers. sup. **55/80 F** repas **120 F**

Ouvert : toute l'année.

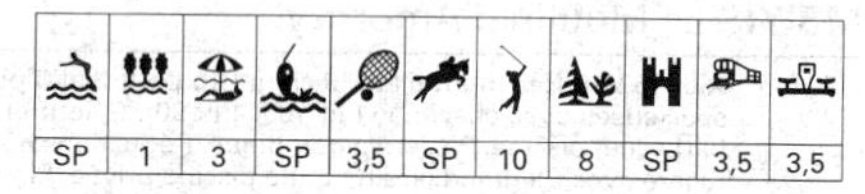

SP	1	3	SP	3,5	SP	10	8	SP	3,5	3,5

GITES DE FRANCE-SERVICE RESERVATION - Maison des Agriculteurs - BP 89 - 81003 ALBI Cedex - Tél : 05 63 48 83 01 ou PROP : 05 63 58 04 58 - Fax : 05 63 48 83 12 - E-mail : gitesdutarn@free.fr - http://www.gites-tarn.com

LAVAUR Château de Poudeous

C.M. 82 Pli 09

4 ch. **Lavaur 7 km. Toulouse 24 km.** En pleine nature, 4 ch. pour 2 pers. dont 1 suite, dans un château. Celles avec s.e. sont 2 épis, celles avec s.d.b. sont 3 épis. A l'ét. : 2 ch. (2 lits 1 pers.) avec s.d.b. ou s.e. et wc privatifs, 1 ch. (1 lit 2 pers), s.e, wc. 1 suite (1 lit 2 pers, 1 lit 110 dans une ch. attenante), s.d.b., wc. Poss.lit d'appoint. 3 salons, terrasse. Table d'hôtes/dem. Au milieu d'un grand parc, dominant les collines du Lauragais, le château de Poudéous (1790-1794) vous propose un agréable séjour en chambres d'hôtes. Centre équestre (avec voltige) sur le domaine, dans les dépendances.

Prix : 2 pers. **280/350 F** 3 pers. **500 F** pers. sup. **60 F** repas **65/150 F**

Ouvert : toute l'année.

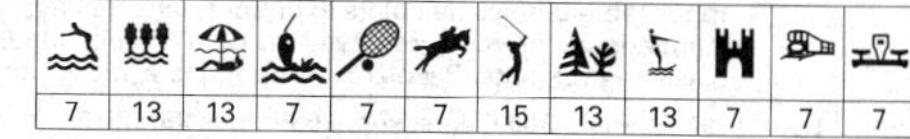

7	13	13	7	7	7	15	13	13	7	7	7

Mme DELAGNES - Château de Poudeous - 81500 LAVAUR - Tél : 05 63 41 44 87 ou 05 61 85 40 03

LEMPAUT La Rode

C.M. 82 Pli 20

3 ch. **Puylaurens 6 km. Castres 18 km.** Dans un ancien prieuré cistercien : 2 suites et 1 ch. pour 2 à 5 pers. Suite : 1 ch. (1 lit 2 pers), s.d.b. wc privés + 1 ch. mitoyenne (2 lits 1 pers. et 1 lit bébé). 1 suite (1 lit 160 baldaquin et 1 lit 1 pers), s.d.b. et wc privés + 1 ch. (2 lits jumeaux) et lavabo. 1 ch. (3 lits 110), s.e. et wc privés. Poss. cuisine commune. Salon d'été. Ping-pong. Accueil chaleureux et familial dans une vaste demeure entourée d'un grand parc et d'un bois avec une petite piscine privée. Espace, nature, calme et dépaysement. Bibliothèque, salle de jeux et de réunion, piano. 10% de remise pour séjour de + de 3 nuits (sauf juillet et août). Langue parlée : anglais.

Prix : 1 pers. **250 F** 2 pers. **300 F** 3 pers. **400 F** pers. sup. **100 F**

Ouvert : du 15 mars au 30 octobre.

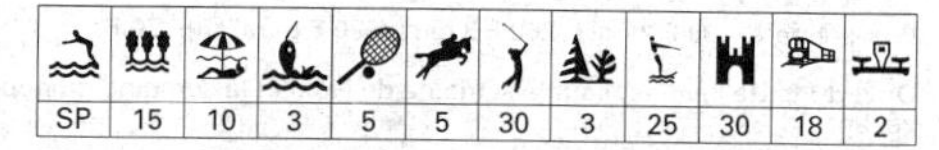

SP	15	10	3	5	5	30	3	25	30	18	2

DE FALGUEROLLES Catherine - La Rode - 81700 LEMPAUT - Tél : 05 63 75 51 07 - Fax : 05 63 75 51 07 - E-mail : larode@wanadoo.fr - http://perso.wanadoo.fr/larode

LEMPAUT La Bousquetarie (TH) C.M. 82 Pli 10

4 ch. **Puylaurens 9 km. Bassin de St-Ferréol 10 km.** Château face à la Montagne Noire : 2 ch. et 2 suites, pour 2, 3 et 5 pers, ttes avec meubles de style. Les suites : (1 lit 2 pers, 1 lit 120), (1 lit 140, 3 lits 90, lit enf. <10 ans), s.d.b. et wc privés, 1 ch., (1 lit 140), 1 ch., (2 lits 90 jumelables), s.d.b. et wc privés. Séjour, TV, L.linge. Poss. table d'hôte en famille, produits fermiers. Dans un parc aux chênes bicentenaires. Ambiance familiale, calme et accueil très chaleureux autour de leur piscine et tennis privés, ping-pong, (loc. de vélos). Connaissance d'anglais. Prix : forfait pour 1 semaine et plus. Langue parlée : anglais.

Prix : 1 pers. **280/300 F** 2 pers. **360/420 F** 3 pers. **500 F** pers. sup. **100 F** repas **100/150 F**

Ouvert : toute l'année.

SP	10	10	2	SP	4	22	15	20	18	2

SALLIER Charles - La Bousquetarie - 81700 LEMPAUT - Tél : 05 63 75 51 09 - Fax : 05 63 75 51 09

LESCURE-D'ALBI Le Pigne (TH) C.M. 80 Pli 11

E.C. 2 ch. **Albi (cathédrale du XIIe) 6 km.** A quelques km d'Albi, 2 ch. pour 2 ou 3 pers. Au r.d.c. : 1 ch. (1 lit 2 pers.). S.e et wc privés. A l'ét. (accès indép.), 1 ch. (1 lit 2 pers., 1 lit d'appoint 1 pers. sur dem.), s.e. et wc privés. TV coul. dans la ch. L.linge chez le prop. Terrain, s/jardin, ping-pong, baby-foot, piscine (5x10m). Table d'hôtes le soir. Réduction de 5% à partir de la 7e nuit. Dans la région de la Vallée du Tarn, chambres d'hôtes confortables et spacieuses, dans une maison en pleine campagne. Calme et repos assurés. Poss. de paniers pique-nique. Langue parlée : anglais.

Prix : 1 pers. **220 F** 2 pers. **270 F** pers. sup. **60 F** repas **80 F**

Ouvert : toute l'année.

SP	15	15	5	5	15	7	15	15	6	6	4

DESCHAMPS Philippe - Le Pigne - 81380 LESCURE-D'ALBI - Tél : 05 63 60 44 31 - Fax : 05 63 60 44 31

LESCURE-D'ALBI (TH) C.M. 83 Pli 01

E.C. 1 ch. **Albi 5 km.** Maison ancienne, claire, avec jardin clos, au calme, au centre du village (commerces, services et animations) où est aménagée 1 ch. pour 2 pers. à l'étage (1 lit 2 pers., 1 lit bébé), petite s.e. et wc privés. Séjour, salon, salon de TV, bibliothèque. L.linge et frigo à dispo. Salon de jardin. Table d'hôtes avec cuisine traditionnelle. A 5 km d'Albi (Cathédrale, Musée Toulouse-Lautrec) et près du Tarn (pêche...). Langue parlée : italien.

Prix : 1 pers. **180 F** 2 pers. **200 F** repas **75 F**

Ouvert : de juillet à août.

5	20	20	0,2	0,2	5	5	10	20	5	5	SP

BANDIERA Monique - 3 rue de la Gasquie - 81380 LESCURE-D'ALBI - Tél : 05 63 60 48 51

LOMBERS Le Moulin d'Ambrozy (TH)

3 ch. **Albi 15 km. Réalmont 5 km.** 3 ch. à l'ét. pour 2 et 3 pers. toutes avec s.e. et wc dont 1 avec entrée indép. : 1 ch. (1 lit 140), 2 ch. spacieuses avec chacune (1 lit 160, 1 lit 90). Séjour et salon communs. L.linge, frigo à dispo. Cheminée (insert). Salon de jardin, barbecue, piscine. Paniers pique-nique. Réductions hors saison et séjours. Au cœur du département, sur un site calme, près d'une rivière avec un grand jardin et une piscine privée. Ping-pong, vélos, pêche, randos. Langue parlée : anglais.

Prix : 1 pers. **250/330 F** 2 pers. **280/350 F** 3 pers. **430 F** repas **100 F**

SP	15	13	SP	5	5	18	25	25	18	18	5

NOVAK Jacques et Annick - Le Moulin d'Ambrozy - 81120 LOMBERS - Tél : 05 63 79 17 12 ou SR : 05 63 48 83 01 - http://www.moulin.ambrozy.free.fr

LOUPIAC La Bonde (TH) C.M. 82 Pli 09

2 ch. **Rabastens 7 km. Gaillac 20 km.** Près de Rabastens. 2 ch. pour 2 pers., l'une avec s.e. et wc (1 lit 2 pers.), l'autre avec s.d.b. et wc privés (2 lits 1 pers.), spacieuses, avec meubles de caractère, biblio., TV dans chaque ch. (canal+) salon privé commun. Cheminée, frigo. Table d'hôtes aux plats exotiques, vins de Pays, produits fermiers. Accès indép., parking privé. Très belle ferme de caractère languedocienne restaurée avec un goût exquis. Meubles anciens, parc. Facilité d'accès par voie rapide Toulouse-Albi, sortie 7. Loisirs à proximité. Repas gastronomique à 120 F. Langues parlées : espagnol, anglais.

Prix : 1 pers. **290 F** 2 pers. **300 F** pers. sup. **70 F** repas **95/120 F**

Ouvert : toute l'année sauf du 15 décembre au 15 janvier.

10	8	8	4	4	10	16	SP	5	4	4

CRETE Maurice & Bernadette - La Bonde - 81800 LOUPIAC - Tél : 05 63 33 82 83 - Fax : 05 63 33 82 83

MAURENS-SCOPONT Combe Ramond C.M. 82 Pli 09

E.C. 4 ch. **Dans le triangle Albi-Castres-Toulouse.** Maison de maître en pleine campagne. 4 ch. d'hôtes au 2è étage pour 2 ou 3 pers., toutes avec TV et tél. 1 ch. (1 lit 2 pers., 1 lit 1 pers.), 1 ch. (2 lits 1 pers. jumelables), 2 ch. avec 1 lit 2 pers. dans chacune. 3 ch. ont s.d.b avec wc et 1 ch. a une s.e. avec wc. Terrain, terrasse, s/jardin, piscine. Lit bébé mis à dispo. En Pays de Cocagne, dans le triangle Albi-Castres-Toulouse, les propriétaires ont aménagé ces chambres près de leur élevage de chèvres et lapins angoras, moutons aux cornes de gazelle et chèvres nubiennes. Ils confectionnent des articles en mohair. Grand lac sur place pour la pêche Langue parlée : anglais.

Prix : 1 pers. **190 F** 2 pers. **250 F** 3 pers. **320 F** pers. sup. **70 F**

Ouvert : toute l'année, sauf la semaine de Noël et la semaine du nouvel an.

SP	SP	25	SP	12	6	12	SP	25	12	12	6

VIGNAU Marie-Bernadette - Combe Ramond - 81470 MAURENS-SCOPONT - Tél : 05 63 58 77 60 ou 06 61 15 77 60 - Fax : 05 63 58 77 60 - E-mail : vignau@wanadoo.fr

MEZENS Le Cambou

(TH) *C.M. 82 Pli 09*

3 ch. **Rabastens 7 km. Toulouse 30 km.** Dans le pays Rabastinois. 3 ch. pour 2, 3 pers. : 1 ch. (1 lit 180, 1 lit 90), 1 ch. (2 lits 90 jumelables), 1 ch. (1 lit 180), poss. ch. attenante (2 lits 90), s.e. et wc privés. Piano, ateliers de tissage, de sculpture. Animaux non admis dans les ch. Lit et équipement bb, vélos à dispo. Séjour, coin-cuisine, TV. Table d'hôtes sur terrasse ou au coin du feu. Le Cambou : un petit coin de paradis entre Toulouse et Albi. Vous serez accueillis chaleureusement dans cette ancienne ferme restaurée offrant une vue splendide sur des collines verdoyantes et un château médiéval. Tarifs dégressifs selon la durée Langues parlées : anglais, hollandais.

Prix : 1 pers. **180 F** 2 pers. **220 F** 3 pers. **290 F** pers. sup. **60 F**
repas **80 F**

Ouvert : du 2 janvier au 23 décembre.

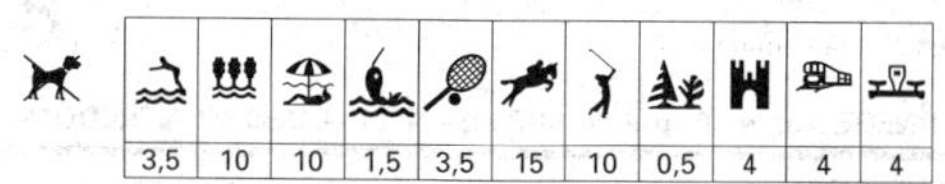

3,5	10	10	1,5	3,5	15	10	0,5	4	4	4

SAULLE Régine - Le Cambou - 81800 MEZENS - Tél : 05 63 41 82 66

MONTANS Bois Moysset

(TH) *C.M. 82 Pli 09*

4 ch. **Gaillac 7 km. Lisle-sur-Tarn 3 km.** Exploitation agricole (agriculture bio) composée de vignes, céréales, volailles, chevaux. 4 ch. de 2 et 3 pers. 2 ch. (lits 2 pers.), 2 ch. (1 lit 2 pers., 1 lit 1 pers.) s.e. et wc privés à chaque ch. Table d'hôtes (réserv. avant 14 H) avec les produits de la ferme (volailles et vins) recettes du terroir. Promenades pédestres, parc de repos. Parking. Sylvie, Philippe et leurs enfants vous accueillent dans leur ferme de style gaillacois traditionnel, située sur la commune de Montans, haut-lieu archéologique, village inscrit dans le circuit des Bastides. Langues parlées : anglais, espagnol.

Prix : 1 pers. **190 F** 2 pers. **220 F** 3 pers. **250 F** repas **80 F**

Ouvert : du 1er juin au 30 septembre.

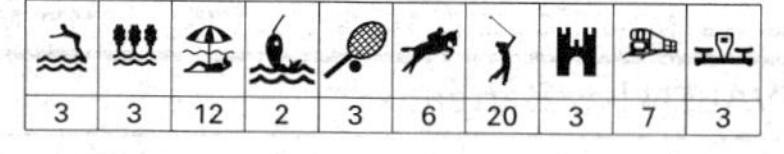

3	3	12	2	3	6	20	3	7	3

MAFFRE Philippe et Sylvie - Bois Moysset - 81600 MONTANS - Tél : 05 63 40 41 12

MONTDURAUSSE La Vinatière

(TH) *C.M. 82 Pli 08*

3 ch. **Salvagnac 12 km.** Dans maison restaurée, 3 ch. pour 2, 3 pers. R.d.c. : 1 ch.(1 lit 2 pers., 1 lit 1 pers.) avec s.e. et wc. A l'ét. : 2 ch.(avec chacune 1 lit 2 pers, 1 clic-clac 2 pers., 1 lit bébé) avec s.e. et wc privés. Salon avec TV, cheminée, salle à manger communs. Biblio., piano. Terrain, terrasse. Table d'hôtes le soir. Vélos à dispo. Petits animaux admis (voir prop.). A la limite du Tarn et du Tarn et Garonne, vue panoramique sur la campagne et le village de Monclar de Quercy, proche de la base de loisirs, maison restaurée avec goût et accueil familial. Equipement bébé complet et jeux pour enfants. Proposition d'itinéraires de visites et de promenades. Langue parlée : anglais.

Prix : 1 pers. **160/180 F** 2 pers. **200/220 F** 3 pers. **270 F** pers. sup. **70 F**
repas **75 F**

Ouvert : toute l'année.

2	2	2	2	2	2	10	10	17	18	25	1

BENITTA Evelyne et Alain - La Vinatière - 81630 MONTDURAUSSE - Tél : 05 63 40 54 34

MONTGEY Roc Marty

(TH) *C.M. 82 Pli 20*

3 ch. **Revel 10 km. Toulouse 30 km.** Dans le Lauragais, en campagne, 2 ch. et 1 suite aménagées à l'ét. pour 2 à 4 pers. : 2 ch. 2 épis (1 lit 2 pers. dans chacune), s.d.b. et wc communs aux 2 ch. 1 suite 3 épis (1 lit 2 pers., 2 lits 1 pers.) avec s.e. et wc privés. Poss. lit bébé et lit d'appoint. Séjour, salon. Terrasse, parc de 2 ha. Animaux admis sur demande. Maison ancienne recouverte de glycines, proche du village et du Château de Montgey, à 10 km de Revel et du Bassin de St Ferréol. Salle de jeux, ping-pong. Propriété de 7 ha avec un grand parc, au calme. Accueil de cavaliers. Panier pique-nique. Langues parlées : espagnol, anglais.

Prix : 1 pers. **150 F** 2 pers. **200/220 F** 3 pers. **250/290 F** pers. sup. **70 F**
repas **85 F**

Ouvert : toute l'année.

11	11	11	3	11	11	25	10	11	SP	25	11

REISS Anne-Marie - Roc Marty - 81470 MONTGEY - Tél : 05 63 75 71 70

MONTREDON-LABESSONNIE La Raynalie

C.M. 83 Pli 01

2 ch. **Le Sidobre 7 km. Castres 20 km.** 2 suites de 3 ch. pour 2 à 8 pers : 1ère suite (1 ch. avec 1 lit 140, 1 ch. avec 2 lits 90, 1 ch. avec 1 lit 140), s.d.b. et wc privés à la suite. 2è suite (1 ch. avec 1 lit 140, 1 ch. avec 2 lits 120, 1 lit bébé, 1 ch. avec 1 lit 140 et 2 lits 90), s.e. et wc privés à la suite. Salon, cuisine et salle à manger. L.vais. Piscine, jeux, biblio. pour enfants. Anne et ses enfants vous accueillent dans leur gentilhommière intégrée dans un ensemble de bâtiments du XVIIIè siècle comprenant un vaste terrain vallonné avec un parc d'agrément, une terrasse avec salon de jardin et barbecue. Ping-pong. Box à chevaux. Langue parlée : anglais.

Prix : 1 pers. **180 F** 2 pers. **250 F** 3 pers. **310 F** pers. sup. **60 F**

Ouvert : d'avril à octobre.

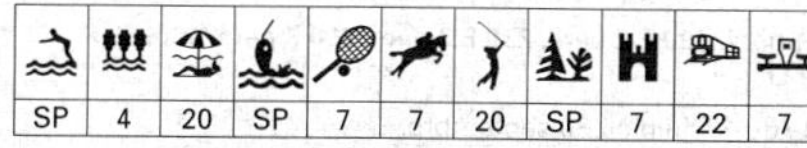

SP	4	20	SP	7	7	20	SP	7	22	7

GOERGLER Anne - La Raynalie - 81360 MONTREDON-LABESSONNIE - Tél : 05 63 75 15 10 - Fax : 05 63 75 15 10

MONTREDON-LABESSONNIE

Alt. : 550 m (TH) *C.M. 83 Pli 01*

1 ch. **Le Sidobre 10 km. Castres 20 km.** Proche de la région du Sidobre : 1 ch. pour 2 pers. avec entrée indépendante et véranda privée attenante (1 lit 2 pers., 1 lit d'enfant sur demande), s.e. et wc privés. Jardin avec salon d'été sur terrasse. TV dans la ch. Garage privé. Cette chambre d'hôtes est aménagée dans une maison dans le village, avec un grand jardin. Planétarium observatoire à visiter à 2 km. Langue parlée : anglais.

Prix : 1 pers. **220 F** 2 pers. **240 F** repas **80 F**

Ouvert : toute l'année.

3	3	15	3	3	2	20	SP	20	SP	20	SP

COURNEDE Annie - Route de St-Pierre N°14 - 81360 MONTREDON-LABESSONNIE - Tél : 05 63 75 15 56

MONTROC

Alt. : 500 m (TH) *C.M. 83 Pli 01*

4 ch. **Montredon Labessonie et la région du Sidobre 12 km.** Sur la place du village, 4 ch. d'hôtes à l'ét. 2 ch. pour 3 pers. (1 lit 2 pers. et 1 lit 1 pers. dans chacune), 2 ch. pour 2 pers. (2 lits 1 pers. dans chacune), 4 s.e. avec wc privés. TV commune. Jardin clos, salon de jardin, garage et parking privés, terrasse. Table d'hôtes le soir (poss. panier pique-nique). Poss. utilisation l.linge. A proximité de la région touristique du Sidobre et près du plan d'eau de Rassisse, les propriétaires ont aménagé 4 chambres à l'étage de leur maison de maître du début du siècle, spacieuses et confortables. Allemand parlé. Sentier de randonnée GR36 sur place. Langue parlée : allemand.

Prix : 1 pers. **200 F** 2 pers. **230 F** 3 pers. **300 F** repas **85 F**

Ouvert : toute l'année.

11	5	10	2	11	5	30	10	5	10	30	10

VIARD Henri et Mme CLOUZET - 14 place du Village - 81120 MONTROC - Tél : 05 63 55 77 00

MONTVALEN Les Barreaux

(TH) *C.M. 79 Pli 19*

1 ch. **Salvagnac 13 km. Rabastens 10 km.** A la ferme, dans une maison ancienne rénovée, claire et spacieuse. A l'étage : une suite pour 4 pers. de 2 ch., dans l'une 1 lit 2 pers., dans l'autre 1 lit 2 pers. Grande s.d.b. et wc indép. réservés aux hôtes. Grande pièce aménagée avec coin-salon, cheminée et TV. Terrasse couverte. Table d'hôtes avec les produits de la ferme (tarif enfants). En pleine campagne, sur les coteaux avec une jolie vue dégagée, sur une propriété agricole entourée de bois, prés et d'un lac collinaire (pêche possible). Un gîte rural proche. Langue parlée : espagnol.

Prix : 1 pers. **170 F** 2 pers. **220 F** 3 pers. **300 F** pers. sup. **80 F** repas **75 F**

Ouvert : toute l'année.

8	8	20	SP	10	10	10	10	20	10	10	8

ANDRIEU Michel - Les Barreaux - 81630 MONTVALEN - Tél : 05 61 84 07 27

MOULIN-MAGE-LACAUNE La Combe

Alt. : 900 m *C.M. 83 Pli 03*

1 ch. **Lacaune 8 km. Lac du Laouzas 9 km.** A prox. d'un hameau de montagne, à 8 km de Lacaune. 1 ch. d'hôte aménagée au r.d.c. de la maison des prop. avec entrée indép. Ch. familiale pour 4 pers. (1 lit 2 pers., 2 lits 1 pers. superp.) avec s.e. et wc. Jardin, s/jardin. Promenades et visite des menhirs en calèche avec pique-nique fermier (vous serez chez un agriculteur). Possibilité de visite de la ferme avec commentaires à l'appui (sauf juillet et août).

Prix : 1 pers. **170 F** 2 pers. **190 F** 3 pers. **240 F** pers. sup. **50 F**

Ouvert : toute l'année.

8	9	9	1	8	8	55	8	8	7	55	8

BERNARD Christian - La Combe - 81320 MOULIN-MAGE - Tél : 05 63 37 47 57

MURAT-SUR-VEBRE Felines

Alt. : 900 m *C.M. 83 Pli 03*

3 ch. **Lacaune 15 km. Lac du Laouzas 6 km.** Sur une exploitation agricole : 4 ch. à l'ét. pour 2 et 4 pers., avec entrée indép. dont 1 suite de 2 ch. (1 lit 2 pers., 2 lits 1 pers.), s.d.b., wc. 1 ch. (1 lit 2 pers.), s.e. et wc. 1 ch. avec mezz. (2 lits 2 pers.), s.d.b. et wc. Parking privé, jardin avec salon de jardin et barbecue. Piscine privée commune aux hôtes et aux prop. Dans un petit hameau des Monts de Lacaune, 4 chambres d'hôtes sont récemment aménagées. Visite de la ferme, production et vente de fromage au lait de brebis sur place.

Prix : 1 pers. **190/210 F** 2 pers. **210/250 F** 3 pers. **300 F** pers. sup. **100 F**

Ouvert : toute l'année.

SP	6	6	1	1	6	65	SP	SP	65	2

ROQUE Christiane - Felines - 81320 MURAT-SUR-VEBRE - Tél : 05 63 37 43 17 - Fax : 05 63 37 19 85

PARISOT Le Causse

(TH)

E.C. 3 ch. Entre Lavaur et Gaillac, aux portes du Pays de Cocagne, maison de maître fin du XVIIIe, restaurée dans le style régional. 3 ch. à l'étage pour 2, 3 pers. (3 lits 160, 1 lit 1 pers.), chacune avec s. d'eau et wc privatifs. Lit bébé à dispo. Salle à manger commune. Salon privatif avec cheminée et TV. Parc ombragé, terrasse, salon de jardin, cour, parking, abri voiture. Sur l'axe Toulouse/Albi, maison sur une propriété de 7 ha. dont 1 de bois. TH le soir avec des produits locaux, grillades au feu de bois, spécialités du Périgord et plats provençaux. Panier pique-nique. Poss. d'1 lit d'appoint. Langues parlées : anglais, espagnol.

Prix : 1 pers. **190 F** 2 pers. **230 F** 3 pers. **290 F** pers. sup. **50 F** repas **80 F**

Ouvert : du 1er juin au 30 septembre.

4,5	4,5	4,5	3	3	3	22	20	22	4,5	4,5	4,5

CUENCA Michel et Martine - Le Causse - 81310 PARISOT - Tél : 05 63 40 44 07 ou 06 82 69 39 42

PAULINET La Bourrelie

Alt. : 600 m *C.M. 83 Pli 02*

3 ch. **Vallée du Tarn 20 km. Gorges de l'Oulas 5 km.** Dans la région des Gorges de l'Oulas : 3 ch. à l'ét. pour 2, 3 pers. ttes avec sanitaires privés. 2 ch. sont 3 épis et 1 autre 2 épis. 1 ch. (1 lit 2 pers, 1 lit enf.). 1 ch. (1 lit 2 pers., 1 lit 1 pers.). 1 ch. (1 lit 2 pers., 1 lit d'appoint sur dem.) Equip. bébé. Piscine avec surveillance. Restauration sur ferme de séjour. Situées dans une ferme de séjour, donnant sur la piscine, ces chambres ont un accès indépendant. Accueil d'enfants, animation encadrée (promenade à poneys), en séjour complet. Ballade à cheval et vélo, accueil de cavaliers et gîte de groupe sur place. Langues parlées : allemand, anglais.

Prix : 1 pers. **200/250 F** 2 pers. **230/280 F** 3 pers. **330 F** pers. sup. **55 F** repas **80 F**

Ouvert : toute l'année sauf période de Noël.

SP	5	35	15	5	SP	25	SP	15	25	25	5

CARREL Babeth - La Bourelie - Paulinet - 81250 ALBAN - Tél : 05 63 55 84 57 - Fax : 05 63 55 38 98

PAULINET Domaine des Juliannes

Alt. : 500 m TH *C.M. 83 Pli 02*

5 ch. **Vallée du Tarn 20 km. Gorges de l'Oulas 5 km.** 3 ch., 2 suites de 2 à 5/6 pers, chacune avec s.d.b. et wc. 2, 2, 3, 4 et 6 lits 80 jumelables. 1 ch. avec entrée indép. Salle à manger donnant sur terrasse ombragée, salon avec cheminée. 1 gîte rural de 10 pers. sur place. Piscine commune (10x5m). Table d'hôtes (cuisine traditionnelle). Salle de jeux. Animaux acceptés sur demande. Prix dégressifs pour séjour Dans leur ferme du XVIIè siècle, la famille Hudswell vous accueille dans un cadre naturel préservé. Avec ses chevaux, ses poneys, ses installations cette adresse ravira les amateurs d'équitation. Vélos et jeux d'enf. Poss. de prise en charge à la gare d'Albi. Langue parlée : anglais.

Prix : 1 pers. **280 F** 2 pers. **320/475 F** 3 pers. **410/560 F** pers. sup. **85 F** repas **70/120 F** 1/2 pens. **800 F** pens. **1200 F**

Ouvert : du 1er février au 15 décembre.

SP	15	30	1	6	SP	40	SP	15	40	35	6

HUDSWELL M-Christine et Nick - S.A.R.L. Domaine des Juliannes - 81250 PAULINET - Tél : 05 63 55 94 38 ou SR : 05 63 48 83 01 - Fax : 05 63 55 97 49 - E-mail : nicholas.hudswell@wanadoo.fr - http://perso.wanadoo.fr/Juliannes/

PAULINET

Alt. : 650 m TH *C.M. 83 Pli 02*

E.C. 3 ch. **Montredon Labessonnie et la région du Sidobre 12 km.** 3 suites spacieuses (une en r.d.c., deux à l'étage) avec chacune 1 lit 2 pers. et 2 lits 1 pers., s.d.b. et wc privés. Cuisine, séjour avec cheminée, hall (salon-biblio). Jardin clos. Table d'hôtes. L.linge et frigo à disposition. Prix dégressifs. Une maison de maître, datant du 1er empire, avec cour et jardin ombragés se situe au village tranquille de Paulinet, en moyenne montagne dans un secteur boisé et sauvage. Randonnées pédestres sur place (GR36). Langues parlées : anglais, allemand.

Prix : 1 pers. **260 F** 2 pers. **260 F** 3 pers. **300 F** pers. sup. **40 F** repas **90 F**

Ouvert : toute l'année.

17	15	30	1	11	5	40	SP	20	40	40	11

RODGERS Jeremy et Gillian - Village - 81250 PAULINET - Tél : 05 63 55 97 96 - E-mail : rodgers@enstimac.fr

PENNE

TH *C.M. 79 Pli 19*

2 ch. **St-Antonin Noble Val 13 km. Gorges de l'Aveyron 1 km.** Dans le village, près des Gorges de l'Aveyron. 2 ch. à l'ét. pour 2 pers., avec s.e. particulières, wc commun. 1 ch. (1 lit 2 pers.), l'autre ch. (2 lits 1 pers.). Nombreuses activités nautiques à proximité sur rivière. Suzanne et René vous accueillent dans leurs chambres 2 épis. Vous pourrez prendre place à leur table d'hôtes sur une terrasse dominant un magnifique panorama avec vue sur le château et la rivière.

Prix : 1 pers. **120/130 F** 2 pers. **165 F** repas **70 F**

Ouvert : du 1er mars au 30 octobre.

13	12	12	1	2	12	30	SP	SP	1	37	SP

LACOMBE René - Alimentation - 81140 PENNE - Tél : 05 63 56 31 02

PENNE

C.M. 79 Pli 19

2 ch. **St-Antonin Noble Val 10 km. Cordes 28 km.** Dans le charmant village médiéval, 2 ch. pour 2 pers. avec entrée indép., la 1ère (2 épis NN) : 2 lits 1 pers. jumelables, s.d.b., wc, coin-salon et cuisine privés, la 2è (3 épis NN) : 1 lit 2 pers, s.e. et wc privés. Suppl. chauffage central. Salon. Frigo. Terrasse. Restaurant à 30 m. La propriétaire vous accueille dans sa maison. Vous êtes au cœur du circuit des Bastides. Vous profiterez également de l'illumination du Château la nuit et de la proximité de l' Aveyron pour pratiquer le canoë-kayak et la randonnée pédestre.

Prix : 1 pers. **130 F** 2 pers. **170 F**

Ouvert : du 1er mars au 30 octobre.

15	15	16	1	2	8	30	SP	1	30	35	SP

POUSSOU Yvette - Le Village - 81140 PENNE - Tél : 05 63 56 33 89

PUYBEGON L'Hoste

TH *C.M. 82 Pli 09*

2 ch. **Lavaur 12 km.** Au r.d.c., 1 ch. acc. pers. hand. pour 2 pers. (1 lit 2 pers. avec poss. lit 1 pers.), s.e. et wc privés. A l'ét. : 1 suite de 6 pers. soit 2 pers/ch. (1 lit 160, 2 lits 1 pers., 2 lits 1 pers.) avec s.d.b. (2 lavabos), 1 wc commun, salon ind. Lits bébés + équip. sur dem. Séjour et salon communs. Cheminée, TV sat., musique, échecs. Terrain. Ambiance charme, tradition et confort dans une maison de maître du XVIIIè s., restaurée avec ses colombages et portes d'antan, dans un magnifique cadre de verdure, au sommet des paysages vallonnés du Pays de Cocagne. La ch.rose est acc.aux pers. hand. Animaux admis selon poss. Jeux enfants. Langues parlées : anglais, allemand.

CV

Prix : 1 pers. **200 F** 2 pers. **250 F** 3 pers. **330 F** pers. sup. **80 F**
repas **80 F**

Ouvert : toute l'année.

10	10	17	0,5	10	15	8	SP	17	20	15	5

MILLERET Jean-Claude - L'Hoste - 81390 PUYBEGON - Tél : 05 63 58 66 22

PUYCALVEL

C.M. 82 Pli 10

4 ch. **Lautrec 6 km. Castres 15 km.** Dans un petit village proche de Lautrec, 4 ch. de 2 pers., toutes avec cabines de douche, lavabos privatifs et 1 wc commun. 1 ch. (1 lit 2 pers, 1 lit bébé), 2 ch. (1 lit 2 pers dans chacune), 1 ch. (2 lits 1 pers). Séjour, cuisine et salon communs. TV à dispo. Jardin, terrasse, piscine privée (12,5x7,5m), barbecue. Base de loisirs à 6 km. Marie-Rose et Louis vous accueilleront dans leur grande maison située au centre du département, où ils ont aménagé 4 chambres d'hôtes.

Prix : 1 pers. **150 F** 2 pers. **180 F** 3 pers. **280 F** pers. sup. **50 F**

Ouvert : toute l'année.

SP	6	6	5	6	7	10	SP	6	15	6

ARCAMBAL Louis et Marie-Rose - 81440 PUYCALVEL - Tél : 05 63 75 91 41

PUYCALVEL Plaisance

TH *C.M. 82 Pli 10*

3 ch. **Lautrec 7 km. Castres 18 km.** Dans le pays de Cocagne, à 7 km de Lautrec, 3 ch. de 2 ou 3 pers. avec entrées indép. et sanitaires privés dans chacune (s.e. et wc). 2 ch. (1 lit 2 pers. dans chacune), 1 ch. (1 lit 2 pers., 1 lit 1 pers). Poss. lits suppl., lit bébé. Séjour, salon avec cheminée (biblio, TV). Table d'hôtes (le soir et sur demande le midi), tarif enfants, soirées à thème. Maison ancienne sur une propriété de 13 ha (bois et prés). Ces chambres sont à l'étage, donnant sur une terrasse couverte. Village médiéval, tous commerces et base de loisirs aquatiques à Lautrec. Accueil de cavaliers (chevaux sur place) et initiation au travail artistique du cuir. Langues parlées : anglais, espagnol.

CV

Prix : 1 pers. **180 F** 2 pers. **200 F** 3 pers. **260 F** pers. sup. **60 F**
repas **80 F**

Ouvert : toute l'année.

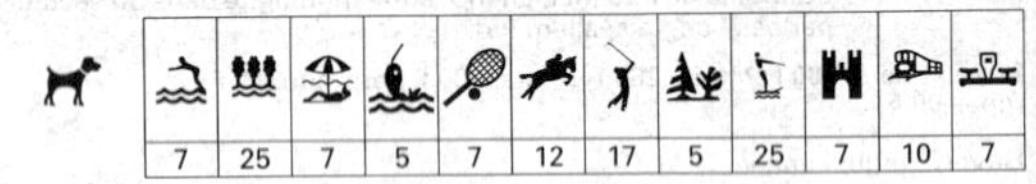

7	25	7	5	7	12	17	5	25	7	10	7

CAYLA Minerve - Plaisance - 81440 PUYCALVEL - Tél : 05 63 75 94 59

PUYCELCI

C.M. 79 Pli 19

2 ch. **Gaillac 24 km.** Dans le village médiéval : 2 ch. pour 2 pers., l'une au r.d.c. (2 lits 1 pers.), poss. loc. kitchenette, s.e., wc, l'autre à l'ét. (1 lit 2 pers., 1 lit 1 pers.), s.e. et wc privés. TV dans chacune. Jardin clos, barbecue, L.linge commun, salon de jardin. Gîte rural sur place. Piscine commune. Auberge à prox. Tout sport sur place. Au cœur de la cité médiévale de Puycelci classée parmi les plus beaux villages de France et dominant la forêt de la Grésigne, Mr et Mme DE BOYER vous recevront dans leur demeure typiquement albigeoise, aménagée avec beaucoup de goût. Langue parlée : anglais.

CV

Prix : 1 pers. **230/250 F** 2 pers. **290/310 F** 3 pers. **440 F**

Ouvert : toute l'année.

SP	6	1	1	0,5	0,5	SP	12	SP	22	SP

DE BOYER-MONTEGUT Christian - 81140 PUYCELSI - Tél : 05 63 33 13 65 - Fax : 05 63 33 20 99

PUYCELCI Prat Barrat

TH *C.M. 79 Pli 19*

4 ch. **Gaillac 20 km.** Près du village, 4 ch. pour 2, 3, 4 pers. Dans une annexe, en r.d.c. : 1 ch. avec s.e et wc privés (3 lits 1 pers). Dans la maison du prop. 2 ch. non attenantes, louées ensemble, s.d.b. et wc. (1 lit 2 pers), (2 lits 1 pers). 1 ch. (2 lit 1 pers.) s.e. et wc privés. Salle de séjour, salon. Table d'hôtes (produits fermiers). Terrasse, jardin. Animal : 20F. Chambres dans une maison en r.d.c., très ensoleillée et isolée, conçues pour laisser beaucoup d'indépendance aux hôtes. Au pied du village fortifié, dominant la Vallée de la Vère et la forêt de la Grésigne, point de vue remarquable sur la campagne environnante. Accueil randonneurs.

CV

Prix : 1 pers. **130 F** 2 pers. **185 F** 3 pers. **275 F** repas **68 F**

Ouvert : toute l'année sauf les mois de décembre, janvier, février.

20	8	8	1	1	SP	SP	13	12	25	SP

GAIGNARD Jeannette - Prat Barrat - 81140 PUYCELSI - Tél : 05 63 33 11 22 - Fax : 05 63 33 11 22

PUYCELCI La Capelle

TH *C.M. 79 Pli 19*

2 ch. **Gaillac 16 km.** Près du village. 1 ch. pour 3 pers. avec lavabo (1 lit 2 pers, 1 lit 1 pers) s.e. réservée aux hôtes, poss. ch. suppl. (lit 2 pers). Salle de séjour, TV. Table d'hôte (le soir) cuisine internationale, produits naturels, spécialité de repas végétariens ou hindous (sur commande). Jardin, terrasse ombragée. Piscine hors-sol (5 m de diam.) Au calme, chez un artiste, dans une ancienne maison couverte de roses, aménagée avec beaucoup de goût. Jeux : fléchettes, galerie d'art, bibliothèque. Langues parlées : anglais, allemand.

Prix : 1 pers. **120 F** 2 pers. **170 F** 3 pers. **220 F** repas **75 F**

Ouvert : toute l'année.

SP	5	5	SP	4	4	25	2	18	4	16	5

GOTTSCHALK Angela - La Capelle - 81140 PUYCELSI - Tél : 05 63 33 15 91

PUYCELCI Laval

TH *C.M. 79 Pli 19*

3 ch. **Gaillac 23 km.** Gde maison en pierres (1872) : 3 ch. pour 2, 3 et 5 pers. 1 ch. (1 lit 2 pers, 1 lit 1 pers.) s.e. et wc privatifs, meubles anciens, poss. suite (2 lits 1 pers.), 2 ch.,(1 lit 2 pers.) (1 lit 2 pers., 1 lit 1 pers.), s.e. privées et wc commun. Cheminée. Salle de séjour, salon avec TV, frigo. Jardin, table d'hôtes sur terrasse fleurie. Ping-pong. Dans la Vallée de la Vère, au pied du village fortifié de PUYCELCI, Louis et Josette vous accueillent. La table d'hôtes est sur réservation en hors saison. Pour Juillet et août : table d'hôtes le lundi, mercredi, vendredi. Camping à la ferme à proximité.

Prix : 1 pers. **150 F** 2 pers. **190/200 F** 3 pers. **250 F** pers. sup. **50 F** repas **70 F**

Ouvert : toute l'année.

20	6	6	SP	3	3	6	3	18	3	23	10

ROQUES Josette - Laval - 81140 PUYCELCI - Tél : 05 63 33 11 07

PUYCELCI

C.M. 79 Pli 19

1 ch. **Gaillac 25 km.** Demeure de caractère, dans le village. Les propriétaires tiennent une petite galerie de peinture et ont aménagé une jolie ch. d'hôtes pour 2 pers. au r.d.c. (1 lit 2 pers.) avec s.e. et wc attenants et privés. Coin-cuisine à dispo. exclusive des locataires avec frigo. Petit jardin clos, salon de jardin. Parking. Le village de Puycelci est classé un des plus beaux villages de France. Calme assuré dans un environnement de verdure et de vieilles pierres. Langues parlées : anglais, allemand.

Prix : 1 pers. **220 F** 2 pers. **270 F**

Ouvert : toute l'année.

22	10	10	3	0,5	10	37	2	10	SP	25	SP

NAZARET Dominique - Le Bourg - 81140 PUYCELCI - Tél : 05 63 33 13 03 ou 05 59 23 09 28 - Fax : 05 63 33 19 25

PUYGOUZON Le Grezal

C.M. 82 Pli 10

1 ch. **Albi 2 km.** A 2 km d'Albi : 1 ch. pour 2 ou 3 pers. aménagée au 1er étage d'une maison de construction récente, à la campagne. Entrée indépendante (1 lit 2 pers., 1 lit 1 pers., 1 lit d'appoint pour enfant), wc et s.d.b. privés, chauffage. Terrain, cour. En campagne, tout proche d'Albi avec sa cathédrale et ses musées. Les propriétaires vous feront partager leur métier d'agriculteurs. Langue parlée : anglais.

Prix : 1 pers. **150 F** 2 pers. **180 F** 3 pers. **200 F** pers. sup. **40 F**

Ouvert : toute l'année.

2	15	2	5	1	2	3	10	2	4	2

JALBY Christian - Le Gresal - 81990 PUYGOUZON - Tél : 05 63 38 47 24 ou 06 74 19 02 93

PUYLAURENS En Pinel

TH *C.M. 82 Pli 10*

2 ch. **Puylaurens 3 km. Bassin de St-Ferréol 15 km.** Grande demeure où sont aménagées à l'ét. 1 ch. et 1 suite de 3 et 4 pers. La ch. (1 lit 2 pers., 1 lit 1 pers.), s.d.b. avec wc privés, la suite (1 lit 160 et 2 lits 1 pers), s.d.b avec wc privés. Lit bébé sur demande. TV et biblio dans salon. Table d'hôtes le soir de l'arrivée seulement. Ping-pong, badminton. Parc. Piscine (12x5m). Dans cette très belle demeure de famille du XVIIIè siècle entourée d'un parc arboré de 10 ha avec pigeonnier et piscine, les propriétaires ont aménagé 1 chambre et 1 suite, bénéficiant d'une très belle vue sur la Montagne Noire. Langues parlées : anglais, espagnol.

Prix : 1 pers. **400 F** 2 pers. **500 F** 3 pers. **550/600 F** pers. sup. **100 F** repas **110 F**

Ouvert : du 1er mai au 15 octobre.

SP	15	15	10	3	10	22	15	15	3	10	3

GITES DE FRANCE-SERVICE RESERVATION - Maison des Agriculteurs - BP 89 - 81003 ALBI Cedex - Tél : 05 63 48 83 01 ou PROP : 05 63 75 08 62 - Fax : 05 63 48 83 12 - E-mail : gitesdutarn@free.fr - http://www.gites-tarn.com

RABASTENS La Bouriette

TH *C.M. 82 Pli 09*

2 ch. **Toulouse 35 km. Gaillac 20 km. Albi 40 km.** En pleine campagne, très calme, au bord du Tarn, 2 ch. pour 2 pers. avec 2 s.e. et wc privés. L'une avec 1 lit 2 pers., l'autre avec 2 lits 1 pers. Poss. lit d'appoint et 1 ch. suppl. pour famille. Séjour, biblio, cheminée. Terrasse, grand jardin, piscine privée, parking privé, grand verger (accès privé au Tarn pour la pêche). Animaux acceptés sur demande. Agréable maison en bordure du Tarn. Langue parlée : espagnol.

Prix : 1 pers. **240 F** 2 pers. **280 F** pers. sup. **50 F** repas **95 F**

Ouvert : du 1er mai au 30 septembre.

SP	2	SP	0,5	4	6	SP	SP	1	1,5

BAUBIL Suzanne et Paul - La Bouriette - 81800 RABASTENS - Tél : 05 63 33 86 69

RABASTENS

TH

1 ch. **Lisle-sur-Tarn 8 km. Gaillac 18 km.** Située à l'étage : 1 suite de 2 ch pour 3 ou 4 pers. avec s.d.b.-wc :1 ch (1 lit 140) et en complément soit 1 ch (1 lit 140) soit 1 ch (1 lit 120), poss. lit bébé. L.linge et frigo à disposition. Table d'hôte (midi et soir), paniers pique-nique. Petit chien accepté. Entre ALBI et TOULOUSE, dans le quartier médiéval du bourg de Rabastens (tous services et commerces, musées), cette maison de famille est un ancien cloître du XVIIè siècle avec jardin et cour intérieurs, terrasse couverte. Pêche et promenades proches.

CV

Prix : 1 pers. **220 F** 2 pers. **250 F** 3 pers. **350 F** repas **85 F**

Ouvert : toute l'année.

5	5	25	0,5	1	8	10	10	30	0,5	0,5	0,5

DELRIEU Anne-Marie - 8 rue Pilfort de Rabastens - 81800 RABASTENS - Tél : 05 63 33 75 27 ou 06 16 40 88 08

REALMONT

C.M. 83 Pli 01

1 ch. **Castres 18 km.** Dans une ferme d'élevage de chevaux de sports. 1 ch. pour 2 pers., au r.d.c. avec petit salon, s.d.b. et wc particuliers (1 lit 2 pers., lit pliant 1 pers.). Calme et espace pour se reposer. Jardin, terrasse. Beau paysage. Réservation de préférence après 19 H. Restaurants à proximité. Belle maison en pleine campagne, au calme, avec un joli point de vue, avant la sortie de Réalmont, vers Lombers.

CV

Prix : 1 pers. **180 F** 2 pers. **200 F** 3 pers. **300 F**

Ouvert : seulement juillet, août et septembre et vacances scolaires.

0,8	5	5	5	0,8	0,2	25	SP	5	25	22	0,6

POUGET Georgette - Elevage Dariel - Route de Lombers - 81120 REALMONT - Tél : 05 63 55 54 62

REALMONT La Ferme de Bellegarde

TH

C.M. 83 Pli 01

2 ch. **Castres 18 km. Lautrec 12 km.** Au centre du département : 2 ch. pour 2 et 4 pers, entrée indép. R.d.c : 1 ch. (1 lit 2 pers) avec mezz. (1 lit 100, 1 lit 120), 1 ch. (2 lits 1 pers.), s.e, wc privés dans chacune. Lits et matériel bébé à dispo. Séjour, salon communs, cheminée. Cour et jardin. Vente de produits laitiers (chèvre) et fruits rouges. Table d'hôtes (produits de la ferme). Deux chambres sont aménagées dans une maison ancienne, sur une petite ferme d'élevage de chèvres. Lac privé sur place (canoë, pêche). TV et l.linge à disposition. Jeux enf. (ping-pong, babyfoot,...). Réduction à partir de la 3ème nuit.

CV

Prix : 1 pers. **160 F** 2 pers. **200 F** 3 pers. **280 F** pers. sup. **80 F** repas **80 F**

Ouvert : toute l'année.

2	10	12	SP	2	3	18	10	18	2	18	2

HALLET Lydie et Philippe - Ferme de Bellegarde - Route d'Albi - 81120 REALMONT - Tél : 05 63 45 50 83 - Fax : 05 63 45 50 83

LE RIOLS Madie

TH

2 ch. **Cordes 13 km.** Grand séjour-salon, 2 chambres toutes avec sanitaires privés. 1 ch spacieuse (1 lit 140, s.d.b., douche, wc), 1 ch (1 lit 140, s.e., wc). Poss. ch en complément à l'étage. A dispo : l.linge, frigo. Lit et matériel bébé. Grand jardin clos, piscine hors sol, vélos, balançoires. Table d'hôtes le soir. Aux confluents du Tarn, du Tarn et Garonne et de l'Aveyron, des Gorges de l'Aveyron et des Cités médiévales, vous découvrirez le plaisir de la pêche, du canoë, des randonnées. Les prop. de cette demeure ancienne vous feront apprécier le calme, les repas composés de repas fermiers.

CV

Prix : 1 pers. **180/230 F** 2 pers. **200/250 F** 3 pers. **300/350 F** pers. sup. **60/100 F** repas **80 F**

SP	10	10	SP	13	8	40	3	6	6	2	6

RAVON Patrick - Madie - 81170 LE RIOLS - Tél : 05 63 65 42 73

SAINT-AMANCET En Rives

C.M. 82 Pli 20

2 ch. **Revel 8 km. Bassin de St-Ferréol 10 km.** Dans le cadre d'une ferme de séjour : 2 ch. pour 2 et 3 pers., à l'ét., l'une avec 1 lit 2 pers, sanitaires particuliers, l'autre (E.C) avec 1 lit 2 pers., 1 lit 1 pers., sanitaires privés. Lit bébé à dispo. Act. sportives s/place : spéléo, descente de canyon, escalade, rando-dessin, tir à l'arc, VTT, ping-pong. Jardin, terrasse. Poss. petite cuisine. La ferme de séjour, où Anne et Patrick ont le plaisir de vous recevoir, située au pied de la Montagne Noire est le point de départ vers de nombreux lacs et sites touristiques. Ces chambres vous permettront de gôuter au calme avec sous vos yeux, les paysages vallonnés de la campagne Langue parlée : anglais.

CV

Prix : 1 pers. **135 F** 2 pers. **180/200 F** 3 pers. **250 F** pers. sup. **50 F**

Ouvert : toute l'année.

10	10	SP	10	3	3	30	0,5	30	22	22	3

ROSSIGNOL Anne et Patrick - En Rives - 81110 ST-AMANCET - Tél : 05 63 50 11 21 - Fax : 05 63 50 11 21

SAINT-AMANCET La Méjeane

TH

C.M. 82 Pli 20

2 ch. **Revel 8 km. Bassin de St-Ferréol 10 km. Castres 20 km.** Au pied de la Montagne Noire, 2 ch. au r.d.c. pour 2 ou 3 pers. dans une maison en pierres. 1 ch. (1 lit 2 pers.), s.e. et wc privés. 1 ch. (1 lit 2 pers.), s.d.b. et wc privés, poss. lit d'appoint et lit bébé, salon avec cheminée (poss. canapé-lit pour famille). Grand terrain clos, terrasse. Ping-pong, portique. Entre plaine et montagne, Chantal, Gilles et leurs enfants vous accueillent dans une des anciennes métairies du château où vous pourrez apprécier le calme et la tranquilité en écoutant le chant des oiseaux, le murmure du ruisseau et les bruits de la nature dans un lieu simple. Langue parlée : espagnol.

CV

Prix : 1 pers. **170 F** 2 pers. **190 F** pers. sup. **55 F** repas **75 F**

Ouvert : toute l'année.

8	10	10	10	3	3	20	SP	10	SP	20	3

LOUP Chantal - La Méjeane - 81110 ST-AMANCET - Tél : 05 63 50 19 78 - Fax : 05 63 50 19 78 - E-mail : mejeane@latelier7.com - http://www.latelier7.com/mejeane

SAINT-AMANCET Loroc

C.M. 82 Pli 20

1 ch. **Revel 8 km. Bassin de St-Ferréol 10 km.** En bordure du village, de plain pied : 1 ch. pour 2 pers. (1 lit 2 pers., 1 lit bébé) avec s.d.b. et wc. Séjour et coin-salon communs avec cheminée, TV. Jardin, terrasse couverte, barbecue, parking privé, jeux d'enf. Table d'hôtes (produits du jardin, volailles). Animaux admis dans chenil (sauf chats). Tous services à 4 km. Equipement bébé. A 10 kms de St Ferréol (baignade et activités nautiques), les propriétaires ont aménagé 1 chambre d'hôtes dans leur maison, au pied de la montagne noire et sur le chemin de St Jacques de Compostelle.

Prix : 1 pers. **160 F** 2 pers. **200 F** repas **70 F**

Ouvert : toute l'année.

10	10	10	2	4	4	25	SP	10	SP	25	4

LEDOUX Alain et Isabelle - Village - 81110 ST-AMANCET - Tél : 05 63 74 19 76

SAINT-ANTONIN-DE-LACALM La Ginestarie

C.M. 83 Pli 01

3 ch. **Réalmont 10 km. Albi 22 km.** A la ferme, avec entrée indép. : 3 ch. de 2 à 4 pers. ttes avec mezz. 1 ch. (1 lit 2 pers., 2 lits 1 pers.), 1 ch. (4 lits 1 pers., 1 lit bébé), 1 ch. (1 lit 2 pers.) s.e. ou s.d.b., wc privés dans chaque ch. Grande salle commune avec cheminée centrale, salon avec piano et jeux. Table d'hôtes avec nos fromages de chèvre et nos spécialités. En pleine campagne, au bord du Lac de la Bancalié, dans une région de moyenne montagne sauvage et boisée, les propriétaires vous accueilleront dans leurs chambres très spacieuses.

Prix : 1 pers. **200 F** 2 pers. **230/300 F** 3 pers. **300/320 F** pers. sup. **60 F** repas **95 F**

Ouvert : toute l'année.

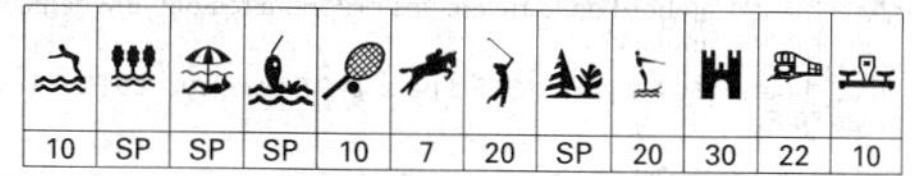

10	SP	SP	SP	10	7	20	SP	20	30	22	10

TEOTSKI Chantal - La Ginestarie - 81120 ST-ANTONIN-DE-LACALM - Tél : 05 63 45 53 46

SAINT-LIEUX-LES-LAVAUR Château

5 ch. **Lavaur 9 km. Toulouse 30 km.** Dans une demeure du XIXè siècle, 5 ch. d'hôtes pour 2 ou 3 pers., au 2è étage, toutes avec s.d.b. avec wc et TV. Lits 150 dans chacune. Lit d'appoint 1 pers. 1 lit bébé. Salon privé, salle à manger. Parc arboré d'1 ha. Piscine ronde hors-sol clôturée. Ping-pong, salle de billard. Restaurants et nombreuses activités à proximité. Au cœur du Pays de Cocagne, ce château est dans le village de St Lieux, dans un environnement calme et agréable. Langue parlée : anglais.

Prix : 1 pers. **300 F** 2 pers. **300 F** 3 pers. **370 F**

Ouvert : toute l'année sauf semaine de Noël.

SP	1	1	1	1	2	10	1	1	9	6	1

DORVAL Lizette - Château - 81500 ST-LIEUX-LES-LAVAUR - Tél : 05 63 41 60 87 ou 05 63 41 61 23

SAINT-MARTIN-LAGUEPIE Sommard

C.M. 79 Pli 20

1 ch. **Cordes 10 km.** Maison aménagée dans une ancienne grange (pierres et poutres apparentes) dans un petit hameau calme. 1 ch. pour 2 à 3 pers. au r.d.c. avec entrée indép. (1 lit 2 pers., poss. d'1 lit pliant 90 pour enf.), s.e. et wc privés. Séjour, salon avec cheminée. Terrain clos fleuri, terrasse couverte, garage fermé. Possibilité de pique-nique. Entre Cordes et Laguépie, proche de la Vallée de l'Aveyron et de la forêt de la Grésigne (canoë-kayak, randonnées, Bastides...).

Prix : 1 pers. **180 F** 2 pers. **200 F** 3 pers. **250 F** pers. sup. **50 F**

Ouvert : toute l'année.

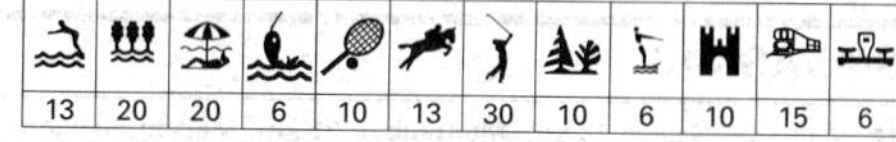

13	20	20	6	10	13	30	10	6	10	15	6

MARTIEL Christian et Cécile - Sommard - 81170 ST-MARTIN-LAGUEPIE - Tél : 05 61 74 66 67 ou 05 63 56 11 73

SAINT-MARTIN-LAGUEPIE La Roseraie

E.C. 2 ch. **Cordes 16 km. Laguépie 4 km.** 2 ch. d'hôtes avec s.e. et wc communs : 1 ch. (1 lit 2 pers., 1 lit bb), 1 ch. (2 lits 120, 3 lits 1 pers.). Equipement bb. Service l.linge (25 f.), s.linge (20 F.). Poss. d'utiliser la cuisine de la prop. pour réchauffer le repas. Barbecue, salon de jardin. Nombreux restaurants dans un rayon de 10 km. A proximité de la Vallée du Viaur, la Roseraie se trouve en pleine campagne et offre de grandes possibilités de randonnées. La propriétaire est peintre sur verre. Idéal pour randonneurs et pour familles avec jeunes enfants.

Prix : 1 pers. **120 F** 2 pers. **180 F** 3 pers. **230 F** pers. sup. **50 F**

Ouvert : toute l'année.

10	20	10	10	21	30	SP	4	10	4	4

BORDENAVE Huguette - La Roseraie - RD 34 - 81170 SAINT-MARTIN-LAGUEPIE - Tél : 05 63 56 09 46 - Fax : 05 63 56 09 46

SAINT-MICHEL-DE-VAX

C.M. 79 Pli 19

1 ch. **Cordes 12 km. St-Antonin Noble Val 7 km.** Dans un ancien relais de Poste, 1 ch. pour 3 pers., entrée indép., 1 lit 2 pers, 1 lit 1 pers, s.e. et wc privés. Salle de séjour, salon avec TV, L.linge. Pelouse clôturée, s/jardin. Produits fermiers, confits et foies gras à 3 km. Tarifs dégressifs suivant la saison et durée du séjour. Cabine tél. à prox. Cette chambre est aménagée à côté du logement du propriétaire, dans le charmant petit village de St Michel de Vax, dans une belle région boisée, à proximité des Gorges de l'Aveyron. Circuit des Bastides, illumination du Château de Penne à voir.

Prix : 1 pers. **150 F** 2 pers. **200 F**

Ouvert : du 30 mars au 15 novembre.

7	25	25	4	7	3	40	SP	7	7	25	7

VIGUIE Geneviève et Pierre - Place de l'Eglise - 81140 ST-MICHEL-DE-VAX - Tél : 05 63 56 34 58

SALIES Le Village

E.C. 1 ch. **Albi 6 km.** 1 ch. pour 2 (1 lit 2 pers., lit bébé), aménagée à l'étage d'une maison traditionnelle et chaleureuse, avec TV, salle de bains, wc et terrasse privés. Salle à manger et salon (cheminée) commun. L-linge. Terrain de 2 ha. avec verger/potager, élevage de volailles, salon de jardin, barbecue, parking privé. Chevaux. Panier pique-nique. La propriétaire, passionnée d'horticulture et de jardinage, vous fera visiter son jardin. A la tbale d'hôtes (midi et soir), vous dégusterez les produits maison (charcuterie, légumes, desserts...) et le vin de Gaillac. Poss. repas gastronomiques : 120 F. Langue parlée : espagnol.

CV

Prix : 1 pers. **200 F** 2 pers. **240 F** repas **80 F**

Ouvert : toute l'année.

6	20	20	10	6	6	6	25	20	6	6	6

AMALRIC Dominique - Le Village - 81990 SALIES - Tél : 05 63 79 02 20

SALLES Lagrave

TH *C.M. 79 Pli 20*

2 ch. **Monestiès 4 km. Cordes 10 km.** Dans un petit hameau de la Vallée du Cérou, 2 ch. pour 2 et 4 pers., l'une avec 1 lit 2 pers., l'autre avec 1 lit 2 pers., 2 lits 1 pers., chacune avec s.e. et wc privés. Salle de séjour commune, TV. Cour fermée, salon de jardin, parking privé. Table d'hôtes sur réservation. Tarif dégressif à partir d'1 semaine (-10 %). Entre Cordes et Monestiés, en pleine campagne et au bord de la rivière, les propriétaires ont aménagé, dans une ferme en activité, 2 chambres d'hôtes. Langues parlées : espagnol, anglais.

CV

Prix : 1 pers. **160 F** 2 pers. **210 F** 3 pers. **270 F** pers. sup. **60 F** repas **80 F**

Ouvert : toute l'année.

12	12	12	SP	4	12	25	10	12	10	12	4

LARROQUE-RODRIGUEZ Claude - Lagrave - 81640 SALLES - Tél : 05 63 76 13 27

SALVAGNAC Lagarrigue

TH *C.M. 82 Pli 09*

5 ch. **Gaillac 20 km. Montauban 30 km.** A 1 km du village, 5 ch. pour 2, 3, 4 pers. 3 ch. (1 lit 2 pers., 1 lit 1 pers.), 1 ch. (1 lit 2 pers.), 1 ch. (1 lit 2 pers, 2 lits 1 pers) s.e. et wc privés. Lits bébé et lits d'appoint à dispo. TV. Poss. panier pique-nique pour le déjeuner. Grand terrain, terrasse ombragée, piscine (8x5m). Ping-pong, boulodrome. Table d'hôtes (soir). Dans une ancienne ferme du XVIIIè siècle, les propriétaires ont aménagé 5 jolies chambres d'hôtes à l'étage de leur habitation. VTT à disposition. Espace enfants. Remise de 10% sur séjour de minimum 1 semaine et -15% sur séjour de 2 semaines. Langue parlée : anglais.

CV

Prix : 1 pers. **175 F** 2 pers. **210 F** 3 pers. **275 F** pers. sup. **55 F** repas **85 F**

Ouvert : toute l'année.

SP	12	12	0,5	2	15	30	3	12	20	20	1

VEDY Michèle et J-Jacques - Domaine de Lagarrigue - 81630 SALVAGNAC - Tél : 05 63 33 29 72 ou SR : 05 63 48 83 01 - Fax : 05 63 33 29 72 - E-mail : domaine.lagarrig@wanadoo.fr - http://perso.wanadoo.fr/domaine.lagarrigue/

SALVAGNAC

TH *C.M. 82 Pli 9*

4 ch. **Gaillac 18 km. Montauban 35 km.** Maison ancienne de village. 4 ch. à l'ét. pour 2 ou 3 pers. 1 ch. 1 épi (2 lits 1 pers.), lavabo, douche. 2 ch. avec chacune 1 lit 2 pers. et 1 ch. (2 lits 1 pers.) équipées d'une s.d.b. et wc privés. 1 lit d'appoint 1 pers. + 1 lit bébé. Cuisine, séjour, 2 salons, wc au r.d.c. Terrain clos, terrasse, piscine ronde (6m diam.). Salvagnac, petit village entre Albi et Montauban, à proximité des forêts de Sivens et de Grésigne. Les propriétaires, britanniques d'origine, ont aménagé 4 chambres dans leur « Maison Rose ». Organisation de stage photo. Langue parlée : anglais.

CV

Prix : 1 pers. **170/200 F** 2 pers. **200/230 F** pers. sup. **60 F** repas **80 F**

Ouvert : du 1er avril au 30 octobre.

SP	13	13	8	0,5	8	30	4	30	8	18	SP

CHALLIS Fred et Christine - La Maison Rose - Rue Gérard Roques - 81630 SALVAGNAC - Tél : 05 63 40 59 22 - E-mail : fchallis@wanadoo.fr - http://www.photohols.com

SIEURAC Le Mas de Combes

TH *C.M. 82 Pli 10*

1 ch. **Albi 15 km.** Maison de maître du XIXè siècle. Au r.d.c. : 1 ch. d'hôtes pour 2 pers. avec 1 lit 2 pers., s.e. et wc privés, lit bébé à la demande. L.linge à dispo. Jardin à la française clôturé sur la propriété avec piscine clôturée (12x6m), salon de jardin, portique, garage. Poss. de table d'hôtes le soir et panier pique-nique. Remise de 10% à partir du 3è jour. Au cœur du département, en pleine campagne, à 8 km de Réalmont, les propriétaires de cette maison ont aménagé une jolie chambre décorée avec soin. Le propriétaire, héraldiste de profession, pourra vous parler de sa passion, peut-être vous la faire partager et suscitera votre curiosité. Langue parlée : anglais.

CV

Prix : 1 pers. **230 F** 2 pers. **270 F** repas **85 F**

Ouvert : toute l'année.

SP	18	8	8	15	15	18	18	8	8	8

LUZ Frédéric et Annie - Le Mas de Combes - 81120 SIEURAC - Tél : 05 63 55 53 11 - Fax : 05 63 55 59 79 - E-mail : info@luz-herald.com - http://www.luz-herald.com/ch

SOREZE Moulin du Chapître

C.M. 82 Pli 20

2 ch. **Revel 4 km. Bassin de St-Ferréol 3 km.** Une suite adaptée pour famille ou groupe d'amis composée d'une ch. (1 lit 2 pers., 1 lit d'appoint pour enfant), d'une autre ch. (2 lits 1 pers.), d'un espace coin-cuisine indép., s.e. avec wc, non attenante. Séjour, salon communs, piano. A dispo : frigo et l.linge. Terrasse, salon de jardin. Sur place, diverses activités d'expression créative à découvrir. A deux pas du lac de St Ferréol et du village de Durfort, au bord de l'eau, le Moulin du Chapitre, ancien moulin à farine, vous ouvre ses portes pour un séjour d'agréable dépaysement. Sur place : petit gîte indép. Baby-foot, petite piscine enfant, portique, ping-pong communs. Langues parlées : allemand, anglais.

Prix : 1 pers. **140/160 F** 2 pers. **160/180 F** pers. sup. **50 F**

Ouvert : toute l'année.

4	3	3	SP	3	3	SP	3	1	30	4

GALYFAJOU Bernard & Véronique - Moulin du Chapître - 81540 SOREZE - Tél : 05 63 74 18 18

SOUAL La Bousquetie Haute

(TH) *C.M. 82 Pli 10*

E.C. 1 ch. **Dourgne 8 km. Castres 15 km.** Dans une ancienne ferme, 1 ch. d'hôtes au r.d.c. pour 2 pers. avec 1 lit 2 pers. et 1 lit bébé, wc et s.d.b. indép. juste à côté de la chambre. Salle à manger et séjour communs avec cheminée. Terrain calme avec salon de jardin sur terrasse. Bibliothèque. Table d'hôtes (produits du jardin, volailles). Tout près de la Montagne Noire, Dominique, Christian et leurs enfants vous accueillent dans leur maison sous des chênes centenaires, dans un lieu agréable et convivial. A mi-chemin entre Castres et Revel. Langues parlées : anglais, espagnol.

Prix : 1 pers. **140 F** 2 pers. **180 F** pers. sup. **60 F** repas **75 F**

Ouvert : du 1er avril au 30 novembre.

15	20	20	2	8	2	15	10	20	8	13	2

COLOMBEL Christian et Dominique - La Bousquetie Haute - 81580 SOUAL - Tél : 05 63 75 45 12

SOUEL

(TH) *C.M. 79 Pli 20*

E.C. 2 ch. **Cordes 5 km. Albi 22 km.** Dans un petit village calme, 2 ch. pour 2 ou 3 pers. aménagées à l'étage d'une maison de caractère (ancienne propriété viticole), chacune avec 1 lit 2 pers., s.e. et wc privés, poss. lit pliant 90 et lit bébé. Salle à manger avec cheminée, salon avec TV. Jardin, terrasse. Entre Bastides, Vignoble de Gaillac et forêt de la Grésigne. Chambres d'hôtes à la ferme (élevage d'escargots : visites possibles). Base de loisirs à 7 km. Langues parlées : anglais, allemand.

Prix : 1 pers. **180 F** 2 pers. **210 F** pers. sup. **50 F** repas **80 F**

Ouvert : toute l'année.

7	17	7	2	5	10	20	6	17	5	8	5

VARENE Christophe - Escargots des Trois Puits - 81170 SOUEL - Tél : 05 63 56 16 52

TREBAS La Goudoufie

(TH) *C.M. 83 Pli 02*

3 ch. **Trébas 3 km. Vallée du Tarn sur place.** En pleine campagne, 3 ch. pour 2 à 4 pers. Au r.d.c. : 1 ch de plain-pied (1 lit 2 pers), s.d.b., wc privés. A l'ét. : 1 ch. (1 lit 2 pers., 2 lits 1 pers), 1 ch. (3 lits 1 pers), les 2 avec s.e. et wc privés. Lit bb à dispo. Séjour, TV, biblio. Terrain, s/jardin, 2 VTT à dispo. Table d'hôtes le soir pour séjours et sur réservation. Chats admis uniquement. En haute vallée du Tarn, dans une ancienne ferme en pierres, sur une propriété de 5 ha traversée par un petit ruisseau. 10% de remise à partir de la 3è nuit. L.linge à dispo. Hors saison : forfait WE. Poss.accueil cavaliers. Cueillette champignons, châtaignes en saison. Langue parlée : anglais.

Prix : 1 pers. **175 F** 2 pers. **220 F** 3 pers. **290 F** pers. sup. **70 F** repas **80 F**

Ouvert : toute l'année.

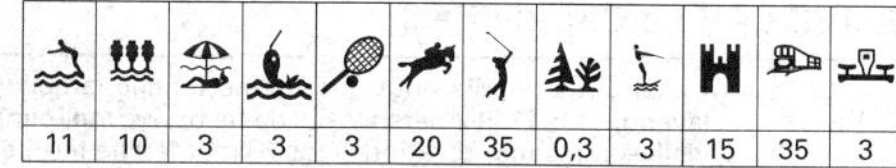

11	10	3	3	3	20	35	0,3	3	15	35	3

BERTHOUT Claude et Josette - La Goudoufie - Rte de Requista - 81340 TREBAS - Tél : 05 63 55 96 01 - Fax : 05 63 55 96 01 - E-mail : http://www.web-de-loire.com/c/81H2146.htm

VALENCE-D'ALBI L'Amartco

(TH) *C.M. 80 Pli 11*

2 ch. **Viaduc du Viaur 12 km. Vallée du Tarn 15 km.** En pleine campagne, 2 ch. pour 4 et 5 pers. 1 ch. spacieuse (2 lits 2 pers.,) au r.d.c. avec entrée indép., s.e., wc privés et cheminée (poss. ch. en compl.). 1 ch. en r.de jardin, accès indép. (1 lit 2 pers., 2 lits 1 pers.), s.e. avec wc. Frigo à dispo. Salle de séjour. Grand terrain, s/jardin. 3 vélos et jeux d'enf. Animaux acceptés/demande. Dans le Ségala, à 15 km de la Vallée du Tarn, pour se mettre au vert, maison en pierres apparentes qui a gardé tout le charme d'autrefois, au calme. Accueil, cadre et cuisine (produits de la ferme) soignés, ambiance personnalisée. Repas pris dans le jardin. Langue parlée : anglais.

Prix : 1 pers. **190 F** 2 pers. **220 F** 3 pers. **260 F** pers. sup. **40 F** repas **85 F**

Ouvert : toute l'année.

15	20	20	2	15	22	35	15	20	SP	10	6

MANESSE - DUMETZ Sylvie et Pierre - L'Amartco - Saint-Marcel - 81340 VALENCE-D'ALBI (PADIES) - Tél : 05 63 76 38 47 ou 05 63 43 41 23

VAOUR Serene *C.M. 79 Pli 19*

4 ch. **Cordes 15 km. St-Antonin Noble Val 12 km.** A la ferme. 3 ch. d'hôtes et 1 suite, de 2 à 4 pers., toutes avec sanitaires privés (3 s.e. et 1 s.d.b.). R.d.c : 1 ch. acc. pers. hand. (2 lits 1 pers.). Etage : 1 ch. (1 lit 2 pers.), 1 ch. (2 lits 80 jumelés), 1 suite (2 lits 80 jum.+ salon avec 2 lits 80). Lit bébé. Salon, grand séjour. Cheminée. Piscine commune. Terrasse. Entre Bastides et forêt de la Grésigne, si vous aimez calme, nature, paysages vallonnés et vieilles pierres, Brigitte et Francis vous reçoivent dans leur ferme datant des Templiers, aujourd'hui élevage d'Aubrac. Sentier botanique sur la propriété. Randonnées pédestre et gîte sur place. Langue parlée : espagnol.

Prix : 1 pers. **250/400 F** 2 pers. **300/400 F** 3 pers. **450 F** pers. sup. **50 F**
repas **85 F**

Ouvert : toute l'année.

SP	12	18	10	12	8	35	SP	10	15	12	15

GITES DE FRANCE-SERVICE RESERVATION - Maison des Agriculteurs - BP 89 - 81003 ALBI Cedex - Tél : 05 63 48 83 01 ou PROP : 05 63 56 39 34 - Fax : 05 63 48 83 12 - E-mail : gitesdutarn@free.fr - http://www.gites-tarn.com

VIANE La Bessière Alt. : 650 m *C.M. 83 Pli 02*

3 ch. **Lacaune 12 km.** Accueil à la ferme, en bordure de la Vallée du Gijou. 3 ch. de 2 à 3 pers., à l'ét. 1 ch. (1 lit 2 pers.), s.d.b., wc. 1 ch. (1 lit 2 pers., 1 lit 120), s.e. et wc. 1 ch. (1 lit 2 pers., 1 lit 110), s.e., wc. Salon avec TV, salle de séjour. Jardin avec salon de jardin. Table d'hôtes avec produits fermiers. Poss. de visite de la ferme. Myriam et son frère Philippe vous accueillent dans leur ferme d'élevage bovin, dans un paysage de montagne verte et boisée. Champignons à ramasser à la saison sur place. Belles ballades pédestres balisées. Langue parlée : anglais.

Prix : 1 pers. **195 F** 2 pers. **220/230 F** 3 pers. **270 F** pers. sup. **50 F**
repas **70/120 F**

Ouvert : toute l'année.

12	27	27	1	3	27	50	SP	27	SP	50	3

BARDY Myriam et CROS Philippe - La Bessière - 81530 VIANE - Tél : 05 63 37 01 26 ou 05 63 37 51 00 - Fax : 05 63 37 25 73

VILLEFRANCHE-D'ALBI La Barthe *C.M. 83 Pli 01*

2 ch. **Villefranche d'Albi 8 km. Vallée du Tarn 7 km.** Maison rénovée proche de la Vallée du Tarn. 2 ch. aménagées à l'ét. pour 2 et 3 pers. : 1 ch. (1 lit 2 pers, 1 lit 1 pers), s.e et wc privés, 1 ch. (1 lit 2 pers, poss. 2 autres lits 1 pers), s.d.b. et wc privés. Table d'hôtes. Terrasse avec jardin. Salon et salle à manger communs. TV. Lit bébé, chaise haute à dispo. VTT. Réduction après 3 jours et 7 jours. Michèle et Michael vous réservent un accueil chaleureux dans leur maison avec jolie vue sur le Tarn, en pleine campagne. Piscine posée sur le sol (diam. 4.60m, prof. 1.20m). Langue parlée : anglais.

Prix : 1 pers. **200 F** 2 pers. **230 F** 3 pers. **250 F** repas **95 F**

Ouvert : toute l'année.

SP	5	20	7	7	20	25	10	7	7	25	7

WISE Michele et Michael - La Barthe - 81430 VILLEFRANCHE-D'ALBI - Tél : 05 63 55 96 21 - Fax : 05 63 55 96 21 - E-mail : mx2wise@aol.com - http://www.angelfire.com/la/wise

Tarn-et-Garonne

GITES DE FRANCE - Loisirs Accueil
2, Bd. Midi-Pyrénées - B.P. 534
82005 MONTAUBAN Cedex
Tél. 05 63 21 79 61 - Fax. 05 63 66 80 36
E.mail : cdt82@wanadoo.fr - http://www.resinfrance.com

3615 Gîtes de France
1,28 F/min

AUVILLAR Le Cap de Pech *C.M. 79 Pli 16*

2 ch. 2 chambres double pour une même famille, aménagée avec charme et agrémentée d'un joli salon privatif. 1 ch. (1 lit 2 pers.), lavabo, 1 ch. (1 lit 2 pers.), salle de bains, wc indépendants chacune. Auvillar : l'église et son trésor, l'ancienne halle aux grains, les vieilles maisons. Location vélos 6 km. Marché fermier tous les dimanches matins. A disposition : machine à laver, cuisinière-grill, grand jardin, garage. Tarif 4 pers. 440F.

Prix : 1 pers. **200 F** 2 pers. **240 F** 3 pers. **335 F** pers. sup. **95 F**

Ouvert : toute l'année.

13	6	1	SP	13	6	SP

SARRAUT Annick et Jacques - Le Cap de Pech - 82340 AUVILLAR - Tél : 05 63 39 62 45 ou SR : 05 63 21 79 61

BEAUMONT-DE-LOMAGNE *C.M. 82 Pli 6*

4 ch. Au r.d.c. : 1 ch. access. aux pers. hand. avec aide (1 lit 2 pers.), douche, wc. A l'étage. 1 ch. familiale avec 1 ch. (1 lits 2 pers.), s. d'eau/wc, 1 ch. (2 lits 1 pers. s.d.b. avec wc). 1 ch. (1 lit 2 pers.), s.d.b. et wc. 1 ch. (2 lits 1 pers.), salle d'eau, wc. Salle de séjour, TV au r.d.c. TV dans les chambres sur demande 20 F/jour. Dans une grande maison bourgeoise à Beaumont-de-Lomagne, 4 chambres d'hôtes aménagées avec beaucoup de soin. Superbe parc à l'arrière de la maison. 1/2 pens./pers. sur la base de 2 pers. pour minimum 3 jours. Réduction : 3 jours + en demi-pens., prix spécial week-end hors-saison. Langue parlée : anglais.

Prix : 1 pers. **235/270 F** 2 pers. **275/310 F** 3 pers. **375/410 F**
pers. sup. **100 F** repas **100/120 F** 1/2 pens. **200 F** pens. **225/245 F**

Ouvert : toute l'année.

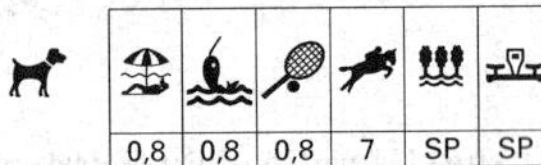

0,8	0,8	0,8	7	SP	SP

ELLARD Tony - 16 rue Despeyrous - 82500 BEAUMONT-DE-LOMAGNE - Tél : 05 63 65 32 34 ou 06 87 13 50 31 - Fax : 05 63 65 29 85

BIOULE La Bouffière *C.M. 79 Pli 18*

2 ch. **Montauban (musée Ingres) 17 km** Au 2e étage : accès privatif, 1 suite familale avec 2 chambres indépendantes : 1 ch. (1 lit 160, 1 lit 1 pers.) et 1 ch. (1 lit 2 pers. 1 lit 1 pers.), salle d'eau, wc, 1 kitchenette réservée aux hôtes, 1 salle de jeux accessible (TV, HIFI, canapés, livres, jeux de société, baby-foot...). Cette grande maison de maîtres quercynole du 19e s. vous accueille en hôtes privilégiés et vous fera profiter de son parc arboré (cèdre, tulipier, magnolias...) et de sa piscine couverte, tempérée 8 mois sur 12 par un chauffage solaire et nichée dans un écrin de rocailles fleuries.

Prix : 1 pers. **220/240 F** 2 pers. **280/320 F** 3 pers. **360/420 F** pers. sup. **80/100 F**

Ouvert : toute l'année.

23	SP	3	5	SP	8	3	10	5

AUREJAC Geneviève - La Bouffière - 82800 BIOULE - Tél : 05 63 64 21 07 - Fax : 05 63 04 21 85 - E-mail : arnaud.aurejac@free.fr - http://arnaud.aurejac.free.fr

BOUDOU Ferme de Lamouroux (TH) *C.M. 79 Pli 16*

2 ch. **Moissac (le cloître) 5 km.** Dans chacune des 2 habitations de cette ferme se trouve une chambre d'hôtes : 1 ch. (1 lit 2 pers.) avec grande salle d'eau et wc privatifs. 1 ch. (1 lit 2 pers.) avec salle d'eau et wc privatifs et accès direct sur le jardin. Tarif enfant repas : 50 F. Bien située sur les côteaux de Moissac et à deux pas du chemin de St-Jacques-de-Compostelle, la ferme de Lamouroux s'est transformée pour mieux vous accueillir, aussi bien à cheval, à pied, qu'en voiture. Laissez-vous tenter par la table d'hôtes. Langues parlées : anglais, espagnol.

Prix : 1 pers. **200 F** 2 pers. **270 F** pers. sup. **80 F** repas **90/150 F**

Ouvert : toute l'année.

4	4	4	4	SP	5

COURAL Anne-Marie et TATOUAT Simone - 82200 BOUDOU - Tél : 05 63 04 27 32 ou SR : 05 63 21 79 61

BRASSAC La Marquise (TH) *C.M. 79 Pli 16*

4 ch. 4 chambres aménagées au 1er étage de la maison du propriétaire. 1 ch. (1 lit 2 pers. 2 lits 1 pers.), 1 ch. (1 lit 2 pers.), 1 ch. (1 lit 2 pers. 1 lit 1 pers.), 1 ch. (1 lit 2 pers.). Salles d'eau/wc privés. Ombrages, véranda, salon de jardin. Connaissance de la flore, randonnée pédestre, pêche en étang. 1/2 pens. sur la base de 2 pers. et à partir du 3e jour. Vous trouverez dans cette ferme un aménagement soigné et rustique, un accueil très chaleureux, une table d'hôtes de qualité (médaille toque d'or 91). VTT. Canne à pêche sur place. Langue parlée : anglais.

Prix : 1 pers. **210 F** 2 pers. **250 F** 3 pers. **310 F** pers. sup. **60 F** repas **90 F** 1/2 pens. **210 F** pens. **300 F**

Ouvert : toute l'année.

14	11	SP	8	SP	1	1	20	8

DIO Gilbert - La Marquise - 82190 BRASSAC - Tél : 05 63 94 25 16 ou SR : 05 63 21 79 61

BRUNIQUEL *C.M. 79 Pli 19*

5 ch. 5 chambres d'hôtes aménagées dans une grande maison située dans le village. 5 chambres 2 pers. avec 2 salles d'eau communes, wc communs sur le palier. Salle de jeux à la disposition des hôtes.

Prix : 1 pers. **100 F** 2 pers. **130 F**

Ouvert : toute l'année.

13	14	1	SP	SP	1	13	7	5

MAIRIE DE BRUNIQUEL - M. le Maire - 82800 BRUNIQUEL - Tél : 05 63 67 24 91 ou 05 63 67 24 76

BRUNIQUEL Promenade du Ravelin (TH) *C.M. 79 Pli 19*

4 ch. Au 1er étage : 1 ch. (1 lit 2 pers. 2 lits 1 pers.), salle de bains et wc privatif. Au 2e étage : 2 ch. (1 lit 2 pers. 1 lit 1 pers. chacune). Au 3e ét. : 1 ch. (1 lit 2 pers. 2 lits 1 pers.), wc privatifs. Transport des bagages d'une étape à l'autre pour les randonneurs. « Randon'hôtes », tel est le nom de cette maison où 4 chambres d'hôtes ont été aménagées avec vue magnifique sur le Causse boisé. La table d'hôtes propose ses spécialités au four, son saumon en papillote, ses tartes au fruits et patisserie maison. Conseils de randonnée et cartes à disposition. Langue parlée : anglais.

Prix : 1 pers. **210 F** 2 pers. **250 F** 3 pers. **350 F** pers. sup. **50 F** repas **100 F** 1/2 pens. **225 F** pens. **275 F**

Ouvert : toute l'année.

14	11	SP	SP	SP	1	14	7	17	SP

DE BAUDOUIN Marc - Promenade du Ravelin - 82800 BRUNIQUEL - Tél : 05 63 67 26 16 - Fax : 05 63 67 26 16 ou SR : 05 63 21 79 61

BRUNIQUEL *C.M. 79 Pli 18*

1 ch. **Bruniquel (le château), « le Vieux Fusil » sur place.** Au 1er étage : très grande ch. (1 lit baldaquin 160), salle de bains et wc privés, coin-salon dans la ch. Possibilité de prendre le petit déjeuner l'été dans le jardinet. Salon et salle à manger communs, bibliothèque. « Il ya des endroits qu'on ne saurait décrire. Dans cette chambre d'hôtes, la propriétaire a réalisé un ensemble raffiné et confortable. Mieux vaut y venir pour découvrir et apprécier.

Prix : 1 pers. **270 F** 2 pers. **300 F**

Ouvert : toute l'année.

16	12	1	1	0,5	30	16	SP

PICHENE Danielle - Rue Droite de la Peyre - « Les Lickens » - 82800 BRUNIQUEL - Tél : 05 63 24 11 76

CASTANET

C.M. 79 Pli 19

3 ch. 3 chambres d'hôtes aménagées dans une maison située au centre du village. 3 chambres (1 lit 2 pers. 1 lit 1 pers. lavabo chacune), avec salle d'eau commune, wc communs sur le palier. Accès à la piscine commune. Langue parlée : anglais.

Prix : 1 pers. **100/120 F** 2 pers. **150/170 F** 3 pers. **200/220 F**

Ouvert : toute l'année.

6	SP	6	6	SP	4	6	10	20	8

CASTAGNE Jean-Claude - Castanet - 82160 CAYLUS - Tél : 05 63 65 75 04

CASTANET Cambayrac

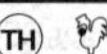

C.M. 79 Pli 19

4 ch. En prenant les repas à la table d'hôtes, face à la cheminée, vous découvrirez la cuisine locale préparée soigneusement par Myriam alors que Daniel saura vous guider pour de belles balades à travers les nombreux sentiers de randonnées. 4 ch. avec s. d'eau et s.d.b./wc privatifs. 3 ch. (1 lit 2 pers. chacune). 1 ch. (2 lits 120). 1/2 pens. sur la base de 2 pers. Sur place : piscine, VTT, ping-pong. En arrivant, l'ardoise du toit et les pierres du mur vous renvoient l'image typique des granges d'antan. A l'intérieur, au 1er étage, dans un cadre rustique et confortable, 4 ch. vous feront apprécier le calme de la campagne. Langues parlées : anglais, espagnol.

Prix : 1 pers. **190 F** 2 pers. **250 F** 3 pers. **310 F** pers. sup. **60 F**
repas **80 F** 1/2 pens. **195/205 F**

Ouvert : toute l'année.

4	SP	SP	4	SP	9	11	33	6

VIDAL Daniel et Myriam - Cambayrac - 82160 CASTANET - Tél : 05 63 24 02 03 - Fax : 05 63 24 01 68 - E-mail : DVIDAL@wanadoo.fr

CASTELSARRASIN Dantous Sud

C.M. 79 Pli 16

5 ch. Dans une sympathique maison, 5 chambres ont été aménagées au 1er étage. 4 chambres (1 lit 1 pers. 1 lit 2 pers. chacune). 1 chambre (2 lits 1 pers. 1 lit 2 pers.). Dans chaque chambre salle d'eau/wc. 2 chambres mansardées, toutes de grand confort. Piscine sur place. Terrain clos ombragé. Salle de jeux. Entrée indépendante. Terrain de boules, portique, salon de jardin. TV couleur. Canal latéral à la Garonne à 100 m. Nombreux sites touristiques à visiter (Cloître de Moissac).

Prix : 1 pers. **210 F** 2 pers. **240 F** 3 pers. **320 F** pers. sup. **80 F**

Ouvert : toute l'année.

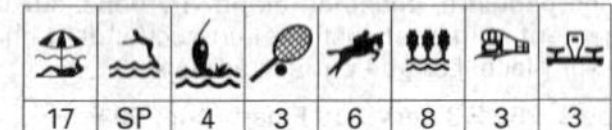

17	SP	4	3	6	8	3	3

GALEA Christiane - Dantous Sud - 82100 CASTELSARRASIN - Tél : 05 63 32 26 95

CAZES-MONDENARD Varere

C.M. 79 Pli 17

1 ch. 1 chambre : 1 lit 2 pers. 1lit 1 pers. Lavabo. salle d'eau et wc (séparés) réservés aux hôtes. Salle de séjour, bibliothèque, salon de jardin, jeux (ping-pong, baby-foot) à disposition. Piscine sur place. Sur la D81 entre Cazes et Lafrançaise. Au creux d'un vallon nous vous accueillons dans notre ancienne ferme. Vous apprécierez le calme et le site ombragé. A travers l'habitat, les traces du passé et l'actualité locale, vous pourrez découvrir les richesses de la vie rurale du Bas-Quercy.

Prix : 1 pers. **160 F** 2 pers. **190 F** 3 pers. **250 F**

Ouvert : du 1er mai au 31 octobre.

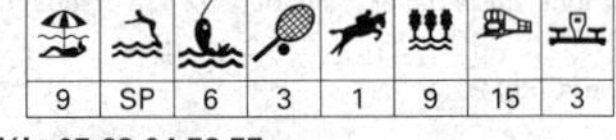

9	SP	6	3	1	9	15	3

JEANJEAN Marcel - Varère - Cazes-Mondenard - 82110 LAUZERTE - Tél : 05 63 04 52 57

CAZES-MONDENARD Martissan

C.M. 79 Pli 17

3 ch. **Moissac (le cloître).** Au 1er étage 1 gd couloir dessert la ch. patrimoine « Irma » (3 lits anciens 1 pers.), s.d.b., wc. La ch. actuelle »Julie« (1 lit 2 pers. 1 lit 1 pers.), s. d'eau, wc. La ch. africaine « Melissa » (1 lit 2 pers. 1 lit 1 pers.), s.d.b., wc. Salon et salle à manger réservés aux hôtes. Au r.d.c. Jardin avec salon de jardin et chaises longues autour de la piscine. 2 vélos adultes, 1 vélo enfant. Ici, on ne passe pas sans s'arrêter. La maison natale de la famille Mauret ouvre ses portes. Un magnifique couloir bleuté vous guide dans les pièces de vie empreintes du passé. Chaque chambre évoque une mode, un pays, une tradition.

Prix : 1 pers. **265/285 F** 2 pers. **350/370 F** 3 pers. **380/400 F**
repas **100 F** 1/2 pens. **250/280 F**

Ouvert : toute l'année.

SP	4	8	SP	19	24	4

MAURET Claude - Martissan - 82110 CAZES-MONDENARD - Tél : 05 63 95 83 71 - E-mail : claude.mauret@free.fr - http://www.montauban.cci.fr/grange/ ou SR : 05 63 21 79 61

CORBARIEU Lautouy

C.M. 82 Pli 8

2 ch. **Montauban (musée Ingres) 7 km** 1 chambre avec accès indépendant (1 lit 2 pers.), salle d'eau avec wc privatifs. 1 ch. avec accès indépendant et direct avec l'extérieur (1 lit 2 pers.), salle d'eau et wc privatifs. Salle à manger et salon communs. Installations équestres (box, carrière, manège). « Mes hôtes trouveront ici la tranquilité sur un domaine de 5 ha et profiteront du point de vue, du jardin fleuri, de la piscine, du cadre... » C'est ainsi qu'Anne-Marie et Yvon vous recevront, chaleureusement pour un moment à savourer en toute quiétude. Langues parlées : italien, anglais.

Prix : 2 pers. **360/400 F**

Ouvert : toute l'année.

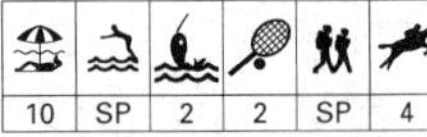

10	SP	2	2	SP	4

MORENO Yvon - Lautouy - 82370 CORBARIEU - Tél : 05 63 67 86 57 - Fax : 05 63 67 86 57

ESCATALENS (TH) *C.M. 79 Pli 17*

3 ch. **Montauban (musée Ingres) 20 km** 2 ch. 3 épis NN, 1 ch. 2 épis NN. 1er étage, 1 ch. suite (1 ch. 1 lit 2 pers. 1 ch. 1 lit 1 pers. salle d'eau avec wc privatifs), 1 ch. familiale (2 ch. 1 lit 2 pers. 1 ch. 2 lits, s. d'eau avec wc privatifs), 1 ch. (2 lits 1 pers. s. de bains avec baignoire, douche et wc privatifs, non communicants). Salon privatif aux hôtes, TV, biblio. Jardin ombragé. 4 pers. 700F. Cuisine d'été, s.à manger et salon dans les chais. Cette demeure du 18e s. ne vous laissera pas indifférent. Vous y trouverez le charme exquis de grandes pièces au sol patiné, la décoration personnalisée au thème historique ou romantique. Langues parlées : anglais, espagnol.

Prix : 1 pers. **250 F** 2 pers. **400 F** 3 pers. **500 F** repas **90 F**

Ouvert : du 1er avril au 31 octobre.

16	12	0,5	0,2	SP	10	20	SP

CHOUX Claudine - Place de la Mairie - 82700 ESCATALENS - Tél : 05 63 68 71 23 - Fax : 05 63 68 71 23 ou SR : 05 63 21 79 61

FENEYROLS Les Clauzels (TH) *C.M. 79 Pli 19*

5 ch. **Saint-Antonin ou Cordes-sur-Ciel 18 km.** 2 ch. 3 épis (2 lits 1 pers. 1 lit 2 pers. + 1 lit enfant.), sanitaires privés. 3 ch. 1 épis, 1 ch. (2 lits 1 pers.), 2 ch. (1 lit 2 pers. chacune), poss. lit bébé, lavabo chacune. Salle de bains. Environnement paysager boisé et vallonné, accueil chaleureux. 1/2 pens. sur la base de 2 pers. Au bout du chemin, le calme assuré dans cette ferme de séjour où les chemins de randonnées et les balades à cheval sont à 2 pas. Dans un paysage vallonné et boisé, ces 5 chambres d'hôtes vous feront découvrir la vie paisible de la campagne. Langues parlées : anglais, espagnol.

Prix : 1 pers. **145/180 F** 2 pers. **180/230 F** 3 pers. **260 F** repas **85 F**
1/2 pens. **175/200 F** pens. **205/235 F**

Ouvert : du 15 janvier au 15 décembre.

18	18	10	SP	SP	18	18	10	8

AHARCHAOU Sonia - Les Clauzels - Feneyrols - 81140 ROUSSEYROLLES - Tél : 05 63 56 30 98 ou SR : 05 63 21 79 61

GRAMONT Les Garbes (TH) *C.M. 82 Pli 6*

4 ch. Simone et Patrice vous accueillent dans leur authentique petite ferme lomagnole. Vous aurez plaisir à séjourner dans leur ch. aux noms de fleurs des champs : au 1er étage, 1 ch. (2 lits 1 pers.), 1 ch. (1 lit 2 pers.), 1 ch. (1 lit 2 pers. 1 lit 1 pers.), 1 ch. (2 lits 2 pers.), s. d'eau, wc privés. 1/2 pens. sur la base de 2 pers. Sur place : ping-pong, VTT, jeux pour enfants, grand terrain et terrasse avec vue exceptionnelle. Produits de la ferme. Repas enfants moins de 4 ans : gratuit, moins de 10 ans : 55F. Tarif 4 pers. 420F. Langues parlées : anglais, espagnol.

Prix : 1 pers. **180/200 F** 2 pers. **230/260 F** 3 pers. **285/335 F**
pers. sup. **60 F** repas **85 F** 1/2 pens. **200 F** pens. **260 F**

Ouvert : du 1er avril au 30 octobre.

8	17	2	7	17	8	7

GAILLARD et VARGAS Patrice et Simone - Les Garbes - 82120 GRAMONT - Tél : 05 63 94 07 81 ou SR : 05 63 21 79 61

LABARTHE Le Soyc (TH) *C.M. 79 Pli 17*

5 ch. **Montpezat-de-Quercy (la collégiale) 15 km. Lauzerte 20 km.** Au 1er étage : 2 ch. (2 lits 1 pers. chacune), salle d'eau avec wc privés, 1 ch. (1 lit 2 pers.), grande salle de bains avec wc privés. 2 ch. (1 lit 2 pers. 1 lit 1 pers. chacune) s. d'eau, wc. Au r.d.c. : salon et salle à manger communs. Au 2e étage : salle de jeux (table de ping-pong). Cuisine d'été avec terrasse couverte, piscine, 2 wc communs. Lieu d'accueil très agréable dans cette ancienne maison de maître datant du XVIIIe siècle, construite en pierres blanches, 5 ch. viennent d'être aménagées avec goût. Chacune offre une vue très dégagée sur la campagne. Dehors la piscine, les balades vous attendent pour quelques moments de détente.

Prix : 1 pers. **245/270 F** 2 pers. **285/300 F** 3 pers. **375/395 F**
pers. sup. **90 F** repas **100 F**

Ouvert : toute l'année.

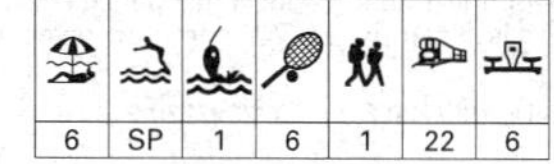

6	SP	1	6	1	22	6

GROB Richard - Le Soyc - 82220 LABARTHE - Tél : 05 63 67 70 66 - Fax : 05 63 67 70 66 ou SR : 05 63 21 79 61

LABASTIDE-DU-TEMPLE Barryquoutie (TH) *C.M. 79 Pli 17*

2 ch. 2 chambres rustiques aménagées dans l'ancien grenier d'une ferme. Chambre saumon (1 lit 2 pers. 1 lit 1 pers.), salle d'eau/wc. Chambre verte (1 lit 2 pers. 1 lit 1 pers.), salle d'eau/wc, salon privatif (fauteuils, livres). Grand salon privatif. Douceur et espace dans cette ferme où l'on cultive les fleurs et les plantes. Piscine. Langues parlées : anglais, allemand.

Prix : 1 pers. **200 F** 2 pers. **260 F** 3 pers. **340 F** pers. sup. **80 F**
repas **85 F** 1/2 pens. **190/200 F**

Ouvert : toute l'année.

8	SP	SP	SP	SP	8	15	SP

POLYCARPE Francis - Barryquoutie - 82100 LABASTIDE-DU-TEMPLE - Tél : 05 63 31 68 36 ou SR : 05 63 21 79 61

LACHAPELLE (TH) *C.M. 79 Pli 16*

2 ch. Dans une ancienne ferme en pierres, rénovée, ouvrant sur un grand espace vert ombragé avec piscine, en bordure d'une Commanderie de Templiers, ce couple franco-hollandais vous réserve un accueil chaleureux et de qualité. 1 ch. double composée d'1 ch. (2 lits 1 pers) et d'1 ch. (1 lit 2 pers.). 1 ch. (1 lit 2 pers.), s.d.b. et wc privés. Salon de jardin. Ping-pong, barbecue. Accueil toboggan. Tarif 4 pers. : 460 F. Langues parlées : anglais, hollandais, allemand.

Prix : 2 pers. **280 F** 3 pers. **380 F** pers. sup. **80 F** repas **90 F**

Ouvert : du 1er juillet au 31 août.

SP	13	9	SP	15	19	7

VAN DEN BRINK Françoise & Cornelis - Village - 82120 LACHAPELLE - Tél : 05 63 94 14 10 ou SR : 05 63 21 79 61

LAFRANCAISE Trouilles A (TH) *C.M. 79 Pli 17*

6 ch. **Lafrançaise 2 km.** 6 ch. sont aménagées dans la maison du propriétaire. Rez-de-chaussée : 4 ch. d'accès direct (1 lit 2 pers. 1 lit 1 pers. chacune), salle d'eau et wc. 1er étage : 1 chambre (1 lit 2 pers. 1 lit 1 pers.). 1 chambre (1 lit 2 pers.), salle d'eau et wc privatifs. Tarif 1/2 pension sur la base de 2 pers. à partir de 3 jours. En descendant le chemin, la ferme de Trouilles vous attend en ch. d'hôtes où tous les ingrédients sont réunis pour rendre votre séjour des plus agréables. Piscine. Langue parlée : anglais.

Prix : 1 pers. **200 F** 2 pers. **280 F** 3 pers. **350 F** pers. sup. **70 F**
repas **90 F** 1/2 pens. **220/280 F** pens. **300/360 F**

Ouvert : toute l'année.

3	SP	SP	2	SP	2	2	2

S.A.R.L. DES TROUILLES - MM GUFFROY - Trouilles - 82130 LAFRANCAISE - Tél : 05 63 65 84 46 - Fax : 05 63 65 97 14 ou SR : 05 63 21 79 61

LAFRANCAISE Les Rives *C.M. 79 Pli 7*

2 ch. Que de douceur dans cette demeure de caractère du XIXe à l'intérieur, confort douillet et mobilier rustique pour ces 2 chambres d'hôtes. 1 ch. au r.d.c. (1 lit 2 pers.) précédée d'un salon privé (clic-clac), salle de bains (baignoire sabot), wc indépendants. 1 ch. familiale à l'étage : (1 lit 2 pers.), (1 lit 2 pers.), salle d'eau et wc. TV dans chacune. Portique, bac à sable, pêche et toboggan. Tarif 4 pers. : 390 F. Grand parc ombragé avec piscine (6x3 m) synonyme de repos et de détente à quelques pas du Tarn et de l'Aveyron. Entrée indépendante pour les hôtes. A disposition des hôtes cuisine dans dépendance.

Prix : 1 pers. **210 F** 2 pers. **260 F** 3 pers. **340 F** pers. sup. **70 F**

Ouvert : toute l'année.

5	SP	SP	5	SP	12	5	12	5

HUC Francine - Les Rives - 82130 LAFRANCAISE - Tél : 05 63 65 87 65 ou SR : 05 63 21 79 61

LAFRANCAISE Le Platane 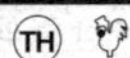 *C.M. 79 Pli 17*

3 ch. Au 1er ét. : 2 ch. (1 lit 2 pers. chacune) coin-salon, salle d'eau avec wc. 1 ch. (1 lit 160), coin-salon, salle d'eau, wc séparés, privatifs à la ch. Vélos. TV couleur dans chaque chambre. Tarif enfant : 50 F. La ferme de Christa a un cachet très particulier. L'écurie, le pigeonnier, la maison de maître en terre crue magnifiquement restaurée domine un parc agrémenté d'un lac et d'une piscine (13 x 7 m). Faites étape dans ce beau cadre !

Prix : 1 pers. **290/380 F** 2 pers. **310/400 F** pers. sup. **80 F** repas **100 F**

Ouvert : toute l'année.

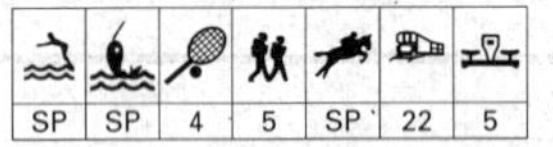

SP	SP	4	5	SP	22	5

HORF Christa - Coques Lunel - Le Platane - 82130 LAFRANCAISE - Tél : 05 63 65 92 18 - Fax : 05 63 65 88 18

LAGUEPIE *C.M. 79 Pli 19*

4 ch. Dans une maison ancienne restaurée, située dans le village. 1 chambre au r.d.c. (2 lits 1 pers.), lavabo et wc privatifs. Au 1er ét. : 1 ch. (1 lit 2 pers. 1 lit 1 pers.), 1 ch. (1 lit 2 pers.), chacune avec un lavabo. Salle d'eau commune. Au 2e ét. : 1 chambre (1 lit 2 pers. 1 lit 1 pers.), salle d'eau privée. WC communs avec le 1er étage. Au cœur d'une région très touristique réputée, les Gorges de l'Aveyron.

Prix : 1 pers. **160/170 F** 2 pers. **180/220 F** 3 pers. **230/270 F**
pers. sup. **50 F**

Ouvert : d'avril à décembre.

2	24	SP	1	SP	22	22	SP	SP

CUVELIER Marie-Simone - 82250 LAGUEPIE - Tél : 05 63 30 27 67 ou SR : 05 63 21 79 61

LAUZERTE Moulin de Tauran (TH) *C.M. 79 Pli 17*

2 ch. Près de la bastide perchée de Lauzerte, au bord d'une rivière, 2 ch. doubles pour une même famille. 1 ch. (1 lit 2 pers.) et 1 ch. (2 lits 1 pers.), salle de bains et wc, 1 ch. (1 lit 2 pers.) et 1 ch. (1 lit 1 pers.), salle de bains et wc. Salon commun. Repas enfant : 50/70 F. Tarif 4 pers. : 500 F. Sur place : piscine, ânes de bât, attelages et vélos de randonnées. Langues parlées : anglais, allemand.

Prix : 1 pers. **240 F** 2 pers. **280 F** 3 pers. **410 F** pers. sup. **70 F**
repas **100/140 F** 1/2 pens. **280 F**

Ouvert : toute l'année.

SP	SP	SP	2	SP	3	25	30	2

S.A.R.L. LES TOQUES DU CANARD - Le Moulin de Tauran - 82110 LAUZERTE - Tél : 05 63 94 60 68

LAVIT La Ferme de Floris

C.M. 79 Pli 16

5 ch. 5 ch. au 1er étage aux couleurs pastels, 2 ch. (1 lit 2 pers. chacune), 1 ch. (2 lits 1 pers.). 2 ch. (1 lit 2 pers. 2 lits 1 pers. chacune), s. d'eau, wc chacune. Petit salon à l'étage. Lit d'appoint 1 pers. sur demande. Salle à manger, salon (cheminée) au r.d.c. réservés aux hôtes. Ping-pong, jeux de société, bac à sable. Produits de la ferme. A la saison, cueillette de champignons. Faites étape à la ferme de Floris où Joseph et Danielle vous proposent un hébergement en chambre d'hôtes. Vous y apprécierez le calme de la campagne, et la dégustation des produits du terroir à la table d'hôtes. Goûter à la ferme.

Prix : 1 pers. **180 F** 2 pers. **230 F** 3 pers. **300 F** pers. sup. **50 F**
repas **85 F** 1/2 pens. **200 F** pens. **270 F**

Ouvert : toute l'année.

10	5	SP	3	SP	8	20	24	3

BORGOLOTTO Joseph et Danielle - La Ferme de Floris - Route de Saint-Clar - 82120 LAVIT - Tél : 05 63 94 03 26 - Fax : 05 63 94 05 45 ou SR : 05 63 21 79 61

MAUBEC Le Jardin d'en Naoua

C.M. 82

5 ch. Au r.d.c., 1 ch. familiale : 1 ch. (1 lit 2 pers.) et 1 ch. (2 lits 1 pers.), s. d'eau, wc privés, accès hand. 1 ch. 2 épis (2 lits 1 pers.), s. d'eau, wc communs. A l'étage : 2 ch. (1 lit 2 pers. chacune dont 1 avec 1 lit bébé et 1 avec 1 lit d'appoint 1 pers.), s. d'eau et wc privés, 1 ch. (3 lits 1 pers.), s.d.b., wc privés. Jardin, terrasse, vélos. Située au bas du village fortifié de Maubec, le Jardin de Naoua est une ancienne ferme du XVIIIe dont la restauration toute récente vous permettra d'apprécier des chambres d'hôtes confortables, de savourer les plats de la table d'hôtes (sur résa). Belle balade dans ce paysage agréable et boisé. Langues parlées : anglais, espagnol.

Prix : 1 pers. **180/210 F** 2 pers. **225/270 F** 3 pers. **350 F** pers. sup. **70 F**
repas **95 F** 1/2 pens. **220 F**

Ouvert : d'avril à octobre.

2	10	2	2	SP	7	45	2

ROUX Michèle - Le Jardin d'en Naoua - 82500 MAUBEC - Tél : 05 63 65 39 61 - Fax : 05 63 65 39 61 ou SR : 05 63 21 79 61

MONTAIGU-DE-QUERCY Les Chênes de Sainte-Croix

C.M. 79 Pli 16

5 ch. Dans une belle maison en pierre du Quercy, 5 ch. au 1er étage. 2 ch. 3 épis : 1 ch. (1 lit 2 pers.), 1 ch. (2 lits 1 pers.), salle d'eau et wc privatifs. 3 ch. 2 épis : 1 ch. (1 lit 2 pers. 2 lits 1 pers.), 1 ch. (2 lits 1 pers.), 1 ch. (1 lit 2 pers. 1 lit 1 pers.), salle d'eau, wc privatifs à chacune. Tarif 4 pers. : 350/400 F. Jusqu'à 2 ans gratuit et de 3 à 10 ans : 50 F. Salle à manger réservée aux hôtes. Piscine, jardin et parking ombragés. Réduction de 20 % hors saison. Dans cette ancienne ferme typiquement quercynoise, vous serez reçus par Deborah et Arthur. Salle de jeux avec TV et ping-pong. Langue parlée : anglais.

Prix : 1 pers. **135/175 F** 2 pers. **190/240 F** 3 pers. **270/320 F** repas **80 F**

Ouvert : toute l'année.

5	SP	5	5	11	11	5	40	5

HUNT Arthur - Les Chênes de Sainte-Croix - 82150 MONTAIGU-DE-QUERCY - Tél : 05 63 95 30 78 - Fax : 05 63 95 30 78 - E-mail : adhunt@gofornet.com

MONTAUBAN Ramierou

C.M. 79 Pli 17

3 ch. **Montauban (musée Ingres) 2 km. Moissac (le cloître) 25 km.** Dans une dépendance, un salon privatif (TV couleur, cheminée) précède la chambre (1 lit 2 pers.), salle de bains spacieuse (baignoire et douche) avec wc séparés. Terrasse privative avec salon de jardin, barbecue donnant sur un espace vert très arboré. Dans une autre dépendance 2 ch. avec salon privatif (1 lit 2 pers. chacune), salle d'eau et wc privatifs. Terrasse commune avec salon de jardin. Un îlot de verdure, un site privilégié, une bâtisse de caractère et un accueil très chaleureux : sûrement l'endroit de rêve pour une étape en chambre d'hôtes avec table d'hôtes. Accès à une cuisine aménagée pour les hôtes. Langues parlées : anglais, allemand.

Prix : 1 pers. **220/250 F** 2 pers. **280/310 F** 3 pers. **330/360 F**
repas **90/140 F** 1/2 pens. **220/235 F**

Ouvert : toute l'année.

10	2	4	2	SP	2	4	2

PERE Jean-Pierre - 960 chemin du Ramierou - 82000 MONTAUBAN - Tél : 05 63 20 39 86 - Fax : 05 63 20 39 86

MONTPEZAT-DE-QUERCY La Madeleine

C.M. 79 Pli 16

5 ch. **Montpezat-de-Quercy 8 km.** 5 ch. aménagées dans une maison de caractère située dans un hameau en pleine campagne. 1 ch. au r.d.c. (1 lit 2 pers.) avec salle de bains part. 1 ch. au 1er étage (2 lits 1 pers.), 3 ch. (2 lits 2 pers. chacune) avec lavabos. Salle de bains commune. 3 wc communs sur palier. Salle de séjour avec TV. Possibilité cuisine. Jardin. Parking. Tarif 4 pers. : 300 F.

Prix : 1 pers. **150 F** 2 pers. **200 F** 3 pers. **250 F** pers. sup. **50 F**

Ouvert : de Pâques à la Toussaint.

15	7	SP	7	9	19	15	8

COURPET Maurice - La Madeleine - 82270 MONTPEZAT-DE-QUERCY - Tél : 05 63 02 06 37

MONTPEZAT-DE-QUERCY Le Barry (TH) *C.M. 79 Pli 18*

5 ch. En rez-de-jardin : 1 ch. (1 lit 2 pers.), s.d.b./wc. R.d.c. : 1 ch. (2 lits 1 pers.), s.d.b./wc. A l'ét. : 2 ch. (1 lit 2 pers. chacune), douche/wc. 2e ét. : 1 ch. (1 lit 2 pers. 1 lit 1 pers.). avec s.d.b./wc privés. Salon mis à disposition, TV, bibliothèque. 1/2 pension sur la base de 2 pers. Suppl. 1/2 pens./pers : 110 F. Repas enfant : 50 F. Sur le rempart de la cité médiévale de Montpezat-de-Quercy, le Barry, maison en pierre vous propose 5 chambres dans une ambiance de charme. Jardin, terrasse de 500 m2 avec piscine, pelouse et fleurs. Vue exceptionnelle sur les coteaux de Quercy. Langues parlées : anglais, allemand.

Prix : 1 pers. **270/285 F** 2 pers. **325/350 F** 3 pers. **385/400 F** repas **125 F** 1/2 pens. **270/285 F**

Ouvert : toute l'année.

14	SP	2	2	1	15	14	12	SP

BANKES Francis et JAROSS Lothar - Le Barry - Faubourg Saint-Roch - 82270 MONTPEZAT-DE-QUERCY - Tél : 05 63 02 05 50 - Fax : 05 63 02 03 07 ou SR : 05 63 21 79 61

MONTPEZAT-DE-QUERCY Pech de Lafon (TH) *C.M. 79 Pli 18*

3 ch. **Montpezat-de-Quercy (la collégialle) 4 km.** Le magnifique couloir encadré des tableaux de son époux artiste-peintre, vous conduit au 1er étage. La ch. « indienne » (1 lit 2 pers. 1 lit 1 pers.). La ch. « les Perroquets » (1 lit 2 pers. 1 lit 1 pers.). La ch. des « Baldaquins » (2 lits 1 pers.), s. d'eau privative avec wc dans chacune. Grand salon avec TV et cheminée, salle à manger réservés aux hôtes. Sur place stages de peinture. TH sur réservation. Animaux admis sous condition. Cette belle demeure de maître du XIXe, aux doux tons rosés, surplombe la campagne quercynoise, où les champs sentent bon le melon.

Prix : 1 pers. **290/320 F** 2 pers. **380/420 F** 3 pers. **450/500 F** pers. sup. **80 F** repas **110/210 F** 1/2 pens. **300/320 F**

Ouvert : du 1er avril au 1er novembre.

10	4	4	4	SP	4

PERRONE Micheline - Domaine de Lafon - Pech de Lafon - 82270 MONTPEZAT-DE-QUERCY - Tél : 05 63 02 05 09 - Fax : 05 63 27 60 69 - E-mail : Micheline.perrone@wanadoo.fr - http://www.domainedelafon.free.fr ou SR : 05 63 21 79 61

MONTRICOUX Le Moulin de Mirande *C.M. 79 Pli 18*

4 ch. Ancien moulin surplombant l'Aveyron, surprenant par sa belle restauration où la noblesse des matériaux se marie parfaitement avec le mobilier de style. 1er ét. : 4 jolies ch. avec sanitaires privés vous assurent un agréable séjour, wc communs sur le palier. 3 ch. (1 lits 2 pers. chacune), salle de bains. 1 ch. (1 lit 80, 1 lit 1 pers.), salle d'eau. Rez-de-chaussée : salle à manger réservée aux hôtes, wc. En vous promenant dans le parc environnant, laissez-vous attendrir par la beauté du site et le bruit agréable de la cascade.

Prix : 1 pers. **225 F** 2 pers. **250 F** 3 pers. **300 F**

Ouvert : toute l'année.

17	7	SP	1,5	SP	1,5	17	22	1,5

DAUGE Reine - Moulin de Mirande - Montricoux - 82800 NEGREPELISSE - Tél : 05 63 67 24 18

NEGREPELISSE Les Brunis (TH) *C.M. 79 Pli 18*

5 ch. Au r.d.c. 1 ch. familiale : 1 ch. (2 lits 1 pers.), communiquante avec 1 ch. mansardée (2 lits 1 pers. superp.), 1 ch. (1 lit 2 pers.), s. d'eau/wc chacune. 1er ét. : 1 ch. spacieuse donnant sur balcon (2 lits 1 pers.), superbe s.d.b./wc. 1 ch. (2 lits 1 pers.), s. d'eau/wc. 1 ch. (1 lit 2 pers.), s. d'eau/wc. Salon. Coin-détente. 4 pers. : 410/460 F. Dans une très belle maison située aux portes des Gorges de l'Aveyron, vous serez très bien accueillis dans ces 5 ch. pour passer un excellent séjour et apprécier les joies de la piscine. Prise TV dans chaque chambre. Repas en juillet/août sur réservation. Langue parlée : anglais.

Prix : 1 pers. **220/260 F** 2 pers. **260/340 F** 3 pers. **350/400 F** pers. sup. **60 F** repas **100 F**

Ouvert : toute l'année.

13	SP	1	1	2	3	13	2	24	1

ANTONY Johnny - Les Brunis - 82800 NEGREPELISSE - Tél : 05 63 67 24 08 - Fax : 05 63 67 24 08 ou SR : 05 63 21 79 61

PARISOT Belvésé *C.M. 79 Pli 19*

3 ch. **Caylus (village médiéval, bastide) 10 km** A l'étage de ce bâti, 2 chambres d'hôtes avec chacune (1 lit 2 pers.), un coin-salon, une salle d'eau avec wc privatifs. 1 ch. (1 lit 2 pers.), coin-salon, salle de bains avec wc privatifs. Salle de séjour au rez-de-chaussée avec salon, cheminée, kitchenette. Cet endroit est tout simplement beau, agréable, exceptionnel. La nature qui entoure le site de Belvésé, savament entretenu, embellit le bâti typiquement Rouergat dont la restauration exemplaire mérite de s'y arrêter. Langue parlée : anglais.

Prix : 1 pers. **200 F** 2 pers. **300 F**

Ouvert : toute l'année.

3	10	3	3	SP	4	31	3

NORGA Colette - Belvésé - 82160 PARISOT - Tél : 05 63 67 07 58

PUYGAILLARD-DE-QUERCY La Paillasse  *C.M. 79 Pli 19*

2 ch. Au 1er ét. : 2 ch. (1 lit 2 pers. chacune), sanitaires privatifs dans chaque chambre. Grand terrain du tour de la maison avec piscine. La maison du Gouyre a certainement la situation la plus privilégiée : nichée dans la vallée, à proximité du lac de Gouyre, site naturel hautement préservé pour la faune et la flore. 2 ch. d'hôtes chez l'habitant vous y attendent pour une étape de repos avec un accueil chaleureux. Langues parlées : anglais, hollandais, allemand.

Prix : 1 pers. **225 F** 2 pers. **250 F** 3 pers. **330 F** pers. sup. **80 F**

Ouvert : toute l'année.

9	SP	SP	9	SP	4	SP	3	18	3

JANSSEN Léonie - La Paillasse - 82800 PUYGAILLARD-DE-QUERCY - Tél : 05 63 67 23 20 - Fax : 05 63 67 23 20 - E-mail : Léonie.Janssen@wanadoo.fr - http://perso.wanadoo.fr/gouyre.maison/

PUYLAROQUE Les Chimères (TH) *C.M. 79 Pli 18*

2 ch. Entrée indép., soit par une cour, soit par un vieil escalier en pierres, probablement celui d'une ancienne tour de guêt. 1 ch. romantique avec mobilier de style Henri II et sa ch. annexe (1 lit 2 pers. 1 lit 120), s.d.b. et wc privatifs. 1 ch. rustique aux couleurs vives (1 lit 2 pers. 1 lit 1 pers.), s.d.b. et wc privatifs. Coin-cuisine. Jardin et terrasse avec salon de jardin et barbecue. La maison de Lisanne a subi maintes transformations, tout en gardant des empreintes d'un de ses propriétaires, italien d'origine : 2 ch. spacieuses, chacune avec balcon donnant sur une vue superbe. Langue parlée : anglais.

Prix : 1 pers. **300 F** 2 pers. **350 F** 3 pers. **430/450 F** repas **115 F**
1/2 pens. **390 F**

Ouvert : toute l'année.

14	14	2	1	SP	9	20	15	SP

ASHTON Lisanne - Les Chimères - Avenue Louis Bessières - 82240 PUYLAROQUE - Tél : 05 63 31 25 71 - Fax : 05 63 64 90 16 ou SR : 05 63 21 79 61

PUYLAROQUE Cassepeyre *C.M. 79 Pli 18*

1 ch. 1 chambre familiale : 1 ch. (1 lit 2 pers.), 1 ch. (2 lits 1 pers. superp.), salle d'eau et wc indépendants. Salle à manger avec coin-cuisine équipé. Cheminée, fauteuils. Jardin, ombrage, salon de jardin. Ici, ce n'est pas une simple chambre, mais une belle maison en pierre, entièrement restaurée, qui sera une étape si chaleureuse qu'on aura envie d'y rester un peu plus pour apprécier le calme de la région.

Prix : 1 pers. **180 F** 2 pers. **250 F** 3 pers. **320 F**

Ouvert : toute l'année.

18	18	SP	3	3	3	16	18	3

POUSSOU Lucien - Cassepeyre - 82240 PUYLAROQUE - Tél : 05 63 31 98 63

SAINT-ANTONIN-NOBLE-VAL Bes de Quercy  *C.M. 79 Pli 19*

4 ch. 4 chambres d'hôtes à l'étage, 1 ch. familiale : 2 ch. (1 lit 2 pers. chacune salle de bains, wc.), 2 ch. (1 lit 2 pers. chacune + 1 lit 1 pers. dans une). 1 ch. (1 lit 2 pers. 1 lit 1 pers.), salle de bains et wc pour chaque chambre. Terrain. Prix 1/2 pension à partir de 3 jours par pers. sur la base de 2 pers. Tarif 4 pers. : 390 F. Dans une maison typique en pierre à proximité de l'habitation des propriétaires, 4 chambres d'hôtes ont été aménagées avec soin. Cadre agréable et reposant.

Prix : 1 pers. **200 F** 2 pers. **250 F** 3 pers. **320 F** repas **70 F**
1/2 pens. **195 F**

Ouvert : toute l'année.

9	8	9	8	SP	9	9	14	8

COSTES Joseph - Du Bes de Quercy - 82140 SAINT-ANTONIN-NOBLE-VAL - Tél : 05 63 31 97 61

SAINT-ETIENNE-DE-TULMONT *C.M. 79 Pli 18*

1 ch. **Saint-Antonin 30 km. Bruniquel 18 km.** Après une terrasse, 1 chambre familiale avec 1 chambre (1 lit 2 pers.) et 1 chambre (2 lits 1 pers.), une salle d'eau avec wc, salon de jardin. Accès indépendant. Ici à Saint-Etienne de Tulmont, Mr et Mme Gilet ont profité de leur espace pour aménager 1 chambre d'hôtes jolie et accueillante. L'endroit est calme et à proximité vous trouverez tous les loisirs (équitation, randonnée, piscine...) mais aussi visite de sites tels que Bruniquel, Saint-Antonin.

Prix : 1 pers. **220 F** 2 pers. **250 F** 3 pers. **330 F** pers. sup. **80 F**

Ouvert : toute l'année.

17	14	2	1	SP	1	14	1

GILET René - 10 chemin de Bonhomme - 82410 SAINT-ETIENNE-DE-TULMONT - Tél : 05 63 64 61 94 ou SR : 05 63 21 79 61

SAINT-LOUP La Billebaude (TH) *C.M. 79 Pli 15*

2 ch. **Valence 7 km.** 1 ch. (1 lit 2 pers.), salle d'eau avec wc privatifs. 1 ch. (1 lit 160), salle d'eau avec wc privatifs. TV couleur dans les chambres. Jardin avec salon de jardin. Piscine du propriétaire. A la Billebaude les propriétaires ont bien fait les choses, pour vous qui aimez les chambres d'hôtes, vous apprécierez l'aménagement qui vous est réservé. Au r.d.c., une salle de séjour privative vous conduit à l'étage aux 2 chambres. L'orange se mêle au bleu, pour le plaisir des yeux et le confort de chacune vous invite. Au repos, pensez au bain dans la piscine lors des après-midi très ensoleillées.

Prix : 1 pers. **200/230 F** 2 pers. **250/280 F** repas **85/130 F**
1/2 pens. **200 F**

Ouvert : toute l'année.

17	SP	0,5	4	4	5	7	7

BERENGUER Mireille - La Billebaude - Dumas - 82340 SAINT-LOUP - Tél : 05 63 29 02 67 - Fax : 05 63 29 02 67

SAINT-MICHEL Barette  *C.M. 79 Pli 16*

1 ch. Grande maison sur un côteau à proximité du site d'Auvillar où 1 chambre d'hôtes a été aménagée avec salon privatif et grand espace vert. Au rez-de-chaussée : 1 chambre (1 lit 2 pers.), un salon (clic-clac), salle de bains et wc privatifs. Les propriétaires vous y attendent et sauront vous faire apprécier la cuisine locale à leur table d'hôtes. Langues parlées : anglais, espagnol.

Prix : 2 pers. **220 F** 3 pers. **300 F** repas **85 F** 1/2 pens. **190 F**

Ouvert : toute l'année.

11	11	11	11	11	11	6

DUCHAYNE Jean-Claude - Ferme de Barette - 82340 SAINT-MICHEL - Tél : 05 63 95 91 19 ou 06 85 40 72 35

SAINT-NAUPHARY Domaine du Roussillon *C.M. 79*

3 ch. **Montauban (musée Ingres) 8 km.** Au 1er étage 2 ch. d'hôtes : 1 ch. (1 lit 2 pers.), 1 ch. (1 lit 2 pers. 1 lit 1 pers.), salle d'eau chacune. WC communs sur le palier. L'espace agrémente le confort de ces 2 ch. accompagnées d'un salon privatif avec TV. R.d.c. : 1 ch. 3 épis, accès indép. (1 lit 2 pers. 2 lits 1 pers. superposés), s. d'eau avec wc privés. Terrasse couverte devant la ch. Grand terrain et espace vert arboré. La ferme est belle au domaine du Roussillon. Ses grandes bâtisses abritent une famille accueillante qui vous propose aussi 1 gîte rural.

Prix : 1 pers. **210 F** 2 pers. **230/250 F** 3 pers. **320 F** pers. sup. **60 F**

Ouvert : toute l'année.

10	8	SP	1	SP	8	8	0,5

FRESQUET David - Domaine du Roussillon - 82370 SAINT-NAUPHARY - Tél : 05 63 67 85 47 - Fax : 05 63 67 85 47

SAINT-NICOLAS-DE-LA-GRAVE *C.M. 79 Pli 16*

2 ch. A droite la chambre bleue sur le thème du cheval, vous propose un salon (canapé et fauteuil), 1 lit 2 pers., 1 lit d'appoint 1 pers., salle d'eau et wc, à gauche la chambre rose romantique avec son salon (fauteuil, bureau), 1 lit 2 pers., salle de bains, wc. Chacune avec TV et téléphone. Salon réservé aux hôtes. Jardin clos avec possibilité de déjeuner en terrasse. Cuisine à disposition des hôtes. Après avoir traversé la galerie d'art, pris un rafraîchissement, monté l'escalier très ancien de la maison, vous aurez le choix entre 2 ch. si belles que vous hésiterez ! Langue parlée : espagnol.

Prix : 1 pers. **200 F** 2 pers. **230 F** 3 pers. **290 F**

Ouvert : toute l'année.

1,5	1,5	1,5	1,5	1,5	1,5	1,5	8	SP

VALETTE Christiane - Rue Thomas Goulard - 82210 SAINT-NICOLAS-DE-LA-GRAVE - Tél : 05 63 95 59 15 - Fax : 05 63 95 59 16

SAINT-NICOLAS-DE-LA-GRAVE La Gravette *C.M. 79 Pli 16*

2 ch. **Moissac (le cloître) 8 km** Au r.d.c : 1 ch. (1 lit 2 pers. 1 lit 1 pers.) avec s.d'eau et wc privatifs. Etage : 1 ch. (1 lit 2 pers.) avec s.de bains et wc privatifs. TV couleur et magnétoscope dans chacune des chambres. Kitchenette réservée aux hôtes. Accès indépendant. « Accueil Tobbogan ». « La Laca » tel est son le nom de la maison des propriétaires qui sauront vous accueillir très chaleureusement. Le calme et la verdure seront très apréciables. Un salon de jardin sera mis à votre diposition à l'ombre des tilleuls.

Prix : 2 pers. **230 F** pers. sup. **60 F**

Ouvert : toute l'année.

1,5	1,5	SP	1,5	6	0,5

PLANTADE David - La Gravette - 82210 SAINT-NICOLAS-DE-LA-GRAVE - Tél : 05 63 95 94 91 ou 06 82 39 86 10

SAINT-VINCENT-LESPINASSE Le Grenier du Levant *C.M. 79 Pli 16*

2 ch. 1er ét. : 1 ch. (2 lits 1 pers. 2 lits d'appoint), s.d.b. privative. Salon avec bibliothèque. TV. R.d.c. 1 ch. (1 lit 2 pers.), s. d'eau avec wc privatifs, salle de séjour, cheminée réservée aux hôtes, salle d'eau communs/wc. Possibilité lit suppl. 1/2 pension par pers. sur la base de 2 pers. à partir du 3e jour. Gîte d'étape et de séjour. « Accueil Tobbogan ». Le calme, la verdure et le bien-être vous les trouverez à travers le séjour, dans les ch. d'hôtes qu'Annie et Raymond ont joliment aménagé. 1 ch. 2 épis, spacieuse, à l'étage, chaleureuse et la 2e 3 épis fidèle au patrimoine. Comment ne pas se laisser tenter par les petits plats proposés à la TH.

Prix : 1 pers. **190/220 F** 2 pers. **240/280 F** 3 pers. **310 F** pers. sup. **80 F** repas **85/150 F** 1/2 pens. **205/225 F** pens. **265/295 F**

Ouvert : toute l'année.

7	1	SP	SP	8	5	8	2

GRANIER Annie - Le Grenier du Levant - 82400 SAINT-VINCENT-LESPINASSE - Tél : 05 63 29 07 14 - Fax : 05 63 39 76 59 ou SR : 05 63 21 79 61

SAINT-VINCENT-LESPINASSE Domaine de Baboulene  (TH) *C.M. 79 Pli 16*

2 ch. 2 ch. (1 lit 2 pers. chacune) avec salle de bains et wc privatifs chacune. Le domaine de Babouléne situé sur un monticule est un petit complexe de vacances où 4 gîtes et 2 ch. d'hôtes ont été aménagées dans un esprit de loisirs et de détente. Lit bébé sur demande. Tarif repas enfant : 50 F. Notez ici : piscine, pataugeoire, boulodrome couvert. Langues parlées : allemand, anglais.

Prix : 1 pers. **190 F** 2 pers. **250 F** 3 pers. **330 F** repas **85 F**

Ouvert : toute l'année.

SP	5	4	4	10	10	4

BURTIN Joseph - Domaine de Baboulène - 82400 SAINT-VINCENT-LESPINE - Tél : 05 63 04 27 59 ou 05 63 67 63 07

SERIGNAC Le Vieux Chêne

A

3 ch. **Cloître de Moissac 30 mn. Musée Ingres de Montauban 30 mn.** Une vraie ferme posée à flanc de côteaux bordée par un bois de vieux chênes avec ruisseau, étang ... 1 ch. double familiale avec 1 ch. (1 lit 2 pers.), 1 ch. (2 lits 1 pers.), et un petit coin-salon. 1 s. d'eau avec wc sur place. R.d.c. : 1 ch. (1 lit 2 pers. 1 lit 1 pers.), 1 ch. (3 lits 1 pers.), s. d'eau, wc privés chacune. Tarif repas enfant : 50 F. Il y a les bons repas à la ferme-auberge, les bains dans la piscine. Ping-pong, pêche, baby-foot, portique, loc. VTT, balades. La qualité de l'accueil, le sens de la convivialité sont ici des éléments privilégiés pour offrir le meilleur séjour. Langues parlées : anglais, espagnol.

CV

Prix : 1 pers. **190 F** 2 pers. **250 F** 3 pers. **320 F** pers. sup. **60 F**
repas **90/185 F** 1/2 pens. **200 F** pens. **275 F**

Ouvert : toute l'année.

5	SP	SP	2	SP	2	15	5

MIRAMONT Yves - Le Vieux Chêne - 82500 SERIGNAC - Tél : 05 63 20 70 32 - Fax : 05 63 20 74 39 ou SR : 05 63 21 79 61

VALENCE-D'AGEN *C.M. 79 Pli 16*

2 ch. **Valence-d'Agen 2 km.** Très belle maison située proche de la RN113 où sont aménagées 2 chambres d'hôtes de grand confort. 1 chambre (1 lit 2 pers.) avec salle de bains. 1 chambre familiale : 1 ch. (2 lits 1 pers. en 100), 1 ch. (1 lit 1 pers. en 100) avec salle de douche, wc communs sur le palier. Au r.d.c. sanitaires privatifs réservés aux hôtes. Garage. Terrain clos ombragé et fleuri. Golf miniature, piste de patinage, skateboard. Tarif 4 pers. : 400 F.

Prix : 1 pers. **170 F** 2 pers. **220 F** 3 pers. **300 F** pers. sup. **100 F**

Ouvert : du 1e avril au 30 septembre.

4	2	3	2	2	2	13	SP	SP

LAUZIN Yvonne - 43 avenue Auguste Greze - 82400 VALENCE-D'AGEN - Tél : 05 63 29 07 49

NORD - PAS-DE-CALAIS

Pour réserver, écrire ou téléphoner :

59 - NORD

GITES DE FRANCE - Service Réservation
89, boulevard de la Liberté - B.P. 1210
59013 LILLE
Tél. : 03 20 14 93 93 - Fax : 03 20 14 93 99

62 - PAS-DE-CALAIS

GITES DE FRANCE - Service Réservation
24, rue Desille
62200 BOULOGNE-SUR-MER
Tél. : 03 21 83 96 77 - Fax : 03 21 30 04 81

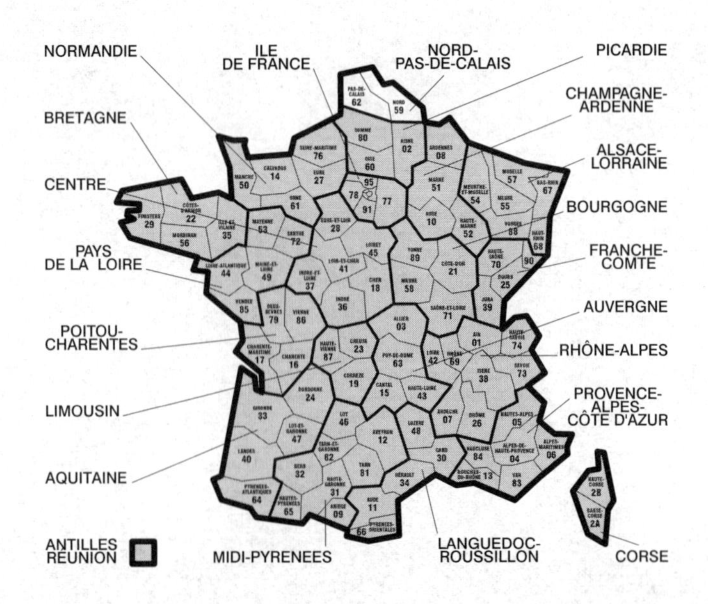

GITES DE FRANCE
Service Réservation
89, Bd. de la Liberté - B.P. 1210
59013 LILLE Cedex
Tél. 03 20 14 93 93 - Fax. 03 20 14 93 99

3615 Gîtes de France
1,28 F/min

AIX-LES-ORCHIES *C.M. 51 Pli 17*

2 ch. 2 ch. indép. de la maison des propriétaires, à l'ét. Ch. 1 (1 lit 140, 1 lit 90). Ch. 2 (1 lit 140). Lit bb 3 ans. Lavabo, wc, douche, TV/ch. Coin détente. Salle pour petit déj. avec chem. à foyer ouvert. Auberge de campagne 4 km. Gare, Orchies 5 km. Commerces 3 km. Belgique 6 km, St-Amand 9 km, Douai, Lesquin aéroport 20 km, Lille 25 km. Bruges 90 km. Villeneuve d'Ascq 26 km. 2 gîtes ruraux/pl. Autoroute Lille Valenciennes sortie Orchies, direction Tournai, puis Aix, suivre Saméon. Ancienne ferme de 1800, rénovée en 1994. Prix au concours départemental du patrimoine et d'encouragement aux ch. d'hôtes fleuries en 1998. 3 épis NN : 106,5 points.

Prix : 1 pers. **180 F** 2 pers. **220 F** 3 pers. **250 F**

100	6	20	10	6	4	10	12	9	5	3

GITES DE FRANCE-SERVICE RESERVATION - 89 bd de la Liberté - BP 1210 - 59013 LILLE Cedex - Tél : 03 20 14 93 93 - Fax : 03 20 14 93 99 ou PROP : 03 20 71 09 54

AIX-LES-ORCHIES **A** (TH) *C.M. 51 Pli 17*

2 ch. 2 ch. d'hôtes indép. de la maison des propriétaires, à la frontière belge. Auberge de campagne/pl. Ch. 1 (1 lit 140), Ch. 2 (2 lits 90). Lavabo, wc, baignoire privés. Ch. cent. gaz. Point-phone. Parking commun clos. Gare, Orchies 8 km. Commerces 4 km. St-Amand station thermale 9 km. Douai 18 km, Villeneuve d'Ascq 20 km. Lille 25 km. Valenciennes 26km. Tournai 30 km, Bruges 90 km. Prop. ayant 1 gîte rural. Autoroute Lille Valenciennes, sortie Orchies, direct. Mouchin. A l'entrée d'Aix : prendre 1ère rue à droite (ch. à 100 m). 1/2 pension 230F/1 pers., 320F/2 pers. Pension 290F/1 pers., 440F/2 pers. Construit avant 1914, rénové : 1993. 75 points.

Prix : 1 pers. **160 F** 2 pers. **180 F** repas **70 F** 1/2 pens. **230 F** pens. **290 F**

80	8	10	10	8	10	9	9	9	8	4

ROULEZ Mauricette - 67 rue du Général de Gaulle - La Madelon - 59310 AIX-LES-ORCHIES - Tél : 03 20 79 62 47 - Fax : 03 20 79 62 47

BAIVES (TH) *C.M. 53 Pli 6*

5 ch. 5 ch. d'hôtes prestige indép. de l'habitation des propriétaires, mezz. Salle commune (chem. à foyer ouvert), salon, jardin d'intérieur. A l'ét. 1 lit 140/ch. Ch. 1 et 2 : lavabo, douche, wc. Ch. 3 et 4 : lavabo, baignoire, wc. Ch. 5 : 2 lavabos, douche, wc. Equitation/pl. Accueil chevaux. Tarif table d'hôtes boissons en sus. Commerces, Val Joly 8 km. Enfant 50 F. Au cœur de la Petite Suisse du Nord. Fourmies 15 km, Avesnes/Helpe 20 km, Chimay 8 km. Architecture contemporaine mariée à une charpente apparente aux poutres séculaires. En arrivant dans le village à gauche après l'église. 3 épis NN : 107.8 pts. Const. : 1880, rén. : 1993. Langue parlée : anglais.

Prix : 1 pers. **220/320 F** 2 pers. **240/340 F** repas **100 F**

8	8	8	8	0,1	1	15	8

CHAUVEAU P. et POULAIN Corinne - 2 rue Principale - 59132 BAIVES - Tél : 03 27 57 02 69 - Fax : 03 27 57 02 69

BANTEUX Bonavis *C.M. 53 Pli 13*

3 ch. 3 ch d'hôtes de prestige à l'ét. de la maison de la ferme de Bonavis (polyculture). Lavabo, wc, douche, TV privés. Ch. 1 : 1 lit 140, accès sur balcon. Ch. 2 : 1 lit 140, 1 lit 90. Ch. 3 (double) : 2 lits 140, 2 lits 90. Ch. cent., double vitrage. Jeux/enf. Baby-foot, boules. Parking fermé, garage/dem. A 10 km au sud de Cambrai. 4 pers. 410/435 F. 6 pers. 540 F. Restaurants 500 m. Abbaye de Vaucelles, randonnées pédestres et cyclistes autour de l'Abbaye 2 km. Vol à voile, aérodrome 9 km. A26 2 km, sortie 9 Masnières. Carrefour N44 et D917 entre Cambrai et St-Quentin. A 2 km au nord du village. Construit en 1920, rénové en 1991. 3 épis NN : 86 pts.

Prix : 1 pers. **210/240 F** 2 pers. **250/325 F** 3 pers. **360/400 F**

Ouvert : toute l'année.

130	6	12	2	13	2	2	6	15	12	4

DELCAMBRE Thérèse - Ferme de Bonavis - Bonavis - 59266 BANTEUX - Tél : 03 27 78 55 08 - Fax : 03 27 78 55 08

BANTEUX Bonavis *C.M. 53 Pli 13*

1 ch. Ch. d'hôte 40 m^2, à la ferme (polyculture), access. à tous, indép. de la maison des prop., mitoyenne à 1 gîte. Propriétée ayant 3 ch d'hôtes de prestige dans l'habitation principale. Plain-pied : 2 lits 90, wc, lavabo, douche, TV. Gîte bb. Suppl./animal 20F/nuit. Restaurant à moins de 500 m. Commerces 4 km. Cambrai 10 km. Gare 12 km. Douai 40 km. Lille, Abbaye de Vaucelles 2 km, Archéosite de Les Rues-des-Vignes 3 km, Péronne (Somme) 25 km, Vol à voile, aérodrome 9 km. Poss. loc. chambre + le gîte (6 pers., lits faits) : 3 260F/sem. w.e. 2 400 F, W.e. 3 nuits : 2 800 F (juil. & août). Construit en 1920, rénové en 1996. 3 épis NN 101.75 pts.

Prix : 1 pers. **240 F** 2 pers. **325 F**

130	6	12	2	13	2	2	6	15	12	4

GITES DE FRANCE-SERVICE RESERVATION - 89 bd de la Liberté - BP 1210 - 59013 LILLE Cedex - Tél : 03 20 14 93 93 - Fax : 03 20 14 93 99 ou PROP : 03 27 78 55 08

BEAUCAMPS-LIGNY *C.M. 51 Pli 15*

3 ch. 3 ch. dans ancienne ferme au carré au centre du bourg, attenantes à la maison des prop. (entrée indép.). R.d.c. : Ch. 1 (1 lit 140). Et. : Ch. 2 (1 lit 140, 1 lit 90). Ch. 3 (1 lit 140, 2 lits 90). Lavabo, douche, wc, téléphone/ch. Lit bb/dem. TV/dem. Séjour, salon à disposition des hôtes. Piano. Poêle à bois. Ch. cent. gaz. Terrasse 100 m^2, salon de jardin. Ping-pong. Parking clos. Garage/dem. Circuits VTT, cyclistes. Restaurant, tabac 50 m. Centre commercial 5 km. A - de 8 km : ULM, équitation, tennis. Lille 12 km par A25. Construit en 1920. Rénové en 1995. Enfant - 12 ans : 35 F. 3 épis NN : 89.5 points. 5e prix Ch. d'Hôtes fleuries en 1998. Langue parlée : anglais.

Prix : 1 pers. **195 F** 2 pers. **270 F** 3 pers. **340 F**

Ouvert : toute l'année.

70	8	11	5	3	5	50	10	12	0,1	5	0,2

TILMANT-DANJOU Claire - 8 rue de Radighen - 59134 BEAUCAMPS-LIGNY - Tél : 03 20 50 33 82 - Fax : 03 20 50 34 35 - E-mail : C.TILMANT@wanadoo.fr

BIERNE *C.M. 51 Pli 4*

E.C. 2 ch. A la ferme (polyculture), 2 ch. d'hôtes indép. de l'habitation des prop. Ch. 1 au r.d.c. acc. à tous : 2 lits 90, wc, lavabo, douche. Etage ch. 2 : 1 lit 140, wc, lavabo, baignoire. Lit enfant. Salle pour les petits - déjeuners au r.d.c. avec kitchenette. Coin-salon avec TV. S. de jardin. Restaurant 0.8 km. Gare 1 km. Bergues (fortifications Vauban) 2 km. Dunkerque 10 km. Bray-Dunes 15 km. Belgique 20 km. Gravelines 25 km. Calais 40 km. Lille, Oostende 60 km. Bruges 80 km. Construit vers 1948, rénové en 2000. 2 gîtes ruraux sur place. En cours de classement.

Prix : 1 pers. **210 F** 2 pers. **240 F**

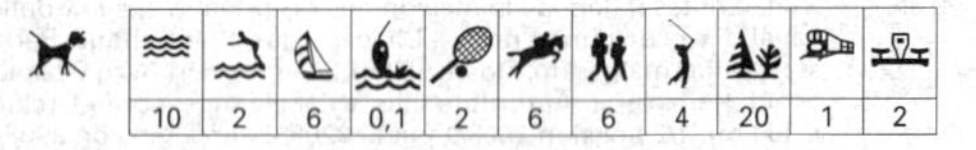

10	2	6	0,1	2	6	6	4	20	1	2

GITES DE FRANCE-SERVICE RESERVATION - 89 bd de la Liberté - BP 1210 - 59013 LILLE Cedex - Tél : 03 20 14 93 93 - Fax : 03 20 14 93 99 ou PROP : 03 28 68 66 98

BLARINGHEM Le Mont du Pil A (TH) *C.M. 51 Pli 4*

2 ch. 2 ch. d'hôtes indép. de la maison des prop. Auberge de campagne/place. A l'étage. WC, lavabo, douche, TV privés par ch. Ch. 1 (Plein soleil) : 1 lit 140. Ch. 2 (Le Grand Bleu) : 1 lit 140, 1 lit 90. Séjour, coin- lecture. Cheminée avec insert dans l' auberge où se prennent les repas. Parking, garage. Terrasse, salon de jardin. Pelouse close 1000 m^2. Aire/Lys 5 km. Arques 6 km. Clairmarais (promenades en barques dans les marais) 10 km. St-Omer 12 km. Hazebrouck 14 km. Dunkerque 50 km. Calais, Lille 60 km. Aut. Lille-Dunkerque, sortie Hazebrouck, direction St-Omer, Blaringhem jusque N43. Construit 1925. Rénové 1995. 3 épis NN 79.66 pts. Langue parlée : anglais.

Prix : 1 pers. **190 F** 2 pers. **230 F** 3 pers. **290 F** repas **100 F**

50	5	3	1,5	5	2	0,1	15	8	8	1

VANDENKERCKHOVE Michel - 831 Le Mont du Pil - 59173 BLARINGHEM - Tél : 03 28 43 20 11

BOLLEZEELE Le Pantgat-Hof (TH) *C.M. 51 Pli 3*

4 ch. Ancienne ferme à cour fermée. WC, lavabo, douche/ch. Ch. 1 access. à tous (1 lit 140, TV, tél.), Ch. 2 (1 lit 140, tél.), Ch. 3 (1 lit 140), Ch 4 (3 lits 90) + suite (2 lits 90) dans bâtiment mitoyen à la maison des prop. TH/résa. Jardins. Bois. Atelier d'art. Cours de dentelle. Rando. guidée/place. Parking. 6 boxes (loc. mai à octobre). 4 pers. 420 F. 5 pers. 470 F. Poneys, ânes, moutons nains. Terrain clos commun 8000 m^2. Centre village 2 km. Bergues, Cassel 15 km. Marais Audomarois (Parc Naturel), St-Omer 18 km, Gravelines 20 km. Forfait de novembre à avril : week-end 2 nuits, 2 pers. 450 F, week-end famille 5 pers. 850 F. Const. 1996. 3 épis 91.33 pts

Prix : 1 pers. **200 F** 2 pers. **250 F** 3 pers. **320 F** repas **95 F**

20	10	15	5	11	10	1	20	15	0,1	7	2

CHILOUP-GEY Jean-François - 27 rue de Metz - 59470 BOLLEZEELE - Tél : 03 28 68 00 87 ou SR : 03 20 14 93 93 - Fax : 03 28 68 00 87 - E-mail : lepantgat.hof.chiloup.fetjf@libertysurf.fr

BOURBOURG Le Withof A (TH) *C.M. 51 Pli 3*

5 ch. Ancienne ferme fortifiée du 16è S. (oies, canards, poney, moutons) rénovée en 1992. A l'ét. de l'hab. des prop. Ch. 1 (1 lit 140, suite 1 lit 140), lavabo, baign. privés, wc indép./palier. Ch. 2, 3, 4, 5 (baign., wc, lavabo privés). Ch. 2 (1 lit 140, 1 lit 90). Ch. 3, 4 (1 lit 140). Ch. 5 (1 lit 140, 1 lit 90). TV et meubles L-Philippe/ch. 4 pers. 400 F. Enf. 50 F. Régence dans séjour et salon (au r.d.c). Cabine télécarte dans la cour. 1 lit bb. Pêche/pl. Pelouse 1 ha. Pâtures 3 ha, salon de jardin. Dunkerque 18 km. Calais, St-Omer, Tunnel sous la Manche 30 km. De la place de Bourbourg direction Audruicq, 400m après la gendarmerie à droite. 96 pts.

Prix : 1 pers. **250 F** 2 pers. **300 F** 3 pers. **350 F** repas **100 F**

10	1	10	0,1	1	10	1	20	12	2	1

BATTAIS Bernard - Le Withof - chemin du Château - 59630 BOURBOURG - Tél : 03 28 62 32 50 - Fax : 03 28 62 38 88

BROXEELE *C.M. 51 Pli 3*

2 ch. Ferme (polyculture), 2 ch. communicantes au r.d.c. de la maison des prop. Ch. 1 (1 lit 140). Ch. 2 (2 lits 90). Lavabo, douche, wc privés. Salle des petits-déj. avec chem. (insert). Pelouse privée 100 m^2, salon de jardin. Restos 3 km. Cabine tél. à 700 m. Commerces 2 km. Gare 8 km. Médecin, pharmacien 2,5 km. Wormhout 14 km. Dunkerque, Belgique 25 km. Gravelines 28 km. Site des 2 caps, Eurotunnel 45 min. Promenade en barque, poney club 8 km. Prop. ayant des gîtes. A25 sortie Bergues, direction Socx-Bissezeele, Zeggers-Cappel, St-Omer. A Bollezeele, 1ère route à gauche après le camping de l'Yser. Construit 1920, rénové 1990. 71.5 pts.

Prix : 1 pers. **180 F** 2 pers. **220 F** 3 pers. **330 F**

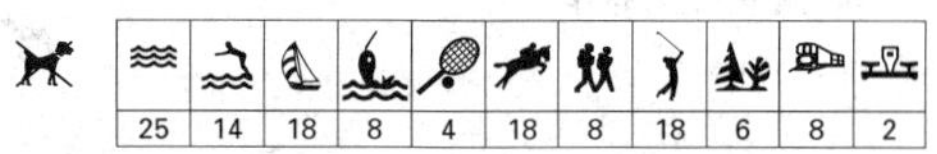

25	14	18	8	4	18	8	18	6	8	2

LEURS Raymond - 59470 BROXEELE - Tél : 03 28 62 42 05 - Fax : 03 28 43 07 39

CASSEL Au Coucou TH *C.M. 51 Pli 4*

3 ch. Ferme reconstruite en 1956, rénovée en 1991, au pied du Mont des Récollets. A l'ét. d'une construction annexe : 2 ch. (1 lit 140), 1 ch. (1 lit 140, poss. 1 lit 90). Lavabo, douche, wc privés. Salle des petits-déj. dans un autre bâtiment. Pelouse close commune 400 m^2, cour, terrrasse. Salon de jardin. Jeux/enfants. Cabine tél. 2 km. Restos 3 km. Commerces, centre de Cassel 3 km. A 25 4 km. Gare 6 km. Belgique 7 km. Nombreux musées et ville à visiter dans un rayon de 30 km. Venant de Calais, direction St-Omer, Cassel. A Cassel, direct. Steenvoorde D 948. En venant de Dunkerque, sortie Steenvoorde, direction Cassel. 61.5 points. Langues parlées : hollandais, anglais.

Prix : 1 pers. **160 F** 2 pers. **200 F** repas **100 F**

Ouvert : toute l'année.

35	12	35	10	3	1	0,1	35	18	6	3

DEBOOSERE Geert - Au Coucou - route de Steenvoorde - 59670 CASSEL - Tél : 03 28 40 53 48

CASSEL *C.M. 51 Pli 4*

2 ch. A la ferme. 2 ch. access. pers. hand., indépendantes de la maison des prop. mitoyennes à 1 gîte. Ch. 1 : 2 lits 90. Lit bb 2 ans. Ch. 2 : 1 lit 140. WC, lavabo, douche, TV/ch. Salle pour petit déjeuner dans la maison des prop. avec chem. à foyer ouvert. Etang privé à 100 m. Commerces 1 km. Médecins, pharmacien, gare 2 km. Belgique 6 km. Malo-les-Bains 30 km. Lille 35 km. Vue sur le Mont Cassel (panorama). Bicyclettes. Propriétaires ayant 2 gîtes ruraux. Accès : autoroute Lille-Dunkerque sortie Cassel, suivre la direction de Cassel jusqu'au magasin Shopi, prendre direction Oxelaere puis 2ème route à gauche. Rénové en 1998. 3 épis NN 82 pts.

Prix : 1 pers. **190 F** 2 pers. **220 F**

30	10	30	0,1	1	10	2	6	0,1	2	1

WOESTELANDT Gaston et Henriette - route d'Hazebrouck - 59670 CASSEL - Tél : 03 28 42 41 15 ou 03 28 48 43 93 - Fax : 03 28 48 47 92

COMINES TH *C.M. 51 Pli 6*

3 ch. 3 chambres d'hôtes à l'écart du village, dans une ferme (chevaux, vaches, polyculture) entourée de prairies et d'arbres. A l'étage. Ch. 1 et 2 (1 lit 140), Ch. 3 (double) : (2 lits 90, 1 lit 140). Téléphone, lavabo, wc, douche privés. Gare SNCF, arrêt de bus au hameau Ste-Marguerite 800 m. Belgique 2 km, Armentières 12 km. A 1 heure de Bruges. 4 pers. 250 F. Ypres 15 km. Roubaix-Tourcoing 17 km. A25 Lille-Dunkerque, sortie 8. Prendre direction Houplines, puis Frelinghien et enfin Comines. Accès facile D 945, D 308. Enfant de - de 10 ans : 40 F. Construit en 1920, rénové en 1990. 2 épis NN : 63 points.

Prix : 1 pers. **150 F** 2 pers. **180 F** 3 pers. **220 F** repas **70 F**

60	1	15	2	2	8	15	0,8	2

VERMES Pascal - 1221, chemin du Petit Enfer - 59560 COMINES - Tél : 03 20 39 21 28 - Fax : 03 20 39 56 39

COMINES Le Vieux Soldat TH *C.M. 51 Pli 6*

3 ch. Ferme (canards, poules). 3 ch. à l'ét., indép. de la maison du prop. (producteur foie gras, pdts fermiers). Ch. 1 double : 2 lits 140, 2 wc, 2 lavabos, 2 douches. Ch. 2 : 1 lit 140, wc, lavabo, douche. Ch. 3 double : 1 lit 120, 1 lit 140, wc, lavabo, douche, baign. Prise TV. Salle petit déj. au r.d.c. Pas d'arrivée après 21 h. Salon de jardin. 4 pers. 290 F. Menu dégustation. Salle séminaire. Parking privé clos. Rando. pédestre, équestre, pêche. Bus Lille-Comines à 300 m. Gare 2 km. Belgique 5 km. Lille 13 km. Roubaix-Tourcg 17 km. Bruges 60 km. Rocade NO 4 km, sortie 10 Comines. Construit 1799, rénové 1996. 3 épis NN 88 pts. Langue parlée : anglais.

Prix : 1 pers. **190 F** 2 pers. **220 F** 3 pers. **260 F** repas **100/140 F**

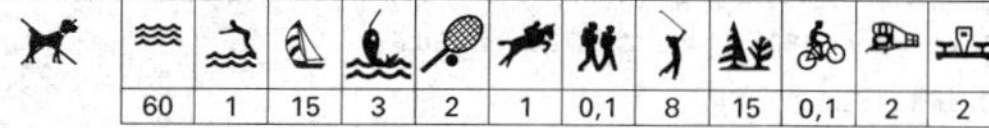

60	1	15	3	2	1	0,1	8	15	0,1	2	2

GITES DE FRANCE-SERVICE RESERVATION - 89 bd de la Liberté - BP 1210 - 59013 LILLE Cedex - Tél : 03 20 14 93 93 - Fax : 03 20 14 93 99 ou PROP : 03 20 78 91 31

CROCHTE Voie Romaine

C.M. 51 Pli 4

2 ch. — 2 ch. d'hôtes indép. de la maison des propriétaires. Plain-pied : Ch. 1 : 1 lit 140. Ch. 2 : 2 lits 90. Lavabo, douche, wc privés. Poss. garage, jardin. Gare, commerces, médecin, pharmacien 5 km. Sur place : poney, vélos, salle de loisirs, ping-pong, tennis couvert. Cabine tél. à 100 m. Belgique 10 km, Gravelines, Malo, Dunkerque 20 km. Bray-Dunes, Calais 30 km. Bruges 60 km. Propriétaires ayant 3 gîtes ruraux. Construit en 1965, rénové en 1990. 3 épis NN : 85,7 points. Autoroute A25, sortie Bierne, direction Cassel, passer au-dessus du pont de l'autoroute. A 6 km, panneau « le Vert Village ». Langue parlée : anglais.

Prix : 1 pers. **180 F** 2 pers. **190 F**

Ouvert : toute l'année.

20	5	10	2	0,1	5	5	10	12	5	5

BEHAEGHE Christophe - Voie Romaine - 59380 CROCHTE - Tél : 03 28 62 13 96 ou 06 07 29 78 78 - Fax : 03 28 62 16 45

CYSOING

C.M. 51 Pli 16

3 ch. — 3 ch. à l'ét. d'une ancienne fermette (1875). Ch. 1 (1 lit 140, 1 lit enfant/dem. TV, magnétoscope). Ch. 2 (1 lit 140, TV). Ch. 3 (1 lit 140). Wc, lavabo, douche privés. Coin détente (TV, bibliothèque). Chem. à foyer ouvert. dans le séjour. Parking. Piscine découverte, terrain 4 000 m^2. Villeneuve d'Ascq, Tournai, Orchies 10 km. Lille 15 km. Circuits rando/pl Pharmacie 500 m. Restaurants, tous commerces 2 km. Rénové en 1995. Accès : sortie Cité Scientifique (4 Cantons), direction Sainghin en Mélantois puis Cysoing (RD 955) et tout droit jusque « Quennaumont » (hameau très calme). Arrêt de bus à 200 m pour liaison métro vers Lille. 3 épis 95 points.

Prix : 1 pers. **230 F** 2 pers. **250 F**

Ouvert : toute l'année.

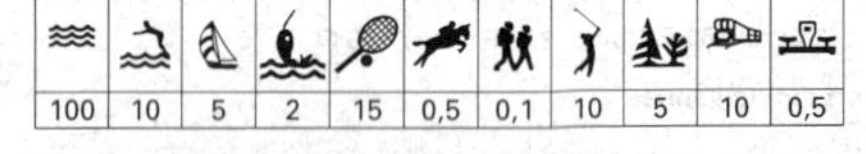

100	10	5	2	15	0,5	0,1	10	5	10	0,5

LAUMET Annette - 192 rue du Maréchal Leclerc - Le Quennaumont - 59830 CYSOING - Tél : 03 20 79 51 45 ou SR : 03 20 14 93 93

LE DOULIEU

C.M. 59 Pli 17

2 ch. — 2 ch. d'hôtes au 1er ét. de la maison de Maître des prop., au cœur du village (sur D18). WC, lavabo, douche privatifs. Ch. 1 : 1 lit 140, 1 lit 90. Ch. 2 : 1 lit 140. Gîte bb. Poss. baby-sitting. Jeux/enf. Séjour au r.d.c. avec coin-repas, salon, TV, kitchenette. Salon de jardin. Table d'hôtes sur résa. Merville, forêt de Nieppe 5 km. Bailleul 7 km. Belgique 12 km. Lille 25 km. Equitation 500 m. Tennis de table, badminton, volley-ball et VTT sur place. Axe Lille-Dunkerque. Hazebrouck 13 km. Monts Noir, Cassel, des Cats, étangs de Robecq 15 km. Armentières, Béthune 18 km. Clairmarais, Lens 25 km. Dunkerque 35 km. Construit 1900, rénové 1997. Langues parlées : anglais, allemand.

Prix : 1 pers. **180 F** 2 pers. **220 F** 3 pers. **260 F** repas **75/90 F**

Ouvert : toute l'année.

50	7	12	12	0,5	0,5	15	12	4	7	0,2

GITES DE FRANCE-SERVICE RESERVATION - 89 bd de la Liberté - BP 1210 - 59013 LILLE Cedex - Tél : 03 20 14 93 93 - Fax : 03 20 14 93 99 ou PROP : 03 28 49 39 25

DOURLERS

C.M. 53 Pli 6

2 ch. — 2 ch. d'hôtes. Ch. 1 dans la maison de caractère du XVIIème siècle des prop., classée 3 épis : 1 lit 140, wc, lavabo, douche, poss. lit enfant, bureau dans une alcôve, boiserie. Ch. 2 indép. de la maison des prop., classée en 2 épis : 1 lit 140, wc, lavabo, douche, baie sur la campagne. Séjour, chem., pour petit-déj. dans la maison des prop. Jardin privé. Salon de jardin. Randonnées/place. Gare 6 km. Circuits variés. Commerces 0.5 km. Base de loisirs Val Joly 13 km. Bavay, Belgique 15 km. Golf de Mormal, Hippodrome La Capelle 20 km. Chimay, Hirson 25 km. Valenciennes 30 km. Lille 90 km. Prop. ayant un gîte rural. Construit vers 1700. 97.6 pts.

Prix : 1 pers. **200/270 F** 2 pers. **230/270 F**

6	15	1	6	6	15	15	6	6

WILLOT Jean-Marie - 24 rue de la Haut - 59440 DOURLERS - Tél : 03 27 57 82 15 ou SR : 03 20 14 93 93

EBBLINGHEM

C.M. 51 Pli 4

5 ch. — 5 ch. d'hôtes indép. de la maison des propriétaires. 4 gîtes/place. Cadre verdoyant, au calme sur la D55. R.d.c. Ch. 1 et 3 (1 lit 140), Ch. 2 (2 lits 90). Ch. rustiques avec poutres, lavabo, wc, douche privés. Ch. 4 - 5 à l'ét. d'un gîte : ch. 4 (2 lits 140, lavabo, douche), ch. 5 (1 lit 140, lavabo). Douche sur palier. WC communs aux ch. 4 - 5. 4 pers. 360 F. Pelouse, balançoires, salon de jardin. Commerces 3 km. Cassel 10 km, Hazebrouck 9 km. St-Omer, Aire/Lys 12 km, Calais 50 km, Belgique 25 km, Bruges 100 km. A26 sortie St-Omer 15 km, A25 sortie Hazebrouck 20 km. Construit en 1890, rénové en 1991. 2 épis NN : 86 points.

Prix : 1 pers. **180 F** 2 pers. **220 F** 3 pers. **280 F**

Ouvert : toute l'année.

45	9	40	9	9	9	10	30	9	0,8	3

BATAILLE Thérèse - 1173 route de Lynde - 59173 EBBLINGHEM - Tél : 03 28 43 21 69

ESTAIRES La Queneque  *C.M. 51 Pli 4*

4 ch. 4 ch. indép. de la maison des propriétaires, dans la campagne de la Vallée de la Lys, près de la Belgique. A l'ét. Ch. 1 et 4 (1 lit 140). Ch. 2 (2 lits 90). Ch. 3 (1 lit 140, 1 lit 90). WC, lavabo, douche privés. 1 ch. mitoyenne à 1 gîte. Salle au r.d.c. (chem. f.d.b.). Salon de jardin. Parking clos. Gare 10 km. Commerces 3.5 km. Terrain 4500 m^2. Bailleul, Armentières 12 km, Hazebrouck 20 km, Ypres 25 km, Lille 30 km, Dunkerque 60 km. Au cœur du Nord P.d.C., des villes tourist. de Belgique. A - 60 km : Arras, Béthune, St-Omer, Bruges. Construit en 1993. 3 épis NN : 99 pts. A25, sortie 9, puis dir. Estaires, à 3,5 km du bourg sur D77. Langue parlée : anglais.

Prix : 1 pers. **180 F** 2 pers. **250/270 F** 3 pers. **330 F** repas **90 F**

60	12	10	8	12	4	0,1	20	12	10	3,5

HUYGHE Bernard - 1822 rue de l'Epinette - La Queneque - 59940 ESTAIRES - Tél : 03 28 40 84 69

FAUMONT *C.M. 53 Pli 3*

3 ch. Ancienne ferme. 3 ch. indép. de la maison de la prop., mitoyennes à 1 gîte. R.d.c. : salle d'accueil (TV/dem., frigo., m-ondes, cafetière). Et. : Ch. 1 : 2 lits 90, lavabo, douche, wc. Ch. 2 : 1 lit 140, lavabo, douche, wc. Ch. 3 : 1 lit 140, 1 lit 90, lavabo, douche dans la ch., wc privé sur palier. Séjour pour pt-déj. dans l'habit. de la prop. Pelouse. Cour pavée 450 m^2. Abri voitures. Pdts fermiers 1 km. Restos 1.5 km. Douai 13 km. Centre historique minier, Lesquin 15 km, Belgique 18 km, St-Amand 20 km. A23, sortie Orchies. A1, sortie Seclin, Faumont 12 km ou sortie Fresnes-Les-Montauban, Faumont 20 km. Const. 1800. Rénové 1990. 84.5 pts.

Prix : 1 pers. **170 F** 2 pers. **200/230 F** 3 pers. **270 F**

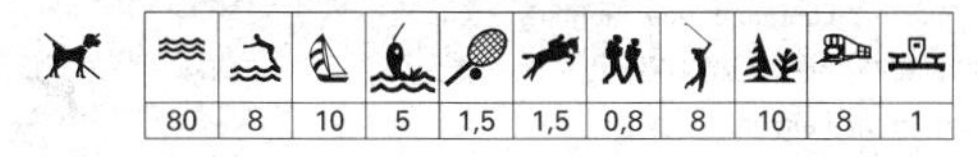

80	8	10	5	1,5	1,5	0,8	8	10	8	1

DEWAS Renée - 1143 rue du Général de Gaulle - 59310 FAUMONT - Tél : 03 20 59 27 74

FELLERIES *C.M. 53 Pli 6*

2 ch. Dans une impasse, 2 ch. indép. de la maison des prop. R.d.c., 10 marches. Lavabo, douche, wc privés. Ch. 1 (1 lit 140, 1 lit 90), Ch. 2 (2 lits 90). Prise TV. Séjour, chem. insert, pour petits-déj. Belgique 4 km, base loisirs Val Joly 7 km, Maubeuge 17 km, RN2 4 km. Pharmacie 100m, médecin 1 km. Commerces 500m. Gare 7 km. Musée des bois jolis face aux chambres. Prop. : atelier-tourneur/bois (visite, démo), stages initiation/dem. Circuit pédestre des moulins (départ Felleries). Construit 1980, rénové en 1999. D'Avesnes, direction Bruxelles puis Solre le Chateau, à Beugnies prendre Felleries. 3 épis NN 98 pts. Prix d'encouragement ch. d'hôtes fleuries en 99.

Prix : 1 pers. **200 F** 2 pers. **250 F** 3 pers. **280 F**

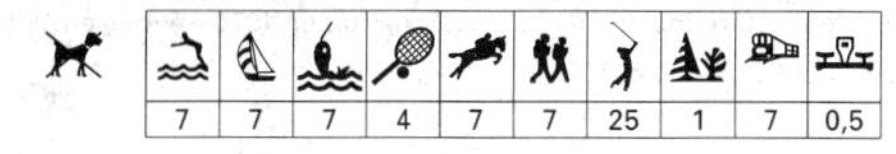

7	7	7	4	7	7	25	1	7	0,5

DUMESNIL Edith et J-Pierre - 20 rue de la Place - 59740 FELLERIES - Tél : 03 27 59 07 43 - Fax : 03 27 59 00 50

FOURNES-EN-WEPPES Ferme de Rosembois *C.M. 51 Pli 15*

3 ch. Au calme de la campagne, Francine et Emmanuel Bajeux vous accueillent sur leur exploitation agricole (bovins, polyculture). A l'étage de leur maison, 3 chambres avec sanitaires particuliers vous attendent. Ch. 1 : 1 lit 140. Ch. 2 : 1 lit 140, 1 lit 90. Ch. 3 : 2 lits 90. TV/ch/dem. Séjour avec chem. à foyer ouvert et TV. Salon de jardin. Commerces 2 km. Médecin, pharmacie 2 km. Restaurant au village. Belgique 10 km. Lille 15 km. Base de loisirs d'Armentières 10 km. Orchies 40 km. Poss. tennis, musculation, gym 2 km. Golf 5 km. Prop. ayant un gîte rural. Autoroute A25 7 km. RN 41 2 km. Construit en 1929, rénové en 1991. 3 épis NN 94 pts. Langue parlée : anglais.

Prix : 1 pers. **170 F** 2 pers. **220/230 F** 3 pers. **270 F** repas **75 F**

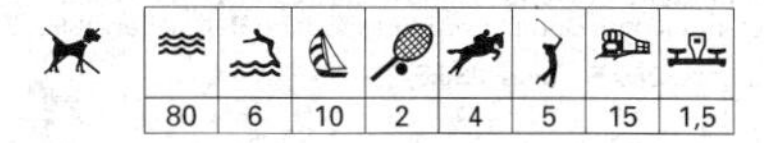

80	6	10	2	4	5	15	1,5

BAJEUX Francine - Ferme de Rosebois - Hameau du Bas Flandres - 59134 FOURNES-EN-WEPPES - Tél : 03 20 50 25 69 - Fax : 03 20 50 60 75

GUSSIGNIES Les Marlieres *C.M. 53 Pli 5*

2 ch. 2 ch. dans un ancien presbytère de 1772. Miellerie. Jardin typique 40 m^2 entouré de murs d'enceintes. Ch.1 au 1er ét. : 1 lit 140. Ch.2 au 2ème ét. : 1 lit 140, 1 lit 90. WC, lavabo, douche privés. Gîte bb. Petit feu à bois type ardennais dans la salle petit-déj. Salon de jardin, barbecue. Park. Poss. initiation au travail de l'apiculteur. Cabine tél. 300 m. Bavay 7 km. Maubeuge 25 km. Valenciennes 30 km. Mons Belgique 35 km. Base de loisirs du Val Joly 45 km. Restaurants 500 m, estaminets familiaux le long de la vallée de l'Hogneau, départ rando. pédestres. Forêt Mormal 8 km. Construit en 1772, rénové en 1995. 3 épis NN : 86 pts.

Prix : 1 pers. **200 F** 2 pers. **250 F** 3 pers. **350 F**

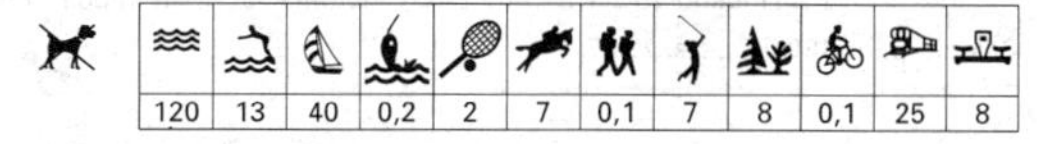

120	13	40	0,2	2	7	0,1	7	8	0,1	25	8

GITES DE FRANCE-SERVICE RESERVATION - 89 bd de la Liberté - BP 1210 - 59013 LILLE Cedex - Tél : 03 20 14 93 93 - Fax : 03 20 14 93 99 ou PROP : 03 27 39 86 76

HALLUIN *C.M. 51 Pli 6*

3 ch. Ferme (chevaux, poules, polyculture). 3 ch. d'hôtes à l'étage de 2 gîtes, indépendantes de la maison des prop. Lavabo, douche, wc privés. Ch. 1 : 1 lit 140, 1 lit 90. Ch. 2 : 1 lit 140. Ch. 3 : 2 lits 90 + suite 2 lits 90. Téléséjour commun. Salon avec coin-TV, lecture. Salle pour les petits-déj. au r.d.c. Parking. Terrasse, terrain non clos commun 70 m^2. Salon de jardin. Roubaix, Tourcoing 12 km. Lesquin, Courtrai 18 km. Tournai 30 km. A 20 mn de Lille par voie rapide. Reconstruit en 1991. 4 pers. 320 F. 3 épis NN : 90.7 points.

Prix : 1 pers. **160 F** 2 pers. **200 F** 3 pers. **250 F**

60	2	2	3	4	0,1	10	5	10	2

GITES DE FRANCE-SERVICE RESERVATION - 89 bd de la Liberté - BP 1210 - 59013 LILLE Cedex - Tél : 03 20 14 93 93 - Fax : 03 20 14 93 99 ou PROP : 03 20 37 02 05

HALLUIN *C.M. 51 Pli 6*

2 ch. Ferme (chevaux, poules, polyculture), une aile rebatie en 1996. 2 ch. indép. de la maison des prop. Ch.1 au r.d.c. access. pers. hand. : 2 lits 90. Ch. 2 à l'ét. : 1 lit 140. Lavabo, wc, douche/ch. Gîte bb. Salle de petit-déjeuner au r.d.c. non attenante dans construction annexe. Jardin privé non clos 30 m^2, parking dans la cour intérieure. Belgique 1 km. Roubaix, Tourcoing 12 km. Lille, Lesquin, Courtrai 18 km. Tournai 30 km. A 20 mn de Lille par voie rapide. De Lille A22, sortie N° 17, direction Halluin douane, au feu, 2ème ferme sur la gauche. De Belgique, sortie E17B (Rijsel), direction Halluin douane. Au feu, à droite. 2 épis NN 81.8 pts. Langue parlée : anglais.

Prix : 1 pers. **160 F** 2 pers. **200 F**

Ouvert : toute l'année.

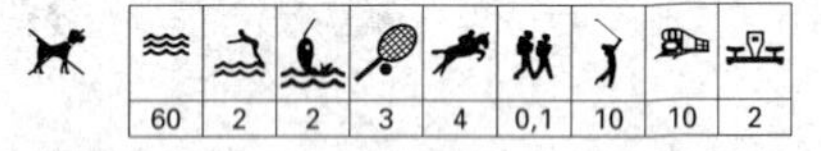

60	2	2	3	4	0,1	10	10	2

GITES DE FRANCE-SERVICE RESERVATION - 89 bd de la Liberté - BP 1210 - 59013 LILLE Cedex - Tél : 03 20 14 93 93 - Fax : 03 20 14 93 99 ou PROP : 03 20 37 02 05

HAZEBROUCK *C.M. 51 Pli 4/14*

2 ch. 2 ch. d'hôtes access. à tous, au r.d.c, indép. de la maison des prop. 1 lit 140, wc, lavabo, douche access. aux hand. par chambre. TV/ch. Lit bb 4 ans. Séjour pour petit-déj dans l'habitation des prop. Pelouse close commune 30 m^2, cour 100 m^2, salon de jardin, balançoire. Garage. Cabine tél. 50 mètres. Restaurants 1 km. Enfant : 70 F. Cassel 15 km. St-Omer, Béthune, Belgique 20 km. Marais audomarois 20 km, Bray-Dunes 28 km, Le Touquet 80 km. En venant de Lille, sortie 11, à Hazebrouck, direction St-Omer, au rond point 1ère maison à gauche. Construit en 1970, rénové en 1998. 2 épis NN : 71 points. Langues parlées : anglais, allemand.

Prix : 1 pers. **190 F** 2 pers. **220 F**

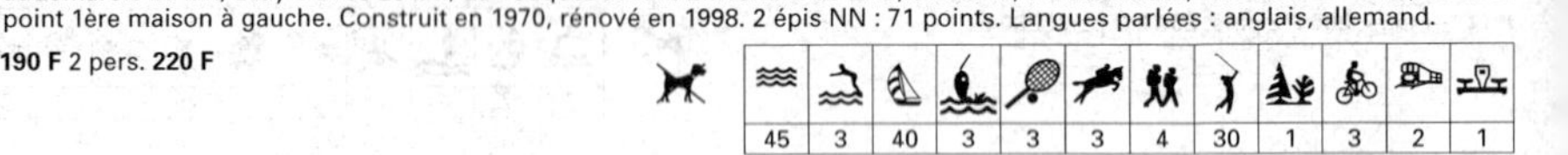

45	3	40	3	3	3	4	30	1	3	2	1

LICOUR M-Hélène et Olivier - 1071 route de Saint-Omer - Section des 5 Rues - 59190 HAZEBROUCK - Tél : 03 28 41 99 45 ou SR : 03 20 14 93 93 - Fax : 03 28 41 99 45

HELESMES Château d'Helesmes *C.M. 51 Pli 6*

5 ch. Dans maison de maître du 18e s. Vue sur parc fleuri. 5 ch. au calme. R.d.c. : ch. Rose : 1 lit 140, 1 lit 90. Etage : ch. Jaune : 1 lit 140. Ch. Verte : 2 lits 130, 1 lit 90. Ch. Bleu : 2 lits 100. Ch. Rouge : 1 lit 140, 2 lits 90. Salle de bains privée par chambre. Salle avec TV, bibliothèque, jeux vidéo, piano. Terrain clos privé 1000 m^2, terrasse. 4 pers. 380 F. Salon de jardin, balançoire. Restaurants 5 km. Tél. propriétaire. Navette jusque la gare 3 km. Douai 25 km. Lille 40 km. De Lille, aut. Valenciennes, sortie 4 Wallers. De Paris, direct. Valenciennes puis Douai. Sortie Escaudain. Rénové en 1993. 3 épis. Langue parlée : anglais.

Prix : 1 pers. **230 F** 2 pers. **280 F** 3 pers. **330 F**

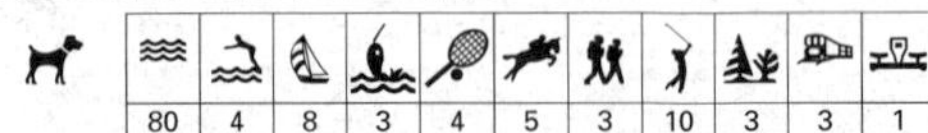

80	4	8	3	4	5	3	10	3	3	1

DUHAMEL-LEMPEREUR Sandrine - Château d'Helesmes - 59171 HELESMES - Tél : 03 27 35 58 30 ou SR : 03 20 14 93 93

HERLIES *C.M. 51 Pli 15*

2 ch. 2 ch. d'hôtes indép. de l'habitation des prop. avec sortie indép. sur l'extérieur & terrasse privative. Au r.d.c. Lavabo, douche, wc privés. 1 lit 140/ch. Séjour/coin-salon réservé aux hôtes (m-ondes, réfrigérateur). Cabine tél. 500 m. Parking clos. Cour 200 m^2. Commerces, étang de pêche, tennis 2 km. Restaurants 3 km. Gare 4 km. La Bassée 7 km. Armentières 14 km. Lille 17 km. Béthune 18 km. Club d'équitation, club d'ULM, golf dans le village. En venant de Lille, autoroute de Dunkerque, sortie Béthune, puis la RN41 jusqu'au carrefour « Les 4 chemins ». Direction de Fromelles, tournez rue des Riez. Construit : 1994. 2 épis NN : 68 pts.

Prix : 1 pers. **180 F** 2 pers. **195 F**

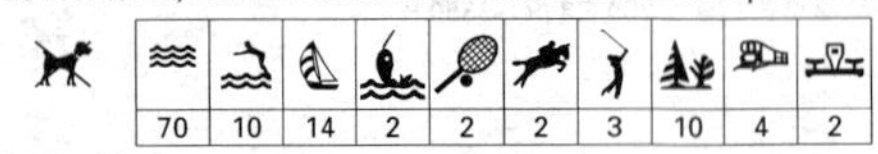

70	10	14	2	2	2	3	10	4	2

LIAGRE Bruno - 59 rue du Riez - 59134 HERLIES - Tél : 03 20 29 20 70 - Fax : 03 20 29 33 07

HONDSCHOOTE — A — *C.M. 51 Pli 4*

6 ch. Ancien corps de ferme. 6 ch. indép. de la maison du prop. à 5 km du village, à la frontière belge. Au r.d.c. : ch 3. access. à tous (1 lit 140), ch 4. (1 lit 140, 1 lit 90). A l'ét. : ch 1. et 6. (1 lit 140), ch 2. (2 lits 90), ch 5. (1 lit 140, 1 lit 90). Lavabo, wc, douche dans 5 ch. Lavabo, baignoire, wc dans 1 ch. Tél/ch. Auberge de campagne/place. Enf. 45 F. Commerces 5 km. Gare 15 km. Littoral 18 km. De 5 à 40 km : Bruges, Furnes, Ypres, Monts de Flandres, ports (Dunkerque, Oostende). Pays-Bas, Grande Bretagne 80 km. A25, sortie Bergues ou Bray-Dunes. Reconstruit en 1990. 3 épis NN 99 pts. Taxe de séjour. 3è Prix Ch. d'Hôtes fleuries en 1999. Langue parlée : anglais.

Prix : 1 pers. **210 F** 2 pers. **275 F** 3 pers. **355 F** repas **110/195 F**
1/2 pens. **245 F** pens. **355 F**

Ouvert : toute l'année.

18	11	18	5	5	18	5	18	40	15	5

ROUFFELAERS Serge - 1200 chemin du Clachoire - La Xavière - 59122 HONDSCHOOTE - Tél : 03 28 62 61 04 - Fax : 03 28 68 31 27

HOUPLINES La Cour du Roy — *C.M. 51 Pli 5/15*

2 ch. 2 ch. d'hôtes à la ferme (animaux, polyculture), indép. de la maison des prop. mitoyennes à des gîtes ruraux. R.d.c. Ch. 1 : 1 lit 140. Ch. 2 : 1 lit 140, 1 lit 90. Lit bb. Lavabo, wc, douche privés. Chem. (séjour où se prennent les petits-déj.). Cabine à carte/place. Produits fermiers à prox. Médecin, pharmacie, Belgique 2 km. Enfant : 50 F. Armentières 3 km. Prés du Hem 4 km. Lille, Ypres, Bellewaerde, Monts Noir et Rouge 15 km. Mont des Cats 20 km. Bruges, Gand 60 km, Anvers (zoo) 150 km. A 25 (Lille-Dunkerque), sortie 8, direction Houplines. Prop. ayant 6 gîtes, 2 g. de séjour. Construit en 1922, rénové 1987. 2 épis NN 85,5 pts. Langue parlée : anglais.

Prix : 1 pers. **180 F** 2 pers. **220 F** 3 pers. **270 F**

Ouvert : toute l'année.

60	10	4	1	0,5	0,5	2	15	15	3	1

DELANGUE M-Paule et Gérard - 44 rue du Pilori - La Cour du Roy - 59116 HOUPLINES - Tél : 03 20 35 05 79 - Fax : 03 20 35 05 79

JENLAIN — *C.M. 53 Pli 5*

2 ch. 2 Ch. d'Hôtes à l'étage de l'ancienne fermette restaurée des prop., au centre du village. Ch 1 : (1 lit 140, 1 lit 90), douche, lavabo, wc. Ch. 2 : (2 lits 90, mezzanine 1 lit 90), lavabo, douche. WC sur le palier. Salon/bibliothèque : jeux et livres pour les Hôtes. Au petit-dejeuner, goûtez au pain, yaourts, confitures maison, aux fruits du jardin ... Enf. 70 F. Gîte bb. Jardin 400 m^2, jeux enf. Prêt vélos, cartes E.M. Abri voitures. Restaurants (village). Le Quesnoy (ville fortifiée) 7 km. Gare 8 km. Forêt et Valenciennes 10 km. Venant de Paris, sortie Maubeuge puis Le Quesnoy. Venant de Belgique, sortie Onnaing, puis Le Quesnoy. 3 épis NN 107 points.

Prix : 1 pers. **170 F** 2 pers. **210 F** 3 pers. **280 F**

10	10	8	8	5	0,1	8	10	0,1	8	0,1

DEFOORT Francis - 8 rue Friquet - 59144 JENLAIN - Tél : 03 27 49 76 09

JENLAIN Château d'En Haut — *C.M. 53 Pli 5*

6 ch. Ch. d'hôtes de Charme à l'étage d'1 château du 18e s. (habitation des propriétaires), avec un parc de 2,5 ha. Ch. 1 : 1 lit 140. Ch. 2 : 1 lit 160. Ch. 3 : 1 lit 140. Ch. 4 : 1 lit 160. Ch. 5 : 1 lit 160 + 1 lit 90 dans ch. attenante. Ch. 6 : 1 lit 160 + 1 lit 120. Ch. 1, 3, 4, 5 : douche, wc, lavabo privés. Ch. 2, 3, 6 : baignoire. WC, lavabo privés. Salon à disposition des hôtes. Cheminée à foyer ouvert. Cabine tél. 800 m. Salon de jardin à disposition des hôtes. Commerces 500 m. Gare 6 km. Restaurants à 7 km. Valenciennes 10 km, Belgique 12 km. Rénové en 1992. 4 épis NN : 113 points. Langue parlée : anglais.

Prix : 1 pers. **260/320 F** 2 pers. **290/400 F** 3 pers. **420/450 F**

130	10	17	10	10	10	10	10	10	6	0,5

DEMARCQ Michel - Château d'En Haut - 59144 JENLAIN - Tél : 03 27 49 71 80 - Fax : 03 27 35 90 17 -
E-mail : mdemarcq@nordnet.fr

JOLIMETZ — A — TH — *C.M. 53 Pli 3/4*

5 ch. 5 ch. d'hôtes à l'étage de l'habitation de la prop. avec entrée indép., au centre du village, sur une départementale à 100 m de la forêt de Mormal. 4 ch. avec 1 lit 140, 1 ch. 2 lits 90. WC, lavabo, douche privés. TV/dem. Séjour, salon avec chem. à foyer ouvert au r.d.c. Table d'hôtes/ réservation. Auberge/pl. sauf w.e. Pelouse 200 m^2, salon de jardin. Cour-parking 200 m^2. Location vélos. Le Quesnoy (gare, commerces, base de loisirs) 2 km. Valenciennes 27 km. A Le Quesnoy, prendre la direction de Jolimetz. Chambres d'hôtes au centre du village, à 100 mètres de la mairie et de l'église. Rénové en 1999. 3 épis. Langue parlée : anglais.

Prix : 1 pers. **225 F** 2 pers. **250 F** repas **80 F** 1/2 pens. **280 F**

19	17	1,5	1,5	4	2	2	0,1	0,1	2	2

GITES DE FRANCE-SERVICE RESERVATION - 89 bd de la Liberté - BP 1210 - 59013 LILLE Cedex - Tél : 03 20 14 93 93 -
Fax : 03 20 14 93 99 ou PROP : 03 27 26 41 81

LOCQUIGNOL La Touraille *C.M. 53 Pli 5*

3 ch. — 3 ch. dans l'habitation des prop. dans la forêt de Mormal (9 000 ha) sur la D933 et le GR 122. Ch.1 au 1er ét. : 1 lit 140, wc, 2 vasques, douche + suite 1 lit 110, lavabo. Ch.2 au 1er ét. 1 lit 140, wc, lavabo, baign. Ch.3, 2ème ét. : 1 lit 140, wc, lavabo, baign. Salle petit-déj. avec chem. à foyer ouvert. Coin-détente avec TV. Parc 8 000 m^2 avec sapins. S. de jardin. Parking clos. Loc. VTT. Pistes cavalières. Restaurants 2 km. Maroilles 7.5 km, centre équestre 9 km, Le Quesnoy (fortification, base loisir). Gare, commerces, Berlaimont 10 km, Le Nouvion en Thiérache, Aisne 12 km. Avesnes 17 km. Val joly 35 km. Construit 1900, rénové 1999. 104 pts

Prix : 1 pers. **250 F** 2 pers. **280 F** 3 pers. **400 F**

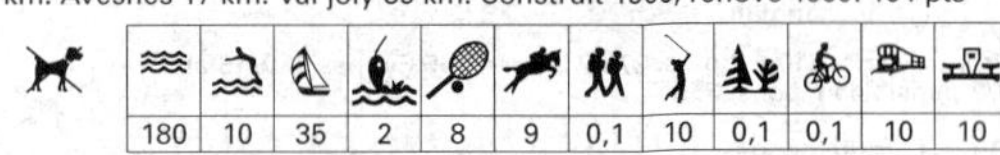

180	10	35	2	8	9	0,1	10	0,1	0,1	10	10

GITES DE FRANCE-SERVICE RESERVATION - 89 bd de la Liberté - BP 1210 - 59013 LILLE Cedex - Tél : 03 20 14 93 93 - Fax : 03 20 14 93 99 ou PROP : 03 27 34 20 65

LOMPRET *C.M. 51 Pli 15*

3 ch. — 3 ch. de Charme indép. de la maison des prop. Ch. 1 : 1 lit 140, wc, lavabo, baign., coin-salon. Ch. 2 : 1 lit 160, wc, lavabo, baignoire. Ch. 3 : 2 lit 90, wc, lavabo, douche, coin-salon. Séjour, chem. insert pour les hôtes. Pelouse close privée 7 000 m^2. Piscine, vélos, p-pong, étang privé. Garage. Lambersart 2 km. Lille 5 km. Métro 1 km, 10 min. à pied. Restos 4 km. En bordure de la rocade Lille Ouest. Gare de Pérenchies 2 km. Commerces 500 m. Belgique 10 km. Base loisirs Prés du Hem 2 km. Bruges 45 km. Accès : aut. Lille-Dunkerque, sortie N°6 Lompret Quesnoy/Deule, à 100 m au garage, prendre le chemin. Construit en 1747, rénové en 1998. Langue parlée : anglais.

Prix : 1 pers. **260 F** 2 pers. **290/295 F** pers. sup. **50 F**

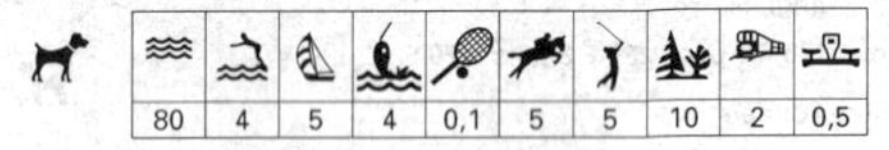

80	4	5	4	0,1	5	5	10	2	0,5

DELEVAL Olivier - Ferme de Lassus - rue Pasteur - 59840 LOMPRET - Tél : 03 20 92 99 12 ou SR : 03 20 14 93 93 - Fax : 03 20 92 99 12 - E-mail : dadeleval@nordnet.fr

LOMPRET *C.M. 51 Pli 15*

4 ch. — Ch. d'hôtes à l'étage de la maison des prop. Ch. 1 : 1 lit 140. Ch. 2 : 2 lits jumeaux. Ch. 3 : 2 lits jumeaux. Ch. 4 : 1 lit 140, 1 lit 90. Lavabo/ch. Douche, wc communs aux 4 ch. Lit bb 5 ans. Salon avec TV. Cour intérieure et jardin 220 m^2. Cabine tél. à 50 mètres. Médecin, pharmacie, restaurants 1 km. Base de loisirs 1 km. Gare 2 km. Commerces 3 km. Lille 7 km. Belgique 10 km. Tennis couvert à côté de la maison. Au centre du village, près de l'église. Construit en 1900, rénové en 1989. 1 épi NN : 69,9 points. Langues parlées : anglais, espagnol.

Prix : 1 pers. **140 F** 2 pers. **170 F** 3 pers. **210 F**

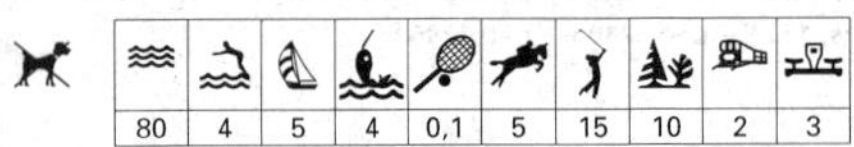

80	4	5	4	0,1	5	15	10	2	3

MARTIN-WURMSER Sabine et Franck - 40 rue de l'Eglise - 59840 LOMPRET - Tél : 03 20 22 45 15 ou SR : 03 20 14 93 93

MAROILLES *C.M. 53 Pli 5*

2 ch. — 2 ch. d'hôtes à l'ét. d'une habitation située sur une vaste propriété bocagère, en impasse, à 300 m du centre du village, dans un endroit calme. 2 ch. (1 lit 140), (2 lits 90). Lavabo, douche, wc, privés. Poss. 1 lit sup. Ch. élect. Isolation. Terrain clos commun au prop.de 30 ares. Etang. Parking. Commerces, services médicaux à prox. Restaurant 300 m. Initiation à la peinture. Accueil à la maison du parc naturel. Rando. pédestres, cyclo, VTT (découverte bocage, moulins, châteaux, chapelles). Val Joly 30 km. Base loisirs du Quesnoy 15 km, Avesnes 12 km. GR 122. Construit avant 1900, rénové en 1996. 2 épis NN : 92.33 pts.

Prix : 1 pers. **150 F** 2 pers. **200 F**

10	30	0,1	0,1	3	0,1	25	3	0,1	10	0,3

BEGUIN Paul - 14 ruelle Saint-Humbert - 59550 MAROILLES - Tél : 03 27 77 11 85 - Fax : 03 27 77 11 85

MAROILLES *C.M. 53 Pli 5*

2 ch. — 2 ch. indép. de la maison des prop. sur une ancienne ferme. Et. : Ch. 1 : 1 lit 140, une suite 1 lit 90. Ch. 2 : 1 lit 140, 1 lit 90. WC, lavabo, douche/ch. Gîte bb. Salon, bibliothèque, TV, billard pour les hôtes. R.d.c. : salle petit-déj., feu à bois, jeux société, baby-foot. Jardin clos boisé commun 4 000 m^2 avec vue sur le bocage. Etage non fumeur. Parking. Restos 600 m. Forêt de Mormal 2 km. Randonnée, tennis au village. Landrecies 5 km. Avesnes/Helpe 12 km. Base de loisirs Le Quesnoy 15 km. Golf de Mormal, Maubeuge 20 km, base de loisirs Val Joly 30 km. Belgique 40 km. Valenciennes 45 km. Construit 1880, rénové 1999. 3 épis 102.5 pts. Langue parlée : anglais.

Prix : 1 pers. **210 F** 2 pers. **260 F** 3 pers. **320/340 F**

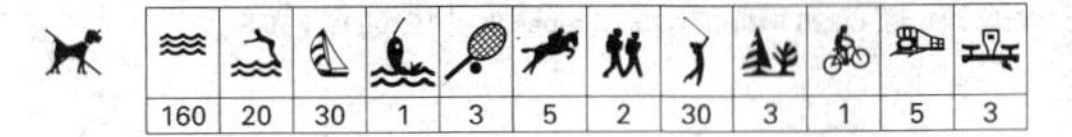

160	20	30	1	3	5	2	30	3	1	5	3

VILBAS M-France et J-Noël - 555 rue des Juifs - 59550 MAROILLES - Tél : 03 27 77 74 22 ou SR : 03 20 14 93 93 - Fax : 03 27 77 74 22

MASNIERES

C.M. 53 Pli 3/4

4 ch. A l'extérieur du village, sur une ferme (porcs, céréales, betteraves). 4 ch. dans l'habitation des prop. Ch. 1 au r.d.c. (1 lit 140). A l'ét. : Ch. 2 (1 lit 140, 1 lit bb 3 ans), ch. 3 (3 lits 90), ch. 4 (1 lit 140). Lavabo, wc, douche privés. Ch. cent., isolation. Table d'Hôtes (boissons comprises) sauf le dimanche. Parking, garage/dem. Cabine tél. 1 km. Enfant 50 F. Pelouse 200 m², salon de jardin. Gare 8 km. Commerces 1 km. Marcoing 3 km. Château d'Esnes, Abbaye Vaucelles 5 km, Cambrai 8 km. Rivière 1 km, parc loisirs 5 km, vol à voile 6 km. A 6 km de l'A26 sortie Masnières N° 9, à 200 m de la RN 44 Cambrai St Quentin. Construit : 1900, rénové : 1988.

Prix : 1 pers. **200 F** 2 pers. **250/260 F** 3 pers. **360 F** repas **100 F**

120	7	6	1	7	5	1	45	45	8	1

CATTEAU Gérard et Jeannette - Ferme des Ecarts - 59241 MASNIERES - Tél : 03 27 37 51 10 - Fax : 03 27 37 51 10

MAULDE

C.M. 51/53 Pli 17/4

3 ch. 3 ch. d'hôtes indép. de la maison des propriétaires. A l'étage. Ch. verte : 1 lit 140, lavabo. Ch. saumon : 1 lit 140, 1 lit 90, lavabo. Ch. bleue : 2 lits 90, lavabo. Douche, wc, lavabo communs (sur le palier). Parking privé, jardin. Restauration sur place. Médecin, pharmacien, PTT 2 km. Gare de Saint-Amand-les-Eaux 7 km. Commerces dans le village. Station thermale de St-Amand 9 km, autoroute 10 km. Accès : autoroute Lille-Valenciennes sortie St Amand Centre, puis direction Tournai, situé sur la place de Maulde à 150 m de la frontière belge. Rénové en 1985. 2 épis NN : 75,33 points. 4ème prix Chambres d'Hôtes fleuries en 1998.

Prix : 1 pers. **160 F** 2 pers. **200/260 F** 3 pers. **290 F**

2	2	2	2	7	7	0,1

BRIDOUX Francis - Les Gabelous - Grand'Place - 59158 MAULDE - Tél : 03 27 26 82 75

MORBECQUE

C.M. 51 Pli 4/14

2 ch. Ferme (vaches, poulets, polyculture), cadre verdoyant. 2 ch. indép. de la maison des prop. Au r.d.c. : Ch. 1 (2 lits 90), Ch. 2 (1 lit 140). Douche, lavabo, wc privés. Isolation. Séjour/chem. insert dans un autre bâtiment. Pelouse non close 500 m², terrasse, salon de jardin, parking. Cabine tél., médecin, pharmacie, restos 1.5 km. Auberge 2 km. Enfant 50 F. Gare 4 km. Forêt domaniale de Nieppe 1500 m. Sentiers pédestres/pl. Port de plaisance 5 km. Mont Noir, Belgique 15 km. Prop. ayant un gîte rural. Autoroute A 25, sortie Hazebrouck, direction Béthune puis Aire/Lys. Construit : 1950, rénové : 1996. 2 épis NN : 75.37 points.

Prix : 1 pers. **200 F** 2 pers. **230 F**

Ouvert : toute l'année.

30	3	30	2	0,5	4	0,1	50	1	0,1	3	1,5

GITES DE FRANCE-SERVICE RESERVATION - 89 bd de la Liberté - BP 1210 - 59013 LILLE Cedex - Tél : 03 20 14 93 93 - Fax : 03 20 14 93 99 ou PROP : 03 28 43 67 97

MORBECQUE

C.M. 51 Pli 4/14

1 ch. Chambre d'hôtes au r.d.c., mitoyenne à 2 gîtes, à 500 m de la ferme des propriétaires (vaches laitières, polyculture). 1 lit 140. lavabo, wc, douche. Vente de produits fermiers chez le propriétaire. Pharmacie, médecin, infirmière dans le village. Centre du village 500 m. Cabine tél. 1 km. Commerces, restaurants 1 km. Hazebrouck 3 km. Gare 4 km. Belgique 15 km. Construit en 1940, rénové en 1988. A25, sortie Hazebrouck, puis direction A26. Morbecque (1er village à la sortie d'Hazebrouck). 2 épis NN : 75,6 points.

Prix : 1 pers. **190 F** 2 pers. **210 F**

30	3	30	2	0,5	4	1	50	1	4	1

VANBERTEN-VANDALE Georges - 21 avenue des Flandres - 59190 MORBECQUE - Tél : 03 28 41 99 45 - Fax : 03 28 41 99 45

QUAEDYPRE

C.M. 51 Pli 4

4 ch. Ferme. 4 ch. indép. de la maison du prop. Salle des petits-déjeuner au r.d.c. avec chem. à foyer ouvert et cuisine à disposition. Salon avec TV, antenne satellite et TPS. Ch. à l'ét. : WC, lavabo, douche privés. Ch. 1 : 1 lit 140. Ch. 2 : 3 lits 90. Ch. 3 : 2 lits 90. Ch. 4 : 1 lit 140, 1 lit 90. Lit bb 2 ans. Suppl. animaux 20 F/jour/animal. Salon de jardin. Ferme de cultures traditionnelles régionales : pomme de terre, lin..., fraises et framboises l'été. Basse-cour. Produits fermiers. Dunkerque, la plage, Belgique 15 km. Bruges à 1 heure. Calais à 30 mn. Construit en 1947, rénové en 1997. 3 épis NN : 92 points. Langue parlée : anglais.

Prix : 1 pers. **200 F** 2 pers. **250 F** 3 pers. **280 F**

15	5	8	5	5	5	5	10	20	5	4

REUMAUX Ghislaine et Gérard - Ferme du Cheval Noir - 59380 QUAEDYPRE - Tél : 03 28 68 68 85 ou SR : 03 20 14 93 93 - Fax : 03 28 68 68 85

LE QUESNOY

C.M. 53 Pli 3/4

2 ch. Ferme (polyculture), 2 ch. au r.d.c. de l'habitation des prop. Ch. 1 : 1 lit 140, 1 lit 90. Ch. 2 : 1 lit 140, lit enf. Lavabo, wc, douche privés. Séjour avec bibliothèque et TV. Ch. fuel. Parking, cour de ferme 900 m², pelouse 200 m², salon de jardin, ping-pong. Restaurants 2 km. Le Quesnoy, fortifications, base loisirs, forêt de Mormal, golf 8 km. Enfant 80 F. Belgique 10 km. Bruxelles 100 km. Médecins, pharmaciens, commerces, équipements sportifs, restaurants, visites guidées des remparts à Le Quesnoy à 2 km. Départementale 942. Construit en 1930, rénové en 1992. 3 épis NN : 88.50 points. Langue parlée : allemand.

Prix : 1 pers. **175 F** 2 pers. **210 F** 3 pers. **290 F**

150	10	40	2	2	7	2	8	8	1	3	2

COUPET-LEFRANC Emile - route de Beaudignies - Ferme de Bear - 59530 LE QUESNOY - Tél : 03 27 49 56 43

LE QUESNOY

C.M. 53 Pli 3/4

5 ch. — 5 ch. d'hôtes à l'ét. d'un magasin de produits du terroir. Ch. 1 et 5 : 1 lit de 160, 2 lits de 100, vasque, wc, baignoire, bureau. Ch. 2, 3, 4 : 1 lit de 160, vasque, wc, douche. TV/ch. Séjour au r.d.c. dans une aile annexe. Petit déjeuner à base de produits du terroir. Vue sur la vallée de la Rhonelle. Bruxelles 100 km. Valenciennes 16 km. Maubeuge 30 km. Médecins, pharmaciens, équipements sportifs, restaurants, visites guidées des remparts à Le Quesnoy (fortifiée Vauban) 1 km. Poss. de déguster les produits du verger et régionaux de l'Avesnois. Sur place : salle de dégustation de 200 m^2 (150 pers.). 4 pers. 430 F. 3 épis NN : 105.5 points.

Prix : 1 pers. **230/250 F** 2 pers. **250/300 F** 3 pers. **380 F**

170	10	40	2	2	7	10	8	8	3	2

GITES DE FRANCE-SERVICE RESERVATION - 89 bd de la Liberté - BP 1210 - 59013 LILLE Cedex - Tél : 03 20 14 93 93 - Fax : 03 20 14 93 99 ou PROP : 03 27 26 29 06

RAIMBEAUCOURT

C.M. 51/53 Pli 16/4

4 ch. — Ferme (vaches laitières, polyculture). 4 ch. indép. de la maison des prop. 1 lit 140/ch. Lit bb. Lavabo, wc, baignoire privés pour 3 ch. Lavabo, wc, douche privés pour 1 ch. Téléphone et TV/ch. Salle pour petit-déjeuner dans la maison des prop. Commerces 500 m. Gare 5 km. Douai 12 km, Orchies 15 km, St-Amand 20 km. Villeneuve d'Ascq 25 km. Lille, Tournai, Valenciennes, Cambrai 30 km, Lens 35 km, Béthune 40 km. Vente de produits fermiers. 3 gîtes/place. Autoroute de Paris, sortie Seclin, direction Avelin, Pont à Marcq, Faumont, Raimbeaucourt, à 300 mètres de l'église. Construit avant 1900. Rénové en 92. 3 épis NN 91 pts. Langue parlée : anglais.

Prix : 1 pers. **170 F** 2 pers. **200 F**

80	5	3	2	4	15	10	2	5	0,5

GITES DE FRANCE-SERVICE RESERVATION - 89 bd de la Liberté - BP 1210 - 59013 LILLE Cedex - Tél : 03 20 14 93 93 - Fax : 03 20 14 93 99 ou PROP : 03 27 80 12 56

ROMERIES

C.M. 53 Pli 5

1 ch. — 1 ch. d'hôte indépendante de la maison des propriétaires, au r.d.c. : 1 lit 160, wc, lavabo, baignoire. Salle pour le petit-déjeuner, salon avec TV dans la maison du propriétaire. Etang sur place. Centre du village 0.5 km. Gare 10 km. Commerces 2 km. Club hippique de Vertain 1 km. Le Cateau 10 km. Maroilles 15 km. Valenciennes, Cambrai 20 km. Onnaing 29 km. Escaudoeuvres 25 km. St-Amand, Avesnes/H. 35 km. Const. fin 19ème, rénové en 2000. 3 épis NN 98 points. Langue parlée : anglais.

Prix : 1 pers. **195 F** 2 pers. **215 F**

2	20	2	1	10	18	10	10	2

GITES DE FRANCE-SERVICE RESERVATION - 89 bd de la Liberté - BP 1210 - 59013 LILLE Cedex - Tél : 03 20 14 93 93 - Fax : 03 20 14 93 99 ou PROP : 03 27 79 30 69

SAINGHIN-EN-MELANTOIS

TH — *C.M. 51 Pli 6*

4 ch. — Ferme (polyculture, élevage, fraises) du 18ème siècle, rénovée en 1999, à 200 m du bois de la Noyelle et à 300 m de la rivière de la Marque. 4 ch. au r.d.c. indép. de la maison des prop. Wc, lavabo, douche privés. Ch. 1 et 3 : 1 lit 140. Ch. 2 : 3 lits 90. Ch. 4 : 2 lits 90. TV/ch. Salle pour les petits-dej. dans la maison des prop. Table d'hôtes sur réservation. Suppl. animaux 20F/nuit/animal. Cabine téléphonique à 1500 m. Pelouse 60 m^2, salon de jardin. Villeneuve d'Ascq 4 km. Métro 4 cantons 5 km. Accès autouroutes 5 km. Cysoing 5 km. Lesquin 6 km. Belgique 10 km. Lille 12 km. Orchies 20 km. Anglais parlé. En cours de classement. Langue parlée : anglais.

Prix : 1 pers. **200 F** 2 pers. **240 F** 3 pers. **290 F** repas **80 F**

80	5	3	2	6	0,1	6	0,2	6	2

GITES DE FRANCE-SERVICE RESERVATION - 89 bd de la Liberté - BP 1210 - 59013 LILLE Cedex - Tél : 03 20 14 93 93 - Fax : 03 20 14 93 99 ou PROP : 03 20 41 29 82

SAINT-PIERRE-BROUCK

TH — *C.M. 51 Pli 3*

4 ch. — Demeure de caractère, 4 ch. chez la prop. Meubles anciens, cadre raffiné. Ch. 1, 1er ét. : 2 lits 90, 1 lit enfant, wc, lavabo, baign. Ch. 2, 2e ét. : 2 lits 90, wc, lavabo, douche. Ch. 3 + suite, 2e ét. : 1 lit 140 à baldaquin, wc, lavabo, douche, suite : 1 lit 110, wc, lavabo. Ch. 4 (EC) 1 lit 160, lavabo, douche. Salon, chem. foyer ouvert, terrasse. Parc de 2 ha. à dispo. Maison non fumeurs. A 20 min. du littoral. Dunkerque, Calais, St-Omer 20 km. A proximité : Cap Gris nez, villes fortifiées, Belgique. Accès A16 (Calais, Dunkerque, Lille), sortie 24 Loon Plage - St-Omer D 600 puis Cappelle-Brouck et St-Pierre-Brouck. 4 épis NN : 118 pts. Langues parlées : anglais, italien.

Prix : 1 pers. **260 F** 2 pers. **300/350 F** 3 pers. **390 F** repas **100 F**

Ouvert : toute l'année.

15	7	15	1	6	6	1	6	6	1	7	1

DUVIVIER-ALBA Nathalie - Le Château - 287 route de la Bistade - 59630 SAINT-PIERRE-BROUCK - Tél : 03 28 27 50 05 ou 03 28 27 58 30 - Fax : 03 28 27 50 05 - E-mail : nduvivier@nordnet.fr

SAINTE-MARIE-CAPPEL *C.M. 51 Pli 4*

2 ch. — 2 ch. à l'ét. de la maison des prop. 1 lit 140, wc, lavabo, douche privés. Salle/pt déj (chem. foyer ouvert). Pelouse close commune 1800 m², terrasse, salon de jardin, balançoire, bac à sable. Boulanger, tennis 500 m. Pharmacie, médecin, Cassel 3 km. Hôpital, Hazebrouck 8 km. Belgique 10 km. Forêt, étang, Clairmarais 15 km. Lille 35 km. Eurotunel 50 km. Parc d'attractions Bellewaerde, Malo, Dunkerque 30 km. Prop. ayant un gîte rural. Aut. Lille-Dunkerque, sortie Méteren, direction Cassel. Aut. Dunkerque-Lille, sortie Steenvoorde, direction Cassel. Enfant 70 F. Construit : 1974, rénové : 1990. 2 épis NN : 68 points.

Prix : 1 pers. **170 F** 2 pers. **210 F**

40	8	25	2	3	3	0,1	25	15	1	3	2,5

DEHEELE Marie-Dominique - 157 Village Straete - 59670 SAINTE-MARIE-CAPPEL - Tél : 03 28 42 41 07

SEBOURG *C.M. 51 Pli 8*

6 ch. — Ch.1 (r.d.c.) : 1 lit 140, lavabo, wc, baignoire, suite 2 lits 90, lavabo. Et. : Ch.2 : 1 lit 140, wc, lavabo, baign. Ch.3 : 1 lit 140, wc, lavabo, baign. sabot. Ch.4 : 1 lit 140, wc, lavabo, baign. sabot, Ch.5 : 1 lit 140, wc, lavabo, douche. Ch.6 : 1 lit 140, 1 lit 90, wc, lavabo, douche. Lit bb 3 ans. Coin-salon à l'ét., bibliothèque. TV et tél./ch. 4 pers. 450 F. Salle petit déj. au r.d.c. (+ poss. dans véranda). Salon au r.d.c. Tous commerces 500 m. Etang/pl. Parc de 1 500 m². Parking 3 voitures. Sentiers rando./pl. Valenciennes, Le Quesnoy 9 km, Roisin (Belgique) 3 km. Onnaing 5 km. Lille, Cambrai 60 km. Const. : 1966, rénové : 1998. 3 épis NN 101 pts

Prix : 1 pers. **230 F** 2 pers. **270 F** 3 pers. **350 F**

160	9	50	8	1	7	5	8	3	9	1

DELMOTTE Pierre - 23 rue du Moulin - 59990 SEBOURG - Tél : 03 27 26 53 31 ou SR : 03 20 14 93 93 - Fax : 03 27 26 50 08

SOLRE-LE-CHATEAU Grand'Place *C.M. 53 Pli 6/7*

3 ch. — Maison de maître du XIXe s. 2 ch. dans la maison des prop. et 1 ch. au r.d.c. (entrée indép.). 1er ét., ch. 1 : 1 lit 140, lavabo, wc, douche. 2e ét., ch. 2 : 2 lits 90, lavabo, wc, baignoire. Poss. lit bb 5 ans. Poss. lit suppl. Ch. 3 : 1 lit 140, lavabo, wc, douche. Salon avec TV. Accès au jardin, terrain clos 20 ares. Jeux/enf. Vélos à dispo. Enf. - 5 ans 50 F. Val Joly 10 km. Belgique 5 km. A prox. : randonnées pédestres, équestre, cyclo. Poteries, musées, Chimay. Expositions d'Art Contemporain régulières dans le salon, église (M.H.). Médecin, pharmacie, commerces, restaurants. A prox., RN2 Paris-Bruxelles. Construit 1870, rénové 1989. 93 points. Langues parlées : anglais, allemand.

Prix : 1 pers. **220 F** 2 pers. **260/290 F**

Ouvert : toute l'année.

13	10	3	5	4	1	30	5	15	0,1

MARIANI Patrick - 5 Grand'Place - 59740 SOLRE-LE-CHATEAU - Tél : 03 27 61 65 30 - Fax : 03 27 61 63 38

STRAZEELE A *C.M. 51 Pli 4*

3 ch. — Ferme (bovins, polyculture), 3 ch. d'hôtes à l'étage d'une ferme auberge. Ch. 1 (1 lit 140, 1 lit 90). Ch. 2 (1 lit 90). Ch. 3 (1 lit 140). Lavabo, wc, douche privés. Fabrication d'apéritif/place. Poss. garage. Terrain clos, pelouse, terrasse 30 m². Gare 2 km. Médecin, pharmacie 3 km. Pdts fermiers 4 km. Bailleul, Hazebrouck (commerces) 5 km. Belgique 10 km. Monts de Flandres, forêt domaniale de Nieppe 10 km. Lille, mer 35 km. Bruges 90 km. Aut. Lille-Dunkerque, sortie 11 (4 km). Ligne TGV 1 km. Le long de la nationale 42. En face du rond-point. Construit en 1921, rénové en 1988. 2 épis NN : 69.70 points. Langue parlée : anglais.

Prix : 1 pers. **180 F** 2 pers. **220 F** 3 pers. **260 F**

35	5	35	5	5	3	2	10	2	5

RUCKEBUSCH Thérèse - 573 route d'Hazebrouck - 59270 STRAZEELE - Tél : 03 28 43 57 09 - Fax : 03 28 43 50 47

TETEGHEM Le Galgouck (TH) *C.M. 51 Pli 4*

3 ch. — 3 ch. d'hôtes à l'ét. de la maison des prop. Ch. 1 : (2 lits de 120, wc, lavabo, douche). Ch. 2 : (1 lit 140, lit bb 2 ans, wc, lavabo, douche, baignoire). Ch. 3 : (1 lit 140, 1 lit 90, wc, lavabo, douche). Gîte bb. Terrasse, pelouse close de 1000 m², salon de jardin. Commerces 2 km. Gare 5 km (Dunkerque, Bergues). Dunkerque, Malo-les-Bains 7 km. Belgique 7 km. Villes fortifiées : Gravelines (Sportica) 10 km, Bergues (canoë) 7 km. Table d'hôtes (tartes, terrines, spécialités flamandes, confitures...). A 30 min. du Tunnel sous/Manche, Calais. 45 mn du site des 2 Caps. Bruges 1 h. 50F/repas/enf. => 10 ans. 3 épis NN 110.5 points.

Prix : 1 pers. **240 F** 2 pers. **280 F** 3 pers. **330 F** repas **100 F**

Ouvert : toute l'année.

7	7	5	3	1	2	5	3	3	5	1

GITES DE FRANCE-SERVICE RESERVATION - 89 bd de la Liberté - BP 1210 - 59013 LILLE Cedex - Tél : 03 20 14 93 93 - Fax : 03 20 14 93 99 ou PROP : 03 28 26 00 35

TILLOY-LES-MARCHIENNES (TH) *C.M. 53 Pli 4*

3 ch. — 3 ch. à l'ét. d'1 gîte indép. de la maison des prop. Ferme équestre à 100 m de la forêt. Ch.1, Ch.2 (1 lit 140). Ch.3 (1 lit 140, 1 lit 90). Wc, lavabo, douche privés. Salon avec TV. Séjour (chem. insert) pour pt déj. à 50 m. Téléséjour commun. Loc. chevaux, poneys/place. Commerces, gare 5 km. Marchiennes 3 km. Station thermale de St-Amand 7 km. Orchies 7 km. Belgique 10 km. Douai 20 km. Villeneuve d'Ascq 25 km. A 23 Lille Valenciennes, sortie St-Amand Centre. A 23 Valenciennes-Lille, sortie Marchiennes. Direction Brillon, puis Tilloy, 1ère route à droite après panneau Tilloy. Camping/place. Construit : 1900, rénové : 1990. 72 pts.

Prix : 1 pers. **160 F** 2 pers. **200 F** 3 pers. **250 F** repas **75 F**
1/2 pens. **235 F**

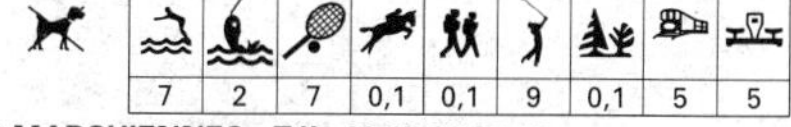

7	2	7	0,1	0,1	9	0,1	5	5

DECOOPMAN Valentin - 231 rue Emile Bot - 59870 TILLOY-LES-MARCHIENNES - Tél : 03 27 27 92 42

TOUFFLERS

C.M. 51 Pli 16

3 ch. 3 ch. d'hôtes à l'étage de l'habitation des prop. 2 ch. (2 lits 90, wc, lavabo, douche), 1 ch. (1 lit 140, wc, lavabo, baignoire). TV par ch. Ch. gaz. Séjour et salon de détente au r.d.c. Jardin fleuri, pelouse 88 m^2, salon de jardin. Parking. Cabine tél. 10 mètres. Liaison par bus pour Lille et Villeneuve d'Ascq à 700 m. Petite restauration à 100 mètres. Restaurants 1 km. Gare 8 km. Commerces 200 m. Lannoy 3 km. Courtrai 14 km. Roubaix 8 km. Château d'Estainbourg 10 km. A 15 min. de Lille et 10 min. de Villeneuve d'Ascq. Bruges 50 km. Autoroute Paris-Gand, sortie Roubaix. Construit en 1889. Rénové en 1991. 3 épis NN : 88 points.

Prix : 1 pers. **190 F** 2 pers. **210 F**

90	5	3	3	1	3	3	1	8	0,2

DURIEUX Nicole et J-Pierre - 75 rue de la Festingue - 59390 TOUFFLERS - Tél : 03 20 83 65 99 ou SR : 03 20 14 93 93

VIEUX-CONDE Mont de Peruwelz

C.M. 53 Pli 5

3 ch. Ferme en activité. 3 ch. d'hôtes à l'ét. de la maison des prop. Ch. 1 : 1 lit 140. Ch. 2 : 2 lits 90. Ch. 3 : 1 lit 140, 2 lits 90. Lavabo, douche, wc privés. Lit bb 2 ans. Terrasse commune. Base loisirs d'Amaury, de Bonsecours, Belgique 4 km, station thermale, parc St-Amand 15 km, château Belœil, Valenciennes 18 km. Onnaing 17 km. Tournai 25 km. Lille 35 km. Douai 50 km, Bruxelles 80 km, Bruges 100 km. Aut. A8 de la Belgique et A23 de Lille. De Vieux-Condé, suivre « Gîtes de France », Mont de Péruwelz, au château d'eau, tourner à gauche : chambres à 2.5 km. 2 gîtes/pl. Construit en 1896, rénové en 1989. 4 pers. 350 F. 3 épis NN 85,5 pts.

Prix : 1 pers. **150 F** 2 pers. **190 F** 3 pers. **270 F**

120	4	2	2	2	2	15	4	5	15	2

MATHYS M-Paule et Albert - 935 rue de Calonne - Mont de Peruwelz - 59690 VIEUX-CONDE - Tél : 03 27 40 16 13

VILLERS-EN-CAUCHIES

A *C.M. 53 Pli 4*

2 ch. Ferme (vaches, lapins, chapons, polyculture, fleurs) du 18ème S. rénovée en 1994. 2 ch. à l'ét. de la ferme indép. de la maison des prop. Ch. 1 : (2 lits 90, 1 berceau). Ch. 2 : (2 lits 90). Lavabo, wc, douche privés. Ch. cent. Séjour/salon au r.d.c. Cabine tél. 300 m. Ferme auberge au r.d.c. ouverte le dimanche. Pelouse close privée 900 m^2, salon de jardin. Mare. Cour fermée. Commerces, chemin de rando à 500 m. Restaurant 2 km. Bouchain 8 km. Cambrai, gare 13 km. Valenciennes 17 km. Le Quesnoy 20 km. Onnaing 35 km. Autoroute A2, sortie Hordain puis direction Iwuy, Rieux-en-Cambrésis et Villers-en-Cauchies. 2 épis 84 pts.

Prix : 1 pers. **210 F** 2 pers. **250 F**

10	5	5	10	6	35	20	25	13	0,1

GITES DE FRANCE-SERVICE RESERVATION - 89 bd de la Liberté - BP 1210 - 59013 LILLE Cedex - Tél : 03 20 14 93 93 - Fax : 03 20 14 93 99 ou PROP : 03 27 79 12 70

Pas-de-Calais

GITES DE FRANCE - Service Réservation
24, rue Desille
62200 BOULOGNE-SUR-MER
Tél. 03 21 83 96 77 - Fax. 03 21 30 04 81

ACQUIN-WESTBECOURT

(TH)

4 ch. **Lumbres 3 km. Saint-Omer 13 km.** 4 ch. d'hôtes dans une ancienne ferme : 2 ch. indépendantes et 2 ch. dans la maison des propriétaires. Salon, TV, cheminée. 2 ch. avec chacune 1 lit 2 pers., salle d'eau et wc particuliers, poss. lit enfant. 1 ch. (1 lit 2 pers.) et 1 ch. (3 lits 1 pers.), salle d'eau et wc communs. Parking. Restaurant 3 km. Circuit VTT sur place. Gratuit pour les enfants de moins de 3 ans. Table d'hôtes sur réservation, pas de repas le dimanche soir. Accès par la D225.

Prix : 1 pers. **160 F** 2 pers. **200/220 F** 3 pers. **270 F** repas **90 F**

Ouvert : toute l'année.

35	18	3	3	3	SP	SP

DENEUVILLE Claude - 49 rue Principale - 62380 ACQUIN-WESTBECOURT - Tél : 03 21 39 62 57

AIX-EN-ISSART

5 ch. **Montreuil 10 km. Le Touquet 24 km.** 5 ch. dans la maison de caractère des prop. 2 ch. 3 épis (1 lit 2 pers.), 1 ch. 3 épis (1 lit 2 pers. 1 lit 1 pers.) poss. 2 lits d'appoint, s. d'eau/wc part. pour chaque chambre. 1 ch. (1 lit 2 pers.), 1 ch. (2 lits 1 pers.), salle d'eau et wc communs (1 épi). Possibilité lit enfant, salon, TV. Gratuit pour les enfants -2 ans. Restaurant 5 km. Sentiers de randonnées balisés. Jardin, garage. Belle vallée calme et verdoyante, près d'une rivière. Le Bras de Brosne (7 vallées). Possibilité cuisine gratuite dans une dépendance.

Prix : 1 pers. **170/200 F** 2 pers. **220/250 F** 3 pers. **320 F** pers. sup. **50/70 F**

Ouvert : toute l'année.

24	SP	24	10	SP	15	SP

SANTUNE Gilberte - 42 rue Principale - 62170 AIX-EN-ISSART - Tél : 03 21 81 39 46

ALEMBON Les Volets Bleus 

5 ch. **Licques 3 km. Boulogne-sur-Mer 20 km.** 5 chambres d'hôtes aménagées dans la fermette des propriétaires. 3 ch. (1 lit 2 pers.), 2 ch. (2 lits 1 pers. dans chacune). Salle d'eau et wc privés pour chaque chambre. Séjour, salon, TV, bibliothèque. Petits déjeuners et repas pris dans le séjour devant le poêle à bois ou sur la terrasse ensoleillée. Le café sera servi dans le salon devant la cheminée. Poss. 2 lits enfant suppl. Jardin, jeux d'enfants, parking. TV sur demande pour les chambres. Table d'hôtes le soir sur réservation. VTT sur place. Salon de jardin. Au centre du village. Restaurant à 5 km. Plan d'eau à 3 km. Forêt à 3 km. Centre équestre sur place. Accès par RN42, puis D191.

Prix : 1 pers. **200 F** 2 pers. **270 F** repas **100 F**

Ouvert : toute l'année.

22	3	22	18	18	SP	SP	18

BRETON Véronique - 1 A, rue du Cap Gris Nez - « Les Volets Bleus » - 62850 ALEMBON - Tél : 03 21 00 13 17

AMBLETEUSE Le Belvédère *C.M. 51*

2 ch. **Wimereux 5 km. Boulogne-sur-Mer 10 km.** 2 ch. et 1 suite dans la maison des propriétaires. A l'étage : 1 ch. (1 lit 2 pers.), 1 ch. et 1 suite (3 lits 1 pers.), salle d'eau et wc particuliers pour chaque chambre. Séjour, salon, TV. Jardin. En dehors du village. Restaurant à 2 km. Très belle vue sur la mer.

Prix : 1 pers. **200 F** 2 pers. **350 F** pers. sup. **80 F**

Ouvert : toute l'année.

1	SP	1	10	5	SP	5

HENNEBELLE Monique - Résidence le Belvédère N°15/23 - 62164 AMBLETEUSE - Tél : 03 21 32 60 29 - Fax : 03 21 32 60 29

AMETTES 

2 ch. **Auchel, Pernes-en-Artois et Lillers 8 km. Béthune 15 km.** 2 ch. d'hôtes et 1 suite dans une maison de caractère, dans un corps de ferme en pierre. 1 ch. (1 lit 2 pers.) et 1 suite (1 lit 1 pers.), s. d'eau et wc privés. 1 ch. (1 lit 1 pers. en alcôve. 1 lit 2 pers.), s. d'eau et wc privés. Poss. 2 lits enfants suppl. Animaux admis en chenil. Jardin, parking fermé. Gratuit pour les moins de 3 ans. Restaurant sur place. A26 sortie Lillers à 8 km. Amettes sur RN341.

Prix : 1 pers. **140 F** 2 pers. **180 F** 3 pers. **230 F** repas **80 F**

Ouvert : toute l'année.

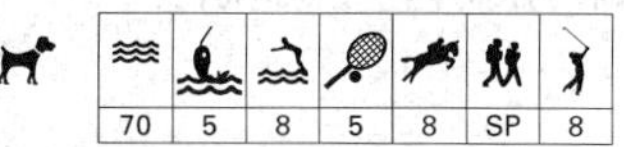

70	5	8	5	8	SP	8

GEVAS-MARIEN Jean-Baptiste - 2 rue de l'Eglise - 62260 AMETTES - Tél : 03 21 27 15 02

ARDRES *C.M. 51*

3 ch. **Calais 10 km. Ardres 3 km.** 3 chambres d'hôtes indépendantes. R.d.c. : 1 ch. 3 épis (1 lit 2 pers. 1 lit 1 pers.). 1 ch. 3 épis (1 lit 2 pers. 2 lits 1 pers.), avec coin-cuisine. Salle d'eau et wc particuliers pour chacune. A l'étage : 1 ch. 2 épis (1 lit 2 pers.), salle d'eau et wc particuliers en dehors de la chambre. Salon commun. Parking, garage. Jardin. TV dans chaque chambre. En dehors du village. Par RN43. A26, sortie Nordausques + A16 sortie 17. Restaurants à 4 km.

Prix : 1 pers. **200 F** 2 pers. **280 F** 3 pers. **360 F** pers. sup. **80 F**

Ouvert : toute l'année.

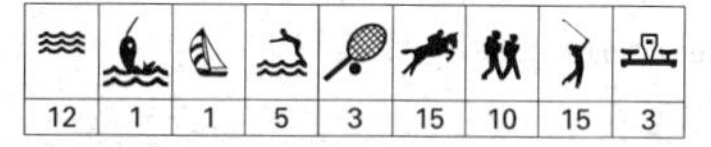

12	1	1	5	3	15	10	15	3

LELIEUR Jean-Louis - Ferme de la Cense Hebron - Bois-en-Ardres - 62610 ARDRES - Tél : 03 21 35 43 45 - Fax : 03 21 85 87 62

ARDRES Le Manoir de Bois en Ardres

2 ch. **Ardres 2 km. Calais 12 km.** Françoise et Thierry vous accueillent au calme de la campagne. 1 chambre et 1 suite aménagées dans le manoir des propriétaires. 1 ch.et suite (1 lit 2 pers., 2 lits 1 pers.), avec salle d'eau et wc privés. Séjour et salon communs. TV dans la chambre. En dehors du village, dans un parc de 5 ha., garage, parking. Salle de jeux (ping-pong). Gratuit pour les enfants de moins de 3 ans. Lit bébé gratuit. Restaurant à 2 km. Accès par R.N.43. 540 F/4 pers.

Prix : 1 pers. **300 F** 2 pers. **340 F** 3 pers. **440 F**

Ouvert : toute l'année.

12	2	2	8	2	10	SP	2

ROGER Françoise - 1530, rue de Saint-Quentin - Le Manoir de Bois en Ardres - 62610 ARDRES - Tél : 03 21 85 97 78 ou 06 15 03 06 21 - Fax : 03 21 36 48 07

AUBIN-SAINT-VAAST La Gentilhommière *C.M. 51 Pli 12*

3 ch. **Hesdin 6 km. Montreuil 17 km.** 3 ch. dans une maison de maître style Louis XIII, dans le village. 2 ch. 2 épis. 1 ch. (1 lit 1 pers. 1 lit 2 pers.), 1 ch. (2 lits 2 pers.) avec salle d'eau/wc communs aux 2 ch. 1 ch. 3 épis (1 lit 2 pers. 1 lit 1 pers.) avec salle d'eau et wc privés. Salon, TV à dispo. Chauffage central. Parking, jardin, petit parc boisé. Voiture indispensable. 320 F/4 pers. Par D.439.

Prix : 1 pers. **180/210 F** 2 pers. **210/250 F** 3 pers. **290/330 F**

Ouvert : toute l'année.

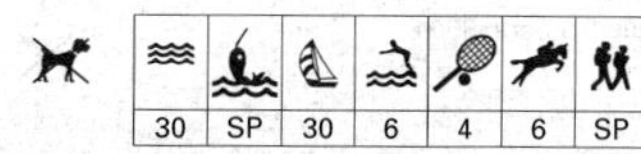

30	SP	30	6	4	6	SP

VEZILIER Marceau et Simone - La Gentilhommière - 62140 AUBIN-SAINT-VAAST - Tél : 03 21 86 80 48

AUCHY-AU-BOIS

4 ch. **Lillers 7 km. Aire-sur-la-Lys 9 km.** 4 chambres indépendantes et 1 suite dans une ferme en briques, 1 ch. (1 lit 2 pers.), suite (2 lits 1 pers.), 1 ch. (2 lits 1 pers.), 2 ch. (1 lit 2 pers., 1 lit 1 pers.). Séjour et coin-cuisine réservé aux hôtes, salon, salle de jeux, cheminée, TV, bibliothèque. Salle de bains et wc privés. Au centre du village. Jardin, parking dans la propriété. Prix 4 pers. : 400 F. Accès route A26 sortie Lillers, RN341 Thérouanne.

Prix : 1 pers. **200 F** 2 pers. **250 F** 3 pers. **320 F** repas **90 F**

Ouvert : toute l'année.

60	6	10	7	2	4	5

DE SAINT LAURENT Brigitte - 13 rue Neuve - 62190 AUCHY-AU-BOIS - Tél : 03 21 25 80 09

AUDINGHEN Cap-Gris-Nez

6 ch. **Wimereux 10 km. Boulogne-sur-Mer 18 km.** 6 ch. d'hôtes, 1 au r.d.c. et 5 à l'étage, près de la mer. 2 ch. 1 épi (1 lit 2 pers. chacune), lavabo, s.d.b./wc communs. 1 ch. 2 épis (1 lit 2 pers. 1 lit 1 pers.), 3 ch. 2 épis (1 lit 2 pers. chacune), s. d'eau/wc privés. Poss. 2 lits enfant suppl. Séjours, salons, TV commune aux hôtes. Jardin, ping-pong, garage, parking. Rando en bord de mer. Location V.T.T. sur place. A16, sortie Marquise, D.191, site du tunnel à 15 km. Restaurant sur place. Site du tunnel à 15 minutes.

Prix : 2 pers. **180/240 F** 3 pers. **220/280 F** pers. sup. **50 F**

Ouvert : toute l'année.

0,4	SP	0,4	18	6	6	SP

CALAIS Paul et Marie - Route du Cap - Framezelle - 62179 CAP-GRIS-NEZ - Tél : 03 21 32 98 13 - Fax : 03 21 32 98 13

AUDINGHEN

C.M. 51

5 ch. **Marquise 8 km. Boulogne-sur-Mer 15 km.** En dehors du village, 6 ch. dont 4 avec vue sur la mer, dans la ferme des prop. 1 ch. et 1 suite (2 lits 2 pers.), 1 ch. (2 lits 1 pers.), 1 ch. (1 lit 2 pers., 1 lit 1 pers.), 1 ch. et 1 suite (2 lits 1 pers., 1 lit 2 pers.), 1 ch. (1 lit 2 pers.), avec salon, kitchenette et TV, 1 ch. (1 lit 2 pers., 1 lit 1 pers.), avec séjour, coin-cuisine, coin-salon et TV. Salle d'eau et wc privés pour chaque chambre. Poss. convertible (2 pers.). Séjour, salon, cuisine équipée à disposition. Jardin, parking. Prix 4 pers. : 370 à 450 F.

Prix : 1 pers. **200/230 F** 2 pers. **250/300 F** 3 pers. **350/370 F** pers. sup. **70 F**

Ouvert : toute l'année.

SP	5	1,5	16	5	10	SP

MAERTEN Danielle et J.Claude - Ferme des 4 Vents - 62179 CAP-GRIS-NEZ - AUDINGHEN - Tél : 03 21 32 97 64 - Fax : 03 21 83 62 54

AUDINGHEN Waringzelle

C.M. 51

2 ch. En dehors du village, 1 chambre et 1 studio dans la ferme des propriétaires, 1 ch. (2 épis) (2 lits 1 pers.), salle d'eau privés et wc privés dans le couloir. 1 studio (3 épis) (1 lit 2 pers.), salle d'eau et wc privés. Bibliothèque. Kitchenette dans chaque chambre. Jardin boisé, salon de jardin, parking. Ouvert toute l'année. Wimereux/Boulogne/Calais. Accès A.16, sortie N°7, D.191 ou D.940 ou sortie N°9, Wissant par D940.

Prix : 1 pers. **200 F** 2 pers. **250 F**

Ouvert : toute l'année.

1	1	1	16	6	3	SP

DELATTRE Christiane - 2 route du Cran aux Oeufs - Waringzelle 2 - 62179 CAP-GRIS-NEZ - Tél : 03 21 32 97 48 - Fax : 03 21 32 64 66

AUDINGHEN Le Repos des Mouettes

5 ch. **Wissant 10 km. Boulogne-sur-Mer 20 km.** En dehors du village, dans une maison individuelle, voisine de la ferme d'élevage porcins, à 3 km du Cap-Gris-Nez. R.d.c. 3 ch. avec chacune (1 lit 2 pers.), s. d'eau et wc privés, prise TV et kitchenette. Etage : 1 ch. (1 lit 2 pers.), 1 ch. (2 lits 1 pers.), s.d.b. et wc privés, prise TV et kitchenette. Séjour dans la maison des propriétaires. Jardin, parking. Prix 4 pers. : 450 F. Restaurant sur place. Taxe de séjour. Accès : D940, entre Audinghen et Audresselles.

Prix : 1 pers. **200 F** 2 pers. **250 F** 3 pers. **350 F**

Ouvert : toute l'année.

1	5	15	20	10	3	SP

DUTERTE Sylvie - Le Repos des Mouettes - Haringzelle - 62179 AUDINGHEN - Tél : 03 21 32 97 20 - Fax : 03 21 32 97 20

AUDRESSELLES

1 ch. **Boulogne-sur-mer 15 km. Calais 25 km.** En dehors du village, vue sur la mer. 1 chambre aménagée dans la maison des propriétaires, avec entrée indépendante. 1 chambre (1 lit 2 pers. 1 lit 1 pers.), salle d'eau et wc privés. Coin-cuisine réservé aux hôtes. Séjour commun aux propriétaires. TV. Possibilité lit d'enfant supp. Salon de jardin, barbecue. Chauffage au gaz. Taxe de séjour. VTT sur place.

Prix : 1 pers. **250 F** 2 pers. **300 F** 3 pers. **350 F**

Ouvert : toute l'année.

SP	SP	15	10	4	SP

M. et Mme QUENU DUTERTRE - 66, rue Robin - 62164 AUDRESSELLES - Tél : 03 21 32 96 00 - Fax : 03 21 32 03 40

AUDRUICQ

4 ch. **Calais 20 km. Dunkerque (Nord) 25 km.** 4 chambres d'hôtes aménagées dans la maison des propriétaires en dehors du village, 2 ch. avec 1 lit 2 pers., salle d'eau et wc privés chacune. 2 ch. avec 1 lit 2 pers., s. d'eau privée chacune, wc communs. Salle de séjour réservée aux hôtes avec TV et bibliothèque. Parking. Restaurant à proximité.

Prix : 1 pers. **170 F** 2 pers. **190/200 F**

Ouvert : toute l'année.

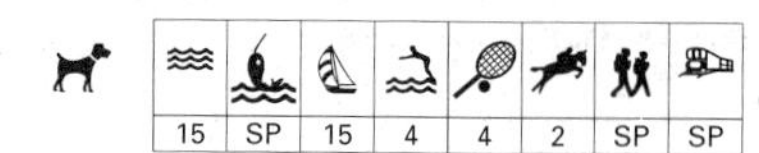

DELPLACE Michel - 3578 rue du Canal - 62370 AUDRUICQ - Tél : 03 21 35 33 43 ou 03 21 82 60 76

AZINCOURT La Gacogne

4 ch. **Hesdin 20 km. Fruges 6 km.** 4 ch. d'hôtes dans une petite maison campagnarde au cœur du Ternois, en annexe d'une maison de caractère où sont servis les petits déjeuners. 3 ch. (1 lit 2 pers.), 1 ch. (1 lit 2 pers. 1 lit 1 pers. poss. 1 lit enfant suppl.). Lavabo, douche et wc dans chaque chambre. Salon avec cheminée. Poss. cuisine. Parking. Restaurants à proximité. Accès par la D928.

Prix : 2 pers. **300 F** 3 pers. **350 F**

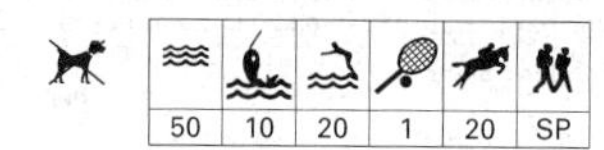

FENET Patrick & Marie-José - La Gacogne - 62310 AZINCOURT - Tél : 03 21 04 45 61 - Fax : 03 21 04 45 61

BAYENGHEN-LES-SENINGHEN

3 ch. **Lumbres 2 km. Saint-Omer 15 km.** 3 chambres aménagées dans des dépendances restaurées. 2 ch. (1 lit 2 pers.), 1 ch. (1 lit 1 pers. 1 lit 2 pers.). Salle d'eau et wc particuliers pour chacune. Coin-cuisine commun aux 3 chambres. Salle de séjour, salon, TV. Jardin. Restaurant 2 km. Enfant -3 ans : 50 F. Accès extérieur dans chaque chambre. Parking dans la cour. Janvier et Février sur réservation. Endroit calme et confortable.

Prix : 1 pers. **180 F** 2 pers. **230/250 F** 3 pers. **280 F** pers. sup. **70 F**

Ouvert : du 1er mars à Noël.

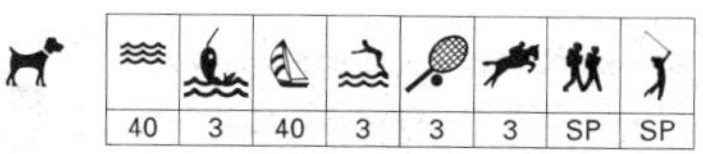

DESVIGNES Alain - 32 rue Principale - 62380 BAYENGHEN-LES-SENINGHEN - Tél : 03 21 95 71 36

BAZINGHEN Le Clos de Sarcelles

C.M. 51

3 ch. **Wissant 10 km. Wimereux 10 km. Ambleteuse 5 km.** 3 ch. d'hôtes aménagées dans la maison des propriétaires, située en dehors du village. Parc boisé, salons de jardin, parking, entrée indépendante. 2 ch. 2 épis avec chacune (1 lit 2 pers.), salon, salle d'eau et wc communs aux 2 ch. 1 ch. (1 lit 2 pers., 2 lits 1 pers.) avec salon, salle d'eau et wc privé. Poss. lit enfant suppl. Enfant de moins de 2 ans gratuit. Restaurant à 1 km. Accès : A16, sortie N°7, direction Cap-Gris-Nez.

Prix : 1 pers. **200 F** 2 pers. **250/320 F** pers. sup. **70 F**

Ouvert : toute l'année.

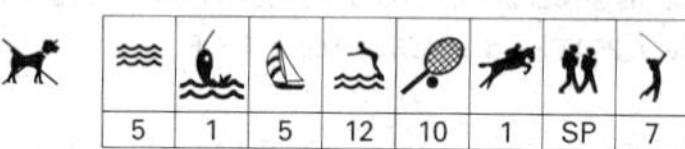

DARRAS Claudine - Chemin du Marais - Le Bail - « Le Clos des Sarcelles » - 62250 BAZINGHEN - Tél : 03 21 92 88 00 - Fax : 03 21 92 88 00

BEAURAINVILLE Château de Belrain

4 ch. **Montreuil 10 km. Hesdin 12 km.** 2 ch. et 2 suites aménagées dans la maison de caractère des propriétaires. 1 ch. et 1 suite (2 lits 2 pers.), s.d.b. avec wc privés. 1 ch. et 1 suite (2 lits 2 pers.), s.d.b. et wc privés. TV dans chaque chambre. Séjour, salon, bibliothèque. Poss. lit enfant suppl. Jardin, parc, garage. Chauffage au gaz. Prix enfant - 5 ans : 75 F. Prix 4 pers. : 550/650 F. Dégressif à partir de 3 nuits. Au centre du village. Restaurant à 1 km. Langues parlées : anglais, allemand, hollandais.

Prix : 1 pers. **240/270 F** 2 pers. **300/350 F** 3 pers. **450/525 F**

Ouvert : du 15 janvier au 15 décembre.

GRÜTTER Carol et Jorien - Château de Belrain - 474 rue de la Canche - 62990 BEAURAINVILLE - Tél : 03 21 81 09 43

BELLE-ET-HOULLEFORT Le Breucq

TH

4 ch. **Boulogne-sur-Mer et Wimereux 11 km. Desvres 15 km.** 4 ch. dans un manoir de caractère. Salle de séjour, salon, TV, bibliothèque. Parking. 1 ch. (2 lits 2 pers.), 1 ch. (1 lit 2 pers.), lavabo dans chaque ch. Salle d'eau commune aux 2 ch. 1 ch. (1 lit 1 pers. 1 lit 2 pers.), 1 ch. (1 lit 2 pers.), salle d'eau privée pour chaque. 2 wc communs aux 4 ch. Possibilité lit suppl. Gratuit pour enfants -5 ans. Restaurant 11 km. Accès : à 10 km de l'A16, sortie 31, direction Saint-Omer.

Prix : 1 pers. **130/140 F** 2 pers. **175/200 F** 3 pers. **235 F** pers. sup. **60 F** repas **75 F**

Ouvert : toute l'année.

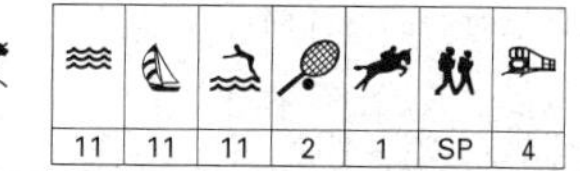

DE MONTIGNY Isabelle - Le Breucq - 62142 BELLE-ET-HOULLEFORT - Tél : 03 21 83 31 99 - Fax : 03 21 83 31 99

BEUSSENT Le Ménage

5 ch. **Le Touquet 15 km. Etaples et Boulogne-sur-Mer 20 km. Montreuil 13 km.** 5 ch. d'hôtes dans un manoir du XIXe, rénové avec 1 parc de 9 ha. et chacune : 1 lit 2 pers., salle de bains et wc privés, coin-salon et TV. Séjour, fax à disposition des hôtes. Poss. lit enfant suppl. Jardin, parking, abri couvert. 2 chevaux pour cavaliers confirmés, boxes et pâtures pour l'accueil chevaux. En dehors du village. Enfant -5 ans gratuit. Langue parlée : anglais.

Prix : 1 pers. **350 F** 2 pers. **400/450 F** pers. sup. **50 F**

Ouvert : toute l'année.

BARSBY Josiane - 124 route d'Hucqueliers - Le Ménage - 62170 BEUSSENT - Tél : 03 21 90 91 92 - Fax : 03 21 86 38 24

BEZINGHEM Les Granges

6 ch. **Desvres 12 km. Montreuil-sur-Mer 15 km.** En dehors du village, 6 chambres d'hôtes indépendantes dans un corps de ferme, jardin, parking. R.d.c. : 1 ch. (1 lit 2 pers.), salle d'eau et wc privés. 1 ch. (1 lit 2 pers.), salle d'eau avec wc privés. Etage : 1 ch. (1 lit 2 pers. 1 lit 1 pers.). 2 ch. avec chacune (1 lit 2 pers.), salle d'eau et wc privés pour chacune. Téléphone à l'auberge. Salle de séjour avec coin-salon et TV réservés aux hôtes. Jeux à disposition des hôtes. 15 VTT en location : 25 F/heure, 50 F/demi-journée, 100 F/journée. Accès par le train : Etaples 20 km. Par la route : D.127 R.N.1, puis D.148 ou D.341

Prix : 1 pers. **200 F** 2 pers. **250 F** 3 pers. **340 F**

Ouvert : toute l'année.

20	2	20	12	6	5	SP

DACQUIN José - Ferme-Auberge des Granges - 62650 BEZINGHEM - Tél : 03 21 90 93 19 - Fax : 03 21 90 93 19

BLANGERMONT Ferme des Tilleuls

TH *C.M. 51*

2 ch. **Frévent 9 km. Saint-Pol 12 km. Hesdin 18 km.** 2 chambres dans une maison de maître : 1 ch. (1 lit 2 pers. 1 lit 1 pers.) et 1 ch. (1 lit 2 pers.) avec salles d'eau particulières, wc communs aux 2 ch. sur le palier. Salle de séjour. Jardin et parking. Au centre du village. Table d'hôtes le soir.

Prix : 2 pers. **180/200 F** 3 pers. **260 F** pers. sup. **60 F** repas **70 F**

Ouvert : toute l'année.

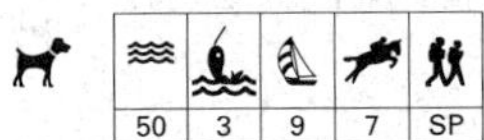

COLIN Pierre et Monique - Ferme des Tilleuls - 33 rue Principale - 62270 BLANGERMONT - Tél : 03 21 41 34 39

BLANGY-SUR-TERNOISE

TH

4 ch. **Saont-Pol 10 km. Arras 45 km. La Côte d'Opale 50 km.** 4 ch. aménagées dans demeure des prop., à la sortie du village. A l'ét., 2 ch. (1 lit 2 pers.), lavabo, s.d.b. commune, poss. lit suppl. 1 ch. (1 lit 2 pers.), s.d.b. privée, kitchenette. Au r.d.c. : 1 ch. (1 lit 2 pers. 1 lit 1 pers.), lavabo, s. d'eau commune. 1 wc commun à 3 ch., wc privés pour 1 ch. Séjour, salon, TV, biblio. à dispo. Parking, garage. Jardin. Accès aux chambres par terrasse. Restaurant sur place. Circuit VTT 4 km.

Prix : 2 pers. **200 F** 3 pers. **250 F** pers. sup. **50 F** repas **100 F**

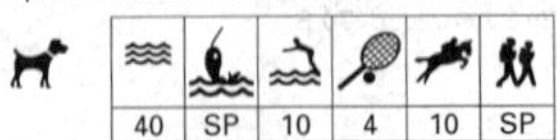

POYER Nestor - 15 rue de Fruges - 62770 BLANGY-SUR-TERNOISE - Tél : 03 21 41 80 32 ou SR : 03 21 10 34 40

BLANGY-SUR-TERNOISE

A *C.M. 51*

4 ch. **Hesdin 12 km. Saint-Pol 15 km. Fruges 14 km.** 4 chambres d'hôtes aménagées dans la maison de maître des propriétaires. 3 ch. avec chacune 1 lit 2 pers., salle d'eau et wc particuliers et 1 ch. (1 lit 2 pers.) avec salle de bains et wc particuliers. Salle de séjour. Possibilité lits et lit enfant suppl. (enfant : 50 F). Garage 2 places à la demande. Parking. Ouvert toute l'année. Gratuit enfant - 2 ans.

Prix : 2 pers. **250 F** pers. sup. **100 F**

Ouvert : toute l'année.

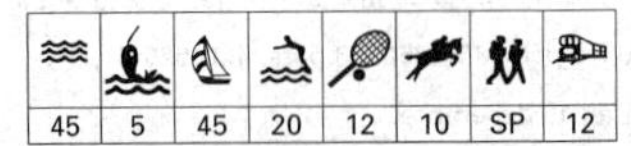

DECLERCQ Bernard - 3, rue de la Gare - 62770 BLANGY-SUR-TERNOISE - Tél : 03 21 47 29 29 ou SR : 03 21 10 34 40

BONNINGUES-LES-ARDRES Le Manoir

6 ch. **Calais 28 km. Saint-Omer et Boulogne-sur-Mer 25 km.** 6 ch. de caractère dans château style Napoléon III, sur 4200 m² de terrain boisé et en pelouses clos, salon de jardin. 1 ch. 3 épis (1 lit 2 pers.), s. d'eau et wc privés. 2 ch. avec chacune (1 lit 2 pers.), lavabo, s.d.b., 1 ch. (2 lits 1 pers.), s. d'eau et lavabo, 2 ch. avec chacune (1 lit 2 pers.), douche et lavabo. 2 wc communs aux 5 ch. Séjour, salon, TV. Poss. 1 lit enfant et 1 lit 1 pers. suppl. Parking et garage. Salon de 40 m² (30 pers.). Aire de jeux. Voiture indispensable. Restaurant à 3 km. Gratuit jusqu'à 2 ans. Rivière 10 km. Forêt 3 km.

Prix : 1 pers. **170 F** 2 pers. **220/250 F** pers. sup. **50 F**

Ouvert : toute l'année.

25	5	10	7	3	15	SP	10

DUPONT-DEVINES Christiane - Le Manoir - 40 route de Lisques - 62890 BONNINGUES-LES-ARDRES - Tél : 03 21 82 69 05 - Fax : 03 21 82 69 05

BONNINGUES-LES-ARDRES

1 ch. **Saint-Omer 20 km. Calais 25 km.** Traverser le village en venant de l'A26. 1 chambre d'hôtes aménagée dans la ferme biologique des propriétaires. Jardin, parking. 1 ch. (1 lit 2 pers.), possibilité 1 lit d'appoint, salle d'eau et wc privés, frigo. Salle de séjour commune aux propriétaires, TV dans la chambre. Table d'hôtes sur réservation (avec produits BIO de la ferme). Accès : par le train Audruicq/Pont d'Ardres (13/14 km). Par la route de l'A.26, sortie N° 2 direction Licques, à la sortie du village. Location de vélos sur place. Plan d'eau 10 km. Forêt 1 km. Langue parlée : anglais.

Prix : 1 pers. **220 F** 2 pers. **280 F** pers. sup. **80 F** repas **100 F**

Ouvert : toute l'année.

20	5	10	14	10	13	SP

Mme LOUF DEGRAUWE - 129 rue de Licques - 62890 BONNINGUES-LES-ARDRES - Tél : 03 21 35 14 44 - Fax : 03 21 35 57 35 - E-mail : degrauwelut@minitel.net

BOURSIN

C.M. 51

2 ch. **Calais et Boulogne-sur-Mer 25 km.** 2 ch. d'hôtes aménagées dans la maison des prop avec accès indép., jardin arboré. 2 ch. avec (1 lit 2 pers. chacune), s. d'eau/wc privés. TV, magnétoscope et tél. dans chaque chambre. Salle de séjour, TV réservée aux hôtes. Kitchenette/micro-ondes. Salle de jeux et biblio. Garage non fermé, parking. Au centre du village. Poss. lit enfant suppl. Salon de jardin, ping-pong, pétanque. Pièce aménagée avec lave-linge, sèche-linge, fer à repasser, porte vélos. Restaurant à 3 km (Hardinghen). Par RN42 et A16. VTT sur place. Forêt sur place.

Prix : 1 pers. **200 F** 2 pers. **230 F** pers. sup. **80 F**

Ouvert : toute l'année.

20	8	22	10	SP	5	SP

DUTERTRE Mauricette et Daniel - 59, rue du Mont - 62132 BOURSIN - Tél : 03 21 85 01 21 ou 06 84 88 92 14 - Fax : 03 21 85 01 21 - E-mail : DUTERTRE.Daniel@wanadoo.fr

BREXENT-ENOCQ La Silexeraie

C.M. 51

2 ch. **Le Touquet 9 km. Etaples 4 km.** 2 chambres aménagées dans la maison des propriétaires avec chacune 1 lit 2 pers., salle d'eau et wc privés. Entrée indép. sur salon, véranda, parking, le tout sur un terrain clos avec jardin fleuri. Barbecue et salon de jardin. En dehors du village. Prendre la direction Tubersent, la « Silexeraie ».

Prix : 1 pers. **240 F** 2 pers. **270 F**

Ouvert : toute l'année.

9	4	4	4	9	4	SP

LEPRETRE-GLATIGNY Paulette - 62 route d'Hodicq - La Silexeraie - 62170 BREXENT-ENOCQ - Tél : 03 21 86 76 97

BREXENT-ENOCQ

1 ch. **Montreuil-sur-mer 6 km. Etaples 7 km. Le Touquet 10 km.** 1 chambre d'hôtes aménagée dans une fermette de caractère. 1 ch. (1 lit 2 pers.), s.d.b. et wc privés. Salon, TV, cheminée. Calme assuré. Jardin, parking privé. Table d'hôtes : réservation la veille. Possibilité petit-déjeuner amélioré avec supplément de 15 F/pers. Taxe de séjour.

Prix : 2 pers. **250 F** repas **110 F**

Ouvert : toute l'année.

10	SP	4	SP

Mme GARBE - 4, rue de l'Eglise - 62170 BREXENT-ENOCQ - Tél : 03 21 86 04 97 - Fax : 03 21 86 04 97

BRIMEUX Ferme du Saule

C.M. 51

4 ch. **Montreuil 6 km. Hesdin 18 km. Touquet 18 km.** 1 chambre d'hôtes dans la maison des propriétaires (1 lit 2 pers. 1 lit 1 pers.), salle d'eau/wc privés et 3 ch. indép. à la ferme dont 2 avec (1 lit 2 pers. et 1 lit 1 pers.) et 1 avec (1 lit 2 pers.). S. d'eau, wc et TV dans chaque chambre. Poss. lit d'appoint et 1 lit enfant suppl. Au centre du village. Jardin, cour et parking fermés. Restaurant sur place. Pédalo sur place. Plage à 18 km. Accès par la D.349. Langue parlée : anglais.

Prix : 1 pers. **230 F** 2 pers. **275 F** 3 pers. **350 F**

Ouvert : toute l'année.

18	SP	18	6	SP	SP	18	SP

TRUNNET Germain - 20 rue de l'Eglise - Ferme du Saule - 62170 BRIMEUX - Tél : 03 21 06 01 28 ou 06 08 93 77 91 - Fax : 03 21 81 40 14

BULLECOURT

2 ch. **Arras 20 km. Bapaume 12 km.** Au centre du village, 2 chambres + 1 suite aménagées dans la maison des propriétaires. Jardin, parking. 1 chambre (1 lit 2 pers.), 1 suite (2 lits 1 pers.), salle d'eau et wc privés. 1 chambre (1 lit 2 pers.), salle d'eau et wc privés. Salle de séjour commune, cheminée, espace détente avec TV. Salon de jardin, barbecue. Possibilité lit d'enfant jusqu'à 3 ans gratuit.

Prix : 1 pers. **200 F** 2 pers. **220 F** 3 pers. **345 F**

Ouvert : toute l'année.

90	15	20	20	5	10	SP	18	5

THERLIER Nicole - 52, rue de Douai - 62128 BULLECOURT - Tél : 03 21 48 91 27

CAMIERS

1 ch. **Etaples 7 km. Boulogne-sur-Mer 16 km.** Au centre du village, dans une fermette rénovée, le long d'un cour d'eau, charme de la campagne, proximité des plages. 1 ch. indépendante (1 lit 2 pers.), salle d'eau et wc privés. Coin-cuisine dans la chambre. Parking, jardin. TV. Salon de jardin.

Prix : 1 pers. **210 F** 2 pers. **250 F**

2	2	2	6	SP	4	SP	SP

LABARRE Fabienne - 12 rue Sainte Gabrielle - 62176 CAMIERS - Tél : 03 21 84 71 81

CAMIERS Les Arums

2 ch. **Le Touquet 10 km. Hardelot 10 km.** Au centre du village, 2 chambres et 1 suite aménagées dans la maison des propriéraires. Au r.d.c. jardin, salon de jardin, barbecue, garage, parking. 1 chambre et 1 suite (2 lits 2 pers.), 1 salle d'eau et 1 wc privés. 1 chambre (1 lit 2 pers.), salle d'eau et wc privés. Salle de séjour et véranda communes, salon avec TV commun. Possibilité lit d'enfant supplémentaire à partir de 4 ans. 4 pers. : 490 F. Accès par le train : Camiers. Par la route de l'A.16, sortie Sainte-Cécile/Hardelot, D.940, direction Le Touquet.

Prix : 1 pers. **220 F** 2 pers. **260 F** 3 pers. **350 F** pers. sup. **80 F**

Ouvert : toute l'année.

1	1	7	2	10	SP	7	0,5

M. et Mme LEPRETRE PARIS - 86 rue du Vieux Moulin - 62176 CAMIERS - Tél : 03 21 09 11 29

CHELERS *C.M. 51*

2 ch. **Aubigny et Saint-Pol 15 km.** 2 chambres d'hôtes aménagées dans la ferme des propriétaires, construction ancienne. 2 ch. (1 lit 2 pers. chacune) avec salle de bains et wc, douche à l'étage. Salon et salle de séjour à disposition. Parking. Ouvert toute l'année. Commerçants ambulants. Médecin et pharmacie 2 km. Restaurant 15 km.

Prix : 2 pers. **150 F**

Ouvert : toute l'année.

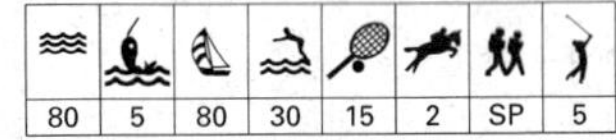

80	5	80	30	15	2	SP	5

THELLIER Françoise - 18, rue du Faux - 62127 CHELERS - Tél : 03 21 47 34 92

CLAIRMARAIS

2 ch. 2 ch. aménagées dans petite maison de caractère, style campagnard, du Marais Audomarois (bâtiment neuf). Au 1er ét., 1 ch. (1 lit 2 pers.), 1 ch. (2 lits 1 pers. poss. 1 lit d'appoint). S. d'eau particulière pour chacune. WC communs aux 2 chambres. Possibilité garage. Jardin, parking. Restaurant 2 km. Animaux admis après accord. Forêt sur place. Salon de jardin.

Prix : 1 pers. **160 F** 2 pers. **210 F** 3 pers. **260 F**

Ouvert : toute l'année.

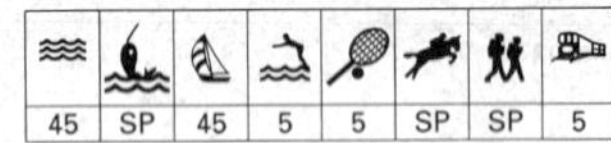

45	SP	45	5	5	SP	SP	5

GALAMEZ Marie-Laure - 2 route du Grand Nieppe - 62500 CLAIRMARAIS - Tél : 03 21 93 25 41

COLLINE-BEAUMONT La Colline des Roses

2 ch. **Fort Mahon 7 km.** 1 chambre et 1 suite aménagées dans la maison des propriétaires. 1 ch. et 1 suite (4 lits 1 pers.), salle d'eau et wc privés. Séjour, salon, TV, tél. Jardin. Prix 4 pers. : 560 F. Située en dehors du village. Restaurant à 7 km. Panier pique-nique : 50 F par personne (sur demande).

Prix : 1 pers. **240 F** 2 pers. **280 F** 3 pers. **420 F**

Ouvert : toute l'année.

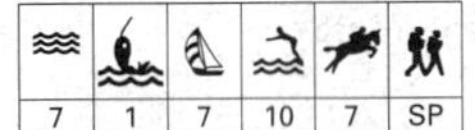

7	1	7	10	7	SP

MENNART Solange - 51 rue du Gris Mont - 62180 COLLINE-BEAUMONT - Tél : 03 21 86 33 22

CONCHIL-LE-TEMPLE *C.M. 51*

4 ch. **Berck 6 km. Boulogne-sur-Mer et Montreuil 10 km.** 4 chambres aménagées dans une maison de caractère, ancienne et rénovée située dans un bâtiment indépendant. 1 ch. (1 lit 2 pers., berceau), 1 ch. (1 lit 2 pers. 2 lits 1 pers.), 2 ch. (1 lit 2 pers. 1 lit 1 pers. chacune), salle d'eau et wc particuliers pour chacune. Possibilité 1 lit enfant. Séjour, salon avec TV. Jardin. Restaurant 3 km. Tarif 4 pers. : 375 F. Langue parlée : anglais.

Prix : 1 pers. **250 F** 2 pers. **275 F** 3 pers. **325 F** pers. sup. **50 F**

Ouvert : toute l'année.

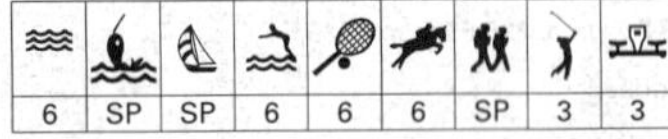

6	SP	SP	6	6	6	SP	3	3

FROISSART Nicole - 51 rue de la Mairie - 62180 CONCHIL-LE-TEMPLE - Tél : 03 21 81 11 02 - Fax : 03 21 81 88 32

CONDETTE La Sauvagine  *C.M. 51*

2 ch. **Le Touquet 16 km. Boulogne-sur-Mer 10 km. Hardelot 2 km.** 2 chambres d'hôtes indépendantes 1 ch. (1 lit 2 pers.), 1 ch. (2 lits 1 pers.), salle d'eau et wc particuliers, salle de séjour et salons communs aux propriétaires. Jardin, parking. Lit enfant accepté. Au centre du village. Poss. box pour cheval. Piscine non couverte sur place. Restaurant sur place. Possibilité auberge sur place. VTT sur place. Forêt à proximité. Langue parlée : anglais.

Prix : 1 pers. **240 F** 2 pers. **270 F**

Ouvert : toute l'année.

2	1	2	SP	SP	SP	SP	1

POULY Michèle et Claude - La Sauvagine - 6 allée Charles Dickens - 62360 CONDETTE - Tél : 03 21 32 21 37

CONDETTE *C.M. 51*

1 ch. **Le Touquet 16 km. Boulogne-sur-Mer 10 km. Hardelot 2 km.** Dans la maison des propriétaires, 1 chambre (1 lit 2 pers.), salle de bains et wc privés. Séjour commun, salon, TV, bibliothèque. Parking. Restaurant sur place. Au centre du village. Langue parlée : anglais.

Prix : 1 pers. **250 F** 2 pers. **300 F**

Ouvert : toute l'année.

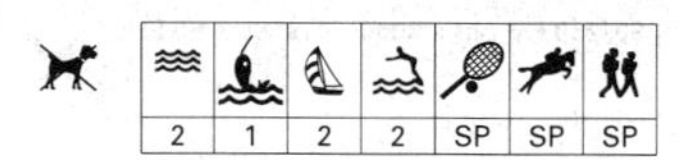

2	1	2	2	SP	SP	SP

CALON Tracy - Rés. la Verte Vallée - 62360 CONDETTE - Tél : 03 21 10 51 26 - E-mail : tracycalon@aol.com

CONTES

1 ch. **Montreuil-sur-Mer 18 km. Hesdin 7 km.** 1 chambre d'hôtes dans la maison des propriétaires, au moulin, (1 lit 1 pers. 1 lit 2 pers.), salle de bains et wc privés. Salle de séjour, bibliothèque. Poss. lit enfant suppl. Au centre du village. Restaurant à 2 km. Randonnée pédestre des 7 vallées. Par la RN39.

Prix : 1 pers. **200 F** 2 pers. **230 F** 3 pers. **300 F** pers. sup. **50 F**

Ouvert : toute l'année.

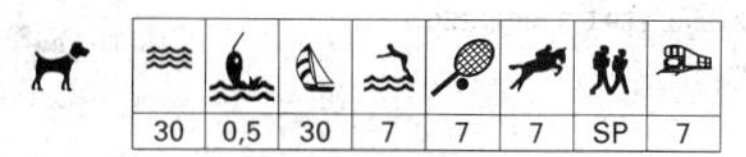

30	0,5	30	7	7	7	SP	7

LECERF Thérèse-Marie - 2, rue de la Creuse - 62990 CONTES - Tél : 03 21 86 80 50

LA COUTURE La Pilaterie

4 ch. **Lestrem 4 km. Béthune 10 km.** 4 ch. d'hôtes indépendantes avec TV dont 3 avec chacune 1 lit 2 pers. et 1 avec 2 lits 1 pers., salle d'eau et wc privés chacune. Salle de séjour et salon réservés aux hôtes. Possibilité lit d'enfant supplémentaire. En dehors du village. Jardin et parking sur la propriété. Gratuité pour les enfants de moins de 2 ans. Restaurant à 2 km. Accès en train par Béthune à 10 km. Par la route : D945.

Prix : 1 pers. **180 F** 2 pers. **210 F**

Ouvert : toute l'année.

80	5	80	10	4	1	SP	10

DISSAUX Jean-Michel - 2129 route d'Estaires - 62136 LA COUTURE - Tél : 03 21 26 77 02

CREQUY

2 ch. **Fruges 7 km. Hesdin 14 km.** 2 chambres d'hôtes aménagées dans une maison en brique, entourée de verdure et de fleurs. 1 ch. (1 lit 2 pers. 1 lit 1 pers.), 1 ch. (2 lits 1 pers.), salle d'eau, salle de bains et wc communs aux 2 ch. Salle de séjour, salon, TV, bibliothèque. Parking, jardin, pelouse.

Prix : 1 pers. **130 F** 2 pers. **190 F** 3 pers. **230 F**

Ouvert : toute l'année.

35	12	14	14	7	7	SP

DEMAGNY Henri et Yvette - 9 rue des Maraitiaux - 62310 CREQUY - Tél : 03 21 90 60 14

DUISANS Le Clos Grincourt

3 ch. **Arras 7 km.** 2 ch. + 1 suite dans un manoir de caractère du XIXe siècle. 1 ch. (1 lit 2 pers.), 1 suite (2 lits 1 pers.), salle d'eau et wc particuliers. 1 ch. (1 lit 2 pers.), salle de bains et wc particuliers. Salle de séjour/coin-détente, bibliothèque. Parking. Jardin. Le Touquet par N39. Restaurant 4 km. Gratuité pour les enfants de moins de 5 ans. Tarif 4 pers. : 430 F.

Prix : 1 pers. **180 F** 2 pers. **260 F** pers. sup. **50 F**

Ouvert : toute l'année mais sur réservation du 1er novembre au 31 mars.

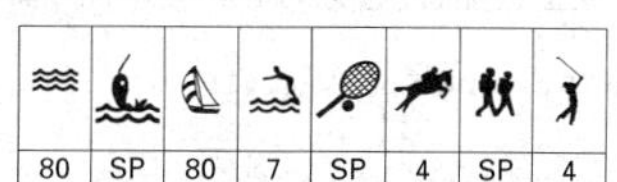

80	SP	80	7	SP	4	SP	4

SENLIS Annie - Le Clos Grincourt - 18 rue du Château - 62161 DUISANS - Tél : 03 21 48 68 33 - Fax : 03 21 48 68 33

DUISANS Les Quatre Diables

2 ch. **Arras 6 km. Lens 15 km.** En dehors du village. Un ensemble indépendant de 80 m^2 comprenant 1 ch. (1 lit 2 pers.) avec s.d.b. et wc privés et sa suite (2 lits 1 pers.), avec salon, bibliothèque et TV. 1 ch. (2 lits 1 pers.) avec s.d.b. et wc privés attenants à l'étage des propriétaires. Jardin, terrasse et parking. Salon de jardin, VTT. Forêt 4 km. Tarif 4 pers. : 400 F. Enfant - 5 ans : 10 F.

Prix : 1 pers. **180/250 F** 2 pers. **200/280 F**

Ouvert : toute l'année sauf vacances de Printemps.

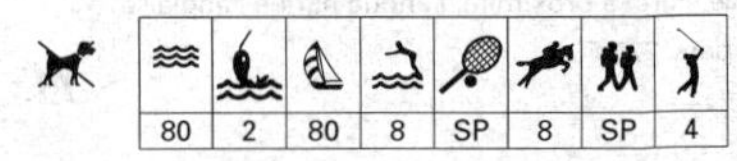

80	2	80	8	SP	8	SP	4

TOUPET Fernand - 2 chemin des Meuniers - Les Quatre Diables - 62161 DUISANS - Tél : 03 21 48 86 39

ECHINGHEN *C.M. 51*

4 ch. **Hardelot 10 km. Boulogne-sur-Mer 4 km.** 4 chambres d'hôtes aménagées dans une ferme rénovée, environnement agréable et calme. 2 ch. dont une 2 épis (2 lits 2 pers.), 1 ch. (3 lits 1 pers.), 1 ch. (2 lits 1 pers.), s. d'eau et wc particuliers pour chaque chambre. Salle de séjour, salon. TV (Canal +) dans chaque chambre. Laverie avec sèche-linge. Jardin, cour, parking. Box chevaux. Poss. lit enf. suppl. Chambres au centre du village. Restaurant à 500 m.

Prix : 1 pers. **200 F** 2 pers. **230/250 F** 3 pers. **300 F** pers. sup. **50 F**

Ouvert : toute l'année.

5	5	5	5	SP	2	SP	4	4

BOUSSEMAERE Jacqueline - Rue de l'Eglise - 62360 ECHINGHEN - Tél : 03 21 91 14 34 - Fax : 03 21 31 15 05

ENQUIN-SUR-BAILLONS

5 ch. **Hucqueliers 5 km. Montreuil-sur-Mer 15 km.** 5 ch. d'hôtes aménagées dans une maison de maître rénovée. Salle de séjour. Salon avec TV. 4 ch. avec chacune 1 lit 2 pers. 1 ch. avec 1 lit 1 pers. et 1 lit 2 pers. 1 salle d'eau, 3 salles de bains et 3 wc. Petit jardin de plaisance. Parking, pelouse avec salon de jardin. Commerçants ambulants. Restaurant sur place.

Prix : 1 pers. **180 F** 2 pers. **200 F** 3 pers. **250 F**

Ouvert : toute l'année.

18	SP	18	12	5	5	SP	4

VALENCOURT Paul et Gisèle - Rue Principale - 62650 ENQUIN-SUR-BAILLONS - Tél : 03 21 90 93 93

EPERLECQUES Château de Ganspette

3 ch. **Saint-Omer 10 km. Watten 3 km.** 3 ch. d'hôtes aménagées dans un château du siècle dernier avec parc boisé en dehors du village. 2 ch. (2 lits 1 pers.), salle d'eau et wc privés chacune 1 ch. (1 lit 2 pers.), s. d'eau/wc privé sur le palier. Salle de jeux. Parking, jardin. (1 ch. 2 épis et 2 ch. 3 épis). Restaurant sur place, ouvert de mai à septembre. Construit au cœur de l'Audomarois, ce château du XIXe siècle. Vous offre confort et détente. Piscine et Tennis.

Prix : 2 pers. **300 F** pers. sup. **80 F**

Ouvert : toute l'année.

50	1	30	SP	SP	3	SP

PAUWELS Gérard - Château de Ganspette - 62910 EPERLECQUES - Tél : 03 21 93 43 93 - Fax : 03 21 95 74 98

EPERLECQUES Bleue-Maison *C.M. 51*

2 ch. **St-Omer 10 km. Watten 500 m. Frontière 35 km. Marais Audomarois 35 km.** 2 chambres d'hôtes indépendantes dans une demeure rénovée (ancienne grange), en dehors du village. 1 ch. (2 lits 1 pers.) avec salle d'eau et wc particuliers, 1 ch. (1 lit 2 pers.), salle d'eau et wc particuliers, coin-cuisine en dehors de la chambre. Salle de séjour, salon dans la maison des propriétaires. Jardin, parking. Forêt sur place. GR.128 2 km. Par train : St-Omer/Watten/Calais. Taxe de séjour en supplément. Blockhaus à 3 km. Repas sur réservation.

Prix : 1 pers. **180 F** 2 pers. **230 F** repas **110 F**

Ouvert : toute l'année.

30	SP	15	12	3	5	SP	5	0,5	SP

DUMONT Jean-Luc - Bleue Maison - 8, chemin de la Vlotte - 62910 EPERLECQUES - Tél : 03 21 88 40 37 ou 06 81 70 46 64

ESCALLES

4 ch. **Wissant 6 km.** 4 ch. aménagées dans une maison neuve au centre du village. 2 ch. (1 lit 2 pers.), douches et lavabos, wc communs aux 2 ch., 2 ch. (1 lit 2 pers. 1 lit 1 pers.), s.d.b. et wc particuliers. Parking. Restaurant sur place. Tunnel sous la Manche à 5 km. Séjour. Poss. lit enfant suppl. Jardin commun. Réfrigérateur commun. Lave-linge privatif. Salon de jardin, forêts. Accès : A16, Bretelle 11.

Prix : 2 pers. **180/230 F** 3 pers. **290 F** pers. sup. **60 F**

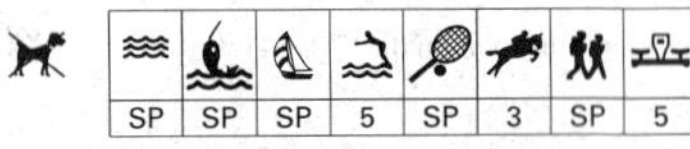

SP	SP	SP	5	SP	3	SP	5

Mme CORDONNIER - Route de Peuplingues - 62179 ESCALLES - Tél : 03 21 36 21 16 ou 06 85 24 91 27

ESCALLES Ferme de l'Eglise

5 ch. **Calais 15 km.** 5 chambres aménagées dans une ferme typique du Boulonnais. 2 ch. (1 lit 2 pers.). 1 ch. (2 lits 2 pers.). 2 ch. (1 lit 2 pers. 1 lit 1 pers.). Salle d'eau ou s.d.b. et wc privés pour chaque chambre. Parking, jardin. Restaurant sur place. Séjour, coin-cuisine, salon avec TV commun aux 5 chambres. 350 F/4 pers. Taxe de séjour. Forfait week-end du 1er septembre au 30 juin (2 nuits minimum) : 400 F/1 pers., 450/2 pers., 600 F/3 pers., 650 F/4 pers.

Prix : 1 pers. **220 F** 2 pers. **250 F** 3 pers. **320 F**

Ouvert : du 1er septembre au 30 juin.

SP	SP	4	15	SP	12	SP	15

BOUTROY Eric - Ferme de l'Eglise - 62179 ESCALLES - Tél : 03 21 85 20 19 - Fax : 03 21 85 12 74

ESCALLES

6 ch. **Calais 12 km. Wissant 7 km.** 6 ch. dans maison de caractère (pigeonnier du XVIIIe), cadre verdoyant et fleuri. 2 ch. (1 lit 1 pers. 1 lit 2 pers.), 1 ch. (2 lits 2 pers.), 1 ch. (1 lit 2 pers. 1 lit 1 pers.), 1 suite (1 lit 2 pers.), 1 ch. (1 lit 2 pers.), c-cuisine. S. d'eau ou de bains/wc chacune. L-linge à dispo. pour 3e ch. Parking, garage, jardin. Accueil de chevaux. TV dans 3 chambres. Salle de jeux. 4 restaurants 1 km. Accès : A16, sortie 10 ou 11, par Peuplingues, sur D243 ou D940 par la Côte, puis D243, à 1 km du centre, au hameau de la Haute Escalles, sur la petite place. Langue parlée : anglais.

Prix : 1 pers. **200/240 F** 2 pers. **240/300 F** 3 pers. **320/420 F** pers. sup. **80 F**

Ouvert : toute l'année.

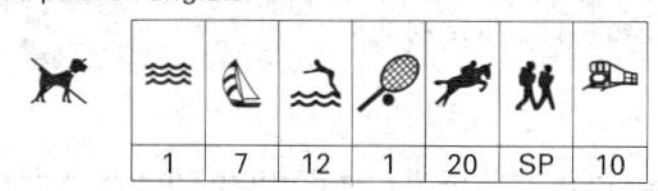

1	7	12	1	20	SP	10

BOUTROY Marc - La Grand'Maison - Hameau de la Haute Escalles - 62179 ESCALLES - Tél : 03 21 85 27 75 - Fax : 03 21 85 27 75

ESTREE La Seigneurie d'Estrée

4 ch. **Montreuil 3 km par RN1. Le Touquet 18 km. Tunnel sous la Manche 45 mn.** Au centre du 1er village de la Vallée de la Course, ferme seigneuriale du XVIIe s., dans un parc d'agrément. 3 ch. et 1 suite dans la maison des prop. Terrasse, véranda, parc, parking dans la cour intérieure. 1 ch. (1 lit 2 pers.), 1 ch. (1 lit 2 pers., 1 lit 1 pers.), 1 ch. (2 lits 1 pers.) et 1 suite (1 lit 2 pers., 3 lits 1 pers.). S.d.b. et wc privés pour chacune. Poss. lit d'appoint et lit bébé suppl. Pièces à dispo. des hôtes, alcôve, four à pain, grande cheminée, kitchenette. Salon de jardin. Barbecue. Chauffage central au gaz. Réduction à partir de 3 nuits. Canoë à 5 km. Restaurant à 100 m. Randonnées équestres. VTT sur place.

Prix : 1 pers. **210 F** 2 pers. **270/330 F** 3 pers. **330 F** pers. sup. **60 F**

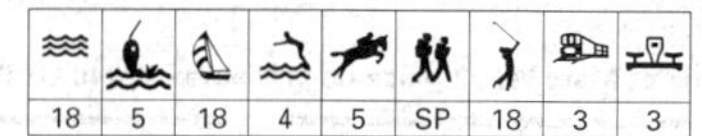

18	5	18	4	5	SP	18	3	3

LECLERCQ Marie-Christine - 7, rue de la Course - La Seigneurie d'Estrée - 62170 ESTREE - Tél : 03 21 86 41 60 - Fax : 03 21 86 41 60

FAMPOUX

5 ch. **Lille 50 km. Arras 8 km.** 5 chambres aménagées dans la maison des propriétaires. 1 ch. (1 lit 2 pers. 2 lits 1 pers.). 3 ch. (1 lit 2 pers.). 1 ch. (2 lits 1 pers.). Poss. lit suppl. Salle d'eau particulière à chaque chambre. 2 wc communs aux 5 ch. Salle de séjour, salon, TV, bibliothèque. Restaurant 5 km. Parking, jardin.

Prix : 1 pers. **140 F** 2 pers. **200 F** 3 pers. **240 F**

Ouvert : toute l'année.

80	SP	80	5	SP	5	SP	10

M. et Mme PEUGNIEZ - 17 rue Paul Verlaine - 62118 FAMPOUX - Tél : 03 21 55 00 90

FAUQUEMBERGUES La Rêverie *C.M. 51*

3 ch. **Saint-Omer 20 km. Hesdin 30 km.** 3 ch. d'hôtes dans la maison de caractère des prop. Parc arboré, garage (1 voiture), parking. R.d.c. : 1 ch. (2 lits 1 pers.), salle de bains et wc privés. Etage : 2 ch. (2 lits 2 pers.), salle d'eau, wc chacune. TV dans chacune. Séjour, salon avec cheminée feu de bois. Jardin d'hiver. Parc de 2500 m². Gratuit enfant - 3 ans. Au centre du village, maison de maître du XIXe. Restaurant sur place.

Prix : 1 pers. **260 F** 2 pers. **300 F**

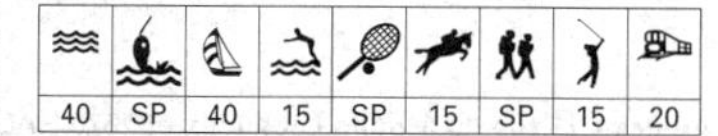

40	SP	40	15	SP	15	SP	15	20

MILLAMON Annie et Gilles - 19 rue Jonnart - La Rêverie - 62560 FAUQUEMBERGUES - Tél : 03 21 12 12 38 - Fax : 03 21 12 18 66

FOSSEUX *C.M. 51 Pli 1/2*

3 ch. 3 chambres aménagées dans la maison de caractère des propriétaires, avec jardin d'agrément, près d'un bois. 2 ch. (1 lit 2 pers.), 1 ch. (2 lits 1 pers.), wc et salle de bains particuliers pour chacune. Possibilité lit enfant supplémentaire. Salle de séjour, salon, TV, bibliothèque. Garage. Restaurant 5 km. Gratuit enfant -5 ans. Langues parlées : anglais, allemand.

Prix : 1 pers. **170 F** 2 pers. **200 F** 3 pers. **250 F** pers. sup. **50 F**

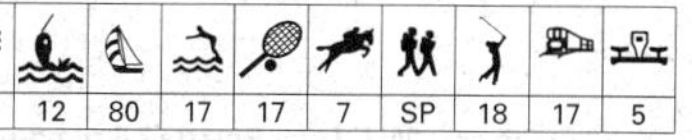

80	12	80	17	17	7	SP	18	17	5

DELACOURT Geneviève - 3 rue de l'Eglise - 62810 FOSSEUX - Tél : 03 21 48 40 13

GAUCHIN-VERLOINGT

C.M. 51 Pli 3

5 ch. **Arras 35 km.** 4 ch. d'hôtes aménagées dans les dépendances d'un manoir du XIXe siècle. Salle de séjour avec cheminée réservée aux hôtes, TV, bibliothèque. 2 ch. (1 lit 2 pers.), 3 ch. (2 lits 1 pers.), salle d'eau et wc particuliers pour chaque chambre. Gratuit pour les enfants - de 5 ans. Parking. Salon de jardin. Garage, parc. Circuit auto/moto de Croix-en-ternois 3 km. Restaurant 2 km. Langues parlées : espagnol, anglais, allemand.

Prix : 1 pers. **200 F** 2 pers. **240 F** 3 pers. **320 F**

Ouvert : toute l'année.

70	12	70	13	2	3	SP	18

VION Philippe - 550 rue de Montifaux - 62130 GAUCHIN-VERLOINGT - Tél : 03 21 03 05 05 - Fax : 03 21 41 26 76 - E-mail : McVion.Loubarre@wanadoo.fr

GROFFLIERS

2 ch. **Berck-sur-Mer 3 km.** A proximité de la baie d'Authie, 2 ch. aménagées à l'étage de la maison des prop., entrée indép., calme et confort. 1 ch. (1 lit 2 pers.), 1 ch. (1 lit 2 pers., 1 lit 1 pers.), salle d'eau et wc privés. Chauffage individuel. Jardin fleuri, parking. Salon de jardin. Accès : A16, sortie 25 Berck, direction Groffliers à 3 km.

Prix : 1 pers. **180 F** 2 pers. **240 F** pers. sup. **80 F**

Ouvert : toute l'année.

1	1	5	5	SP	5	SP

COURTOIS Bernard et Monique - 13 rue Petite Portière - Impasse des Rossignols - 62600 GROFFLIERS - Tél : 03 21 09 31 35

GUISY La Hotoire

3 ch. **Forêt de Hesdin 3 km. Montreuil 18 km.** 3 chambres indépendantes dans un ancien corps de ferme, situé au centre du village. Au r.d.c. : 1 ch. (1 lit 2 pers.), 1 ch. (1 lit 2 pers.), avec coin-cuisine, 1 ch. (1 lit 2 pers., 1 lit 1 pers.), avec coin-cuisine. Salle d'eau et wc privés dans chaque chambre. Séjour et salon avec TV communs aux propriétaires. Jardin, parking. Salon de jardin, barbecue. Accès D.113. Pétanque. Fléchettes. Prêt de vélos. Possibilité de promenade en forêt avec les ânes.

Prix : 1 pers. **230 F** 2 pers. **260 F**

Ouvert : toute l'année.

30	SP	30	18	5	3	SP

GARREL Martine et Marc W. - 2 place de la Mairie - 62140 GUISY - Tél : 03 21 81 00 31

HALINGHEN

TH

6 ch. **Montreuil 20 km. Hardelot 6 km et Samer 7 km.** 6 ch. aménagées dans une maison campagnarde. 1 ch. (2 lits 1 pers. 1 lit 2 pers.), s. d'eau priv. 1 ch. (2 lits 1 pers.), 1 ch. (1 lit 2 pers.) 1 ch. (1 lit 1 pers. 1 lit 2 pers.), 2 ch. (2 lits 1 pers. 1 lit 2 pers.), 1 s.d.b. et 2 douches pour les 5 ch. 3 wc pour les 6 ch. Lavabo dans chaque ch. Séjour, salon, s. de jeux, TV, biblio. Garage, parking. Ping-pong sur place. Restaurant 7 km. Table d'hôtes sur réservation. Boissons non comprises. Enfant +2 ans : 60 F. Lit bébé 20 F (gratuit jours suivants). 4 pers. : 350/400 F. Chiens admis dans ch. du bas. Parapente sur place. Hameau d'Halinghen.

Prix : 1 pers. **160 F** 2 pers. **250 F** 3 pers. **320 F** pers. sup. **70 F**
repas **85 F**

Ouvert : toute l'année.

8	3	8	15	7	10	SP

GUILMANT Paul - Place de l'Eglise - 62830 HALINGHEN - Tél : 03 21 83 51 60

HALLINES

1 ch. **S-Omer et Lumbres 7 km.** Au cœur de la Vallée de L'Aa, en bordure de rivière, 1 ch. d'hôtes dans la maison de caractère des propriétaires (1 lit 2 pers.), salle d'eau privée à l'étage, wc privés au r.d.c. Séjour avec TV et salon communs aux propriétaires. Jardin. Salon de jardin. Forêt 7 km. A 20 mn de Calis par la A26.

Prix : 1 pers. **180 F** 2 pers. **200 F**

50	SP	50	7	7	5	SP	7	7	SP

DE BELVALET Annick - 11 rue du Moulin Leuillieux - 62570 HALLINES - Tél : 03 21 95 95 60

HAUTEVILLE

C.M. 51

3 ch. **Arras 15 km. Avesnes-le-Comte 3 km.** Au bord du village 3 chambres d'hôtes indépendantes, dans une maison de caractère. Rez-de-chaussée : 1 ch. (1 lit 2 pers., poss. conv. 2 pers.). Etage : 2 ch. (1 lit 2 pers., poss. conv. 2 pers. dans l'une), salle d'eau et wc privés pour chacune. Séjour et salon communs. TV dans le hall d'accueil. Jardin, abri couvert, jeux de plein air. Gratuit enfant - 6 ans. Possibilité de cuisiner dans annexe (gratuit). Restaurant 3 km. Forêt 15 km.

Prix : 1 pers. **200 F** 2 pers. **300 F** 3 pers. **370 F** pers. sup. **70 F**

Ouvert : toute l'année.

80	20	80	17	15	4	SP	15

DEBAISIEUX Jeannine et J-Marie - La Solette - 8 rue du Moulin - 62810 HAUTEVILLE - Tél : 03 21 58 73 58 - Fax : 03 21 58 73 59 - E-mail : lasolette@yahoo.fr

HENNEVEUX

1 ch. **Boulogne-sur-Mer et Lumbres 20 km. Desvres 8 km.** En dehors du village, 1 chambre aménagée dans les dépendances d'une ferme picarde. Jardin, parking. 1 chambre (1 lit 2 pers. 1 lit 1 pers.), salle d'eau et wc privés. Possibilité convertible 2 pers. Salle de séjours et salon communs. TV dans la chambre. Possibilité lit d'enfant supplémentaire. Accès R.N.42, D.253, Desvres 8 km.

CV

Prix : 1 pers. **220 F** 2 pers. **250 F** 3 pers. **300 F** pers. sup. **30 F**

Ouvert : toute l'année.

18	10	18	8	SP

M. et Mme FASTREZ - 60, impasse des Bouillets - Route de Brunembert - 62142 HENNEVEUX - Tél : 03 21 83 97 31

HERMELINGHEM Le P'tit Bled

TH

4 ch. **Guines et Licques 8 km.** Au centre du village, 4 chambres d'hôtes indépendantes, à l'étage, dans une ancienne forge. Parking, terrasse, jardin. 3 chambres avec dans chacune (1 lit 2 pers.), salle d'eau et wc privés. 1 chambre (2 lits 2 pers.), salle d'eau et wc privés. Séjour, salon. Table d'hôtes sur commande. Tarifs boissons non comprises. Location VTT sur place.

CV

Prix : 2 pers. **240 F** repas **100 F**

Ouvert : toute l'année.

25	10	20	5	3	SP	8

Mme JAY - Le P'tit Bled - Place de la Mairie - 62132 HERMELINGHEM - Tél : 03 21 85 01 64

HERVELINGHEN Les Rietz-Quez

5 ch. **Cap Blanc Nez 5 mn.** 5 ch. d'hôtes indépendantes dans un corps de ferme en pierre du Pays, dans une vallée verdoyante, au creux des collines du Boulonnais, sur la route touristique des 2 Caps. 5 ch. (1 lit 2 pers.). Poss. lits suppl. Salle de bains et wc particuliers pour chaque chambre. Salle de séjour, cuisine. Salle de jeux. Parking, jardin à disposition des hôtes. Restaurants à 3 km. Sports aériens à 2 km. Cité de l'Europe, tunnel sous la Manche. Accès : A16 à 3 km, sortie Saint-Inglevert, venant de Calais, sortie 9 venant de Boulogne, sortie 8, puis D244.

CV

Prix : 1 pers. **200 F** 2 pers. **250 F** pers. sup. **70 F**

Ouvert : du 15 février au 15 décembre.

3	10	3	10	3	2	SP	10	SP

M. BOUTROY-HAZELARD - Ferme les Rietz Quez - 990 rue Principale - 62179 HERVELINGHEN - Tél : 03 21 85 27 06

HERVELINGHEN La Leulène

TH

3 ch. **Cité de l'Europe et Tunnel à 5 minutes. Wissant 3 km. Calais 12 km.** 3 ch. d'hôtes dans une fermette restaurée, de caractère au centre du village. 1 ch. (1 lit 1 pers., 1 lit 2 pers.), s. d'eau et wc privés. 1 ch. (1 lit 2 pers.), s.d.b. et wc privés. 1 ch. et 1 suite (4 lits 1 pers.), s. d'eau et wc privés pour les 2 ch. Séjour et salon communs aux prop. TV, bibliothèque. Poss. lit enfant suppl. Jardin, barbecue, salon de jardin, cheminée, jeux enfants, parking. Table d'hôtes sur réservation. Taxe de séjour. Tarif 4 pers. : 470 F. Accès par la sortie St Inglevert en venant de Calais, sortie 9. De Boulogne sortie 8, puis D244. Cap-Blanc Nez à 5 km. Boulogne 20 km.

CV

Prix : 1 pers. **230 F** 2 pers. **260 F** 3 pers. **340 F** pers. sup. **50 F** repas **85 F**

Ouvert : fermé entre Noël et le Nouvel An.

3	3	15	3	3	SP

PETITPREZ Catherine - La Leulène - 708, rue Principale - 62179 HERVELINGHEN - Tél : 03 21 82 47 30 - E-mail : LALEULENE@aol.com

HUCQUELIERS

6 ch. **Desvres 11 km. Montreuil 8 km.** Au centre du village dans une demeure du 19e s. 6 ch. indép. dont 4 ch./appartements comprenant chacune (2 lits 1 pers.), coin-cuisine, s. d'eau, wc et salon privés. Et 2 ch. aménagées en suites, avec s.d.b. et wc privés. 2 séjours/salons dont 1 avec cheminée, four à pain, et 1 salle à manger privée réservée aux hôtes. TV. Poss. lit enfant suppl. Jardin fleuri et paysagé. Salon de jardin. Barbecue. Jeux d'enfants. Parking privé. 4 pers. : 530 F. Accès par la route : D157 et D126.

CV

Prix : 2 pers. **320/390 F** 3 pers. **460 F** pers. sup. **70 F**

25	5	25	11	SP	SP	SP	25	SP

BERTIN Isabelle et Alain - 19 rue de l'Eglise - 62650 HUCQUELIERS - Tél : 03 21 86 37 10 - Fax : 03 21 86 37 18

HUCQUELIERS

2 ch. **Desvres 11 km. Le Touquet à 20 minutes.** En dehors du village, dans un cadre verdoyant, fleuri et très calme, 2 chambres d'hôtes aménagées dans une maison récente avec poutres apparentes, salle d'eau et wc privés pour chacune. Salle de séjour, salon et TV communs. Jardin, parking, salon de jardin. Accès par D.157 et D.126.

CV

Prix : 1 pers. **230/250 F** 2 pers. **250/270 F** pers. sup. **70 F**

Ouvert : toute l'année.

25	5	25	11	SP	12	SP

LELEU Paul - 3, chemin de Séhen - 62650 HUCQUELIERS - Tél : 03 21 90 50 35 - Fax : 03 21 90 50 35

INCOURT *C.M. 51*

2 ch. **Hesdin 7 km. Saint-Pol 15 km. Croix-en-Ternois 10 km.** 2 chambres d'hôtes indépendantes dans un corps de ferme fleuri. 1 ch. (1 lit 2 pers. 1 lit 1 pers.), 1 ch. (2 lits 1 pers.), accessible aux personnes handicapées. Salle d'eau et wc particuliers. Salle de séjour et salon dans la maison des propriétaires. TV sur demande dans la chambre. Parking. Salon de jardin. Circuit auto-moto. Au centre du village, construction rénovée avec charmante vue sur la prairie boisée. Par RN39, Restaurant 7 km. Documentation touristique à consulter sur place ou à emporter. Plan d'eau 4 km.

Prix : 1 pers. **190 F** 2 pers. **240 F** 3 pers. **290 F**

Ouvert : toute l'année.

45	5	5	7	7	7	SP	7	7

DUBOIS Marie-Hélène - 7 rue Principale - 62770 INCOURT - Tél : 03 21 41 90 76 ou 03 21 04 10 93 - Fax : 03 21 41 90 76

LACRES

2 ch. Studio avec 1 suite de 2 chambres au r.d.c. d'un corps de ferme (1 lit 2 pers. 2 lits 1 pers.). Salle d'eau et wc privés. Salle de séjour. Cuisine. Possibilité lit d'enfant supplémentaire. Parking, coin-pelouse clos, jardin, meubles de jardin. A 13 km du littoral. Restaurant 5 km. Tarif semaine : 1200/1400 F. Chauffage au fuel. Pharmacien et médecin à 5 km. Découverte des travaux de la ferme. A 200 m de la RN1, entre Boulogne et Montreuil.

Prix : 2 pers. **220 F** 3 pers. **270 F** pers. sup. **50 F**

Ouvert : toute l'année.

13	3	13	12	5	8	SP	13	5

FOURDINIER Michel - Hameau de Beauvois - 62830 LACRES - Tél : 03 21 33 50 40

LEPINE Puits-Berault

4 ch. **Berck 13 km. Montreuil 9 km.** 4 ch. d'hôtes dans un corps de ferme rénové. 2 ch. (1 lit 2 pers. 1 lit 1 pers.), 2 ch. (1 lit 2 pers.). Poss. lit d'enfant. Salle d'eau et wc particuliers dans chaque chambre. Salle de séjour, TV, bibliothèque. Garage, parking, jardin. Produits fermiers : lait, œufs. Boissons non comprises dans les repas. Table d'hôtes sur réservation. Pas de repas le dimanche soir. Restaurant 2 km. Repas enfant - 5 ans : 40 F.

Prix : 1 pers. **180 F** 2 pers. **230 F** 3 pers. **260 F** repas **90 F**

Ouvert : toute l'année.

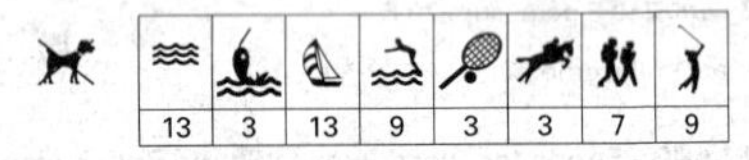

13	3	13	9	3	3	7	9

CONVERT Denis - Puits Berault - 28 rue de la Mairie - 62170 LEPINE - Tél : 03 21 81 21 03

LIEVIN Ferme du Moulin

2 ch. **Lens 4 km. Arras 15 km. Lille 35 km.** 2 ch. d'hôtes aménagées dans une maison de caractère située dans un bourg de style régional. 1 ch. (1 lit 2 pers) s.d.b. privée, 1 ch. (1 lit 2 pers., 1 lit 1 pers.), salle d'eau privée, wc communs aux 2 ch. Salle de séjour avec TV. Salon, bibliothèque. Parking fermé, meubles régionaux. Chauffage central. Restaurant sur place. Idéal pour visiter les sites historiques de la guerre 1914/1918. A 3 km du Mémorial Canadien de Vimy. Stade couvert européen 1 km. Accès : par la A26, en venant de Calais, sortie à Aix-Noulette. En venant du sud, sortie Arras centre.

Prix : 1 pers. **140 F** 2 pers. **200 F** 3 pers. **260 F** pers. sup. **60 F** repas **75 F**

SP	SP	SP	3	SP	10

DUPONT François - Ferme du Moulin - 58 rue du 4 septembre - 62800 LIEVIN - Tél : 03 21 44 65 91 ou 06 86 22 04 81

LILLERS Le Tailly

1 ch. **Lillers 3 km. Béthune 9 km.** Dans une maison récente située en dehors du village, chambre indépendante (1 lit 2 pers.) avec coin-cuisine. Salle d'eau et wc séparés. Séjour commun, salon dans la chambre, TV. Jardin et parking. Salon de jardin.

Prix : 1 pers. **190 F** 2 pers. **230 F**

Ouvert : toute l'année.

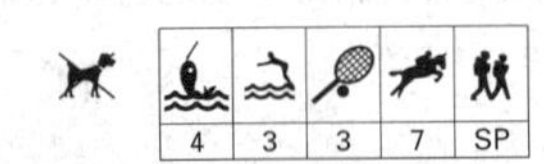

4	3	3	7	SP

ROUSSEL Marie-Lise - 23 bis chemin du Bois - Le Tailly - 62190 LILLERS - Tél : 03 21 26 03 53

LOCON

6 ch. **Béthune 5 km.** 6 ch. dans une maison rénovée, au centre du hameau. 2 ch. 2 épis (1 lit 1 pers.), lavabo, salle d'eau commune. 4 ch. 3 épis (1 lit 2 pers.). Salle d'eau privée chacune. TV dans ch. Séjour, salon, TV. Garage (6 voitures), parking. Poss. cuisine. Gratuit pour les enfants - 3 ans dans la ch. des parents. Restaurant 2 km. Ski toutes saisons à 15 km.

Prix : 1 pers. **150/200 F** 2 pers. **250 F**

Ouvert : toute l'année.

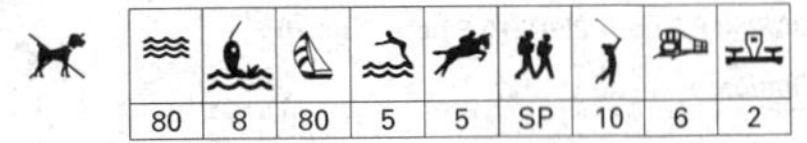

80	8	80	5	5	SP	10	6	2

NOULETTE Maxime - 464 rue du Pont d'Avelette - 62400 LOCON - Tél : 03 21 27 41 42 - Fax : 03 21 27 80 71

LOCQUINGHEN-RETY La Rochette

2 ch. **Marquise 8 km. Guines 10 km.** 2 ch. d'hôtes et une suite aménagées dans la maison des propriétaires. 1 ch. (1 lit 2 pers. TV), s. d'eau et wc privés hors de la chambre. 1 ch. et une suite (1 lit 2 pers. 1 lit 1 pers.), s. d'eau et wc privés, coin-salon avec TV et coin-cuisine privés à la ch. Poss. lit suppl. à partir de 5 ans. En dehors du village, dans une maison neuve avec jardin et parking. Barbecue, salon de jardin. Restaurant à 8 km. Mise à disposition de vélos enfant et d'une table de ping-pong. Accès par la D232.

CV

Prix : 1 pers. **200 F** 2 pers. **250 F** 3 pers. **350 F** pers. sup. **70 F**

Ouvert : toute l'année.

20	2	20	20	SP	2	SP	8	SP

PARIS Bernard - 2/3 rue Ferdinand Buisson - 62720 LOCQUINGHEN-RETY - Tél : 03 21 92 76 33 ou 06 75 86 46 97 - Fax : 03 21 92 76 33

LOISON-SUR-CREQUOISE La Commanderie

3 ch. **Montreuil-sur-Mer 13 km. Hesdin 13 km.** 3 chambres dans une demeure templière située au centre du village, réservée aux hôtes. 1 ch. (2 lits 1 pers.), 1 ch. (1 lit 2 pers.) avec kitchenette, véranda. Salle d'eau et wc pour chacune. 1 ch.(2 lits 1 pers.) et 1 suite (1 lit 2 pers.) séparées par s.d.b. et wc. Cheminée feu de bois. Poss. lit bébé gratuit. Salon, salle de jeux, bibliothèque, TV. Salon de jardin. Jardin, parking et rivière. Accès par le train, Beaurainville à 3 km, par la route D130 Beaurainville à 13 km. Forêt 8 km.

CV

Prix : 1 pers. **280/350 F** 2 pers. **350/400 F**

Ouvert : toute l'année.

25	3	25	13	3	3	SP

FLAMENT Marie-Hélène - 3, allée des Templiers - 62990 LOISON-SUR-CREQUOISE - Tél : 03 21 86 49 87

LONGVILLIERS

1 ch. **A 10 km du littoral. Etaples et Montreuil 10 km.** 1 chambre d'hôtes avec une suite, aménagée dans les dépendances d'un ancien presbytère (4 lits 1 pers. 1 lit 2 pers.), salle d'eau et wc privés. Salle de séjour, salon, kitchenette. Parking, jardin. Découverte de la nature, produits biologiques élaborés sur place. Ferme-auberge 3 km. Chambre d'hôtes située dans un site classé. Centre de loisirs à 20 km. Langue parlée : anglais.

CV

Prix : 2 pers. **270 F** pers. sup. **75 F**

Ouvert : toute l'année.

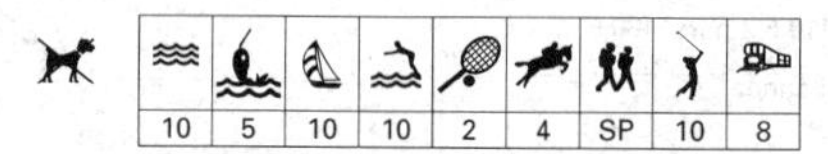

10	5	10	10	2	4	SP	10	8

DESRUMAUX Francine et Pierre - 1 route de Courteville - 62630 LONGVILLIERS - Tél : 03 21 90 73 51 - Fax : 03 21 90 73 51

LONGVILLIERS La Longue Roye

C.M. 51

6 ch. **Montreuil 10 km. Le Touquet 14 km et Etaples à 10 km par RN1.** 6 chambres indépendantes dans une ferme Cistercienne. Rez-de-chaussée : 1 ch. (2 lits 1 pers.), étage : 4 ch. (1 lit 2 pers. chacune), salle d'eau et wc privés, TV, tél., salon particulier dans chaque ch. 1 ch. (2 lits 1 pers.), salle de bains et wc privés. Séjour commune. Poss. lit enfant et lit d'appoint suppl. Jardin, parking. Petits animaux admis, sauf les chats. Cheminée feu de bois. Salon de jardin. En dehors du village, construction rénovée. VTT sur place. Restaurant 3 km.

CV

Prix : 1 pers. **300 F** 2 pers. **330 F** pers. sup. **80 F**

Ouvert : toute l'année.

10	5	10	10	4	4	SP	12

M. et Mme DELAPORTE - La Longue Roye - 3 rue de l'Abbaye - 62630 LONGVILLIERS - Tél : 03 21 86 70 65 - Fax : 03 21 86 71 32

LUMBRES Ferme de Laby

1 ch. **Lumbres 1 km. Saint-Omer 10 km.** 1 chambre d'hôtes aménagée dans un ancien corps de ferme en dehors du village. 1 ch. (2 lits 1 pers.), salle d'eau et wc privés. Séjour commun aux propriétaires, salon, TV. Parking. Accès par la RN 12, à Lumbres, prendre direction Nielles Les Bléquin.

CV

Prix : 1 pers. **200 F** 2 pers. **250 F**

Ouvert : toute l'année.

40	SP	40	2	2	2	SP

FASQUELLE Elise - Ferme de Laby - Route de Nielles les Blequin - 62380 LUMBRES - Tél : 03 21 39 78 93

MAMETZ

TH

4 ch. **Aire-sur-la-Lys 5 km. Saint-Omer 15 km. Béthune 30 km. Calais 50 km.** 4 chambres indépendantes aménagées au r.d.c., dans la cour d'une ancienne brasserie avec entrée privée. Calme et confort. 4 ch. (2 lits 1 pers.). S. d'eau et wc particuliers pour chacune. Salle de séjour, bibliothèque, salon, TV. Parking fermé, jardin. Barbecue. Restaurant sur place. Gratuit pour enfant -5 ans. Chauffage électrique.

CV

Prix : 1 pers. **170 F** 2 pers. **220/240 F** pers. sup. **70 F** repas **95 F**

Ouvert : toute l'année.

60	SP	SP	5	SP	5	SP	15	12	SP

QUETU Jean-Pierre - 49 Grand'Rue - 62120 MAMETZ - Tél : 03 21 39 02 76 - Fax : 03 21 38 12 69

MARANT — *C.M. 51*

2 ch. Dans la demeure principale, 1 ch. (2 lits 1 pers.), 1 ch. (1 lit 2 pers. à baldaquin). Salle d'eau commune. WC particuliers pour chaque chambre. Salle de séjour pour petit déjeuner. Entrée indépendante pour chaque ch. Jardin, verger entièrement clos de 5000 m² aux parterres fleuris, parking, salon de jardin et barbecue. Maison de caractère au centre du village. Accès par RN39 Montreuil/Hesdin, par Brimeux. Café et restaurant à 3 km.

Prix : 1 pers. **200 F** 2 pers. **250 F** pers. sup. **50 F**

Ouvert : toute l'année.

18	3	18	7	7	SP

ALLEGAERT Harry - L'Autourserie - 62170 MARANT - Tél : 03 21 86 10 27

MARCK

5 ch. **Calais 7 km. Gravelines 12 km.** 5 ch. d'hôtes dans le manoir des propriétaires. Jardin, parking. 1 ch. (2 lits 1 pers.), 1 ch. (2 lits 1 pers.), table, fauteuils, 1 ch. (1 lit 2 pers.), 1 ch. (1 lit 2 pers., 2 lits 1 pers.), s. d'eau et wc privés chacune. 1 ch. (1 lit 2 pers.), bureau, fauteuils, s.d.b. et wc privés. Séjour, salon avec TV, biblioth. réservés aux hôtes. Salon avec cheminée au r.d.c. Poss. lit bébé. En dehors du village. Tél. (carte). Fax. et minitel dans un coin séparé. Restaurant à 7 km. Aviation à 3 km.

Prix : 1 pers. **265 F** 2 pers. **315 F** pers. sup. **55 F**

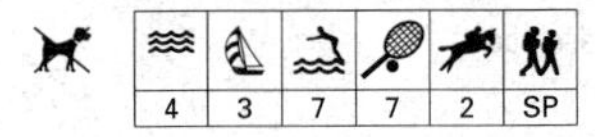

4	3	7	7	2	SP

HOUZET Jean et Danièle - Le Manoir du Meldick - 2528, Ave - du Gal de Gaulle le Fort Vert - 62730 MARCK - Tél : 03 21 85 74 34 - Fax : 03 21 85 74 34 - E-mail : jeandaniele.houzet@Free.92

MARCONNE

1 ch. **Hesdin 500 m. Montreuil 20 km.** 1 chambre aménagée dans une construction récente (2 lits 1 pers.) avec coin-cuisine et salle de bains et wc particuliers. TV. Parking, jardin. Kayak et restaurant sur place.

Prix : 1 pers. **110 F** 2 pers. **180 F**

Ouvert : toute l'année.

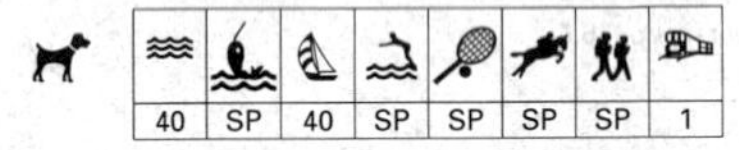

40	SP	40	SP	SP	SP	SP	1

CARRE Lucie - 43 rue des 3 Fontaines - 62140 MARCONNE - Tél : 03 21 81 67 60

MARESQUEL Château de Riquebourg — TH

2 ch. **Montreuil-sur-Mer 14 km par RN. Hesdin 9 km.** 2 chambres d'hôtes aménagées dans le petit château du 18e s. des prop. 1 ch. 2 épis (1 lit 1 pers. 1 lit 2 pers.) avec lavabo, salle d'eau particulière hors de la chambre. 1 ch. 3 épis (1 lit 2 pers.), salle d'eau et wc particuliers. Poss. lits supplémentaire. Séjour, salon. Cheminée. Parking, jardin. Forêt à 9 km. En dehors du village. Canoë-kayak 1 km. Restaurant à 1 km. Accès par la D349.

Prix : 2 pers. **270 F** 3 pers. **350 F** pers. sup. **80 F** repas **100 F**

Ouvert : toute l'année.

24	2	24	9	SP	6	SP

PRUVOST Marie-Thérèse - Château de Riquebourg - 62990 MARESQUEL-ECQUEMICOURT - Tél : 03 21 90 30 96

MARLES-SUR-CANCHE Manoir Francis — *C.M. 51*

3 ch. **Montreuil 5 km. Le Touquet 20 km. Etaples 15 km.** 3 ch. dans un manoir boulonnais de caractère du XVIIe. 1 ch. (1 lit 2 pers.), 1 ch. (1 lit 2 pers.), 1 ch. et 1 suite (2 lits 1 pers. 1 lit 2 pers.). Salle de bains, wc et coin-salon privés pour chaque chambre. Séjour. Parking (vans et voitures). Jardin. Forêt 20 km. Canoë-kayak et restaurant 4 km. Base de loisirs 20 km. Langue parlée : anglais.

Prix : 1 pers. **250 F** 2 pers. **300 F** pers. sup. **70 F**

Ouvert : toute l'année.

20	2	20	4	4	4	SP	20

LEROY Dominique - 1 rue de l'Eglise - 62170 MARLES-SUR-CANCHE - Tél : 03 21 81 38 80 - Fax : 03 21 81 38 56

MARTIN-PUICH — TH

1 ch. **Bapaume et Albert (Somme) 8 km.** 1 chambre d'hôtes dans la maison des propriétaires (1 lit 2 pers. 1 lit 1 pers.), salle d'eau avec wc privés. Salle de séjour et salon avec TV communs. Au centre du village, dans une petite maison de campagne avec jardin, parking (hors de la propriété). Restaurant à 8 km.

Prix : 1 pers. **200 F** 2 pers. **230 F** 3 pers. **300 F** repas **90 F**

Ouvert : toute l'année.

8	8	5	SP	6	6

GILARD Colin - 54 Grande Rue - 62450 MARTIN-PUICH - Tél : 03 21 50 18 87

MATRINGHEM *C.M. 51*

4 ch. **Fruges 5 km. Le Touquet 45 km et Saint-Omer 30 km.** 4 ch. d'hôtes indépendantes aménagées dans une construction récente. 2 ch. (1 lit 2 pers.), 1 ch. (2 lits 1 pers.), 1 ch. (2 lits 1 pers.), salle d'eau et wc particuliers chacune. Coin-cuisine commun pour toutes les chambres. Poss. 1 lit enfant. Parking, jardin. TV sur demande. Gratuit enfant - 5 ans.

Prix : 1 pers. **150 F** 2 pers. **200/220 F** 3 pers. **250 F** pers. sup. **50 F**

Ouvert : toute l'année.

45	SP	45	30	5	SP

MORIEUX Alain - Place du Village - 62310 MATRINGHEM - Tél : 03 21 04 42 83

MENNEVILLE Le Mont Evente

2 ch. **Boulogne-sur-Mer 18 km. Desvres 1 km.** 2 ch. aménagées à l'étage d'une ancienne fermette boulonnaise rénovée, vue sur la vallée (forêt, Monts-du-Boulonnais). Entrée indépendante des prop. 1 lit 2 pers. dans chaque ch. (poss. lit enfant suppl.). Salle d'eau, wc particuliers à chaque ch. Salon, bibliothèque, TV. Jardin, salon de jardin, barbecue, aire de jeux, parking. Restaurant 2 km, ferme-auberge 7 km. En forêt, sentiers balisés pédestres et équestres, GR120 et tour du Boulonnais. Accès : direction Saint-Omer, D215. A26, sortie Thérouanne ou Lumbres. A16, sortie Desvres ou Boulogne, puis D341 Desvres.

Prix : 1 pers. **190 F** 2 pers. **250 F** pers. sup. **50 F**

Ouvert : du 1er avril au 30 octobre et du 1er novembre au 31 mars le week-end.

18	2	18	3	1	3	SP	15	18	3

DESALASE Guy et Marie-Claire - Le Mont Evente - 62240 MENNEVILLE - Tél : 03 21 91 77 65

MONTREUIL-SUR-MER *C.M. 51 Pli 1*

2 ch. Dans une maison de construction récente, dans le style du pays avec poutres apparentes, implantée au milieu d'une prairie, au pied de remparts du XVIe siècle. 1 ch. (1 lit 2 pers.) avec lavabo. S. d'eau et wc privés. 1 ch. et 1 suite (1 lit 2 pers., 1 lit 1 pers.), s. d'eau et wc privés, coin-cuisine dans la ch. Poss. lit pliant 1 pers. Séjour et salon communs. Le propriétaire est randonneur. Taxe de séjour : 1 F/jour/pers. Restaurant sur place.

Prix : 1 pers. **190/230 F** 2 pers. **230/270 F** 3 pers. **420 F** pers. sup. **80 F**

Ouvert : toute l'année.

14	1	15	0,5	0,5	15	SP	15	1

MONCOMBLE Claude et Anne-Marie - 12 rue Tour-Justice - 62170 MONTREUIL-SUR-MER - Tél : 03 21 06 07 06 - Fax : 03 21 06 07 06

MONTREUIL-SUR-MER *C.M. 51*

3 ch. **Le Touquet 15 km. Berck 13 km.** En basse ville, dans la maison des propriétaires, 2 chambres (1 lit 2 pers., lavabo), salle de bains et wc communs aux 2 chambres. 1 ch. (1 lit 2 pers.), s.d.b. et wc privés. Séjour commun avec TV. Possibilité lit d'appoint supplémentaire. Jardin, parking dans la propriété. Restaurant sur place. Jeux d'enfants, salon de jardin. Gare à proximité.

Prix : 1 pers. **180/200 F** 2 pers. **220/250 F** pers. sup. **50/80 F**

Ouvert : toute l'année.

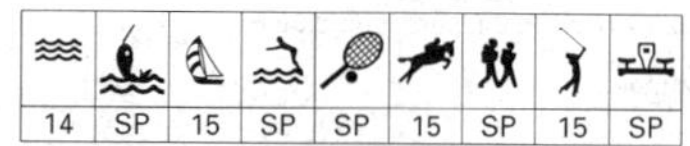

14	SP	15	SP	SP	15	SP	15	SP

RENARD Gérard - 4, avenue du 11 Novembre - 62170 MONTREUIL-SUR-MER - Tél : 03 21 86 85 72

MONTREUIL-SUR-MER

3 ch. **Le Touquet 15 km. Etaples 12 km.** Au centre du village, 3 chambres d'hôtes aménagées dans la maison de caractère, en pierres et briques, du XVIIIe siècle des propriétaires. 1 chambre (2 lits 1 pers.), 2 ch. avec chacune (1 lit 2 pers.), s.d.b. avec wc privés pour chaque chambre séjour, jardin. Salon et TV dans chaque chambre. Canoë-kayak sur place. Accès A.16, sortie Le Touquet, puis R.N.1

Prix : 2 pers. **280 F** pers. sup. **80 F**

Ouvert : toute l'année.

15	SP	12	SP	SP	8	SP	SP

LOUCHEZ Michel - 77, rue Pierre Ledent - 62170 MONTREUIL-SUR-MER - Tél : 03 21 81 54 68

MUNCQ-NIEURLET (TH)

2 ch. **Saint-Omer 16 km. Calais 30 km.** 2 chambres d'hôtes aménagées dans une ancienne ferme (1 lit 2 pers. chacune), salle d'eau et wc particuliers pour chaque chambre. Parking, garage, jardin. Séjour, TV. Poss. lit enfant suppl. Restaurant 2 km. Gratuit pour enfant - 5 ans. Autoroute A26 6 km. En dehors du village.

Prix : 2 pers. **210 F** pers. sup. **50 F** repas **90 F**

Ouvert : du 1er avril à la Toussaint.

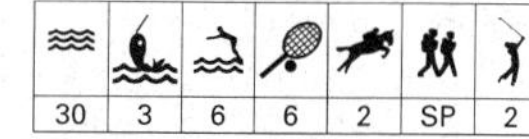

30	3	6	6	2	SP	2

BRETON Françoise - 191 rue du Bourg - 62890 MUNCQ-NIEURLET - Tél : 03 21 82 79 63

NEMPONT-SAINT-FIRMIN

2 ch. **Berck 12 km. Montreuil 14 km. Fort Mahon 12 km.** 2 chambres aménagées dans la maison des propriétaires située au centre du village. Au r.d.c. : 2 ch. avec chacune (1 lit 2 pers.), salle d'eau et wc privés. Poss. lit d'appoint suppl. Séjour commun, TV dans chaque chambre. Jardin, parking privé. Salon de jardin. Accessible aux pers. handicapées. Vue sur le golf. Canoé sur place. Accès par A16, à 5 km.

Prix : 1 pers. **250 F** 2 pers. **280 F** pers. sup. **80 F**

Ouvert : toute l'année.

6	SP	12	12	12	SP	SP

M. et Mme TURLURE - 4 rue de la Vieille Grande Rue - 62180 NEMPONT-SAINT-FIRMIN - Tél : 03 21 86 25 91

NEUFCHATEL-HARDELOT Fields Fairway

TH *C.M. 51*

4 ch. **Boulogne-sur-Mer 12 km. Le Touquet 15 km.** Près de la forêt d'Hardelot et en dehors du village, 4 ch. d'hôtes aménagées dans la grande maison des prop., tout confort, cheminée, cadre calme. Séjour, véranda, salon, TV. Ch. non fumeurs. 4 ch. (2 lits 1 pers.), s. d'eau privée à chaque chambre. Table d'hôtes le soir sur commande pour groupes à partir de 8 pers. Pas de repas en juillet et en août. Chauffage central au fuel. Terrain de 4000 m^2, terrasse, jardin aménagé, meubles de jardin, parking privé. Classes de conversation anglaise sur demande. D940 puis D119. Golfeurs : conditions spéciales. Taxe de séjour. VTT sur place. Forêt à 0,5 km. Langues parlées : anglais, allemand.

Prix : 1 pers. **250 F** 2 pers. **350 F** repas **90 F**

Ouvert : de début janvier à novembre.

4	3	3	12	2	3	SP	2	12	3

FIELD Alan - 91 rue du Chemin - D119 - 62152 NEUFCHATEL-HARDELOT - Tél : 03 21 33 85 23 - Fax : 03 21 33 85 24 - E-mail : fields.fairway@wanadoo.fr

NEUFCHATEL-HARDELOT

2 ch. **Entre le Touquet et Boulogne-sur-Mer. Hardelot 6 km.** 1 ch. (1 lit 2 pers.) + poss. convertible dans la maison du propriétaire et 1 ch. (2 lits 1 pers.) dans une petite maison dans le jardin. S. d'eau et wc privés. Cuisine de jardin, espace plein air aménagé, Séjour, salon avec TV communs au prop. Parking. Au centre de Neufchatel. Prix 4 pers. : 390 F. Accès par le train : Etaples/Le Touquet, par la route : N1 et D215. Accès : A16, sortie N°27, D940, arrivée Neufchatel centre.

Prix : 1 pers. **230 F** 2 pers. **260 F** 3 pers. **330 F** pers. sup. **50 F**

Ouvert : toute l'année.

7	2	7	13	SP	7	SP	3

M. DUMOULIN - 94 rue des Allées - 62152 NEUFCHATEL-HARDELOT - Tél : 03 21 83 78 19 - E-mail : calemaitre@nordnet.fr

NEUVILLE-SOUS-MONTREUIL

2 ch. **Montreuil 3 km. Le Touquet 17 km.** 2 chambres dans les dépendances d'une maison de caractère. 1 ch. (3 lits 1 pers.), 1 ch. (1 lit 2 pers.). Salle d'eau et wc particuliers pour chaque chambre. Possibilité cuisine. Possibilité lit bébé gratuit. TV. Parking, jardin. Court de tennis sur place. D113 et N1. Restaurant 3 km. Ferme dans un joli cadre fleuri.

Prix : 1 pers. **180 F** 2 pers. **250 F** pers. sup. **100 F**

Ouvert : toute l'année.

17	3	13	3	SP	10	SP	3

FOURDINIER Anne - Ferme de la Chartreuse - 62170 NEUVILLE-SOUS-MONTREUIL - Tél : 03 21 81 07 31 - Fax : 03 21 81 07 31

NEUVILLE-SOUS-MONTREUIL

C.M. 51

2 ch. **Montreuil 3 km. Etaples 12 km. Le Touquet/Berck 15 km.** 2 chambres d'hôtes aménagées dans la maison des propriétaires (1 lit 2 pers. chacune), salle d'eau et wc particuliers, possibilité clic-clac dans 1 ch. Salle de séjour commune aux propriétaires, salon. Cour, terrasse, salon de jardin et parking. Enfants -3 ans gratuits. Restaurant 2 km. TV possible. Construction récente au centre du village.

Prix : 1 pers. **170 F** 2 pers. **220 F** pers. sup. **80 F**

Ouvert : toute l'année.

15	3	15	3	SP	8	SP

GRESSIER Régis - 12 route de Boulogne - 62170 NEUVILLE-SOUS-MONTREUIL - Tél : 03 21 81 56 34

NEUVILLE-SOUS-MONTREUIL

2 ch. **Le Touquet 15 km. Berck 15 km. Etaples 12 km.** 2 chambres aménagées dans la maison des propriétaires, au centre du village 1 ch. (1 lit 2 pers.), s.d.b. et wc privés. 1 ch. (3 épis) avec (1 lit 2 pers. 2 lits 1 pers.), s. d'eau et wc privés. Poss. 1 lit d'appoint supplémentaire. Séjour, salon communs aux propriétaires. Jardin, parking. Canoë kayak à 2 km. Accès par la RN1, Montreuil à 3 km.

Prix : 1 pers. **160 F** 2 pers. **250 F** pers. sup. **90 F**

Ouvert : toute l'année.

15	3	12	3	SP	SP	2	SP

M. et Mme FOURDINIER - 30 rue de la Chartreuse - 62170 NEUVILLE-SOUS-MONTREUIL - Tél : 03 21 81 95 05 - Fax : 03 21 81 95 05

NIELLES-LES-ARDRES

2 ch. **Ardres 3 km. Calais 17 km.** En dehors du village, 2 chambres indépendantes dans une ferme restaurée en briques, cour carrée, parking. 1 ch. (1 lit 2 pers.), salle d'eau et wc privés, coin-cuisine dans la chambre. 1 ch. (1 lit 2 pers. 1 lit 1 pers.), salle d'eau et wc privés, coin-cuisine dans la chambre. Salle de séjour, salon, TV communs aux propriétaires. Possibilité lit supplémentaire de 4 à 10 ans : 50 F. Possibilité lit de bébé supplémentaire jusqu'à 3 ans (gratuit). Accès : A26, sortie Ardres/Nordausques. A16, sortie Audruisq (en venant de Dunkerque). A16, sortie Ardres (en venant de Boulogne).

Prix : 1 pers. **200 F** 2 pers. **280 F** 3 pers. **360 F**

Ouvert : toute l'année.

20	3	3	8	3	6	SP	3

M. et Mme CAILLIERET - 130, route Départementale - 62610 NIELLES-LES-ARDRES - Tél : 03 21 82 86 22 - Fax : 03 21 82 86 22

NORTLEULINGHEN

TH *C.M. 51*

3 ch. **Ardres 10 km. Saint-Omer 13 km.** 3 chambres d'hôtes aménagées dans la ferme des propriétaires, maison en briques rouges, en bordure du village. 2 ch. avec chacune (1 lit 2 pers.) et 1 chambre (2 lits 1 pers.). Salle d'eau et wc particuliers pour chaque chambre. Salle de séjour, TV. Chauffage central. Jardin, parking. Table d'hôtes sur réservation. Accès : A26, sortie N°2, Northeulinghen à 5 km. RN43, D221.

Prix : 1 pers. **180 F** 2 pers. **210 F** pers. sup. **50 F** repas **95 F**

Ouvert : toute l'année.

25	5	10	12	5	SP	8	10

NOEL Henri - 8, rue de la Mairie - 62890 NORTLEULINGHEN - Tél : 03 21 35 64 60

NUNCQ-HAUTECOTES La Pommeraie

4 ch. **Frevent 3 km. Saint-Pol 10 km.** Au centre du village, 4 chambres d'hôtes indépendantes. Jardin, garage, abri couvert, parking. 2 au r.d.c., 2 à l'étage. 1 ch. (1 lit 2 pers.), salle d'eau et wc privés, coin-cuisine dans la chambre. 1 ch. (1 lit 2 pers. 1 lit 1 pers.), salle de bains, douche et wc privés. 2 ch. avec chacune (1 lit 2 pers.), salle d'eau et wc privés à chacune. Séjour, salon et coin-cuisine communs aux 3 chambres avec frigo, gazinière, lave-linge, sèche-linge, TV, bibliothèque. Possibilité lit supplémentaire à partir de 5 ans. Restaurant à 3 km. Accès par la D916.

Prix : 1 pers. **200 F** 2 pers. **230 F** 3 pers. **280 F** pers. sup. **50 F**

Ouvert : toute l'année.

60	8	60	3	3	7	SP	10

MORVAN Eric - 13, route Nationale - La Pommeraie - 62270 NUNCQ-HAUTECOTES - Tél : 03 21 03 69 85 - Fax : 03 21 47 28 02

OFFRETHUN

2 ch. **Marquise 5 km. Boulogne-sur-Mer 18 km.** Au centre du village, 2 chambres d'hôtes indépendantes, de caractère, au r.d.c. jardin, parking. 1 ch (1 lit 2 pers.), 1 ch. (1 lit 2 pers. 1 lit 1 pers.), salle d'eau et wc privés pour chacune. Possibilité de bébé supplémentaire. Salle de petit-déjeuner. Salon de jardin, barbecue. Accès : A16, sortie N°5 de Calais et sortie N°4 de Boulogne.

Prix : 2 pers. **250 F** 3 pers. **300 F**

Ouvert : toute l'année.

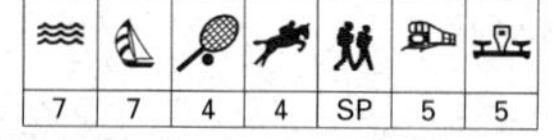

7	7	4	4	SP	5	5

DERAM Véronique - 41, rue d'Ecault - 62250 OFFRETHUN - Tél : 03 21 32 36 15

PENIN

TH *C.M. 51*

4 ch. **Arras 18 km. Saint-Pol 12 km.** Dans la ferme-château du XVIe, entièrement restaurée, 4 ch. d'hôtes indépendantes. 1 ch. (1 lit 2 pers. 1 lit superp.), 3 ch. (2 lits 1 pers.). S. d'eau et wc privés chacune. Séjour, salon, TV. Cuisine équipée. Ch. central, feu dans le salon. Tarif 4 pers. : 400 F. Au centre du village. Garage, parking dans cour fermée, pelouse, salon de jardin. Tennis de table et VTT sur place. ULM et parapente à 8 km. Ski alpin à 25 km (Noeux-les-Mines). Centre de loisirs et forêt 15 km.

Prix : 1 pers. **170 F** 2 pers. **220 F** 3 pers. **300 F** repas **75/100 F**

Ouvert : toute l'année.

60	15	60	10	10	8	SP	15

BOUTIN Christophe - 1, rue de Tincques - 62127 PENIN - Tél : 03 21 58 30 14 - Fax : 03 21 22 73 37

PERNES-LES-BOULOGNE Le Petit Fouquehove

C.M. 51

3 ch. **Boulogne-sur-Mer 8 km. Wimereux 7 km.** 3 chambres dans la maison des propriétaires, manoir rénové. 2 ch. (1 lit 2 pers.), s.d.b. particulière. 1 ch. (2 lits 1 pers.), s.d.b. privée attenante à la chambre. WC communs aux 2 ch. Salle de séjour, salon. Possibilité 1 lit d'enfant supplémentaire. TV. Parking, garage, parc. Gratuit enfant - 5 ans. Accès par N42 et autoroute A16. Possibilité golf.

Prix : 2 pers. **270 F** pers. sup. **50 F**

Ouvert : toute l'année sauf du 15 novembre au dimanche des Rameaux.

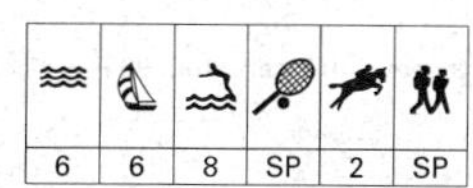

6	6	8	SP	2	SP

M. MILLINER - Le Petit Fouquehove - 62126 PERNES-LES-BOULOGNE - Tél : 03 21 83 37 03 - Fax : 03 21 33 55 11

PIHEN-LES-GUINES Ferme de Beauregard *C.M. 51*

1 ch. **Guines 7 km. Calais 10 km. Cap Blanc Nez 5 km. Tunnel Manche 5 km.** En dehors du village, 1 ch. indépendante au r.d.c. dans une maison de caractère calme, boisée. Terrasse, salon de jardin, parking. 1 ch. (1 lit 2 pers.), s. d'eau et wc privés. Cuisine privée, séparée dans la salle. Possibilité lit pliant supplémentaire. Accès : A16, sortie Saint-Inglevert, puis D244 ou sortie Bonningues-les-Calais, puis D243. A 1 km de l'A16.

Prix : 2 pers. **220 F** pers. sup. **70 F**

Ouvert : toute l'année.

6	18	8	6	1	SP	1	1

LUYSSAERT Michel - Ferme de Beauregard - 62340 PIHEN-LES-GUINES - Tél : 03 21 35 12 96 ou 06 88 65 81 69

PIHEN-LES-GUINES *C.M. 51*

3 ch. **Guines 5 km. Wissant 9 km. Calais 12 km.** Au centre du village, 3 chambres dans la maison des propriétaires (1 lit 2 pers. chacune), salle d'eau et wc privés pour chacune. Séjour, coin-salon privatif. Jardin, parking. Restaurant 5 km.

Prix : 2 pers. **200 F** 3 pers. **270 F**

Ouvert : toute l'année.

10	18	10	10	3	SP

DECLEMY Guy - 227 route de Guines - 62340 PIHEN-LES-GUINES - Tél : 03 21 85 92 61

QUELMES *C.M. 51*

4 ch. **Saint-Omer 10 km.** 4 ch. d'hôtes aménagées dans un ancien corps de ferme du XVIIIe siècle. Salle de séjour, salon. 3 ch. (1 lit 2 pers.), 1 ch. (1 lit 1 pers. 1 lit 2 pers.), salle d'eau et wc particuliers pour chaque chambre. Cuisine commune aux 4 chambres. Jardin, salon de jardin, parking. Accès par RN42, A26 à 5 km.

Prix : 2 pers. **260 F** 3 pers. **350 F**

Ouvert : toute l'année.

45	15	35	5	5	5	2	7

HUYSENTRUYT Eric - 110 rue de la Place - 62500 QUELMES - Tél : 03 21 95 60 62 - Fax : 03 21 93 20 88

RAMECOURT Ferme du Bois Quesnoy

4 ch. **Saint-Pol 2 km. Frévent 8 km.** 4 ch. d'hôtes indépendantes dans un corps de ferme en pierre. 3 ch. (2 lits 1 pers.), 1 ch. (1 lit 2 pers.), salle d'eau, salle de bains et wc particuliers pour chacune. Parking, jardin, 4 garages. Restaurant 2 km. Cueillette de fruits rouges en saison.

Prix : 2 pers. **230 F** pers. sup. **50 F**

Ouvert : toute l'année.

70	20	20	2	1	10	SP

DELEAU François - Ferme du Bois Quesnoy - 62130 RAMECOURT - Tél : 03 21 41 66 60

RECLINGHEM *C.M. 51*

1 ch. **Fauquembergues 7 km. Thérouanne 10 km.** En dehors du village, 1 chambre d'hôtes indépendante dans une construction ancienne rénovée (1 lit 2 pers.), salle d'eau et wc privés. Séjour et salon dans la maison des propriétaires. Télévision. Parking.

Prix : 1 pers. **160 F** 2 pers. **200 F**

Ouvert : toute l'année.

50	SP	50	25	2	2	SP

HANNE Charles - 20, rue de Lilette - 62560 RECLINGHEM - Tél : 03 21 39 53 69 - Fax : 03 21 39 53 69

REGNAUVILLE

2 ch. **Hesdin 7 km.** 2 ch. d'hôtes dans la ferme des propriétaires. Garage, parking et jardin. 1 ch. (1 lit 2 pers.), s. d'eau et wc privés. 1 ch./studio (1 lit 2 pers.) avec coin-cuisine, s. d'eau et wc (poss. loc. à la semaine). Séjour et salon dans la maison des prop. Bibliothèque. Poss. lit d'appoint supplémentaire. Restaurant 2 km. Gratuit enfants - 5 ans. Forêt à 7 km.

Prix : 1 pers. **190 F** 2 pers. **250 F** 3 pers. **340 F** pers. sup. **90 F**

Ouvert : toute l'année.

30	4	30	7	7	SP	7	7

LARDEUR Claudine - 7, rue des Juifs - 62140 REGNAUVILLE - Tél : 03 21 86 93 94 - Fax : 03 21 86 63 40

REMILLY-WIRQUIN A

1 ch. **Lumbres 6 km. Saint-Omer 10 km.** Dans la maison des propriétaires, située au centre du village, 1 chambre (1 lit 2 pers., 2 lits 1 pers.) avec salle d'eau et wc privés. Jardin. Prix 4 pers. : 400 F. Accès par le train, gare à 10 km. Par la route N42, Lumbres, D928.

CV

Prix : 2 pers. **260 F** 3 pers. **350 F**

Ouvert : toute l'année.

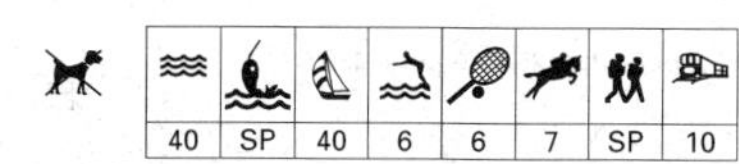

40	SP	40	6	6	7	SP	10

FASQUELLE Jacqueline - 14 rue Bernard Chochoy - 62380 REMILLY-WIRQUIN - Tél : 03 21 93 05 99

RICHEBOURG

4 ch. **Béthune 12 km. Armentières 16 km. La Bassée 8 km.** Dans une ferme de caractère, 4 ch. à l'étage d'une dépendance attenante à l'habitation principale. 1 ch. (1 lit 1 pers.), 2 ch. (1 lit 2 pers. 1 lit 1 pers.), 1 ch. (1 lit 2 pers.). Salle d'eau et wc particuliers pour chaque chambre. Salle de séjour et cuisine communes au r.d.c. Véranda. TV. Parking. Gratuit pour enfant - 5 ans. Barbecue, salon de jardin. Centre de loisirs à 6 km. Restaurant 2 km. Accès par D171.

CV

Prix : 1 pers. **160 F** 2 pers. **220 F** 3 pers. **260 F**

Ouvert : toute l'année.

80	5	15	10	SP	2	SP	5	SP

BAVIERE André et Christiane - Ferme les Caperies - 106 rue des Charbonniers - 62136 RICHEBOURG - Tél : 03 21 26 07 19 - Fax : 03 21 02 79 95

RICHEBOURG *C.M. 51*

2 ch. 2 chambres indépendantes au 1er étage avec dans chacune : 1 lit 2 pers., salle d'eau, wc particuliers, TV. Entrée et parking privés. Cuisine équipée, salle de repos à disposition. Salle de séjour dans la maison du propriétaire. Possibilité lit enfant supplémentaire. Enfant -5 ans gratuit. En dehors du village. Lave-linge commun. Salon de jardin. Restaurant à 2 km. Langue parlée : anglais.

CV

Prix : 1 pers. **160 F** 2 pers. **210 F** pers. sup. **60 F**

Ouvert : toute l'année.

80	15	18	12	SP	2	SP	14	SP

BLONDIAUX-PRINS Benoît - 20 rue de la Croix Barbet - 62136 RICHEBOURG - Tél : 03 21 26 04 95

RICHEBOURG La Niche *C.M. 51*

4 ch. **Béthune 12 km. Lens à 15 km. Lille 27 km. La Bassée 10 km.** Nichées dans un paradis campagnard, en dehors du village, 4 ch. indép. à l'ét. : 3 ch. (1 lit 2 pers. chacune, poss. lit suppl.). 1 ch. (1 lit 1 pers.), poss. 1 lit supp., s. d'eau, wc, TV et tél dans chaque ch. Réservés aux hôtes : cuisine, équipée, coin-repas, salle de détente, bibliothèque, jeux, boutique de produits régionaux. Fax. et Internet à dispo. 1 ch. est classée 2 épis. Entrée et parking privés. Gratuit pour moins de 5 ans. Tarifs dégressifs selon séjours. VTT sur place. Forêt à 10 km.

CV

Prix : 1 pers. **220 F** 2 pers. **250 F** pers. sup. **50 F**

Ouvert : toute l'année.

80	SP	15	12	SP	SP	SP	12

LE MAT Renée - 2355/31, rue de Marsy - « La Niche » - Vieille-Chapelle - 62136 RICHEBOURG - Tél : 03 21 65 33 13 - Fax : 03 21 66 89 04 - E-mail : CJB@easynet.fr

ROYON

2 ch. **Beaurainville 9 km par la RN39. Hesdin 15 km. Fruges 12 km.** 2 ch. d'hôtes aménagées dans une fermette de caractère des propriétaires, bordée par la Créquoise. 2 ch. (1 lit 2 pers.), salles de bains et wc particuliers. Salle de séjour, salon, TV, bibliothèque. Parking, jardin. Restaurant sur place. Ecuries pour chevaux.

CV

Prix : 1 pers. **200 F** 2 pers. **250 F**

Ouvert : toute l'année.

30	SP	30	15	5	7	SP	9

COUVREUR François - 21 rue du Moulin - 62990 ROYON - Tél : 03 21 90 60 72 ou 03 21 86 67 06

SAINS-LES-FRESSIN *C.M. 51*

2 ch. **Fruges 9 km. Hesdin 12 km.** A 1/2 heure de la mer, dans un parc arboré et fleuri de 1 ha., en dehors du village, 1 ch. (1 lit 2 pers.), salle de bains, wc privés. 1 ch. et 1 suite (2 lits 2 pers.), salle d'eau et wc privés. Coin-cuisine, salle à manger, cheminée, réfrigérateur. Salon. Jardin. Salon de jardin. Parking fermé. Tarif ch. + suite 4 pers. : 450 F. Restaurant 1 km. Taxe de séjour. Accès : RN39, D155, D928. Langue parlée : anglais.

CV

Prix : 2 pers. **270 F** pers. sup. **80 F**

Ouvert : toute l'année sauf décembre.

45	4	45	12	SP	SP	SP	SP

RIEBEN Jacques - 35 rue Principale - 62310 SAINS-LES-FRESSIN - Tél : 03 21 90 60 13 - Fax : 03 21 90 60 13

SAINT-ANDRE-AU-BOIS Saint-André *C.M. 51*

2 ch. **Hesdin 9 km. Montreuil 13 km par D138.** 2 chambres dans une maison de caractère, 1 ch. (2 lits 1 pers.), salle d'eau et wc particuliers, 1 ch. (2 lits 1 pers.), salle de bains et wc particuliers. Parc, parking. Construction rénovée sur les lieux de l'ancienne abbaye Saint-André. Restaurant 9 km. Langues parlées : anglais, allemand, hollandais.

CV

Prix : 1 pers. **160/180 F** 2 pers. **230/250 F** 3 pers. **330 F**

Ouvert : toute l'année.

30	4	30	10	3	5	2

M. WITTEMANS - Saint-André-au-Bois - 62870 SAINT-ANDRE-AU-BOIS - Tél : 03 21 86 01 50 ou 03 21 86 83 96

SAINT-AUBIN Les Buissonnets

3 ch. **Le Touquet et Montreuil-sur-Mer 8 km.** 3 chambres d'hôtes dans la maison des propriétaires dont 2 avec chacune 1 lit 2 pers. et 1 lit 1 pers. Salle d'eau et wc privés (dont 1 avec les wc hors de la ch.). 1 ch. (1 lit 2 pers.), salle d'eau et wc privés. Salle de séjour et salon réservés aux hôtes. A proximité du village avec jardin et parking. Restaurant à proximité. Accès en train : par Etaples à 8 km.

CV

Prix : 1 pers. **240 F** 2 pers. **270 F** 3 pers. **340 F** pers. sup. **70 F**

Ouvert : toute l'année.

8	8	8	8	8	8	SP	8

HOREL Marie-Thérèse - 67 chemin des Corps Saints - Les Buissonnets - 62170 SAINT-AUBIN - Tél : 03 21 84 12 12 ou 06 83 13 82 62 - Fax : 03 21 84 12 12

SAINT-FLORIS Les Buissonnets *C.M. 51*

1 ch. **Béthune et Hazebrouck 10 km. Merville 5 km.** 1 ch. d'hôtes aménagée dans la maison du propriétaire, avec entrée indépendante (1 lit 2 pers.), salle d'eau et wc particuliers. TV et coin-cuisine dans la chambre. Poss. 1 lit enfant supplémentaire. Fer à repasser, sèchoir. Location vélos, jardin privatif, salon de jardin. Gratuit pour enfant -5 ans. Par D916. Restaurant 1 km.

CV

Prix : 2 pers. **200 F**

Ouvert : toute l'année.

50	SP	50	10	SP	1	SP	6	1

BOURGOIS Bruno - Les Buissonnets - 42 rue de la Calonne-S/-La-Lys - 62350 SAINT-FLORIS - Tél : 03 21 27 38 88 - E-mail : bruno.bourgois@wanadoo.fr

SAINT-JOSSE-SUR-MER Les Peupliers

6 ch. **Montreuil, Le Touquet et Beck 10 km.** 6 ch. d'hôtes aménagées dans une construction nouvelle, 5 ch. avec chacune (1 lit 2 pers.), 1 ch. avec (2 lits 1 pers.), salle d'eau privée, wc particuliers. Salle de séjour. TV. Poss. cuisine pour chaque chambre. Parking. Gratuit enfant - 5 ans. Restaurant sur place. VTT dans le village.

CV

Prix : 1 pers. **220 F** 2 pers. **270 F** pers. sup. **70 F**

Ouvert : toute l'année.

8	SP	8	8	8	8	SP	8	3

LEPRETRE Alain - 8, allée des Peupliers - 62170 SAINT-JOSSE-SUR-MER - Tél : 03 21 94 39 47 - Fax : 03 21 94 03 08

SAINT-JOSSE-SUR-MER La Morinie (TH) *C.M. 51*

2 ch. **Montreuil-sur-Mer et Etaples 8 km. Le Touquet 10 km.** Dans la maison récente des propriétaires au centre du village, 2 chambres d'hôtes. 1 ch. 2 épis (1 lit 2 pers.) avec salle de bains particulière. 1 ch. 1 épi (2 lits 2 pers. 1 lit 1 pers.) avec salle d'eau particulière. WC à l'étage. Salle de séjour, salon, TV. Poss. lit enfant suppl. Jardin, parking. Table d'hôtes le soir. Garde enfant le soir : 20 F de l'heure. 320 F/4 pers. et 370 F/5 pers.

CV

Prix : 2 pers. **220 F** 3 pers. **270 F** pers. sup. **50 F** repas **70 F**

Ouvert : toute l'année.

15	1	5	8	SP	SP	8

HOYER Christiane - La Morinie - 8 rue des Corps Saints - 62170 SAINT-JOSSE-SUR-MER - Tél : 03 21 94 77 28

SAINT-JOSSE-SUR-MER Ferme du Tertre *C.M. 51*

4 ch. **Montreuil-sur-Mer et Etaples 8 km par la D139, Le Touquet/Berck 10 km.** Dans une ancienne ferme, 4 chambres d'hôtes indépendantes : 2 ch. (1 lit 2 pers.), 1 ch. (3 lits 1 pers.), 1 ch. 4 pers. avec kitchenette, salle de bains et wc particuliers. Séjour avec coin-cuisine. Parking privé, parc paysager avec étang. Restaurant 1 km. 4 golfs à proximité. 2 étangs de pêche sur place. Tarif 4 pers. 430 F.

CV

Prix : 1 pers. **240 F** 2 pers. **290 F** 3 pers. **360 F**

Ouvert : toute l'année.

8	SP	8	8	8	8	SP	8

PRETRE Sabine et Alain - Ferme du Tertre - 77 Chaussée de l'Avant Pays - 62170 SAINT-JOSSE-SUR-MER - Tél : 03 21 09 09 13 ou 06 07 42 07 90 - Fax : 03 21 09 09 13

SAINT-NICOLAS-LES-ARRAS

3 ch. **Arras 2 km.** 3 chambres aménagées dans une ferme familiale. 3 ch. (1 lit 2 pers.), salle d'eau particulière pour chacune et wc communs. Poss. cuisine dans l'entrée. Régrigérateur pour les 3 chambres. Garage. Restaurant sur place. Parking fermé. Centre de loisirs à 3 km.

CV

Prix : 1 pers. **140 F** 2 pers. **200 F**

Ouvert : toute l'année.

80	1	80	2	1	SP	5	3

LESUEUR Antoinette - Route de Roclincourt - 62223 SAINT-NICOLAS-LES-ARRAS - Tél : 03 21 55 27 85

SAINT-OMER

1 ch. **Saint-Omer 3 km. Forêt de Clairmarais sur place.** 1 chambre indépendante (1 lit 2 pers., poss. lit d'appoint), salle d'eau et wc privés. Salle à manger et salon réservés aux hôtes, TV, coin-cuisine. Jardin, cour. Maison située en dehors du village. Accès par le train, gare de Saint-Omer à 3 km. Par la route D.209.

CV

Prix : 2 pers. **250 F** 3 pers. **320 F**

Ouvert : toute l'année.

45	SP	45	5	5	3	SP	3	3

BRIOUL Pierrette - 151 ter route de Clairmarais - 62500 SAINT-OMER - Tél : 03 21 12 71 79

SAINT-TRICAT

(TH) *C.M. 51*

4 ch. **Guines 4 km. Calais 9 km.** 4 chambres d'hôtes dans la maison des propriétaires. 1 ch. (1 lit 2 pers. 3 lits 1 pers.), 1 ch. (1 lit 2 pers. 2 lits 1 pers.). 2 ch. (1 lit 2 pers.). Salle d'eau, wc, réfrigérateur et TV dans chaque chambre. Salle de séjour, salon, TV, livres à disposition. Jardin, parking fermé. Tarif repas boissons non comprises. VTT sur place. Au centre du village, manoir du XVIIe siècle de caractère. Par le train : TGV (Calais/Frethun/Saint-Tricat). Par la route : A26 puis RN 43. Tarif 5 pers. 400 F. Promenade en cabriolet et calèches.

CV

Prix : 2 pers. **250 F** 3 pers. **300 F** pers. sup. **60 F** repas **55/150 F**

Ouvert : toute l'année.

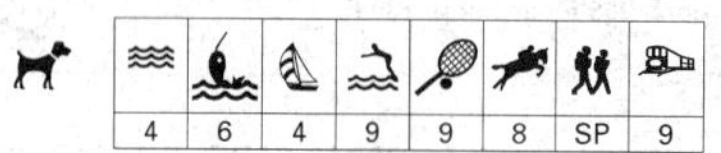

4	6	4	9	9	8	SP	9

CORNILLE Nelly - 774, Manoir Haute de Leulingu - 62185 SAINT-TRICAT - Tél : 03 21 85 92 58

SAINT-TRICAT

1 ch. **Calais et Guines 7 km. A 5 mn du tunnel.** Au centre du village, 1 chambre d'hôtes aménagée dans la maison des propriétaires. Jardin. 1 ch. (1 lit 2 pers.), salle d'eau et wc privés au r.d.c. TV dans la chambre. Salle de séjour, salon et bibliothèque communs aux propriétaires.

CV

Prix : 1 pers. **200 F** 2 pers. **220 F**

Ouvert : toute l'année.

10	25	10	7	3	10	SP	3	6

PAGNIEZ André - 286, rue de l'Eglise - 62185 SAINT-TRICAT - Tél : 03 21 82 44 25

SAINTE-CECILE

(TH)

4 ch. **Etaples 6 km. Boulogne-sur-Mer 17 km. Le Touquet 15 km.** 4 ch. d'hôtes dans la maison des propriétaires. Jardin, parking intérieur. R.d.c. : 2 ch. 1 épi (2 lits 1 pers. chacune). Salle de bains et wc communs aux 2 ch. Etage : 2 ch. (1 lit 2 pers. chacune), salle d'eau + wc privés chacune. Séjour avec TV et salon communs. Poss. lit suppl. Poss. table d'hôtes le soir sur réservation. Chauffage au fuel. En dehors du village, construction ancienne rénovée. Restaurant à 1 km. Chambres non fumeurs.

Prix : 1 pers. **180/200 F** 2 pers. **200/240 F** pers. sup. **70 F** repas **75 F**

Ouvert : toute l'année.

SP	SP	SP	6	6	SP	SP	10	6

DELMAR Marie-Chantal - 343, chemin des Bateaux - « La Halte » - 62176 SAINTE-CECILE-PLAGE - Tél : 03 21 84 94 51 ou 06 11 05 09 09 - Fax : 03 21 84 94 51

SAINTE-CECILE-CAMIERS

2 ch. **Etaples 6 km. Le Touquet 12 km.** Au centre du village, 2 chambres aménagées dans la maison des propriétaires, l'une au r.d.c., l'autre à l'étage. 1 ch. 3 épis (1 lit 2 pers.), salle d'eau et wc privés. 1 ch. (1 lit 2 pers.). Salle d'eau et wc privés au r.d.c. Salon. Possibilité lit d'enfant supplémentaire de 4 à 6 ans : 50 F. Restaurant à 1 km. Bienvenue à Sainte-Cécile, séjournez à l'Escale Fleurie, à 200 m de la plage. 2 chambres d'hôtes vous y attendent dans un cadre calme et agréable.

CV

Prix : 1 pers. **210/240 F** 2 pers. **240/280 F** pers. sup. **50/70 F**

Ouvert : du 1er avril au 30 novembre.

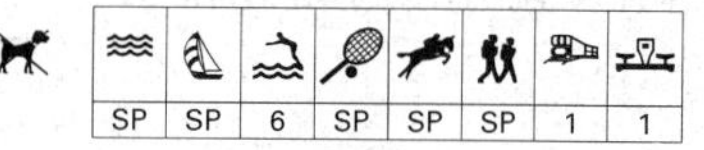

SP	SP	6	SP	SP	SP	1	1

WAXIN-DUBUISSON Nicole - 486, avenue des Eglantines - 62176 SAINTE-CECILE-CAMIERS - Tél : 03 21 84 71 11

SAMER Le Pont D'Etienfort *C.M. 51*

2 ch. **Samer 2 km. Boulogne-sur-Mer 11 km.** 2 ch. d'hôtes aménagées dans la maison des propriétaires, avec entrée indépendante. 1 ch. (1 lit 2 pers. 2 lits 1 pers.) et 1 ch. (2 lits 1 pers. 1 lit 2 pers.), s. d'eau et wc privés pour chacune. Salle de séjour, salon. Jardin, parking. 280 F/4 pers. Restaurant 2 km. Promenades à poney pour enfants. Salon de jardin. Forêts sur place.

Prix : 2 pers. **180 F** 3 pers. **230 F** pers. sup. **50 F**

Ouvert : toute l'année.

12	2	12	7	10	SP	SP

M. PRUVOST-DUVAL - 2209, le Pont d'Etienfort - 1 rue Nationale - 62830 SAMER - Tél : 03 21 33 50 24

SAMER *C.M. 51*

3 ch. **Hardelot 12 km. Boulogne-sur-Mer 15 km.** 3 ch. d'hôtes dans une maison de caractère, au centre du village. 1 ch. (3 lits 1 pers.), 1 ch. (1 lit 2 pers.), s. d'eau et wc privés chacune, 1 ch. (2 lits 1 pers.) salle de bains et wc privés. Salle de séjour, salon, bibliothèque, TV. Poss. lit enfant supplémentaire. Jardin, terrasse, parking. Restaurant sur place. Salon de jardin. A partir de 6 ans : 60 F. Enfant - 5 ans : 30 F.

Prix : 1 pers. **200 F** 2 pers. **250 F** 3 pers. **350 F** pers. sup. **60 F**

Ouvert : toute l'année.

12	2	12	6	SP	2	SP

MAUCOTEL Joëlle - 127 rue du Breuil - 62830 SAMER - Tél : 03 21 33 50 87 ou 03 21 87 64 19 - Fax : 03 21 33 35 53

LE SARS *C.M. 53 Pli 12*

4 ch. **Bapaume 6 km. Albert 13 km.** Au centre du village, 4 ch. dans une habitation traditionnelle de la région. A l'étage : 2 ch. donnant sur une route départementale (1 lit 2 pers., lavabo), s. d'eau et wc communs. R.d.c. : 2 ch. (2 lits 1 pers.), salle d'eau et wc privés, entrée indépendante. Cheminée feu de bois. Musée privé (1ère guerre mondiale). Salle de réception aménagée avec les outils de la ferme réservée aux hôtes. Parking privé fermé, salon de jardin, jardin d'agrément. A proximité des Batailles de la Somme. Restaurant 6 km. Par l'A1, sortir à Bapaume D929. Langue parlée : anglais.

Prix : 1 pers. **170 F** 2 pers. **250 F** pers. sup. **100 F**

Ouvert : toute l'année.

5	12	5	SP	20	12	6

ROUSSEL Danièle - 37 rue Nationale - 62450 LE SARS - Tél : 03 21 07 05 01 - Fax : 03 21 24 78 10 - E-mail : oroussel@aol.com - http://www.ville-arras.fr/roussel

SAULCHOY

2 ch. **Hesdin 18 km. Montreuil-sur-Mer 16 km.** 2 ch. d'hôtes dans la maison des propriétaires. Jardin, garage et parking. 1 ch. (1 lit 2 pers.), salle de bains et wc privés. 1 ch. (1 lit 2 pers.), salle d'eau et wc privés. Séjour et salon communs aux prop. Bibliothèque. TV dans chacune. Au centre du village. Poss. lit d'enfant suppl., lit bébé gratuit. Restaurant sur place. Enfant à partir de 3 ans : 50 F.

Prix : 1 pers. **220 F** 2 pers. **240 F** pers. sup. **50 F**

Ouvert : toute l'année.

25	SP	25	16	16	3	SP	16	16

POTTIER Karl - 576, rue de Haut - 62870 SAULCHOY - Tél : 03 21 81 57 21

SAULTY *C.M. 53 Pli 1*

5 ch. **Arras et Doullens 18 km.** 5 ch. dans un château du XIXe dans un parc de 45 ha. au milieu des vergers, 1 ch. (1 lit 2 pers.), salle d'eau part. 1 ch. (1 lit 2 pers.), s.d.b. particulière, 2 ch. (1 lit 2 pers. 1 lit 1 pers.), s.d.b. et wc privés chacune. 1 ch. (1 lit 2 pers. 2 lits 1 pers.), s.d.b./wc privés. Séjour, salon, TV, biblio. à dispo. des hôtes. Parking. Enfant : 80 F. RN25 Arras/Doullens, dans l'arbret, suivre Saulty. Choix de 10 restaurants dans un rayon de 10 km. Langue parlée : anglais.

Prix : 1 pers. **190 F** 2 pers. **290 F** 3 pers. **370 F** pers. sup. **80 F**

Ouvert : toute l'année sauf janvier.

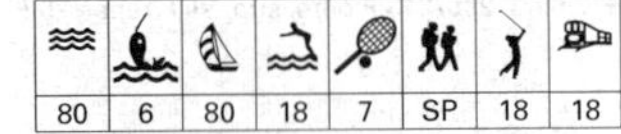

80	6	80	18	7	SP	18	18

DALLE Emmanuel et Sylvie - 82 rue de la Gare - 62158 SAULTY - Tél : 03 21 48 24 76 - Fax : 03 21 48 18 32

SORRUS Ferme du Colombier *C.M. 51 Pli 11*

6 ch. **Le Touquet 15 km. Montreuil 4 km.** 6 ch. d'hôtes aménagées dans une construction neuve indép. de la maison des prop. Parking. 4 ch. (1 lit 2 pers. 1 conv. 2 pers.) dans chaque chambre, salle d'eau et wc privés. 2 ch. 1 épi (1 lit 2 pers. 1 conv. 2 pers. chacune), salle d'eau et wc communs aux 2 ch. Petit déjeuner à la table familiale. Salle de détente avec TV. Micro-ondes, réfrigérateur. Canapés. Gratuit pour enfant de - 3 ans. Salons de jardin. Restaurant 3 km. Langue parlée : anglais.

Prix : 1 pers. **130/180 F** 2 pers. **180/230 F** 3 pers. **220/270 F** pers. sup. **40 F**

Ouvert : toute l'année.

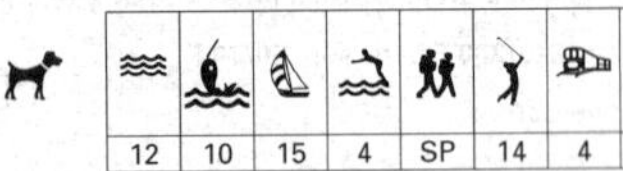

12	10	15	4	SP	14	4	4

HENOT - Ferme du Colombier - 171 rue Saint-Riquier - 62170 SORRUS - Tél : 03 21 06 07 27

TENEUR

(TH) *C.M. 51*

3 ch. **Azincourt 7 km. Circuit de Croix-en-Ternois 10 km.** 3 ch. d'hôtes aménagées dans une ancienne grange, dans le cadre verdoyant et reposant de la vallée ternoise. Salle de séjour, bibliothèque. 3 ch. (1 lit 2 pers.), salle d'eau et wc particuliers, coin-salon dans chaque chambre. Cuisine à la disposition des hôtes. Poss. 1 lit enfant supplémentaire. Jardin, parking. VTT sur place. Barbecue. Gratuit pour enfant - 5 ans. Restaurant 5 km. Animaux admis après accord des propriétaires. Situé sur le GR21. Tarif semaine : 1200 F/2 pers. Circuit de Croix-en-Ternois à 10 km.

Prix : 1 pers. **200 F** 2 pers. **220 F** 3 pers. **300 F** pers. sup. **50 F**
repas **100 F**

Ouvert : toute l'année.

50	SP	7	15	5	10	SP

M. VENIEZ - 11 rue Marcel Dollet - 62134 TENEUR - Tél : 03 21 41 62 34 - Fax : 03 21 41 62 34 - E-mail : jcveniez@ifrance.com - http://www.ifrance.com/jcveniez

THELUS

1 ch. **Arras 6 km. Lens 10 km.** A la sortie du village, maison type chalet dans un jardin d'agrément. Parking. 2 chambres communiquantes (1 lit 2 pers. 1 lit 1 pers.), salle d'eau et wc particuliers séparés. Possibilité lit d'enfant supplémentaire. Salon, coin-détente privés avec bibliothèque, TV. Accès : RN17, sortie A26 à 2 km.

Prix : 1 pers. **200 F** 2 pers. **250 F** 3 pers. **320 F** pers. sup. **50 F**

Ouvert : toute l'année.

15	10	10	6	SP	8

JAPSENNE Victor - 19 bis rue d'Arras - 62580 THELUS - Tél : 03 21 73 08 85 - Fax : 03 21 73 08 85

TIGNY-NOYELLE Le Prieuré

(TH) *C.M. 51*

5 ch. **Berck 12 km. Montreuil 14 km. Abbaye de Valloire 6 km.** 5 ch. d'hôtes dont 1 suite dans 1 maison de caractère en dehors du village. 1 ch. (1 lit 2 pers.), 1 ch. (2 lits 1 pers.), 1 ch. (2 lits 1 pers. 1 lit 2 pers.). 1 ch. (2 lits 1 pers.) et 1 suite (1 lit 1 pers. 1 lit 2 pers.), s.d.b., wc et TV particuliers chacune. Poss. 1 lit enfant suppl. Salle de séjour. Parking (hors propriété), jardin. Restaurant à 2 km. Table d'hôtes sur réservation 24 h à l'avance. Suite : 420 F/2 pers., 500 F/3 pers. Réserve de Marquenterre à 20 km. Prix repas à partir de 140 F. A16, sorties N°14 ou 15.

Prix : 1 pers. **280 F** 2 pers. **340/420 F** 3 pers. **420/500 F** pers. sup. **80 F**
repas **140 F**

Ouvert : toute l'année.

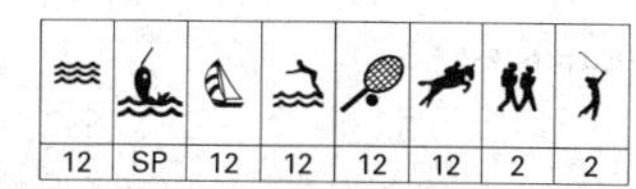

12	SP	12	12	12	12	2	2

DELBECQUE Roger - Le Prieuré - Impasse de l'Eglise - 62180 TIGNY-NOYELLE - Tél : 03 21 86 04 38 - Fax : 03 21 81 39 95

TOURNEHEM-SUR-LA-HEM

2 ch. **Calais et Saint-Omer 25 km.** 2 chambres d'hôtes aménagées dans la maison des propriétaires située au centre du village. Jardin, parc, parking cloturé, grande terrasse. 1 ch. (1 lit 2 pers, 1 lit enfant), salle d'eau privée, wc hors de la chambre. 1 ch. (1 lit 2 pers.), salle d'eau et wc privé. Séjour communs. TV dans chaque chambre. Tél. à l'entrée. Jardin d'enfants, rivière, forêt domaniale, parc d'attractions. Site touristique de la « Chapelle Saint Louis ». Accès par l'A26, sortie N°2, direction Licques, ou par la RN43, à Nordausques, direction Tournehem.

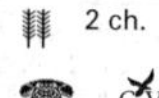

Prix : 1 pers. **210/230 F** 2 pers. **230/250 F**

Ouvert : toute l'année.

20	10	10	10	SP

LYSENSOONE Denise et Henri - 30, rue de Valenciennes - 62890 TOURNEHEM-SUR-LA-HEM - Tél : 03 21 35 60 56

TROISVAUX

1 ch. **Saint-Pol-sur-Terroise 10 km.** Chambre indépendante dans construction annexe. 1 chambre (1 lit 2 pers.) au rez-de-chaussée. Séjour commune, salon dans la chambre avec TV. Hébergement chevaux possible. Au centre du village, jardin. Parking extérieur. Accès N.41 et D.87. Salon de jardin, barbecue.

Prix : 1 pers. **200 F** 2 pers. **280 F**

Ouvert : toute l'année.

65	1	65	13	3	5	SP	3

M. WAROQUET - 25 rue Principale - 62130 TROISVAUX - Tél : 03 21 03 05 61

TUBERSENT Les Coquennes

5 ch. **Le Touquet 8 km. Etaples 6 km.** 5 chambres dans maison des propriétaires. 2 ch. (1 lit 2 pers.), s. d'eau et wc privés (3 épis), 1 ch. (1 lit 2 pers. 1 lit 1 pers.), s.d.b. et wc privés (3 épis), 2 ch. (1 lit 2 pers. + lavabo), s. d'eau et wc communs (1 épi). Au r.d.c., séjour, TV. Jardin, parking. Salon de jardin, jeux d'enfants, barbecue. Maison située en dehors du village. Accès par le train à Etaples, par la route A16.

Prix : 2 pers. **200/250 F** 3 pers. **320 F**

Ouvert : toute l'année.

8	1	8	6	12	6	SP

BOITREL Anne-Marie et Alain - 59 rue de Frencq - « Les Coquennes » - 62630 TUBERSENT - Tél : 03 21 86 73 53 - Fax : 03 21 86 09 78

VALHUON La Villa Jeanne d'Arc (TH) *C.M. 51*

3 ch. **Saint-Pol 7 km. Bruay 15 km.** 3 ch. indép. dans une ancienne fermette, au r.d.c. 1 ch. (1 lit 2 pers.), 1 ch. (1 lit 2 pers. 1 lit 1 pers.), 1 ch. (2 lits 1 pers.), s. d'eau + wc privés chacune. Salle de séjour commune, salon, bibliothèque. Poss. lit enfant suppl. Au centre du village, construction rénovée. Enfants - de 5 ans gratuit. Jardin, parking. Repas uniquement sur réservation. Kitchenette à la disposition des hôtes. Accès par D77, Lillers D916. Langues parlées : anglais, allemand.

CV

Prix : 1 pers. **180 F** 2 pers. **220 F** 3 pers. **300 F** pers. sup. **60 F** repas **80 F**

Ouvert : toute l'année sauf en février (congés scolaires).

60	15	60	10	SP	12	SP	7	SP

ZIELMANN Sylviane - La Villa Jeanne d'Arc - 5 rue du Faubourg Brûlé - 62550 VALHUON - Tél : 03 21 47 97 34 - Fax : 03 21 47 97 34 - E-mail : CHRISTIANE.ZIELMAN@wanadoo.fr - http://www.ifrance.com/zs

VERTON *C.M. 51*

4 ch. **Berck 4 km. Le Touquet 15 km.** Aménagées dans une jolie chaumière avec jardin arboré et fleuri au cœur du village calme et paisible, 4 ch. (1 lit 2 pers. chacune). Salle d'eau et wc particuliers, TV pour chaque chambre. Parking. Restaurant à 3 km. A16, Paris, Calais, sortie N°25 Berck. Centre de loisirs à 5 km.

Prix : 1 pers. **240 F** 2 pers. **290 F**

Ouvert : toute l'année.

5	5	5	5	5	5	SP	15	3	SP

TERRIEN Christian et Geneviève - La Chaumière - 19 rue du Bihen - 62180 VERTON - Tél : 03 21 84 27 10 - http://www.perso.worldonline.fr/lachaumière

VERTON

2 ch. **Le Touquet 13 km. Berck 4 km.** Au centre du village, 2 ch. indépendantes avec terrain clos, parc fleuri, parking. 1 ch. (1 lit 2 pers. 1 lit 1 pers.) avec coin-cuisine. 1 ch. (1 lit 2 pers.). TV, salle d'eau et wc privés pour chacune. Séjour, portique, salle de jeux. Accès : RN1, Montreuil-Abbeville. D143 Etaples. A16, sortie Berck N°25.

CV

Prix : 2 pers. **220/240 F** 3 pers. **290 F**

4	3	4	4	4	2	SP	11	2	SP

LEMOR Roger - 2 rue de Montreuil - 62180 VERTON - Tél : 03 21 84 23 59

VERTON Villa Marie

3 ch. **Berck 3 km. Le Touquet 13 Km.** Au centre du village, dans un parc clos de 28 ares, 3 chambres d'hôtes indépendantes dans une maison attenante à la villa. 2 ch. avec chacune (1 lit 2 pers.), 1 ch. (2 lits 1 pers.), salle d'eau et wc privés pour chacune. TV dans chaque chambre. Possibilité lit d'appoint supplémentaire. Possibilité cuisine commune. Accès : de A16, sortie Berck, de la RN1, Wailly-Beaucamp, puis D142, direction Verton ou de la D940, de Rue, prendre direction Verton.

CV

Prix : 1 pers. **250 F** 2 pers. **280 F** pers. sup. **80 F**

Ouvert : toute l'année.

5	5	5	5	5	3	SP	13	5	SP

BROCARD Viviane - 12, rue des Ecoles - Villa Marie - 62180 VERTON - Tél : 03 21 94 05 49

WAIL Ferme de la Wawette *C.M. 51*

4 ch. **Hesdin 7 km. Berck à 40 km.** A 30 mn de la mer, dans une ancienne ferme entièrement rénovée, en dehors du village, 4 ch. indépendantes au r.d.c. 1 ch. (1 lit 2 pers. 1 lit 1 pers.), 1 ch. (2 lits 1 pers.), 1 ch. (3 lits 1 pers.), 1 ch. (1 lit 2 pers.), salle d'eau et wc privés pour chacune. Possibilité 2 lits 1 pers. supp. Séjour, salon, cheminée feu de bois réservés aux hôtes. Parking privé. Possibilité garage. Restaurant à 2 km. Circuit de Croix-en-Ternois à 20 km. Jeux d'enfants sur place.

CV

Prix : 1 pers. **220 F** 2 pers. **270 F** 3 pers. **350 F** pers. sup. **80 F**

Ouvert : toute l'année.

45	SP	45	14	6	SP	SP	8	8

COURQUIN Anielle - 1 rue de Wawette - 62770 WAIL - Tél : 03 21 41 88 38 - Fax : 03 21 41 88 38

WAILLY *C.M. 51*

4 ch. **Arras 7 km. Amiens 40 km.** 4 chambres indépendantes, 2 au rez-de-chaussée et 2 à l'étage. 2 chambres (2 lits 1 pers. chacune), 2 chambres (1 lit 2 pers. chacune). Salle d'eau et wc particuliers pour chacune. Séjour réservé aux hôtes. Possibilité lits enfants en suppl. Possibilité garage, parking. Au centre du village, construction ancienne rénovée. Auberge à 4 km.

Prix : 1 pers. **180 F** 2 pers. **220 F** pers. sup. **80 F**

Ouvert : toute l'année.

70	20	70	4	SP	7

DESSAINT Denise - 18, rue des Hochettes - 62217 WAILLY - Tél : 03 21 51 64 14 - Fax : 03 21 51 64 14

WIMILLE

C.M. 51

3 ch. **Marquise et Wimereux 4 km.** 3 ch. d'hôtes indép. avec jardin et parking. 2 ch. (1 lit 2 pers. chacune), 1 ch. (1 lit 2 pers. 1 lit 1 pers., coin-cuisine). Salle d'eau et wc privés chacune. Possibilité lit de bébé : 50 F/semaine. Salle de séjour commune aux prop. En dehors du village. Restaurant à 3 km.

CV

Prix : 1 pers. **200 F** 2 pers. **250 F** 3 pers. **320 F**

Ouvert : toute l'année.

4	6	3	10	3	1	SP

BOUTROY Patrick - 2, route d'Etiembrique - 62126 WIMILLE - Tél : 03 21 87 10 01

WIRWIGNES Ferme du Blaizel

A

3 ch. **Boulogne-sur-Mer 16 km. Desvres 4 km.** 3 ch. d'hôtes indép. Parking. R.d.c. : 1 ch. (1 lit 2 pers. 2 lits 1 pers.), 1 ch. (1 lit 2 pers.), 1 ch. (1 lit 2 pers. 1 lit 1 pers.), salle d'eau et wc privés chacune. Coin-cuisine commun aux 3 ch. Séjour dans le hall réservé aux hôtes. TV dans chacune. Au centre du village, construction ancienne rénovée.

CV

Prix : 1 pers. **180 F** 2 pers. **250 F** 3 pers. **340 F**

Ouvert : toute l'année.

16	6	16	4	4	15	SP

NOEL Hervé - Rue de la Lombardie - Ferme du Blaizel - 62240 WIRWIGNES - Tél : 03 21 32 91 98

WISSANT Ferme « Le Breuil »

C.M. 51

2 ch. 2 chambres d'hôtes aménagées dans la ferme des propriétaires. 1 chambre (1 lit 2 pers.) + poss. 1 conv. 2 pers., 1 chambre (1 lit 2 pers. 1 lit 1 pers.) + lavabo. Salle d'eau particulière à chaque chambre. WC communs aux 2 chambres. Salle de séjour. Parking, salon de jardin dans la cour. Possibilité lit pliant suppl. Construction rénovée en dehors du village. Restaurants. Accès : A16, sortie N°7 ou N°9, route de Wissant-Marquise D238 entre les hameaux de Warcove et du Colombier.

CV

Prix : 1 pers. **200 F** 2 pers. **240 F** 3 pers. **340 F** pers. sup. **80 F**

Ouvert : toute l'année.

3	3	3	20	3	3	SP	9	3

LEBAS Guy et Béatrice - Ferme « Le Breuil » - 62179 WISSANT - Tél : 03 21 92 88 87 - Fax : 03 21 92 88 87

NORMANDIE

Pour réserver, écrire ou téléphoner :

14 - CALVADOS

GITES DE FRANCE - Service Réservation
6, promenade Madame de Sévigné
14050 CAEN Cedex 4
Tél. : 02 31 82 71 65 - Fax : 02 31 83 57 64
E.mail : info@gites-de-france-calvados.fr
www.gites-de-france-calvados.fr

27 - EURE

GITES DE FRANCE - Service Réservation
9, rue de la Petite Cité
B.P. 882
27008 EVREUX Cedex
Tél. : 02 32 39 53 38
Fax : 02 32 33 78 13
E.mail : gites@eure-chambagri.fr

50 - MANCHE

GITES DE FRANCE - Informations
Maison du Département
Rond-Point de la Liberté
50008 SAINT-LÔ Cedex
Tél. : 02 33 05 98 70 - Fax : 02 33 56 07 03
www.manche-tourisme.com

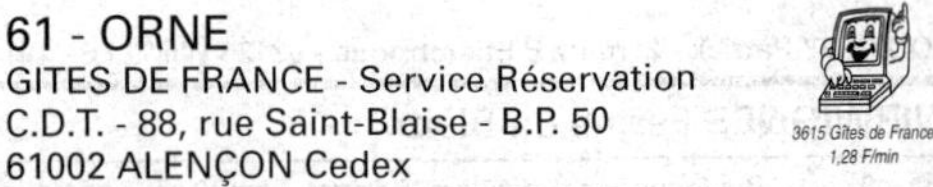

61 - ORNE

GITES DE FRANCE - Service Réservation
C.D.T. - 88, rue Saint-Blaise - B.P. 50
61002 ALENÇON Cedex
Tél. : 02 33 28 07 00 ou 02 33 28 88 71
Fax : 02 33 29 01 01
E.mail : orne.tourisme@wanadoo.fr

76 - SEINE-MARITIME

3615 Gîtes de France
1,28 F/min

GITES DE FRANCE - Service Réservation
Imm. Chambre d'Agriculture
Chemin de la Bretèque - B.P. 59
76232 BOIS-GUILLAUME Cedex
Tél. : 02 35 60 73 34 - Fax : 02 35 61 69 20
E.mail : gites.76@wanadoo.fr
www.gites-de-france.fr

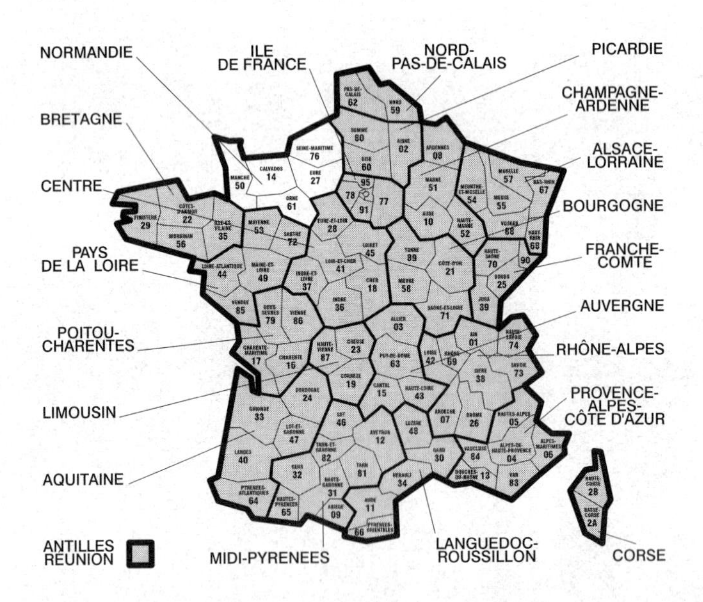

GITES DE FRANCE - Service Réservation
6, promenade Madame de Sévigné - 14050 CAEN Cedex 4
Tél. 02 31 82 71 65 - Fax. 02 31 83 57 64
http://www.gites-de-france-calvados.fr
E.mail : info@gites-de-france-calvados.fr

3615 Gîtes de France
1,28 F/min

ABLON

C.M. 55 Pli 3/4

2 ch. Dans l'habitation, au r-d-c : 1 ch 2 pers, salle d'eau et wc particuliers (1 épi). A l'étage : 1 ch 2 pers avec coin salon et une mezzanine 2 pers, lit bébé, salle d'eau et wc particuliers (2 épis). Salon de jardin. Sur les hauteurs de Honfleur, ces chambres sont aménagées pour vous accueillir en couple ou en famille. Le Vieux Bassin et les galeries de peintures sont à 10 minutes.

CV

Prix : 1 pers. **170/190 F** 2 pers. **200/230 F** 3 pers. **300 F**

Ouvert : toute l'année.

5	10	5	5	10	8	5	1	3	1	15	2

DUCHEMIN Yves et Françoise - Chemin de la Batrie - 14600 ABLON - Tél : 02 31 98 71 15 - Fax : 02 31 98 71 15 - E-mail : multimania.com@giteablon - http://www.multimania.com/giteablon

ABLON Le Gros Chêne

3 ch. Dans une petite maison proche de l'habitation : au r-d-c : 1 ch 2 pers, salle d'eau et wc particuliers. A l'étage : 2 ch 2 pers, salle de bains et wc particuliers. Cuisine à disposition pour 1 ch. Salon de jardin. A deux pas de Honfleur, vous serez accueillis dans des chambres claires et agréablement décorées. Le jardin d'agrément et le calme des lieux vous feront rester.

CV

Prix : 1 pers. **170 F** 2 pers. **220 F** 3 pers. **280 F**

Ouvert : toute l'année.

8	15	6	15	15	3	2	SP	1	20	6

GIMER Christian et Françoise - Le Gros Chêne - 14600 ABLON - Tél : 02 31 98 77 01

AIRAN Ferme du Vieux Château

C.M. 54 Pli 16/17

1 ch. Dans la maison d'habitation de la ferme, à l'étage : 1 suite 3 pers, avec 1 ch complémentaire 2 pers, poss. lit enfant, salle de bains et wc particuliers. Entrée indépendante. Salle de détente. Salon de jardin. Confort, calme, décoration soignée caractérisent cette chambre très spacieuse, rénovée dans la partie habitation de la Ferme du Vieux Chateau. Langue parlée : anglais.

CV

Prix : 1 pers. **200 F** 2 pers. **250 F** 3 pers. **320 F**

Ouvert : toute l'année.

25	25	14	4	14	11	0,2	0,5	0,3	0,5	8	0,5

BREE Serge et M-France - Ferme du Vieux Château - 14370 AIRAN - Tél : 02 31 23 65 08 - Fax : 02 31 23 65 08 - E-mail : marie-france.bree@wanadoo.fr - http://perso.wanadoo.fr/ferme_du_vieux-chateau

AMBLIE

C.M. 54 Pli 15

3 ch. Dans un bâtiment à proximité de l'habitation, à l'étage : 2 ch 2 pers, 1 chambre 3 pers, salle d'eau et wc particuliers. Au r-d-c : salle de détente. Salon de jardin. Daniel et Lydie vous accueillent chaleureusement dans leur demeure au cœur du village sauvegardé d'Amblie. Le salon de détente aménagé pour les hôtes est un lieu propice au repos. Plages du Débarquement.

CV

Prix : 1 pers. **170 F** 2 pers. **250 F** 3 pers. **290 F**

Ouvert : toute l'année.

5	5	5	1,5	15	1	SP	3	15	3,5

FIQUET Lydie - 28 rue des Porets - 14480 AMBLIE - Tél : 02 31 80 57 97

AMFREVILLE L'Ecarde

C.M. 54 Pli 16

2 ch. Dans une annexe de la maison d'habitation, au r-d-c : 1 ch 4 pers, 1 ch 2 pers, salle de bains et wc particuliers. Salon de jardin. Le confort et l'authenticité caractérisent ces deux chambres aménagées dans les dépendances d'un ancien relais de la Poste.

CV

Prix : 1 pers. **225 F** 2 pers. **250 F** 3 pers. **310 F**

Ouvert : toute l'année.

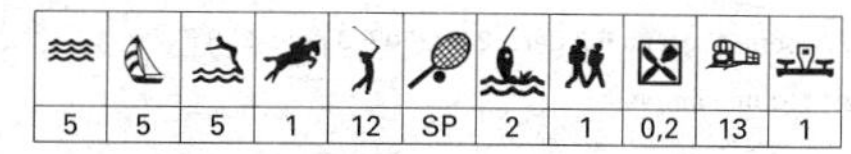

5	5	5	1	12	SP	2	1	0,2	13	1

LAMOTTE Philippe et Jeanine - L'Ecarde - 10 route de Cabourg - 14860 AMFREVILLE - Tél : 02 31 78 71 78

AMFREVILLE

1 ch. En annexe à la maison d'habitation, au r-d-c : 1 ch 2 pers avec 1 ch complémentaire 1 pers, salon, canapé- convertible 2 pers, salle de bains et wc particuliers. Entrée indépendante. Terrasse. Salon de jardin. A proximité de Cabourg dans un cadre calme et fleuri, un accueil convivial vous est offert. Langue parlée : anglais.

Prix : 1 pers. **220 F** 2 pers. **280 F** 3 pers. **360 F**

Ouvert : d'avril à novembre.

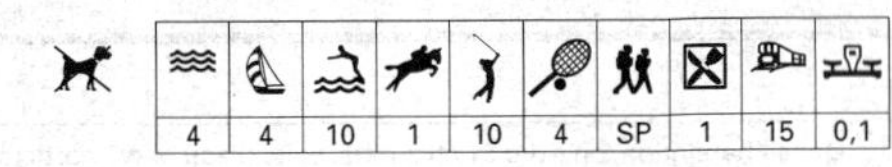

4	4	10	1	10	4	SP	1	15	0,1

LEGEARD/LEFOULON Lucie - 15 rue de Dolton - 14860 AMFREVILLE - Tél : 02 31 78 71 56

ANNEBAULT *C.M. 54 Pli 17*

3 ch. Dans la maison d'habitation, à l'étage : 2 ch 3 pers, salle d'eau particulière, 1 ch 2 pers, salle d'eau particulière, possibilité d'1 ch complémentaire 3 pers Entrée indépendante. Terrasse avec salon jardin. A 15 minutes de la « Côte Fleurie », grandes chambres bien équipées dans une maison de type régional. Accueil sympathique. Prêt de vélos. Langue parlée : anglais.

CV

Prix : 1 pers. **180 F** 2 pers. **220 F** 3 pers. **280 F**

Ouvert : toute l'année.

12	12	2	2	10	6	0,3	12	1

LEROY Monique - Route de Rouen - 14430 ANNEBAULT - Tél : 02 31 64 80 86 - Fax : 02 31 64 80 86

ARGANCHY La Grande Abbaye *C.M. 54 Pli 14*

3 ch. Dans la maison d'habitation de la ferme, à l'étage : 1 ch 4 pers, salle d'eau commune (1 épi), 1 ch 2 pers, salle d'eau et wc particuliers (3 épis), 1 ch 4 pers, salle d'eau particulière (2 épis). Salon de jardin. La Grande Abbaye du XIIè au XIVè S. abrite 3 chambres que Suzanne et Michel vous feront découvrir. Venez goûter leurs produits cidricoles. Plages du Débarquement.

Prix : 1 pers. **160 F** 2 pers. **190/220 F** 3 pers. **240/270 F**

Ouvert : de mars à septembre.

15	7	5	15	7	4	2,5	7	7

LETOUZE Michel et Suzanne - La Grande Abbaye - 14400 ARGANCHY - Tél : 02 31 92 57 22

ARGENCES *C.M. 54 Pli 16*

1 ch. Dans l'habitation, à l'étage : 1 ch 3 pers, salle d'eau et wc particuliers avec 1 ch complémentaire 2 pers. Salon de jardin. La situation de cette chambre est idéale : à quelques encablures de Ouistreham et en bordure du Pays d'Auge, contrée de la pomme et des Haras.

Prix : 1 pers. **190 F** 2 pers. **220 F** 3 pers. **320 F**

Ouvert : toute l'année.

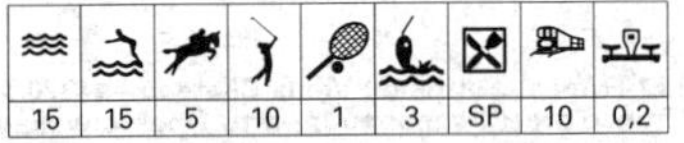

15	15	5	10	1	3	SP	10	0,2

LEBRETON Albert et Renée - 5 Impasse des Jonquilles - 14370 ARGENCES - Tél : 02 31 23 02 58

ARGENCES *C.M. 54 Pli 16*

2 ch. Dans une maison de construction récente, à l'étage : 2 ch 2 pers, salle d'eau et wc particuliers, possibilité lit d'appoint. Billard. Salon de jardin. Cette grande maison contemporaine vous accueille au cœur d'un village animé, à seulement 20 minutes de la plage.

Prix : 1 pers. **160 F** 2 pers. **200 F** 3 pers. **250 F**

Ouvert : toute l'année.

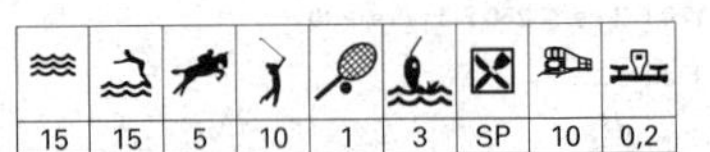

15	15	5	10	1	3	SP	10	0,2

EGRET Henri et Marguerite - 2 Impasse des Jonquilles - 14370 ARGENCES - Tél : 02 31 23 60 63

ARGENCES *C.M. 54 Pli 16*

2 ch. Dans l'habitation, au r-d-c : 1 ch 2 pers, salle de bains et wc particuliers, avec 1 ch complémentaire 2 pers. A l'étage : 1 ch 3 pers avec entrée indépendante, salle de bains et wc particuliers. TV. Cuisine à disposition. Terrasse avec salon de jardin. Dans une maison de style normand avec intérieur rustique et grand jardin, proche de Caen, de la mer et du Pays d'Auge.

CV

Prix : 1 pers. **180/200 F** 2 pers. **220/250 F** 3 pers. **320 F**

Ouvert : toute l'année.

20	15	0,5	15	15	0,2	0,2	0,2	SP	10	0,2

JAUTEE Gérard et Annick - 28 rue du Maréchal Joffre - 14370 ARGENCES - Tél : 02 31 23 64 82 ou 06 85 26 29 87

ARGENCES

C.M. 55 Pli 12

2 ch. Dans une maison de construction récente située en zone pavillonnaire, à l'étage : 2 ch 2 et 3 pers, salle d'eau et wc particuliers. Salon de jardin. Une maison contemporaine proche d'un petit bourg dynamique. Claude et Solange seront heureux de vous accueillir et seront de bon conseil pour réussir votre séjour.

CV

Prix : 1 pers. **160 F** 2 pers. **200 F**

Ouvert : toute l'année.

15	15	5	10	1	3	0,5	10	0,5

PERREE Claude et Solange - 10 rue Eustache Pillon - 14370 ARGENCES - Tél : 02 31 23 03 02

AUNAY-SUR-ODON

C.M. 54 Pli 15

2 ch. Dans l'habitation, au 2ème étage : 2 ch 2 pers, avec 1 ch complémentaire 2 pers, salle de bains commune. Situées dans un bourg rural, votre séjour dans ces chambres vous fera apprécier l'accueil charmant de la propriétaire, et la région du Pré- Bocage Normand.

Prix : 1 pers. **150 F** 2 pers. **200 F** 3 pers. **240 F**

Ouvert : toute l'année.

40	7	18	15	14	SP	SP	SP	SP	35	0,1

PIMOR Rolande - 7 Place de l'Eglise - 14260 AUNAY-SUR-ODON - Tél : 02 31 77 62 92

AUTHIE

C.M. 231 Pli 29-30

3 ch. Dans l'habitation à l'étage : 2 ch 2 pers, 1 ch 3 pers, salles d'eau et wc particuliers. Possibilité de couchage supplémentaire. Salon de détente. Salon de jardin. Le clos Hamon est une belle propriété en pierres où vous séjournerez dans des chambres spacieuses à la décoration raffinée. Les plages de la Côte de Nacre et le centre ville de Caen sont à 15 mn.

CV

Prix : 1 pers. **190 F** 2 pers. **240 F** 3 pers. **320 F**

Ouvert : toute l'année.

15	15	5	2	6	10	3	12	0,5	2	7	0,1

LEMOINE Annick - 2 rue Henri Brunet - 14280 AUTHIE - Tél : 02 31 26 00 35 ou 06 81 97 23 20

LES AUTHIEUX-SUR-CALONNE Les Bélières

3 ch. Dans l'habitation, au r-d-c : 1 ch 2 pers, salle d'eau et wc particuliers, entrée indépendante. A l'étage : 2 ch 2 et 3 pers, avec chacune 1 ch complémentaire 2 pers, salle d'eau ou salle de bains et wc particuliers. Salon de jardin. Dans une habitation de construction contemporaine entourée d'un jardin fleuri. Françoise et François vous accueillent avec convivialité dans des chambres confortables au calme.

CV

Prix : 1 pers. **280 F** 2 pers. **300 F** 3 pers. **400 F**

Ouvert : toute l'année.

18	8	18	4	8	6	6	2	SP	2	8	8

LE ROUX François & Françoise - Route de Blangy le Chât. - Les Bélières - 14130 LES AUTHIEUX-SUR-CALONNE - Tél : 02 31 64 67 28 - Fax : 02 31 64 67 28

BALLEROY

TH

C.M. 54 Pli 14

3 ch. Dans l'habitation, au r-d-c : 1 ch 3 pers, salle de bains et wc particuliers. A l'étage : 2 ch 2 et 3 pers, salle d'eau et wc particuliers. Salle de détente avec TV. Salon de jardin. Dans un joli village construit dans la perspective du château de Balleroy du XVIIè, vous serez accueillis chaleureusement dans une maison contemporaine et pourrez partager le diner familial à la table d'hôte si vous le souhaitez.

CV

Prix : 1 pers. **200 F** 2 pers. **225 F** 3 pers. **300 F** repas **90 F**

Ouvert : toute l'année.

22	0,5	2	22	0,3	2	1	0,5	15	0,5

AMELINE Louis et Huguette - Les Aiguillères N° 3 - 14490 BALLEROY - Tél : 02 31 21 92 99

BANVILLE Ferme le Petit Val

C.M. 55 Pli 1

5 ch. Dans un bâtiment proche de l'habitation. R-d-c : 2 ch 2 pers, salle d'eau et wc particuliers. A l'étage : une suite de deux chambres de 2 pers, salle d'eau et wc particuliers. Dans l'habitation, à l'étage : 2 ch 2 et 3 pers, salle d'eau ou salle de bains avec wc particuliers. Salle de repos avec TV. Chez ces agriculteurs, vous serez accueillis avec convivialité dans un corps de ferme récemment restauré avec jardin d'agrément. Vélos. Plages du Débarquement. Langue parlée : anglais.

CV

Prix : 1 pers. **220 F** 2 pers. **260/300 F** 3 pers. **330 F**

Ouvert : de Pâques à la Toussaint.

3	3	3	3	10	3	3	3	20	0,1

LESAGE Gérard - Le Petit Val - 24 rue du Camp Romain - 14480 BANVILLE - Tél : 02 31 37 92 18 - Fax : 02 31 37 92 18

BASLY *C.M. 54 Pli 15*

4 ch. Dans une habitation de construction récente, au r-d-c :1 ch 2 pers avec 1 ch complémentaire 2 pers, salle de bains particulière. A l'étage : 2 ch 2 et 4 pers, salle d'eau et wc particuliers, poss. lit suppl 1 pers, 1 ch 2 pers, salle d'eau et wc part. TV dans les ch. Salle de détente dans véranda. Salon de jardin. Le petit déjeuner est un moment privilégié que vous prendrez sous la véranda. Ainsi, vous profiterez pleinement du calme du jardin.

Prix : 1 pers. **150 F** 2 pers. **200 F** 3 pers. **250 F**

Ouvert : toute l'année.

6	6	6	6	6	0,5	6	0,5	15	2

DESPERQUES Colette - 14 route de Douvres - 14610 BASLY - Tél : 02 31 80 94 15

BEAUMONT-EN-AUGE La Capucine *C.M. 54 Pli 17*

2 ch. Dans une maison de construction récente, au r-d-c : 2 ch 2 et 3 pers, salles d'eau et wc particuliers. Entrée indépendante. Terrasse couverte. Salon de jardin. Dans les environs du village authentique de Beaumont, ces chambres vous permettront d'apprécier la campagne du Pays d'Auge.

Prix : 1 pers. **165 F** 2 pers. **220 F** 3 pers. **270 F**

Ouvert : toute l'année.

11	6	6	5	6	SP	2	6	3

PIOGER Liliane - La Capucine - Le Bois Jourdain - 14950 BEAUMONT-EN-AUGE - Tél : 02 31 64 82 10

BEAUMONT-EN-AUGE Ferme de Drumare *C.M. 54 Pli 17/18*

2 ch. Dans l'habitation de la ferme, à l'étage : 2 grandes chambres de 3 et 4 pers, avec salle de bains et wc particuliers. Salon de jardin. Proche de la ferme, cette maison de caractère du 18è siècle offre des chambres spacieuses et chaleureuses. L'escalier pour y accéder vous fera rêver.

Prix : 1 pers. **205 F** 2 pers. **250 F** 3 pers. **300 F**

Ouvert : de Pâques à la Toussaint.

10	10	10	1	3	7	1	1	7	1

LECARPENTIER Gilbert - Ferme de Drumare - 14950 BEAUMONT-EN-AUGE - Tél : 02 31 64 83 52

BERNESQ Le Rupalley *C.M. 54 Pli 14*

3 ch. Dans l'habitation, au r-d-c : 1 ch 4 pers. A l'étage : 2 ch 4 pers, salle d'eau et wc particuliers. Entrée indépendante. Dans une ancienne ferme, ces chambres sont rustiques et authentiques. Au petit déjeuner, vous dégusterez le pain cuit au feu de bois. Etang de pêche à proximité. Plages du Débarquement.

Prix : 1 pers. **150 F** 2 pers. **230 F** 3 pers. **280/300 F**

Ouvert : toute l'année.

10	20	6	15	5	SP	5	5	20	5

MARIE Marcelle - Le Rupalley - 14710 BERNESQ - Tél : 02 31 22 54 44

BERNIERES-D'AILLY Ferme d'Ailly (TH) *C.M. 55 Pli 12*

4 ch. Dans l'habitation de la ferme, au r-d-c : 1 ch 3 pers, salle d'eau et wc particuliers. A l'étage : 1 ch 2 pers, 2 ch 3 pers avec chacune leur ch complémentaire 2 pers, salles d'eau et wc particuliers. Salle de séjour, salle de jeux. La décoration raffinée et l'ambiance rustique seront le décor de votre séjour à la ferme d'Ailly. Langue parlée : anglais.

Prix : 1 pers. **170 F** 2 pers. **210 F** 3 pers. **250 F** repas **85 F**

Ouvert : de Pâques à la Toussaint.

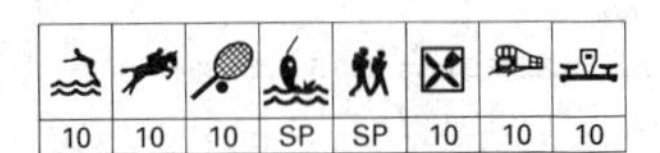

10	10	10	SP	SP	10	10	10

VERMES André et Arlette - Ferme d'Ailly - 14170 BERNIERES-D'AILLY - Tél : 02 31 90 73 58 - Fax : 02 31 40 89 39 - E-mail : andre.vermes@wanadoo.fr

BERNIERES-SUR-MER *C.M. 54 Pli 15*

4 ch. Dans un bâtiment indépendant au r-d-c : 2 ch 3 et 4 pers, salle d'eau particulière. A l'étage : 2 ch 3 pers, salle d'eau particulière. Salon de jardin. Au cœur de cette exploitation agricole, vous profiterez du calme de la campagne, à deux pas de la mer. Accueil sympathique et chambres fonctionnelles. Plages du Débarquement.

Prix : 1 pers. **155 F** 2 pers. **200 F** 3 pers. **240 F**

Ouvert : toute l'année.

1	1	2	0,2	0,3	1	0,8	18	1

BARDELLE J-Claude & Elisabeth - 1 rue Léopold Hettier - 14990 BERNIERES-SUR-MER - Tél : 02 31 96 65 46

BERNIERES-SUR-MER

C.M. 55 Pli 1/2

2 ch. Dans la maison d'habitation, à l'étage : 1 ch 2 pers, salle d'eau et wc particuliers. 1 ch 3 pers avec coin salon, salle d'eau et wc particuliers. Entrée indépendante. A deux pas de la mer, vous serez accueillis dans une maison de caractère au centre du village. Repos et convivialité assurés. Langues parlées : anglais, allemand.

CV

Prix : 1 pers. **180 F** 2 pers. **220 F** 3 pers. **300 F**

Ouvert : de mai à septembre.

0,8	0,8	2	0,2	0,5	0,5	18	0,5

NANDILLON Michel et Chantal - 86 rue Achille Min - 14990 BERNIERES-SUR-MER - Tél : 02 31 96 45 73 - Fax : 02 31 96 45 73 - E-mail : michel.nandillon@wanadoo.fr

BERNIERES-SUR-MER

C.M. 231 Pli 18

1 ch. Dans la maison d'habitation, au 2ème étage : 1 ch 3 pers, salle d'eau et wc particuliers. Poss. lit supplémentaire 2 pers. Salon. A quelques pas de la mer, ancienne pension de famille de la fin du 19e siècle, la « Villa Canchy » vous accueille pour d'agréables nuits. La situation est idéale pour profiter du littoral et parcourir les plages du débarquement. Langues parlées : anglais, allemand, portugais.

CV

Prix : 1 pers. **200 F** 2 pers. **230 F** 3 pers. **300 F**

Ouvert : toute l'année.

0,3	0,3	2,5	0,8	15	0,5	0,3	17	0,3

MICHALOT Léopoldine et Lionel - 55 rue du Régt de la Chaudière - 14990 BERNIERES-SUR-MER - Tél : 02 31 96 65 44 ou 06 14 39 45 22 - E-mail : villacanchy@aol.com

BERVILLE-L'OUDON Le Pressoir

C.M. 55 Pli 13

3 ch. Dans l'habitation, au r-d-c : 1 ch 2 pers, salle d'eau et wc particuliers, entrée indépendante. A l'étage : 2 ch 3 pers, salle de bains particulière. Salle d'accueil. L'ambiance raffinée des chambres est à l'image de cette demeure historique puisque vous résiderez ici dans un ancien pressoir du XVè s. Pêche sur place.

Prix : 1 pers. **220 F** 2 pers. **270 F** 3 pers. **320 F**

Ouvert : toute l'année.

35	3	1	3	6	3	SP	SP	3	3	3

DUHAMEL Annick - Le Pressoir - Route de l'Eglise - 14170 BERVILLE-L'OUDON - Tél : 02 31 20 51 26 - Fax : 02 31 20 03 03

BEUVILLERS Cour de la Tour

C.M. 55 Pli 13

3 ch. Dans une habitation de construction récente, au r-d-c : 2 ch 2 pers, 1 ch 3 pers, salle d'eau ou salle de bains particulière. Terrasse. Salon de jardin. A deux pas de la Basilique, cette adresse vous réserve un hébergement confortable. Ne manquer pas de visiter le Pays d'Auge.

CV

Prix : 1 pers. **190 F** 2 pers. **230 F** 3 pers. **320 F**

Ouvert : toute l'année.

28	17	2	13	12	0,3	0,3	1,5	1,5	1,5

MANCEL Yvette - Cour de la Tour - 9 rue de la Liberté - 14100 BEUVILLERS - Tél : 02 31 62 18 32 ou 06 09 90 95 92 - Fax : 02 31 62 18 32 - E-mail : mancel.michel@wanadoo.fr

BEUVRON-EN-AUGE

C.M. 231 Pli 31

2 ch. Dans l'habitation, au r-d-c : 1 ch 2 pers, salle d'eau et wc particuliers, poss lit supplémentaire. Dans une ancienne bouillerie, au r-d-c : 1 ch 2 pers, salle d'eau et wc particuliers. Accès indépendants. Salon de jardin. Dans ce charmant village sauvegardé, proche des magnifiques Halles, Mme Hamelin vous accueille dans une belle maison à colombages de caractère, (du XVIIème), très fleurie, les chambres sont bien décorées et personnalisées.

CV

Prix : 1 pers. **230/240 F** 2 pers. **280/300 F**

Ouvert : de Pâques à la Toussaint.

17	17	17	7	17	5	SP	SP	SP	25	0,1

HAMELIN Monique - La Place de Beuvron - 14430 BEUVRON-EN-AUGE - Tél : 02 31 39 00 62

BEUVRON-EN-AUGE

C.M. 231 Pli 31

2 ch. Dans l'habitation, au r-d-c : 1 ch 2 pers, salle d'eau et wc particuliers. A l'étage : 1 ch 2 pers, avec 1 ch complémentaire 2 pers, salle de bains et wc particuliers. Salon de jardin. Dans un village typique du Pays d'Auge, entrez dans cette maison du XVIIIè siècle, et profitez du calme de ces 2 chambres douillettes.

Prix : 1 pers. **220 F** 2 pers. **260/280 F** 3 pers. **380 F**

Ouvert : toute l'année.

15	15	15	7	15	5	SP	SP	SP	28	0,1

DUVAL Marie-Thérèse - Rue Principale - 14430 BEUVRON-EN-AUGE - Tél : 02 31 79 23 79 ou 06 07 61 11 70

BEUVRON-EN-AUGE *C.M. 231 Pli 31*

2 ch. Dans l'habitation, à l'étage : 2 ch 2 pers, salles d'eau et wc particuliers. Une entrée indépendante. Dans un village sauvegardé, une maison à pans de bois reconstruite à l'identique. Restauration à proximité.

Prix : 1 pers. **230 F** 2 pers. **260 F**

Ouvert : toute l'année.

15	15	15	7	15	7	SP	0,5	28	0,1

DUVAL Lucienne et Jean - Route de Clermont - 14430 BEUVRON-EN-AUGE - Tél : 02 31 39 09 19

BEUVRON-EN-AUGE *C.M. 231 Pli 31*

2 ch. Dans l'habitation à l'étage : 2 chambres 2 et 3 pers, salle d'eau et wc particuliers. Salons de jardin. A deux pas du village sauvegardé, une maison contemporaine entourée d'un immense jardin fleuri. Langues parlées : anglais, italien.

Prix : 1 pers. **210/230 F** 2 pers. **250/270 F** 3 pers. **350/370 F**

Ouvert : toute l'année.

15	15	15	7	15	7	SP	0,5	30	0,5

CHAMPE Monique - Chemin du Mont Goubert - 14430 BEUVRON-EN-AUGE - Tél : 02 31 79 02 45 - Fax : 02 31 79 02 45

BIEVILLE-BEUVILLE Le Londel *C.M. 54 Pli 16*

5 ch. Dans une maison de construction récente, à l'étage : 4 ch 2 pers, 1 ch 3 pers, salles d'eau et wc particuliers. Entrée indépendante. Chambres situées dans les environs de Caen. Calme et repos sont assurés. Le petit déjeuner est servi dans un vaste séjour sur une table de ferme.

Prix : 1 pers. **180 F** 2 pers. **240 F** 3 pers. **290 F**

Ouvert : toute l'année.

6	6	5	6	4	4	4	10	5

BRUAND Jean-Claude - Le Londel - 14112 BIEVILLE-BEUVILLE - Tél : 02 31 44 51 74

BIEVILLE-BEUVILLE La Petite Londe *C.M. 54 Pli 16*

2 ch. Dans l'habitation de la ferme, à l'étage : 1 ch 2 pers, salle d'eau et wc particuliers (3 épis), 1 ch 2 pers, salle de bains particulière et wc communs (2 épis). Possibilité d'1 ch complémentaire 2 pers. Environnement campagnard pour ces chambres situées dans une maison contemporaine. Langue parlée : anglais.

Prix : 1 pers. **150/180 F** 2 pers. **200/240 F**

Ouvert : toute l'année.

10	10	5	5	3	3	2	7	3

LANCE J-Pierre & Françoise - La Petite Londe - 14112 BIEVILLE-BEUVILLE - Tél : 02 31 44 52 03

LA BIGNE La Vauterie *C.M. 231 Pli 28/29*

3 ch. Dans l'habitation, à l'étage 2 ch de 2 pers, 1 ch 2 pers avec 1 ch complémentaire 2 pers, salles d'eau et wc particuliers. Lit bébé. Possibilité lit suppl. [0013]Salon d jardin. Dans un cadre champêtre et paysagé de 4 ha, Simone et Jean-Pierre (artiste créateur) vous accueillent chaleureusement dans leur grande demeure aux chambres romantiques. Accueil cheval. Langue parlée : anglais.

Prix : 1 pers. **180 F** 2 pers. **240 F** 3 pers. **300 F**

Ouvert : toute l'année.

9	8	9	0,5	SP	8	24	9

LAIMAN Simone - La Vauterie - 14260 LA BIGNE - Tél : 02 31 77 95 21 - Fax : 02 31 77 95 21

BLANGY-LE-CHATEAU Ferme des Millets *C.M. 231 Pli 20*

2 ch. Dans une belle demeure, à l'étage : 1 ch 2 pers, et une suite de 2 ch (4 pers), salles d'eau et wc particuliers. Salon de jardin. Aux dominantes de couleurs bleue et écrue, ces ravissantes chambres s'ouvrent sur un paysage de bois et de vergers. Langues parlées : anglais, allemand.

Prix : 1 pers. **200 F** 2 pers. **280 F** 3 pers. **380 F** pers. sup. **100 F**

Ouvert : toute l'année.

22	10	13	3	10	8	10	10	SP	3	10	1

PICARD-QUERVEL J-Michel & Elisabeth - Ferme des Millets - 14130 BLANGY-LE-CHATEAU - Tél : 02 31 65 20 92 - Fax : 02 31 65 20 98

BLONVILLE-SUR-MER Le Lieu Pieugé

C.M. 231 Pli 19

5 ch. Dans l'habitation de la ferme, 1 ch 4 pers, salle d'eau particulière et TV (2 épis). Dans un bâtiment indépendant, 3 ch 2 pers, 1 ch 3 pers, salle d'eau commune (1 épi). Cette jolie demeure normande propose des chambres à la fois simples et confortables. Le jardin agrémentera votre séjour.

Prix : 1 pers. **200/220 F** 2 pers. **220/300 F** 3 pers. **260/340 F**

Ouvert : toute l'année.

2	2	2	0,5	5	2	2	2	2	2	2

ORLEACH Roland - Le Lieu Pieuge - 14910 BLONVILLE-SUR-MER - Tél : 02 31 87 41 37

BLONVILLE-SUR-MER

C.M. 231 Pli 19

2 ch. Dans la maison d'habitation, au r-d-c : 2 ch 2 pers, salle d'eau commune, lavabo et TV dans chaque ch. Entrée indépendante. Cuisine à disposition. Salon de jardin. Maisonnette de style normand avec jardin fleuri très agréable. Chambres très confortables, décoration harmonieuse et soignée. Langue parlée : anglais.

Prix : 1 pers. **200 F** 2 pers. **250 F**

Ouvert : toute l'année.

0,3	0,4	3	SP	3	SP	0,3	SP	0,3	1	0,4

PHILIPPE Françoise - 1 rue de la cour Mariette - 14910 BLONVILLE-SUR-MER - Tél : 02 31 88 56 93

LE BO

C.M. 55 Pli 11

3 ch. Dans l'habitation, à l'étage : 3 ch 2 pers, avec possibilité lits supplémentaires, salles d'eau particulières et wc communs. Salle de détente avec TV. Salon de jardin. Possibilité pique-nique. Ces chambres agréables sont à l'image du lieu : calme et repos en Suisse Normande. Nombreux sentiers de randonnées à proximité.

Prix : 1 pers. **180 F** 2 pers. **200 F** 3 pers. **280 F**

Ouvert : toute l'année.

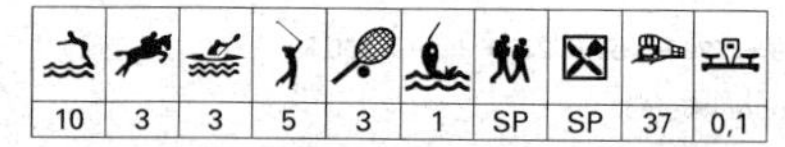

10	3	3	5	3	1	SP	SP	37	0,1

BOITTIN Catherine et J-Louis - 14690 LE BO - Tél : 02 31 69 70 08

LA BOISSIERE Le Manoir

C.M. 54 Pli 17

3 ch. Dans l'habitation, au r-d-c : 1 ch 3 pers, salle d'eau et wc particuliers. A l'étage : 2 ch 2 et 4 pers, salles de bains et wc particuliers. Salon de jardin. Des chambres avec beaucoup de caractère dans ce manoir augeron du XVIème siècle entouré d'un parc arboré.

Prix : 1 pers. **220 F** 2 pers. **260/300 F** 3 pers. **330 F**

Ouvert : toute l'année.

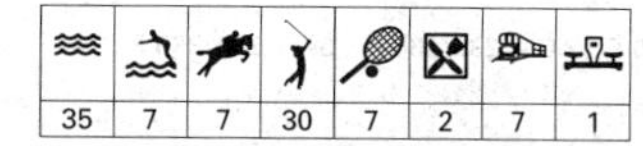

35	7	7	30	7	2	7	1

DELORT Paul et Thérèse - Le Manoir - 14340 LA BOISSIERE - Tél : 02 31 62 25 95 ou 02 31 32 20 81

BONNEBOSQ Le Champ Versant

C.M. 54 Pli 17

2 ch. Dans l'habitation de la ferme, à l'étage : 2 ch 2 pers, salle de bains ou salle d'eau et wc particuliers. [0003]Ce magnifique manoir augeron de caractère vous garantit un séjour agréable dans un cadre campagnard. Mme Letresor se fera un plaisir de vous raconter sa belle région.

Prix : 1 pers. **220 F** 2 pers. **280/300 F** 3 pers. **380 F**

Ouvert : de Pâques à la Toussaint.

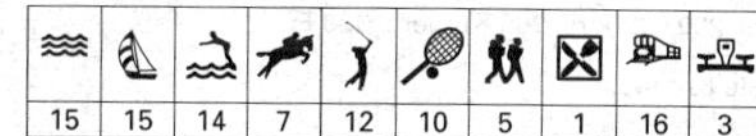

15	15	14	7	12	10	5	1	16	3

LETRESOR Marcel et M-Thérèse - Le Champ Versant - 14340 BONNEBOSQ - Tél : 02 31 65 11 07

BONNEVILLE-LA-LOUVET

C.M. 55 Pli 4

2 ch. Dans l'habitation de la ferme, au r-d-c : 1 ch 2 pers, salle de bains et wc particuliers. A l'étage : 1 ch 2 pers avec 1 ch complémentaire 2 pers, salle d'eau et wc particuliers. Salle de détente. Salon de jardin. Cette belle demeure authentique du Pays d'Auge est implantée dans un cadre soigné où il fait bon profiter du jardin.

Prix : 1 pers. **200 F** 2 pers. **240 F** 3 pers. **300 F**

Ouvert : toute l'année.

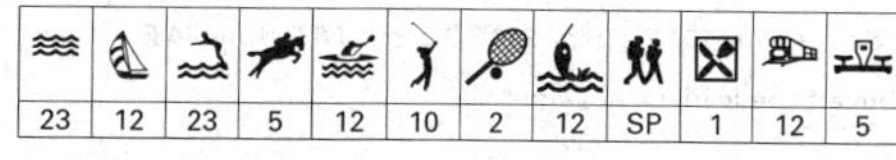

23	12	23	5	12	10	2	12	SP	1	12	5

DUBOS Gilbert - Route du Brevedent - 14130 BONNEVILLE-LA-LOUVET - Tél : 02 31 65 44 83

BONNEVILLE-LA-LOUVET Ferme des Tostes (TH) *C.M. 54 Pli 18*

5 ch. Dans un bâtiment annexe, au r-d-c : 2 ch 2 pers, 1 ch 4 pers en duplex avec TV. Etage : 2 ch 2 et 3 pers, salle de bains ou salle d'eau et wc particuliers. Salle de détente. TV. Salon de jardin. Spécialités normandes ou végétariennes. La Ferme des Tostes est un ensemble d'anciennes maisons traditionnelles augeronnes restaurées. Chambres confortables et calmes avec vue dégagée sur la campagne. Langue parlée : anglais.

Prix : 1 pers. **250 F** 2 pers. **290 F** 3 pers. **350 F** repas **95 F**

Ouvert : toute l'année.

25	14	18	3	14	8	2	8	SP	2	14	2

MONCLERC Isabelle - Ferme des Tostes - Route de Blangy - 14130 BONNEVILLE-LA-LOUVET - Tél : 02 31 64 37 74 ou 06 80 42 25 44 - Fax : 02 31 64 95 47 - E-mail : ferme.tostes@wanadoo.fr - http://www.ferme.tostes.com

BONNEVILLE-LA-LOUVET La Croix Hauville *C.M. 231 Pli 32*

1 ch. Dans l'habitation à l'étage : 1 ch 2 pers, salle d'eau et wc particuliers et 1 ch complémentaire 2 pers avec lavabo. Entrée indépendante. Salon de jardin. Située dans un cadre vallonné, cette jolie maison à colombages met à votre disposition des chambres coquettes décorées avec beaucoup de goût. Ici, le calme est assuré !

Prix : 1 pers. **200 F** 2 pers. **250 F** 3 pers. **340 F**

Ouvert : toute l'année.

23	12	23	5	12	10	2	12	SP	1	12	5

FONGARNAND Gilbert et Maryvonne - La Croix Hauville - Le Clos Fleuri - 14130 BONNEVILLE-LA-LOUVET - Tél : 02 31 64 74 34 ou 06 68 29 42 80

BONNEVILLE-SUR-TOUQUES Quartier de la Forge *C.M. 54 Pli 17*

3 ch. Dans la maison d'habitation, à l'étage : 2 ch 2 pers, 1 ch 3 pers, salle de bains commune. A deux pas de Deauville, Odette vous accueille avec simplicité dans sa maison entourée d'un verger.

Prix : 1 pers. **170 F** 2 pers. **220 F** 3 pers. **260 F**

Ouvert : toute l'année.

6	6	2	2	4	2	1	0,3	5	2

LOUISET Odette - Quartier de la Forge - 14800 BONNEVILLE-SUR-TOUQUES - Tél : 02 31 64 79 69

BOULON *C.M. 55 Pli 11*

2 ch. Dans l'habitation du propriétaire, à l'étage : 1 ch 2 pers, salle de bains et wc particuliers (3 épis), 1 ch 2 pers, salle d'eau et wc particuliers (2 épis). Poss. lit d'appoint. Salon de détente. Salon de jardin. Ces chambres sont décorées avec goût. De retour de balade, vous pourrez vous détendre dans le jardin soigneusement entretenu.

Prix : 1 pers. **175/185 F** 2 pers. **230/260 F** 3 pers. **300/330 F**

Ouvert : toute l'année.

30	10	2	10	15	5	6	10	4	16	2

DUCHEMIN J-Jacques & Marie-Jo - 789 rue de la République - 14220 BOULON - Tél : 02 31 39 23 86 ou 06 07 12 66 86

BOURGEAUVILLE La Belle Epine *C.M. 54 Pli 17*

4 ch. A la ferme, proche de l'habitation : 4 ch de 2, 3 et 4 pers avec salles d'eau et wc particuliers. Salon de jardin. A la ferme, au cœur du Pays d'Auge, entre les stations balnéaires de Cabourg et Deauville, 4 chambres spacieuses ont été aménagées dans un ancien pressoir normand au milieu d'un cadre verdoyant et calme.

Prix : 1 pers. **200 F** 2 pers. **260 F** 3 pers. **320 F**

Ouvert : toute l'année.

8	8	1,5	SP	13	1,5	10	SP	2,5	10	3

CLOUET Vincent et Stéphanie - La Belle Epine - 14430 BOURGEAUVILLE - Tél : 02 31 65 27 26 ou 06 61 17 83 82 - Fax : 02 31 65 27 26

BREMOY Le Carrefour de Fosses (TH) *C.M. 54 Pli 14*

2 ch. Dans la maison d'habitation, au r-d-c : 1 ch 3 pers, salle d'eau et wc particuliers. A l'étage : 1 ch 3/4 pers, salle d'eau et wc particuliers. Entrée indépendante. Véranda avec cuisine à disposition et salon. Salon de jardin. Après une bonne nuit de repos dans ces chambres au calme, vous pourrez randonner dans cette région vallonnée.

Prix : 1 pers. **150 F** 2 pers. **210 F** 3 pers. **250 F** repas **80 F**

Ouvert : de février à novembre.

50	50	17	12	18	10	15	SP	7	22	4

LALLEMAN Gilbert & Jacqueline - Le Carrefour de Fosses - 14260 BREMOY - Tél : 02 31 77 83 22 - E-mail : jg-lalleman@yahoo.fr

BRETTEVILLE-SUR-DIVES Le Pressoir de Glatigny *C.M. 55 Pli 12/13*

2 ch. Dans l'habitation, à l'étage : 1 ch 2 pers avec 1 ch complémentaire 2 pers, salle d'eau et wc particuliers, 1 ch 4 pers, salle de bains et wc particuliers. Salon de détente avec TV. Salon de jardin. Le Pressoir de Glatigny, ancien corps de ferme du XVIIIè siècle est situé aux confins du Pays d'Auge. Mr et Mme Delacour vous y accueillent dans des chambres spacieuses. Prêt VTT.

CV

Prix : 1 pers. **200 F** 2 pers. **250 F** 3 pers. **330 F**

Ouvert : toute l'année.

35	2,5	2,5	2,5	2,5	2,5	3	1,5	2,5	2,5

DELACOUR Serge et Yvette - Le Pressoir de Glatigny - 14170 BRETTEVILLE-SUR-DIVES - Tél : 02 31 20 68 93

BRETTEVILLE-SUR-LAIZE Château des Riffets (TH) *C.M. 54 Pli 16*

4 ch. Dans l'habitation, à l'étage : 2 ch 2 et 3 pers et 2 suites 4 pers, salles de bains et wc particuliers. Salon avec TV. Piscine extérieure couverte chauffée en saison. Parc boisé. Situé dans un parc boisé de 15 ha, le Chateau des Riffets vous offre son cadre majestueux. Langues parlées : anglais, allemand.

CV

Prix : 2 pers. **570 F** 3 pers. **730 F** repas **250 F**

Ouvert : toute l'année.

24	24	SP	4	20	5	1	1	1	1	15	1

CANTEL Alain - Les Riffets - 14680 BRETTEVILLE-SUR-LAIZE - Tél : 02 31 23 53 21 - Fax : 02 31 23 75 14

LE BREUIL-EN-AUGE Le Lieu Gaugain *C.M. 54 Pli 18*

2 ch. Dans une maison de construction récente, au r-d-c : 2 ch 2 pers, avec 1 ch complémentaire 2 pers (lavabo dans chaque ch) salle de bains commune. Véranda aménagée avec cuisine et salon. Cette maison perchée sur la colline entourée d'une vaste pelouse offre une vue panoramique sur la Vallée de la Touques où les amateurs de pêche pourront exercer leurs loisirs favoris. Agréé « gîte de pêche ». Langue parlée : anglais.

CV

Prix : 1 pers. **140 F** 2 pers. **170 F** 3 pers. **230 F**

Ouvert : toute l'année.

18	5	10	5	7	5	1	1	2	7	3

AGUT Claude et Lydie - Le Lieu Gaugain - 14130 LE BREUIL-EN-AUGE - Tél : 02 31 65 02 10

BREVILLE-LES-MONTS *C.M. 54 Pli 16*

3 ch. A la ferme, dans l'habitation : à l'étage, 1 ch 2 pers, salle de bains et wc particuliers avec 1 ch complémentaire 2 pers. Dans une annexe de l'habitation, à l'étage : 2 ch 2 et 3 pers, salle d'eau particulière. Entrée indépendante. Cuisine à disposition. Salon de jardin. Chambres agréables dans une propriété à proximité de la mer. Tranquilité assurée.

CV

Prix : 1 pers. **180 F** 2 pers. **220 F** 3 pers. **270/300 F**

Ouvert : toute l'année.

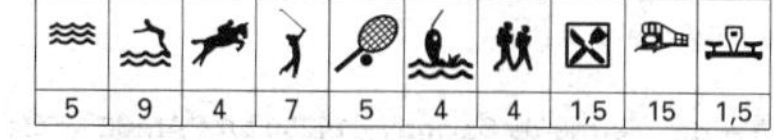

5	9	4	7	5	4	4	1,5	15	1,5

FOSSE Gérard et Paulette - 34 rue de Beneauville - Le Bas de Bréville - 14860 BREVILLE-LES-MONTS - Tél : 02 31 78 73 07

BUCEELS Hameau de la Croix (TH) *C.M. 54 Pli 15*

3 ch. Dans l'habitation, à l'étage : 1 ch 3 pers, salle d'eau et wc particuliers. Dans un bâtiment mitoyen avec entrée indépendante, au r-d-c, 1 ch 4 pers, à l'étage, 1 ch 3 pers, salle d'eau et wc particuliers. Salle de détente. Cuisine à disposition. Salon de jardin. Belle propriété en pierres du Bessin, à proximité de Bayeux. Les chambres de bon confort, sont personnalisées. La table d'hôtes (sur réservation) vous fera découvrir la cuisine locale.

Prix : 1 pers. **170 F** 2 pers. **230 F** 3 pers. **310 F** repas **95 F**

Ouvert : de Pâques à la Toussaint.

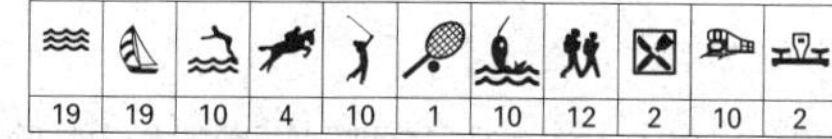

19	19	10	4	10	1	10	12	2	10	2

HARIVEL Daniel et M-Agnès - Hameau de la Croix - 14250 BUCEELS - Tél : 02 31 80 38 11 - Fax : 02 31 80 20 53

BURES-SUR-DIVES Le Mesnil (TH) *C.M. 54 Pli 16*

2 ch. Dans la maison d'habitation située dans un hameau, à l'étage : 2 ch 3 pers, salle de bains et wc particuliers, avec 1 ch complémentaire 2 pers. Noyée dans un jardin aux multiples couleurs, cette maison offre 2 chambres au mobilier de style, dans une ambiance feutrée.

CV

Prix : 1 pers. **140 F** 2 pers. **220 F** 3 pers. **330 F** repas **100 F**

Ouvert : toute l'année.

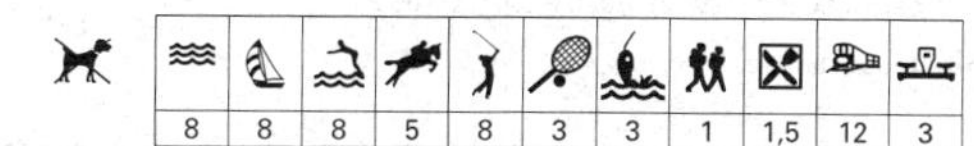

8	8	8	5	8	3	3	1	1,5	12	3

HEMON Jeanine - Le Mesnil - 14670 BURES-SUR-DIVES - Tél : 02 31 23 21 53

BURES-SUR-DIVES Manoir des Tourpes *C.M. 54 Pli 16*

3 ch. Dans l'habitation, à l'étage : 3 ch 2 pers, salle d'eau et wc particuliers. Salon bibliothèque avec cheminée. Jardin. Salon de jardin. Ces chambres à la décoration raffinée vous plongent dans l'ambiance très chaleureuse de ce manoir du XVIIè siècle de caractère, entouré d'un jardin où coule la Dives. Langue parlée : anglais.

Prix : 1 pers. **270 F** 2 pers. **300/400 F** 3 pers. **450 F**

Ouvert : de Pâques à la Toussaint.

12	12	12	12	12	12	SP	SP	2	15	2

LANDON-CASSADY Michael et M-Catherine - Manoir des Tourpes - 3 rue de l'Eglise - 14670 BURES-SUR-DIVES - Tél : 02 31 23 63 47 - Fax : 02 31 23 86 10 - E-mail : mcassady@mail.cpod.fr - http://www.cpod.com/monoweb/mantourpes

CAHAGNES Benneville (TH) *C.M. 231 Pli 28*

4 ch. Dans l'habitation de la ferme, à l'étage : 2 ch 2 et 4 pers, salles d'eau et wc particuliers. Dans un bâtiment indépendant : 2 ch 4 pers, salle d'eau et wc particuliers. Entrées indépendantes. Cuisine à disposition. Marie-Thé et Joseph vous accueillent dans leur ferme d'élevage laitier et vous feront découvrir leur travail. Chambres agréables et ambiance conviviale assurée. (10 % réduction à c. de la 3ème nuit hors saison).

CV

Prix : 1 pers. **160 F** 2 pers. **200 F** 3 pers. **250 F** repas **80 F**

Ouvert : toute l'année.

40	7	15	4	2	SP	1,5	30	4

GUILBERT Joseph et Marie-Thé - Village de Benneville - 14240 CAHAGNES - Tél : 02 31 77 58 05 - Fax : 02 31 77 37 84

CAHAGNES La Bessonnière *C.M. 231 Pli 28*

2 ch. Dans l'habitation, à l'étage : 2 ch 2 pers, salle d'eau et wc particuliers.Salon d'accueil. Dans une grande propriété du 17ème siècle, des chambres aménagées avec goût. Du parc, vous pourrez admirer les chevaux. Accueil cheval. Langue parlée : anglais.

CV

Prix : 1 pers. **250 F** 2 pers. **270 F** 3 pers. **300 F**

Ouvert : de Pâques à décembre.

30	30	8	3	30	8	3	SP	8	30	3

BONHEME Michel - Le Saussay - 14240 CAHAGNES - Tél : 02 31 77 77 85 - Fax : 02 31 77 77 85

LA CAMBE Ferme de Savigny *C.M. 54 Pli 14*

3 ch. A la ferme, dans une maison typique de la région, à l'étage : 3 ch 2, 3 et 4 pers, salle de bains et wc particuliers. Entrée indépendante. Salle de détente. L'escalier dans la tourelle vous mène à des chambres très spacieuses, décorées et meublées avec beaucoup d'harmonie. Plages du Débarquement.

Prix : 1 pers. **250 F** 2 pers. **280 F** 3 pers. **320 F**

Ouvert : toute l'année.

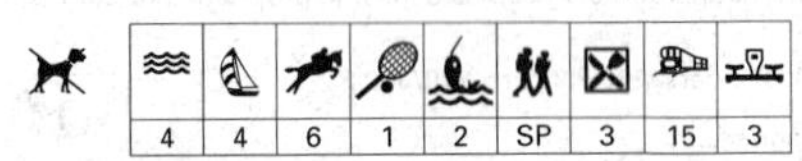

4	4	6	1	2	SP	3	15	3

LE DEVIN Yvette - Ferme de Savigny - 14230 LA CAMBE - Tél : 02 31 22 70 06

CAMBREMER Le Mesnil *C.M. 54 Pli 17*

2 ch. Dans une habitation traditionnelle, à l'étage : 2 ch 2 pers, avec 1 ch complémentaire 1 pers, lavabo dans chaque chambre, salle d'eau commune. Cuisine à disposition. Salon de jardin. Mme Camus vous propose des chambres pleines de charme. Elle sera votre guide pour vous faire découvrir la région et la route du Cidre. Accueil chevaux.

CV

Prix : 1 pers. **165 F** 2 pers. **200 F** 3 pers. **250 F**

Ouvert : toute l'année.

20	15	5	3	SP	3	0,5	15	3

CAMUS Georgette - Le Mesnil - 14340 CAMBREMER - Tél : 02 31 63 00 28

CAMBREMER Les Marronniers *C.M. 54 Pli 17*

5 ch. Dans une aile de la maison, au r-d-c : 1 ch 2 pers, salle de bains et wc particuliers. A l'étage : 2 ch 3 et 4 pers, salles de bains et wc particuliers. Dans l'ancien pressoir, 2 ch 2 pers, salles de bains et wc particuliers. Cuisine à disposition en été. Entrées indépendantes. Salons de jardin. Entourée d'un parc, cette belle demeure du XVIIème siècle abrite des chambres très coquettes et personnalisées. Vue splendide sur la Vallée de la Dives.

CV

Prix : 1 pers. **200 F** 2 pers. **250/330 F** 3 pers. **405 F**

Ouvert : toute l'année.

22	22	17	7	4,5	SP	2	17	4,5

DARONDEL Jean et Chantal - Les Marronniers - Englesqueville - 14340 CAMBREMER - Tél : 02 31 63 08 28 - Fax : 02 31 63 92 54 - E-mail : jean.darondel@wanadoo.fr

CAMBREMER Manoir de Cantepie

C.M. 54 Pli 17

3 ch. Dans l'habitation, à l'étage : 3 ch 2 et 3 pers, salles de bains et wc particuliers. Salon de jardin. L'harmonie de la décoration personnalisée est à l'image de ce très beau manoir augeron du XVIIè siècle. Langues parlées : anglais, allemand.

Prix : 1 pers. **250 F** 2 pers. **300/350 F** 3 pers. **370 F**

Ouvert : toute l'année.

25	25	11	6	17	1	SP	1	11	1

GHERRAK Arnaud et Christine - Manoir de Cantepie - 14340 CAMBREMER - Tél : 02 31 62 87 27

CAMPEAUX Le Champ Touillon

TH

C.M. 54 Pli 14

4 ch. Dans un bâtiment annexé à l'habitation, au r-d-c : 1 ch 2 pers, salle d'eau et wc particuliers, 1 ch complémentaire 2 pers. A l'étage : 1 ch 2 pers, 2 ch 3 pers, salle d'eau et wc particuliers. Possibilité lit d'appoint 1 pers. Entrée indépendante. Cuisine à disposition. Salle de séjour avec TV. Ces chambres confortables sont un point de départ idéal pour aller découvrir le Mont Saint Michel, le Bocage Normand ou la gastronomie Accueil cheval.

CV

Prix : 1 pers. **160 F** 2 pers. **210 F** 3 pers. **250 F** repas **80 F**

Ouvert : toute l'année.

45	45	15	4	15	15	2	0,5	1	15	0,5

LEPILLEUR Carole et David - La Montagne - 14350 CAMPEAUX - Tél : 02 31 68 75 02

CANAPVILLE Le Paradis

C.M. 54 Pli 17/18

2 ch. Dans l'habitation, au r-d-c : 1 ch 2 pers, salle de bains et wc particuliers. A l'étage : 1 ch 2 pers avec 1 ch complémentaire 1 pers, salle de bains et wc particuliers. Terrasse et salon de jardin. La propriété domine la vallée en direction de Deauville. Les chambres sont confortables et vous apprécierez de flâner sur la terrasse.

CV

Prix : 1 pers. **200 F** 2 pers. **300 F**

Ouvert : de Pâques à la Toussaint.

9	9	9	4	5	9	4	2	7	5

RABASSE Monique - Le Paradis - Canapville - 14800 DEAUVILLE - Tél : 02 31 64 70 22

CASTILLON Le Hameau Vallun

C.M. 54 Pli 14/15

1 ch. Dans l'habitation, à l'étage réservé aux hôtes, 1 ch 3 pers avec 1 ch complémentaire 2 pers, salle d'eau et wc particuliers. Salon de jardin. Dans le cadre verdoyant et fleuri de cette ferme, vous apprécierez la tranquillité et le confort de ces chambres situées à proximité de sites touristiques. Pascale et Christian vous aideront à découvrir la région. Accueil chevaux. Langue parlée : anglais.

CV

Prix : 1 pers. **180 F** 2 pers. **220 F** 3 pers. **280 F**

Ouvert : de mai à septembre.

22	22	12	4	19	4	5	SP	3	12	4

CEDRA Christian et Pascale - Le Hameau Vallun - 14490 CASTILLON - Tél : 02 31 92 77 10

CASTILLY Ferme Saint-Blaise

C.M. 54 Pli 13

2 ch. Dans l'habitation de la ferme, à l'étage : 1 ch 2 pers, salle d'eau et wc particuliers, possibilité lit suppl., 1 ch 2 pers avec 1 ch complémentaire 2 pers, salle d'eau et wc particuliers. Entrée indépendante. Salle de détente avec cuisine à disposition. Cette ferme rénovée du XVIIè siècle abrite 2 grandes chambres confortables. Salle de détente en pierres apparentes. Visite de la ferme et balade en calèche possibles. Langue parlée : anglais.

CV

Prix : 1 pers. **180 F** 2 pers. **220 F** 3 pers. **260 F**

Ouvert : toute l'année.

15	17	16	10	23	8	8	8	2,5

DAUVERS Louis et Claudette - Ferme Saint-Blaise - 14330 CASTILLY - Tél : 02 31 22 52 06

LA CHAPELLE-ENGERBOLD Le Monceau de Cailloux

C.M. 231 Pli 29

2 ch. Dans la maison d'habitation, à l'étage : 1 ch 2 pers, salle d'eau et wc particuliers, 1 ch 2 pers avec entrée indépendante, salle d'eau et wc particuliers, 1 ch compl. avec lits jumeaux. Salon avec canapés et cheminée. Jolie maison en pierres nichée dans un écrin de nature non loin du clocher de ce charmant petit village qui invite à la flanerie. Isabelle et Michel vous reçoivent dans leurs chambres douillettes. Langue parlée : anglais.

Prix : 1 pers. **180 F** 2 pers. **240 F** 3 pers. **330 F**

Ouvert : de Pâques à la Toussaint.

8	5	15	15	1	4	SP	3	20	3

ROCHE Isabelle et Michel - Le Monceau de Cailloux - 14770 LA CHAPELLE-ENGERBOLD - Tél : 02 31 69 45 37

CHICHEBOVILLE *C.M. 54 Pli 16*

1 ch. Dans la maison d'habitation, à l'étage : 1 ch 2 pers avec 1 ch complémentaire 2 pers, salle d'eau et wc particuliers. Le calme de ces chambres contribue à un séjour très agréable. A Caen, découvrez le château médiéval et le musée Mémorial.

CV

Prix : 1 pers. **150 F** 2 pers. **200 F** 3 pers. **280 F**

Ouvert : de Pâques à la Toussaint.

20	12	6	3	5	2	13	3

VANNEAU Pierre - 21 route de Bellengreville - 14370 CHICHEBOVILLE - Tél : 02 31 23 03 43 ou 06 62 00 03 43

CHOUAIN La Pompe *C.M. 54 Pli 14/15*

1 ch. Dans l'habitation de la ferme, à l'étage : 1 ch 2 pers avec 1 ch complémentaire 2 pers, salle d'eau et wc particuliers. Lit bébé. Cuisine à disposition. Salon de jardin. Cette chambre en suite est idéale pour séjourner en famille. Les plus petits feront connaissance avec la ferme. A quelques kilomètres de Bayeux et des plages du Débarquement. Prêt de vélos. Documents et informations sur les évènements de 1944.

CV

Prix : 1 pers. **160 F** 2 pers. **200 F** 3 pers. **260 F**

Ouvert : toute l'année.

18	18	10	3	15	10	SP	3	10	4

BOUIN François et M-Louise - La Pompe - 14250 CHOUAIN - Tél : 02 31 92 58 61

CLARBEC Pressoir du Lieu Hubert *C.M. 55 Pli 3*

2 ch. Dans l'habitation, au r-d-c : 2 ch 2 pers, salle d'eau ou salle de bains et wc particuliers. Salon de jardin. Accueil chaleureux, environnement très agréable : vous passerez ici un moment privilégié dans une maison typique à colombages.

Prix : 1 pers. **200 F** 2 pers. **230 F**

Ouvert : toute l'année.

20	6	17	6	9	6	6	SP	5	6	6

ELIE Guy - Pressoir du Lieu Hubert - 14130 CLARBEC - Tél : 02 31 64 90 89

CLARBEC Le Lieu Haut *C.M. 55 Pli 3*

3 ch. A la ferme, dans un bâtiment indépendant de l'habitation, au r-d-c : 2 ch 2 pers, salle d'eau et wc particuliers. A l'étage : 1 suite 4 pers salle d'eau et wc particuliers. Salon de jardin. Ce joli bâtiment totalement rénové dans le style augeron abrite 3 chambres de bon confort. Au cœur d'une ferme cidricole.

CV

Prix : 1 pers. **180 F** 2 pers. **220 F** 3 pers. **270/350 F**

Ouvert : toute l'année.

16	6	16	6	16	9	6	6	SP	3	6	6

LANGIN William et Dominique - Le Lieu Haut - 14130 CLARBEC - Tél : 02 31 65 15 90 - Fax : 02 31 65 15 90

CLECY La Loterie *C.M. 55 Pli 11*

2 ch. Dans un bâtiment annexe, à l'étage : 2 ch 2 pers dont 1 avec 1 ch complémentaire 2 pers, salle d'eau et wc particuliers. Salon de jardin. Equipement bébé. Dans un cadre champêtre et bien fleuri, de belles chambres fonctionnelles et douillettes.

CV

Prix : 1 pers. **160 F** 2 pers. **220 F** 3 pers. **270 F**

Ouvert : toute l'année.

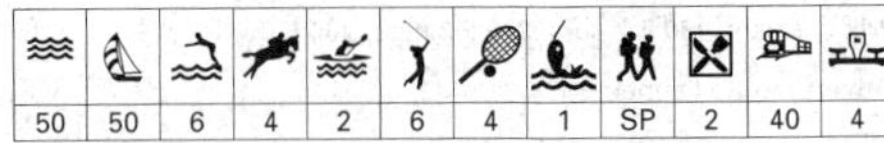

50	50	6	4	2	6	4	1	SP	2	40	4

AUBRY Régis et Christelle - La Loterie - 14570 CLECY - Tél : 02 31 69 74 38 - Fax : 02 31 69 61 02 - E-mail : aubry.christelle@free.fr

CLECY-LE-VEY La Ferme du Vey *C.M. 55 Pli 11*

3 ch. A la ferme, dans un bâtiment proche de l'habitation. A l'étage : 3 ch 2 pers, salles d'eau et wc particuliers. Lit d'appoint enfant. Entrée indépendante. Cuisine à disposition. Salon de jardin. Chambres confortables et agréables, situées à deux pas du site touristique de Clécy.

CV

Prix : 1 pers. **180 F** 2 pers. **210 F**

Ouvert : toute l'année.

50	11	1	1	3	1	1	SP	0,5	25	1

S.C.S. LEBOUCHER-BRISSET - La Ferme du Vey - 14570 LE VEY - Tél : 02 31 69 71 02 - Fax : 02 31 69 69 33

CLECY-LE-VEY La Ferme du Manoir

(TH) *C.M. 55 Pli 11*

3 ch. Dans l'habitation de la ferme, à l'étage : 1 ch 2 pers avec 1 ch complémentaire 1 pers, 1 ch 3 pers, salle d'eau ou salle de bains et wc particuliers. Dans un bâtiment annexe : 1 ch 4 pers, salle d'eau et wc particuliers. Entrée indépendante. C'est dans un manoir restauré en pleine Suisse Normande que Mme Pellier vous accueille. Chambres agréables et confortables. Petit déjeuner dans un décor rustique. Jeux de boules.

Prix : 1 pers. **170 F** 2 pers. **230 F** 3 pers. **290 F** repas **85 F**

Ouvert : toute l'année.

50	10	3	2	3	2	2	SP	1	40	3

PELLIER Louise - La Ferme du Manoir - 14570 LE VEY - Tél : 02 31 69 73 81

CLECY-LE-VEY Le Manoir de Miette

C.M. 55 Pli 11

3 ch. Dans l'habitation, à l'étage : 2 ch 2 et 3 pers, salle de bains ou salle d'eau et wc particuliers. A proximité dans une petite maison au r-d-c : entrée indépendante, 1 ch 2 pers, salle d'eau et wc particuliers, coin cuisine. Salon avec TV pour les 3 chambres. Salon de jardin. Dans un manoir de caractère entouré d'un jardin fleuri, un séjour dans ces chambres vous fera découvrir une superbe région réputée pour ses activités de loisirs.

Prix : 1 pers. **190 F** 2 pers. **240/300 F** 3 pers. **300 F**

Ouvert : toute l'année.

50	10	1	1	3	1	1	SP	0,5	35	1

LEBOUCHER André et Denise - Le Manoir de Miette - 14570 LE VEY - Tél : 02 31 69 45 80

CLINCHAMPS-SUR-ORNE

C.M. 231 Pli 29/30

3 ch. Dans l'habitation, à l'étage : 2 ch 2 pers et 1 ch 3 pers, salles de bain et wc particuliers. Salon de détente avec cheminée et canapé. Parc arboré, salon de jardin. Dans cette demeure au charme raffiné, vous pourrez choisir le thème de votre séjour : le XVIIIè siècle dans la chambre Beaumarchais, la littérature dans celle de l'écrivain ou les couleurs du Sud dans la provençale. Langue parlée : anglais.

Prix : 1 pers. **300 F** 2 pers. **400 F** 3 pers. **500 F**

Ouvert : toute l'année.

27	27	15	8	17	8	SP	0,3	1,5	15	6

HERVIEU Annick - Le Courtillage - 14320 CLINCHAMPS-SUR-ORNE - Tél : 02 31 23 87 63

COLLEVILLE-SUR-MER Chemin des Forges

C.M. 54 Pli 14

1 ch. Dans la maison d'habitation, à l'étage : 1 ch 2 pers, 1 lit enfant, salle de bains et wc particuliers. Entrée indépendante. Cour fermée avec pelouse. Salon de jardin. A deux pas des sites historiques des plages du Débarquement, Louis et Juliette vous accueillent dans leur maison et vous feront partager l'histoire de leur région. Char à voile 1.5 km. Langue parlée : allemand.

Prix : 1 pers. **180 F** 2 pers. **220 F** 3 pers. **280 F**

Ouvert : toute l'année.

1,5	1,5	15	6	6	0,5	SP	5	14	0,5

PICQUENARD Louis et Juliette - Chemin des Forges - 14710 COLLEVILLE-SUR-MER - Tél : 02 31 22 40 88

COLLEVILLE-SUR-MER Ferme du Clos Tassin

(TH) *C.M. 54 Pli 14*

5 ch. A la ferme, dans l'habitation, à l'étage : 1 ch 2 pers, salle de bains et wc particuliers (2 épis), 3 ch 2, 3 et 4 pers, salle de bains et wc particuliers (3 épis). Dans un bâtiment annexe : 1 ch 2 pers, avec 1 ch complémentaire 2 lits 1 pers, salle d'eau et wc particuliers (3 épis). Table d'hôtes sur réservation. Aménagées dans l'habitation, ces chambres situées sur une ferme en activité sont à cinq minutes de la mer et des plages du Débarquement.

Prix : 1 pers. **190 F** 2 pers. **220 F** 3 pers. **300 F** repas **90 F**

Ouvert : toute l'année.

2	2	15	7	7	0,5	2	0,5	3	15	3

PICQUENARD Daniel et M-Thérèse - Ferme du Clos Tassin - 14710 COLLEVILLE-SUR-MER - Tél : 02 31 22 41 51 - Fax : 02 31 22 29 46 - http://www.multimania.com/clostassin

COLLEVILLE-SUR-MER Ferme des Mouettes

C.M. 54 Pli 14

5 ch. Dans l'habitation, au r-d-c : 1 ch 4 pers, salle d'eau et wc particuliers. A l'étage : 3 ch 2 pers, salles d'eau particulières, 1 ch 2 pers, salle d'eau et wc particuliers. Entrée indépendante. Salon de jardin. Ces chambres aménagées dans une maison traditionnelle sont à deux pas de la mer, et des plages du Débarquement.

Prix : 1 pers. **150 F** 2 pers. **180 F** 3 pers. **240 F**

Ouvert : toute l'année.

2	2	15	7	7	0,5	2	0,5	3	15	1

ANQUETIL Roger et Solange - Ferme des Mouettes - 14710 COLLEVILLE-SUR-MER - Tél : 02 31 22 42 53

COLOMBELLES *C.M. 54 Pli 16*

2 ch. Dans une habitation de construction récente, à l'étage : 2 ch 2 et 3 pers, salle d'eau et wc particuliers. Salon de jardin. Très bonne adresse pour visiter Caen et sa région. Confort et accueil vous sont assurés. Côte fleurie.

Prix : 1 pers. **135 F** 2 pers. **180 F** 3 pers. **230 F**

Ouvert : de Pâques à la Toussaint.

10	5	2	5	5	5	5	3	1	4	1

KOSTRZ Suzanne - 29 rue Francis Pressense - 14460 COLOMBELLES - Tél : 02 31 72 60 83

COMMES Hameau d'Escures *C.M. 54 Pli 14/15*

4 ch. Dans l'habitation, à l'étage : 2 ch 2 pers, 1 ch 4 pers, 1 suite 4 pers, salle de bains et wc particuliers. Vous êtes accueillis dans une habitation traditionnelle du Bessin. Chambres confortables, situées à deux pas d'un joli port de pêche et des plages du Débarquement.

Prix : 1 pers. **180/200 F** 2 pers. **220/250 F** 3 pers. **320/350 F**

Ouvert : toute l'année.

2	2	7	3	1,5	2	2	1	0,2	8	2

HAELEWYN Charles & Christiane - Hameau d'Escures - 14520 COMMES - Tél : 02 31 92 52 23

COMMES Ferme du Bosq *C.M. 54 Pli 14/15*

1 ch. Dans l'habitation, au r-d-c : 1 ch 2 pers avec 1 ch complémentaire 2 pers. Salle de bains et wc particuliers. Cette demeure restaurée est l'ancienne ferme du Château du Bosq située à quelques pas de Port en Bessin et des Plages du Débarquement.

Prix : 1 pers. **190 F** 2 pers. **220 F** 3 pers. **300 F**

Ouvert : toute l'année.

1	1	8	SP	1	4	1	SP	2	8	2

LEROY Juliette - Ferme du Bosq - 14520 COMMES - Tél : 02 31 21 70 57

COMMES Le Logis *C.M. 54 Pli 14/15*

4 ch. Dans l'habitation de la ferme, au 1er étage : 1 ch 3 pers, salle de bains et wc particuliers, 2 ch 2 pers, salles d'eau et wc particuliers. Au 2è étage : 1 ch 2 pers, salle de bains et wc particuliers, et 1 ch complémentaire 2 pers avec lavabo et wc particuliers. Poss. lit supp. Salon de jardin. A deux pas du port de pêche de Port en Bessin, vous profiterez d'un hébergement confortable avec une salle de détente. Plages du Débarquement à proximité. Langue parlée : anglais.

Prix : 1 pers. **180/200 F** 2 pers. **210/240 F** 3 pers. **280 F**

Ouvert : toute l'année.

2	2	6	2	2	2	2	2	7	2

HAELEWYN Florence et Gilles - Escures Village - 14520 COMMES - Tél : 02 31 21 79 56 - Fax : 02 31 21 79 56

COMMES *C.M. 54 Pli 14/15*

3 ch. Dans l'habitation, à l'étage : 2 ch 2 pers, salles d'eau et wc particuliers (3 épis) et 1 ch 2 pers, salle de bains et wc particuliers avec 1 ch complémentaire 2 pers (2 épis). Salon de jardin. Adresse à retenir pour un séjour en famille. Accueil convivial, cadre contemporain, agréable terrasse. A proximité des plages du Débarquement.

Prix : 1 pers. **200 F** 2 pers. **230/250 F** 3 pers. **330 F**

Ouvert : toute l'année.

2	2	9	2	3	2	2	1	0,3	10	2

CAIRON Michel et Lilou - L'Eglise - 14520 COMMES - Tél : 02 31 21 71 08

COMMES Chemin de la Chasse *C.M. 54 Pli 14/15*

1 ch. Dans l'habitation, au r-d-c : 1 ch 2 pers, salle de bains et wc particuliers. Salon de jardin. Cette chambre d'accès de plain pied est aménagée dans une maison contemporaine très claire. Profitez du jardin soigné et respirez le bon air marin. Plages du Débarquement à proximité.

Prix : 1 pers. **150 F** 2 pers. **220 F**

Ouvert : toute l'année.

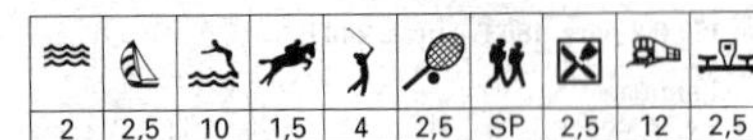

2	2,5	10	1,5	4	2,5	SP	2,5	12	2,5

VINGTROIS Marc - Chemin de la Chasse - Le Bouffay - 14520 COMMES - Tél : 02 31 92 16 96 ou 02 31 21 72 06

CORDEBUGLE La Baronnière

C.M. 231 Pli 32

1 ch. Dans une grande maison d'habitation du 18ème siècle, au r-d-c : 1 ch 2 pers, salle d'eau et wc particuliers. Entrée indépendante. Belle maison de style située au milieu de 5 ha de forêts, étang privé avec canards et barque. Nombreuses balades, tranquillité dans un cadre idyllique. Langues parlées : anglais, espagnol.

Prix : 1 pers. **240 F** 2 pers. **280 F** 3 pers. **350 F**

Ouvert : toute l'année.

40	40	14	3	30	SP	4,5	14	4,5

FLEURY Hervé et Christine - La Baronnière - 14100 CORDEBUGLE - Tél : 02 32 46 41 74 - Fax : 02 32 44 26 09

COURSON La Plaine Postel

TH *C.M. 231 Pli 27-28*

5 ch. Dans l'habitation de la ferme, 2 ch 2 et 4 pers, salle de bains commune (1 épi), 3 ch 2 pers, salle d'eau et wc particuliers (3 épis). Panier pique- nique. Dans cette ferme en activité, vous gouterez au calme de la campagne et de la gastronomie normande. Piscine privée.

Prix : 1 pers. **140/165 F** 2 pers. **165/230 F** 3 pers. **210/290 F** pers. sup. **60 F** repas **95 F**

Ouvert : toute l'année.

40	3	7	17	3	SP	SP	3	15	3

GUEZET Daniel et Elisabeth - La Plaine Postel - 14380 COURSON - Tél : 02 31 68 83 41 - Fax : 02 31 68 83 41

COURSON La Porte

TH *C.M. 231 Pli 27-28*

2 ch. Dans l'habitation, au r-d-c : 1 ch 2 pers, salle de bains et wc particuliers. A l'étage : 1 ch 4 pers, salle de bains et wc particuliers. Véranda. Dans un environnement campagnard et reposant, Mme Vimont est aux petits soins pour ses hôtes. Belle terrasse.

Prix : 1 pers. **135 F** 2 pers. **175 F** 3 pers. **220 F** repas **85 F**

Ouvert : toute l'année.

40	10	5	8	15	5	3	4	3	18	3,5

VIMONT Denise - La Porte - 14380 COURSON - Tél : 02 31 68 83 75

CREPON Manoir de Crépon

C.M. 54 Pli 15

4 ch. Dans l'habitation, à l'étage : 2 suites 3 et 4 pers, salles de bains et wc particuliers, 2 ch 2 pers avec salle d'eau et wc particuliers. Salle de détente. Salon de jardin. Dans un manoir du XVIIIè siècle, entouré d'un grand parc arboré, ces 4 chambres de grande qualité sont toutes en harmonie. Prêt de vélos. Plages du Débarquement.

Prix : 1 pers. **350 F** 2 pers. **450 F** 3 pers. **550 F**

Ouvert : toute l'année.

4	4	10	5	12	4	12	1	0,5	10	0,1

POISSON Anne-Marie - Route d'Arromanches - Manoir de Crépon - 14480 CREPON - Tél : 02 31 22 21 27 - Fax : 02 31 22 88 80

CREPON Le Haras de Crepon

C.M. 54 Pli 15

4 ch. Dans l'habitation, au 1er étage : 2 ch 2 et 3 pers, salle de bains et wc particuliers dont une avec 1 ch complémentaire 2 pers, salle d'eau et wc particuliers. 2ème étage : 2 ch 2 pers, salle d'eau et wc particuliers. Poss. lits d'appoint. Cuisine à disposition. Salon commun. Au cœur des plages du débarquement, Mme Landeau vous accueille au manoir du XVIè siècle et saura vous faire partager sa passion de l'élevage du cheval. Les chambres sont décorées avec beaucoup de goût. Accueil cheval. Possibilité pêche en rivière. Langues parlées : anglais, espagnol.

Prix : 1 pers. **350/450 F** 2 pers. **390/590 F** 3 pers. **525/725 F**

Ouvert : de Pâques à la Toussaint.

5	5	5	5	15	3	0,3	SP	SP	10	0,5

LANDEAU Pascale - Le Haras de Crepon - Le Clos Mondeville - BP 24 - 14480 CREPON - Tél : 02 31 21 37 37 - Fax : 02 31 21 12 12

CRESSERONS Ferme de la Burbulence

C.M. 55 Pli 2

2 ch. Dans l'habitation de la ferme, au r-d-c : 1 ch 2 pers, salle d'eau et wc particuliers. A l'étage : 1 ch 2 pers avec douche et wc particuliers. A proximité de la mer, ces chambres de bon confort, disposent d'un joli jardin d'agrément dans le cadre rural d'une ferme. Les stations balnéaires de la côte de Nâcre sont à deux pas.

Prix : 1 pers. **190 F** 2 pers. **230 F**

Ouvert : toute l'année.

3	3	6	3	3	10	3

LEGRAS Denis et Jeanine - 10 Impasse Haie Pendue - 14440 CRESSERONS - Tél : 02 31 37 39 46 -
E-mail : denis.legras@wanadoo.fr

CRESSEVEUILLE Longueval *C.M. 54 Pli 17*

3 ch. Dans un manoir, en rez-de-jardin : 1 ch 2 pers, salle d'eau et wc particuliers. Tél. téléséjour, TV. Dans un bâtiment annexe mitoyen à une habitation, à l'étage : 1 ch 3 pers, salle de bains et wc particuliers. TV. Entrée indépendante Dans un autre bâtiment annexe, à l'étage : 1 ch 2 pers, salle de bains et wc particuliers. TV. Salon de jardin. Dans une belle propriété entourée d'un parc arboré. Trois grandes chambres de bon confort. Langues parlées : anglais, hollandais.

Prix : 1 pers. **210 F** 2 pers. **270/350 F** 3 pers. **320 F**

Ouvert : toute l'année.

9	9	1	5	14	0,5	0,5	1	16	5

DE LONGCAMP Jeanne - Longueval - 14430 CRESSEVEUILLE - Tél : 02 31 79 22 01 - E-mail : philippe.de-longcamp@wanadoo.fr

CRESSEVEUILLE Les Boulets *C.M. 54 Pli 17*

2 ch. Dans l'habitation, au r-d-c : 1 ch 2 pers, salle d'eau particulière (2 épis), à l'étage : 1 ch 2 pers avec un canapé lit 2 pers, salle de bains et wc communs (1 épi). Salon de jardin. Aménagées dans une maison de construction contemporaine, ces chambres vous garantissent confort et calme. A 10 minutes, découvrez l'un des plus beau village sauvegardé : Beuvron en Auge.

CV

Prix : 1 pers. **160 F** 2 pers. **200/220 F** 3 pers. **250 F**

Ouvert : de Pâques à la Toussaint.

15	15	4	4	14	4	4	25	7

LECOQ J-Elie et M-Thérèse - Les Boulets - 14430 CRESSEVEUILLE - Tél : 02 31 79 28 10

CREULLY *C.M. 231 Pli 29*

1 ch. Dans l'habitation du propriétaire, au 2ème étage : 1 ch 2 pers, salle d'eau et wc particuliers. Possibilité 1 lit supplémentaire enfant. Salon de jardin. Dans un bourg typique du Bessin, cette maison abrite une chambre spacieuse et claire. Jardin entouré de murs. A proximité de Bayeux et des plages du débarquement.

CV

Prix : 1 pers. **180 F** 2 pers. **230 F**

Ouvert : toute l'année.

8	8	10	14	0,3	SP	SP	18	0,1

GUYARD M-Christine & Didier - 25 rue de Caen - 14480 CREULLY - Tél : 02 31 80 10 68 ou 06 71 69 91 04

CRICQUEBOEUF *C.M. 231 Pli 19-20*

5 ch. Dans l'habitation, à l'étage : 2 ch 2 pers et 2 ch 3 pers, salles d'eau et wc particuliers (3 épis), 1 ch 2 pers, salle d'eau particulière et wc sur le palier (2 épis). Possibilité couchages suppl. 1 pers. Entre mer et nature, Benoit et Sandrine vous accueillent dans leur villa au décor insolite. Langue parlée : anglais.

Prix : 1 pers. **200 F** 2 pers. **250/300 F** 3 pers. **400 F**

Ouvert : toute l'année.

1	7	7	2	7	7	2	0,5	1	7	7

HAUCHECORNE Benoit et Sandrine - A la Villa des Rosiers - 14113 CRIQUEBOEUF - Tél : 02 31 98 25 22 ou 06 81 01 11 03

CRICQUEVILLE-EN-AUGE Lieu de Belle Mare *C.M. 54 Pli 17*

3 ch. Dans l'habitation, à l'étage : 1 ch 3 pers, salle de bains particulière, 1 ch 2 pers, salle d'eau particulière, 1 ch 2 pers avec douche. Cette grande demeure de caractère abrite des chambres spacieuses et confortables. Le jardin est soigné et très vaste.

Prix : 1 pers. **230 F** 2 pers. **250 F** 3 pers. **350 F**

Ouvert : de Pâques à la Toussaint.

8	8	8	4	10	5	5	2	2	25	1,5

ALEXIS Michel et Françoise - Lieu de Belle Mare - 14430 CRICQUEVILLE-EN-AUGE - Tél : 02 31 79 20 01

CRICQUEVILLE-EN-BESSIN Hameau Guay *C.M. 54 Pli 4*

5 ch. Dans l'annexe de l'habitation : 5 ch de 2,3 et 4 pers, 1 lit bébé, salle d'eau et wc particuliers. Salle de détente avec TV et coin cuisine. Salons de jardin. Idéalement situées pour découvrir les plages du Débarquement (Pointe du Hoc à 800 m), ces chambres de bon confort seront une étape agréable et conviviale.

CV

Prix : 1 pers. **190 F** 2 pers. **220 F** 3 pers. **280 F**

Ouvert : toute l'année.

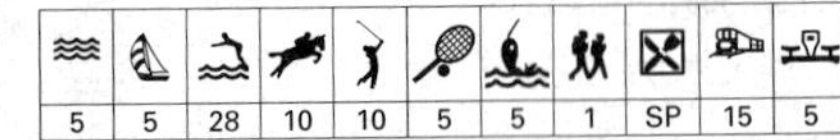

5	5	28	10	10	5	5	1	SP	15	5

PERRIGAULT Daniel et Corinne - Hameau Guay - 14450 CRICQUEVILLE-EN-BESSIN - Tél : 02 31 92 38 19 - Fax : 02 31 92 38 19

CRISTOT

C.M. 54 Pli 15

1 ch. Dans un bâtiment proche de l'habitation, au r-d-c : 1 ch 2 pers, salle d'eau et wc particuliers avec 1 ch complémentaire 2 pers à l'étage. Maison en pierres de pays idéalement aménagée pour vous accueillir en famille. Les plages du Débarquement sont à 15 km.

Prix : 1 pers. **150 F** 2 pers. **200 F** 3 pers. **280 F**

Ouvert : toute l'année.

15	10	7	20	4	4	15	4

HENRY Claude - 14250 CRISTOT - Tél : 02 31 80 80 88

CROUAY Le Creullet

C.M. 231 Pli 16-17

2 ch. Dans l'habitation, au r-d-c : 1 ch 2 pers, salle d'eau et wc particuliers. Entrée indépendante. A l'étage : 1 ch 4 pers, salle d'eau et wc particuliers. Maison en bois de construction récente avec chambres d'hôtes et point de vente de produits fermiers. Situation idéale pour rayonner dans le Bessin, des plages du Débarquement au parc régional.

Prix : 1 pers. **150 F** 2 pers. **220 F** 3 pers. **280 F**

Ouvert : toute l'année.

12	12	9	12	12	5	9	9	4

ANNE René et Marie-France - Le Creullet - 14400 CROUAY - Tél : 02 31 92 45 27

CULEY-LE-PATRY

C.M. 54 Pli 15

2 ch. Dans l'habitation, en rez-de-jardin : 1 ch 2 pers avec 1 ch complémentaire 2 pers, salle d'eau et wc particuliers. Cuisine à disposition, entrée indépendante. A l'étage : 1 ch 2 pers, salle d'eau particulière. Chambre confortable, bien exposée, dotée d'une superbe vue sur la Suisse Normande. La terrasse surplombant la vallée vous permettra d'apprécier le panorama.

Prix : 1 pers. **200 F** 2 pers. **250 F** 3 pers. **300 F**

Ouvert : toute l'année.

50	7	7	7	7	7	1	1	3	35	2

BALLANGER Claudine - 5 allée des Chênes - 14220 CULEY-LE-PATRY - Tél : 02 31 79 60 00

DAMPIERRE Château de Dampierre

C.M. 231 Pli 28

E.C. 5 ch. Dans la tour Est, à l'étage : 2 grandes ch 2 et 3 pers, salles d'eau et wc particuliers. Dans le corps du logis, à l'étage : 2 ch 2 pers, 1 ch 3 pers, salle d'eau et wc particuliers. Anne-Marie vous accueille dans ce château du XVIIIème siècle entouré de douves et situé dans un cadre verdoyant. Langues parlées : anglais, espagnol.

Prix : 1 pers. **250 F** 2 pers. **350/450 F** 3 pers. **450 F**

Ouvert : de Pâques à la Toussaint.

35	35	18	12	9	9	1	9	50	9

BLEAS Anne-Marie - Château de Dampierre - 14350 DAMPIERRE - Tél : 02 31 67 31 81

DOUVILLE-EN-AUGE Ferme de l'Oraille

C.M. 54 Pli 17

3 ch. Dans l'habitation de la ferme, à l'étage : 2 ch 2 et 4 pers, 1 ch 3 pers, salle d'eau et wc particuliers. Entrée indépendante. Salon de jardin. Les chambres donnant sur la campagne avoisinante sont situées dans l'habitation, au cœur d'une ferme en activité. Belles promenades à proximité.

Prix : 1 pers. **200 F** 2 pers. **240 F** 3 pers. **290 F**

Ouvert : toute l'année.

7	15	7	7	5	3	0,5	3	15	6

HOULET Louis et Gisèle - Ferme de l'Oraille - Chemin de Deraine - 14430 DOUVILLE-EN-AUGE - Tél : 02 31 79 25 49

DOZULE Le Clos Maingot

C.M. 231 Pli 19

2 ch. Dans l'habitation, au 1er étage : 1 ch 2 pers avec salle d'eau et wc particuliers (3 épis), 1 ch 2 pers avec douche et lavabo (2 épis). Possibilité d'une chambre complémentaire 2 pers. Tables de pique-nique. Grande maison implantée à flanc de côteaux avec une belle vue sur la vallée de la Dives. Proche de Cabourg. Langue parlée : anglais.

Prix : 1 pers. **180/200 F** 2 pers. **260 F** 3 pers. **320 F**

Ouvert : toute l'année.

8	8	8	1	8	8	5	7	5

CHAUSSEBOURG Marie-Elisabeth - Le Clos Maingot - 14430 DOZULE - Tél : 02 31 28 77 12

ECRAMMEVILLE Ferme de l'Abbaye (TH) *C.M. 54 Pli 14*

3 ch. Dans l'habitation de la ferme, au r-d-c : 1 ch 2 pers avec 1 ch complémentaire 1 pers, salle d'eau particulière, 1 ch 2 pers avec 1 ch complémentaire 2 pers, salle de bains et wc particuliers. A l'étage : 1 ch 4 pers, salle d'eau et wc particuliers, entrée indépendante. Salon de jardin. Chambres spacieuses, rustiques et cuisine familiale du terroir en table d'hôtes. Visitez le port de pêche de Grandcamp-Maisy et partez en balade en mer à la pointe du Hoc.

Prix : 1 pers. **200 F** 2 pers. **240 F** 3 pers. **300 F** repas **90 F**

Ouvert : toute l'année.

7	20	4	20	4	1	10	4	20	4

FAUVEL Annick - Ferme de l'Abbaye - 14710 ECRAMMEVILLE - Tél : 02 31 22 52 32 - Fax : 02 31 22 47 25

EQUEMAUVILLE La Ferme Chevalier *C.M. 231 Pli 20*

5 ch. Dans l'habitation de la ferme, au r-d-c : 1 ch 2 pers, salle d'eau et wc particuliers. A l'étage : 2 ch 3 pers, 1 ch 2 pers, 1 ch 5 pers avec mezzanine, salle d'eau et wc particuliers. Entrées indépendantes. Salon de jardin. Françoise et Jean Yves vous accueillent en famille dans leur ferme du XVIIè siècle. Un magnifique puits de l'époque trône au milieu de la cour de cet ancien relais de chevaliers.

Prix : 1 pers. **200 F** 2 pers. **240 F** 3 pers. **300 F**

Ouvert : toute l'année.

4	4	3	4	1	0,2	12	1

GREGOIRE J-Yves et Françoise - La Ferme Chevalier - 14600 EQUEMAUVILLE - Tél : 02 31 89 18 14

EQUEMAUVILLE *C.M. 231 Pli 20*

2 ch. Dans une annexe de l'habitation, à l'étage : 2 ch 2 et 3 pers, salles d'eau et wc particuliers. Salon de jardin. Bel environnement tranquille pour ces chambres simples et confortables. Honfleur et la Côte fleurie sont à proximité.

Prix : 1 pers. **200 F** 2 pers. **220 F** 3 pers. **270 F**

Ouvert : toute l'année.

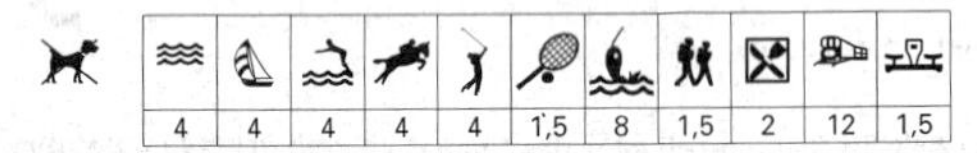

4	4	4	4	4	1,5	8	1,5	2	12	1,5

BREART Jacques et Nicole - Chemin du Mesnil - 14600 EQUEMAUVILLE - Tél : 02 31 89 20 01

ESCOVILLE *C.M. 231 Pli 18*

2 ch. Dans une habitation, à l'étage : 1 ch 2 pers salle de bain particulière, et ch complémentaire 2 pers, 1 ch 2 pers salle d'eau particulière. Salon de jardin. Dans une grande demeure chaleureuse entourée d'un beau jardin, M. COUCHAUX artiste peintre vous propose des stages de peinture. Langue parlée : anglais.

Prix : 1 pers. **200 F** 2 pers. **250 F** 3 pers. **350 F**

Ouvert : toute l'année.

7	7	8	1	15	15	4	8	2

COUCHAUX Danièle et Pierre - 18 rue de Troarn - 14850 ESCOVILLE - Tél : 02 31 84 82 40

ETERVILLE *C.M. 54 Pli 15/16*

2 ch. Dans l'habitation, à l'étage : 2 ch 2 pers, salle d'eau et wc particuliers. Possibilité d'1 ch complémentaire 1 pers Salon en mezzanine. Salon de jardin. A quelques minutes de Caen, Mr et Mme Wacheul vous accueillent dans leur vaste chaumière. Pour agrémenter votre séjour, un petit salon en mezzanine et un parc ombragé sont à votre disposition. Langues parlées : anglais, allemand.

Prix : 1 pers. **200 F** 2 pers. **220 F** 3 pers. **320 F**

Ouvert : toute l'année.

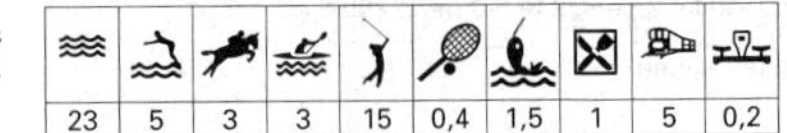

23	5	3	3	15	0,4	1,5	1	5	0,2

WACHEUL Jean et Jeanna - 25 route d'Aunay - 14930 ETERVILLE - Tél : 02 31 74 30 50 - Fax : 02 31 74 30 50

ETREHAM Hameau de la Ville *C.M. 54 Pli 14*

1 ch. Chambre indépendante 2 pers à l'étage et mitoyenne à un gîte rural, salle d'eau et wc particuliers. Possibilité lit complémentaire. Cuisine à disposition. Salon de jardin. Accueil sympathique pour cette chambre située dans l'arrière pays de Port en Bessin, non loin de Bayeux et des Plages du Débarquement.

Prix : 1 pers. **190 F** 2 pers. **250 F** 3 pers. **310 F**

Ouvert : toute l'année.

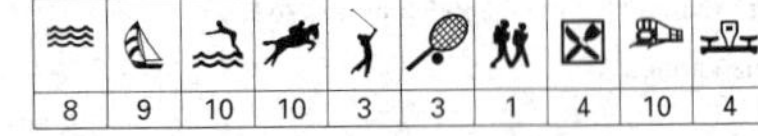

8	9	10	10	3	3	1	4	10	4

LAMY Jacques et Arlette - Hameau de la Ville - 14400 ETREHAM - Tél : 02 31 21 77 56 - Fax : 02 31 21 74 85

FALAISE Ferme du Gué Pierreux

(TH) *C.M. 231 Pli 30*

1 ch. Dans l'habitation, au r.d.c. : 1 ch. 2 pers., salle d'eau et wc particuliers et 1 ch. complémentaire 1 pers. Salon de détente avec cheminée et TV. Salon de jardin. Allemand également parlé. Le Gué Pierreux est une demeure historique du XVIe siècle où la porterie surmontée d'un colombier ouvre sur un domaine de 10 hectares. Boxes pour chevaux sur place. Langues parlées : anglais, espagnol, italien.

Prix : 2 pers. **250 F** 3 pers. **300 F** pers. sup. **50 F** repas **125 F**

Ouvert : toute l'année.

45	45	1,5	1,5	15	22	1,5	2	2	1,5	31	1,5

GOURFINK Michel et Yolande - Ferme du Gué Pierreux - 14700 FALAISE - Tél : 02 31 90 09 79 - Fax : 02 31 90 10 62

FALAISE Hameau Vaston

C.M. 231 Pli 30

2 ch. Dans l'habitation, à l'étage : 2 ch 3 pers, salle d'eau et wc particuliers. Salon de détente. Situé dans un hameau aux habitations typiques de la région de Falaise, ce corps de ferme restauré abrite 2 chambres spacieuses et très confortables. Château de Falaise à 1 km.

Prix : 1 pers. **170 F** 2 pers. **230 F** 3 pers. **300 F**

Ouvert : toute l'année.

50	50	1	1	17	24	1	1	0,5	1	23	1

JARDIN Michel et Dominique - Hameau de Vaston - 14700 FALAISE - Tél : 02 31 90 10 10

FAMILLY Le Manoir

C.M. 231 Pli 32

2 ch. Dans la maison d'habitation, au 2ème étage : 2 ch 2 pers, salles de bains et wc particuliers. Entrée indépendante. Salon de jardin. Dans un petit haras, en pleine campagne, ces chambres de bon confort vous assurent le calme. Accueil chevaux.

Prix : 1 pers. **180 F** 2 pers. **220 F**

Ouvert : toute l'année.

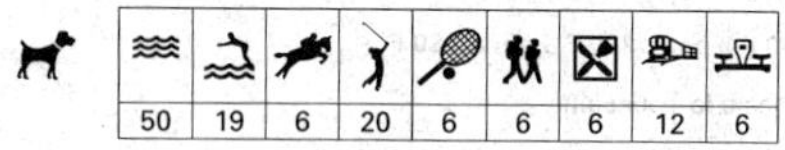

50	19	6	20	6	6	6	12	6

GUIBERT Françoise - Le Manoir - 14290 FAMILLY - Tél : 02 31 32 52 11 ou 06 87 46 10 43

FAUGUERNON La Vache

C.M. 55 Pli 13

1 ch. Dans l'habitation de la ferme, à l'étage : 1 ch 3 pers, salle d'eau et wc particuliers. Entrée indépendante. Salle de détente. Coin pique-nique. Retrouvez ici les images traditionnelles du Pays d'Auge : la maison à colombages et le verger seront le cadre de votre séjour à la ferme.

Prix : 1 pers. **160 F** 2 pers. **250 F** 3 pers. **330 F**

Ouvert : toute l'année.

25	10	6	4	6	5	3	5	7	5

SASSIER Serge - La Vache - 14100 FAUGUERNON - Tél : 02 31 61 13 31

FORMENTIN

C.M. 54 Pli 17

3 ch. Dans l'habitation, au r-d-c : 1 ch 3 pers, salle d'eau et wc particuliers. A l'étage : 2 ch 3/4 pers, salle d'eau et wc particuliers. Salle de détente avec TV. Salon de jardin. Chambres traditionnelles dans un environnement typiquement normand : maison à colombages et vergers de pommiers.

Prix : 1 pers. **180 F** 2 pers. **230 F** 3 pers. **300 F**

Ouvert : de Pâques au 15 septembre.

18	10	12	8	10	4	10	10	0,5	12	4

CARPENTIER Danielle - Route de Dives - 14340 FORMENTIN - Tél : 02 31 61 11 41 - Fax : 02 31 61 11 41

FORMIGNY Quintefeuille

(TH) *C.M. 54 Pli 14*

2 ch. Dans l'habitation, à l'étage : 1 ch 4 pers, salle d'eau et wc particuliers, 1 ch 3 pers, avec 1 ch complémentaire 3 pers, salle de bains et wc particuliers. Salle de séjour, ping-pong Beau corps de ferme typique du Bessin des XVè et XVIè siècles. A l'intérieur, vous apprécierez le calme et la vue sur le jardin très soigné

Prix : 1 pers. **160 F** 2 pers. **250 F** 3 pers. **300/350 F** repas **95 F**

Ouvert : toute l'année.

5	6	15	3	14	3	3	5	5	15	3

DELESALLE Janine - Quintefeuille - 14710 FORMIGNY - Tél : 02 31 22 51 73 - Fax : 02 31 22 51 73

FORMIGNY Ferme du Mouchel

C.M. 54 Pli 14

4 ch. Dans l'habitation de la ferme, à l'étage : 3 ch 2 à 4 pers, salle d'eau et wc particuliers. Dans une annexe mitoyenne à l'habitation, à l'étage : 1 ch 2 pers avec 1 ch complémentaire 2 pers, salle d'eau et wc particuliers. Salle de détente. Salon de jardin. Grande ferme d'élevage laitier en pleine activité. Belles chambres décorées avec goût, proches des plages du Débarquement. Prêt de vélos.

Prix : 1 pers. **210 F** 2 pers. **240/260 F** 3 pers. **310/370 F**

Ouvert : toute l'année.

4	4	15	5	15	4	4	4	2,5	15	5

LENOURICHEL Odile - Ferme du Mouchel - 14710 FORMIGNY - Tél : 02 31 22 53 79 - Fax : 02 31 21 56 55

GEFOSSE-FONTENAY La Riviere

TH *C.M. 54 Pli 13*

3 ch. Dans l'habitation de la ferme, au 2ème étage : 1 ch 2 pers, 2 ch 3 pers, salles d'eau et wc particuliers. Salon de jardin. Ferme-manoir fortifiée d'époque médiévale avec chambres de style spacieuses au décor élégant. Salle d'hôtes avec cheminée. Jardin fleuri.

Prix : 1 pers. **265 F** 2 pers. **285 F** 3 pers. **365 F** repas **100 F**

Ouvert : toute l'année.

1,5	3	20	12	25	3	3	SP	4	20	3

LEHARIVEL Gérard et Isabelle - La Rivière - 14230 GEFOSSE-FONTENAY - Tél : 02 31 22 64 45 - Fax : 02 31 22 01 18 - E-mail : manoirdelariviere@mageos.com

GEFOSSE-FONTENAY Le Château

C.M. 54 Pli 13

2 ch. Dans l'habitation de la ferme, à l'étage : 1 ch 3 pers, salle d'eau et wc particuliers avec 1 ch complémentaire 2 pers (3 épis), 1 ch 2 pers, salle de bains et wc particuliers (2 épis). Possibilité lit enfant et lit bébé. Salon de jardin. A l'image de cette demeure du XVIIè siècle, ces chambres sont vastes et lumineuses. A proximité, il vous sera facile de visiter les parcs à huitres de la baie de Veys.

Prix : 1 pers. **190 F** 2 pers. **220 F** 3 pers. **280 F**

Ouvert : de Pâques à la Toussaint.

4	4	25	15	15	20	4	4	4	20	6

LEFEVRE Solange - Le Château - 14230 GEFOSSE-FONTENAY - Tél : 02 31 22 63 86

GEFOSSE-FONTENAY Manoir de l'Hermerel

C.M. 54 Pli 13

4 ch. Dans l'habitation de la ferme, au r-d-c : 1 ch 2 pers, à l'étage : 1 ch 2 pers et 1 ch 4 pers dans 2 pièces, salles d'eau particulières, poss. lit complémentaire ou lit enfant. 2ème étage : 1 grande ch mansardée avec mezzanine pour 4/5 pers, salle d'eau et wc particuliers. Entrée indépendante. Coin pique-nique. Salon de jardin. Dans les tons bleu, vert ou rose, ces chambres ont gardé toute l'ambiance de ce manoir du XVè siècle. Le petit-déjeuner vous est servi devant la cheminée monumentale.

Prix : 1 pers. **250 F** 2 pers. **300 F** 3 pers. **400 F**

Ouvert : du 1er avril à la Toussaint.

1	4	20	15	30	4	4	1	4	20	4

LEMARIE Agnès et François - Manoir de l'Hermerel - 14230 GEFOSSE-FONTENAY - Tél : 02 31 22 64 12 - Fax : 02 31 22 64 12

GEFOSSE-FONTENAY Ferme de Jaro

TH *C.M. 54 Pli 13*

4 ch. Dans la maison d'habitation, à l'étage : 3 ch 2, 3 et 4 pers avec salles d'eau ou salles de bains et wc particuliers (2 épis), 1 ch 2 pers salle de bains et wc particuliers (3 épis). Salon avec TV. Décoration chaleureuse des chambres, table d'hôtes renommée et jardin agréable. L'adresse vaut le détour.

Prix : 1 pers. **160 F** 2 pers. **200 F** 3 pers. **250 F** repas **90 F**

Ouvert : toute l'année.

1	5	20	5	5	6	20	5

BLESTEL Janine - Ferme de Jaro - 14230 GEFOSSE-FONTENAY - Tél : 02 31 22 65 05

GENNEVILLE

C.M. 231 Pli 20

5 ch. Dans l'habitation, à l'étage : 1 ch 4 pers, salle d'eau et wc particuliers. Dans une habitation annexe à 200 m, au r-d-c, 3 ch 2 pers, salles d'eau et wc particuliers. A l'étage : 1 ch 4 pers, salle d'eau et wc particuliers. Salle de détente. La salle du petit-déjeuner, très agréable et l'espace extérieur vous feront passer un moment très convivial. A 10 minutes, le vieux bassin d'Honfleur.

Prix : 1 pers. **170 F** 2 pers. **240 F** 3 pers. **300 F**

Ouvert : toute l'année.

6	6	7	15	6	4	2	10	4

CRENN Daniel et Bernadette - Le Bourg - 14600 GENNEVILLE - Tél : 02 31 98 75 63

GENNEVILLE *C.M. 231 Pli 20*

1 ch. Dans l'habitation, à l'étage : 1 ch 2 pers, salle d'eau et wc particuliers, lit bébé. Entrée indépendante. Salon de jardin. Vous serez agréablement accueillis dans cette maison de style normand. Chambre confortable et joliment décorée. Grand jardin au calme et à 5 minutes du Pont de Normandie.

Prix : 1 pers. **180 F** 2 pers. **230 F**

Ouvert : toute l'année.

6	6	7	15	6	4	SP	2	10	4

BRIERE Florence et Thierry - Le Bourg - 14600 GENNEVILLE - Tél : 02 31 98 84 89

GLANVILLE *C.M. 55 Pli 3*

1 ch. Dans l'habitation, au r-d-c : 1 ch 2 pers, salle d'eau et wc particuliers. Entrée indépendante. Salon de jardin. Dans une maison typique du Pays d'Auge, et à proximité du village sauvegardé de Beaumont, cette chambre agréable et fonctionnelle contribuera à un séjour reposant.

Prix : 1 pers. **200 F** 2 pers. **230 F**

Ouvert : toute l'année.

8	8	10	1	10	6	8	3	1	2,5	10	2

TEXIER J-Pierre et Monique - Route de Villers-sur-Mer - 14950 GLANVILLE - Tél : 02 31 64 88 33

GLOS La Haute Follie *C.M. 54 Pli 18*

2 ch. Dans l'habitation, au 1er étage : 1 ch 2 pers avec 1 ch complémentaire 2 pers, salle de bains et wc particuliers. Au 2ème étage : 1 ch 2 pers et 1 ch complémentaire 1 pers, salle d'eau et wc particuliers. Cuisine à disposition. Salon de jardin. Situées dans une maison de style « Normand Balnéaire » à proximité de Lisieux, ces chambres sont idéales pour passer un agréable séjour à la campagne. Langue parlée : anglais.

Prix : 1 pers. **150 F** 2 pers. **200 F** 3 pers. **300 F**

Ouvert : toute l'année.

38	5	5	15	15	3	5	0,5	5	5	2,5

ZUINGHEDAU René et Jacqueline - Route du Sap - 14100 GLOS - Tél : 02 31 62 71 28

GONNEVILLE-SUR-HONFLEUR Le Mont Bouy *C.M. 231 Pli 20*

2 ch. Dans l'habitation, à l'étage : 1 grande ch 3 pers avec coin salon, TV, fauteuils salle de bain particulière, 1 grande ch 3 pers avec salon, salle d'eau et wc particuliers. Entrée indépendante. Salon de jardin. Dans une belle chaumière avec un cadre reposant, deux chambres spacieuses avec un agréable coin salon.

Prix : 2 pers. **290 F** 3 pers. **360 F**

Ouvert : toute l'année.

5	14	5	5	13	5	4	15	4

HEMERY Liliane - Le Mont Bouy - 14600 GONNEVILLE-SUR-HONFLEUR - Tél : 02 31 89 42 51

GONNEVILLE-SUR-HONFLEUR Chaumière de Beauchamp *C.M. 231 Pli 20*

2 ch. Dans l'habitation, à l'étage : 1 ch 2 pers, salle d'eau et wc particuliers, entrée indépendante, 1 ch 2 pers, salle d'eau et wc particuliers. Salon de jardin. Dans une chaumière du Pays d'Auge, chambres agréables, accueil convivial, environnement campagnard. Vous profiterez pleinement du grand jardin.

Prix : 1 pers. **200 F** 2 pers. **250 F**

Ouvert : toute l'année.

5	12	5	2	5	1	15	2	1	13	4

MICHEL Daniel - Chaumière de Beauchamp - 14600 GONNEVILLE-SUR-HONFLEUR - Tél : 02 31 89 19 93

GONNEVILLE-SUR-HONFLEUR La Côte du Canet *C.M. 231 Pli 20*

3 ch. A l'extérieur de l'habitation, à proximité de 2 gîtes ruraux : 3 ch 2 pers, salle d'eau et wc particuliers, entrée indépendante (1 au r-d-c, 2 à l'étage). Cuisine à disposition. Salon de jardin. Dans cet ensemble architectural entièrement rénové, Mme Merieult vous accueille très chaleureusement. Chambres idéalement situées pour découvrir Honfleur et la Côte de Grâce.

Prix : 1 pers. **200 F** 2 pers. **260 F**

Ouvert : toute l'année.

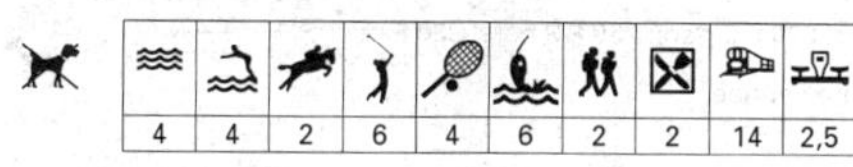

4	4	2	6	4	6	2	2	14	2,5

MERIEULT Pierre et Viviane - Côte du Canet - 14600 GONNEVILLE-SUR-HONFLEUR - Tél : 02 31 89 01 12 - Fax : 02 31 89 93 87

GONNEVILLE-SUR-MER Ferme Bruyère Mannet *C.M. 231 Pli 19*

2 ch. Dans l'habitation, au 1er étage : 1 ch 2 pers, salle de bains particulière avec 1 ch complémentaire 1 pers. Au 2ème étage : 1 ch 2 pers (2 lits 1 pers), salle de bainparticulière avec 1 ch complémentaire 2 pers. Dans une grande maison entourée d'un jardin, le propriétaire vous accueille dans une vaste salle à manger. Vous flanerez à Houlgate le long des plages.

Prix : 1 pers. **190 F** 2 pers. **260 F** 3 pers. **370 F**

Ouvert : toute l'année.

3	7	3	1	5	6	SP	3	4	3

CROCHET Jean - Ferme Bruyère Mannet - 14510 GONNEVILLE-SUR-MER - Tél : 02 31 28 04 15 - Fax : 02 31 28 04 15

GONNEVILLE-SUR-MER Ferme des Glycines *C.M. 231 Pli 19*

3 ch. Dans un bâtiment, au r-d-c : 1 ch 4 pers (2 pers au r-d-c et 2 pers en mezzanine) 1 ch 3 pers, salles d'eau et wc particuliers. Terrasse. Etage : 1 ch 2 pers, salle d'eau et wc particuliers. Entrées indépendantes. Salons de jardin. Entouré de vergers, ce typique corps de ferme Normand abrite des chambres spacieuses, coquettes et personnalisées. Leurs entrées indépendantes s'ouvrent sur un jardin fleuri et arboré.

Prix : 1 pers. **200 F** 2 pers. **270 F** 3 pers. **360 F**

Ouvert : toute l'année.

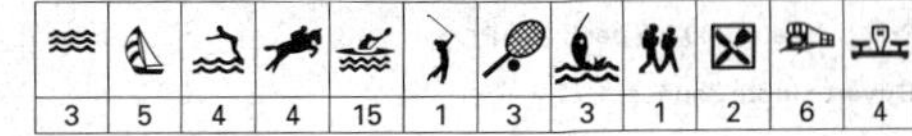

3	5	4	4	15	1	3	3	1	2	6	4

EXMELIN Hugues et Elizabeth - Carrefour Manerbe - 14510 GONNEVILLE-SUR-MER - Tél : 02 31 28 01 15

GONNEVILLE-SUR-MER L'Eglise *C.M. 231 Pli 19*

2 ch. Dans l'habitation, à l'étage : 1 ch 2 pers avec 1 ch complémentaire 1 pers, salle de bains et wc particuliers (3 épis), 1 ch 2 pers, salle de bains et wc particuliers (2 épis). Salon de jardin. Dans une habitation ancienne, typique du pays d'Auge, ces chambres vous offrent chaleur et convivialité où le bois est partout présent. Entre mer et campagne, les visites sont nombreuses.

Prix : 1 pers. **210 F** 2 pers. **250/260 F** 3 pers. **350 F**

Ouvert : de Pâques à la Toussaint.

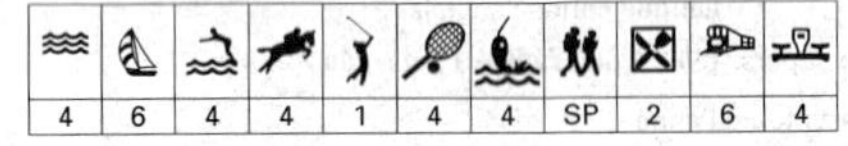

4	6	4	4	1	4	4	SP	2	6	4

MENGA Simone - L'Eglise - 14510 GONNEVILLE-SUR-MER - Tél : 02 31 28 90 33

GRAINVILLE-LANGANNERIE Les Beliers *C.M. 54 Pli 16*

2 ch. Dans l'habitation de la ferme, à l'étage : 1 ch 3 pers, salle d'eau et wc particuliers, 1 ch 2 pers + 1 ch complémentaire 2 pers, salle d'eau et salle de bains avec wc particuliers. Possibilité de lits supplémentaires. Ce beau corps de ferme à l'architecture typique de la région abrite 2 chambres très spacieuses distribuées par un magnifique escalier.

Prix : 1 pers. **180 F** 2 pers. **250 F** 3 pers. **300 F**

Ouvert : toute l'année.

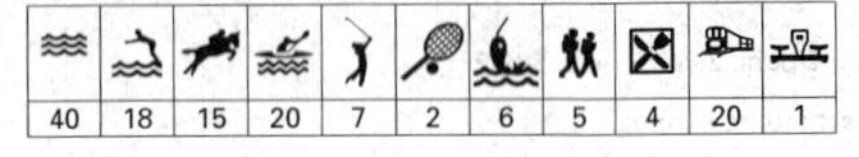

40	18	15	20	7	2	6	5	4	20	1

CHAPRON Thérèse - Les Beliers - 14190 GRAINVILLE-LANGANNERIE - Tél : 02 31 90 52 37

GRAINVILLE-SUR-ODON *C.M. 54 Pli 15*

4 ch. Dans l'habitation, au r-d-c : 3 ch 2 pers, salle de bains commune (1 épi). A l'étage : 1 ch 4 pers, salle d'eau et wc particuliers (2 épis). TV dans chaque chambre. Possibilité lit supplémentaire 1 pers. Profitez du calme de la campagne et du confort de cette grande maison contemporaine. A seulement 10 minutes, Caen et le Musée Mémorial.

Prix : 1 pers. **135 F** 2 pers. **170/180 F** 3 pers. **225 F**

Ouvert : toute l'année.

25	11	4	20	1	6	4	4	15	11

YON Marie-Thérèse - Rue du Château d'Eau - 14210 GRAINVILLE-SUR-ODON - Tél : 02 31 80 97 05 ou 06 68 58 88 79

GRANDCAMP-MAISY La Ferme du Colombier *C.M. 231 Pli 16*

5 ch. A la ferme. Dans un bâtiment annexe à l'habitation, à l'étage : 4 ch 2 pers, 1 ch 4 pers, salles d'eau et wc particuliers. Entrée indépendante. Salle de détente. Salon de jardin. Chambres de bon confort et situées dans un cadre agréable. Les balades sur le port de Grandcamp vous enchanteront. Auberge du Terroir sur place.

Prix : 1 pers. **220 F** 2 pers. **250 F** 3 pers. **330 F**

Ouvert : toute l'année.

1	1	1	23	1	1	1	SP	20	0,5

LEGRAND Michel et Frédérique - La Ferme du Colombier - 14450 GRANDCAMP-MAISY - Tél : 02 31 22 68 46 - Fax : 02 31 22 14 33

GRANDCAMP-MAISY Ferme Suard *C.M. 231 Pli 16*

1 ch. Dans l'habitation, au r-d-c- : 1 ch 2 pers, salle d'eau et wc particuliers. Entrée indépendante. Salon de jardin. Cette chambre avec une entrée indépendante vous permet une autonomie totale. A pied, vous rejoindrez le port de Grandcamp et le marché aux poissons.

CV

Prix : 1 pers. **170 F** 2 pers. **180 F**

Ouvert : de Pâques à la Toussaint.

0,5	0,5	10	20	0,7	0,5	0,5	0,2	20	0,5

MONTAGNE Colette - Ferme Suard - 14450 GRANDCAMP-MAISY - Tél : 02 31 22 64 20

GRANDCAMP-MAISY *C.M. 231 Pli 16*

1 ch. Dans la maison d'habitation, au r-d-c : 1 ch 4 pers (2 pers au r-d-c et 2 pers en mezzanine), salle de bains et wc particuliers. Entrée indépendante. Salon de jardin. Dans une station balnéaire, Madame MARIE, vous accueille dans une chambre spacieuse et limineuse équipée d'une cheminée, située à 150 m de la plage.

CV

Prix : 1 pers. **250 F** 2 pers. **340 F** 3 pers. **420 F**

Ouvert : toute l'année.

SP	SP	20	15	SP	23	SP	SP	SP	0,5	20	SP

MARIE Jacqueline - 13 rue du Cdt Kieffer - 14450 GRANDCAMP-MAISY - Tél : 02 31 22 64 02 - Fax : 02 31 22 30 20

GRANGUES *C.M. 55 Pli 12*

2 ch. Dans l'habitation, à l'étage : 2 ch 2 et 3 pers, salle d'eau particulière. Salon de jardin. Dans une maison en colombages, des chambres au calme, situées à quelques pas d'un charmant village et à proximité de la côte fleurie.

CV

Prix : 1 pers. **140 F** 2 pers. **200 F** 3 pers. **250 F**

Ouvert : de juin à septembre.

7	7	7	4	3	7	7	1	4	7	4

BOSQUAIN André et Chantal - Route de l'Eglise - 14160 GRANGUES - Tél : 02 31 28 76 80

LE HAM-HOTOT-EN-AUGE Les Vignes *C.M. 55 Pli 12*

3 ch. Dans l'habitation de la ferme, à l'étage : 1 ch 4 pers, salle d'eau et wc particuliers, 1 ch 3 pers, douche et lavabo dans la chambre (2 épis). Dans un bâtiment proche, 1 ch 2 pers, salle d'eau et wc particuliers (3 épis). Entrées indépendantes. Jardin d'agrément Découvrez l'ambiance et l'architecture d'une ferme typique du Pays d'Auge. Mme Gallot vous ouvre ses portes. A quelques kilomètres, flânez à Beuvron en Auge, village sauvegardé.

CV

Prix : 1 pers. **180 F** 2 pers. **195/250 F** 3 pers. **260/320 F**

Ouvert : toute l'année.

15	10	6	18	8	6	5	3	14	5

GALLOT Marie - Les Vignes - 14430 LE HAM-HOTOT-EN-AUGE - Tél : 02 31 79 22 89

HEULAND La Croix d'Heuland *C.M. 231 Pli 31*

2 ch. Dans l'habitation, au r-d-c : 1 ch 2 pers, salle d'eau et wc particuliers. A l'étage : 1 ch 2 pers, salle d'eau et wc particuliers. Salon de détente avec canapé et cheminée. Entrée indépendante. Salon de jardin. A deux pas de Cabourg, cet ancien pressoir entièrement restauré offre deux chambres dans une ambiance chaleureuse et très authentique.

CV

Prix : 1 pers. **200 F** 2 pers. **280 F**

Ouvert : toute l'année.

7	7	7	2	15	7	7	15	6	11	6

MARIE-PHILIPPE Martine - La Croix d'Heuland - 14430 HEULAND - Tél : 02 31 39 67 64

LA HOGUETTE Vesqueville *C.M. 55 Pli 12*

3 ch. Dans l'habitation de la ferme, à l'étage : 3 ch 2 et 3 pers avec 1 ch complémentaire 2 pers, salle d'eau particulière. Cuisine à disposition. Salle de séjour. Entrée indépendante. Salon de jardin. Chez de jeunes agriculteurs, dans une ferme d'élevage en activité, vous pourrez voir la traite des vaches laitières et les soins aux animaux.

CV

Prix : 1 pers. **140 F** 2 pers. **180/200 F** 3 pers. **240 F**

Ouvert : toute l'année.

45	3	3	15	2	3	SP	2,5	25	3

LHERMITE Béatrice - Vesqueville - 14700 LA HOGUETTE - Tél : 02 31 90 21 49 - Fax : 02 31 40 09 50

LE HOME-VARAVILLE La Charmette *C.M. 54 Pli 16*

1 ch. Dans l'habitation, au r-d-c- : 1 ch 2 pers avec 1 ch complémentaire 2 pers à l'étage, salle d'eau et wc particuliers. Salon de jardin. Vous profiterez des charmes de la proximité de la mer et d'un accueil agréable. Langue parlée : anglais.

Prix : 1 pers. **150 F** 2 pers. **200 F** 3 pers. **270 F**

Ouvert : d'avril à octobre.

0,3	3	3	3	1	0,3	4	SP	1	5	3

MOINARD Odette - La Charmette - 6 rue Ferdinand Henri - 14390 LE HOME-VARAVILLE - Tél : 02 31 24 54 39

HONFLEUR Le Galvani *C.M. 231 Pli 20*

2 ch. Dans l'habitation, au r-d-c : 2 ch 2 pers, salles d'eau et wc particuliers. Une chambre avec entrée indépendante. Salon de jardin. Situées à deux encablures du Pont de Normandie, ces chambres d'hôtes sont une halte idéale pour découvrir Honfleur et le Vieux Bassin.

Prix : 1 pers. **190 F** 2 pers. **260 F**

Ouvert : toute l'année.

2	2	1	4	15	8	1	15	0,5	0,5	1	1

BOUET J-Marie et Chantal - Le Galvani - 14600 HONFLEUR - Tél : 02 31 89 54 05 ou 06 68 16 37 03

HOTOT-EN-AUGE *C.M. 231 Pli 31*

2 ch. Dans l'habitation, à l'étage : 2 ch 2 et 4 personnes, salles d'eau et wc particuliers. Salon de jardin. A deux pas de Beuvron en Auge, cette ancienne fromagerie entièrement rénovée vous propose 2 chambres décorées avec soin. Belle vue sur la campagne avoisinante.

Prix : 1 pers. **180 F** 2 pers. **220 F** 3 pers. **300 F**

Ouvert : toute l'année.

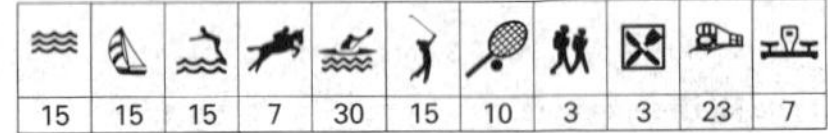

15	15	15	7	30	15	10	3	3	23	7

LAVIEC Denise et Gustave - Chemin de l'Eglise - 14430 HOTOT-EN-AUGE - Tél : 02 31 39 54 02

HOTTOT-LES-BAGUES Le Vallon *C.M. 54 Pli 15*

5 ch. Dans l'habitation, à l'étage : 5 ch de 1, 2, 3 et 4 pers, salles d'eau et wc particuliers. Salle de détente. Salon de jardin. Cuisine à disposition. Dans cette ancienne ferme restaurée, ces chambres inspirent le calme et le repos. Adepte du yoga, n'oubliez pas cette adresse.

Prix : 1 pers. **140 F** 2 pers. **220 F** 3 pers. **300 F**

Ouvert : toute l'année.

25	30	15	10	25	15	8	3	15	3

GRENIER-DESSEAUX Cécile - Le Vallon - 14250 HOTTOT-LES-BAGUES - Tél : 02 31 08 11 85

IFS Hameau de Bras *C.M. 54 Pli 15-16*

1 ch. Dans une annexe de l'habitation, au r-d-c : 1 ch 3 pers, salle d'eau et wc particuliers. TV. Salon de jardin. Cuisine à disposition. Vous n'oublierez pas votre séjour à Ifs où Mr Lemarinier vous accueille très chaleureusement. A 10 minutes du centre ville de Caen.

Prix : 1 pers. **170 F** 2 pers. **220 F** 3 pers. **290 F**

Ouvert : toute l'année.

15	15	5	8	5	5	8	0,5	6	1

LEMARINIER Jacques et Irène - 114 rue du Scieur de Bras - 14123 IFS - Tél : 02 31 23 78 89

ISIGNY-SUR-MER *C.M. 54 Pli 13*

1 ch. Dans un bâtiment proche de l'habitation, à l'étage : 1 ch 2 pers avec salle de bains et wc particuliers, entrée indépendante. Cuisine à disposition. Salon de jardin. Une chambre agréable et moderne par sa décoration, située à quelques minutes de la baie des Veys et des plages du Débarquement.

Prix : 1 pers. **200 F** 2 pers. **240 F**

Ouvert : toute l'année.

6	6	15	20	1	0,5	1	0,4	9	0,5

LE DEVIN Régine - 7 rue du Dr Boutrois - 14230 ISIGNY-SUR-MER - Tél : 02 31 21 12 33 ou 02 31 21 18 75 - Fax : 02 31 21 18 75

JUAYE-MONDAYE Ferme de l'Abbaye

C.M. 231 Pli 16-17

2 ch. Dans l'habitation de la ferme, à l'étage 2 ch 3 pers, salle d'eau et wc particuliers. Dans un bâtiment annexe : salle de détente avec TV. Cuisine à disposition. Salon de jardin. Aménagées dans une aile de l'enceinte de l'Abbaye, ces chambres offrent calme et tranquilité. La visite de l'Abbaye est recommandée.

CV

Prix : 1 pers. **150 F** 2 pers. **200 F** 3 pers. **250 F**

Ouvert : toute l'année.

15	15	10	2	20	1	7	1	10	1

GUILBERT Jeanne - Ferme de l'Abbaye - 14250 JUAYE-MONDAYE - Tél : 02 31 92 98 38

JUAYE-MONDAYE Ferme de Claironde

TH

C.M. 231 Pli 16-17

2 ch. Dans l'habitation de la ferme, à l'étage : 1 ch 3 pers, 1 ch 2 pers avec 1 ch complémentaire 2 pers, salles d'eau et wc particuliers. Salle de détente. Salon de jardin. Vous profiterez de ce séjour à la ferme pour découvrir l'Abbaye de Juaye- Mondaye à proximité.

Prix : 1 pers. **180 F** 2 pers. **200 F** 3 pers. **280 F** repas **90 F**

Ouvert : toute l'année.

20	10	0,8	0,5	5	3	9	1

COTIGNY Louis et Claudine - Ferme de Claironde - 14250 JUAYE-MONDAYE - Tél : 02 31 92 58 56 - Fax : 02 31 51 81 16

LANDES-SUR-AJON Le Château

C.M. 231 Pli 29

1 ch. Dans l'habitation de la ferme, à l'étage : 1 ch. 3 pers. avec salle de bains et wc particuliers. Salon de jardin. Aménagée dans une grande demeureau charme d'antan, cette chambred'hôtes, très spacieuse, garantie le calme.

CV

Prix : 1 pers. **150 F** 2 pers. **200 F** 3 pers. **250 F**

Ouvert : toute l'année.

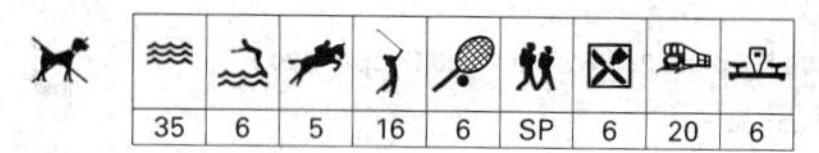

35	6	5	16	6	SP	6	20	6

VAUQUELIN Thérèse - Le Château - 14310 LANDES-SUR-AJON - Tél : 02 31 77 08 88

LEAUPARTIE Le Bois Hurey

C.M. 54 Pli 17

2 ch. Dans l'habitation de la ferme, à l'étage : 2 ch 2 pers avec salle de bains particulières, entrée indépendante. Cuisine à disposition. Salon de jardin. Ces chambres vous garantissent un séjour agréable au cœur du Pays d'Auge.

CV

Prix : 1 pers. **150 F** 2 pers. **200 F**

Ouvert : toute l'année.

20	20	20	8	20	20	4	SP	4	0,5	20	3

GUERIN Daniel et Sylvie - Le Bois Hurey - 14340 LEAUPARTIE - Tél : 02 31 62 75 49

LINGEVRES Hameau de Verrières

TH

C.M. 54 Pli 15

5 ch. Dans la maison de la ferme, à l'étage : 3 ch 2 et 3 pers, salle d'eau et wc particuliers. Dans un bâtiment mitoyen à l'habitation, à l'étage : 2 ch 3 pers, salle d'eau et wc particuliers. Entrée indépendante. Charles et Marie vous feront partager leur passion pour leur métier d'agriculteur autour de la table d'hôtes.

Prix : 1 pers. **180 F** 2 pers. **210 F** 3 pers. **280 F** repas **85 F**

Ouvert : toute l'année.

20	12	5	3	3	12	3

POLIDOR Charles et Marie - Hameau de Verrières - 14250 LINGEVRES - Tél : 02 31 80 91 17

LISIEUX

C.M. 231 Pli 32

1 ch. Dans l'habitation de la ferme, à l'étage : 1 ch 3 pers, salle d'eau et wc particuliers, avec 1 ch complémentaire 3 pers. Salle de détente. Salon de jardin. Dans le cadre bucolique d'une ferme augeronne à pans de bois, vous serez accueillis par Roger et Thérèse qui vous parleront de leur pays.

Prix : 1 pers. **160 F** 2 pers. **220 F** 3 pers. **280 F**

Ouvert : de Pâques à la Toussaint.

30	2	5	4	4	5	2	2	2

FONTAINE Roger et Thérèse - Chemin de la Folletière - 14100 LISIEUX - Tél : 02 31 32 22 48

LISIEUX Ferme sous les Pommiers

C.M. 231 Pli 32

1 ch. Dans l'habitation du propriétaire, au r-d-c : 1 ch 2 pers, salle d'eau et wc particuliers. Entrée indépendante. Lit enfant. Possi lit supplémentaire. Salon de jardin. A deux pas de la Basilique Ste Thérèse (accès piéton direct), vous séjournerez dans une demeure augeronne datant des XV et XVIIe siècle. Le mobilier normand, la cheminée et les pavés authentiques lui donnent une ambiance particulière au lieu. Ferme cidricole. Langues parlées : anglais, allemand, hollandais.

Prix : 1 pers. **190 F** 2 pers. **250 F**

Ouvert : toute l'année.

27	27	2	5	15	16	2	15	3	0,5	1	1

WROBLEWSKI Dominique - Ferme sous les Pommiers - 88 avenue Jean XXIII - 14100 LISIEUX - Tél : 02 31 61 15 16 - Fax : 02 31 61 15 16

LISORES Les Noyers

C.M. 55 Pli 13-14

3 ch. Dans la maison d'habitation, au r-d-c : 1 ch 2 pers, salle d'eau et wc particuliers, entrée indépendante. A l'étage : 2 ch 2 et 4 pers, salle d'eau et wc particuliers. Au cœur de la vallée de la Vie, la ferme des Noyers est un ensemble architectural typique du Pays d'Auge où cette famille anglaise vous accueille chaleureusement. Langue parlée : anglais.

Prix : 1 pers. **150 F** 2 pers. **220 F** 3 pers. **270 F** repas **85 F**

Ouvert : de Pâques à la Toussaint.

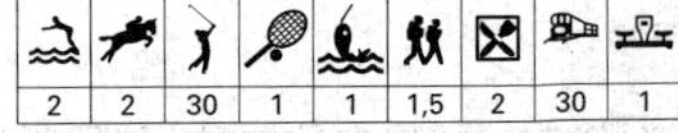

2	2	30	1	1	1,5	2	30	1

BLAND Adam et Anne - Les Noyers - 14140 LISORES - Tél : 02 31 63 42 16

LIVRY La Suhardière

C.M. 54 Pli 14

3 ch. Dans l'habitation de la ferme, au r-d-c : 1 ch 3 pers, salle d'eau et wc particuliers. A l'étage : 2 ch 2 et 3 pers, avec 1 ch complémentaire 2 pers, salle d'eau et wc particuliers. Entrée indépendante. Salon de détente. Salon de jardin. Aménagées dans une ferme rénovée de caractère du XVIIè siècle, ces chambres jouissent d'un cadre reposant. Etang de pêche. Cheval disponible.

Prix : 1 pers. **200 F** 2 pers. **255 F** 3 pers. **330 F** repas **120 F**

Ouvert : toute l'année.

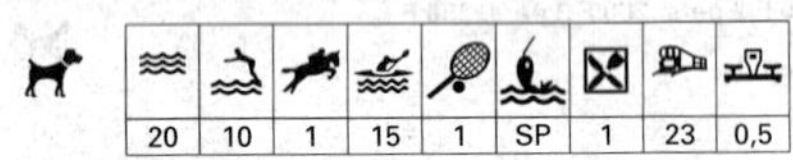

20	10	1	15	1	SP	1	23	0,5

PETITON Alain et Françoise - La Suhardière - 14240 LIVRY - Tél : 02 31 77 51 02

LONGUES-SUR-MER Ferme de la Tourelle

C.M. 231 Pli 17

5 ch. Dans une annexe de l'habitation, à l'étage : 3 ch 3 et 4 pers, salle d'eau et wc particuliers, 2 ch 2 pers, salle d'eau et wc particuliers, entrée indépendante. Salle de détente avec cuisine, salle de remise en forme (avec participation). Salon de jardin. Dans une ancienne ferme du XVIIè siècle du Bessin, proche de la mer, chambres aménagées avec pierres apparentes.

Prix : 1 pers. **210 F** 2 pers. **260 F** 3 pers. **330 F**

Ouvert : toute l'année.

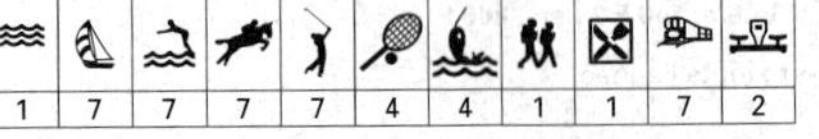

1	7	7	7	7	4	4	1	1	7	2

LECARPENTIER J-Maurice et Janine - Hameau de Fontenailles - Ferme de la Tourelle - 14400 LONGUES-SUR-MER - Tél : 02 31 21 78 47 - Fax : 02 31 21 84 84 - E-mail : lecarpentier2@wanadoo.fr - http://www.multimania.com/tourelle

LONGUES-SUR-MER Le Saule

C.M. 231 Pli 17

3 ch. Dans l'habitation, au r-d-c : 1 ch 2 pers avec douche et wc particuliers. A l'étage : 2 ch 2 pers, salle d'eau et wc particuliers. Poss lit d'appoint. Entrée indépendante. Salle de détente. Salon de jardin. A quelques pas des batteries de Longues s/mer, Mr et Mme Ringuenet vous accueillent avec le sourire et de délicieuses confitures maison. Chambres décorées avec beaucoup de goût.

Prix : 1 pers. **210 F** 2 pers. **240 F**

Ouvert : toute l'année.

0,3	5	5	3	5	5	0,8	0,3	0,2	5	0,5

RINGUENET Yves et Reine - Rue de la Mer - Le Saule - 14400 LONGUES-SUR-MER - Tél : 02 31 92 83 61

LONGUES-SUR-MER Hameau de Fontenailles

C.M. 231 Pli 17

1 ch. Dans la maison d'habitation, au 1er étage : 1 ch 2 pers avec 1 ch complémentaire 2 pers, salle d'eau et wc particuliers. Salon de jardin. Monique et Jean-Louis seront heureux de vous accueillir au calme, dans leur cour fleurie et vous conseilleront sur les nombreux sites à découvrir Plages du Débarquement.

Prix : 1 pers. **170 F** 2 pers. **200 F** 3 pers. **280 F**

Ouvert : toute l'année.

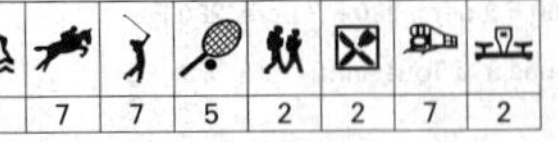

5	7	7	7	5	2	2	7	2

LEFEVRE J-Louis et Monique - Près du Clocher - Hameau de Fontenailles - 14400 LONGUES-SUR-MER - Tél : 02 31 21 75 09

LONGUEVILLE Le Roulage

C.M. 54 Pli 14

2 ch. Dans l'habitation, à l'étage : 2 ch 2 pers, salle de bains ou salle d'eau et wc particuliers. Salon de jardin. Dans cette belle demeure typique du Bessin, les chambres sont décorées avec beaucoup de goût : couleurs chaudes et harmonieuses, armoires normandes. Agréable jardin. Plages du Débarquement et Port de pêche à proximité. Langue parlée : anglais.

CV

Prix : 1 pers. **250 F** 2 pers. **280 F**

Ouvert : toute l'année.

8	8	20	8	15	3	SP	SP	8	20	3

LEROYER Daniel et Janine - Le Roulage - 14230 LONGUEVILLE - Tél : 02 31 22 03 49 - Fax : 02 31 22 03 49

LONGVILLERS La Nouvelle France

TH *C.M. 231 Pli 29*

3 ch. Dans un bâtiment indépendant de l'habitation, 3 ch 2 pers, salles d'eau et wc particuliers. Salle de détente. Coin repas. Salon de jardin. Dans cette ancienne fermette en pierres de pays, la grange, indépendante de l'habitation vous accueille dans un décor campagnard et confortable. Grande pelouse ombragée, environnement calme, chemins pédestres sur place. Langue parlée : anglais.

Prix : 1 pers. **170 F** 2 pers. **220 F** repas **80 F**

Ouvert : toute l'année.

35	3	8	18	24	3	4	SP	4	30	4

GODEY Anne-Marie - La Nouvelle France - 14310 LONGVILLERS - Tél : 02 31 77 63 36 - E-mail : anne-marie.godey@wanadoo.fr

LONGVILLERS Mathan

C.M. 231 Pli 29

3 ch. Dans l'habitation, au 2ème étage : 2 ch 2 pers avec 1 ch complémentaire 2 pers, salles de bains et wc particuliers. Au 3ème étage : 1 ch 2 pers, salle de bains et wc particuliers. Au 2ème étage : salle de détente avec cheminée. Entrée indépendante. Dans un Manoir du XVè siècle, bien situées pour une halte entre la Normandie et la Bretagne, les chambres sont spacieuses, agréables et personnalisées (fauteuils et lits de 160 cm). Langue parlée : anglais.

CV

Prix : 1 pers. **190 F** 2 pers. **250 F** 3 pers. **320 F**

Ouvert : toute l'année.

35	35	4	15	35	4	4	30	4

DE MATHAN Jean et A-Marie - Mathan - 14310 LONGVILLERS - Tél : 02 31 77 10 37 - Fax : 02 31 77 49 13

LOUVIGNY Le Mesnil

C.M. 231 Pli 29-30

1 ch. Dans la maison d'habitation, à l'étage : 1 ch 3 pers, salle d'eau particulière. A proximité de Caen, chambre située dans une grande maison anglo-normande. Parc et pêche sur place.

CV

Prix : 1 pers. **150 F** 2 pers. **200 F** 3 pers. **250 F**

Ouvert : toute l'année.

20	20	4	2	2	10	2	SP	1	2	5	2

HOLLIER LAROUSSE Thierry et Arlette - Le Mesnil - 14111 LOUVIGNY - Tél : 02 31 73 52 77 - Fax : 02 31 75 25 24

LOUVIGNY Le Mesnil

C.M. 231 Pli 29-30

2 ch. Dans l'habitation, au 1er étage : 1 ch 2 pers, salle d'eau et wc particuliers. Dans une annexe, au 1er étage : 1 ch 2 pers, salle d'eau et wc particuliers. Entrées indépendantes. Ces chambres sont confortables et lumineuses, et le parc d'agrément est un espace privilégié. Location de vélos. Accueil cheval.

CV

Prix : 1 pers. **150 F** 2 pers. **200 F**

Ouvert : toute l'année.

20	20	4	1	2	10	2	0,5	0,5	2	5	2

HOLLIER-LAROUSSE Guy et Michèle - Chemin du VIIIe RECCE - Le Mesnil - 14111 LOUVIGNY - Tél : 02 31 75 25 17 - Fax : 02 31 75 25 24 - E-mail : info@eurogite.com

MAISONS Ferme de la Claire Voie

C.M. 231 Pli 16-17

1 ch. A la ferme, dans un bâtiment séparé de l'habitation, au r-d-c : 1 ch 3 pers, salle d'eau et wc particuliers Dans cette ferme d'élevage en activité, vous profiterez du calme de la campagne, de la proximité de la mer et des plages du Débarquement.

CV

Prix : 1 pers. **180 F** 2 pers. **240 F** 3 pers. **280 F**

Ouvert : du 1er mars au 15 novembre.

3,5	10	6	0,2	3	0,5	0,2	2	7	3,5

VAUTIER Eric et Corinne - Ferme de la Claire Voie - 14400 MAISONS - Tél : 02 31 21 79 58 - Fax : 02 31 21 79 58

MAISONS Moulin Gerard *C.M. 231 Pli 16-17*

3 ch. Dans l'habitation, à l'étage : 3 ch 3 et 4 pers, avec 1 ch complémentaire 2 pers, salles d'eau et wc particuliers. Salon de jardin. Situées dans un ancien moulin restauré et un cadre verdoyant, ces chambres sont confortables et chaleureuses.

Prix : 1 pers. **200 F** 2 pers. **250 F** 3 pers. **320 F**

Ouvert : toute l'année.

3	3	5	SP	3	SP	7	3	2	5	3

BERNARD Pierre et Christiane - Moulin Gerard - 14400 MAISONS - Tél : 02 31 21 44 16 - http://www.multimania.com/pommes/

MAISONS Ferme des Goupillières *C.M. 231 Pli 16-17*

4 ch. Dans un bâtiment indépendant mitoyen à un gîte rural, au r-d-c : 2 ch 2 et 3 pers, salle d'eau et wc particuliers. A l'étage : 2 ch 3 pers, salle d'eau et wc particuliers. Salle de détente. Cuisine à disposition. Dans un environnement campagnard, ces chambres offrent une décoration très soignée en pierres apparentes. Plages du Débarquement à proximité.

CV

Prix : 1 pers. **200 F** 2 pers. **230 F** 3 pers. **310 F**

Ouvert : de Pâques à la Toussaint.

3	3	5	3	1	3	2	6	3

LABBE Annie - Ferme des Goupillères - 14400 MAISONS - Tél : 02 31 92 53 47

MALTOT Le Cottage *C.M. 54 Pli 15*

2 ch. Dans l'habitation, à l'étage : 1 ch 3 pers, 1 ch 2 pers, salle d'eau particulières et wc communs. Salon de jardin. A proximité de Caen, ces chambres sont spacieuses, la salle à manger rustique avec une grande cheminée.

CV

Prix : 1 pers. **160 F** 2 pers. **220 F** 3 pers. **300 F**

Ouvert : toute l'année.

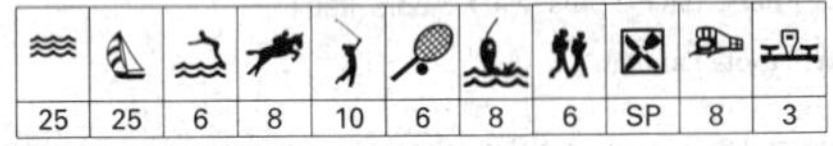

25	25	6	8	10	6	8	6	SP	8	3

LARSON Jacques - Le Cottage - 14930 MALTOT - Tél : 02 31 26 96 10 ou 06 13 55 68 88 - Fax : 02 31 26 83 82

MANDEVILLE-EN-BESSIN Dauval *C.M. 231 Pli 16*

2 ch. Dans l'habitation de la ferme, à l'étage : 2 ch 3 et 4 pers, salle de bains et wc particuliers, possibilité lit enfant. Salon de jardin. Cette jolie demeure du Bessin propose des chambres spacieuses et confortables. Calme assuré. Plages du Débarquement à proximité. Langue parlée : anglais.

Prix : 1 pers. **170 F** 2 pers. **220 F** 3 pers. **275 F**

Ouvert : toute l'année.

7	12	3	9	3	2	2	2	12	3

LEFEVRE Pierre - Dauval - 14710 MANDEVILLE-EN-BESSIN - Tél : 02 31 22 51 35

MANDEVILLE-EN-BESSIN Le Haut de Mandeville *C.M. 231 Pli 16*

2 ch. Dans l'habitation, au r-d-c : 1 ch 2 pers, salle d'eau et wc particuliers, 1 ch 3 pers, salle d'eau et wc particuliers. Entrées indépendantes. Salon de jardin. Dans ce jardin paysagé et très soigné, vous apprécierez particulièrement le calme d'un petit déjeuner campagnard autour de la falue, brioche normande faite maison. Langue parlée : anglais.

Prix : 1 pers. **180 F** 2 pers. **240 F** 3 pers. **300 F**

Ouvert : de Pâques à la Toussaint.

7	7	12	3	9	3	3	12	12	3

JEUNESSE Christian - Le haut de Mandeville - 14710 MANDEVILLE-EN-BESSIN - Tél : 02 31 92 86 65

MANERBE La Katounette *C.M. 54 Pli 17*

4 ch. Dans l'habitation, à l'étage : 2 ch 2 pers, salle de bains et wc particuliers avec 1 ch complémentaire 2 pers, entrée indépendante. Dans un bâtiment annexe, au r-d-c : 2 ch 2 et 4 pers, salle d'eau et wc particuliers avec 1 ch complémentaire 2 pers. TV dans 2 ch. Salons de jardin. Entourée de bosquets, cette maison augeronne à colombages abrite des chambres coquettes et confortables. Ambiance conviviale assurée.

Prix : 1 pers. **190 F** 2 pers. **230 F** 3 pers. **300 F**

Ouvert : toute l'année.

16	16	4	4	7	14	3	3	2	1	6	1

VALETTE Micheline - La Katounette - 14340 MANERBE - Tél : 02 31 61 14 66

MANERBE

C.M. 54 Pli 17

2 ch. Dans une habitation de construction récente, 2 ch de 2 pers (dont 1 à l'étage) salle de bains commune au rez de chaussée, wc privatifs, lit bébé, salle de détente avec TV. Salon de jardin. Au cœur de ce petit village remarquable du Pays d'Auge, Michelle et Claude seront ravis de vous faire connaitre leur belle région. Langues parlées : anglais, espagnol.

Prix : 1 pers. **170 F** 2 pers. **210 F** 3 pers. **270 F**

Ouvert : toute l'année.

20	10	8	8	10	20	8	3	10	0,6	10	2

MAILLARD Claude et Michelle - Route de Formentin - 14340 MANERBE - Tél : 02 31 61 00 66

MANVIEUX Les Jardins

C.M. 54 Pli 15

2 ch. Dans l'habitation, à l'étage : 2 ch 2 pers, salle de bains et wc particuliers. Entrée indépendante. Salon de jardin. Gilberte vous accueille dans cette ancienne ferme du 18è siècle. Cadre raffiné et douillet, chambres spacieuses avec poutres, pleines de charme. Tennis gratuit sur place. Plages du Débarquement.

Prix : 1 pers. **300/350 F** 2 pers. **350/400 F**

Ouvert : toute l'année.

1,5	2	8	6	8	SP	2	1	1	8	2

MARTRAGNY Gilberte - Les Jardins - 14117 MANVIEUX - Tél : 02 31 21 95 17 - Fax : 02 31 21 95 17 -
E-mail : clemlou@clubinternet.fr

MANVIEUX La Breholière

C.M. 231 Pli 17

3 ch. Dans l'habitation du propriétaire, à l'étage : 2 ch 2 et 3 pers, salle d'eau et wc particuliers, 1 ch 4 pers en duplex, salle d'eau et wc particuliers, lit bébé. Entrée indépendante. Salon de jardin. Située entre Arromanches et Port en Bessin, cette belle demeure en pierres vous propose 3 chambres à la décoration personnalisée et harmonieuse, dans un environnement très calme. Langue parlée : anglais.

Prix : 1 pers. **190 F** 2 pers. **250 F** 3 pers. **300 F**

Ouvert : toute l'année.

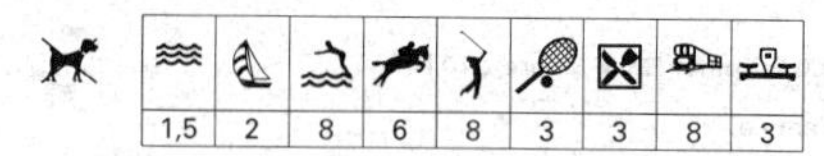

1,5	2	8	6	8	3	3	8	3

PASTRE Sandrine - La Breholiere - 14117 MANVIEUX - Tél : 02 31 22 19 66 ou 06 83 07 48 77

MANVIEUX La Gentilhommière

C.M. 231 Pli 17

4 ch. Dans la maison d'habitation, au r-d-c : 1 ch 2 pers, salle de bains et wc particuliers, entrée indépendante. A l'étage : 3 ch 2 pers, salle de bains et wc particuliers. Coin salon dans chaque chambre. Dans une demeure en pierres du XVIIIème siècle proche des plages du Débarquement, quatre chambres harmonieuses et confortables. Langue parlée : anglais.

Prix : 1 pers. **280 F** 2 pers. **320 F**

Ouvert : toute l'année.

3	3	10	8	3	3	10	3

ROTTIER Patricia & Isabelle - La Gentilhommière - L'Eglise - 14117 MANVIEUX - Tél : 02 31 51 97 91

MAROLLES La Drouetterie

C.M. 231 Pli 32

2 ch. Dans l'habitation, à l'étage : 1 ch mansardée 2 pers, salle d'eau et wc particuliers avec 1 ch complémentaire 1 pers, 1 ch 3 pers, salle d'eau et wc particuliers. Entrée indépendante. Située dans un joli vallon boisé, c'est dans une propriété à colombages que vous serez accueillis. Les chambres sont authentiques, meublées avec goût. Au petit déjeuner, vous goûterez le miel maison.

Prix : 1 pers. **200 F** 2 pers. **250 F** 3 pers. **330 F**

Ouvert : toute l'année.

30	7	5	3	4	10	3

GRAN Alain et Vicky - La Drouetterie - 14100 MAROLLES - Tél : 02 31 62 73 93

MAROLLES Le Mont Herault

C.M. 231 Pli 32

1 ch. Dans l'habitation, à l'étage : 1 ch 2 pers, salle d'eau et wc particuliers, coin salon avec canapé et une chambre complémentaire 1 lit 1 pers, canapé-lit (possibilité couchage d'appoint 2 pers). Entrée indépendante. C'est une chambre confortable dans une habitation à colombages. Le Pays d'Auge vous offre d'agréables balades.

Prix : 1 pers. **200 F** 2 pers. **250 F** 3 pers. **330 F**

Ouvert : de Pâques à la Toussaint.

35	12	5	27	0,5	2,5	12	7

DESLANDES J-Claude et Michèle - Le Mont Herault - 14100 MAROLLES - Tél : 02 31 63 66 33 - Fax : 02 31 63 66 33

MAROLLES

C.M. 231 Pli 32

3 ch. Dans la maison d'habitation, à l'étage : 2 ch 2 pers, 1 ch 3 pers, salle d'eau et wc particuliers. Entrée indépendante. Salon de jardin. Cette grande demeure traditionnelle en briques a été entièrement restaurée pour vous garantir confort et calme. A pied ou à vélo, vous découvrirez la richesse du patrimoine des villages augerons. Langues parlées : anglais, allemand.

CV

Prix : 1 pers. **200 F** 2 pers. **250 F** 3 pers. **300 F**

Ouvert : toute l'année.

30	30	9	0,5	18	18	2	18	2,5	9	2,5

SIX Lucien et Christiane - Route de Fumichon - 14100 MAROLLES - Tél : 02 31 63 64 39

MARTRAGNY Manoir de l'Abbaye

C.M. 54 Pli 15

2 ch. Dans l'habitation, au r-d-c : 1 ch 2 pers, salle d'eau et wc particuliers. TV. Entrée indépendante. A l'étage : 1 ch 2 pers, 1 lit enfant, TV avec 1 ch complémentaire 2 pers, TV, salle d'eau et wc particuliers. Salle de détente. Salon de jardin. Garage. Les cheminées d'époque dans les chambres rappellent l'authenticité de ce manoir des XVIIè et XVIIIè siècles. A l'extérieur, vous pourrez profiter du parc. Langue parlée : anglais.

CV

Prix : 1 pers. **200/225 F** 2 pers. **235/280 F** 3 pers. **355/380 F**

Ouvert : toute l'année.

12	15	7	SP	20	5	2	SP	0,9	7	7

GODFROY Maurice et Yvette - Manoir de l'Abbaye - 15 rue de Creully - 14740 MARTRAGNY - Tél : 02 31 80 25 95 - Fax : 02 31 80 25 95

MATHIEU Le Londel

C.M. 54 Pli 16

3 ch. Dans l'habitation, à l'étage : 2 ch 3 pers, 1 ch 2 pers, salle de bains et wc particuliers. A proximité de Caen, dans un cadre rural, vous profiterez de ces chambres confortables. Le séjour rustique est agrémenté d'une grande cheminée.

CV

Prix : 1 pers. **160 F** 2 pers. **220 F** 3 pers. **270 F**

Ouvert : toute l'année.

6	6	8	3	3	2	2,5	8	2

LEBLANC Pierre - Le Londel - 14920 MATHIEU - Tél : 02 31 44 51 55

MERY-CORBON Mathan

TH

C.M. 231 Pli 31

2 ch. Dans la maison de la ferme, au 2ème étage : 2 ch mansardées 2 pers (lavabo, bidet), salle de bains commune, possibilité 1 lit complémentaire 1 pers. A la ferme, au cœur du marais de la Dives, cette grande demeure du Pays d'auge propose 2 chambres simples et agréables. Prêt de vélos.

CV

Prix : 1 pers. **140 F** 2 pers. **180 F** 3 pers. **230 F** repas **85 F**

Ouvert : toute l'année.

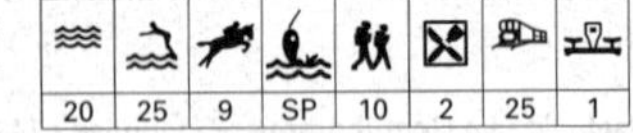

20	25	9	SP	10	2	25	1

LENORMAND Yvan et M-Josèphe - Mathan - 14370 MERY-CORBON - Tél : 02 31 23 63 51 ou 06 08 05 31 51 - Fax : 02 31 23 63 51

MERY-CORBON

C.M. 231 Pli 31

1 ch. Dans l'habitation, à l'étage : 1 ch 3 pers, salle d'eau et wc particuliers. Cette chambre confortable bénéficie d'une salle de détente très appréciable et bien agencée. Accueil symphatique, calme assuré.

Prix : 1 pers. **200 F** 2 pers. **250 F** 3 pers. **300 F**

Ouvert : toute l'année.

22	22	22	9	22	9	1	4	1	25	0,1

WASIELEWSKI Jacques et Simone - 22 rue des Cottages - 14370 MERY-CORBON - Tél : 02 31 23 63 78

LE MESNIL-PATRY

1 ch. Dans l'habitation, à l'étage : 1 ch 3 pers, avec 1 ch complémentaire, salle de bains particulière. Cette chambre familiale est idéalement située pour découvrir Caen - cité de Guillaume le Conquérant et Bayeux - ville d'art et d'histoire.

Prix : 1 pers. **130 F** 2 pers. **180 F** 3 pers. **220 F**

Ouvert : toute l'année.

20	20	10	7	15	7	SP	4	15	4

FIQUET Lucie - Rue du 11 juin 1944 - 14740 LE MESNIL-PATRY - Tél : 02 31 80 72 62

LE MESNIL-SUR-BLANGY Le Lieu Saulnier

C.M. 231 Pli 20

1 ch. Dans une annexe de l'habitation : 1 ch 2 pers, mezzanine (1 lit enfant à partir de 6 ans), salle d'eau et wc particuliers. Dans un écrin de verdure, vous apprécierez l'intérieur à la fois simple et raffiné de cette chambre. Langue parlée : anglais.

Prix : 1 pers. **200 F** 2 pers. **280 F** 3 pers. **360 F**

Ouvert : toute l'année.

20	20	13	5	5	3	3	SP	6	13	3

D'HOUDAIN Marie-France - Le Lieu Saulnier - 14130 LE MESNIL-SUR-BLANGY - Tél : 02 31 64 14 90

MEUVAINES Le Clos de Quintefeuille

C.M. 54 Pli 15

1 ch. Dans la maison d'habitation, au 2ème étage : 1 ch 2 pers avec 1 ch complémentaire 2 pers, salle d'eau et wc particuliers au 1er étage. Entrée indépendante. Coin détente en mezzanine avec TV. Salon de jardin. Indépendance, espace et calme caractérisent cette chambre située à 5 minutes d'Arromanches et des Plages du Débarquement.

CV

Prix : 1 pers. **190 F** 2 pers. **230 F** 3 pers. **300 F**

Ouvert : toute l'année.

2	10	10	15	4	2	SP	16	2

LE PERSON Sylvie - Route d'Arromanches - Le Clos de Quintefeuille - 14960 MEUVAINES - Tél : 02 31 92 53 95

MEUVAINES L'Ancienne Ecole

TH

C.M. 54 Pli 15

3 ch. Dans la maison d'habitation, au 1er étage : 1 ch 2 pers, salle d'eau et wc particuliers. 2ème étage : 2 ch 3 pers, salles d'eau et wc particuliers avec poss. chacune 1 lit suppl. Salon de jardin. L'Ancienne Ecole est une maison typique du 18è siècle où Françoise et Georges vous feront partager leur passion de la région et leur cuisine à base de produits du terroir.

CV

Prix : 1 pers. **190 F** 2 pers. **250 F** 3 pers. **310 F** repas **85 F**

Ouvert : toute l'année.

2	8	8	8	13	2	2	12	2

DARTHENAY Georges et Françoise - Route d'Arromanches - L'Ancienne Ecole - 14960 MEUVAINES - Tél : 02 31 22 39 59 - Fax : 02 31 22 39 11

MEZIDON La Londe

C.M. 54 Pli 16-17

1 ch. Dans l'habitation, au 2ème étage réservé aux hôtes : 1 ch 2 pers avec 2 ch complémentaires 1 pers, salle d'eau et wc particuliers, poss. 1 lit appoint 1 pers. Salon de jardin. La ferme de la Londe datant du XVIIIè siècle jouit d'un cadre privilégié : depuis la terrasse, vous apprécierez particulièrement le cadre campagnard.

Prix : 1 pers. **170 F** 2 pers. **240 F** 3 pers. **300 F**

Ouvert : toute l'année.

30	10	15	10	3	3	3	3

HEYSER Ludivine - La Londe - 14270 MEZIDON - Tél : 02 31 20 27 49

MITTOIS Le Vieux Châtteau

C.M. 55 Pli 13

1 ch. Dans un bâtiment indépendant de la ferme, au r-d-c : 1 ch 2 pers avec 1 mezzanine (1 lit 1 pers), TV, salle d'eau et wc particuliers, possibilité lit d'appoint 1 pers. Salon de jardin. Ce charmant petit bâtiment augeron abrite une chambre à la décoration raffinée dans les tons bleus.

Prix : 1 pers. **200 F** 2 pers. **260 F** 3 pers. **310 F**

Ouvert : toute l'année.

30	30	5	8	10	5	1	1	2	5	5

PFLIEGER Pierre et Anne - Le Vieux Château - 14170 MITTOIS - Tél : 02 31 20 73 94 - E-mail : anne.pf@wanadoo.fr

MONCEAUX-EN-BESSIN Les Equerres

TH

C.M. 54 Pli 14/15

4 ch. Dans un manoir, au 1er étage : 2 ch 2 pers, salle d'eau et wc particuliers. Au 2ème étage : 2 ch 2 pers, salle d'eau et wc particuliers. Cuisine à disposition. Salon de jardin. Proche de Bayeux, vous tomberez sous le charme de cette demeure normande au style très chaleureux. Chambres personnalisées, superbe véranda, et salle de billard pour les amateurs. Plages du Débarquement.

CV

Prix : 1 pers. **250 F** 2 pers. **300 F** repas **130 F**

Ouvert : toute l'année.

10	10	2	3	9	2	SP	2	1,5	2

CHAMBRY M-Catherine & Didier - Les Equerres - 14400 MONCEAUX-EN-BESSIN - Tél : 02 31 92 03 41 ou 06 80 33 01 03

MONCEAUX-EN-BESSIN Les Roquelines *C.M. 54 Pli 14/15*

1 ch. Dans l'habitation, à l'étage : 1 ch 3 pers, salle d'eau et wc particuliers. Entrée indépendante. TV. Salon de jardin Dans une maison traditionnelle du Bessin, cette chambre est chaleureuse lumineuse et spacieuse. A proximité de Bayeux, sa Tapisserie et ses vieux quartiers. Langue parlée : anglais.

CV

Prix : 1 pers. **180 F** 2 pers. **220 F** 3 pers. **280 F**

Ouvert : toute l'année.

10	10	3	1	14	4	2	1	3	2	3

COLLIGNON Raymond et Dominique - Les Roquelines - 14400 MONCEAUX-EN-BESSIN - Tél : 02 31 92 44 30

MONDRAINVILLE Manoir de Colleville *C.M. 54 Pli 15*

3 ch. Dans la maison d'habitation, à l'étage : 3 ch 2 pers, salle d'eau et wc particuliers. Salle de détente. Salon de jardin. Cette maison bourgeoise typique du Bocage met à votre disposition des chambres spacieuses et meublées avec goût.

CV

Prix : 1 pers. **180 F** 2 pers. **220 F**

Ouvert : de Pâques à la Toussaint.

25	12	6	1	1	1	4	12	1

GROSS Monique - Manoir de Colleville - 14210 MONDRAINVILLE - Tél : 02 31 80 96 75

MONTEILLE Les Vergées *C.M. 54 Pli 17*

2 ch. Dans l'habitation, à l'étage : 1 ch 4 pers, salle de bains et wc particuliers, 1 ch 2 pers, salle d'eau et wc particuliers. La ferme des Vergées est un exemple architectural de caractère, typique du Pays d'Auge. Les chambres ont également gardé l'authenticité et l'ambiance chaleureuse de ce lieu.

CV

Prix : 1 pers. **250 F** 2 pers. **270 F** 3 pers. **390 F**

Ouvert : de Pâques à la Toussaint.

27	27	12	12	12	27	3	3	0,2	3	12	3

REQUIER Claudine - Ferme les Vergées - 14270 MONTEILLE - Tél : 02 31 63 01 13

MONTREUIL-EN-AUGE Ferme du Manoir *C.M. 231 Pli 31*

4 ch. Dans l'habitation, à l'étage : 4 ch 2 à 5 pers, salles d'eau ou salles de bains et wc particuliers, poss. lit bébé. Salle de détente. Salon de jardin. Les boiseries, poutres et cheminées donnent une ambiance très douillette à ces chambres : en rose ou vert, choisissez les couleurs de votre séjour !

CV

Prix : 1 pers. **200 F** 2 pers. **260 F** 3 pers. **340 F**

Ouvert : toute l'année.

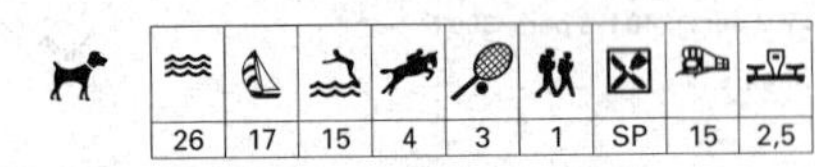

26	17	15	4	3	1	SP	15	2,5

GESBERT Henri et Janine - Ferme du Manoir - 14340 MONTREUIL-EN-AUGE - Tél : 02 31 63 00 64

MONTS-EN-BESSIN La Varinière *C.M. 54 Pli 14*

5 ch. Dans l'habitation, au 1er étage : 2 ch 2 pers et 2 ch 3 pers, salles de bains ou salles d'eau et wc particuliers. Au 2ème étage : 1 ch 2 pers et 1 ch complémentaire 2 pers, salle d'eau et wc particuliers. Poss. lit bébé. Salon avec cheminée. Salon de jardin. Philippa et David vous accueillent dans leur grande demeure bourgeoise de la fin du 19è siècle. Vous apprécierez le calme, le confort des chambres et le raffinement de la décoration. Langue parlée : anglais.

Prix : 1 pers. **230 F** 2 pers. **370 F** 3 pers. **420 F**

Ouvert : toute l'année sauf du 20/12 au 31/01.

30	30	6	4	25	6	15	SP	4	18	6

EDNEY Philippa - La Varinière - La Vallée - 14310 MONTS-EN-BESSIN - Tél : 02 31 77 44 73 - Fax : 02 31 77 11 72

MONTVIETTE Le Manoir d'Annique (TH) *C.M. 231 Pli 31*

2 ch. Dans l'habitation, à l'étage : 1 ch 2 pers avec 1 ch complémentaire 2 pers, salle de bains et wc particuliers, 1 ch 2 pers avec 1 ch complémentaire 2 pers, salle d'eau et wc particuliers. Salon de jardin. Dans un manoir du Pays d'Auge restauré par un couple d'anglais, l'atmosphère et les couleurs intérieures sauront vous enchanter. Langue parlée : anglais.

Prix : 1 pers. **230 F** 2 pers. **310 F** 3 pers. **400 F** repas **125 F**

Ouvert : toute l'année.

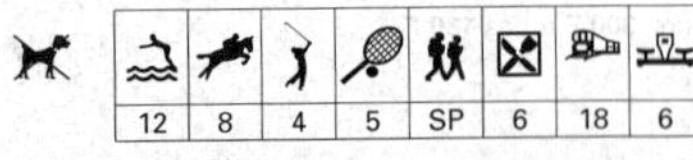

12	8	4	5	SP	6	18	6

WILTSHIRE Nicholas et Anni - Le Manoir d'Annique - La Gravelle - 14140 MONTVIETTE - Tél : 02 31 20 20 98

MONTVIETTE L'Orée

(TH) *C.M. 231 Pli 31*

3 ch. Dans la maison d'habitation de la ferme, à l'étage : 3 ch 2 et 3 pers, salle de bains et wc particuliers. Salon de détente. Salon de jardin. Au cœur du Pays d'Auge, une famille anglaise vous accueille dans sa ferme d'élevage de moutons, où les oies gardent la cour. Langue parlée : anglais.

Prix : 1 pers. **180 F** 2 pers. **300 F** 3 pers. **340 F** repas **100 F**

Ouvert : toute l'année.

10	10	10	5	SP	5	10	5

COOK Michaël et Mary - L'Orée - 14140 MONTVIETTE - Tél : 02 31 20 35 16

MONTVIETTE Les Vignes

C.M. 231 Pli 31

3 ch. Dans un bâtiment annexe, au r.d.c. : 1 ch. 2 pers., salle d'eau et wc particuliers. A l'étage : 2 ch. 2 pers., salle d'eau et wc particuliers. Entrée indépendante et coin salon pour chaque chambre. Salle de détente commune. Salon de jardin. Espagnol également parlé. Vous serez enchantés par ce domaine typiquement normand bâti autour de son Manoir du XVIIIe siècle, soigneusement rénové. Etang d'agrément. Loc. de bicyclettes. Langues parlées : anglais, allemand, italien.

Prix : 1 pers. **300 F** 2 pers. **350 F**

Ouvert : tout l'année.

40	18	9	40	5	SP	4	18	5

LOVE ET KALK Margaret et Philippe - Domaine des Sources - 14140 MONTVIETTE - Tél : 02 31 20 35 35 ou 06 15 72 15 15 - Fax : 02 31 20 36 35 - E-mail : dessources@aol.com

MOSLES Quartier d'Argouges

C.M. 54 Pli 14

1 ch. Dans l'habitation de la ferme, à l'étage : 1 ch 2 pers, salle d'eau et wc particuliers avec 1 ch complémentaire 2 pers, 1 lit bébé. Salon de jardin. C'est une chambre très spacieuse dans une demeure de caractère située à proximité des Plages du Débarquement. Langue parlée : anglais.

Prix : 1 pers. **170 F** 2 pers. **220 F** 3 pers. **270 F**

Ouvert : de Pâques à la Toussaint.

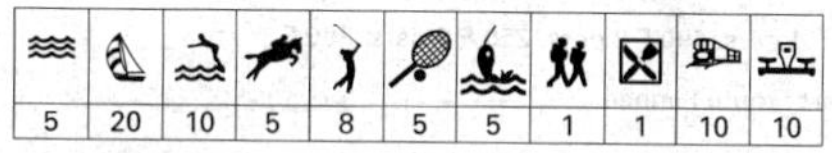

5	20	10	5	8	5	5	1	1	10	10

LEFEVRE Anne-Marie - Quartier d'Argouges - 14400 MOSLES - Tél : 02 31 92 43 40

MOULT

C.M. 231 Pli 30-31

2 ch. Dans l'habitation, au r-d-c : 1 ch 2 pers et 1 ch complémentaire 2 pers, salle de bains et wc particuliers. A l'étage : 1 ch 2 pers et 1 ch complémentaire 2 pers, salle d'eau et wc particuliers. Entrée indépendante. Cuisine à disposition. Pour une étape ou un séjour, un accueil chaleureux et personnalisé vous sera assuré.

Prix : 1 pers. **180 F** 2 pers. **220 F** 3 pers. **300 F**

Ouvert : toute l'année.

20	20	18	2	SP	1	18	1

PRUVOST Jocelyne et J-Pierre - 17 rue Pierre Cingal - 14370 MOULT - Tél : 02 31 23 06 52

NONANT Lieu Foison

C.M. 54 Pli 15

1 ch. A la ferme, dans une annexe de l'habitation, 1 ch 2 pers, salle d'eau et wc particuliers. Salon de jardin. Avec un accès de plain-pied, cette chambre fonctionnelle bénéficie d'un calme absolu. Le centre-ville historique de Bayeux est à 10 mn et la plage à 15 km.

Prix : 1 pers. **160 F** 2 pers. **200 F**

Ouvert : de Pâques à la Toussaint.

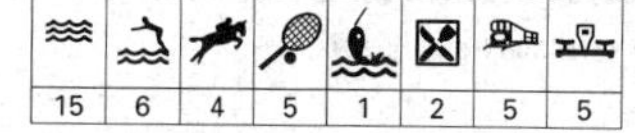

15	6	4	5	1	2	5	5

LECORNU Simone - Lieu Foison - 14400 NONANT - Tél : 02 31 92 50 36 - Fax : 02 31 92 50 36

NOTRE-DAME-D'ESTREES Les Biches

(TH) *C.M. 231 Pli 31*

3 ch. Dans une ferme équestre et dans un bâtiment indépendant à proximité de l'habitation : R-d-c : 1 ch 5 pers salle d'eau et wc particuliers. Etage : 2 ch de 4 et 5 pers dont 2 ch complémentaires, salles d'eau et wc particuliers. Entrée indépendante. Les amateurs de chevaux apprécieront particulièrement cette étape à la ferme des Biches, orientée vers l'élevage des chevaux et la fonction de Haras. Langues parlées : anglais, espagnol.

Prix : 1 pers. **170 F** 2 pers. **220 F** 3 pers. **270 F** repas **100 F**

Ouvert : de Pâques à la Toussaint.

20	20	17	SP	24	2	2	SP	2	17	2

NUDD-MITCHELL Patrice - Les Biches - 14340 NOTRE-DAME-D'ESTREES - Tél : 02 31 63 06 86 - Fax : 02 31 63 06 86 - E-mail : pt.nudd@libertysurf.fr

NOTRE-DAME-D'ESTREES Le Lieu de la Vigne

C.M. 231 Pli 31

1 ch. Dans l'habitation au 1er étage : 1 ch 2 pers, salle d'eau et wc particuliers, au 2ème étage : 1 ch complémentaire 2 pers avec lavabo et wc particuliers. Salon de jardin. Dans un environnement tranquille, ce petit manoir du XVIIIème siècle offre une chambre chaleureuse avec de jolies boiseries. Accès par un très bel escalier. Boxes pour chevaux sur place. Langue parlée : anglais.

Prix : 1 pers. **190 F** 2 pers. **230 F** 3 pers. **300 F**

Ouvert : toute l'année.

20	20	17	24	2	2	SP	2	17	5

LE BARON Noël et Geneviève - Le Lieu de la Vigne - 14340 NOTRE-DAME-D'ESTREES - Tél : 02 31 63 72 66

NOTRE-DAME-DE-LIVAYE Turquelane

C.M. 55 Pli 13

3 ch. Dans une annexe de l'habitation, au r-d-c : 3 ch 2, 3 et 4 pers, salle d'eau et wc particuliers. Entrée indépendante. Snakker norsk. Dans une propriété du pays d'Auge, ces chambres indépendantes assurent repos et tranquillité. Château de Crèvecœur à découvrir à proximité. Langues parlées : anglais, allemand.

Prix : 1 pers. **200 F** 2 pers. **260 F** 3 pers. **350 F**

Ouvert : toute l'année.

22	22	10	10	25	0,5	6	SP	0,5	10	0,5

ROULLIER Philippe et Siri - 14340 NOTRE-DAME-DE-LIVAYE - Tél : 02 31 63 02 05 - Fax : 02 31 63 02 05

NOYERS-BOCAGE La Cordière

C.M. 54 Pli 15

5 ch. Dans l'habitation d'une ferme équestre, à l'étage : 5 ch. 2, 3 et 4 pers., salles d'eau et wc particuliers. Salle de détente avec cheminée et TV. Exposés au sud, vous bénéficierez du jardin verdoyant et de sa piscine. Nombreuses activités équestres avec moniteur et accompagnateur (poneys et chevaux), manège, carrière, club house avec coin repas. Auberge sur place. Agréé « gîte cheval ».

Prix : 1 pers. **190 F** 2 pers. **250 F** 3 pers. **300 F**

Ouvert : toute l'année.

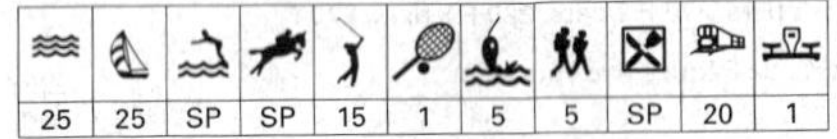

25	25	SP	SP	15	1	5	5	SP	20	1

FLAGUAIS Philippe et A-Marie - Ferme de la Cordière - 14210 NOYERS-BOCAGE - Tél : 02 31 77 18 64 - Fax : 02 31 77 18 64 - E-mail : ferme.la.cordiere@wanadoo.fr

ORBEC Le Manoir de l'Engagiste

C.M. 231 Pli 32/33

5 ch. Dans l'habitation, à l'étage : 2 ch 2 pers, salle de bains et wc particuliers. Dans un bâtiment contigu, au r-d-c : 1 ch 2 pers, salle de bains et wc particuliers. A l'étage : 1 ch 2 pers, 1 ch 4 pers en duplex, salle de bains et wc particuliers. TV . Ping-pong. Salon de jardin. Ce beau manoir des XVIè et XVIIè siècles au centre d'Orbec vous accueille dans des chambres confortables et une salle à manger très agréable. Salon, salle de billard à disposition.

Prix : 1 pers. **335 F** 2 pers. **420 F** 3 pers. **580 F**

Ouvert : toute l'année.

50	50	2	10	2	2	1	SP	16	0,1

DUBOIS Christian et Annick - 15 rue Saint-Rémy - Manoir de l'Engagiste - 14290 ORBEC - Tél : 02 31 32 57 22 - Fax : 02 31 32 55 58

ORBEC

C.M. 231 Pli 32/33

2 ch. Dans l'annexe de l'habitation, à l'étage : 1 suite de 2 ch 2 pers, salle d'eau et wc particuliers et salon, 1 ch 4 pers (dont 2 lits enfants en mezzanine) salle d'eau et wc particuliers et salon. Entrées indépendantes. Salon de jardin. Cette maison bourgeoise du XIXème siècle vous offre des chambres à la décoration harmonieuse et raffinée. Magnifique jardin à l'anglaise où vous pourrez flâner. Langues parlées : anglais, espagnol, allemand.

Prix : 1 pers. **250 F** 2 pers. **300 F** 3 pers. **370 F**

Ouvert : toute l'année.

18	2	2	1	SP	18	0,1

VAILLERE Dorothea - 62 rue Grande - 14290 ORBEC - Tél : 02 31 32 77 99 - Fax : 02 31 32 77 99

OUFFIERES Neumers

C.M. 54 Pli 15

1 ch. Dans la maison d'habitation, à l'étage : 1 ch 3 pers, salle d'eau et wc particuliers. TV. Cuisine à disposition. Entrée indépendante. Salon de jardin. Au cœur de la Suisse Normande, cette maison dispose d'une grande chambre indépendante dans un environnement calme et verdoyant.

Prix : 1 pers. **145 F** 2 pers. **200 F** 3 pers. **245 F**

Ouvert : toute l'année.

35	25	5	5	20	2	1	1	2	27	5

MADELEINE Denise - Neumers - 14220 OUFFIERES - Tél : 02 31 79 73 88

OUILLY-DU-HOULEY Le Mont Criquet *C.M. 54 Pli 18*

2 ch. Dans une maison à colombages, à l'étage : 1 ch 2 pers, salle de bains et wc particuliers. Au r-d-c : 1 ch 2 pers, salle de bains et wc particuliers avec coin cuisine et salle de détente, possibilité 1 lit suppl. 2 pers. Entrée indépendante. Salon de jardin. Dans un très joli site, ces chambres sont agréablement meublées et décorées. Les sentiers sur place vous enchanteront. Mini-golf.

CV

Prix : 1 pers. **180/200 F** 2 pers. **220/260 F** 3 pers. **320 F**

Ouvert : toute l'année.

30	30	12	4	16	SP	SP	2	12	3

BERNARD Jacques et Hélène - Le Mont Criquet - 14590 OUILLY-DU-HOULEY - Tél : 02 31 62 98 98

OUILLY-LE-VICOMTE Le Lieu Chéri *C.M. 231 Pli 32*

1 ch. Dans l'habitation de la ferme, à l'étage : 1 ch 2 pers, salle d'eau et wc particuliers. Entrée indépendante. Salon de jardin. Chez un producteur de cidre, calvados et pommeau, une authentique demeure normande entourée de vergers.

Prix : 1 pers. **200 F** 2 pers. **250 F**

Ouvert : toute l'année.

25	12	5	12	12	2	0,5	SP	4	6	5

DESFRIECHES Jocelyne - Le Lieu Chéri - 14100 OUILLY-LE-VICOMTE - Tél : 02 31 61 11 71 - Fax : 02 31 61 05 61

PENNEDEPIE-HONFLEUR Le Pressoir *C.M. 231 Pli 20*

2 ch. Dans une maison ancienne, fin 17ème siècle, au r-d-c : 1 ch 2 pers, salle d'eau et wc particuliers avec entrée indépendante. A l'étage avec vue sur la mer : 1 ch 2 pers avec 1 ch compl. communicante 2 pers, coin salon, salle de bains et wc particuliers Salon de jardin. Proche de l'estuaire de la Seine, dans un ancien pressoir à colombages, ces chambres confortables seront une étape de choix, dans un environnement très calme.

CV

Prix : 1 pers. **230 F** 2 pers. **280 F** 3 pers. **350 F**

Ouvert : de Pâques à la Toussaint.

1	3	7	7	4	3	SP	3	8	4

RETOUT-CLAVERIE Pierre - La Source - Pennedepie - 14600 HONFLEUR - Tél : 02 31 81 48 50 - Fax : 02 31 98 40 04

PENNEDEPIE-HONFLEUR La Vigne *C.M. 231 Pli 20*

2 ch. Dans une annexe proche de l'habitation, au r.d.c. : 1 ch. 2 pers., salon attenant avec 1 lit 1 pers., salle d'eau et wc particuliers (3 épis). A l'étage : 1 ch. 2 pers., salle d'eau et wc particuliers (2 épis). Salon de jardin. Entre Deauville et Honfleur, au milieu d'un grand jardin, chambres situées dans la dépendance à côté d'une maison mormande du XVIIIe siècle, où vous prendrez le petit déjeuner. La mer est à 400 m. Langue parlée : anglais.

CV

Prix : 1 pers. **200/230 F** 2 pers. **240/270 F** 3 pers. **350 F**

Ouvert : toute l'année.

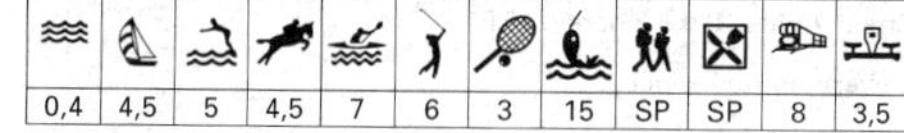

0,4	4,5	5	4,5	7	6	3	15	SP	SP	8	3,5

DONIS Alain et Anne-Marie - La Vigne - Route de Trouville - 14600 PENNEDEPIE - Tél : 02 31 88 89 62 ou 06 03 75 40 80 - Fax : 02 31 88 89 61

PERCY-EN-AUGE Ferme de Coconville *C.M. 231 Pli 31*

TH

1 ch. Dans l'habitation de la ferme, à l'étage : 1 ch 2 pers avec 1 ch complémentaire 2 pers, salle d'eau et wc particuliers. Lit bébé. Salle de détente avec TV. Salon de jardin. Chambre confortable dans un cadre rural, Poney et tennis privé sur place. A proximité des jardins de Canon et de St Pierre sur Dives. Langue parlée : anglais.

CV

Prix : 1 pers. **190 F** 2 pers. **200 F** 3 pers. **270 F** repas **85 F**

Ouvert : toute l'année.

34	4	4	4	4	8	4	4

NOUVEL Olivier et Myriam - Ferme de Coconville - 14270 PERCY-EN-AUGE - Tél : 02 31 20 07 95 - Fax : 02 31 20 59 34

PERIERS-EN-AUGE *C.M. 231 Pli 19*

1 ch. Dans une annexe de l'habitation, 1 ch 2 pers, salle d'eau et wc particuliers. Possibilité lit d'appoint 1 pers. Salon de jardin. A 5 minutes de Cabourg, Guy et Mireille vous accueillent dans leur propriété très calme, agrémentée d'une piscine. Langue parlée : anglais.

CV

Prix : 1 pers. **200 F** 2 pers. **260 F** 3 pers. **300 F**

Ouvert : toute l'année.

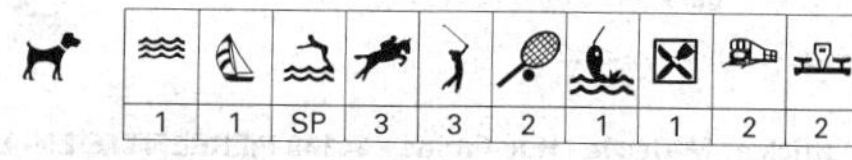

1	1	SP	3	3	2	1	1	2	2

DELOCHE Guy et Mireille - Chemin des Eaux - 14160 PERIERS-EN-AUGE - Tél : 02 31 91 56 67

PERIERS-EN-AUGE Les Collines de la Mer

TH *C.M. 231 Pli 30-31*

2 ch. Dans l'habitation, à l'étage : 1 ch 2 pers, 1 ch 3 pers, salle de bains et wc particuliers. Salon de jardin. Monsieur Lachèvre vous propose deux chambres confortables et pleines de charme dans l'arrière pays de Cabourg à 5 minutes des plage. Langue parlée : anglais.

CV

Prix : 1 pers. **240/280 F** 2 pers. **280/320 F** 3 pers. **355/395 F**
repas **115 F**

Ouvert : toute l'année.

5	5	5	5	5	5	5	5	6	5

LACHEVRE Christelle et Denis - Les Collines de la Mer - 14160 PERIERS-EN-AUGE - Tél : 02 31 28 99 51 ou 06 07 13 82 06

PERIERS-SUR-LE-DAN Le Clos Fleuri du Dan

C.M. 54 Pli 16

2 ch. Dans l'habitation, à l'étage : 1 ch 2 pers, salle de bains et wc particuliers (3 épis), 1 ch 3 pers, salle d'eau et wc particuliers (2 épis). Salon de jardin. Dans un village, entre Caen et la mer, ces chambres vous offrent confort et calme. La véranda vous fera apprécier un jardin particulièrement soigné et fleuri.

Prix : 1 pers. **180 F** 2 pers. **250 F** 3 pers. **320 F**

Ouvert : de juin à septembre.

7	8	8	2	4	3	8	3	10	3

MARIE Carmen - 11 rue du Bout Perdu - 14112 PERIERS-SUR-LE-DAN - Tél : 02 31 44 11 52

PERTHEVILLE-NERS Le Chêne Sec

C.M. 55 Pli 12

3 ch. Dans l'habitation de la ferme, au r-d-c : 1 ch 2 pers, salle d'eau et wc particuliers. A l'étage : 2 ch 3 et 4 pers, salles d'eau et wc particuliers. Non loin de Falaise, berceau de Guillaume le Conquérant, Michel vous accueille dans sa ferme de caractère du XVè siècle. Les chambres sont spacieuses et le décor authentique.

CV

Prix : 1 pers. **200 F** 2 pers. **290 F** 3 pers. **330 F**

Ouvert : toute l'année.

45	7	7	7	7	3	8	20	7

PLASSAIS Michel - Le Chêne Sec - 14700 PERTHEVILLE-NERS - Tél : 02 31 90 17 55

PETIVILLE Ferme de la Rivière

C.M. 54 Pli 16

2 ch. Dans l'habitation d'une ancienne ferme, à l'étage, 2 ch 2 pers, salles d'eau et wc particuliers. Entrée indépendante. Salon de jardin. A proximité de Cabourg, ce site bénéficie d'une vue sur le marais de la Dives et la campagne du Pays d'Auge.

CV

Prix : 1 pers. **170 F** 2 pers. **230 F**

Ouvert : toute l'année.

5	6	5	4	4	5	3	3	1,5	18	5

LEPERLIER François et Hélène - Ferme de la Rivière - 14390 PETIVILLE - Tél : 02 31 91 88 15 ou 06 07 01 25 20

PIERREFITTE-EN-AUGE Les Trois Ormes

C.M. 54 Pli 17

2 ch. Dans l'habitation, à l'étage : 2 ch 2 et 4 pers, salle d'eau et wc particuliers. Possibilité lit d'appoint, 1 lit bébé. Dans la campagne du Pays d'Auge, l'accueil charmant de Marcel et Simone vous séduira. Nombreuses balades à proximité.

CV

Prix : 1 pers. **160 F** 2 pers. **220 F** 3 pers. **270 F**

Ouvert : toute l'année.

15	6	13	7	9	4	3	2	7	7

LEBEHOT Marcel et Simone - Les Trois Ormes - 14130 PIERREFITTE-EN-AUGE - Tél : 02 31 65 03 67

PIERREFITTE-EN-AUGE

C.M. 54 Pli 17

1 ch. Dans l'habitation de la ferme, au r-d-c : 1 ch 2 pers, salle d'eau et wc particuliers. Entrée indépendante. Au cœur de la ferme et des vergers, cette chambre est confortable et simple. Les sentiers de randonnées à proximité vous permettront de découvrir la campagne augeronne.

CV

Prix : 1 pers. **155 F** 2 pers. **185 F** 3 pers. **215 F**

Ouvert : de Pâques à la Toussaint.

20	3	15	9	9	3	3	3	2	7	7

LEBEHOT Patrick et M-Cécile - Rue Froide - 14130 PIERREFITTE-EN-AUGE - Tél : 02 31 65 25 79 ou 06 08 42 08 40 -
Fax : 02 31 65 25 79

LE PIN Ferme de la Pomme

C.M. 231 Pli 32

2 ch. Dans l'habitation, au r-d-c : 1 ch 2 pers, salle d'eau et wc particuliers, poss lit d'appoint enfant. Accès indépendant. A l'étage, 1 ch 2 pers et 1 ch complémentaire 2 pers, salle d'eau et wc particuliers. Salon de jardin. Dans cette ancienne ferme restaurée, découvrez ces chambres harmonieusement décorées. Au petit déjeuner, vous savourerez gâteaux et confitures maison. A proximité de Lisieux et Pont l'Evêque. Possibilité pique-nique.

Prix : 1 pers. **190 F** 2 pers. **240 F** 3 pers. **340 F**

Ouvert : toute l'année.

26	12	12	4	12	2,5	6	SP	2,5	12	7

SYLLA Jocelyne - Ferme de la Pomme - 14590 LE PIN - Tél : 02 31 61 96 09 ou 06 09 13 38 88

LE PIN Les Jardins de la Hunière

C.M. 231 Pli 32

1 ch. Dans l'habitation, à l'étage : 1 ch 2 pers, salle de bains et wc particuliers, lit bébé. Salon de détente. Salon de jardin. Au milieu des fleurs et de la verdure, cette jolie maison à colombages abrite une chambre douillette et très confortable, salle de bains spacieuse. Ici, le repos et la tranquilité sont assurés !

CV

Prix : 1 pers. **250 F** 2 pers. **280 F**

Ouvert : toute l'année.

26	14	10	2	14	14	2	14	1	5	10	3

CARDINNE Geneviève - Les Jardins de la Hunière - 14590 LE PIN - Tél : 02 31 63 97 83 - Fax : 02 31 63 97 83

PONT-D'OUILLY Arclais

TH *C.M. 55 Pli 11*

3 ch. Dans l'habitation, à l'étage : 2 ch 2 pers, 1 ch 2 pers avec 1 ch complémentaire 2 pers, salles d'eau et wc particuliers. Salle de détente. Véranda. Salon de jardin. Promenades en carriole. Cette maison est située sur une colline de Suisse Normande (vue panoramique), à proximité de la station verte de Pont d'Ouilly, où vous pourrez pratiquer le canoë-kayak et la randonnée sur les GR.

CV

Prix : 1 pers. **170 F** 2 pers. **220 F** 3 pers. **280 F** repas **80 F**

Ouvert : d'avril à octobre.

50	15	4	4	4	4	1	1	4	20	4

LEBATARD Claudine - Arclais - 14690 PONT-D'OUILLY - Tél : 02 31 69 81 65 - Fax : 02 31 69 81 65

PONT-L'EVEQUE

C.M. 54 Pli 17

3 ch. Dans l'habitation, au 1er étage : 1 ch 2 pers, salle de bains et wc particuliers. Au 2ème étage : 2 ch 2 pers avec 1 ch complémentaire 1 pers, salle de bains commune. Dans un parc soigné, vous découvrirez tout le charme des grandes demeures du Pays d'Auge. A 2 minutes du centre ville de Pont l'Evêque.

CV

Prix : 1 pers. **150 F** 2 pers. **200 F** 3 pers. **250 F**

Ouvert : de Pâques à la Toussaint.

10	2	12	1	2	2	2	2	2	1	2	1

HELIN Bernadette - 16 av. de la Libération - 14130 PONT-L'EVEQUE - Tél : 02 31 64 01 88

RANVILLE

C.M. 54 Pli 16

3 ch. Dans l'habitation, au 1er étage : 2 ch 2 pers, salle d'eau et wc communs (1 épi). Au 2ème étage : 1 ch 2 pers avec 1 ch complémentaire 2 pers, salle d'eau et wc particuliers (2 épis). Salon de jardin. Cette maison est située entre Caen et la mer. Ce lieu est chargé d'histoire puisqu'à 2 pas d'ici s'est déroulée une des phases les plus importantes de la Bataille de Normandie : la prise du Pont de Pegasus.

CV

Prix : 1 pers. **130/150 F** 2 pers. **185/210 F** 3 pers. **230/250 F**

Ouvert : toute l'année.

8	8	3	8	5	5	5	SP	0,6	12	0,3

CALBRIS Marcel et Andrée - 8 Chemin du Heaume - 14860 RANVILLE - Tél : 02 31 78 78 53

REVIERS

C.M. 231 Pli 17/18

2 ch. Dans l'habitation de la ferme, à l'étage : 1 ch 4 pers, salle de bains et wc particuliers, 1 ch 2 pers, salle d'eau et wc particuliers. Possibilité lit supplémentaire. Salon de jardin. Dans une ferme typique de la région, chambres simples, confortables, spacieuses et au calme. Possibilité pique-nique. Tennis gratuit à 200 m et visite de la ferme possible.

CV

Prix : 1 pers. **200 F** 2 pers. **260 F** 3 pers. **320 F**

Ouvert : toute l'année.

3	3	3	4	0,2	SP	SP	2	15	2

FRAS-JULIEN Laurence - 6 rue des Moulins - 14470 REVIERS - Tél : 02 31 37 85 62 - Fax : 02 31 37 46 28 -
E-mail : laurence.fras@libertysurf.fr

REVIERS La Malposte

C.M. 231 Pli 17/18

2 ch. Dans une dépendance, au 1er étage : 1 ch 2 pers, salle d'eau et wc particuliers. Au 2ème étage : 1 ch 2 pers avec 1 ch complémentaire 2 pers, salle d'eau et wc particuliers. Salle de détente. TV dans les ch. Cuisine à disposition. Salon de jardin. Situé dans un village à l'architecture préservée, cet ancien moulin a été rénové et vous accueille... au bord de l'eau ! Langues parlées : anglais, italien.

Prix : 1 pers. **240 F** 2 pers. **290 F** 3 pers. **380 F**

Ouvert : toute l'année.

2,5	2,5	2,5	2,5	15	SP	SP	SP	3	18	2,5

BLANLOT J-Michel et Patricia - La Malposte - 15 rue des Moulins - 14470 REVIERS - Tél : 02 31 37 51 29 - Fax : 02 31 37 51 29

REVIERS

C.M. 231 Pli 17/18

2 ch. Dans la maison d'habitation, à l'étage : 2 ch 3 pers, salles d'eau et wc particuliers, poss lit supplémentaire. Salon de détente avec TV. Entrée indépendante. Coin cuisine à disposition. Jardin avec salon de jardin Cette belle demeure de caractère datant du XVIIIè siècle vous accueille au calme, dans 2 chambres aux meubles de style et à la décoration raffinée

Prix : 1 pers. **210 F** 2 pers. **260 F** 3 pers. **380 F**

Ouvert : toute l'année.

3	3	3	3	15	15	0,3	1,5	3	15	3

VANDON Michel et Nicole - Le Clos St-Bernard - 36 rue de l'Eglise - 14470 REVIERS - Tél : 02 31 37 87 82

LA RIVIERE-SAINT-SAUVEUR

C.M. 231 Pli 20

2 ch. Dans la maison d'habitation, à l'étage : 1 ch 2 pers, 1 ch 3 pers, salle d'eau et wc communs. Salon de jardin. L'accueil très chaleureux de Mme Delange vous fera d'autant mieux apprécier votre séjour dans cette belle région d'Honfleur.

Prix : 1 pers. **150 F** 2 pers. **180 F** 3 pers. **220 F**

Ouvert : toute l'année.

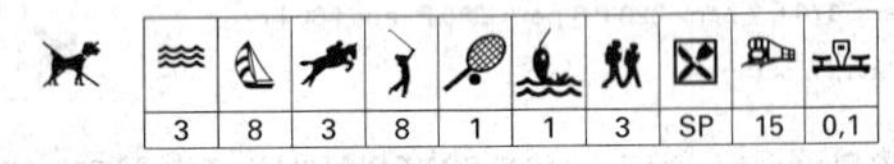

3	8	3	8	1	1	3	SP	15	0,1

DELANGE Lysianne - 15 route de Rouen - 14600 LA RIVIERE-ST-SAUVEUR - Tél : 02 31 98 70 42

LA RIVIERE-SAINT-SAUVEUR

C.M. 231 Pli 20

4 ch. Dans la maison d'habitation, à l'étage : 1 ch. 2 pers., salle de bains particulière (2 épis), 1 ch. 2 pers., salle d'eau et wc particuliers (1 épi). Dans une annexe au 2e étage : 2 ch. 2 et 4 pers., salle de bains et wc particuliers (2 épis). Salon de jardin. Le jardin abrité est un endroit privilégié de détente. Ces chambres seront votre point de départ pour découvrir Honfleur, le pont de Normandie.

Prix : 1 pers. **200 F** 2 pers. **230/250 F** 3 pers. **300 F**

Ouvert : toute l'année.

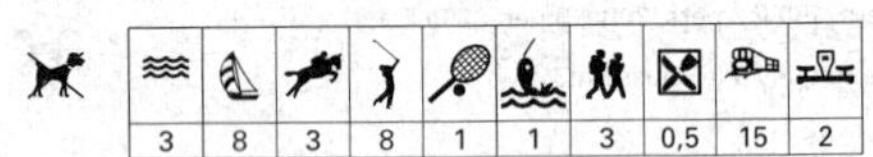

3	8	3	8	1	1	3	0,5	15	2

DENIS Agnès - 28 rue Saint-Clair - 14600 LA RIVIERE-SAINT-SAUVEUR - Tél : 02 31 89 38 05

LA RIVIERE-SAINT-SAUVEUR Honnaville

C.M. 231 Pli 20

2 ch. Dans l'habitation, au r-d-c : 1 ch 2 pers, salle de bains et wc particuliers. A l'étage : 1 ch 3 pers, salle d'eau et wc particuliers. Salon de jardin. A deux pas de Honfleur, vous savourerez le charme de cette chaumière et le confort des chambres.

Prix : 1 pers. **200 F** 2 pers. **250 F** 3 pers. **350 F**

Ouvert : toute l'année.

4	3	3	3	1	15	2

ALLEAUME Marie-Rose - Honnaville - 14600 LA RIVIERE-ST-SAUVEUR - Tél : 02 31 89 05 81

ROBEHOMME Le Hôm

C.M. 54 Pli 16

1 ch. Dans l'habitation, à l'étage : 1 ch 2 pers avec 1 ch complémentaire 1 pers, salle de bains et wc particuliers. Au cœur des marais de la Dives, cette maison de caractère du XVIè siècle, avec sa chambre personnalisée, vous assure calme et tranquilité. Parc avec terrasse et salon de jardin.

Prix : 1 pers. **170 F** 2 pers. **240 F** 3 pers. **310 F**

Ouvert : toute l'année.

10	10	10	10	10	4	SP	5	10	4

MARIE Jacques et Annick - Le Hôm - 14860 ROBEHOMME-BAVENT - Tél : 02 31 78 01 74

ROBEHOMME Hameau de Bricqueville *C.M. 54 Pli 16*

3 ch. Dans l'habitation, à l'étage : 2 ch 2 pers, salle de bains particulière avec wc, 1 ch 2 pers, salle d'eau et wc particuliers. Confort et accueil chaleureux caractérisent cet hébergement. Les promenades dans les marais sont fortement recommandées à pied ou en vélo.

CV

Prix : 1 pers. **170 F** 2 pers. **220/240 F**

Ouvert : toute l'année.

8	10	8	8	10	1	6	18	3

KONCEWIECZ Monique - Hameau de Bricqueville - 9 rue Vitrée - 14860 ROBEHOMME/BAVENT - Tél : 02 31 78 84 90

LA ROQUE-BAIGNARD Le Faingot *C.M. 54 Pli 17/18*

1 ch. Dans l'habitation de la ferme, à l'étage 1 ch 2 pers, salle d'eau et wc particuliers. Possibilité lit enfant. Entrée indépendante. Salon de jardin. Dans une petite maison à colombages, c'est une chambre douillette qui vous accueille. Goûtez à la cuisine du terroir et découvrer la région à travers les chemins de campagne.

CV

Prix : 1 pers. **180 F** 2 pers. **220 F**

Ouvert : de Pâques à la Toussaint.

20	14	15	0,5	15	15	7	0,5	3	15	3,5

DRUMARE Louis et Claudine - Le Faingot - 14340 LA ROQUE-BAIGNARD - Tél : 02 31 63 06 92

ROTS La Renaudière *C.M. 231 Pli 17/18*

2 ch. Dans la maison d'habitation, à l'étage : 2 ch 3 pers, salles d'eau et wc particuliers. Lit bébé. Coin salon avec TV. Salon de jardin. Maison restaurée en pierres, avec une décoration de bon goût. Salle à manger avec cheminée. Vaste jardin d'agrément.

CV

Prix : 1 pers. **180 F** 2 pers. **220 F** 3 pers. **270 F**

Ouvert : toute l'année.

14	14	7	7	11	9	7	7	10	0,1

THOMINE Marie-Catherine - 5 rue de l'Eglise - 14980 ROTS - Tél : 02 31 26 64 59

ROULLOURS Le Gage *C.M. 59 Pli 10*

2 ch. Dans l'habitation, au 2ème étage : 2 ch 2 pers, salle d'eau et wc particuliers T.V. Cuisine à disposition. Ces chambres confortables bénéficient d'un cadre très agréable : aire de pique-nique, terrain de jeux, location VTT, salle de détente sont à votre disposition.

CV

Prix : 1 pers. **240 F** 2 pers. **280 F**

Ouvert : toute l'année.

50	5	3	4	5	5	3	2	1	0,5	3	1

MARIE Marcelle - Route de Tinchebray - Le Gage - 14500 ROULLOURS - Tél : 02 31 68 17 40 - Fax : 02 31 68 17 40

RUMESNIL L'Islet *C.M. 231 Pli 31*

4 ch. Dans l'habitation, à l'étage : 3 ch 2 pers, salle d'eau commune (1 épi). Dans un bâtiment annexe au r-d-c : 1 ch 2 pers, salle d'eau et wc particuliers (2 épis). Entrée indépendante. Cuisine à disposition. Salon de jardin. Le cadre champêtre de la ferme de l'Islet vous incitera peut-être à sillonner les nombreux sentiers de randonnées de la campagne augeronne.

CV

Prix : 1 pers. **190/240 F** 2 pers. **210/260 F** 3 pers. **270/320 F**

Ouvert : toute l'année.

17	16	7	3	5	SP	SP	3	16	3

LESUFFLEUR Suzanne - Ferme l'Islet - 14340 RUMESNIL - Tél : 02 31 63 01 08

RYES Ferme du Clos Neuf *C.M. 231 Pli 17*

4 ch. A la ferme, dans un bâtiment annexe, à l'étage : 3 ch 2 pers, 1 ch 3 pers, salle d'eau et wc particuliers. Salle de détente. Salon de jardin. Parquet d'origine, armoire normande sont le décor de ces chambres. Au petit déjeuner, André et Madeleine sauront vous parler de la région riche en découvertes.

CV

Prix : 1 pers. **170 F** 2 pers. **200 F** 3 pers. **250 F**

Ouvert : toute l'année.

4	4	7	7	10	1	4	1,5	7	4

SEBIRE André et Madeleine - Ferme du Clos Neuf - 14400 RYES - Tél : 02 31 22 32 34

RYES La Gloriette

C.M. 231 Pli 17

2 ch. Dans l'habitation, au 2ème étage : 1 ch 2 pers, salle d'eau et wc particuliers, 1 ch 3 pers salle d'eau et wc particuliers. Poss. lit supplémentaire. Salon de jardin. Dans une maison bourgeoise, deux chambres personnalisées et de bon goût, au calme, situées à 3 km de la célèbre plage du Débarquement d'Arromanches Langues parlées : anglais, espagnol.

CV

Prix : 1 pers. **230 F** 2 pers. **220/250 F** 3 pers. **290/320 F**

Ouvert : toute l'année.

2	2	6	1	8	2	SP	SP	6	6

FRANCOIS Dominique & Nathalie - 9 route d'Asnelles - 14400 RYES - Tél : 02 31 22 42 12 ou 06 14 85 65 84

SAINT-AUBIN-LEBIZAY Cour l'Epée

C.M. 231 Pli 31

3 ch. Dans l'habitation, à l'étage : 2 ch 2 et 3 pers, salles de bains et wc particuliers (4 épis). Dans un bâtiment annexe, au r-d-c : 1 ch 2 pers, avec coin salon, salle d'eau et wc particuliers (3 épis). Salon de jardin. L'ambiance raffinée des chambres est à l'image de cette demeure de caractère entourée d'un magnifique jardin et bénéficiant d'une très belle vue.

Prix : 1 pers. **300/350 F** 2 pers. **350/400 F** 3 pers. **475 F**

Ouvert : toute l'année.

15	15	15	5	15	15	SP	5	25	5

TESNIERE M-Claire et André - Cour l'Epée - 14340 ST-AUBIN-LEBIZAY - Tél : 02 31 65 13 45 - Fax : 02 31 65 13 45

SAINT-AUBIN-SUR-MER La Grange Ferronnière

C.M. 54 Pli 16

2 ch. Dans l'habitation, à l'étage : 2 ch 2 et 3 pers, salle de bains commune. Entrée indépendante. Salon de jardin. Ancienne auberge du XVIIè siècle réinstallée dans la grange du forgeron. L'ambiance intérieure y est chaleureuse : boiseries, pavés anciens, cheminée, toiles pré-impressionnistes. A proximité de la mer et des plages du Débarquement. Stages artistiques.

CV

Prix : 1 pers. **160/180 F** 2 pers. **200/220 F** 3 pers. **260 F**

Ouvert : toute l'année.

SP	SP	5	15	0,2	0,2	18	0,1

LEHODEY Nicole - Avenue de la Marne - La Grange Ferronnière - 14750 SAINT-AUBIN-SUR-MER - Tél : 02 31 97 27 32 - http://www.copinfo.fr/lehodey/

SAINT-AUBIN-SUR-MER

C.M. 231 Pli 18

1 ch. Dans l'habitation, au 1er étage : 1 ch 2 pers et 1 ch complémentaire 1 pers, salle de bains et wc particuliers. Poss. lit supplémentaire. Lit bébé. Salon avec TV. Salon de jardin. A deux pas de la plage, et au cœur d'un jardin très soigné, les propriétaires de cette agréable maison vous réserveront un accueil très chaleureux. Cures marines : 4 km. Thalassothérapie : 12 km.

Prix : 1 pers. **200 F** 2 pers. **260 F** 3 pers. **320 F**

Ouvert : toute l'année.

0,3	0,5	5	0,5	18	12	0,5	0,2	18	0,5

DUTOT Bernard et Annick - 14 rue Emile Despres - 14750 SAINT-AUBIN-SUR-MER - Tél : 02 31 96 51 31 ou 06 13 35 29 91

SAINT-COME-DE-FRESNE La Poterie

C.M. 54 Pli 15

1 ch. Dans un bâtiment mitoyen à l'habitation du propriétaire, au r-d-c : 1 ch 3 pers, salle de bains et wc particuliers. Possibilité lit supplémentaire. TV. Cuisine à disposition. Salon de jardin. Très spacieuse et décorée avec goût, cette chambre vous garantit le repos. Sur place, découvrez l'art pratiqué par la propriétaire des lieux : stage et cours de poterie. Langue parlée : anglais.

CV

Prix : 1 pers. **190 F** 2 pers. **240 F** 3 pers. **300 F**

Ouvert : toute l'année.

1	1	12	10	15	2	1	0,2	12	2

LE PETIT J-Paul et Catherine - 5 route de Bayeux - La Poterie - 14960 SAINT-COME-DE-FRESNE - Tél : 02 31 92 95 78 - Fax : 02 31 51 89 69

SAINT-COME-DE-FRESNE

C.M. 54 Pli 15

1 ch. Dans un bâtiment mitoyen à l'habitation du propriétaire, au r-d-c : 1 ch 2 pers, salle d'eau et wc particuliers. Cuisine à disposition. Possibilité lits complémentaires. Salon de jardin. Tout proche de la célèbre plage d'Arromanches, cette maison contemporaine offre une chambre très agréable.

CV

Prix : 1 pers. **180 F** 2 pers. **230 F** 3 pers. **290 F**

Ouvert : toute l'année.

1	1	12	10	15	2	1	0,3	12	2

DAMECOUR Viviane - 7 route de Bayeux - 14960 SAINT-COME-DE-FRESNE - Tél : 02 31 21 87 57

SAINT-DENIS-MAISONCELLES La Valette
TH *C.M. 54 Pli 14*

1 ch. Dans l'habitation de la ferme, à l'étage : 1 ch 2 pers, avec 1 ch complémentaire 2 pers, salle d'eau et wc particuliers. Salon de jardin. Dans une ferme d'élevage laitier, Alain et Odile vous parleront de leur métier autour du repas succulent de la table d'hôte (sur réservation). Saut à l'élastique à proximité.

Prix : 1 pers. **135 F** 2 pers. **210 F** 3 pers. **270 F** repas **70 F**

Ouvert : toute l'année.

35	20	3	25	8	SP	5	25	4

GRAVEY Alain et Odile - La Valette - 14350 ST-DENIS-MAISONCELLES - Tél : 02 31 68 74 31

SAINT-DESIR-DE-LISIEUX La Cour Saint-Thomas
C.M. 54 Pli 17/18

3 ch. Dans l'habitation, au r.d.c. : 1 ch. 2 pers. avec 1 ch. complémentaire 2 pers., entrées indépendantes, salle d'eau et wc particuliers. A l'étage : 2 ch. 2 pers., salle d'eau ou salle de bains et wc particuliers. Salons de lecture, de TV avec cheminée. Cuisine à disposition. Dans un cadre calme et reposant, dans un jardin fleuri, ces chambres harmonieuses et raffinées vous ravieront. « Anabelle », l'ânesse caline fera la joie de vos enfants. Accessible aux pers. handicapées (hébergement agréé par l'APF).

Prix : 1 pers. **250 F** 2 pers. **250/300 F** 3 pers. **400 F**

Ouvert : toute l'année.

32	32	5	15	15	4	1	2	3	4	3

BESNEHARD Brigitte - La Cour St-Thomas - 14100 SAINT-DESIR-DE-LISIEUX - Tél : 02 31 62 87 46 ou 06 82 99 12 37 - Fax : 02 31 62 87 46

SAINT-ETIENNE-LA-THILLAYE
C.M. 231 Pli 19/20

2 ch. Dans l'habitation, au 1er étage : 2 ch 2 pers, salle de bains et wc particuliers, avec 1 ch complémentaire 2 pers et 1 lit d'appoint 1 pers. Cuisine à disposition. Cette ancienne maison normande entourée d'un grand jardin, dans un cadre compagnard, vous assure calme et confort propices à un réel repos.

Prix : 1 pers. **200 F** 2 pers. **240/260 F** 3 pers. **300/320 F**

Ouvert : toute l'année.

10	7	10	7	7	4	10	4	3	4	7	7

CHAMPION Pierre et Simone - Chemin de la Barberie - 14950 SAINT-ETIENNE-LA-THILLAYE - Tél : 02 31 65 21 97 - Fax : 02 31 65 18 31

SAINT-ETIENNE-LA-THILLAYE Classy
C.M. 231 Pli 19/20

3 ch. A la ferme, dans l'habitation, au 2ème étage, 2 chambres 3 pers, 1 chambre 2 pers, salles d'eau particulières. Cette habitation traditionnelle en briques vous accueille dans des chambres simples et confortables. A proximité, Beaumont en Auge, charmant village sauvegardé.

Prix : 1 pers. **190 F** 2 pers. **230 F** 3 pers. **280 F**

Ouvert : toute l'année.

10	10	10	5	10	10	4	4	4

FORTIER Philippe et Thérèse - Classy - 14950 SAINT-ETIENNE-LA-THILLAYE - Tél : 02 31 65 21 28

SAINT-ETIENNE-LA-THILLAYE Le Friche St-Vincent
C.M. 231 Pli 19/20

4 ch. Dans l'habitation, à l'étage : 4 ch. 2 et 3 pers., salle d'eau et wc particuliers. Salon de jardin. Cette habitation récente de style régional allie parfaitement calme et confort. L'espace du jardin est également très appréciable. Agréé « gîte de pêche ».

Prix : 1 pers. **210 F** 2 pers. **250 F** 3 pers. **300 F**

Ouvert : toute l'année.

8	3	8	3	4	4	3	3	5	4	3	3

BARATTE Guy et Monique - Le Friche St-Vincent - 14950 SAINT-ETIENNE-LA-THILLAYE - Tél : 02 31 65 22 04 - Fax : 02 31 65 10 16

SAINT-ETIENNE-LA-THILLAYE Le Lieu d'Aubin
C.M. 231 Pli 19/20

1 ch. Dans l'habitation, à l'étage : 1 ch 2 pers, salle de bains et wc particuliers. Petit salon en mezzanine. Salon de jardin. Aménagée dans une demeure typique du Pays d'Auge, cette chambre douillette et son salon est un havre de repos. Langues parlées : anglais, allemand.

Prix : 1 pers. **200 F** 2 pers. **250 F**

Ouvert : toute l'année.

9	7	3	1	5	SP	3	7	7

ZANGS Bernadette - Le Lieu d'Aubin - 14950 ST-ETIENNE-LA-THILLAYE - Tél : 02 31 65 22 54

SAINT-GATIEN-DES-BOIS Ancienne Cidrerie

C.M. 231 Pli 19/20

3 ch. Dans l'habitation de la ferme, au 1er étage : 1 ch 2 pers, salle d'eau et wc particuliers (2 épis). Au 2ème étage : 2 ch 2 et 3 pers, salle de bains et wc communs (1 épi). Entrée indépendante. Salon de jardin. Proche de Honfleur et du Pont de Normandie, ces chambres sont idéales pour trouver le calme et le repos. La propriété est dans un parc entouré de prairies.

CV

Prix : 1 pers. **170 F** 2 pers. **200/220 F** 3 pers. **280/300 F**

Ouvert : de Pâques à Toussaint.

10	5	5	1	5	8	2	2	8	2

RUFIN Renée - Ancienne Cidrerie - 14130 SAINT-GATIEN-DES-BOIS - Tél : 02 31 98 85 62

SAINT-GATIEN-DES-BOIS Au Petit Bonheur

TH

C.M. 231 Pli 19/20

2 ch. Dans l'habitation, au r-d-c : 1 ch 2 pers, salle d'eau et wc particuliers, TV. Poss. lit d'appoint 1 pers. Entrée indépendante. A l'étage : 1 ch 3 pers, salle d'eau et wc particuliers. Table d'hôtes sur réservation. Cette maison normande restaurée vous accueille chaleureusement. Les chambres sont agréables et lumineuses. Petit déjeuner copieux et plats régionaux en table d'hôte. Poss. pique-nique. A proximité de Deauville et Honfleur.

CV

Prix : 1 pers. **240 F** 2 pers. **290 F** 3 pers. **370 F** repas **95 F**

Ouvert : toute l'année.

3	6	6	2	6	5	8	5	0,5	6	3,5

BELLENGER Florence - Au Petit Bonheur - 14130 ST-GATIEN-DES-BOIS - Tél : 02 31 14 89 41 ou 06 12 95 46 11

SAINT-GERMAIN-DE-LIVET

C.M. 54 Pli 17/18

3 ch. Dans l'habitation, à l'étage : 2 ch. 3 pers., 1 ch. 2 pers., salles d'eau et wc particuliers. Salon de jardin. Chambres situées à flanc de colline d'une superbe vallée du Pays d'Auge et à deux pas du Château. Agréé « gîte de pêche ».

CV

Prix : 1 pers. **230 F** 2 pers. **270 F** 3 pers. **330 F**

Ouvert : toute l'année.

40	7	7	7	0,5	SP	3	7	7

MARLET Astrid - Route du Château - 14100 ST-GERMAIN-DE-LIVET - Tél : 02 31 31 18 24

SAINT-GERMAIN-DE-TALLEVENDE La Petite Fosse

TH

C.M. 59 Pli 9

2 ch. Dans l'habitation de la ferme, à l'étage : 2 ch 2 et 3 pers, salle d'eau et wc particuliers. Cette ferme typique du Bocage est un lieu privilégié d'accueil des touristes. Le dîner pris à la Ferme-Auberge vous fera apprécier la gastronomie normande.

CV

Prix : 1 pers. **120 F** 2 pers. **170 F** 3 pers. **200 F** repas **80 F**

Ouvert : toute l'année.

60	11	1	10	10	10	SP	SP	2	3	2

LETOURNEUR Michel et A-Marie - La Petite Fosse - 14500 ST-GERMAIN-DE-TALLEVENDE - Tél : 02 31 67 22 44

SAINT-GERMAIN-DU-PERT Ferme de la Rivière

C.M. 54 Pli 13

3 ch. Dans l'habitation de la ferme, à l'étage : 2 ch 2 pers, salle d'eau et wc particuliers, 1 ch 3 pers avec 1 ch complémentaire 2 pers, salle de bains et wc particuliers. Ces chambres « PANDA » sont aménagées dans une belle ferme fortifiée du XVIè siècle avec vue sur les marais. Les amoureux de la nature apprécieront le sentier de découverte. Proche des Plages du Débarquement.

CV

Prix : 1 pers. **180 F** 2 pers. **260 F** 3 pers. **360 F**

Ouvert : de Pâques à la Toussaint.

7	7	25	11	25	7	2	SP	7	15	2

MARIE Paulette - Ferme de la Rivière - 14230 SAINT-GERMAIN-DU-PERT - Tél : 02 31 22 72 92 - Fax : 02 31 22 01 63

SAINT-GERMAIN-LE-VASSON La Broquette

C.M. 54 Pli 16

2 ch. Dans une dépendance d'une ancienne ferme à l'étage : 2 ch 4 pers dont 2 pers en mezzanine, salle d'eau et wc particuliers. Entrée indépendante. Salon de jardin. Billard américain. Ping-pong. Prêt vélos. Indépendance et décoration soignée caractérisent ces chambres aménagées dans un corps de bâtiment en pierres de pays. Agréables promenades à pied sur place. Langue parlée : anglais.

CV

Prix : 1 pers. **150 F** 2 pers. **200 F** 3 pers. **250 F**

Ouvert : toute l'année.

40	14	2	14	7	4	0,5	3	25	2

GIARD Bruno et M-France - La Broquette - 14190 SAINT-GERMAIN-LE-VASSON - Tél : 02 31 90 51 75 -
E-mail : giard@club-internet.fr - http://www.perso/club-internet.fr/giard

SAINT-JEAN-LE-BLANC

C.M. 59 Pli 10

1 ch. Dans la maison d'habitation, à l'étage : 1 ch 2 pers, salle de bains et wc particuliers, avec 1 ch complémentaire 1 pers et lit bébé. Entrée indépendante Salon de détente. Cuisine à disposition Salon de jardin. Cette maison de bourg propose une chambre simple et confortable. Pour les promeneurs, de nombreux sentiers de randonnée mènent au cœur de la campagne.

Prix : 1 pers. **150 F** 2 pers. **200 F** 3 pers. **250 F**

Ouvert : toute l'année.

60	15	17	15	15	3	2	2	10	22	0,1

DELANGLE J-Jacques et Jacqueline - Le bourg - 14770 SAINT-JEAN-LE-BLANC - Tél : 02 31 69 42 79 ou 02 31 69 60 43

SAINT-LAURENT-DU-MONT La Vignerie

C.M. 55 Pli 13

5 ch. Dans un bâtiment indépendant de l'habitation, au r-d-c : 2 ch 2 et 4 pers, salle de bains et wc particuliers. A l'étage : 3 ch 3 pers, salle de bains et wc particuliers. Entrée indépendante. Salon commun avec cheminée et TV. Salon de jardin. Dans ce pressoir restauré, au cœur d'un ensemble de bâtiments augerons du XVIIème siècle, les chambres sont spacieuses. Prêt de vélos et VTT. Langue parlée : anglais.

Prix : 1 pers. **190 F** 2 pers. **230 F** 3 pers. **300 F**

Ouvert : toute l'année.

25	25	15	2	20	3	SP	2,5	15	3

HUET Marie-France - La Vignerie - 14340 ST-LAURENT-DU-MONT - Tél : 02 31 63 08 65 - Fax : 02 31 63 08 65 - E-mail : mfhuet@club-internet.fr

SAINT-LAURENT-SUR-MER Ferme « Les Vignets »

C.M. 54 Pli 14

3 ch. Dans l'habitation de la ferme, à l'étage 2 ch 2 pers, 1 ch 3 pers, salle d'eau et wc communs. TV dans les ch. Après vous êtes reposés dans ces chambres, vous découvrirez une région historique (les Plages du Débarquement), touristique (littoral du Bessin).

Prix : 1 pers. **150 F** 2 pers. **180 F** 3 pers. **240 F**

Ouvert : toute l'année.

1	3	20	6	3	3	2	0,5	20	3

DERMILLY Daniel et Véronique - Ferme « Les Vignets » - 14710 SAINT-LAURENT-SUR-MER - Tél : 02 31 22 42 47

SAINT-LOUET-SUR-SEULLES Manoir de la Rivière

TH

C.M. 231 Pli 29

4 ch. Dans un bâtiment annexe, à l'étage : 4 chambres (2, 3 ou 4 pers), salles de bains et wc particuliers. Salon avec cheminée. Parc arboré avec salon de jardin. Sur un parc de 15 hectares où coule la Seulles, le Manoir de la Rivière vous propose des chambres au décor raffiné, réalisées avec les souvenirs de la famille. Promenades dans le parc. Langues parlées : anglais, allemand, espagnol.

Prix : 1 pers. **350/450 F** 2 pers. **450/550 F** 3 pers. **650 F** repas **150 F**

Ouvert : toute l'année.

30	30	3	1,5	22	30	3	SP	3	22	3

HOUDRET Aurélien - Manoir de la Rivière - 14310 ST-LOUET-SUR-SEULLES - Tél : 02 31 77 96 30 - Fax : 02 31 77 96 30 - E-mail : manoir-de-la-rivière@wanadoo.fr

SAINT-LOUP-HORS Manoir des Doyens

C.M. 54 Pli 14

3 ch. Dans l'habitation, à l'étage : 3 ch 2 et 3 pers, 1 canapé-lit (2 pers) dans une des ch, salle de bains ou salle d'eau et wc particuliers. Chambres spacieuses et confortables dans cette ancienne ferme typique du Bessin. Bonne adresse pour visiter Bayeux ou les plages du Débarquement. Langues parlées : anglais, allemand, russe.

Prix : 1 pers. **200 F** 2 pers. **300 F** 3 pers. **400 F**

Ouvert : toute l'année.

10	10	1	0,5	10	1	1	8	1	1,5	1

CHILCOTT Michaël et Rosemary - Manoir des Doyens - 14400 SAINT-LOUP-HORS - Tél : 02 31 22 39 09

SAINT-LOUP-HORS

C.M. 54 Pli 14

1 ch. Dans l'habitation, à l'étage : 1 ch 3 pers, salle d'eau et wc particuliers. En mezzanine, 2 lits 1 pers, coin salon avec canapé, fauteuils, TV. Salon de jardin. Cette maison contemporaine bénéficie d'une véranda où il fait bon prendre le petit-déjeuner. Le centre ville de Bayeux est à 500 m.

Prix : 1 pers. **170 F** 2 pers. **200 F** 3 pers. **290 F**

Ouvert : toute l'année.

10	10	1,5	2	10	1	8	0,5	1,5	0,5

JEANNETTE Simone et Roland - Chemin des Marettes - 14400 SAINT-LOUP-HORS - Tél : 02 31 92 24 68

SAINT-MANVIEU-BOCAGE La Mare *C.M. 59 Pli 9*

1 ch. Dans l'habitation, au r-d-c : 1 ch 3/4 pers, salle d'eau et wc particuliers. Salle de détente. Dans cette maison typique du Bocage Virois, Mr et Mme LEBOUCHER vous feront partager les richesses de leur région. A 1 km le lac de la Dathée.

Prix : 1 pers. **160 F** 2 pers. **220 F** 3 pers. **280 F**

Ouvert : toute l'année.

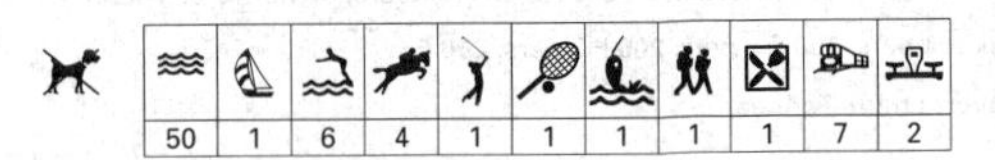

50	1	6	4	1	1	1	1	1	7	2

LEBOUCHER Gérard et Janine - La Mare - 14380 SAINT-MANVIEU-BOCAGE - Tél : 02 31 66 01 62

SAINT-MARTIN-DE-BLAGNY La Coquerie (TH) *C.M. 54 Pli 14*

2 ch. Dans l'habitation de la ferme, au 1er étage : 1 ch 4 pers, au 2ème étage 1 grande ch mansardée 4 pers, salles d'eau et wc particuliers. Salon de jardin. Ces chambres traditionnelles et spacieuses vous feront apprécier la vie à la campagne. Mme Pasquet vous fera déguster les produits de la ferme à la table d'hôtes. Prêt vélos.

CV

Prix : 1 pers. **150 F** 2 pers. **200 F** 3 pers. **250 F** repas **80 F**

Ouvert : toute l'année.

19	19	20	9	20	5	5	2	20	6

PASQUET Alain et Geneviève - La Coquerie - 14710 SAINT-MARTIN-DE-BLAGNY - Tél : 02 31 22 50 89 - Fax : 02 31 22 50 89

SAINT-MARTIN-DES-ENTREES *C.M. 54 Pli 15*

3 ch. Dans l'habitation, au r-d-c : 1 ch 3 pers, salle d'eau et wc particuliers. A l'étage : 2 ch 3 pers, salle d'eau et wc particuliers. Entrée indépendante. A 5 minutes du centre historique de Bayeux, ces chambres bénéficient d'aménagements appréciables comme l'espace pique-nique. Prêt de vélos. Plages du Débarquement à proximité.

CV

Prix : 1 pers. **210 F** 2 pers. **250 F** 3 pers. **310 F**

Ouvert : toute l'année.

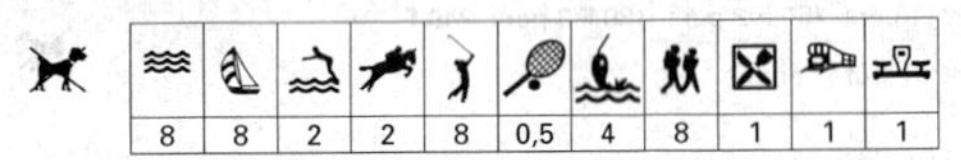

8	8	2	2	8	0,5	4	8	1	1	1

LAUMONNIER Pierre et Muriel - 9, route de Caen - 14400 SAINT-MARTIN-DES-ENTREES - Tél : 02 31 92 76 31 ou 06 70 30 08 44

SAINT-PAUL-DU-VERNAY La Ferme du Bois (TH) *C.M. 231 Pli 28/29*

1 ch. Dans un bâtiment annexe, à l'étage : 1 ch 2 pers avec 1 ch complémentaire 2 pers, salle d'eau et wc particuliers. Entrée indépendante. Salon de jardin. Aménagée dans une des ailes de cette ferme typique du Bessin, cette chambre au décor harmonieux ouvre sur la cour carrée où il fait bon se reposer.

Prix : 1 pers. **200 F** 2 pers. **250 F** 3 pers. **320 F** repas **100 F**

Ouvert : de Pâques à la Toussaint.

18	20	12	6	30	18	5	8	SP	6	12	3

LANDAIS Pierrette - La Ferme du Bois - 14490 SAINT-PAUL-DU-VERNAY - Tél : 02 31 21 42 01

SAINT-PAUL-DU-VERNAY Le Hameau Mougard (TH) *C.M. 231 Pli 28-29*

2 ch. Dans l'habitation, à l'étage : 1 ch 2 pers, salle de bain et wc particuliers (3 épis), 1 ch 2 pers et 1 complémentaire 1 pers, salle d'eau particulière, wc au r-d-c, lit bébé (2 épis). Salon de détente. Salon de jardin. A proximité de Bayeux, cette jolie maison en pierres bénéficie d'un environnement soigné et fleuri. Un accueil chaleureux vous est réservé, autour du repas en table d'hôtes.

Prix : 1 pers. **180 F** 2 pers. **220/250 F** 3 pers. **300 F** repas **85 F**

Ouvert : toute l'année.

16	18	7	6	30	18	6	8	2	6	7	6

ROZOY Serge et Janine - Les Centaures - Quartier le Bas Mougard - 14490 ST-PAUL-DU-VERNAY - Tél : 02 31 51 07 34

SAINT-PHILBERT-DES-CHAMPS Le Lieu Matthieu *C.M. 231 Pli 32*

1 ch. Dans la maison d'habitation, à l'étage : 1 ch 3 pers, possibilité lit supplémentaire 1 pers en mezzanine, salle de bains et wc particuliers. Salon de jardin. Vélos. C'est une chambre familiale, spacieuse dans une maison normande. A proximité de Pont l'Evêque et de Deauville.

Prix : 1 pers. **180 F** 2 pers. **220 F** 3 pers. **340 F**

Ouvert : de Pâques à la Toussaint

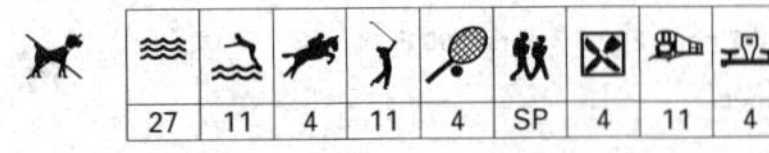

27	11	4	11	4	SP	4	11	4

CAPLAIN Michel et Marie-Jo - Le Lieu Mathieu - 14130 ST-PHILBERT-DES-CHAMPS - Tél : 02 31 64 70 23 - Fax : 02 31 64 22 00

SAINT-PIERRE-AZIF Ferme du Lieu Bourg

C.M. 231 Pli 19

2 ch. Dans l'habitation du propriétaire, à l'étage : 1 ch 2 pers, salle d'eau et wc particuliers, 1 ch 2 pers (avec 1 lit enfant), salle d'eau et wc particuliers. La décoration raffinée de ces chambres alliant tentures murales et poutres peintes donne une ambiance très chaleureuse. Ici, l'authenticité est garantie. Langue parlée : anglais.

Prix : 1 pers. **220 F** 2 pers. **280 F** 3 pers. **350 F**

Ouvert : toute l'année.

7	10	2	2	15	10	7	7	0,3	3,5	15	3,5

GAUTIER Monique - Ferme du Lieu Bourg - Chemin de la Haute Rue - 14950 ST-PIERRE-AZIF - Tél : 02 31 39 64 90

SAINT-PIERRE-DU-FRESNE Launay

C.M. 54 Pli 14/15

1 ch. Dans l'habitation de la ferme, à l'étage : 1 ch 2 pers avec 1 ch complémentaire 2 pers, salle d'eau et wc particuliers. En pays de Bocage Normand, dans un environnement calme et fleuri près de nombreux sentiers et du zoo de Jurques. 10% de réduction à c. de la 3e nuit.

Prix : 1 pers. **180 F** 2 pers. **220 F** 3 pers. **270 F** repas **80 F**

Ouvert : toute l'année.

50	50	9	9	1	1	30	1,5

LEBOUVIER Jean-Claude - Launay - 14260 ST-PIERRE-DU-FRESNE - Tél : 02 31 77 81 59

SAINT-PIERRE-DU-MONT Hameau Lefèvre

C.M. 54 Pli 4

3 ch. Dans la maison d'habitation, à l'étage : 2 ch 2 pers, salles d'eau et wc particuliers (3 épis). R-d-c : 1 ch 4 pers lit bébé, salle d'eau et wc particuliers (2 épis). Salon de jardin. Propriété disposant d'un grand jardin bien exposé à quelques pas de la mer et du sentier du littoral. Langues parlées : anglais, allemand.

Prix : 1 pers. **200 F** 2 pers. **250 F** 3 pers. **300 F** repas **90 F**

Ouvert : toute l'année.

0,3	4	10	12	4	4	0,3	4	25	4

WEIDNER Kaï et Isabelle - Hameau Lefèvre - 14450 SAINT-PIERRE-DU-MONT - Tél : 02 31 22 96 22 - Fax : 02 31 22 96 22

SAINT-REMY-SUR-ORNE

C.M. 55 Pli 11

2 ch. Dans la maison d'habitation située dans le bourg, au 1er étage : 2 ch 2 pers, salle d'eau et wc particuliers. Au cœur de la Suisse Normande, pays de la randonnée et des activités de plein air, chambres simples et accueillantes.

Prix : 1 pers. **150 F** 2 pers. **200 F**

Ouvert : de juin à septembre.

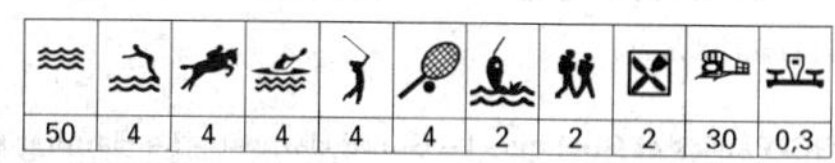

50	4	4	4	4	4	2	2	2	30	0,3

LEHERICEY Guy - Rue du Sous-Lieau - 14570 SAINT-REMY-SUR-ORNE - Tél : 02 31 69 71 39

SAINT-REMY-SUR-ORNE La Vallée

C.M. 55 Pli 11

2 ch. Dans l'habitation de la ferme, à l'étage : 2 ch 2 pers, salle d'eau et wc particuliers, avec 1 ch complémentaire 2 pers. Cuisine à disposition. Salon de jardin. Cette maison en pierres de pays aux abords fleuris abrite deux chambres de bon confort. Très belle vue sur la Suisse Normande.

Prix : 1 pers. **160 F** 2 pers. **210 F** 3 pers. **260 F**

Ouvert : toute l'année.

7	4	3	3	3	1	SP	0,5	30	3

DUMONT Michel et Christine - La Vallée - 14570 SAINT-REMY-SUR-ORNE - Tél : 02 31 69 78 64

SAINT-VIGOR-LE-GRAND Le Hameau Caugy

C.M. 231 Pli 16/17

1 ch. Dans l'habitation, au r-d-c : 1 ch 4 pers, salle d'eau et wc particuliers. Possibilité lit enfant. TV. Entrée indépendante. Salon de jardin. Dans une demeure superbe, cette chambre sera votre pied à terre pour partir à la découverte de la vieille ville de Bayeux et de sa célèbre Tapisserie.

Prix : 1 pers. **180 F** 2 pers. **220 F** 3 pers. **250 F**

Ouvert : toute l'année.

8	8	1,5	5	10	2	10	8	1	2	2

SUZANNE Jacky et Lucienne - Le Hameau Caugy - 14400 SAINT-VIGOR-LE-GRAND - Tél : 02 31 92 09 39

SAINT-VIGOR-LE-GRAND Les Hauts Vents

C.M. 231 Pli 16/17

2 ch. Dans une habitation de construction récente, à l'étage : 2 ch 2 pers, salles d'eau et wc particuliers. Possibilité lit d'appoint. Salon de jardin. Entre Bayeux et Arromanches, ces chambres au confort remarquable, au calme et dans un environnement fleuri sont idéalement situées pour des loisirs culturels ou balnéaires.

Prix : 1 pers. **180 F** 2 pers. **220 F** 3 pers. **280 F**

Ouvert : toute l'année.

9	10	1	5	10	2	8	1	3	1

DENAGE Louis et Yvette - Les Hauts Vents - 32 route d'Arromanches - 14400 ST-VIGOR-LE-GRAND - Tél : 02 31 92 29 08

SAINTE-CROIX-SUR-MER La Ferme de l'Eglise

C.M. 231 Pli 17/18

1 ch. Dans l'habitation,, à l'étage . 1 ch 2 pers, salle de bains et wc particuliers avec 1 ch complémentaire 2 pers. T.V. Salon de jardin. Madame Lemenager vous accueillera dans sa maison, voisine de l'Eglise. Le choix de vos promenades est vaste : la mer ou les vestiges en pierres du Bessin (fermes fortifiées, châteaux, villages préservés).

CV

Prix : 1 pers. **200 F** 2 pers. **250 F** 3 pers. **300 F**

Ouvert : toute l'année.

4	4	4	3	20	3	4	15	4

LEMENAGER Monique - La Ferme de l'Eglise - 14480 SAINTE-CROIX-SUR-MER - Tél : 02 31 22 20 44

SAINTE-CROIX-SUR-MER

C.M. 231 Pli 17/18

2 ch. Dans une maison de construction récente, au r-d-c : 2 ch 2 pers, salle de bains et wc communs. Terrasse et salon de jardin. Au calme, dans un petit bourg typique, ces chambres sont à 2 pas de Courseulles : plage, marché au poisson et nombreux restaurants.

CV

Prix : 1 pers. **140 F** 2 pers. **190 F**

Ouvert : toute l'année.

4	4	4	4	20	18	4	0,2	4	20	4

REGNIER J-Pierre et Hélène - Chemin des Ecrottes - 14480 STE-CROIX-SUR-MER - Tél : 02 31 22 80 16

SAINTE-HONORINE-DES-PERTES La Flambardière

C.M. 54 Pli 14/15

2 ch. Dans l'habitation, à l'étage : 1 ch 2 pers avec 1 ch complémentaire 2 pers, petit salon, poss. lit supplémentaire 1 pers, 1 ch 4 pers, salles d'eau et wc particuliers. Entrée indépendante. Salon de jardin. Salle de ping-pong. La décoration originale et colorée de ces chambres crée une atmosphère gaie et reposante. A proximité, un chemin mène aux falaises surplombant la mer et les plages du Débarquement.

CV

Prix : 1 pers. **170 F** 2 pers. **220 F** 3 pers. **280/300 F**

Ouvert : toute l'année.

0,5	4	13	2	4	2	10	0,2	0,8	14	0,5

BROGGI Patrick et Guylène - Le Grand Hameau - La Flambardière - 14520 STE-HONORINE-DES-PERTES - Tél : 02 31 22 87 81 - Fax : 02 31 22 87 69 - E-mail : gp.broggi@wanadoo.fr

SAINTE-HONORINE-DU-FAY Les Mesnils

C.M. 54 Pli 15

3 ch. Dans l'habitation, à l'étage : 3 ch 2 et 3 pers, salle de bains ou salle d'eau particulière. Entrée indépendante. Salon de jardin. Cette grande maison au jardin soigné vous réserve un accueil particulièrement chaleureux. A 5 mn de la forêt de Grimbosq, aménagée pour des promenades à pied ou à vélo.

Prix : 1 pers. **130 F** 2 pers. **200/220 F** 3 pers. **250 F**

Ouvert : toute l'année.

30	8	3	5	0,3	5	3	18	0,6

MARIE Marie-Louise - Route des Ecoles - Les Mesnils - 14210 SAINTE-HONORINE-DU-FAY - Tél : 02 31 80 45 61

SAINTE-MARGUERITE-DES-LOGES Le Moulin

C.M. 231 Pli 32

3 ch. Dans un bâtiment proche de l'habitation. R.d.c. : 1 ch. 2 pers., salle de bains et wc particuliers (3 épis). A l'étage : 2 ch. 2 et 3 pers. avec une chambre complémentaire 2 pers., salle d'eau et wc particuliers (2 épis). Salon de détente. Terrasse à colombages sur l'eau. Salon de jardin. Dans un écrin de verdure où serpente une rivière, le Moulin (ensemble de 3 maisons à colombages) vous accueille dans des chambres confortables, dans une ambiance chaleureuse. Pêcheurs bienvenus (Touques à proximité). Agréé »gîte de pêche« .

Prix : 1 pers. **210/250 F** 2 pers. **260/320 F** 3 pers. **320 F**

Ouvert : toute l'année.

40	40	13	1	3	4	1	3	18	3

LEMESLE Monique - Le Moulin - 14140 STE-MARGUERITE-DES-LOGES - Tél : 02 31 63 13 14

SAINTE-MARIE-LAUMONT Le Picard

C.M. 59 Pli 9

1 ch. Dans l'habitation, à l'étage : 1 ch 3 pers, salle d'eau et wc particuliers. Entrée indépendante. Grande salle à manger. Coin repas. Salon de jardin. Cette propriété typique du Bocage Virois entourée de verdure, dans un cadre champêtre abrite une chambre confortable au décor rustique. Parking. Langue parlée : anglais.

CV

Prix : 1 pers. **150 F** 2 pers. **200 F** 3 pers. **250 F**

Ouvert : de Pâques à la Toussaint.

60	20	10	5	3	20	5	2	0,5	4	10	3

GUILLAUMIN Marc et Nelly - Le Picard - 14350 SAINTE-MARIE-LAUMONT - Tél : 02 31 68 43 21

SECQUEVILLE-EN-BESSIN

C.M. 231 Pli 17

3 ch. Dans l'habitation, à l'étage : 1 ch 2 pers, salle d'eau et wc particuliers, 1 ch 2 pers avec 1 ch complémentaire 1 pers, salle d'eau et wc particuliers, 1 ch 2 pers avec 1 ch complémentaire 2 pers, salle de bain et wc particuliers. Salon de jardin. Dans un vieux corps de ferme, belles chambres restaurées avec goût, qui invitent au repos. Accueil chaleureux.

CV

Prix : 1 pers. **180 F** 2 pers. **250 F** 3 pers. **330 F**

Ouvert : toute l'année.

15	15	15	6	20	4	SP	2	15	3,5

LE RENARD Vincent et Annick - Rue des Lavoirs - 14740 SECQUEVILLE-EN-BESSIN - Tél : 02 31 80 39 42

SOMMERVIEU Ferme de l'Eglise

C.M. 54 Pli 15

4 ch. Dans l'habitation de la ferme, à l'étage : 2 ch 2 et 3 pers, salle d'eau et wc particuliers. Dans un bâtiment annexe, à l'étage : 2 ch 4 pers, salle d'eau et wc particuliers. Cuisine et salle à disposition. Ping-pong. Prêt vélos. Salon de jardin. Dans une ferme typique du XVIIè siècle en activité, vous serez accueillis dans une ambiance familiale et champêtre.

CV

Prix : 1 pers. **120 F** 2 pers. **180/200 F** 3 pers. **230/250 F**

Ouvert : toute l'année.

6	6	4	4	13	4	8	6	0,2	4	4

SCHMIT Jean-Michel et Franç - Ferme de l'Eglise - 14400 SOMMERVIEU - Tél : 02 31 92 55 17

SUBLES

C.M. 54 Pli 14

2 ch. Dans l'habitation, proche d'une route à grande circulation, à l'étage : 1 ch 2 pers avec 1 canapé-lit 2 pers, salle d'eau et wc particuliers. Avec entrée indépendante : 1 ch 2 pers, 1 canapé-lit 2 pers, salle d'eau et wc particuliers et coin cuisine. Terrasse plein sud. Cet hébergement est idéalement situé pour visiter Bayeux et sa région. (plages du Débarquement à proximité). Chambres spacieuses et indépendantes.

CV

Prix : 1 pers. **170 F** 2 pers. **210/230 F** 3 pers. **260/280 F**

Ouvert : toute l'année.

15	15	5	5	15	5	1	5	SP	5	5

GOUBOT J-Pierre et Christiane - 42 rue Desmant - 14400 SUBLES - Tél : 02 31 92 57 81

SULLY

C.M. 54 Pli 14

1 ch. Dans l'habitation, à l'étage, 1 ch 3 pers, salle de bains et wc particuliers avec 1 ch complémentaire 2 pers. A la campagne, dans une maison traditionnelle, tranquilité et repos assurés. A proximité de Bayeux et Port en Bessin, spécialisé dans la pêche à la coquille St Jacques.

CV

Prix : 1 pers. **170 F** 2 pers. **230 F** 3 pers. **300 F**

Ouvert : de Pâques à la Toussaint.

7	12	5	3	7	5	7	5	7	5

BOISRAMEY Marcel et Jacqueline - La Grande Rue - 14400 SULLY - Tél : 02 31 92 26 59

SURRAIN Le Hamel

C.M. 231 Pli 16

1 ch. Dans l'habitation, à l'étage : 1 ch 2 pers, salle de bains et wc particuliers. Dans une ferme biologique d'élevage traditionnel où vous pourrez observer plusieurs types d'animaux (vaches, porcs, chevaux, volailles). Langue parlée : anglais.

Prix : 1 pers. **180 F** 2 pers. **200 F**

Ouvert : toute l'année.

5	10	15	2	10	5	5	15	5

LEBOULANGER Franck - Le Hamel - 14710 SURRAIN - Tél : 02 31 22 49 01

SURVILLE Le Prieuré Boutefol

C.M. 231 Pli 19/20

4 ch. Dans l'habitation, à l'étage : 1 ch 3 pers, salle de bains et wc particuliers. Dans une dépendance, à l'étage : 2 ch 2 pers, salles de bains et wc particuliers, 1 suite de 2 ch (4 pers), salle de bains (et douche) et wc particuliers. Salle de détente. Salons de jardin. [0004]Dans un superbe domaine typique du Pays d'Auge, Bernard et Laëtiia vous accueillent dans leurs chambres des quatre saisons. Langue parlée : anglais.

Prix : 1 pers. **300 F** 2 pers. **350/450 F** 3 pers. **550 F**

Ouvert : toute l'année.

12	2	12	1	1	1,5	1	1	SP	1	1	1

COLIN Bernard et Laetitia - Le Prieuré Boutefol - Route de Rouen - 14130 SURVILLE - Tél : 02 31 64 39 70

TESSEL La Londe

TH *C.M. 54 Pli 15*

3 ch. Dans l'habitation de la ferme, à l'étage 3 ch 2 pers, salle de bains commune. Salon de jardin. Dans cette ferme d'élevage laitier, vous pourrez dormir et dîner à la table d'hôte. Le jardin au calme est également un lieu privilégié de détente.

CV

Prix : 1 pers. **140 F** 2 pers. **195 F** 3 pers. **250 F** repas **85 F**

Ouvert : toute l'année.

30	30	10	3	3	3	17	3

AMEY Paul et Eliane - La Londe - 14250 TESSEL - Tél : 02 31 80 81 12 ou 06 80 68 40 13 - Fax : 02 31 80 81 12

THAON La Fermette

C.M. 54 Pli 15

3 ch. Dans l'habitation, à l'étage : 3 ch 2 pers et 3 pers, possibilité lit enfant, salles d'eau particulières. Entrée indépendante. La Fermette est une maison ancienne située au cœur du bourg de Thaon. Par petits chemins boisés, vous accéderez à la vieille Eglise, chef d'oeuvre de l'art Roman. Caen : 12 km.

Prix : 1 pers. **140 F** 2 pers. **180 F** 3 pers. **230 F**

Ouvert : de Pâques à la Toussaint.

9	9	9	9	SP	SP	SP	15	0,1

SEVER J-Claude & Catherine - 4 Grande Rue - 14610 THAON - Tél : 02 31 80 00 05

TILLY-SUR-SEULLES Hameau Saint-Pierre

TH *C.M. 54 Pli 15*

4 ch. Dans l'habitation de la ferme, située dans un hameau, au 1er étage : 2 ch 2 pers, 1 ch 3 pers, salles d'eau et wc particuliers. 2ème étage : 1 ch 4 pers, salle d'eau et wc particuliers. Cuisine à disposition. Dans cette maison traditionnelle du Bessin, Nelly et Michel vous accueillent dans un cadre rustique. La maitresse de maison est intarissable sur les recettes de son terroir.

CV

Prix : 1 pers. **180 F** 2 pers. **210 F** 3 pers. **280 F** repas **85 F**

Ouvert : toute l'année.

20	20	12	8	1	1	4	1	12	1

BARATTE Michel et Nelly - Route d'Audrieu - 14250 TILLY-SUR-SEULLES - Tél : 02 31 80 82 10 - Fax : 02 31 80 82 10

TILLY-SUR-SEULLES

C.M. 54 Pli 15

2 ch. Dans l'habitation, au 1er étage : 1 ch 2 pers, salle de bains et wc particuliers. Au 2ème étage : 1 ch 2 pers, salle de bains et wc particuliers. Salon de jardin. Cette grande maison bourgeoise entourée d'un jardin est une curiosité architecturale que Mme Brilhault se fera un plaisir de vous faire découvrir. Langue parlée : anglais.

Prix : 1 pers. **190 F** 2 pers. **220 F** 3 pers. **320 F**

Ouvert : toute l'année.

20	20	11	8	22	1	0,5	0,5	12	0,5

BRILHAULT Sebena - 7 rue de la Varende - 14250 TILLY-SUR-SEULLES - Tél : 02 31 08 25 73

LE TORQUESNE

C.M. 54 Pli 17/18

1 ch. Dans l'habitation, à l'étage : 1 ch 2 pers et 1 ch complémentaire 2 pers, salle de bains et wc particuliers. Salon de jardin. Attachée à l'harmonie des couleurs et du mobilier, Mme Langlois vous fait partager son intérieur coquet et chaleureux. Jardin et terrasse très agréables.

Prix : 1 pers. **180 F** 2 pers. **240 F** 3 pers. **300 F**

Ouvert : toute l'année.

20	10	10	10	10	10	4	12	4

LANGLOIS Geneviève - Chemin au Prêtre - 14130 LE TORQUESNE - Tél : 02 31 63 85 58

TORTISAMBERT La Boursaie

C.M. 55 Pli 13

2 ch. Dans une annexe de l'habitation, au r-d-c : 2 ch 2 et 3 pers, salle d'eau et wc particuliers. Cuisine à disposition. Salon de jardin. Chambres situées dans une belle maison à colombages du XVIème siècle, ancienne ferme cidricole restaurée avec goût et caractère. Cadre charmant, fleuri et calme, site avec vue exceptionnelle. Langues parlées : anglais, allemand.

Prix : 1 pers. **200 F** 2 pers. **280 F** 3 pers. **360 F**

Ouvert : toute l'année.

40	15	2	15	6	5	2	0,5	5	20	5

DAVIES Peter et Anja - La Boursaie - 14140 TORTISAMBERT - Tél : 02 31 63 14 20 - Fax : 02 31 63 14 28

TOUR-EN-BESSIN La Vignette

(TH) *C.M. 54 Pli 14/15*

4 ch. Dans l'habitation, au r-d-c : 1 ch 2 pers, salle d'eau et wc particuliers. Au 1er étage : 1 ch 4 pers, salle d'eau et wc particuliers. Au 2è étage : 2 ch 2 et 4 pers, salle d'eau et wc part. Poss. lits d'appoint 1 pers. Lit bébé. TV dans chaque chambre. Salle de détente salon de jardin. TH sur réservation. Ancienne « maison de Maître », restaurée dans un corps de ferme où vous découvrirez l'architecture typique de la région, 4 chambres agréablement décorées. Accueil des chevaux. Langue parlée : anglais.

Prix : 1 pers. **260 F** 2 pers. **260 F** 3 pers. **360 F** repas **120 F**

Ouvert : toute l'année.

5	6	10	6	5	1	4	6	1,5

GIRARD Bertrand & Catherine - Route de Crouay - La Vignette - 14400 TOUR-EN-BESSIN - Tél : 02 31 21 52 83 - Fax : 02 31 21 52 83 - E-mail : relais.vignette@wanadoo.fr - http://www.perso.wanadoo.fr/Relais.Vignette/

TOURGEVILLE Ferme des Mares

C.M. 54 Pli 17

2 ch. Dans l'habitation de la ferme, à l'étage : 2 ch 2 et 4 pers, salles d'eau particulières. A seulement 8 kilomètres de Deauville, cette petite ferme en activité vous fait découvrir les charmes de l'arrière pays. Chambres très calmes.

Prix : 1 pers. **180 F** 2 pers. **220 F** 3 pers. **290 F**

Ouvert : de Pâques au 1er septembre.

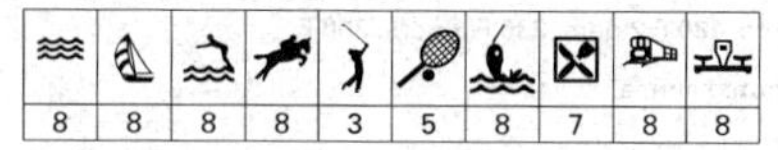

8	8	8	8	3	5	8	7	8	8

DUVAL Monique - Ferme des Mares - Chemin du Quai au Coq - 14800 TOURGEVILLE - Tél : 02 31 87 95 31

TOURNIERES Ferme de Marcelet

(TH) *C.M. 54 Pli 14*

5 ch. Dans une habitation du XIIème siècle, à la ferme, au r-d-c : 1 ch 3 pers, salle d'eau et wc particuliers. A l'étage : 4 ch 2 et 4 pers, salles d'eau et wc particuliers. Lit d'appoint, lit bébé. Salle de détente avec TV. Salons de jardin. Ces chambres confortables et d'un style chaleureux vous permettront d'apprécier un environnement calme et la gastronomie normande à la table d'hôtes.

Prix : 1 pers. **180 F** 2 pers. **210 F** 3 pers. **260 F** repas **85 F**

Ouvert : toute l'année.

17	17	19	12	19	4	10	SP	4	9	4

ISIDOR Pierre et Solange - Ferme de Marcelet - 14330 TOURNIERES - Tél : 02 31 22 90 86 ou 06 86 10 43 82 - Fax : 02 31 22 90 86

TRACY-SUR-MER La Rosière

(TH) *C.M. 54 Pli 15*

4 ch. Dans l'habitation d'une ferme, au r-d-c, 2 ch 3 et 4 pers, salle de bains ou salle d'eau et wc particuliers, cuisine dans chaque ch.,entrée indépendante pour 1 ch.. A l'étage, 2 ch 2 et 4 pers,salle d'eau et wc particuliers. Possibilité lit d'appoint et lit bébé. Vous recevrez un accueil chaleureux dans cette ferme d'élevage et vous pourrez aussi profiter de la proximité de la mer. Plages du Débarquement. Langue parlée : anglais.

Prix : 1 pers. **160 F** 2 pers. **210 F** 3 pers. **270 F** repas **85 F**

Ouvert : toute l'année.

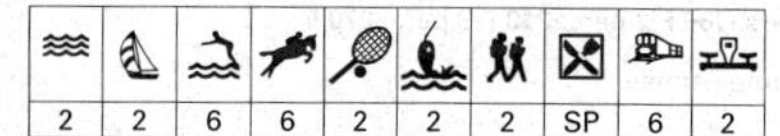

2	2	6	6	2	2	2	SP	6	2

ETIENNE Roland et Brigitte - La Rosière - 14117 TRACY-SUR-MER - Tél : 02 31 22 33 88 - Fax : 02 31 22 33 88

TROISMONTS

C.M. 231 Pli 29

2 ch. Dans une annexe de l'habitation, à l'étage : 2 ch 3 pers, salles d'eau et wc particuliers. TV. Coin cuisine. Entrées indépendantes. M. et Mme MORE vous accueillent dans des chambres aménagées avec goût. A proximité de la forêt de Grimbosq et de la Suisse Normande. Langue parlée : anglais.

Prix : 1 pers. **200 F** 2 pers. **230 F** 3 pers. **290 F**

Ouvert : toute l'année.

30	30	7	7	7	18	7	SP	2	19	0,5

MORE Elisabeth et Bernard - Route de l'Eglise - 14210 TROISMONTS - Tél : 02 31 79 78 98

LE TRONQUAY Montirly *C.M. 231 Pli 16/17*

3 ch. Dans l'habitation, à l'étage : 3 ch 2 pers, salles d'eau et wc particuliers. (possibilité lit d'appoint et lit bébé). Salon de jardin. Dans une maison récemment restaurée, des chambres de bon confort, personnalisées. Mme Debieu vous aidera à découvrir sa région. Pêche en étang privé.

CV

Prix : 1 pers. **150 F** 2 pers. **200 F**

Ouvert : toute l'année.

20	10	10	15	7	SP	3	10	3

DEBIEU Denise - Hameau de Montirly - 14490 LE TRONQUAY - Tél : 02 31 92 34 48

TRUTTEMER-LE-GRAND La Tostinière *C.M. 59 Pli 9/10*

1 ch. Dans l'habitation de la ferme, au 1er étage : 1 ch 2 pers avec 1 ch complémentaire 2 pers, au 2ème étage : salle de bains et wc particuliers. Entrée indépendante. Salon de jardin. Dans cette ferme traditionnelle du Bocage, Mr et Mme Faudet vous feront partager l'amour de leur région. Belles promenades à proximité.

CV

Prix : 1 pers. **140 F** 2 pers. **160 F**

Ouvert : toute l'année.

10	10	15	20	10	10	0,5	1	5	10	5

FAUDET Julien et Denise - La Tostinière - 14500 TRUTTEMER-LE-GRAND - Tél : 02 31 68 22 16

VASOUY-SUR-HONFLEUR Le Haut Butin *C.M. 55 Pli 3*

3 ch. Dans l'habitation, au r-d-c : 2 ch 2 pers, salle d'eau et wc particuliers. Entrée indépendante. A l'étage : 1 ch 3 pers, salle d'eau et wc particuliers. Salon de jardin. Cette très belle chaumière restaurée vous accueille dans un site plein de charme. A 5 minutes, vous pourrez flâner autour du Vieux Bassin d'Honfleur

Prix : 1 pers. **180 F** 2 pers. **230 F** 3 pers. **300 F**

Ouvert : toute l'année.

2	2	2	2	9	2	1	0,5	16	2

PERQUIS Didier et Christiane - Chemin des Bruyères - « Côte de Grâce » - 14600 VASOUY-SUR-HONFLEUR - Tél : 02 31 89 38 28

VASSY La Calbrasserie *C.M. 59 Pli 10*

2 ch. Dans l'habitation de la ferme, au r-d-c : 1 ch spacieuse 2 pers avec cheminée, salle d'eau et wc particuliers, avec 1 ch compl. 2 pers. Entrée indépendante (3 épis). A l'étage : 1 ch 3 pers, salle d'eau particulière, wc au r-d-c, avec 1 ch compl. 1 pers (2 épis). Cuisine à disposition. Salon de jardin. Michel et Evelyne seront heureux de vous accueillir et de vous faire découvrir leur ferme et leur métier d'éleveur laitier. Panier pique-nique. Prêt vélos.

CV

Prix : 1 pers. **130/140 F** 2 pers. **190/200 F** 3 pers. **240/250 F**

Ouvert : toute l'année.

60	1	15	18	18	1	2	1	2	18	2

DE SAINT LEGER Michel et Evelyne - La Calbrasserie - 14410 VASSY - Tél : 02 31 68 51 53

VAUX-SUR-AURE Le Grand Fumichon *C.M. 231 Pli 17*

4 ch. Dans un bâtiment indépendant de l'habitation de la ferme, à l'étage : 2 ch 3 pers, possibilité lit supplémentaire, 1 ch 2 pers, salles d'eau et wc particuliers. Dans l'habitation (maison neuve), au r-d-c : 1 ch 2 pers, salle d'eau et wc particuliers. Entrée indépendante. Cuisine à disposition. Ferme typique du Bessin. Cour carrée, bâtiments imposants du XVIIè s. L'avancée du pressoir en activité, inscrite à l'inventaire départemental est particulièrement remarquable. Vente de produits cidricoles.

CV

Prix : 1 pers. **160 F** 2 pers. **210 F** 3 pers. **270 F**

Ouvert : toute l'année.

3	5	3	3	7	4	2	3	4	3

DUYCK Joseph et Agnès - Le Grand Fumichon - 14400 VAUX-SUR-AURE - Tél : 02 31 21 78 51 - Fax : 02 31 21 78 51

VAUX-SUR-AURE *C.M. 231 Pli 17*

3 ch. Dans la maison d'habitation de la ferme, à l'étage : 1 ch 4 pers, salle de bains et wc particuliers, 2 ch 2 et 3 pers, salle d'eau et wc particuliers. Entrée indépendante. Salon de jardin. A proximité des plages du Débarquement, cet hébergement vous propose des chambres dans un environnement typiquement rural.

CV

Prix : 1 pers. **160 F** 2 pers. **210 F** 3 pers. **270 F**

Ouvert : toute l'année.

3	12	5	5	7	5	3	3	6,5	3

JORET Bernard et Simone - Route de Longues-sur-Mer - 14400 VAUX-SUR-AURE - Tél : 02 31 21 78 66

VAUX-SUR-AURE Le Lieu Aubin

C.M. 231 Pli 17

3 ch. A la ferme, dans un bâtiment indépendant à l'étage : 2 ch 2 pers, 1 ch 4 pers, salle d'eau et wc particuliers dont 1 ch avec entrée indépendante. Salon et coin cuisine. Table d'hôtes (sauf juillet et août) sur réservation. Cette propriété du Bessin vous assure le confort et le calme. Possibilité de randonnées accompagnées autour de Bayeux. Tennis privé. Plages du Débarquement.

Prix : 1 pers. **180 F** 2 pers. **200 F** 3 pers. **280 F** repas **75 F**

Ouvert : toute l'année.

8	10	5	8	5	SP	10	5	6	5

TEILLANT Marie-Christine - Le Lieu Aubin - 14400 VAUX-SUR-AURE - Tél : 02 31 92 53 56

VAUX-SUR-AURE Hameau de Quesnay

C.M. 231 Pli 17

1 ch. Dans l'habitation, au r-d-c : 1 ch 2 pers, salle de bains et wc particuliers. Salon de jardin. Dans ce petit village où coule l'Aure, vous profiterez pleinement de l'intimité de cette chambre et de l'espace extérieur.

Prix : 1 pers. **160 F** 2 pers. **200 F**

Ouvert : toute l'année.

5	3	3	5	3	2	3	1,5

ROULLAND Louis et Thérèse - Hameau de Quesnay - 14400 VAUX-SUR-AURE - Tél : 02 31 92 11 26

VAUX-SUR-AURE Le Hutrel

C.M. 231 Pli 17

1 ch. Dans un bâtiment proche de l'habitation des propriétaires, à l'étage : 1 ch 2 pers avec 1 ch complémentaire 2 pers, salle d'eau particulière avec wc. Cette chambre, dans un ancien presbytère du 18è siècle, est située dans un hameau agréable à 3 km de la mer. Langue parlée : anglais.

Prix : 1 pers. **180 F** 2 pers. **210 F** 3 pers. **350 F**

Ouvert : toute l'année.

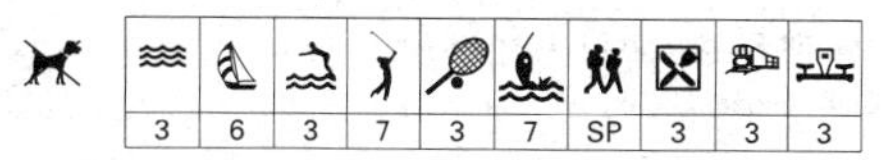

3	6	3	7	3	7	SP	3	3	3

DANJOU Jacques et Josiane - Le Hutrel - 14400 VAUX-SUR-AURE - Tél : 02 31 92 13 51

VAUX-SUR-SEULLES La Ferme du Clos Mayas

C.M. 54 Pli 15

2 ch. Dans l'habitation, au r-d-c : 2 ch 2 pers, salle d'eau et wc particuliers. Entrée indépendante. Salon de jardin. Le Clos Mayas est un ancien corps de ferme typique du XVIIème siècle situé dans un environnement très calme. Salle de billard, badminton et ping-pong sur place. A proximité de Bayeux et des Plages du Débarquement.

Prix : 1 pers. **200 F** 2 pers. **250 F** 3 pers. **350 F**

Ouvert : de Pâques à la Toussaint.

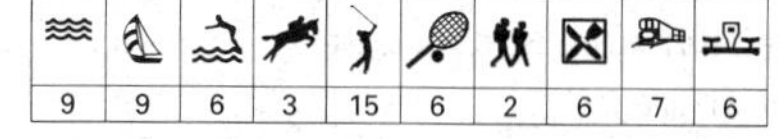

9	9	6	3	15	6	2	6	7	6

ALTENWEG Micheline - La Ferme du Clos Mayas - 14400 VAUX-SUR-SEULLES - Tél : 02 31 51 08 79 - Fax : 02 31 22 51 87

VENDEUVRE Le Bois de Tilly

C.M. 55 Pli 12

2 ch. Dans l'habitation de la ferme, à l'étage : 1 chambre 3 pers avec 1 ch complémentaire 3 pers, 1 chambre 3 pers, salles d'eau et wc particuliers. TV dans les chambres. Salle de détente. Salon de jardin. Une grande demeure typique et des chambres confortables à quelques pas du célèbre château-musée de Vendeuvre. Centre de loisirs à 4 km.

Prix : 1 pers. **200 F** 2 pers. **250 F** 3 pers. **300 F**

Ouvert : toute l'année.

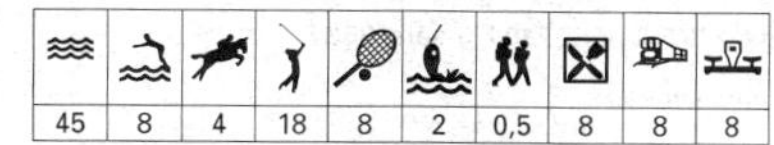

45	8	4	18	8	2	0,5	8	8	8

VANHOUTTE Jean et Annick - Le Bois de Tilly - 14170 VENDEUVRE - Tél : 02 31 40 91 87 - Fax : 02 31 90 58 13

VERSAINVILLE Le Dernier Sou

C.M. 54 Pli 12

3 ch. Dans une maison de construction récente, au r-d-c : 1 ch 2 pers, salle de bains et wc particuliers. A l'étage : 2 ch 3 et 4 pers, avec 1 ch complémentaire 2 pers, salle d'eau et wc particuliers. Salon de détente avec TV. Spacieuses et très confortables, ces chambres seront le point de départ pour découvrir par exemple, Falaise et les richesses de la Suisse Normande

Prix : 1 pers. **160 F** 2 pers. **220 F** 3 pers. **270 F**

Ouvert : toute l'année.

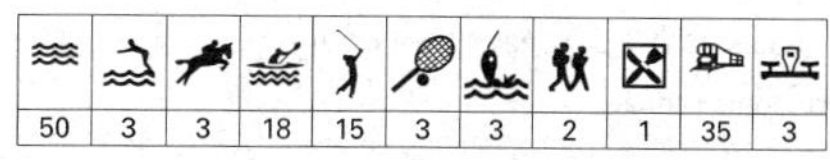

50	3	3	18	15	3	3	2	1	35	3

RALU Paulette - Le Dernier Sou - 14700 VERSAINVILLE - Tél : 02 31 90 27 82

VERSON *C.M. 54 Pli 15*

3 ch. Dans un pavillon de construction récente, à l'étage : 1 ch 2 pers, 1 ch 3 ou 4 pers, 1 ch 1 pers, salle de bains et wc communs. L'accueil très chaleureux et les échanges autour du petit-déjeuner seront un « plus » lors de votre séjour à Verson. A 10 minutes du Centre ville de Caen. Langue parlée : allemand.

Prix : 1 pers. **180 F** 2 pers. **240 F** 3 pers. **320 F**

Ouvert : toute l'année.

20	20	7	4	5	15	SP	SP	SP	0,5	8	0,1

LANG Georges - 5 bis rue Saint-Manvieu - 14790 VERSON - Tél : 02 31 26 83 98

VIENNE-EN-BESSIN Ferme des Châtaigniers *C.M. 54 Pli 15*

3 ch. A la ferme, dans un bâtiment indépendant à l'étage : 3 ch 2 et 3 pers, salle d'eau et wc particuliers. Entrée indépendante. Cuisine à disposition. Salon de jardin. Dans un corps de ferme traditionnel du Bessin, les chambres sont spacieuses. Une grande salle d'accueil et de détente est à votre disposition.

Prix : 1 pers. **180 F** 2 pers. **220 F** 3 pers. **280 F**

Ouvert : toute l'année.

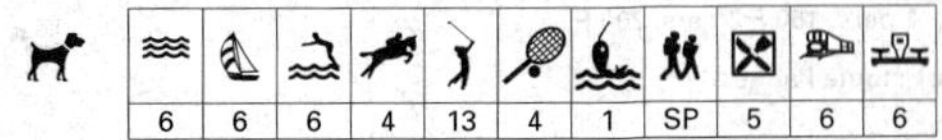

6	6	6	4	13	4	1	SP	5	6	6

FORTIN Fabienne - Rue de l'Ecole - 14400 VIENNE-EN-BESSIN - Tél : 02 31 92 54 70

VIERVILLE-SUR-MER Hameau de Vacqueville *C.M. 54 Pli 4*

2 ch. Dans l'habitation de la ferme, à l'étage : 1 ch 3 pers, salle de bains et wc particuliers avec 1 ch complémentaire 2 pers, 1 ch 3 pers, salle d'eau et wc particuliers avec 1 ch complémentaire 2 pers. T.V. Salle de détente. Salon de jardin. Possibilité pique-nique. Dans une ferme bien au calme, deux grandes chambres aménagées avec goût sur la commune du site historique d'Omaha-Beach.

Prix : 1 pers. **200 F** 2 pers. **250 F** 3 pers. **350 F**

Ouvert : toute l'année.

2	2	18	7	12	2	1	SP	2	18	2

D'HEROUVILLE Elisabeth - Hameau de Vacqueville - 14710 VIERVILLE-SUR-MER - Tél : 02 31 22 13 88 ou 06 15 47 58 65 - E-mail : elisabeth.dherouville@libertysurf.fr

VIEUX Le Bosquet *C.M. 54 Pli 15*

2 ch. Dans la maison d'habitation, à l'étage : 1 ch 2 pers, salle de bains et wc particuliers, 1 ch 4 pers, salle d'eau dans la ch. Accueil agréable, chambres confortables dans un village à proximité de Caen. Jardins archéologiques de l'époque romaine à visiter.

Prix : 1 pers. **140 F** 2 pers. **190 F** 3 pers. **250 F**

Ouvert : toute l'année.

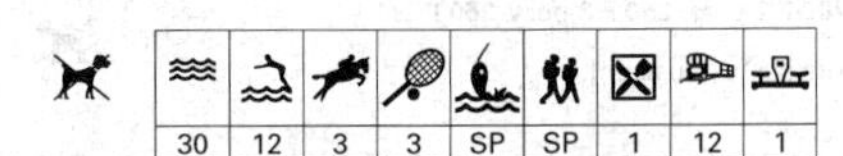

30	12	3	3	SP	SP	1	12	1

LAMOTTE Claude et M-Josèphe - 3 rue Duc de Guillaume - Le Bosquet - 14930 VIEUX - Tél : 02 31 26 91 30

VIEUX-PONT-EN-AUGE Les Coutures *C.M. 55 Pli 13*

1 ch. Dans l'habitation, au r-d-c : 1 ch 2 pers, salle d'eau et wc particuliers. Possibilité lit d'appoint 1 enfant. Entrée indépendante. Salon de jardin. Chambre agréable dans une maison typique du Pays d'auge avec poutres et colombages. Cadre champêtre et reposant. Langue parlée : anglais.

Prix : 1 pers. **170 F** 2 pers. **210 F** 3 pers. **250 F**

Ouvert : toute l'année.

40	7	15	4	4	SP	3	18	4

SADY Michel et Catherine - Les Coutures - 14140 VIEUX-PONT-EN-AUGE - Tél : 02 31 20 21 54

VIEUX-PONT-EN-AUGE La Baronnie *C.M. 55 Pli 13*

2 ch. Dans l'habitation, à l'étage : 2 ch 3 et 4 pers, salle d'eau et wc particuliers. Salle d'accueil avec coin cuisine. Salon de jardin. La famille Lescoualch vous accueille à la Baronnie, vaste propriété typique du Pays d'Auge datant du XVIIIè siècle. Chambres décorées avec beaucoup de goût. Langue parlée : anglais.

Prix : 1 pers. **180 F** 2 pers. **220 F** 3 pers. **270 F**

Ouvert : toute l'année.

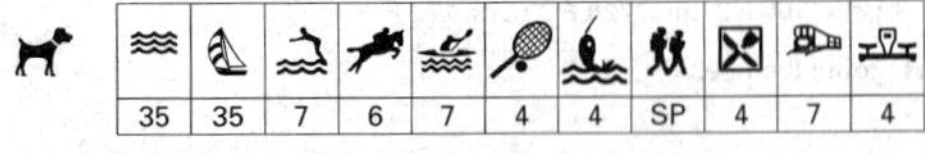

35	35	7	6	7	4	4	SP	4	7	4

LESCOUALCH Patrice et Elisabeth - La Baronnie - 14140 VIEUX-PONT-EN-AUGE - Tél : 02 31 20 55 72

VILLERS-SUR-MER Les Champs Rabat

C.M. 55 Pli 3

4 ch. Dans l'habitation de la ferme, au r-d-c : 1 ch 4 pers, salle de bains et wc particuliers. Au 1er étage : 2 ch 3 pers, salle de bains, salle d'eau, wc particuliers, 1 ch 3 pers, salle d'eau et wc sur palier. Cuisine à disposition. Salon de jardin. C'est dans une grande demeure qu'Antoinette et son fils Nicolas vous accueillent avec gentillesse. Entre mer et campagne, vous profiterez de loisirs diversifiés. (location vélos et VTT).

CV

Prix : 1 pers. **200/250 F** 2 pers. **240/290 F** 3 pers. **280/330 F**

Ouvert : toute l'année.

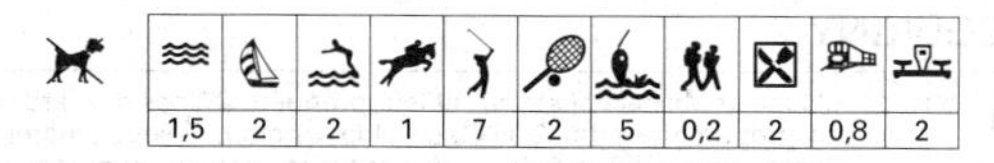

1,5	2	2	1	7	2	5	0,2	2	0,8	2

SIMAR Antoinette - Les Champs Rabat - Route de Beaumont - 14640 VILLERS-SUR-MER - Tél : 02 31 87 10 47 - Fax : 02 31 87 10 47

VILLERS-SUR-MER

C.M. 231 Pli 19

1 ch. Dans la maison d'habitation, au r-d-c : 1 ch 3 pers, salle d'eau et wc particuliers. Accès indépendant. Salon de jardin. Location de vélos. Cette maison à colombages du 17è siècle vous propose une chambre agréable donnant directement sur le jardin d'agrément. Ne manquez pas de visiter l'arrière pays. Langues parlées : anglais, italien.

Prix : 1 pers. **250 F** 2 pers. **290 F** 3 pers. **370 F**

Ouvert : toute l'année.

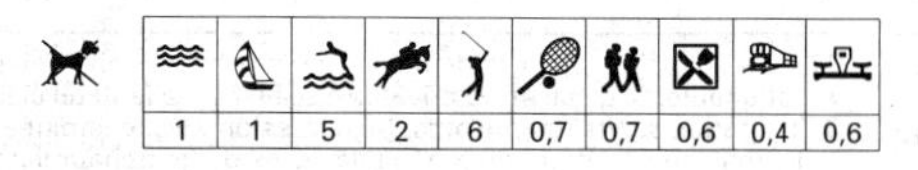

1	1	5	2	6	0,7	0,7	0,6	0,4	0,6

HARCOURT Ghislaine - 93 bis av. Brigade Piron - 14640 VILLERS-SUR-MER - Tél : 02 31 87 22 89

VILLY-LEZ-FALAISE La Croix

C.M. 55 Pli 12

2 ch. Dans l'habitation de la ferme, à l'étage : 2 ch 2 pers, avec 1 ch complémentaire 2 pers, salle d'eau et wc particuliers. Salon de jardin. Dans un cadre arboré et fleuri, vous gouterez aux charmes de cette belle ferme typique de la région de Falaise. Le château de Falaise est à visiter absolument. Calme assuré.

CV

Prix : 1 pers. **170 F** 2 pers. **230 F** 3 pers. **280 F**

Ouvert : toute l'année.

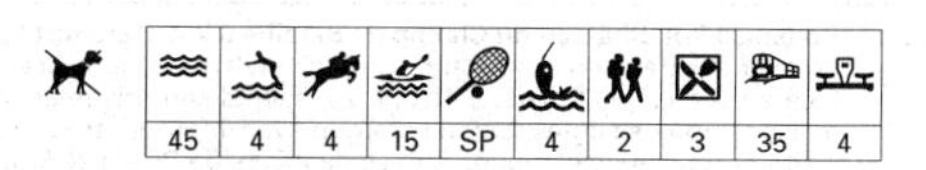

45	4	4	15	SP	4	2	3	35	4

THOMAS Gilbert et Alice - La Croix - 14700 VILLY-LEZ-FALAISE - Tél : 02 31 90 19 98

VIRE La Blanquière

C.M. 59 Pli 9

3 ch. Dans l'habitation de la ferme, à l'étage : 1 ch 2 pers, salle de bains particulière, 2 ch 2 pers, salle d'eau et wc particuliers. Entrée indépendante. Cuisine à disposition. Salle de détente avec TV. Dans une grande maison en granit où vous admirerez la cheminée dans la salle à manger, cette étape vous permettra d'aller découvrir le magnifique Bocage Virois. Saut à l'élastique à 12 km.

CV

Prix : 1 pers. **140 F** 2 pers. **180 F**

Ouvert : toute l'année.

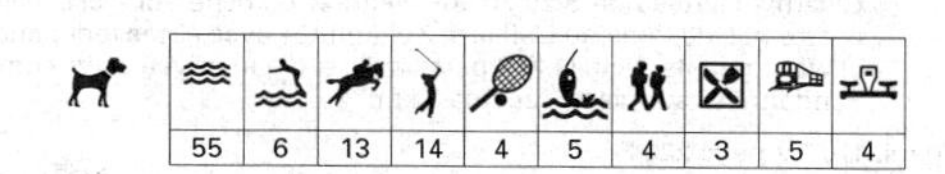

55	6	13	14	4	5	4	3	5	4

PRUNIER Bernard et Solange - La Blanquière - 14500 VIRE - Tél : 02 31 68 02 95

VOUILLY Le Château

C.M. 54 Pli 13

5 ch. A la ferme. Dans l'habitation, à l'étage : 2 ch 2 pers, 1 ch 3 pers, salles de bains et wc part., 2 suites 4 pers, salles de bains et wc part. Entrée indépendante. Salon à disposition Salon de jardin. James et Marie-José Hamel vous accueilleront dans leur château du XVIIIème siècle entouré de douves. Chambres spacieuses et confortables avec vue sur un parc paysager. Pêche en étang privé et coin pique-nique.

Prix : 1 pers. **310/360 F** 2 pers. **350/400 F** 3 pers. **500 F**

Ouvert : de mars à novembre.

8	10	28	28	28	8	SP	10	8	9	8

HAMEL James et Marie-José - Le Château - 14230 VOUILLY - Tél : 02 31 22 08 59 - Fax : 02 31 22 90 58

GITES DE FRANCE - Service Réservation
9, rue de la Petite Cité - B.P. 882
27008 EVREUX Cedex
Tél. 02 32 39 53 38 - Fax. 02 32 33 78 13
E.mail : gites@eure-chambagri.fr

3615 Gîtes de France
1,28 F/min

ACQUIGNY *C.M. 55 Pli 17*

5 ch. Claude et Michel vous ouvrent leur propriété à 2 pas des jardins du château d'Acquigny. 3 ch. 2 pers. indépendantes de la maison du propriétaire dont 2 à l'étage (1 lit 2 pers.). Séjour (cheminée) au rez-de-chaussée. Kitchenette à disposition. Salon (billard Russe). Possibilité lit bébé. 2 ch. dans la maison du propriétaire, 1 à l'étage (1 lit 2 pers.), salle d'eau et wc privés attenants. 1 ch. au r.d.c. (2 lits jumeaux) kitchenette, sanitaires privatifs. Propriété au calme et à proximité des rivières de l'Eure et Iton. Parking sur la propriété. Langue parlée : anglais.

Prix : 1 pers. **190/200 F** 2 pers. **220/250 F**

Ouvert : toute l'année.

0,2	5	5	12	SP	SP	0,5	90	12	0,5

HEULLANT Claude et Michele - La Roseraie - Quartier Saint-Mauxe - 27400 ACQUIGNY - Tél : 02 32 50 20 10

AIZIER *C.M. 55 Pli 5*

4 ch. Maison de maître, en bord de Seine, sur la route des chaumière. Etage : 2 ch. (chacune 1 lit 2 pers.) et 1 lit 1 pers. dans une petite ch. attenante. S. d'eau et wc privatifs. Escalier avec fauteuil électrique pour les hôtes à mobilité réduite. 2e étage : 2 ch. (1 lit 2 pers. 1 lit 1 pers.), sanitaires privatifs. Séjour, salon avec cheminée réservé aux hôtes. Yves et M-Thérèse vous accueillent dans cette belle maison en brique du XIXe située près de leur chaumière. 4 ch. confortables aménagées à l'étage. Parc de plus de 3 ha. en bordure de Seine, spectacle permanent du passage des bateaux. Restaurants à 5 km. Label WWF-Panda.

Prix : 1 pers. **240 F** 2 pers. **270 F** 3 pers. **335 F**

Ouvert : toute l'année

3	15	10	10	SP	15	20	40	5

LAURENT Yves et M.Thérèse - Route de Vieux Port - 27500 AIZIER - Tél : 02 32 57 26 68 - Fax : 02 32 57 42 25

AMFREVILLE-LA-CAMPAGNE *C.M. 55 Pli 16*

2 ch. **Rouen 30 km. Château du Champ de Bataille 6 km. Harcourt 12 km.** Maison située à proximité de la vallée de l'Oison. Etage : 2 ch. aménagées dans une maison récente de style normand. Grand balcon couvert à l'étage, accès extérieur indépendant. 1 ch. (1 lit 2 pers.), 1 ch. (1 lit 2 pers. 1 lit 1 pers.), salle d'eau privée et communicante pour chaque ch., wc communs aux 2 ch. Kitchenette à disposition des hôtes. Salon commun avec le propriétaire, cheminée. Grand jardin arboré avec salon de jardin. Maison en limite de commune et de campagne. Base de loisirs de Poses 20 km. Abbaye du Bec-Hellouin 20 km. Château-Gaillard 40 km.

Prix : 1 pers. **175 F** 2 pers. **200 F** 3 pers. **260 F**

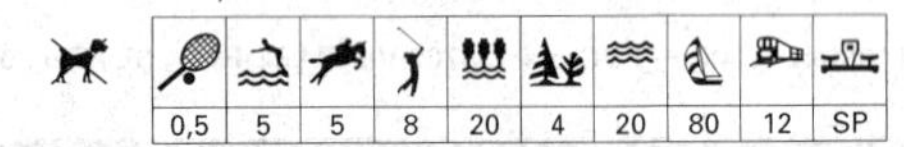

0,5	5	5	8	20	4	20	80	12	SP

BERTHELIN Marie-Thérèse - Rue des Perelles - 27370 AMFREVILLE-LA-CAMPAGNE - Tél : 02 32 35 70 81

LES ANDELYS Le Hamel *C.M. 55 Pli 17*

2 ch. **Giverny, château de Bizy 30 km.** Henri et Blanche vous accueillent dans leur maison en L située dans un grand jardin pentu en contre-bas de Château Gaillard. 2 chambres avec accès indépendant au 1er étage : 1 ch. 1 épi (2 lits 1 pers.), salle de bains au r.d.c. et wc attenants. 1 ch. (1 lit 2 pers.) avec s. d'eau privée et wc communs au r.d.c. Poss. location vélos. Ping-pong. Restaurant 500 m. Randonnées sur place. Cinéma 2 km.

Prix : 1 pers. **170 F** 2 pers. **220 F**

Ouvert : du 1er avril au 31 octobre.

0,2	0,2	5	10	1	SP	20	100	10	0,5

RASEWSKI Henri et Blanche - 2 rue Gille Nicolle - 27700 LES ANDELYS - Tél : 02 32 54 21 67

LES ANDELYS La Haye Gaillard *C.M. 55 Pli 17*

2 ch. **Giverny 20 km. Bourgoult et Corny 9 km. Château-Gaillard 500 m.** Christophe Hamot et sa famille vous accueillent dans une maison ancienne rénovée. R.d.c. 1 ch. (1 lit 160) et 1 ch. aménagée dans un ancien pigeonnier (1 lit 160, 1 lit 1 pers.), salle d'eau et wc privés chacune. Jardin, terrasse et salon réservés aux hôtes. Chambres confortables aménagées avec goût, calme, dans un site privilégié à 500m de Château-Gaillard. Restaurants à 1 km. GR2 sur place. Location de vélos sur place. Langues parlées : anglais, allemand.

Prix : 1 pers. **270 F** 2 pers. **300 F** 3 pers. **370 F**

Ouvert : toute l'année

2	1	5	10	SP	20	100	12	1

HAMOT Christophe - Route de Cléry - La Haye Gaillard - 27700 LES ANDELYS - Tél : 02 32 51 66 23 - Fax : 02 32 51 66 23

LES ANDELYS Les Burons  *C.M. 55 Pli 17*

2 ch. **Les Andelys (Château-Gaillard) 4 km. Lyons-la-Forêt 15 km.** Geneviève et Georges vous accueillent dans leur grande maison contemporaine avec son beau jardin soigné, et vous proposent au 1er étage, 2 ch. avec salle d'eau et wc privatifs (non attenants pour l'une d'elle, 1 ch. pour 2 pers. (1 lit 2 pers.) et 1 ch. familiale composée de 2 ch. de 2 pers. (1 lit 2 pers. 2 lits 1 pers.). Vaste séjour (cheminée), salon privatif. Ce hameau de la jolie ville des Andelys domine la vallée de la Seine et vous proposera un séjour au calme, à deux pas de sites remarquables comme Château-Gaillard, Giverny (25 km) ou Lyons-La-Forêt. Nombreux jeux d'enfants (dedans et dehors).

Prix : 1 pers. **220/240 F** 2 pers. **280/300 F** 3 pers. **380/400 F** pers. sup. **60 F**

Ouvert : toute l'année sauf Noël et Nouvel An.

3	4	15	13	15	100	20	15	3

LELIEVRE Geneviève et Georges - Les Burons - 27700 LES ANDELYS - Tél : 02 32 54 10 51

ANGERVILLE-LA-CAMPAGNE *C.M. 55 Pli 16*

2 ch. Henri et Nicole ont aménagé 2 chambres dans une maison récente entourée d'un grand jardin, située dans un village à proximité d'Evreux et vous accueillent dans une ambiance familiale. Dans chaque ch. 1 lit 2 pers., 1 avec douche (2 épis), 1 avec sanitaires communs (1 épi). Salle de séjour. Terrasse, véranda à la disposition pour pique-niquer. Salon de jardin, parking. Rivière à 5 km.

Prix : 1 pers. **170 F** 2 pers. **210 F**

Ouvert : toute l'année.

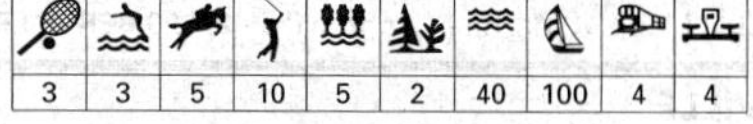

3	3	5	10	5	2	40	100	4	4

GROULT Henri et Nicole - 1 rue des Pommiers - 27930 ANGERVILLE-LA-CAMPAGNE - Tél : 02 32 23 04 88

APPEVILLE-ANNEBAULT (TH) *C.M. 55 Pli 5*

3 ch. **Honfleur 30 km. Deauville 50 km. Rouen 30 km. Etretat 40 km.** Charmante ferme normande du 18e s. dans laquelle 3 ch. ont été aménagées. Etage : 2 ch. (1 lit 160 ou 2 lits jumeaux), 1 ch. familiale (2 lits 2 pers. dans 2 ch. séparées), sanitaires privés et matériel pour l'accueil des bébés dans chacune. Salle à manger avec cheminée, coin-salon à dispo. Très beau jardin dominant la vallée de la Risle. Loc. VTT sur place. Parking. Charmante ferme normande restaurée dans un site calme et un environnement typiquement régional. Proximité de la forêt domaniale de Montfort. Route des abbayes et prox. du Parc Naturel de Brotonne. Situation privilégiée pour les amoureux de la nature, les ferus d'architecture et les amateurs de golf. Langues parlées : anglais, espagnol.

Prix : 1 pers. **220/240 F** 2 pers. **250/270 F** 3 pers. **350 F** pers. sup. **100 F** repas **110 F**

Ouvert : d'avril à septembre, l'hiver sur réservation.

3	13	10	30	3	2	13	40	45	3

CLOSSON-MAZE Françoise et Yves - Les Aubépines - Aux Chauffourniers - 27290 APPEVILLE-ANNEBAULT - Tél : 02 32 56 14 25 - Fax : 02 32 56 14 25

BARNEVILLE-SUR-SEINE La Ferronnerie *C.M. 55 Pli 5*

3 ch. Françoise et Arnaud ont aménagé cette petite maison d'hôtes à proximité de leur habitation. 1 ch. au r.d.c. : (1 lit 2 pers.). 2 ch. à l'étage : (1 lit 2 pers. et 1 lit 1 pers.) chacune salle d'eau/wc privatifs. Salle d'accueil au r.d.c. avec TV et cuisine. Nombreuses promenades sur place. Propriété en lisière de forêt et à proximité d'un méandre de la Seine. Site d'envol parapente et delta-plane à 200m. Barneville-sur-Seine est une commune faisant partie du Parc Naturel de Brotonne. De nombreuses activités sont proposées : visite de la Maison des Métiers, Musée du lin, Moulin de Hauville. Restaurant à 1 km. Langues parlées : anglais, espagnol.

Prix : 1 pers. **180 F** 2 pers. **220/230 F** 3 pers. **280 F**

Ouvert : toute l'année.

1	12	5	12	SP	12	60	30	5

BILLY Françoise et Arnaud - La Ferronnerie - 27310 BARNEVILLE-SUR-SEINE - Tél : 02 32 56 08 87

LES BAUX-DE-BRETEUIL (TH) *C.M. 55 Pli 15*

2 ch. **Breteuil 9 km. Verneuil 20 km. Conches-en-Ouches 13 km.** Marie Noël vous accueillera chaleureusement ds sa maison typique située dans un cadre champêtre. 1 ch. au r.d.c. (1 lit 2 pers.) avec salle de bains, wc privatifs et attenants. 1 ch. familiale à l'étage avec accès extérieur comprenant 2 lits 1 pers. et 1 lit 1 pers. dans 1 ch. séparée. Salle d'eau et wc privés. Prise TV. 1 lit d'appoint à la demande. Salon à dispo. Possibilité de séjour, repos assuré loin des bruits motorisés. Parking.

Prix : 1 pers. **200 F** 2 pers. **250 F** 3 pers. **340 F** pers. sup. **50 F** repas **90 F**

Ouvert : toute l'année.

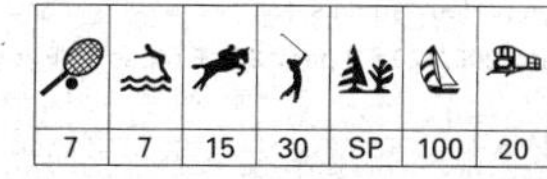

7	7	15	30	SP	100	20

NOEL Marie - La Bourganiere - 27160 LES BAUX-DE-BRETEUIL - Tél : 02 32 30 68 18 - Fax : 02 32 30 19 93

LE BEC-HELLOUIN
C.M. 23 Pli 5

3 ch. **L'Abbaye du Bec-Hellouin sur place. Honfleur 45 km.** Sylvie vous accueille, au cœur du village du Bec-Hellouin, à deux pas de l'Abbaye, dans le cadre d'une authentique maison normande. A l'étage, 2 chambres (1 lit 2 pers.), sanitaires privatifs et 1 chambre (1 lit 2 pers. et 2 lits 1 pers. en mezzanine), sanitaires privatifs. Les amoureux de la pierre et des maisons à pans de bois apprécieront cette étape raffinée. Langue parlée : anglais.

Prix : 1 pers. **300 F** 2 pers. **340 F** 3 pers. **440 F** pers. sup. **60 F**

Ouvert : toute l'année.

5	20	1	25	5	SP	45	5	20	SP

CARON Sylvie - Place Guillaume Le Conquérant - 27800 LE BEC-HELLOUIN - Tél : 02 32 46 19 36 - Fax : 02 32 46 19 36

BERVILLE-EN-ROUMOIS Angoville
TH C.M. 55 Pli 5

2 ch. **Honfleur et Giverny 50 km. Etretat et Fécamp 60 km. Rouen 25 km.** Martine et J.Marie vous feront apprécier le calme et la vie de la ferme. 2 ch. d'hôtes au 2e étage d'une maison de maître en brique et silex. 1 ch. (1 lit 2 pers.), 1 ch. (1 lit 2 pers. 1 lit 1 pers.) sanitaires attenants et privés à chaque ch. Poss. 1 lit 1 pers. d'appoint et lit bébé. Salle de séjour. Salon de jardin à dispo. des hôtes. Découverte de l'élevage bovins label rouge, culture du lin. A proximité du Parc de Brotonne, du Bec-Hellouin. Table d'hôtes sur réservation. Resaturants à 2 km. Langue parlée : anglais.

Prix : 1 pers. **180 F** 2 pers. **230 F** 3 pers. **280 F** repas **80 F**

Ouvert : toute l'année.

4	15	2	15	15	3	17	50	3	2

CAILLOUEL J-Marie et Martine - Angouville - 27520 BERVILLE-EN-ROUMOIS - Tél : 02 35 87 97 72 - Fax : 02 35 87 97 72

BEUZEVILLE
C.M. 55 Pli 4

3 ch. Jolie maison normande à pans de bois, située dans un hameau dans laquelle, Philippe et Régine ont aménagé 3 ch. à la décoration variée. 2 ch. 2 pers. au r.d.c. Possibilité lit suppl. 1 ch. avec s. d'eau privée et attenante, l'autre avec s. de bains privée, wc privés à chaque ch. 1 ch. à l'étage (1 lit 2 pers.), s.de bains privée et wc communs. Jardin agréable. Rivière 18 km. Plage, baignade 20 km. Restaurant 1 km.

Prix : 1 pers. **170/190 F** 2 pers. **200/220 F** 3 pers. **270 F**

Ouvert : toute l'année.

0,8	13	18	10	17	13	1	1

BULTEY Philippe et Régine - Les Coutances - 27210 BEUZEVILLE - Tél : 02 32 57 75 54

BOSC-BENARD-COMMIN Les Noes
C.M. 55 Pli 5

3 ch. **Rouen 30 km. Honfleur 55 km.** Jacques et Evelyne sont agriculteurs et ont aménagé 3 chambres d'hôtes dans une maison normande, située à proximité de leur logement, face à un verger planté de pommiers. 2 ch. au r.d.c. (1 lit 2 pers. chacune), salle d'eau et wc privés. 1 ch. à l'étage (1 lit 2 pers. 1 lit 1 pers.), salle de bains et wc privés. Séjour/coin-cuisine réservé aux hôtes. Chambres à la ferme à proximité du Parc Naturel de Brotonne. Production laitière.

Prix : 1 pers. **180 F** 2 pers. **230 F** 3 pers. **280 F**

Ouvert : toute l'année.

6	12	3	20	15	2	25	60	30	2

AUVARD Jacques et Evelyne - Les Noes - 27520 BOSC-BENARD-COMMIN - Tél : 02 32 56 26 24

BOSC-RENOULT-EN-OUCHE
C.M. 55 Pli 15

2 ch. **La Barre-en-Ouche 2 km. Bernay 20 km. Conches 18 km. Beaumesnil 6 km.** Claude et Yvettes sont des agriculteurs retraités. Ils ont aménagé 2 ch. à l'étage d'une maison récente située dans un hameau très calme. Elles sont équipées d'1 lit 2 pers. 1 lit 1 pers. avec s. d'eau et wc attenants et privatifs. Vous apprécierez la campagne, environnante et pourrez flâner dans la petite ville de Bernay d'une richesse architecturale incontestable.

Prix : 1 pers. **170 F** 2 pers. **200 F** 3 pers. **240 F**

Ouvert : toute l'année.

2	20	18	4	2	2	18	75	18	2

MASSE Claude et Yvette - La Graverie - 27330 BOSC-RENOULT-EN-OUCHE - Tél : 02 32 44 43 44

BOSC-ROGER-EN-ROUMOIS La Queue-Bourguignon
TH C.M. 55 Pli 6

3 ch. **Rouen 18 km. Parc de Brotonne 8 km. Jumièges 10 km.** Pierre et Nicole vous accueillent dans leur maison où 3 ch. ont été aménagées. 1 ch. (1 lit 2 pers.) au r.d.c. avec s. d'eau et wc (2 épis). Poss. de réserver 1 suite (1 lit 2 pers.) avec lavabo A l'étage : 2 ch. (1 lit 2 pers. 1 lit 1 pers.), avec sanitaires privés pour chaque chambre (3 épis). Possibilité de réserver 1 suite (1 lit 1 pers.) avec lavabo. Les propriétaires vous accueilleront sous la véranda ou dans leur salon équipé d'une cheminée. Poss. d'accueillir cavaliers et attelages avec leurs chevaux. Verger. A proximité des châteaux de Harcourt et du Champ de Bataille, des vallées de la Risle et de l'Oison. Langue parlée : anglais.

Prix : 1 pers. **160/170 F** 2 pers. **200/220 F** 3 pers. **270 F** repas **90 F**

Ouvert : toute l'année.

2	8	3	14	10	12	10	60	8	1

FONTAINE Pierre et Nicole - La Queue Bourguignon - 1034 Ch. du Bas Boscherville - 27670 BOSC-ROGER-EN-ROUMOIS - Tél : 02 35 87 75 16 - Fax : 02 35 87 75 16

BOSROBERT Le Moulin du Parc

C.M. 231 Pli 21

E.C. 2 ch. **Abbaye du Bec Hellouin 3 km.** Un accueil chaleureux vous attend chez Martine et Marie-Bernard. Le charme de cette très ancienne maison à pans de bois est intact et le jardin, traversé par le ruisseau du Bec, un endroit très propice à la détente. 2 ch. au r.d.c. (1 lit 2 pers. ou 1 lit 2 pers. et 1 lit 1 pers.) sanitaires privatifs. Dans la Vallée du Bec, un accueil chaleureux vous attend pour une étape agréable chez Martine et Marie-Bernard. A quelques mn de l'Abbaye du Bec Hellouin, vous apprécierez le charme de cette demeure et de son jardin. Poss. pêche sur place. (privée en étang ou cours d'eau 1ère catégorie avec permis). Langue parlée : anglais.

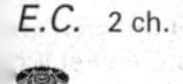

Prix : 1 pers. **190 F** 2 pers. **230 F** 3 pers. **280 F** repas **85 F**

Ouvert : toute l'année.

8	25	4	20	5	SP	45	5	20	5

LECOQ Martine et M.BERNARD - 4 route du moulin du parc - 27800 BOSROBERT - Tél : 02 32 44 87 03

BOURG-BEAUDOUIN Ferme du Coquetot

C.M. 55 Pli 7

3 ch. **Rouen et Lyons-la-Forêt 20 km.** Bénédicte et Jean-Luc sont de jeunes agriculteurs qui ont restauré leur beau corps de ferme avec un magnifique pigeonnier. Ds leur grande maison de maître ils ont aménagé 3 ch. au 2e étage. 2 ch. de 2 pers., 1 ch. 3 pers. (1 lit 2 pers. 1 lit 1 pers.), sanitaires privés, décoration personnalisée pour chacune. Salon/cheminée et coin-cuisine à la disposition des hôtes. Propriété très calme à l'écart de la route, forêt à proximité. Possibilité de visiter la ferme et son troupeau laitier. Aux alentours : château de Radepont, abbaye de Fontaine-Guérard, château de Bonnemare. Lyons-la-Forêt plus belle hêtraie d'Europe et à proximité de Rouen. Langue parlée : anglais.

Prix : 1 pers. **180 F** 2 pers. **220 F** 3 pers. **300 F**

Ouvert : toute l'année.

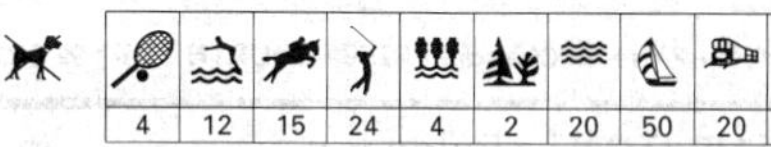

4	12	15	24	4	2	20	50	20	5

DELAVOYE Jean-Luc & Bénédicte - Ferme du Coquetot - 46 rue du Coq - 27380 BOURG-BEAUDOUIN - Tél : 02 32 49 09 91 - Fax : 02 32 49 09 91

BOURGTHEROULDE Château de Boscherville

C.M. 55 Pli 6

5 ch. Bernadette du Plouy a aménagé avec passion un élégant château du 18e s. où vous pourrez choisir entre 5 ch. de caractère celle qui vous convient. Parc normand en cours de restauration. 1er ét. 3 ch. : 1 ch. (1 lit 2 pers. 1 lit 1 pers.), 2 ch. (1 lit 2 pers.). 2e ét. 2 ch. : 1 ch. (2 lits 1 pers.), 1 ch. (3 lits 1 pers.). Sanitaires privés attenants à chaque chambre. Vous trouverez calme et sérénité dans cette propriété. Produits fermiers. Parcours de santé. Proximité du Parc de Brotonne, de Rouen et de nombreuses abbayes (Bec-Hellouin, Jumièges...). Restaurant à 2 km. Langue parlée : anglais.

Prix : 1 pers. **220 F** 2 pers. **270 F** 3 pers. **330 F**

Ouvert : toute l'année.

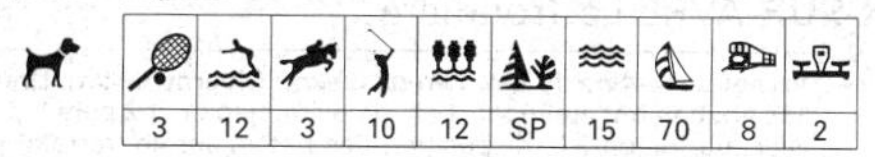

3	12	3	10	12	SP	15	70	8	2

DU PLOUY Bernadette - Château de Boscherville - 27520 BOURGTHEROULDE - Tél : 02 35 87 62 12 ou 02 35 87 61 41 - Fax : 02 35 87 62 12

BOURGTHEROULDE-INFREVILLE Infreville

C.M. 55 Pli 6

2 ch. La Clef des Champs, cette ravissante chaumière se trouve en bordure de village dans un grand jardin fleuri. Les chambres meublées d'ancien sont aménagées à l'étage : 1 ch. (1 lit 2 pers.), 1 ch. (1 lit 160, 1 lit 120), petit salon aménagé à l'étage, sanitaires privatifs à chaque chambre. Le petit déjeuner servi dans le séjour est un festival gourmand. Véritable chaumière de 1709, restaurée avec soin. Salle de petit déjeuner agréable et cheminée monumentale. Salon de jardin. Nombreux sites touristiques aux alentours. Lit bébé à la demande, TV dans chaque chambre. Fermé du 15 janvier à fin février.

Prix : 1 pers. **230/250 F** 2 pers. **260/280 F** 3 pers. **340 F**

Ouvert : toute l'année.

3	12	0,2	10	0,5	70	12	1,5

COSTIL Michel et Annick - 141 rue de Grainville - 27520 BOURGTHEROULDE-INFREVILLE - Tél : 02 35 78 88 50

BOURNAINVILLE-FAVEROLLES Hameau de Faverolles

C.M. 55 Pli 14

2 ch. **Bernay 6 km.** Les chambres sont aménagées dans une très jolie maison à pans de bois à proximité d'une exploitation agricole. 1 ch. au rez-de-chaussée avec accès indépendant (1 lit 2 pers.), salle d'eau et wc privés. 1 ch. à l'étage (1 lit 2 pers.) et 1 lit 1 pers. dans petite ch. attenante. Salle d'eau et wc privés, accès indépendant. Possibilité 1 lit d'appoint pour enfant. Promenade à pied et cyclos à proximité.

Prix : 1 pers. **200 F** 2 pers. **230 F** 3 pers. **300 F**

6	6	6	6	6	8	20	40	6	6

SYRIN Michel et Marie - Les Mares - Hameau Faverolles - 3 route de Thiberville - 27230 BOURNAINVILLE-FAVEROLLES - Tél : 02 32 45 19 83

BOURNEVILLE La Grange

C.M. 55 Pli 5

2 ch. **Honfleur et le Havre 44 km. Rouen 49 km.** Claude et James ont rénové avec passion une ancienne grange en briques et ont créé un jardin d'inspiration anglaise. 2 ch. confortables sont aménagées au r.d.c. 1 ch. (1 lit 2 pers.), 1 ch. (2 lits 1 pers.), salle d'eau et wc privés pour chacune. Vous apprécierez le grand salon avec cheminée où vous sera servi le petit déjeuner. Grand terrain avec terrasses et salon de jardin. Restaurants dans le village, à 200 m. A proximité du Parc Naturel de Brotonne (promenades et découvertes). Maison des métiers de Bourneville et musée du lin. Langue parlée : anglais.

CV

Prix : 1 pers. **210 F** 2 pers. **240 F**

Ouvert : de mars à novembre.

10	10	3	25	10	5	10	44	40	SP

BROWN James et Claude - La Grange - Route d'Aizier - 27500 BOURNEVILLE - Tél : 02 32 57 11 43

BOURTH

C.M. 60 Pli 5

1 ch. **Center-Park 3 km. Verneuil-sur-Avre 10 km. L'Aigle 15 km.** Sylvie vous accueille dans sa grande maison située au cœur du village. La suite est aménagée dans une petite maison indépendante comprenant au r.d.c. : séjour, coin-salon avec cheminée, kitchenette et salle d'eau/wc. A l'étage : la chambre familiale comprend 2 lits 1 pers. et 1 lit 2 pers. Très beau jardin agréable et soigné dans lequel, l'été, vous sera servi le petit-déjeuner. Sylvie vous fera partager sa passion pour les chats (espèces rares).

CV

Prix : 1 pers. **210 F** 2 pers. **260 F** 3 pers. **320 F** pers. sup. **60 F**

Ouvert : toute l'année.

0,2	3	0,5	3	0,2	8	100	10	SP

TAVERNIER Sylvie - 2 rue de Chandai - 27580 BOURTH - Tél : 02 32 32 70 87 - Fax : 02 32 32 70 87

BRETEUIL-SUR-ITON La Rotonde

C.M. 60 Pli 6

1 ch. Dans le bourg de Breteuil, dans le Pays d'Avre et d'Iton, se cache une délicieuse maison bourgeoise avec un très beau jardin fleuri où Rolande et Pierre ont aménagé une très grande et jolie ch. (1 lit 2 pers. 2 lits 120), poss. lit bébé à la demande. Salle d'eau et wc privatifs. Grand jardin fleuri et ombragé à dispo. Parking fermé. Restaurants sur place.

Prix : 1 pers. **200 F** 2 pers. **250 F** 3 pers. **300 F** pers. sup. **50 F**

Ouvert : toute l'année.

1	1	12	12	0,5	1	100	11	SP

MIEUSET Rolande et Pierre - 79 rue Jean Girard - 27160 BRETEUIL-SUR-ITON - Tél : 02 32 29 70 47

BREUX-SUR-AVRE La Troudiere

C.M. 60 Pli 6

2 ch. **Verneuil-sur-Avre 10 km. Evreux 30 km. Giverny 60 km. Dreux 20 km.** Dans cette ferme typique du Pays d'Avre et Iton, Bruno et M.Christine ont aménagé 2 ch. de plein pied (1 lit 2 pers.), poss. lit bébé, 1 ch. (2 lits 1 pers.), salle d'eau et wc privés et attenants chacune. Salon à la disposition des hôtes. Jardin, terrain, parking. Hébergement situé au cœur du village. Restaurants 10 km. GR22 à 2 km. Paris 100 km par RN12. Chartres 50 km. Langue parlée : anglais.

CV

Prix : 1 pers. **190 F** 2 pers. **230 F**

Ouvert : toute l'année.

2	14	3	15	2	2	100	10	2

LEROY Bruno et M-Christine - La Troudiere - 27570 BREUX-SUR-AVRE - Tél : 02 32 32 50 79 - Fax : 02 32 32 33 23

BRIONNE Le Coeur de Lion

TH *C.M. 55 Pli 15*

5 ch. Peter et Hazel viennent de Grande-Breatgne et ont aménagé cette charmante demeure à la sortie du bourg. Elle abrite 5 chambres situées au 1er étage. 3 ch. 3 pers. (1 lit 2 pers. 1 lit 1 pers.). 2 ch. 2 pers. (1 lit 2 pers. ou 2 lits 1 pers.). Sanitaires attenants et privés pour chacune. Salle de séjour. Parking. Jardin traversé par un ruisseau, grande terrasse. Maison située à proximité de la base nautique de Brionne. Table d'hôtes vin compris. Taxe de séjour. Langue parlée : anglais.

Prix : 1 pers. **225 F** 2 pers. **275 F** 3 pers. **345 F** repas **120 F**

Ouvert : de février à novembre.

0,5	0,5	7	15	SP	1	SP	50	20	SP

BAKER Pete et Hazel - 14 Bd de la République - 27800 BRIONNE - Tél : 02 32 43 40 35 - Fax : 02 32 46 95 31

CAMPIGNY

TH *C.M. 55 Pli 4*

3 ch. Alain et Régine vous accueillent ds leur charmante maison à pans de bois où 3 ch. ont été aménagées. 1 ch. au r.d.c. (2 lits 1 pers.) et 2 ch. à l'étage (1 lit 2 pers. chacune). S. d'eau et wc privés, possibilité lit bébé et 1 lit supplémentaire 1 pers. Très beau jardin arboré avec pelouse, parking. S. de séjour avec cheminée. Table d'hôtes sur résa. sauf le dimanche. Possibilité d'accueillir des cavaliers. Propriété très calme. Circuits VTT et randonnées pédestres sur place, accueil équestre (herbage et boxes).

Prix : 1 pers. **200 F** 2 pers. **240 F** 3 pers. **335 F** pers. sup. **95 F** repas **90 F**

Ouvert : toute l'année.

6	5	5	37	3	1	30	30	25	5

VAUQUELIN Alain et Régine - Le Clos Mahiet - 27500 CAMPIGNY - Tél : 02 32 41 13 20

CAPELLE-LES-GRANDS

C.M. 55 Pli 14

2 ch. **Bernay 10 km. Lisieur 30 km.** Pierre et Micheline vous accueillent dans leur propriété fleurie à la campagne. 1 ch. spacieuse à l'ét. de leur maison grand confort (1 lit 2 pers. et 1 lit 1 pers.) avec accès indép. A proximité, 1 ch. familiale (2 lits 2 pers. et 1 lit 1 pers.) sur 2 niveaux avec pergola et terrasse. S. d'eau, wc, kitchenette et salon dans chaque chambre. Salon d'accueil avec documentation régionale. Circuits vélos et pédestres. A visiter : de nombreux châteaux et manoirs. Vélos, ping-pong. Musée de la vie rurale. Cyclistes et cavaliers bienvenus. Table d'hôtes avec pain cuit au feu de bois sur place. 5 pers. : 400 F. Langue parlée : anglais.

Prix : 1 pers. **190 F** 2 pers. **240 F** 3 pers. **300 F** pers. sup. **50 F**
repas **95 F**

Ouvert : toute l'année.

10	10	3	5	15	55	10	5

BEAUDRY Pierre et Micheline - Le Val Perrier - 27270 CAPELLE-LES-GRANDS - Tél : 02 32 44 76 33 - Fax : 02 32 43 03 15

CHAMBORD

C.M. 55 Pli 15

3 ch. Véronique vous accueille dans sa maison de Maître située dans un parc boisé où vous trouverez calme et repos. Aménagées au 1er ét. 3 ch. de 3 pers. chacune (1 lit 2 pers. 1 lit 1 pers.). S. d'eau et wc privés dans chaque ch. Cadre calme et reposant. Terrasse. Parking. Bibliothèque. Coin-salon avec cheminée. Parc aménagé avec nombreux jeux enfants. Location de VTT. Restaurant à 3 km.

Prix : 1 pers. **180 F** 2 pers. **250 F** 3 pers. **310 F** repas **90 F**

Ouvert : toute l'année.

3	12	12	SP	1	25	60	15	4

SAMAIN Véronique - La Hugoire - Chambord - 27250 RUGLES - Tél : 02 33 34 82 55

CINTRAY La Tournevraye

C.M. 60 Pli 5/6

E.C. 2 ch. **Verneuil-sur-Avre 10 km. L'Aigle 20 km.** Betty vous accueille dans sa grande maison de maître située dans un cadre campagnard. 2 chambres d'hôtes aménagées à l'étage. 1 ch. au 1er étage (1 lit 2 pers.) salle de bains privée attenante, wc communs et 1 ch. familiale au second étage : 1 ch. (1 lit 2 pers.) et 2 ch. (1 lit 1 pers. chacune). Sanitaires privatifs. Vous apprécierez le grand salon avec cheminée, la salle à manger où vous seront servis les repas. Langues parlées : anglais, italien.

Prix : 1 pers. **200 F** 2 pers. **230 F** 3 pers. **290 F** pers. sup. **60 F**
repas **80 F**

Ouvert : toute l'année.

2	5	6	10	5	3	100	10	3

FERRANDO Berthe - La Tournevraye - 27160 CINTRAY - Tél : 02 32 29 83 63 ou 02 32 32 60 15

CONDE-SUR-ITON Le Clos de l'Iton

C.M. 55 Pli 16

2 ch. **Verneuil-sur-Aure 20 km. Center Park 12 km. Conches 10 km.** Mme Chaplain vous accueille dans sa maison typique du Pays d'Avre et d'Iton et vous propose, au 1er étage, 2 ch., chacune avec accès indépendant et intérieur, salle d'eau et wc privés. 1 suite de 2 ch. communicantes (1 lit 2 pers. 2 lits 1 pers.) et 1 ch. (1 lit 2 pers. 1 lit 1 pers.). Salon/salle à manger avec cheminée. Dans un joli petit village traversé par l'Iton, grande propriété soignée et fleurie. La propriétaire saura vous conseiller parmi les nombreuses promenades alentours et pourra vous proposer des repas pique-nique. Recettes normandes au menu de la table d'hôtes.

Prix : 1 pers. **190 F** 2 pers. **230 F** 3 pers. **290/310 F** pers. sup. **40 F**
repas **100 F**

Ouvert : toute l'année sauf fêtes de fin d'année.

3	3	3	12	0,5	1	100	10	SP

CHAPLAIN Liliane - 10 rue du chemin Perré - 27160 CONDE-SUR-ITON - Tél : 02 32 34 21 62 - Fax : 02 32 34 21 62

CONDE-SUR-RISLE

C.M. 231 Pli 21

4 ch. **Honfleur 40 km. Abbaye du Bec Hellouin 15 km.** Très bel ensemble en colombages du 19è s. entièrement restauré avec 1 ch. au r.d.c. (1 lit 2 pers. 1 lit 1 pers.) avec accès indép. et 1 ch. acc. pers. hand. (1 lit 2 pers.). 1er étage : 1 ch. accès indép. (1 lit 2 pers.) 1 suite familiale (1 lit 2 pers. 1 lit 2 pers. dans une 2e ch.). S. d'eau privative pour chaque chambre. Salle à manger, salon. Claude et Corinne vous accueilleront dans leur très belle propriété située dans une superbe vallée à proximité de sites remarquables du département tels que l'Abbaye du Bec Hellouin et la forêt de Montfort sur Risle. Salle à manger, salon à disposition des hôtes.

Prix : 1 pers. **220 F** 2 pers. **250 F** 3 pers. **330 F** pers. sup. **100 F**
repas **100 F**

Ouvert : toute l'année

0,3	10	12	40	0,3	SP	40	12	25	4

EYPERT Claude et Corinne - La Vallée - Le Village - 27290 CONDE-SUR-RISLE - Tél : 02 32 56 46 71

CONTEVILLE

C.M. 55 Pli 4

5 ch. Pierre et Odile vous accueillent dans leur maison normande meublée à l'ancienne et située à la campagne. Au rez-de-chaussée, 2 ch. 2 pers. avec salle de bains ou salle d'eau particulière, wc privés. A l'étage, 1 ch. avec salle d'eau et wc privés. Dans une annexe proche de la maison, 2 ch. 2 pers. avec sanitaires privés. Séjour avec TV à disposition. Vous serez conquis par l'ambiance et la profusion de fleurs, à la belle saison. Jardin, terrain, pré. Rivière 4 km. Produits fermiers sur place. Pressoir du XVIIe siècle. Restaurant 1,5 km. Vélos à disposition des hôtes. Plage 19 km.

Prix : 1 pers. **270 F** 2 pers. **290 F**

Ouvert : toute l'année.

4	4	4	30	3	0,5	10	19

ANFREY Pierre et Odile - Le Clos Potier - 27210 CONTEVILLE - Tél : 02 32 57 60 79

CONTEVILLE

C.M. 55 Pli 4

2 ch. **Honfleur 14 km.** Arlette et Michel vous accueillent dans leur maison de style anglo-normand située sur la place du village. Les 2 chambres sont aménagées au second étage. 1 ch. (1 lit 2 pers.), 1 ch. (1 lit 2 pers. 1 lit 1 pers.). Sanitaires privés et non attenants. Jardin avec salon de jardin et parking privé. Restaurant sur place. Entre le Pont de Tancarville et le Pont de Normandie.

Prix : 1 pers. **210 F** 2 pers. **250 F** 3 pers. **300 F**

Ouvert : du 1er mai au 1er septembre et aux vacances de la Toussaint

14	14	6	30	10	30	30	SP

HEBERT Arlette et Michel - Cidex 6A - 27210 CONTEVILLE - Tél : 02 32 56 21 14

CONTEVILLE

C.M. 4

4 ch. **Honfleur 13 km. Etretat 25 km.** Dans une maison normande, Laurence a aménagé 1 ch. au r.d.c. avec accès extérieur (1 lit 2 pers.), salle d'eau et wc privés. Dans une dépendance normande 2 ch. au r.d.c. (1 lit 2 pers. et 1 lit 1 pers.), salle d'eau et wc privés. A l'étage, ch. familiale (1 lit 2 pers. 1 lit 1 pers.) et coin-enfant (2 lits 1 pers.), salle d'eau et wc privés. Parking privé. Vous apprécierez le calme et le séjour avec cheminée où vous sera servi le petit déjeuner avec patisserie et confitures maison.

Prix : 1 pers. **250 F** 2 pers. **270 F** 3 pers. **330 F**

Ouvert : toute l'année.

10	10	4	30	1	1	20	20	30	0,5

ROUICH Laurence - Route d'Honfleur - 27210 CONTEVILLE - Tél : 02 32 56 09 71 ou 06 88 35 98 17

COURTEILLES

TH *C.M. 60 Pli 6*

5 ch. **Dreux 35 km. Chartres 50 km. Verneuil-sur-Avre 5 km.** M.Mme Houtmans/Delissus vous accueillent dans 1 ancien moulin de forge XIXe. R.d.c. : s. à manger, cheminée, salon, 1 ch. (1 lit 180), s.d.b., wc privés, 1 ch. (2 lits 1 pers.), douche, wc privés. Etage : 2 ch. (2 lits 1 pers. chacune), douche, wc privés ou s.d.b. privée, 1 ch. familiale (2 lits 1 pers. ds chaque ch.), douche privée et wc communs aux 2 ch., salon, TV. Grand parc arboré de 5 ha. Parcours de pêche à la mouche sur rivière 1ère catégorie et bief. Possibilité de repas le soir sur réservation. 6 vélos type hollandais et 2 VTT à la disposition des hôtes. Langues parlées : allemand, anglais.

Prix : 1 pers. **230/300 F** 2 pers. **300/400 F** repas **150 F**

Ouvert : toute l'année sauf durant les fêtes de fin d'année.

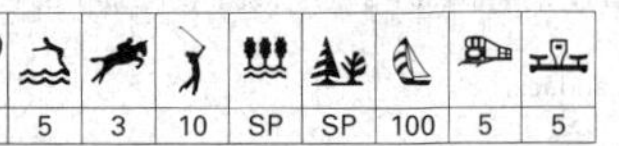

SP	5	3	10	SP	SP	100	5	5

AUX BERGES DE L'AVRE Houtmans et Delissus - Rue de L'Avre - La Guigneterie - 27130 COURTEILLES - Tél : 02 32 32 78 27 - Fax : 02 32 32 78 27

LA CROIX-SAINT-LEUFROY

TH *C.M. 55 Pli 17*

5 ch. **Giverny 20 km. Rouen 40 km. Paris 100 km.** Dans une ferme du 15e s., appelée Manoir de la Boissière, Clotilde et Gérard ont aménagé pour vous5 ch. avec s. d'eau et wc particuliers. 2 ch. au r.d.c. (1 lit 2 pers.) et 3 ch. à l'ét. : 1 ch. (1 lit 2 pers.), 2 ch. (2 lits 1 pers.). Grande salle-salon avec cheminée et TV. Coin-kitchenette. Plan d'eau avec de nombreux oiseaux et jardin aux essences variées. VTT à disposition. Terrain de pétanque. Parking. Nombreuses activités à 15 km. Golf et piscine « Aquaval » à Gaillon 9 km.

Prix : 1 pers. **210 F** 2 pers. **260 F** repas **95 F**

Ouvert : toute l'année.

3	16	10	9	SP	SP	105	15	3

SENECAL Gérard et Clotilde - Ferme de la Boissiere - Hameau La Boissaye - 27490 LA CROIX-SAINT-LEUFROY - Tél : 02 32 67 70 85 - Fax : 02 32 67 03 18

DAMVILLE

C.M. 55 Pli 16

3 ch. **Evreux 19 km.** Josette vous accueille dans sa grande maison située au cœur du bourg. 3 ch. dans la maison, escalier indép. 2 ch. 1 épi (2 lits 2 pers.), cabinet de toilette particulier, douches communes aux 2 ch. et 1 ch. 2 épis (2 lits 1 pers.), s. d'eau attenante, wc communs aux 3 ch. Jardin clos avec vaste véranda. S. de séjour avec table de jeux et cheminée réservée aux hôtes. Salle de jeux avec table de ping-pong à disposition des hôtes. Langue parlée : anglais.

Prix : 1 pers. **170 F** 2 pers. **190/210 F**

Ouvert : du 1er mai au 30 septembre.

2	1	4	1	14	100	20	SP

VINCENT Josette - 28 rue de Verdun - 27240 DAMVILLE - Tél : 02 32 34 54 61

DANGU

TH *C.M. 55 Pli 18*

2 ch. Nicole vous accueille ds sa maison de caractère située ds un site protégé. 2 ch. d'hôtes de caractère : 1 ch. 2 pers. salle de bains privée non communicante. 1 ch. 2 pers. s. d'eau privée et attenante, salon avec cheminée. Jardin en bordure de l'Epte (peinte par Monet), terrasse. Restaurants. Ping-pong. Promenades découvertes et table d'hôtes sur réservation. Langue parlée : anglais.

Prix : 1 pers. **220 F** 2 pers. **310/340 F** repas **90/130 F**

Ouvert : du 15 mars au 15 décembre.

7	10	15	15	SP	15	10	150	10	SP

DE SAINT-PERE Nicole - 4 rue du Gue - Les Ombelles - 27720 DANGU - Tél : 02 32 55 04 95 - Fax : 02 32 55 59 87 - E-mail : vextour@aol.com

ECAQUELON Le Hannoy  *C.M. 55 Pli 5*

1 ch. **Abbaye de Bec-Hellouin 10 km. Honfleur 35 km. Pont-Audemer 15 km.** Jean-Pierre et Marie-Thérèse vous accueillent dans leur charmante maison à colombages du XVIIIe siècle. Ch. au r.d.c. avec accès indépendant (1 lit 2 pers. 1 lit d'appoint adulte ou enfant + 8 ans en mezzanine). S. d'eau et wc privés. Bibliothèque, salon de jardin et jeux d'extérieur à votre disposition. Calme et repos en pleine nature. Vous hôtes passionnés d'histoire locale vous proposeront des itinéraires de promenades variés. Du jardin, en lisière de forêt de Montfort, vous pourrez randonner sur des chemins balisés et le soir, vous aurez la poss. de vous détendre en dégustant les produits régionaux servis à la table d'hôtes. Langues parlées : anglais, allemand.

Prix : 1 pers. **180 F** 2 pers. **220 F** 3 pers. **250 F** repas **80 F**

Ouvert : toute l'année.

10	3	20	5	SP	50	12

PICARD J-Pierre & M-Thérèse - Le Hannoy - 27290 ECAQUELON - Tél : 02 32 42 62 15

EMANVILLE *C.M. 55 Pli 16*

4 ch. Michel et Josiane ont aménagé à l'étage de leur maison de maître située en pleine campagne 4 chambres d'hôtes : couchage pour 4 pers. ds chaque ch. (3 lits 2 pers. ou 2 lits 1 pers.) avec salle d'eau et wc privés. Salle de séjour, salon avec TV à la disposition des hôtes. Beau jardin fleuri. Rivière 14 km.

Prix : 1 pers. **180/200 F** 2 pers. **210/230 F**

Ouvert : toute l'année.

7	14	14	15	14	5	65	15	10

FRAUCOURT Michel et Josiane - Saint-Léger - 27190 EMANVILLE - Tél : 02 32 35 44 32 ou 06 20 07 08 66

EPEGARD *C.M. 55 Pli 16*

5 ch. Maurice et Edith vous accueillent ds leur maison à pans de bois du 17e joliment rénovée. 2 ch. ont été aménagées au r.d.c. et 3 à l'étage. R.d.c. : 1 ch. (1 lit 2 pers. 1 lit 1 pers.) acc. pers. hand., 1 ch. (2 lits 1 pers.). Etage : 1 ch. (1 lit 2 pers. 1 lit 1 pers.) et 1 ch. (1 lit 2 pers.), les 4 ch. sont 3 épis. 1 ch.(2 lits 1 pers.), 2 épis. Sanitaires privés. Propriété très agréable avec jardin arboré et clos. Séjour réservé aux hôtes, coin-cuisine. Petite mare devant les chambres. Proximité du château et du golf du Champ de Bataille. Langue parlée : anglais.

Prix : 1 pers. **180 F** 2 pers. **220 F** 3 pers. **260 F**

Ouvert : toute l'année.

5	5	0,5	2	20	80	20	5

LUCAS Maurice et Edith - La Paysanne - 8 rue de l'Eglise - 27110 EPEGARD - Tél : 02 32 35 08 95 - Fax : 02 32 35 08 95

EPEGARD La Croix Blanche  *C.M. 55 Pli 16*

4 ch. **Le Neubourg 5 km. Le Bec-Hellouin 7 km.** Jean-Claude Lothon a aménagé 4 ch. dans une maison réservée aux hôtes. 1 ch. en r.d.c accessible avec une certaine autonomie (1 lit 2 pers.) et 3 chambres à l'étage dont : 2 chambres (1 lit 2 pers.) et 1 chambre (1 lit 2 pers., 1 lit 1 pers.). Sanitaires attenants et privatifs. Grande pièce de jour/cuisine. Nombreux sites touristiques à proximité, Château du Champ de Bataille à 1 km, Château d'Harcourt et son Arboretum à 6 km. Gîte d'étape sur la propriété. Golf et équitation à proximité immédiate des chambres. Langues parlées : russe, roumain.

Prix : 1 pers. **160 F** 2 pers. **190 F** 3 pers. **250 F**

Ouvert : toute l'année.

5	5	SP	1	2	1	30	80	30	5

LOTHON Jean-Claude - Ferme Gonthier - Croix Blanche - 10 rue du champ de Bataille - 27110 EPEGARD - Tél : 02 32 35 11 51 - Fax : 02 32 34 82 65

EPINAY La Sbirée *C.M. 55 Pli 15*

2 ch. Chantal et Claude vous accueillent ds leur belle maison à colombages. Les chambres sont aménagées au 1er ét. : 1 ch. 3 épis (1 lit 2 pers.), 1 ch. 2 épis (1 lit 2 pers. 1 lit 1 pers.), sanitaires privatifs et 1 lit 1 pers. dans une petite chambre contiguë. Entrée indépendante et accès intérieur à la salle à manger/salon où sont servis les petits déjeuners. Chambres très calmes dans un cadre verdoyant. Vous apprécierez le grand jardin avec barbecue. Location de vélos, aire de enfants.

Prix : 1 pers. **190/200 F** 2 pers. **230/250 F** 3 pers. **310 F**

Ouvert : toute l'année

11	11	11	6	20	20	65	12	9

BINTEIN Chantal et Claude - La Sbirée - 27330 EPINAY - Tél : 02 32 44 30 87

EPINAY Le Clos des Gastines  *C.M. 231 Pli 33*

E.C. 3 ch. **Château de Beaumesnil 5 km.** Beaucoup de caractère pour une étape incontournable en Pays d'Ouche. Au cœur de ce paysage secret du bocage, Eric et Valérie vous réservent un accueil chaleureux. Au r.d.c. 1 ch. (1 lit 2 pers.). A l'étage 2 ch. familiales (1 lit 2 pers. et 2 lits 1 pers. par chambre). Sanitaires privatifs à chaque chambre. Piscine chauffée privée. Dans cette longère à pans de bois, habilement restaurée, vous apprécierez cette étape au cœur du Pays d'Ouche. Accueil chaleureux. Chambres confortables, le jardin et la piscine parachèvent un ensemble propice à la détente. Langue parlée : anglais.

Prix : 1 pers. **300 F** 2 pers. **360 F** 3 pers. **460 F** pers. sup. **50 F** repas **100 F**

Ouvert : toute l'année

25	SP	5	40	3	5	16	55	15	2

EMIEL Eric et Valérie - Les Gastines - 27330 EPINAY - Tél : 02 32 46 26 34 - Fax : 02 32 46 26 34

EPREVILLE-EN-ROUMOIS La Grouarderie  *C.M. 55 Pli 5*

2 ch. **Rouen 30 km.** Entre Paris et la mer, sur la route des Estuaires, Daniele vous accueille au calme dans sa demeure normande. 2 ch. aménagées à l'étage de la maison : 1 ch. (1 lit 2 pers.), 1 ch. (1 lit 2 pers. 1 lit 1 pers.). Poss. ajouter un lit enfant. Sanitaires privés. Vaste séjour avec cheminée. Terrain planté de 2 ha., salon de jardin, parking. Dans le vaste séjour, vous pourrez déguster, le soir, près de la cheminée les mets régionaux réalisés par votre hôtesse. Accueil équit., location ânes et VTT pour randonnées. Ping-pong, badminton, mini-tennis.

Prix : 1 pers. **210/240 F** 2 pers. **240/260 F** 3 pers. **310 F** repas **95 F**

Ouvert : toute l'année.

0,8	25	6	18	10	10	10	50	30	6

LEMASSON Daniele - La Grouarderie - 27310 EPREVILLE-EN-ROUMOIS - Tél : 02 32 56 19 55 - Fax : 02 32 56 19 55

ETREVILLE-EN-ROUMOIS *C.M. 55 Pli 5*

2 ch. **Honfleur 30 km.** Denise vous ouvre sa maison, située à 30 mn de la Côte Normande et au cœur du Parc Naturel Régional de Brotonne. 1 ch. (2 lits 1 pers.) avec salle d'eau particulière. 1 chambre (1 lit 2 pers.), salle de bains et wc privés au rez-de-chaussée. Salle de séjour. Salon avec cheminée et TV à disposition des hôtes. Jardin. Pré. Rivière 8 km. Produits fermier 500 m. Table d'hôtes occasionnelle. Table pour pique-nique et barbecue à disposition des hôtes. Langue parlée : allemand.

Prix : 1 pers. **190 F** 2 pers. **230 F**

Ouvert : toute l'année.

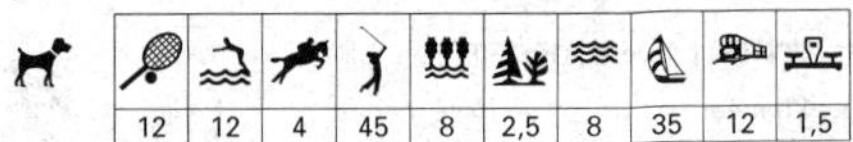

12	12	4	45	8	2,5	8	35	12	1,5

DAGORN Denise - Les Besnards - 27350 ETREVILLE-EN-ROUMOIS - Tél : 02 32 57 45 74

FARCEAUX La Londe *C.M. 55 Pli 8*

1 ch. **Lyons-la-Forêt 16 km. Rouen 45 km. Giverny 30 km.** Henri et Yvette ont aménagé 1 chambre d'hôtes au rez-de-chaussée de leur jolie maison en brique datant du 18e s. Propriété d'1 ha. avec un grand jardin aménagé. 1 ch. (1 lit 2 pers. poss. lit enfant), salle d'eau et wc privés communicants. Salle de séjour et salon avec cheminée à la disposition des hôtes. Salon de jardin. Lyons-la-Forêt, plus belle hêtraie d'Europe. Abbaye de Mortemer. Château de Vascoeuil à 35 km.

Prix : 1 pers. **200 F** 2 pers. **230 F**

Ouvert : toute l'année.

5	5	10	18	6	8	100	18	5

DELEU Henri et Yvette - 2 rue Randon de Pomery - La Londe Farceaux - 27150 FARCEAUX - Tél : 02 32 69 42 15

FATOUVILLE-GRESTAIN Le Phare *C.M. 231 Pli 20*

5 ch. **Honfleur 6 km. Pont de Normandie 5 km.** Insolite et exceptionnel, Jean-François et Anne vous accueillent dans un ancien phare, construit par l'état en 1850 pour guider le navigation en baie de Seine. Au r.d.c. 2 ch. (avec 1 lit 2 pers. par chambre), sanitaires privatifs. A l'étage 3 ch. (2 avec 1 lit 2 pers. et une avec 1 lit 2 pers. et 1 lit 1 pers.). Sanitaires privatifs. A proximité d'Honfleur, dans l'Estuaire de la Seine, une halte insolite dans cet ancien phare du 19è s. Un accueil chaleureux dans un environnement exceptionnel (très beau jardin) dominé par ce phare culminant à 34 mètres de hauteur. Langues parlées : anglais, espagnol.

Prix : 1 pers. **230 F** 2 pers. **260 F** 3 pers. **300 F**

Ouvert : toute l'année

6	6	10	20	20	SP	6	6	35	5

DURAND Jean-François & Anne - Le Phare - 27210 FATOUVILLE-GRESTAIN - Tél : 02 32 57 66 56

LA FERRIERE-SUR-RISLE Rosélion *C.M. 55 Pli 15*

2 ch. Annie-Claude vous accueille ds sa maison 19e s. située sur la place du village près de la très belle halle classée, 2 ch. aménagées aux étages : 1 ch. (1 lit 2 pers), 1 ch. familiale (1 lit 2 pers. 1 lit 1 pers.), dans 1 petite ch. attenante. Sanitaires privatifs. Pt-déjeuner servi dans la s. à manger, sur la terrasse ou sous la véranda avec vue sur le jardin fleuri. L'hébergement est situé dans la vallée de la Risle, à 120 km de Paris entre la forêt de Conches et celle de Beaumont-le-Roger. Vaste jardin fleuri à disposition des hôtes. Langue parlée : anglais.

Prix : 1 pers. **270 F** 2 pers. **300 F** 3 pers. **395 F**

Ouvert : toute l'année.

0,5	SP	12	22	SP	SP	5	65	30	SP

GUILLOU Annie-Claude - 7 route de Pont Audemer - Roselion - 27760 LA FERRIERE-SUR-RISLE - Tél : 02 32 30 10 85 - Fax : 02 32 30 66 14

FERRIERES-SAINT-HILAIRE *C.M. 55 Pli 14/15*

4 ch. Madeleine habite cette grande maison en bordure de forêt, dans laquelle 4 ch. sont à votre disposition. 3 ch. (2 épis) à l'étage, 2 ch. (1 lit 2 pers.). Salle d'eau privée pour 1 ch., salle de bains pour l'autre. 1 ch. (1 lit 2 pers. 1 lit 1 pers.), s. d'eau privée, wc communs aux 3 ch. Rez-de-chaussée : 1 ch. (3 épis), 2 lits jumeaux avec s.d.b. et wc privés. Coin-détente avec TV. Nombreux châteaux et manoirs à proximité. Jardin aquatique à Broglie 7 km.

Prix : 1 pers. **210/220 F** 2 pers. **250/310 F** 3 pers. **350 F**

Ouvert : toute l'année.

6	6	SP	30	SP	SP	15	50	6	6

DROUIN Madeleine - Par Saint-Quentin des Iles - La Fosse Nardiere - 27270 FERRIERES-SAINT-HILAIRE - Tél : 02 32 43 26 67

FIQUEFLEUR-EQUAINVILLE *C.M. 55 Pli 4*

2 ch. **Honfleur 6 km. Deauville 22 km. Pont de Normandie 3 km.** J.François et Régine vous accueillent dans leur pavillon situé à 2 pas du Pont de Normandie et de Honfleur. R.d.c. : 1 ch. 2 épis (1 lit 2 pers.), s.d.b., wc privés. Etage : 1 ch. 3 épis (1 lit 2 pers. + 1 suite 1 pers.), poss. 1 lit suppl., s. d'eau et wc privés. Séjour, salon avec cheminée où pâtisseries et confitures maison vous seront servis au petit-déjeuner. Restaurant à 3 km.

Prix : 1 pers. **150/160 F** 2 pers. **175/185 F** 3 pers. **235 F**

Ouvert : toute l'année.

7	7	7	22	2	SP	7	7	14	4

DELANNEY J-Francois et Régine - La Cote des Mares - D180 - 27210 FIQUEFLEUR-EQUAINVILLE - Tél : 02 32 57 66 46

FLEURY-LA-FORET *C.M. 55 Pli 8*

2 ch. **Lyons-la-Forêt 6 km. Rouen 42 km.** Au cœur de la forêt de Lyons, Kristina et Pierre vous accueillent ds leur château du 17e s. Les chambres sont aménagées au 1er et 2e étage de l'aile droite du château de Fleury-la-Forêt. 1 ch. (1 lit 2 pers. en alcôve et 1 suite composée de 2 ch. communiquantes : 1 lit 2 pers. et 2 lits 1 pers.). Salle de bains et wc attenants aux ch. Coin-salon avec TV dans les ch. Le château du 17e s.est classé monument historique. Vous apprécierez les chambres de caractère ainsi que le petit déjeuner qui sera servi dans la magnifique cuisine du château. Visite jumelée avec l'abbaye de Mortemer sur demande. Accueil équestre, boxes pour chevaux. Langue parlée : finlandais.

Prix : 1 pers. **400 F** 2 pers. **500 F**

Ouvert : toute l'année.

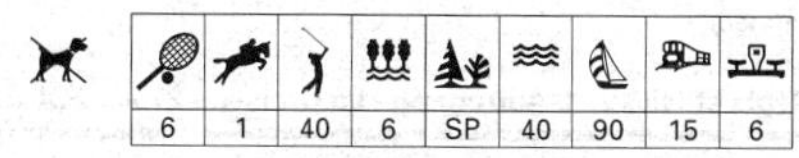

6	1	40	6	SP	40	90	15	6

CAFFIN Pierre et Kristina - Château de Fleury la Forêt - 27480 FLEURY-LA-FORET - Tél : 02 32 49 63 91 ou 06 16 41 64 94 - Fax : 02 32 49 63 91

FONTAINE-SOUS-JOUY Le Prieuré (TH) *C.M. 55 Pli 17*

1 ch. **Giverny, jardin Monet 30 km. Les Andelys 20 km. Rouen 50 km.** Dans cet ancien presbytère du 17e s. Jacqueline vous ouvre sa propriété pleine de charme, un « havre de verdure » où tout est pensé pour votre confort. La chambre est aménagée à l'étage (1 lit 2 pers.) avec s. d'eau, wc privés. Petit bureau attenant à la ch. et salon avec TV à la disposition des hôtes. Grand salon avec cheminée où vous goûterez au petit-déjeuner maison. Vous apprécierez l'ambiance chaleureuse ainsi que les balades dans le parc donnant sur la rivière. Les animaux sont admis sous conditions (chien et basse-cour sur la propriété). Langues parlées : anglais, espagnol.

Prix : 1 pers. **285 F** 2 pers. **320 F** repas **90 F**

Ouvert : toute l'année.

10	10	10	15	SP	20	30	90	18	1

DE TORRES Jacqueline - Le Prieuré - 27120 FONTAINE-SOUS-JOUY - Tél : 02 32 26 21 63 - Fax : 02 32 26 21 63

FONTAINE-SOUS-JOUY *C.M. 55 Pli 17*

2 ch. **Giverny, jardin Monet 30 km. Les Andelys, Château Gaillard 20 km.** Eliane et Michel ont restauré avec amour 2 ch. spacieuses et décorées avec goût, à l'étage de cette propriété. 1 ch. (1 lit 160, 1 lit 1 pers.), s.d.b. et wc privés, 1 suite : 1 ch. (2 lits 1 pers.) et 1 ch. (1 lit 1 pers.) avec s.d.b. et wc privés. Salon réservé aux hôtes et grand séjour avec cheminée où sont servis de copieux petits déjeuners. Confort et discrétion sont au rendez-vous ds cette grande demeure en pierre au milieu d'un vaste jardin. Parc arboré 1 ha. Situation privilégiée ds un des plus jolis villages de la vallée de l'Eure où les promenades au bord de l'eau vous enchanteront. Vastes étangs avec possibilité de pêcher à 50 m. Langue parlée : anglais.

Prix : 1 pers. **220 F** 2 pers. **270 F** 3 pers. **340 F** pers. sup. **80 F**

Ouvert : toute l'année.

10	10	10	20	SP	20	30	90	18	1

PHILIPPE Eliane et Michel - 29 rue de l'Aulnaie - 27120 FONTAINE-SOUS-JOUY - Tél : 02 32 36 89 05 - Fax : 02 32 36 89 05 - E-mail : emi.philippe@worldonline.fr - http://perso.worldonne.fr/chambre/fontaine/

FOULBEC Le Moulin de Foulbec *C.M. 231 Pli 20*

E.C. 2 ch. **Honfleur 16 km. Deauville-Trouville 35 km.** A proximité d'Honfleur et du Pont de Normandie, vous apprécierez l'accueil qui vous sera réservé dans ce moulin entièrement restauré. A l'étage, 1 ch. (1 lit 2 pers.), sanitaires privatifs et 1 ch. familiale (1 lit 2 pers. 2 lits 1 pers.) avec sanitaires privatifs. A deux pas de l'estuaire de la Seine, Rolande et Raymond vous proposent une étape originale dans cet ancien moulin entièrement restauré. Deux chambres aménagées avec goût pour une halte ou un séjour, à vous de savourer les plaisirs de la Normandie.

Prix : 1 pers. **260 F** 2 pers. **290 F** 3 pers. **350 F** pers. sup. **60 F**

Ouvert : toute l'année

10	10	12	30	5	SP	15	10	30	10

DEROUET Raymond et Rolande - Route de Saint-Maclou - 27210 FOULBEC - Tél : 02 32 56 55 25

FOURGES *C.M. 55 Pli 18*

3 ch. **Giverny 7 km (musée Claude Monet, musée Américain, ateliers peinture).** Paul et Josette, sont jardiniers dans l'âme et la proximité de Giverny est une source d'inspiration. La maison en pierres de Vernon est située dans le village. R.d.c : 1 ch. (2 lits 1 pers. ou 1 lit 180), s. d'eau et wc privés. 2 ch. à l'ét. d'une construction indép. : 1 ch. (1 lit 2 pers.), 1 ch. (1 lit 2 pers. 1 lit 1 pers.), salle d'eau et wc privés, entrée indép.

Prix : 1 pers. **200 F** 2 pers. **250 F** 3 pers. **320 F**

Ouvert : du 28 février au 1er novembre

4	14	6	9	SP	SP	30	130	15	4

STEKELORUM Paul et Josette - 24 rue du Moulin - 27630 FOURGES - Tél : 02 32 52 12 51 - Fax : 02 32 52 13 12

FOURMETOT La Croisée (TH) *C.M. 55 Pli 5*

5 ch. **Honfleur 30 km. Deauville 45 km.** Régis et Nicky vous accueillent dans leur maison bourgeoise en brique et colombages située dans un herbage. 2 ch. au 1er étage (2 lits 1 pers. ou 1 lit 2 pers.). 2e étage : 1 ch. (3 lits 1 pers.). 1 ch. (1 lit 2 pers.). 1 ch. (1 lit 2 pers. 2 lits 1 pers.). Salle de bains et wc privés attenants à chaque ch. Séjour avec cheminée. Salon de jardin, parking. Chaque chambre a un caractère particulier, que ce soit la chambre thaïlandaise, mexicaine ou indienne. Propriété très calme. Langue parlée : anglais.

Prix : 1 pers. **300 F** 2 pers. **400 F** 3 pers. **500 F** pers. sup. **100 F** repas **150 F**

Ouvert : toute l'année.

6	6	1	40	4	2	9	45	40	1

DUSSARTRE Régis et Nicky - L'Aufragerie - La Croisée - 27500 FOURMETOT - Tél : 02 32 56 91 92 - Fax : 02 32 57 75 34

GIVERNY *C.M. 55 Pli 18*

3 ch. Marie-Claire a aménagé 3 ch. à l'ét. de sa maison, accès indép. Sanitaires privés. 1 ch. (1 lit 2 pers.), 1 ch. (2 lits 1 pers.), couchage 1 pers. suppl. sur 1 conv., 1 grande ch. dans un ancien atelier d'artiste (1 lit 2 pers.), couchage suppl. dans 1 conv., coin-salon, TV SAT. et s. d'eau/wc privés. Ancienne pension de famille, au cœur du village de Giverny et qui accueillit Claude Monet. Vous apprécierez le petit déjeuner servi dans la salle de séjour/salon. Grand jardin avec salon de jardin. Parking fermé. VTT à disposition, nombreux GR à proximité. Langue parlée : anglais.

Prix : 1 pers. **220/300 F** 2 pers. **260/360 F** 3 pers. **360/460 F**

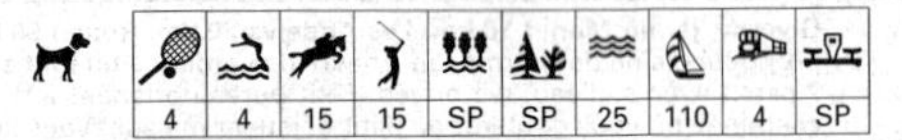

4	4	15	15	SP	SP	25	110	4	SP

BOSCHER Marie-Claire - Le Bon Maréchal - 1 rue du Colombier - 27620 GIVERNY - Tél : 02 32 51 39 70 - Fax : 02 32 51 39 70

GIVERNY La Réserve *C.M. 55 Pli 18*

5 ch. Didier et M.Lorraine vous accueillent dans un charmant manoir dominant les bois et vergers environnants sur les hauteurs de Giverny. 2 ch. au rez-de-chaussée. dont 1 acc. pers. hand. 3 ch. à l'étage. Salle de bains et wc privatifs. 3 ch. (1 lit 2 pers.), 2 ch. (lits jumeaux). Très belle propriété aménagée avec beaucoup de goût, vous apprécierez le salon avec billard ainsi que la table du petit déjeuner. Giverny, berceau de l'Impressionnisme à 2 km. La propriétaire mettra son matériel de peinture à votre disposition, sur demande. Tarifs dégressifs selon durée du séjour. Langues parlées : espagnol, anglais.

Prix : 1 pers. **550/750 F** 2 pers. **600/800 F**

Ouvert : 1er avril au 1er novembre, l'hiver sur réservation

3	3	15	15	2	SP	25	130	4	2

BRUNET Didier et M.Lorraine - La Réserve - 27620 GIVERNY - Tél : 02 32 21 99 09 - Fax : 02 32 21 99 09

GIVERNY Les Agapanthes (TH) *C.M. 55 Pli 18*

E.C. 4 ch. **Château de Bizy 8 km. Château Gaillard aux Andelys 30 km.** 4 chambres d'hôtes avec salle d'eau et wc privatifs au 1er étage de la maison : 2 ch. (2 lits 1 pers.), 1 ch. (1 lit 2 pers.) et 1 ch. (1 lit 1 pers., 1 lit 2 pers.). Atelier de peinture disponible sur place, selon la période. GR2 sur place. Agréable jardin en terrasses. Alain et Patricia vous accueillent au cœur du village de Claude Monet. Ils vous feront partager leur passion pour la peinture et pourront vous faire découvrir les nombreux sites alentours dont les différents jardins et musées de Giverny. Langue parlée : anglais.

Prix : 1 pers. **250 F** 2 pers. **300 F** 3 pers. **400 F** repas **95 F**

Ouvert : toute l'année.

4	3	10	15	0,5	SP	15	120	4	SP

DODIN Patricia et CORNUEJOLS Alain - Les Agapanthes - 65 rue Claude Monet - 27620 GIVERNY - Tél : 02 32 21 01 59 - Fax : 02 32 21 01 59 - E-mail : agapanthes@normandnet.fr

GIVERVILLE Le Val (TH) *C.M. 231 Pli 33*

E.C. 2 ch. **Le Bec-Hellouin et son Abbaye 12 km. Honfleur 45 km.** Une jolie maison de Maître du 19è s. où Dominique et Alain sauront vous réserver un accueil chaleureux. Au 2è étage, 1 ch. (1 lit 2 pers.), salle d'eau et wc privatifs et 1 chambre triple avec 1 lit 2 pers. et 1 lit 1 pers. Salle d'eau et wc privatifs. Salon de lecture privatif à l'étage, salle à manger et salon, communs au r.d.c. Au cœur d'un paysage de bocage typique de la région, Dominqie et Alain vous réservent un accueil chaleureux dans une jolie maison de Maître du 19è s. Langue parlée : anglais.

Prix : 1 pers. **220 F** 2 pers. **250 F** 3 pers. **320 F** repas **100 F**

Ouvert : toute l'année

7	7	5	30	12	15	45	12	12	1

VASSEUR Dominique et Alain - Le Val - 27560 GIVERVILLE - Tél : 02 32 45 76 67 - Fax : 02 32 45 76 67

GRAINVILLE

C.M. 55 Pli 7

3 ch. **Rouen 25 km. Les Andelys 12 km. Lyons-la-Forêt 10 km.** Philippe et Thérèse ont aménagé 3 ch. d'hôtes à l'ét. d'une grande maison de briques, située dans une belle cour de ferme fleurie, au cœur du village. 1 ch. 1 pers. 2 ch. 2 lits 1 pers. Chacune est équipée d'un lavabo, 1 ch. 2 épis avec s. d'eau privative. S. d'eau réservée aux hôtes pour les 2 autres ch. 1 épi. S. de séjour, salon avec TV à la disposition des hôtes. Produits fermiers. Base nautique de Poses 25 km. Restaurant 2 km. Jeux pour enfants. Nombreux itinéraires touristiques et culturels à proximité.

Prix : 1 pers. **120/150 F** 2 pers. **190/230 F**

Ouvert : toute l'année.

3	10	6	3	12	25	65	25	2

AMMEUX Philippe et Thérèse - 2 rue grand mare - 27380 GRAINVILLE - Tél : 02 32 49 09 53

LA HAYE-AUBREE

C.M. 55 Pli 5

1 ch. Hubert et Françoise habituent une belle maison à pans de bois surplombant 1 petite vallée. 1 ch. familiale à l'ét. avec accès indép. (1 lit 2 pers. 1 lit 1 pers. dans 1 ch. et 2 lits 1 pers. dans l'autre) avec s. d'eau et wc privés. Très beau jardin d'agrément, portique. Proximité de la forêt de Brotonne 300 m. Nombreuses abbayes à proximité. Tarif 5 pers. : 440 F. Ping-pong, bicyclettes sur place, restaurant au village. Chambre d'hôtes située dans le Parc Naturel Régional de Brotonne ayant le label « Panda ». Langue parlée : anglais.

Prix : 1 pers. **190 F** 2 pers. **230 F** 3 pers. **280 F** pers. sup. **80 F**

Ouvert : toute l'année.

5	15	10	12	15	SP	15	40	25	1

VERHAEGHE Hubert et Françoise - 27350 LA HAYE-AUBREE - Tél : 02 32 57 31 09

LA HAYE-DU-THEIL

2 ch. Dans une grande propriété située sur une exploitation agricole, Luc et Paulette ont créé 2 chambres d'hôtes aménagées dans leur belle maison, en pleine campagne. 1 ch. (2 lits 2 pers.). 1 ch. (1 lit 2 pers. 1 lit 1 pers.), avec salle de bains et wc privés. Salle de séjour, salon avec TV à la disposition des hôtes. Jardin, pré. Produits fermiers et foie gras sur place.

Prix : 1 pers. **200 F** 2 pers. **240 F** 3 pers. **300 F** pers. sup. **30 F**

Ouvert : toute l'année.

SP	13	1	10	15	0,5	60	12	1

DEMAEGDT Luc et Paulette - Domaine de la Coudraye - 27370 LA HAYE-DU-THEIL - Tél : 02 32 35 52 07 - Fax : 02 32 35 17 21

HEUDREVILLE-SUR-EURE

C.M. 55 Pli 17

2 ch. Janine a aménagé 2 chambres de caractère dans sa belle propriété normande en Vallée d'Eure au cœur du village. 1 chambre (2 lits 1 pers.) avec salle de bains et wc privés. 1 suite (1 lit 2 pers. 3 lits 1 pers. 1 lit bébé), salle de bains et wc privés. Salon avec TV à la disposition des hôtes. Cheminée. Grand jardin, rivière dans la propriété. Vous apprécierez la qualité du petit-déjeuner ainsi que la compagnie de l'hôtesse. Giverny 30 km : jardin Claude Monet et musée américain de l'impressionnisme. Tarif 5 pers. : 490 F. Langue parlée : anglais.

Prix : 1 pers. **230/240 F** 2 pers. **250/285 F** 3 pers. **340 F** pers. sup. **80 F**

Ouvert : toute l'année.

3	9	9	15	SP	10	20	95	12	9

BOURGEOIS Janine - 4 rue de l'Ancienne Poste - La Ferme - 27400 HEUDREVILLE-SUR-EURE - Tél : 02 32 50 20 69 - Fax : 02 32 50 20 69

HEUDREVILLE-SUR-EURE La Londe

C.M. 55 Pli 17

1 ch. **Evruex 15 km. Gaillon 10 km.** Madeleine et Bernard vous accueillent dans leur grande maison en pierres de Pays et vous proposent une chambre au r.d.c. avec accès indép. extérieur ou intérieur (1 lit 2 pers. et sanitaires privatifs et attenants). Vous apprécierez le grand et confortable séjour, avec cheminée. Vous profiterez également du vaste jardin d'où vous pourrez accéder aux berges de l'Eure. Cette belle propriété qui borde la rivière Eure est un ancien corps de ferme. Elle se situe dans un joli hameau, au calme, dans un écrin de verdure, d'où vous pourrez partir pour de belles promenades et visiter les richesses touristiques en Vallée d'Eure ou de Seine, toute proche. Langue parlée : anglais.

Prix : 1 pers. **200 F** 2 pers. **250 F**

Ouvert : toute l'année.

3	9	9	15	SP	2	95	20	15	1

GOSSENT Madeleine et Bernard - 4 sente de l'Abreuvoir - La Londe - 27400 Heudreville-sur-Eure - Tél : 02 32 40 36 89 ou 06 89 38 36 59

JUIGNETTES

TH

C.M. 55 Pli 15

3 ch. Pierre et M.Claude vous reçoivent dans la maison qu'ils ont aménagée sur leur exploitation agricole. 3 ch. à l'étage avec vue sur les vergers environnants. 1 ch. (1 lit 2 pers. 1 lit 1 pers.), s.d.b. et wc attenants. 1 ch. (1 lit 2 pers.), 1 ch. (2 lits 1 pers.), s. d'eau et wc privés à chacune. Portique, salon de jardin, terrain de boules, 1 cheval de selle. Pêche sur grande réserve d'eau. Vélos. Center Park 20 km. Accueil de chevaux de randonnée. Exploitation agricole dont l'activité principale est la production de cidre. Vente de produits fermiers. Table d'hôtes axée sur la cuisine du terroir.

Prix : 1 pers. **190 F** 2 pers. **220 F** 3 pers. **280 F** repas **80 F**

Ouvert : toute l'année.

4	7	19	SP	70	20	6

VAUDRON Pierre et M-Claude - 27250 JUIGNETTES - Tél : 02 33 34 91 84

JUMELLES

C.M. 55 Pli 17

5 ch. Daniel et Jacqueline ont restauré pour vous cette ancienne bergerie en créant 5 ch. confortables. R.d.c. : 1 ch. (2 lits 1 pers.), s.d.b. et wc privés. 1 ch. (1 lit 2 pers.), s. d'eau et wc privés. Salon, cheminée et kitchenette. Etage : 1 ch. (1 lit 2 pers. 1 lit 1 pers.). 1 ch. (2 lits 1 pers.). 1 ch. (1 lit 2 pers. 1 lit 1 pers.), coin-salon, s. d'eau, wc privés. Vous goûterez au plaisir d'un petit déjeuner gourmand dans la salle de séjour qui vous est réservée. Parc ombragé, salon de jardin. Langue parlée : anglais.

Prix : 1 pers. **200 F** 2 pers. **250/270 F** 3 pers. **320/340 F**

Ouvert : toute l'année.

4	14	10	15	15	10	45	115	14	4

POITRINEAU Daniel et Jacqueline - Ferme de la Huguenoterie - 27220 JUMELLES - Tél : 02 32 37 50 06 - Fax : 02 32 37 83 36 - E-mail : jpoitrineau@hotmail.com - http://www.chez.com/huguenoterie

LA LANDE-SAINT-LEGER

C.M. 55 Pli 4

1 ch. **Honfleur et le Pont de Normandie à 30 mn.** Francis et Thérèse ont aménagé une chambre familiale est aménagée à l'étage de leur maison à colombages de construction récente, située sur un terrain de 6000 m². 1 ch. (1 lit 2 pers.), 1 ch. (2 lits 1 pers.), salle d'eau et wc privés. Salon réservé aux hôtes en mezzanine, véranda. Proximité de la côte Normande. Maison de style normand aménagée dans un village rural. Présence de moutons, poules et lapins. Propriété calme, repos assuré. Langues parlées : espagnol, anglais.

Prix : 1 pers. **180 F** 2 pers. **210 F** 3 pers. **270 F** pers. sup. **60 F**

Ouvert : toute l'année.

5	15	0,5	20	10	25	15	5

FORTIER Thérèse et Francis - 27210 LA LANDE-SAINT-LEGER - Tél : 02 32 57 15 92

LERY

C.M. 55 Pli 7

2 ch. **Rouen 25 km. Château Gaillard aux Andelys 20 km. Giverny 35 km.** Bernard et Catherine vous accueillent dans leur belle maison, située en bordure de village, dans un grand jardin ombragé et calme. 2 chambres au r.d.c. avec accès extérieur (1 lit 160 ou 2 lits 1 pers.), sanitaires attenants et privatifs. Grand séjour où vous sera proposé le petit déjeuner gourmand. Parking privatif. Situation exceptionnelle par sa proximité de la base de loisirs nautiques de Léry-Poses (téléski nautique, plage...). Langue parlée : anglais.

Prix : 1 pers. **200 F** 2 pers. **240 F**

Ouvert : toute l'année.

2	1	1	2	0,5	1	2	100	2	2

OISEL Bernard et Catherine - 43 ter, rue de Verdun - 27690 LERY - Tél : 02 32 59 45 66

LIEUREY Les Hauts Vents

C.M. 55 Pli 14

2 ch. **Honfleur 25 km. Le Bec Hellouin 15 km.** Corinne et Valéry vous accueillent dans leur grande maison normande. 2 grandes chambres à l'étage (1 lit 2 pers., 1 lit 1 pers.) ; couchage d'appoint possible pour 2 pers. (1 convertible). Sanitaires privés. Accès aux chambres par un escalier extérieur. Corinne et Valéry vous accueillent dans leur grande maison normande. Vous apprécierez les jardins avec les animaux. Randonnées pédestres, VTT et équestres (sur réservation) à proximité immédiate. Langue parlée : anglais.

Prix : 1 pers. **220 F** 2 pers. **250 F** 3 pers. **325 F**

Ouvert : toute l'année.

1	14	6	25	4	2	14	30	18	1

ANGEVIN CORINE ET CANTAYRE VALERY - Les Hauts Vents - 27560 LIEUREY - Tél : 02 32 57 99 27

LIVET-SUR-AUTHOU Le Moulin-Ponchereux

C.M. 231 Pli 21

E.C. 3 ch. **L'Abbaye du Bec-Hellouin 5 km** Au cœur d'une vallée protégée le Moulin Poncheruex est une étape privilégiée en pays de Risle, restaurée avec passion, cette grande bâtisse vous réservera un accueil authentique. Au r.d.c. 2 ch. (1 lit 2 pers. par chambre) avec sanitaires privatifs. A l'étage, 1 ch. (1 lit 2 pers. et 1 lit 1 pers.) avec sanitaires privatifs. Accès indépendant aux chambres. Le charme d'un moulin, un environnement privilégié. Tout concourt à faire de cette halte une étape de choix. Passionnés de moulins, Yvette et Francis vous proposent également des stages de peintures (huile, aquarelles) et surtout une vraie détente. Langue parlée : anglais.

Prix : 1 pers. **230 F** 2 pers. **260 F** 3 pers. **300 F**

Ouvert : toute l'année

4	15	5	20	4	SP	45	5

MASCART Francis et Yvette - rue de la vallée - 27800 LIVRET-SUR-AUTHOU. - Tél : 02 32 43 11 95

LONGCHAMPS

C.M. 55 Pli 8

4 ch. **Gisors 16 km. Abbaye de Mortemer 15 km.** Reine a aménagé 4 ch. dans une construction ancienne à proximité de son habitation. Salle de détente, kitchenette réservées aux hôtes et 1 ch. au r.d.c. (1 lit 2 pers. 1 lit 1 pers.). A l'étage : 1 ch. (1 lit 2 pers. 1 lit 1 pers.). 1 ch. (1 lit 2 pers.). 1 ch. (1 lit 1 pers.). Chaque chambre dispose de sanitaires attenants et privatifs. Vous apprécierez le calme de la propriété ainsi que le jardin fleuri.

Prix : 1 pers. **150/170 F** 2 pers. **210 F** 3 pers. **280 F**

Ouvert : toute l'année.

3	3	3	8	80	16

THIBERT Reine - Route Principale - 27150 LONGCHAMPS - Tél : 02 32 55 54 39 - Fax : 02 32 27 59 60

LORLEAU Saint-Crespin *C.M. 55 Pli 8*

2 ch. **Lyons-la-Forêt 5 km.** M-Christine et J-Michel vous accueillent au cœur de la forêt de Lyons. Les ch. sont aménagées à l'étage d'une ancienne charretterie normande. 1 ch. familiale (1 lit 2 pers. 2 lits 1 pers.), 1 suite (2 lits 2 pers.), s. d'eau et wc privés. Kitchenette. Séjour avec cheminée pour le petit déjeuner. Loc. vélos sur place. La ferme est en activité et vous découvrirez la vie quotidienne d'un élevage laitier. Proximité immédiate de la forêt de Lyons : très belles halles du XVIIIe et maisons anciennes.

Prix : 1 pers. **180/190 F** 2 pers. **240/250 F** 3 pers. **310/340 F** pers. sup. **40 F**

Ouvert : toute l'année.

2	4	2	30	2	SP	20	80	30	5

PARIS M-Christine J-Michel - 3 rue Saint-Crespin - Hameau Saint-Crespin - 27480 LORLEAU - Tél : 02 32 49 62 22

LORLEAU Hameau-Saint-Crespin *C.M. 55 Pli 8*

E.C. 2 ch. **Lyons-La-Forêt 4 km. Rouen 32 km.** Jeanine et Marcel vous proposent 2 ch. qu'ils ont aménagées dans un bâtiment annexe à leur habitation, sur leur grande propriété : 1 ch. au r.d.c. (1 lit 2 pers) avec salle de bains et wc attenants, 1 ch. à l'étage, accessible par un escalier de meunier extérieur (1 lit 2 pers. et 1 lit 1 pers.) avec salle d'eau et wc attenants. Séjour avec cheminée. Jolie propriété située dans un hameau au cœur de la forêt de Lyons (hétraie remarquable). Grand jardin joliment entretenu avec un séquoia centenaire. Initiation à l'art floral. Jeux d'enfants. A deux pas du charmant village de Lyonsla Forêt, avec sa célèbre halle médiévale.

Prix : 1 pers. **200 F** 2 pers. **240 F** 3 pers. **310 F**

Ouvert : toute l'année

2	4	2	30	2	SP	80	20	30	5

LECOMTE Jeanine et Marcel - 9 hameau Saint-Crespin - « Le Séquoia » - 27480 LORLEAU - Tél : 02 32 48 13 37

MAINNEVILLE *C.M. 55 Pli 8*

5 ch. **Forêt de Lyons 20 km.** Jean-Claude et Jeanine vous accueillent dans leur propriété où 5 ch. ont été aménagé dans un agréable corps de ferme entouré d'un parc verdoyant et arboré. Chaque ch. est équipée d'une s. d'eau/wc privés. 2 ch. (1 lit 2 pers.). 3 ch. (1 lit 2 pers. 1 lit 1 pers.). Salle de séjour avec cheminée réservée aux hôtes. Coin-cuisine pour 2 chambres. Giverny avec le musée de Claude Monet et le musée de l'impressionnisme Américain à 40 km. Circuits pédestres et cyclistes dans la très jolie vallée de la Lévrière. Site protégé. Parking privé.

Prix : 1 pers. **200 F** 2 pers. **230 F** 3 pers. **300 F**

Ouvert : toute l'année.

10	10	10	6	5	20	80	15	10

MARC J-Claude et Jeannine - Ferme Sainte-Genevieve - 27150 MAINNEVILLE - Tél : 02 32 55 51 26

MANTHELON *C.M. 55 Pli 16*

4 ch. Daniel et Annick ont créé 4 ch. confortables dans leur ferme. 2 ch. (1 lit 2 pers. dans chaque ch.), s. de bains privée (bain balnéo et wc). 2 autres ch. (1 lit 2 pers. dans chaque ch.) avec s. d'eau (douche massante, wc privés). Poss. 3e pers. ds petite ch. attenante. Grand salon avec cheminée. Vous dégusterez les confitures maison dont le choix vous laissera rêveur. Cuisine à disposition des hôtes. Salle de billard et de musculation. Balançoires. Vélos. Salon de jardin. Restaurant à 6 km. Vente de foie gras de canard de la ferme. Circuits de randonnées pédestres sur la commune. Langues parlées : anglais, allemand.

Prix : 1 pers. **230/250 F** 2 pers. **260/280 F** 3 pers. **310/330 F**

Ouvert : toute l'année.

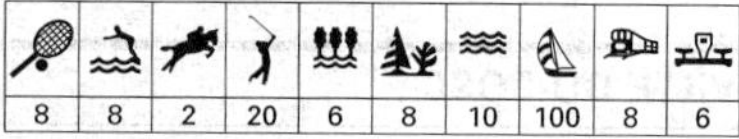

8	8	2	20	6	8	10	100	8	6

GARNIER Daniel et Annick - Le Nuisement - 27240 MANTHELON - Tél : 02 32 30 96 90

MARTAGNY La Rouge Mare *C.M. 55 Pli 8*

3 ch. **Forêt de Lyons 300 m. Abbaye de Mortemer 7 km. Rouen 50 km.** Jacques et M.France ont aménagé 3 chambres dans une construction indépendante, à proximité leur maison. Salle de détente avec coin-kitchenette réservée aux hôtes. 1 ch. au r.d.c. (1 lit 2 pers. 1 lit 1 pers.), s. d'eau et wc attenants. 2 ch. à l'étage (1 lit 2 pers. 1 lit 1 pers. ou 2 lits 2 pers.), salle d'eau et wc privés communicants pour chaque chambre. Très beau jardin fleuri.

Prix : 1 pers. **180 F** 2 pers. **210 F** 3 pers. **280 F** pers. sup. **70 F**

Ouvert : toute l'année.

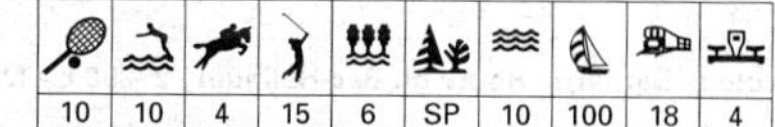

10	10	4	15	6	SP	10	100	18	4

LAINE Jacques et M-France - 21 rue de la Chasse - La Rouge Mare - 27150 MARTAGNY - Tél : 02 32 55 57 22 - Fax : 02 32 55 14 01

MARTAINVILLE *C.M. 55 Pli 4*

2 ch. **Paris 170 km. Honfleur 20 km. Deauville 35 km.** Jacques et Odette vous ouvrent les portes de leur petite maison normande. Les 2 chambres sont aménagées au rez-de-chaussée. 1 chambre (1 lit 2 pers. 1 lit 1 pers.), salle de bains et wc privés avec accès indépendant. 1 chambre (1 lit 2 pers.) avec salle d'eau et wc particuliers. Salle de séjour à la disposition des hôtes. Parking. Maison chaleureuse, par l'accueil qui vous sera réservé ainsi que par la décoration, située dans un très beau jardin fleuri. L'âne, les poules et la basse-cour vous feront bon accueil dans une ambiance champêtre.

Prix : 1 pers. **200 F** 2 pers. **230 F** 3 pers. **270 F**

Ouvert : toute l'année.

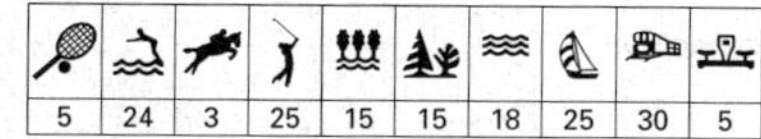

5	24	3	25	15	15	18	25	30	5

BOUTEILLER Jacques et Odette - Par Beuzeville - 27210 MARTAINVILLE-EN-LIEUVIN - Tél : 02 32 57 82 23

MESNIL-VERCLIVES

C.M. 55 Pli 7/8

1 ch. **Lyons-la-Forêt 12 km. Giverny 35 km. Les Andelys 10 km.** Guy et Simone ont aménagé 1 chambre ds leur grande maison à proximité de la ferme. Elle est située au 1er étage, l'accès est indépendant. Chambre pour 2 pers. (1 lit 2 pers.), salle de bains et wc privés. Salle de séjour. Salon de jardin. Etrepagny, Fleury-sur-Andelle 12 km. Forêt de Lyons 3 km, plus belle hêtraie d'Europe. Château-Gaillard 10 km. Restaurant 8 km.

Prix : 1 pers. **180 F** 2 pers. **220 F**

Ouvert : toute l'année.

SP	12	8	25	15	3	30	80	25	3

MARC Guy et Simone - 1 rue du Mesnil - 27440 MESNIL-VERCLIVES - Tél : 02 32 69 41 86

MEZIERES-EN-VEXIN Hameau de Surcy

C.M. 55 Pli 18

4 ch. **Les Andélys 12 km. Paris 80 km.** Simone a aménagé 4 chambres à l'étage de sa maison de maître en pierre de Vernon. 1 ch. 1 pers., 1 ch. (2 lits 1 pers.), 1 ch. (1 lit 2 pers.). 1 ch. (1 lit 2 pers. 1 lit 1 pers.). Chaque chambre avec salle d'eau et wc privés. Salon réservé aux hôtes au rez-de-chaussée avec piano. Petit coin-kitchenette à disposition. Château Gaillard à 12 km, Giverny avec le musée Claude Monet et musée Américain de l'Impressionnisme à 15 km. Possibilité de louer des VTT. Cidre fermier sur place. Tarifs dégressifs selon la durée du séjour.

Prix : 1 pers. **160/210 F** 2 pers. **200/270 F** 3 pers. **300/320 F**

Ouvert : 31 mars au 1er novembre

SP	12	4	20	12	1	12	120	12	2,5

VARD Simone - 29 rue de l'Huis - Hameau de Surcy - Cidex 4 - 27510 MEZIERES-EN-VEXIN - Tél : 02 32 52 30 04 - Fax : 02 32 52 28 77

MISEREY La Passée d'Août

TH *C.M. 55 Pli 17*

3 ch. **Rouen 70 km. Giverny 25 km. Evreux 10.** Didier, Yvette et Viviane ont aménagé dans une ancienne grange en pierre de pays contigüe à la maison, 3 ch. situées à l'étage : 1 ch. (2 lits 1 pers.), 1 ch. (1 lit 2 pers.), 1 ch. (3 lits 1 pers.), poss. lit bébé. Salles d'eau et wc privatifs. Vous apprécierez la salle de séjour avec TV et cheminée, la terrasse et le jardin fleuri. Table d'hôtes sur réservation. Vous ne résisterez pas à goûter les confitures maison aux mélanges surprenants mais délicieux ; c'est la nouvelle activité que Viviane a créé pour son plaisir et le vôtre. A moins d'1 heure de Paris et à proximité des vallées d'Eure et de la Seine. Langue parlée : anglais.

Prix : 1 pers. **200 F** 2 pers. **250 F** 3 pers. **320 F** pers. sup. **50 F** repas **85 F**

Ouvert : toute l'année.

10	10	5	10	8	120	10	5

BERTOUT Didier, Yvette et Viviane - La Passée d'Août - 1 rue du Stade - 27930 MISEREY - Tél : 02 32 67 06 24 - Fax : 02 32 34 97 95 - E-mail : passeedaout@wanadoo.fr - http://www.ifrance.com/passeedaout

LA NEUVILLE-DU-BOSC

TH *C.M. 55 Pli 15*

3 ch. **Champ de Bataille (château et golf) 4 km.** Nicole et Bernard ont aménagé 3 chambres aménagées dans leur grande maison bourgeoise. 1e étage : 1 ch. (1 lit 2 pers.). 2e étage : 1 ch. (1 lit 2 pers. et 1 lit d'appoint 1 pers.), 1 ch. (2 lits 1 pers.). Salle de douche, wc attenants et privatifs. Salle à manger et salon au r.d.c. avec cheminée où vous apprécierez l'accueil des propriétaires. Maison située dans un village très fleuri avec grand jardin et parking fermé, à proximité du château et de l'arboretum d'Harcourt, de l'abbaye du Bec Hellouin, du château et du golf du Champ de Bataille. Langues parlées : anglais, espagnol.

Prix : 1 pers. **260 F** 2 pers. **290 F** repas **100 F**

Ouvert : toute l'année.

7	8	5	5	4	1	7	70	20	3

WILKIE Nicole et Bernard - Route du Bec-Hellouin - 27890 LA NEUVILLE-DU-BOSC - Tél : 02 32 46 53 40 - Fax : 02 32 46 53 40

NOJEON-EN-VEXIN

C.M. 55 Pli 8

5 ch. Jules et M.Louise ont aménagé 5 ch. ds leur corps de ferme typique du Vexin Normand. 4 ch. ds un bât. : r.d.c., 1 ch. 3 épis (1 lit 2 pers.), sanitaires privés. Etage : 1 ch. (1 lit 2 pers.), sanitaires privés. 2 ch. 1 épi (2 lits 2 pers. 1 lit 1 pers.), sanitaires communs. 1 ch. à l'ét. de la maison propr. (1 lit 2 pers. 2 lits 1 pers.), s. d'eau, wc privés. Salle de détente à la disposition des hôtes. Garage, jardin, terrain. Rivière à 6 km. Produits fermiers à 5 km. Restaurant 5 km. Base ULM à 12 km, cours et baptêmes de l'air. Tarif 4 pers. : 305 F.

Prix : 1 pers. **125/185 F** 2 pers. **165/200 F** 3 pers. **215/260 F**

Ouvert : toute l'année.

7	7	12	18	6	4	90	16	6

DELEU Jules et M-Louise - 27150 NOJEON-EN-VEXIN - Tél : 02 32 55 71 03 - Fax : 02 32 55 71 03

NOTRE-DAME-DE-L'ISLE Pressagny Le Val (TH) *C.M. 55 Pli 17*

4 ch. **Giverny, musée C. Monet et Américain 12 km. Vernon, les Andelys 10 km** Nanou et J.Luc vous accueillent ds une ancienne ferme. 3 ch. sont aménagées à l'ét. avec accès indép. 1 ch. est située ds un ancien colombier (de plain-pied). 2 ch. (2 lits 1 pers. chacune), 2 ch. (1 lit 2 pers.), s. d'eau et wc attenants et privatifs. Salon d'accueil avec biblio. réservé aux hôtes. Pts-déjeuners, table d'hôtes servis ds le grand séjour avec cheminée. Site remarquable dominant la vallée de la Seine, dans un vallon encaissé entre les forêts de Vernon et des Andelys. Belle propriété en partie boisée, relais équestre avec carrière. Langue parlée : anglais.

Prix : 1 pers. **220 F** 2 pers. **270 F** repas **110 F**

Ouvert : toute l'année.

4,5	10	10	10	8	SP	120	4	10	3

DAUCHY ET DESWARTE Anne et Jean-Luc - 14 rue de Mezières - Pressagny Le Val - 27940 NOTRE-DAME-DE-L'ISLE - Tél : 02 32 52 64 01 - Fax : 02 32 77 47 30 - E-mail : jeanluc.deswarte@free.fr - http://www.multimania.com/auchampdurenard

PLASNES (TH) *C.M. 231*

E.C. 3 ch. **Abbaye du Bec-Hellouin 15 km. Abbatiale de Bernay 6 km.** Très grande demeure que cette maison du 19e s. mêlant la brique et le bois. Chambres confortables, très grand jardin et accueil chaleureux pour cette étape à proximité de Bernay. Au 1er étage : 2 ch. dont une familiale (1 lit 2 pers. et 1 lit 1 pers. par chambre, sanitaires privatifs). Au 2e étage 1 ch. familiale (1 lit 2 pers. 2 lits 1 pers.). Sanitaires privatifs. A proximité de Bernay (Abbatiale, musée...), une très belle étape dans cette grande demeure où Annie et Denis vous réserveront un accueil très chaleureux. Langues parlées : anglais, allemand.

Prix : 1 pers. **230 F** 2 pers. **280 F** 3 pers. **350 F** pers. sup. **100 F** repas **110 F**

Ouvert : toute l'année.

6	6	8	25	10	1	45	10	6	6

HARDY Annie et Denis - 17 rue du Bas Gruchet - 27300 PLASNES - Tél : 02 32 45 87 16 ou 06 17 87 46 13

PONT-SAINT-PIERRE Le Cardonnet (TH) *C.M. 55 Pli 7*

4 ch. **Rouen 25 km. Lyons-la-Forêt 25 km.** Eliane et Emmanuel vous accueillent dans un bâtiment annexe de la ferme, à proximité de leur maison. 1 ch. au r.d.c. accessible à tous (1 lit 2 pers. 1 lit 1 pers.) et 3 ch. à l'étage dont 1 suite familiale (2 lits 2 pers. dont 1 lit 160x200 de relaxation et 4 lits 1 pers. 90x200), sanitaires privés attenants (2 s. d'eau, 2 s.d.b. avec balnéo). Lit enfant sur demande. Grand séjour avec cheminée. Calme, détente, à proximité de Rouen, de la Vallée de la Seine, Lyons la Forêt. En bordure de forêt (randonnées sur place). Vous apprécierez le petit déjeuner et la table d'hôtes servis chez les propriétaires. 50 F/repas - 12 ans. Langues parlées : anglais, allemand.

Prix : 1 pers. **220 F** 2 pers. **240/270 F** 3 pers. **300/330 F** pers. sup. **60 F** repas **85 F**

Ouvert : toute l'année.

5	5	SP	25	5	SP	25	100	25	5

THIBERT Eliane et BOQUET Emmanuel - Le Cardonnet - 27380 PONT-SAINT-PIERRE - Tél : 02 35 79 88 91 - Fax : 02 35 79 88 91 - E-mail : emmanuel.eliane@voonoo.net - http://www.ticketvert.com

LES PREAUX Prieuré des Fonatines (TH) *C.M. 55 Pli 4*

5 ch. **Honfleur 23 km. Pont Audemer 5 km.** Jacques et M.Hélène ont restauré et agrandi cette demeure dont les origines remonteraient à l'Abbaye des Préaux. 5 ch. avec tél. R.d.c. : 1 ch. (1 lit 2 pers., 1 lit 1 pers.). Etage : 1 ch. (2 lits jumeaux), 1 ch. (1 lit 2 pers.), 1 ch. (1 lit 2 pers. 1 lit 1 pers.), 1 ch. familiale (1 lit 2 pers. 2 lits 1 pers. dans ch. attenante). S.d.b. et wc privés pour chacune. Salon avec cheminée et TV. Parc de 5 ha. Vélos sur place. Grand jardin, salon de jardin, piscine couverte et chauffée sur place. Tarifs été et morte saison. Langues parlées : anglais, espagnol, allemand.

Prix : 1 pers. **320 F** 2 pers. **360/420 F** 3 pers. **480/540 F** pers. sup. **120 F** repas **150 F**

Ouvert : toute l'année.

5	SP	3	15	5	SP	5	25	23	5

DECARSIN Jacques et M-Hélène - Prieuré des Fontaines - Route de Lisieux - 27500 LES PREAUX - Tél : 02 32 56 07 78

PRESSAGNY-L'ORGUEILLEUX *C.M. 55 Pli 17*

2 ch. **Vernon 5 km. Giverny 15 km.** Mme de Prémonville vous accueille chaleureusement dans sa propriété et vous propose 2 suites récemment aménagées, chacune composée de 2 ch. communicantes, avec s. d'eau ou s.d.b. et wc privés. L'une au 1er étage (2 lits 2 pers.) dont 1 lit 160, l'autre au 2e étage (2 lits 2 pers. dont 1 lit 160). Coin-détente privé au 1er et mezzanine avec TV/jeux enfants au 2e. Salon et salle à manger avec chaminée. Maison bourgeoise située sur une belle propriété à proximité immédiate de la Seine, dans un charmant petit village. Promenades sur les chemins de halage à moins de 100 m.

Prix : 1 pers. **210 F** 2 pers. **260 F** 3 pers. **330 F** pers. sup. **60 F**

Ouvert : toute l'année.

SP	5	4	10	5	5	95	5	SP

de PREMONVILLE France - 8 rue Robert Connan - 27510 PRESSAGNY-L'ORGUEILLEUX - Tél : 02 32 21 20 14 - Fax : 02 32 21 23 69 - http://www.givernet.com

PUCHAY *C.M. 55 Pli 8*

2 ch. **Rouen 35 km. Abbaye de Mortemer 5 km. Les Andélys 15 km.** Norbert et Madeleine ont aménagé 2 ch. au 1er et. de la maison, située dans le village. 1 chambre (1 lit 2 pers. et 2 lits 1 pers.) avec salle d'eau et wc privés. Coin-salon aménagé dans la chambre, 1 ch. (1 lit 2 pers.), salle d'eau et wc privés. TV et bibliothèque dans le salon des propriétaires. 4 bicyclettes à louer. Lyons-la-Forêt 9 km, la plus belle hêtraie d'Europe. Château de Vascoeuil 20 km. Langue parlée : anglais.

Prix : 1 pers. **220 F** 2 pers. **280 F** 3 pers. **380 F** pers. sup. **100 F**

Ouvert : toute l'année.

8	8	2	26	5	28	100	20	SP

DECEUNINCK Norbert et Madeleine - 14 rue Gosse - 27150 PUCHAY - Tél : 02 32 55 73 55

QUITTEBEUF Escambosc *C.M. 55 Pli 16*

1 ch. **Abbaye de Bec Hellouin 30 km. Giverny 50 mn. Evreux 18 km.** Françoise a aménagé pour vous 1 chambre dans une petite maison normande, à la campagne, située à proximité de sa maison à colombages. 1 ch. (1 lit 2 pers. 1 lit bébé), salle d'eau et wc privés. Petit salon et cuisine réservés aux hôtes. Château du Champ de Bataille 8 km. Château d'Harcourt et arborétum 20 km. A proximité de la Vallée de l'Oison et de nombreux sites touristiques. Langues parlées : anglais, portugais, espagnol.

Prix : 1 pers. **180 F** 2 pers. **220 F**

Ouvert : toute l'année.

5	12	6	8	4	30	100	12	1

MOREIRA Françoise - Escambosc - 27110 QUITTEBEUF - Tél : 02 32 34 04 58

REUILLY Clair Matin *C.M. 55 Pli 17*

3 ch. Jean-Pierre et Amaïa ont créé 3 chambres dans une aile indép. de leur maison. Propriété arborée et fleurie, entourée de haies vives, où vous retrouverez l'ambiance paisible d'autrefois. 1 ch. familiale avec mezzanine (2 lits 1 pers. au r.d.c. et 2 lits 1 pers. à l'étage), 1 ch. (1 lit 2 pers.), et 1 chambre 2 pers. à l'étage. Toutes avec sanitaires privés. Parking voitures à l'intérieur de la propriété. Accès à 2 chambres par l'intérieur et l'extérieur. Grand séjour aux notes espagnoles, avec cheminée. Vallées de l'Eure et de la Seine. Jardin Claude Monet (Giverny). Château-Gaillard (les Andelys). Rouen. Langues parlées : anglais, italien, espagnol.

Prix : 1 pers. **220/270 F** 2 pers. **270/320 F** 3 pers. **320 F** pers. sup. **50 F**

Ouvert : toute l'année.

SP	10	3	10	5	SP	25	100	10	5

TREVISANI J-Pierre et Amaïa - 19 rue de l'Eglise - 27930 REUILLY - Tél : 02 32 34 71 47 - Fax : 02 32 34 97 64

ROSAY-SUR-LIEURE Le Clos du Moulin *C.M. 55 Pli 7*

1 ch. **Lyons-la-Forêt 4 km. Rouen 30 km. Giverny 40 km.** Caroline et Stéphane vous accueillent dans leur grande maison d'architecte surplombant la vallée de Lieure. Suite familiale avec entrée indép. et parking couvert. 1 lit 2 pers. au r.d.c. 2 lits 1 pers. à l'étage, s.de bains et wc privatifs attenants. Les petits déjeuners sont servis dans le salon d'où la vue est exceptionnelle. Idéal pour une famille. Au cœur de la forêt de Lyons, vous aurez de nombreux sites à visiter : abbayes et châteaux, Lyons la Forêt, un des plus beaux villages de France, randonnées pédestres et équestres.. Langue parlée : anglais.

Prix : 1 pers. **250 F** 2 pers. **300 F** 3 pers. **370 F** pers. sup. **70 F**

Ouvert : toute l'année.

0,3	4	3	20	0,2	80	20	30	4

LANGANAY Stéphane et Caroline - Le Clos du Moulin - 12 Cote du Château - 27790 ROSAY-SUR-LIEURE - Tél : 02 32 49 85 38 - Fax : 02 32 49 27 33 - E-mail : famille.langanay@wanadoo.fr

ROUGEMONTIERS *C.M. 55 Pli 5*

1 ch. 1 chambre d'hôtes dans une ancienne ferme située dans le village. 1 chambre familiale composée de 2 ch. (1 lit 2 pers. dans l'une, 2 lits 1 pers. dans l'autre), lavabo dans chaque chambre, douche au rez-de-chaussée et wc privés. Kitchenette à disposition des hôtes et petits déjeuners servis dans la salle à manger des propriétaires. Terrain clos. Rivière 10 km. Produits fermiers, restaurant sur place.

Prix : 1 pers. **150 F** 2 pers. **200 F**

Ouvert : toute l'année.

3	10	12	50	10	17	35	40

MASSELIN Odette - 27350 ROUGEMONTIERS - Tél : 02 32 57 32 54

SAINT-AUBIN-LE-GUICHARD Le Val *C.M. 55 Pli 15*

3 ch. **Château de Beaumesnil 2 km. Musée et abbatiale de Bernay 15 km.** Michel et Mauricette vous réservent un accueil chaleureux dans cette ancienne demeure de caractère du 16e s. 1er étage : 1 ch. familiale (1 lit 2 pers.) et 1 ch. attenante (1 lit 1 pers.), sanitaires privés, 2 ch. (1 lit 2 pers. chacune), sanitaires privés attenants. Salon avec cheminée et salle à manger à disposition communs avec les propriétaires. Salon de jardin. Vous apprécierez le confort des chambres, leurs volumes ainsi que la vue sur le très beau pigonnier du 16e s. Environnement calme au cœur du Pays d'Ouche. Vente de cidre sur place.

Prix : 1 pers. **265 F** 2 pers. **295 F** 3 pers. **395 F**

Ouvert : toute l'année.

2	15	3	25	9	SP	9	60	15	2

PARENT Michel et Mauricette - Le Val - 27410 SAINT-AUBIN-LE-GUICHARD - Tél : 02 32 44 41 04 - Fax : 02 32 45 36 50

SAINT-CLAIR-D'ARCEY Le Plessis  *C.M. 55 Pli 15*

3 ch. **Château de Beaumesnil 15 km. Bernay 7 km.** Antoine et Henri ont aménagé 3 ch. confortables à l'étage de leur propriété. 2 ch. 3 pers. (1 lit 2 pers. 1 lit 1 pers.), 1 ch. (1 lit 2 pers.). Sanitaires privatifs à chaque chambre. Salon à disposition des hôtes. Chiens acceptés en laisse ds le parc où paons et canards sont en liberté. Table d'hôtes sur réservation. Les chambres sont aménagées à l'étage d'une gentilhommière en brique et colombages dont la reconstruction date du XVIIIe siècle. Grand parc de 5 ha. avec bois. Site particulièrement calme et reposant. Ateliers de sculpture dans la propriété. Langues parlées : anglais, espagnol.

Prix : 1 pers. **270/310 F** 2 pers. **300/340 F** 3 pers. **360/400 F** repas **90 F**

Ouvert : du 30 janvier au 15 décembre

7	7	4	8	6	SP	20	60	7	7

GOUFFIER ET RODRIGUEZ Antoine et Henri - Le Domaine du Plessis - 27300 SAINT-CLAIR-D'ARCEY - Tél : 02 32 46 60 00

SAINT-CYR-LA-CAMPAGNE *C.M. 55 Pli 6/16*

4 ch. **Elbeuf 4 km. Rouen 25 km.** Mlle Debarre est chargée au nom de la commune de St-Cyr-la-Campagne de l'accueil des 4 ch. d'hôtes aménagées aux 1er et 2e étages d'une maison en brique, rénovée de façon contemporaine. 2 ch. (1 lit 2 pers.) 1 ch. (1 lit 2 pers.) et 1 ch. (2 lits 1 pers.). S. de bains et wc privés pour chaque ch. Poss. lit supp. à la demande. Petit salon aménagé dans une véranda. Salle pour petit déjeuner à l'étage avec TV. Ouvert toute l'année. Restaurants 4 km. Dans la très belle vallée de l'Oison, nombreux sentiers de randonnée. 4 garages fermés à la disposition des hôtes. Langue parlée : anglais.

Prix : 1 pers. **180 F** 2 pers. **210 F** 3 pers. **270 F**

Ouvert : toute l'année.

SP	7	10	15	5	SP	20	80	8	4

MAIRIE DE SAINT-CYR-LA-CAMPAGNE Mlle Debarre - 27370 SAINT-CYR-LA-CAMPAGNE - Tél : 02 35 81 90 98 - Fax : 02 35 87 80 86

SAINT-DENIS-LE-FERMENT *C.M. 55 Pli 8*

4 ch. **Gisors 6 km. Lyons-la-Forêt 18 km. Paris 85 km. Etrepagny 6 km.** Gérard et M.José vous accueillent dans leur propriété boisée et fleurie dans la vallée de la Lévrière. 4 chambres d'hôtes spacieuses.3 ch. 2 pers. 1 ch. 3 pers., salle d'eau et wc privés pour chaque chambre. Séjour avec cheminée. Salon particulier et coin-cuisine réservés aux hôtes. Restaurant 500 m. Ball-trap 4 km. Salon de jardin. Parking. Ouvert toute l'année.

Prix : 1 pers. **190 F** 2 pers. **220 F** 3 pers. **300 F**

Ouvert : toute l'année.

6	6	2	18	1	0,5	12	100	7

BOURILLON-VLIEGHE Gérard et Marie-José - 29 rue de Saint-Paer - 27140 SAINT-DENIS-LE-FERMENT - Tél : 02 32 55 27 86

SAINT-DENIS-LE-FERMENT *C.M. 55 Pli 8*

2 ch. Madeleine a créé 2 ch. de caractère aménagées sur une propriété typiquement normande. 1 ch. de plain-pied dans un ancien fournil, à proximité de la maison de la prop.(1 lit 2 pers.), s. d'eau et wc privés. Coin-kitchenette. 1 ch. à l'étage de la maison (1 lit 2 pers. 1 lit 1 pers.), salle d'eau et wc privés. Poss. 1 lit 1 pers. suppl. Salon avec cheminée à disposition des hôtes dans la maison à colombages de la propriétaire. Accueil discret et chaleureux. Parking, salon de jardin. Restaurant, pêche en étang, (planche à voile 8 km). Initiation parapente et ULM à proximité. Langue parlée : anglais.

Prix : 1 pers. **210 F** 2 pers. **250/280 F** 3 pers. **320 F**

Ouvert : toute l'année.

6	6	2	15	1	0,5	8	100	7	5

ROUSSEAU Madeleine - 8 rue des Gruchets - 27140 SAINT-DENIS-LE-FERMENT - Tél : 02 32 55 14 45

SAINT-DIDIER-DES-BOIS Le Vieux Logis *C.M. 55 Pli 16*

3 ch. **Elbeuf 6 km. Rouen 25 km.** 3 ch. d'hôtes aménagées dans une belle propriété du XVIIe siècle, dans le centre du village, entourée d'un jardin clos. R.d.c. : belle salle de séjour avec cheminée réservée aux hôtes, 1 ch. (1 lit 2 pers.) avec sanitaires privés. 2 ch. 3 pers. à l'étage avec s. d'eau et wc attenants. Téléphone dans chaque chambre. 3 chambres d'hôtes aménagées dans une maison indépendante, située à l'entrée de la propriété. Au cœur de la vallée de l'Oison : commune entourée de bois. Langue parlée : anglais.

Prix : 1 pers. **230 F** 2 pers. **260 F** 3 pers. **300/320 F**

Ouvert : toute l'année.

0,8	10	10	25	10	SP	10	80	15	10

AUZOUX Annick - Le Vieux Logis - 1 Place de l'Eglise - 27370 SAINT-DIDIER-DES-BOIS - Tél : 02 32 50 60 93 ou 06 70 10 35 76 - Fax : 02 32 25 41 83

SAINT-ELOI-DE-FOURQUES Manoir d'Hermos  *C.M. 55 Pli 15*

2 ch. **Abbaye de Bec Hellouin 5 km.** Patrice et Betty ont aménagé 2 ch. de caractère au 1er ét. d'un beau manoir du 16e, en brique et pierre, ancien pavillon de chasse Henri IV. 1 ch. (1 lit 2 pers. 2 lits 1 pers.), petit salon dans la ch., s.d.b. et wc privés communicants. 1 ch. (1 lit 2 pers. 1 lit 1 pers.), s. d'eau et wc privés. Salon, cheminée réservés aux hôtes. Loc. de VTT sur place. Manoir dans un parc de 10 ha. aux essences variées et ses allées forestières. Joueurs confirmées : billard français sur demande. Belle perspective sur le plan d'eau et le parc ainsi que sur le verger. Poss. circuits organisés, accueil de cavaliers l'été, produits du terroir. Langue parlée : anglais.

Prix : 1 pers. **240/320 F** 2 pers. **270/350 F** 3 pers. **370/450 F**
pers. sup. **100 F**

2	10	8	8	10	SP	60	10	35	2

NOEL-WINDSOR Patrice et Béatrice - Manoir d'Hermos - 3 chemin Hermos - 27800 SAINT-ELOI-DE-FOURQUES - Tél : 02 32 35 51 32 - Fax : 02 32 35 51 32 - E-mail : manoirhermos@lemel.fr

SAINT-ETIENNE-L'ALLIER Le Bois Carré

C.M. 55 Pli 4/5

3 ch. **Honfleur 35 km. Rouen 50 km.** Annie a créé 2 ch. d'hôtes dans sa maison de maître du XIXe située à la campagne. 1 ch. (1 lit 2 pers.), salle de bains et wc privés au 1er étage. 1 ch. familiale (1 lit 2 pers.) au 1er étage et 1 ch. (2 lits 1 pers.) au 2e étage, s.d.b. et wc privés. Salle à manger, salon, TV et bibliothèque réservés aux hôtes. Sentiers de randonnée sur place. Ouvert toute l'année. Annie vous accueille dans sa belle propriété située sur un parc. Vous apprécierez le raffinement du petit déjeuner et le salon mis à votre disposition. Restaurants à 3 km. Langue parlée : anglais.

Prix : 1 pers. **230 F** 2 pers. **260 F** 3 pers. **320 F** pers. sup. **100 F**

4	4	12	25	10	SP	12	40	23	7

HAROU Annie - Le Bois Carré - 27450 SAINT-ETIENNE-L'ALLIER - Tél : 02 32 42 84 21

SAINT-GEORGES-DU-VIEVRE La Pommeraie

C.M. 55 Pli 15

3 ch. **Brionne 14 km. Abbaye du Bec-Hellouin 10 km.** Marie et Patrick vous accueillent dans leur très belle propriété du XIXe de style anglo-normand. 1 ch. aménagée à l'étage d'une annexe (1 lit 2 pers.) avec sanitaires privatifs et 2 ch. au r.d.c. d'une seconde annexe (1 lit 2 pers., 2 lits 1 pers.) avec sanitaires privatifs. Petit déjeuner servi dans une annexe de la maison. Salon à disposition des hôtes. Propriété située sur une commune rurale à 2 pas de la vallée de la Risle. Vous apprécierez le calme de cette maison. Accueil chevaux possible (8 boxes, paddocks, carrière, piste d'entrainement) dans la propriété.

Prix : 1 pers. **230 F** 2 pers. **260/270 F**

Ouvert : toute l'année.

0,5	0,5	SP	20	6	0,5	6	40	20	SP

BELACEL Marie et Patrick - La Pommeraie - 27450 SAINT-GEORGES-DU-VIEVRE - Tél : 02 32 42 53 92 -
E-mail : marie.belacel@wanadoo.fr

SAINT-GERMAIN-LA-CAMPAGNE

C.M. 55 Pli 14

5 ch. Bruno et Laurence vous ouvrent les portes de leur très grande maison bourgeoise. A l'étage : 1 suite de 2 ch. communicantes (1 lit 2 pers. 2 lits 1 pers.), s.d.b. et wc privés. 1 ch. (1 lit 2 pers.), s. d'eau et wc privés. 2e étage : 1 ch. (2 lits 1 pers.) et 1 suite de 2 ch. communicantes (1 lit 2 pers. 2 lits 1 pers.), sanitaires privés et communicants pour chaque Beau parc boisé. Billard français, tennis de table et baby-foot sont à la disposition des hôtes dans la salle qui leur est réservée. Sentier GR26 à 1,5 km. Restaurant 6 km. Location de vélos 6 km. Langue parlée : anglais.

Prix : 1 pers. **250 F** 2 pers. **280 F** 3 pers. **350 F** pers. sup. **70 F**

Ouvert : toute l'année.

1	16	3	40	6	SP	35	55	16	0,8

DE PREAUMONT Bruno et Laurence - Le Grand Bus - 27230 SAINT-GERMAIN-LA-CAMPAGNE - Tél : 02 32 44 71 14 -
Fax : 02 32 46 45 81

SAINT-GERMAIN-SUR-AVRE

C.M. 60 Pli 7

1 ch. **Nonancourt 4 km.** Olivier et José vous accueillent dans leur ancienne chaumière du 15e située au cœur de la Vallée de l'Avre, dans un grand jardin ombragé. Petite maison indép. aménagée en duplex. Salon avec cheminée, TV et kitchenette réservés aux hôtes au r.d.c. A l'étage : 1 ch. (1 lit 2 pers.), salle de bains et wc privatifs. Parking privé. Restaurants à proximité. Au cœur de la vallée de l'Avre, située entre les étangs et les bois, vous découvrirez cet ancien four à pain aménagé sur un grand jardin ombragé. Vous apprécierez le grand salon-barbecue d'été ainsi que l'atelier de poterie. Circuits vélos et pédestres à proximité, VTT à disposition. Langue parlée : anglais.

Prix : 1 pers. **230 F** 2 pers. **260 F**

Ouvert : toute l'année.

0,5	5	0,5	0,5	120	4	2

DEMORY Olivier - 20 rue de Monthule - La Ranconniere - 27320 SAINT-GERMAIN-SUR-AVRE - Tél : 02 32 60 10 10 -
Fax : 02 32 60 08 84

SAINT-GREGOIRE-DU-VIEVRE La Bretonnière

C.M. 55 Pli 5/15

1 ch. Ghislaine a aménagé 1 ch. au 1er étage de sa maison à colombages du début du XIXe siècle. 1 lit 2 pers. et 1 lit enfant. Douche et wc privatifs. Salle à manger à disposition des hôtes. Ouvert toute l'année. Camping rural sur la propriété, dans un site classé très calme à prox. du château de Launay. Vente de produits fermiers sur place.

Prix : 1 pers. **195 F** 2 pers. **225 F** 3 pers. **275 F**

Ouvert : toute l'année.

1	1	8	30	6	SP	14	45	25	1

SEJOURNE Ghislaine - La Bretonniere - 27450 SAINT-GREGOIRE-DU-VIEVRE - Tél : 02 32 42 82 67

SAINT-MACLOU

C.M. 55 Pli 4

2 ch. **Honfleur 15 km.** Gilbert et Blandine ont créé 2 ch. dans leur maison à colombages située sur une exploitation agricole. 1 ch. (1 lit 2 pers. possibilité 1 lit bébé) située au r.d.c. avec accès indép. S. d'eau, wc privés. 1 ch. à l'étage (1 lit 2 pers.), s. d'eau attenante et privée, wc communs aux prop. Restaurant à 1,5 km. Maison typique de la région, située sur la route de Honfleur.

Prix : 1 pers. **190 F** 2 pers. **210 F**

Ouvert : toute l'année.

5	8	2	30	3	2	7	18	30	1,5

AUBE Gilbert et Blandine - La Briere - 27210 SAINT-MACLOU - Tél : 02 32 56 63 35 - Fax : 02 32 56 95 62

SAINT-MACLOU Hameau le Mont

C.M. 55 Pli 4

3 ch. **Honfleur 15 km.** Ds un très bel environnement paysager vallonné, Jean et Monique vous accueillent dans leur chaumière du XVIIe. 1 ch. au 1er étage (1 lit 160), sanitaires privés. En annexe à proximité immédiate, 1 ch. au r.d.c. (1 lit 180 ou 2 lits jumeaux), sanitaires privés. 1er étage de l'annexe (accès indép.) : 1 ch. (1 lit 180 ou 2 lits jumeaux, 1 lit 1 pers.), sanitaires privés. Annexe couverte de chaume. Tennis en briques pilées privé sur place. Italien également parlé. Langues parlées : anglais, allemand, hollandais.

Prix : 1 pers. **280 F** 2 pers. **350 F** 3 pers. **450 F**

Ouvert : toute l'année.

SP	10	4	15	5	SP	5	15	20	5

RIGAUX Monique & BAUMANN Jean . - Le Pressoir du Mont - Hameau le Mont - 27210 SAINT-MACLOU - Tél : 02 32 41 42 55 ou 06 73 57 65 83 - Fax : 02 32 41 42 55

SAINT-OUEN-DES-CHAMPS

C.M. 55 Pli 4/5

3 ch. Alice a créé pour vous 3 ch. d'hôtes ds une maison normande située en zone naturelle protégée. 2 ch. 2 pers. avec s. d'eau et wc privés. 1 ch. 2 pers. 2 épis avec s. d'eau privée et wc non communicants. Séjour, salon à disposition. Jardin, terrain, pré. Rivière 10 km. Produits fermiers sur place. Restaurant 4 km. Proximité du Parc Naturel Régional de Brotonne. Site naturel du Marais Vernier.

Prix : 1 pers. **180 F** 2 pers. **200 F**

Ouvert : toute l'année.

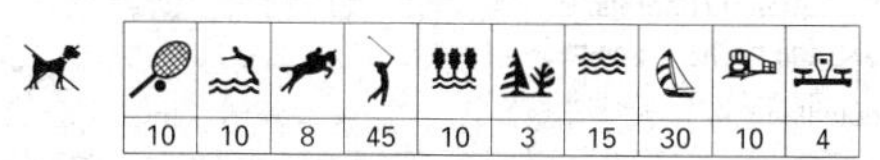

10	10	8	45	10	3	15	30	10	4

BLONDEL Alice - Le Vivier - La Vallée - 27680 SAINT-OUEN-DES-CHAMPS - Tél : 02 32 42 17 25

SAINT-PIERRE-DES-FLEURS

C.M. 55 Pli 6

2 ch. Françoise a aménagé 2 ch. d'hôtes dans sa très belle maison normand de caractère. Au r.d.c. : 1 ch. (1 lit 2 pers. 1 lit 1 pers.), s.d.b. et wc privés. A l'étage : 1 ch. (2 pers. + 1 lit enfant) avec s.d.b. et wc communs. Vélo à disposition. Salle de séjour avec TV à la disposition des hôtes. Très beau jardin clos, calme et repos assurés. Rivière. Lac 20 km. Restaurant 2 km.

Prix : 1 pers. **170/190 F** 2 pers. **200/220 F** 3 pers. **280 F**

Ouvert : toute l'année.

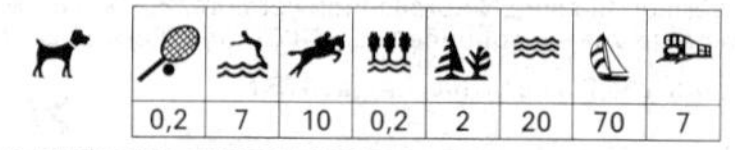

0,2	7	10	0,2	2	20	70	7

BONVOISIN Françoise - 35 rue de la Mare Saint-Pierre - 27370 SAINT-PIERRE-DES-FLEURS - Tél : 02 35 87 81 91

SAINT-PIERRE-DU-VAL

C.M. 55 Pli 4

2 ch. **Honfleur 10 km. Pont de Normandie 4 km.** William et Françoise ont créé 2 chambres de 2 pers. (1 lit 2 pers. pour chaque chambre) aménagées dans 1 maison contemporaine située à la campagne. 1 chambre avec s.d.b. particulière et wc privés. 1 chambre avec s. d'eau et wc privés. Salon à la disposition des hôtes. Grand jardin. Rivière 1 km. Lac 15 km. Location de vélos sur place. Vous apprécierez le calme de la campagne ainsi que la proximité de la Côte Normande, Honfleur est à 10 km.

Prix : 1 pers. **150 F** 2 pers. **195 F**

Ouvert : toute l'année.

15	15	6	25	1	15	20	15	5

LEBAS William et Françoise - La Charriere Bardel - 27210 SAINT-PIERRE-DU-VAL - Tél : 02 32 57 68 80

SAINT-PIERRE-DU-VAUVRAY Domaine de la Houlette

E.C. 2 ch. **Louviers 5 km. Les Andelys 12 km.** Mme Ying vous accueille au Manoir de la Houlette qui vous séduira par sa splendide vue panoramique sur la Seine et ses méandres. 2 ch. 2 pers. au 1er étage (1 lit 160), 2e étage 2 lit 1 pers. Salle de bains et wc privatifs. Grande maison de style « Ile de France 18e s. » dont vous pourrez apprécier les grandes pièces à l'occasion du petit-déjeuner dans la salle à manger ou dans le séjour avec cheminée. Parc de 4,5 ha avec promenades. Chasse sur 50 ha de bois privés possible pendant la période d'ouverture de la chasse. Langues parlées : anglais, chinois.

Prix : 1 pers. **250/260 F** 2 pers. **290/320 F**

Ouvert : toute l'année.

5	5	5	3	SP	100	5	5	3

MENIL Ying - 3 RN15 - Domaine de la Houlette - 27430 SAINT-PIERRE-DU-VAUVRAY - Tél : 02 32 61 27 19 - Fax : 02 32 59 10 66 - E-mail : ying.menil@wanadoo.fr

SAINT-QUENTIN-DES-ISLES La Grondiere

C.M. 55 Pli 15

3 ch. **Bernay et son abbatiale 5 km. Le Bec Hellouin 20 km.** Albert et Thérèse vous accueillent dans ce havre de paix au cœur du paysage typique de la Normandie ds une longère normande à colombages. Séjour au r.d.c. cheminée, s. à manger commune aux propriétaires. 3 ch. au 1er ét. dont 1 double (familiale) 4 lits 2 pers. S. d'eau privatives à chaque ch., wc séparés et privatifs. 1 des ch. a un accès indépendant. Jolie longère normande du XVIIe siècle entièrement restaurée, aux abords du Pays d'Ouche.

Prix : 1 pers. **200 F** 2 pers. **230 F** 3 pers. **350 F** pers. sup. **30 F**

Ouvert : toute l'année.

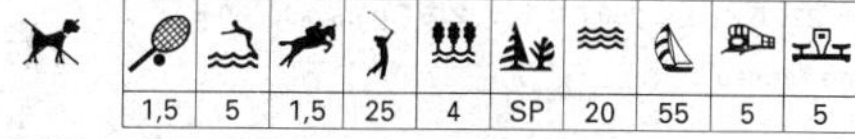

1,5	5	1,5	25	4	SP	20	55	5	5

LEBRUN Albert et Thérèse - Fermette de la Grondiere - 27270 SAINT-QUENTIN-DES-ISLES - Tél : 02 32 43 10 61 ou 06 14 19 17 09

SAINT-VICTOR-D'EPINE La Minardiere *C.M. 55 Pli 15*

1 ch. **Brionne 8 km. Montfort-sur-Risle 12km. Château de Launay 2,5 km.** Jacques et André ont créé 1 chambre avec accès indépendant aménagée au 1er étage de leur maison à colombages située au milieu d'un parc boisé et d'un remarquable et très vaste jardin sélectionné par les Parcs et Jardins de Haute-Normandie. 1 lit 2 pers., s. d'eau et wc privés. S. à manger réservée aux hôtes. Jolie maison normande située dans un cadre superbe et calme. Vallée de la Risle à proximité, nombreuses forêts alentours et circuits de randonnées. Langues parlées : anglais, espagnol.

Prix : 1 pers. **210 F** 2 pers. **250 F**

Ouvert : toute l'année.

9	3	1	30	9	SP	9	55	18	2,5

MESSIEURS CANSSE ET GRANDHOMME - Le Clos Saint-François - La Minardiere - 27800 SAINT-VICTOR-D'EPINE - Tél : 02 32 45 98 90 - Fax : 02 32 46 43 09

SAINTE-OPPORTUNE-LA-MARE *C.M. 55 Pli 4*

1 ch. **Honfleur 25 km. Pont-Audemer 8 km.** Mme Marie-Louise Guilliet vous accueille dans sa maison normande située à 2 km du Marais Vernier. La chambre est aménagée au 2e étage (1 lit 2 pers.) avec salle d'eau et wc privatifs. Salon avec cheminée au rez-de-chaussée où le petit déjeuner vous sera servi, coin-cuisine. Belle maison à colombages ouverte sur la nature. Vous apprécierez la proximité du Marais Vernier, site privilégié du département situé dans le Parc Naturel de Brotonne. Nombreux itinéraires touristiques et culturels.

CV

Prix : 1 pers. **180 F** 2 pers. **200 F**

Ouvert : toute l'année.

2	8	4	30	8	3	10	30	10	2

GUILLIET Marie-Louise - Chemin de la Buquetterie - 27680 SAINTE-OPPORTUNE-LA-MARE - Tél : 02 32 42 14 52 - Fax : 02 32 42 14 52

SAINTE-OPPORTUNE-LA-MARE La Vallée (TH) *C.M. 55 Pli 4*

2 ch. Etienne et Jacqueline ont aménagé 2 ch. d'hôtes au 1er étage de leur maison normande. 1 ch. (1 lit 2 pers. 1 lit 1 pers.), salle de bains et wc attenants. 1 ch. (1 lit 2 pers.), salle d'eau et wc privés. Possibilité lit bébé. Petit salon à la disposition des hôtes. A proximité du site exceptionnel de la Grande Mare. Tarif 2 pers. à 230F à partir de 2 nuits. Etang de 70 hectares sur la commune du Marais Vernier. Réserve Naturelle faune et flore. Poste d'observation pour les oiseaux. Sentiers pédestres à proximité. Vous serez conquis par la vue exceptionnelle sur la Grande Mare. Location VTT sur place. Langues parlées : anglais, allemand.

CV

Prix : 1 pers. **210 F** 2 pers. **250 F** 3 pers. **300 F** repas **125 F**

Ouvert : toute l'année.

7	7	7	30	SP	8	30	10	2

BLONDEL Etienne & Jacqueline - Quai de la Forge - La Vallée - 27680 SAINTE-OPPORTUNE-LA-MARE - Tél : 02 32 42 12 52

LE THEILLEMENT *C.M. 55 Pli 5*

3 ch. Christiane a aménagé 2 ch. dans sa très grande maison. Au 1er étage : 1 ch. (1 lit 2 pers. avec possibilité d'ajouter 1 lit bébé), 1 suite (4 pers.), s. de bains/wc privés. Au 2e étage : 1 ch. (1 lit 2 pers.), salle d'eau et wc privés. Salon au r.d.c. à la disposition des hôtes, cheminée, TV, bibliothèque. Grand jardin fleuri avec balançoire et salon de jardin, dans une ferme normande. Restaurant 6 km.

CV

Prix : 1 pers. **200 F** 2 pers. **250 F** 3 pers. **400 F** pers. sup. **40 F**

Ouvert : toute l'année.

2	6	6	15	15	6	15	50	12	3

LAMY Christiane - Hameau Le Roumois - 27520 LE THEILLEMENT - Tél : 02 35 87 61 43

THEVRAY Les Beautiers (TH) *C.M. 55 Pli 15*

2 ch. **Château de Beaumesnil 7 km. Bernay 18 km.** Soyez les bienvenus au Prélude, maison à colombages milieu XIXe restaurée. Les 2 chambres sont au r.d.c. : 1 ch. (1 lit 2 pers., poss. lit suppl.), salle de bains et wc privés, 1 ch. (3 lits 1 pers.) avec salle d'eau et wc privés. Salon avec cheminée à votre disposition. Le soir, Ludovic vous servira sur réservation, ses spécialités normandes. Location VTT sur place, balades. Langues parlées : anglais, allemand.

Prix : 1 pers. **200 F** 2 pers. **240 F** 3 pers. **310 F** pers. sup. **50 F** repas **90 F**

Ouvert : du 1er avril au 30 septembre.

5	18	8	28	6	8	80	18	5

BRAS Ludovic - Le Prélude - Les Beautiers - 27330 THEVRAY - Tél : 02 32 45 08 99 - Fax : 02 32 45 08 99

THIBERVILLE Le Beaujouas *C.M. 55 Pli 14*

3 ch. Françoise a aménagé 3 ch. d'hôtes dans une ancienne grange totalement rénovée, dans un beau jardin avec volière d'agrément. R.d.c. : 1 ch. (2 lits 1 pers.). Etage : 1 ch. (1 lit 2 pers.), 1 ch. (1 lit 1 pers. 1 lit 2 pers.). Salle de bains et wc attenants à chaque ch. Petit déjeuner pris dans la salle à manger de la propriétaire. Restaurant à proximité. Proche de la RN13 et du Pays d'Auge. Parc animalier de Cerza à 10 km. Petits animaux admis.

CV

Prix : 1 pers. **225 F** 2 pers. **250 F** 3 pers. **275 F** pers. sup. **80 F**

Ouvert : toute l'année

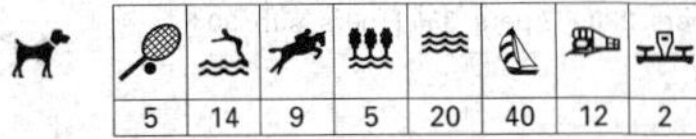

5	14	9	5	20	40	12	2

PERQUIER Françoise - Le Beaujouas - 27230 THIBERVILLE - Tél : 02 32 46 38 10

THIBERVILLE

C.M. 55 Pli 14

2 ch. **Deauville 40 km. Lisieux 15 km.** Martine et Michel ont aménagé pour vous 2 ch. à l'étage de leur très belle maison bourgeoise du 19e siècle. 1 ch. familiale composée de 2 ch. : 1 ch. (1 lit 2 pers.) et 1 ch. (1 lit 2 pers., 1 lit 1 pers.), avec sanitaires privatifs attenants. Une seconde ch. (1 lit 2 pers.) avec s.d'eau et wc privés. S.à manger avec cheminée, salon à la disposition. Grand jardin. Le jardin, la proximité du bourg en font une étape privilégiée aux portes du Pays d'Auge.

Prix : 1 pers. **230 F** 2 pers. **270 F** 3 pers. **340/370 F** pers. sup. **70 F**

Ouvert : toute l'année

0,5	10	9	20	2	20	40	10	0,5

THUELIN Martine et Michel - 28 rue de Lisieux - 27230 THIBERVILLE - Tél : 02 32 46 29 49

LE TORPT

C.M. 55 Pli 4

2 ch. **Beuzeville 4 km. Honfleur 15 km. Lisieux 30 km.** Gérard et Alice vous accueillent pour une étape dans leur grande maison à pans de bois. Les 2 chambres sont aménagées pour 2 pers. avec 1 lit 2 pers. chacune. Sanitaires privés et non attenants. Maison de pays à colombages située à proximité de la Côte Normande. Vous apprécierez le grand séjour, salon avec sa cheminée monumentale. Possibilité 2 lits enfants suppl.

Prix : 1 pers. **200 F** 2 pers. **240 F**

Ouvert : toute l'année.

4	14	4	25	SP	18	18	35	4

MANNECHET Gérard et Alice - Domaine des Lions - chemin des Hêtres - 27210 LE TORPT - Tél : 02 32 42 33 23

TOUFFREVILLE

C.M. 55 Pli 7

1 ch. **Paris 100 km. Lyons-la-Forêt 8 km.** Daniel et Thérèse ont aménagé 1 chambre d'hôtes dans leur grande maison de qualité. Vaste jardin paysager avec une rivière. 1 chambre 3 pers. (1 lit 2 pers. 1 lit 1 pers.) avec salle d'eau particulière. Possibilité de louer 1 ch. supplémentaire 1 pers. Parking. Salle de séjour (TV) à disposition des hôtes. Terrasse et salon de jardin. Restaurant 1,5 km. Randonnées dans la région.

Prix : 1 pers. **200 F** 2 pers. **250 F** 3 pers. **320 F**

Ouvert : toute l'année.

8	8	0,2	4	1	20	95	30	5

HERMAN Daniel et Thérèse - 27440 TOUFFREVILLE - Tél : 02 32 49 17 37

TOURNEDOS-SUR-SEINE

C.M. 55 Pli 7

E.C. 3 ch. **Louviers 8 km. Les Andelys 20 km.** Nelly et Michel vous accueillent sur leur propriété de bord de Seine où ils ont aménagé 3 ch. d'hôtes dans une ancienne étable à proximité immédiate de leur maison : au r.d.c. un séjour avec cuisine, 1 ch. (2 lits 1 pers.) avec salle d'eau et wc. A l'étage, 2 ch. (1 lit 2 pers. salle de bains et wc pour chacune) dont une vous offre une vue sur la Seine. Très joli site au bord de Seine, d'où vous pourrez partir pour de longues balades sur le chemin de halage. Deux gîtes ruraux sur la propriété. Vélos sur place à votre disposition. A 3 kms : base de loisirs de Léry-Poses (plage, baignade, téléski nautique, voile, kayak, pédalo, golf et mini-golf...)

Prix : 1 pers. **230/300 F** 2 pers. **250/300 F**

Ouvert : toute l'année

4	1	4	5	1	SP	90	1	3	3

TELLIER Nelly et Michel - 2 ruelle des Marronniers - 27100 TOURNEDOS-SUR-SEINE - Tél : 02 32 61 08 15 ou 06 16 66 74 11 - Fax : 02 32 61 12 96 - E-mail : nelly.tellier@wanadoo.fr - http://www.gite-in-normandie.com

TOURNY

C.M. 55 Pli 18

2 ch. 2 chambres (1 lit 2 pers.), salle d'eau et wc privés, situées dans une construction indépendante de la maison du propriétaire. Salon de jardin à disposition des hôtes. Tourny est situé au cœur du Vexin Normand à proximité de Giverny (12 km) et à 12 km de la vallée de la Seine.

Prix : 1 pers. **170 F** 2 pers. **200 F**

Ouvert : toute l'année.

1	15	6	15	13	5	25	110	15	SP

DAS Huguette - 28 rue du West - 27510 TOURNY - Tél : 02 32 52 31 57

TOURVILLE-SUR-PONT-AUDEMER

C.M. 55 Pli 4/5

E.C. 3 ch. **Deauville 40 km. Honfleur 25 km.** Au cœur d'une petite vallée, Germain Hermenier vous réserve un accueil chaleureux ds une grande maison à colombages (fin du 18e s.). 3 ch. aménagées à l'ét. : 2 ch. (1 lit 2 pers. chacune), 1 ch. (1 lit 2 pers., 1 lit 1 pers.). 2 ch. avec sanitaires attenants, privatifs et 1 ch. avec sanitaires privés mais non communicants. S. de séjour, salon avec cheminée au r.d.c. Au cœur d'une petite vallée, Germain Hermenier vous réserve un accueil chaleureux dans une grande maison à colombages de la fin du XVIIIe siècle.

Prix : 1 pers. **160/200 F** 2 pers. **200/240 F** 3 pers. **300 F**

Ouvert : toute l'année.

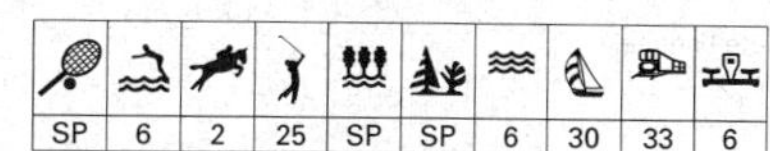

SP	6	2	25	SP	SP	6	30	33	6

HERMENIER Germain - Route de Selles - 27500 TOURVILLE/PONT-AUDEMER - Tél : 02 32 42 88 97

TRICQUEVILLE Ferme du Ponctey

TH *C.M. 55 Pli 4*

2 ch. **Deauville et Honfleur 25 km.** Philippe et Florence ont aménagé pour vous 2 ch. à l'étage de leur grande maison. 1 chambre (1 lit 2 pers.), salle de bains et wc privés. 1 chambre (1 lit 2 pers. 1 lit 1 pers.), douche et wc privés. Salon avec piano et bibliothèque à disposition des hôtes. Belle maison de maître située au milieu des champs au bord du plateau dominant un ruisseau. A proximité du Parc Naturel Régional de Brotonne à 6 km. Cidre et calvados fermiers, produits de la ferme. GR224. Langues parlées : anglais, allemand.

Prix : 1 pers. **230 F** 2 pers. **250 F** 3 pers. **300 F** repas **90 F**

Ouvert : toute l'année.

6	6	6	18	SP	SP	4	20	6	6

JAOUEN Philippe et Florence - Ferme du Ponctey - 27500 TRICQUEVILLE - Tél : 02 32 42 10 37 - Fax : 02 32 57 54 53

TRICQUEVILLE La Clé des Champs

C.M. 55 Pli 4

2 ch. **Honfleur 20 km.** Gaston et Michèle vous accueillent dans leur ancien pression du 17e s. entouré de pommiers. 2 chambres aménagées au 1er étage. Lit de 2 personnes, salle d'eau et wc privés pour chaque chambre. Jardin paysager avec parking privé. Séjour avec cheminée, coin-bibliothèque. Salon de jardin. Restaurants à 10 km. Ancien pressoir du 17e siècle totalement rénové, dans un beau jardin fleuri. Charmante propriété propice au repos. Langue parlée : anglais.

Prix : 1 pers. **240 F** 2 pers. **280 F**

Ouvert : toute l'année.

10	10	6	25	10	SP	20	20	5	6

LEPLEUX Michele et Gaston - La Cle des champs - 27500 TRICQUEVILLE - Tél : 02 32 41 37 99 ou 06 61 11 37 99

LE TRONQUAY La Grand Fray

C.M. 55 Pli 8

1 ch. **Abbaye de Mortemer 7 km. Rouen 30 km. Château de Vascoeuil 9 km.** Gérard a aménagé 1 chambre d'hôtes dans un authentique bâtiment du 19e siècle, à colombages et toit de chaume, 1 lit 2 pers. 1 lit 1 pers., salle d'eau et wc attenants. Coin-kitchenette réservé aux hôtes. Salle à manger dans le jardin d'hiver des propriétaires. Beau jardin aménagé avec salon de jardin. Chambre de plain-pied accessible aux personnes handicapées avec une certaine autonomie. A proximité de Lyons-la-Forêt, très belle hêtraie. Animaux admis après accord du propriétaire. Langue parlée : anglais.

Prix : 1 pers. **210 F** 2 pers. **240 F** 3 pers. **300 F**

Ouvert : toute l'année.

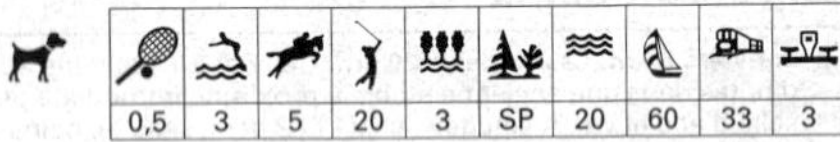

0,5	3	5	20	3	SP	20	60	33	3

MONNIER Gérard - La Grand Fray - 1 rue des Angles - 27480 LE TRONQUAY - Tél : 02 32 49 53 38 - Fax : 02 32 49 53 38

VERNON Le Val d'Aconville

C.M. 55 Pli 18

3 ch. Sophie vous accueille dans une maison en pierre de Vernon, sur une propriété de 3 ha. Au 1er ét. : 2 ch. (1 lit 2 pers. ou 2 lits 1 pers.), s. d'eau et wc privés. 1 ch. familiale (2 lits 2 pers. 1 lit 1 pers.), douche et wc privés. Vous apprécierez le salon/séjour, la cheminée à disposition des hôtes. Propriété dans un écrin de verdure. Pour les cavaliers, 6 boxes pour chevaux (ou chiens) et carrière sont proposés, promenade dans le Val, site classé, situation privilégiée. Restaurant 800 m. Château de Bizy, Giverny et ses musées sont tout proches.

Prix : 1 pers. **220/240 F** 2 pers. **260/280 F** 3 pers. **430 F** pers. sup. **80 F**

Ouvert : toute l'année

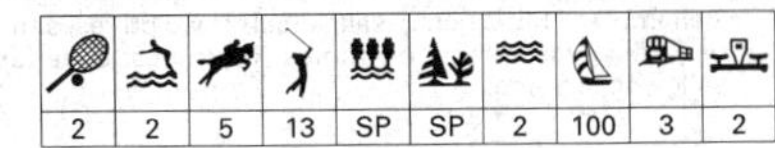

2	2	5	13	SP	SP	2	100	3	2

DE GRAVE Sophie - La Ravine Le Val - 7 rue du Val d'Aconville - 27200 VERNON - Tél : 02 32 21 98 06 ou 06 15 10 25 68

VIEUX-PORT

C.M. 55 Pli 5

1 ch. Frédéric et Christelle vous réservent un accueil sympathique dans leur chaumière typique de cette « Route des Chaumières » au cœur d'un petit village classé en bord de Seine. 1er étage : 1 ch. familiale avec accès indép. (1 lit 2 pers. 1 lit 1 pers.), sanitaires privés attenants. Salon et séjour avec cheminée communs aux propriétaires. Salon de jardin. Chaumière typique avec plafond bas d'origine. Langue parlée : anglais.

Prix : 1 pers. **200 F** 2 pers. **250 F** 3 pers. **300 F**

Ouvert : toute l'année.

5	15	20	45	18	SP	18	45	40	15

CARDON Frédéric et Melle EGRET Christelle - 13 chemin de l'Enfer du Roy - 27680 VIEUX-PORT - Tél : 02 32 56 06 78

GITES DE FRANCE - Informations
Maison du Département - Rond-Point de la Liberté
50008 SAINT-LÔ Cedex
Tél. 02 33 05 98 70 - Fax. 02 33 56 07 03
E.mail : manchetourisme@cg50.fr - http://www.manchetourisme.com

3615 Gîtes de France 1,28 F/min

ACQUEVILLE Hameau Voisin

C.M. 54 Pli 1

1 ch. **Cherbourg 10 km. Cure marine 8 km.** Dans 1 corps de ferme du XVIIe siècle, au 1er étage avec entrée indépendante, 1 chambre (1 lit 2 pers. 1 lit 1 pers.), salle d'eau (dans la chambre) et wc privés. Séjour/coin-cuisine réservé aux hôtes au rez-de-chaussée. Chauffage électrique. Centre de découverte scientifique (astronomie, planétarium) à Ludiver 4 km. Accès : D22, carrefour Les Pelles, direction Vasteville puis 1ère à droite.

Prix : 1 pers. **175 F** 2 pers. **200 F** 3 pers. **300 F**

Ouvert : toute l'année.

8	8	5	8	10	1	10	5	10	2

JEAN Henri - Hameau Voisin - 50440 ACQUEVILLE - Tél : 02 33 52 76 47

ACQUEVILLE La Belangerie

TH

C.M. 54 Pli 1

2 ch. **Cherbourg 10 km. Cure marine 8 km.** Dans un manoir du XVIe siècle, à l'étage, 1 chambre (1 lit 2 pers., 2 lits 1 pers.) avec s.d.b. privée et 1 chambre (1 lit 2 pers.) avec s. d'eau et wc privés. Gîte d'étape sur place.

CV

Prix : 1 pers. **180 F** 2 pers. **230 F** 3 pers. **312 F** pers. sup. **70 F** repas **85 F**

Ouvert : toute l'année.

7	10	10	10	14	8	8	SP	10

GEOFFROY Daniel - La Belangerie - 50440 ACQUEVILLE - Tél : 02 33 94 59 49

ACQUEVILLE

C.M. 54 Pli 1

1 ch. **Dunes de Biville 5 km. Cherbourg 18 km.** Dans une maison récente en pierres, située dans un petit hameau à la campagne et agrémentée d'un jardin fleuri, 1 ch. (1 lit 2 pers.) au rez-de-chaussée avec une belle salle de bains et wc privés. Accès : D22, carrefour « Les Pelles » direction Vasteville puis 1ère à gauche.

Prix : 1 pers. **160 F** 2 pers. **210 F**

Ouvert : toute l'année.

9	18	9	11	9	1	14	3

VOISIN Janine - Village de la Hougue - 50440 ACQUEVILLE - Tél : 02 33 52 80 58

AGON-COUTAINVILLE Charriere du Commerce

C.M. 54 Pli 12

1 ch. **Coutances et sa cathédrale 12 km.** Vous apprécierez le calme de cette propriété entourée de verdure et située aux portes de la station balnéaire où vous trouverez restaurants, animations estivales et activités de loisirs variés. Dans le prolongement de la maison, 1 chambre au r.d.c. (1 lit 2 pers.), salle d'eau et wc privés. Entrée indépendante. Séjour à la disposition des hôtes. Court de tennis privé. En saison, « réveil musculaire » sur la plage offert pour les touristes de la station. 10 % de réduction hors juillet et août.

CV

Prix : 1 pers. **220 F** 2 pers. **280 F**

Ouvert : toute l'année.

0,8	2,5	0,5	12	1	0,2	SP	SP	12	0,3

LESAULNIER Anne-Marie - 28, charriere du Commerce - 50230 AGON-COUTAINVILLE - Tél : 02 33 47 34 80

AMFREVILLE La Percillerie

C.M. 54

1 ch. **Plages du Débarquement 15 km. Sainte-Mère Eglise 8 km.** Au 1er étage : 1 chambre spacieuse (1 lit 2 pers.), salle de bains et wc privés sur le palier. Les petits-déjeuners sont servis dans le séjour à la décoration normande, cheminée. Chauffage central. Réduction de 10 % à partir de la 2e nuit. Accès : du bourg, direction Gourbesville, suivre flèchage. Cette belle maison du XIXe siècle est une invitation au repos et à la découverte des richesses naturelles, architecturales et historique de la presqu'lle, au cœur du Parc Naturel Régional des Marais du Cotentin et du Bessin. Sur le site du parachutage des alliés en 1944. Langue parlée : anglais.

Prix : 1 pers. **200 F** 2 pers. **250 F** pers. sup. **50 F**

Ouvert : toute l'année.

15	15	6	13	20	1	6	2	13	8

DELAROCQUE Roger et Colette - La Percillerie - 12, rue de la Pesquerie - 50480 AMFREVILLE - Tél : 02 33 41 07 55 ou 06 09 43 14 49

ANCTEVILLE La Foulerie

C.M. 54 Pli 12

3 ch. Dans un manoir, au sein d'une ferme équestre en activité : 1 ch. 4 pers. au 1er étage et 2 ch. de 3 pers. au 2e étage, salles d'eau et wc privés. Chauffage central. Tennis, promenade à cheval sur place. Produits fermiers et crêperie sur place. Restaurant 4 km. Randonneurs équestres acceptés. VTT, practice de golf, plan d'eau, coin-pique-nique. Prix 4 pers. 400 F. Possibilité de louer 1 gîte d'étape (19 pers.) sur place. Langues parlées : anglais, allemand.

Prix : 1 pers. **150 F** 2 pers. **250 F** 3 pers. **300 F** pers. sup. **100 F**

Ouvert : toute l'année.

10	12	SP	10	SP	SP	8

ENOUF Michel et Sylvie - La Foulerie - 50200 ANCTEVILLE - Tél : 02 33 45 27 64 - Fax : 02 33 45 73 69 - E-mail : manoir.foulerie@libertysurf.fr - http://perso.libertysur.fr/foulerie/foulerie/creperie.htm#chambre

ANCTOVILLE-SUR-BOSCQ Beaufougeray

C.M. 59 Pli 7

2 ch. **Granville 7 km.** A la campagne et au calme, dans une maison récente, 1 chambre 2 pers. et 1 chambre 3 pers. sont aménagées à l'étage, avec salles d'eau et wc privés. Entrée indépendante. Possibilité lit enfant : 20 F. Thalassothérapie, bowling à 7 km.

Prix : 1 pers. **150 F** 2 pers. **170/190 F** 3 pers. **200 F** pers. sup. **50 F**

Ouvert : toute l'année.

8	8	8	8	7	0,5	4	SP	6	3

RENAULT Yves et Brigitte - 13, Beaufougeray - 50400 ANCTOVILLE-SUR-BOSCQ - Tél : 02 33 51 64 88

ANGOVILLE-AU-PLAIN Ferme de la Guidonnerie

C.M. 54 Pli 13

2 ch. **Carentan 6 km. Plages du Débarquement 10 km.** Fabienne et Maurice éleveurs de bovins, vous invitent dans leur maison de garde du XIXe siècle, indépendante de leur habitation principale. 2 ch. (6 pers.), à l'étage avec salles de bains et wc privés. Coin-cuisine. Petit déjeuner avec du lait de ferme et des confitures maison. Langue parlée : anglais.

Prix : 1 pers. **180 F** 2 pers. **200 F** 3 pers. **240 F** pers. sup. **40 F**

Ouvert : toute l'année.

9	9	9	6	15	6	6	5	6	6

LEONARD Fabienne - La Guidonnerie - 50480 ANGOVILLE-AU-PLAIN - Tél : 02 33 42 33 51

ANGOVILLE-AU-PLAIN Ferme d'Alain

TH

C.M. 54 Pli 13

2 ch. Dans le Parc Régional des Marais et à proximité des plages du débarquement, maison ancienne. A l'étage, 1 chambre 3 pers., 1 chambre 2 pers. salles d'eau et wc privés. Chauffage central. Restaurant 3 km. Table d'hôtes sur réservation. Accès : RN13. D913 direction Uta Beach, Sainte Marie du Mont C201. Supplément de 35 F pour les animaux.

Prix : 1 pers. **200 F** 2 pers. **220/240 F** 3 pers. **280 F** repas **90 F**

Ouvert : toute l'année.

9	9	4	6	20	6	6	3	6	6

FLAMBARD Jeanne - Ferme d'Alain - 12, rue de l'Eglise - 50480 ANGOVILLE-AU-PLAIN - Tél : 02 33 42 11 30

ANNEVILLE-EN-SAIRE La Pareillerie

C.M. 54 Pli 3

1 ch. **Port de Barfleur 3 km. Ile de Tatihou 6 km (festival de musique en 8).** Cette ancienne ferme rénovée est située dans un petit hameau en direction de la mer. Par sa décoration et son mobilier de style anglais, Madame Bray a su créer une ambiance romantique et chaleureuse propice à la détente, visiblement appréciée par les animaux domestiques de la maison. Au 1er étage, 1 chambre (1 lit 2 pers.) avec salle de bains privée attenante et wc dans le couloir. Bibliothèque et coin-salon à disposition des hôtes. Langue parlée : anglais.

Prix : 1 pers. **225 F** 2 pers. **275 F**

Ouvert : toute l'année.

2	3	19	3	2	19	3

BRAY Alix - Souvroc - La Pareillerie - 50760 ANNEVILLE-EN-SAIRE - Tél : 02 33 54 70 58 - Fax : 02 33 54 70 58

ANNOVILLE Village Hebert

C.M. 54 Pli 12

1 ch. **Coutances 15 km. Baie de Regnéville 6 km. Havre de la Vanlée 2 km.** Dans une ancienne cuisine de ferme du XIXe siècle, 1 ch. familiale (1 lit 2 pers. 2 lits 1 pers.) au rez-de-chaussée, avec salle d'eau et wc privés. Entrée indépendante. Accès : sur la D20. Auberge à 2 km. Patinoire à 15 km.

Prix : 2 pers. **200 F** 3 pers. **260 F** pers. sup. **60 F**

Ouvert : toute l'année.

2	2	2	15	10	1	1	15	1

HEBERT Michel et Nicole - Village Hébert - Tourneville - 50660 ANNOVILLE - Tél : 02 33 47 64 90

ARDEVON La Rive

C.M. 59 Pli 7

E.C. 5 ch. 2 chambres au rez-de-chaussée et 3 chambres à l'étage (11 pers.), avec salle d'eau et wc dans chaque chambre. Chauffage électrique. 4 chambres sont avec vue sur le Mont-Saint-Michel. Restaurant 4 km. Réduction de 20 F/nuit sur le prix 2 ou 3 pers. en basse-saison.

Prix : 1 pers. **150 F** 2 pers. **200 F** 3 pers. **250 F** pers. sup. **50 F**

Ouvert : toute l'année.

30	33	4	15	SP	15

AUDIENNE Louise - La Rive - 50170 ARDEVON - Tél : 02 33 60 23 56

ARGOUGES

1 ch. **Saint-James 7 km. Mont Saint-Michel 20 km.** Dans une maison traditionnelle en pierre, 1 chambre (1 lit 2 pers.) à l'étage avec annexe (1 lit 1 pers.). Salle de bains et wc privés. Entrée indépendante. Artisanat à découvrir aux environs d'Argouges. Accès : à Saint-James D12 direction Antrain-Rennes.

Prix : 1 pers. **180 F** 2 pers. **200 F** 3 pers. **270 F** pers. sup. **35 F**

Ouvert : de Pâques à la Toussaint.

40	40	7	25	25	3	7

BILLOIS Germaine - Le bourg - 50240 ARGOUGES - Tél : 02 33 48 32 54

AUCEY-LA-PLAINE La Provostière

C.M. 59 Pli 8

2 ch. **Pontorson 5 km. Mont St-Michel 15 km. Avranches 20 km.** Maryvonne et René vous reçoivent dans leur exploitation laitière qu'ils vous proposent de découvrir (possibilité de particuper à la traite des vaches,...). 1 chambre (1 lit 2 pers.) à l'étage avec salle d'eau et wc privés. Entrée indépendante, 1 chambre (1 lit 2 pers.) avec salle d'eau et wc à l'usage exclusif des hôtes. Accès : du bourg, direction Vessey D112. Reptilarium à 10 km. Langue parlée : anglais.

CV

Prix : 1 pers. **150 F** 2 pers. **180 F** pers. sup. **50 F**

Ouvert : toute l'année.

40	40	10	20	3	3	10	5	5

FEUVRIER Maryvonne - La Provostière - 50170 AUCEY-LA-PLAINE - Tél : 02 33 60 33 67 - Fax : 02 33 60 37 00

AUCEY-LA-PLAINE La Jouvenelle

C.M. 59 Pli 7

E.C. 4 ch. **Mont Saint-Michel 12 km.** Au 1er étage : 1 chambre (1 lit 160), 1 chambre (2 grands lits 1 pers.), 1 chambre (3 pers.), 1 chambre familiale (4 pers.). Salles d'eau et wc privés. Grand séjour avec cheminée et kitchenette réservés aux hôtes. Entrée indépendante. Chauffage central. Accès : N175 puis D19 à l'entrée du village. Prix 4 pers. : 300 F. Dans un petit village de la baie du Mont Saint-Michel, Pierre et Janine vous accueillent dans leur maison en pierres qu'ils viennent de restaurer. Vous pourrez y découvrir un élevage peu ordinaire d'escargots, animaux à cornes certes mais réputés pour leur activité très paisible.

Prix : 1 pers. **200 F** 2 pers. **250 F** 3 pers. **280 F**

Ouvert : toute l'année.

40	40	10	20	3	3	10	5	5

DESCAMPS Pierre et Janine - La Rue - 50170 AUCEY-LA-PLAINE - Tél : 02 33 48 60 01 ou 06 83 06 05 36

AUMEVILLE-LESTRE Le Clos Bon Oeil

2 ch. **St-Vaast-la-Hougue, Ile de Tatihou 8 km (festival de musique en août).** Dans une maison récente à la campagne, entre mer et bocage du Val de Saire, 2 chambres (1 lit 2 pers. chacune) à l'étage avec salle d'eau et wc à l'usage exclusif des hôtes. Chauffage central. Salon, terrasse et coin-cuisine à la disposition des hôtes. Centre équestre 2 km. Accès par la RN13 puis la D14. A proximité des plages du débarquement. Bienvenue aux randonneurs pédestres et cyclistes (GR 223, nombreux circuits PR). Langue parlée : anglais.

CV

Prix : 1 pers. **160 F** 2 pers. **180 F** pers. sup. **60 F**

Ouvert : toute l'année.

1,5	4	2	10	4	SP	4	SP	12	SP

GOSSELIN Marie-Françoise - Le Clos Bon Oeil - 6, rue des Marettes - 50630 AUMEVILLE-LESTRE - Tél : 02 33 54 17 73

BACILLY Le Grand Moulin le Comte

C.M. 59 Pli 8

5 ch. **Traversée guidée de la baie du Mont St-Michel 3 km. Avranches 10 km.** Dans une ancienne ferme restaurée du XVIIIe siècle, 5 chambres (15 pers.). A l'étage : 3 ch. (dont 1 avec annexe 4 pers.). R.d.c. : 2 ch. (1 familiale et l'autre 2 pers. avec coin-cuisine) avec entrées indépendantes. Salles d'eau ou salles de bains et wc privés. Salon à la disposition des hôtes. Au r.d.c. : grande salle chaleureuse avec coin-feu à l'ancienne. Prix 4 pers. : 280 à 360 F. Restaurant à 3 km. Du bourg, D231 direction Genêts. A 1 km du bourg de Bacilly, tourner à droite dans « voie sans issue ». Langues parlées : anglais, allemand.

CV

Prix : 1 pers. **150 F** 2 pers. **200 F** 3 pers. **250/340 F** pers. sup. **60 F**

Ouvert : toute l'année.

10	12	2	10	25	0,5	1	SP	10	1,5

HARVEY Alan et Gwen - Le Grand Moulin le Comte - 50530 BACILLY - Tél : 02 33 70 92 08 ou 06 83 38 33 80

BACILLY Le Vivier

C.M. 59 Pli 8

3 ch. **Baie du Mont Saint-Michel 3 km.** 2 chambres d'hôtes situées à l'étage. Salle d'eau à l'usage exclusif des hôtes. 1 chambre au rez-de-chaussée (entrée indépendante) avec salle d'eau et wc privés et kitchenette. Chauffage central. Restaurant 1 km.

CV

Prix : 1 pers. **110/130 F** 2 pers. **140/200 F** 3 pers. **170 F** pers. sup. **30 F**

Ouvert : toute l'année.

10	12	3	8	25	2	1	SP	10	1

RENAULT Suzanne et Raymond - Le Vivier Manoir - 50530 BACILLY - Tél : 02 33 70 85 02

BACILLY La Croix Saint-Gatien *C.M. 59 Pli 7/8*

2 ch. **Traversée de la baie du Mont St-Michel à Genêts 3 km. Avranches 9 km.** Dans une maison du XVIIe siècle, 2 chambres à l'étage (dont 1 avec annexe 3 pers.), salle d'eau et wc privés. Entrée indépendante. Accès : D31 route de Marcey-les-Grèves.

Prix : 1 pers. **180 F** 2 pers. **220 F** 3 pers. **280 F**

Ouvert : toute l'année.

9	12	2	10	25	0,5	2	SP	9	0,5

YVON Yvette et Alphonse - La Croix Saint-Gratien - 50530 BACILLY - Tél : 02 33 70 85 15

BARNEVILLE-CARTERET La Tourelle *C.M. 54 Pli 1*

3 ch. Passionné d'histoire locale, M. Lebourgeois vous accueille dans sa maison du XVIe siècle, située dans le bourg de Barneville. 2 ch. au 1er étage dont 1 avec annexe (3 pers.), 1 ch. au 2e étage avec annexe (4 pers.). Salle de bains ou salle d'eau et wc privés. Salle de séjour à l'usage exclusif des hôtes. Entrées indépendantes. Restaurant à proximité. Garage pour vélos et motos. Au centre du bourg, côté gauche de l'église. Poss. séjours randonnée/découverte pour groupes de 6 à 9 pers. proposés par le propriétaire, hors juillet et août. Prix 4 pers. : 390 F.

Prix : 1 pers. **220 F** 2 pers. **240/270 F** 3 pers. **330 F**

Ouvert : toute l'année.

2	2	2	15	2	2	2	SP	28	SP

LEBOURGEOIS Gérard - 5, rue du Pic Mallet - 50270 BARNEVILLE-CARTERET - Tél : 02 33 04 90 22

BARNEVILLE-CARTERET La Roche Biard *C.M. 54 Pli 1*

3 ch. Avec une vue sur la mer et les îles anglo-normandes, M. et Mme Simon seront heureux de vous accueillir dans leur maison moderne, en haut du Cap de Carteret. 3 ch. à l'étage (chacune 1 lit 2 pers.) avec salle de bains ou salle d'eau et wc privés. Salle de séjour à l'usage exclusif des hôtes. Site de parapente à 600 m. Réduction de 10 % à partir de 3 nuits du 15 novembre au 1er mars. Accès : à 800 m du bourg de Carteret, direction du Phare. Langue parlée : anglais.

Prix : 1 pers. **220 F** 2 pers. **250 F** pers. sup. **75 F**

Ouvert : toute l'année.

0,5	0,5	3	3	0,5	0,5	27	0,8

SIMON Augustine et Pierre - 18, rue de la Roche Biard - 50270 BARNEVILLE-CARTERET - Tél : 02 33 04 28 41

LA BARRE-DE-SEMILLY La Cosnetière

2 ch. **Forêt de Cerisy et Saint-Lô 5 km.** Dans un cadre champêtre, 2 chambres à l'étage avec salles d'eau privées, 2 wc communs aux 2 chambres. Entrée indépendante. Accès : D11, puis D550 direction Saint-Pierre-de-Semilly.

Prix : 1 pers. **170 F** 2 pers. **200 F** pers. sup. **60 F**

Ouvert : toute l'année.

5	5	2	SP	5	2

LAHAYE Pierre et Antonia - La Cosnetière - 50810 LA BARRE-DE-SEMILLY - Tél : 02 33 57 38 06

BAUBIGNY La Hurette *C.M. 54 Pli 1*

1 ch. **Site classé dunes d'Hatainville sur place. Barneville-Carteret 7 km.** Dans le prolongement de la maison avec entrée indépendante, 1 chambre au 1er étage (1 lit 2 pers. 1 lit 1 pers.). Salle d'eau et wc privés. Salon à disposition. Possibilité de pique-nique. Remarquablement située dans le site classé des dunes d'Hatainville, face aux îles anglo-normandes, cette ancienne ferme, entièrement restaurée vous offre des conditions paisibles de séjour et de découverte de la nature... à pieds en bicyclette et pourquoi pas en carriole à cheval avec les prop. ?

Prix : 1 pers. **200 F** 2 pers. **240 F** 3 pers. **320 F** pers. sup. **70 F**

Ouvert : toute l'année.

0,8	7	7	10	9	1	SP	30	4

LECONTE Rolande et Georges - La Hurette - 50270 BAUBIGNY - Tél : 02 33 04 33 15

BAUBIGNY La Vallée *C.M. 54 Pli 1*

3 ch. **Carteret 5 km. Moulin à vent de Fierville-les-Mines 12 km.** Dans la maison des propriétaires, au r.d.c., 1 ch. avec annexe (2 lits 2 pers.), s. d'eau et wc privés. Dans un bâtiment en pierre indépendant comportant également 1 gîte rural avec terrain privatif clos, 2 ch. (1 lit 2 pers. ou 2 lits 1 pers.) au 1er étage avec s. d'eau et wc privés. Séjour/coin-cuisine à l'usage exclusif des hôtes des 3 ch. Chauffage électrique. A la campagne, Marie et Roger seront heureux de vous accueillir dans leur ancienne ferme dans un cadre de verdure et de fleurs, face aux îles anglo-normandes. Randonneurs équestres acceptés. VTC sur place, promenades en carriole. Prix 4 pers. : 345 F, lit d'appoint : 70 F.

Prix : 1 pers. **175 F** 2 pers. **200 F** 3 pers. **330 F**

Ouvert : toute l'année.

2	5	5	12	7	7	2	SP	28	5

LECONTE Roger et Marie - La Vallée - 50270 BAUBIGNY - Tél : 02 33 53 83 35

BAUPTE Manoir du Fresne

2 ch. Dans un manoir du XVIe siècle avec tour donnant sur le jardin paysager et accédant aux chambres. 1 chambre 2 pers. au 1er étage, et 1 chambre familiale 4 pers. au 2e étage. Salles d'eau et wc privés. Poss. de pique-niquer sur place. 350 F/4 pers. Salle de jeux avec ping-pong, baby-foot et coin-cuisine à disposition des hôtes.

Prix : 1 pers. **180 F** 2 pers. **220/250 F** 3 pers. **280/320 F** pers. sup. **50 F**

Ouvert : toute l'année.

25	10	5	10	15	0,5	5	10	10	0,5

VASCHE Daniel et Madeleine - Manoir du Fresne - 50500 BAUPTE - Tél : 02 33 42 03 29 ou 06 83 40 85 03

BEAUCHAMPS La Gaieté

C.M. 59 Pli 8

5 ch. Dans une maison bourgeoise située à proximité du bourg. A l'étage, 5 chambres avec salles d'eau ou salle de bains et wc privés. Salon à la disposition des hôtes. Chauffage central. Restaurant et tennis à proximité. Accès : sur D 924, à la sortie du bourg, direction Granville. Location de VTT. Sur place : terrain de pétanque. Réduction de 10 % sur séjour d'une semaine (sauf 15/07 au 15/08). Langue parlée : anglais.

Prix : 1 pers. **180 F** 2 pers. **210 F** pers. sup. **60 F**

Ouvert : toute l'année.

16	16	10	10	20	SP	SP	SP	10	SP

MOREL Josephine - La Gaieté - 2, rue Saint-Georges - 50320 BEAUCHAMPS - Tél : 02 33 61 30 42

BEAUMONT-HAGUE Le Closet

C.M. 54 Pli 1

3 ch. **Maison de Jacques Prévert à Omonville-la-Petite 6 km.** Léon et Huguette vous accueillent dans une maison récente, située dans le bourg, au calme et à l'entrée de la vallée de Vauville. A l'étage, 1 ch. (1 lit 2 pers.) et 2 ch. (1 lit 2 pers. 1 lit 1 pers.). S. d'eau et wc privés. Grande cuisine à disposition des hôtes dans un bâtiment annexe. Chauffage électrique. Restaurant sur place. Accès : bourg de Beaumont puis direction Vauville. Langue parlée : anglais.

Prix : 1 pers. **165 F** 2 pers. **210/230 F** 3 pers. **260 F**

Ouvert : toute l'année.

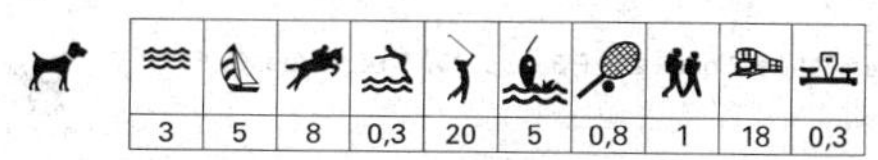

3	5	8	0,3	20	5	0,8	1	18	0,3

DALMONT Léon et Huguette - 2, allée des Jardins - Le Closet - 50440 BEAUMONT-HAGUE - Tél : 02 33 52 72 46

BEAUVOIR Polder Saint-Joseph

C.M. 59 Pli 7

E.C. 4 ch. **Mont Saint-Michel 5 km.** Face au Mont Saint-Michel, cette ferme de culture maraîchère est remarquablement située au cœur des polders et vous offre la possibilité de savourer la vue sur le Mont dès votre réveil. R.d.c. : 1 ch. (3 pers.), kitchenette, s. d'eau et wc privés, entrée indépendante. Etage : 2 ch. (3 pers.), 1 ch. avec annexe (2 x 2 pers.), s. d'eau et wc privés attenants. Grand séjour avec coin-cuisine, réservé aux hôtes au 1er étage. Lit d'appoint sup. : 50 F. Vue sur le Mont depuis toutes les chambres. GR34 à proximité.

Prix : 1 pers. **200 F** 2 pers. **250 F** 3 pers. **300 F** pers. sup. **50 F**

Ouvert : toute l'année.

30	30	4	15	25	SP	2	SP	7	1,5

FAGUAIS Michel et M-Brigitte - Polder Saint-Joseph - 50170 BEAUVOIR - Tél : 02 33 60 09 04 - Fax : 02 33 48 62 25

BEAUVOIR La Bourdatière

(TH)

4 ch. Au cœur d'un petit village à l'orée de la Baie du Mont Saint-Michel, Monique et Gilbert vous accueillent pour une halte ou un séjour. Au r.d.c. : 1 ch. (4 pers.) avec salon, salle d'eau et wc privés attenants. A l'étage : 3 ch. (2 ou 3 pers.) chacune avec s. d'eau ou s.d.b. et wc privés (situés soit dans le couloir, soit attenants à la ch.). Parking, cour fermée. Les propriétaires vous montreront comment découvrir le Mont par les chemins de traverse, à la façon des pèlerins ainsi que la convivialité d'un bon repas traditionnel pris à la table d'hôtes (sur réservation). Accès indépendant des chambres par une salle réservée aux hôtes. Prix 4 pers. : 300 F

Prix : 1 pers. **170/180 F** 2 pers. **200/230 F** 3 pers. **250/270 F** pers. sup. **50 F** repas **80 F**

Ouvert : toute l'année.

30	30	2	15	25	0,1	0,1	0,5	7	0,5

HENNECART Gilbert et Monique - La Bourdatière - 8, rue Maurice Desfeux - 50170 BEAUVOIR - Tél : 02 33 68 11 17 - Fax : 02 33 68 11 17

BENOITVILLE La Cuvette

C.M. 54 Pli 1

2 ch. Marie-Thérèse et François vous accueillent dans leur maison à la campagne et au calme. A l'étage : 1 ch. (1 lit 2 pers., 1 lit 1 pers.) et 1 ch. (1 lit 2 pers.), salles d'eau et wc privés. Chauffage électrique. Restaurant 3 km. Randonneurs équestres acceptés. Accès par D331. Equipement complet pour bébé à dispo.

Prix : 2 pers. **170 F** 3 pers. **180 F** pers. sup. **40 F**

6	6	3	6	20	1	3	6	18	2,5

LEBOISSELIER François & M-Thérèse - La Cuvette - 50340 BENOITVILLE - Tél : 02 33 52 41 36

BENOITVILLE La Tostellerie

C.M. 54 Pli 1

2 ch. Denise et Désiré vous accueillent dans leur maison à la campagne, calme et reposante. A l'étage : 1 ch. (1 lit 2 pers.) avec salle de bains privée, 1 ch. (1 lit 2 pers. 1 lit 1 pers.) avec salle d'eau privée. 1 wc à l'usage exclusif des hôtes au r.d.c. Chauffage central. Accès par la D331.

Prix : 1 pers. **130 F** 2 pers. **190 F** 3 pers. **230 F**

Ouvert : toute l'année.

6	5	2	2	2	SP	20

LECOUTOUR Désiré et Denise - La Tostellerie - 50340 BENOITVILLE - Tél : 02 33 52 45 82

BENOITVILLE Hameau le Terrier

C.M. 54 Pli 1

2 ch. Chambres d'hôtes (5 pers.), à l'étage avec salles d'eau privées et 1 wc commun aux 2 chambres. Chauffage électrique. Randonneurs équestres acceptés. Les propriétaires ont aménagé un joli plan d'eau entouré de verdure et de fleurs variées.

Prix : 1 pers. **110 F** 2 pers. **150 F** 3 pers. **175 F** pers. sup. **50 F**

Ouvert : toute l'année.

6	8	2	2	16	SP	2	SP	18

LETERRIER André - Hameau le Terrier - 50340 BENOITVILLE - Tél : 02 33 52 93 01

BERIGNY Saint-Quentin

C.M. 54 Pli 14

2 ch. **Forêt de Cerisy 2 km.** 2 chambres d'hôtes aménagées à l'étage (dont 1 avec annexe) avec salles d'eau et wc privés. Rivière 1 km. Restaurant 4 km. Supplément pour animaux : 20 F. Accès par la D972.

Prix : 1 pers. **150 F** 2 pers. **200 F** 3 pers. **250 F** pers. sup. **50 F**

30	30	4	12	30	1	12	SP	12

BRICHE Didier et Madeleine - Saint-Quentin - 50810 BERIGNY - Tél : 02 33 57 87 22

LA BESLIERE Le Manoir

C.M. 59 Pli 8

4 ch. **Villedieu les Poëles 14 km. Granville (casino, thalasso.) 14 km.** Dans une ancienne ferme, au calme et entourée de verdure, 1 ch. au r.d.c. (1 lit 2 pers.) avec coin-cuisine. A l'étage : 2 ch. (1 lit 2 pers.) et 1 ch. (1 lit 2 pers., 1 lit 1 pers.), salles d'eau et wc privés. Entrée indépendante. Restaurant 1 km. Possibilité de louer 1 gîte rural mitoyen à la maison des propriétaires.

Prix : 1 pers. **180 F** 2 pers. **220 F** 3 pers. **290 F** pers. sup. **70 F**

Ouvert : toute l'année.

10	10	6	10	10	1	4	SP	12	1

BENSET Michel et Marguerite - Le Manoir - 50320 LA BESLIERE - Tél : 02 33 61 32 23

BESLON Les Vallées

C.M. 59 Pli 9

1 ch. **Villedieu-les-Poëles 5 km.** Dans une petite maison de campagne, au calme, 1 chambre avec annexe (4 pers.) aménagée à l'étage. Salle d'eau et wc privés. Chauffage électrique. Restaurant 5 km. Prix 4 pers. : 300 F.

Prix : 1 pers. **130 F** 2 pers. **190 F** 3 pers. **230 F** pers. sup. **40 F**

35	35	5	35	3	3	5	5	5

BINET Denise - Les Vallées - 50800 BESLON - Tél : 02 33 61 11 59

BESNEVILLE Hôtel Danois

C.M. 54 Pli 12

1 ch. **Portbail 7 km.** L'accès à la ferme se fait par une avenue de peupliers et de cyprès, vous y trouverez le calme et le repos. 1 chambre (2 x 2 pers.) est aménagée à l'étage, avec annexe. Salle d'eau et wc privés. Entrée indépendante. Canoë-kayak à 7 km. Accès : D15 puis D127 du bourg, direction le Mont de Besneville. 320 F/4 pers.

Prix : 1 pers. **150 F** 2 pers. **170 F** 3 pers. **250 F** pers. sup. **60 F**

Ouvert : de Pâques à la Toussaint.

7	7	7	20	10	3	7	SP	20	2

LAMY Michel et Liliane - Hôtel Danois - 50390 BESNEVILLE - Tél : 02 33 41 62 63

BESNEVILLE Le Pré du Moulin

C.M. 54 Pli 12

1 ch. Maison récente au milieu d'un grand jardin boisé où coule une rivière. Maryvonne et Guy vous offrent des conditions paisibles de séjour, dans une atmosphère familiale. 1 ch. (2 pers.), r.d.c. avec s. d'eau particulière et wc à l'usage exclusif des hôtes. Chauffage central. Forêts avec sentiers pédestres 4 km. Accès : D15, puis D127 direction Neuville-en-Beaumont.

Prix : 1 pers. **170 F** 2 pers. **210 F** pers. sup. **70 F**

Ouvert : pendant les vacances scolaires.

7	7	7	20	15	3	7	3	20	1

LEPREVOST Guy et Maryvonne - 3, route de la Croix Blondel - 50390 BESNEVILLE - Tél : 02 33 41 63 82

BESNEVILLE La Bretonnerie

TH *C.M. 54 Pli 12*

2 ch. Michèle et Marcel vous accueillent dans leur maison du XVIIe siècle. A l'étage : 1 ch. (1 lit 2 pers.) et 1 ch. avec petite annexe (1 lit 2 pers., 1 lit 1 pers.), 2 salles d'eau à l'usage exclusif des hôtes et 1 wc commun aux 2 ch. Chauffage électrique. Canoë-kayak, location de vélos. Repas enfant 50 F. Accès : église de Besneville, direction Bricquebec 1ère route à droite.

Prix : 1 pers. **150 F** 2 pers. **200 F** 3 pers. **250 F** pers. sup. **50 F** repas **80 F**

Ouvert : toute l'année.

7	7	7	20	10	3	7	SP	22

LEROSSIGNOL Marcel et Michele - La Bretonnerie - 50390 BESNEVILLE - Tél : 02 33 41 66 24

BLAINVILLE-SUR-MER

C.M. 54 Pli 12

4 ch. **Agon-Coutainville (station balnéaire) 1,5 km. Coutances 12 km.** Jacqueline et Robert vous reçoivent dans leur maison de famille en pierre et granit datant du XVIIe, dans un ancien village de pêcheurs. A l'étage : 1 ch. (1 lit 2 pers. 1 lit 1 pers.), 2 ch. (1 lit 2 pers.), s. d'eau et wc privés. 1 ch. (1 lit 2 pers.), s.d.b. et wc privés. Grand jardin et séjour à l'usage exclusif des hôtes. Cuisine d'été. Ping-pong, bicyclettes et terrain de volley à disposition.

CV

Prix : 1 pers. **190 F** 2 pers. **230 F** 3 pers. **280 F** pers. sup. **50 F**

Ouvert : toute l'année.

1	2	2	12	SP	2	2	1	12	0,5

SEBIRE Robert et Jacqueline - 11, rue du Vieux Lavoir - Village Grouchy - 50560 BLAINVILLE-SUR-MER - Tél : 02 33 47 20 31 - Fax : 02 33 47 20 31

BLOSVILLE Les Vieilles Cours

C.M. 54 Pli 3

2 ch. Bienvenue à la ferme chez Jacqueline et Yves, à proximité des Plages du Débarquement. 2 chambres d'hôtes (4 pers.). A l'étage, 1 salle d'eau et 1 wc à l'usage exclusif des hôtes. Entrée indépendante. Produits fermiers sur place. Restaurant 4 km. Randonneurs équestres bienvenus.

Prix : 1 pers. **140 F** 2 pers. **180 F** pers. sup. **50 F**

Ouvert : de mars à octobre.

8	8	8	8	15	3	4	4	8

DUVAL Yves et Jacqueline - Les Vieilles Cours - 50480 BLOSVILLE - Tél : 02 33 71 56 42

BOLLEVILLE La Croute

TH *C.M. 54 Pli 2*

4 ch. **Portbail 7 km.** 2 chambres (1 lit 2 pers.) au rez-de-chaussée. 1 chambre (1 lit 2 pers., 2 lits 1 pers. superposés) et 1 chambre avec annexe (2 x 2 pers.). Salles d'eau et wc privés. Ch. élect. Entrée indépendante. Cuisine aménagée. Séjour avec cheminée à disposition. Table d'hôtes sur réservation. Ping-pong sur place. 300/340 F : 4 pers. Accès : D903 direction Barneville - 5 km sortie La Haye du Puits.

CV

Prix : 1 pers. **180 F** 2 pers. **200 F** 3 pers. **250/280 F** repas **85 F**

Ouvert : toute l'année.

5	5	7	30	15	10	5	5	26	5

ROPTIN Roland et Bernadette - La Croute - 50250 BOLLEVILLE - Tél : 02 33 46 00 58

BOUCEY Martigny

2 ch. **Mont Saint-Michel 10 km. Pontorson 3 km.** Madeleine et Henri vous accueillent dans cette ancienne ferme restaurée. A l'étage, 1 ch. (1 lit 2 pers.) avec salle de bains et wc privés dans le couloir et 1 ch. (1 lit 2 pers. 1 lit 1 pers.) avec salle d'eau et wc privés communicants avec la ch. Possibilité d'une annexe complémentaire (2 pers.). 400 F/4 pers. si utilisation de la chambre complémentaire. Accès : de Pontorson, D112 direction Vessey.

CV

Prix : 1 pers. **160 F** 2 pers. **200/220 F** 3 pers. **280/360 F** pers. sup. **75 F**

Ouvert : toute l'année.

40	25	6	20	25	4	2,5	12	3	3

ETIENVRE Madeleine - Martigny - 50170 BOUCEY - Tél : 02 33 60 10 12

BOUTTEVILLE Hameau des Prés

1 ch. **Sainte-Mère-Eglise 6 km.** Liliane et Raymond Soret vous accueillent dans leur maison située en pleine campagne, où vous trouverez calme et repos. 1 ch. (1 lit 2 pers.), au r.d.c. avec une annexe (1 lit 2 pers.). Salle de bains et wc privés. Entrée indépendante. Coin-cuisine à disposition des hôtes. A proximité des plages du Débarquement.

Prix : 1 pers. **180 F** 2 pers. **200 F** 3 pers. **280 F** pers. sup. **60 F**

Ouvert : toute l'année.

6	10	10	6	6	10	6

SORET Raymond et Liliane - Hameau des Prés - 50480 BOUTTEVILLE - Tél : 02 33 42 25 36

BRECEY Les Bois

C.M. 59 Pli 8

3 ch. **Avranches 15 km. Mont Saint-Michel 35 km.** Au r.d.c. : 1 ch. (2 lits 1 pers.), salle d'eau et wc privés. A l'étage : 1 ch. (1 lit 2 pers.), salle de bains et wc privés, 1 ch. avec annexe (1 lit 2 pers., 1 lit 1 pers.), salle d'eau et wc privés. Chauffage central. Restaurant 1 km. VTT. Accès : D999 sortie de Brécey dir. Villedieu-les-Poeles. Paulette et Emile habitent une maison centenaire en pierre de la région, entourée d'un grand jardin fleuri et bordé de vergers intensifs. Une petite cuisine a été aménagée pour les hôtes dans un bâtiment indépendant à proximité de la maison.

Prix : 2 pers. **190/200 F** 3 pers. **270 F** pers. sup. **50 F**

Ouvert : toute l'année.

30	30	1	1	35	1	1	1	16	0,8

PACILLY Emile et Paulette - Les Bois - route départementale 999 - 50370 BRECEY - Tél : 02 33 48 71 39 - Fax : 02 33 48 65 77

BREHAL Le Charonnet

C.M. 59 Pli 7

1 ch. **Granville (thalassothérapie, casino, départ Chausey et Jersey) 10 km.** Dans cette maison récente située dans un petit village à 1 km du bourg, vous trouverez un confort douillet et une ambiance feutrée propices à la détente. A l'étage : 1 ch. (1 lit 2 pers., 1 lit 1 pers.) avec poss. d'1 ch. complémentaire (1 lit 2 pers.), salle d'eau et wc privés. Séjour à la disposition des hôtes. 400 F/4 pers. Restaurants 1 km. 1 nuit gratuite pour 1 semaine. Propositions d'itinéraires de sentiers pédestres et circuits VTT. Initiation à la pêche à pied et découverte myticulture.

Prix : 1 pers. **160 F** 2 pers. **200/250 F** 3 pers. **260 F**

Ouvert : toute l'année.

3	3	3	8	3,5	1	3	1	10	1

FAUVEL Yvette et Michel - Le Charonnet - 50290 BREHAL - Tél : 02 33 50 57 63 ou 06 83 64 78 30

BREHAL Le Mesnil

C.M. 59 Pli 7

4 ch. Fernande et Georges vous accueillent dans leur maison récente entourée d'un jardin fleuri située dans un village à 1 km du bourg. A l'étage : 4 ch. avec salles d'eau et wc privés. Restaurant à 1 km. Possibilité lit supplémentaire.

Prix : 1 pers. **170 F** 2 pers. **205 F** 3 pers. **253 F** pers. sup. **50 F**

Ouvert : toute l'année.

4,5	5	0,3	8	5	5	4,5	1,5	10

LEMARECHAL Georges et Fernande - Le Mesnil - 50290 BREHAL - Tél : 02 33 51 57 05

BREVANDS La Capitainerie

C.M. 54 Pli 13

2 ch. **Port de plaisance 5 km.** Au milieu du parc régional des Marais du Cotentin et du Bessin, en bordure de la Baie des Veys, Jacqueline vous accueille dans sa maison de caractère. 2 ch. à l'étage (6 pers.), s. d'eau et s.d.b. privées. Chauffage central. Parc Naturel Régional des Marais. A proximité des plages du Débarquement. Supplément pour animal : 10 F. Prix 4 pers. : 350 F.

Prix : 1 pers. **145 F** 2 pers. **235 F** 3 pers. **295 F** pers. sup. **60 F**

Ouvert : toute l'année.

3	5	5	5	5	5	5	SP	5	5

FERON Jacqueline - La Capitainerie - 50500 BREVANDS - Tél : 02 33 42 33 09

BRICQUEBEC La Planche es Vaches

C.M. 54 Pli 2

2 ch. **Plages du Débarquement 30 km.** Venez séjourner au calme, dans cette ancienne ferme nichée au cœur de la campagne. 1er ét. : 1 ch. (1 lit 2 pers. 1 lit 1 pers.), salle d'eau et wc privés. 2e ét. : 1 ch. familiale (1 lit 2 pers. 2 lits 1 pers.), salle d'eau et wc privés. Entrée indépendante. Terrasse. Réduct. 5% si + de 4 nuits et 10% si + de 8 nuits. Poss. pique-nique sur place (barbecue). 4 pers. : 350 F. Restaurant 1 km.

Prix : 1 pers. **160 F** 2 pers. **200/230 F** 3 pers. **280 F** pers. sup. **70 F**

Ouvert : toute l'année.

14	16	6	13	5	SP	1,5	0,5	13	1,5

SAID Jacky et Anne-Marie - La Planche es Vaches - 50260 BRICQUEBEC - Tél : 02 33 52 77 62

BRICQUEBEC

C.M. 54 Pli 2

3 ch. **Centre de Bricquebec 2 mn à pied.** Dans un lotissement, Mme Geneviève Dugue vous propose : 1 ch. 3 pers. et 1 ch. 4 pers. à l'étage avec salles d'eau et wc privés et 1 ch. 2 pers. au r.d.c. (mobilier breton) avec salle de bains privée. Chauffage électrique. Salon avec TV, véranda à disposition des hôtes. Jardin fleuri. 380 F/4 pers. Restaurant à 100 m.

Prix : 1 pers. **160/180 F** 2 pers. **220/250 F** 3 pers. **320 F**

Ouvert : toute l'année.

15	15	6	20	17	4	0,5	1	13	0,2

DUGUE Geneviève - 5, résidence les Garennes - 50260 BRICQUEBEC - Tél : 02 33 04 06 41

BRICQUEBEC

C.M. 54 Pli 2

4 ch. Dans une maison bourgeoise entourée d'un parc de 1 ha. 1er étage : 1 ch. (1 lit 2 pers.) + 1 ch. (2 lits 1 pers.) avec 1 s. d'eau commune aux 2 ch. (classées 1 épi) et 1 ch. (1 lit 2 pers.) avec s.d.b. privée. 2e étage : 1 ch. avec annexe (2 x 2 pers.) avec s. d'eau et wc à l'usage exclusif des hôtes. Salon à disposition, TV. Ch. central. Canoë Kayak : 10 km. 4 pers. : 350 F avec l'annexe. Terrain de boules, tennis et atelier d'art sur place dans la propriété. Restaurant à proximité.

Prix : 1 pers. **160 F** 2 pers. **210 F** 3 pers. **260 F** pers. sup. **50 F**

Ouvert : de Pâques à la Toussaint.

14	14	6	13	17	1	SP	0,5	13	0,5

FOLLIOT Renée - 28, rue Pierre Marie - 50260 BRICQUEBEC - Tél : 02 33 52 20 56

BRICQUEBEC

C.M. 54 Pli 2

2 ch. A l'extrémité du bourg, Thérèse vous reçoit avec plaisir dans sa maison de caractère prolongée d'une grande cour fermée et d'un parc. 2 chambres (4 pers.) à l'étage avec salles de bains et wc privés. Chauffage central. Restaurant à proximité.

Prix : 1 pers. **175 F** 2 pers. **225 F** pers. sup. **60/70 F**

Ouvert : toute l'année.

15	16	6	13	17	4	1,5	2	13	SP

LETERRIER Thérèse - 40, rue Pierre Marie - 50260 BRICQUEBEC - Tél : 02 33 52 21 87 - Fax : 02 33 52 21 87

BRICQUEBEC

C.M. 54 Pli 2

3 ch. 1 chambre 2 pers. au rez-de-chaussée salle de bains et wc privés et 1 chambre à l'étage avec annexe (2 x 2 pers.), douche et wc privés. Dans une maisonnette indépendante : 1 chambre 2 pers. avec kitchenette, salle d'eau et wc privés. Salon à la disposition des hôtes. Prix 4 pers. : 360 F. Commerces et restaurants à proximité. Au centre d'une petite ville, face au château médiéval du XIe siècle, ancienne ferme restaurée entourée d'un vaste jardin.

Prix : 1 pers. **160 F** 2 pers. **220 F** 3 pers. **290 F** pers. sup. **70 F**

Ouvert : toute l'année.

15	16	6	13	17	2	0,8	2	13	SP

MESNIL Denise - La Butte - 14, rue de Bricqueville - 50260 BRICQUEBEC - Tél : 02 33 52 33 13 - Fax : 02 33 52 33 13

BRICQUEBOSCQ Le Haut de Bricqueboscq

C.M. 54 Pli 1

1 ch. **Cherbourg 18 km.** A la campagne, 1 chambre 2 pers. avec salle d'eau et wc privés. Entrée indépendante. Chauffage électrique. Accès : D222 direction Rauville-la-Bigot. Restaurant 6 km.

Prix : 1 pers. **145 F** 2 pers. **185 F** pers. sup. **35 F**

Ouvert : toute l'année.

15	15	8	8	1	2	18	6

ESCOLIVET Jean - 14, le Haut de Bricqueboscq - 50340 BRICQUEBOSCQ - Tél : 02 33 04 46 17

BRICQUEBOSCQ La Capellerie

C.M. 54 Pli 1

2 ch. **Cherbourg 18 km.** Dans une maison récente en pierre. 2 chambres d'hôtes (6 pers.) aménagées à l'étage. 1 ch. avec salle de bains et wc privés. 1 ch. avec salle d'eau et wc privés. Chauffage central. Restaurant 6 km. Accès : D222, direction Rauville-la-Bigot. 260 F/4 pers. 6e nuit gratuite.

Prix : 1 pers. **145 F** 2 pers. **190/210 F** 3 pers. **235 F** pers. sup. **50 F**

Ouvert : toute l'année.

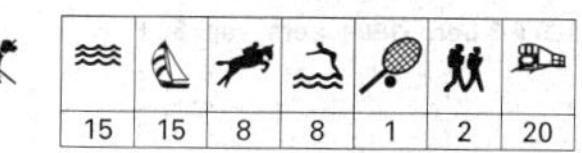

15	15	8	8	1	2	20

CAPELLE Jean et Chantal - 3, la Capellerie - 50340 BRICQUEBOSCQ - Tél : 02 33 04 41 70 - Fax : 02 33 04 41 70

BRICQUEBOSCQ Hameau Brande

C.M. 54 Pli 1

3 ch. Dans une maison récente avec un parc paysager, à la campagne. 3 chambres à l'étage (9 pers.) dont 2 avec annexe. Salle d'eau et wc privés pour chaque chambre. Chauffage central. Restaurant 6 km. Accès : D222, direction Rauville-la-Bigot. 220 à 230 F/4 pers. Possibilité de pique-nique dans le jardin.

Prix : 1 pers. **120 F** 2 pers. **160 F** 3 pers. **190 F**

Ouvert : toute l'année.

15	15	8	8	1	2	20

ORANGE Alexandre et Geneviève - Hameau Brande - 50340 BRICQUEBOSCQ - Tél : 02 33 04 40 60

BRICQUEBOSCQ La Pistollerie

C.M. 54 Pli 1

2 ch. **Cherbourg 13 km. Valognes (musée du cidre, hôtels particuliers) 20 km.** Ferme de caractère. 1 ch. (1 lit 2 pers.), 1 ch. (2 lits 1 pers.) au rez-de-chaussée avec salles d'eau et wc privés. Entrée indépendante. Chauffage électrique. Rivière, pêche sur place. Restaurant 3 km. Table de ping-pong sur place. Accès : D56 direction Couville. 1 nuit gratuite au delà de 5 jours. Cuisine aménagée dans une ancienne dépendance à dispo. des hôtes.

Prix : 1 pers. **180 F** 2 pers. **225 F** pers. sup. **60 F**

Ouvert : toute l'année.

15	15	8	8	10	15	2	2	12	3

VILLOT J-Marie et Monique - La Pistollerie - 50340 BRICQUEBOSCQ - Tél : 02 33 04 40 81 - Fax : 02 33 04 40 81

BRICQUEVILLE-SUR-MER

C.M. 59 Pli 7

2 ch. **Granville et thalassothèrapie 12 km.** 2 chambres d'hôtes (6 pers.) situées à l'étage. Une salle d'eau et un wc à l'usage exclusif des hôtes. Chauffage central. Restaurant 500 m. 220 F/4 pers.

Prix : 1 pers. **120 F** 2 pers. **150 F** 3 pers. **190 F** pers. sup. **40 F**

Ouvert : toute l'année.

5	5	5	10	4	5	5	12

BOIS André - Village Maire - 8, chemin de la Moignerie - 50290 BRICQUEVILLE-SUR-MER - Tél : 02 33 61 63 22 ou 02 33 51 17 80

BRICQUEVILLE-SUR-MER Les Brulés

C.M. 59 Pli 7

2 ch. **Granville et thalassothèrapie 12 km. Baie du Mont Saint-Michel 50 km.** Dans une ancienne ferme, au calme. A l'étage : 2 chambres d'hôtes (4 pers.) avec 1 douche et 1 wc sur le palier + 1 salle de bains et 1 wc au rez-de-chaussée, à l'usage exclusif des hôtes. Chauffage central. Entrée indépendante. Accueil de randonneurs. Accueil de randonneurs, motards et cyclistes. Accès : D971 puis route du Mont Rabec (D98) sur 1 km. Départ pour les îles Chausey et Jersey. Langue parlée : anglais.

Prix : 1 pers. **120 F** 2 pers. **170 F** pers. sup. **55 F**

Ouvert : toute l'année.

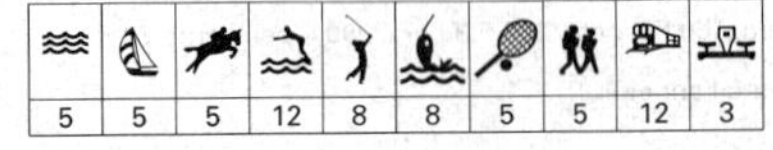

5	5	5	12	8	8	5	5	12	3

LABOUS Jean - Les Brulés - 14, route du Mont-Rabec - 50290 BRICQUEVILLE-SUR-MER - Tél : 02 33 51 01 24

BRICQUEVILLE-SUR-MER La Fourchette

C.M. 59 Pli 7

1 ch. **Granville et thalassothèrapie 12 km. Baie du Mont Saint-Michel 50 km.** 1 chambre (1 lit 2 pers.) à l'étage avec salle de bains et wc privés. Poss. 1 chambre annexe (1 lit 2 pers.) Chauffage central. Restaurant 2 km. Accès : D971 entre Bréhal et Muneville-sur-Mer. La Fourchette. 350 F/4 pers. Départ pour les îles Chausey et Jersey.

Prix : 1 pers. **150 F** 2 pers. **200 F** 3 pers. **245 F**

Ouvert : toute l'année.

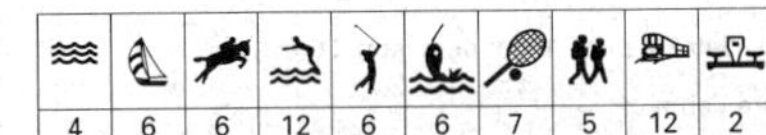

4	6	6	12	6	6	7	5	12	2

MAHE Lucien - 1, route du Mont Rabec - La Fourchette - 50290 BRICQUEVILLE-SUR-MER - Tél : 02 33 51 71 79

BRICQUEVILLE-SUR-MER Les Hauts Vents

C.M. 59 Pli 7

2 ch. **Thalassothérapie 12 km. Baie du Mont Saint-Michel 50 km.** Dans un bâtiment indépendant et à l'étage : 1 ch. (1 lit 2 pers.) avec salle d'eau et wc privés, 1 ch. (1 lit 2 pers., 1 lit 1 pers.) avec salle de bains et wc privés. Chauffage électrique. Entrée indépendante. Produits fermiers sur place. Restaurant 2 km. Camping à la ferme sur place. Départ pour les îles Chausey et Jersey.

Prix : 1 pers. **130 F** 2 pers. **160 F** 3 pers. **190 F** pers. sup. **30 F**

Ouvert : toute l'année.

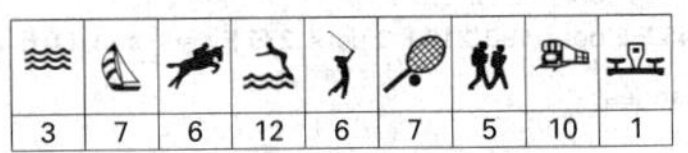

3	7	6	12	6	7	5	10	1

SANSON Jean - 29, les Hauts Vents - 50290 BRICQUEVILLE-SUR-MER - Tél : 02 33 61 66 38

BROUAINS La Terterie

C.M. 59 Pli 9

2 ch. **Sourdeval 4 km.** Marylène et Christian vous accueillent dans leur ancienne ferme restaurée, au cœur de la vallée de la Sée. 2 chambres 2 pers. à l'étage avec salles d'eau et wc privés. Entrée indépendante. Randonneurs équestres acceptés. Parcours VTT.

Prix : 1 pers. **150 F** 2 pers. **170 F**

Ouvert : toute l'année.

50	10	1	15	10	SP	6	SP	15	4

DUBOIS Christian & Marylène - 2, la Terterie - 50150 BROUAINS - Tél : 02 33 69 49 74

CAMPROND La Chapelle

C.M. 54 Pli 12

3 ch. **Coutances 7 km. Plages du Débarquement 45 km.** Dans le coutançais, à mi-chemin du Mont Saint-Michel et des plages du débarquement, Annick et son mari vous accueillent dans un cadre moderne et verdoyant. A l'étage : 1 ch. 2 pers., 1 ch. 3 pers., 1 ch. 2 pers. + convertible avec terrasse. Salles d'eau et wc privés. Chauffage central. Vélos et billard sur place. Restaurant à 50 m. Réduction de 10 % pour séjour supérieur à 5 nuits.

CV

Prix : 1 pers. **165 F** 2 pers. **200/220 F** 3 pers. **250 F** pers. sup. **50 F**

Ouvert : de Pâques à la Toussaint.

20	20	7	7	20	4	0,1	7	7	0,5

LEBRUN Annick - La Chapelle - 50210 CAMPROND-BELVAL - Tél : 02 33 45 13 90 - Fax : 02 33 45 71 40

CANVILLE-LA-ROCQUE

C.M. 54 Pli 11/12

2 ch. **Portbail 4 km. Carteret 10 km.** M. et Mme Frugier vous accueillent dans leur maison de caractère, ancienne ferme qu'ils ont entièrement restaurée et décorée en déployant leurs talents artistiques. Au r.d.c. : 1 ch. en duplex (4 pers.). A l'étage : 1 ch. (2 pers.). Salles d'eau et wc privés. Un parc est à la disposition des hôtes. Possibilité garage. Prix 4 pers. : 350 F. Accompagnement à Carteret pour le bâteau vers les îles anglo-normandes.

Prix : 1 pers. **200 F** 2 pers. **250 F** 3 pers. **300 F** pers. sup. **50 F**

Ouvert : toute l'année.

4	4	4	27	4	SP	27	4

FRUGIER Gisèle - 50580 CANVILLE-LA-ROCQUE - Tél : 02 33 53 03 06

CANVILLE-LA-ROCQUE La Rocque de Bas

C.M. 54 Pli 2

2 ch. Chambres d'hôtes (6 pers.) : 1 chambre à l'étage avec salle de bains et wc indépendants, 1 chambre au rez-de-chaussée avec salle d'eau et wc indépendants. Entrées indépendantes. Chauffage électrique. Sur la D15.

Prix : 1 pers. **150 F** 2 pers. **200 F** 3 pers. **250 F**

Ouvert : toute l'année.

5	5	5	20	10	9	5	5	20	5

VASSELIN Bernadette - La Rocque de Bas - 50580 CANVILLE-LA-ROCQUE - Tél : 02 33 04 80 27

CARANTILLY Haras de la Jourdanière

2 ch. **Saint-Lô 12 km.** Nelly et Bruno Delabarre éleveurs de chevaux, vous accueillent dans leur propriété au milieu des prairies. 2 chambres (1 lit 2 pers.) à l'étage avec salles de bains et wc privés. Entrée indépendante. Boxes pour chevaux. 1 nuit gratuite au-delà de 5 jours sauf juillet et août. Restaurants à 4 km. Accès : sur la D972, axe Saint-Lô-Coutances.

Prix : 1 pers. **190 F** 2 pers. **210 F** pers. sup. **50 F**

Ouvert : toute l'année.

25	12	12	15	3	1,5	2	12	1,5

DELABARRE Bruno et Nelly - 2, Haras de la Jourdanière - 50270 CARANTILLY - Tél : 02 33 55 60 03 ou 06 80 40 06 80 - E-mail : nelly.delabarre@wanadoo.fr

CATTEVILLE Le Haul

TH

C.M. 54 Pli 2

5 ch. **Saint-Sauveur-le-Vicomte 6 km. Plages du Débarquement 30 km.** Odile et Gérard éleveurs de chevaux de selle, vous accueillent dans leur domaine du Haul. 4 ch. à l'étage (10 pers.) dont 1 avec annexe (2 X 2 pers.) et 1 ch. 2 épis, s. d'eau et wc privés. Séjour et salon à l'usage exclusif des hôtes. Entrée indépendante. Dans une ancienne boulangerie, 1 ch. (3 pers.) à l'étage avec s. d'eau, wc privés. Séjour/coin-cuisine au r.d.c. Prix 4 pers. : 370 F. Sur place : salle de jeux, VTT, circuit privé réservé aux hôtes pour promenades, chasse à la journée, hutte d'observation sur le marais. Randonneurs équestres acceptés (6 boxes). Canoë-kayak, escalade 6 km. Langue parlée : anglais.

CV

Prix : 1 pers. **180 F** 2 pers. **220/300 F** 3 pers. **310/360 F** pers. sup. **60 F**
repas **90 F**

Ouvert : toute l'année.

10	10	10	20	20	1	6	SP	20	6

LANGLOIS Gérard et Odile - Le Haul - 50390 CATTEVILLE - Tél : 02 33 41 64 69 - Fax : 02 33 41 64 69 - E-mail : melanie.langlois@free.fr

CAVIGNY La Vimonderie *C.M. 54 Pli 13*

E.C. 3 ch. **Saint-Lô (ville du cheval et remparts) 11 km.** A la campagne, dans une ancienne ferme rénovée, Sigrid Hamilton a aménagé à l'étage : 2 chambres (de 2 pers.) et 1 ch. individuelle avec salle d'eau et wc privés. La décoration douce et romantique à l'anglaise vous invitera au repos. Accès : N174 puis D377. Langues parlées : anglais, allemand, espagnol.

Prix : 1 pers. **150 F** 2 pers. **200 F** pers. sup. **50 F**

Ouvert : de mars à novembre.

30	30	11	11	2	5	4

HAMILTON Sigrid - La Vimonderie - 50620 CAVIGNY - Tél : 02 33 56 01 13

CEAUX Le Rochelet *C.M. 59 Pli 8*

3 ch. **Mont Saint-Michel 12 km et 2 km de la baie.** Dans une maison récente, entourée d'un jardin d'agrément. 2 ch. aménagées à l'étage (3 pers.) avec une salle d'eau à l'usage exclusif des hôtes. Au r.d.c., 1 chambre avec annexe (2 x 2 pers.), salle de bains et wc privés (2 épis). Coin-salon à disposition des hôtes. Chauffage électrique. 300 F/4 pers. Réduction de 10 % à partir de 5 nuits et 15 % à partir de 10 nuits.

Prix : 1 pers. **155 F** 2 pers. **190 F** pers. sup. **70 F**

Ouvert : toute l'année.

25	30	6	11	0,8	0,2	0,8	10	0,1

THEBAULT Michel - Le Rochelet - 2, rue des Mangeas - 50220 CEAUX - Tél : 02 33 70 94 07 ou 06 89 24 27 64

CEAUX Le Mée Provost *C.M. 59 Pli 8*

5 ch. **Mont Saint-Michel 12 km et 1 km de la baie.** Venez savourer les petits déjeuners à base des produits de cette ferme du XVIIIe et très fleurie. 1 ch. à l'étage avec annexe (2 x 2 pers.). 1 ch. familiale (1 lit 160) classée 2 épis au r.d.c. avec entrée indépendante. Dans un bâtiment indépendant, 3 ch. (6 pers.) à l'étage. Salles d'eau et wc privés. Séjour et cuisine à disposition des hôtes. Chauffage central. 4 pers. : 320 F. Accès par Pontaubault, D313.

Prix : 1 pers. **150 F** 2 pers. **220 F** 3 pers. **280 F**

Ouvert : toute l'année.

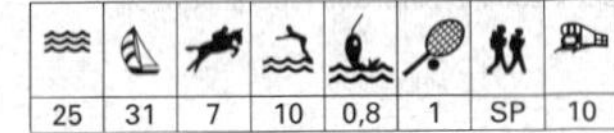

25	31	7	10	0,8	1	SP	10

DELAUNAY Henri et Agnès - Le Mée Provost - 50220 CEAUX - Tél : 02 33 60 49 03

CEAUX Le Pommeray *C.M. 59 Pli 8*

5 ch. **Mont Saint-Michel 12 km.** Dans une maison récente, entourée d'un jardin fleuri. R.d.c. : 1 ch. familiale (1 lit 2 pers., 2 lits 1 pers. superposés). 2e étage : 3 ch. (1 lit 2 pers. chacune) et 1 chambre familiale (1 lit 2 pers. 2 lits 1 pers. superposés). Salles d'eau et wc privés. Séjours et cuisine réservés aux hôtes. Chauffage électrique. 310 F/4 pers. Accès : sur la D43 direction Mont Saint-Michel.

Prix : 1 pers. **170 F** 2 pers. **220 F** 3 pers. **270 F** pers. sup. **50 F**

Ouvert : du 15 février au 15 novembre.

25	31	5	10	2	SP	10

MOREL Marie et Fernand - Route du Mont Saint-Michel - 11, le Pommeray - 50220 CEAUX - Tél : 02 33 70 92 40

CEAUX Les Forges *C.M. 59 Pli 8*

2 ch. **Mont Saint-Michel 11 km.** Près de la baie, dans une maison de caractère du XVIIIe siècle entourée d'un jardin-parc, Janine et Jean seront heureux de vous accueillir et de vous donner tous les renseignements sur le Mont et la Baie. 2 ch. au r.d.c. (1 lit 2 pers. chacune) avec chacune entrée indépendante, s. d'eau et wc privés. Bibliothèque. Restaurant 200 m.

Prix : 1 pers. **180 F** 2 pers. **220 F**

Ouvert : du 15 février au 30 septembre.

25	31	3	10	1	SP	10

PERRIER Jean et Janine - Les Forges - route du Mont Saint-Michel - 50220 CEAUX - Tél : 02 33 70 90 54

CEAUX *C.M. 59 Pli 8*

1 ch. **Mont Saint-Michel 12 km. Avranches 11 km.** Au rez-de-chaussée d'une maison récente, 1 chambre avec annexe (2 lits 2 pers.), salle d'eau spacieuse et wc privés. Entrée indépendante. A la campagne et à proximité du petit village typique de la baie du Mont Saint-Michel. Jardin fleuri. Terrasse à disposition. Prix 4 pers. : 310 F.

Prix : 1 pers. **160 F** 2 pers. **200 F** 3 pers. **260 F**

Ouvert : toute l'année.

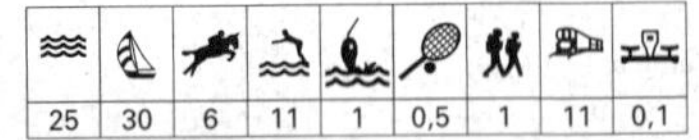

25	30	6	11	1	0,5	1	11	0,1

HALLAIS Juliette - 4, rue des Mangeas - 50220 CEAUX - Tél : 02 33 60 80 30 ou 06 73 58 86 82

CERENCES

2 ch. Dans une maison récente, située dans le bourg. A l'étage : 1 ch. (1 lit 2 pers.) avec salle de bains et wc privés. 1 ch. (1 lit 2 pers.) avec salle d'eau et wc privés. Chauffage électrique. Petits animaux admis.

Prix : 1 pers. **140 F** 2 pers. **170 F**

Ouvert : toute l'année.

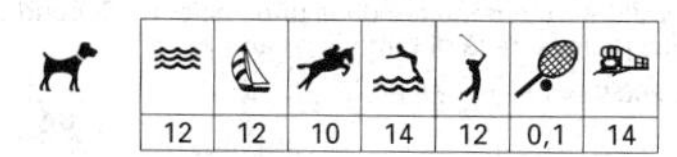

12	12	10	14	12	0,1	14

BRIENS Bernard - 26, rue du Vieux Manoir - 50510 CERENCES - Tél : 02 33 51 92 56

CHAMPEAUX La Hoguelle *C.M. 59 Pli 7*

2 ch. **Granville : thalasso., départ pour les Iles anglo-normandes 14 km.** Vous serez les bienvenus dans cette belle demeure de la fin du XIXe siècle entourée d'un parc, sur le parcours d'un sentier de grande randonnée. 1er étage : 1 ch. avec annexe (2 lits 2 pers., 1 lit 1 pers.), s. d'eau et wc privés, balcon. 2e étage : 1 ch. (1 lit 2 pers. 1 lit 1 pers.), balcon, s. d'eau et wc privés. Entrée indépendante. Restaurant à proximité. 500 à 540 F/4 pers. Dans le cadre unique de la Baie du Mont Saint-Michel. Possibilité de sorties VTT ou pédestres accompagnées. Site de parapente et delta-plane à 500 m. Vue sur la mer. Accès : sur la « route de la Baie » par la D911 puis D221. Bicyclettes sur place. Langues parlées : italien, anglais.

CV

Prix : 1 pers. **270 F** 2 pers. **320/360 F** 3 pers. **400/440 F**

Ouvert : toute l'année.

2,5	3	2,5	14	18	1	1	0,5	14	2

FOURREY Daniel et Jacqueline - La Hoguelle - 50530 CHAMPEAUX - Tél : 02 33 61 90 99 - Fax : 02 33 61 90 99

LES CHAMPS-DE-LOSQUES Les Rondchamps *C.M. 54 Pli 13*

4 ch. **Train touristique 15 km.** 4 chambres 10 pers., aménagées à l'étage avec salle d'eau et wc dans chaque chambre. Entrée indépendante. Cuisine aménagée. Chauffage central. Etang, détente, pédalos 8 km. Hippodrome 10 km. Restaurant 3 km. Située dans le Parc Naturel des Marais. Table d'hôtes sur réservation (à base de produits du terroir). Irène et Georges vous réservent un accueil familial dans leur ferme située dans le Parc Naturel des Marais du Cotentin. Accès : D900 en direction de Periers puis D29 sur 3 km, D92. Langue parlée : anglais.

CV

Prix : 1 pers. **160/170 F** 2 pers. **200/220 F** 3 pers. **250/270 F** pers. sup. **50 F**

26	15	3	6	7	2	3	SP	15

VOISIN Georges et Irène - Les Rondchamps - 50620 LES CHAMPS-DE-LOSQUES - Tél : 02 33 56 21 40

LES CHERIS La Panouviere *C.M. 59 Pli 8*

2 ch. **Mont St-Michel 22 km. La Mazure (centre loisirs), lac de Vezins 7 km.** A la campagne, parmi les collines environnantes, dans un pavillon récent agrémenté d'un joli jardin arboré. A l'étage : 2 ch. (1 lit 2 pers.), salles d'eau et wc privés. Réduction 10 % à partir de la 3e nuit.

Prix : 1 pers. **160 F** 2 pers. **200 F** pers. sup. **60 F**

Ouvert : toute l'année.

30	7	7	12	40	3	3	0,8

TETREL Claude et Aline - La Panouvière - 50220 LES CHERIS - Tél : 02 33 58 23 79

COIGNY Château de Coigny *C.M. 54 Pli 12*

2 ch. A l'étage : 2 ch. (4 pers.) dont 1 avec baldaquin avec salles de bains et wc privés. Les petits déjeuners sont servis dans une superbe salle moyennageuse avec une cheminée Renaissance italienne, classée monument historique. Chauffage électrique. Entrée indépendante. Restaurants 2 et 7 km. Hors-saison sur réservation. Petit château du début du XVIIe qui fut le berceau des ducs de Coigny, maréchaux de France sous Louis XIV et Louis XV.

Prix : 2 pers. **520 F** pers. sup. **100 F**

Ouvert : de Pâques à la Toussaint.

15	20	8	12	12	SP	12	2

IONCKHEERE Odette - Château de Coigny - 50250 COIGNY - Tél : 02 33 42 10 79 - Fax : 02 33 42 10 79

COURTILS La Guintre *C.M. 59 Pli 8*

5 ch. **Mont Saint-Michel 8 km.** 2 chambres (2 et 3 pers.) au rez-de-chaussée (dont 1 access. aux pers. handicapées) et 3 chambres à l'étage (2 pers.). Salles d'eau et wc privés. Une salle à manger avec coin-cuisine est à l'usage exclusif des hôtes. Entrée indépendante. Vue sur la baie. GR223 sur place. Langues parlées : anglais, allemand.

CV

Prix : 1 pers. **160 F** 2 pers. **190 F** 3 pers. **250 F** pers. sup. **50 F**

Ouvert : toute l'année.

30	30	10	14	7	9	SP	14	3

LEMOINE Sylvie et Damien - 82, route du Mont Saint-Michel - 50220 COURTILS - Tél : 02 33 60 06 02 - Fax : 02 33 60 66 92

COUVILLE La Neuvillerie

C.M. 54 Pli 1

2 ch. **Cherboug 10 km. Cure Marine 10 km.** A l'étage, 1 chambre « les glycines » (1 lit 2 pers.), salle de bains (baignoire et douche) et wc privés. 1 chambre « Astérix en Cotentin » (2 lits 1 pers.), salle d'eau et wc privés. Cuisine réservée aux hôtes. Possibilité de louer un gîte rural sur la propriété. Equipement « bébé » complet à disposition. Geneviève et Maurice vous ouvrent les portes de leur maison, nouvellement aménagée dans une ancienne dépendance en pierres du pays. Confortable et chaleureuse vous y goûterez pleinement les plaisirs de la détente à la campagne.

CV

Prix : 1 pers. **200 F** 2 pers. **250 F** pers. sup. **50 F**

Ouvert : toute l'année.

12	12	4	12	10	3	10	1,5

MAUROUARD Geneviève et Maurice - 10, la Neuvillerie - 50690 COUVILLE - Tél : 02 33 52 00 34 - Fax : 02 33 52 00 34

CRASVILLE Ferme de Carnanville

C.M. 54 Pli 2

2 ch. Dans un manoir du XVIIe siècle, sur une ferme en activité. A l'étage : 1 ch. (1 lit 2 pers., 1 lit 1 pers.) et 1 ch. avec annexe (3 pers.), 1 salle de bains à l'usage exclusif des hôtes. Restaurant 5 km.

CV

Prix : 1 pers. **135 F** 2 pers. **180 F** 3 pers. **260/280 F** pers. sup. **50 F**

Ouvert : de Pâques à la Toussaint.

2	7	5	12	7	2	5	2	12

COUPPEY M-Josephe et René - 1, ferme de Carnanville - 50630 CRASVILLE - Tél : 02 33 54 13 45 - Fax : 02 33 54 13 45

LA CROIX-AVRANCHIN Mouraine

TH *C.M. 59 Pli 8*

3 ch. **Baie du Mont Saint-Michel 9 km. Mont Saint-Michel 15 km.** Ancienne ferme restaurée. A l'étage, 1 ch. (2 pers.) classée 2 épis avec salle d'eau privée et wc communs. 2 ch. (2 ou 3 pers.) avec entrée indépendante, salle de bains et wc privés. Chauffage électrique. Accès : D40 Avranches/La Croix-Avranchin. 500 m avant le bourg, D108. Langue parlée : anglais.

CV

Prix : 1 pers. **190 F** 2 pers. **230 F** 3 pers. **300 F** pers. sup. **70 F**
repas **85 F**

Ouvert : toute l'année.

25	30	7	18	40	5	7	0,5	9	1

MESLIN Evelyne - Mouraine - 50240 LA CROIX-AVRANCHIN - Tél : 02 33 48 35 69 - Fax : 02 33 48 35 69 -
E-mail : bnb@nooplanet.com - http://nooplanet.com/

CROLLON Le Haut de la Lande

C.M. 59 Pli 8

4 ch. **Mont Saint-Michel 16 km.** Cette maison en pierres datant du XVIIIe a été entièrement rénovée. Dans le prolongement de la maison, avec entrée indép. Etage : 1 ch. familiale (2 x 2 pers.), 1 ch. (3 pers.) et 2 ch. (2 pers.), chacune avec salle d'eau ou de bains et wc privés attenants. Séjour réservé aux hôtes. Salon de jardin. Tarif 4 pers. : 320 F. Sur la D40, axe Avranches/Rennes.

CV

Prix : 1 pers. **180 F** 2 pers. **220/240 F** 3 pers. **280 F** pers. sup. **50 F**

Ouvert : toute l'année.

25	15	8	13	30	4	13	8

BOUVIER Patricia et Noël - Le Haut de la Lande - 50220 CROLLON - Tél : 02 33 70 90 03 - Fax : 02 33 70 90 03 -
E-mail : noel.bouvier@wanadoo.fr

DANGY Les Gouleries

TH *C.M. 54 Pli 13*

3 ch. Bienvenue chez Pierre et Dominique dans une maison datant de 1930. 3 chambres à l'étage (1 lit 2 pers. chacune), salles d'eau privées et 2 wc réservés aux hôtes. Salon/coin-bibliothèque à disposition. Entrée indépendante. Produits fermiers sur place. Accès : du bourg, D38 puis 2e route à droite. Visite de l'élevage. Langue parlée : anglais.

CV

Prix : 1 pers. **170 F** 2 pers. **190 F** repas **80 F**

Ouvert : toute l'année.

28	28	14	14	3	5	5	17	3

BEAUFILS-BARRAQUET Pierre et Dominique - Les Gouleries - 50750 DANGY - Tél : 02 33 56 01 71 - Fax : 02 33 56 01 71 -
E-mail : dominique.barraquet@wanadoo.fr - http://perso.wanadoo.fr/ferme.gouleries/

DENNEVILLE

C.M. 54 Pli 11

3 ch. Au cœur du village, dans une maison de maître du début du siècle, agrémenté d'un grand jardin. 3 ch. à la décoration raffinée et au mobilier de style. 1er étage : 2 ch. (1 lit 2 pers.). 2e étage : 1 ch. (2 lits 1 pers.) avec chacune 1 cabinet de toilette attenant. 1 grande s.d.b. (baignoire + douche) et 2 wc à l'usage exclusif des hôtes. Séjour réservé aux hôtes. Chauffage central. Accès par D903 puis D650. « Chambres non-fumeur ».

Prix : 1 pers. **190 F** 2 pers. **240 F** pers. sup. **40 F**

Ouvert : toute l'année.

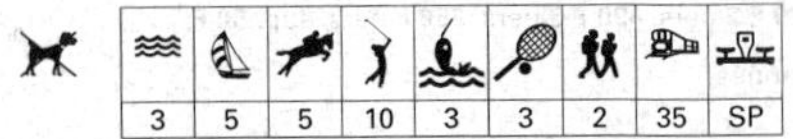

3	5	5	10	3	3	2	35	SP

MOREL Bernard et Andrée - 2 et 4, route de Varreville - Le bourg - 50580 DENNEVILLE - Tél : 02 33 07 17 02

DRAGEY La Verguigne
C.M. 59 Pli 7

1 ch. **Avranches 11 km.** Dans une maison récente à la campagne, à l'étage, 1 chambre avec annexe (4 pers.). Salle d'eau et wc privés sur le palier. Chauffage central. Vue sur le Mont Saint-Michel. 4 pers. : 380 F. Pers. sup. (enfant) : 50 F. Joli jardin paysager. Salon de jardin à disposition. Langue parlée : anglais.

Prix : 2 pers. **210 F** 3 pers. **290 F**

Ouvert : toute l'année.

6	3	11	1	11	3

PETIT Gérard - La Verguigne - 50530 DRAGEY - Tél : 02 33 48 86 99

DRAGEY L'Eglise
C.M. 59 Pli 7

2 ch. **Avranches 15 km. Mont Saint-Michel 25 km.** Dans le Baie du Mont Saint-Michel, cette maison du XVIIe siècle entourée d'herbages vous offre, 1 ch. (1 lit 160, 1 lit 1 pers.) et 1 ch. (2 lits 1 pers.) avec salles de bains et wc privés. Entrée indépendante. Possibilité accueil chevaux. Accès : D911, après Genêts suivre Dragey l'Eglise. Langue parlée : anglais.

Prix : 1 pers. **300 F** 2 pers. **350 F** 3 pers. **430 F** pers. sup. **80 F**

Ouvert : toute l'année.

1,5	7	3	12	18	0,5	0,5	12	1,5

BRASME Olinier et Florence - Belleville - Route de Saint-Marc - 50530 DRAGEY - Tél : 02 33 48 93 96 - Fax : 02 33 48 93 96 - E-mail : belleville@waika9.com

DRAGEY Tissey
C.M. 59 Pli 7

1 ch. **Baie du Mont Saint-Michel 3 km.** Dans le village, 1 chambre de 2 pers., au rez-de-chaussée, avec douche et wc particuliers dans le couloir. Chauffage central. Accès : D911 puis 1 km sur D35.

Prix : 2 pers. **180 F** pers. sup. **60 F**

Ouvert : de Pâques à la Toussaint et vacances scolaires.

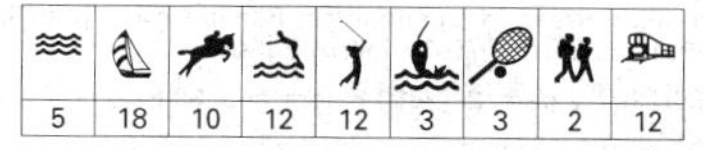

5	18	10	12	12	3	3	2	12

CACQUEVEL Rolande - Tissey - 50530 DRAGEY - Tél : 02 33 48 83 03

FLAMANVILLE Hameau Cavelier
C.M. 54 Pli 1

2 ch. **Les Pieux 5 km.** Dans une maison récente, 1 chambre à l'étage avec 1 annexe non communicante (2 x 2 pers.), salle d'eau et wc privés. 1 ch. (1 lit 2 pers.) avec douche et lavabo (2 épis). Poss. hébergement chevaux. Plongée, speed-sail 1 km. Animations estivales au château de Flamanville. A proximité du GR223. 4 pers. : 400 F.

Prix : 1 pers. **170 F** 2 pers. **200 F** pers. sup. **60 F**

Ouvert : toute l'année.

2	3	5	5	2	5	SP	20	5

TRAVERS Nicole - Hameau Cavelier - 50340 FLAMANVILLE - Tél : 02 33 52 42 83

FLOTTEMANVILLE-HAGUE Hameau Dumoncel
C.M. 54 Pli 1

2 ch. **Centre de loisirs scientifique (astronomie) 3 km.** Vous apprécierez le calme de cette maison récente agrémentée d'un joli jardin fleuri avec sa petite rivière et son plan d'eau (pédalo). 2 chambres d'hôtes (1 lit 2 pers.), situées au rez-de-chaussée. Salles d'eau privées et 1 wc réservé aux 2 chambres. Chauffage électrique. Produits fermiers sur place. Restaurant 7 km. Accès par la D64 ou la D22.

Prix : 1 pers. **175 F** 2 pers. **210 F** pers. sup. **50 F**

Ouvert : toute l'année.

7	12	10	5	12	SP	6	SP	10	2

DESQUESNES Clément et Madeleine - Hameau Dumoncel - 1, rue Majeste - 50690 FLOTTEMANVILLE-HAGUE - Tél : 02 33 94 79 88

FRESVILLE Manoir de Grainville
C.M. 54 Pli 2

3 ch. Dans le Parc Régional des Marais du Cotentin et du Bessin, vous serez accueillis par Bernard et Rolande dans une grande demeure du XVIIIe siècle. 3 ch. d'hôtes (8 pers.). Salles de bains ou salle d'eau et wc privés. Chauffage central. Accès : de Sainte-Mère-Eglise, dir. Valognes N13. Sortir de la nationale, prendre D269, 500 m à droite après le village de Fresville. Langues parlées : anglais, espagnol.

Prix : 1 pers. **220 F** 2 pers. **260/360 F** pers. sup. **80 F**

Ouvert : toute l'année.

8	9	6	12	8	SP	6	SP	12

BRECY Bernard et Rolande - Manoir de Grainville - 50310 FRESVILLE - Tél : 02 33 41 10 49 - Fax : 02 33 21 59 23 - E-mail : b.brecy@wanadoo.fr - http://perso.wanadoo.fr/grainville/

GATTEVILLE-LE-PHARE Village Rauville
C.M. 54 Pli 3

1 ch. **Barfleur 3 km.** Dans une ferme de caractère, entrée indépendante, 1 chambre d'hôtes avec annexe (3 pers.) est aménagée à l'étage. Salle d'eau et wc privés. Salon à disposition des hôtes. Location de vélos à 2 km. 4 pers. : 300 F. Accès par la D901 puis la D116.

Prix : 1 pers. **180 F** 2 pers. **200 F** 3 pers. **260 F**

Ouvert : toute l'année.

2	4	12	20	20	4	SP	25	0,1

LESCELLIERRE Octave - Village Rauville - 50760 GATTEVILLE-LE-PHARE - Tél : 02 33 54 03 15

GATTEVILLE-PHARE La Maison de Fourmi
C.M. 54 Pli 3

2 ch. **Barfleur 4 km. Cherbourg 20 km.** Accès au 1er étage par un bel escalier de granit : 1 ch. « Savane » (1 lit 2 pers.), salle d'eau et wc privés dans le couloir, 1 suite de 2 chambres « Indochine » (2 lits 2 pers.), salle d'eau spacieuse et wc privés attenants. Possibilité location d'un meublé de tourisme mitoyen à la maison des propriétaires. Vélos, ping-pong à disposition. Dans un petit hameau typique du Val de Saire, cette belle maison de caractère, entièrement restaurée, vous offrira des conditions paisibles de séjour, dans un décor chaleureux à la fois inspiré de la tradition locale et de voyages lointains. Accueil cavaliers : boxes et paddock avec supplément.

Prix : 1 pers. **250 F** 2 pers. **320 F** 3 pers. **420 F** pers. sup. **60 F**

Ouvert : toute l'année.

2	4	12	20	4	2	20	2

ROULLAND Raymonde - La Maison de Fourmi - Village Rauville - 50760 GATTEVILLE-PHARE - Tél : 02 33 43 78 74 ou 06 71 43 85 02 - E-mail : maisonfourmi@voila.fr

GATTEVILLE-PHARE Hameau de Quenanville
C.M. 54 Pli 3

2 ch. **Barfleur 1 km.** Vous trouverez le calme dans cette maison en pierres datant du XVIIIe entourée de verdure. R.d.c. : 1 ch. (1 lit 2 pers.), salle d'eau et wc privés, 1 suite avec salon (1 lit 2 pers.) avec douche et wc privés, donnant directement sur la terrasse et le jardin. Entrées indépendantes. Parking privé pour les hôtes. Réduction de 10 % pour séjour supérieur à 5 jours. Accès par la D901 axe Barfleur/Saint-Pierre-Eglise.

Prix : 1 pers. **250/290 F** 2 pers. **290/350 F** pers. sup. **80 F**

Ouvert : du 1er avril à fin octobre.

1	1	8	25	15	5	1	1	25	1

LE TERRIER Daniel - Hameau de Quénanville - 50760 GATTEVILLE-PHARE - Tél : 02 33 23 10 19 ou 06 72 41 37 10

GAVRAY Ferme Amiot
C.M. 59 Pli 8

1 ch. **Villedieu-les-Poêles (cité du cuivre, fonderies de cloches...) 15 km.** Yvette et Michel vous accueillent dans leur ancienne ferme, avec basse cour traditionnelle, canards sur la mare. 1 chambre de 3 pers. à l'étage, avec douche et lavabo. Chauffage central. Rivière 2 km. Produits fermiers sur place. Restaurant 2 km. Centre équestre 8 km.

Prix : 1 pers. **110 F** 2 pers. **180 F** 3 pers. **210 F**

Ouvert : toute l'année.

18	18	6	15	20	2	2	SP	14	2

ALLIX Michel et Yvette - Ferme Amiot - rue Saint-André - 50450 GAVRAY - Tél : 02 33 61 41 45

GENETS Le Moulin
C.M. 59 Pli 7

4 ch. **Maison de la baie 300 m. Avranches 9 km.** Moulin à eau situé dans le bourg. 4 chambres 8 pers. (3 doubles, 1 avec lits jumeaux), au 2e étage. Salles d'eau et wc privés. Salon à l'usage exclusif des hôtes. Entrée indépendante. Crêperie sur place. Langue parlée : anglais.

Prix : 1 pers. **180 F** 2 pers. **220 F** pers. sup. **50 F**

Ouvert : toute l'année.

5	9	2	9	0,2	SP	9	0,3

DANIEL Louis - Le Moulin - 50530 GENETS - Tél : 02 33 70 83 78 - Fax : 02 33 70 83 78

GENETS
C.M. 59 Pli 7

3 ch. **Baie du Mont Saint-Michel 50 m.** Dans le bourg, 3 ch. d'hôtes. A l'étage : 1 ch. (1 lit 2 pers.), 1 ch. avec annexe (1 lit 2 pers., 2 lits 1 pers.), 1 ch. avec annexe (1 lit 2 pers., 2 lits 1 pers. superposés), salles d'eau ou salle de bains et wc privés. Chauffage central. Salon avec cheminée et piano à queue à la disposition des hôtes. Restaurant dans le bourg. Départ des traversées pédestres au Mont-Saint-Michel. Accès : bourg de Genêts.

Prix : 1 pers. **280 F** 2 pers. **300 F** 3 pers. **400 F** pers. sup. **100 F**

Ouvert : toute l'année.

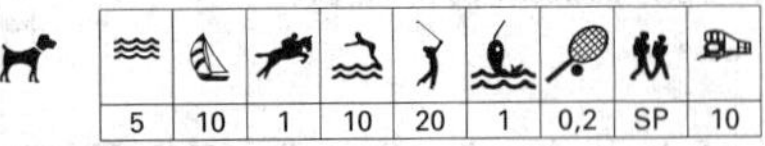

5	10	1	10	20	1	0,2	SP	10

LACOLLEY Jacques - Les Cèdres - rue de l'Ortillon - 50530 GENETS - Tél : 02 33 70 86 45

GLATIGNY

C.M. 54 Pli 11

4 ch. **Embarquement pour les îles de Chausey et Jersey 10 km.** Dans une ferme de caractère, à l'étage : 1 ch. avec annexe (2 x 2 pers.), 1 ch. (1 lit 2 pers., 1 lit 1 pers.), s. d'eau et wc privés. 1 ch. (1 lit 2 pers., 2 lits 1 pers. superposés), 1 ch. (1 lit 2 pers., 1 lit 1 pers.), salles d'eau privées et 2 wc. Chauffage central. Coin-cuisine à l'usage exclusif des hôtes. Randonneurs équestres acceptés. 4 pers. : 260 à 310 F. Plages du Débarquement 30 km.

CV

Prix : 1 pers. **150/180 F** 2 pers. **180/210 F** 3 pers. **220/260 F** pers. sup. **50 F**

Ouvert : toute l'année.

3	10	8	25	20	1	1	1	25	8

DUVERNOIS Mauricette - Le Manoir - 50250 GLATIGNY - Tél : 02 33 07 08 33 - Fax : 02 33 47 96 80

GOURBESVILLE Les Surelles

2 ch. **Sainte-Mère-Eglise 8 km.** Hélène et Pierre vous accueillent dans leur ancienne ferme. A la retraite, ils ont gardé quelques chevaux et 2 ânes. 2 chambres à l'étage avec salles d'eau et wc privés. Séjour et coin-cuisine à l'usage exclusif des hôtes. Entrée indépendante. Accès : dans le bourg, D126 direction Amfreville sur Sainte-Mère, 1ère route à gauche.

Prix : 1 pers. **170 F** 2 pers. **200 F**

Ouvert : toute l'année.

16	16	6	15	15	3	8	3	15	7

LEVAVASSEUR Pierre et Hélène - Les Surelles - 50480 GOURBESVILLE - Tél : 02 33 41 99 54

GOUVETS La Maison Seule

C.M. 59 Pli 13

3 ch. **Tessy-sur-Vire 5 km.** Sue et Timothy, britanniques, vous accueillent dans leur ferme et vous proposent : 1 ch. au 1er étage (1 lit 2 pers., 1 lit 1 pers.) et 2 ch. au 2e étage (3 lits 1 pers.). Salles de bains et wc privés. Salon à la disposition des hôtes. Randonneurs équestres acceptés. Langue parlée : anglais.

Prix : 1 pers. **170 F** 2 pers. **190 F** 3 pers. **250 F** pers. sup. **50 F**

Ouvert : toute l'année.

40	40	10	15	25	5	5	SP	20	5

ROSE Timothy et Sue - La Maison Seule - 50420 GOUVETS - Tél : 02 33 55 27 28

GRAIGNES Domaine du Mémorial

C.M. 54 Pli 13

5 ch. **Carentan 12 km. Plages du Débarquement 21 km.** Dans le Parc Naturel des Marais du Cotentin et du Bessin, vous séjournerez au sein d'un élevage de trotteurs, dans une demeure restaurée. 1er étage : 2 ch. (1 lit 2 pers.), s. d'eau ou s.d.b. et wc privés attenants. 2 ch. (1 lit 2 pers. ou 2 lits 1 pers.), s.d.b. ou s. d'eau et wc privés dans le couloir. Possibilité d'une annexe (2 pers.). 4 pers. 380 F. Amateurs d'insolite, d'indépendance vous apprécierez la ch. aménagée dans 1 des boxes du bâtiment proche de la maison (1 lit 2 pers.) classée 2 épis. Petits déj. copieux servis dans belle salle à manger rustique avec cheminée propice à la détente. 1 nuit gratuite au delà de 5 j. hors juill./août.

CV

Prix : 1 pers. **180/200 F** 2 pers. **200/240 F** 3 pers. **320 F** pers. sup. **100 F**

Ouvert : toute l'année.

25	12	15	0,8	12	2	12	SP	12	0,8

DELAUNAY Denise et Marcel - 3, place de la Libération - Domaine du Mémorial - 50620 GRAIGNES - Tél : 02 33 56 80 58 - Fax : 02 33 56 80 58

GRANVILLE Village Mallouet

C.M. 59 Pli 7

1 ch. **Départ pour les îles de Chausey et Jersey, thalasso., casino 4 km.** 1 ch. d'hôtes aménagée à l'étage d'une maison en pierres. 1 ch. (2 lits 2 pers.), salle d'eau et wc privés. Accès : entre la D971 et la D973. 4 pers. 260 F.

CV

Prix : 1 pers. **155 F** 2 pers. **195/220 F** 3 pers. **230 F**

Ouvert : toute l'année.

2	5	5	2	5	3	SP	3	3

LAISNE Jean-Claude - Village Mallouet - 50400 GRANVILLE - Tél : 02 33 50 26 41

GREVILLE-HAGUE Fief de Gruchy

C.M. 54 Pli 1

4 ch. **Cherbourg 15 km.** Une longue allée ombragée vous conduira à cette ferme en activité qui a gardé toute l'authenticité et le charme d'autrefois. A l'étage de la maison principale, de caractère, 4 chambres (chacune avec 1 lit 2 pers.), salles d'eau et wc privés attenants. Chauffage central. Salle de séjour à l'usage exclusif des hôtes.

CV

Prix : 1 pers. **180 F** 2 pers. **210 F** pers. sup. **60 F**

Ouvert : toute l'année.

3	8	8	15	3	SP	15	3

AGNES Jacques - Fief de Gruchy - 50440 GREVILLE-HAGUE - Tél : 02 33 52 60 78

GREVILLE-HAGUE Hameau aux Fèvres
C.M. 54 Pli 1

1 ch. **Site de l'Anse de Landemer, vue sur mer, Cherbourg 12 km.** Thérèse et Adrien vous ouvrent leur maison en pierres située dans un joli petit hameau typique, dans le site exceptionnel de l'Anse de Landemer. A l'étage, 1 chambre (1 lit 2 pers.) avec une annexe complémentaire (2 lits 1 pers.), salle de bains et wc privés. Possibilité de louer un gîte d'étape aménagé dans une ancienne dépendance sur la propriété. Sur le GR 223. 4 pers. : 300 F.

Prix : 1 pers. **170 F** 2 pers. **200 F** 3 pers. **260 F** pers. sup. **50 F**

Ouvert : toute l'année.

1	2	3	6	17	0,3	6	1	12	6

DUMONCEL Adrien - Hameau aux Fèvres - 50440 GREVILLE-HAGUE - Tél : 02 33 52 75 80

HAMBYE La Cave
C.M. 54 Pli 13

1 ch. **Villedieu-les-Poêles (cité du cuivre) 18 km. Granville 29 km.** Catherine Reymond vous ouvre les portes de sa belle maison de famille, en pierres et granit de la fin du XVIIIe siècle, entourée d'un grand parc arboré et fleuri. A l'étage : 1 ch. (1 lit 2 pers.), salle d'eau et wc privés. Possibilité 1 ch. complémentaire (2 lits enfants). Salon réservé aux hôtes. Garage. Abbaye de Hambye (XIIe siècle). Sur la D13. Langues parlées : anglais, espagnol.

Prix : 1 pers. **180 F** 2 pers. **220 F** pers. sup. **80 F**

Ouvert : toute l'année.

23	29	8	18	28	3	2	18	3

REYMOND Katherine - 14, la Cave - 50450 HAMBYE - Tél : 02 33 61 30 33

HERQUEVILLE L'Eglise
C.M. 54 Pli 1

1 ch. 1 chambre (3 pers.) à l'étage avec salle de bains particulière. Chauffage central.

Prix : 1 pers. **140 F** 2 pers. **180/190 F** 3 pers. **220 F**

Ouvert : toute l'année.

2	25	20	25	5	SP	25

LENEPVEU Albert - 21, rue de l'Eglise - 50440 HERQUEVILLE - Tél : 02 33 52 75 61

HEUGUEVILLE-SUR-SIENNE Le Manoir de Bas
C.M. 54 Pli 12

2 ch. **Coutances et sa cathédrale 5 km. Agon-Coutainville 6 km.** Au 1er étage avec entrée indépendante, 2 ch. (1 lit 2 pers. 2 lits 1 pers.), salles de bains et wc privés. Un séjour avec cheminée et coin-salon est réservé aux hôtes. Accès : sur l'axe Pont-de-la-Roque/Barneville (D650). Avec sa vue sur la Baie de Sienne, son parc et ses roseraies, cette maison de caractère, meublée de style, est une invitation à la détente et à la contemplation de la nature. Station balnéaire avec golf, casino 6 km.

Prix : 1 pers. **250 F** 2 pers. **320 F** 3 pers. **420 F**

Ouvert : toute l'année.

6	6	6	5	6	1	6	1	5	2

DE MONTZEY Albane - 16, rue Cracqueville - Le Manoir de Bas - 50200 HEUGUEVILLE-SUR-SIENNE - Tél : 02 33 46 67 25

HOCQUIGNY
C.M. 59

1 ch. **Baie du Mont St-Michel 20 km. Abbaye de la Lucerne d'Outremer 7 km.** Au 1er étage : 1 chambre (1 lit 2 pers.), salle de bains et wc privés. Possibilité d'une annexe (1 lit 2 pes.) au même étage. Location possible d'un meublé de tourisme (4 pers.) aménagé dans le prolongement de la maison des propriétaires. Grand jardin fleuri et paysager. Salon de jardin. 10 % de réduction à partir de 3 nuits. Restaurant à 3 km. Ancien presbytère de la fin du XVIIIe siècle, entièrement rénové, dans un petit village paisible fort bien situé pour la découverte des nombreux attraits touristiques : Villedieu-les-Poëles (cité du cuivre, fonderie de cloches...), musée de la dentelle à 18 km. Granville (thalasso., casino) 10 km. Langue parlée : anglais.

Prix : 1 pers. **150 F** 2 pers. **200/250 F** 3 pers. **270 F** pers. sup. **30 F**

Ouvert : toute l'année.

10	10	5	10	15	3	3	3

FERDINAND Louis et Bernadette - Le bourg - 50320 HOCQUIGNY - Tél : 02 33 51 32 42

HOUESVILLE Village de la Pierre
C.M. 54 Pli 3

3 ch. **Sainte-Mère-Eglise 6 km.** Dans une maison restaurée, 1 chambre (2 pers.) au rez-de-chaussée avec salle de bains et wc privés, véranda aménagée en cuisine à disposition. A l'étage, 1 chambre avec annexe (2 X 2 pers.), salle d'eau et wc privés, cuisine. Entrées indépendantes. Chauffage central. Promenade en bateau dans les marais à 3 km. Tarif 4 pers. : 350 F. Vélos et salons de jardin à disposition. Bibliothèque. Parc ombragé. Langue parlée : anglais.

Prix : 1 pers. **180 F** 2 pers. **210 F** 3 pers. **300 F** pers. sup. **50 F**

Ouvert : toute l'année.

8	10	7	4	6	SP	7	6

MOUCHEL Gilbert - 4, village de la Pierre - 50480 HOUESVILLE - Tél : 02 33 42 38 12 - Fax : 02 33 42 38 12

HUISNES-SUR-MER Le Rivage *C.M. 59 Pli 7/8*

3 ch. **Mont Saint-Michel 5 km.** En bordure des grèves, vous pourrez goûter aux joies d'un petit déjeuner pris sur la terrasse, vue sur le Mt-Saint-Michel et les polders. Dans une maison récente en pierres entourée d'un jardin fleuri. R.d.c. : 1 ch. (1 lit 2 pers.), s.d.b. et wc privés dans le couloir. Etage : 1 ch. 2 pers., 1 ch. 3 pers. avec douches et wc privés. Séjour à la disposition des hôtes. GR223 à proximité. Accès par le D75.

Prix : 1 pers. **140 F** 2 pers. **190 F** 3 pers. **240 F** pers. sup. **50 F**

Ouvert : de Pâques à mi-novembre.

6	17	2,5	1	10	10

LUME Colette et Paul - Le Rivage - 12, rue du Rivage - 50170 HUISNES-SUR-MER - Tél : 02 33 60 13 17

ISIGNY-LE-BUAT Le bourg de Naftel

3 ch. **Avranches 20 km. Mt St-Michel 30 km. Base de loisirs la Mazure 5 km.** Au calme, dans une maison restaurée entourée d'un grand jardin fleuri, 3 chambres (1 lit 2 pers. ou 2 lits 1 pers.) à l'étage avec salles d'eau et wc privés. Une salle de séjour avec coin-salon et cheminée est à l'usage exclusif des hôtes. Entrée indépendante. Accès : D47, puis C201.

Prix : 1 pers. **180 F** 2 pers. **200 F** pers. sup. **50 F**

Ouvert : toute l'année.

40	5	2	20	3	3	1	20	3

FORESTIER Marguerite - Le Bourg de Naftel - 50540 ISIGNY-LE-BUAT - Tél : 02 33 48 00 68

ISIGNY-LE-BUAT La Chesnellière *C.M. 59 Pli 8*

2 ch. **Coutances et sa cathédrale 5 km. Agon-Coutainville 6 km.** Dans le prolongement de la maison avec entrée indépendante, 1 chambre avec annexe (1 lit 2 pers. 1 lit 1 pers.), salle d'eau et wc privés. Une grande cuisine est à la disposition des hôtes. Au 1er étage de la maison des propriétaires, 1 chambre (1 lit 2 pers.), salle de bains privée et wc dans le couloir. Cette maison typique de la région entièrement rénovée est située au sein d'une exploitation agricole.

Prix : 1 pers. **160 F** 2 pers. **190 F** 3 pers. **260 F** pers. sup. **40 F**

Ouvert : toute l'année.

40	3	0,5	22	3	3	3	22	3

PREAUX Christine - La Chesnellière - 50540 ISIGNY-LE-BUAT - Tél : 02 33 48 01 19 ou 02 33 48 18 91 - Fax : 02 33 48 18 91

ISIGNY-LE-BUAT Le Grand Chemin *C.M. 59 Pli 8*

3 ch. **Avranches 15 km. Mont Saint-Michel 33 km.** 3 chambres (7 pers.) dans une maison récente, avec son jardin et son potager. A l'étage : 1 ch. 2 pers. et 1 ch. 3 pers. avec salles d'eau et wc privés, 1 ch. 2 pers. avec salle d'eau et wc privés à côté. Chauffage central. Cuisine, véranda à la disposition des hôtes. Restaurant à 400 m. Lac 5 km. Supplément pour animaux : 20 F. Equipement bébé complet à disposition. Accès par la D47.

CV

Prix : 1 pers. **170 F** 2 pers. **200/230 F** 3 pers. **270 F**

Ouvert : toute l'année.

40	5	12	16	40	3	0,3	3	16	0,5

HEURTAUT Gisèle et Noël - Le Grand Chemin - 50540 ISIGNY-LE-BUAT - Tél : 02 33 60 40 14

JUILLEY La Lande Martel *C.M. 59 Pli 8*

3 ch. **Mont Saint-Michel 18 km. Avranches 10 km.** A l'étage : 2 ch. (1 lit 2 pers. chacune) et 1 ch. (2 lits 1 pers.) avec salles d'eau et wc privés. Entrée indépendante. Salle de séjour/coin-cuisine à l'usage exclusif des hôtes. Vente de produits du terroir sur place. Restaurants 1 km. Accès : quitter la A84 sortie N°33.

CV

Prix : 1 pers. **160 F** 2 pers. **210 F** pers. sup. **60 F**

Ouvert : toute l'année.

25	30	3	12	6	6	10	12	10

COCMAN Bernard - 17, la Lande Martel - 50220 JUILLEY - Tél : 02 33 60 65 48 - Fax : 02 33 58 29 73 - E-mail : cocman@ifrance.com

JUILLEY Saintré *C.M. 59 Pli 8*

E.C. 2 ch. **Mont Saint-Michel 16 km. Avranches 12 km.** Maison en pierres entièrement rénovée, située dans un petit hameau à la campagne. Au 1er étage : 1 chambre (1 lit 2 pers.), salle d'eau et wc privés attenants, 1 chambre (1 lit 2 pers.), salle d'eau et wc privés situés en face dans le couloir. Chauffage central. Salon de jardin. Parking. Accès : D998.

Prix : 1 pers. **180 F** 2 pers. **220 F** pers. sup. **80 F**

Ouvert : juillet, août et vacances scolaires.

20	10	5	12	13	6	6	10	10	5

FARDIN Jean-Louis et Noëlle - Saintré - 50220 JUILLEY - Tél : 02 33 60 04 08 ou 06 68 92 59 48

JUILLEY Le Grand Rouet

C.M. 59 Pli 8

4 ch. **Saint-James 6 km. Mont Saint-Michel 18 km. Avranches 12 km.** Isabelle et Christian vous accueillent dans leur ferme et vous proposent au 1er étage : 1 chambre. 2e étage : 3 chambres dont 1 familiale. Salles d'eau et wc privés. Coin-cuisine réservé aux hôtes. Entrée indépendante. Vue sur plan d'eau et jardin d'agrément. Ferme-auberge à 3 km. Réduction de 10 % sur réservation de plus de 4 nuits sauf en août. 4 pers. : 340 F. Accès par la D998 puis D566, direction Saint-Senier-de-Beuvron. Langue parlée : anglais.

Prix : 1 pers. **190 F** 2 pers. **230/240 F** 3 pers. **290 F** pers. sup. **60 F**

Ouvert : toute l'année.

20	6	13	12	3	4	6	13	6

FARDIN Christian & Isabelle - Le Grand Rouet - 50220 JUILLEY - Tél : 02 33 60 65 25 - Fax : 02 33 60 02 70 - E-mail : C.fardin@wanadoo.fr

JUILLEY Le Rocher

2 ch. **Mont Saint-Michel 16 km. Avranches 12 km.** Venez profiter du calme de la campagne dans une maison récente, agrémentée d'un jardin fleuri. Depuis les chambres situées au 1er étage, vous pourrez apprécier la vue sur le Mont et Tombelaine : 2 chambres (1 lit 2 pers. 2 lits 1 pers.) avec 1 douche, 1 cabinet de toilette et 1 wc à l'usage exclusif des hôtes. Séjour coin-salon avec cheminée à disposition. Vue sur le Mont Saint-Michel et Tombelaine. Accès par la D998 puis D566 direction Crollon.

Prix : 1 pers. **150 F** 2 pers. **190 F** pers. sup. **55 F**

Ouvert : toute l'année.

22	10	12	12	13	6	6	10	13	1

ORVAIN André et Colette - 7, route du Rocher - 50220 JUILLEY - Tél : 02 33 60 65 18

JUVIGNY-LE-TERTRE Le Logis

TH C.M. 59 Pli 9

3 ch. **Mortain 7 km. Moulin de la Sée 6 km. Musée de Ger 15 km.** Marylène vous accueille dans sa ferme du XVIIe siècle. 2 ch. aménagées dans un ancien pigeonnier : r.d.c. : 1 ch. 2 pers., s. d'eau et wc privés. A l'ét. : 1 ch. familiale avec s. d'eau et wc privés. Séjour/coin-cuisine. Entrées indép. 1 ch. familiale à l'étage de la maison du prop. avec s. d'eau et wc privés. Table d'hôtes sur réservation. Escalade 7 km. Marylène vous fera découvrir ses confitures maison et les produits du terroir. Vélos à disposition. 4 pers. : 340 F. Réduction de 10 % pour séjour de plus de 4 nuits. Repas enfants : 50 F. Langue parlée : anglais.

Prix : 1 pers. **200 F** 2 pers. **240 F** 3 pers. **290 F** repas **75 F**

Ouvert : toute l'année.

35	20	6	7	20	1	2	3	28	2

FILLATRE Marylène - Le Logis - 50520 JUVIGNY-LE-TERTRE - Tél : 02 33 59 38 20 - Fax : 02 33 59 38 20

LAMBERVILLE Le Château

C.M. 54 Pli 14

3 ch. **Saint-Lô 17 km.** Elisabeth et François de Brunville vous accueillent dans la propriété de leurs ancêtres. A l'ét. : 3 ch. spacieuses (dont 2 avec grands lits) avec salles d'eau et wc privés, vue sur le parc et l'étang. Séjour avec cheminée et cuisine à l'usage exclusif des hôtes. Entrée indépendante. Chasse à la journée, étang sur place. Equipement bébé, vélos à disposition. Entre le Mont-Saint-Michel et les plages du débarquement. Pêche et promenade en barque : sur place.

Prix : 1 pers. **260 F** 2 pers. **300 F** pers. sup. **80 F**

Ouvert : du 1er mars au 15 novembre.

45	45	15	17	40	SP	7	SP	17	9

DE BRUNVILLE Elisabeth & François - Le Château - 50160 LAMBERVILLE - Tél : 02 33 56 15 70 ou 06 80 40 96 02 - Fax : 02 33 56 35 26

LESSAY La Montagne

2 ch. **Coutances 20 km.** Christian et Michelle vous accueillent dans leur maison située en bordure des marais. A l'étage : 1 chambre (1 lit 2 pers.) et 1 chambre (1 lit 2 pers. 1 lit 1 pers.), salle d'eau et wc à l'usage exclusif des hôtes. Poss. 1 chambre annexe (2 pers.) non communicante. Lit bébé à disposition. Accès : D138. 4 pers. : 380 F si utilisation de l'annexe. Langue parlée : anglais.

Prix : 1 pers. **170 F** 2 pers. **190/220 F** 3 pers. **240/360 F** pers. sup. **70 F**

Ouvert : toute l'année.

7	20	20	SP	2	SP	20	2

THOMAS Christian & Michelle - La Montagne - 50430 LESSAY - Tél : 02 33 46 37 76 - Fax : 02 33 46 37 76 - E-mail : cm.thomas@libertysurf.fr - http://perso.libertysurf.fr/chambre_hote_thomas

LESSAY

C.M. 59 Pli 12

2 ch. A proximité du bourg, dans une maison récente, 2 chambres à l'étage (1 lit 2 pers.) avec salles d'eau et wc privés dont 1 avec annexe non communiquante (1 lit 2 pers.). Kitchenette à l'usage exclusif des hôtes. Centre ville à 300 m (restaurants). 4 pers. : 400 F.

Prix : 1 pers. **190 F** 2 pers. **230/250 F** 3 pers. **370 F** pers. sup. **70 F**

Ouvert : toute l'année.

8	25	20	0,3	20	0,3

BOULLAND Daniele - 15, rue Gaslonde - 50430 LESSAY - Tél : 02 33 46 04 84

LIEUSAINT

C.M. 54 Pli 12

5 ch. **Valognes 5 km.** Venez séjourner dans une demeure chargée d'histoire régionale. 5 ch. (15 pers.) à l'étage, dont 1 familiale et 1 avec annexe. Salle d'eau et wc particuliers pour chaque chambre. Entrée indépendante. Ch. élect. Cuisine aménagée, salle de séjour avec cheminée réservées aux hôtes. Bicyclette et jeux sur place. Restaurants 5 km. 4 pers. : 350 F. Accès : D2, direction Saint-Sauveur le Vicomte.

Prix : 1 pers. **195 F** 2 pers. **225 F** 3 pers. **295 F**

Ouvert : toute l'année.

16	16	15	5	15	0,3	5	2	5	5

MOUCHEL André et Ghislaine - Le Haut Pitois - 50700 LIEUSAINT - Tél : 02 33 40 19 92

LINGREVILLE Blanche Pré

3 ch. **Granville 15 km. Plage de Lingreville, idéale pour la pêche à pieds...** Toute blanche au milieu d'un jardin paysagé la maison récente de Christine et Thierry se distingue par son style. Au r.d.c. donnant sur le jardin, 1 ch. (1 lit 2 pers.) avec une annexe (2 lits 1 pers.). A l'étage : 2 ch. mansardées (1 lit 2 pers.). S.d.b. ou s. d'eau et wc privés. Cuisine à la disposition des hôtes. 4 pers. : 320 F. Espace jeux et équipement « bébé ». Accès : D20 puis D220 vers la plage de Lingreville. Langues parlées : anglais, allemand.

Prix : 2 pers. **190 F** 3 pers. **270 F** pers. sup. **65 F**

Ouvert : toute l'année.

1,5	3	3	15	10	1,5	3	1	15	3

GAUTIER Christine et Thierry - Blanche Pré - 7, rue des Chouers - 50660 LINGREVILLE - Tél : 02 33 07 91 24 ou 06 82 75 49 89

LINGREVILLE Village Beaumont

C.M. 54 Pli 12

2 ch. **Bréhal 5 km.** A l'étage d'une maison restaurée : 1 chambre avec annexe (4 pers.), salle de bains et wc privés et 1 chambre (3 pers.), salle d'eau et wc privés. 4 pers. : 350 F. Vente de produits fermiers et soirées à thème en saison à proximité. Grand salon à disposition des hôtes.

Prix : 2 pers. **210 F** 3 pers. **290/300 F**

Ouvert : toute l'année.

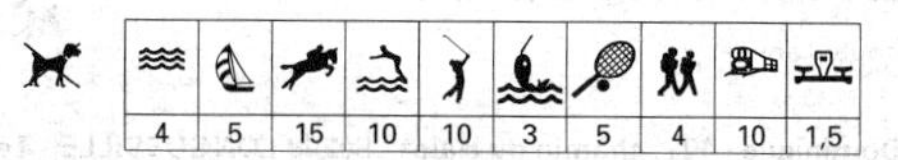

4	5	15	10	10	3	5	4	10	1,5

LEHALLAIS Marie - 3, rue de Beaumont - 50660 LINGREVILLE - Tél : 02 33 47 53 41

LINGREVILLE La Guerinière

C.M. 54 Pli 12

2 ch. Dans une maison récente en granit. R.d.c. : 1 chambre (1 lit 2 pers.), salle de bains et wc privés. A l'étage : 1 chambre (1 lit 2 pers.) avec poss. d'une annexe (2 pers.), salle d'eau et wc privés. Chauffage central. Restaurant 1 km. Entrée indépendante.

Prix : 1 pers. **150/155 F** 2 pers. **175/180 F** 3 pers. **215 F**

Ouvert : de Pâques à la Toussaint.

2	4	3	12	10	5	2	1	15	2

FRANCOIS Marcelle - La Gueriniere - 9, route des Long Bois - 50660 LINGREVILLE - Tél : 02 33 47 54 72

LOLIF Les Fontaines

C.M. 59 Pli 8

2 ch. **Avranches 5 km.** Dans la vallée de la Braize, Solange et Louis vous attendent dans leur ferme laitière. 2 chambres d'hôtes (5 pers.) sont aménagées à l'étage, avec salles d'eau et wc privés. Entrée indépendante. Cuisine à l'usage exclusif des hôtes.

Prix : 1 pers. **155 F** 2 pers. **190 F** 3 pers. **240 F**

Ouvert : toute l'année.

10	5	5	2	SP	5	2

LEFEUVRE Solange - 1, les Fontaines - 50530 LOLIF - Tél : 02 33 58 05 40 ou 06 84 77 21 18

LOLIF

C.M. 59 Pli 8

2 ch. **Avranches 7 km. Baie du Mont Saint-Michel 7 km. Granville 22 km.** Au 2ème étage, 2 chambres (chacune avec 1 lit 2 pers. 1 lit 1 pers.), salles d'eau et wc privés attenants. Possibilité d'une petite chambre complémentaire (1 lit 1 pers.). Avec belle vue dégagée sur une campagne vallonnée, cette maison en pierres et granit, entièrement rénovée, est bien située pour la découverte des nombreux sites touristiques alentours. 4 pers. : 300 F.

Prix : 1 pers. **150 F** 2 pers. **200 F** 3 pers. **250/270 F** pers. sup. **30 F**

Ouvert : toute l'année.

8	22	8	7	2	2	7	5

YGER Marie-Noëlle et Antoine - 2, la Mazure - 50530 LOLIF - Tél : 02 33 58 61 36

LOLIF La Gaspaillere

C.M. 59 Pli 8

1 ch. **Avranches 4 km.** Entre le Mont Saint-Michel et Granville, Michelle et Daniel vous recevront dans leur ferme laitière et d'élevage. 1 ch. à l'étage, avec annexe (1 lit 2 pers., 2 lits 1 pers.), s. d'eau et wc privés. Salle de séjour avec coin-salon à la disposition des hôtes. Entrée indépendante. Chauffage central. Restaurants 4 km. 320 F/4 pers.

Prix : 1 pers. **150 F** 2 pers. **170/250 F** 3 pers. **250/300 F**

Ouvert : toute l'année.

10	10	5	4	5	2	SP	4	4

LECOMPAGNON Michelle - La Gaspaillere - 50530 LOLIF - Tél : 02 33 58 04 49

LOLIF La Turgotière

C.M. 59 Pli 8

3 ch. **Avranches 7 km.** Dans un cadre de calme et de verdure, Thérèse et Michel vous accueillent dans leur maison de construction récente. 2 ch. de 2 pers. au rez-de-chaussée et 1 ch. avec une annexe (2 + 2 pers.) à l'étage. Salles d'eau et wc privés. Chauffage central. Restaurant 6 km. 4 pers. 300 F.

CV

Prix : 1 pers. **150 F** 2 pers. **180 F** 3 pers. **250 F** pers. sup. **50 F**

Ouvert : toute l'année.

10	25	10	6	2	3	3	6	4

LERIVRAY Thérèse et Michel - 1, la Turgotière - 50530 LOLIF - Tél : 02 33 58 04 38

LONGUEVILLE Le Halot

C.M. 59 Pli 7

2 ch. **Granville 4 km.** Dans une maison récente, 2 chambres d'hôtes (1 lit 2 pers. chacune), aménagées à l'étage avec salles d'eau et wc privés. Bowling à 2 km. Les chambres harmonieusement décorées dans des tons très doux et le confort douillet vous apporteront la détente espérée... Restaurant 1 km. Réduction de 10 F sur le prix 2 pers. à partir de la 3e nuit.

Prix : 1 pers. **170 F** 2 pers. **200 F** pers. sup. **50 F**

Ouvert : toute l'année.

2	5	2	3	1	1	2	SP	3	2

MARIE Dominique - 172, chemin du Halot - 50290 LONGUEVILLE - Tél : 02 33 50 26 85 - Fax : 02 33 51 73 10

LONGUEVILLE Château de Longueville

C.M. 59 Pli 7

3 ch. **Granville (thalasso., casino...) 4 km. Mont Saint-Michel 60 km.** Au 1er étage : 1 ch. (2 lits 1 pers.), 1 suite (ch. + salon : 1 lit 2 pers. 1 lit 1 pers.). Au 2e étage : 1 grande suite (2 ch. + salon : 1 lit 2 pers. 2 lits 1 pers.). Belles salles de bains spacieuses dont 1 avec jacuzzi, hammam et hydro-massage, wc privés. Chambres non fumeur. Accès : D971, axe Granville-Coutances. Tarif 4 pers. (suite du 2e étage : 800 F). Cette demeure authentique du XVIIIe siècle, avec parc et plans d'eau vous offre un cadre prestigieux pour la détente. La décoration intérieure à la fois raffinée et gaie, les équipements de confort moderne favoriseront votre bien-être. Villedieu-les-Poëles : cité du cuivre, fonderie de cloches.

Prix : 1 pers. **500 F** 2 pers. **500/650 F** 3 pers. **600 F** pers. sup. **100 F**

Ouvert : toute l'année.

2	4	2	4	2	SP	2	2	4	2

BOUCHART Ludovic et Sandrine - Le Château de Longueville - 50290 LONGUEVILLE - Tél : 02 33 50 66 60

LE LOREUR La Mazardière

C.M. 59 Pli 8

2 ch. A la campagne, au calme. A 7 km de Bréhal. A l'étage : 1 ch. (1 lit 2 pers. 1 lit 1 pers.), 1 ch. avec annexe (1 lit 2 pers. 1 lit 1 pers.), 2 salles d'eau et 1 wc à l'usage exclusif des hôtes.

CV

Prix : 1 pers. **130 F** 2 pers. **160 F** 3 pers. **200 F** pers. sup. **40 F**

Ouvert : toute l'année.

12	12	10	18	12	3	1	7	1

AUVRAY Jean - La Mazardière - 50510 LE LOREUR - Tél : 02 33 61 30 02

LA LUCERNE-D'OUTREMER Le Clos Saint-Gilles

1 ch. **Avranches 13 km. Abbaye de la Lucerne 2 km.** Dans une maison récente, 1 chambre à l'étage avec salle de bains et wc privés avec 1 chambre complémentaire non communicante. Sentiers de randonnées en forêt à proximité. Auberge à 300 m. Accès : à la sortie du bourg, direction Saint-Ursin.

Prix : 1 pers. **160 F** 2 pers. **200 F** 3 pers. **300 F** pers. sup. **50 F**

Ouvert : toute l'année.

10	10	7	12	12	0,3	SP	6	3

GAZENGEL Marcel et Bernadette - 1, rue du Parc - 50320 LA LUCERNE-D'OUTREMER - Tél : 02 33 61 50 06 - Fax : 02 33 51 60 13

MACEY La Pommeraie

C.M. 59 Pli 8

4 ch. **Mont Saint-Michel 18 km. Avranches 15 km.** Venez séjournez au calme de la campagne, dans une maison récente entourée d'un jardin arboré. R.d.c. : 2 ch. (1 lit 2 pers.), salle de bains ou salle d'eau et wc privés. A l'étage : 1 ch. (1 lit 2 pers.), 1 ch. (2 lits 1 pers.), salles de bains et wc privés. Séjour réservé aux hôtes. Accès : RN175, puis suivre fléchage « La Pommeraie ». Restaurants 3 km.

Prix : 1 pers. **170 F** 2 pers. **230/250 F** pers. sup. **60 F**

Ouvert : de Pâques à la Toussaint.

30	25	10	16	18	SP	10	SP	9	9

LETERTRE Sonia - Village Demanche - La Pommeraie - 50170 MACEY - Tél : 02 33 60 16 50 - Fax : 02 33 60 16 50

MACEY Les Chaliers

C.M. 54 Pli 8

1 ch. **Mont Saint-Michel 10 km.** 1 chambre de 2 pers. à l'étage avec salle de bains à l'usage exclusif des hôtes. Chauffage central. Randonneurs équestres acceptés. Chevaux sur place. Accès : carrefour D80/D200.

Prix : 1 pers. **150 F** 2 pers. **220 F** pers. sup. **50 F**

Ouvert : toute l'année.

30	15	6	20	5	5	5	6	6

DUGUEPEROUX Augustine - 5, les Chaliers - 50170 MACEY - Tél : 02 33 60 01 27

MARCEY-LES-GREVES Le Château

C.M. 59 Pli 8

3 ch. Grande maison reconstruite dans les années 60 sur un ancien château du XVIIe siècle, entourée d'un parc. A l'étage : 1 ch. (1 lit 2 pers.), salle d'eau et wc privés, 1 ch. (1 lit 2 pers.), salle d'eau privée, 1 ch. (2 lits 1 pers.), salle d'eau privée, 1 wc commun aux 2 chambres. Cuisine à l'usage exclusif des hôtes.

Prix : 1 pers. **150/170 F** 2 pers. **200/220 F** pers. sup. **40 F**

Ouvert : toute l'année.

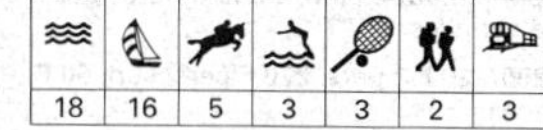

18	16	5	3	3	2	3

TURGOT Eugène et Huguette - Le Château - 50300 MARCEY-LES-GREVES - Tél : 02 33 58 08 65

MARCHESIEUX Les Fontaines

C.M. 54 Pli 12

3 ch. **Plages du Débarquement 25 km.** 3 chambres d'hôtes aménagées dans une ancienne ferme restaurée. 1 chambre 2 pers. au rez-de-chaussée avec salle d'eau privée, 2 chambres à l'étage. (1 de 3 et 1 de 4 pers.) 1 salle d'eau et wc à l'usage exclusif des hôtes. Entrée indépendante. Cuisine, salle à manger à disposition des hôtes. Chauffage central. Restaurant, parc de loisirs 3 km. 4 pers. 240 F. Accès : D900 puis D94 à 2 km du bourg, direction le Mesnil. Langue parlée : anglais.

Prix : 1 pers. **100 F** 2 pers. **180 F** 3 pers. **210 F**

Ouvert : toute l'année.

20	5	20	3	2	3	SP	15	6

LAISNEY Michel et Anne - 2, les Fontaines - 50190 MARCHESIEUX - Tél : 02 33 46 57 92

MARIGNY Saint-Léger

C.M. 54 Pli 13

2 ch. Micheline et Jean sont heureux de vous accueillir dans leur maison de caractère à la campagne. 1 ch. 2 pers. au r.d.c. (accessible aux pers. hand.). 1 ch. (1 lit 2 pers. 1 convertible) à l'étage. Salles d'eau et wc privés. Chauffage électrique. Sentiers pédestres, rivière à proximité. Restaurant 5 km. Accès par la D972.

Prix : 1 pers. **170 F** 2 pers. **210 F** pers. sup. **50 F**

Ouvert : toute l'année.

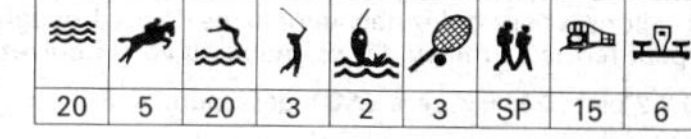

25	25	13	10	16	2	2	SP	10	2

LEPOITTEVIN Jean et Micheline - Saint-Léger - route de Coutances - 50750 QUIBOU - Tél : 02 33 57 18 41 - Fax : 02 33 57 18 41

MARIGNY L'Epinette

1 ch. **Saint-Lô 13 km.** Simone et Jacques vous accueillent dans leur grande maison. 1 chambre spacieuse 2 pers. à l'étage avec chambre complémentaire 2 pers. non communicante. Salle de bains et wc privés. Accès : D29, direction Carentan.

Prix : 1 pers. **170 F** 2 pers. **210 F** 3 pers. **300 F** pers. sup. **50 F**

Ouvert : toute l'année.

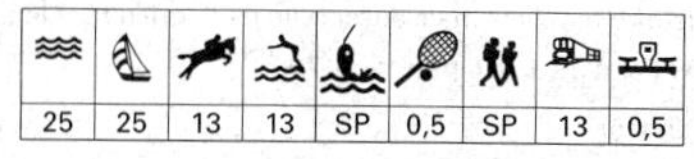

25	25	13	13	SP	0,5	SP	13	0,5

DUPONT Jacques et Simone - L'Epinette - 20, route de Carentan - 50570 MARIGNY - Tél : 02 33 55 17 91

MARIGNY Le Val Moulin

TH C.M. 54 Pli 13

2 ch. A l'étage : 1 ch. avec annexe (2 x 2 pers.), salle de bains et wc privés. Dans un bâtiment indépendant, 1 ch. à l'étage avec salle d'eau et wc privés, 1 salle de séjour/coin-cuisine. Chauffage électrique. Bicyclettes, pêche, chasse sur place. Produits fermiers sur place. Restaurant 2 km.

CV

Prix : 1 pers. **130/150 F** 2 pers. **200/220 F** 3 pers. **250 F** pers. sup. **50 F**
repas **75 F**

Ouvert : toute l'année.

25	25	13	15	25	0,5	1	SP	11	1

HULMER Jean et Annick - 2, le Val Moulin - 50570 MARIGNY - Tél : 02 33 55 19 63 - Fax : 02 33 55 19 63

LE MESNIL-AUBERT Ferme de la Peurie

C.M. 54 Pli 12

4 ch. **Gavray 4 km.** Bienvenue à la campagne, dans un environnement reposant, Rémy et Antoinette vous accueillent dans leur ferme restaurée. A l'étage : 2 ch. (1 lit 2 pers.), 1 ch. (2 lits 1 pers.), s. d'eau et wc privés. 1 ch. très spacieuse (1 lit 2 pers. à baldaquin + 1 lit 1 pers. en mezzanine), s. d'eau (douche hydro-massage) et wc. Salle de séjour à l'usage exclusif des hôtes. Accès : à 800 m de la D7 Coutances.

CV

Prix : 1 pers. **180/250 F** 2 pers. **200/280 F** pers. sup. **50 F**

Ouvert : toute l'année.

12	12	5	12	12	4	4	SP	12	3

DAVENEL Antoinette - Ferme de la Peurie - 4, rue du Calvaire - 50510 LE MESNIL-AUBERT - Tél : 02 33 51 96 31

LE MESNIL-GILBERT La Motte

TH C.M. 59 Pli 9

5 ch. **Mortain 14 km. Musée de la Poterie à Ger 15 km.** Dans un paysage vallonné, en bord de Sée (rivière 1ère cat.), reposant et idéal pour toutes rand., Agnès et Marcel vous accueillent dans leur ferme d'élevage. 1er ét. : 2 ch. avec s. d'eau et wc privés et 1 ch. avec douche, wc au r.d.c. (8 pers.). 2e ét. : 2 ch. 3 pers. avec s. d'eau et wc privés. Séjour/coin-cuisine à l'usage exclusif des hôtes. Entrée indépendante. A mi-chemin du Mont Saint-Michel et de la Suisse Normande. Réduction 10% pour séjour de + de 4 jours. Terrain de boules, ping-pong. Four à pain. Table d'hôtes sur réservation. Repas enfant : 45 F. Accès : sur la D911 entre Brecey et Sourdeval. Langue parlée : anglais.

CV

Prix : 1 pers. **170 F** 2 pers. **200/220 F** 3 pers. **270 F** pers. sup. **50 F**
repas **80 F**

Ouvert : toute l'année.

45	50	8	8	18	0,3	5	2	25	8

LEMARCHANT Marcel et Agnès - La Motte - 15, route du Moulin - 50670 LE MESNIL-GILBERT - Tél : 02 33 59 83 09 - Fax : 02 33 69 45 46 - E-mail : lemarchant@wanadoo.fr

LE MESNIL-ROGUES La Pinotière

C.M. 59 Pli 8

4 ch. **Granville 15 km.** 4 chambres (3 de 2 pers. 1 de 3 pers.) à l'étage avec salle de bains ou salle d'eau et wc privés. Entrée indépendante. Séjour et cuisine à l'usage exclusif des hôtes. Ping-pong, salle de billard. Réduction de 10 % à partir de 7 nuits. Sur la D7, prendre le Mesnil-Rogues et suivre flèchage. Vous recherchez le calme, vous aimez les randonnées à travers les chemins boisés et les vallons, vous voulez découvrir la vie de la campagne avec des chèvres : Etiennette vous invite à passer un agréable séjour dans sa petit ferme au milieu des animaux où vous pourrez déguster son fromage. Langue parlée : anglais.

CV

Prix : 1 pers. **170 F** 2 pers. **200 F** 3 pers. **250 F** pers. sup. **50 F**

Ouvert : toute l'année.

15	15	10	12	15	SP	5	SP	5	5

LEGALLAIS Etiennette - La Pinotière - 50450 LE MESNIL-ROGUES - Tél : 02 33 61 38 98

LE MESNIL-ROUXELIN La Barberie

C.M. 54 Pli 13

4 ch. 3 chambres (1 lit 2 pers.), salle de bains et 2 wc à l'usage exclusif des hôtes et 1 chambre familiale avec douche et lavabo. Entrée indépendante. Chauffage électrique. Salle de séjour et cuisine à l'usage exclusif des hôtes. Produits fermiers sur place. Restaurant 2,5 km.

CV

Prix : 1 pers. **150 F** 2 pers. **200 F** 3 pers. **250 F** pers. sup. **50 F**

Ouvert : toute l'année.

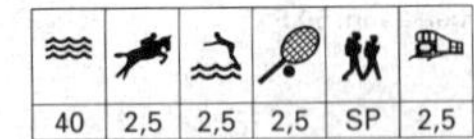

40	2,5	2,5	2,5	SP	2,5

ENEE André - La Barberie - 50000 LE MESNIL-ROUXELIN - Tél : 02 33 57 00 53 - Fax : 02 33 57 50 05 - E-mail : Ferme@chante-la-vie.com - http://www.chante-la-vie.com

LE MESNIL-VILLEMAN L'Orail

C.M. 59 Pli 8

1 ch. **Granville 20 km. Villedieu-les-Poëles 10 km.** R.d.c. avec entrée indépendante : 1 chambre (1 lit 2 pers. 1 lit gigogne pour 1 ou 2 enfants), salle d'eau et wc. Petit séjour avec cheminée et coin-cuisine réservés aux hôtes. Garage et vélos à disposition. Chauffage électrique. Dans un cadre reposant avec un grand jardin fleuri, à proximité de la forêt de Gavray. Colette et Jean vous accueillent dans leur maison en pierres, ancienne ferme entièrement restaurée. Ils vous raconteront avec plaisir une page de son histoire familiale mais aussi celle de l'agriculture locale au siècle dernier.

CV

Prix : 1 pers. **180 F** 2 pers. **210 F** pers. sup. **70 F**

Ouvert : toute l'année.

20	20	4	10	20	5	2	10	5

FAUCON Jean et Colette - l'Orail - 50450 LE MESNIL-VILLEMAN - Tél : 02 33 61 75 96

LA MEURDRAQUIERE La Grenterie

(TH) *C.M. 59 Pli 8*

3 ch. Venez vous ressourcer entre mer et campagne. Delphine et Bruno vous accueillent dans leur demeure du XVIIe siècle nichée au cœur des vallons. 3 ch. spacieuses à l'étage : 1 ch. (1 lit 2 pers. 1 lits 1 pers.), 2 ch. (1 lit 2 pers.). Salles d'eau et wc privés. Séjour avec cheminée, cuisine à l'usage exclusif des hôtes. Entrée indépendante. Equipement bébé sur demande. Venez apprécier les petits plaisirs d'une campagne chaleureuse et authentique. Table d'hôtes sur réservation. Réduction de 10 % au delà de 5 nuits hors vacances scolaires. Repas enfants de moins de 6 ans : 50 F. Accès : D35 puis D145, 800 m après le bourg. Langue parlée : anglais.

Prix : 1 pers. **200 F** 2 pers. **230 F** 3 pers. **300 F** pers. sup. **50 F**
repas **90 F**

Ouvert : toute l'année.

14	14	9	20	20	9	2	2	6	3

VASTEL Bruno et Delphine - La Grenterie - 10, route de Saint-Martin - 50510 LA MEURDRAQUIERE - Tél : 02 33 90 26 45 ou 06 81 47 51 78 - Fax : 02 33 90 45 85 - E-mail : delphineetbruno.vastel@wanadoo.fr

LA MEURDRAQUIERE La Pouperie

C.M. 59 Pli 8

1 ch. **Granville 15 km : musées, thalassothérapie, casino.** Marie-José et Albert vous ouvrent les portes de leur maison typique de XIXe siècle. Vous y apprécierez le confort d'une chambre spacieuse aménagée à l'étage (2 pers.) avec salle de bains (douche balnéo) et wc privés. Accès par le D35.

Prix : 1 pers. **200 F** 2 pers. **230 F** pers. sup. **50 F**

Ouvert : toute l'année.

15	15	10	15	2	SP	6	6

VASTEL Marie-José et Albert - 4, la Pouperie - 50510 LA MEURDRAQUIERE - Tél : 02 33 61 31 44

LA MEURDRAQUIERE La Butte

C.M. 59 Pli 8

3 ch. **Bréhal 9 km. Granville ou Villedieu 15 km.** 1 chambre 2 pers. accessible aux pers. handicapées, au r.d.c. et 2 chambres à l'étage : 1 ch. 2 pers. 1 ch. 3 pers. Salles d'eau et wc privés. Salle de séjour cuisine à l'usage exclusif des hôtes. Entrée indépendante. Coin-cuisine en mezzanine. Vente de produits cidricoles sur place, visite du verger, de la cave et dégustation gratuite. Circuit de la « Route du Cidre ». Restaurants 2 km. Zoo de Champrépus 8 km.

Prix : 1 pers. **170 F** 2 pers. **200 F** 3 pers. **250 F**

Ouvert : toute l'année.

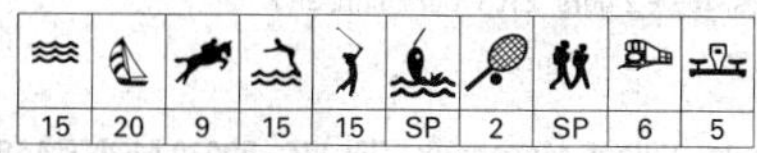

15	20	9	15	15	SP	2	SP	6	5

VENISSE Roland et M-Thérèse - La Butte - 50510 LA MEURDRAQUIERE - Tél : 02 33 61 31 52 ou 06 84 24 34 12 - Fax : 02 33 61 17 64

MONTBRAY Le Siquet

C.M. 59 Pli 9

2 ch. 1 chambre (1 lit 2 pers., 1 lit 1 pers.) au r.d.c. avec entrée indépendante, salle d'eau et wc privés. 1er étage : 1 chambre (1 lit 2 pers.) avec annexe non communicante située au 2e étage (2 lits 1 pers.), salle d'eau privée. 4 pers. 245 F.

Prix : 1 pers. **135 F** 2 pers. **170 F** 3 pers. **200/215 F** pers. sup. **30 F**

Ouvert : toute l'année.

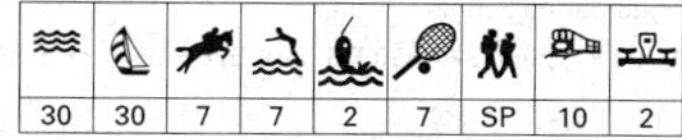

30	30	7	7	2	7	SP	10	2

VIOLET Aime - Le Siquet - 50410 MONTBRAY - Tél : 02 33 61 97 28

MONTCHATON Le Quesnot

C.M. 54 Pli 12

3 ch. **Coutances 6 km.** Au 1er étage d'un bâtiment indépendant comprenant également un séjour où vous pourrez savourer vos petits déjeuners et vous détendre. 3 ch. (1 lit 2 pers.), s. d'eau et wc privés attenants. Jolie propriété en pierres agrémentée d'un grand jardin paysager, à proximité d'un village traditionnel de la région. Depuis sa petite église perchée sur la colline, vous apprécierez les couleurs et les courbes douces de la campagne environnante. Accès, du Pont de la Roque, D72, à l'entrée du bourg.

Prix : 1 pers. **220 F** 2 pers. **250 F**

Ouvert : de Pâques à fin septembre.

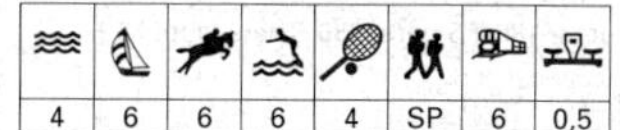

4	6	6	6	4	SP	6	0,5

GERMANICUS Jacques et Ginette - Le Quesnot - 3, rue du Mont César - 50660 MONTCHATON - Tél : 02 33 45 05 88

MONTFARVILLE Le Manoir

C.M. 54 Pli 3

2 ch. **Barfleur 800 m.** Venez à la rencontre de l'histoire du cotentin, dans un manoir du XVIe siècle restauré, face à la mer et situé sur une motte féodale, faites comme jadis les Ducs de Normandie étape à Montfarville. Au rez-de-chaussée : 1 ch. (1 lit 2 pers.), salle d'eau et wc privés. A l'étage : 1 ch. (1 lit 2 pers.), salle d'eau et wc privés. Chauffage central. Entrée indépendante. Accès : 2e à droite sur D1 après le panneau sortie de Barfleur et 1ère à gauche.

Prix : 1 pers. **260 F** 2 pers. **320 F** 3 pers. **420 F** pers. sup. **100 F**

Ouvert : toute l'année.

0,3	0,8	8	25	25	0,8	0,3	29	0,8

GABROY Claudette - Le Manoir - 50760 MONTFARVILLE - Tél : 02 33 23 14 21

MONTGARDON Le Mont Scolan

TH C.M. 54 Pli 12

4 ch. **La Haye-du-Puits 3 km.** Entre mer et campagne, Yves et Nicole vous accueillent dans leur ferme en activité. 2 ch. (4 pers.) à l'étage avec s. d'eau et wc privés. Séjour à disposition des hôtes. Entrée indépendante. Dans un batiment indépendant, 2 ch. (6 pers.) au r.d.c. dont 1 avec 2 lits en mezzanine, s. d'eau et wc privés. Table d'hôtes sur réservation. Repas enfant : 45 F. Supplément pour animal : 20 F. Salle de jeux, babyfoot, billard.

Prix : 1 pers. **190 F** 2 pers. **230 F** pers. sup. **70 F** repas **90 F**

Ouvert : toute l'année.

6	14	2	25	11	3	2	29	2

SEGUINEAU Yves et Nicole - Le Mont Scolan - 50250 MONTGARDON - Tél : 02 33 46 11 27

MONTHUCHON Village de l'Eglise

C.M. 54

1 ch. **Coutances, ville d'art et d'histoire 4 km.** L'escalier de pierres vous conduira au 1er étage à 1 chambre spacieuse (1 lit 2 pers.), salle de bains et wc privés attenants. Possibilité d'1 ch. annexe communicante (1 lit enfant). Séjour et salon à disposition des hôtes. Restaurant à proximité immédiate. Salon de jardin. Accès : sur la D971, entre Coutances et Saint-Sauveur-Lendelin. Claudine et Roger vous ouvrent les portes de ce manoir du XVIIe siècle, situé aux pieds de la petite église du village et qui fut autrefois utilisé comme presbytère. La décoration intérieure charmera les amateurs de meubles et objets anciens ainsi que les nostalgiques du passé.

Prix : 1 pers. **200 F** 2 pers. **250 F** pers. sup. **70 F**

Ouvert : toute l'année.

10	10	4	6	10	5	SP	5	2

SALIORD Claudine - Le Village de l'Eglise - 50200 MONTHUCHON - Tél : 02 33 07 91 95

MONTMARTIN-EN-GRAIGNES Village Monceaux

C.M. 54 Pli 13

2 ch. **Plages du Débarquement 20 km.** Dans une maison récente, 2 chambres (4 pers.) situées à l'étage. Salle d'eau et wc à l'usage exclusif des hôtes. Chauffage central. Produits fermiers sur place. Accès : N174. Possibilité de pique-nique. Restaurants à 1 km. Camping rural sur la propriété.

Prix : 1 pers. **165 F** 2 pers. **210 F** pers. sup. **35 F**

Ouvert : de Pâques à la Toussaint.

15	7	14	8	4	8	1	7	2

DUVAL Louis - Village Monceaux - RN 174 - 50620 MONTMARTIN-EN-GRAIGNES - Tél : 02 33 56 84 87

MONTVIRON Le Manoir de la Croix

C.M. 59 Pli 8

4 ch. **Granville (casino, thalasso., départ pour Chausey, etc...) 16 km.** Patrice Wagner a aménagé 2 suites au 1er étage, « Rebecca » et « Marie-Louise » avec son lit à baldaquins (1 lit 2 pers. 1 lit 1 pers.), terrasses privées, et 2 ch. romantiques au 2e étage, « Eugénie » et « Pauline » (1 lit 2 pers.). Salles de bains et wc privés. Séjour et salon à l'usage exclusif des hôtes. Parc arboré. Chambres non fumeur. La situation exceptionnelle dans la Baie du Mont Saint-Michel, fait de ce manoir du XIXe siècle l'étape idéale pour apprécier à la fois les plaisirs de la mer et la visite des sites remarquables de la région. Accès : D973, entre Granville et Avranches. Langue parlée : anglais.

Prix : 1 pers. **280/300 F** 2 pers. **320/430 F** 3 pers. **520 F** pers. sup. **80 F**

Ouvert : toute l'année.

10	13	10	7	10	1,5	2	1	8	3,5

WAGNER Patrice - Le Manoir de la Croix - Le Gros Chêne - 50530 MONTVIRON - Tél : 02 33 60 68 30 - Fax : 02 33 60 69 21

MONTVIRON La Turinière

C.M. 59 Pli 8

2 ch. **Thalassothérapie 20 km.** Entre Granville et Avranches, sur la route du Mt-St-Michel, Jacqueline et Emile vous offrent le calme en vous accueillant dans leur maison en pierre à l'entrée de leur ferme. 2 chambres 2 pers. au 2e étage, avec salles d'eau et wc privés. Equipement bébé : table à langer, chauffe biberon.

Prix : 1 pers. **160 F** 2 pers. **185 F** 3 pers. **250 F** pers. sup. **65 F**

Ouvert : toute l'année.

15	15	12	10	20	1	2	SP	10	2

LEROY Emile et Jacqueline - La Turinière - 50530 MONTVIRON - Tél : 02 33 48 88 37

MONTVIRON La Butterie

C.M. 59 Pli 8

2 ch. **Mont Saint-Michel 30 km. Avranches 10 km.** Dans une maison récente, à la campagne, 2 chambres très claires (4 pers.) avec salles d'eau privées, wc communs aux chambres, dont 1 avec terrasse et entrée indépendante. Possibilité de pique-nique (barbecue). Sur la D41 entre Avranches et Granville. Granville : casino, thalassothérapie, départ pour les Iles anglo-normandes et Chausey, Maison Christian Dior à 20 km.

Prix : 1 pers. **170 F** 2 pers. **200 F** pers. sup. **60 F**

Ouvert : toute l'année.

10	20	10	10	10	2	2	1	10	5

BARTHELEMY Yvette - La Butterie - 50530 MONTVIRON - Tél : 02 33 48 59 86

MORSALINES Les Masses

C.M. 54 Pli 2

3 ch. **Saint-Vaast-la-Hougue 6 km. Plages du Débarquement 10 km.** Michèle et Maurice, appréciant la musique classique, la pêche en rivière, la généologie, vous accueillent dans une ancienne ferme rénovée, agrémentée d'un grand jardin fleuri. 1 ch. (1 grand lit 2 pers.) au r.d.c., salle de bains et wc privés, 2 ch. à l'étage (1 de 2 pers. et 1 de 4 pers.) avec s. d'eau et wc privés. Poss. accueil chevaux et tous randonneurs. Tarif 4 pers. : 360 F. Ile de Tatihou : festival de musique en août à 6 km. Langue parlée : allemand.

Prix : 1 pers. **220 F** 2 pers. **240 F** 3 pers. **300 F** pers. sup. **60 F**

Ouvert : toute l'année.

2	6	7	15	10	6	1,5	15	4

BERGER Maurice et Michele - 8, hameau les Masses - 50630 MORSALINES - Tél : 02 33 54 21 50 - Fax : 02 33 54 21 50 - E-mail : berger.michele@wanadoo.fr

MOYON La Noette

C.M. 54 Pli 13

2 ch. **Saint-Lo (ville du cheval remparts) 15 km.** A l'étage, 1 ch. (1 lit 2 pers. à baldaquin) et 1 ch. (1 lit 2 pers.), salles d'eau et wc privés attenants à chaque chambre. Possibilité d'une chambre complémentaire pour enfants (2 lits 1 pers.), située au même étage. Les petits-déjeuners copieux sont servis dans le séjour avec cheminée. 4 pers. 430 F (prix 3 et 4 pers. sont appliqués pour l'utilisation de l'annexe). Carolyn et Richard, britanniques, ont rénové une maison traditionnelle de la vallée de la Vire, avec un grand jardin fleuri et authentique avec ses pommiers. La décoration intérieure, romantique et chaleureuse, est propice à la détente. Restaurants à 2 km. Langue parlée : anglais.

Prix : 1 pers. **200 F** 2 pers. **250 F** 3 pers. **400 F**

Ouvert : toute l'année.

40	40	15	15	3	2,5	3	15	2,5

SEYMOUR Carolyn et Richard - La Noette - 50860 MOYON - Tél : 02 33 55 88 19 - Fax : 02 33 55 88 19 - E-mail : carolynseymour@aol.com

MUNEVILLE-SUR-MER

C.M. 54 Pli 12

2 ch. **Thalassothérapie 15 km.** Simone et Michel vous accueillent dans leur ancienne ferme. R.d.c. : 1 ch. (1 lit 2 pers.), s. d'eau et wc privés. Etage : 1 ch. (1 lit 2 pers., 2 lits enfants) avec possibilité d'une annexe non communicante (1 lit 2 pers.). Salle de bains et wc privés. Chauffage électrique. Restaurant à 4 km. 4 pers. : 280 F.

Prix : 1 pers. **140 F** 2 pers. **180 F** 3 pers. **250 F** pers. sup. **40 F**

Ouvert : toute l'année.

7	7	7	15	5	4	7	4	15

ADAM Michel et Simone - La Rousselière - 29, route des Chouaires - 50290 MUNEVILLE-SUR-MER - Tél : 02 33 61 66 12

MUNEVILLE-SUR-MER

C.M. 54 Pli 12

2 ch. Thérèse et François vous reçoivent dans leur maison à la campagne. A l'étage : 1 ch. (1 lit 2 pers., 1 lit 1 pers.) et 1 ch. avec annexe (3 + 1 pers.), salles d'eau et wc privés. Coin-cuisine à la disposition des hôtes. Chauffage central. Restaurants 4 km. 4 pers. : 220 F.

Prix : 1 pers. **120 F** 2 pers. **160 F** 3 pers. **190 F** pers. sup. **30 F**

Ouvert : toute l'année.

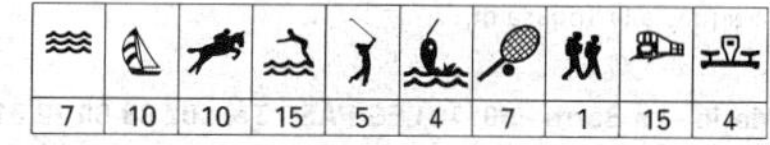

7	10	10	15	5	4	7	1	15	4

LEVERRAND François et Thérèse - 1, chemin le Manoir - 50290 MUNEVILLE-SUR-MER - Tél : 02 33 51 73 71

NEGREVILLE La Vignonnerie

C.M. 54 Pli 2

2 ch. **Valognes « Petit Versailles Normand » 8 km. Plages du Débarquement 30 km** Au centre du Cotentin, dans une ancienne ferme du XVIIIe siècle, 2 chambres (1 de 2 pers. et 1 de 3 pers.) à l'étage, avec salles d'eau et wc privés. Salle de séjour et cuisine à la disposition des hôtes. Entrée indépendante. Restaurant à 800 m. 5 % de réduction sur séjour de plus de 3 nuits.

Prix : 1 pers. **180 F** 2 pers. **200/215 F** 3 pers. **250 F** pers. sup. **40 F**

Ouvert : toute l'année.

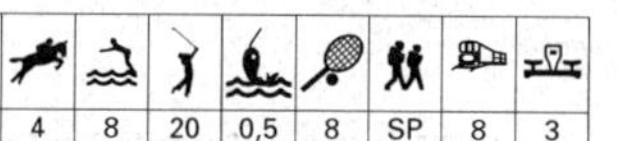

20	4	8	20	0,5	8	SP	8	3

ROSE Jules et Cécile - La Vignonnerie - 50260 NEGREVILLE - Tél : 02 33 40 02 58

NEGREVILLE Le Pont

2 ch. **Valognes 6 km.** Anne-Marie et Jean vous accueillent dans leur maison en pierre qu'ils viennent de restaurer. A l'étage : 1 ch. (1 lit 2 pers.), salle d'eau et wc privés, 1 ch. avec annexe (1 lit 2 pers. 3 lits 1 pers.), salle de bains et wc privés à côté, dans le couloir. Entrée indépendante. Réduction de 10% au dessus de 4 nuits. 4 pers. 350 F.

Prix : 1 pers. **170 F** 2 pers. **210 F** 3 pers. **280 F** pers. sup. **70 F**

Ouvert : de juin à septembre et week-end.

20	20	15	6	20	SP	6	6	5	0,5

TYPHAIGNE Jean et Anne-Marie - Le Pont - 50260 NEGREVILLE - Tél : 02 33 40 07 26 ou 02 33 40 34 25

NICORPS La Moinerie

2 ch. **Coutances ville d'arts et d'histoire (cathédrale) 6 km.** Solange et Gilbert vous recevront en pleine campagne, dans une maison typique du Coutançais, à l'étage, 1 chambre 3 pers. avec annexe 2 pers. et 1 chambre 3 pers. Salles d'eau et wc privés. Accès : D27, tout droit, 4e route à gauche après le café. 4 pers. : 340 F. Réduction 10% pour séjour de + de 2 nuits sauf en juillet/août. Restaurant à 2 km.

Prix : 1 pers. **150 F** 2 pers. **200 F** 3 pers. **250/270 F** pers. sup. **50 F**

Ouvert : toute l'année.

12	15	6	6	15	4	6	SP	6	6

CALIPEL Solange - La Moinerie - 50200 NICORPS - Tél : 02 33 45 20 87

ORVAL Le Bourg de l'Eglise

C.M. 54 Pli 12

4 ch. Dans un ancien corps de ferme, au 2e étage de l'habitation du prop. : 1 ch. (1 lit 2 pers.), s. d'eau et wc privés attenants, 1 ch. (2 lits 2 pers.), s.d.b. et wc privés sur le palier. Dans le prolongement de la maison, au 1er étage avec entrée indép. : 1 ch. (1 lit 2 pers. 1 lit 1 pers.), s. d'eau, wc privés et 1 ch. (1 lit 2 pers.), s.d.b., wc privés. Grand séjour et cuisine à l'usage exclusif des hôtes. 4 pers. : 320 F. Restaurants à 3 km. Accès par D971 et D437. Langue parlée : anglais.

Prix : 1 pers. **190/210 F** 2 pers. **210/240 F** 3 pers. **290/310 F** pers. sup. **50 F**

Ouvert : de mi-juin à mi-septembre.

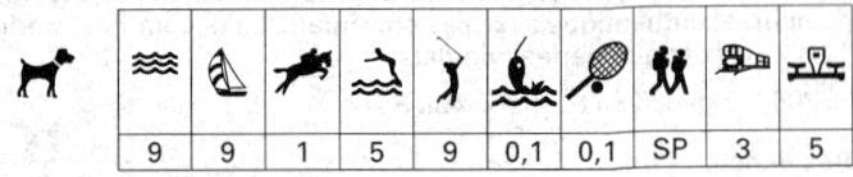

9	9	1	5	9	0,1	0,1	SP	3	5

SIMON Catherine - Le bourg de l'Eglise - 50660 ORVAL - Tél : 02 33 45 59 29

PARIGNY La Croix du Bois

C.M. 59 Pli 8

1 ch. **St-Hilaire-du-Harcoüet 4 km. Base de loisirs 7 km. Mt St-Michel 40 km.** 1 chambre (1 lit 2 pers., 1 convertible 2 pers.) à l'étage avec salle d'eau et wc privés, entrée indépendante. Coin-cuisine réservé aux hôtes. Escalade à 10 km.

Prix : 1 pers. **150 F** 2 pers. **170 F** pers. sup. **40 F**

Ouvert : toute l'année.

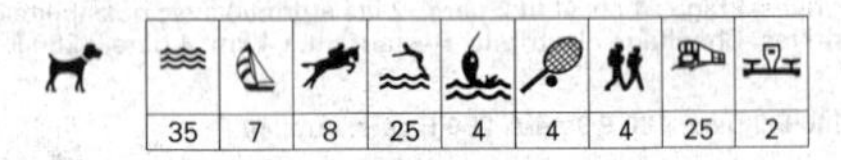

35	7	8	25	4	4	4	25	2

VAUDOUR Nicole - La Croix du Bois - 50600 PARIGNY - Tél : 02 33 49 24 60 - Fax : 02 33 49 69 06

LES PAS La Barre

C.M. 59 Pli 7

1 ch. **Mont Saint-Michel 7 km.** 1 chambre 3 pers., située au rez-de-chaussée. Salle de bains à l'usage exclusif des hôtes. Chauffage électrique. Restaurant à 2,5 km. Possibilité d'un lit supplémentaire. Accès par Pontorson. Supplément pour animaux 10 F.

Prix : 1 pers. **130 F** 2 pers. **160/200 F** 3 pers. **220 F** pers. sup. **40 F**

Ouvert : de Pâques à la Toussaint.

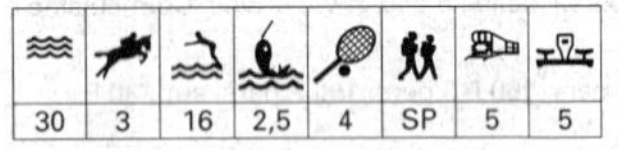

30	3	16	2,5	4	SP	5	5

GAVARD Marie - La Barre - 50170 LES PAS - Tél : 02 33 60 12 01

LES PAS Village le Clos Roux

C.M. 59 Pli 7

3 ch. **Mont Saint-Michel 7 km.** Dans une ancienne ferme, 3 chambres (1 lit 2 pers.) à l'étage avec 1 salle d'eau et 1 wc à l'usage exclusif des hôtes. Salle de séjour et véranda à la disposition des hôtes. Lit d'appoint enfant : 50 F. Restaurant à 2,5 km.

Prix : 1 pers. **120 F** 2 pers. **160 F** pers. sup. **50 F**

Ouvert : toute l'année.

30	5	3	SP	5	5

SAUVAGET Raymond et M-Josephe - Village le Clos Roux - 50170 LES PAS - Tél : 02 33 68 17 71

PERCY Les Berzellieres

C.M. 59 Pli 8

2 ch. **Abbaye d'Hambye 3 km. Villedieu-les-Poêles 9 km.** 2 chambres (6 pers.) situées à l'étage avec entrée indépendante. Salle d'eau à l'usage exclusif des hôtes. Chauffage électrique. Rivière , restaurant 3 km. Randonneurs équestres acceptés. Ouvert toute l'année. Accès par la D58, puis D258 direction Abbaye-Hambye.

Prix : 1 pers. **110 F** 2 pers. **170/185 F** 3 pers. **210 F** pers. sup. **40 F**

Ouvert : toute l'année.

30	30	10	12	30	2	3	SP	10

ANDRE Jeanne et Camille - Les Berzellieres - 50410 PERCY - Tél : 02 33 61 23 75

PICAUVILLE Village de Bernaville

C.M. 54 Pli 2

2 ch. **Sainte-Mère-Eglise 6 km.** A l'étage : 2 ch. (1 lit 2 pers.) avec salles d'eau privées et 1 wc réservé aux hôtes. Séjour et coin-salon à disposition. Possibilité lit bébé. Cette ancienne ferme entourée d'un jardin fleuri est idéalement située au cœur du Parc Naturel Régional des Marais du Contentin et du Bessin et de la Presqu'Ile, à proximité des Plages du Débarquement.

CV

Prix : 1 pers. **180 F** 2 pers. **220 F**

Ouvert : toute l'année.

13	19	2	19	2	SP	19	2

MARTIN Colette - Village de Bernaville - 50360 PICAUVILLE - Tél : 02 33 41 51 92

PICAUVILLE Le Port Filiolet

C.M. 54 Pli 2

2 ch. Paulette vous accueille dans sa maison récente, au calme, dans un petit hameau au cœur du Parc Naturel Régional des Marais du Cotentin et du Bessin. A l'ét. : 1 ch. (1 lit 2 pers.), s.d.b. et wc privés, 1 ch. familiale (1 lit 2 pers., 2 lits 1 pers.), s. d'eau et wc privés. Salle à manger/coin-cuisine à la disposition des hôtes. Vélos sur place. Accès : sortie de Chef-du-Pont, en dir. de Pont-l'Abbé/Picauville (D67) tourner à droite. Terrasse, salon de jardin, barbecue à disposition. Supplément pour animaux : 25 F. 4 pers. : 350 F.

CV

Prix : 1 pers. **160 F** 2 pers. **210 F** 3 pers. **280 F** pers. sup. **60 F**

Ouvert : toute l'année.

13	16	1	16	19	SP	3	SP	16	2

RABET Paulette - Le Port Filiolet - 50360 PICAUVILLE - Tél : 02 33 21 51 21 - Fax : 02 33 21 51 21

POILLEY-SUR-LE-HOMME Le Logis

3 ch. **Mont Saint-Michel 17 km. Avranches 9 km.** Dans une demeure de caractère, entourée d'un parc et d'un jardin potager, 2 chambres spacieuses au 1er étage (1 lit 160 cm dans chaque) et 1 chambre au 2e étage (1 lit 2 pers.). Salon à disposition. Salles de bains et wc privés. Chauffage central. Accès : A84 sortie 33. Dans le bourg, en face de l'église. Pêche à pied aux grandes marées. Langue parlée : anglais.

CV

Prix : 1 pers. **300 F** 2 pers. **330 F** pers. sup. **100 F**

Ouvert : toute l'année.

25	25	3	9	1	1	SP	9	1

LAMBERT François et Martine - Le Logis - 50220 POILLEY-SUR-LE-HOMME - Tél : 02 33 58 35 90 ou 06 62 63 35 90 - Fax : 02 33 58 35 90 - E-mail : francois.lambert2@libertysurf.fr

PONT-HEBERT La Crespiniere

C.M. 54 Pli 13

2 ch. **Haras de Saint-Lo 9 km. Plages du Débarquement 25 km.** Jacqueline et Marcel vous réservent un accueil familial au calme, dans leur ferme située dans la Vallée de la Vire. 2 ch. (4 pers). Chambres aménagées à l'étage avec cabinet de toilette et wc privés pour chaque ch. (ch. pouvant communiquer). 1 douche commune aux 2 ch. Chauffage électrique. Restaurants 1,5 km. Animaux admis : 20 F suppl. Hippodrome 10 km. Sentiers pédestres balisés. Dans le Parc Régional des Marais du Cotentin et du Bessin. Chemin de halage aménagé en bordure de la « Vire » pour toutes randonnées. Accès par la D446 direction Hébécrevon. Langue parlée : anglais.

Prix : 1 pers. **175/180 F** 2 pers. **250 F**

Ouvert : de Pâques à la Toussaint.

30	30	8	8	14	SP	2	SP	7	1,5

CHAPON Marcel et Jacqueline - La Crespinière - 50880 PONT-HEBERT - Tél : 02 33 56 41 61 - Fax : 02 33 56 83 16

PONTAUBAULT Cromel

C.M. 59 Pli 8

2 ch. **Avranches 4 km. Mont Saint-Michel 15 km.** Dans une fermette restaurée, 2 chambres d'hôtes (6 pers.) sont aménagées à l'étage, dont une avec annexe. Salles d'eau et wc privés. Entrée indépendante. Canoë-kayak 5 km. 4 pers. 340 F.

Prix : 1 pers. **160 F** 2 pers. **200 F** 3 pers. **270/300 F** pers. sup. **50 F**

Ouvert : toute l'année.

20	20	3	4	30	1	4	SP	8	2

DENOT André et Myriam - Cromel - 5, route de la Quintine - 50220 SAINT-QUENTIN-SUR-LE-HOMME - Tél : 02 33 58 70 74

PONTS-SOUS-AVRANCHES Maudon

C.M. 59 Pli 8

2 ch. **Mont Saint-Michel 22 km.** A la campagne, 1 chambre au 2e étage (1 lit 2 pers., 2 lits 1 pers.) avec salle d'eau et wc privés. Au 1er étage avec entrée indépendante, 1 chambre (2 lits 2 pers.) avec salle d'eau et wc au r.d.c. Restaurant 2 km.

CV

Prix : 1 pers. **150 F** 2 pers. **200 F** 3 pers. **260 F** pers. sup. **60 F**

Ouvert : toute l'année.

15	10	3	3	SP	2

JOUBIN Lucienne - Maudon - 50300 PONTS-SOUS-AVRANCHES - Tél : 02 33 58 50 00

PORTBAIL Les Courlis *C.M. 54 Pli 1*

4 ch. **Barneville-Carteret 8 km. Départ Jersey et Guernesey 1 km.** Dans une maison de ville du début du XXe siècle. R.d.c. : 1 ch. (1 lit 2 pers., 1 lit 1 pers.), s. d'eau, wc privés. Etage : 1 ch. (1 lit 2 pers.), 1 ch. (1 lit 2 pers. 1 lits 1 pers.), s. d'eau et wc privés chacune, 1 ch. (1 lit 2 pers., 1 lit 1 pers.), s.d.b. et wc privés non attenants. Lit bébé à disposition. Loc. possible d'un meublé indépendant sur la propriété. Les petits déjeuners sont servis dans la véranda, avec une magnifique vue sur le Havre. Restaurants 200 m. Enfant 50 F. Langue parlée : anglais.

CV

Prix : 1 pers. **220/250 F** 2 pers. **250/300 F** 3 pers. **300/350 F** pers. sup. **50 F**

Ouvert : toute l'année.

1	1	1,5	25	5	8	1	0,5	30	0,2

GAULTIER Jean-Marc - Les Courlis - 27, rue Lechevalier - 50580 PORTBAIL - Tél : 02 33 04 14 42 - Fax : 02 33 04 14 42

PRECEY Sous les Haies

2 ch. **Mont-Saint-Michel 15 km. Avranches 12 km.** Viviane et Jean-Pierre vous accueillent dans leur maison récente. 1 chambre familiale (2 lits 2 pers.) à l'étage avec salle d'eau et wc privés. 1 chambre (1 lit 2 pers.) au rez-de-chaussée avec salle de bains privée. 4 pers. : 290 F.

Prix : 1 pers. **160 F** 2 pers. **200 F** 3 pers. **250 F** pers. sup. **50 F**

Ouvert : de Pâques à la Toussaint.

25	20	11	12	6	7	5	12	3

BIGREL J-Pierre et Viviane - Sous les Haies - 21 route des Lauriers - 50220 PRECEY - Tél : 02 33 48 15 76

PRECEY Bas Glatigny *C.M. 59 Pli 8*

3 ch. **Baie du Mont Saint-Michel 5 km. Mont Saint-Michel 15 km.** Dans une maison récente avec jardin d'agrément, 1 ch. (1 lit 2 pers.), 1 ch. (1 lit 2 pers., 1 lit 1 pers.) et 1 ch. familiale (2 lits 2 pers.), salles d'eau ou salle de bains et wc privés. Chauffage électrique.

Prix : 1 pers. **160 F** 2 pers. **200 F** 3 pers. **240 F** pers. sup. **40 F**

Ouvert : toute l'année.

30	11	11	8	5	11	1

BARON Daniel et Christine - Le Bas Glatigny - 14, route des Montils - 50220 PRECEY - Tél : 02 33 70 93 21

PRECORBIN Le Manoir *C.M. 54 Pli 14*

2 ch. **Saint-Lô 11 km.** Dans un cadre de verdure et de fleurs, illuminé le soir, vous trouverez les chambres meublées en style normand. 2 chambres avec annexes (8 pers.), à l'étage, salle d'eau et salle de bains à l'usage exclusif des hôtes. Chauffage central. Restaurant 4 km.

CV

Prix : 1 pers. **140 F** 2 pers. **180 F** 3 pers. **220 F** pers. sup. **40 F**

Ouvert : toute l'année.

11	11	11	1	11

FERET Octove - Le Manoir - 50810 PRECORBIN - Tél : 02 33 56 16 81

QUETTREVILLE-SUR-SIENNE La Lande *C.M. 54 Pli 12*

2 ch. **Coutances (ville d'art et d'histoire) 8 km.** Dans une maison typique du Coutançais, Françoise et Jean-Pierre vous accueillent au milieu d'un élevage de trotteurs et d'animaux, et vous proposent : 2 ch. (1 lit 2 pers.) au r.d.c. avec salles d'eau et wc privés. Entrée indépendante. Ch. élect. Petite cuisine aménagée dans une ancienne laiterie indép. à la dispo. des hôtes. Sur la D971 axe Coutances-Granville. Rivière 200 m. Plan d'eau avec cygnes sur place.

Prix : 1 pers. **180 F** 2 pers. **210 F**

Ouvert : toute l'année.

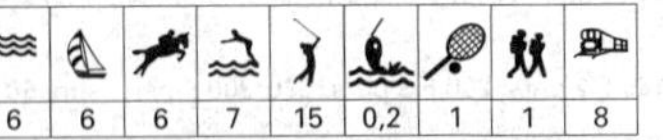

6	6	6	7	15	0,2	1	1	8

MARTIN Françoise - La Lande - 50660 QUETTREVILLE-SUR-SIENNE - Tél : 02 33 07 48 29

RAUVILLE-LA-PLACE La Cour *C.M. 54 Pli 2*

3 ch. **Valognes 14 km. Forêt de Saint-Sauveur-le-Vicomte 5 km.** Accessible par la tour, au 1er étage, 1 ch. (1 lit 2 pers.). Dans la partie centrale : 2 ch. très spacieuses (2 lits 2 pers. ou 1 lit 2 pers. + 2 lits enfants superposés). Salles d'eau et wc privés. Petits déjeuners servis dans une vaste salle avec cheminée monumentale. Grand salon réservé aux hôtes. Entrée indépendante. Accès : D2 Saint-Sauveur-le-Vicomte - Valognes. Mme Tardif vous ouvre les portes de sa ferme-manoir, de caractère, entièrement restaurée dont les origines remontent au XIVe siècle et qui fut remaniée au XVIe. Nostalgiques du passé, vous aimerez les plafonds normands, les sols en terre-cuite, les escaliers en pierre. Tarif 4 pers. : 380 F.

Prix : 1 pers. **200/220 F** 2 pers. **230/250 F** 3 pers. **330 F**

Ouvert : toute l'année.

16	16	14	14	20	3	0,5	14	3

TARDIF Monique - La Cour - 5390 RAUVILLE-LA-PLACE - Tél : 02 33 41 65 07

RAVENOVILLE Le Grand Clos

C.M. 54 Pli 3

2 ch. Bienvenue au Grand Clos, dans une ferme au milieu des marais et à proximité de la mer. 2 chambres d'hôtes (4 pers.). Chambres à l'étage, avec 2 salles d'eau et 2 wc à l'usage exclusif des hôtes. Possibilité d'une chambre complémentaire 2 pers. Chauffage central. Restaurant 1 km. Tarif 4 pers. : 310 F.

Prix : 1 pers. **150 F** 2 pers. **190 F** 3 pers. **255 F**

Ouvert : toute l'année.

1	7	7	20	7	12	2	SP	20	2

AUBRIL Pierre et M-Jeanne - Le Grand Clos - 50480 RAVENOVILLE - Tél : 02 33 41 35 20

REGNEVILLE-SUR-MER

C.M. 54 Pli 12

4 ch. Bâtiment attenant au musée de Regnéville comportant 4 chambres (2 de 2 pers. et 2 de 3 pers.) à l'étage, chacune avec salle de bains et wc privés, TV. Chauffage central. Terrasse dans l'enceinte du musée. Calme et verdure, tous loisirs en saison d'été. Restaurants et tous commerces à 2 km.

Prix : 1 pers. **180 F** 2 pers. **220 F** 3 pers. **250 F** pers. sup. **50 F**

Ouvert : de Pâques à la Toussaint.

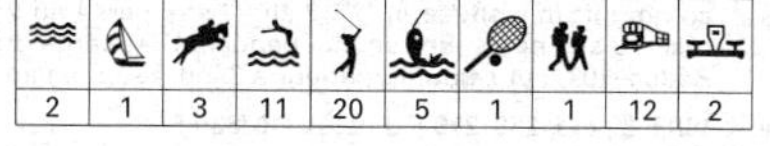

2	1	3	11	20	5	1	1	12	2

PESSIN Séverine - Musée de Regneville - Les Fours à Chaux du Rey - 50590 REGNEVILLE-SUR-MER - Tél : 02 33 46 82 18

REVILLE Manoir de Cabourg

C.M. 54 Pli 3

3 ch. **Saint-Vaast-la-Hougue 4 km.** Dans un manoir du XVe siècle, entre mer et campagne, à l'étage : 1 ch. (1 lit 2 pers.), 1 ch. (2 lits 1 pers.), petites salles d'eau et wc privés (classées 2 épis). 1 grande ch. (1 lit 2 pers.), salle d'eau et wc privés (classée 3 épis). Chauffage électrique. 1 nuit offerte au delà de 1 semaine en basse-saison. Boxes pour chevaux. Restaurant 1 km. Ile de Tatihou : musée maritime, festival de musiques internationales en août à 4 km.

Prix : 1 pers. **190/220 F** 2 pers. **220/250 F** pers. sup. **50 F**

Ouvert : toute l'année.

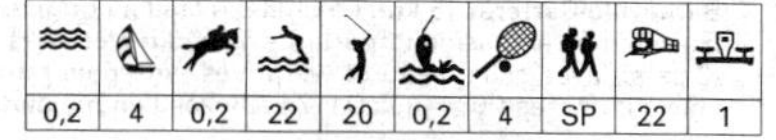

0,2	4	0,2	22	20	0,2	4	SP	22	1

MARIE Marie - Manoir de Cabourg - 50760 REVILLE - Tél : 02 33 54 48 42 - Fax : 02 33 54 48 42 - http://saint.vaast-reville.com

REVILLE Jonville

C.M. 54 Pli 3

1 ch. **Saint-Vaast-la-Hougue 4 km. Ile de Tatihou.** Vous serez les bienvenus dans la maison de Yvonne et Emile Lemonnier, à proximité de la plage de Jonville. 1 chambre (2 pers.) à l'étage avec salle d'eau et wc privés. Restaurant à 1,5 km.

Prix : 1 pers. **155 F** 2 pers. **170 F** pers. sup. **35 F**

Ouvert : toute l'année.

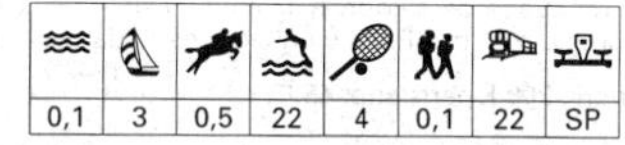

0,1	3	0,5	22	4	0,1	22	SP

LEMONNIER Emile et Yvonne - Jonville - 50760 REVILLE - Tél : 02 33 54 50 84

REVILLE Jonville

C.M. 54 Pli 3

1 ch. **Saint-Vaast-la-Hougue 4 km.** Dans le cadre d'une ferme légumière du Val de Saire, 1 chambre à l'étage avec annexe (2 x 2 pers.). Salle de bains et wc privés. Chauffage central.

Prix : 1 pers. **150 F** 2 pers. **180 F** 3 pers. **230 F** pers. sup. **50 F**

Ouvert : toute l'année.

0,1	4	0,5	22	4	SP	22	0,5

FOUACE René - 3, Jonville - 50760 REVILLE - Tél : 02 33 54 48 75 ou 06 07 84 10 87 - Fax : 02 33 54 48 75

REVILLE La Gervaiserie

C.M. 54 Pli 3

2 ch. **Saint-Vaast-la-Hougue 4 km. Ile de Tatihou.** Au sein d'une ferme équestre, 2 ch. vous permettant d'allier les plaisirs de l'équitation à votre séjour touristique. A l'étage : 1 ch. (1 lit 2 pers.), 1 ch. (2 lits 1 pers.) avec salle de bains ou salle d'eau et wc privés. Salle de séjour à l'usage exclusif des hôtes. Salon, bibliothèque. Chauffage central. Randonneurs équestres acceptés. Restaurant à 800 m. Accès : D1 entre Saint-Vaast-la-Hougue et Barfleur. A Réville, prendre la D168E. Langue parlée : anglais.

Prix : 1 pers. **225 F** 2 pers. **280/290 F**

Ouvert : toute l'année.

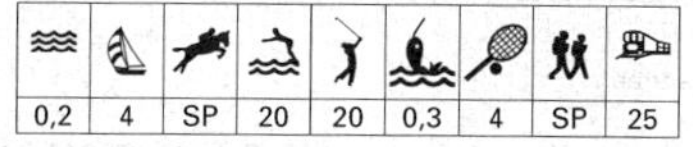

0,2	4	SP	20	20	0,3	4	SP	25

TRAVERT Alain - La Gervaiserie - 50760 REVILLE - Tél : 02 33 54 54 64 - Fax : 02 33 23 95 93

REVILLE Ferme de Maltot

TH — *C.M. 54 Pli 3*

4 ch. **Barfleur, Saint-Vaast-la-Hougue 7 km.** Au r.d.c. : 1 ch. (2 grands lits 1 pers.), accessible aux pers. handicapées, s. d'eau et wc privés. 1er étage : 2 ch. (1 lit 2 pers.), 1 ch. (1 lit 160 à baldaquin), s. d'eau ou s.d.b. et wc privés attenants. La table d'hôtes est servie dans un grand séjour avec une belle cheminée en granit. Vélos à dispo. Accès : D1 entre Barfleur et St-Vaast-la-Hougue. Belle dépendance en pierres dâtant du XVIIIe siècle entièrement restaurée, à 400 m de la plage et au cœur du Val de Saire, connu pour le caractère de son habitat, la diversité et la qualité de ses cultures maraîchères. Sophie y a aménageé pour votre séjour 4 chambres d'hôtes spacieuses et claises. Langue parlée : anglais.

Prix : 1 pers. **280 F** 2 pers. **320 F** pers. sup. **80 F** repas **80 F**

Ouvert : toute l'année.

0,4	5	2	19	5	SP	22	2

DUBOST Sophie - La Ferme de Maltot - 50760 REVILLE - Tél : 02 33 43 38 32 ou 02 33 43 38 87 - E-mail : ferme.maltot@wanadoo.fr

LA ROCHELLE-NORMANDE La Bellangerie

C.M. 59 Pli 8

3 ch. **Villedieu-les-Poêles 20 km. Abbaye de la Lucerne d'Outremer 5 km.** Dans 1 ferme laitière avec espace jeux pour enfants (ping-pong, balançoire, vélos) et ses meubles anciens régionaux. 1 ch. (2 pers.) au 1er étage avec 1 ch. complémentaire (2 pers.) non communicante située au 2e. 2 ch. (2 et 4 pers.) au 2e étage. Salles d'eau et wc privés. Possibilité garderie enfants. Coin-cuisine réservé aux hôtes. Entrée indépendante. Auberge du Terroir, forêt à 3 km. Accès : à Sartilly, prendre D35 puis D105. 370 F/4 pers. Réduc. 10% sur séjour supérieur à 3 jours sauf en août. Granville 20 km.

CV

Prix : 1 pers. **180 F** 2 pers. **250/270 F** 3 pers. **310/330 F**
pers. sup. **60/80 F**

Ouvert : toute l'année.

10	13	10	12	25	10	3	1	9	3,5

MESENGE Jean et Marie-Jo - La Bellangerie - 50530 LA ROCHELLE-NORMANDE - Tél : 02 33 60 90 40 -
E-mail : mj.mesange@wanadoo.fr

LE ROZEL Le Château

1 ch. **Barneville-Carteret 15 km.** Le Château était à l'origine la propriété de Bertrand du Rozel, compagnon de Guillaume le Conquérant. Il a subi une extension importante au XVIIIe siècle : la diversité de son architecture lui confère austérité et charme. 1 suite de 2 ch. (3 pers.) avec salle d'eau et wc privés. Vue panoramique depuis les tours sur la mer et les îles anglo-normandes. Boxes pour chevaux. Accès D904 puis D117 Le Rozel. Langue parlée : anglais.

Prix : 1 pers. **400 F** 2 pers. **480 F** 3 pers. **680 F**

Ouvert : toute l'année.

1,5	3	3	3	15	15	3	SP	28	3

GRANDCHAMP Josiane - Le Château - 50340 LE ROZEL - Tél : 02 33 52 95 08

LE ROZEL Village de Sillery

C.M. 54 Pli 1

3 ch. **Les Pieux 4 km.** A deux pas d'une plage de sable fin, 3 chambres (6 pers.) à l'étage avec 1 salle de bains et 2 wc communs aux 3 chambres. Salle de séjour avec coin-cuisine à l'usage exclusif des hôtes. Entrée indépendante. Terrasse avec vue sur la mer. Restaurants à 800 m. GR223 (sentiers des douaniers) à proximité.

Prix : 1 pers. **160 F** 2 pers. **200 F** pers. sup. **45 F**

Ouvert : de Pâques à fin septembre.

0,8	10	5	4	20	0,8	5	SP	26	0,5

BIGOT Hubert - Village de Sillery - 50340 LE ROZEL - Tél : 02 33 52 59 85

SAINT-ANDRE-DE-BOHON

C.M. 54 Pli 13

2 ch. **Parc de loisirs (étang, pédalos, poneys...) 10 km.** Dans une maison typique de la région, au centre du Parc Régional des Marais du Cotentin et du Bessin, 2 chambres (5 personnes) à l'étage avec une salle d'eau et wc à l'usage exclusif des hôtes. Chauffage central. Chasse sur place. Accès par la D971 puis D29. Plages du Débarquement à 26 km.

Prix : 1 pers. **160 F** 2 pers. **180 F** 3 pers. **220 F** pers. sup. **40 F**

Ouvert : toute l'année.

16	25	10	10	10	SP	10	SP	10	10

YVETOT Daniel et Françoise - 7, le Boscq - 50500 SAINT-ANDRE-DE-BOHON - Tél : 02 33 42 27 59

SAINT-AUBIN-DE-TERREGATTE Ferme de la Patrais

TH — *C.M. 59 Pli 8*

4 ch. **Ducey 5 km. Mont Saint-Michel 20 km.** 3 ch. : 2 ch. 2 pers. et 1 ch. 4 pers. au r.d.c. et 1 ch. 4 pers. à l'étage. Salles d'eau et wc privés. Entrées indépendantes. Séjour/coin-cuisine aménagé dans un bâtiment indépendant ainsi qu'une salle de jeux à la disposition des hôtes. Table d'hôtes sur réservation. Location VTT 1 km. Accessible aux pers. hand. Tarif 4 pers. : 320 F. Réduc. 10% à partir de 4 nuits consécutives. Langue parlée : anglais.

CV

Prix : 1 pers. **170 F** 2 pers. **220 F** 3 pers. **270 F** pers. sup. **50 F**
repas **80 F**

Ouvert : toute l'année.

4	6	9	15	3	1	SP	15	1

CARNET J-Pierre et Hélène - 3, Ferme de la Patrais - 50240 SAINT-AUBIN-DE-TERREGATTE - Tél : 02 33 48 43 13 -
Fax : 02 33 48 59 03

SAINT-AUBIN-DES-PREAUX Le Hamel

3 ch. **Granville 7 km, thalasso., départ pour les Iles anglo-normandes.** 2 chambres (1 lit 2 pers.) et 1 chambre familiale (1 lit 2 pers. 2 lits 1 pers.) à l'étage. Salles d'eau et wc privés. Entrée indépendante. Coin-cuisine à la disposition des hôtes. Casino à 6 km. Accès : D973 puis D154. Restaurants 3 km. Du 1er octobre au 1er mars, la 5e nuit est gratuite. Tarif 4 pers. : 330 F. Abbaye de la Lucerne d'Outremer 5 km.

Prix : 1 pers. **180 F** 2 pers. **220/250 F** 3 pers. **270 F** pers. sup. **35 F**

Ouvert : toute l'année.

5	7	5	7	3	4	3	SP	8	4

THOMAS Edith - Le Hamel - 50380 SAINT-AUBIN-DES-PREAUX - Tél : 02 33 51 42 65 ou 06 14 25 38 22

SAINT-CYR-DU-BAILLEUL Manoir la Croix Colette *C.M. 59 Pli 9*

1 ch. **Fosse-Arthour 8 km (escalade). Maison de la pomme/poire 2,5 km.** Dans une maison du XIXe siècle, 1 ch. à l'étage avec petit boudoir (1 lit 2 pers., 1 lit 1 pers.) avec vue sur le parc, salle de bains et wc privés. Lit enfant en suppl. 50 F. Animaux admis avec supplément (25 F/animal). Boxes pour chevaux. Auberge 100 m. Accès : de l'église, prendre dir. St-Georges-de-Rouelley, 1ère maison à gauche. Poss. de pique-nique. Réduction de 10 % sur séjour d'une semaine. Russe également parlé. Château de Chaulieu à 20 km. Langues parlées : anglais, allemand, espagnol.

Prix : 2 pers. **280 F** 3 pers. **350 F** pers. sup. **50 F**

Ouvert : de Pâques au 30 septembre.

50	4	14	30	18	5	SP	30	4

LARTIGUE Tania - Manoir de la Croix Colette - 50720 SAINT-CYR-DU-BAILLEUL - Tél : 02 33 59 53 84 - Fax : 02 33 59 53 84

SAINT-CYR-DU-BAILLEUL *C.M. 59 Pli 9*

3 ch. **Mont St-Michel 60 km. Escalade à la Fosse Arthour 8 km.** Vous serez accueillis dans 1 maison en pierres au cœur d'un petit village du Mortainais. A l'ét. : 1 ch. avec annexe (1 lit 2 pers. 2 lits 1 pers.) et 1 ch. 2 pers. (2 épis), s. d'eau et wc privés. Dans ancienne étable à colombages : 1 ch. avec annexe (2 x 2 pers.), s.d.b. et wc privés. Séjour/coin-cuisine réservé aux hôtes. Matériel bébé, jeux. 4 pers. : 290/305 F. Loc. VTT. Maison de la Pomme/de la Poire 2,5 km. 2 km de la N176 entre Domfront et le Teilleul. Dans cette région unique de fabrication du « Poiré », vous pourrez admirer la beauté du bocage et ses poiriers géants en floraison dès la mi-avril. 6 % de réduction à partir de 3 nuits.

Prix : 1 pers. **140 F** 2 pers. **180/195 F** 3 pers. **240/255 F** pers. sup. **50 F**

Ouvert : toute l'année.

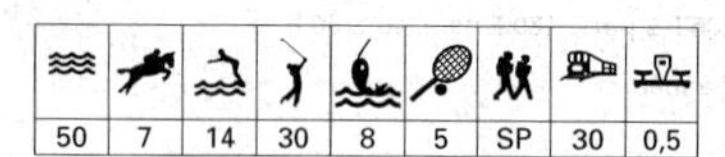

50	7	14	30	8	5	SP	30	0,5

HARDY Jean et Antoinette - Le Bourg - 50720 SAINT-CYR-DU-BAILLEUL - Tél : 02 33 59 43 89 - Fax : 02 33 59 39 85

SAINT-EBREMOND-DE-BONFOSSE La Rhétorerie *C.M. 54 Pli 3*

2 ch. **Saint-Lô : ferme-musée du Bois Jugan, haras, remparts à 5 km.** Marie-Thérese et Roger Osmond sont heureux de vous accueillir dans leur demeure ancienne située près d'une vallée boisée bordant une rivière. 2 ch. (4 pers.) situées à l'étage avec entrée indépendante. S. d'eau dans chaque chambre. 2 wc. Possibilité d'une ch. complémentaire 2 pers. Séjour/coin-cuisine à l'usage exclusif des hôtes. Chauffage central. Restaurant 1 km. Accès par la D38 direction Canisy. Chemin de halage aménagé le long de la « Vire » pour la randonnée ou la pratique du VTT.

Prix : 1 pers. **175 F** 2 pers. **210 F** 3 pers. **260 F**

Ouvert : toute l'année.

30	40	5	5	18	1	2	1	5	3

OSMOND Roger et M-Thérèse - La Rhétorerie - 50750 SAINT-EBREMOND-DE-BONFOSSE - Tél : 02 33 56 62 98

SAINT-GEORGES-DE-MONTCOCQ La Dainerie *C.M. 54 Pli 13*

3 ch. **Parc Régional des Marais du Cotentin,et des Plages du Débarquement.** A la porte du Parc Naturel Régional des Marais, Thérèse et Pierre vous accueillent dans leur maison récente, à la décoration chaleureuse avec beau mobilier normand. 2 ch. 3 pers. à l'étage avec tél. 1 ch. 2 pers. au r.d.c. Salles de bains ou salle d'eau et wc privés, micro-ondes, réfrigérateur. Vélos à disposition des hôtes. Restaurant 2 km. Equipement complet pour bébé. Le petit-déjeuner copieux est au goût du terroir, à base de produits régionaux. Sur RN174 direction Cherbourg. 1 nuit gratuite au delà de 5 nuits en basse-saison. Saint-Lô « ville du Cheval », remparts à 4 km.

Prix : 1 pers. **150 F** 2 pers. **200/220 F** 3 pers. **250 F** pers. sup. **60 F**

Ouvert : toute l'année.

30	35	4	4	15	2	5	SP	4	2

DROUET Thérèse et Pierre - La Dainerie - 122, avenue du Cotentin - 50000 SAINT-GEORGES-DE-MONTCOCQ - Tél : 02 33 72 22 80 - Fax : 02 33 72 22 80

SAINT-GERMAIN-D'ELLE Gros-Mesnil (TH) *C.M. 54 Pli 14*

1 ch. **Caumont-l'Eventé 7 km. Saint-Lô 16 km.** Au sein du Bocage Normand, Anne et Bruno vous accueillent dans leur ferme. 1 chambre avec annexe (2 x 2 pers.) aménagée à l'étage, salle de bains et wc privés. Chauffage électrique. Canoë-kayak 17 km. Forêt 12 km. Baby-foot, visite de la ferme. Repas enfant (- 12 ans) : 45 F. Langue parlée : anglais.

Prix : 1 pers. **180 F** 2 pers. **200/220 F** 3 pers. **250 F** pers. sup. **50 F** repas **80 F**

Ouvert : de Pâques à fin septembre.

35	35	3	17	2	2	16	5

BOUSSION Anne et Bruno - Gros Mesnil - 50810 SAINT-GERMAIN-D'ELLE - Tél : 02 33 05 38 70 - Fax : 02 33 05 38 70

SAINT-GERMAIN-LE-GAILLARD Le Hameau du Val

C.M. 54 Pli 1

1 ch. **Cure marine 8 km. Barneville-Carteret 12 km.** Au 1er étage : 1 ch. (1 lit 2 pers.), salle d'eau et wc privés sur le palier. Possibilité d'une chambre complémentaire (2 pers.), située au même étage. Chauffage central. Ferme auberge à 1,5 km. Départ pour les îles anglo-normandes à 17 km. Accès : du bourg, direction Grosville puis 1ère à droite. A la campagne et à proximité de la côte, cette maison récente est agrémentée d'un grand jardin paysager et d'une terrasse vous invitant à la détente et à la contemplation de la nature dès le petit-déjeuner.

Prix : 1 pers. **110 F** 2 pers. **160/200 F** 3 pers. **220 F** pers. sup. **40 F**

Ouvert : toute l'année.

7	12	4	4	4	1	20	4

SCELLE Gabrielle - 6 hameau le Val - 50340 SAINT-GERMAIN-LE-GAILLARD - Tél : 02 33 52 95 73

SAINT-HILAIRE-PETITVILLE Ferme de Marigny

C.M. 54 Pli 13

2 ch. Régine et Daniel vous accueillent à la ferme pour un séjour près des plages du débarquement. Etage : 1 ch. (1 lit 2 pers.), 1 ch. (1 lit 2 pers., 1 lit 1 pers.), 2 salles d'eau et 2 wc à l'usage exclusif des hôtes. Poss. 1 ch. suppl. 2 pers. Chauffage central et chauffage électrique. Coin-cuisine à disposition. Chasse à proximité. Restaurant 2 km. Terrain pétanque, poss. barbecue. 4 pers. : 300 F.

Prix : 1 pers. **160 F** 2 pers. **180 F** 3 pers. **220/250 F** pers. sup. **50 F**

Ouvert : toute l'année.

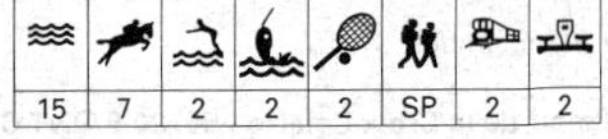

15	7	2	2	2	SP	2	2

PICQUENOT Daniel - Ferme de Marigny - 50500 SAINT-HILAIRE-PETITVILLE - Tél : 02 33 42 04 40 ou 06 08 66 38 21

SAINT-JAMES La Croisette

C.M. 59 Pli 8

2 ch. **Mont Saint-Michel 21 km. Base de loisirs « La Mazure » 12 km.** 2 chambres aménagées à l'étage. Douche commune aux 2 ch. Entrée indépendante. Chauffage électrique. D998 direction Avranches.

Prix : 1 pers. **135 F** 2 pers. **160 F** pers. sup. **50 F**

Ouvert : toute l'année.

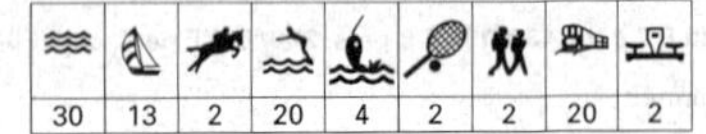

30	13	2	20	4	2	2	20	2

GAUTIER Jacqueline - La Croisette - 50240 SAINT-JAMES - Tél : 02 33 48 32 44

SAINT-JAMES La Gautrais

C.M. 59 Pli 8

4 ch. **Mont Saint-Michel 21 km.** A l'étage, 2 ch. familiales dont 1 avec coin-cuisine et 2 ch. (1 lit 2 pers.), salle de bains ou salle d'eau et wc privés. Chauffage central. Ping-pong, portique. Restaurant 2 km. 4 pers. : 320 F. Repas enfant : 55 F. 5% de réduction à partir de la 3e nuit. Equipement bébé complet à disposition. Dans un écrin de verdure, à la ferme, vous ferez une halte ou un séjour agrémenté d'un dîner devant la cheminée, dans un décor de meubles régionaux et d'objets du terroir. Par la A84, sortie Saint-James N°32 puis D12 1 km après le supermarché U. Langue parlée : anglais.

Prix : 1 pers. **180 F** 2 pers. **230/260 F** 3 pers. **290 F** pers. sup. **50 F** repas **85 F**

Ouvert : toute l'année.

30	1	20	4	1	2	14	1

TIFFAINE François & Catherine - La Gautrais - 50240 SAINT-JAMES - Tél : 02 33 48 31 86 - Fax : 02 33 48 58 17

SAINT-JAMES La Dierge

C.M. 59 Pli 7

4 ch. **Mont Saint-Michel 21 km.** 3 chambres 2 pers. 1 chambre twin, à l'étage avec salles d'eau et wc privés. Salle de séjour à l'usage exclusif des hôtes. Entrée indépendante. Centre équestre, sentiers sportifs sur place.

Prix : 1 pers. **150 F** 2 pers. **180 F** pers. sup. **35 F**

Ouvert : toute l'année.

SP	0,5	0,5	0,5	SP	15	0,1

AMELINE François et Simone - La Dierge - 50240 SAINT-JAMES - Tél : 02 33 48 32 43 - Fax : 02 33 68 31 56

SAINT-JEAN-DE-LA-HAIZE Les Bouillons

1 ch. **Avranches 1,5 km.** A la campagne, Madeleine et Roger vous accueillent dans leur maison récente avec vue sur Avranches. A l'étage : 1 chambre avec annexe (1 lit 2 pers. 2 lits 1 pers.), salle d'eau et wc privés. Entrée indépendante. Coin-cuisine à disposition des hôtes. Accès : du bourg D458 1ère route à gauche. Restaurants 1,5 km. Tarif 4 pers. : 300 F.

Prix : 1 pers. **150 F** 2 pers. **180/200 F** 3 pers. **250 F** pers. sup. **50 F**

Ouvert : toute l'année.

8	10	6	2	1	1	2	1,5	1

LEBLAY Roger et Madeleine - Les Bouillons - 50300 SAINT-JEAN-DE-LA-HAIZE - Tél : 02 33 48 73 61

SAINT-JEAN-DE-LA-HAIZE Les Rosières

C.M. 59 Pli 8

5 ch. Marie-Joseph et Bernard vous accueillent dans leur maison en pierres, à la ferme. A l'étage, 3 chambres avec 1 salle d'eau et wc à l'usage exclusif des hôtes (classées 1 épi) et 2 chambres familiales (dont 1 avec entrée indépendante) avec salles d'eau et wc privés (classées 2 épis). Coin-cuisine réservé aux hôtes. Chauffage électrique. Restaurant 4 km. Tarif 4 pers. : 300 F.

Prix : 1 pers. **140/175 F** 2 pers. **175/210 F** 3 pers. **250 F** pers. sup. **50 F**

Ouvert : toute l'année.

10	4	4	1	4	SP	4	4

AUBEUT Bernard et M-Josephe - Les Rosières - 50300 SAINT-JEAN-DE-LA-HAIZE - Tél : 02 33 58 23 85

SAINT-JEAN-DES-CHAMPS La Vaudonnière

C.M. 59 Pli 7

2 ch. **Granville 10 km.** Thérèse et Michel vous accueillent dans leur maison où vous trouverez calme et détente. 2 chambres d'hôtes aménagées à l'étage (4 pers.). Salle d'eau et wc dans les chambres. Chauffage central. Restaurants 3 km.

Prix : 1 pers. **190 F** 2 pers. **210 F** pers. sup. **50 F**

Ouvert : de Pâques à la Toussaint.

10	10	4	10	12	1	1	SP	10	1

COULOMBIER Michel - La Vaudonniere - 50320 SAINT-JEAN-DES-CHAMPS - Tél : 02 33 50 37 77

SAINT-JEAN-DU-CORAIL Chenilly

C.M. 54 Pli 9

2 ch. **Fosse Arthour (escalade) 12 km. Mont Saint-Michel 60 km. Mortain 6 km.** M. Suvigny a restauré l'ancienne étable en pierres dans le prolongement de sa maison. A l'étage : 1 ch. (1 lit 2 pers.), 1 ch. (2 lits 1 pers.), salles d'eau et wc privés. Séjour réservé aux hôtes. Entrée indépendante. Chauffage central. Production et vente de produits cidricoles sur place (salle d'accueil avec dégustation). Dans le Parc Régional Normandie-Maine. Réduction de 10 F/chambre à partir de la 3e nuit. Accès par la D907 axe Mortain-Barenton.

Prix : 2 pers. **200 F**

Ouvert : toute l'année.

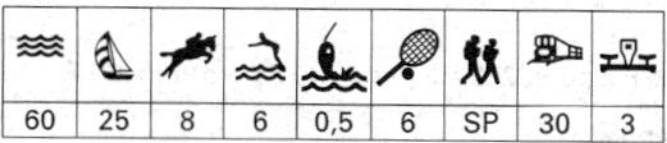

60	25	8	6	0,5	6	SP	30	3

SUVIGNY Armand - Chenilly - 50140 SAINT-JEAN-DU-CORAIL - Tél : 02 33 59 08 05 - Fax : 02 33 59 08 05

SAINT-JEAN-LE-THOMAS

C.M. 59 Pli 7

1 ch. **Granville 15 km. Avranches 15 km. Mont Saint-Michel 35 km.** Au 1er étage : 1 ch. (1 lit 2 pers.) avec possibilité d'une chambre complémentaire non communicante (1 lit 2 pers.). S.d.b. et wc privés sur le palier. Avec sa vue sur le Mont Saint-Michel et sur toute la Baie, cette maison récente vous invite à la détente et à la contemplation, tout en étant à proximité des agréments de la petite station. Vous apprécierez les petits déjeuners copieux pris sur la terrasse du jardin. 4 pers. : 400 F. Les prix 3 et 4 pers. sont applicables pour l'utilisation de l'annexe. 5 % de réduction sur le prix 2 pers. à partir de 3 nuits consécutives. Traversées de la Baie guidées à 4 km.

Prix : 1 pers. **180 F** 2 pers. **210 F** 3 pers. **350 F** pers. sup. **50 F**

Ouvert : toute l'année.

1	0,5	0,5	15	18	0,5	1	SP	15	0,7

CLERAULT Eliane et André - 26, avenue Maréchal Leclerc - 50530 SAINT-JEAN-LE-THOMAS - Tél : 02 33 48 99 39 ou 06 80 34 60 66

SAINT-JEAN-LE-THOMAS

C.M. 59 Pli 7

1 ch. **Granville, Avranches 15 km. Traversées guidées de la Baie du Mont 5 km** Nicole a aménagé au 2e étage 1 chambre mansardée (1 lit 2 pers. 1 lit enfant), salle d'eau et wc privés sur le palier. Les petits-déjeuners copieux sont servis dans la salle à manger qui a conservé toute son authenticité. Maison en pierres datant du XVIe siècle située au cœur de la petite station, dans une petite ruelle très pittoresque qui grimpe vers les collines boisées. Possibilité de louer un gîte rural (5 pers.), mitoyen à l'habitation de la propriétaire. En bordure de la Baie du Mont Saint-Michel.

Prix : 1 pers. **200 F** 2 pers. **240 F** pers. sup. **50 F**

Ouvert : toute l'année.

0,3	10	0,3	17	20	1	0,1	0,3	17	SP

BONNOT Nicole - 6, rue du Vieux Château - 50530 SAINT-JEAN-LE-THOMAS - Tél : 02 33 48 88 04

SAINT-JEAN-LE-THOMAS Les Bleuets

C.M. 54 Pli 7

1 ch. **Mont Saint-Michel 35 km. Granville et Avranches 15 km.** Colette vous accueille dans une petite maison indépendante de son habitation principale, située au milieu du jardin, à 100 m de la plage et de la baie du Mont-Saint-Michel. R.d.c. : 1 chambre (1 lit 2 pers.) avec salle d'eau et wc privés. Cuisine réservée aux hôtes. Restaurants à 500 m. Réduc. 10 F/pers. à partir de la 2e nuit. Traversées guidées de la Baie à 4 km.

Prix : 1 pers. **200 F** 2 pers. **240 F** pers. sup. **60 F**

0,1	15	SP	15	18	1	SP	15	0,5

BERINGUIER Colette - 18, boulevard Stanislas - Les Bleuets - 50530 SAINT-JEAN-LE-THOMAS - Tél : 02 33 48 19 13

SAINT-JOSEPH La Remisserie

C.M. 54 Pli 2

2 ch. **Valognes dite « le Petit Versailles Normand » 7 km.** Dans un endroit calme et à la campagne, Anne-Marie et Bernard vous proposent 2 ch. (1 lit 2 pers.) à l'étage avec s. d'eau privées. WC communs aux 2 ch. Cuisine aménagée dans l'ancienne boulangerie à la disposition des hôtes. Bibliothèque, salon de jardin, bicyclettes. Chauffage central. Restaurant à 7 km. Randonneurs équestres acceptés (boxes). Accès par la D146. 1 nuit gratuite pour séjour de 6 nuits.

Prix : 1 pers. **145 F** 2 pers. **190 F** pers. sup. **50 F**

Ouvert : toute l'année.

20	20	6	8	15	5	3	SP	7	7

EQUILBEC Bernard et A-Marie - 3, la Remisserie - 50700 SAINT-JOSEPH - Tél : 02 33 40 03 51

SAINT-LEGER Les Landes

C.M. 59 Pli 7

4 ch. **Granville 10 km. Abbaye de la Lucerne d'Outremer 900 m.** 1er étage : 1 ch. (1 lit 2 pers. 1 lit 1 pers.), s.d.b. et wc privés. Dans un bâtiment indépendant, au r.d.c. : 1 ch. 2 pers., salle d'eau et wc privés (accessible aux pers. hand.). 1er étage : 1 ch. (1 lit 2 pers.), s.d.b. et wc privés dans le couloir. 1 ch. spacieuse (2 lits 2 pers.), s.d.b. et wc privés. Poss. 1 ch. complémentaire (1 lit 2 pers.) au même étage. Entrées indépendantes. Petite cuisine aménagée au r.d.c. à l'usage exclusif des hôtes des 4 ch. Jacqueline et Michel vous accueillent dans leur demeure de caractère avec son grand jardin arboré et fleuri. Ils mettront à votre disposition un grand séjour avec billard français. 4 pers. 340/440 F. Langue parlée : anglais.

Prix : 1 pers. **170 F** 2 pers. **220 F** 3 pers. **280/340 F** pers. sup. **80 F**

Ouvert : toute l'année.

7	12	5	10	15	1	4	1	10	4

MICONNET Jacqueline - Les Landes - 50320 SAINT-LEGER - Tél : 02 33 90 63 46 - Fax : 02 33 90 63 46

SAINT-MARTIN-DES-CHAMPS La Bourdonniere

3 ch. **Avranches 2 km. Le Mont Saint-Michel 20 km.** Vous serez accueillis dans une maison entièrement restaurée et meublée de style normand, avec jardin fleuri. A l'étage : 2 chambres (1 lit 2 pers.) et 1 chambre (1 lit 2 pers. 1 lit 1 pers.) avec salles d'eau et wc privés.

Prix : 1 pers. **190 F** 2 pers. **220 F** 3 pers. **290 F** pers. sup. **60 F**

Ouvert : toute l'année.

20	25	4	2	30	4	2	2	4	2

TRUBLET Raymond et Elisabeth - La Bourdonniere - 50300 SAINT-MARTIN-DES-CHAMPS - Tél : 02 33 48 88 53

SAINT-MICHEL-DES-LOUPS

TH C.M. 59 Pli 7

5 ch. **Granville 11 km. Mont Saint-Michel 40 km.** Dans un bâtiment indépendant, 4 chambres : 3 de 2 pers. et 1 ch. de 4 pers. avec salles d'eau et wc privés. Dans la maison du propriétaire, 1 chambre avec 1 petite ch. complémentaire (2 + 1 pers.) avec salle de bains privée. Chauffage électrique. Coin-cuisine pour 2 chambres. 4 pers. : 320 F. Animaux acceptés avec supplément de 10 F.

Prix : 1 pers. **170 F** 2 pers. **220 F** 3 pers. **270 F** repas **80 F**

Ouvert : toute l'année.

2	11	2	10	12	2	SP	11	2

PAGES Bernard et Claudine - Langoterie - 50740 SAINT-MICHEL-DES-LOUPS - Tél : 02 33 61 93 26

SAINT-NICOLAS-DE-PIERREPONT

2 ch. Dans le Cotentin, à quelques kilomètres des plages de sable fin, Jay et Richard vous accueillent dans leur ancienne ferme. 1 ch. (1 lit 2 pers.) à l'étage, salle d'eau et wc privés. 1 ch. (1 lit 2 pers., 1 lit 1 pers.), salle de bains et wc privés. Lit d'appoint possible pour les 2 ch. Ch. central. Salon de jardin, p-pong, vélos, portique. Restaurant 5 km. Chambres « Panda ». Poss. de louer 2 gîtes ruraux mitoyens à la maison des propriétaires. Langues parlées : anglais, allemand.

Prix : 1 pers. **120 F** 2 pers. **210 F** 3 pers. **250 F** pers. sup. **40 F**

Ouvert : toute l'année.

7	10	10	25	11	11	5	SP	25	5

CLAY Richard et Jay - La Ferme de l'Eglise - 50250 SAINT-NICOLAS-DE-PIERREPONT - Tél : 02 33 45 53 40 - Fax : 02 33 45 53 40 - E-mail : theclays@wanadoo.fr

SAINT-OVIN La Coifferie

C.M. 59 Pli 8

3 ch. **Avranches 9 km.** Dans une maison récente, 3 chambres (8 pers.) aménagées à l'étage dont 1 familiale. Salles d'eau et wc privés. Chauffage électrique. Découverte de la région en voiture à cheval sur réservation (pour groupes). Restaurant 1 km.

Prix : 1 pers. **150/160 F** 2 pers. **180/200 F** 3 pers. **230/250 F** pers. sup. **50 F**

Ouvert : toute l'année.

20	28	3	9	35	0,5	1	0,5	10	1

RESTOUT Philippe et Raymonde - La Coifferie - 50300 SAINT-OVIN - Tél : 02 33 60 53 22

SAINT-PAIR-SUR-MER La Maréchallerie *C.M. 59 Pli 7*

4 ch. **Granville et thalassothérapie 5 km.** Dans une grande maison restaurée, 4 chambres dont 1 familiale, aménagées à l'étage avec salles d'eau et wc privés. Chauffage électrique. Salle de jeux (billard, baby-foot, ping-pong, flipper) à dispo. Accès sur la D973. Granville : départ pour les îles anglo-normandes et les îles Chausey. 300 F/4 pers. Restaurant 4 km.

Prix : 1 pers. **170 F** 2 pers. **200/230 F** 3 pers. **280 F** pers. sup. **60 F**

Ouvert : toute l'année.

4	5	7	5	10	6	4	SP	6	3

CARUHEL Claudine - La Maréchallerie - D973 - 50380 SAINT-PAIR-SUR-MER - Tél : 02 33 51 65 37 - Fax : 02 33 51 65 37

SAINT-PAIR-SUR-MER La Hogue Marine *C.M. 59 Pli 7*

2 ch. **Granville 5 km.** Au cœur de la station, dans une maison bourgeoise du XIXe siècle, entourée d'un parc floral boisé, 1 ch. « la Granvillaise » (1 lit 160) au r.d.c. avec salle d'eau et wc privés. 1 ch. « la Cancalaise » à l'étage avec salle de bains et wc privés. Entrée indépendante. P-pong, jeu de boules. Equipement complet bébé à disposition. Chambres non fumeur. Restaurants 300 m. 550 F/4 pers. Possibilité location d'un meublé de tourisme indépendant sur la même propriété. Langue parlée : anglais.

Prix : 1 pers. **240 F** 2 pers. **320 F** 3 pers. **470 F** pers. sup. **80 F**

Ouvert : de Pâques au 30 septembre, autres périodes sur réservation.

0,3	5	7	6	8	3	0,3	0,5	6	0,5

ELIE Nicole - 152, rue de la Hogue - 50380 SAINT-PAIR-SUR-MER - Tél : 02 33 50 58 42 ou 02 33 50 64 92 - Fax : 02 33 50 64 92 - E-mail : elie.nicole@wanadoo.fr - http://www.pageszoom.com

SAINT-PATRICE-DE-CLAIDS La Guerrie

1 ch. Dans un cadre calme et silencieux, Sylvia et Richard vous accueillent dans leur manoir du XVIe avec son escalier « à vis » en granit. Les petits déjeuners sont servis dans une salle avec grande cheminée. 1 ch. à l'étage avec 1 ch. complémentaire non communicante (1 lit 2 pers. à baldaquin, 2 lits 1 pers.), s.d.b. et wc privés. Séjour à dispo. des hôtes. Entrée indép. Ping-pong, bicyclettes. 600 F/4 pers. Randonneurs équestres acceptés. Restaurant 6 km. Langue parlée : anglais.

Prix : 1 pers. **220 F** 2 pers. **300 F** 3 pers. **450 F**

Ouvert : de Pâques à la Toussaint.

20	25	18	22	10	2	4	SP	22	6

SENIOR Richard et Sylvia - Manoir de la Guerrie - 50190 SAINT-PATRICE-DE-CLAIDS - Tél : 02 33 47 74 37 - Fax : 02 33 47 74 37

SAINT-PLANCHERS La Channiere

2 ch. **Granville 7 km (départ îles anglo-normandes et îles Chausey).** A l'étage, 1 chambre (1 lit 2 pers. 1 lit 1 pers.) avec entrée indépendante et 1 chambre avec annexe (1 lit 2 pers. 2 lits 1 pers.). Salles d'eau et wc privés. Thalassothérapie et bowling à 7 km. 4 pers. 300 F. Accès : sur la D924.

Prix : 1 pers. **180 F** 2 pers. **200 F** 3 pers. **250 F** pers. sup. **50 F**

Ouvert : toute l'année.

7	7	7	8	3	SP	5	5

LEBUFFE Guy et Jeannette - La Channière - 50400 SAINT-PLANCHERS - Tél : 02 33 50 43 75

SAINT-PLANCHERS La Vallée *C.M. 59 Pli 7*

E.C. 2 ch. Dans une maison récente, entourée d'un grand jardin ombragé et fleuri. A l'étage : 1 chambre (3 pers.), salle de bains et wc privés sur le palier, 1 chambre (1 lit 2 pers.), salle d'eau et wc privés attenants. Chauffage électrique. Restaurant 4 km.

Prix : 1 pers. **190 F** 2 pers. **220 F** 3 pers. **260 F** pers. sup. **50 F**

Ouvert : vacances scolaires et week-ends.

8	8	8	8	9	1	SP	9

SILANDE Rémi - La Vallée - route de Saint-Jean-des-Champs - 50400 SAINT-PLANCHERS - Tél : 02 33 61 33 90

SAINT-PLANCHERS Les Perrières *C.M. 59 Pli 7*

3 ch. **Granville 7 km (départ pour les Iles Chausey et Jersey), thalasso.** A la campagne et à proximité de la mer, Yvette et Louis vous accueillent dans une maison récente, 3 chambres d'hôtes (8 pers.) sont aménagées à l'étage, avec salles d'eau et wc privés. Thalassothérapie 7 km. Réduction de 10% à partir de 3 nuits hors juillet et août. Restaurant 8 km.

Prix : 1 pers. **180 F** 2 pers. **200/250 F** 3 pers. **280 F** pers. sup. **80 F**

Ouvert : toute l'année.

6	6	6	6	7	3	4	7	4

BENSET Louis et Yvette - Les Perrieres - 50400 SAINT-PLANCHERS - Tél : 02 33 61 32 64

SAINT-QUENTIN-SUR-LE-HOMME

C.M. 59 Pli 8

4 ch. **Mont Saint-Michel 15 km.** A la campagne dans une maison récente. A l'étage, 3 chambres avec douche et wc privés, 1 chambre avec salle d'eau et wc privés. Chauffage électrique. Cuisine à la disposition des hôtes. Accès par le bourg. 4 pers. : 320 F. Canoë-kayak 10 km.

Prix : 1 pers. **170 F** 2 pers. **200/240 F** 3 pers. **290 F** pers. sup. **50 F**

Ouvert : toute l'année.

20	20	5	5	3	5	2	5	0,5

BOUTELOUP J-Louis et Lucette - 12, les Vallées - 50220 SAINT-QUENTIN-SUR-LE-HOMME - Tél : 02 33 60 61 51 - Fax : 02 33 60 61 51

SAINT-ROMPHAIRE Le Mariage

C.M. 54 Pli 13

2 ch. Renée et René vous accueillent dans leur maison à la campagne. A l'étage : 1 ch. (1 lit 2 pers.), 1 ch. familiale (2 x 2 pers.) avec salles d'eau et wc privés. Salon à disposition des hôtes. Chauffage central. Restaurant 5 km. Canoë-kayak 5 km. Tarif 4 pers. : 300 F. 1 nuit gratuite au delà de 5 jours.

Prix : 1 pers. **160 F** 2 pers. **200 F** 3 pers. **260 F** pers. sup. **70 F**

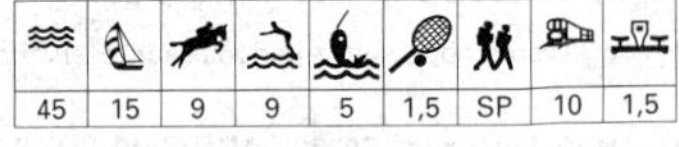

45	15	9	9	5	1,5	SP	10	1,5

LETELLIER Renée - 29, rue du Mariage - 50750 SAINT-ROMPHAIRE - Tél : 02 33 55 80 06

SAINT-SAUVEUR-LE-VICOMTE La Percemaillerie

C.M. 54 Pli 2

3 ch. **Portbail 14 km.** 3 chambres d'hôtes (6 pers.) sont aménagées à l'étage, avec salles d'eau et wc privés. Salle de séjour à l'usage exclusif des hôtes. Entrée indépendante. Accès sur la D900, axe La Haye-du-Puits/St-Sauveur-le-Vicomte. Canoë-kayak, sentier sportif à 500 m. Forêt à 2 km. Elevage canin sur la propriété (8 chiennes retrievers), poss. d'initiation au dressage.

Prix : 1 pers. **160 F** 2 pers. **190 F**

Ouvert : de Pâques à la Toussaint.

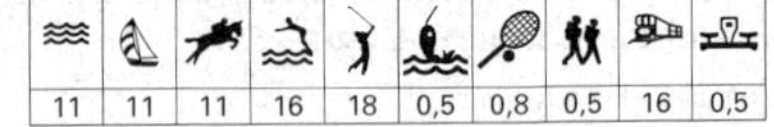

11	11	11	16	18	0,5	0,8	0,5	16	0,5

BLONDEL André et Marcelle - La Percemaillerie - 50390 SAINT-SAUVEUR-LE-VICOMTE - Tél : 02 33 21 19 69 - Fax : 02 33 21 19 69

SAINT-SENIER-SOUS-AVRANCHES Le Champ du Genet

C.M. 59 Pli 8

2 ch. **Mont Saint-Michel 25 km. Avranches 5 km.** Dans une demeure de caractère entourée d'un parc, 2e étage : 1 ch. (1 lit 2 pers. 1 lit 1 pers.), 1 ch. familiale (1 lit 2 pers. 2 lits 1 pers.) avec salles de bains et wc privés. Sur place : possibilité de randonner à cheval vers le bocage ou le Mont Saint-Michel. A proximité du GR22. Tarif 4 pers. : 300 F. Accès : à 5 km d'Avranches direction Mortain (D5). Langue parlée : anglais.

Prix : 2 pers. **200/230 F** 3 pers. **250/280 F** pers. sup. **50 F**

Ouvert : toute l'année.

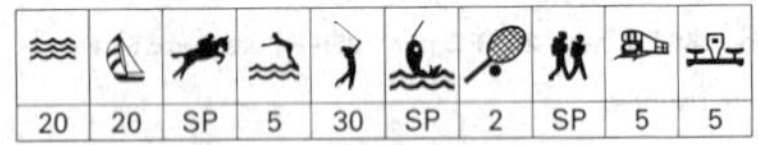

20	20	SP	5	30	SP	2	SP	5	5

JOUVIN Annette - Le Petit Champ du Genet - route de Mortain - 50300 SAINT-SENIER-SOUS-AVRANCHES - Tél : 02 33 60 52 67 ou 06 07 74 07 04 - Fax : 02 33 60 52 67 - E-mail : A-JOUVIN@wanadoo.fr - http://www.cheval-plaisir.com

SAINT-SYMPHORIEN-LE-VALOIS

C.M. 54 Pli 2

2 ch. **Barneville-Carteret 18 km. Plages du débarquement 40 km.** Geneviève et Joseph vous accueillent dans leur maison récente agrémentée d'un jardin. 1 chambre à l'étage avec annexe (2 x 2 pers.). Salle d'eau et wc privés. 1 chambre au rez-de-chaussée avec salle de bains et wc privés. Accès : D903. Tarif 4 pers. : 310 F. Restaurants à 500 m. Supplément pour animal : 10 F.

Prix : 1 pers. **150 F** 2 pers. **190 F** 3 pers. **250 F** pers. sup. **55 F**

Ouvert : toute l'année.

12	12	15	25	20	10	0,5	3	25	0,5

BELLEE Joseph et Geneviève - 29, avenue Côte des Iles - 50250 SAINT-SYMPHORIEN-LE-VALOIS - Tél : 02 33 46 11 13

SAINT-SYMPHORIEN-LE-VALOIS Ferme de la Valoiserie

C.M. 54 Pli 12

2 ch. **La Haye-du-Puits 1,5 km. Plages du Débarquement 40 km.** Solange et Maurice vous accueillent dans une ancienne ferme, 2 chambres (1 lit 2 pers. + convertible) à l'étage, avec salle d'eau ou salle de bains et wc privés. Salle de séjour avec coin-cuisine à l'usage exclusif des hôtes. Restaurant 1 km.

Prix : 1 pers. **160 F** 2 pers. **180 F** pers. sup. **30 F**

Ouvert : toute l'année.

15	15	1	30	15	10	1,5	SP	30	1

AGNES Solange - 4, rue de la Valoiserie - 50250 SAINT-SYMPHORIEN-LE-VALOIS - Tél : 02 33 45 77 70

SAINT-VIGOR-DES-MONTS L'Orgerie (TH) *C.M. 59 Pli 9*

1 ch. **Vire 15 km.** Dans une maison de caractère nichée dans une campagne verdoyante. 1 petite ch. avec annexe (1 lit 2 pers. 2 lits 1 pers.) à l'étage avec salle d'eau privée, wc privés non attenants. Chauffage central. Canoë-kayak 3 km. Accès : D52-D374 à 3 km de Pont-Farcy direction Vire. A droite au lieu dit « Drôme ». Cuisine végétarienne sur demande. 4 chiens vivent sur place. Langue parlée : anglais.

CV

Prix : 1 pers. **150 F** 2 pers. **180 F** 3 pers. **230 F** pers. sup. **50 F** repas **70 F**

Ouvert : toute l'année.

46	46	10	15	12	0,1	3	3	15	3

GOUDE Jacqueline - L'Orgerie - 50420 SAINT-VIGOR-DES-MONTS - Tél : 02 31 68 85 58

SAINTE-GENEVIEVE Hameau le Roy *C.M. 54*

1 ch. **St-Vaast-la-Hougue, Ile de Tatihou 10 km. Barfleur 2 km.** Dans une maison en pierres typique du Val de Saire, Annick vous propose 1 ch. au 1er étage avec possibilité d'une ch. annexe 4 pers. (1 lit 2 pers. 2 lits 1 pers.), s. d'eau et wc privés. Les petits-déjeuners copieux vous seront servis dans le séjour à la décoration normande, avec sa cheminée en granit. Accès : de Barfleur, D25 direction Valcanville 4e route à droite.

Prix : 1 pers. **200 F** 2 pers. **240 F** 3 pers. **340 F** pers. sup. **60 F**

Ouvert : toute l'année.

3	3	8	20	17	3	3	27	2

MAUVIOT Annick - 4, hameau le Roy - 50760 SAINTE-GENEVIEVE - Tél : 02 33 54 30 51

SAINTE-GENEVIEVE Manoir de la Fevrerie *C.M. 54 Pli 3*

3 ch. **Barfleur 3 km.** Marie-France sera ravie de vous accueillir dans sa ferme-manoir natale des 16e et 17e siècles. Les ch. desservies par un escalier de pierre, ont été décorées dans un style romantique : 1 ch. (1 lit 2 pers.), 2 ch. (2 lits 1 pers.) avec s.d.b. ou s. d'eau et wc privés. Les petits déjeuners sont servis dans une salle ornée d'une cheminée monumentale en granit. Possibilité accueil de chevaux.

CV

Prix : 1 pers. **270/350 F** 2 pers. **300/380 F** pers. sup. **100 F**

Ouvert : toute l'année.

3	3	5	20	20	5	SP	20	3

CAILLET Marie-France - Manoir de la Fevrerie - 4, route d'Arville - 50760 SAINTE-GENEVIEVE - Tél : 02 33 54 33 53 - Fax : 02 33 22 12 50

SAINTE-MARIE-DU-MONT Ferme Saint-Martin

1 ch. **Sainte-Mère-Eglise 6 km. Plages du Débarquement 5 km.** Catherine et Henri Milet vous accueillent dans une ferme de caractère en activité, 1 chambre à l'étage avec chambre complémentaire (2 x 2 pers.). Salle d'eau et wc privés. Séjour + salon et cuisine réservés aux hôtes. Entrée indépendante. Jardin. Randonneurs équestres acceptés. Accès : sur D70, à 2 km du bourg, direction Sainte-Mère-Eglise. 4 pers. 390 F. Restaurant 2 km.

CV

Prix : 1 pers. **180 F** 2 pers. **230 F** 3 pers. **320 F** pers. sup. **60 F**

Ouvert : toute l'année.

5	12	5	12	12	5	2	2	12	2

MILET Henri et Catherine - Ferme Saint-Martin - 50480 SAINTE-MARIE-DU-MONT - Tél : 02 33 71 58 93

SAINTE-MARIE-DU-MONT Reuville

1 ch. **Carentan 12 km. Plages du Débarquement 7 km.** Reuville est un ancien haras situé dans de grands espaces de verdure et de fleurs. 1 chambre (1 lit 2 pers.) au rez-de-chaussée avec une annexe (1 lit 1 pers.). Salle d'eau et wc privés. Les fenêtres des chambres sont orientées plein sud avec vue sur le jardin d'agrément. Entrée indépendante. Restaurants à 2 km. Réduc. 10% sur séjour supérieur à 5 nuits. Accès : à 2 km du bourg, D424 direction Boutteville. Langues parlées : anglais, espagnol.

CV

Prix : 1 pers. **180 F** 2 pers. **210 F** 3 pers. **290 F** pers. sup. **50 F**

Ouvert : toute l'année.

7	12	4	12	15	12	2	2	12	2

CHEVALLIER Paul et Marith - Reuville - 50480 SAINTE-MARIE-DU-MONT - Tél : 02 33 71 57 16

SAINTE-MARIE-DU-MONT La Bedelle *C.M. 54 Pli 3*

2 ch. Nathalie et Bertrand Leconte vous accueillent dans une ferme de caractère en pleine nature. R.d.c. : 1 ch. (1 lit 2 pers.). A l'étage : 1 ch. (1 lit 2 pers., 1 lit 1 pers.). Salles d'eau et wc privés. Chauffage central. Chambres « Panda ». Restaurant 3 km. Randonneurs équestres acceptés. Canoë-kayak 15 km.

CV

Prix : 1 pers. **165 F** 2 pers. **200/235 F** 3 pers. **250 F**

Ouvert : toute l'année.

3	15	3	15	15	10	2	1	15	3

LECONTE Bertrand et Nathalie - La Bedelle - 50480 SAINTE-MARIE-DU-MONT - Tél : 02 33 71 52 99

SAINTE-MARIE-DU-MONT La Rivière *C.M. 54 Pli 3*

1 ch. **Carentan 14 km. Réserve naturelle 3 km. Plages du Débarquement 3 km.** Véronique et Olivier Gailledrat vous accueillent dans leur ferme, dans une maison de caractère, à la campagne, 1 ch. à l'étage avec 1 ch. complémentaire (1 lit 2 pers. 2 lits 1 pers.). S. d'eau et wc privés. Chauffage central. Les propriétaires vous proposent la visite de leur élevage (peu ordinaire) d'escargots. Restaurant 4 km. Tarif 4 pers. 380 F. Canoë 14 km. Restaurant 1 km. Réduction de 10 F sur le prix 2 pers. à partir de la 2e nuit.

Prix : 1 pers. **170 F** 2 pers. **200/210 F** 3 pers. **320 F** pers. sup. **60 F**

Ouvert : toute l'année.

3	14	3	14	10	SP	3	SP	14	4

GAILLEDRAT Véronique et Olivier - La Rivière - 50480 SAINTE-MARIE-DU-MONT - Tél : 02 33 71 54 46 - Fax : 02 33 71 54 46

SAINTE-MERE-EGLISE La Fière *C.M. 54 Pli 3*

2 ch. Dans une maison de caractère, entourée d'un parc et au cœur du Parc Régional des Marais, Michèle et Albert vous accueilleront en toute simplicité. A l'étage, 1 ch. avec annexe (3 et 2 pers.), douche et wc privés. 1 chambre (3 pers.) avec salle d'eau et wc privés. Ch. élect. Poss. pique-nique dans le parc. Tarif 4 pers. : 390 F.

CV

Prix : 1 pers. **170/190 F** 2 pers. **195/220 F** 3 pers. **290/365 F** pers. sup. **70 F**

Ouvert : toute l'année.

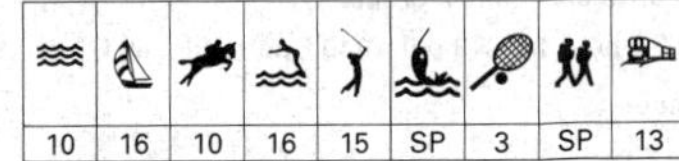

10	16	10	16	15	SP	3	SP	13

BLANCHET Albert et Michele - La Fière - route de Pont l'Abbé - 50480 SAINTE-MERE-EGLISE - Tél : 02 33 41 32 66

SAINTE-MERE-EGLISE *C.M. 54 Pli 3*

4 ch. Dans l'enceinte du Musée de la Ferme, cette maison de caractère des XVIIe et XVIIIe siècles sera une étape idéale pour qui apprécie la campagne, visite du Musée gratuite pour les hôtes. 4 ch. d'hôtes (8 pers.). Entrée indépendante. Les chambres sont situées à l'étage avec salles de bains et wc privés. Chauffage central. Fermé en décembre. Restaurant 2 km. Canoë-kayak 17 km.

CV

Prix : 1 pers. **195 F** 2 pers. **235 F** 3 pers. **265 F** pers. sup. **60 F**

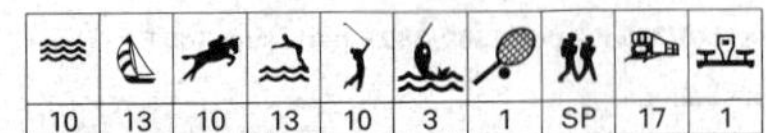

10	13	10	13	10	3	1	SP	17	1

MUSEE DE LA FERME - Mme LEMARINEL Anne - 1, chemin de Beauvais - 50480 SAINTE-MERE-EGLISE - Tél : 02 33 95 40 20 ou 02 33 95 40 22 - Fax : 02 33 95 40 24

SAINTE-MERE-EGLISE Village Beauvais *C.M. 54 Pli 3*

2 ch. Au cœur d'une cité historique, Marie et Emile vous accueillent dans leur ferme de caractère. A l'étage : 2 ch. (1 lit 2 pers., 1 lit 1 pers.) avec salle de bains ou salle d'eau et wc privés. Séjour avec cheminée réservé aux hôtes. Poss. de pique-nique. Barbecue. Equipement bébé à disposition. Chauffage électrique. Restaurant 1 km. Accès : à la gendarmerie, tourner à droite puis 400 m.

CV

Prix : 1 pers. **190 F** 2 pers. **225/245 F** 3 pers. **305 F** pers. sup. **60/80 F**

10	13	10	13	10	3	1	2	13

VIEL Emile et Marie - 3, chemin de Beauvais - 50480 SAINTE-MERE-EGLISE - Tél : 02 33 41 41 71 - Fax : 02 33 41 41 71 - http://www.members.xoom.com/gite-viel

SAINTE-MERE-EGLISE Ferme Riou *C.M. 54 Pli 3*

3 ch. **Sainte-Mère-Eglise 1,5 km. Plages du Débarquement 10 km.** Madeleine et Victor vous accueillent dans leur ferme entourée d'herbages où paissent bovins et chevaux. 2 ch. (5 pers.) aménagées au r.d.c., avec s. d'eau et wc privés. Entrées indépendantes. Dans l'habitation principale, 1 ch. (2 pers.) à l'étage avec s. d'eau et wc privés. Poss. pique-nique.

CV

Prix : 1 pers. **180 F** 2 pers. **220/240 F** 3 pers. **300 F** pers. sup. **60 F**

Ouvert : toute l'année.

10	13	10	15	10	5	1,5	1	15	1,5

DESTRES Victor et Madeleine - 1, Ferme Riou - 50480 SAINTE-MERE-EGLISE - Tél : 02 33 41 63 40

SAINTE-MERE-EGLISE Ferme de la Fiere *C.M. 54 Pli 2/3*

2 ch. Sur les sites de la bataille de 44 et dans le Parc Naturel régional des Marais du Cotentin et du Bessin, soyez les bienvenus au manoir de « la Fière ». Dans un bâtiment indépendant, au rez-de-chaussée : 1 ch. (2 pers.) avec coin-cuisine, 1 ch. (3 lits 1 pers.) avec mezzanine. Salles d'eau et wc privés. Entrées indépendantes. Chasse sur place. Accès : route de Picauville D15. Canoë-kayak 10 km. Réduction sur séjours de plus de 3 nuits. Langue parlée : anglais.

CV

Prix : 1 pers. **185 F** 2 pers. **215 F** 3 pers. **275 F** pers. sup. **50 F**

Ouvert : toute l'année.

10	16	3	16	12	SP	3	SP	18	3

POISSON Chantal et Yves - Ferme la Fière - 12, rte Mémorial Parachutistes - 50480 SAINTE-MERE-EGLISE - Tél : 02 33 41 31 77

SAINTE-PIENCE Manoir de la Porte
C.M. 59 Pli 8

2 ch. **Mont Saint-Michel 30 km. Villedieu-les-Poëles 10 km.** Dans un cadre reposant avec parc et plan d'eau, cet ancien prieuré du XVIe est une étape idéale pour qui apprécie la campagne, la mer et les sites remarquables de la Normandie. Au 2e étage : 2 ch. 3 pers. Salles de bains et wc privés. Réduction 10% à partir du 6e jour (hors vacances scolaires). Cuisine indépendante à disposition des hôtes. Abbaye de la Lucerne d'Outremer 10 km. Langue parlée : anglais.

Prix : 1 pers. **250 F** 2 pers. **280 F** 3 pers. **370 F** pers. sup. **90 F**

Ouvert : toute l'année.

15	25	10	10	25	3	2,5	SP	10	2

LAGADEC Annick - Manoir de la Porte - 50870 SAINTE-PIENCE - Tél : 02 33 68 13 61 ou 06 63 60 41 96 - Fax : 02 33 68 29 54 - E-mail : manoir.de.la.porte@wanadoo.fr - http://perso.wanadoo.fr/manoir.la.porte/

SARTILLY Brequigny
C.M. 59 Pli 7/8

2 ch. **Granville 12 km. Baie du Mont St-Michel 10 km. Mont St-Michel 30 km.** Vous serez séduits par cette belle maison récente située à la campagne et au grand jardin fleuri. Les chambres situées au 1er étage sont spacieuses et à l'ambiance douce. 2 ch. (1 lit 2 pers.) avec chacune la poss. d'une chambre complémentaire (1 lit 2 pers.), salle d'eau et wc privés. 4 pers. : 360 F. D973 entre Granville et Avranches.

Prix : 1 pers. **180 F** 2 pers. **230 F** 3 pers. **310 F**

Ouvert : toute l'année.

7	7	10	10	12	7	3	12	12	3

FOURRE A-Marie et Claude - Brequigny - 50530 SARTILLY - Tél : 02 33 48 82 07 ou 06 89 47 87 51

SARTILLY La Fosse
C.M. 59 Pli 7/8

3 ch. **Traversée de la baie du Mont Saint-Michel à pied et à cheval 10 km.** Dans sa maison en pierre de pays, entourée d'un grand terrain paysager, Annick vous accueille dans ses 3 ch. d'hôtes. 1 ch. avec annexe (2 + 1 pers.), s.d.b., wc privés. Dans un bâtiment indépendant, 2 ch. 3 pers. à l'étage, 1 avec s.d.b. et wc privés, l'autre avec s. d'eau et wc privés située au r.d.c. Avranches et Granville 10 km. Restaurant 2 km. Découverte de la pêche à pied (marée). Langue parlée : anglais.

Prix : 1 pers. **150 F** 2 pers. **190 F** 3 pers. **250 F**

Ouvert : toute l'année.

7	7	3	10	10	3	3	2	10	2

GUIADEUR Annick - La Fosse - 50530 SARTILLY - Tél : 02 33 48 25 89

SERVON Ferme du Manoir
TH *C.M. 59 Pli 7*

2 ch. **Mont Saint-Michel 10 km.** Dans cette ferme du XVIIIe siècle, vous trouverez le calme, la campagne et une vue sur le Mont Saint-Michel qui varie quotidiennement. A l'étage, 1 ch. (1 lit 2 pers.) et 1 ch. (2 lits 1 pers.), salles de bains, wc privés. Entrée indépendante. Chauffage central. Restaurant 500 m. Goûters à la ferme (sur réservation). Vente de produits fermiers. Repas enfants moins de 10 ans : 40 F. Langue parlée : anglais.

Prix : 1 pers. **190 F** 2 pers. **220 F** pers. sup. **50 F** repas **80 F**

Ouvert : toute l'année.

25	40	5	12	30	0,5	0,5	4	9	3

GEDOUIN Annick et Valérie - Ferme du Manoir - 21, rte de la Pierre du Tertre - 50170 SERVON - Tél : 02 33 60 03 44 - Fax : 02 33 60 17 79

SERVON
C.M. 59 Pli 7

4 ch. **Mont Saint-Michel 10 km.** Fabienne et Patrick ont rénové une ancienne dépendance dans le prolongement de leur maison principale en pierres. 4 chambres spacieuses et claires propices à la détente. Au 1er étage : 1 chambre familiale (2 x 2 pers.) et 1 chambre (1 lit 2 pers. 1 lit 1 pers.). Au 2e étage : 2 chambres (1 lit 2 pers.). Salles d'eau et wc privés. Les petits déjeuners sont servis dans le séjour avec coin-cuisine et salon réservé aux hôtes. Possibilité de pique-nique dans le jardin. Restaurant à 1 km. 4 pers. 350 F.

Prix : 1 pers. **190 F** 2 pers. **230/260 F** 3 pers. **300 F** pers. sup. **50 F**

Ouvert : toute l'année.

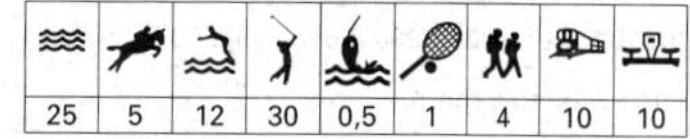

25	5	12	30	0,5	1	4	10	10

BAUBIGNY Fabienne et Patrick - 30, rue du Pont Morin - 50170 SERVON - Tél : 02 33 60 34 14

SERVON
C.M. 59 Pli 8

3 ch. **Mont Saint-Michel 9 km.** Dans une ancienne ferme du début XIXe vous trouverez le calme. 3 ch. (2 de 3 et 1 de 2 pers.) aménagées à l'étage avec 2 salles d'eau et 2 wc à l'usage exclusif des hôtes. Séjour avec cheminée. Chauffage central. Restaurant à 100 m. Accès par N175 ou D107, 50 m après l'église.

Prix : 1 pers. **160 F** 2 pers. **200/210 F** 3 pers. **250 F**

Ouvert : toute l'année.

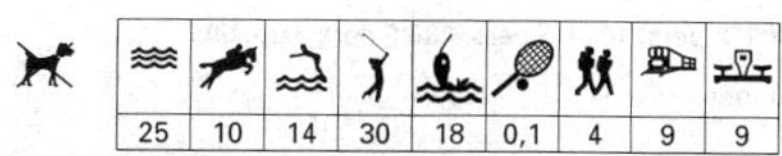

25	10	14	30	18	0,1	4	9	9

LESENECHAL Marie-Thérèse - Le Bourg - 6, rue du Pont Morin - 50170 SERVON - Tél : 02 33 48 92 13

SIOUVILLE-HAGUE *C.M. 54 Pli 1*

2 ch. 2 chambres d'hôtes (4 pers.) situées à l'étage avec douches et wc privés. Salle de séjour et coin-cuisine à la disposition des hôtes. Entrée indépendante. Plages, cures marines 2 km.

Prix : 1 pers. **110 F** 2 pers. **150 F**

Ouvert : toute l'année.

2,5	2,5	6	6	20	2	SP	20

GOGIBU Pierre et Solange - La Petite Siouville - 50340 SIOUVILLE-HAGUE - Tél : 02 33 52 45 15

SOURDEVAL Les Vallées Durand *C.M. 59 Pli 9*

1 ch. **Mont Saint-Michel 50 km. Eco-musée de la Sée 8 km.** Le calme de la campagne à proximité de la ville, Rolande et Henri vous accueillent dans leur maison récente. 1 chambre d'hôtes avec annexe (2 x 2 pers.) est aménagée à l'étage, avec salle d'eau et wc privés. Pétanque à 1,5 km. Escalade à 10 m. Accès : à Sourdeval, direction Brécey, puis 600 m à gauche. 4 pers. : 320 F. Musées de la Poterie et du Granit à 8 km.

Prix : 1 pers. **155 F** 2 pers. **190 F** 3 pers. **260 F**

Ouvert : toute l'année.

50	8	1,5	10	8	1	1,5	SP	12	1,5

JOUAULT Rolande et Henri - Les Vallées Durand - 50150 SOURDEVAL - Tél : 02 33 59 95 33

SUBLIGNY La Grande Coquerie *C.M. 59 Pli 8*

2 ch. **Mont Saint-Michel 25 km.** Chambres de charme dans un cadre agréable et reposant, dans le prolongement d'une maison de caractère au sein d'un élevage de chevaux de sport. A l'étage : 1 ch. (1 lit 2 pers., 1 ch. (2 lits 1 pers.), salles d'eau et wc privés. Entrée indépendante. Petit déjeuner servi dans la salle à manger des propriétaires à la décoration rustique et chaleureuse. Cheminée en granit monumentale. Possibilité location d'un meublé aménagé dans une des dépendances. Ping-pong. Accès : D39 direction Le Luot puis D573 la Mouche.

Prix : 1 pers. **210 F** 2 pers. **260 F**

Ouvert : toute l'année.

15	20	10	10	20	1	2	1	10

DULIN Raphael et Annick - La Grande Coquerie - 50870 SUBLIGNY - Tél : 02 33 61 50 23 ou 06 81 21 62 53 - Fax : 02 33 61 18 24

SURVILLE La Huberdiere *C.M. 54 Pli 11*

2 ch. **Portbail 8 km (embarquement pour les Iles anglo-normandes).** Entre mer et campagne, Eric et Corinne seront heureux de vous accueillir dans leur maison bourgeoise. A l'étage : 1 ch. spacieuse et chaleureuse avec annexe (2 x 2 pers.) avec au r.d.c. s. d'eau et wc, salle à manger et cuisine à l'usage exclusif des hôtes. 1 ch. à l'esprit « mauresque » (1 lit 2 pers.) au r.d.c. avec terrasse donnant sur le parc, s. d'eau et wc privés. Parc arboré et fleuri. 4 pers. : 450 F. Langue parlée : anglais.

Prix : 1 pers. **270/290 F** 2 pers. **300/390 F** 3 pers. **420 F**

Ouvert : toute l'année.

1	8	8	25	12	2	2	45	8

BONNIFET Corinne et Eric - La Huberdière - 50250 SURVILLE - Tél : 02 33 07 97 24 - E-mail : eric.bonnifet@free.fr - http://www.lahuberdiere.free.fr

TAMERVILLE Manoir de Bellauney *C.M. 54 Pli 2*

3 ch. **Valognes le « Petit Versailles Normand » 4 km.** Ouvrant sur le parc, chaque chambre vous racontera une époque de l'histoire de ce manoir : la « Normande » au r.d.c., la « Louis XV » et la « Médiévale » à l'étage, chacune de 2 pers., salles d'eau ou de bains et wc privés. Entrée indépendante. Séjour à la disposition des hôtes. Ping-pong. Parc animalier 3 km. Plages du Débarquement 15 km. Non loin de la mer et bien située pour visiter les sites touristiques du Cotentin, cette ancienne demeure seigneuriale des XV et XVIe siècles a conservé son authenticité. Accès : D902 vers Quettehou. Après le carrefour indiquant Tamerville, 1ère entrée à gauche. Langue parlée : anglais.

Prix : 1 pers. **220/270 F** 2 pers. **270/330 F** pers. sup. **60 F**

Ouvert : du 15 mars au 15 novembre.

12	15	7	4	15	1	4	0,5	4	0,5

ALLIX-DESFAUTEAUX Jacques & Christiane - Manoir de Bellauney - 50700 TAMERVILLE - Tél : 02 33 40 10 62

TANIS La Chapelle *C.M. 59 Pli 7*

2 ch. **Pontorson 5 km. Mont Saint-Michel 7 km.** Dans une ancienne ferme, 1 chambre (2 pers.) au rez-de-chaussée avec salle de bains et wc privés, 1 chambre (3 pers.) à l'étage avec salle d'eau, wc situés au rez-de-chaussée. Restaurant à 300 m.

Prix : 1 pers. **140 F** 2 pers. **180 F** 3 pers. **230 F** pers. sup. **50 F**

Ouvert : toute l'année.

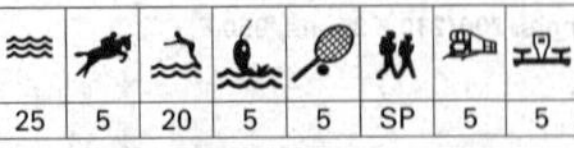

25	5	20	5	5	SP	5	5

BOUTROUELLE Denise - 36, rue Saint-Come - Brée - 50170 TANIS - Tél : 02 33 60 09 84 ou 06 86 73 74 99

TANIS Brée

C.M. 59 Pli 7

3 ch. **Mont Saint-Michel 7 km.** Dans une maison récente, 3 chambres (6 pers.), à l'étage avec salle d'eau et wc à l'usage exclusif des hôtes. Chauffage électrique. Restaurant 200 m.

Prix : 1 pers. **150 F** 2 pers. **170 F**

Ouvert : toute l'année.

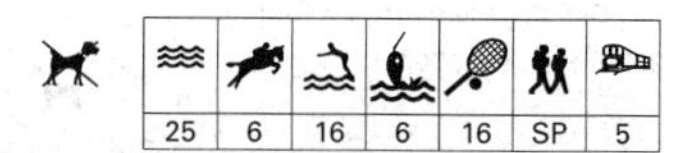

25	6	16	6	16	SP	5

DESGRANGES Guy - Brée - 50170 TANIS - Tél : 02 33 48 18 26

TANIS La Sansonnière

C.M. 59 Pli 7

2 ch. **Mont Saint-Michel 7 km.** 2 chambres d'hôtes (6 pers.) situées à l'étage, avec 1 salle d'eau et 1 wc à l'usage exclusif des hôtes. Chauffage électrique. Restaurant à 200 m.

Prix : 1 pers. **140 F** 2 pers. **180 F** 3 pers. **220 F** pers. sup. **40 F**

Ouvert : toute l'année.

30	4	16	7	16	SP	5	5

GAVARD Louise - La Sansonnière Brée - 50170 TANIS - Tél : 02 33 60 03 66

LE TEILLEUL La Gortière

TH *C.M. 59 Pli 9*

2 ch. CV **Bagnoles-de-l'Orne 35 km. Mont-Saint-Michel 45 km.** A 20 km de Domfront, 2 chambres à l'étage, dont 1 avec annexe (3 + 2 pers.). Salle d'eau ou salle de bains privées. WC communs aux 2 chambres. Goûters et collations à la ferme du 1er juillet au 30 septembre. Escalade, VTT 10 km, canoë-kayak 15 km. 1 nuit offerte au-delà de 4 nuits sauf en juillet-août. 4 pers. : 345 F.

Prix : 1 pers. **145 F** 2 pers. **195 F** 3 pers. **245/325 F** pers. sup. **50 F** repas **65 F**

Ouvert : toute l'année.

45	15	SP	3	SP	40	3

ROUSSEAU Marie-Ange - La Gortière - 50640 LE TEILLEUL - Tél : 02 33 59 43 29 - Fax : 02 33 59 43 29

TESSY-SUR-VIRE La Poterie

C.M. 54 Pli 13

3 ch. CV Marie-Thérèse et Roger vous accueillent et vous proposent les produits de la ferme. 3 chambres d'hôtes (6 pers.) situées à l'étage avec salles d'eau et wc privés. Séjour avec un coin-cuisine réservé aux hôtes. Chauffage électrique. Accès : D13 à 4 km de Tessy-sur-Vire, direction Bréhal. Réduction de 5 % sur séjour de plus de 3 nuits.

Prix : 1 pers. **190 F** 2 pers. **230 F** pers. sup. **50 F**

Ouvert : toute l'année.

40	17	20	3	3	SP	17

DESVAGES Roger et M-Thérèse - La Poterie - 50420 TESSY-SUR-VIRE - Tél : 02 33 56 31 76

TOURLAVILLE Manoir Saint-Jean

C.M. 54 Pli 2

3 ch. **Centre de loisirs de Collignon 4 km.** A deux pas du château des Ravalet, dans un site protégé, cette propriété de famille, entourée de sentiers ombragés, est située à égale distance de la pointe de Barfleur et du Cap de la Hague. Vue panoramique sur Cherbourg et sa rade. 3 ch. (6 pers.) avec s. d'eau ou s.d.b., wc privés. Accès château de Tourlaville (château des Ravalet D322). Gare maritime 5 km. GR223 à proximité. Cherbourg, musées 6 km.

Prix : 1 pers. **210/240 F** 2 pers. **250/280 F** pers. sup. **75 F**

Ouvert : toute l'année.

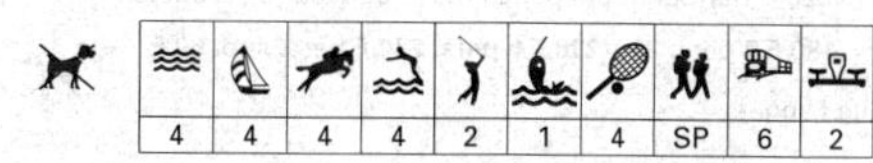

4	4	4	4	2	1	4	SP	6	2

GUERARD Honoré et Simone - Manoir Saint-Jean, par le Château des Ravalet - 50110 TOURLAVILLE - Tél : 02 33 22 00 86

TOURVILLE-SUR-SIENNE Le Haut Manoir

C.M. 54 Pli 12

3 ch. CV **Coutances : cathédrale, Jardin des Plantes 3,5 km.** Dans une ferme de caractère en activité, à l'étage 1 ch. 3 pers. avec salle de bains et wc privés, 2 ch. 2 pers. avec douches et wc privés. Entrée indépendante. Chauffage central. Restaurant 4 km. Randonneurs équestres acceptés. Accès : à 3 km du bourg, D44 direction Coutances. Restaurants 3 km. Réductions 10 et 15 % pour séjours à partir de 4 et 8 nuits.

Prix : 1 pers. **175 F** 2 pers. **205/225 F** 3 pers. **260 F**

Ouvert : toute l'année.

7	7	7	3,5	7	4	3	2	3,5	3

CARBONNEL Vincent - Le Haut Manoir - 50200 TOURVILLE-SUR-SIENNE - Tél : 02 33 45 00 32 - Fax : 02 33 45 00 32

TOURVILLE-SUR-SIENNE *C.M. 54 Pli 12*

E.C. 3 ch. **Coutances « ville d'art et d'histoire » 8 km.** Entre mer et campagne. Dans un bâtiment comprenant 2 gîtes et entouré d'un jardin, 2 ch. 2 pers. (entrées indépendantes) en r.d.c. dont 1 avec coin-cuisine, s.d.b. et wc privés. Dans l'habitation principale, 1 ch. 2 pers. à l'étage avec s. d'eau et wc privés. Accueil privilégié des enfants. Restaurant 4 km. Animaux admis avec supplément de 15 F/jour. Accès : D44 puis D68 dans le bourg de Tourville.

Prix : 1 pers. **200 F** 2 pers. **265 F** pers. sup. **70 F**

Ouvert : toute l'année.

SANSON Marie-Madeleine - 28, rue au Bon - 50200 TOURVILLE-SUR-SIENNE - Tél : 02 33 47 18 08 - Fax : 02 33 47 18 08

LA TRINITE Le Col Vert *C.M. 59 Pli 8*

3 ch. **Mont Saint-Michel 35 km. Zoo 7 km. Cité du cuivre 5 km.** La famille Dulin vous accueille dans sa maison en pierre à la campagne, avec son vaste jardin paysager, ses plans d'eau avec colverts. A l'étage : 1 ch. avec annexe (2 x 2 pers.), s. d'eau et wc privés. Entrée indépendante. Dans une petite dépendance, au r.d.c. : 2 ch. (1 lit 2 pers.), s. d'eau et wc privés. Séjour/coin-cuisine réservé aux hôtes. Restaurants 1 km. Tarif 4 pers. : 350 F.

Prix : 1 pers. **160 F** 2 pers. **200 F** 3 pers. **300 F** pers. sup. **40 F**

Ouvert : toute l'année.

25 28 17 5 1 1 5 1

DULIN Roger et Yvette - Le Col Vert - La Chapelliere - 50800 LA TRINITE - Tél : 02 33 51 25 29

URVILLE-NACQUEVILLE Eudal *C.M. 54 Pli 1*

2 ch. **Cherbourg 12 km. Maison « Prévert » 10 km.** Au calme, profitez d'une région authentique. 2 chambres avec salon commun au 1er étage de notre maison contemporaine : « la Marine » (1 lit 2 pers.), « la Normande » (1 lit 2 pers. 1 lit 1 pers.), salles d'eau, wc et cuisine privés. Chauffage électrique. Vol à voile à 8 km. Accès : D45 puis D22 sur 2 km. Observatoire/Planétarium 8 km. Maison natale de J.F. Millet 5 km.

Prix : 1 pers. **180 F** 2 pers. **230 F** 3 pers. **300 F** pers. sup. **60 F**

Ouvert : toute l'année.

THOMAS Eliane - Eudal de Bas - 1, rue Escelles - 50460 URVILLE-NACQUEVILLE - Tél : 02 33 03 58 16 - Fax : 02 33 03 58 16

URVILLE-NACQUEVILLE La Blanche Maison *C.M. 54 Pli 1*

1 ch. **Cherbourg 10 km.** « La mer à la campagne ». Dans une des dépendances d'une ancienne ferme, Isabelle et Mickael ont aménagé 1 ch. 2 pers. avec salle d'eau, wc privés et cuisine. Vous y accéderez par le petit escalier du jardin, dans un cadre verdoyant avec vue sur la mer... A proximité du GR223. Planche à voile et speed-sail 500 m. Accès par la D45. Langue parlée : anglais.

Prix : 1 pers. **180 F** 2 pers. **220 F** pers. sup. **50 F**

Ouvert : toute l'année.

0,5 10 0,5 10 0,2 SP 12 0,5

POTEL Mickael et Isabelle - La Blanche Maison - 874, rue Saint-Laurent - 50460 URVILLE-NACQUEVILLE - Tél : 02 33 03 48 79

LE VAL-SAINT-PERE *C.M. 59 Pli 8*

5 ch. **Mont Saint-Michel 20 km. Villedieu-les-Poêles et Granville 25 km.** Renée et Roger vous accueillent dans leur maison à proximité de la Baie du Mont-Saint-Michel. 5 ch. (14 pers.). Au 1er étage, 3 ch. avec salles d'eau et wc privés. Au 2e étage, 2 ch. dont 1 familiale avec salles d'eau et wc privés. Restaurant 2 km. Accès : RN 175, sortie la Croix Verte. Location VTT 1 km. Tarif 4 pers. : 320 F. Randonneurs pédestres et équestres acceptés.

Prix : 1 pers. **180 F** 2 pers. **210/230 F** 3 pers. **270 F** pers. sup. **60 F**

Ouvert : toute l'année.

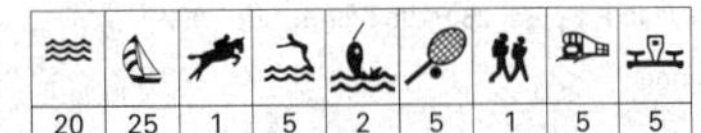

BOURGUENOLLE Roger et Renée - 4, la Basse Guette - 50300 LE VAL-SAINT-PERE - Tél : 02 33 58 24 35 ou 06 70 55 32 51

LE VAL-SAINT-PERE La Maraicherie *C.M. 59 Pli 8*

5 ch. **Mont Saint-Michel 20 km.** En bordure de la Baie du Mont Saint-Michel, dans une maison du XVIIIe siècle, 2 ch. à l'étage avec s. d'eau ou s.d.b. et wc privés. Dans un bâtiment indépendant, 1 ch. au r.d.c. et 2 ch. à l'étage. S. d'eau et wc privés. Cuisine à l'usage exclusif des hôtes. Restaurant 3 km. Location vélos sur place. Randonneurs équestres et pédestres acceptés. Accès : RN 175 sortie La Croix Verte ou Cromel.

Prix : 1 pers. **190 F** 2 pers. **240 F** pers. sup. **60 F**

Ouvert : toute l'année.

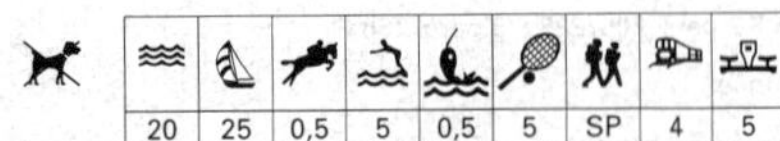

DESGRANGES René et Simone - La Maraicherie - 50300 LE VAL-SAINT-PERE - Tél : 02 33 58 10 87

LE VAL-SAINT-PERE La Croix Verte

C.M. 59 Pli 8

4 ch. **Mont Saint-Michel 20 km. Avranches 1 km.** Simone et Michel vous accueillent dans leur maison en pierres avec vue sur le Mont St-Michel. Côté cour, au r.d.c. : 1 ch. + annexe (2 x 2 pers.), s.d.b. et wc privés. 1er ét. : 1 ch. + annexe (2 x 2 pers.), s. d'eau et wc privés. Côté jardin au r.d.c. : 2 ch. (1 lit 2 pers. + convertible), s. d'eau et wc privés. Séjour/coin-cuisine à l'usage exclusif des hôtes. Entrées indépendantes. Location VTT 2 km. 350 F/4 pers.

Prix : 1 pers. **180 F** 2 pers. **200/220 F** 3 pers. **280 F** pers. sup. **60 F**

Ouvert : toute l'année.

15	2	2	1	1	1	2	2

JUGUET Simone et Michel - 16, la Croix Verte - 50300 LE VAL-SAINT-PERE - Tél : 02 33 58 33 06

LE VAL-SAINT-PERE Le Gué de l'Epine

C.M. 59 Pli 8

1 ch. **Mont Saint-Michel 20 km. Avranches 5 km. Site classé sur place.** Au rez-de-chaussée, avec entrée indépendante : 1 suite de 2 chambres (3 lits 1 pers.) et petit salon (convertible). Salle de bains spacieuse et wc privés. Vélos à disposition. GR223 aux pieds du jardin. Accès : N175, sortie « la Croix Verte », D456 suivre fléchage « Le Gué de l'Epine ». Idéalement située face au mont Saint-Michel et directement en bordure de la Baie, cette maison récente avec sa terrasse est une invitation à la détente et à la sérénité, dans la contemplation de ce site d'exception et de ses couchers de soleil remarquables.

Prix : 1 pers. **230 F** 2 pers. **260 F** 3 pers. **360 F** pers. sup. **90 F**

Ouvert : toute l'année.

16	0,5	5	SP	5	SP	5	4

NOTANI Micheline - 34, route du Gué de l'Epine - 50300 LE VAL-SAINT-PERE - Tél : 02 33 48 30 54

VALOGNES

C.M. 54 Pli 2

1 ch. **Ile de Tatihou 18 km. Plages du Débarquement 25 km.** Dans la petite ville de Valognes dite « Le Petit Versailles normand », au 1er étage d'une maison datant du XVIIIe siècle, 1 chambre (1 lit 2 pers.) avec salle d'eau et wc privés. Salle de séjour et coin-cuisine réservés aux hôtes. Réduction de 10 % à partir de la 3e nuit. Parc animalier 10 km. Restaurant 100 m. Langue parlée : anglais.

Prix : 1 pers. **210 F** 2 pers. **280 F** pers. sup. **70 F**

Ouvert : toute l'année.

14	14	14	1	20	0,5	0,5	0,6	SP

DESVAGES Claire - 7, rue Antoine Barthélémy - Place du Château - 50700 VALOGNES - Tél : 02 33 40 03 41 ou 02 33 22 48 04

LE VAST La Dannevillerie

C.M. 54 Pli 2

3 ch. **Saint-Vaast-la-Hougue 7 km. Ile de Tatihou 7 km.** Au cœur du Val de Saire, venez caresser la petite ânesse « Titou », dans cette ancienne ferme située en pleine nature. 2 ch. (6 pers.) à l'étage et 1 ch. avec petite annexe (1 lit 2 pers., 2 lits 1 pers. superp.) au r.d.c. Salles d'eau et wc privés. Entrées indépendantes. Séjour/coin-repas à disposition des hôtes. Chauffage électrique. Restaurants 2 km. Accès : D26 à 2 km du village, direction Quettehou, sur le GR223. Tarif 4 pers. : 350 F. Langue parlée : anglais.

CV

Prix : 1 pers. **180 F** 2 pers. **210/250 F** 3 pers. **260/300 F**

Ouvert : toute l'année.

6	7	7	17	15	2	4	SP	17	4

PASSENAUD Benoit et Françoise - La Dannevillerie - route de Quettehou - 50630 LE VAST - Tél : 02 33 44 50 45 - Fax : 02 33 44 50 45

VASTEVILLE La Grande Maison

2 ch. **Dunes 1,5 km. Vol à voile et jardin de Vauville 5 km. Cherbourg 15 km.** Mireille, Marc et leur fils vous ouvrent leur grande et confortable maison du début du siècle, au milieu d'un parc où vous pourrez pique-niquer et vous détendre au bord de l'étang. 2e ét. : 2 ch. 2 pers. dont 1 avec conv., salles d'eau et wc privés. Salon à disposition. 1 nuit offerte pour 7 nuits réservées. Venez découvrir à pied ou à vélo le pays des Haguards : la Hague, où les arbres s'arc-bouttent sous le vent qui blanchit la mer. Accès : D123 direction les Dunes-Toutfresville. Langues parlées : anglais, allemand.

Prix : 2 pers. **220/230 F** pers. sup. **50 F**

Ouvert : toute l'année.

5	10	7	10	15	4	9	1	15	1

TOHIER Mireille - La Grande Maison - 34, Toutfresville - 50440 VASTEVILLE - Tél : 02 33 04 52 23 - Fax : 02 33 04 52 23 - E-mail : mimavito@wanadoo.fr

VASTEVILLE Le Manoir

C.M. 54 Pli 1

2 ch. **Dunes 1 km. Cherbourg 15 km. Ludiver : observatoire, planétarium 8 km.** Venez vivre dans notre manoir du XVIe siècle abrité au milieu de bois de hêtres et chataîgniers. vous y trouverez calme et repos dans une nature verdoyante. A l'étage : 2 ch. (1 lit 2 pers. chacune), salles d'eau et wc privés. Entrée indépendante. Site calme et reposant. Restaurant 7 km. Sentiers pédestres.

CV

Prix : 1 pers. **160 F** 2 pers. **210 F** pers. sup. **60 F**

Ouvert : toute l'année.

5	10	7	12	15	4	5	1	12	2

DAMOURETTE Hubert et Marie-Hélène - 3, le Manoir - 50440 VASTEVILLE - Tél : 02 33 52 76 08 - Fax : 02 33 93 59 88

VASTEVILLE

C.M. 54 Pli 1

3 ch. **Dunes 1 km.** Dans un petit bourg, aux portes de la Hague où la variété de la nature ravit l'œil du promeneur, à l'étage : 2 ch. (1 lit 2 pers.), 1 ch. (1 lit 2 pers. 1 lit 1 pers.), 1 salle de bains et 1 wc à l'usage exclusif des hôtes. Séjour/coin-cuisine réservé aux hôtes. Entrée indépendante. Sentiers pédestres.

CV

Prix : 1 pers. **140 F** 2 pers. **200 F** 3 pers. **250 F** pers. sup. **50 F**

Ouvert : toute l'année.

5	10	7	10	15	2	10	1	12

LEBAS Henri - 1, rue Jean-François Millet - 50440 VASTEVILLE - Tél : 02 33 52 73 91 - Fax : 02 33 52 73 91

VAUDRIMESNIL La Rochelle

C.M. 54 Pli 2

3 ch. **Coutances, ville d'art et d'histoire 10 km.** Au calme dans un cadre verdoyant, Olga et Alain vous accueillent dans leur ancienne ferme située au cœur de la Manche. Les petits-déjeuners pris dans la véranda vous feront découvrir la nature. R.d.c. : 1 ch. 3 pers. Etage : 2 ch. 2 et 3 pers. Salles d'eau et wc privés. Chauffage central. Entrées indépendantes. Accès par la D971 direction Periers. Bordé d'un étang, un pigeonnier datant du Moyen Age est mis à disposition pour jeux, ping-pong et billard. Terrain de boules. Accès : D971 direction Periers. A proximité du Parc Naturel Régional des Marais du Cotentin et du Bessin. Plages du Débarquement 30 km.

CV

Prix : 1 pers. **190 F** 2 pers. **230 F** 3 pers. **280 F** pers. sup. **50 F**

Ouvert : toute l'année.

15	15	13	13	9	2	3	1	13	3

BERTHOU Alain et Olga - La Rochelle - 12, route de Coutances - 50190 VAUDRIMESNIL - Tél : 02 33 46 74 95

VENGEONS Le Val

C.M. 59 Pli 9

3 ch. Jeanne et Raymond vous accueillent dans leur ferme. 2 ch. 4 pers. (1 épi) à l'étage. 1 salle d'eau à l'usage exclusif des hôtes. 1 chambre familiale avec salle d'eau et wc privés. Entrées indépendantes. Salle de séjour avec coin-cuisine à l'usage exclusif des hôtes. Produits fermiers sur place. Lac 5 km. Randonneurs équestres acceptés. Location vélos sur place et circuits VTT à proximité. Restaurant 3 km. Sentiers pédestres : GR de pays. Goûters à la ferme. Accès : par la D977 direction Vire ou D577 direction Sourdeval. Chambres d'hôtes situées près d'une ancienne voie ferrée aménagée en sentier de randonnées (à pied ou à vélo). Langue parlée : anglais.

Prix : 1 pers. **150 F** 2 pers. **190 F** 3 pers. **260 F** pers. sup. **70 F**

Ouvert : toute l'année.

50	5	15	10	6	5	6	SP	10	3

DESDOITS Raymond et Jeanne - Le Val - 50150 VENGEONS - Tél : 02 33 59 64 16 - Fax : 02 33 69 36 99

VER La Vimondiere

1 ch. **Gavray 3 km. Thalassothérapie 20 km.** Evelyne et Patricia vous accueillent dans leur maison récente. 1 chambre (1 lit 2 pers.) à l'étage avec salle de bains et wc privés.

Prix : 1 pers. **160 F** 2 pers. **180 F** pers. sup. **50 F**

Ouvert : de juin à août et week-end.

15	15	6	15	15	1	1	2	15	3

PIMOR Evelyne - La Vimondière - 50450 VER - Tél : 02 33 61 71 08

VERGONCEY Ferme de l'Etang Bouceel

TH *C.M. 59 Pli 8*

4 ch. **Mont Saint-Michel 18 km.** 4 chambres d'hôtes (12 pers.) aménagées à l'étage avec salle de bains ou salle d'eau, et wc particuliers. Chauffage électrique. Séjour avec cheminée. Jeux pour enfants. Ping-pong, billard, piano. Repas enfant : 50 F. 4 pers. 330 F. Chemins pédestres, découverte de la ferme. Accès : A84 sortie 32, de la Croix-Avranchin prendre la D40 sur 2 km puis la D308. La ferme de l'Etang, au milieu des bois et de la verdure avec sa grande maison de granit recouverte de vignes vierge, vous accueillera pour un séjour au calme. Bois et étangs sur place. Langues parlées : anglais, allemand.

CV

Prix : 1 pers. **200 F** 2 pers. **230/250 F** 3 pers. **290 F** repas **85 F**

Ouvert : toute l'année.

35	15	5	16	15	3	5	SP	10	6

GAVARD Jean-Paul & Brigitte - Ferme de l'Etang Bouceel - 50240 VERGONCEY - Tél : 02 33 48 34 68 - Fax : 02 33 48 48 53

VERGONCEY Château de Bouceel

C.M. 59 Pli 8

4 ch. **Mont Saint-Michel 16 km. Granville 37 km.** Le château actuel (I.S.M.H.) construit en 1763 est décoré avec raffinement, meublé avec style et orné des protraits des ancêtres de la famille. R.d.c. : 1 suite (3 pers.), s.d.b. et wc privés. A l'étage : 1 suite (3 pers.), s. d'eau et wc privés. 2 ch. (2 pers. chacune), s.d.b. spacieuses et wc privés. M. et Mme Régis de Roquefeuil vous ouvrent le domaine de Bouceel qui remonte au XIIe siècle. Chambres « non fumeur ». Salon, bibliothèque, billard. Entrée indépendante. Parc à l'anglaise, étangs et chapelle. Langues parlées : anglais, espagnol.

CV

Prix : 1 pers. **700/750 F** 2 pers. **750/900 F** 3 pers. **850/900 F** pers. sup. **100 F**

Ouvert : toute l'année.

28	38	15	16	38	2	6	SP	38	6

de ROQUEFEUIL Régis - Château de Bouceel - 50240 VERGONCEY - Tél : 02 33 48 34 61 - Fax : 02 33 48 16 26 - E-mail : chateaudebouceel@wanadoo.fr - http://www.chateaudebouceel.com

VESSEY La Senellée

C.M. 59 Pli 8

E.C. 5 ch. **Mont Saint-Michel 14 km.** 5 chambres (10 pers.) avec salles d'eau et wc privés. 4 chambres à l'étage (dont 1 plus petite individuelle) et 1 au rez-de-chaussée. Entrée indépendante. Salle de séjour/coin-cuisine à l'usage exclusif des hôtes. Chauffage électrique.

Prix : 1 pers. **160 F** 2 pers. **200 F** 3 pers. **260 F** repas **80 F**

Ouvert : toute l'année.

40	8	23	30	5	2	8	0,8

CHARTOIS Thérèse - La Senellée - 50170 VESSEY - Tél : 02 33 60 11 51 - Fax : 02 33 60 11 51

VESSEY La Butte

C.M. 59 Pli 8

4 ch. **Mont Saint-Michel 14 km. Château de Fougères 28 km.** Si vous aimez les chevaux, les promenades au bord de l'eau, vous séjournerez à la « Ferme de la Butte » en Baie du Mont Saint-Michel. Rachel et François ont aménagés 3 ch. (1 lit 2 pers.) et 1 ch. (2 lits 1 pers.) à l'ét. avec s. d'eau et wc privés, dans un bâtiment indép. à prox. de l'habitation principale. Séjour avec cuisinette, cheminée à l'usage exclusif des hôtes. Les petits-déjeuners et les repas du soir sont servis dans la salle à manger des propriétaires. Table d'hôtes sur réservation. Repas enfants de moins de 12 ans : 45 F. Accès : D40 jusqu'à Montanel. A l'église, direction la Butte 1 km.

Prix : 1 pers. **165 F** 2 pers. **225 F** pers. sup. **50 F** repas **85 F**

Ouvert : toute l'année.

35	20	10	25	25	1	1	SP	8	10

TRINCOT François - La Butte - 50170 VESSEY - Tél : 02 33 60 20 32 - Fax : 02 33 58 48 84

LES VEYS Haras du Vieux Château

5 ch. **Isigny-sur-Mer 5 km.** Myriam et Denis vous proposent de séjourner en pleine quiétude dans un cadre exceptionnel : leur Haras, demeure du XVIe siècle avec tourelle et vestiges de douves. Charme d'antan et confort d'aujourd'hui agrémenteront votre séjour. Un salon est à l'usage exclusif des hôtes. Entrée indépendante. Vous pourrez savourer le dîner familial normand (sur réservation). Accès : à l'église, direction Brévands.

Prix : 1 pers. **230 F** 2 pers. **250 F** repas **95 F**

Ouvert : toute l'année.

4	8	13	8	30	1	5	SP	8	5

AVENEL Denis et Myriam - Haras du Vieux Château - 50500 LES VEYS - Tél : 02 33 71 00 38 - Fax : 02 33 71 00 38 - E-mail : Denis.AVENEL@wanadoo.fr

VEZINS La Galuce

C.M. 59 Pli 8

3 ch. **Mont Saint-Michel 25 km. Parc de loisirs de l'Ange-Michel 6 km.** A l'étage : 2 chambres (1 lit 2 pers.), 1 chambre (2 lits 1 pers.), 1 salle de bains et 1 wc à l'usage exclusif des hôtes. Chauffage électrique. Restaurant 6 km. Bois, lac 1 km. Centre de loisirs de la Mazure (activités nautiques) 3 km. Situation idéale pour les amateurs de pêche et de randonnées.

Prix : 1 pers. **120 F** 2 pers. **150 F**

Ouvert : toute l'année.

5	10	20	1	5	SP	20

LELANDAIS Marie-Thérèse - La Galuce - 50540 VEZINS - Tél : 02 33 48 02 76

VIDECOSVILLE Manoir Saint-Laurent

C.M. 54 Pli 2

3 ch. **Valognes 10 km. Quettehou 5 km.** Dans une maison de caractère, 2 chambres (1 lit 2 pers.), 1 chambre (1 lit 2 pers. 1 lit 1 pers.) sont aménagées à l'étage, avec salles d'eau et wc privés. Restaurant 5 km. Saint-Vaast-la-Hougue, Ile de Tatihou 8 km.

Prix : 1 pers. **180 F** 2 pers. **235/250 F** 3 pers. **315 F** pers. sup. **65 F**

Ouvert : toute l'année.

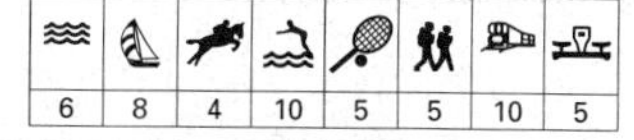

6	8	4	10	5	5	10	5

LEVAILLANT Annick - Manoir Saint-Laurent - 50630 VIDECOSVILLE - Tél : 02 33 54 17 58

VILLEBAUDON La Vaucelle

2 ch. **Villedieu-les-Poêles 15 km. Abbaye de Hambye 7 km. Saint-Lô 18 km.** Une longue allée de marronniers vous menera jusqu'à la ferme. 2 chambres avec chacune 1 chambre annexe (2 x 2 pers.) aux 1er et 2e étages. Salles d'eau et wc privés. Restaurants 1 km. Accès : D13 direction Bréhal. 6 pers. : 360 F. Langue parlée : anglais.

Prix : 1 pers. **180 F** 2 pers. **220 F** 3 pers. **300 F** pers. sup. **50 F**

Ouvert : toute l'année.

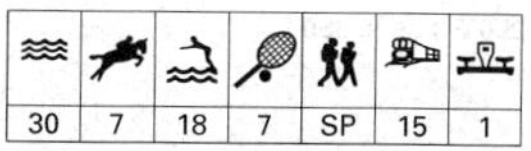

30	7	18	7	SP	15	1

JAMARD Christian et Liliane - La Vaucelle - 50410 VILLEBAUDON - Tél : 02 33 61 18 61 ou 06 82 48 52 80

VILLEDIEU-LES-POELES Fontaine Minérale

C.M. 59 Pli 8

3 ch. **Mont Saint-Michel 35 km.** Dans une maison récente entourée d'un jardin, 3 chambres d'hôtes (7 pers.) à l'étage. Une salle d'eau par chambre, 3 wc. Chauffage central. Restaurant 1 km. Forêt 10 km. Accès : D924. direction Granville. Poss. de pique-niquer. Cité du cuivre.

Prix : 1 pers. **190/200 F** 2 pers. **220/230 F** 3 pers. **260 F** pers. sup. **50 F**

Ouvert : toute l'année.

30	30	6	0,3	30	0,3	1	0,2	2	0,5

COTTAIS Jean et Nicole - 1, Fontaine Minérale - route de Granville - 50800 VILLEDIEU-LES-POELES - Tél : 02 33 61 06 00

VILLEDIEU-LES-POELES Bellevue

C.M. 59 Pli 8

3 ch. **Cité du cuivre 2 km.** Eliane et Daniel vous accueillent dans leur maison récente. 3 chambres d'hôtes (6 pers.) situées à l'étage. 1 salle d'eau et wc à l'usage exclusif des hôtes. Chauffage central. Restaurant 2 km. Accès : N175 direction Avranches, puis D33 direction Saint-Pois-Mortain.

Prix : 1 pers. **130 F** 2 pers. **170 F** 3 pers. **210 F** pers. sup. **50 F**

Ouvert : toute l'année.

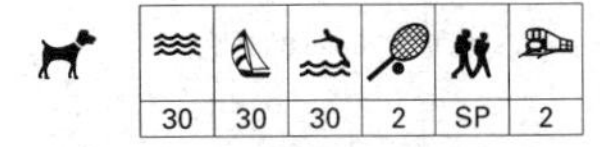

30	30	30	2	SP	2

MARY Daniel et Eliane - Bellevue - Saultchevreuil - 50800 VILLEDIEU-LES-POELES - Tél : 02 33 51 20 12

VILLIERS-FOSSARD Le Suppey

C.M. 54 Pli 13

2 ch. **Saint-Lô, remparts, ville du cheval 6 km. Plages du Débarquement 25 km** A l'étage : 2 chambres (1 lit 2 pers. chacune) avec salle d'eau ou salle de bains et wc privés. Séjour à disposition des hôtes. Boxes pour chevaux. Cette ancienne ferme rénovée offre des conditions paisibles de séjour, dans un environnement de verdure. Restaurants 5 km. Accès : depuis Saint-Lô, D6 direction Isigny-sur-Mer sur 4 km puis à gauche C7. Langue parlée : anglais.

Prix : 1 pers. **150 F** 2 pers. **190 F** pers. sup. **40 F**

Ouvert : toute l'année.

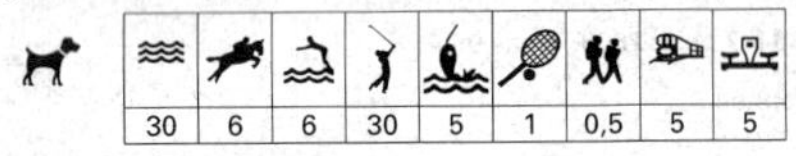

30	6	6	30	5	1	0,5	5	5

BUISSON Nancy et Jean - 6, le Suppey - 50680 VILLIERS-FOSSARD - Tél : 02 33 57 30 23

VILLIERS-FOSSARD Le Repas

C.M. 54 Pli 13

1 ch. **Saint-Lô 6 km.** A la campagne, dans une maison restaurée, 1 chambre d'hôtes avec annexe (3 + 3 pers.) est aménagée à l'étage. Salle d'eau et wc privés. Bel intérieur chaleureux et raffiné (meubles normands). Accès par la D 6, direction Isigny-sur-Mer. Tarif 4 pers. : 400 F. Beau jardin paysager et fleuri avec plan d'eau. Salle de jeux, ping-pong. Possibilité de louer 1 gîte rural mitoyen à la maison des propriétaires.

Prix : 1 pers. **170 F** 2 pers. **220/340 F** 3 pers. **300/360 F**

Ouvert : toute l'année.

30	30	6	6	30	6	1	1	6	6

LEMOINE Louis et Julienne - 9, le Repas - 50680 VILLIERS-FOSSARD - Tél : 02 33 57 41 81 ou 06 17 11 26 15 - Fax : 02 33 57 41 81

VIREY La Jaunais

C.M. 59 Pli 8/9

2 ch. **Mont Saint-Michel 35 km. Saint-Hilaire-du-Harcouët 4 km.** Vous serez accueillis dans une maison récente et confortable, en pleine campagne. 2 chambres à l'étage avec meubles régionaux : 1 ch. (2 pers.), salle d'eau et wc privés, 1 ch. avec annexe (3 pers. + 2 pers.), salle de bains et wc privés. Centre de loisirs la Mazure à 3 km. Tarif 4 pers. : 450 F. Vélos à disposition et possibilité d'accueillir des cavaliers. A 300 m de la N176. Langue parlée : anglais.

Prix : 2 pers. **220/280 F** 3 pers. **350 F** pers. sup. **100 F**

Ouvert : toute l'année.

3	3	3	SP	4

ERMENEUX Brigitte - La Jaunais - 50600 VIREY - Tél : 02 33 49 14 75 ou 06 81 77 75 96

LE VRETOT Manoir du Val Jouet

C.M. 54 Pli 1

1 ch. Joli petit manoir datant du XVIe siècle avec sa tour ronde et son parc. 1 chambre avec annexe (4 pers.), située à l'étage, avec salle de bains et wc particuliers. Salle de séjour avec coin-salon. Cuisine à disposition. Chauffage central. Restaurant 3 km. 4 pers. : 430 F. Réduction de 10 % à partir de la 3e nuit en basse saison.

Prix : 1 pers. **200 F** 2 pers. **250 F** 3 pers. **350 F**

Ouvert : toute l'année.

8	8	1	20	8	0,5	6	2	20	2

DAVENET J-Louis et Claudine - Manoir du Val Jouet - 50260 LE VRETOT - Tél : 02 33 52 24 42

YVETOT-BOCAGE Fenard

C.M. 54 Pli 2

1 ch. **Valognes 5 km.** Dans une maison de caractère, à l'étage, 1 chambre avec annexe (1 lit 2 pers. 2 lits 1 pers.), salle d'eau et wc privés. Tarif 4 pers. : 380 F. Langue parlée : anglais.

Prix : 1 pers. **170 F** 2 pers. **220 F** 3 pers. **300 F** pers. sup. **65 F**

Ouvert : pendant les vacances scolaires et les week-ends.

14	14	14	5	20	3	2	SP	5	5

BUHOT Marie-Catherine - Fenard - 50700 YVETOT-BOCAGE - Tél : 02 33 40 15 17 - Fax : 02 33 21 19 84

YVETOT-BOCAGE La Cointerie

C.M. 54 Pli 2

2 ch. **Plages du Débarquement 30 km.** 1 chambre 2 pers. et 1 ch. familiale 4 pers. à l'étage, avec salles d'eau et wc privés. Séjour à la disposition des hôtes. Entrée indépendante. Chauffage électrique. Restaurant 2 km. Randonneurs équestres acceptés. Accès : D902 à 2 km de Valognes, direction Bricquebec, 1ère route à gauche après l'échangeur. Restaurants 1 km.

Prix : 1 pers. **140 F** 2 pers. **170 F** 3 pers. **220 F** pers. sup. **50 F**

Ouvert : toute l'année.

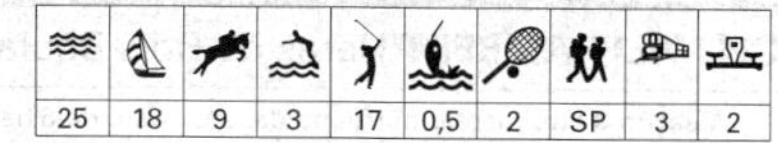

25	18	9	3	17	0,5	2	SP	3	2

AUBRIL Michel et Geneviève - La Cointerie - 50700 YVETOT-BOCAGE - Tél : 02 33 40 13 29

YVETOT-BOCAGE Fenard

C.M. 54 Pli 2

3 ch. **Valognes dit « le Petit Versailles Normand » 5 km.** A la campagne, 2 ch. (3 pers.) et 1 ch. familiale 4 pers. aménagées à l'étage. Une salle de bains et un wc particuliers à chaque chambre. Chauffage central. Salon à dispo. Restaurant et crêperie à 1,5 km. Accès : D902 à 5 km de Valognes, direction Bricquebec, à gauche. Randonneurs équestres acceptés. 4 pers. : 385 F.

Prix : 1 pers. **170 F** 2 pers. **210 F** 3 pers. **280 F** pers. sup. **60 F**

Ouvert : toute l'année.

15	14	9	5	20	2	2	11	4	5

BAUDRY Elisabeth - Fenard - route de Bricquebec - 50700 YVETOT-BOCAGE - Tél : 02 33 40 19 81 - Fax : 02 33 21 19 84

YVETOT-BOCAGE La Chesnée

C.M. 54 Pli 2

2 ch. 2 chambres d'hôtes (2 et 3 pers.), situées à l'étage avec douche ou salle de bains à l'usage exclusif des hôtes, wc privés. Chauffage électrique. Restaurants à 1,5 km. Accès : D902, direction Bricquebec. Carrefour des Vergers, à droite D346.

Prix : 1 pers. **135 F** 2 pers. **175 F** 3 pers. **230 F** pers. sup. **50 F**

Ouvert : toute l'année.

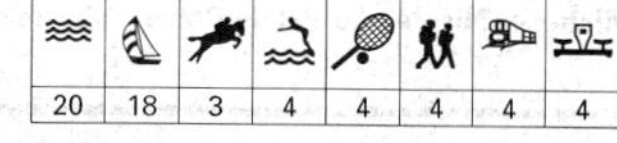

20	18	3	4	4	4	4	4

COUPPEY Georges - La Chesnaie - 7, route de Saint-Joseph - 50700 YVETOT-BOCAGE - Tél : 02 33 95 11 21

YVETOT-BOCAGE Le Haut Billy

C.M. 54 Pli 2

2 ch. **Plages du Débarquement 30 km.** Dans une ancienne ferme, 1 chambre (1 lit 2 pers.) au 1er étage avec salle d'eau privée, 1 chambre (1 lit 2 pers.) au 2e étage avec salle d'eau dans la chambre. wc communs aux 2 ch. Coin-cuisine à la disposition des hôtes. Crêperie à 2 km. Lit d'appoint enfant : 50 F. Accès : bourg de Yvetot-Bocage, direction Morville.

Prix : 1 pers. **150 F** 2 pers. **180 F** pers. sup. **50 F**

Ouvert : toute l'année.

18	18	3	3	3	SP	4	4

DUBOST Léon et Lucienne - Le Haut Billy - route de Morville - 50700 YVETOT-BOCAGE - Tél : 02 33 40 06 74

YVETOT-BOCAGE La Girotterie

C.M. 54 Pli 2

2 ch. Dans une maison récente, située au milieu d'un jardin paysager, 2 chambres (4 pers.) à l'étage avec salles d'eau et wc privés. Possibilité d'une chambre complémentaire pour enfants. Coin-cuisine. Chauffage central. Restaurant 3 km. Randonneurs équestres acceptés. Accès : D902 à 4 km de Valognes, direction Bricquebec, à droite.

Prix : 1 pers. **130 F** 2 pers. **180 F** pers. sup. **50 F**

Ouvert : toute l'année.

20	18	10	4	12	1	2	SP	4	4

TARDIF Josiane - La Girotterie - 6, route de Bricquebec - 50700 YVETOT-BOCAGE - Tél : 02 33 40 16 51

GITES DE FRANCE - Service Réservation
C.D.T. - 88, rue Saint-Blaise - B.P. 50 - 61002 ALENCON Cedex
Tél. 02 33 28 07 00 ou 02 33 28 88 71 - Fax. 02 33 29 01 01
E.mail : orne.tourisme@wanadoo.fr

3615 Gîtes de France
1,28 F/min

L'AIGLE Le Buat — *C.M. 231 Pli 45*

1 ch. CV

l'Aigle 1,5 km. 1er étage : 1 chambre avec TV (1 lit 2 pers., 1 lit 1 pers., 1 lit d'appoint, possibilité lit bébé), salle d'eau et wc privatifs. Chauffage électrique. Entrée indépendante. En Pays d'Ouche, non loin de Center Parcs (20 km), Michel et Annie Soret vous propose une halte reposante dans cette spacieuse et confortable chambre, qu'ils ont aménagée pour vous. Langue parlée : anglais.

Prix : 1 pers. **190 F** 2 pers. **230 F** 3 pers. **280 F** pers. sup. **70 F**

Ouvert : toute l'année.

SP	6	1,5	1,5	4	15	12	20	90	2	2

SORET Michel et Annie - 52, Le Buat - 61300 SAINT-OUEN-SUR-ITON - Tél : 02 33 24 25 91

ALENCON-VALFRAMBERT Haras de Bois Beulant — *C.M. 231 Pli 43*

2 ch. CV

Alençon 3 km. manoir normand dans un parc de 6 hectares. Au 1er ét., une suite : 1 ch. (1 lit 2 pers.) dont 1 avec dressing, 1 ch. (2 lits 1 pers. superp.), salle d'eau, wc privés. 2è étage : 1 suite avec 2 ch. (2 lits 2 pers.), salle d'eau, wc privés. Séjour. Chauffage central et électrique. Boxes chevaux (50 F). A deux pas de la forêt d'Ecouves, ce beau manoir normand situé sur une propriété de 6 ha., propose 2 vastes suites qui vous sont réservées. L'accueil chaleureux des propriétaires et la beauté du site feront de votre séjour une étape privilégiée dans la région d'Alençon.

Prix : 1 pers. **180/230 F** 2 pers. **240/270 F** 3 pers. **340/380 F** pers. sup. **100 F**

Ouvert : toute l'année.

SP	7	2	3	3	0,3	25	42	5	110	3	3

FRESCO Marianne - Haras de Bois Beulant - 61250 VALFRAMBERT - Tél : 02 33 28 62 33

ARGENTAN Mauvaisville — *C.M. 231 Pli 43*

4 ch. CV

Argentan 2 km. Région des haras. Dans une ancienne demeure restaurée datant de 1774, 4 ch. (accès indépendant). R.d.c. : wc, 1 ch. (1 lit 2 pers.), s. d'eau & kitchenette privées. Etage : 1 ch. (1 lit 2 pers.), s. d'eau & kitchenette privées, 2 ch. 1 épi NN (1 lit 2 pers., 2 lits 1 pers.), s. d'eau & wc communs. Ch. central. Salle de séjour. Grand parc et verger. Venez découvrir le pays des haras et la ville d'Argentan. M. et Mme Huet des Aunay vous accueillent à Mauvaisville dans leur belle maison du « Val de Baize ». Volley-ball et ping-pong sur place. Langue parlée : anglais.

Prix : 1 pers. **160 F** 2 pers. **230 F** 3 pers. **260 F** pers. sup. **30 F**

Ouvert : toute l'année.

SP	SP	2	2	2	4	2	35	20	75	2	2

HUET DES AUNAY Michel et Nicole - Le Val de Baize - 18, rue de Mauvaisville - 61200 ARGENTAN - Tél : 02 33 67 27 11 - Fax : 02 33 35 39 16

ARGENTAN Sarceaux — *C.M. 231 Pli 43*

4 ch. CV

Argentan 2,5 km. Région des haras. R.d.c. : 1 ch. (1 lit 2 pers.), salle d'eau, wc, kitchenette, cheminée et TV réservées à la chambre. Etages : 1 ch. (1 lit 2 pers.), s. de bains et wc privés, 1 ch. (1 lit 2 pers., 1 lit 1 pers.), s. de bains et wc privés, 1 ch. (1 lit 2 pers.), s. d'eau et wc privés. Chauffage central. Séjour avec coin-cuisine réservé aux 3 chambres. Aux portes d'Argentan, M. et Mme Sineux ont aménagé de confortables chambres et vous invitent à découvrir leur grande maison de pays avec son porche, son jardin et les multiples facettes de cette terre vouée à la grande culture et aux haras et à profiter de leur circuit VTC sur 2 jours ou +. Langue parlée : anglais.

Prix : 1 pers. **180 F** 2 pers. **240 F** 3 pers. **270 F** pers. sup. **30 F**

Ouvert : toute l'année.

6	SP	2	2	6	6	2	40	20	70	2	2

SINEUX Claude - La Gravelle - 61200 SARCEAUX - Tél : 02 33 67 04 47 - Fax : 03 33 67 04 47

ARGENTAN-OCCAGNES Le Mesnil — *C.M. 231 Pli 31*

3 ch. CV

Argentan 5 km. Dans la région des Haras. A la ferme. Dans une dépendance : 2 ch. (1 lit 2 pers., poss. lit d'appoint) avec salle d'eau, wc et mini-kitchenette privés. Dans la maison des propriétaires, au 1er étage : 1 ch. (1 lit 2 pers., poss. lit d'appoint), salle de bains et wc privés. Chauffage électrique et central. Terrain et parking. M. et Mme Laignel vous accueillent à la ferme dans de confortables chambres. Ils proposeront aux amateurs de VTC un forfait circuit de 2 jours ou plus. Site idéal pour partir à la découverte de la Suisse Normande.

Prix : 1 pers. **160 F** 2 pers. **220 F** 3 pers. **260 F** pers. sup. **40 F**

Ouvert : toute l'année.

2	2	5	5	7	5	5	50	30	60	5	5

LAIGNEL Rémy - Le Mesnil - 61200 OCCAGNES - Tél : 02 33 67 11 12

ARGENTAN-UROU-ET-CRENNES Château de Crennes

1 ch. **Argentan 4 km.** Région des Haras. 1er étage : 1 ch. (1 lit 2 pers.), salle de bains et wc privatifs contigüs à la chambre. Chauffage central. Au cœur du Pays des Haras et à proximité d'Argentan, Monsieur et Madame Lebouteiller vous accueillent dans leur joli château qui ne manque pas de caractère. Langue parlée : anglais.

Prix : 1 pers. **220 F** 2 pers. **300 F**

Ouvert : toute l'année.

2	3	3	3	1	2	3	12	75	3	3

LE BOUTEILLER Michel - Château de Crennes - 61200 UROU-ET-CRENNES - Tél : 02 33 36 22 11

AUBRY-EN-EXMES Sainte-Eugénie

TH *C.M. 231 Pli 31*

4 ch. **Argentan 10 km.** Région des Haras. 3 ch. avec entrée indép. 1er étage : 2 ch. (1 lit 2 pers.), 1 ch. (1 lit 2 pers., 1 lit 1 pers.), 1 ch. (1 lit 2 pers., 2 lits 1 pers.), salle d'eau et wc privés par chambre. Chauffage central et électrique. Séjour réservé aux hôtes, petite cuisine (15F/jour). Location vélos et boxes sur place. Table d'hôtes sur réservation jeudi et samedi. En lisière de forêt, grande maison bourgeoise située à l'extrémité d'un corps de ferme avec parc et petit ruisseau sur l'arrière. M. et Mme Maurice vous accueillent en toute convivialité et vous proposent des forfaits circuit VTC sur 2 jours ou +. Chevaux : 9 boxes et prés. (box 30 F, pré 20 F). Langue parlée : anglais.

Prix : 1 pers. **170 F** 2 pers. **230 F** 3 pers. **280 F** pers. sup. **50 F** repas **90 F**

Ouvert : toute l'année.

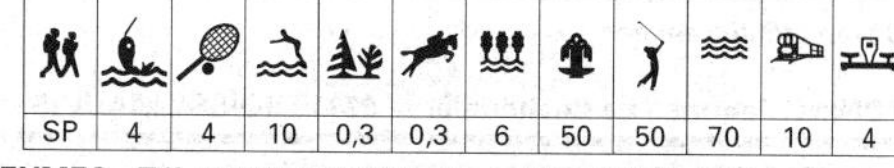

SP	4	4	10	0,3	0,3	6	50	50	70	10	4

MAURICE Pierre - La Grande Ferme - Ste-Eugénie - 61160 AUBRY-EN-EXMES - Tél : 02 33 36 82 36 - Fax : 02 33 36 99 52

AVOINE

C.M. 231 Pli 43

3 ch. **Argentan 10 km.** Région des Plaines. Dans la maison du propriétaire au 2e étage : 1 ch. (1 lit 2 pers., 1 lit 1 pers.), 1 ch. (2 lits 2 pers.), salle d'eau privée pour chaque chambre, wc commun. Dans une dépendance : 1er étage : 1 ch. (1 lit 2 pers.), salle d'eau et wc privés, coin-repas et kitchenette réservés à la chambre. Chauffage central. Dans la région des haras, terre d'élevage de prédilection, accueil à la ferme chez Madame Maupiler. Dans les alentours, visitez Argentan, le Pays d'Auge, la Suisse Normande et bien sûr les châteaux d'O et de Sassy.

Prix : 1 pers. **110 F** 2 pers. **170 F** 3 pers. **280 F** pers. sup. **90 F**

Ouvert : du 30 avril au 1er octobre.

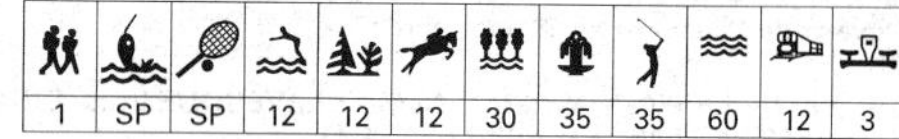

1	SP	SP	12	12	12	30	35	35	60	12	3

MAUPILER Nicole - Le Bourg - 61150 AVOINE - Tél : 02 33 35 24 94

BAGNOLES-DE-L'ORNE Villa Yvonne

TH *C.M. 231 Pli 41*

5 ch. **Bagnoles-de-l'Orne 1 km.** 3 chambres (1 lit 2 pers.), 1 chambre (1 lit 1 pers.), 1 chambre (2 lits 1 pers.), wc et lavabo pour chaque chambre, 2 douches réservées aux hôtes. Séjour. Chauffage central. Dans la station thermale de Bagnoles de l'Orne, le charme de cette villa restaurée par les propriétaires. Très nombreuses activités aux alentours immédiats. Langue parlée : anglais.

Prix : 1 pers. **180 F** 2 pers. **230 F** repas **95 F** 1/2 pens. **225 F** pens. **250 F**

Ouvert : toute l'année.

2	2	2	2	2	1	5	1,5	2	90	2	0,5

BOURGE Daniel - Villa Yvonne - 42 rue Sergenterie de Javains - 61140 BAGNOLES-DE-L'ORNE - Tél : 02 33 38 44 02

BANVOU Le Pont

TH *C.M. 231 Pli 41*

3 ch. **Flers 12 km.** Dans les dépendances de la maison des propriétaires. 1er étage : 1 ch. (1 lit 2 pers., 1 lit 1 pers., poss. lit bébé), salle de bains et wc privés, 1 ch. (2 lits 1 pers.), salle de bains et wc privés, 1 ch. (2 lits 1 pers.), douche et wc privés. Chauffage électrique. Séjour avec TV et cheminée. Box pour chevaux. Dans un vieux bâtiment restauré, le caractère et le confort d'un gîte-chambre d'hôtes d'où vous pourrez partir à la découverte de la Suisse Normande, de la forêt d'Andaine et de Bagnoles-de-l'Orne, ou bien encore du Bocage alentour.

Prix : 1 pers. **195 F** 2 pers. **270 F** 3 pers. **320 F** pers. sup. **70 F** repas **85 F**

Ouvert : du 1er mars au 30 octobre.

SP	4	4	18	18	SP	4	18	18	50	12	4

JEUSSET Brigitte et Didier - Le Pont - La Vieille Maison - 61450 BANVOU - Tél : 02 33 96 44 02 - Fax : 02 33 96 44 02

BELLEME Bellevue

C.M. 231 Pli 45

1 ch. **Bellême 1 km.** Au 1er étage d'une maison moderne située au fond d'un terrain fleuri avec pelouse. 1 ch. (1 lit 2 pers. 1 lit 1 pers., possibilité lit bébé), salle d'eau et wc privés. Salle de séjour. Chauffage électrique. Aux portes de Bellême, jolie ville du Perche, à découvrir. Promenade en calèche à 1 km. Accueil convivial de Madame Cocq et un superbe golf à « deux pas » ...

Prix : 1 pers. **180 F** 2 pers. **235 F** 3 pers. **270 F**

Ouvert : toute l'année.

1	2	1	1	3	4	20	100	0,5	120	20	1

COCQ Simone - route du Mans - Bellevue - 61130 BELLEME - Tél : 02 33 73 14 67 ou 06 85 44 54 06

BOECE Le Grand Parc *C.M. 231 Pli 44*

1 ch. **Mortagne-au-Parche 8 km.** Ancien fournil indépendant restauré dans le style local. R.d.c. : séjour (canapé-lit 2 pers.) réservé aux hôtes, salle d'eau et wc privatifs. Etage : 1 chambre (2 lits 1 pers.). Chauffage central. Salon des propriétaires à disposition avec cheminée. Jardin, salon de jardin. L'accueil chez l'habitant tout en gardant une certaine indépendance, quelle bonne idée pour profiter du « Perche » et en savourer les richesses. « Le Grand Parc » est aussi une étape pratique pour le voyageur entre Paris et la Bretagne. Langue parlée : anglais.

CV

Prix : 1 pers. **180 F** 2 pers. **220 F** pers. sup. **50 F**

Ouvert : toute l'année.

1	3	SP	8	15	15	8	70	20	110	30	5

LEDEME Geneviève et Jean - Le Grand Parc - 61560 BOECE - Tél : 02 33 25 14 64

BOISSY-MAUGIS La Cochonnière *C.M. 231 Pli 45*

1 ch. **Rémalard 5 km.** A l'étage : 1 ch. (2 lits 1 pers.), salle d'eau et wc privatifs. Chauffage central. Madame Koning vous accueille dans cette maison de pays restaurée, dans le Perche, une région aux multiples attraits. Langues parlées : hollandais, anglais.

CV

Prix : 1 pers. **110 F** 2 pers. **220 F** 3 pers. **330 F**

Ouvert : toute l'année.

0,4	2	5	5	0,4	5	5	60	15	120	13	2

KONING Jantina - La Cochonnière - 61110 BOISSY-MAUGIS - Tél : 02 33 73 70 10

BONNEFOI Haras de la Pichonnière *C.M. 231 Pli 45*

2 ch. **l'Aigle 12 km.** Maison indépendante réservée aux hôtes. R.d.c. : séjour (cheminée, canapé-lit), cuisine. Etage : 1 ch. (1 lit 2 pers., lit d'appoint), salle de bains et wc privatifs, 1 ch. (2 lits 1 pers.), salle de bains privée, wc privés au r.d.c., possibilité 1 ch. d'appoint (2 lits 1 pers.). Possibilité lit bébé. Chauffage central. Jardin. Boxes + nouriture 80 F/j., 400 F/sem. Centre d'entraînement de trotteurs, « La Pichonnière » a appartenu à Jean Gabin. Un hippodrome des alentours porte son nom. C'est aussi un domaine campagnard à l'orée de la forêt de Moulins-Bonmoulins, aux confins du Perche, du Pays d'Ouche et de la région des grands haras ornais.

CV

Prix : 1 pers. **200 F** 2 pers. **250 F** 3 pers. **290 F** pers. sup. **80 F**

Ouvert : du 1er janvier au 19 décembre.

SP	6	6	12	SP	1	6	100	40	110	12	4

S.C.E.A. DE LA PICHONNIERE - M.Mme LEVESQUE Irène & Benoist - Haras de la Pichonnière - 61270 BONNEFOI - Tél : 02 33 34 33 06 - Fax : 02 33 24 44 41

BRIOUZE *C.M. 231 Pli 42*

1 ch. **Briouze 1,8 km.** Dans les dépendances de la maison des propriétaires. R.d.c. : 1 ch. (2 lits 1 pers.), salle d'eau et wc privatifs. Chauffage électrique. Possibilité garage. Ping-pong sur place. Dans la région du Houlme, à proximité de la Suisse Normande et de la station thermale de Bagnoles-de-l'Orne, Monsieur et Madame Pierrot vous accueillent dans leur propriété fleurie et paysagée.

CV

Prix : 1 pers. **170 F** 2 pers. **200 F**

Ouvert : toute l'année sauf août.

0,5	1,5	1,8	12	12	6	1,5	20	16	80	1,8	1,8

PIERROT Jean-Claude - La Basse Louvière - route de Bellou - 61220 BRIOUZE - Tél : 02 33 66 07 98

BUBERTRE La Champinière TH *C.M. 231 Pli 45*

4 ch. **Cité ancienne de Mortagne-au-Perche 10 km.** Ancienne grange dîmière. 1 ch. (1 lit 2 pers.), 1 ch. (1 lit 2 pers. 1 lit 1 pers.), 1 ch. (2 lits 1 pers.), salle d'eau et wc privatifs pour chaque chambre, 1 ch. (1 lit 2 pers.), salle de bains et wc privatifs. Chauffage central. Séjour (cheminée, TV). Jardin avec pièce d'eau. Bassin d'émigration percheronne vers le Canada, la région de Tourouvre allie tradition et histoire. Au cœur du Parc Naturel du Perche, Olivier et Sophie ont aménagé avec goût et passion cette grange du XVIIIè et vous proposent des chambres confortables. Langues parlées : anglais, espagnol.

CV

Prix : 1 pers. **290 F** 2 pers. **290 F** 3 pers. **390 F** pers. sup. **100 F**
repas **130 F**

Ouvert : toute l'année.

SP	3	2	16	SP	5	5	90	25	180	23	1

ASSOULY-ALDEBERT Sophie et Olivier - La Champinière - 61190 BUBERTRE - Tél : 02 33 83 34 77

BURE TH *C.M. 231 Pli 44*

2 ch. **Mortagne-au-Perche 12 km.** Dans une maison percheronne, à l'étage, 1 ch. (1 lit 2 pers.), 1 ch. (1 lit 2 pers., 1 lit 1 pers.), avec salle d'eau et wc privatifs pour chaque chambre. Poss. lits supplémentaires et lit bébé. Chauffage central. Séjour (cheminée) et salon avec TV à disposition des hôtes. Jardin, jeux pour enfants. Une étape idéale sur la route du Mont St-Michel, aux confins du Perche et du Pays Mêlois que Marthe vous propose de découvrir. Langue parlée : anglais.

CV

Prix : 1 pers. **180 F** 2 pers. **220 F** 3 pers. **280 F** pers. sup. **60 F**
repas **80 F**

Ouvert : toute l'année.

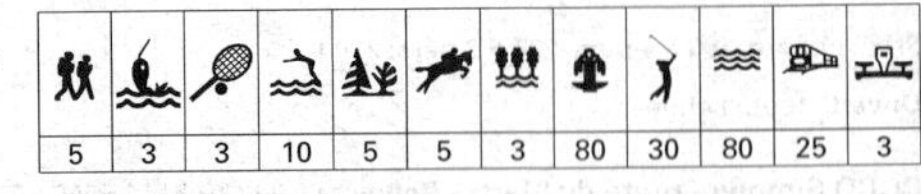

5	3	3	10	5	5	3	80	30	80	25	3

RICHOMME Marthe - Le Bourg - 61170 BURE - Tél : 02 33 25 93 39

CETON L'Aitre (TH) *C.M. 60 Pli 15*

3 ch. **Le Theil 10 km.** A l'étage de la maison des propriétaires : 1 suite (3 lits 1 pers., lit bébé), salle d'eau & wc privés. Dans les dépendances, à l'étage : 1 ch. (2 lits 1 pers.), salle d'eau et wc privés, 1 suite (1 lit 1 pers., 1 lit 2 pers., 1 lit bébé), salle de bains balnéo et wc privés. Salle de séjour réservée aux 2 chambres. Chauffage central. Au cœur du Parc Naturel Régional du Perche, Madame Pinoche vous accueille dans sa jolie maison de caractère et vous propose de découvrir les richesses du patrimoine et de la campagne, mais aussi les secrets et les saveurs de sa table d'hôtes végétarienne. Produits biologiques du jardin. Langue parlée : anglais.

Prix : 1 pers. **250 F** 2 pers. **280/320 F** 3 pers. **350/420 F** pers. sup. **50 F**
repas **100 F**

Ouvert : toute l'année.

SP	SP	1	1	20	7	1	12	150	7	1

PINOCHE Thérèse - l'Aitre - 61260 CETON - Tél : 02 37 29 78 02

CHAMBOIS Le Château *C.M. 231 Pli 31*

5 ch. **Trun 7 km.** Dans un château style Empire. 1er ét. : 1 ch. (1 lit 2 pers.), s. d'eau, wc privés, 1 ch. (1 lit 2 pers.), s. d'eau, wc privés, 1 ch. (1 lit 1 pers., 1 lit 2 pers.), salle de bains, wc privés. 2e ét. : 1 ch. (1 lit 2 pers.), s. d'eau, wc privés, 1 ch. (1 lit 2 pers., 1 lit 1 pers.), s.d.b., wc privés. Chauffage central. A proximité du célèbre Haras du Pin et non loin du Pays d'Auge réputé pour ses paysages et sa gastronomie, Madame Clapeau vous accueille dans sa très belle et confortable demeure au pied du Donjon de Chambois. Langue parlée : anglais.

Prix : 1 pers. **250 F** 2 pers. **290 F** pers. sup. **70 F**

Ouvert : toute l'année.

SP	0,5	0,5	12	5	5	10	60	10	60	12	7

CLAPEAU Micheline - Le Château - rue des Polonais - 61160 CHAMBOIS - Tél : 02 33 36 71 34 ou 01 53 06 38 78 - Fax : 01 53 06 38 81

LE CHAMP-DE-LA-PIERRE Le Pommerel (TH) *C.M. 231 Pli 42*

4 ch. **Carrouges 8 km.** Propriété campagnarde restaurée. Dans la maison des propriétaires, à l'étage : 2 chambres (1 lit 2 pers.), salle de bains et wc privatifs à chaque chambre. Dans les dépendances, à l'étage : 1 ch. (1 lit 2 pers.), 1 ch. (2 lits 1 pers.), salle d'eau et wc privés par ch. Salon réservé aux hôtes. Chauffage central et électrique. Jardin. Une petite route de campagne n'a d'autre issue que cette ancienne ferme restaurée. Maryvonne et Bernard Montcharmont vous y accueillent et vous aideront à savourer ce « bocage bas-normand » qui les a séduits. Forêts, vieilles pierres et traditions. 1/2 pens./2 pers. 290 F, pens./2 pers. 400 F. Langue parlée : anglais.

Prix : 1 pers. **150 F** 2 pers. **220 F** pers. sup. **100 F** repas **80 F**
1/2 pens. **175 F** pens. **230 F**

Ouvert : du 15 février au 15 novembre.

SP	1,5	7	15	10	15	15	20	20	90	25	7

MONTCHARMONT Maryvonne et Bernard - Le Pommerel - 61320 LE CHAMP-DE-LA-PIERRE - Tél : 02 33 27 56 71

LES CHAMPEAUX Verneuillet *C.M. 231 Pli 31*

2 ch. **Vimoutiers 10 km.** Dans une « Ferme Equestre ». 2ème étage : 1 chambre (1 lit 2 pers., 2 lits 1 pers.), salle d'eau et wc privés, 1 chambre (1 lit 2 pers., 2 lits 1 pers.), salle d'eau et wc privés. Séjour (cheminée). Chauffage central. Jardin et salon de jardin. Chevaux et poneys vous attendent « au Petit Cob » pour découvrir le Pays d'Auge par les sentiers de randonnée. Il existe aussi aux alentours des parcours VTT. Ce terroir est riche d'Histoire grâce notamment aux femmes de jadis : Charlotte Corday et Marie Harel, « créatrice du camembert ». Langue parlée : anglais.

Prix : 2 pers. **250 F** pers. sup. **80 F**

Ouvert : toute l'année sauf pendant les vacances scolaires.

SP	7	7	30	2	SP	7	68	45	60	23	10

PERDRIEL Pierre - Verneuillet - Le Petit Cob - 61120 LES CHAMPEAUX-EN-AUGE - Tél : 02 33 39 06 38 - Fax : 02 33 39 06 38

CHANDAI La Ferme du Bourg A (TH) *C.M. 231 Pli 45*

2 ch. **l'Aigle 7 km.** A la ferme. 1 ch. (1 lit 2 pers.) et 1 ch. (1 lit 2 pers., 1 lit 1 pers.), accès indépendant, salle d'eau et wc privés pour chaque chambre. Chauffage central et électrique. Jardin avec terrasse. Séjour. Possibilité TV. En pays d'Ouche, à proximité de la RN26, le sens de l'accueil, les petits déjeuners sur la terrasse du jardin à la belle saison, le charme et la patine des meubles anciens et une flânerie au marché de L'Aigle vous feront apprécier cette maison pour une nuit ou un séjour. Langue parlée : anglais.

Prix : 1 pers. **200 F** 2 pers. **250 F** 3 pers. **300 F** repas **60/90 F**

Ouvert : toute l'année.

1	0,1	7	7	0,5	7	20	8	7	SP

LE TASSEC Gilles - 53 route de Paris - 61300 CHANDAI - Tél : 02 33 24 15 53 - Fax : 02 33 24 15 53

CHANDAI Les Masselins

2 ch. **l'Aigle 7 km.** Maison ancienne rénovée. Etage : 1 chambre (1 lit 2 pers.), salle d'eau et wc privatifs, 1 chambre (1 lit 2 pers.) avec baignoire et lavabo, wc privatifs, poss. 1 chambre d'appoint (2 lits 1 pers., poss. lit bébé). Chauffage central. Séjour (TV, cheminée). Jardin et salon de jardin. Parcours de pêche sur place. Le pays d'Ouche réserve bien des surprises à qui sait l'apprécier. Renée et Jacques Gamard vous y accueillent dans leur confortable maison et vous conseilleront dans vos recherches : cheminées de Saint-Ouen-sur-Iton, marché de L'Aigle, monuments remarquables, etc...

Prix : 1 pers. **200 F** 2 pers. **280 F** 3 pers. **350 F**

Ouvert : du 1er avril au 30 octobre.

4	2	8	8	10	7	15	90	7	0,5

GAMARD Renée et Jacques - route de Chaise Dieu - Les Masselins - La Gamardière - 61300 CHANDAI - Tél : 02 33 24 65 16

LA CHAPELLE-PRES-SEES Les Tertres

TH — *C.M. 231 Pli 43*

3 ch. **Sées 5 km.** A la ferme. Etage : 1 ch. (1 lit 2 pers.), salle d'eau et wc privés, 1 ch. (1 lit 2 pers.), salle de bains, wc privés, 1 ch. (1 lit 2 pers., convertible), salle d'eau et wc privés. Séjour réservé aux hôtes. Chauffage central. Jardin. A proximité de la Forêt d'Ecouves, la ferme des Tertres vous propose de confortables chambres mais aussi de partir à la découverte de la nature avec chevaux et poneys. A quelques km, la cathédrale de Sées, bien connue des cruciverbistes, dresse ses flèches au dessus d'une charmante cité. Langue parlée : anglais.

Prix : 1 pers. **180/190 F** 2 pers. **230/240 F** 3 pers. **280/290 F** pers. sup. **50 F** repas **75 F** 1/2 pens. **255/265 F**

Ouvert : toute l'année.

SP	10	5	20	SP	SP	18	50	15	100	5	5

BESNIARD Odile et Jean-Claude - Les Tertres - 61500 LA CHAPELLE-PRES-SEES - Tél : 02 33 27 74 67

CONDE-SUR-SARTHE Le Moulin

C.M. 231 Pli 43

1 ch. **Alençon 5 km.** 1er étage : 1 ch. (1 lit 2 pers.), salle de bains privative, wc communs. Chauffage central. Salle de séjour à la disposition des hôtes. Jardin. Aux portes d'Alençon, non loin des Alpes Mancelles, en direction du Mont Saint-Michel, le propiétaire vous accueille dans sa chambre d'hôtes.

Prix : 1 pers. **160 F** 2 pers. **190 F** 3 pers. **260 F**

Ouvert : toute l'année.

10	SP	3	3	10	4	24	42	5	120	6	3

BOURGINE G. - Le Moulin - 53 rue des Alpes Mancelles - 61250 CONDE-SUR-SARTHE - Tél : 02 33 27 70 35

CONDE-SUR-SARTHE Le Clos des Roses

3 ch. **Alençon 3 km.** Dans une maison rénovée, en rez-de-jardin avec accès indépendant : 1 ch. (1 lit 2 pers., 1 lit 1 pers., poss. lit bébé), salle d'eau et wc privés. 1er étage : 1 ch. (1 lit 2 pers.), salle de bain et wc privés, 1 ch. 2 épis NN (1 lit 2 pers.), salle de bains et wc privés. Chauffage central. Salle de séjour, véranda. Aux portes des Alpes Mancelles, dominant la Sarthe, c'est un jardin où il fait bon flâner : une collection de rosiers, la gloriette, les fers forgés et la fontaine invitent au repos. Les amateurs de décoration apprécieront le mobilier et le caractère des chambres.

Prix : 1 pers. **170 F** 2 pers. **240 F** 3 pers. **300 F** pers. sup. **70 F**

Ouvert : toute l'année.

SP	SP	1	1	10	4	24	42	6	120	5	1

PELLEGRINI Simone et Pierre - Le Clos des Roses - 10 rue de la Jardinière - 61250 CONDE-SUR-SARTHE - Tél : 02 33 27 70 68

LA COULONCHE Sombreval

C.M. 231 Pli 41

2 ch. **Bagnoles-de-l'Orne 8 km.** Maison indépendante restaurée. R.d.c. : séjour (cheminée, TV couleur) avec coin-cuisine. Etage : 1 chambre (1 lit 2 pers., 1 lit 1 pers.), salle d'eau et wc privés, 1 chambre (2 lits 1 pers., 1 lit bébé), salle d'eau et wc privés. Chauffage central. Jardin, VTT et paddock pour chevaux. A l'orée de la vaste forêt d'Andaines et non loin de la station thermale de Bagnoles de l'Orne, Iréna Derouet vous accueille dans ces deux chambres qui allient confort, tradition et campagne. Langues parlées : anglais, russe.

Prix : 1 pers. **200 F** 2 pers. **240 F** 3 pers. **300 F** pers. sup. **60 F**

Ouvert : toute l'année.

SP	4	4	8	SP	10	4	8	8	60	10	3

DEROUET Irena - Sombreval - 61220 LA COULONCHE - Tél : 02 33 66 18 80 ou 06 81 30 81 54 - Fax : 02 33 66 18 80

COURGEON Ferme de l'Hôtel Neveu

TH — *C.M. 231 Pli 45*

3 ch. **Mortagne 8 km.** Dans le Parc Naturel Régional du Perche. R.d.c. : grande salle avec cheminée et TV réservée aux hôtes. Etage : (mansarde) 1 ch. (1 lit 2 pers., 2 lits 1 pers., 1 lit bébé), s. d'eau et wc privés, 1 ch. (1 lit 2 pers., 1 lit 1 pers.), s. d'eau et wc privés. R.d.c. : 1 ch. (2 lits 1 pers.), s. d'eau et wc privés. Ch. élect. et central. Ping-pong, jeux enfants. L'Hôtel Neveu est une ferme typiquement percheronne dans laquelle M. et Mme Simoen ont aménagé de confortables chambres. Venez y déguster les produits laitiers fabriqués sur place et découvrir cette région du Perche aux multiples facettes. Langue parlée : anglais.

Prix : 1 pers. **190 F** 2 pers. **240/260 F** 3 pers. **280 F** pers. sup. **40 F** repas **85 F**

Ouvert : toute l'année.

SP	6	4	10	4	4	24	100	15	120	35	4

SIMOEN Marie-Claire et Gilbert - Ferme de l'Hôtel Neveu - 61400 COURGEON - Tél : 02 33 25 10 67 - Fax : 02 33 83 39 57

CROISILLES Le Parc au Chien

C.M. 231 Pli 32/44

2 ch. **Gacé 5 km.** Région des Haras. Rez-de-chaussée : 1 ch. (1 lit 2 pers., 2 lits d'appoint 1 pers.), salle de bains et wc privatifs. A l'étage : 1 ch. (1 lit 2 pers., 1 lit 1 pers.), salle d'eau avec wc privatifs. Chauffage central et électrique. Salle de séjour. Dans la région des haras et à proximité du Pays d'Auge, venez découvrir l'accueil à la ferme chez M. et Mme Hervé.

Prix : 1 pers. **115 F** 2 pers. **200 F** 3 pers. **245 F** pers. sup. **35 F**

Ouvert : toute l'année.

5	12	5	5	10	12	12	70	12	80	24	5

HERVE Jean-Noël - Le Parc au Chien - 61230 CROISILLES - Tél : 02 33 35 54 12

CROUTTES Le Haut Bourg

C.M. 231 Pli 31

2 ch. **Vimoutiers 5 km.** Au cœur du Pays d'Auge. A flanc de coteau. 1 ch. (1 lit 2 pers.), salle d'eau et wc privés, 1 ch. (2 lits 1 pers.), salle d'eau et wc privés, prise TV par chambre. Séjour (cheminée) commun avec les propriétaires. Chauffage électrique. Centre d'artisanat sur place. Arrêtez-vous au Haut-Bourg de Crouttes, petit village pittoresque du Pays d'Auge, dans ces chambres hors du commun, ou même venez y séjourner et découvrir les secrets et les techniques de l'artisanat d'art.

Prix : 1 pers. **200 F** 2 pers. **240 F** 3 pers. **300 F** pers. sup. **50 F**

Ouvert : toute l'année.

SP	3	3	3	1	1	3	60	30	7

LES CHAMBRES DE LA CAVEE - M. Christian SUREAU - Le Haut Bourg - 61120 CROUTTES - Tél : 02 33 39 22 16 - Fax : 02 33 36 84 17

CROUTTES Le Prieuré Saint-Michel

TH

C.M. 231 Pli 31

1 ch. **Vimoutiers 7 km.** Dans une dépendance du Prieuré. Accès indépendant, de plain pied. 1 chambre (3 lits 1 pers.) salle d'eau et wc privatifs. Séjour dans ancien pressoir. Chauffage central au bois, jardin, salon de jardin. Année après année, Monsieur et Madame Chahine ont restauré avec passion cette superbe propriété qui accueille musée, expositions et concerts. Les jardins sont réputés et enchanteront autant le néophyte que l'amateur chevronné. Langues parlées : anglais, allemand, italien.

Prix : 1 pers. **460 F** 2 pers. **520 F** 3 pers. **630 F** repas **250 F**

Ouvert : du 1er mars au 1er novembre.

SP	7	30	30	30	30	3	70	60	60	30	7

CHAHINE Pierre - Le Prieuré Saint-Michel - 61120 CROUTTES - Tél : 02 33 39 15 15 - Fax : 02 33 36 15 16 - E-mail : Anne.Chahine@wanadoo.fr

DANCE Le Mesnil

C.M. 60 Pli 15

2 ch. **Nocé 10 km.** R.d.c. : 2 ch. (1 lit 2 pers., 2 lits 1 pers., possibilité lit bébé), salle d'eau et wc communs aux deux chambres. Kitchenette réservée aux hôtes. Chauffage central. Location VTT, ping-pong sur place, téléphone. Un pays de manoirs, de forêts et de chevaux réputés, à moins de deux heures de Paris où M. et Mme Gouault vous accueillent en toute convivialité. Venez découvrir la région du Perche. Langue parlée : anglais.

Prix : 1 pers. **170 F** 2 pers. **200 F** 3 pers. **230 F**

Ouvert : toute l'année.

0,5	3	3	3	0,5	7	3	20	145	3	3

GOUAULT Philippe - Le Mesnil - 61340 DANCE - Tél : 02 33 83 06 45 - Fax : 02 33 83 88 82

DOMFRONT La Demeure d'Olwenn

C.M. 231 Pli 41

3 ch. **Domfront sur place.** Au cœur de la cité médiévale de Domfront. A l'étage : 1 ch. (1 lit 2 pers., 1 lit 1 pers.), 1 ch. (1 lit 2 pers.), 1 ch. (1 lit 2 pers.) avec, en mezzanine mansardée, (2 lits 1 pers.). Salle d'eau, wc, poss. TV dans chaque chambre. Ch. central. Séjour et salon (cheminée) à disposition des hôtes. Grand jardin donnant sur les remparts. Sylvia Tailhandier vous accueille dans cette vieille maison pleine de charme et de surprises et saura vous faire découvrir le Pays de Lancelot du Lac. Langues parlées : anglais, italien.

Prix : 1 pers. **295 F** 2 pers. **295 F** 3 pers. **365 F** pers. sup. **70 F**

Ouvert : toute l'année.

SP	0,5	0,5	19	2,5	18	18	19	19	80	18	SP

TAILHANDIER Sylvia - La Demeure d'Olwenn - 1 rue de Godras - 61700 DOMFRONT - Tél : 02 33 37 10 03 - Fax : 02 33 37 10 03 - E-mail : sylviatchd@aol.com

DURCET Les Poulardières

C.M. 231 Pli 29/41

3 ch. **Flers 11 km.** 1er étage : 2 ch. (1 lit 2 pers. par chambre, 2 lits d'appoint), douches privatives, 1 ch. (1 lit 2 pers., 1 lit 1 pers.), salle d'eau privative. WC réservés aux 3 chambres. Chauffage central. Salle de séjour. Possibilité de cuisiner. Dans le bocage, une halte reposante à la ferme. De là, partez à la découverte de la Suisse Normande, région naturelle aux reliefs mouvementés, « torrents », prairies et forêts verdoyantes. A 10 km, croisières en bateau sur le grand lac intérieur de Rabodanges.

Prix : 1 pers. **150 F** 2 pers. **180 F** 3 pers. **240 F**

Ouvert : toute l'année.

8	8	1	11	13	5	11	19	10	60	7	7

TOUTAIN Thérèse - Les Poulardières - 61100 DURCET - Tél : 02 33 66 20 12 ou 06 19 86 93 87

ECOUCHE

C.M. 231 Pli 4.

2 ch. **Argentan 9 km.** Maison de bourg. A l'étage : 1 chambre (2 lits 2 pers., 1 lit 1 pers., poss. 1 lit bébé), salle de bains et wc privatifs 1 chambre (1 lit 2 pers., 1 lit 1 pers.), salle d'eau et wc privatifs. Balcon sur jardin. Coin-salon avec cheminée, poss. TV couleur, tél téléséjour. Chauffage central. Possibilité coin-cuisine. M. et Mme Boulier vous accueillent toute l'année pour vos vacances week-end, étapes randonneurs (GR 36), route du Mont Saint Michel... Langue parlée : anglais.

Prix : 1 pers. **170 F** 2 pers. **200 F** 3 pers. **240/250 F** pers. sup. **50 F**

Ouvert : toute l'année.

SP	SP	SP	9	SP	7	9	27	22	60	SP	SP

BOULIER Pierre - 14 rue du Général Warabiot - 61150 ECOUCHE - Tél : 02 33 35 13 58 - E-mail : pierre.boulier@libertysurf.fr

FAVEROLLES Le Mont Rôti

TH

C.M. 231 Pli 42

2 ch. **Bagnoles-de-l'Orne 15 km.** Entre Bocage et Suisse Normande. Sur une exploitation agricole. A l'étage : 1 suite (1 lit 2 pers., 1 lit 1 pers.), salle d'eau et wc privés, 1 ch. (1 lit 2 pers.) avec salle d'eau et wc privés. Chauffage central. Véranda réservée aux hôtes. 1/2 pension : 360 F/2 pers. Le Mont Rôti est une ferme en pleine campagne bocagère. Bernard et Sylviane Fortin vous y accueillent dans de coquettes chambres mansardées. Nombreux sites à découvrir aux alentours. Langue parlée : anglais.

Prix : 1 pers. **160 F** 2 pers. **200 F** 3 pers. **260 F** pers. sup. **60 F** repas **80 F**

Ouvert : toute l'année.

SP	3	13	13	13	10	13	18	18	100	8	8

FORTIN Sylviane et Bernard - Le Mont Roti - 61600 FAVEROLLES - Tél : 02 33 37 34 72

LA FERRIERE-AU-DOYEN La Grimonnière

TH

C.M. 231 Pli 44/45

2 ch. **l'Aigle 15 km. Abbaye de la Trappe 6 km.** Région des Haras. A la ferme. A l'étage : 1 ch. (1 lit 2 pers.), salle d'eau et wc privés, 1 ch. (1 lit 2 pers., 1 lit 1 pers.), salle de bains et wc privés. Chauffage central. Salon avec cheminée, bibliothèque et kitchenette. Table d'hôtes sur réservation. Dans leur maison du Pays d'Ouche, entourée de forêts et de cultures, Jean et Françoise passionnés de Botanique, vous accueilleront à la ferme et sauront vous faire goûter les plaisirs de la nature et du patrimoine environnant dont l'abbaye de la Trappe. Langue parlée : anglais.

Prix : 1 pers. **155 F** 2 pers. **195 F** 3 pers. **245 F** pers. sup. **50 F** repas **75 F**

Ouvert : toute l'année.

SP	5	5	15	SP	5	6	60	45	100	15	5

GOUFFAULT Françoise et Jean - La Grimonnière - 61380 LA FERRIERE-AU-DOYEN - Tél : 02 33 34 57 37 - Fax : 02 33 24 69 97

LA FORET-AUVRAY Le Pont

C.M. 231 Pli 30

3 ch. **Briouze 15 km.** R.d.c. : 1 ch. (1 lit 2 pers., 1 lit enfant), salle d'eau et wc privatifs, 1 ch. (1 lit 2 pers.), salle de bains et wc privatifs, 1 ch. (1 lit 2 pers, 1 lit 1 pers., 1 lit bébé), salle d'eau et wc privatifs. Salon, séjour avec cheminée. Chauffage central. Jardin. Dans ce petit vallon de Suisse Normande, Julie et Philippe Guyard vous ouvrent les portes de cette ancienne orangerie du XIXè siècle et vous accueillent dans leurs confortables chambres d'hôtes. La « déco », les volumes et le cadre naturel devraient vous séduire. Langues parlées : anglais, espagnol.

Prix : 1 pers. **200 F** 2 pers. **250 F** 3 pers. **350 F** pers. sup. **100 F**

Ouvert : toute l'année.

SP	SP	7	7	SP	7	7	40	15	60	15	17

GUYARD Philippe - l'Orangerie - Le Pont - 61210 LA FORET-AUVRAY - Tél : 02 33 64 29 48 ou 06 08 26 80 20

GEMAGES Le Moulin

TH

C.M. 60 Pli 15

3 ch. **Cités anciennes de Mortagne-au-Perche 18 km, Bellême 23 km.** Dans les dépendances d'un ancien moulin, 3 chambres indépendante en rez de jardin : 1 ch. (1 lit 2 pers., 1 lit 1 pers.) s. d'eau et wc privés, 1 ch. (1 lit 2 pers., 1 lit 1 pers.) s. d'eau et wc privés, 1 ch. (1 lit 2 pers., 1 lit 1 pers.) s. de bains et wc privés. Chauffage électrique. Jardin (rivière et étangs non clos). Au creux d'une vallée verdoyante du Parc Naturel Régional du Perche, non loin de Bellême, la famille Iannaccone vous propose de découvrir au « moulin de Gémages », sur 11 ha. de prairie et 2,6 ha. d'eau aménagés pour la pêche à la mouche et de confortables chambres personnalisées. Langues parlées : italien, anglais.

Prix : 1 pers. **240/310 F** 2 pers. **280/350 F** 3 pers. **350/420 F** repas **120 F**

Ouvert : toute l'année.

1,2	SP	5	10	0,5	1	15	120	12	15	1,2

IANNACCONE Anna - Le Moulin de Gemages - 61130 GEMAGES - Tél : 02 33 25 15 72 - E-mail : annieriv.iann@wanadoo.fr

LES GENETTES La Vieillerie

TH

C.M. 231 Pli 45

2 ch. **l'Aigle 14 km.** Maison ancienne restaurée de plain pied : 1 chambre (2 lits 2 pers., 1 lit 1 pers.), 1 chambre (3 lits 1 pers.), salle d'eau, wc et coin-cuisine privatifs. Séjour (cheminée). Chauffage électrique. Jardin, salon de jardin, terrasse, un box pour cheval. C'est tout le charme de la campagne aux confins de trois régions naturelles (le Perche, le Pays d'Ouche et la Région des Haras) qu' Anne et Luc vous proposent de découvrir depuis leur confortable maison de pays : des villages pittoresques, des forêts, des chevaux, des traditions... Langue parlée : anglais.

Prix : 1 pers. **170 F** 2 pers. **200 F** 3 pers. **250 F** repas **90 F**

Ouvert : toute l'année.

SP	3	14	14	SP	3	3	30	100	14	3

THOURET-LARUELLE Anne et Luc - La Vieillerie - 61270 LES GENETTES - Tél : 02 33 34 03 98 ou 06 84 69 51 22 - Fax : 02 33 34 03 98

LA GENEVRAIE Le Pré Godard
C.M. 231 Pli 44

1 ch. **Sées 13 km.** Maisonnette indépendante située dans un haras. 1 chambre (1 lit 2 pers., possibilité lit d'appoint 1 pers.) avec salle d'eau et wc privatifs. Chauffage électrique. Séjour avec cheminée. Jardin. Possibilité de boxes et de pension pour chiens et chevaux. Au pays de Jean de la Varande, Caroline de Mareschal vous réserve un sympathique accueil et vous fera partager sa passion pour les chevaux de sport et les chiens. Langues parlées : anglais, espagnol.

CV

Prix : 1 pers. **240 F** 2 pers. **260 F** 3 pers. **350 F**

Ouvert : toute l'année.

5	10	1	10	5	1	20	50	10	80	1	1

DE MARESCHAL Caroline - Le Pré Godard - 61240 LA GENEVRAIE - Tél : 02 33 35 37 06 ou 06 03 54 85 56

GINAI La Douitée
C.M. 231 Pli 44

1 ch. **Gacé 10 km.** Région des Haras. Rez-de-chaussée : 1 chambre (1 lit 2 pers., possibilité 1 lit 1 pers. supplémentaire), salle d'eau et wc privatifs. Chauffage central. A proximité du célèbre Haras du Pin (4km), et non loin du Pays d'Auge, réputé pour ses paysages et sa gastronomie, M. et Mme Doffagne vous accueillent en toute convivialité dans une chambre d'hôtes confortable.

CV

Prix : 1 pers. **220 F** 2 pers. **250 F** pers. sup. **60 F**

Ouvert : toute l'année.

3	10	3	20	3	15	10	60	10	60	20	3

DOFFAGNE Guy - La Douitée - 61310 GINAI - Tél : 02 33 39 95 51

LA GONFRIERE Le Pommier Fal
TH *C.M. 231 Pli 32/33*

2 ch. **l'Aigle 15,5 km.** Maison ancienne restaurée. R.d.c. : 1 chambre (1 lit 2 pers.), salle d'eau et wc privatifs, 1 chambre (2 lits 1 pers.), salle d'eau et wc privatifs. Séjour (cheminée), chauffage central. Jardin clos, salon de jardin. Joël Bourienne, historien et spécialiste de la vie de Guillaume le Conquérant, sera heureux de vous faire partager sa passion et de vous mener sur les traces du Duc de Normandie. Langues parlées : anglais, russe.

CV

Prix : 1 pers. **210 F** 2 pers. **260 F** pers. sup. **90 F** repas **150 F**

Ouvert : toute l'année.

1,5	1,5	7	15,5	1,5	2	1,5	30	80	15,5	1,5

BOURIENNE Joël - La Conquérante - Le Pommier Fal - 61550 LA GONFRIERE - Tél : 02 33 24 69 12 ou 06 12 98 84 77 - Fax : 02 33 24 69 12 - E-mail : laigle@cybercable.fr

HABLOVILLE Bissey
A TH *C.M. 231 Pli 30*

2 ch. **Argentan 14 km. Grand lac intérieur de Rabodanges 8 km.** Dans une maison ancienne restaurée, 2 chambres (2 lits 1 pers./ch.) avec salle de bains et wc communs aux deux chambres (poss. lit bébé) . Séjour avec TV et poêle Godin à disposition des hôtes. Chauffage central. Jardin, salon de jardin. Aux portes de la Suisse Normande, ambiance cottage chez Shirley O'Toole qui croque à l'aquarelle les paysages des environs, les fleurs des champs, les animaux familiers et les petits bonheurs de la vie à la campagne. A voir : l'église d'Habloville et les ruelles d'Ecouché. Langue parlée : anglais.

CV

Prix : 1 pers. **150 F** 2 pers. **200 F** pers. sup. **50 F** repas **80 F**

Ouvert : du 1er mars au 30 novembre.

6	6	5	14	15	14	8	33,5	35	70	14	6

O'TOOLE Shirley - Bissey - 61210 HABLOVILLE - Tél : 02 33 67 68 03

LA HAUTE-CHAPELLE La Fontaine des Etoiles
C.M. 231

3 ch. **Cité médiévale de Domfront 1 km.** Ancien presbytère bâti en 1730 et restauré en 1999. R.d.c. : séjour (TV, cheminée) réservé aux hôtes, possibilité cuisine. 1er étage : 1 ch. (1 lit 2 pers.), salle de bains et wc privés, 1 ch. (1 lit 2 pers.), salle d'eau et wc privés, 1 suite à 2 chambres (4 lits 1 pers.), salle d'eau et wc privés. Chauffage central. Jardin. Des partis pris de déco et la discrétion toute britannique de la propriétaire confèrent à cette maison un charme particulier. Aux alentours, il fera bon flâner dans les ruelles de Domfront, arpenter les chemins de randonnée et courir les nombreux antiquaires. Langue parlée : anglais.

CV

Prix : 1 pers. **200 F** 2 pers. **300 F** 3 pers. **500 F** pers. sup. **50 F**

Ouvert : toute l'année.

SP	8	SP	22	5	8	8	16	22	80	22	3

ARMSTRONG Jill - Le Bourg - La Fontaine des Etoiles - 61700 LA HAUTE-CHAPELLE - Tél : 02 33 38 37 16 ou 02 33 38 03 95 - Fax : 02 33 38 03 95 - E-mail : fontetoil@aol.com

HEUGON Le Bois Pinel
TH *C.M. 231 Pli 32*

1 ch. **Gacé 10 km.** Dans une ancienne ferme rénovée. Etage : 1 chambre (2 lits 1 pers., 1 canapé-lit 2 pers.), salle d'eau et wc privatifs. Possibilité 1 chambre supplémentaire (1 lit 2 pers.). Chauffage électrique. Séjour avec cheminée et TV couleur. Jardin avec grande mare non close, garage. Aux confins du Pays d'Auge et du Pays d'Ouche, deux terroirs riches de traditions, d'histoire et de gastronomie, Marie-Madeleine et Jean Duval vous accueillent en toute sympathie. Les bourgs pittoresques, les petites églises « égarées » dans la campagne, que de choses à découvrir ! Langue parlée : anglais.

CV

Prix : 1 pers. **180 F** 2 pers. **220 F** 3 pers. **280 F** pers. sup. **60 F** repas **85 F**

Ouvert : toute l'année.

0,5	4	5	14	14	5	14	70	14	70	25	5

DUVAL Marie-madeleine et Jean - Le Bois Pinel - 61470 HEUGON - Tél : 02 33 35 15 30

JUVIGNY-SOUS-ANDAINE La Chevairie

A (TH) *C.M. 231 Pli 41*

3 ch. **Bagnoles-de-l'Orne 6 km.** 1er étage : 2 chambres (1 lit 2 pers.), 1 chambre (1 lit 2 pers., 1 lit 1 pers.) avec salle d'eau et wc réservés à chacune d'entre elles. Séjour. Chauffage électrique. En lisière de forêt d'Andaine, non loin de la Tour de Bonvouloir, venez goûter aux délices de la gastronomie locale et découvrir les charmes du Bocage. Chasse aux canards sur les étangs de la propriété. Langue parlée : italien.

CV

Prix : 1 pers. **190 F** 2 pers. **220 F** 3 pers. **300 F** pers. sup. **100 F** repas **90 F**

Ouvert : du 1er mars au 31 octobre.

1	10	1	6	1	3	6	6	6	70	6	3

MONSALLIER Rosaria - La Chevairie - 61140 JUVIGNY-SOUS-ANDAINE - Tél : 02 33 38 20 86 ou 02 33 38 27 74 - Fax : 02 33 37 72 40

LA LACELLE Les Communes

(TH) *C.M. 231 Pli 42*

2 ch. **Alençon 20 km.** Proximité des Alpes Mancelles. 1er étage : 1 ch. (1 lit 2 pers., 1 lit 1 pers., 1 lit bébé), salle d'eau privée, 1 ch. (2 lit 2 pers.), salle d'eau privée, wc communs aux 2 chambres. Chauffage central. Salle de séjour. En pleine campagne, venez goûter au calme de cette belle maison de pays et apprécier la convivialité de l'accueil de M. et Mme Cavey. A voir aux alentours, le château de Carrouges, la forêt d'Ecouves et à 30 km, la station thermale de Bagnoles-de-l'Orne. Langue parlée : anglais.

CV

Prix : 1 pers. **170 F** 2 pers. **200 F** 3 pers. **240 F** pers. sup. **40 F** repas **70 F**

Ouvert : toute l'année.

5	20	6	6	5	20	20	25	25	100	20	6

CAVEY Jean-Luc - Les Communes - 61320 LA LACELLE - Tél : 02 33 27 38 01 ou 06 12 03 32 83 - Fax : 02 33 27 38 01

LARRE La Raiterie

C.M. 231 Pli 43

1 ch. **Alençon 8 km.** Dans une maison de pays rénovée. R.d.c. : 1 chambre avec TV (1 lit 2 pers., 1 lit d'appoint 1 pers.), salle de bains et wc privatifs. Chauffage électrique et bois. Séjour avec cheminée (insert) commun aux hôtes et aux propriétaires. Non loin d'Alençon, Madame Loison vous accueille à « La Raiterie », petit hameau dans la campagne. Halte reposante bien desservie (N12 à 1 km) et nombreuses curiosités aux alentours dont les forêts de Bourse et d'Ecouves, faites-y étape ou restez-y quelques jours.

CV

Prix : 1 pers. **160 F** 2 pers. **200 F** 3 pers. **240 F**

Ouvert : toute l'année.

SP	3	10	8	5	8	12	45	8	110	8	8

LOISON Simone - La Raiterie - 61250 LARRE - Tél : 06 80 70 92 37 ou 02 33 31 06 58

LONGNY-AU-PERCHE

(TH) *C.M. 60 Pli 5*

3 ch. **Cité ancienne de Mortagne-au-Perche 18 km.** Dans les dépendances, ancienne orangerie avec accès indépendant. R.d.c. : vaste séjour (cheminée) réservé aux hôtes. Etage : 1 ch. (1 lit 2 pers., 1 lit 1 pers. 120 cm) salle d'eau et wc privés, 1 ch. (1 lit 2 pers.) salle d'eau et wc privés, 1 ch. (1 lit 2 pers.) s. de bain et wc privés. Chauffage électrique. Jardin. Table d'hôtes sur réservation uniquement. Longny-au-Perche est une petite cité typique du Perche, région de forêts, de manoirs et de chevaux, classée Parc naturel régional. Edith, Marc et leurs enfants vous proposent de confortables chambres aux couleurs des fleurs de champs. Pour les gourmands, Marc officie aux fourneaux. Langues parlées : anglais, espagnol, allemand.

CV

Prix : 1 pers. **180 F** 2 pers. **240 F** 3 pers. **300 F** pers. sup. **60 F** repas **75 F**

Ouvert : toute l'année.

3,5	SP	1	SP	2	7	2	110	34	130	28	SP

DESAILLY Edith et Marc - 9, rue des Prés - 61290 LONGNY-AU-PERCHE - Tél : 02 33 25 11 78

LONLAY-L'ABBAYE

C.M. 231 Pli 40/41

1 ch. **Domfront 7 km.** Région de Bocage. 1er étage : 1 suite avec 1 chambre (1 lit 2 pers.) et 1 chambre (1 lit 2 pers. en 130cm), salle d'eau et wc privatifs à la suite. Possibilité 1 lit pliant enfant. Chauffage central. M. et Mme Lagranderie vous accueillent chaleureusement dans leur agréable demeure d'où vous pourrez aller visiter la ville médiévale de Domfront, la région de Mantilly, célèbre pour son poiré, ou bien encore, gagner le Mont St-Michel (70km).

CV

Prix : 1 pers. **185 F** 2 pers. **230 F** 3 pers. **400 F** pers. sup. **75 F**

Ouvert : toute l'année.

SP	SP	SP	25	10	5	5	28	28	70	17	SP

LAGRANDERIE André - route de Rouelle - 61700 LONLAY L'ABBAYE - Tél : 02 33 38 08 71

LUCE Les Pâquerets

C.M. 231 Pli 41

2 ch. **Domfront 6 km.** Bocage domfrontais. A la ferme. A l'étage de la maison des propriétaires, 1 chambre (1 lit 2 pers.), salle d'eau et wc privatifs, 1 chambre (2 lits 1 pers.), salle d'eau et wc privatifs. Chauffage central. Séjour avec cheminée à disposition des hôtes. Deux jolies chambres chez de sympathiques agriculteurs qui vous proposent de goûter aux joies de la campagne et aux saveurs du Bocage Domfrontais.

CV

Prix : 1 pers. **170 F** 2 pers. **200 F**

Ouvert : toute l'année.

3	4	3	18	3	10	15	18	18	90	25	6

DUMESNIL Gérard - Les Paquerets - 61330 LUCE - Tél : 02 33 30 13 87 - Fax : 02 33 30 13 87

MAISON-MAUGIS Domaine de l'Emière *C.M. 60 Pli 5*

3 ch. **Cités anciennes de Mortagne-au-Perche 18 km, Bellême 23 km.** Dans une maison du XVIIe siècle, étage : 1 ch. (2 lits 1 pers.), s.d.b. avec wc privés, 1 ch. (1 lit 2 pers.), s. d'eau et wc privés. Séjour (cheminée). Dans les dépendances avec accès indépendant. R.d.c. : salon. Etage : 1 ch. (1 lit 150), salle d'eau et wc privatifs. Chauffage central et électrique. Grand parc, terrasse avec petite pièce d'eau non close. Le Domaine de l'Emière est un site d'exception. Edith et Jean-Louis Grandjean vous y font partager leurs passions : la nature, les collections d'arbustes, de fleurs et de légumes, les animaux (le coq gaulois, les quarters horses ...), la Musique et bien sûr Le Perche. Langue parlée : anglais.

CV

Prix : 1 pers. **400/500 F** 2 pers. **500/600 F**

Ouvert : toute l'année.

SP	8	8	10	SP	8	10	150	20	180	18	10

GRANDJEAN Edith - Domaine de l'Emière - 61110 MAISON-MAUGIS - Tél : 02 33 73 74 19 - Fax : 02 33 73 69 80

MARCHEMAISONS Boisaubert (TH) *C.M. 231 Pli 44*

4 ch. **Le Mêle-sur-Sarthe 3 km.** Dans les dépendances de la maison des propriétaires, de plain-pied. 3 chambres (1 lit 2 pers.), 1 chambre (1 lit 2 pers., 1 lit 1 pers.), salle d'eau et wc pour chaque chambre. Séjour (cheminée). Chauffage central. Jardin avec 2 mares non closes. Possibilité de boxes pour chevaux. En arc de cercle, les dépendances de Boisaubert sont assez insolites. C'est une étape idéale aux portes du Parc naturel régional Normandie Maine. Amis des chevaux et des chiens, les propriétaires sont aussi des gourmets et sauront vous faire partager leurs passions. Langue parlée : italien.

CV

Prix : 1 pers. **220 F** 2 pers. **260 F** 3 pers. **290 F** repas **100 F**

Ouvert : toute l'année.

1	3	3	18	1	1	3	60	18	120	18	3

S.C.I. BOISAUBERT - M. GIULIVO Antonio - Boisaubert - 61170 MARCHEMAISONS - Tél : 02 33 31 91 29 - Fax : 02 33 31 91 31

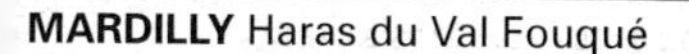

MARDILLY Haras du Val Fouqué *C.M. 231 Pli 32*

1 ch. **Gacé 5 km.** Maisonnette indépendante. 1 suite avec 1 ch. (1 lit 2 pers.) et 1 ch. (2 lits 1 pers. superposés), salle d'eau et wc privatifs. Chauffage central et électrique. Boxes sur place. C'est au creux d'un vallon du Pays d'Auge que se cache Le Val Fouqué, haras de chevaux de sport. Aux environs, Gacé, cité de la Dame aux Camélias, Camembert, charmant village connu pour le fromage qui porte son nom, ou encore les producteurs cidricoles, attendent votre visite. Langues parlées : anglais, suédois.

CV

Prix : 1 pers. **160 F** 2 pers. **230 F** 3 pers. **280 F** pers. sup. **40 F**

Ouvert : toute l'année.

SP	1	5	5	15	2	15	15	70	30	5

BIAUDET Marica et Tom - Haras du Val Fouque - 61230 MARDILLY - Tél : 02 33 35 59 12 - Fax : 02 33 36 55 74

LE MELE-SUR-SARTHE *C.M. 231 Pli 44*

2 ch. **Le Mêle-sur-Sarthe sur place.** Région du Pays Mêlois. Manoir de style normand. 1er étage : 1 ch. (1 lit 2 pers., 2 lits 1 pers.), salle de bains et wc privatifs. 2e étage : 1 suite 2 épis (2 lits 2 pers., 1 lit 1 pers.), salle d'eau et wc privatifs. Chauffage central. Séjour et jardin à la disposition des hôtes. Supplément lit bébé = 35F. Forfait 5 pers. : 740 F. Tout le charme d'une belle maison normande dans un bourg campagnard. Une étape idéale aux marches du Perche et aux contrefort du Maine. M. et Mme Thonnerieux vous y invitent à découvrir le Pays Mêlois.

CV

Prix : 1 pers. **200 F** 2 pers. **300 F** 3 pers. **440 F** pers. sup. **140 F**

Ouvert : toute l'année.

5	1	1	12	5	4	0,8	60	25	110	20	SP

THONNERIEUX Odile et Pierre - 20 avenue de Falkenstein - 61170 LE MELE-SUR-SARTHE - Tél : 02 33 27 49 47 - Fax : 02 33 28 05 44

MONTCHEVREL La Chapelle *C.M. 231 Pli 44*

1 ch. **Sées 15 km.** Maison ancienne de style local restaurée. Etage : 1 suite comprenant 2 ch. (2 lits 2 pers., 1 lit 1 pers.), salle de bains et wc privatifs. Chauffage électrique. Salle de séjour et coin-cuisine réservés aux hôtes. Artisanat (céramique, émaux) sur place. Dans une ferme percheronne, à proximité de Sées, Monsieur et Madame Grignaux vous proposent le calme et le confort de leur chambre d'hôtes, depuis laquelle vous pourrez découvrir la région. Langue parlée : anglais.

CV

Prix : 1 pers. **130 F** 2 pers. **180 F** 3 pers. **220 F** pers. sup. **50 F**

Ouvert : toute l'année.

SP	2	3,5	17	3	6	7	60	30	100	20	7

GRIGNAUX Monique et Lucien - La Chapelle - 61170 MONTCHEVREL - Tél : 02 33 27 68 10

MORTAGNE-AU-PERCHE L'Archangerie *C.M. 231 Pli 45*

1 ch. **Mortagne-au-Perche 1 km.** A l'étage : 1 suite avec 1 ch. (1 lit 2 pers., TV couleur) et 1 ch. (1 lit 2 pers., 1 lit 1 pers.), salle de bains et wc privatifs. Séjour à disposition des hôtes. Chauffage central au gaz. Jardin avec salon de jardin. Marché le samedi matin. Aux portes de Mortagne-au-Perche, jolie cité percheronne aux multiples richesses architecturales, historiques et gastronomiques, Madame Desjouis vous accueille en toute convivialité.

CV

Prix : 1 pers. **180 F** 2 pers. **250 F** 3 pers. **320 F** pers. sup. **70 F**

Ouvert : toute l'année.

SP	3	SP	1	12	8	12	90	12	150	30	SP

DESJOUIS Geneviève - 24 rue du Moulin à Vent - 61400 MORTAGNE-AU-PERCHE - Tél : 02 33 25 12 64

MORTREE Hameau du Château d'O

C.M. 231 Pli 43

1 ch. **Mortrée 500 m.** Maisonnette indépendante. Etage : séjour réservé aux hôtes (banquette 1 pers. avec lit gigogne), salle d'eau et wc privatifs. 2ème étage : mansarde (2 lits 1 pers.). Chauffage électrique. Jardinet et salon de jardin. A deux pas du château d'O, Marie-Hélène Augé a restauré avec soin ce petit bâtiment de pierre blanche. Au cœur du département, Mortrée est une étape idéale pour aller visiter les châteaux de Sassy, Médavy, le Bourg-Saint-Léonard et le célèbre Haras du Pin. Langues parlées : anglais, espagnol.

Prix : 1 pers. **220 F** 2 pers. **280 F** 3 pers. **350 F** pers. sup. **70 F**

Ouvert : toute l'année.

0,2	0,2	0,5	13	10	7	13	43,5	10	80	7	1

AUGE Marie-Hélène - Hameau du Château d'O - 61570 MORTREE - Tél : 02 33 67 13 42 - Fax : 02 33 67 13 42

MOULICENT La Grande Noë

C.M. 231 Pli 45

3 ch. **Longny-au-Perche 6 km.** Région du Perche. Dans un château percheron des XVe, XVIIIe, XIXe siècles. Etage : 1 ch. (2 lits 1 pers.), 1 ch. (1 lit 2 pers.), 1 ch. (1 lit 2 pers.), salle de bains et wc privatifs pour chaque chambre. Chauffage central. Grand parc, ping-pong, bicyclettes, boxes pour chevaux et attelage sur place. En pleine campagne, au calme, M. et Mme de Longcamp vous accueillent dans une ambiance familiale. Langues parlées : anglais, espagnol.

Prix : 1 pers. **500/600 F** 2 pers. **550/650 F** pers. sup. **100 F**

Ouvert : du 1er mars au 30 novembre.

2	6	8	8	2	10	8	25	110	30	5

DE LONGCAMP Pascale et Jacques - La Grande Noë - 61290 MOULICENT - Tél : 02 33 73 63 30 - Fax : 02 33 83 62 92 - E-mail : grandenoe@wanadoo.fr

NEUILLY-SUR-EURE Les Hautes Bruyères

C.M. 231 Pli 46

4 ch. **Longny-au-Perche 16 km.** A l'étage : 1 ch. (3 lits 1 pers.), 1 ch. (1 lit 2 pers. 160 cm., 1 lit bébé), 1 ch. (1 lit 2 pers. 160 cm.), 1 ch. (3 lits 1 pers.), salle d'eau, wc privés/chambre. Poss. 2 lits supplémentaires. Chauffage central. Vaste séjour avec cheminée. Jardin. Poss. chasse au gros gibier sur le domaine. « Bel Air » est un territoire de chasse réputé dans le Perche et la décoration de ce rendez-vous évoque bien la qualité du gros gibier. Sans être chasseur, on appréciera, depuis les chambres, les vues sur la campagne, le confort de la maison et le sympathique accueil. Langue parlée : anglais.

Prix : 1 pers. **200 F** 2 pers. **250 F** 3 pers. **350 F**

Ouvert : toute l'année.

SP	1	1	8	SP	1	1	70	8	150	10	8

DI GIOVANNI Claudine et André - 4 rue Abbé Beule - 28400 NOGENT-LE-ROTROU - Tél : 02 33 73 92 23 - Fax : 02 37 52 09 91

NEUVILLE-PRES-SEES Le Haut Montrond

TH

C.M. 231 Pli 44

5 ch. **Sées 12 km.** Dans une maison ancienne restaurée. Etage : 1 ch. (2 lits 1 pers.), 1 ch. (1 lit 2 pers.), 1 ch. (1 lit 2 pers., 1 lit 1 pers.), 1 ch. (1 lit 2 pers., 2 lits 1 pers.), 1 ch. (1 lit 2 pers., 2 lits 1 pers. superposés), salle d'eau et wc privés par chambre. Chauffage électrique. Vaste séjour avec coin-salon (TV). Boxes pour chevaux. Le Haut Montrond est un petit hameau à quelques kilomètres de Sées dont on visitera la cathédrale. Monsieur et Madame Delannée y élèvent des trotteurs français et c'est tout le charme de leur »pays« qu'ils vous proposent de savourer. Remise de 10% pour long séjour. Langue parlée : allemand.

Prix : 1 pers. **195 F** 2 pers. **250 F** 3 pers. **300 F** pers. sup. **50 F** repas **95 F**

Ouvert : toute l'année.

SP	SP	12	30	16	12	17	60	6	100	10	12

DELANNEE Hubert - Le Gîte du Lion - Le Haut Montrond - 61500 NEUVILLE-PRES-SEES - Tél : 02 33 35 41 58 ou 02 33 36 92 54 - Fax : 02 33 35 41 58

PREAUX-DU-PERCHE La Carrière du Poëlé

C.M. 60 Pli 15

2 ch. 1er étage : 1 ch. (2 lits 1 pers.), 1 ch. (3 lits 1 pers.), salle de bains et wc communs aux 2 chambres. Chauffage électrique. Salle de séjour. A moins d'une heure trente de Paris, l'accueil chaleureux de M. et Mme Bouthry qui vous proposent des séjours campagnards dans cette belle région qui est le Perche. Ils sauront vous la faire découvrir et aimer.

Prix : 1 pers. **160 F** 2 pers. **190 F** 3 pers. **220 F**

Ouvert : toute l'année.

1	1	12	12	10	20	15	150	12	11

BOUTHRY Anne-Marie et Roland - La Carrière du Poële - 61340 PREAUX-DU-PERCHE - Tél : 02 33 83 00 21

REMALARD Domaine de Launay *C.M. 231 Pli 45*

4 ch. **Rémalard 3 km.** Dans les dépendances : 1 suite (6 pers.), s. de bains, 2 wc, séjour, coin-cuisine privés, 1 suite (4 pers.), s. d'eau, wc, séjour, coin-cuisine privés, 1 suite (4 pers.), s. d'eau, wc privés, 1 ch. (2 lits 1 pers.), salon, s. de bains, wc privés. Séjour (TV). Ch. central. Jardin, salon de jardin, étang non enclos et bois. Practice. 4 boxes. Ancienne ferme percheronne du XVIè siècle, le Domaine de Launay s'étend sur 15 hectares de bois et de prairies. Les confortables « suites » invitent au repos (2 possèdent une cheminée) mais John et Toos Bakker, grands amateurs de golf, vous feront partager leur passion ... Langues parlées : hollandais, anglais, allemand.

Prix : 1 pers. **300/425 F** 2 pers. **500/1500 F** 3 pers. **750/900 F** pers. sup. **250 F**

Ouvert : toute l'année.

SP	SP	3	3	SP	10	15	110	15	150	10	3

S.A.R.L. DOMAINE DE LAUNAY - John et Toos BAKKER - Launay - 61110 REMALARD - Tél : 02 33 83 61 33 - Fax : 02 33 73 66 18

LES ROTOURS Lac de Rabodanges (TH) *C.M. 231 Pli 30*

5 ch. **Putanges 5 km.** Au cœur de la Suisse Normande. 1er étage : 2 ch. (1 lit 2 pers., 1 lit bébé), 1 ch. (2 lits 1 pers.). 2e étage : 2 ch. (1 lit 2 pers.), salle d'eau et wc privés pour chaque chambre. Possibilité lits d'appoint. Chauffage central et électrique. Salle de séjour. Repas sur réservation. Dominant le lac de Rabodanges, la maison de Madame d'Angelo vous permet de venir découvrir la région. Possibilité ski nautique et croisières sur le lac tout proche.

Prix : 1 pers. **165 F** 2 pers. **195 F** 3 pers. **245 F** pers. sup. **40 F** repas **70 F**

Ouvert : toute l'année.

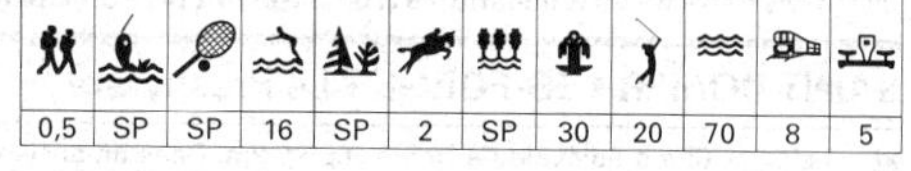

0,5	SP	SP	16	SP	2	SP	30	20	70	8	5

D'ANGELO Michèle - Lac de Rabodanges - 61210 LES ROTOURS - Tél : 02 33 35 76 38

SAINT-AGNAN-SUR-SARTHE Le Val Besnard *C.M. 231 Pli 44*

1 ch. **Moulins-la-Marche 10 km.** Maison ancienne restaurée. R.d.c. : 1 chambre (1 lit 2 pers.), salle de bains et wc privatifs. Salon et séjour (cheminée, TV). Jardin, salon de jardin, piscine de plein air chauffée. Prairie pour cheval. Chauffage central. La région des Monts d'Amain peut réserver bien des surprises à qui veut la découvrir. La variété des paysages, les demeures de caractère et les petits villages pittoresques ne manquent pas de saveur. Aux beaux jours, on appréciera la piscine en plein air. Cheval au pré : 50 F (nourriture comprise). Langue parlée : anglais.

Prix : 1 pers. **240 F** 2 pers. **280 F**

Ouvert : toute l'année.

SP	1	5	SP	SP	22	12	68	30	90	24	5

**LECUYER Bernard - Le Val Bernard - Cidex 2024 - 61170 SAINT-AGNAN-SUR-SARTHE - Tél : 02 33 84 85 24 -
E-mail : bernardlecuyer@minitel.net**

SAINT-ANDRE-DE-MESSEI Les Refours *C.M. 231 Pli 41*

3 ch. Région de Bocage. 3 ch. d'hôtes situées dans la ferme des propriétaires. R.d.c. : 1 ch. 3 épis (1 lit 2 pers., 1 lit bébé), 1 ch. (1 lit 2 pers., 1 lit 1 pers). Etage : 1 ch. (1 lit 2 pers.), salle d'eau et wc privatifs pour chaque chambre. Poss. lits d'appoint. Cuisine et salle de séjour réservées aux hôtes, téléphone. Chauffage central et électrique. Entre le Pays d'Andaines (Bagnoles-de-l'Orne : 17 km) et la Suisse Normande, une halte reposante à la ferme, idéale pour de courts séjours. Possibilité de visiter les installations de la ferme. Langue parlée : anglais.

Prix : 1 pers. **175 F** 2 pers. **210/225 F** 3 pers. **275 F** pers. sup. **50 F**

Ouvert : toute l'année.

SP	5	2	8	3	2	5	17	5	60	6	2

DENIS Anne-Marie et Serge - Les Refours - 61440 SAINT-ANDRE-DE-MESSEI - Tél : 02 33 96 72 32 - Fax : 02 33 96 72 32

SAINT-AUBIN-D'APPENAI Le Gué Falot (TH) *C.M. 231 Pli 44*

3 ch. **Le Mêle-sur-Sarthe 5 km.** Région du Pays Mêlois. Dans une maison de style local restaurée. R.d.c. : 1 ch. (2 lits 1 pers.), 1 ch. (1 lit 2 pers. 1 lit 1 pers.), salle d'eau et wc privés pour chaque chambre. Etage : 1 ch. (4 lits 1 pers.), salle d'eau et wc privés. Chauffage central. Salle de jeux, bibliothèque à disposition. Jeux d'extérieur pour enfants. A deux pas de la forêt de Bourse, Mme Flochlay vous propose de confortables chambres dans la maison qu'elle a restaurée. Venez y découvrir la vie de la ferme où l'exploitation agricole est certifiée en Agriculture Biologique. 1/2 pens. 220 F, pension 300 F/pers. (à partir de 2 pers.). Langues parlées : anglais, allemand.

Prix : 1 pers. **160 F** 2 pers. **240 F** 3 pers. **330 F** pers. sup. **90 F** repas **100 F**

Ouvert : du 1er février au 30 novembre.

1	SP	5	15	1	1	5	20	120	15	5

FLOCHLAY Marie-Annick - Le Gué Falot - 61170 ST-AUBIN-D'APPENAI - Tél : 02 33 28 68 12 - Fax : 02 33 28 68 12

SAINT-BOMER-LES-FORGES La Roculière

(TH) *C.M. 231 Pli 41*

4 ch. **Domfront 10 km.** Bocage Domfrontais. 1er ét. : 3 ch. (1 lit 2 pers.), salle d'eau et wc privés/ch., 1 ch. (2 lits 1 pers.), salle de bains et wc privés. Possibilité lit bébé. Chauffage central, ancien four à pain aménagé en cuisine à disposition des hôtes. Chemin botanique. Table d'hôtes sur réservation sauf le dimanche soir. Entre Domfront et Flers, M. et Mme Roussel vous accueillent dans cette ferme aux chambres confortables et conviviales. Venez découvrir les charmes de la campagne. Mont St Michel 80 km. Chevaux : 4 boxes et pré. Tarifs : 50 F/box, 20 F/pré. Langue parlée : anglais.

Prix : 1 pers. **185 F** 2 pers. **230 F** 3 pers. **300 F** repas **100 F**

Ouvert : toute l'année.

SP	5	3	10	10	3	5	20	20	80	10	3

ROUSSEL Pierre - La Roculière - 61700 ST-BOMER-LES-FORGES - Tél : 02 33 37 60 60 - Fax : 02 33 37 60 60

SAINT-BOMER-LES-FORGES La Nocherie

C.M. 231 Pli 41

2 ch. **Domfront 7,5 km.** Bocage Domfrontais. Dans les dépendances du manoir de la Nocherie (XVIe siècle). 1er étage : 1 ch. (1 lit 2 pers., 2 lits 1 pers.), salle d'eau et wc privés, 1 ch. (1 lit 2 pers.), salle d'eau et wc privés. Chauffage électrique. M. et Mme Mottier vous accueillent dans un environnement exceptionnel, havre de paix où vous pourrez apprécier la Normandie au travers de ses paysages (possibilité de pêche sur place).

Prix : 2 pers. **210 F** 3 pers. **260 F** pers. sup. **20 F**

Ouvert : toute l'année.

SP	SP	4	16	4	4	20	18	18	70	16	4

MOTTIER Patrice - La Nocherie - 61700 ST-BOMER-LES-FORGES - Tél : 02 33 37 60 36 - Fax : 02 33 38 16 08

SAINT-BOMER-LES-FORGES Le Presbytère

C.M. 231

1 ch. **Cité médiévale de Domfront 5,5 km.** Dans un ancien presbytère du milieu XIXème. R.d.c. : séjour réservé aux hôtes. 1er étage : 1 chambre (2 lits 1 personne) avec salle d'eau et wc privés. Possibilité 1 chambre d'appoint (2 lits 1 pers.) et lit bébé. Chauffage central. Terrain. Belle demeure au pied de l'église, cet ancien presbytère est devenu une accueillante « maison d'hôtes ». A quelques kilomètres, il faudra découvrir le site de « La Fosse Arthour » et arpenter les ruelles de la cité médiévale de Domfront. Langue parlée : anglais.

Prix : 1 pers. **180 F** 2 pers. **220 F** 3 pers. **300 F** pers. sup. **80 F**

Ouvert : toute l'année.

SP	8	SP	14	7	2	18	20	20	70	14	SP

HOWARDS Julia et Graham - Le Bourg - Le Presbytère - 61700 SAINT-BOMER-LES-FORGES - Tél : 02 33 37 20 25

SAINT-CHRISTOPHE-LE-JAJOLET Les Marais

C.M. 231 Pli 43

1 ch. **Argentan 9 km.** Région des Plaines. Dans la maison des propriétaires, à l'étage : 1 chambre (1 lit 2 pers., 1 lit bébé), salle d'eau et wc privatifs. Possibilité 1 chambre supplémentaire (1 lit 2 pers.). Séjour, coin-cuisine réservé aux hôtes en été. Chauffage central. Madame Jean vous ouvre les portes d'une agréable demeure située à proximité du château et du haras de Sassy (2 km).

Prix : 1 pers. **200 F** 2 pers. **220 F**

Ouvert : toute l'année.

1	5	10	10	2	2	10	60	9	1

JEAN Marie-Madeleine - Les Marais - 61570 ST-CHRISTOPHE-LE-JAJOLET - Tél : 02 33 36 51 28

SAINT-DENIS-DE-VILLENETTE La Prémoudière

(TH) *C.M. 231 Pli 41*

4 ch. **Domfront 10 km.** Maison ancienne restaurée. R.d.c. : séjour (cheminée, TV, tél. téléséj.), coin-salon réservés aux hôtes, 1 ch. (1 lit 2 pers.), s. de bains, wc privés. Etage : 1 ch. (1 lit 2 pers. 1 lit bébé), s. d'eau, wc privés, 1 ch. (1 lit 2 pers., 2 lit 1 pers.), s. d'eau, wc priv. 2è étage : 1 ch. (1 lit 2 pers. 1 lit 1 pers.), s. d'eau, wc privés. Chauffage électrique. Forêts et bocage, calme et confort, cheminée et poutres, pommiers et poiriers, voici des chambres qui ont su allier tradition et modernité. Marie et Pascal sont heureux de vous y accueillir et de vous faire découvrir, sinon déguster, leurs productions fermières. Langue parlée : anglais.

Prix : 1 pers. **180 F** 2 pers. **230 F** 3 pers. **280 F** pers. sup. **50 F** repas **80 F**

Ouvert : toute l'année.

6	15	6	10	6	15	20	15	15	76	30	5

BRUNET Marie et Pascal - La Premoudière - 61330 SAINT-DENIS-DE-VILLENETTE - Tél : 02 33 37 23 27 - Fax : 02 33 37 23 27

SAINT-DENIS-SUR-HUISNE La Lotière

(TH) *C.M. 231 Pli 45*

2 ch. **Mortagne-au-Perche 6 km.** Maison percheronne restaurée. 1er étage : 1 suite avec 2 chambres (4 lits 1 personne), salle d'eau et wc privatifs, 1 ch. (2 lits 1 pers.), salle d'eau et wc privatifs. Séjour et coin TV. Chauffage central. Jardin et propriété campagnarde de 8 hectares. Au cœur du Perche, en pleine campagne entre les deux jolies cités de caractère de Bellême et de Mortagne, Margaret et Marc vous ouvrent les portes de la maison de pays qu'ils ont récemment restaurée et où peut-être la maîtresse de maison vous fera découvrir ses talents d'artiste-peintre. Langue parlée : anglais.

Prix : 1 pers. **170/185 F** 2 pers. **250/280 F** 3 pers. **400 F** repas **110 F**

Ouvert : du 1er février au 30 novembre.

SP	0,3	3	6	6	12	12	90	14	123	35	6

SAMSON Margaret et Marc - La Lotière - 61400 SAINT-DENIS-SUR-HUISNE - Tél : 02 33 83 30 83 - Fax : 02 33 83 30 83

SAINT-EVROULT-DE-MONTFORT La Gaspardière

TH

C.M. 231 Pli 32

3 ch.

C.V

Gacé 4 km. Région des Haras. Dans la maison des propriétaires, au r.d.c. : 1 ch. (1 lit 2 pers., 2 lits 1 pers., 1 lit bébé), salle de bains, wc et coin-cuisine privés. Au 2e ét. : 2 ch. (1 lit 2 pers., 2 lits 1 pers. par ch.), douches privatives, wc communs au 2 chambres. Séjour. Chauffage central et électrique. Petit déjeuner anglais. Non loin de la pittoresque cité de Gacé, Deborah et Jonathan Joseph vous accueilleront chaleureusement dans leur demeure. Langues parlées : anglais, espagnol.

Prix : 2 pers. **260 F** 3 pers. **320 F** pers. sup. **60 F** repas **100 F**

Ouvert : toute l'année.

SP	1	2	2	0,5	SP	5	8	85	25	2

JOSEPH Deborah - La Gaspardière - 61230 ST-EVROULT-DE-MONTFORT - Tél : 02 33 35 50 99 - Fax : 02 33 35 50 99

SAINT-GERMAIN-DE-LA-COUDRE Le Haut-Buat

C.M. 60 Pli 14/15

2 ch.

C.V

Bellême 12 km. La Ferté Bernard 10 km. Dans une maison ancienne restaurée, 2 chambres de plain-pied avec 1 lit 2 pers. en 160cm et entrée indépendante, salle de bains et wc privatifs. Séjour (cheminée). Chauffage central. Jardin et salon de jardin. Possibilité de chambres annexes. Dans le Parc naturel régional du Perche, entre Bellême et La Ferté-Bernard, cette ancienne ferme a été primée pour sa restauration (fournil, grange dîmière). Belle vue sur la campagne environnante dans un cadre naturel. Langues parlées : anglais, allemand, espagnol.

Prix : 1 pers. **250 F** 2 pers. **350 F**

Ouvert : toute l'année.

SP	SP	2	10	2	3	10	120	10	150	10	2

THIEBLIN Isabelle et Laurent - Le Haut Buat - 61130 SAINT-GERMAIN-DE-LA-COUDRE - Tél : 02 33 83 36 00

SAINT-HILAIRE-DE-BRIOUZE La Grande Bêche

TH

C.M. 231 Pli 42

3 ch.

C.V

La Ferté Macé 16 km. A la ferme. A l'étage : 3 chambres (1 lit 2 pers.) dont une avec entrée indépendante, salle d'eau avec wc privative pour chaque chambre (possibilité de couchages d'appoint). Séjour réservé aux hôtes (cheminée, TV couleur). Chauffage central. Petit étang non clos à 500 m. Entre la forêt d'Andaine et la Suisse Normande, s'étend Le Houlme, campagne verte et paisible. A « La Grande Bêche », Florence et Denis vous proposent de découvrir ce beau pays et la vie de la ferme tout en vous reposant et en prenant un grand bol d'air. Langue parlée : anglais.

Prix : 1 pers. **180 F** 2 pers. **200 F** 3 pers. **250 F** pers. sup. **50 F** repas **80 F**

Ouvert : toute l'année.

SP	SP	5	25	20	7	16	21	21	100	5	5

SAUQUET Denis et DEVEAUX Florence - La Grande Bèche - 61220 SAINT-HILAIRE-DE-BRIOUZE - Tél : 02 33 66 02 17 ou 06 03 74 33 30 - Fax : 02 33 66 02 17

SAINT-JOUIN-DE-BLAVOU Les Coudereaux

C.M. 231 Pli 44

1 ch.

C.V

Mortagne-au-Perche 10 km. Région du Perche. 1er étage : 1 suite comprenant : salon (canapé-lit clic-clac 2 pers., TV, tél. téléséjour), kitchenette, 1 chambre (1 lit 2 pers., 1 lit enfant), salle d'eau et wc privatifs. Chauffage central. Non loin des vieilles cités de Bellême et de Mortagne-au-Perche, M. et Mme Baudouin ont aménagé une confortable suite dans leur vieille maison restaurée. Etape idéale pour des séjours campagnards.

Prix : 1 pers. **200 F** 2 pers. **240 F** 3 pers. **300 F** pers. sup. **20 F**

Ouvert : toute l'année.

5	0,2	3	10	13	2	4	110	13	120	35	10

BAUDOUIN Odile et Bernard - Les Coudereaux - 61360 SAINT-JOUIN-DE-BLAVOU - Tél : 02 33 25 93 79

SAINT-MARTIN-DU-VIEUX-BELLEME La Ridellière

C.M. 231 Pli 45

2 ch.

C.V

Bellême 1,5 km. Maison récente. 1er étage : 1 ch. (1 lit 2 pers.), salle d'eau « balnéo », wc et TV couleur réservés à la chambre. Maisonnette avec accès indépendant : 1 ch. (1 lit 2 pers., 1 canapé-lit 2 pers.), salle d'eau et wc privatifs, kitchennette et TV couleur. Possibilité 2 lits d'appoint. Chauffage central. Jardin, salon de jardin. A l'orée de la forêt de Bellême, au cœur du Parc naturel régional du Perche, « La Ridellière » est un lieu de séjour calme et confortable. Les propriétaires sauront vous faire découvrir les richesses de leur beau pays et vous en faire apprécier les saveurs.

Prix : 1 pers. **250 F** 2 pers. **270 F** 3 pers. **300 F** pers. sup. **60 F**

Ouvert : toute l'année.

0,5	2	1,5	1,5	SP	1,5	2	90	1,5	140	24	1

BELLANGER Thérèse et Roger - La Ridellière - 61130 SAINT-MARTIN-DU-VIEUX-BELLEME - Tél : 02 33 73 00 12 ou 06 08 46 37 66 - Fax : 02 33 73 00 12

SAINT-MAURICE-LES-CHARENCEY La Butte

C.M. 231 Pli 45

5 ch.

C.V

l'Aigle 17 km. verneuil-sur-Avre 14 km. Maison ancienne restaurée réservée aux hôtes. R.d.c. : séjour avec coin-cuisine (congélateur, micro-ondes), 3 chambres avec salle d'eau et wc privatifs (2 lits 2 pers., 3 lits 1 pers.). Etage : 2 suites avec salle d'eau et wc privatifs (1 lit 2 pers., 6 lits 1 pers.). Chauffage central. Terrain. Aux environs, on découvrira les ruines du château du Duc de Saint-Simon à la Ferté-Vidame, les souvenirs des émigrants vers le Canada à Tourouvre, les futaies de Réno-Valdieu, les saveurs du boudin de Mortagne ... Langues parlées : anglais, espagnol.

Prix : 1 pers. **200 F** 2 pers. **250 F** 3 pers. **320 F** pers. sup. **60 F**

Ouvert : toute l'année.

2	0,8	3	17	5	20	16	90	35	100	17	0,8

DUMONT Thierry - La Butte - 61190 SAINT-MAURICE-LES-CHARENCEY - Tél : 02 33 83 08 06 ou 06 19 48 47 08

SAINT-OUEN-SUR-ITON La Sablonnière (TH) *C.M. 231 Pli 45*

1 ch.

l'Aigle 6 km. Au rez-de-chaussée, avec entrée indépendante : 1 chambre (1 lit 2 pers., possibilité 1 lit bébé), salle d'eau et wc privatifs. Chauffage électrique. Vélos sur place. Table d'hôtes sur réservation. Forfait 3 nuits 550 FF. Saint Ouen sur Iton, charmant village réputé pour ses cheminées hélicoïdales, se situe aux portes de L'Aigle. Jeanne et Bernard Bedou vous y accueillent et sauront vous faire découvrir les charmes et les secrets du pays d'Ouche. Marché de l'Aigle le mardi matin.

CV

Prix : 1 pers. **190 F** 2 pers. **220 F** pers. sup. **50 F** repas **70 F**

Ouvert : du 1er juin au 31 octobre.

SP	1	0,5	6	15	6	10	20	100	6	6

BEDOU Jeanne et Bernard - 27 rue de la Sablonnière - 61300 SAINT-OUEN-SUR-ITON - Tél : 02 33 34 39 08 ou 01 30 57 02 89

SAINT-PHILBERT-SUR-ORNE La Vallée *C.M. 231 Pli 30*

1 ch.

Putanges-Pont-Ecrepin 20 km. Maison de pays restaurée. 2 ème étage : 1 suite avec séjour (TV couleur, chaine hifi), 2 chambres (1 lit 2 pers., 2 lits 1 pers.), salle d'eau et wc réservés à la suite. Chauffage central. Jardin, salon de jardin. Restaurant à 200 mètres. Au creux d'un vallon, proche du site des « Roches d'Oëtre », Laurie vous propose de venir goûter aux charmes de la Suisse Normande. Son mari est un passionné de pêche et pourra guider l'amateur de truites et de carnassiers dans les rivières et les lacs des alentours. Langue parlée : anglais.

CV

Prix : 1 pers. **175 F** 2 pers. **250 F** 3 pers. **325 F** pers. sup. **75 F**

Ouvert : du 1er mars au 30 septembre.

SP	SP	2	19	1	3	2	40	10	65	22	2

MORAM Laurie - La Vallée - 61430 SAINT-PHILBERT-SUR-ORNE - Tél : 02 33 65 52 05

SAINT-PIERRE-DU-REGARD La Bristière *C.M. 231 Pli 29*

1 ch.

Athis-de-l'Orne 8 km. Maisonnette indépendante. 1er étage : salon (TV couleur, tél. téléséjour), kitchenette, salle de bains et wc. 2e étage : 1 ch. (1 lit 2 pers., 1 lit 1 pers., poss. 1 lit 1 pers.). Location semaine possible. Chauffage électrique & central. Sur la route de la mer (65 km) et de Caen, M. et Mme Toussaint vous accueillent dans cette chambre confortable qu'ils ont aménagée. A proximité : Suisse Normande, Ville de Flers. Langue parlée : anglais.

CV

Prix : 1 pers. **180 F** 2 pers. **250 F** 3 pers. **300 F** pers. sup. **60 F**

Ouvert : de Pâques à septembre.

SP	3	0,3	3	15	10	15	40	7	60	12	2

TOUSSAINT Michelle - La Bristière - 61790 ST-PIERRE-DU-REGARD - Tél : 02 31 69 11 04

SAINT-SYMPHORIEN-DES-BRUYERES La Fransonnière *C.M. 231 Pli 33*

2 ch.

l'Aigle 7 km. Au cœur du pays d'Ouche. Dans une ferme restaurée. A l'étage : 1 ch. (1 lit 2 pers., poss. lit bébé), salle d'eau et wc privatifs, 1 ch. (2 lits 1 pers.) avec kitchenette, salle d'eau et wc privatifs. Entrée indépendante. Chauffage électrique. Agréable propriété située à 7 km de L'Aigle dont le marché hebdomadaire (mardi matin) est à ne pas manquer. Langues parlées : anglais, italien.

CV

Prix : 1 pers. **180 F** 2 pers. **230 F** pers. sup. **80 F**

Ouvert : du 1er juin au 30 octobre.

1	7	7	7	1	7	7	80	7	7

RAFFI Michèle et Guy - La Franssonnière - 61300 SAINT-SYMPHORIEN-DES-BRUYERES - Tél : 02 33 24 04 58 - Fax : 02 33 24 04 58 - E-mail : michele.raffi@wanadoo.fr

SAINTE-GAUBURGE-SAINTE-COLOMBE La Bussière (TH) *C.M. 231 Pli 44*

2 ch.

l'Aigle 15 km. Région des Haras. Dans un manoir de style normand. 2e étage : 1 suite avec 1 ch. (2 lits 1 pers.) et 1 ch. (1 lit 2 pers., poss. 1 lit bébé), salle d'eau et wc privatifs, 1 ch. (2 lits 1 pers.) avec salle de bains et wc privatifs. Chauffage central. Table d'hôtes sur réservation. Box pour chevaux. M. et Mme Le Brethon vous reçoivent dans leur manoir et vous permettent de profiter d'un cadre très agréable et du confort intérieur des chambres qu'ils ont restaurées avec goût. Langues parlées : anglais, allemand.

CV

Prix : 1 pers. **250 F** 2 pers. **330 F** 3 pers. **440 F** pers. sup. **60 F** repas **145 F**

Ouvert : du 1er mars au 30 novembre.

3	4	1,5	15	2	4	6	15	90	1,5	1

LE BRETHON Nathalie et Antoine - La Bussière - 61370 SAINTE-GAUBURGE-SAINTE-COLOMBE - Tél : 02 33 34 05 23 - Fax : 02 33 34 71 47

SAINTE-OPPORTUNE Les Parcs *C.M. 231 Pli 41/42*

2 ch.

Briouze 6 km. Maison contemporaine. Etage : 1 chambre (2 lits 1 pers., poss. 1 lit d'appoint), salle d'eau et wc privatifs, 1 chambre (1 lit 2 pers., poss. 1 lit d'appoint), salle d'eau et wc privatifs. Séjour, chauffage central, jardin. Production de calvados sur place. Aux portes de la « Suisse Normande », Yvette Toutain a aménagé deux confortables chambres dans sa nouvelle maison qu'elle a voulue dans le style local. Elle saura vous accueillir et vous aider à découvrir les facettes du Bocage et du Houlme. Sur la route du Mont Saint-Michel (90 km).

CV

Prix : 1 pers. **180 F** 2 pers. **200 F** 3 pers. **250 F** pers. sup. **50 F**

Ouvert : toute l'année.

SP	2	2	12	20	7	20	15	6	80	6	6

TOUTAIN Yvette - Les Parcs - 61100 SAINTE-OPPORTUNE - Tél : 02 33 66 27 78

LE SAP Les Roches

C.M. 231 Pli 32

2 ch. **Gacé 15 km.** Pays d'Auge. 1er étage : 1 ch. (1 lit 2 pers., 1 lit 1 pers.), salle d'eau et wc privés, 1 ch. (1 lit 2 pers.), salle de bains et wc privés. Chauffage central, salle de séjour, jardin. C'est dans cette belle maison de ferme du XVIIe siècle située en pleine campagne que M. et Mme Bourgault vous accueillent en toute convivialité. Proximité des régions renommées du Perche et du Pays d'Auge.

CV

Prix : 1 pers. **150 F** 2 pers. **250 F** 3 pers. **300 F**

Ouvert : toute l'année.

SP	6	2	16	5	16	16	70	30	SP

BOURGAULT Gérard - Les Roches - 61470 LE SAP - Tél : 02 33 39 47 39

LE SAP-ANDRE Le Val aux Clercs

(TH) *C.M. 231 Pli 32*

2 ch. **Gacé, cité de la Dame aux Camélias 8 km.** Dans un manoir normand du XIIIème siècle. Etage : 1 chambre (1 lit 2 pers.), salle d'eau et wc privés. Dans les dépendances, maisonnette indépendante avec au rez-de-chaussée, séjour (prise TV) avec coin-cuisine, salle d'eau et wc. A l'étage : 1 chambre mansardée (4 lits 1 pers.). Chauffage central et électrique. Jardin. Aux confins du Pays d'Auge et du Pays d'Ouche, le Val aux Clercs est une belle propriété typique en pleine campagne. Marie-Ange et Benoist Baijot se feront un plaisir de vous faire découvrir leurs talents de peintre animalier et de maréchal-ferrand. Langues parlées : anglais, allemand.

CV

Prix : 1 pers. **250/450 F** 2 pers. **350/500 F** 3 pers. **450 F** pers. sup. **100 F** repas **120 F**

Ouvert : toute l'année.

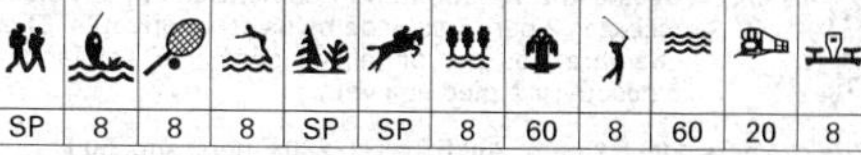

SP	8	8	8	SP	SP	8	60	8	60	20	8

BAIJOT Marie-Ange et Benoist - Haras du Val aux Clercs - 61230 LE SAP-ANDRE - Tél : 02 33 35 74 76 - Fax : 02 33 35 74 76

SURVIE Manoir de Sainte-Croix

(TH) *C.M. 231 Pli 31/32*

1 ch. **Vimoutiers 10 km.** Dans un authentique manoir augeron du XVI ème siècle. 1 chambre de plain-pied avec entrée indépendante (1 lit 2 personnes, possibilité 1 lit bébé), salle de bains et wc privatifs. Salon (cheminée). Chauffage central. Jardin, salon de jardin. Pour découvrir le Pays d'Auge et son histoire, en savourer les produits cidricoles et goûter aux charmes d'une belle demeure dans la même famille depuis l'origine. Le Manoir de Sainte-Croix est une étape à ne pas manquer ou vous accueillent Béatrice et Jacques des Courières. Langue parlée : anglais.

CV

Prix : 1 pers. **330 F** 2 pers. **380 F** repas **150 F**

Ouvert : du 1er mars au 15 novembre.

SP	0,5	10	10	SP	15	10	70	40	80	22	10

DES COURIERES Béatrice et Jacques - Manoir de Sainte-Croix - 61310 SURVIE - Tél : 02 33 35 61 09 - Fax : 02 33 34 29 35

SURVIE Les Gains

(TH) *C.M. H8 Pli 44*

3 ch. **Vimoutiers 10 km.** Entre la région des Haras et du Pays d'Auge. Dans une aile de la maison des propriétaires. 1er ét. : 1 ch. (1 lit 2 pers.), salle de bains et wc privés, 1 ch. (2 lits 1 pers.), salle d'eau et wc privés, 1 ch. (1 lit 2 pers. 1 lit 1 pers.), salle d'eau et wc privés. Chauffage électrique. Séjour réservé aux hôtes. A proximité des sites de la Bataille de Normandie, l'accueil à la ferme. Aux alentours, le Haras du Pin, les collines du Pays d'Auge et le charmant village de Camembert vous attendent. Langue parlée : anglais.

Prix : 1 pers. **230 F** 2 pers. **300/330 F** 3 pers. **380 F** pers. sup. **70 F** repas **130 F**

Ouvert : du 1er mars au 31 novembre.

SP	1	10	10	20	5	15	70	20	80	20	10

WORDSWORTH Diana et Christopher - Les Gains - 61310 SURVIE - Tél : 02 33 36 05 56 - Fax : 02 33 35 03 65 - E-mail : christopher.wordsworth@libertysurf.fr

TINCHEBRAY Les Genêtets

C.M. 231 Pli 28

2 ch. **Tinchebray 1 km.** En sortie de village (direction Vire). Au 1er étage d'une vieille maison de pays restaurée : 1 ch. (1 lit 2 pers.), 1 ch. (2 lits 1 pers.), salle d'eau et wc réservés à chaque chambre. Poss. 1 ch. supplémentaire (1 lit 2 pers.), séjour. Chauffage central, jardin et terrasse. Aux confins de l'Orne, de la Manche et du Calvados, Roger et Claude Vardon vous proposent de venir découvrir Tinchebray et le Bocage alentour. Vente de produits cidricoles sur place. Elevage de cerfs à 1 km.

Prix : 1 pers. **160 F** 2 pers. **200 F**

Ouvert : toute l'année.

3	1	1	16	45	18	1,5	45	45	70	16	1

VARDON Claude et Roger - Les Genetets - route de Vire - 61800 TINCHEBRAY - Tél : 02 33 66 61 23

TOUROUVRE La Chauvelière

C.M. 231 Pli 45

1 ch. **Tourouvre 500 m.** Région du Perche. R.d.c. avec entrée indépendante : 1 chambre (1 lit 2 pers., 1 lit 1 pers., possibilité lit bébé) avec cheminée, salle d'eau et wc privatifs. Chauffage électrique. Jardin, salon de jardin. Supplément bébé : 40 F. « La Chauvelière » était la maison de Jean Rivard qui, en 1673, émigra au Canada. Elle a gardé cet indéfinissable charme des maisons de pays percheronnes chargées d'histoire. Langues parlées : anglais, espagnol, portugais.

CV

Prix : 1 pers. **200 F** 2 pers. **250 F** 3 pers. **270 F**

Ouvert : toute l'année.

SP	1	1	12	0,5	5	5	25	25	0,5

GERARDIN Véronique - La Chauvelière - 61190 TOUROUVRE - Tél : 02 33 25 15 32 - Fax : 02 33 25 15 32 - E-mail : Jrivard61@aol.com

TOUROUVRE La Fonte

C.M. 231 Pli 45

4 ch. **Tourouvre** A l'étage : 2 ch. (1 lit 2 pers.), s. d'eau, wc privés, 1 ch. (1 lit 2 pers.), s. de bains, wc privés, 1 suite (1 clic-clac, 1 lit 2 pers.), s. de bains et wc privés. Poss. 1 ch. d'appoint (2 lits 1 pers), lavabo, TV et magnétoscope dans chaque chambre. Ch. électr. et central. Salon, séjour (cheminée). Jardin, étang 2,7 ha, location de VTT sur place. Cet ancien moulin niché dans la verdure est un havre de paix au cœur du Perche. Les amateurs de pêche taquineront la truite dans l'étang de la propriété et les enfants apprécieront les jeux mis à leur disposition. Belle région alentour. Langues parlées : anglais, espagnol.

Prix : 2 pers. **240/450 F** pers. sup. **30 F** repas **100 F**

Ouvert : du 1er avril au 30 septembre.

SP	SP	4	10	SP	4	SP	100	4	120	22	4

MONDAIN Daniel - Le Moulin de la Fonte - 61190 TOUROUVRE - Tél : 02 33 83 08 30 - Fax : 02 33 25 28 53 - E-mail : mondaind@aol.com

TREMONT La Folèterie

C.M. 231 Pli 44

1 ch. **Sées 9 km.** Proximité du Perche. Dans une maison de pays, avec une entrée indépendante, 1 chambre (1 lit 2 pers.) avec salon (clic-clac 2 pers.), salle de bains et wc privatifs. Chauffage central. Séjour et jardin d'agrément à disposition des hôtes. Une grande chambre très personnalisée dans une ambiance très familiale. Non loin de Sées (cathédrale gothique). Pays de Courtomer à découvrir à pied et à vélo.

Prix : 1 pers. **200 F** 2 pers. **250 F** 3 pers. **280 F** pers. sup. **50 F** repas **80 F**

Ouvert : toute l'année.

SP	10	10	25	20	10	15	25	10	10

LEDEMAY Lorette et Yves - La Foleterie - 61390 TREMONT - Tél : 02 33 28 72 15 - Fax : 02 33 31 74 69 - E-mail : yl.ledemay@wanadoo.fr

VILLEBADIN Champobert

C.M. 231 Pli 43

1 ch. **Argentan 12 km.** Région des Haras. Dans le château des propriétaires. 1er étage : 1 ch. (1 lit 2 pers.), possibilité 1 ch. supplémentaire (1 lit 2 pers.), salle de bains et wc privatifs. Chauffage central. Parc arboré avec pièce d'eau. Venez découvrir le cadre raffiné, les meubles d'époque et le calme absolu de cette belle demeure. Langue parlée : anglais.

Prix : 1 pers. **240 F** 2 pers. **240 F** pers. sup. **180 F**

Ouvert : toute l'année.

SP	SP	3	14	3	10	30	10	75	13	13

DU MESNIL DU BUISSON Jean-Charles - Champobert - 61310 VILLEBADIN - Tél : 02 33 39 93 61 - Fax : 02 33 39 04 61

VILLEBADIN Champaubert

C.M. 231 Pli 31/43

2 ch. **Exmes 5 km.** A la ferme. Dépendances du XVIIIème d'une maison de maître. Etage : 1 chambre (1 lit 2 pers.), salle d'eau et wc privatifs, 1 chambre (3 lits 1 pers.), salle d'eau et wc privatifs. Chauffage électrique. Séjour. Jardin avec douves et pièce d'eau non closes, salon de jardin. Les origines de la propriété sont certainement très anciennes et Dominique Saillard saura vous en parler. Des chambres pour les amateurs de vieilles maisons, de parquets et de boiseries. Nous sommes aussi au pays du cheval avec le tout proche Haras National du Pin.

Prix : 1 pers. **210 F** 2 pers. **250 F** 3 pers. **290 F**

Ouvert : du 1er avril au 15 novembre.

SP	SP	5	15	4	10	45	50	20	80	15	5

GAEC SAILLARD - Dominique SAILLARD - Champaubert - 61310 VILLEBADIN - Tél : 02 33 67 18 41 - Fax : 02 33 35 46 58

VINGT-HANAPS Les Chauvières

C.M. 231 Pli 43

1 ch. **Alençon 12 km.** R.d.c. : 1 ch. (1 lit 2 pers., poss. 1 lit 1 pers. et lit bébé), salle d'eau, wc et kitchenette privatifs. Terrasse. Chauffage central. Location VTT, boxes et pré pour chevaux sur place. A l'orée d'une grande et belle forêt domaniale, toute la convivialité d'une grande maison de style normand. Etape idéale pour de courts séjours. Venez y découvrir les charmes de la campagne et visitez aux alentours châteaux, musées et vieilles cités. Langue parlée : anglais.

Prix : 1 pers. **180 F** 2 pers. **260 F** 3 pers. **300 F**

Ouvert : toute l'année.

0,1	4	2,5	20	0,1	SP	25	50	15	100	12	4

IVALDI Claude - Les Chauvières - 61250 VINGT-HANAPS - Tél : 02 33 28 82 92

GITES DE FRANCE - Service Réservation
Imm. Chambre d'Agriculture - Chemin de la Bretèque - B.P. 59
76232 BOIS-GUILLAUME Cedex
Tél. 02 35 60 73 34 - Fax. 02 35 61 69 20
http://www.gites-de-france.fr
E.mail : gites.76@wanadoo.fr

3615 Gîtes de France
1,28 F/min

ANCEAUMEVILLE

TH *C.M. 52 Pli 14*

3 ch. **Montville 4 km.** Au centre du village, Ginette et Roger vous accueillent dans une maison normande entourée d'un jardin. Entrée indépendante. Au r.d.c. : 1 ch. 3 pers. (1 lit 2 pers., 1 lit 1 pers.). A l'ét. : 1 ch. 2 pers. (1 lit 2 pers.) et 1 ch. 3 pers. (1 lit 2 pers., 1 lit 1 pers.). Salle de bains et wc privés pour chaque chambre. Séjour, salon, TV. Table d'hôtes en semaine sur réservation. Restaurant à 3 km.

Prix : 1 pers. **190 F** 2 pers. **220/240 F** 3 pers. **320 F** pers. sup. **50 F** repas **90 F**

Ouvert : toute l'année.

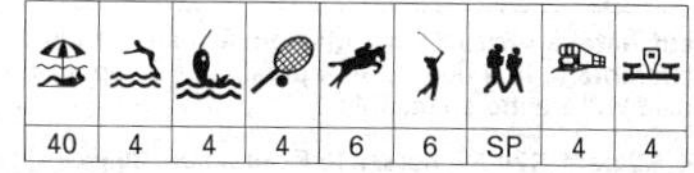

40	4	4	4	6	6	SP	4	4

ALEXANDRE Roger et Ginette - 95 route de Sierville - 76710 ANCEAUMEVILLE - Tél : 02 35 32 50 22 - Fax : 02 35 32 50 22

ANCOURTEVILLE-SUR-HERICOURT Hameau Petites Cours

C.M. 52 Pli 13

2 ch. **Doudeville 8 km. Yvetot 12 km.** Près de la vallée de la Durdent, René et Bernadette vous accueillent dans leur maison récente entourée d'un jardin clos fleuri. Au 1er ét. : 1 ch. et sa suite (1 lit 2 pers., 1 lit 140 cm.), s. d'eau et wc privatifs non communicants, 1 ch. (1 lit 2 pers.), salle d'eau et wc privatifs. Séjour (cheminée, TV). Salon de jardin, barbecue, portique. Gîte rural indépendant à proximité. Tarif 4 pers. : 380 F. Restaurant à 3 km.

Prix : 1 pers. **180 F** 2 pers. **200 F** 3 pers. **300 F** pers. sup. **80 F**

Ouvert : toute l'année.

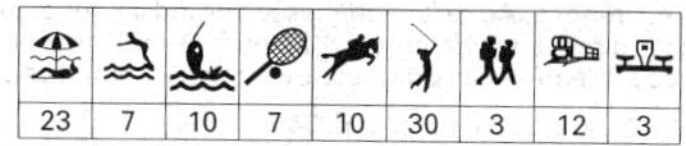

23	7	10	7	10	30	3	12	3

GALLAIS René et Bernadette - Hameau Petites Cours - 76560 ANCOURTEVILLE-SUR-HERICOURT - Tél : 02 35 56 41 84

ANGERVILLE-BAILLEUL Ferme de l'Etang

TH *C.M. 52 Pli 12*

4 ch. **Fécamp 10 km.** Près de la mer, Gilberte et Jacques vous accueillent dans leur grande maison de caractère à colombages. Au rez-de-chaussée : 1 ch. 3 pers., s. d'eau avec wc privatifs. Etage : 1 ch. 2 pers. avec s. d'eau et wc privatifs, 1 ch. 2 pers. avec s. d'eau et wc privatifs, 1 ch. 5 pers. avec s.d.b. et wc privatifs. Possibilité d'accès indépendant. Equipement bébé. Vente de produits fermiers sur commande. Table d'hôtes sur réservation avec produits de la ferme. Restaurant à 8 km.

Prix : 1 pers. **250 F** 2 pers. **290/320 F** 3 pers. **390/420 F** pers. sup. **120 F** repas **95/140 F**

Ouvert : toute l'année.

10	5	5	1	10	20	SP	7	5

MADIOT Jacques et Gilberte - Ferme de l'Etang - 76110 ANGERVILLE-BAILLEUL - Tél : 02 35 27 74 89 - Fax : 02 35 27 74 89

ANGERVILLE-LA-MARTEL Les Hates

TH *C.M. 52 Pli 12*

3 ch. **Fécamp 8 km.** Au milieu d'un grand jardin paysager, Michèle et Gilbert vous accueillent dans leur grande maison au calme de la nature. R.d.c. : 1 ch. (1 lit 2 pers.), s.d.b., wc privés. Dans une structure indép. à 20 m. : 1 ch. (1 lit 2 pers.), s. d'eau, wc privés, coin-cuisine, 1 ch. (2 lits 1 pers.), s. d'eau, wc privés, coin-cuisine. Poss. lits supplémentaires. Tarif 4 pers. : 350F. Terrain de pétanque et parking privés. Fécamp, station balnéaire animée, capitale des Terres-Neuvas au XIXe siècle. Restaurant à 1 km.

Prix : 2 pers. **220/230 F** 3 pers. **290 F** pers. sup. **60 F** repas **90 F**

Ouvert : toute l'année.

6	9	12	3	2	9	25	SP	9	3

LEDOULT Gilbert et Michèle - Les Hates N°229 - Miquetot - 76540 ANGERVILLE-LA-MARTEL - Tél : 02 35 29 80 82

ANGERVILLE-LA-MARTEL Hameau de Miquetot

TH *C.M. 52 Pli 12*

5 ch. **Etretat 25 km.** Dans une chaumière de caractère, 5 ch. 2 et 3 épis avec entrée indép. : 1 ch. (1 lit 2 pers.), poss. lit 1 pers. suppl., s. d'eau, wc privatifs sur le palier, 1 ch. (1 lit 2 pers.), s. d'eau avec wc, 1 ch (1 lit 2 pers.), wc et s. d'eau privatifs sur le palier, 1 ch. (1 lit 2 pers., 1 lit 1 pers.), s. d'eau + wc, 1 ch. (2 lits 1 pers.), s. d'eau, wc sur palier. Séjour/salon à disposition, bibliothèque, TV, magnétoscope. Grand jardin aménagé, salon de jardin, portique, panier de basket. A 8 km de la station touristique et balnéaire de Fécamp, son musée de la Bénédictine et des Terres-Neuvas. Restaurant à 3 km.

Prix : 1 pers. **210 F** 2 pers. **260 F** 3 pers. **320 F** pers. sup. **80 F** repas **95 F**

Ouvert : toute l'année.

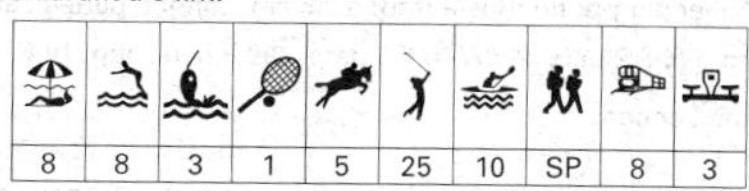

8	8	3	1	5	25	10	SP	8	3

GREUZAT Noel - Hameau de Miquetot - 76540 ANGERVILLE-LA-MARTEL - Tél : 02 35 29 90 26 - Fax : 02 35 29 90 26

ANNEVILLE-AMBOURVILLE Ferme des Templiers *C.M. 52 Pli 14*

4 ch. **Duclair 3 km. Rouen 20 km.** Au sein du Parc Naturel Régional de Brotonne, dans une belle maison de caractère en pierres calcaires avec accès indépendant, Gérard et son épouse vous proposent 4 ch. au 1er étage d'une salle de réception (100 pers. de capacité) : 3 ch. (1 lit 2 pers.) avec s. d'eau privée chacune, 1 ch. (1 lit 2 pers.), lavabo, s. d'eau privée sur le palier. 2 wc communs aux 4 ch. Lit bébé. Restaurant à Duclair à 3 km.

Prix : 1 pers. **160 F** 2 pers. **220 F** 3 pers. **280 F** pers. sup. **60 F**

Ouvert : toute l'année.

55	12	2	2	4	10	SP	20	4

CALLEWAERT Gérard - Ferme des Templiers - 76480 ANNEVILLE-AMBOURVILLE - Tél : 02 35 37 58 34 - Fax : 02 35 37 37 49

ARDOUVAL A TH *C.M. 52 Pli 13*

1 ch. **Neufchâtel-en-Bray 14 km.** Maison de maître traditionnelle en briques située dans un petit village à proximité de la forêt. A l'étage : 1 chambre (1 lit 2 pers., 1 lit 1 pers., 1 lit d'appoint), salle de bains et wc séparés. Séjour à disposition. Logement de chevaux sur place. Voiture indispensable.

Prix : 1 pers. **150 F** 2 pers. **170 F** 3 pers. **210 F** pers. sup. **30 F**
repas **70 F**

Ouvert : toute l'année.

27	15	7	6	4	12	SP	25	5

SANSON Jacques et Gislaine - 1 place de l'Eglise - 76680 ARDOUVAL - Tél : 02 35 93 15 00

ARGUEIL Ferme du Claireval *C.M. 52 Pli 15*

3 ch. **Forges-les-Eaux 10 km.** Au cœur du Pays de Bray, dans un cadre préservé, au calme, Brigitte vous accueille dans son corps de ferme rénové. Au rez-de-chaussée : grand séjour et grand salon familiaux réservés aux hôtes avec cheminée et tél. Entrée indép. et accès direct aux chambres. A l'étage : 3 ch. (1 lit 2 pers.) dont 1 ch. avec salle de bains, s. d'eau et wc, 1 ch. avec s.d.b. et wc. 1 ch. avec s. d'eau et wc. Coin-lecture au calme. Nombreux animaux sur place. Salon de jardin. Restaurant à 9 km.

Prix : 1 pers. **250 F** 2 pers. **300 F** pers. sup. **50 F**

Ouvert : toute l'année.

49	9	3	9	7	25	11	0,5

GOIK Brigitte - Ferme du Claireval - CD41 - 76780 ARGUEIL - Tél : 02 35 09 00 72

AUBERVILLE-LA-MANUEL Au Repos Cauchois  *C.M. 52 Pli 12*

5 ch. **Veulettes-sur-Mer 2 km.** Au calme d'un petit village du littoral cauchois, Evelyne et Daniel vous proposent 5 ch. avec sanitaires privatifs pour chacune dans leur grande maison en briques entourée de son jardin, autrefois cour-masure traditionnelle. R.d.c. : séjour/salon avec cheminée et TV, 1 ch. (2 lits 1 pers.), s. d'eau/wc communic. A l'ét. : 1 ch. (4 lits 1 pers.). S. d'eau/wc communic., 1 ch. (1 lit 2 pers.), s. d'eau/wc communic., 1 ch. 2 épis (1 lit 2 pers.), s. d'eau/wc non communic., 1 ch. (3 lits 1 pers.), s. d'eau/wc communic. Jeux d'ext. à dispo (VTT, pétanque, tir à l'arc, baby-foot). Restaurant à 2 km.

Prix : 1 pers. **220 F** 2 pers. **250 F** 3 pers. **300 F** pers. sup. **50 F**
repas **90/120 F**

Ouvert : toute l'année.

2	8	8	2	SP	12	40	2	SP	12	8

MALLARD-GUILLOT Evelyne - Rue de Yaume - 76450 AUBERVILLE-LA-MANUEL - Tél : 02 35 57 24 17

AUPPEGARD Le Colombier *C.M. 52 Pli 14*

1 ch. **Dieppe 12 km.** Près de Dieppe, station balnéaire et ville d'art et d'histoire, Madeleine a plaisir à vous recevoir dans sa charmante maison en briques et colombages entourée d'un jardin clos avec salon de jardin. R.d.c. comprenant 1 ch. (1 lit 2 pers., 1 lit bébé), séjour, s. d'eau, wc privatifs. A l'ét. : 1 mezzanine (1 lit 1 pers.), 1 mezzanine (1 lit 2 pers.). Lit bébé : 40F. Restaurant le plus proche à 5 km. Langue parlée : anglais.

Prix : 1 pers. **200 F** 2 pers. **220 F** 3 pers. **290 F** pers. sup. **70 F**

Ouvert : toute l'année.

10	12	10	6	6	10	6	6

FAUQUET Madeleine - 169 rue du Colombier - 76730 AUPPEGARD - Tél : 02 35 85 20 43 - Fax : 02 35 85 20 43

AUTIGNY Le Village *C.M. 52 Pli 13*

5 ch. **Veules-les-Roses 10 km. St-Valéry-en-Caux 16 km.** Yvette et René vous reçoivent dans une maison traditionnelle en briques à proximité de leur maison XIXe siècle au milieu d'un jardin paysager. R.d.c. : 1 ch. (1 lit 2 pers.), s. d'eau et wc privés, 1 ch. (2 lits 1 pers.), s. d'eau et wc privés. A l'étage : 1 ch. (1 lit 2 pers.), 1 ch. (2 lits 2 pers. 1 lit 1 pers.). 1 ch. (1 lit 2 pers. 2 lits 1 pers.), s. d'eau et wc privés pour chacune. Lit et chaise bébé. Cuisine et séjour à disposition des hôtes. Herbage pour chevaux sur place. Portique et ping-pong. Restaurant à 2,5 km. Langue parlée : anglais.

CV

Prix : 1 pers. **170 F** 2 pers. **220/240 F** 3 pers. **290 F** pers. sup. **70 F**

Ouvert : toute l'année.

10	16	10	SP	8	25	10	25	2,5

HELUIN René et Yvette - Centre du Bourg - Le Village - 76740 AUTIGNY - Tél : 02 35 97 42 55 - E-mail : ginette.cousin@wanadoo.fr - http://perso.wanadoo.fr/gentilhommiere

AUZOUVILLE-AUBERBOSC Le Vert Bocage *C.M. 52 Pli 12*

1 ch. **Fauville-en-Caux 3 km.** Yvette et son époux vous accueillent dans une maison traditionnelle en briques et silex avec poutres intérieures. 1 ch. 3 pers. à l'étage totalement indépendante avec accès extérieur. Salle d'eau et wc privés. Séjour avec TV des propriétaires à disposition, salon avec bibliothèque. Coin-cuisine. Salon de jardin. Tennis privé, terrain de pétanque 200 m. Produits fermiers sur place. Restaurant à Fauville-en-Caux à 3 km. Langue parlée : anglais.

Prix : 2 pers. **210 F** 3 pers. **270 F**

Ouvert : toute l'année.

20	3	13	SP	13	13	20	13	13	3

LEVESQUE Yvette - Le Vert Bocage - 76640 AUZOUVILLE-AUBERBOSC - Tél : 02 35 96 72 37 - Fax : 02 35 96 72 37

AUZOUVILLE-SUR-RY La Gentilhommière *C.M. 52 Pli 15*

2 ch. **Rouen 18 km. Ry 3 km.** Ginette et Paul vous invitent à partager, dans leur maison de caractère du XVIIe siècle, les plaisirs de la campagne. A l'étage : 1 ch. (1 lit 2 pers.), salle d'eau et wc séparés privés, 1 ch. (1 lit 2 pers. 1 lit 1 pers.) avec salle d'eau et wc séparés privés. Séjour, salon, TV, cuisine à disposition. - 10 % dès 3 nuits. Salon de jardin. Restaurant à 3 km.

Prix : 1 pers. **150 F** 2 pers. **200 F** 3 pers. **250 F**

Ouvert : toute l'année.

60	10	8	1	8	20	SP	16	SP

COUSIN Paul et Ginette - Gentilhommière - 76116 AUZOUVILLE-SUR-RY - Tél : 02 35 23 40 74 -
E-mail : ginette.cousin@wanadoo.fr - http://perso.wanadoo.fr/gentilhommiere

AUZOUVILLE-SUR-SAANE  *C.M. 52 Pli 14*

1 ch. **Dieppe 22 km.** Rémye et Daniel vous accueillent dans une maison de caractère en briques et silex comprenant 1 suite de 2 chambres louées à une même famille : 1 lit 2 pers. dans chaque chambre, salle d'eau et wc privatifs, entrée indépendante. Salle de séjour, salon, TV à disposition. Aire de jeux. Possibilité de pêche sur place. Restaurant à 50 m. Langue parlée : anglais.

Prix : 2 pers. **190 F**

Ouvert : toute l'année.

17	4	SP	4	14	22	SP	13	0,5

MORTIER Daniel et Rémye - 76730 AUZOUVILLE-SUR-SAANE - Tél : 02 35 83 74 43

BACQUEVILLE-EN-CAUX Le Tilleul *C.M. 52 Pli 14*

2 ch. **Dieppe 18 km.** Au calme, dans un hameau, à la ferme du Tilleul, Denis et Anne-Marie vous accueillent dans leur maison traditionnelle en briques. A l'étage : 2 grandes ch. 3 pers. (1 lit 2 pers., 1 lit 1 pers.), salle de bains et wc particuliers à chacune. Possibilité de lit bébé et de lits supplémentaires. Coin-salon de jardin. Logement de chevaux. Restaurant à Bacqueville-en-Caux à 3 km. Langue parlée : anglais.

Prix : 1 pers. **180 F** 2 pers. **200 F** 3 pers. **260 F** pers. sup. **100 F**

Ouvert : toute l'année.

12	12	4	3	5	5	10	15	3

LEMARCHAND Denis et Anne-Marie - Le Tilleul - 76730 BACQUEVILLE-EN-CAUX - Tél : 02 35 83 20 14 - Fax : 02 35 83 60 20 -
E-mail : gaec-des-toits-rouges@wanadoo.fr

BAONS-LE-COMTE Château de Baons-le-Comte (TH) *C.M. 52 Pli 13*

2 ch. **Yvetot 2 km.** Au cœur d'un parc aux arbres centenaires, vous apprécierez la nature et le silence. Le château de Baons-le-Comte vous proprose 2 chambres dont 1 ch. (1 lit 2 pers.) et 1 ch. (1 lit 1 pers. 1 lit 2 pers.). Salle d'eau et wc privatifs communicants pour chacune des chambres. Possibilité de personnes supplémentaires. Table d'hôtes sur réservation. Restaurant le plus proche à 2 km. Langues parlées : anglais, allemand.

Prix : 1 pers. **300 F** 2 pers. **400 F** 3 pers. **500 F** pers. sup. **90 F**
repas **150 F** 1/2 pens. **450 F**

Ouvert : du 1er avril au 31 octobre.

25	3	15	10	3	5	25	15	1	2	2

Mr MAINCON et Mme NUN Daniel et Giséla - Château de Baons-le-Comte - 76190 YVETOT - Tél : 02 35 56 72 69

BARDOUVILLE Le Val Sarah  *C.M. 55 Pli 6*

3 ch. **Duclair et La Bouille 6 km.** Maison indépendante située à proximité de la Seine, sur la rive gauche. Dans une agréable propriété paysagère, Jean et Micheline vous proposent au r.d.c. : 2 chambres 2 pers., 1 ch. 3 pers., salles d'eau et wc privés. Cuisine équipée (lave-linge et lave-vaisselle) à disposition. Séjour, salon avec cheminée, TV. Jardin clos, salon de jardin, barbecue. Ping-pong, pétanque. Location de salle pour banquets et receptions 150 couverts + parking 50 voitures. Restaurant à La Bouille à 6 km.

Prix : 1 pers. **190 F** 2 pers. **210 F** 3 pers. **280 F**

Ouvert : toute l'année.

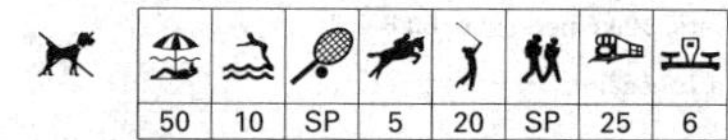

50	10	SP	5	20	SP	25	6

LEFEBVRE Jean et Micheline - Beaulieu - Le Val Sarah - 76480 BARDOUVILLE - Tél : 02 35 37 08 07 - Fax : 02 35 37 11 33

BARENTIN-PAVILLY Les Campeaux *C.M. 52 Pli 14*

1 ch. **Barentin 2 km.** Geneviève et Raoult vous ouvrent les portes de leur maison normande en briques. A l'étage : 1 suite (1 chambre double 5 pers.) avec salle de bains et wc privés. Séjour, salon et TV communs à la famille d'accueil à disposition des hôtes. Jardin privatif clos. Lit bébé : 50F. Restaurant à Barentin à 2 km.

Prix : 1 pers. **140 F** 2 pers. **170 F** 3 pers. **230 F**

Ouvert : toute l'année.

38	2	10	SP	3	5	10	SP	2	2

LETHUILLIER Raoult et Geneviève - 247 rue du Docteur Laennec - Les Campeaux - 76360 BARENTIN-PAVILLY - Tél : 02 35 92 28 53

BAZINVAL *C.M. 52 Pli 6*

1 ch. **Le Tréport 22 km. Blangy-sur-Bresle 9 km.** Corinne et Marc vous accueillent dans leur maison traditionnelle, restaurée en 1986, au cœur de la Haute Vallée de la Bresle. Au rez-de-chaussée : 1 ch. (1 lit 2 pers. 1 lit 1 pers.), douche et wc privés non communicants. Forêt sur place. Voiture indispensable. Restaurant à 5 km. Langue parlée : anglais.

Prix : 1 pers. **170 F** 2 pers. **230 F** 3 pers. **260 F**

Ouvert : toute l'année.

22	15	5	SP	8	6	SP	5	5

LANGLOIS Corinne et Marc - 52 Grande Rue - 76340 BAZINVAL - Tél : 02 32 97 04 89 ou 02 35 93 51 54

BEAUMONT-LE-HARENG Les Jardins de Bellevue *C.M. 52 Pli 15*

2 ch. **Saint-Saëns 6 km. Rouen 20 mn.** Dans une belle charreterie rénovée en torchis et toit de chaume, Martine vous offre 2 chambres avec entrées indépendantes. R.d.c. : 1 ch. 2 épis (2 lits 1 pers., 1 convertible 2 pers.), petite cuisine, s. d'eau et wc. A l'ét. : 1 suite dont 1 ch. (1 lit 2 pers.), 1 ch. (1 lit 1 pers.), s. d'eau et wc d'1 part et 1 lit 1 pers. dans le coin-séjour d'autre part. Lavabo et wc. Salon avec TV. Jardin privé. Au milieu d'un parc paysager avec une vue remarquable, calme assuré. Arborétum sur place. Restaurant à 5 km. Langue parlée : anglais.

Prix : 1 pers. **140 F** 2 pers. **280 F** 3 pers. **330 F** pers. sup. **50 F**

Ouvert : toute l'année.

35	18	5	SP	7	6	5	27	6

LEMONNIER Martine - Les Jardins de Bellevue - 76850 BEAUMONT-LE-HARENG - Tél : 02 35 33 31 37

BEAUMONT-LE-HARENG La Cour Cormont (TH) *C.M. 52 Pli 15*

1 ch. **Saint-Saëns 6 km. Rouen 10 mn. Forêt d'Eawy 3 km.** Marie-Claude et Rémy vous reçoivent au milieu d'un site remarquable, dans leur authentique chaumière, au grand calme. R.d.c. : 1 ch. (1 lit 2 pers., 1 lit 1 pers.) avec salle d'eau et wc privés. Cuisine et séjour privatifs. Entrée indépendante. Restaurant à 6 km. Langue parlée : anglais.

Prix : 1 pers. **270 F** 2 pers. **300 F** 3 pers. **350 F** repas **100 F**

Ouvert : toute l'année.

35	15	6	4	6	6	SP	27	6

LEMONNIER Rémy et Marie-Claude - La Cour Cormont - 76850 BEAUMONT-LE-HARENG - Tél : 02 35 33 31 74 - Fax : 02 35 33 11 53 - E-mail : rmc.lemonnier@wanadoo.fr

BEAUTOT Le Grand Verdret (TH) *C.M. 52 Pli 14*

2 ch. **Tôtes 5 km.** Près de la mer, du Pays de Caux, du Pays de Bray et du Parc Naturel de Brotonne, Claudine et Joël vous accueillent dans leur belle maison en briques, silex et colombages. Au r.d.c. : grand séjour, salon, pièce d'accueil réservés aux hôtes avec entrée indépendante. TV, magnétoscope, bibliothèque. A l'étage : 1 ch. (1 lit 2 pers. 1 lit 1 pers.), s.d.b./wc communic. 1 ch. (2 lits 1 pers.), s.d.b./wc communicants. Lit bébé sur demande. Table d'hôtes sur réservation la semaine. Animaux sur place. Restaurant à 6 km. Langue parlée : anglais.

Prix : 1 pers. **160 F** 2 pers. **210 F** 3 pers. **250 F** pers. sup. **50 F** repas **70 F**

Ouvert : toute l'année.

34	12	10	4	7	15	5	5

LEMOINE Joel - Hameau le Grand Verdret - 76890 BEAUTOT - Tél : 02 35 33 21 17 - Fax : 02 35 33 21 17

BEC-DE-MORTAGNE La Vallée *C.M. 52 Pli 12*

3 ch. **Fécamp 9 km. Etretat 20 mn.** Arlette et Jean-Pierre vous reçoivent dans leur belle propriété où vous apprécierez un grand jardin fleuri près d'une rivière, au centre du village. Grande maison à colombages. A l'étage : 2 ch. (1 lit 2 pers. chacune), 1 ch. (1 lit 2 pers., 1 lit 1 pers.), poss. d'1 lit supplémentaire dans 1 ch. Salle d'eau et wc privés à chaque ch. Salon de jardin. Restaurant à 2 km.

Prix : 2 pers. **240 F** 3 pers. **300 F** pers. sup. **60 F**

Ouvert : de Pâques à la Toussaint.

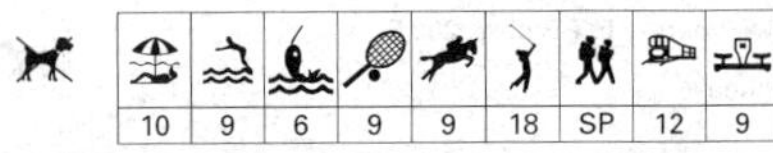

10	9	6	9	9	18	SP	12	9

MOREL J-Pierre & Arlette - La Vallée - 1 rue de la Chenaie - 76110 BEC-DE-MORTAGNE - Tél : 02 35 28 00 81

BERTRIMONT Le Colombier

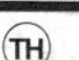

C.M. 52 Pli 14

2 ch. **Dieppe 30 km.** Dans un ancien corps de ferme où l'on refait le cidre, Marie-Louise vous propose 2 chambres dont l'une de confort 4 épis dans un colombier aménagé, séjour avec chem. et convert. 2 pers. au r.d.c. et une grande ch. avec s. d'eau et wc séparés à l'étage. Jardin privatif non clos. L'autre, classée 3 épis, sous le toit des propriétaires (1 lit 2 pers.). S. d'eau et wc privés. Poss. 1 pers. suppl. Salon de jardin. Restaurant à 4 km.

Prix : 1 pers. **200/260 F** 2 pers. **250/340 F** pers. sup. **60 F** repas **90 F**

Ouvert : toute l'année.

30	8	34	8	8	12	30	34	2	10	5

DUVAL Alain & Marie-Louise - Le Colombier - 76890 BERTRIMONT - Tél : 02 32 80 14 24 - Fax : 02 32 80 14 24 - http://www.multimania.com/colombier

BIVILLE-SUR-MER

C.M. 52 Pli 5

2 ch. **Dieppe et Le Tréport 15 km.** Sur le GR21, à 3 km des plages, Marie-José vous propose 2 chambres de charme dans sa maison de briques au cœur du village. Au r.d.c. : 1 ch. (1 lit 2 pers.), salle d'eau et wc privatifs. Accés indépendant. A l'étage : 1 petite ch. (1 lit 2 pers.), s. d'eau et wc privatifs communicants. Séjour/salon avec cheminée et bibliothèque à disposition. Jardin clos fleuri. Salon de jardin. Restaurant à 300 m. Langue parlée : anglais.

Prix : 1 pers. **220 F** 2 pers. **250 F** 3 pers. **320 F** pers. sup. **70 F**

Ouvert : toute l'année.

3	2,5	3	0,5	7	17	3	1	15	3

KLAES Marie-José - 14 rue de l'Eglise - 76630 BIVILLE-SUR-MER - Tél : 02 35 83 14 71

BLACQUEVILLE Le Relais du Domaine

C.M. 52 Pli 13

5 ch. **Yvetot 12 km.** Une halte bien agréable au Relais du Domaine. Accueil et convivialité y sont toujours au rendez-vous. De plus la table d'hôtes mérite le détour. Au 2è étage le confort d'1 suite 4 pers. (1 lit 2 pers., 2 lits 1 pers.), s.d.b. et wc privés, 1 ch. (1 lit 2 pers.), s. d'eau privée, wc sép. et 1 ch. (1 lit 2 pers.), s.d.b. privée et wc sép., 2 ch. contigües (4 pers.). S. d'eau pour chacune, wc sép. Poss. lit enfant. Table d'hôtes sur réserv. avant midi. Ch. non fumeur. Prêt de VTT. Label Prestige. 10% de réduction à partir de la 3è nuit. Pour les commerciaux durant la sem. (hors vac. scol.) : 20% de réduction.

Prix : 1 pers. **260 F** 2 pers. **310 F** 3 pers. **520 F** pers. sup. **85 F** repas **115 F**

Ouvert : du 16 octobre au 17 février et du 6 mars au 14 septembre.

35	8	10	1	8	20	SP	10	2

MIGNOT Annie - Domaine de la Fauconnerie - 76190 BLACQUEVILLE - Tél : 02 35 92 19 41 - Fax : 02 35 92 68 08

BLACQUEVILLE Le Neuf Bosc

C.M. 52 Pli 13

2 ch. **Barentin 5 km.** Accédant aux plus beaux sites de la Vallée de Seine par de jolies routes boisées, cette ancienne ferme restaurée est entourée de bâtiments trad. R.d.c. : 1 ch. de style anglais (1 lit 2 pers.) aménagée dans une aile de la maison avec accès indép., s. d'eau, wc séparés. A l'ét., reliée par un escalier cloisonné : 1 ch. (2 lits 1 pers.), coin toilette. Séjour/salon. Chaîne-hifi et bibliothèque, salon de jardin, barbecue, abri couvert. L'ancienne cour renferme une collection d'arbres d'essences rares et de rosiers anciens et anglais (petit jardin clos délimité devant la maison). Mare aux canards. Restaurant à 2 km. Langue parlée : anglais.

Prix : 1 pers. **230 F** 2 pers. **250 F** 3 pers. **350 F** pers. sup. **400 F**

Ouvert : toute l'année.

36	5	20	8	0,5	8	20	8	4	5	2

LEFEBVRE & LHERMITTE J-Robert & Isabelle - Le Neuf Bosc - Route de Freville - 76190 BLACQUEVILLE - Tél : 02 35 91 77 60 - Fax : 02 35 92 72 42

BLOSSEVILLE-SUR-MER Le Cottage

C.M. 52 Pli 3

3 ch. **Veules-les-Roses 2 km.** « Le Cottage », au calme. Christa vous accueille dans sa chaumière du 18e siècle. R.d.c. : salon avec cheminée, 1 ch. (1 lit 2 pers.), s. de bains, wc privatifs non communicants. A l'étage : 1 ch. (1 lit 2 pers. et 1 lit 1 pers.), 1 ch. (1 lit 1 pers.), s. de bains, wc privatifs non communicants. Lit bébé à dispo. Restaurant 2 km. Langues parlées : anglais, allemand.

Prix : 1 pers. **180 F** 2 pers. **240 F** 3 pers. **290 F** pers. sup. **100 F**

Ouvert : toute l'année.

2	7	15	2	2	1	25	15	2	28	7

DESVAUX Christa - 3 route d'Angiens - 76460 BLOSSEVILLE-SUR-MER - Tél : 02 35 97 24 68 ou 06 86 70 45 16

BOOS Le Faulx

C.M. 55 Pli 6

2 ch. **Rouen 10 km.** Au calme, à la campagne, Maryline vous reçoit dans une belle chaumière de caractère entourée d'un jardin clos : 1 ch. (1 lit 2 pers.) avec lavabo, s. d'eau et wc privés et 1 grande ch. (1 lit 2 pers. à baldaquin et 1 lit 1 pers.) avec s.d.b. et wc privés. Lit bébé et lit d'appoint sur demande. Séjour à disposition avec cheminée et TV. Prix dégressifs. Salon de jardin. Baby-sitting. Table d'hôtes de septembre à mai sur réservation. Langues parlées : anglais, allemand.

Prix : 1 pers. **190 F** 2 pers. **240 F** 3 pers. **290 F** pers. sup. **60 F** repas **80 F**

Ouvert : toute l'année.

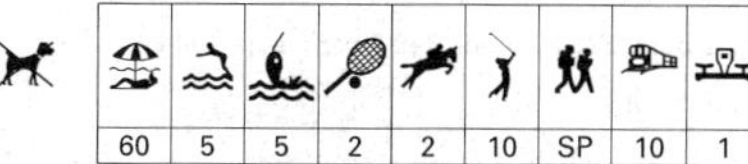

60	5	5	2	2	10	SP	10	1

DUBUC Maryline - 1098 rue de l'Ancienne Poste - Le Faulx - 76520 BOOS - Tél : 02 35 80 76 51

LE BOURG-DUN La Pommeraie

(TH) *C.M. 52 Pli 3*

2 ch. **Saint-Valéry-en-Caux 15 km.** Dans un village cauchois de caractère, au cœur d'une jolie vallée, Monique et Jean-Pierre vous accueillent dans leur maison de maître centenaire, entourée d'un jardin paysager. Au r.d.c. : salon, cheminée, bibliothèque, hifi, s. à manger. A l'étage : 1 ch. jaune (1 lit 2 pers. ou 2 lits 1 pers.), 1 ch. rose (1 lit 2 pers. ou 2 lits 1 pers., lit enfant). Prise TV dans chaque chambre. Salles de bains et wc privés pour chacune. VMC. Lit et chaise bébé à disposition. Salon fumeur. S. de jardin, VTT, ping-pong. Table d'hôtes sur réservation. Restaurant à 500 m. Langue parlée : anglais.

Prix : 1 pers. **250 F** 2 pers. **300 F** pers. sup. **60 F** repas **75/95 F**

Ouvert : du 1er mars au 15 novembre.

3	15	21	SP	SP	12	16	21	SP	16	0,5

BRAULT J-Pierre et Monique - La Pommeraie - 76740 LE BOURG-DUN - Tél : 02 35 83 58 92 ou 06 70 48 68 69 - Fax : 02 35 04 21 23 - E-mail : odilo@club-internet.fr

LE BOURG-DUN Blengre

C.M. 52 Pli 3

3 ch. **Dieppe 17 km. Saint-Aubin-sur-Mer 4 km.** Geneviève vous convie dans sa maison de construction récente entourée de 8000 m² de terrain. 3 chambres à l'étage : 1 ch. (1 lit 2 pers.), lavabo, 2 ch. (3 lits 1 pers.), lavabos, 2 douches, wc communs aux 3 ch. Séjour, salon avec TV. Billard américain. Salle de jeux. Terrain de pétanque. Restaurant à 300 m.

Prix : 1 pers. **155 F** 2 pers. **185 F** 3 pers. **235 F** pers. sup. **50 F**

Ouvert : toute l'année.

3	15	SP	SP	1	6	SP	17	SP

LEMERCIER Geneviève - Blengre - 76740 LE BOURG-DUN - Tél : 02 35 04 20 96

BRACHY Hameau Gourel

C.M. 52 Pli 14

1 ch. **Dieppe 18 km.** Dans une belle maison normande du XVIIè siècle en briques et colombages, au centre d'un clos masure de 7 ha., Eric vous propose en r.d.c. 1 ch. 2 pers. avec s. d'eau et wc privés. Salon avec TV à disposition. Bibliothèque. Tennis privé sur place (tenue obligatoire). Parc floral des Moutiers, Varengeville-sur-Mer à 10 km, ses valleuses, son cimetière marin. Restaurant à 5 km.

Prix : 2 pers. **195 F**

Ouvert : toute l'année.

10	10	2	10	SP	6	16	SP	16	2

LHEUREUX Eric - Hameau Gourel - 76730 BRACHY - Tél : 02 35 83 01 98

BRACQUEMONT

C.M. 52 Pli 4

1 ch. **Dieppe 5 km.** Tout près de Dieppe et de la plage familiale du Puys, au pied du chemin de randonnée GR21, Evelyne et Jacques vous proposent une chambre d'hôtes à l'étage de leur maison récente entourée d'un grand jardin clos. L'étage entier est réservé à la chambre double : 1 ch. (1 lit 2 pers.) et 1 ch. (2 lits 1 pers.), s. d'eau/wc, palier avec coin-salon. Séjour familial avec TV. Tarif 4 pers. : 500F. Salon de jardin, barbecue et jeu de pétanque à disposition. Vélos à louer sur place (véloroute du littoral). Restaurant à 3 km. Langue parlée : anglais.

Prix : 1 pers. **230 F** 2 pers. **250 F** 3 pers. **480 F**

Ouvert : toute l'année.

2	5	10	2	1	0,5	10	10	SP	5	3

BRICHET Jacques et Evelyne - 38 rue de Belleville - 76370 BRACQUEMONT - Tél : 06 03 27 12 11 ou 02 35 83 85 75

BRETTEVILLE-DU-GRAND-CAUX Ferme du Beau Soleil

C.M. 52 Pli 12

2 ch. **Fécamp 10 km.** Béatrice et Alain vous accueillent dans leur grande maison en briques du XIXe siècle dans un cadre de verdure. A l'étage : 2 ch. (1 lit 2 pers. chacune) avec s.d.b. et wc communs. Possibilité 1 lit supplémentaire. Salon, TV, séjour, jardin et aire de jeux à disposition. Restaurant à 5 km.

Prix : 1 pers. **120 F** 2 pers. **150 F** 3 pers. **220 F**

Ouvert : toute l'année.

10	5	10	5	10	15	5	5	2,5

BLONDEL Alain et Béatrice - Ferme du Beau Soleil - Route de Mentheville - 76110 BRETTEVILLE-DU-GRAND-CAUX - Tél : 02 35 29 17 31

BRETTEVILLE-DU-GRAND-CAUX Le Village

C.M. 52 Pli 12

4 ch. **Fécamp 12 km.** Brigitte et J-M. vous reçoivent dans leur maison du XVIIIè s. mindép. 4 ch. à l'étage : 1 suite de 2 ch. (1 lit 2 pers.), s.d.b. et wc communs aux 2, 1 ch. (1 lit 2 pers.), s. d'eau et wc priv., 1 ch. (1 lit 2 pers.), s.d.b. et wc priv., 1 ch. (1 lit 2 pers. 1 lit 110, 1 lit bébé), s. d'eau communicante, wc sur palier. R.d.c. : séjour, cheminée, coin-cuisine. TV. Jardin à disposition. Terrasse, parking. Restaurant à Goderville à 3 km.

CV

Prix : 1 pers. **200 F** 2 pers. **220 F** 3 pers. **320 F** pers. sup. **100 F**

Ouvert : toute l'année sauf en mars.

10	3	10	SP	17	17	17	6	3

KERDAL J-Marie et Brigitte - Le Village - 76110 BRETTEVILLE-DU-GRAND-CAUX - Tél : 02 35 27 74 96

BRETTEVILLE-DU-GRAND-CAUX *C.M. 52 Pli 12*

1 ch. **Fécamp 10 km.** Dans une cour de ferme avec des animaux, (moutons, poneys, poules et lapins), Aline et Jean-Paul vous réservent un accueil chaleureux et vous proposent 1 ch. double (2 ch. 1 lit 2 pers.) avec s. d'eau et wc priv. non communic., lit d'app. enfant & lit bébé à dispo., chaise haute. Table d'hôtes sur résa. à base des produits du jardin & basse-cour. Tarif 3/4 pers. : 380 F. Restaurant à 800 m.

Prix : 2 pers. **210 F** 3 pers. **380 F** repas **80 F**

Ouvert : toute l'année.

14	1,5	29	11	1,5	16	18	7,5	5	1,5

FOUACHE Aline et Jean-Paul - 339 route de Fécamp - 76110 BRETTEVILLE-DU-GRAND-CAUX - Tél : 02 35 27 76 00

BUTOT-VENESVILLE Hameau de Vaudreville *C.M. 52 Pli 12*

4 ch. **Les Petites Dalles 5 km.** Dans une maison du 19e s., indép. à 10 m de celle des hôtes, 3 ch. à l'ét. avec accès priv. 1 ch. 2 épis (1 lit 2 pers.), s. d'eau, wc priv., 1 ch. 2 épis (1 lit 2 pers.), s. d'eau, wc priv. non communicants, 1 ch. 3 épis (2 lits 1 pers.), s. d'eau, wc priv. Dans la maison des prop. avec accès indép. à l'ét., 1 ch. 3 épis (1 lit 2 pers. 1 lit 1 pers.), s.d.b. WC privés. Marie-France et Marc vous accueillent dans leur propriété de caractère (17è s.) au milieu d'un parc aménagé et fleuri. Restaurants à St-Martin-aux-Buneaux à 4 km. Langues parlées : allemand, anglais.

Prix : 1 pers. **170 F** 2 pers. **200/240 F** 3 pers. **340 F** pers. sup. **80 F**

Ouvert : toute l'année.

5	8	8	5	2	8	30	SP	29	4

MOSER Marc et Marie-France - 1 Sente du Gîte - Hameau de Vaudreville - 76450 BUTOT-VENESVILLE - Tél : 02 35 97 52 86

CANEHAN Les Terres du Thil *C.M. 52 Pli 5*

5 ch. **Le Tréport 10 km.** Marie-Claire et William vous accueillent au bord de l'Yères dans leur propriété d'un hectare paysager, agrémenté d'un étang de pêche privé. Au r.d.c. : 1 ch. double : (1 ch. 1 lit 2 pers. et 1 ch. 1 lit 2 pers., 1 lit d'appoint 1 pers.), s.d.b. de standing, wc indép. Accès extérieur par le jardin et vue sur l'étang, terrasse. 1er ét. : 4 ch. (1 lit 2 pers.). S. d'eau/wc privatifs pour chacune. Vue dégagée sur la vallée : étang et rivière. Salon de jardin, barbecue, parking clos, chaises. Tables d'hôtes sur réservation. Au calme et dans un environnement préservé à proximité des plages (Criel, Le Tréport) et de la forêt d'Eu. Langue parlée : anglais.

Prix : 1 pers. **240 F** 2 pers. **260 F** pers. sup. **100 F** repas **100 F**

Ouvert : toute l'année.

4	10	12	SP	10	5	25	10	1	10	5

BLANGEZ Marie-Claire - Rue de la Laiterie - 76260 CANEHAN - Tél : 02 35 86 72 56

CANOUVILLE *C.M. 52 Pli 12*

5 ch. **Fécamp 25 km.** Dans une grande propriété de caractère au milieu d'un jardin paysager, Monique et Jean vous proposent 5 chambres. 1er étage : 2 ch. (1 lit 2 pers., 1 lit 1 pers. chacune), 1 ch. (1 lit 2 pers., 2 lits 1 pers.), salles d'eau et wc privés chacune. Au 2ème étage : 1 ch. (1 lit 2 pers., 1 lit 1 pers.), 1 ch. (1 lit 2 pers.), s. d'eau et wc privés chacune. Salle de séjour à disposition. Restaurants à Cany-Barville à 5 km.

Prix : 1 pers. **220 F** 2 pers. **270/300 F** 3 pers. **350 F** pers. sup. **80 F**

Ouvert : toute l'année.

4	4	4	4	5	30	4	15	5

DOURY Jean et Monique - 24 rue du Bas - 76450 CANOUVILLE - Tél : 02 35 97 50 41

CANVILLE-LES-DEUX-EGLISES Notre-Dame *C.M. 52 Pli 13*

2 ch. **Doudeville 7 km.** Françoise et Etienne vous font partager les plaisirs de la détente dans le cadre de leur clos masure, dans leur maison traditionnelle au centre du jardin clos, près de la mare aménagée. De plain-pied : 1 ch. (2 lits 2 pers.), 1 ch. (1 lit 2 pers., 1 lit 1 pers.), s. d'eau et wc privés chacune. Séjour. Salon de jardin. Hébergement pour chevaux. Restaurant à Saint-Laurent-en-Caux à 4 km.

Prix : 1 pers. **180 F** 2 pers. **220 F** 3 pers. **280 F** pers. sup. **80 F**

Ouvert : toute l'année.

14	12	14	4	12	25	SP	8	SP

DUCASTEL Etienne et Françoise - Notre-Dame - 76560 CANVILLE-LES-DEUX-EGLISES - Tél : 02 35 96 60 00

CAUDEBEC-EN-CAUX Les Poules Vertes *C.M. 52 Pli 13*

4 ch. **Le Havre 50 km. Rouen 35 km. St-Wandrille 3 km.** Dans sa maison ancienne avec verger et jardin fleuri, sur la route des abbayes, à 500 m. de la Seine et des commerces, Christiane vous propose, au r.d.c. : 1 ch. (1 lit 2 pers.). A l'étage : 1 ch. (1 lit 2 pers., 1 lit 1 pers.), 1 ch. (1 lit 2 pers.), 1 ch. (1 lit 2 pers., 2 lits 1 pers.), s. d'eau et wc privés pour chacune. Salon de jardin à disposition. Petit-déjeuners à la table familiale. Séjour avec réfrigérateur et micro-ondes. Ligne autocar Rouen/Caudebec/le Havre. Réduction pour séjour longue durée (plus d'un mois). Restaurant à 500 m. Langue parlée : anglais.

Prix : 1 pers. **240 F** 2 pers. **280 F** 3 pers. **360 F** pers. sup. **70 F**

Ouvert : toute l'année.

40	2	SP	SP	1,5	2	20	SP	SP	10	SP

VILLAMAUX Hubert et Christiane - 68 rue de la République - N°1 Cavée Saint-Léger - 76490 CAUDEBEC-EN-CAUX -
Tél : 02 35 96 10 15 - Fax : 02 35 96 75 25 - E-mail : christiane.villamaux@libertysurf.fr - http://www.villamaux.ifrance.com

CAUVILLE-SUR-MER

C.M. 52 Pli 11

1 ch. **Etretat et le Havre 12 km.** A 3 km de la plage, Arlette et Max vous accueillent à la campagne dans leur ferme d'élevage. Au 1er étage de leur maison : 1 ch. (1 lit 2 pers.) avec salle d'eau et wc privatifs. Possibilité de lit supplémentaire. Séjour et TV des propriétaires sont à votre disposition. Lit bébé en toile. Vente de produits fermiers sur place. Restaurant à 3 km.

Prix : 1 pers. **160 F** 2 pers. **200 F** 3 pers. **260 F** pers. sup. **50 F**

Ouvert : toute l'année.

3	6	3	1	10	6	12	6

LEBIGRE Max - 6 rue Rimbertot - 76930 CAUVILLE-SUR-MER - Tél : 02 35 20 27 81

CAUVILLE-SUR-MER La Plaine Saint-Jouin

(TH) *C.M. 52*

2 ch. **Honfleur 23 km. Etretat 11 km.** A 3 km de la mer par une jolie valleuse typique du Pays de Caux, Nicole vous propose 2 ch. doubles dans sa maison ancienne entourée d'un grand jardin fleuri, au calme. 1er étage : 1 suite de 2 ch. (1 lit 2 pers. chacune), lit bébé, s. de bains et wc privatifs non communicants. 2ème étage : 1 suite de 2 ch. (1 lit 2 pers. et 2 lits 1 pers.), s.d.b. et wc privatifs. Séjour et salon avec TV et cheminée à disposition. Table d'hôtes sur réservation. Restaurant à 3 km. Langue parlée : anglais.

Prix : 1 pers. **200 F** 2 pers. **220 F** 3 pers. **330 F** pers. sup. **110 F**
repas **110 F**

Ouvert : toute l'année.

4	9	16	5	8	8	11	49	4	18	3

ROPERS Nicole - 15 rue de la Plaine St-Jouin - 76930 CAUVILLE-SUR-MER - Tél : 02 35 20 38 64

LA CHAPELLE-SUR-DUN La Hosannière

(TH) *C.M. 52 Pli 3*

3 ch. **Veules-les-Roses 3 km.** A 3 km de la mer, dans un grand jardin paysager, Tan et Martine vous accueillent dans leur longère du XVIe. R.d.c. : séjour/salon avec cheminée, salle des petit-déjeuners, cheminée, sauna à disposition, 1 ch. (2 lits 1 pers.), s. d'eau/wc privatifs communicants. A l'ét. : salon confortable, 1 ch. (2 lits 1 pers.) et 1 ch. (4 lits 1 pers.) avec douche et wc communic. Possibilité lits enfants. Hospitalité chaleureuse, confort naturel du lin et table d'hôtes raffinée (cuisine végétarienne sur demande). Prêt de vélos. Initiation au golf et aux techniques de respiration énergétique. Restaurants à 3 km. Langue parlée : anglais.

Prix : 1 pers. **290 F** 2 pers. **320 F** 3 pers. **420 F** pers. sup. **100 F**
repas **95 F**

Ouvert : toute l'année.

3,5	11	23	3,5	3,5	3	23	23	3	11	SP

DO PHAT-LATOUR Tan et Martine - La Hosannière - Chemin du Simplon - 76740 LA CHAPELLE-SUR-DUN - Tél : 02 35 97 44 59 - Fax : 02 35 97 43 87

CLERES Le Tôt

C.M. 52 Pli 14

2 ch. **Rouen 17 km.** Dans la vallée de la Clérette, belle propriété de style 1900 entourée d'un parc arboré de 3 ha. (arbres centenaires), ruisseau et petite île. Maison indépendante de caractère. R.d.c. : 1 ch. (1 lit 2 pers.) avec entrée indép. possible. S.d.b./s. d'eau avec wc privatives communicantes. A l'étage : 1 ch. (2 lits 1 pers.), lavabo, s. d'eau/wc privative communicante. S. à manger, salon avec cheminée (feu sur demande) et bibliothèque. Salon de jardin, balançoires, vélos et poneys. Parking et garage fermés. Lit bébé à disposition. Restaurant à 500 m. Langues parlées : anglais, allemand, espagnol.

Prix : 2 pers. **250/280 F** pers. sup. **100 F**

Ouvert : toute l'année.

40	3	0,5	3	5	5	SP	3	3

DEGONSE Véronique - Le Tôt - 76690 CLERES - Tél : 02 35 33 34 38 - Fax : 02 35 33 89 84 - E-mail : DEGONSE.Eric@wanadoo.fr

CLIPONVILLE Rucquemare

C.M. 52 Pli 13

4 ch. **Yvetot 10 km.** Béatrice et J-Pierre vous accueillent dans leur grande maison normande du XVIIème typique du Pays de Caux avec pigeonnier, belle cour plantée. 4 ch. personnalisées avec s. d'eau et wc privés. A l'ét. : 1 ch. bleue (1 lit 1 pers. + 1 lit 2 pers.), 1 ch. rose (3 lits 1 pers.). Au r.d.c : 1 ch. saumon (1 lit 2 pers. + 1 lit 1 pers.), 1 ch. jaune (2 pers.). Lit enfant. Séjour avec chem., cuisine reservée aux hôtes. Au calme, s. de jardin, ping-pong, badminthon et VTT à dispo. Jardin fleuri, animaux pour enfants, parking et logement indép. Réduction à partir de 2 nuits sauf en Juillet et Aout. Restaurant à 4 km. Langue parlée : anglais.

Prix : 1 pers. **180 F** 2 pers. **230 F** 3 pers. **300 F** pers. sup. **70 F**

Ouvert : toute l'année.

25	5	SP	SP	5	7	30	7	10	5

LEVEQUE J-Pierre et Béatrice - Hameau de Rucquemare - 76640 CLIPONVILLE - Tél : 02 35 96 72 21 - Fax : 02 35 96 72 21

CLIPONVILLE

(TH) *C.M. 52 Pli 13*

2 ch. **Yvetot 10 km.** Au cœur du Pays de Caux, entre Seine et mer, Françoise vous reçoit dans sa maison entourée d'un vaste jardin clos fleuri. R.d.c. : 2 chambres familiales avec lavabo dont 1 ch. (1 lit 2 pers.) et 1 ch. (2 lits 1 pers.). S.d.b. et wc communs aux 2 chambres. Equipement bébé et possibilité de lit d'appoint. Grand séjour avec TV. Salon de jardin. Portique, bac à sable, terrain de pétanque, barbecue. Table d'hôtes sur réservation. Restaurant à 5 km. Langue parlée : anglais.

Prix : 1 pers. **150 F** 2 pers. **180 F** pers. sup. **60 F** repas **70 F**
1/2 pens. **150 F**

Ouvert : toute l'année.

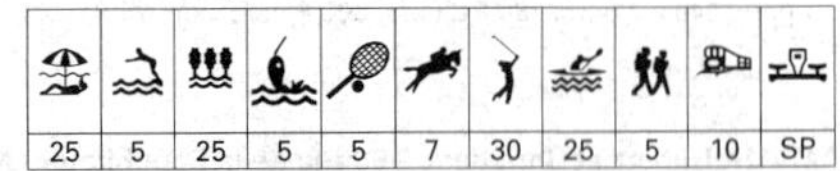

25	5	25	5	5	7	30	25	5	10	SP

MIAILHE Françoise - Le Bourg - 76640 CLIPONVILLE - Tél : 02 35 96 76 86 - Fax : 02 35 96 76 86

CRASVILLE-LA-ROCQUEFORT (TH) *C.M. 52 Pli 13*

2 ch. **Veules-les-Roses 11 km.** Au calme d'un charmant village du littoral cauchois, à 11 km de la petite station de Veules-les-Roses qui mérite votre visite, François et Jana vous accueillent en amis autour d'une table d'hôtes chaleureuse. Séjour/salon avec TV. A l'étage : 2 ch. (1 lit 2 pers.) chacune avec salle d'eau et wc communicants. Lit bébé possible. Maison de maître en briques rouges entourée d'un jardin clos, au pied de l'église du village. Salon de jardin, jeux et barbecue à disposition. Table d'hôtes sur réservation. Restaurant à 1 km. Langue parlée : roumain.

Prix : 1 pers. **220 F** 2 pers. **250 F** repas **90 F**

Ouvert : toute l'année.

11	18	21	12	6	8	28	21	SP	16	1

HENNETIER François et Jana - Rue de l'Eglise - 76740 CRASVILLE-LA-ROCQUEFORT - Tél : 02 35 97 63 31

CRIQUEBEUF-EN-CAUX Le Bout de la Ville A *C.M. 52 Pli 12*

2 ch. **Fécamp 5 km.** Dans leur grande maison en briques et silex entourée d'un grand jardin, vous apprécierez le cadre champêtre et le confort des chambres d'Odile et Michel. A l'étage : 1 chambre (2 lits 1 pers.), 1 chambre (2 lits 2 pers.). Salles d'eau et wc privatifs. Séjour à disposition. Equipement bébé à disposition.

Prix : 1 pers. **200 F** 2 pers. **250 F** 3 pers. **320 F** pers. sup. **80 F**
1/2 pens. **220 F**

Ouvert : toute l'année.

5	5	5	2	5	15	1	5	5

BASILLE Michel et Odile - 190 le Bout de la Ville - 76111 CRIQUEBEUF-EN-CAUX - Tél : 02 35 28 01 32 - Fax : 02 35 28 01 32

CRIQUEBEUF-EN-CAUX *C.M. 52 Pli 12*

2 ch. **Fécamp 5 km. Yport et les plages 2 km. Etretat 15 km.** Au pied de l'église d'un petit village paisible, le long de la mer, à l'écart des axes routiers, Serge et Nicole vous accueillent dans leur maison normande entièrement restaurée entourée d'un jardin clos planté de 2500 m². Entrée indépendante. Au 1er ét. : 1 ch. (1 lit 2 pers.) avec coin-salon, s. d'eau et wc privatifs. 1 suite rose de 5 pers. avec 1 ch. (1 lit 2 pers.) et 1 ch. (1 lit 2 pers., 1 lit 115) avec coin-salon, s. d'eau et wc privatifs. Equipement bébé (lits, table à langer, chaise, jouets). Poss. lits supplémentaires. Ferme-auberge à 800 m.

Prix : 1 pers. **200 F** 2 pers. **250 F** pers. sup. **80 F**

Ouvert : toute l'année.

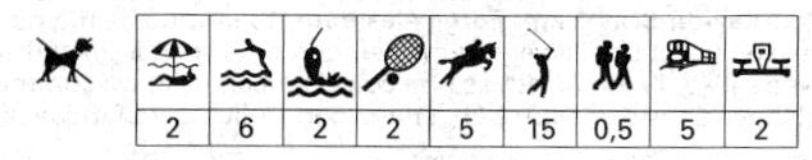

2	6	2	2	5	15	0,5	5	2

BELLANGER Serge et Nicole - 38 rue de l'Eglise - 76111 CRIQUEBEUF-EN-CAUX - Tél : 02 35 29 18 76

CRIQUETOT-L'ESNEVAL *C.M. 52 Pli 11/12*

1 ch. **Etretat 10 km.** Au calme, Thierry et Céline vous accueillent dans leur maison cauchoise. Etage réservé aux hôtes : 1 suite de 2 ch. (1 lit 160 et 1 lit bébé, 1 lit 120 et 1 lit 1 pers.). Lit d'appoint à disposition. Salle d'eau privative non communicante, wc privés séparés. Salon de jardin, ping-pong. Tarif 4 pers. : 350 F. Restaurant à Criquetot-l'Esneval 2 km.

Prix : 1 pers. **180 F** 2 pers. **210 F** 3 pers. **300 F** pers. sup. **50 F**

Ouvert : toute l'année.

10	9	18	1	9	10	2	15	1

LETENDRE Thierry et Céline - 2 rue des Partahes - 76280 CRIQUETOT-L'ESNEVAL - Tél : 02 35 27 23 74

CRIQUETOT-L'ESNEVAL Le Prêche *C.M. 52 Pli 11*

2 ch. **Etretat 9 km.** Au calme, à 200 m en retrait de la route, Valérie et Christophe vous accueillent dans leur belle maison du XVIIe entourée d'un parc paysager. Séjour réservé aux hôtes. Au 1er ét. : 1 ch. (1 lit 2 pers.), possibilité 1 lit 1 pers. supplémentaire, s.d.b. et wc privatifs. Au 2ème ét. : 1 suite de 2 ch. (1 lits 2 pers.), s. d'eau et wc privatifs. Découverte de la côte d'Albâtre (GR21-211), location de VTT. Restaurant à Criquetot-l'Esneval à 500 m. Langue parlée : anglais.

Prix : 1 pers. **200 F** 2 pers. **250 F** 3 pers. **330 F** pers. sup. **80 F**

Ouvert : toute l'année.

9	9	9	9	9	9	SP	10	0,5

NEUFVILLE Christophe & Valérie - Le Preche - Route d'Etretat - 76280 CRIQUETOT-L'ESNEVAL - Tél : 02 35 27 47 84

CRIQUETOT-L'ESNEVAL *C.M. 52 Pli 11*

2 ch. **Etretat 9 km.** Au calme, dans un cadre superbe, Geneviève et Daniel vous reçoivent dans leur maison. 2 chambres de plain-pied avec accès indépendant sur jardin par des portes-fenêtres (1 lit 2 pers., 1 clic-clac 2 pers.) avec salles d'eau et wc particuliers. Restaurant à Criquetot-l'Esneval à 1,5 km.

Prix : 2 pers. **220/230 F** 3 pers. **300/310 F** pers. sup. **80 F**

Ouvert : de mars à novembre.

6	9	6	4	4	9	1	12	1

PAUMELLE Daniel et Geneviève - 30 route de Gonneville - 76280 CRIQUETOT-L'ESNEVAL - Tél : 02 35 27 28 47

CRIQUETOT-SUR-LONGUEVILLE Hameau de Creppeville (TH) *C.M. 52 Pli 14*

2 ch. **Dieppe 15 km.** Au calme de leur grande propriété, ancienne ferme reconstruite, Eric et Brigitte vous proposent 2 chambres doubles à l'étage de leur maison : 1 ch. (2 lits 2 pers.) et 1 ch. (1 lit 2 pers. 2 lits 1 pers.) chacune avec s.d.b. et wc privatifs non communicants. 2 lits bébé possibles. Grand séjour et grand salon avec cheminée et TV à disposition. Table d'hôtes sur réservation. Initiation poneys et chevaux sur place. VTT loués. Ping-pong, pétanque, fléchettes, barbecue. Accès à la mer par la jolie Vallée de la Scie. Restaurant à 2 km. Langues parlées : anglais, allemand.

CV

Prix : 1 pers. **190 F** 2 pers. **240 F** 3 pers. **340 F** pers. sup. **50 F** repas **90 F**

Ouvert : toute l'année.

15	SP	15	5	2	SP	15	3	2,5	2	2

DAUSSIN et BEZOTEAUX Eric et Brigitte - 8 rue Fleurie - Hameau de Creppeville - 76590 CRIQUETOT-SUR-LONGUEVILLE - Tél : 02 35 85 29 74 - Fax : 02 35 83 60 49

CUVERVILLE-SUR-YERES La Petite Prairie (TH) *C.M. 52 Pli 5*

2 ch. **Le Tréport 12 km.** Au calme d'une vallée préservée qui vous conduit tout droit à la mer, propriété arborée au charme anglais, bordée d'une rivière. Séjour, salon avec cheminée, 1 ch. (1 lit 2 pers.), s.d.b., wc privatifs communicants. Lit bébé. Possibilité de lit d'appoint : 80F. 1 ch. jumelée (2 pièces avec 1 lit 2 pers. chacune), wc séparés, s. d'eau et wc privatifs communicants. Tarif 4 pers. : 460F. Parc clos avec terrasse et salon de jardin. Pêche sur place (panier repas sur demande), canoë-kayak à proximité. Location de vélos. Table d'hôtes sur réservation. Restaurant à 2 km. Langue parlée : anglais.

Prix : 1 pers. **240 F** 2 pers. **260 F** 3 pers. **440 F** repas **110 F**

Ouvert : toute l'année.

12	12	SP	10	9	33	9	1	15	3

BEUZEBOC Pierre - 10 rue de l'Abreuvoir - 76260 CUVERVILLE-SUR-YERES - Tél : 02 35 50 74 98 ou 06 73 49 54 15

DAMPIERRE-EN-BRAY Le Pont de Dampierre

2 ch. **Gournay-en-Bray 7 km. Forges-les-Eaux 15 km.** Au calme du Pays de Bray et à 800 m de la route Paris/Dieppe, dans une grande maison traditionnelle en briques entourée de son jardin clos avec grande pelouse et jeux d'enfants, vous disposez de 2 chambres avec salles d'eau privatives non communicantes et wc communs soit, à l'étage : 1 ch. (1 lit 2 pers.) avec poss. lit bébé pliant (table à langer dans s. d'eau). 1 ch. (1 lit 2 pers. 1 lit 1 pers.). S. de jardin, ping-pong, vélos. Restaurant à 8 km.

CV

Prix : 1 pers. **180 F** 2 pers. **230 F** 3 pers. **280 F**

Ouvert : toute l'année.

65	7	1	7	2	15	56	SP	8	7

PARESY Elisabeth et Jean - 17 rue Principale - 76220 DAMPIERRE-EN-BRAY - Tél : 02 35 90 66 73

DAUBEUF-SERVILLE La Marnière (TH) *C.M. 52 Pli 12*

4 ch. **Fécamp 10 km.** Dans la vallée de Ganzeville, site inscrit menant à la plage de Fécamp, Anne vous accueille dans sa maison de briques et silex, au calme, et vous propose 4 ch. dont 2 dbles avec sanitaires priv. pour chaque. A l'ét. : 1 ch. (1 lit 2 pers. 1 lit 1 pers., lit enfant) et (2 lits 1 pers.), s. d'eau/wc communic., 1 ch. (1 lit 2 pers., lit bébé), s.d.b., wc non communic. 1 ch. (1 lit 1 pers.), s. d'eau/wc communic., 1 ch. dble (1 ch. 1 lit 2 pers., 1 ch. 1 lit 1 pers.), s. d'eau/wc communic. Séjour salon familial avec TV, billard, piano et bibliothèque. Salon de jardin, barbecue, parking fermé. Table d'hôtes sur réserv. Langues parlées : anglais, espagnol.

CV

Prix : 1 pers. **220 F** 2 pers. **250 F** 3 pers. **360 F** pers. sup. **70 F** repas **90 F**

Ouvert : toute l'année.

11	10	20	10	5	25	11	5	10	10

LEDUC-ACHER Anne - 2 rue de la Vallée - 76110 DAUBEUF-SERVILLE - Tél : 02 35 29 38 80 - E-mail : aald@wanadoo.fr

DIEPPE Florida *C.M. 52 Pli 4*

3 ch. A deux pas de la mer dans un environnement privilégié sur le golf de Dieppe-Pourville, belle maison d'architecte contemporaine, de charme (agréables volumes baignés de lumière). R.d.c. : séjour/salon, cheminée. A l'étage : 1 ch. (2 lits 1 pers.), s. d'eau, wc. 1 ch. (2 lits 1 pers.), s.d.b., wc. 1 ch. (1 lit 2 pers. 1 lit 1 pers. en mezz.), s. d'eau, wc. Les chambres ont toutes une terrasse avec vue sur le golf. Dieppe, ville historique, le château-musée, les églises, la cité de la mer, le port de plaisance. Chambres d'hôtes avec label Charme. Restaurant à 500 m. Langue parlée : anglais.

CV

Prix : 1 pers. **320 F** 2 pers. **350 F** 3 pers. **450 F**

Ouvert : toute l'année.

2	1	7	2	4	SP	3	2	1

NOEL Danièle - 24 chemin du Golf - 76200 DIEPPE - Tél : 02 35 84 40 37 - Fax : 02 35 84 32 51 - E-mail : villa-florida@wanadoo.fr - http://www.perso.wanadoo.fr/villa-florida

DOUDEVILLE Hameau de Vautuit

C.M. 52 Pli 13

2 ch. **Veules-les-Roses 17 km.** Dans leur maison normande à colombages du XVIIIe, au milieu d'un jardin paysager, Marie-Françoise et Gérard vous accueillent au calme. R.d.c. : 1 ch. (1 lit 2 pers., 1 lit 1 pers.), s.d.b. et wc privés. A l'étage : 1 suite de 2 chambres communicantes (1 lit 2 pers., 3 lits 1 pers.), s.d.b. et wc particuliers. Séjour. Salon de jardin. Parking privé. Restaurant à Doudeville à 4 km. Langue parlée : anglais.

CV

Prix : 1 pers. **180 F** 2 pers. **220 F** 3 pers. **300 F** pers. sup. **100 F**

Ouvert : toute l'année.

17	17	12	4	9	25	SP	12	4

LAURENT Gérard & M-Françoise - Hameau de Vautuit - 76560 DOUDEVILLE - Tél : 02 35 96 61 61 ou 02 35 96 52 40 - Fax : 02 35 95 84 31

DOUDEVILLE Hameau de Seltot

C.M. 52 Pli 13

2 ch. **Veules-les-Roses 15 km.** Dans sa maison normande, au calme, dans un joli hameau, Evelyne vous reçoit en ami. A l'étage : 1 ch. (1 lit 2 pers.), 1 suite 5 pers. (1 lit 2 pers. 3 lits 1 pers.) avec salle de bains et wc communs. Salle de séjour à la disposition des hôtes, salon, TV, bibliothèque. Possibilité de cuisine sur place. Possibilité de lits supplémentaires. Restaurant à Doudeville à 1 km.

Prix : 1 pers. **140 F** 2 pers. **200 F** 3 pers. **250 F** pers. sup. **50 F**

Ouvert : toute l'année.

15	20	12	1	15	SP	2	1

LEFEL Evelyne - Hameau de Seltot - 76560 DOUDEVILLE - Tél : 02 35 96 43 12

DUCLAIR La Mustad

C.M. 52 Pli 13

2 ch. **Rouen 20 km.** Geneviève vous propose ses chambres dans un pavillon indépendant d'une propriété de caractère au milieu d'un parc boisé : site exceptionnellement calme. A l'étage : 1 ch. (1 lit 2 pers.), 1 ch. (2 lits 1 pers.) et possibilité lit d'appoint, salles d'eau privatives et wc au rez-de-chaussée. Lit bébé + 50F. Salle de séjour et bibliothèque. Restaurants à 200 m.

CV

Prix : 1 pers. **170 F** 2 pers. **200 F** 3 pers. **300 F**

Ouvert : toute l'année.

70	8	0,5	1	2	5	SP	22	0,5

BROUILLIEZ Geneviève - La Mustad - 161 rue du Parc - 76480 DUCLAIR - Tél : 02 35 37 12 72 - Fax : 02 35 37 12 72

DUCLAIR

C.M. 52 Pli 14

3 ch. **Rouen 18 km.** Dans une propriété de 1930 en bordure de Seine, sur un chemin de grande randonnée, sur la route des abbayes. A l'étage : 1 ch. (1 lit 2 pers. 1 lit 1 pers.), s. de bains et wc privés, 1 ch. (1 lit 2 pers.), s. d'eau et wc privés, 1 ch. double (1 ch. : 1 lit 2 pers., 1 lit 1 pers. + 1 ch. : 1 lit 2 pers.), s. de bains privées et wc communs. Vue panoramique sur la Seine. Parking dans cour fermée. Base de loisirs à 8 km. Restaurants à Duclair à 500 m. Se rendre place de l'Hôtel de Ville, au coin d'une boulangerie, route de Maromme, à 150 m. 1ère à droite direction groupe scolaire Malraux, puis suivre balisage.

Prix : 1 pers. **200/220 F** 2 pers. **280/300 F** 3 pers. **330/350 F** pers. sup. **50 F**

Ouvert : toute l'année.

80	10	8	1	1	8	8	SP	20	1

LEMERCIER Bernard et Renée - 282 chemin du Panorama - Le Catel - 76480 DUCLAIR - Tél : 02 35 37 68 84

DUCLAIR

C.M. 52 Pli 13

3 ch. **Route des Abbayes, Vallée de Seine.** Elisabeth & Serge vous accueillent dans leur maison de maître du 19e au milieu d'un parc boisé. R.d.c. : entrée indép., grande ch. Pommiers (1 lit 2 pers., 1 lit 1 pers.), s. d'eau, wc, cuisine privés. A l'étage : grande ch. Nympheas (1 lit 2 pers. 1 lit 1 pers.), grande s.d.b., douche et wc privés, 1 ch. Armada (1 lit 2 pers. 1 lit 1 pers.), s. d'eau, wc privés. Possibilité lit supplémentaire. Baby-sitting. Séjour à disposition. A proximité d'une route, avec une très belle vue sur la Seine, dans un environnement très agréable et verdoyant. Restaurant à 300 mètres. Langue parlée : anglais.

CV

Prix : 1 pers. **250 F** 2 pers. **270/300 F** 3 pers. **370 F** pers. sup. **70 F**

Ouvert : toute l'année.

70	8	5	1	1	2	5	SP	22	SP

NONCLE Elisabeth - 61 rue Clarin Mustad - 76480 DUCLAIR - Tél : 02 35 37 12 93 ou 06 10 75 92 27 - E-mail : noncle@wanadoo.fr

ECRAINVILLE

C.M. 52 Pli 12

1 ch. **Etretat et Fécamp 12 km.** Monique vous accueille dans sa maison en briques et silex. A l'étage : 1 ch. (1 lit 2 pers.) avec lavabo, s. d'eau et wc communs. Possibilité lit d'appoint, 2 lits bébé. Chauffage central au gaz. Jardin, salon de jardin. Séjour, salon, TV à disposition des hôtes. Aire de jeux. Restaurant à 3 km.

CV

Prix : 1 pers. **180 F** 2 pers. **220 F** 3 pers. **270 F** pers. sup. **70 F**

Ouvert : d'avril à octobre.

12	3	9	SP	12	12	2	11	1

BALLANDONNE Monique - 101 route de Fongueusemare - 76110 ECRAINVILLE - Tél : 02 35 27 73 50

ECRAINVILLE La Forge Vimbert *C.M. 52 Pli 12*

5 ch. **Etretat 10 km.** Dans un cadre verdoyant et calme, Vincent et M-Pierre vous accueillent dans une maison indép. R.d.c. : 1 ch. access. aux pers. hand. (1 lit 2 pers., 1 lit 1 pers.), s. d'eau + wc privés, 1 ch. familiale (1 lit 2 pers.), kitchenette, coin-séjour, s. de bains, wc privés (suppl. 100F). A l'étage : 1 ch. (1 lit 2 pers., 1 lit 1 pers.), s. d'eau privée, wc communs. 1 ch. (1 lit 2 pers.), s. d'eau privée, wc communs, 1 ch. double (1 ch. 1 lit 2 pers., 1 ch. 2 lits 1 pers.), s. d'eau et wc privés. Forfait à partir de 2 nuits (200 F/nuit pour 2 pers.). A quelques km de la mer et du très beau site d'Etretat. Langue parlée : anglais.

Prix : 1 pers. **160 F** 2 pers. **210 F** 3 pers. **260 F** pers. sup. **50 F**

Ouvert : du 1er mars au 30 novembre.

12	5	12	1	15	12	5	12	4

MALO Vincent - La Forge Vimbert - 265 route de Fongueusemare - 76110 ECRAINVILLE - Tél : 02 35 27 17 97

ENVERMEU Le Petit Clos de Torqueville *C.M. 52 Pli 5*

1 ch. **Dieppe 12 km.** Dans une jolie et riante vallée près de la mer, Andrée Villers vous propose 1 chambre dans un village animé. Au r.d.c. : 1 ch. 3 épis (2 lits 1 pers.) avec grande s. d'eau/wc privés. Salon, TV à disposition. Jardin avec terrasse et salon de jardin, parking privé. Nombreux chemins de randonnée à proximité. Restaurant à 100 m. Langue parlée : anglais.

Prix : 1 pers. **200 F** 2 pers. **270 F**

Ouvert : toute l'année.

12	10	12	3	3	13	SP	12	1

VILLERS Andrée - 636 rue de Torqueville - 76630 ENVERMEU - Tél : 02 35 04 48 13

EPOUVILLE Le Moulin d'Epouville *C.M. 52 Pli 11*

3 ch. **Le Havre 7 km.** A proximité du centre ville, dans un joli parc boisé de 5000 m^2 traversé par 2 bras de rivière, le Moulin d'Epouville vous propose 3 chambres avec chacune 1 lit 2 pers. dont une avec s. de bains et wc privatifs communicants et les 2 autres avec s. d'eau et wc privatifs communicants. Salon, TV. Possibilité de pratiquer la pêche en rivière dans le parc. Langue parlée : anglais.

Prix : 1 pers. **335 F** 2 pers. **360 F** pers. sup. **70 F**

Ouvert : toute l'année.

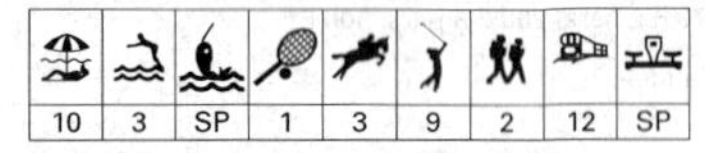

10	3	SP	1	3	9	2	12	SP

LEBOURGEOIS Martine - 28 rue Aristide Briand - 76133 EPOUVILLE - Tél : 02 35 30 84 46 - Fax : 02 35 30 99 64

ESLETTES La Gourmandine TH

3 ch. **Barentin 5 km. Rouen 10 mn.** J-Claude et Edith vous accueillent dans leur gde maison en briques, située au centre du village, entourée d'un jardin fleuri. 1er ét. : 1 ch. (1 lit 2 pers.), salle d'eau et wc privés. 2ème ét. : 1 ch. (1 lit 2 pers.) sous combles, salle d'eau et wc privés, 1 ch. familiale (2 lits 2 pers. + 2 lits 1 pers.), salle d'eau et wc privés. Séjour, salon à disposition avec TV et bibliothèque. Equipement bébé. Possibilité baby-sitter. Chambre familiale : 550 F. Tarif 4 pers. : 380 F.

Prix : 1 pers. **180 F** 2 pers. **220 F** 3 pers. **300 F** pers. sup. **80 F**
repas **100 F**

Ouvert : toute l'année.

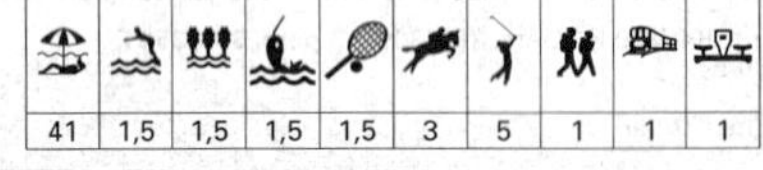

41	1,5	1,5	1,5	1,5	3	5	1	1	1

MARNE Jean-Claude - La Gourmandine - 69 rue des Lilas - 76710 ESLETTES - Tél : 02 35 33 14 75

EU Manoir de Beaumont *C.M. 52 Pli 5*

3 ch. **Le Tréport 5 km.** Dans le manoir, au r.d.c. : séjour/salon avec cheminée et meubles anciens. A l'ét. : 1 ch. (1 lit 2 pers. 2 lit 1 pers.) avec s. de bains, douche, wc communicants. A l'ét. du relais : 1 ch. (1 lit 2 pers.), s. d'eau/wc communicants, 1 ch. familiale (1 lit 2 pers. 1 lit 90, 2 lits superp. à part), kitchenette, s. d'eau/wc communicants. TV dans les 3 ch. A l'orée de la forêt d'Eu, Catherine et Jean-Marie Demarquet vous reçoivent dans leur manoir anglo-normand et leur relais de chasse 18e s. entourés d'un parc très calme surplombant la vallée. Chambres d'hôtes Prestige. 2 vélos à disposition. Langue parlée : anglais.

Prix : 1 pers. **210 F** 2 pers. **290 F** 3 pers. **360 F** pers. sup. **70 F**

Ouvert : toute l'année.

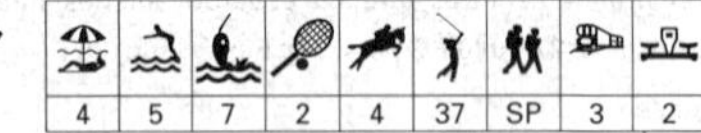

4	5	7	2	4	37	SP	3	2

DEMARQUET Jean-Marie - Manoir de Beaumont - 76260 EU - Tél : 02 35 50 91 91 ou 06 72 80 01 04 - E-mail : cd@fnac.net - http://www.chez.com/demarquet

EU Ferme du Viaduc *C.M. 52 Pli 5*

2 ch. **Le Tréport 3 km.** Entre la mer et la forêt, chez René et Edith, vous trouverez calme et dépaysement avec accès à un grand jardin de vivaces adossé à une ferme. Maison ancienne avec accès indépendant des chambres : ch.1 (1 lit 2 pers.), ch.2 (1 lit 2 pers. 1 lit 1 pers.), kitchenette, salle de bains et wc privatifs pour chaque ch. Petit-déjeuner au jardin. Confitures maison à volonté. Chemin de randonnée du Petit Caux sur place. Nombreux restaurants à proximité (Tréport et Eu).

Prix : 1 pers. **220 F** 2 pers. **250 F** 3 pers. **320 F** pers. sup. **50 F**

Ouvert : toute l'année.

3	3	5	3	1	1	40	8	SP	1,5	1

DEVILLEPOIX René - Ferme du Viaduc - 54 rue des Canadiens - 76260 EU - Tél : 02 35 86 09 69

FLAMANVILLE

C.M. 52 Pli 13

4 ch. **Yvetot 7 km.** A moins de 30 mn de la mer, au calme, dans une maison du XVII, Béatrice et Yves vous proposent au 1er étage : 1 ch. (1 lit 2 pers., 1 lit 1 pers.), s.d.b. et wc privés non communicants. 2ème étage : 1 ch. (1 lit 2 pers.), s.d.b. et wc privés. 2 ch. (1 lit 2 pers.), lavabo chacune, s.d.b. et wc communs. Séjour, salon (TV). Possibilité de cuisine. Restaurant à 1 km.

CV

Prix : 1 pers. **160/180 F** 2 pers. **230 F** 3 pers. **280 F**

Ouvert : toute l'année.

28	6	15	6	4	15	5	7	6

QUEVILLY-BARET Yves et Béatrice - Le Bourg - Rue Verte - 76970 FLAMANVILLE - Tél : 02 35 96 81 27

FONTAINE-LA-MALLET La Claire Fontaine

C.M. 52 Pli 11

4 ch. **Pont de Normandie 15 km. Le Havre-Ferries 10 km.** A 5 km de la mer et au centre de l'axe Etretat/Honfleur avec accès au véloroute du littoral, Yvan vous conseille et vous accueille dans le calme de sa maison et de son jardin fleuri. R.d.c. : 1 ch. (1 lit 2 pers.), 1 ch. (2 lits 1 pers.). A l'étage : 1 ch. (1 lit 2 pers., 1 lit 1 pers.), 1 ch. (1 lit 2 pers.), s. d'eau et wc chacune. Entrée indép. Abri vélos. Jardin aménagé et fleuri (primé au concours des jardins fleuris). Restaurant à 1 km. Langue parlée : anglais.

CV

Prix : 1 pers. **180 F** 2 pers. **230 F** 3 pers. **320 F**

Ouvert : toute l'année.

5	2	2	2	18	2	2	SP	10	SP

SALMON Yvan - 39 rue des Prunus - 76290 FONTAINE-LA-MALLET - Tél : 02 35 55 95 40

FONTAINE-SOUS-PREAUX Ferme de la Houssaye

C.M. 52 Pli 14

4 ch. **Rouen 10 km.** En bordure de forêt, Anne-Marie et Virgile vous accueillent dans leur ferme. Dans l'habitation principale, à l'étage : 1 ch. (1 lit 2 pers.), s.d.b. et wc privés. Dans la grange restaurée, au r.d.c. : 1 ch. (2 lits 1 pers.). A l'étage : 1 ch. (1 lit 2 pers.), 1 ch. (1 lit 2 pers., 1 lit 1 pers.), s. d'eau et wc privés. Séjour avec coin-cuisine et salon TV. Logement de chevaux possible. Lit et nécessaire bébé. Prix dégressifs + de 3 nuits. Restaurant à 2,5 km.

CV

Prix : 1 pers. **160 F** 2 pers. **200 F** 3 pers. **260 F** pers. sup. **60 F**

Ouvert : toute l'année.

50	7	20	3	6	5	1	4	5

PETIT Anne-Marie - Ferme de la Houssaye - 76160 FONTAINE-SOUS-PREAUX - Tél : 02 35 34 70 64 - Fax : 02 35 34 70 64

LE FONTENAY Le Tot

C.M. 52 Pli 11

1 ch. **Le Havre 15 km. Etretat 13 km.** Maison de ferme restaurée entourée d'un grand jardin d'agrément, jeux d'enfants, ping-pong, badminton et portique où Catherine et J-Louis vous accueillent. Entrée indép. Salon en r.d.c. A l'ét. : 1 suite de 2 ch. : 1 ch. (1 lit 2 pers. 1 lit 1 pers.), 1 ch. (1 lit 135), s. d'eau et wc dans une même pièce commune à la suite. Poss. accueil chevaux en boxes, herbages... Nourriture chevaux. Animaux de la ferme, poneys et chevaux. Coin pique-nique. Salon de jardin. Tarif 4 pers. : 450F. Lit enfant : 50F. GR21 sur place. Restaurant à 5 km. Langue parlée : anglais.

CV

Prix : 1 pers. **160 F** 2 pers. **220 F** 3 pers. **380 F** pers. sup. **70 F**

Ouvert : toute l'année.

4	6	3	3	3	13	SP	15	6

VASSE J-Louis et Catherine - Le Tot - D111 - 76290 LE FONTENAY - Tél : 02 35 30 13 16 - Fax : 02 35 30 81 77 - E-mail : cortex@normandnet.fr

FOUCART Ferme des Peupliers

C.M. 52 Pli 12

4 ch. **Fécamp 25 km.** Marie-Anne et Moïse vous recoivent dans leur maison avec intérieur normand et vous proposent, au r.d.c. : 1 ch. (2 lits 1 pers., 1 lit 2 pers.), 1 ch. (1 lit 2 pers. 1 lit 1 pers.), s. d'eau/wc privatifs communicants pour chacune, 1 ch. (1 lit 2 pers.), s. d'eau/wc privatifs non communicants. A l'étage : 1 ch. (1 lit 2 pers. 1 lit 1 pers.). S. d'eau et wc privatifs communicants, cuisine. Entrée indép. Cuisine et TV à disposition. Poutres et cheminée XVIIIe. Espace vert, s. de jardin. Prix dégressifs dès 3 nuits. Restaurant à 1 km.

CV

Prix : 1 pers. **150 F** 2 pers. **200 F** 3 pers. **250 F** pers. sup. **60 F**

Ouvert : toute l'année.

25	5	1	8	15	SP	14	4

LEMERCIER Moïse et Marie-Anne - Ferme des Peupliers - route de Fauville en Caux - 76640 FOUCART - Tél : 02 35 31 17 72 - Fax : 02 35 31 17 72

FRESQUIENNES

C.M. 52 Pli 6

2 ch. **Rouen 10 mn. Barentin 5 km.** En pleine campagne, dans un cadre champêtre fleuri où vous apprécierez le calme, Elisabeth & Didier vous proposent leurs chambres avec entrée indép. R.d.c. : séjour (baies vitrées ouvrant sur les prés), cuisine privée, lave-linge. A l'étage : 1 ch. (1 lit 2 pers., 1 lit 1 pers.), 1 ch. (1 lit 2 pers., 2 lits 1 pers.) avec chacune prise TV, s. d'eau et wc attenants. Lit enfant. Jardin clos. Prix dégressifs à partir de la 3ème nuit. Restaurant et ferme-auberge à 5 km.

CV

Prix : 1 pers. **180 F** 2 pers. **260 F** 3 pers. **330 F** pers. sup. **60 F**

Ouvert : toute l'année.

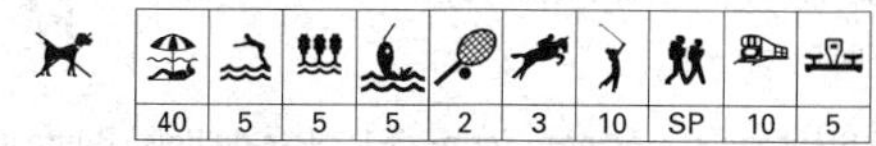

40	5	5	5	2	3	10	SP	10	5

MONTIER Elisabeth & Didier - 220 chemin de la Benardière - 76570 FRESQUIENNES - Tél : 02 35 32 11 41

GODERVILLE

C.M. 52 Pli 12

5 ch. **Etretat 15 km.** Dans une maison normande du 16e, 2 ch. : 1 ch. 5 pers. (2 lits 2 pers. 1 lit 1 pers.) et 1 ch. 3 pers. (1 lit 2 pers. 1 lit 1 pers.), salles d'eau et wc privés. Dans un bâtiment rénové mitoyen au gîte : 1 ch. 2 pers. (1 lit 2 pers.), 2 ch. 3 pers. (1 lit 2 pers. 1 lit 1 pers.), salles d'eau et wc privés pour chaque chambre. Ferme entourée de nombreux animaux. Restaurant à 300 m. Langue parlée : anglais.

Prix : 1 pers. **170 F** 2 pers. **210 F** 3 pers. **260 F** pers. sup. **50 F**

Ouvert : toute l'année.

12	0,5	12	0,5	12	15	SP	7	SP

CHEDRU J-Louis et Françoise - 41 rue Jean Prevost - 76110 GODERVILLE - Tél : 02 35 27 70 29 - Fax : 02 35 27 70 29

GODERVILLE Le Bocage

TH *C.M. 52 Pli 12*

2 ch. **Etretat, Fécamp 15 km.** Au calme, Philippe et Florence vous accueillent dans leur grande maison familiale en briques où vous attendent 2 chambres de bon confort à la décoration chaleureuse. R.d.c. : séjour/salon avec cheminée et TV, 2 chambres (1 lit 2 pers.) avec s. d'eau/wc intégrée et TV chacune, dont une avec accès extérieur uniquement. Salon de jardin à dispo. Beau jardin de la maison. Animaux de la ferme sur place (visite des lieux possible). Restaurant à 1 km.

Prix : 1 pers. **200 F** 2 pers. **260 F** repas **90 F**

Ouvert : toute l'année.

15	1	30	15	1	1	15	30	7	5	1

BELLET Philippe - Hameau le Bocage - 76110 GODERVILLE - Tél : 02 35 27 73 19 - Fax : 02 35 27 15 63 - E-mail : pbellet@terre-net.fr - http://www.multimania.com/fermebellet

GRUCHET-SAINT-SIMEON Le Val Fleury

TH *C.M. 52 Pli 14*

1 ch. **Dieppe 20 km.** A 9 km de la mer, dans leur belle demeure de 1885 face à un grand jardin fleuri, Geneviève et Bernard vous proposent une chambre de charme spacieuse (1 lit 2 pers. 1 lit 1 pers.) avec TV et sanitaires privatifs attenants. Endroit idéal pour vos week-end et séjours détente. Tables d'hôtes sur réservation (cuisine familiale). Parking privé dans la propriétée. Restaurant à 2 km.

Prix : 2 pers. **320 F** 3 pers. **370 F** repas **100 F** 1/2 pens. **225 F**

Ouvert : toute l'année.

9	12	10	20	20	1

FLEURY Geneviève et Bernard - 262 rue du Val Lubin - 76810 GRUCHET-SAINT-SIMEON - Tél : 02 35 83 88 98

GUERVILLE Ferme de la Haye

TH *C.M. 52 Pli 5/6*

1 ch. **Le Tréport 18 km.** Dominique et Jean vous accueillent au r.d.c. d'une maison traditionnelle du XIXe siècle au milieu d'un bois où vous apprécierez la nature et le calme : 1 suite de 2 ch. (1 lit 2 pers., 2 lits 1 pers. et coin-salon) avec s. d'eau et wc particuliers. Entrée indépendante. Chauffage central. Dîner (sur réservation) auprès d'une grande cheminée avec feu de bois. Restaurant à 7 km. Langues parlées : anglais, espagnol.

Prix : 1 pers. **180 F** 2 pers. **240 F** 3 pers. **300 F** pers. sup. **60 F** repas **80 F**

Ouvert : toute l'année.

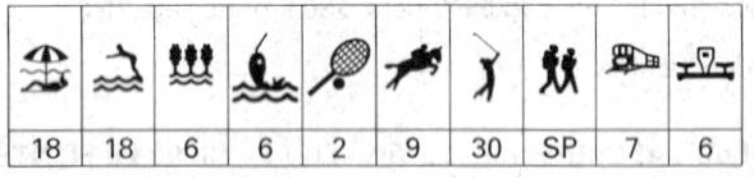

18	18	6	6	2	9	30	SP	7	6

MAIRESSE Jean et Dominique - Ferme de la Haye - 76340 GUERVILLE - Tél : 03 22 26 14 26

HARFLEUR

TH *C.M. 52 Pli 11*

3 ch. **Le Havre 6 km.** Pascal, artiste peintre, et Cécile vous ouvrent les portes de leur belle maison en pierres de taille du XVIIIe s., en plein cœur d'une petite ville. 1er ét. : 1 ch. (1 lit 2 pers.), s.d.b. et wc privatifs. 2ème ét. : 1 ch. (1 lit 2 pers.), 1 ch. (1 lit 2 pers., 1 lit 1 pers.), s.d.b. et wc privatifs pour chacune. Poss. équipement bébé (lit et chaise). Table d'hôtes sur réservation. Atelier de peinture et de sculpture sur place. Jardin clos (arbres fruitiers). Langue parlée : anglais.

Prix : 1 pers. **200 F** 2 pers. **250 F** 3 pers. **330 F** pers. sup. **80 F** repas **65 F**

Ouvert : toute l'année.

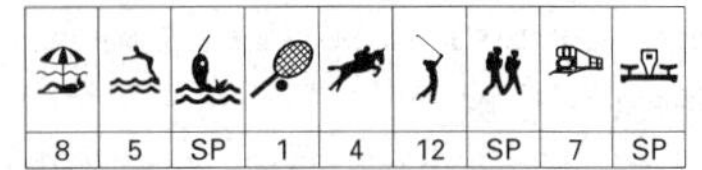

8	5	SP	1	4	12	SP	7	SP

DECHENAUD Pascal - 34 rue de la République - 76700 HARFLEUR - Tél : 02 35 47 73 68 - Fax : 02 35 49 57 68

HAUDRICOURT Ferme de la Mare du Bois

TH *C.M. 52 Pli 16*

3 ch. **Aumale 6 km.** Stéphane et Florence vous accueillent dans une grande maison de maître. 1er ét. : 3 ch. (1 lit 2 pers. chacune), s. d'eau et wc privés chacune. Location de salle (50 couverts) + camping à la ferme + gîte d'étape + possibilité de repas à la ferme sur place. Tarifs revus si plusieurs nuits en période hors saison.

Prix : 1 pers. **180 F** 2 pers. **200 F** repas **70 F**

Ouvert : toute l'année.

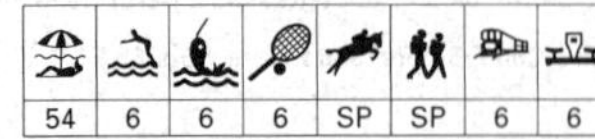

54	6	6	6	SP	SP	6	6

NUTTENS Stéphane et Florence - Ferme de la Mare du Bois - Route de Neufchatel-Aumale - 76390 HAUDRICOURT - Tél : 02 35 94 44 56 - Fax : 02 35 93 38 52

HAUTOT-SUR-MER Les Dryades *C.M. 52 Pli 4*

4 ch. **Dieppe 8 km.** Entre bois, mer et campagne, les chambres « Jocker » et « Soleil » pour 2 pers. ou encore les duplex « Lodge » et « Beige » accueillant jusqu'à 5 pers. R.d.c. : coin-repas, salon, cheminée réservée aux hôtes. A l'ét. : 1 ch. (1 lit 2 pers.), 1 ch. (2 lits 1 pers.), s. d'eau, wc privés. 2 duplex : (1 lit 2 pers., 3 lits 1 pers.) et (5 lits 1 pers.), s.d.b., wc privés. Les chambres et les duplex vous séduiront par leur ambiance. Matériel pour bébé. Petits animaux acceptés avec accord préalable. Salons de jardin à disposition. Restaurant à 3 km. Langues parlées : anglais, espagnol.

Prix : 1 pers. **290 F** 2 pers. **290/360 F** 3 pers. **430 F** pers. sup. **70 F**

Ouvert : toute l'année.

3	8	10	2	3	1	4	10	SP	8	4

BLOCH François - Les Dryades - Rue de Bernouville - 76550 HAUTOT-SUR-MER - Tél : 02 35 84 44 30 ou 06 12 52 55 17 - E-mail : beck.bloch@wanadoo.fr

HOUDETOT *C.M. 52 Pli 3*

2 ch. **Saint-Valéry-en-Caux 12 km.** Dans une maison à colombages au milieu d'un bel espace vert, à 7 km de la mer. Au 1er ét. : 2 ch. (1 lit 2 pers. 1 lit 1 pers.) avec s. d'eau et wc particuliers. Entrée indépendante. Coin-cuisine. Salle de séjour à disposition des hôtes. Logement des chevaux sur place. Salon de jardin. Restaurant à Fontaine-le-Dun à 5 km. Langue parlée : anglais.

Prix : 1 pers. **180 F** 2 pers. **220 F** 3 pers. **280 F** pers. sup. **60 F**

Ouvert : toute l'année.

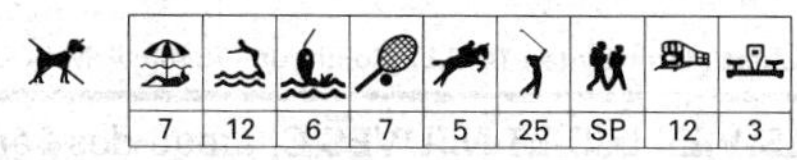

7	12	6	7	5	25	SP	12	3

BOCQUET J-François & Cath. - 76740 HOUDETOT - Tél : 02 35 97 08 73 - Fax : 02 35 57 19 21

HOUDETOT La Ferme des Etocs *C.M. 52 Pli 13*

4 ch. **Veules-les-Roses 7 km.** Au calme, Mr et Mme Delavigne vous proposent 4 ch. : 1 ch. double (1 lit 2 pers. 2 lits 1 pers.), s.d.b., wc privés non communicants, 1 ch. (1 lit 2 pers. 2 lits 1 pers.), s. d'eau, wc privés non communicants, 1 ch (2 lits 1 pers.), s. d'eau, wc privés non communicants, 1 ch. (1 lit 2 pers. 1 lit 1 pers.), s. d'eau, wc privés communicants. Vous pourrez profiter de la plage de Veules-les-Roses, des paysages cauchois ou encore rendre visite aux animaux de la Ferme des Etocs. Jardin avec jeux pour enfants et salons de jardin. Restaurant à 2 km. Langue parlée : anglais.

Prix : 2 pers. **220 F** 3 pers. **280 F** pers. sup. **60 F**

Ouvert : toute l'année.

7	12	12	7	7	5	25	SP	25	3

DELAVIGNE Michel - Ferme des Etocs - 76740 HOUDETOT - Tél : 02 35 97 10 87 - Fax : 02 35 57 20 83 - E-mail : michel.delavigne@wanadoo.fr

ISNEAUVILLE La Muette (TH) *C.M. 52 Pli 14*

4 ch. **Rouen 8 km.** Dans un ancien pressoir normand à prox. de la maison des propriétaires, accès indépendant, 4 ch. avec s. d'eau et wc privatifs à chacune (poss. TV). 1 ch. (1 lit 2 pers. 1 lit 1 pers. dans 1 petite ch. contigüe). 1 ch. (1 lit 2 pers. 1 lit 1 pers. en mezz.), 1 ch. (1 lit 2 pers.), 1 ch. (1 lit 2 pers. 1 lit 1 pers). R.d.c. : séjour/salon avec cheminée. A proximité immédiate de la forêt verte, Jacques et Danielle vous accueillent dans leur charmante propriété normande entièrement restaurée avec parc paysager de 8500 m^2. Table d'hôtes sur réservation 2 fois par semaine. Chambres d'hôtes avec label Prestige. Langue parlée : anglais.

Prix : 1 pers. **240/280 F** 2 pers. **310/350 F** 3 pers. **430/450 F** repas **120 F**

Ouvert : toute l'année sauf du 23/12 au 2/1.

5	1,5	4	3	8	2

AUFFRET Jacques et Danielle - 1057 rue des Bosquets - La Muette - 76230 ISNEAUVILLE - Tél : 02 35 60 57 69 ou 06 86 78 43 91 - Fax : 02 35 61 56 64 - E-mail : JDFTM.AUFFRET@wanadoo.fr

JUMIEGES Le Relais de l'Abbaye *C.M. 52 Pli 13*

4 ch. **Duclair 12 km. Rouen 25 km.** Brigitte et Patrick vous accueillent dans une belle maison normande de caractère. R.d.c. : 1 ch. (2 lits 1 pers.), lavabo, wc, douche privée dans le couloir, 1 ch. (1 lit 2 pers.), lavabo, wc, douche. A l'ét. : 1 ch. (1 lit 2 pers.), s. d'eau et wc privés, 1 ch. (1 lit 2 pers., 1 lit 1 pers.), lavabo, wc, douche privée sur le palier. Entrée indépendante. Superbe jardin avec terrasse. Situé derrière l'abbaye, à l'orée d'un parc boisé. Le dépaysement est assuré et le calme garanti. Nombreux documents touristiques sur place. Possibilité de réservation de 6 mini-gites. Ferme-auberge et restaurant à 1 km.

CV

Prix : 1 pers. **200 F** 2 pers. **230 F** 3 pers. **300 F**

Ouvert : toute l'année.

60	15	3	3	3	3	SP	25	1

CHATEL Patrick et Brigitte - 798 rue du Quesney - Le Relais de l'Abbaye - 76480 JUMIEGES - Tél : 02 35 37 24 98 - Fax : 02 35 37 24 98

JUMIEGES La Mare au Coq

A *C.M. 55 Pli 5*

3 ch. **Duclair 12 km.** Belle charetterie restaurée, à colombages, face à l'Abbaye de Jumièges, proche du centre, au calme : 1 ch. (1 lit 2 pers.), 1 ch. (1 lit 2 pers. 1 lit 1 pers.), 1 ch. (1 lit 2 pers., 2 lits 1 pers.) avec accès indépendant. Salle d'eau privée et wc pour chacune. Terrasse à disposition. Base de plein air avec nombreuses activités à 3 km. Route des Abbayes normandes, au pied de l'Abbaye de Jumièges et sur la route des fruits. Langue parlée : anglais.

Prix : 2 pers. **230 F** 3 pers. **305 F** pers. sup. **380 F** repas **100 F**
1/2 pens. **215 F**

Ouvert : toute l'année.

60	15	3	3	3	3	SP	25	0,5

DOUILLET Gilbert et Monique - Route du Mesnil - La Mare au Coq - 76480 JUMIEGES - Tél : 02 35 37 43 57 - Fax : 02 35 37 51 28

JUMIEGES Le Conihout

C.M. 52 Pli 13

2 ch. **Duclair 12 km. Rouen 25 km.** Jocelyne et Hubert vous accueillent dans une maison récente à colombages en bord de Seine. Au 1er étage : 1 chambre (1 lit 2 pers.), 1 chambre (1 lit 2 pers. 1 lit 1 pers.), salle d'eau et wc privés à chacune. TV dans chaque chambre. Séjour. Jardin, salon de jardin sur terrasse. Restaurant à 3 km.

Prix : 1 pers. **180 F** 2 pers. **220 F** 3 pers. **250 F**

Ouvert : toute l'année.

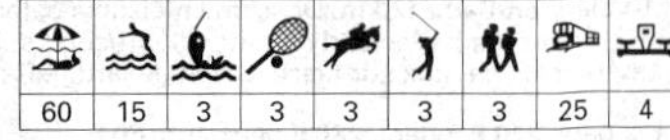

60	15	3	3	3	3	3	25	4

GRANDSIRE Hubert et Jocelyne - 1449 Le Conihout - 76480 JUMIEGES - Tél : 02 35 37 33 79

LES LANDES-VIEILLES-ET-NEUVES Château des Landes

C.M. 52 Pli 16

5 ch. **Aumale 12 km.** Jacqueline et son époux vous reçoivent dans leur château du XIXe en briques entouré d'1 ha. de parc planté d'arbres séculaires (200 m de la Basse Forêt d'Eu sur la D7), 5 km de la N29 Rouen/Amiens. Très grandes ch. 1er étage : 1 ch. rose (1 lit 2 pers.). Suite de 2 ch. (1 lit 2 pers. 2 lits 1 pers.). 2e ét. : 1 ch. (1 lit 2 pers.), 1 ch. (1 lit 2 pers. 1 lit 1 pers.). 1 ch. (3 lits 1 pers.). Salles d'eau et wc privés chacune. Suite de 4 pers. de grand confort au prix de 650F. Salle à manger, séjour, salon/biblio. à dispo. Véranda pour petit-déjeuners. Lit enfant. Chambres d'hôtes avec label Prestige. Langue parlée : anglais.

Prix : 1 pers. **260/300 F** 2 pers. **300/350 F** 3 pers. **450 F**
pers. sup. **100 F**

Ouvert : toute l'année.

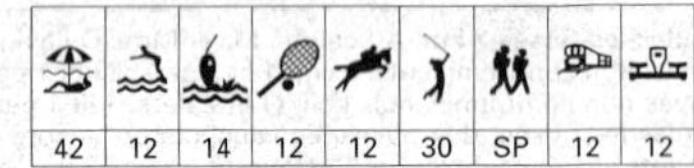

42	12	14	12	12	30	SP	12	12

SIMON-LEMETTRE Gérard et Jacqueline - Château des Landes - 76390 LES LANDES-VIEILLES-ET-NEUVES - Tél : 02 35 94 03 79 - Fax : 02 35 94 03 79

LES LOGES Ferme du Jardinet

C.M. 52 Pli 11

2 ch. **Etretat 6 km.** Dans une maison de caractère traditionnelle, Béatrice et Laurent vous proposent à l'étage : 1 ch. (1 lit 2 pers.), s. d'eau et wc privés, 1 suite de 2 ch. : 1 ch. (2 lits 1 pers.) et 1 ch. (1 lit 2 pers.) avec s. d'eau et wc privés. Jardin arboré pour la détente. Abonnement tennis couvert et plein air. Logement de chevaux 360 F pour 4 personnes. Restaurant à 3 km.

Prix : 1 pers. **200 F** 2 pers. **230 F** 3 pers. **290 F** pers. sup. **70 F**

Ouvert : toute l'année.

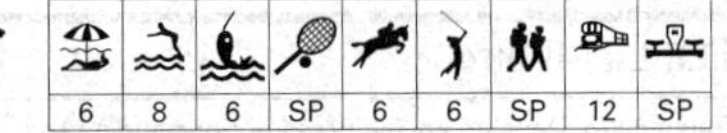

6	8	6	SP	6	6	SP	12	SP

VASSE Laurent et Béatrice - Ferme du Jardinet - 76790 LES LOGES - Tél : 02 35 27 04 07

LONGUEIL Cavée des Longs Champs

C.M. 52 Pli 4

3 ch. **Dieppe 12 km.** A 3 km de la mer, près de Dieppe et de Varengeville, vous serez accueillis chaleureusement dans cette grande maison normande. Un chemin de randonnée longe la rivière jusqu'à la mer. A l'étage : 1 ch. (3 lits 1 pers.), 2 ch. (2 lits 1 pers.) avec s. d'eau et wc privatifs communicants et accès extérieur direct dont l'une sans communication intérieure. Grand séjour/salon avec TV à disposition. Possibilité lit pliant, chaise haute bébé et baby-sitting. Restaurant à 3 km. Langue parlée : anglais.

Prix : 1 pers. **200 F** 2 pers. **280 F** 3 pers. **350 F**

Ouvert : toute l'année.

3	12	18	5	SP	7	12	12	SP	12	6

DEBUF Jocelyne - Cavée des Longs Champs - 76860 LONGUEIL - Tél : 02 35 04 50 27

LA MAILLERAYE-SUR-SEINE La Renardière

C.M. 52 Pli 13

3 ch. **Caudebec-en-Caux 7 km.** Dans le cadre du Parc Naturel Régional de Brotonne, vous serez accueillis dans une maison à colombages entourée d'un jardin d'agrément fleuri de 1000 m², au sein d'une propriété de 4 ha en bord de forêt. A l'étage : 2 ch. avec chacune 2 lits jumeaux (90 cm) transformables en un seul lit de 2 pers. + 1 lit 1 pers. dans l'une d'elle, s. d'eau et wc privés pour chacune. Au r.d.c. : salon avec cheminée à disposition. Dans un local annexe à proximité de la maison : 1 grande ch. avec 3 lits dont 2 transformables en un seul de 2 pers., s. d'eau, wc privés, espace cuisine et détente au r.d.c. Boxes et prairie pour chevaux. Langue parlée : anglais.

CV

Prix : 1 pers. **200 F** 2 pers. **260/280 F** 3 pers. **330 F** pers. sup. **70 F**

Ouvert : toute l'année.

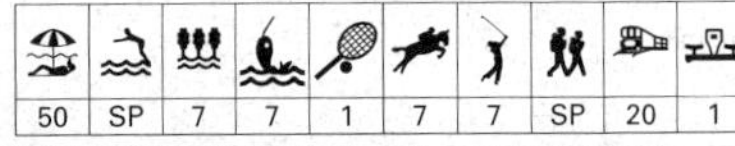

50	SP	7	7	1	7	7	SP	20	1

LEFRANCOIS Michel - La Renardière - Route de Brotonne - 76940 LA MAILLERAYE-SUR-SEINE - Tél : 02 35 37 13 25 - Fax : 02 35 37 02 69

MANEGLISE Le Domaine de Branmaze

C.M. 52 Pli 11

2 ch. **Etretat 15 km. Le Havre 15 mn.** Sur 2 ha., au cœur des champs, Carole et Yann vous accueillent dans leur ancien corps de ferme du XVIIIe s. planté d'arbres fruitiers et vous proposent à l'étage : 1 ch. 3 pers. (1 lit 2 pers. 1 lit 1 pers.) et 1 suite 4 pers. (1 lit 2 pers. 2 lits 1 pers.), s. d'eau et wc particuliers pour chaque chambre. Tarif 4 pers. : 450F. Salle à manger, salon de jardin, aire de jeux. Parking privé clos. A131 à 8km. Accès : Etretat/Honfleur à 20 mn (A29). A prox. : GR21 et GR2. Table d'hôtes fermée le dimanche. Restaurant à 6 km.

Prix : 1 pers. **200 F** 2 pers. **260 F** 3 pers. **360 F** pers. sup. **100 F** repas **90 F**

Ouvert : toute l'année.

15	6	1,5	10	15	SP	10	1

LATOURTE Carole et Yann - 5 allée des Moniales - 76133 MANEGLISE - Tél : 02 35 30 17 65

MANEHOUVILLE Calnon

C.M. 52 Pli 14

2 ch. **Dieppe 8 km.** M.-Thérèse et Henri vous accueillent à la ferme dans leur maison de maître milieu XIXè s. A l'étage : 1 ch. avec cheminée (1 lit 2 pers., 1 lit 1 pers.), s. d'eau privée, 1 ch. avec cheminée (1 lit 2 pers., 1 lit 1 pers.) et 2 petites chambres communicantes (1 lit 2 pers., clic-clac 2 pers.), s. d'eau privée, wc communs. Lit bébé. Salle de séjour, salon, cuisine. Jardin, salon de jardin et barbecue, parking. -10% à partir de la 2ème nuit. Restaurant à 4 km.

Prix : 1 pers. **160 F** 2 pers. **210 F** 3 pers. **260 F** pers. sup. **60 F**

Ouvert : toute l'année.

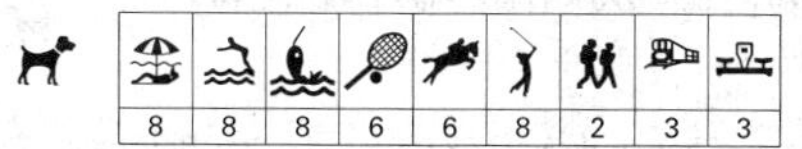

8	8	8	6	6	8	2	3	3

DURAME Henri et M-Thérèse - Calnon - 76590 MANEHOUVILLE - Tél : 02 35 85 41 41

MANIQUERVILLE

C.M. 52 Pli 2

2 ch. **Fécamp 7 km. Etretat 11 km.** Les chambres pour 2 à 4 pers. sont aménagées à l'étage d'une maison du XVIIè s. dans un clos masure : 1 ch. (2 lits 2 pers.), s. d'eau et wc privés non communicants, 1 ch. (1 lit 2 pers.), s. d'eau et wc privatifs. Lit enfant sur demande. Coin-salon avec TV. Petit coin-cuisine sur jardin à disposition. Musée agricole, ferme de découverte et location de salle (80 couverts). Restaurant à 2 km. Langue parlée : anglais.

Prix : 1 pers. **170 F** 2 pers. **220 F** 3 pers. **280 F** pers. sup. **50 F**

Ouvert : toute l'année.

5	7	7	2	7	10	10	10	1,5

DECHERF P-Etienne & Fabienne - 76400 MANIQUERVILLE - Tél : 02 35 28 69 25 - Fax : 02 35 10 73 40

MANNEVILLE-LA-GOUPIL Hameau d'Ecosse

C.M. 52 Pli 12

2 ch. **Etretat 15 km. Pont de Normandie 15 km.** Dans une maison de maître de caractère du XVIIIè siècle, Nicole et Hubert vous ouvrent leurs très belles chambres spacieuses. A l'étage : 1 ch. (2 lits 1 pers.), s. d'eau et wc privés, 1 ch. (1 lit 2 pers.), s. d'eau et wc privés. Possibilité lit d'appoint. Enfant supplémentaire : 55F. Table d'hôtes sur réservation avec produits de la ferme, cidre. Restaurant 1 km. Langue parlée : anglais.

Prix : 2 pers. **285 F** 3 pers. **345 F** pers. sup. **60 F** repas **125 F**

Ouvert : du 1er février au 15 décembre.

15	5	15	5	15	15	4	5	4

LOISEL Hubert et Nicole - Hameau d'Ecosse - 76110 MANNEVILLE-LA-GOUPIL - Tél : 02 35 27 77 21 - Fax : 02 35 27 77 21

MAUCOMBLE

C.M. 52 Pli 15

1 ch. **Saint-Saëns 4 km.** En bordure de la forêt d'Eawy, Solange vous reçoit dans sa maison de maître du XIXe s. entourée d'un jardin fleuri. Rez-de-chaussée : 1 ch. (1 lit 2 pers.) avec salle de bains et wc privatifs. Possibilité lit d'appoint 1 pers. Accès indépendant. Restaurant à Saint-Saëns à 4 km. Langue parlée : anglais.

Prix : 1 pers. **190 F** 2 pers. **230 F** pers. sup. **80 F**

Ouvert : toute l'année.

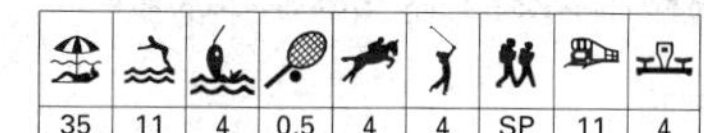

35	11	4	0,5	4	4	SP	11	4

MARUITTE Solange - 107 rue de la Libération - 76680 MAUCOMBLE - Tél : 02 35 34 50 91

MELLEVILLE La Marette

C.M. 52 Pli 5

3 ch. **Le Tréport 13 km.** Maison 1900 entourée de jardins, à l'orée de la forêt d'Eu. A l'étage : 2 suites : 1 suite de 2 ch. (chacune 1 lit 2 pers.), poss. d'ajouter un lit d'appoint dans 1 ch., s.d.b. et wc séparés et privés. 1 autre suite avec 2 ch. (chacune 1 lit 2 pers.), lavabo et wc privés, s. d'eau commune. Poss. d'ajouter un lit d'appoint dans une ch., 1 ch. (1 lit 2 pers.). Lavabo et wc privés, salle d'eau commune. Poss. un lit d'appoint. Séjour, salle de jeux, salons de jardin et cuisine à disposition pendant l'été. Tarif suite 4 pers. 400F/560F. Restaurant à 7 km. Langues parlées : allemand, anglais.

Prix : 2 pers. **200/280 F** 3 pers. **300/460 F** pers. sup. **100 F**

Ouvert : toute l'année.

14	12	7	4	7	14	SP	7	7

GARCONNET Etienne et Nelly - La Marette - 76260 MELLEVILLE - Tél : 02 35 50 81 65 - Fax : 02 35 50 81 65

MESNIL-ESNARD *C.M. 55 Pli 6*

1 ch. **Rouen 3 km.** Ancien prieuré à colombages datant du XVIIIè s. entouré d'un parc paysager & fleuri de 6000 m² avec vue superbe, Monique et Alain vous proposent 1 ch. de 25m² avec meubles de style (1 lit 2 pers.), s. d'eau et s.d.b. privées, wc séparés. A votre disposition : lit bébé, lit d'appoint, coin-détente, vélos. Atelier d'artiste peintre sur place : exposition permanente. Restaurant à 500 m. Langue parlée : anglais.

Prix : 1 pers. **280 F** 2 pers. **300 F** pers. sup. **70 F**

Ouvert : toute l'année.

60	2	15	0,5	5	5	1	3	0,5

MONNEREAU Monique & Alain - 12 rue Saint-Léonard - 76240 MESNIL-ESNARD - Tél : 02 35 80 24 48

MESNIL-ESNARD Le Clos Bourgeot *C.M. 52 Pli 14*

2 ch. **Rouen 6 km.** En bordure de forêt, entouré de 3 ha de prairies et au bout d'un chemin privé, Nathalie et Claude, passionnés de chevaux, vous accueillent dans leur maison du XIXème s. entièrement rénovée et très calme. R.d.c. avec accès indépendant : séjour à disposition des hôtes, TV. A l'étage : 1 ch. (1 lit 2 pers.), 1 ch. (2 lits 2 pers.) avec s.d.b. et wc privés pour chacune. Equipement et lit bébé dans 1 chambre. Baby-sitting. Salon de jardin et barbecue à disposition (possibilité de pique-nique). Restaurant à 1 km.

Prix : 1 pers. **180 F** 2 pers. **220 F** 3 pers. **280 F** pers. sup. **60 F**

Ouvert : toute l'année.

60	2	10	10	1	1	10	SP	6	1

TREVET Nathalie - Chemin du Val aux Daims - Le Clos Bourgeot - 76240 MESNIL-ESNARD - Tél : 02 35 79 83 83 - Fax : 02 35 79 83 83

MEULERS (TH) *C.M. 52 Pli 4/5*

2 ch. **Dieppe 12 km.** Dans leur maison contemporaine avec véranda (vue sur la forêt) donnant sur le jardin, Maryse et Jean-Marie vous réservent 2 chambres à l'étage : 1 ch. (1 lit 2 pers., 1 lit 1 pers., 1 lit bébé), lavabo, 1 ch. (1 lit 2 pers., 1 lit 1 pers., 1 lit bébé), lavabo, mezzanine (2 lits 1 pers. supplémentaires), salle d'eau commune. Séjour, salon et TV à disposition. Tarif 4 pers. : 300F. Restaurant à 4 km.

CV

Prix : 1 pers. **170 F** 2 pers. **200 F** 3 pers. **250 F** pers. sup. **50 F** repas **80 F**

Ouvert : toute l'année.

12	8	8	8	2	8	12	SP	12	4

DUBOIS Maryse - 1071 route de Dieppe - 76510 MEULERS - Tél : 02 35 83 45 70

MONTREUIL-EN-CAUX *C.M. 52 Pli 14*

2 ch. **Auffay 6 km. Dieppe 30 km.** Dans un ancien four à pain avec grande cour : 1 ch. (1 lit 2 pers.), 1 ch. (1 lit 2 pers., 2 lits 1 pers.) avec salle d'eau privée pour chacune et wc communs. TV dans chaque chambre. Jardin et aire de jeux. Parking dans cour fermée. Tarif 4 pers. : 340F. Restaurant à Auffay, Saint-Saëns, Tôtes, Bosc le Hard. Langue parlée : anglais.

Prix : 1 pers. **175 F** 2 pers. **210 F** 3 pers. **280 F** pers. sup. **60 F**

Ouvert : toute l'année.

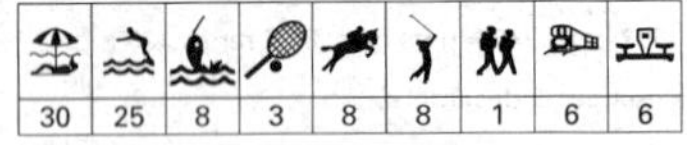

30	25	8	3	8	8	1	6	6

LAMPERIER Didier et Maryline - CD 96 - Le Bourg - 76850 MONTREUIL-EN-CAUX - Tél : 02 35 32 63 47

MORGNY-LA-POMMERAYE La Pommeraye (TH) *C.M. 52 Pli 15*

4 ch. **Rouen 15 km.** Maurice et Josiane vous accueillent dans leur château de 1870, entièrement rénovée avec jardin. Au 2e étage : 2 ch. (1 lit 2 pers. chacune) avec douche et wc privés, 1 ch. (2 lits 1 pers.), 1 ch. (1 lit 2 pers. 2 lits 1 pers.) avec salles d'eau et wc privés. Lit bébé. Téléphone dans les chambres. Langue parlée : hollandais.

CV

Prix : 1 pers. **160 F** 2 pers. **190 F** 3 pers. **270 F** pers. sup. **80 F** repas **80 F**

Ouvert : toute l'année.

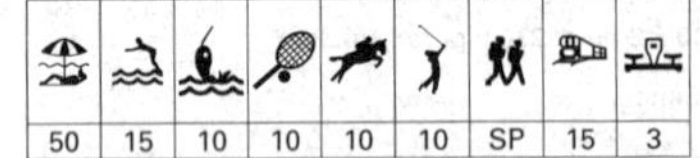

50	15	10	10	10	10	SP	15	3

PIRON Maurice et Josiane - La Pommeraye - 651 rue de la Pommeraye - 76750 MORGNY-LA-POMMERAYE - Tél : 02 35 34 70 07 - Fax : 02 32 80 91 60

MOTTEVILLE L'Orangerie (TH) *C.M. 52 Pli 13*

5 ch. **Yvetot 6 km.** Face au parc de l'ancien château de Motteville, Patrice vous reçoit à l'orangerie XVIIe. R.d.c. : 1 ch. (1 lit 2 pers., 1 lit 1 pers.). 1er ét. : 1 ch. (2 lits 1 pers.), 3 ch. (1 lit 2 pers.) dont 1 ch. en alcôve (lit de 130 cm.) et 1 ch. avec baldaquin. Salle de bains et wc privés pour chaque chambre. Equipement bébé. Séjour avec cheminée et TV. A disposition : 2 vélos et 1 tandem. Table d'hôtes sur réservation. Restaurant à 250 m.

CV

Prix : 1 pers. **150 F** 2 pers. **250/300 F** pers. sup. **150 F** repas **90 F**

Ouvert : toute l'année.

28	6	12	6	6	28	8	0,5	1

DEPINAY Patrice - Rue Alexis Ricordel - L'Orangerie - 76970 MOTTEVILLE - Tél : 02 35 95 61 68 ou 02 35 92 41 89

NESLE-NORMANDEUSE *C.M. 52 Pli 6*

4 ch. **Le Tréport 25 km. Forêt d'Eu 3 km.** Jacqueline vous accueille dans sa propriété du XVIIIe. Dans une annexe de la maison, de plain pied : 4 ch. avec s.d.b., wc privés et TV. 2 ch. (1 lit 2 pers.), 2 ch. (1 lit 2 pers., 1 lit 1 pers.). Jardin et chaises longues à disposition des hôtes. Petit-déjeuners servis dans la maison du propriétaire. Poss. pêche en étang (50F par pers. et par jour). Restaurant à Blangy-sur-Bresle à 4 km.

Prix : 1 pers. **250 F** 2 pers. **300 F** 3 pers. **420 F** pers. sup. **100 F**

Ouvert : toute l'année.

28	30	3	4	3	4	4

DUJARDIN Jacqueline - 7 route de Campneuseville - 76340 NESLE-NORMANDEUSE - Tél : 02 35 93 54 96

NEUFCHATEL-EN-BRAY Le Val Boury *C.M. 52 Pli 15*

4 ch. **Dieppe 25 km.** A 2 pas du centre ville et au calme de la campagne, ancien cellier 17e siècle au pied d'une vallée et d'un chemin pédestre. 3 ch. (1 lit 2 pers.) avec s. d'eau et wc privatifs, 1 ch. (3 lits 2 pers.), coin salon, s. d'eau avec wc privatifs, lit bébé, poss. lit d'appoint. Baby-sitting. Jardin avec salon, barbecue, parc de jeux. Restaurant à 500 mètres. Petit-déjeuner servi dans une vieille demeure typiquement Brayonne. Deux gîtes ruraux sur place. Langues parlées : anglais, allemand.

Prix : 1 pers. **240 F** 2 pers. **260 F** 3 pers. **330 F** pers. sup. **90 F**

Ouvert : toute l'année.

30	0,5	0,5	10	0,5	15	10	15	SP	1	SP

LEFRANCOIS Xavier et Valérie - Le Val Boury - 76270 NEUFCHATEL-EN-BRAY - Tél : 02 35 93 26 95 - Fax : 02 32 97 12 30

NEVILLE Les Mésanges *C.M. 52 Pli 13*

1 ch. **Saint-Valéry-en-Caux 4 km.** Au calme, dans une maison de construction récente à l'intérieur très chaleureux et au jardin très agréable, Armelle vous propose une chambre d'hôtes spacieuse à l'étage (1 lit 2 pers.) avec salle d'eau et wc privés. TV et salon de jardin à disposition. Coin-cuisine au sous-sol à disposition au-delà de 2 nuits. Auberge à proximité. Langue parlée : anglais.

Prix : 1 pers. **180 F** 2 pers. **250 F**

Ouvert : toute l'année.

4	4	7	4	5	6	7	SP	SP	SP

PATENOTRE Armelle - 33 Grande Rue - Les Mésanges - 76460 NEVILLE - Tél : 02 35 97 94 48

OMONVILLE Les Ecureuils *C.M. 52 Pli 14*

4 ch. **Dieppe 15 km. Varengeville 10 km.** Dans leur ferme en activité située entre le château et l'église, Jérome et Nicole vous invitent à passer un agréable séjour au calme, dans une maison du 17e siècle blottie dans un cadre verdoyant. Intérieur à colombages, cheminée. A l'ét. : 4 ch. dont 2 ch. (1 lit 2 pers.), 1 ch. (2 lits 1 pers.), 1 ch. (1 lit 2 pers. 1 lit 1 pers.), s. d'eau et wc privés. Lit et jeux pour enfants. Jardin à disposition des hôtes. Possibilité de cuisine. Chasse marée à 6 km. Connaissance des jardins floraux. Restaurant à 3 km.

Prix : 1 pers. **180 F** 2 pers. **215/225 F** 3 pers. **285 F** pers. sup. **60 F**

Ouvert : toute l'année.

15	15	15	3	8	8	8	12	3	8	3

LEMARCHAND Jérôme et Nicole - Les Ecureuils - 76730 OMONVILLE - Tél : 02 35 83 21 69 - Fax : 02 35 83 21 69

OUAINVILLE *C.M. 52 Pli 13*

1 ch. **Cany-Barville 3 km.** Astrid et Bruno vous attendent dans leur belle maison restaurée en briques, entourée d'un agréable jardin fleuri. Au rez-de-chaussée : 1 chambre (1 lit 2 pers.), salle de bains et wc privés. Télévision. Equipement bébé. Salon de jardin. Base nautique à 3 km. Restaurant le plus proche à 3 km.

Prix : 1 pers. **160 F** 2 pers. **220 F** pers. sup. **50 F**

Ouvert : toute l'année.

9	3	3,5	3	3	9	25	1	12	3

LEFRANCOIS Bruno et Astrid - 76450 OUAINVILLE - Tél : 02 35 97 33 15

OUAINVILLE La Varègue *C.M. 52 Pli 12*

1 ch. **Fécamp 17 km.** Près de la mer et de la jolie vallée de la Durdent, Annie et Robert vous proposent 1 ch. (2 lits 1 pers.) de plain-pied avec s. d'eau et wc privatifs communicants dans leur maison en briques et silex entourée d'un jardin clos. Possibilité lit d'appoint pour enfant : 50F. Salon de jardin et TV à disposition. Abri 2 roues. Baby-sitting possible. Restaurant à Cany-Barville à 3,5 km.

Prix : 2 pers. **210 F** pers. sup. **50 F**

Ouvert : toute l'année.

7	3	4	4	3	4	34	4	3,5	15	3,5

VEZIER A-Marie et Robert - La Varegue - 76450 OUAINVILLE - Tél : 02 35 97 05 53 - Fax : 02 35 97 05 53

OUVILLE-L'ABBAYE Le Prieuré *C.M. 52 Pli 13*

5 ch. **Yerville 4 km.** Dans une grande maison, sur 2 ha. de pâture. A l'étage : 1 ch. (1 lit 2 pers., 2 lits 1 pers.), s. d'eau et wc privés, 2 ch. (1 lit 2 pers. 1 lit 1 pers. chacune), s. d'eau et wc privés, 2 ch. (1 lit 2 pers., lavabo chacune), s. d'eau et wc communs au 1/2 étage inférieur. Salle de séjour, salon, TV. Possibilité de cuisine sur place. Le week-end, possibilité de location des chambres + salle pour 40 personnes (+ 1000 F). Restaurant à Yerville à 4 km. Langue parlée : anglais.

Prix : 1 pers. **150 F** 2 pers. **210 F** 3 pers. **250 F** pers. sup. **30 F**

Ouvert : toute l'année.

22	12	20	4	10	30	2	10	4

QUEVILLY Marianne et Vincent - Le Prieuré - 76760 OUVILLE-L'ABBAYE - Tél : 02 35 95 32 66

PALUEL Conteville *C.M. 52*

5 ch. **Saint-Valéry-en-Caux 7 km.** Près de Saint-Valéry-en-Caux : station classée, casino et animations, dans une maison traditionnelle, à l'étage : 2 ch. 2 épis (2 lits 1 pers.), s. d'eau, wc et TV chacune. 2 ch. 1 épi (1 lit 2 pers), 1 ch. 1 épi (1 lit 1 pers.), s. d'eau et wc communs. Séjour, salon, TV, livres, jeux de société à disposition. Jardin, salon de jardin. Restaurant à 2 km.

Prix : 1 pers. **155 F** 2 pers. **210/230 F** pers. sup. **50 F**

Ouvert : toute l'année.

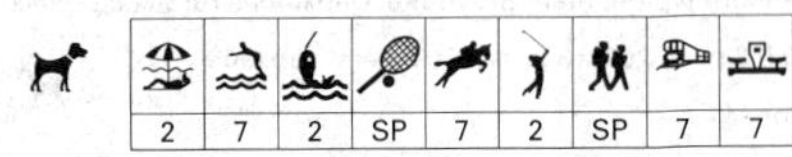

2	7	2	SP	7	2	SP	7	7

LIARD Marie-Claire - Hameau de Conteville - F. Cassette / 2025 rte St-Val. - 76450 PALUEL - Tél : 02 35 57 11 83 ou 02 35 57 20 20

PALUEL *C.M. 52 Pli 3*

5 ch. **Saint-Valéry-en-Caux 7 km.** Dans un ancien pavillon de chasse, style XVIIIème, à 1,5 km de la mer, Danielle et Gil ont aménagé 5 chambres. Au 2ème ét. 3 ch. 1 épi 1 ch. (4 lits 1 pers.), 1 ch. (2 lits 1 pers.), 1 ch. (1 lit 1 pers.), s. d'eau et wc communs. Au 1er ét. 2 ch. 2 épis : (1 lit 2 pers.), s.d.b. et wc privés communicants. TV dans chacune. Poss. d'hébergement de chevaux. Grand parc de verdure, salon de jardin. Restaurant à 1,5 km. Langues parlées : anglais, portugais.

Prix : 1 pers. **160/200 F** 2 pers. **240/280 F** 3 pers. **290 F** pers. sup. **50 F**

Ouvert : toute l'année.

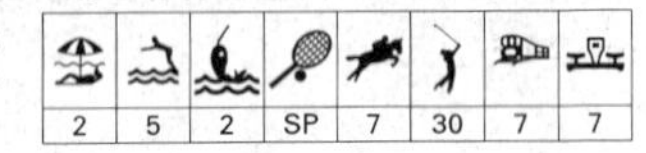

2	5	2	SP	7	30	7	7

CARNEIRO Danielle et Gil - Hameau de Conteville - Le Manoir de Conteville - 76450 PALUEL - Tél : 02 35 97 19 24 ou 02 35 97 19 62

POMMEREVAL Les Essarts *C.M. 52 Pli 15*

5 ch. **Saint-Saëns 9 km.** Catherine vous reçoit dans une maison annexe à la sienne, au calme, en pleine campagne. 2 ch. Val y Got et Eawy (1 lit 2 pers.), 1 ch. Jacinthe (1 lit 2 pers. 1 lit 1 pers.), 1 ch. De Pomm (2 lits 1 pers.), 1 ch. Limousin (5 lits 1 pers.), s. d'eau et wc privés pour chacune des chambres. Tarif 5 pers. : 400F. R.d.c. : salle avec salon-cuisine. Possibilité de logement de chevaux sur place. Restaurant à 8 km. Langues parlées : anglais, espagnol.

Prix : 1 pers. **150 F** 2 pers. **220/250 F** 3 pers. **300 F** pers. sup. **80 F**

Ouvert : toute l'année.

30	10	10	SP	SP	10	2	25	9

LERAT Catherine - Centre Equestre - Les Essarts - 76680 POMMEREVAL - Tél : 02 35 93 09 05

PONTS-ET-MARAIS *C.M. 52 Pli 5*

3 ch. **Eu 3 km.** Tout près de la mer et avec une très belle vue sur la vallée de la Bresle, Christian et Christiane vous proposent 3 chambres confortables, à la décoration gaie, dans leur grande maison entourée d'un jardin clos bien fleuri. Au r.d.c. : séjour/salon, cheminée, véranda. Salon de jardin et barbecue. 1 ch. bleue (1 lit 2 pers.), s. d'eau et wc communicants. Etage : 1 ch. jaune (1 lit 2 pers.), s. d'eau et wc privés séparés, 1 ch. verte (1 lit 2 pers. 1 lit 1 pers. 1 lit d'appoint), s. d'eau et wc communicants. Coin-cuisine à disposition. Restaurant à 3 km.

Prix : 1 pers. **240 F** 2 pers. **240/300 F** 3 pers. **300 F** pers. sup. **50 F**

Ouvert : toute l'année.

5	5	3	3	1	3	30	10	SP	3	3

LEPAN Christian - Chemin de Jérusalem - 76260 PONTS-ET-MARAIS - Tél : 02 35 86 50 67 - Fax : 03 22 30 35 65

POURVILLE-SUR-MER Les Hauts de Pourville *C.M. 52 Pli 4*

3 ch. **Dieppe 2 km.** Colette vous reçoit dans sa maison moderne située en haut de la falaise avec vue imprenable sur les falaises de Varengeville et la vallée. Patio avec chaises longues. Possibilité de pique-nique. Piscine couverte chauffée. 3 chambres avec salles d'eau, wc séparés et communs. Salon avec cheminée. Parking. Auberge à proximité. Langue parlée : espagnol.

Prix : 2 pers. **260/280 F**

Ouvert : toute l'année.

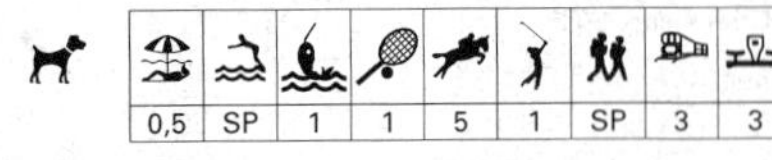

0,5	SP	1	1	5	1	SP	3	3

MARCHAND Colette - Les Hauts de Pourville - 76550 POURVILLE-SUR-MER - Tél : 02 35 84 14 29

PREAUX La Boissière

C.M. 52 Pli 15

4 ch. **Rouen 10 km.** Estelle vous ouvre sa grange restaurée de style normand dans un endroit calme. Au r.d.c. : 1 ch. (1 lit 2 pers.), s. d'eau et wc privés, 1 ch. double (1re ch. : 1 lit 2 pers., 2e ch. : 2 lits 1 pers.), s. d'eau et wc privés. A l'ét. : 1 ch. (1 lit 2 pers., 2 lits 1 pers.), 1 ch. (1 lit 2 pers.), s. d'eau et wc privés pour chacune. Possibilité de cuisine. Jardin. Salle-Salon privé à disposition. Tarif 4 pers : 320F. Restaurant à 4 km.

Prix : 1 pers. **160 F** 2 pers. **200/220 F** 3 pers. **260 F** pers. sup. **60 F**

Ouvert : toute l'année.

50	10	SP	9	SP	10	SP

ALEXANDRE Estelle - 298 rue du Stade - 76160 PREAUX - Tél : 02 35 59 06 26 - Fax : 02 35 59 06 26

PRETOT-VICQUEMARE

C.M. 52 Pli 13

2 ch. **Veules-les-Roses 16 km.** Marie-Thérèse et Jean-Pierre vous accueillent dans leur maison des XVIII et XIXe siècles rénovée avec un jardin clos. Ils vous offrent un appartement familial mansardé : 1 ch. (1 lit 2 pers.) et 1 ch. (2 lits 1 pers.), s.d.b. et wc privés. Séjour, salon et TV à disposition. Poss. lit enfant. Tarif 4 pers. : 295 F. Restaurant à 3 km. Langue parlée : anglais.

Prix : 1 pers. **185 F** 2 pers. **215 F** 3 pers. **255 F**

Ouvert : toute l'année.

16	15	15	15	SP	15	4

MAUPAS J-Pierre & M-Thérèse - 4 route de Boudeville - 76560 PRETOT-VICQUEMARE - Tél : 02 35 96 08 72

QUIBERVILLE-SUR-MER Les Vergers

C.M. 52 Pli 4

5 ch. **Dieppe 15 km.** M-France et Christian vous accueillent dans leur château, grand confort et calme. 1er étage : 1 ch. (1 lit 2 pers.), 1 ch. (2 lits 1 pers.), s.d.b.et wc privés chacune. 2ème étage : 1 ch. (3 lits 1 pers.), s. de bains et wc privés, 1 ch. (1 lit 2 pers.), s. d'eau et wc privés, 1 suite de 2 ch. (1 lit 2 pers., 2 lits 1 pers.), s. de bains et wc privés. Jardin paysager. Tarif 4 pers. : 490 F. Restaurant à Quiberville-sur-Mer à 1 km. Langue parlée : anglais.

Prix : 1 pers. **260 F** 2 pers. **330/350 F** 3 pers. **410 F** pers. sup. **80 F**

Ouvert : toute l'année.

1	15	1	1	12	10	1	15	8

AUCLERT Christian & M-France - Rue des Vergers - 76860 QUIBERVILLE-SUR-MER - Tél : 02 35 83 16 10 - Fax : 02 35 83 36 46 - E-mail : chauclert@aol.com

REUVILLE

C.M. 52 Pli 13

1 ch. **Doudeville 6 km.** Dans un corps de ferme normand, Aline vous invite dans une maison traditionnelle à l'intérieur à colombages, au calme. A l'étage : une chambre double (1 lit 2 pers.) avec possibilité de 2 lits 1 pers. supplémentaires. Salle d'eau et wc privés. Salle de séjour, salon, cheminée, TV à disposition. Restaurant à 500 m.

Prix : 1 pers. **180 F** 2 pers. **220 F** 3 pers. **270 F** pers. sup. **50 F**

Ouvert : toute l'année.

15	7	7	0,5	10	6	5	6	1

LAINE Aline - 76560 REUVILLE - Tél : 02 35 95 24 01

ROUEN

C.M. 52 Pli 14

3 ch. Philippe vous fera découvrir toutes les facettes de Rouen. Il vous reçoit dans sa maison (XVe/XVIIe) appartenant à la famille depuis le XIXe siècle, entièrement meublée avec de nombreuses collections d'objets et meubles normands. 1er étage : 1 ch. (1 lit 2 pers.), s. de bains et wc privés. 3ème étage : 1 ch. (2 lits 1 pers.), s. de bains et wc privés. 3e étage : 1 suite (1 lit 2 pers., 1 lit 1 pers.), s. de bains et wc privés. Poss. cuisine pour 2 ch. Salle de séjour avec coin-salon. Au centre historique de Rouen, à 150 m de la Cathédrale et du Gros Horloge. Langues parlées : allemand, anglais.

Prix : 1 pers. **215 F** 2 pers. **300 F** pers. sup. **150 F**

Ouvert : toute l'année.

60	1	25	3	11	5	11	1	SP

AUNAY Philippe - 45 rue Aux Ours - 76000 ROUEN - Tél : 02 35 70 99 68 - Fax : 02 35 98 61 35

ROUVILLE Ferme du Château

TH

C.M. 52 Pli 12

3 ch. **Bolbec 6 km.** Dans leur maison de caractère époque Henri IV avec jardin fleuri, en dehors du village, M-Madeleine et J-Claude vous proposent, à l'ét. : 1 suite de 2 ch. (2 lits 2 pers.), 1 suite dont 1 ch. (1 lit 2 pers.) et 1 ch. (1 lit 1 pers.), 1 suite dont 1 ch. (2 lits 1 pers.) et 1 ch. (1 lit 2 pers.), s.d.b. et wc privés séparés pour chaque chambre. Equipement bébé. Séjour, TV, salon de jardin et barbecue à disposition. Pêche dans la mare. Tarifs dégressifs si + d'une nuit. Tarifs V.R.P. ou déplacement 160 F/chambre/pers. Restaurants à Fauville et Bolbec à 6 km.

Prix : 1 pers. **220 F** 2 pers. **250 F** 3 pers. **380 F** pers. sup. **50 F** repas **80 F**

Ouvert : toute l'année.

18	5	18	5	6	20	SP	10	2

HERVIEUX J-Cl. et M-Madeleine - Ferme du Château - 76210 ROUVILLE - Tél : 02 35 31 13 98 - Fax : 02 35 39 00 77

ROYVILLE

C.M. 52 Pli 14

3 ch. CV

Dieppe 25 km. Dans leur maison récente, vous serez reçus en amis par Dominique et son épouse qui mettent à votre disposition, à l'étage : 2 chambres (1 lit 2 pers.) et 1 chambre (3 lits 1 pers.) avec salles d'eau et wc privatifs. Séjour à disposition. Restaurant à Saint-Laurent-en-Caux à 7 km.

Prix : 1 pers. **180 F** 2 pers. **250 F** 3 pers. **320 F** pers. sup. **80 F**

Ouvert : toute l'année.

20	12	7	3,5	16	26	SP	25	7

LEFRANCOIS Dominique - 76730 ROYVILLE - Tél : 02 35 83 24 98

SAANE-SAINT-JUST

C.M. 52 Pli 14

5 ch. CV

Dieppe 25 km. Dans un bâtiment restauré en briques et silex, intérieur à colombages et mitoyen à 2 gîtes ruraux, Denise vous garantit confort et convivialité. Jardin, aire de jeux. Grande salle/salon, prise TV, bibliothèque, possibilité de cuisine, cheminée. A l'ét. : 2 ch. (1 lit 2 pers.), s. de bains et wc privés, 2 ch. (1 lit 2 pers. 2 lits 1 pers.), s. de bains, wc privés. 1 ch. (1 lit 2 pers.), s. d'eau et wc privés. Possibilité de louer tout l'ensemble. Equipement bébé sur place. Restaurant à Saint-Laurent-en-Caux à 3 km.

Prix : 1 pers. **150 F** 2 pers. **190 F** 3 pers. **260 F** pers. sup. **70 F**

Ouvert : toute l'année.

20	8	8	8	12	25	SP	25	3

FAUVEL Denise - Route de la Mer - 76730 SAANE-SAINT-JUST - Tél : 02 35 83 24 37 - Fax : 02 35 83 24 37 - http://www.ifrance.com/fauvel/index

SAINNEVILLE-SUR-SEINE Ferme Drumare

3 ch.

Etretat 15 km. Honfleur 15 mn. Le Havre 10 mn. Christine et Bruno vous accueillent dans la maison familiale du XVIe où vous séjournerez dans un environnement calme, reposant et verdoyant. Ils vous proposent, à l'étage avec accès indépendant, 1 ch. (1 lit 2 pers.), s.d.b et wc privatifs, 1 ch. (1 lit 2 pers., 1 lit 1 pers.) et 1 ch. (2 lits 2 pers.) avec s. d'eau privatives chacune. TV et prise tél. dans chacune. Kitchenette, équipement bébé. Salon de jardin, barbecue et jeux d'enfants à disposition. Restaurant et ferme-auberge à 7 km.

Prix : 1 pers. **220 F** 2 pers. **270 F** 3 pers. **330 F** pers. sup. **60 F**

Ouvert : toute l'année.

15	6	1	6	12	SP	7	1

DERREY Bruno et Christine - Ferme Drumare - Route de Montivilliers - 76430 SAINNEVILLE-SUR-SEINE - Tél : 02 35 20 59 29

SAINT-ANDRE-SUR-CAILLY Le Varat

C.M. 52 Pli 14

1 ch.

Rouen 15 km. Parc zoologique de Clères 11 km. Parc d'attractions 12 km Jacqueline et Jean vous invitent dans un cadre champêtre et calme, à l'ambiance familiale. Maison traditionnelle en lisière de bois comprenant 1 chambre (1 lit 2 pers., 1 lit 1 pers.), bibliothèque dans un petit salon particulier. Salle d'eau et wc privés. Possibilité cuisine. Lit et chaise bébé. Restaurant à 6 km.

Prix : 1 pers. **170 F** 2 pers. **220 F** 3 pers. **270 F** pers. sup. **50 F**

Ouvert : toute l'année.

50	10	10	1	3	15	10	SP	15	6

BOUTRY Jean et Jacqueline - Le Varat - 76690 SAINT-ANDRE-SUR-CAILLY - Tél : 02 35 34 71 28 - Fax : 02 35 34 71 28

SAINT-ARNOULT

A (TH) C.M. 52 Pli 12

2 ch. CV

Caudebec-en-Caux 5 km. Dans une maison du XIXe s., à l'étage : 1 ch. (1 lit 2 pers.), canapé 2 pers., s. d'eau et wc privés, 1 ch. (1 lit 2 pers.), canapé 2 pers., s. d'eau privée et wc communs. Séjour. Jardin d'agrément et aire de jeux. Equipement bébé. Logement de chevaux. Fax à disposition. Ferme-auberge sur réservation. Table d'hôtes exclusivement du lundi au vendredi midi, ferme-auberge le week-end. Soirée étape VRP : 275 F/pers. Soirée : jeux de société. Possibilité location vélos et VTT. Langue parlée : anglais.

Prix : 1 pers. **200 F** 2 pers. **235 F** 3 pers. **320 F** pers. sup. **80 F**
repas **90/145 F** 1/2 pens. **275/415 F** pens. **365/595 F**

Ouvert : toute l'année.

30	5	5	2	3	20	SP	15	5

LEFRANCOIS Lucien et Chantal - Route de la Bergerie - 76490 SAINT-ARNOULT - Tél : 02 35 56 75 84 - Fax : 02 35 56 75 84

SAINT-AUBIN-DE-CAUF La Châtellenie

C.M. 52 Pli 4

5 ch.

Dieppe 10 km. Au calme d'une belle vallée, dans un château du 18e offrant une salle de réception et entouré d'un grand parc avec rivière, Agnès vous propose 3 ch. (1 lit 2 pers.) dont une au r.d.c., 1 ch. (3 lits 1 pers.) et 1 ch. (2 lits 1 pers.) avec s. d'eau et wc attenants. Salons détente au r.d.c. et à l'étage. Pêche en rivière et en étang sur place. Ping-pong, pétanque, local fermé pour vélos, salon de jardin et tonnelle. Restaurant à 3 km.

Prix : 1 pers. **280 F** 2 pers. **320/380 F** 3 pers. **450 F** pers. sup. **100 F**

Ouvert : toute l'année.

12	4	SP	SP	10	3	12	4	SP	11	0,5

BOSSELIN Agnès - La Chatellenie - 76510 SAINT-AUBIN-DE-CAUF - Tél : 02 35 85 88 69 - Fax : 02 35 85 84 21 - E-mail : la-chatellenie@planete-b.fr - http://www.planete-b.fr/la-chatellenie

SAINT-AUBIN-ROUTOT Chemin de la Cure  *C.M. 52 Pli 12*

3 ch. **Le Havre 17 km.** Maison normande à colombages comprenant au r.d.c. : séjour, 1 ch. (1 lit 2 pers. 1 lit 1 pers.), s. d'eau et wc privés, possibilité cuisine. A l'ét. : 2 ch. dont 1 ch. (1 lit 2 pers., 1 lit 130 cm.), s. d'eau et wc privés et 1 suite de 2 ch. : 1 ch. (1 lit 2 pers.) et 1 ch. (1 lit 2 pers.), douche avec lavabo privative communicante, wc privatifs, lavabo sur le palier. Tarif 4 pers. : 370F. Jardin fleuri, jeux d'enfants, ping-pong, barbecue. Possibilité cuisine dans un chalet indépendant. Restaurant à Saint-Romain-de Colbosc à 3 km.

Prix : 1 pers. **170 F** 2 pers. **210 F** 3 pers. **290 F** pers. sup. **80 F**

Ouvert : toute l'année.

18	3	3	3	10	20	SP	17	3

THIREL Jean et Jeanine - La Cour Normande - 76430 SAINT-AUBIN-ROUTOT - Tél : 02 35 20 04 89 - Fax : 02 35 20 04 89

SAINT-AUBIN-SUR-MER Ramouville *C.M. 231 Pli 10*

5 ch. **Dieppe 18 km. Varengeville et Veules-les-Roses 6 km.** Gisèle et Serge vous accueillent dans leur maison. 2 ch. (accès ind.) : 1 ch. au r.d.c. (1 lit 2 pers., 1 lit 1 pers.), s. d'eau + wc privés, 1 ch. à l'ét. (1 lit 2 pers.), s.d.b. + wc privés. Dans 1 annexe 1 ch. au r.d.c. avec accès ind. (1 lit 2 pers., 2 lits 1 pers.). Et. : 1 ch. (2 lits 1 pers.), 1 ch. (3 lits 1 pers.), s. d'eau + wc privés pour chacune. Coin-cuisine/détente (TV) au r.d.c. Equipement bébé. Logement de chevaux sur place. Dans un val, beau corps de ferme restauré. Stage garniture de siège sur demande. Restaurant à 1,5 km.

Prix : 1 pers. **210/250 F** 2 pers. **260/300 F** 3 pers. **340 F** pers. sup. **80 F**

Ouvert : toute l'année.

1	14	27	1	0,5	6	18	27	SP	18	3,5

GENTY Gisèle - Ramouville - Route de Quiberville - 76740 SAINT-AUBIN-SUR-MER - Tél : 02 35 83 47 05

SAINT-AUBIN-SUR-SCIE *C.M. 52 Pli 4*

5 ch. **Dieppe 3 km.** Dans une maison de caractère du XVIIème s. en briques roses et silex taillés, indép. de la demeure des propriétaires, il vous est proposé, à l'ét. : 1 ch. (1 lit 2 pers., 2 lits 1 pers.), 2 ch. (1 lit 2 pers., 1 lit 1 pers.), 2 ch. (1 lit 2 pers.), s. d'eau et wc privés pour chacune. Lit supplémentaire enfant : 80F. Moins de 3 ans : gratuit. Séjour à dispo au r.d.c. Possibilité d'utiliser la cuisine. Jardin aménagé, portique, ping-pong. Point-phone à pièces. Situé dans une région très touristique : Dieppe, port de voile et Varengeville-sur-Mer. Restaurant à 500 m et ferme-auberge d'Eawy à 20 km. Langue parlée : anglais.

Prix : 1 pers. **180 F** 2 pers. **230/250 F** 3 pers. **300 F** pers. sup. **80 F**

Ouvert : toute l'année.

3	1	3	0,5	0,5	3	1	3	0,5

LULAGUE Gérard et Viviane - Route de Paris - D915 - Rouxmesnil-le-Haut - 76550 SAINT-AUBIN-SUR-SCIE - Tél : 02 35 84 14 89 ou 06 67 36 40 92 - Fax : 02 35 84 59 11

SAINT-CLAIR-SUR-LES-MONTS Hameau de Taillanville  *C.M. 52 Pli 13*

1 ch. **Yvetot 2 km.** Dans une petite vallée classée dominant la Vallée de la Seine, Florence, Denis et leurs 4 enfants vous proposent 1 ch. (2 lits 2 pers.) avec s. de bains et douche/wc privative communicante à l'étage de leur maison récente, s. de jeux/bibliothèque pour les enfants. 2ème entrée indépendante : séjour/salon avec TV, billard et cheminée à disposition. Salon de jardin, portique, bac à sable. Chevaux sur place. Table d'hôtes sur réservation. Tarif 4 pers. : 350F. Restaurant à 1 km. Langue parlée : anglais.

Prix : 2 pers. **250 F** 3 pers. **320 F** repas **90 F**

Ouvert : toute l'année.

27	2	21	2	1	27	25	2	2

ANQUETIL Florence - Hameau de Taillanville - 76190 SAINT-CLAIR-SUR-LES-MONTS - Tél : 02 35 56 81 10

SAINT-EUSTACHE-LA-FORET La Petite Rue *C.M. 52 Pli 12*

4 ch. **Bolbec 4 km.** Ancienne loge rénovée à proximité de la maison de la propriétaire. 1 ch. (1 lit 2 pers.), 1 ch. (1 lit 2 pers.), 1 ch. accessible handicapés (1 lit 2 pers. 1 lit 1 pers.). A l'étage : 1 ch. (2 lits 1 pers.), salle d'eau + wc privés à chacune. Salle-salon/coin-cuisine équipé, TV. A la campagne, dans un clos masure et un vaste jardin paysager avec mare. S. de jardin, barbecue. Situé à 15 mn d'Etretat et Fécamp, 10 mn de Notre-Dame-de-Gravenchon et 6 mn de l'abbaye de Gruchet-le-Valasse. Très calme. A proximité d'un chemin de randonnée. Restaurant le plus proche à 3 km.

Prix : 1 pers. **220 F** 2 pers. **270 F** 3 pers. **370 F** pers. sup. **100 F**

Ouvert : toute l'année.

20	11	SP	11	1	20	22	SP	10	4

SAILLARD Agnès - 65 A la Petite Rue - 76210 SAINT-EUSTACHE-LA-FORET - Tél : 02 35 38 34 36 - Fax : 02 35 38 33 67

SAINT-JACQUES-SUR-DARNETAL Les Joncquets *C.M. 52 Pli 15*

2 ch. **Rouen 10 km.** Odile et Denis, passionnés de chevaux vous accueillent dans leurs ch. d'hôtes situées dans un bâtiment entièrement restauré. Au r.d.c. : séjour avec chem., coin-cuisine, TV, jeux, 1 ch. (1 lit 2 pers. + 1 lit 1 pers.) s. d'eau et wc privés accessibles handicapés. A l'étage : 1 ch. dble (1 lit 2 pers. + 2 lits 1 pers.) avec s. d'eau et wc privés. Cadre de verdure avec plan d'eau, au calme et à proximité de sentiers de randonnée. Possibilité de lit et chaise bébé. Salon de jardin. Accueil des chevaux. Restaurants à proximité. Langue parlée : anglais.

Prix : 1 pers. **220 F** 2 pers. **250 F** 3 pers. **300 F** pers. sup. **30 F**

Ouvert : toute l'année.

60	4	SP	2	10	12	SP	10	2

DOUCET Denis et BRIQUET Odile - 1074 rue des Jonquets - 76160 SAINT-JACQUES-SUR-DARNETAL - Tél : 02 35 23 56 79 ou 06 11 75 35 82 - Fax : 02 35 23 56 79

SAINT-JEAN-DU-CARDONNAY La Ferme du Vivier *C.M. 52 Pli 14*

5 ch. **Rouen 7 km.** Maison normande du XVII (ancienne propriété du Prince de Polignac), M-Cécile et J-Claude vous accueillent en amis. Au r.d.c., avec accès indépendant : 1 ch. (2 lits 1 pers.), 1 ch. (1 lit 2 pers.), s. d'eau et wc privés chacune dont 1 ch. accessible aux personnes handicapées avec aide. A l'ét. : 1 ch. (1 lit 2 pers. 2 lits 1 pers.). 1 ch. (1 lit 2 pers. 1 lit 1 pers.), 1 ch. (1 lit 2 pers.), s. d'eau ou s.d.b. et wc privés. Lit suppl. Enfants : 90F - bébé : 45F. Séjour, salon, TV, kitchenette, lave-linge. Jardin et s. de jardin. Proche de la route des Abbayes. Restaurant à 4,5 km et auberge à 15 km.

CV

Prix : 1 pers. **180 F** 2 pers. **230 F** pers. sup. **110 F**

45	4	15	1	5	15	1	4	4

LAMBERT J-Claude et M-Cécile - 88 route de Duclair - 76150 SAINT-JEAN-DU-CARDONNAY - Tél : 02 35 33 80 42 - E-mail : chambre-dhotes.lambert@libertysurf.fr

SAINT-LAURENT-EN-CAUX Hameau de Caltot *C.M. 52 Pli 13*

3 ch. **Veules-les-Roses 15 km.** Anne-Marie et Arthur offrent 3 chambres d'hôtes dans une grande maison de construction récente avec terrasse. Au r.d.c. : 1 ch. (1 lit 2 pers.), s. de bains et wc particuliers. A l'ét. : 1 ch. (2 lits 1 pers.), 1 ch. (1 lit 2 pers.), s. de bains et wc privés à chacune. Séjour, salon avec TV. Salon de jardin, chaises longues. Restaurant à St-Laurent-en-Caux 1 km.

CV

Prix : 1 pers. **150 F** 2 pers. **230/240 F**

Ouvert : toute l'année.

15	15	15	1	25	25	SP	25	1

MAYEU Arthur et Anne-Marie - Hameau de Caltot - 76560 SAINT-LAURENT-EN-CAUX - Tél : 02 35 96 65 26 ou 06 83 72 96 61

SAINT-LUCIEN (TH) *C.M. 52 Pli 5*

4 ch. **Forges-les-Eaux 15 km. Gournay 25 km. Rouen 30 km. Paris 120 km.** Près de la station thermale de Forges-les-Eaux avec son casino, au cœur du Pays de Bray, Jeanette et Keith vous accueillent dans leur maison brayonne entièrement rénovée. R.d.c. : entrée indépendante, salon privé avec bibliothèque. A l'ét. : 1 ch. (2 lits 1 pers.), 2 ch. (1 lit 2 pers.) et 1 ch. (1 lit 2 pers. 1 lit 1 pers.), lavabo et douche chacune. 2 wc communs. A disposition : TV, jardin, salon de jardin, barbecue et terrain de pétanque. Equipement bébé. Restaurant à 6 km. Langue parlée : anglais.

Prix : 1 pers. **170 F** 2 pers. **220 F** 3 pers. **280 F** pers. sup. **60 F** repas **85 F**

Ouvert : toute l'année.

60	12	20	5	8	30	SP	18	6

MILLS Keith et Jeanette - Saint-Lucien - 76780 ARGUEIL - Tél : 02 35 90 51 95

SAINT-MACLOU-DE-FOLLEVILLE La Pierre *C.M. 52 Pli 14*

2 ch. **Auffay 5 km.** Maison typique du Pays de Caux, à colombages, située dans un corps de ferme et disposant de 2 chambres : 1 chambre (1 lit 2 pers.), 1 chambre (2 lits 1 pers.). Salle d'eau et wc communs aux 2 chambres. Restaurant à 5 km.

Prix : 1 pers. **150 F** 2 pers. **165 F**

Ouvert : toute l'année.

35	16	20	5	5	20	5	10	5	5

VANDECANDELAERE Gervais - La Pierre - 76890 SAINT-MACLOU-DE-FOLLEVILLE - Tél : 02 35 32 67 34

SAINT-MARTIN-AUX-BUNEAUX *C.M. 52 Pli 12*

2 ch. **Veulettes-sur-Mer 4 km.** Dans une maison de ferme du XVIIe siècle. Prairie aux alentours, paisible et calme à la campagne, située sur la Côte d'Albâtre, à 2 km de la mer. Entièrement au rez-de-chaussée avec entrée indépendante : 1 ch. (1 lit 2 pers.), salle de bains et wc privés. 1 ch. (1 lit 2 pers.), salle d'eau et wc privés. Possibilité lit d'appoint 1 pers. et lit bébé. Séjour, TV. Restaurant à 2 km.

CV

Prix : 1 pers. **180 F** 2 pers. **230 F** 3 pers. **300 F**

Ouvert : toute l'année.

2	10	2	1	35	4	10	0,5

BENARD Bernadette - Ferme du Seigneur - 76450 SAINT-MARTIN-AUX-BUNEAUX - Tél : 02 35 97 54 48

SAINT-MARTIN-AUX-BUNEAUX *C.M. 52 Pli 12*

2 ch. **Cany-Barville 10 km.** Dans ce village côtier, chaumière rénovée à proximité de la maison des propriétaires, à 800 m de la mer par un chemin piétonnier. R.d.c. : salon avec TV, coin-repas. A l'ét. : 2 ch. avec s. d'eau et wc privatifs communicants dont l'une avec (2 lits 1 pers.) et l'autre (1 lit 2 pers.). Jardin privatif au calme, plein sud, avec 2 salons de jardin, liseuses, ping-pong. Badminton et barbecue à disposition. Pique-nique possible. Plage familiale des Petites Dalles. Base nautique de Caniel à 7 km : luge d'été, ski nautique, canoë. Langue parlée : anglais.

CV

Prix : 1 pers. **200 F** 2 pers. **250 F**

Ouvert : toute l'année.

1	6	6	6	2	7	35	6	0,5	35	2

BAZIN Pierre - 8 impasse des Falaises - 76450 SAINT-MARTIN-AUX-BUNEAUX - Tél : 02 35 97 54 40

SAINT-MARTIN-DE-BOSCHERVILLE 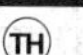 *C.M. 52 Pli 14*

2 ch. **Rouen 10 km.** Au cœur de la partie touristique de la vallée de la Seine, Christine Paloumé vous accueille chaleureusement dans sa maison de pierres blanches et vous propose 2 chambres familiales avec sanitaires privatifs communicants. 1er ét. : 1 ch. (1 lit 2 pers., 1 convertible 2 pers.), s. d'eau, wc. 2e ét. : 1 ch. double (1 lit 130, 2 lits 1 pers.), s.d.b., wc. Salon de jardin à disposition. Table d'hôtes sur réservation. Restaurant à 1 km. Langue parlée : anglais.

Prix : 1 pers. **220 F** 2 pers. **230 F** 3 pers. **320 F** repas **90 F**

Ouvert : toute l'année.

60	10	12	4	3	12	SP	10	1

PALOUME Christine - 229 route de Duclair - 76840 SAINT-MARTIN-DE-BOSCHERVILLE - Tél : 02 35 32 60 43

SAINT-MARTIN-DE-BOSCHERVILLE Le Brécy *C.M. 52 Pli 6*

1 ch. **Rouen 10 km. Route des Abbayes, Vallée de la Seine.** Le Brécy est situé entre Seine et Forêt, près de l'abbaye, en pleine campagne. Cette vraie maison de famille et de vacances d'antan propose une très jolie chambre (2 lits 1 pers.) et un séjour (coin cuisine) s'ouvrant sur le jardin. Vous apprécierez le copieux petit-déjeuner servi dans la salle à manger XVIIIe. Entrée indép. Parking privé. Possibilité de lit enfant. Prestation de qualité. Label Prestige. Restaurant à 1 km. Langues parlées : anglais, allemand.

Prix : 1 pers. **300 F** 2 pers. **350 F**

Ouvert : toute l'année.

60	5	15	15	1	15	15	SP	10	1

LANQUEST Jérome et Patricia - Le Brecy - 72 route du Brecy - 76840 SAINT-MARTIN-DE-BOSCHERVILLE - Tél : 02 35 32 69 92 - Fax : 02 35 32 00 30

SAINT-MARTIN-DE-BOSCHERVILLE *C.M. 52 Pli 14*

5 ch. **Rouen 9 km.** Grande maison de construction récente sur la route des abbayes normandes. R.d.c. bas : 2 ch. (1 lit 2 pers. 1 lit 1 pers.), s.d.b. privées et wc communs. R.d.c. haut : 2 ch. (1 lit 2 pers. 1 lit 1 pers.), s.d.b. et wc privés. A l'ét. : 1 ch. (1 lit 2 pers. 1 lit 1 pers.), s. d'eau privée et wc communs. Séjour, salon, TV à disposition. Vue sur l'abbaye de St-Martin-de-Boscherville et la campagne. Restaurants à Saint-Martin-de-Boscherville (1 km) et à Duclair (9 km). Langue parlée : anglais.

Prix : 1 pers. **180 F** 2 pers. **220 F** 3 pers. **300 F** pers. sup. **80 F**

Ouvert : toute l'année.

60	10	12	4	3	12	SP	9	1

LIANDIER Jean et Marie - 178 route de Duclair - 76840 SAINT-MARTIN-DE-BOSCHERVILLE - Tél : 02 35 32 03 11

SAINT-MARTIN-DU-BEC *C.M. 52 Pli 11*

2 ch. **Etretat 10 km.** Claude et Béatrice vous reçoivent dans leur maison de construction récente entourée d'un jardin d'agrément et vous ouvrent leurs chambres. A l'ét. : 1 suite de 2 chambres : 1 ch. (1 lit 2 pers.) et sa suite (1 lit 2 pers.), lavabo, s. d'eau et wc privatifs, 1 ch. (1 lit 2 pers.), s. d'eau et wc privés. Possibilité lit supplémentaire. Séjour, salon, TV, bibliothèque. Salon de jardin à disposition. Restaurant à Gonneville-la-Mallet à 3 km.

Prix : 1 pers. **170 F** 2 pers. **200 F** 3 pers. **270 F** pers. sup. **70 F**

Ouvert : toute l'année.

6	7	3	2	10	10	SP	2	2

LEROUX Claude et Béatrice - 8 route de la Marguerite - 76133 SAINT-MARTIN-DU-BEC - Tél : 02 35 20 26 20

SAINT-MARTIN-DU-VIVIER *C.M. 55 Pli 7*

2 ch. **Rouen 4 km.** A la limite de la campagne, maison confortable dans un parc boisé avec jardin de charme fleuri. Une chambre double réservée à une seule famille de 2 ou 4/5 personnes : 1 ch. (1 lit 2 pers.) et 1 ch. (2 lits 1 pers.) séparées par une salle d'eau et wc privés. Possibilité lits supplémentaires. Restaurant à 1 km. Langue parlée : anglais.

Prix : 1 pers. **230 F** 2 pers. **300 F**

Ouvert : toute l'année.

60	3	SP	3	7	SP	5	1

KOPP-WELBY - Impasse du Beau Mesnil - D443 - 76160 SAINT-MARTIN-DU-VIVIER - Tél : 02 35 61 82 70

SAINT-NICOLAS-D'ALIERMONT (TH) *C.M. 52 Pli 5*

2 ch. **Dieppe 13 km.** Au rez-de-chaussée : séjour/salon avec cheminée. A l'ét. : 1 ch. 2 épis (1 lit 2 pers., 1 lit 1 pers., 1 lit bébé), s. de bains, wc privatifs, 1 ch. 3 épis (1 lit 2 pers. 1 lit 120, 1 lit bébé) avec s. d'eau et wc privatifs communicants. A votre disposition : terrasse, salon de jardin, ping-pong, abri voiture. Prix 4 nuits en mi-saison 1 pers. : 600 F. Près de la mer et de la station de Dieppe, Alain vous accueille dans sa maison récente à colombages, entourée d'un beau jardin fleuri, au calme, au centre d'un bourg offrant tous les services.

Prix : 1 pers. **180 F** 2 pers. **220 F** 3 pers. **280 F** pers. sup. **60 F** repas **80 F**

Ouvert : toute l'année.

15	6	7	6	1	3	14	7	13	SP

BOUTEILLER Alain - Rue de l'Eglise - 76510 SAINT-NICOLAS-D'ALIERMONT - Tél : 02 35 85 81 14

SAINT-NICOLAS-DE-BLIQUETUIT Port Caudebec

C.M. 52 Pli 13

3 ch. **Saint-Wandrille 7 km.** A la campagne, au calme, avec belle vue et accès direct à la Seine à 500 m, coquette gentilhommière récente indépendante située à proximité de la maison des propriétaires. R.d.c. : 1 ch. (2 lits 1 pers.). A l'ét. : 1 ch. (1 lit 2 pers.), 1 ch. (2 lits 1 pers.). Sanitaires privés pour chaque chambre. Cuisine, séjour avec cheminée (insert) à disposition, TV. Jardin fleuri clos, ping-pong, baby-foot. Sur la route des chaumières et des abbayes et à proximité de la forêt de Brotonne. Location de vélos à proximité. Animaux acceptés sous réserve de l'accord préalable des propriétaires. Restaurant à Caudebec-en-Caux à 1 km.

Prix : 1 pers. **190 F** 2 pers. **250 F**

Ouvert : toute l'année.

45	6	10	10	5	5	10	10	SP	11	6

FERME Monique - Route des Chaumières - Port Caudebec - 76940 SAINT-NICOLAS-DE-BLIQUETUIT - Tél : 02 35 96 34 81

SAINT-PAER La Ville des Champs

C.M. 55 Pli 6

2 ch. **Duclair 4 km. Barentin 9 km. Vallée de la Seine 5 km.** Dans le Parc Naturel Régional de Brotonne, Michèle et Jean-Pierre vous accueillent au calme, dans une ancienne ferme, à la campagne. Au 2ème ét. : 2 ch. dont 1 ch. (1 lit 2 pers.), 1 ch. (2 lits 1 pers.), avec s. d'eau et wc privatifs pour chaque chambre. Possibilité de lits supplémentaires. Séjour/salon à disposition. Equipement bébé. Salon de jardin. Parking. Sur la Route des Abbayes. Restaurants à 5 km. Langue parlée : anglais.

Prix : 1 pers. **190/200 F** 2 pers. **230 F** pers. sup. **70 F**

Ouvert : toute l'année.

40	9	12	4	5	10	12	12	SP	9	1

DUCHET J-Pierre et Michèle - 1036 Ville des Champs - 76480 SAINT-PAER - Tél : 02 35 37 28 68

SAINT-PIERRE-DE-MANNEVILLE Les Etangs

C.M. 55 Pli 6

4 ch. **Rouen 18 km.** Evelyne et Jean Bernard vous accueillent dans leur demeure de caractère à colombages dans un cadre agréable et calme. A l'ét. : 1 ch. (1 lit 2 pers.), s.d.b./wc privés, 2 ch. (1 lit 120), s. d'eau/wc privés, 1 ch. (2 lits 2 pers. 1 lit 1 pers.), s. d'eau/wc privés. Séjour avec cheminée, bibliothèque. Jardin, terrasse, salon de jardin. Tarif 5 pers. : 500 F. Equipement bébé sur demande. Visite de l'exploitation (robot de traite : 10 F/pers.), goûter à la ferme, location de salle (50 pers.), cuisine avec étuve, parking 17 voitures. Dans le Parc Régional de Brotonne, sur la route des abbayes. Chemin de randonnée GR2. Restaurant à 2 km. Langue parlée : anglais.

Prix : 1 pers. **160 F** 2 pers. **210 F** 3 pers. **300 F** pers. sup. **100 F**

Ouvert : toute l'année.

60	10	10	2	3	20	SP	15	6

BERNARD Jean et Evelyne - 78 rue de Bas - 76113 SAINT-PIERRE-DE-MANNEVILLE - Tél : 02 35 32 07 13

SAINT-PIERRE-DE-VARENGEVILLE Domaine de Candos

C.M. 52 Pli 14

2 ch. **Rouen 15 km.** Amateurs de randonnées équestres et pédestres ou attirés par le calme et la campagne, soyez les bienvenus chez Françoise et Joël. Ils vous accueillent dans leur grande maison de briques, près de la Vallée de la Seine et à proximité de Rouen. Au r.d.c. : séjour familial. Au 2ème étage : 1 ch. familiale (1 lit 2 pers. 2 lits superposés, 1 lit tiroir). 1 ch. (1 lit 2 pers.), s. d'eau et wc privés pour chacune. Vaste jardin non clos. Equitation tout âge sur place. Logement chevaux. Restaurant à 5 km. Langue parlée : anglais.

Prix : 1 pers. **190 F** 2 pers. **220 F** 3 pers. **270 F** pers. sup. **50 F**

Ouvert : toute l'année.

55	8	15	4	SP	12	8	SP	15	1

DUTOUQUET Françoise - 1638 route de Candos - Domaine de Candos - 76480 SAINT-PIERRE-DE-VARENGEVILLE - Tél : 02 35 37 57 58 ou 06 71 72 64 95 - E-mail : domaine.candos@libertysurf.fr

SAINT-RIQUIER-EN-RIVIERE

(TH) *C.M. 52 Pli 6*

2 ch. **Blangy-sur-Bresle 8 km.** Dans la vallée de l'Yères, en bordure de la forêt d'Eu, Andrée vous reçoit dans son ancienne ferme à colombages. Les chambres s'ouvrent de plain-pied sur un théâtre de verdure. 1 suite de 2 ch. : 1 ch. (1 lit 2 pers., 1 lit 1 pers., 1 lit enf.) et 1 ch. (1 lit 2 pers.), s. d'eau et wc privés, 1 ch. (1 lit 2 pers., 1 lit 1 pers., 1 lit enfant), s.d.b. et wc séparés. Petit-déjeuner et repas pris dans le vaste séjour devant la cheminée ou sur la terrasse ensoleillée. Vacances et longs séjours. Possibilité demi-pension. Séances de yoga et relaxation sur demande. Randonnées pédestres et à vélo. Accueil de cavaliers et chevaux. Langue parlée : allemand.

Prix : 1 pers. **200 F** 2 pers. **250 F** pers. sup. **50 F** repas **90 F**

Ouvert : toute l'année.

23	15	8	0,5	0,5	1	40	SP	8	5

JOUHANDEAUX Andrée - 1 impasse du Mont Rôti - 76340 SAINT-RIQUIER-EN-RIVIERE - Tél : 02 35 94 46 10

SAINT-SAENS

C.M. 52 Pli 15

2 ch. **Neufchâtel-en-Bray 13 km.** Huguette et Rémy vous reçoivent dans leur belle maison du XVIIe siècle, traditionnelle au centre du bourg. A l'ét. avec accès indépendant : 1 ch. (1 lit 2 pers. 1 lit 1 pers.), 1 ch. (2 lits 2 pers.), douche et lavabo privatifs pour chacune, wc communs. A disposition : séjour, salon, TV, kitchenette, micro-ondes. Tarif 4 pers. Restaurant au centre ville. Langue parlée : anglais.

Prix : 1 pers. **180 F** 2 pers. **230 F** 3 pers. **305 F** pers. sup. **75 F**

Ouvert : toute l'année.

38	15	2	1	1	2	1	13	SP

LEMASLE Rémy et Huguette - 27 rue des Tanneurs - 76680 SAINT-SAENS - Tél : 02 35 34 52 21

SAINT-SAIRE La Ferme

C.M. 52 Pli 15

3 ch. **Neufchâtel-en-Bray 5 km.** Au centre du village, dans leur maison à pans de bois, Denise et Patrick ont aménagé 3 chambres avec sanitaires privatifs. 1er ét. : 1 ch. (3 lits 1 pers.), s. d'eau et wc, 1 ch. (1 lit 2 pers. 1 lit 1 pers.), s.d.b. et wc. 2e ét. : 1 chambre familiale (1 ch. 1 lit 2 pers. et 1 ch. 2 lits 1 pers.), s.d.b. et wc. Lit et chaise bébé. Salon avec cheminée, TV. Bibliothèque à disposition. A proximité de futurs équipements (Avenue Verte, Cité du Cheval) et au cœur du Pays de Bray, vous découvrirez le foie gras produit à la ferme. Restaurant à 7 km. Langue parlée : anglais.

Prix : 1 pers. **220 F** 2 pers. **260 F** 3 pers. **330 F** pers. sup. **90 F**

Ouvert : toute l'année.

35	7	30	2	7	4	15	30	SP	10	7

FOURNIER Denise et Patrick - La Ferme - 51 impasse du Bourg - 76270 SAINT-SAIRE - Tél : 02 35 93 77 57 ou 06 89 09 98 64

SAINT-SAUVEUR-D'EMALLEVILLE Ferme Chevallier

C.M. 52 Pli 11/12

3 ch. **Etretat 15 km. Fécamp 17 km. Goderville 5 km.** Evelyne et Marcel vous accueillent dans leur chaumière normande. Dans une annexe mitoyenne, à l'étage : 2 ch. (2 lits 1 pers.), 1 ch. (1 lit 2 pers.), s. d'eau et wc privés. Terrain de pétanque sur place. Poss. lit bébé sur demande. Restaurant à 2 km. Tennis au village : 30 F/heure. Langues parlées : anglais, espagnol.

Prix : 1 pers. **180 F** 2 pers. **240 F** pers. sup. **70 F**

Ouvert : toute l'année.

14	5	14	2	5	14	SP	12	5

DEBREUILLE Marcel et Evelyne - Route de la Ferme Chevallier - 76110 SAINT-SAUVEUR-D'EMALLEVILLE - Tél : 02 35 29 50 01 - Fax : 02 35 28 39 90

SAINT-SAUVEUR-D'EMALLEVILLE Grand Blesimare

C.M. 52 Pli 12

1 ch. **Etretat 15 km. Fécamp 17 km.** Maison normande indépendante à colombages entourée d'un grand jardin. Johanna et Jacques vous garantissent calme et détente. A l'ét. : 1 ch. (1 lit 2 pers.), possibilité de lit supplémentaire 1 pers. dans 1 autre chambre. Salle d'eau privative. Séjour, salon, TV à disposition. Salon de jardin. Restaurant à Goderville à 6 km. Langues parlées : anglais, allemand, hollandais.

Prix : 1 pers. **150 F** 2 pers. **260 F**

Ouvert : toute l'année.

13	6	14	2	12	13	SP	8	1

KLEIN Johanna et Jacques - Route d'Angerville - Grand Blesimare - 76110 SAINT-SAUVEUR-D'EMALLEVILLE - Tél : 02 35 55 79 13

SAINT-SYLVAIN Hameau d'Anglesqueville

C.M. 52 Pli 3

2 ch. **Saint-Valéry-en-Caux 3 km.** Au calme, dans une maison de maître, vous serez accueillis dans 2 chambres doubles dont une avec 1 lit 1 pers. et 1 lit 2 pers., salle d'eau, wc privatifs non communicants et l'autre chambre avec 1 lit 2 pers. et 2 lits 1 pers., salle de bains et wc privatifs non communicants. Non fumeur. Restaurant à 1 km. Langue parlée : anglais.

Prix : 1 pers. **230 F** 2 pers. **295 F** pers. sup. **95 F**

Ouvert : toute l'année.

2	3	3	2	1	5	30	3	3	3	3

DE BELLOY Vincente - Hameau d'Anglesqueville - 76460 SAINT-SYLVAIN - Tél : 02 35 97 08 77 - Fax : 02 35 57 13 56

SAINT-VAAST-D'EQUIQUEVILLE

C.M. 52 Pli 15

2 ch. **Dieppe 17 km.** Dans une jolie vallée, Denise et René vous accueillent dans leur maison normande récente entourée d'un jardin clos et fleuri. 2 ch. avec accès extérieur indépendant. R.d.c. : séjour/salon avec poêle à bois et TV, 1 ch. (1 lit 2 pers.), s. d'eau/wc privatifs communicants. A l'ét. : 1 ch. (2 lits 1 pers. dont 1 lit 110 cm.), s. d'eau/wc privatifs communicants. Extérieur direct en plus. Terrasse, salon de jardin, barbecue. Produits faits maison proposés au petit-déjeuner. Restaurant à 6 km.

Prix : 1 pers. **170 F** 2 pers. **200/220 F** 3 pers. **280/300 F** pers. sup. **80 F**

Ouvert : toute l'année.

17	12	12	0,5	SP	10	20	12	SP	17	SP

FRETEL René et Denise - 141 route de Neufchatel - 76510 SAINT-VAAST-D'EQUIQUEVILLE - Tél : 02 35 83 44 41 ou 06 03 65 47 67

SAINT-VALERY-EN-CAUX Hameau d'Ectot

C.M. 52 Pli 3

3 ch. **Saint-Valéry-en-Caux 2 km.** Près de la station balnéaire animée de Saint-Valéry-en-Caux, à 200 m du GR21, Annie vous accueille au calme du hameau d'Ectot. A l'étage de sa maison (ancienne étable en briques entièrement rénovée en 1997), elle vous propose 3 chambres en duplex : 2 ch. (1 lit 2 pers.), 1 ch. (1 lit 2 pers., 1 lit 1 pers.), s. d'eau/wc privatifs pour chacune. R.d.c. : grand séjour/salon familial où est servi le petit-déjeuner. Grand jardin avec parking. Restaurant à 800 m. Langue parlée : anglais.

Prix : 1 pers. **200 F** 2 pers. **270 F** 3 pers. **330 F**

Ouvert : toute l'année.

2	2	20	2	15	27	SP	2	2

PORCHER Annie - Hameau d'Ectot - 76460 SAINT-VALERY-EN-CAUX - Tél : 02 35 97 88 05

SAINT-WANDRILLE-RANCON Manoir d'Abbeville

C.M. 52 Pli 13

1 ch. **Caudebec-en-Caux 5 km.** Dans sa demeure confortable, au calme, exposée sud avec vue sur la campagne, en bordure de forêt domaniale, Antoinette vous reçoit. A l'ét. : 1 ch. (1 lit 2 pers., convertible pour 2 enfants de 3 à 12 ans.), s. d'eau et wc privatifs. Séjour, salon. Jardin, salon de jardin. Logement de chevaux sur place. Réduction tarif dès la 2ème nuit. Restaurant à Saint-Wandrille-Rançon à 2 km.

Prix : 1 pers. **180 F** 2 pers. **240 F**

Ouvert : toute l'année.

45	3	2	2	6	15	1	15	5

SAUTREUIL Antoinette - Manoir d'Abbeville - 76490 SAINT-WANDRILLE-RANCON - Tél : 02 35 96 20 89

SAINTE-MARGUERITE-SUR-FAUVILLE

C.M. 52 Pli 13

2 ch. **Fauville-en-Caux 2 km.** Philippe et Brigitte vous reçoivent dans un beau corps de ferme normand. Leur maison en briques, calme et spacieuse, comporte : 1 ch. (1 lit 2 pers.), 1 ch. (1 lit 2 pers. 1 lit 1 pers.), salle de bains et wc privés pour chacune. Lit bébé. Restaurants à Fauville-en-Caux à 2 km.

Prix : 1 pers. **180/200 F** 2 pers. **220/250 F** 3 pers. **300 F** pers. sup. **50 F**

Ouvert : toute l'année.

15	2	10	2	12	30	5	10	2

LEPICARD Philippe et Brigitte - 76640 SAINTE-MARGUERITE-SUR-FAUVILLE - Tél : 02 35 96 75 01 - Fax : 02 35 56 67 69

SASSETOT-LE-MAUCONDUIT Hameau Le Hêtre

C.M. 52 Pli 12

2 ch. **Cany-Barville 6 km.** A la campagne, à 3 minutes de la plage, vous serez accueillis dans une jolie maison normande. La ferme aux canards vous propose 2 chambres avec TV. 1 ch. au r.d.c avec accès indépendant (2 lits 1 pers.), s. d'eau, wc privatifs communicants. A l'étage : 1 ch. (1 lit 2 pers.), s. d'eau, wc privatifs communicants. Lit enfant et possibilité lits supplémentaires. Salon avec cheminée, tennis privé réservé aux vacanciers. Table d'hôtes sur réservation.

Prix : 1 pers. **200/230 F** 2 pers. **220/250 F** pers. sup. **70 F** repas **120 F** pens. **250 F**

Ouvert : toute l'année.

5	6	10	5	SP	6	23	10	SP	8	2

BOURDET Yannick et Sylvie - Hameau le Hêtre - 76540 SASSETOT-LE-MAUCONDUIT - Tél : 02 35 28 91 44 ou 06 20 13 95 47

SASSETOT-LE-MAUCONDUIT Hameau de Criquemanville

C.M. 52 Pli 12

4 ch. **Cany-Barville 6 km.** Danièle et Michel vous accueillent dans leur très belle maison normande du XVIIIe s. A l'ét. : 2 ch. (1 lit 2 pers.) dont une de caractère, 1 ch. (1 lit 2 pers., 1 lit 1 pers.), 1 ch. avec balcon (1 lit 2 pers., 2 lits 1 pers.), s. d'eau et wc pour chacune. A disposition : kitchenette, séjour avec TV, salon de jardin, garage. Tarif 4 pers : 300/320F. Restaurants à Sassetot-le-Mauconduit et Cany-Barville (2 et 6 km).

Prix : 1 pers. **200 F** 2 pers. **220 F** 3 pers. **250 F** pers. sup. **50 F**

Ouvert : toute l'année.

3	6	6	2	2	10	SP	10	2

SOUDRY Michel et Danièle - Hameau de Criquemanville - 76540 SASSETOT-LE-MAUCONDUIT - Tél : 02 35 27 45 64

SASSETOT-LE-MAUCONDUIT Hameau d'Anneville

5 ch. **Fécamp 15 km.** Dans un corps de ferme, au calme d'un hameau facile d'accès. 2 ch. au 1er ét. de la maison avec s. d'eau/wc privatifs pour chaque ch. : 1 ch. (1 lit 2 pers., 1 lit 1 pers.), 1 ch. double (2 petites ch. avec 2 lits jumeaux chacune). 3 ch. dans une petite maison indépendante de la maison des propriétaires (2 lits jumeaux 1 pers.), s. d'eau/wc privatifs pour chacune. R.d.c. : cuisine réservée aux chambres d'hôtes. Kiosque vitré à dispo pour votre détente par tout temps. Eric et Maryse Morel peuvent aussi vous proposer 2 gîtes ruraux de 10 et 12 personnes. Petits animaux acceptés en laisse. Restaurant à 2,5 km.

Prix : 1 pers. **180 F** 2 pers. **220/250 F** 3 pers. **300 F**

Ouvert : toute l'année.

5	8	10	10	2	2	35	10	2	20	2,5

MOREL Eric et Maryse - La Ferme d'Anneville - Hameau d'Anneville - BP 5 - 76540 SASSETOT-LE-MAUCONDUIT - Tél : 02 35 27 43 08 - Fax : 02 35 27 02 92

SAUCHAY-LE-HAUT

(TH)

C.M. 52 Pli 4

1 ch. **Dieppe 12 km.** Monsieur Dini vous accueille au Manoir de Sauchay (XVIIIe), dans le cadre de son parc entouré de bois, non loin de la mer. A l'ét. : 1 ch. double avec sanitaires privatifs : 1 pièce avec 1 lit 180 et 1 pièce avec 1 lit 160 séparées par une s.d.b. spacieuse avec baignoire jacuzzi et 2 vasques, wc. Salon de jardin. Table d'hôtes sur réservation. Restaurant à 6 km. Langues parlées : italien, anglais.

CV

Prix : 1 pers. **210 F** 2 pers. **350 F** 3 pers. **500 F** pers. sup. **210 F** repas **90 F**

Ouvert : de février à novembre.

6	6	8	6	2	12	12	7

DINI Cesare - Manoir de Sauchay-le-Haut - 76630 ENVERMEU - Tél : 02 35 85 74 15 - Fax : 02 35 85 74 15 - E-mail : david.dini@infonie.fr

SAUMONT-LA-POTERIE La Ramée

(TH) *C.M. 52 Pli 16*

4 ch. **Forges-les-Eaux 7 km.** Au cœur du Pays de Bray, près de la station verte de Forges-les-Eaux, J-Michel et Nelly vous accueillent dans leur confortable maison campagnarde. Au r.d.c. : grande cuisine de charme, cheminée, séjour-salon billard, bibliothèque, chaîne hifi et cheminée. A l'ét. : 1 ch. (1 lit 2 pers., 1 lit enf. 80), 2 ch. (1 lit 2 pers., convertible 2 pers.). Chaîne hifi, s. d'eau et wc séparés communicants pour chacune, 1 ch. 2 pers., s.d.b. privative communicante et wc privatifs non communicants. Vaste jardin avec étang, barbecue, vélos, ping-pong, pétanque et croquet sur place. Restaurant à 5 km. Langue parlée : anglais.

Prix : 1 pers. **240 F** 2 pers. **270 F** 3 pers. **350 F** pers. sup. **80 F**
repas **100 F** pens. **170 F**

Ouvert : toute l'année.

60	6	6	6	6	35	SP	7	6

BORRELLY Nelly - Rue d'Auvergne - 76440 SAUMONT-LA-POTERIE - Tél : 02 35 09 20 17 ou 06 80 67 74 12

SAUSSEUZEMARE-EN-CAUX La Mare du Montier

(TH) *C.M. 52 Pli 12*

3 ch. **Fécamp 8 km.** Entre Etretat et Fécamp, dans une maison normande du XVIIIè s. située au calme en campagne. Ch. joliment décorées à l'étage, accès indépendant (1 lit 2 pers.), s. d'eau et wc privés attenants pour chaque chambre. Vous apprécierez le grand séjour avec cheminée et goutterez aux plaisirs d'une table raffinée élaborée avec les produits du jardin. Table d'hôtes sur résa. Tarif 1/2 pension pour 2 pers.

Prix : 1 pers. **220 F** 2 pers. **240/280 F** repas **120 F** 1/2 pens. **440/480 F**

Ouvert : toute l'année.

10	2	10	2	10	10	SP	8	3

COISY Josette - La Mare du Montier - D72 - 76110 SAUSSEUZEMARE - Tél : 02 35 27 93 55 - Fax : 02 35 27 93 55

SENNEVILLE-SUR-FECAMP Val de la Mer

C.M. 52 Pli 12

3 ch. **Fécamp 3,5 km.** Dans leur maison récente de style normand et de caractère, Mireille et André vous accueillent et mettent à votre disposition, au r.d.c. : 1 ch. (2 lits 1 pers.), salle de bains et wc privés. Etage : 1 ch. (1 lit 2 pers., 1 lit 1 pers.), s. d'eau et wc privés, 1 ch. (1 lit 2 pers.), salle de bains et wc privés. Restaurant à Fécamp à 3,5 km.

Prix : 1 pers. **250 F** 2 pers. **320 F** 3 pers. **390 F**

Ouvert : toute l'année sauf août.

1	3,5	3,5	3,5	3	18	SP	3,5	3,5

LETHUILLIER André et Mireille - Val de la Mer - 76400 BENNEVILLE-SUR-FECAMP - Tél : 02 35 28 41 93

SEPT-MEULES La Motte

C.M. 52 Pli 5

4 ch. **Le Tréport 13 km.** Dans un corps de ferme du 17ème s. avec un colombier original, bordant une rivière, Marie-Claude vous propose 4 ch. à l'étage de sa maison en briques couverte de vigne vierge : 2 ch. 1 épi (1 lit 2 pers.), lavabo, wc et douche communs, 2 ch. 2 épis (1 lit 2 pers.), s. d'eau/wc privatifs communicants. Salle avec coin-cuisine, salon de jardin et barbecue à dispo. Possibilité logement pour chevaux. Mare non close. Restaurant à 5 km. Langue parlée : anglais.

Prix : 1 pers. **170/190 F** 2 pers. **190/240 F** 3 pers. **290 F** pers. sup. **60 F**

Ouvert : toute l'année.

12	10	12	SP	13	12	30	12	3	13	SP

TAILLEUX-DEVY Marie-Claude - Ferme de la Motte - 76260 SEPT-MEULES - Tél : 02 35 50 81 31 - Fax : 02 35 50 81 31

SOMMERY Ferme de Bray

C.M. 52

5 ch. **Forges-les-Eaux 10 km.** Liliane et Patrice vous reçoivent dans leur belle et grande maison de maître en briques (XVI/XVIIe), cadre champêtre (nombreuses animations proposées sur place). A l'étage : 1 ch. (1 lit 2 pers.), 3 ch. (1 lit 2 pers. 1 lit 1 pers. chacune), 1 ch. (2 lits 2 pers.), s. d'eau et wc privés. Séjour. Visite de la ferme (moulin, pressoir, colombier, laiterie). Etangs de pêche. Location de salle et cuisine pour 100 pers. Tarif 4 pers. : 380 F. Lit enfant : 50 F. Restaurant à 800 m.

Prix : 1 pers. **200 F** 2 pers. **260 F** 3 pers. **320 F** pers. sup. **60 F**

Ouvert : toute l'année.

40	7	SP	2	7	15	SP	3	2

PERRIER Patrice et Liliane - Ferme de Bray - 76440 SOMMERY - Tél : 02 35 90 57 27

SOTTEVILLE-SUR-MER Le Bout du Haut

(TH) *C.M. 989 Pli 5*

3 ch. **Saint-Valéry-en-Caux 10 km. Veules-les-Roses 2,5 km. Dieppe 20 km.** A 800 m de la mer, Denise et François, agriculteurs, vous accueillent dans une maison de construction récente (1980) et de style traditionnel à proximité de la leur (ancienne maison de tisserands), au calme, dans un jardin fleuri. 1er ét. : 2 ch. (1 lit 2 pers.), 1 ch. (1 lit 2 pers., 1 lit 1 pers.) avec salles d'eau et wc privés. Séjour, salon et TV. Parking. Possibilité logement chevaux. Restaurant à 400 m. Langue parlée : anglais.

Prix : 1 pers. **230 F** 2 pers. **230 F** 3 pers. **310 F** pers. sup. **80 F**
repas **85 F** 1/2 pens. **200 F**

Ouvert : toute l'année.

1	9	1	0,5	3	15	SP	10	0,5

LEFEBVRE François et Denise - Rue du Bout du Haut - 76740 SOTTEVILLE-SUR-MER - Tél : 02 35 97 61 05 - Fax : 02 35 97 61 05

THIETREVILLE Hameau de la Forge *C.M. 52 Pli 12*

2 ch. **Fécamp 12 km. Etretat 30 km.** Au calme, Nathalie et Didier vous accueillent dans leur maison de maître entourée d'un beau jardin arboré et vous proposent : 1 ch. (1 lit 2 pers.), 1 ch. (2 lits 1 pers.) avec salles d'eau et wc privatifs. Salon avec TV. Jardin à disposition. Restaurant à Valmont à 2 km. Langue parlée : anglais.

Prix : 1 pers. **210 F** 2 pers. **250 F**

Ouvert : toute l'année.

10	10	5	2	5	25	SP	12	3

TIENNOT Nathalie - Hameau de la Forge - 76540 THIETREVILLE - Tél : 02 35 29 63 31 - Fax : 02 35 29 28 38

LE TILLEUL L'Hermitage *C.M. 52 Pli 11*

2 ch. **Etretat 3 km.** A l'entrée de la valleuse d'Antifer (site protégé par le conservatoire du littoral), au calme, Martial vous reçoit dans sa grande maison en briques et vous propose au r.d.c. : 2 ch. (1 lit 2 pers., lavabo), salle d'eau avec wc privatifs non communicants communs aux 2 chambres. Séjour avec cheminée. Petit jardin clos privé et jardin de la famille. Lit bébé à disposition gratuitement. Restaurant à 800 m.

Prix : 1 pers. **200 F** 2 pers. **220 F** pers. sup. **50 F**

Ouvert : toute l'année.

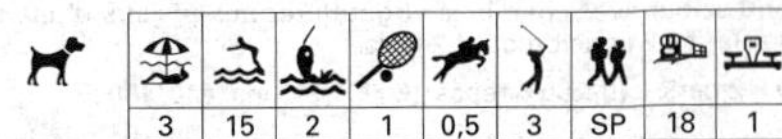

3	15	2	1	0,5	3	SP	18	1

HAUDRECHY Martial - L'Hermitage - 76790 LE TILLEUL - Tél : 02 35 29 25 59

LE TILLEUL *C.M. 52 Pli 11*

4 ch. **Etretat 3 km.** Françoise et Alain vous accueillent dans une maison indépendante restaurée avec jardin et salon de jardin. De plain-pied avec accès extérieur : 1 chambre 2 pers., 1 chambre 4 pers., 2 suites de 4 et 6 pers. Salle d'eau et wc privés chacune. Restaurant dans la même commune.

CV

Prix : 1 pers. **180 F** 2 pers. **220 F** 3 pers. **290 F** pers. sup. **70 F**

Ouvert : toute l'année.

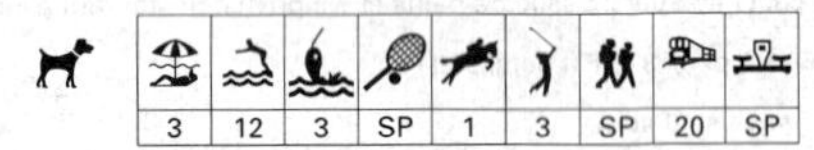

3	12	3	SP	1	3	SP	20	SP

DELAHAIS Alain et Françoise - Place du Général de Gaulle - 76790 LE TILLEUL - Tél : 02 35 27 16 39

LE TILLEUL Hameau de Bonneveille

2 ch. **Etretat 3 km.** Vous apprécierez le calme du jardin pour le repos ou le barbecue, si proche d'Etretat et de ses belles falaises. Vous pourrez vous rendre à la plage à pied par le chemin de randonnée et remonter en calèche. Deux chambres (1 lit 2 pers.) vous sont proposées à l'étage de la maison des propriétaires, chacune avec s. d'eau et wc privatifs communicants. Parking privé fermé. Restaurant à 500 m.

CV

Prix : 1 pers. **210 F** 2 pers. **240 F** pers. sup. **60 F**

Ouvert : toute l'année sauf en décembre.

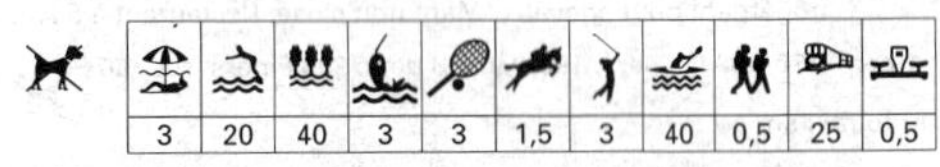

3	20	40	3	3	1,5	3	40	0,5	25	0,5

LACHEVRE J-Pierre & Sylviane - 934 route du Havre - Hameau de Bonneveille - 76790 LE TILLEUL - Tél : 02 35 29 81 61

TOCQUEVILLE-LES-MURS Le Rome (TH) *C.M. 52 Pli 12*

2 ch. **Fécamp 15 km. Etretat 25 km.** Entre Seine et mer, dans les communs d'un château des XVIIe et XVIIIe siècles, au calme et au milieu de la verdure, Christine et Antoine vous ouvrent leurs chambres. Accès indépendant. A l'ét. : 1 ch. (1 lit 2 pers. 1 lit 1 pers.), 1 ch. (1 lit 2 pers. 2 lits 1 pers. superposés), s. d'eau et wc privatifs pour chacune. Equipement bébé sur demande. Possibilité baby-sitting. Salon de jardin. 230F/nuit à partir de la deuxième nuit. Table d'hôtes sur réservation. Tarif 1/2 pension : 400F/2 pers. Restaurant à 7 km. Langue parlée : anglais.

Prix : 1 pers. **200 F** 2 pers. **240 F** 3 pers. **300/320 F** pers. sup. **60 F**
repas **80 F** 1/2 pens. **400 F**

Ouvert : toute l'année.

15	7	5	7	25	SP	10	7

DAUBEUF Antoine et Christine - Ferme du Rome - 76110 TOCQUEVILLE-LES-MURS - Tél : 02 35 27 70 84 - Fax : 02 35 27 70 84

LE TORP-MESNIL Hameau des Heudières *C.M. 52 Pli 13*

2 ch. **Yerville 7 km.** Dans leur grande bâtisse en briques, Christian et Bernadette vous accueillent dans leur ferme d'élevage bovin, dans un paysage verdoyant. Vous aurez plaisir à séjourner dans 1 ch. (1 lit 2 pers., 2 lits 1 pers., lavabo) et 1 ch. (1 lit 2 pers., lavabo, lit bébé), salle d'eau et wc communs. Salle de séjour avec TV à disposition. Restaurant le plus proche à Saint-Laurent-en-Caux à 4 km.

Prix : 1 pers. **160 F** 2 pers. **240 F** 3 pers. **290 F** pers. sup. **50 F**

Ouvert : de février à novembre.

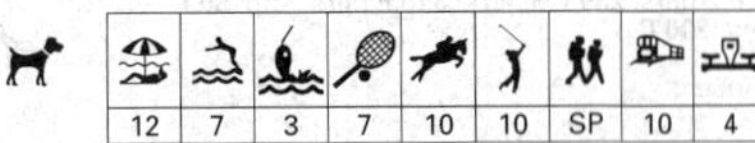

12	7	3	7	10	10	SP	10	4

VARIN Christian et Bernadette - Hameau des Heudières - 76560 LE TORP-MESNIL - Tél : 02 35 96 83 14

TOUFFREVILLE-SUR-EU La Demeure de Litteville (TH) *C.M. 52 Pli 5*

2 ch. **Criel-sur-Mer 4 km.** Vous serez reçus en amis dans cette vieille demeure du XIXe siècle restaurée avec jardin et salon de jardin. Au r.d.c. : 1 ch. (1 lit 2 pers.). A l'ét. : 1 ch. (1 lit 2 pers. 1 lit 1 pers.), salle d'eau et wc particuliers pour chacune. Location de VTT. Jeux d'enfants à l'extérieur. Table d'hôtes sur réservation le week-end, vacances scolaires et longs séjours. Restaurants à Criel-sur-Mer à 4 km. Langue parlée : anglais.

Prix : 1 pers. **200 F** 2 pers. **250 F** 3 pers. **300 F** repas **85 F**

Ouvert : toute l'année.

4	4	2	4	5	20	SP	10	4

LEFEBVRE Francine - La Demeure de Litteville - 76910 TOUFFREVILLE-SUR-EU - Tél : 02 35 50 93 04

TOURVILLE-LES-IFS Ferme d'Ygneauville *C.M. 52 Pli 12*

1 ch. **Fécamp 5 km. Etretat 13 km.** Au calme, Denise et Hubert vous accueillent dans leur grande maison d'époque du XVIIIe siècle. A l'étage : 1 ch. (1 lit 2 pers. 1 lit 1 pers.), salle d'eau avec wc particuliers. Pelouse, jardin fleuri, salon de jardin. Ferme-auberge à 6 km.

Prix : 1 pers. **200 F** 2 pers. **240 F** 3 pers. **340 F** pers. sup. **100 F**

Ouvert : toute l'année.

5	5	5	SP	5	13	SP	5	5

DECULTOT Hubert et Denise - Ferme d'Ygneauville - 675 rue Aux Chars - 76400 TOURVILLE-LES-IFS - Tél : 02 35 29 17 61

TOURVILLE-SUR-ARQUES *C.M. 52 Pli 4*

3 ch. **Dieppe 8 km.** Belle demeure traditionnelle adossée au bois de Miromesnil, au milieu d'un grand jardin paysager avec pièce d'eau et salon de jardin. 1 ch. (1 lit 2 pers.), 1 suite (2 lits 2 pers.), 1 ch. (1 lit 2 pers.) avec coin-cuisine et TV. Salle d'eau particulière et wc pour chaque chambre. Parking fermé. Pêche en mer, en étang et en rivière à proximité. Tarif 4 pers. : 400 F. Langue parlée : anglais.

Prix : 1 pers. **200/250 F** 2 pers. **250/300 F** 3 pers. **370 F**

Ouvert : toute l'année.

8	6	6	6	4	4	8	SP	8	2

LAMIRAND Francine - 54 route des Coteaux - 76550 TOURVILLE-SUR-ARQUES - Tél : 02 35 04 10 63

LE TRAIT *C.M. 52 Pli 5*

2 ch. **Yvetot 20 km. Jumièges 6 km.** Félix et son épouse vous accueillent dans leur belle demeure de style récent sur 1 ha. de jardin arboré. Accès indépendant. 2 ch. de plain-pied en rez-de-jardin de la maison du propriétaire : 1 ch. (1 lit 2 pers.), 1 ch. (2 lits 2 pers.), salles d'eau et wc privés. Salle à manger avec TV réservée aux hôtes. Lits enfant et bébé à disposition. Tarif 4 pers. : 400 F. Salon de jardin. Restaurant à 2 km. Langue parlée : anglais.

Prix : 1 pers. **190 F** 2 pers. **220 F** 3 pers. **380 F** pers. sup. **75 F**

Ouvert : toute l'année.

60	3	10	3	1	10	10	SP	15	1

VAISSAIRE Félix - 1204 rue Gallieni - 76580 LE TRAIT - Tél : 02 35 37 22 57 - Fax : 02 35 37 22 57

LE TREPORT Prieuré Sainte-Croix *C.M. 52 Pli 5*

5 ch. **Le Tréport 2 km.** Demeure de caractère dans l'ancienne ferme du château d'Eu. R.d.c. : 1 ch. (1 lit 2 pers.), séjour privé (convertible 2 enfants), s. de bains, wc. Kitchenette privative. Jardin privatif clos. A l'ét. : 3 ch. (1 lit 2 pers.), 1 ch. (2 lits 1 pers.), s. d'eau et wc privés pour chacune. Possibilité de jumelage de 2 ch. (séparation par 1 double porte). Séjour. Jardin clos, s. de jardin, parking dans la cour. Restaurant à 2 km. Langue parlée : anglais.

Prix : 2 pers. **260/320 F** pers. sup. **70 F**

Ouvert : toute l'année.

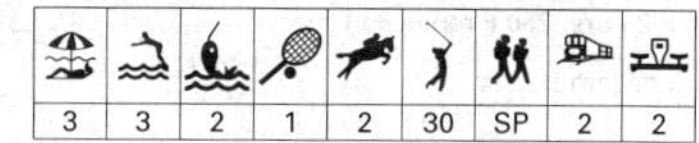

3	3	2	1	2	30	SP	2	2

CARTON Romain et Nicole - Prieuré Sainte-Croix - 76470 LE TREPORT - Tél : 02 35 86 14 77

LES TROIS-PIERRES Manoir de Froiderue *C.M. 52 Pli 12*

2 ch. **Etretat, Le Havre et Honfleur 20 mn. St-Romain-de-Colbosc 4 km.** Jacqueline et Auguste vous accueillent dans leur manoir fin XVIe, style normand avec jardin d'agrément, salon de jardin, bac à sable. A l'ét. : 1 ch. 3 pers. (1 lit 2 pers. 1 lit 1 pers.), 1 ch. (1 lit 2 pers. 2 lits 1 pers.), s.d.b. et wc privatifs pour chacune. Séjour avec TV, salon, bibliothèque. Restaurant à 4 km. A29 à 4 km.

Prix : 1 pers. **220 F** 2 pers. **270 F** 3 pers. **350 F** pers. sup. **100 F**

Ouvert : toute l'année.

20	4	20	3	10	20	SP	10	4

PAUMELLE Auguste & Jacqueline - Manoir de Froiderue - 76430 LES TROIS-PIERRES - Tél : 02 35 20 03 74

TURRETOT Ecuquetot

C.M. 52 Pli 11

3 ch. **Etretat 10 km à la ferme Saint-Siméon. Pont de Normandie 18 km.** Cécile et Jean vous accueillent dans leur maison normande avec entrée indépendante donnant sur un jardin d'agrément avec salon de jardin. Intérieur à colombages, cheminée du XVIIe s. A l'étage : 1 ch. (1 lit 2 pers., 1 lit 1 pers.), 2 ch. (1 lit 2 pers.), toutes avec s. d'eau et wc privés non communicants. Possibilité coin-repas et salon privés au même étage. Tarif dégressif à partir de 2 jours. A 1 km de la voie express le Havre/Fécamp. Restaurant à 5 km.

CV

Prix : 1 pers. **175 F** 2 pers. **220 F** 3 pers. **290 F**

Ouvert : toute l'année.

10	12	7	1	8	10	SP	3	1

LHOMMET Jean et Cécile - Ecuquetot - 76280 TURRETOT - Tél : 02 35 20 20 76

TURRETOT Les Quatre Brouettes

TH *C.M. 52 Pli 1*

4 ch. **Etretat 10 km. Pont de Normandie 20 mn.** Dans une maison tradit. normande. Entrée indép. R.d.c. : ch. coquelicot (1 lit 2 pers.), séjour/kitchenette, conv. 2 pers., TV. A l'ét. : (accès indép.) 1 ch. camélia (1 lit 2 pers., 1 lit 1 pers.), 1 ch. pervenche (1 lit 2 pers., 1 lit bébé). Salon, TV, coin cuisine pour les 2 ch. avec entrée commune à la maison des propriétaires. A l'ét. : 1 ch. myosotis (1 lit 2 pers., 1 lit 1 pers.), s. d'eau, lavabo et wc privés. Jardin d'agrément aux floraisons multicolores. Salon de jardin. Prêt de vélos sur place. Table d'hôtes sur réservation. GR21 et circuit vélos.

CV

Prix : 1 pers. **180 F** 2 pers. **220/250 F** pers. sup. **60 F** repas **100 F**

Ouvert : toute l'année.

7	10	7	1	10	10	SP	4	1

RAS Alain et Claudine - Les Quatre Brouettes - 76280 TURRETOT - Tél : 02 35 20 23 73 - Fax : 02 35 20 23 73

VAL-DE-SAANE Les Carrières

C.M. 52 Pli 14

2 ch. **Yvetot 20 km.** Dans une maison de style normand surplombant un charmant bourg. En rez-de-chaussée avec accès indépendant : 1 ch. (1 lit 2 pers.), 1 ch. (1 lit 2 pers., 1 lit 1 pers.) avec chacune s. d'eau privative et wc communs. Salon commun avec TV à disposition. Possibilité de location d'une grande salle équipée pour 35 personnes. Restaurant à 1 km.

Prix : 1 pers. **140 F** 2 pers. **180 F** pers. sup. **75 F**

Ouvert : toute l'année.

30	1	1	1	10	30	SP	17	0,5

HEURTEVENT Catherine & Philippe - La Carrière - 76890 VAL-DE-SAANE - Tél : 02 35 34 36 39 ou 02 35 32 42 37 - Fax : 02 35 32 06 26

VALMONT Le Clos du Vivier

C.M. 52 Pli 12

2 ch. **Fécamp 11 km. Etretat 30 km.** Dominique et François vous accueillent dans leur authentique chaumière normande des XVII et XVIIIe, avec poutres et cheminée. Atmosphère conviviale et chaleureuse dans un cadre naturel aux sources d'une rivière entourée de bois. 1 ch. (1 lit 2 pers. ou 2 lits 1 pers.), 1 suite (1 lit 2 pers. ou 2 lits 1 pers. 1 lit 1 pers.) avec s.d.b. et wc privatifs pour chacune. Entrée indépendante. Restaurant à Valmont à 1 km. Langues parlées : anglais, espagnol.

Prix : 2 pers. **530 F** 3 pers. **630 F** pers. sup. **100 F**

Ouvert : toute l'année.

8	10	8	1	1	3	30	SP	10	1

CACHERA Dominique et GREVERIE François - Le Clos du Vivier - 4 et 6 chemin du Vivier - 76540 VALMONT - Tél : 02 35 29 90 95 - Fax : 02 35 27 44 49 - E-mail : le.clos.du.vivier@wanadoo.fr - http://www.le-clos-du-vivier.com

VATIERVILLE Relais du Paon

TH *C.M. 52 Pli 16*

4 ch. **Neufchâtel-en-Bray 10 km.** Josette vous reçoit dans sa maison traditionnelle à colombages au Relais du Paon. Rez-de-chaussée : 4 chambres avec chacune 1 lit 2 pers., salle d'eau et wc privatifs. Salon à disposition. Table d'hôtes sur réservation. Restaurant à 2,5 km. Langue parlée : anglais.

Prix : 1 pers. **200 F** 2 pers. **250 F** repas **65 F**

Ouvert : de mars à décembre.

35	10	SP	10	10	10	SP	35	10

MEUNIER Josette - Route Départementale 36 - Relais du Paon - 76270 VATIERVILLE - Tél : 02 35 94 02 19

VATTETOT-SUR-MER Ferme de la Châtaigneraie

A *C.M. 52 Pli 11*

2 ch. **Etretat 6 km.** A proximité de la mer et des falaises, dans un îlot de calme et de verdure, Monique et Yves vous accueillent chaleureusement dans leur grande maison de ferme. A l'étage : 1 ch. (1 lit 2 pers.) avec s. d'eau et wc séparés privés, 1 ch. double avec entrée indépendante (1 lit 2 pers., 1 lit 135 cm.), s.d.b. et wc privatifs. Séjour, salon, cheminée, bibliothèque. Jardin arboré avec salon de jardin et barbecue. Chemin de randonnée dont GR21 menant à Etretat par les falaises. Langues parlées : anglais, allemand.

Prix : 1 pers. **210 F** 2 pers. **250 F** 3 pers. **430 F** pers. sup. **70 F**

Ouvert : d'avril à mi-novembre.

2	12	2	1	6	6	SP	12	3

EDOUARD Yves et Monique - Ferme de la Châtaigneraie - 76111 VATTETOT-SUR-MER - Tél : 02 35 27 31 42

VATTEVILLE-LA-RUE Le Plessis

(TH)

2 ch. **Yvetot 20 km.** Au cœur du Parc de Brotonne, entre forêt Domaniale et Seine, sur la route des chaumières et de la réserve ornithologique du Marais Vernier, Aline, artiste peintre vous accueille au Manoir du Plessis. A l'ét. : 1 ch. (1 lit 2 pers. 1 lit 1 pers.). Au 2e ét. : 1 ch. (1 lit 2 pers.). S. d'eau et wc privés pour chaque ch. Poss. de 2 ch. compl. Salon, TV, salon de jeux. Galerie d'art. Boxes chevaux. Possibilité chasse à courre en saison, stage peinture. Dans un cadre forestier et campagnard, cette résidence est idéale pour découvrir une superbe région réputée pour ses activités culturelles et de loisirs. Table d'hôtes raffinée. Langues parlées : anglais, allemand.

Prix : 1 pers. **250 F** 2 pers. **290 F** 3 pers. **370 F** pers. sup. **80 F**
repas **95 F**

Ouvert : toute l'année.

45	7	10	5	1	1	10	7	SP	20	7

LAURENT Aline - Le Plessis - Route de Caudebec-en-Caux - 76940 VATTEVILLE-LA-RUE - Tél : 02 35 95 79 79 - Fax : 02 35 95 79 77 - E-mail : aplvatteville@free.fr

VATTEVILLE-LA-RUE L'Angle

1 ch. **Caudebec-en-Caux 5 km.** Jacqueline vous accueille, au calme, dans sa belle chaumière avec jardin clos, intérieur normand agréable avec cheminée du XVème siècle : 1 chambre double (1 lit 2 pers., 1 lit pers.), salle de bains et wc privés. Séjour/salon, TV, bibliothèque, coin-cuisine à disposition des hôtes. Salon de jardin. A proximité de la forêt de Brotonne, vallée de la Seine. Route des abbayes. En pleine campagne et au calme. Base de loisirs de Mesnil-sous-Jumièges à proximité. Restaurants à Caudebec-en-Caux. Langue parlée : anglais.

Prix : 1 pers. **200 F** 2 pers. **250 F** 3 pers. **300 F**

Ouvert : toute l'année.

45	4	5	1	2	SP	35	8

SAUTREUIL Jacqueline - Rue du Gros Chêne - Hameau de l'Angle - 76940 VATTEVILLE-LA-RUE - Tél : 02 35 96 31 72

LA VAUPALIERE Le Haut de l'Ouraille

C.M. 52 Pli 14

2 ch. **Duclair 10 km.** Vous êtes reçus par Françoise et Bernard dans une demeure de caractère du XVIe s., dans un parc. Convient pour séjour bucolique. Entre Rouen et Barentin, à proximité de la Route des Abbayes. Entrée indépendante. A l'ét. : 1 suite de 4 pers. dont 1 ch. à lits jumeaux avec douche et wc privés. Prix de la suite : 380F. Restaurant à 3 km. Langue parlée : anglais.

Prix : 1 pers. **140 F** 2 pers. **200 F** 3 pers. **380 F**

Ouvert : toute l'année.

50	10	10	10	5	15	SP	12	4

TAUPIN Bernard et Françoise - 778 Domaine de l'Ouraille - 76150 LA VAUPALIERE - Tél : 02 35 33 81 34

VERGETOT

C.M. 52 Pli 11

2 ch. **Etretat 10 km. Pont de Normandie 20 mn.** Au calme, Nicole et Michel vous accueillent dans leur maison récente traditionnelle au milieu d'un grand jardin d'agrément, salon de jardin à disposition. 1 ch. (1 lit 2 pers.), 1 ch. (1 lit 2 pers., 1 lit supplémentaire), salle de bains dans chaque chambre et wc communs. Restaurant à 1 km.

Prix : 1 pers. **160 F** 2 pers. **180 F** 3 pers. **260 F**

Ouvert : toute l'année.

10	7	10	10	10	10	SP	10	3

GRENIER Nicole - Route de l'Orme - 76280 VERGETOT - Tél : 02 35 27 26 72

VEULES-LES-ROSES La Maudière

(TH)

C.M. 52 Pli 3

4 ch. **Dieppe 25 km. Saint-Valéry-en-Caux 8 km.** A 1 km de la plage, Maud vous accueille dans sa maison de caractère avec parc paysager dans le centre de la station balnéaire de Veules. 1er ét. : 1 suite de 2 ch. soit 1 ch. (1 lit 2 pers.) et sa suite (2 lits 1 pers) avec wc, lavabo et s.d.b. priv. 2è ét. : 1 suite de 2 ch. soit 1 ch. (1 lit 2 pers.) et sa suite (2 lits 1 pers.) avec salle d'eau et wc privés. TV, salon, séjour à disposition. Chambres d'hôtes avec label Prestige. Cabine de plage à disposition. Tarif 4 pers. : 600/700 F. Table d'hôtes sur réservation. Restaurant à 500 m.

Prix : 1 pers. **350/450 F** 2 pers. **350/450 F** 3 pers. **600/700 F**
repas **250 F**

Ouvert : toute l'année.

1	7	12	0,5	0,5	1,5	25	SP	25	SP

LE ROUX Maud - La Maudière - 23 rue du Docteur Girard - 76980 VEULES-LES-ROSES - Tél : 02 35 97 62 10

LA VIEUX-RUE

C.M. 52 Pli 15

3 ch. **Darnétal 8 km. Rouen 12 km.** En pleine campagne, au calme, Roselyne et Jean-Hugues vous recevront dans une belle maison récente à colombages. Entrée indépendante. A l'ét. : 1 ch (1 lit 2 pers. 2 lits 1 pers.) avec s. d'eau et wc privés, 1 ch (1 lit 2 pers.), s. d'eau privée, wc indépendants, 1 ch (1 lit 2 pers.) s. d'eau et wc privés. Dans un cadre champêtre, vous profiterez pleinement du grand jardin, portique, bac à sable, salon de jardin, barbecue. Tarifs dégressifs à partir de 3 nuits. Restaurant à 4 km.

Prix : 1 pers. **200 F** 2 pers. **250 F** 3 pers. **300 F** pers. sup. **50 F**

Ouvert : toute l'année.

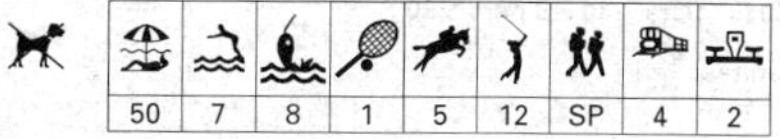

50	7	8	1	5	12	SP	4	2

FLEUTRY Roselyne - 257 rue du 8 mai 1945 - 76160 LA VIEUX-RUE - Tél : 02 35 59 92 71

VILLAINVILLE

C.M. 52 Pli 11

2 ch. **Etretat 6 km.** A la ferme, pour vous accueillir : 2 chambres d'hôtes dans une maison entièrement rénovée. 1 chambre (1 lit 2 pers.), 1 chambre (1 lit 2 pers., 1 lit 1 pers.). Lavabo et douche particuliers à chaque chambre, wc communs. Possibilité lit bébé. Jardin, salon de jardin. Visite de la ferme. Restaurant à 4 km.

Prix : 1 pers. **170 F** 2 pers. **200 F** 3 pers. **250 F** pers. sup. **50 F**

Ouvert : toute l'année.

6	10	6	5	6	6	2	10	4

LACHEVRE Roland et Maryvonne - 76280 VILLAINVILLE - Tél : 02 35 27 25 23

VILLAINVILLE Le Manoir

C.M. 52 Pli 11

2 ch. **Etretat 5 km.** Tout près d'Etretat, venez profiter du charme de la campagne cauchoise. Le Manoir vous propose 2 chambres (1 lit 2 pers. chacune), salle d'eau et wc privatifs communicants. Possibilité 2 personnes supplémentaires. Lit enfant et lit bébé à disposition. Restaurant à 2 km.

Prix : 1 pers. **250 F** 2 pers. **280 F** pers. sup. **80 F**

Ouvert : toute l'année.

5	10	35	5	1	6	5	35	SP	12	2

BASILLE Raymond et Michèle - Rue du Manoir - 76280 VILLAINVILLE - Tél : 02 35 27 22 98

VILLEQUIER-LE-HAUT La Mare à Bâche

C.M. 52 Pli 13

2 ch. **Caudebec-en-Caux et Notre-Dame de Gravenchon 6 km.** Dans un cadre de verdure et au calme, Janine et Vincent vous accueillent dans une maison ancienne rénovée. A l'ét. : 1 ch. (3 lits 1 pers.), s. d'eau privée, 1 ch. (1 lit 2 pers.), s. d'eau privée. Wc communs. Séjour avec TV. Salon de jardin. Restaurant à 3 km. Lit d'appoint enfant : 30 F. Langues parlées : anglais, espagnol.

Prix : 1 pers. **190 F** 2 pers. **250 F** 3 pers. **300 F**

Ouvert : toute l'année.

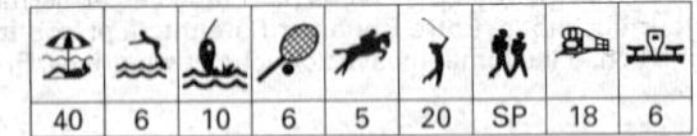

40	6	10	6	5	20	SP	18	6

ANDRIEU Vincent et Janine - La Mare à Bache - 76490 VILLEQUIER-LE-HAUT - Tél : 02 35 56 82 60 - Fax : 02 35 96 17 08 - E-mail : VincentAndrieu@wanadoo.fr

VILLERS-ECALLES Les Florimanes

C.M. 52 Pli 14

3 ch. **Rouen 20 km. St-Valéry-en-Caux et Pont de Normandie 30 mn.** Au calme, vous serez accueillis dans un authentique manoir du XVIIe. situé au milieu d'un parc paysagé de 1,5 ha. Mare non protégée. Entrée indépendante. Séjour et salon TV, vidéo et bibliothèque. Au 1er étage : 3 chambres spacieuses (non fumeur) avec chacune s. d'eau ou s. de bains privatives et wc indép. 2 ch. (1 lit 2 pers. 1 lit 1 pers.), 1 ch. (1 lit 2 pers.). Restaurant à 2 km. Marie-Claire, peintre aquarelliste donne des cours et des stages d'encadrement et de papier reliure. Label Chambres d'hôtes de Charme et de caractère. Langue parlée : anglais.

Prix : 1 pers. **320/340 F** 2 pers. **370/390 F** 3 pers. **490 F**

Ouvert : toute l'année.

35	3	15	3	1	8	10	SP	3	1

LEREVERT Marie-Claire - Les Florimanes - 850 rue Cadeau de Kerville - 76360 VILLERS-ECALLES - Tél : 02 35 91 98 59 - Fax : 02 35 91 98 59

YVETOT

C.M. 52 Pli 13

2 ch. **Rouen 30 km.** Anne-Marie et Laurent vous reçoivent en dehors du centre ville, dans leur maison normande restaurée figurant dans Patrimoine de Seine-Maritime. Espace fleuri et clos, salon de jardin, parking fermé. R.d.c. (entrée indép.) : 1 ch. (1 lit 2 pers.), salle d'eau privée et wc. Espace détente attenant (avec four à micro-ondes). A l'ét. : 1 ch. (1 lit 2 pers.). Salle d'eau et wc privés. Poss. lit supplémentaire. Restaurants sur place. A proximité du site classé du Val au Cesne. Langue parlée : anglais.

Prix : 1 pers. **180/185 F** 2 pers. **220/225 F**

Ouvert : toute l'année.

27	0,5	7	0,5	0,5	10	SP	1	SP

VAUQUELIN Laurent & Anne-Marie - 110 rue de l'Etang - 76190 YVETOT - Tél : 02 35 95 33 71

YVILLE-SUR-SEINE

1 ch. **Rouen 25 km.** Au cœur de la Vallée de la Seine, Dominique et Frédéric vous ouvrent leur maison tranquille au milieu des vergers. Découvrez les charmes du Parc Naturel Régional de Brotonne, des boucles de la Seine et de ses abbayes. 1 chambre avec 3 lits 1 pers. dont 1 lit médicalisé. Salle d'eau et wc privatifs accessibles aux personnes à mobilité réduite. Poss. lit enfant. Terrasse, salon de jardin, verger, jeux d'enfants et prêt de vélos. Langue parlée : anglais.

Prix : 1 pers. **180 F** 2 pers. **230 F** 3 pers. **280 F**

Ouvert : toute l'année.

40	8	3	2	5	SP	5	5	SP	25	1

LAGORCE-TOURNOUX Frédéric & Dominique - 501 rue du Port - 76530 YVILLE-SUR-SEINE - Tél : 02 35 37 85 34

PAYS DE LOIRE

Pour réserver, écrire ou téléphoner :

44 - LOIRE-ATLANTIQUE

GITES DE FRANCE - Service Réservation
1, allée Baco - B.P. 93218
44032 NANTES Cedex 1
Tél. : 02 51 72 95 65 - Fax : 02 40 35 17 05

49 - MAINE-ET-LOIRE

GITES DE FRANCE
Place Kennedy
B.P. 2147
49021 ANGERS Cedex 02
Tél. : 02 41 23 51 42
Fax : 02 41 88 36 77

53 - MAYENNE

GITES DE FRANCE - Service Réservation
84, avenue Robert Buron - B.P. 2254
53022 LAVAL Cedex 9
Tél. : 02 43 53 58 78 - Fax : 02 43 53 58 79

72 - SARTHE

GITES DE FRANCE
78, avenue du Général Leclerc
72000 LE MANS
Tél. : 02 43 23 84 61 - Fax : 02 43 23 84 63

85 - VENDEE

GITES DE FRANCE - Service Réservation
124, boulevard Aristide Briand - B.P. 735
85018 LA ROCHE-SUR-YON Cedex
Tél. : 02 51 37 87 87 - Fax : 02 51 62 15 19
E-mail : gites-de-france-vendee@wanadoo.fr
www.itea.fr/GDF/85

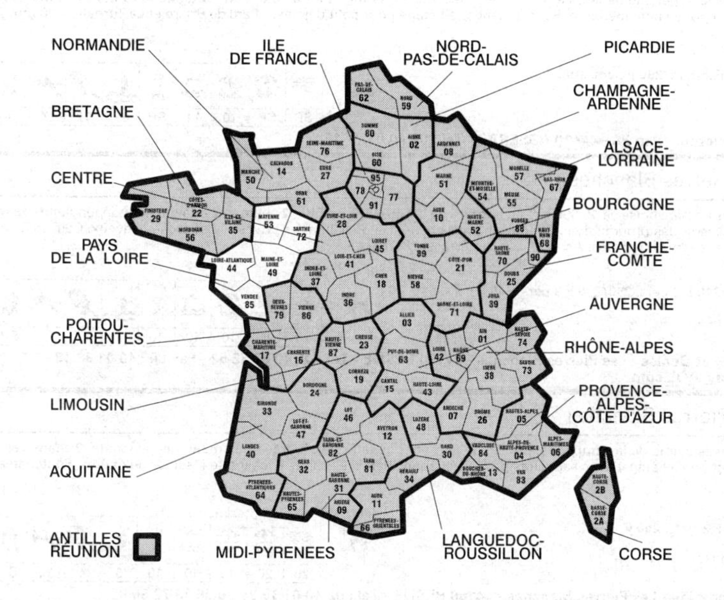

Loire-Atlantique

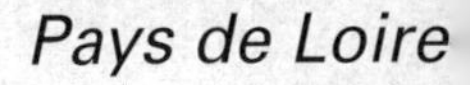

Pays de Loire

GITES DE FRANCE
Service Réservation
1, allée Baco - B.P. 93218
44032 NANTES Cedex 1
Tél. 02 51 72 95 65 - Fax. 02 40 35 17 05

3615 Gîtes de France
1,28 F/min

ABBARETZ La Jahotière

C.M. 63 Pli 17

4 ch. Dans une propriété de 100 ha avec étang, ruines du deuxième haut fourneau français, réserve de chasse : 4 ch. avec salles de bains et wc privés. 2 salons (lecture et TV). Terrain clos avec salon de jardin à disposition. Nantes : 40 km. La Baule : 60 km. Langues parlées : anglais, espagnol.

Prix : 2 pers. **370 F** 3 pers. **450 F** pers. sup. **80 F**

Ouvert : toute l'année.

60	60	3	3	3	3	SP	40	3

NODINOT Jean-François - La Jahtière - 44170 ABBARETZ - Tél : 02 40 55 23 34 ou 06 81 78 92 30

ARTHON-EN-RETZ

C.M. 67 Pli 2

4 ch. **Pornic 10 km. Noimoutier 50 km.** Dans le calme de la campagne, à proximité de la mer : 4 ch. d'hôtes dont une accessible aux pers. handicapées. Salle d'eau et wc privés. Chauffage électrique. Salle de petit déjeuner avec coin cuisine. Entrée indépendante. Jardin avec jeux d'enfants, barbecue, salon de jardin. Parking privé. Accès facile.

CV

Prix : 1 pers. **185 F** 2 pers. **215 F** 3 pers. **245 F** pers. sup. **30 F**

Ouvert : toute l'année.

7	7	10	7	7	1	9	SP	10	12	0,7

MALARD Marie-Claire - route de Chauve - 44320 ARTHON-EN-RETZ - Tél : 02 40 64 85 81

ASSERAC Pen Be

TH

C.M. 63 Pli 14

3 ch. Dans le calme de la Baie de Pen-Bé, dans une demeure donnant directement sur la mer, dans un cadre agréable et reposant : 3 ch. avec sanitaires privés (non attenantes) + salon de 30 m² avec terrasse vous attendent au 1er étage (dont une chambre avec sanitaires au rez-de-chaussée). TV privée. Salon de jardin. Tables d'hôtes (produits de la mer) sauf le mercredi soir. Parking fermé. Nantes à 1 heure de route, La Baule à 15 mn, le Parc de la Brière à 20 mn.

CV

Prix : 1 pers. **235 F** 2 pers. **275 F** 3 pers. **350 F** repas **105 F**

Ouvert : toute l'année.

SP	SP	20	SP	SP	4	10	1	20	5

LE GAL Annick - Pen Be - 44410 ASSERAC - Tél : 02 40 01 74 78 - Fax : 02 40 01 73 78

ASSERAC Pen Bé

C.M. 67 Pli 14

3 ch. Dans le super site de la baie de Pen Bé, avec vue sur la mer, tout en étant en retrait de la route, 3 chambres à l'étage avec salle d'eau privée non attenante. Salle à manger à l'étage pour petit déjeuner. Parc de Brière et La Turballe à 20 mn.

CV

Prix : 1 pers. **250 F** 2 pers. **290 F** pers. sup. **70 F**

SP	SP	10	14	SP	SP	12	14	1	18	24	6

BODIGUEL Maryvonne - Pen Bé - 44410 ASSERAC - Tél : 02 40 01 71 18

BESNE Les Pierres Blanches

C.M. 230 Pli 53

2 ch. Dans un parc boisé de 15 000 m², en bordure de la GRANDE BRIERE, 2 chambres totalement indépendantes au rez-de-chaussée de la maison des propriétaires. Chaque chambre bénéficie de sanitaires privés, TV et sèche-cheveux. Coin salon/séjour avec kitchenette réservé aux hôtes. Accès direct sur terrasse. Barbecue.

CV

Prix : 1 pers. **220/240 F** 2 pers. **250/270 F** 3 pers. **340 F** pers. sup. **70 F**

Ouvert : toute l'année.

20	20	10	10	10	3	5	12	SP	10	9	5

**DEBRAY Anthony et Denise - Les Pierres Blanches - 44160 BESNE - Tél : 02 40 01 32 51 - Fax : 02 40 01 38 18 -
E-mail : Tonydebr@AOL.com**

BESNE Les Pierres Blanches

C.M. 63 Pli 15

2 ch. Dans le calme de la campagne, proche de la mer et de la Brière. Entrée totalement indépendante. 2 chambres d'hôtes agréables (dont une à l'étage) avec sanitaires privés à chaque chambre ; salon, kitchenette réservés aux hôtes. Pontchateau : 10 km.

CV

Prix : 1 pers. **230 F** 2 pers. **250 F**

Ouvert : toute l'année.

20	20	10	10	10	3	4	12	SP	10	10	4

PENOT Marie-Christine - Les Pierres Blanches - 44160 BESNE - Tél : 02 40 01 39 24 ou 06 13 72 90 95

LE BIGNON La Cour de l'Epinay

E.C. 5 ch. 5 chambres de caractère dans les dépendances du chateau, chacune avec salle de bains (ou salle d'eau) individuelle. Salon réservé aux hôtes. Gîte de séjour également sur place. La Cour de l'Epinay à 15 minutes du centre ville de Nantes, dans une propriété de charme du 19e siècle. Arbres centenaires, rivière calme et détente assurée. Langue parlée : anglais.

Prix : 1 pers. **250/290 F** 2 pers. **350/390 F**

Ouvert : toute l'année.

40	40	10	6	10	SP	3	4	SP	20	12	3

DURAND Martin et Caroline - La Cour de l'Epinay - 44140 LE BIGNON - Tél : 02 40 78 15 19 - Fax : 02 40 78 15 19

BLAIN La Mercerais *C.M. 63 Pli 16*

2 ch. En pleine campagne Yvonne et Marcel vous recevront en amis dans leur maison accueillante et chaleureuse, lieu de calme et de tranquillité. 2 chambres à l'étage joliement décorées pour 2 ou 3 pers. avec salle d'eau et wc privés. Au r.d.c. 1 chambre (2 épis) avec salle de bains. Ces chambres s'ouvrent sur un très beau parc fleuri et ombragé. Salon de jardin, barbecue, possibilité de pique-niquer. 1er prix fleurissement départemental 1989, 2e prix chambres d'hôtes 1991, 1er prix communal 1993. De Blain prendre la direction Nozay N 171 (CM 63 pli 16).

Prix : 1 pers. **210 F** 2 pers. **265 F** 3 pers. **345 F** pers. sup. **80 F**

Ouvert : toute l'année.

40	40	10	2	10	SP	2,5	8	3	15	35	2

PINEAU Marcel - La Mercerais - 44130 BLAIN - Tél : 02 40 79 04 30

BLAIN Le Gravier *C.M. 63 Pli 16*

3 ch. A proximité du canal de Nantes à Brest, du Château de la Groulais et d'un sentier pédestre : 3 chambres (2 et 3 pers.) à l'étage avec salle d'eau et wc privés. Cuisine à disposition. Entrée indépendante. Salon de jardin. Restauration possible en bordure du Canal. Forêt du Gâvre : 5 km.

Prix : 1 pers. **180 F** 2 pers. **215/240 F**

Ouvert : toute l'année.

40	40	1	7	0,2	1	5	0,2	18	18	0,8

Mme HECAUD - Le Gravier - 44130 BLAIN - Tél : 02 40 79 10 25

BOUAYE Herbauges *C.M. 67 Pli 3*

1 ch. Au cœur du lac de Grand Lieu, dans une propriété fin 19e, au milieu d'un parc boisé de 5 ha avec plan d'eau, proche d'une petite gare, nous avons aménagé 1 chambre 2 à 4 pers. dans la maison du propriétaire, avec entrée indépendante. Salle d'eau, WC indép., cuisine privée, TV, téléphone, téléséjour. Sur place gracieusement, salon de jardin, barbecue, pêche, jeux de plein air, vélos, ping-pong. A disposition : lave-linge, sèche-linge, congélateur. A proximité la Planète Sauvage, le lac, etc... Langue parlée : anglais.

Prix : 1 pers. **300 F** 2 pers. **350 F** pers. sup. **50 F**

36	36	18	36	SP	1,5	2,5	SP	30	0,5	1,5

GIRARDEAU Armelle - Herbauges - 44830 BOUAYE - Tél : 02 51 70 55 65 ou 06 03 66 41 41 - Fax : 02 51 70 55 65 - E-mail : jean-philippe.girardeau@wanadoo.fr

BOURGNEUF-EN-RETZ Le Puy Charrier *C.M. 67 Pli 2*

4 ch. Face au marais breton, nous vous offrons 4 ch. au rdc avec entrée indépendante de la maison du propriétaire. Nous privilégions l'accueil familial avec 2 ch. de 5 et 6 pers., sanitaires et coins cuisine incorporés. 2 ch. 2 pers. avec lit d'appoint, salle d'eau individuelle, wc communs. 1 coin cuisine commun (congélateur, lave-linge) facturé 25 F/jour. Salon de jardin, terrain de jeux, locations de vélos. Gare (l'été), restaurants : 2 km. Pornic : 15 km. Visite découverte du marais, de ses activités, de ses oiseaux sur demande. 1 chambre 3 pers. ouverte toute l'année. Les 3 autres du 1er Avril au 30 Octobre.

Prix : 1 pers. **160 F** 2 pers. **195 F** 3 pers. **235 F** pers. sup. **35 F**

Ouvert : toute l'année.

4	5	15	10	2	2	2	0,1	15	12	2

BONFILS Hubert - Les Rivières aux Guerins - 18, rue du Puy Charrier - 44580 BOURGNEUF-EN-RETZ - Tél : 02 40 21 40 79 - Fax : 02 40 21 40 79 - E-mail : lagodale@softdom.com

BOURGNEUF-SAINT-CYR-EN-RETZ Le Moulin de l'Arzelier *C.M. 67 Pli 2*

1 ch. 1 chambre d'hôtes 4 à 5 pers. aménagée à côté de la maison du propriétaire, sur un coteau avec un point de vue insaisissable sur le Marais Breton. Salle d'eau et wc privés. Coin repas. Restaurant à 3 km.

Prix : 1 pers. **180 F** 2 pers. **200 F** 3 pers. **240 F** pers. sup. **40 F**

Ouvert : de mai à fin septembre.

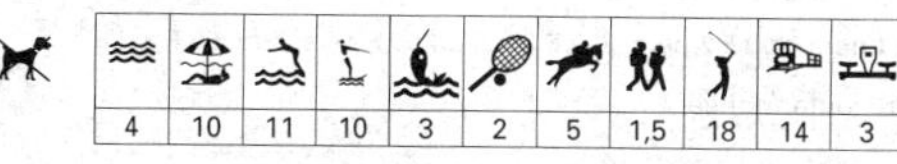

4	10	11	10	3	2	5	1,5	18	14	3

BRETAGNE Henri-Marcel - Le Moulin de l'Arzelier - 44580 SAINT-CYR-EN-RETZ/BOURGNEUF - Tél : 02 40 21 44 95

BOUVRON Manory de Gavalais *C.M. 63 Pli 16*

2 ch. 2 chambres à l'étage, dont une dans la tour, chacune avec bains et wc privés. TV dans chaque chambre. Entrée indépendante. Petit déjeuner copieux. Jardin clôturé et arboré. Canal de NANTES à BREST. BLAIN (musée des Arts et Traditions, château). Forêt du Gavre. Golf 18 trous, restaurants à SAVENAY : 4 km. Dans ce petit manoir du XVIIe siècle, vous trouverez des chambres de grand confort, meublées Louis XV, avec lits de 140 à baldaquin. poss.lit suppl. Salon cathédrale à disposition des hôtes, communiquant avec la salle à manger au rez-de-chaussée. Téléphone Téléséjour au salon.

Prix : 2 pers. **400/550 F** pers. sup. **100 F**

Ouvert : toute l'année.

30	30	4	4	30	4	4	SP	4	4	4

HERBURT Evelyne - Manoir de Gavalais - 44130 BOUVRON - Tél : 02 40 56 22 32 - http://www.web-de-loire.com/C/44-591052.htm

LE CELLIER La Petite Funerie *C.M. 63 Pli 17/18*

1 ch. A mi-chemin entre Nantes et Ancenis, les bords de Loire vous offriront de magnifiques panoramas et sites classés ainsi que de nombreux circuits à découvrir à pied ou en VTT. Vous serez accueillis chaleureusement et disposerez d'1 ch. indépendante de 20 m2 avec salle d'eau et wc privés ainsi que TV et kitchenette, une grande baie vitrée donnant sur le jardin 2800 m^2. Salon de jardin. Parking intérieur. Langue parlée : anglais.

Prix : 1 pers. **200 F** 2 pers. **230 F** 3 pers. **300 F**

Ouvert : toute l'année.

70	70	15	15	15	3	3	6	SP	10	15	3

MALHERBE Michel et Arlette - La Petite Funerie - 44850 LE CELLIER - Tél : 02 40 25 44 71 ou 06 81 44 85 60

LA CHAPELLE-BASSE-MER Le Bois Fillaud (TH) *C.M. 67 Pli 4*

2 ch. A mi-chemin entre Ancenis et Nantes (rive sud) et à 15 mn de la Beaujoire découvrez les sites variés du Val de Loire et le charme du Vignoble Nantais, dans un cadre agréable. Il vous est proposé 2 ch. d'hôtes rénovées dans les dépendances d'une maison de la fin du 18e. Chacune possède une entrée indép. 1ère ch. très vaste 3 ou 4 pers., coin-salon, sanitaires, TV. Possibilité évent. d'utiliser la kitchenette, salon jardin. La 2e est pour 2 pers., sanitaires privatifs, TV, terrasse . La table d'hôtes vous permettra d'apprécier les spécialités locales. Activités nombreuses et variées à proximité. Langue parlée : anglais.

Prix : 1 pers. **210 F** 2 pers. **240/260 F** 3 pers. **310 F** pers. sup. **60 F**
repas **95 F**

Ouvert : toute l'année.

70	70	2,5	4	2,5	0,5	1,5	6	SP	6	20	1,5

LECOMTE Yvonnick et Martine - Le Bois Fillaud - 44450 LA CHAPELLE-BASSE-MER - Tél : 02 40 33 30 74

LA CHAPELLE-SUR-ERDRE La Gandonnerie *C.M. 63 Pli 17*

3 ch. Aux portes de Nantes, dans un site classé dont la beauté fût reconnu par François 1er et bien d'autres ensuite, La Gandonnière, demeure du XVIIIe siècle vous offre le calme de ses jardins en terrasses donnant sur le plan d'eau. Ses 3 chambres de caractère avec vue sur l'Erdre, dont une suite double sont restaurées et disposent chacune de sanitaires neufs et privés. 1er étage : 1 ch. (1 lit 2 pers. + 1 lit enfant). 2e étage : 1 suite (1 lit 2 pers. 2 lits 1 pers.) - 1 ch. (1 lit 2 pers.).

Prix : 1 pers. **370 F** 2 pers. **400 F** 3 pers. **600 F** pers. sup. **100 F**

Ouvert : de juin à septembre.

50	50	5	0,1	0,1	1,5	1,5	0,1	5	12	1,5

GIRARD Françoise - La Gandonnière - 44240 LA CHAPELLE-SUR-ERDRE - Tél : 02 40 72 53 45 - Fax : 02 40 72 53 45 - http://www.web-de-loire.com/C/44H891433.htm

CHATEAU-THEBAUD La Penissière *C.M. 67 Pli 4*

4 ch. Au cœur du Muscadet M. Mme Bousseau vous accueillent en amis dans leur propriété viticole. A l'étage 3 ch., au r.d.c. 1 ch., toutes personna- lisées décorées avec goût, meubles anciens avec vue imprenable sur les vignes (calme et reposant). S.d.b. et wc privés. Entrée indép. avec grande pièce chaleureuse par ses pierres apparentes et mezzanine (poss. lit suppl.). Cette gr. pièce vous est réservée dans laquelle, séduit par ce charme, vous vous laisserez aller à vos souvenirs. Cheminée et coin salon sont tout près pour accueillir votre repos. TV. Repas à la demande. Pêche sur étang privé à 400 m.

Prix : 1 pers. **200 F** 2 pers. **240 F** 3 pers. **295 F** pers. sup. **70 F**

6	0,4	1	1,5	5	1	15	2

BOUSSEAU Gérard et Annick - La Penissière - 44690 CHATEAUTHEBAUD - Tél : 02 40 06 51 22 ou 06 85 18 21 79 - Fax : 02 40 06 51 22

CHATEAU-THEBAUD Brairon *C.M. 67 Pli 4*

2 ch. A 13 km au sud de Nantes, une ancienne maison de maître dans le vignoble. Accès facile par la RN137. 2 ch. à l'étage, chacune pour 3 pers., avec salle d'eau et wc privés, jardin fermé. Tarif dégressif. Tranquillité assurée. Gratuité pour les enfants jusqu'à 3 ans.

Prix : 1 pers. **200 F** 2 pers. **230 F** 3 pers. **260 F** pers. sup. **50 F**

Ouvert : toute l'année.

60	60	60	8	5	3	8	3	3	13	4

BARJOLLE Valentine - Brairon - 44690 CHATEAUTHEBAUD - Tél : 02 40 03 81 35

CHATEAU-THEBAUD Le Petit Douet — TH — *C.M. 67 Pli 4*

3 ch. AU DOMAINE VITICOLE : 3 ch. d'hôtes au r.d.c. de notre maison. Salle d'eau et wc privés pour chacune d'elle. La 1ère est meublée de 2 lits de 90 cm. La 2ème d'1 lit de 160 cm + 90 cm. La 3ème d'1 lit de 140 cm. Salon commun aux 3 ch. avec cheminée. Chauffage. Jardin ombragé agréable. Accueil sympathique. Visite de cave. Nantes : 15 km. Clisson : 13 km. Une halte conviviale au pays du Muscadet. Table d'hôtes le soir sur réservation (sauf Dimanche soir).

Prix : 1 pers. **205 F** 2 pers. **230/245 F** 3 pers. **305 F** repas **100 F**

Ouvert : toute l'année.

60	60	6	3	1	1,5	5	SP	15	1,5

MECHINEAU Thérèse - Le Petit Douet - 44690 CHATEAUTHEBAUD - Tél : 02 40 06 53 59 - Fax : 02 40 06 57 42

CHAUVE La Caillerie — TH — *C.M. 67 Pli 2*

3 ch. Au sud de la Loire (Pornic et côte de Jade 15 km), dans un cadre champêtre, au calme, point de chute idéal pour un séjour de vacances partagé entre la mer et la découverte du Pays de Retz. 3 ch. de 2 à 3 pers. avec pour chacune sanitaires privatifs complets et entrée indépendante. Grand jardin ombragé, portique, parking privé. Table d'hôtes sur réservation (si disponibilité). Langues parlées : anglais, espagnol.

Prix : 2 pers. **280/310 F** 3 pers. **360 F** pers. sup. **80 F** repas **110 F**

12	12	10	12	12	4	3	12	0,2	12	25	3,5

LESUEUR Colette - La Caillerie - 44320 CHAUVE - Tél : 02 40 21 16 18 ou 06 60 84 77 97 - Fax : 02 40 21 16 18 - E-mail : lesueurcolette@yahoo.fr

CHEMERE La Baronnerie — TH — *C.M. 67 Pli 2*

5 ch. En campagne, entre mer et ville, 5 chambres de 2 à 4 pers. aménagées au rez de chaussée d'une maison indépendante. Salle de détente. 2 douches et 2 wc communs. Lave-linge. Point phone. Terrain attenant ombragé avec table et chaises. Coin cuisine. Planète sauvage (Port st Père) : 5 km. Pornic : 20 km - Nantes : 25 km. La Baule. Noirmoutier : 60 km.

CV

Prix : 1 pers. **140 F** 2 pers. **190 F** 3 pers. **235 F** pers. sup. **40 F** repas **80 F**

Ouvert : toute l'année.

15	15	15	20	15	7	1	SP	22	5	7

LOQUAIS Véronique et Cécile - S.A.R.L. La Baronnerie - 44680 CHEMERE - Tél : 02 40 02 77 57 - Fax : 02 40 02 62 66

CHEMERE Prince Neuf — *C.M. 67 Pli 2*

4 ch. A l'orée de la forêt de Princé, nous vous accueillons dans notre demeure du XIXe siècle, ancien relais de chasse. Du parc vous gagnerez directement la forêt de Princé pour de longues promenades. 4 chambres d'hôtes pour 2 pers. à l'étage. Salle d'eau et wc privés pour chaque chambre. Chauffage central. Terrain attenant. Pornic : 18 km.

Prix : 1 pers. **230 F** 2 pers. **270 F**

Ouvert : toute l'année.

15	15	18	15	SP	18	SP	18	12	4

HARDY Hubert - Prince Neuf - 44680 CHEMERE - Tél : 02 40 21 30 35 - Fax : 02 40 21 30 35

LA CHEVALLERAIS La Baluère — TH — *C.M. 63 Pli 16*

2 ch. A la campagne, Roselyne et Dominique vous accueillent dans une longère restaurée datant du début du 19e siècle. Pour votre repos et votre confort, vous disposerez de 2 chambres spacieuses avec chacune salle d'eau et wc privés, entrée indépendante, salon/séjour, cuisine équipée, lave-linge du propriétaire. Salon de jardin, barbecues. Canal de Nantes à Brest : 2 km. Forêt Domaniale du Gâvre : 10 km. Nantes : 35 km, Rennes : 75 km.

Prix : 1 pers. **225 F** 2 pers. **260 F** 3 pers. **310 F** repas **95 F**

55	55	30	7	30	3	1	4	1	25	25	1

MONGAZON Roselyne - La Baluere - 44810 LA CHEVALLERAIS - Tél : 02 40 79 80 37 ou 06 15 12 13 22

LA CHEVROLIERE Thubert — *C.M. 67 Pli 3*

4 ch. En campagne, au rez-de-chaussée, 4 ch. avec sanitaires particuliers, entrée indépendante pour chaque chambre. 2 ch. avec kitchenette. Salon, salle à manger avec cuisine et TV réservées aux hôtes. Terrasse, pelouse, salon de jardin pour chaque chambre. Restaurant 2 km. Nantes, gare, aéroport : 10 km. A proximité : Lac de Grand Lieu. Zone de loisirs, Planète sauvage. Puy du Fou.

CV

Prix : 1 pers. **180 F** 2 pers. **230 F** 3 pers. **290 F** pers. sup. **60 F**

Ouvert : toute l'année.

35	35	10	10	10	4	4	5	35	10	4

CHEVALIER Joseph et Danielle - 26, Thubert - 44118 LA CHEVROLIERE - Tél : 02 40 31 31 26

CORSEPT *C.M. 67 Pli 1/2*

1 ch. A 10 mn de la mer et de St Brévin les Pins, 2 chambres contigues pour 3 ou 4 pers. Salle de bains et wc privés. Entrée indépendante. Grand jardin ombragé avec salon.

Prix : 1 pers. **190 F** 2 pers. **250 F** 3 pers. **300 F** pers. sup. **50 F**

Ouvert : juin, juillet, aout, septembre.

8	8	2,5	8	8	2,5	SP	8	2,5

FOUCHER Christiane - 4, rue de la Maison Verte - 44560 CORSEPT - Tél : 02 40 39 64 89 ou 06 87 88 14 19

LE CROISIC *C.M. 63 Pli 13/14*

2 ch. Dans maison particulière avec vue sur la mer, 2 ch. d'hôtes à l'étage dont 1 suite comprenant 1 ch. 2 pers. (lit 140) + 1 ch. avec lits jumeaux), possibilité de lit suppl. salle de bains, wc privés. et 1 ch. 2 pers. (lit 140), salle d'eau et wc privés. Salon avec TV et bar. Jardin clos avec salon. Océarium marin, location de vélos et tir à l'arc à 2 km. La Baule : 11 km. St Nazaire : 25 km.

Prix : 1 pers. **340 F** 2 pers. **370 F** 3 pers. **710 F** pers. sup. **160 F**

0,2	0,2	10	2	0,5	1	2	0,5	0,8	1	1,5

PLUCHE Raymonde - 43, rue de la Ville d'Ys - 44490 LE CROISIC - Tél : 02 40 23 12 30 - Fax : 02 40 15 74 32

LE CROISIC (TH) *C.M. 63 Pli 13/14*

2 ch. LA TOUR DES GOELANDS demeure du XVIe siècle, ayant appartenu à cinq générations de nobles marchands, puis de marins pêcheurs, a su garder toute son âme. Découvrez l'un des tous premiers ports bretons producteurs de crustacés, mais aussi la ville historique au prestigieux passé. Nathalie De Roincé est heureuse de vous recevoir. 2 ch. toutes avec salle de bains et wc privés, TV, téléphone. Possibilité d'une suite de 5/6 pers. Envie de s'évader nous vous proposons le week-end Brocante, détente ou amoureux comprennant : diner aux chandelles, repas de fête, champagne. Table d'hôte sur réservation. A bientôt ! Langue parlée : anglais.

Prix : 1 pers. **300 F** 2 pers. **330/480 F** 3 pers. **460/640 F** pers. sup. **60 F**
repas **100/220 F**

Ouvert : toute l'année.

0,5	0,5	0,4	1	0,1	0,6	0,7	1	1	SP

DE ROINCE Nathalie - 16, Grande rue - 44490 LE CROISIC - Tél : 02 40 23 10 74 - Fax : 02 40 62 94 98

LE CROISIC *C.M. 63 Pli 13/14*

1 ch. A 25 m. du port de pêche, 2 chambres à l'étage pour famile de 2 à 4 pers. Salon avec TV, Réfrigérateur. Salle d'eau, WC indépendants privés. Chauffage. Petit jardin avec salon et barbecue. La Baule : 11 km - St Nazaire : 25 km. Gare TGV : 800 m.

Prix : 1 pers. **275 F** 2 pers. **300 F** 3 pers. **390 F** pers. sup. **50 F**

Ouvert : toute l'année.

0,8	0,8	10	1	0,1	1	2	2	2	0,8	0,2

YOUINOU Roger - 10, rue de la Chaudronnerie - 44490 LE CROISIC - Tél : 02 40 23 12 00 - Fax : 02 40 23 12 00

CROSSAC La Cossonnais *C.M. 63 Pli 15*

3 ch. Sur la D 33, 3 chambres d'hôtes 2/3 pers. (dont une avec entrée indépendante et une à 2 épis) à l'étage de la maison du propriétaire. Sanitaires privés à chaque chambre. Téléphone, TV, salon avec cheminée. Jardin attenant calme. Parc . Terrasse, salon de jardin.

Prix : 1 pers. **210 F** 2 pers. **260 F** 3 pers. **320 F**

Ouvert : d'avril à octobre.

25	25	6	6	6	6	2	2	6	6	2

HOUIS Yvette - La Cossonnais - 44160 CROSSAC - Tél : 02 40 01 05 21 ou 06 81 43 11 62

DERVAL (TH) *C.M. 63 Pli 6/7*

2 ch. Dans le centre bourg, grande maison bourgeoise comprenant 2 ch. d'hôtes de 2 pers. et 3 pers. avec lavabo/douche dans chaque chambre, à l'étage de la maison du propriétaire. WC communs. Salon à la disposition des hôtes. Parc arboré et clos de murs. Chateaubriant : 25 km - Nantes et Rennes : 50 km.

Prix : 1 pers. **160 F** 2 pers. **210 F** 3 pers. **260 F** pers. sup. **50 F**
repas **85 F**

Ouvert : toute l'année.

75	75	30	12	3	SP	30	SP	25	SP

HABAY Annie - 1, rue de Nantes - 44590 DERVAL - Tél : 02 40 07 72 97

DONGES La Lande *C.M. 63 Pli 15*

3 ch. Manoir du XVIIème siècle. Dans un grand parc arboré et fleuri, 3 chambres de style. Salle d'eau ou salle de bains privées à chaque chambre, 2 wc communs près des chambres. Cuisine indép. réservée aux hôtes. Salle à manger, salon (bibliothèque, jeux). Parking et propriété entièrement clos à proximité du parc de Brière. Accords spéciaux avec le golf de Savenay 18 trous. Vélos disponibles sur place. Langue parlée : anglais.

Prix : 1 pers. **230 F** 2 pers. **280/300 F** 3 pers. **380 F** pers. sup. **80 F**

Ouvert : toute l'année.

13	13	1,5	13	3	1,5	15	0,5	10	15	1

PINAULT Irène - La Closerie des Tilleuls - La Lande - 44480 DONGES - Tél : 02 40 91 07 82 ou 02 40 01 31 60

FAY-DE-BRETAGNE Le Patureau *C.M. 63 Pli 16*

3 ch. Repos et calme assurés au Patureau. 3 chambres d'hôtes 2 à 4 pers. à l'étage de la maison du propriétaire avec suite ou mezzanine. Sanitaires privés à chaque chambre. Coin détente et TV communs. Grand jardin ombragé (1 ha).

Prix : 2 pers. **300 F** 3 pers. **350 F**

Ouvert : toute l'année.

40	40	5	10	5	3	5	14	14	3

MOULLEC Robert - Le Patureau - 44130 FAY-DE-BRETAGNE - Tél : 02 40 79 92 29

FRESNAY-EN-RETZ La Bretonnière *C.M. 67 Pli 2*

1 ch. Dans la dépendance d'un ancien corps de forme, à proximité de la mer, Bénédicte vous propose une chambre d'hôtes en r.d.c. avec WC indép., salle de bains privés et sa cuisine à usage exclusif des hôtes. Vous disposerez d'un salon de jardin et d'un barbecue. A 6 km, zone de loisirs pour, entre autre, la pêche et le canoë kayak. Machecoul : 6 km - Pornic : 20 km - Nombreuses activités. Langue parlée : anglais.

Prix : 1 pers. **200 F** 2 pers. **240 F**

Ouvert : toute l'année.

12	15	6	6	6	6	5	SP	20	6	6

PIGNARD Bénédicte - 5, la Bretonnière - 44580 FRESNAY-EN-RETZ - Tél : 02 40 21 49 60 ou 06 20 36 69 68 - E-mail : gpignard@infonie

FROSSAY La Chevallerais (TH) *C.M. 67 Pli 2*

3 ch. A proximité de la ferme 3 ch. d'hôtes de 2 pers. avec salle d'eau et wc communs dans un cadre agréable. Jardin clos, salon. Situé dans une belle région de Bocage, près du GR du Pays de Retz, du canal de la Martinière aménagé pour la détente, pique-nique. Pêche, activités nautiques au Migron 2 km. Paimbœuf 8 km, St Brévin 20 km. Vue 8 km - Pont de St Nazaire 20 km - Pornic 25 km - La Baule et Nantes 40 km. Lac 6 km.

Prix : 1 pers. **195 F** 2 pers. **220 F** 3 pers. **260 F** repas **100 F**

Ouvert : toute l'année.

20	20	20	2	2	1,5	10	1	20	20	2

LUCAS Gaston et Bernadette - Le Verger - La Chevallerais - 44320 FROSSAY - Tél : 02 40 39 71 03

FROSSAY Château de La Rousselière *C.M. 67 Pli 2*

3 ch. 3 chambres au chateau du 18e, dans un parc très agréable en Pays de Retz, à 3 km du Canal de la Martinière. Chambres spacieuses avec salle de bains et WC privés. Entrée indépendante. Salon et salle à manger réservés aux hôtes. Billard. Piscine dans la propriété. Chevaux acceptés. Forêt : 10 km. Pornic : 20 km. St Brévin : 18 km. Langue parlée : anglais.

Prix : 2 pers. **400 F** pers. sup. **100 F**

Ouvert : de mai à septembre.

20	20	8	18	3	3	1	10	3	20	25	10

SCHERER Catherine - Château de la Rousselière - 44320 FROSSAY - Tél : 02 40 39 79 59 - Fax : 02 40 39 77 78 - E-mail : larouss@clubinternet.fr - http://www.bertloot.com

GETIGNE (TH) *C.M. 67 Pli 4*

3 ch. A la jonction des 3 provinces Bretagne-Vendée-Anjou, Nicole et François vous invitent à découvrir le bien vivre dans le pays du vignoble Nantais à 5 km de Clisson l'Italienne. Ils vous accueillent dans une ancienne ferme qu'ils ont rénovée : 3 chambres coquettes, dont une avec son coin salon. SANITAIRES PRIVES (DOUCHE-LAVABO-WC) DANS CHACUNE DES CHAMBRES. Possibilité de lit suppl. et lit bébé. Entrée indépendante. Possibilité de parking dans la propriété. Espace enfants. Espaces de repos avec salons de jardin. Séjour avec cheminée. A 500 m. : pêche et randonnées sur bords de Sèvre. Nantes 30 km.

Prix : 1 pers. **200 F** 2 pers. **240 F** pers. sup. **85 F** repas **90/120 F**

Ouvert : toute l'année.

5	0,8	0,3	5	1	0,3	5	0,3

BAUDOUX Nicole et AUVRAY François - 19, rue des Changes - 44190 GETIGNE - Tél : 02 40 54 09 91 ou 06 82 22 84 92

LA GRIGONNAIS L'Etriche

TH — *C.M. 63 Pli 16*

2 ch. Dans une ancienne ferme rénovée au milieu d'un grand parc fleuri et boisé de chênes séculaires, 2 ch. d'hôtes dans une petite maison à proximité de celle des propriétaires : au r.d.c, une ch. 4 pers. avec mezzanine et coin cuisine. Une autre ch. 2 pers. + lit supplémentaire. Salle d'eau et wc privés à chaque chambre. Barbecue, salons de jardin, portique, ping-pong. Location de vélos. Table d'hôtes sur demande. 1er prix de fleurissement départemental en 1995. BLAIN : 4 km. Forêt domaniale du Gâvre : 5 km. Canal de Nantes à Brest : 5 km. Langue parlée : anglais.

CV

Prix : 1 pers. **200 F** 2 pers. **240/260 F** 3 pers. **300/320 F** pers. sup. **60 F**
repas **85 F**

40	40	12	4	20	SP	4	3	2	20	35	2,5

ESLAN Jocelyne - L'Etriche - 44170 LA GRIGONNAIS - Tél : 02 40 79 04 99

GUEMENE-PENFAO

C.M. 63 Pli 16

1 ch. A la sortie du bourg, dans une maison indépendante, 1 chambre de 2 pers. à l'étage avec possibilité d'une pers. supplémentaire. Salle bains, WC indépendants privés. Chauffage électrique. Jardin clos avec parking privé. Terrasse avec salon de jardin, balançoires. Langues parlées : anglais, espagnol.

Prix : 1 pers. **160 F** 2 pers. **200 F** 3 pers. **260 F**

Ouvert : de mi-juin à mi-septembre.

15	0,5	1	1	1	0,5	20	1

LAFEUILLADE Annick - 40, rue Marc Sangnier - 44600 SAINT-NAZAIRE - Tél : 02 40 66 59 01 ou 02 40 51 00 17

GUENROUET Melneuf

C.M. 63 Pli 15/16

2 ch. Au Pays « D'ACCUEIL » des 3 Rivières, à 200 m. de la rivière l'Isac, maison ancienne rénovée sur grand jardin paysagé. 2 chambres indépendantes à l'étage de la maison du propriétaire (dont 1 suite familiale 3/4 pers.). Salle de bains et wc privés. TV dans les 2 chambres. Au r.d.c. séjour/salon indépendant avec cheminée, billard, bibliothèque. TV. Supplément pour cuisine : 10 F/jour. Véranda. Terrasse sur piscine couverte, barbecue, jeu de boules. Pêche en étang possible à 5 km.

CV

Prix : 1 pers. **270 F** 2 pers. **315 F** 3 pers. **415 F** pers. sup. **100 F**

Ouvert : de Pâques à l'automne.

40	40	5	SP	5	0,2	5	12	SP	16	22	5

CHEMIN Jean-Claude - Melneuf - Notre Dame de Grace - 44530 GUENROUET - Tél : 02 40 87 62 16 - Fax : 02 40 87 62 16

GUERANDE

C.M. 63 Pli 14

2 ch. Dans un village typique, au cœur des marais salants, avec entrée indépendante, au 2e étage d'une maison de caractère, 2 chambres d'hôtes avec salle d'eau et wc privés pour 4 à 5 pers. A 2 km des plages, au centre de la presqu'île, nombreux sites à visiter.

Prix : 1 pers. **250 F** 2 pers. **290 F** 3 pers. **350 F**

Ouvert : de mars à novembre.

2	2	40	3	2	2	2	2	0,5	10	2	2

GUILBAUD Cécile - 11, rue François Thuard - Saille - 44350 GUERANDE - Tél : 02 40 42 35 58

HERBIGNAC

2 ch. Dans village du Parc Régional de Brière, maison ancienne rénovée, 2 chambres à l'étage, chacune avec sanitaires privés. Réfrigérateur commun. Chauffage central. Bibliothèque. Jeux de société, pétanque, initiation au golf sur cibles. Parking privé dans parc de 5000 m². Petits déjeuners servis dans la véranda ou sous la tonnelle. St Lyphard 1 km. La Baule 19 km. Langue parlée : anglais.

Prix : 2 pers. **260 F** 3 pers. **340 F** pers. sup. **80 F**

Ouvert : toute l'année.

13	13	1	10	13	1	1,5	4	SP	12	20	1

LAGRE Christine - 15 Impasse de Caillaudin - Marlais - La Roselière - 44410 HERBIGNAC - Tél : 02 40 91 33 05

HERBIGNAC Coëtcaret

C.M. 63 Pli 14

3 ch. **Parc de Brière sur place.** Entre l'Océan et le Parc Régional de Brière, petit château du XIXe dans un grand domaine boisé. 3 ch. calmes et confortables avec sanitaires complets privatifs, dont 1 ch. pour 3 pers. avec lit d'enf. moins de 12 ans. Chauffage. Tennis de table. Salon de jardin. Sentier de découverte faune et flore dans le domaine. Dîner sur réserv. à la table des propriétaires. Mr et Mme De La Monneraye connaissent bien les richesses de la Brière et de la Côte et se feront un plaisir de vous conseiller pour vos promenades. Langues parlées : anglais, espagnol.

Prix : 2 pers. **500/550 F** pers. sup. **150 F**

14	14	12	2	2	4	SP	SP	12	20	3

DE LA MONNERAYE Cécile - Château de Coëtcaret - 44410 HERBIGNAC - Tél : 02 40 91 41 20 - Fax : 02 40 91 37 46 -
E-mail : coetcaret@multimania.com - http://welcome.to/coetcaret.com

HERBIGNAC  *C.M. 63 Pli 14*

2 ch. Dans un village de la Brière des terres, à l'étage d'une longère, une suite familiale de 2 chambres pour 4 pers. et une chambre pour 2 pers. Salle d'eau et toilette privées pour chaque chambre. Matériel de bébé à disposition (lit - chaise - baignoire - matelas à langer...). Jardin avec salon, balançoires, table de ping-pong. Parking clos. NANTES 60 km. LA BAULE 19 km. GOLF DU MORHIBAN - VANNES 55 km. SITE NATUREL DES MARAIS SALANTS 17 km. PARC NATUREL DE BRIERE sur place. Nombreuses auberges réputées à proximité. Langue parlée : anglais.

Prix : 1 pers. **230 F** 2 pers. **290 F** 3 pers. **390 F** pers. sup. **85 F**

Ouvert : toute l'année.

13	13	1,5	10	13	1	1,5	6	SP	13	19	1,5

FRESNE Henri et Josiane - 12, rue Jean de Rieux - 44410 HERBIGNAC - Tél : 02 40 91 40 83 - Fax : 02 40 91 40 83 -
E-mail : j.h.fresne@wanadoo.fr - http://www.pays-blanc.com/noe-marlais

LE LANDREAU Le Relais de la Rinière *C.M. 67 Pli 4*

3 ch. A mi chemin entre ANCENIS et NANTES (rive sud) et à 15 mn de la BEAUJOIRE, découvrez les sites variés du VAL de LOIRE et le charme du vignoble NANTAIS, dans un cadre agréable. 2 chambres d'hôtes dans une maison de la fin du XVIIIe, chacune possède une entrée indépendante : 1 ch. 3 ou 4 pers. coin salon, sanitaires privés, kitchenette, TV. 1 ch. 2 pers. terrasse ensoleillée, vaste salle de bains, TV. La table d'hôtes vous permettra d'apprécier les spécialités locales. Langue parlée : anglais.

Prix : 1 pers. **230 F** 2 pers. **260 F** pers. sup. **70 F**

Ouvert : toute l'année.

60	60	6	15	4	6	6	3	25	3

LEBARILLIER Françoise - Le Relais de la Rinière - 44430 LE LANDREAU - Tél : 02 40 06 41 44 - Fax : 02 51 13 10 52 -
E-mail : lariniere@chez.com - http://www.chez.com/lariniere

LEGE Richebonne (TH) *C.M. 67 Pli 13*

2 ch. Vous trouverez confort et tranquillité dans cette demeure de caractère du XVIIIe siècle, située à proximité de la ville. 2 chambres (1 au r.d.c. 2 pers. - 1 autre comprenant 2 pièces pour 2 à 4 pers.) salle de bains et wc privés dans chaque chambre. Entrée indép. pour la chambre du r.d.c. Séjour avec bibli. et cheminée à disposition. Table d'hôte certains jours. Maison non fumeur. Coin cuis. l'été. Parc 1 ha, vue sur la campagne. Atelier poterie sur place, terrasse, salon de jardin, ping-pong couvert, vélos. Chiens acceptés sur demande. Restaurant à 300 m. Langues parlées : anglais, espagnol.

Prix : 1 pers. **295 F** 2 pers. **315 F** 3 pers. **420 F** pers. sup. **105 F**
repas **135 F**

Ouvert : toute l'année.

39	39	1	1	1	1	8	1	22	1

DESBROSSES Gérard et Christine - La Mozardière - Richebonne - 44650 LEGE - Tél : 02 40 04 98 51 - Fax : 02 40 26 31 61 -
E-mail : lamozardiere@wanadoo.fr

LE LOROUX-BOTTEREAU La Roche  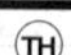 *C.M. 67 Pli 4*

3 ch. Chambres d'hôtes au domaine viticole. 3 chambres (2 et 4 pers. dont 1 ch. 2 épis). Salle d'eau et wc privés à chaque chambre. Chauffage central. Salon, bibliothèque, TV. Grand jardin et terrasse avec salon et chaises longues. Possibilité de table d'hôtes avec grillades sur sarments. Visite de la cave et dégustation gratuite pour les hôtes. En hiver, demi-pension : 220 F/personne/jour pour un séjour d'une semaine minimum.

Prix : 1 pers. **220 F** 2 pers. **250 F** 3 pers. **310 F** pers. sup. **60 F**
repas **100 F**

Ouvert : toute l'année.

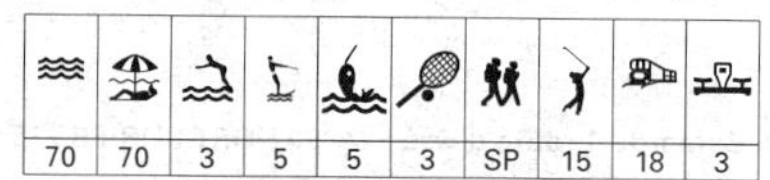

70	70	3	5	5	3	SP	15	18	3

PINEAU Marie-Christine - La Roche - 44430 LE LOROUX-BOTTEREAU - Tél : 02 40 03 74 69 ou 06 10 94 24 50 - Fax : 02 40 33 89 96

MESQUER *C.M. 63 Pli 14*

5 ch. Maison de caractère très calme avec vue sur les marais. Mobilier ancien, cheminée. 5 chambres à l'étage, dont 2 indépendantes. 1 ch. 4 pers, 2 ch. 3 pers. 2 ch. 2 pers. Salle d'eau et wc privés à chaque chambre. Mezzanine avec TV. Terrasse, verger, pelouse (1300 m2). Parking dans la propriété. Local clos pour vélos et planches à voile. Restaurants proches. Guérande : 10 km. La Baule : 15 km. Brière : 15 km. Exposition de peinture. Langues parlées : anglais, allemand.

Prix : 1 pers. **260 F** 2 pers. **300 F** 3 pers. **390 F** pers. sup. **90 F**

Ouvert : de mai à septembre.

0,4	0,4	8	0,4	0,4	3	3	0,4	14	14	1,3

LEDUC Liliane et Michel - 249, rue des Caps Horniers - « Clos de Botelo » - 44420 MESQUER - Tél : 02 40 42 50 20

MISSILLAC La Couillardais *C.M. 63 Pli 15*

2 ch. Dans leur maison, Christine et Jean-Claude vous accueillent. Deux chambres de 3 et 4 pers. avec entrée indép. dans bâtiment annexe, proche de la voie rapide. Salle de bains et wc privés à chaque chambre. Canal satellite. Parking entouré. Excellents petits déjeuners. A 300 mètres : Château de la Bretesche, d'une rare beauté, dans la forêt. Dans ce cadre, pêche, piscine, tennis.

Prix : 1 pers. **190 F** 2 pers. **250 F** 3 pers. **330 F** pers. sup. **110 F**

Ouvert : toute l'année.

30	30	8	30	8	8	3	0,3	0,3	9	1,3

SEVELLEC Jean-Claude et Chris - La Couillardais - 44780 MISSILLAC - Tél : 02 40 66 95 93 ou 02 51 10 96 77

MISSILLAC Morican

(TH) *C.M. 63 Pli 15*

5 ch. »MORICAN « est la dernière propriété du Parc Naturel Régional de Brière au Nord-Est. Longère des propriétaires pour petit déjeuner et table d'hôtes. « Logis des hôtes » : salon. 5 chambres : Cavalière, Océane (douche. wc), Royale, Nuptiale, Campagnarde (bains, wc). Table d'hôtes sur réservation. Sur place : meneur diplômé pour initiation ou promenade en calèche. Elevage de chevaux, box, pré. Golf de la Bretesche (tarif réduit) à 5 mn. La Baule à 30 mn. Langues parlées : anglais, espagnol.

Prix : 1 pers. **210/240 F** 2 pers. **260/290 F** 3 pers. **345 F** repas **140 F**

Ouvert : toute l'année.

30	30	12	12	12	SP	6	10	6	6	15

COJEAN Olivier - Morican - 44780 MISSILLAC - Tél : 02 40 88 38 82 - Fax : 02 40 88 38 82

MONNIERES Château Plessis Brezot

C.M. 67 Pli 4

5 ch. Au cœur du vignoble Nantais, découvrez les charmes et la tranquillité d'une demeure du XVIIe siècle. Visite de caves et dégustation. 5 chambres rénovées avec mobilier d'époque et sanitaires privés. Piscine dans la propriété. Week-end avec votre cheval. Production de Muscadet Sèvre et Maine sur lie. Nombreuses promenades et visites dans le terroir et la région de Clisson. Proximité immédiate de nombreux restaurants. Langue parlée : anglais.

Prix : 2 pers. **470/670 F** pers. sup. **100 F**

Ouvert : toute l'année.

SP	0,3	0,3	0,8	8	SP	25	2	5

CALONNE Annick et Didier - Château Plessis-Brezot - 44690 MONNIERES - Tél : 02 40 54 63 24 - Fax : 02 40 54 66 07 - E-mail : a.calonne@online.fr

LES MOUTIERS

C.M. 67 Pli 1

1 ch. Près du centre du village, dans une petite rue tranquille, vous trouverez notre chambre d'hôtes (1 lit de 140 et 1 lit de 90, 1 lit d'appoint) avec salle d'eau et wc privés. L'entrée indépendante par un escalier extérieur lui apporte une note d'intimité. Terrain attenant avec salon de jardin, barbecue, bac à sable, parking. Gare SNCF de Mai à Septembre : 0.4 km. Restaurant : 0.3 km. Pornic : 12 km. Forêt : 12 km.

CV

Prix : 1 pers. **170 F** 2 pers. **200 F** 3 pers. **240 F** pers. sup. **40 F**

Ouvert : toute l'année.

0,3	0,3	12	0,3	0,3	0,3	1	SP	12	0,2

FERRE Janine - 1, rue Sainte Thérèse - 44760 LES MOUTIERS-EN-RETZ - Tél : 02 40 82 72 19

NORT-SUR-ERDRE

C.M. 63 Pli 17

E.C. 2 ch. A la lisière du bourg, cette ancienne maison de Maître (XIXe) pleine de charme, offre une belle vue sur la vallée de l'Erdre et permet l'accès direct à la rivière. L'éclairage intérieur Moyen-Oriental ne vous laissera pas indifférent. 2 suites (4 pers.) literie 160x200, chacune avec salle de bains, wc, téléphone, TV et mini bar. Nombreux restaurants à prox. Salon, piano réservés aux hôtes. Jardin clos avec salon. Parking privé. Langue parlée : anglais.

Prix : 1 pers. **260 F** 2 pers. **300 F** 3 pers. **400 F** pers. sup. **80 F**

85	85	0,4	16	0,8	0,4	1	2	3	20	25	0,8

FOURAGE Bernard - 1 route d'Issé - 44390 NORT-SUR-ERDRE - Tél : 02 40 72 21 03 - Fax : 02 40 72 21 03

NOZAY Grand Jouan

C.M. 63 Pli 17

4 ch. Dans une ancienne école d'agriculture située entre Nantes et Rennes, Pierre et Monique vous proposent 4 chambres d'hôtes de 2 et 3 pers. avec sanitaires privés à chaque chambre. Salon, salle à manger. Salle de jeux réservée aux hôtes. Parc ombragé avec portique, boxes pour chevaux. Plans d'eau, mini-golf. Crèperie, restaurants 2.5 km.

CV

Prix : 1 pers. **200 F** 2 pers. **250 F** 3 pers. **300 F** pers. sup. **50 F**

Ouvert : toute l'année.

70	70	2,5	1	1	2,5	10	1	25	2,5

MARZELIERE Pierre et Monique - Grand Jouan - 44170 NOZAY - Tél : 02 40 79 45 85 ou 06 80 89 18 63

NOZAY

C.M. 63 Pli 17

1 ch. Dans un cadre verdoyant, Jean et Christiane PROVOST vous accueillent dans leur 2 chambres d'hôtes situées au rez-de-chaussée de leur maison. Entrée indépendante, confort (literie de qualité, salle d'eau, wc attenants et privés, petit déjeuner copieux). A proximité : crêperie, pizzeria, restaurants (à 100 m environ).

Prix : 1 pers. **190 F** 2 pers. **250 F** pers. sup. **50 F**

Ouvert : toute l'année.

70	70	2	0,6	2	2	0,6	10	2	27	0,2

PROVOST Jean - 18, route de Nantes - 44170 NOZAY - Tél : 02 40 79 42 31

PIERRIC La Bignonnais (TH) *C.M. 63 Pli 6*

2 ch. Dans un petit hameau, fermette rénovée, très pittoresque, comprenant 2 chambres de 2 et 3 personnes, équipées chacune de wc et salle de bains. Salon à la disposition des hôtes. Jardin avec une très belle vue sur la vallée de la Chère. A 50 km de Nantes et Rennes. Langue parlée : anglais.

Prix : 1 pers. **180 F** 2 pers. **230 F** 3 pers. **280 F** pers. sup. **50 F**
repas **85 F**

Ouvert : toute l'année.

75	25	25	10	10	1	2	9	0,5	17	5

HOUGH Monica - La Bignonnais - 44290 PIERRIC - Tél : 02 40 07 91 78 - Fax : 02 40 07 91 78 -
E-mail : donmonhough@compuserve.com

PLAINE-SUR-MER *C.M. 67 Pli 1*

2 ch. A l'étage 2 chambres pour 2 pers. (dont une spacieuse avec possibilité d'une personne supplémentaire), chacune avec salle d'eau, wc privés. Séjour avec cheminée à disposition. Jardin clos (1 500 m²) planté de peupliers, avec salon de jardin. Parking dans la propriété. Pornic 10 km. Préfaille et La Plaine s/Mer 3 km. Possibilité de baptême ULM, de cours ou promenade par moniteur diplomé. Pour nos amis étrangers, possibilité de conversation française. Langue parlée : anglais.

CV

Prix : 2 pers. **250 F** 3 pers. **310 F** pers. sup. **60 F**

Ouvert : de mai à septembre.

0,2	0,7	9	2,4	0,2	2,7	9	0,7	9	10	2,7

BALAN-GUIGUE Michele et Raymond - 29, Bd de la Prée - 44770 LA PLAINE-SUR-MER - Tél : 02 40 21 52 12

LA PLAINE-SUR-MER *C.M. 67 Pli 1*

4 ch. Nicole et Claude vous accueillent dans leur maison au mobilier du Pays de Retz. 4 ch. de 2 pers. à l'étage avec coin lavabo. 2 wc, une salle de bains et une salle d'eau sont à partager et réservés aux hôtes. Salon commun, TV. Le jardin clos est reposant et ombragé, vous pourrez y pique-niquer. Parking. Abris vélo ou moto. Sur réservation d'octobre à Mai. Restaurant à 2 km. Pornic, thalasso, gare de Mai à Septembre, port de pêche et de plaisance à 6 km. St Nazaire TGV à 15 km. Langue parlée : anglais.

CV

Prix : 1 pers. **180 F** 2 pers. **210 F** 3 pers. **260 F**

Ouvert : toute l'année.

1	1	6	3	1	0,5	6	SP	6	15	SP

FOUCHER Nicole - 15, rue de la Libération - 44770 LA PLAINE-SUR-MER - Tél : 02 40 21 53 32 - Fax : 02 40 21 53 32

PONT-SAINT-MARTIN Le Château du Plessis (TH) *C.M. 67 Pli 3*

3 ch. 3 chambres d'hôtes au château. Tarifs dégressifs à partir de 2 nuits. Le Plessis situé au calme à 11 km au sud de Nantes, à 5 km de l'aéroport (sans en subir les nuisances) tire son caractère de la fière Bretagne, son charme de la douce Loire. Le château, Monument Historique demeure du XIVe et du XVe saura vous conquérir par ses ch. et ses salles de bains luxueuses. Cuisine exquise, bons vins et également jardins et roseraies parfumées. Vélos V.T.T. Jeux pour enfants. Tarif spécial « Nuit de noces » avec champagne : 1 000 F. Enfants moins 12 ans : 1/2 tarif. Langue parlée : anglais.

Prix : 1 pers. **400/600 F** 2 pers. **550/900 F** 3 pers. **850/1000 F**
pers. sup. **150/200 F** repas **275/400 F** 1/2 pens. **550/600 F**

Ouvert : toute l'année.

30	30	10	7	10	1	2	4	0,5	15	11	0,8

BELORDE Josiane - Château du Plessis - 44860 PONT-SAINR-MARTIN - Tél : 02 40 26 81 72 - Fax : 02 40 32 76 67 -
E-mail : plessisatlantique@chateauxcountry.com - http://www.web.de.loire.com/e/44.290883htm

PONTCHATEAU *C.M. 63 Pli 15*

2 ch. Dans une grande maison moderne à l'architecture harmonieuse, 2 chambres d'hôtes confortables de 2 et 4 pers. Salle de bains privée et wc communs. TV. Terrasse et salon de jardin. Entourée d'un petit parc boisé, elle est près du Parc Naturel de la Brière. A voir les marais salants, Guérande, Le Croisic, Piriac. Langues parlées : espagnol, anglais.

CV

Prix : 1 pers. **185 F** 2 pers. **235 F** 3 pers. **325 F** pers. sup. **95 F**

Ouvert : du 1er mai au 30 septembre.

25	25	2	13	2	2	2	8	0,8	0,5

BOITELLE Jean - 11, rue du Vélodrome - 44160 PONTCHATEAU - Tél : 02 40 01 60 24 - Fax : 02 40 01 60 24

PORNIC Le Jardin de Retz *C.M. 67 Pli 1*

3 ch. Soirée, séjour, détente dans un cadre verdoyant d'un hectare et parc botanique. 3 ch. d'hôtes 2 pers. avec entrée indépendante. Salle d'eau privée à chaque chambre. Grand et petit jardins de repos. Parking clos. Thalasso : 1 km. Nombreux loisirs à proximité. Séjours à thèmes. Cours de jardinage par groupe de 4 personnes au minimum.

CV

Prix : 1 pers. **265/315 F** 2 pers. **295/350 F**

0,1	0,1	1	0,1	0,1	0,1	5	0,1	0,5	25	0,1

BLONDEAU-RAEDERSTOERFFER Michelle et Jean - Av. du Général de Gaulle - « Le Jardin de Retz » - 44210 PORNIC -
Tél : 02 40 82 02 29 ou 02 40 82 22 69 - Fax : 02 40 82 02 29

PORNIC *C.M. 67 Pli 1*

3 ch. Dans le centre de Pornic, proche de la thalasso : villa fin de siècle. En étage : 1 chambre basse avec lit de 120. 2 chambres avec TV privée (lit de 140). Sanitaires privés à chaque chambre. Jardin clos. Taxe de séjour (du 15 JUIN au 15 SEPTEMBRE). Train 400 m.

Prix : 1 pers. **220/270 F** 2 pers. **250/310 F**

Ouvert : toute l'année.

0,5	0,5	1	0,5	0,5	1,5	0,5	2	50	0,4

GUENON Chantal - 55, rue de la Source - Villa Delphine - 44210 PORNIC - Tél : 02 40 82 67 79 ou 06 62 36 67 79 - Fax : 02 40 82 67 79 - E-mail : villafedph@aol.fr

PORNIC La Boutinardière - Les Courlis *C.M. 67 Pli 1*

2 ch. Avec vue exceptionnelle sur l'océan et l'île de Noirmoutier, Chris et Jack-Alain vous accueilleront dans une charmante maison blanche aux volets bleus. Dominant le jardin et la piscine, les 2 chambres de 2 personnes possèdent des sanitaires privés, ainsi qu'un balcon ou terrasse, avec entrées indépendantes. Accès direct à la mer par sentier côtier. Thalasso : 4 km.

Prix : 2 pers. **360 F**

Ouvert : de mai à septembre.

SP	SP	SP	SP	SP	2	6	SP	7	4	2

GUIHO Chris et Jack-Alain - Les Courlis - 42, rue René Guy - Cadou - La Boutinardière - 44210 PORNIC - Tél : 02 40 82 95 60 ou 02 40 63 40 12

PORNIC Plage du Portmain *C.M. 67 Pli 1*

4 ch. Au détour d'une petite route de campagne, vous arrivez à Cupidon sur la plage du Portmain, au cœur de la côte sauvage. Votre chambre ?... Une île lambrissée, calme, claire, joliment décorée avec une belle vue sur l'océan. Vos petits déjeuners copieux sont servis sur la terrasse, face à la mer ou dans le séjour devant la cheminée. La piscine chauffée, le jardin, la terrasse, la plage, les promenades sur le sentier côtier, la pêche dans les rochers, les vélos VTT et VTC à votre disposition agrémenteront vos journées. Parking dans la propriété.

Prix : 1 pers. **230/280 F** 2 pers. **260/310 F** 3 pers. **370 F**

Ouvert : toute l'année.

SP	SP	SP	SP	SP	SP	3	5	SP	3	6	2

CATU Gérard et GANOT Françoise - « Cupidon » - Plage de Portmain - 44210 PORNIC - Tél : 02 51 74 19 61 - Fax : 02 51 74 19 20

PORNICHET *C.M. 63 Pli 14*

2 ch. En campagne et à proximité de la mer, chambres indépendantes de l'habitation principale. Au r.d.c : 1 ch. pour 3 pers. avec sanitaires privés. A l'étage : 2 pièces pour 2 et 3 pers. par chambre, possibilité de lit suppl. WC et salle de bains privés. Chauffage central. TV. Mis à disposition : four micro-ondes, réfrigérateur, barbecue. Jardin clos avec salon. Coin détente. Parking privé. Site touristique (Baie de la Baule, Parc Régional de Brière). Thalassothérapie. Gare (TGV) : 3 km. Location de vélos : 6 km. Patinoire : 5 km. Canoë kayaks : 3 km. Taxe de séjour.

Prix : 1 pers. **250 F** 2 pers. **310 F** 3 pers. **375 F** pers. sup. **80 F**

Ouvert : toute l'année.

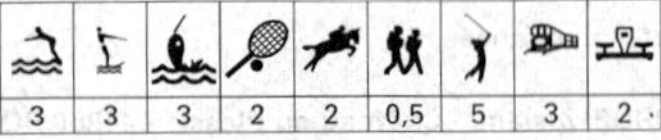

3	3	3	3	3	2	2	0,5	5	3	2

LEPARC Myriam et Christian - 80, route de Mahuit - 44380 PORNICHET - Tél : 02 40 61 41 63 - Fax : 02 40 61 41 63

PORT-SAINT-PERE Tartifume *C.M. 67 Pli 2/3*

3 ch. Dans un cadre agréable reposant et fleuri, parc ombragé, plan d'eau et coin pique-nique, 3 ch. à l'étage de la maison du propriétaire avec douche particulière à chaque chambre. Salle de repos, lecture, jeux divers. Jeux d'extérieur, boules, portique. Chevaux sur terrain attenant. Planète sauvage tout proche. Centres culturels et de loisirs dans un rayon de 10 km. Tarif dégressif à partir de la 3e nuit.

Prix : 1 pers. **160 F** 2 pers. **230 F** 3 pers. **265 F** pers. sup. **50 F**

Ouvert : toute l'année.

20	20	10	5	1	6	12	2	6	1,5

MORISSON Marie - Tartifume - 44710 PORT-SAINT-PERE - Tél : 02 40 31 51 61 - Fax : 02 40 31 51 62

PORT-SAINT-PERE La Petite Pelletanche *C.M. 67 Pli 2/3*

3 ch. Dans la cour de la ferme reprise par les enfants et dominant l'Acheneau, 3 chambres aménagées dans la maison familiale et indépendante. Chaque ch. avec salle d'eau et wc. Salle commune avec cheminée et coin cuisine. Salons de jardin et barbecue. Poney sur place. []Canoës sur la rivière à 8 km. Planète Sauvage à 4 km. Lac de Grand Lieu à 16 km. Les petits déjeuner sont servis dans la maison des hôtes : miel du Pyas de Retz, confitures, jus de fruits et pain de campagne.

Prix : 1 pers. **190 F** 2 pers. **230 F** 3 pers. **290 F** pers. sup. **60 F**

Ouvert : toute l'année.

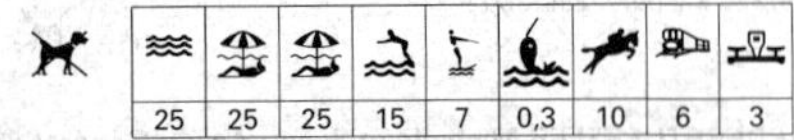

25	25	25	15	7	0,3	10	6	3

CHAUVET Louis et Simone - La Petite Pelletanche - 44710 PORT-SAINT-PERE - Tél : 02 40 31 52 44

RIAILLE La Meilleraie *C.M. 63 Pli 18*

3 ch. Nous sommes heureux de vous accueillir dans notre maison de caractère près de l'étang de la Provostière (pêche, promenade, observatoire...) et proche de l'Abbaye de Meilleraye. Ce « pays » entre Ancenis et Chateaubriant couvert de forêts et d'étangs est propice à la randonnée, le repos, la découverte... 3 ch. avec sanitaires privés et TV pour chacune. Piscine, pelouse, salon de jardin, barbecue, coin pique-nique, table d'hôtes sur réservation. On ne fume pas à l'intérieur. Petit déjeuner et repas pris sur terrasse ou dans la grande salle avec coin feu. A 25 km de la sortie de l'autoroute A11 et de la gare SNCF d'Ancenis.

Prix : 1 pers. **220 F** 2 pers. **250 F** 3 pers. **300 F** repas **80 F**

Ouvert : de Pâques à la Toussaint.

9	9	SP	9	0,5	4,5	25	SP	37	25	4,5

HAREL J.Paul et Madeleine - La Meilleraie - 44440 RIAILLE - Tél : 02 40 97 89 52 ou 06 83 57 95 07 - Fax : 02 40 97 89 52 - E-mail : mjp.harel@free.fr

RIAILLE Saint-Louis *C.M. 63 Pli 18*

1 ch. Dans la Haute Vallée de l'Erdre, en bordure d'un sentier de randonnée, 1 chambre d'hôte à la ferme au r.d.c. avec entrée indépendante. Salle d'eau, wc, privés. chauffage. Petit déjeuner près de la cheminée. Parking privé. Salon de jardin. On ne fume pas à l'intérieur. Sur réservation, Bernadette vous accueillera à sa table d'hôtes, tandis que Stéphane, selon ses disponibilités professionnelles, vous fera partager sur sa ferme sa passion pour les animaux et la nature. Location de vélos. Rivière 0.8 km. Forêt 5 km. Restaurant 3 km. A 20 km de la sortie de l'A 11.

Prix : 1 pers. **200 F** 2 pers. **230 F** repas **75 F**

Ouvert : toute l'année.

12	10	12	1	3	15	SP	20	3

MARCHAND Bernadette et Stéphane - Cidex 491 - Saint-Louis - 44440 RIAILLE - Tél : 02 40 97 84 64 ou 06 83 43 97 60

ROUGE Le Petit Rigné *C.M. 63 Pli 7*

1 ch. Dans une ancienne ferme rénovée accueillant des chevaux, 1 chambre de 2 personnes au r.d.c. avec TV dans la chambre. Salle d'eau et WC indépendants privés. Chauffage central. Etang dans la propriété. Lieu calme et reposant. Terrain attenant avec salon de jardin sur terrasse. Boxes pour chevaux. Swin golf : 1.8 km. Chateaubriant : 9 km.

Prix : 1 pers. **230 F** 2 pers. **260 F**

Ouvert : toute l'année.

30	9	25	1	1	3	1	1

GUIHENEUC François - Le Petit Rigné - 44660 ROUGE - Tél : 02 40 28 85 31 ou 06 80 08 10 85 - Fax : 02 40 28 85 31

SAINT-FIACRE-SUR-MAINE *C.M. 67 Pli 4*

1 ch. Au cœur du vignoble nantais, 1 chambre d'hôtes pour 3 pers. (1 lit 140 + 1 lit 90) dans la demeure du XVIIIe des propriétaires. Salle d'eau et wc privés. TV privée. Chauffage. Portes-fenêtres donnant sur la terrasse. Salon de jardin. Grand jardin clos avec une belle vue sur la campagne environnante. Très calme. Nantes 15 km. Clisson : 12 km.

Prix : 1 pers. **200 F** 2 pers. **245 F** 3 pers. **290 F**

6	0,5	0,5	0,3	6	0,5	15	SP

GAUDIN Christiane - 14, rue Sophie Trébuchet - 44690 SAINT-FIACRE-SUR-MAINE - Tél : 02 40 54 81 30

SAINT-GILDAS-DES-BOIS La Ferme Ecole *C.M. 63 Pli 15*

1 ch. En retrait de la D 773, une suite familiale de 2 chambres à l'étage (dont 1 chambre avec lavabo). 1 salle de bains. 1 wc. Salon de jardin et terrasse. Près de la Brière. A 30 km de la mer.

Prix : 1 pers. **165 F** 2 pers. **210 F** 3 pers. **260 F** pers. sup. **50 F**

Ouvert : toute l'année.

30	30	7	7	7	7	4	6	4	10	2

MORICET Gisèle - La Ferme Ecole - 44530 SAINT-GILDAS-DES-BOIS - Tél : 02 40 66 90 27

SAINT-GILDAS-DES-BOIS La Ferme Ecole *C.M. 63 Pli 15*

1 ch. Dans le calme de la campagne, à proximité de la ferme, 1 petite chambre de 2 pers. dans la maison du propriétaire, avec sanitaires privés. Entrée indépendante. Terrain entièrement clos avec salon de jardin (jeux en bois), terrain de pétanque.

Prix : 1 pers. **160 F** 2 pers. **200 F**

Ouvert : toute l'année.

30	30	7	7	7	7	4	6	4	10	7	2

MORICET Jacqueline - La Ferme Ecole - 44530 SAINT-GILDAS-DES-BOIS - Tél : 02 40 88 19 04 - Fax : 02 40 88 19 04

SAINT-LUMINE-DE-CLISSON Le Tremblay (TH) *C.M. 67 Pli 4*

2 ch. Dans une maison solaire, au pays du vignoble nantais, à 20 mn de Nantes-Sud, en campagne : 2 ch. de 2 et 3 pers. à l'étage, gaies et confortables, avec douche, lavabo et wc privés à chaque ch. Entrée indépendante s'ouvrant sur un grand jardin fleuri calme et reposant (1er prix départemental gîtes fleuris 97). A proximité : Clisson (l'italienne) : 9 km - Muscadet - Nantes - Côte Atlantique - Montaigu 10 km - Aigrefeuille 5 km. Langue parlée : anglais.

CV

Prix : 1 pers. **170 F** 2 pers. **205 F** 3 pers. **255 F** repas **65/85 F**

Ouvert : du 1er avril au 1er octobre.

60	60	SP	9	0,2	5	11	5	25	5

BOSSIS Jacqueline - Le Tremblay - 44190 SAINT-LUMINE-DE-CLISSON - Tél : 02 40 54 71 11

SAINT-LYPHARD *C.M. 63 Pli 14*

4 ch. Au pays des 500 chaumières, dans le Parc de Brière. Une grande maison avec 4 ch. d'hôtes. A l'étage : 2 ch. 2 pers. et 1 ch. 3 pers. Au r.d.c : 1 ch. 2 pers., coin cuisine. Salle d'eau et wc privés. Chauf. TV, bibliothèque, jeux de société. Réfrigérateur dans chaque chambre. Parking privé. Grand jardin ombragé et fleuri. Salon de jardin, transats, barbecue. Promenade en barque sur le marais. Nombreux circuits de randonnées. Taxe de séjour incluse. Exposition de fleurs séchées sur place. Forêt : 15 km. La Baule, marais salants : 15 km. Guérande : 12 km. Le Croisic, St Nazaire : 20 km.

CV

Prix : 1 pers. **200/230 F** 2 pers. **230/260 F** 3 pers. **300 F**

15	15	0,6	10	0,8	0,8	0,8	2	0,5	11	15	0,5

HULCOQ Anny - « Le Pavillon de la Brière » - 23, rue des Aubépines - 44410 SAINT-LYPHARD - Tél : 02 40 91 44 71 - Fax : 02 40 91 34 68 - E-mail : anny.hulcoq@infonie.fr

SAINT-MALO-DE-GUERSAC Errand (TH) *C.M. 63 Pli 15*

4 ch. Chaumière ancienne dans une île au cœur du marais de la Brière. 4 ch. « prestige » : « l'Ecossaise » (25 m2) 1 lit 140, salle d'eau, wc - « La Verte » (20 m2) 2 lits 90, salle d'eau, wc - « La Bleue » (25 m2) 1 lit de 160, 1 lit 90, salle d'eau, WC - « La Rose » (22 m2) 1 lit de 160, 1 lit 90, salle d'eau, wc. Salle à manger rustique, cheminée. Chauff. central. Parking privé. Jardin clos. Entrée indépendante. Parc animalier : 3 km. Circuit découverte à pied (GR), promenade en chaland et vélo. Table d'hôtes sur réservation.

CV

Prix : 1 pers. **250 F** 2 pers. **300 F** 3 pers. **350 F** repas **120 F**

Ouvert : de mars à novembre.

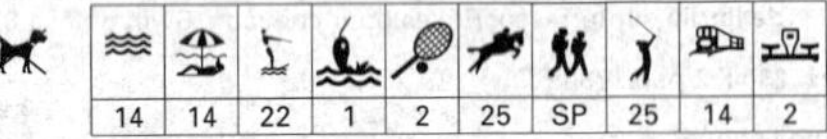

14	14	22	1	2	25	SP	25	14	2

COLLARD Alain - 25, Errand - « Ty Gween » - 44550 SAINT-MALO-DE-GUERSAC - Tél : 02 40 91 15 04

SAINT-MARS-DU-DESERT Longrais *C.M. 63 Pli 17*

3 ch. A 15 mn de Nantes, dans le calme de la campagne à 10 mn de la Beaujoire, une demeure de caractère du XVIIIe offrant 3 ch. indép. avec s. d'eau et wc privatifs. Au r.d.c, 1 ch. de 32 m2 (3 pers. avec lit 160), une autre ch. (3 pers.). A l'étage, 1 ch. (2 pers.) avec mobilier rustique. Prise TV satellite. Cuisine à disposition. Salon de jardin, parking privé fermé. Nous vous recevons dans un cadre reposant avec jardin paysagé clos et salon de plein air. A proximité : promenades sur l'Erdre (rivière classée) et sur la Loire. Restaurants à 4 km. Possibilité lit suppl. Conditions pour séjours et hors saison.

CV

Prix : 1 pers. **220/280 F** 2 pers. **260/320 F** 3 pers. **360/390 F** pers. sup. **70 F**

Ouvert : toute l'année.

65	65	23	5,5	8	5,5	4	5	1	9	17	4

MORISSEAU Dominique - Longrais - 44850 SAINT-MARS-DU-DESERT - Tél : 02 40 77 48 25 ou 06 80 62 95 63 - http://www.web-de-loire.com/C/44_891152.htm

SAINT-MICHEL-CHEF-CHEF La Hervière *C.M. 67 Pli 1*

1 ch. Dans le calme de la campagne, à proximité de la mer : 1 chambre 3 à 4 pers. Salle d'eau et wc privés. Entrée indépendante. Restaurant, crêperie : 3.5 km. Gare de ST NAZAIRE : 25 km. Gare de PORNIC (de MAI à SEPTEMBRE) : 8 km. THARON : 5 km.

CV

Prix : 1 pers. **190 F** 2 pers. **210 F** 3 pers. **250 F** pers. sup. **50 F**

Ouvert : toute l'année.

3	3	8	3	0,5	3	3	3	3	13	8

FERRE Yvon - La Hervière - 44730 SAINT-MICHEL-CHEF-CHEF - Tél : 02 40 27 97 84

SAINT-MOLF Kervenel *C.M. 63 Pli 14*

3 ch. A 3 km de la mer, calme et campagne. 3 ch. d'hôtes à l'étage. Entrée indép. S. d'eau et wc privés pour chaque ch. Poss. lit suppl. pour enf. Salon avec TV et bibliothèque. Salon de jardin, parking privé. Loc. de vélos. A moins de 10 km : activ. culturelles diverses. La Baule : 10 km, 2 centres de thalasso. Parc Naturel de Brière : 12 km, promenades en barques et calèches, chasse. Circuits de découvertes en Presqu'île. Guérande, cité médiévale : 5 km. La Turballe (port de pêche) : 5 km. Langue parlée : anglais.

CV

Prix : 1 pers. **280 F** 2 pers. **330 F** 3 pers. **430/500 F** pers. sup. **100 F**

Ouvert : du 1er avril au 1er octobre.

3	3	12	5	5	3	5	5	10	12	3

BRASSELET Jeannine - Kervenel - 44350 SAINT-MOLF - Tél : 02 40 42 50 38 - Fax : 02 40 42 50 55

SAINT-MOLF Kerhue *C.M. 63 Pli 14*

1 ch. Dans le calme de la campagne à 4.5 km de la mer, maison récente entourée d'un jardin paysagé clos (2e prix « Campagne Propre et Fleurie » 1997). Au rez-de-chaussée, 1 chambre d'hôtes agréable pour 2 pers. (possibilité de lit suppl.). Salle de bains attenante, wc privés dans le hall. Parking clos. A 10 km de la Brière (chaumières typiques). Visite de Guérande (cité médiévale). Le Croisic, La Turballe à voir port de pêche. La Baule à 12 km : 2 centres de thalasso.

Prix : 1 pers. **250 F** 2 pers. **280 F** 3 pers. **350 F**

Ouvert : de Pâques à fin août.

4,5	4,5	14	4	4	0,5	6	0,5	14	14	0,5

ANGER Jacqueline - Kerhue - 44350 SAINT-MOLF - Tél : 02 40 62 51 67

SAINT-PERE-EN-RETZ La Petite Lande *C.M. 67 Pli 1/2*

1 ch. A 3.5 km de la plage de St Brévin l'Océan, dans le calme de la campagne, 1 ch. d'hôtes pour 3 pers. au r.d.c avec entrée indépendante (gîte 3/4 pers. à l'étage). Salle d'eau et wc privés, coin cuisine privé (avec suppl.), prise TV. Jardin clos attenant avec salon de jardin, barbecue, portique communs avec le gîte. Abri vélo fermé. Pornic, Thalasso : 12 km. St Nazaire (TGV) : 12 km.

Prix : 1 pers. **230 F** 2 pers. **245 F** 3 pers. **300 F**

Ouvert : toute l'année.

3,5	3,5	4	3,5	3,5	4	3,5	SP	12	53	4

BORDE Henri - La Petite Lande - 44320 SAINT-PERE-EN-RETZ - Tél : 02 40 27 27 09 - Fax : 02 40 27 27 09

SAINTE-PAZANNE Les Petites Rembergères *C.M. 67 Pli 2*

2 ch. Séjour familial en pleine campagne chez papi mamie. 2 ch. d'hôtes de 4 pers. avec possibilité d'un lit d'appoint. Douche, wc privés à la chambre. Grande cour ombragée, nombreux animaux de basse cour. Jeux pour enfants, ping-pong. Remise 5 % à partir de 3 nuitées. Planète sauvage à 1.5 km. Langue parlée : allemand.

Prix : 1 pers. **170 F** 2 pers. **210 F** 3 pers. **250 F** pers. sup. **40 F**

20	20	13	3	3	3	13	SP	30	3	3

BATARD René - Les Petites Rembergères - 44680 SAINTE-PAZANNE - Tél : 02 40 02 44 24

SAINTE-REINE-DE-BRETAGNE La Tennière *C.M. 63 Pli 15*

1 ch. Dans le Parc Régional de Brière, à côté du Calvaire de Pontchateau, à 20 mn de la mer et 200 m. d'un restaurant. Au rez-de-chaussée de notre maison par une entrée indép. nous vous proposons une suite familiale pouvant accueillir 4 pers. (lit de bébé à disposition). salle d'eau privée et WC indép. Jardin attenant avec salon.

Prix : 1 pers. **230 F** 2 pers. **250 F** 3 pers. **310 F** pers. sup. **70 F**

Ouvert : toute l'année.

25	25	10	10	20	2	2	10	2	10	10	10

SALLIOT Yvon et Marie-France - 33 la Tennière - 44160 SAINTE-REINE-DE-BRETAGNE - Tél : 02 40 01 13 92

SOUDAN La Boissière *C.M. 63 Pli 8*

4 ch. Au cœur de la nature, dans une region riche en patrimoine historique et paysager, les Marches de Bretagne vous accueillent dans un hameau typique, en pierre de schiste, du 17e s. Pour des nuits de silence et de repos, dans une longère avec salon : 2 chambres au r.d.c. avec terrasses privées, 2 ch. à l'étage avec mezzanines (sanitaires privés à ch. chambre). Pour les gourmets : des plats à déguster dans une ambiance chaleureuse. Enfin, pour la détente : une piscine privée, des balades à 500 m. dans la forêt de Juigné. Langue parlée : anglais.

Prix : 1 pers. **210/270 F** 2 pers. **280/330 F** 3 pers. **370 F** pers. sup. **80 F** repas **85 F**

Ouvert : toute l'année sur réservation.

110	110	16	SP	16	9	13	14	1	24	13	6

NICOL Jacqueline - La Boissière - 44110 SOUDAN - Tél : 02 40 28 60 00 - Fax : 02 40 28 60 00

SUCE-SUR-ERDRE *C.M. 63 Pli 17*

2 ch. Cette demeure de caractère, d'époque 19e (anciennement dépendances du chateau de la gamotrie) est située au bord de l'Erdre (rivière classée) entourée d'un parc aux arbres centenaires et entièrement rénovée. Au r.d.c. son grand salon avec corniches et moulures sera mis à votre disposition pour le petit déjeuner, piano. Etage : 2 ch. de style Louis XV et Louis Philippe avec salle de bains et wc privés. TV. Cuisine commune. Piscine couverte et chauffée de Mai à Septembre. Salon de jardin, barbecue, port privé, parking. Possibilité de location bateau, canoë kayak. Restaurants proches. Langues parlées : anglais, espagnol.

Prix : 1 pers. **270/370 F** 2 pers. **300/400 F** pers. sup. **80 F**

Ouvert : toute l'année.

2	SP	SP	SP	7	6	2	12	20	5

COURANT Marie-Claude - 179, rue de la Gamotrie - 44240 SUCE-SUR-ERDRE - Tél : 02 40 77 99 61 - Fax : 02 40 77 99 61

LE TEMPLE-DE-BRETAGNE (TH) C.M. 63 Pli 16

3 ch. **Nantes 20 km. La Baule 50 km.** A la sortie du village, dans une ancienne écurie rénovée, 3 chambres d'hôtes 3 pers. spacieuses avec salle d'eau et wc privés. Salle à manger avec télévision et coin cuisine à disposition. Entrée indépendante. Table d'hôtes sur réservation (crêpes ou autres). Cour attenante, verger et potager. Langue parlée : anglais.

Prix : 1 pers. **230 F** 2 pers. **280 F** 3 pers. **340 F** pers. sup. **60 F**
repas **80 F**

Ouvert : toute l'année.

40	40	11	40	8	5	1	10	10	SP

DE SARIAC Marguerite - 52, rue Georges Bonnet - La Mariaudais - 44360 LE TEMPLE-DE-BRETAGNE - Tél : 02 40 57 09 38 -
E-mail : margotds@hotmail.com

LA TURBALLE C.M. 63 Pli 14

1 ch. Claudie et Michel vous accueillent du 1er avril au 30 octobre dans le calme de leur propriété. Une chambre d'hôtes au r.d.c. pour 2 pers. avec TV, salle de bains et wc privés. Parking dans la propriété. Terrain attenant et clos. Port de pêche et de plaisance, commerces, restaurants, crêperies et plages à 1.8 km. Marais salants 2 km. Parc Régional de la Grande Brière à 15 km. Pas de possibilité de cuisine. Taxe de séjour incluse.

Prix : 1 pers. **225 F** 2 pers. **255 F**

Ouvert : de Pâques à mi-octobre.

1,8	1,8	10	1,8	1,8	1,5	2	0,5	7	10	1,8

GUIMARD Claudie et Michel - Les 4 routes - 12, chemin du Provenelle - 44420 LA TURBALLE - Tél : 02 40 23 44 26 -
Fax : 02 40 23 44 26

LA TURBALLE C.M. 63 Pli 14

2 ch. Au calme et retiré de la plage, 2 ch. d'hôtes de 2 et 3 pers., au r.d.c. de la maison du propriétaire, avec entrée indépendante. Salle de bains et wc privés. TV dans chaque chambre. Réfrigérateur, coin repas équipé micro-ondes. Terrasse, salon de jardin, pelouse, parking clos. Taxe de séjour incluse. Guérande : 7 km.

Prix : 1 pers. **240 F** 2 pers. **260 F** 3 pers. **360 F**
Ouvert : toute l'année.

1,8	1,8	12	1,8	1,8	1,5	3	2	10	13	1,5

DROUET Elisabeth - 11, allée des Peupliers - « Fresanely » - 44420 LA TURBALLE - Tél : 02 40 62 87 49 - Fax : 02 40 11 72 62

VARADES Le Grand Paty C.M. 63 Pli 19

4 ch. Dans un petit château rénové entouré d'un grand parc : 4 ch. d'hôtes. de 2, 3 et 5 pers. Salles d'eau et wc privés pour chaque chambre. Salon. Parking. VARADES : 3 km. ANCENIS : 10 km. NANTES : 50 km . ANGERS : 45 km.

Prix : 1 pers. **180/200 F** 2 pers. **230/280 F** 3 pers. **350 F** pers. sup. **70 F**

Ouvert : vacances scolaires et week-end.

100	100	40	10	40	5	3	10	4	25	5	3

ROY Jacques - Le Grand Patis - 44370 VARADES - Tél : 02 40 83 42 28

VIGNEUX-DE-BRETAGNE La Favrie du Buron C.M. 63 Pli 16

1 ch. A 20 km au nord de Nantes, sur jardin boisé et fleuri, dans un lieu calme et reposant, 1 chambre 3 pers. au rez-de-chaussée. Salle d'eau et wc privés. Cuisine équipée (réfrigérateur, plaques électriques, micro-ondes). TV. Entrée indépendante. Chauffage. Terrasse sur jardin avec salon. Parking. Langue parlée : anglais.

Prix : 1 pers. **230 F** 2 pers. **270 F** 3 pers. **310 F** pers. sup. **50 F**

Ouvert : toute l'année.

45	45	20	12	20	3	3	3	SP	0,5	10	3

CHAUVIERE Alain et Annick - 8, la Favrie du Buron - 44360 VIGNEUX-DE-BRETAGNE - Tél : 02 40 57 14 46 - Fax : 02 40 57 14 46

GITES DE FRANCE
Place Kennedy - B.P. 2147 - 49021 ANGERS Cedex 02
Tél. 02 41 23 51 42 - Fax. 02 41 88 36 77

AMBILLOU-CHATEAU *C.M. 64 Pli 11*

2 ch. Ancienne exploitation agricole. 2 chambres aménagées dans cette maison située dans le bourg. 1 ch. 4 pers. à l'étage avec salle de bains et wc privés. 1 ch. 2 pers. au rez-de-chaussée avec salle d'eau et wc. 4 pers. : 290 F. Chauffage central. Possibilité de faire la cuisine. Cour, salon de jardin. Pharmacie sur place. Village troglodytique à 3 km. A proximité d'Angers ou de Saumur. Situé sur la D761.

Prix : 1 pers. **160 F** 2 pers. **220 F** 3 pers. **250 F**

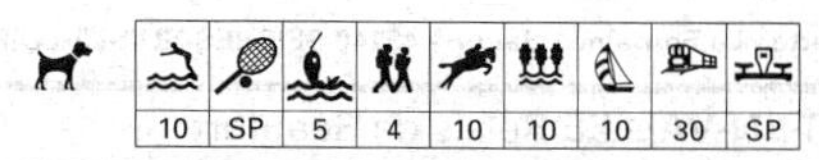

10	SP	5	4	10	10	10	30	SP

CHOUTEAU Marcel et Josette - 22, route de Doue la Fontaine - 49700 AMBILLOU-CHATEAU - Tél : 02 41 59 30 78

ANDARD Le Grand Talon *C.M. 64 Pli 11*

3 ch. **A proximité d'Angers et à 12 km du parc des expos.** Cette élégante demeure du XVIIIe siècle couverte de vigne vierge met à votre disposition des chambres joliement décorées. 1 ch. (1 lit 2 pers.), salle de bains, wc. 1 ch. (1 lit 130, 1 lit 1 pers.), salle de bains, wc. 1 ch. (2 lits 2 pers.), salle de bains, wc. Vous pourrez pique-niquer dans le parc ou profiter d'un moment de détente dans la belle cour carrée. Jardin à l'arrière de la maison. Chaises longues, parasol. Accès : d'Angers, prendre N147. Faire 12 km, 1er rond point, prendre à gauche « Le Plessis Grammoire » (20 m). 1ère à droite.

Prix : 1 pers. **230 F** 2 pers. **300/350 F** pers. sup. **70 F**

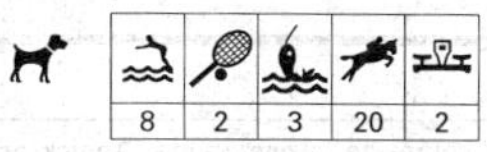

8	2	3	20	2

GUERVILLY Annie - Le Grand Talon - 3, route des Chapelles - RN147 - 49800 ANDARD - Tél : 02 41 80 42 85 - Fax : 02 41 80 42 85

ANDARD La Pocherie (TH) *C.M. 64 Pli 11*

2 ch. 2 ch. personnalisées de grand confort possédant chacune wc et s. d'eau séparés. Cuisine et salons communs. Mobilier ancien. Bibliothèque, jeux de société. Salon de jardin, garage. 1 ch. au r.d.c. pour 2 pers. et 1 à l'étage pour 3 pers. Poss. lit suppl. et lit bébé. A 5 mn d'Angers. « Parc Expo », près du Plessis-Grammoire. Table d'hôtes sur réservation. Marie-Madeleine vous accueille dans une longère angevine. Propriété horticole et ferme fruitière. Accès : à 5 mn d'Angers « Parc des Expo » prendre Plessis Grammoire puis demander le carrefour des 2 Croix.

Prix : 1 pers. **200 F** 2 pers. **280 F** 3 pers. **350 F** pers. sup. **70 F** repas **115 F**

Ouvert : toute l'année

5	1,5	10	8	5	6	1,5

BOUTREUX M-Madeleine - La Pocherie - Ferme Fruitière la Pocherie - 49800 ANDARD - Tél : 02 41 76 72 25 - Fax : 02 41 76 84 41

ANDARD Château de Rezeau (TH) *C.M. 64 Pli 11*

4 ch. **Proximité d'Angers.** Dans le cadre d'une demeure du XVIe s. donnant sur 1 cour d'honneur ombragée par des séquoïas centenaires, Catherine et Christian vous accueillent et vous proposent à l'étage : ch. « Lavande » (1 lit 2 pers.), ch. « Sable » (2 lits 1 pers.), s.d.b. et wc privés à chaque chambre. Ch. « Granny » et ch. « Jonquille » (1 lit 2 pers. chacune), douche et wc privés à chaque chambre. Dans le parc arboré et fleuri, salon de jardin à disposition. Les petits déjeuners et la table d'hôtes sont servis dans un salon avec poutre et cheminée. Accès : d'Angers, prendre RN147, direction Saumur/Beaufort en Vallée. Au 2e rond-point, prendre à gauche, suivre « Château de Rézeau ».

Prix : 1 pers. **300 F** 2 pers. **320 F** repas **100 F**

Ouvert : toute l'année.

7	5	2	5	1,5

BEZIAU Christian et Catherine - Château de Rezeau - 49800 ANDARD - Tél : 02 41 74 09 21 - Fax : 02 41 74 09 21

BARACE Château de la Motte (TH) *C.M. 64 Pli 1*

3 ch. Château du début du XIXe siècle dans un très grand parc. 3 chambres au 1er étage. 2 ch. avec bains et wc privés et 1 ch. avec douche et wc privés. 1 suite de 2 chambres au 2e étage, douche et wc privés. Salle à manger avec cheminée et salon réservés aux hôtes, au rez-de-chaussée. Sur place, parc privé de 130 ha., canotage sur l'étang, bicyclettes. Nombreux livres. Golf 22 km. Accès : direction Paris, sortir au péage de Durtal puis prendre D859 sur 2 km et D68 sur la gauche. Direction Angers, Briollay, Tiercé, Baracé. Langues parlées : anglais, espagnol.

Prix : 1 pers. **375 F** 2 pers. **450/550 F** 3 pers. **625 F** repas **135 F**

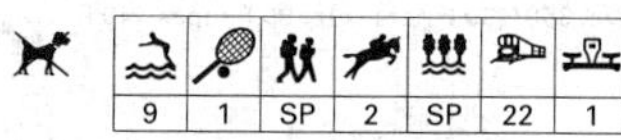

9	1	SP	2	SP	22	1

M. FRANCOIS - Château de la Motte - 49430 BARACE - Tél : 02 41 76 93 75 - Fax : 02 41 25 18 75

BAUNE La Fontaine Baune *C.M. 64 Pli 11*

3 ch. Dans le calme de la campagne, Yvette vous accueille dans 3 chambres d'hôtes au rez-de-chaussée avec accès indépendant. Salle d'eau et wc privés. Coin-cuisine, TV. Jardin attenant avec salon de jardin. Barbecue, portique. Abri vélos fermé. Promenades en forêt.

Prix : 1 pers. **170 F** 2 pers. **190 F** 3 pers. **240 F** pers. sup. **60 F**

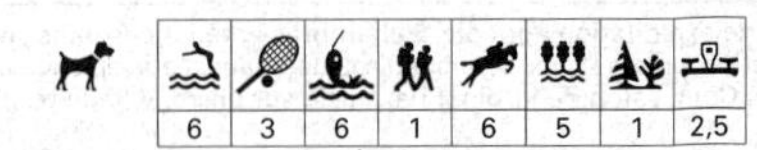

6	3	6	1	6	5	1	2,5

RABOUIN Yvette - La Fontaine - Baune - 49140 SEICHES-SUR-LE-LOIR - Tél : 02 41 45 10 66

BEAUFORT-EN-VALLEE Relais de Beaufort  *C.M. 64 Pli 12*

3 ch. Dans le cadre d'une belle propriété bourgeoise du XVIIIe, ancien relais de poste. 1er étage : 2 ch. (1 lit 150 x 200), sanitaires privatifs à chaque chambre. 1 ch. (2 lits 100 x 200). Salon avec TV. Terrasse, parc de 1 ha. Table d'hôtes sur réservation. Tarifs spéciaux hors saison. Accès : d'Angers prendre N147 (Angers/Saumur). Sortir à Beaufort-en-Vallée. Langues parlées : anglais, espagnol.

Prix : 1 pers. **350 F** 2 pers. **380 F** pers. sup. **70 F** repas **120 F**

Ouvert : toute l'année sauf du 25 janvier au 12 février.

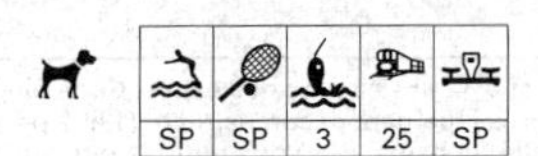

SP	SP	3	25	SP

KINDT Arnauld - 16, avenue du Général Leclerc - Relais de Beaufort - 49250 BEAUFORT-EN-VALLEE - Tél : 02 41 57 26 72 - Fax : 02 41 57 26 72

BEAUFORT-EN-VALLEE  *C.M. 64 Pli 12*

1 ch. **Angers 25 km.** Dans le calme de la campagne, Annick et Alain vous accueillent dans leur fermette restaurée (XIXe) et vous proposent une suite à l'étage, accès indépendant. 1 chambre (1 lit 2 pers. 1 lit 130), salle d'eau, wc. Jardin paysager avec piscine privée. Prévenir en cas d'animaux. Langue parlée : anglais.

Prix : 2 pers. **260 F** pers. sup. **80 F**

SP	1	0,3	SP	5	1,5

CARRE Alain - 71, route de l'Izenelle - 49250 BEAUFORT-EN-VALLEE - Tél : 02 41 80 21 98

BEAULIEU-SUR-LAYON *C.M. 63 Pli 20*

4 ch. Dans une maison ancienne au centre du village, June et Marc vous accueillent avec 4 ch. à l'ét. (s. d'eau et wc privés). Ch. « Blair » : 1 lit 2 pers. Ch. « Alyth » : 1 lit 2 pers. Lit enfant. Ch. « Glamis » : 1 lit 130, 1 lit 1 pers. Ch. « Meigle » : 2 lits 1 pers. Salon pour petits déjeuners réservé aux hôtes. Restaurant à prox., dégustation vins du Layon dans le village. Golf à 28 km. Parking privé et fermé. Accès : d'Angers N160 puis D55 (Beaulieu-sur-Layon). Langue parlée : anglais.

Prix : 1 pers. **180 F** 2 pers. **230 F** pers. sup. **70 F**

7	5	1	SP	3	1	25	SP

FRIESS June - 35, rue Saint-Vincent - 49750 BEAULIEU-SUR-LAYON - Tél : 02 41 78 60 82 - Fax : 02 41 78 60 82

BECON-LES-GRANITS *C.M. 63 Pli 19*

2 ch. Entre Angers (à 15 minutes) et Rennes, « sur la voie de la liberté », Marie-Jeanne et René vous accueillent dans leur maison près du « Musée du granit ». 2 chambres d'hôtes à l'étage donnant sur la cour. Ch. « Rose » (1 lit 2 pers. 1 lit 1 pers.). Ch. 2 (1 lit 2 pers. lit bébé à disposition). Salle d'eau et wc privés à chaque chambre. Parking. Salon de jardin. Contacter Mme Robert aux heures repas. Jardin arboré. Accès : venant d'Angers prendre l'autoroute A11 vers Nantes, sortir à la sortie N°18 Candé-Châteaubriand D963.

Prix : 1 pers. **200 F** 2 pers. **250 F** pers. sup. **60 F**

Ouvert : toute l'année.

6	SP	4	SP	1	20	SP

ROBERT Marie-Jeanne - Stella Maris - 32, rue de Cande - 49370 BECON-LES-GRANITS - Tél : 02 41 77 90 38

BECON-LES-GRANITS Dom. des Etangs de Bois Robert  *C.M. 63 Pli 19*

2 ch. **Châteaux : Serrant 8 km, Plessis Macé 10 km. Angers 15 mn.** Chambres de caractères. 1er étage : chambre des Etangs (2 lits 1 pers.), salle d'eau, wc + chambre dépendante (2 lits 1 pers.). Rez-de-chaussée : salon privatif à la chambre avec cheminée. Chambre des martins pêcheurs (1 lit 2 pers.), coin-salon, salle de bains, wc. Jardin d'hiver pour petits déjeuners. Parking. Vignoble des bords de Loire. Langue parlée : anglais.

Prix : 1 pers. **300/400 F** 2 pers. **350/450 F** pers. sup. **90 F** repas **140 F**

Ouvert : toute l'année.

2	0,8	SP	SP	0,8	0,8

BOMPAS Bernard - Domaine des Etangs de Bois Robert - Route de Candé - 49370 BECON-LES-GRANITS - Tél : 02 41 77 09 89 ou 02 41 77 32 85 - Fax : 02 41 77 31 00

BLAISON-GOHIER Le Tertre-Ruau *C.M. 64 Pli 11*

2 ch. Sur le parcours du sentier de randonnées de Blaison-Gohier, village de charme où Marie-Chantal et Daniel vous accueillent dans leur fermette du XVIIIe. A l'étage : 1 ch. (1 lit 2 pers. 1 lit 1 pers.), 1 ch. mansardée avec accès extérieur et entrée indépendante (1 lit 2 pers.). Salle de bains, wc privés dans chaque chambre. Séjour, cheminée, mezzanine (coin-détente). Vous pourrez profiter du calme et du jardin paysager. Accès : à Blaison, tourner à l'angle de la salle polyvalente « Sébastien Chauveau », puis prendre à droite. Langue parlée : anglais.

Prix : 1 pers. **220 F** 2 pers. **250 F** 3 pers. **320 F**

Ouvert : d'avril à novembre.

7	SP	SP	SP	7	SP	25	SP

M. COLLET - Le Tertre Ruault - 49320 BLAISON-GOHIER - Tél : 02 41 57 10 45

BLAISON-GOHIER Le Clos de la Touche *C.M. 64 Pli 11*

E.C. 2 ch. **Golf 18 trous (navette gratuite) 7 km.** R.d.c. : « La Chapelle » : 1 lit 160 cm. TV. Accès indépendant. A l'étage : « Le Loft » : 1 lit 2 pers. 1 lit 1 pers. Sanitaires privatifs à chaque chambre. Tarif dégressif à partir de la 2ème nuit. Jacqueline et Claude vous souhaitent la bienvenue dans leur fermette du XVIIIe, joliment restaurée, au cœur d'un hameau calme et sympathique. Organisation de randonnées à pied et à vélos sur place. Langues parlées : anglais, allemand, italien.

Prix : 1 pers. **350 F** 2 pers. **387 F** pers. sup. **100 F**

Ouvert : d'avril à octobre

5	1,5	SP	1

BLANCHARD Claude et Jacqueline - Le Clos de la Touche - 49320 BLAISON-GOHIER - Tél : 02 41 57 10 52 - Fax : 02 41 57 11 57 - E-mail : info@anjou-center-bike.center.com - http://www.anjou-bike-center.com

BOCE Les Rues (TH) *C.M. 64 Pli 12*

3 ch. **Forêt de Chandelais.** Dans un bâtiment annexe, r.d.c. : ch. « Alouette » : 2 lits 90 x 200. Ch. Familiale « Rossignol » 1 lit 160 x 200. En mezzanine : 2 lits 1 pers. Ch. « Mésange » (accès escalier extérieur) 1 lit 160 x 200. Sanitaires privatifs à chaque chambre. Salle d'accueil avec kitchenette. Jardin paysager clos. Jannick, Jean-Pierre et Claire vous accueillent au « Chant d'oiseau » dans leur maison restaurée de style local, proche de la forêt de Chandelais et vous propose 3 ch. Accès : à Baugé, prendre direction Saumur et à 3 km tourner à gauche direction Bocé.

Prix : 2 pers. **250 F** 3 pers. **300 F** pers. sup. **50 F** repas **100 F**

Ouvert : toute l'année.

5	0,5	2	2	2	5

GALLET Jannick et J.Pierre - Les Rues - 49150 BOCE - Tél : 02 41 82 73 14 - Fax : 02 41 82 73 14

BOUZILLE *C.M. 63 Pli 18*

1 ch. Au 1er étage : 1 chambre (1 lit 2 pers. 1 lit 1 pers.), salon TV. 1 chambre dépendante (1 lit 2 pers.), salle d'eau et wc à l'usage exclusif des hôtes. Chauffage central. Jardin paysager avec salon pour pique-nique ou détente. Parking fermé. Pharmacie à 300 m. Accès : d'Angers, prendre N23 ou A11. Sortir à Ancenis et prendre D751.

Prix : 1 pers. **170 F** 2 pers. **200 F** 3 pers. **270 F** pers. sup. **70 F**

8	SP	3	2	8	SP

GAUDIN Françoise - Bouzille - 14, rue des Aires - 49530 LIRE - Tél : 02 40 98 13 08 - Fax : 02 40 98 12 32

BRAIN-SUR-LONGUENEE *C.M. 63 Pli 20*

3 ch. **Haras du Lion d'Angers 6 km. La Mine Bleue 25 km.** Yveline et Félix vous accueillent dans leur maison située dans le bourg. Ch. « Verte » (2 lits 1 pers.), salle de bains, wc. Ch. « Bleue » de 40 m^2 (1 lit 2 pers.), salle d'eau, wc. Dans un bâtiment annexe : coin-salon, kitchenette. A l'étage, ch. « Jaune » (1 lit 2 pers.), salle d'eau, wc. Jardin paysager de 1300 m^2, salon de jardin, salon détente réservé aux hôtes. Proche de la forêt de Longuenée. Accès : d'Angers, prendre Angers/Laval (N162), sortie la Membrolle-sur-Longuenée, prendre la D73. Langues parlées : espagnol, anglais.

Prix : 1 pers. **220 F** 2 pers. **250 F** 3 pers. **310 F**

6	SP	SP	SP	3	20	SP

ORTIZ Yveline et Félix - 30, rue d'Anjou - 49220 BRAIN-SUR-LONGUENEE - Tél : 02 41 95 20 42 - Fax : 02 41 95 44 65

BRION Villeneuve (TH) *C.M. 64 Pli 12*

5 ch. Anne et Jean-Marc vous accueillent dans un cadre de verdure et de calme et vous proposent : 4 ch. d'hôtes dont 2 avec mezzanine (chacune pour 4 pers.), dont 1 avec 1 cuisinette. 1 ch. de 3 pers. 1 ch. à l'étage pour 2 pers. Sanitaires privatifs et TV dans chaque ch. Salle de détente avec billard, ping-pong. Piscine privée, parc de 1,6 ha. Ancien pressoir restauré avec point de vue et cave. Accès : d'Angers, prendre Angers/Saumur (N147). A Beaufort en Vallée, direction Brion (D7). Gîte Panda.

Prix : 2 pers. **300/350 F** pers. sup. **85 F** repas **120 F**

4	5	SP	2	4	30	4

LE FOULGOCQ J-Marc et Anne - Logis du Pressoir - Villeneuve - 49250 BRION - Tél : 02 41 57 27 33 - Fax : 02 41 57 27 33 - E-mail : lepressoir@wanadoo.fr - http://www.saumur.cci.fr/anjou-passion/pressoir.htm

BRION La Chouannière *C.M. 61 Pli 12*

1 ch. Dans un cadre de verdure, Patricia et Gilles vous accueillent et vous proposent 1 chambre dans les dépendances restaurées du château. Jardin paysager de 1 ha. Terrasse. Vélos à disposition. Accès : d'Angers, prendre Angers/Saumur (N147). A Beaufort en Vallée, direction Brion (D7), puis direction Jumelles.

Prix : 2 pers. **290 F** pers. sup. **85 F**

Ouvert : toute l'année.

6	6	6	SP	7	6

PATRICE Patricia et Gilles - Domaine des Hayes - La Chouannière - 49250 BRION - Tél : 02 41 80 21 74

CHALLAIN-LA-POTHERIE Logis des Aulnays (TH) *C.M. 63 Pli 19*

5 ch. M. et Mme Sart vous reçoivent au calme en pleine campagne dans une ancienne ferme confortablement rénovée en maison d'hôtes de charme, ouvert sur la nature. Chambres chacune avec s.d.b. et wc privés, 3 ch. avec lits 2 pers., 1 ch. (2 lits 1 pers.), 1 ch. (1 lit 2 pers. 2 lits 1 pers.). Salon bibliothèque avec cheminée, salon TV, grande salle commune. Grand jardin, piscine privée, grand étang, ping-pong, vélos, piscine intérieure chauffée toute l'année à 300 m dans un autre bâtiment (gîte de séjour). Accès : Angers-Condé D963, Condé direction Challain la Poterie. A 7 km direction Chapelle Glain, route à gauche.

Prix : 2 pers. **290/350 F** pers. sup. **80 F** repas **105 F**

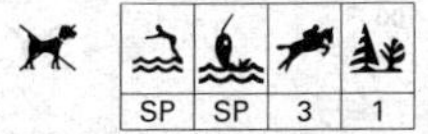

SP	SP	3	1

M. et Mme SART - Logis des Aulnays - 49440 CHALLAIN-LA-POTHERIE - Tél : 02 41 94 18 09 - Fax : 02 41 94 17 49 -
E-mail : jacques.sart@wanadoo.fr - http://www.aulnays.fr

CHAMPTOCEAUX *C.M. 63 Pli 18*

2 ch. A proximité d'un site classé avec promenade dominant la Loire, en sortant du bourg, vous trouverez à l'étage de notre maison, 1 ch. (1 lit 130), lavabo. 1 ch. (1 lit 130, 1 lit 100), lavabo. Salle de bains et wc réservés aux hôtes. Parking dans la propriété. Grand jardin paysager, salon de jardin. Si séjour de + de 2 nuits, réduction de 20 F/jour. Jeux de société, bibliothèque. Lieux historiques entre Angers et Nantes. Langues parlées : anglais, allemand, italien.

Prix : 2 pers. **240 F** 3 pers. **280 F**

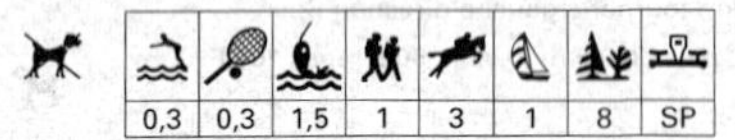

0,3	0,3	1,5	1	3	1	8	SP

L'HOSTE - 15, rue Jean V - 49270 CHAMPTOCEAUX - Tél : 02 40 83 55 60

CHANZEAUX (TH) *C.M. 63 Pli 20*

3 ch. Traversé par l'Hydrôme, rivière alimentant le bief du moulin, « Chapitre » s'impose dans un cadre où règne calme et douceur angevine. Rose et Didier vous proposent, à l'étage, 2 ch. avec salle d'eau et wc. « Chaume » 3 épis : 1 lit 2 pers. + 1 ch. dépendante : 1 lit 2 pers. Ch. « A l'Iris » : 1 lit 2 pers. 2 épis. Table d'hôtes sur résa. 2 gîtes ruraux sur le site. Parc de 6 ha. Ch. Bonnezeaux (3 épis NN) : 2 lits 100 sanitaires privatifs. Kitchenette commune aux 2 ch. (Chaume et Iris)

Prix : 1 pers. **215 F** 2 pers. **310 F** 3 pers. **400 F** pers. sup. **50 F**
repas **90 F**

Ouvert : toute l'année.

8	1	SP	SP	5	32	4

LELIEVRE Didier et Rose - Moulin du Chapitre - 49750 CHANZEAUX - Tél : 02 41 74 01 42 - Fax : 02 41 74 01 42

CHARCE-SAINT-ELLIER La Pichonnière *C.M. 64 Pli 11*

3 ch. **20 km au Sud d'Angers (15 mn). Brissac 3 km.** Jean-Claude et Martine vous accueillent à la ferme de la Pichonnière dans un corps de bâtiments de caractère. 3 chambres personnalisées à l'étage de leur habitation. Entrée indép. Ch. 1 (1 lit 2 pers.). Lavabo-douche-wc privatifs. Ch. 2 (1 lit 2 pers.). Ch. 3 (2 lits 1 pers.). Lavabo, douche privatifs à chaque chambre, 1 wc commun à 2 chambres. Chauffage électrique. Nombreux conseil sur visites et promenades. Petits déjeuners dans la salle à manger du propriétaire. Accès : Angers-Poitiers. A Brissac, au rond point, prendre la D761. Langue parlée : anglais.

Prix : 1 pers. **200 F** 2 pers. **250 F** pers. sup. **60 F**

Ouvert : toute l'année, l'hiver sur réservation.

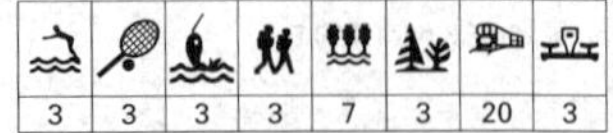

3	3	3	3	7	3	20	3

COLIBET-MARTIN - La Pichonnière - 49320 CHARCE-SAINT-ELLIER - Tél : 02 41 91 29 37 - Fax : 02 41 91 96 85 -
E-mail : gite-brissac@wanadoo.fr

CHARTRENE (TH) *C.M. 64 Pli 12*

3 ch. A 2 pas du plus petit village d'Anjou, Le Prieuré vous accueille dans le calme d'une belle campagne parfaitement préservée. Le logis central en pierre de tuffeau, avec ses pilastres et son petit fronton triangulaire, inscrit dans ce site champêtre l'élégance d'une maison de maître du siècle dernier. 2 ch. doubles et 1 twin, toutes spacieuses avec s.d.b. et wc privés. Table d'hôtes sur réservation. Salon de jardin au bord de l'étang. Barque, pêche et VTT. Très beau golf 18 trous à 5 mn. Accès : route entre Baugé-Saumur D938, direction Chartrené 1 km sur la gauche (à 5 km de Baugé). Langues parlées : anglais, allemand.

Prix : 1 pers. **340 F** 2 pers. **380/420 F** pers. sup. **85 F** repas **100 F**

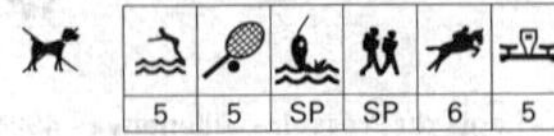

5	5	SP	SP	6	5

CHARRIER Isabelle - Le Prieuré - 49150 CHARTRENE - Tél : 02 41 82 73 22 - Fax : 02 41 82 17 20

CHAZE-SUR-ARGOS La Chaufournaie
TH — *C.M. 63 Pli 19*

5 ch. Sur la route D770 entre Vern d'Anjou et Candé, dans le calme de la campagne, vous recevrez un accueil chaleureux (dans chaque chambre, vous pourrez faire thé et café). Au 1er étage : 2 ch. (1 lit 2 pers.). 2 ch. (2 lits 1 pers.). 1 ch. (1 lit 2 pers. 1 lit 1 pers.). Salle d'eau et wc privatifs à chaque chambre. Salon commun avec les propriétaires, TV, cheminée. Salle de jeux. Grande table de « snooker ». Bibliothèque. Chauffage électrique. Salon de jardin, pétanque. Accès : prendre A11, sortir à Bécon les Granits. Prendre D961 jusqu'à Vern d'Anjou. 3 km route Candé. Table d'hôtes en été, sur réservation. Langue parlée : anglais.

Prix : 1 pers. **200 F** 2 pers. **230 F** 3 pers. **310 F** pers. sup. **80 F** repas **115 F**

Ouvert : toute l'année.

3	3	3	3	14	30	15	14	3

SCARBORO Susan - La Chaufournaie - 49500 CHAZE-SUR-ARGOS - Tél : 02 41 61 49 05 - Fax : 02 41 61 49 05

CHEMELLIER Maunit
TH — *C.M. 64 Pli 11*

3 ch. 3 chambres d'hôtes aménagées dans une maison de style local. Rez-de-chaussée : 1 ch. (3 lits 1 pers.), salle d'eau, wc séparés. 1er étage : ch. Jaune (1 lit 2 pers.), salle d'eau et wc séparés. Ch. Verte (1 lit 2 pers.), salle d'eau, wc. Chauffage électrique. Séjour avec cheminée, TV couleur, billard. Vélos réservés aux hôtes. Ping-pong, portique. Jeux de société. Table d'hôtes sur réservation. Baignade 2 km. Accès : en arrivant d'Angers direction Niort-Poitiers, Brissac, Les Alleuds, Chemelier D90. Faire 3 km. Maunit. Gauche.

Prix : 1 pers. **220 F** 2 pers. **270 F** 3 pers. **340 F** repas **115 F**

6	2	1	4	4	2	8	25	2

EDON Eliette - Maunit - 49320 CHEMELLIER - Tél : 02 41 45 59 50 - Fax : 02 41 45 01 44 - E-mail : daniel.edon@wanadoo.fr

CHENEHUTTE-TREVES-CUNAULT
TH — *C.M. 64 Pli 12*

3 ch. **Saumur 12 km. Eglise de Cunault 100 m.** Marie-Noëlle vous propose 1 suite troglodytique (accès par escalier dans le jardin de la maison). 1 ch. (1 lit 2 pers.), s. d'eau, wc, pièce attenante, coin-repas, banquette, terrasse privée. Dans sa maison, entrées indép. : 1 ch. (1 lit 2 pers.), 1 ch. escalier extérieur (1 lit 2 pers.), ch. indép. (2 lits 1 pers.), sanitaires privés à chaque chambre. Marie-Noëlle vous accueille sur les bords de la Loire dans 1 ancienne maison de bateliers, milieu XIXe. TH sur réservation. Salle à manger réservée aux hôtes. Accès : d'Angers, prendre rte touristique Angers-Saumur D952. Aux Rosiers-sur-Loire, passer le pont puis à Gennes, prendre dir. Cunault D751.

Prix : 1 pers. **240 F** 2 pers. **280/350 F** pers. sup. **100 F** repas **90 F**

3	3	SP	SP	2	15	3

VOLEAU Marie-Noëlle - 28, rue de Beauregard - Les Bateliers - 49350 CHENEHUTTE-TREVES-CUNAULT - Tél : 02 41 67 94 49 ou 06 67 18 66 73 - Fax : 02 41 67 94 49 - E-mail : marie.voleau@wordonline.fr

CHIGNE Le Grand Clairay
C.M. 64 Pli 3

3 ch. **Le Lude 7 km.** Nicole et Christian vous accueillent en pleine campagne dans 3 ch. d'hôtes de caractère avec piscine. Les chambres sont situées dans un bâtiment annexe avec salle à manger, salon et petite cuisine. R.d.c. : 1 ch. (1 lit 2 pers. 1 lit 1 pers.). 1er étage : 1 ch. (2 lits 2 pers.), 1 ch. (1 lit 2 per.), coin-salon. Chacune avec s. d'eau et wc. Poss. lit enfant ou bébé. Dans le Baugeois, proche de la vallée du Loir. Tarif dégressif à partir du 2e jour. Portique, salon de jardin, barbecue. Vélos à disposition avec plusieurs circuits proposés. Zoo à 18 km. Etang sur place pour la pêche. Accès : Noyant, Le Lude direction Chigné sur la D79.

Prix : 1 pers. **200 F** 2 pers. **260 F** 3 pers. **300 F**

Ouvert : toute l'année.

7	SP	SP	2	20	2,7

GRIPPON Christian - Le Grand Clairay - 49490 CHIGNE - Tél : 02 41 82 10 30 ou 06 83 30 48 38 - Fax : 02 41 82 10 30

CHOLET La Coupelle
C.M. 67 Pli 5

1 ch. Aux portes de Cholet, Marie-Thérèse et Joseph vous accueillent dans leur maison en pleine campagne. 1 chambre familiale composée de 1 ch. (1 lit 2 pers. et d'1 ch. dépendante (2 lits 1 pers.). Salle d'eau, wc privatifs à la chambre. Accès : axe Angers/les Sables. Chemin vicinal dit vieille route May/Evre. A proximité du Puy du Fou.

Prix : 2 pers. **230 F** pers. sup. **80 F**

Ouvert : toute l'année.

2	2	3	2

MASSON Joseph - La Coupelle - Route du May sur Evre - 49300 CHOLET - Tél : 02 41 65 13 84

CORNE
C.M. 64 Pli 11

3 ch. Dans une fermette, 3 chambres dont 2 au rez-de-chaussée et 1 à l'étage, équipées de salle d'eau individuelle et wc à l'usage exclusif des hôtes. A votre disposition : salle de séjour avec TV, jardin. Possibilité de cuisiner. Atmosphère calme et familiale. Langue parlée : anglais.

Prix : 1 pers. **160 F** 2 pers. **180 F** pers. sup. **70 F**

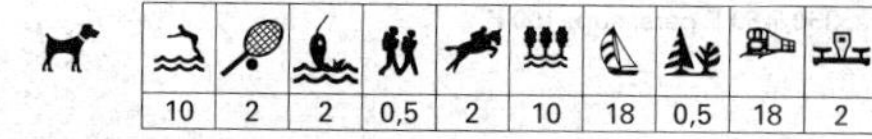

10	2	2	0,5	2	10	18	0,5	18	2

DESLANDES Monique - La Loge - Route du Point du Jour - 49630 CORNE - Tél : 02 41 45 01 53

CORNE Les Genets *C.M. 64 Pli 1*

3 ch. — 3 chambres d'hôtes aménagées dans une maison paysanne du XVIIIe siècle de tout confort, sur une propriété d'un hectare, au calme. Chambre Matisse (1 lit 2 pers.), salle d'eau, wc. Chambre Monet (1 lit 2 pers.), salle d'eau, wc. Chambre Lurçat (2 lits 1 pers.), salle d'eau, wc. Poss. lit supplémentaire dans chaque chambre. Jardin, terrasse, salon de jardin. Prix réduit pour séjour prolongé. Accès : Angers-Saumur (N147). A Corné, D82, direction Bauné. Langues parlées : anglais, allemand.

Prix : 1 pers. **200 F** 2 pers. **270 F** pers. sup. **80 F**

Ouvert : toute l'année.

15	2	4	2	2	2	15	2

BRIAND Michel et Nadeige - Les Genets 63 - Route de Baune - 49630 CORNE - Tél : 02 41 45 05 21 - Fax : 02 41 45 05 21

CORON La Guinebaudière (TH) *C.M. 67 Pli 6*

1 ch. — Sur une ancienne exploitation agricole, Marie-Thérèse et Francis vous accueillent dans leur maison. 1 chambre (1 lit 2 pers. 1 lit 120), petite salle d'eau (5 m²), wc. Jardin, salon de jardin, plan d'eau. Accès : route Cholet/Saumur. A Coron prendre direction Saint-Paul des Bois. Suivre panneaux.

Prix : 2 pers. **230 F** pers. sup. **70 F** repas **80 F**

Ouvert : toute l'année.

10	1	SP	1	7	1

GRELLIER Francis - La Guinebaudiere - 49690 CORON - Tél : 02 41 55 83 05

COUTURES Fredelin *C.M. 64 Pli 11*

2 ch. — 2 chambres situées à l'étage d'une maison traditionnelle, près du vignoble et d'anciens moulins à vent. Sur la route des châteaux de la Loire. 1 ch. 22 m² (1 lit 2 pers. 1 lit 1 pers.), lavabo. 1 ch. 15 m² (1 lit 2 pers.). Lave-mains. Salle de bains, wc communs aux 2 chambres. Chauffage central. Salon de jardin. parking. Garage.

Prix : 1 pers. **170 F** 2 pers. **200 F** pers. sup. **60 F**

Ouvert : toute l'année.

7	1	7	SP	4	1	1

ARNAULT Thérèse et Marcel - Fredelin - Moulin de Fredelin - 49320 COUTURES - Tél : 02 41 91 21 26

DENEE *C.M. 63 Pli 20*

E.C. 1 ch. — **Angers 20 km.** Dans une très belle propriété XVIIIe avec vue sur la vallée de la Loire, suite au 1er étage décorée avec raffinement (1 lit 160), salle de bains et wc. Entourée d'un vaste parc près d'un hameau classé, sur la route touristique de la Corniche angevine. Accès : d'Angers, prendre D751 (Corniche Angevine). Après Denée, à droite « Mantelon ». Langue parlée : anglais.

Prix : 2 pers. **450 F**

Ouvert : toute l'année.

2,5	SP	SP	2,5	20	2,5

DE PERTHUIS Anne - Château de Mantelon - 49190 DENEE - Tél : 02 41 78 79 37 - Fax : 02 41 78 72 01 - E-mail : anne.deperthuis@wordonline.fr

DRAIN (TH) *C.M. 63 Pli 18*

5 ch. — **Loire 5 km. Musée Joachim du Bellay à Liré 7 km.** Vous recevrez 1 accueil chaleureux dans cette gentilhommière du XIXe dont vous apprécierez les belles cheminée et les vieilles poutres ainsi que le parc de 6 ha. avec son étang et sa chapelle. Chambres rustiques décorées avec soin, chacune avec s.d.b. (s. d'eau pour 1), wc. 4 ch. (1 lits 160), 1 ch. (2 lits 1 pers.). Salle avec piano, billards français et américains. Vélos, ping-pong, petit terrain d'entrainement de golf. Salons de jardin, kiosque ou bord de l'étang. Tables d'hôtes sur réservation uniquement. Nombreux restaurants entre 4 et 12 km. Dégustation de vins dans le village. Prix réduits à partir de 3 nuits. Langue parlée : anglais.

Prix : 1 pers. **400/460 F** 2 pers. **460/525 F** repas **130 F**

Ouvert : toute l'année.

8	8	SP	SP	8,5	12	4,5

MIGON Brigitte et Gérard - Le Mesangeau - 49530 DRAIN - Tél : 02 40 98 21 57 - Fax : 02 40 98 28 62 - E-mail : le.mesangeau@wanadoo.fr - http://www.anjou-et-loire.com/mesangeau

DURTAL Château de Gouis *C.M. 64 Pli 2*

5 ch. — Château du XIXe au calme dans un parc ombragé et fleuri. Au 1er étage : 3 ch. raffinées. Ch. « Louis XV » (1 lit 2 pers.), ch. « Louis XVI » (2 lits 1 pers.), ch. « beige » (1 lit 2 pers.). 2e étage : ch. « bleue » (1 lit 2 pers.), ch. dépendante (1 lit 2 pers.), ch. « fushia » (1 lit 2 pers.), ch. dépendante (1 lit 2 pers.). Sanitaires privatifs à chaque chambre. Parking dans le parc clos. Accès : venant d'Angers, Durtal N23, gendarmerie à gauche, prendre à droite sur 100 m. Venant du Mans, La Flèche, Bazouges/Loir, Durtal. Contourner le rond point, 1ère allée à gauche.

Prix : 2 pers. **350/450 F** pers. sup. **100 F**

0,5	1	SP	SP	10	SP	3	36	1

LINOSSIER Monique - Château de Gouis - 49430 DURTAL - Tél : 02 41 76 03 40 - Fax : 02 41 76 03 40

ECUILLE Malvoisine

(TH) *C.M. 63 Pli 20*

2 ch. A proximité du château de famille, au milieu d'un parc privé de 50 ha., 2 ch. d'hôtes dans une ferme joliment restaurée. Grand calme et superbe vue sur une campagne très préservée. R.d.c. : (entrée indep.) 2 lits 1 pers., s.d.b., wc. Etage mansardé : 2 lits 1 pers. (90 x 200), 1 lit 1 pers. salle de bains, wc. Aux environs : châteaux, golf, tourisme fluvial, baignade, pêche. Accès : à 18 km au nord d'Angers direction Sablé/Sarthe. Rester sur la D768 entre Feneu et Champigné (1 km après le carrefour qui mène à Ecuillé). Langue parlée : anglais.

CV

Prix : 2 pers. **350 F** pers. sup. **90 F** repas **150 F**

Ouvert : toute l'année.

10	2	2	2	10	18	5

DE LA BASTILLE Patrice - Malvoisine - 49460 ECUILLE - Tél : 02 41 93 34 44 ou 06 88 90 15 76 - Fax : 02 41 93 34 44 -
E-mail : bastille-pr@wanadoo.fr - http://www.malvoisine-bastille.com

FAYE-D'ANJOU Le Logis de la Brunetière

3 ch. Isabelle et François vous accueillent au logis de la Brunetière, propriété de 1489 et vous proposent 3 chambres d'hôtes. R.d.c. : « Aubance » (1 lit 2 pers.). A l'étage : « Layon » (1 lit 2 pers.), « Lys » (1 lit 2 pers.). Sanitaires privatifs à chaque chambre, wc séparés. Salle de détente avec coin-cuisine. Egalement sur le site, 1 gîte rural. A 500 m du centre bourg. Accès : Angers-Mozé N160. Traverser Mozé, prendre D124 en direction de Faye d'Anjou. 1ère à gauche après le garage. En haut de la côte à droite, à 300 m du bourg. Langue parlée : anglais.

Prix : 1 pers. **230 F** 2 pers. **250 F** pers. sup. **80 F**

4	0,5	3	SP	8	4

BILLEROT François et Isabelle - « le Logis de la Brunetière » - 49380 FAYE-D'ANJOU - Tél : 02 41 54 16 24 - Fax : 02 41 54 16 24

FENEU Le Clos du Rocher

(TH) *C.M. 63 Pli 20*

2 ch. Dans une jolie maison contemporaine située au milieu d'un parc arboré de 2 ha. Au rez-de-chaussée : 1 chambre « Provençale » (2 lits 1 pers.), salle d'eau, wc privatifs. 1 chambre « Azalée » (1 lit 2 pers.), salle de bains, wc. Salon, piano, TV, piscine privée. Table d'hôtes sur réservation. Accès : au nord-ouest d'Angers D768 direction Sablé. A Feneu prendre « Grez Neuville » D191 sur 2,5 km, suivre route des Biggotières.

CV

Prix : 2 pers. **300/370 F** repas **130 F**

2	0,5	0,5	3	0,5	14	2

PAUVERT Bernard - Village des Bigottières - Route D191 - Le Clos du Rocher - 49460 FENEU - Tél : 02 41 32 05 37 -
Fax : 02 41 32 05 37

FONTEVRAUD-L'ABBAYE

C.M. 64 Pli 12

2 ch. Maison ancienne dans un grand jardin clos, ombragé, utilisable pour parking et le pique-nique. 2 chambres d'hôtes au 1er étage. 1 ch. (1 lit 2 pers.), salle d'eau et wc, 1 ch. (1 lit 2 pers.) + 1 ch. dépendante (2 lits 1 pers.), salle de bains, wc. Chauffage électrique. Balançoires. Salon de jardin. Médecin et pharmacie sur place. Centre du bourg 1,1 km.

CV

Prix : 1 pers. **215/245 F** 2 pers. **240/270 F** 3 pers. **325 F** pers. sup. **55 F**

15	2	2	SP	15	5	SP

COURANT Michel et Lucette - 140, avenue des Roches - 49590 FONTEVRAUD-L'ABBAYE - Tél : 02 41 38 11 99

FORGES La Fosse

(TH)

5 ch. **Doué-la-Fontaine 4 km. Cadre troglodytique.** Dans un cadre troglodyte et artistique, à proximité de Doué la Fontaine, et de Saumur, Carole et Michel vous proposent des Chambres d'hôtes : 2 ch. dont 1 familiale et 3 ch. au bord de la piscine. Sanitaires privatifs à chaque chambre. Salle à manger, salon détente face à la piscine chauffée. Cuisine o disposition. TV, VTT disponibles. Club hippique à proximité. Initiation travail sur verre. Langue parlée : anglais.

CV

Prix : 1 pers. **250 F** 2 pers. **290/360 F** pers. sup. **70 F** repas **125 F**

Ouvert : toute l'année.

4	4	4

TRIBONDEAU-BERREHAR Michel et Carole - La Fosse - 49700 FORGES - Tél : 02 41 50 90 09 ou 06 85 65 58 10 -
E-mail : info@chambrehote.com - http://www.chambrehote.com

GENNES Le Haut Joreau

C.M. 64 Pli 12

2 ch. Annick et Jean-Louis vous accueillent dans une propriété de 12 ha. Site privilégié et très calme, bordé par une forêt communale de 200 ha. Maison du XIXe siècle. Chambres de charme au 1er étage (30 m2 chacune), sanitaires privatifs. Salle à manger, salon. Jardin privatifs. Ping-pong. TV dans chaque ch. Poss. lit suppl. Accueil de cavaliers. Golf à 18 km. Restaurants à prox. Une étape idéale pour découvrir les richesses de l'Anjou. Accès : à Gennes direction Doué-la-Fontaine au 1er rond point prendre à gauche (le long de Super U), 1er chemin après maison à gauche. Langues parlées : anglais, espagnol.

CV

Prix : 1 pers. **320 F** 2 pers. **400 F** 3 pers. **480 F** pers. sup. **80 F**

Ouvert : de pâques à la toussaint

1	1	SP	3	15	1

BOISSET Annick - Le Haut Joreau - 49350 GENNES - Tél : 02 41 38 02 58

GENNES

C.M. 64 Pli 12

2 ch. Jacques et Denise vous accueillent dans leur maison contemporaine et vous proposent au 1er étage : Ch. marine : (1 lit 2 pers. 1 lit 1 pers.), sanitaires privés. Ch. anjou : (1 lit 2 pers. 1 lit 120, 1 lit 1 pers.), petite s. d'eau et wc. Salon détente et bibliothèque. Parc paysager et ombragé (3000 m^2). Terrasse, parking privé clos. Choix de restaurants à proximité. Salon de jardin. Tonnelle, petits déjeuners copieux. Pique-nique accepté dans le jardin. Accès : Angers D952 direction Rosiers-sur-Loire, à droite direction Gennes puis suivre panneaux. Langues parlées : anglais, allemand.

Prix : 1 pers. **170 F** 2 pers. **230 F** pers. sup. **60 F**

Ouvert : toute l'année.

1	0,5	1	SP	1	8	3	1

PAJOT Jacques et Denise - 13, rue des Fiefs Vaslin - 49350 GENNES - Tél : 02 41 51 93 59

GREZ-NEUVILLE

C.M. 63 Pli 20

4 ch. Au milieu d'un parc arboré longeant la Mayenne, maison de maître du XVIIIe siècle dans un site classé. 4 chambres stylisées toutes avec salle de bains et wc privés. 1 chambre (1 lit 2 pers.), 1 chambre (1 lit 2 pers.), 1 chambre (2 lits 1 pers.). 1 ch. 2 lits 1 pers. Salon, TV réservés aux hôtes. Terrasse, salons de jardin. Tennis. Golf. Pêche. Port de plaisance. Possibilité table d'hôtes boissons non comprises. Location de bateaux sans permis. Musées, châteaux aux environs. Cartes de crédit acceptées. Accès : Angers-Laval (N162). Prendre à droite D291, direction Grez Neuville et suivre panneaux.

Prix : 1 pers. **300 F** 2 pers. **380/480 F** 3 pers. **480 F** pers. sup. **100 F**

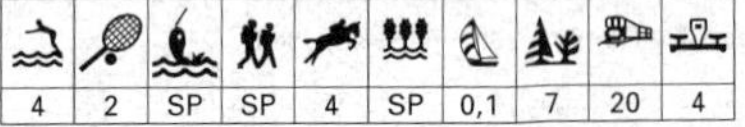

4	2	SP	SP	4	SP	0,1	7	20	4

BAHUAUD Auguste - La Croix d'Etain - 2, rue de l'Ecluse - 49220 GREZ-NEUVILLE - Tél : 02 41 95 68 49 - Fax : 02 41 18 02 72 - E-mail : la.croix.d.etain@anjou-et-loire.com

GREZILLE

(TH) *C.M. 67 Pli 7*

3 ch. **Saumur 20 km.** Marie-Hélène vous propose 3 ch. d'hôtes dans une maison du XVIIIe, au cœur d'un hameau. Dans un bâtiment annexe et indépendant, 1 ch. « Pivoine » (1 lit 2 pers.). En mezzanine : (2 lits 1 pers.), s.d.b., wc. Dans la maison au r.d.c. : ch. « Tournesol » (1 lit 2 pers. 1 lit 1 pers.), s. d'eau, wc. A l'étage : ch. « Coquelicot » (1 lit 2 pers. 1 lit 1 pers.), s. d'eau, wc. Table d'hôtes sur réservation. Jardin, salon de jardin. Région troglodytique. Chapelle du XVe. Accès : venant d'Angers direction Niort-Poitiers. A Saulgé l'Hôpital tourner à gauche en direction de Grézillé et suivre les panneaux jusqu'à la propriété (6 panneaux). Langues parlées : anglais, espagnol.

Prix : 2 pers. **330 F** pers. sup. **100 F** repas **132 F**

10	2	SP	20	2

de ROCQUIGNY Marie-Hélène - La Cotinière - Le Clos d'Aligny - 49320 GREZILLE - Tél : 02 41 59 72 21 - Fax : 02 41 59 72 21 - E-mail : la.cotiniere@anjou-et-loire.com - http://www.anjou-et-loire.com/cotiniere

L'HOTELLERIE-DE-FLEE

C.M. 63 Pli 9

2 ch. Chambres d'hôtes aménagées au 1er étage d'une maison indépendante. 1 chambre (1 lit 130), 1 chambre (1 lit 2 pers. 1 lit 100), lavabo dans chaque. Salle de bains et wc réservés aux chambres. Salle de séjour à disposition. Chauffage central. Espace vert. Etang, bois sur place. Terrasse et salon de jardin. Mine Bleu 5 km. Domaine de la Couère 5 km. Golf 3 trous à Segré. Axe Angers-Craon-La Guerche-Rennes (D863). Craon 5 mn. Route des châteaux.

Prix : 1 pers. **135 F** 2 pers. **180 F** pers. sup. **80 F**

6	6	SP	6	6	20	SP	1,5

BOUCAULT Jean et Marie-Louise - Le Bois Robert - L'Hôtellerie de Flée - 49500 SEGRE - Tél : 02 41 61 61 88

JARZE Le Point du Jour

C.M. 64 Pli 2

3 ch. Véronique et Vincent, agriculteurs biologiques et producteurs de viande bovine, seront ravis de vous accueillir à l'étage de leur maison « le point du jour », ils vous proposent 3 ch. très paisibles, style ancien. Confort assuré. Ch. « Saumon » (1 lit 2 pers. 1 lit 1 pers.). Ch. « à rayures » (1 lit 2 pers.). Ch. « Verte » (2 lits 1 pers.). S. d'eau et wc privés à chaque ch. Cuisinette réservée aux hôtes. Prix dégressif à partir de 3 nuits. Chambres avec accès indépendant. Possibilité lit supplémentaire + lit bébé. Barbecue. Salon de jardin. Accès : direction Angers-Tours D766, puis dans Jarzé direction D59. Langue parlée : anglais.

Prix : 1 pers. **200 F** 2 pers. **230 F** 3 pers. **330 F** pers. sup. **80 F**

Ouvert : toute l'année.

10	1	5	12	5	2	30	1

PAPIAU Vincent et Véronique - Le Point du Jour - 49140 JARZE - Tél : 02 41 95 46 04 - Fax : 02 41 95 46 04

LE LION-D'ANGERS Le Petit Carqueron

(TH) *C.M. 63 Pli 20*

4 ch. Martine Carcaillet vous reçoit dans une vieille ferme angevine datant du XVIIIe. 2 ch. (lit 2 pers.), douches et lavabos. 2 ch. (2 lits 1 pers.), douches et lavabos. 2 wc communs. Chauffage électrique. Salon. Jardin. Vélos, ping-pong sur place. Table d'hôtes sur réservation. Agréable campagne aux alentours. Mini-golf 3 km. La douceur angevine nous a donné envie de faire une piscine très appréciée durant tout l'été. Langue parlée : anglais.

Prix : 1 pers. **170 F** 2 pers. **220 F** pers. sup. **80 F** repas **120 F**

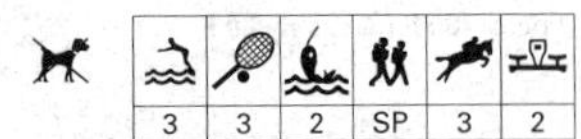

3	3	2	SP	3	2

CARCAILLET Patrick - Le Petit Carqueron - 49220 LE LION-D'ANGERS - Tél : 02 41 95 62 65

LE LION-D'ANGERS Les Travailleres *C.M. 63 Pli 20*

3 ch. Dans le calme de la campagne, à 20 mn d'Angers, fermette rénovée. 1er ét. : 1 ch. (1 lit 2 pers.), s. d'eau, wc. 1 ch. (1 lit 2 pers.), s.d.b., wc + ch. dépendante (2 lits 1 pers.). R.d.c. : 1 ch. (1 lit 2 pers.), s. d'eau/wc + 1 ch. dépendante (2 lits 1 pers.). Chauffage central. Séjour, cheminée. Biblio. Jardin reposant et ombragé. Terrain attenant non clos. Cour. Salon de jardin. Barbecue. Vélos. Terrasse pour pique-nique. Tranquillité assurée. Entrées indépendantes. Jeux de société. Accès : axe Angers/Rennes D863. Après le Lion d'Angers, tourner à gauche sur D863. Suivre panneaux. Langue parlée : anglais.

Prix : 1 pers. **165 F** 2 pers. **210/230 F** 3 pers. **310 F** pers. sup. **80 F**

Ouvert : toute l'année.

5	2	2	5	5	31	5

VIVIER François et Jocelyne - Les Travailleres - 49220 LE LION-D'ANGERS - Tél : 02 41 61 33 56 ou 06 80 82 02 49

LOURESSE-ROCHEMENIER *C.M. 64 Pli 11*

1 ch. Dans le cadre d'une ferme du XVIe siècle située dans le village troglodytique de Rochemenier, 1 ch. 2 pers. au rez-de-chaussée avec entrée indépendante. Salle de bains et wc particuliers. Canapé. Chauffage central. Médecin et pharmacie à 5 km. Centre du bourg (commerces) à 1,5 km. Recommandé par le guide du Routard. Accès : Angers direction Doué-la-Fontaine sur la Nationale, à Louresse prendre la dernière route à gauche en direction du village troglodytique de Rochemenier puis suivre les panneaux.

Prix : 1 pers. **150 F** 2 pers. **200 F** 3 pers. **250 F** pers. sup. **50 F**

5	5	5	10	10	15	1,5

JUIN Philippe - 16, rue du Musée - 49700 LOURESSE-ROCHEMENIER - Tél : 02 41 59 36 07

MARTIGNE-BRIAND *C.M. 67 Pli 7*

2 ch. Chambres d'hôtes aménagées à l'étage d'une exploitation viticole. 1 chambre 2 pers. et 1 chambre 3 pers. Salle d'eau commune aux 2 ch. et lavabo par chambre. WC communs. Lit enfant. Chauffage électrique. Jardin, salon de jardin. Possibilité pique-nique. Abri vélos ou motos. A partir de 3 nuits, tarifs dégressifs. Au calme. Restaurant 1 km. Accès : Saumur direction Doué-la-Fontaine/Angers, à 2 km direction Martigné-Briand, 1ère à droite puis suivre les panneaux.

Prix : 1 pers. **140 F** 2 pers. **160 F** pers. sup. **60 F**

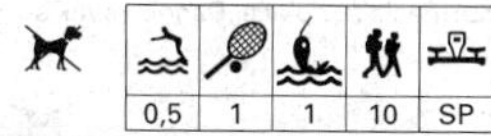

0,5	1	1	10	SP

MATIGNON Jean et Yvonne - 15, rue du 8 mai - 49540 MARTIGNE-BRIAND - Tél : 02 41 59 88 45

MARTIGNE-BRIAND Domaine de l'Etang  *C.M. 64 Pli 11*

4 ch. Chambres d'hôtes dans un bâtiment annexe au 1er étage. 1 chambre « Bleue » (1 lit 2 pers. 1 lit 1 pers.), salle de bains, wc. 1 chambre « Verte » (2 lits 1 pers.), salle de bains, wc. 1 chambre « Rouge » (1 lit 2 pers. et 1 lit 1 pers.), salle d'eau, wc. 1 chambre »Jaune » (1 lit 2 pers.), salle d'eau, wc. Chaise bébé. Chauffage central. Tennis privé. Baby-foot. Salon de jardin. Jardin d'hiver. Salon détente. Nombreuses randonnées possibles. Cheval au pré : 20 F. Parc 2 ha. Accès : D761 direction Brissac-Poitiers. Suivre D748 direction Martigné-Briand, à Montigné-Briand prendre direction Thouacé (D125) sur la droite. Langue parlée : anglais.

Prix : 1 pers. **300 F** 2 pers. **350 F** 3 pers. **400 F**

Ouvert : toute l'année.

3	SP	SP	5	SP	40	3

TENAILLON Gilles - Domaine de l'Etang - 49540 MARTIGNE-BRIAND - Tél : 02 41 59 92 31 - Fax : 02 41 59 92 30

LE MAY-SUR-EVRE Le Petit Cazeau *C.M. 67 Pli 5*

3 ch. A 20 mn du Puy-du-Fou, dans un ancien corps de ferme, vous sont proposées 3 ch. disposant chacune de s. d'eau, wc. L'ensemble est personnalisé. « l'Africaine » (1 lit 2 pers.), dans laquelle l'exotisme est assuré. « la Romantique » (1 lit 2 pers.) vous fera voir la vie en rose, quant à « la Provençale » (2 lits jumeaux) par ses couleurs elle vous mettra du soleil au cœur. Dans le jardin, très fleuri en été, un salon est à votre disposition pour vous reposer et admirer la campagne. Chauffage central. Accès : Cholet, direction Beaupréau, après Saint-Léger-sous-Cholet, avant le May/Evre, prendre à droite puis suivre les panneaux. Langues parlées : anglais, espagnol.

Prix : 1 pers. **230 F** 2 pers. **250 F** pers. sup. **80 F**

Ouvert : toute l'année.

7	3	1	SP	10	10	1	7	3

Mme DAVOUST - Le Petit Cazeau - 49122 LE MAY-SUR-EVRE - Tél : 02 41 63 16 88 - Fax : 02 41 63 16 88

MAZE (TH) *C.M. 64 Pli 11*

2 ch. **Saumur 25 km. Château de Montgeoffroy 2,5 km. Bords de Loire 7 km.** Au cœur de la vallée de l'Authion, la douceur angevine, notre maison vous invite à faire l'école buissonière. Dans 1 habitat typique du XVIIe dans le calme de notre campagne, vous trouverez 2 ch. indépendantes avec accès direct sur le jardin. Ch. « Galerne » (1 lit 2 pers. 1 lit 1 pers.). Ch. « Soulaire » (1 lit 2 pers. 1 lit 1 pers.). Sanitaires priés à chaque ch. Séjour, terrasse. A disposition : salon de jardin, ping-pong, jeux d'extérieur, vélos (sur réservation), TV, bibliothèque. Tarifs dégressifs à partir de 3 nuits. Accès : sur l'axe Angers-Saumur (N147) à 24 km d'Angers, entrer dans Mazé, direction Bauné (D74), faire 5 km et suivre les panneaux. Langue parlée : anglais.

Prix : 1 pers. **230/250 F** 2 pers. **280/310 F** 3 pers. **340/370 F** pers. sup. **60 F** repas **100 F**

Ouvert : toute l'année.

7	5	5	SP	3	5	3	25	2,5

METIVIER Mireille et Michel - Le Haut Pouillet - La Buissonnière - 49630 MAZE - Tél : 02 41 45 13 72 - Fax : 02 41 45 19 02

MONTJEAN-SUR-LOIRE Les Cèdres *C.M. 63 Pli 19*

3 ch. **Loire sur place.** Danielle et Bernard cous accueillent dans leur maison familiale, demeure ancienne d'un joli village sur la Loire. Chambres personnalisées avec sanitaires privatifs. 1er étage : « Mozart » (1 lit 160), « Bartok » (1 lit 2 pers.), salon de détente à disposition. 2e étage : « Mahler » (1 lit 160). Petits déjeuners dans la salle à manger du Rez-de-chaussée. Salon de musique et salon de jardin à disposition. Jardin d'un ha. Circuits pédestres balisés, promenade en bateau (vieux gréements). Eté : expo de sculptures géantes dans le village, festival du chanvre. Langue parlée : anglais.

Prix : 2 pers. **330/350 F** pers. sup. **100 F**

Ouvert : de Pâques à la Toussaint.

SP	SP	SP	SP	3	SP

WITTEVERT Danielle - 17, rue du Prieuré - « Les Cèdres » - 49570 MONTJEAN-SUR-LOIRE - Tél : 02 41 39 39 25 ou 06 62 17 39 25 - Fax : 02 41 39 39 25 - E-mail : les.cedres@wanadoo.fr

MONTREUIL-BELLAY *C.M. 64 Pli 12*

3 ch. Monique et Jacques Guézenec vous accueillent dans une maison de caractère du XVIIe siècle, très calme. R.d.c. : 1 ch. (1 lit 2 pers. 1 lit 1 pers.), s. d'eau, wc. A l'étage :1 ch. (1 lit 2 pers. 2 lits 1 pers.), s.d.b., wc. 1 ch. (1 lit 2 pers. 1 lit 1 pers.), s. d'eau, wc. Séjour réservé aux hôtes. Chauffage électrique. Bourg 500 m. Pharmacie sur place. Accès : en venant de Saumur, direction Poitiers-Niort (N147), puis suivre fléchage « Chapelle Petit Augustin Soie Vivante ». Langue parlée : anglais.

Prix : 1 pers. **250 F** 2 pers. **350 F** 3 pers. **400 F** pers. sup. **60 F**

1	1	1	1	16	1	5	SP

GUEZENEC Jacques - Place des Augustins - 49260 MONTREUIL-BELLAY - Tél : 02 41 52 33 88 - Fax : 02 41 52 33 88

MONTREUIL-BELLAY *C.M. 64 Pli 12*

3 ch. Au cœur d'une cité médiévale au 1er étage d'une maison du XIXe. Ch. 1 (1 lit 2 pers. 1 lit 1 pers.), s. d'eau. Ch. 2 (1 lit 2 pers.), s. d'eau. Ch. 3 (1 lit 2 pers. 2 lits 80), s. d'eau. WC communs aux 3 ch. Salle à manger réservée aux hôtes. Entrée indépendante. Chauffage électrique. Chaise bébé. Poss. lit suppl. Vélos. Jeux enfants. Parking privé. Jardin commun aux propriétaires face au château. Restaurant et pharmacie sur place. Canoë-kayak sur place. Accès : au centre de Montreuil-Bellay, face au château. Langue parlée : anglais.

Prix : 2 pers. **250 F** pers. sup. **80 F**

SP	SP	SP	1	4	6	0,5	5	16	SP

GRIVAULT Paule - 108, rue du Château - 49260 MONTREUIL-BELLAY - Tél : 02 41 52 38 69

MONTREUIL-BELLAY Le Pigeon Blanc (TH) *C.M. 64 Pli 12*

3 ch. **Proche du centre de Montreuil-Bellay et à proximité de Saumur.** Janine vous accueille au « Pigeon Blanc » et vous propose : ch. « Rose » (1 lit 2 pers.), s. d'eau, wc non communicants, ch. « Verte » (1 lit 2 pers.), ch. « Bleue » (1 lit 2 pers.), s.d.b., wc réservés aux 2 chambres. Terrasse ensoleillée pour petits déjeuners et table d'hôtes. Parking privé. Grand terrain boisé et fleuri. Accès : axe Saumur-Poitiers. Entrer dans Montreuil-Bellay. Direction Saumur-le-Coudray (N147), rue à droite entre station Shell et la boulangerie. Langue parlée : anglais.

Prix : 1 pers. **230 F** 2 pers. **250 F** repas **120 F**

Ouvert : toute l'année.

BOIREAU Janine - 309, rue de la Salle - « Le Pigeon Blanc » - 49260 MONTREUIL-BELLAY - Tél : 02 41 52 35 25

MONTREUIL-JUIGNE *C.M. 63 Pli 20*

4 ch. Dans une grande maison de famille, Suzanne et Jean-Louis vous accueillent dans 4 chambres avec entrée indépendante. 1er étage : ch. Jacques (1 lit 2 pers. 1 lit 1 pers.), s. d'eau, wc. Ch. Bernard (2 lits 1 pers.), s. d'eau, wc. Ch. Geneviève (1 lit 2 pers.), s. d'eau, wc. Ch. Antoinette (3 lits 1 pers.), s.d.b., wc. Mezzanine pour petits-déjeuners et TV. Salon. Terrasse. Terrain. Salon de jardin. Restaurant 2 km. Bus 50 m. Accès : direction Paris, sortie Centre Commercial Saint-Serge, prendre direction Avillé. Au 2e rond point, suivre Cantenay-Epinard puis prendre 3e route à gauche direction Montreuil-Juigné.

Prix : 1 pers. **180 F** 2 pers. **250 F** pers. sup. **70 F**

2	1,5	SP	3	2	7	1,5

HUEZ Jean-Louis - Le Plateau - Rue Espéranto - 49460 MONTREUIL-JUIGNE - Tél : 02 41 42 32 35

MONTREUIL-SUR-LOIR (TH) *C.M. 64 Pli 1*

4 ch. Au 1er étage du château avec vue panoramique sur la Vallée du Loir et la forêt de Boudre. Ch. de l'évêque (1 lit 2 pers.). Ch. de l'alcôve (1 lit 2 pers. 1 lit 100), ch. aux ballons (2 lits 1 pers.), ch. du baldaquin (1 lit 2 pers.), sanitaires privatifs à chaque ch. R.d.c. : salle à manger, salon. Terrasse surplombant le Loir. Jardin et grand parc boisé le long de la rivière. Bourg 200 m. Canoë sur place. 5 golfs dans un rayon de 30 km. Accès : Angers N23, direction Seiches/Loir, au 2e feu prendre à gauche, dans le village de Montreuil sur la droite ou A11, sortie Seiches/Loir, 5 km de Seiches sur D74.

Prix : 1 pers. **350 F** 2 pers. **380/420 F** pers. sup. **100/200 F** repas **140 F**

Ouvert : du 15 mars au 15 novembre.

5	5	SP	SP	SP	SP	5

BAILLIOU Jacques - Château de Montreuil - Mantreuil sur Loir - 49140 SEICHES-SUR-LOIR - Tél : 02 41 76 21 03 - E-mail : chateau.montreuil@anjou-et-loire.com

MONTREUIL-SUR-MAINE

C.M. 63 Pli 20

2 ch. **Haras de l'Isle-Briand 6 km.** Dans leur demeure familiale du XIXe siècle au milieu d'un parc de 9 ha., Aude et Vincent vous proposent au 1er étage : ch. « Verte » (1 lit 160), s.d.b., wc. Ch. « Bleue » (1 lit 2 pers. à baldaquin), salle d'eau, wc. Salon réservé aux hôtes avec piano, bibliothèque. ping-pong et vélos à disposition. Tourisme fluvial et châteaux. Accès : en bordure du Lion d'Angers, direction Louvaines. 1er carrefour Saint-Martin-du-Bois à droite. Puis suivre les panneaux. Langue parlée : anglais.

Prix : 1 pers. **340 F** 2 pers. **390 F** pers. sup. **70 F**

Ouvert : du 15 mars au 1er novembre.

6	6	2	8	26	6

GOLDIE Aude et Vincent - La Chouannière - 49220 MONTREUIL-SUR-MAINE - Tél : 02 41 95 65 57 - Fax : 02 41 95 37 21

MOZE-SUR-LOUET Les Roches

C.M. 63 Pli 20

3 ch. A l'étage, 2 chambres spacieuses pour 3 pers. avec chacune sanitaires privés. Ch. Verte (1 lit 160, 1 lit 1 pers.), salle de bains, wc. Ch. Blanche (1 lit 160, 1 lit 1 pers.), salle d'eau, wc. Dans une dépendance, r.d.c. : kitchenette, coin-séjour, mezzanine : 2 lits 1 pers., salle d'eau, wc. Salon de jardin. Bourg 1,5 km. Sur la D751. Aux portes d'Angers, au cœur du vignoble, dans un hameau paisible, Philippe et Anita vous feront découvrir la douceur angevine dans leur maison restaurée su XVIIIe siècle avec poutres et pierres apparentes, surplombant la rivière. Langues parlées : anglais, allemand.

Prix : 1 pers. **250 F** 2 pers. **280/320 F** 3 pers. **370/410 F** pers. sup. **90 F**

6	1,5	SP	SP	10	8	10	12	1,5

CATROUILLET Philippe - Les Roches - 49610 MOZE-SUR-LOUET - Tél : 02 41 78 84 29

MURS-ERIGNE Le Jau

TH

C.M. 63 Pli 20

3 ch. Sur la route des châteaux et des vignobles, belle maison romantique dans son cadre de verdure. 3 chambres calmes et confortables avec vue sur le parc. Toutes avec s.d.b.et wc privatifs, TV dans 2 ch. Grande cuisine chaleureuse. Séjour, cheminée et TV. Repas du soir sur réservation. Terrasse. Salon de jardin. Barbecue. En hors saison, sur réservation. Forfait week-end. Françoise Terrière aime sa région, et se propose de vous la faire découvrir. Elle vous recevra avec simplicité et très amicalement. Baignade à 500 m. Accès : Angers direction Cholet N160, puis les ponts de Cé, Murs-Erigné (route de Chalonnes).

Prix : 1 pers. **240/380 F** 2 pers. **260/400 F** 3 pers. **430/500 F** pers. sup. **100 F** repas **150 F**

Ouvert : toute l'année (sur réservation de la Toussaint à Pâques).

8	0,5	SP	8	8

TERRIERE Françoise - Le Jau - 49610 MURS-ERIGNE - Tél : 02 41 57 70 13 ou 06 83 26 38 80 - E-mail : le.jau@anjou-et-loire - http://www.anjou-et-loire.com/jau

NEUILLE Château le Goupillon

C.M. 64 Pli 12

3 ch. Château dans un parc de 4 ha., végétation luxuriante, confort, silence. 3 chambres personnalisées. Mobilier ancien. 1 ch. (1 lit 2 pers. 1 lit 1 pers. + 1 ch. dépendante 2 lits 1 pers.), salle de bains et wc. 1 ch. (1 lit 2 pers. 1 lit 80), salle de bains et wc. 1 ch. (1 lit à baldaquin), salle d'eau et wc. Salon avec poutres, cheminée. Ch. central. Salon de jardin. Une étape hors du temps, idéale pour découvrir le vignoble saumurois et visiter les châteaux de la Loire. Chambres d'hôtes Panda. Accès : de Saumur N147 dir. Paris. Après rond-point de la « Ronde » D767 pendant 2 km, puis à gauche. D129 dir. Neuillé. A 2 km route de Fontaine-Suzon.

Prix : 2 pers. **350/470 F** pers. sup. **90 F**

Ouvert : toute l'année, l'hiver sur réservation.

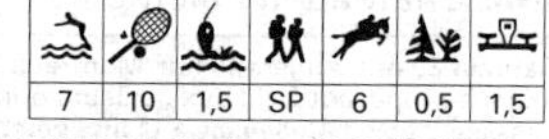

7	10	1,5	SP	6	0,5	1,5

CALOT Monique - Château le Goupillon - Neuille - 49680 VIVY - Tél : 02 41 52 51 89 - Fax : 02 41 52 51 89

NOYANT Galmer

C.M. 64 Pli 13

3 ch. Entre Anjou et Touraine, M. Courault vous accueille dans le calme de la campagne. 1 chambre (dans maison d'habitation) 1 lit 2 pers. salle de bains, wc privatifs. 1 chambre (dans bâtiment annexe). A l'étage : 1 lit 160, salle de bains, wc privatifs, 1 ch. (2 lits 1 pers.), s. d'eau, wc. Possibilité lit enfant. Cuisine. Salon réservé aux hôtes. Chauffage électrique. Accès : à Noyant, prendre direction Bourgueil.

Prix : 1 pers. **200 F** 2 pers. **250 F** pers. sup. **50 F**

3	3	7	7	15	15	7	3

COURAULT Guy - Galmer - 49490 NOYANT - Tél : 02 41 89 50 17

NOYANT-LA-GRAVOYERE La Prévotaie

1 ch. Carl et Ruth vous accueillent à la Prévotaie, ferme biologique et vous proposent : 1 chambre « Capucine » (1 lit 2 pers.), salle d'eau, wc. Vous apprécierez le calme en vous relaxant et en découvrant le verger. Accès : Angers/Rennes. Direction Pouancé. Juste après Noyant-la-Gravoyère, direction la Mine Bleue. Après la Gatelière, à 500 m tout droit.

Prix : 1 pers. **245 F** 2 pers. **265 F**

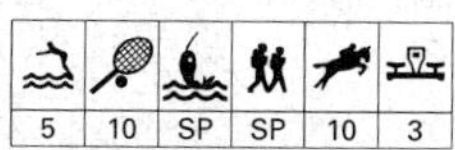

5	10	SP	SP	10	3

SHEARD Ruth et Carl - La Prévotaie - 49229 NOYANT-LA-GRAVOYERE - Tél : 02 41 61 57 76 - E-mail : Sheard@france-awb.com

PONTIGNE *C.M. 64 Pli 2*

4 ch. Dans leur maison avec vue sur la vallée du Couasnon et la forêt de Chandelais. Marie-Ange et Yannick vous reçoivent au calme, dans 4 ch. à l'étage : 1 ch. (2 lits 1 pers.), 1 ch. (1 lit 2 pers.), 1 ch. (2 lits 1 pers.), 1 ch. (1 lit 2 pers. 1 lit enfant), chacune avec s. d'eau, wc. Salle de séjour, coin-cuisine. Pétanque, ping-pong, grande cour. Chauffage central. Salon de jardin, balançoires, barbecue. Randonnées, pêche en étang sur la ferme. Eglise avec clocher vrillé, dolmen, apothicairerie, château du roi René XV. Vraie croix d'Anjou. Table d'hôtes sur réservation. Promenades à pied, en carriole ou à dos d'âne, sur la ferme.

Prix : 1 pers. **210 F** 2 pers. **240 F** repas **90 F**

Ouvert : toute l'année.

SALLE Marie-Ange & Yannick - Les Hautes Roches - 49150 PONTIGNE - Tél : 02 41 89 19 63 - Fax : 02 41 89 19 63

LA POSSONNIERE La Rousselière *C.M. 63 Pli 20*

5 ch. Dans sa demeure familiale du XVIIIe, Jeanne vous accueille. 5 ch. spacieuses vue sur parc. 1er ét. : 3 ch. avec s.d.b. ayant fenêtres sur jardin et wc, 2 avec s. d'eau/wc. Mini-bar. TV. Chauffage central. Salon. Billard. Salle à manger avec cheminée. TV. Véranda-marquise. Parc 4 ha., clos de murs, piscine privée. portique, ping-pong, pétanque, salon de jardin. Chapelle XVIIe. Parking privé. Table d'hôtes sur réservation. Semaine facturée 6 nuits, la 7e offerte. Accès : à Angers, direction Nantes N23. A Saint-Georges-sur-Loire, direction Chalonnes-sur-Loire. A 3,5 km (avant la voie ferrée) à gauche vers la Possonnière, puis à gauche à 1,5 km.

Prix : 2 pers. **300/440 F** 3 pers. **400/540 F** pers. sup. **100 F** repas **150 F**
1/2 pens. **530/700 F**

CHARPENTIER Jeanne - La Rousselière - 49170 LA POSSONNIERE - Tél : 02 41 39 13 21 - Fax : 02 41 39 13 21 -
E-mail : larousseliere@unimedia.fr - http://unimedia.fr/homepage/larousseliere

POUANCE La Saulnerie *C.M. 63 Pli 18*

4 ch. **Mine Bleue.** Aux confins de l'Anjou et de la Bretagne, Marie-Jo et Yannick vous accueillent dans le « Pigeonnier », face au château-fort. R.d.c. : hall d'accueil avec kitchenette. Salle de vie et salle de détente. 1 ch. (1 lit 2 pers. 1 lit 1 pers. accessible). Etage : 2 ch. (1 lit 2 pers.), 1 ch. familiale (suite) (4 lits 1 pers.). Sanitaires privatifs à chaque chambre. TV. A la Saulnerie, également notre demeure, une piscine couverte. « La Charmille » (gîte rurall 4 pers.) « Le grenier à sel » (gîte de séjour 20 pers.). Accès : axe Angers-Rennes et Laval/Saint-Nazaire. De Pouancé, direction Châteaubriant à 800 m du centre médiéval, à gauche.

Prix : 1 pers. **200 F** 2 pers. **260 F** pers. sup. **80 F**

Ouvert : toute l'année.

BROUSSE Yannick et Marie-Jo - La Saulnerie - Le Pigeonnier - 49420 POUANCE - Tél : 02 41 92 62 66 - Fax : 02 41 92 62 66 -
E-mail : brousse.gite@wanadoo.fr

LE PUY-NOTRE-DAME Château la Paleine *C.M. 64 Pli 12*

2 ch. **Poitiers 1 h. Saumur 20 mn. Angers 40 mn. Montreuil-Bellay 5 mn.** Sur la route touristique du vignoble, dans un village de charme, Caroline et Philippe proposent 2 ch. aux couleurs printanières. Maison du XIXe, siège d'une ancienne exploitation viticole. Au 2e étage : 1 ch. classée 2 épis « Collégiale » (1 lit 2 pers.), TV, s. d'eau, wc. 1 ch. « Raimbault » (1 lit 2 pers.), 1 ch. dépendante avec (2 lits 1 pers.), s.d.b., wc. Egalement sur le site 1 gîte 3 épis. Jardin et tableà disposition. Spécialités locales : Fouaces, Galipettes et les grands vins du Puy-Notre-Dame. A disposition : cuisine équipée pour nos hôtes. Sentiers pédestres et d'interprétation viticole sur place. Langues parlées : anglais, espagnol.

Prix : 1 pers. **230 F** 2 pers. **250/260 F** pers. sup. **70 F**
Ouvert : toute l'année.

8	1	6	SP	0,3

WADOUX Philippe et Caroline - 10, place Jules Raimbault - Château la Paleine - 49260 LE PUY-NOTRE-DAME - Tél : 02 41 38 28 25 -
E-mail : cewadoux@minitel.net

LE PUY-NOTRE-DAME *C.M. 67 Pli 8*

2 ch. **Saumur 22 km.** Ch. « Cabernet » : 1 lit 160 cm. 3 lits 1 pers. en mezzanine. Ch. « Chenin » : 1 lit 2 pers. 1 lit 1 pers. Sanitaires privatifs à chaque chambre. Cuisine à disposition. Salle détente. Ouvert toute l'année. Sur la route touristique du vignoble, dans un village de charme, Philippe et Françoise, vignerons, vous accueillent dans leur manoir (XVe et XVIIe). Philippe et Françoise vous proposent 2 ch. familiales. Entrées indépendantes. Vignoble cultivé en biodynamie. Langues parlées : anglais, allemand.

Prix : 1 pers. **260 F** 2 pers. **300 F** pers. sup. **70 F**

Ouvert : toute l'année.

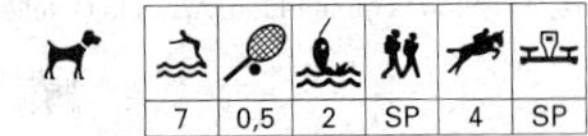

GOURDON Philippe & Françoise - Château Tour Grise - 49260 LE PUY-NOTRE-DAME - Tél : 02 41 38 82 42 - Fax : 02 41 52 39 96

RABLAY-SUR-LAYON La Girardière  *C.M. 67 Pli 7*

2 ch. Dans le calme de la campagne angevine au milieu des vignes du Layon, vous pourrez vous baigner dans la piscine et Eliette vous proposera de multiples activités. Pour votre hébergement, vous aurez le choix entre 3 ch. confortables avec s. d'eau et wc chacune. Dans l'une d'elles, une petite cuisine permet de faire ses repas. Vélos prêtés. Parking privé. Visite des châteaux de la vallée de la Loire, des célèbres tapisseries d'Angers ou du Puy-du-Fou. Dégustation des célèbres vins du Layon chez des viticulteurs sélectionnés. Tarifs réduits pour séjours prolongés.

Prix : 1 pers. **200/230 F** 2 pers. **250/280 F** pers. sup. **100 F**

1	SP	4	1	4	26	1

PHELIX Eliette - La Girardière - 49750 RABLAY-SUR-LAYON - Tél : 02 41 78 65 51

RABLAY-SUR-LAYON *C.M. 67 Pli 7*

4 ch. Bienvenue au domaine des Quarres, dans un cadre reposant, dans le vignoble, jardin et vignes, nous vous accueillons dans une maison vigneronne fin XIXe et mettons à votre disposition 4 ch. Au 1er étage : 2 ch. avec 1 lit 2 pers., 1 ch. « famille » : 1 lit 2 pers. 1 lit 1 pers. Sanitaires privatifs chacune. 1 chambre (2 lits 90). Dégustation des vins de notre propriété, Anjou, Coteaux du Layon.

Prix : 1 pers. **230 F** 2 pers. **260 F** pers. sup. **70 F**

Ouvert : avril à mi-septembre.

10	7	SP	SP	7	27	SP

ARENOU-BIDET Luc et Sylvaine - 66, Grande Rue - 49750 RABLAY-SUR-LAYON - Tél : 02 41 78 60 69 - Fax : 02 41 78 62 58

LES RAIRIES La Lande Martin 

1 ch. Régine et Xavier vous accueillent dans leur propriété de caractère à l'orée de la forêt de Chambiers et vous proposent une chambre d'hôtes près de leur piscine dans un cadre exceptionnel de verdure et de calme. 1 chambre (1 lit 2 pers.), TV, sanitaires privatifs et communicants à la chambre. Randonnées pédestres au départ de la propriété. Accès : à Durtal prendre direction Baugé (D18), faire environ 2 km, aux Terres Cuites Alluin tourner à droite, lieu-dit « Les Hardouinières », faire 1 km, dernière maison avant la forêt.

Prix : 2 pers. **250/280 F**

SP	SP	SP	3

ROY Xavier et Régine - Les Hardouinières - « La Lande Martin » - 49430 LES RAIRIES - Tél : 02 41 76 09 79

ROCHEFORT-SUR-LOIRE *C.M. 63 Pli 20*

2 ch. Au cœur des grands domaines viticoles, sur la route de la corniche angevine, nous vous accueillons dans 1 cadre de verdure situé au bord du Louet (bras de la Loire) où vous apprécierez accueil et convivialité. A l'étage, 2 ch. spacieuses, tout confort, donnant sur la rivière, avec sanitaires privatifs. 1 ch. (1 lit 1 pers. 1 lit 2 pers.), 1 ch. (2 lits 1 pers.). Poss. lit suppl., séjour, salon, TV, salon de jardin, barbecue, parking, garage, pétanque. Langue parlée : allemand.

Prix : 1 pers. **210 F** 2 pers. **260 F** 3 pers. **350 F** pers. sup. **90 F**

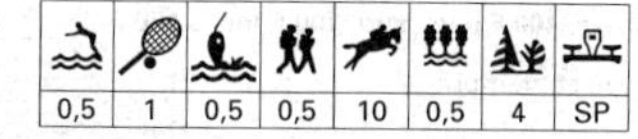

0,5	1	0,5	0,5	10	0,5	4	SP

BLANVILLAIN Georges et Marthe - Le Patureau - 49190 ROCHEFORT-SUR-LOIRE - Tél : 02 41 78 73 26 ou 06 70 45 61 69

ROCHEFORT-SUR-LOIRE Le Moulin Géant *C.M. 63 Pli 20*

3 ch. Dans un moulin : 3 ch. mansardées, sanitaires privatifs à chaque chambre et accès indépendant. Ch. 1 : 1 lit 160 cm. Ch 2 : 2 lits 1 pers. Ch. 1 lit 160 cm. Séjour-cuisine. Terrasses, salle de jardin. Parking privé. Activités nautiques 4 km. A 20 km d'Angers, découvrez cet ancien moulin, rénové en pierre du pays, en hauteur des vignes, au bord du GR3, accroché à un site rocheux de caractère surplombant la vallée de la Loire et le village. Vous y apprécierez une vue panoramique et la grande tranquillité. Langues parlées : anglais, allemand.

Prix : 1 pers. **220 F** 2 pers. **300 F**

Ouvert : toute l'année

1	1	1	SP	8	4	0,3

BUHSE Elke - Le Moulin Géant - 49190 ROCHEFORT-SUR-LOIRE - Tél : 02 41 78 84 93 ou 06 16 06 94 03 - Fax : 02 41 30 42 82

LES ROSIERS-SUR-LOIRE *C.M. 64 Pli 12*

2 ch. A l'étage avec accès indépendant. 1 ch. (1 lit 2 pers.), salle d'eau et wc privés. 1 ch. (1 lit 2 pers.) vue sur jardin, salle d'eau et wc privés. Séjour : cuisinette incorporée. Réservation recommandée. Médecin, pharmacie et location de vélos sur place. Aire de pique-nique à l'Ile de Loire. A proximité : loisirs, commerces, restaurants.

Prix : 1 pers. **200 F** 2 pers. **220 F**

Ouvert : du 1er avril au 1er octobre

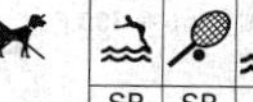

SP	SP	SP	SP	3,5	4	SP

SAULEAU Marie-Thérèse - 28, rue Nationale - 49350 LES ROSIERS-SUR-LOIRE - Tél : 02 41 51 80 54

SAINT-AUGUSTIN-DES-BOIS Château la Courrie *C.M. 63 Pli 19*

4 ch. **Château de Serrant. La Loire 10 km.** Marie-Angèle vous accueille à la Courrie, château du XVIIe siècle, au milieu d'un parc de 5 ha. et vous propose au 1er étage : ch. « Rose » (1 lit 2 pers.), ch. « Jacynthe » (1 lit 2 pers.), salle d'eau/wc communs aux 2 chambres. 2e étage : ch. « Jonquille » (1 lit 2 pers.), wc, ch. « Tulipe » (1 lit 2 pers.), wc, salles d'eau privées non communicantes. Accès : d'Angers, N23. A Saint-Georges-sur-Loire D961 vers Saint-Augustin-des-Bois, puis direction Villemoisan et suivre panneaux « La Courrie ».

Prix : 2 pers. **250 F** pers. sup. **80 F**

Ouvert : toute l'année.

8	8	10	8	3

CHESNE Marie-Angèle - Château la Courrie - 49170 SAINT-AUGUSTIN-DES-BOIS - Tél : 02 41 77 13 48

SAINT-GEORGES-DES-SEPT-VOIES Le Sale Village *C.M. 64 Pli 11*

3 ch. Au rez-de-chaussée : 1 chambre (1 lit 180), salle de bains et wc privés. Au 1er étage : 1 ch. 1 lit 2 pers., salle d'eau et wc privés. TV, jardin et salon de jardin communs aux propriétaires.

Prix : 2 pers. **250 F** 3 pers. **350 F** pers. sup. **100 F**

3	3	2	1	9	3	SP	16	3

PAUMIER Marcelle - Le Sale Village - 49350 SAINT-GEORGES-DES-SEPT-VOIES - Tél : 02 41 57 91 83

SAINT-GEORGES-DES-SEPT-VOIES La Gauvenière (TH)

3 ch. Jocelyne et Philippe vous accueillent à la Gauvenière et vous proposent 3 chambres dans un bâtiment annexe. Rez-de-chaussée : chambre « Tilleul » (1 lit 2 pers.). A l'étage : chambre « Cèdre » (2 lits 1 pers.), chambre « Abbyzzia » (1 lit 2 pers. 1 lit 1 pers.). Sanitaires privatifs à chaque chambre. Salle d'accueil au rez-de-chaussée. Table d'hôtes biologique. Gîte de séjour (20 pers.) sur place. Piscine privée couverte et chauffée. Accès : sur l'axe Angers-Saumur (D751), entre Coutures et Gennes, suivre panneaux « La Gauvenière ».

Prix : 1 pers. **220 F** 2 pers. **260 F** pers. sup. **80 F** repas **100 F**

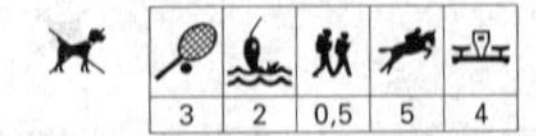

3	2	0,5	5	4

VOLLET Philippe et Jocelyne - La Gauvenière - 49350 SAINT-GEORGES-DES-SEPT-VOIES - Tél : 02 41 57 91 51 - Fax : 02 41 57 91 51

SAINT-GEORGES-SUR-LOIRE Prieuré de l'Epinay (TH) *C.M. 63 Pli 20*

3 ch. Bernard et Geneviève vous accueilleront dans le prieuré de Jean Racine fondé au XIIIe. 3 très grandes suites situées dans les dépendances du prieuré. Chacune possède salon, chambre, sanitaires privatifs. Salon commun dans la chapelle. TV. Bibliothèque régionale. Location de vélos sur place. Parc clos de 1 ha., avec piscine privée. Endroit calme d'où vous pourrez partir à la découverte d'Augers (15 mn), des coteaux du Layon (5 mn) et de ses vignobles. Langue parlée : anglais.

Prix : 1 pers. **350 F** 2 pers. **400 F** pers. sup. **100 F** repas **150 F**

Ouvert : du 1er mai au 30 septembre

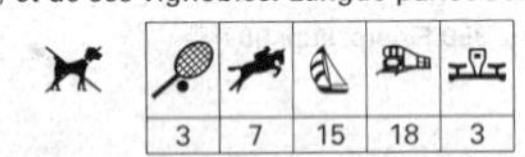

3	7	15	18	3

GAULTIER Bernard et Geneviève - Prieuré de l'Epinay - 49170 SAINT-GEORGES-SUR-LOIRE - Tél : 02 41 39 14 44 - Fax : 02 41 39 14 44

SAINT-HILAIRE-SAINT-FLORENT La Closeraie *C.M. 64 Pli 12*

1 ch. **Saumur (Ecole Nationale Equitation) à 3 mn.** Dans une longère 1 chambre à l'étage avec accès indépendant : 1 lit 2 pers. 1 lit 1 pers. Salle d'eau, wc privatifs. Terrasse privée avec salon de jardin. A disposition : jeux, livres, table de ping-pong, barbecue, VTT. Sur la route des châteaux de la Loire, en plein Saumurois, Martine et Jean-Pierre vous accueillent à la Closeraie dans leur longère du XIXe dans un parc entièrement clos boisé et paysagé d'1 ha.

Prix : 1 pers. **230 F** 2 pers. **280 F** 3 pers. **350 F**

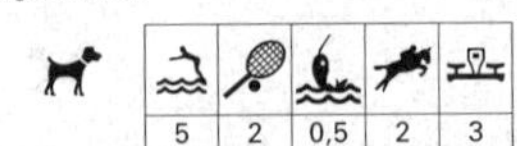

5	2	0,5	2	3

ROY Jean-Pierre - La Closeraie - 99, route du Poitrineau - 49400 SAUMUR-ST-HILAIRE-ST-FLORENT - Tél : 02 41 59 56 00 - Fax : 02 41 59 56 00

SAINT-JUST-SUR-DIVE Les Gastines (TH) *C.M. 64 Pli 12*

5 ch. **Saumur 10 km.** Friederike vous accueille dans sa propriété de caractère sur les rives du Thouet au cœur du Sancerrois. 5 chambres très spacieuses et confortables, toutes pourvues de salles de bains et wc. Possibilité lit supplémentaire et lit bébé. Piscine privée chauffée. Vélos à disposition. Langues parlées : anglais, allemand.

Prix : 1 pers. **265/350 F** 2 pers. **295/380 F** pers. sup. **95 F** repas **130 F**

SP	10	SP	SP	10	7

HAGEDORN Friederike - Les Gastines - 49260 SAINT-JUST-SUR-DIVE - Tél : 02 41 67 39 39 - Fax : 02 41 67 19 79

SAINT-LEGER-SOUS-CHOLET

C.M. 67 Pli 5

2 ch. Dans une maison récente de plain-pied, à la limite du bourg. 1 ch. (1 lit 2 pers. 1 lit 1 pers. + 1 lit 1 pers. sur demande), salle de bains, wc. TV couleur. 1 ch. (1 lit 2 pers.), salle de bains, wc. Chauffage. Séjour avec cheminée. Terrasse. Terrain clos. Salon de jardin. Barbecue. Planche à voile 10 km. Possibilité de pique-nique sur la terrasse.

Prix : 2 pers. **240/260 F** pers. sup. **90 F**

7	3	1	8	10	7	0,8

M. et Mme GODREAU - 2, rue de la Ferronnière - 49280 SAINT-LEGER-SOUS-CHOLET - Tél : 02 41 56 27 10

SAINT-MARTIN-DU-FOUILLOUX Le Petit Paris

C.M. 63 Pli 20

2 ch. Didier et Nelly Ribot vous proposent 2 chambres à l'étage dans leur maison. Mezzanine réservée aux hôtes. Jardin clos (5000 m²). Jeux d'enfants. Ch 1 : 1 lit 2 pers. Ch2 : 1 lit 2 pers. Salle d'eau, wc communs aux 2 chambres.

Prix : 1 pers. **180 F** 2 pers. **220 F** pers. sup. **80 F**

Ouvert : toute l'année.

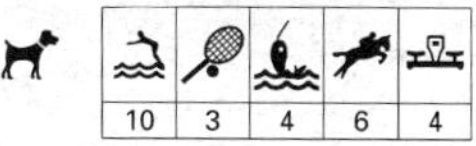

10	3	4	6	4

RIBOT Nelly - Fontclar - Le Petit Paris - 49170 SAINT-MARTIN-DU-FOUILLOUX - Tél : 02 41 39 55 18

SAINT-MATHURIN-SUR-LOIRE Le Verger de la Bouquetterie

(TH) *C.M. 64 Pli 11*

6 ch. Dans une maison de caractère du XIXe s. au bord de la Loire : 6 ch. dont 4 au 1er étage dans 1 jolie dépendance du XVIIIe. 5 ch. pour 2/3 pers. et 1 ch. familiale pour 4 pers. (suite avec kitchenette). Chambres spacieuses. Mobilier ancien. Salle d'eau/wc particuliers. Séjour. Salon d'été avec kitchenette réservé aux hôtes jardin. Parc. Salon de jardin. Cour. Tarif dégressif à partir de 3 nuits. Location de vélos et canoës 5 km. Nombreuses randonnées, week-end insolites et dîners spectacle. Langue parlée : anglais.

Prix : 1 pers. **240/300 F** 2 pers. **330/385 F** 3 pers. **420/480 F** pers. sup. **70 F** repas **140 F**

Ouvert : toute l'année, l'hiver sur réservation

1	1	SP	SP	6	8	4	1

PINIER Claudine - Le Verger de la Bouquetterie - 118, rue du Roi René - 49250 SAINT-MATHURIN-SUR-LOIRE - Tél : 02 41 57 02 00 - Fax : 02 41 57 31 90 - E-mail : cpinier@aol.com - http://www.anjou-et-loire.com/bouquetterie

SAINT-MATHURIN-SUR-LOIRE

C.M. 64 Pli 11

3 ch. **Saumur 25 km. Angers 20 km.** Au r.d.c. : ch. « Bleue » : 1 lit 2 pers., salle d'eau, wc privatifs. A l'étage : ch. « Verte » : 1 lit 2 pers., salle d'eau, wc privatifs et communiquants à la ch. Ch. « Blanche » : 1 lit 2 pers., 1 lit 100, salle d'eau, wc privatifs et communiquants. Jardin de 3000 m². A 150 de la Loire, Marie et Gérard vous accueillent et vous proposent 3 ch. d'hôtes avec salle à manger réservée aux hôtes.

Prix : 1 pers. **230 F** 2 pers. **270/290 F** pers. sup. **80 F**

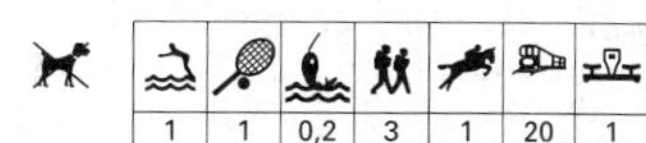

1	1	0,2	3	1	20	1

BRIOLON Marie et Gérard - 4, Grande Rue - Les Muriers - 49250 SAINT-MATHURIN-SUR-LOIRE - Tél : 02 41 57 04 15

SAINT-REMY-LA-VARENNE Marigné

C.M. 64 Pli 11

2 ch. **Bords de Loire 3 km.** Entre Angers et Saumur à 3 km de la Loire, un accueil chaleureux vous sera réservé. A l'étage : ch. « Tournesol (1 lit 2 pers.), salle d'eau, wc. Ch. « Marguerite » (1 lit 2 pers. 1 lit 1 pers.), salle d'eau, wc. Salle à manger réservée aux hôtes. Jardin, salon de jardin, barbecue. Accès : d'Angers D952 (Angers/Saumur par route touristique). A Saint-Mathurin traverser le pont, direction Saint-Rémy-la-Varenne (D55), puis D21. Suivre panneaux.

Prix : 2 pers. **270 F** pers. sup. **80 F**

Ouvert : toute l'année.

4	4	3	SP	5	3

PARAIN Marc - Marigné - 49250 SAINT-REMY-LA-VARENNE - Tél : 02 41 45 67 50 - Fax : 02 41 45 67 50

SAINT-SAUVEUR-DE-FLEE

(TH) *C.M. 63 Pli 9*

1 ch. Dans un jardin à l'anglaise, 1 chambre d'hôtes (2 lits 1 pers.) aménagée à l'étage avec salle de bains privée. Wc au 1er étage réservés aux hôtes. Bibliothèque. Chauffage central. Jeux de société et d'enfants. Vélos. Possibilité de dîner sur demande. Pharmacie 10 km. Langues parlées : anglais, allemand, espagnol, portugais.

Prix : 1 pers. **200 F** 2 pers. **270 F** pers. sup. **90 F** repas **110 F**

10	11	10	1	1	12	7

DE VITTON Marie-Alice - Le Domaine de Teilleul - 49500 SAINT-SAUVEUR-DE-FLEE - Tél : 02 41 61 38 84 - E-mail : domainevitton@wanadoo.fr

SAINT-SAUVEUR-DE-FLEE Château du Teilleul  *C.M. 63 Pli 19*

3 ch. Ch. « Jaune » : 2 lits 1 pers. Ch. « Bleue » 1 lit 140. Ch. dépendante « Rose » 1 lit 110 cm. Ch. « verte » : 1 lit 2 pers. Sanitaires privatifs à chaque chambre. Vous serez accueillis en amis chez Brigitte et Emmanuel de Vitton dans une charmante demeure harmonieuse avec façade principalement du XVIIIe 3 chambres au 1er étage. Parc de 3 ha. Etang privé. Tarif dégressif à partir de 3 nuits.

Prix : 1 pers. **350 F** 2 pers. **400 F** pers. sup. **100 F**

Ouvert : de juillet à septembre.

10	SP	SP	2	5

DE VITTON Brigitte - Château du Teilleul - 49500 SAINT-SAUVEUR-DE-FLEE - Tél : 02 41 61 39 55 ou 06 80 74 28 97 - Fax : 02 41 61 37 61

SAINT-SYLVAIN-D'ANJOU La Béchalière (TH) *C.M. 64 Pli 11*

4 ch. Martine et Thierry sont heureux de vous accueillir dans une ferme restaurée en chambres d'hôtes et maison d'habitation. 4 chambres au 1er étage, chacune avec salle d'eau et wc particuliers. 2 chambres (1 lit 2 pers.), 1 chambre (2 lits 1 pers.), 1 chambre familiale (1 lit 2 pers. 1 lit 120). Jardin, terrasse. Table d'hôtes sur réservation. Langue parlée : anglais.

Prix : 1 pers. **180 F** 2 pers. **220 F** repas **100 F**

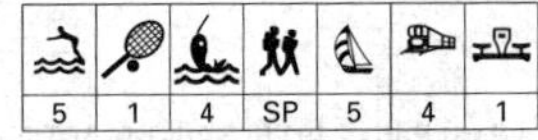

5	1	4	SP	5	4	1

M. et Mme POITEVIN-SAINTONGE - La Béchalière - 49480 SAINT-SYLVAIN-D'ANJOU - Tél : 02 41 76 72 22 - Fax : 02 41 76 72 22 - E-mail : la.bechaliere@wanadoo.fr

SAUMUR Ile du Saule *C.M. 64 Pli 12*

3 ch. Christiane vous accueille dans 3 chambres d'hôtes à l'Ile du-Saule, en pleine verdure. 1 ch. (1 lit 2 pers), s. d'eau/wc et 1 chambre dépendante (2 lits 1 pers.). 1 ch. (2 lits 1 pers.), s. d'eau/wc. 1 ch. (1 lit 2 pers), s. d'eau/wc. Chauffage central. Parking. Salon de jardin. Jardin. Langues parlées : anglais, allemand.

Prix : 1 pers. **180 F** 2 pers. **250 F** 3 pers. **325 F** pers. sup. **75 F**

Ouvert : toute l'année.

5	5	5	5	5	5	5	2

Mme KEMPCZYNSKI - Ile du Saule - 49400 SAUMUR - Tél : 02 41 51 38 71

SAVENNIERES *C.M. 63 Pli 20*

1 ch. **Loire 3 km.** Dans un village (église du XIe), entouré de vignobles, et sur la route touristique du vignoble, Evelyne vous propose dans un bâtiment annexe face à sa maison du XIXe. 1 chambre avec 1 lit 2 pers. Salle d'eau, wc privatifs à la chambre. TV. Accès : d'Angers prendre D111 Bouchemaine ou direction Nantes par RN23, sortie à Saint-Jean de Linières puis D106.

Prix : 1 pers. **220 F** 2 pers. **250 F**

Ouvert : toute l'année.

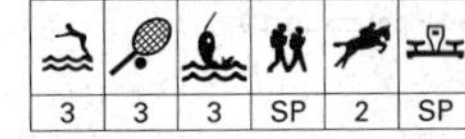

3	3	3	SP	2	SP

MARCHESI Evelyne - Lorcival - Place du Mail - 49170 SAVENNIERES - Tél : 02 41 72 28 10 - Fax : 02 41 72 28 10

SEGRE-SAINT-AUBIN-DU-PAVOIL Saint Aubin du Pavoil (TH) *C.M. 63 Pli 19*

4 ch. **La Mine Bleue.** A l'étage : 1 chambre avec 1 lit de 180 x 200. Salle d'eau, wc. 1 chambre avec 2 lits de 90 x 180. S.d.b., wc. 1 chambre avec 2 lits de 90 x 200. Salle d'eau, wc. 1 chambre avec 2 lits de 100 x 180 + canapé. Salle de bains, wc. Parking privé. TV dans chaque chambre, point-phone. Parc bocagé. Accès direct à la rivière, barque à disposition. Location de vélo sur place. A 3 km du centre ville, le charme d'un village, l'authenticité d'une vieille grange, l'histoire d'un presbytère du XVIIe, la simplicité d'un accueil. Janette Kronneberg vous propose 4 chambres personnalisées. Langue parlée : anglais.

Prix : 1 pers. **280 F** 2 pers. **360 F** pers. sup. **80 F** repas **120 F**

Ouvert : de février à décembre.

3	3	SP	3	2

KRONNEBERG Janette - La Grange du Plessis - Place de l'Eglise - 49500 SEGRE - Tél : 02 41 92 85 03 - Fax : 02 41 92 85 03

SEICHES-SUR-LOIR Domaine de Bré (TH)

3 ch. Au cœur d'une forêt domaniale de 400 ha., Brigitte et Eric vous accueillent dans leur belle demeure de 1850, lieu de calme et de détente traversé par une rivière canalisée. 3 chambres très confortables et personnalisées avec sanitaires privatifs. Activités de randonnées, VTT, pêche, canoë et baignade sur place. Patrimoine touristique, culturel et gastronomique à proximité. Aéroport de Marcé à 8 km. Gare TGV à 25 km. Trajet possible en taxi anglais. Accès : autoroute A11, sortie 12 Seiches/Loir direction Matheflon direction Hippodrome. 2 km après vous serez les bienvenus à »Bré ». Langues parlées : anglais, allemand, hollandais.

Prix : 1 pers. **300 F** 2 pers. **350 F** pers. sup. **100 F** repas **120 F**

Ouvert : hors saison sur réservation.

5	5	SP	SP	6

DONON Brigitte et Eric - Domaine de Bré - 49333 SEICHES-SUR-LOIR - Tél : 02 41 76 18 61 - E-mail : dononbre@aol.com

VALANJOU L'Anjubauderie

(TH) *C.M. 67 Pli 6*

2 ch. Entre vignes et moulins, en limite de pays Saumurois, Sylvie et Alain vous accueillent en famille et vous proposent les produits de leur exploitation agricole à leur table. 2 chambres très spacieuses, mobilier rustique avec sanitaires privés, à l'étage, salle de séjour avec grande cheminée. Accès : à Thouarcé, prendre tout droit direction Valanjou, faire 6 km, à gauche à la pancarte.

CV

Prix : 1 pers. **200 F** 2 pers. **240 F** 3 pers. **300 F** repas **95 F**

Ouvert : toute l'année.

6	4	4	SP	6	4

FRADIN-RABOUIN Sylvie - L'Anjubauderie - 49670 VALANJOU - Tél : 02 41 54 27 72

VARENNES-SUR-LOIRE Les Marronniers

C.M. 64 Pli 13

5 ch. Dans une maison du XIXe, vue panoramique sur la Loire, 5 chambres d'hôtes 3 ch. au 1er étage et 2 ch. au 2e étage : 1 ch. (1 lit 2 pers. 2 lits 1 pers.), 2 ch. (1 lit 2 pers.), 1 ch. (3 lits 1 pers.), 1 ch. (1 lit 1 pers. 1 lit 2 pers.). Salle d'eau et wc dans chaque chambre. Jardin paysager. Calme, détente. Gare à Saumur 10 km. Médecin et pharmacien 1 km.

CV

Prix : 2 pers. **250 F** 3 pers. **330 F** pers. sup. **80 F**

8	1	SP	SP	8	2	10	1

BODINEAU France - Les Marronniers - 49730 VARENNES-SUR-LOIRE - Tél : 02 41 38 10 13

VARENNES-SUR-LOIRE

C.M. 64 Pli 13

3 ch. Rez-de-chaussée : salle à manger. Cuisine réservée aux hôtes. 1 ch. (1 lit 2 pers). A l'étage : 1 ch. (1 lit 2 pers.). 1 ch. (1 lit 2 pers. et 1 lit 1 pers.), salle d'eau, wc privatifs à chaque chambre. 3 chambres d'hôtes dans un bâtiment annexe attenant à la maison des propriétaires. Jardin. Salon de jardin. Loire 200 m.

CV

Prix : 1 pers. **220 F** 2 pers. **250 F** 3 pers. **300 F**

Ouvert : toute l'année.

10	1,5	10	15	15	1,5

DENOZI Gérard - 18, rue du Bas Chavigny - 49730 VARENNES-SUR-LOIRE - Tél : 02 41 38 18 06

LE VIEIL-BAUGE Les Sansonnières

C.M. 64 Pli 12

2 ch. Agriculteurs retraités, nous vous accueillons dans notre maison à 1 km du village au clocher tors. Mobilier ancien et lits en alcôve font le charme de ces 2 ch. à l'étage. Brebis, poules et lapins feront la joie des enfants. WC et salles d'eau réservés aux hôtes. Chauffage central. Prix dégressif pour séjours.

CV

Prix : 1 pers. **180 F** 2 pers. **200 F** 3 pers. **230 F**

Ouvert : toute l'année

2	2	2	7	7	4	1

DUPERRAY Raymond - Les Sansonnières - Le Vieil Bauge - 49150 BAUGE - Tél : 02 41 89 72 98

LE VIEIL-BAUGE La Guitoisière

(TH) *C.M. 64 Pli 12*

3 ch. Dans un bâtiment annexe, dans une ferme du XIIIe siècle. 1er étage : chambre Echigné (1 lit 2 pers.), salle d'eau et wc. Chambre Sensé (2 lits 1 pers.), salle d'eau et wc. Chambre Montivert (1 lit 2 pers.), salle d'eau et wc. Chauffage. Salon avec cheminée. Bibliothèque. Salle à manger. Terrasse. Salon de jardin. Jeux d'enfants. Table d'hôtes sur réservation. Grand jardin paysager. Produits de la ferme.

CV

Prix : 1 pers. **230 F** 2 pers. **260 F** pers. sup. **80 F** repas **90 F**

6	3	3	5	8	3	25	SP	35	5

REVEAU Chantal - La Guitoisière - 49150 LE VIEIL-BAUGE - Tél : 02 41 89 25 59 - Fax : 02 41 89 06 04

LE VIEIL-BAUGE Poëllier

(TH) *C.M. 64 Pli 2*

3 ch. **Baugé 6 km.** Un site en tuffeau du XVIe, le calme et l'authenticité d'une campagne préservée, Marie-Françoise Jourdrin vous propose 3 ch. de caractère. Forêt de Baugé, clocher, Fors. A l'étage : ch. « Concerto » : 1 lit 2 pers. 2 lits 1 pers. Ch. « Sonate » au r.d.c. : 2 lits 1 pers. Ch. « Prélude » avec accès par l'extérieur à l'étage : 1 lit 2 pers., 1 lit 1 pers. Sanitaires privés à chacune. Salon, TV, cuisinette réservée aux hôtes. 3 vélos à disposition. Sur le site Gîte de séjour. Table d'hôtes sur réservation. Langues parlées : anglais, italien.

CV

Prix : 1 pers. **230 F** 2 pers. **280/360 F** pers. sup. **85 F** repas **110 F**

Ouvert : toute l'année

6	6	5	SP	6	6	6

LE LOGIS DE POELLIER - Poëllier - 49150 LE VIEIL-BAUGE - Tél : 02 41 89 20 56 - Fax : 02 41 89 20 56 -
E-mail : Le.Logis.de.Poellier@wanadoo.fr - http://www.poellier.free.fr

LE VIEIL-BAUGE Landifer

TH — *C.M. 64 Pli 12*

5 ch. **Forêt Chandelais 2 km. Zoo la Flèche 15 km.** 1er étage : « Chandelais » 1 lit 2 pers. « Les Prats » 1 lit 2 pers. « Romantique » 1 lit 2 pers. 1 lit 1 pers. « Antillaise » 1 lit 2 pers. + chambre dépendante 2 lits 1 pers. « Fleur de Lampaul » 1 lit 2 pers. Salle d'eau, wc privatifs à chaque chambre. Terrasse, salon de jardin, pétanque, barbecue. Tarif dégressif à partir de 3 nuits. Christiane et Jean-Claude vous proposent 5 chambres d'hôtes dans leur maison au milieu d'un parc de 6000 m^2. Salle à manger avec cheminée.

CV

Prix : 1 pers. **250 F** 2 pers. **280 F** 3 pers. **350 F** pers. sup. **100 F** repas **90 F**

Ouvert : toute l'année.

2	2	1	SP	2	SP	2

LEGENDRE J.Claude et Christiane - Landifer - 49150 LE VIEIL-BAUGE - Tél : 02 41 82 85 72

Mayenne

GITES DE FRANCE - Service Réservation
84, avenue Robert Buron - B.P. 2254 - 53022 LAVAL Cedex 9
Tél. 02 43 53 58 78 - Fax. 02 43 53 58 79

ANDOUILLE Tivoli

C.M. 232 Pli 7

2 ch. En campagne dans un petit hameau à 1,5 km du bourg d'Andouillé, 2 ch. d'hôtes à l'étage de la maison des propriétaires (1ch avec 1 lit 140 et 2 lits 90 et 1ch avec 1 lit 140 et lit enfant). Chacune est équipée d'une salle d'eau et wc privés et d'un coin-cuisine. Situées sur le GR de pays des Marches de Bretagne, près de la vallée de l'Ernée. Pelouse. Abri pour accessoires de pêche, vélo, salon de jardin. Week-end détente.

CV

Prix : 1 pers. **160 F** 2 pers. **220 F** 3 pers. **270 F**

Ouvert : toute l'année.

0,5	15	SP	2	14	0,5	2	10	2	2	13	1,5

ROCTON Louis - Tivoli - 53240 ANDOUILLE - Tél : 02 43 69 70 35

ARGENTRE Le Tertre

C.M. 232 Pli 7

2 ch. 2 chambres d'hôtes situées dans la maison des propriétaires. Rez-de-chaussée : grand séjour à disposition des hôtes. A l'étage : 2 chambres avec chacune salle d'eau et wc privés. 1 chambre (1 lit 2 pers.). 1 chambre (1 lit 2 pers. + 1 lit 1 pers.). Chambre d'hôtes située dans une ferme, fleurie, avec un plan d'eau et possibilité de pêche sur place.

CV

Prix : 1 pers. **160 F** 2 pers. **200 F** 3 pers. **250 F**

Ouvert : toute l'année.

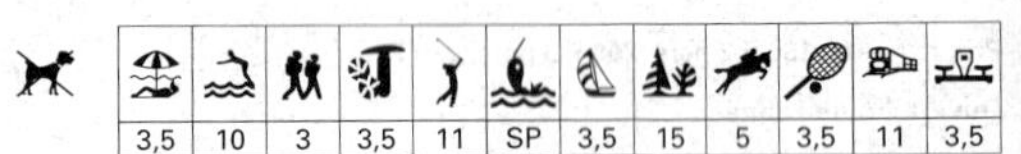

3,5	10	3	3,5	11	SP	3,5	15	5	3,5	11	3,5

BOUGLE Bernard - Le Tertre - 53210 ARGENTRE - Tél : 02 43 37 33 16

BAIS La Gueffière

C.M. 60 Pli 2

3 ch. Sur le circuit touristique du Montaigu, à 2 km de Bais par la D20 ou D35. 3 chambres aménagées à l'étage de l'habitation : 2 ch. 3 pers, 1 ch. 2 pers. Salles d'eau et wc privés. Salle de séjour, salon, TV, grande véranda, salon de jardin. Chauffage central. Restaurant 2 km. Forfait séjour possible. M. et Mme Monnier vous accueillent à la ferme dans un cadre verdoyant. Langue parlée : anglais.

CV

Prix : 1 pers. **160 F** 2 pers. **220 F** 3 pers. **280 F** pers. sup. **50 F**

Ouvert : toute l'année.

13	2	0,2	30	30	1	8	2	5	2	12	2

MONNIER Danielle - La Gueffiere - 53160 BAIS - Tél : 02 43 37 90 59 - Fax : 02 43 37 90 59

LA BAZOUGE-DE-CHEMERE Le Rocher

E.C. 1 ch. Françoise et Hervé seront heureux de vous accueillir dans leur maison de maître située à 1 km de la Bazouge de Chéméré. Nous vous proposons 1 chambre en suite (1 lit 140 et 1 lit 90) avec salle de bains et WC. Un terrain clos et des vélos sont à votre disposition. Langue parlée : anglais.

Prix : 1 pers. **220 F** 2 pers. **280 F** pers. sup. **70 F**

5	7	SP	7	23	SP	5	10	4	23	4

BOUCHET Hervé et Françoise - Le Rocher - 53170 LA BAZOUGE-DE-CHEMERE - Tél : 02 43 91 79 06

BELGEARD Le Closeau de Brive

C.M. 60 Pli 11

3 ch. 3 ch. d'hôtes aménagées à l'étage de la maison du propriétaire. 1 ch. 2 pers. avec salle de bains et wc, 1 ch. 2 pers. avec douche et wc, 1 ch. 1 pers. avec douche et wc. Grande salle à manger rustique avec cheminée, TV couleur. Pelouse ombragée, calme, salon de jardin. Mayenne à 6 km entre la N162 (Laval-Mayenne) et la D35 (Mayenne-Sillé). Restaurant à 2 km.

CV

Prix : 1 pers. **160 F** 2 pers. **200/220 F** 3 pers. **260 F**

Ouvert : toute l'année.

10	4	6	10	30	6	15	3	12	6	30	6

LELIEVRE Pierre - Closeau de Brive - Ancien Bourg - 53440 BELGEARD - Tél : 02 43 04 14 11

BOUESSAY Le Moulin de Puyvert

C.M. 232 Pli 20

1 ch. Ancien moulin de la fin du 17e s., dans 4 ha. de verdure, au bord de la rivière, étang, promenade en barque, jardin paysager, terrasse sur la rivière. Chambre tout confort avec poutres apparentes anciennes, située dans la partie moulin, (1 lit 160 et 1 convertible), s. d'eau, wc privés. TV couleur. Entrée indépendante. Pelouse, terrasse. Animaux et fumeurs bienvenus. Langue parlée : anglais.

Prix : 1 pers. **280 F** 2 pers. **300 F** 3 pers. **340 F**

Ouvert : toute l'année.

SP	6	4	10	15	SP	8	4	3	1	6	6

CARMIER Michel - Le Moulin de Puyvert - 53290 BOUESSAY - Tél : 02 43 70 82 45 ou 06 07 89 94 91 - Fax : 02 43 70 86 11

BREE La Noë Ronde

C.M. 232 Pli 8

2 ch. 2 ch. à l'étage avec terrasse donnant sur jardin, entrée indép, s.d'eau/wc privés par ch. La maison de tradition régionale est entourée d'une pelouse ombragée et d'un parc. Planté de différentes espèces d'arbres et fleuri, attenant aux vergers, il est à la dispostion des hôtes. Vous y apprécierez le calme de la campagne. Nous aurons le plaisir de vous faire déguster les produits du domaine : cidre, pommeau et fine, noix, noisettes, pommé. Tarif dégressif à partir de la 2ème nuit : 1 pers 190 F, 2 pers 210 F. Langue parlée : anglais.

Prix : 1 pers. **200 F** 2 pers. **230 F** 3 pers. **300 F**

Ouvert : toute l'année.

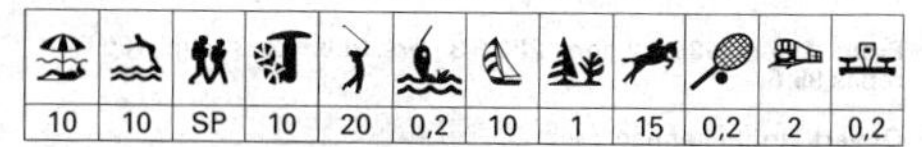

10	10	SP	10	20	0,2	10	1	15	0,2	2	0,2

FORET Yves - La Noe Ronde - 53150 BREE - Tél : 02 43 90 05 63 ou 02 43 90 05 16 - Fax : 02 43 90 02 46 - http://www.clement.foret.free.fr

CHANGE La Verrerie

C.M. 63 Pli 10

4 ch. Maison de caractère dans un havre de verdure, à proximité de Laval. Cette bâtisse, entièrement aménagée pour vous recevoir, abrite 4 ch d'hôtes avec sanitaires privés, toutes personnalisées, spacieuses et de très bon confort. Séjour, salon, coin cuisine réservés aux hôtes. Accueil convivial, propice à la détente et au bien-être. Situé à 8 km de Laval en direction de Fougères, sur la D31 Laval/Ernée et à 3 km de l'autoroute A81, sortie Laval-ouest N°4.

CV

Prix : 1 pers. **180 F** 2 pers. **230 F** 3 pers. **300 F** pers. sup. **50 F**

Ouvert : toute l'année.

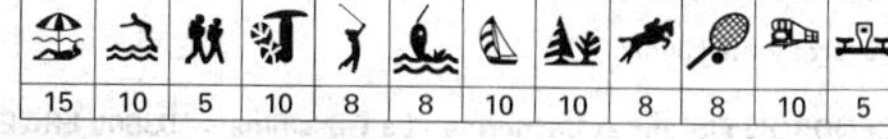

15	10	5	10	8	8	10	10	8	8	10	5

GUYON Odile - La Verrerie - 53810 CHANGE-LES-LAVAL - Tél : 02 43 56 10 50 - Fax : 02 43 56 10 50

CHATEAU-GONTIER La Coudre

C.M. 232 Pli 19

3 ch. 3 chambres d'hôtes, aménagées dans une maison de ferme entièrement restaurée. 2 ch. (1 lit 2 pers. 1 lit 1 pers. chacune), 1 ch. (2 lits 1 pers.). Salle d'eau et wc privés à chacune. Chauffage électrique, TV dans chaque chambre. Kitchenette. Jardin d'agrément, portique, salon de jardin, barbecue à disposition. Plan d'eau privé à 200 m, terrain de boules. Restaurant 1 km. Mini-golf, refuge animalier, hyppodrome. Sur la D22 à 1 km de Château-Gontier.

CV

Prix : 1 pers. **160 F** 2 pers. **220 F** 3 pers. **280 F** pers. sup. **60 F**

Ouvert : toute l'année.

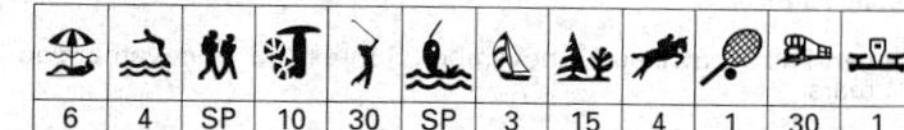

6	4	SP	10	30	SP	3	15	4	1	30	1

DUPRE André - La Coudre - 53200 CHATEAU-GONTIER - Tél : 02 43 70 36 03

CHEMAZE

C.M. 232 Pli 19

1 ch. 1 chambre d'hôtes aménagée à l'étage de la maison des propriétaires, dans un village calme. Entrée indépendante. Salle d'eau, wc privés. Coin-cuisine. Pelouse attenante avec salon de jardin, barbecue, garage. Parc paysager 50 m, petit plan d'eau. Restaurant sur place.

CV

Prix : 1 pers. **150 F** 2 pers. **190 F**

Ouvert : toute l'année.

7	5	SP	15	37	7	7	30	5	7	40	SP

MORILLON Etienne - 1 rue des Quatre Vents - 53200 CHEMAZE - Tél : 02 43 70 33 71

COMMER La Chevrie

C.M. 232 Pli 7

2 ch. **Cité Gallo-romaine de Jublains 12 km. Mayenne 7 km.** 2 chambres d'hôtes à l'étage d'un bâtiment mitoyen à l'habitation. 1 ch. (1 lit 2 pers.), 1 ch. (2 lits 1 pers. et 1 convertible). Salle d'eau, wc, TV dans chaque chambre. Grand séjour avec cheminée, coin-cuisine. Jardin boisé à disposition. Salon de jardin, portique. Annie et Gérard Guidault vous accueillent dans leur propriété située à proximité de la N162 Laval-Mayenne. Ils vous feront découvrir leur exploitation (agriculture biologique et élevage) et la vallée de la Mayenne qui se trouve à 800 m. Langues parlées : anglais, portugais.

Prix : 1 pers. **160 F** 2 pers. **200/220 F** 3 pers. **280 F** pers. sup. **60 F**

20	3	1	20	20	1	20	4	2	2	22	3

GUIDAULT Gérard - La Chevrie - 53470 COMMER - Tél : 02 43 00 44 30

COUPTRAIN

C.M. 64 Pli 1/2

2 ch. Au centre des Sentiers de Grande Randonnée (GR 22) et de promenade, dans le calme et le confort nous proposons 2 ch avec entrée indépendante, S d'eau et WC privés chacune. Ch1 (3 épis) 1 lit 2 pers, 1 lit 1 pers. Ch2 (2 épis) 2 lits 1 pers, en suite avec 1 ch 2 lits 1 pers. Salon réservé aux hôtes avec bibliothèque, TV, kitchenette. Jardin arboré et fleuri. La vallée de la Mayenne et la région sont riches en sites naturels (Mt des Avaloirs) et historiques (châteaux et ruines romaines). Restaurant à 100 m. Conseils sur visites et promenades. Equipement spécifiques pour cavaliers, randonneurs et pêcheurs. Langue parlée : anglais.

CV

Prix : 1 pers. **200/220 F** 2 pers. **260/280 F** 3 pers. **370/390 F** pers. sup. **90 F**

Ouvert : toute l'année.

20	7	SP	3	15	SP	15	2	2	SP	15	SP

MERTEN Georges - 34 rue de la Magdeleine - 53250 COUPTRAIN - Tél : 02 43 03 84 94 ou 06 83 56 75 94 - Fax : 02 43 03 84 94 - E-mail : merten@mail.cpod.fr - http://www.cpod.com/monoweb/merten

CRAON Le David

TH

C.M. 232 Pli 18

5 ch. 2 ch. à l'étage (1 lit 2 pers. 2 lits 1 pers. 1 lit enfant), dans la maison des prop, avec salle d'eau et wc privés, TV. Dans un bâtiment voisin : 2 ch. à l'étage (3 lits 2 pers. 1 lit 1 pers.), chacune avec salle d'eau et wc. 1 ch. au r.d.c. (1 lit 2 pers, 1 lit 1 pers), salle d'eau et wc indépendants. Salle à disposition. Table d'hôtes. Plan d'eau de 5000 m^2 avec pêche.

Prix : 1 pers. **180 F** 2 pers. **220 F** 3 pers. **300 F** pers. sup. **100 F** repas **95 F**

Ouvert : toute l'année.

3	3	1	3	2	SP	2	20	1	3	30	2

GANDON René et Marie-Claude - Le David - 53800 BOUCHAMPS-LES-CRAON - Tél : 02 43 06 21 36 - Fax : 02 43 06 21 36

ERNEE La Gasselinais

C.M. 59 Pli 19

3 ch. Catherine, Florent et leurs enfants vous accueillent dans leur ferme rénovée dans la vallée de l'Ernée. Ferme découverte, nous vous ferons découvrir la vie à la ferme et les nombreux animaux et goûter à nos produits bio (jus de pommes, confiture, lait...). 3 ch avec s. d'eau/wc privés. 1 ch avec coin-cuisine et mezzanine pour une famille. Séjour (cheminée) et coin-cuisine. Tarifs dégressifs à partir de la 4ème nuit. Sur place : rivière à truites et promenades dans le bois. Espaces jeux. Langue parlée : anglais.

Prix : 1 pers. **150 F** 2 pers. **200 F** 3 pers. **260 F** pers. sup. **50 F**

Ouvert : toute l'année.

2	2	SP	20	25	SP	23	10	9	2	25	2

GENDRON Florent et Catherine - La Gasselinais - 53500 ERNEE - Tél : 02 43 05 70 80 - Fax : 02 43 05 70 80

ERNEE-MEGAUDAIS La Rouaudière

TH

C.M. 59 Pli 19

3 ch. Thérèse et Maurice vous accueillent dans leur ferme entourée d'un jardin propice à la détente, foisonnant de plantes vivaces auxquelles se mêlent rosiers et arbustes. Salon de jardin, terrasse. 3 ch de 2/3 pers avec salon, salle d'eau/bain et WC. Séjour avec cheminée. Entrée indépendante. Restaurant gastronomique à 5 mn. Table d'hôtes sur réservation (à la table familiale). A 15 mn de Fougères sur la RN12 au village de Mégaudais. Langue parlée : anglais.

Prix : 1 pers. **180 F** 2 pers. **250/270 F** 3 pers. **300/330 F** pers. sup. **70 F** repas **95 F**

Ouvert : du 1er avril au 1er novembre. Sur résa du 1er novembre au 31 mars.

18	5	SP	30	30	10	18	15	15	5	35	5

TRIHAN Maurice - La Rouaudiere - 53500 ERNEE/MEGAUDAIS - Tél : 02 43 05 13 57 - Fax : 02 43 05 71 15

GESVRES La Tasse

C.M. 60 Pli 12

2 ch. 2 chambres d'hôtes situées dans l'habitation des propriétaires à 6 km de la RN12. 1 ch. 2 pers. 1 ch. 3 pers. Salle d'eau et wc chacune. Vente de produits fermiers biologiques. Elevage d'ânes et de chèvres. Petit déj. à base de produits biologiques. Salon de jardin. Location d'ânes pour randonnées. Langue parlée : anglais.

CV

Prix : 1 pers. **170 F** 2 pers. **210/230 F** 3 pers. **290 F** pers. sup. **60 F**

Ouvert : toute l'année.

35	6	SP	12	25	3	10	3	5	6	25	1

COMMOY LENOIR Daniele - La Tasse - 53370 GESVRES - Tél : 02 43 03 01 59 - Fax : 02 43 03 01 10 - http://www.bourricot.com (site ferme de La Tasse)

GORRON Le Grappay Brécé

C.M. 59 Pli 19

3 ch. Vous serez accueillis avec simplicité dans cette maison en pierre, toujours les bienvenus, vous trouverez calme et repos dans 3 chambres aménagées à l'étage. 1 lavabo par chambre, salle de bains et wc communs. Salon avec cheminée à disposition. Verdure, pelouse, jardin d'agrément, pique-nique, barbecue couvert. Situé sur la D33, Fougères-Pré en Pail-Alençon.

Prix : 1 pers. **160 F** 2 pers. **200 F** pers. sup. **60 F**

Ouvert : toute l'année.

35	2	2	35	37	2	17	15	2	2	50	2

LEBULLENGER Gisèle - Grappay - 53120 BRECE-GORRON - Tél : 02 43 08 63 65

GORRON Le Bailleul

C.M. 59 Pli 19

2 ch. A proximité de Gorron sur la D33, direction Fougères, 2 ch. d'hôtes aménagées à l'étage de notre habitation, 1 ch (1 lit 140, 1 lit 90) avec salle d'eau et wc, 1 ch en suite (4 pers) avec salle de bains et wc. Entrée indépendante. Salon avec cheminée et TV à disposition des hôtes. Ferme auberge à 600 m.

Prix : 1 pers. **150 F** 2 pers. **200 F** 3 pers. **280 F** pers. sup. **60 F**

Ouvert : toute l'année.

35	1	SP	35	50	1	12	14	8	1	50	1

LEFEUVRE Annick - Les Bailleuls - 53120 HERCE-GORRON - Tél : 02 43 08 43 45

GORRON Maison Neuve des 4 Epines

C.M. 59 Pli 20

3 ch. **Gorron 1 km.** 3 chambres d'hôtes au 1er étage de l'habitation des propriétaires, dans le nord de la Mayenne, en plein cœur du bocage Mayennais. 3 ch. avec salle de bains et wc privés pour chacune. Entrée indépendante. Salle d'accueil, salon avec cheminée, salle à manger à la disposition des hôtes pour les moments de détente. Salon de jardin.

Prix : 1 pers. **150 F** 2 pers. **200 F** 3 pers. **300 F** pers. sup. **80 F**

Ouvert : toute l'année.

35	1	1	1	35	1	15	30	1	1	50	1

LEDEME Gilbert - La Maison Neuve des 4 épines - Gordon - 53120 GORRON - Tél : 02 43 08 63 93

L'HUISSERIE

C.M. 63 Pli 10

3 ch. Venez découvrir ce site fort agréable sur les bords de la rivière « la Mayenne ». Vous vous promènerez sur le chemin de halage à pied ou à vélo, visiterez l'abbaye du Port du Salut et trouverez des paysages calmes et reposants. Tout cela près de nos chambres d'hôtes en rez de chaussée avec chacune sanitaires privés. Cuisine et TV à disposition. Langue parlée : anglais.

Prix : 1 pers. **200 F** 2 pers. **250 F** 3 pers. **300 F** pers. sup. **50 F**

Ouvert : toute l'année.

15	10	SP	6	15	SP	4	5	5	4	10	3

GRANGE Jérome et Marie-Claire - Route d'Entrammes - La Véronnière - 53970 L'HUISSERIE - Tél : 02 43 98 02 96

LAIGNE La Grande-Forterie

C.M. 232 Pli 19

2 ch. 2 chambres d'hôtes aménagées au 1er étage de la maison de caractère du propriétaire. 1 chambre 2 pers. et 1 chambre 3 pers. avec salles d'eau particulières. Chauffage central. A mi-chemin entre Château-Gontier et Craon, dans le pays de la Mayenne Angevine.

Prix : 1 pers. **160 F** 2 pers. **220 F** 3 pers. **280 F**

Ouvert : toute l'année.

10	10	10	30	35	4	10	8	10	1	30	1

FLECHAIS Annette - La Grande Forterie - 53200 LAIGNE - Tél : 02 43 70 00 12

LASSAY-LES-CHATEAUX Les Barries

C.M. 60 Pli 1

2 ch. **Musée du cidre, auberge rurale de Melleray la Vallée 6 km.** 2 ch. aménagées au 1er étage de l'habitation des prop. (en mansarde). 1 ch. 2 pers. et 1 ch. 4 pers. (en suite), disposant chacune d'une salle d'eau et wc. Petit-déjeuner servi dans la véranda avec vue sur le jardin fleuri. Terrasse avec s. de jardin, barbecue. Gîte rural 4 pers. contigü à notre maison. Gisèle et Camille seront heureux de vous accueillir au sud du Parc Normandie-Maine, dans un cadre reposant. 60 km de chemins pédestres dans le canton.

Prix : 1 pers. **170 F** 2 pers. **230 F** 3 pers. **310 F** pers. sup. **75 F**

Ouvert : toute l'année.

30	2,5	0,2	30	20	1	10	20	20	2,5	50	2,5

MAIGNAN Camille - Les Barries - Niort la Fontaine - 53110 LASSAY-LES-CHATEAUX - Tél : 02 43 04 70 67 - Fax : 02 43 04 70 67

LIGNIERES-ORGERES Les Vallées *C.M. 60 Pli 2*

2 ch. 2 chambres d'hôtes situées dans une ferme du XIVe siècle, au cœur du Parc Normandie Maine à 4 km du bourg. 1 ch. (1 lit 2 pers. 1 lit 1 pers.), salle d'eau, wc privés. 1 ch. (1 lit 2 pers.) et une suite fermée (1 lit 1 pers.), s.d.b./wc privés. Salon avec cheminée du XIVe commun aux 2 ch. Table d'hôtes dans la salle restaurée du XVIIIe. Cadre de repos exceptionnel où la nature est encore sauvage. Le parc des biches et des cerfs entoure la ferme. 1/2 pension : 200 F au-delà de 3 nuits. Langue parlée : anglais.

Prix : 1 pers. **210 F** 2 pers. **260 F** pers. sup. **70/100 F** repas **80/160 F**
1/2 pens. **200 F**

Ouvert : de février à décembre.

15	15	SP	SP	20	2	15	SP	10	6	33	4

GRAVY Philippe - Les Vallées - 53140 LIGNIERES-ORGERES - Tél : 02 43 03 16 47 - Fax : 02 43 03 16 47 -
E-mail : philippe.gravy-la.closerie.des.vallées.@wanadoo.fr

LOIRON La Charbonnerie *C.M. 232 Pli 6*

2 ch. 2 ch. d'hôtes près de l'habitation du propriétaire. 1 ch. (1 lit 160) avec salle d'eau et wc. 1 ch. de charme (1 lit 180. 1 lit 1 pers.), avec salle de bains, douche et wc. Kitchenette, salle à manger et salon de jardin à disposition. Table d'hôtes sur réservation. A proximité de l'autoroute A81, sortie la Gravelle (9 km) RN157 et à 4,5 km du village. Françoise et Lionel vous accueillent dans leur ferme, située dans un cadre calme et verdoyant. Langue parlée : anglais.

Prix : 1 pers. **200 F** 2 pers. **230/260 F** 3 pers. **310 F** pers. sup. **50 F**
repas **80 F**

Ouvert : de novembre à fin mars sur réservation.

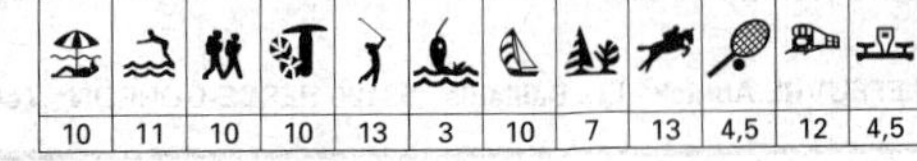

10	11	10	10	13	3	10	7	13	4,5	12	4,5

RABOURG Lionel - La Charbonnerie - 53320 LOIRON - Tél : 02 43 02 44 74

MENIL Les Boisards *C.M. 232 Pli 19*

3 ch. Kate et Alec vous accueillent dans le calme de leur ferme, dans le sud de la Mayenne. 1 ch. en r.d.c. (1 lit 2 pers), salle de bains/wc privés. 2 ch. (1 épi) à l'étage (3 lits 1 pers. chacune) avec salle d'eau et wc chacune. Entrée indépendante. Table d'hôtes et produits de la ferme. Plan d'eau, grand jardin. Accès par la N162 à 7 km au Sud de Château Gontier, prendre la route C2 vers Molières. Langue parlée : anglais.

Prix : 1 pers. **170 F** 2 pers. **240 F** 3 pers. **300 F** pers. sup. **60 F**
repas **85 F**

Ouvert : toute l'année.

5	5	SP	7	20	3	7	5	3	7	35	7

MAY Alec - Les Boisards - 53200 MENIL - Tél : 02 43 70 27 38

MENIL Vallombry *C.M. 232 Pli 19*

2 ch. Christine Guilmineau vous ouvrira les portes de sa maison en bois de style Louisiane surplombant la rivière la Mayenne. Les chambres, neuves, sont décorées avec de beaux meubles anciens, et toutes avec sanitaires privés. Vous aurez votre kitchenette et salon de TV bien à vous. De plus, vous n'aurez qu'un pas à faire pour taquiner le poisson. A 5 km de Chateau Gontier, au cœur du charmant village touristique de Ménil. A 30 mn des premiers châteaux de la Loire. Tarif séjour, nous consulter. Langues parlées : anglais, espagnol.

Prix : 1 pers. **210/220 F** 2 pers. **250 F** 3 pers. **300 F** pers. sup. **100 F**
repas **80 F**

Ouvert : toute l'année.

5	5	SP	20	20	SP	30	20	3	SP	35	SP

GUILMINEAU Christine - Vallombry - 53200 MENIL - Tél : 02 43 70 05 47

MESLAY-DU-MAINE La Croix Verte *C.M. 63 Pli 10*

2 ch. 2 ch. d'hôtes dans une maison, dans le bourg de Meslay du Maine (habitation d'agriculteurs retraités). 1 ch. avec s.d.b. privée (1 lit 2 pers. poss. lit enfant). 1 ch. avec lavabo et douche privés (2 lits 2 pers. 1 conv. 2 pers.), wc communs aux 2 ch. Cuisine aménagée réservée aux hôtes. Entrée indépendante. Cour fermée. Coin-salon, cheminée, TV. Complexe sportif. Station verte de vacances. Animaux admis sur demande. 1/2 tarif enfant - 12 ans.

Prix : 1 pers. **140 F** 2 pers. **180 F** 3 pers. **230 F** pers. sup. **50 F**
repas **50 F**

Ouvert : toute l'année.

6	1	SP	15	24	1	6	12	10	2	20	1

LEPAGE René et Lucienna - La Croix Verte - 53170 MESLAY-DU-MAINE - Tél : 02 43 98 72 64

MESLAY-DU-MAINE La Chevraie *C.M. 232 Pli 19/20*

1 ch. 1 chambre d'hôtes aménagée au rez-de-chaussée de la maison des propriétaires, agriculteurs. Salle d'eau et wc privés. Coin-cuisine à disposition. Entrée indépendante. Situé à 1,5 km du bourg.

Prix : 1 pers. **150 F** 2 pers. **200 F**

5	1	SP	15	24	1	5	12	10	1,5	25	2

LECLERC André - Le Chevraie - 53170 MESLAY-DU-MAINE - Tél : 02 43 98 40 23

MEZANGERS Le Cruchet

C.M. 60 Pli 11

1 ch. **Mayenne 18 km.** Marie-Thérèse et Léopold vous accueillent dans leur gentilhommière des XVe et XVIe siècles. 1 chambre d'hôtes aménagée dans l'habitation avec sanitaires privés et entrée indépendante. Salon de jardin à disposition. Restauration à proximité. Langue parlée : anglais.

Prix : 1 pers. **200 F** 2 pers. **250 F** 3 pers. **300 F** pers. sup. **50 F**

Ouvert : toute l'année.

1	5	1	20	36	1	1	1	2	1	5	SP

NAY Léopold - Le Cruchet - 53600 MEZANGERS - Tél : 02 43 90 65 55 - E-mail : bandb.lecruchet@wanadoo.fr

MONTAUDIN Le Petit Domaine

TH *C.M. 59 Pli 19*

2 ch. **Pays du Bocage Mayennais à 5 km de la route de Ernée.** 2 chambres d'hôtes aménagées à l'étage de la maison des propriétaires. 1 ch. (1 lit 2 pers. 1 lit 1 pers.), 1 ch. (1 lit 2 pers.). Sanitaires privés pour chaque chambre. Table d'hôtes sur réservation. Salon, véranda, jardin à la disposition des hôtes.

Prix : 1 pers. **150 F** 2 pers. **190 F** 3 pers. **260 F** pers. sup. **70 F** repas **75 F**

Ouvert : toute l'année.

12	12	3	15	35	2,5	12	15	7	12	40	2,5

LUCAS Solange - Le Petit Domaine - 53220 MONTAUDIN - Tél : 02 43 05 32 83

MONTSURS

TH

E.C. 3 ch. Bernard et Annick seront heureux de vous accueillir dans cette superbe maison du XIXè siècle où 3 chambres sont à votre disposition, chacune avec WC et salle de bains. La chambre « royale » vous séduira plus particulièrement. Et le petit déjeuner gastronomique ne vous laissera pas sur votre faim.

Prix : 1 pers. **200 F** 2 pers. **250/300 F** pers. sup. **90 F** repas **80 F**

SP	10	SP	20	20	20	10	10	10	SP

VALLEE Bernard - 13 avenue de la Libération - 53150 MONTSURS - Tél : 02 43 37 33 01 ou SR : 02 43 53 58 78

PONTMAIN Le Point du Jour

C.M. 59 Pli 19

2 ch. **Mont Saint-Michel 40 km. Laval 50 km. Fougères 15 km.** Maison située à la sortie du bourg de Pontmain sur la C4 direction Landivy. 2 chambres 2 et 3 pers, 1 ch 1 pers en suite, à l'étage avec salle d'eau et wc. Salle à manger, salon avec cheminée, jardin d'agrément avec salon de jardin. Pontmain, lieu de pélerinage aux confins de la Bretagne, de la Normandie et du Maine. Chambres dans la maison du propriétaire, au calme, en bordure de bois, rivière, sentiers pédestres. Auberge sur place.

Prix : 1 pers. **130 F** 2 pers. **180 F** 3 pers. **230 F** pers. sup. **60 F**

Ouvert : toute l'année.

15	20	0,5	15	15	0,5	10	15	15	0,5	15	0,5

MERIENNE Henri - Le Point du Jour - 11 rue de Mausson - 53220 PONTMAIN - Tél : 02 43 05 00 83

RUILLE-FROID-FONDS Logis de Villeprouvé

TH *C.M. 232 Pli 19*

4 ch. Cette ferme est aussi jolie que la nature environnante. Dans cette maison de caractère les chambres sont grandes et confortables avec un mobilier rustique (lits à baldaquin). 2 ch 2 pers, 1 ch 3 pers, 1 ch. 4 pers, S.d.b. et wc privés pour chacune. Séjour à disposition. Jardin. Plan d'eau aménagé. Table d'hôtes à base des produits de la ferme. - 10 % sur les chambres à partir du 3 ème jour (sur la totalité du séjour). Langue parlée : anglais.

Prix : 1 pers. **210 F** 2 pers. **250 F** 3 pers. **310 F** pers. sup. **60 F** repas **80 F**

Ouvert : toute l'année.

9	9	SP	23	25	SP	9	SP	1	9	25	10

DAVENEL Christophe - Villeprouvé - 53170 RUILLE-FROID-FONDS - Tél : 02 43 07 71 62 ou 06 89 81 50 13 - Fax : 02 43 07 71 62

SAINT-DENIS-D'ANJOU Le Logis du Ray

C.M. 64 Pli 1

3 ch. Au 1er étage d'une demeure ancienne (1830) avec meubles d'époque. 3 ch douche et wc privés, dont 1 avec lit à baldaquin. Lit suppl. enfant : 150F. Prêt vélo, VTT. Jardin à l'Anglaise. Box pour chevaux. Garage privé. Promenades en attelage sur place par meneur diplômé. 2 restaurants à 800m. Tarif dégressif : 3-4 nuits -10%, 5-7 nuits -15%. Ecole d'attelage, stages de loisirs tous niveaux avec passage de galop d'attelage et MATE. Langue parlée : anglais.

Prix : 1 pers. **315/360 F** 2 pers. **350/395 F** 3 pers. **545 F** pers. sup. **150 F**

Ouvert : toute l'année.

6	9	SP	12	1	9	12	9	0,8	9	0,8

LEFEBVRE Martine - Le Ray - 53290 SAINT-DENIS-D'ANJOU - Tél : 02 43 70 64 10 - Fax : 02 43 70 65 53

SAINT-GERMAIN-LE-FOUILLOUX L'Hommeau

(TH) *C.M. 232 Pli 7*

3 ch. A 10 Km de Laval, 3 chambres d'hôtes. 2 ch à l'étage avec balcon donnant sur plan d'eau. 1 ch en rez de chaussée, sanitaires privés. Les chambres sont personnalisées sur le thème des « fleurs des champs », spacieuses et confortables. TV. Thérèse et Jean-Claude vous accueillent dans leur exploitation fleurie, un espace verdoyant d'arbres et d'eau pour un séjour calme et reposant au cœur de la nature à Saint Germain le Fouilloux.

Prix : 1 pers. **200 F** 2 pers. **250 F** pers. sup. **60 F** repas **80 F**

Ouvert : toute l'année.

8	10	SP	15	10	4	10	15	8	8	10	3

GEHANNIN Thérèse - L'Hommeau - 53240 SAINT-GERMAIN-LE-FOUILLOUX - Tél : 02 43 01 18 41 - Fax : 02 43 37 68 11

SAINT-JEAN-SUR-ERVE Clos de Launay

C.M. 232 Pli 8

4 ch. 4 chambres aménagées à l'étage d'une maison rénovée. Chaque chambre est équipée de salle d'eau ou de bains et wc privés. Prise TV. 2 ch. (1 lit 2 pers.), 2 ch. (2 lits 1 pers.). Tarif enfant 50 F la nuit Maison située dans le village, à proximité de la N157. Pierre et Aline vous accueillent chaleureusement dans un cadre de verdure. Rivière et plan d'eau bordent la propriété. Entre Ste-Suzanne, cité médiévale et Saulges (grottes préhistoriques).

Prix : 1 pers. **250 F** 2 pers. **280 F** pers. sup. **80 F**

Ouvert : du 1er avril au 15 décembre.

20	9	SP	7	30	SP	20	SP	11	SP	30	SP

BIGOT Pierre - Le Clos du Launay - 53270 SAINT-JEAN-SUR-ERVE - Tél : 02 43 90 26 19

SAINT-MARS-DU-DESERT L'Oisonnière

(TH) *C.M. 60 Pli 12*

2 ch. Dans le calme de la campagne mayennaise, Claude et Jacqueline vous accueillent dans leur ferme. 2 ch. au r.d.c. avec chacune 1 lit 2 pers. et 1 lit 1 pers, s.d'eau, wc privés. 1 ch avec entrée indép, accès hand. Le petit déjeuner et le repas du soir vous seront servis dans une grande véranda au milieu d'un cadre fleuri et verdoyant, ambiance familiale. Tarif dégressif à partir de la 4e nuit. Langue parlée : anglais.

Prix : 1 pers. **150 F** 2 pers. **210 F** 3 pers. **270 F** pers. sup. **65 F** repas **80 F**

Ouvert : toute l'année.

15	13	10	10	10	10	15	10	15	10	19	5

RAGOT Jacqueline - L'Oisonnière - 53700 SAINT-MARS-DU-DESERT - Tél : 02 43 03 26 70 - Fax : 02 43 03 26 70

SAINT-MARS-SUR-LA-FUTAIE Aussé

C.M. 59 Pli 19

5 ch. **Mont Saint-Michel 40 km. Fougère et Ernée 18 km.** A 40 km du Mont St Michel, sur plus de 100 km de sentiers pédestres, de circuits VTT/Cyclos et de lieux de pêche, 5 ch toutes avec s. d'eau et wc privés (2 ch au rez de chaussée et 3 à l'étage) dans une maison restaurée, à l'environnement préservé et fleuri. Kitchenette, barbecue, salon de jardin, entrée indépendante. Hors saison sur réservation. Restaurant et épicerie dans bourg à 1 km. Documentation très fournie et aide à la découverte. Près D31 (axe Laval-Cherbourg). Langue parlée : anglais.

Prix : 1 pers. **160 F** 2 pers. **210/220 F** 3 pers. **270 F** pers. sup. **60 F**

Ouvert : toute l'année.

10	20	SP	40	40	1	25	10	10	5	20	1

PINOT Jeannyvonne - Aussé - 53220 SAINT-MARS-SUR-LA-FUTAIE - Tél : 02 43 05 01 55

SAINT-MARTIN-DE-CONNEE Le Plessis

(TH) *C.M. 232 Pli 9*

2 ch. **Forêt de Sillé le Guillaume 8 km. Sainte-Suzanne 25 km.** Dans une bâtisse indépendante, 2 chambres à l'étage avec bain et WC privés. Une avec 1 lit double, l'autre avec 2 lits de 90 et 1 lit enfant, donnant sur une grande terrasse. En bas : séjour avec cheminée, cuisine et une salle d'eau. En bordure du Parc Normandie-Maine, au cœur du bocage mayennais, cette fermette restaurée avec charme et naturel vous offrira son calme et son confort, la douceur de ses chambres, la curiosité d'un jardin japonais et une table d'hôtes où vous goûterez à des produits choisis. Langues parlées : anglais, japonais.

Prix : 1 pers. **270/320 F** 2 pers. **300/350 F** pers. sup. **120 F** repas **130 F**

Ouvert : toute l'année.

8	20	SP	10	25	0,5	10	10	10	3	10	3

OE Hisako - Le Plessis - 53160 SAINT-MARTIN-DE-CONNEE - Tél : 02 43 37 41 74 - Fax : 02 43 37 41 74

LA SELLE-CRAONNAISE La Fresnaie

C.M. 232 Pli 18

2 ch. 2 chambres d'hôtes très confortables près de l'habitation des propriétaires. 1 ch. 3 pers. et 1 ch. 2 pers. Salle d'eau et wc privés + TV couleur pour chacune. Ouvert toute l'année. A 4 km de la base de loisirs de la Rincerie. Pour une étape, vous détendre ou connaître la région, nous serons heureux de vous accueillir. Vélos à disposition. A proximité de la RN 171 (Laval-St Nazaire).

Prix : 1 pers. **180 F** 2 pers. **220 F** 3 pers. **280 F**

Ouvert : toute l'année.

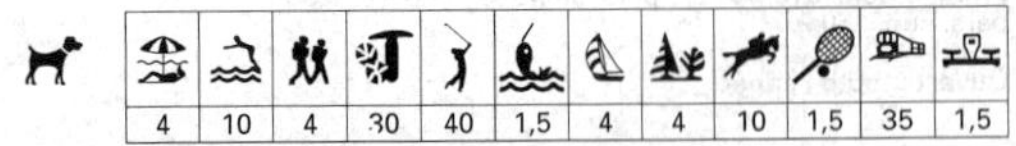

4	10	4	30	40	1,5	4	4	10	1,5	35	1,5

BALLE Joseph et Josette - La Fresnaie - 53800 LA SELLE-CRAONNAISE - Tél : 02 43 06 19 10 - Fax : 02 43 06 07 13

SOUCE Le Perron

TH *C.M. 60 Pli 1*

3 ch. **Ambrières 10 km.** Dans l'habitation à l'architecture personnalisée, 3 ch. avec s. d'eau, ouvertes sur la vallée de la Varenne (rivière à truites). 1 ch. au r.d.c. et 2 ch. à l'étage avec accès indép. Salon d'accueil/détente avec cheminée fermée. TV canal satellite, et chaîne hi-fi, grandes baies vitrées. Salle à manger avec cheminée. Vallée magnifique et promenade agréable dans la propriété, le long de la rivière. Table d'hôtes sur réservation, cuisine au feu de bois dans la cheminée (rotissoire ou grill). 1/2 pension : 1540 F/semaine/1 pers. 2100 F/semaine pour 2 pers.

Prix : 1 pers. **180 F** 2 pers. **220 F** pers. sup. **50 F** repas **80/100 F**

Ouvert : toute l'année.

35	12	SP	20	20	SP	12	15	20	12	50	5

QUIERCELIN Jean - Le Perron - 53300 SOUCE - Tél : 02 43 04 91 38 - Fax : 02 43 04 91 38 - E-mail : jean.quiercelin@wanadoo.fr

SOULGE-SUR-OUETTE

C.M. 232 Pli 7

3 ch. **Laval 15 km.** 3 ch. en r.d.c. de la maison des propriétaires, avec chacune salle d'eau et wc, donnant sur terrasse et piscine. Entrées indépendantes. Grand terrain clos. Table de ping-pong. Repos et tranquillité assurés. Proche des sites touristiques de Ste-Suzanne, Saulges, Jublains et Laval. Chantal et Yvon vous accueillent dans leur propriété, en bordure de village, près de la RN157 (Laval - Le Mans). Langue parlée : anglais.

Prix : 1 pers. **200 F** 2 pers. **230/250 F** pers. sup. **70 F**

Ouvert : du 15 avril au 15 octobre.

15	SP	5	15	15	10	15	4	10	1	15	0,5

VIOT Chantal - 1 petite route de Montsûrs - 53210 SOULGE-SUR-OUETTE - Tél : 02 43 02 33 15

Sarthe

GITES DE FRANCE
78, avenue du Général Leclerc
72000 LE MANS
Tél. 02 43 23 84 61 - Fax. 02 43 23 84 63

3615 Gîtes de France
1,28 F/min

AILLIERES-BEAUVOIR La Locherie

TH *C.M. 60 Pli 4*

2 ch. Marie-Rose et Moïse vous accueillent dans une belle demeure du XVIe s. située sur leur exploitation agricole. 1 ch. d'hôtes de 3 pers. (1 lit 2 pers. 1 lit 1 pers.) avec s. d'eau privée. 1 ch. d'hôtes de 4 pers. communiquant avec une petite chambre d'enfants située dans une tour (1 lit 2 pers. 2 lits 1 pers.) avec s.d.b. privée attenante. WC communs. Salon avec TV. Chauffage central. Piscine sur place. Balades en forêt de Perseigne (800 m). Table d'hôtes sur réservation.

Prix : 2 pers. **270/300 F** pers. sup. **80 F** repas **100 F**

Ouvert : toute l'année sauf entre Noël et le 1er janvier.

7	7	0,8	0,3	7	0,1	10	7	25	7

LORIEUX Moïse - La Locherie - 72600 AILLIERES-BEAUVOIR - Tél : 02 43 97 76 03

ASNIERES-SUR-VEGRE La Tuffière

TH *C.M. 64 Pli 2*

3 ch. Maison située au bord de la Vègre. 3 chambres 3 et 4 pers. avec salle d'eau et wc privés (1 lit 2 pers. 1 lit 1 pers.), (1 lit 2 pers. 1 lit 1 pers.), (1 lit 2 pers. 2 lits 1 pers.), situées à l'étage. Chauffage électrique. Sur place : pêche-canoë, barque. Taxe de séjour. Table d'hôtes sur réservation.

Prix : 1 pers. **165/175 F** 2 pers. **210/240 F** 3 pers. **255/285 F** pers. sup. **55 F** repas **90 F**

Ouvert : toute l'année.

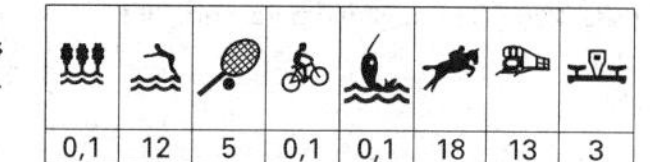

0,1	12	5	0,1	0,1	18	13	3

DAVID Mauricette et Yves - La Tuffière - 72430 ASNIERES-SUR-VEGRE - Tél : 02 43 95 12 16 - Fax : 02 43 92 43 05

AUBIGNE-RACAN Le Gravier

TH

4 ch. 4 ch. à l'étage avec sanitaires privés : 3 ch. de 2 pers. (dont 1 en lits jumeaux 110), 1 ch. de 3 pers. Grande salle à manger avec billard français et coin-salon près de la cheminée. Salon de lecture avec piano, salon télévision/vidéo. Etang sur place pour promenade et pêche. Poss. de panier pique-nique le midi sur réservation. Ancien relais de poste en pleine nature à proximité des bords du Loir. Langues parlées : anglais, espagnol.

Prix : 2 pers. **250 F** repas **80 F**

Ouvert : toute l'année.

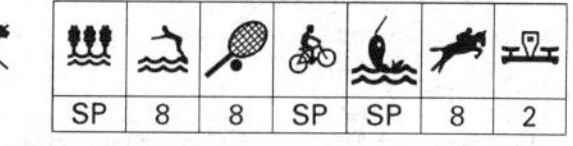

SP	8	8	SP	SP	8	2

Mme GUIDOIN - Le Relais du Gravier - 72800 AUBIGNE-RACAN - Tél : 02 43 46 20 61

BALLON *C.M. 60 Pli 13*

2 ch. Thérèse et Bernard vous accueillent dans leur maison. 2 chambres d'hôtes aménagées à l'étage. Pour une famille : 1 chambre (1 lit 2 pers.) et 1 chambre (2 lits 1 pers.) avec salle d'eau attenante. 1 chambre familiale (2 lits 2 pers., 2 lits 1 pers.) avec salle d'eau privée. WC communs. Lit de bébé : 20 F. Salle de séjour, salon à disposition. Jardin. Aire de jeux. Barbecue. Parking. Possibilité pique-nique. Repas végétarien sur demande. Dîner enfant moins de 10 ans : 45 F. VTT. randonnée. Sites historiques à 500 m. Restaurant à 1 km. Table d'hôtes uniquement sur réservation.

Prix : 1 pers. **150 F** 2 pers. **250 F** 3 pers. **350 F** pers. sup. **120 F**
repas **85 F**

Ouvert : toute l'année.

11	0,1	10	1	7	11	0,1

BEQUIN Bernard - 4 rue de l'Ouest - 72290 BALLON - Tél : 02 43 27 30 66 - Fax : 02 43 27 26 36

BAZOUGES-SUR-LE-LOIR La Maison Neuve *C.M. 64 Pli 2*

4 ch. Marie et Jean vous recevront dans leur propriété chaleureuse et reposante, au bord d'un plan d'eau, dans un site paysager. Vous pourrez disposer d'1 ch. avec 1 lit 2 pers., d'1 ch. avec 1 lit 2 pers., 1 lit 1 pers. et kitchenette, d'1 ch. avec 1 lit 2 pers. avec kitchenette. A l'ét. : 1 ch. (2 lits 1 pers.), escalier extérieur. Toutes avec s. d'eau et wc privés. Table d'hôtes sur réservation.

Prix : 1 pers. **250 F** 2 pers. **280/300 F** 3 pers. **350 F** pers. sup. **70 F**
repas **90 F**

Ouvert : toute l'année.

10	10	1,5	1	SP	1	10	5	25	1,5

VIEILLEROBE Marie et Jean - La Maison Neuve - Chemin de la Gélopière - 72200 BAZOUGES-SUR-LE-LOIR - Tél : 02 43 45 30 08 - Fax : 02 43 45 30 08 - http://www.CHEZ.COM/BandB

LA BOSSE Le Petit Goutier *C.M. 60 Pli 14*

E.C. 1 ch. **La Ferté-Bernard 15 km. Le Mans 40 km.** Notre chambre (1 lit 2 pers.) est située dans un bâtiment indépendant avec salle d'eau et wc attenant. Le petit déjeuner sera pris dans la pièce commune d'une ancienne longère percheronne. Sur place, vous trouverez un petit étang empoissonné avec barque à disposition et un salon de jardin. Nous serons heureux de vous accueillir au Petit Goutier.

Prix : 2 pers. **250 F**

Ouvert : toute l'année.

10	10	6	5	SP	10	10	10	6

MITTEAU Philippe et Marie - Le Petit Goutier - 72400 LA BOSSE - Tél : 02 43 71 82 24

BOULOIRE La Jonquière *C.M. 64 Pli 5*

5 ch. Danielle vous accueille dans sa grande maison située au milieu des bois. 5 chambres d'hôtes aménagées à l'étage. 3 chambres de 2 personnes avec salle d'eau et wc privés. 1 chambre (1 lit 2 pers.) et 1 chambre (2 lits 1 pers.), salle de bains et wc communs à ces 2 chambres (1 épi NN). Possibilité de lit bébé. Sur place : étang, barque, vélos. Parc animalier et mini-golf à 8 km. Tir à l'arc à 2 km. Base ULM à 7 km. Restaurant à 4 km. Entre Bouloire et Saint-Calais N157, route de Maisoncelles.

Prix : 1 pers. **180/200 F** 2 pers. **200/240 F** pers. sup. **60 F**

Ouvert : toute l'année.

0,1	11	4	0,1	0,1	0,1	11	20	34	4

GAUCHER Danielle - La Jonquière - 72440 BOULOIRE - Tél : 02 43 35 43 34 - Fax : 02 43 35 97 12

BRAINS-SUR-GEE La Sablière *C.M. 60 Pli 12*

3 ch. Proche du Mans, dans la campagne calme et verdoyante, je cultive « saveurs et odeurs » pour 1 cuisine simple et savoureuse dans un décor de meubles patinés et d'objets choisis avec passion. R.d.c. : 1 ch. 2 pers. (1 lit 2 pers.), s. d'eau et wc privés. A l'ét. : 2 ch. 2 et 3 pers. (2 lits 2 pers. 1 lit 1 pers.), s. d'eau, wc privés. Salon avec TV commun aux hôtes. Chauffage électrique. A proximité de la RN 157 (accès facile vers la Bretagne).

Prix : 1 pers. **210 F** 2 pers. **250 F** 3 pers. **300 F** pers. sup. **70 F**
repas **45/80 F**

Ouvert : toute l'année.

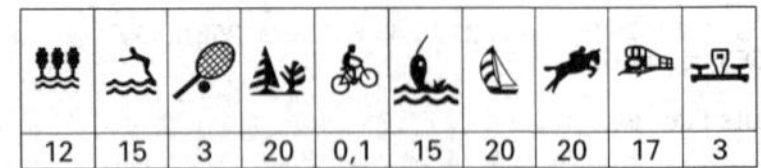

12	15	3	20	0,1	15	20	20	17	3

BRIAND - La Sablière - 72550 BRAINS-SUR-GEE - Tél : 02 43 88 75 19 - Fax : 02 43 88 75 19

BRULON Les Belmondières *C.M. 60 Pli 12*

5 ch. Guy et Chantal vous accueillent au cœur du bocage sabolien. Accès par la D4 entre RN157 et Brûlon. Autoroute A81, sortie 1. Ils vous offrent 5 ch. d'hôtes aménagées dans un bâtiment avec accès indépendant. Au r.d.c. : 1 ch. 4 pers. et 1 ch. 2 pers. avec s. d'eau et wc privés, access. pers. hand. A l'étage : 3 ch. : 1 pour 3 et 2 pour 2 pers. avec s. d'eau/wc privées. L-linge. Jardin. Salon avec jeux. Bibliothèque. Table d'hôtes avec repas pris en famille. Sur place : gîte de séjour access. pers. hand., camping à la ferme. Sur place : piscine couverte et chauffée, swin-golf. Taxe de séjour. Réduction pour séjour +2 jours.

Prix : 1 pers. **215 F** 2 pers. **270 F** 3 pers. **365 F** pers. sup. **95 F**
repas **95 F**

Ouvert : toute l'année.

4	SP	4	10	10	0,1	4	17	21	4

LEMESLE Guy et Chantal - Les Belmondières - 72350 BRULON - Tél : 02 43 95 60 63 - Fax : 02 43 92 09 22 - E-mail : les.belmondieres@freesbee.fr - http://perso.libertysurf.fr/les.belmondieres

CERANS-FOULLETOURTE Le Moulin Neuf *C.M. 64 Pli 3*

2 ch. Ancien moulin restauré datant du XVIe s., sur les bords du Fessard, affluent de la Sarthe. Situé entre Cérans-Foulletourte et La Suze, à 3 km de la RN23 et 4 km de la D23. 2 chambres d'hôtes 2 et 3 pers. situées à l'étage avec salle d'eau et wc privés (1 lit 2 pers.) (1 lit 2 pers., 3 lits 1 pers.). Ch. électrique. Terrasse avec salon de jardin privée pour les hôtes. Parc ombragé. Possibilité petit déjeuner à l'extérieur. Chemins de randonnée à proximité. Langue parlée : anglais.

Prix : 1 pers. **200 F** 2 pers. **250 F** 3 pers. **300 F** pers. sup. **70 F**

Ouvert : toute l'année sauf du 6 au 26 août.

14	3	3	0,1	14	10	6	3

ROUAN Stéphan - Le Moulin Neuf - 72330 CERANS-FOULLETOURTE - Tél : 02 43 87 24 13

CHAMPFLEUR La Garencière (TH) *C.M. 60 Pli 13*

5 ch. Dans un cadre de verdure et dans une ferme typique du XIXe s., M. et Mme Langlais vous accueillent en pleine campagne. 5 chambres d'hôtes de 2, 3 ou 4 pers. avec salle d'eau et wc privés. Salon avec TV à disposition des hôtes. Chauffage central. A la table d'hôtes, véritables spécialités de la ferme et du terroir. Piscine couverte chauffée sur place. Langue parlée : anglais.

Prix : 1 pers. **210 F** 2 pers. **270 F** 3 pers. **330 F** pers. sup. **60 F**
repas **115 F**

Ouvert : toute l'année.

SP	1	1	2	1	6	1

LANGLAIS Christine et Denis - La Garencière - 72610 CHAMPFLEUR - Tél : 02 33 31 75 84

CHANGE Le Roncheray (TH) *C.M. 60 Pli 13*

3 ch. **Le Mans 12 km.** Dans un bâtiment indép. R.d.c. : 1 ch. 2 pers. avec sanitaires privés (acc. hand.). A l'ét. : 2 ch. 3 pers. avec s.d.b. et wc privés. Chauff. élect. Terrasse. Salle commune à disposition avec coin-salon (TV). Sur place, centre de remise en forme supervisé par un kinésithérapeute. Accueil possible à la gare du Mans. Table d'hôtes sur réservation. Situé au cœur de la campagne Sarthoise, le Roncheray vous offre un cadre de détente, en bordure de forêt, au milieu de 5 ha. de verdure, au croisement de chemins de randonnée.

Prix : 1 pers. **200/250 F** 2 pers. **250/280 F** pers. sup. **75 F**
repas **100/120 F**

Ouvert : toute l'année.

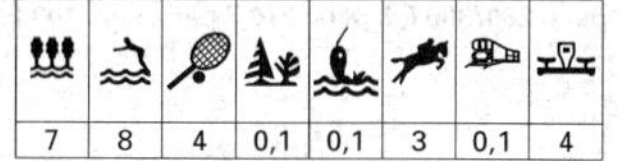

7	8	4	0,1	0,1	3	0,1	4

DUBOIS Françoise - Le Roncheray - 72560 CHANGE - Tél : 02 43 40 12 00 - Fax : 02 43 40 18 34

CHANGE *C.M. 60 Pli 13*

2 ch. **Le Mans 3 km. Circuit des 24 heures 6 km.** Proche du circuit des 24 h du Mans, notre propriété de 5000 m^2 est entièrement close, arborée avec grande piscine, terrain de boules. En bordure des Bois de l'Epau, au calme. 1 grande ch. avec coin-salon, TV, (1 lit 2 pers. 1 lit 1 pers.), s.d.b. et wc privés attenants. Pour une famille : 2 ch. attenantes (2 lits 2 pers.), s. d'eau et wc dans le couloir. Vous appréciez le contact, une ambiance détendue, nous aussi. A proximité du Mans, sortie le Mans-Est, autoroute A11. Conditions particulières pour déplacements professionnels et longs séjours. Langue parlée : anglais.

Prix : 1 pers. **220/270 F** 2 pers. **260/300 F** 3 pers. **380 F**

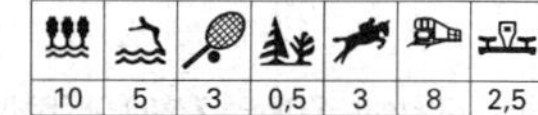

10	5	3	0,5	3	8	2,5

DUVAL Daniel - 17 route de la Californie - 72560 CHANGE - Tél : 02 43 40 46 99 - Fax : 02 43 40 46 99

CHANTENAY-VILLEDIEU Chauvet (TH) *C.M. 64 Pli 2*

3 ch. Marylise et Jean-Noël vous accueillent avec simplicité dans leur exploitation pour vous faire découvrir le domaine de l'élevage : la truie et sa suite label Porcs Sarthois et les volailles de Loué. R.d.c. : 1 ch. (1 lit 2 pers.). S.d.b./wc attenante et privée. A l'ét. : 2 ch. (1 lit 2 pers.) avec s.d.b. et wc privés. Séjour, salon avec TV à dispo. Possibilité lit et accessoires bébé. Chauffage central. Salon de jardin. Tables d'hôtes en famille le soir sur réservation. Mini-golf à 2 km. Restaurant à 2 km. Taxe de séjour. Repas enfant : 50 F. Langue parlée : anglais.

Prix : 1 pers. **200 F** 2 pers. **250 F** pers. sup. **80 F** repas **90 F**

Ouvert : toute l'année.

2	2	2	35	9	2	10	17	17	2

VOVARD Marylise - Chauvet - 72430 CHANTENAY-VILLEDIEU - Tél : 02 43 95 77 57 - Fax : 02 43 92 54 88 -
E-mail : marylise.vovard@wanadoo.fr - http://perso.wanadoo.fr/chauvet.hotes

LA CHAPELLE-HUON Le Moulin de l'Etang *C.M. 64 Pli 5*

1 ch. Niché dans un environnement de qualité, moulin du XVIIIe s. où le confort et le raffinement en font un lieu de séjour exceptionnel. 1 suite pour 2 ou 4 pers. Salon TV, s.d.b. et wc privés. Terrasses fleuries au bord de la rivière. Oiseaux migrateurs. Pêche gratuite en étang de 5 ha. exclusivement réservé à nos hôtes.

Prix : 2 pers. **550 F** 3 pers. **600 F** pers. sup. **100 F**

Ouvert : toute l'année.

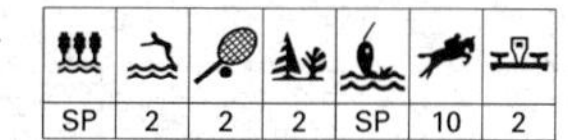

SP	2	2	2	SP	10	2

LEGER Claude et Jacqueline - Le Moulin de l'Etang - 72310 LA CHAPELLE-HUON - Tél : 02 43 35 54 86 - Fax : 02 43 35 22 17 -
E-mail : MOULIN72@aol.com - http://www.citeweb.net/moulin

LA CHARTRE-SUR-LE-LOIR  *C.M. 64 Pli 4*

3 ch. — 3 ch. d'hôtes chez un vigneron : 1 ch. (1 lit 2 pers.) avec salle d'eau et wc privés, 1 ch. (2 lits 1 pers.) avec salle d'eau et wc privés, 1 suite (4 lits 1 pers.) avec salle d'eau et wc privés. TV dans chaque chambre. Petit déjeuner servi dans une salle de séjour ou en terrasse. Dégustation de vin sur place. Canoë-kayak. Randonnée pédestre. Pour la découverte du vignoble en vallée du Loir »Jasnières et coteaux du Loir ». Enfants - 12 ans : 50 F. Langue parlée : anglais.

Prix : 2 pers. **280 F** pers. sup. **80 F**

Ouvert : toute l'année.

1	1	5	0,5	1	4	6	18	0,5

M. et Mme GIGOU - 4 rue des Caves - 72340 LA CHARTRE-SUR-LE-LOIR - Tél : 02 43 44 48 72 - Fax : 02 43 44 42 15

CHATEAU-DU-LOIR *C.M. 64 Pli 4*

3 ch. — Monsieur et Madame Le Goff vous accueillent dans leur vieille demeure, située en arrière de la place principale, centre ville. 3 chambres de 2 pers. aménagées à l'étage, avec salle d'eau et wc privés. Parking et nombreux restaurants à proximité. Réduction pour séjour. Langue parlée : anglais.

Prix : 1 pers. **230 F** 2 pers. **280 F**

Ouvert : toute l'année sauf d'octobre à fin mars.

6	1	1	6	0,5	4	6	4	1	0,1

LE GOFF Dianne - 22 rue de l'Hôtel de Ville - 72500 CHATEAU-DU-LOIR - Tél : 02 43 44 03 38

CHEMIRE-LE-GAUDIN Théval A (TH) *C.M. 64 Pli 2*

4 ch. — Vous aimez le calme et la nature au bord de l'eau, la convivialité et le confort. Marie et Alain vous attendent dans leur propriété, largement ouverte sur la rivière « La Sarthe ». 4 chambres de 2 à 3 pers., spacieuses et confortables (literies soignées). Ch. central. Avec wc et s.d.b. privés. Taxe de séjour. Les bords de Sarthe, les îles, la douve offrent toutes poss. de pêche, promenade (pédestre ou en barque). A défaut, autour d'un repas copieux à la TH, amoureusement préparé par la maîtresse de maison, chacun peut aussi faire une sieste sous les platanes centenaires ou une partie de pétanque. Langue parlée : anglais.

Prix : 1 pers. **250 F** 2 pers. **280/300 F** 3 pers. **370 F** pers. sup. **100 F** repas **100/120 F**

Ouvert : toute l'année.

18	5	5	30	0,1	0,1	18	5	5	2

FORNELL Anne-Marie - Théval - 72210 CHEMIRE-LE-GAUDIN - Tél : 02 43 88 14 92 - E-mail : ATHEVAL@aol.com

CLERMONT-CREANS *C.M. 64 Pli 2*

6 ch. — Dans un château du XVe siècle avec parc et jardin à la Française. 6 chambres 2 pers., toutes avec salle d'eau et wc privés. Calme et repos dans un cadre superbe. Langue parlée : anglais.

Prix : 2 pers. **390 F**

Ouvert : toute l'année.

5	5	1	SP	5	2	5	3	30	1

HALLIER Danièle et François - Château d'Oyre - 72200 CLERMONT-CREANS - Tél : 02 43 48 00 48 - Fax : 02 43 48 00 41

CORMES La Ferté Bernard (TH) *C.M. 60 Pli 15*

3 ch. — **La Ferté Bernard 7 km. Le Mans 40 km.** Au calme de la campagne, à l'étage d'un manoir : 1 ch. 2 pers. avec sanitaires et wc séparés privés, 1 ch. 2 ou 4 pers. avec 2 lits, salon avec cheminée, sanitaires, wc séparés et privés. 1 ch. 2 ou 4 pers. avec 2 lits, salon avec cheminée, salle de bains, wc séparés et privés. Toutes avec ch. central, radiateurs sèche-serviette et TV. Parc, promenade sur étang pêche. Odette et Désiré seront heureux de vous accueillir dans leur ancien manoir de Planchette du XIIIe siècle, restauré avec passion par eux-même. La Ferté Bernard, dir. St-Calais, après 300 m à gauche prendre Courgenard. Jeux d'enfants. Tables d'hôtes sur réservation.

Prix : 1 pers. **250 F** 2 pers. **300/350 F** 3 pers. **450 F** pers. sup. **100 F** repas **100 F**

Ouvert : toute l'année.

4	3	10	SP	SP	7	4	7	3

CHERRIER Odette et Désiré - Planchettes - 72400 CORMES - Tél : 02 43 93 24 75 ou 06 80 33 97 61 - Fax : 02 43 93 24 75

COULAINES Le Monet *C.M. 60 Pli 13*

4 ch. — **Circuit des 24 h du Mans 8 km.** Mr et Mme Bordeau vous accueillent dans leur propriété au milieu d'un parc boisé, située en pleine campagne. 4 chambres d'hôtes de 2 personnes aménagées dans une maison indépendante, proche des propriétaires. 2 chambres de plain-pied (1 lit 2 pers.), s. d'eau et wc privés. 2 chambres à l'étage (2 lits 1 pers.), s. d'eau et wc privés. ohauffage central. Séjour, salon et coin-cuisine à disposition. Parking. Abri couvert. Restaurant 1 km. Golf à 3 km. Possibilité pique-nique dans le parc.

Prix : 1 pers. **210 F** 2 pers. **275 F**

Ouvert : toute l'année.

1	1	3	25	4	1

BORDEAU Lucette - Le Monet - 72190 COULAINES - Tél : 02 43 82 25 50

COURCIVAL Les Bois

C.M. 60 Pli 14

1 ch. Michèle et Claude vous accueillent sur leur exploitation agricole. 1 chambre d'hôtes 4 pers. (1 lit 2 pers. et 1 canapé-lit 2 pers.) indépendante de la maison des propriétaires, de plain-pied, avec salle d'eau et wc privés. Chauffage électrique. Jardin, terrasse et salon de jardin privés pour les hôtes. Jeux à disposition. Possibilité lit bébé : 30 F. 320 F/4 pers.

Prix : 1 pers. **170 F** 2 pers. **200 F** 3 pers. **260 F** pers. sup. **60 F**

Ouvert : toute l'année.

15	15	15	15	2	15	40	8

RENAULT Claude - Les Bois - 72110 COURCIVAL - Tél : 02 43 29 32 63 - Fax : 02 43 29 75 19

DISSAY-SOUS-COURCILLON La Chataigneraie

C.M. 64 Pli 4

1 ch. **Châteaux de la Loire 35 km.** Si vous aimez le calme, le repos et la verdure, Michèle et Michel vous accueilleront dans leur maison située au cœur de la vallée du Loir. Ancienne dépendance d'un château datant du Moyen-Age. Vous disposerez d'une suite pouvant recevoir 2 à 5 pers. comprenant 3 ch. communicantes (1 lit 2 pers. 2 lits 1 pers. 1 lit 120), wc et s.d.b. privés (douche et baignoire). Avec son petit salon particulier (cheminée et TV). Chauffage central. Salon de jardin. Tennis dans un parc boisé de 2 ha. Restaurant au village à 1 km. Langues parlées : anglais, espagnol.

Prix : 1 pers. **190 F** 2 pers. **260 F** pers. sup. **125 F**

Ouvert : toute l'année.

6	6	0,1	15	6	5	6	12	6	1

LETANNEUX Michèle et GUYON Michel - La Chataigneraie - 72500 DISSAY-SOUS-COURCILLON - Tél : 02 43 79 45 30 ou 02 43 46 19 31

DISSAY-SOUS-COURCILLON Le Moulin du Prieuré

C.M. 64 Pli 4

3 ch. **Château du Loir 5 km.** Dans un ancien moulin à eau du XVIIIe s. au cœur du village. 3 ch. de 3 pers. aménagées en r.d.c., avec sanitaires privés dans chacune. Facilités enfants. Jardin clos. Stationnement fermé. Bibliothèque anglais/français. Taxe de séjour. Petit déjeuner servi dans la salle du moulin. Panier pique-nique.

Prix : 1 pers. **200 F** 2 pers. **270 F** 3 pers. **320 F**

Ouvert : toute l'année.

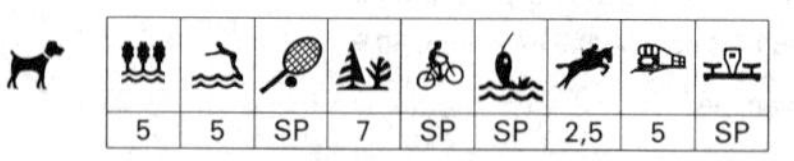

5	5	SP	7	SP	SP	2,5	5	SP

BRETONNEAU M-Claire et Martin - 3 rue de la Gare - Le Moulin du Prieuré - 72500 DISSAY-SOUS-COURCILLON - Tél : 02 43 44 59 79

FRESNAY-SUR-SARTHE

TH

C.M. 60 Pli 13

E.C. 2 ch. **Le Mans 40 km. Sillé-le-Guillaume 15 km.** 1 chambre (1 lit 160) et 1 chambre (2 lits jumeaux), toutes deux avec salle de bains ou d'eau et wc privés. Chauffage central. Parc aux arbres centenaires, piscine dans la propriété et table d'hôtes sur réservation. Fresnay-sur-Sarthe, petite cité de caractère aux portes des Alpes Mancelles. 2 chambres d'hôtes spacieuses aménagées dans les dépendances d'une maison bourgeoise du XIXe siècle.

Prix : 1 pers. **250 F** 2 pers. **300 F** pers. sup. **70 F** repas **90 F**

Ouvert : toute l'année.

0,1	SP	0,5	10	15	15	6	0,3

Mme LECLERCQ - 43 avenue Victor-Hugo - 72130 FRESNAY-SUR-SARTHE - Tél : 02 43 97 22 19 - Fax : 02 43 97 22 19 - E-mail : Leclercqtherese@aol.com - http://members.aol.com/fresnayherberg/index.htm

GUECELARD

TH

C.M. 64 Pli 3

6 ch. Au bord de la Sarthe, venez vous détendre dans 1 site calme et verdoyant. 4 ch. d'hôtes (2 pers.) avec sanitaires privés dans le château et 2 ch. familiales 2 épis (3 pers. et 4 pers.) dans la ferme annexe avec sanitaires privés. Sur place, Practise Par, le golf à la portée de tous, 2 courts de tennis, promenade le long de la rivière. Sur place : pêche en rivière 2e catégorie. Nous adaptons un tarif préférentiel suivant la saison et le nombre de nuitées. Table d'hôtes sur réservation.

Prix : 2 pers. **360/400 F** 3 pers. **400 F** pers. sup. **70 F** repas **95 F**

8	5	SP	10	SP	8	5	15	1

BABAULT Catherine - Route de la Suze - Château de Mondan - 72230 GUECELARD - Tél : 02 43 87 92 16 - Fax : 02 43 87 92 16 - E-mail : chateau.mondan@wanadoo.fr

JUPILLES La Garenne

TH

C.M. 64 Pli 4

2 ch. Sur une exploitation agricole. A proximité de la forêt de Bercé. 2 chambres d'hôtes de 2 et 3 pers., aménagées à l'étage, avec salle d'eau et wc privés (2 lits 2 pers., 1 lit 1 pers.). Chauffage central. Terrain. Supplément pour animaux : 10 F. Taxe de séjour.

Prix : 2 pers. **220 F** 3 pers. **310 F** pers. sup. **50/70 F** repas **85 F**

Ouvert : toute l'année.

5	12	5	0,5	0,4	5	12	6	12	0,4

M. et Mme LANGEVIN - La Garenne - 72500 JUPILLES - Tél : 02 43 44 11 41

LAVARDIN Le Champ de la Butte

C.M. 60 Pli 12

1 ch.

Le Mans 12 km. Les Alpes Mancelles 20 km. L'abbaye de Solesmes 25 km. En plein champ sur les hauteurs, Jenny vous accueille dans sa grande maison tout en roussard d'une architecture particulière pour trouver luxe, calme, beauté du paysage à la proximité du Mans. 1 ch. de 30 m^2 (2 lits 1 pers.), salle d'eau et wc privés. Langue parlée : anglais.

Prix : 2 pers. **300 F** pers. sup. **100 F**

Ouvert : du 1er avril au 20 septembre.

15	8	3	0,1	15	15	2

GANDON Jenny - Le Champ de la Butte - Route des Mezières - 72240 LAVARDIN - Tél : 02 43 27 71 22

LAVENAY Le Patis du Vergas

TH

C.M. 64 Pli 5

5 ch.

Monique et Jacques vous accueillent dans leur propriété de 2,5 ha, dans un cadre de verdure, au bord d'un étang très poissonneux de 1,2 ha, bordée par une rivière de 1ère cat. 5 ch. d'hôtes dans un bâtiment annexe (entrée indép. pour chacune). 3 ch. 2 pers. (3 lits 2 pers.), 2 ch. 3 pers. (2 lits 2 pers. 2 lits 1 pers.). Chacune avec s. d'eau et wc privés. S. de détente avec TV, bibliothèque, kitchenette, billard et baby-foot. Sauna (payant). Repas et petits déjeuners servis dans la véranda. Terrains de volley, croquet et boules. Ping-pong. Barque. Barbecue, pêche gratuite. Poss. pique-nique. 10 % sur séjour à partir de 2 jours.

Prix : 1 pers. **250 F** 2 pers. **270/330 F** 3 pers. **330 F** repas **90 F**

Ouvert : du 15 mars au 1er novembre, le reste sur réservation.

SP	8	8	8	SP	SP	15	18	23	1

DEAGE Monique et Jacques - Le Patis du Vergas - 72310 LAVENAY - Tél : 02 43 35 38 18 - Fax : 02 43 35 38 18

LOUE

C.M. 60 Pli 12

E.C. 4 ch.

Brûlon 10 km. Le Mans 30 km. Ses 4 ch. sont toutes équipées de douche ou baignoire et wc et le nécessaire pour se faire un thé ou un café. Les ch. sont spacieuses et ils ont pris soins de les meubler en accord avec le style de la maison. Chauffage central. Un copieux petit déjeuner continental ou, sur demande, un « typical English Breakfast » vous sera servi à la grande table de la salle à manger. Petit déjeuner également servi sur la terrasse. Supplément 50 F pour le petit déjeuner anglais. Enfant gratuit - de 10 ans. Suzanne et Gary Pledger, un couple anglais, tombés amoureux du village de Loué, souhaitent vous y accueillir dans la plus ancienne maison de la commune.

Prix : 2 pers. **350 F** 3 pers. **400 F** pers. sup. **50 F**

Ouvert : toute l'année.

7	0,2	0,2	8	0,1	7	12	30	SP

PLEDGER Suzanne et Gary - 2 rue de la Libération - 72540 LOUE - Tél : 02 43 88 07 83

LOUPLANDE L'Oierie

TH

C.M. 60 Pli 3

2 ch.

Armelle, Gilles et leurs enfants seront heureux de vous recevoir sur leur exploitation agricole (volailles de Loué et vaches laitières). A l'étage, 2 chambres d'hôtes de 3 pers. avec chacune (1 lit 2 pers., 1 lit 1 pers.), salle d'eau et wc. Salon de jardin. Portique. Table d'hôtes sur réservation. Piscine privée accessible aux hôtes. A 5 km de la sortie N°9 de l'Autoroute A 11. Langue parlée : anglais.

Prix : 1 pers. **210 F** 2 pers. **260 F** 3 pers. **310 F** pers. sup. **80 F** repas **90 F**

Ouvert : toute l'année.

10	7	2,5	2	10	8	15	1,5

HERVE Armelle et Gilles - L'Oierie - 72210 LOUPLANDE - Tél : 02 43 88 11 22

LUCEAU Le Moulin Calme

TH

C.M. 64 Pli 4

3 ch.

Tours 40 km. Le Lude 15 km. Le Mans 40 km. 3 ch. d'hôtes entièrement rénovées avec chacune s.d.b. et wc indépendants ou suite familiale pour 2 à 4 pers. avec s.d.b. et wc indépendants. Literie et linge neufs. Vue sur l'étang. Chauffage central. Petits déjeuners servis dans la Véranda ou terrasse devant l'étang. Parking fermé. Table d'hôtes sur réservation. Baignade, pédalo, vélos sur place et gratuitement. Michel et Michèle vous accueillent chaleureusement dans leur moulin calme que bordent 2 étangs poissonneux. Situation dans le site de la Vallée du Loir à 5 mn du Château du Loir. Pour forfait séjours, week-end, semaine, nous consulter.

Prix : 1 pers. **280/320 F** 2 pers. **330/380 F** 3 pers. **460/550 F** pers. sup. **120 F** repas **95 F**

Ouvert : de mars à fin novembre ou sur réservation décembre, janvier, février.

5	5	2	3	SP	10	5	5	2

SUEUR Michel et Michèle - Le Moulin Calme - Gascheau - 72500 LUCEAU - Tél : 02 43 46 39 75 - Fax : 02 43 46 39 75

LUCHE-PRINGE Bourg de Pringe

C.M. 64 Pli 3

2 ch.

Sur route touristique de la Vallée du Loir (D13), à l'entrée du bourg de Pringé, proche des sentiers pédestres dans la forêt de Gallerande. Les prop. vous accueillent dans leur fermette. 2 ch. 2 pers. (1 lit 2 pers.) dans bâtiment contigu avec accès indépendant, de plain-pied (1 lit 2 pers. chacune), s. d'eau/wc privés. Chauffage électrique. Cour, jardin, salon de jardin. Possibilité pique-nique. Restaurant 2 km. Taxe de séjour.

Prix : 1 pers. **205 F** 2 pers. **235 F** pers. sup. **100 F**

Ouvert : toute l'année.

2	11	2	1	2	2	9	9	40	2

M. et Mme LAILLER - 2 rue de Gallerande - 72800 LUCHE-PRINGE - Tél : 02 43 45 41 21

LE LUDE *C.M. 64 Pli 3*

3 ch. En centre-ville. Dans une maison ancienne proche du château. A l'étage : 2 chambres de 2 pers. avec salle de bains et wc privés. 1 chambre de 2 pers. avec salle d'eau et wc privés. Chauffage central. Jardin.

Prix : 2 pers. **300 F**

Ouvert : du 1er avril au 30 septembre.

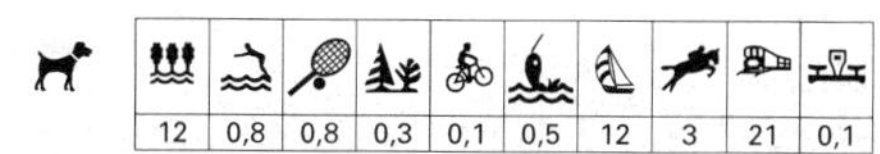

12	0,8	0,8	0,3	0,1	0,5	12	3	21	0,1

M. et Mme PEAN - 5 Grande Rue - 72800 LE LUDE - Tél : 02 43 94 63 36

LE LUDE Les 14 Boisselées (TH) *C.M. 64 Pli 3*

1 ch. Madame et Monsieur Brazilier vous accueillent près du Lude dans leur maison située sur un grand terrain paysager et boisé, avec salon de jardin. Sur D305. route de château du Loir, 1 chambre d'hôtes (1 lit 2 pers.) avec salle d'eau et wc privés. Chauffage électrique. Sentier de grande randonnée (GR36) à 300 m. Taxe de séjour. Langues parlées : anglais, allemand.

Prix : 2 pers. **250 F** repas **120 F**

Ouvert : toute l'année.

15	2	1,8	15	0,5	15	1,8	10	2

BRAZILIER Jean-Louis - Route de Château du Loir - Les 14 Boisselées - 72800 LE LUDE - Tél : 02 43 94 90 65

MANSIGNE Les Petites Landes *C.M. 64 Pli 3*

2 ch. Sur une exploitation agricole à vocation herbagère, Christine et Francis vous recevront avec plaisir et vous feront découvrir leur élevage. Un chemin de randonnée au départ de la ferme vous mènera soit à la base de loisirs, soit aux menhirs. Pour vous accueillir, 2 ch. 4 et 5 pers. avec s. d'eau et wc privés. Loc. vélos sur place, adhérent vélo bleu, vélo vert. TV noir et blanc. Possibilité lit supplémentaire. Salon de jardin. RN 23 à 5 km. Langue parlée : anglais.

Prix : 2 pers. **260 F** 3 pers. **340 F** pers. sup. **80 F**

Ouvert : toute l'année.

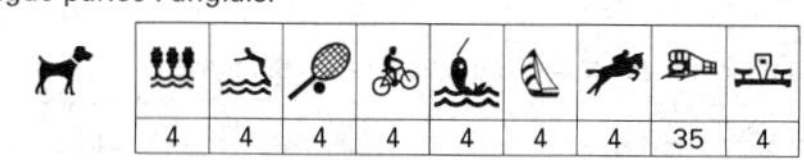

4	4	4	4	4	4	4	35	4

BERNAUD Christine et Francis - Les Petites Landes - 72510 MANSIGNE - Tél : 02 43 46 16 96 - Fax : 02 43 46 16 96

MANSIGNE La Maridaumière *C.M. 64 Pli 3*

4 ch. Entre Requeil et Mansigné sur la D77, à la « Maridaumière », vous retrouverez tous les plaisirs des grandes maisons de famille, et des vacances à la campagne. Les décors fleuris, les vieux meubles qui sentent bon la cire, l'odeur de la brioche chaude et des confitures maison. Tout cela dans un grand parc fleuri et en pleine campagne. Les 4 ch. à l'étage vous accueilleront avec tout le confort moderne. Salle de bains et wc privés. Salon avec TV et bibliothèque. La proximité du lac vous offrira toutes les possibilités nautiques. Brunch à 11h sur réservation : 80 F/pers. Langue parlée : anglais.

Prix : 1 pers. **250 F** 2 pers. **280/380 F** 3 pers. **330/430 F** pers. sup. **60 F**

Ouvert : toute l'année sauf du 1er octobre au 31 mars.

3	3	3	15	3	3	5	12	3

HAMANDJIAN-BLANCHARD Marie-Dominique - Route de Tulièvre - La Maridaumière - 72510 MANSIGNE - Tél : 02 43 46 58 52 - Fax : 02 43 46 58 52

MAREIL-SUR-LOIR Ferme de Sémur *C.M. 64 Pli 2*

1 ch. Ancienne ferme du XIVe siècle, au bord de l'eau, dans un parc. Au rez-de-chaussée : 1 suite comprenant 2 ch. 2 pers. (2 lits à baldaquin) avec s. d'eau ou s.d.b. privée, wc privés à chaque ch. (2 wc). Meubles anciens. Salon de jardin. Table de ping-pong. Garage couvert. Atelier de peintures et aquarelles sur place. Vélos sur place. Possibilité de venir vous prendre au TGV/Paris 55 mn. Langue parlée : anglais.

Prix : 2 pers. **370 F** pers. sup. **120 F**

Ouvert : toute l'année.

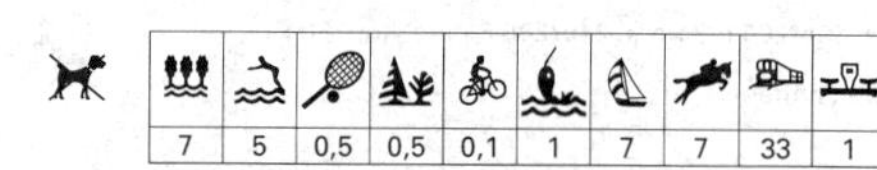

7	5	0,5	0,5	0,1	1	7	7	33	1

PARTIMBENE Josy - Logis de Sémur - 72200 MAREIL-SUR-LOIR - Tél : 02 43 45 46 84 - Fax : 02 43 45 46 84

MONCE-EN-BELIN Le Petit Pont (TH) *C.M. 64 Pli 3*

5 ch. A proximité du Mans, dans une ferme pratiquant l'élevage bovin, 1 ch. d'hôtes 2 pers. (1 lit 2 pers.) avec salle d'eau et wc privés, située dans la maison des propriétaires (3 épis NN). 4 ch. d'hôtes 2 pers. (3 lits 2 pers.) avec salle d'eau et wc privés (2 épis NN). Salle de séjour. Salon avec TV à disposition des hôtes. Garage. Terrain. Jardin. Parking. Restaurant à 1 km. Logement de chevaux sur place.

Prix : 1 pers. **210 F** 2 pers. **260 F** pers. sup. **60/80 F** repas **80/100 F**

Ouvert : toute l'année.

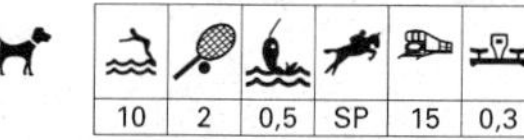

10	2	0,5	SP	15	0,3

BROU Bernard - Le Petit Pont - 72230 MONCE-EN-BELIN - Tél : 02 43 42 03 32

MONCE-EN-BELIN Les Grandes Luères *C.M. 64 Pli 3*

E.C. 2 ch. **Le Mans 10 km. Circuit de 24 heures 6 km.** M. et Mme Hautreux vous accueillent dans un site calme et verdoyant. 2 chambres d'hôtes : 1 ch. (1 lit 2 pers.), 1 ch. (2 lits 1 pers.) avec salle de bains et wc privés.

Prix : 2 pers. **250 F**

Ouvert : toute l'année.

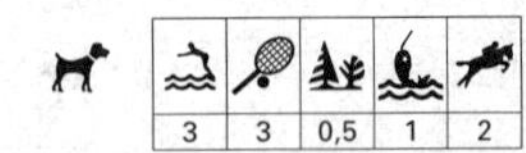

3	3	0,5	1	2

HAUTREUX Marcel - Les Grandes Luères - 72230 MONCE-EN-BELIN - Tél : 02 43 42 03 37 - Fax : 02 43 42 03 37

MONHOUDOU Château de Monhoudou (TH) *C.M. 60 Pli 14*

6 ch. Dans un château du XVIIIe s., au centre d'un parc à l'anglaise de 20 ha. 6 chambres d'hôtes de 2 pers. avec salle d'eau ou salle de bains et wc privés. 2 salons et bibliothèque à disposition. Chevaux, bicyclettes et tandem sur place. Sur réservation, dîner aux chandelles avec les propriétaires. CB, Visa, Masterd. Langue parlée : anglais.

Prix : 2 pers. **450/650 F** 3 pers. **750 F** pers. sup. **100 F** repas **195 F**
1/2 pens. **420 F**

Ouvert : toute l'année.

10	3	10	0,1	0,1	20	0,1	40	3

DE MONHOUDOU Michel - Château de Monhoudou - 72260 MONHOUDOU - Tél : 02 43 97 40 05 - Fax : 02 43 33 11 58

MONTFORT-LE-GESNOIS (TH) *C.M. 60 Pli 14*

1 ch. **Situé entre la Ferté-Bernard et le Mans 16 km.** 1 ch. familiale de 3 ou 4 pers. comprenant 2 ch. communicantes avec s. d'eau et wc privés. Entrée independante, parc boisé et clos, longeant la rivière. Stationnement des véhicules dans la cour en toute sécurité. Karting et moto-cross à 1 km. Table d'hôtes sur réservation. Maison de caractère, située au bord de l'Huisne, au pied d'un joli pont romain.

Prix : 1 pers. **210 F** 2 pers. **260 F** pers. sup. **90 F** repas **95/115 F**

Ouvert : toute l'année.

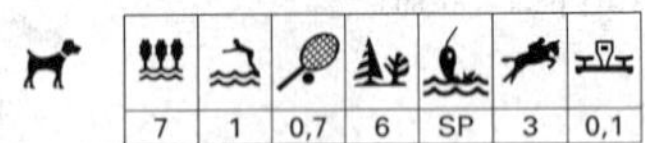

7	1	0,7	6	SP	3	0,1

PARIS Chantal - 26 rue de l'Eglise - 72450 MONTFORT-LE-GESNOIS - Tél : 02 43 76 13 46

NEUVILLE-SUR-SARTHE Le Presbytère *C.M. 60 Pli 13*

2 ch. Bernadette sera heureuse de vous accueillir dans ses vieux murs, hâvre de calme, d'espace et de liberté. A l'étage de sa demeure (presbytère du XVIIIe s.) : 2 chambres 2 pers. (dont 1 avec 2 lits jumeaux) avec TV. Salle de bains et wc communs. Salon à disposition des hôtes. Chauffage central. Grand jardin clos paysager. Sortie Le Mans Nord-Direction Alençon.

Prix : 2 pers. **200 F**

Ouvert : toute l'année.

4	0,1	0,1	2	0,1

MONNE Bernadette - Le Presbytère - Au Bourg - 72190 NEUVILLE - Tél : 02 43 25 37 59

OISSEAU-LE-PETIT *C.M. 60 Pli 13*

4 ch. Si vous aimez le contact, une ambiance conviviale, des petits déjeuners copieux, venez chez Marie-Odile et Jean. Pour votre repos, 4 chambres d'hôtes indépendantes de 2 personnes avec salle d'eau et wc privés (possibilité lit suppl.). Dans un cadre fleuri, préau, verdure, vieilles pierres...

Prix : 1 pers. **190/200 F** 2 pers. **240/280 F** pers. sup. **80 F**

Ouvert : toute l'année.

10	10	10	10	10	10

PERCHERON Jean - 17 rue la Fontaine - 72610 OISSEAU-LE-PETIT - Tél : 02 33 26 80 09

OIZE Château de Montaupin (TH) *C.M. 64 Pli 3*

4 ch. Laurent et Marie vous accueillent dans leur propriété de caractère, au calme, à la sortie d'un petit village. 4 ch. au 1er étage : 3 ch. familiales (5, 4 et 4 pers.) et 1 ch. 3 pers., toutes avec salle de bains et wc privés. Poss. lit bébé. Chauffage central. Salon avec TV. Piscine privée. Table d'hôtes sur réservation. Tarif enfant : 55 F. RN23 à 3 km.

Prix : 1 pers. **230/260 F** 2 pers. **275/320 F** 3 pers. **360/405 F**
pers. sup. **85 F** repas **110 F**

Ouvert : toute l'année.

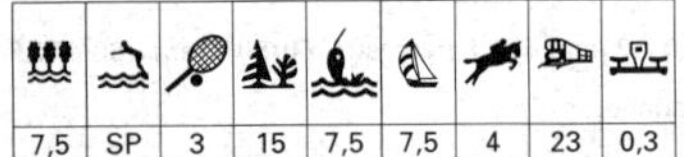

7,5	SP	3	15	7,5	7,5	4	23	0,3

DAVID/SENECHAL - Montaupin - 72330 OIZE - Tél : 02 43 87 81 70 - Fax : 02 43 87 26 25

PARIGNE-L'EVEQUE Ferme d'Yvrelle

TH — C.M. 64 Pli 4

4 ch. Martine et Jean-Louis vous proposent à la ferme d'Yvrelle 4 ch. indép., de plain-pied. 2 ch. avec chacune (1 lit 2 pers., 1 lit 1 pers.), 1 ch. (2 lits 1 pers.), 1 ch. (1 lit 2 pers., 2 lits 1 pers.) avec s. d'eau/wc privés. 2 pour pers. hand. Terrasse, salon de jardin, TV. Table de p-pong et c-cuisine. Jeux enfants, terrain de boules, terrain de loisirs (swin-golf). Au milieu des champs et prés, vous apprécierez le calme environnant et les sentiers de petite randonnée ainsi que le GR36. Table d'hôtes avec les produits de la ferme. Sur D304, entre Parigné-l'Evêque et Le Grand-Lucé. Langues parlées : anglais, allemand.

Prix : 1 pers. **195 F** 2 pers. **255 F** 3 pers. **305 F** pers. sup. **50 F** repas **95 F**

Ouvert : toute l'année.

5	10	2,5	0,1	2	20	5	12	2,5

ROUSSEAU Martine - Ferme d'Yvrelle - 72250 PARIGNE-L'EVEQUE - Tél : 02 43 75 22 21 - Fax : 02 43 75 22 21

PONTVALLAIN

TH — C.M. 64 Pli 3

3 ch. Dans une maison bourgeoise du XVIIe s., 3 chambres d'hôtes aménagées dans 2 bâtiments annexes avec accès et jardin indépendant. 1 ch. 4 pers. avec cheminée ancienne, coin-cuisine et salon (1 lit 2 pers., 2 lits 1 pers., TV), s. d'eau et wc privés. Poss. lit bébé. 1 ch. 2 pers. avec s. d'eau et wc privés. 1 ch. 3 pers. (3 lits 1 pers., TV) avec s. d'eau et wc privés. Grand terrain aménagé. Location VTT sur place. Ping-pong. Barbecue. Piscine (11m x 5m) dans la propriété. Salle à manger dans la maison principale. Petits déjeuners soignés. Table d'hôtes à partir de 90 F, sur réservation. Bowling à 200 m. Langue parlée : anglais.

Prix : 2 pers. **270/310 F** 3 pers. **390/420 F** pers. sup. **120 F** repas **90 F**

Ouvert : toute l'année.

4,5	SP	0,1	0,1	0,1	0,1	4,5	4,5	6	0,1

VIEILLET Guy - Place Jean Graffin - 72510 PONTVALLAIN - Tél : 02 43 46 36 70

ROUEZ-EN-CHAMPAGNE L'Abbaye de Champagne

A — C.M. 60 Pli 12

3 ch. Marie-Annick et Pierre vous accueillent dans leur ancienne abbaye du XIIe s. 3 chambres d'hôtes du XVIIIe aménagées pour 2 pers. avec salle de bains et wc privés. Chauffage électrique. Gîte de séjour, pêche sur 2 étangs, chasse à la journée ou au week-end, pédalos, piscine. Taxe de séjour.

Prix : 2 pers. **300/420 F** pers. sup. **80 F** repas **90/150 F**

Ouvert : toute l'année.

10	10	10	0,1	10	10	10	10

LUZU M-Annick et Pierre - L'Abbaye de Champagne - 72140 ROUEZ-EN-CHAMPAGNE - Tél : 02 43 20 15 74 - Fax : 02 43 20 74 61

SAINT-COSME-EN-VAIRAIS Les Trois Jours

C.M. 60 Pli 14

4 ch. Geneviève et Pierre vous accueillent dans leur grande maison située à 3 km du Perche. A l'étage : 2 chambres d'hôtes 2 pers. avec salle de bains et wc privés, 2 chambres d'hôtes 2 pers. avec wc et salle d'eau privés. Lit bébé. TV dans chaque chambre. Salon de jardin. Portique. Terrain paysager. Chemins pédestres à proximité. Golf de Bellême à 15 km. Langue parlée : anglais.

Prix : 2 pers. **200 F**

Ouvert : toute l'année.

12	12	1	15	0,1	3	12	12	20	1

LESOURD Pierre et Geneviève - Les Trois Jours - 72580 SAINT-COSME-EN-VAIRAIS - Tél : 02 43 97 55 59

SAINT-COSME-EN-VAIRAIS Les Hautes Grouas

C.M. 60 Pli 14

3 ch. Dans une ancienne ferme en pleine nature avec sous-bois. A l'étage d'un bâtiment indépendant contigu à l'habitation principale : 3 chambres d'hôtes de 2 pers. avec salle d'eau et wc privatifs. Au rez-de-chaussée : salle de 80 m2 réservée aux hôtes avec TV et bibliothèque. Chauffage central. Terrasse. Salons de jardin. Possibilité herbage et logement pour chevaux. 5e nuit gratuite. Restaurant à 2 km. A 20 mn de l'Autoroute Océane (sortie La Ferté-Bernard).

Prix : 2 pers. **260 F**

Ouvert : toute l'année.

12	12	1	15	2	3	12	12	17	2

COUPE Evelyne - Les Hautes Grouas - 72580 SAINT-COSME-EN-VAIRAIS - Tél : 02 43 33 90 40

SAINT-GERMAIN-SUR-SARTHE Les Ruettes

C.M. 60 Pli 13

E.C. 3 ch. **Le Mans 40 km. Sillé-le-Guillaume 15 km.** 1 chambre de 2 pers. avec salle d'eau et wc privés. 1 suite familiale (1 chambre de 2 pers. et 1 chambre à lits jumeaux avec salle d'eau et wc privés. Pierre et Chantal vous accueillent sur leur exploitation laitière aménagée d'un jardin de vivaces et autres fleurs que vous pourrez découvrir au cours d'une promenade.

Prix : 1 pers. **150 F** 2 pers. **200/250 F** 3 pers. **300 F** pers. sup. **70 F**

Ouvert : toute l'année.

2,5	4	1	15	0,5	15	15	2	4

GOIDEAU Chantal et Pierre - Les Ruettes - 72130 SAINT-GERMAIN-SUR-SARTHE - Tél : 02 43 97 50 87

SAINT-JEAN-DE-LA-MOTTE La Vivantière

C.M. 64 Pli 2

4 ch. **Saint-Jean-de-la-Motte 3 km. La Flèche 15 km.** 3 suites et 1 chambre : suite « Le Printemps » avec salle de bains et wc, chambre »l'Eté » avec salle d'eau et wc, suite « l'Automne » avec salle de bains et wc, suite « l'Hiver » avec salle d'eau et wc. Château construit au XVIIe siècle, restauré sous Napoléon III entouré d'arbres centenaires, vous ouvre ses portes pour goûter au calme de ses chambres et apprécier sa table d'hôtes avec les produits issus de la propriété : miel, fromage de chèvre, volailles, etc... Langues parlées : anglais, polonais.

Prix : 1 pers. **175 F** 2 pers. **350 F** repas **180 F**

Ouvert : toute l'année.

3	3	3	3	3	5	30	3

ALLENET Margaret - Château de la Vivantière - 72510 SAINT-JEAN-DE-LA-MOTTE - Tél : 02 43 45 29 15 - Fax : 02 43 45 29 15 - E-mail : oallenet@aol.com - http://members.ad.com/vivantière/chateau.htm/

SAINT-LEONARD-DES-BOIS Le Moulin de l'Inthe

C.M. 60 Pli 12

5 ch. Au cœur des Alpes Mancelles, sur les bords de la Sarthe, le Moulin de l'Inthe vous propose 3 chambres d'hôtes 2 pers. et 1 chambre 3 pers. avec salle de bains et wc privés. Chauffage électrique. Salons avec TV. Location possible VTT. Héli-surface. Langue parlée : anglais.

Prix : 1 pers. **290 F** 2 pers. **350 F** 3 pers. **450 F**

Ouvert : toute l'année.

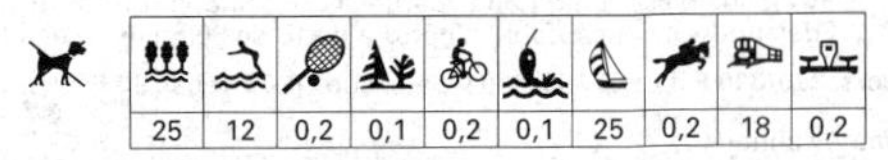

25	12	0,2	0,1	0,2	0,1	25	0,2	18	0,2

ROLLINI Claude - Le Moulin de l'Inthe - 72590 SAINT-LEONARD-DES-BOIS - Tél : 02 43 33 79 22

SAINT-SYMPHORIEN Le Mont Porcher

C.M. 60 Pli 12

4 ch. Le Manoir du Mont Porcher est situé sur un vaste promontoire, à l'orée de la forêt de Charnie, à proximité d'une motte féodale, attestant des origines médiévales de cette demeure chargée d'histoire. Sa restauration exemplaire a permis d'y aménager 4 chambres de grand confort, tout en préservant l'authenticité des lieux. Une chapelle consacrée, ainsi que le salon bibliothèque ouvrant sur un jardin à la française sont à la disposition exclusive des hôtes. Un accueil chaleureux y est assuré par les jeunes propriétaires. Restaurant à 2,5 km. Dîner aux chandelles sur réservation. Langues parlées : anglais, allemand.

Prix : 1 pers. **500 F** 2 pers. **600 F** pers. sup. **200 F** repas **250 F**

Ouvert : du 1er mai au 30 septembre.

15	5	2	0,1	2	5	15	2	10	2

MEYER-DE LA BRETONNIERE Chantal et Benoît - Le Mont Porcher - 72240 SAINT-SYMPHORIEN - Tél : 02 43 20 75 61

SILLE-LE-GUILLAUME La Groie

C.M. 60 Pli 12

2 ch. Thérèse accueille ses hôtes dans 2 ch. aménagées à l'étage de sa ferme restaurée, à proximité du village. 1 ch. 3 pers. (1 lit 2 pers. 1 lit 1 pers.). 1 ch. 4 pers. (1 lit 2 pers. 2 lits 1 pers.). Salle d'eau et wc communs. Séjour avec TV à la disposition des hôtes. Chauffage central. Logement pour chevaux et chevaux sur place.

Prix : 2 pers. **200 F** 3 pers. **250 F** pers. sup. **50 F**

Ouvert : toute l'année.

1	1	0,5	1	1	0,1	1	1

LEFEVRE Thérèse - La Groie - 72140 SILLE-LE-GUILLAUME - Tél : 02 43 20 11 91

SILLE-LE-PHILIPPE Château de Chanteloup

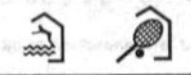

C.M. 60 Pli 14

E.C. 5 ch. 5 ch. aménagées dans un bâtiment ancien, jouxtant le château de Chanteloup. Ch. avec salle d'eau/wc privés, pour 2, 3 ou 4 pers. Ces ch. bénéficient en outre de tous les aménagements d'un castel-camping, installé dans le parc du château (piscine, tennis, salon de billard, pêche, canotage). Langue parlée : anglais.

Prix : 1 pers. **200/400 F** 2 pers. **250/450 F** 3 pers. **350/500 F**

Ouvert : du 1er mai au 30 septembre.

12	SP	SP	SP	12	4	18	8

SOUFFRONT Michel - Château de Chanteloup - 72460 SILLE-LE-PHILIPPE - Tél : 02 43 27 51 07 ou 02 43 81 72 56

SOLESMES Le Fresne

C.M. 64 Pli 2

3 ch. Ils mettent à votre dispo. 3 ch. indép. et de plain-pied aménagées dans un bâtiment attenant à la maison d'habitation. 1 ch. poss. 4 pers. (1 lit 2 pers. 2 lits 1 pers.) avec s.d.b. et wc privés, 1 ch. 2 pers. (2 lits 1 pers.) avec s. d'eau et wc privés. 1 ch. 4 pers. avec mezzanine (1 lit 2 pers. 2 lits 1 pers.) avec s. d'eau et wc privés. Marie-Armelle et Pascal vous accueillent proche de Solesmes, au cœur de la vallée de la Sarthe. Ch. élect. Suppl. pour animaux : 30 F/nuit. Table d'hôtes sur réservation. Prix dégressif à partir de 4 jours. Taxe de séjour. Langues parlées : anglais, espagnol.

Prix : 1 pers. **200 F** 2 pers. **260 F** 3 pers. **330 F** pers. sup. **70 F** repas **120 F**

Ouvert : toute l'année.

15	6	3	15	6	0,2	25	5	7	3

LELIEVRE M-Armelle et Pascal - Le Fresne - 72300 SOLESMES - Tél : 02 43 95 92 55 - Fax : 02 43 95 92 55

SOUILLE Domaine de Chantelouve *C.M. 60 Pli 13*

3 ch. **Le Mans 12 km.** Dans une ancienne ferme rénovée, bordée par la Sarthe, Marité et daniel vous accueillent dans le calme d'une campagne verdoyante. 3 ch. campagnardes et romantiques, indépendantes et spacieuses avec s. d'eau ou s.d.b. et wc privés. Salon avec cheminée, bibliothèque, TV, jeux. Terrasse au bord de l'eau. Salon de jardin. barque, pêche, randonnée, bicyclette. Enfant - 12 ans : gratuit. Prix à convenir pour un séjour. Langue parlée : anglais.

Prix : 1 pers. **250/300 F** 2 pers. **280/330 F** 3 pers. **380/430 F** pers. sup. **100 F**

Ouvert : toute l'année.

15	10	7	8	SP	15	2,5	2,5

GALTIER Marité et Daniel - Domaine de Chantelouve - 72380 SOUILLE - Tél : 02 43 27 80 97 - Fax : 02 43 27 86 60

SOULIGNE-FLACE La Bertellière *C.M. 60 Pli 3*

2 ch. **Le Mans 15 km.** 2 chambres avec chacune 1 accès extérieur indépendant, un accès à la pièce centrale, une salle d'eau et un wc privé. Dans la pièce centrale, une grande verrière et une mezzanine où vous pourrez vous détendre. Vous aimez la nature, le calme et la tranquillité, nous serons heureux de vous recevoir dans notre fermette dans un jardin 4000 m^2.

CV

Prix : 1 pers. **210 F** 2 pers. **250 F** pers. sup. **50 F**

Ouvert : toute l'année.

15	10	6	15	15	4	10	3

PORTEHAULT - La Bertellière - 72210 SOULIGNE-FLACE - Tél : 02 43 88 13 12

THOIRE-SUR-DINAN Le Saut du Loup (TH) *C.M. 64 Pli 4*

3 ch. A mi-chemin entre Le Mans et Tours et à 10 km de Château du Loir, Claudine et Jacques vous accueillent à la lisière de la forêt de Bercé (5500 ha), région Vallée du Loir. 3 ch. d'hôtes à l'ét. : 1 ch. (1 lit 2 pers.), 1 ch. (2 lits 1 pers.), 2 ch. communicantes (4 lits 1 pers.). S. d'eau ou bains, wc, prise TV dans chaque ch. Ch. élect. Lit enfant - 10 ans : 80 F. Au r.d.c. : biblio., salle de billard, réfrigérateur, prise TV, terrasse avec salon de jardin, terrain de boules, grand jardin. Table d'hôtes sur réservation avec repas à la table familiale. Sur place : ferme laitière, circuits pédestres, VTT en forêt de Bercé. Taxe de séjour gratuite.

CV

Prix : 1 pers. **200 F** 2 pers. **260 F** pers. sup. **100 F** repas **90 F**

Ouvert : toute l'année.

5	9	3	0,1	5	3	5	5	9	3

CISSE Claudine et Jacques - Le Saut du Loup - 72500 THOIRE-SUR-DINAN - Tél : 02 43 79 12 36

VANCE Le Cornillau

2 ch. A l'entrée du bourg, en venant du Grand Lucé, sur la D34, Marie-Françoise et ses chats vous accueillent chaleureusement dans un site calme. R.d.c. : 1 ch. 2 pers. avec douche et lavabo, wc dans le couloir. A l'étage : 2 ch. séparées, wc et salle d'eau communs sur le palier. Jardin et stationnement clos.

CV

Prix : 1 pers. **170 F** 2 pers. **200 F**

Ouvert : toute l'année sur réservation.

9	9	15	0,5	22	0,3

BUISSON Marie-Françoise - Le Cornillau - 25 rue Virginie Vaslin - 72310 VANCE - Tél : 02 43 35 37 99

VILLAINES-LA-CARELLE Le Fay (TH) *C.M. 60 Pli 14*

3 ch. En pleine campagne, dans une ferme avicole, à proximité de la forêt domaniale de Perseigne. A l'étage : 3 ch. 2 pers. (2 avec lit 2 pers. 1 avec 2 lits 1 pers.), chacune avec TV, s. d'eau et wc privés et séparés. Poss. lit enfant. Salon, séjour réservé aux hôtes. Salon de jardin. Table d'hôtes sur réservation. Repas copieux.

CV

Prix : 1 pers. **200 F** 2 pers. **250/300 F** pers. sup. **80 F** repas **120 F**

Ouvert : toute l'année.

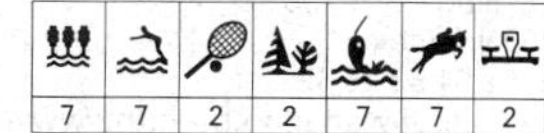

7	7	2	2	7	7	2

PELLETIER Ginette et Claude - Le Fay - 72600 VILLAINES-LA-CARELLE - Tél : 02 43 97 73 40

VILLAINES-LA-GONAIS La Gadellière *C.M. 60 Pli 14*

2 ch. A l'étage d'une ancienne ferme, accès par l'escalier assez raide, 2 ch. d'hôtes (2 lits 2 pers. et lit d'enfant jusqu'à 3 ans), possibilité de lits d'appoint, clic-clac, avec chacune s. d'eau privée attenante, wc communs, chauffage central. En bordure du Perche, paysage vallonné, randonnées pédestres et VTT, pêche dans l'Huisne (2e Cat.) à 300 m. Restaurant à 2,5 km. Suppl. pour 1 lit enfant : 50 F. Pers. supplémentaire avec lit d'appoint : 100 F. 10 % de réduction à partir de 2 nuits consécutives ou 2 ch. pour la même famille.

CV

Prix : 1 pers. **200 F** 2 pers. **250 F** pers. sup. **100 F**

Ouvert : toute l'année.

10	10	2,5	13	0,3	10	10	10	2,5

DORISON Bernard et Eliane - La Gadellière - 72400 VILLAINES-LA-GONAIS - Tél : 02 43 93 21 07

VILLAINES-LA-GONAIS Tréfoux

C.M. 60 Pli 14

2 ch. **La Ferté-Bernard 4 km.** Dans 1 cadre calme, fleuri et verdoyant, Chantal et Jean-Luc, venus du Gers, vous accueillent dans leur ferme typique du Perche Sarthois, spécialisés dans la production de foie gras. 1er ét. de leur maison entièrement restaurée : 1 ch. (2 pers.), s.d.b. et wc privés. Poss. pour 1 famille de disposer d'1 ch. (2 pers.) en partageant s.d.b. et wc. A 7 km de la sortie No5 de l'autoroute Océane A11.

Prix : 1 pers. **225 F** 2 pers. **250 F**

Ouvert : toute l'année.

4	4	4	15	4	2	4	4	4	4

OUARNIER Chantal et Jean-Luc - Ferme de Tréfoux - 72400 VILLAINES-LA-GONAIS - Tél : 02 43 93 26 52 - Fax : 02 43 71 43 99

VOLNAY Le Grand Gruet

C.M. 64 Pli 4

2 ch. **Parigné-l'Evèque 8 km.** Sur un ancien domaine, situé sur 1 hauteur, entouré de bocages et forêts, au calme, maison de maître du XVIIe s. avec ses dépendances. Anne vous accueille dans 1 espace arboré et fleuri. « Le Logis de Gessy » comporte au r.d.c. 1 suite avec kitchenette, ch. (1 lit 2 pers.), salon (2 lits 1 pers.), s. d'eau/wc privés. A l'étage : pour une famille de 3 ou 4 pers., 2 chambres, s. d'eau/wc privés. Prix 4 pers. : 450/500 F. Prix dégressif à partir du 2e jour.

Ouvert : toute l'année.

7	7	1	1	0,1	5	1	20	1

EVENO-SOURNIA - Le Grand Gruet - 72440 VOLNAY - Tél : 02 43 35 68 65

YVRE-LE-POLIN La Cure

C.M. 64 Pli 3

2 ch. **Le Lude 22 km. Le Mans 23 km.** Dans une jolie maison restaurée avec beaucoup de goût, Mme Grude vous accueille et vous propose : 1 ch. 2 pers. avec salle de bains et wc privés, poss. couchage suppl. dans le clic-clac, 1 ch. 3 pers. avec salle de bains et wc privés. Salle commune de 40 m2 avec salon, TV et cheminée. Terrasse avec salon de jardin, parking voiture fermé.

Prix : 1 pers. **230 F** 2 pers. **280 F** 3 pers. **300 F** pers. sup. **90 F**

Ouvert : toute l'année.

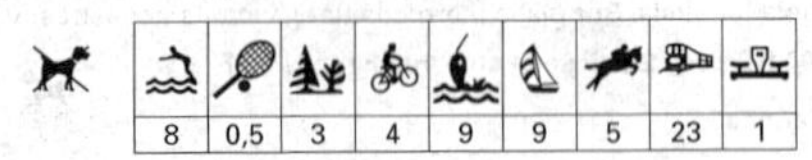

8	0,5	3	4	9	9	5	23	1

GRUDE Josiane - La Cure - 72330 YVRE-LE-POLIN - Tél : 02 43 87 25 27 ou 06 68 88 94 21

YVRE-LE-POLIN La Noirie

C.M. 64 Pli 3

E.C. 2 ch. **Le Mans 15 km.** Au cœur d'un domaine forestier, 2 chambres (1 lit 2 pers.) avec douche et wc privés. Possibilité lit supplémentaire. Salon avec TV. Chiens admis en chenil. Piscine, tennis, VTT sur place. Restaurant à 4 km.

CV

Prix : 2 pers. **300 F** pers. sup. **70 F**

Ouvert : toute l'année.

SP	SP	SP	15	15	5	4	4

LARDY - La Noirie - 72330 YVRE-LE-POLIN - Tél : 02 43 42 48 96 ou 02 43 42 02 17

Vendée

GITES DE FRANCE - Service Réservation
124, boulevard Aristide Briand - B.P. 735
85018 LA ROCHE-SUR-YON Cedex
Tél. 02 51 37 87 87 - Fax. 02 51 62 15 19
E.mail : gites-de-france-vendee@wanadoo.fr - http://www.itea.fr/GDF/85

3615 Gîtes de France 1,28 F/min

L'AIGUILLON-SUR-VIE Bacqueville

C.M. 67 Pli 12

2 ch. **St-Gilles Croix de Vie 10 km. Le Puy du Fou 80 km.** Entre mer et terre, 2 chambres rénovées en 1993 aménagées dans une petite maison du XIIe siècle restaurée, situées sur une ferme, à proximité du logement du propriétaire. 2 ch. de 2 pers. avec salle d'eau et wc particuliers. TV sur demande. Petite cuisine équipée commune aux 2 ch. L-linge. Table et fer à repasser. Terrasse couverte. Salon de jardin, barbecue. Lit BB à la demande. Ch. électr. Portique. Gîte à proximité. Lac du Jaunay à 3 km. Etang privé, rivière, randonnées sur place. Langue parlée : anglais.

Prix : 1 pers. **210 F** 2 pers. **270 F**

Ouvert : toute l'année.

5	5	SP	10	SP	SP	3	2	2	10	3

BRIANCEAU Alexandre - Bacqueville - 85220 L'AIGUILLON-SUR-VIE - Tél : 02 51 22 98 57 - Fax : 02 51 22 98 57

L'AIGUILLON-SUR-VIE Saint-Georges

C.M. 67 Pli 12

1 ch. **St-Gilles Croix de Vie 11 km. Centre découverte de Marais Breton 30 km** 1 chambre d'hôtes aménagée dans la maison du propriétaire (maison récente datant de 1975), située en pleine campagne. Sanitaires privés (salle de bains/wc) dans le couloir. Petit coin-salon à disposition. Jardin à disposition avec vue sur la campagne (espace ombragé, parking, salon de jardin). Sentiers pédestres sur place. Restaurants à 3 et 5 km.

Prix : 1 pers. **200 F** 2 pers. **240 F**

11	8	5	11	5	SP	1	4	4	11	1

CHAILLOU Prosper & Thérèse - Saint-Georges - 85220 L'AIGUILLON-SUR-VIE - Tél : 02 51 22 81 21

L'AIGUILLON-SUR-VIE Bel Air

TH

C.M. 67 Pli 12

2 ch. **St-Gilles Croix de Vie 12 km. Centre découverte Marais Breton 15 km.** A 10 mn de l'océan et dans le calme de la campagne, Ghislaine et René vous accueillent dans leurs 2 chambres d'hôtes, à la ferme, aménagée dans la maison du propriétaire (maison récente construite en 83). 1 ch. double avec entrée indép. (1 lit 2 pers., 2 lits 1 pers.), salle de bains et wc privés. 1 ch. avec 1 lit 2 pers., salle d'eau, wc privés. Jardin aménagé (salon de jardin). Table d'hôtes sur réservation. Petits-déjeuner et table d'hôtes servis dans la véranda. Piste cyclable à proximité.

Prix : 1 pers. **170 F** 2 pers. **240 F** 3 pers. **330 F** pers. sup. **90 F** repas **90 F**

Ouvert : toute l'année.

13	8	5	13	5	1	2,5	2	2	13	2,5

RABILLE Ghislaine - Bel Air - 85220 L'AIGUILLON-SUR-VIE - Tél : 02 51 22 82 79 - Fax : 02 51 22 82 79

ANGLES Moricq

C.M. 71 Pli 11

4 ch. **Luçon 18 km. Maison Clémenceau St-Vincent-sur-Jard 10 km.** A l'entrée du Marais Poitevin, à 8 km de La Tranche sur Mer, Chantal et Roger vous accueillent dans à prox. de leur habitation (ferme en activité). 3 ch. aménagées en 95 dans les dépendances d'une ancienne ferme : 2 ch. (1 lit 2 pers.) et 1 ch. (1 lit 2 pers. 1 lit 1 pers.), 1 ch. aménagée en 98 à l'étage d'une maison ancienne (1 lit 2 pers. 1 lit 120). Poss. lit d'appoint. Sanitaires privés (s. d'eau/wc). Prise TV dans chaque ch. Salon de jardin privé, terrasse, préau, espace vert aménagé. Salle commune avec coin-cuisine équipé (bibliothèque, jeux de société). Animaux admis sous réserve. Tarif - 10 % hors saison.

CV

Prix : 1 pers. **220 F** 2 pers. **260 F** 3 pers. **310 F** pers. sup. **50 F**

Ouvert : toute l'année.

8	8	10	25	SP	SP	1	5	20	25	1

GUIET Roger & Chantal - 4 route du Port - Moricq - 85750 ANGLES - Tél : 02 51 97 56 20 - Fax : 02 51 28 98 25

BEAUVOIR-SUR-MER Hameau des Aubiers

TH

C.M. 67 Pli 1

1 ch. **Challans. Centre découverte du Marais Breton Vendéen 9 km.** A la porte des îles de Noirmoutier et d'Yeu, 1 chambre 2 pers. (poss. 2 lits d'appoints), à l'étage d'une maison contemporaine située dans un ensemble, à 1 km du bourg de Beauvoir s/mer, capitale du Marais Breton. Salle d'eau et wc privés, salon à disp., bibliothèque, TV. Espace fleuri (salon de jardin). Ambiance familiale. Table d'hôtes sur réservation. Marie-Claude vous cuisine les spécialités régionales. Michel, guide touristique, vous conseille sur votre séjour. Parking à l'intérieur de la propriété.

CV

Prix : 1 pers. **240 F** 2 pers. **270 F** repas **100 F**

6	12	3	1	3	1	1	2	15	15	1

DAVIAUD Michel & M-Claude - 2 Hameau des Aubiers - 85230 BEAUVOIR-SUR-MER - Tél : 02 51 49 82 28

BELLEVILLE-SUR-VIE

C.M. 67 Pli 13

2 ch. **Roche-sur-Yon et Logis de la Chabotterie 10 km. Puy du Fou 45 km.** Chantal et Denis seront heureux de vous accueillir à la ferme dans leur maison située dans le Bocage Vendéen. 2 ch. rénovées en 1987, aménagées en r.d.c d'une maison datant de 1979, le propriétaire à l'étage. 1 ch. avec lavabo (2 lits 2 pers.), 1 ch. avec lavabo (1 lit 2 pers.), salle de bains et wc réservés aux hôtes, communs aux 2 ch. Prise TV dans chaque ch. Coin-cuisine à disp. Jardin, aire de jeux, parking. Assistante maternelle agréée pouvant garder vos petits pendant vos sorties longues ou tardives. Sentiers pédestres sur place. Restaurant à 2 km. Territoire de la Vendée militaire. Karting à 1 km.

Prix : 1 pers. **150 F** 2 pers. **185 F** 3 pers. **235 F** pers. sup. **50 F**

Ouvert : toute l'année.

40	25	5	5	5	SP	2	25	2	2

BOURCIER Chantal & Denis - Le Vivier - Route du Poire sur Vie - 85170 BELLEVILLE-SUR-VIE - Tél : 02 51 31 83 25

LE BERNARD La Petite Métairie

C.M. 71 Pli 11

2 ch. **Luçon 20 km. La Rochelle 70 km. Roche-sur-Yon et Sables d'Olonne 30 km** Le calme de la campagne à quelques minutes de l'océan : 2 ch. d'hôtes indépendantes aménagées au r.d.c. d'une ancienne ferme vendéenne entièrement restaurée. 1 ch. avec 1 lit 2 pers., 1 ch. avec 2 lits 1 pers. avec salle d'eau et wc particuliers à chaque ch. Grand espace vert à la disp. des hôtes avec salons de jardin. Parking réservé indépendant. Dolmens, menhirs..., haut lieu de la Préhistoire. Restaurant à 3 km. Longeville s/mer 5 km. La Tranche s/mer 15 km.

Prix : 2 pers. **250 F**

Ouvert : toute l'année.

7	7	15	20	10	2	7	15	20	30	SP

SURAUD Janine - La Petite Métairie - Le Breuil - 85560 LE BERNARD - Tél : 02 51 90 38 83 - Fax : 02 51 33 39 11

LE BERNARD O'Brière

1 ch. **Les Sables d'Olonne 25 km. Maison Clémenceau St-Vincent-sur-Jard 8 km.** A proximité de la mer et des plages, dans un beau presbytère (XIIe et XIXe siècles) rénové en 1990, situé dans un petit bourg (le Carnac Vendéen) chez des passionnés de golf, 1 chambre d'hôtes au r.d.c. pour 2 pers. (1 lit 160) avec sanitaires particuliers (salle de bains/wc). Parking dans propriété. Grand jardin clos avec mobilier à disposition. Grange avec coin-cuisine. Nombreuses promenades. Site géologique et préhistorique réputé. Langues parlées : anglais, allemand.

CV

Prix : 2 pers. **250 F**

6	6	20	10	2	2	15	18	30	SP

BRIEN Jacques & Françoise-Xavière - O'Brière - Place de l'Eglise - 85560 LE BERNARD - Tél : 02 51 90 30 05

BOIS-DE-CENE

TH *C.M. 67 Pli 2*

2 ch. **Challans 9 km. Centre de découverte du Marais Breton Vendéen 25 km.** A l'entrée du village, 2 chambres d'hôtes de plain-pied, rénovées en 1994, aménagées dans la maison du propriétaire datant de 1992. 2 ch. de 3 pers. avec salle d'eau et wc privés dans chaque ch. Prise TV. Entrée indépendante. Lit bébé + baignoire + chaise haute + matelas à langer sur demande (40 F). Terrasse et salon de jardin particuliers à chaque ch. Terrain ombragé et fleuri. Le propriétaire vous propose des randonnées à la découverte de la faune et la flore des marais. Logis de la Chabotterie à 35 km.

Prix : 1 pers. **250 F** 2 pers. **260 F** 3 pers. **320 F** repas **80 F**

Ouvert : toute l'année.

12	18	10	SP	SP	0,5	5	30	10	0,1

LEBEAU M-Thérèse & Hubert - Les Albizzias - 15 route de Challans - 85710 BOIS-DE-CENE - Tél : 02 51 68 24 68

LA BOISSIERE-DE-MONTAIGU

C.M. 67 Pli 4

2 ch. **Montaigu 10 km. Le Puy du Fou 25 km.** 2 chambres d'hôtes aménagées à l'étage d'une grande maison ancienne située dans un bourg, près de l'église. 1 ch. 4 pers. (2 lits 2 pers. avec salle d'eau et wc privés. 1 ch. 2 pers. avec salle de bains et wc privés. Séjour/salon à disposition avec réfrigérateur. Jardin, salon de jardin, parking.

Prix : 1 pers. **180 F** 2 pers. **220 F** 3 pers. **320 F** pers. sup. **60 F**

75	75	4	10	1,5	0,5	1	4	30	10	SP

BAUDON Anne & Charles - 16 rue de la Poste - 85600 LA BOISSIERE-DE-MONTAIGU - Tél : 02 51 41 68 06

BOUILLE-COURDAULT La Tuilerie

C.M. 71 Pli 1

2 ch. **Fontenay-le-Comte 15 km. Abbaye de St-Pierre de Maillezais 7 km.** A la sortie d'un petit village au bord du Marais Poitevin, Nicole et Stéphane vous accueillent dans leur propriété : 2 ch. d'hôtes rénovées en 1993 aménagées à l'ét. de leur maison avec entrée indép. Salle d'eau + wc particuliers à chaque ch. Ch. 1 (1 lit 2 pers.), ch. 2 (1 lit 2 pers. 1 lit 120), lit 1 pers. d'appoint, lit bb si besoin. Grande pièce d'accueil commune avec cheminée à disposition. Grand jardin avec salon, ping-pong, sentiers pédestres, circuit vélo, pêche, baignade (lac 9 km). Cloître 6 km, Coulon 8 km, La Rochelle 60 km, Puy du Fou 70 km, Futuroscope 80 km.

Prix : 1 pers. **180 F** 2 pers. **240 F** 3 pers. **320 F**

60	9	9	6	0,5	1	6	2	15	6

GUILLON Stéphane & Nicole - La Tuilerie - Bouille Courdault - 85420 MAILLEZAIS - Tél : 02 51 52 46 93 - Fax : 02 51 50 40 76

BOUILLE-COURDAULT

2 ch. **Fontenay-le-Comte 10 km. Le Puy du Fou 70 km. La Rochelle 60 km.** A l'entrée d'un petit village, Marie-Yolande et Eric sont heureux de vous accueillir. 2 chambres d'hôtes aménagées à l'étage d'une maison ancienne restaurée en 97 (bâtiment annexe au logement du prop.) située dans le Marais Poitevin. Accès indép. : 1 ch. 3 lits 1 pers. poss. de rajouter 1 lit d'appoint et 1 ch. 1 lit 2 pers. et 1 lit 1 pers. Douche et wc privés à chaque chambre. R.d.c. : salle commune avec coin-cuisine à disposition. Sentier pédestre, circuit vélo, jardin (salon de jardin) parking privé, barque à disposition. Abbaye de Maillezais à 6 km. Coulon 8 km, Futuroscope 80 km.

Prix : 1 pers. **200 F** 2 pers. **240 F** 3 pers. **300 F** pers. sup. **80 F**

60	9	9	15	2	2	6	0,5	50	15	4

PIFFETEAU Marie-Yolande & Eric - 10 rue du Plessis - 85420 BOUILLE-COURDAULT - Tél : 02 51 52 41 79

BOUIN

C.M. 67 Pli 2

1 ch. **Challans et Centre découverte du Marais Breton Vendéen 18 km.** 1 chambre d'hôtes 4 pers. aménagées en 1998 à l'étage de la maison du propriétaire située en bordure de marais . 1 ch. double (1 lit 2 pers.) (2 lits 1 pers) avec salle d'eau/wc privés, possibilité lit bb. Jardin, salon de jardin à disposition. Restaurant à 2 mn.

CV

Prix : 1 pers. **200 F** 2 pers. **250 F** 3 pers. **300 F** pers. sup. **50 F**

2	15	30	8	SP	SP	0,2	3	18	18	0,2

BECHET Bernadette - Bd des Catherinettes - 85230 BOUIN - Tél : 02 51 68 79 68

LE BOUPERE Manoir de la Baussonnière

C.M. 67 Pli 15

5 ch. **Les Herbiers et le Puy du Fou 12 km.** Dans le bocage vendéen, 5 chambres d'hôtes aménagées en 1998 à l'étage d'un manoir du 16e siècle. 4 ch. 2 pers. avec 1 lit 2 pers. pour chacune et 1 ch. 3 pers. avec 1 lit 2 pers. et 1 lit 120. Sanitaires particuliers à chaque ch. (douche, wc). Petite cuisine et salons à disposition (TV). Terrain aménagé avec salons de jardin. Grand Parking.

CV

Prix : 1 pers. **220 F** 2 pers. **250 F** 3 pers. **320 F**

65	2	2	3	2	2	2	3	35	6	3

SOULARD Yvette & Pierre - Manoir de la Baussonnière - 85510 LE BOUPERE - Tél : 02 51 91 91 48

CEZAIS La Cressonnière

C.M. 67 Pli 16

1 ch. **Fontenay-le-Comte 15 km. Le Puy du Fou 40 km. La Rochelle 60 km.** Joli petit château du XVIe siècle que les propriétaires ont aménagé avec goût et raffinement : salon avec poutres, cheminée, tableaux, armure, tapisseries, meubles anciens, chambres avec lits à baldaquins. Vélos, jeux de croquet, espace vert et cour intérieure aménagés dans la douve sèche. 1 suite de 2 ch. rénovée en 1990 (2 lits 2 pers.) avec s.d.b. et wc privés. Vouvant (village médiéval) à 3 km, massif forestier de Mervent à 6 km, La Tranche sur mer 60 km, sentiers pédestres et cavaliers sur place. Restaurant gastronomique à 3 km. Ferme-Auberge à 8 km. Langue parlée : anglais.

Prix : 1 pers. **350 F** 2 pers. **400 F** 3 pers. **550 F**

Ouvert : du 1er mars au 1er novembre (chaque week-end).

60	8	3	5	4	SP	4	4	15	4

DELHOUME J-Pierre & Françoise - Résidence Parc St-Hilaire - 6 rue St-Hilaire - 86000 POITIERS - Tél : 05 49 41 42 78 ou 02 51 00 88 38 - E-mail : jean-pierre.delhoume@wanadoo.fr

CHAILLE-LES-MARAIS Le Nieul

C.M. 71 Pli 11

2 ch. **Luçon 15 km. Le Puy du Fou 80 km. La Rochelle 30 km.** Chez des agriculteurs à la retraite, 2 chambres aménagées en 1987, dans une ferme exploitée par leurs enfants. 1 ch. 2 pers. et 1 ch. 4 pers. avec salles d'eau et wc particuliers. Salle commune avec cuisine aménagée réservée aux hôtes. Salon de jardin. Parking. Restaurant à 500 m.

CV

Prix : 1 pers. **200 F** 2 pers. **220 F** 3 pers. **300 F**

25	25	9	12	1	1	1	10	15	1

MASSONNEAU Jeanne - Le Nieul - 85450 CHAILLE-LES-MARAIS - Tél : 02 51 56 71 66

CHAILLE-LES-MARAIS Le Sableau

TH *C.M. 71 Pli 11*

5 ch. **Luçon 20 km. La Rochelle 25 km.** Dans le Marais Poitevin, entre La Rochelle et les plages vendéennes, une ancienne ferme s'est transformée pour vous, la famille PIZON met à votre disp. 5 ch. d'hôtes rénovées en 1990, en bordure de la RN 137. Maison en retrait de 150 m sur une propriété d'1 ha. 60. R.d.c. : 1 ch. double 4 pers. avec s. d'eau et wc privés dans la ch. Etage : 1 ch. 3 pers. 2 ch. 2 ch. 2 pers. avec s. d'eau et wc privés dans la ch. 1 ch. 4 pers. avec s.d.b. + wc privés. Séjour, salon (TV), salon de jardin, piscine privée (12x5m) à disp. Table d'hôtes en juillet/août. Restaurants à 200 m. Location VTT. Tél. dans salle commune. Cuisine à disp. Poss. l-linge. Langues parlées : anglais, espagnol.

CV

Prix : 1 pers. **180/210 F** 2 pers. **200/230 F** 3 pers. **260/280 F** pers. sup. **40 F** repas **70 F**

30	25	0,5	SP	1	SP	5	20	20	20	5

PIZON Janine & Sylvie - Le Paradis - Le Sableau - 85450 CHAILLE-LES-MARAIS - Tél : 02 51 56 72 15 - Fax : 02 51 56 73 39

LA CHAIZE-LE-VICOMTE

C.M. 67 Pli 14

5 ch. **La Roche-sur-Yon 9 km. Abbaye St-Pierre de Maillezais 35 km.** Aménagées en 95 dans une maison de maître du début du siècle située au centre d'un petit bourg. 3 chambres au 1er étage avec sanitaires privés (1 lit 2 pers., bains, wc) (2 lits 2 pers., bains, wc) (1 lit 2 pers., douche,wc). 2 ch. au 2e étage avec sanitaires privés (1 lit 2 pers., 2 lits 1 pers., douche, wc) (1 lit 2 pers. 1 lit 1 pers.), bains, wc, salon. R.d.c. : petite cuisine, salon, salle de billard. Parc de 5000 m^{2} avec salon de jardin. Piscine privée. Vélos à disposition.

CV

Prix : 1 pers. **240 F** 2 pers. **270 F** 3 pers. **350 F** pers. sup. **80 F**

40	20	10	SP	15	0,2	0,2	3	18	15	0,2

FAGOT Laurent - Demeure du Marillet - 59 rue des Frères Payraudeau - 85310 LA CHAIZE-LE-VICOMTE - Tél : 02 51 40 11 62 ou 06 87 08 15 73 - Fax : 02 51 40 11 62

CHALLANS

C.M. 67 Pli 12

1 ch. **Challans 1,5 km. Centre de découverte du Marais Breton Vendéen 15 km.** Léa BRITON vous accueillera dans sa maison neuve datant de 1992 construite à l'ancienne, dans un cadre agréable : 1 chambre d'hôtes 3 personnes. Entrée indépendante, salle d'eau et wc particuliers, coin-cuisine à la disposition des hôtes. Maison située à proximité de l'hippodrome, restaurant à 500 m. TV. Salon de jardin et frigidaire. Accès : à Challans, prendre direction St Gilles Croix de Vie/St Hilaire de Riez.

Prix : 1 pers. **230 F** 2 pers. **250 F** 3 pers. **300 F**

Ouvert : toute l'année.

8	8	15	2	3	1	2	5	12	2	1

BRITON Léa - 35 route de Soullans - La Craie des Noues - 85300 CHALLANS - Tél : 02 51 68 03 13

CHAMBRETAUD Le Puy Simbert

C.M. 67 Pli 15

2 ch. **Les Herbiers 5 km. Le Puy du Fou 8 km.** 2 chambres d'hôtes à l'étage, rénovées en 1988, aménagées dans une dépendance de la ferme, entrée indépendante. 2 ch. de 3 personnes avec 1 lit 2 pers. et 1 lit 120. Salle d'eau et wc privés à chaque ch.. Salle commune à disposition avec possibilité de cuisine. Restaurant à 2 km.

Prix : 1 pers. **220 F** 2 pers. **250 F** 3 pers. **310 F**

80	15	15	5	10	5	5	15	20	20	6

CHARRIER J-Louis & Jacqueline - Le Puy Simbert - 85500 CHAMBRETAUD - Tél : 02 51 91 23 90 - Fax : 02 51 64 89 15

CHAMBRETAUD Puycrotier

C.M. 67 Pli 15

2 ch. **Les Herbiers 10 km. Le Puy du Fou 2,5 km.** 2 chambres d'hôtes aménagées dans une maison ancienne rénovée en 1998, sur une ferme en activité, entrée indépendante. 1 ch. 3 pers. en r.d.c. avec salle d'eau/wc. 1 ch. 2 pers. à l'étage avec salle de bains/wc. Terrain aménagé, salon de jardin, portique à disposition. Langue parlée : anglais.

Prix : 1 pers. **210 F** 2 pers. **250 F** 3 pers. **320 F**

80	15	15	4	7	4	6	15	25	23	2

BARON Laurent & Aurore - Puycrotier - 85500 CHAMBRETAUD - Tél : 02 51 91 50 08

CHAMPAGNE-LES-MARAIS

C.M. 71 Pli 11

3 ch. **Luçon 8 km. La Rochelle 30 km.** 3 chambres d'hôtes de 2 personnes avec salle d'eau et wc privés pour chaque chambre, rénovées en 1991, situées à l'étage de la maison du propriétaire. Entrée indépendante. Jardin avec salon de jardin. Maison rénovée, ancien Relais de Poste 1870 dans un bourg de 1200 hab. du Marais Sud Vendéen.

Prix : 1 pers. **200/220 F** 2 pers. **230/260 F**

18	18	9	SP	SP	15	30	9	SP

GERMOND Odette - 9 rue du 8 mai - 85450 CHAMPAGNE-LES-MARAIS - Tél : 02 51 56 51 22

LA CHAPELLE-ACHARD Le Plessis Jousselin

C.M. 67 Pli 13

4 ch. **Les Sables d'Olonne 15 km. Maison Clémenceau St-Vincent-sur-Jard 25 km** A la campagne, à proximité de la mer, Maïté et Dominique vous proposent 4 chambres d'hôtes de 2 pers. aménagées dans une maison de ferme en 1994 : 2 ch. en r.d.c. et 2 ch. à l'étage, sanitaires privés à chaque chambre (douche, wc), entrée indépendante, prise TV dans chaque chambre. Poss. lit d'appoint et lit BB. Salle commune avec coin-cuisine équipé, TV. L-linge, terrasse avec salon de jardin. Animaux acceptés sous réserve.

Prix : 1 pers. **200 F** 2 pers. **230 F**

15	8	8	15	8	0,5	2	8	10	2	2

CHIFFOLEAU Dominique & Maïté - Le Plessis Jousselin - 85150 LA CHAPELLE-ACHARD - Tél : 02 51 05 91 08

LE CHATEAU-D'OLONNE

C.M. 67 Pli 12

E.C. 2 ch. **Les Sables d'Olonne 6 km.** Mer et campagne. A 5 km des Sables d'Olonne, dans une propriété boisée de 1 ha, un site accueillant et reposant, 2 chambres d'hôtes 3 pers., aménagées à l'étage d'une maison contemporaine, mitoyennes à 2 autres chambres privées, avec entrée indépendante. Chaque chambre dispose d'un lit 2 pers. et d'un lit 1 pers. et de sanitaires (douche,wc). Piscine (6x12) à disposition avec espace couvert + annexe : salons de jardin, bains de soleil, barbecue, réfrigérateur, micro-ondes, évier. Jeux de plein air : badminton, boules, croquet, ping-pong, parking. Langue parlée : anglais.

Prix : 2 pers. **380 F** 3 pers. **450 F**

5	5	5	SP	5	SP	2	8	3	7	2

HEITZ Josette - Les Landes de Beauséjour - 48 rue des Parcs - 85180 LE CHATEAU-D'OLONNE - Tél : 02 51 21 36 84 - Fax : 02 51 21 36 84

LE CHATEAU-D'OLONNE La Châtaigneraie

C.M. 67 Pli 12

3 ch. **Les Sables d'Olonne 5 km. Maison Clémenceau St-Vincent-sur-Jard 20 km.** A proximité des Sables d'Olonne, dans le calme de la campagne, 3 chambres d'hôtes aménagées à l'étage de la maison du propriétaire, sur une ferme. Entrée indép. 1 ch. 4 pers. (1 lit 2 pers., 2 lits 1 pers. superp.), 1 ch. 2 pers. (1 lit 2 pers.), 1 ch. 3 pers. (1 lit 2 pers., 1 lit 120). Sanitaires particuliers à chaque chambre (salle d'eau, wc). Poss. lit d'appoint et lit bb. Salle commune avec coin-cuisine à disp. Terrain aménagé (salon de jardin). Accès par la D 36 à 3 km du bourg.

Prix : 1 pers. **200 F** 2 pers. **250 F** 3 pers. **300 F** pers. sup. **50 F**

5	5	15	7	15	3	3	3	5	7	4

BOULINEAU Didier & Martine - La Châtaigneraie - 85180 LE CHATEAU-D'OLONNE - Tél : 02 51 96 47 52

LE CHATEAU-D'OLONNE

C.M. 67 Pli 12

1 ch. **Les Sables d'Olonne 300 m. Le Puy du Fou 70 km.** A 1 km de la plage des Sables d'olonne, Mme SEVIN-MARTIN vous accueille dans sa maison récente située dans un ensemble. 1 chambre double 3 pers. : 1 lit 160 et 1 lit 80 avec salle de bains (balnéo) et wc privés. Cuisine du propriétaire à disposition pour repas simples. Propriété close de 900 m^2 avec jardin d'agrément, grande terrasse, salons de jardin. Parking.

Prix : 1 pers. **260 F** 2 pers. **280 F** 3 pers. **350 F**

1	1	1	2	1	1	1	4	5	0,5	0,5

SEVIN-MARTIN Jacqueline - 20 bis, rue Georges Bizet - 85180 LE CHATEAU-D'OLONNE - Tél : 02 51 32 00 26

CHATEAUNEUF Les Boulinières

TH

C.M. 67 Pli 2

4 ch. **Challans 9 km. Centre découverte du Marais Breton Vendée 19 km.** A 10 km de Beauvoir/Mer, 4 ch. rénovées en 73 et 88 aménagées dans la maison du propriétaire, à la ferme, dont une à l'étage. Salle d'eau et wc particuliers dans chaque chambre. 1 ch. 4 pers. + enf., 1 ch. 3 pers., 1 ch. 2 pers. 1 ch. double avec entrée indép. (2 lits 2 pers.) avec salle de bains/wc. Salle de séjour, jardin, parking, aire de jeux, abri couvert. Etang, pêche à 200 m, moulin à vent en activité à 800 m. Vélos sur place, randonnées pédestres. Ferme équestre à 2 km. 3 gîtes ruraux à proximité.

Prix : 1 pers. **220 F** 2 pers. **240 F** 3 pers. **290 F** pers. sup. **50 F** repas **80 F**

Ouvert : toute l'année.

15	18	10	0,2	0,2	0,2	5	20	10	0,2

BOCQUIER Martine & Bernard - Les Boulinières - 85710 CHATEAUNEUF - Tél : 02 51 49 30 81

CHATEAUNEUF Le Bois Marin

C.M. 67 Pli 2

3 ch. **Challans 13 km. Centre découverte du Marais Breton Vendéen 15 km.** En bordure du Marais Breton et à la campagne, Robert et Mimi, vous accueillent dans leur ferme avec 3 chambres de 2 pers. rénovées en 1992, aménagées dans une maison neuve en annexe de leur maison. Chaque chambre compren 1 douche et 1 lavabo. Les wc sont communs aux 3 ch. Kitchenette commune à disp. des hôtes. Coin-détente avec salon de jardin et barbecue. Possibilité de louer des vélos sur place et de faire de la randonnée pédestre. Il y a 3 gîtes ruraux et 1 camping à la ferme (6 empl.) à proximité. Langue parlée : anglais.

CV

Prix : 1 pers. **180 F** 2 pers. **200 F**

Ouvert : toute l'année.

15	18	18	9	SP	SP	2	1	18	13	2

RELET Marylène - Le Bois Marin - 85710 CHATEAUNEUF - Tél : 02 51 68 19 74 - Fax : 02 51 68 19 74

CHATEAUNEUF La Taillebaudière

TH

C.M. 67 Pli 2

1 ch. **Challans 11 km. Centre découverte du Marais Breton Vendéen 20 km.** Située dans un cadre calme et verdoyant, 1 ch. 3 pers. aménagée dans une ancienne ferme vendéenne restaurée en 95 et proche de l'habitation du prop., cette chambre, indép. par son accès, s'ouvre sur un environnement de qualité offrant un espace de détente privatif aménagé avec terrasse et salon de jardin. Sanitaires privés (s. d'eau, wc). Coin-salon, TV. Petits déjeuners et dîners vous seront servis l'été sous la tonnelle et l'hiver au coin de la cheminée. Table d'hôtes sur réservation. Gîte rural à prox. 1er prix au Concours Communal 96 et 98 Le Paysage de votre Commune. Ecomusée de la Vendée La Bourrine du Bois Juquaud à St Hilaire de Riez. Langues parlées : anglais, espagnol.

CV

Prix : 1 pers. **220 F** 2 pers. **250 F** 3 pers. **300 F** repas **80 F**

18	18	1,5	11	1,5	1,5	1,5	1,5	18	11	1,5

TABLEAU Patrick & Véronique - La Taillebaudière - 85710 CHATEAUNEUF - Tél : 02 51 68 76 17

CHATEAUNEUF Les Vieilles Ventes

TH

C.M. 67 Pli 2

2 ch. **Challans 8 km. Centre découverte du Marais Breton Vendéen 15 km.** 2 chambres d'hôtes aménagées en 98 dans d'anciens bâtiments en annexe de la maison du propriétaire sur une ferme en activité. 1 ch. 2 pers. et 1 ch. 3 pers. Salle d'eau et wc privés à chaque chambre. Jardin, salon de jardin. Salon du propriétaire à disp. L-linge à disp. 2 gîtes ruraux et camping à la ferme sur place. Jeux en commun : tennis, football, boules. Billard, ping-pong, vélos. Abri couvert. Randonnées pédestres, promenades en barque. Table d'hôtes sur réservation.

CV

Prix : 1 pers. **220 F** 2 pers. **250 F** 3 pers. **300 F** repas **85 F**

20	20	3	8	1	SP	SP	5	18	8	1

MICHAUD Arlette & Christian - Les Vieilles Ventes - 85710 CHATEAUNEUF - Tél : 02 51 49 30 94 - Fax : 02 51 49 30 94

LES CHATELLIERS-CHATEAUMUR Le Bas Chatellier

C.M. 67 Pli 16

2 ch. **Les Herbiers 14 km. Le Puy du Fou 7 km.** Dans leur ancienne ferme restaurée, datant de la fin du XVIIIe siècle, située dans le Haut Bocage à 10 km du Puy du Fou, Romain et Pierrette vous accueillent dans leurs 2 chambres rénovées en 1980. 2 ch. de 3 pers. (salle d'eau et wc privés). Lit suppl. sur demande. Jardin paysagé, salon de jardin. Circuits sur les hauteurs vallonnées. Gîte rural à proximité.

CV

Prix : 1 pers. **200 F** 2 pers. **250 F** 3 pers. **320 F** pers. sup. **70 F**

Ouvert : toute l'année.

80	80	9	12	2	6	9	20	9	6

BETTOLI Pierrette & Romain - Le Bas Chatellier - 85700 LES CHATELLIERS-CHATEAUMUR - Tél : 02 51 57 23 86 - E-mail : romain.bettoli@wanadoo.fr

CHAUCHE La Boutarlière

C.M. 67 Pli 14

2 ch. **La Roche-sur-Yon 20 km. Le Puy du Fou 25 km.** 2 chambres doubles 4 pers. aménagées à l'étage situées dans un hameau à proximité d'une ferme.1 ch. avec entrée par le logement du propriétaire (2 lits 2 pers.). 1 ch. avec entrée par salle commune (1 lit 2 pers., 2 lits 1 pers.). Sanitaires privés à chaque chambre (salle d'eau/wc). Salle commune avec coin cuisine à disposition. Salon de jardin.

CV

Prix : 1 pers. **180 F** 2 pers. **220 F** 3 pers. **320 F** pers. sup. **60 F**

60	10	SP	6	SP	SP	6	20	40	25	6

BELIN Paulette & J-Claude - La Boutarlière - Chauche - 85140 LES ESSARTS - Tél : 02 51 42 61 55 ou 06 87 98 95 50 - Fax : 02 51 42 64 98

CHAUCHE

C.M. 67 Pli 14

E.C. 2 ch. **Montaigu 20 km. Le Puy du Fou 30 km.** 2 chambres d'hôtes aménagées en 1999 à l'étage de la maison du propriétaire , situées à la sortie du bourg. 1 ch. 2 pers. et 1 ch. 3 pers. avec sanitaires privés (salle d'eau/wc). Entrée indépendante. Salon TV et coin-cuisine à disposition (jeux de société et bibliothèque). Vaste jardin aménagé avec petit étang, salon de jardin et barbecue. VTT à disposition. Parking dans la propriété. Langue parlée : anglais.

Prix : 1 pers. **200 F** 2 pers. **250 F** 3 pers. **320 F**

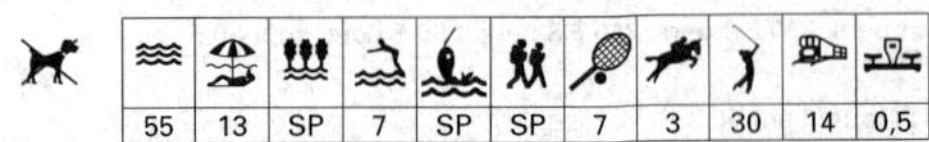

55	13	SP	7	SP	SP	7	3	30	14	0,5

WRIGHT Ellen - 9 rue de la Mothe - 85140 CHAUCHE - Tél : 02 51 41 86 97 ou 06 87 07 88 94 - E-mail : malcolm.wright@wanadoo.fr

CHAVAGNES-EN-PAILLERS La Déderie

TH *C.M. 67 Pli 14*

3 ch. **Montaigu 10 km. Le Puy du Fou 30 km.** 3 ch. rénovées en 1988, aménagées dans une très grande maison ancienne bourgeoise. 1 ch. 2 pers., 1 ch. 3 pers. et 1 ch. 5 pers. (entrée indép. et cuisine). S. d'eau et wc privés à chaque ch. Séjour et salon avec TV à la disp. des hôtes. Très grand jardin clos commun où vous trouverez calme et repos. Garage, parking, aire de jeux. Restaurant 500 m. Tél. commun au propriétaire. Château de la Chabotterie 14 km. Château Gilles de Rais 20 km. Possibilité de réservation des billets pour le Puy du Fou (30 km).

Prix : 1 pers. **210 F** 2 pers. **250 F** 3 pers. **330 F** pers. sup. **80 F** repas **100 F**

65	6	3	5	SP	SP	2	5	5	12	0,5

FRANCOIS Gustave & Madeleine - La Dederie - 85250 CHAVAGNES-EN-PAILLERS - Tél : 02 51 42 22 59

CHAVAGNES-EN-PAILLERS Benaston

C.M. 67 Pli 14

4 ch. **Montaigu 10 km. Le Puy du Fou 30 km.** Au cœur du Bocage Vendéen, dans un cadre calme et verdoyant, Guiguite et Pierre vous accueillent dans leurs 4 chambres d'hôtes aménagées à l'étage de leur maison. Entrée commune. 2 ch. avec salle d'eau + wc particuliers et TV (1 lit 2 pers.)(1 lit 2 pers. 2 lits 1 pers. gigognes) 1 ch. double avec salle d'eau + wc particuliers non communiquants (2 lits 2 pers.). 1 ch. indépendante (1 lit 2 pers.), TV, salle d'eau et wc particuliers. Salle d'accueil à disposition. Possibilité de cuisine. Salon de jardin. Téléphone commun avec le propriétaire.

CV

Prix : 1 pers. **180 F** 2 pers. **220 F** 3 pers. **280 F** pers. sup. **60 F**

Ouvert : toute l'année.

65	15	4	13	2	4	2	40	12	2

DAVID Pierre & Guiguitte - Benaston - 85250 CHAVAGNES-EN-PAILLERS - Tél : 02 51 42 22 63 ou 06 87 98 62 45

COEX Le Latoi

TH *C.M. 67 Pli 12*

5 ch. **St-Gilles Croix de Vie 12 km. Le Puy du Fou 70 km.** Vos vacances autrement, notre arrière pays à 10 mn de l'océan vous offre calme, tranquilité, dans un cadre reposant et fleuri : 5 chambres d'hôtes rénovées en 1987, aménagées dans une ferme vendéenne datant de 1880. R.d.c. : 1 ch. 2 pers. A l'étage : 1 ch. 2 pers. 3 ch. 3 pers. avec salle d'eau privée pour chaque ch. Grand confort. Salle commune avec équipement pour cuisine (frigo à disp. pour chaque ch.), TV, étang, pêche, piscine et tennis sur place. Camping 50 empl. sur place. Loisirs de proximité : vélorail,centre équestre, golf, lac à 3 km, jardin des olfacties, moulin à vent. Animaux admis avec supplément.

CV

Prix : 1 pers. **220 F** 2 pers. **270 F** 3 pers. **330 F** repas **110 F**

Ouvert : toute l'année.

12	12	2	SP	SP	SP	SP	3	3	15	2

CRAPPE-LEMEY - Ferme du Latoi - 85220 COEX - Tél : 02 51 54 67 30 - Fax : 02 51 60 02 14 - E-mail : camping@ferme-du-latoi.fr

CUGAND La Bérangeraie

TH *C.M. 67 Pli 4*

2 ch. **Vignoble Nantais et Clisson 4 km. Le Puy du Fou 30 km. Nantes 40 km.** Annick et Marc vous accueillent dans leurs 2 chambres d'hôtes aménagées en 1999 dans les dépendances d'une ancienne ferme du XVIIIème. 1 ch. 2 pers. en r.d.c. (surelevé de 4 marches). 1 ch. 3 pers. à l'étage. Sanitaires privés à chaque chambre (douche, wc). Salle commune avec coin -cuisine réservé aux hôtes. Entrée indépendante par salle commune. TV à la demande. Terrain de 5 ha, terrasse, salon de jardin à disposition. Parking dans la cour. Animaux acceptés sous réserve. Restaurants à 2 et 4 km. Table d'hôtes sur réservation. 15 % de réduction à partir de 4 nuits. Langue parlée : anglais.

CV

Prix : 1 pers. **190 F** 2 pers. **230 F** 3 pers. **290 F** repas **80 F**

60	10	10	4	2	SP	2	4	40	4	2

BROUX Annick - La Bérangeraie - 85610 CUGAND - Tél : 02 51 43 62 02

DOIX Logis de Chalusseau

C.M. 71 Pli 1

3 ch. **Fontenay-le-Comte 9 km. Abbaye St-Pierre de Maillezais 6 km.** A proximité du marais, au calme, le Logis de Chalusseau (XVIIe siècle) vous propose 3 chambres d'hôtes.Au 1er étage 2 chambres de caractères : 1 ch 3 pers. avec salle de bains et wc privés, 1 ch. 2 pers. avec salle d'eau et wc privés. 1 suite 4 pers. avec entrée indépendante sur 2 étages (1 lit 2 pers., 2 lits 1 pers.), 2 salles d'eau/wc et salon privés. Séjour, salon et cuisine indépendants à disposition des hôtes. Salons de jardin.

Prix : 1 pers. **200/250 F** 2 pers. **250/300 F** 3 pers. **310/360 F** pers. sup. **60 F**

40	15	15	9	6	1,5	6	9	30	9	1

BAUDRY Marie-Thérèse - Logis de Chalusseau - 111 rue de Chalusseau - 85200 DOIX - Tél : 02 51 51 81 12 - Fax : 02 51 51 81 12

DOIX

C.M. 71 Pli 1

4 ch. **Fontenay-le-Comte 10 km. Abbaye de St-Pierre de Maillezais 5 km.** 4 chambres d'hôtes aménagées à l'étage d'une grande maison traditionnelle située à prox. du bourg sur une ferme en activité : 2 chambres avec sanitaires particuliers dans la chambre (s. d'eau, wc) : 1 ch. (1 lit 2 pers. et 1 grande ch. (1 lit 2 pers. et 2 lits 1 pers.). 2 ch. avec sanitaires particuliers non attenants à la chambre au r.d.c. (s. d'eau, wc). 1 ch. (1 lit 2 pers.) et 1 ch. (2 lits 1 pers. 1 lit enf. à disp.), wc commun sur le palier. Séjour/salon du prop. à disp. Coin-cuisine. Jardin clos (salon de jardin, jeux pour enfants). Animaux acceptés avec supplément.

Prix : 1 pers. **145/170 F** 2 pers. **195/220 F** 3 pers. **275/300 F** pers. sup. **80 F**

Ouvert : toute l'année.

40	12	12	9	6	1,5	6	9	30	9	1

BIRE Jacqueline - Le Patis - 20 rue de Chalusseau - 85200 DOIX - Tél : 02 51 51 86 04 - Fax : 02 51 51 81 05

LES EPESSES La Trainelière

TH *C.M. 67 Pli 15*

E.C. 5 ch. **Les Herbiers 10 km. Le Puy du Fou 1 km.** 5 chambres d'hôtes aménagées en 1999 dans un ancien corps de ferme restauré, situé en pleine campagne à proximité du Puy du Fou. 4 chambres en rez-de-chaussée avec entrées indépendantes (2 ch. 2 pers. et 2 ch. 3 pers.). 1 ch. 3 pers avec poss. couchage d'appoint à l'étage. Salle d'eau et wc privés à chaque chambre. Terrasse, salon de jardin à disposition. Table d'hôtes sur réservation. Langue parlée : anglais.

Prix : 2 pers. **320 F** 3 pers. **410 F** pers. sup. **90 F** repas **90 F**

80	16	4	4	4	SP	4	10	25	25	4

YOU Soisic et Jean-François - La Trainelière - 85590 LES EPESSES - Tél : 02 51 57 41 20 - Fax : 02 51 57 41 20 - E-mail : syou@net-up.com

LES EPESSES Le Petit Bignon

TH *C.M. 67 Pli 15*

E.C. 3 ch. **Les Herbiers 10 km. Le Puy du Fou 1 km.** 3 chambres d'hôtes avec entrées indépendantes aménagées en 2000 dans une ancienne grange restaurée. 2 ch. 2 pers. et 1 ch. 3 pers. avec sanitaires privés (douche, wc) et ant TV. Salon du propriétaire à disposition. Terrasse et salon de jardin pour chaque ch. Table d'hôtes sur réservation. Halte calme et reposante, au cœur du haut bocage vendéen, idéale pour aller à la découverte du patrimoine local. Langues parlées : anglais, allemand.

Prix : 2 pers. **270/300 F** 3 pers. **320/370 F** repas **90 F**

80	16	4	4	4	SP	4	10	25	25	4

BRIDONNEAU Brigitte - Le Petit Bignon - 85590 LES EPESSES - Tél : 02 51 57 45 57 - Fax : 02 51 57 45 57

LA FAUTE-SUR-MER

TH *C.M. 67 Pli 11*

4 ch. **Luçon 25 km. La Rochelle 50 km.** Situées dans un cadre de verdure à 300 m de l'océan (plage de 8 km de sable fin), de la forêt et du centre ville : 4 chambres d'hôtes 3 pers. aménagées en 1988, au r.d.c. avec entrée indépendante. Salle d'eau et wc privés. Salon de jardin, terrasse. A disp. : kitchenettes, TV, l-linge, tennis de table, vélos. Circuits pédestres sur place. Fabrication pain, brioches.

Prix : 1 pers. **200/250 F** 2 pers. **250/295 F** 3 pers. **300/380 F** pers. sup. **70 F** repas **90 F**

Ouvert : toute l'année.

0,3	0,3	0,6	20	SP	SP	0,3	1	30	20	0,6

HERVE André & Madeleine - L'Estérel - 12 bis, rue des Oeillets - 85460 LA FAUTE-SUR-MER - Tél : 02 51 97 02 14 - Fax : 02 51 97 02 14

FEOLE-LA-REORTHE

TH *C.M. 67 Pli 15*

4 ch. **Chantonnay 10 km. Abbaye de St-Pierre de Maillezais 40 km.** Dans un relais de poste du XVe siècle, 4 chambres d'hôtes 2 pers. personnalisées, à l'étage avec salle d'eau et wc particuliers pour chaque chambre. R.d.c. : cuisine, grand séjour avec cheminée monumentale, TV à disp. des hôtes. Restaurant 4 km. Maison située dans un bourg en bordure de la RN 137. Table d'hôtes sur réservation. Parking privé dans cour intérieure. Logis situé à 7 km autoroute A 83 Nantes/Niort (sortie Ste Hermine). Marais Poitevin 35 mn. Puy du fou 30 mn. Océan 45 mn.

Prix : 1 pers. **165 F** 2 pers. **220 F** repas **65 F**

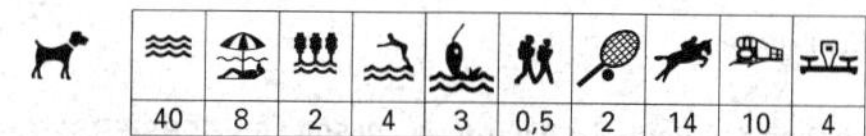

40	8	2	4	3	0,5	2	14	10	4

ROUAULT Michel - 36 rue Georges Clémenceau - 85210 FEOLE-LA-REORTHE - Tél : 02 51 27 83 33 - Fax : 02 51 27 82 27

LA FLOCELLIERE La Réorthelière

C.M. 67 Pli 15

2 ch. **Les Herbiers 12 km. Le Puy du Fou 9 km. Cholet 30 km.** Au cœur du Haut Bocage, Monique et Ernest vous accueillent dans leurs chambres d'hôtes à la ferme, de la Réorthelière. 2 chambres rénovées en 1989, avec entrée indépendante, aménagées dans leur maison. 1 ch. 2 pers. (avec TV), 1 ch. 4 pers. Salle d'eau et wc particuliers pour chaque chambre. Poss. lit d'appoint. Salle commune (TV) avec coin-cuisine à disp. Restaurants à 3 km. Tarifs dégressifs pour un séjour de plus de 3 jours.

Prix : 1 pers. **170 F** 2 pers. **240 F** 3 pers. **310 F** pers. sup. **60 F**

Ouvert : d'avril à septembre.

80	7	3	7	SP	4	2	7	7	2

PREAU Monique - La Réorthelière - 85730 LA FLOCELLIERE - Tél : 02 51 57 24 31 - Fax : 02 51 57 80 47

LA FLOCELLIERE Malatrait

C.M. 67 Pli 15

E.C. 2 ch. **Pouzauges 5 km. Le Puy du Fou 10 km.** 2 chambres d'hôtes 2 pers. aménagées en 1999 à l'étage de la maison du propriétaire située dans un hameau, à proximité d'une ferme et d'une pépinière. Entrée indépendante. Sanitaires privés à chaque chambre : 1 avec douche, l'autre avec baignoire sabot. Petit coin-détente à disposition. Jardin arboré et fleuri (salon de jardin). Restaurant à 2 et 3 km. Possibilité de pêche dans étang privé à 200 m. Tarifs dégressifs pour un séjour de + de 3 jours et poss. lit bébé ou lit d'appoint pour enfant.

Prix : 2 pers. **230/250 F**

80	5	3	5	0,2	SP	3	2	30	25	3

PASQUIER M-Claire & Michel - Malatrait - 85700 LA FLOCELLIERE - Tél : 02 51 57 70 41 ou 06 67 02 07 63 - Fax : 02 51 57 70 41

LA GARNACHE Le Marais Blanc

C.M. 67 Pli 12

1 ch. **Challans 6 km. Le Puy du Fou 90 km.** En campagne, à 20 km de la mer, 1 chambre d'hôtes rénovée en 1984, aménagée dans une ferme datant de 1961. 1 ch. double (1 lit 2 pers. 2 lits 120) avec salle de bains et wc privés à la chambre. Possibilité de cuisine, jardin ombragé et fleuri, salon de jardin, étang pêche sur place. Restaurant à 6 km.Route D58 de Challans à Bois de Cené.

Prix : 1 pers. **160 F** 2 pers. **200 F** 3 pers. **250 F** pers. sup. **70 F**

20	20	SP	6	SP	6	2	20	6	6

MENUET Denise - Le Marais Blanc - 85710 LA GARNACHE - Tél : 02 51 68 19 00

LE GUE-DE-VELLUIRE

C.M. 71 Pli 11

5 ch. **Fontenay-le-Comte 15 km. La Rochelle 35 km.** 5 chambres d'hôtes aménagées dans une maison de caractère située dans un petit bourg calme, en bordure de la rivière Vendée. Ch. 1 (1 lit 2 pers. 1 lit 1 pers., s. d'eau, wc). Ch. 2 (2 lits 2 pers., s. d'eau, wc). Ch. 3 (2 lits 2 pers., s.d.b., wc). Ch. 4 (1 lits 2 pers., 1 lit 1 pers., s. d'eau, wc). Ch. 5 (1 lit 2 pers. 1 lit 1 pers., s.d.b., wc). Salon réservé aux hôtes avec bibliothèque, TV privée à la demande, salon de jardin, vélos, téléphone commun au propriétaire. Découverte du Marais Poitevin. Langue parlée : anglais.

Prix : 1 pers. **220 F** 2 pers. **280 F** 3 pers. **350 F** pers. sup. **70 F**
repas **100 F**

25	25	5	10	SP	SP	10	30	30	35	SP

RIBERT Christiane & Michel - 5 rue de la Rivière - 85770 LE GUE-DE-VELLUIRE - Tél : 02 51 52 59 10 - Fax : 02 51 52 57 21

L'HERBERGEMENT La Riblauderie

C.M. 67 Pli 4

E.C. 2 ch. **Montaigu 6 km. Le Logis de la Chabotterie 7 km. Le Puy du Fou 30 km.** 2 chambres d'hotes aménagées en 1999 dans une maison ancienne située en pleine campagne, à 20 mn de Nantes. Entrée indépendante. 2 chambres 3 pers. avec sanitaires privés (douche, wc), possibilité lits d'appoint, cheminée, coin salon dans les chambres. Salon de jardin à disposition. Restaurants à Montaigu à 6 km.

Prix : 1 pers. **190 F** 2 pers. **220 F** 3 pers. **290 F** pers. sup. **70 F**

55	29	10	6	10	3,5	3,5	2	55	3,5	3,5

BROCHARD Isabelle & Christian - La Riblauderie - 85260 L'HERBERGEMENT - Tél : 02 51 42 88 79 ou 06 86 40 27 48

LES HERBIERS La Palarderie

C.M. 67 Pli 15

2 ch. **Les Herbiers 5 km. Le Puy du Fou 15 km.** Dans le calme de la campagne, 2 chambres d'hôtes à la ferme rénovées en 1992, aménagées à l'étage de la maison du propriétaire datant de 1976. Salle d'eau et wc privés pour chaque chambre. Ch. 1 (1 lit 2 pers. 1 lit 1 pers.), ch. 2 (1 lit 2 pers. 1 lit 1 pers.). Entrée indép. Salon de jardin à disp. Découverte de la ferme. Petit-déjeuners avec lait de la ferme, brioches et confitures maison. Table d'hôtes (sur réservation) avec les produits de la ferme. Restaurant à 3 km.

Prix : 1 pers. **200 F** 2 pers. **250 F** 3 pers. **300 F** repas **85 F**

Ouvert : toute l'année.

80	7	7	5	7	SP	5	5	25	25	5

SORIN Micheline & J-Paul - La Palarderie - 85500 LES HERBIERS - Tél : 02 51 91 08 76 - Fax : 02 51 66 92 95 -
E-mail : jpsorin@terre-net.fr

LES HERBIERS La Cossonière

C.M. 67 Pli 15

4 ch. **Les Herbiers 3 km. Le Puy du Fou 6 km.** Au Pays d'Herbauges, l'Abri des Alouettes vous accueille en famille au cœur de son exploitation agricole (culture biologique) : 4 ch. 3 pers. aménagées en 1992, à l'étage de la maison datant de 1966 du prop. 2 ch. (1 lit 2 pers. 1 lit 1 pers.), 2 ch. (1 lit 120 1 lit 90). Entrée indép., salle d'eau et wc particuliers à chaque ch., coin-cuisine aménagé, salon avec TV. Bibliothèque, tél. en commmun avec le propriétaire, jeux de plein air, poss. de visite de la ferme. Moulin des Justices à 3 km. Mont des Alouettes à 6 km. Abbaye de la Grainetière à 7 km. Tarif dégressif à partir de la 3e nuitée.

Prix : 1 pers. **210 F** 2 pers. **260 F** 3 pers. **320 F**

Ouvert : toute l'année.

80	12	3	3	3	3	16	25	3

PINEAU Marie-Jeanne - La Cossonnière - L'Abri des Alouettes - 85500 LES HERBIERS - Tél : 02 51 67 11 42 - Fax : 02 51 66 90 27

LES HERBIERS Chevrion

C.M. 67 Pli 15

2 ch. **Les Herbiers 2 km. Le Puy du Fou 12 km.** En pleine campagne, dans une maison de ferme ancienne meublée dans le style régional, 2 ch. de 3 pers. de 30 m^2 avec salle d'eau et wc privés. Entrées indép. 1 ch. à l'étage avec coin-salon, tonnelle en terrasse. 1 ch. au r.d.c. avec salon particulier attenant. Poss. lit d'appoint. TV, frigidaire et micro-ondes à disposition. Salons de jardin, portique. Jeux de boules. Visite de la ferme. Nous vous proposons au petit-déjeuner nos produits maison (lait, confitures, brioche cuite dans notre four à pain).

Prix : 2 pers. **270 F** 3 pers. **350 F** pers. sup. **70 F**

70	6	6	3	5	SP	3	25	25	2

BONNEAU Jeannine - Chevrion - 85500 LES HERBIERS - Tél : 02 51 67 19 75 - Fax : 02 51 67 19 75

LES HERBIERS

C.M. 67 Pli 15

3 ch. **Les Herbiers sur place. Le Puy du Fou 6 km.** A 5 mn du Puy du Fou dans le cadre agréable de leur maison de caractère, Joël, Odile et les enfants vous accueilleront avec chaleur et convivialité dans 3 ch. d'hôtes spacieuses : 1 lit 2 pers. avec salle de bains et wc particuliers à chacune d'elles. Possibilité lits d'appoint. A disp. : jardin d'agrément, salon de jardin, ping-pong, toboggan. Salle de billard, piscine commune avec le propriétaire.

Prix : 2 pers. **250/300 F** pers. sup. **80 F**

Ouvert : toute l'année.

70	4	15	SP	5	2	2	2	25	SP

MARCHAIS Joel - 57 rue Monseigneur Masse - 85500 LES HERBIERS - Tél : 02 51 64 95 10 ou 06 10 26 27 75 -
E-mail : joelmarchais@wanadoo.fr

LES HERBIERS La Métairie du Bourg

C.M. 67 Pli 15

3 ch. **Les Herbiers et le Puy du Fou 5 km.** Aux portes du Puy du Fou, en pleine campagne, Jeanine, Bernard et leurs enfant vous accueillent dans leur ferme familiale. 3 chambres aménagées en 95 et 97 sont à votre disp. : 1 ch. jaune (2 lits 2 pers.), 1 ch. bleue et rose (1 lit 2 pers. 1 lit 1 pers.) et 1 ch. double (2 lits 2 pers.) avec salle d'eau et wc privés pour chaque ch. Petit-déjeuner gourmand, copieux. Entrée indép. Jardin aménagé (salon de jardin). Cuisine d'été à disposition. Garderie pour chiens. Possibilité de réservations de billets pour le Puy du Fou.

Prix : 2 pers. **250/300 F** pers. sup. **100 F**

Ouvert : toute l'année.

80	14	5	5	5	5	5	15	25	5

RETAILLEAU Bernard & Janine - La Métairie du Bourg - 85500 LES HERBIERS - Tél : 02 51 67 23 97

ILE-D'YEU Le Petit Marais des Broches

C.M. 67 Pli 11

5 ch. **Port Joinville 3,5 km.** Situé à 300 m de la mer, dans un cadre fleuri qui vous invite au repos, « le Petit Marais des Broches » vous offre 5 ch. d'hôtes datant de 1993, de plain-pied avec sanitaires particuliers à chaque ch. (salle d'eau, wc). Ch. 1 (1 lit 2 pers.), ch. 2 (1 lit 2 pers. 2 lits 1 pers. en mezz.), Ch. 3 (1 lit 2 pers. 2 lits 1 pers. en mezz.), ch. 4 (1 lit 2 pers.). Ch. 5 (1 lit 2 pers.). Poss. de 2 lits 1 pers. (suppl. 110 F). Coin-salon avec cheminée dans la salle commune ouverte sur le jardin et réservé aux hôtes. Salon de jardin.

Prix : 2 pers. **380/450 F**

Ouvert : toute l'année.

0,3	0,3	0,3	SP	4	4	3,5

HOBMA Chantal - Le Petit Marais des Broches - 7 chemin des Tabernaudes - 85350 ILE-D'YEU - Tél : 02 51 58 42 43 -
Fax : 02 51 58 42 43 - E-mail : lemaraisdesbroches@free.fr

ILE-D'YEU Saint-Sauveur

3 ch. **Challans 52 km. Port Joinville 2,5 km.** Embarquez-vous pour l'Ile d'Yeu et faites escale chez Pierre et Monique : 3 charmantes chambres d'hôtes de 4 pers. aménagées début 94, à prox. de la maison du propriétaire, dans un joli petit village classé de l'intérieur de l'île, avec entrée indép. Chaque ch. comprend au r.d.c. 1 lit de 2 pers. et 1 salle d'eau (douche et wc) et en mezzanine 2 lits 1 pers.). Cour fermée et fleurie avec 1 salon de jardin par chambre. Garage commun pour ranger les vélos. Gare maritime 2,5 km.

Prix : 1 pers. **210 F** 2 pers. **320 F** 3 pers. **450 F** pers. sup. **90 F**

2,5	2,5	2,5	2	2	2	SP

CADOU Pierre & Monique - 10 Ker Guerin - St-Sauveur - 85350 ILE-D'YEU - Tél : 02 51 58 55 13

ILE-D'YEU Port Joinville

2 ch. **Port Joinville 1 km.** Dans un cadre fleuri et calme, Mme FRADET CHALOT vous propose 2 chambres rénovées en 1994 aménagées dans une maison datant de 1962 près de la citadelle avec entrée indép. pour chaque chambre. R.d.c. : 1 suite de 2 ch. pour 3 pers. (1 lit 2 pers. 1 lit 1 pers.) et 1 ch. 4 pers (1 lit 2 pers. en r.d.c. et 2 lits 1 pers. en mezzanine). Chacune avec sanitaires particuliers (douche, wc).Terrasse avec salon de jardin. Gare maritime à 1 km. Restaurant à 800 m.

Prix : 1 pers. **300 F** 2 pers. **350/400 F** 3 pers. **480/530 F**
pers. sup. **130 F**

0,8	0,8	50	0,8	SP	3	3	0,3

FRADET-CHALOT Annie - 23 rue de la Pierre Levée - 85350 ILE-D'YEU - Tél : 02 51 58 70 20

ILE-D'YEU Pointe des Corbeaux

TH *C.M. 67 Pli 11*

4 ch. **Challans 80 km. Port Joinville 8 km.** 4 chambres d'hôtes 2 pers. aménagées en 1994 dans une propriété de 1000 m², situées dans un site naturel protégé à 100 m des plages, à la pointe de l'île. 3 chambres aménagées dans une maison récente datant de 1984, sanitaires particuliers à chaque ch. (douche et wc pour 2 ch., baignoire et wc pour 1 ch.). 1 chambre en annexe avec douche et wc. Salle commune avec TV, magnétoscope, salon avec cheminée à disp. des hôtes. Jardin clos aménagé dans un cadre calme et agréable. Vue exceptionnelle sur l'océan. Gare maritime à 8 km. Tarifs hors saison : de 350 à 550 F/nuit pour 2 pers.

Prix : 2 pers. **350/650 F** repas **110 F**

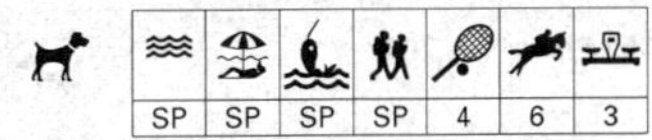

SP	SP	SP	SP	4	6	3

DUPONT Moisette - Pointe des Corbeaux - Villa « Monaco » - 85350 ILE-D'YEU - Tél : 02 51 58 76 56 - Fax : 02 51 58 52 98

ILE-D'YEU

C.M. 67 Pli 11

2 ch. **Port Joinville 1,5 km.** A mi-chemin entre port et plage et proche du Bois de la Citadelle, Lysiane et Claude vous accueillent dans leur petite maison de pêcheur : 2 chambres 2 pers. typiquement islaises avec entrées indép. Sanitaires privés à chaque chambre (salle d'eau, wc). Lit bébé sur demande. Jardin paysagé clos (salon de jardin). Gare maritime 1,5 km. Possibilité de se faire livrer des plateaux de fruits de mer à déguster sur terrasse privée.

Prix : 2 pers. **280/350 F** 3 pers. **380/420 F**

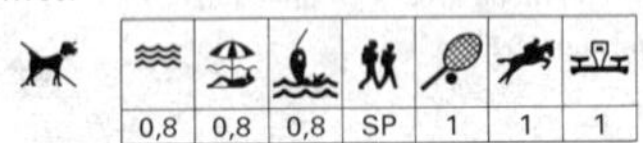

0,8	0,8	0,8	SP	1	1	1

GROISARD Lysiane & Claude - Le Cabanon du Pêcheur - 49 rue St-Hilaire - 85350 ILE-D'YEU - Tél : 02 51 58 42 30

ILE-D'YEU

C.M. 67 Pli 11

2 ch. **Port de Joinville 200 m.** A 50 m de la plage, Eric et Hélène vous accueillent dans leur maison islaise. 2 chambres d'hôtes aménagées en 1999 : 1 ch. 2 pers. à l'étage, 1 ch. 3 pers. en r.d.c. Sanitaires privés (salle d'eau/wc). TV dans chaque ch. Entrée indépendante. Terrasse privé (relax), jardin, salon de jardin. Laverie, réfrigérateur à disposition. Location de vélo sur place. Accès direct à la plage.

Prix : 2 pers. **360/450 F** 3 pers. **520 F**

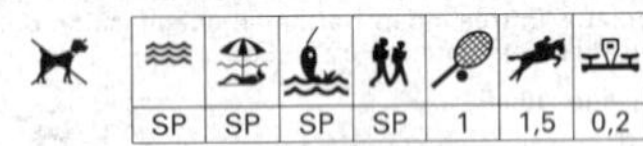

SP	SP	SP	SP	1	1,5	0,2

GROISARD Eric & Hélène - 11 rue Pierre Henry - Port-Joinville - 85350 ILE-D'YEU - Tél : 02 51 58 55 24 - Fax : 02 51 58 44 08 - E-mail : eric.groisard@wanadoo.fr

LES LANDES-GENUSSON

C.M. 67 Pli 5

2 ch. **Les Herbiers 12 km. Le Puy du Fou 15 km. Chollet 20 km. Tiffauges 6 km** Au sein d'une réserve ornithologique du Bocage vendéen, dans un cadre naturel de 1 ha., Michel & Huguette vous accueillent dans leur maison spacieuse située à l'entrée du bourg. 2 chambres 3 pers. aménagées en 98 à l'étage. 1 ch. avec salle d'eau privée dans la chambre et wc privé sur le palier. 1 ch. avec lavabo et salle de bains/wc privés sur le palier. Poss. lit d'appoint. Coin-détente, frigo, micro-ondes à disp. Jardin d'agrément avec salon de jardin. Parking fermé dans la cour. Maison des oiseaux 1 km. Langues parlées : anglais, allemand.

Prix : 2 pers. **250 F** pers. sup. **80 F**

80	15	0,5	12	0,5	SP	0,5	6	20	6	0,5

BAILLY Huguette & Michel - Le Colombier - 38 rue du Général de Gaulle - 85130 LES LANDES-GENUSSON - Tél : 02 51 61 60 06 ou 06 80 81 81 31 - E-mail : michel-bailly@libertysurf.fr

LANDEVIEILLE La Jarrie

C.M. 67 Pli 12

4 ch. **St-Gilles Croix de Vie 15 km. La Rochelle 80 km.** Savourer la quiétude de la campagne à seulement 10 minutes de l'Océan. Dans leur ferme rénovée, datant du début du siècle, Marie-Thérèse et Jacky proposent 4 chambres. Au r.d.c. : 2 ch. 2 pers. (1 lit 2 pers.). A l'étage : 1 ch. 2 pers. et 1 ch. 3 pers. avec salle d'eau et wc privés à chaque chambre. Entrée indépendante. Salle commune avec équipement cuisine et lave-linge. Salons de jardin, abri vélos. Circuits pédestre et cyclotouristique à proximité. Lac, forêt et excursions diverses.

Prix : 1 pers. **180 F** 2 pers. **250 F** 3 pers. **330 F**

Ouvert : toute l'année.

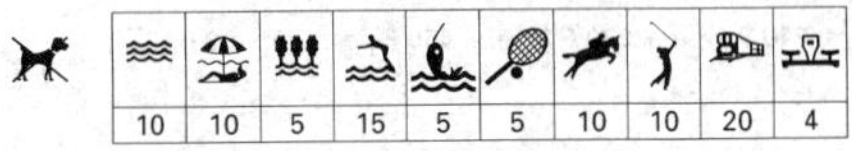

10	10	5	15	5	5	10	10	20	4

ROBIN Jacky & M-Thérèse - La Jarrie - 85220 LANDEVIEILLE - Tél : 02 51 22 90 92 - Fax : 02 51 22 90 92

LIEZ

(TH) *C.M. 71 Pli 1*

5 ch. **Fontenay-le-Comte 15 km. Abbaye de St-Pierre de Maillezais 3 km.** 5 chambres d'hôtes rénovées en 1983 aménagées au rez-de-chaussée d'une grande demeure du XIIIe siècle dans le Marais Poitevin. 2 ch. 3 pers. et 1 ch. 2 pers. avec salles d'eau et wc particuliers et 2 ch. de 2 pers. avec s. d'eau particulières et wc commun. Salle à manger indépendante. Jardin, tables de jardin, barque à disposition. Cette ancienne métairie fut, il y a quelques siècles, la maison secondaire de l'évêque de l'Abbaye de Maillezais.

Prix : 1 pers. **210 F** 2 pers. **230 F** 3 pers. **280 F** repas **100 F**

45	10	10	15	SP	3	3	20	3

FATOU Renée - 1 chemin de Fossé - 85420 LIEZ - Tél : 02 51 00 77 74

LUCON

C.M. 71 Pli 11

4 ch. **Luçon sur place.** En centre ville, une oasis de calme dans un parc arboré clos d'un hectare (terrasse, salon de jardin). 4 chambres aménagées en 95 à l'étage d'un logis du XVIIIe siècle situé dans la ville de Luçon, à proximité de l'Evêché. 3 chambres 2 pers. avec sanitaires particuliers (salle d'eau, wc). 1 suite avec 1 lit 2 pers. et 1 lit 1 pers avec salle de bains, wc. Salon/bibliothèque à disposition.

Prix : 1 pers. **220 F** 2 pers. **280/350 F** 3 pers. **400 F**

Ouvert : toute l'année.

20	2	2	1	2	5	1	5	25	1	SP

LUGAND Elisabeth & Henri - 1 rue des Chanoines - 85400 LUCON - Tél : 02 51 56 34 97 ou 02 51 56 08 97

LES LUCS-SUR-BOULOGNE Le Chef du Pont

C.M. 67 Pli 13

2 ch. **La Roche-sur-Yon 22 km. Logis de la Chabotterie 8 km.** Dans un ancien logis vendéen du XVIe siècle rénové en 1975, aménagé avec goût et raffinement, nous vous proposons 2 grandes ch. de caractère avec poutres apparentes et cheminées de granit. Meubles anciens vendéens. R.d. c. : 1 ch. avec 1 lit 2 pers. (s. d'eau, wc privés). Etage : 1 suite de 2 ch. avec 2 lits 2 pers. 1 lit 1 pers. (s. d'eau, wc privés). Salon avec bibliothèque à disp. Salon de jardin, terrasse couverte. Propriété de 3000 m^2 bordant la rivière La Boulogne face à un parc départemental boisé de 16 ha. et au Mémorial de Vendée. Rest. à 200 m. Nous vous ferons découvrir les différents sites historiques et touristiques de notre région.

Prix : 1 pers. **220 F** 2 pers. **270 F** pers. sup. **70 F**

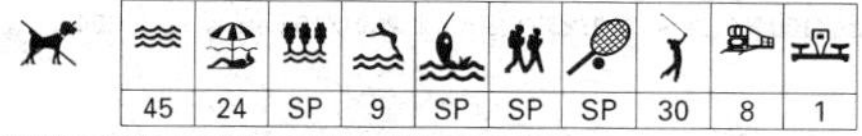

45	24	SP	9	SP	SP	SP	30	8	1

PERROCHEAU Josiane & Hubert - Le Chef du Pont - 85170 LES LUCS-SUR-BOULOGNE - Tél : 02 51 31 22 42 ou 06 83 99 73 81 - Fax : 02 51 31 22 42

LES LUCS-SUR-BOULOGNE Le Petit Luc

(TH) *C.M. 67 Pli 13*

2 ch. **La Roche-sur-Yon 20 km. Logis de la Chabotterie 8 km. Nantes 42 km.** 2 grandes chambres d'hôtes aménagées à l'étage d'une maison ancienne rénovée en 1998, située à la sortie d'un petit bourg. 1 ch. 2 pers. (1 lit 160) avec salle d'eau/wc privés. 1 ch. 2 pers. (1 lit 140) avec salle de bains/wc privés (lit bébé jusqu'à 3 ans). Jardin, salon de jardin à disposition Table d'hôtes sur réservation (sauf le dimanche).

Prix : 1 pers. **210 F** 2 pers. **230 F** repas **80 F**

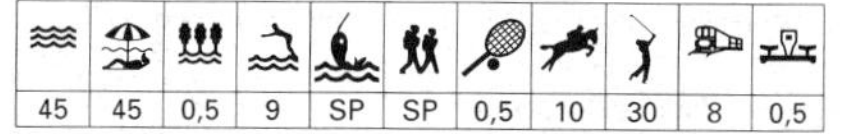

45	45	0,5	9	SP	SP	0,5	10	30	8	0,5

MADELON Marie-Françoise - 10 rue des Martyrs - Le Petit Luc - 85170 LES LUCS-SUR-BOULOGNE - Tél : 02 51 46 52 75 ou 06 68 45 51 04 - E-mail : enciel@post.club-internet.fr

MACHE La Fraternité

C.M. 67 Pli 13

2 ch. **Challans 15 km. Logis de la Chabotterie 28 km.** 2 chambres 2 pers. aménagées à l'ancienne en 1997 dans le grenier de la maison du propriétaire, sur une ferme (élevage de moutons et de faisans reproducteurs). Sanitaires privés à chaque ch. : douche/wc/lavabo pour l'une, baignoire/douche/wc/lavabo pour l'autre. Poss. lit d'appoint suppl. ou lit bébé. Jardin avec salon de jardin. Réfrigérateur et barbecue à dispo. R.d.c. : coin-cuisine. Espace jeux et pêche pour enfants sur place. Accès D 948 - D 94, direction Commequiers (à 1 km du carrefour), à 5 km au nord du bourg. Langue parlée : anglais.

Prix : 1 pers. **210 F** 2 pers. **240 F** pers. sup. **55 F**

25	5	5	5	5	5	5	12	12	15	5

PIKE Ian & Janet - La Fraternité - 85190 MACHE - Tél : 02 51 55 42 58 - Fax : 02 51 60 16 01

MAILLEZAIS La Genête

C.M. 71 Pli 1

4 ch. **Fontenay-le-Comte 15 km. Abbaye St-Pierre de Maillezais 3 km.** Près de la Vieille Autize, Yvette et Paul vous accueillent dans un corps de ferme rénové à l'ancienne en 1990 avec leurs 4 chambres d'hôtes : 1 ch. 4 pers. à l'étage (salle de bains, wc). R.d.c. : 2 ch. 3 pers. et 1 ch. 4 pers., salle d'eau et wc particuliers à chaque ch. Entrées indép., coin-salon (chem.), coin-cuisine, séjour, jardin, tables de jardin à disp. Marais Poitevin, promenades en barque sur place. Cloître de Nieul sur l'Autize à 10 km. La Rochelle à 40 km. Lac de Xanton avec plage aménagée à 18 km.

Prix : 1 pers. **225 F** 2 pers. **240 F** 3 pers. **300 F** pers. sup. **60 F**

50	18	18	7	SP	3	3	25	3

QUILLET Paul - La Genete - 85420 MAILLEZAIS - Tél : 02 51 00 71 17 - Fax : 02 51 00 71 17

MAILLEZAIS

C.M. 71 Pli 1

5 ch. **Fontenay-le(Comte 13 km. Abbaye de St-Pierre de Maillezais sur place.** Au cœur d'un village maraîchin, à deux pas de son abbaye, Liliane BONNET vous accueille dans sa « maison de maître » du XIXe siècle et vous propose 5 chambres d'hôtes rénovées en 1991, tout confort. R.d.c. : 1 ch. 2 pers avec accès direct sur parc. 1er étage : 3 ch. 2 pers. 2e étage : 1 ch. 3 pers. Salle d'eau et wc particuliers à chaque chambre. 1 chambre avec s.d.b. Tennis privé sur place. Salon avec bibliothèque et TV à disposition. Barque dans la conche. 3 vélos. Parking et coin-pêche privés. Langues parlées : anglais, espagnol.

Prix : 1 pers. **330 F** 2 pers. **360/380 F** 3 pers. **430 F**

Ouvert : toute l'année.

48	8	8	15	SP	SP	7	25	SP

BONNET Liliane - 69 rue de l'Abbaye - 85420 MAILLEZAIS - Tél : 02 51 87 23 00 - Fax : 02 51 00 72 44 -
E-mail : liliane.bonnet@wanadoo.fr

MAILLEZAIS

C.M. 71 Pli 1

2 ch. **Fontenay-le-Comte 12 km. Abbaye St-Pierre de Maillezais 500 km.** Le « Relais des Pictons » sera heureux de vous accueillir dans 2 chambres rénovées en 1990 et 1992 aménagées dans une maison du Marais Poitevin datant de la fin du XIXe siècle située dans le bourg de Maillezais. Salle d'eau et wc privés à chaque ch. R.d.c. : 1 ch. 3 pers. A l'étage : 1 ch. 3 pers. Entrée indép. Parking dans la cour, salon de jardin. Bibliothèque avec documents et cartes sur le marais. Promenade en barque à 300 m, découverte du marais. Restaurants sur place.

Prix : 1 pers. **170 F** 2 pers. **200 F** 3 pers. **250 F**

50	12	1	8	SP	SP	SP	6	25	SP

MOUGARD Geneviève - 27 rue du Champ de Foire - 85420 MAILLEZAIS - Tél : 02 51 87 21 95

MAILLEZAIS Le Censif

C.M. 71 Pli 1

3 ch. **Fontenay-le-Comte 12 km. Abbaye de St-Pierre de Maillezais 2 km.** L'accueil, le calme du Marais Poitevin dans une vieille ferme authentique du 17e siècle, rénovée en 96, vous la découvrirez chez Jeannette et Gaby. 3 chambres grand confort meublées à l'ancienne : 1 ch. 2 pers., 1 ch. 3 pers., 1 ch. 3 pers. sur mezz. Entrée indép. S.d.b., wc, lits d'appoint. Salle commune avec coin-cuisine, lave-linge, salon (TV). Préau, terrasse. Jardin (barbecue, portique enfant). Ferme en activité à prox. Découverte du marais en barque, à vélo. Restaurants à 2 km. La Rochelle 40 km. Le Puy du Fou 60 km. Le Futuroscope 100 km.

Prix : 1 pers. **180 F** 2 pers. **200/250 F** 3 pers. **260/310 F** pers. sup. **60 F**

45	15	15	5	SP	1	2	5	25	2

ROBIN Gabriel - Le Censif - 85420 MAILLEZAIS - Tél : 02 51 00 71 50 - Fax : 02 51 00 71 50

MARTINET Montmarin

TH *C.M. 67 Pli 13*

4 ch. **Les Sables d'Olonne 20 km. Le Logis de la Chabotterie 30 km.** Un sourire, un coin de vert près de la mer, c'est à la ferme de Montmarin. Françoise et Martial vous proposent 4 ch. d'hôtes rénovées en 1993, situées en pleine campagne sur une ferme en activité (élevage de bovins). Ces chambres sont aménagées à l'étage de leur maison datant du début du XIXe siècle. Salle commune et coin-cuisine avec l-linge à disp. 1 ch. 3 pers., 1 ch. 4 pers. et 2 ch. de 2 pers. avec salle d'eau et wc privés. Table d'hôtes sur réservation (fermée le dimanche). Etang sur place, salon de jardin, parking, animaux acceptés. Accès D 978 - D 55 A.

Prix : 1 pers. **200 F** 2 pers. **240 F** 3 pers. **300 F** pers. sup. **60 F**
repas **75 F**

Ouvert : du 1er mai au 30 octobre.

20	20	SP	10	SP	4	4	15	5	4

FORTINEAU Martial & Françoise - Montmarin - 85150 MARTINET - Tél : 02 51 34 62 88 - Fax : 02 51 34 65 52

MARTINET Le Taillis

TH *C.M. 67 Pli 13*

2 ch. **Les Sables d'Olonne 25 km. Logis de la Chabotterie 40 km.** A 20 mn de l'océan et au cœur de la campagne verdoyante, Ghislaine et François vous accueillent dans leurs 2 chambres d'hôtes rénovées en 1982, aménagées dans leur maison datant de 1972 sur 1 exploit. d'arboriculture. Entrée indépendante. Ch. 1 (1 lit 2 pers.) avec salle de bains privée, poss. lit BB sur demande. Ch. 2 (2 lits 1 pers.) avec un lavabo et une douche. Poss. lit d'appoint 1 pers. WC privés à chaque chambre. Salon de jardin, ping-pong, étang privé sur place. Table d'hôtes sur réservation.

Prix : 1 pers. **170 F** 2 pers. **200 F** pers. sup. **50 F** repas **75 F**

Ouvert : toute l'année.

20	15	10	12	SP	SP	2	7	10	6	2

BOUGAULT Ghislaine - Le Taillis - Rte St-Georges de Pointindoux - 85150 MARTINET - Tél : 02 51 34 62 05

LE MAZEAU

C.M. 71 Pli 1

3 ch. **Fontenay-le-Comte 20 km. Abbaye de St-Pierre de Maillezais 7 km.** 3 chambres d'hôtes aménagées en 96 à l'étage d'une maison traditionnelle située dans le petit bourg du Mazeau au cœur de la Venise Verte : 1 ch. avec 2 lits 1 pers. (salle de bains et wc particuliers), 1 ch. avec 1 lit 2 pers.(salle de bains et wc particuliers), 1 ch. avec 1 lit 2 pers. (salle d'eau et wc particuliers). Entrée privative. R.d.c. : salle commune, coin-salon, coin-cuisine à disp. Jardin clos. Abri véhicule. Restaurant à 150 m . Promenades en barque, randonnées pédestres à proximité. La Rochelle 50 km.

Prix : 1 pers. **200 F** 2 pers. **230 F** 3 pers. **300 F**

Ouvert : toute l'année.

50	25	12	15	SP	SP	0,3	5	20	20	SP

FRERE Chantal - 12 rue du Port - 85420 LE MAZEAU - Tél : 02 51 52 95 49

MONSIREIGNE La Baudonnière *C.M. 67 Pli 15*

4 ch. **Chantonnay 20 km. Le Puy du Fou 18 km. Lac de Rochereau 3 km.** 4 ch. d'hôtes rénovées en 1993, à la ferme avec jardin dans une maison bourgeoise du XVIe siècle, très tranquille au cœur du Bocage Vendéen. Entrée indép. Au r.d.c. : ch. 1 (1 lit 2 pers. 1 lit 1 pers., salle d'eau et wc privés), ch. 2 (1 lit 2 pers. 2 lits 1 pers., salle de bains et wc privés + coin-cuisine). Salle à manger/salon (TV et cheminée à dispo.). A l'étage : ch. 3 (1 lit 2 pers. 1 lit 1 pers., salle d'eau et wc privés), ch. 4 (1 lit 2 pers. 2 lits 1 pers., salle d'eau et wc privés + coin-cuisine). Tous commerces à 1 km. Grande surface 11 km. Restaurants à 2, 3 et 4 km. Langue parlée : anglais.

Prix : 1 pers. **200/225 F** 2 pers. **225/250 F** 3 pers. **295/325 F** pers. sup. **70 F**

Ouvert : toute l'année.

60	5	5	2	SP	SP	1	6	30	12	12

COLLINSON John - La Baudonnière - 85110 MONSIREIGNE - Tél : 02 51 66 43 79 - Fax : 02 51 66 43 79 - E-mail : wjsjfrance@aol.com

MOUCHAMPS *C.M. 67 Pli 15*

1 ch. **Les Herbiers 12 km. Le Puy du Fou 18 km.** 1 chambre d'hôtes rénovée en 1988 aménagée dans une maison de caractère datant de 1870 située à l'entrée du bourg. 1 chambre 2 personnes avec salle de bains et wc privés. Possibilité d'un lit 1 pers. supplémentaire sur demande. Cuisine (bar). Jardin, terrain, produits fermiers sur place.

Prix : 1 pers. **200 F** 2 pers. **250 F** pers. sup. **100 F**

Ouvert : toute l'année.

80	70	8	10	10	SP	20	30	12	0,5

TESSIER Renée - 1 rue du Breuil - 85640 MOUCHAMPS - Tél : 02 51 66 23 61

MOUILLERON-LE-CAPTIF Ambois *C.M. 67 Pli 13*

2 ch. **La Roche-sur-Yon 2,5 km. Le Puy du Fou 60 km.** 2 chambres 2 pers. situées sur une ferme dans un hameau à proximité de La Roche s/Yon, aménagées en 95 dans un bâtiment annexe proche du logement du propriétaire. Entrée indépendante. Dans chaque ch. : 1 lit 2 pers., sanitaires (douche/wc) privés, prise TV, kitchnette. Possibilité lit d'appoint. Salon de jardin à disposition. Petit camping (20 pers.) sur place. Piscine hors-sol (diam. 6,30 m) commune à disposition.

Prix : 1 pers. **170 F** 2 pers. **240 F** pers. sup. **50 F**

Ouvert : du 15 juin au 15 septembre.

36	5	5	4	5	SP	2	2	20	4	3

BARREAU Marie-Luce - Ambois - 85000 MOUILLERON-LE-CAPTIF - Tél : 02 51 37 29 15 - Fax : 02 51 37 29 15

MOUZEUIL-SAINT-MARTIN La Verronnerie *C.M. 71 Pli 11*

3 ch. **Fontenay-le-Comte 14 km. Abbaye de St-Pierre de Maillezais 20 km.** Dans le calme de la campagne, Jocelyne vous accueille dans sa maison datant de 1902 située sur une ferme céréalière avec 3 chambres d'hôtes aménagées à l'étage de sa maison. 1 ch. double rénovée en 1979 avec salle d'eau et wc privés (1 lit 2 pers.) (2 lits 1 pers.), 2 ch. rénovées en 1995 avec salle d'eau et wc privés (1 lit 2 pers.) (1 lit 2 pers. 1 lit 1 pers.). Entrée indépendante. Salle commune avec TV et coin-cuisine réservé aux hôtes. Salon de jardin à disposition. Animaux sous réserve. La Rochelle, Niort à 40 km.

Prix : 1 pers. **150/180 F** 2 pers. **180/200 F** 3 pers. **250/290 F** pers. sup. **50 F**

Ouvert : toute l'année.

30	15	10	10	5	2	2	10	15	2

DIBOT Jocelyne - La Véronnerie - 85370 MOUZEUIL-ST-MARTIN - Tél : 02 51 28 71 98 ou 06 14 58 65 37 - Fax : 02 51 28 71 98

NIEUL-LE-DOLENT Les Sorinières *C.M. 67 Pli 13*

4 ch. **La Roche-sur-Yon 18 km. Le Logis de la Chabotterie 35 km.** Dans une ambiance simple et familiale, à 15 mn des Sables d'Olonne, Françoise et Patrick vous feront découvrir la Vendée : 4 chambres à la ferme, rénovées en 1997, aménagées dans la maison de caractère (1920) du propriétaire, située en pleine campagne, avec entrée indép. 1 ch. double 4 pers., 2 ch. de 2 pers. et 1 ch. 3 pers. Sanitaires privés (douche, wc) à chacune. Salle aménagée, salon avec TV, coin-cuisine à disp. Camping à la ferme et 2 gîtes ruraux sur place. Piscine privée commune à disposition. Restaurant à 2 km.

Prix : 1 pers. **180 F** 2 pers. **250 F** 3 pers. **310 F** pers. sup. **60 F**

20	20	8	SP	3	2	5	20	17	2

BOURON Patrick & Françoise - Les Sorinières - 85430 NIEUL-LE-DOLENT - Tél : 02 51 07 91 58 ou 02 51 07 93 46 - Fax : 02 51 07 94 78 - E-mail : bouronp@club-internet.fr

NIEUL-SUR-L'AUTIZE *C.M. 71 Pli 1*

4 ch. **Fontenay-le-Comte 10 km. Cloître de Nieul-sur-l'Autize sur place.** Aux portes du Marais Poitevin, face à l'Abbaye Royale, le Rosier Sauvage, maison de caractère du XVIIIe, vous propose 4 chambres confortables au décor personnalisé : 2 ch. 2 pers. et 2 ch. 3 pers. avec sanitaires privés (douche, wc). Salon réservé aux hôtes (bibliothèque, TV,cheminée). Jardin avec salon de jardin à disposition. Petit-déjeuners servis dans une ancienne écurie superbement restaurée. Restaurants à proximité. Langue parlée : anglais.

Prix : 1 pers. **210/230 F** 2 pers. **270/290 F** 3 pers. **330/350 F**

60	10	10	11	15	SP	SP	11	60	25	SP

CHASTAIN-POUPIN Christine - Le Rosier Sauvage - 1 rue de l'Abbaye - 85240 NIEUL-SUR-L'AUTIZE - Tél : 02 51 52 49 39 - Fax : 02 51 52 49 46

NOIRMOUTIER *C.M. 67 Pli 1*

5 ch. **Challans 40 km.** 5 chambres d'hôtes rénovées en 1988 aménagées dans une maison datant de 1900, située près du vieux château et du port. 4 ch. de 2 pers. aménagées au 1er étage avec balcon, salle d'eau et wc particuliers. Entrée indép. Au r.d.c. : 1 ch. de 2 pers. avec salle de bains et wc particuliers. Séjour, salon (cheminée), jardinet, terrasse, salon de jardin. Accès à l'île par le pont ou par le passage du Gois à marée basse, parking public à 50m, face au château (gratuit), restaurant, crêperie à proximité.

Prix : 1 pers. **240 F** 2 pers. **280 F**

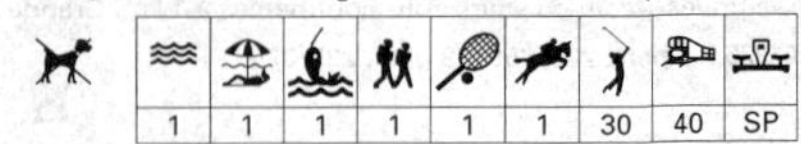

1	1	1	1	1	1	30	40	SP

BARANGER Mauricette - 8 rue de la Mougendrie - 85330 NOIRMOUTIER-EN-L'ILE - Tél : 02 51 39 12 59 - Fax : 02 51 39 12 59

L'OIE Champ Blanc *C.M. 67 Pli 15*

2 ch. **Chantonnay 9 km. Le Puy du Fou 30 km.** Au cœur du Bocage Vendéen, dans le calme et le repos de la pleine campagne, nous vous réservons le meilleur accueil. Dans notre maison de style 1930, sur une exploitation en activité (céréales, élevage de porcs) : 2 chambres 1 lit 2 pers. avec salle d'eau et wc privés. Kitchenette, frigidaire, coin-détente et prise TV à disp. Entrée indépendante. Espace vert aménagé avec salon de jardin. Sentier pédestre et pêche à 2,5 km. Accès par la RN 137. Réduction de 10 % pour séjour de + de 3 nuits.

CV

Prix : 1 pers. **180 F** 2 pers. **220 F**

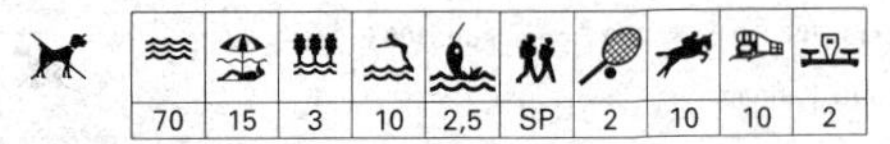

70	15	3	10	2,5	SP	2	10	10	2

REVEILLER Louis & Gisèle - Champ Blanc - 85140 L'OIE - Tél : 02 51 40 22 72 - Fax : 02 51 40 24 04

L'ORBRIE Logis du Ranquinet *C.M. 71 Pli 1*

1 ch. **Fontenay-le-Comte 3 km. Cloître de Nieul-sur-l'Autize 7 km.** 1 suite comprenant 1 ch. 2 pers. (2 lits 1 pers.) et 1 ch. 1 pers. (1 lit 1 pers.) aménagée dans un logis des XVIIe et XVIIIe siècles avec TV. Salle de bains et wc particuliers. Terrain aménagé avec salon de jardin. A proximité de la forêt de Mervent. Vouvant, village médiéval 10 km. Fontenay-le-Comte, ville Renaissance 3 km. Marais Poitevin 15 km. Lac de Xanton avec plage aménagée 8 km. Puy du Fou 40 km.

Prix : 1 pers. **250 F** 2 pers. **300 F** 3 pers. **500 F**

Ouvert : toute l'année.

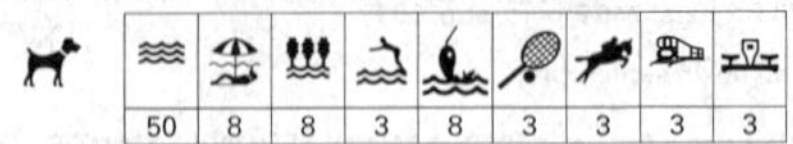

50	8	8	3	8	3	3	3	3

REIGNER Jacques & Anne-Marie - Logis du Ranquinet - 8 imp. de la Fosse aux Loups - 85200 L'ORBRIE - Tél : 02 51 69 29 27 - E-mail : leranquinetchambresdhot@minitel.net

LES PINEAUX-SAINT-OUEN (TH) *C.M. 67 Pli 14*

1 ch. **Luçon 18 km. Le Puy du Fou 40 km.** 1 chambre 2 pers. aménagée en 1996 dans une maison bourgeoise du début du siècle : 1 lit 2 pers avec sanitaires particuliers (salle d'eau, wc). Salle de séjour du propriétaire à disposition. Terrain aménagé avec salon de jardin. Table d'hôtes sur demande. Possibilité promenades à cheval. Piscine mobile (diam. 6 m).

CV

Prix : 1 pers. **210 F** 2 pers. **230 F** repas **90 F**

40	18	8	8	8	SP	8	12	18	5

GROLLEAU Nicole - 21 rue de l'Océan - 85320 LES PINEAUX-ST-OUEN - Tél : 02 51 30 55 04 ou 06 09 49 52 26

LE POIRE-SUR-VIE La Millière *C.M. 67 Pli 13*

E.C. 2 ch. **La Roche-sur-Yon 18 km. Le Logis de la Chabotterie 18 km.** 2 chambres d'hôtes 3 pers. aménagées en 1999 à l'étage d'une maison ancienne, situées sur une ferme en activité.Entrée indépendante. Sanitaires (douche, wc) privés à chaque chambre. A disposition en rez-de-chaussée : une salle commune avec coin cuisine et TV. Terrain avec salon de jardin. Restaurant à 3 kms.

Prix : 1 pers. **200 F** 2 pers. **220 F** 3 pers. **270 F**

35	15	2	4	2	1	4	5	25	20	3

CHAUVIN Marie-Antoinette - La Millière - 85170 LE POIRE-SUR-VIE - Tél : 02 51 31 61 33

REAUMUR La Pillaudière (TH) *C.M. 67 Pli 16*

3 ch. **Les Herbiers et le Puy du Fou 25 km. Futuroscope 100 km.** Au calme de la campagne du Haut Bocage Vendéen, nous vous accueillons dans notre maison de style 1900 : 3 ch. d'hôtes créées en 1990 aménagées à l'étage : 1 ch. 2 pers. (1 lit 2 pers.), 1 ch. 3 pers. (1 lit 2 pers. 1 lit 1 pers.), 1 ch. 5 pers. (1 lit 2 pers. 3 lits 1 pers.), s. d'eau et wc privés attenants à chaque ch. Poss. de lit 1 pers. suppl. à chaque ch. Salon de jardin à disp. Parc pour voitures. Animaux acceptés sous réserve. Réservation sur demande de places pour le Puy du Fou. Vouvant-Mervent (cités médiévales) à 25 km, Marais Poitevin 60 km.

Prix : 1 pers. **215 F** 2 pers. **230 F** 3 pers. **300 F** pers. sup. **75 F** repas **80 F**

Ouvert : toute l'année.

80	7	7	7	2	SP	8	8	50	5	2

SACHOT Alphonse & Augusta - La Pillaudière - 85700 REAUMUR - Tél : 02 51 65 88 69

REAUMUR Le Prieuré *C.M. 67 Pli 16*

E.C. 1 ch. **Les Herbiers et le Puy du Fou 25 km.** 1 chambre d'hôtes 2 pers. aménagée dans un Logis du 18e siècle (ancien prieuré) au sein d'une propriété de 5 ha. située dans un petit bourg. Entrée indép. Sanitaires privés (douche, wc). Parc paysagé, piscine privée commune sur place. Salon de jardin à disposition. Poss. pêche dans étang privé à 500 m sur demande. Petits commerces dans le bourg. 1 gîte rural sur place. Langue parlée : anglais.

Prix : 1 pers. **300 F** 2 pers. **300 F**

80	15	SP	SP	0,5	SP	6	7	45	20	4

GARRET Stéphane & M-Charlotte - Le Prieuré - 85700 REAUMUR - Tél : 04 92 27 02 92 ou 06 11 61 03 52

SAINT-ANDRE-TREIZE-VOIES *C.M. 67 Pli 4*

2 ch. **Montaigu 10 km. Le Logis de la Chabotterie 6 km.** 2 chambres d'hôtes aménagées en 1989 dans une maison ancienne datant de 1850 entourée d'un jardin fleuri, située dans un petit bourg du Bocage. A l'étage : 1 ch. 5 pers avec salle d'eau et wc. Au r.d.c. : 1 ch. 3 pers. avec salle d'eau et wc, coin-cuisine, entrée indépendante. Cour intérieure, jardin. Parking privé. Chaise et lit bébé à disposition.

Prix : 1 pers. **200 F** 2 pers. **220 F** 3 pers. **280 F**

Ouvert : toute l'année.

45	4	10	10	4	SP	10	45	4	SP

MOREAU Annie - 1 rue du Lion d'Or - 85260 ST-ANDRE-TREIZE-VOIES - Tél : 02 51 42 41 48

SAINT-CHRISTOPHE-DU-LIGNERON L'Hubertière (TH) *C.M. 67 Pli 12*

5 ch. **Challans 15 km. Le Puy du Fou 70 km.** A 20 mn de l'océan, Gérard et Michelle vous accueillent. Au cœur du Bocage Vendéen,ils souhaitent vous faire partager le calme et l'espace. Un bâti de 200 ans inspire détente et convivialité. Sur cette ferme en activité 5 chambres. Dans une ancienne bergerie 2 ch. de 2 pers. Dans la maison du propriétaire 2 ch. de 3 pers. et 1 ch. double de 5 pers. Chaque chambre est équipée de sanitaires privés. Tv à disposition. Jeux pour enfants.

Prix : 1 pers. **210 F** 2 pers. **210/270 F** 3 pers. **330/380 F** pers. sup. **70 F** repas **85/95 F**

Ouvert : du 15 mars au 15 novembre.

20	15	5	7	7	7	7	15	15	7

LOIZEAU Gérard & Michelle - L'Hubertière - 85670 ST-CHRISTOPHE-DU-LIGNERON - Tél : 02 51 35 06 41 - Fax : 02 51 49 87 43

SAINT-CHRISTOPHE-DU-LIGNERON La Vergne Neuve *C.M. 67 Pli 12*

4 ch. **Challans 9 km. Centre de découverte du Marais Breton Vendéen 20 km.** A proximité de la mer, dans le calme de la campagne, Marylène et Charles vous accueillent dans 4 chambres d'hôtes rénovées en 1990 aménagées dans leur maison datant de 1880, sur une ferme en activité, avec meubles anciens, chambres avec poutres et pierres apparentes. 2 ch. de 3 pers. et 2 ch. de 4 pers. avec salle d'eau et wc particuliers pour chaque chambre. Salle commune avec cuisine réservée aux hôtes. Jardin aménagé, salon de jardin, jeux pour enfants. Etang de pêche très poissonneux sur place.

Prix : 1 pers. **200 F** 2 pers. **240 F** 3 pers. **290 F** pers. sup. **50 F**

18	5	5	5	SP	4	1	15	10	4

BOURMAUD Marylène - La Vergne Neuve - 85670 ST-CHRISTOPHE-DU-LIGNERON - Tél : 02 51 93 32 52 - Fax : 02 51 93 17 08

SAINT-CHRISTOPHE-DU-LIGNERON La Marière *C.M. 67 Pli 12*

E.C. 4 ch. **Challans 12 km. Centre de découverte du Marais Breton Vendéen 25 km.** Ancienne maison de ferme rénovée en 1999 comprenant le logement du propriétaire et 4 chambres d'hôtes à l'étage. 3 ch. 2 pers. et 1 ch. 3 pers. Sanitaires privés à chaque chambre (salle d'eau/wc). Salon avec TV à disposition. Jardin, salon de jardin. Camping 6 empl. sur place. En commun : coin-cuisine aménagé sous préau, barbecue. Langue parlée : anglais.

Prix : 1 pers. **230 F** 2 pers. **250 F** 3 pers. **280 F**

20	4	4	6	4	SP	4	4	15	12	4

TAVET Gérard - La Marière - 85670 ST-CHRISTOPHE-DU-LIGNERON - Tél : 02 51 35 28 67

SAINT-CHRISTOPHE-DU-LIGNERON Le Grand Fileau *C.M. 67 Pli 12*

E.C. 2 ch. **Challans 8 km. Centre de découverte du Marais Breton Vendéen 20 km.** Pour un sourire à la campagne, faite une halte chez Emmanuelle et Roger. Ils ont choisi la proximité de la côte et le calme de l'intérieur pour vous accueillir dans leurs 2 chambres d'hôtes aménagées en 99 à l'étage de leur maison. Entrée indépendante. 1 ch. 2 pers. et 1 ch. double 4 pers.(1 lit 2 pers., 2 lits 1 pers.). Salle d'eau et wc privés à chacune. Salle d'accueil commune (TV, coin cuisine), l-linge à disp. Location de vélos. Salon de jardin sous tonnelle, barbecue. Sur place : petit camping, basse-cour, biquettes naines, moutons. Langue parlée : anglais.

Prix : 1 pers. **200 F** 2 pers. **250 F** 3 pers. **300 F** pers. sup. **60 F**

12	4	4	8	3	5	8	5	10	8	3

BAUDRY Emmanuelle - Le Grand Fileau - 85670 ST-CHRISTOPHE-DU-LIGNERON - Tél : 02 51 35 36 13 - Fax : 02 51 35 36 13

SAINT-CYR-EN-TALMONDAIS La Maison Neuve

C.M. 71 Pli 11

4 ch. **Luçon 15 km. Maison Clémenceau St-Vincent-sur-Jard 18 km.** Dans un cadre calme et agréable, Gérard et Marie-Renée vous accueillent toute l'année dans 4 chambres d'hôtes aménagées dans une maison de ferme restaurée, située en bordure du marais, dans un site préservé, à quelques km de la plage de la Tranche s/Mer. 1 ch. de 3 pers. en r.d.c. avec entrée indép. et sanitaires privés (douche + wc). A l'étage 2 ch. de 3 pers. 1 ch. de 2 pers. avec chacune sanitaires privés (douche + wc), prise TV dans chaque chambre. Salle d'accueil (TV). Espace extérieur arboré, jeux pour enfants. Ferme en activité. Accès D 949 à 2,5 km du bourg. Trophée départemental du Tourisme 1999.

Prix : 1 pers. **220 F** 2 pers. **250/270 F** 3 pers. **300 F** repas **80 F**

12	12	8	16	3	SP	2,5	25	16	2,5

MASSON Gérard & Marie-Renée - La Maison Neuve - 85540 ST-CYR-EN-TALMONDAIS - Tél : 02 51 30 80 13 - Fax : 02 51 30 89 37

SAINT-DENIS-DU-PAYRE Garanjou

C.M. 71 Pli 11

2 ch. **Luçon 10 km. La Rochelle 40 km.** Garanjou, une ferme d'élevage traditionnel, ayant obtenu les labels Nature, accueil simple et authentique : 2 chambres d'hôtes aménagées en 1980 dans la maison du propriétaire datant du XVIIIe siècle, située en pleine campagne dans le marais vendéen. 1 ch. 3 pers. avec douche privée et 1 ch. 2 pers. avec salle de bains dans le couloir commune au 2 ch., wc communs. Séjour à disp., jardin, aire de jeux, parking, pré. Restaurant à 3 km. Salon de jardin, barbecue, cuisine à disposition. La chambre 3 pers. atteint le classement 2 épis. Observatoire sur place. Réserve ornithologique à 2 km.

Prix : 1 pers. **150 F** 2 pers. **190 F** 3 pers. **230 F**

12	10	13	10	SP	SP	8	12	35	10	8

DE LEPINAY Geneviève - Garanjou - 85580 SAINT-DENIS-DU-PAYRE - Tél : 02 51 27 23 31 - Fax : 02 51 27 23 31

SAINT-DENIS-LA-CHEVASSE Le Moulin des Jouineaux

C.M. 67 Pli 14

2 ch. **La Roche-sur-Yon 20 km. Logis de la Chabotterie 12 km.** A proximité de La Roche sur Yon et en campagne, Louisette et Gilles vous accueillent dans une ancienne maison de ferme entièrement rénovée en 1981. 1 chambre double 4 pers. aménagée au 1er étage avec salle de bains et wc privés. 1 chambre 2 pers. aménagée au r.d.c. avec salle d'eau et wc privés. Entrée indép. Salle d'accueil, bibliothèque. Espace vert aménagé avec petit étang (salon de jardin, jeux pour enfants). Table d'hôtes sur réservation. Propriété de 3000 m² avec espace vert aménagé clos à 45 km du littoral. 1 gîte rural aménagé dans un moulin à vent à prox. Puy du Fou à 50 km. Chambre double 4 pers. : 380 F.

Prix : 1 pers. **190 F** 2 pers. **215 F** 3 pers. **265 F** repas **75 F**

Ouvert : toute l'année.

45	20	6	10	2	2	2	15	40	5	2

CHARRIER Louisette & Gilles - Le Moulin des Jouineaux - 85170 SAINT-DENIS-LA-CHEVASSE - Tél : 02 51 41 31 23

SAINT-DENIS-LA-CHEVASSE Château du Breuil

C.M. 67 Pli 14

3 ch. **La Roche-sur-Yon 18 km. Logis de la Chabotterie 10 km.** Le Château du Breuil a été reconstruit au milieu du XIXe siècle sur les ruines d'un manoir du moyen âge. Vous serez séduit par ses 3 chambres, aménagées en 96, spacieuses et confortables, qui vous inviteront au rêve et à la détente : 1 ch. avec 2 lits jumeaux 120, 1 ch. avec 1 lit 2 pers. 1 suite avec 2 lits jumeaux 120 et 1 lit 2 pers. S.d.b. et wc privés à chacune. Plusieurs salons à disp. Piscine chauffée. Vous pouvez dîner au château sur réservation. Les propriétaires vous recommanderont des visites touristiques et culturelles. 1 gîte rural et 1 gîte de séjour à proximité. Langues parlées : anglais, espagnol.

Prix : 1 pers. **350 F** 2 pers. **540 F** 3 pers. **685 F** pers. sup. **145 F** repas **180/250 F**

45	20	20	SP	5	6	0,5	10	25	18	1

MAESTRE Pierre & Monique - Château du Breuil - 85170 ST-DENIS-LA-CHEVASSE - Tél : 02 51 41 40 14 - Fax : 02 51 41 40 14 - E-mail : pierre.maestre@libertysurf.fr

SAINT-FLORENT-DES-BOIS Le Plessis Tesselin

C.M. 67 Pli 14

3 ch. **La Roche-sur-Yon 10 km. Le Puy du Fou 50 km.** A proximité de La Roche sur Yon et en campagne : 3 chambres d'hôtes rénovées en 1993 aménagées à l'étage de la maison du propriétaire, à prox. d'un camping 6 empl. 3 ch. 2 pers. (s. d'eau et wc particuliers), poss. lit 90 suppl. Petit coin-salon avec TV à disp. Prise TV et téléphone dans chaque ch. Séjour commun avec le propriétaire. Salon de jardin à disp. Plan d'eau de 2 ha. avec poss. de pêche sur place, aire de jeux. Accès D 746. Table d'hôtes sur réservation.

Prix : 1 pers. **200 F** 2 pers. **230 F** pers. sup. **60 F** repas **80 F**

Ouvert : toute l'année.

35	35	SP	10	SP	SP	2,5	4	6	10	2,5

ROUX M-Alice & J-Pierre - Le Plessis Tesselin - 85310 ST-FLORENT-DES-BOIS - Tél : 02 51 31 91 12 ou 02 51 46 72 22 - Fax : 02 51 46 72 22

SAINT-FLORENT-DES-BOIS La Veillonnière *C.M. 67 Pli 14*

2 ch. **La Roche-sur-Yon 12 km. Château de Barbe Bleue à Tiffauges 60 km.** Pascale, Jean-Bernard et leurs enfants seront heureux de vous accueillir sur leur ferme laitière : 2 chambres 3 pers. aménagées dans une grange mitoyenne à leur logement. Dans chaque ch. : 1 lit 2 pers, 1 lit 1 pers. Sanitaires privés (douche/wc). Poss. de lit suppl. ou lit bb. Salle d'accueil commune avec coin-cuisine aménagé. Salon de jardin, table de ping-pong. Vélos à disposition. Piscine (12m x 6m) cloturée commune avec le propriétaire. Tarifs hors saison : 220 F/2 pers.

Prix : 1 pers. **200 F** 2 pers. **250 F** 3 pers. **300 F** pers. sup. **40 F**

Ouvert : toute l'année.

35	35	5	SP	10	SP	2,5	10	8	12	2,5

MARTINEAU Pascale & J-Bernard - La Veillonnière - 85310 ST-FLORENT-DES-BOIS - Tél : 02 51 31 92 68 ou 02 51 46 71 12 - Fax : 02 51 46 71 12

SAINT-GERMAIN-DE-PRINCAY *C.M. 67 Pli 15*

1 ch. **Chantonnay 4 km. Le Puy du Fou 20 km.** Dans le calme de la campagne, dans un cadre agréable, Germain vous accueille dans une chambre d'hôtes rénovée en 1988, aménagée à l'étage de sa maison. 1 ch. 2 pers. avec salle de bains et wc particuliers. Poss. de lit suppl. Salon avec TV à la disposition des hôtes. Garage. Produits fermiers sur place. Restaurant à 200 m. Pour les réservations, appelez aux heures des repas ou laisser un message sur le répondeur.

Prix : 2 pers. **190 F** 3 pers. **220 F**

60	60	5	0,4	SP	5	5

MERLET Germain - 12 rue Edouard Majou - 85110 ST-GERMAIN-DE-PRINCAY - Tél : 02 51 40 47 18 ou 06 71 07 22 47

SAINT-GERVAIS Le Pas de l'Ile *C.M. 67 Pli 2*

3 ch. **Challans et Centre de découverte du Marais Breton Vendéen 12 km.** En bordure du Marais Breton Vendéen, à la porte des Iles, Marie-Thérèse et Henri vous accueillent avec 3 chambres de 3 pers. rénovées en 82 et 88, aménagées dans une maison ancienne située en pleine campagne. Salle d'eau et wc particuliers pour chaque ch. Meubles anciens régionaux.Salle de séjour avec coin cuisine à disposition. Prise TV. Entree indépendante. Espace vert aménagé. Plan d'eau, promenade en barque, vélos sur place. Sentiers de randonnée. Produits fermiers.

Prix : 1 pers. **220 F** 2 pers. **260 F** 3 pers. **320 F**

6	12	3	SP	SP	3	4	10	15	3

PITAUD Henri & M-Thérèse - Le Pas de l'Ile - 85230 ST-GERVAIS - Tél : 02 51 68 78 51 - Fax : 02 51 93 87 06

SAINT-GILLES-CROIX-DE-VIE *C.M. 67 Pli 12*

2 ch. **St-Gilles Croix de Vie sur place.** 2 chambres d'hôtes aménagées en 97 dans une maison contemporaine située près du centre ville. Entrée indépendante. 1 ch. double 4 pers. avec mezzanine et sanitaires privés (douche, wc). 1 ch. 2 pers. avec sanitaires privés non attenants (douche, wc). Jardin clos et salon de jardin à disposition. Parking privé. Piscine privée.

Prix : 2 pers. **320 F** 3 pers. **400 F** pers. sup. **80 F**

0,7	0,7	SP	1	1	0,5	8	8	1	SP

BONGIBAULT Françoise - 31 rue Torterue - 85800 ST-GILLES-CROIX-DE-VIE - Tél : 02 51 55 73 60 - Fax : 02 51 55 73 60

SAINT-HILAIRE-DE-LOULAY La Négrie *C.M. 67 Pli 4*

E.C. 1 ch. **Montaigu 7 km. Le Puy du Fou 30 km. Nantes 25 km. Clisson 12 km.** 1 chambre double 4 pers. aménagée en 1999 à l'étage de la maison du propriétaire, sur une ferme en activité. Entrée indépendante. La chambre est composée de 2 unités indépendantes avec chacune 1 lit 2 pers. 1 salle d'eau et 1 wc. TV . Réfrigérateur, 2 plaques électriques et micro-ondes à disp. Jardin, salon de jardin. Restaurants 3 et 4 km. Découverte de la ferme avec les propriétaires. Etang privé à 100 m, possibilité de pêche. Promenade en calèche à 2 km. St Jean de Monts 60 km. Cholet, La Roche-sur-Yon 30 km.

Prix : 1 pers. **200 F** 2 pers. **220 F** 3 pers. **420 F** pers. sup. **70 F**

60	20	10	7	0,1	SP	4	15	30	6	4

JAUNET M-Thérèse & Michel - La Negrie - 85600 ST-HILAIRE-DE-LOULAY - Tél : 02 51 94 04 96

SAINT-HILAIRE-DE-RIEZ *C.M. 67 Pli 12*

1 ch. **St-Gilles Croix de Vie 3 km. Centre découverte Marais Breton 40 km.** A 2 pas de la plage et de la forêt, Sylvie et Pierre vous accueillent dans leur chambre double 4 pers. : ch. 1 (1 lit 2 pers.), ch. 2 (2 lits 1 pers.) aménagées à l'étage d'une maison récente (1982) avec entrée indép. Salle d'eau et wc particuliers. Télévision, table de ping-pong, salon de jardin, réfrigérateur à disposition des hôtes. Terrain clos permettant de garantir la sécurité des véhicules. Langue parlée : anglais.

Prix : 1 pers. **220 F** 2 pers. **280 F** 3 pers. **360 F** pers. sup. **80 F**

Ouvert : toute l'année.

0,8	0,8	5	3	0,8	SP	0,5	7	15	1	0,2

MILCENDEAU Sylvie - 109 rue de la Touche - 85270 ST-HILAIRE-DE-RIEZ - Tél : 02 51 54 37 21

SAINT-HILAIRE-DE-RIEZ

C.M. 67 Pli 12

2 ch. **St-Gilles Croix de Vie 1 km. Le Puy du Fou 85 km.** 2 chambres d'hôtes aménagées dans une maison contemporaine sur une prop. close de 6800 m² à 1 km du petit port de pêche de St Gilles Croix de Vie. 1 ch. 2 pers. (1 lit 2 pers.) et 1 ch. 4 pers. (2 lits 2 pers.) avec salle de bains et wc particuliers à chaque chambre. Frigo. Entrée indép. Parc aménagé. Terrasse, salon de jardin et barbecue à disposition. Possibilité accès cuisine commune aux 2 ch. (l-linge et l-vais. avec jetons) avec supplément demandé. Parkings, garages. Restaurant à 500 m. Embarcadère pour l'Ile d'Yeu 1 km. Possibilité de remise hors saison.

Prix : 1 pers. **250 F** 2 pers. **300 F** 3 pers. **360 F** pers. sup. **60 F**

Ouvert : toute l'année.

1,5	1,5	1,5	1,5	1,5	1	0,8	7	7	1	0,3

CLERJOU Antoinette - 34 rue du Marais Doux - Villa « La Roseraie » - 85270 ST-HILAIRE-DE-RIEZ - Tél : 02 51 55 45 61 - Fax : 02 51 55 45 61

SAINT-HILAIRE-LE-VOUHIS Le Bois Touzeau

C.M. 67 Pli 15

2 ch. **Chantonnay 7 km. Le Puy du Fou 27 km.** 1 chambre double aménagée dans une maison récente (1980) située en pleine campagne près de notre ferme : 1 lit 2 pers., 2 lits 1 pers. avec douche et lavabo privés dans la chambre. 1 chambre avec 1 lit 2 pers. (poss. lit enfant), salle de bains privée dans couloir. WC communs aux 2 chambres. Salon du propriétaire à disposition. Terrasse avec salon de jardin. Coin-cuisine, frigo, barbecue disponible dans le garage ouvert sur terrain et pelouse. Poss. prêt vélos, rivière à 100 mètres.

Prix : 1 pers. **150 F** 2 pers. **200 F**

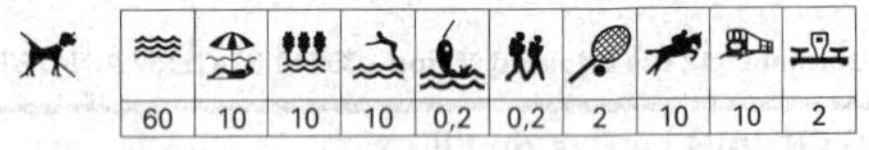

60	10	10	10	0,2	0,2	2	10	10	2

PICARD Jeannine & Maurice - Le Bois Touzeau - 85480 ST-HILAIRE-LE-VOUHIS - Tél : 02 51 46 83 90 - Fax : 02 51 46 80 44

SAINT-JEAN-DE-MONTS

C.M. 67 Pli 11

3 ch. **St-Gilles Croix de Vie 8 km. Logis de la Chabotterie 55 km.** Dans une maison traditionnelle du Marais, rénovée en 1997, située en bordure de la route D38, reliant St Jean de Monts à St Gilles Croix de Vie, à 3 km de l'océan : 3 chambres d'hôtes avec décoration personnalisée et mobilier ancien. Entrée de chaque ch. indépendante avec vue sur le Marais. 1 ch. (1 lit 2 pers. 1 lit 130) acces. hand. 1 ch. (1 lit 2 pers.). 1 ch. (2 lits 1 pers. transformable en 180 sur demande). Sanitaires privés à chaque chambre (douche, wc, vasque intégrée). Jardin clos (salon de jardin). Parking privé. Restaurants à proximité.

Prix : 1 pers. **240/260 F** 2 pers. **240/260 F** 3 pers. **290/300 F**

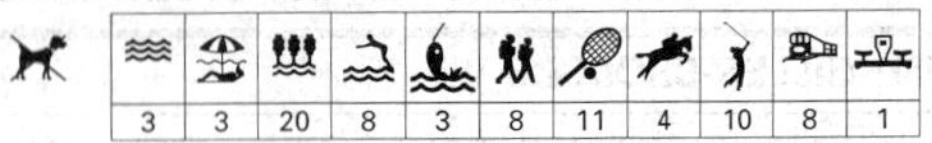

3	3	20	8	3	8	11	4	10	8	1

BERNARD Isabelle - La Bourrine - 184 avenue d'Orouet - 85160 ST-JEAN-DE-MONTS - Tél : 02 51 59 55 31

SAINT-JULIEN-DES-LANDES Les Suries

TH *C.M. 67 Pli 12*

E.C. 3 ch. **Les Sables d'Olonne 20 km. Le Puy du Fou 80 km.** A quelques minutes de l'océan, à la campagne, dans un environnement boisé, Monique et Alain vous accueillent sur leur ferme. 2 chambres aménagées en 98 : 1 ch. 2 pers. (1 lit 2 pers.) et 1 ch. 3 pers. (1 lit 2 pers. 1 lit 1 pers.) et 1 ch. double 4 pers. (2 lits 2 pers.) aménagée en 97 dans une grange restaurée. Entrées indép. Sanitaires privés (douche, wc). Antenne TV. Table d'hôtes sur réservation. 1 gîte rural sur place. Possibilité de pêche dans étang.

Prix : 1 pers. **200 F** 2 pers. **250 F** 3 pers. **300 F** pers. sup. **50 F**
repas **80 F**

15	15	5	15	SP	SP	2	5	20	5	2

GROSSIN Monique & Alain - Les Suries - 85150 ST-JULIEN-DES-LANDES - Tél : 02 51 46 64 02 ou 06 86 67 35 20 - Fax : 02 51 46 64 02 - E-mail : monique-et-alain.grossin@wanadoo.fr

SAINT-MALO-DU-BOIS Les Montys

TH *C.M. 65 Pli 5*

5 ch. **Les Herbiers 16 km. Le Puy du Fou 7 km.** Les 5 chambres des Montys, en pleine campagne, au centre d'une région touristique, riche en curiosités où Régina et André vous réserveront un accueil authentique et une bonne convivialité, ont été aménagées en 1992 à l'étage de leur maison datant de 1860. Salle d'eau et wc particuliers à chaque ch. 2 entrées indép. 1 ch. 4 pers., 2 ch. 3 pers., 2 ch. 2 pers. A l'étage : salon (TV), coin-cuisine. R.d.c. : salle commune, coin-cuisine , chem. à l'ancienne, TV, l-linge. Table d'hôtes sur réservation tous les jours sauf dimanche et lundi. Bordure de la Sèvre Nantaise 2 km, sentiers de randonnée sur place, Musée de la Machine de Guerre à Tiffauges 20 km.

Prix : 1 pers. **180 F** 2 pers. **240 F** 3 pers. **310 F** pers. sup. **50 F**
repas **85 F**

Ouvert : toute l'année.

90	90	8	SP	SP	2	4	15	15	2

FRUCHET Régina & André - Les Montys - 85590 ST-MALO-DU-BOIS - Tél : 02 51 92 34 12 - Fax : 02 51 64 62 45

SAINT-MARTIN-DES-FONTAINES Garreau

C.M. 67 Pli 15

E.C. 1 ch.

Fontenay-le-Comte 12 km. Abbaye St-Pierre de Mailezais 20 km. En sud Vendée proche du Marais Poitevin Roselyne et Jean vous accueillent : 1 chambre d'hôtes 2 pers. aménagée en 98 dans un ensemble : 2 lits 1 pers., salle d'eau, wc privés, kitchnette à disposition.TV. Entrée indépendante. Terrasse couverte avec salon de jardin et barbecue. Petit déjeuner servi chez le propriétaire à 60 m en traversant le parc. Terrasse de lecture. Pêche dans étang, local de pêche aménagé, VTT, Ping-pong. Sur place : 2 gîtes ruraux. Si 1 nuit : 300 F pour 2 pers.

Prix : 1 pers. **220 F** 2 pers. **280 F** repas **100 F**

45	10	10	2	SP	SP	2	12	50	15	2

PORCHER Jean & Roselyne - Garreau - 85570 SAINT-MARTIN-DES-FONTAINES - Tél : 02 51 00 12 62 - Fax : 02 51 87 79 74

SAINT-MARTIN-DES-NOYERS La Gerbaudière

C.M. 67 Pli 14

1 ch.

La Roche-sur-Yon 19 km. Le Puy du Fou 30 km. Dans le calme de la campagne 1 chambre d'hôtes rénovées en 1984, aménagée dans une maison de caractère de 1825 située dans un parc. 1 ch. double dans le logement du propriétaire (1 lit 2 pers. 2 lits 1 pers.) avec salle de bains et wc particuliers. Salle de jeux, ping-pong, jardin et parc à la disposition des hôtes. Restaurant à 4 km. Accès par la D31 entre La Chaize le Vicomte et St Hilaire Le Vouhis. Le Château de la Grève 2 km.

Prix : 1 pers. **250 F** 2 pers. **250 F** 3 pers. **350 F** pers. sup. **100 F**

40	20	SP	12	4	5	15	4	4

ROCHEREAU Jacqueline - La Gerbaudière - 85140 SAINT-MARTIN-DES-NOYERS - Tél : 02 51 07 82 15

SAINT-MARTIN-DES-TILLEULS Les Gâts

C.M. 67 Pli 5

E.C. 2 ch.

Les Herbiers et le Puy du Fou 15 km. Château de Tiffauges 8 km. 2 chambres d'hôtes aménagées en 1998 dans un Logis du XVIIe siècle situé à 300 m d'un petit bourg du bocage vendéen. Propriété close de 1 ha. dans parc arboré (2 étangs sur place). 1 ch. 2 pers. en rez-de-chaussée et 1 grande ch. 2 pers. avec coin-salon et divan 1 pers. à l'étage. Salle d'eau et wc à chaque chambre. Salon à disp. des hôtes. Parking dans propriété. Salon de jardin à disp. Canoë, escalade à 2 km. Nombreuses randonnées possibles. Langues parlées : anglais, espagnol.

Prix : 1 pers. **200/230 F** 2 pers. **230/280 F** pers. sup. **70 F**

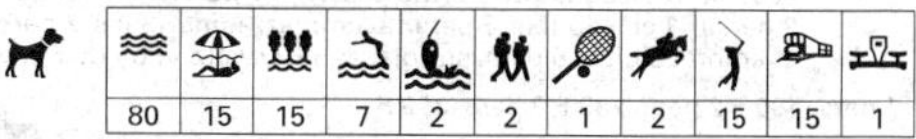

80	15	15	7	2	2	1	2	15	15	1

BODIN Bertrand et BRESSE Antoine - Les Gats - 85130 ST-MARTIN-DES-TILLEULS - Tél : 02 51 65 60 06 ou 06 20 31 04 43 - Fax : 02 51 65 63 93

SAINT-MATHURIN Les Echos

C.M. 67 Pli 12

1 ch.

Les Sables d'Olonne 8 km. Puy du Fou 80 km. A 10 mn des Sables d'Olonne, dans le calme de la campagne vendéenne, Paulette et Albert vous accueillent dans leur maison datant de 1975, à la sortie du bourg : 1 ch. double 4 pers. de plain-pied avec salle de bains et wc particuliers réservés à la ch. (possibilité d'1 lit 1 pers. suppl.). Entrée indép., séjour, jardin, aire de jeux. 1 logement meublé au sous-sol. Restaurant à 500 m.

Prix : 1 pers. **180 F** 2 pers. **220 F** 3 pers. **320 F** pers. sup. **50 F**

Ouvert : toute l'année.

8	8	0,8	6	0,8	SP	SP	5	6	7	0,5

BOUARD Paulette - 32 rue du Stade - Les Echos - 85150 ST-MATHURIN - Tél : 02 51 22 73 17 ou 06 86 71 49 24

SAINT-MATHURIN Château de la Millière

C.M. 67 Pli 12

5 ch.

Les Sables d'Olonne 8 km. Logis de la Chabotterie 50 km. 5 chambres aménagées dans une vieille et élégante demeure du XIXe siècle à 10 km des Sables d'Olonne. 4 ch. de 2 pers. (salle de bains et wc privés à chaque ch.). 1 suite de 2 ch. pour 4 pers. (salle de bains et wc privés). Piscine privée, bibliothèque, billard, TV en commun. Terrasse (salon de jardin), étang (pêche), vélos, barbecue, baby-foot. Ping-pong. Restaurant à proximité. De nombreuses promenades sont à faire dans le parc vallonné de 20 ha., sillonné d'allées cavalières. 2 gîte ruraux à proximité. Langue parlée : anglais.

Prix : 1 pers. **540 F** 2 pers. **580 F** 3 pers. **680 F** pers. sup. **100 F**

Ouvert : du 1er mai au 30 septembre.

10	10	SP	SP	1	8	3	10	1

HUNEAULT Claude & Danielle - Château de la Millière - 85150 ST-MATHURIN - Tél : 02 51 22 73 29 ou 02 51 36 13 08 - Fax : 02 51 22 73 29

SAINT-MATHURIN Le Puy Babin

C.M. 67 Pli 12

4 ch.

Les Sables d'Olonne 8 km. Le Puy du Fou 80 km. Près de l'océan et au cœur de la nature, nous vous offrons 4 ch. d'hôtes rénovées en 1993, situées sur une ferme en activité, à 8 km des Sables d'Olonne . R.d.c. : 1 ch. 3 pers.accès par salle commune, 2 ch. 4 pers. accès indép. Etage : 1 ch. double 4 pers.accès indép. Sanitaires particuliers (douche, wc) à chaque ch. Table d'hôtes sur réservation. Salle commune, coin-cuisine à disp. Sur place : 1 gîte, 1 camping 25 empl. Loisirs sur site : ping-pong, billard, étang privé (pêche), location VTT , promenade en canoës, tir à l'arc, petite piscine (prof. 1 m), exposition d'outils anciens agricoles. Ambiance simple, familiale à la ferme.

Prix : 1 pers. **180 F** 2 pers. **220 F** 3 pers. **260 F** pers. sup. **40 F** repas **80 F**

Ouvert : toute l'année.

8	8	15	10	SP	2	10	5	11	2

VINCENT P-Henry & Nathalie - Le Puy Babin - 85150 ST-MATHURIN - Tél : 02 51 22 74 11

SAINT-MICHEL-EN-L'HERM Basse Brenée *C.M. 67 Pli 11*

3 ch. **Luçon 15 km. La Rochelle 45 km.** Marie-Noëlle et Michel vous accueillent dans leur ferme du marais datant du XVIIIe siècle. Là, vous bénéficierez du calme de la campagne pour un repos de qualité à 8 km de l'océan : 3 chambres avec sanitaires privés (salle d'eau, wc). 2 ch. aménagées à l'étage : 1 ch. (1 lit 2 pers.), 1 ch. double (1 lit 2 pers./1 lit 2 pers. 1 lit 1 pers.). 1 ch. en r.d.c. totalement indépendante avec cuisine (1 lit 2 pers), canapé. Salle commune avec coin-cuisine équipé. Salle de jeux commune avec le petit camping situé à prox. Restaurants à 3 km.

Prix : 1 pers. **170/210 F** 2 pers. **200/240 F** 3 pers. **250/290 F** pers. sup. **50 F**

8	7	2	15	2	SP	3	7	35	15	3

ARDOUIN Michel & M-Noelle - Basse Brenée - 85580 ST-MICHEL-EN-L'HERM - Tél : 02 51 30 24 09 - Fax : 02 51 30 24 09 - E-mail : michel.ardouin@free.fr

SAINT-MICHEL-LE-CLOUCQ Bel Air *C.M. 71 Pli 1*

3 ch. **Fontenay-le-Comte 5 km. Cloître de Nieul-sur-l'Autize 8 km.** Entre Marais Poitevin et massif forestier de Mervent/Vouvant, nous vous proposons 3 ch. d'hôtes de caractère restaurées en 1992 dans une maison de ferme datant de 1850. Entrée indép. Sanitaires privés pour chacune (douche, lavabo, wc) : ch. 1 (1 lit 2 pers.), ch. 2 (1 lit 2 pers.), ch. 3 (2 lits 1 pers.). Salle commune à disp., salon de jardin. A côté d'un gîte rural. Toutes possibilités de loisirs à prox. Tarifs dégressifs pour séjour. Dans un petit bourg à 1 km du massif forestier, 15 km du Marais Poitevin. Ferme-Auberge à 200 m.

Prix : 1 pers. **210 F** 2 pers. **260 F** 3 pers. **320 F**

60	5	5	5	3	1	5	30	5

BOURDIN J-Christian & M-Jo - Bel-Air - 78 rue de la Mairie - 85200 SAINT-MICHEL-LE-CLOUCQ - Tél : 02 51 69 24 24 ou 06 82 71 95 40 - Fax : 02 51 69 24 24

SAINT-MICHEL-MONT-MERCURE La Bonnelière *C.M. 67 Pli 15*

2 ch. **Les Herbiers 10 km. Le Puy du Fou 8 km.** Dans le calme de la campagne, à prox. d'un château du XVIe siècle, 2 ch. aménagées en 1988 et 1997 dans une ferme d'élevage du Haut Bocage Vendéen. Entrées indép. 1 ch. double 4 pers. avec mezzanine (2 lits 2 pers.), 1 ch. double 6 pers. avec mezzanine (3 lits 2 pers.). Sanitaires particuliers (douche, wc), kitchenette, TV pour chaque chambre. 2 gîtes 5 pers. sur place. Réservation Puy du Fou sur demande.

Prix : 1 pers. **180 F** 2 pers. **245 F** 3 pers. **300 F**

75	11	4	10	4	4	10	4	10	4

RETAILLEAU Françoise & Gaston - La Bonnelière - 85700 SAINT-MICHEL-MONT-MERCURE - Tél : 02 51 57 21 90 - Fax : 02 51 57 21 90

SAINT-MICHEL-MONT-MERCURE L'Orbrie *C.M. 67 Pli 15*

2 ch. **Les Herbiers 9 km. Le Puy du Fou 8 km.** 2 chambres d'hôtes aménagées en 97 dans une maison ancienne, situées sur une ferme d'élevage proche du bourg de St Michel-Mont-Mercure, point culminant de la Vendée. 1 ch. double 5 pers. (r.d.c. et étage), salon, avec entrée indépendante. 1 ch. 3 pers. à l'étage avec entrée par salle commune. Sanitaires privés (douche, wc). TV dans chaque chambre. Jardin avec salon de jardin. Salle commune avec coin-kitchnette à disposition. Possibilité réservation spectacle Puy du Fou sur demande.

Prix : 1 pers. **180 F** 2 pers. **230 F** 3 pers. **310 F** pers. sup. **70 F**

75	20	SP	7	SP	SP	1,5	7	30	10	0,5

BABARIT Marie-France & Yvon - L'Orbrie - 85700 ST-MICHEL-MONT-MERCURE - Tél : 02 51 57 70 69

SAINT-PAUL-EN-PAREDS La Gelletière *C.M. 67 Pli 15*

5 ch. **Les Herbiers 8 km. Le Puy du Fou 15 km.** Ancienne grange rénovée en 1999 comprenant le logement du propriétaire, 1 gîte rural et 5 chambres d'hôtes située sur une ferme en activité.Entrée indépendante pour chaque ch. R.d.c. : 1 ch. 2 pers. et 1 ch. 3 pers.. A l'étage : 3 ch. 3 pers. Sanitaires privés à chaque chambre (salle d'eau, wc). Salle commune avec coin-cuisine à disposition. Piscine privée sur place. Coin pique-nique ombragé privé en bordure de rivière. Restaurant 3 km.

Prix : 1 pers. **200 F** 2 pers. **270 F** 3 pers. **350 F**

70	10	10	SP	SP	SP	2	8	30	30	8

MERLET Charly - La Gelletière - 85500 ST-PAUL-EN-PAREDS - Tél : 02 51 92 00 43 ou 02 51 92 00 25 - Fax : 02 51 92 00 43

SAINT-PIERRE-LE-VIEUX Les Bas *C.M. 71 Pli 1*

3 ch. **Fontenay-le-Comte 12 km. Abbaye de St-Pierre de Maillezais 3 km.** Calme, repos, découverte d'une exploitation agricole au cœur du Marais Poitevin : 3 chambres d'hôtes avec salle d'eau et wc particuliers. 1 ch. 3 pers., 1 ch. 4 pers. et 1 ch. 2 pers. Entrée indépendante. Salle avec coin-cuisine. Petits-déjeuners avec produits maison. Restaurants à 3 km. Sentiers pédestres à partir de la ferme. Promenades en barque sur place. Camping 6 emplacements sur le siège de la ferme.

Prix : 1 pers. **180 F** 2 pers. **230 F** 3 pers. **300 F** pers. sup. **70 F**

Ouvert : toute l'année.

50	15	15	10	SP	SP	3	10	22	3

PEPIN Chrystèle - Les Bas - 85420 ST-PIERRE-LE-VIEUX - Tél : 02 51 00 76 14 - Fax : 02 51 00 76 14

SAINT-PIERRE-LE-VIEUX Le Peux (TH) *C.M. 71 Pli 1*

2 ch. **Fontenay-le-Comte 8 km. Abbaye de St-Pierre de Maillezais 3 km.** Dans l'ancienne ferme du Peux, 2 chambres d'hôtes aménagées en 1993 dans une maison traditionnelle datant du début du siècle à l'entrée du marais mouillé. Entrée indép. 1 Ch. (1 lit 2 pers.) au r.d.c. avec s. d'eau et wc privés. 1 ch. double (1 lit 2 pers. 2 lits 1 pers.) à l'étage avec s. d'eau et wc privés. Salon de jardin, véranda sur jardin et kitchenette à dispo. Vélos,barque, vue sur le marais. Table d'hôtes sur demande. Cartes et circuits à disposition. La Rochelle 50 km.

Prix : 1 pers. **150 F** 2 pers. **200 F** 3 pers. **250 F** pers. sup. **50 F**
repas **70 F**

Ouvert : toute l'année.

50	10	10	10	0,3	SP	2	10	25	10	2

ROBUCHON Marie-Agnès - Le Peux - 85420 ST-PIERRE-LE-VIEUX - Tél : 02 51 00 78 44

SAINT-PROUANT Les Hautes Papinières *C.M. 67 Pli 15*

4 ch. **Les Herbiers 12 km. Le Puy du Fou 20 km.** 4 chambres d'hôtes 2 pers. aménagées en 99 dans une ancienne grange en annexe de la maison du propriétaire, situées dans un hameau en bordure de la route D 113. 2 ch. au r.d.c. et 2 ch. à l'étage dont 1 avec 2 lits jumeaux. Chaque chambre a son sanitaire privé (douche/wc). Cuisine commune entièrement équipée. Jardin aménagé, salon de jardin. Piscine privée commune avec un gîte. Restaurants à 5 kms. Possibilité de réservation billets Puy du Fou. Passage du GR à 6 km, départ sentiers pédestres. Tarif adapté selon durée et date de séjour.

Prix : 2 pers. **250/300 F**

70	12	12	SP	4	2	2	12	40	12	2

GROLLEAU Jacqueline - Les Hautes Papinières - 85110 ST-PROUANT - Tél : 02 51 66 42 22 ou 06 84 56 02 68 - Fax : 02 51 66 42 22 - E-mail : grolleauc@horanet.fr

SAINT-VINCENT-SUR-JARD *C.M. 67 Pli 11*

3 ch. **Sables d'Olonne 22 km. Maison Clémenceau St-Vincent-sur-Jard 1,5 km.** 3 chambres d'hôtes aménagées en 98 dans une maison contemporaine tout en r.d.c. située sur une petite commune du littoral vendéen, dans une propriété de 3500 m². 3 chambres 2 pers. avec sanitaires privés (1 ch. avec salle de bains/wc et 2 ch. avec salle d'eau/wc). Possibilité lit d'appoint. Prise TV dans chaque chambre. Salon avec TV, kitchenette. Parc aménagé avec salon de jardin, parking ombragé. Restaurant à 300 m.

Prix : 1 pers. **230/250 F** 2 pers. **260/290 F** pers. sup. **60 F**

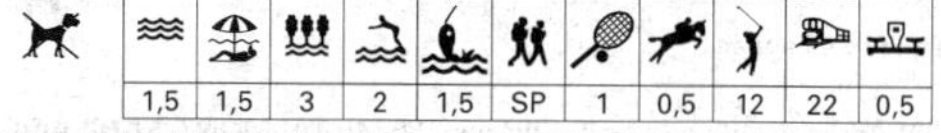

1,5	1,5	3	2	1,5	SP	1	0,5	12	22	0,5

FIROME Bernadette - Les Chabosselières - 24 route de Jard - 85520 ST-VINCENT-SUR-JARD - Tél : 02 51 33 43 32 - Fax : 02 51 33 42 45

SAINTE-CECILE La Grande Métairie *C.M. 67 Pli 15*

E.C. 4 ch. **Chantonnay 10 km. Le Puy du Fou 30 km.** 4 chambres d'hôtes aménagées en 2000 dans une partie de grange, situées sur une ferme en activité à 500 m du bourg, proche de l'habitation du propriétaire. 2 ch.3 pers. en rez de chaussée avec entrée indépendante. 2 ch.2 pers. à l'étage avec entrée par salle de séjour. Sanitaires privés à chaque chambre (douche,wc). Séjour avec TV à disposition. Salon de jardin à disposition.

Prix : 2 pers. **240 F** 3 pers. **300 F**

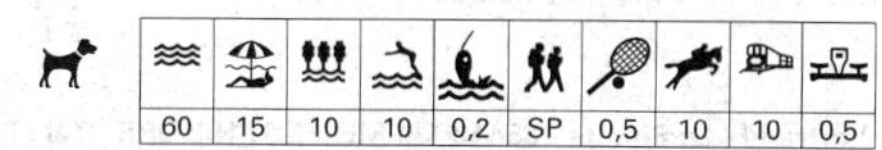

60	15	10	10	0,2	SP	0,5	10	10	0,5

BOUDEAU Serge - La Grande Métairie - 85110 STE-CECILE - Tél : 02 51 40 25 36 ou 06 83 39 93 64

SAINTE-CECILE Moulin Pont Pajaud (TH) *C.M. 67 Pli 15*

3 ch. **Chantonnay 10 km. Le Puy du Fou 30 km. Marais Poitevin 60 km.** 3 chambres d'hôtes aménagées dans un moulin à eau restauré (époque 17e siècle). 1 ch. 3 pers. au r.d.c. avec coin-salon et entrée indép. Poss. lit d'appoint. 2 ch. à l'étage (2 et 3 pers.). Sanitaires particuliers (douche, wc) et ant. TV dans chaque ch. Kitchenette à disp. Prairie et espace pique-nique au bord du ruisseau. Plages du Sud Vendée (60 km). Pendant votre séjour, une initiation aux activités artisanales (osier, palène, peinture paysanne) vous sera offerte. Restaurant à 2 km. Table d'hôtes sur réservation.

Prix : 1 pers. **200 F** 2 pers. **230 F** 3 pers. **300 F** pers. sup. **70 F**
repas **65 F**

60	15	10	10	SP	SP	1	10	10	1

NAULEAU Geneviève & Claude - Moulin Pont Pajaud - 85110 STE-CECILE - Tél : 02 51 40 28 26

SAINTE-FLAIVE-DES-LOUPS L'Ozaire *C.M. 67 Pli 13*

2 ch. **La Roche-sur-Yon 18 km. Le Puy du Fou 75 km.** A proximité des plages vendéennes, dans une ambiance familiale, Serge et Eliane vous proposent 2 chambres d'hôtes de 2 pers. (1 lit 2 pers. pour chacune), à la ferme, rénovées en 1992, aménagées dans une maison contemporaine datant de 1978 (poss. 1 lit 1 pers. suppl.). Salle d'eau + wc particuliers à chaque chambre. Grand espace vert à disp., balançoires. Pêche dans étang à 500 m. Salon de jardin. Réfrigérateur à disposition.

Prix : 1 pers. **180 F** 2 pers. **200 F** 3 pers. **240 F**

Ouvert : de mai à septembre et vacances scolaires.

18	18	12	15	0,5	3	3	12	14	5	5

JOUBERT Eliane - L'Ozaire - 85150 STE-FLAIVE-DES-LOUPS - Tél : 02 51 05 68 98

SAINTE-HERMINE La Barre 

C.M. 67 Pli 15

3 ch. **Luçon 15 km. Le Puy du Fou 45 km.** Elisabeth vous accueille dans une maison de pays du XVIe siècle située à l'entrée du Logis de la Barre, à prox. du bourg de St Juire-Champgillon, village typique du Bocage Vendéen. 3 ch. rénovées en 1993 de 2 pers. avec sanitaires particuliers (s. d'eau, wc). 1 ch. en r.d.c. avec kitchenette. 2 chambres à l'étage. Salon à disp. (TV, bibliothèque, jeux de société). Espace extérieur avec salon de jardin, ping-pong, VTT et circuits sur place. Table d'hôtes sur réservation.Tarif dégressif à partir de 3 nuits.

CV

Prix : 1 pers. **170 F** 2 pers. **210 F** repas **70 F**

Ouvert : toute l'année.

40	15	15	4	3	4	4	10	15	4

CAREIL Marie-Elisabeth - La Barre - Route de St-Juire Champgillon - 85210 STE-HERMINE - Tél : 02 51 27 85 18

SOULLANS

C.M. 67 Pli 12

E.C. 2 ch. **Challans 3 km.** 2 chambres d'hôtes située dans une propriété close et boisée de 4400 m^2. Entrées indépendantes. 1 ch. double 4 pers. avec sanitaires privés (douche/wc, 1 lavabo dans chaque chambre). 1 ch. 3 pers. avec sanitaires privés (douche/wc). Jardin à disposition, terrasse privée, salon de jardin. Restaurant 2 km. Langue parlée : anglais.

Prix : 2 pers. **250 F** 3 pers. **300 F** pers. sup. **50 F**

15	15	18	3	3	SP	3	10	15	3	3

BLANCHARD Annie - 16 allée de la Verie - 85300 SOULLANS - Tél : 02 51 93 14 30

TALMONT-SAINT-HILAIRE Les Touillères

C.M. 67 Pli 13

4 ch. **Les Sables d'Olonne 16 km. Maison Clémenceau St-Vincent-sur-Jard 8 km.** Dans le calme de la campagne, à proximité de la mer, Annie et Gilles vous accueillent dans leur maison ancienne rénovée en 1991 : 1 ch. 2 pers. (1 lit 2 pers.) 1 ch. (1 lit 2 pers. 1 lit 1 pers.) à l'ét. et 1 ch. au r.d.c. (1 lit 2 pers. 2 lits 1 pers. superp.) . 1 ch. indép. 4 pers. aménagée dans une partie de la grange (1 lit 2 pers. 2 lits 1 pers. superp.). S. d'eau et wc particuliers à chaque ch. Entrée indép. 1 lit bb à disp. Espace vert à disp. avec salon de jardin. 2 gîtes ruraux sur place. Restaurant à 3 km. Accès par la D 949 (Talmont/Luçon), à droite à 1,5 km de Talmont. Table d'hôtes sauf le dimanche soir sur résa.

Prix : 1 pers. **180 F** 2 pers. **220 F** 3 pers. **270 F** pers. sup. **50 F** repas **80 F**

Ouvert : toute l'année.

6	6	4	10	SP	4	10	8	16	4

PAPON Annie & Gilles - Les Touillères - 85440 TALMONT-ST-HILAIRE - Tél : 02 51 90 24 02

TALMONT-SAINT-HILAIRE La Pinière

C.M. 67 Pli 13

4 ch. **Les Sables d'Olonne 12 km. Maison Clémenceau St-Vincent-sur-Jard 15 km** 4 chambres d'hôtes aménagées dans des anciens bâtiments de ferme rénovés, en 92 sur une exploitation agricole de 70 ha., environnement vallonné et boisé. 2 ch. de 2 pers. et 2 ch. de 3 pers. Salle d'eau et wc privés, entrée indépendante pour chaque chambre. Salle commune avec cheminée. Gîte d'étape et de séjour à vocation équestre sur place. Organisation de week-end chasse au lapin sur réservation d'octobre à janvier.

Prix : 1 pers. **210 F** 2 pers. **260 F** 3 pers. **350 F**

3	3	2	2	1	5	3	12	1

CARAYOL Bertrand - La Pinière - 85440 TALMONT-ST-HILAIRE - Tél : 02 51 22 25 66 ou 06 70 30 55 16

TRIAIZE La Muloterie

C.M. 71 Pli 11

1 ch. **Luçon 7 km. La Rochelle 35 km.** A quelques minutes de la mer, dans le calme de la campagne, Colette et Dominique vous accueillent à la ferme dans une chambre d'hôtes pour 3 pers. (1 lit 2 pers. 1 lit 1 pers.). Elle est située en annexe, à prox. de leur maison dans un cadre verdoyant et agréablement fleuri. S. d'eau et wc privés. Salon de jardin et frigo à disp. Entrée indép. Parking privé. Restaurant à 1 km. Site ornithologique exceptionnel. Poss. d'hébergement pour chevaux.

CV

Prix : 1 pers. **240 F** 2 pers. **240 F** 3 pers. **290 F**

Ouvert : toute l'année.

13	13	8	8	0,5	0,2	1	15	40	8	1

PEPIN Dominique & Colette - La Muloterie - 85580 TRIAIZE - Tél : 02 51 56 05 96 ou 06 13 03 36 89

VAIRE Le Traîne Bois

C.M. 67 Pli 12

1 ch. **Les Sables d'Olonne 10 km. Le Puy du Fou 50 km.** Près des Sables d'Olonne, à 7 km de la mer, à proximité d'un petit bourg rural, Monique et Jean-Claude vous accueillent dans leur une maison contemporaine et mettent à votre disposition une chambre aménagée en 95 avec 1 lit 2 pers, salle d'eau et wc privés. Parc ombragé (salon de jardin). Possibilité hébergement chevaux. Chemins à proximité pour balades équestres, pédestres et VTT.

CV

Prix : 2 pers. **230 F**

Ouvert : toute l'année.

7	7	2	8	2	SP	SP	7	8	12	SP

GRELIER Monique & J-Claude - Le Traine Bois - 27 rue Rabelais - 85150 VAIRE - Tél : 02 51 33 76 15 ou 06 62 02 76 15 - Fax : 02 51 33 76 15

VELLUIRE Le Petit Nizeau

C.M. 71 Pli 11

2 ch. **Fontenay-le-Comte 10 km. Abbaye St-Pierre de Maillezais 12 km.** Dans le Parc Régional du Marais Poitevin et à 1/2 h. de La Rochelle, nous avons aménagé en 95, 2 chambres alliant confort, charme et tranquilité dans les dépendances de notre propriété, une maison de maître du XIXe siècle avec parc de 1,4 ha. Chaque ch. peut recevoir 2 pers. (1 lit 160 x 200) avec salle d'eau et wc particuliers. Les ch. sont de plain-pied et donnent sur le jardin (salon de jardin mis à votre disp.). Derrière une des grilles de la propriété, vous disposez d'un parking avec accès direct et indép. à votre chambre. Pers. suppl. enf. : 60 F.

Prix : 1 pers. **250 F** 2 pers. **280 F**

Ouvert : toute l'année.

40	45	10	1	1	2	10	40	10	1

NODET Michel & Chantal - Le Petit Nizeau - 85770 VELLUIRE - Tél : 02 51 52 39 57 - Fax : 02 51 52 37 95 -
E-mail : chantal.nodet@wanadoo.fr

VELLUIRE Massigny

C.M. 71 Pli 11

2 ch. **Fontenay-le-Comte 8 km. Abbaye St-Pierre de Maillezais 12 km.** Dans une propriété de 5000 m^{2} entièrement close en bordure de la rivière La Vendée, à 10 mn de la ville Renaissance Fontenay-le-Comte aux portes du Marais Poitevin. Les chambres sont aménagées dans un bâtiment annexe. Sanitaires privés (douche, wc). Salle commune avec coin-détente. Jardin avec piscine privée à disposition (salon de jardin). Parking privé. La Rochelle 40 km. Langue parlée : anglais.

Prix : 1 pers. **250 F** 2 pers. **280 F**

40	16	16	SP	SP	SP	3	3	40	45	3

NEAU Jean-Claude & Marie-Françoise - Massigny - 85770 VELLUIRE - Tél : 02 51 52 30 32 - Fax : 02 51 52 30 32

LA VERRIE Rochard

(TH)

C.M. 67 Pli 5

2 ch. **Les Herbiers 15 km. Le Puy du Fou 10 km.** 2 grandes chambres aménagées dans une maison de caractère du début du XIXe siècle de style italien en bordure de la Sèvre Nantaise. Entrée indép. 1 ch. 2 pers. et 1 ch. 3 pers. Les chambres sont équipées de sanitaires privés : l'une d'1 douche et wc, l'autre d'1 salle de bains et wc indép. Propriété close de 5000 m^{2} avec terrain paysagé, terrasse, salon de jardin. Randonnée en bordure de Sèvre. Circuit VTT à prox. Base de canoë à 4 km. Accès direct à la Sèvre Nantaise. Tarif dégressif au-delà de 2 nuitées. Table d'hôtes sur réservation. Langues parlées : espagnol, anglais.

Prix : 1 pers. **200 F** 2 pers. **250/300 F** 3 pers. **320/370 F** repas **80 F**

80	15	8	4	SP	SP	4	4	15	15	4

MENARD Denise - La Cendrosière - Rochard - 85130 LA VERRIE - Tél : 02 51 65 10 85

PICARDIE

Pour réserver, écrire ou téléphoner :

02 - AISNE

C.D.T. AISNE - Service Réservation
24-28 avenue Charles de Gaulle
02007 LAON CEDEX
Tél. : 03 23 27 76 80 - Fax : 03 23 27 76 88
E.mail : cdt@aisne.com
www.aisne.com

60 - OISE

GITES DE FRANCE - Service Réservation
B.P. 80822
60008 BEAUVAIS Cedex
Tél. : 03 44 06 25 85 - Fax : 03 44 06 25 80
E-mail : gites.oise@wanadoo.fr

80 - SOMME

GITES DE FRANCE
C.D.T. - 21, rue Ernest Cauvin
80000 AMIENS
Tél. : 03 22 71 22 71 - Fax : 03 22 71 22 69

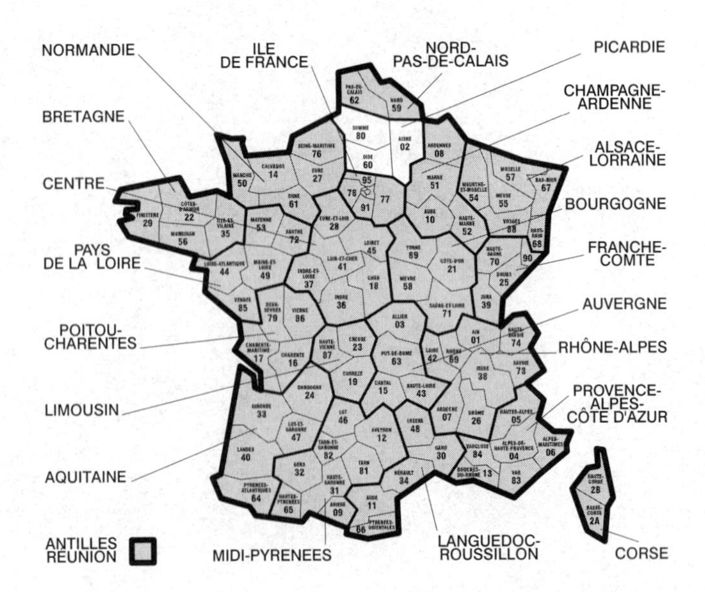

C.D.T. AISNE - Service Réservation
24-28 avenue Charles de Gaulle - 02007 LAON CEDEX
Tél. 03 23 27 76 80 - Fax. 03 23 27 76 88
E.mail : cdt@aisne.com - http://www.aisne.com

BEAUTOR *C.M. 56 Pli 4*

2 ch. A l'entrée du village, maison traditionnelle comportant 2 ch. d'hôtes avec salle d'eau et wc privés. 1 ch. (3 lits 1 pers.). 1 ch. (1 lit 2 pers. 1 lit 1 pers.), salle de séjour et jardin. Possibilité lit bébé. Petit déjeuner de qualité adapté au goût du voyageur. Parking et garage. Reims et Lille à 1 h. Néerlandais également parlé. Entre Saint-Quentin et Laon, accès facile par la RN44 et l'autoroute A26, sortie 12. Tourisme et activités : ville médiévale de Laon. Saint-Quentin et sa Réserve Naturelle du Marais d'Isle, base nautique de la Frette avec plage à 5 km. Forêt domaniale de Saint-Gobain à proximité. Langues parlées : anglais, allemand, espagnol.

Prix : 1 pers. **160 F** 2 pers. **220 F** pers. sup. **80 F**

Ouvert : toute l'année.

2	8	2	2	25	7	2	0,5

MARKS Elizabeth et Gerlof - 46, rue de Saint-Quentin - 02800 BEAUTOR - Tél : 03 23 56 28 13 - Fax : 03 23 56 28 13 - E-mail : emarksfr@aol.com

BERRIEUX Ferme du Jardin Monsieur (TH) *C.M. 56 Pli 6*

3 ch. **Laon 20 km. Reims 35 km.** A l'étage : 1 ch. (1 lit 2 pers.), 1 ch. familiale 5 pers. (1 lit 2 pers., 3 lits 1 pers., poss. de 2 lits simples supp.), 1 ch. (1 lit de 2 pers.) avec coin-salon. S. d'eau et wc priv. par chambre. Salon avec TV, s. à manger, jardin avec salon de jardin et barbecue. Cour fermée avec parking. Pour enf. - 10 ans : 80 F. 5 pers. 500 F. 3 ch. spacieuses et confortables aménagées dans une ancienne étable à la ferme, situées dans 1 petit village entre Laon et Reims. Proche du chemin des Dames, d'une base nautique avec plage. Table d'hôtes (boissons comprises) sur réservation.

Prix : 1 pers. **190 F** 2 pers. **250 F** pers. sup. **100 F** repas **95 F**

Ouvert : Toute l'année sur réservation.

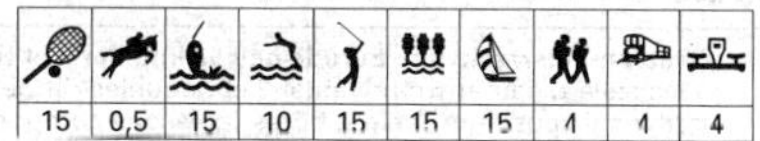

15	0,5	15	10	15	15	15	4	4	4

PAYEN Gilles - Ferme du Jardin Monsieur - 12, rue de la Fontaine - 02820 BERRIEUX - Tél : 03 23 22 42 41 - Fax : 03 23 22 42 41

BERZY-LE-SEC Lechelle (TH) *C.M. 56 Pli 4*

4 ch. **Villers-Cotterets 12 km. Soissons 10 km.** A 1 h de Paris, à prox. de la Forêt de Retz. Ancienne ferme picarde, 4 ch. de caractère, confortables, spacieuses et indépendantes, 2 avec sanitaires privatifs. 1 ch. (1 lit 2 pers.). 1 ch. (lits jumeaux). 1 ch. familiale (2 épis) : 1 ch. (1 lit 2 pers.), 1 ch. (lits jumeaux), s. d'eau et wc communs. Séjour avec cheminée. Très grand jardin paisible et verdoyant. Possibilité table d'hôtes, boissons non comprises. Forêt 8 km. Langue parlée : anglais.

Prix : 1 pers. **180/200 F** 2 pers. **220/260 F** pers. sup. **80 F** repas **100 F**

Ouvert : toute l'année, mais sur réservation de novembre à avril.

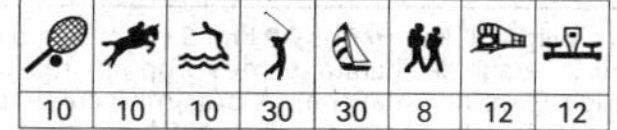

10	10	10	30	30	8	12	12

MAURICE Jacques et Nicole - Ferme de Lechelle - 02200 BERZY-LE-SEC - Tél : 03 23 74 83 29 - Fax : 03 23 74 82 47

BONY Ferme du Vieux Puits A *C.M. 53 Pli 13/14*

3 ch. 3 ch. spacieuses et très confortables, au-dessus de la ferme-auberge, toutes équipées avec sanitaires privés, sèche-cheveux, tél., TV par satellite. 2 ch. (1 lit 2 pers. 1 lit 1 pers. chacune), 1 ch. (2 lits jumeaux). Salon et coin-cuisine à disposition avec accès indépendant. Salon de jardin et terrasse. Piscine chauffée sur place, accesible du 1er mai au 30 sept. 5 VTT et ping-pong mis gracieusement à votre disposition sur place. Terrain de volley-ball, mini basket-ball. Cartes bancaires visa et master-card acceptées.

Prix : 1 pers. **220 F** 2 pers. **310 F** 3 pers. **420 F** pers. sup. **80 F**
repas **95/125 F** 1/2 pens. **290 F** pens. **380 F**

Ouvert : toute l'année.

SP	10	6	SP	15	SP	15	2

GYSELINCK Philippe - Ferme du Vieux Puits - 5 bis, rue de l'Abbaye - 02420 BONY - Tél : 03 23 66 22 33 - Fax : 03 23 66 25 27

BRAYE-EN-LAONNOIS (TH) *C.M. 56 Pli 5*

1 ch. **Laon 20 km, Chemin des Dames.** 1 chambre familiale (1 lit 2 pers., 1 lit 1 pers., 1 lit bébé) avec sanitaires privatifs et d'accès indépendant, cuisine. Cour et jardin fermés avec barbecue, parking clos. Situé à 6 km du parc nautique de l'Ailette avec plage et activités nautiques. A proximité du chemin des Dames (sites historiques 1914.1918) et de la caverne du Dragon. Table d'hôtes, boissons comprises. Ouverture de 3 chambres supplémentaires au printemps 2001.

Prix : 1 pers. **200 F** 2 pers. **250 F** 3 pers. **350 F** pers. sup. **60 F**
repas **95 F**

Ouvert : toute l'année .

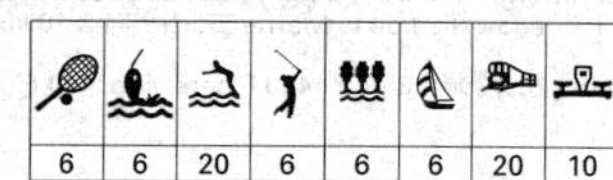

6	6	20	6	6	6	20	10

KAZMAREK David - 2, rue de l'Eglise - 02000 BRAYE-EN-LAONNOIS - Tél : 03 23 25 68 55

BRUYERES-SUR-FERE Val Chrétien   (TH) *C.M. 56 Pli 14*

5 ch. **Reims 50 km. Eurodisney 80 km. Roissy 90 km. Paris 110 km.** Dans une belle ferme, 3 ch. (2 lits 1 pers.), 1 ch. (1 lit 2 pers.), avec salle d'eau et wc privés pour chaque chambre. 1 ch. spacieuse (1 lit 2 pers.) avec s.d.b., wc privés. Salon avec cheminée et TV, 2 salles à manger (cheminée, 1 pour couple ou repas d'affaires). Tables d'hôtes : produits du terroir et spécialités japonaises sur réservation. Fére-en-Tardenois à 7 km et Château-Thierry à 15 km, circuits touristiques et historiques à proximité. Cadre paisible et pittoresque. Langues parlées : anglais, espagnol, japonais.

Prix : 1 pers. **250 F** 2 pers. **300/350 F** pers. sup. **150 F** repas **120 F**

Ouvert : toute l'année.

SP	7	SP	15	15	SP	SP	7	6

SION Jean et Nariko - Val Chrétien - 02130 BRUYERES-SUR-FERE - Tél : 03 23 71 66 71 - Fax : 03 23 71 87 35

BURELLES *C.M. 53 Pli 16*

3 ch. **Reims 75 km.** 3 chambres doubles (2 lits 2 pers. 2 lits 1 pers.) avec s. d'eau et wc priv. Salle de séjour avec TV. Situées au centre du village, au cœur de la Thiérache et des églises fortifiées. Auberge à 200 m. Forêt domaniale du Val Saint-Pierre à 1500 m. Reims à 75 km, Valencienne, Charleville-Mézière. Lit suppl. (jusqu'à 10 ans) enfant : 70 F, adulte : 100 F.

Prix : 1 pers. **180 F** 2 pers. **250 F** pers. sup. **70/100 F**

Ouvert : toute l'année.

6	7	20	15	6	15	5

LOUVET Georges - 4, rue de la Fontaine - 02140 BURELLES - Tél : 03 23 90 03 03 - Fax : 03 23 90 03 03

BUSSIARES (TH) *C.M. 56 Pli 14*

4 ch. **Chateau-Thierry 13 km. Eurodisney 50 km. Paris et Reims 70 km.** 4 chambres d'hôtes situées dans l'ancienne grange du moulin, avec salle d'eau et wc privatifs. 2 ch. doubles (lit de 2 pers.), 2 ch. triples (1 lit 2 pers., 1 lit 1 pers.). Cuisine, barbecue, salon de jardin à disposition. Table d'hôtes (boissons comprises) sur réservation. « La grange du moulin » située à proximité de la route touristique du champagne, et de la vallée du Clignon. 1 chambre avec accès pour handicapé (1 lit 2 pers.) avec salle d'eau et WC privatifs.

Prix : 1 pers. **120 F** 2 pers. **210 F** 3 pers. **290 F** repas **90 F**

Ouvert : du 1er janvier au 30 novembre.

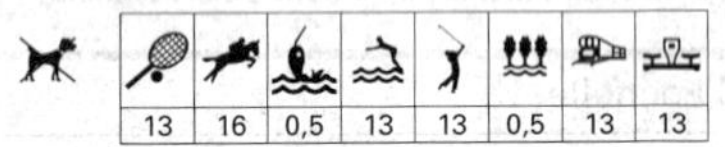

13	16	0,5	13	13	0,5	13	13

BLOT Chantal - 15, rue du Moulin - 02810 BUSSIARES - Tél : 03 23 70 92 60

CHAOURSE (TH) *C.M. 53 Pli 16*

2 ch. **Frontière belge 30 km. Reims 50 km.** 2 chambres d'hôtes 3 personnes (1 lit 2 pers. 1 lit 1 pers.) avec salle d'eau et wc privatifs situés au 1er étage de l'habitation des propriétaires. Coin-cuisine à disposition. Cour fermée avec parking. Table d'hôtes le soir sur réservation (sauf le dimanche). A proximité du circuit des églises fortifiées de Thiérache et de la vallée de la Serre. Circuit de randonnées dans le village. Disney à 175 km.

Prix : 1 pers. **180 F** 2 pers. **250 F** 3 pers. **320 F** repas **90 F**

Ouvert : toute l'année.

1	15	20	20	SP	35	1

BRUCELLE Annie et Jean - 26, rue du Château - 02340 CHAOURSE - Tél : 03 23 21 30 87 - Fax : 03 23 21 20 78

LA CHAPELLE-MONTHODON Hameau de Chezy *C.M. 56 Pli 15*

5 ch. 4 ch. doubles (1 lit 2 pers.) avec s.d.b. et wc privés. 1 ch. familiale (1 lit 2 pers. 2 lits 1 pers.) avec s.d.b. et wc privés. Séjour agréable à la disposition des hôtes. Poss. réunions et séminaires. Accès indépendant. Parking assuré à la ferme. Salle de jeux, TV. Boissons non comprises dans le prix repas. Endroit calme et reposant, avec vue sur les coteaux champenois. Possibilité location VTT sur place. Golf, tir à l'arc 2 km. Mini-golf 5 km.

Prix : 1 pers. **220 F** 2 pers. **250 F** 3 pers. **400 F** pers. sup. **60 F** repas **80 F**

Ouvert : toute l'année sauf janvier et février.

5	5	5	2	2	5	5

DOUARD Christian - Hameau de Chézy - 02330 LA CHAPELLE-MONTHODON - Tél : 03 23 82 47 66 - Fax : 03 23 82 72 96

LE CHARMEL *C.M. 56 Pli 15*

4 ch. 2 chambres (1 lit 2 pers. chacune), 1 chambre (2 lits 1 pers.) 1 ch triple pour adultes avec salle d'eau et wc privatifs. Téléphone dans chaque chambre. TV. Jardin d'agrément de 5000 m^2, avec salon de jardin. Location VTT sur place. Chambres dans un petit village, à proximité de la vallée de la Marne. Sortie A4 à 16 km. Restauration à proximité. Cuisine à disposition. Parking privé et clos.

Prix : 1 pers. **200 F** 2 pers. **280/300 F** 3 pers. **480 F** pers. sup. **150 F**

Ouvert : toute l'année.

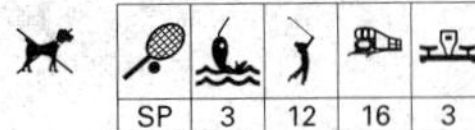

SP	3	12	16	3

ASSAILLY Gaston - 6, route du Moulin - 02850 LE CHARMEL - Tél : 03 23 70 31 27 - Fax : 03 23 70 15 08

CHERET Le Clos Cheret

TH *C.M. 56 Pli 5*

5 ch. 5 ch. d'hôtes dans un vendangeoir du XVIIIe, exposé plein sud, entouré d'un grand parc. 2 ch. 2 épis (1 lit 2 pers. 2 lits jumeaux), lavabo chacune, s. d'eau et wc communs aux 2 ch. Poss. lit bébé. 1 ch. 3 pers. avec s.d.b. et wc privés. 1 ch. 2 pers. avec s. d'eau et wc privés. 1 ch. (2 lits jumeaux), s. d'eau et wc privés en r.d.c. Séjour, salon, bibliothèque. Parking. Table d'hôtes familiale sur réservation (vin compris). Pas de table d'hôtes le dimanche soir. Ping-pong.

Prix : 1 pers. **180/220 F** 2 pers. **200/280 F** pers. sup. **100 F** repas **100 F**

Ouvert : du 15 mars au 15 octobre.

8	2	8	8	8	7	8	SP	7	2

SIMONNOT Monique - Le Clos - 02860 CHERET - Tél : 03 23 24 80 64

CHIGNY

TH *C.M. 53 Pli 15*

5 ch. 5 ch. d'hôtes dans une maison de caractère du XVIIIe, de style Thiérachien, sur la place du village. 1 ch. 3 pers. avec s. d'eau et wc privés. 1 ch. 2 pers. avec s.d.b. et wc privés. 1 ch. 2 pers., 1 ch. 3 pers. et 1 ch. 1 pers. avec s.d.b. et wc communs. Coin-toilette dans chaque ch. Séjour à dispo. 2 ch. 3 épis. Jardin avec pelouse dans endroit calme, parking clos. Table d'hôtes le soir uniquement, boissons comprises. Rivière 500 m. Axe Vert (Vallée de l'Oise), idéal pour le cyclisme. Visite des églises fortifiées. Visite du Château de Guise et du Familistère Godin-Vallée des cerfs.

Prix : 1 pers. **190 F** 2 pers. **250/270 F** 3 pers. **340 F** pers. sup. **80 F** repas **90 F**

Ouvert : toute l'année.

12	2	0,5	12	15	10	12	SP	30	2

PIETTE Françoise - 6/7, place des Marronniers - 02120 CHIGNY - Tél : 03 23 60 22 04

CIRY-SALSOGNE

C.M. 56 Pli 4

2 ch. **Soissons 12 km. Reims 40 km.** Belle maison récente, dans le village. Suite 4 pers. en 2 ch. séparées (1 lit 2 pers. 2 lits jumeaux), douche et wc privatifs à la suite. Séjour, jardin propice à la détente. Idéal pour une famille de 4 pers. ou 2 couples d'amis. Possibilité table d'hôtes. Dans le village : tennis, aire de jeux, magasin. Langue parlée : allemand.

Prix : 1 pers. **190 F** 2 pers. **250 F** pers. sup. **60 F**

Ouvert : du 1er avril au 30 septembre.

SP	12	SP	12	15	5

DUPILLE Brigitte - 27 A, rue de la Libération - 02220 CIRY-SALSOGNE - Tél : 03 23 72 42 18

CONNIGIS

TH *C.M. 56 Pli 15*

5 ch. Dans la ferme de l'ancien château du village, accueil familial chez un viticulteur. 5 ch. d'hôtes spacieuses : 4 ch. (2 ch. 2 pers. 2 ch. 3 pers.), ttes avec s.d.b. et wc privés. 1 ch.(1 lit 2 pers.) située dans une tour avec salon, s.d.b. et wc. Salle de billard français à dispo. Grand parc boisé. Table d'hôtes sur réserv., boisson comprises (champagne en apéritif). Sur place, vous trouverez : loc. vélos, chevaux de randonnées, circuits pédestres (GR 14, PR), pêche 1ère catégorie, vente de produits régionaux. Du 1er octobre au 31 mars, 20 F suppl. par ch. pour le chauffage. Sur la route touristique du Champagne, à 50 mn d'Eurodisney.

Prix : 1 pers. **180/240 F** 2 pers. **220/300 F** 3 pers. **300 F** pers. sup. **80/120 F** repas **90 F**

Ouvert : toute l'année.

3	10	SP	10	15	15	10

LECLERE Pierre et Jeanine - Ferme du Château - 02330 CONNIGIS - Tél : 03 23 71 90 51 - Fax : 03 23 71 48 57

COUCY-LE-CHATEAU-AUFFRIQUE Porte de Gommeron

C.M. 56 Pli 4

E.C. 3 ch. **Soissons 19 km. Laon 30 km.** Au 1er étage : 1 chambre avec 1 lit 2 pers. et 2 lits 1 pers. Salle d'eau et wc privés. 2 chambres avec 1 lit 2 pers. salle d'eau et wc privés. 3 chambres d'hôtes dans une maison construite sur un rempart du XIIIe, d'un ancien village médiéval dans le massif forestier de Saint-Gobain. Visites des monuments historiques. GR12A, promenades aménagées, pêche dans l'étang communal.

Prix : 1 pers. **170 F** 2 pers. **240 F** pers. sup. **50 F**

Ouvert : toute l'année.

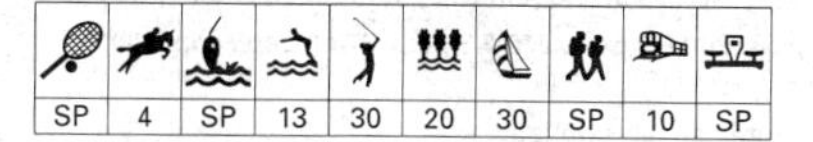

SP	4	SP	13	30	20	30	SP	10	SP

LEFEVRE-TRANCHART Michèle - 1 bis rue Traversière - 02380 COUCY-LE-CHATEAU-AUFFRIQUE - Tél : 03 23 52 76 64 ou 03 23 52 69 70 - Fax : 03 23 52 69 79

COURTEMONT-VARENNES

TH *C.M. 56 Pli 15*

2 ch. **Reims 50 km. Epernay 35 km. Eurodisney 80 km.** Rez-de-chaussée : 2 chambres doubles avec sanitaires privatifs. Coin-cuisine. Entrée indépendante. Pêche sur place dans l'étang communal. Endroit calme et reposant. Parking assuré dans la cour. Restaurant, crêperie, auberge à 4 km. Table d'hôte le soir sur réservation et selon les disponibilités des propriétaires (boissons comprises). Les chambres sont situées dans un village des bords de Marne sur la route touristique du Champagne. Sortie A4 Château Thierry 14 km. Langues parlées : anglais, allemand.

Prix : 1 pers. **130 F** 2 pers. **170 F** repas **70 F**

Ouvert : toute l'année.

4	4	SP	13	13	10	2

ADAM Michel et Sylvie - 3, rue Vinot - 02850 COURTEMONT-VARENNES - Tél : 03 23 70 92 20 - Fax : 03 23 70 26 69

CUIRY-HOUSSE

(TH) *C.M. 56 Pli 4*

E.C. 4 ch.

Soissons 16 km. Reims 48 km. Paris 100 km. 3 ch. (1 lit 2 pers.). Sanitaires et wc privatifs. 1 chambre familiale (1 lit 2 pers. 2 lits 1 pers.). sanitaires et wc privatifs, TV. Grande pièce commune. Table d'hôte sur réservation le soir. 4 pers. : 400 F. 4 ch. dans une vaste maison de 1874 entièrement rénovée dans un cadre de calme et de verdure. 25 km de l'autoroute Paris-Strasbourg et Calais-Lyon-Paris-Lille. A 1 heure de Disneyland. Visite des caves de Champagne-Reims. Chemin des Dames. Parc nautique de l'Ailette. Vélo sur place.

Prix : 1 pers. **225/250 F** 2 pers. **250/300 F** pers. sup. **50 F** repas **90 F**

Ouvert : toute l'année.

8	15	8	15	20	15	8	SP	18	6

MASSUE Jean-Louis - 6 rue de Soissons - 02220 CUIRY-HOUSSE - Tél : 03 23 55 01 06 ou 06 08 84 37 87 - Fax : 03 23 55 01 06 - E-mail : jl.massué@worldonline.fr

EPARCY

(TH) *C.M. 53 Pli 16*

5 ch.

5 chambres d'hôtes dans une grande maison de maître avec un parc boisé allant jusqu'aux berges du Thon. 3 ch. 2 pers. dont 1 avec (2 lits 1 pers.) avec salle d'eau privative et wc communs. Poss. lit d'appoint et/ou lit enfant supplémentaire. Cadre reposant, calme assuré. Toutes facilités à Hirson 5 km. Table d'hôtes sur réservation. La Belgique 15 km, au cœur de la Thiérarche, Eparcy, petit village typique à mi-chemin entre Paris et Bruxelles. Possibilité de pêche en rivière dans la propriété. Golf 18 trous à 3 km au domaine du Tilleul. 2 chambres 2 pers. avec cabinet de toilette et WC privés.

Prix : 1 pers. **150 F** 2 pers. **230/250 F** pers. sup. **80 F** repas **80 F**

Ouvert : toute l'année.

5	5	SP	5	3	35	SP	5	5

POINTIER Nathalie - 7, route de Landouzy - 02500 EPARCY - Tél : 03 23 98 46 17

L'EPINE-AUX-BOIS Les Patrus

(TH) *C.M. 56 Pli 14*

5 ch.

Eurodisney 45 km. En Brie-Champenoise, 5 chambres en pleine nature, dans une grande ferme des XVIIe et XVIIIe s. (vaste cour fermée, écuries). Ch. spacieuses, confortables et calmes avec pour chacune : salle de bains/wc ou salle d'eau/wc. Salon de lecture, musique, TV à disposition. Table d'hôtes sur réservation. Cartes Visa et Master acceptées. Environnement de belle campagne, prairies, étangs, bois, promenades pédestres. Entre la Ferté-sous-Jouarre et Montmirail. Paris 1 heure. Sur place : Galerie des fables Jean de la Fontaine ouverte d'avril à octobre sauf le mardi.

Prix : 2 pers. **380/510 F** pers. sup. **130 F** repas **160 F**

Ouvert : toute l'année.

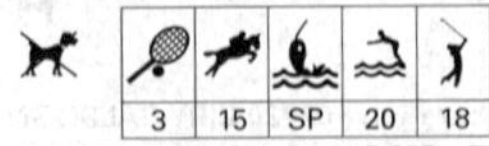

3	15	SP	20	18

ROYOL Marc et Mary-Ann - Domaine des Patrus - La Haute Epine - 02540 L'EPINE-AUX-BOIS - Tél : 03 23 69 85 85 - Fax : 03 23 69 98 49 - E-mail : contact@domainedespatrus.com

ETOUVELLES

(TH) *C.M. 56 Pli 5*

E.C. 5 ch.

Laon 2 km. Chemin des dames 10 km. Reims 50 km. Base nautique de Laon à 2 km. Reims à 50 km. 5 ch spacieuses aménagées par thème au r-d-c, entrée indépendante. Sanitaires privatifs. Dans une maison de caractère. 1 ch. avec 2 lits simples. 1 ch. avec balnéo 2 places et lit baldaquin 2 pers. 1 ch. avec lit 2 pers. avec cheminée. 2 ch. avec 1 lit 2 pers. avec coin salon avec possibilité de couchage supplémentaire. Environement très agréable, grand parc avec étang, rivière et jeux pour les enfants. Parking. Grande salle de jeux à disposition (billard, flipper, babyfoot, fléchette). Table d'hôtes sur réservation.

Prix : 1 pers. **270/310 F** 2 pers. **300/340 F** pers. sup. **95 F** repas **98 F**

Ouvert : toute l'année.

2	2	SP	3	17	8	17	SP	3	2

TRICHET Isabelle - 24, route de Paris - 02000 ETOUVELLES - Tél : 03 23 20 15 72

FERE-EN-TARDENOIS

(TH) *C.M. 56 Pli 15*

4 ch.

Château-Thierry 25 km. Reims 50 km. 4 ch. d'hôtes dans une belle propriété, avec un étang et un parc de 5 ha., à 300 m du centre du bourg. 2 ch. (1 lit 2 pers.), 1 ch. (2 lits 1 pers.), 1 ch. (3 lits 1 pers.) avec sanitaires et wc privatifs (3 avec s. d'eau, 1 avec s.d.b.). Salon (cheminée). Jardin fleuri, terrain clos. Lit enfant suppl. : 70 F. Possibilité de table d'hôtes (boissons non comprises). Piscine accessible de juin à septembre. 1h15 de Paris par A4. A 3/4 heure d'Eurodisney. Langues parlées : anglais, espagnol.

Prix : 1 pers. **200 F** 2 pers. **270 F** 3 pers. **370 F** pers. sup. **100 F** repas **90 F**

Ouvert : toute l'année sauf janvier.

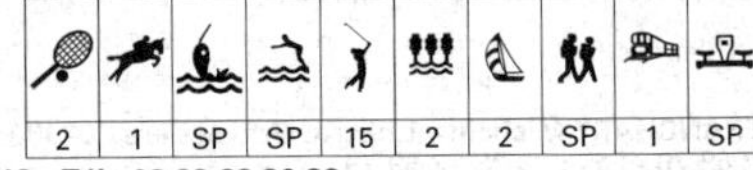

2	1	SP	SP	15	2	2	SP	1	SP

DESRUELLE Martine - 13, rue du Château - 02130 FERE-EN-TARDENOIS - Tél : 03 23 82 30 39

FERE-EN-TARDENOIS Clairbois

C.M. 56 Pli 15

2 ch.

Paris 90 km. Eurodisney 75 km. Reims 45 km. Epernay 45 km. 2 chambres situées sur une propriété de 7 hectares. Etang (4 hectares) et tennis sur la propriété. 2 chambres avec salle de bains et wc privatifs. 1 chambre (1 lit 2 pers.), 1 chambre familiale, 1 chambre (1 lit 2 pers.), 1 chambre (2 lits 1 pers.). Séjour, salon à disposition. Dans un environnement très agréable, 2 chambres très confortables avec sanitaires privatifs. Route touristique du Champagne à proximité, château de Fere-en-Tardenois. Langue parlée : anglais.

Prix : 2 pers. **300 F** 3 pers. **450 F**

Ouvert : toute l'année.

SP	3	SP	23	23	SP	3	1

CHAUVIN François - Clairbois - 02130 FERE-EN-TARDENOIS - Tél : 03 23 82 21 72 - Fax : 03 23 82 62 84

GRUGIES

C.M. 53 Pli 14

2 ch. **Ville médiévale de Laon 45 km. Saint-Quentin 5 km.** Suite de 4 pers. : 2 ch. (2 lits double) de part et d'autre d'un salon avec TV. S. d'eau commune (wc dans la s. d'eau). Hébergement idéal pour 2 couples d'amis ou une famille, situé à l'étage de la maison des prop., accès indépendant. Poss. lit bébé, terrasse ombragée et arborée, salon de jardin, barbecue à dispo. Mise à dispo. VTT. Abri vélos, parking assuré. 4 pers. : 500 F. A 6 km du centre ville de St-Quentin, maison joliment fleurie dans un village verdoyant. Accès par l'A 26 (2 km) sortie N° 11. S-Quentin 5 km : musées, basilique, pastels Quentin de la Tour, réserve naturelle, ville Médiévale de Laon à 45 km, Reims et ses caves de Champagne à 80 km.

Prix : 1 pers. **230 F** 2 pers. **280 F**

Ouvert : toute l'année.

4	SP	3	8	SP	5	2

THUMEREL Charles et Marie-jeanne - 30 bis rue de Flandres - 02680 GRUGIES - Tél : 03 23 62 21 15

LARGNY-SUR-AUTOMNE

C.M. 56 Pli 3

2 ch. 2 ch. d'hôtes aménagées à la ferme, à proximité de la forêt domaniale de Retz. 1 chambre 3 épis avec cabinet de toilette et sanitaires privatifs. 1 suite comprenant 2 ch., salon, salle de bains et wc, 2 épis. Cuisine à disposition des hôtes. Parking. Forêt sur place. Tir à l'arc 2 km. Aéroport 50 km.

Prix : 1 pers. **200/220 F** 2 pers. **220/250 F** pers. sup. **90 F**

Ouvert : de mars à octobre.

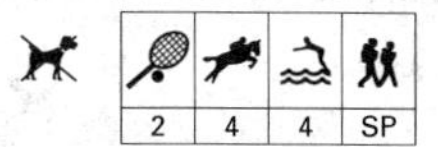

2	4	4	SP

DOBBELS Suzanne - rue du Paty - 02600 LARGNY-SUR-AUTOMNE - Tél : 03 23 96 06 97

LIESSE-NOTRE-DAME

TH *C.M. 56 Pli 5*

2 ch. **Laon 15 km. Reims 45 km. Paris 165 km.** Situées au centre d'un bourg, 2 chambres d'hôtes à l'étage, chacune avec cabinet de toilette et wc. Salle d'eau commune. 1 ch. (1 lit 2 pers.), 1 familiale : 1 ch. (1 lit 2 pers.), 1 ch. (2 lits 1 pers.) non communiquantes. Salon avec TV, terrasse, parking, jardin clos. Abris vélos. Table d'hôtes le soir sur réservation. Maison traditionnelle au centre de Liesse Notre Dame, haut lieu de pelerinage.

Prix : 1 pers. **170 F** 2 pers. **230 F** pers. sup. **100 F** repas **80 F**

Ouvert : toute l'année.

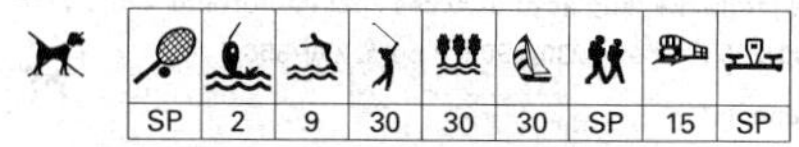

SP	2	9	30	30	30	SP	15	SP

CHERDO Louis et Simone - 7, Chaussée des Prêtres - 02350 LIESSE-NOTRE-DAME - Tél : 03 23 22 28 44

MONDREPUIS L'Arbre Vert

TH *C.M. 53 Pli 16*

5 ch. **Chimay, sa bière trappiste 25 km. Champ de course de la Capelle 10 km.** 5 ch. d'hôtes situées dans une demeure de caractère du XIXe siècle de style thiérachien. 1 ch. triple avec s.d.b. et wc privés (1 lit 2 pers. 1 lit 1 pers.), 1 ch. familiale avec s.d.b. et wc privés (1 lit 2 pers. 2 lits 1 pers.), 3 ch. doubles avec salle d'eau et wc privés (3 lits 2 pers.), salon, salle à manger. Cour fermée, parking. Au cœur de la Thiérache, à proximité du circuit des églises fortifiées, proche de la Belgique, 5 chambres d'hôtes tout confort.

Prix : 1 pers. **190 F** 2 pers. **260 F** 3 pers. **330 F** pers. sup. **70 F** repas **100 F**

Ouvert : toute l'année.

5	9	4	4	15	22	22	5	4	4

DUGAUQUIER Réjane - L'Arbre Vert, - 70 route de Fourmies - 02500 MONDREPUIS - Tél : 03 23 58 14 25

MONT-SAINT-MARTIN

TH *C.M. 56 Pli 5*

4 ch. Situées sur une ferme de caractère, 4 chambres d'hôtes spacieuses. Chambre rose avec lit double et sanitaires privés mais extérieurs à la chambre. Au 2e : 3 ch. pouvant former une suite idéale (2 ch. lits 2 pers. et 1 ch. 2 lits 1 pers.), sanitaires communs (cabinet de toilette dans chaque chambre). Salons avec cheminée et TV. Vue imprenable sur la région, à l'écart du village de Mont-Saint-Martin. Stratégiquement bien positionné entre Reims, Soissons, Laon et Château-Thierry.Possibilité Table d'hôtes sur réservation. Grand jardin avec salon à disposition. Cour fermée avec parking. Calme et repos assurés. VTT sur place.

Prix : 1 pers. **200/220 F** 2 pers. **250/300 F** pers. sup. **120 F** repas **100 F**

Ouvert : toute l'année.

4	4	15	15	15	5	5

FERRY J-Paul et Valérie - Ferme de Ressons - 02220 MONT-SAINT-MARTIN - Tél : 03 23 74 71 00 - Fax : 03 23 74 28 88

MONT-SAINT-PERE

C.M. 56 Pli 14

2 ch. Viticulteurs sur la route du Champagne dans un petit village typique au cœur de la Vallée de la Marne. 2 ch. d'hôtes avec lit double chacune, sanitaires et wc privatifs. 1 salle commune, chauffage central. Accès indépendant terrasse, jardin, parking. Fermeture du 15 décembre au 15 février. Dégustation et vente sur place de notre production. Découverte et explications sur le Champagne et sa région. Château-thierry à 9 km : caves des grandes maisons de Champagne, piscine, gare SNCF. Reims, Epernay. A 100 km de Paris par A4, à 3/4 h d'Eurodisney. Randonnées en forêt ou en bord de Marne. Langue parlée : anglais.

Prix : 1 pers. **210 F** 2 pers. **240 F**

Ouvert : toute l'année sauf du 15 décembre au 15 février.

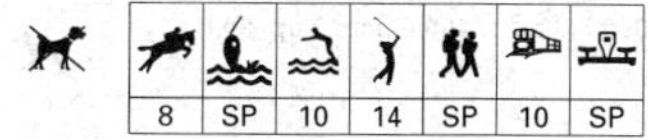

8	SP	10	14	SP	10	SP

COMYN Cécile et Emmanuel - 7 bis, rue Fontaine Sainte-Foy - 02400 MONT-SAINT-PERE - Tél : 03 23 70 28 79 - Fax : 03 23 70 36 44

MONTAIGU

(TH) *C.M. 56 Pli 5/6*

2 ch. **Laon 18 km. Reims 40 km. Parc nautique 20 km (avec plage).** Belle maison contemporaine, spacieuse. A l'étage 2 chambres mitoyennes avec s.d.b./wc privés, idéales pour familles ou couples. Dans l'habitation du propr. 1 ch. (lit double), 1 ch. (1 lit double, 1 lit simple) avec couloir indép. Séjour (cheminée, TV), jardin fleuri, grande terrasse. Parking privé. Table d'hôtes sur réserv. uniquement. Accès A26 ou RN44, dir. Mauregny-Montaigu. Situées à la sortie du village dir. Saint-Erme, entre Reims et Laon, ville médiévale. Reims et ses caves de champagne. Propr. producteurs d'asperges et de framboises. Prix pers. suppl : 80F. Prix 3 pers : 300F. pour chambre triple uniquement.

Prix : 1 pers. **200 F** 2 pers. **230 F** 3 pers. **300 F** pers. sup. **80 F** repas **90 F**

Ouvert : du 1er juillet au 31 mars.

1	0,8	8	20	20	20	0,3	2	SP

IMMERY Josette et Daniel - Rue des Charretiers - 02820 MONTAIGU - Tél : 03 23 22 77 61 - Fax : 03 23 22 62 18

NANTEUIL-LA-FOSSE

C.M. 56 Pli 4

2 ch. Dans une vallée, environnement boisé et champêtre, site préservé, très calme, belle demeure de caractère : 1 ch. familiale spacieuse aménagée à l'étage de la tour comprenant 1 ch. (1 lit 2 pers., poss. 2 lits 1 pers., lit bébé), 1 ch. (1 lit 1 pers.), salle d'eau et wc privés. Parking assuré. Découverte des sites du « Chemin des Dames », circuit « Forteresse Naturelle », « Caverne du Dragon ». Proximité du Parc Nautique de l'Ailette avec baignade et aire de jeux. Sentier de grande randonnée (GR 12). Langue parlée : anglais.

Prix : 1 pers. **170 F** 2 pers. **300 F** pers. sup. **80 F**

Ouvert : toute l'année.

1	10	10	10	25	25	25	SP	12	10

CORNU-LANGY Marie-Catherine et Jacques - La Quincy - 02880 NANTEUIL-LA-FOSSE - Tél : 03 23 54 67 76 - Fax : 03 23 54 72 63

NOUVION-ET-CATILLON Catillon du Temple

C.M. 53 Pli 14

3 ch. **Laon et Saint-Quentin 25 km.** Maison de construction récente (1970), sur 1 site historique, « Commanderie Templière », dans 1 environnement verdoyant et boisé, vous offrent calme absolu. 1 ch. familiale de 2 à 4 pers. (1 ch. 1 lit 2 pers. 1 ch. 2 lits 1 pers.), séjour/coin-cuisine, 1 ch. 2 pers. Sanitaires privés chacune, wc communs. 1 ch. 1 épi. Salon, TV, biblio. Jardin spacieux avec salon de jardin. Parking assuré. Accès : par l'autoroute A26 à 4 km, sortie No12.

Prix : 1 pers. **180/200 F** 2 pers. **230/250 F** 3 pers. **290/350 F**

Ouvert : toute l'année.

2	SP	25	25	SP	17	2

CARETTE José-Marie - La Commanderie - Catillon du Temple - 02270 NOUVION-ET-CATILLON - Tél : 03 23 56 51 28 - Fax : 03 23 56 50 14

PAISSY

(TH) *C.M. 56 Pli 5*

2 ch. 2 ch. avec meubles anciens, 1 ch. 2 pers. (30 m^2), salle de bains et wc privés, balcon. 1 ch. 2 pers., salle d'eau et wc privés. Salon avec cheminée, jardin, billard, ping-pong, boules, jeux de sociétés et vélos à disposition. Terrain arboré. Possibilité de table d'hôtes. L'été vous apprécierez le plan d'eau à 5 km, l'Abbaye de Vauclair à 4 km, la Caverne du Dragon à 3 km, la campagne, la forêt. L'hiver, le confort d'un feu de cheminée. A 23 km de Laon, proche de Soissons et Reims.

Prix : 1 pers. **200/230 F** 2 pers. **230/260 F** repas **90 F**

Ouvert : toute l'année.

5	11	5	22	6	5	5	20	5

VERNIMONT-ROSSI Pierrette - 6, rue de Neuville - 02160 PAISSY - Tél : 03 23 24 43 96 - Fax : 03 23 24 43 96

PARFONDEVAL

C.M. 53 Pli 17

2 ch. **Belgique 30 km. Laon (bus) 1 km.** 2 ch. avec accès extérieur indép. : 1 ch. (1 lit 2 pers. 1 lit 1 pers.), s. d'eau et wc privés. 1 ch. familiale comprenant : 1 ch. (1 lit 2 pers.), 1 ch. (2 lits 1 pers.), salle de bains et wc privés. Cuisine extérieure aménagée avec supplément de 20 F/jour. Pour les animaux, consulter le propriétaire. Propice au repos et à la détente. Poss. visite d'une cidrerie. Dans un village typique de Thiérarche avec son église fortifiée (circuit des églises fortifiée). Abbaye et musée de la vie rurale à Saint-Michel, 25 km. Goûter à la ferme. Musée du monde agricole présenté par le propriétaire.

Prix : 1 pers. **180 F** 2 pers. **230 F** 3 pers. **350 F**

Ouvert : toute l'année sur réservation.

5	15	20	20	5

CHRETIEN Françoise et Lucien - 1, rue du Chêne - 02360 PARFONDEVAL - Tél : 03 23 97 61 59 - Fax : 03 23 97 10 85

RESSONS-LE-LONG Ferme de la Montagne

C.M. 56 Pli 3

5 ch. **Paris 95 km. Soissons 15 km. Compiégne 25 km.** 5 chambres spacieuses (2 à 3 pers.), salle d'eau et wc privés, dont 1 au rez-de-chaussée. 3 ch. 3 épis, 2 ch. EC (1 lit 2 pers. 1 lit 1 pers.), 1 ch. (2 lits jumeaux 1 lits 1 pers.), 1 ch. (1 lit 2 pers.), 1 ch. (2 lits jumeaux). Grand jardin, tennis, sentiers. Restaurant dans le village, à 500 m. La ferme de la montagne du XIVe siècle, dépendance de l'abbaye royale Notre-Dame de Soissons, inscrite aux monuments historiques, dominant la vallée de l'Aisne. Langues parlées : anglais, allemand.

Prix : 1 pers. **200 F** 2 pers. **300 F** 3 pers. **400 F** pers. sup. **90 F**

Ouvert : toute l'année.

SP	4	10	25	40	40	SP	15	3

FERTE Patrick - Ferme de la Montagne - 02290 RESSONS-LE-LONG - Tél : 03 23 74 23 71 - Fax : 03 23 74 24 82

REUILLY-SAUVIGNY (TH) *C.M. 56 Pli 15*

3 ch. Ce couple américain vous invite à partager le calme de leur ancienne ferme champenoise, restaurée avec charme, entourée par la verdure et les vignobles de la vallée de la Marne. 3 ch. de caractère, avec vue sur cour privée et forêt. 2 ch. (1 lit 2 pers.), 1 ch. (2 lits 1 pers.). Salle d'eau privée. Salon avec cheminée, bibliothèque, TV satellite. Diner convivial avec Mérédith et Bill (sur réservation). Grande véranda à double vitrage adjacent à une piscine jacuzzi intérieur à 30e durant toute l'année (repos assuré). Route touristique du Champagne à proximité. Restaurant gourmet à proximité. Langue parlée : anglais.

Prix : 1 pers. **250/350 F** 2 pers. **300/400 F** repas **100/150 F**

Ouvert : toute l'année.

6	3	SP	SP	10	SP	6	6

GRAHAM-SYKES Bill et Mérédith - Rue des Vaches - 02850 REUILLY-SAUVIGNY - Tél : 03 23 70 68 62 ou 06 13 24 46 16 - Fax : 03 23 70 68 63 - E-mail : bg@mail.dotcom.fr - http://www.marneweb.com/bnb

ROGECOURT Mont Rouge (TH) *C.M. 56 Pli 4*

E.C. 5 ch. **Laon, ancienne capitale de France. Forêt Domaniale de Saint-Gobain.** 5 ch. spacieuses avec salle d'eau et wc privatifs. Pièce de détente commune à disposition : avec TV, billard. Salon. Bibliothèque. Salle de réception. Terrasse. Parking et garages. Produits fermiers (pommes, rhubarbe, framboise). Parking accueil camping car caravanes. Vestiaires. Toilettes. Table d'hôtes le soir sur reservation. 1/2 pension possible. 5 ch. dans une belle demeure de caractère du XVIIe siècle, entourée d'un parc de 8 ha. clôturé. Dans la propriété : étang, practice golf, aire de jeux pour enfants, ping-pong. Terrain Boules. Couay le Château, Abbay de Vauclair, chemin des Dames, parc nautique de l'Ailette. Langues parlées : anglais, italien.

Prix : 1 pers. **250/290 F** 2 pers. **300/350 F** 3 pers. **380/420 F** pers. sup. **90 F** repas **100 F**

Ouvert : toute l'année.

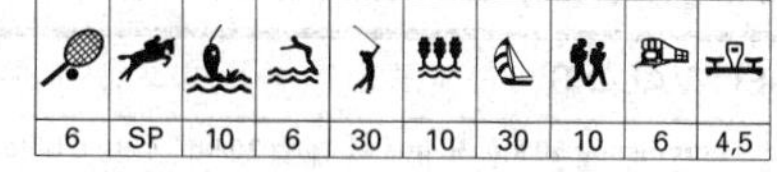

6	SP	10	6	30	10	30	10	6	4,5

DESWATTINES Laurent - Le Mont Rouge - RN44 - 02800 ROGECOURT - Tél : 03 23 56 32 31 ou 06 62 81 74 17 - Fax : 03 23 56 32 31

SAINT-MICHEL *C.M. 53 Pli 17*

E.C. 4 ch. CV **Visite du vieux Chimay et son beffroi 25 km. Belgique 10 km.** Chambres spacieuses et agréables dont une communicante (3 chambres avec lit de 2 pers. et 1 ch. avec 2 lits simples) possibilité lit suppl. Salle de bain et wc privatifs. Coin-cuisine et détente avec TV. Jeux. Salon de jardin. Accès indépendant. Parking. Grand terrain boisé. Cours d'eau. Entre Paris et Bruxelle. Au cœur des vestiges de l'Abbaye de St-Michel-en-Thiérache et de sa forêt. Belle maison de caractère du XIXe s. dans un cadre verdoyant où court une rivière. Accès RN43. Tout près d'Hirson.

Prix : 1 pers. **180 F** 2 pers. **250/300 F** pers. sup. **70 F**

Ouvert : toute l'année.

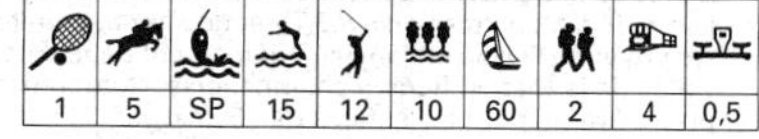

1	5	SP	15	12	10	60	2	4	0,5

GUILLAUME Thierry & Martine - 18 rue Jean Charton - 02830 SAINT MICHEL - Tél : 03 23 58 45 56

SAINTE-CROIX La Besace (TH) *C.M. 56 Pli 5*

5 ch. CV Dans une ancienne fermette d'un village, 3 ch. (1 lit 2 pers.), 1 ch. (2 lits 1 pers.) avec s. d'eau et wc privés par chambre, 1 ch. (1 lit 2 pers. 2 lits 1 pers. superp.), s. d'eau et wc privés. Séjour, salon (TV et cheminée) à disposition. Jardin. Poss. table d'hôtes, boissons non comprises. Rivière, restaurant, forêt domaniale de Vauclair 3 km. Logement chevaux sur place. Aire de jeux, parking, ping-pong, volley-ball.

Prix : 1 pers. **210 F** 2 pers. **250 F** pers. sup. **65 F** repas **90 F**

Ouvert : de début mars à fin septembre, hors saison sur réservation.

3	18	6	6	6

LECAT Jean - La Besace - 21, rue Haute - 02820 SAINTE-CROIX - Tél : 03 23 22 48 74 - Fax : 03 23 22 48 74

SORBAIS (TH) *C.M. 53 Pli 16*

6 ch. CV **Abbaye de Saint-Michel en Thiérache.** A l'étage : 1 ch. (1 lit 2 pers. 1 lit 1 pers.), 1 ch. (1 lit 2 pers. 1 lit 1 pers. 1 lit bébé), 1 ch. (3 lits 1 pers.), s. d'eau et wc privés chacube. R.d.c. : 1 ch. (1 lit 2 pes. 1 lit 1 pers.), s. d'eau et wc en cours de classement. 2 ch. avec s. d'eau, wc et coin-cuisine (2 pers. chacune), accès indép. en cours de classement. Coin-détente avec cheminée, TV, salon. Canoë-kayak et rivière sur place. Cadre calme et verdoyant. TH le soir uniquement. Repas enfant jusque 10 ans : 50 F. VTT sur place. Circuit des églises fortifiées de Thiérarche. Axe vert (axe de randonnée dans le village). Parking dans la cour. Mur d'escalade à 1 km. GR122. Matériel bébé.

Prix : 1 pers. **180 F** 2 pers. **250 F** pers. sup. **70 F** repas **110 F**

Ouvert : toute l'année.

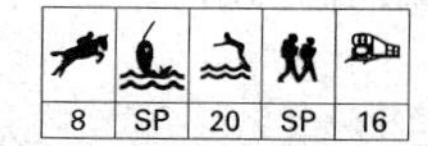

8	SP	20	SP	16

DOUNIAUX Blandine - 10, rue du Gué - 02580 SORBAIS - Tél : 03 23 97 49 83 - Fax : 03 23 97 39 42

TARTIERS *C.M. 56 Pli 4*

4 ch. Chambres avec accès indép. : 2 ch. 1 lit 2 pers., salle d'eau et wc privés. 1 ch. 1 lit 2 pers., s.d.b. et wc privés. 1 suite (1 ch. 1 lit 2 pers. 1 ch. 2 lits 1 pers.) avec s. d'eau et wc privés. Coin-cuisine, bibliothèque. TV à dispo. Tarif préférentiel pour 2 nuitées consécutives/2 pers. 480 F. Ch. familiale 480 F/4 pers., 880 F/4 pers./2 nuits consécutives. Dans un village typique du Soissonnais à flanc de colline, une maison avec jardin et barbecue, réservé aux hôtes. Portique et jeux. Baby-sitting sur demande. Langues parlées : allemand, anglais.

Prix : 1 pers. **210 F** 2 pers. **270 F** 3 pers. **400 F** pers. sup. **100 F**

Ouvert : toute l'année.

8	11	20	SP	11	8

LASSALE Astrid et Philippe - 4, rue de la Joliette - 02290 TARTIERS - Tél : 03 23 55 18 69 - Fax : 03 23 55 19 30

TAVAUX *C.M. 53 Pli 16*

2 ch. **Ville médiévale de Laon 30 km.** 1 chambre triple (1 lit 2 pers. 1 lit 1 pers.) avec salle de bains et wc privés. 1 chambre familiale sur 2 chambres (1 lit 2 pers. 3 lits 1 pers.) avec salle d'eau et wc privés attenants extérieurs. Salon avec cheminée, coin-cuisine, jardin et parking non clos. A proximité du circuit des églises fortifiées de Thiérache. Sur place possibilité de stage : tissage, poterie, yoga. Produits fermiers : nectar de rhubarbe. Chutney (sauce épicée de rhubarbe), jus et coulis de framboises, sorbets.

Prix : 1 pers. **180 F** 2 pers. **220 F** 3 pers. **300 F** pers. sup. **80 F**

Ouvert : toute l'année.

SP	10	25	SP	10	10

VANHYFTE Michel et Françoise - 1, rue des Aubrevilles - 02250 TAVAUX - Tél : 03 23 20 72 62 - Fax : 03 23 20 66 37

TORCY-EN-VALOIS *C.M. 56 Pli 14*

4 ch. **Eurodisney 50 km. Reims et Paris 70 km.** 4 ch. d'hôtes dans une maison en pierre située dans un corps de ferme de style local. 1 ch. (1 lit 2 pers. 2 lits 1 pers. superp.), 2 ch. (2 lits 1 pers.) et 1 ch. (1 lit 2 pers.). Salles d'eau privatives mais wc communs aux chambres. Séjour. Poss. boxes pour chevaux sur place. Lit suppl. enfants : 60 F. Parking dans la cour. 290 F/4 pers.

Prix : 1 pers. **130 F** 2 pers. **220 F** 3 pers. **240 F**

Ouvert : toute l'année.

SP	8	1	11	8	SP	11	11

PASCARD Jacques et Nelly - 50, rue du Château - 02810 TORCY-EN-VALOIS - Tél : 03 23 70 60 09 - Fax : 03 23 70 63 01

VEZILLY Le Chartil *C.M. 56 Pli 15*

2 ch. **Reims 35 km. Epernay 30 km. Eurodisney 80 km.** Dans un petit village du Tardenois, maison de style local, agrémentée d'un grand jardin. R.d.c. : petit salon avec TV et documentation touristique. Etage : 1 ch. 3 pers., 1 ch. 2 pers. avec 1 suite 2 pers., sanitaires et wc privatifs. Fermé en janvier. Equipement bébé. Possibilité auberge sur place. VTT sur place. Tarif 4 pers. : 450 F. Proximité de la vallée de la Marne. Région champenoise. Nombreuses visites de monuments à faire. Randonnée : circuits balisés de l'Omois sur place. Gratuit pour les enfants de - 5 ans.

Prix : 1 pers. **250 F** 2 pers. **300 F** 3 pers. **350/400 F** pers. sup. **100 F**

Ouvert : toute l'année sauf janvier.

2	4	2	12	SP	12	10

NOEL Jean-Marie - 6, route de Fismes - Le Chartil - 02130 VEZILLY - Tél : 03 23 69 24 11 - Fax : 03 23 69 24 11

VIC-SUR-AISNE Domaine des Jeanne *C.M. 56 Pli 3*

 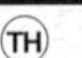

5 ch. Chambres d'hôtes spacieuses. 3 ch. 3 pers., 2 ch. 2 pers., TV, salle d'eau et wc privés. Belle demeure de caractère avec magnifique parc. Salon et séjour. Cheminée et terrasse. Jeux pour enfants. Ping-pong. Poss. table d'hôtes le soir sur résa., boissons non comprises. Animaux admis sous réserve. Carte de crédit acceptée. Poss. garde enfants. Atelier d'artiste. Forêt 1 km, rivière sur place. Demi-pension poss. pour plus de 3 jours. Prix variables selon la saison. Langue parlée : anglais.

Prix : 1 pers. **300/340 F** 2 pers. **330/390 F** 3 pers. **430/490 F** pers. sup. **90 F** repas **100 F**

Ouvert : toute l'année.

0,6	SP	SP	16	SP

MARTNER Anne - Domaine des Jeanne - Rue Dubarle - 02290 VIC-SUR-AISNE - Tél : 03 23 55 57 33 - Fax : 03 23 55 57 33

VILLERS-AGRON-AIGUIZY Ferme du Château *C.M. 56 Pli 15*

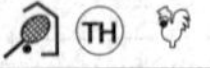

4 ch. Dans un village typique du tardenois, à la limite de la Picardie et de la Champagne. 4 chambres d'hôtes, avec s. d'eau et wc privés, aménagées dans un très beau manoir du XVe siècle, sur une ferme. Cadre paisible et parc verdoyant, donnant sur le parcours de golf. Enfant jusqu'à 4 ans : 80 F. 2 ch. 3 épis NN et 2 ch. 4 épis NN. Table d'hôtes hors week-end sur réservation, forfait boissons incluses (1 flûte de champagne, entrée, plat, fromage, dessert, vin, café ou tisane). Langues parlées : allemand, anglais.

Prix : 1 pers. **340/440 F** 2 pers. **360/440 F** 3 pers. **590 F** pers. sup. **150 F** repas **190 F**

Ouvert : toute l'année.

SP	SP

FERRY Xavier et Christine - Ferme du Château - 02130 VILLERS-AGRON-AIGUIZY - Tél : 03 23 71 60 67 - Fax : 03 23 69 36 54 - E-mail : xavferry@club-internet.fr

GITES DE FRANCE - Service Réservation
B.P. 80822 - 60008 BEAUVAIS Cedex
Tél. 03 44 06 25 85 - Fax. 03 44 06 25 80
E.mail : gites.oise@wanadoo.fr

ANSERVILLE

A (TH)

6 ch. 6 chambres d'hôtes aménagées dans une ferme située dans un village. 3 ch. (2 pers.), 2 ch. (2 lits 1 pers.), 1 ch. : (1 pers.). Salles d'eau et wc privés. Téléphone dans les chambres. Salle de séjour. Salon avec TV à disposition. Jardin. Abri couvert. Terrain. Parking. Restaurant 500 m.

Prix : 1 pers. **250 F** 2 pers. **270 F** pers. sup. **80 F** repas **80 F**
1/2 pens. **280 F**

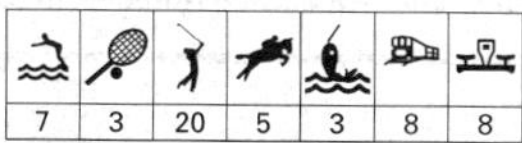

7	3	20	5	3	8	8

COUBRICHE Jean et Marie-Louise - 4 Grande Rue - Anserville - 60540 BORNEL - Tél : 03 44 08 38 90

ANSERVILLE

(TH)

2 ch. 1 suite composée d'une chambre à alcôve (1 lit 2 pers.), salon, salle de bains et wc privés, 2 ch. (1 lit 2 pers. chacune), salle d'eau et wc privés. Ferme-auberge et restaurant dans le village. Elisabeth Husch vous accueillera dans son château des XVIIe et XVIIIe siècles. Grand parc. Tarif dégressif à partir de la 2e nuit. Le château est inscrit à l'inventaire des monuments historique.

Prix : 1 pers. **550 F** 2 pers. **650 F** repas **210 F**

Ouvert : toute l'année.

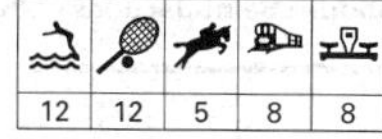

12	12	5	8	8

HUBSCH Elisabeth - Château - 60540 ANSERVILLE - Tél : 03 44 08 42 13

ANTHEUIL-PORTES

(TH)

2 ch. 2 chambres d'hôtes à l'étage. 1 chambre (1 lit 2 pers. 2 lits 1 pers.) et 1 chambre (1 lit 2 pers.). Salle d'eau et wc particuliers.

Prix : 1 pers. **150 F** 2 pers. **210 F** 3 pers. **320 F** repas **85 F**
1/2 pens. **180 F**

12	SP	12	12	6	12	8

DALONGEVILLE Pierre - 127 rue de Genlis - 60162 ANTHEUIL-PORTES - Tél : 03 44 42 56 91

APREMONT

(TH)

1 ch. 1 chambre d'hôtes 2 pers. (1 lit 2 pers.) aménagée au 1er étage avec salle d'eau et wc particuliers. Cadre de verdure, allée très calme, salon de jardin. Table d'hôtes le soir sur demande. 2 restaurants dans le village dont 1 gastronomique. Villes attrayantes proches avec musées (Chantilly, Senlis). Aéroport Roissy 30 mn.

Prix : 1 pers. **190 F** 2 pers. **240 F** repas **85 F**

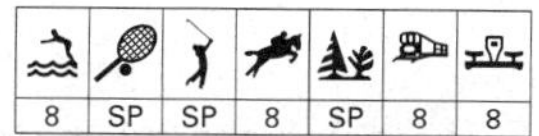

8	SP	SP	8	SP	8	8

OISEL Jean et Mamina - 6 allée de la Chênaie - 60300 APREMONT - Tél : 03 44 25 07 54 - Fax : 03 44 25 63 13

APREMONT

1 ch. 1 chambre (1 lit 2 pers.) au rez-de-chaussée, avec salle de bains et wc privés. Accès indépendant sur le jardin. Restaurant dans le village. Bernard et Anne-Marie Lemoigne vous accueilleront dans ce charmant village situé entre Senlis et Chantilly. Equitation et vue sur jeu de polo face au jardin.

Prix : 1 pers. **270 F** 2 pers. **320 F** 3 pers. **400 F**

Ouvert : toute l'année.

8	SP	SP	8	SP	8	8

LE MOIGNE Bernard et A-Marie - 4 allée de la Chênaie - 60300 APREMONT - Tél : 03 44 25 07 67

ATTICHY

A

5 ch. 5 chambres aménagées au rez-de-chaussée (1 lit 2 pers. chacune), salle d'eau et wc particuliers. Salon réservé aux hôtes.

Prix : 1 pers. **210 F** 2 pers. **250 F** 3 pers. **300 F** pers. sup. **50 F**
1/2 pens. **295 F**

Ouvert : toute l'année.

SP	SP	SP	SP	SP	15	SP

COMMUNE D'ATTICHY M. FENARD - 13 rue Tondu de Metz - 60350 ATTICHY - Tél : 03 44 42 15 37

AUTEUIL Saint-Quentin d'Auteuil

2 ch. 2 chambres d'hôtes aménagées au rez-de-chaussée d'une ancienne ferme avec (2 lits 2 pers.), salle d'eau et wc particuliers. Séjour avec cheminée. Restaurant à 7 km.

Prix : 1 pers. **180 F** 2 pers. **200 F**

Ouvert : toute l'année.

14	7	14	0,8	2	11	7

GRUMEL Gérard et M-Paule - Saint-Quentin d'Auteuil - 15 route de Beauvais - 60390 AUTEUIL - Tél : 03 44 81 13 32

BEAUVAIS

3 ch. 3 ch. d'hôtes 2 pers., aménagées dans une maison de caractère située dans un quartier très calme de la ville. 1 ch. avec salle d'eau privée. 2 ch. avec salle d'eau et wc communs aux hôtes. Salle de séjour, salon avec TV à la disposition des hôtes. Jardin, abri couvert. Garage couvert et fermé. Patinoire 1 km. Voile 2 km. Restaurant 500 m.

Prix : 1 pers. **150 F** 2 pers. **230 F**

Ouvert : toute l'année.

SP	SP	10	2	SP	2	SP	SP

HEYNSSENS Françoise - 45 rue Faubourg Saint-Jacques - 60000 BEAUVAIS - Tél : 03 44 02 12 85

BONNEUIL-LES-EAUX

E.C. 5 ch. **Amiens 26 km. Beauvais 30 km.** 5 chambres : 1 chambre au r.d.c. (1 lit 2 pers.), salle d'eau/wc particuliers. 4 chambres à l'étage (2 lits 2 pers. 4 lits 1 pers.), salle d'eau/wc particuliers. Vous serez accueillis chaleureusement dans cette charmante maison au cœur d'un village picard. Langue parlée : anglais.

Prix : 1 pers. **195 F** 2 pers. **275 F** repas **80 F** 1/2 pens. **275 F** pens. **355 F**

Ouvert : toute l'année.

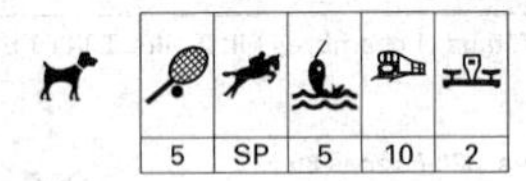

5	SP	5	10	2

DAIX Catherine - 16 rue de la Ville - 60120 BONNEUIL-LES-EAUX - Tél : 03 44 80 56 07 ou 06 10 10 31 81

BONVILLERS Le Presbytère

2 ch. 2 chambres aménagées dans les bâtiments annexes d'un ancien presbytère. 1 ch. au r.d.c. (1 lit 2 pers. + kitchenette), s. d'eau et wc privés. 1 ch. (2 lits 1 pers.) avec salon, s. d'eau et wc privés. Séjour (TV, billard). Chantier archéologique à 4 km.

Prix : 1 pers. **160 F** 2 pers. **240 F** 3 pers. **320 F**

Ouvert : toute l'année.

5	5	5	5

LOUREIRO - Le Presbytère - 60120 BONVILLERS - Tél : 03 44 51 91 54

BOUBIERS

4 ch. **Gisors 11 km. Cergy-Pontoise 30 km.** Chambres aménagées dans un village typique du Vexin français. 4 chambres aménagées aux 1er et 2e étages d'un bâtiment communal. 2 lits 1 pers. dans 1 chambre et 1 lit 2 pers. dans 2 chambres, kitchenette. 1 chambre familiale (1 lit 2 pers. 1 conv. 2 pers.), salle de bains et wc particuliers, kitchenette. Salle d'eau et wc privés.

Prix : 1 pers. **160 F** 2 pers. **230 F** 3 pers. **320 F** pers. sup. **140 F**

Ouvert : toute l'année.

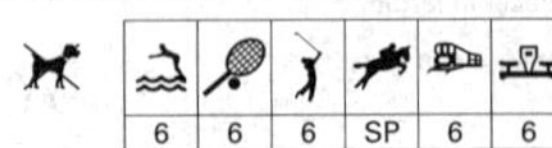

6	6	6	SP	6	6

LETHIAIS - Commune de Boubiers - Mairie - 60240 BOUBIERS - Tél : 03 44 49 30 00

BOULOGNE-LA-GRASSE

2 ch. 2 chambres (1 lit 2 pers. 2 lits 1 pers.), au 1er étage d'un bâtiment communal. Salles d'eau et wc privés. Kitchenette à disposition. Charmant village vallonné et boisé.

Prix : 1 pers. **170 F** 2 pers. **200 F**

Ouvert : toute l'année.

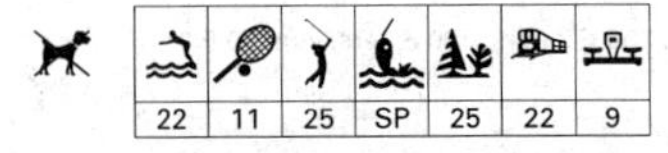

22	11	25	SP	25	22	9

Commune de Boulogne la Grasse Mme WATTINCOURT - Mairie - 60490 BOULOGNE-LA-GRASSE - Tél : 03 44 85 04 36 ou 06 88 27 43 60

BUICOURT

2 ch. **Gerberoy (cité médiévale) 3 km.** 2 chambres dans une maison ancienne rénovée (1 lit 2 pers. 2 lits 1 pers.). Salle de bains et wc particuliers. Salle de séjour avec cheminée. Restaurant 3 km.

Prix : 1 pers. **190 F** 2 pers. **250 F**

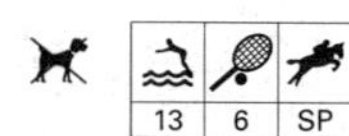

13	6	SP

VERHOEVEN - 3 rue de la Mare - 60380 BUICOURT - Tél : 03 44 82 31 15

CAMBRONNE-LES-RIBECOURT

(TH)

4 ch. 2 ch. à l'étage (1 lit 2 pers. chacune), salle d'eau et wc privés. 2 chambres au rez-de-chaussée (2 lits 1 pers. 1 lit 2 pers.), salle de bains et wc privés. Pauline Brunger, d'origine anglaise vous accueillera dans sa propriété au bord du Canal de l'Oise. Vous pourrez vous promener en forêt de Compiègne, toute proche. Repas boissons non comprises. Langue parlée : anglais.

Prix : 1 pers. **195 F** 2 pers. **295 F** pers. sup. **75 F** repas **90 F**
1/2 pens. **285 F**

Ouvert : toute l'année.

12	12	12	6	12	12	12	SP

BRUNGER Pauline - 492 rue de Bellerive - 60170 CAMBRONNE-LES-RIBECOURT - Tél : 03 44 75 02 13 - Fax : 03 44 76 10 34 - E-mail : bellerive@minitel.net

CHANTILLY

1 ch. **Parc Astérix 30 mn.** 1 chambre d'hôtes aménagée dans un bâtiment annexe (2 lits 1 pers.), kitchenette et salle d'eau/wc, formant un studio indépendant dans le jardin des propriétaires avec terrasse couverte. Parking. Château et grandes écuries de Chantilly à proximité. Aéroport Roissy/Charles-de-Gaulle à 35 mn. Paris en train à 25 mn. Langue parlée : anglais.

Prix : 1 pers. **290 F** 2 pers. **370 F** 3 pers. **450 F** pers. sup. **80 F**

Ouvert : toute l'année.

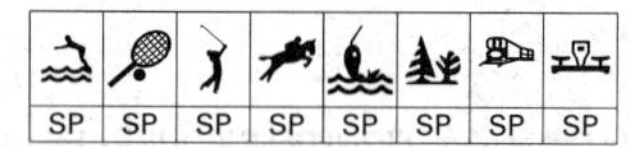

SP	SP	SP	SP	SP	SP	SP	SP

LOKMER Sylviane - 30 C, rue Victor Hugo - 60500 CHANTILLY - Tél : 03 44 57 63 91 - Fax : 03 44 57 63 91

CHAUMONT-EN-VEXIN

2 ch. 2 chambres dans une maison située dans un bourg (1 lit 2 pers.) dans une chambre, (2 lits 1 pers.) dans l'autre. Lit bébé. Salle d'eau et wc particuliers. Parking privé. Restaurant dans le village.

Prix : 1 pers. **150 F** 2 pers. **200 F** 3 pers. **300 F**

Ouvert : toute l'année.

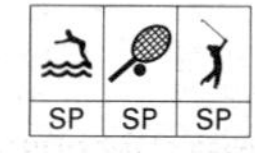

SP	SP	SP

CANCHON Claude - 21 rue de Noailles - 60240 CHAUMONT-EN-VEXIN - Tél : 03 44 49 32 51

CHELLES

2 ch. **Compiègne 20 km. Pierrefonds et son château 5 km, ville impériale.** 2 chambres d'hôtes aménagées dans un bâtiment mitoyen à l'habitation des propriétaires. 1 ch. (2 lits 1 pers.) et 1 ch. (1 lit 2 pers.), salles d'eau et wc particuliers. Kitchenette commune avec TV. Entrée indépendante et parking dans la propriété. 2 restaurants dans le village.

Prix : 1 pers. **200 F** 2 pers. **240 F** pers. sup. **60 F**

Ouvert : toute l'année.

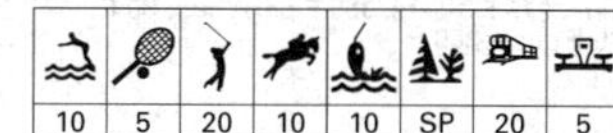

10	5	20	10	10	SP	20	5

GRAS Roland - 9 rue du Priez - 60350 CHELLES - Tél : 03 44 42 85 30

COYE-LA-FORET

4 ch. Belle propriété en forêt à proximite de Chantilly. 5 ch. : 1 ch. (1 lit 2 pers.), s.d.b./wc, 1 ch. (1 lit 2 pers.), s.d.b./wc, 1 ch. (1 lit 2 pers.), s. d'eau/wc, 1 ch. (1 lit 2 pers.), s. d'eau/wc et accès au parc. Poss. de TV. 1 ch. accessible aux pers. hand. (1 lit 2 pers.), s. d'eau/wc privés.

Prix : 1 pers. **240 F** 2 pers. **400 F** 3 pers. **520 F**

Ouvert : toute l'année.

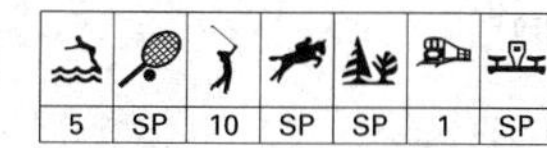

5	SP	10	SP	SP	1	SP

OUAKI Sylvain - Route de Lamorlaye - BP 21 - 60580 COYE-LA-FORET - Tél : 03 44 58 70 27 - Fax : 03 44 58 91 08

CRESSONSACQ

1 ch. 1 chambre (2 lits 1 pers.) aménagée au 1er étage d'un bâtiment annexe. Cuisine à l'usage exclusif des hôtes. Salle d'eau et wc particuliers. Gîte rural au même étage. Terrasse. TV.

Prix : 1 pers. **190 F** 2 pers. **230 F** pers. sup. **50 F**

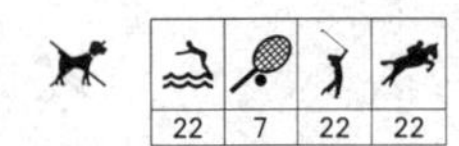

ALEXANDRE Charles et Chantal - 2 rue du Bois - 60190 CRESSONSACQ - Tél : 03 44 51 72 99

CROUTOY A

5 ch. **Compiègne 18 km.** 5 chambres d'hôtes aménagées au 1er étage d'une pittoresque maison de pays. 3 chambres (1 lit 2 pers.), salle d'eau et wc particuliers. 2 chambres (2 lits 1 pers.), salle d'eau et wc particuliers. Salle commune.

Prix : 1 pers. **190 F** 2 pers. **240 F** 3 pers. **290 F** pers. sup. **50 F**

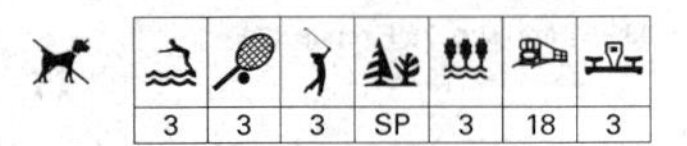

COMMUNE DE CROUTOY - GRUMELART Paulette - 60350 CROUTOY - Tél : 03 44 42 92 11

DELINCOURT

2 ch. 2 chambres d'hôtes aménagées dans une maison de caractère située dans un village. 2 chambres 2 pers. avec salle d'eau commune. Jardin. Terrain. Rivière 500 m. Produits fermiers 500 m. Restaurant 7 km.

Prix : 1 pers. **100 F** 2 pers. **150 F**

Ouvert : toute l'année.

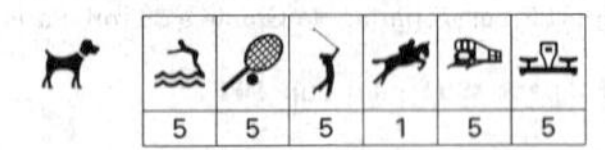

LE MAIRE - Mairie de Delincourt - 60240 DELINCOURT - Tél : 03 44 49 03 58

ELINCOURT-SAINTE-MARGUERITE TH

2 ch. **Compiègne 20 km.** 1 chambre aménagée avec charme au premier étage de la maison des propriétaires, ancienne fermette, grand jardin à disposition. 1 chambre familiale (1 lit 2 pers. 2 lits 1 pers.), salle d'eau et wc particuliers. Possibilité de lit bébé. 1 chambre dans un bâtiment annexe (1 lit 2 pers.), salle d'eau et wc particuliers.

Prix : 1 pers. **200 F** 2 pers. **230 F** 3 pers. **330 F** pers. sup. **70 F**
repas **90 F**

Ouvert : du 1er avril au 1er novembre 2001.

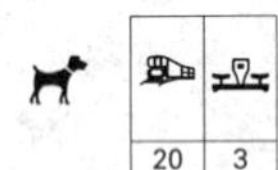

MARION Jacqueline - 5 rue des Fontaines - 60157 ELINCOURT-SAINTE-MARGUERITE - Tél : 03 44 96 01 80

ESQUENNOY

6 ch. 6 chambres d'hôtes situées dans un village, (1 lit 2 pers.), (1 lit 2 pers.), (1 lit 2 pers.), (3 lits 1 pers.), (3 lits 1 pers.), (1 lit 2 pers. + kitchenette). 4 salles d'eau et wc privés. 2 salle de bains et wc privés. Salle de séjour à disposition. Possibilité TV. Jardin. Abri couvert. Produits fermiers 500 m. Voiture indispensable. Réduction à partir de la 2e nuit. Enfant -10 ans : -50%.

Prix : 1 pers. **195 F** 2 pers. **275 F** 3 pers. **355 F** pers. sup. **80 F**
repas **75 F** 1/2 pens. **275 F** pens. **365 F**

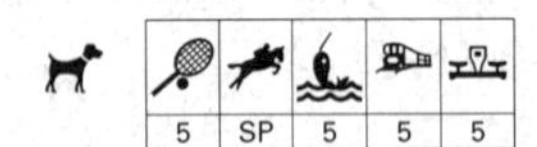

RIVIERE Françoise - 37 Grande Rue - 60120 ESQUENNOY - Tél : 03 44 80 64 01 ou 03 44 07 13 41

FAY-LES-ETANGS

1 ch. 1 chambre d'hôtes aménagée dans une maison située dans un village. 1 chambre 2 pers. avec salle d'eau particulière. Jardin. Terrain. Parking. Possibilité cuisine. Rivière 3 km. Produits fermiers 500 m. Restaurant 5 km.

Prix : 1 pers. **100 F** 2 pers. **150 F**

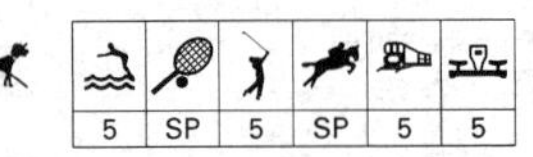

VAN MELKEBEKE - Mairie de Fay les Etangs - 60240 FAY-LES-ETANGS - Tél : 03 44 49 29 51

FAY-LES-ETANGS

3 ch. **Gisors 5 km. Beauvais 30 km.** 3 chambres aménagées à l'étage. 1 chambre (2 lits 1 pers). Salle d'eau. 2 chambres (2 lits 4 pers.). Salle de bains. Wc commun aux hôtes. Salon avec cheminée, bibliothèque, salle de jeux, parking privé. Possibilité de plateau-repas. Belle demeure au milieu d'un parc de 4 ha.

Prix : 1 pers. **250 F** 2 pers. **300 F** 3 pers. **350 F**

Ouvert : toute l'année.

DE BUEIL Michel - Château - 60240 FAY LES ETANGS - Tél : 03 44 49 06 52

FEUQUIERES

TH

4 ch. **Gerberoy (cité médiévale) 12 km.** 4 chambres (3 lits 2 pers.) + chambre familiale (1 lit 2 pers. 2 lits 1 pers.), salle d'eau/wc particuliers. Chambres d'hôtes aménagées au 1er étage d'une grande maison entourée d'un parc.

CV

Prix : 1 pers. **240 F** 2 pers. **320 F** 3 pers. **420 F** repas **120 F**
1/2 pens. **240 F**

Ouvert : toute l'année.

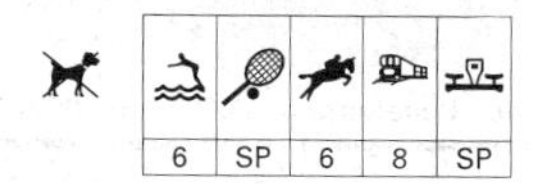

ROGER Bérangère - 3 avenue Henri Demont - 60390 FEUQUIERES - Tél : 03 44 13 02 52

FLAVACOURT

3 ch. **Gisors 6 km. Beauvais 20 km.** Chambres aménagées dans un ancien bâtiment de la ferme rénovée. 3 chambres : 1 ch. au r.d.c. (1 lit 2 pers. 1 lit 1 pers.), 2 ch. à l'étage (1 lit 2 pers. dans chaque). Séjour avec kitchenette à disposition. Salle d'eau et wc particuliers.

CV

Prix : 1 pers. **230 F** 2 pers. **250 F** 3 pers. **320 F**

Ouvert : toute l'année.

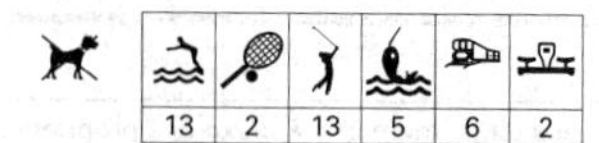

VANHESTE Pascal - Ferme de la Folie - 60590 FLAVACOURT - Tél : 03 44 84 80 28

FONTAINE-CHAALIS La Bultée

5 ch. **Parc Asterix 7 km. Mer de sable 5 km. Roissy 25 km.** 5 chambres aménagées dans un bâtiment annexe, dans une ferme typique du Valois. 4 chambres à l'étage (1 lit 2 pers. 6 lits 1 pers.), salle d'eau et wc particuliers. 1 chambre au rez-de-chaussée (2 lits 1 pers.) avec salle d'eau et wc particuliers. TV. Séjour avec cheminée. Restaurant 2 km.

Prix : 1 pers. **210 F** 2 pers. **300 F** 3 pers. **380 F** pers. sup. **80 F**

ANCEL Annie - La Bultée - 60300 FONTAINE-CHAALIS - Tél : 03 44 54 20 63 - Fax : 03 44 54 08 28

FOUQUENIES

TH

E.C. 1 ch. 1 chambre familiale (2 chambres communiquantes 1 lit 2 pers. 1 lit 1 pers.), salle de bains/wc particuliers. Chambre aménagée dans une propriété familiale depuis 1448 en bordure de rivière.

Prix : 1 pers. **250 F** 2 pers. **270 F** 3 pers. **370 F** repas **150 F**

Ouvert : toute l'année.

5	SP	SP	SP	5	5

DUBERT Claire et Michel - Moulin des Huguenots - 60000 FOUQUENIES - Tél : 03 44 79 02 15

FRESNE-LEGUILLON

1 ch. 1 chambre d'hôtes aménagée dans une maison de caractère située dans un village (1 lit 2 pers. + 2 lits 1 pers.). Salle d'eau commune. Salle de séjour, salon avec cheminée à la disposition des hôtes. Jardin, cour. Rivière 500 m. Produits fermiers 500 m.

Prix : 1 pers. **170 F** 2 pers. **210 F** 3 pers. **275 F** pers. sup. **75 F**

Ouvert : toute l'année.

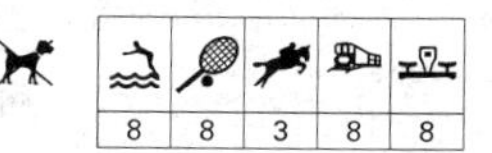

BOUCHARD François et M-Claire - 3 rue de Beauvais - 60240 FRESNE-LEGUILLON - Tél : 03 44 49 04 40

FRESNEAUX-MONTCHEVREUIL Lormeteau

1 ch. — 1 ch. au r.d.c. (1 lit 1 pers.) avec salle d'eau, wc privés et kitchenette. Séjour avec cheminée.

Prix : 1 pers. **160 F** 2 pers. **250 F**

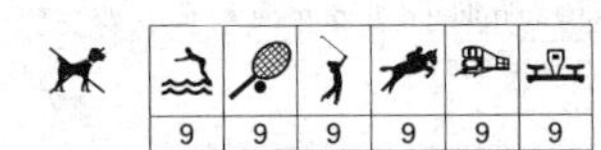

9	9	9	9	9	9

REBOURS Francis et Sabine - Lormeteau - 59 rue de la Patte d'Oie - 60240 FRESNEAUX-MONTCHEVREUIL - Tél : 03 44 84 45 99

HANNACHES Bellefontaine 

3 ch. — **Beauvais 25 km. Gerberoy (cité médiévale) 2 km.** 3 chambres dont 1 avec mezzanine (1 lit 2 pers. 2 lits 1 pers.), 1 ch. en r.d.c. (1 lit 2 pers. 1 lit 1 pers.). 1 ch. (1 lit 2 pers.) aménagées dans un bâtiment annexe d'une ancienne ferme. Mr Bruandet, sculpteur, récupère d'anciens outils agricoles pour en faire des oeuvres pleines d'humour et de couleurs. Poss. de stages arts plastiques. Langues parlées : anglais, allemand.

Prix : 1 pers. **200 F** 2 pers. **250 F** 3 pers. **300 F** pers. sup. **50 F**
repas **85 F**

Ouvert : Toute l'année.

7	7	20	7	10	7	3

BRUANDET Pascal - 13 Bellefontaine - Bellefontaine - 60650 HANNACHES - Tél : 03 44 82 46 63 - E-mail : bruandet@club-internet.fr

HAUTE-EPINE 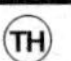

2 ch. — 2 chambres aménagées dans les bâtiments d'une ancienne ferme. 1 chambre (1 lit 2 pers., l'autre 2 lits 1 pers.). Salle d'eau et wc communs aux hôtes. Location de vélos et gîte d'étape sur place. Restaurant dans le village.

Prix : 1 pers. **130 F** 2 pers. **190 F** 3 pers. **300 F** repas **65 F**

12	5	2

GRAVELLE Francis et Martine - 60690 LA NEUVILLE-SUR-OUDEUIL - Tél : 03 44 46 23 90 ou 03 44 46 25 87

JAUX

2 ch. — Chambres aménagées dans une partie annexe des propriétaires. Jardin avec petit bassin. 2 chambres (1 lit 2 pers. 2 lits 1 pers.). 1 salle de bains. 1 salle d'eau. Wc commun aux hôtes. Cheminée dans chaque chambre.

Prix : 1 pers. **200 F** 2 pers. **300 F**

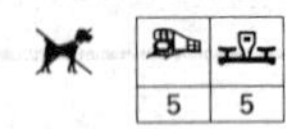

5	5

GAXOTTE Françoise - 363, route du Champs du Mont - 60880 JAUX - Tél : 03 44 83 22 41 - Fax : 03 44 83 22 41

LATTAINVILLE

2 ch. — 2 chambres d'hôtes dont 1 à l'étage, aménagées dans une maison de caractère. 1 ch. 2 pers. 1 ch. 3 pers. Salle d'eau commune aux 2 chambres. Possibilité cuisine. Jardin. Parking. Produits fermiers 500 m. Restaurant 8 km.

Prix : 1 pers. **150 F** 2 pers. **200 F** 3 pers. **220 F**

Ouvert : toute l'année.

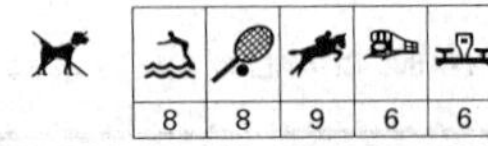

8	8	9	6	6

COMMUNE DE LATTAINVILLE Mr MACHIN - Mairie - 60240 LATTAINVILLE - Tél : 03 44 49 91 27

LAVERRIERE 

4 ch. — 4 chambres d'hôtes aménagées au 1er étage d'un bâtiment annexe (4 lits 2 pers. 1 lit 1 pers.) avec salle d'eau et wc particuliers. Prix repas boissons non comprises. TV dans chaque chambre.

Prix : 1 pers. **220 F** 2 pers. **270 F** 3 pers. **340 F** pers. sup. **40 F**
repas **120 F**

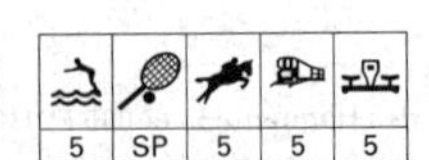

5	SP	5	5	5

SWIERZ - 1 rue Saint-Pierre - 60210 LAVERRIERE - Tél : 03 44 46 73 62

LAVILLETERTRE

4 ch. — 2 ch. au r.d.c. (2 lits 1 pers. 1 lit 2 pers.), 1 ch. à l'étage (1 lit 2 pers.) avec salle d'eau et wc particuliers. 1 chambre en entresol (1 lit 2 pers.) avec salle d'eau et wc particuliers. Kitchenette à disposition. Chambres aménagées dans le prolongement de la maison des propriétaires avec accès indépendant. Restaurant 3 km. - 10 % à partir de la 2ème nuit. Langues parlées : anglais, allemand.

Prix : 1 pers. **190 F** 2 pers. **240 F** 3 pers. **290 F**

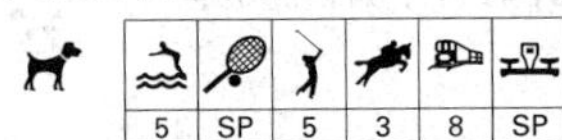

5	SP	5	3	8	SP

TRIGALLEZ Erika - 9, Rue Houssemagne - 60240 LAVILLETERTRE - Tél : 03 44 49 26 83

LIANCOURT-SAINT-PIERRE La Pointe

2 ch. **Cergy-Pontoise 30 km. Gisors 10 km. Chaumont-en-Vexin 5 km. Paris 60km** 2 belles chambres d'hôtes aménagées au 2e étage d'une grande maison ancienne. 1 ch. (1 lit 2 pers.) et 1 ch. (1 lit 160. 1 lit 1 pers.), avec salle de bains et wc particuliers. Aile des années 30 avec bibliothèque, salon de lecture, piano, cheminée. Table d'hôtes sur demande. Calme et détente dans un jardin paysager, terrasse, parking privé. Box et prés pour chevaux.

Prix : 1 pers. **250 F** 2 pers. **300 F** 3 pers. **370 F** pers. sup. **70 F**
repas **150 F**

Ouvert : toute l'année.

5 | 5 | 5 | 5 | 8 | 8 | 5 | 5

GALLOT Monique - La Pointe - 10 rue du Donjon - 60240 LIANCOURT-SAINT-PIERRE - Tél : 03 44 49 32 08

MAISONCELLE-SAINT-PIERRE

2 ch. 1 chambre d'hôtes (2 lits 1 pers.) avec salle d'eau et wc particuliers, aménagée dans un bâtiment annexe. 1 chambre dans la maison du propriétaire (1 lit 1 pers. 1 lit 2 pers.), salle de bains/wc particulière.

Prix : 1 pers. **190 F** 2 pers. **240 F** 3 pers. **300 F**

Ouvert : toute l'année.

10 | 10 | 10 | 10 | 15 | 10 | 10

VERGNAUD Jean-Louis - 40 rue de l'Eglise - 60112 MAISONCELLE-SAINT-PIERRE - Tél : 03 44 81 70 56

MELLO

1 ch. **Chantilly 13 km.** 1 chambre (1 lit 2 pers.), salle de bains/wc. Salon attenant à la chambre. Propriétaire d'un magasin d'antiquité, Christelle Goffaux vous fera partager sa passion dans cette maison pleine de charme.

Prix : 1 pers. **280 F** 2 pers. **320 F**

Ouvert : toute l'année.

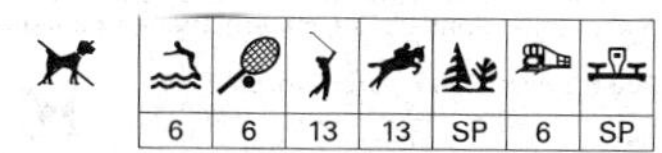

GOFFAUX Christelle - 1 Grande Rue - 60600 MELLO - Tél : 03 44 26 17 17

MONTREUIL-SUR-BRECHE

4 ch. 4 chambres d'hôtes aménagées dans un bâtiment annexe. 1 chambre (1 lit 2 pers.) au rez-de-chaussée : accès facilité pour les personnes handicapées accompagnées. 3 chambres à l'étage (4 lits 1 pers. 1 lit 2 pers. + 1 convertible). Salles d'eau et wc privés. Kitchenette. Salon à disposition. TV dans les chambres. Barbecue. Dans une authentique grange à colombages de 1849, entièrement restaurée à l'ancienne, Annie Fremeaux, vous accueillera et pourra vous servir sur réservation une cuisine conviviale à base de produits du terroir. Tarifs dégressif (- 30 %) à partir de la 2e nuit.

Prix : 1 pers. **180 F** 2 pers. **220 F** 3 pers. **270 F** pers. sup. **50 F**
repas **70 F**

Ouvert : toute l'année.

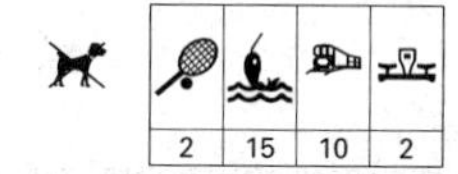

FREMAUX Annie - La Ferme des 3 Bouleaux - 154 rue de Clermont - 60480 MONTREUIL-SUR-BRECHE - Tél : 03 44 80 44 85 - Fax : 03 44 80 08 52

NEUILLY-EN-THELLE

4 ch. 4 chambres aménagées au 1er étage de la maison des propriétaires, 2 ch. (1 lit 2 pers.), 2 ch. (1 lit 2 pers. 1 lit 1 pers.), salle d'eau/wc particuliers.

Prix : 1 pers. **195 F** 2 pers. **265 F** 3 pers. **330 F** repas **70 F**

Ouvert : toute l'année.

FAVIER Jean-François - 16 Hameau de Belle - 60530 NEUILLY-EN-THELLE - Tél : 03 44 26 71 12 - Fax : 03 44 74 91 29

ONS-EN-BRAY

3 ch. **Beauvais 13 km.** 3 chambres aménagées au 1er étage de la maison des propriétaires dans un charmant village, où vous serez accueillis chaleureusement par Agnès et Bernard Villette. 3 chambres (3 lits 2 pers.), salle d'eau/wc particuliers. Kitchenette à disposition. Possibilité de lit d'enfants.

Prix : 1 pers. **200 F** 2 pers. **230 F**

Ouvert : toute l'année.

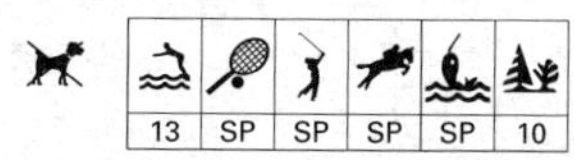

VILLETTE Bernard et Agnès - 150 place Doffoy Vasseur - 60650 ONS-EN-BRAY - Tél : 03 44 81 80 68

ORROUY

(TH)

4 ch. 4 chambres aménagées dans une ferme : 1 ch. avec accès facilité pour les personnes handicapées accompagnées (1 lit 2 pers.), salle d'eau et bains/wc. 3 chambres à l'étage (3 lits 2 pers. 1 lit 1 pers.), TV. Salle d'eau/wc particuliers. Possibilité de repas végétarien. Boisson non comprise.

Prix : 1 pers. **215 F** 2 pers. **275 F** 3 pers. **325 F** pers. sup. **60 F**
repas **85 F** 1/2 pens. **290 F**

Ouvert : toute l'année.

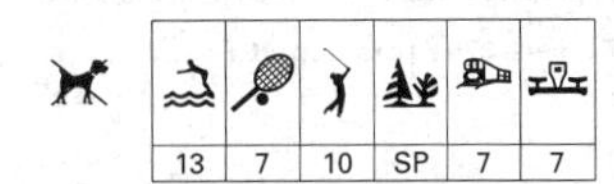

GAGE Daniel et Germaine - 64 rue de la Forêt - 60129 ORROUY - Tél : 03 44 88 60 41 - Fax : 03 44 88 92 09

PIERREFOND

5 ch. **Pierrefond sur place. Compiègne 17 km.** 5 chambres aménagées dans une grande propriété en forêt de Compiègne. 5 chambres (1 lit 2 pers. 1 lit 2 pers. 1 lit 2 pers. 2 lits 1 pers. 2 lits 1 pers.) avec salle de bains (3) ou salle d'eau (2) et wc particuliers. Salle de réception au r.d.c. VTT à disposition.

Prix : 1 pers. **400 F** 2 pers. **500 F** 3 pers. **580 F**

Ouvert : toute l'année.

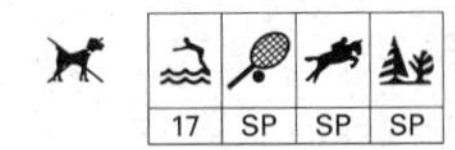

CLEMENT-BAYARD Thierry et Sylvie - Domaine du Bois d'Aucourt - 60350 PIERREFOND - Tél : 06 80 84 05 01 ou 03 44 42 80 34 - Fax : 03 44 42 80 36

PLAILLY

5 ch. 3 ch. (1 lit 2 pers. chacune dont une avec 1 lit 1 pers.). 2 ch. communicantes (1 lit 2 pers. 2 lits 1 pers.). Salle à manger avec boiseries et cheminée d'époque. Grand parc. Bibliothèque. Jeux, salon de jardin. Salle d'eau/wc particuliers. TV dans chaque chambre. Dans cette charmante maison bourgeoise du XIXe, proche du parc Astérix, Evelyne et patrice vous accueilleront et vous proposeront 5 chambres dont 1 suite, superbement aménagées.

Prix : 1 pers. **250 F** 2 pers. **300 F** 3 pers. **350 F** pers. sup. **50 F**

Ouvert : toute l'année.

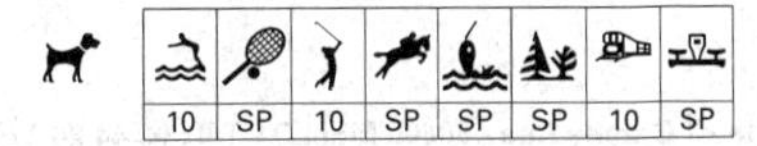

GUERIN Evelyne et Patrice - 19 rue du Docteur Laporte - 60128 PLAILLY - Tél : 03 44 54 72 77 - Fax : 03 44 54 39 75

PONTPOINT

1 ch. 1 chambre aménagée au r.d.c. d'un bâtiment annexe (1 lit 2 pers.), salle d'eau et wc particuliers. Séjour réservé aux hôtes avec coin-jardin indépendant. Lit suppl. possible. Ouvert toute l'année. Chambres aménagées dans une ancienne grange entièrement rénovée et indépendante de la maison des propriétaires. Entrée, jardin et parking privatif.

Prix : 1 pers. **260 F** 2 pers. **290 F**

Ouvert : Ouvert toute l'année.

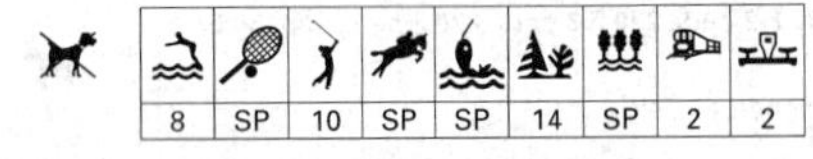

LE FLOCHMOAN Roger - 50 rue du Gaudin - 60700 PONTPOINT - Tél : 03 44 70 03 98 - Fax : 03 44 70 03 98

PUITS-LA-VALLEE

(TH)

3 ch. Dans une belle maison bourgeoise, avec vue sur son parc et sa faisanderie, 3 ch. d'hôtes (1 lit 2 pers.), coin-salon avec convertible dans 2 chambres. Salle de bains et wc particuliers. TV sur demande. Grand séjour. Poss. table d'hôtes boissons non comprises. Table d'hôtes sur réservation. Visite possible de la faisanderie.

Prix : 1 pers. **200 F** 2 pers. **270 F** 3 pers. **360 F** pers. sup. **50 F**
repas **100 F**

Ouvert : toute l'année.

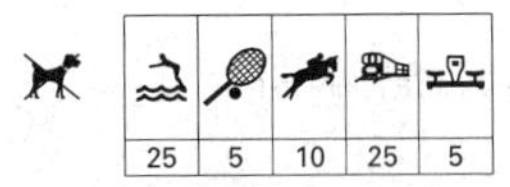

DUMETZ Catherine et Philippe - 8 rue du Château - 60480 PUITS-LA-VALLEE - Tél : 03 44 80 70 29 - Fax : 03 44 80 55 52

REILLY

2 ch. **Parc de loisirs 8 km. Giverny 30 km.** 2 chambres d'hôtes (1 lit 2 pers. 2 lits 1 pers.) avec salle d'eau et wc particuliers aménagées au 1er étage d'un gîte rural avec accès extérieur indépendant. Cuisine à disposition. Salon de jardin et jardin commun au gîte.

Prix : 1 pers. **250 F** 2 pers. **300 F**

Ouvert : toute l'année.

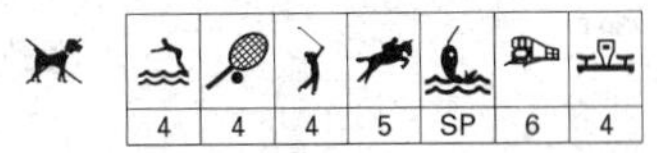

COMMUNE DE REILLY Mme GARACOTCHE - Mairie - 60240 REILLY - Tél : 03 44 49 17 80

REILLY

(TH)

2 ch. **Cergy-Pontoise 30 km. Chaumont-en-Vexin 4 km. Giverny 30 km.** 2 chambres d'hôtes aménagées au 1er étage d'une extension reliée à la maison des propriétaires. 1 ch. (1 lit 2 pers.), 1 ch. (1 lit 1 pers.) salle d'eau et wc particuliers. Beau jardin d'hiver au r.d.c. (superbe vue à travers grandes baies vitrées). Cuisine avec bar aménagé. Grand jardin clos privatif, terrasse avec salon de jardin. Ouvert tout l'année. Paris 60 km. Gisors 5 km Langues parlées : anglais, allemand.

Prix : 1 pers. **290 F** 2 pers. **340 F** repas **90 F** 1/2 pens. **360 F**

Ouvert : toute l'année.

4	2	4	4	SP	SP	4	4

JOURNEE Christiane - 2 Le Bois Hedouin - 60240 REILLY - Tél : 03 44 49 03 34 - Fax : 03 44 49 03 34 -
E-mail : chjourne@club-internet.fr

REILLY

(TH)

4 ch. Au cœur d'un village médiéval, classé « village que j'aime », Hilary et David, vous accueilleront chaleureusement dans un château du XIXe, entouré d'un parc de 12 ha. Décoration raffinée. 3 ch. (1 lit 2 pers.) avec salle de bains/wc. 1 suite (1 lit 2 pers. 2 lits 1 pers.) avec s.d.b./wc. Salon TV, chasse. Supplément pour animal : 30 F/nuit. Langues parlées : anglais, allemand.

Prix : 1 pers. **420 F** 2 pers. **490 F** 3 pers. **570 F** pers. sup. **80 F**
repas **120 F**

Ouvert : toute l'année.

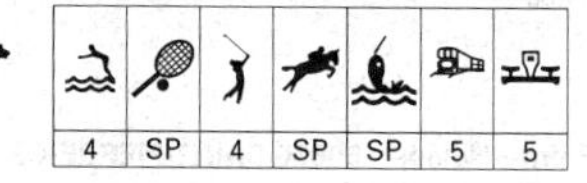

4	SP	4	SP	SP	5	5

GAUTHIER ET PEARSON David et Hilary - Château - 60240 REILLY - Tél : 03 44 49 03 05 - Fax : 03 44 49 39 89

ROUSSELOY

E.C. 2 ch. **Chantilly 15 km.** 2 chambres à l'étage (2 lits 2 pers.), salle d'eau. L'autre salle de bains non cloisonnée. Chambres aménagées dans une maison de pays dans un secteur très boisé.

Prix : 1 pers. **280 F** 2 pers. **310 F**

Ouvert : toute l'année.

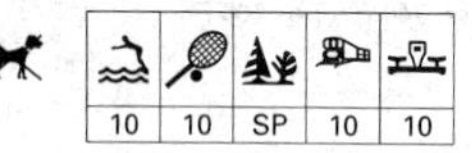

10	10	SP	10	10

ELIAS Jacques - 56 rue de Mello - 60600 ROUSSELOY - Tél : 03 44 56 54 08

SAINT-ARNOULT

1 ch. 1 chambre d'hôtes 2 pers. aménagée à l'étage d'un ancien prieuré Cistercein construit à la fin du XVe s, restauré de manière authentique, avec salle d'eau et wc particuliers. Langues parlées : anglais, allemand, espagnol.

Prix : 1 pers. **430 F** 2 pers. **450 F**

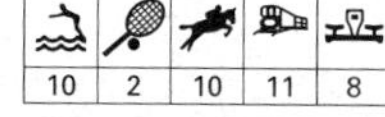

10	2	10	11	8

ALGLAVE Nelly - Route de Sarens - 60220 SAINT-ARNOULT - Tél : 03 44 46 07 34

SAINT-JEAN-AUX-BOIS

3 ch. 2 ch. d'hôtes (1 lit 2 pers. 2 lits 1 pers.) + 1 ch. familiale composée de 2 ch. communicantes (1 lit 2 pers. 2 lits 1 pers.), aménagées dans un bâtiment annexe dans une charmante propriété en forêt de Compiègne. S. d'eau et wc particuliers pour les 2 ch. simples, s. d'eau commune pour la ch. familiale. Poss. lits jumeaux. Tarif : 520 F/4 pers.

Prix : 1 pers. **300 F** 2 pers. **350 F** 3 pers. **450 F** pers. sup. **100 F**

Ouvert : toute l'année.

10	6	10	10	SP	10	6

LANGEVIN Soizick - 2 rue Parquet - 60350 SAINT-JEAN-AUX-BOIS - Tél : 03 44 42 84 48

SAINT-LEGER-EN-BRAY Domaine du Colombier

3 ch. 3 ch. d'hôtes au 1er étage d'une grange rénovée en salle (4 lits 1 pers. 1 lit 2 pers.). Salles d'eau et wc particuliers. Parking dans la propriété de 4 ha. avec étang, colombier, rivière. Petits déjeuners servis au r.d.c. devant la cheminée. Dégustation de produits du terroir, panier pique-nique. Visite de Beauvais et du pays de Bray.

Prix : 1 pers. **260 F** 2 pers. **380 F** 3 pers. **510 F**

Ouvert : toute l'année.

8	3	12	12	SP	1	8	3

MENARD Aude - D981 - Domaine du Colombier - 60155 SAINT-LEGER-EN-BRAY - Tél : 03 44 47 67 17 - Fax : 03 44 47 72 63 -
E-mail : docolomb@club-internet.fr - http://www.cci.oise.fr/domaine

SAINT-MAUR

1 ch. **Conservatoire de la vie agricole de l'Oise 12 km. Beauvais 22 km.** 1 chambre d'hôtes aménagée au 1er étage de la maison des propriétaires. 1 ch. (1 lit 2 pers. 1 lit bébé) avec salle d'eau et wc particuliers, accès indépendant. Parking dans la propriété. Possibilité de cuisiner. Marseille-en-Beauvaisis 5 km. Grandvilliers 6 km. Tarif week-end : 1 pers. : 260 F. 2 pers. : 320 F.

Prix : 1 pers. **160 F** 2 pers. **185 F**

Ouvert : toute l'année.

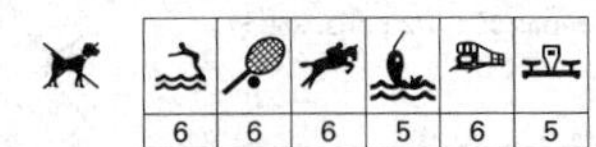

6	6	6	5	6	5

SMESSAERT Luc - 38 rue de Feuquières - 60210 SAINT-MAUR - Tél : 03 44 46 35 20

SAINT-PIERRE-ES-CHAMPS

1 ch. **Saint-Germer-de-Ay 5 km.** Charmante chambre aménagée dans un bâtiment annexe dans un village du Pays de Bray. 1 chambre (1 lit 2 pers.). Salle d'eau/wc particuliers. Terrasse. Possibilité de lit d'enfants.

Prix : 1 pers. **220 F** 2 pers. **250 F**

Ouvert : toute l'année.

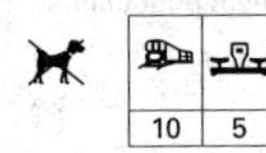

10	5

LESUEUR Alain - 4 rue Sainte-Hélène - 60850 SAINT-PIERRE-ES-CHAMPS - Tél : 03 44 82 37 27

SAINT-QUENTIN-DES-PRES

(TH)

5 ch. **Casino et jeux à Forges-les-Eaux 15 km. Beauvais 30 km.** 5 ch. d'hôtes aménagées dans une ancienne ferme. 2 ch. (1 lit 2 pers. chacune), 1 ch. (1 lit 2 pers. 1 lit 1 pers.), 1 ch. 2 lits 1 pers.), 1 ch. (3 lits 1 pers.). Salles d'eau et wc particuliers. Parking et accès indépendants dans la propriété. Salle de détente avec TV et poss. TV dans les chambres. Visite de Gerberoy (village médiéval) 8 km. Gournay-en-Bray 4 km. Tarifs dégressifs dés la 2e nuit. Langues parlées : anglais, allemand.

Prix : 1 pers. **220 F** 2 pers. **290 F** 3 pers. **340 F** repas **100 F**

Ouvert : toute l'année.

4	4	15	6	4	7	4	4

SIMON Dominique - 1 rue des Cressonières - 60380 SAINT-QUENTIN-DES-PRES - Tél : 03 44 82 41 18

SAVIGNIES

(TH)

4 ch. 4 ch. d'hôtes dans un bâtiment de la ferme : 3 ch. à l'étage (1 lit 2 pers. + lit enfant dans l'une, 1 lit 2 pers. + 1 lit 1 pers. dans les 2 autres), s. d'eau et wc particuliers. 1 ch. au r.d.c. (1 lit 2 pers.), s. d'eau et wc particuliers. Repas boissons comprises. Possibilité lit enfant. Tarif dégressif à partir de la 3e nuit. Langue parlée : anglais.

Prix : 1 pers. **190 F** 2 pers. **240 F** 3 pers. **300 F** pers. sup. **60 F** repas **80 F** 1/2 pens. **190 F**

Ouvert : toute l'année.

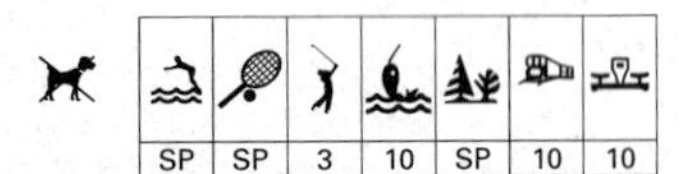

SP	SP	3	10	SP	10	10

LETURQUE Annick et J-Claude - 14 rue du Four Jean Legros - 60650 SAVIGNIES - Tél : 03 44 82 18 49 - Fax : 03 44 82 53 70 - E-mail : ferme.Colombier@wanadoo.fr

SENLIS

2 ch. **Parc Astérix 15 km. Disneyland 45 km.** 2 ch. d'hôtes amenagées au 1er étage de la maison des propriétaires (2 lits 1 pers. 1 lit 2 pers.), salle d'eau et wc particuliers. TV. Jardin, terrasse et véranda. A proximité d'un parc écologique avec plan d'eau et observation ornithologique. - 10 % à partir de la 2ème nuit. Langues parlées : anglais, allemand.

Prix : 1 pers. **250 F** 2 pers. **300 F**

Ouvert : toute l'année.

SP	SP	3	8	SP	10	10	SP

FRANQUE Andrée - Hameau de l'Ermitage - 19 rue Renoir - 60300 SENLIS - Tél : 03 44 53 25 37 - Fax : 03 44 53 25 37

SERIFONTAINE

5 ch. 5 chambres d'hôtes dont 4 à l'étage, aménagées dans un bâtiment annexe de la ferme. 3 ch. (1 lit 2 pers.), 2 ch. (2 lits 1 pers.), salle d'eau et wc particuliers. Séjour, cheminée et kitchenette à la disposition des hôtes.

Prix : 1 pers. **190 F** 2 pers. **220 F**

Ouvert : toute l'année.

15	SP	15	6	8	SP

BORGOO Claude et M-Annick - 29 rue A. Barbier - 60590 SERIFONTAINE - Tél : 03 44 84 80 26

THIERS-SUR-THEVE

4 ch. **Chantilly 10 km. Senlis 6 km.** Ch. aménagées dans un ancien relais de chasse du XIXe s. en bordure de la forêt de Chantilly. 4 ch. dont 2 communiquantes (2 lits 2 pers.), 2 ch. (1 lit 2 pers.), 1 ch. (1 lit 2 pers. 1 lit 1 pers.), salle d'eau ou bain/wc particuliers. TV dans chaque chambre. Salon avec cheminée et bibliothèque.

Prix : 1 pers. **270 F** 2 pers. **340 F** 3 pers. **400 F** pers. sup. **80 F**

Ouvert : toute l'année.

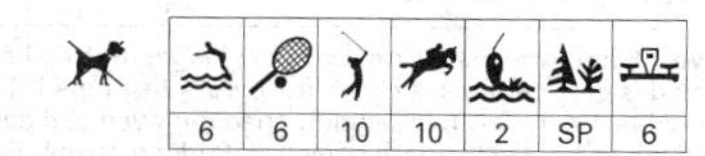

PASSEMIER Sophie - 2 rue Mortefontaine - 60520 THIERS-SUR-THEVE - Tél : 03 44 54 98 43

TRIE-CHATEAU

2 ch. 2 chambres d'hôtes aménagées au 1er étage d'une maison située dans un village. 2 chambres communicantes (1 lit 2 pers. et 2 lits 1 pers.) ne pouvant être louées séparément. Salle d'eau et wc privés. Salle de séjour à disposition. Jardin, parking. Rivière 500 m. Produits fermiers, restaurant 500 m. Le lundi : accueil impératif avant 19h00.

Prix : 1 pers. **210 F** 2 pers. **270 F** 3 pers. **370 F**

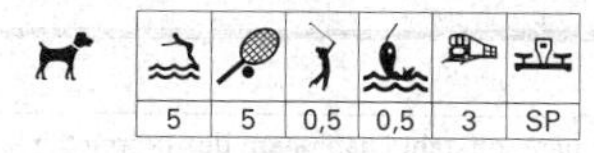

THIBAUDAT Marc et Laure - 52 rue Nationale - 60590 TRIE-CHATEAU - Tél : 03 44 49 72 17

TRIE-LA-VILLE Ferme des 4 Vents (TH)

5 ch. 3 chambres dont 2 à l'étage et 1 en rez-de-chaussée, aménagées dans un bâtiment de ferme, (1 lit 2 pers.), (1 lit 2 pers.), (2 lits 1 pers.). Salle d'eau et wc particuliers. Séjour avec TV. 2 chambres au 1er étage dans un autre bâtiment annexe (3 lits 1 pers. 1 lit 2 pers.), salle d'eau et wc particuliers.

Prix : 1 pers. **220 F** 2 pers. **240 F** 3 pers. **360 F** pers. sup. **120 F** repas **90 F**

Ouvert : toute l'année.

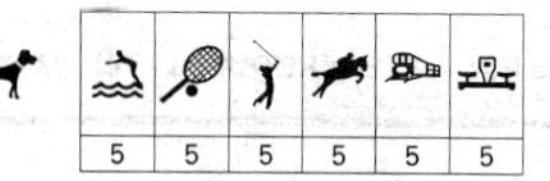

PIHAN Monique - Ferme des 4 Vents - 14 rue des Hirondelles - 60240 TRIE-LA-VILLE - Tél : 03 44 49 74 41 - Fax : 03 44 49 62 07

TRUMILLY

2 ch. 2 chambres d'hôtes aménagées au 1er étage de la maison des propriétaires (1 lit 2 pers. chacune), salle de bains et wc communs aux hôtes. TV et téléphone dans les chambres. Langue parlée : anglais.

Prix : 1 pers. **200 F** 2 pers. **230 F**

GRIOT Karen - 10 rue de Beaurain - 60800 TRUMILLY - Tél : 03 44 59 13 60

VIGNEMONT (TH) *C.M. 237 Pli 7*

2 ch. 1 chambre (1 lit 2 pers.) au rez-de-chaussée avec salle de bains et wc privés. 1 chambre (1 lit 2 pers.) à l'étage avec salle d'eau et wc privés. Salle de séjour. Possibilité lit enfant et lit bébé. Belle propriété dans un grand parc.

Prix : 1 pers. **170 F** 2 pers. **230 F** repas **85 F** 1/2 pens. **200 F**

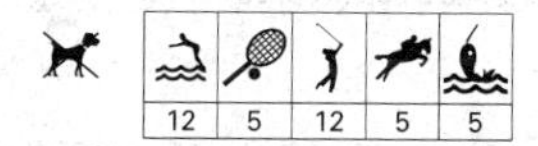

BOITEL Michel et Rosine - 118 rue Grand Martin - 60162 VIGNEMONT - Tél : 03 44 42 51 89

VILLERS-SAINT-FRAMBOURG

1 ch. 1 chambre (1 lit 2 pers.) aménagée au rez-de-chaussée de la maison des propriétaires. Salle d'eau et wc particuliers non attenants. Non fumeurs souhaités. Tarif degressif pour plusieurs nuits.

Prix : 1 pers. **250 F** 2 pers. **300 F**

Ouvert : toute l'année.

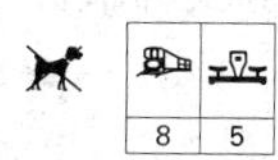

CHAPAT Liliane - 27 bis rue de la République - 60810 VILLERS-SAINT-FRAMBOURG - Tél : 03 44 54 40 56

GITES DE FRANCE
C.D.T. - 21, rue Ernest Cauvin - 80000 AMIENS
Tél. 03 22 71 22 71 - Fax. 03 22 71 22 69

AILLY-SUR-NOYE Berny-sur-Noye

C.M. 236

3 ch. **Ailly-sur-Noye 1,5 km. Amiens 20 km.** Dans le village, près de l'église, 3 ch. indép. dans un ancien bâtiment agricole rénové à côté de l'habitation des propriétaires. 1 ch. (1 lit 2 pers. 1 lit 1 pers.), 1 ch. (1 lit 2 pers. 1 lit 1 pers. poss. 2 lits 1 pers. en mezzanine), 1 ch. (3 lits 1 pers. 2 lits 1 pers. en mezzanine), chacune avec s. d'eau et wc. Poss. lit supplémentaire. Tarif 4 pers. : 450 F. Accès par escalier extérieur en bois et terrasse couverte. Parking fermé. Petit-déjeuner dans salle de séjour réservée aux hôtes. Sentiers de randonnées, circuits balisés, son et lumière d'Ailly-sur-Noye fin août-début sept. Réduction 25 % à partir de la 3e nuit. Table d'hôtes sur réservation.

Prix : 1 pers. **210 F** 2 pers. **290 F** 3 pers. **370 F** pers. sup. **100 F**

Ouvert : toute l'année.

1	12	SP	5	SP	SP	1,5	1,5

MONSIGNY Marc - 3 rue de l'Eglise - Berny - 80250 AILLY-SUR-NOYE - Tél : 03 22 41 07 31 ou 06 10 81 23 78 - E-mail : marc.monsigny@wanadoo.fr

ARGOULES

TH

C.M. 236 Pli 12

4 ch. Au r.d.c. d'un bâtiment jouxtant l'habitation des propriétaires, 1 ch. 2 épis (1 lit 2 pers.), s.d.b. et wc privés. 1er ét. (accès direct) : 1 ch. 2 épis (1 lit 2 pers.) dans l'habitation avec s. d'eau, wc privés non attenants à la ch. (poss. lit suppl.). 1 ch. 3 épis au r.d.c. dans dépendances avec poss. utilisation en studio (2 lits 1 pers. 1 convert. 2 pers.). Coin-cuisine, cheminée, s.d.b. et wc privés. 1 ch. (2 lits 2 pers.), poss. studio, s. d'eau, wc, salon et coin-cuisine. Animaux admis (20 F). Poss. cuisine. TH sur demande. Parking, jardin, bicyclettes. Piscine découverte privée. Restaurant 1 km. Etang privé (pêche). Abbaye et jardins de Valloires. Langue parlée : anglais.

Prix : 1 pers. **170/200 F** 2 pers. **220/280 F** 3 pers. **300/360 F** pers. sup. **80 F** repas **100 F** 1/2 pens. **220 F**

Ouvert : toute l'année.

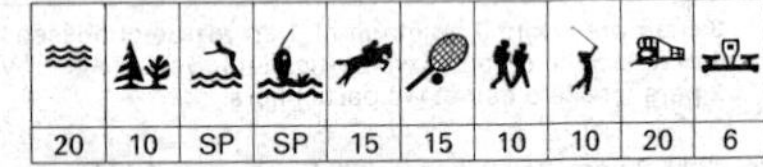

20	10	SP	SP	15	15	10	10	20	6

BAYART Jacques - 23, Grande Rue - 80120 ARGOULES - Tél : 03 22 23 91 23 - Fax : 03 22 29 29 62

ARGOULES Valloires

C.M. 236 Pli 12

6 ch. **Crecy-en-Ponthieu 10 km. Rue 16 km.** 5 chambres d'hôtes de caractère au 1er étage et 1 chambre d'hôtes au 2ème étage, toutes avec vue sur les jardins paysagers : 1 chambre 3 pers. (1 lit 2 pers. 1 lit 1 pers.), 4 chambres 2 pers. (1 lit 2 pers.) et 1 chambre (4 lits 1 pers.). Salle de bains et wc privés pour 5 chambres et salle d'eau et wc particuliers pour 1 chambre. Chambre 4 pers. : 640 F. Dans le cadre verdoyant de l'abbaye de Valloires (XVIIIème siècle), au bord de l'Authie et de la D192, non loin de la RN1. Téléphone dans chaque chambre. Restauration à Argoules à 2 km. Langue parlée : anglais.

Prix : 1 pers. **390 F** 2 pers. **480 F** 3 pers. **560 F** pers. sup. **80 F**

Ouvert : toute l'année.

20	10	20	1	7	7	20	16	10

ASSOCIATION DE VALLOIRES Service Accueil - Abbaye de Valloires - 80120 ARGOULES - Tél : 03 22 29 62 33 - Fax : 03 22 29 62 24

ARGOULES Valloires

C.M. 236 Pli 12

3 ch. **Jardins et Abbaye de Valloires sur place.** A l'étage d'une maison organisée autour d'un patio central. 1 ch. (1 lit 2 pes.), s.d.b., wc indépendants. 1 ch. (2 lits jumeaux 1 pers.), coin-salon, s.d.b., wc privés. 1 suite de 2 ch. (lit électrique 2 pers., coin-salon et 2 lits 1 pers.), s.d.b., wc indépendants. Petit déjeuner dans la véranda, en terrasse ou dans le séjour (cheminée). Tarif 4 pers. : 640 F. Parking fermé dans propriété. Garage fermé sur demande. Poss. hébergement chevaux en box ou en pâture, travail en carrière... VTC à dispo., promenades dans le parc. Poss. pêche étang ou rivière. Face à l'Abbaye de Valloires, au cœur d'un parc de 15 ha., comprenant bois, peupleraie, prairies... Langue parlée : anglais.

Prix : 1 pers. **390 F** 2 pers. **480 F** 3 pers. **560 F** pers. sup. **90 F**

Ouvert : toute l'année.

25	10	20	SP	SP	7	SP	5	18	5

HARFAUX Michèle - La Vallée Saint-Pierre - Chemin des Moines-Valloires - 80120 ARGOULES - Tél : 03 22 29 86 41 - Fax : 03 22 29 86 48 - E-mail : michele@vallee-st-pierre.com - http://www.vallee-st-pierre.com

ARRY

C.M. 236 Pli 12

2 ch. 2 chambres d'hôtes à l'étage de la maison des propriétaires. 1 chambre (1 lit 2 pers. 1 lit bébé). 1 chambre (1 lit 1 pers. 1 lit 2 pers. Poss. lit suppl.). Salle d'eau et wc communs au rez-de-chaussée. Salle de séjour à la disposition des hôtes. Restaurant 4 km. Parc ornithologique du Marquenterre. Enfant gratuit jusqu'à 3 ans. Réduction à partir de la 4e nuit. A proximité de la RN1 et sur la CD938 (Rue-Crécy), la maison est située dans le village, à l'écart de la route principale. Langue parlée : allemand.

Prix : 1 pers. **150 F** 2 pers. **180 F** 3 pers. **210 F**

Ouvert : toute l'année.

12	4	15	10	4	10	12	4	4

LENNE Robert - 2 rue de l'Eglise - 80120 ARRY - Tél : 03 22 25 02 33

ASSAINVILLERS

(TH) *C.M. 236 Pli 35*

2 ch. Au 1er étage d'une maison bourgeoise, 1 ch. (1 lit 2 pers.), salle d'eau et wc privés. 1 suite de 2 ch. avec chacune (1 lit 2 pers.), salle d'eau et wc privés à la suite. Salle de repassage. Salon avec TV et bibliothèque. Terrasse, jardin, salon de jardin. Restaurant 4 km. Table d'hôtes sur demande. Boissons comprises dans le prix repas. Langues parlées : anglais, italien, grec.

Prix : 1 pers. **150 F** 2 pers. **200 F** 3 pers. **350 F** repas **75 F**

Ouvert : toute l'année.

4	4	4	4	SP	20	4	4

ZOGAS Colette - 2 rue du Calvaire - 80500 ASSAINVILLERS - Tél : 03 22 78 20 76

AULT Hautebut

(TH) *C.M. 236*

1 ch. **Ault 4 km. Cayeux 9 km.** 1 ch. d'hôtes (1 lit 2 pers. 1 lit 1 pers. poss. lit d'appoint 1 pers.), à l'étage de l'habitation des propriétaires, avec s.d.b. et wc privés, TV dans la ch. Grand jardin, salon de jardin. Petit train touristique de la Baie de Somme. Table d'hôtes sur réservation. Animaux sous réserve. A l'écart de la D940 (Saint-Valery-sur-Somme/Ault), dans le hâble d'Ault (très calme). Langues parlées : anglais, italien.

Prix : 1 pers. **250 F** 2 pers. **300 F** 3 pers. **370 F** repas **100 F**

Ouvert : toute l'année.

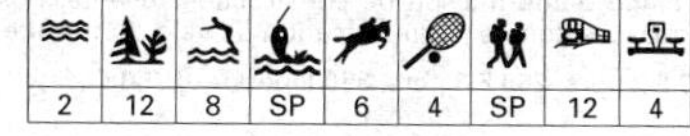

2	12	8	SP	6	4	SP	12	4

Mme ZUCCHERI - Hautebut - La Catouillette - 80460 AULT - Tél : 03 22 60 51 02 - Fax : 03 22 60 51 25 -
E-mail : augustozuccheri@wanadoo.fr

BAVELINCOURT

C.M. 236 Pli 24

3 ch. 1 ch. d'hôtes + 2 suites de 2 chambres. R.d.c. : 1 ch. (1 lit 2 pers.), s.d.b. et wc privés. 1er ét. : 1 suite de 2 ch. non communicantes (1 lit 2 pers.), s.d.b., douche et wc au r.d.c. + wc communs. 2e ét. : 1 suite de 2 ch. non communicantes (1 lit 2 pers. 2 lits 1 pers.), s.d.b. et wc privés. Poss. lits suppl. Salle à manger, salon, TV, coin-cuisine. Parc. Terrain, parking. Aire de jeux à la disposition des hôtes. Restaurant 5 km. Proximité du circuit du Souvenir. Gratuit pour les enfants jusque 5 ans. Réduction à partir de la 5e nuit. Langue parlée : anglais.

Prix : 2 pers. **250 F** pers. sup. **80 F**

Ouvert : du 1er avril au 30 novembre.

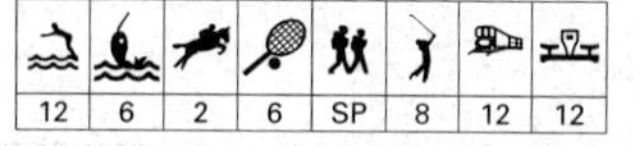

12	6	2	6	SP	8	12	12

VALENGIN Noel - Les Aulnaies - 80260 BAVELINCOURT - Tél : 03 22 40 51 51

BEAUCOURT-EN-SANTERRE

(TH) *C.M. 236 Pli 35*

E.C. 2 ch. **Moreuil 7 km.** 2 chambres d'hôtes (1 lit 2 pers. chacune), 1 avec s.d.b. et wc privés et une avec s. d'eau et wc privés aménagées à l'étage d'une maison en briques. Dans le village situé à proximité de la D934 (Amiens-Roye) séjour à disposition des hôtes. Parking fermé dans la propriété. Jardin, salon de jardin. Table d'hôtes uniquement sur demande.

Prix : 1 pers. **200 F** 2 pers. **260 F** repas **60/90 F**

Ouvert : du 3 janvier au 12 décembre.

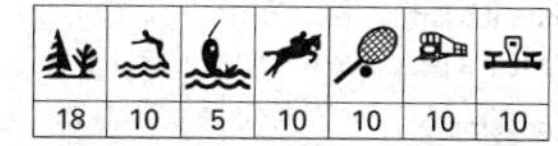

18	10	5	10	10	10	10

ROISIN Colette et Jean-Marc - 18 Grande Rue - 80110 BEAUCOURT-EN-SANTERRE - Tél : 03 22 94 35 63 - Fax : 03 22 94 35 63

BEAUQUESNE

C.M. 236 Pli 24

3 ch. **Village médiéval de Lucheux 12 km. Vallée de l'Authie 6 km.** A l'ét. de l'habitation de la prop., 1 suite de 2 ch. non communicantes (1 lit 2 pers. 2 lits 1 pers.), s.d.b. privée à la suite. 1 ch. (1 lit 2 pers.), 1 ch. (1 lit 2 pers. 1 lit 1 pers.), chacune avec douche et lavabo. WC communs. Coin-cuisine. Bibliothèque. Séjour et salon au r.d.c. Poss. lits enfants. Parking clos, jardin avec salon. Près de l'église, dans une grande maison bourgeoise. Doullens, sa citadelle et la salle du commandement unique.

Prix : 1 pers. **150 F** 2 pers. **195 F** 3 pers. **250 F** pers. sup. **70 F**

Ouvert : toute l'année.

15	10	SP	SP	25	25	9

EVRARD Francine - Place Lucien Allard - 80600 BEAUQUESNE - Tél : 03 22 32 85 44

BEHEN

C.M. 52 Pli 6

6 ch. **Baie de Somme, Saint-Valery-sur-Somme 19 km. Abbeville 10 km.** A proximité de la D928, dans la région du Vimeu Vert, le château de Béhen construit aux XVIIIe et XIXe siècles est une demeure familiale, dans un parc de 5 ha. 4 ch. et 2 suites avec salles de bains et wc privés. Salon, salle de réception du XVIIIe. Equitation et VTT sur place. GR125 en limite de la propriété. Possibilité de table d'hôtes. Langue parlée : anglais.

Prix : 1 pers. **390 F** 2 pers. **460/700 F** 3 pers. **620/800 F**

Ouvert : toute l'année.

20	SP	12	SP	12	10	10

Famille CUVELIER - Château de Béhen - 8 rue du Château - 80870 BEHEN - Tél : 03 22 31 58 30 - Fax : 03 22 31 58 39 -
E-mail : norbert-andre@cuvelier.com - http://www.cuvelier.com

BEHEN Les Alleux

(TH) *C.M. 236 Pli 22*

4 ch. **C ?te Picarde et baie de Somme 25 km. Abbeville 12 km. Blangy 15 km.** A l'étage du château, 1 ch. (1 lit 1 pers. 1 lit 2 pers.), s.d.b. et wc privés. Dans les communs attenants, 1 suite familiale 4 à 6 pers. Studio (1 lit 2 pers.), coin-cuisine. S.d.b. ou s. d'eau et wc privés dans chaque ch. Poss. lit enfant. Poss. baby-sitting. Réduction à partir de la 2e nuitée. Repas enfant 70 F. Tarif 4 pers. 600 F. D928 à moins d'1 km. Dans la région du Vimeu vert, château XVIIe/XVIIIe, au milieu d'un grand parc. Restaurant 12 km. Poss. promenades poneys, vélos. Table d'hôtes en commun le soir uniquement, sur réservation. Prix en 1/2 pension sur la base de 2 pers. Langues parlées : anglais, espagnol.

Prix : 1 pers. **250 F** 2 pers. **300 F** pers. sup. **80 F** repas **130 F**

Ouvert : toute l'année.

25	12	8	10	12	12

DE FONTANGES René-François - Château des Alleux - 80870 BEHEN - Tél : 03 22 31 64 88 - Fax : 03 22 31 64 88

BELLANCOURT

C.M. 236 Pli 22

2 ch. **Baie de Somme 20 km. Abbeville 5 km.** A l'entrée du village situé à l'écart de la N1 (Amiens/Abbeville), 2 chambres d'hôtes 1 ch. (1 lit 2 pers.), frigo, micro ondes, TV, salle d'eau et wc privés et 1 ch. (1 lit 2 pers. 1 lit 1 pers.), TV, s. d'eau et wc privés aménagées à l'étage d'une maison de construction récente. Poss. lit d'appoint et lit bébé. Tarif 4 pers. : 420 F. Parking dans la propriété. Terrasse, salon de jardin. Location de vélo. Autoroute A16 sortie N°22 à proximité. Langues parlées : anglais, allemand.

Prix : 1 pers. **230 F** 2 pers. **280 F** 3 pers. **350 F** pers. sup. **50 F**

Ouvert : toute l'année.

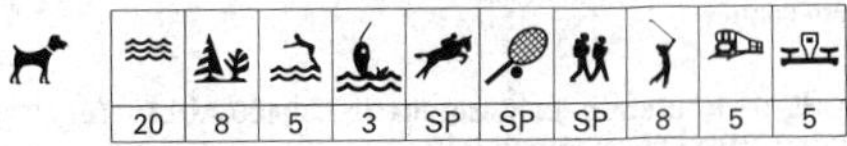

20	8	5	3	SP	SP	SP	8	5	5

Mme MARTIN-LAMBERT - 3 rue de Pont-Rémy - 80132 BELLANCOURT - Tél : 03 22 31 72 63 - Fax : 03 22 19 07 19

BETHENCOURT-SUR-MER

(TH) *C.M. 236*

2 ch. **Ault 5 km.** 1 ch. 2 épis (1 lit 2 pers. 1 lit 1 pers.) avec salle de bains et wc privés + 1 ch. 1 épi (1 lit 2 pers.), salle de bains commune. Salon réservé aux hôtes (accés indépendant possible). Poss. lit suppl., lit enfant, lit béb. Jardin, salon de jardin, parking privé. Table d'hôtes sur réservation. Au cœur du village, dans la rue principale, à l'étage de la maison de la propriétaire.

Prix : 1 pers. **200/250 F** 2 pers. **230/280 F** 3 pers. **330/380 F** repas **100 F**

Ouvert : toute l'année.

4	8	3	6	3	3	8	5	4

DE RAMECOURT Emmanuelle - Rue des Canaux - 80130 BETHENCOURT-SUR-MER - Tél : 03 22 30 70 64 ou 06 81 59 67 17 - Fax : 03 22 30 70 64

BOISMONT Moulin de Bretel

C.M. 236 Pli 22

3 ch. 3 chambres d'hôtes aménagées au 1er étage de l'habitation des propriétaires avec accès indépendant. 1 ch. (1 lit 2 pers. 1 lit 1 pers.), 1 ch. (2 lits 1 pers. ou 1 lit 180), salle d'eau et wc privés pour chacune. 1 ch. (1 lit 2 pers.), salle de bains et wc privés. Salle pour petit déjeuner réservée aux hôtes. Salon de jardin. Chambres situées hors du village, en direction de Mons-Boubert. Taxe de séjour. Restaurant 5 km.

Prix : 1 pers. **180 F** 2 pers. **230 F** 3 pers. **300 F**

Ouvert : du 1er mars au 30 novembre.

5	14	5	5	5	5	SP	9	10	5

LENNE Daniel - Moulin de Bretel - 80230 BOISMONT - Tél : 03 22 31 44 54 - Fax : 03 22 31 15 14

BOUVAINCOURT-SUR-BRESLE

1 ch. 1 ch. d'hôtes avec accès indépendant à l'étage de la maison des propriétaires (1 lit 2 pers.) avec coin-salon et TV, salle de bains et wc privés. Poss. lit d'appoint. Plan d'eau et sports nautiques dans le village. Restaurant 7 km. Dans la vallée de la Bresle, à l'orée de la forêt d'Eu et des plans d'eau, sur une exploitation agricole à prox. du village. Près de la D1015.

Prix : 1 pers. **200 F** 2 pers. **300 F** pers. sup. **100 F**

Ouvert : toute l'année.

8	1	8	SP	3	SP	SP	6	6

Mme DELEERSNYDER - 3 bis, rue Georges Pillot - 80220 BOUVAINCOURT/BRESLE - Tél : 03 22 30 96 24 - Fax : 03 22 30 96 24

BUSSY-LES-POIX

(TH) *C.M. 236*

4 ch. **Poix-de-Picardie 6 km.** 1 ch. 2 épis (1 lit 2 pers.), s. d'eau et wc privés, aménagée au r.d.c. d'une ancienne ferme picarde restaurée. Salle de séjour/coin-salon et cheminée à la disposition des hôtes. 3 ch. 3 épis à l'étage : 1 ch. (1 lit 160, 1 lit 1 pers.), 1 ch. (2 lits 1 pers.), 1 ch. (1 lit 2 pers. 1 lit 1 pers.), toutes avec s. d'eau et wc privés. Jardin, salon de jardin. Table d'hôtes sur réservation. Poss. lit appoint, beau jardin d'agrément. Animaux admis sous réserve. Parking dans la propriété. Dans le village, non loin de la N29 (Amiens-Rouen). En venant de l'A16 sortie N°18 dir Poix. En venant de Poix, prendre dir. Croixrault puis Bussy-lès-Poix. Langue parlée : anglais.

Prix : 1 pers. **200 F** 2 pers. **250 F** 3 pers. **300 F** repas **70 F**

Ouvert : toute l'année.

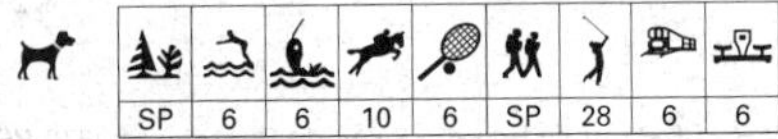

SP	6	6	10	6	SP	28	6	6

GUERIN Françoise - 1 rue de l'Eglise - 80290 BUSSY-LES-POIX - Tél : 03 22 90 06 73

CANDAS

C.M. 236 Pli 24

1 ch. Dans un cadre verdoyant, 1 suite de 2 chambres d'hôtes à l'étage : 1 ch. (1 lit 2 pers.), 1 ch. (3 lits 1 pers.), avec salle de bains et wc privés. Salle de séjour à la disposition des hôtes. Jardin d'agrément. Parking. Balançoire. Barbecue. Restaurant 2 km. Possibilité lit enfant et lit d'appoint. Réduction à partir de la 3e nuitée. Enfant de moins de 5 ans : 30 F. A 8 km de la RN16 (Doullens-Amiens) et à 3 km de la CD925 (Doullens-Abbeville), sur la D31.

Prix : 1 pers. **150 F** 2 pers. **200 F** 3 pers. **260 F** pers. sup. **70 F**

Ouvert : toute l'année.

SP	9	9	SP	27	SP

VAST Lysiane - 103 rue de la Gare - 80750 CANDAS - Tél : 03 22 32 03 25

CAOURS

C.M. 236 Pli 22

5 ch. **Abbaye de Saint-Riquier 4 km.** Face à l'habitation des propriétaires, dans bâtiment rénové. 5 ch. au r.d.c. avec accès direct au jardin donnant sur une rivière. 3 ch. (1 lit 2 pers. 1 lit 1 pers. chacune), 1 ch. (1 lit 2 pers. 2 lits 1 pers.), s.d.b. ou s. d'eau et wc privés et 1 ch. (1 lit 2 pers.), salle de bains et wc privés. Kitchenette dans une chambre (50 F/nuitée si utilisation du studio). Séjour/coin-cuisine à la disposition des hôtes. Animaux admis (20 F/nuit). Location VTT sur place et hébergement chevaux sur place. Croquet, tennis de table, basket, piscine privée à disposition. Restaurant et tennis dans le village. Langues parlées : anglais, allemand.

Prix : 1 pers. **250 F** 2 pers. **350 F** 3 pers. **450 F** pers. sup. **100 F**

Ouvert : toute l'année.

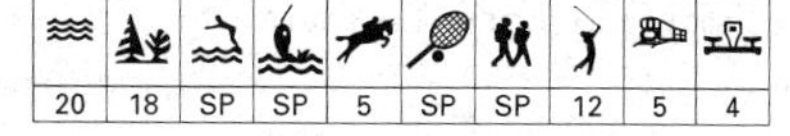

DE LAMARLIERE Marc et Hélène - 2 rue de la Ferme - 80132 CAOURS - Tél : 03 22 24 77 49 - Fax : 03 22 24 76 97 - E-mail : de.lamarliere@terre-net.fr

CARREPUIS

C.M. 236 Pli 35

4 ch. **Roye 2 km.** A l'étage du Manoir : 1 ch. (1 lit 2 pers.), s.d.b., wc et 1 ch. (1 lit 2 pers.), s. d'eau avec douche à jets et wc. utilisation en suite (coin-salon avec convertible et s. d'eau avec douche à jets et wc) et 2 ch. à l'étage d'une dépendance mitoyenne à 3 gîtes ruraux. 1 ch. (1 lit 2 pers.), 1 ch. (2 lits 2 pers. dont 1 en mezz.), chacune avec s. d'eau et wc. Petits déjeuners dans maison des propriétaires. Parc arboré, fleuri 25000 m² avec étang, terrain de pétanque, aire de jeux enfants, salons de jardin, barbecues, garages fermés. Chevaux et poneys, poss. hébergements chevaux et randonnées équestres, escrime, tir. Loc. vélos et VTT. TH sur réservation. Langues parlées : anglais, italien.

Prix : 1 pers. **250 F** 2 pers. **290 F** 3 pers. **350 F** pers. sup. **80 F** repas **65 F**

Ouvert : toute l'année.

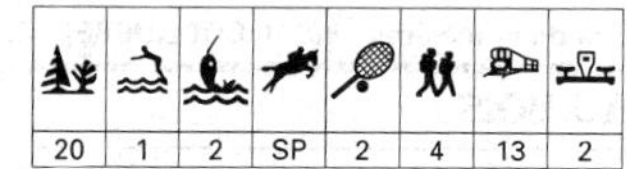

MATHIEU France - Le Manoir Roses de Picardie - 16 Grande Rue - 80700 CARREPUIS - Tél : 03 22 87 84 84 - Fax : 03 22 87 83 83

CAYEUX-SUR-MER La Molliere

C.M. 236 Pli 21

2 ch. **Parc du Marquenterre 30 km.** Dans une maison entourée d'un grand jardin fleuri clos, 1 ch. à l'étage (1 lit 2 pers. 1 lit 1 pers.), s. d'eau et wc privés. Dans une dépendance, avec accès direct dans le jardin, 1 ch. familiale avec au r.d.c. (1 lit 2 pers.), s. d'eau et wc privés et en mezzanine (2 lits 1 pers.). Taxe de séjour en supplément. Abri couvert pour vélos et motos, parking. Sur la côte Picarde, au hameau de la Mollière jouxtant la station balnéaire de Cayeux-sur-Mer, sur la D3 (Saint-Valery-sur-Somme/Cayeux). Plage et dunes à 1 km. Baie de Somme. Saint-Valery sur Somme. La Maison de l'Oiseau à proximité. Restaurant dans la station. Tarif 4 pers. : 450 F. Langues parlées : anglais, allemand.

Prix : 1 pers. **225 F** 2 pers. **280 F** 3 pers. **350 F**

Ouvert : toute l'année.

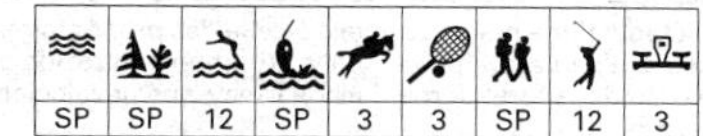

VAHE-PETIT Eliane - La Picardière - La Mollière - 465 rue Douville Maillefeu - 80410 CAYEUX-SUR-MER - Tél : 03 22 26 63 93 - Fax : 03 22 26 63 93

CAYEUX-SUR-MER

C.M. 236 Pli 21

4 ch. **Parc du Marquenterre 30 km. Maison de l'oiseau 5 km.** A l'étage d'une maison de construction récente avec accès indépendant. 4 chambres avec salles d'eau privées. WC communs. 2 chambres (1 lit 2 pers.). 1 chambre (1 lit 2 pers. 1 lit 1 pers.). 1 chambre (2 lits 2 pers.). Séjour commun au rez-de-chaussée. Taxe de séjour en supplément. Tarif 4 pers. : 360 F. Sur la Côte Picarde, dans la station balnéaire de Cayeux sur mer. Plage à proximité immédiate. Baie de Somme. Saint-Valéry sur Somme. Restaurant dans la station. Parking. Langue parlée : anglais.

Prix : 1 pers. **200 F** 2 pers. **240 F** 3 pers. **320 F**

Ouvert : de Pâques au 11 novembre.

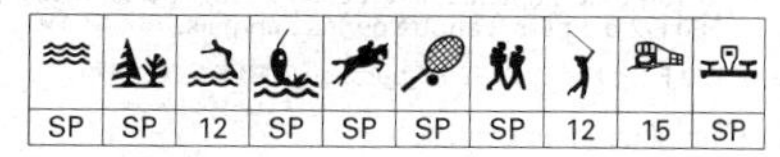

CREPIN Thierry - 8 bis, route des Canadiens - 80410 CAYEUX-SUR-MER - Tél : 03 22 26 75 09

CHAUSSOY-EPAGNY Hainneville

C.M. 236 Pli 34

2 ch. **Spectacle son et lumière 2 km (du 15/08 au 15/09 vendredi et samedi).** Au r.d.c. 1 suite de 90 m² comprenant vaste séjour avec cheminée, TV, cuisine aménagée et chambre (2 lits 1 pers.), salle d'eau et wc privés. A l'étage 1 suite de 2 ch. chacune avec (1 lit 2 pers.), salle d'eau et wc privés. Poss. lit appoint ou enfant dans chaque chambre. Table d'hôtes sur réservation. Location de vélos sur place. Tarif 4 pers. : 450 F. A l'entrée du hameau de Hainneville situé à 1,8 km d'Ailly-sur-Noye, au cœur d'un parc paysager de 3,5 ha traversé par la rivière La Noye, dans une maison de style normand attenante à l'habitation des propriétaires. Salons de jardins et terrasses à disposition dans le parc. Langue parlée : anglais.

Prix : 1 pers. **300 F** 2 pers. **350 F** 3 pers. **400 F** repas **100/200 F**

Ouvert : toute l'année.

60	17	1	17	1	SP	20	2	2

PORCHER Christiane - Le Moulin à Papier - Hainneville - 80250 CHAUSSOY-EPAGNY - Tél : 03 22 41 06 55 - Fax : 03 22 41 10 92 - E-mail : christiane-porcher@yahoo.fr - http://www.multimania.com/hotes/

CITERNES Yonville

3 ch. 3 chambres d'hôtes (2 ch. 1 lit 2 pers., 1 ch. 2 lits 1 pers.) aménagées au 1er étage d'une maison de maître entourée d'un parc de 15 ha., chacune avec salle de bains et wc privés. Possibilité lit d'appoint 1 pers. Kitchenette fermée, coin-détente et salon d'été à disposition des hôtes. Ouvert toute l'année. Enfant à partir de 2 ans : 80 F. Oisemont 5 km, prieuré d'Airaines et château de Rambures à 10 km. A proximité de la D936 (Amiens-Le Tréport), au hameau de Yonville et à 1,5 km du village. Réduction à partir de la 3e nuit. Langues parlées : anglais, allemand.

Prix : 1 pers. **300 F** 2 pers. **330 F** pers. sup. **100 F**

Ouvert : toute l'année.

35	15	19	10	4	SP	SP	19	20	5

DES FORTS Philippe - Hameau de Yonville - 5 rue de Yonville - 80490 CITERNES - Tél : 03 22 28 61 16 - Fax : 03 22 28 61 16

COCQUEREL

C.M. 236

4 ch. **Abbeville 10 km.** 4 ch. d'hôtes avec salle d'eau et wc privés ont été aménagées dans un ancien bâtiment en brique à usage agricole, près de la maison des propriétaires. R.d.c. : 1 ch. (1 lit 2 pers.), 1 ch. (1 lit 2 pers. 1 lit 1 pers.). A l'étage : 1 ch. (2 lits 1 pers.), 1 ch. (1 lit 2 pers.) avec coin-cuisine. Pièce et coin-cuisine au r.d.c. à la disposition des hôtes. Cour fleurie et gravillonnée, salon de jardin, parking dans la propriété. Ouvert toute l'année. A la sortie du village, sur la vallée de la Somme en direction d'Ailly-le-Haut-Clocher. Animaux admis sous réserve. Possibilité lit d'appoint. Réduction à partir de la 2e nuitée.

Prix : 1 pers. **190 F** 2 pers. **240 F** 3 pers. **300 F** pers. sup. **50 F**

Ouvert : toute l'année.

27	20	10	SP	10	3	SP	12	7	4

CREPIN Maurice - 2 rue de Francières - 80510 COCQUEREL - Tél : 03 22 31 82 00 - Fax : 03 22 31 82 00

COURCELLES-AU-BOIS

C.M. 236 Pli 25

E.C. 3 ch. **Albert 15 km.** Dans le village, dans un bâtiment en briques situé face à l'habitation des propriétaires, 3 ch. chacune avec salle d'eau et wc privés. R.d.c. : 1 ch. familiale (2 lits 2 pers.). A l'étage : 1 ch. (1 lit 2 pers.), 1 ch. (2 lits 1 pers.). Salle des petits déjeuners au r.d.c. avec coin-cuisine aménagé à disposition des hôtes. Table d'hôtes sur réservation. Elevage de biches à côté de la propriété, visible des chambres (visite possible sur demande).

Prix : 1 pers. **220 F** 2 pers. **250 F** 3 pers. **300 F** pers. sup. **50 F** repas **60 F**

Ouvert : toute l'année.

15	10	10	15	4

TRAMBLAY-TISON Martial - 1 rue de Mailly - 80560 COURCELLES-AU-BOIS - Tél : 03 22 76 48 09 ou 06 09 84 13 10

CRECY-EN-PONTHIEU

C.M. 236 Pli 12

2 ch. A l'étage d'une maison annexe à celle des propriétaires. 2 chambres : 1 chambre (1 lit 2 pers.), et 1 chambre (2 lits 1 pers.) chacune avec s. d'eau et wc privés. Salle commune au rez-de-chaussée, TV. Parking privé. Restaurant sur place. Au centre du village situé à l'orée de la forêt domaniale de Crécy, site de la célèbre bataille. Abbaye de Saint-Riquier et de Valloires.

Prix : 1 pers. **220 F** 2 pers. **250 F** pers. sup. **50 F**

Ouvert : toute l'année.

20	SP	20	10	SP	20	20	SP

GREVET Marie-Paule - 9 rue des Ecoles - 80150 CRECY-EN-PONTHIEU - Tél : 03 22 23 54 45

CREUSE

C.M. 236 Pli 23

4 ch. **Amiens 14 km. Poix de Picardie 14 km.** 3 ch. d'hôtes et 1 suite de 2 ch. aménagées dans les dépendances d'une chaumière du XVIIIe. Rez-de-jardin : 1 ch. (2 lits 1 pers.) communicante à 1 ch. (1 lit 2 pers.), s.d.b. et wc privés à la suite, 1 ch. (1 lit 2 pers.), s.d.b. et wc privés. A l'étage : 2 ch. en cours de classement dont une avec coin-cuisine chacune avec 1 lit 2 pers., salle d'eau et wc privés. Salon avec cheminée chez la propriétaire. Poss. lit suppl. Très beau jardin. Parking fermé. Dans le village, à proximité immédiate de la forêt domaniale de Creuse, à 2 km de la RN29 (Amiens/Rouen). Ferme d'Antan dans le village. Restaurant 4 km. Suite : 560 F/2 à 4 pers. Langue parlée : anglais.

Prix : 1 pers. **260 F** 2 pers. **260/380 F** pers. sup. **50 F**

Ouvert : du 1er avril au 31 octobre.

SP	14	4	SP	SP	7	14	5

LEMAITRE Monique - 26 rue Principale - 80480 CREUSE - Tél : 03 22 38 91 50 - Fax : 03 22 38 91 50

LE CROTOY

C.M. 236 Pli 21

2 ch. **Baie de Somme, Saint-Valery-sur-Somme 5 km. Marquenterre 10 km.** Au cœur du Crotoy, à 100 m de la mer, dans une villa des années 30 entièrement rénovée, au 1er étage : 2 ch. (1 lit 2 pers. chacune), salle d'eau avec wc privés. Possibilité lit bébé. Séjour au rez-de-chaussée à disposition des hôtes. Possibilité location VTT. Restaurant dans la station. Taxe de séjour en sus. Langue parlée : anglais.

Prix : 1 pers. **280 F** 2 pers. **350 F**

Ouvert : toute l'année.

SP	20	SP	SP	SP	SP	SP	20	8	SP

DEWASTE Isabelle - 14 rue du Phare - Villa Marine - 80550 LE CROTOY - Tél : 03 22 27 84 56 - Fax : 03 22 27 84 56

CROUY-SAINT-PIERRE

TH *C.M. 236 Pli 23*

5 ch. 5 ch. d'hôtes à l'étage d'une abbaye située en pleine campagne. 3 ch. (2 lits 1 pers.). 1 ch. (1 lit 2 pers.). 1 ch. (3 lits 1 pers.), salle d'eau et wc communs. Salle de séjour, bibliothèque, TV à disposition des hôtes. Terrain. Parking. Accueil de groupes. Possibilité de pension. Restaurant à 4 km. En Vallée de Somme, sur la D3 qui relie Amiens à Abbeville, au milieu d'un parc boisé, dans des bâtiments du XVIIIe siècle. Table d'hôtes sur réservation. Langue parlée : anglais.

Prix : 1 pers. **145 F** 2 pers. **210 F** 3 pers. **285 F** repas **55 F**
1/2 pens. **160 F**

Ouvert : toute l'année sauf dernière semaine d'août.

50	40	18	2	7	SP	4	4

ABBAYE DU GARD « LE GARD ACCUEIL » - 80310 CROUY-SAINT-PIERRE - Tél : 03 22 51 40 50 - Fax : 03 22 51 24 79

CURLU

TH *C.M. 236 Pli 25*

6 ch. 6 ch. d'hôtes dans un bâtiment attenant à l'habitation principale. R.d.c. : 1 ch. (1 lit 2 pers. + 1 lit 1 pers.), 1 ch. (2 lits 110), s. d'eau et wc privés pour chacune. A l'ét. : 1 ch. (1 lit 2 pers. 2 lits 1 pers.), s.d.b. et wc privés. 2 ch. (1 lit 2 pers. chacune), 1 ch. (2 lits 1 pers.), s. d'eau et wc privés chacune. TH sur réservation. Séjour, bibliothèque. Location de vélos. Restaurants 5 et 10 km. Dans la vallée de la Haute-Somme, à proximité de la D938 Albert-Péronne. Gare TGV à 17 km (prise en charge poss.). Sortie autoroute Albert-Péronne N°13.1 à 3 km. Accès à un étang privé (pêche au coup, carpe). Langue parlée : anglais.

Prix : 1 pers. **190 F** 2 pers. **250 F** 3 pers. **370 F** repas **85/120 F**

Ouvert : toute l'année.

10	SP	10	10	SP	10	10

PLAQUET Gérard - Le Pré Fleuri - 11 rue de Maurepas - 80360 CURLU - Tél : 03 22 84 16 16 - Fax : 03 22 83 14 67 -
E-mail : leprefleuri@yahoo.fr

DIGEON

C.M. 236 Pli 32

3 ch. 3 chambres d'hôtes aménagées dans le château de Digeon où les propriétaires exploitent une pépinière. 1 ch. au 1e étage avec 1 lit 2 pers., salle d'eau attenante. au 2e étage : 1 ch. (1 lit 1 pers. 1 lit 2 pers.). 1 ch. (2 lits 1 pers.). S.d.b., s. d'eau et wc communs aux 2 ch. Séjour au r.d.c. Parc paysager (visites). Poss. lits enfants. Restaurant sur place. Visite gratuite du jardin floral pour les hôtes. Langues parlées : anglais, hollandais.

Prix : 1 pers. **180 F** 2 pers. **250/280 F** 3 pers. **300 F**

Ouvert : toute l'année sauf du 24 décembre au 1er janvier.

45	15	3	5	15	3	SP	3	3

GOISQUE Bruno - Château de Digeon - 7 route du Coq Gaulois - 80290 DIGEON - Tél : 03 22 38 07 12 - Fax : 03 22 38 07 12

DOULLENS Freschevillers

TH *C.M. 236 Pli 24*

3 ch. 3 ch. d'hôtes situées au 1er étage de l'habitation, en bordure de route, sur une exploitation agricole. 2 ch. communicantes (1 lit 2 pers. chacune), 1 douche dans une chambre, 1 chambre (1 lit 120. 1 lit 2 pers.). Salle d'eau et wc communs aux 3 chambres. Lavabo dans chaque chambre. Possibilité table d'hôtes sur réservation. Possibilité lit d'appoint. Réduction à partir de la 3e nuit. Restaurant 3 km. Langue parlée : anglais.

Prix : 1 pers. **145 F** 2 pers. **200 F** 3 pers. **255 F** pers. sup. **80 F**
repas **85/100 F** 1/2 pens. **175 F**

Ouvert : toute l'année.

55	10	3	SP	7	5	3	30	2

DE MUYT-HILAIRE - Route d'Albert - Freschevillers - 80600 DOULLENS - Tél : 03 22 77 15 56

DURY

C.M. 236 Pli 24

4 ch. **Amiens 5 km (cathédrale, hortillonages).** 4 ch. aménagées dans une propriété de caractère : 1 ch. au r.d.c. avec 2 lits 1 pers., s. s'eau et wc privés. Etage : 1 suite de 2 ch. communicantes (1 lit 2 pers. 2 lits 1 pers.), séparées par la s.d.b. et wc privés. 2 ch. avec chacune s.d.b. et wc privés. 1 ch. (1 lit 2 pers.), 1 ch. (1 lit 2 pers. 1 lit 1 pers.). Poss. lit enf. Salle de séjour, salon, TV, à dispo. Parking fermé. Restaurant gastronomique dans le village. Possibilité de promenades en calèche sur place. Tarif 4 pers. : 540 F. Langue parlée : anglais.

Prix : 1 pers. **260 F** 2 pers. **320 F** 3 pers. **400 F** pers. sup. **70 F**

Ouvert : toute l'année.

1	3	4	SP	SP	SP	4	5	1

SAGUEZ Alain et Maryse - 2 rue Grimaux - 80480 DURY - Tél : 03 22 95 29 52 - Fax : 03 22 95 29 52 -
E-mail : alainsaguez@libertysurf.fr - http://perso.libertysurf.fr/saguez

ESTREBOEUF

C.M. 236

4 ch. **Baie de Somme 3 km.** 4 ch. d'hôtes aménagées à l'étage de la maison des propriétaires. 3 ch. (1 lit 2 pers. chacune), 1 ch. (1 lit 2 pers. 1 lit 1 pers.), toutes avec salle d'eau et wc privés. Séjour/coin-salon réservé aux hôtes. Parking fermé, jardin arboré et fleuri et salon de jardin à disposition. Petit plan d'eau au bout du jardin, poss. pêche. Taxe de séjour. Poss. lit d'appoint. Dans le village, à 3 km de la Baie de Somme, restaurants à Saint-Valery. Gratuit pour les enfants jusqu'à 3 ans. Vélos à disposition et barbecue. Pêche au coup. Langue parlée : anglais.

CV

Prix : 1 pers. **225 F** 2 pers. **270 F** 3 pers. **350 F** pers. sup. **100 F**

Ouvert : toute l'année.

3	2	11	SP	10	3	SP	20	7	3

HOUART Marie-Christine - 15 route de Gamaches - 80230 ESTREBOEUF - Tél : 03 22 26 80 61 ou 06 08 98 06 29

ESTREES-LES-CRECY

TH *C.M. 236 Pli 12*

1 ch. **Auxi-le-Château 14 km. Vallée de l'Authie 5 km.** En bordure de la D938, 1 chambre d'hôtes, côté cour à l'étage de la maison des propriétaires, (1 lit 2 pers. 1 lit 1 pers.), salle d'eau et wc privés. Poss. chambre enfants indépendante (2 lits 1 pers.). R.d.c. : séjour et salon communs avec cheminée. Poss. lit bébé et lit appoint. Ping-pong, terrain de pétanque. Proche de la forêt domaniale de Crécy. Site de la bataille de Crécy-en-Ponthieu. Restaurant 2 km. Gratuit jusqu'à 3 ans. Hébergement chevaux. Table d'hôtes sur réservation. 1800 F/semaine en 1/2 pension. Langues parlées : anglais, espagnol.

CV

Prix : 1 pers. **220 F** 2 pers. **280 F** 3 pers. **340 F** pers. sup. **60 F** repas **100 F**

Ouvert : toute l'année.

20	3	5	3	20	2

DE SAINTE-COLOMBE DE BOISSONNADE - 2 rue Nationale - 80150 ESTREES-LES-CRECY - Tél : 03 22 23 61 88

L'ETOILE

C.M. 236 Pli 23

3 ch. Au cœur de la vallée de la Somme dans le village. 3 ch. dans une ancienne maison picarde entièrement rénovée. R.d.c. : 1 ch. (1 lit 2 pers.), salle d'eau, wc privés, 1 ch. (1 lit 2 pers. 2 lits superp. enfants), s.d.b. et wc privés. Etage : 1 ch. (1 lit 2 pers. 1 lit 1 pers.), s.d.b., wc privés. TV. Véranda. Parking dans cour fermée. Parc de 13000 m² avec étang et court de tennis à disposition des hôtes. Proximité de la RN1 (Amiens-Abbeville) et A16 (sortie Flixecourt), Poss. TH sur réservation. Langue parlée : anglais.

Prix : 1 pers. **260 F** 2 pers. **310 F** pers. sup. **100 F**

Ouvert : toute l'année.

40	25	25	SP	10	SP	SP	25	5	5

MERCHAT Laurent - 10 rue Saint-Martin - 80830 L'ETOILE - Tél : 03 22 51 02 84

FAVIERES

C.M. 236 Pli 22

3 ch. **Baie de Somme, Le Crotoy 5 km. Marquenterre 10 km.** Dans le village, à proximité de la D940 (Le Crotoy-Rue), 3 ch. aménagées dans une ancienne forge située à côté de l'habitation des propriétaires. R.d.c. : 1 ch. (1 lit 2 pers. 1 lit 1 pers.), salle d'eau avec wc. A l'étage : 2 ch. (1 lit 2 pers. chacune), salle d'eau avec wc. Salle des petits déjeuners au r.d.c. à usage des hôtes. Parking devant les chambres. Restaurant gastronomique à 500 m. Parc Ornithologique du Marquenterre à proximité. Taxe de séjour en sus.

Prix : 1 pers. **290 F** 2 pers. **350 F** 3 pers. **400 F** pers. sup. **50 F**

Ouvert : toute l'année sauf janvier.

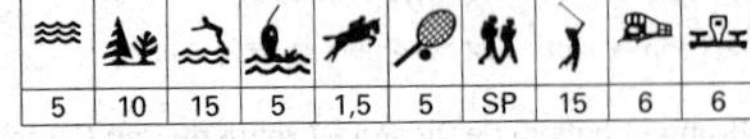

5	10	15	5	1,5	5	SP	15	6	6

M. BERTHET - La Vieille Forge - 930 rue des Forges - 80120 FAVIERES - Tél : 03 22 27 75 58

FAVIERES

C.M. 236 Pli 22

4 ch. Dans un village situé près de la D940, entre le Crotoy et Rue, dans une aile de construction récente contiguë à la maison d'habitation. 4 ch. d'hôtes au r.d.c., toutes avec accès extérieur, salle d'eau et wc privés : 3 ch. (1 lit 2 pers. chacune) et 1 ch. (2 lits 1 pers.). Salle commune aux hôtes. Parking fermé devant les chambres. Barbecue à disposition. Restaurant gastronomique dans le village. Station du Crotoy 4 km. Petits animaux admis uniquement. Garage pour vélos. Taxe de séjour. Enfant : 30 F jusqu'à 6 ans, 60 F de 6 à 15 ans.

Prix : 1 pers. **230 F** 2 pers. **300 F**

Ouvert : toute l'année.

4	10	10	4	1	4	SP	10	6	4

Mme ROUSSEL - 773 rue de Romaine - 80120 FAVIERES - Tél : 03 22 27 21 07 - Fax : 03 22 27 21 07

FAY

TH *C.M. 235 Pli 25*

3 ch. Dans le village, à proximité de la RN29 (Amiens/St-Quentin) et de la sortie autoroute A1, sur 1 exploit. agricole. 3 ch. 2 pers. à l'étage d'une maison construite après la guerre 39-45. 1 ch. (2 lits 1 pers.) avec s. d'eau et wc privés, 1 ch. (1 lit 2 pers.) avec s. d'eau privée et wc indép., 1 ch. (1 lit 2 pers.) avec s.d.b. privée et wc indép. Table d'hôtes uniquement sur réservation. Poss. lit enfant. Salon avec coin-bibliothèque et TV. Parking fermé, garage, jardin, salon de jardin, portique. Restaurant 12 km. Circuit du souvenir, historial de Péronne à 12 km, basilique et musée des Abris à Albert (20 km). Langue parlée : anglais.

CV

Prix : 1 pers. **180 F** 2 pers. **250 F** repas **80 F**

Ouvert : toute l'année.

5	20	5	2	12

ETEVE Bruno - 12 Grande Rue - 80200 FAY - Tél : 03 22 85 20 53 - Fax : 03 22 85 91 94

FEUQUIERES-EN-VIMEU
C.M. 236 Pli 21

1 ch. **Saint-Valery-sur-Somme 16 km. Mers-les-Bains 22 km.** Dans le village, à l'étage d'une maison neuve entourée d'un très grand jardin aménagé clos, une suite de 80 m^2 de 2 chambres (1 ch. : 1 lit 2 pers. 1 ch. : 2 lits 1 pers.), salle de bains, wc, séjour (1 lit 1 pers. 1 lit d'appoint et coin-salon). En option, poss. kitchenette (micro ondes) : 50 F/nuit. Poss. lit enfant. Enfant de moins de 2 ans gratuit. Tarif 4 pers. : 600 F. Parking fermé, possibilité garage, salon de jardin. Restaurant à 3 km. Musée des industries du Vimeu à Friville-Escarbotin à 6 km.

Prix : 1 pers. **250 F** 2 pers. **350 F** 3 pers. **475 F**

Ouvert : toute l'année.

15	12	6	15	6	1	20	20	SP

LECAT Elisabeth - 8 rue Général Sarrail - 80210 FEUQUIERES-EN-VIMEU - Tél : 03 22 30 15 94 ou 06 10 99 43 51 - E-mail : elisabeth.lecat@wanadoo.fr - http://perso.wanadoo.fr/thierry.lecat/

FOREST-L'ABBAYE
C.M. 236 Pli 22

2 ch. A l'entrée du village à l'orée de la forêt domaniale de Crécy sur une exploitation agricole. 1 ch. studio avec accès indép. au r.d.c. (1 lit 2 pers.), s. d'eau et wc privés. 1 ch. studio (1 lit 2 pers.), s. d'eau et wc privés, et terrasse privée. Poss. lit bébé. TV. Parking, cour de ferme. A côté d'un gîte rural. Logement de chevaux sur place. Utilisation studio : 50 F. Restaurant 4 km.

Prix : 1 pers. **250 F** 2 pers. **380 F**

Ouvert : toute l'année.

15	SP	10	10	3	5	SP	10	12	4

BECQUET Michel - 161 place des Templiers - 80150 FOREST-L'ABBAYE - Tél : 03 22 23 24 03 - Fax : 03 22 23 24 03

FOREST-L'ABBAYE
C.M. 236

1 ch. 1 ch. d'hôtes (1 lit 2 pers.) avec salle de bains et wc privés, a été aménagée à l'étage. 1 ch. pour 2 enfants (1 lit 2 pers.) située face à la chambre d'hôtes est proposée en option. Parking dans la propriété (fermé la nuit), poss. abri voiture. Jardin clos, salon de jardin à la disposition des hôtes. Possibilité lit d'appoint. Restaurant 4 km. Au centre du village fleuri, à l'orée de la forêt de Crécy, dans une maison à colombages entourée par un jardin.

Prix : 1 pers. **250 F** 2 pers. **300 F** 3 pers. **400 F** pers. sup. **100 F**

Ouvert : toute l'année.

15	SP	12	10	15	12	SP	12	12	4

VEZILIER - 103 Grande Rue - 80150 FOREST-L'ABBAYE - Tél : 03 22 23 28 17 ou 06 87 87 14 05

FOREST-MONTIERS
C.M. 236

4 ch. La ferme de Mottelette est isolée, à 2 km de Rue. A l'étage de l'habitation avec accès indépendant : 2 ch. 3 épis : 1 ch. (1 lit 2 pers.), 1 ch. (1 lit 2 pers. et convertible), chacune avec s. d'eau, wc privés et TV. 2 ch. 2 épis : 1 ch. (1 lit 2 pers.), s. d'eau et wc privés et 1 ch. (1 lit 2 pers.), s. d'eau privée et wc dans le couloir. Poss. lit supp. Salon de jardin et jeux d'enfants à disposition. Salle à disposition avec coin-cuisine pour le soir. Réduction après 3 nuits. Tarif 4 pers. : 440 F. Langue parlée : anglais.

Prix : 1 pers. **250/290 F** 2 pers. **280/320 F** 3 pers. **400 F** pers. sup. **80 F**

Ouvert : toute l'année.

10	2	8	2	4	2	SP	10	2	2

MANIER Yves - Ferme de la Mottelette - 80120 FOREST-MONTIERS - Tél : 03 22 28 32 33 - Fax : 03 22 28 34 97

FOREST-MONTIERS
C.M. 236 Pli 12

5 ch. **Parc du Marquenterre 12 km.** 5 ch. chacune avec s. d'eau et wc privés aux 1er et 2e étages d'une grande maison bourgeoise. Au 1er étage : 3 ch. dont 2 côté jardin (2 ch. avec 1 lit 2 pers. 1 lit 1 pers. et 1 ch. avec 1 lit 2 pers.). Possibilité lit d'appoint 1 pers. Au 2e étage : 2 ch. mansardées chacune avec 1 lit 2 pers. Séjour, TV, cuisine, jardin, barbecue, loc. vélos, terrain de jeux. Parking. A 1 km de la sortie N°24 de l'A16 (côte picarde). En bordure de la RN1 (Paris/Amiens/Boulogne), dans l'arrière pays de la côte Picarde, à l'orée de la forêt domaniale de Crécy. Baie de Somme, le Crotoy. Langues parlées : anglais, allemand.

Prix : 1 pers. **220 F** 2 pers. **280 F** 3 pers. **380 F**

Ouvert : toute l'année.

10	SP	18	5	6	6	SP	8	6	6

LANDRIEUX Hubert et Chantal - 30 route Nationale - 80120 FOREST-MONTIERS - Tél : 03 22 28 31 57 - Fax : 03 22 28 31 57

FOREST-MONTIERS
C.M. 236

3 ch. 1 ch. et 2 suites de 2 ch. ont été aménagées dans une élégante bâtisse avec parc boisé. R.d.c. : 1 suite de 2 ch. communiquantes (2 lits 2 pers.) avec s. d'eau et wc privés. A l'ét. : 1 grande ch. (1 lit 2 pers.) avec s.d.b. et wc privés et 1 suite de 2 ch. desservies par un couloir (2 lits 2 pers.) avec s. d'eau et wc privés à la suite. Poss. lits d'appoint et bébé. Salle et salon, piano, bibliothèque, TV. Parking fermé, jardin, barbecue, hébergement chevaux. En retrait de la N1, à proximité de la forêt domaniale de Crécy, non loin de la baie de Somme et de la baie d'Authie. Piscine dans la propriété. A 500 m de la sortie « Marquenterre » de l'A16 (Paris-Calais). Langues parlées : anglais, allemand.

Prix : 2 pers. **300/400 F** pers. sup. **100 F**

Ouvert : toute l'année.

10	SP	SP	5	6	5	SP	8	5	5

M. JEAN - 18 rue du Haut - RN 1 - 80120 FOREST-MONTIERS - Tél : 03 22 23 97 33 - Fax : 03 22 23 97 33

FOSSEMANANT La Boissellerie

TH *C.M. 236 Pli 23*

1 ch. **Amiens 15 km.** 1 suite de 2 chambres d'hôtes aménagées au 1er étage d'une maison de construction récente, située à l'écart du village et surplombant la vallée de la Selle. 1 ch. (1 lit 2 pers.) + 1 ch. annexe (1 lit 140), salle de bains et wc. Salon, TV, bibliothèque. Table d'hôtes sur réservation. Tarif 4 pers. : 420 F. Langues parlées : allemand, grec.

Prix : 1 pers. **220 F** 2 pers. **260 F** 3 pers. **380 F** repas **80 F**

Ouvert : toute l'année.

SP	1	1	2	SP	10	13	8

DESSAIVRE Gabriel et M-José - La Boissellerie - Chemin des Proies - 80160 FOSSEMANANT - Tél : 03 22 42 71 54 - Fax : 03 22 42 05 19

FRESNES-MAZANCOURT

TH *C.M. 236*

5 ch. **Péronne (historial de la grande guerre) 6 km.** Dans le village, près de l'église, une maison dessinée par un architecte avec 5 ch. : 1 ch. familiale (1 lit 2 pers., 2 lits 1 pers.) et 2 ch. (2 lits 1 pers. ou lit 180 cm), chacune avec s.d.b. et wc, 1 ch. (1 lit 2 pers.), s. d'eau et wc, communicante avec 1 ch. (2 lits 1 pers.), s.d.b. et wc. Grand séjour à disposition des hôtes. Table d'hôtes. Réduction à partir de la 3e nuit. Organisation de stages de gastronomie et d'initiation à la cuisine régionale. Gare TGV et accès autoroutier à 6 km. Langue parlée : anglais.

Prix : 1 pers. **250 F** 2 pers. **290 F** 3 pers. **380 F** pers. sup. **50 F** repas **90/130 F** 1/2 pens. **240 F**

Ouvert : toute l'année.

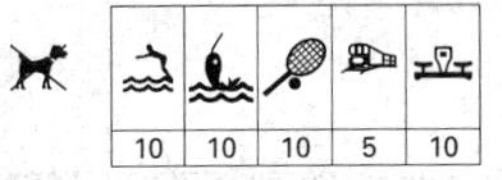

10	10	10	5	10

WARLOP Martine - 1 rue Genermont - 80320 FRESNES-MAZANCOURT - Tél : 03 22 85 49 49 - Fax : 03 22 85 49 59

FRISE

TH *C.M. 236 Pli 25*

3 ch. 3 ch. d'hôtes aménagées au rez-de-chaussée avec terrasse et vue sur les étangs. 2 chambres (1 lit 2 pers. ou 2 lits 1 pers.). 1 chambre (1 lit 2 pers. 1 lit 1 pers.), salle d'eau et wc privés pour chaque chambre. Salon avec TV et bibliothèque, cheminée feu de bois, salle à manger. Poss. lit supplémentaire. Poss. table d'hôtes sur réservation. Dans la Vallée de la Haute Somme, à proximité de la N29 et de la sortie A1. Sur une exploitation agricole en bordure de la Somme et non loin des étangs. 3 hectares d'étangs réservés aux hôtes pour la pêche. Ablaincourt-Pressoir 12 km (TGV). Langue parlée : anglais.

Prix : 1 pers. **220 F** 2 pers. **280 F** 3 pers. **370 F** pers. sup. **100 F** repas **90/150 F**

Ouvert : toute l'année.

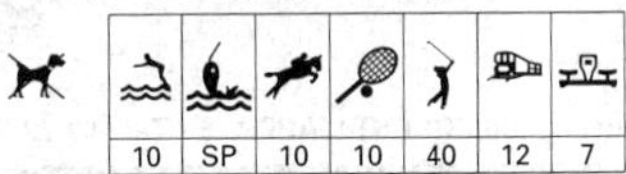

10	SP	10	10	40	12	7

RANDJIA Annick - La Ferme de l'Ecluse - 1 rue Mony - 80340 FRISE - Tél : 03 22 84 59 70 - Fax : 03 22 83 17 56

FRISE

C.M. 236

2 ch. **Vallée de la Somme, Bray-sur-Somme 9 km.** Dans le village, sur une exploitation agricole, 2 ch. d'hôtes aménagées dans un ancien corps de ferme face à l'habitation des propriétaires, chacune avec 1 lit 2 pers., s. d'eau et wc indép. Salle des petits-déjeuners à côté des 2 ch. (accès exterieur). Cour fermée. Salon de jardin. Abri couvert pour voiture sur demande. Poss. lit enfant et lit appoint. Animaux admis sous réserve.

CV

Prix : 1 pers. **200 F** 2 pers. **250 F** 3 pers. **300 F** pers. sup. **50 F**

Ouvert : de juin à septembre.

10	SP	10	10	40	12	7

FOURNIER Thérèse et Jean-Paul - 17 rue de l'Eglise - 80340 FRISE - Tél : 03 22 84 02 90 - Fax : 03 22 84 02 90

GINCHY

C.M. 236 Pli 25

4 ch. 1 ch. 2 épis au r.d.c. avec s. d'eau et wc (1 lit 2 pers.), 3 ch. d'hôtes 3 épis avec s. d'eau et wc particuliers, situées au 1er étage de l'habitation familiale. 1 ch. (2 lits 2 pers.), 1 ch. (1 lit 2 pers. 1 lit 1 pers.), possibilité 1 lit enfant, 1 ch. (2 lits 1 pers.). Coin-salon avec kitchenette et TV, bibliothèque. Poss. lit suppl. Restauration à 7 km. Musée de Longueval. Réduction à partir de la 4e nuitée hors juillet-août. Langue parlée : anglais.

Prix : 1 pers. **180 F** 2 pers. **250 F** 3 pers. **330 F** pers. sup. **80 F**

Ouvert : de mai à mi-novembre.

1	15	6	8	3	SP	15	2

SAMAIN Roger - 1 Grande Rue - 80360 GINCHY - Tél : 03 22 85 02 24 - Fax : 03 22 85 11 60

GRANDCOURT

C.M. 236 Pli 25

5 ch. 5 ch. à l'étage de l'habitation des propriétaires avec accès indép. : 1 ch. (1 lit 2 pers.) communicante avec 1 ch. (2 lits 1 pers.). 1 ch. (1 lit 2 pers. 2 lits 1 pers.). 2 ch. (2 lits 1 pers.). 1 ch. (1 lit 2 pers.). S. d'eau et wc privés pour chaque ch. Poss. lit enfant. Séjour à la disposition des hôtes. Jardin, aire de jeux, parking. Location de vélos. Nombreux cimetières et monuments français, britanniques et allemands (bataille de la Somme en 1916). Restaurant 5 km. Réduction au delà de 7 nuits. Langue parlée : anglais.

CV

Prix : 1 pers. **200 F** 2 pers. **250 F** 3 pers. **320 F**

Ouvert : du 15 mars au 31 octobre.

10	5	5	5	1	30	9	9

BELLENGEZ Louis et Claudine - 9 rue de Beaucourt - 80300 GRANDCOURT - Tél : 03 22 74 81 58 - Fax : 03 22 74 81 68

HALLENCOURT

C.M. 236 Pli 22

2 ch. **Airaines et Longpré-les-Corps-Saints 8 km.** Au cœur du village, dans un élégant manoir de style anglais du XIXe siècle, entouré d'un parc paysagé d'un ha, 1 chambre d'hôtes 3 épis (1 lit 2 pers.) avec salle d'eau et wc privés. 1 ch. EC (2 lits 1 pers.), s.d.b. et wc indép. privés non attenants. Séjour/salon à usage des hôtes. Poss. lits d'appoint. Tarif enfant : 100 F. Parking fermé dans la propriété. Poss. table d'hôtes sur réservation. Langues parlées : anglais, allemand, hollandais.

Prix : 2 pers. **550 F** pers. sup. **150 F** repas **150/200 F**

Ouvert : toute l'année.

30	30	18	8	8	SP	SP	30	8	SP

MERLIVAT - 52 rue de la République - 80490 HALLENCOURT - Tél : 03 22 28 62 87 - Fax : 03 22 28 32 91 -
E-mail : amerlivat@nordnet.fr

LOEUILLY

C.M. 236 Pli 23

2 ch. 2 ch. d'hôtes avec s.d.b. particulière au 2e étage d'un bâtiment de caractère, poss. ch. pour 2 enf., salle commune à la disposition des hôtes avec possibilité de cuisine, jardin, billard. 1 ch. (1 lit 2 pers.), 1 ch. (1 lit 2 pers. 1 lit 1 pers.). Cheminée feu de bois. Rivière. Base de loisirs. Circuits de randonnées balisés « coulée verte » sur 28 km. Restaurant 5 km. Dans la vallée de la Selle, à proximité du D 210 (Amiens-Beauvais). Réduction à partir de la 3e nuit. Location de vélo : 20 F (sur réservation). Langue parlée : anglais.

Prix : 1 pers. **170 F** 2 pers. **220 F** 3 pers. **270 F** pers. sup. **50 F**

Ouvert : toute l'année.

1	15	SP	4	4	SP	14	14	4

RICHOUX Bernard - 36 route de Conty - 80160 LOEUILLY - Tél : 03 22 38 15 19 - Fax : 03 22 38 15 19

MACHY

C.M. 236 Pli 12

E.C. 2 ch. **Site de la Bataille de Crécy 7 km. Forêt de Crécy à proximité.** A l'entrée du village (direction Crécy-en-Ponthieu/Rue), 2 ch. dans la maison des propriétaires entourée d'un grand jardin clos fleuri. R.d.c. : 1 ch. (1 lit 2 pers.) avec petite entrée, salle de bains, wc. A l'étage : 1 ch. (3 lits 1 pers.), s. d'eau, wc. Séjour à usage des hôtes avec cheminée. Jardin clos de 1 ha., salon de jardin, parking dans la propriété. Accueil de chevaux possible en pâture (1 ha.). Réduction à partir de la 3e nuitee. Table d'hôtes sur demande. Langue parlée : anglais.

Prix : 2 pers. **290 F** 3 pers. **390 F**

Ouvert : toute l'année.

14	SP	14	2	10	22	SP	12	13	6

M. et Mme PETIT - 141 route départementale 938 - 80150 MACHY - Tél : 03 22 29 98 92

MAILLY-MAILLET

3 ch. 3 ch. d'hôtes aménagées à l'étage d'une grande maison (hôpital de premier secours durant la grande guerre). 1 ch. (2 lits 1 pers.), 1 ch. (1 lit 2 pers.), 1 ch. (3 lits 1 pers.), s.d.b. et wc privés. Poss. lit enfant et lit d'appoint. Salon et salle à disposition des hôtes. TV. Jardin d'agrément, salon de jardin, transats. Petits animaux admis uniquement. Table d'hôtes sur réservation. Parc Terre-Neuvien à proximité. A la sortie du village, en bordure de la D919 (Amiens-Arras) au cœur de la zone de combat de la première guerre mondiale.

Prix : 1 pers. **200 F** 2 pers. **270 F** 3 pers. **350 F** pers. sup. **100 F** repas **120 F**

Ouvert : toute l'année.

SP	12	4	6	12	SP	30	12	SP

Mme PECOURT - 27 rue Pierre Lefebvre - Les Bieffes - 80560 MAILLY-MAILLET - Tél : 03 22 76 21 44 - Fax : 03 22 76 21 44

MAILLY-MAILLET La Fabrique

C.M. 236 Pli 25

4 ch. **Parc Terre Neuvien. Site de la Bataille de la Somme.** 4 chambres d'hôtes sont aménagées au 1er étage de l'habitation des propriétaires, exploitants agricoles : 1 chambre (2 lits 1 pers.), 1 chambre (3 lits 1 pers.), 1 chambre (2 lits 2 pers. 1 lit 1 pers.), 1 chambre (3 lits 2 pers.), 2 salles d'eau (chacune avec 2 lavabos et 1 douche) et 2 wc communs aux chambres. A 2 km de Mailly-Maillet, en bordure de la D919 (Amiens-Arras) à la ferme des P'tits Loups. Site de la Bataille de la Somme, parc Terre-Neuvien à proximité. Restaurants à Acheux 7 km et Authuille 8 km. Langue parlée : anglais.

Prix : 1 pers. **170 F** 2 pers. **260 F** 3 pers. **510 F**

Ouvert : toute l'année.

12	9	6	12	12	2

M. et Mme DELCOUR - Ferme des P'tits Loups - La Fabrique - 80560 MAILLY-MAILLET - Tél : 03 22 76 25 24 ou 06 10 82 74 27 - Fax : 03 22 76 21 72

MARCELCAVE

C.M. 236 Pli 24

E.C. 1 ch. **Abbatiale de Corbie 10 km.** 1 ch. au 1er étage de la maison d'habitation du propriétaire. 1 lit 2 pers. avec lavabo, douche et wc. Véranda, TV à la dispo. des hôtes. Jardin avec animaux d'agrément. Salle de jeux (ping-pong, baby-foot). Restaurant et tennis dans le village. Garages fermés. Poss. lit bébé. A proximité de la N29 (Amiens/Saint-Quentin) et de la D934 (Amiens-Roye), non loin de la vallée de la Somme. Gare TGV 20 km. Langue parlée : anglais.

Prix : 1 pers. **240 F** 2 pers. **280 F**

Ouvert : toute l'année.

2	10	7	10	SP	SP	SP	SP

BOUCHE Jean - 1 rue de l'Abbaye - 80800 MARCELCAVE - Tél : 03 22 42 35 91

LE MAZIS

C.M. 236 Pli 22

4 ch. **Château de Rambures 12 km.** Au 1er étage : 1 chambre (1 lit 2 pers.) avec salle d'eau et wc privés. Au 2e étage : 3 chambres (1 lit 2 pers. 1 lit 1 pers. salle d'eau dans chacune), wc communs. Salon à disposition des hôtes. Accès kitchenette possible. Jardin, barbecue et parking. Rivière 5 km. Restaurant 12 km. Animaux admis sous réserve. Poss. lit enfant. Dans la vallée du Liger, à 10 km d'Hornoy-le-Bourg. Terrain de boules. Centre de pêche à 5 km. Langue parlée : hollandais.

Prix : 1 pers. **150 F** 2 pers. **230 F** 3 pers. **330 F** pers. sup. **100/120 F**

Ouvert : toute l'année.

30	5	10	5	15	5	SP	12	5

ONDER DE LINDEN Dorette - Rue d'Inval - 80430 LE MAZIS - Tél : 03 22 25 90 88 - Fax : 03 22 25 76 04

MESNIL-BRUNTEL

TH *C.M. 236 Pli 26*

1 ch. CV **Historial de Péronne 4 km.** A proximité de la RN29 et non loin de la sortie d'autoroute A1, 1 suite de 2 ch. au 1er étage de l'habitation principale, sur une ancienne exploit. agricole. 1 chambre 2 pers. + 1 chambre annexe 1 pers. (possibilité 2 lits enfants et lit bébé), salle de bains et wc communs à ces 2 chambres. Séjour, cheminée feu de bois, TV. Jardin d'agrément avec bassin. Tarif enfants. Réduction à partir de la 3e nuit. Table d'hôtes sur réservation.

Prix : 1 pers. **200 F** 2 pers. **250 F** pers. sup. **100 F** repas **100 F**

Ouvert : toute l'année.

4	4	4	4	6	12	4

ENNUYER Francine - 1 rue du Jeu de Paume - 80200 MESNIL-BRUNTEL - Tél : 03 22 84 17 43

MONTAUBAN-DE-PICARDIE Bois Bernafay

C.M. 236 Pli 25

E.C. 3 ch. **Historial de la Grande Guerre 12 km. Albert, son musée des Abris 10 km** Au cœur du Bois Bernafay, à 1 km du village de Montauban-de-Picardie, 3 ch. aménagées dans l'ancienne gare ferroviaire. R.d.c. : 1 ch. (2 lits 1 pers.), s.d.b., wc indép. A l'étage : 1 ch. (1 lit 2 pers.), s. d'eau avec wc privés face à la ch. 2 ch. communicantes (1 lit 2 pers. 3 lits 1 pers.), s. d'eau et wc. Salle de séjour et coin-cuisine à dispo. Salon de jardin. Verdure et calme assurés. Au centre de la zone de combat de la bataille de la Somme. Tarif 4 pers. : 400 F. Langue parlée : anglais.

Prix : 1 pers. **200 F** 2 pers. **230 F** 3 pers. **300 F** pers. sup. **80 F**

Ouvert : de février à novembre.

10	5	10	10	SP	40	10	10

M. et Mme MATTE - 55-57 Grande Rue - Bois Bernafay - 80300 MONTAUBAN-DE-PICARDIE - Tél : 03 22 85 02 47 - Fax : 03 22 85 02 47

NAOURS

TH *C.M. 236 Pli 24*

E.C. 4 ch. **Amiens et Parc archéologique de Samara 12 km.** Dans le village, 4 ch. aménagées dans un bâtiment annexe à l'habitation des propriétaires dans une ferme picarde entièrement restaurée. 1 ch. (1 lit 2 pers.), 1 ch. (2 lits 1 pers.), s. d'eau et wc indépendants. 1 ch. (1 lit 160), s.d.b. et wc indépendants. 1 ch. familiale avec mezzanine (2 lits 2 pers.), s.d.b., wc indép. Coin-cuisine aménagé. Salle de séjour, salle TV et de lecture à dispo. Petits déjeuners servis dans le séjour « Picard » des propriétaires. Mini-golf et restaurant dans le village. Table d'hôtes sur réservation. Grottes de Naours (visites souterrains, refuges) sur place. Langues parlées : allemand, anglais.

Prix : 1 pers. **200 F** 2 pers. **250 F** 3 pers. **300 F** pers. sup. **60 F** repas **80/100 F**

Ouvert : toute l'année.

15	5	SP	15	5

SOIRANT Gérard et Stéphanie - 10 rue du Cul de Sac - 80260 NAOURS - Tél : 03 22 93 72 62 - Fax : 03 22 93 72 62

NAOURS

TH *C.M. 236 Pli 24*

2 ch. CV **Samara, parc archéologique 12 km.** Dans un bâtiment annexe à l'habitation des propriétaires, au r.d.c., 1 ch. (1 lit 2 pers.) avec s. d'eau et wc privés. A l'ét. avec accès indép. : 1 ch. (1 lit 2 pers. 2 lits 1 pers.), s.d.b. et wc privés, coin-cuisine. Poss. utilisation en studio. Salle de séjour à disposition. TH sur réservation. Réduc. au delà de 3 nuits. Animaux sous réserve. Tarif 4 pers. : 290 F. Dans le village, à 3 km de la RN 25. Grottes de Naours, visite des souterrains, refuges. Mini-golf et restaurant dans le village.

Prix : 1 pers. **170 F** 2 pers. **210 F** 3 pers. **250 F** repas **70 F** 1/2 pens. **170 F**

Ouvert : toute l'année.

4	18	4	SP	SP	SP	18	4

JONCKHEERE Monique - 13 rue d'Amiens - 80260 NAOURS - Tél : 03 22 93 71 73

NOYELLES-SUR-MER

C.M. 236 Pli 22

2 ch. **Baie de Somme, Saint-Valery-sur-Somme 5 km. Marquenterre.** A l'entrée du village (en venant d'Abbeville), à proximité de la Mairie, dans un bâtiment indépendant en briques situé à l'entrée de la propriété, 2 ch. en r.d.c. (1 lit 160, 1 lit 1 pers. chacune), salle d'eau et wc indépendants. Petit déjeuner dans la maison des propriétaires. Parking dans la propriété. Petit train de la Baie de Somme. Taxe de séjour en sus. Langue parlée : anglais.

Prix : 1 pers. **280 F** 2 pers. **300 F** 3 pers. **400 F**

Ouvert : toute l'année.

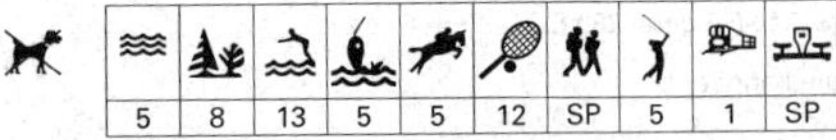

5	8	13	5	5	12	SP	5	1	SP

M. et Mme DE LA SERRE - 9 rue du Général de Gaulle - 80860 NOYELLES-SUR-MER - Tél : 03 22 23 61 25

OCHANCOURT Ferme du Bois d'Hantecourt

C.M. 236

4 ch. **Baie de Somme 10 km.** 4 ch. d'hôtes aménagées à l'étage d'une ferme picarde, bâtiment rénové attenant à l'habitation des propriétaires, avec accès indépendant. 2 ch. (1 lit 2 pers. chacune), s. d'eau et wc privés, 1 ch. (2 lits 1 pers.) avec salle de bains et wc privés, 1 ch. (3 lits 1 pers.) avec salle d'eau et wc privés. Parking fermé, salon de jardin, barbecue à disposition des hôtes. Réduc. à partir de la 4e nuit. Gratuit pour les enfants de moins de 5 ans. Langue parlée : anglais.

Prix : 1 pers. **200 F** 2 pers. **300 F** 3 pers. **400 F** pers. sup. **100 F**

Ouvert : toute l'année.

10	20	5	15	5	SP	10	17	4

EARL DU BOIS D'HANTECOURT M. WYNANDS - Ferme du Bois d'Hantecourt - 13 rue de Paris - 80210 OCHANCOURT - Tél : 03 22 30 25 53 - Fax : 03 22 30 25 53

OCHANCOURT

C.M. 236 Pli 21

3 ch. **Saint-Valery-sur-Somme 10 km.** A 10 km de la Baie de Somme, dans la maison des propriétaires 3 chambres chacune avec salle d'eau et wc privés avec accès indépendant. 1 chambre (1 lit 2 pers.) en r.d.c. avec accès direct sur la terrasse (salon de jardin) et 2 ch. à l'étage : 1 ch. (2 lits 1 pers.) et 1 ch. (1 lit 2 pers.) communicante avec 1 pièce (2 lits 1 pers.). Petit déjeuner dans le séjour des propriétaires. Garage fermé. Jardin clos, salon de jardin et barbecue. Restaurant à 5 km. Gratuit pour les enfants de moins de 5 ans. Langue parlée : anglais.

Prix : 1 pers. **250 F** 2 pers. **300 F** pers. sup. **100 F**

Ouvert : toute l'année.

10	20	10	10	10	SP	SP	10	5	5

HUGOT Jacques - 38 route de Paris - 80210 OCHANCOURT - Tél : 03 22 30 24 98

OMIECOURT

TH *C.M. 236*

4 ch. **Péronne (historial grande guerre) 15 km. Roye cité gastronomique 13 km** Dans le village, 4 ch. à l'étage du château avec vue sur parc de 16 ha. 2 ch. (1 lit 2 pers.), 1 ch. (2 lits 1 pers.), chacune avec s.d.b. et wc privés. 1 suite de 2 ch. : 1 ch. (1 lit 2 pers.), s. d'eau et 1 ch. (2 lits 1 pers.), s.d.b., wc communs. Poss. utilisation coin-cuisine à l'étage. Salle à manger au r.d.c. à dispo. des hôtes. Parking dans la propriété. Parc, jardin, salon de jardin. Réduction à partir de la 2e nuit. 530 F/4 pers. (suite). Table d'hôtes le soir uniquement sur réservation. Langue parlée : anglais.

Prix : 1 pers. **280 F** 2 pers. **330 F** 3 pers. **430 F** pers. sup. **70 F**
repas **80/130 F**

Ouvert : du 2 janvier au 23 décembre.

13	10	3	13	15	5	3

DE THEZY Dominique - Route de Chaulnes - Château d'Omiécourt - 80320 OMIECOURT - Tél : 03 22 83 01 75 - Fax : 03 22 83 21 83 - E-mail : thezy@terre-net.fr - http://www.isasite.net/chateau-omiecourt

PLACHY-BUYON Buyon

C.M. 236 Pli 23

2 ch. **Amiens 7 km.** 2 ch. d'hôtes aménagées dans une ancienne ferme typiquement picarde restaurée, avec accès indép. R.d.c. : 1 ch. (1 lit 2 pers.). A l'étage : 1 ch. (2 lits 2 pers.). Salle d'eau, wc et coin-cuisine dans chaque chambre. Poss. lit enf. Séjour à la disposition des hôtes. Jardin. Bicyclettes. Restaurant 1 km. Garage dans la propriété. Au hameau de Buyon, accès par la RN1 et la RD210 à proximité de la vallée de la Selle.

Prix : 1 pers. **180 F** 2 pers. **230/260 F**

Ouvert : du 1er avril au 30 novembre.

5	10	3	1	6	8	6

PILLON Jacqueline - L'Herbe de Grace - Hameau de Buyon - 80160 PLACHY-BUYON - Tél : 03 22 42 12 22 - Fax : 03 22 42 04 42

PORT-LE-GRAND

C.M. 236 Pli 22

4 ch. Dans une maison bourgeoise du XIXe en briques. 1er étage : 1 ch. (2 lits 1 pers.), s.d.b. et wc privés. 2e étage : 1 suite de 2 ch. (chacune avec 2 lits 1 pers.), s.d.b. et wc privés. 1 ch. (1 lit 160), s.d.b. et wc privés. Poss. lit enfant. Dans dépendances, accès direct au jardin, 1 suite de 2 ch. (2 lits 1 pers. chacune), s. d'eau et wc indép. Piscine familiale. Au milieu d'un beau jardin anglais et parc boisé. Restaurant 5 km. Gratuit pour les enfants jusqu'à 2 ans. Petits animaux acceptés. Réduction 10 % à partir de la 4e nuit. Accès par sortie « Abbeville Nord » A16 direction Saint-Valery/Somme. 1re sortie « Baie de Somme, Saint-Valery-sur-Somme ». Langues parlées : anglais, allemand.

Prix : 1 pers. **300 F** 2 pers. **400 F** pers. sup. **100 F**

Ouvert : de fin-février au 13 novembre.

10	SP	5	5	10	SP	5	9	9

MAILLARD Jacques et Myriam - Bois de Bonance - 80132 PORT-LE-GRAND - Tél : 03 22 24 11 97 - Fax : 03 22 31 63 77 - E-mail : maillard.chambrehote@bonance.com

QUEND Monchaux les Quend  *C.M. 236*

3 ch. **Quend-Plage 2 km. Fort-Mahon 4 km.** En pleine campagne, 3 ch. à l'étage d'un ancien corps de ferme, entrée indép. mitoyen à l'habitation des propriétaires et à proximité de 3 meublés saisonniers, dans une propriété (30 ha), chacune 1 lit 2 pers., s.d.b., wc privés. Poss. lits suppl. et lit enfant. Salle commune réservée aux hôtes avec cheminée feu de bois et coin-détente. Piscine et tennis privés, salon de jardin. Parking fermé, étangs privés, chasse et pêche dans la propriété. Hébergement chevaux. Réduction possible pour longue durée et hors saison.

Prix : 1 pers. **340 F** 2 pers. **380 F** 3 pers. **470 F** pers. sup. **50 F**

Ouvert : toute l'année.

2	15	SP	SP	2	SP	SP	2	7	7

LIBERT Mona et Dominique - 36 route de Froise Monchaux - Ferme du Château de la Motte - 80120 QUEND - Tél : 03 22 23 94 48 - Fax : 03 22 23 97 57

QUERRIEU *C.M. 236*

2 ch. **Amiens 13 km.** Dans le bourg, au r.d.c. de l'habitation des propriétaires, 2 ch. (1 lit 2 pers. chacune) avec s. d'eau et wc. Accès direct à l'extérieur pour 1 chambre. Séjour et salon à disposition des hôtes. Propriété avec cour intérieure (parking fermé), jardin avec tonnelle, terrasse, salons de jardin. Possibilité lit d'appoint.

Prix : 1 pers. **290 F** 2 pers. **290 F** 3 pers. **390 F** pers. sup. **100 F**

Ouvert : toute l'année.

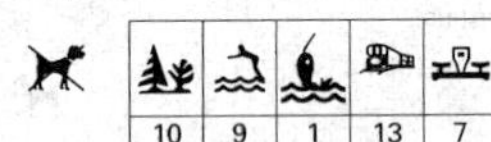

10	9	1	13	7

WUATTIER Daniel - 5 rue du Four des Champs - 80115 QUERRIEU - Tél : 03 22 40 13 57 - Fax : 03 22 40 13 57 - E-mail : sepserv@aol.com

QUIVIERES Guizancourt (TH) *C.M. 236 Pli 26*

2 ch. **Terrain d'aviation, parachutisme 8 km. Estrées-Mons.** Studio au r.d.c. d'une grande maison bourgeoise, comprenant 1 ch. (1 lit 2 pers.), coin-séjour (2 lits 1 pers.), TV, cheminée feu de bois, convertible, coin-cuisine, s.d.b. et wc particuliers. 1er étage : 1 ch. (1 lit 2 pers.), s.d.b., wc privés. Jardin. Restaurant 11 km. Poss. lit enf. et lit appoint. Bibliothèque. Véranda avec ping-pong et baby-foot pour le studio. Séjour à la semaine possible dans le studio. Langue parlée : anglais.

Prix : 1 pers. **180 F** 2 pers. **260 F** 3 pers. **370 F** repas **75/90 F**

Ouvert : toute l'année.

10	5	10	4	6	11	11

DODEUIL Gérard - 10 rue d'Athies - Guizancourt - 80400 QUIVIERES - Tél : 03 22 88 93 52 - Fax : 03 22 88 09 11 - E-mail : stephane.dodeuil@wanadoo.fr

RUE Lannoy *C.M. 236 Pli 12*

3 ch. A l'écart de la D32, la « Fermette du Marais » est située plein sud, à proximité d'un bois. 3 ch. d'hôtes en rez-de-chaussée dans un bâtiment attenant à l'habitation des prop. avec chacune accès direct sur une terrasse privée. 1 ch. (1 lit 2 pers. 1 lit 1 pers. 1 lit d'appoint tiroir). 1 ch. (1 lit 2 pers.). 1 ch. (1 lit 2 pers. 1 lit d'appoint tiroir) et kitchenette. Salles d'eau et wc privés. Parking privé. TV et téléphone avec ligne directe dans chaque chambre. Barbecue. Etang. Bibliothèque. Restaurant 2 km. Taxe de séjour. Loc. vélos sur place. A16, sortie N°24 à 4,5 km dir. Rue. Langue parlée : anglais.

Prix : 1 pers. **290 F** 2 pers. **340/380 F** 3 pers. **380/440 F**

Ouvert : toute l'année.

7	4	7	1	6	2	2	9	1,5	1,5

BOUVET Brigitte - Fermette du Marais - 360 route d'Abbeville Lannoy - 80120 RUE - Tél : 03 22 25 06 95 - Fax : 03 22 25 89 45 - E-mail : fermette.du.marais@wanadoo.fr

RUE Le Thurel (TH) *C.M. 236 Pli 12*

4 ch. **Baie de Somme 12 km. Marquenterre 6 km.** A l'écart de la D938 (à 2 km de Rue), 3 ch. et 1 suite sont aménagées à l'étage d'une gentilhommière du début XIXe, entourée d'un parc de 2,5 ha. 3 ch. chacune avec 1 lit 2 pers., salle d'eau et wc privés. 1 suite de 2 ch. (1 lit 2 pers. 2 lits 1 pers.), salle de bains commune. Séjour avec cheminée feu de bois et salle à manger à disposition des hôtes. Etang de 15 ares : pêche privée. Parking fermé et couvert. Hébergement équestre et canin : 4 écuries et 3 chenils. Location de VTT. Tarif 4 pers. : 750 F. Taxe de séjour en sus. Italien également parlé. Langues parlées : hollandais, anglais, allemand.

Prix : 1 pers. **400/450 F** 2 pers. **450/480 F** 3 pers. **600/630 F** pers. sup. **150 F** repas **150/250 F**

Ouvert : toute l'année.

12	10	10	3	1	5	2	10	1,5	1,5

VAN BREE Claudine et Patrick - Le Thurel - 80120 RUE - Tél : 03 22 25 04 44 - Fax : 03 22 25 79 69 - E-mail : lethurel.relais@libertysurf.fr - http://www.lethurel.com

SAINT-BLIMONT Ebalet

C.M. 236

5 ch. **Saint-Valery-sur-Somme 8 km.** Au hameau Ebalet, dans un cadre campagnard, 5 ch. d'hôtes dont 1 access. pers. hand., chacune avec s. d'eau et wc privés ont été aménagées dans une aile de l'habitation des propriétaires, avec accès indépendant : 2 ch. (1 lit 2 pers.) au r.d.c., 3 ch. dont 2 (1 lit 2 pers.), 1 (1 lit 2 pers. et 1 lit 1 pers.) à l'étage. Salle petit-déjeuner réservée aux hôtes. Jardin de 2000 m^2, salon de jardin, parking dans la propriété.

Prix : 1 pers. **230 F** 2 pers. **270 F** 3 pers. **350 F**

Ouvert : toute l'année.

9	15	5	10	5	SP	17	15	5

THIEBAULT Gilles - 12 hameau Ebalet - 80960 SAINT-BLIMONT - Tél : 03 22 30 61 41

SAINT-FUSCIEN

C.M. 236 Pli 24

2 ch. Au village, dans un espace boisé, 1 suite de 2 ch. non communicantes (2 lits 2 pers.) avec s.d.b. commune, à l'étage de la maison des prop. A l'étage d'un bâtiment annexe à la maison des prop. 1 ch. (1 lit 2 pers.) avec salon (2 lits 1 pers.), s.d.b. et wc privés. TV. Parc de 5400 m^2. Garage. Au sud d'Amiens (5 km) sur la D7 (Amiens-Ailly/Noye 12 km), région verdoyante du sud amiénois. Vallée de la Noye à proximité, promenades, pêche. Amiens (cathédrale et hortillonnages). Restauration à 2 km. Tarif 4 pers. : 480 F. Langues parlées : anglais, allemand.

CV

Prix : 1 pers. **230 F** 2 pers. **280 F** 3 pers. **390 F**

Ouvert : toute l'année.

10	5	5	5	5	SP	12	5	4

GOUILLY Jean-Marie - 1 ruelle de Rumigny - 80680 SAINT-FUSCIEN - Tél : 03 22 09 59 20 - http://www.art-of.com/pagespro/gouilly

SAINT-RIQUIER

C.M. 236 Pli 22

2 ch. **Abbeville 8 km.** A l'étage, 1 chambre (2 lits jumeaux 1 pers., 1 lit 1 pers.). 1 chambre (1 lit 2 pers. 1 convert.). Salle d'eau et wc privés pour chaque chambre. Séjour et salon avec cheminée communs au rez-de-chaussée. TV à disposition. Poss. Garage fermé. Non loin du centre du bourg, dans un cadre boisé et tranquille à proximité de la D925 (Abbeville-Arras). Restaurant sur place. Abbaye et centre culturel. Forêt et site de la bataille de Crécy.

Prix : 1 pers. **210 F** 2 pers. **250 F** 3 pers. **320 F**

Ouvert : toute l'année.

20	15	8	5	8	SP	SP	10	8	SP

NAJA Andrée - 18 rue Habingue - La Peupleraie - 80135 SAINT-RIQUIER - Tél : 03 22 28 87 18

SAINT-RIQUIER

TH

C.M. 236 Pli 22

5 ch. Au cœur du site histo. de Saint-Riquier, près du beffroi, en face de l'abbaye, 5 ch. d'hôtes dans une ferme du XVIIIe en activité. S. d'eau et wc privés pour chacune. 1er ét. : 2 ch. (1 lit 2 pers. chacune dont 1 avec baldaquin). 2e ét. : 1 ch. (1 lit 2 pers.), 1 ch. (2 lits 1 pers.), 1 ch. (2 adul. et 2 enfants). Séjour, salon, TV, cheminée feu de bois à dispo. Possibilité lit supplémentaire sur demande. Parking dans une cour fermée. Table d'hôtes sur réservation. Réduction au delà de 3 nuits. Langues parlées : anglais, allemand.

CV

Prix : 1 pers. **250 F** 2 pers. **250/350 F** 3 pers. **390/450 F** pers. sup. **100 F** repas **110/140 F**

Ouvert : toute l'année.

20	10	8	10	SP	SP	10	8	SP

DECAYEUX Philippe - 7 place du Beffroi - 80135 SAINT-RIQUIER - Tél : 03 22 28 93 08 - Fax : 03 22 28 93 10

SAINT-RIQUIER La Source

C.M. 236

2 ch. 2 ch. d'hôtes au 1er étage d'une grande maison (gîte en rez-de-jardin). 1 ch. (1 lit 160 ou poss. 2 lits 80) avec s.d.b. et wc privés (accès à la s.d.b. par un escalier raide), poss. utilisation en suite avec petit salon adjoint à cette ch. (convertible 2 pers.). 1 ch. (1 lit 2 pers.) avec s.d.b. et wc privés. Poss. lit d'appoint enf. Lit bébé sur demande. Salon de jardin et terrasse à disposition des hôtes. Poss. parking privé fermé dans le jardin. Restauration à St-Riquier. Non loin du centre du bourg, dans un quartier calme et verdoyant, à proximité de la D925 (Abbeville-Arras).

Prix : 1 pers. **210 F** 2 pers. **270/300 F** 3 pers. **360 F** pers. sup. **60 F**

Ouvert : toute l'année sauf vacances de Noël.

20	10	8	5	8	SP	SP	15	8	SP

DERODE Jean - La Source - 5 rue Habingue - 80135 SAINT-RIQUIER - Tél : 03 22 28 82 79 - Fax : 03 22 28 82 79

SAINT-VALERY-SUR-SOMME

C.M. 236 Pli 21

2 ch. 2 chambres d'hôtes aménagées dans une maison neuve située dans un cadre verdoyant, non loin du centre de Saint-Valéry-sur-Somme. 1 chambre au rez-de-chaussée (2 lits 1 pers.) avec salle d'eau et wc privés. 1 chambre à l'étage (1 lit 2 pers.) avec salle d'eau et wc privés. Salon. Parking, jardin. Restaurants dans la station. Accès indépendant aux chambres. Cité médiévale de Saint-Valery-sur-Somme, petit port de pêche, petit train touristique de la Baie de Somme. Taxe de séjour.

Prix : 1 pers. **290 F** 2 pers. **360 F**

Ouvert : toute l'année.

SP	15	11	SP	5	SP	SP	15	8	SP

A. DE CIAN - 300 rue Jules Gaffe - 80230 SAINT-VALERY-SUR-SOMME - Tél : 03 22 60 48 87

SAINT-VALERY-SUR-SOMME *C.M. 236 Pli 21*

2 ch. En plein cœur de la station, face à la baie de Somme, 2 chambres d'hôtes dans une maison indép., à côté de la maison des propriétaires. 1 ch. (1 lit 2 pers.) communicante avec 1 ch. (1 lit 1 pers.), salle d'eau et wc privés. 1 ch. (1 lit 2 pers. 1 lit 1 pers.), salle de bains et wc privés. Cour fermée. Animaux admis sous réserve. Restauration dans la station. Cité médiévale de Saint-Valery-sur-Somme, petit port de pêche, petit train touristique de la Baie de Somme. Taxe de séjour. Langue parlée : anglais.

Prix : 1 pers. **230 F** 2 pers. **280 F** 3 pers. **320 F**

Ouvert : toute l'année.

SP	15	10	SP	5	SP	SP	15	6	SP

DELOISON Sophie et Patrick - 1 quai Romerel - 80230 SAINT-VALERY-SUR-SOMME - Tél : 03 22 26 92 17 - Fax : 03 22 26 92 17

SAINT-VALERY-SUR-SOMME

2 ch. Dans la ville haute, 2 ch. d'hôtes (1 lit 2 pers., 2 lits 1 pers.) chacune avec s.d.b., vous sont proposées à l'étage d'une maison datant de la fin du XVIIIe siècle, dans laquelle Degas a séjourné et peint 2 toiles. Charmant jardin en terrasses de 1000 m^2 avec vue sur la ville haute et la baie de Somme. Petit-déjeuner dans la salle à manger ou dans le jardin. Salon de jardin. Restaurants dans la station. Langues parlées : espagnol, anglais.

Prix : 1 pers. **390 F** 2 pers. **400 F**

Ouvert : toute l'année.

SP	15	12	2	5	1	SP	15	6	SP

Mme DE LA METTRIE - 5 place du Maréchal Joffre - 80230 SAINT-VALERY-SUR-SOMME - Tél : 03 22 60 80 70

SAINT-VALERY-SUR-SOMME *C.M. 236*

4 ch. 2 ch. d'hôtes dans une aile de l'habitation des prop. Au r.d.c., 1 ch. (1 lit 2 pers.), s.d.b. et wc, porte-fenêtre donnant accès sur le jardin, petite terrasse. A l'étage, 1 ch. mansardée (2 lits 1 pers.), s. d'eau et wc. Autre aile de l'hab., r.d.c. : 1 ch. (1 lit 2 pers.), s.d.b./wc. A l'ét. : 1 suite/2 ch. (1 lit 2 pers., 2 lits 1 pers.), s. d'eau et wc. Salle petits déjeuners réservée aux hôtes avec terrasse et vue sur le jardin. Accès indép. Lit bébé et lit d'appoint sur demande. Jardin, salon de jardin. Restaurants dans la station. Beau point de vue sur la Baie de Somme de la porte Guillaume. Tarif 4 pers. 600 F.

Prix : 1 pers. **280 F** 2 pers. **320/350 F** pers. sup. **150 F**

Ouvert : toute l'année.

SP	15	10	SP	5	SP	SP	15	6	SP

M. et Mme SERVANT - 117 rue au Feurre - 80230 SAINT-VALERY-SUR-SOMME - Tél : 03 22 60 97 56

SAINT-VALERY-SUR-SOMME *C.M. 236 Pli 21*

3 ch. **Baie de Somme sur place. Marquenterre 20 km.** Dans 1 grande propriété, sur le quai face à la baie de Somme, 1 suite de 2 ch. au 1er étage de la maison des propriétaires : 1 ch. (1 lit 2 pers.), coin-salon (1 clic-clac 2 pers.), s.d.b., wc. Dans une maisonnette située dans un grand jardin arboré et fleuri de 5000 m^2 : 2 ch. dont 1 avec cheminée feu de bois, chacune avec 1 lit 2 pers., coin-salon, s.d.b., wc. Petits déjeuners (spécialités maison) dans l'habitation des propriétaires (vue sur la baie de Somme) ou en terrasse (vue sur le jardin). Salons de jardin. Parking dans la propriété. Poss. randonnée en baie de Somme en kayak à proximité. Tarif 4 pers. : 750 F. Taxe de séjour en sus.

Prix : 2 pers. **390/450 F** 3 pers. **580 F** pers. sup. **150 F**

Ouvert : toute l'année.

SP	15	10	SP	5	SP	SP	15	6	SP

DOUCHET Michèle & J-Pierre - La Gribane - 297 quai Jeanne d'Arc - 80230 SAINT-VALERY-SUR-SOMME - Tél : 03 22 60 97 55

TALMAS Val de Maison (TH) *C.M. 236 Pli 24*

4 ch. **Grottes de Naours 8 km.** 2 suites dans une maison particulière, dans un hameau. R.d.c. : 1 suite de 2 ch. séparées par 1 salle d'eau privée (1 ch. 2 lits 1 pers. 1 ch. 1 lit 2 pers.), lavabo chacune, wc indépendants privés à la suite. Etage : 1 suite 2 ch. non communicantes (1 ch. 1 lit 2 pers. 1 ch. 1 lit 1 pers. 1 lit d'appoint 1 pers.), lavabo chacune, salle de bains et wc communs. Salle de séjour à la disposition des hôtes. Table d'hôtes sur réservation. Restaurant 3 km. Vélos à disposition. Possibilité garage. Grand jardin et terrasse à disposition. Réduction pour long séjour. Langues parlées : anglais, allemand.

Prix : 1 pers. **160 F** 2 pers. **210 F** 3 pers. **320 F** pers. sup. **50 F** repas **60/90 F**

Ouvert : toute l'année.

20	12	12	8	15	15	20	7

LEBOUCHER Jean-Pierre - Val de Maison - 7 route du Rosel - 80260 TALMAS - Tél : 03 22 93 34 25

TULLY Le Gui-Nel *C.M. 236*

2 ch. Dans un petit village calme situé à proximité du GR arrière-pays littoral, 2 ch. d'hôtes au décor soigné ont été aménagées dans les dépendances de la propriété. 2 ch. (1 lit 2 pers. chacune), poss. lit bébé ou lit d'appoint, salle d'eau et wc privés. Petit-déjeuner copieux dans la salle à manger des prop. ou dans le jardin d'hiver. Table d'hôtes sur réservation. Poss. visite de l'élevage des poneys Welsh. Parking privé. Service de réservation de restaurants sur demande. Restaurant 2 km. Langue parlée : anglais.

Prix : 1 pers. **270 F** 2 pers. **290 F** pers. sup. **110 F**

Ouvert : toute l'année.

6	10	2	8	1	2	SP	25	2	2

STEVENS - Le Gui-Nel - 2 rue Achille Pruvost - 80130 TULLY - Tél : 03 22 26 41 13 - Fax : 03 22 30 28 31

VARENNES

C.M. 236 Pli 24

1 ch. **Albert 10 km. Parc Terre Neuvien 13 km. Vallée de l'Authie 10 km.** A 2 km de la D938 (Doullens/Albert), dans le village, 1 suite de 2 chambres au r.d.c. accès indép. : (1 lit 2 pers. 1 lit 1 pers. clic-clac) communicante avec un séjour privé. Salle de bains et wc indépendants à l'usage exclusif des hôtes. TV. Parking fermé. Poss. lit supplémentaire. Coin-cuisine à dispo. Réduction à partir de la 4e nuit et long séjour. Non loin de la zone de combat de la première Guerre Mondiale.

Prix : 1 pers. **160 F** 2 pers. **230 F** pers. sup. **100 F**

Ouvert : toute l'année.

10	10	5	2	15	10	2

OMIEL Claude - 1 rue du Bois - 80560 VARENNES - Tél : 03 22 76 43 77

VAUCHELLES-LES-QUESNOY

C.M. 236 Pli 22

3 ch. R.d.c. : 1 ch. 3 épis (1 lit 2 pers.) avec grande s.d.b. (baignoire balnéo), cabine douche et wc privés. A l'ét. : 1 ch. 3 épis (1 lit 2 pers.) communicante à 1 petite ch. (1 lit 1 pers.), s.d.b. et wc privés. 1 ch. 2 épis (2 lits 1 pers.) communicante à 1 ch. (2 lits 1 pers.), s. d'eau et wc privés. Séjour et salon communs au r.d.c. TV à dispo. Jardin. Barbecue. Cour fermée pour voiture. Au centre du village, non loin de la RN1 (Amiens-Abbeville) et de la sortie d'autoroute A16, à 3 km d'Abbeville. Collégiale de Saint-Wulfran. Château de Bagatelle. Restaurant à Abbeville 3 km et dans le village.

Prix : 1 pers. **210/220 F** 2 pers. **280/320 F** 3 pers. **380 F**

Ouvert : toute l'année sauf Noël.

15	8	3	3	3	3	8	4	3

CREPELLE Joanna - 121 place de l'Eglise - 80132 VAUCHELLES-LES-QUESNOY - Tél : 03 22 24 18 17 - Fax : 03 22 24 18 17

VAUX-MARQUENNEVILLE Le Relais du Colombier

TH

C.M. 236

E.C. 1 ch. **Château de Rambures 10 km.** Dans une maison de caractère du XVIIIe et XIXe, à l'étage 1 suite de 2 ch. avec petite entrée : 1 ch. (1 lit 2 pers.), douche et lavabo et 1 petite ch. (1 lit 1 pers.), wc sur le palier. Séjour commun. Cour et parking fermés. Jardin à la disposition des hôtes, salon de jardin. Réduc. à partir de la 3e nuit. TH sur résa. Langues parlées : anglais, italien.

Prix : 1 pers. **200 F** 2 pers. **300 F** 3 pers. **350 F** pers. sup. **50 F** repas **85 F**

Ouvert : toute l'année.

30	20	16	15	SP	4	SP	20	20	4

PERROT - 16 rue Principale - Le Relais du Colombier - 80140 VAUX-MARQUENNEVILLE - Tél : 03 22 25 12 53

LA VICOGNE Le Rosel

C.M. 236 Pli 24

4 ch. **Grottes de Naours 5 km. Doullens 8 km. Amiens 18 km.** Dans une ferme picarde, 4 ch. d'hôtes à l'étage. 1 ch. (1 lit 2 pers. 1 lit 1 pers.), s. d'eau et wc privés. 1 ch. (1 lit 2 pers. 1 lit d'appoint 1 pers.), 1 ch. (1 lit 2 pers.), coin-cuisine, avec chacune s. d'eau et wc. Poss. 1 ch. communicante (1 lit 1 pers.), s. d'eau et wc privés. Poss. lit suppl. Salon avec TV à disposition des hôtes à l'étage. Jardin, portique, parking, cour fleurie. Hébergement chevaux sur place. A 500 m de la N25 (Amiens-Doullens), au hameau du Rosel, prendre D125. Restaurant 5 km. Réduct. à partir de la 3e nuit.

Prix : 1 pers. **160 F** 2 pers. **220 F** 3 pers. **300 F**

Ouvert : toute l'année.

18	10	10	5	20	19	4

LAMBERTYN Jean et Francine - Le Rosel - La Vicogne - 80260 VILLERS-BOCAGE - Tél : 03 22 93 71 20 - Fax : 03 22 93 71 20

VIGNACOURT

TH

C.M. 236 Pli 23

4 ch. **Picquigny 6 km. Samara, grottes de Naours 6 km.** A l'étage de l'habitation des propriétaires, 1 ch. 3 épis avec entrée indépendante, 1 lit 2 pers., salle d'eau et wc privés, 3 ch. 2 épis (1 ch. 1 lit 2 pers. salle d'eau privée, wc communs, 1 ch. 3 lits 1 pers. et 1 ch. 1 lit 2 pers., chacune avec salle d'eau et wc privés). Séjour, salon communs. Cour. Possibilité lit supplémentaire. TV, bibliothèque à disposition. TH sur réservation. Restauration à 6 km. Au centre d'un bourg à proximité de la Vallée de la Somme. Enfant 60 F moins de 10 ans. Langues parlées : anglais, allemand.

Prix : 1 pers. **180/220 F** 2 pers. **220/260 F** 3 pers. **300 F** pers. sup. **80 F** repas **80 F**

Ouvert : toute l'année.

50	40	20	6	6	6	20	15	SP

DENIS Pascal - 176 rue Thuillier Buridard - 80650 VIGNACOURT - Tél : 03 22 52 86 44 - Fax : 03 22 39 05 32

VRON Les Callenges

C.M. 236 Pli 12

E.C. 4 ch. **Abbaye et Jardins de Valloires 5 km. Marquenterre 16 km.** 4 ch. dans une grande maison de construction récente. R.d.c. : 1 ch. (1 lit 2 pers. 1 lit d'appoint 1 pers.), 1 ch. (1 lit 2 pers.), s. d'eau (douche balnéo), wc, non attenants et communs à ces 2 ch. 1er ét. : 1 ch. (1 lit 2 pers.), 1 ch. (1 lit 2 pers. 1 lit 1 pers. 1 lit enfant), s.d.b. et cabinet de toilette (wc, lavabo, bidet) communs au 2 ch. (non attenants). Séjour à disposition des hôtes. Terrasses, salon de jardin. Petit déjeuner picard. Parking dans la propriété, possibilité de garage. Réduction pour long séjour. A l'écart de la N1, sortie autoroute A16 N°24, à l'entrée du village, au lieu-dit les Callenges. Langue parlée : anglais.

Prix : 1 pers. **280 F** 2 pers. **380 F** 3 pers. **530 F** pers. sup. **150 F**

Ouvert : du 5 janvier au 20 décembre.

16	SP	17	11	16	2	4	10	10

LAMIDEL Claire et Emmanuel - 129 route de Vironchaux - La Bâtelière - Les Callenges - 80120 VRON - Tél : 03 22 29 97 51

WARGNIES

C.M. 236 Pli 23

1 ch. **Grottes de Naours 2 km. Samara 10 km.** 1 chambre d'hôtes (2 lits 1 pers.), salle de bains et wc particuliers. Bibliothèque à la disposition des hôtes. Parc. Restaurant 2 km. Calme assuré. A proximité de la N25 et de la D933.

Prix : 1 pers. **150 F** 2 pers. **200 F**

Ouvert : toute l'année.

20	4	15	3	20	10

DE FRANCQUEVILLE Claude - 29 rue Principale - 80670 WARGNIES - Tél : 03 22 93 71 75 - Fax : 03 22 93 71 75

POITOU-CHARENTES

Pour réserver, écrire ou téléphoner :

16 - CHARENTE
GITES DE FRANCE - LOISIRS ACCUEIL
Place Bouillaud
16021 ANGOULÊME Cedex
Tél. : 05 45 69 48 64 - Fax : 05 45 69 48 60
www.gitescharente.com

3615 Gîtes de France 1,28 F/min

17 - CHARENTE-MARITIME
GITES DE FRANCE - Service Réservation
1, perspective de l'Océan
Les Minimes - B.P. 32
17002 LA ROCHELLE Cedex 01
Tél. : 05 46 50 63 63 - Fax : 05 46 50 54 46
www.gites-de-france.fr

79 - DEUX-SEVRES
GITES DE FRANCE - Service Réservation
15, rue Thiers - B.P. 8524
79025 NIORT Cedex 09
Tél. : 05 49 77 15 90 - Fax : 05 49 77 15 94

3615 Gîtes de France 1,28 F/min

86 - VIENNE
GITES DE FRANCE - Service Réservation
Futuroscope Destination - B.P. 3030
86130 JAUNAY-CLAN
Tél. : 05 49 49 59 12 - Fax : 05 49 49 59 17

NORMANDIE
ILE DE FRANCE
NORD-PAS-DE-CALAIS
PICARDIE
BRETAGNE
CHAMPAGNE-ARDENNE
ALSACE-LORRAINE
CENTRE
BOURGOGNE
PAYS DE LA LOIRE
FRANCHE-COMTE
AUVERGNE
POITOU-CHARENTES
RHÔNE-ALPES
PROVENCE-ALPES-CÔTE D'AZUR
LIMOUSIN
AQUITAINE
ANTILLES REUNION
MIDI-PYRENEES
LANGUEDOC-ROUSSILLON
CORSE

GITES DE FRANCE-LOISIRS ACCUEIL
Place Bouillaud - 16021 ANGOULÊME Cedex
Tél. 05 45 69 48 64 - Fax. 05 45 69 48 60
http://www.gitescharente.com

AIGNES-ET-PUYPEROUX Chez Jambon

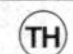

C.M. 72 Pli 13

3 ch. 2 chambres 2 pers. et 1 chambre 3 pers. avec salle d'eau et wc privés. Salon avec cheminée, grande terrasse fleurie et ombragée. Entrée indép., séjour, TV à dispo. Repas sur réservation. Pétanque, ping-pong, vélo et balade sur place. A quelques km du Périgord, dans une maison récente à flanc de colline au sein d'un hameau.

Prix : 1 pers. **200 F** 2 pers. **240 F** 3 pers. **300 F** repas **80 F**

Ouvert : toute l'année.

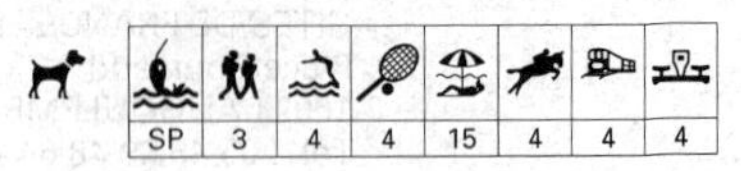

SP	3	4	4	15	4	4	4

LE ROY Mireille - Chez Jambon - 16190 AIGNES-ET-PUYPEROUX - Tél : 05 45 60 20 32

AUGE

(TH) *C.M. 72 Pli 2/3*

1 ch. Dans un village du vignoble de Cognac, ancienne ferme charentaise du XVIIIe avec jardin clos, arboré et fleuri : 1 grande chambre 3 pers. d'accès indépendant avec salle d'eau et wc privés. Petit salon avec cheminée, mezzanine. Terrasse. Possibilité lit bébé. Galerie d'art dans l'enceinte de la propriété. Langues parlées : anglais, allemand.

Prix : 1 pers. **200 F** 2 pers. **300 F** 3 pers. **350 F** repas **90/130 F**

Ouvert : toute l'année.

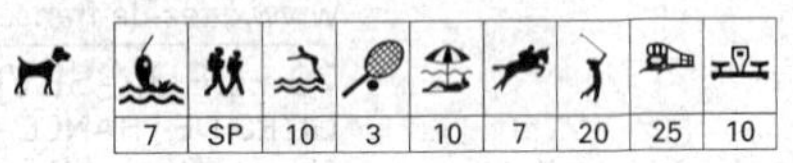

7	SP	10	3	10	7	20	25	10

SCHEURER Catherine et Patrick - Le Bourg - 16170 AUGE - Tél : 05 45 21 63 28 - Fax : 05 45 21 63 28

AUGE-SAINT-MEDARD Crotet

(TH) *C.M. 72 Pli 13*

E.C. 1 ch. **Cognac 30 km. Les Bouchauds (Théâtre gallo-romaine) 10 km.** Dans une fermette : 1 chambre (1 lit 2 pers., 1 lit 1 pers.) 3 personnes avec salle de bains et wc privés. Salon, salle à manger, télévision, cheminée à disposition des hôtes. Terrasse, jardin, salon de jardin. A 30 km de la célèbre Cité des Eaux de Vie de Cognac, dans une fermette rénovée en limite de vignoble et de plaine céréalière, au calme en pleine campagne. Langue parlée : anglais.

Prix : 1 pers. **200 F** 2 pers. **240 F** 3 pers. **340 F** repas **100 F**

Ouvert : du 15 juin au 15 septembre

7	10	3	7	20

PEYROT Monica - Crotet - 16170 AUGE-SAINT-MEDARD - Tél : 05 45 21 09 25

BERNEUIL Chez Marquis

(TH) *C.M. 75 Pli 13*

5 ch. Nichée dans les collines du sud Charente à 14 km de Barbezieux, cette ferme avicole met 5 ch. à dispo. avec s. de bains et wc privés. 1 ch. 3 pers., 1 ch. 4 pers., 2 ch. 2 pers., 1 ch. 1 pers. Salle de lecture avec TV à la disposition. Lave-linge. Sèche-linge. Salle de jeux (tennis de table, baby-foot et billard gratuits). Loc. VTT. Jardin. Abri couvert. Terrain. Produits fermiers. Repas fermiers à la table familiale.

Prix : 1 pers. **160 F** 2 pers. **200 F** 3 pers. **230 F** repas **75 F**
1/2 pens. **160 F**

Ouvert : toute l'année.

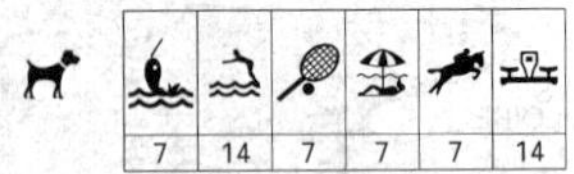

7	14	7	7	7	14

ARSICAUD Pierre et Denise - Chez Marquis - 16480 BERNEUIL - Tél : 05 45 78 59 52

BIOUSSAC

C.M. 72 Pli 4

3 ch. 2 chambres d'hôtes dans une ferme charentaise restaurée du XVIe, à la campagne. 1 ch. 2 pers. + 1 structure familiale composée de 2 ch. 2 pers. attenantes. Salle d'eau et wc privés pour chaque ensemble. Jardin, abri couvert. Salle de séjour avec cheminée. Coin-cuisine et réfrigérateur, lave-linge à la disposition des hôtes. Piscine privée non surveillée. Réduction de 10 % pour les séjours de plus d'une semaine. Eurochèques acceptés. Restaurants à 3 et 6 km. Forêt 6 km. Produits biologiques de la ferme sur place. Possibilité de canoë et randonnées pédestres. Langue parlée : anglais.

Prix : 1 pers. **180 F** 2 pers. **230 F** 3 pers. **290 F**

Ouvert : de fin mars au début novembre.

1	SP	7	3	15	3

MOY J-Louis et Christine - La Grande Métairie d'Oyer - 16700 BIOUSSAC - Tél : 05 45 31 15 67 - Fax : 05 45 29 07 28

BIRAC Les Gilleberts

C.M. 72 Pli 13

4 ch. — 4 ch. dans une demeure du XVIIe s. en pleine campagne sur 1 propriété viticole (ancien château du XVIIe) à 3 km de la RN10. 2 ch. 2 pers. avec s.d.b., wc privés et salon. 1 ch. 3 pers., s.d.b. et wc privés. 1 ch. 2 pers., s. d'eau et wc privés mais non attenants à la ch. (poss. lit bébé 35 F). Ch. central. Séjour, salon avec TV à dispo. Salle de repos avec cheminée. Jeux. Parc avec salons de jardin et barbecue, portique, pétanque à la dispo. des hôtes, loc. de VTT, escalade à 3 km. Petits déj. et dîners sur terrasse ou salle à manger. Table d'hôtes sur réserv., repas pris à la table familiale avec les propr. Réduc. à partir de la 4ème nuit.

CV

Prix : 1 pers. **215 F** 2 pers. **250 F** 3 pers. **340 F** pers. sup. **90 F** repas **90 F**

Ouvert : toute l'année.

3	0,8	3	3	15	7	8	3	3	3

BOUSSIQUAULT Raymond et Yolande - Domaine des Gilleberts - 16120 BIRAC - Tél : 05 45 97 02 96

BIRAC Les Petites-Bouries

C.M. 72 Pli 13

2 ch. — 1 structure familiale comportant 2 chambres d'hôtes dans une ferme charentaise. 2 ch. 2 pers. avec salle de bains et wc privés. Salon/salle à manger avec TV et cheminée, bibliothèque à la disposition des hôtes.

Prix : 1 pers. **180 F** 2 pers. **210 F** 3 pers. **240 F** repas **80 F**

Ouvert : toute l'année.

6	1	6	6	15	7	28	6	4	4

BOISSEAU Claude - Les Petites Bouries - 16120 BIRAC - Tél : 05 45 97 00 92

BONNES

C.M. 75 Pli 3

5 ch. — **Cité d'Aubeterre-sur-Dronne (église monolithe) 3 km.** 3 chambres dans une maison du bourg. 1 chambre en rez-de-chaussée pour 2 pers. et 2 enfants avec salle de bains et wc privés. A l'étage : 1 chambre 2 pers. avec salle de bains et wc privés. 1 chambre 2 pers. avec salle d'eau et wc privés. Salon/salle à manger, cheminée, TV, bibliothèque à disposition des hôtes. Jardin, salon de jardin. A l'entrée du Périgord Blanc. Langue parlée : anglais.

Prix : 1 pers. **235 F** 2 pers. **260 F** 3 pers. **320 F**

Ouvert : toute l'année.

0,1	SP	10	3	2	3	8	0,3	11	3

RANDELL Keith - Le Bourg - 16390 BONNES - Tél : 05 45 98 56 41

BOUTIERS-SAINT-TROJAN

C.M. 72 Pli 12

2 ch. — **Cognac 3 km. Fleuve Charente 300 m.** 2 ch. (2 pers. et 3 pers.) avec salle d'eau et wc privés dans l'annexe de la maison du propriétaire. Salle à manger/salon, bibliothèque, télévision, lave-linge à la disposition des hôtes. Terrasse en bord de piscine, jardin, salon de jardin. Piscine privée non surveillée, partagée avec le propriétaire. A 3 km de Cognac la célèbre Cité des Eaux de Vie (Festival du film policier en Avril, Festival Blues Passion fin juillet). A 300m du fleuve Charente (possibilité de croisières). Entrée gratuite pour visiter une grande maison de Cognac offerte par le propriétaire.

CV

Prix : 1 pers. **250/260 F** 2 pers. **280/290 F** 3 pers. **360 F**

Ouvert : toute l'année

0,3	0,1	SP	0,5	6	3	4	3

SUPERVIA Jean-Pierre - 383 route de Corbières - 16100 BOUTIERS-SAINT-TROJAN - Tél : 05 45 32 63 75 ou 06 07 03 02 51 - Fax : 05 45 32 63 75 - E-mail : supervia.jean-pierre@wanadoo.fr

CHADURIE Logis de Puy-Fort-Haut

C.M. 72 Pli 13

5 ch. — 4 ch. d'hôtes à l'étage d'un logis charentais avec piscine privée. 2 ch. 2/3 pers. avec s. d'eau et wc privés. 1 structure familiale composée d'1 ch. 2 pers. et d'1 ch. 1 pers. avec s. d'eau et wc privés. Salon avec cheminée, jeux et TV à la disposition des hôtes. Jardin, terrasse, bicyclettes, balançoire, ping-pong et volley-ball. Table d'hôtes en juillet et aout uniquement et sur réservation uniquement. Animations en saison sur place.

Prix : 1 pers. **210 F** 2 pers. **250 F** 3 pers. **310 F** repas **90 F**

Ouvert : toute l'année.

5	SP	SP	2	10	22	3	20	8

BERGERO Marie-Claude - Le Logis de Puy Fort-Haut - 16250 CHADURIE - Tél : 05 45 24 80 74

CHADURIE Les Vergers du Faure

C.M. 72 Pli 13

1 ch. — 1 chambre 2 pers. avec salle d'eau et wc privés. Poss. lit bébé. Salon/salle à manger, cheminée, TV et biblio. à disposition. Jardin avec portique, table de ping-pong. Dans une maison de maître d'une ferme datant de la fin du XIXe siècle, entourée de vignes, de vergers et d'étangs dans une région vallonée, riche d'églises romanes.

Prix : 1 pers. **200 F** 2 pers. **250 F** 3 pers. **350 F**

Ouvert : du 15 janvier au 15 décembre.

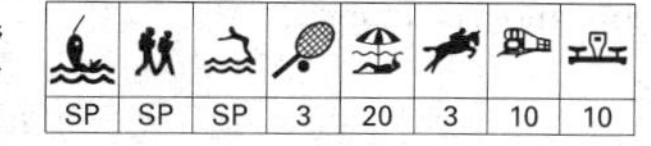

SP	SP	SP	3	20	3	10	10

RAGUENAUD Marie-Thérèse - Les Vergers du Faure - 16250 CHADURIE - Tél : 05 45 24 80 06

CHAMPNIERS La Templerie

C.M. 72 Pli 13/14

5 ch. 3 ch. 3 pers. avec s.d.b. et wc privés, 1 ch. 2 pers. access. aux pers. hand. avec s. d'eau et wc privés, 1 structure familiale de 2 ch. 2 pers. (1 lit 2 pers. 2 lits 1 pers.) avec s.d.b. et wc privés. Salle à manger, salon, cuisine, cheminée, biblio., salle de jeux, TV à dispo. Vaste jardin arboré, piscine privée non surveillée. Accès à une laverie (lavage et repassage). Aux portes d'Angoulême (salon de la BD, festival de musique métisse, circuit des remparts), sur une propriété viticole située au cœur d'un village charentais. Langues parlées : anglais, espagnol.

Prix : 1 pers. **230 F** 2 pers. **260 F** 3 pers. **320 F**

Ouvert : toute l'année.

3,4	0,5	SP	2,7	6,4	10	8	8	4

RICHON Claudine et Jean - La Templerie - Denat - 16430 CHAMPNIERS - Tél : 05 45 68 73 89 ou 05 45 68 49 00 - Fax : 05 45 68 91 18

CHILLAC Touvent

TH *C.M. 75*

2 ch. 2 chambres aménagées à l'étage d'une ferme charentaise : 1 ch. 3 pers., 1 ch. 4 pers. avec salle d'eau et wc privés. Salle à manger avec cheminée, salle de jeux à la disposition des hôtes.

Prix : 1 pers. **150 F** 2 pers. **200 F** 3 pers. **250 F** repas **70 F**

Ouvert : toute l'année.

5	14	5	5	14	5

DOMINIQUE Jean-Claude - Touvent - 16480 CHILLAC - Tél : 05 45 98 72 25

CHIRAC Le Porchet

TH *C.M. 72 Pli 5*

3 ch. Dans une maison neuve avec bois attenant située dans un hameau, 3 ch. dont 2 de plain-pied, avec s. d'eau privée et 1 wc pour 2 ch. 1 ch. 2 pers. et 1 lit enfant. 1 ch. 2 pers. 1 ch. 4 pers. Salon/salle à manger, cheminée, TV, lave-linge et coin-cuisine (micro-ondes, gazinière, réfrig.) à disposition des hôtes. Barbecue, salon de jardin sur terrasse, table de pique-nique sur espace boisé. Etangs aménagés 7 km. Table d'hôtes sur réservation. Langue parlée : anglais.

CV

Prix : 1 pers. **170 F** 2 pers. **200/230 F** 3 pers. **260 F** repas **75 F**
1/2 pens. **175 F**

Ouvert : toute l'année.

3	3	3,5	3,5	7	12	3,5

MENUET Lucette - Le Porchet - 16150 CHIRAC - Tél : 05 45 89 06 35

CONDEON Le Bois de Maure

TH *C.M. 75 Pli 2*

4 ch. Dans une maison ancienne restaurée. 4 chambres 2 pers. en rez-de-chaussée, avec salle d'eau et wc privés, chauffage central. Entrée indépendante. Jardin clos. Aire de pique-nique. Repas gastronomique à la table familiale spécialités de canard gras à la ferme.

Prix : 1 pers. **160 F** 2 pers. **200 F** 3 pers. **250 F** repas **70 F**
1/2 pens. **160 F**

Ouvert : toute l'année.

SP	10	3	8	8

TESTARD Guy et Jacqueline - Bois de Maure - 16360 CONDEON - Tél : 05 45 78 53 15

CONFOLENS

C.M. 72 Pli 5

5 ch. 5 ch. d'hôtes dans une maison de style dans un parc en centre ville. 5 chambres 2 pers. dont 1 avec possibilité d'ajouter 1 lit enfant avec salle d'eau et wc privés. Possibilité TV dans les chambres, salon, bibliothèque à la disposition des hôtes. Piscine privée non surveillée.

Prix : 1 pers. **250 F** 2 pers. **300 F**

Ouvert : vacances scolaires.

SP	SP	SP	SP	0,3	SP

VALEYRE et LORIETTE Daniel et Nadine - 9, rue du Pont de l'Ecuyer - 16500 CONFOLENS - Tél : 05 45 85 32 06

CONFOLENS Mas Félix

C.M. 72 Pli 5

2 ch. 1 structure familiale composée de 2 chambres aménagées dans une maison neuve. 1 ch. 2 pers. et 1 ch. 3 pers. avec 1 salle de bains et wc privés. Salon/salle à manger avec cheminée à la disposition des hôtes.

Prix : 1 pers. **170 F** 2 pers. **210 F** 3 pers. **270 F**

Ouvert : toute l'année.

0,7	1,5	1	20	0,6

Mme BARRY - Mas Félix - 16500 CONFOLENS - Tél : 05 45 84 26 14

EDON Les Blanquets

(TH) *C.M. 72 Pli 14*

2 ch. Structure familiale composée de 2 ch. (1 lits 2 pers. 2 lits 1 pers.), s.d.b. et wc privés à l'ensemble. Séjour avec cheminée et TV à disposition des hôtes. Jardin, parc et bois. Aux portes du Périgord, entre Angoulême et Brantôme, maison traditionnelle charentaise sur le GR36. 1/2 pens. à partir de 3 jours. Repas à la table familiale.

Prix : 1 pers. **170 F** 2 pers. **190 F** 3 pers. **250 F** repas **75 F**

Ouvert : du 1er avril au 30 septembre.

0,2	SP	5	0,2	15	25

MONCEYRON Juliette et Bernard - Les Blanquets - 16320 EDON - Tél : 05 45 64 15 16

ERAVILLE L'Ajasson

(TH) *C.M. 72 Pli 12*

2 ch. Dans un logis du XIXe siècle, 1 ch. 2 pers. et 1 ch. 2 pers. + 1 lit enfant avec salles d'eau privées. Salon. Bibliothèque, TV, lave-linge. Table d'hôtes sur demande uniquement.

Prix : 1 pers. **190/200 F** 2 pers. **220/230 F** 3 pers. **250 F** repas **80 F**

Ouvert : toute l'année.

6	SP	6	6	5

FILLIOUX Yves - Logis de l'Ajasson - 16120 ERAVILLE - Tél : 05 45 97 08 55 - Fax : 05 45 97 53 40

GUIZENGEARD Relais de Buissonnet

C.M. 75 Pli 2

6 ch. **Angoulème et Bordeaux 50 km.** 6 ch. 2 pers. avec s. d'eau et wc privés, grand salon avec cheminée monumentale à disposition des hôtes. Parking dans la propriété. Parc animalier et étangs de pêche sur place. Au cœur de la Saintonge, les parcs permettent d'observer cerfs, sangliers, daims, chevreuils et mouflons sauvages. Aux beaux jours, visite du parc en 4 x 4 par groupe de 6 à 8 personnes (minimum 4 personnes).

Prix : 1 pers. **200 F** 2 pers. **280 F** 3 pers. **480 F**

Ouvert : toute l'année sur réservation.

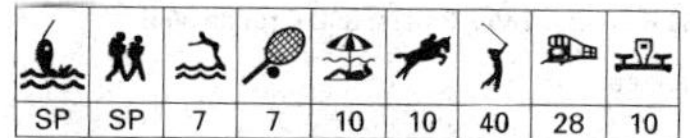

SP	SP	7	7	10	10	40	28	10

BENOIT DU REY Xavier - Relais de Buissonnet - 16480 GUIZENGEARD - Tél : 05 45 98 99 31 - Fax : 05 45 98 49 95

HIESSE L'Age-Vieille

(TH) *C.M. 72 Pli 5*

2 ch. 2 chambres d'hôtes dans une ferme avec élevage de cervidés. 2 chambres 2 pers. avec salle d'eau et wc privés. Salon, salle à manger. Portique pour enfants, ferme de découverte (parc animalier et matériel anciens). Langue parlée : anglais.

Prix : 1 pers. **180 F** 2 pers. **200 F** repas **80 F**

Ouvert : du 1er mai au 30 aout.

3	SP	10	10	10

LE BORGNE Jean-Claude - l'Age Vieille - 16490 HIESSE - Tél : 05 45 89 65 45

HIESSE La Maison des Roses

C.M. 72 Pli 5

3 ch. 3 chambres d'hôtes aménagées dans une ancienne ferme limousine, située dans un hameau. 2 ch. 3 pers., 1 ch. 2 pers. avec salle d'eau et wc privés. Salle à manger, salon avec cheminée. Lave-linge à la disposition des hôtes. Terrasse, jardin comportant plus de 400 rosiers. Langue parlée : anglais.

Prix : 1 pers. **160 F** 2 pers. **200 F** 3 pers. **300 F**

Ouvert : toute l'année.

1	10	4	10	9

M. WALTON - Les Caillaux - 16490 HIESSE - Tél : 05 45 89 62 97 - E-mail : d-walton@libertysurf.fr

JARNAC

(TH) *C.M. 72 Pli 12*

1 ch. **Cognac 10 km. Angoulème 25 km.** 1 chambre 2/3 pers., salle d'eau et wc privés. Accès au salon des propriétaires : bibliothèque, TV (canal+ et canal sat.). Terrasse avec salon de jardin. Jardin avec piscine privée partagée avec le propriétaire. -10 % de remise à partir de la 4ème nuit. Au cœur de la cité de Jarnac, cité natale de F. Mitterand , dans un cadre de verdure au milieu des jardins, Martine et Ariel vous accueillent dans leur demeure « Océane » (volets bleus, piscine, palmiers, arbres fruitiers, tranquilité). Canoé à 300 m. Langue parlée : anglais.

Prix : 1 pers. **250 F** 2 pers. **260 F** 3 pers. **280 F** repas **95 F**

Ouvert : toute l'année.

0,3	0,3	SP	0,8	0,4	10	6	0,2

PELLUCHON Ariel et Martine - 7 bis, place Charles de Gaulle - 16200 JARNAC - Tél : 05 45 82 09 35

LACHAISE  TH *C.M. 72 Pli 12*

2 ch. 2 chambres d'hôtes à l'étage d'une maison charentaise rénovée avec salle d'eau et wc privés. 1 ch. 2 pers., 1 ch. 3 pers., lit enfant sur demande. Salon, cheminée, TV à disposition des hôtes. Jardin, portique, bicyclettes. Table d'hôtes sur réservation. Langue parlée : anglais.

Prix : 1 pers. **190 F** 2 pers. **240 F** 3 pers. **270 F** repas **90 F**

Ouvert : toute l'année.

5	6	6	7

FROUIN Jean et Jeanne-Marie - Chez Massias - 16300 LACHAISE - Tél : 05 45 78 09 16 - Fax : 05 45 78 59 50

LESIGNAC-DURAND La Redortiere A TH *C.M. 72 Pli 15*

5 ch. 3 chambres 2 pers. avec salle de bains et wc privés, 2 structures familiales (3 et 4 pers.) avec salle de bains et wc privés. Ouvert toute l'année. Au cœur d'un parc de 17 ha., château du XIXe dominant la vallée de La Moulde. Langue parlée : anglais.

CV

Prix : 1 pers. **250 F** 2 pers. **300/370 F** 3 pers. **370 F** repas **100 F**

Ouvert : toute l'année.

SP	SP	8	3	10	10	10	12	3

MICHAUD Marie-Paule - Château de la Redortière - 16310 LESIGNAC-DURAND - Tél : 05 45 65 07 62 - Fax : 05 45 65 31 79

LESSAC Le Pit TH *C.M. 72 Pli 5*

3 ch. 2 ch. d'hôtes : 1 ch. 2 pers. 1 ch. 4 pers., dans les dépendances d'une ferme avec salle d'eau et wc privés. Salon/salle à manger, cheminée, lave-linge, sèche-linge et cuisine à disposition. TV. Jardin, plan d'eau, portique, tennis privé à 500 m. Visite de l'élevage de cervidés, d'autruches, de lamas et de Wallabys. Langue parlée : anglais.

Prix : 1 pers. **180 F** 2 pers. **240 F** 3 pers. **360 F** repas **90 F**

Ouvert : toute l'année.

SP	SP	4,5	0,5	1	5

EVERITT Hélène - Le Pit - D168 - 16500 LESSAC - Tél : 05 45 84 27 65 - Fax : 05 45 85 41 34

LIGNIERES-SONNEVILLE TH *C.M. 72 Pli 12*

4 ch. Dans un logis charentais des années 1850, 4 chambres meublées à l'ancienne : 1 ch. 3 pers. 2 ch. 2 pers. et 1 ch. 4 pers. avec salle d'eau et wc privés. Salle à manger, salon lecture avec TV-vidéo, jeux et cuisine amenagée avec coin-repas à la disposition des hôtes. Terrasse, parc, portique pour enfants, bicyclettes. Table d'hôtes sur réservation. Dans les dépendances, exposition de calèches et de vieux outils agricoles. Visite d'une distellerie d'avant 1870. Accès gratuit au tennis municipal.

Prix : 1 pers. **200 F** 2 pers. **250 F** 3 pers. **300 F** repas **80 F**

Ouvert : toute l'année.

1,5	SP	12	1,5	10	20	2	12	1,5

MATIGNON Roland - Les Collinauds - 16130 LIGNIERES-SONNEVILLE - Tél : 05 45 80 51 23 - Fax : 05 45 80 51 23

LOUZAC-SAINT-ANDRE Chez Les Rois *C.M. 72 Pli 11*

3 ch. 3 chambres d'hôtes dans une maison charentaise rénovée dans un petit village. 1 ch. 2 pers. (2 épis) avec salle de bains et wc communs, 1 ch. 3 pers. avec salle d'eau et wc privés. 1 ch. 2 pers. avec salle d'eau et wc privés. Salon avec cheminée et TV à la disposition des hôtes. Portique.

Prix : 1 pers. **150/190 F** 2 pers. **190/230 F** 3 pers. **270 F**

Ouvert : du 1er avril au 31 octobre.

5	SP	7	1	4	12	7	2

DESRENTES Geneviève - Chez les Rois - 16100 LOUZAC-SAINT-ANDRE - Tél : 05 45 82 16 04

LOUZAC-SAINT-ANDRE Demeure du Chapître *C.M. 72 Pli 11*

3 ch. **Cognac 6 km. Saintes 20 km** Dans l'ancienne étable aménagée à votre attention, 2 ch. 2 pers. et un ensemble familial (2 ch. 2 pers.) avec s. de bains et wc privés. Accès indép. R.d.c : vaste salon/salle à manger avec télévision, cuisine aménagée, accès laverie (lavage et repassage). Possibilité lit enfant. Jardin avec salon, abri couvert, parking dans cour fermée, jeux divers, location de vélo. A proximité de Cognac, la célèbre cité des eaux de vie, vous êtes chaleureusement accueillis dans une demeure charentaise confortable, ouverte sur jardin fleuri, bercé de chants d'oiseaux. Vous serez naturellement encouragés à découvrir les richesses de ce beau pays. Langue parlée : anglais.

Prix : 1 pers. **190 F** 2 pers. **220 F** 3 pers. **280 F**

Ouvert : toute l'année

3	0,2	6	0,5	2	12	6	6

JOUSSAUME Lucette - Demeure du chapître - 16100 LOUZAC-SAINT-ANDRE - Tél : 05 45 82 90 34 - Fax : 05 45 82 45 74

LUXE Les Vignauds *C.M. 72 Pli 3*

4 ch. 3 ch. 2 pers. et 1 ch. 3 pers., s.d.b. et wc privés dans ferme restaurée. Séjour, salon, TV, bibliothèque. Portique, billard anglais, baby-foot, réfrigérateur et lave-linge à disposition des hôtes. Parking, abri voiture. Tennis de table, piscine privée non surveillée. Terrasse, cuisine pour pique-nique et repas de midi. Jardin d'agrément. VTT à la disposition des hôtes. Ouvert toute l'année. Pétanque. Pêche en étang et rivière à 1 km. 1/2 pension pour 1 couple : 420 F. A partir de 3 jours tarifs réduits entre 15 septembre et 15 juin.

Prix : 1 pers. **250 F** 2 pers. **300 F** 3 pers. **350 F** repas **80 F**
1/2 pens. **210 F**

Ouvert : toute l'année.

0,5	SP	SP	0,5	2	6	1	1

RICHARD Christian et Lucette - Luxe-Bourg - 16230 LUXE - Tél : 05 45 39 01 47 - Fax : 05 45 39 01 47

MAGNAC-SUR-TOUVRE Le Clos-Saint-Georges *C.M. 72 Pli 14*

2 ch. **Angoulême 9 km. La Rochefoucauld 20 km.** 1 chambre 2 pers. avec salle de bains et wc privés, 1 chambre 2 pers. avec salle d'eau et wc privés mais non communicants. Salon, salle à manger, avec cheminée à disposition des hôtes. Billard français. Jardin avec piscine privée, commune avec le propriétaire. 3 bicyclettes. Parking privé sur la propriété vue panoramique sur la campagne charentaise. Aux portes d'Angoulême, direction la Dordogne, ancienne ferme rénovée avec piscine privée et vue panoramique sur la forêt de Bois Blanc et sur les champs. Canoë à 6 km. Langues parlées : anglais, espagnol, allemand.

Prix : 1 pers. **250 F** 2 pers. **280 F**

Ouvert : toute l'année.

3	SP	SP	3	12	5	8	10	3

JACQUEMIN Nadine - rue de Bel Air - Le Clos Saint-Georges - 16600 MAGNAC-SUR-TOUVRE - Tél : 05 45 68 54 33

MAGNAC-SUR-TOUVRE Château de Magnac *C.M. 72 Pli 14*

4 ch. **Angoulême à 5 km. Sources de la Touvre 2 km.** Dans un parc de 2 ha, 4 chambres ont été aménagées dans ce château du 16e s. 3 ch. 2 pers. (dont une avec lit enfant) avec s. de bains et wc privés, 1 ch. 2 pers. avec s. d'eau et wc privés. Salle à manger, salon avec cheminée, bibliothèque, TV, téléphone à disposition des hôtes. Terrasse, parc avec tour du 14e s., salon de jardin. Parking sur la propriété. Chateaubriand écrivit son roman « René » dans ce château. Langue parlée : anglais.

Prix : 1 pers. **450 F** 2 pers. **600 F**

Ouvert : toute l'année

SP	5	5	5	5	5	5	5

JOLY Claudine - Château de Maumont - 16600 MAGNAC-SUR-TOUVRE - Tél : 05 45 90 81 10

MANSLE La Fontaine des Arts  *C.M. 72 Pli 3*

3 ch. **Festival de la BD, Musique Métisse à Angoulême 20 km. Cognac 50 km.** Marie-France et Gérard ont aménagé 3 chambres : 1 ch. 2 pers. (s.d'eau, wc privés), 2 ch. 3 pers. (s.de bains et wc privés). Séjour/cuisine et salon avec TV, magnétoscope, bibliothèque, jeux de société à dispo. Lave-linge, sèche-linge. Pêche, prêt de VTT, piscine, sauna, jaccuzzi, ping-pong. Jardin clos avec portique, tables, chaises et salon de jardin. Dans le village, dominant la Charente, les propriétaires vous accueillent dans une ancienne ferme entièrement rénovée avec jardin donnant sur la rivière, cour fermée paysagée avec terrasse et fontaine autour d'une piscine chauffée. Remise de 10% à partir de 7 nuits. Langue parlée : anglais.

Prix : 1 pers. **270/310 F** 2 pers. **320/360 F** 3 pers. **430/470 F**

Ouvert : toute l'année

SP	1	SP	1	17	25	0,5	18	0,3

PAGANO Marie-France - 13 rue du Temple - La Fontaine des Arts - 16230 MANSLE - Tél : 05 45 69 13 56 ou 06 12 52 39 86 - Fax : 05 45 69 13 56 - E-mail : gerard.pagano@wanadoo.fr

MESNAC Le Château A *C.M. 72 Pli 12*

3 ch. **Cognac 12 km. Saintes 23 km.** 2 chambres 2 pers. avec salle d'eau et wc privés,et un ensemble familial comportant 2 chambres 2 pers., avec salle d'eau et wc privés non communicants. Salle à manger, salon (TV), salle de remise en forme à disposition des hôtes. Vaste jardin paysager avec piscine privée. Parking privé sur la propriété. Initiation à la dégustation de différents cognacs. Cuisine gastronomique à la ferme auberge, issue des produits de la ferme. Au cœur du vignoble de Cognac, dans un château du XVIII ème s. situé en bordure de la rivière « L'Antenne ». Canoë à 10 km. Langues parlées : anglais, allemand.

Prix : 1 pers. **300 F** 2 pers. **350/450 F** 3 pers. **500 F** repas **100 F**

Ouvert : toute l'année.

SP	SP	SP	4	4	12	12	4

CHURLAUD MOINARDEAU Christel & Christophe - Place de l'Eglise - 16370 MESNAC - Tél : 05 45 83 26 61 - Fax : 05 45 83 17 70

MOSNAC Le Maine-Barraud *C.M. 72 Pli 13*

E.C. 1 ch. **Angoulême 13 km. Cognac 27 km.** 1 chambre spacieuse (2 lits 1 pers.) comportant : cheminée, coin-salon, bibliothèque et TV. Salle d'eau et wc privés attenants. Salle à manger, salon avec cheminée à disposition des hôtes, TV. Terrasse, vaste jardin paysager, salon de jardin. Repas à partir des fruits et légumes du jardin. Parking privé sur la propriété. Maison de maître de style charentais du XIXème s. dans le vignoble du Cognac à 800 m de la Charente. Langue parlée : anglais.

Prix : 1 pers. **300 F** 2 pers. **350 F** repas **100 F**

Ouvert : du 1er avril au 1er novembre.

0,8	0,8	4	4	4	5	25	4	4

FOY Marinette - Le Maine Barraud - 16120 MOSNAC - Tél : 05 45 62 51 06

MOULIDARS Chez Quillet
(TH) *C.M. 72 Pli 13*

4 ch. **Angoulème 18 km. Jarnac 13 km. Cognac 24 km.** 4 ch. 2 pers. (1 lit 2 pers.) avec s. d'eau et wc privés : 4 ch. 2 pers. (1 lit 2 pers.) avec salle d'eau et wc privés. Salon, salle à manger avec TV, vidéo, hi-fi et cheminée à disposition des hôtes. Terrasse, jardin. Parking sur la propriété. Entre Angouleme et Jarnac, dans un petit hameau à 3 km de la Charente, 4 ch. dans une maison saintongeaise dans le vignoble de cognac. Langue parlée : anglais.

Prix : 1 pers. **300/360 F** 2 pers. **320/380 F** pers. sup. **110 F** repas **100 F**

Ouvert : toute l'année.

3	6	6	6	3	6	18	6

FORDHAM Jenny et Derek - Les Tilleuls - Chez Quillet - 16290 MOULIDARS - Tél : 05 45 21 59 00

MOULIDARS Malvieille
(TH) *C.M. 72 Pli 13*

2 ch. **Angoulème 17 km. Jarnac 12 km. Cognac 23 km.** 1 ch. 2 pers. avec s. d'eau et wc privés, 1 ch. 3 pers. avec s.d.b. et wc privés. Salon et salle à manger avec cheminée et coin-cuisine à disposition des hôtes. Jardin, parking sur la propriété. Entre Angoulême et Jarnac, dans un petit village situé à 4 km de la Charente, sur une exploitation viticole. Langues parlées : anglais, espagnol.

Prix : 1 pers. **200 F** 2 pers. **220 F** 3 pers. **280 F** repas **70 F**

Ouvert : toute l'année (sur réservation hors saison)

4	SP	10	3	4	15	20	10	3

MAURIN Jean-Bernard - Malvieille - 16290 MOULIDARS - Tél : 05 45 96 40 38 - Fax : 05 45 90 09 85

MOUTARDON Braillicq
(TH) *C.M. 72 Pli 4*

2 ch. 1 structure familiale composée de 2 chambres 2 pers. avec salle de bains et wc privés à l'ensemble. Salon avec cheminée, TV à disposition des hôtes. Lave-linge. Promenades sur place et découverte du patrimoine. Ancienne ferme charentaise dans un hameau à proximité d'une petite rivière. Table d'hôtes sur reservation.

Prix : 1 pers. **160 F** 2 pers. **250 F** 3 pers. **300 F** repas **75 F**

Ouvert : du 15 mars au 31 octobre.

6	12	6	8	12	12

LEPROUX Françoise - Braullicq - 16700 MOUTARDON - Tél : 05 45 31 91 97

ORGEDEUIL
C.M. 72 Pli 15

2 ch. Dans une maison limousine au cœur d'un petit bourg rural, 1 structure familiale composée de 2 ch. 2 pers. avec salle d'eau (sèche-cheveux) et wc privés. Petit séjour à la disposition des hôtes. Possibilité de lavage de linge. Jardin avec pelouse, salon de jardin. Sur les premières pentes du Limousin, dans la vallée de la Tardoire, à quelques kilomètres de la Rochefoucauld et de son château, lieu chaque été d'un son et lumières. Langue parlée : anglais.

Prix : 1 pers. **180 F** 2 pers. **200/240 F** 3 pers. **300 F**

Ouvert : du 1er mai à la Toussaint.

2	2,5	2,5	7	15	2,5

HUGHES Michael - Le Bourg - 16220 ORGEDEUIL - Tél : 05 45 70 80 26

PARZAC La Combe Roussie - Mouchedune
C.M. 72 Pli 4

1 ch. Au rez-de-chaussée : 1 grande ch. avec 1 lit 2 pers., salle de bains, wc privés et TV. Salon, bibliothèque (livres en 4 langues), salle à manger, lave-linge et jardin à disposition des hôtes. Possibilité lit bébé. Entre Confolens et la Rochefoucauld, un couple d'anglais a aménagé une fermette limousine dans un hameau rural au bord de la Sonnette. Restaurants à 2 km. Langues parlées : anglais, italien.

Prix : 1 pers. **180 F** 2 pers. **280 F** pers. sup. **70 F**

Ouvert : de Pâques à la Toussaint.

5	SP	2	2	25	25	25	10	2

WOLSTENCROFT Sylvia - La Combe Roussie - Mouchedune - 16450 PARZAC - Tél : 05 45 85 74 95 - Fax : 05 45 85 70 62

PASSIRAC Le Chatelard
(TH) *C.M. 75 Pli 3*

4 ch. Dans un château du XIXe entouré d'un vaste parc de 120 ha. avec étang. 4 ch. 2 pers. dont 1 avec 1 lit enfant, avec s.d.b. privée et 1 wc pour 2 ch. Salon, salle à manger, cheminée, bibliothèque, TV, lave-linge à disposition des hôtes. 4 bicyclettes. Langues parlées : espagnol, anglais, allemand.

Prix : 1 pers. **230 F** 2 pers. **280 F** 3 pers. **330 F** repas **70 F**

Ouvert : toute l'année.

SP	12	2	2	2	12	12

DE CASTELBAJAC Béatrice - Le Chatelard - 16480 PASSIRAC - Tél : 05 45 98 71 03

PERIGNAC La Fenêtre

TH *C.M. 72 Pli 13*

4 ch. 4 chambres d'hôtes dans une ferme rénovée, isolée. 2 ch. 2 pers., 1 ch. 3 pers. et 1 ch. 4 pers. avec salles d'eau communes. Salle de séjour, TV, cheminée, salle de jeux, bibliothèque, lave-linge à la disposition des hôtes. Parking. Jeux pour enfants sur place. Etang sur l'exploitation, promenades en calèche, poneys pour promenade, pêche. Calme assuré. Repas à la table familiale à partir de produits fermiers, le soir uniquement. - 10% sur la chambre d'hôtes pour séjour à la semaine. 1/2 pension pour un couple : 360 F. Repas 40 F. pour enfant de - 8 ans.

Prix : 1 pers. **185 F** 2 pers. **200 F** 3 pers. **280 F** repas **80 F**
1/2 pens. **360 F**

Ouvert : toute l'année.

SP	SP	5

RENAULT Constant et Marie - La Fenière - 16250 PERIGNAC-DE-BLANZAC - Tél : 05 45 24 81 25 - Fax : 05 45 24 81 25

REPARSAC Domaine de la Vennerie

C.M. 72 Pli 12

4 ch. **Cognac 7 km.** 1 chambre 2 pers. avec salle d'eau et wc privés, 1 structure familiale formée de 2 ch. (1 ch. 2 pers. 1 ch. 1 pers.) avec s.d.b. et wc privés non communiquants. 1 ch. 3 pers. avec s.d.b. et wc privés. Séjour avec cheminée, cuisine équipée et TV à dispo. Parc, visite du chai et de la distillerie, dégustation. Poss. pêche sur étang privé. 4 chambres d'hôtes dans un logis charentais sur une exploitation viticole. Langue parlée : anglais.

Prix : 1 pers. **160/270 F** 2 pers. **230/300 F** 3 pers. **390 F**

Ouvert : toute l'année.

0,7	7	3	8	8	7	7

BRIDIER Roger - Domaine de la Vennerie - 16200 REPARSAC - Tél : 05 45 80 97 00

ROULLET Romainville

TH *C.M. 72 Pli 13*

5 ch. 4 ch. d'hôtes dans un logis charentais à 2 km du village. 1 ch. 2 pers., 1 ch. 3 pers. avec s. d'eau et wc privés. 1 stucture familiale 3 pers., s.d.b. et wc privés à l'ensemble. Salon, cheminée, TV, l-linge, biblio. Grande terrasse avec panorama. Barbecue et salle à manger d'été, jardin ombragé. Gratuit enfant - 2 ans. Table d'hôtes sur réservation. Piscine privée non surveillée, bicyclettes. Langues parlées : anglais, italien.

Prix : 1 pers. **250 F** 2 pers. **300 F** 3 pers. **350 F** pers. sup. **70 F**
repas **120 F**

Ouvert : du 15 avril au 15 octobre

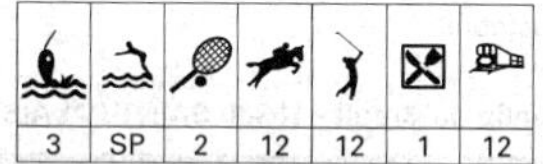

3	SP	2	12	12	1	12

QUILLET Francine - Romainville - 16440 ROULLET - Tél : 05 45 66 32 56 - Fax : 05 45 66 32 56

SAINT-ADJUTORY La Grenouille

C.M. 72 Pli 14/15

2 ch. Dans une ancienne grange limousine à l'orée d'un bois, 2 chambres : 1 ch. 2 pers. avec s. d'eau, wc privés, TV couleur. 1 ch. 3 pers. avec s. d'eau et wc privés. Salon, salle à manger avec kitchenette. Laverie. Jardin, terrasse privative avec salon de jardin et barbecue, piscine privée non surveillée, portique, abonnement au tennis. A l'orée d'un bois, dans une ferme, lieu d'un élevage de chevaux sur les premières pentes du Limousin. Possibilité accueil de chevaux. Langues parlées : anglais, allemand, italien.

Prix : 1 pers. **200 F** 2 pers. **300 F** 3 pers. **400 F**

Ouvert : toute l'année.

1	SP	5	20	15	12	1	10	10

CASPER Sylviane - La Grenouille - 16310 SAINT-ADJUTORY - Tél : 05 45 62 00 34

SAINT-AMANT-DE-NOUERE La Ronde

C.M. 72 Pli 13

3 ch. 1 ch. 2 pers. avec salle de bains et wc privés et un ensemble familial composé d'1 ch. 2 pers. et d'1 ch. 1 pers. avec salle d'eau et wc privés. Rez-de-chaussée, salon, bibliothèque avec cheminée et salle à manger du XVIIIe avec cheminée. Parc et piscine. A 17 km d'Angoulême, sur la route de St Jean D'Angely, à proximité de Rouillac, ferme charentaise avec portail, puits et maison du XVIIIe s. Mobilier d'époque, dans le vignoble de Cognac. Langue parlée : anglais.

Prix : 1 pers. **250/280 F** 2 pers. **350/380 F** 3 pers. **450/480 F**

Ouvert : toute l'année.

SP	SP	1	3	15	18	5

M. et Mme DE PREVOST - La Ronde - 16170 SAINT-AMANT-DE-NOUERE - Tél : 05 45 96 82 10 ou 06 82 29 13 67 - Fax : 05 45 96 82 10 - E-mail : johelle@infonie.fr

SAINT-GENIS-D'HIERSAC Grosbot

C.M. 72 Pli 13

3 ch. **Angoulême 15 km. Cognac 35 km.** 3 ch. 2 pers. avec s.d.b. et wc privés. Salon, salle à manger avec cheminée. Jardin avec terrasse. Exposition permanente de peintures. Piscine sur place, commune avec les propriétaires. Au cœur d'un hameau charentais, dominant la vallée de la Charente, 3 ch. sont aménagées dans une ancienne ferme du 18e s. entièrement rénovée. Canoë à 5 km. Location VTT sur place. Langue parlée : anglais.

CV

Prix : 1 pers. **210 F** 2 pers. **280 F**

Ouvert : toute l'année.

3	0,5	SP	1	4	5	25	15	2

BAUDOT Françoise et Pascal - Grosbot - 16570 SAINT-GENIS-D'HIERSAC - Tél : 05 45 21 07 20 ou 06 72 02 38 92 - Fax : 05 45 21 92 02

SAINT-MAURICE-DES-LIONS Lesterie

(TH) *C.M. 72 Pli 5*

4 ch. 4 ch. d'hôtes à l'étage d'une villa du XIXe, au sein d'un parc. 2 ch. 2 pers. avec s. d'eau privée et wc communs. 2 ch. (2 pers.), s.d.b. et wc privés. Salle à manger, salon (TV), bibliothèque à dispo. des hôtes. Etang privé. Table d'hôtes sur réservation. Tarif enfant 60F (-15 ans). Langue parlée : anglais.

Prix : 1 pers. **150 F** 2 pers. **200/250 F** repas **90 F**

Ouvert : toute l'année.

SP	6	2	12	4	2

M. et Mme HOARE - Lesterie - 16500 SAINT-MAURICE-DES-LIONS - Tél : 05 45 84 18 33 - Fax : 05 45 84 18 33

SAINT-MEME-LES-CARRIERES Le Cul d'Anon

(TH) *C.M. 72 Pli 12*

3 ch. **Cognac 15 km. Jarnac 5 km.** Chambres aménagées dans une maison neuve de plain-pied. 3 ch. 2 pers. avec s. d'eau et wc privés. salle à manger/salon à disposition des hôtes. Jardin, terrasse. Table d'hôtes sur réservation. Au pied du vignoble de Cognac, dans le cru de « Grande Champagne ». Lit d'appoint 30F. Langue parlée : anglais.

Prix : 1 pers. **190 F** 2 pers. **230 F** repas **70 F**

Ouvert : toute l'année.

3	SP	5	5	10	15	5	1,5

ALEXANDRE Richard et Brigitte - Le Cul d'Anon - 16720 SAINT-MEME-LES-CARRIERES - Tél : 05 45 32 04 50 - Fax : 05 45 32 04 50 - E-mail : Richard-Alexandre@wanadoo.fr

SAINT-PALAIS-DU-NE Le Moulin-de-Breuil

(TH) *C.M. 72 Pli 12*

3 ch. **Angoulème 26 km. Cognac 18 km.** 2 chambres 2 pers. avec salle de bains et wc privés, un ensemble familial composé de 2 chambres 2 pers. avec salles d'eau privées et wc privés mais non communicants. Salle à manger, salon, cheminée, bibliothèque et TV à disposition des hôtes. Lave-linge, fer à repasser. Jeux de société. Jardin, ping-pong. Parking privé. Au cœur du vignoble du Cognac, en bordure de la rivière « Le Né », dans une ancienne ferme charentaise restaurée.

Prix : 1 pers. **220 F** 2 pers. **250 F** 3 pers. **320 F** repas **90 F**

Ouvert : du 1er avril au 31 octobre.

SP	SP	2	2	18	12	18	20	15

JACQUES Nicole - Le Moulin du Breuil - 16300 SAINT-PALAIS-DU-NE - Tél : 05 45 78 72 95 ou 06 81 21 24 26

SAINT-PALAIS-SUR-LE-NE

(TH) *C.M. 72 Pli 12*

4 ch. 1 ch. 2 pers. (lits jumeaux) avec douche et wc privés, 1 ch. 2 pers. (lits jumeaux) avec bains et wc privés. 1 ensemble familial composé de 2 ch. 2 pers. Salon, TV, cheminée, bibliothèque et lave-linge à disposition des hôtes. Jardin d'agrément avec piscine privée non surveillée avec SPA, portique, barbecue. Table d'hôtes sur réservation. Au cœur du vignoble de Cognac dans un logis charentais de 1835.

Prix : 1 pers. **340 F** 2 pers. **370 F** repas **165 F**

Ouvert : toute l'année.

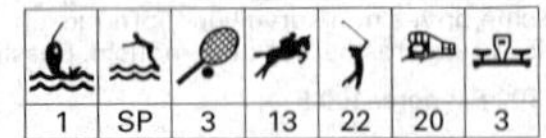

1	SP	3	13	22	20	3

FEITO Geneviève - Le Bourg - 16300 SAINT-PALAIS-SUR-LE-NE - Tél : 05 45 78 71 64 - Fax : 05 45 78 71 64

SAINT-PREUIL Domaine de Puyrouyer

C.M. 72 Pli 12

3 ch. **Jarnac et Vallée de la Charente 10 km. Cognac (Blues Passion) 15 km.** Pascaline a aménagé pour vous 3 ch. dans une maison du 18e s. sur un domaine viticole de 40 ha. 1 ch. 2 pers., 1 ch. 3 pers. et un ensemble familial 5 pers. avec s. de bains et wc privés. Salon, salle à manger à disposition. Terrasse, jardin, salon de jardin. Calme, proximité de bois, pature pour les chevaux, départ randonnées, nombreux abbayes, châteaux, moulins. Au cœur d'un domaine viticole de 40 ha en apellation « Grande Champagne ». Langue parlée : anglais.

Prix : 1 pers. **300 F** 2 pers. **350 F** 3 pers. **400 F**

Ouvert : toute l'année

10	SP	10	5	12	12	10	5

BRISSET Pascaline - Domaine de Puyrouyer - 16130 SAINT-PREUIL - Tél : 05 45 83 41 93 - Fax : 05 45 83 42 26 - E-mail : cognac.brisset@free.fr

SAINT-PROJET Logis de l'Age Baston

(TH) *C.M. 72 Pli 14*

4 ch. **La Rochefoucault 2 km.** 1 chambre 2 pers. avec salle de bains et wc privés et 1 chambre 4 pers. avec salle d'eau et wc privés, 2 ch. 2 pers., salle d'eau et wc privés. Salon, salle à manger, TV, cheminée, bibliothèque et lave-linge à disposition des hôtes. Parc, terrasse et bois. Dans un logis des XVIIe, XVIIIe et XIXe siècles, sur une propriété de 9 ha. dominant la vallée de la Tardoire, La Rochefoucauld, cité célèbre par son château. Langue parlée : anglais.

Prix : 1 pers. **270 F** 2 pers. **320 F** 3 pers. **410 F** repas **120 F**
1/2 pens. **390 F**

Ouvert : toute l'année.

0,5	2,5	2,5	25	4	18	2	2

WADDINGTON John - Logis de l'Age Baston - 16110 SAINT-PROJET - Tél : 05 45 63 53 07 - Fax : 05 45 63 09 03 - E-mail : Lagebaston@aol.com

SAINT-VALLIER

C.M. 75 Pli 5

3 ch. — 3 ch. dans un beau logis du XVIIe siècle. 2 ch. 2 pers. + 1 lit enfant et 1 ch. 3 pers. avec salle d'eau et wc communs. Salle de séjour, salon, bibliothèque, portique, parking. Parc entouré de bois, promenade et étang de pêche. Animaux admis, mais prévenir.

Prix : 1 pers. **140 F** 2 pers. **170 F** 3 pers. **200 F**

Ouvert : de Pâques à la Toussaint.

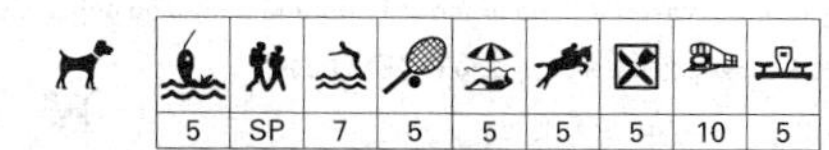

5	SP	7	5	5	5	5	10	5

BERGEON Jean et Henriette - Le Logis - Saint-Vallier - 16480 BROSSAC - Tél : 05 45 98 72 44

SALLES-D'ANGLES Le Chiron

C.M. 72 Pli 12

5 ch. — **Cognac 10 km, célèbre pour ses eaux de vie.** 5 ch. d'hôtes dans une maison bourgeoise de la fin du XIXe, dans un hameau. 2 ch. 2 pers. avec salle d'eau et wc privés. 2 ch. 3 pers. avec salle d'eau et wc privés.1 ch. 2 pers. avec s.d'eau et wc privés non communiquants. Salle de séjour, salon avec cheminée, TV. Parking, VTT. Réduction 10% à partir de 3 nuits ou +. Week-end distillation du 15 novembre au 15 mars.

Prix : 1 pers. **180 F** 2 pers. **220/250 F** 3 pers. **280/300 F** repas **75 F**

Ouvert : toute l'année.

0,5	SP	10	3	5	15	10	4

CHAINIER Jacky et Micheline - Le Chiron - 16130 SALLES-D'ANGLES - Tél : 05 45 83 72 79 - Fax : 05 45 83 64 80

SALLES-DE-VILLEFAGNAN

C.M. 72 Pli 3

3 ch. — **A 35 km au nord d'Angoulème.** 2 chambres 2 pers. avec salle de bains et wc privés, 1 ensemble familial (1 lit 2 pers. 2 lits 1 pers.) avec salle de bains et wc privés. Salon/salle à manger, biblio. et lave-linge à disposition. Piscine privée non surveillée, terrasse, jardin, salon de jardin. Exposition de peinture, stages d'aquarelle sur place. A proximité de la RN10, dans une ancienne ferme restaurée au cœur d'un petit village de la vallée de la Charente.

Prix : 1 pers. **190 F** 2 pers. **240 F** 3 pers. **310 F** repas **80 F**

Ouvert : toute l'année.

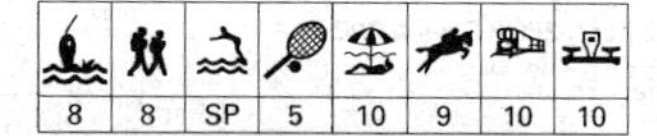

8	8	SP	5	10	9	10	10

BRIGGS POTTER Pierre et Suzanne - La Cochere - 16700 SALLES-DE-VILLEFAGNAN - Tél : 05 45 30 34 60

SEGONZAC Chez Bilhouet

C.M. 72 Pli 11

5 ch. — 5 chambres dans une ferme viticole, au cœur du vignoble de Cognac. 3 ch. 2 pers. avec salle d'eau et wc privés. 2 ch. 4 pers. avec s.d.b. et wc privés. Cuisine. Garage, terrain, jardin, salle de jeux. Visite de la distillerie sur place. Forêt 2 km. Vente de pineau et cognac sur place.

Prix : 1 pers. **240 F** 2 pers. **260 F** 3 pers. **300 F**

Ouvert : toute l'année.

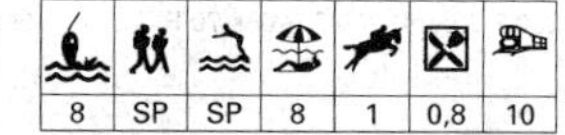

8	SP	SP	8	1	0,8	10

MARCADIER Serge - Chez Bilhouet - 16130 SEGONZAC - Tél : 05 45 83 43 50 ou 06 07 83 81 28

SOYAUX Montboulard

C.M. 72 Pli 14

5 ch. — 4 ch. 2 pers. avec s. d'eau et wc privés (dont 1 ch. de style Louis XV), 1 ch. 4 pers. avec s. d'eau et wc privés. Parking, parc. Coin pique-nique avec barbecue à disposition. Jeux pour enfants. Piscine privée non surveillée (commune aux gîtes). Parcours VTT. Table d'hôtes sur réservation uniquement en juillet et août. Sentiers de randonnées. Aux portes d'Angoulême, dans un logis du XVe restauré au milieu des bois.

Prix : 1 pers. **260/350 F** 2 pers. **300/400 F** 3 pers. **370 F** repas **65/100 F**

Ouvert : toute l'année.

5	SP	5	5	5	5	0,5

BLANCHON Jeannette - Logis de Montboulard - 16800 SOYAUX - Tél : 05 45 92 07 35

SOYAUX Antornac

C.M. 72 Pli 14

2 ch. — 2 chambres 2 pers. avec salle d'eau et wc privés, salle à manger, salon, cheminée, TV, bibliothèque et lave-linge à dispo. Terrasse, jardin, salon de jardin. Ouvert en juillet et août. Aux portes d'Angoulême (salon de la BD, festival de musiques métisses, circuit des remparts), maison neuve sur terrain boisé d'un hectare.

Prix : 1 pers. **200 F** 2 pers. **260 F**

Ouvert : en juillet et août.

5	SP	5	2	8	5	7	8	1

SALE Monique - Antornac - 16800 SOYAUX - Tél : 05 45 92 15 96

SUAUX L'Age (TH) *C.M. 72 Pli 15*

4 ch. 4 ch. d'hôtes dans l'annexe de la maison du propr. 1 ch. 2 pers. avec s. d'eau et wc privés, 1 ch. 4 pers. avec s. d'eau et wc privés avec accès cuisine, salon. 1 ch. 2 pers. avec s.d.b. et wc privés, 1 ch. 2 pers. avec s. d'eau et wc privés, accès salon. L-linge à dispo. des hôtes. Jardin, terrasse. Piscine privée non surveillée (commune aux 3 gîtes). Sur la route du Limousin, à 15 km du plan d'eau de Lavaud, vaste retenue aménagée pour la baignade et les activités nautiques. Langues parlées : anglais, allemand.

Prix : 1 pers. **220 F** 2 pers. **260 F** 3 pers. **310 F** repas **80 F**
1/2 pens. **185 F**

Ouvert : toute l'année.

7	SP	SP	8	15	15	3,5	3,5	3,5

M. DUJONCQUOY - l'Age - 16260 SUAUX - Tél : 05 45 71 19 36 - Fax : 05 45 71 19 36

SUAUX Brassac *C.M. 72 Pli 15*

3 ch. Une structure familiale composée de 2 ch. et 1 ch. dans un logis du XVIIIe. 1 chambre avec salle d'eau et wc privés et 1 ensemble familial composé de 2 ch. avec salle de bains et wc privés. Salle à manger (cheminée), bibliothèque et TV à dispo. des hôtes. Portique et bicyclettes. Parc (arbres séculaires), très belle vue.

Prix : 1 pers. **200 F** 2 pers. **270 F** 3 pers. **340 F**

Ouvert : toute l'année.

10	7	7	7	7

SAUZET Paule - Brassac - 16260 SUAUX - Tél : 05 45 71 12 61

TROIS-PALIS La Breuillerie *C.M. 72 Pli 13*

2 ch. **A 500 m de la Charente.** Aux portes d'Angoulême, dans un logis charentais des XVIIe et XIXe siècles. 1 ch. 3 pers. avec salle de bains et wc privés, 1 structure familiale composée de 2 ch. (1 ch. 3 pers., 1 ch. 2 pers.), salle d'eau et wc privés. TV dans les chambres. Garage, parking, parc et bicyclettes. Langues parlées : anglais, espagnol.

Prix : 1 pers. **230 F** 2 pers. **260 F** 3 pers. **300 F**

Ouvert : toute l'année.

0,5	9	9	9	9	9	2

BOUCHARD Christiane - La Breuillerie - 16730 TROIS-PALIS - Tél : 05 45 91 05 37

TUSSON (TH) *C.M. 72 Pli 3*

2 ch. 1 ensemble familial composé de 2 chambres d'hôtes, dans une maison charentaise meublée à l'ancienne, au cœur d'un village protégé. 2 ch. 3 pers. avec salle d'eau et wc privés. Salle à manger, salon avec cheminée et TV. Lave-linge à la disposition des hôtes. Terrasse.

Prix : 1 pers. **200 F** 2 pers. **250 F** 3 pers. **300 F** repas **70 F**

Ouvert : toute l'année.

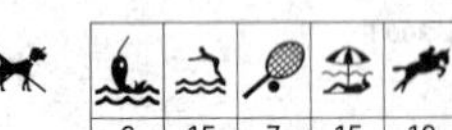

6	15	7	15	10	15	6,5

Mme GAUDIN - Place de la Mairie - 16140 TUSSON - Tél : 05 45 31 72 16 ou 06 84 59 38 46

VALENCE *C.M. 72 Pli 4*

2 ch. 1 structure familiale composée de 2 ch. 2 pers. avec salle de bains et wc privés à l'ensemble, dans une maison charentaise dans un bourg rural. Accès indépendant. Salon/salle à manger. Chauffage central. Cuisine, lave-linge à la disposition des hôtes. Jardin fleuri clos avec salon de jardin, tables de pique-nique, barbecue. Garage. 1/2 tarif pour enfant - 12 ans.

Prix : 1 pers. **170 F** 2 pers. **200 F** 3 pers. **250 F**

Ouvert : toute l'année.

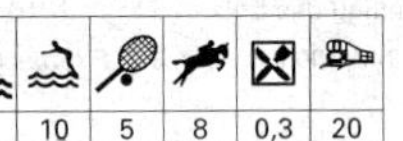

0,2	10	5	8	0,3	20

BRIMAUD Denise - Le Bourg - 16460 VALENCE - Tél : 05 45 39 27 10

VARS Logis du Portal *C.M. 72 Pli 13*

4 ch. **Angoulème 17 km. Cognac 37 km.** 1 ch. 2 pers. et 1 ch. 1 pers. avec s. d'eau et wc privés, 1 chambre 2 pers. (+ lit enfant) avec s.d.b. et wc privés, 1 ensemble familial comportant 2 chambres 2 pers. avec s. d'eau et wc privés. Salle à manger/salon avec coin-cuisine à disposition des hôtes. Cheminée. Terrasse, jardin « à la française », piscine privée non surveillée. Parking privé sur la propriété. Sur les bords de la Charente, à 16 km au nord d'Angoulème, logis du XVIIè siècle se découvrant derrière un portail d'entrée flanqué de 2 pigeonniers. Chambres meublées en mobilier d'époque.

Prix : 1 pers. **250 F** 2 pers. **350 F** 3 pers. **450 F**

Ouvert : toute l'année.

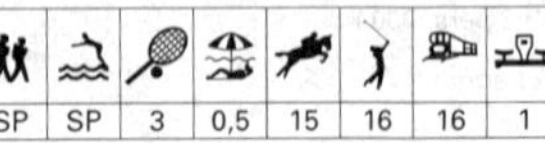

SP	SP	SP	3	0,5	15	16	16	1

BERTHOMME Liliane - Le Logis du Portal - 16330 VARS - Tél : 05 45 20 38 19

VERRIERES La Chambre *C.M. 72 Pli 12*

5 ch. 5 chambres d'hôtes sur une exploitation viticole au cœur du vignoble de Cognac. 2 ch. 3 pers., 2 ch. 2 pers. et 1 ch. 5 pers. avec salle d'eau et wc privés. Salon avec TV. Pièce aménagée avec coin-repas pour les hôtes. Vente de produits fermiers (pineau, cognac et vins de pays charentais). Possibilité lit enfant. Langue parlée : anglais.

Prix : 1 pers. **180 F** 2 pers. **230 F** 3 pers. **290 F**

Ouvert : toute l'année.

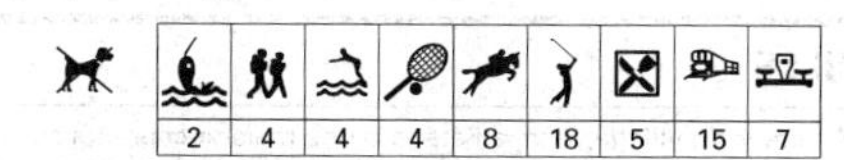

2	4	4	4	8	18	5	15	7

GEFFARD Henri et Monique - La Chambre - 16130 VERRIERES - Tél : 05 45 83 02 74 - Fax : 05 45 83 01 82

VILLEFAGNAN La Cantinoliere TH *C.M. 72 Pli 3*

2 ch. **Futuroscope 80 km. Marais Poitevin 70 km. Angoulème 45 km.** Ensemble familial composé de 2 chambres : 1 chambre 3 pers., 1 chambre 3 pers. et 1 enfant avec salle d'eau et wc privés à l'ensemble. Salon, salle à manger, TV à dispo. dans les chambres. Terrasse sur jardin. Parc et portique. Dans un logis du XIXe entouré d'une enceinte du 15e s. Langue parlée : anglais.

Prix : 1 pers. **200 F** 2 pers. **250 F** 3 pers. **350 F** repas **75 F**

Ouvert : toute l'année.

1	10	0,5	1	0,5	10	0,1

MAILLOCHAUD Jeanne - La Cantinolière - 16240 VILLEFAGNAN - Tél : 05 45 31 60 81

VILLEFAGNAN Le Logis des Tours TH *C.M. 72 Pli 3*

5 ch. **Angoulème 40 km. Cognac 50 km. Futuroscope 90 km.** 2 ch. 2 pers. avec s.d.b. et wc privés. 1 ch. 3 pers. avec s.d.b. et wc privés. 1 ensemble familial (1 ch. 2 pers. 1 ch. 3 pers.) avec s.d.b. et wc privés à l'ensemble. Salon, bibliothèque, TV satellite, cheminée à disposition des hôtes. Terrasse, parking, parc d'un hectare avec arbres centenaires. Dans une ambiance conviviale, situé dans un cadre de verdure et couleurs, le « Logis des Tours », derrière un portail flanqué de 2 tours du 15e s. invite au repos, à la découverte des richesses régionales. Accompagnement pour visites guidées des environs (payant). Langue parlée : anglais.

Prix : 1 pers. **250 F** 2 pers. **340 F** 3 pers. **450 F** repas **110 F**

Ouvert : toute l'année.

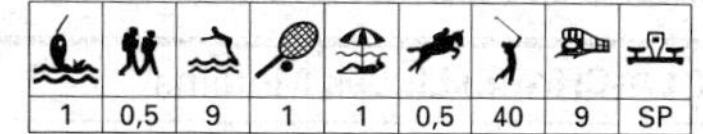

1	0,5	9	1	1	0,5	40	9	SP

DUVIVIER Chantal - Le Logis des Tours - 16240 VILLEFAGNAN - Tél : 05 45 31 74 25

VINDELLE Grattelots *C.M. 72 Pli 13*

3 ch. Ensemble familial pour 4 pers. comportant 2 ch. et 1 ch. 2 pers. avec salle d'eau et wc privés, dans maison neuve entourée d'un parc. Salon, salle à manger, coin-cuisine à disposition des hôtes. Parc boisé, portique. Garage. Tarif réduit pour enfant - de 13 ans. A 6 km d'Angoulême, sur un coteau dominant la Charente. Langue parlée : anglais.

Prix : 1 pers. **180 F** 2 pers. **240 F** 3 pers. **330 F**

Ouvert : toute l'année.

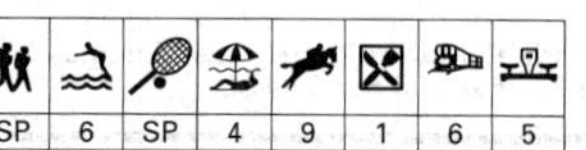

0,5	SP	6	SP	4	9	1	6	5

BAZECK Edouard-François - Grattelots - Cidex 314 - 16430 VINDELLE - Tél : 05 45 21 42 13

VITRAC-SAINT-VINCENT TH *C.M. 72 Pli 15*

4 ch. 4 ch. d'hôtes dans maison dans village pittoresque au bord du Rivaillon, entre la Rochefoucauld et le barrage de Lavaud. 2 ch. 3 pers. avec s. d'eau et wc privés. 2 ch. 2 pers. avec s. d'eau et wc privés. Salon, salle à manger avec poêle à la disposition des hôtes. Plan d'eau de Lavaud (plages, sports nautiques) 15 km. Table d'hôtes sur réservation. Langues parlées : anglais, allemand.

Prix : 1 pers. **200 F** 2 pers. **220 F** 3 pers. **300 F** repas **85 F**

Ouvert : toute l'année.

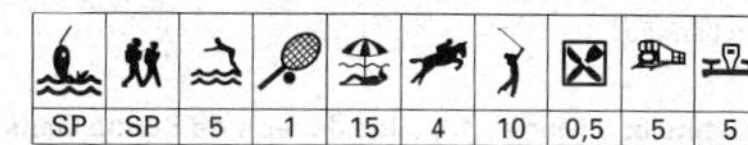

SP	SP	5	1	15	4	10	0,5	5	5

GRIBBLE Vivian et Thérésia - La Lainerie - 16310 VITRAC-SAINT-VINCENT - Tél : 05 45 39 50 98 - E-mail : gribble01@aol.com

VITRAC-SAINT-VINCENT La Maison des Arts *C.M. 72 Pli 15*

3 ch. **La Rochefoucault 11 km. Plans d'eau de Lavaud 12 km.** Au cœur d'un pittoresque village Limousin, 3 ch. à l'étage. 1 ch. 2 pers. avec salle d'eau privée non attenante et wc communs. 2 ch. 2 pers. avec salle de bains et wc communs. Salon bibliothèque à disposition des hôtes. Jardin d'agrément avec salon de jardin. Galerie d'exposition permanente d'artisanat d'art. Salon de thé. Tennis de table et VTT à disposition. Langues parlées : anglais, espagnol.

Prix : 1 pers. **200 F** 2 pers. **220 F** 3 pers. **300 F**

Ouvert : toute l'année

4	SP	4	1	15	4	15	4,5

PLAQUIN Stéphane - La Maison des Arts - 16310 VITRAC-SAINT-VINCENT - Tél : 05 45 22 59 26 ou 06 81 74 66 68 - Fax : 05 45 22 59 26

GITES DE FRANCE - Service Réservation
1, perspective de l'Océan - Les Minimes - B.P. 32
17002 LA ROCHELLE Cedex 01
Tél. 05 46 50 63 63 - Fax. 05 46 50 54 46
http://www.gites-de-france.fr

3615 Gîtes de France 1,28 F/min

AIGREFEUILLE *C.M. 71 Pli 13*

2 ch. Au cœur du village, 2 ch. à l'étage d'une maison charentaise du XIXe siècle. Ch. 1 (1 lit 2 pers. 1 lit enfant 80, 1 lit bébé + équipement complet), s.d.b. et wc privés. Ch. 2 (1 lit 160), s. d'eau et wc privés. Séjour et salon communs avec TV, bibliothèque. Grand jardin à l'anglaise clos ombragé avec terrasse et parking sous auvent. Proximité de Chatelaillon, station balnéaire avec sa plage, son casino et son front de mer. Aigrefeuille gros bourg animé avec tous commerces, restaurants et lac de pêche pour les amateurs. Accès rapide Rochefort, La Rochelle et Marais Poitevin. Langues parlées : anglais, espagnol.

Prix : 1 pers. **230 F** 2 pers. **270 F** pers. sup. **70 F**

Ouvert : toute l'année.

15	0,5	1	1	10	20	15	SP

MARY Claire et Guy - 19 bis, rue de l'Aunis - 17290 AIGREFEUILLE - Tél : 05 46 68 81 46

AIGREFEUILLE *C.M. 71 Pli 13*

3 ch. Dans un bourg de campagne, 3 chambres aménagées à l'étage de la maison de caractère des propriétaires. Ch. 1 (2 lits 1 pers.), salle d'eau et wc privés. Ch. 2 (1 lit 160), salle de bains/wc. Ch. 3 (1 lit 2 pers.) avec coin-salon attenant (1 lit 1 pers.) salle d'eau/wc. A votre dispo., séjour. Salon réservé aux hôtes avec TV, bibliothèque. Grand jardin clos arboré de 2500 m^2, 2 salons de jardin, transats, ping-pong, vélos. Parking privé. La Rochelle, ville d'Art et d'Histoire à 20 mn, son vieux port, son aquarium, son port de plaisance, ses rues animées. Au sud, Rochefort à 25 km où vous visiterez la Maison de Pierre Loti... Langue parlée : anglais.

Prix : 1 pers. **250 F** 2 pers. **280 F** 3 pers. **360 F** pers. sup. **80 F**

Ouvert : du 15 mars au 31 octobre.

15	1	1,5	1	4	20	20	0,5

JARROSSAY Claude et Claudine - 13, rue de la Rivière - 17290 AIGREFEUILLE - Tél : 05 46 35 97 84 - Fax : 05 46 01 98 04

ANTEZANT-LA-CHAPELLE Les Moulins (TH) *C.M. 71 Pli 3*

2 ch. 1 chambre et 1 chambre familiale à l'étage d'une maison de caractère. Ch. 1 (2 lits 1 pers.), s. d'eau/wc privés. Ch. familiale (1 ch. 2 lits 1 pers. 1 ch. 1 lit 2 pers.), salle de bains et wc privés. Lit bébé dispo. Séjour, salon, bibliothèque, TV, cheminée. Grand parc clos ombragé avec rivière. Table d'hôtes sur réservation. A 7 km, Saint-Jean-d'Angély : ville historique. Eglise romane d'Aulnay à 9 km. Château de Dampierre sur Boutonne à 12 km. Proximité de Saintes, Cognac, Marais Poitevin et La Rochelle.

Prix : 1 pers. **230 F** 2 pers. **270 F** 3 pers. **370 F** pers. sup. **70/90 F**
repas **95 F**

Ouvert : toute l'année sauf vacances de Noël.

50	7	SP	SP	7	30	7	7

FALLELOUR Marie-Claude et Pierre - Les Moulins - 10, rue de Maurençon - 17400 ANTEZANT-LA-CHAPELLE - Tél : 05 46 59 94 52 ou 06 11 11 03 35 - Fax : 05 46 59 94 52

ANTEZANT-LA-CHAPELLE Les Hermitants (TH) *C.M. 71 Pli 3*

2 ch. Chambres aménagées au 1er étage de la maison du propriétaire. Ch. 1 familiale avec salle d'eau et wc privés (2 ch. 1 lit 2 pers. chacune). Ch. 2 avec salle d'eau et wc privés (1 lit 2 pers. 1 lit 1 pers.). Possibilité 1 lit d'appoint. Séjour/salon, TV. Cour et coin pelouse, meubles de jardin, balançoire. Table d'hôtes sur réservation. A 7 km, St-Jean-d'Angély : ville historique. Eglise romane d'Aulnay à 9 km. Château de Dampierre sur Boutonne à 12 km. Proximité de Saintes, Cognac, Marais Poitevin et La Rochelle.

Prix : 1 pers. **180/190 F** 2 pers. **220/240 F** 3 pers. **290 F**
pers. sup. **50/60 F** repas **85 F**

Ouvert : toute l'année.

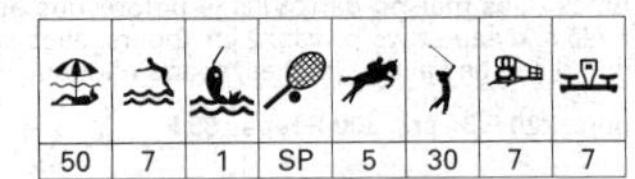

50	7	1	SP	5	30	7	7

DUFOUR Martine et J.Marie - 10, allée Joseph de Bonne Gens - Les Hermitants - 17400 ANTEZANT-LA-CHAPELLE - Tél : 05 46 59 97 50 - Fax : 05 46 59 97 50

ARCHINGEAY (TH) *C.M. 71 Pli 3*

3 ch. **Dans le Val de Saintonge, à 22 km de Saint Jean d'Angély.** Dans le village, chambres de grand confort. Ch.1 (1 lit 2 pers.) access. 1 pers. handicapée, aménagée au r.d.c. d'1 partie de la maison des propriétaires avec s.d.b., douche et wc privés. A l'étage, 2 ch. avec s.d.b. et wc privés. Ch. 2 (1 lit 2 pers.). Ch. 3 suite pour 3 pers. (1 lit 2 pers. 1 lit 1 pers.), coin-salon. A votre dispos., séjour/salon avec cheminée. Grand jardin fleuri, terrasse, parking. Table d'hôtes sur réservation. Marie-Thérèse et Jean-Pierre sont heureux de vous faire découvrir les richesses de leur région. Circuit des églises romanes. Accès rapide à Saint-Savinien, Rochefort, Saintes. Langue parlée : anglais.

Prix : 1 pers. **220 F** 2 pers. **290/320 F** 3 pers. **400 F** pers. sup. **80 F**
repas **95 F**

Ouvert : toute l'année.

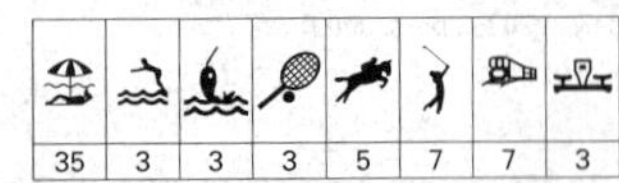

35	3	3	3	5	7	7	3

JACQUES M.Thérèse et J.Pierre - 16, rue des Sablières - 17380 ARCHINGEAY - Tél : 05 46 97 85 70 - Fax : 05 46 97 61 89

ARTHENAC La Barde Fagnouse

(TH) *C.M. 71 Pli 6*

2 ch. Sur une exploitation viticole, située au cœur de l'appellation « Cognac », 2 chambres de grand confort (1 lit 2 pers.) chacune avec salle d'eau/wc privés sont aménagées à l'étage de la maison des propriétaires. A votre disposition, séjour, salon, TV et bibliothèque. Jardin d'agrément avec meubles de jardin. Table d'hôtes sur réservation. Sur leur propriété à Arthenac située dans un cru réputé Petite Champagne, Dominique et Nicole auront à cœur de vous faire découvrir leur distillerie où sont élaborées 4 variétés de Pineau et la transformation en Cognac à l'aide de l'alambic « à repasse ». Chais à visiter et dégustation ! Langue parlée : anglais.

Prix : 1 pers. **220 F** 2 pers. **260 F** repas **85 F**

Ouvert : toute l'année.

60	5	8	15	5	10	25	15	5

CHAINIER Dominique et Nicole - La Barde Fagnouse - 17520 ARTHENAC - Tél : 05 46 49 12 85 - Fax : 05 46 49 18 91

AUMAGNE Le Treuil

(TH) *C.M. 71 Pli 4*

3 ch. Eliane et Maurice vous accueillent dans leur propriété. A l'étage. Ch. 1 familiale avec s.d.b. et wc privés (1 ch. 1 lit 2 pers. 1 ch. 1 lit 2 pers. 1 lit 1 pers.). Ch. 2 familiale avec s. d'eau et wc privés (1 ch. 1 lit 2 pers. 1 ch. 2 lits 1 pers.). Ch. 3 avec salle d'eau et wc privés (1 lit 2 pers.). Séjour/salon, TV. Grand jardin clos ombragé, salon de jardin. Tennis, jeux. Table d'hôtes sur réservation. Détente et repos assurés dans un cadre champêtre où vous serez accueillis chaleureusement. A 12 km, découvrez Saint Jean d'Angély : ville médiévale. Nombreuses églises romanes à visiter. Cognac à 25 km ...

CV

Prix : 1 pers. **200/250 F** 2 pers. **240/280 F** 3 pers. **320 F** pers. sup. **60 F** repas **95 F**

Ouvert : de Pâques à novembre.

70	5	5	SP	12	25	10	1

DESCHAMPS Eliane - 7, rue du Pigeonnier - Le Treuil - 17770 AUMAGNE - Tél : 05 46 58 23 80 - Fax : 05 46 58 23 91

BALLON

C.M. 71 Pli 13

2 ch. Chambres indépendantes, aménagées dans une partie de la maison du propriétaire. 2 chambres au r.d.c. avec salle d'eau et wc privés (1 lit 2 pers.), possibilité lit d'appoint et lit bébé. Véranda réservée aux hôtes avec bibliothèque, TV et coin-cuisine. Cour, jardin, terrasse couverte, meubles de jardin et barbecue. Ballon, petit village charentais est situé à 10 km de Chatelaillon, bien connu pour son casino, son front de mer et sa plage. A visiter également La Rochelle à 25 km au nord : ville d'Art et d'Histoire et Rochefort au sud : maison de Pierre Loti, bassins de plaisance, la Corderie Royale... Langue parlée : anglais.

CV

Prix : 1 pers. **200 F** 2 pers. **220 F** pers. sup. **30 F**

Ouvert : toute l'année.

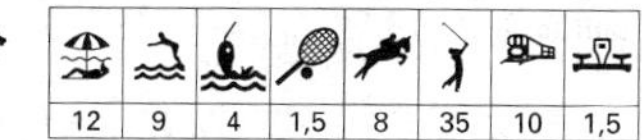

12	9	4	1,5	8	35	10	1,5

BEGAUD Yves - 22, rue de Chize - 17290 BALLON - Tél : 05 46 55 30 38 - Fax : 05 46 55 34 85 - E-mail : yves.begaud@wanadoo.fr

BARZAN La Providence

C.M. 71 Pli 16

1 ch. Chambre avec entrée indépendante dans une maison de plain pied mitoyenne à un gîte. Chambre (1 lit 2 pers. 1 lit 1 pers.) avec salle d'eau privative et wc privatifs attenants. TV couleurs dans la chambre. Terrasse, jardin privatif fleuri, meubles de jardin avec petit abri, garage. Restaurant à 500 m. Barzan sur les bords de la Gironde est une petite région agréable où vous découvrirez les paysages de falaises et les coteaux vallonées de l'arrière Pays. A visiter, la petite église romane de Talmont perchée à flanc de falaise, le port de Mortagne, Royan : ville de congrés et ses plages.

CV

Prix : 2 pers. **200 F** 3 pers. **250 F**

Ouvert : toute l'année.

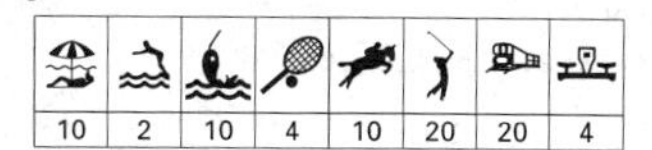

10	2	10	4	10	20	20	4

SEGUIN Paule - 92, route de la Providence - 17120 BARZAN - Tél : 05 46 90 49 23

BERNAY-SAINT-MARTIN Breuilles

(TH) *C.M. 71 Pli 3*

3 ch. Dans une ancienne ferme joliment restaurée située dans un hameau, 3 ch. avec salles d'eau et wc privés chacune. Au r.d.c. d'un batiment annexe : accès indépendant. Ch. 1 Les Tournesols (1 lit 2 pers.). Ch. 2 Les Iris (2 lits 1 pers.). Dans une autre dépendance : accès indépendant, ch. 3 familiale Le Chai (2 lits 1 pers. en r.d.c., 1 lit 2 pers. en mezzanine). A votre disposition, séjour/salon avec cheminée, biblio. Jardin avec salon et jeux. Prêt de vélos. TH sur réservation sauf dimanche et lundi. Catherine et Laurent auront à cœur de vous faire découvrir les richesses et les curiosités de la Saintonge et du Marais Poitevin. Langue parlée : anglais.

CV

Prix : 1 pers. **230 F** 2 pers. **270 F** 3 pers. **320/340 F** pers. sup. **50/70 F** repas **90 F**

Ouvert : du 1er mai au 20 octobre.

45	10	6	2	10	10	10	2

LANDRE Catherine et DUMAS Laurent - 5, rue de l'Ecole - Breuilles - 17330 BERNAY-SAINT-MARTIN - Tél : 05 46 33 88 21 ou 05 46 33 92 50

BOISREDON La Chapelle

C.M. 71 Pli 7

3 ch. En pleine campagne, chambres aménagées dans une maison de construction récente mitoyenne à celle des propriétaires. 3 chambres de 3 pers. indépendantes (1 lit 2 pers. 1 lit 1 pers.) avec salle d'eau et wc privés. Séjour commun avec TV. Chambres avec accès direct sur un vaste jardin clos, parking, jeux d'enfants. Restaurant à 1 km. Proximité des bords de Gironde. Baignade, pêche et activités nautiques au lac de Montendre à 15 minutes. Promenades en forêt de pins.

Prix : 2 pers. **230 F** 3 pers. **300 F**

Ouvert : toute l'année.

50	7	8	15	7	15	55	15	1

BRUNET Josette - La Chapelle - 17150 BOISREDON - Tél : 05 46 49 34 05

BOURGNEUF

C.M. 71 Pli 12

3 ch. 3 ch. spacieuses avec salle d'eau/wc privés chacune aménagées dans un bâtiment neuf à proximité de la maison neuve des propriétaires. En r.d.c. Ch. 1 (1 lit 2 pers.). A l'étage, Ch. 2 et ch. 3 (1 lit 2 pers. 1 lit appoint). Séjour/salon/coin-cuisine réservé aux hôtes avec cheminée. Jardin clos de 1000 m^2, salon de jardin, piscine sur propriété (5x10 m). Parking privé. A 10 mn de La Rochelle, ville d'Art et d'Histoire célèbre pour son vieux port, ses restaurants aux spécialités de fruits de mer, son musée maritime, son aquarium... Accès direct pour l'Ile de Ré et le Marais Poitevin. Langues parlées : anglais, allemand.

Prix : 1 pers. **250 F** 2 pers. **280 F** 3 pers. **360 F** pers. sup. **80 F**

Ouvert : toute l'année.

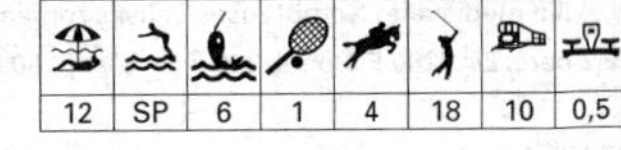

12	SP	6	1	4	18	10	0,5

MARZE Françoise et Denis - 61, rue de la Coppinerie - 17220 BOURGNEUF - Tél : 05 46 55 05 41 - Fax : 05 46 55 05 41

BREUILLET Ferme de l'Ortuge

(TH) C.M. 71 Pli 15

4 ch. 1 ch. au 1er étage de la maison du propriétaire (1 lit 2 pers.), s. d'eau/wc privée. Au r.d.c. d'une maison attenante Ch. 2 (1 lit 2 pers.), s. d'eau/wc privée. Ch. 3 (1 lit 2 pers.), salle de bains et wc privés. Ch. 4 (2 lits 1 pers.), poss. 2 lits appoints, salle d'eau, wc privés non communiquant. Séjour/salon. Grande cour, salons de jardin. Table d'hôtes sur réservation sauf le dimanche. A 12 km, vous découvrirez le zoo de La Palmyre, 1er zoo européen et la forêt de la Coubre au nord de la Presqu'île d'Arvert. Proximité des bords de Gironde avec Meschers et Talmont où vous serez émerveillés par sa petite église romane.

Prix : 1 pers. **180 F** 2 pers. **230 F** pers. sup. **60 F** repas **80 F**

Ouvert : toute l'année sauf Janvier.

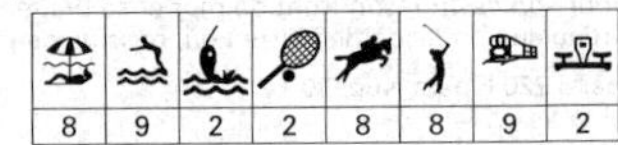

8	9	2	2	8	8	9	2

BESSON Micheline et Claude - 25, route de l'Ortuge - Ferme de l'Ortuge - 17920 BREUILLET - Tél : 05 46 22 73 52 - Fax : 05 46 22 73 52

CELLES Le Moulin Neuf

C.M. 71 Pli 5

4 ch. Dans un ancien moulin à eau datant de 1850, 4 chambres avec accès indépendant aménagées à l'étage. Ch. 2 et ch. 3 avec lavabo (1 lit 2 pers.). Ch. 1 et ch. 4 avec lavabo (2 lits 1 pers.). 2 salles d'eau et 2 wc communs. Poss. lit d'appoint. Séjour réservé aux hôtes. TV. Grand jardin clos fleuri en bordure de rivière, terrasse. Parking. Situé dans un cadre très agréable de la Vallée du Né, le Moulin Neuf est un lieu propice au repos et à la détente. A 10 km de Cognac, vous visiterez les célèbres chais et distilleries et dégusterez bien évidemment le Cognac et pourquoi pas le Pineau qui font la renommée de cette région ! Langues parlées : anglais, espagnol.

Prix : 1 pers. **200 F** 2 pers. **240 F** pers. sup. **60 F**

Ouvert : toute l'année.

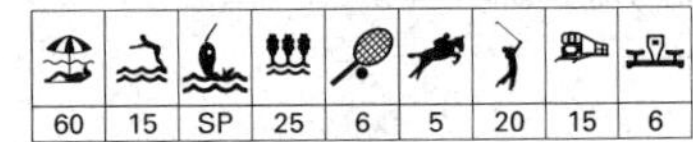

60	15	SP	25	6	5	20	15	6

VINET Jean-Claude - 62, route du Moulin Neuf - 17520 CELLES - Tél : 05 46 49 63 61 - Fax : 05 46 49 60 51

CHAMOUILLAC La Coussaie

C.M. 71 Pli 7

2 ch. Maison rénovée, sur une exploitation viticole située à proximité du logement du propriétaire. Etage : 2 chambres avec salle de bains et wc privés chacune. Ch. 1 (1 lit 2 pers.). Ch. 2 (1 lit 2 pers. 1 lit 1 pers.). TV dans chaque chambre. Séjour avec kitchenette, salon (bibliothèque et TV réservées aux hotes). Jardin clos, abri voiture. Aire de jeux attenante. Visite gratuite des chais et de la distillerie. Langues parlées : anglais, allemand.

Prix : 1 pers. **200 F** 2 pers. **260 F** 3 pers. **330 F** pers. sup. **70 F**

Ouvert : toute l'année.

60	6	2	6	2	2	7	7	2

DAVIAUD Nicole et Robert - Domaine de la Coussaie - La Coussaie - 17130 CHAMOUILLAC - Tél : 05 46 49 23 73 - Fax : 05 46 49 41 01

CHAMPAGNE Les Grands Ajeots

(TH) *C.M. 71 Pli 14*

5 ch. Dans une ancienne ferme superbement restaurée située dans un parc de 2 ha. calme et boisé, 5 ch. à l'étage (dont 1 familiale) avec salle d'eau, wc privés. Ch. 1 (1 lit 2 pers.). Ch. 2 et ch. 3 (2 lits 1 pers.). Ch. 4 (1 lit 160, 1 lit 1 pers.). Ch. 5 suite de 2 ch. (2 lits 2 pers. 1 lit 1 pers.) Vastes séjours et salons avec cheminées, bibliothèque, TV. Table d'hôtes sur réservation. Vous apprécierez le charme de ces chambres d'hôtes et la qualité de leur environnement. Champagne, petit village situé entre Aunis et Saintonge est le point de départ idéal pour de nombreuses excursions. Langues parlées : italien, espagnol.

Prix : 1 pers. **200 F** 2 pers. **250/280 F** 3 pers. **370 F** pers. sup. **90 F**
repas **100 F**

Ouvert : du 1er avril au 30 octobre.

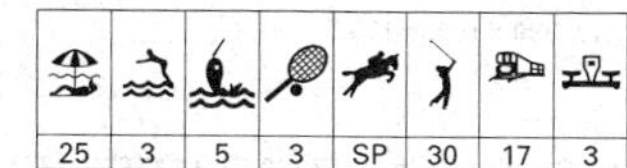

25	3	5	3	SP	30	17	3

LAURENT Jacques - L'Enclos des Grands Ajeots - Les Grands Ajeots - 17620 CHAMPAGNE - Tél : 05 46 97 04 97 - Fax : 05 46 97 04 97

CHATELAILLON-PLAGE

C.M. 71 Pli 13

3 ch. Dans une propriété récente, 3 chambres avec accès indépendant aménagées en annexe, dans une maisonnette de construction récente (1 lit 2 pers.), salle d'eau et wc privés chacune. Poss. lit bébé. A votre disposition, véranda, coin-détente, TV. Poss. petit coin-cuisine. Jardin d'agrément arboré et fleuri avec piscine, barbecue fixe, salons de jardin, parking privé. Chatelaillon-plage, station balnéaire que vous apprécierez pour sa plage, son centre de thalassothérapie à 600 m, son casino et son front de mer... La Rochelle, ville d'Art et d'Histoire, célèbre pour son vieux port. Rochefort avec le chantier de l'Hermione, la maison de Pierre Loti.

Prix : 1 pers. **230 F** 2 pers. **260/270 F** 3 pers. **340 F**

Ouvert : toute l'année.

1	SP	1	0,5	10	10	1	1

SUZANNE Marie-Armelle - 37, Bld Georges Clémenceau - 17340 CHATELAILLON-PLAGE - Tél : 05 46 56 17 64 - Fax : 05 46 56 30 11

CHAUNAC La Loge

C.M. 71 Pli 6

3 ch. Dans un cadre reposant à prox. de la maison des propriétaires, 3 ch. à la ferme aménagées au r.d.c. d'une maison de caractère rénovée. Ch. « Bleue » et « Verte » (1 lit 2 pers.), s. d'eau et wc privés. Ch. « Rouge » (2 lits 1 pers.), s.d.b. et wc privés. kitchenette à dispos. des hôtes. Séjour, coin détente/lecture. Cour, vaste terrain, transats, balançoire. Filet volley, vélos, VTT, abri. Poss. 1 lit appoint dans chaque chambre. 1 lit bébé, chaise haute disponibles. A 12 km de Montendre avec lac de baignade et de Jonzac, station thermale. Circuits de randonnée pédestre et VTT. Proximité des vignobles du Bordelais et du Cognac. Langues parlées : anglais, espagnol.

Prix : 1 pers. **200 F** 2 pers. **260 F** pers. sup. **60 F**

Ouvert : du 15 avril au 15 octobre.

60	2	12	12	1	10	45	12	5

PICQ Agathe et Philippe - La Loge - 17130 CHAUNAC - Tél : 05 46 70 68 50 ou 05 46 70 68 17 - Fax : 05 46 86 13 02

CHERAC Chez Piché

C.M. 71 Pli 5

3 ch. Dans la vallée de la Charente, 3 chambres de grand confort avec sanitaires privés aménagées dans une maison indépendante située sur une exploitation agricole et viticole. Ch. « Sauvignon et Merlot » (1 lit 2 pers.). ch. « Ugni Blanc » (1 lit 2 pers. 1 lit 1 pers.). Poss. 1 lit d'appoint. A votre dispo. : séjour, TV. Salon de jardin, jeux d'enfants. Martine et Jean-Claude vous accueillent avec beaucoup de chaleur et de gentillesse pour une halte ou un séjour calme et reposant. Sur place : visite des chais. Vin de Pays charentais, Pineau, Cognac. Restaurants à 2 km. Cognac 12 km. Langue parlée : anglais.

Prix : 1 pers. **240 F** 2 pers. **260/270 F** 3 pers. **330 F** pers. sup. **65 F**

Ouvert : toute l'année.

45	10	0,4	2	5	15	12	2

CHARBONNEAU Jean-Claude - Chez Piche - 17610 CHERAC - Tél : 05 46 96 30 84 - Fax : 05 46 96 30 84

CHERVETTES

C.M. 71 Pli 3

2 ch. Dans un petit village, 2 chambres dont une familiale aménagées à l'étage d'une maison charentaise rénovée. Ch. 1 (1 lit 160, 1 lit 1 pers.), salle de bains et wc privés. Ch. 2 familiale : 1 ch. (1 lit 2 pers.) et 1 ch. (2 lits 1 pers.), salle de bains et wc privés. A votre disposition : séjour/salon, TV, bibliothèque. Jardin, salon de jardin, piscine. Accès rapide à Rochefort, Surgères et au Marais Poitevin : promenades en barques, spécialités du marais : anguilles, poissons. Nombreuses églises romanes à visiter : Surgères : son chateau, son église et ses remparts... Langues parlées : anglais, espagnol.

Prix : 1 pers. **230 F** 2 pers. **260 F** 3 pers. **350 F** pers. sup. **70 F**

Ouvert : toute l'année.

30	SP	10	1	10	30	8	8

GODEBOUT Valérie - 20, rue Aunis et Saintonge - 17380 CHERVETTES - Tél : 05 46 35 92 21 ou 06 07 96 68 73 - Fax : 05 46 35 92 21 - E-mail : godebout.hote@libertysurf.fr

LA CLOTTE Le Grand Moulin

(TH) *C.M. 75 Pli 2*

2 ch. 2 chambres douillettes aménagées au 1er étage d'un ancien moulin à eau du XVIIe siècle superbement restauré. 1 ch. (1 lit 2 pers.), salle d'eau et wc privés, 1 ch. (1 lit 2 pers.), salle d'eau et wc privés non attenants. A votre diposition salon, TV, cheminée. Vaste parc arboré et rivière sur la propriété, vélos et barque à disposition. Table d'hôtes sur réservation. L'été, repas au bord de l'eau. Le Grand Moulin de La Clotte a fait l'objet d'un reportage dans la revue « Art et Décoration ». Plaisir de découvertes variées : balades dans une campagne boisée, gastronomie, vins bordelais à déguster (20 mn de Saint Emilion). Langue parlée : anglais.

Prix : 1 pers. **350 F** 2 pers. **390 F** repas **130 F**

Ouvert : toute l'année.

90	7	SP	7	7	30	8	0,5

GABART Henriette - Le Grand Moulin - 17360 LA CLOTTE - Tél : 05 46 04 02 40 - Fax : 05 57 25 99 40

COLOMBIERS Bel Air

(TH) *C.M. 71 Pli 5*

2 ch. A la ferme, chambre avec accès indépendant aménagée au r.d.c. de la maison des propriétaires (1 lit 2 pers. 1 lit 1 pers.), s.d.b. et wc privés. (chambre et sanitaires accessibles pour 1 à 2 pers. handicapées) et 1 ch. familiale à l'étage (1 ch. 1 lit 2 pers. 1 ch. 2 lits 1 pers.), s. d'eau et wc privés. A votre disposition, séjour/salon avec cheminée, TV. Jardin, parking. Vélos. Table d'hôtes sur réservation. Dans une ambiance chaleureuse et familiale, Agnès et Hubert seront heureux de vous accueillir et de vous faire découvrir les richesses de la Saintonge Romane.

CV

Prix : 1 pers. **190 F** 2 pers. **220 F** 3 pers. **280 F** pers. sup. **60/80 F** repas **80 F**

Ouvert : toute l'année.

35	8	0,5	4	2	15	8	3

METAYER Agnes et Hubert - 20, rue de Bel Air - 17460 COLOMBIERS - Tél : 05 46 91 25 17 ou 06 81 31 68 44

CRAM-CHABAN Cram

C.M. 71 Pli 2

2 ch. Aménagées à l'étage de la maison des propriétaires, avec entrée indépendante, 2 chambres (1 lit 2 pers.) chacune. Ch. 1 avec s.d.b. et wc privés au r.d.c. Ch. 2 avec superbe salle d'eau et wc privés. A votre disposition, séjour/salon avec cheminée. Grand jardin fleuri et arboré, terrasse couverte, meubles de jardin, barbecue. Parking. Découverte du Marais Poitevin. Promenades en barques dans la Venise Verte. Proximité de la foret de Benon. Accès rapide à La Rochelle : ville d'Art et d'Histoire célèbre pour son vieux Port, son port de plaisance, l'aquarium, ses rues aux arcades animées, ses spécialités de fruits de mer.

CV

Prix : 2 pers. **200 F**

Ouvert : toute l'année.

35	5	0,5	5	5	35	5	5

HERAUD Roselyne - 1, rue des Vignes - Cram - 17170 CRAM-CHABAN - Tél : 05 46 51 81 68 - Fax : 05 46 51 80 34

CRAM-CHABAN Cram

C.M. 71 Pli 2

3 ch. Aux portes du Marais Poitevin, 3 chambres d'hôtes à la ferme aménagées à l'étage de la maison des propriétaires, à la sortie du village (accès par un escalier un peu raide). Ch. 1 et ch. 2 (1 lit 2 pers.). Ch. 3 (2 lits 1 pers.), salle de bains et wc communs aux 3 chambres. A votre disposition : séjour/salon avec TV et cheminée. Cour fleurie et jardin ombragé. Salon de jardin, jeux d'enfants. Découverte du Marais Poitevin. Promenades en barques dans la « Venise Verte ». Proximité de la foret de Benon. Accès rapide à La Rochelle : ville d'Art et d'Histoire célèbre pour son vieux Port, son port de plaisance, l'aquarium ...

CV

Prix : 1 pers. **160 F** 2 pers. **200 F** pers. sup. **60 F**

Ouvert : toute l'année.

35	5	0,5	5	5	35	5	5

JOUBERT Lucette - 7, rue du Soleil Levant - Cram - 17170 CRAM-CHABAN - Tél : 05 46 51 80 24 - Fax : 05 46 51 83 96

LA CROIX-COMTESSE La Lignate

(TH) *C.M. 71 Pli 3*

4 ch. Chambres dans bâtiments de caractère indép. Ch. 1 r.d.c. (1 lit 2 pers. 1 lit 1 pers.), s.d.b. et wc privés, interphone, TV, cheminée. A l'ét. 3 ch. (interphone Ch. 2). Ch. 2 (1 lit 2 pers. 2 lits 1 pers.), s.d.b. et wc privés. Ch. 3 (2 lits 2 pers.), s. d'eau et wc privés. Ch. 4 (1 lit 2 pers.), s. d'eau et wc privés. Séjour, cheminée, salon. Parc non clos. Table d'hôtes sur réservation. Croix Comtesse est situé dans le Val de Boutonne, près de la Boutonne où vous pourrez pêcher et vous promener en barques... Saint-Jean-d'Angely : ville fleurie à visiter, églises romanes ... Marais Poitevin à 25 km.

CV

Prix : 1 pers. **185/215 F** 2 pers. **210/240 F** 3 pers. **295 F** pers. sup. **30/55 F** repas **90 F**

Ouvert : toute l'année.

50	3	3	3	7	30	3	3

BOUTIN Francis - Les Tilleuls - La Lignate - 17330 CROIX-COMTESSE - Tél : 05 46 24 69 96

DOMPIERRE-SUR-MER Chagnolet

C.M. 71 Pli 12

4 ch. Chambres au 1er ét. d'une maison indép., dans le village. 4 ch. avec wc communs. Ch. 1 (1 lit 2 pers.), s. d'eau privée s/ palier. Ch. 2 (1 lit 2 pers. 1 lit 1 pers.), s. d'eau privée en r.d.c. Ch. 3 et Ch. 4 avec s. d'eau privée. Ch. 3 (1 lit 2 pers.). Ch. 4 (2 lits 1 pers.). Séjour, cuisine à dispo. des hôtes. Grande cour et pelouse, barbecue, aire de jeux. La Rochelle : ville d'art et d'histoire que vous visiterez pour son vieux port, ses rues aux arcades animées, son aquarium, ses restaurants aux spécialités de fruits de mer...

CV

Prix : 1 pers. **180 F** 2 pers. **220 F** 3 pers. **280 F**

Ouvert : toute l'année.

4	4	1	4	7	7	4	2

PERREIN Michel - 13, Grande Rue - Chagnolet - 17139 DOMPIERRE-SUR-MER - Tél : 05 46 44 65 98

DOMPIERRE-SUR-MER Margorie

C.M. 71 Pli 12

4 ch. A la campagne, chambres aménagées dans des dépendances. 4 chambres avec réfrigérateur, s. d'eau et wc privés chacune. 1 chambre familiale de 4 pers. en r.d.c. (1 ch. 1 lit 2 pers., 1 ch. 2 lits 1 pers. 1 lit enfant). 3 chambres (1 lit 2 pers. et 1 lit d'appoint en mezzanine). Cuisine à disposition avec l-linge. Barbecue, portique. Vous trouverez dans cette ferme le calme assuré. Proximité du canal La Rochelle Marans : site classé. La Rochelle et son Vieux Port, l'aquarium.

Prix : 1 pers. **200 F** 2 pers. **250 F** 3 pers. **350 F** pers. sup. **100 F**

Ouvert : toute l'année.

8	8	SP	1	4	8	8	1

RENARD Marie-Josephe - Margorie - 17139 DOMPIERRE-SUR-MER - Tél : 05 46 35 33 41 - Fax : 05 46 35 33 41

ECHILLAIS

(TH) *C.M. 71 Pli 14*

2 ch. 2 chambres aménagées à l'étage de la maison du propriétaire. Ch. 1 et Ch. 2 (1 lit 2 pers.), avec salle d'eau privée et wc communs. Séjour/salon commun avec cheminée et TV. Jardin arboré, salon de jardin, parking. Table d'hôtes sur réservation. A 7 km au sud de Rochefort où vous visiterez la Maison de Pierre Loti, la Corderie Royale, les bords de la Charente. A voir l'ancien pont transbordeur de Martrou (XIXe siècle). Accès rapide pour Royan, l'Ile d'Oléron et La Rochelle.

Prix : 1 pers. **180 F** 2 pers. **220 F** pers. sup. **50/70 F** repas **85 F**

Ouvert : toute l'année.

15	7	1	7	1	2	40	7	0,5

COURAUD Daniele - 5, rue du Champ Simon - 17620 ECHILLAIS - Tél : 05 46 83 11 60

ECHILLAIS

(TH) *C.M. 71 Pli 14*

4 ch. Dans un environnement calme et reposant, 4 chambres confortables aménagées dans une maison de construction récente située à prox. de la maison des propriétaires. Ch. 1 et ch. 3 (1 lit 2 pers.). Ch. 2 (2 lits 1 pers.). Ch. 4 (1 lit 2 pers. 1 lit 1 pers.). Salle d'eau et wc privés à chaque chambre. A votre disposition, séjour, salon, TV, bibliothèque. Jardin. Table d'hôtes sur réservation. A 7 km au sud de Rochefort où vous visiterez la Maison de Pierre Loti, la Corderie Royale, les bords de la Charente. A voir l'ancien pont transbordeur de Martrou (XIXe siècle). Accès rapide pour Royan, l'Ile d'Oléron et La Rochelle.

Prix : 1 pers. **200 F** 2 pers. **240 F** 3 pers. **310 F** repas **85 F**

Ouvert : toute l'année.

15	7	1	7	1	2	40	7	0,5

COURAUD Daniele et Sylvie - 5, rue du Champ Simon - 17620 ECHILLAIS - Tél : 05 46 83 11 60

ECOYEUX Chez Quiment

(TH) *C.M. 71 Pli 4*

4 ch. **Dans le Val de Saintonge, à 13 km de Saintes, ville romane.** 4 ch. aménagées dans une ancienne ferme charentaise rénovée. Etage : Ch. 1 (1 lit 2 pers. 1 lit 1 pers. 1 lit enf.), s.d.b., wc privés. Ch. 2 (1 lit 2 pers.), ch. 3 (2 lits 1 pers.), salle d'eau, wc privés chacune. R.d.c. : Ch. 4 access. 1 pers. hand. (1 lit 2 pers. 1 lit 1 pers.), s.d.b/ douche, wc privés. A votre disposition, séjour/salon (TV biblio.). Cour, jardin, ping-pong. Table d'hôtes et location de vélos sur réservation. Séjours à thèmes : cuisine traditionnelle au Pineau et au Cognac !

Prix : 1 pers. **180/220 F** 2 pers. **215/255 F** 3 pers. **310 F** pers. sup. **50 F** repas **90 F**

Ouvert : toute l'année.

50	6	15	2	15	10	15	2

FORGET M-Andrée et Henri - Quiment (Quimand) - 17770 ECOYEUX - Tél : 05 46 95 92 55 - Fax : 05 46 95 92 55

LES ESSARDS Le Pinier

(TH) *C.M. 71 Pli 4*

4 ch. 4 ch. confortables personnalisées aménagées dans une superbe demeure. Ch. 1 suite de 2 ch. avec salon, s.d.b. et wc privés (1 ch. 1 lit 2 pers. 1 ch. 2 lits 1 pers.). Ch. 2, 3 et 4 aménagées dans une ancienne étable joliment restaurée (1 lit 2 pers.), s. d'eau et wc privés chacune. A votre disposition séjour, TV, salle de jeux, coin-cuisine, lave-linge. Jardin. Table d'hôtes sur réservation. Sentiers VTT. Saintes : vestiges gallo-romains, arènes, thermes à visiter, bords de Charente ... Point-phone. Langue parlée : anglais.

Prix : 1 pers. **200 F** 2 pers. **260 F** 3 pers. **360 F** pers. sup. **50 F** repas **80 F**

Ouvert : du 1er juillet au 31 août et week-ends en mai, juin et septembre.

30	10	10	5	7	10	10	4

JAMIN Francine - 10, le Pinier - 17250 LES ESSARDS - Tél : 05 46 93 91 43 - Fax : 05 46 93 93 64

FOURAS

C.M. 71 Pli 13

5 ch. Dans une propriété calme de la Presqu'île de Fouras, à 150 mètres de l'océan. 5 chambres d'hôtes en rez-de-jardin avec entrées indépendantes. 3 chambres (1 lit 2 pers.) et 2 chambres (2 lits 1 pers.), avec salle d'eau et wc privatifs. Séjour. Vaste jardin arboré, kiosque-gloriette, salon de verdure, parking clos privé. Entre La Rochelle et Royan, face à l'Ile d'Aix et au Fort Boyard, le Clos des Courtineurs se trouve au centre de vos itinéraires vers les îles de Ré, d'Oléron, Rochefort, Cognac et la Saintonge Romane. Langue parlée : anglais.

Prix : 1 pers. **260 F** 2 pers. **300/320 F**

Ouvert : de mai à septembre.

SP	18	SP	SP	1	6	14	SP

LEFEBVRE Pierrette - 4 ter, rue des Courtineurs - BP47 - 17450 FOURAS - Tél : 05 46 84 02 87 - Fax : 05 46 84 02 87 - E-mail : pierrette.lefebvre@wanadoo.fr

GENOUILLE La Mitière

C.M. 71 Pli 3

3 ch. Ch. au 1er étage d'une maison charentaise avec accès indépendant. Ch. 1 et ch. 2 (1 lit 2 pers., 1 lit 1 pers.), s. d'eau privée chacune et wc communs. Ch. 3 familiale (1 ch. 1 lit 2 pers. et 1 ch. 1 lit 2 pers., 1 lit 1 pers.), s. d'eau et wc privés. Cuisine aménagée, séjour, cheminée, TV, biblio. Cour/coin pelouse, barbecue, meubles de jardin, jeux enfants. Calme et repos assuré. Location de vélos. Petits restaurants à proximité. Genouillé, charmant petit village situé dans la campagne à proximité de La Rochelle et de Rochefort. A 20 mn des plages de Châtelaillon et de Fouras. A Genouillé : église romane classée. 4 pers. : 300 à 370 F, 5 pers. : 400 F.

Prix : 1 pers. **200 F** 2 pers. **210/220 F** 3 pers. **270 F**

Ouvert : du 1er avril au 1er décembre.

25	2	2	2	10	6	6	2

BONNET Claudette et Régis - La Mitière - 17430 GENOUILLE - Tél : 05 46 27 71 81

GENOUILLE La Boisselée

C.M. 71 Pli 3

2 ch. Dans un hameau, 2 chambres avec accès indépendant aménagées à l'étage d'une ancienne maison charentaise rénovée. 1 ch. (1 lit 2 pers.). 1 ch. (1 lit 2 pers.). Salle d'eau et wc privés à chaque chambre. A votre disposition : séjour avec coin cuisine. Petit jardin avec mobilier de jardin et barbecue. Genouillé, charmant petit village de campagne situé à proximité de La Rochelle ville d'Art et d'Histoire célèbre pour son vieux port et de Rochefort réputée pour ses thermes et son passé maritime où vous visiterez entre autre le chantier de l'Hermione et la maison de Pierre Loti.

Prix : 1 pers. **190 F** 2 pers. **230 F**

Ouvert : toute l'année.

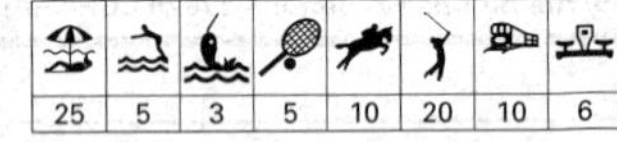

25	5	3	5	10	20	10	6

RAILLET Chantal - La Boisselée - 17430 GENOUILLE - Tél : 05 46 27 88 65

LE GUA

C.M. 71 Pli 14

3 ch. Au cœur du village, 3 chambres aménagées à l'étage de la maison des propriétaires. Ch. 1 (1 lit 2 pers.), salle de bains privée et wc communs avec ch. 3. Ch. 2 (1 lit 2 pers.), cabine de douche et wc privés. Ch. 3 avec cabine de douche (2 lits 2 pers.), wc communs avec ch. 1. A votre disposition, séjour, salon avec TV, jardin. Le Gua est situé à prox. de l'embouchure de la Seudre : bassin de Marennes-Oléron réputé pour ses huîtres. Musée de la poche de Royan (1944-45) au Gua. Royan : ville de congrès est à 15 km, vous apprécierez ses plages au sable fin, son port de plaisance. Proximité de la forêt de La Coubre. Langue parlée : allemand.

Prix : 1 pers. **180 F** 2 pers. **200 F** 3 pers. **260 F** pers. sup. **70 F**

Ouvert : toute l'année.

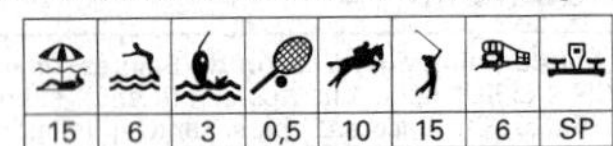

15	6	3	0,5	10	15	6	SP

DESGRIS Liliane - 11, rue Saint-Laurent - 17680 LE GUA - Tél : 05 46 22 86 44 - Fax : 05 46 22 86 44

JARNAC-CHAMPAGNE La Feuillarde des Tonneaux

C.M. 71 Pli 5

3 ch. Ch. d'hôtes dans maison de maître de style charentais. A l'étage, ch. 1 (1 lit 2 pers.), s. d'eau, wc, frigo. A l'ét. dans une aile, ch. 2 (2 lits 1 pers.), s. d'eau, wc, frigo. Ch. 3 (1 lit 2 pers.), s.d.b./ douche séparée, wc, frigo. 1 vélo appart. Séjour, salon (TV/biblio.). Billard français. Parc, salon de jardin, ping-pong, loc. VTT, pétanque. Table d'hôtes sur réservation. Sur la propriété viticole, poss. de visiter la distillerie et les chais. Vente de Pineau et Cognac, de produits fermiers : truffes, noix, noisettes. Restaurant à 1 km. Eglises romanes à visiter. Jonzac, ville thermale à 14 km. Proximité de Cognac.

Prix : 1 pers. **300 F** 2 pers. **400 F** pers. sup. **60 F** repas **140 F**

Ouvert : de mars à octobre, autres périodes sur réservation.

50	10	8	14	1	12	25	14	1

SARL LASSALLE - Charles et Violette - 14, rue des Tonneaux - Domaine des Tonneaux - 17520 JARNAC-CHAMPAGNE - Tél : 05 46 49 50 99 ou 05 46 49 57 19 - Fax : 05 46 49 57 33 - E-mail : lassalle@t3a.com - http://www.T3A.com/lassalle

LANDRAIS Les Granges

C.M. 71 Pli 3

5 ch. Dans un petit hameau, 5 chambres à l'étage avec salle d'eau et wc privés. Ch. 1 (1 lit 2 pers.). Ch. 2 (2 lits 1 pers.). Ch. 3 (1 lit 2 pers.). Ch. 4 (1 lit 2 pers.). Ch. 5 (1 lit 2 pers., 2 lits 1 pers.). Poss. 1 lit supplémentaire dans Ch. 5. Salle de séjour. Cour et coin-pelouse privés non clos, meubles de jardin et portique. Table d'hôtes sur réservation. Landrais près de Surgères où vous visiterez l'église romane et le chateau d'Hélène de Fonsèque, inspiratrice de Ronsard. La Rochelle ville historique avec son vieux port, ses restaurants aux spécialités de fruits de mer, son aquarium.

Prix : 1 pers. **170 F** 2 pers. **210 F** 3 pers. **270 F** pers. sup. **50 F** repas **75 F**

Ouvert : du 1er février au 30 novembre.

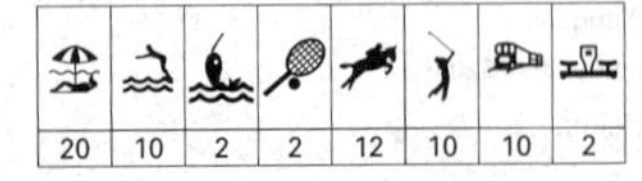

20	10	2	2	12	10	10	2

CAILLON Monique et François - 1, rue Pré Trenai - Les Granges - 17290 LANDRAIS - Tél : 05 46 27 73 81 - Fax : 05 46 27 87 13

LUCHAT La Métairie

C.M. 71 Pli 5

3 ch. Dans une ancienne maison charentaise rénovée, contigüe à la maison des propriétaires, chambres personnalisées, confortables avec salle d'eau/wc privés chacune. Au r.d.c. ch. 1 access. 2 pers. handicapées (2 lits 1 pers.). A l'étage ch. 2 (1 lit 2 pers. 1 lit 1 pers.). Ch. 3 (3 lits 1 pers.). A disposition : séjour avec cheminée, salle détente, TV, bibliothèque. Jardin d'agrément. Parking. Table d'hôtes sur réservation. Au cours de votre séjour, dans un cadre reposant, venez découvrir Saintes, ville d'Art et d'Histoire, Royan, ses plages et sa côte. A pied ou à vélo, venez aussi parcourir la Saintonge aux paysages vallonnés et verdoyants. Langue parlée : anglais.

Prix : 1 pers. **200 F** 2 pers. **260 F** 3 pers. **330 F** pers. sup. **70 F** repas **85 F**

Ouvert : de mars à novembre, autres périodes sur réservation.

26	4	8	3	4	12	10	4

TRENTESAUX Martine - 17, rue de la Métairie - 17600 LUCHAT - Tél : 05 46 92 07 73 ou 06 83 58 25 55

MARANS Bel Air de Vendome

C.M. 71 Pli 12

1 ch. A la ferme, chambre familiale (1 ch. 1 lit 2 pers. et 1 ch. 2 lits 1 pers.) avec accès indépendant, aménagée à l'étage de la maison des propriétaires. Salle d'eau et wc privés. Séjour et salon commun avec cheminée et TV. Cour et jardin clos, salon de jardin, portique. Marans situé en limite du Marais Poitevin délimite la Charente Martime et la Vendée. Pêche sur la Sèvre Niortaise et possibilité de promenade en barques. Proximité de La Rochelle : ville d'Art et d'Histoire à visiter !

Prix : 2 pers. **230 F** 3 pers. **310 F** pers. sup. **80 F**

Ouvert : toute l'année.

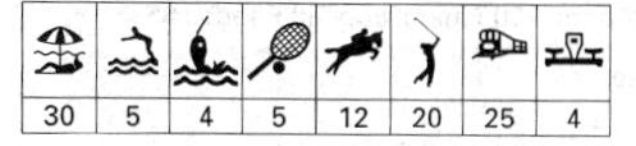

30	5	4	5	12	20	25	4

RUAU Micheline et Jacques - Bel Air de Vendome - 17230 MARANS - Tél : 05 46 01 14 01 - Fax : 05 46 35 11 09

MARANS La Grande Bastille

C.M. 71 Pli 12

2 ch. Chambres situées sur une exploitation agricole isolée. 2 chambres en r.d.c. Ch. 1 (2 lits 1 pers. 1 lit 2 pers.), salle d'eau et wc privés. Ch. 2 (2 lits 1 pers. 1 lit 2 pers.), salle d'eau et wc privés. Séjour, salon avec cheminée. Cuisine indépendante à disposition des hôtes. L-linge commun. Pelouse non close, cour, meubles de jardin. Marans situé en limite du marais poitevin délimite la Charente Martime et la Vendée. Pêche sur la Sèvre Niortaise et possibilité de promenade en barques. Proximité de La Rochelle : ville d'Art et d'Histoire à visiter !

Prix : 1 pers. **200 F** 2 pers. **240 F** 3 pers. **310 F** pers. sup. **80 F**

Ouvert : toute l'année.

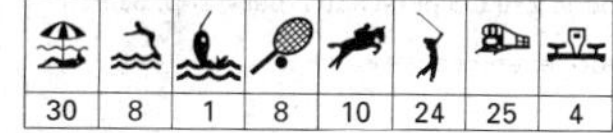

30	8	1	8	10	24	25	4

ROCHETEAU Bernard - La Grande Bastille - 17230 MARANS - Tél : 05 46 01 14 51

MARANS La Manoire

C.M. 71 Pli 12

4 ch. Dans un cadre de verdure, dans la zone maritime du Marais Poitevin, 4 ch. confortables avec accès indép., aménagées au r.d.c. d'une ancienne ferme. S. d'eau et wc privés à chaque chambre. L'Exotique (1 lit 2 pers.), La Rose (2 lits 2 pers.). La Campagnarde (1 lit 1 pers. 1 lit 2 pers.). La Myosotis (2 lits 2 pers.). A votre dispo. : séjour et salon, cheminée, TV. Jardin ombragé avec salon. Abri voiture. Vélos. TH sur réservation (sauf le samedi en juin/juillet/août). Dans une ambiance conviviale, Marie Geneviève et Claude auront à cœur de vous faire découvrir les richesses de leur environnement. Calme, détente et repos assurés.

Prix : 1 pers. **230 F** 2 pers. **270 F** 3 pers. **350 F** pers. sup. **80 F** repas **100 F**

Ouvert : du 1er avril au 31 octobre.

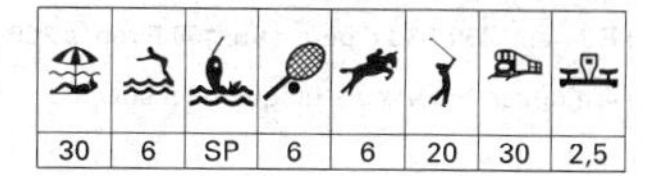

30	6	SP	6	6	20	30	2,5

BARRERIE Claude - La Manoire - Le Marais Sauvage - 17230 MARANS - Tél : 05 46 01 17 04 - Fax : 05 46 01 17 04 - http://www.marcireau.fr/marans/Manoire/Manoire.htm

MARENNES La Ménardière

C.M. 71 Pli 14

2 ch. A 3 km de Marennes, capitale de l'huître et près de l'Ile d'Oléron, chambres aménagées dans une maison de caractère rénovée (style ancien). 2 chambres à l'étage. Ch. 1 (1 lit 2 pers.), s. d'eau et wc privés. Ch. 2 (1 lit 2 pers.), salle de bains et wc privés. Séjour/salon avec TV. Véranda. Pelouse close, meubles de jardin, barbecue, portique et balançoires. Proximité de la forêt domaniale de La Coubre, du zoo de La Palmyre (un des plus grand d'Europe). A visiter : Brouage, ville fortifiée par Vauban. Lagunes avec oiseaux à prox. Bassin ostréicole de Marennes/Oléron avec dégustation d'huitres. Musées. Château de La Gataudière. Pistes cyclables.

Prix : 2 pers. **280/330 F**

Ouvert : toute l'année sauf en octobre.

3	5	3	1	1	20	20	3

FERCHAUD Jacqueline et Jean - La Menardière - 11, rue des Lilas - 17320 MARENNES - Tél : 05 46 85 41 77

MESCHERS Biscaye

C.M. 71 Pli 15

5 ch.

CV

5 ch. aménagées dans maison rénovée. A l'ét., ch. 1 (1 lit 1 pers. 1 lit 2 pers.), s. d'eau privée, wc com. Ch. 2, ch. 3 avec s. d'eau et wc com. Ch. 2 (2 lits 1 pers.). Ch. 3 (1 lit 2 pers.). Ch. 4 (3 lits 1 pers.) avec salle d'eau privée et wc com. En r.d.c., ch. 5 (1 lit 1 pers. 1 lit 2 pers.), s. d'eau privée et wc com. Vaste séjour/salon réservé aux hôtes. Terrasse couverte. Piscine. Loc. de vélos. Environnement spacieux de 1000 m^2, salon de jardin. Meschers, petite station balnéaire et petit port de pêche sur l'estuaire de la Gironde. Découvrez au sud l'église de Talmont perchée sur la falaise, les plages de sable fin de Royan.

Prix : 2 pers. **250 F** 3 pers. **300 F** pers. sup. **50 F**

Ouvert : toute l'année.

5	SP	5	5	8	15	15	3

MOYA Christian et Marie-Laurence - La Biscaye - 17132 MESCHERS-SUR-GIRONDE - Tél : 05 46 02 60 96 ou 06 85 48 23 39 - Fax : 05 46 02 60 96

MESCHERS

(TH)

C.M. 71 Pli 15

4 ch.

CV

Dans une maison récente, 4 chambres avec salle d'eau et wc privés chacune. A l'ét. ch. 1 et ch. 2 avec grand balcon commun (1 lit 2 pers. lit. 180, poss. 2 lits 1 pers.). Ch. 2 (1 lit 2 pers. lit. 160, poss. 2 lits 80). Ch. 3 (1 lit 2 pers.). En r.d.c. ch. 4 avec terrasse privée (1 lit 2 pers. lit. 160, poss. 2 lits 80). Poss. lit appoint 1 pers. Séjour, salon, TV, bibliothèque. Table d'hôtes sur réservation. Parking privé ombragé, véranda, terrasse, vaste jardin fleuri. Environnement calme et reposant. 5 plages et criques. Petit port de pêche à Meschers. Les grottes avec leur histoire. Les bords de Gironde et la petite église de Talmont.

Prix : 1 pers. **210 F** 2 pers. **260 F** pers. sup. **90 F** repas **85 F**

Ouvert : toute l'année.

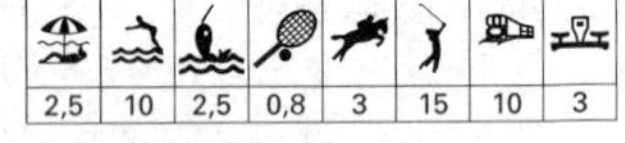

2,5	10	2,5	0,8	3	15	10	3

REDEUILH Mauricette et Pierre - 202, route de Royan - 17132 MESCHERS-SUR-GIRONDE - Tél : 05 46 02 72 72 - Fax : 05 46 02 60 70

MIGRON Logis des Bessons

C.M. 71 Pli 4

3 ch.

CV

Sur une exploitation viticole 3 ch. aménagées dans un ancien logis charentais. Ch. 1 (2 épis) (1 lit 2 pers.), salle d'eau privée, wc communs. Ch. 2 et ch. 3 (3 épis) avec salle d'eau et wc privés. Ch. 2 (1 lit 2 pers.), ch. 3 (1 lit 2 pers. 1 lit 1 pers.). A votre disposition : séjour, salon, TV, bibliothèque. Parc, ping-pong, loc. de vélos. Etang de pêche privé sur place. Ecomusée du Cognac sur place à visiter. Chèvres, anes, moutons, shetlands sur la propriété. Proximité de Cognac et de Saintes. Nombreuses églises romanes à visiter. Langues parlées : anglais, espagnol.

Prix : 1 pers. **220 F** 2 pers. **270 F** 3 pers. **330 F** pers. sup. **60 F**

Ouvert : de mai à octobre et en décembre.

60	4	SP	4	1	10	12	12	1

TESSERON Ginette - Logis des Bessons - 17770 MIGRON - Tél : 05 46 94 91 16 - Fax : 05 46 94 98 22

MIRAMBEAU Le Parc Casamène

C.M. 71 Pli 6

3 ch.

3 chambres d'hotes spacieuses et de très grand confort aménagées avec goût et raffinement dans un ravissant chateau du XIXe siècle. Salle de bains, wc privés à chaque chambre. Au r.d.c. « Les Tilleuls » (1 lit 2 pers.). A l'ét. « Le Cèdre » (2 lits 1 pers.). « Le Thuya » (1 lit 2 pers.). A votre disposition : séjour, salon, salon TV, bibliothèque. Parc boisé de 4 ha. aménagé pour la promenade. Table d'hôtes sur réservation. La chaleur de l'accueil ainsi que le charme des lieux vous apporteront détente et repos. Au cœur de la Haute-Saintonge, riche en églises romanes, c'est un point de départ idéal pour visiter les vignobles. Langues parlées : anglais, italien.

Prix : 1 pers. **420/500 F** 2 pers. **450/530 F** pers. sup. **150 F** repas **200 F**

Ouvert : toute l'année (de novembre à mars uniquement sur réservation).

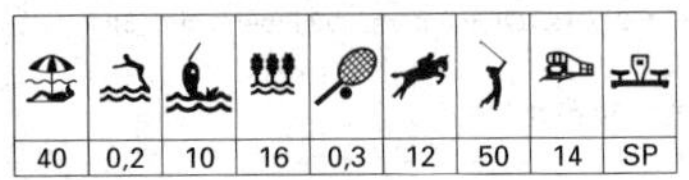

40	0,2	10	16	0,3	12	50	14	SP

VENTOLA René - 95, avenue de la République - Le Parc Casamène - 17150 MIRAMBEAU - Tél : 05 46 49 74 38 - Fax : 05 46 49 74 38

MONTPELLIER-DE-MEDILLAN

(TH)

C.M. 71 Pli 5

2 ch.

CV

Dans hameau, 2 ch. confortables (1 lit 2 pers.) chacune avec sanitaires privés, aménagées dans 1 bâtiment situé à proximité de la maison des propriétaires construite en 1774. Accès indépendant et de plain-pied. A votre disposition : séjour/salon. Jardin d'agrément ombragé et salle à manger d'été et cheminée pour grillades. Parking privé. Table d'hôtes sur réservation. Entre l'estuaire de la Gironde et de la Charente, aux sources de la Seudre, sur le GR360, vous découvrirez le bassin ostréicole et ses huîtres de claires, Saintes, riche en vestiges gallo-romains, la campagne et ses fameuses églises romanes et le vignoble spécialisé dans le Pineau. Langues parlées : anglais, espagnol.

Prix : 1 pers. **200 F** 2 pers. **250 F** repas **100 F**

Ouvert : du 1er avril au 15 novembre.

15	5	0,5	8	15	25	22	3

HUBIN Claude et Marie-Jeanne - 17, rue de la Sauveté - 17260 MONTPELLIER-DE-MEDILLAN - Tél : 05 46 90 92 70 - Fax : 05 46 90 92 70 - E-mail : hubin@t3a.com

MONTROY Les Ormeaux

C.M. 71 Pli 12

2 ch. 2 chambres d'hôtes aménagées dans une grande propriété. 1 ch. familiale aménagée à l'étage de la maison du propriétaire (1 ch. avec 1 lit 2 pers. et 1 ch. avec 2 lits 1 pers.), s. d'eau et wc privés. 1 ch. avec entrée privative (1 lit 2 pers.), s. d'eau/wc privés, avec poss. kitchenette attenante privée à la chambre (10 F/pers.). A dispo. : séjour/salon avec cheminée, TV. Grand jardin arboré, cour, meubles de jardin. Gîte rural sur la propriété. Montroy est situé à 15 km de La Rochelle, ville d'Art et d'Histoire que vous visiterez pour la ville elle-même, pour son vieux port et ses tours, pour son aquarium, ses musées ...

Prix : 1 pers. **220 F** 2 pers. **260 F** 3 pers. **300/370 F** pers. sup. **70 F**

Ouvert : toute l'année.

12	8	12	1	8	15	13	2

CAQUINEAU Roger - 15, les Ormeaux - 17220 MONTROY - Tél : 05 46 55 06 04

MORNAC-SUR-SEUDRE

C.M. 71 Pli 15

2 ch. Dans un des plus beaux villages de France, 2 ch. confortables aménagées à l'étage d'une ancienne maison charentaise rénovée. Ch. 1 (1 lit 2 pers.), s.d.b. et wc privés. Ch. 2 pour une famille, des amis. 1 ch. (1 lit 2 pers.), 1 ch. (2 lits 1 pers.), salle de bains, wc privés. A votre disposition : séjour, salon avec cheminée, TV. Jardin avec terrasse. Mornac-sur-Seudre à visiter pour son église fortifiée, ses vieilles halles, ses ruelles pittoresques, son port ostréicole, son artisanat d'art ... Langue parlée : anglais.

CV

Prix : 2 pers. **230 F** 3 pers. **350 F** pers. sup. **70 F**

Ouvert : du 1er avril au 1er novembre.

10	12	1	2	12	12	10	SP

PICHON Brigitte - 17, rue des Basses Amarres - 17113 MORNAC-SUR-SEUDRE - Tél : 05 46 22 63 29 - Fax : 05 46 22 63 29

NERE Le Chiron

TH *C.M. 71 Pli 3*

3 ch. **Château de Dampierre-sur-Boutonne 12 km.** Dans un hameau, 3 chambres confortables (1 lit 2 pers.) avec salle d'eau et wc privés, aménagées à l'étage de la maison des propriétaires. A votre disposition : séjour/salon. Jardin d'agrément avec un petit étang. Salon de jardin. Parking privé. Table d'hôtes sur réservation. Jacqueline et Christian auront à cœur de vous faire apprécier la gastronomie régionale et les richesses de leur environnement. A visiter l'église romane d'Aulnay de Saintonge du XIIe siècle, le zoorama de Chizé, l'asinerie de la Tillauderie qui a sauvegardé la race du baudet du Poitou.

CV

Prix : 1 pers. **200 F** 2 pers. **240 F** repas **90 F**

Ouvert : toute l'année.

80	8	12	5	6	45	20	5

GUIBERTEAU Jacqueline - Le Chiron - 17510 NERE - Tél : 05 46 33 01 33

NIEUL-LE-VIROUIL Les Brandes

C.M. 71 Pli 6

2 ch. Chambres avec s. d'eau et wc privés dans un logis charentais du XVIIIe siècle. En r.d.c., ch. 1 avec terrasse (1 lit 2 pers. 1 lit 1 pers.). A l'étage, ch. 2 familiale (1 ch. 2 lits 1 pers., 1 ch. 1 lit 120, 1 lit 1 pers. 1 lit bébé). Séjour. Salon, TV, bibliothèque. Kitchenette à disposition. Parc ombragé avec bassin et salon de jardin pour calme et repos absolu. Propriété située dans une impasse au milieu des champs, à 15 mn de la station thermale de Jonzac, base de loisirs avec baignade en lac géo-thermique. A découvrir les bords de Gironde, Cognac et les vins de Bordeaux. Sortie 37 autoroute A10 Mirambeau Langues parlées : anglais, espagnol.

Prix : 1 pers. **190 F** 2 pers. **290 F** 3 pers. **380 F** pers. sup. **90 F**

Ouvert : toute l'année sur réservation.

45	4	14	8	4	4	40	8	4

NEESER-DELAERE Françoise et Cécile - 79, Les Brandes - 17150 NIEUL-LE-VIROUIL - Tél : 05 46 48 30 25

ORIGNOLLES La Font Betou

TH *C.M. 71 Pli 7*

2 ch. En pleine campagne, 2 chambres confortables aménagées sur 2 niveaux dans un bâtiment annexe à la maison des propriétaires. Ch. 1 (1 lit 2 Pers. 1 lit 1 pers.). Ch. 2 (2 lits 1 Pers.), salle d'eau et wc privés à chaque chambre. A votre disposition : séjour et salon avec cheminée. Vaste jardin fleuri avec piscine, bassin et petite cascade. TH sur réservation. Laure et Gordon se feront un plaisir de vous accueillir pour un séjour calme et reposant et seront heureux de vous faire découvrir les richesses du sud de la Charente-Maritime. Langues parlées : anglais, italien.

Prix : 1 pers. **230 F** 2 pers. **300/320 F** 3 pers. **370/390 F** pers. sup. **70/90 F** repas **120 F**

Ouvert : toute l'année sauf en janvier.

80	SP	10	5	1	3	60	15	3

TARROU Laure - La Font Betou - 17210 ORIGNOLLES - Tél : 05 46 04 02 52 - Fax : 05 46 04 02 52 -
E-mail : tarrou@la-font-betou.com - http://www.la-font-betou.com

PLASSAY

TH *C.M. 71 Pli 4*

2 ch. Dans le village, au chevet de l'église, 2 chambres aménagées à l'étage d'une maison saintongeaise. Ch. 1 (1 lit 2 pers.), salle d'eau et wc privés (non communiquants). Ch. 2 familiale (1 ch. 1 lit 2 pers. en 160, 1 ch. 2 lits 1 pers.), salle de bains et wc privés. Séjour/salon, TV. Petit jardin clos, parking, meubles de jardin. Table d'hôtes sur réservation. Plassay est situé à 10 km de Saintes que vous visiterez pour ses églises romanes, ses vestiges gallo-romains : arènes, théatre, thermes... Bords de Charente. Le chateau de La Roche Courbon à 5 km. Visites des chais et distilleries de Cognac. Nombreuses églises romanes à visiter.

CV

Prix : 1 pers. **200 F** 2 pers. **250 F** 3 pers. **310 F** pers. sup. **50 F** repas **80 F**

Ouvert : toute l'année.

35	8	5	8	10	10	10	4

RATAUD Yves - 4, rue Saintonge - 17250 PLASSAY - Tél : 05 46 93 90 60

PLASSAY La Jacquetterie

TH — *C.M. 71 Pli 4*

3 ch. Chambres dans maison de caractère indépendante. R.d.c. : ch. 1 (1 lit 2 pers. 1 lit 1 pers.), s. d'eau/wc privés. 1er étage : ch. 2 (1 lit 2 pers. + 1 lit d'enf.), s. d'eau et wc privés. 2e étage : ch. 3 familiale (1 ch. 1 lit 2 pers. 1 ch. 2 lits 1 pers.). Séjour/salon, TV. jardin d'agrément, jeux d'enfants. Table d'hôtes sur réservation. Saintes : ville culturelle où l'art roman est présent : visite des vestiges gallo-romains, de l'arc de triomphe, des églises. Allez découvrir les bords de Charente où vous pourrez y pêcher ou flaner le long de ses rives. Le château de la Roche Courbon à visiter à 5 km. Langue parlée : allemand.

CV

Prix : 1 pers. **230 F** 2 pers. **270/280 F** 3 pers. **350 F** repas **95 F**

Ouvert : toute l'année.

35	9	4	4	4	10	10	4

LOURADOUR Michelle et Jacques - 14, rue de Saintonge - La Jacquetterie - 17250 PLASSAY - Tél : 05 46 93 91 88

PONT-L'ABBE-D'ARNOULT

C.M. 71 Pli 14

3 ch. Chambres dans maison individuelle ouvrant sur vaste jardin arboré non clos de 5000 m². En r.d.c. ch. 1 et ch. 2 (1 lit 2 pers.), salle de bains privée chacune, wc communs. Ch. 3 familiale (1 ch. 1 lit 1 pers. 1 lit 2 pers 1 ch. 2 lits 1 pers.), salle de bains et wc privés. Séjour à disposition. Terrasse, meubles de jardin. Très bons restaurants à 400 m. Entre Rochefort et Saintes, Pont l'Abbé d'Arnoult est un lieu privilégié pour passer ses vacances : Saintes à visiter pour ses vestiges gallo-romains et ses églises romanes, la Charente que traverse la ville. A Rochefort, la Corderie Royale. Visite du chateau de la Roche Courbon à 8 km.

CV

Prix : 1 pers. **190 F** 2 pers. **220 F** 3 pers. **290 F** pers. sup. **70 F**

Ouvert : toute l'année.

30	SP	SP	7	SP	10	23	23	SP

FLEURY Marie-Michele - 9, chemin du Jard - 17250 PONT-L'ABBE-D'ARNOULT - Tél : 05 46 97 01 03 ou 06 03 42 22 42

POUILLAC La Thébaïde

TH — *C.M. 71 Pli 7*

4 ch. Chambres dans maison de caractère indépendante. 4 chambres avec s. d'eau et wc privés. Ch. 1 et ch. 2 en r.d.c. (1 lit 2 pers. 1 lit 1 pers.). Poss. lit appoint. A l'étage : ch. 3 (1 lit 2 pers. 1 lit 1 pers.), ch. 4 (2 lits 1 pers.). Séjour, salle de détente, TV, cheminée, biblio. Parc clos ombragé, pelouse, jardin fleuri, terrasse, portique, jeux, abri. Table d'hôtes sur réservation. A 16 km Montendre avec lac de baignade, activités nautiques et pêche. Forêt de pins. Proximité de Bordeaux : route des vins à découvrir. Langue parlée : anglais.

CV

Prix : 1 pers. **220 F** 2 pers. **300 F** 3 pers. **370 F** pers. sup. **70 F** repas **115 F**

Ouvert : toute l'année, sauf en octobre.

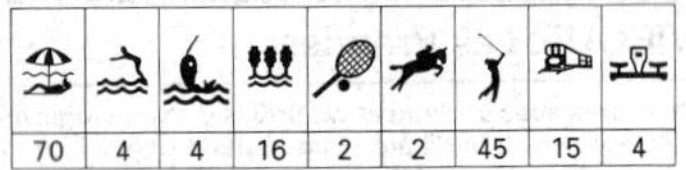

70	4	4	16	2	2	45	15	4

BILLAT Denise et Pierre - La Thébaide - La Galeze - 17210 POUILLAC - Tél : 05 46 04 65 17 - Fax : 05 46 04 85 38

PREGUILLAC

TH — *C.M. 71 Pli 5*

3 ch. Chambres dans maison indépendante. A l'étage : ch. 1 (1 lit 2 pers.), ch. 2 (2 lits de 120), ch. 3 (1 lit 1 pers.) avec salle d'eau et wc communs. Salle d'eau et wc supplémentaires au r.d.c. Salle de séjour, coin-salon, TV, cheminée, bibliothèque. Petite cour, pelouse et jardin. Table d'hôtes sur réservation. Saintes : ville aux églises romanes à visiter, aux vestiges gallo-romains innombrables : arènes, thermes, arc de triomphe, théatre...où vous irez flaner sur les bords de la Charente. A découvrir : le château de la Roche Courbon et ses jardins. Saint-Savinien avec ses maisons « dans l'eau » ! ...

CV

Prix : 1 pers. **150 F** 2 pers. **200 F** 3 pers. **250 F** pers. sup. **50 F** repas **70 F**

Ouvert : toute l'année.

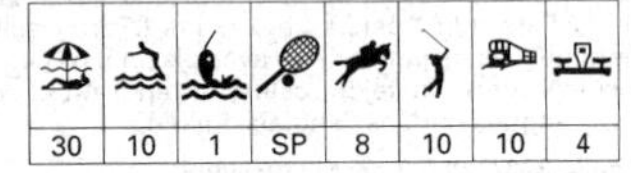

30	10	1	SP	8	10	10	4

GEORGEON Louisette - 9, rue Sainte-Eulalie - 17460 PREGUILLAC - Tél : 05 46 93 62 62

PUYRAVAULT Le Clos de la Garenne

TH — *C.M. 71 Pli 2*

3 ch. Dans logis XVIIe siècle de caractère, « Tilleul & Belle Epoque », suite fam. (4/6 pers. s. d'eau, wc) et l'Aunisienne« ch. (2/3 pers. s.d.b., wc). Dans pavillon indép., « Cottage », suite fam. (5 pers. s. d'eau, wc) accessible pers. handicapées. (literies 160, 120 et 90). A votre dispo., salon-bibliothèque, jeux, billard, coin-cuisine, TV, équipement bébé. Parc de 4 ha. avec animaux. Jeux d'ext., ping-pong, volley. Accès au tennis municipal. Table d'hôtes sur réservation. A 20 mn de La Rochelle, Rochefort et du marais Poitevin, découvrez l'harmonie et le calme d'une demeure historique. Langues : italien & allemand (compris). Langues parlées : anglais, espagnol.

CV

Prix : 1 pers. **320 F** 2 pers. **350 F** 3 pers. **450/550 F** pers. sup. **50/100 F** repas **120 F**

Ouvert : toute l'année.

25	5	5	0,5	2	20	5	5

FRANCOIS Brigitte et Patrick - 9, rue de la Garenne - Le Clos de la Garenne - 17700 PUYRAVAULT - Tél : 05 46 35 47 71 - Fax : 05 46 35 47 91 - E-mail : bpaml.francois@wanadoo.fr - http://www.perso.wanadoo.fr/la-garenne

RIVEDOUX La Champenoise

C.M. 71 Pli 12

1 ch. Chambre (1 lit 2 pers.) avec salle d'eau/wc aménagée au rez-de-chaussée de la maison du propriétaire avec entrée indépendante ouvrant sur cour fleurie. TV privée à la chambre. A votre disposition, séjour/salon avec cheminée et télévision. Cour close fleurie, terrasse, salon de jardin. Suzanne et Michel vous accueilleront à La Champenoise et auront à cœur de vous faire découvrir les richesses de leur Ile. Petits restaurants à proximité, dans le bourg de Rivedoux. Balades sympathiques à bicyclette dont l'Ile de Ré se prête tout à fait. Thalassothérapie Neptune à 1,5 km.

Prix : 1 pers. **270 F** 2 pers. **300 F**

Ouvert : toute l'année.

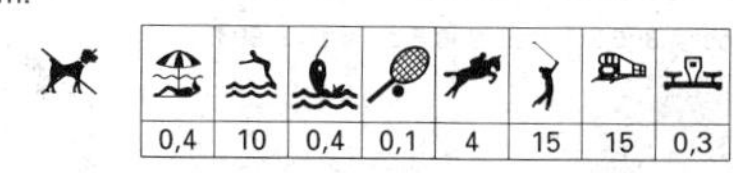

0,4	10	0,4	0,1	4	15	15	0,3

CERUTTI Suzanne et Michel - Villa la Champenoise - 195, rue des Caillauds - 17940 RIVEDOUX - Tél : 05 46 09 89 10 ou 06 86 77 17 75 - Fax : 05 46 09 89 10

ROCHEFORT Ferme de Béligon

C.M. 71 Pli 13

3 ch. Chambres dans une ancienne ferme restaurée, située sur une propriété de 5 ha. de prairie boisée. A l'ét. ch. 1 et ch. 2 avec s.d.b./douche séparée et wc privés chacune. Ch. 1 (1 lit 2 pers.). Ch. 2 (1 lit 2 pers. 1 lit 1 pers.) Ch. 3 (1 lit 2 pers. 1 lit 1 pers.), s.d.b., wc privés. Poss. lit BB. Salon commun, TV, biblio. Cuisine à dispo. des hôtes avec l-linge. Salon de jardin, barbecue, grande cour, parking privé. Aux portes de Rochefort que vous visiterez pour sa Corderie Royale, la Maison de Pierre Loti. Thermes à Rochefort. Prox. de Brouage, l'Ile d'Oléron, l'Ile Aix, les plages de Fouras. 30 mn de La Rochelle, de Royan. Langue parlée : anglais.

Prix : 1 pers. **190 F** 2 pers. **260 F** 3 pers. **360 F** pers. sup. **100 F**

Ouvert : toute l'année.

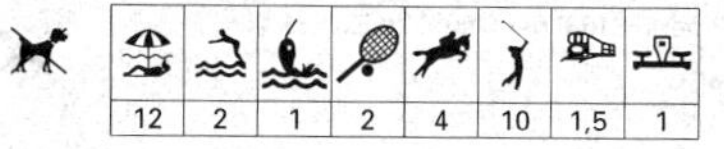

12	2	1	2	4	10	1,5	1

CAPELLE Andrée et Antoine - Ferme de Beligon - Route de Breuil-Magne - D116 - 17300 ROCHEFORT - Tél : 05 46 82 04 29

SABLONCEAUX Toulon

C.M. 71 Pli 15

2 ch. Chambres dans maison de construction récente. A l'étage, 1 ch. familiale pour 4 pers. avec terrasse (1 ch. 1 lit 2 pers. et 1 ch. 2 lits 1 pers.), salle d'eau et wc privés. En r.d.c. 1 chambre avec terrasse (2 lits 1 pers.), salle de bains et wc privés. Séjour/salon : cheminée, TV coul. Frigo à disposition des hôtes. Vaste jardin d'agrément, salon de jardin. Terrasse, barbecue dans propriété cloturée. Sablonceaux est situé entre Saintes et Royan et permet d'allier les joies de la plage et les plaisirs des visites de sites prestigieux pour les amateurs d'Art roman. Saintes : ville aux vestiges gallo-romains, traversée par la Charente. Langues parlées : espagnol, anglais.

Prix : 1 pers. **200 F** 2 pers. **250 F** 3 pers. **325 F** pers. sup. **75 F**

Ouvert : toute l'année.

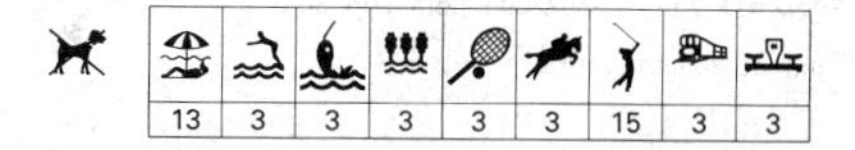

13	3	3	3	3	3	15	3	3

PAPINEAU Hélène - 54, rue de Toulon - Toulon - 17600 SABLONCEAUX - Tél : 05 46 02 36 29 - Fax : 05 46 02 36 29

SABLONCEAUX Saint-André

C.M. 71 Pli 15

2 ch. Dans un hameau, 2 chambres avec accès indépendant aménagées dans la maison saintongeaise des propriétaires. En r.d.c. : ch. 1 (1 lit 2 pers. 1 lit 1 pers.), s. d'eau/wc privés. A l'étage : ch. 2 (1 lit 2 pers. 1 lit 1 pers.), coin repas avec frigo, s. d'eau et wc privés. Poss. 2 lits appoint 1 pers. A votre dispos., séjour et salon communs avec TV et cheminées. Jardin clos, terrasse, salon de jardin, barbecue. Sablonceaux, situé entre Saintes et Royan permet d'allier les joies de la plage et les plaisirs des visites de sites prestigieux pour les amateurs d'Art Roman : Saintes, ville aux vestiges gallo-romains, traversée par la Charente. Langue parlée : anglais.

Prix : 1 pers. **180 F** 2 pers. **230 F** 3 pers. **280 F** pers. sup. **50 F**

Ouvert : toute l'année.

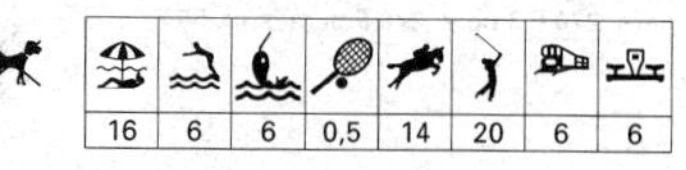

16	6	6	0,5	14	20	6	6

DOISY Elyane - 8, rue du Bois Chevalet - Saint-André - 17600 SABLONCEAUX - Tél : 05 46 94 74 54

SAINT-CHRISTOPHE Le Château

C.M. 71 Pli 12

1 ch. Dans une belle demeure du XVIIIe siècle au milieu d'un parc arboré et fleuri traversé par une petite rivière, vous disposerez d'une suite grand confort avec : entrée, vestibule, salon et chambre meublés d'époque et moderne. S.d.b. privée et wc privés attenants. Ch. 2 pers. (lit 160). Petit déjeûner personnalisé servi dans le salon (TV,bibliothèque). Vestibule ouvrant sur terrasse avec mobilier de jardin. Halte de prestige et confortable à proximité de La Rochelle (ville d'Art et d'Histoire), des iles lumineuses de Ré, Oléron et Aix, ainsi que du prestigieux Marais Poitevin. Langue parlée : anglais.

Prix : 2 pers. **550 F**

Ouvert : toute l'année.

17	2	2	1	12	21	17	2

MASSIGNAC Jean-Pierre - 6, route de la Mazurie - Le Château - 17220 SAINT-CHRISTOPHE - Tél : 05 46 35 51 76 ou 06 70 54 53 93

SAINT-CHRISTOPHE

(TH) *C.M. 71 Pli 12*

2 ch. Au cœur du village dans une maison charentaise rénovée datant de 1716, 2 chambres confortables avec salle d'eau et wc privés, aménagées à l'étage. Ch. 1 (1 lit 2 pers. 1 lit 1 pers.). Ch. 2 ensemble de 2 chambres pour une famille ou des amis (1 ch. 1 lit 2 pers. et 1 ch. 2 lits 1 pers.). A votre disposition : séjour/salon avec cheminée, TV, bibliothèque. Jardin clos avec préau. Parking privé. TH sur réservation. A proximité immédiate de La Rochelle ville d'Art et d'Histoire, de Rochefort, des îles de Ré, Aix, Oléron, vous gouterez les charmes d'un petit village de la Terre d'Aunis, aux portes du Marais Poitevin. Langues parlées : anglais, espagnol.

Prix : 1 pers. **280 F** 2 pers. **300 F** 3 pers. **390 F** pers. sup. **90 F**
repas **110 F**

Ouvert : toute l'année.

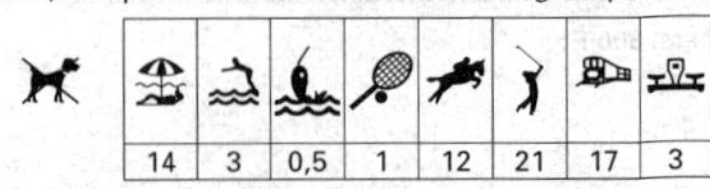

14	3	0,5	1	12	21	17	3

DUFOURD Marie - 17, route de Marans - 17220 SAINT-CHRISTOPHE - Tél : 05 46 35 60 08

SAINT-CREPIN Azay

C.M. 71 Pli 3

3 ch. 3 chambres à l'étage d'une maison charentaise indép. Ch. 1 (1 lit 2 pers. 1 lit enfant), ch. 2 (2 lits 1 pers.), ch. 3 (1 lit 2 pers.), s. d'eau et wc privés à chaque chambre. Poss. lit appoint. Salle de détente, bibliothèque. Cuisine à disposition des hotes. Jardin agrément, pelouse/cour privée non close, meubles de jardin, barbecue. Vélos à disposition. St Crépin dans le Val de Boutonne entre Surgères et Tonnay Boutonne. Proximité de Rochefort où vous visiterez la Corderie Royale, la maison de Pierre Loti... Saint Jean d'Angély : ville médiévale. Proximité de l'océan.

Prix : 1 pers. **190 F** 2 pers. **210 F** pers. sup. **70 F**

Ouvert : toute l'année.

25	5	3	5	15	12	12	5

BONNOUVRIER Ghislaine et Gaston - 1, rue du Centenaire - Azay - 17380 SAINT-CREPIN - Tél : 05 46 33 23 85

SAINT-FORT-SUR-GIRONDE

C.M. 71 Pli 6

3 ch. Dans une agréable maison bourgeoise située au cœur du village, 3 ch. à l'étage, confortables et harmonieusement décorées. S. d'eau et wc privés à chaque chambre. Ch. Monseigneur avec de superbes boiseries (1 lit 2 pers.). Ch. rose (2 lits 1 pers.). Ch. Bleue familiale 1 ch. (1 lit 2 pers.) et 1 ch. (2 lits 1 pers.). A disposition : séjour, salon, TV et bibliothèque, coin-cuisine et équipement bébé. Terrasse couverte, jardin d'agrément, salon. Parking clos. Michèle et Giselher seront heureux de vous faire découvrir les curiosités des bords de Gironde et les richesses de la Saintonge Romane. Langues parlées : anglais, allemand.

Prix : 1 pers. **200/240 F** 2 pers. **250/290 F** pers. sup. **80 F**

Ouvert : du 1er juin au 30 septembre.

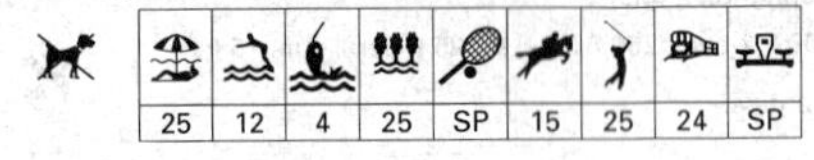

25	12	4	25	SP	15	25	24	SP

SCHONBECK Michele - 17, rue Maurice Chastang - 17240 SAINT-FORT-SUR-GIRONDE - Tél : 05 46 49 95 63 ou 06 19 16 83 55 - Fax : 05 46 49 95 63

SAINT-GEORGES-D'OLERON

C.M. 71 Pli 13

3 ch. Chambres aménagées dans une maison indépendante de construction récente. A l'étage, 3 chambres avec s. d'eau et wc privés non attenants. Ch. 1 : ensemble de 2 ch. (1 ch. 1 lit 2 pers. et 1 ch. 2 lits 1 pers.). Ch. 2 (1 lit 2 pers. 1 lit 1 pers.). Ch. 3 avec balcon (1 lit 2 pers.). Frigo à dispos. des hôtes. Pelouse fleurie, meubles de jardin, portique. Parking. L'Ile d'Oléron avec ses grandes plages de sable fin, la forêt de Saint Trojan au Sud, le phare de Chassiron au nord. Allez visiter le petit port de pêche de La Cotinière et sa criée !

Prix : 1 pers. **190 F** 2 pers. **220 F** 3 pers. **270 F** pers. sup. **50 F**

Ouvert : toute l'année.

3	3	3	0,4	4	7	50	0,4

TRICHARD Charles - 150, rue du Cellier - 17190 SAINT-GEORGES-D'OLERON - Tél : 05 46 76 58 92

SAINT-GEORGES-D'OLERON Chéray

C.M. 71 Pli 13

2 ch. Chambres avec entrée indépendante aménagées dans une partie de la maison des propriétaires. 2 chambres (1 lit 2 pers.) avec salle d'eau et wc privés chacune. Séjour/salon commun. Mise à disposition d'un frigo et d'un micro-ondes dans pièce commune aux hôtes. Vaste jardin clos et parking. L'Ile d'Oléron la Lumineuse avec ses plages de sable fin, ses forêts, ses huîtres de claire ... vous séduira. Découvrez le Fort Boyard entre Oléron et Aix, visitez le petit port de pêche de La Cotinière et sa criée, le Marais aux Oiseaux, la Citadelle du Chateau d'Oléron ...

Prix : 1 pers. **210 F** 2 pers. **240 F**

Ouvert : toute l'année.

2,5	1,5	2	1	3	10	40	0,5

DELHUMEAU Jean - 301, rue Rabaine - Cheray - 17190 SAINT-GEORGES-D'OLERON - Tél : 05 46 76 53 11

SAINT-GEORGES-DES-AGOUTS Font Moure

C.M. 71 Pli 6

3 ch. Dans un cadre champêtre, 3 chambres de grand confort avec salle de bains et wc privés, aménagées chacune pour 2 personnes à l'étage d'une ravissante demeure du XIXe siècle. A votre disposition, salon, TV, bibliothèque, vidéothèque, vaste jardin avec terrasse et piscine. Parking. Prêt de vélos. Ici, tout est propice au farniente mais aussi aux promenades découvertes dans la Saintonge Romane et aux dégustations dans les chateaux du Bordelais et du Cognac : à vous de choisir ! Accueil chaleureux et convivial. Langues parlées : anglais, italien.

Prix : 1 pers. **300 F** 2 pers. **350/400 F** pers. sup. **70 F**

Ouvert : de mars à novembre (autres périodes sur réservation).

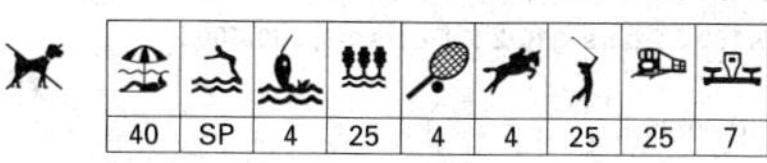

40	SP	4	25	4	4	25	25	7

TEULET Dinah et Claude - Font Moure - 17150 SAINT-GEORGES-DES-AGOUTS - Tél : 05 46 86 04 41 - Fax : 05 46 49 67 18 - E-mail : cteulet@aol.com

SAINT-GEORGES-DES-COTEAUX

C.M. 71 Pli 4

4 ch. Chambres dans maison charentaise du XVIIIe rénovée. 4 ch. avec salle d'eau/wc privés. A l'étage, « Moulinsart » (3 lits 1 pers.). « Agatha Christie » (1 lit 2 pers. 1 lit 1 pers.) « Pearl Buck » (1 lit 2 pers.). Au r.d.c. « Picardie » (1 lit 2 pers.). Grand salon avec cheminée, mezz., séjour/cuisine réservée aux hôtes. Billard français, TV, biblio. Parking privé. Grand jardin, pelouse arborée, terrasse, barbecue, meubles de jardin, portique, ping-pong, bac à sable. 2 restaurants dans village. St Georges des Coteaux en Saintonge romane proche de la Charente, de Saintes, vieille ville avec ses vestiges gallo-romains, ses églises romanes. Langues parlées : anglais, espagnol.

Prix : 1 pers. **210 F** 2 pers. **270 F** 3 pers. **350 F** pers. sup. **80 F**

Ouvert : du 1er avril au 15 novembre.

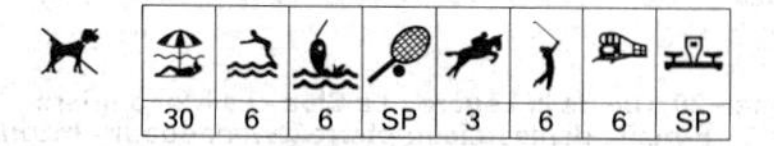

30	6	6	SP	3	6	6	SP

TROUVE Anne et Dominique - 5, rue de l'Eglise - 17810 SAINT-GEORGES-DES-COTEAUX - Tél : 05 46 92 96 66 - Fax : 05 46 92 96 66

SAINT-HILAIRE-DU-BOIS Les Robins

C.M. 71 Pli 6

4 ch. Chambres dans maison de caractère, indép., à 5 mn des thermes de Jonzac. A l'ét. 4 ch. avec s. d'eau et wc privés. Ch. 1 et ch. 3 (1 lit 2 pers.). Ch. 2 familiale (1 ch. 1 lit 2 pers. et 1 ch. 2 lits 1 pers.). ch. 4 (1 lit 2 pers. 1 lit 1 pers.). Kitchenette + prise TV dans ch. 1 et ch. 2. Séjour/kitchenette, l-linge. Coin salon, biblio. Cour, vaste jardin arboré. Piscine privée. Restaurant à 2 km. Possibilité de baignade en lac géo-thermique à Jonzac : station thermale. Route des vins, Pineau, Cognac à déguster. Circuits touristiques dans un rayon de 40 km : Saintes, Cognac, Blaye, Royan. Langue parlée : anglais.

Prix : 1 pers. **195 F** 2 pers. **260 F** 3 pers. **350 F** pers. sup. **80 F**

Ouvert : d'avril à octobre.

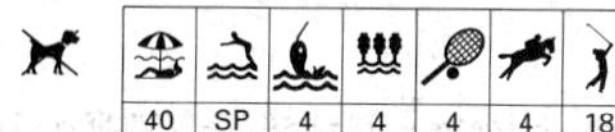

40	SP	4	4	4	4	18	4	4

GUILBAUD René - Les Robins - Prox. D2 Royan/Jonzac - 17500 SAINT-HILAIRE-DU-BOIS - Tél : 05 46 48 22 37 - Fax : 05 46 48 29 14

SAINT-JULIEN-DE-L'ESCAP

TH

C.M. 71 Pli 4

3 ch. Ch. sur grande cour intérieure dans maison indépendante dans un village. A l'étage : ch. 1 (1 lit 2 pers. 1 lit 1 pers.), cabine douche, wc privés attenants. Ch. 2 (1 lit 2 pers. 1 lit 1 pers.), s. d'eau, wc privés attenants. Ch. 3 (2 lits 1 pers.), s. d'eau, wc privés attenants. Poss. lit 1 pers. Séjour, coin-salon. Coin-cuisine à disposition. Pelouse, salon de jardin, barbecue. Table d'hôtes sur réservation. Saint-Jean-d'Angély à 2 km. Proximité de Saintes, Cognac, Marais Poitevin. Eglises romanes à visiter dont celle d'Aulnay de Saintonge à ne pas manquer. Les bords de Boutonne : pêche, flaneries, canotage ...

Prix : 1 pers. **170/190 F** 2 pers. **200/230 F** 3 pers. **260/290 F** pers. sup. **50 F** repas **80/85 F**

Ouvert : toute l'année.

45	1	SP	SP	5	25	1,5	SP

COMPAIN Bernadette - 117, Grande Rue (face au salon de coiffure) - 17400 SAINT-JULIEN-DE-L'ESCAP - Tél : 05 46 59 06 63 - Fax : 05 46 59 06 63

SAINT-JUST-LUZAC Château de Feusse

C.M. 71 Pli 14

2 ch. 2 chambres d'hôtes situées au 1er étage d'un chateau du XVIIe siècle donnant sur un parc arboré. Ch. 1 (2 lits 1 pers.). Ch. 2 (1 lit 2 pers.). Salle de bains et wc privés à chaque chambre. A votre disposition : séjour, TV et bibliothèque. Meubles de jardin. Piscine privée. Gîte rural sur propriété. Marennes : capitale de l'Huître est à proximité de l'Ile d'Oléron que vous apprécierez pour ses plages de sable fin. Visite de Brouage : ancienne ville fortifiée. Rochefort : la Corderie Royale, la maison de Pierre Loti, visite du chateau de La Gataudière. Langue parlée : anglais.

Prix : 1 pers. **300 F** 2 pers. **400 F** 3 pers. **500 F**

Ouvert : du 1er mai au 30 septembre.

5	SP	1	1	1	25	18	2

MEUNIER Nicole - Château de Feusse - 17320 SAINT-JUST-LUZAC - Tél : 05 46 85 16 55 ou 01 43 50 52 22 - Fax : 05 46 85 16 55

SAINT-LAURENT-DE-LA-BARRIERE La Davière

TH — C.M. 71 Pli 3

3 ch. En campagne, 3 ch. aménagées dans la maison des propriétaires. En r.d.c. 1 chambre (1 lit 160), s.d.b. et wc privés et prise TV. A l'ét., 1 ch. familiale de 2 ch. (2 lits 2 pers.) et 1 ch. (1 lit 2 pers.), salles d'eau privées et wc communs. Possibilité lit appoint et BB dans toutes les ch. A dispo. : salon, TV, grand jardin fleuri et arboré, salon de jardin. Barbecue, loc. de vélos. Table d'hôtes sur réservation. A 30 mn de La Rochelle, des plages de Fouras et Chatelaillon, St Laurent de la Barrière vous permettra de rayonner sur tout le nord du département : St Jean d'Angély, le Marais Poitevin, Saintes : ville d'Art et d'Histoire !

Prix : 1 pers. **170/180 F** 2 pers. **210/220 F** pers. sup. **60/100 F**
repas **80 F**

Ouvert : d'avril à décembre.

30	8	5	8	25	12	12	8

GRELLIER Monique et Michel - La Davière - 17380 SAINT-LAURENT-DE-LA-BARRIERE - Tél : 05 46 68 91 91

SAINT-PIERRE-D'OLERON Le Clos

C.M. 71 Pli 13

5 ch. 5 chambres (salle d'eau et wc privés) aménagées dans un bâtiment indép. sur exploitation viticole. Ch. 1 et ch. 2 (1 lit 2 pers. 1 lit 1 pers. en mezz.). Ch. 3 (2 lits 1 pers. 1 lit 1 pers. en mezz.). Poss. lit appt 1 pers dans chaque ch. Ch. 4 et 5 (1 lit 2 pers.) Séjour/salon. TV. Poss. cuisine. Jardin commun non clos, meubles de jardin, portique, ping-pong. Chambre 5 accessible 2 personnes handicapées. L'Ile d'Oléron avec ses plages, le port de La Cotinière et sa criée, les parcs à huitres, le marais aux oiseaux. Randonnées en vélos avec découverte des exploitations agricoles et ostréicoles. Langues parlées : anglais, espagnol.

Prix : 1 pers. **210 F** 2 pers. **260 F** 3 pers. **320 F** pers. sup. **50 F**

Ouvert : toute l'année.

0,5	4	0,5	0,5	4	8	40	3

DENIEAU Micheline - 20, rue de la Légère - Le Clos - La Menounière - 17310 SAINT-PIERRE-D'OLERON - Tél : 05 46 47 14 34 - Fax : 05 46 36 03 15 - E-mail : denieau.jean-pierre@wanadoo.fr - http://www.perso.wanadoo.fr/denieau-gites

SAINT-SAVINIEN Forgette

TH — C.M. 71 Pli 4

3 ch. 3 ch. dans maison indépte attenante à celle du propriétaire face à la Charente. A l'ét. 1 ch. familiale (1 ch. 1 lit 2 pers. 1 ch. 3 lits 1 pers.), s.d.b. et wc privés. Ch. 2 (1 lit 2 pers. 1 lit 1 pers.), s. d'eau et wc privés. Au r.d.c, ch. 3 (1 lit 2 pers.), s.d.b. et wc privés, poss. lit appoint. Séjour. Jardin/pelouse non clos, portique, meubles de jardin. Loc. de vélos. TH sur réservation. Cuisine équipée et coin-repas à disp. A 2 km, base de loisirs, tennis, piscine, barque, pédalos et petits bateaux. La rivière la Charente vous charmera avec ses maisons « dans l'eau ». Organisation de circuits autos, vélos et pédestres.

Prix : 1 pers. **200 F** 2 pers. **240 F** 3 pers. **310 F** pers. sup. **60 F**
repas **80 F**

Ouvert : toute l'année.

35	2	SP	2	3	20	2	2

LOIZEAU Jeannine et Gilbert - Forgette - 17350 SAINT-SAVINIEN - Tél : 05 46 90 21 20 ou 06 08 32 20 29 - Fax : 05 46 90 21 20 - E-mail : gloizeau@wanadoo.fr

SAINT-SAVINIEN Le Pontreau

TH — C.M. 71 Pli 4

2 ch. Dans un hameau, 2 chambres personnalisées et confortables avec s.d.b. et wc privés aménagées à l'étage de la maison des propriétaires. Ch. La Campagne (1 lit 2 pers. 1 lit 1 pers. poss. 1 lit 1 pers. en sus). Ch. L'Océan (1 lit 2 pers.). A votre disposition, séjour. Salon réservé aux hôtes avec biblio. et TV. Jardin d'agrément. Parking. Loc. de VTC. TH sur résa. Au Fil de l'eau, à bicyclette ou à pied, vous découvrirez les charmes des bords du Val de Charente. A Saint Savinien, maisons plongeant leurs vieilles pierres dans les ondes du fleuve... Repos et calme assurés à l'Eolienne où vos hôtes vous feront découvrir leur artisanat sur bois. Langues parlées : anglais, italien.

Prix : 1 pers. **200 F** 2 pers. **260 F** 3 pers. **320 F** pers. sup. **60 F**
repas **95 F**

Ouvert : toute l'année.

35	3	3	3	15	20	3	3

TORSELLO Cécile et Georges - L'Eolienne - Le Pontreau - 17350 SAINT-SAVINIEN - Tél : 05 46 91 79 49 ou 06 17 21 54 87 - Fax : 05 46 91 79 49

SAINT-SORNIN La Caussolière

TH — C.M. 71 Pli 14

4 ch. Dans une maison de caractère superbement restaurée, 4 ch. de grand confort chaleureusement personnalisées avec s.d.b. et wc privés. Au r.d.c. : ch. 1 (1 lit 2 pers.). Ch. 2 et ch. 3 dans une ancienne grange rénovée (1 lit 2 pers. 1 lit 1 pers.). A l'étage de la maison des hôtes, 1 ch. (1 lit 160), s. d'eau/wc privés. A votre disposition, salon, TV, biblio. Vaste jardin d'agrément avec piscine. Parking privé. Vélos pour découvir le Marais. Table d'hôtes sur réservation. Saint-Sornin joli petit village situé à prox. de Marennes capitale de l'huitre de claire et de Brouage. Calme et détente assurés. Accès rapide aux plages de Royan et d'Oléron. Langues parlées : anglais, espagnol.

Prix : 1 pers. **260/300 F** 2 pers. **320/380 F** 3 pers. **460 F** pers. sup. **80 F**
repas **150 F**

Ouvert : toute l'année.

20	SP	1	0,2	1	20	10	6

PINEL-PESCHARDIERE Anne-Marie - La Caussolière - 10, rue du Petit Moulin - 17600 SAINT-SORNIN - Tél : 05 46 85 44 62 - Fax : 05 46 85 44 62 - E-mail : caussoliere@wanadoo.fr - http://www.caussoliere.com

SAINT-SULPICE-DE-ROYAN

A — *C.M. 71 Pli 15*

6 ch. Chambres dans maison indépendante mitoyenne à une ferme-auberge. 6 ch. avec salle d'eau/wc privée. En r.d.c. 3 ch. (1 lit 2 pers.) dont 1 ch. acc. 1 personne handicapée. A l'étage, 3 chambres. Ch. 4 et Ch. 5 (1 lit 2 pers.). Ch. 6 (1 lit 1 pers. 1 lit 2 pers.). Salon, cheminée, TV. Pelouse arborée, terrasse, salon de jardin. Possibilité de repas en ferme-auberge sur place. Royan : plage de sable fin, port de plaisance. La forêt de la Coubre au nord et zoo de La Palmyre. Au sud, les bords de Gironde avec Talmont et sa petite église romane perchée à flanc de falaise.

Prix : 1 pers. **210/240 F** 2 pers. **240/270 F** 3 pers. **290/340 F** pers. sup. **60 F** repas **80 F**

Ouvert : de mars à octobre.

5	5	5	0,5	10	10	5	0,2

FERME-AUBERGE LEYLANDY - M. FORGET Claude - Chemin de la Ferme - 17200 SAINT-SULPICE-DE-ROYAN - Tél : 05 46 23 05 99 - Fax : 05 46 23 09 81

SAINT-XANDRE Trente Vents

C.M. 71 Pli 12

3 ch. Chambres dans maison indép. isolée. Ch. 1 à l'ét. (2 lits 1 pers.), s. d'eau et wc privés. Ch. 2 (1 lit 2 pers. 1 lit 1 pers. en mezz.), s.d.b. et wc privés. Ch. 3 familiale à l'étage (1 lit 2 pers. 1 lit 1 pers.), s. d'eau et wc privés. Séjour avec mezz., salon/coin lecture, TV. Frigo, micro-ondes. Pelouse close, terrasse. Barbecue, portique communs. Saint Xandre est situé à proximité de La Rochelle : ville d'art et d'histoire que vous visiterez pour son vieux port, ses rues aux arcades animées, ses restaurants aux spécialités de fruits de mer, son marché... Langues parlées : anglais, allemand.

Prix : 1 pers. **200 F** 2 pers. **250 F** 3 pers. **330/370 F**

Ouvert : toute l'année.

9	4	3	1	12	5	8	1

AUTRUSSEAU Annie - 1, rue de la Grace Par Hasard - Trente Vents - 17138 SAINT-XANDRE - Tél : 05 46 37 22 10

SAINTE-MARIE-DE-RE La Noue

C.M. 71 Pli 12

4 ch. A 500 m des plages, 4 chambres aménagées dans un ensemble de style rétais clos de murs. 4 ch. triples (1 ch. 1 lit 2 pers. + petite chambre : 1 lit 1 pers.) avec salle d'eau/wc privés. Accès indépendant et de plain-pied. A votre disposition : véranda/coin cuisine, barbecue, jardin, piscine, ping-pong. Proximité d'1 route passagère l'été. L'Ile de Ré que vous emprunterez par son pont à l'architecture remarquable est un lieu privilégié pour passer ses vacances ! Petits villages aux rues étroites, maisons blanches aux volets verts et patios intérieurs. Jolies plages de sable fin ... Langues parlées : anglais, espagnol.

Prix : 1 pers. **300 F** 2 pers. **340 F** 3 pers. **440 F**

Ouvert : du 15 mars au 31 octobre.

0,5	SP	0,5	1	3	15	15	2

RIBIERAS Maryse et J.Pierre - 1, chemin des Turpines - 17740 SAINTE-MARIE-DE-RE - Tél : 05 46 30 09 15 - Fax : 05 46 30 09 17 - E-mail : jp.ribieras@wanadoo.fr - http://www.perso.wanadoo.fr/jean-pierre.ribieras/

SAINTE-MARIE-DE-RE

C.M. 71 Pli 12

2 ch. Dans une superbe propriété de style rétais avec vue sur la mer, 2 chambres de grand confort avec salle d'eau et wc privés chacune. Accès indépendant et de plain-pied. Ch. 1 (1 lit 2 pers.). Ch. 2 (1 lit 2 pers.). A votre disposition, jardin d'agrément avec piscine, salon d'été. Parking. Talassothérapie à 500 m. Ré « La Blanche » vous enchantera par ses plages de sable fin, ses rues étroites fleuries de roses trémières, ses petites maisons blanches aux volets verts, son pont à l'architecture remarquable ....

Prix : 1 pers. **320/350 F** 2 pers. **370/400 F**

Ouvert : toute l'année.

0,3	SP	0,3	2	3	15	15	1,5

POMMIER Marie - La Tremière - 6, rue des Fautreaux - 17740 SAINTE-MARIE-DE-RE - Tél : 05 46 30 02 92 - Fax : 05 46 30 02 92

SAINTE-SOULLE Usseau

C.M. 71 Pli 12

3 ch. Chambres aménagées dans une ancienne grange rénovée à proximité de la maison des propriétaires. A l'étage 3 chambres avec salle d'eau et wc privés chacune. Ch. 1 et ch. 2 (1 lit 2 pers.). Ch. 3 (2 lits 1 pers.). Possibilité lit d'apt ou bébé. Salon réservé aux hotes : TV. Parking. Parc ombragé avec piscine, ping-pong, jeux d'enfants. Vélos à disposition. Accès au tennis municipal gratuit. La Rochelle : ville d'Art et d'Histoire à 5 mn par accès rapide. Découvrez le vieux port et ses tours, l'aquarium, l'hotel de Ville ... L'ile de Ré que vous visiterez et où vous irez farnienter sur ses plages de sable fin ... Langue parlée : anglais.

Prix : 1 pers. **250 F** 2 pers. **280 F** pers. sup. **70 F**

Ouvert : toute l'année.

15	SP	2	0,5	2	10	10	2

GILBERT Monique et Pierre - 2, route de la Rochelle - Usseau - 17220 SAINTE-SOULLE - Tél : 05 46 37 50 32 - Fax : 05 46 37 26 11

SAINTES Narcejac

C.M. 71 Pli 4

3 ch. En pleine nature, 3 chambres aménagées dans une très jolie maison dominant la Charente. Au r.d.c. ch. du Bois (1 lit 2 pers.), salle d'eau et wc privés. A l'étage, ch. de la Cascade et ch. du Fleuve (1 lit 2 pers. chacune), salle d'eau et wc privés. A votre disposition : séjour, salon, TV, bibliothèque, cheminée. Parking clos, terrasse, piscine. Parc ombragé permettant d'accéder à la Charente. Très grand calme et vue superbe ! Saintes baignée par la Charente, ville d'Art et d'Histoire aux nombreuses églises romanes, riche de vestiges gallo-romains saura vous séduire et vous retenir .... Langue parlée : anglais.

Prix : 1 pers. **270 F** 2 pers. **300 F**

Ouvert : toute l'année.

35	SP	SP	2	3	10	5	5

BOULET Nicole et Daniel - 23, rue du Champverdier - Narcejac - 17100 SAINTES - Tél : 05 46 92 25 77 ou 06 87 71 05 71

SALLES-SUR-MER

C.M. 71 Pli 13

2 ch. 2 chambres avec accès indépendant, aménagées à l'étage de la maison des propriétaires. Ch. 1 (1 lit 2 pers.). Ch. 2 (2 lits 80), salle d'eau et wc privés chacune. Terrasse privée. A votre disposition : petit salon avec TV, véranda, jardin d'agrément, parking. Proximité de Chatelaillon-Plage célèbre pour son casino et ses charmantes maisons sur front de mer. Accès direct pour La Rochelle : ville d'Art et d'Histoire où vous visiterez le Vieux Port, l'aquarium, la plage. Langue parlée : anglais.

CV

Prix : 1 pers. **200/220 F** 2 pers. **240/270 F**

Ouvert : toute l'année.

4	5	4	4	4	17	12	0,5

MICHELUZZI Claude - 6, rue de l'Héronière - 17220 SALLES-SUR-MER - Tél : 05 46 56 05 04 ou 06 63 58 07 17 - Fax : 05 46 29 64 52

SEMOUSSAC Pavageau

TH — C.M. 71 Pli 6

1 ch. Dans un site calme, au milieu des vignes, chambre aménagée au 1er étage de la maison du propriétaire (1 lit 2 pers. 1 lit bébé à disposition), salle d'eau et wc privés. Séjour, salon avec cheminée, bibliothèque. Table d'hôtes sur réservation. Semoussac est situé à proximité des bords de Gironde, à 7 km de la sortie 37 de l'autoroute A 10. L'arrière pays aux coteaux de vignobles vallonnés, forets et marais vous enchanteront. Proximité du département de Gironde : route des vins à déguster ! Langues parlées : anglais, espagnol.

CV

Prix : 1 pers. **180 F** 2 pers. **240 F** repas **85 F**

Ouvert : toute l'année.

38	7	8	20	7	12	45	20	7

LAROCHE Renée - Pavageau - 17150 SEMOUSSAC - Tél : 05 46 86 02 37 - Fax : 05 46 86 02 37

SEMOUSSAC Pavageau

TH — C.M. 71 Pli 6

1 ch. Chambre familiale aménagée au 1er étage de la maison des propriétaires. 1 ch. (1 lit 2 pers.), 1 ch. (3 lits 1 pers.). Salle de bains et wc privés. Séjour et salon commun avec cheminée, bibliothèque et TV. Jardin, jeux d'enfants. Table d'hôtes sur réservation. Claude et Christiane vous accueilleront chaleureusement dans leur grande maison charentaise située au milieu des vignes. Proximité de Mirambeau (sortie N° 37 autoroute A 10). Visites de distilleries et chais à Cognac, proximité de la Gironde, route des vins et circuit des églises romanes. Langues parlées : anglais, espagnol.

CV

Prix : 1 pers. **180 F** 2 pers. **240 F** 3 pers. **310 F** pers. sup. **70 F** repas **85 F**

Ouvert : toute l'année.

38	7	8	20	7	12	45	20	7

JARRASSIER Christiane et Claude - Pavageau - 17150 SEMOUSSAC - Tél : 05 46 86 02 37 - Fax : 05 46 86 02 37

SEMUSSAC La Valade

C.M. 71 Pli 15

1 ch. Chambre avec accès indépendant, aménagée dans une maison de construction récente. 1 chambre en r.d.c. (1 lit 2 pers.), salle d'eau et wc privés. Possibilité 1 lit enfant (3 ans). Réfrigérateur à disposition des hôtes. Grand jardin clos arboré avec pelouse, meubles de jardin, portique, bac à sable. Parking ombragé. Royan : ville de congrés à visiter, son port de plaisance et ses plages de sable fin. Les bords de Gironde à proximité. Allez visiter le port de pêche de Mortagne sur Gironde et la petite église romane de Talmont à flanc de falaise. Zoo de la Palmyre. Langues parlées : anglais, italien.

Prix : 1 pers. **200 F** 2 pers. **220 F** pers. sup. **30 F**

Ouvert : de Paques à fin octobre.

6	6	6	1,5	2,5	15	9	1,5

MAZZA Micheline et Guy - La Valade - 17120 SEMUSSAC - Tél : 05 46 05 18 37

SEMUSSAC Fontenille

TH — C.M. 71 Pli 15

5 ch. Chambres avec salle d'eau et wc privés chacune aménagées dans une maison entièrement rénovée mitoyenne à celle des propriétaires. Au r.d.c. Ch.1 (1 lit 2 pers.). A l'étage 4 chambres. Ch. 2, Ch. 3, Ch. 4 (1 lit 2 pers. 1 lit 1 pers.). Ch. 5 (3 lits 1 pers.). Séjour/salon commun. Frigo à disp. des hôtes. Jardin clos commun, salon de jardin. TH sur réservation. Royan ville de congrés et balnéaire, St Georges de Didonne. Prox. des bords de Gironde où vous visiterez l'église romane de Talmont perchée sur la falaise ... Le port de Mortagne-sur-Gironde. Le moulin du Fa : vestiges gallo-romains à prox. de Talmont. Meschers et ses grottes.

CV

Prix : 1 pers. **150 F** 2 pers. **225 F** 3 pers. **275 F** pers. sup. **50 F** repas **70 F**

Ouvert : toute l'année.

5	5	2	2	10	20	10	2

REAUD Pierre - Fontenille - 17120 SEMUSSAC - Tél : 05 46 05 57 69

SEMUSSAC La Champagne

C.M. 71 Pli 15

4 ch. Chambres indépendantes avec salle d'eau et wc privés dans une partie de la maison des propriétaires. A l'ét. Ch. 1 et Ch. 2 (1 lit 1 pers. 1 lit 2 pers.). En r.d.c. Ch. 3 (1 lits 2 pers.), ch. 4 (1 lit 2 pers. 2 lits 1 pers.). Sanitaires non attenants Ch. 1, 2, 4. A votre disposition : cuisine, l-linge, séjour, salle de jeux (ping-pong, baby-foot), cour. Barbecue, salon de jardin, portique. Royan à 12 km à visiter pour ses plages, les bords de Gironde avec Talmont (son église).

CV

Prix : 2 pers. **200/220 F** 3 pers. **280 F** pers. sup. **50 F**

Ouvert : toute l'année.

8	4	3	3	3	12	12	3

LEBEAUD Jacqueline et Guy - La Champagne - 17120 SEMUSSAC - Tél : 05 46 90 86 42 - Fax : 05 46 90 86 42

SEMUSSAC La Valade

C.M. 71 Pli 15

2 ch. Chambres dans une maison indépendante rénovée. A l'étage ch. 1 et ch. 2 (1 lit 2 pers. 1 lit 1 pers.), salle d'eau et wc privés. Cuisine (lave-vaisselle, micro-ondes), séjour, coin salon avec TV à disposition des hôtes sur même niveau. Environnement pelouse et cour non close, salon de jardin, barbecue, boulodrome, portique, toboggan, ping-pong. Royan : ville de congrès à visiter : son port de plaisance, ses plages de sable fin. Les bords de Gironde à proximité. Allez voir la petite église romane de Talmont perchée à flanc de falaise et le port de Mortagne-sur-Gironde.

Prix : 1 pers. **160 F** 2 pers. **200 F** 3 pers. **250 F** pers. sup. **50 F**

Ouvert : toute l'année.

6	7	6	1	3	18	9	1

VIGUIAUD Loïc - La Valade - 17120 SEMUSSAC - Tél : 05 46 06 91 14 - Fax : 05 46 06 91 14

SONNAC Le Goulet

(TH) C.M. 71 Pli 4

3 ch. Dans une ancienne ferme joliment restaurée située dans un hameau calme et verdoyant, 3 chambres de plain-pied spacieuses et confortables avec s.d.b., wc et terrasse privés. 1 ch. familiale de 2 ch. (1 lit 2 pers. 2 lits 1 pers.), 1 ch. pour 3 pers. (1 lit 2 pers. 1 lit 1 pers.) et 1 ch. pour 2 pers. (1 lit 2 pers.). A disposition : salon, bibliothèque. Grand jardin arboré avec piscine en bordure de rivière. Table d'hôtes sur réservation. Au cœur du vignoble de Cognac dans une ambiance conviviale, Frédérique et Bernard vous feront partager les richesses du Pays : Cognac, Jarnac, Saintes, les joyaux de l'Art Roman et les villages charentais. Langues parlées : anglais, allemand.

Prix : 1 pers. **200 F** 2 pers. **260/280 F** 3 pers. **365 F** pers. sup. **85 F** repas **110 F**

Ouvert : toute d'année.

70	SP	2	0,5	1	1,5	19	19	0,5

THILL-TOUSSAINT Frédérique - Le Clos du Plantis - Le Goulet - 17160 SONNAC - Tél : 05 46 25 07 91 ou 06 81 99 07 98 - Fax : 05 46 25 07 91 - E-mail : AUPLANTIS@wanadoo.fr

SOUBRAN

C.M. 71 Pli 6

3 ch. Maison indép. située dans un hameau. Etage : Ch. 1 (1 lit 2 pers.), Ch. 2 (2 lits 1 pers.), Ch. 3 (1 lit 2 pers. 1 lit 1 pers.), s. d'eau privée chacune, wc communs. Lit bébé/chaise haute. Séjour/coin-salon, biblio. Kitchenette à dispo. des hotes. L-linge dispo. Une prise TV par ch. Cour, petit jardin clos, meubles de jardin, portique, barbecue, bac à sable. Restaurant à 1 km. Prox. des bords de Gironde. Montendre (lac de baignade, activités nautiques et pêche) à 11 km. Pêche en étang à 1,5 km avec découverte de la faune et de la flore. Jonzac station thermale et son lac de baignade géo-thermique à 11 km. Dégustation de pineau à proximité.

Prix : 1 pers. **170/180 F** 2 pers. **230/240 F** 3 pers. **300 F** pers. sup. **70 F**

Ouvert : toute l'année.

45	6	1,5	11	3	5	35	11	1

LOUIS-JOSEPH Evelyne et Bernard - 10, les Simons - 17150 SOUBRAN - Tél : 05 46 49 25 79 ou 06 80 08 89 67 - Fax : 05 46 49 25 79

TALMONT Le Portail Du Bas

C.M. 71 Pli 15

2 ch. 2 chambres avec salle d'eau et wc privés chacune en rez-de-chaussée d'une construction annexe à la maison du propriétaire, à 200 m de l'estuaire de la Gironde. Ch. 1 (2 lits 1 pers. 1 lit 2 pers.). Ch. 2 avec petit préau (1 lit 1 pers. 1 lit 2 pers.). Salle de séjour/salon commun avec TV. Jardin non clos, salon de jardin. Talmont, petit village typique charentais des bords de Gironde dont vous découvrirez la petite église romane perchée à flanc de falaise. Curiosités : les grottes Régulus et Matata à 6 km, la pêche au carrelet, les plages de Meschers, St Georges de Didonne et de Royan ... Langues parlées : anglais, espagnol.

Prix : 1 pers. **170 F** 2 pers. **210 F** 3 pers. **270 F** pers. sup. **50 F**

Ouvert : toute l'année.

5	1	1	5	7	25	20	5

BRANCHEREAU Jacques et Jeannette - Le Portail du Bas - 17120 TALMONT - Tél : 05 46 90 44 74

THAIRE-D'AUNIS

C.M. 71 Pli 13

2 ch. 2 ch. avec entrée indépendante à l'étage de la maison des propriétaires. ch. 1 (1 lit 2 pers.), salle d'eau et wc privés. Ch. 2 familiale (1 ch. 1 lit 2 pers. et 1 ch. 2 lits 1 pers.), s.d.b. + s. d'eau et 2 wc. Séjour, salon, coin-cuisine collectif. Jardin paysagé à l'anglaise contournant la maison recouverte de vigne vierge. Salons de jardin, salle de jeux. Parking clos. Thairé d'Aunis, charmant village charentais près de Chatelaillon et de La Rochelle : ville d'Art et d'Histoire : l'aquarium, le vieux port, les rues aux arcades animées. Rochefort à visiter pour la Corderie Royale, la maison de P. Loti. Restaurant très apprécié à 100 m.

Prix : 1 pers. **230 F** 2 pers. **270 F** 3 pers. **430 F** pers. sup. **80 F**

Ouvert : toute l'année.

7	7	3	0,2	8	30	7	SP

FONTENAY Pierre - 2, rue de Dirac - 17290 THAIRE-D'AUNIS - Tél : 05 46 56 17 29

THAIRE-D'AUNIS

C.M. 71 Pli 13

3 ch. Chambres (accès indép.) aménagées à l'ét. d'un pavillon traditionnel. Ch. 1 (1 lit 2 pers.), ch. 2 (1 lit 2 pers., 1 lit 1 pers.), ch. 3 (1 lit 2 pers. 2 lits 1 pers.), s. d'eau et wc privés chacune. Séjour ds véranda, coin-salon, TV, biblio. Cuisine dispo.(15 F/jour). L-linge (10 F). Jardin clos, parking, jeux enfants, terrasse, salon de jardin, balancelle. Balançoires. Restaurant à 400 m. Thairé d'Aunis est situé entre La Rochelle et Rochefort, à 7 km de Chatelaillon où vous apprécierez sa plage . La Rochelle : ville d'Art et d'Histoire : son vieux port, l'aquarium...

Prix : 1 pers. **180 F** 2 pers. **200/220 F** 3 pers. **250 F** pers. sup. **30 F**

Ouvert : toute l'année.

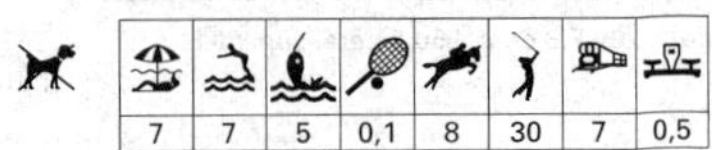

7	7	5	0,1	8	30	7	0,5

FOUGERIT Jacques et Geneviève - 16, rue Jasse Perdrix - 17290 THAIRE-D'AUNIS - Tél : 05 46 56 17 25 - Fax : 05 46 56 17 25 - E-mail : g-j.fougerit@wanadoo.fr - http://www.perso.wanadoo.fr/chambres-hotes-charente-maritime/

THAIRE-D'AUNIS Mortagne

C.M. 71 Pli 13

3 ch. Chambres à l'étage d'une maison de caractère. Ch. 1 (1 lit 2 pers.). Ch. 2 (2 lits 1 pers.), avec s. d'eau et wc privés. Ch. 3 familiale (1 ch. 1 lit 2 pers. 1 ch. 2 lits 1 pers.), avec wc à l'ét. et s.d.b. privée au r.d.c. Cuisine à dispo. exclusive des hôtes, séjour, salle de détente avec TV, biblio. et ping-pong. Cour/coin pelouse, jardin clos non attenant. Meubles de jardin. Mortagne, petit village charentais à 2 km de Thairé d'Aunis. Plage de Châtelaillon à 5 km.

Prix : 1 pers. **200 F** 2 pers. **220 F** 3 pers. **310 F** pers. sup. **50 F**

Ouvert : toute l'année.

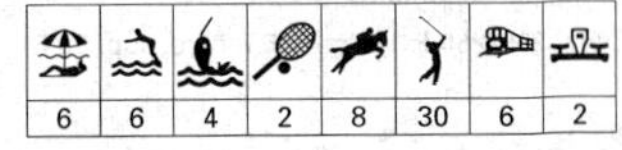

6	6	4	2	8	30	6	2

JOURNADE Anne-Marie - 4, rue de la Chapelle - Mortagne - 17290 THAIRE-D'AUNIS - Tél : 05 46 56 17 23

THAIRE-D'AUNIS

C.M. 71 Pli 13

3 ch. 3 chambres (entrée indépendante) dans une maison charentaise de caractère du XVIIIe siècle, indépendante. A l'ét. Ch. 1 (1 lit 2 pers.). Ch. 2 (1 lit 2 pers.), salle d'eau et wc privés chacune. Ch. 3 en r.d.c. (1 lit 2 pers. 1 lit 1 pers.), salle d'eau et wc privés. Séjour, coin-cuisine collectif. Jardin paysagé à l'anglaise contournant la maison, salons de jardin. Salle de jeux, parking clos. Calme assuré. Restaurant à 100 m très apprécié. Dans un rayon de 17 km : La Rochelle, ville d'Art et d'Histoire, l'Ile de Ré. Rochefort : la Corderie Royale. Fouras et l'Ile d'Aix. Thairé, petit bourg charmant à 7 km de Chatelaillon-Plage. Langue parlée : anglais.

Prix : 1 pers. **240 F** 2 pers. **270/290 F** 3 pers. **390 F**

Ouvert : d'avril à fin septembre.

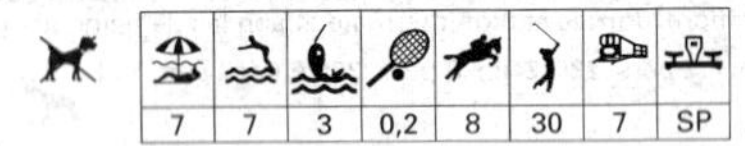

7	7	3	0,2	8	30	7	SP

FONTENAY-MANIEN Brigitte - 2, rue de Dirac - 17290 THAIRE-D'AUNIS - Tél : 05 46 56 24 21

TRIZAY Le Chizé

(TH)

C.M. 71 Pli 14

5 ch. 5 ch. de grand confort (accès indépendant) dans une ancienne ferme rénovée sur propriété de 4 ha. En r.d.c. 2 ch. familiales avec mezzanine (1 lit 2 pers. 2 lits 1 pers.), s. d'eau et wc privés. A l'ét. 3 ch. (1 lit 160), s.d.b. et wc privés. Poss. lit appoint. Salon (TV, biblio., cheminée), cuisine coin-repas réservé aux hôtes. TH (sauf w.e.) sur résa. Environnement calme et champêtre, promenades en attelage, logement de chevaux. Circuits de randonnées à pied et en vélos (loc.). Près de Rochefort, sur le GR 360 ds le triangle Royan/ La Rochelle /Saintes. Base de loisirs à 500 m (restaurants, plage surveillée, pédalos). Langue parlée : anglais.

Prix : 1 pers. **260 F** 2 pers. **280 F** 3 pers. **350 F** pers. sup. **70 F**
repas **110 F**

Ouvert : toute l'année.

25	7	1	0,8	2	5	30	13	2

LOPEZ Elisabeth et Roland - Le Chize - 17250 TRIZAY - Tél : 05 46 82 09 56 - Fax : 05 46 82 16 67 - E-mail : lechize@wanadoo.fr - http://perso.wanadoo.fr/lechize/

TUGERAS-SAINT-MAURICE Chez Duret

C.M. 71 Pli 7

2 ch. 2 chambres spacieuses et décorées avec goût, aménagées à l'étage d'un logis du XIXème siècle situé sur une ancienne propriété viticole. 1 chambre avec salle d'eau et wc privés : (1 lit 2 pers.) et 1 chambre avec salle de bains et wc privés : (2 lits 1 pers.). A votre disposition : séjour, salon, bibliothèque. Parc, meubles de jardin, parking. Au cœur de la Haute Saintonge, « Haute en couleurs », vous redecouvrirez le charme de la vie à la campagne. Proximité des vignobles du Bordelais et du Cognac. Langue parlée : anglais.

Prix : 1 pers. **300 F** 2 pers. **400 F** pers. sup. **80 F**

Ouvert : de Pâques à La Toussaint (hors saison sur réservation).

70	8	8	8	8	8	8	8	8

SOLER Bruno - Chez Duret - Beaudricourt - 17130 TUGERAS-SAINT-MAURICE - Tél : 05 46 49 30 11 ou 06 82 38 14 32

VANDRE

C.M. 71 Pli 3

1 ch. Chambre indépendante aménagée à l'étage d'un bâtiment mitoyen à la maison du propriétaire. 1 chambre familiale (1 ch. 1 lit 2 pers., 1 ch. 2 lits 1 pers.), avec salle d'eau et wc privés. Poss. 1 lit d'appoint et 1 lit bébé. Séjour, poss. cuisine, coin détente, TV, bibliothèque. Cour, jardin, salon de jardin, barbecue, portique, ping-pong. 4 pers. : 370 F. Vandré, Station Verte de Vacances, charmant petit village animé. Allez visiter le musée « Vandré il y a 100 ans ». A 6 km, Surgères avec son église et son chateau, patrie d'Hélène de Fonsèque inspiratrice de Ronsard. La Rochelle à 35 km : ville d'Art et d'Histoire célèbre pour son vieux port.

Prix : 1 pers. **200 F** 2 pers. **220 F**

Ouvert : d'avril à octobre.

23	SP	SP	SP	15	6	6	SP

BOUTTEAUD Alice et André - 13, rue de la Boulangerie - 17700 VANDRE - Tél : 05 46 68 88 64

VARAIZE

C.M. 71 Pli 4

2 ch. Marta et Claude vous accueillent pour un séjour convivial et reposant dans 2 ch. de grand confort sur leur ferme (agriculture biologique). Entrée indépendante. Ch. 1 (1 lit 2 pers., 1 divan-lit), s. de bains et wc privés. Ch. 2 (2 lits 1 pers., 1 divan-lit), s. d'eau, wc privés. Séjour, bibliothèque à dispo. des hotes. Cour, jardin, terrasse. Piscine privée à dispo. Jeux enfants, ping-pong. Vente de produits biologiques. Varaize est situé dans le Val de Boutonne à proximité de Saint Jean d'Angély et de Saintes. La Ferme de Claude et Marta se situe à l'extrémité du village. Les champs touchent à la ferme. Tranquillité assurée. Langues parlées : anglais, tchèque.

Prix : 1 pers. **180 F** 2 pers. **240/260 F** pers. sup. **50 F**

Ouvert : toute l'année, sur réservation.

65	SP	5	14	0,6	0,5	30	8	0,5

MICHENEAU Claude et LINKA Marta - 21, rue de Beauvais - 17400 VARAIZE - Tél : 05 46 26 37 20 - Fax : 05 46 26 39 70 - http://www.frenchconnections.co.uk/accom

VARAIZE

C.M. 71 Pli 4

2 ch. 2 chambres familiales aménagées au 1er étage de la maison du propriétaire dans village . Ch. 1 (1 ch. 1 lit 2 pers., 1 ch. 2 lits 1 pers.). Ch. 2 (1 ch. 1 lit 2 pers., 1 ch. 1 lit 1 pers.). S.d.b. et wc privés à chaque chambre. Séjour, salon, cheminée, biblio., TV. Cour et pelouse close, barbecue, salon de jardin, balançoire, ping-pong, vélos a disposition. Varaize, petit village de campagne calme et agréable, s'enorgueillit de sa belle église romane du XIe siècle : sa porte sud et son clocher carré. Aux alentours, dans le Val de Boutonne, St Jean d'Angély et son marché. Cognac, Rochefort, le Marais Poitevin, Saintes, ses vestiges et ses arènes.

Prix : 1 pers. **170 F** 2 pers. **230 F** 3 pers. **290 F** pers. sup. **60 F**

Ouvert : toute l'année.

65	8	5	14	0,6	0,5	30	8	0,5

MICHENEAU Paul - 19, rue de Beauvais - 17400 VARAIZE - Tél : 05 46 26 30 16

VILLEDOUX Le Seuil

C.M. 71 Pli 12

3 ch. Chambres dans une maison indépendante, située en campagne. 2 ch. en r.d.c. avec s. d'eau et wc privés. Ch. 1 et ch. 2 (1 lit 2 pers.). Poss. 1 lit d'appoint 1 pers./ch. Ch. 3 à l'ét. (1 lit 2 pers., 2 lits 1 pers.), cabine douche et wc privés. Séjour, véranda, poss. cuisine, l-linge (20 F). Grande pelouse, cour commune, barbecue, salon de jardin. Portique. Parking. Exploitation agricole avec vaches laitières et calme assuré. Villedoux situé à prox. de Charron, réputé pour ses moules. La Rochelle, ville d'Art et d'Histoire où vous visiterez son vieux port, son aquarium, ses rues aux arcades animées, le port des Minimes, la plage.

Prix : 2 pers. **250 F** 3 pers. **320 F** pers. sup. **70 F**

Ouvert : toute l'année.

12	6	6	2	2	6	8	2

BABIN Annette et Louis - Le Seuil - 17230 VILLEDOUX - Tél : 05 46 68 52 21

VILLEDOUX

C.M. 71 Pli 12

3 ch. Dans un village, 3 chambres dans une maison indép., de const. récente. A l'étage, 2 chambres avec salle d'eau, wc privés et TV. Ch. 1 (1 lit 2 pers.). Ch. 2 (2 lits 1 pers.). En r.d.c. ch. 3 (1 lit 2 pers.), s. d'eau, wc privé, TV, kitch. (20 F), entrée indép. Véranda, coin salon. Cour et petit parc, parking, terrain de jeux, portique, jeux, barbecue. Villedoux située à 11 km de La Rochelle que vous visiterez pour son histoire et son Vieux Port, en bordure du Marais Poitevin : canaux , promenades en barques. Proximité de la baie de l'Aiguillon, de l'Ile de Ré.

Prix : 1 pers. **180 F** 2 pers. **220 F** pers. sup. **50 F**

Ouvert : toute l'année.

8	4	2	SP	SP	6	12	0,1

ROUX Bernadette et Bernard - 3, impasse des 3 Pigeons - 17230 VILLEDOUX - Tél : 05 46 68 51 66

VILLEMORIN Saint Coutant le Petit

C.M. 71 Pli 3

1 ch. En pleine campagne, une suite confortable avec salle d'eau et wc privés aménagée sur 2 niveaux dans une partie de la maison de la propriétaire (1 lit 2 pers.). Poss. lit d'appoint. A votre disposition, séjour/salon. TV, bibliothèque, cheminée. Grand jardin ombragé avec salon de jardin. Parking privé. Vous goûterez au calme et à la douceur de vivre dans cette ancienne ferme fortifiée entourée de douves avec poss. de pêche toute l'année. A visiter la superbe église d'Aulnay de Saintonge, joyau de l'Art Roman du XIIe siècle et halte des pélerins sur le chemin de Saint Jacques de Compostelle. Langue parlée : anglais.

Prix : 1 pers. **200 F** 2 pers. **250 F** 3 pers. **320 F** pers. sup. **70 F**

Ouvert : toute l'année.

80	3	SP	3	10	40	19	3

GACOUGNOLLE Sylvie - Le Logis - Saint-Coutant le Petit - 17470 VILLEMORIN - Tél : 05 46 26 37 09

YVES La Cabane des Fresnes

C.M. 71 Pli 13

6 ch. 6 ch. dans ferme isolée dans les marais de Rochefort. A l'ét., Ch. 1 (1 lit 2 pers.), Ch. 2 (1 lit 2 pers., 2 lits 1 pers.), lavabo/cab. douche privée, wc com. Au r.d.c., Ch. 3 et Ch. 4 (accès ext.)(1 lit 2 pers.), s. d'eau privée, wc com. Ch. 5 et ch. 6 (1 lit 2 pers.) , salle d'eau et wc privés. Grand séjour/salon, bibliothèque. Coin-cuisine disponible. Coin-jeux pour enfants avec piscine (3,80 m x 6,50 m). Aire naturelle de camping sur place. Plage à Châtelaillon et Fouras. A 15 km de La Rochelle et de Rochefort. Réserve d'oiseaux à proximité. Club de voile à 7 km. Langue parlée : anglais.

Prix : 1 pers. **160 F** 2 pers. **220 F** 3 pers. **270 F** pers. sup. **50 F**

Ouvert : toute l'année.

7	7	7	8	3	30	9	8

NADEAU Delphine et Dominique - La Cabane des Fresnes - 17340 YVES - Tél : 05 46 56 41 31 - E-mail : la.cabane@wanadoo.fr

YVES Le Marouillet

C.M. 71 Pli 13

3 ch. 3 chambres avec entrée indépendante dans une maison isolée dans les marais de Rochefort. Au r.d.c., Ch. 1 (1 lit 2 pers.), s. d'eau et wc privés. A l'étage, Ch. 2 et Ch. 3 (1 lit 2 pers.), s. d'eau et wc privés. Ch. 3 avec salon. Salle de séjour commune avec propriétaire. Frigo à disposition. Petit étang à proximité. Jardin arboré, meubles de jardin. Barbecue, portique. Yves situé entre La Rochelle et Rochefort, à proximité de Chatelaillon que vous visiterez pour sa plage, son casino. A Rochefort, la Corderie Royale, son port de plaisance. La Rochelle, ville d'Art et d'Histoire avec ses rues aux arcades, l'aquarium, le vieux port. Langues parlées : anglais, espagnol.

Prix : 1 pers. **180/200 F** 2 pers. **230/250 F** pers. sup. **70 F**

Ouvert : de Pâques à la Toussaint.

7	7	SP	7	10	30	7	7

GOUSSEAU Marie-Noëlle et Patrick - La Platière - Le Marouillet - 17340 YVES - Tél : 05 46 56 44 00

Deux-Sèvres

GITES DE FRANCE - Service Réservation
15, rue Thiers - B.P. 8524 - 79025 NIORT Cedex 09
Tél. 05 49 77 15 90 - Fax. 05 49 77 15 94

ADILLY La Coussaie

(TH) *C.M. 68 Pli 11*

1 ch. 1 gde chambre, de plain pied, en pierres apparentes de 35 m^2 (1 lit 2 pers, 1 lit 1 pers) avec accès terrasse dans une fermette restaurée. Environnement calme et boisé en pays de Gâtine. Salle d'eau, W.C, coin-cuisine avec frigo indépendant. Chauffage central fuel + cheminée (insert). Télévision. 3 VTT à disposition. Randonnées pédestres. Nombreux festivals à Parthenay (10 minutes), Pougne-Hérisson (Nombril du Monde).

Prix : 1 pers. **200 F** 2 pers. **220 F** 3 pers. **280 F** repas **80 F**

Ouvert : toute l'année.

SP	10	10	10	10	18	9	SP	10	2

PACAULT JEAN-PIERRE - La Coussaie - 79200 ADILLY - Tél : 05 49 70 00 47 ou 05 49 70 08 55

AMAILLOUX

C.M. 67 Pli 17

2 ch. **Puy-de-Fou, Futuroscope, Marais-Poitevin 60 km. Parthenay 13 km.** 2 grandes chambres mansardées pour une même famille ou amis, situées à l'étage d'une ancienne maison restaurée (2 lits 2 pers., 2 lits 1 pers., 1 lit bébé, possibilité lits d'appoint), salle de bain et wc communs aux 2 chambres, salon sur mezzanine, salon de jardin pour pique-nique. Randonnées et location de vélos sur pl. Equitation 2 km. Thouars (Parc Imberg) 40 km, Châteaux de la Loire 80 km.

Prix : 1 pers. **150 F** 2 pers. **180 F** 3 pers. **250 F** pers. sup. **50 F**

Ouvert : toute l'année.

5	12	0,5	5	5	2	SP	15	12

VERGER Michelle et Gilles - 12 rue du Bas Château - 79350 AMAILLOUX - Tél : 05 49 95 59 38 - http://district-ParthenayFR.Tourisme/Hébergement/LOC-HOT-A.HTM

ARCAIS

C.M. 71 Pli 2

3 ch. **Marais-Poitevin sur place. Niort 22 km. La Rochelle 44 km.** Maison maraîchine, entrée indép. en ext. ds bâtiment indép. R.d.c. : 1 ch. en extérieur (1 clic-clac), mezz. (1 lit 2 pers.), s.d'eau, wc, coin-cuisine, prise TV . A l'étage : 2 ch. fam, ch.1 (1 lit 2 pers.) + mezz. (1 lit 120, 1 lit 80), prise TV, ch.2 (2 lits 120 cm) + mezz. (1 lit 2 pers. 1 lit bébé, prise TV). S. d'eau et wc à chaque chambre. Séjour/coin- cuisine, cour intérieure privée, terrasse, barbecue. Location de barques, canoës et vélos sur place. Restaurant à 800 m. Mauzé (gare SNCF) 13 km. Fututroscope 100 km. Langue parlée : anglais.

Prix : 1 pers. **200 F** 2 pers. **250 F** 3 pers. **320 F** pers. sup. **70 F**

Ouvert : toute l'année.

SP	4	0,5	25	25	15	4	SP	13

DESCHAMPS Jean-Michel - Chemin du Charret - 79210 ARCAIS - Tél : 05 49 35 43 34 ou 06 80 02 72 08 - E-mail : info@veniseverteloisirs.fr - http://veniseverteloisirs.fr

ARCAIS
C.M. 71 Pli 2

4 ch. **Futuroscope 90 km. La Rochelle 44 km. Mauzé-sur-le-Mignon 13 km.** 4 ch. à l'étage d'une grande maison avec jardin arboré et clos, dans un village maraîchin à 300 m du port (promenades en barques), 2 ch. 2 pers. (2 lits 2 pers.) s. de bain, wc communs, 2 ch. 2 pers. (2 lits 2 pers.) s. d'eau, wc communs. Salle à manger/salon à disposition (TV), pièce à disposition (L-vaisselle, l-linge, micro-onde). Restaurant 200 m. Marais Poitevin sur place. Randonnées pédestres, canoë et cyclo sur place. Mauzé-sur-le-Mignon (gare SNCF) 13 km.

Prix : 1 pers. **170 F** 2 pers. **190 F** 3 pers. **280 F** pers. sup. **90 F**

Ouvert : toute l'année.

SP	4	1	25	25	15	4	SP	13	SP

FERRON Claudie - 20 chemin des Bouteilles - 79210 ARCAIS - Tél : 05 49 35 49 96

ARCAIS Venelle du Charron
C.M. 71 Pli 2

3 ch. **Futuroscope 90 km. La Rochelle 44 km. Niort 22 km.** 3 ch. dans une maison assez récente, située dans un village maraîchin, petit jardin. 2 ch. 2 pers. (2 lits, 2 pers.), s. de bain, salle d'eau, wc privés pour chaque ch., 1 ch. 3 pers. (1 lit 2 pers., 1 lit 1 pers.), s. de bain, wc attenants. Séjour (TV) et petite cuisine à disposition des hôtes. Restaurant à 100 m. Mauzé (gare SNCF) 13 km.

CV

Prix : 1 pers. **180 F** 2 pers. **200 F** 3 pers. **260 F**

Ouvert : toute l'année.

SP	12	0,3	25	25	15	4	SP	13

LEYSSENE Jean - Venelle du Charron - 79210 ARCAIS - Tél : 05 49 35 40 06

ARCAIS Les Bourdettes
TH *C.M. 71 Pli 2*

3 ch. **Futuroscope 90 km. Puy-du-Fou 90 km. La Rochelle et Ile-de-Ré 50 km.** 3 ch. (dont 1 suite) à l'étage d'1 typique maison maraîchine, dans le Marais-Poitevin, en bordure de Sèvre Niortaise. 2 ch. 2 pers. (1 lit 2 pers.) salle d'eau (W.C) privée, salle de bains (wc) privée, poss.lit d'appoint. 1 suite (1 lit 2 pers.,2 lits 1 pers.) salle d'eau et W.C privés. Gde terrasse couverte, vue sur le Marais et la Sèvre Niortaise. Salon en rez de chaussée à disposition (TV, cheminée). Jardin clos, parking intérieur. Marais-Poitevin sur place. Niort 25 km. Circuits pédestres et cyclo sur place.

Prix : 1 pers. **230/280 F** 2 pers. **250/300 F** pers. sup. **70 F** repas **95 F**

Ouvert : toute l'année.

SP	1	2,5	25	25	15	3	SP	25	1,5

PEAN Jean-Claude - 14 Chemin de la Foulée - Les Bourdettes - 79210 ARCAIS - Tél : 05 49 35 88 95

ARCAIS
C.M. 71 Pli 2

4 ch. **Futuroscope 80 km. Puy-du-Fou 90 km. La Rochelle et Ile-de-Ré 45 km.** 4 ch. de style ds 1 maison maraîchine et son annexe, dans village à 50 m du port. 3 ch.à l'étage (2 à 5 pers.) (lits doubles ou simples), s.d'eau ou s. de bain avec W.C privés, TV.Ds l'annexe en rdc, 1 ch. indépendante, accessible aux pers. à mobilité réduite. Kitchenettes, salon, jardin au bord de l'eau, barques et canoës à disposition. Piscine privée couverte, chauffée et solarium. Nombreux circuits pédestres, nautiques et à vélos. Location de vélos sur place. Niort (gare SNCF) 20 km. Marais Poitevin sur place. Langue parlée : anglais.

CV

Prix : 1 pers. **280 F** 2 pers. **330 F** pers. sup. **70/100 F**

Ouvert : toute l'année.

SP	SP	0,3	25	25	15	4	SP	20	0,1

CHAMBRES D'HÔTES DU CANAL PLAT Elisabeth - 10 rue de l'Ouche - 79210 ARCAIS - Tél : 05 49 35 42 59 - Fax : 05 49 35 01 34 - E-mail : chambres.dhotes@wanadoo.fr - http://chambre-dhote.com

AVON
TH *C.M. 68 Pli 12*

1 ch. **Marais-Poitevin 50 km. Futuroscope 40 km. Bougon 5 km.** Suite indépendante, meubles anciens, cadre authentique, dans une cure du XVIII è s., au bord d'un petit village. 1 chambre (2 lits 120) salon/mezz. (lit 1 pers, divan 1 pers.) TV, chaîne hifi, magnétoscope, frigo-bar, s. de bain (douche, baignoire), wc. Hall avec convertible 120, pièce d'accueil avec convertible 140. Jeux d'intérieur et d'extérieur, vélos, ping-pong. Chemin VTT sur place. A10 sortie 31 à 8 km. Grand jardin clos d'1 ha. Langue parlée : allemand.

CV

Prix : 1 pers. **170 F** 2 pers. **230 F** 3 pers. **295 F** pers. sup. **65 F** repas **75 F**

Ouvert : toute l'année.

5	5	12	12	10	12	SP	5	5

FREMAUX Gérard et Françoise - La Cure - 79800 AVON - Tél : 05 49 76 39 92 - Fax : 05 49 76 39 92

BEAULIEU-SOUS-PARTHENAY La Feroliere
C.M. 67 Pli 17

2 ch. **Parthenay 5 km. Niort 40 km. Futuroscope 50 km.** En Gâtine poitevine, pays bocager, 2 grandes ch. de 40 m² (r.d.c. et étage), dans 1 logis poitevin, retiré auprès d'1 rivière bordée de grands arbres. (2 lits 2 pers., 4 lits 1 pers.) salle d'eau et cuisinette intérieure à chaque ch. Entrée indép. Livres et musiques régionaux. Jardin, étang, prairie. Sentiers « découverte nature » sur pl. Ferme céréalière et forestière (Agriculture biologique) de 45 ha, à disposition pour la rencontre avec la nature, le silence et la culture paysanne. Gîtes et Camping sur place. La Rochelle 100 km.

CV

Prix : 1 pers. **170 F** 2 pers. **230 F** 3 pers. **280 F** pers. sup. **50 F**

Ouvert : toute l'année sauf du 1er au 16 septembre.

SP	5	3	5	10	4	15	SP	20	5

FERJOU Guy et Marie-Claude - La Ferolière - 79420 BEAULIEU-SOUS-PARTHENAY - Tél : 05 49 70 64 63 - Fax : 05 49 70 64 63 - http://www.district-parthenay.fr/Tourisme/hébergement

BEAULIEU-SOUS-PARTHENAY Les Ouches

C.M. 67 Pli 17

3 ch. **Futuroscope 45 km. Marais-Poitevin 50 km. Parthenay 10 km.** 3 chambres aménagées dans une ferme renovée au calme de la campagne Gatinoise. Cour et jardin calme assuré. R.d.c : 2 ch. entrée indépendante, ch.1 (2 lits, 2 pers), ch.2 (1 lit 2 pers). Etage : 1 ch. (1 lit 2 pers, 2 lits d'appoint.). Salle d'eau et wc privés à chaque chambre. Randonnées sur place.

CV

Prix : 1 pers. **200 F** 2 pers. **230 F** 3 pers. **310 F** pers. sup. **80 F**

Ouvert : toute l'année.

1	10	3	10	10	SP	18	3

CASTIN Jean-François - Les Ouches - 79420 BEAULIEU-SUR-PARTHENAY - Tél : 05 49 70 22 05 - Fax : 05 49 70 22 05

BEAUVOIR-SUR-NIORT La Guilloterie

C.M. 71 Pli 2

5 ch. **Futuroscope 80 km. Marais-Poitevin 20 km. La Rochelle 40 km.** 5 ch. aménagées dans 1 grande maison de caractère, située dans 1 hameau.Cour, parc ombragé, piscine et jeux d'enfants. 1 ch.2 pers.(1 lit 2 pers.), 1 ch. 3 pers.(1 lit 2 pers., 1 lit 1 pers.), salle de bain et wc communs. 2 CH. 2 pers. (2 lits 2 pers.), 1 ch. 3 pers. (3 lits 1 pers.), salle d'eau et wc communs. Niort (gare SNCF) 17 km. St-Jean d'Angely 25 km. Commerces et restaurants 1 km. Langue parlée : anglais.

CV

Prix : 1 pers. **150 F** 2 pers. **200 F** 3 pers. **260 F** pers. sup. **40 F**

Ouvert : toute l'année.

8	2	2	15	2	17	1

RICHARD-LEPINAT Marie-Claire - La Guilloterie - Le Cormenier - 79360 BEAUVOIR-SUR-NIORT - Tél : 05 49 09 70 42

BOUILLE-LORETZ Chantemerle

C.M. 67 Pli 8

2 ch. **Montreuil-Belley 12 km. Saumur 25 km. Puy-du-Fou 55 km.** Grande maison située dans un parc clos, fleuri et ombragé par des arbres centenaires. A l'ét. : 2 ch. 3 pers. avec salle d'eau et wc privés (poss. lit suppl.). Entrée indépendante, séjour avec cheminée. Garage. salon de jardin pour pique-nique, balançoires. Prairie avec plan d'eau. Produits du terroir, chemins de randonnées sur place, restaurant à 5 mn.

CV

Prix : 1 pers. **160 F** 2 pers. **220 F** 3 pers. **280 F**

Ouvert : toute l'année.

1	15	2	1	1	12	SP	15	2

DOUBLET J.Marie et Maurice - Chantemerle - 79290 BOUILLE-LORETZ - Tél : 05 49 67 05 48

BRESSUIRE La Léonière de Terves

C.M. 67 Pli 16

4 ch. **Puy-du-Fou 40 km. Marais-Poitevin 70 km. Futuroscope 80 km.** 4 ch. dans une maison de caractère à prox. de l'exploitation agricole. R.d.c : 1 ch. (2 lits 2 pers.), s. d'eau, wc privés. 2 ch. au 1er étage avec chacune (1 lit 2 pers., 1 lit 1 pers.) s. d'eau et wc privés. 1 ch. studio au 2e étage (1 lit 2 pers., 1 lit 1 pers.), s. d'eau, wc privés. Réfrigérateur, kitchenette dans chaque ch. Salon dispo (TV). Salon de jardin. Grand jardin. Etang privé pour pêche et promenades en barque. Restaurant à 2 km. Bressuire 2 km(gare SNCF). Secondigny 25 km. Cholet et Parthenay 35 km.

CV

Prix : 1 pers. **140/150 F** 2 pers. **180/200 F** 3 pers. **230/250 F** pers. sup. **50 F**

Ouvert : toute l'année sauf Noël et jour de l'An.

2	2	3	30	25	2	SP	2	2

BISLEAU Francis - La Leonière-de-Terves - 79300 BRESSUIRE - Tél : 05 49 65 19 25

BRIOUX-SUR-BOUTONNE Les Fontenelles

C.M. 72 Pli 2

1 ch. **Zoorama de Chizé 17 km. Marais-Poitevin 40 km. Futuroscope 70 km.** Studio indépendant de plain-pied, attenant à la maison des propriétaires, donnant sur parc dans une zone naturelle protégée, avec kitchenette (réfrigérateur-congéléteur, micro-ondes), sur cour privée, 1 ch. 4 pers. (2 lits 2 pers. possibilité lit bébé), salle de bain et wc privés, lave-linge, TV, bibliothèque. Préau avec barbecue. Niort 28 km (gare).

Prix : 1 pers. **180 F** 2 pers. **220 F** 3 pers. **280 F**

Ouvert : de Pâques au 1er novembre.

0,5	2	2	12	12	5	28	SP

BENETEAU Colette - 51 Avenue de la Gare - Les Fontenelles - 79170 BRIOUX-SUR-BOUTONNE - Tél : 05 49 27 13 98

BRIOUX-SUR-BOUTONNE

C.M. 72 Pli 2

2 ch. **Futuroscope 70 km. Marais-Poitevin 40 km. La Rochelle 80 km.** 2 chambres d'hôtes de plain-pied, accès indépendant sur terrasse, dans maison récente à proximité du village. Grand jardin fleuri (2 lits 2 pers., 1 lit enfant d'appoint), salle d'eau et wc privés. Vélos et ping-pong. Niort (gare SNCF) 30 km. Sortie Autoroute 33 à 23 km. Tumulus de Bougon 25 km. Zoo de Chizé 15 km. Melle 10 km.

Prix : 1 pers. **180 F** 2 pers. **200 F** pers. sup. **50 F**

Ouvert : toute l'année.

0,4	1	0,4	17	17	SP	30	1

MIGNET Claude et M. France - 25 Avenue de la Gare - 79170 BRIOUX-SUR-BOUTONNE - Tél : 05 49 07 54 32

CERIZAY La Gondromière

C.M. 67 Pli 16

2 ch. **Futuroscope 90 km. Marais-Poitevin 65 km. Puy-du-Fou 25 km.** 2 ch. aménagées dans 1 ancienne fermette restaurée, 1 ch. au r.d.c (1 lit 2 pers.), entrée indép., salle d'eau privée (wc), kitchinette, 1 ch. à l'étage (1 lit 2 pers., 2 lits 1 pers.), salle de bain, wc privés, terrasse, grand jardin fleuri. Piscine privée. Possibilité de vol en montgolfière sur place.

Prix : 1 pers. **230 F** 2 pers. **280 F** 3 pers. **360 F** pers. sup. **80 F**

Ouvert : toute l'année.

2	SP	1	15	15	1	15	1

MERCERON Damien - La Gondromière - 79140 CERIZAY - Tél : 05 49 80 10 45 - E-mail : damien.merceron@wanadoo.fr

CHAMPDENIERS La Grolerie

TH

C.M. 71 Pli 1

3 ch. **Futuroscope 80 km. Marais-Poitevin 17 km. Puy-du-Fou 80 km.** 3 ch. aménagées dans 1 ancienne ferme restaurée : 2 ch.au rdc (2 lits 2 pers., 2 lits 1 pers.), salle d'eau et wc privés à chaque ch. , 1 ch. à l'étage (1 lit 2 pers., 1 lit 1 pl 130), salle d'eau et wc privés, grand séjour salon (chem.) , jardin 1 ha mare - jeux, garage. Rivière souterraine 1,5 km. Escalade 3 km. Niort (gare SNCF) 17 km. Parthenay 22 km. Sortie A 31 à 25 km. La Rochelle 80 km. Langue parlée : anglais.

Prix : 1 pers. **190 F** 2 pers. **230 F** 3 pers. **300 F** pers. sup. **70 F** repas **80 F**

Ouvert : toute l'année.

0,5	14	2	5	5	SP	20	1,5

RENAUD Delphine - La Grolerie - 79220 CHAMPDENIERS - Tél : 05 49 25 66 11 ou 06 81 09 45 43 -
E-mail : Delphine@la-grolerie.com - http://www.la-grolerie.com

LA CHAPELLE-BERTRAND L'Ageon

C.M. 68 Pli 12

1 ch. **Futuroscope 40 km. Marais-Poitevin 55 km. St-Maixent-l'Ecole 25 km.** 1 ch. 3 pers. à l'étage d'1 maison restaurée typique de Gâtine, entrée indép., grand jardin fleuri. (1 lit 2 pers., 1 lit 1 pers.,TV), salle d'eau et wc privés attenants. 2 vélos, ping-pong, jeux traditionnels en bois, randonnées pédestres sur pl. Parthenay (gare routière) 6 km. Mouton-Village Vasles 15 km.

Prix : 1 pers. **170 F** 2 pers. **200 F** 3 pers. **270 F**

Ouvert : toute l'année.

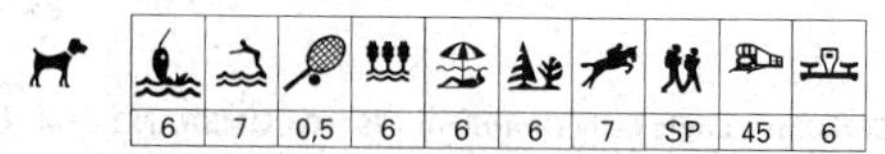

6	7	0,5	6	6	6	7	SP	45	6

RENAUDEAU Francis et Jeannine - L'Ageon - 79200 LA-CHAPELLE-BERTRAND - Tél : 05 49 94 66 59

CHEF-BOUTONNE Logis de Lussais

TH

C.M. 72 Pli 3

1 ch. **Futuroscope 75 km. Marias-Poitevin 55 km. Cognac 60 km.** 1 ch. à l'étage d'une grande maison de maître à 1 km de Chef Boutonne, charmant village riche en art roman (1 lit 2 pers. 2 lits enf.), salle de bain (wc) attenants. Grand jardin arboré clos. Piscine commune (3 logements de vacances). Vélos sur place. Melle 15 km. Bougon 30 km. Zoo de Chizé 25 km. Langues parlées : anglais, hollandais.

Prix : 1 pers. **160 F** 2 pers. **200 F** pers. sup. **60 F** repas **75 F**

Ouvert : toute l'année.

1	SP	5	25	25	1	0,2	30	1

GEURTZ Hans et Léonie - Logis de Lussais - 79110 CHEF-BOUTONNE - Tél : 05 49 29 88 93 - Fax : 05 49 29 69 42

CHENAY

TH

C.M. 68 Pli 12

3 ch. **Futuroscope 45 km. Marais-Poitevin 45 km. Niort, Poitiers 40 km.** 3 ch. aménagées dans la maison des propriétaires, à 200 m du bourg. R.d.c 1 ch. (1 lit 2 pers.),salle d'eau et wc privés. A l'étage, 1 ch. fam. (1 lit 2 pers., 2 lits 1 pers., 1 ch. (1 lit 2 pers., 1 lit bébé), salle d'eau et W.C privés pour chacune. Garage. Terrasse, jardin. Lezay 8 km. Bougon (Tumulus) 8 km. St-Maixent-l'Ecole (gare SNCF) 20 km. Melle (églises romanes) 10 km. A 10 sortie 31.

Prix : 1 pers. **170 F** 2 pers. **190 F** pers. sup. **50 F** repas **58 F**

Ouvert : toute l'année.

2	7	7	15	15	10	SP	20	3

NAU Jean et Madeleine - Chenay - 79120 LEZAY - Tél : 05 49 07 31 28

CHERVEUX Château de Cherveux

C.M. 68 Pli 11

2 ch. **Futuroscope 70 km. Marais-Poitevin 20 km. St-Maixent-l'Ecole 11 km.** 2 ch. aménagées au-dessus de la salle de garde située dans la cour intérieure du château, forteresse du XVème S. 1 grande ch. (1 lit 2 pers., 1 lit d'appoint), salle de bain et wc privés. 1 ch. (1 lit 2 pers.), salle d'eau et wc privés, salle à manger/salon (chem.), jardin. 7 boxes à louer. Niort (gare SNCF) 11 km.

Prix : 1 pers. **220/250 F** 2 pers. **270/350 F** 3 pers. **400 F** pers. sup. **90 F**

Ouvert : toute l'année.

SP	11	3	3	3	0,3	SP	11	SP

REDIEN François & M.Thérèse - Château de Cherveux - 79410 CHERVEUX - Tél : 05 49 75 06 55 - Fax : 05 49 75 06 55 -
E-mail : Fredien@minitel.net

CHIZE *C.M. 71 Pli 3*

2 ch. **Futuroscope 105 km. Marias-Poitevin 25 km. Beauvoir-sur-Niort 12 km.** 2 ch. à l'étage d'une maison de pays située dans le bourg, en bordure de Boutonne, à 3 km de la forêt domaniale de Chizé. Petit jardin, terrasse, barbecue. 2 lits 2 pers. TV. Salle d'eau et wc privés à chaque chambre. Pêche en rivière sur place. Zoorama Européen 3 km.

Prix : 1 pers. **180 F** 2 pers. **220 F** 3 pers. **290 F** pers. sup. **70 F**

Ouvert : toute l'année.

SP	12	0,5	30	30	3	1	3	12	SP

BONNEAU Huguette - 20 rue des Ponts de Boutonne - 79170 CHIZE - Tél : 05 49 76 77 03

CIRIERES Château de Cirieres *C.M. 67 Pli 16*

3 ch. **Futuroscope 80 km. Marais-Poitevin 50 km. Puy-du-Fou 25 km.** Au cœur du bocage Bressuirais , 3 ch. d'hôtes à l'étage du château du 19ème s., entouré d'un parc de 18 ha., prairies, étang, rivière. 2 ch. 2 pers. (2 lits 2 pers.), 1 ch. 3 pers. (1 lit 2 pers., 1 lit 1 pers.). Salle de bains, wc privés. Billard, vélos sur place, pêche sur l'étang et randonnées. Pique-nique possible dans le parc. Réservations possibles. Bressuire 10 km. Ferme auberge 300 m. Restaurant 300 m.

Prix : 1 pers. **310 F** 2 pers. **360 F** 3 pers. **460 F** pers. sup. **110 F**

Ouvert : du 1er mai au 30 septembre.

SP	4	0,5	15	15	8	SP	30	4

DUGAST J.Marie et M.Claude - 18 rue Ste-Radegonde - Château de Cirières - 79140 CIRIERES - Tél : 05 49 80 53 08

COMBRAND Logis de la Girardière *C.M. 72 Pli 2*

3 ch. **Cerizay 4 km. Bressuire 17 km. Cholet 33 km. Puy-du-Fou 25 mn.** 3 chambres aménagées à l'étage d'un logis début du XVIIIe siècle, avec parc, étang privé 300 m, 1 ch (1 lit 2 pers.) ,1 ch (2 lits 1 pers.), 1 suite (1 ch. 1 lit 2 pers. 1 ch. 2 lits superposés). Salles de bains et wc privés à chaque chambre. Salon. Restaurants à 4 km. Langue parlée : GB .

Prix : 1 pers. **200/230 F** 2 pers. **230/260 F**

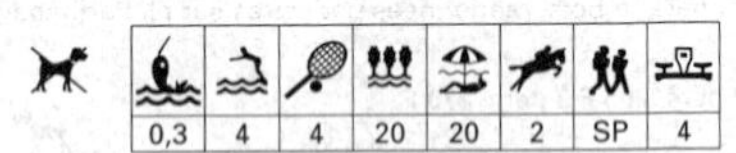

0,3	4	4	20	20	2	SP	4

MOREL Christine - Logis de la Girardière - 79140 COMBRAND - Tél : 05 49 81 04 58 - Fax : 05 49 81 04 58 - E-mail : morelchr@wanadoo.fr

COULON La Grange *C.M. 71 Pli 2*

2 ch. **Marais-Poitevin sur place. La Rochelle 50 km. Futuroscope 80 km.** A 1 km du village de Coulon, au calme, 2 ch. spacieuses et très confortables ont été aménagées au 2ème étage d'une maison de caractère du 19e s. Les petits déjeuners sont servis dans la salle à manger familiale ou sur la terrasse donnant sur un jardin fleuri et ombragé. Coin-détente, bibliothèque. 1 ch (1 lit 2 pers.) possibilité lit bébé, 1 ch (1 lit 2 pers., 1 lit 1 pers., possibilité lit d'appoint), salle d'eau et wc privés dans chaque chambre. Maison non fumeur. Langues parlées : anglais, allemand.

Prix : 1 pers. **230 F** 2 pers. **260/280 F** 3 pers. **360 F** pers. sup. **50/80 F**

Ouvert : toute l'année.

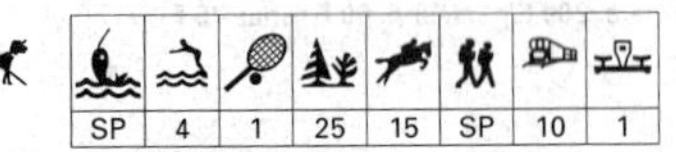

SP	4	1	25	15	SP	10	1

AUBRET Christine et Daniel - La Grange - Les Iris - 79510 COULON - Tél : 05 49 35 56 47 ou 06 14 51 16 37

COULON Le Grand Coin *C.M. 71 Pli 2*

2 ch. **Niort 10 km. La Rochelle 45 km. Marais-Poitevin sur place.** 2 ch. indépendantes de la maison maraichine des prop. située au cœur du Marais-Poitevin. Terrasse couverte et grand jardin ouvrant sur le Marais. Piscine des prop. à disposition. 1 ch. 2 pers. (1 lit 2 pers.), s. d'eau et wc privés. 1 ch. 4 pers. (1 lit 2 pers., 1 convertible 2 pers. S. d'eau et wc privés. Pêche en rivière et randonnées sur place. Langue parlée : anglais.

Prix : 2 pers. **250 F** 3 pers. **320 F** pers. sup. **70 F**

Ouvert : du 16 mars au 14 novembre.

SP	SP	2,5	40	40	900	15	SP	10	SP

BEAUSSE Catherine - Le Grand Coin - 79510 COULON - Tél : 05 49 35 99 25 ou 06 86 05 29 33 - Fax : 05 49 73 14 30

COULON *C.M. 71 Pli 2*

3 ch. **Futuroscope 90 km. Niort (gare SNCF) 10 km.** 3 chambres aménagées au r.d.c. d'une maison très fleurie dans le Marais-Poitevin, à 200 m.du village en bordure de Sèvre. 3 lits 2 pers. s. d'eau et wc privés, grande véranda donnant sur la Sèvre pour le petit déjeuner et les repas. « Produits de qualité ». Barbecue disponible, coin-détente. Parking privé.Restaurants à proximité. Possibilité de randonnées et de pêche sur place. Marais-Poitevin sur place. Langue parlée : italien.

Prix : 2 pers. **250 F**

Ouvert : toute l'année.

SP	5	0,5	30	60	25	15	SP	10	900

DELRIEU Rémy - 17 rue Elise Lucas - 79510 COULON - Tél : 05 49 35 90 39 ou 06 17 11 54 35

COULON La Rigole

C.M. 71 Pli 2

4 ch. **Futuroscope 90 km. La Rochelle 52 km. Niort (gare SNCF) 12 km.** 4 ch. aménagées à l'étage d'une maison maraîchine en bordure de rivière au cœur du Marais-Poitevin . 1 ch. 3 pers. (1 lit 2 pers., 1 lit 1 pers.) salle d'eau et wc privés, 3 ch. 2 pers. (2 lits 2 pers., 2 lits 1 pers.), coin-détente sur mezzanine, jardin. Possibilité de randonnées sur place. Marais-Poitevin sur place.

CV

Prix : 1 pers. **200 F** 2 pers. **250 F** 3 pers. **320 F**

Ouvert : du 1er avril au 31 décembre.

SP	7	2	30	60	25	15	SP	12	SP

FABIEN Sergine - 180 Route des Bords de Sèvre - La Rigole BP 1 - 79510 COULON - Tél : 05 49 35 97 90

COULON La Prée

C.M. 71 Pli 2

E.C. 2 ch. **Futuroscope 90 km. Puy-du-Fou 70 km. La Rochelle 50 km.** 2 ch. indépendantes de la maison des propriétaires, jardin clos avec piscine privée, dans le Marais Poitevin à 800 m du bourg de Coulon. 1 suite comprenant 1 ch. 2 pers. (1 lit 2 pers.) + 1 ch (2 lits jumeaux) et 1 ch. 2 pers. (1 lit 2 pers.), s. d'eau (wc) privée à chaque chambre. Nombreuses possibilités de randonnées (vélo, pédestre, barque et canoë). Langue parlée : anglais.

Prix : 2 pers. **260 F** pers. sup. **70 F**

Ouvert : toute l'année.

0,4	SP	0,5	20	20	25	0,5	SP	10	0,8

COMPOSTEL Christophe & Nathali - 5, rue de la Prée - 79510 COULON - Tél : 05 49 35 90 07

COULON

C.M. 71 Pli 2

2 ch. **Futuroscope 75 km. Puy-du-Fou 80 km. La Rochelle 50 km.** 2 grandes chambres à l'étage d'une maison noble du XV siècle, dans le bourg de Coulon, village maraichin, cour close de 60 m^2 avec terrasse, parking voiture. Chambre 1 (1 lit 2 pers., 1 lit 1 pers. 120 cm), salle d'eau et wc privés. chambre 2 (2 lits 1 pers. 120 cm), salle d'eau et wc privés.Restaurants à proximité. Marais Poitevin sur place.

CV

Prix : 1 pers. **230 F** 2 pers. **280 F** 3 pers. **320 F**

Ouvert : de janvier au 20 août et du 6 septembre au 20 décembre.

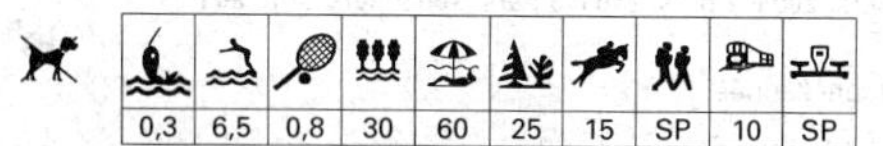

0,3	6,5	0,8	30	60	25	15	SP	10	SP

FABIEN Marina - 6 Impasse du Petit Logis - Fief du Marais - 79510 COULON - Tél : 05 49 35 92 43

COULONGES-SUR-L'AUTIZE

C.M. 71 Pli 1

5 ch. **Niort (gare SNCF) 21 km. Marais-poitevin 20 km. Puy-du-Fou 70 km.** 5 ch. indépendantes aménagées dans un corps de bâtiment attenant à l'habitation du propriétaire dans le centre du village. 2 ch. en r.d.c. (1 lit 2 pers., 2 lits 1 pers.), salle d'eau et wc privés, 3 ch. à l'étage (3 lits 2 pers.) salle d'eau et wc privés, cour et jardin clos. Cuisine, salle de détente (TV). Futuroscope 95 km.

CV

Prix : 1 pers. **190 F** 2 pers. **210 F** 3 pers. **260 F**

Ouvert : toute l'année.

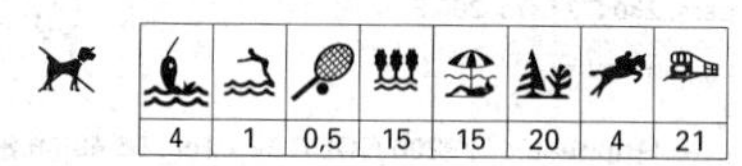

4	1	0,5	15	15	20	4	21

ARSIQUAUD Paulette - 13 Boulevard de Niort - 79160 COULONGES-SUR-L'AUTIZE - Tél : 05 49 06 25 76

LA FERRIERE-EN-PARTENNAY La Turbe

TH

C.M. 68 Pli 12

2 ch. **Parthenay 15 km. Marais-Poitevin 60 km. Futuroscope 40 km.** 2 ch. indép. aménagées dans des anciens bâtiments de ferme restaurés, à prox. de la grande maison des propriétaires (année 1900). Grande cour et jardin clos. 1 ch.3 épis (1 lit 2 pers., 1 lit 1 pers.), et 1 ch. 2 épis (1 lit 2 pers., 2 lits 1 pers.), salle de bain et wc à chaque ch. Chien 20f. Salon de jardin par chambre. Ping-pong, VTT sur place.

CV

Prix : 1 pers. **190 F** 2 pers. **210 F** 3 pers. **280 F** pers. sup. **60 F** repas **75 F**

Ouvert : du 1er mai au 30 septembre.

2	15	7	15	15	3	SP	15

ROSOLOWSKI J.Claude et Réjane - La Turbe - 79390 La-Ferrière-en-Parthenay - Tél : 05 49 63 15 17

FRONTENAY-ROHAN-ROHAN Clairias

TH

C.M. 71 Pli 2

5 ch. **Marais-Poitevin sur place. Futuroscope 80 km. Puy-du-Fou 80 km.** 5 chambres (2,3 ou 4 pers.), (5 lits 2 pers., 5 lits 1 pers.) dans une maison ancienne rénovée, avec entrée indépendante dans le Parc Interrégional du Marais Poitevin. Pièce de repos privée, cuisine commune aux chambres, salle d'eau et wc privés à chaque chambre. Cour fermée, parking. Jardin d'agrément. Table d'Hôtes. A10 sortie 23 12 km. Niort (gare SNCF) 7 km. La Rochelle 60 km.

Prix : 1 pers. **220 F** 2 pers. **250 F** 3 pers. **330 F** repas **100 F**

Ouvert : toute l'année.

SP	6	3	4	60	25	10	SP	7	4

CALMEL J.Pierre & Ghislaine - Clairias - 79270 FRONTENAY-ROHAN-ROHAN - Tél : 05 49 04 58 42

GERMOND-ROUVRE Breilbon

(TH) *C.M. 71 Pli 1*

3 ch. **Futuroscope 80 km. Puy-du-Fou 80 km. Marais-Poitevin 20 km.** Maison ancienne restaurée avec jardin clos. 2 ch. aménagées ds les dépendances (en r.d.c, 1 ch (1 lit 2 pers.) à l'étage 1 ch (1 lit 2 pers, 1 lit 1 pers). 1 ch aménagée à l'étage de la maison des propriétaires, entrée indép (1 lit 2 pers). Chaque ch. dispose de s. d'eau et wc privés. Salon dispo. (TV, cheminée). Lit enfant et bébé dispo. Sentiers pédestres sur place, 5 vélos adultes, ping-pong. Parthenay 30 km, La Rochelle 65 km, Bougon 30 km. Langue parlée : anglais.

Prix : 1 pers. **175 F** 2 pers. **210 F** 3 pers. **280 F** pers. sup. **60 F**
repas **70 F**

Ouvert : toute l'année.

2	15	2	10	10	18	10	SP	15	8

BLANCHARD Didier er Josette - 40 Chemin de la Minée - Breilbon - 79220 GERMOND-ROUVRE - Tél : 05 49 04 05 01

GERMOND-ROUVRE Le Grand Bouchet

C.M. 71 Pli 1

2 ch. **Futuroscope 70 km. Marais-Poitevin 15 km. Parthenay 30 km.** 2 ch. indépendantes dont 1 de plain-pied, aménagées dans une ancienne grange, restaurée dans le prolongement de la maison principale. (2 lits 2 pers., 2 lits 1 pers.) salle d'eau et wc privés. Parc clos. Etang privé et terrain de boules. Possibilité garage. Niort (gare SNCF) 15 km.

Prix : 1 pers. **180 F** 2 pers. **220 F** 3 pers. **280 F**

Ouvert : toute l'année.

SP	14	1	7	7	15	7	SP	15	1

MOUNIER Lionel - Le Grand Bouchet - 79220 GERMOND-ROUVRE - Tél : 05 49 25 86 69

GLENAY Le Château de Biard

(TH) *C.M. 67 Pli 18*

3 ch. **Futuroscope 60 km. Marais-Poitevin 60 km. Château de la Loire 65 km.** 3 ch. aménagées à l'étage d'1 ancien logis du XVème S., situées sur 1 exploitation agricole, grande cour, ch.1 (2 lits 2 pers.), ch.2 (2 lits 1 pers.), ch.3 (1 lit 2 pers.), sanitaires privés. Salon privé. Salle à manger à disposition (frigidaire). St Varent 6 km. Airvault 7 km. Thouars 18 km. Parthenay 25 km.

Prix : 1 pers. **200 F** 2 pers. **240 F** 3 pers. **300 F** pers. sup. **60 F**
repas **80 F**

Ouvert : toute l'année.

2	7	2	12	6	SP

TEXIER Gilles - 20 Route du Champ Fleuri - Le Château-de-Biard - 79330 GLENAY - Tél : 05 49 67 62 40

GOURGE Les Grippeaux

C.M. 67 Pli 18

3 ch. 3 ch. situées dans 1 ferme de caractère dans un hameau (pêcheurs bienvenus), dont 2 pour 1 famille de 6 pers. avec s. d'eau et wc attenants, et 1 ch. pour 3 pers. avec s. de bain et wc privés. Jeux d'enf.+ circuit promenade (âne sur pl.). Environnement calme et fleuri. Parthenay à 10 mn. Futuroscope, Marais-Poitevin et Puy du Fou 1 heure.

Prix : 1 pers. **170 F** 2 pers. **230 F** 3 pers. **300 F**

Ouvert : de Pâques à fin septembre.

4	15	5	5	5	20	SP

NERBUSSON Jean - Les Grippeaux - 79200 GOURGE - Tél : 05 49 69 84 25

GOURNAY Gournay

A *C.M. 72 Pli 3*

2 ch. **Futuroscope 75 km. Marais-Poitevin 50 km. Chef-Boutonne 5 km.** 2 ch. à l'ét. de la maison de maître des propriétaires, près de leur exploitation agricole, 1 suite (1 lit 2 pers., 1 lit, 1 lit), s. de bain et wc privés, 1 ch. 3 pers. (2 lits 2 pers.) s. de bain et wc privés, poss. lit bébé. Jardin ombragé. Chef-Boutonne 5 km. Melle 14 km. Bougon 30 km.

Prix : 1 pers. **180 F** 2 pers. **230 F** 3 pers. **270 F** pers. sup. **65 F**
repas **80 F**

Ouvert : début mars, fermé de mi-septembre à début octobre.

5	14	0,2	20	20	1	15	5	25

BURGAUD Pierre et Monique - Gournay - 79110 CHEF-BOUTONNE - Tél : 05 49 29 31 42 ou 06 80 36 34 12 - Fax : 05 49 29 31 42

LEZAY Le Château

(TH) *C.M. 72 Pli 3*

5 ch. **Futuroscope 50 km. Marais-Poitevin 50 km.** En pays d'art roman, sur la route de St-Jacques-de-Compostelle, Cécile et Vincent vous recoivent ds 1 ferme de caractère avec à l'étage, 5 ch spacieuses et confortables. Entrée indép, 2 ch. 3 pers (1 lit 2 pers, 1 lit 1 pers),2 ch. 2 pers. (1 lit 2 pers), 1ch. 2 pers (3 épis) (1 lit 2 pers.). S.eau, wc privatif à chaque ch. Coin-cuisine. Petits déjeuner copieux. Table d'hôtes sur réservation. Grand jardin. Vente de vins et conserves s/pl. Anglais parlé. A partir de 4 nuits, réduction de 5%. Avec plaisir, nous vous ferons découvrir notre belle région. Langue parlée : anglais.

Prix : 1 pers. **160 F** 2 pers. **190 F** 3 pers. **240 F** pers. sup. **50 F**
repas **75 F**

Ouvert : toute l'année.

1	1	1	14	14	8	SP	25	1

BOISSERIE Vincent et Cécile - Le Château - 79120 LEZAY - Tél : 05 49 29 56 79 - Fax : 05 49 29 56 79 -
E-mail : info@chateau-lezay.com - http://www.chateau-lezay.com

LOUBLANDE La Voie
C.M. 67 Pli 16

2 ch. **Puy-du-Fou 20 km. Parc Oriental Maulévrier 7 km. Cholet 14 km.** 2 ch. aménagées à l'étage d'1 ancien moulin avec véranda panoramique (2 lits 2 pers.) salle d'eau et wc réservés aux hôtes. Rivière sur place (pêche, promenade en barque) dans un creux de la vallée très fleurie avec écluse de moulin, petit barrage et cascade. Jardin de collections botaniques étiquetées. Coins de pique-nique, coin-sable pour enfants. Restaurant 1 km. Gare SNCF 14 km. Mauléon 6 km. Musée du Vieux Jouet 5 km.

Prix : 1 pers. **140 F** 2 pers. **170 F**

Ouvert : du 1er mai au 30 septembre.

SP	5	1	10	10	7	20	14	5

GIRARD Joseph et Irène - La Voie - 79700 LOUBLANDE - Tél : 05 49 81 43 27

LUZAY La Coindrie
TH *C.M. 67 Pli 8*

1 ch. **Futuroscope 60 km. Marais-Poitevin 85 km. Puy-du-Fou 60 km.** 2 chambres pour une même famille ou amis, aménagées à l'étage d'une grande maison de pays. (1 lit 2 pers., 3 lits 1 pers.).Salle d'eau (wc) privatifs. Salon, piano, bibliothèque. Jardin fleuri et ombragé, terrasse, barbecue. Thouars 7 km. Saumur 45 km. Montreuil-Bellay 25 km. Château d'Oiron 10 km. Langue parlée : anglais.

Prix : 1 pers. **200 F** 2 pers. **250 F** 3 pers. **300 F** repas **80 F**

Ouvert : du 15 mars au 30 septembre.

0,2	7	1	10	7	SP	7	4

CHAPONNAY Danielle - 9 rue des Tilleuls - La Coindrie - 79100 LUZAY - Tél : 05 49 66 55 42 - Fax : 05 49 66 55 42 - E-mail : danychaponnay@wanadoo.fr

MAGNE
C.M. 71 Pli 2

3 ch. **Futuroscope 86 km. La Rochelle 55 km. Marais Poitevin sur place.** Dans charmant bourg du Marais Poitevin : 3 ch. ds le cadre raffiné et reposant d'1 agréable propriété calme, confortable et conviviale. R.d.c : entrée indép, 1 ch (1 lit 2 pers.), s.eau, wc privés. Prise TV. Etage : 2 ch. (2 lits 2 pers.), s.eau, wc commun formant 1 ensemble séparé pour 1 même famille ou amis. Terrasse, véranda, grand jardin fleuri et arboré. Salon de jardin, barbecue à dispo. Kitchenette (10 F/j). Parking privé clos. Activités de loisirs à proximité (pêche, barque, rando.). Restaurant 700 m, Niort 6 km. Langue parlée : anglais.

Prix : 1 pers. **200 F** 2 pers. **250 F** 3 pers. **350 F**

Ouvert : toute l'année.

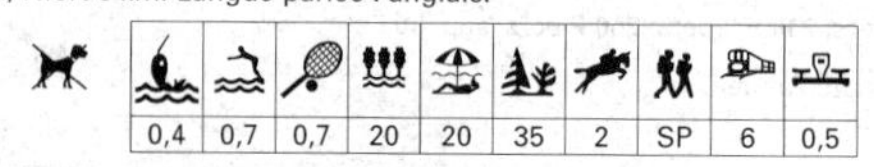

0,4	0,7	0,7	20	20	35	2	SP	6	0,5

COUVILLERS Alain et Cécile - 85 route de Jousson - 79460 MAGNE - Tél : 05 49 35 28 23 ou 06 73 40 97 80 - http://www.marais-poitevin.com/HEBERGEMENT/COUVIL.

MAGNE
C.M. 71 Pli 2

3 ch. **Futuroscope 80 km. Puy-du-Fou 80 km. Marais Poitevin sur place.** Dans charmant village, au cœur du Marais Poitevin, maison traditionnelle du 19ème s., sur site classé, à 20 mètres de la Sèvre Niortaise. Suite de 2 ch. à l'étage (2 lits 2 pers, 2 lits pliants), s. d'eau, wc séparés, 1 chambre (1 lit 2 pers), salle d'eau et wc privés rdc et entrée indép. Petits déjeuners servis dans la salle à manger en pierre apparantes. Parking privé (2 emplacements).

Prix : 2 pers. **250 F** pers. sup. **90 F**

Ouvert : toute l'année.

SP	0,7	0,7	20	20	35	2	SP	6	0,5

DESMEDT Bernard et Véronique - 1, rue du Port de la Curé - 79460 MAGNE - Tél : 05 49 26 29 14 ou 06 14 53 42 46

MARIGNY Le Grand Mauduit
C.M. 71 Pli 2

3 ch. **Futuroscope 75 km. Marais-Poitevin 20 km. Beauvoir/Niort 5 km.** 3 ch. avec entrées indép. aménagées dans les dépendances d'un logis du XIVème S. en lisière de forêt de Chizé. Etage : 1 lit 2 pers., s. d'eau, wc privés. R.d.c : 1 ch. (1 lit 2 pers), s. d'eau, wc privés, 1 ch. (1 lit 2 pers, 1 convertible), s. d'eau, wc privés. 1 pièce complémentaire (1 lit 120, 1 lit enfant). Patio fleuri, cheminée, coin-cuisine. Idéal pour séjour. Parc botanique de fleurs sauvages (5 ha) sur place. Visite guidée offerte aux hôtes. Randonnées pédestres sur place. A10 sortie 33 7 km. Niort (gare SNCF) 17 km. Forêt de Chizé sur place, GR 36 sur place.

Prix : 2 pers. **300/350 F**

Ouvert : du 1er avril au 1er novembre.

25	20	0,8	20	20	SP	12	SP	17	5

GARNAUD Francine - Le Grand-Mauduit - Le-Vieux-Fournil - 79360 MARIGNY - Tél : 05 49 09 72 20 - Fax : 05 49 09 72 20

MASSAIS Le Moulin Bernard
A *C.M. 67 Pli 7*

4 ch. **Futuroscope 60 km. Marais-Poitevin 100 km. Puy-du-Fou 50 km.** 4 ch. (2 ch. (1 lit 2 pers.) et 2 ch. (2 lits 1 pers.), chauffeuse pour enfant, à l'étage d'une grange réaménagée dans un cadre exceptionnel sur le bord de l'Argenton, entrées indépendantes. Salle d'eau et wc privés à chaque ch. Pêche, canoë-kayak, baignade, escalade... sur place. Argenton-Château 8 km. Thouars 10 km. Langue parlée : anglais.

Prix : 1 pers. **200 F** 2 pers. **230 F** 3 pers. **280 F**

Ouvert : du 1er mars au 15 novembre.

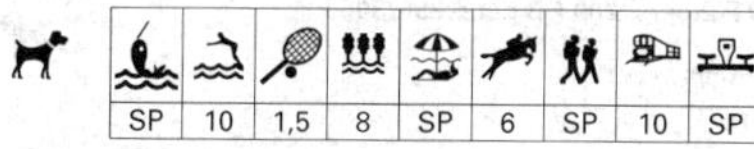

SP	10	1,5	8	SP	6	SP	10	SP

BOIDRON Alain - Le Moulin-Bernard - 79150 MASSAIS - Tél : 05 49 96 84 64 - Fax : 05 49 96 07 61

MAUZE-SUR-LE-MIGNON

C.M. 71 Pli 2

2 ch. **Marais-Poitevin 9 km. La Rochelle 40 km. Futuroscope 100 km.** 1 suite aménagée à l'étage d'une grande maison du XVIIIème S. dans le centre du bourg. Grand jardin ombragé, terrasse. 2 ch. (2 lit 2 pers., 2 lit 1 pers. 80 cm). Salle d'eau (wc) commune aux 2 ch., petit salon privé. Mauzé (gare SNCF) 0,5 km. Niort 22 km. Langue parlée : anglais.

Prix : 1 pers. **260 F** 2 pers. **300 F** 3 pers. **380 F** pers. sup. **80 F**

Ouvert : toute l'année.

2	0,5	0,5	40	40	20	10	SP	0,5	0,5

SCHAMBERT Gérard et Catherine - 82 Grande Rue - 79210 MAUZE-SUR-LE-MIGNON - Tél : 05 49 26 37 01 - Fax : 05 49 26 70 47

MAUZE-SUR-LE-MIGNON

C.M. 71 Pli 2

1 ch. **Futuroscope, Puy-du-Fou 100 km. La Rochelle 40 km. Marais-Poitevin 2km** 1 ch. à l'étage d'1 grande maison du XIXème S. Ancien prieuré, jardin ombragé, piscine privée, au calme près de la place piétonne du bourg. (2 lits 2 pers., TV), salle d'eau et wc privés. Mauzé (gare SNCF) 0,5 km. Niort 22 km. Langues parlées : anglais, allemand, italien.

CV

Prix : 1 pers. **260 F** 2 pers. **280 F** 3 pers. **350 F** pers. sup. **50 F**

Ouvert : l'été et week-end de printemps.

2	SP	0,5	40	40	20	10	SP	SP	SP

TABOURIER Hélène et Florence - 22 Place des Halles - 79210 MAUZE-SUR-LE-MIGNON - Tél : 05 49 26 78 09 - E-mail : jtabourier@aol.com

MAZIERES-EN-GATINE Le Grand Pré

C.M. 68 Pli 11

1 ch. **Marais-Poitevin 30 km. Futuroscope 55 km. Niort 250 km.** 1 ch. 2 pers. (1 lit 2 pers.) indépendante de l'habitation du propriétaire, aménagée en mezzanine, salon privé en r.d.c. avec 1 divan 2 pers., salle d'eau et wc privés. Terrasse et jardin. St Maixent l'Ecole (gare SNCF) 17 km. Parthenay 15 km. Restaurant à 500 m.

Prix : 1 pers. **210 F** 2 pers. **250 F** pers. sup. **50 F**

Ouvert : toute l'année.

15	0,5	3	3	15	SP	17

VIDEAU France-Odile - Le Grand Pré - 79310 MAZIERES-EN-GATINE - Tél : 05 49 63 21 59

MONCOUTANT Château-Saint-Claude

C.M. 67 Pli 16

2 ch. **Puy-du-Fou 40 km. Marais-Poitevin 60 km. Futuroscope 80 km.** 2 chambres aménagées à l'étage d'un château du XIXe siècle dans le bourg, parc, 1 chambre fam. (1 lit 2 pers., 1 lit 1 pers.) salle d'eau (wc), 1 chambre (1 lit 2 pers.) salle d'eau, wc. Bressuire 14 km. Cholet 50 km.

Prix : 1 pers. **280 F** 2 pers. **320 F** 3 pers. **400 F**

Ouvert : toute l'année sauf octobre.

0,8	0,3	0,3	12	1	SP	15	SP

DE PUYBAUDET Monique - 6 rue des Roches - Château-Saint-Claude - 79320 MONCOUTANT - Tél : 05 49 72 62 70

MONCOUTANT La Loge

TH

C.M. 67 Pli 16

3 ch. **Futuroscope 80 km. Marais-Poitevin 65 km. Puy-du-Fou 50 km.** 3 chambres d'hôtes à l'étage d'une ancienne fermette restaurée avec grand jardin de 2000 m^2. Terrasse (barbecue), piscine des propriétaires à disposition. Chambre 1 (1 lit 2 pers, 1 lit 1 pers, salle de bains et wc privés), chambre 2 (1 lit 2 pers, salle d'eau et wc privés), chambre 3 (1 lit 2 pers, 1 lit d'appoint, salle de bains (wc) privée). Chauffage central. Salon avec cheminée à disposition.

CV

Prix : 1 pers. **240 F** 2 pers. **270 F** 3 pers. **340 F** repas **95 F**

Ouvert : toute l'année.

5	SP	5	6	5	7	5	15	5

ROY Jeanine - La Loge - 79320 MONCOUTANT - Tél : 05 49 72 73 36 - Fax : 05 49 72 73 24

MOULINS La Chauvelière

C.M. 67 Pli 6

6 ch. **Puy-du-Fou 20 km. Parc oriental Maulévrier et Cynodrome 6 km.** 6 chambres dont 1 chambre d'enfants, rénovées, aménagées dans la maison du propriétaire,avec salle d'eau et wc privés à chaque chambre. Entrée indépendante. 4 chambres (1 lit 2 pers), 1 chambre (1 lit 1 pers,1 lit 2 pers.) + 1 ch.enf. (2 lits 1 pers.). Cour ombragée et fleurie, Etang privé pour pêche. Mauléon (musée du jouet) 4 km, Cholet (SNCF) 15 km. Restaurant 4 km.

CV

Prix : 1 pers. **180 F** 2 pers. **200 F** 3 pers. **250/300 F**

Ouvert : toute l'année.

4	SP	7	7	7	SP	15

NOURISSON Jeanne - La Chauvelière - 79700 MOULINS - Tél : 05 49 81 42 38 - Fax : 05 49 81 42 38

NANTEUIL La Berliere *C.M. 68 Pli 12*

2 ch. **Futuroscope 60 km. Marais-Poitevin 30 km. Niort 20 km.** 2 grandes chambres aménagées dans une ancienne ferme de caractère au flanc d'1 côteau sauvage, nature, jardins, prairies, forêt. 1 suite (1 lit 2 pers., 1 lit 1 pers.). Frigo, entrée privée. 1 studio indépendant (1 lit 2 pers.). Cuisine. Salle d'eau, wc privés à chaque chambre. Prix en séjour. A10 sortie 31 6 km. Bougon 16 km. St Maixent l'école 3 km. Langue parlée : anglais.

Prix : 1 pers. **200 F** 2 pers. **240 F** 3 pers. **320 F**

Ouvert : de mars à novembre.

5	5	2	15	15	SP	5	SP	3	3

MEMETEAU Guy et Monique - La Berlière - 79400 NANTEUIL - Tél : 05 49 05 60 71 - Fax : 05 49 05 60 71 -
E-mail : guy.memeteau@tps.fr

NIORT Surimeau *C.M. 71 Pli 1*

1 ch. **Futuroscope 80 km. Marais-Poitevin 10 km. La Rochelle 60 km.** 1 chambre pour 2 pers. de plain-pied dans la maison des propriétaires (1 lit 2 pers.), salle de bain privée, wc. Salon, TV. Grand jardin. Volailles fermières, conserves, produits frais. Niort (gare SNCF) 4 km. A10 sortie 32 à 10 km.

Prix : 1 pers. **190 F** 2 pers. **230 F**

Ouvert : toute l'année.

0,5	3	6	12	12	10	SP	4	SP

BOUDREAULT Arlette - 27 rue de la Mineraie - 79000 NIORT - Tél : 05 49 24 51 93

NIORT Souché *C.M. 71 Pli 2*

2 ch. **Futuroscope 80 km. Marais-Poitevin 12 km. La Rochelle 60 km.** Une suite (soit 2 chambres) à l'étage d'une maison moderne entourée d'un grand jardin avec terrasse, (2 lits 2 pers.), salle d'eau (wc) et coin-détente privés. Niort (gare SNCF) 4 km.

Prix : 1 pers. **210 F** 2 pers. **230 F** 3 pers. **310 F**

Ouvert : toute l'année.

2,5	4	6	14	14	10	SP	4	1

HODDE Marie-Thérèse - 4 rue des Sablières - 79000 NIORT - Tél : 05 49 24 37 26

NIORT-SCIECQ Sciecq TH *C.M. 71 Pli 1*

1 ch. **Marais-Poitevin 10 km. La Rochelle 70 km. Futuroscope 80 km.** 1 ch. d'hôtes à l'étage d'une maison bourgeoise dominant la vallée de la Sèvre Niortaise, dans un petit village, très calme (1 lit 2 pers. 1 lit d'appoint), salle de bain et wc privés. Salon à dispo, jardin, piscine sur place. Idéale pour les pêcheurs. Chauffage central au fuel. Poss de promenades à pied et vélo. Lit d'appoint 100F.

Prix : 1 pers. **200 F** 2 pers. **240 F** repas **80 F**

Ouvert : toute l'année.

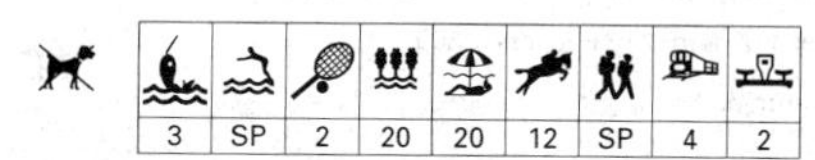

3	SP	2	20	20	12	SP	4	2

BARRAUD J.Claude et Caroline - 10 rue du Moulin - 79000 NIORT-SCIECQ - Tél : 05 49 35 51 38

NIORT-SCIECQ TH *C.M. 71 Pli 1*

4 ch. **Futuroscope 80 km. Marais-Poitevin 10 km. La Rochelle 70 km.** 4 ch. pour 2 familles, 1 suite à l'étage d'une ancienne et grande ferme restaurée avec cour et jardin fleuri, dans un petit village entouré par la Sèvre Niortaise. 1 ch. (1 lit 2 pers., TV), 1 ch. (1 lit 1 pers. 120), s.d.b et wc. 1 suite dans bâtiment restauré indép. au r.d.c (1 lit 2 pers.), mezz. (2 lits 1 pers.), s. d'eau, wc, ch. central fuel. Sortie 32 à 18 km.

Prix : 1 pers. **200 F** 2 pers. **220 F** 3 pers. **350 F** pers. sup. **100 F** repas **80 F**

Ouvert : toute l'année.

SP	5	3	20	20	12	SP	4	3

GOULARD Joël et Annie - 5 rue des Loges - 79000 NIORT-SCIECQ - Tél : 05 49 35 69 02

NOIRTERRE Le Petit Cruhe TH *C.M. 67 Pli 17*

4 ch. **Futuroscope 70 km. Marais-Poitevin 90 km. Puy-du-Fou 40 km.** 4 ch. à l'étage d'une ferme rénovée, cadre agréable avec grand jardin, 2 ch. 2 pers. avec s. d'eau privée, et 2 ch. 3 pers. avec s. d'eau attenante, wc communs. Salle de séjour (TV), coin-cuisine à la disposition des hôtes. Baby-foot et billard. Abri couvert. Tennis de table. Ferme (volailles, élevage de moutons). Randonnée fleurie autour de la ferme. Bresuire (gare SNCF) 8 km, Mauléon 25 km.

Prix : 1 pers. **120/140 F** 2 pers. **140/160 F** 3 pers. **210 F** repas **65 F**

Ouvert : toute l'année.

SP	8	3	15	8	SP	8	3

FUSEAU Jeanne - Le Petit Cruhe - 79300 NOIRTERRE - Tél : 05 49 74 03 60

NUEIL-SUR-ARGENT Montourneau (TH) *C.M. 67 Pli 6*

4 ch. **Futuroscope 80 km. Puy-du-Fou 23 km. Cerizay et Mauléon 9 km.** 4 ch. à l'étage d'une ferme avec entrée indépendante, 3 ch. 2 pers. (3 lits 2 pers.), 1 ch. 3 pers. (1 lit 2 pers., 1 lit 1 pers.), salle d'eau privée, wc communs, séjour disponible. Jardin, étang privé avec possibilité de pêche. Bressuire (gare SNCF) 10 km.

CV

Prix : 1 pers. **150 F** 2 pers. **200 F** 3 pers. **250 F** repas **60 F**

Ouvert : toute l'année.

SP	9	7	16	2	SP	10

GABARD Jean - Montourneau - 79250 NUEIL-SUR-ARGENT - Tél : 05 49 81 08 70 - Fax : 05 49 81 14 04

NUEIL-SUR-ARGENT Regueil *C.M. 67 Pli 6*

2 ch. **Futuroscope 85 km. Puy-du-Fou 30 km. Bressuire (gare SNCF) 15 km.** 2 ch. aménagées à l'étage de la maison d'exploitation, située au cœur du bocage avec vue panoramique, entrée indépendante, (2 lits 2 pers.), salle d'eau et wc privés. Ferme Auberge sur place. Ferme en biologie. Bressuire (gare SNCF) 15 km. Château de Tournelay. Cholet 30 km.

Prix : 1 pers. **180 F** 2 pers. **200 F** 3 pers. **300 F** pers. sup. **40 F**

Ouvert : toute l'année sauf du 1er au 15 septembre.

0,2	15	2	15	SP	15

GANNE Serge et Colette - Regueil - 79250 NUEIL-SUR-ARGENT - Tél : 05 49 65 42 56 - Fax : 05 49 65 69 87

PAIZAY-LE-TORT Moulin de la Combe *C.M. 72 Pli 2*

2 ch. **Futuroscope 60 km. marais-Poitevin 45 km.** 1 Suite indépendante aménagée dans un moulin à eau restauré dans l'adorable petit village de Paizay le Tort. Parc clos avec canards sauvages et ragondins. La chambre « chêne » (1 lit 2 pers) est mitoyenne avec la chambre « meuniers » (1 lit 120, 1 lit 90), s. d'eau, wc. Petits déjeuners servis dans la salle des machines entièrement restaurée. Nous vous attendons entre Marais Poitevin et Futuroscope, au cœur de l'Art roman du pays mellois et des Mines d'Argent des Rois Francs. Propriétaire anglais et française. Réduction de 10 % pour 2 nuits consécutives. Langue parlée : anglais.

Prix : 1 pers. **230 F** 2 pers. **300 F** 3 pers. **350 F**

Ouvert : toute l'année.

SP	5	1	20	20	13	5	SP	35	1

SATTERTHWAITE Jason et Marie-Laure - Moulin de la Combe - 79500 PAIZAY-LE-TORT - Tél : 05 49 27 19 23 - Fax : 05 49 27 19 23 - http://www.moulin-lacombe.com

PARTHENAY *C.M. 68 Pli 11-12*

1 ch. **Futuroscope 50 km. Marais-Poitevin 50 km. Puy-du-Fou 60 km.** En r.d.c d'une maison située au cœur du Quartier Médiéval de Parthenay, en bordure du Thouet : une suite (soit 2 ch.) pour une même famille (1 lit 2 pers. 2 lits 1 pers. superposés), salle d'eau (wc) privée, jardin d'agrément, accès à la rivière ,restaurants à 500 m, nombreux festivals. Parking privé dans la propriété. La Rochelle 100 km, Châteaux de la Loire 75 km. Langues parlées : anglais, espagnol.

CV

Prix : 1 pers. **190 F** 2 pers. **210 F** 3 pers. **280 F**

Ouvert : toute l'année.

SP	2	2	2	2	SP	2	SP

BOIVIN Armelle et Alain - 10 rue du Château - 79200 PARTHENAY - Tél : 05 49 64 19 69 - E-mail : lavillauroyal@district-parthenay.fr

LE PIN Roches-Blanches *C.M. 67 Pli 16*

1 ch. **Futuroscope 90 km. Cholet 30 km. Puy-du-Fou 25 km.** 1 chambre d'hôtes familiale située dans les dépendances d'une grande maison du XIX s., entourée d'un vaste parc boisé (78 ha), prairies, bois, arbres centenaires (cèdres, tulipiers de Virginie), étangs. Grande chambre avec un lit 2 pers. et un coin-séjour avec 2 lits 1 pers., kitchenette, sanitaires particuliers, lave-linge. Langue parlée : anglais.

CV

Prix : 1 pers. **250 F** 2 pers. **270 F** 3 pers. **360 F**

Ouvert : toute l'année.

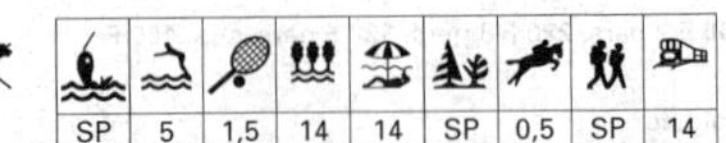

SP	5	1,5	14	14	SP	0,5	SP	14

MOREAU Isabelle - Roches Blanches - 79140 LE PIN - Tél : 05 49 81 03 31 - Fax : 05 49 81 03 31

PRAILLES (TH) *C.M. 68 Pli 11*

3 ch. **Futuroscope 45 km. Marais-Poitevin 25 km. La Rochelle 50 km.** 3 ch. dont 1 suite aménagée au 2è ét. ds maison poitevine restaurée. 1 ch. (2 lits 2 pers.), s. d'eau, wc privés. S. à manger. Salon à dispo. 1 ch. fam. indép. dans 1 bâtiment annexe, disposant d'1 grand terrain arboré. Pour la 1ère, séjour-cuisine privé en r.d.c.,et à l'étage (1 lit 2 pers., 2 lits 1 pers. superposés, lit d'appoint), s.eau, wc. Pour la 2e ch., cuisine, salon, s. d'eau et wc en r.d.c., à l'étage (1 lit 2 pers.) poss. lit d'appoint. A 2 km de la forêt de l'Hermitain dans 1 environnement calme et accueillant. A10 sortie 32 à 8 km. Langue parlée : anglais.

Prix : 1 pers. **220 F** 2 pers. **250 F** 3 pers. **330 F** repas **90 F**

Ouvert : toute l'année.

2	8	2	3	3	2	4	SP	10	SP

DUVALLON Michel et M.Claude - 79370 PRAILLES - Tél : 05 49 32 84 43

RIGNE Rigne *C.M. 67 Pli 8*

2 ch. **Châteaux de la Loire 30 km. Saumur 30 km. Thouard (gare SNCF) 4 km.** 2 ch. pour 1 même famille ou des amis aménagées à l'étage d'1 maison de campagne restaurée dans 1 petit village. Cour intérieure avec terrasse. Jardinet et cour clos. Salon à disposition. (2 lits 2 pers.), salle d'eau et wc privés. 1 poney. Région de vignobles. Restaurants à 5 km. Randonnées pédestres sur pl. Route des vins.

Prix : 1 pers. **170 F** 2 pers. **220 F** 3 pers. **300 F**

Ouvert : du 1er avril au 30 septembre.

4	5	5	15	15	7	SP	6	5

RICHARD Luc et liliane - Impasse du Prieuré - 79100 RIGNE - Tél : 05 49 66 32 97

RIGNE *C.M. 67 Pli 8*

2 ch. **Futuroscope, Puy-du-Fou 70 km.Marais-Poitevin 90 km.** A 3 km de Thouars, Maison de maître située dans un hameau paisible et verdoyant. A l'étage, 2 grandes chambres 3 pers (2 lits 2 pers, 2 lits 1 pers), salles d'eau privées et wc communs. Salle à manger au rez de chaussée (chem, TV). Jardin d'agrément et salon de jardin. Région de vignobles.

CV

Prix : 1 pers. **180 F** 2 pers. **200 F** 3 pers. **260 F**

Ouvert : toute l'année.

5	3	3	20	15	3	SP	6	5

CHATEAU Anne-Marie - 44, rue des Matines - 79100 RIGNE - Tél : 05 49 68 11 75

SAINT-AUBIN-DE-BAUBIGNE *C.M. 71 Pli 6*

2 ch. **Futuroscope 95 km. Marais-Poitevin 80 km. Château de la loire 60 km.** 2 chambres à l'étage d'une ancienne ferme restaurée à l'entrée du village. Grand jardin arboré et terrassé, salon de jardin pour pique-nique. 1 ch. 2 pers. et 1 ch. 3 pers. (2 lits 2 pers., 1 lit 1 pers.), salle d'eau et wc privés, mezzanine avec bibliothèque, grand salon (cheminée et TV) à disposition. Mauléon 3 km (musée du jouet). Puy-du-Fou 15 km. Cholet 20 km. Parc Oriental, Cynodrome 10 km. Aérodrome du bocage 3 km. Langue parlée : anglais.

CV

Prix : 1 pers. **200 F** 2 pers. **240 F** 3 pers. **300 F**

Ouvert : toute l'année.

7	3	3	22	22	3	3

LEMERCIER Colette - 123 rue du Calvaire - 79700 SAINT-AUBIN-DU-BAUBIGNE - Tél : 05 49 81 81 73

SAINT-AUBIN-LE-CLOUD La Chagnée *C.M. 67 Pli 17*

1 ch. **Futuroscope, Marais-Poitevin 50 km. Puy-du-Fou 70 km.** 1 ch. d'hôtes d'accès indépendant par escalier extérieur, sur exploitation agricole ovine, jardin et étangs privés pour la pêche dans un site naturel vallonné. (1 lit 2 pers. possibilité lit d'appoint), salle de bain (wc) privée. Ballade découverte de la nature. Vente de produits de la ferme. Parthenay 10 km (festivals des jeux, jazz, musiques traditionnelles). Pougne-Hérisson (le Nombril du Monde).

CV

Prix : 1 pers. **170 F** 2 pers. **220 F** 3 pers. **270 F** pers. sup. **50 F**

Ouvert : d'avril à fin septembre.

SP	1	1	15	15	10	10	5	1

BAUDOIN Gérard et M.Ange - La Chagnée - 79450 SAINT-AUBIN-LE-CLOUD - Tél : 05 49 95 31 44 -
E-mail : BAUDOIN Ge@ district-parthenay-fr

SAINT-AUBIN-LE-CLOUD la Couture (TH) *C.M. 68 Pli 11*

2 ch. **Puy-du-Fou, Futuroscope 60 km. Marais-poitevin 40 km.** 2 grandes chambres d'hôtes communiquantes pour famille ou amis, aménagées au rdc d'une ferme gâtinaise (élevage canin et ovin), entourée d'une grande propriété. Chambre 1 : 1 lit 2 pers. salle d'eau (wc) privée, chambre 2 : 2 lits 1 pers., salle d'eau, wc attenant. Randonnées pédestres sur place, Pougné Hérisson « le nombril du monde » à 2 km. Site du « rocher branlant » 10 km. Parthenay (Cité Médiévale) 8 km.

CV

Prix : 1 pers. **170 F** 2 pers. **200 F** 3 pers. **340 F** repas **75 F**

Ouvert : toute l'année.

2	2	2	2	10	10	5	SP	11,5	2

MOREAU Roland, M.Madeleine - La Couture - 79450 SAINT-AUBIN-LE-CLOUD - Tél : 05 49 95 35 32 - Fax : 05 49 95 35 32

SAINT-HILAIRE-LA-PALUD Montfaucon *C.M. 71 Pli 2*

1 ch. **Futuroscope 95 km. La Rochelle 40 km. Niort 25 km.** 1 ch. familiale (2 lits 2 pers., 2 lits 1 pl.) s. d'eau, wc privés à l'ét. d'une maison maraîchine restaurée avec jardin clos dans un village face au petit port. Départ de promenades en barque dans le Marais sauvage, environnement très calme, possibilité location de vélos, randonnées pédestres et cyclo. Salon privé (TV, chaîne-hi.fi), bibliothèque à dispo. Marais Poitevin sur place. Mauzé sur le Mignon 9 km.

Prix : 1 pers. **200 F** 2 pers. **250 F** 3 pers. **330 F**

Ouvert : toute l'année.

0,5	9	1	2,5	2,5	15	2	SP	9	SP

DUBOIS Nicole - Rue de la Venise Verte - Montfaucon - 79210 SAINT-HILAIRE-LA-PALUD - Tél : 05 49 35 36 12

SAINT-HILAIRE-LA-PALUD Vina

C.M. 71 Pli 2

E.C. 4 ch. **Futuroscope 100 km. Ile de Ré 50 km. La Rochelle 40 km.** 4 chambres aménagées dans une ancienne ferme maraîchine rénovée au cœur du Marais Poitevin, en bordure de rivière. Grand terrain de 7600 m² avec étang (pêche) et piscine privée, sauna et jacouzi à disposition. Au rez-de-chaussée, 2 chambres (2 lits 2 pers),à l'étage, 2 chambres (2 lits 2 pers, 2 lits 1 pers) salle d'eau et wc privés à chaque chambre. Pièce de détente. Circuits pédestres, nautiques et cyclo sur place. Location de vélos à 400 m. Base de Canoë-kayak 400 m. Langues parlées : anglais, allemand.

Prix : 1 pers. **210 F** 2 pers. **250 F** 3 pers. **320 F** repas **90 F**

Ouvert : d'avril à décembre.

SP	SP	2,5	40	40	10	1	SP	28	3

BAUER Lawrence - Route de Lidon - Vina - 79210 SAINT-HILAIRE-LA-PALUD - Tél : 05 49 73 20 47

SAINT-HILAIRE-LA-PALUD La Justice

C.M. 71 Pli 2

1 ch. **Futuroscope 95 km. La Rochelle 40 km. Mauzé (gare SNCF) 9 km.** 1 ch. à l'étage d'une gde maison (1 lit 2 pers.) salle d'eau et W.C communs (lavabo dans la ch.), jardin, située dans un village du Marais-Poitevin (promenades en barque, sentiers pédestres) 1 km. Marais-Poitevin sur place. Niort 25 km.

Prix : 1 pers. **130 F** 2 pers. **180 F** 3 pers. **270 F**

Ouvert : toute l'année.

1	9	1	25	25	15	1,5	1	9	SP

PEIGNE Huguette - La Justice - 79210 ST-HILAIRE-LA-PALUD - Tél : 05 49 35 32 57

SAINT-LOUP-LAMAIRE Château de Saint-Loup

C.M. 67 Pli 18

2 ch. **Futuroscope 60 km. Marais-Poitevin 75 km. Thouars 25 km.** 2 chambres, aménagées dans un Donjon médiéval, à proximité d'un très beau château d'époque Henri IV. Coin-salon et sanitaires privés à ch. chambre, salle à manger, parc 50 ha. Jardins classés. Orangerie. Airvault 4,5 km. St-Jouin-de-Marnes 14 km. Parthenay 17 km.

Prix : 2 pers. **850/1200 F**

Ouvert : toute l'année.

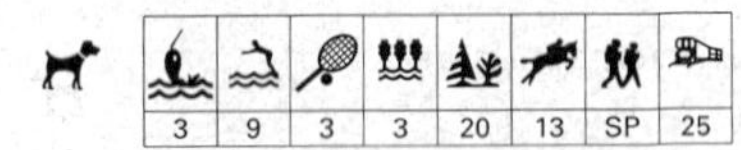

3	9	3	3	20	13	SP	25

DE BARTILLAT Charles-Henri - Château-de-St-Loup-sur-Thouet - 79600 SAINT-LOUP-LAMAIRE - Tél : 05 49 64 81 73 - Fax : 05 49 64 82 06

SAINT-MAIXENT-L'ECOLE

C.M. 68 Pli 12

2 ch. **Niort 22 km. Marais-Poitevin 30 km. Futuroscope 60 km.** 2 chambres en r.d.c. d'une maison neuve, 1 ch. avec entrée indépendante (1 lit 2 pers., lit d'appoint) salle d'eau privée attenante, 1 ch. (1 lit 2 pers.) salle de bain privée attenante, W.C commun. Salon (TV), jardin. Calme et repos. A10 sortie 31 à 10 km. St-Maixent-l'Ecole (gare SNCF) 2 km. La Rochelle, Ile de Ré 90 km. Bougon 16 km.

Prix : 1 pers. **200 F** 2 pers. **230 F** 3 pers. **310 F**

Ouvert : toute l'année.

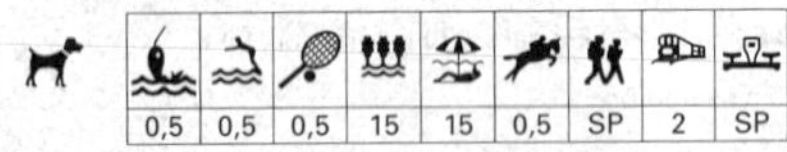

0,5	0,5	0,5	15	15	0,5	SP	2	SP

CLEMENT Yvette - 32 rue de la Grange aux Moines - 79400 SAINT-MAIXENT-L'ECOLE - Tél : 05 49 05 57 26

SAINT-MARTIN-DE-BERNEGOUE

C.M. 71 Pli 2

3 ch. **Futuroscope 80 km. La Rochelle 70 km. Marais-Poitevin 25 km.** 3 ch. aménagées dans dépendance de la ferme, attenante à l'habitation principale situées ds un petit village. R.d.c. : 1 ch. accessible aux pers. handicapées (2 lits 1 pers.) Etage : ch.2 (1 lit 2 pers-.baldaquin, 1 lit 1 pers.), ch.3 fam. (1 lit 2 pers., 2 lits 1 pers.) salle d'eau et wc privés à chaque ch. séjour salon (TV, chem.). Chizé 12 km. Niort 15 km. Langue parlée : anglais.

Prix : 1 pers. **200 F** 2 pers. **250/320 F** 3 pers. **320/390 F** repas **75 F**

Ouvert : toute l'année.

2	12	2,5	12	12	15	2,5	SP	15	2,5

SAIVRES Pierre et Andrée - 285 route de Brulain - 79230 St-MARTIN-DE-BERNEGOUE - Tél : 05 49 26 47 43

SAINT-VARENT Boucœur

C.M. 67 Pli 18

2 ch. **Futuroscope 65 km. Marais-Poitevin 80 km. Parthenay 30 km.** 2 chambres pour une même famille, aménagées à l'étage d'une grande maison (2 lits 2 pers.), entrée indépendante, salle de bain et wc privés communs aux deux chambres, salon (TV). Thouars 10 km.

Prix : 1 pers. **140 F** 2 pers. **160 F** 3 pers. **300 F**

Ouvert : toute l'année.

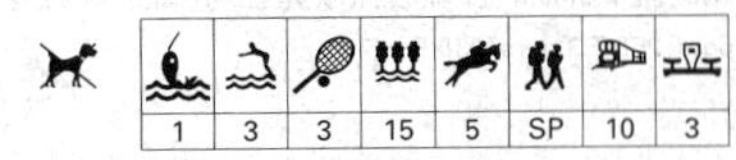

1	3	3	15	5	SP	10	3

BOCHE Claudine - 8 rue Sainte-Croix - Boucœur - 79330 SAINT-VARENT - Tél : 05 49 67 55 09

SAINT-VINCENT-LA-CHATRE

A *C.M. 72 Pli 3*

3 ch. **Futuroscope 65 km. Marais-Poitevin 50 km. Mine d'Argent 10 km.** 3 chambres au 2ème étage d'une maison de Maître avec jardinet clos, sur exploitation agricole (élevage) dans le centre du village à 10 km de Melle. 1 ch. familiale (1 lit 2 pers. 2 lits 1 pers.) salle d'eau et wc privés et 2 ch. 2 pers. (2 lits 2 pers.) salle d'eau et wc privés. Ferme-Auberge sur place. Tumulus de Bougon à 30 km.

Prix : 1 pers. **190 F** 2 pers. **220 F**

Ouvert : toute l'année.

8	8	0,3	15	15	10	5	SP	25	10

BOUTIN Béatrice - Le Bourg - 79500 ST-VINCENT-LA-CHATRE - Tél : 05 49 29 94 25 - Fax : 05 49 29 94 25 -
E-mail : VIEUXfour.@mellecom.fr

SAINTE-GEMME La Butte

A *C.M. 67 Pli 1*

4 ch. **Futuroscope 60 km. Marais-Poitevin 75 km. Puy-du-Fou 60 km.** 4 chambres au r.d.c d'une maison neuve dans le village. 1 ch. (1 lit 2 pers.) salle d'eau et wc privés attenants, entrée indépendante et petite terrasse, 1 ch. (1 lit 2 pers.). Salle de bain et wc privés, 1 ch. (2 lits 1 pers.) salle d'eau et W.C privés,1 ch (1 lit 1 pers), s. d'eau et wc privé, salon, séjour TV, tél., grand jardin. Ferme auberge sur place. Saint Varent 4 km, Thouars (gare SNCF) 10 km, Bressuire 18 km.

Prix : 1 pers. **180 F** 2 pers. **220 F**

Ouvert : toute l'année.

SP	4	4	4	4	10	0,5

BODIN Marie-Thérèse - La Butte - 79330 SAINTE-GEMME - Tél : 05 49 96 42 17

SAINTE-SOLINE Moulin Petit

TH *C.M. 72 Pli 3*

2 ch. **Futuroscope 65 km. Marais-Poitevin 50 km.** 2 ch. d'Hôtes indépendantes au rez-de-chaussée d'une ancienne bergerie, dans un ensemble rural comprenant l'habitation des propriétaires et un ancien moulin. 2 ch. (1 lit 2 pers., possibilité 1 lit 1 pers supplémentaire chacune), salle d'eau et wc privés. Rivière, jardin, quiétude. Langue parlée : anglais.

Prix : 1 pers. **175 F** 2 pers. **200 F** 3 pers. **255 F** repas **80 F**

Ouvert : toute l'année.

SP	4	4	20	20	10	SP	32	4

RIGAUT Arlette - Moulin Petit - 79120 SAINTE-SOLINE - Tél : 05 49 29 54 47 - Fax : 05 49 29 54 47

SAINTE-VERGE Pompois

TH *C.M. 67 Pli 9*

2 ch. **Futuroscope 60 km. Marais-Poitevin 99 km. Château Oiron 15 km.** 2 chambres situées dans une maison rénovée avec jardin, terrasse et piscine privée, dans un petit village de la vallée du Thouet, région viticole à 3 km de Thouars. 1 ch en rdc (1 lit 2 pers.) salle d'eau (wc),kitchenette, 1 ch à l'étage (1 lit 2 pers), salle d'eau (wc). TV dans chaque chambre. Salon à dispo (T.V, chem.). 2 vélos. Randonnées pédestres et cyclo sur place ; Site des Grifférus, escalade à 8 km. Châteaux de la Loire 35 km. Puy du Fou 60 km.

Prix : 1 pers. **190 F** 2 pers. **210 F** repas **65 F**

Ouvert : toute l'année.

0,3	SP	3	10	10	15	8	SP	3	3

GABORIT Rogatien et Marcelle - 3 Impasse Henri Bodin - Pompois - 79100 SAINTE-VERGE - Tél : 05 49 66 55 46 -
Fax : 05.49.96.17.89

SAIVRES

C.M. 68 Pli 11

1 ch. **Futuroscope 60 km. Marais-Poitevin 30 km. Parthenay 30 km.** 1 suite de plain-pied (soit 2 ch. pour 1 même famille ou amis), aménagée dans une grande maison contemporaine entourée d'1 parc arboré et fleuri. Terrasse privée. Salle de bain et wc privatifs attenants (2 lits 2 pers.1 lit bébé), coin-bibliothèque et jeux, TV. Salon de jardin, fauteuil massant. Stationnement voiture. Restaurant à 200 m. Saint-Maixent-l'Ecole 3 km. Niort 25 km. Bougon 15 km. Gare (SNCF) 3 km.

Prix : 1 pers. **200 F** 2 pers. **240 F** 3 pers. **320 F** pers. sup. **50 F**

Ouvert : toute l'année.

0,1	4	0,2	10	10	4	SP	3	3

MOTARD Laurence - 13 Route du Grand Pré - 79400 SAIVRES - Tél : 05 49 76 00 72

SAUZE-VAUSSAIS Le Puy d'Anché

C.M. 72 Pli 3

6 ch. **Futuroscope 70 km. Marais-Poitevin 70 km. Cognac 60 km.** 6 ch. de caractère, aménagées dans un ancien bâtiment restauré, situé à prox. de l'exploitation des propriétaires. 1 ch. en r.d.c. (1 lit 2 pers. poss. lit d'appoint) + cuisine, 5 ch. à l'étage (5 lits 2 pers., 3 lits 1 pers. poss. lit d'appoint), salle d'eau et wc, TV privés à chaque ch. Ruffec 15 km. Melle 22 km.

Prix : 1 pers. **225 F** 2 pers. **260 F** 3 pers. **340 F** pers. sup. **70 F**

Ouvert : toute l'année.

2	0,3	0,3	3	8	4	5	SP	12	1

RAGOT Didier - Le Puy-d'Anche - 79190 SAUZE-VAUSSAIS - Tél : 05 49 07 90 69 - Fax : 05 49 07 72 09 -
E-mail : www.mellecom.fr/Puyanche

SECONDIGNE-SUR-BELLE Sart

C.M. 72 Pli 2

1 ch. **Zoorama de Chizé 10 km. Marais-Poitevin 25 km. Futuroscope 90 km.** Ferme, rénovée, entourée de verdure près d'une rivière. Ensemble de 65 m^2 pouvant recevoir 2 à 8 personnes d'un même groupe ou d'une famille. 1 chambre au r.d.c (1 lit 2 pers.). Salle d'eau et wc privés, kitchenette (réfrigérateur, micro-onde, 2 plaques gaz, table). Etage : chambre mansardée (1 lit 2 pers., 2 lits 1 pers.), 1 chambre (2 lits 1 pers.). Eglises romanes, La Rochelle 70 km, Cognac 60 km. Langues parlées : anglais, allemand.

Prix : 1 pers. **180 F** 2 pers. **230 F** 3 pers. **330 F** pers. sup. **80 F**

Ouvert : toute l'année.

SP	7	4	18	5	7	2	30	4

ANDRE-PERAUD Yolande et Georges - Sart - 79170 SECONDIGNE-SUR-BELLE - Tél : 05 49 07 11 47 ou 06 73 05 12 63 - Fax : 05 49 07 24 42 - E-mail : andre-peraud@cer79.cernet.fr

THOUARS

C.M. 67 Pli 9

2 ch. **Futuroscope 55 km. Marais-Poitevin 90 km. Puy-du-Fou 55 km.** 2 ch. à l'étage d'1 grande maison de caractère, située dans le centre de Thouars, 1 ch. (1 lit 2 pers.) avec s.d'eau et wc privés, 1 suite (1 lit 2 pers., 3 lits 1 pers.) avec s.d'eau et wc privés. Salle de séjour, détente réservée aux hôtes avec TV, jeux de société et doc. touristique. Jardin d'agrément avec salon de jardin l'été. Parking assuré. Montreuil Bellay 18 km. Saumur 36 km. Parthenay 40 km. Châteaux de la Loire 15 km. Langues parlées : allemand, anglais.

Prix : 1 pers. **170 F** 2 pers. **220 F** 3 pers. **300 F**

Ouvert : toute l'année.

0,2	0,5	2	15	15	7	SP	SP	SP

HOLSTEIN Michel et Annette - 3 Avenue Victor Leclerc - 79100 THOUARS - Tél : 05 49 96 11 70

TILLOU La Rivière

C.M. 72 Pli 2

2 ch. **Futuroscope 80 km. Marais-Poitevin 50 km.** 2 chambres d'hôtes à l'étage d'une maison locale restaurée dans un environnement naturel arboré de 3 ha, en bordure d'une petite rivière, avec piscine privée, tonnelle avec salon de jardin. Chambre 1 (1 lit 2 pers), salle de bains (wc) privatifs communiquants, chambre 2 (2 lits 1 pers), salle de bains (wc) privatifs attenants. Lit bébé sur demande. Chauffage central au mazout. Art roman du Pays Mellois. Mme Turner a une expérience avec les personnes non voyantes et malentendantes. Langue parlée : anglais.

Prix : 1 pers. **190 F** 2 pers. **220 F**

Ouvert : toute l'année.

SP	SP	5	25	25	13	2	SP	27	10

TURNER John et Thelma - La Rivière - 79110 TILLOU - Tél : 05 49 29 96 62 - Fax : 05 49 29 96 62 - E-mail : jtandtht@compuserve.com

VALLANS Le Logis d'Antan

TH *C.M. 71 Pli 2*

4 ch. **Futuroscope 90 km. Marais-Poitevin 10 km. la Rochelle, Ile-de-Ré 50 km** En rez de jardin : 2 chambres (chacune 1 lit 2 pers, 1 lit 1 pers), canapé, TV, mini frigo avec entrée privée, salle d'eau et wc privatifs. A l'étage : 1 suite 1 ch (1 lit 2 pers), 1 ch (3 lits 1 pers), TV, salle d'eau et wc privés, 1 ch romantique (1 lit 2 pers), TV, salle d'eau et wc privés, 1 pièce d'accueil (bibliothèque, TV, frigo, évier). Copieux petits déjeuners offerts, salon, entrée indépendante sur un grand parc clos, fleuri dans un logis de Maître, dans le parc du Marais Poitevin. Coulon (embarcadères 10 km). A10 sortie 33 à 8 km. Langue parlée : anglais.

Prix : 1 pers. **300/350 F** 2 pers. **300/350 F** pers. sup. **100 F** repas **129 F**

Ouvert : toute l'année sur réservation.

2	10	SP	12	1	SP	12	SP

GUILLOT Francis - 140 rue St-Louis - 79270 VALLANS - Tél : 05 49 04 91 50 - Fax : 05 49 04 86 75 - E-mail : lelogisdantan@wanadoo.fr - http://perso.wanadoo.fr/lelogisdantan/

LE VANNEAU

C.M. 71 Pli 2

5 ch. **Futuroscope 80 km. La Rochelle 45 km. Niort 20 km.** 5 chambres aménagées dans 1 maison maraîchine sur 1 grande propriété de 5 ha au cœur du Marais-Poitevin en bordure de Conches. 2 ch. 2 pers., 1 ch. 3 pers., 1 ch 4 pers, 1 ch 5 pers. WC, douche et lavabo dans chaque chambre. Cuisine à dispo. Grande terrasse couverte, étang privé (pêche) loc. barque sur pl. Mauzé (gare SNCF) 13 km. Marais-Poitevin sur place.

Prix : 1 pers. **230 F** 2 pers. **260 F** 3 pers. **340 F** pers. sup. **80 F**

Ouvert : du 1er avril au 30 octobre.

SP	7	1,5	28	20	7	SP	18	2

ROUYER Philippe et Chantal - 29 Sainte-Sabine - 79270 LE VANNEAU - Tél : 05 49 35 33 95 - http://perso.club_internet.fr/bouyam/venise_verte

VAUSSEROUX Les Touches

E.C. 4 ch. **Futuroscope 50 km. Marais-Poitevin 50 km. Mouton-Village 9 km.** 4 ch. dans 1 ferme gâtinaise restaurée sur propriété de 11 ha avec parc, située en pleine campagne bocagère, possibilité découverte des animaux de la ferme. 2 ch. à l'étage (2 lits 2 pers., 2 lits 1 pers.), salle d'eau et wc privatifs à chaque ch. Salon (TV). 1 grande ch. en r.d.c. (1 lit 2 pers., 2 lits 1 pers.) TV, salle d'eau et wc. 1 chambre dans bâtiment indépendant (1 lit 2 pers., 1 canapé convertible), salle d'eau et wc privés - salon et TV, kitchenette. Ping-pong, VTT, jeu de boules sur pl. Festival ornithologique de Ménigoute 10 km. Golf 10 km. Langue parlée : anglais.

Prix : 1 pers. **200 F** 2 pers. **250 F** 3 pers. **300 F** pers. sup. **50 F**
repas **85 F**

Ouvert : toute l'année.

9	16	4	15	16	5	16	9	19	900

BETIS Ludivine - La Ferme de la Roseraie - Les Touches - 79420 VAUSSEROUX - Tél : 05 49 70 05 54 - Fax : 05 49 70 05 54

VERNOUX-EN-GATINE La Rémondière

C.M. 67 Pli 17

4 ch. **Futuroscope 70 km. Marais-Poitevin 50 km. Puy-du-Fou 50 km.** 4 ch. indép. aménagées dans 1 ancienne fournil entouré de pommiers dans la campagne gâtinaise à proximité de l'exploitation agricole des propriétaires. 1 ch. indép. familiale à l'ét. (2 lits 2 pers.) s.d'eau, wc privés. 3 ch. de plain-pied : 2 ch. (2 lits 2 pers.) 1 ch. (2 lits 1 pers.) s. d'eau, wc privés. Mezz. poss. couchage ou repos. Coin-cuisine. Secondigny 8 km.

Prix : 1 pers. **170 F** 2 pers. **210 F** 3 pers. **250/270 F** pers. sup. **70 F**
repas **80 F**

Ouvert : toute l'année.

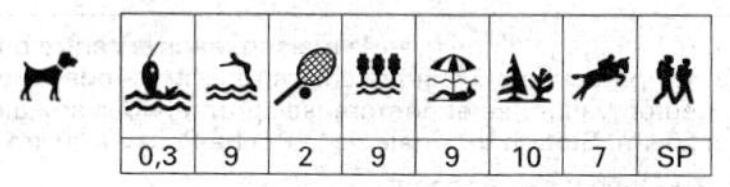

0,3	9	2	9	9	10	7	SP

MAURY Jean-Louis - La Remondière - 79240 VERNOUX-EN-GATINE - Tél : 05 49 95 85 90 - Fax : 05 49 95 96 07

VERRINES-SOUS-CELLES La Cure

C.M. 72 Pli 2

2 ch. **Niort 25 km. Marais-Poitevin 30 km. Futuroscope 80 km.** 2 chambres spacieuses (dont 1 de plain-pied), aménagées dans une grande maison de caractère, située sur l'exploitation agricole (tabac), au cœur d'un village de charme, en bordure de la Vallée de la Belle. Au r.d.c 1 ch (2 lits 2 pers.), à l'étage 1 ch (2 lits 2 pers.), salle d'eau et wc privés à chaque chambre. Salon (TV), bibliothèque. Vélos sur place. Table d'hôtes sur réservation la veille. Melle 5 km (Mines d'Argent, églises romanes, sentier botanique, Festival musique). Langue parlée : anglais.

Prix : 1 pers. **150 F** 2 pers. **200 F** 3 pers. **250 F** pers. sup. **50 F**
repas **85 F**

Ouvert : toute l'année.

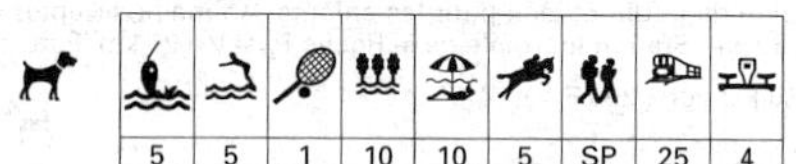

5	5	1	10	10	5	SP	25	4

BADIN Michel - La Cure - 79370 VERRINES-SOUS-CELLES - Tél : 05 49 79 72 46 - Fax : 05 49 79 81 96

VILLIERS-EN-PLAINE La Moulinotte de Champbertrand

C.M. 71 Pli 1

2 ch. **Futuroscope 100 km. Marais-Poitevin 17 km. Puy-du-Fou 75 km.** 2 ch. aménagées à l'étage d'1 maison poitevine en bordure d'1 cours d'eau. Jardin clos. 1 ch. (1 lit 2 pers.,1 lit 1 pers., 1 lit suppl.) salle de bain et wc privés. 1 ch. (1 lit 2 pers., 1 lit bébé) salle d'eau et wc privés. Salon avec cheminée à disposition. Coulonges sur l'Autize 4,5 km. Niort (gare SNCF) 18 km.

Prix : 1 pers. **170 F** 2 pers. **220 F** 3 pers. **290 F** pers. sup. **60 F**
repas **80 F**

Ouvert : toute l'année.

0,2	5	5	15	15	5	SP	18

PLUMEREAU Maryse - La Moulinotte-de-Champbertrand - 79160 VILLIERS-EN-PLAINE - Tél : 05 49 35 59 24

VOUILLE La Salmondière d'Arthenay

C.M. 71 Pli 2

2 ch. **Futuroscope 70 km. Marais-Poitevin 16 km. Niort 6 km.** 2 ch. aménagées dans 1 grande demeure près du château, 1 ch. 2 pers. au r.d.c. (1 lit 2 pers., 1 lit enf.), salle d'eau attenante privée, wc commun. 1 ch. fam. 3 à 5 pers., à l'étage (3 lits 1 pers., 1 lit enf., poss. 1 lit 2 pers.), salle d'eau privée, wc commun, séjour, salon, parc. Les Ruralies 2 km. Camif 2 km.

Prix : 1 pers. **160 F** 2 pers. **220 F** 3 pers. **280 F**

Ouvert : toute l'année.

SP	7	1	12	12	10	5	SP	6	2

SIMON-BRUNEL Geneviève - La Salmondière-d'Arthenay - 79230 VOUILLE - Tél : 05 49 75 60 07 ou 06 11 17 79 40

GITES DE FRANCE

Service Réservation
Futuroscope Destination - B.P. 3030
86130 JAUNAY-CLAN
Tél. 05 49 49 59 12 - Fax. 05 49 49 59 17

3615 Gîtes de France
1,28 F/min

ARCHIGNY La Forêt

C.M. 68 Pli 15

2 ch. 2 ch avec entrée indép. au r-d-c des dépendances d'une anc. ferme rénovée, située sur une colline. 1 ch-studio (35 m^2, 2 épis : 1 lit 200) salon, canapé, Fauteuil, convertible, TV, s. d'eau et wc privés. Coin cuisine. 1 ch-studio (27 m^2, 1 épi : 2 lits 1 pers.), TV, kichnette, bloc sanitaire moulé en PVC. Espace, jardin fleuri, grand calme, cour fermée, parking, jouets pour les enfants, balançoire, toboggan. Lit bébé possible. Réduction pour séjours de 5 nuits ou plus. Néerlandais parlés. Langues parlées : anglais, allemand.

Prix : 1 pers. **250/300 F** 2 pers. **300/350 F**

Ouvert : toute l'année sur réservation.

1	1	20	1	1	20	SP	30	30	1

BOS Paul - La Forêt - 86210 ARCHIGNY - Tél : 05 49 85 34 34 - Fax : 05 49 85 37 37

ARCHIGNY

C.M. 68 Pli 14/15

2 ch. 2 chambres à l'étage d'une grande maison, dans le centre du bourg. 1 ch. (1 lit 2 pers), 1 ch. (1 lit 1 pers, 1 lit 2 pers), avec salle de bains et wc particuliers à chaque chambre. Entrée indépendante sur grand jardin. Terrasse. Parking dans la cour. Cadre fleuri et calme. Région vallonnée et nombreuses promenades aux alentours. Plan d'eau sur place. Futuroscope à 30 km. Parc de loisirs de St-Cyr à 20 km. Station thermale de la Roche-Posay à 20 km.

Prix : 1 pers. **180 F** 2 pers. **220 F** 3 pers. **270 F**

Ouvert : du 15 mars au 15 novembre.

SP	SP	20	10	SP	10	20	SP	30	20	SP

BRIONNE Annette - 32 rue Roger-Furge - 86210 ARCHIGNY - Tél : 05 49 85 32 22

ARCHIGNY

C.M. 68 Pli 14/15

1 ch. Dans une maison bourgeoise du XIXème S., un ensemble familial comprenant 2 ch. dont 1 ch (1 lit 150) et 1 ch (2 lits jumeaux modulables). Poss. d'hébergement pour les enfants. Salle d'eau et wc à l'usage exclusif des hôtes. Jardin clos, ombragé, parking, salon de jardin et jeux pour les enfants. Animaux acceptés après accord des propriétaires. Base nautique et de loisirs de St-Cyr à 20 km. Station thermale de la Roche-Posay à 20 km. Futuroscope à 30 km. Restaurant à 50 m.

CV

Prix : 1 pers. **160 F** 2 pers. **200 F**

Ouvert : toute l'année.

SP	SP	20	10	SP	10	20	SP	30	20	SP

EVAIN Bertrand - Le Presbytère - 86210 ARCHIGNY - Tél : 05 49 85 31 86 - Fax : 05 49 85 26 97 - E-mail : bertrandevain@interpc.fr

ARCHIGNY Logis de la Talbardière

C.M. 68 Pli 14/15

3 ch. 3 ch. dans une demeure du XVIIè siècle et ses dépendances, dans un cadre calme. R.d.c. et étage, 2 ch. (2 lits 1 pers), lits jumeaux ou grand lit, lit d'enfant possible lit d'appoint : 60 F/pers), 1 ch. (3 lits 1 pers), salle de bains et wc privatifs pour chacune. Séjour à dispo. des hôtes. Tarifs dégressifs en fonction de la durée du séjour. Station thermale de la Roche-Posay à 15 km et location de vélos. Vallées verdoyantes. Calme et tranquillité assurés. Langues parlées : anglais, allemand.

CV

Prix : 1 pers. **250 F** 2 pers. **300 F** 3 pers. **350 F** pers. sup. **60 F**

Ouvert : toute l'année.

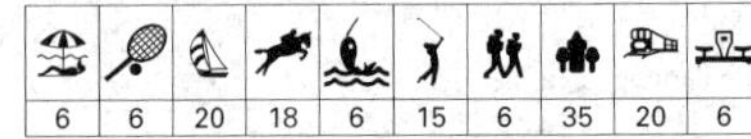

6	6	20	18	6	15	6	35	20	6

LONHIENNE Pascale - La Talbardière - 86210 ARCHIGNY - Tél : 05 49 85 32 51 - Fax : 05 49 85 69 72 -
E-mail : jacques.lonhienne@interpc.fr

AVAILLES-LIMOUZINE Logis de la Mothe

C.M. 72 Pli 5

3 ch. 3 chambres à l'étage d'une belle maison bourgeoise située dans le village. 1 ch. 3 épis (1 lit 2 pers.), 1 ch. 2 épis (1 lit 2 pers.) chacune avec sanitaires privés et 1 ch. 2 épis (1 lit 2 pers, 2 lits 1 pers) avec sanitaires sur le palier. Séjour (cheminée), livres, revues à dispo. des hôtes. Jardin ombragé et calme. Meubles de jardin. Garage. Circuit automobile du Vigeant à 6 km. Base de loisirs de l'Isle Jourdain à 10 km. Possibilité de pique-nique dans le jardin.

Prix : 1 pers. **180/200 F** 2 pers. **230/250 F** 3 pers. **280 F** pers. sup. **70 F**

Ouvert : toute l'année sauf du 1er au 15 octobre.

12	SP	6	SP	SP	82	35	SP

MAY André et M-Reine - Logis de la Mothe - 86460 AVAILLES-LIMOUZINE - Tél : 05 49 48 51 70

AVAILLES-LIMOUZINE Les Ecots

(TH) *C.M. 72 Pli 5*

2 ch. Prendre la D 100 vers Mauprévoir où Pierre et Line vous accueillent à la ferme. 1 ch. (1 lit 180), 1 ch. (3 lits 90), salle d'eau indépendante pour chaque ch., salon, TV, séjour à disposition des hôtes. Possibilité pique-nique et barbecue. Vélos (adultes et enfants). Enfant - de 5 ans : gratuit ; Réduction de 10% à partir de 3 jours. Champs de verdure et bois tout autour du bâtiment. Circuit automobile du Vigeant à 7 km. Base de loisirs de l'Isle Jourdain à 12 km. Animaux acceptés après accord. Langue parlée : anglais.

Prix : 1 pers. **150 F** 2 pers. **190 F** 3 pers. **230 F** repas **80 F**

Ouvert : toute l'année.

3	3	10	3	3	7	SP	75	30	3

SALVAUDON Pierre et Line - Les Ecots - 86460 AVAILLES-LIMOUZINE - Tél : 05 49 48 59 17 - Fax : 05 49 48 59 17

AVANTON Martigny

(TH) *C.M. 68 Pli 13*

3 ch. Dans les dépendances du château de Martigny, ferme poitevine restaurée : 1 ch (1 lit 2 pers.+ lit bébé), 1 ch (1 lit 2 pers., 1 lit 130). Sanitaires privés pour chaque ch.. Kichenette, gd séjour, cheminée, TV, bibliothèque réservés aux hôtes. 1 ch famille (2 épis) avec mezzanine (1 lit 2 pers., 1 lit 120, 1 lit 1 pers.), TV, douche et wc privés. Petits déjeuners gourmands. Grand jardin clos, terrasses aménagées, parking, piscine (baignade non surveillée). salle de jeux, ping-pong, vélos. A 10 km de Poitiers, et 2 km du Futuroscope. Prix dégressifs dès la 2ème nuit. Taxe de séjour. Langue parlée : anglais.

Prix : 1 pers. **220/250 F** 2 pers. **270/290 F** 3 pers. **350/370 F** repas **70 F**

Ouvert : toute l'année.

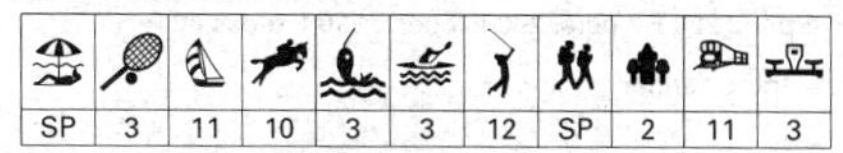

SP	3	11	10	3	3	12	SP	2	11	3

ARRONDEAU Annie - Ferme du Château - Martigny - 86170 AVANTON - Tél : 05 49 51 04 57 - Fax : 05 49 51 04 57 - E-mail : annie.arrondeau@libertysurf.fr ou SR : 05 49 49 59 11

AVANTON Martigny

C.M. 68 Pli 13

2 ch. Aménagées dans maison indépendante dans un jardin arboré clos de 2200 m² avec accès, 2 chambres-studios : 1 ch (2 lits 2 pers), 1 ch (1 lit 2 pers, 1 lit 130), kitchenette, s. de bains et wc privés pour chacune. Terrasses, meubles de jardin, barbecue, parking. Ping-Pong, babyfoot, jeux, bibliothèque, TV et chaine hifi dans le salon de la propriétaire. Poitiers « Ville d'Art et d'Histoire » à 10 km. Futuroscope à 2 km. Prix degressifs au delà de 2 nuits. Taxe de séjour. Langues parlées : anglais, espagnol.

Prix : 1 pers. **200 F** 2 pers. **250 F** 3 pers. **320 F**

Ouvert : toute l'année.

10	5	10	12	3	15	10	2	11	3

FERRAND-MOREAU Jocelyne - 15 route de Preuilly - Martigny - 86170 AVANTON - Tél : 05 49 54 02 02

AVANTON La Vallée

C.M. 68 Pli 13

2 ch. Deux jolies chambres en rez de jardin d'une maison récente avec entrée indépendante. Située à 300 m du centre bourg, 2 chambres (1 lit 2 pers) salle d'eau avec wc pour chacune. Séjour avec TV, livres, musique à la dispo des hôtes. Joli jardin. Terrasse. Mobilier de jardin, relaxe. TV dans chaque chambre. Lit bébé à disposition. Futuroscope à 5 km. Poitiers « Ville d'Art et d'Histoire » à 12 km. Réduction de 10% pour 3 nuits. Taxe de séjour : 3 F par jour et par personne. Langue parlée : anglais.

Prix : 1 pers. **200 F** 2 pers. **250 F** pers. sup. **70 F**

Ouvert : du 3 février au 11 novembre.

1	1	10	5	6	14	12	1	5	12	7

LOUIS-EUGENE Andrée - 2 rue de la Vallée - 86170 AVANTON - Tél : 05 49 51 65 31

AVANTON Martigny

C.M. 68 Pli 13

2 ch. Dans une maison récente entourée d'un jardin, 2 ch. en 1/2 sous sol : 1 gde ch. famille (1 lit 2 personnes, 2 lits 1 personne superposés), 1 ch. (1 lit 2 pers.) chacune avec salle d'eau et wc privatifs. Entrée indépendante. Jardin. Mobilier de jardin, ping-pong, balançoire. Ouvert de février à novembre sur résa, taxe de séjour : 1 F/jour/personne. Grande proximité du Futuroscope (2 km). Parc de loisirs de Saint-Cyr à 12 km. Poitiers Ville d'Art et d'Histoire à 10 km.

Prix : 1 pers. **180 F** 2 pers. **200 F** 3 pers. **250 F**

Ouvert : de février à novembre.

4	4	10	10	3	15	12	SP	2	4	4

BRARD Jean-Louis - 12 rue de la Haute Lande - Martigny - 86170 AVANTON - Tél : 05 49 51 66 95

BASSES Les Varennes

A (TH) *C.M. 68 Pli 3*

1 ch. 1 chambre d'hôtes au 1er étage de la maison des propriétaires, sur exploitation agricole comprenant une ferme-auberge, 1 ch (1 lit 2 pers, 1 lit 1 pers). Salle de bains non comminiquante privative. Petits déjeuners et repas servis à la Ferme Auberge. Grande cour avec parking, jardin ombragé, mobilier de jardin. Parc de loisirs de Moncontour à 20 km. Proximité des châteaux de la Loire et de l'abbaye de Fontevraud. Caves troglodytes et vins de Saumur.

Prix : 1 pers. **180 F** 2 pers. **230 F** 3 pers. **280 F** repas **92 F**

Ouvert : toute l'année.

5	3	20	5	5	15	SP	50	1	5

LECOMTE Pierre et Etiennette - 9 rue Colette Duval - Les Varennes - 86200 BASSES - Tél : 05 49 22 45 95 ou 05 49 98 18 52 - Fax : 05 49 98 28 21

BEUXES Moulin Pallu *C.M. 68 Pli 3*

3 ch. — 3 ch avec mobilier rustique, dans dépendance d'une maison bourgeoise du XIXè siècle. 1 au rez-de-chaussée (1 lit 2 personnes + 1 lit 1 personne), possibilité de lit bébé, 2 ch à l'étage, 1 ch (1 lit 2 pers.), 1 ch (1 lit 1 pers, 1 lit 2 pers). S. d'eau et wc privatifs pour chaque chambre. Bibliothèque à la disposition des hôtes. Proximité des châteaux de la Loire. Visite de Richelieu et abbaye de Fontevraud. Loudun à 12 km. Chinon à 12 km. Restaurant à 6 km.

Prix : 1 pers. **220 F** 2 pers. **260 F** 3 pers. **320 F**

Ouvert : toute l'année.

12	8	12	12	3	12	18	1	65	12	1

LECOMTE Danielle - Le Moulin Pallu - 86120 BEUXES - Tél : 05 49 98 70 55

BONNES Les Barbalières (TH) *C.M. 68 Pli 14*

5 ch. — Grande maison bourgeoise indépendante du début du siècle, à proximité de la D 749, dans un joli jardin, comprenant 5 chambres, 1 chambre (1 lit 2 pers), 1 chambre (2 lits 2 pers), 3 chambres (1 lit 2 pers, 1 lit 1 pers), toutes avec salles d'eau et wc privatifs. Salon, TV et livres à disposition des hôtes. Parking. Au cœur d'une région touristique, à 2 km de Chauvigny, « Ville d'Art et d'Histoire » (visites guidées, festival d'été) et 25 km du Futuroscope.

Prix : 1 pers. **220 F** 2 pers. **260 F** 3 pers. **330 F** repas **80 F**

Ouvert : toute l'année

2	2	12	6	2	12	2	25	15	2

HERVE Dannie - 1 rue des Courlis - Les Barbalières - 86300 BONNES - Tél : 05 49 46 53 58 - Fax : 05 49 01 86 54

BONNEUIL-MATOURS Les Pierres Blanches *C.M. 68 Pli 14*

3 ch. — Grande maison dans parc arboré et fleuri (200 rosiers) entre forêt et Vienne, 1 ch. (1 lit 2 pers, 1 lit 1 pers), 1 ch (1lit 2 pers) et 1 ch (2 épis) (1 lit 2 pers.), sanitaires privés, lits d'appoint poss.. terrasses privées, séjour (cheminée, revues) à dispo. Piscine privée non surveillée. salle à manger d'été au bord de la piscine pour pique-nique. Sandwicherie fraîche à emporter. Langage des signes. Parking. Futuroscope à 15 km. Poitiers, « Ville d'Art et d'Histoire » à 20 km. Animaux acceptés après accord. Langue parlée : anglais.

Prix : 1 pers. **220 F** 2 pers. **260/280 F** 3 pers. **350 F** pers. sup. **70 F**

Ouvert : toute l'année.

SP	SP	10	10	SP	SP	10	SP	17	20	1

GALLAIS-PRADAL Nicole - Chemin des Pierres Blanches - 86210 BONNEUIL-MATOURS - Tél : 05 49 85 24 75 ou SR : 05 49 49 59 11

BONNEUIL-MATOURS *C.M. 68 Pli 14*

1 ch. — Au 1er étage d'une maison récente, 1 ensemble familial comprenant 1 ch. (1 lit 2 pers), 1 grande chambre/salon (2 lits 1 pers + convertible 2 pers.), salle de bains avec wc privatifs. Lit d'appoint possible. Entrée indépendante. Séjour à disposition des hôtes. Jardin clos. Piscine (baignade non surveillée). Mobilier de jardin. Parking. A 10 km du parc de loisirs de Saint-Cyr, et 15 km du Futuroscope et de Chauvigny, cité médiévale. A proximité de la forêt. Circuit de la vallée de la Vienne.

Prix : 1 pers. **200 F** 2 pers. **240 F** pers. sup. **60 F**

Ouvert : toute l'année.

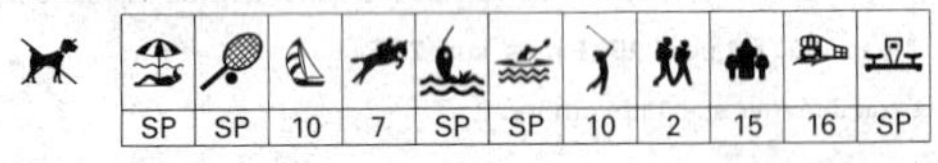

SP	SP	10	7	SP	SP	10	2	15	16	SP

ROY Annie - 71 rue d'Aquitaine - 86210 BONNEUIL-MATOURS - Tél : 05 49 85 21 86

BOURNAND La Dorelle *C.M. 68 Pli 3*

4 ch. — Dans un hameau calme, 4 ch. d'hôtes dans ancienne ferme restaurée, maison indép. des propriétaires. 1 ch (1 lit 2 pers) au r-d-c. A l'étage 3 ch, 1 ch (2 lits 1 pers) et 2 ch (1 lit 2 pers.), chacune avec sanitaires privatifs. Salon, cheminée, revues, livres, kichenette à disposition, jardin, terrasse, barbecue, meubles de jardin. Lit d'appoint : 100 F. Parking privé. Ferme joliement restaurée en pierre du pays à proximité de l'abbaye de Fontevraud, golf de Roiffé, Saumur. Chinon et Loudun à 5 km. Parc du Futuroscope. Langues parlées : anglais, italien.

Prix : 1 pers. **250 F** 2 pers. **300 F** pers. sup. **100 F**

Ouvert : du 15 mars au 15 décembre.

10	2	10	30	10	58	30	5

BRESNU Danielle - La Dorelle - 86120 BOURNAND - Tél : 05 49 98 72 23 - Fax : 05 49 98 72 23 ou SR : 05 49 49 59 11

BRUX *C.M. 72 Pli 4*

2 ch. — 2 chambres à l'étage d'une grande maison poitevine, 1 chambre (1 lit 2 personnes) et 1 chambre (2 lits 1 personne), salle d'eau et wc privés pour chacune. Séjour à disposition des hôtes. Possibilité pique-nique et frigo à disposition des hôtes. Jardin ombragé, parking dans la cour. Parc de loisirs de Payré à 15 km (port miniature). Circuit des abbayes et monuments du Haut-Poitou. Restaurants à proximité. Vallée des Singes à 9 km.

Prix : 1 pers. **200 F** 2 pers. **240 F**

Ouvert : toute l'année.

10	4	9	15	SP	55	15	4

GROLLIER Paule - Le Bourg - 86510 BRUX - Tél : 05 49 59 23 10 - Fax : 05 49 58 18 03

BRUX Chez Sabboureau — C.M. 72 Pli 4

3 ch. — 3 gdes ch. à la ferme au r.d.c d'une maison anc.. Entrée indép. 1 ch. (1 lit 2 pers, 2 lits 1 pers), 1 ch. (1 lit 2 pers, lit d'appoint possible), 1 ch. (2 lits 120), salles d'eau et wc privatifs pour chacune. Séjour réservé aux hôtes, véranda. Jeux pour enfants, ping-pong. Poss. de pique-nique. Table d'hôtes sur réservation préalable. Les chambres sont situées dans un environnement soigné et ombragé. Parc de loisirs à 15 km (port miniature). A 10 minutes de la vallée des singes. Aérodrome ULM à 10 km. Belles églises romanes dans les environs. Ferme auberge à 1 km.

Prix : 1 pers. **200 F** 2 pers. **235/250 F** 3 pers. **290 F** pers. sup. **55 F** repas **60/85 F**

Ouvert : toute l'année.

12	5	9	15	SP	60	15	5

TOULAT Danielle - Chez Saboureau - 86510 BRUX - Tél : 05 49 59 23 04 - Fax : 05 49 53 41 87

BRUX La Raffinerie — C.M. 68 Pli 13

2 ch. — Dans une gentilhomière du XVIIIème siècle, au milieu d'un parc arboré de 1 ha, Mr et Mme Arnault vous proposent 3 ch. à l'étage de leur maison. Calme assuré. 1 ch. (3 épis) (1 lit 2 pers), s. d'eau et wc privés, et un ensemble famille de 2 ch. (2 épis) : 1 ch (1 lit 2 pers, 1 lit 1 pers) et 1 ch (1 lit 2 pers, 1 lit 120), sanitaires privé pour cet ensemble. Salon et TV à dispo. des hôtes. Parking dans la cour. Location de VTT et aérodrome ULM (4 km). Port Miniature à 10 km. Parc du Futuroscope à 40 minutes. Possibilité de pique-nique, barbecue. Restaurants à proximité.

Prix : 1 pers. **170/190 F** 2 pers. **200/240 F** 3 pers. **270 F** pers. sup. **50 F**

Ouvert : du 1er mars au 31 décembre.

6	6	9	7	9	10	0,3	50	3	6

ARNAULT Ginette - La Raffinière - 86510 BRUX - Tél : 05 49 59 23 62

CELLE-L'EVESCAULT La Livraie — C.M. 68 Pli 13

4 ch. — A la ferme, dans château restauré entouré d'un parc boisé, 1 ch (1 lit 2 pers), 1 ch (1 lit 1 pers, 1 lit 2 pers),1 ch (1 lit 2 pers, 1 lit 120, 1 lit 1 pers), sanitaires privés pour chaque ch, 1 ensemble famille de 2 ch. (1 lit 2 pers) avec s d'eau et wc pour ces 2 ch. + lavabo. Séjour et TV à la dispo. des hôtes. Ping-pong. Jeux. Table d'hôtes sur réservation. Parc du Futuroscope à 25 mn. Poitiers « Ville d'Art et d'Histoire » à 22 km. Marais Poitevin à 50 km. Région vallonnée. Promenades. Calme assuré dans très beau cadre de verdure avec petite rivière. Animaux à la ferme.

Prix : 1 pers. **220 F** 2 pers. **260 F** 3 pers. **330 F** repas **90 F**

Ouvert : du 15 janvier au 1er décembre.

3	3	8	SP	1	35	6	3

MORIN Eva - Château de la Livraie - 86600 CELLE-L'EVESCAULT - Tél : 05 49 43 52 59

CHALANDRAY La Vauceau — C.M. 68 Pli 12

2 ch. — Sigrid se fera un plaisir de vous accueillir dans ces 2 chambres d'hôtes comprenant chacune (1 lit 2 pers., 1 lit 1 pers), salle d'eau et wc privatifs. 1 convertible 1 pers, dans une chambre. Lit bébé et matériel de pueriuculture à disposition, séjour avec livres, revues, jeux pour enfants. Table d'hôtes et repas bébé sur réservation. Fermette restaurée avec goût entourée d'un agréable jardin avec mobilier, barbecue et toboggan. Salle de jeux d'été. Langue parlée : allemand.

Prix : 1 pers. **200 F** 2 pers. **250 F** 3 pers. **320 F** repas **80 F**

Ouvert : toute l'année.

2,5	2	2,5	2	2,5	10	SP	30	25	2,5

RICART Sigrid - La Vauceau - 86190 CHALANDRAY - Tél : 05 49 60 26 36

CHAMPIGNY-LE-SEC — C.M. 68 Pli 3

1 ch. — A l'étage d'une maison ancienne dans un bourg tranquille, ensemble familial comprenant 1 chambre (1 lit 2 personnes, 1 lit bébé) avec lavabo, 1 chambre (1 lit 130, 2 lits 1 personne), salle de bains et wc privatifs séparés. Jardin ombragé. Salon de jardin. Balançoires. Chevaux sur place. Située à 20 mn du Futuroscope et 25 km de Poitiers « Ville d'Art et d'Histoire ». Parc de loisirs d'Ayron à 10 Km.

Prix : 1 pers. **150 F** 2 pers. **200 F** 3 pers. **260 F**

Ouvert : toute l'année.

10	SP	10	SP	10	20	10	18	25	8

VAN DEN BERG Michel - 14 route de Vouille - 86170 CHAMPIGNY-LE-SEC - Tél : 05 49 54 62 49

CHAMPNIERS — C.M. 72 Pli 4

3 ch. — A 4 km de la Vallée des singes, dans bourg tranquille 3 ch. à l'étage d'une maison ancienne en pierre du pays. 1 ch (2 épis), (1 lit 2 pers), s. d'eau privée sur palier. 1 ch (2 épis), (2 lit 110), s. d'eau privée, wc communs pour les 2 ch., 1 ch. (1 lit 2 pers, 2 lits 1 pers) avec sanitaires privés. Poss. lits supp. Salon à dispo., TV, livres. Joli jardin, véranda, table de ping-pong. parking. Nombreuses églises romanes (Eglise Saint Nicolas de Civray à 9 km), châteaux (Cibioux et Epanvilliers). Musée rural chez Bernardeau. Langue parlée : anglais.

Prix : 1 pers. **200 F** 2 pers. **220/250 F** 3 pers. **350 F**

Ouvert : toute l'année.

9	2,5	30	14	9	9	SP	60	14	9

FAZILLEAU J-Louis et Geneviève - Le Bourg - 86400 CHAMPNIERS - Tél : 05 49 87 19 04 - Fax : 05 49 87 96 94

CHARRAIS Charrajou

C.M. 68 Pli

4 ch. A l'étage de leur maison poitevine en pierre, Jean-Yves et Martine vous accueillent dans 4 ch. avec entrée indépendante. 2 ch. (1 li 2 pers, 1 lit 1 pers), 1 ch (3 lits 1 pers), 1 ch (1 lit 2 pers), toutes avec salle d'eau et wc privatifs. Séjour réservé aux hôtes, kitchenett à disposition. Grande cour fermée, parking. Situées au cœur de la route des vins du Haut Poitou, à 18 km de Poitiers, « Ville d'Art e d'Histoire » et 12 km du Futuroscope. Langue parlée : anglais.

Prix : 1 pers. **200 F** 2 pers. **230 F** 3 pers. **300 F**

Ouvert : toute l'année.

2,5	2,5	12	15	12	20	25	10	12	18	2,5

MARTINET J-Yves et Martine - 16 rue des Ormeaux - Charrajou - 86170 CHARRAIS - Tél : 05 49 51 14 62

CHARROUX La Planche

C.M. 72 Pli 4

1 ch. A la sortie du bourg de Charroux, joli village, sur la vallée de la Charente, les propriétaires vous proposent 1 chambre au rez-de-chaussée d'une maison récente (1 lit 2 personnes), salle d'eau avec wc privatifs, séjour avec TV, livres, revues à disposition des hôtes. Terrasse, jardin fleuri et ombragé. Plan d'eau à 10 km. Vestiges d'une abbaye carolingienne et halles du XVIème s. dans le bourg. Eglises romanes et châteaux dans toute la région.

Prix : 1 pers. **200 F** 2 pers. **220 F**

Ouvert : toute l'année.

10	1	18	18	SP	SP	60	25	0,8

FOURNIER Robert - La Planche - 2 chemin de Gorse - 86250 CHARROUX - Tél : 05 49 87 57 07

CHATEAU-GARNIER Toussac-Pellegrin

TH

C.M. 72 Pli 4/5

2 ch. Anne-Marie vous propose 2 ch au grand calme dans une très agréable maison sur une exploitation agricole. 1 ch en rez-de-jardin (1 lit 2 pers), s. d'eau et wc privés, entrée indép. terrasse privative. 1 ensemble famille au r-d-c, 1 ch (1 lit 2 pers), 1 ch (2 lits 1 pers), s. d'eau et wc privatifs. Séjour, revues, livres à dispo. Jardin. Parc de loisirs à 5 Km. Belle région vallonnée propice aux promenades. Circuit du Vigeant à proximité. Langues parlées : anglais, espagnol.

Prix : 1 pers. **190 F** 2 pers. **235 F** 3 pers. **320 F** pers. sup. **60 F**
repas **65/95 F**

Ouvert : toute l'année.

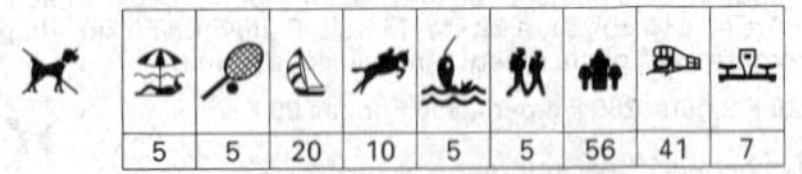

RESSEGAND Anne-Marie - Toussac - 86350 CHATEAU-GARNIER - Tél : 05 49 87 80 53 - Fax : 05 49 87 64 36

CHAUVIGNY Ville Haute

C.M. 68 Pli 15

5 ch. Aux portes du Futuroscope, en plein cœur d'une charmante cité médiévale, 5 ch d'hôtes vous accueillent dans une maison de caractère des XII et XVèmes siècles. A l'étage, 4 ch (1 lit 2 pers.) et 1 ch (1 lit 2 pers., 1 lit 1 pers.) toutes avec salles d'eau et sanitaires privatifs. Possibilité de lit d'appoint : 50 F. Parking à 50 m. Chauvigny « Ville d'Art et d'Histoire » : Festival d'été, spectacle de fauconnerie. Parc du Futuroscope à 20 mn.

Prix : 1 pers. **160 F** 2 pers. **230 F** 3 pers. **320 F** pers. sup. **50 F**

Ouvert : toute l'année.

1	1	15	1	14	25	SP	28	25	SP

LE MONTLEON - 8, Plan Saint-Pierre - Château de Montléon - 86300 CHAUVIGNY - Tél : 05 49 46 88 96

CHAUVIGNY La Veaudepierre

C.M. 68 Pli 14/15

5 ch. Dans belle demeure du XVIIIè s. 1 ch. (1 lit 1 pers), 2 ch. (1 lit 2 pers) dont 1 avec petite ch. contigüe (1 lit 1 pers), s. de bains ou s. d'eau avec wc privés pour chaque ch., 1 ch (2 lits 1 pers). 1 ch 2 épis (1 lit 2 pers), avec sanitaires privés non communiquants. Poss. lits supplémentaires. Salon avec TV, livres, musique à diposition. Parking. Jardin ombragé avec vue exceptionnelle sur les châteaux. Futuroscope à 20 mn. Chauvigny « Ville d'Art et d'Histoire », festival d'été et spectacle de fauconnerie. Langue parlée : anglais.

Prix : 1 pers. **210/260 F** 2 pers. **260/310 F** 3 pers. **370 F** pers. sup. **60 F**

Ouvert : de Pâques à la Toussaint.

SP	SP	25	21	SP	14	18	1	25	23	SP

DE GIAFFERRI Jacques et Claude - 8 rue du Berry - La Veaudepierre - 86300 CHAUVIGNY - Tél : 05 49 46 30 81 ou 05 49 41 41 76 - Fax : 05 49 47 64 12

CHAUVIGNY La Grand'Métairie

C.M. 68 Pli 15

1 ch. A 7 km de Chauvigny, cité médiévale comportant trois châteaux forts, la propriétaire vous propose une chambre au rez-de-chaussée d'une grande maison en pleine campagne (1 lit 2 personnes, 1 lit 1 personne), douche et wc privés communicants. Séjour avec TV à disposition des hôtes. Jardin. Mobilier de jardin, ping-pong. Région très touristique. Abbaye de Saint-Savin, (fresques classées au patrimoine mondial de l'UNESCO) à 20 km. Spectacle de Fauconnerie à Chauvigny à 7 km.

Prix : 1 pers. **160 F** 2 pers. **200 F** 3 pers. **260 F**

Ouvert : toute l'année.

BELLOD Geneviève - La Grand'Métairie - 86300 CHAUVIGNY - Tél : 05 49 46 53 37

CHENECHE Château de Labarom

C.M. 68 Pli 3

3 ch. 5 ch. dans un château du XVIè et XVIIIè s. 1 ch. (2 lits 90) avec s. d'eau et wc privés, 2 ensembles famille comprenant pour l'un 1 ch. (1 lit 150), 1 ch (2 lits 100), s. de bains et wc privatifs pour ces 2 ch. L'autre 1 ch. (2 lits 110) 1 ch. (2 lits 80) avec s. de bains et wc privés pour ces 2 ch. Salon avec livres. Grand parc, piscine à dispo. des hôtes (baignade non surv.). Peinture sur porcelaine. Langue parlée : anglais.

CV

Prix : 1 pers. **350/400 F** 2 pers. **400/450 F** 3 pers. **500/550 F**

Ouvert : toute l'année.

SP	2	18	16	5	18	SP	15	22	4

LE GALLAIS Eric - Château de Labarom - 86380 CHENECHE - Tél : 05 49 51 24 22 - Fax : 05 49 51 47 38 -
E-mail : chateau.de.labarom@wanadoo.fr ou SR : 05 49 49 59 11

CISSE La Gannerie

C.M. 68 Pli 13

1 ch. 1 ensemble famille à l'étage dans une ferme poitevine. Nous vous offrons 1 ch (1 lit 2 pers, 2 lits 1 pers) et 1 ch (1 lit 2 pers, 1 lit 1 pers), avec possibilité de lit d'appoint. Salle de bains et wc communs sur le palier pour les 2 ch. Entrée indépendante, séjour avec cheminée à dispo. des hôtes. Cour. Mobilier de jardin. Garage. Abri pour pique-nique. A 15 km de Poitiers « Ville d'Art et d'Histoire ». Parc du Futuroscope à 11 km.

CV

Prix : 1 pers. **200 F** 2 pers. **230 F** 3 pers. **290/350 F** pers. sup. **60 F**

Ouvert : toute l'année.

5	1	15	3,5	25	11	15	1

BROQUERAULT Josiane - 8 rue de la Gannerie - 86170 CISSE - Tél : 05 49 51 35 36

CIVRAY L'Hermitage

C.M. 72 Pli 4

2 ch. Dans un petit château, au 1er étage, 1 chambre (1 lit 2 personnes), et une chambre (2 lits 1 personne). salle de bains et wc particuliers pour chacune. Séjour, TV, bibliothèque à disposition des hôtes. Terrasse. Parc. Parking privé. Entrée indépendante. Néerlandais parlé. Piscine sur place (baignade non surveillée). Lit d'appoint possible. Vallée de la Charente, belles promenades, pêche. Art roman (Eglises, Châteaux). Langues parlées : anglais, allemand.

Prix : 1 pers. **240 F** 2 pers. **260 F**

Ouvert : toute l'année.

SP	1	10	SP	45	55	SP	65	8	SP

GOUDSMIT Miki et Victor - L'Hermitage - 86400 CIVRAY - Tél : 05 49 87 17 95 - Fax : 05 49 87 17 95 -
E-mail : miki.goudsmit@fnac.net

COUHE

C.M. 68 Pli 13

2 ch. Dans le bourg de Couhé à proximité de la N 10, 2 chambres à l'étage d'une maison ancienne, 1 chambre (1 lit 2 personnes, 1 lit 130) et 1 chambre (1 lit 160, 1 lit 85), salle d'eau privative pour chaque chambre. Séjour avec cheminée TV, livres, revues et musique a disposition des hôtes. Grand jardin, terrasse, mobilier de jardin, parking. Riche patrimoine roman dans toute la région : circuit des abbayes du Haut-Poitou. Parc de loisirs à 12 km.

Prix : 1 pers. **195 F** 2 pers. **235 F** 3 pers. **305 F** pers. sup. **70 F**

Ouvert : toute l'année.

12	1	12	1	40	40	SP

ESNAULT Dominique - 14 avenue de Bordeaux - 86700 COUHE-VERAC - Tél : 05 49 53 63 10

COULOMBIERS La Verrerie

C.M. 68 Pli 12

2 ch. Deux ensembles famille de style rustique vous sont proposés : un (2 épis) à l'étage la maison des propriétaires (1 lit 2 pers, 2 lits 1 pers). Le second (3 épis) dans petit toit poitevin (1 lit 2 pers, 2 lits 1 pers), micro-ondes, frigo. Sanitaires privés pour chacun. Livres à dispo. Jardin clos et arboré avec mobilier de jardin et coin pique-nique. A 20 minutes du Futuroscope, et 18 km de Poitiers, »Ville d'Art et d'Histoire« . Marais poitevin à 60 minutes. Contrée propice à la promenade à bicyclette. Langues parlées : anglais, espagnol.

CV

Prix : 1 pers. **180 F** 2 pers. **230/240 F** 3 pers. **280/300 F**

Ouvert : toute l'année.

5	3	2	5	7	18	5	25	18	3

PROVOST Lucien et Isabelle - La Verrerie - 86600 COULOMBIERS - Tél : 05 49 43 71 69 - Fax : 05 49 43 71 69 -
http://www.graphy-web.com/adresses-vacances ou SR : 05 49 49 59 11

DANGE-SAINT-ROMAIN La Grenouillère

TH

C.M. 68 Pli 4

5 ch. Situé à 900 m de la RN 10, ds anc. ferme du XIXè siècle. Au r-d-c 2 ch, 1 ch accessible aux handicapés (3 lits 1 pers) et 1 ch (1 lit 2 pers), avec sanitaires privés. A l'étage, 3 ch. avec sanitaires privés : 1 ch. ds maison du propriétaire (1 lit 2 pers), 2 ch. ds maison annexe, (1 ch. 1 lit 2 pers), 1 ch. (2 épis), (3 lits 1 pers). Séjour (cheminée). Parc arboré avec rivière anglaise. Cour fermée, salon de jardin, ping-pong, jeux de plein air. Suggestions de circuits. Châteaux de la Loire. Futuroscope à 25 mn. Table d'hôtes sur résa avant midi, pas de TH 24/12 et le 2/01. Langues parlées : anglais, espagnol.

CV

Prix : 1 pers. **180/220 F** 2 pers. **220/290 F** 3 pers. **290/360 F**
pers. sup. **70 F** repas **100 F**

Ouvert : toute l'année.

15	1,5	15	3	SP	15	25	SP	37	1,2	SP

BRAGUIER Annie et Noel - La Grenouillère - 17 rue de la Grenouillère - 86220 DANGE-SAINT-ROMAIN - Tél : 05 49 86 48 68 -
Fax : 05 49 86 46 56

DIENNE Le Gassouillet

C.M. 68 Pli 14

3 ch. Dans ancienne ferme rénovée en 2000, 3 ch-studio indép. en r-d-c. 1 ch (1 lit 2 pers, 1 lit 1 pers), 1 ch. (1 lit 2 pers, 1 lit 1 pers, convert. 2 pers) et 1 ch (1 lit 2 pers. + convert. 2 pers.), chacune avec sanitaires privés, kitchenette, pelouse, salon de jardin et barbecue. Accueil chaleureux. Petit déjeuner spécialités poitevines et confitures maison. Très grand calme, arbres et verdure. Forêt à proximité. Pension Chevaux. Séjour possible pour visites régionales. Poitiers « Ville d'Art et d'Histoire » et cité médiévale de Chauvigny à 19 km. Réduction de 10% dès la 4ème nuit. Langues parlées : anglais, allemand.

CV

Prix : 1 pers. **230 F** 2 pers. **260 F** 3 pers. **360 F** pers. sup. **90 F**

Ouvert : toute l'année sur réservation.

10	10	25	15	5	25	10	15	25	15	10

RAUX Gilles - Le Gassouillet - 86410 DIENNE - Tél : 05 49 42 04 63 - Fax : 05 49 42 08 75 - E-mail : gillesraux@wanadoo.fr ou SR : 05 49 49 59 11

DISSAY La Morinière

C.M. 68 Pli 14

1 ch. Petite maison indépendante réservée aux hôtes dans un ancien bâtiment de ferme rénovée. Au 1er étage, 1 mezzanine (1 lit 2 personnes), convertible (120) dans le séjour, salle d'eau et wc. Kitchenette. Cheminée. Chauffage électrique et gaz. Parking couvert. Jardin clos. Meubles de jardin. Taxe de séjour. A 7 km du Futuroscope et à 5 km du plan d'eau de Saint-Cyr. Poitiers « Ville d'Art et d'Histoire » à 15 km. Langue parlée : anglais.

CV

Prix : 1 pers. **200 F** 2 pers. **260 F** 3 pers. **300 F**

Ouvert : du 1er mars au 11 novembre.

5	SP	5	6	SP	5	SP	7	1	SP

WAENDENDRIES Madeleine - 743 rue de Bellevue - 86130 DISSAY - Tél : 05 49 52 45 36

DISSAY Bois de Chaume

C.M. 68 Pli 14

2 ch. A 7 km du Futuroscope et 300 m de la RN 10, dans un bois et un parc clos d'un ha ; coins pique-nique aménagés. Au 1er étage de la maison de M et R Fouques : 1 ensemble famille (2 lits 2 pers, 1 lit 1 pers, poss. 2 lits d'appoint), 1 s. de bains et wc privés et 1 salle de bains avec wc non communiquants, 1 ch (2 lits 1 pers), salles de bains et wc privés. 20 F de remise pour séjour de plus de 2 jours. Château de Dissay à 1.5 km et 2 restaurants à moins de 500 m. Langue parlée : anglais.

CV

Prix : 1 pers. **200 F** 2 pers. **250 F** 3 pers. **300 F** pers. sup. **60 F**

Ouvert : les vacances scolaires.

5	2	5	4	SP	5	4	7	4	1,5

FOUQUES Michelle - 1 le Bois de Chaume - 86130 DISSAY - Tél : 05 49 52 46 14 ou 06 07 25 75 98

ETABLES

C.M. 68 Pli 3

3 ch. Maison ancienne dans bourg, 3 chambres à l'étage, 2 ch. (1 lit 2 pers), salle de bains ou salle d'eau privatives et wc communs aux hôtes, et 1 ch. (1 lit 2 pers, 1 lit 120) avec sanitaires privés. Séjour avec cheminée. Cour close et fleurie avec salon de jardin, terrasse couverte. Table d'hôtes sur réservation. Prestations agréables à 13 km du parc du Futuroscope et 18 km de Poitiers « Ville d'Art et d'Histoire ». Parc de loisirs de Saint-Cyr à 20 Km.

CV

Prix : 1 pers. **200 F** 2 pers. **220 F** 3 pers. **300 F**

Ouvert : du 2 janvier au 20 décembre.

3	3	20	10	20	20	12	13	18	3

COLLAS Claudine - 35 rue des Ecoles - 86170 ETABLES - Tél : 05 49 54 50 31 - Fax : 05 49 54 50 31 ou SR : 05 49 49 59 11

ETABLES-BLASLAY Les Pierres

C.M. 68 Pli 3

2 ch. Dans une belle demeure, Jean et Geneviève vous proposent 2 chambres : 1 ch (2 épis) au r-d-c avec coin cuisine (1 lit 2 pers. et un convertible 2 pers) avec salle d'eau et wc privés et 1 ch (3 épis) à l'étage (1 lit 2 pers. et un convertible 2 pers), salle de bains et wc privés. Séjour à diposition des hôtes, livres, musique et TV. Parc du Futuroscope à 13 km, Poitiers « Ville d'Art et d'Histoire » à 18 km. Base de loisirs à 15 km.

Prix : 1 pers. **190 F** 2 pers. **220 F**

Ouvert : toute l'année.

4	4	15	15	10	15	8	13	15	4

BERNARD Jean et Geneviève - 35 avenue de Saumur - Les Pierres - 86170 ETABLES - Tél : 05 49 54 52 49

FLEURE

C.M. 68 Pli 14

2 ch. Dans une maison contemporaine à proximité de la N 147, 1 ensemble famille de 2 ch. (1 lit 2 pers), s. de bains et wc privés. 1 ch. indép. (1 lit 2 pers, 2 lits 1 pers), avec sanitaires privés. Séjour et véranda à la dispo. des hôtes. Parc, jeux, coin pique-nique et piscine privée (non surveillée). un âne et des moutons amuseront petits et grands. Parc du Futuroscope à 23 km. Poitiers « Ville d'Art et d'Histoire » à 18 Km, Chauvigny à 14 Km (festival d'été, églises, châteaux, spectacle de fauconnerie). Langue parlée : anglais.

CV

Prix : 1 pers. **200 F** 2 pers. **240 F** 3 pers. **290 F**

Ouvert : du 1er avril au 30 septembre.

SP	SP	18	10	SP	23	18	SP

BERTRAND Guy et Bernadette - Route de Poitiers - 86340 FLEURE - Tél : 05 49 42 62 00

FLEURE La Poitevinière

C.M. 68 Pli 14

1 ch. 1 chambre (1 lit 2 personnes, 1 lit 120) indépendante au rez-de-chaussée, avec salle de bains privative. Séjour dans la maison des propriétaires. Bar, frigo, livres et téléphone à disposition des hôtes. Grande cour avec parking. Pêche et baignade (non surveillée) possibles sur place dans un étang de 4 ha. Ecole de Pêche. Activités équestres sur place : poney-club, dressage, débourrage, horse-ball, pension pour chevaux, pré, circuit et promenades à cheval. Ouverture d'un gîte de séjour équestre en avril. Langue parlée : anglais.

Prix : 1 pers. **200 F** 2 pers. **240 F** 3 pers. **280 F**

Ouvert : toute l'année.

SP	3	SP	SP	15	7	SP	25	18	2

S.A.R.L. LA POITEVINIERE - La Poitevinière - 86340 FLEURE - Tél : 05 49 42 60 09 - Fax : 05 49 42 74 06 ou SR : 05 49 49 59 11

INGRANDES Lamboiron

C.M. 68 Pli 4

2 ch. En pleine campagne, au calme dans une ferme de caratère, 2 ch. (1 lit 2 pers., 1 lit 1 pers.) aménagées dans bâtiment annexe avec entrée indépendante, chacune avec sanitaires privés. Séjour réservé aux hôtes. Petits déjeuners avec les produits de la ferme. Parking, kitchenette. Animaux admis après accord. Cour fermée avec mobilier de jardin, jeu de boules, ping-pong, coin pique-nique abrité. A 5 km de Chatellerault (vieille ville, piscine récréative) et 15 km de la station thermale de la Roche Posay.

Prix : 1 pers. **200 F** 2 pers. **220 F** 3 pers. **270 F**

Ouvert : toute l'année.

5	5	13	5	15	SP	22	4	4

BLANCHARD Sylvette et Serge - Lamboiron - 86220 INGRANDES - Tél : 05 49 02 69 06

L'ISLE-JOURDAIN

C.M. 72 Pli 5

1 ch. Au 2ème étage de leur maison, les propriétaires vous proposent un ensemble famille comprenant 1 chambre (2 lits 1 personne) et 1 chambre (1 lit 120). Salle d'eau et wc privés pour l'ensemble. Séjour avec livres et revues à disposition des hôtes. Jardin ombragé non attenant où le pique-nique est possible. Le grand frisson est possible dans la commune avec du saut à l'élastique. Circuit automobile du Vigeant à 4 km. Nombreuses balades à faire le long de la Vienne.

Prix : 1 pers. **180 F** 2 pers. **230 F** 3 pers. **300 F**

Ouvert : toute l'année.

1	1	6	SP	28	SP	19	1

DESAGE Michel - 14 place d'Armes - 86150 L'ISLE-JOURDAIN - Tél : 05 49 84 00 58 ou 06 88 41 84 83 - Fax : 05 49 84 06 32

ITEUIL

C.M. 68 Pli 13

1 ch. A 3 km de la RN 10, la propriétaire vous propose une chambre avec salle d'eau au rez-de-chaussée d'une maison récente, à 800 m d'un bourg, (1 lit 2 personnes). Terrasse avec mobilier de jardin et jardin à disposition. Située à 20 minutes du Futuroscope et 15 minutes de Poitiers, « Ville d'art et d'Histoire ». A 4 km de cette adresse, vous pourrez entendre les chants grégoriens des moines de l'abbaye de Ligugé. Langue parlée : anglais.

Prix : 1 pers. **180 F** 2 pers. **220 F**

Ouvert : toute l'année.

0,8	0,8	30	1	10	12	1	20	1	0,8

MELIN Anne-Marie - 28 rue des Rocs - 86240 ITEUIL - Tél : 05 49 55 04 90

JARDRES Pressec

C.M. 68 Pli 14

3 ch. 3 chambres lumineuses aménagées dans une maison neuve. 1 ch. (1 lit 2 pers), salle d'eau et wc particuliers, 2 ch. 1 épi : 1 ch (2 lits 2 pers), 1 ch (1 lit 2 pers, 1 lit 1 pers), salle d'eau et wc communs, lavabo dans chaque ch. Séjour à dispo. des hôtes. Pique-nique possible. Entrée indépendante. Parking clos. Chauvigny « Ville d'Art et d'Histoire » à 2 km, célèbre pour son spectacle de fauconnerie au château des Evèques et pour son festival d'été avec musique et danse.

Prix : 1 pers. **180/200 F** 2 pers. **200/240 F** 3 pers. **260 F** pers. sup. **60 F**

Ouvert : toute l'année.

2	2	8	2,5	15	SP	20	18	2

COUSIN Jacques et Monique - Pressec - 86800 JARDRES - Tél : 05 49 46 36 16

JAUNAY-CLAN Lioux

C.M. 68 Pli 13

2 ch. A la campagne, au centre de la Vienne, nous vous offrons à l'étage d'une maison récente 1 chambre (1 lit 2 personnes, 1 lit 1 personne), salle de bains et wc privés. 1 ensemble famille comprenant 1 chambre (2 lits 1 personne), 1 chambre (1 lit 2 personnes), salle de bains et wc commun à ces deux chambres. A 5 minutes du Futuroscope et 15 minutes de Poitiers. Belle vue sur la campagne et grand calme.

Prix : 1 pers. **200 F** 2 pers. **230 F** 3 pers. **290/350 F**

Ouvert : toute l'année.

10	6	10	10	10	10	SP	7	8	5

DELION Jacqueline - Lioux - 86130 JAUNAY-CLAN - Tél : 05 49 52 04 50 - Fax : 05 49 52 68 58 - E-mail : delion@cez86.cernet.fr - http://www.carte-visite.com ou SR : 05 49 49 59 11

JOUHET La Cadrie *C.M. 68 Pli 15*

2 ch. 2 chambres dans une belle maison bourgeoise, 1 chambre (1 lit 2 personnes, 2 lits 1 personne), 1 chambre (1 lit 2 personnes, 1 lit 1 personne), salle d'eau particulière pour chaque chambre. Cour. Prairie, meubles de jardin. Chauffage central. Chats acceptés. Saint-Savin à 9 Km. (Collegiale, fresques classées au patrimoine mondial UNESCO). Montmorillon à 8 Km « Ville d'Art et d'Histoire » Langue parlée : anglais.

Prix : 1 pers. **170 F** 2 pers. **210 F** 3 pers. **275 F**

Ouvert : toute l'année.

1	8	12	8	1	20	SP	43	7	7

RABAN René - La Cadrie - 86500 JOUHET - Tél : 05 49 91 05 50

JOURNET Le Haut Peu (TH) *C.M. 68 Pli 16*

3 ch. 3 chambres à la ferme dans maison de maître. 1 chambre (1 lit 2 pers) avec salle d'eau et wc privés, 1 chambre (1 lit 160) avec salle d'eau et wc privés. Dans bâtiment indépendant 1 ensemble famille avec mezzanine (1 lit 2 pers, 2 lits 1 pers, 1 lit 80), cuisine, salle de bains et wc privés. Etang privé à 800 m. Parc ombragé. Pas de Table d'hôtes le dimanche soir. 10 % de réduction pour séjour d'une semaine et pour un couple de - de 28 ans. Saint-Savin (collégiale, fresques classées au patrimoine mondial UNESCO) à 15 Km. Langues parlées : anglais, espagnol.

Prix : 1 pers. **265 F** 2 pers. **285 F** 3 pers. **370 F** pers. sup. **50 F**
repas **100 F**

Ouvert : toute l'année.

10	10	10	SP	20	SP	10	10

COCHIN Jacques et Chantal - Le Haut Peu - 86290 JOURNET - Tél : 05 49 91 62 02 - Fax : 05 49 91 59 71

LATHUS Lantigny *C.M. 68 Pli 16*

E.C. 2 ch. Monique et Daniel vous proposent de passer un agréable de séjour dans les chambres d'hôtes à l'étage de leur ferme ; 1 chambre (1 lit 2 personnes) et 1 chambre (2 lits 130). Chaque chambre possède une salle de bains et des wc privatifs. Séjour avec Livres et revues à la disposition des hôtes. Etang sur place (pêche possible). Parc de Loisirs multiactivités de Lathus à 3 km (pêche, voile, baignade et canoë). Visite de Montmorillon à 15 km. Langue parlée : anglais.

Prix : 1 pers. **170 F** 2 pers. **210 F** pers. sup. **50 F**

Ouvert : toute l'année.

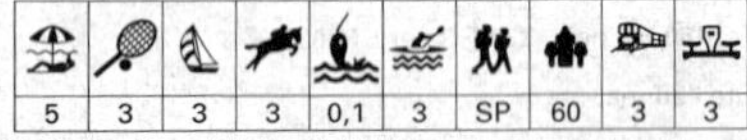

5	3	3	3	0,1	3	SP	60	3	3

CHASSAT Daniel et Monique - Lantigny - 86390 LATHUS - Tél : 05 49 91 81 71 - Fax : 05 49 91 81 71

LATILLE (TH) *C.M. 68 Pli 12/13*

5 ch. Ancien relais des postes datant de 1785, la Demeure vous propose 3 ch (1 lit 2 pers), 1 ch (1 lit 160), et un ensemble famille (1 ch : 1 lit 2 pers, 1 ch : 2 lits 1 pers), sanitaires privés pour chaque ch.. Ping-pong, boules, jeux de plein air, bibliothèque, TV à dispo. Animaux acceptés après accord. Lits sup. Poss. La demeure est située au cœur du village de Latillé, à 20 minutes du Futuroscope et de Poitiers, « Ville d'Art et d'Histoire ». Paysages vallonnés de la vallée de l'Auxance. Langues parlées : anglais, italien.

Prix : 1 pers. **250 F** 2 pers. **260/320 F** 3 pers. **330/390 F** pers. sup. **70 F**
repas **90/130 F**

Ouvert : de février à mi-novembre.

4	SP	4	15	SP	25	7	SP	25	25	SP

FLAMBEAU Yvonne - 1 place Robert Gerbier - 86190 LATILLE - Tél : 05 49 51 54 74 - Fax : 05 49 51 56 32 - E-mail : latille@chez.com - http://www.chez.com/latille

LATILLE La Colinière (TH) *C.M. 68 Pli 12/13*

2 ch. Maison poitevine rénovée sur une exploitation agricole ovine au calme, une chambre mansardée (1 lit 2 pers., 2 lits 1 pers.) sanitaires privés. une chambre accessible aux handicapés (1 lit 2 pers., 2 lits 1 pers.) avec sanitaires privés. Possibilité lit appoint, séjour à la disposition des hôtes. Terrasse. Poitiers « Ville d'Art et d'Histoire » à 20 minutes, Futuroscope à 25 km, Marais poitevin à 1 heure et Puy du Fou à 1 heure 15.

Prix : 1 pers. **180 F** 2 pers. **220/240 F** 3 pers. **280 F** repas **70 F**

Ouvert : toute l'année.

10	5	8	10	8	15	10	1	25	30	5

FERJOUX J-Max et Christiane - La Colinière - 86190 LATILLE - Tél : 05 49 51 99 58 - Fax : 05 49 54 45 53 - E-mail : ferjoux.jean-max@wanadoo.fr ou SR : 05 49 49 59 11

LAVOUX Les Godiers (TH) *C.M. 68 Pli 14*

2 ch. Au milieu d'un parc arboré et calme, maison de caractère sur vaste domaine familial avec château classé. 1 ch. (1 lit 2 pers., 2 lits 1 pers.) dans pavillon à proximité, avec salle de bains et wc privés. 1 ch. dans maison principale (2 lits 1 pers), TV, s. de bains et wc privatifs. Bibliothèque à disposition des hôtes. Chambres meublées avec goût. Réduction de 10 % à partir de la 2ème nuit. Située à 13 km de Poitiers centre. Parc du Futuroscope à 17 Km. Région touristique des vallées de la Vienne et du Clain. Table d'hôtes sur réservation. Langue parlée : anglais.

Prix : 1 pers. **270/290 F** 2 pers. **330/350 F** 3 pers. **390/410 F**
repas **140 F**

Ouvert : toute l'année.

20	5	20	3	11	15	15	6	17	15	3

RABANY Philippe - Les Godiers - 86800 LAVOUX - Tél : 05 49 61 05 18 - Fax : 05 49 61 05 18

LOUDUN La Maison Blanche

C.M. 68 Pli 3

2 ch. Deux chambres dans une agréable maison tourangelle sur une exploitation agricole (vaches laitières). les 2 chambres chacune avec (1 lit 2 pers, 1 lit 1 pers) disposent de sanitaires privés. Vous apprécierez le calme et le coin pique-nique dans le jardin ombragé, avec sa terrasse et son mobilier. Séjour réservé aux hôtes (livres, revues). Visite de la ferme. La maison facile d'accès (à 1 km de la RN 147 et de la D 147) est bien située pour découvrir les richesses touritiques, Loudun 5 km, les châteaux de la Loire, l'abbaye de Fontevraud, Richelieu ...

Prix : 1 pers. **180 F** 2 pers. **220 F** 3 pers. **280 F**

Ouvert : toute l'année.

5	5	20	5	5	20	5	50	5	5

VILLAIN Pierre et Monique - La Maison Blanche - 86200 LOUDUN - Tél : 05 49 98 07 88 - Fax : 05 49 22 41 44

LUCHAPT Chez Mairine

TH *C.M. 72 Pli 6*

2 ch. Dans une agréable ferme poitevine , les propriétaires vous proposent une chambre au r-d-c et une chambre à l'étage. Chaque chambre comprend 1 lit 2 personnes, 1 lit 1 personne, chacune avec salle d'eau et wc privé. Séjour à la disposition des hôtes avec TV, livres, revue et musique. Elevage de cerfs sur place (visite gratuite). Très belle région vallonnée. Base de loisirs de l'Isle Jourdain à 5 km. Présence d'animaux de la ferme (âne, chevaux, basse cour, moutons ...) Langues parlées : anglais, espagnol.

Prix : 1 pers. **200 F** 2 pers. **240 F** 3 pers. **320 F** repas **120 F**

Ouvert : du 1er mars au 31 décembre.

5	5	8	5	2	7	SP	23	5

VAN-AUBEL Annemée et Patrick - Chez Mairine - 86430 LUCHAPT - Tél : 05 49 48 89 65 - E-mail : PatrickVanaubel@wanadoo.fr

MAZEROLLES Le Logis

TH *C.M. 68 Pli 15*

3 ch. 3 chambres dans un manoir XVIIIè siècle, à la ferme, 1 chambre (1 lit 2 pers, 1 lit 120) avec salle d'eau privée, 1 chambre (1 lit 120), 1 chambre (3 lits 1 pers) avec douche et lavabo dans chacune des 2 chambres, 2 wc. Salon, TV, à la disposition des hôtes. Grand jardin au bord d'un petit ruisseau. Plan d'eau privé à proximité. Circuit de la vallée de la Vienne. Location de vélos sur place. Parc du Futuroscope à 30 mn. 1/2 pension à partir de 3 jours. Langues parlées : anglais, allemand.

Prix : 1 pers. **190 F** 2 pers. **270 F** 3 pers. **360 F** repas **110 F**

Ouvert : toute l'année.

5	2	20	12	SP	20	25	SP	52	3	3

LAUBUS Alain et Martine - Le Logis - 86320 MAZEROLLES - Tél : 05 49 48 42 49

MIGNE-AUXANCES Moulin des Boisses

TH *C.M. 68 Pli 13*

1 ch. A 10 km de Poitiers et du Futuroscope, dans un moulin du XVIIème S. face à la maison des propriétaires, M et Mme Ranc vous accueillent dans un complexe familial composé de 1 ch. (1 lit 2 pers), 1 ch. (2 lits 1 pers), salle de bains ou salle d'eau et wc pour chacune. Grande cuisine équipée/salle à manger avec coin salon et TV. Poss. lit supp. Terrasse sur la rivière, meubles de jardin. Etang avec possibilité de pêche (canoë-kayak). Piscine (baignade non surveillée), tennis et ping-pong sur place. Table d'hôtes sur réservation. Langues parlées : anglais, espagnol.

Prix : 1 pers. **200 F** 2 pers. **300 F** 3 pers. **350 F** pers. sup. **100 F** repas **120 F**

Ouvert : toute l'année.

SP	SP	10	5	SP	10	SP	15	10	1

RANC Fabien - 38 rue des Boisses - Le Moulin des Boisses - 86440 MIGNE-AUXANCES - Tél : 05 49 51 45 64 - E-mail : fabgege.ranc@infonie.fr ou SR : 05 49 49 59 11

MILLAC Le Peyrat

TH *C.M. 72 Pli 5*

5 ch. Hilda et Alan ont redonné vie à cette ferme traditionnelle, où ils sont venus s'installer. Ils vous proposent 5 ch à l'étage 3 ch (1 lit 2 pers), 2 ch (2 lits 1 pers). Les 2 salles d'eau sont communes aux 5 chambres qui n'ont pas de lavabo. Séjour avec TV, livres et musique à disposition. Lit d'appoint possible. Grand terrain avec meubles de jardin. Vous apprécierez le calme du site, la visite du jardin potager et la cuisine mitonnée. Ambiance écossaise pour cette ferme, où il y a également une petite aire de camping. Belles promenades dans cette région appelée aussi la Petite Suisse. Langue parlée : anglais.

Prix : 1 pers. **170 F** 2 pers. **220 F** pers. sup. **65 F** repas **100 F**

Ouvert : toute l'année.

2	2	4	2	35	SP	70	2

JAMIESON Hilda - Le Peyrat - Ecosse - 86150 MILLAC - Tél : 05 49 84 50 88 - Fax : 05 49 84 50 88

MIREBEAU

C.M. 68 Pli 3

1 ch. Dans une rue tranquille du bourg, les propriétaires vous proposent un ensemble familial au 1er étage d'une maison ancienne comprenant 2 chambres : 1 chambre (1 lit 2 personnes), 1 chambre (2 lits 1 personne), petite salle d'eau, wc réservés aux hôtes, 1 lit d'appoint. Séjour. Petite cour/terrasse. Garage. Poitiers « Ville d'Art et d'Histoire » à 30 km. Circuit de la route des vins du Haut-Poitou. Parc de loisirs de Saint-Cyr à 30 Km.

Prix : 1 pers. **200 F** 2 pers. **200 F** 3 pers. **260 F** pers. sup. **50 F**

Ouvert : toute l'année.

15	SP	20	12	2	30	SP	23	28	SP

PEROUX Marcel - 34 rue Hoche - 86110 MIREBEAU - Tél : 05 49 50 42 14

MIREBEAU *C.M. 68 Pli 3*

2 ch. Dans maison ancienne dans le bourg, 2 chambres à l'étage donnant sur le jardin et comprenant chacune 2 lits 1 personne, (possibilité de 2 lits d'appoint 1 pers), salle de bains et wc privatifs. Séjour réservé aux hôtes, entrée indépendante, garage pour la voiture. Cour et jardin, mobilier de jardin. Poitiers « Ville d'Art et d'Histoire » situé à 30 km. Futuroscope à 23 km. Circuit de la route des vins du Haut Poitou.

CV

Prix : 1 pers. **200 F** 2 pers. **230 F** pers. sup. **70 F**

Ouvert : toute l'année.

15	SP	20	12	2	20	SP	23	30	SP

JEANNIN Annette - 19 rue Jacquard - 86110 MIREBEAU - Tél : 05 49 50 54 06

MONTAMISE Ensoulesse *C.M. 68 Pli 14*

E.C. 1 ch. Confortablement aménagée dans les dépendances d'une ancienne abbaye, une chambre en mezzanine au-dessus du séjour qui vous est réservé (1 lit 2 pers) avec salle d'eau et wc, kitchenette, livres, revues, 2 TV, musique. (Possibilité de couchage pour 2 enfants dans le séjour indépendant, wc). Maisonnette indépendante dans un ensemble joliement restauré comprenant des meubles de style, au milieu d'un cadre de verdure avec un grand jardin fleuri en coteau et une piscine (baignade non surveillée), à proximité de Poitiers et du Futuroscope. Langue parlée : anglais.

Prix : 2 pers. **350 F**

Ouvert : toute l'année.

SP	3	10	10	3	10	10	SP	4	3	3

JOUBERT Jean-Claude - 9 rue de l'Abbaye - Ensoulesse - 86360 MONTAMISE - Tél : 05 49 52 77 97 - Fax : 05 49 52 77 97

MONTMORILLON La Loge Monteil *C.M. 68 Pli 15*

2 ch. Le charme et le calme de la campagne à deux pas d'une petite ville classée « Art et Histoire », dans une maison ancienne restaurée, situé dans un hameau tranquille à 2 km de la cité de l'Ecrit, Nathalie et Daniel vous réservent un accueil convivial dans 2 chambres chacune avec (1 lit 160) avec sanitaires privés. Kichenette pour une. Grand jardin fleuri, parking couvert et lit d'appoint possible. Dans un rayon de 25 km, abbaye de Saint-Savin, Cité médiévale de Chauvigny, base de loisirs de lathus. Réduction de 10% à partir de la 4ème nuit. Langues parlées : anglais, espagnol.

CV

Prix : 1 pers. **180/200 F** 2 pers. **220/240 F**

Ouvert : toute l'année.

3	3	20	13	17	50	SP	2	2

CAPILLON Daniel & Nathalie - La Loge Monteil - 86500 MONTMORILLON - Tél : 05 49 91 33 11 ou 06 17 23 08 05 -
E-mail : nathaliepatrier@ifrance.com

MOULISMES *C.M. 68 Pli 15*

4 ch. 4 chambres d'hôtes dans ferme située dans cadre agréable proche de la N147. 1 ch (1 lit 150), avec sanitaires privés non communiquants, 1 ch (1 lit 2 pers), 1 ch (1 lit 150, 1 lit 1 pers, 1 lit enfant), 1 ch (1 lit 2 pers, 1 lit 1 pers) avec salle d'eau et wc privatifs pour chaque chambre. Séjour avec TV à la disposition des hôtes. Produits fermiers sur place. Centre de plein air de Lathus à 10 Km (kayak, équitation). Belle région vallonnée (vallée de la Gartempe). Circuit du Val de Vienne au Vigeant à 25 km. Langue parlée : anglais.

CV

Prix : 1 pers. **160/180 F** 2 pers. **190/220 F** 3 pers. **270 F**

Ouvert : toute l'année.

10	SP	20	10	SP	10	10	62	10	10

GAILDRAT Maggy - Le Bourg - 86500 MOULISMES - Tél : 05 49 91 90 66 ou 06 80 62 70 76 - Fax : 05 49 91 90 66 -
E-mail : fermedes3canards@free.fr

MOUTERRE-SILLY (TH) *C.M. 68 Pli 2*

3 ch. 3 chambres aménagées à l'étage d'une maison ancienne rénovée située sur une exploitation agricole dans hameau à 50 m de l'église. 3 chambres avec chacune (1 lit 2 personnes) avec salle d'eau et wc privés. Possibilité lit d'enfant. Séjour à la disposition des hôtes. Calme. Beau panorama. Chauffage central. Entrée indépendante. Situées à 30 minutes des bords de la Loire. Plage baignade à 12 km. Parc du Futuroscope à 40 mn. Parc de loisirs à 13 km.

CV

Prix : 1 pers. **190 F** 2 pers. **220 F** pers. sup. **60 F** repas **80 F**

Ouvert : toute l'année.

5	5	13	5	13	15	50	22	5

BREMAUD Henri et Agnès - Rue Saint-Maximin - 86200 MOUTERRE-SILLY - Tél : 05 49 98 09 72 - Fax : 05 49 22 33 40

MOUTERRE-SILLY Silly (TH) *C.M. 68 Pli 2*

2 ch. A proximité des châteaux de la Loire, à l'étage d'une belle maison du XVIè siècle dans un hameau calme à proximité de Loudun, les propriétaires vous proposent une ch (3 épis) avec entrée indépendante (1 lit 2 pers, 1 lit 1 pers) et 1 ch (2 épis) (1 lit 2 pers, 1 lit 120) avec salle d'eau et wc privés pour chaque ch. Séjour et terrasse à dispo. des hôtes. Cour fermée. Parc du Futuroscope à 50 km. Plan d'eau à 10 km (Moncontour). Tourisme familial en roulotte à 5 Km.

CV

Prix : 1 pers. **180 F** 2 pers. **210/230 F** 3 pers. **270/300 F** repas **80 F**

Ouvert : toute l'année.

5	5	10	5	5	13	5	50	5	5

POUIT Serge - Rue de la Fontaine - Silly - 86200 MOUTERRE-SILLY - Tél : 05 49 22 46 41 ou 05 49 98 09 66

NEUVILLE-DE-POITOU La Roseraie

TH — *C.M. 68 Pli 13*

5 ch. 4 ch aménagées sur 3 niveaux dans belle maison bourgeoise, au milieu d'un parc, 1 ch au r-d-c (1 lit 2 pers), au 1er étage : 2 ch (1 lit 2 pers) chacune avec sanitaires privés, au 2ème 1 ensemble famille de 2 ch (1 lit 2 pers, 2 lits 1 pers), sanitaires privés, 1 ch famille (5 lits 1 pers) dans belle dépendance. Lit d'appoint poss. Salon (cheminée) à dispo. Parc, grande terrasse, mobilier de jardin, jeux d'extérieurs, ping-pong. A 15 km de Poitiers Roman. Table d'hôtes 95 F (60 F enfants de - de 15 ans). Réduction de 10% (hors vacances scolaires) pour 3 nuits et plus en résa directe.

Prix : 1 pers. **230 F** 2 pers. **248/275 F** pers. sup. **50 F** repas **90 F**

Ouvert : toute l'année.

1	1	16	9	9	11	15	SP

PRAY Christian - 78 rue Armand Caillard - La Roseraie - 86170 NEUVILLE-DE-POITOU - Tél : 05 49 54 16 72 - Fax : 05 49 51 69 04 ou SR : 05 49 49 59 11

NEUVILLE-DE-POITOU La Galerne

TH — *C.M. 68 Pli 13*

5 ch. Dans maison contemporaine au cœur d'un parc arboré et fleuri d'1 hectare, les propriétaires vous proposent 5 ch., chacune avec accès indépendant, 1 ch (1 lit 2 pers, 2 lits 1 pers), 1 ch (1 lit 2 pers, 1 lit 1 pers.) et 3 ch (1 lit 2 pers). Salle d'eau et wc privés pour chacune. Possibilité lits d'appoint. Terrasse, meubles de jardin, piscine (non surveillée). A proximité du Futuroscope (10 mn) et de Poitiers « Ville d'Art et d'Histoire » (15 mn). Vous découvrirez le charme de la campgne : détente et repos assurés dans un cadre convivial.

Prix : 1 pers. **200 F** 2 pers. **250 F** 3 pers. **300 F** pers. sup. **50 F** repas **90 F**

Ouvert : toute l'année.

SP	1	16	16	16	16	8	10	1

PAVY Yvette - La Galerne - Chemin de Couture - 86170 NEUVILLE-DE-POITOU - Tél : 05 49 51 14 07 - Fax : 05 49 54 47 82 ou SR : 05 49 49 59 11

NEUVILLE-DE-POITOU Le Pressoir

C.M. 68 Pli 13

3 ch. A 2 km du bourg de Neuville, les propriétaires vous proposent 3 chambres à l'étage d'une maison ancienne : 3 chambres (1 lit 2 personnes, 1 lit 1 personne), chacune avec sanitaires privés. Possibilité de lit d'appoint. Livres. Grande cour avec parking, jardin, mobilier de jardin. Possibilité de pique-nique. A 8 km du Futuroscope, circuit de la route des vins du Haut Poitou, nombreuses promenades et monuments.

Prix : 1 pers. **180 F** 2 pers. **220 F** 3 pers. **300 F** pers. sup. **30 F**

Ouvert : toute l'année.

2	2	18	5	16	18	2	8	18	2

PLISSON Jeanne - Impasse Saint-Maur - Le Pressoir - 86170 NEUVILLE-DE-POITOU - Tél : 05 49 51 34 49

NIEUIL-L'ESPOIR La Petite Thimote

C.M. 68 Pli 4

2 ch. A 1 km du bourg de Nieuil L'espoir et à 12 km de Poitiers, deux chambres aménagées dans un parc très agréable, 1 ch (1 lit 140) avec petit salon contigu (1 lit 80) avec salle de bain et wc privatifs, 1 ch (1 lit 140) avec salle d'eau et wc privatifs. Grand jardin fleuri et salon de jardin. Pique-nique possible. De nombreuses balades sont à faire dans la région. Proximité du parc du Futuroscope à 25 km, du golf (18 trous) de Mignaloux à 5 minutes et des Bois de Saint Pierre avec son parc animalier. Langue parlée : anglais.

Prix : 2 pers. **260/300 F** 3 pers. **360 F**

Ouvert : toute l'année.

1	12	25	5	1	25	12	1

LACROIX M-Thérèse & Jacques - La Petite Thimote - 86340 NIEUIL-L'ESPOIR - Tél : 05 49 42 06 00 - Fax : 05 49 42 54 66

NIEUIL-L'ESPOIR Foulle

C.M. 68 Pli 4

2 ch. Dans une jolie maison récente, 2 chambres aménagées au rez-de-chaussée, disposant chacune (1 lit 2 personnes) avec salle de bains ou salle d'eau et wc privés. Séjour à la disposition des hôtes (TV, livres, revues, musique), jardin, meubles de jardin. Possibilité de lit d'appoint 70 F. Visite de l'abbaye de Nouaillé-Maupertuis à 5 km. Proximité de Poitiers (12 km), ville d'Art et d'Histoire. Aire aquatique. De nombreuses promenades sont à faire dans la région. Langue parlée : anglais.

Prix : 1 pers. **210/260 F** 2 pers. **250/300 F** pers. sup. **70 F**

Ouvert : toute l'année.

1	5	25	5	1	10	5	SP	25	12	1

TIBERGHIEN Christine - 3 Hauteville - Foulle - 86340 NIEUIL-L'ESPOIR - Tél : 05 49 42 41 57 - Fax : 05 49 42 03 10 ou SR : 05 49 49 59 11

PAYROUX La Touche

C.M. 72 Pli 4/5

4 ch. Dans une maison avec une partie ancienne et un jardin d'hiver, les propriétaires vous proposent 2 ch. (2 lits 1 pers) et 1 ch. (1 lit 2 pers, 1 lit 1 pers) avec sanitaires communs au r-d-c classées 1 épi et 1 ch. (1 lit 2 pers, 1 lit 1 pers) classée 3 épis avec sanitaires privés à l'étage. Séjour avec revues, télévision et musique à dispo. Située à 12 km de l'abbaye de Charroux et à 17 km de Civray, »Ville d'Art et d'histoire« avec l'église Saint Nicolas. Piscine sur place (baignade non surveillée).

Prix : 1 pers. **200 F** 2 pers. **250 F** 3 pers. **300/350 F** pers. sup. **50 F**

Ouvert : toute l'année.

SP	2	25	SP	40	45	2	58	25	7

DUVIVIER Jean-Marie - La Touche - 86350 PAYROUX - Tél : 05 49 87 82 78 - Fax : 05 49 87 02 72

PERSAC La Porcelaine — *C.M. 68 Pli 15*

1 ch. Dans une maison récente sur la N147, la propriétaire vous propose au rez-de-chaussée donnant sur le jardin 1 ensemble familial comprenant 1 ch. (1 lit 2 pers.), 1 ch. (2 lits 1 pers., avec lavabo), salle de bains et wc séparé à l'usage exclusif des hôtes. Meubles de jardin. Parking. Entrée indépendante. Lit d'appoint possible : 50 F. Situées à 50 km du parc du Futuroscope. Circuit Automobile du Val de Vienne à 25 Km. Cité de l'Ecrit et des Métiers du Livres à Montmorillon.

Prix : 1 pers. **200 F** 2 pers. **230 F** 3 pers. **320 F**

Ouvert : toute l'année.

10	6	10	6	12	10	50	5	5

BRETON Alice - La Porcelaine - 86320 PERSAC - Tél : 05 49 48 33 12

POITIERS Château de Vaumoret — *C.M. 68 Pli 14*

3 ch. Situées à 10 mn du Futuroscope, 3 chambres de charme dans l'aile d'un château XVIIè siècle, grand calme et verdure. 1 chambre (1 lit 2 pers, 2 lits 80), 2 chambres (2 lits 1 pers) salle de bains et wc privatifs pour chaque chambre. Cuisine, séjour (TV, chaîne stéréo, livres, revues) réservés aux hôtes. Vélos à disposition. Point de départ touristique dans tout le Haut Poitou roman et les riantes vallées de la Vienne. Richesses artistiques et architecturales de Poitiers et des environs. Langue parlée : anglais.

Prix : 1 pers. **300/370 F** 2 pers. **350/430 F** 3 pers. **510 F** pers. sup. **90 F**

Ouvert : toute l'année.

6	3	16	5	16	9	SP	10	8	3

VAUCAMP Daniel et Agnès - Rue du Breuil Mingot - 86000 POITIERS - Tél : 05 49 61 32 11 - Fax : 05 49 01 04 54 ou SR : 05 49 49 59 11

POUANT Le Bois Goulu — *C.M. 68 Pli 3*

2 ch. A l'étage d'une jolie ferme dans un cadre verdoyant et calme, située à l'entrée d'un bourg, les propriétaires vous proposent 1 ch. (1 lit 160), avec salle d'eau et wc privés. 1 ensemble famille comprenant 2 ch. (1 lit 160, 2 lits 80), salle de bains et wc privés. Séjour et kichenette à la disposition des hôtes. Cour fermée. A partir de 2 ans : 60 F. Réduction pour long séjour. Parc du Futuroscope à 50 km. Proximité des châteaux de la Loire, Richelieu à 5 Km. Forêts à 10 km.

Prix : 1 pers. **230 F** 2 pers. **280 F** 3 pers. **340 F**

Ouvert : toute l'année.

5	5	40	15	SP	25	50	35	5

PICARD Marie-Christine - Allée du Bois Goulu - 86200 POUANT - Tél : 05 49 22 52 05 ou SR : 05 49 49 59 11

PRESSAC La Renaudière — *C.M. 72 Pli 5*

5 ch. Dans un bâtiment proche des propriétaires, Michelle vous propose 5 ch dont une au r.d.c : 2 chambres (1 lit 2 personnes), 1 chambre (1 lit 2 personnes, 2 lits superposés), 2 chambres (1 lit 2 personnes, 1 lit 1 personne), salle d'eau et wc privés pour chaque chambre. Séjour réservé aux hôtes, cheminée. Lit d'appoint possible. Vélos à disposition des hôtes. Circuit du Vigeant à 10 km. Festival Folklorique de Confolens à 14 km, base de loisirs d'Availles Limouzine à 8 km et base nautique à 15km.

Prix : 1 pers. **180 F** 2 pers. **230 F** 3 pers. **260 F** pers. sup. **30 F**

Ouvert : toute l'année.

7	1,5	15	18	SP	15	2	75	30	1

LEYGNAC Michelle - La Renauderie - 86460 PRESSAC - Tél : 05 49 48 52 92 - Fax : 05 49 48 52 92

PRESSAC L'Epine — (TH) — *C.M. 72 Pli 5*

3 ch. Ambiance feutrée toute britannique pour ces 3 chambres que Mary vous proposent à l'étage de la maison où elle s'est installée il y a quelques temps, dans un petit hameau tranquille à l'écart de la route. 1 ch (1 lit 2 pers), 1 ch (1 lit 2 pers, 2 lits 1 pers) et 1 ch (2 lits 1 pers), salle d'eau et wc privatifs pour chacune. Lit d'appoint possible. Salon avec télévision à la disposition des hôtes, terrasse, jardin. Circuit automobile du Vigeant à 10 km. Base de loisirs à 2 km. Piscine hors sol (9,10 x 4,60 x 1,20), baignade non surveillée, toboggan, balançoire. Langue parlée : anglais.

Prix : 1 pers. **200 F** 2 pers. **250 F** 3 pers. **300 F** pers. sup. **50 F** repas **100 F**

Ouvert : toute l'année.

SP	2	2	12	2	10	35	10	50	12

BRADSHAW Mary-Christine - L'Epine - 86460 PRESSAC - Tél : 05 49 84 97 77 - Fax : 05 49 84 97 77

QUINCAY Château de Masseuil  — *C.M. 68 Pli 13*

1 ch. Les propriétaires vous proposent un ensemble famille de 2 chambres dans le château de Masseuil, demeure historique située en promontoire sur la rivière l'Auxances. 1 ch (2 lits 1 pers) avec salle d'eau et 1 ch (1 lit 100) avec cabinet de toilette. Séjour avec livres à dispo. Salon de jardin avec grand parc, ping-pong, VTT. Tennis privée, baignade poss. De nombreuses promenades sont à faire en forêt de Vouillé à 3 km. Parc de loisirs d'Ayron à 10 km (baignade, pêche, voile). Futuroscope à 15 km. Langues parlées : anglais, espagnol.

Prix : 1 pers. **250 F** 2 pers. **350 F** 3 pers. **400 F**

Ouvert : toute l'année.

SP	SP	10	SP	SP	15	2	15	11	3

GAIL Alain - Château de Masseuil - 86190 QUINCAY - Tél : 05 49 60 42 15 - Fax : 05 49 60 70 15

QUINCAY Ringerie
C.M. 68 Pli 13

2 ch. Dans une maison indépendante, dans un hameau les propriétaires vous proposent 2 chambres agréablement meublées. 1 ch. au r-d-c (1 lit 150, 1 lit 1 pers), 1 ch. à l'étage (1 lit 2 pers, 1 lit 120, 1 lit 1 pers), chacune avec salle de bains et wc privés. Séjour, (TV, livres, revues), jardin, salon de jardin à dispo. des hôtes. Lit d'appoint 130 F. Située à 12 km de Poitiers, « Ville d'Art et d'Histoire ». De belles promenades sont à faire en forêt de Vouillé sur place. Parc du Futuroscope à 10 km. Langues parlées : anglais, allemand.

CV

Prix : 1 pers. **220 F** 2 pers. **250 F** 3 pers. **280 F** pers. sup. **30 F**

Ouvert : toute l'année.

7	1,5	15	10	0,5	10	15	SP	10	12	1,5

BRISSIAUD Michel - 4 chemin des Soupirs - Ringère - 86190 QUINCAY - Tél : 05 49 60 47 38 ou 06 80 10 10 41

LA ROCHE-POSAY Le Castel
C.M. 68 Pli 5

1 ch. Dans petit castel fin XIXè, adossé à la vieille ville et dominant la rivière, 1 chambre à l'étage (1 lit 160) avec salle de bains et wc privatifs, 5 fenêtres, décoration raffinée. Grande cour fermée, jardin et son mobilier, terrasse. Très beau panorama sur la Vallée de la Gartempe. Salon à diposition des hôtes : livres et piano. Situé à 12 km d'Angles sur Anglin, un des plus beaux villages de France, célèbre pour ces ajoureuses. Taxe de séjour. Langue parlée : anglais.

CV

Prix : 2 pers. **350 F** pers. sup. **50 F**

Ouvert : du 1er avril au 30 octobre.

SP	SP	15	1	SP	SP	1	50	21	SP

ROULET Marie-Hélène - Le Castel - 2 rue Saint-Denis - 86270 LA ROCHE-POSAY - Tél : 05 49 86 17 59 - Fax : 05 49 86 66 00

LES ROCHES-PREMARIE Raboue
C.M. 68 Pli 14

1 ch. Un ensemble familial comprenant 2 chambres confortables dans cadre verdoyant. Calme absolu. 1 chambre (1 lit 2 personnes, 1 lit 1 personne), 1 chambre (1 lit 160 et 1 convertible), salle d'eau et wc privatifs, Séjour à la disposition des hôtes. Joli jardin avec mobilier et pique-nique possible. Poitiers « Ville d'Art et d'Histoire » à 13 Km. Parc du Futuroscope à 27 Km. Abbaye de Nouaillé Maupertuis à 3.5 Km (fêtes médiévales en juin).

CV

Prix : 1 pers. **180 F** 2 pers. **250 F** 3 pers. **340 F** pers. sup. **70 F**

Ouvert : toute l'année.

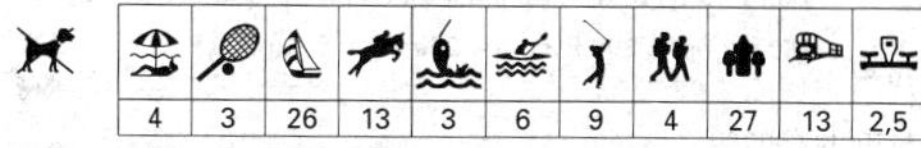

4	3	26	13	3	6	9	4	27	13	2,5

POIRIER Odette - 3 all. de la Métairie du Puits - Raboue - 86340 LES ROCHES-PREMARIE - Tél : 05 49 42 52 83

ROUILLE La Grée
(TH) *C.M. 68 Pli 12*

2 ch. 2 chambres d'hôtes meublées avec mobilier ancien régional, dans une maison située dans un hameau très calme. 1 ch. (1 lit 2 pers), 1 ch. (1 lit 2 pers, 1 lit 100 et 1 lit bébé), avec salle d'eau et wc privés, séjour avec cheminée, jeux et revues à la disposition des hôtes. Terrain et étang privés (pêche, pique-nique). Plan d'eau à 4 km et Marais poitevin à 20 km. Site Gallo-Romain de Sanxay à 10 Km et site préhistorique de Bougon à 15 Km.

CV

Prix : 1 pers. **210 F** 2 pers. **240 F** 3 pers. **280 F** pers. sup. **70 F**
repas **85 F**

Ouvert : toute l'année.

4	4	SP	SP	SP	43	4	4

GIRAULT Guy et Jacqueline - La Grée - 86480 ROUILLE - Tél : 05 49 53 50 94

SAINT-GENEST-D'AMBIERE La Garenne
(TH) *C.M. 68 Pli 4*

4 ch. Anne vous propose 5 jolies chambres dans belle maison de caractère sur propriété boisée. 2 ensembles famille comprenant 2 ch. (1 lit 2 pers, 2 lits enfant), 2 ch. (1 lit 2 pers), s. de bains et wc privatifs pour chacune des ch. dont 1 au r-d-c avec entrée indépendante. Séjour avec cheminée, TV, livres, revues à dispo. des hôtes. Situées entre Futuroscope (21 km) et Châteaux de la Loire. Centre de soins esthétiques et de remise en forme sur place.

CV

Prix : 1 pers. **290 F** 2 pers. **310/360 F** 3 pers. **400 F** pers. sup. **60 F**
repas **165 F**

Ouvert : toute l'année sur réservation.

15	2	15	10	15	15	SP	21	17	0,5

MICHEAU Anne - La Garenne - 86140 SAINT-GENEST-D'AMBIERE - Tél : 05 49 90 71 98 ou 06 11 04 17 95 - Fax : 05 49 90 71 98 -
E-mail : amicheau@lagarenne.com - http://www.lagarenne.com

SAINT-GEORGES-LES-BX
C.M. 68 Pli 14

3 ch. Situées dans le bourg, dans rue tranquille, 3 chambres d'hôtes sont aménagées au r.d.c et à l'étage d'une ancienne dépendance de la maison des propriétaires, chacune avec 1 lit 2 pers et 1 salle d'eau et wc privatifs. Petit jardin ombragé, mobilier de jardin. Grande cour fermée pour garer les voitures. A 15 km de Poitiers, « Ville d'Art et d'Histoire » et 4 km du Futuroscope : parc européen de l'image.

Prix : 1 pers. **180 F** 2 pers. **230 F**

Ouvert : toute l'année.

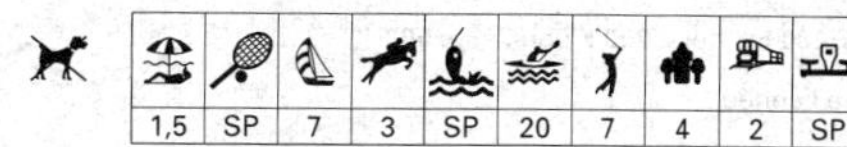

1,5	SP	7	3	SP	20	7	4	2	SP

BOUTET Gisèle - 4 rue de la Tonnelle - 86130 SAINT-GEORGES-LES-BX - Tél : 05 49 52 50 28

SAINT-MARTIN-L'ARS La Petite Tangue

C.M. 72 Pli 5

2 ch. Dans une jolie région propice aux randonnées, Au r-d-c, d'une ancienne ferme, restaurée dans le style du pays, 2 chambres avec entrée indépendante (1 lit 2 personnes, 1 lit 1 personne), salle de bains et wc privés pour chaque ch.. Séjour à disposition des hôtes, livres, revues. Grand terrain avec meubles de jardin, barbecue, abri pour la voiture. De nombreuses visites possible avec le circuit des abbayes du Haut-Poitou, le circuit automobile du Vigeant (Formule 3, 4x4, karting) à 6 km, saut à l'élastique et ski nautique à l'Isle Jourdain. Langue parlée : anglais.

CV

Prix : 1 pers. **220 F** 2 pers. **270 F** 3 pers. **320 F**

Ouvert : toute l'année.

7	6	15	12	7	20	SP	65	50	10

LABONNE Dany - La Petite Tangue - 86350 SAINT-MARTIN-L'ARS - Tél : 05 49 87 78 96 - Fax : 05 49 87 78 96 -
E-mail : tangue@mutlimania.com - http://www.multimania.com/tangue/

SAINT-MAURICE-LA-CLOUERE Château de Galmoisin

C.M. 68 Pli 14

2 ch. Dans le château de Galmoisin du XVIIème siècle, les propriétaires vous proposent 1 ch. classée 3 épis (1 lit 160, 2 lits 90) avec sanitaires privés et un ensemble famille de 2 ch. classé 2 épis (1 lit 2 pers., 1 lit 120) avec s. de bains et wc pour l'ensemble. Séjour à dispo. Musée de l'Ordre de Malte à Gençay à 1 km. Nombreuses promenades à faire dans la région. Parc de Loisirs de Payré à 12 km. Langue parlée : anglais.

Prix : 1 pers. **300/400 F** 2 pers. **350/450 F** 3 pers. **500 F**

0,8	1	35	12	1	20	15	13	40	25	0,8

FOURNIER Jean - Château de Galmoisin - 86160 SAINT-MAURICE-LA-CLOUERE - Tél : 05 49 59 31 13

SAINT-SAUVANT Pouzeau

TH *C.M. 68 Pli 12*

2 ch. Dans un cadre très agréable, la propriétaire vous propose deux chambres à l'étage avec chacune sanitaires privés. 1 chambre (1 lit 2 personnes), avec salle de bains et wc, et 1 chambre (1 lit 2 personnes, 1 lit 1 personne) avec salle d'eau et wc. Séjour avec TV, livres et revues à disposition. Table d'hôtes sur réservation. De nombreuses promenades sont à faire dans la forêt domaniale de Saint-Sauvant à 4 km, ainsi qu'au port miniature de Payré à 12 km.

CV

Prix : 1 pers. **180 F** 2 pers. **200 F** 3 pers. **240 F** pers. sup. **60 F**
repas **70 F**

Ouvert : toute l'année.

4	1	12	15	1	12	40	1	45	12	4

BARREAULT Eliane - Pouzeau - 86600 SAINT-SAUVANT - Tél : 05 49 59 72 90

SAINT-SAVIN Siouvres

C.M. 68 Pli 15

3 ch. Charline et Jacky vous accueillent ds leur ferme poitevine (fin XIIIè s.) restaurée. Calme assuré. 3 ch. dont 2 dans maison indépendante ; 2 ch. au r-d-c 1 ch (1 lit 2 pers), 1 ch (1 lit 2 pers + clic-clac) 1 ch à l'étage (2 lits 2 pers), avec coin cuisine. Sanitaires privés pour chaque ch.. Lit d'appoint possible. Parking. Barbecue, jeux enfants. Ping-pong. Découvrez à travers notre exploitation le tourisme apicole. Collégiale de St Savin, Centre International d'Art Mural. Futuroscope à 40 mn. Réduction de 10% pour plus de 5 nuits. Taxe de séjour 1F/jour/pers.

CV

Prix : 1 pers. **200 F** 2 pers. **240 F** 3 pers. **290 F**

Ouvert : 1er mars au 1er novembre.

2	2	35	4	2	6	35	SP	45	20	2

BARBARIN Jacky et Charline - Siouvres - 86310 SAINT-SAVIN - Tél : 05 49 48 10 19 - Fax : 05 49 48 46 89 -
E-mail : charline.barbarin@wanadoo.fr - http://www.perso.wanadoo.fr/herbegementmiel/

SAULGE Les Gats

C.M. 68 Pli 15

1 ch. Grande maison indépendante avec étage dans la vallée de la Gartempe. Un ensemble famille comprenant 1 ch (1 lit 2 pers, 1 lit 1 pers) et 1 ch (1 lit 2 pers, 2 lits 1 pers, poss lit bébé) salle d'eau particulière. Séjour à la disposition des hôtes. Entrée indépendante. Loisirs gratuits sur place (tennis, mini-golf). Restaurant sur place. Montmorillon « Ville d'Art et d'Histoire » et Cité de l'Ecrit et des Métiers du livres à 5 Km. Centre de plein air de Lathus à 10 Km (canoë kayak, équitation).

Prix : 1 pers. **160 F** 2 pers. **200 F** 3 pers. **270 F** pers. sup. **40 F**

Ouvert : toute l'année.

SP	1	35	6	SP	15	SP	50	5	SP

CHARRITON Martin - Les Gats - 86500 SAULGE - Tél : 05 49 91 05 87

SAULGE Les Gats

C.M. 68 Pli 15

2 ch. Grande maison de Maître indépendante à la ferme située dans une région verdoyante et pittoresque au bord de la Gartempe. 2 chambres à l'étage (1 lit 2 personnes), possibilité lit d'appoint, salle d'eau et wc particuliers pour chaque chambre. Séjour réservé aux hôtes. Restaurant à 600 m (avant 20 H). Mini-golf et tennis gratuits à 1 km. Centre de plein air de Lathus à 10km. Montmorillon, « Ville d'Art et d'Histoire » et Cité de l'écrit et des métiers du livre est à 6 Km. Langues parlées : anglais, espagnol.

CV

Prix : 1 pers. **180 F** 2 pers. **230 F** pers. sup. **50 F**

Ouvert : toute l'année.

SP	1	15	7	SP	12	45	SP	50	5	SP

DUDOIT Philippe - Les Gats - 86500 SAULGE - Tél : 05 49 91 06 10 - Fax : 05 49 91 06 10 - http://www.gitesdesgats.ifrance.com

SAVIGNY-L'EVESCAULT Château de la Touche C.M. 68 Pli 14

3 ch. Au cœur d'un parc de 12 ha, vous serez accueillis dans un château du XVIIè s, dans de grandes chambres climatisées. 1 chambre (1 lit 2 pers.), avec son salon, 1 chambre (1 lit 2 pers) et 1 chambre (2 lits 1 pers), toutes avec salle de bains et wc privés. Possibilité de restauration à proximité. Le château de la Touche est situé à 15 km de Poitiers « Ville d'Art et d'Histoire » et à 15 km de Chauvigny, célèbre pour sa cité médiévale, son festival d'été et son spectacle de fauconnerie. Langues parlées : anglais, allemand.

Prix : 1 pers. **380/540 F** 2 pers. **520/720 F** pers. sup. **120 F**

Ouvert : du 15 mars au 15 novembre et vac. scol.

15	2	20	1	5	SP	22	15	5

TABAU Michel et Monique - Château de la Touche - 86800 SAVIGNY-L'EVESCAULT - Tél : 05 49 01 10 38 - Fax : 05 49 56 47 82 - E-mail : mtabau@net-up.com ou SR : 05 49 49 59 11

SURIN Château de Cibioux TH C.M. 72 Pli 4

2 ch. Dans un château du XVème et XVIIème s., dominant un ruisseau, une suite comprenant 1 ch. (1 lit 150), avec salon attenant donnant sur loggia Renaissance (1 divan 1 pers.), 1 ch. (1 lit 160 en alcove) chacune avec salle de bains et wc séparés privatifs, TV ds salon. Grand salon à disposition des hôtes. Parc, grande terrasse. Le propriétaire organise régulièrement des expositions artistiques dans le château. Région riche en patrimoine roman. Restaurant à 400 m. Tarif forfaitaire pour long séjour. Gratuit pour les enfants de - de 12 ans.

Prix : 1 pers. **450 F** 2 pers. **550 F** 3 pers. **650 F** repas **100 F**

Ouvert : toute l'année.

10	SP	5	10	SP	76	15	8

CORBIN Jean-Claude - Château de Cibioux - 86250 SURIN - Tél : 05 49 87 04 89 - Fax : 05 49 87 46 30 ou SR : 05 49 49 59 11

LA TRIMOUILLE Toel TH C.M. 68 Pli 16

3 ch. 3 chambres dans une belle maison très bien rénovée, 1 ch. (3 épis), (1 lit 2 pers, 1 lit 1 pers), avec salle de bains et wc privés, 2 ch. (2 épis), (1 lit 2 pers), possibilité lit d'appoint, avec salle d'eau et wc privés pour chacune. Chauffage central. Séjour, bibliothèque, salon de jardin, jeux à la disposition des hôtes. Parc avec poneys. Situées à 2 km de l'itinéraire Paris-Limoges, dans un cadre de verdure exceptionnel. Collégiale de Saint Savin (fresques) à 20 Km. Montmorillon Ville « d'Art et d'Histoire » à 15 Km. L'Ile aux serpents à 3 km.

Prix : 1 pers. **200 F** 2 pers. **220/250 F** 3 pers. **300 F** repas **85 F**

Ouvert : toute l'année sur réservation.

2	15	15	2	15	7	15	76	15	2

VOUHE Gérard - Toel - 86290 LA TRIMOUILLE - Tél : 05 49 91 67 59 - Fax : 05 49 91 55 66

VARENNES Manoir de Vilaines C.M. 68 Pli 13

2 ch. Dans une demeure de caractère en bordure de vignes, nous vous proposons une suite comprenant 1 chambre (1 lit 2 pers.) avec salon (convertible 1 pers) et 1 chambre (1 lit 2 pers.) chacune avec salle de bains et wc privés. Au rez-de-chaussée, un grand salon est réservé aux hôtes. Salon de jardin et parc paysagé pour détente. Route des vins du Haut-Poitou, caves mirebalaises. Parc de loisirs de Saint-Cyr à 20 km (pêche, voile, baignade).

Prix : 1 pers. **210/240 F** 2 pers. **250/280 F** pers. sup. **70 F**

Ouvert : toute l'année.

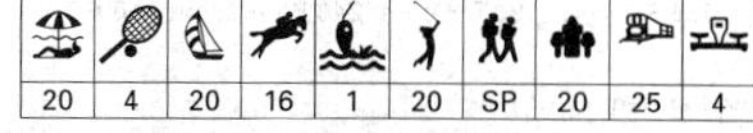

20	4	20	16	1	20	SP	20	25	4

SIMONNET Philippe - Vilaines - 86110 VARENNES - Tél : 05 49 60 73 93

VELLECHES La Blonnerie A TH C.M. 68 Pli 4

3 ch. Au calme dans un environnement boisé, 3 ch. à la ferme : 1 suite comprenant 1 ch (1 lit 2 pers.) et un salon (2 lits gigognes) avec TV, 1 ch (1 lit 2 pers, 2 lits gigognes), 1 convert. 2 pers., TV dans la ch, 1 ch (1 lit 160, 1 lit 1 pers) coin salon avec TV. Sanitaires privés pour les 3 ch. Séjour à dispo. Terrasse aménagée. Etang de pêche et parc botanique sur place. Chasse en saison. Proximité des châteaux de la Loire et à 30 km du parc du Futuroscope.

Prix : 1 pers. **210 F** 2 pers. **250 F** 3 pers. **310 F** repas **85 F**

Ouvert : toute l'année.

13	7	27	15	SP	13	35	SP	30	13	7

MASSONNET Marie-France - La Blonnerie - 86230 VELLECHES - Tél : 05 49 86 41 72 - Fax : 05 49 86 41 72

VENDEUVRE Domaine de la Fuie TH C.M. 68 Pli 3

5 ch. Au calme ds vieille demeure seigneuriale du XVIIème S., au cœur d'1 parc boisé et fleuri, M et Mme Chauzamy vous proposent 1 ch (2 épis, 1 lit 2 pers, 1 lit 1 pers), s-d-b privée, wc et 4 ch à l'étage. 2 ch (1 lit 2 pers, 1 lit 1 pers), 1 ch (2 épis, 2 lits 2 pers, 1 lit 1 pers) chacune avec sanitaires privés, et 1 ch (2 épis, 1 lit 2 pers) s.d.b privées, wc. Mobilier de jardin, avec piscine couverte (baignade assurée du 15 mai au 30 septembre, non surveillée) à votre disposition. Terrain de boules, ping-pong, location de vélos (25 F/jour). Parking privé. Situé à 15 mn de Poitiers et 10 mn du Futuroscope.

Prix : 1 pers. **200 F** 2 pers. **240 F** 3 pers. **300 F** repas **90 F**

Ouvert : toute l'année.

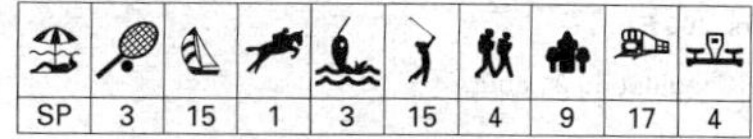

SP	3	15	1	3	15	4	9	17	4

CHAUZAMY Micheline - Bataille - 86380 VENDEUVRE-DU-POITOU - Tél : 05 49 51 34 95 - Fax : 05 49 54 08 81 ou SR : 05 49 49 59 11

VEZIERES La Royauté (TH) *C.M. 68 Pli 3*

1 ch. A l'orée de bois, proche des châteaux de la Loire et de l'abbaye de Fontevraud, une chambre (1 lit 2 pers.) à l'étage d'une belle maison en galuche (pierres du pays), avec salle d'eau et wc privés. Séjour à disposition des hôtes, terrasse, meubles de jardin. Propriété close avec emplacement pour la voiture. Table d'hôtes sur réservation uniquement. Vistes des villes de Loudun à 12 km et son musée Renaudot, de Chinon et son château, de Fontevraud et sa célèbre abbaye et de Richelieu, ville forte. Langue parlée : anglais.

Prix : 1 pers. **220 F** 2 pers. **260 F** repas **90 F**

Ouvert : toute l'année.

12	12	25	12	2	12	SP	15	12

BINEAU Serge - La Royauté - 86120 VEZIERES - Tél : 05 49 98 93 31

VICQ-SUR-GARTEMPE La Serenne (TH) *C.M. 68 Pli 5*

3 ch. Dans un hameau typique aux pierres roses, 3 chambres joliement aménagées au rez-de-chaussée de la maison. 1 chambre (2 lits 1 personne), 1 chambre (1 lit 2 personnes, 1 lit 1 personne), et 1 chambre (1 lit 2 personnes), chacune avec salle d'eau et wc privés. Séjour à la disposition des hôtes avec revues. Table d'hôtes sur réservation uniquement, Nourriture Bio. Possibilités de cours de cuisine végétarienne et conseils en hygiène alimentaire. Situées à 5 km d'Angles sur l'Anglin « un des plus beaux villages » de France. Proximité de la station thermale de la Roche Posay à 9 km. Langues parlées : anglais, espagnol.

Prix : 1 pers. **195 F** 2 pers. **260 F** 3 pers. **350 F** pers. sup. **50 F** repas **60/90 F**

Ouvert : toute l'année.

1	9	28	9	1	7	9	SP	47	28	1

SALAÜN Christophe et Véronique - La Serenne - 86260 VICQ-SUR-GARTEMPE - Tél : 05 49 86 33 15

VIVONNE La Rochette (TH) *C.M. 68 Pli 13*

2 ch. Colette vous reçoit dans sa ferme et propose 1 jolie chambre (1 lit 2 pers) à l'étage et 1 ensemble famille comprenant 2 ch. (1 lit 2 pers), 1 ch. (1 lit 2 pers, 1 lit 1 pers), salle d'eau et wc séparés pour ces ch. Séjour avec cheminée, livres, revues à la disposition des hôtes. Piscine (baignade non surveillée). Terrain boisé en bordure de rivière Entre N 10 (3 km) et N 11 (7 km), à 15 km au sud de Poitiers « Ville d'Art et d'Histoire ». Futuroscope à 30 Km. Langue parlée : anglais.

Prix : 1 pers. **180 F** 2 pers. **200 F** 3 pers. **240/260 F** repas **70 F**

Ouvert : toute l'année.

SP	4	SP	4	25	SP	30	15	4

VINCENT Colette - Route de Marcay - La Rochette - 86370 VIVONNE - Tél : 05 49 43 50 17

VIVONNE La Salle (TH) *C.M. 68 Pli 13*

1 ch. A 2 km de la RN 10, au sud de Poitiers (20 km), dans un hameau tranquille sur une exploitation agricole, Françoise et Christian vous accueillent pour une nuit ou plus dans une chambre en rez-de-chaussée avec entrée indépendante (1 lit 2 personnes, 1 lit 120), salle de bains et wc privatifs. Cour ombragée. Salon de jardin, abri couvert pour la voiture. Parc du Futuroscope à 30 km. Parc de loisirs à 12 km (port miniature de Payré). Réduction de 5% à partir de la 2ème nuit. Langue parlée : anglais.

Prix : 1 pers. **160 F** 2 pers. **190 F** 3 pers. **240 F** pers. sup. **50 F** repas **70 F**

Ouvert : toute l'année.

6	6	7	SP	6	15	SP	30	6	6

DUBREUIL Christian et Françoise - La Salle - 86370 VIVONNE - Tél : 05 49 43 49 17 - Fax : 05 49 43 49 17

VOUILLE *C.M. 68 Pli 13*

2 ch. Dans maison ancienne rénovée située au centre du bourg, 2 ensembles familiaux comprenant chacun 2 chambres avec sanitaires privatifs 1 ch (2 lits 1 pers), 3 ch (1 lit 2 pers), possibilité de lit d'enfant, salon TV. Terrasse, jardin ombragé au bord de la rivière de l'Auxance (barque). Parking privé fermé. Portique et ping-pong. A 15 minutes du Futuroscope. A 10 minutes de Poitiers. Restauration possible dans le village. Langue parlée : anglais.

Prix : 1 pers. **200 F** 2 pers. **240 F** 3 pers. **330 F**

Ouvert : toute l'année.

SP	SP	4	10	1	20	22	2	17	17	SP

LECANUET Thérèse - 3 rue de la Grand'Maison - 86190 VOUILLE - Tél : 05 49 51 96 38 - Fax : 05 49 54 48 15 ou SR : 05 49 49 59 11

VOULON *C.M. 68 Pli 13*

3 ch. Dans un cadre de verdure, au calme, joli moulin restauré. Les propriétaires proposent sur étage réservé aux hôtes, 3 chambres avec chacune 1 lit 2 personnes, salle d'eau et wc particuliers, salle de séjour à la disposition des hôtes. Terrain boisé, piscine (baignade non surveillée) et pêche en étang sur place. Base nautique à 5 nimutes, parc du Futuroscope à 35 km. Location de VTT sur place. Langues parlées : anglais, allemand.

Prix : 2 pers. **300 F**

Ouvert : du 1er juillet au 31 août.

SP	SP	SP	SP	SP	35	2	10

CUVILLIER Janick - Moulin de Villenon - 86700 VOULON - Tél : 05 49 42 07 38 - Fax : 05 49 42 88 09

VOUNEUIL-SOUS-BIARD Le Grand Mazais  *C.M. 68 Pli 13*

4 ch. Aux portes de Poitiers, à l'étage d'une belle maison de maître de la fin du XVIIè S., agréablement meublée, les propriétaires vous proposent 3 ch. 40 m² chacune (1 lit 160), avec s. de bains ou s. d'eau et wc privatifs. 1 ensemble familial de 2 ch (1 lit 2 pers, 2 lits 1 pers) avec s. d'eau et wc privatifs. Salon réservé aux hôtes. Menu gastronomique sur réservation, 48 h à l'avance. Terrain arboré de 1,5 ha, piscine (baignade non surveillée). Poitiers « Ville d'Art et d'Histoire » à 4 km. Futuroscope à 12 km. Langue parlée : anglais.

Prix : 1 pers. **380/400 F** 2 pers. **450/500 F** 3 pers. **550 F** repas **250 F**

Ouvert : toute l'année.

SP	3	2	1	3	6	1	12	4	2

CARCEL Jean-Pierre - Le Grand Mazais - 86580 VOUNEUIL-SOUS-BIARD - Tél : 05 49 53 40 31 - Fax : 05 49 43 69 94

VOUNEUIL-SUR-VIENNE *C.M. 68 Pli 4*

2 ch. A 12 km au sud de Châtellerault, dans pavillon récent, de plain-pied avec terrasse et jardin de 1500 m², Liliane et Michel vous proposent 1 ch. (1 lit 2 pers), s. d. bains et wc privés, un ens. famille comprenant 1 ch.(1 lit 160) et 1 ch.(2 lits 1 pers + convert.) s.d'eau et wc privés + lavabo dans une des ch.. Lits suppl. poss.. Séjour et ping-pong à dispo. Base de loisirs à 6 km. Réserve naturelle à 1 Km. Accueil chaleureux et convivial chez des propriétaires passionnés de théatre et de nature.

Prix : 1 pers. **150 F** 2 pers. **180/210 F** 3 pers. **250 F** pers. sup. **70 F**

Ouvert : toute l'année.

6	SP	6	2	SP	4	6	SP	16	12	SP

GEAIS Michel et Liliane - 3 rue des Ardentes - 86210 VOUNEUIL-SUR-VIENNE - Tél : 05 49 85 12 38

VOUNEUIL-SUR-VIENNE La Pocterie *C.M. 68 Pli 4*

3 ch. Dans belle maison de caractère, au r.d.c : 1 ch (3 épis), (1 lit 2 pers, 1 lit 1 pers), s. d'eau et wc privés, et 1 ch (2 épis), (1 lit 2 pers), s. d'eau et wc privés non communiquants. A l'étage, 1 grande ch. (3 épis) (1 lit 2 pers, 1 convertible 1 pers), avec s. d'eau et wc privés. Livres. Gd jardin calme et fleuri. Terrasse. Jolie vue. Réserve naturelle à proximité. Piscine (baignade non surveillée). Prestations raffinées. Parc de loisirs à 11 Km. Futuroscope à 16 Km. Réduction hors saison pour plus de 3 nuits. Langue parlée : anglais.

Prix : 1 pers. **220 F** 2 pers. **260/280 F** 3 pers. **350 F**

Ouvert : toute l'année.

SP	3	11	4	1	3	11	SP	16	13	2

POUSSARD Martine - La Pocterie - 86210 VOUNEUIL-SUR-VIENNE - Tél : 05 49 85 11 96 ou SR : 05 49 49 59 11

VOUNEUIL-SUR-VIENNE Les Hauts de Chabonnes *C.M. 68 Pli 4*

5 ch. Dans hameau Maison ancienne rénovée indépendante des propriétaires, 3 ch au r-d-c (1 lit 2 pers et 1 lit 1 pers), s. de bains et wc privatifs pour chacune. Au 1er étage 2 ch (2 épis), 1 lit 2 pers, s. de bains privatives. Salon, cheminée, TV, livres revues à disposition des hôtes. Jardin. Parc de loisirs à 6 km et à 500 m d'une forêt et d'une réserve naturelle floristique et faunistique. Hors saison et + de 3 nuits : réduction de 10%. Langue parlée : anglais.

Prix : 1 pers. **240 F** 2 pers. **275/295 F** 3 pers. **380 F** pers. sup. **80 F**

Ouvert : toute l'année.

6	1	6	2	6	3	6	SP	15	15	1

PENOT Florence - Les Hauts de Chabonne - 86210 VOUNEUIL-SUR-VIENNE - Tél : 05 49 85 28 25 - Fax : 05 49 85 55 17 ou SR : 05 49 49 59 11

PROVENCE-ALPES-CÔTE D'AZUR

Pour réserver, écrire ou téléphoner :

04 - ALPES-DE-HAUTE-PROVENCE

GITES DE FRANCE - Service Réservation
Rond-Point du 11 novembre
B.P. 201
04001 DIGNE-LES-BAINS Cedex
Tél. : 04 92 31 30 40 - Fax : 04 92 32 32 63

05 - HAUTES-ALPES

3615 Gîtes de France 1,28 F/min

GITES DE FRANCE - Service Réservation
1, place du Champsaur - B.P. 55
05002 GAP Cedex
Tél. : 04 92 52 52 94 ou 04 92 52 52 92
Fax : 04 92 52 52 90

06 - ALPES-MARITIMES

3615 Gîtes de France 1,28 F/min

GITES DE FRANCE - Service Réservation
55-57, Promenade des Anglais - B.P. 1602
06011 NICE Cedex 1
Tél. : 04 92 15 21 30 - Fax : 04 93 37 48 00
E-mail : gites06@crt-riviera.fr
www.itea.fr/GDF/6

13 - BOUCHES-DU-RHÔNE

3615 Gîtes de France 1,28 F/min

GITES DE FRANCE - LOISIRS ACCUEIL
Domaine du Vergon
13370 MALLEMORT
Tél. : 04 90 59 49 40 - Fax : 04 90 59 16 75
www.visitprovence.com

83 - VAR

3615 Gîtes de France 1,28 F/min

GITES DE FRANCE - Service Réservation
Conseil Général du Var
Rond-Point du 4.12.74 - B.P. 215
83006 DRAGUIGNAN Cedex
Tél. : 04 94 50 93 93 - Fax : 04 94 50 93 90

84 - VAUCLUSE

3615 Gîtes de France 1,28 F/min

GITES DE FRANCE - Service Réservation
Place Campana - La Balance - B.P. 164
84008 AVIGNON Cedex
Tél. : 04 90 85 45 00
Fax : 04 90 85 88 49
www.itea.fr/GDF/84

GITES DE FRANCE - Service Réservation
Rond-Point du 11 novembre - B.P. 201
04001 DIGNE-LES-BAINS Cedex
Tél. 04 92 31 30 40 - Fax. 04 92 32 32 63

ALLEMAGNE-EN-PROVENCE Pre de Pilet

TH *C.M. 81*

2 ch. **Gorges du Verdon 20 km. Lac d'Esparron 10 km. Lacs de Sainte-Croix.** Maison rénovée située à la sortie du village d'Allemagne-en-Provence, en bordure de champs. 2 ch. doubles au 1er étage avec salle d'eau et wc privatifs. Chambre 1 (2 lits 2 pers., 1 lit 1 pers.). Chambre 2 (1 lit 2 pers., 1 lit 1 pers.). Salon et salle à manger communs aux propriétaires. Jardinet ombragé. Vue sur le château du village. Cuisine familiale de trad. provençale, selon l'inspiration de la cuisinière et en fonction des saisons. Jolie maison de caractère rural et paysan, entourée de collines. Champs de lavande, visite de distillerie à la porte des Gorges du Verdon. Prix pour 4 pers. : 360 F.

Prix : 1 pers. **190 F** 2 pers. **230 F** 3 pers. **300 F** repas **80 F**

30	8	15	8	10	SP	10	15	8

SOUBIE Yvette et Christian - Pré de Pilet - 04500 ALLEMAGNE-EN-PROVENCE - Tél : 04 92 77 43 18

ALLEMAGNE-EN-PROVENCE

C.M. 81 Pli 16

1 ch. **Gréoux-les-Bains 9 km. Lac du Verdon 10 km. Gorges du Verdon 25 km.** 1 chambre double de 4 pers. et 1 chambre 3 pers., kitchenete, salle d'eau particulière. Calme, jardin clos, tennis de table. A la porte des Gorges du Verdon. Lac artificiel. Château d'Allemagne-en-Provence. Langue parlée : anglais.

Prix : 1 pers. **150/170 F** 2 pers. **200/220 F** 3 pers. **250/290 F** pers. sup. **50 F**

Ouvert : toute l'année.

30	14	8	0	8	SP	8	30

ANGELVIN Diane - Rue des Jardins - 04500 ALLEMAGNE-EN-PROVENCE - Tél : 04 92 77 42 76

ALLONS L'Ivoire sur Verdon

Alt. : 900 m TH *C.M. 81 Pli 18*

5 ch. **Gorges du Verdon à proximité. Saint-André-des-Alpes 7 km.** 5 chambres avec chacune 1 lavabo. 1 ch. (2 lits 1 pers.). 1 ch. (1 lit 2 pers. 1 lit 1 pers.). 1 ch. (2 lits 1 pers.). 1 ch. (1 lit 2 pers.). Possibilité 1 ch. mitoyenne (2 lits 1 pers.). 3 douches, 3 wc. 1/2 pension et pension sur la base de 2 pers. et pour le week-end. Ski de fond 3 km. Pêche et VTT sur place. Gare chemin de fer de Provence sur place.

Prix : 1 pers. **115 F** 2 pers. **160 F** 3 pers. **215 F** repas **72 F**
1/2 pens. **500 F**

Ouvert : toute l'année.

7	7	SP	7	25	7	7

TRILLAS Eliane - L'Ivoire-sur-Verdon - 04170 ALLONS - Tél : 04 92 89 14 22

ANGLES

Alt. : 980 m *C.M. 81 Pli 18*

4 ch. **Saint-André-des-Alpes 8 km. Digne-les-Bains 50 km. Nice 100 km.** 2 chambres comprenant chacune : douche, wc et kitchenette privatifs, et 2 chambres dans maison indépendante avec s. d'eau, wc, chauffage électrique, avec 1 lit 2 pers. dans chacune. Poss. séjour prolongé avec cuisine équipée, ensemble ménager, lave-vaisselle et lave-linge. Prix de location pour la maison : à partir de 300 F/2 pers. Lac de Castillon : base de loisirs, baignade, sports nautiques, deltaplane, parapente à 8 km. A proximité des gorges du Verdon (18 km de Castellane), pêche. Station de ski à 30 km.

Prix : 1 pers. **203 F** 2 pers. **236/300 F** pers. sup. **100 F**

Ouvert : toute l'année.

8	8	SP	8	26	8	8

NEVEU Georges - Angles - 04170 SAINT-ANDRE-LES-ALPES - Tél : 04 92 89 03 39

BARCELONNETTE

Alt. : 1350 m TH *C.M. 81 Pli 8*

5 ch. **Parc du Mercantour 20 km.** 3 chambres 2 pers., 2 chambres 4 pers., toutes avec salle d'eau et wc privés, 1 chambre 4 pers. avec salle de bains et wc privés. Salle de séjour, salon, bibliothèque à la disposition des hôtes. Produits fermiers. Forêt, luge. Rivière, canoë-kayak, rafting. Parc du Mercantour 20 km. Prix variables selon saisons. Prix 4 personnes : entre 408 et 469 F.

Prix : 1 pers. **214/278 F** 2 pers. **263/327 F** 3 pers. **334/398 F** repas **84 F**

Ouvert : toute l'année.

SP	2	2	10	SP	25	2	70	3

CUGNET - Les Allemands - 04400 BARCELONNETTE - Tél : 04 92 81 13 57 - Fax : 04 92 81 11 17

BAYONS

Alt. : 1104 m (TH) *C.M. 81 Pli 6*

1 ch. **La Motte-du-Caire 15 km. Sisteron 30 km. Gap 40 km.** Dans une petite bastide restaurée du Haut Pays Provençal, dans le massif des Monges. 1 ch. 2 pers., 1 avec douche, 1 avec salle de bains, wc communs. 2 lits d'appoint (lavabo dans chaque chambre). Coin-repas, cheminée. Spécialités du pays. Tarif 1/2 pens. pour 2 pers. : 428 F.

CV

Prix : 1 pers. **188 F** 2 pers. **262 F** pers. sup. **105 F** repas **83 F**

Ouvert : de Pâques à la Toussaint.

22	18	10	20	SP	40	30	30	10

LEPORATI Jean-Jacques - Grange-Joly - 04250 BAYONS - Tél : 04 92 68 34 32 - Fax : 04 92 68 34 32

BEAUVEZER La Clairière

Alt. : 1150 m *C.M. 81 Pli 18*

2 ch. **Val d'Allos (station de ski) 12 km.** 2 chambres, la Campagnarde et la Montagnarde : 2 lits 2 pers., salle d'eau, wc communs. Prise TV dans chaque chambre. Salon, TV avec vidéo à disposition, salle à manger, grande véranda, terrain clos. Colmars, village fortifié. Plan d'eau du Roufferand.

CV

Prix : 1 pers. **210 F** 2 pers. **240 F**

Ouvert : toute l'année.

0,5	1	2	SP	25	12	5

PONS Christiane - La Clairière - 04370 BEAUVEZER - Tél : 04 92 83 54 80

CASTELLANE Mas d'Henri

Alt. : 700 m (TH) *C.M. 81 Pli 18*

4 ch. **Lac de Castillon 4 km.** 4 ch. d'hôtes dans la maison du propriétaire. 1er étage : 2 ch. 2 pers., chacune avec salle d'eau privée et wc communs. 2e étage : 1 ch. 2 pers., 1 ch. 3 pers., avec salle d'eau privée et wc communs. Chauffage électrique. Terrain, terrasse, salon de jardin. A 1 km du village, au pied du célèbre rocher. Gorges du Verdon, sports d'eau vive 1 km. Randonnées (GR4). Environnement calme. Langues parlées : hollandais, allemand, anglais.

Prix : 1 pers. **170/200 F** 2 pers. **220/250 F** 3 pers. **340 F** pers. sup. **90 F** repas **90 F**

Ouvert : de mars à octobre inclus.

5	1	1	4	1	5	21	1

GRAAFF Johanna-H. - Quartier d'Angles - Mas d'Henri - 04120 CASTELLANE - Tél : 04 92 83 73 20

CASTELLANE Chasteuil

Alt. : 900 m (TH) *C.M. 81 Pli 18*

4 ch. **Castellane 10 km. Lacs de Castillon et de Chaudanne 15 km.** Dans un petit hameau ensoleillé et très calme, 4 ch. au r.d.c d'une ancienne école. Ch. avec s. d'eau/wc privée, entrée indép. Ch. des Pierres (1 lit 2 pers. 1 lit 1 pers.), ch. du Lierre (1 lit 150), ch. des Arches (1 lit 2 pers.), ch. Etienne avec coin-cuis. (1 lit 2 pers.) au prix de 290 F. TH été sur terrasse avec vue sur la vallée du Verdon. Sports d'eaux vives : 5 km. GR 4 passe au pied des chambres. Prix 1/2 pens. 470 F. pour 2 pers. Langue parlée : anglais.

CV

Prix : 1 pers. **225 F** 2 pers. **280 F** 3 pers. **370 F** pers. sup. **90 F** repas **65/95 F** 1/2 pens. **470 F**

Ouvert : toute l'année.

10	10	10	3	SP	15	60	10

BEGUIN Pascal et HERFIELD Nancy - Chasteuil - 04120 CASTELLANE - Tél : 04 92 83 72 45 - E-mail : gchasteuil@aol.com - http://members.aol.com/gchasteuil/index.htm

LE CASTELLET

C.M. 81 Pli 16

3 ch. **Manosque 15 km. Oraison 5 km. Forcalquier 20 km.** 3 chambres dans une maison indépendante. 1 ch. (1 lit 2 pers. 1 lit 1 pers.), s. d'eau et wc privés. 2 ch. (1 lit 2 pers.), s. d'eau et wc privés. Accès indépendant. Terrasse, solarium, piscine privée. Village calme dans une vallée verdoyante. Plan d'eau des Buissonnades à 8 km. A51 sortie La Brillanne. Petit local commun avec réchaud et frigo. Barbecue, vaisselle, lave-linge. Salon de jardin, jeu de boules. Parc ombragé et verdoyant. Pêche à 8 km.

Prix : 1 pers. **225 F** 2 pers. **280 F** 3 pers. **350 F** pers. sup. **90 F**

Ouvert : toute l'année.

35	8	5	5	11	SP	26	15	10	5

CIRAVEGNA Jean et Catherine - Quartier Combe-Croix - 04700 LE CASTELLET - Tél : 04 92 78 74 97

CERESTE

Alt. : 500 m *C.M. 81 Pli 14*

2 ch. Au cœur d'un village médiéval du Luberon. Ouvert toute l'année. Oct à avr sur rés. Maison de maître. Salon voûté du XVe en pierres apparentes. 1 ch. double 2 + 3 pers avec terrasse privative. 1 ch 2 pers. S ; d'eau et wc privatifs. Cabinet de lecture et bibliothèque réservés aux hôtes. Terrasse ombragée, jardin, piscine. Atelier-galerie, expo de peintures provençales Entre Alpes de Haute Provence et Vaucluse. Sur place possibilité de stages et de cours de peinture. une demeure paisible pour séjours de visites, de culture et de détente au carrefour de plusieurs départements touristiques. Prise en charge possible en gares et aéroports de la région.

CV

Prix : 1 pers. **250 F** 2 pers. **340 F** pers. sup. **100 F**

Ouvert : toute l'année, oct à avril sur réservation.

10	SP	SP	SP	5	SP	5	15	SP

RENAUD Pierre et Danielle - Rue de la Poste - Bastide Couleur Luberon - 04280 CERESTE - Tél : 04 92 79 07 53

CHAMPTERCIER Ubac de Chandourene

Alt. : 700 m *C.M. 81 Pli 16*

2 ch. **Digne-les-Bains 3.5 km.** Champtercier 700 m, Digne-les-Bains 3,5 km. Villa de construction récente. 2 ch d'hôtes et le logement des propriétaires. 1 ch. en sous sol avec salon et kitchenette, l'autre en Rdc avec kitchenette. Chacune avec s. d'eau et wc privatifs. 2 lits 2 pers. et 1 convertible 2 pers. Terrain, terrasse, salon de jardin. Chauffage électrique. A proximité de Digne-les-Bains. Belle villa implantée dans un endroit calme en pleine campagne. Randonnées aux environs. Piscine et tennis à 60 m. Parc rural à proximité. Digne-les-Bains : ville thermale, golf, plan d'eau, musées, tous commerces et loisirs.

Prix : 1 pers. **200 F** 2 pers. **250 F** 3 pers. **300 F**

Ouvert : du 1er avril à fin septembre.

3,5	7	0,1	0,1	3,5	SP	3,5	2

HARTMAN Henri et M-Claude - UBAC de Chandourene - 04660 CHAMPTERCIER - Tél : 04 92 32 32 75 - Fax : 04 92 32 32 75

CHATEAUNEUF-VAL-SAINT-DONAT Mas Saint-Joseph

Alt. : 630 m (TH) *C.M. 81*

3 ch. **Sisteron 12 km. Les Mées 10 km.** 4 chambres avec accès indépendant : 1 ch. (1 lit 2 pers.), 1 suite (4 lits 1 pers.), 1 suite (1 lit 2 pers. et 2 lits 1 pers.). Chaque chambre possède salle d'eau et wc privatifs. Ancienne grange toute en bois pour la table d'hôtes, coin-salon et bibliothèque à disposition. Prix 4 pers. : 430 F. Ancienne ferme du 18è s. entourée de 4 ha. Au pied de la Montagne de Lure et de son immense forêt. Nombreuses poss. de rando. pédestres et en vélo. Rivières et plans d'eau à prox. Visites alentours : citadelle de Sisteron, Pénitents de Mées, Prieuré de Ganagobie, Marché de Forcalquier, Pays de Giono. Langue parlée : anglais.

CV

Prix : 1 pers. **220 F** 2 pers. **270 F** 3 pers. **350 F** repas **90 F**

Ouvert : toute l'année.

25	4	5	4	8	SP	8	8	5

**LENOIR Hélène et Olivier - Mas Saint-Joseph - 04200 CHATEAUNEUF-VAL-SAINT-DONAT - Tél : 04 92 62 47 54 -
E-mail : lenoir.st.jo@wanadoo.fr**

CHATEAUNEUF-VAL-SAINT-DONAT Jas de Peguier

Alt. : 550 m (TH) *C.M. 81 Pli 16*

1 ch. **Peipin 6 km. Sisteron 10 km.** Belle maison de caractère, ancienne et rénovée. 1 ch. avec entrée indépendante. Terrain non clos (2,5 ha., prairie, verger et potager). Meuble de jardin. Garage. Abri couvert. Piscine. R.d.c. : 1 ch. sculptée dans la pierre (1 lit 160 (2x80) et 1 lit 1 pers.), salle de bains et wc privatifs. Table d'hôtes sur résa. Au pied de la montagne de « Magnan » (montagne de Lure). Sisteron 10 km : plan d'eau, animations. Vol à voile 15 km. Circuits VTT et randonnées... Sites remarquables (Sisteron, lurs, Ganagobie). Villages typiques, lavandes et oliviers, baignades, animations.

Prix : 1 pers. **290/320 F** 2 pers. **320/350 F** 3 pers. **350/390 F** repas **85 F**

Ouvert : toute l'année.

25	6	SP	6	10	SP	10	6

GINESTIERE Arnaud et Hélène - Jas de Peguier - 04200 CHATEAUNEUF-VAL-SAINT-DONAT - Tél : 04 92 62 53 33

CLAMENSANE

Alt. : 694 m (TH)

5 ch. Maison située dans le village comprenant 5 chambres accessibles par rez-de-chaussée. Entrée indépendante du logement des propriétaires. Hall d'entrée avec petit salon. Chaque chambre avec 1 lit 2 pers., salle d'eau et wc privatifs. Via Ferrata, vol à voile et escalade à 4 km. Chambres avec décoration provençale. Clamensane, petit village après les gorges du Sasse où nature et tranquillité sont préservées.

CV

Prix : 1 pers. **180 F** 2 pers. **210 F** pers. sup. **70 F** repas **80 F**

Ouvert : toute l'année sauf fêtes de fin d'année.

4	4	4	22	SP	22	5

BOISSEL Jacqueline - Les Tilleuls - 04250 CLAMENSANE - Tél : 04 92 68 38 98

LA CONDAMINE-CHATELARD

Alt. : 1350 m

1 ch. **Barcelonnette 15 km. Parc du Mercantour et Italie 15 km.** Sur une exploitation agricole, au-dessus de la bergerie, 1 ch. (1 lit 2 pers.) avec salle d'eau et wc privatifs, kitchenette. Terrasse, loggia, salon de jardin, barbecue, garage fermé. TV. Au milieu des alpages dominants l'Ubaye, face aux fortifications de la ligne Maginot des Alpes. Sports d'eau vive, pêche à proximité. Sur place : atelier de tannage, production de tisanes, fleurs de montagne : édelweiss, genépy. Site sauvage et calme. Plan d'eau à Jausiers 5 km.

Prix : 2 pers. **220 F**

Ouvert : Toute l'année.

15	15	6	SP	15	8	6

GARINO André et Jacqueline - Le Villard - 04530 LA CONDAMINE-CHATELARD - Tél : 04 92 84 31 89

COLMARS-LES-ALPES Les Espeniers

Alt. : 1300 m (TH) *C.M. 81 Pli 08*

2 ch. **Colmars-Les-Alpes 0.8 km. Allos 8 km.** Ancienne ferme rénovée. Sur place 2 gîtes et le logement des propriétaires. Au 1er étage, 2 chambres d'hôtes : « Les Tours du Lac » et « Le Laupon » chacune avec salle d'eau et wc privatifs. 1 lit 140 et 1 lit 70 dans chaque chambre. Chauffage central. Gîte Panda dans le Parc National du Mercantour. Maison dominant Colmars-Les-Alpes, superbe panorama, village fotifié par Vauban, classé « Village et Cité de caractère ». Prairie, calme assuré en pleine nature. Randonnée à piedsou raquettes à neige sur place.

Prix : 1 pers. **300 F** 2 pers. **400 F** 3 pers. **450 F** 1/2 pens. **280 F**

Ouvert : toute l'année.

8	1	1	8	SP	5	15	0,8

BARBAROUX Jean-Paul - Les Espeniers - 04370 COLMARS-LES-ALPES - Tél : 04 92 83 44 39 - Fax : 04 92 83 44 39

CRUIS
Alt. : 700 m — *C.M. 81 Pli 15*

5 ch. **Sisteron et Forcalquier 25 km.** Chambres d'hôtes toutes avec douche ou bains, wc, lavabo, aménagées dans un mas de caractère sur 20 ha., à 1 km du village. Piscine familiale. Salle de jeux à la disposition, bibliothèque. Forêt à proximité. L'hiver : ski et luge à 20 mn. Location d'ânes. Au pied de la Montagne de Lure. Accueil de groupes, stages, séminaires. Repas à 1 km.

Prix : 1 pers. **135 F** 2 pers. **270 F** 3 pers. **405 F**

Ouvert : toute l'année.

40	0,2	SP	6	SP	25	18	25

COSTES Alain et MICHEL Monique - Le Mas des Grailles - 04230 CRUIS - Tél : 04 92 77 04 83 - Fax : 04 92 77 04 83

CRUIS
Alt. : 728 m — TH — *C.M. 81 Pli 15*

5 ch. **Montagne de Lure sur place. Forcalquier 20 km.** Mas du XVIIe siècle avec parc ombragé, bassin, terrasses couvertes, séjour, salon avec cheminée. 5 chambres avec sanitaires privatifs. Chauffage central. Au sein du domaine d'élevage de chevaux arabes, entouré de collines et de champs de lavande. Pêche à 4 km. Au pied de la montagne de Lure, à proximité du GR6.

CV

Prix : 1 pers. **240 F** 2 pers. **280 F** 3 pers. **320 F** repas **90 F**

Ouvert : du 1er mars au 30 novembre.

2	6	6	SP	20	6

HARTZ Richard et Odile - Le Mas de Foulara - 04230 CRUIS - Tél : 04 92 77 07 96

DAUPHIN
C.M. 81 Pli 15

3 ch. **Forcalquier 6 km. Manosque 15 km.** 3 ch. d'hôtes de 2 pers. (1 lit 2 pers.) avec salle d'eau et wc privatifs, situées dans une villa à proximité de l'exploitation agricole. Parking privé. Abri pique-nique dans parc ombragé. Village-cité de caractère, observatoire de Haute-Provence. Prieuré de Salagon. Restaurant 1 km. Pêche. Marché de Provence 6 km. Pays de Giono 15 km. Centre équestre, vestiges de la voie domitienne à proximité. Piste cyclable du Lubéron. Calme en campagne. 2 pers 220 F à parrtir de 2 nuits.

Prix : 2 pers. **230 F** 3 pers. **340 F** pers. sup. **110 F**

Ouvert : toute l'année.

SP	SP	8	8	8	SP	18	2

BOUFFIER Hubert et Emilie - Ferme des 4 Reines - Les Encontres - 04300 DAUPHIN - Tél : 04 92 79 58 04

DAUPHIN Le Moulin des Encontres
C.M. 81 Pli 15

3 ch. **Manosque 18 km. Forcalquier 6 km.** Dans un cadre de verdure calme et ombragé, un ancien moulin restauré assurera un accueil confortable. R.d.c. : 2 ch. (»Agathe » pour 2 pers., « Marthe et Antonin » pour 4 pers.) chacune avec s.d.b., wc, coin-cuisine, terrasse, entrée indép., chauffage central. TV couleur, piscine. Animaux de petite taille acceptés. Nous vous proposons un agréable séjour en Haute-Provence entre Manosque et Forcalquier, en plein cœur du Luberon. Prix pour 4 personnes : 460 F.

CV

Prix : 2 pers. **240 F** 3 pers. **390 F**

Ouvert : toute l'année.

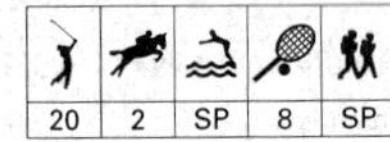

20	2	SP	8	SP

ROCHON-BOUFFIER Marie-Claude - Le Moulin des Encontres - Parc du Lubéron - 04300 DAUPHIN - Tél : 04 92 79 53 84

DIGNE-LES-BAINS Les Oliviers
Alt. : 600 m — *C.M. 81 Pli 17*

4 ch. Dans un environnement très vert, idéal pour la pratique du golf, maison indépendante à côté du logement des propriétaires, dans un corps de ferme. 4 chambres (2 pers.) : 2 au rez-de-chaussée et 2 à l'étage. Salle de bains ou salle d'eau, wc dans chaque chambre. Séjour au rez-de-chaussée.

CV

Prix : 1 pers. **230 F** 2 pers. **250 F**

Ouvert : toute l'année.

0,8	10	20	0,8	3	SP	35	45	SP	8

FRISON Jean-Pierre - Route des Fonts-Gaubert - Les Oliviers - 04000 DIGNE-LES-BAINS - Tél : 04 92 31 36 04

ENTREVAUX La Siberie
C.M. 81 Pli 19

5 ch. **Entrevaux 6 km. Puget-Theniers 2,5 km. Nice 56 km.** 5 ch. d'hôtes. 3 ch. (1 lit 2 pers.), 1 ch. (1 lit 2 pers. 1 lit 1 pers. 1 lit enfant), 1 ch. (1 lit 2 pers. 2 lits 1 pers. superposés), toutes avec douche, wc, lavabo. Salle commune réservée aux hôtes avec poss. de cuis. Jeux de société. Barbecue. Meubles de jardin. Portique enf. Produits fermiers. Biblio. de livres régionaux. 4 pers. : 320 F. Matériel de pêche.

CV

Prix : 1 pers. **150 F** 2 pers. **230 F** 3 pers. **300 F**

Ouvert : toute l'année.

6	3	0,3	SP

GAYDON Nadia - La Sibérie - Plan du Puget - 04320 ENTREVAUX - Tél : 04 93 05 06 91

ENTREVAUX Le Plan

Alt. : 515 m *C.M. 81*

2 ch. **Entrevaux 2,5 km. Parc du Mercantour 25 km.** 2 ch. en rez-de-jardin, (2 lits 2 pers.), s. d'eau (douche) et wc priv. Alcove modulable attenante aux 2 ch. (1 lit 1 pers). Chauff. central. TV dans chaque ch. Entrées indép., clef perso. Parking. De nuit, éclairage accès par lanternes infra-rouge déclanchement autom. Petit-dèj. sous terrasse couverte expos. plein sud. Jardin, meubles de jardin à dispo. Mas provençal de constr. récente, situé à 2.5 km d'entrevaux, l'un plus beaux villages de France. A 45 mn de Nice, 30 mn de Valberg, proche des gorges de Daluis, du Cians et du Verdon. Arrèt train des Pignes à 300 m. Au petit-dèj., nous partagerons notre enchantement . Langue parlée : anglais.

Prix : 1 pers. **230 F** 2 pers. **295 F** 3 pers. **395 F**

Ouvert : du 2 janvier au 20 décembre.

15	10	3	2	SP	30	3	3

« LOU MAS » - Le Plan-Ecole - 04320 ENTREVAUX - Tél : 04 93 05 47 86

ENTREVAUX Le Plan

Alt. : 515 m *C.M. 81 Pli 19*

2 ch. **Entrevaux 2 km. Nice à 1 H de voiture, Train des Pignes.** 2 ch. d'hôtes avec entrée indép., située dans la maison du propr., au 1er étage. 1 ch. (1 lit 2 pers.), s. d'eau, wc, TV, magnéto. Au 2e : 2 lits 1 pers., s.d.b., wc, 1 mezz. (1 lit 1 pers.). Ch. central et élect. Animaux admis après accord (20F.). Balcon ensoleillé avec vue panoramique sur la vallée du Var. Grand salon, véranda. Cuisine commune dans petite cave voutée. Petit déjeuner « Maison ». Annie et Pierre vous accueillent dans la maison de la Demoiselle Julie, dans un hameau du 18è s. Cette maison de caractère vous est ouverte avec son décor typique et trad. Village médiéval, fortific. de Vauban, pêche en rivière, GR4.

Prix : 1 pers. **250 F** 2 pers. **290 F** 3 pers. **390 F** pers. sup. **70 F**

Ouvert : du 1er avril au 11 novembre.

4	9	9	4	SP	4	2	2

SAISSI Anne-Marie - Le Plan - 04320 ENTREVAUX - Tél : 04 93 05 42 92

ESPARRON-DE-VERDON Château d'Esparron

C.M. 81 Pli 15

5 ch. **Moustiers-Sainte-Marie 15 km. Lac d'Esparron 1 km.** 5 suites avec mobilier et cheminée d'époque, antichambre et salle de bains, dans un château resté dans la même famille depuis le XVe siècle. Meubles et décoration provençale d'époque. Cour, jardin. Paiement par carte bancaire possible. Prix 2 pers. : 700 à 1300 F. Réduction de 100 F. à partir de 2 nuits. Heureuse juxtaposition de 3 grandes époques architecturales : moyen âge, renaissance, XVIIIe siècle, château à l'ombre des platanes, face aux prairies, il domine un lac au cœur du Parc Naturel du Verdon. Langue parlée : anglais.

Prix : 2 pers. **700/1300 F** pers. sup. **150 F**

Ouvert : de Pâques à la Toussaint.

8	SP	SP	SP	SP	20	SP

CTE ET CTESSE DE CASTELLANE Bernard - Château d'Esparron - 04800 ESPARRON-DE-VERDON - Tél : 04 92 77 12 05

FAUCON-DE-BARCELONNETTE Les Iscles-Faucon

Alt. : 1135 m (TH) *C.M. 81 Pli 8*

2 ch. **Barcelonnette 4 km.** 1 chambre (1 lit 1 pers. 1 lit 2 pers.), 1 chambre (1 lit 2 pers.), chambres spacieuses au calme. 2 salles de bains privées, wc communs. Petit-déjeuner traditionnel. Grand calme. Dans la Vallée de L'Ubaye, à proximité du Parc du Mercantour. Environnement fleuri.

Prix : 1 pers. **240 F** 2 pers. **270 F** 3 pers. **370 F** repas **60 F**

Ouvert : toute l'année.

60	5	4	4	5	SP	25	10	60	4

SACKREUTER-BRUNET Annie - Les Iscles - 04400 FAUCON-DE-BARCELONNETTE - Tél : 04 92 81 31 22

FORCALQUIER

Alt. : 550 m A (TH) *C.M. 81 Pli 15*

6 ch. 5 chambres de 2 à 4 personnes avec salle d'eau et wc privés. Sur une exploitation agricole (bovins, lait et viande et fromagerie). Repas à la table commune aux résidents, avec les produits de la ferme. Salle de jeux et TV. Sur place camping à la ferme et gîtes ruraux. Prix 1/2 pension sur la base de 2 pers., prix nuit 4 pers. 388 à 520 F. Piscine réservée aux résidents, tennis de table, loc. de VTT, VTL et tandem. Découverte des animaux de la ferme, vaches, chèvres, ânes, volailles, élevage de dains et mouflons. Vente directe des produits lait, yaourts, fromages, terrines et charcuterie. Lave-linge. Paiement carte bancaire.

Prix : 1 pers. **167/199 F** 2 pers. **214/286 F** 3 pers. **296/403 F** repas **92 F** 1/2 pens. **398/440 F**

Ouvert : toute l'année.

3	SP	2	5	SP	5

GOLETTO Henri et Mireille - Bas-Chalus - 04300 FORCALQUIER - Tél : 04 92 75 05 67 - Fax : 04 92 75 39 20 - E-mail : Amis.@wanadoo.fr

FORCALQUIER

Alt. : 550 m *C.M. 81 Pli 15*

4 ch. 4 ch. dans un bâtiment mitoyen à la maison du propriétaire. 1 ch. (1 lit 2 pers.), s. d'eau, wc + mezz. (1 lit 2 pers.). 1 ch. (1 lit 2 pers.), s. d'eau et wc. Mezz. (1 lit 2 pers.). 1 ch. (1 lit 2 pers.), 1 ch. (2 lits 1 pers.), chacune avec s. d'eau et wc. Salle à manger dans l'ancienne bergerie. Micro-ondes et chaise haute. Ch. élect. Prix pour 4 pers. : 490 F. Terrain, terrasse, meubles de jardin, barbecue, parking clôturé. Situées à la sortie de Forcalquier à la campagne, sur l'ancienne route de Villeneuve.

Prix : 1 pers. **250 F** 2 pers. **290 F** 3 pers. **390 F**

Ouvert : toute l'année.

30	4	2	3	5	SP	5	15	1

POURCIN Gilbert - Quartier Paradis - 04300 FORCALQUIER - Tél : 04 92 75 37 33 ou 06 80 27 69 68

FORCALQUIER Bas-Chalus

Alt. : 550 m A (TH) *C.M. 81 Pli 15*

6 ch. **Forcalquier 2 km.** 5 chambres de 2 à 4 personnes avec salle d'eau et wc privés. Sur une exploitation agricole, bovins, lait, viande et fromagerie. Repas à la table commune aux résidents, avec les produits de la ferme. Salle de jeux et TV. Sur place camping à la ferme et gîtes ruraux. Prix 1/2 pension basés pour 2 pers, prix nuit 4 pers. : 388/520 F. Lave-linge. Piscine réservée aux résidents. Jeux enfants. Tennis de table, loc. VTT, VTL et tandem. Découverte des animaux de la ferme, vaches chèvres, ânes, chevaux, élevage de daims et de mouflons, volailles. Vente directe des produits de la ferme, lait, yaourts, fromage, terrines, charcuterie.

Prix : 1 pers. **167/199 F** 2 pers. **214/286 F** 3 pers. **296/403 F** repas **92 F** 1/2 pens. **398/440 F**

Ouvert : toute l'année.

3	SP	2	SP

GOLETTO Catherine - Moulin du Sarret - 04300 FORCALQUIER - Tél : 04 92 75 05 67 - Fax : 04 92 75 39 20

FORCALQUIER

Alt. : 550 m

2 ch. **Forcalquier 500 m. Parc du Luberon 10 km.** Maison indépendante avec jardin ombragé, piscine, terrasse, salon de jardin. 2 ch. au r.d.c., dans une aile adjacente au logement des propriétaires, chacune avec 1 lit 2 pers., salle d'eau et wc privatifs, 1 lit d'appoint 1 pers. sur demande. Chauffage électrique. Ouvert de juin à fin août. Festivals, musées, concerts, marchés, animations. A proximité Parc du Lubéron, observatoire de Saint-Michel, prieuré de Salagon, conservatoire ethnobotanique de Haute-Provence, pistes cyclables, vol en montgolfière.

Prix : 2 pers. **250 F** pers. sup. **80 F**

Ouvert : du 1er juin au 1er septembre.

5	0,5	0,5	SP	15	0,5

DROUIN Danielle - Chemin des Oliviers - 04300 FORCALQUIER - Tél : 04 92 75 01 86

FORCALQUIER Beaudine

Alt. : 550 m *C.M. 81 Pli 15*

3 ch. **Parc du Lubéron 5 km. Colorado Provençal 20 km.** Au milieu d'un grand parc ombragé, la Bergerie La Beaudine, maison dominant Forcalquier et offrant un superbe panorama, vous accueille dans un cadre calme et paisible. 3 chambres chacune, salle d'eau et wc, TV sur demande. 2 ch. en r.d.c., entrée indépendante (lit 160), 1 ch. double en étage (1 lit 160, 2 lits 1 pers.). Belle salle à manger et salon à disposition. Piscine privée, jeu de boules, meubles de jardin. Centre de Forcalquier à 800 m, cité des 4 Reines : musées, patrimoine, marchés de Provence...

Prix : 1 pers. **270 F** 2 pers. **320 F** 3 pers. **420 F** pers. sup. **100 F**

Ouvert : toute l'année.

25	1	SP	1	20	SP	2

PAGLIANO Marie-Louise - Bergerie la Beaudine - 04300 FORCALQUIER - Tél : 04 92 75 01 52

GREOUX-LES-BAINS Les Babaous

C.M. 81

1 ch. **Gorges du Verdon 25 km. Manosque 15 km.** Maison de campagne dans parc ombragé, située en bordure du Verdon à 500m des thermes et à 1.5 km du centre de Gréoux-les-Bains. 1 chambre (1 lit 2 pers., 1 lit 1 pers.) en r.d.c., avec entrée indépendante, salle d'eau et wc privatifs. Animaux admis si entente préalable. Nombreuses excursions vers le Verdon (lacs d'Esparron et de Ste Croix, Gorges) et le Lubéron (parcs naturels régionaux).

Prix : 1 pers. **230 F** 2 pers. **270 F** 3 pers. **370 F** pers. sup. **80 F**

Ouvert : de mars à novembre inclus.

20	3	2	2	10	SP	10	15	1

RIGNOL Hedwige et Maurice - Les Lierres - Chemin du Babaou - 04800 GREOUX-LES-BAINS - Tél : 04 92 74 23 83

GREOUX-LES-BAINS Bastide Saint-Donat

C.M. 81 Pli 15

4 ch. **Gréoux-les-bains 4 km. Lac d'Esperron 15 km.** 4 chambres d'hôtes dont 1 suite dans une maison indépendante avec piscine et parc. 3 ch. avec salle d'eau et wc privés et 1 ch. avec salle de bains et wc privés. Cette ravissante demeure offre une cuisine d'été au bord de la piscine à ses hôtes. Langue parlée : allemand.

Prix : 1 pers. **230/280 F** 2 pers. **390 F** pers. sup. **80 F**

Ouvert : de Pâques à la Toussaint.

25	8	SP	4	4	4	19	20	4

WANTZEN Hubert - Bastide Saint-Donat - Route de Vinon - 04800 GREOUX-LES-BAINS - Tél : 04 92 78 01 77

LIMANS La Pourcine

Alt. : 508 m *C.M. 81 Pli 15*

3 ch. **Forcalquier 10 km.** R.d.c. : cuisine, salle à manger avec TV et bibliot. réservées aux hôtes, 1 chambre 2 pers. avec salon (1 lit 1 pers. supp.), s. d'eau et wc privatifs. 1er étage : 1 chambre (1 lits 2 pers.), 1 chambre (2 lits 1 pers.), lavabo et douche pour chaque chambre. Wc commun sur le palier. Remise de 10 % pour les séjours de plus de 4 nuits. Visite de la ferme (chèvres, moutons, porcs, volailles). Promenades aux environs immédiats (collines boisées). Route de la lavande, randonnées dans la montagne de Lure. Ping-pong sur place, piscine à 5 km.

Prix : 1 pers. **190/210 F** 2 pers. **220/250 F** 3 pers. **330 F** pers. sup. **80 F**

Ouvert : du 15 février au 15 decembre.

7	10	10	5	SP	25	7

CORBON Joël - La Pourcine - 04300 LIMANS - Tél : 04 92 73 01 54 - Fax : 04 92 73 13 61

MALLEFOUGASSE-AUGES La Garrigue Alt. : 707 m *C.M. 81 Pli 15*

2 ch. **Forcalquier 18 km. Sisteron 21 km.** Belle demeure neuve, en dehors du village, avec très belle vue panoramique sur les Préalpes et le plateau de Valensole. 2 ch. avec s.d.b. et wc privatifs. Au r.d.c. : « la Venitienne » (1 lit 160 et 1 lit d'appoint), au 1er ét. « Valensole » (suite de 2 ch. avec 1 lit 2 pers. et 2 lits 80). Sur place : tennis de table, VTT. Au pied de la montagne de Lure. A 20 km Parc Naturel Régional du Lubéron. 4 pers. : 400/450 F, moins de 4 ans : gratuit.

Prix : 1 pers. **230 F** 2 pers. **250/280 F** pers. sup. **70 F**

Ouvert : de mai au 15 octobre.

5	SP	9	SP	10	9

BERTONI Claude et Anne - La Blache - La Garrigue - 04230 MALLEFOUGASSE-AUGES - Tél : 04 92 77 01 42 ou 01 48 77 04 21

MANOSQUE *C.M. 81 Pli 15*

2 ch. **Manosque 1 km. Forcalquier 20 km. Gréoux-les-bains 20 km.** 2 chambres 2 pers. avec douche, lavabo, wc, TV dans chaque chambre. Jardin, parking, grande terrasse. Concerts et spectacles divers. Cyclisme. Autoroute A51 Aix-Sisteron.

Prix : 1 pers. **240 F** 2 pers. **270 F** pers. sup. **110 F**

Ouvert : du 1er février au 30 novembre.

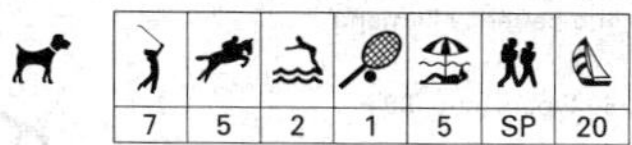

7	5	2	1	5	SP	20

GRUNER France - Les Cigales - Montée des Vraies Richesses - 04100 MANOSQUE - Tél : 04 92 72 11 25 - Fax : 04 92 72 11 25

MANOSQUE *C.M. 81 Pli 15*

2 ch. **Aix-en-Provence et Digne 50 km.** 1 chambre (1 lit 2 pers. 1 lit d'appoint 80). 1 chambre (2 lits 1 pers.), climatisées toute les 2. Chaque chambre comprend 1 cabinet de toilette, lavabo, wc, douche. Chasse. Autoroute A51 sortie Manosque. A proximité du centre de dialyse. Musée de Jean Giono à Manosque. Entre Lubéron et Verdon. Autour de la maison, terrasse, parking, jardin ombragé. Plan d'eau des Vanades à 5 km.

Prix : 1 pers. **190 F** 2 pers. **220 F** 3 pers. **320 F** pers. sup. **100 F**

Ouvert : toute l'année.

5	5	2	1	5	SP	SP	SP	SP

DOSSETTO Josette - 346, avenue des Savels - 04100 MANOSQUE - Tél : 04 92 72 07 49 - Fax : 04 92 72 07 49

LES MEES Les Bourelles   *C.M. 81 Pli 16*

4 ch. **Oraison 13 km. Forcalquier et Sisteron 26 km.** 4 chambres calmes dans l'aile indép. d'une maison de construction récente sur terrain boisé. A l'étage : 1 ch. (1 lit 2 pers.), s.d.b., wc, solarium. R.d.c. : 1 ch. (1 lit 2 pers.), s. d'eau, wc, terrasse. 2 ch. (5 lits 1 pers.), s. d'eau, wc dans chacune. Séjour, salon, cheminée. Equip. bébé, jeux d'enfants, jeux de boules. Table d'hôtes sous le patio l'été. Village au pied des rochers gigantesques « Les pénitents ». Proche de l'A51, sortie Peyruis. D4 dir. Oraison. Sur réserv. de décembre à février. Week-end à thème « Lavande Déco Florale », minim. 4 pers. Vue panoramique sur les Préalpes, Prieuré de Ganagobie. Enfants de 4 à 12 ans : 45 F/repas.

Prix : 1 pers. **180/200 F** 2 pers. **240/260 F** pers. sup. **100 F** repas **90 F**

Ouvert : toute l'année, sur réservation de décembre à février.

20	2	2	2	9	SP	9	9	2

VERGER Daniel et Danielle - Les Bourelles - Le Mas des Oliviers - 04190 LES MEES - Tél : 04 92 34 36 99 ou 06 09 52 67 11

LES MEES Hameau les Pourcelles *C.M. 81 Pli 16*

1 ch. **Digne-les-Bains 35 km. Manosque 20 km.** De construction récente avec terrasse, terrain, accès indépendant. Pour dormir au calme, 1 ch. (1 lit 2 pers. 1 lit d'appoint), salle d'eau et wc privatifs. TV, réfrigérateur, salon de jardin, balançoire. Sur la rive gauche de la Durance. Collines et sentiers à 300 m. A51 à 7 km. Petit-déjeuner copieux et varié. Parking privé. Maison provençale de construction récente sur exploitation agricole. Situées à 4 km d'Oraison, plan d'eau, pêche, marché provençal. Vue sur les oliviers et les collines. Village authentique.

Prix : 1 pers. **210 F** 2 pers. **260 F** 3 pers. **320 F**

Ouvert : toute l'année.

20	4	4	4	4	SP	4	80	7	7

GAUTHIER Jean et Eliane - Hameau les Pourcelles - 04190 LES MEES - Tél : 04 92 34 39 72

LES MEES La Bastide Blanche *C.M. 81 Pli 16*

2 ch. **Les Meés 5 km. Oraison 5 km.** Les Mées - Oraison 5 km. Agréable bastide de 1894 rénovée avec charme. 2 ch. entre les villages pittoresques des Mées et Oraison, dans la vallée de la Durance. R.d.c. : 1 ch de 3 pers. avec kitchinette (1 lit 160, 1 lit 1 pers.), salle d'eau et wc privatifs. 1 ch. (1 lit 2 pers. + 1 canapé BZ 2 pers.), s.d.b. et wc privatifs. Jardin ombragé à dispo. Parking privé. Dans la vallée de la Durance. Au pied du plateau de Valensole. Poss. de rayonner vers Forcalquier, Sisteron, Digne, Manosque, Moustiers, Sainte-Marie et les Gorges du Verdon. Promenades sur les marchés provençaux parfumés au miel et à la lavande. A prox. d'1 restaurant gastronomique.

Prix : 1 pers. **240/260 F** 2 pers. **280/300 F** 3 pers. **320/340 F** pers. sup. **30 F**

Ouvert : toute l'année.

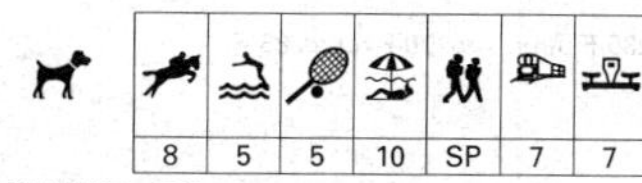

8	5	5	10	SP	7	7

MILLET Marie-Hélène - La Bastide Blanche - Dabisse - 04190 LES MEES - Tél : 04 92 34 33 25

LES MEES Campagne su Barri (TH) *C.M. 81 Pli 16*

5 ch. Dans maison de caractère. 1 ch. (1 lit 2 pers. 1 lit 110), s. d'eau, wc privés. 2 ch. avec chacune (1 lit 2 pers.), s. d'eau et wc privés. 1 ch. double (4 lits 1 pers.), s. d'eau, wc privés. 1 ch. (1 lit 2 pers. 1 lit 1 pers.) avec ch. attenante (1 lit 1 pers.), s. d'eau, wc privés. TV, Hifi, salle de jeux. Mobilier ancien, salon aux papiers peints d'époque (1794). Belle maison du XVIIe située dans le Plan à la sortie des Mees. Vue panoramique sur « les Pénitents » et sur la montagne de Lure et le village de Montfort. Autoroute A51 à 1,5 km. A proximité : pêche et vol à voile. Langue parlée : anglais.

Prix : 1 pers. **210 F** 2 pers. **280 F** 3 pers. **330 F** pers. sup. **110 F** repas **100 F**

Ouvert : toute l'année de novembre à mars sur réservation.

23	10	1	1	23	SP	14	80	8	1

MANCIN Olga - Quartier de la Croix - Campagne du Barri - 04190 LES MEES - Tél : 04 92 34 36 93 - Fax : 04 92 34 39 06

LES MEES La Roberte *C.M. 81 Pli 16*

1 ch. **Digne-les-Bains 20 km. Manosque 35 km.** Entrée indépendante. 1 chambre (1 lit 2 pers.). Salle de bains, wc particuliers. Chauffage électrique. Autoroute A 51 sortie Peyruis à 2 km. Entrée indépendante. Vue sur les Penitents, rochers gigantesques qui dominent les Mées. Langue parlée : allemand.

CV

Prix : 1 pers. **230 F** 2 pers. **250 F** pers. sup. **90 F**

Ouvert : du 15 avril au 15 septembre.

20	SP	20	SP	20	SP	30	70	10	SP

VUARANT Jacques - La Roberte - 04190 LES MEES - Tél : 04 92 34 31 18

MEOLANS-REVEL Alt. : 1000 m *C.M. 81*

2 ch. **Barcelonnette 8 km. Lac de Serre-Ponçon 20 km.** Suite de 2 chambres située dans le village de Méolans-Revel. Terrasse. 2 ch. (1 lit en 120, 1 lit 2 pers.), salle d'eau et wc communs. Repas pris dans belle salle de décor montagnard. A proximité GR6 et GR56. Pêche, ski de piste à 18 km, ski de fonds à 8 km, sports d'eau-vive. Possibilité de repas sur réservation.

Prix : 1 pers. **150 F** 2 pers. **190 F** 3 pers. **300 F**

Ouvert : de mai à octobre.

6	8	5	15	SP	15	18	8

SANSONE Janine - La Sereta - 04340 MEOLANS-REVEL - Tél : 04 92 81 93 32 - Fax : 04 92 81 93 32

MEOLANS-REVEL Alt. : 1200 m *C.M. 81 Pli 8*

1 ch. **Barcelonnette 12 km.** Dans une maison de construction récente 1 chambre avec salle de bains et wc communs. 1 lit 2 pers. ou 2 lits 80 au choix. Terrasse pour petit-déjeuner. Ouvert toute l'année. A proximité du parc du Mercantour, du lac de Serre-Ponçon. Ski de piste et de fond aux alentours, sports d'eau vive. Prix variant suivant saison. Langues parlées : anglais, italien.

Prix : 1 pers. 2 pers. **200/220 F**

Ouvert : toute l'année.

10	10	10	15	SP	25	20	15	8

BLANC Monique - Lotissement Serre Légier - 04340 RIOCLAR-REVEL - Tél : 04 92 81 92 54

MEOLANS-REVEL Les Means Alt. : 900 m (TH) *C.M. 81 Pli 6*

5 ch. **Barcelonnette 10 km.** Ferme restaurée du XVIe s. en hameau de montagne. Grand jardin non clos avec four à pain. 5 ch. doubles avec s.de bain et wc particuliers, dont 2 avec balcon. Salon, TV, bilbiothèque, cheminée. Frigo et lave-linge à dispo. Repas servis dans l'ancienne bergerie voûtée. A l'entrée de la Vallée de l'Ubaye. Accès à la rivière l'Ubaye à 2 km. ctivités sportives proposéees : rafting, escalade, canyoning, pêche sportive. M. Millet est guide de haute montagne. Langues parlées : anglais, espagnol, italien.

Prix : 1 pers. **300 F** 2 pers. **350 F** pers. sup. **100 F** repas **110 F**

Ouvert : du 10 mai au 10 octobre.

10	10	10	20	SP	20	18	10

MILLET Frédéric & Elisabeth - Les Means - Méolans - 04340 MEOLANS-REVEL - Tél : 04 92 81 03 91 - Fax : 04 92 81 03 91 - E-mail : lesmeans@chez.com - http://www.chez.com/lesmeans

MEZEL Domaine de Prefaissal Alt. : 600 m (TH) *C.M. 81 Pli 17*

3 ch. **Gorges du Verdon à 12 km de Digne.** Dans une ferme en activité : 3 chambres, 2 avec 2 lits 1 pers., 1 avec 1 lit 2 pers., douche, lavabo et wc dans chacune. Situées dans un domaine calme et agréable de 340 ha., avec piscine. Domaine de chasse. Possibilité d'accès par les chemins de fer de Provence.

CV

Prix : 1 pers. **190 F** 2 pers. **235 F** pers. sup. **70 F** repas **85 F**

Ouvert : toute l'année.

9	4	15	5	5	SP	35	80	30	2

GIRAUD Georges - Domaine de Prefaissal - Route de Mezel - 04270 MEZEL - Tél : 04 92 35 52 09

MONTFURON Les Bourdins — Alt. : 669 m — (TH) — *C.M. 81 Pli 15*

4 ch. **Manosque 9 km. Apt 30 km.** Dans maison de caractère 4 chambres d'hôtes au r.d.c dont 3 avec terrasse privative et salon de jardin. 1 ch. 2 pers., 1 ch. 3 pers. et 2 ch. 4 pers. Toutes avec salle d'eau et wc privés. Tous les lits 80 peuvent être jumelés pour couchage double. Kitchenette à disposition. Environnement calme, vue dégagée, parc du Lubéron. Maison de caractère située sur une ancienne exploitation agricole, en pleine campagne. Chambres d'hôtes Panda.

Prix : 2 pers. **250/300 F** pers. sup. **60/80 F** repas **90 F**

Ouvert : toute l'année.

19	5	16	4	16	SP	16	9	4

BLINE Arlette - Les Bourdins - 04110 MONTFURON - Tél : 04 92 87 28 81

MONTLAUX Grand-Champ — Alt. : 550 m — (TH) — *C.M. 81 Pli 15*

5 ch. **Sisteron 25 km. Forcalquier 20 km.** Grande bâtisse en pleine campagne parmi lavande et bois de chênes. 5 chambres donnant sur une terrasse couverte face à la piscine, équipées d'une salle d'eau (douche, lavabo, wc, bidet). Prise TV. 2 ch. 2 pers., 1 ch. 3 pers., 1 ch. 4 pers., 1 ch. 5 pers. Salon, salle à manger à disposition avec cheminée et bibliothèque. Location de VTT. Tennis de table, jeux enfants (portique, toboggan), terrain de boules. Table de ping-pong. Au carrefour de la Haute-Provence promenades dans le massif de Lure.

Prix : 1 pers. **200 F** 2 pers. **260 F** 3 pers. **320 F** pers. sup. **60 F**
repas **85 F** 1/2 pens. **210 F**

Ouvert : toute l'année.

1	SP	3	3	SP	20	15	3

PATRIER Philippe et Fabienne - Grand-Champ - 04230 MONTLAUX - Tél : 04 92 77 01 10 - Fax : 04 92 77 09 54

MONTLAUX Le Moulin d'Anaïs — Alt. : 550 m — (TH) — *C.M. 81 Pli 15*

5 ch. Dans un moulin rénové au pied de la montagne de Lure, 2 chambres 2 pers. 2 chambres 3 pers. 1 chambre 4 pers., chacune avec salle de bains et wc indépendants. Salle de détente avec TV et bibliothèque. Blotti parmi les champs de lavande, face au vieux village de Montlaux. A l'ombre des platanes centenaires et au bord du Lauzon.

Prix : 1 pers. **245 F** 2 pers. **310 F** 3 pers. **405 F** repas **100 F**
1/2 pens. **345/490 F**

Ouvert : toute l'année.

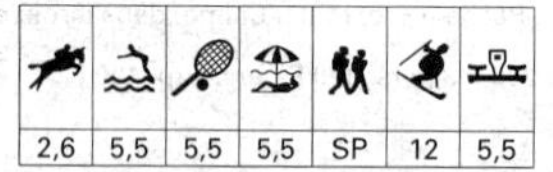

2,6	5,5	5,5	5,5	SP	12	5,5

DESCUBE Pierre et Danièle - Le Moulin d'Anaïs - 04230 MONTLAUX - Tél : 04 92 77 07 28 - Fax : 04 92 77 07 28

LA MOTTE-DU-CAIRE Village — Alt. : 704 m — (TH) — *C.M. 81 Pli 6*

E.C. 5 ch. **Sisteron 20 km.** Sisteron 20 km. Maison de caractère dans le village. 5 ch. d'hôtes avec lavabo/douche ou baignoire individuelle. WC communs. Parking privé, grand jardin, terrasse. Coin 5 repas, salon, bar. Tous commerces au village. Repas à forte empreinte régionale. Garage pour motos. Tarifs enfants et groupes. Ds 1 village de Haute Provence. Nbrses activités et loisirs sport à prox : via ferrata et rocher d'escalade, rando pédestres, équestre, VTT, en raquette à neige dans le Massif des Monges. Pêche. Rando aqua avec un accompagnateur en montagne. Plate forme vélivole (planeur lancés par treuil) à 500 m.

Prix : 1 pers. **160 F** 2 pers. **230 F** repas **90 F** 1/2 pens. **230 F**

Ouvert : toute l'année.

2	20	2	20	SP	20	SP

LINARES Marc et Ingrid - Village - 04250 LA MOTTE-DU-CAIRE - Tél : 04 92 68 42 72 - Fax : 04 92 68 42 72

MOUSTIERS-SAINTE-MARIE — Alt. : 631 m

4 ch. **Gorges du Verdon 2 km. Lac de Sainte-Croix 4 km.** Situées au cœur du village typique de Moustiers, dans une ancienne maison rénovée sur 3 niveaux, 4 chambres d'hôtes. Chaque chambre est prévue pour 3 pers., avec salle d'eau et wc privés. Coin-cuisine pour petits-déjeuners. Tarifs semaine : 1700 F à 2100 F pour 2 pers., 2600 F pour 3 pers., 2900 F pour 4 pers. Moustiers-Sainte-Marie : cité de la faience, porte des Gorges du Verdon.

Prix : 2 pers. **300/340 F**

Ouvert : toute l'année.

15	SP	4	1	4	SP

ARCHILOQUE Nicole - Rue de la Bourgade - 04360 MOUSTIERS-SAINTE-MARIE - Tél : 04 92 74 69 93

MOUSTIERS-SAINTE-MARIE Segries — Alt. : 631 m — (TH) — *C.M. 81 Pli 17*

5 ch. **Lac de Sainte-Croix 10 km. Moustiers-Sainte-Marie 6 km.** Dans un cadre privilégié, choisi au XIXe siècle par des moines, 5 chambres spatieuses de 2 à 4 pers. Chacune avec salle de bains particulière. Table d'hôtes sur réservation. Séjour au grand calme. Gorges du Verdon. Réduction de 10 % sur le séjour à partir de la 3e nuitée. Langue parlée : anglais.

Prix : 1 pers. **240 F** 2 pers. **290 F** 3 pers. **340 F** pers. sup. **50 F**
repas **90 F** 1/2 pens. **230 F**

Ouvert : de Pâques à la Toussaint.

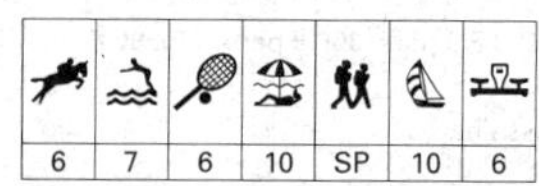

6	7	6	10	SP	10	6

ALLEGRE Christian & Florence - Monastère de Ségries - 04360 MOUSTIERS-SAINTE-MARIE - Tél : 04 92 74 64 32

NOYERS-SUR-JABRON Le Jas-de-la-Caroline Alt. : 550 m (TH) *C.M. 81 Pli*

3 ch. **Sisteron 12 km (nuits de la Citadelle).** Dans une maison de caractère (Bergerie dont les origines remontent au XVIe s.) 2 chambres et 1 suite. Chambre chacunes avec 1 lit 2 pers., bains et wc privatifs. Suite (2 lits 1 pers.), douche et wc. Salon, séjour, cuisine aménagée dans ancien four à pain . Terrasses avec meubles de jardin pour chacune. Salon, biblioth., cheminée à dispos. à disposition. Randonnées à pied ou en VTT. Vallée du Jabron, montagne de Lure. Séjours à thèmes : suggestion d'itinéraires sur les pas des écrivains du Haut-Pays Provençal : Paul Arène, Jean Giono et Pierre Magnan. Prêts de livres. Prix des suites : 1 pers./300 F. 2 pers./400 F. Langues parlées : anglais, italien.

Prix : 1 pers. **250 F** 2 pers. **300 F** pers. sup. **100 F** repas **100 F**
1/2 pens. **400 F**

Ouvert : toute l'année.

15	12	12	12	SP	20	12	12

MOREL Henri et Monique - Le Jas de la Caroline - 04200 NOYERS-SUR-JABRON - Tél : 04 92 62 03 48 - Fax : 04 92 62 03 46

LES OMERGUES Le Moulin de la Viorne Alt. : 815 m (TH) *C.M. 81 Pli 04*

3 ch. **Sederon 8 km.** Sederon 8 km. Ancien moulin restauré en pleine campagne. 3 ch. : 1 ch. 1 lit 140. 1 ch. 1 lit 180 + 1 lit 90. 1 ch. 2 lits 90 + 1 canapé 2 pl.. S-d-b et WC privés. Chauff. central. Terrain. Terrasse couv. avec mbles de jardin. Piscine. billard. salon avec bibliothèque. Expo de peinture permanente. Parking privé. Repas sur demande. Dans la Vallée du Jabron. A 1 km du village. A proximité de la Drôme. Tous commerces 8 km. Randonnées sur place. Langues parlées : anglais, espagnol.

Prix : 1 pers. **320 F** 2 pers. **350 F** 3 pers. **470 F** pers. sup. **90 F**
pens. **110 F**

Ouvert : de Pâques à Toussaint

2	SP	8	SP	8

COLONNA-BOUTTERIN Danielle - Le Moulin de la Viorne - 04200 LES OMERGUES - Tél : 04 92 62 01 65 - Fax : 04 92 62 06 03

ORAISON *C.M. 81 Pli 16*

2 ch. **Manosque 15 km. Sisteron 40 km. Forcalquier 17 km.** 1 chambre (1 lit 2 pers.) avec salle d'eau et wc privés, possibilité lit d'enfant. 1 chambre (1 lit 2 pers. 1 lit 1 pers.) avec salle d'eau, wc privés. Une petite salle à disposition des hôtes avec TV, jeux de société, micro-ondes. Pêche à proximité. Calme, dans jardin arboré et fleuri.

Prix : 1 pers. **200 F** 2 pers. **260 F** 3 pers. **320 F** pers. sup. **100 F**

Ouvert : toute l'année.

15	0,5	0,5	1	3	SP	3	100	2	SP

BONTRON - Rue Terce Rossi - La Charmette - 04700 ORAISON - Tél : 04 92 78 64 54 - Fax : 04 92 78 64 54

ORAISON *C.M. 81 Pli 16*

2 ch. Situées dans une grande maison à caractère provençal, 2 ch. 2 pers. avec s.d.b. particulières et wc communs. L'hiver : salon/salle à manger, TV à la disposition des hôtes. Feu de bois dans la cheminée. L'été : jeux d'enfants, pergola, fontaine, barbecue à disposition des hôtes. Jardin, 3000 m² de terrain arboré, parking, abri couvert pour voitures. Pêche 3 km. Village 1,2 km. Marches organisées par les propriétaires et gratuites.

Prix : 1 pers. **190/210 F** 2 pers. **250/270 F**

Ouvert : toute l'année.

20	SP	1	SP	3	SP	3

BONNET Louis - Chemin de Thuve - Route des Buissonades - 04700 ORAISON - Tél : 04 92 78 62 54

LA PALUD-SUR-VERDON L'Enchastre Alt. : 1160 m (TH) *C.M. 81 Pli 17*

5 ch. **Gorges du Verdon 5 km. Observatoire du Chiran à 2 heures.** Maison de caractère sur vaste domaine agricole de 180 ha. Salon avec cheminée, billard, TV, bibliothèque, jeux de société. Grande salle à manger. 5 ch. (3 de 3 pers. et 2 de 2 pers.) avec salle de bains et wc privatifs. Animaux acceptés sous réserve. Au bord des Gorges du Verdon, dans le Parc Naturel Régional, au milieu des pâturages, élevage d'ovins et de caprins, basse-cour. A proximité sports d'eau vive, escalade. A 25 km, Castellane, Moustiers-Sainte-Marie, lac de Sainte-Croix.

Prix : 1 pers. **200 F** 2 pers. **280 F** 3 pers. **380 F** repas **90 F**
1/2 pens. **230 F**

Ouvert : du 1er avril au 15 novembre.

11	30	25	20	SP	11

COLOMBERO Jocelyne - L'Enchastre - Chateauneuf les Moustiers - 04120 LA PALUD-SUR-VERDON - Tél : 04 92 83 76 12

LA PALUD-SUR-VERDON Le Valdenay Alt. : 890 m (TH) *C.M. 81 Pli 17*

5 ch. **La route des Crêtes 20 km du lac de Sainte-Croix.** Au cœur des Gorges du Verdon, à 2 km du village, au calme, ambiance conviviale, 5 chambres de 2 à 4 pers. en r.d.c. et 1er étage, douche, lavabo dans chaque chambre. Jardin spacieux. Salon : bibliothèque, cheminée, musique. Animaux admis sous conditions. Canyon du Verdon. Moustiers-Sainte-Marie à 20 km. Tarif enfant : 160F. Langues parlées : anglais, allemand.

Prix : 1 pers. **200 F** 2 pers. **250 F** 3 pers. **350 F** pers. sup. **80 F**
repas **90 F** 1/2 pens. **215 F**

Ouvert : de Pâques à la Toussaint.

2	25	25	2	1	20	2

DRESCO Jean-Louis - Route des Crêtes - La Valdenay - 04120 LA PALUD-SUR-VERDON - Tél : 04 92 77 37 92

PEIPIN

Alt. : 500 m *C.M. 81 Pli 6*

2 ch. Maison individuelle dominant le village avec jolie vue sur la vallée. Environnement verdoyant. 2 ch. 2 pers. pouvant communiquer, au r.d.c., avec entrée indép. donnant sur une pelouse ombragée et fleurie, chacune avec TV, salle d'eau et wc privés. Petit déjeuner servi dans le jardin en saison. Parking privé, calme assuré, salon, véranda avec lecture, coin-repas. Micro-ondes, réfrigérateur à disposition. Autoroute A51 à 2 km. Sisteron à 7 km, Montagne de Lure à 1 km.

CV

Prix : 1 pers. **220 F** 2 pers. **250 F** pers. sup. **80 F**

Ouvert : toute l'année, sur réservation de novembre à mars.

2	7	7	7	SP	35	7	3

MONIER Monique - 4 chemin de Valbelle - Les Granges - 04200 PEIPIN - Tél : 04 92 62 42 97 - Fax : 04 92 62 42 97

PIERRERUE

Alt. : 504 m 

4 ch. **Forcalquier 8 km. Montagne de Lure 10 km.** Ancienne bergerie restaurée. 4 chambres avec salle d'eau ou de bains et wc privatifs. Chauffage électrique, terrasse, terrain, piscine. Au cœur de la Haute-Provence et du Pays de Giono, entre Lubéron et montagne de Lure, près de Forcalquier et de Lurs. VTT à proximité.

Prix : 2 pers. **350 F** pers. sup. **90 F**

Ouvert : toute l'année.

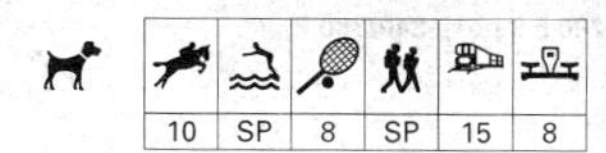

10	SP	8	SP	15	8

DUERMAEL Philippe et Joëlle - Le Jas de Nevierèse - Route de Pierrerue - 04300 PIERRERUE - Tél : 04 92 75 24 99 - Fax : 04 92 75 24 99 - E-mail : Duermael@wanadoo.fr

PIERREVERT

C.M. 81 Pli 15

E.C. 3 ch. **Manosque 8 km. Parc du Lubéron 1 km.** Maison indépendante située dans une pinède, avec jardin ombragé, terrasse, meubles de jardin. 3 chambres au 1er étage (2 lits 1 pers. 1 lit 1 pers. et 1 lit 120), salle de bains et wc communs. Chauffage par air pulsé, lave-linge à disposition. La propriétaire, professeur de sculpture, organise des stages à la demande. A proximité du Parc du Lubéron, golf à 3 km.

Prix : 1 pers. **180 F** 2 pers. **260 F** 3 pers. **330 F**

Ouvert : toute l'année.

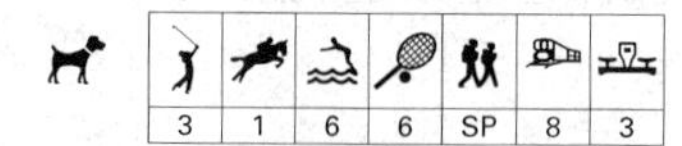

3	1	6	6	SP	8	3

MARION Pierre et Bernadette - 4, avenue de Valgas - 04860 PIERREVERT - Tél : 04 92 72 90 61

PIERREVERT

C.M. 81 Pli 16

3 ch. **Manosque 5 km. Penitents des Mées 15 km. Plateau de Valensole 15 km.** Dans une grande maison provençale entourée de pins, nous vous proposons 3 jolies ch. spacieuses et confortables avec salle de bains. Une très grande terrasse ombragée offre à toute heure repos, calme et tranquillité. A disposition également, une piscine privée peu profonde, avec une large plage et une fosse à plongée. Aux alentours, dans un rayon de 5 km : golf 18 trous, centre d'équitation, lieux de baignade en lacs, grandes balades et nombreux restaurants.

Prix : 1 pers. **200 F** 2 pers. **270 F** pers. sup. **100 F**

Ouvert : toute l'année.

1	1	5	2	7	SP	2	40

SUPPLISSON - Ecureuil-Bleu - 7, avenue René Bigand - 04860 PIERREVERT - Tél : 04 92 72 88 93

REILLANNE Le Mas des Collines

C.M. 81 Pli 15

6 ch. **Manosque, Apt et Forcalquier 20 km.** Mas ancien isolé et restauré, entouré de chênes. 4 chambres (1 lit 2 pers.), en mezzanine (1 lit 80). Salle d'eau et wc particuliers. 2 chambres avec salles d'eau et wc extérieurs. TV couleur. Piscine à la disposition des hôtes. Terrain de foot. Terrain de boules. Très belle propriété isolée, située sur la commune de Reillanne à proximité du parc du Luberon.

Prix : 1 pers. **340/485 F** 2 pers. **425/550 F** pers. sup. **135/215 F**

Ouvert : toute l'année.

20	5	SP	20	SP	120	20	5

SELLAM Rose - Le Mas des Collines - 04110 REILLANNE - Tél : 04 92 76 43 53 - Fax : 04 92 76 50 14

REILLANNE Montjalade et Vieille Plaine

TH *C.M. 81*

E.C. 2 ch. **Parc du Lubéron 5 km. Forcalquier 10 km.** Dans une ancienne ferme rénovée 2 chambres d'hôtes. Situées sur la pittoresque route de Carluc. Belle vue sur Montjustin, Reillanne et la chaine du Lubéron. 1 lit 2 pers. dans chaque ch., salle de bains et wc privés. 2 ha. de prairies alentour. Proche de Manosque, Apt, Vachères et des Gorges d'Oppedette.

Prix : 1 pers. **170 F** 2 pers. **250 F** repas **80 F**

Ouvert : toute l'année.

20	9	4	2	15	SP	15	SP

PETIT Hélène - Montjalade et Vieille Plaine - 04110 REILLANNE - Tél : 04 92 76 59 80 ou 04 92 76 68 03

LA ROBINE-SUR-GALABRE Les Lauzes du Villard Alt. : 746 m (TH)

1 ch. **Digne-les-Bains 10 km.** Au r.d.c. de la maison du propriétaire 1 ch.d'hôte (lit 2 pers., poss. 1 lit enfant), salle d'eau et wc privés. Salon avec coin-cuisine et terrasse couverte privatifs. Le propriétaire, guide de pays, vous racontera la Haute-Provence et vous fera visiter son rucher, son épouse vous fera goûter la cuisine provençale. VTT à disposition. Magnifique vue sur le village, au cœur de la réserve géologique, calme assuré. Ensoleillement. 1/2 pension pour 2 pers. : 400 F.

CV

Prix : 1 pers. **200 F** 2 pers. **250 F** pers. sup. **70 F** repas **90 F**

Ouvert : toute l'année.

12	8	10	10	10	SP	10	10

COLLIEUX Jacques - Les Lauzes du Villard - 04000 LA ROBINE-SUR-GALABRE - Tél : 04 92 31 52 82

ROUMOULES Alt. : 650 m *C.M. 81 Pli 16*

5 ch. **Lac de Sainte-Croix 10 km.** Bâtisse de caractère du XVIIème s. 5 chambres accueillantes et personnalisées avec salle de bains et wc privés situés au 1er étage. Petit déjeuner servi dans la grande salle voutée. Terrasse ombragée. Salon de jardin pour pique-niquer le soir. Parking non clos. Restaurants à proximité.

Prix : 1 pers. **200 F** 2 pers. **240/280 F** 3 pers. **340/380 F** pers. sup. **100 F**

Ouvert : de mi-avril à septembre.

17	2	5	SP	8	35

MASINA Jean-Paul et Marie - Le-Vieux-Castel - 04500 ROUMOULES - Tél : 04 92 77 75 42 - Fax : 04 92 77 75 42

SAINT-ETIENNE-LES-ORGUES Alt. : 700 m (TH) *C.M. 81 Pli 15*

4 ch. **Forcalquier 15 km. Montagne de Lure 13 km.** Chambres spacieuses dans un ancien château du XVème s. situé dans le village. Chambres équipées chacune de lavabo, wc et douche ou baignoire. Salons, salle de billard, salle de lecture, salle vidéo, ping-pong. Jardin verdoyant aux senteurs multiples. Fontaine, terrasse ombragée. Piscine de village gratuite pour nos clients (à 100 m).

Prix : 1 pers. **250 F** 2 pers. **280 F** pers. sup. **50 F** repas **95 F** 1/2 pens. **230 F**

Ouvert : toute l'année.

35	10	0,1	SP	0,1	SP	13	SP

BOUILLOT Eric - Place Pasteur - Le Château - 04230 SAINT-ETIENNE-LES-ORGUES - Tél : 04 92 73 00 03 - E-mail : tollioub@aol.com

SAINT-ETIENNE-LES-ORGUES Alt. : 700 m (TH) *C.M. 81 Pli 15*

2 ch. Dans une maison en pierre rénovée, située dans une ruelle typiquement provençale et très calme 2 chambres aménagées : 1 ch. au 1er étage de 18 m^2 (1 lit 2 pers.), 1 ch. au 2e de 22 m^2 avec mezz. (1 lit 2 pers. 2 lits 1 pers.). Grande pièce avec cheminée et coin-cuisine à la disposition des hôtes. Terrasse de 30 m^2. Jardinet avec barbecue, TV dans chaque chambre. Promenades à VTT organisées. Tarif à partir de 230F. Langues parlées : anglais, espagnol, italien.

CV

Prix : 1 pers. **200 F** 2 pers. **240 F** pers. sup. **70 F** 1/2 pens. **190 F**

15	15	0,3	0,3	17	SP	22	SP

MATHIEU Sylvie - Rue de la Paix - 04230 SAINT-ETIENNE-LES-ORGUES - Tél : 04 92 73 18 75

SAINT-ETIENNE-LES-ORGUES Campagne des Vignaus Alt. : 700 m (TH) *C.M. 81 Pli 15*

3 ch. 2 chambres (1 lit 2 pers. avec douche, lavabo et wc chacune). 1 chambre (1 lit 2 pers., 1 lit d'appoint, douche, lavabo et wc). Activités à proximité : VTT, escalade, ski de fond. Situées au pied de la montagne de Lure. A proximité, 1 dortoir de 8 pers. pour randonneurs. Langue parlée : anglais.

Prix : 1 pers. **175 F** 2 pers. **230 F** repas **85 F** 1/2 pens. **197 F**

Ouvert : toute l'année.

40	5	2	0,5	20	SP	10	13	40	2

FAVRE Chantal - Campagne des Vignaus - 04230 SAINT-ETIENNE-LES-ORGUES - Tél : 04 92 73 02 43

SAINT-GENIEZ Alt. : 1100 m A (TH) *C.M. 81 Pli 6*

5 ch. Dans une ancienne bergerie rénovée, située en pleine nature. 3 chambres (2 pers.), 2 chambres (4 pers.). Salle de bains et wc particuliers. Terrasse privative et meubles de jardin. Parapente. Escalade 18 km. Vue imprenable sur la vallée de la Durance, au cœur de la réserve géologique. Col de Fontbelle et défilé de la Pierre Ecrite à proximité. Tarif dégressif à partir de 2 nuits. Demi-pension + 100 F par personne.

CV

Prix : 2 pers. **350/380 F** repas **100 F**

Ouvert : toute l'année.

50	3	SP	5	25	SP	25	60	18	18

MASURE Bruno et Micheline - Domaine des Rayes - 04200 SAINT-GENIEZ - Tél : 04 92 61 22 76 - Fax : 04 92 61 22 76

SAINT-JULLIEN-D'ASSE La Louvière

C.M. 81 Pli 16

2 ch. **Valensole 15 km. Saint-Julien-d'Asse 5 km.** Saint-Julien-d'Asse 5 km. Valensole 15 km. Maison de construction récente. 2 ch. dans la maison du propriétaire. Chacune avec son entrée indépendante. Terrasse. Meubl./jardin. Rdc 1 ch. : 1 lit 140 et 2 lits 90 superposés. S. d'eau et Wc privatifs à chaque chambre. A proximité du plateau de Valensole et de ses lavandes. Face au petit village de Brunet. Oraison 15 km : plan d'eau des Buissonnades : baignade et lac de pêche. Nombreuses randonnées sur place.

Prix : 1 pers. **180 F** 2 pers. **240 F** 3 pers. **290 F** pers. sup. **70 F**

Ouvert : du 1er mars au 30 octobre.

30	15	11	11	15	SP	15	20	8

TOURET Louis - La Louvière - 04270 SAINT-JULIEN-D'ASSE - Tél : 04 92 74 84 47

SAINT-MARTIN-DE-BROMES Les Chaberts

C.M. 81 Pli 16

1 ch. **Lac d'Esparron 9 km. Gréoux-les-Bains 6 km.** A la campagne à 2 km du village, dans un environnement de champs de lavande, amandiers et oliviers. 1 Ch. d'hôtes (1 lit 2 pers.) avec salle d'eau, wc, kitchenette et petite terrasse privée, demi-étage avec entrée indépendante. Possibilité stage de poterie (atelier du propriétaire). A partir de 3 nuits réduction des prix, 1 pers./230 F., 2 pers./260 F. Week-end détente : « travailler la terre chez un potier ». Chambre de pêche. GR4 à 300 m. Moustiers-Ste-Marie et lac de Sainte Croix à 30 km, Manosque à 25 km. Thermes de Gréoux-les-Bains à 10 km.

Prix : 1 pers. **250 F** 2 pers. **280 F**

Ouvert : de février à novembre.

3	8	8	8	SP	8

LE METER André et Joëlle - Les Chaberts - 04800 SAINT-MARTIN-DE-BROMES - Tél : 04 92 78 16 41

SAINT-MARTIN-LES-EAUX

Alt. : 500 m TH *C.M. 81 Pli 15*

3 ch. **Manosque 10 km. Avignon 75 km.** Au cœur du Luberon, 3 ch. de grand standing dans une bastide du XVIIe siècle. S.d.b. particulières, TV couleur individuelles. Salle à manger de caractère. Piscine, ping-pong, volley-ball, pétanque, équipement fitness. VTT en option. Forfait du samedi au samedi. Terrasses avec vue panoramique sur Forcalquier et la chaîne des Alpes. Cuisine choisie. Petit-déj. « buffet gourmand ». Très nombreuses activités et excursions. A proximité de Lubéron, du Pays de Forcalquier, de la vallée de la Durance. Gorges du Verdon à 30 km. Aéroport Marseille/Provence 70 km.

Prix : 1 pers. **420 F** 2 pers. **525 F** pers. sup. **285 F** repas **120 F**
1/2 pens. **340 F**

Ouvert : de Pâques à fin septembre sur réservation.

15	5	SP	5	15	SP	15	10	3

NOEL-SCHREIBER Jacques et Viviane - Domaine d'Aurouze - 04300 SAINT-MARTIN-LES-EAUX - Tél : 04 92 87 66 51 - Fax : 04 92 87 56 35

SAINT-MICHEL-L'OBSERVATOIRE

Alt. : 576 m TH

4 ch. **Parc du Luberon 5 km. Forcalquier 10 km.** Chambres (1 lit 160, 2 lits 1 pers.), lit supplémentaire à la demande, équipement bébé fourni. Salle d'eau ou de bains particulière. Chauffage central. Accès à la piscine familiale. Terrasse, salon de jardin. Grand domaine boisé de 2 ha. Environnement calme et reposant. Location VTT. Tarif 1/2 pension pour 2 pers. : 2980 F. vacances scolaires, 2780 F. hors vacances scolaires.

Prix : 1 pers. **240 F** 2 pers. **280 F** 3 pers. **360 F** pers. sup. **80 F**
repas **85 F**

Ouvert : d'avril à la Toussaint.

4	SP	3	SP	25	3

DEPOISSON Cathy et Pascal - Le Farnet - 04870 SAINT-MICHEL-L'OBSERVATOIRE - Tél : 04 92 76 65 52

SAINT-VINCENT-SUR-JABRON

Alt. : 630 m TH *C.M. 81 Pli 5*

3 ch. Maison située dans le village, comprenant 3 ch. en rez-de-chaussée, avec accès indépendant par l'extérieur. Parking privé. Chacune avec meubles de jardin. 1 ch. (1 lit 2 pers. 1 lit 1 pers.), 2 ch. (1 lit 2 pers.), toutes avec salle d'eau et wc privatifs. 1/2 pension : 320 F/ 2 pers. Grande cour et petit parc en bordure de rivière. Musée du casque. Vallée du Jabron : tranquillité et nature préservée, dominée par la montagne de Lure. Balades à vélos. Service de cars journaliers avec Sisteron 19 km.

Prix : 1 pers. **160 F** 2 pers. **200 F** 3 pers. **280 F** pers. sup. **80 F**
repas **80 F** 1/2 pens. **230 F**

Ouvert : de mars à octobre inclus.

12	12	12	12	SP	12	SP

VALLS Jean et Gabrielle - 04200 SAINT-VINCENT-SUR-JABRON - Tél : 04 92 62 08 25

SAINT-VINCENT-SUR-JABRON

Alt. : 630 m TH

5 ch. **Sisteron 18 km. Montagne de Lure 5 km.** Belle maison indép. avec jardin, pelouses. 5 ch. au 1er étage, dont 2 avec terrasse privative, chacune avec s.d.b. et wc privatifs (2 lits 160, 2 lits 1 pers. 2 lits 2 pers.). Au r.d.c. : grand salon et salle de séjour, livres et musique. Tarifs dégressifs à partir de la 3e nuit. Très bonne table gastronomique. Petit déjeuner copieux et complet. Dans la paisible vallée du Jabron, à la sortie du charmant petit village de Saint-Vincent. Au pied de la montagne de Lure. Sisteron : Clue de la Durance, citadelle, plan d'eau aménagé ...

Prix : 1 pers. **320 F** 2 pers. **350 F** pers. sup. **80 F** repas **100 F**
1/2 pens. **420 F**

Ouvert : toute l'année.

10	18	10	SP	18	18

ARNAUD Andrée - Le Village - 04200 SAINT-VINCENT-SUR-JABRON - Tél : 04 92 62 06 94

SAUMANE

Alt. : 870 m *C.M. 81 Pli 15*

2 ch. **Parc du Lubéron 15 km. Montagne de Lure 5 km.** Maison de caractère en village sur un terrain de 2 ha. à proximité d'une auberge. bastide du 17è s. 2 grandes ch. avec chacune 1 lit double et 1 lit simple, s. d'eau et wc priv. Vue sur le Lubéron et sur la montagne de Lure. Forêts de chênes, champs de lavande, constructions typiques en pierres sèches (bories) du pays de Forcalquier. A 5 km, Banon, spécialité de fromage, de chèvre, distillerie de lavande. Langue parlée : anglais.

CV

Prix : 1 pers. **230 F** 2 pers. **280 F** 3 pers. **330 F**

Ouvert : de Pâques à la Toussaint.

30	2	10	10	25	SP	25	10

BARTHE Nicolas - Le Village - 04150 SAUMANE - Tél : 04 92 73 35 56 - Fax : 04 92 73 35 56

SELONNET Surville

Alt. : 1200 m (TH) *C.M. 81 Pli 7*

5 ch. **Gorges-de-la-blanche 10 km. Lac de Serre-Ponçon 15 km.** Ancienne ferme rénovée de caractère, 1 ch. (1 lit 1 pers.), douche, wc, lavabo. 2 ch. (3 lit 2 pers. 2 lits 1 pers., douches, wc, lavabos communs. Terrasse, solarium. Parking, garage. VTT sur place. Face à la chaîne de la Blanche et ses sommets approchant les 3000 m. Lac de Serre-Ponçon : baignade, sports nautiques. Massif des Monges à proximité. Gap, Digne et Barcelonnette à 45 km.

Prix : 1 pers. **150 F** 2 pers. **220 F** repas **90 F** 1/2 pens. **200 F**

Ouvert : du 26 décembre à la mi-novembre.

6	5	1	SP	7	6

STORDEUR Dominique - Surville - 04140 SELONNET - Tél : 04 92 35 15 15 - Fax : 04 92 35 15 15

SEYNE-LES-ALPES Ferme des Clots

Alt. : 1200 m (TH) *C.M. 81 Pli 7*

6 ch. **Digne 42 km. Barcelonnette 45 km. Gap 50 km.** Dans une ferme de caractère 6 chambres d'hôtes. 2 ch. en mezz. avec s. d'eau et wc. Au r.d.c. : 1 ch. avec s. d'eau privée, 2 ch. avec salles d'eau et wc communs, 1 ch. indép. 3 pers. avec s. d'eau et wc privés. Aux environs : Seyne, village de caractère, lac de Serre-Ponçon, réserve géologique. Lac de Serre-Ponçon à 15 km. Parapente, ski de piste à Seyne 3 km.

CV

Prix : 1 pers. **160 F** 2 pers. **240 F** 3 pers. **370 F** repas **100 F**

Ouvert : toute l'année, l'automne et hiver sur réservation.

2	0,5	0,5	22	SP	22	8	50	SP

DE DEA-CICORELLI Lydia et Michèle - Ferme des Clots - Bas Chardavon - 04140 SEYNE-LES-ALPES - Tél : 04 92 35 23 13

SIGONCE Les Clots

Alt. : 500 m (TH) *C.M. 81 Pli 15*

3 ch. **Forcalquier 9 km.** Dans un mas de caractère, cadre de verdure, au calme, 3 ch. : « Giono » : 2 pers., entrée indép. « Potager » : 2 pers. mazet indép. « La Source » : 2/3 pers. mazet indép. S.d.b. et wc particuliers. Accès indép., terrasse privée, cadre de verdure dans une ancienne maison typique restaurée. Pelouse, terrasse ombragée. Découverte des oiseaux avec Jean-Claude, ornithologue. Chambre avec kitchenette : 300 F. Pour les repas : cuisine saine et de qualité, pain maison, jardin bio. Situé à proximité du parc du Luberon et de la Montagne de Lure. Cadre exceptionnel pour le repos. Langue parlée : anglais.

Prix : 1 pers. **200 F** 2 pers. **280 F** 3 pers. **360 F** repas **90 F**

Ouvert : toute l'année.

10	9	10	10	SP	10	9	9

GENIN J-Claude et Nathalie - Chante l'Oiseau - 04300 SIGONCE - Tél : 04 92 75 24 35 - Fax : 04 92 75 24 35

SIMIANE-LA-ROTONDE

Alt. : 665 m *C.M. 81 Pli 14*

3 ch. **Pays d'Apt 20 km.** Anciennes granges du XIVe siècle rénovées, avec parc ombragé, piscine, terrasse couverte. A disposition très belle salle avec cuisine, salon, cheminée, garage, buanderie. 3 ch. avec sanitaires privatifs. TV, chauffage électrique. Lit bébé : 50 F. Tarifs dégressifs à partir de 5 et 15 jours : 1 pers. 270 F et 2 pers. 310 F. Village et cité de caractère, entouré de champs de lavande, dans le Parc du Lubéron, festival de musique en été. Proche des GR4 et 9. Ocres de Roussillon, Colorado Provençal à proximité.

CV

Prix : 1 pers. **290 F** 2 pers. **350 F** pers. sup. **80 F**

Ouvert : toute l'année, l'hiver sur réservation.

10	SP	9	SP	30	9

TAMBURINI Jean et Josiane - Les Granges de Saint-Pierre - 04150 SIMIANE-LA-ROTONDE - Tél : 04 92 75 93 81

SIMIANE-LA-ROTONDE Chaloux

Alt. : 600 m (TH) *C.M. 81 Pli 14*

2 ch. Dans la maison du propriétaire, ancienne et rénovée, 2 chambres d'hôtes. Gîte d'étape sur place. 1 ch. (1 lit 2 pers. 1 lit 1 pers.), salle de bains, wc privés. 1 ch. (3 lits 1 pers.), salle de bains, wc privés. GR4 et GR6 à proximité. Tour de Lure et du Lubéron. Simiane-la-Rotonde : village et cité de caractère. Sérénité et espace. Prix 1/2 pension basé pour 2 pers.

Prix : 1 pers. **280 F** 2 pers. **320 F** 3 pers. **370 F** repas **80 F**
1/2 pens. **470 F** pens. **620 F**

Ouvert : toute l'année sauf en janvier, février et mi-mars.

15	10	10	SP	20

RIDER Gilles - Chaloux - 04150 SIMIANE-LA-ROTONDE - Tél : 04 92 75 99 13

THOARD Les Bourres

Alt. : 765 m *C.M. 81 Pli 6*

2 ch. Dans une vaste maison campagnarde restaurée, située à 2 km de Thoard, 2 chambres. 1 ch. (1 lit 2 pers. 2 lits 1 pers. superposés), 1 ch. (3 lits 1 pers.), salle d'eau et wc communs. Salon TV à disposition. Initiation au travail du bois (tournage et jouets en bois). Nombreuses randonnées possibles dans la vallée des Duyes. Circuit touristique du Col de Fontbelle.

Prix : 1 pers. **150 F** 3 pers. **300 F** pers. sup. **150 F**

Ouvert : toute l'année.

22	18	25	SP	22	SP	40	45	22	SP

VERCHOT Claude - Les Bourres - 04380 THOARD - Tél : 04 92 34 63 92 - Fax : 04 92 34 63 92

THORAME-BASSE

Alt. : 1138 m *C.M. 81 Pli 18*

1 ch. 1 chambre (1 lit 2 pers. 1 lit 1 pers. d'appoint disponible). Kitchenette. Salle d'eau et wc particuliers. Située dans une maison comprenant 4 gîtes. Dans la vallée du haut Verdon. Ski de piste dans le val d'Allos. Parapente et deltaplane sur place. Colmars, cité fortifiée par Vauban. Cascade de la Lance. Randonnées Lac d'Allos, ski de fond à la Colle Saint-Michel.

Prix : 1 pers. **150 F** 2 pers. **250 F** 3 pers. **370 F**

Ouvert : toute l'année.

3	12	12	3	SP	3	25	50	4

POUGNET Jacques et Georges - 04170 THORAME-BASSE - Tél : 04 92 83 92 53

TURRIERS Hameau du Maurier

Alt. : 1000 m (TH) *C.M. 81 Pli 6*

2 ch. **Gap 35 km. Sisteron 40 km.** Ancienne ferme restaurée comprenant 2 ch. (1 lit 2 pers. 2 lits 1 pers.) chacune avec balcon. Salle d'eau et wc communs, mobilier coquet, lits grand confort. Terrain derrière la maison et grande grange qui offrent un lieu de détente et un abri pour les voitures. Menus gastronomiques, produits fermiers. Sans vis-à-vis, la maison jouit de vues superbes sur le paysage et les montagnes environnantes. Grand choix de balades aux alentours : géologie, flore à découvrir. Langues parlées : anglais, allemand.

Prix : 1 pers. **195 F** 2 pers. **230 F** repas **120 F**

Ouvert : toute l'année.

4	30	10	9	SP	9	20	0,1

HARRIS Christine - Hameau du Maurier - 04250 TURRIERS - Tél : 04 92 55 12 18 - Fax : 04 92 55 12 19

VACHERES Le Château

Alt. : 850 m *C.M. 81 Pli 15*

1 ch. Vachères 1 km - Gorges d'Oppedette 7 km. Dans une aile de l'ancien château de Vachères rénové. 1 ch 3 pers. (1 lit 140, 1 lit 90), au 1er étage. S. d'eau privative sur le palier. Petit déjeuner amélioré. salon à dispo avec TV, bibliothèque. Terrain non clos commun. Meuble de jardin. Dans le Parc Naturel Régional du Luberon. Vachères : village perché de haute Provence. Musée. Nombreuses randonnées pédestres. Langue parlée : anglais.

Prix : 1 pers. **270 F** 2 pers. **300 F** pers. sup. **70 F**

Ouvert : toute l'année.

8	SP	10

REVERCHON Aimée - Le Château - 04110 VACHERES - Tél : 04 92 75 62 49

VALAVOIRE Le Serre

Alt. : 1000 m (TH) *C.M. 81 Pli 6*

3 ch. **Sisteron (citadelle) 25 km. La Motte du Caire 10 km.** Tout le charme de la Haute-Provence, en pleine nature avec vue exceptionnelle, grande maison fin XVIIIe s., amoureusement restaurée, offrant 3 chambres 2 pers., salle d'eau et wc privatifs. A disposition salon, bibliothèque, terrasse ombragée. Promenades, randonnées, practice de golf, ping-pong, chevaux. Tables d'hôtes traditionnelle. Animaux admis après accord. Dans un environnement préservé avec un point de vue exceptionnel sur le Val-de-Sasse et le Massif-des-Monges, vaste espace naturel, en plein milieu des alpages. Sentiers forestiers, practice de golf sur place. Prix 4 pers. 500 F. Via Ferrata du Caire 12 km.

Prix : 1 pers. **240 F** 2 pers. **280 F** 3 pers. **460 F** repas **90 F**

Ouvert : toute l'année.

5	10	10	25	SP	25	10

PICHON Alain - Le Serre - 04250 VALAVOIRE - Tél : 04 92 68 32 75

VALENSOLE

Alt. : 560 m *C.M. 81 Pli 16*

2 ch. **Gréoux-les-Bains 15 km.** 2 chambres spacieuses (1 lit 2 pers. chacune + 1 lit complémentaire enfant). Salle de bains et wc communs aux 2 chambres. Salle à manger et salon très agréable, dans une construction neuve, belle décoration, beau point de vue.

Prix : 1 pers. **160 F** 2 pers. **200 F** 3 pers. **300 F**

Ouvert : toute l'année.

20	2	1	SP	10	SP	10	35	SP

FOUILLOUX Jacques et M-Josée - Avenue de Provence - Quartier des Ecoles - 04210 VALENSOLE - Tél : 04 92 74 86 03

VALENSOLE

Alt. : 500 m (TH) *C.M. 81 Pli 1*

4 ch. Dans une maison de caractère avec jardin, pré et parking. 4 chambres 2 pers. dont 2 jumelées avec salle d'eau particulière. Rivière forêt 500 m.

Prix : 2 pers. **220 F** repas **80 F** 1/2 pens. **380 F**

Ouvert : toute l'année.

20	2	SP	SP	10	SP	10

CARAT Christiane - Les Marronniers - 04210 VALENSOLE - Tél : 04 92 74 87 42 - Fax : 04 92 74 95 65

VALENSOLE Fontaine-Neuve

Alt. : 566 m *C.M. 81*

1 ch. **Thermes de Gréoux 9 km. Manosque 25 km.** Mas provençal situé dans la pinède à 4 km de Valensole, avec parc ombragé, terrasses et meubles de jardin, sur terrain clos. R.d.c. : 1 chambre (1 lit 2 pers.), salle d'eau et wc privatifs. Garage. Salon et cuisine disponibles. Animaux admis après accord des propriétaires. Lac de Sainte-Croix, Gorges du Verdon à 25 km, Moustiers-Sainte-Marie à 22 km. Plateau de Valensole, paysage de champs de lavande et de céréales.

Prix : 1 pers. **160 F** 2 pers. **200 F**

Ouvert : toute l'année.

30	4	4	4	26	SP	26

CRUCIANI Danielle - Fontaine Neuve - Route de Gréoux les Bains - 04210 VALENSOLE - Tél : 04 92 74 94 44 ou 04 92 74 98 42

VAUMEILH La Ferme de Valauris

Alt. : 615 m (TH)

4 ch. **Sisteron 12 km.** Dans une ancienne ferme de caractère, 4 chambres d'hôtes. Situées à 3 km du village et de l'aérodrome, face aux montagnes de Gache et de Lure. R.d.c. : 4 ch. (1 lit 2 pers., 2 lits jumelés 1 pers.), dont une accessible aux handicapés. Chacune avec salle d'eau et wc privé. Chauffage électrique. Très belle cour intérieur. Vidéothèque à disposition. Repas servis dans une belle salle voutée. Environnement calme. Aérodrome et piste vélivole à 3 km . Sisteron, plan d'eau, clue de la Durance à 12 km. Prix 1/2 pension basé pour 2 pers. Langues parlées : anglais, italien, espagnol.

Prix : 1 pers. **230 F** 2 pers. **300 F** 3 pers. **400 F** pers. sup. **100 F** repas **90 F** 1/2 pens. **320 F**

Ouvert : du 16 février au 15 décembre.

14	12	12	12	SP	12	12

LE CLEACH Claude - La Ferme de Valauris - 04200 VAUMEILH - Tél : 04 92 62 13 99 ou 06 15 22 55 72

VENTEROL Le Brachet

Alt. : 1000 m A (TH) *C.M. 81 Pli 6*

5 ch. **Lac de Serre-Ponçon 20 km.** Chambres dans ferme du XVIIIe s., avec sanitaires complets privés dans chaque ch. 3 ch. avec mezzanine. Repas, salon, biblioth., point-phone. Exploitation agricole : fruits rouges, volailles, ferme auberge, jeux pour enfants, piscine. Parc ombragé 2 ha. Tennis à 50 m du hameau. Sentiers pédestres balisés, 200 km de pistes forestières réservées aux promeneurs (circulation à moteur interdite). Faune et flore abondante. Centre européen de parachutisme et de vol à voile de Tallard (8 km). Demi-pension enfant 120 F.

Prix : 1 pers. **200 F** 2 pers. **270 F** pers. sup. **135 F** repas **80 F** 1/2 pens. **215 F** pens. **295 F**

Ouvert : toute l'année.

SP	10	10	10	10	20	7

BOYER Sonia - La Méridienne - Le Banchet - 05130 VENTEROL - Tél : 04 92 54 18 51 - Fax : 04 92 54 18 51

VILLENEUVE La Maurissime

(TH) *C.M. 81 Pli 5*

4 ch. **Manosque 15 km.** 4 jolies chambres avec chacune s.d.b., wc et terrasse privés : 1 ch. 3 pers. 2 ch. 2 pers. 1 ch. 4 pers. en mezzanine. A disposition : salon, cheminée, TV, salle de réunion. Grande terrasse commune avec une vue féérique sur Oraison, à 1,5 km du village. Intérieur raffiné, cuisine savoureuse. 1/2 pension pour 2 ou 3 pers. Belle demeure récente en dehors du village dans un pinède de 1 ha. Vallée de la Durance. Nombreuses visites : Parc du Luberon, gorges du Verdon, montagne de Lure. Sports variés à proximité.

Prix : 1 pers. **250 F** 2 pers. **300 F** 3 pers. **350 F** pers. sup. **50 F** repas **110 F** 1/2 pens. **520/680 F**

Ouvert : toute l'année.

18	15	15	1,5	12	SP	15	SP

MOUCHOT Nicole - Chemin des Oliviers - La Maurissime - 04180 VILLENEUVE - Tél : 04 92 78 47 61

VOLONNE

C.M. 81 Pli 16

3 ch. **Sisteron 10 km. Digne 30 km.** Dans maison en campagne, 3 ch. (+1 gîte) dont 2 avec entrée indép. au r.d.c. Terrasse et 1 ch. au 1er ét. accès par le logement du prop., puis escalier privé. 1 ch. (1 lit 2 pers. 1 lit 100), 1 ch. (1 lit 2 pers. 1 lit-tiroir 1 pers.), 1 ch. (2 lits 1 pers. 1 lit-tiroir 1 pers.), douches, lavabos, wc, prise TV, ch. élect. Meubles jardin, environnement calme (oliviers, champs). Village pittoresque. Très belle vue sur la Durance. Pêche 800 m. Plan d'eau 10 km. Vol à voile 7 km à Saint-Auban. Sortie A51 Aubignosc. Pêche à 2 km.

Prix : 1 pers. **220 F** 2 pers. **260 F** pers. sup. **100 F**

Ouvert : de décembre à septembre inclus.

10	10	SP	10	SP	5	SP

REVELLI Monique - Quartier Saint-Jean - Villa el Cantara - 04290 VOLONNE - Tél : 04 92 64 30 38 ou 06 85 22 54 83 - Fax : 04 92 64 30 38 - E-mail : monique.revelli@infonie.fr

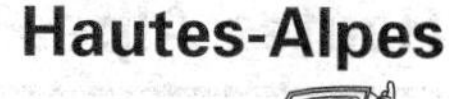

Hautes-Alpes

GITES DE FRANCE - Service Réservation
1, place du Champsaur - B.P. 55
05002 GAP Cedex
Tél. 04 92 52 52 94 ou 04 92 52 52 92
Fax. 04 92 52 52 90

3615 Gîtes de France
1,28 F/min

AIGUILLES

Alt. : 1475 m — TH — *C.M. 77 Pli 19*

2 ch. Dans village, maison bourgeoise 19e s. rénovée. Entrée 1er étage par terrasse plein sud, salon de jardin, wc, hifi, TV, salle à manger, salon, cheminée. Au 2e ét. : 2 ch. (2 pers, dont 1 ch. double) ouvrant sur petit balcon, avec s.d.b. et wc privatifs communicants pour 1 ch. Chauffage central. Local à ski. Terrain clos à proximité. Abri : Parking privatif. Langues parlées : allemand, espagnol.

CV

Prix : 1 pers. **240 F** 2 pers. **310 F** 3 pers. **420/470 F** repas **110 F**

Ouvert : toute l'année.

0,5	0,5	15	0,5	5	0,5	30	12	0,5	31	SP

LAUZIERE Hélène et Patrick - Villa Serre Poullin - 05470 AIGUILLES - Tél : 04 92 46 76 63 - Fax : 04 92 46 87 48 - E-mail : patrick.lauziere@wanadoo.fr

ANCELLE Les Auches

Alt. : 1300 m — TH — *C.M. 77 Pli 16*

4 ch. Aux portes du Parc National des Ecrins, dans maison récente avec entrée indépendante, au 1er étage de notre habitation : 1 chambre de 3 pers. s.d.b., wc, 1 de 2 pers, s.d.b., wc. 1 de 2 pers, petit balcon et salle d'eau, wc, 1 de 2 pers. (2 épis), salle d'eau, wc sur palier, petit balcon. Séjour, salon, TV, chauffage élect. Pelouse, espace détente. Parking. Terrain de boules. Repas du terroir avec pain cuit au feu de bois. Lac de Serre-Ponçon à 20 km. Randonnées et ski sur place.

CV

Prix : 1 pers. **210/220 F** 2 pers. **270/295 F** 3 pers. **375/385 F** pers. sup. **70 F** repas **80 F** 1/2 pens. **215/220 F**

Ouvert : toute l'année. Table d'hôte sur réservation.

SP	SP	7	8	1	1	0,5	20	5	0,1	17	1

MEIZEL Jacky et Josiane - L'Edelweiss - Les Auches - 05260 ANCELLE - Tél : 04 92 50 82 39 ou 06 86 18 91 52

ARVIEUX Brunissard

Alt. : 1750 m — *C.M. 77 Pli 18*

5 ch. Le propriétaire et sa famille, vous accueillent dans leur maison d'hôtes comprenant leur logement, 2 gîtes et au 1er ét. 4 chambres de 2 pers, 1 suite de 4 pers, salle de bains, wc, téléséjour. 2e étage : salle de séjour avec cheminée, cuisine, bibliothèque, espace musique, salle de jeux enfts, sauna. terrasse, jardin, terrain clos. Piscine d'été. Balnéo. Langue parlée : anglais.

CV

Prix : 1 pers. **250 F** 2 pers. **350 F** 3 pers. **450 F** pers. sup. **100 F**

0,5	1	1	0,3	0,5	1	3	30	20	0,5	25	1

MOREL Noël - Horticulteur « La Girandole » - Brunissard - 05350 ARVIEUX - Tél : 04 92 46 84 12 - Fax : 04 92 46 86 59

ASPRES-SUR-BUECH Le Chevalet

Alt. : 750 m — A — *C.M. 81 Pli 5*

E.C. 5 ch. Dans bâtiment de construction récente avec auberge à la ferme, en rez-de-chaussée par grand hall entrée indépendante de 5 chambres dont 4 avec mezzanine, ayant chacune salle d'eau-wc. Chauffage central. Salon en cours d'aménagement. Terrain. Parking. Restauration sur place, possibilité menus végétariens. Langue parlée : anglais.

CV

Prix : 1 pers. **190 F** 2 pers. **230 F** pers. sup. **80 F** repas **110 F** 1/2 pens. **195 F** pens. **250 F**

Ouvert : toute l'année.

15	20	5	10	3	8	3	20	0,4	0,5	3	3

AMBLARD Olivier - Le Chevalet - 05140 ASPRES-SUR-BUECH - Tél : 04 92 58 60 23 - Fax : 04 92 58 60 23

BENEVENT-ET-CHARBILLAC Charbillac

Alt. : 1100 m — TH — *C.M. 77 Pli 16*

4 ch. **Station de CHAILLOL à 11 km (navette à 3km5), alt. 1400 à 1880 m** Dans maison du village, au rez-de-chaussée sous voûtes : salle à manger, coin-salon avec cheminée. Au 2ème étage mansardé : 4 chambres avec chacune salle d'eau-wc. Cuisine au feu de bois. Chauffage électrique. Terrain clos gazonné, salon de jardin. Plusieurs circuits VTT au départ de la maison. Langues parlées : anglais, espagnol.

CV

Prix : 1 pers. **220 F** 2 pers. **250 F** pers. sup. **125 F** repas **70 F** 1/2 pens. **185 F** pens. **250 F**

Ouvert : toute l'année.

11	11	7	10	5	7	4	7	35	0,5	20	5

GOURDOU Brigitte - Le Cairn - Charbillac - 05500 BENEVENT-ET-CHARBILLAC - Tél : 04 92 50 54 87 - E-mail : GITE.LE.CAIRN@wanadoo.Fr - http://perso.wanadoo.fr/chambres.dhotes.le.cairn/

BRIANCON Pramorel

Alt. : 1350 m — TH — *C.M. 77 Pli 18*

4 ch. **DOMAINE DU GRAND SERRE-CHEVALIER : de 1200 à 2800 m d'altitude.** Dans ancien corps de ferme rénové, 4 chambres d'hôtes dans la maison du propriétaire, à proximité d'une aire naturelle de camping. Chambres à l'étage, entrée ind. 1 ch. 5 pers. avec mezzanine (1 lit 2 p. 3 lits 1 p.), 2 ch. 2 p. et 1 ch. 3 p. Salle d'eau-wc dans chacune des ch. Salle à manger commune. Point-phone. Espace détente extérieur, aire de jeux. Langue parlée : anglais.

Prix : 1 pers. **180 F** 2 pers. **360 F** 3 pers. **540 F** pers. sup. **180 F**
1/2 pens. **220 F** pens. **285 F**

Ouvert : toute l'année.

4	2	4	8	4	6	1,5	55	6	0,2	4	3

SCHOCHER Patrick et Clara - Champ de Blanc - Pramorel - 05100 BRIANCON - Tél : 04 92 21 07 71 ou 04 92 20 55 56 - Fax : 04 92 21 07 71

BUISSARD

Alt. : 1250 m — TH — *C.M. 77 Pli 16*

4 ch. Dans ancienne ferme du XVIIIe siècle, rénovée, avec le logement des propriétaires, 1 gîte rural et 4 chambres avec chacune leur salle d'eau, wc. R.d.c : salle à manger-séjour (90m²), cheminée, TV, 1 wc. Au 1er étage : 2 ch. de 2 et 4 pers. Au niveau supérieur mansardé : 2 ch de 2 et 3 pers. Chauffage central. Terrain et salon de jardin communs. Parking. Langues parlées : anglais, italien.

Prix : 1 pers. **220 F** 2 pers. **270/310 F** 3 pers. **330/390 F** repas **75 F**

Ouvert : toute l'année.

6	6	3	5	3	3	3	3	10	1	20	3

DUBOIS Nathalie - Les Chemins Verts - 05500 BUISSARD - Tél : 04 92 50 57 57 - Fax : 04 92 50 75 25

CHABOTTES Les Fangeas

Alt. : 1150 m — TH — *C.M. 77 Pli 16*

5 ch. A proximité du Parc National des Ecrins, dans ferme en activité, Catherine et Alain vous proposent 5 ch. d'hôtes rénovées dans une ancienne bergerie. R-d-c : salle à manger, coin salon, TV. 1er étage : 3 ch. 3 pers. donnant sur terrasse. 2ème étage : 3 ch. 2 pers. mansardées. Chaque chambre dispose de salle d'eau et wc privatifs. Chauffage central. Terrain, salon de jardin. Parking. Langue parlée : anglais.

Prix : 2 pers. **250 F** 3 pers. **310 F** repas **70 F**

Ouvert : toute l'année. Table d'hôtes hors saison sur réservation.

5	3	6	3	2	3	2	4	10	SP	20	2

DUSSERRE Catherine et Alain - La Chabottine - Les Fangeas - 05260 CHABOTTES - Tél : 04 92 50 72 29

CHABOTTES Les Michauds

Alt. : 1224 m — TH — *C.M. 77 Pli 16*

2 ch. Dans ancienne ferme rénovée du XVIIIe siècle, sur le chemin des côtes de Buissard : 2 chambres dont une avec 1 lit 2 pers. (s.d'eau, wc privatifs) et une chambre familiale (2 lits 2 p, 1 lit 2 p.) avec s.d'eau et wc privatifs extérieurs à la ch. Séjour, coin-salon, cheminée, TV, coin bibliothèque, terrasse, espace détente clos. Cuis. traditionnelle variée.

Prix : 1 pers. **210 F** 2 pers. **260 F** 3 pers. **310/350 F** pers. sup. **90 F**
repas **80 F** 1/2 pens. **210 F**

Ouvert : toute l'année.

4	4	3	10	2,8	4	1	3	12	SP	20	3

FAUSSEMAGNE Germaine - Les Sources - Les Michauds - 05260 CHABOTTES - Tél : 04 92 50 74 57 ou 06 87 91 58 62

LA CHAPELLE-EN-VALGAUDEMAR

Alt. : 1050 m — *C.M. 77 Pli 16*

4 ch. Dans maison récente, au-dessus de l'épicerie et en dessous d'un gîte rural : au 1er étage, 4 chambres ayant chacune salle d'eau-wc dont 1 ch. pour 1 pers. (1 épi), 1 cuisine commune. En rez-de-ch., salle à manger, Chauffage central. Petit jardin d'agrément clos avec fontaine, salon de jardin. Parking. En face : tennis et aire de jeux communaux. Langues parlées : anglais, italien.

Prix : 1 pers. **200 F** 2 pers. **250 F** 3 pers. **300 F**

Ouvert : toute l'année.

40	SP	25	0,5	SP	8	SP	25	SP	SP	50	SP

CATELAN J.Claude et Sylvette - La Fontaine Fleurie - 05800 LA CHAPELLE-EN-VALGAUDEMAR - Tél : 04 92 55 27 66

LA CHAPELLE-EN-VALGAUDEMAR

Alt. : 1050 m — A — *C.M. 77 Pli 16*

4 ch. Aux portes du Parc National des Ecrins, dans la maison du propriétaire, (avec auberge-spécialités de la vallée), près de ferme (élev. moutons). Au r.d.c. : coin-salon. Entrée au 1er étage de 4 ch. (dont 1 par l'extérieur), pour 2 à 3 pers. ayant chacune salle d'eau-wc. Chauffage par le sol. Terrain, salon de jardin. Parking. Langue parlée : anglais.

Prix : 1 pers. **210 F** 2 pers. **250 F** 3 pers. **330 F** repas **75 F**
1/2 pens. **200 F**

Ouvert : de février à mi-novembre.

50	SP	40	SP	SP	8	SP	40	SP	SP	50	SP

PERIER Jean-Marie - Les Aupillous - 05800 LA CHAPELLE-EN-VALGAUDEMARD - Tél : 04 92 55 20 18

CHATEAU-VILLE-VIEILLE Souliers

Alt. : 1820 m (TH) *C.M. 77 Pli 18-19*

5 ch. Au cœur du Parc Régional du Queyras. Accueil à la ferme dans maison ancienne du hameau, sur 2 niveaux : 2 chambres de 4 pers. avec salle d'eau-wc particuliers et 3 chambres de 2 à 3 pers. avec salle d'eau et wc communs. Grand séjour donnant sur 2 terrasses ensoleillées, bibliothèque, coin-cheminée, piano, chauffage central. Possibilité de boxes à chevaux. Langues parlées : anglais, italien.

CV

Prix : 1 pers. **180 F** 1/2 pens. **205/220 F**

Ouvert : toute l'année, réservation indispensable.

6	SP	12	20	4	10	4	50	11	SP	30	6

HUMBERT François et Chantal - Les Oules - Souliers - 05350 CHATEAU-VILLE-VIEILLE - Tél : 04 92 46 76 39 - Fax : 04 92 46 76 39

CHATEAU-VILLE-VIEILLE Montbardon

Alt. : 1200 m (TH) *C.M. 77 Pli 18-19*

3 ch. **Ski de fond au départ de la maison, alt. 1400 à 2600 m** Au cœur du Parc Régional du Queyras, dans une maison du hameau, avec gîte d'étape et de séjour. Petit hameau de 14 habitants. Petites chambres comfortables de 2 personnes avec salle d'eau particulière, wc communs. Salle de séjour à la disposition des hôtes, chauf. central. Gde terrasse surplombant la vallée. Cuisine trad., confitures, pâtisseries maison. Vente de produits régionaux. A proximité, possibilité randonnée, ski de fond, raquettes, rafting. Langues parlées : anglais, italien.

CV

Prix : 1 pers. **120 F** 2 pers. **240 F** repas **75 F** 1/2 pens. **190 F** pens. **210 F**

Ouvert : mi-octobre à mi-septembre sauf 15 jours en mai.

15	SP	15	15	15	3	30	5	SP	16	15

LAURANS Marc et Claudine - Le Cadran Solaire - Montbardon - 05350 CHATEAU-VILLE-VIEILLE - Tél : 04 92 46 70 78 - Fax : 04 92 46 70 78

CHATEAU-VILLE-VIEILLE Ville Vieille

Alt. : 1400 m (TH) *C.M. 77 Pli 19*

3 ch. **Station village d'AIGUILLES : de 1450 à 2590 m d'altitude.** Au cœur du Parc Régional du Queyras, dans ancienne maison de village. 1 suite familiale avec 2 ch. (1 lit 2 pers, 2 lits 1 pers), 1 salon, salle d'eau-wc. Une ch. double avec (1 lit 2 pers et 3 lits 1 pers), salle d'eau-wc. 1 ch. (1 lit 2 pers) salle d'eau-wc privatifs non attenants. 1 salon bibliothèque, coin hi-fi. Terrain attenant. Local à ski et VTT.

CV

Prix : 1 pers. **250 F** 2 pers. **300 F** 3 pers. **420 F** pers. sup. **120 F** repas **90 F** 1/2 pens. **200/260 F**

Ouvert : toute l'année.

5	5	45	10	1	5	SP	45	6	SP	25	SP

ANTOINE Roger - « Le Temps de vivre » - 05350 CHATEAU-VILLE-VIEILLE - Tél : 04 92 46 85 43 - E-mail : Astragales.Queyras@wanadoo.fr - http://perso.wanadoo.fr/astragales.queyras/

CHATEAUROUX-LES-ALPES Serre-Buzard

Alt. : 1350 m *C.M. 77 Pli 18*

4 ch. Dans ferme traditionnelle rénovée dans hameau dominant la vallée de la Durance. 4 chambres de 2 pers. (lits supp. pr 3 et 4 pers.) avec salle d'eau privative pour chaque chambre. 2 wc communs. Séjour, coin-salon avec cheminée. Coin-cuisine à disposition. Local à matériel. Nombreuses activités à partir des chambres. Langue parlée : anglais.

CV

Prix : 1 pers. **100/120 F** 2 pers. **200/240 F** 3 pers. **300/360 F** pers. sup. **100/120 F**

Ouvert : toute l'année.

25	25	14	1,5	5	7	5	14	SP	SP	14	3

MORIN Flora - Hameau de Serre Buzard - 05380 CHATEAUROUX-LES-ALPES - Tél : 04 92 43 82 24 - Fax : 04 92 43 82 24 - E-mail : riou.morin@wanadoo.fr

CHORGES

Alt. : 850 m *C.M. 77 Pli 17*

3 ch. Ds maison récente, en r.d.c. : salon-salle à manger ouvrant sur terrasse couverte. A l'étage mansardé (accès indépendant) : coin-détente, TV, wc commun, 2 ch. de 3 pers. dont une 3 épis avec wc privatif (1 lit 2 pers. 160, 1 lit 1 p.) s. d'eau particulière, 3e ch. donnant sur balcon (2 lits 1 p.), s. d'eau. Chauffage élect. Accueil adapté aux cyclotouristes.

CV

Prix : 1 pers. **180/200 F** 2 pers. **250/280 F** 3 pers. **320/350 F** pers. sup. **70 F**

Ouvert : toute l'année.

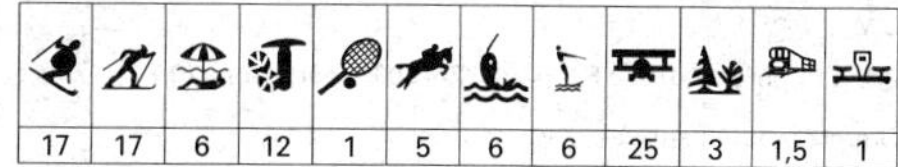

17	17	6	12	1	5	6	6	25	3	1,5	1

LE TILLY Marc et Thérèse - Chemin de l'Iscle - 05230 CHORGES - Tél : 04 92 50 32 38

EMBRUN

Alt. : 1090 m — *C.M. 77 Pli 17-18*

5 ch. — Dans villa récente, vue panoramique sur chaîne de montagnes. A l'étage : 4 chambres de 2 à 4 pers. avec leur salle d'eau privée, 2 wc. En rez-de-chaussée le séjour-salon avec cheminée ouvrant sur véranda - terrasse. 1 chambre l'été, salle de bains commune avec prop. Chauffage central. Parking privé. Petit déjeuner « bio ».

CV

Prix : 1 pers. **200/240 F** 2 pers. **250/270 F** 3 pers. **340/370 F** pers. sup. **50/100 F**

Ouvert : toute l'année sur réservation.

15	15	4	4	4	4	4	8	6	2	2

MATHERY Raymonde - L'Edelweiss - St-Jacques-Route-de-Caleyere - 05200 EMBRUN - Tél : 04 92 43 39 76

EOURRES Les Damias

Alt. : 1000 m — TH — *C.M. 81 Pli 5*

2 ch. — Après route de montagne en pleine nature, exploit. maraîchère bio, dans maison (19ᵉ s) rénovée, entrée en r.d.c. : 2 ch. de 2 et 3 pers. dont une avec mezzanine et coin-cuisine, chacune avec leur s.d'eau-wc. Chauffage central. Dans maison voisine avec propriétaire, salle à manger, coin-salon, cheminée. Salle d'activité, piano. Terrain, salon de jardin. Cuisine bio, végétarienne ou traditionnelle. Langues parlées : anglais, allemand.

CV

Prix : 1 pers. **150 F** 2 pers. **240/270 F** 3 pers. **360 F** repas **60/80 F** 1/2 pens. **190/215 F** pens. **250/275 F**

Ouvert : toute l'année.

15	SP	7	7	SP	10	0,2	25	7

YAFFEE Françoise - Les Damias - 26560 EOURRES - Tél : 04 92 65 20 50 - Fax : 04 92 65 20 50 - E-mail : lesdamias@net-up.com

EYGLIERS Le Gros

Alt. : 1400 m — TH — *C.M. 77 Pli 18*

2 ch. — A 1400 m d'altitude, dans maison récente de style local, avec vue panoramique sur le val Guil-Durance. Les propriétaires vous proposent 2 chambres de 2 pers.(2 x 1 lit 2 pers). Salle d'eau privative pr chacune et wc commun pour les 2 chambres. Entrée indépendante par un coin- salon/bibliothèque réservé aux hôtes. Table d'hôtes avec cuisine bio-végétarienne.

Prix : 1 pers. **230 F** 2 pers. **280 F** repas **80 F**

Ouvert : de juin à septembre.

25	25	8	12	15	8	8	35	12	SP	9	9

MARTIN-JOLIVET Danièle - « La Halte » - Hameau du Gros - 05600 EYGLIERS - Tél : 04 92 45 20 00 - Fax : 04 92 45 20 00 - E-mail : cadrans@club.internet.fr

FOUILLOUSE Les Grands Chênes

Alt. : 650 m — A — *C.M. 81 Pli 6*

1 ch. — Sur l'exploitation agricole, spécialisé en Arboriculture fruitière, en pleine campagne, avec ferme auberge, en rez-de-jardin, 1 chambre « golden » de 3 pers. (1 lit 2 places + 1 lit 1 place) avec salle d'eau, wc, TV, mini frigo. Salon de terrasse. Chauffage par le sol. Produits de la ferme : fruits et jus de fruits. Langue parlée : anglais.

Prix : 1 pers. **230 F** 2 pers. **260 F** 3 pers. **340 F** repas **80 F**

Ouvert : toute l'année sur réservation.

30	4	15	10	5	10	5	30	2	SP	15	5

AYACHE Serge - Domaine des Grands Chênes - 05130 FOUILLOUSE - Tél : 04 92 54 00 41

GAP Domaine des Eterlous

Alt. : 900 m — *C.M. 77 Pli 16*

3 ch. — A 6 kms d'un golf 18 trous, dans maison récente au pied de la montagne de Charance. 3 chambres de style rustique pour 2 ou 3 pers. 2 ch. avec accès indépendant par terrasse privative, 1 ch. à l'étage. Salle d'eau et wc dans chaque chambre. Grand séjour, cheminée, coin-salon réservé aux hôtes, bibliothèque spéciale montagne, TV, tél. Conseil sportifs. Réfrigérateur à disposition. Langue parlée : anglais.

CV

Prix : 1 pers. **310 F** 2 pers. **310 F** 3 pers. **395 F**

Ouvert : toute l'année.

8	6	5	10	5	4	0,2	15	15	1	2	2

TOMASI Nathalie - Domaine des Eterlous - Chemin du Haut Varsie - 05000 GAP - Tél : 04 92 56 06 00 - Fax : 04 92 56 06 00

GAP Les Eyssagnieres

Alt. : 750 m — *C.M. 77 Pli 16*

5 ch. — Au milieu d'un grand pré, dans maison du propriétaire avec 2 gîtes, à la ferme. Au rez-de-chaussée la salle à manger. Au 1ᵉʳ étage : 1 chambre avec salle d'eau-wc. Au 2ᵉ étage : coin-lecture, 4 chambres avec salle d'eau-wc ou salle de bains, wc. TV dans chaque chambre, téléphone commun. Chauffage central. Terrain commun, salon de jardin. Parking. Langue parlée : italien.

CV

Prix : 1 pers. **190/270 F** 2 pers. **220/300 F** pers. sup. **70 F**

Ouvert : toute l'année.

13	9	1,5	10	1,5	4	10	6	12	2	4	1,5

MANENT Orietta - Esparceu - 27, route des Eyssagnieres - 05000 GAP - Tél : 04 92 52 04 81 - E-mail : d.gauthier@worlonline.fr

GAP

Alt. : 750 m — *C.M. 77/81 Pli 16 /6*

5 ch.

A 15 km d'un golf 18 trous, dans demeure du XVIIIe, près du château de Charance et de son lac. R.d.c. :salle à manger-salon, cheminée. 1er étage : entrée indép., 5 ch. de 2 à 4 pers, ayant leur s. d'eau/wc, dont 1 avec balcon, s.d.b., wc. Chauffage central. Sauna, billard. Parc en terrasses, salon de jardin, espace enfants, piscine. Cuisine d'été à dispo. Garage possible. PROMO : pers. suppl. : -12 ans = 50 F, +12 ans = 100 F Langue parlée : anglais.

Prix : 1 pers. **360/500 F** 2 pers. **360/500 F** 3 pers. **460/600 F** pers. sup. **50/100 F**

Ouvert : toute l'année.

17	14	14	20	5	1,5	3	25	3	SP	5	5

DROUILLARD Bruno et Anne - Route du Lac « Le Parlement » - Quartier de Charance - 05000 GAP - Tél : 04 92 53 94 20 - E-mail : bruno.drouillard@wanadoo.fr

GUILLESTRE

Alt. : 1000 m — *C.M. 77 Pli 18*

1 ch.

Dans ancien moulin du XIVe siècle, à la périphérie de Guillestre. Mitoyen d'autres hébergements de tourisme. 1 chambre avec entrée indépendante, salle d'eau et wc privatifs (1 lit 2 personnes), TV. Coin-cuisine à disposition dans la chambre. Grand séjour et salon-communs. Terrasse et terrain avec salon de jardin.

Prix : 1 pers. **240 F** 2 pers. **280 F** 3 pers. **360 F**

Ouvert : toute l'année.

15	15	0,5	8	0,3	0,5	0,3	20	8	0,5	5	0,5

GADENZ Antoine et Francine - Le Moulin du Martinet - 05600 GUILLESTRE - Tél : 04 92 45 04 61 - Fax : 04 92 45 04 61

GUILLESTRE Le Plan de Phasy

Alt. : 900 m — TH — *C.M. 77 Pli 18*

5 ch.

Station de RISOUL-VARS : domaine de la Forêt Blanche Proche de la source thermale du Plan de Phasy, grande maison (ancien relais de poste), 5 ch. d'hôtes. Chaque ch. personnalisée (2 à 4 pers.) avec salle d'eau et wc privatifs. Entrée indép. pour la partie ch. d'hôtes. Salle de lecture, TV. Grand séjour voûté avec cheminée. Terrain aménagé (1 ha) avec verger et jardin. Equipement et meubles de jardin. Langues parlées : anglais, italien.

Prix : 1 pers. **250 F** 2 pers. **320 F** 3 pers. **380 F** pers. sup. **70 F** repas **90 F** 1/2 pens. **210/240 F**

Ouvert : toute l'année.

14	15	1	3	2	1	1	18	5	1	5	0,3

JARNIAC Marie-Jane et Roger - Le Clos de Phasy - Plan de Phasy - 05600 GUILLESTRE - Tél : 04 92 45 37 53 ou 06 03 54 49 38 - Fax : 04 92 45 37 53

MOLINES-EN-QUEYRAS Le Val d'Azur

Alt. : 1750 m — TH — *C.M. 77 Pli 19*

4 ch.

MOLINES EN QUEYRAS relié à ST Véran, stations-villages A la sortie du village, dans maison de 1723 rénovée, en r.d.c. : 1 salle commune avec cheminée et piano. Au 1er étage : 1 gîte rural. 2 chambres dont 1 double, avec chacune salle d'eau et wc. Au 2ème ét., avec le logement des propriétaires : 2 autres chambres identiques. Chauffage central. Terrain commun, salon de jardin, balançoire. Parking communal. Nourriture basée sur une production « esprit bio ». Langue parlée : anglais.

Prix : 1 pers. **170 F** 1/2 pens. **205/240 F**

Ouvert : de noël à avril et juillet-août.

0,5	SP	35	2	3	0,5	50	1	1	30	0,5

PROSPER-TARRAGON Didier et Solange - Apiculteurs - Le Val d'Azur - 05350 MOLINES-EN-QUEYRAS - Tél : 04 92 45 86 15

LE MONETIER-LES-BAINS Les Boussardes

Alt. : 1650 m — TH — *C.M. 77 Pli 7*

4 ch.

Dans maison annexe à celle de la prop., à la ferme. 4 chambres (2 à 3 pers.) dont 1 avec coin-cuisine, 3 salle d'eau-wc, 1 salle de bains-wc. Ouvrant sur balcon-terrasse avec salon de jardin : séjour coin-salon, coin-cuisine (supplément de 50 F/jour), poêle-cheminée, TV, téléphone, lave-linge. Table ping pong. Accueil pour cyclotouristes. Langues parlées : anglais, italien.

Prix : 1 pers. **220 F** 2 pers. **320 F** 3 pers. **420 F** repas **120/195 F** 1/2 pens. **230/250 F** pens. **320/370 F**

Ouvert : toute l'année.

6	SP	6	SP	6	6	SP	6	SP	20	6

BOUSSOUAR Hélène - Les Boussardes - 05220 LE MONETIER-LES-BAINS - Tél : 04 92 24 42 13 - E-mail : kboussouar@wanadoo.fr

MONTCLUS-LES-ALPES Champ du Meunier

Alt. : 800 m — A — *C.M. 81 Pli 5*

3 ch.

Entourée d'une nature préservée (fin d'accès par chemin) la ferme du XVIIIe s. restaurée avec respect abrite, 3 chambres mitoyennes, salle d'eau-wc particul. (entrée 1 chambre de plain-pied, 2 chambres par escalier extérieur commun), et la ferme auberge. Coin détente aménagé dans la salle de l'auberge. Chauffage central. Terrasse, salon de jardin. Langue parlée : anglais.

Prix : 1 pers. **180 F** 2 pers. **250 F** 3 pers. **340 F** repas **100 F** 1/2 pens. **280 F**

Ouvert : toute l'année.

40	35	5	5	15	1	5	5	SP	5	5

TAVERNE Didier - Veaujeala - Champ-du-Meunier - 05700 MONTCLUS - Tél : 04 92 67 01 91

NEVACHE Sallé

Alt. : 1600 m (TH) *C.M. 77 Pli 8*

5 ch. Dans maison de caractère au cœur de la vallée de la Claret. En r.d.c : salle à manger avec coin-lecture & musique, TV, cheminée. De plain-pied 2 ch. 3 épis (25 m²) avec mezzanine, coin-salon, s.de bains wc, terrasse. A l'étage : 1 ch. double de 18m² 2 épis (1 lit 2 p., 2 lits 1 p.) s.d.b wc, 2 ch. 1 épi 8 & 9m² avec chacune (1 lit 2 p) 1 cabine douche, wc communs. Table d'hôte gourmande. Terrasse avec chaises longues. Local à disposition pout V.T.T., skis, matériel de pêche. Elevage de lama : randonnées accompagnées. Culture de champignons à la ferme. Langues parlées : anglais, allemand.

Prix : 1 pers. **350/600 F** 2 pers. **270/395 F** 3 pers. **220/320 F**
1/2 pens. **220/600 F**

Ouvert : toute l'année.

20	SP	0,2	4	0,5	2	0,2	75	10	0,2	18	SP

**PASCALLET Claire - La Joie de vivre - Salle - 05100 NEVACHE - Tél : 04 92 21 30 96 - Fax : 04 92 20 06 41 -
http://www.la-joie-vivre.com**

LES ORRES Les Ribes

Alt. : 1450 m (TH) *C.M. 81 Pli 8*

6 ch. **Les Orres 3km.** Dans hameau, ex-ferme (1836) rénovée, avec le logement des propriétaires, 5 ch. au 1er ét., de 2 à 4 pers., chacune s. d'eau, wc, prise TV, balcon. En combles 1 ch dble avec s.d'eau, wc, 1 salle de jeux, bibliothèque, coin-TV, ch. central. R.d.c., salle à manger, coin-salon avec cheminée, chauffage au sol. Terrain, salon de jardin, ping-pong. Parking. Torrent à truites. Local rangement ski, VTT. Raquettes à neige sur place. Langues parlées : anglais, allemand.

Prix : 1 pers. **130/150 F** 2 pers. **260/300 F** 3 pers. **390/450 F**
pers. sup. **130/150 F** repas **100 F** 1/2 pens. **200/240 F** pens. **240/280 F**

Ouvert : toute l'année.

3	3	3	4	3	3	2	12	3	SP	14	3

**HURAULT Michel et Claude - La Jarbelle - Les Ribes - 05200 LES ORRES - Tél : 04 92 44 11 33 - Fax : 04 92 44 11 23 -
E-mail : lajarbelle@wanadoo.fr**

LA PIARRE Le Collet

Alt. : 980 m (TH) *C.M. 81 Pli 5*

2 ch. Dominant le village de La Piarre, dans une ancienne ferme rénovée. Dominique et Bernard vous proposent 2 chambres d'hôtes de style régional (2 à 4 pers.), salle d'eau et wc privatifs dans chaque chambre. Piscine et terrasse à disposition. Table d'hôtes avec cuisine régionale dans une grande salle sous voûtes, coin-détente réservé aux hôtes.

Prix : 1 pers. **190 F** 2 pers. **250/280 F** 3 pers. **350/380 F** repas **80 F**
1/2 pens. **205 F**

Ouvert : toute l'année.

40	40	SP	4	10	15	0,3	10	10	0,5	10	10

GIRAUD Dominique et Bernard - La Calade - Le Chanelou - 05700 LA PIARRE - Tél : 04 92 67 08 35

PRUNIERES Les Vignes Larignier

Alt. : 850 m *C.M. 77 Pli 17*

5 ch. Dans parc : plan d'eau (table pique-nique, fauteuils relax), de la maison vue sur le lac et le Grand Morgon. 1er étage : véranda, séj. coin-salon, cheminée, cuis. En rez de jardin (terrasse) 3 ch, salle d'eau, wc. Au 2e étage : 2 ch., chacune salle d'eau-wc, TV. Chauf. central. Local à ski et matériel pêche. Aire de pique-nique, salon de jardin, ping-pong. Barbecue. Parking. Pour les longs séjours cuisine, table sont à la disposition des hôtes.

Prix : 1 pers. **260 F** 2 pers. **290/310 F** 3 pers. **370/390 F**

Ouvert : du 25 décembre au 15 novembre.

12	12	1,5	8	5	3	1,5	1,5	6	5	5	5

VELAY Louis - Les Carlines - Les Vignes Larignier - 05230 PRUNIERES - Tél : 04 92 50 63 27 - E-mail : Velaylouis@hotmail.com

RAMBAUD Les Girons

Alt. : 850 m (TH) *C.M. 77 Pli 16*

3 ch. Dans ferme rénovée dans un cadre calme et agréable à 5 km de Gap, à l'étage 3 chambres de 2 à 3 pers. dont 2 avec leur salle d'eau et 1 salle d'eau commune. En rez-de-chaussée, sous voûte, la salle à manger et coin-salon avec cheminée, TV. Terrain commun. Sur l'arrière de la maison 1 gîte de séjour en dortoirs de 4 et 6 pers.

Prix : 2 pers. **225/255 F** repas **80 F** 1/2 pens. **195/210 F**

Ouvert : d'avril à fin octobre.

20	10	6	20	6	6	25	10	2	5	5

ORCIERE Marie-Jeanne - Les Girons - 05000 RAMBAUD - Tél : 04 92 51 24 62 - Fax : 04 92 51 24 62

ROSANS Le Beal Noir

Alt. : 700 m (TH) *C.M. 81 Pli 4*

6 ch. Dans bâtiment annexe à la maison de la propriétaire, de type provençal retiré de la D994, parking ombragé. Entrée en r.d.c. des 6 ch. dont 2 avec salon et mezzanine. Avec chacune : s.d.b. ou salle d'eau et wc, TV, terrasse. Salle à manger donnant en terrasse, cheminée, téléséjour, coin bibliothèque, chauffage électrique. Solarium. Piscine. Terrain de boules. Garage motos. Langue parlée : anglais.

Prix : 1 pers. **240/260 F** 2 pers. **270/290 F** 3 pers. **350/370 F** repas **90 F**

Ouvert : toute l'année.

55	55	SP	1,5	1,5	23	23	SP	0,1	23	1,5

**PACAUD Bernadette et Didier - « L'Ensoleillée » - Le Béal Noir - 05150 ROSANS - Tél : 04 92 66 62 72 - Fax : 04 92 66 62 87 -
E-mail : l.ensoleillee@infonie.fr**

SAINT-ANDRE-D'EMBRUN Pre de Pasques Alt. : 1140 m *C.M. 77 Pli 18*

3 ch. Dominant le Lac de Serre-Ponçon, face au Parc des Ecrins, dans maison récente proche hameau. A l'étage : 3 ch. avec balcon, dont 1 ch. dble (3 épis) avec s.d.b., wc, et 2 ch. (1 épi), chacune cab. toilette, s.d'eau- wc commune. Equipt bébé, à disposition. En r.d.c. véranda-salle à manger ouvrant sur jardin. Coin-salon avec cheminée, bibliothèque. Equipt ext. Langue parlée : anglais.

Prix : 1 pers. **180/220 F** 2 pers. **240/320 F** 3 pers. **340/420 F**

Ouvert : de mai à septembre.

9	9	8,5	17	8,5	9	5	8,5	15	1	7	7

RAGON Solange - Pré de Pasques - 05200 SAINT-ANDRE-D'EMBRUN - Tél : 04 92 43 17 26

SAINT-ANDRE-D'EMBRUN Siguret Alt. : 950 m (TH) *C.M. 77 Pli 18*

2 ch. Dans maison du hameau, entièrement restaurée, face au Parc des Ecrins. Au 1er étage, salle à manger avec cheminée. Au niveau supérieur : 2 chambres avec chacune leur salle d'eau-wc non attenante. Chauffage électrique et bois. Terrasse. Terrain et chaises longues à disposition. Parking. « Table d'hôtes gourmande ». Langue parlée : anglais.

CV

Prix : 2 pers. **300 F** 1/2 pens. **320 F**

Ouvert : toute l'année sur réservation.

15	15	1	10	10	8	1	10	12	0,5	10	10

CORMERY Bernard - Siguret - 05200 SAINT-ANDRE-D'EMBRUN - Tél : 04 92 43 49 94

SAINT-CHAFFREY Villard Late Alt. : 1400 m *C.M. 77 Pli 18*

1 ch. Dans village de montagne classé, à proximité des pistes de Serre Chevalier, une chambre d'hôtes dans une maison régionale de caractère. Entrée indépendante par l'arrière de la maison avec petit-coin salon réservé aux hôtes : 2 lits 1 pers. Salle d'eau-wc privatif. Parking public à proximité. Langues parlées : anglais, allemand.

CV

Prix : 1 pers. **240 F** 2 pers. **280 F**

1	1	1	1	3	1	50	1	0,2	6	1

LEVY Françoise - 8 rue du vieux moulin - Villard Latte - 05330 SAINT-CHAFFREY - Tél : 04 92 24 18 56

SAINT-ETIENNE-EN-DEVOLUY Alt. : 1270 m *C.M. 77 Pli 15/16*

4 ch. A la ferme, dans maison des propriétaires, avec entrée indépendante, au 1er étage : 4 chambres de 2 à 3 pers ayant chacune salle d'eau-wc privative, chauffage central. Terrain attenant, salon de jardin l'été. Parking privé. Restaurants à proximité. Randonnées pédestres et circuits V.T.T. avec topo-guides. Via ferrata et site d'escalade à 500 mètres.

Prix : 1 pers. **210/230 F** 2 pers. **270/300 F** 3 pers. **370/400 F**

Ouvert : toute l'année.

5	2,5	5	0,5	1	5	0,3	21	2	2	28	0,1

MANEL René et Maryvonne - Ferme de le Tourtette - Quartier de l'Eglise - 05250 SAINT-ETIENNE-EN-DEVOLUY - Tél : 04 92 58 82 01

SAINT-JACQUES-EN-VALGAUDEMAR Entrepierres Alt. : 980 m A *C.M. 77 Pli 16*

4 ch. Avec l'auberge à la ferme, 4 chambres de 2 pers. En rez-de-chaussée : 1 ch. avec salle d'eau-wc. Au 1er étage : la salle à manger. Au niveau supérieur mansardé : 2 ch .avec leur salle d'eau-wc (1 lit suppl. 1 pers. dans 1 ch), 4e ch. indépendante dans bât. annexe (salle d'eau-wc privative). Chauffage central. Terrain ombragé avec fontaine.

CV

Prix : 1 pers. **235 F** 2 pers. **280 F** 3 pers. **370 F** repas **95 F**
1/2 pens. **235 F** pens. **320 F**

Ouvert : toute l'année.

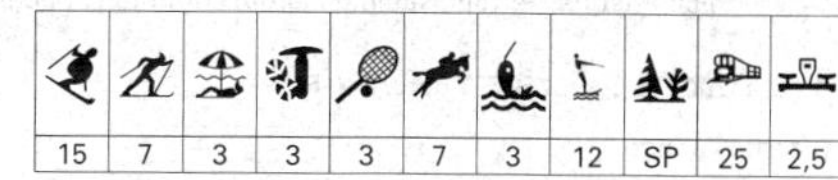

15	7	3	3	3	7	3	12	SP	25	2,5

BARBAN Pierre, J.& Enfants - « Les Clarines » - Entrepierres - 05800 SAINT-JACQUES-EN-VALGAUDEMAR - Tél : 04 92 55 20 31

SAINT-JEAN-SAINT-NICOLAS Chabottonnes Alt. : 1200 m (TH) *C.M. 77 Pli 16/17*

4 ch. Dans ex-ferme, sur 2 niveaux. En r.d.c. : salle à manger coin-cuisine, coin-salon, wc, 1 chambre 16m^2 (1 lit 2 pers.) avec salle d'eau-wc. A l'étage : 3 ch. identiques (2 avec 1 lit 2 pers, 1 avec 2 lits 1 pers) ayant chacune salle d'eau-wc, 1 chambrette 8m^2, venant en complt, avec lavabo (2 lits 1 pers. superp.). Terrain, salon de jardin. Parking. Terrain de boules et jeux d'enfants. Possibilité de ranger à l'abri motos, vélos, skis et autres. Langue parlée : anglais.

CV

Prix : 1 pers. **200 F** 2 pers. **260 F** 3 pers. **320 F** repas **68 F**

Ouvert : toute l'année.

5	3	4,5	6	3	3	0,5	10	5	3	22	3

DAVIN André et Claudine - « Les Haies Sauvages » - Chabottonnes - 05260 SAINT-JEAN-SAINT-NICOLAS - Tél : 04 92 50 41 40

SAINT-LEGER-LES-MELEZES

Alt. : 1260 m TH *C.M. 77 Pli 16*

5 ch. Au cœur de la Vallée du Champsaur, Véronique et Pascal vous proposent 5 chambres d'hôtes entièrement rénovées. Chaque chambre de 2 à 3 pers. dispose d'une salle d'eau et d'un wc privatifs. 4 d'entre elles ont un accès direct au jardin. Salle à manger et salon commun. Sauna, hammam et bain à remous en prestation complémentaire. Jardin, salon de jardin. Jeux d'enfants. Parking. Toutes les chambres sont équipées de prise TV. En toutes saisons une séance de bain à remous offerte. Langue parlée : anglais.

CV

Prix : 1 pers. **135/155 F** 2 pers. **270/310 F** 3 pers. **405/465 F** repas **70 F**
1/2 pens. **190/210 F**

Ouvert : toute l'année.

0,5	SP	3	6	0,9	0,5	4	10	3	0,5	25	0,5

**LAMBERT-TOLLA Véronique - La Coustille - 05260 SAINT-LEGER-LES-MELEZES - Tél : 04 92 50 76 74 -
E-mail : veronique.tolla@worldonline.fr**

SAINT-LEGER-LES-MELEZES

Alt. : 1260 m *C.M. 77 Pli 16*

2 ch. Au cœur d'une station village, Théo, moniteur de ski et Marielle vous proposent deux chambres d'hôtes avec coin-jardin aménagé. 1 chambre avec salle d'eau-wc privative (2 lits 1 pers.) et accès direct sur le jardin. A l'étage, 1 chambre pr 3 pers. (1 lit 2 pers, 1 lit 1 pers.) avec salle d'eau-wc privative. Salle à manger et salon communs avec le propriétaire. Langue parlée : anglais.

CV

Prix : 1 pers. **200 F** 2 pers. **250 F** 3 pers. **360 F**

Ouvert : toute l'année.

0,2	0,2	5	5	0,5	0,5	1	5	1	0,2	25	0,2

VINCENT Théo - 05260 SAINT-LEGER-LES-MELEZES - Tél : 04 92 50 46 50

SAINT-MARTIN-DE-QUEYRIERES Le Serre

Alt. : 1100 m *C.M. 77 Pli 18*

1 ch. Dans maison de village de caractère régional, une chambre d'hôtes voûtée avec entrée indépendante. 2 lits 1 personne, salle d'eau-wc privatifs. Séjour, salon réservés avec cheminée, coin-bibliothèque, TV. Ameublement et décoration de style régional. De la chambre accès direct à la terrasse et au jardinet réservés aux hôtes. Langues parlées : anglais, italien.

CV

Prix : 1 pers. **230 F** 2 pers. **280 F** 3 pers. **330 F**

Ouvert : toute l'année.

9	10	9	1	9	9	1	10	0,5	9	3

**LONG Philippe & Monique - Le Serre - 05120 SAINT-MARTIN-DE-QUEYRIERES - Tél : 04 92 20 18 46 ou 06 73 92 59 51 -
E-mail : Phmlong@aol.com**

SAINT-PIERRE-D'ARGENCON La Source

Alt. : 800 m *C.M. 81 Pli 5*

5 ch. Dans un parc ombragée, maison restaurée proche d'une source d'eau minérale, comprenant 5 chambres sur 2 niveaux. 3 chambres avec salle d'eau et wc particuliers et 2 ch. avec leur lavabo, 1 salle d'eau et wc communs. En r.d.c. : salle de séjour commune, coin-cuisine, chauffage électr. Terrasse fleurie, salon de jardin, jeux d'enfants. Restaurant à 2 km. Langues parlées : italien, anglais.

CV

Prix : 1 pers. **160/190 F** 2 pers. **180/210 F** 3 pers. **220/250 F**

Ouvert : de mai à septembre.

5	10	7	3	0,3	12	2	SP	7	7

**LEAUTIER René et R. France - La Source - 05140 SAINT-PIERRE-D'ARGENCON - Tél : 04 92 58 67 81 ou 04 92 58 62 11 -
Fax : 04 92 58 62 11**

SAINT-VERAN Les Fontettes

Alt. : 2040 m *C.M. 77 Pli 19*

2 ch. Dans construction récente en annexe à la maison de la propriétaire, entrée en 1er étage : 2 chambres de 2 pers. dont 1 ouvrant sur balcon, avec chacune salle d'eau-wc, chauf. électr. Dans la maison voisine (style queyrassin) avec 1 gîte rural, salle à manger, coin bibliothèque. Terrain, salon de jardin communs. Parking public.

CV

Prix : 1 pers. **200 F** 2 pers. **260 F** 3 pers. **340 F**

Ouvert : toute l'année

0,1	0,1	2	0,5	0,3	1	55	5	1	30	0,2

TURINA Jacqueline - Les Fontettes - 05350 SAINT-VERAN - Tél : 04 92 45 81 77 - Fax : 04 92 45 81 77

SAINTE-COLOMBE Chevalet le Haut

Alt. : 870 m *C.M. 81 Pli 5*

4 ch. Dans la vallée du Buëch, face aux Alpes, le Mas Rome est resté caché dans ses terres depuis le 18e siècle, situé aux confins de la Drôme, des Htes Alpes et Alpes de Hte Provence, accès par route forestière. Entrée indépendante par terrasse des 4 chambres, ayant chacune leur salle d'eau-wc. Chauffage électrique. Salle commune. Terrain à disposition. Plantation 1 ha. de lavande autour du mas. Langues parlées : anglais, espagnol.

CV

Prix : 1 pers. **290/340 F** 2 pers. **290/340 F**

Ouvert : du 15 mai au 15 octobre.

70	70	20	7	4,5	14	20	23	14	SP	14	4,5

GUTIERREZ Roger - Chevalet-Le-Haut-Le-Mas-Rome - Orpierre - 05700 SERRES - Tél : 04 92 66 31 19 - Fax : 04 92 66 31 19

SAVINES-LE-LAC

Alt. : 800 m *C.M. 77-81 Pli 17-7*

6 ch. Dans la maison du propriétaire : 6 chambres sur 3 niveaux : 4 ch. avec salle d'eau-wc, 2 chambres mansardées avec salle de bains. 2 chambres avec wc commun (dont une classée 2 épis). Salle à manger ouvrant sur balcon et terrasse avec vue sur le lac, coin-cuisine, TV, hifi. Terrain, chaises longues. Local pour matériel. Pour animaux supplément : 30 F. Port de plaisance à 200 m. Langues parlées : anglais, espagnol.

Prix : 2 pers. **250/390 F**

Ouvert : toute l'année.

7	7	10	3	0,8	3	SP	SP	3	0,1	1	0,3

BELLET Alain - Les Chaumettes - 05160 SAVINES-LE-LAC - Tél : 04 92 44 27 31 ou 06 68 69 22 77 -
E-mail : hautes.alpes.org@wanadoo.fr - http://www.hautes.alpes.org

SAVINES-LE-LAC

Alt. : 800 m *C.M. 77-81 Pli 17-7*

2 ch. Dans maison de village, deux chambres d'hôtes avec accès indépendant. Chaque chambre dispose : d'un lit 2 pers., d'une salle d'eau-wc (une ch. avec wc indépendant). Une chambre avec porte fenêtre, vue sur le lac de Serre Ponçon. Salle à manger réservée aux hôtes. Espace extérieur à disposition, parking. Port de plaisance à 200 m. Possibilité amarrage bateau, pontons avec prises électriques. Langues parlées : anglais, espagnol.

Prix : 1 pers. **220/320 F** 2 pers. **260/390 F**

Ouvert : toute l'année.

7	7	10	2	0,8	3	SP	SP	3	0,1	1	0,3

BELLET Marcelle - Rue des Chaumettes - 05160 SAVINES-LE-LAC - Tél : 04 92 44 27 31 ou 06 68 69 22 77 -
E-mail : hautes.alpes.org@wanadoo.fr - http://www.hautes.alpes.org

SERRES Les Aumiers

Alt. : 680 m (TH) *C.M. 81 Pli 5*

3 ch. Dans la maison des propriétaires, à l'extérieur du village (station verte de vacances). 3 chambres dont une (3 épis) au 1er étage et 2 en rez-de-chaussée avec chacune salle d'eau et wc, salle à manger séjour, coin cuisine, TV . Chauffage central. Billard. Terrasse couverte. Terrain gazonné. Parking fermé. Table d'hôtes du 1er mai au 30 septembre.

Prix : 1 pers. **190 F** 2 pers. **220 F** 3 pers. **320 F** pers. sup. **70 F**
repas **80 F** 1/2 pens. **270 F** pens. **320 F**

Ouvert : toute l'année.

40	33	0,3	6	2	SP	0,3	0,1	5	0,1	2	1,8

BOUQUET Claudine et Annick - Au Cheval Blanc - Les Aumiers - 05700 SERRES - Tél : 04 92 67 11 85 -
E-mail : Claudinebouquet@wanadoo.fr

SIGOTTIER Le Moulin du Paroy

Alt. : 650 m *C.M. 81 Pli 5*

3 ch. Dans ancien moulin, bâtiment de caractère entièrement rénové sur domaine de 9 ha. 3 ch. dans bâtiment annexe avec entrée indépendante. 2 ch. avec 1 lit 2 pers. et s.d'eau-wc privative, 1 gde ch. de 45m^2 (1 lit 2 pers, 2 lits 1 pers.) avec terrasse et s.d'eau-wc privative. Gd séjour, c-cuisine à disposition. Cuis. d'été, terrasse, jardin, rivière à truite sur place. Langue parlée : italien.

Prix : 1 pers. **290 F** 2 pers. **340 F** 3 pers. **390 F** pers. sup. **50 F**

Ouvert : de juin à septembre.

35	35	0,2	2	2	13	SP	3	3	SP	1,5	1,2

FUMENIER Jean-Pierre - Le Moulin du Paroy - 05700 SIGOTTIER - Tél : 04 92 67 13 95

VILLAR-LOUBIERE

Alt. : 1030 m (TH) *C.M. 77 Pli 16*

2 ch. Dans une maison du village avec un gîte de séjour (9 pers). 2 chambres avec salle de bains ou salle d'eau particulière-wc, chauffage par radiateur, gaz à ventouse. Salle de séjour, coin-salon avec TV à disposition des hôtes. Terrasse. Voiture indispensable. Canoë-kayak. Escalade à 3 km.

Prix : 1 pers. **180 F** 2 pers. **250 F** 3 pers. **300 F** repas **85 F**
1/2 pens. **210 F**

Ouvert : du 1er mai au 31 octobre.

12	SP	1	2	SP	3	0,2	15	SP	SP	40	3

LAUGIER Paulette - Le Relais de la Vaurze - 05800 VILLAR-LOUBIERE - Tél : 04 92 55 23 61 ou 04 92 51 06 50

VILLAR-SAINT-PANCRACE La Riolette

Alt. : 1250 m (TH) *C.M. 77 Pli 18*

5 ch. Dans la maison des propriétaire, entièrement rénovée, proche de la ferme. En rez-de-chaussée, la salle à manger, à l'étage, 5 chambres dont 2 donnant sur petit balcon (lit double pour 2 personnes) ayant chacune leur salle d'eau-wc. Chauffage central. Salle de détente avec coin-salon réservée aux hôtes. Espace extérieur avec salon de jardin. Langues parlées : anglais, italien.

Prix : 1 pers. **179/199 F** 2 pers. **239/259 F** 3 pers. **259/279 F** repas **85 F**
1/2 pens. **204/214 F**

Ouvert : toute l'année.

2	0,2	2	2	2	2	0,5	40	5	0,5	2	1,5

MOYA Thierry et Nadine - La Riolette - 36 rue du Melezin - 05100 VILLAR-SAINT-PANCRACE - Tél : 04 92 20 58 68

GITES DE FRANCE - Service Réservation
55-57, promenade des Anglais - B.P. 1602
06011 NICE Cedex 1
Tél. 04 92 15 21 30 - Fax. 04 93 37 48 00
E.mail : gites06@crt-riviera.fr - http://www.itea.fr/GDF/6

3615 Gites de France
1,28 F/min

ANDON Canaux — Alt. : 1050 m — TH — *C.M. 195 Pli 33*

3 ch. **Station de l'Audiberghe** Maison de hameau sur 4 niveaux. Rez-de-chaussée : salon bibliothèque. salle de jeux. 1er étage (rez-de-chaussée supérieur) : accès terrain, entrée sur grand séjour (TV). 2e étage : 2 ch. (chacune 1 lit 2 pers., 1 lit 1 pers. et salle d'eau, wc particuliers). 3e étage : 1 ch. (1 lit 2 pers., 2 lits 1 pers. et salle d'eau, wc particuliers). Chauffage central. Parking privé. Cheminée. Table d'Hôtes sur réservation. Jardin d'enfants. 4 pers. : 400 F.

Prix : 1 pers. **200 F** 2 pers. **270 F** 3 pers. **350 F** repas **100 F**

Ouvert : toute l'année.

64	SP	5	SP	15	15	5	20	9	27	64	9

DAMIANI Germaine - 180 Place Léon Vitry - Canaux Saint-Vallier de Thiey - 06750 ANDON - Tél : 04 93 09 13 01 ou 06 09 55 49 98

ANDON-THORENC Thorenc — Alt. : 1200 m — *C.M. 195 Pli 23*

3 ch. Dans une ferme du XIXe siècle : 3 chambres d'hôtes. Grande salle de séjour réservée aux hôtes. Chambre N°1 : 2 lits 1 pers. superposés, 1 lit 2 pers. Chambre N°2 : 2 lits superposés 1 pers., et 1 lit 1 pers. Salle de bains, WC privés. Chambre N°3 : 1 lit 2 pers. Salle de bains et wc communs aux chambres 1 et 3. Prix 4 pers. : 290 F. La ferme est située à 2 km de Thorenc, station climatique ensoleillée et jouissant d'un microclimat très doux. Lac agréable, circuits pédestres, golf à 10 km. Station de ski de fond.

Prix : 1 pers. **130 F** 2 pers. **175 F** 3 pers. **230 F**

Ouvert : toute l'année.

60	SP	1	SP	17	1	1	10	1	12	50	2

VARRONE Jean-Dominique - Ferme de l'Escaillon - Thorenc - 06750 ANDON - Tél : 04 93 60 00 57 ou 04 93 42 35 73

ANTIBES Le Bosquet — *C.M. 195 Pli 35*

3 ch. 3 chambres d'hôtes dans une bastide provençale XVIIIe siècle. 1er étage : Ch. Bleue (1 lit 2 pers. 1 lit 1 pers.), salle de bains, wc. 2e étage : Ch. Jaune (1 lit 2 pers. 2 lits 1 pers.), salle d'eau, wc. Ch. Verte (1 lit 2 pers. 1 lit bébé), salle de bains, wc. Salon et TV à disposition des hôtes. Terrasse, terrain (chênes verts). Jardin. Parking dans le jardin. Taxe de séjour incluse dans le tarif. Situé au commencement du Cap d'Antibes, entre les plages d'Antibes et celles de Juan-Les-Pins (5 mn à pied), la Bastide au charme provençal, à accueilli en son temps Guy de Maupassant. Langue parlée : anglais.

Prix : 2 pers. **420/520 F** pers. sup. **100/120 F**

Ouvert : toute l'année.

0,2	30	4	10	60	60	0,2	8	3	3	2,5	1

AUSSEL Christian - 14 chemin des Sables - Le Bosquet - 06160 ANTIBES - Tél : 04 93 67 32 29 ou 04 93 34 06 04 - Fax : 04 93 67 32 29

ASCROS Balmont-Est — Alt. : 1150 m — TH — *C.M. 195 Pli 14*

2 ch. En rez-de-terrain d'un batiment annexe à la maison du propriétaire. 2 ch. (chacune 1 lit 2 pers. et 1 convertible 2 pers.). Salle d'eau, wc indépendants. Terrain, parking, boxe à chevaux (poss. de location de chevaux sur place). Elevage de canards gras. Prix dégressifs pour groupe de 8 personnes, ou séjour en 1/2 pension. Enfant de moins de 10 ans : 90 F. Repas enfant : 50 F. Forfait séjour en pension complète + cheval avec un A.T.E. : 3000 F. Pittoresque village, Ascros vous apportera le repos et la détente. Randonnées : Tarif spéciaux pour groupe et séjours. Langues parlées : anglais.

Prix : 1 pers. **225 F** 2 pers. **270 F** repas **100 F** 1/2 pens. **250 F**

Ouvert : toute l'année.

62	SP	17	SP	50	50	17	SP	17	17	17	SP

JUGLARIS Huguette - Balmont-Est - 06260 ASCROS - Tél : 04 93 05 82 86 ou 04 93 05 80 05

ASPREMONT Terra Avita — Alt. : 530 m — TH — *C.M. 195 Pli 36*

1 ch. Une suite au 1er étage de la maison du propriétaire. 2 chambres (20 m²) (1 lit 2 pers. et TV dans chacune). Salle de bains, wc indépendants. Balcon communiquant. Au rez-de-jardin, salon (cheminée), salle à manger. Terrasse avec barbecue. Jardin avec mobilier. Piscine. Table de ping-pong. Vélos. Table d'hôtes (à la demande). Petit-déjeuner servi sous la tonnelle de glycines et de roses anciennes (par beau temps). Tarifs basse saison : 1 pers. : 300 F, 2 pers. : 350 F, Pers. Sup. : 150 F, enfant : 50 F. Repas : 100 F/pers., Repas enfant : 50 F. Langues parlées : anglais, italien.

Prix : 1 pers. **325 F** 2 pers. **380 F** pers. sup. **170 F** repas **100 F**

Ouvert : toute l'année.

13	SP	8	SP	60	60	8	20	1	SP	13	5

TEISSEIRE Michel - Terra Avita - 1692 route de Nice - 06790 ASPREMONT - Tél : 04 93 08 02 66

BERRE-LES-ALPES

Alt. : 600 m *C.M. 195 Pli 17*

3 ch. Dans une annexe de la maison du propriétaire. Calme garanti. 3 chambres (1 lit 2 pers. chacune) avec sanitaire privatif. 1 meuble-lit supplémentaire par chambre. Séjour avec cheminée, TV couleur, chaîne stéréo. Terrasse avec table, chaise longue, barbecue. Terrain clos 3500 m^2. Parking. Entre mer et montagne. Rendez-vous idéal pour les amateurs de nature, de randonnées et de ballades en VTT. Villages médiévaux. Tables d'hôtes sympas et bons restaurants à proximité. Langues parlées : italien, anglais.

Prix : 1 pers. **200 F** 2 pers. **280 F** pers. sup. **80 F**

Ouvert : toute l'année.

20	SP	5	SP	30	30	5	9	2	8	4	2

NOBILE François - 288 chemin de Meingarde - Chambres d'hôtes Les Lys - 06390 BERRE-LES-ALPES - Tél : 04 93 91 81 09 ou 06 03 22 39 34 - Fax : 04 92 12 13 41

BERRE-LES-ALPES Super-Berre

Alt. : 740 m (TH) *C.M. 195 Pli 17*

3 ch. Dans une grande villa à 2 km de Berre-les-Alpes : 3 chambres : « Lavande » (1 lit 2 pers., 1 lit 1 pers.), « Rose » (1 lit 2 pers., 2 lits 1 pers.), « Chataîgne » (1 lit 2 pers., 1 lit 1 pers. 1 meuble-lit-80). Salle de bains, wc, téléphone dans chaque ch. Grand séjour, cheminée, bibliothèque. Galerie d'art (expositions). Jardin (mobilier), piscine. Jeux de boules. Espace enfants, ping-pong. CB visa acceptée. Table d'hôte. Parking. Location vélo (50 F/jour, 30 F/1/2 journée). La villa St-Benoit, ancien studio d'enregistrement est située dans la campagne de BERRE LES ALPES. Quiétude assurée à seulement 25 km de NICE. Langue parlée : anglais.

Prix : 1 pers. **230 F** 2 pers. **335 F** pers. sup. **95 F** repas **110 F**
1/2 pens. **265 F** pens. **330 F**

Ouvert : toute l'année.

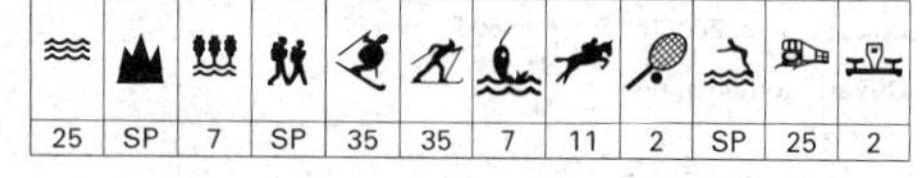

25	SP	7	SP	35	35	7	11	2	SP	25	2

LEGRAS Alain - Villa Saint Benoit - Super-Berre - 06390 BERRE-LES-ALPES - Tél : 04 93 91 81 07 ou 04 93 91 84 30 - Fax : 04 93 91 85 47

LA BRIGUE

Alt. : 800 m *C.M. 195 Pli 9*

6 ch. 6 chambres d'hôtes à côté de la ferme du propriétaire. 5 ch. (1 lit 2 pers.), 1 ch. (2 lits jumeaux) toutes équipées de salle de bains et wc. Lit supplémentaire sur demande. Terrasse. Terrain. Parking. Jardin d'enfants 50 m. Jeux de boules. Ping-pong. Location de TV. Rivière. Chauffage électrique. Chambres d'hôtes situées sur une commune périphérique du Parc du Mercantour, dans l'arrière-pays Mentonnais, proche de l'Italie. Langues parlées : italien, anglais.

Prix : 1 pers. **200 F** 2 pers. **280 F** pers. sup. **70 F**

Ouvert : de mars à décembre.

40	SP	SP	SP	16	17	SP	5	1	4	1	0,5

MOLINARO Jean-Louis - Chemin Saint-Jean - 06430 LA BRIGUE - Tél : 04 93 04 65 67

CABRIS

Alt. : 550 m *C.M. 195 Pli 34*

5 ch. Dans maison de village 5 ch. d'hôtes. R.d.c. : 1 ch. (1 lit 2 pers.), salle d'eau avec wc. 1er étage : 1 ch. (1 lit 2 pers.), salle de bains avec wc. 1 ch. (2 lits 1 pers.), salle d'eau avec wc. 1 ch. (2 lits 1 pers.), salle d'eau, wc. Balcon attenant avec mobilier. 2e étage : 1 ch. (1 lit 2 pers.), salle de bains, wc . Salle à manger avec vue panoramique. 5 chambres d'hôtes au cœur de Cabris, vieux village provençal perché en nid d'aigle. Pittoresques maisons encerclant les ruines du château féodal du 10e siècle. Vaste panorama sur le lac de Saint-Cassien. Golf à 2 km. Langue parlée : anglais.

Prix : 2 pers. **300/330 F** pers. sup. **100 F**

Ouvert : du 1er avril au 30 septembre.

22	SP	12	SP	35	37	12	6	SP	5	22	SP

FARAUT Jocelyne - 14 rue de l'Agachon - 06530 CABRIS - Tél : 04 93 60 52 36 - Fax : 04 93 60 52 36

CAUSSOLS

Alt. : 1100 m (TH) *C.M. 195 Pli 34*

5 ch. 5 chambres d'hôtes dans la maison du propriétaire. 2 ch. (1 lit 2 pers. chacune). 1 ch. (1 lit 2 pers. et 1 lit 1 pers.). 1 ch. (2 lits 1 pers. superposés et 1 lit 1 pers.). 1 ch. (3 lits 1 pers.). Chaque chambre avec salle d'eau privative et wc. Séjour, salon, terrain, terrasse, parking. Lit Bébé à disposition. VTT. Rando. équestres/pédestres. Repas enfant (-10 ans) : 40 F. Panier pique-nique : 50 F. Hors juillet et août, -10% accordés sur le prix des chambres (pour 2 nuits minimum). Détente sportive dans la campagne de Bar-sur-Loup. Spéléo et Astronomie sur place.

Prix : 1 pers. **200 F** 2 pers. **280 F** 3 pers. **380 F** pers. sup. **50 F**
repas **95 F**

Ouvert : toute l'année.

41	SP	12	SP	33	21	12	1	12	24	41	9

DORGE Françoise et Pierre - Chemin des Chardons - Le Mas des Chardons - 06460 CAUSSOLS - Tél : 04 93 09 29 93 ou 06 09 08 22 53 - Fax : 04 93 09 80 55

LA COLLE-SUR-LOUP Parc Saint-Donat

C.M. 195 Pli 35

5 ch. Dans une bastide rénovée : 3 suites et 2 chambres. Suite 1 (30 m^2) : rez-de-jardin (1 lit 1 pers. 1 lit 2 pers.), salon, salle d'eau, wc privatifs. Suite 2 (35 m^2) : (1 lit 1 pers. 1 lit 2 pers.), terrasse, salon, salle de bains, wc privatifs. Suite 3 (35 m^2) : (1 lit 1 pers. 1 lit 2 pers.), salon, salle de bains, wc privatifs. 1 ch. (16 m^2) (1 lit 2 pers.). Balcon. 1 ch. (16 m^2) (1 lit 2 pers.). Chaque ch. avec salle d'eau, wc privatifs. Salle de séjour, cheminée, TV. Terrasse. Parking. Le début des gorges du Loup. Bastide provençale, en bordure de rivière. Le calme de la Provence tout près de la Côte d'Azur. Langues parlées : italien, anglais.

Prix : 2 pers. **400/600 F** pers. sup. **100 F**

Ouvert : toute l'année.

12	20	SP	20	40	40	SP	20	2	2	10	2

ROSSO Alphonse - Parc Saint-Donat - D6 - Bastide Saint-Donat - 06480 LA COLLE-SUR-LOUP - Tél : 04 93 32 93 41 - Fax : 04 93 32 93 41

COURMES

Alt. : 550 m TH *C.M. 195 Pli 34*

6 ch. 6 chambres en pleine nature. 3 ch. 4 pers. (1 lit 2 pers. 2 lits 1 pers.). 2 ch. 2 pers. (1 lit 2 pers.). 1 ch. 2 pers. (2 lits 1 pers.). Ttes ch. avec s. de bains et wc privatifs. Salle de séjour pour les hôtes, terrain, parking, jeux d'enfants, jeux d'extérieur. Gratuité pour enfant moins de 2 ans. Enfant : 85 à 90 F. La casacade est situé sur un replat de la montagne de COURMES, dans un pittoresque site de verdure. Poss. équitation à 3 km. Vol libre et parapente à 10 km. Diaporama (faune et flore) organisée par Mr BARACCO entre le 15.4 et le 15.9 (2 fois/mois - 35 F/Pers.). Stage de tissage (semaine, sur résa.)

Prix : 2 pers. **280/300 F** repas **80 F**

Ouvert : toute l'année.

27	SP	3,5	SP	29	29	3,5	3	12	25	27	10

BARACCO Patrice - 06620 COURMES - Tél : 04 93 09 65 85 - Fax : 04 93 09 67 07 - E-mail : LacascadeB@wanadoo.fr

COURSEGOULES Le Brec

Alt. : 1080 m *C.M. 195 Pli 35*

1 ch. Située au rez-de-chaussée supérieur de la maison du propriétaire 1 ch. (2 lits 1 pers.). Salle d'eau, wc indépendant. 1 lit supplémentaire sur demande. Terrasse, jardin clos. Parking. Très belle vue sur vallée. Grand calme. Départ de chemins de randonnées. Télévision couleurs sur demande. Depuis le magnifique Col-de-Vence dominant la méditerranée, l'on accède à Coursegoules, village perché au pied de la Barre du Cheiron. Départ de chemins de randonnées depuis les chambres d'hôtes. Autres loisirs : parapente, varappe, équitation. Artisanat d'art, ferme pédagogique. Langues parlées : anglais, espagnol.

Prix : 1 pers. **200 F** 2 pers. **270 F** pers. sup. **80 F**

Ouvert : toute l'année.

25	SP	5	SP	34	26	5	7	11	11	25	0,3

DURAND Martine et Guy - L'Hébergerie - 350 Chemin du Brec - 06140 COURSEGOULES - Tél : 04 93 59 10 53

LA CROIX-SUR-ROUDOULE

Alt. : 850 m TH *C.M. 195 Pli 13*

2 ch. Maison d'hôtes de charme sur 4 niveaux. R.d.c : AUVARE : 1 chambre avec sanitaire privatif, wc indépendant (1 lit 2 pers 160x190) et terrasse privée. 3ème niveau : JARGEAI : suite de 2 chambres contigües avec salle de bain et wc privatifs (1 lit 2 pers 160 et 1 lit 2 pers 140). Grande terrasse panoramique (transat, meuble de jardin), jardinet avec mobilier. Table d'hôtes : cuisine familiale, spécialités régionales sur réservaion. Salon privatif (bibliothèque, TV), cheminée. Parking à 100m. Accueil et décoration soignés. Pittoresque village où le calme règne en maître. Idéalement situé pour la randonnée. Tél. portable : 06.62.22.09.53. Langues parlées : anglais, italien.

Prix : 2 pers. **260/300 F** 3 pers. **400 F** pers. sup. **120 F** repas **100 F**

Ouvert : toute l'année.

75	SP	1	SP	52	52	1	29	9	9	9	9

AILLAUD Daniel et Noëlle - Rue de la petite Fontaine - 06260 LA CROIX-SUR-ROUDOULE - Tél : 04 93 05 11 45 ou 04 93 14 69 86 - Fax : 04 93 05 11 45

FONTAN Hameau de Berghe Inférieur

Alt. : 860 m TH *C.M. 195 Pli 8*

2 ch. Au rez-de-chaussée de la maison du propriétaire (maison de village) 2 chambres : chambre « Verte » (10 m^2, 1 lit 2 personnes). Salle d'eau avec wc. Chambre « Bleue » (11 m^2, 1 lit 2 personnes), salle d'eau avec wc, salon (14 m^2), balcon. Chauffage central. Terrasse (6m^2). Parking communal et cabine téléphonique à 50 m. Gîte Panda. Pour découvrir la nature et le calme d'un hameau de montagne. Vue panoramique sur la vallée de la Roya. Randonnées pédestres. (route D42 très étroite et sinueuse sur 5 km.) Langues parlées : anglais.

Prix : 2 pers. **240 F** repas **70 F**

Ouvert : toute l'année.

41	SP	6	SP	35	25	1	25	5	12	6	5

DIESNIS J.Michel et Guilaine - 15, descente de l'église - Hameau de Berghe inférieur - 06540 FONTAN-PAR-BREIL-SUR-ROYA - Tél : 04 93 04 54 65 - Fax : 04 93 04 54 65 - E-mail : amate.diesnis@libertysurf.fr

LA GAUDE Les Nertières *C.M. 195 Pli 35*

2 ch. A la campagne 2 chambres d'hôtes. Chambre N°1 : 2 pers. Chambre N°2 : 3 pers. Salle de bains et wc communs. Séjour salon à disposition des hôtes. Jardin, terrasse, parking. Portail avec bip électronique. Village résidentiel à vocation agricole il y a une trentaine d'années, la Gaude est devenu un lieu recherché pour l'implantation de Centres de Recherches (I.B.M, industries légères, recherches scientifiques...). Entre mer et montagnes, son climat est doux et tempéré. Promenades, escalades.

CV

Prix : 2 pers. **200 F** 3 pers. **250 F**

Ouvert : toute l'année.

10	4	5	4	54	54	5	10	6	6	10	0,2

LIBRATI Norbert et Josette - Villa la Norjo - Les Nertières - 06610 LA GAUDE - Tél : 04 93 24 83 95

GOLFE-JUAN-VALLAURIS Super Cannes *C.M. 195 Pli 35*

5 ch. Maison provençale avec 5 ch. : « Manosque 1 » (1 lit 2 pers.) et « Manosque 2 » (2 lits 1 pers.) pouvant communiquer. « Lérins » (1 lit 2 pers.), « Samarcande » (1 lit 2 pers.), « Porquerolles » (2 lits 1 pers., 1 divan-lit d'enfant). Chaque ch. avec air conditionné, s. de bains, wc, TV. Jardin, Parking. Salle de séjour ouvrant sur une gde terrasse panoramique. Maison provençale dominant Vallauris, cité des potiers et ville d'art, vue sur la baie des Anges, à 3 km de Golfe-Juan et du littoral azuréen, chaque ch. décorée dans le style provençal offre un excellent confort dans le calme des collines. Langues parlées : anglais, allemand.

Prix : 2 pers. **650/750 F** pers. sup. **100 F**

Ouvert : toute l'année.

3	20	12	5	65	65	3	5	3	3	3	0,8

DIOT Mireille - 138 grand Bvd de Super Cannes - Mas Samarcande - 06220 GOLFE-JUAN-VALLAURIS - Tél : 04 93 63 97 73 - Fax : 04 93 63 97 73 - http://www.stpaulweb.com/samarcande

GREOLIERES Alt. : 800 m (TH) *C.M. 195 Pli 34*

1 ch. Dans une maison de village sur 3 niveaux. Ch. d'hôtes pour randonneurs. R.d.c : accueil des stages sportifs (parapente, descente de clues, randonnées). 1er étage, séjour à disposition des hôtes, hifi, TV. 1 ch. (3 lits 1 pers.), salle d'eau, wc particuliers. Chauffage électrique. Table d'hôte sur demande. Parking communal. Divers forfaits accompagnateurs : randonnées ski, pédestre, cannyonning, raquettes, randonnées à thèmes suivants les saisons. 1 lit d'appoint. Pas d'espace extérieur (maison de village). Langue parlée : anglais.

Prix : 1 pers. **150 F** 2 pers. **200 F** 3 pers. **290 F** repas **80 F**

Ouvert : toute l'année.

27	SP	2	SP	15	9	2	8	SP	25	27

MATHIEU Christian - Grande rue - Préalpes 06 - 06620 GREOLIERES - Tél : 04 93 59 98 81

LES MUJOULS Alt. : 750 m *C.M. 195 Pli 3*

6 ch. Dans bâtiment communal sur 3 niveaux, 6 chambres. Chambres ADON & D85, (1 lit 2 pers., 2 lits 1 pers. superposés), salle de bains, wc. Chambres CHARAMEL, FONT BLANCHE, ESTERON et LES BAUX : (2 lits 1 pers.), salle de bains, wc. Salle de séjour (cheminée avec insert). Chauffage électrique. Parking.

CV

Prix : 1 pers. **130 F** 2 pers. **170 F** 3 pers. **220 F** pers. sup. **60 F**

Ouvert : toute l'année.

80	SP	2	SP	38	38	2	18	24	30	80	18

MAIRIE DES MUJOULS - Accueil : Mme GERMAIN Germaine - 06910 LES MUJOULS - Tél : 04 93 05 86 08 ou 04 93 05 80 62

NICE Saint-Pierre-de-Feric *C.M. 195 Pli 36*

3 ch. Dans une belle maison italienne. 1er étage : 1 suite (1 ch. 1 lit 160 et 1 ch. 2 lits 1 pers.), salle de bains, wc, TV et canal +. Terrasse privative, meubles de jardin. 2e étage : 2 ch (1 lit 2 pers.), salle de bains, wc, TV et canal+ dans chacune. Séjour avec TV vidéo, petit déjeuner buffet dans la maison ou sur une terrasse. Grand parc fleuri, terrasses ombragées. Nice coté jardin sur collines florentines de Nice. Jolie propriété de pur style italien du début du siècle. Chambres spacieuses, gaies et confortables. Une adresse détente à proximité de la capitale de la French Riviera. Langues parlées : anglais, espagnol.

Prix : 1 pers. **600 F** 2 pers. **600 F** pers. sup. **200 F**

Ouvert : toute l'année.

2	30	9	30	66	66	3	6	0,5	0,5	2	1

OLIVIER Jacqueline - 61 route Saint-Pierre-de-Feric - Le Castel Enchanté - 06000 NICE - Tél : 04 93 97 02 08 - Fax : 04 93 97 13 70 - E-mail : castel.enchante@wanadoo.fr

PEILLE Alt. : 650 m *C.M. 195 Pli 27*

5 ch. Dans une grande maison de style provençal 5 chambres d'hôtes indépendantes soignées dont 4 avec balcon privatif. Au cœur de la garrigue : 5 ch. : Giroflée et Iris (1 lit 2 pers., salle d'eau, wc communs). Verveine, Marguerite et Capucine (1 lit 2 pers., salle d'eau, wc privatifs). Chauffage central. Parking. Petits-déjeuners copieux et personnalisés servis dans salle à manger ou balcon privatif ou terrasse (barbecue). Jardin de rocailles clos. Idéal pour promeneurs amateurs de nature et de calme à 2.5 km du village de Peille. Journées à thèmes, selon saison. Langues parlées : italien, anglais.

Prix : 2 pers. **280/300 F**

Ouvert : du 15 février au 15 septembre.

22	SP	6	SP	40	40	16	10	1	10	7	2,5

MILLO Catherine - 247 route de Peille - Les Lavandes - 06440 PEILLE - Tél : 04 92 10 86 23 - Fax : 04 92 10 86 23

ROQUEFORT-LES-PINS *C.M. 195 Pli 35*

2 ch. 2 chambres dans la maison du propriétaire. Chambre N°1 : (1 lit 2 pers.) avec salle d'eau. Chambre N° 2 : (2 lits 1 pers.) avec salle d'eau. WC commun aux deux chambres. Salon avec TV couleur, cheminée, bibliothèque. Très beau jardin, piscine privée et parking fermé. Grand calme. A 11 km de Saint-Paul-de-Vence, adresse détente au calme de Roquefort-les-Pins, quartier résidentiel évasé en hameaux. Pharmacie à 500 m. Golf à 6 km. Langue parlée : anglais.

Prix : 1 pers. **300 F** 2 pers. **350 F**

Ouvert : toute l'année.

13	10	4	1	49	45	4	1	3	SP	13	2

CORPET Jean-Louis - 112 chemin de la Carpenée - 06330 ROQUEFORT-LES-PINS - Tél : 04 93 77 13 37

LE ROURET *C.M. 195 Pli 35*

2 ch. Dans la maison du propriétaire 2 ch. avec entrée privée. Chambre « Bleue » : (1 lit 2 pers.-140x205 cm) avec salle d'eau, WC indépendant. Au rez-de-jardin, Chambre « Provençale » : (1 lit 2 pers.), salle d'eau, WC. Kitchenette. Salle de séjour avec cheminée. Jardin d'hiver pour les petit-déjeuners. Oliveraie de charme de 2000 m^2, avec hamacs pour le farniente. Stationnement privé. Langues parlées : anglais, espagnol, italien.

Prix : 2 pers. **350/400 F**

Ouvert : toute l'année sauf en novembre.

13	10	4	1	49	45	4	5	3	16	15	2

LE GUAY Annick - 30 route de Roquefort - Les Coquelicots - 06650 LE ROURET - Tél : 04 93 77 40 04 - Fax : 04 93 77 40 04

SAINT-DALMAS-LE-SELVAGE Alt. : 1500 m *C.M. 81*

1 ch. Dans la maison du propriétaire, vue panoramique sur village et montagne. 1 ch. 1 lit double + 1 lit supplémentaire 2 pers. Salle d'eau avec wc. Agréable pour séjour familial. Salon et terrasse à disposition des hôtes. Parking à proximité.

Prix : 1 pers. **150 F** 2 pers. **250 F** 3 pers. **330 F** pers. sup. **100 F**

Ouvert : toute l'année.

100	SP	1	SP	15	SP	1	15	SP	15	100	SP

ISSAUTIER Marie-Madeleine - 06660 SAINT-DALMAS-LE-SELVAGE - Tél : 04 93 02 41 02

SAINT-ETIENNE-DE-TINEE Alt. : 1147 m *C.M. 195 Pli 4*

2 ch. Maison neuve en bordure du village. 1er étage : salle à manger-séjour communs. Télévision. Cheminée. Terrasse. 2ème étage : 1 chambre (1 lit 2 pers.) et TV. 1 chambre (2 lits 1 pers.) et TV. Salle de bains commune avec WC. Jardin, mobilier de jardin, jeu de boules. Chauffage central. Parking. Adresse de détente au cœur d'un village alpin des Alpes-Maritimes.

Prix : 1 pers. **180 F** 2 pers. **270 F**

Ouvert : toute l'année sauf octobre et novembre.

85	SP	0,5	SP	7	8	0,5	7	0,5	7	60	SP

BABEL-ROCHELLE Henri - 13 rue Longue - 06660 SAINT-ETIENNE-DE-TINEE - Tél : 04 93 02 47 05

SAINT-MARTIN-D'ENTRAUNES Les Clots Alt. : 1050 m (TH) *C.M. 195 Pli 2*

3 ch. Les Clots. Maison ancienne renovée dans un hameau de montagne en bordure du Var, proche du Parc National du Mercantour et idéale pour la randonnée. Cyclisme trois cols. 3 chambres d'hôtes au 1er étage : 2 (1 lit 2 pers.), 1 (2 lits 1 pers.). Chaque chambre avec salle d'eau et wc privatifs. Terrasse et terrain. Conseils et fiches randonnées. Table d'hôte végétarienne avec produits du potager bio 2 fois par semaine (sur réservation). Repas enfant -14 ans : 55 F. Restaurant traditionnel à 1 km. Taxe de séjour en sus. Langue parlée : anglais.

Prix : 1 pers. **160 F** 2 pers. **280 F** pers. sup. **90 F** repas **110 F**

Ouvert : de juin à septembre inclus.

109	SP	SP	SP	10	10	SP	32	13	13	32	1

PICKUP Angela - Les Clots - 06470 SAINT-MARTIN-D'ENTRAUNES - Tél : 04 93 05 58 51 - http://perso.wanadoo.fr/lesclots

SAINT-MARTIN-VESUBIE Le Boreon Alt. : 1500 m *C.M. 195 Pli 6*

3 ch. Chalet sur trois niveaux. 3 chambres. Rez-de-jardin, hall d'entrée. 1 ch. (1 lit 2 pers.), salle d'eau privée avec WC. 1er étage, 1 ch. (1 lit 2 pers.), salle d'eau privée avec WC. Séjour-salle à manger-salon (cheminée, TV). 2ème étage, 1 ch. (1 lit 2 pers.), salle d'eau privative avec wc. Terrain clos, pelouse, terrasse, barbecue. 1 chambre supplémentaire (2 lits simples) peut être mise à disposition. Taxe de séjour en vigueur, renseignements auprès du propriétaire. Adresse de détente et de repos, au Boréon. Air pur et dépaysement garanti !

Prix : 2 pers. **400/600 F**

Ouvert : du 13 mai au 18 septembre.

73	SP	SP	SP	15	SP	SP	SP	8	8	42	8

ROSSI Paule - 1 bis rue Cluvier - 06000 NICE - Tél : 04 93 86 57 88 ou 04 93 03 30 05

SAINT-PAUL-DE-VENCE

C.M. 195 Pli 35

5 ch. Dans un mas provençal indépendant 5 ch. Chaque chambre avec salle de bains, télévision, téléphone et jardin particuliers. Salle de séjour et salon de TV communs, sur terrasse et pelouse. Piscine. Lit bébé (en supplément : 60 F). Petit déjeuner à la française. Parking. Au cœur de la campagne provençale, vous serez acccueillis dans 5 chambres confortables et personnalisées, meublées avec goût. Agréable jardin (4800 m²) avec piscine et nombreuses balades, Fondation Maeght, galeries et artisanat d'art dans les ruelles du village fortifié. Golfs de 5 à 15 km. Langue parlée : anglais.

CV

Prix : 1 pers. **500 F** 2 pers. **600 F** pers. sup. **150 F**

Ouvert : d'avril à octobre inclus.

8	20	20	20	45	45	8	5	0,5	SP	3	3

MAUBE Jacques - Le Mas des Serres - 2000 route des Serres - 06570 SAINT-PAUL-DE-VENCE - Tél : 04 93 32 81 10 - Fax : 04 93 32 85 43 - http://stpaulweb.com

SAINT-VALLIER

Alt. : 724 m *C.M. 195 Pli 33*

3 ch. Au r.d.c de la maison des propriétaires dans un écrin de verdure, 2 chambres d'hôtes et une suite avec sanitaires privatifs, aménagées « 1949 » et « 1950 ». 1 lit 2 personnes chacune. « 2000 » : suite composée de 2 chambres contigües (1 lit 2 pers. chacune et 1 lit d'appoint 1 pers.). Salon (Cheminée, bibliothèque,TV). Piscine, Pool-house, jardin, parking. Idéalement située pour les randonnées, la Villa QUERCUS, maison de pierre des années « 30 » offre calme et sérénité. Les chambres d'hôtes ont leur entrée indépendante et ont vue sur le jardin. Les petits déjeuners sont copieusement servis devant la piscine. Langue parlée : anglais.

Prix : 2 pers. **300/650 F** pers. sup. **100 F**

Ouvert : du 01 février au 30 novembre.

28	5	1	SP	26,5	26,5	1	2	1	SP	32	0,5

HENRY Jean-Michel - Impasse de Prat Redon - 2 chemin de Blaqueirette - 06460 SAINT-VALLIER - Tél : 04 92 60 03 84 ou 06 87 51 29 21 - Fax : 04 92 60 03 84

SOSPEL Vasta Inférieure

C.M. 195 Pli 18

2 ch. Au 1er niveau de la maison du propriétaire. Coin-salon, bureau, bibliothèque à usage exclusif des Hôtes. 1 chambre (2 lits 1 pers.), TV noir et blanc. 1 chambre (1 lit 2 pers.), bureau, TV couleur. Salle d'eau commune et wc. Salle à manger à disposition des hôtes, cheminée. Jardin clos avec mobilier, piscine, ping-pong, Parking. Langue parlée : anglais.

Prix : 2 pers. **250/280 F**

Ouvert : toute l'année.

18	SP	3	SP	24	24	3	0,5	3	SP	4	3

PETIT Jeannine - Villa Noëlle - Vasta Inférieure - 06380 SOSPEL - Tél : 04 93 04 07 08 ou 06 82 63 72 17 - Fax : 04 93 04 07 08

SOSPEL

C.M. 195 Pli 18

3 ch. Dans la maison du propriétaire. 3 chambres (2 pers. chacune) avec salles de bains particulières. wc privatifs communs aux 3 chambres. Séjour, salle à manger, terrasse et cuisine aménagée à la disposition des hôtes. Piscine. Parking. Important bourg du Haut-Pays Mentonnais, Sospel est nichée dans la verdoyante vallée de la BEVERA. Diverses activités sportives et culturelles.

CV

Prix : 2 pers. **250 F**

Ouvert : des vacances de Pâques aux vacances de la Toussaint.

18	SP	0,3	SP	24	24	0,3	5	2	SP	4	5

GERMAN René - Domaine Sainte Madeleine - 06380 SOSPEL - Tél : 04 93 04 10 48 - Fax : 04 93 04 18 37

LE TIGNET Les Veyans

C.M. 195 Pli 33

2 ch. 2 chambres d'Hôtes dans un mas provençal en pierres, sur une propriété de 1.7 ha. LILAS (17 m², 1 lit double). IRIS (14 m², 2 lits simples). dans chaque chambre : TV satellite, Salle de bains avec wc. Séjour commun chez le propriétaire (48 m², cheminée, Hifi). Piscine, terrasse, terrain, parking. Ouvert toute l'année. A 10 minutes du Lac de Saint-Cassien, à proximité immédiate de Grasse et du littoral de la Côte d'Azur. Langue parlée : anglais.

Prix : 2 pers. **450/500 F**

Ouvert : toute l'année.

26	SP	5	20	62	62	5	15	5	10	17	5

LAPOSTAT Léon - Le Mas de Clairefontaine - 3196 route de Draguignan - 06530 LE TIGNET - Tél : 04 93 66 39 69 ou 06 08 54 50 77 - Fax : 04 93 66 39 69 - E-mail : lapostatan@aol.com

LE TIGNET Le Val de Tignet

Alt. : 500 m *C.M. 195 Pli 34*

1 ch. 1 chambre dans la maison du propriétaire. R.d.c. : 1 chambre (26 m²) (1 lit 2 pers. et 1 lit 1 pers.). Espace privatif, attenant dans cour gravillonnée avec meubles de jardin. S.de bains, wc indép. Séjour-salon et terrasse extérieure dallée, à disposition des hôtes (meubles de jardin). Terrain arboré. Parking fermé. Portique. Jeu de boules. A 10 minutes du Lac de Saint-Cassien, de Grasse et à 20 mn de Cannes. Détente dans la campagne de Peymeinade.

Prix : 1 pers. **250 F** 2 pers. **320 F** pers. sup. **80 F**

Ouvert : toute l'année.

25	SP	4	20	62	62	4	14	0,6	9	16	0,8

CASANOVA Gilberte - 1148 route de Draguignan - Le Val du Tignet - 06530 LE TIGNET - Tél : 04 93 66 09 09

TOURRETTES-SUR-LOUP Les Claus

C.M. 195 Pli 35

2 ch. 2 chambres d'hôtes dans la maison du propriétaire. Chambre « Jaune » (1 lit 2 pers., salle d'eau, WC). Chambre « Bleue » (2 lits 1 pers., salle d'eau, WC privatif non communiquant). Chaque chambre avec TV, réfrigérateur, plateau courtoisie. Séjour : cheminée, TV, magnétoscope, Hifi. Parking, Piscine. Dans la campagne, en retrait du village de Tourrettes-sur-Loup, village médiéval de caractère, célèbre pour ses cultures de violettes, lieu de rencontre d'artistes et d'artisans. Langue parlée : espagnol.

Prix : 2 pers. **350 F**

Ouvert : toute l'année.

17	3	3	SP	40	40	3	8	5	SP	17	2

DREVETON Louis - 247 Chemin des Vignes - Les Claus - 06140 TOURRETTES-SUR-LOUP - Tél : 04 93 24 30 06 ou 06 10 23 61 78 - Fax : 04 93 24 30 06

TOURRETTES-SUR-LOUP Camassade

C.M. 195 Pli 35

4 ch. Dans un mas provençal avec vue sur mer, 4 ch. soignées et bien décorées, avec TV. 2 ch. communiquantes (éventuellement). Pivoine : (2 lits 1 pers.). Capucine : (1 lit 160). Papillon : (1 lit 2 pers.). Violette : (2 lits 1 pers.). Salle de bains privatives (bain-douche). Petits-déjeuners copieux servis dans patio ou sur terrasses autour de la piscine. Parking et tennis privés. Tourrettes-sur-Loup est un village médiéval de caractère, célèbre pour ses cultures de violettes, lieu de rencontre artistique. Langues parlées : anglais, allemand, hollandais.

Prix : 1 pers. **450 F** 2 pers. **500 F** pers. sup. **150 F**

Ouvert : du 1er mars au 30 octobre.

17	3	3	SP	40	40	3	8	SP	SP	15	1,6

MONTEGNIES Mareka - 1673 route des Quenieres - 06140 TOURRETTES-SUR-LOUP - Tél : 04 93 59 25 73 - Fax : 04 93 59 25 78 - E-mail : mascigale@aol.com - http://mascigale.free.fr

TOURRETTES-SUR-LOUP

C.M. 195 Pli 35

2 ch. 2 chambres d'hôtes dans la maison du propriétaire. Belle vue sur mer. 2 chambres (1 lit 2 pers. chacune), salle de bains et wc communs aux 2 chambres. Jolie terrasse, vue mer. Jardin, terrain, parking. Possibilité de randonnées pédestres autours du village. Du village de caractère médiéval, la vue est dégagée jusqu'à la mer. Célèbre pour ses violettes, Tourrettes-sur-Loup est un lieu de rencontre d'artistes et d'artisans.

Prix : 2 pers. **220 F**

Ouvert : toute l'année.

15	SP	3	SP	40	40	5	12	2	5	15	2

MORNET Simone - 655 Chemin du Pré Neuf - Quartier Tuff - 06140 TOURRETTES-SUR-LOUP - Tél : 04 93 59 30 36

VALDEBLORE

Alt. : 1400 m (TH) *C.M. 195 Pli 6*

5 ch. Maison de montagne : 5 chambres (pour 2 pers. chacune), avec 3 salles d'eau et une salle de bains. 3 wc privatifs et 3 wc communs. Séjour, salon. TV à disposition des hôtes. Stages de vol libre et de parapente sur la Colmiane. Table d'hôte. Via Ferrata : 2 km. En bordure du Parc National du Mercantour. Tél. portable : 06.87.81.13.25. M. Daviller est chef-cuisinier, moniteur de ski et accompagnateur de montagne. Brevet d'état (parapente), baptême de parapente sur place. A 2 km du village de Valdeblore, air pur et quiétude des paysages alpins, dans un des plus beaux vallons du Haut-Pays.

Prix : 1 pers. **220 F** 2 pers. **220 F** pers. sup. **65 F** repas **90 F**

Ouvert : de mi-mai à septembre inclus.

65	SP	8	SP	1	1	8	2	2	4	45	3

DAVILLER Jean-Jacques - Route de la Colmiane - Le Grand Chalet - 06420 VALDEBLORE - Tél : 04 93 02 83 50 ou 04 93 58 66 31 - Fax : 04 93 02 83 50

VALLAURIS

C.M. 195 Pli 35

2 ch. Décorées dans le style provençal 2 chambres : ch.1 en rez-de-jardin, entrée indépendante (1 lit 2 pers. 1 lit 1 pers.). Salle d'eau privative avec wc. Chauffage central. TV couleurs. Petit réfrigérateur. Ch.2 en rez-de-terrasse, entrée commune ou indépendante (1 lit 2 pers.). Douche et lavabo privatifs, wc indépendants. Chauffage central. TV couleurs. Petit réfrigérateur. Salon et salle à manger communs. Petits-déjeuners servis en terrasse. Cheminée. Bibliothèque. Jardin entièrement clôturé. Parking.

Prix : 1 pers. **200 F** 2 pers. **200/300 F** 3 pers. **400 F**

Ouvert : toute l'année.

3	20	12	20	65	65	3	2	2	2	3	3

NOLI Jocelyne - 338 Chemin des Darboussieres - Quartier des Issarts - 06220 VALLAURIS - Tél : 04 93 64 00 17

VENCE

Alt. : 500 m *C.M. 195 Pli 35*

E.C. 3 ch. CV La Colline de Vence, 3 chambres d'hôtes avec vue panoramique sur la campagne vençoise et la mer, toutes de décorations différentes, avec dans chacune 1 lit king size, salle d'eau et wc, TV satellite, mini bar. Ch. Amandiers (1 lit supp. sur demande). Orangers (1 lit supp. sur demande, cheminée). Mimosas (1 lit supp. en mezz.). Terrasse, jardin privatif. Chauffage central, parking privé. Cet authentique mas niçois vieux de 200 ans, avec ses volets vert amande, se trouve au départ de plusieurs chemins de randonnées. P.déj. servis dans les ch. ou en terrasse. A 3 km de St-Paul-de-Vence, à proximité de tous les loisirs et animations. Langues parlées : anglais, allemand.

Prix : 2 pers. **550 F**

Ouvert : toute l'année.

12	3	3	SP	40	40	4	8	3	3	12	2

BRONCHARD Frédéric et Kristin - 808 Chemin des Salles - La Colline de Vence - 06140 VENCE - Tél : 04 93 24 03 66 ou 06 09 46 66 24 - Fax : 04 93 24 03 66 - E-mail : collinevence@libertysurf.fr - http://www.collinevence.online.com

VENCE

C.M. 195 Pli 35

4 ch. La Bastide des Oliviers, très belle propriété en pierres de pays dans un parc arboré de 1 ha. 4 chambres de prestige (1 lit de 2 pers. chacune), dont 1 suite avec jacuzzi et salon privé, harmonieusement décorées dans le style provençal (salle-de-bains, TV couleur et terrasse ou solarium pour 3 d'entre-elles). Piscine, tennis, et parking privés. Table d'Hôtes. Les petits-déjeuners sont copieusement servis sur la terrasse couverte devant la piscine. Magnifique vue sur la plaine du Loup. Gracieusement mis à disposition : VTT, terrain de pétanque, tennis de table, jeux de fléchettes, baby-foot. A 2 km de Saint-Paul-de-Vence. Langues parlées : anglais, allemand.

Prix : 2 pers. **600/1000 F** pers. sup. **200 F** repas **150 F**

Ouvert : toute l'année.

14	3	5	SP	40	40	5	8	SP	SP	13	3

OLLIVIER Claude - 1260, chemin de la Sine - La Bastide aux Oliviers - 06140 VENCE - Tél : 04 93 24 20 33 ou 06 16 09 85 73 - Fax : 04 93 58 55 78 - E-mail : bastidoliv@netcourrier.com - http://bastidoliv.virtualave.net

Bouches-du-Rhône

GITES DE FRANCE-LOISIRS ACCUEIL
Domaine du Vergon - 13370 MALLEMORT
Tél. 04 90 59 49 40 - Fax. 04 90 59 16 75
http://www.visitprovence.com

3615 Gîtes de France
1,28 F/min

AIX-EN-PROVENCE

C.M. 84 Pli 3

4 ch. R.d.c : 3 CH (1 lit 2 pers), 1 CH (2 lits 1 pers), salle de bains/wc. Lit de bébé disponible. Terrasse privée avec salon de jardin, parking. En hiver, salon à partager avec les hôtes devant la cheminée. Dans la campagne aixoise à 4km du centre ville, Martine vous accueille dans 4 jolies chambres d'hôtes aux couleurs proveçales. Langues parlées : anglais, italien.

Prix : 1 pers. **205/315 F** 2 pers. **290/340 F** repas **120 F**

Ouvert : toute l'année.

1,5	30	1	3	3	2	4	2

ALEXANDRIAN Martine - Campagne Jeanne - Les Milles - 670, chemin des Loups - 13290 AIX-EN-PROVENCE - Tél : 04 42 60 83 10 - Fax : 04 42 20 16 35 - E-mail : martine@campagne-jeanne.com - http://www.campagne-jeanne.com

ALLEINS

C.M. 84 Pli 2

2 ch. A l'étage : 1 ch (1 lit 2 pers + 1 lit 1 pers + 1 lit d'enfant) avec coin salon et salle de bain/wc privés, et 1 ch (1 lit 2 pers) avec douche privée et wc indépendant. Terrasse commune et jardin aménagé clos avec cuisine d'été, garage. Deux belles chambres de style provençal dans une maison de village du XVIIIe siècle, proche du Luberon, des Alpilles et du sentier de grande randonnée GR6. Exposition permanente d'oeuvres d'artistes. Langues parlées : italien, anglais.

Prix : 1 pers. **280 F** 2 pers. **300 F** pers. sup. **80 F**

Ouvert : toute l'année.

5	35	2	0,2	0,2	3	12	0,1

KERIMEL DE KERVENO Michèle et Eric - 89 place de la République - 13980 ALLEINS - Tél : 04 90 59 32 54 - Fax : 04 90 59 32 54

ALLEINS

C.M. 84 Pli 2

2 ch. Rdc : 1 ch (1 lit 2 pers), salle d'eau/wc. Etage : 1 ch (3 lits 1 pers), salle de bains/wc. Terrasse privée avec salon de jardin, jardin clos et arboré, parking. Sur une propriété de 1200 m^{2}, deux chambres d'hôtes bien aménagées dans une villa de type provençal, au calme. Proximité du Luberon et des Alpilles.

CV

Prix : 1 pers. **240 F** 2 pers. **280 F** 3 pers. **350 F**

Ouvert : du 1er mai au 30 septembre.

SP	25	2	1	SP	3	5	0,8

IMBERT Hélène et Gérard - Au Maréchal Leclerc - 13980 ALLEINS - Tél : 04 90 57 39 81 - Fax : 04 90 57 39 81

AURONS

C.M. 84 Pli 2

3 ch. R.d.c : 1 ch (1 lit 2 pers + 1 lit 1 pers), coin détente avec table et fauteuil, salle d'eau équipée pour un public en fauteuil roulant, wc privés. Lit BB dispo. Et. : 1 ch (1 lit 2 pers), salle de bains/wc. Salon à l'extérieur de la chambre. 1 ch 50m^{2} (1 lit 2 pers), salle de bains/wc, lit sup. Terrasse privée, salon de jardin. Mini bar et micro ondes. Très belle propriété sur un site archéologique, avec un chateau et sa tour centrale du XIIe. Avec sa cave particulière, ce domaine s'étend sur plus de 80 ha de vignes et garrigue. Entrée indépendante attenante au chateau et donnant sur la cour de la cave. Belle vue sur le Luberon. Abri couvert. Langue parlée : anglais.

Prix : 1 pers. **300/350 F** 2 pers. **350/400 F** pers. sup. **70 F**

Ouvert : toute l'année.

1	30	5	1	SP	10	9	7

BRULAT Dominique - Château du Petit Sonnailler - 13121 AURONS - Tél : 04 90 59 34 47 - Fax : 04 90 59 32 30

AURONS
C.M. 84 Pli 2

3 ch. En R.d.c : 1 CH (2 lits 1 pers), salle de bains/wc, 1 CH (1 lit 2 pers), salle de bains/wc et 1 CH (1 lit 2 pers, 1 lit 1 pers), salle de bains/wc. Terrasse privée avec salon de jardin, parking. Terrain clos, très calme. Petit déjeûner dans une grande véranda avec vue panoramique. Dans le site exceptionnel du village d'Aurons, vieux de 11 siècles, qui s'enroule en spirale autour de la butte médiévale, belle maison de caractère proposant 3 jolies chambres d'hôtes décorées avec goût, avec des meubles anciens de qualité. Entrée indépendante. Langue parlée : anglais.

CV

Prix : 1 pers. **350/380 F** 2 pers. **380/400 F** 3 pers. **450 F** pers. sup. **100 F**

Ouvert : toute l'année.

8	35	5	5	SP	9	9	5

BRAUGE Monique - Le Castelas - Vallon des Eoures - 13121 AURONS - Tél : 04 90 55 60 12 ou 06 08 53 61 29 - Fax : 04 90 55 60 12 - E-mail : mbrauloy@aol.com - http://lecastelas.com

AURONS
C.M. 84 Pli 2

1 ch. En R.d.c : 1 CH (1 lit 2 pers), salle de bains/wc, lit de bébé disponible. Terrasse privée avec salon de jardin, abri voiture. Une chambre d'hôtes bien aménagée sur un domaine arboré, au calme. Très belle vue sur la vallée du pays Salonais. Langue parlée : anglais.

CV

Prix : 1 pers. **250 F** 2 pers. **300 F**

Ouvert : toute l'année.

5	50	5	7	SP	12	5	5

DOUMENC Annie et Robert - Les Costes - 13121 AURONS - Tél : 04 90 56 53 90 ou 06 70 76 68 89

LA BARBEN
C.M. 84 Pli 2

4 ch. 2 ch avec entrée indépendante (1 lit 2 pers.), un salon privatif avec 1 lit 1 pers. et un petit coin cuisine, salle d'eau, wc, lit de bébé et lit d'enfant sur demande. A l'étage : 1 ch (1 lit 2 pers). Salle d'eau, wc. 1 ch (1 lit 2 pers), petit couloir, salle de bains, wc à l'extérieur de la chambre. Terrasse commune avec salon de jardin, parking. Sur une propriété de trois hectares, vieux mas provençal rénové dans un cadre champêtre bien ombragé l'été. Espace d'agrément non cloturé rafraichi par une eau de source et bordé de champs de culture biologique. Un gîte rural sur la propriété. Petit déj. bio sous les platanes l'été. Langue parlée : anglais.

CV

Prix : 1 pers. **230 F** 2 pers. **300 F** pers. sup. **80 F**

Ouvert : toute l'année.

6	50	0,2	1	SP	10	8	3

ARNAUD-ROUSTANG Catherine & François - Mas de Raiponce, qu. d'Adane - 1250 route de la Source - 13330 LA BARBEN - Tél : 04 90 55 31 70 - Fax : 04 90 55 31 70

BARBENTANE
C.M. 83 Pli 10

3 ch. En rdc 1 ch (1 lit 2 pers), salle de bain, wc privés attenants. A l'étage réservé aux hôtes, 1 ch (1 lit 2 pers), salle de bains et WC privés attenants et 1 ch (2 lits 1 pers) avec salle d'eau et WC privés attenants. Décoration et meubles provençaux. Salon avec bibliothèque. Petits déjeûners servis au jardin. Ping pong, parking, jardin clos. Dans un village calme et typique, au cœur de la Provence, belle maison de caractère dans un très grand jardin paysager en terrasse, ombragé et fleuri, mitoyen au parc d'un chateau du XVIIe siècle. Proximité d'Avignon, Arles, les Alpilles, St Rémy de Provence et le Pont du Gard. Langues parlées : italien, anglais.

Prix : 1 pers. **250 F** 2 pers. **290 F** pers. sup. **100 F**

Ouvert : toute l'année.

10	80	8	2	2	2	8	0,2

CASABIANCA Nicole et Jacques - La Lézardière - 5 rue du Château - 13570 BARBENTANE - Tél : 04 90 95 68 48

BARBENTANE
C.M. 84 Pli 10

1 ch. Au R.d.c : 1 CH (1 lit 2 pers), salle d'eau/wc. Coin salon attenant. Terrasse commune avec salon de jardin, parking. Chambre d'hôtes aménagée en rez de jardin de la villa des propriétaires. Grand jardin fleuri, au calme.

Prix : 1 pers. **220 F** 2 pers. **280 F**

Ouvert : toute l'année.

5	70	7	2,5	2,5	0,3	5	2,5

BOURDIN Fernande et Joseph - quartier Rechaussier - 13570 BARBENTANE - Tél : 04 90 95 53 24

LES BAUX-DE-PROVENCE
C.M. 84 Pli 1

4 ch. Rdc : 1 ch (1 lit 2 pers), 1 ch (1 lit 2 pers et 2 lits 1 pers), 1 ch (1 lit 2 pers et 1 lit 1 pers), 1 suite (2 lits 2 pers). Toutes les chambres sont équipées de salle de bains/wc et terrasse privative avec mobilier de jardin. Parking. Belles chambres d'hôtes sur un domaine de 3 hectares dans la colline et les pins. Belle vue sur la Chaine des Alpilles et le Château des Baux.

CV

Prix : 1 pers. **320 F** 2 pers. **380 F** pers. sup. **100 F**

Ouvert : toute l'année.

SP	50	2	1	SP	2	18	1,5

ROUX Jacqueline et Claude - Le Mas de l'Esparou - route de Saint-Rémy - 13520 LES BAUX-DE-PROVENCE - Tél : 04 90 54 41 32 - Fax : 04 90 54 41 32

BOULBON

C.M. 83 Pli 10

2 ch. 1 CH (1 lit 2 pers), salle d'eau, WC indépendant. 1 CH (1 lit 2 pers + 1 lit 1 pers), salle de bains/WC. Coin détente avec cheminée, frigidaire et bibliothèque, commun aux 2 chambres. Terrasse avec salon de jardin, parking, jeu de boules. Magnifiques balades dans la Montagnette (sentiers de randonnée, circuits VTT). Au cœur de la Provence, dans un site classé, à deux pas des Alpilles, une vieille maison provençale vous propose 2 chambres d'hôtes en rez-de-chaussée avec entrée indépendante.

Prix : 1 pers. **250/270 F** 2 pers. **280/300 F** pers. sup. **100 F**

Ouvert : toute l'année.

SP	60	3	3	SP	3	10	3

DE BRUNELIS Marie - l'Ouliveto - route de Frigolet - 13150 BOULBON - Tél : 04 90 43 90 40

CABRIES

TH *C.M. 84 Pli 3*

5 ch. A l'ét : 1 CH (1 lit 2 pers), salle d'eau/wc, 2 CH (1 lit 2 pers), salle de bains/wc, 1 CH (2 lits 1 pers et en mezzanine 1 lit 1 pers), salle de bains/wc, une suite avec entrée indépendante et petit salon, avec 1 lit pour 2 pers et 2 lits 1 pers superposés, salle de bains/wc. Salon et salle à manger mis à disposition, cheminée, TV, abri couvert, pool-house. Dans une Bastide du 19ème et sur un domaine ombragé, vous trouverez de belles chambres d'hôtes aménagées avec goût. Langues parlées : anglais, allemand.

Prix : 1 pers. **320/380 F** 2 pers. **420/450 F** 3 pers. **550 F** pers. sup. **80 F** repas **130 F**

Ouvert : toute l'année.

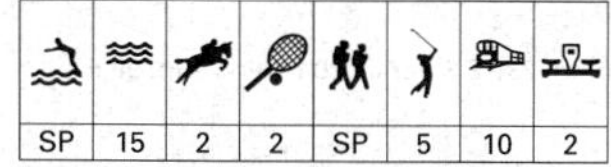

SP	15	2	2	SP	5	10	2

VINCENT ET PERRIER J-Marc et Christian - La Bastide de la Cluée - route de la Césarde - 13480 CABRIES - Tél : 04 42 22 59 00 ou 06 13 90 26 50 - Fax : 04 42 22 59 00

CEYRESTE

TH *C.M. 84 Pli 14*

1 ch. En rez de chaussée et indépendant : 1 CH (1 lit 2 pers et 1 lit 1 pers), salle de bains/salle d'eau/wc et possibilité de sauna. TV. Terrasse avec salon de jardin, parking, terrain clos. Grande et belle chambre d'hôtes dans une bastide en pierres disposant d'un agréable jardin arboré de 4000m^2. Langues parlées : anglais, italien.

Prix : 1 pers. **300 F** 2 pers. **350 F** pers. sup. **90 F** repas **100 F**

Ouvert : du 1er avril au 30 octobre.

6	5	2	2	SP	12	2	1,5

CENTINO Suzanne et J-Jacques - Le Sorbier des Oiseleurs - chemin des Lavandes - 13600 CEYRESTE - Tél : 04 42 83 71 55 - Fax : 04 42 83 71 55

CHATEAURENARD

C.M. 84 Pli 1

2 ch. Cette suite est composée d'1 ch (1 lit 2 pers.), 1 ch (1 lit 2 pers., 1 lit 1 pers.), salon, séjour, salle de bains, wc, bibliothèque, jeux de société. Lit d'enfant disponible gratuitement. Entrée indépendante. Cour, salon de jardin, parking fermé, abri voiture. A la croisée des chemins de Provence, dans un village tranquille, au pied de la pinède, une suite au rez de chaussée de la maison des propriétaires. A proximité : St Rémy de Provence, Les Baux, Arles, le Luberon. Langue parlée : anglais.

Prix : 2 pers. **300 F** 3 pers. **380 F** pers. sup. **80 F**

Ouvert : toute l'année.

0,5	40	0,5	0,5	4	10	8	0,5

JOUVE Alyne et Gilbert - 19 bis av. du Docteur Perrier - La Trentaine - 13160 CHATEAURENARD - Tél : 04 90 94 63 23

CHATEAURENARD

C.M. 84 Pli 1

3 ch. R.d.c : 1 ch (1 lit 2 pers). Salle de bain privée et toilettes indépendantes (situées en face de la chambre). 2 ch (1 lit 2 pers), salle de bains/wc. Terrasse privée avec salon de jardin. Parking. Grande maison avec trois chambres d'hôtes ayant une entrée indépendante. Jardin bien entretenu. Proche d'Avignon et de ses attraits touristiques.

Prix : 1 pers. **260/290 F** 2 pers. **300/350 F**

Ouvert : toute l'année.

5	70	1	5	5	5	8	5

SARRAZIN Jacqueline - chemin du Mas de Raton - route de Tarascon - 13160 CHATEAURENARD - Tél : 04 90 94 00 33 - Fax : 04 90 94 00 33

CORNILLON-CONFOUX

A *C.M. 84 Pli 2*

1 ch. Entrée totalement indépendante. Très grande chambre d'hôtes. Coin cuisine, mezzanine avec 1 lit pour 2 personnes, et 1 convertible pour 2 personnes situé dans le coin salon. Salle d'eau/WC. Prise TV dans la chambre. Jardin clos avec salon de jardin, parking. Lit de bébé disponible. Très belle maison de caractère, proche de Salon de Provence et de ses attraits touristiques. Langue parlée : anglais.

Prix : 1 pers. **250 F** 2 pers. **300 F** 3 pers. **350 F**

Ouvert : du 15 mars au 15 novembre.

1	25	1	2	SP	5	5	2

YOUNG Catherine et Sieven - La Bastide de Leydet - 13250 CORNILLON-CONFOUX - Tél : 04 90 50 41 91 - Fax : 04 90 50 41 91

EGUILLES

C.M. 84 Pli 3

2 ch. Au 1er étage : 1 CH (2 lits 1 pers pouvant être accolés), salle d'eau, wc indépendant. Au 2ème étage : 1 Suite chambre d'hôtes avec 2 lits 1 pers et 1 lit 2 pers en 160, salle d'eau, wc indépendant. Les deux chambres sont équipées de la climatisation, et ont télévision, terrasse, et jardin clos. Deux garages fermés sont proposés. Belles chambres d'hôtes aménagées au cœur du village, au calme. Un jardin privatif avec auvent abritant cuisine d'été et barbecue, est mis à disposition des hôtes. Une position centrale permet d'atteindre en moins d'une heure le Luberon, les Alpilles, la Camargue, les Calanques... Langues parlées : anglais, allemand.

Prix : 1 pers. **230 F** 2 pers. **280/380 F** 3 pers. **420 F**

Ouvert : toute l'année.

6	35	1	0,5	0,4	5	6	0,1

MARTHA Agnes et J-Charles - 10, rue de l'Acacia - 13510 EGUILLES - Tél : 04 42 92 61 26 - Fax : 04 42 92 61 26

EYGALIERES

C.M. 84 Pli 1

3 ch. 1 ch (1 lit 2 pers. + 1 lit 1 pers.), 1 ch (1 lit 2 pers) et 1 ch (2 lits 1 pers.). Salle d'eau et 2 wc communs aux trois chambres. Terrasse, jardin non clos ombragé avec salon de jardin, parking. Possibilité personne supplémentaire. Villa en campagne comprenant trois chambres d'hôtes. Belles randonnées dans les environs. Site et nuits très calmes.

Prix : 1 pers. **200 F** 2 pers. **230 F** 3 pers. **320 F** pers. sup. **90 F**

Ouvert : toute l'année.

10	50	0,5	1	SP	11	10	1

CARLEO Colette - quartier du Mas de la Brune - 13810 EYGALIERES - Tél : 04 90 95 94 42 - Fax : 04 90 95 94 42

EYGALIERES

C.M. 84 Pli 1

1 ch. 1 ch (1 lit 2 pers et 2 lits 1 pers en mezzanine) avec coin cuisine, salle d'eau/wc. Entrée indépendante et terrasse privée avec salon de jardin. Télévision dans la chambre. Jardin, barbecue, jeu de boules, parking, lave-linge mis à la disposition des hôtes. Au milieu des oliviers, au pied des Alpilles, belle maison rénovée. Possibilité de superbes balades pour marcheurs et amateurs de V.T.T. Langue parlée : anglais.

Prix : 1 pers. **270 F** 2 pers. **330 F** 3 pers. **440 F**

Ouvert : toute l'année.

SP	50	1	0,7	SP	12	15	0,1

WIBAUX M-Christine et Bernard - Mas de la Machotte - quartier des Molassis - 13810 EYGALIERES - Tél : 04 90 95 96 37 - E-mail : m.c.b.wibaux@wanadoo.fr

EYGALIERES

C.M. 84 Pli 1

5 ch. 3 ch au 1er étage avec escalier extérieur indépendant : (1 lit 2 pers), salle d'eau/WC privés. 2 ch au RdC avec entrée indépendante : (2 lits 1 pers.), salle d'eau, wc privés et attenants pour chacune. Séjour réservé aux hôtes à l'étage et coin salon au R.d.c. Lit sup. et lit d'enfant sur demande. Réfrigérateur, congélateur et micro ondes réservés aux hôtes. 5 chambres d'hôtes dans un mas rénové sur une petite exploitation agricole au calme, bénéficiant d'une belle vue sur les Alpilles. Possibilité de belles randonnées. Parking. Jardin non clos et ombragé, avec salon de jardin. Possibilité de pique-nique.

Prix : 1 pers. **230/250 F** 2 pers. **270/300 F** 3 pers. **350/400 F**

Ouvert : du 15 février au 15 octobre.

10	40	3	4	0,5	15	9	1

PERNIX Danielle et Maurice - quartier du Contras - 13810 EYGALIERES - Tél : 04 90 95 04 89 - Fax : 04 90 95 04 89

EYGALIERES

C.M. 84 Pli 1

1 ch. 1 ch (1 lit 2 pers + 1 lit 1 pers), salle d'eau, wc. Coin cuisine, coin salon, TV, terrasse privée avec salon de jardin, bains de soleil, barbecue, parking, portique, jeu de boules, laverie, repassage. Grande chambre au décor provençal, située au pied des Alpilles, sur un terrain de 7500 m2, au milieu des pins, des oliviers et de la garrigue. Portail fermé la nuit. Trois gîtes ruraux sur place. Entrée indépendante. Langue parlée : anglais.

Prix : 1 pers. **320 F** 2 pers. **350 F** 3 pers. **400 F**

Ouvert : toute l'année.

SP	60	1	1	SP	10	12	1

SOUMILLE Blandine et Alain - Ch. de Pestelade, - Quartier la Lecque - 13810 EYGALIERES - Tél : 04 90 95 94 89 - Fax : 04 90 95 94 89

EYGALIERES

C.M. 84 Pli 1

1 ch. Située au R.d.c. avec une entrée indépendante : 1 CH (1 lit 2 pers), salle d'eau/wc. Terrasse privée dans un jardin clos et ombragé, parking. Jolie chambre d'hôtes au pied des Alpilles et proche de nombreux sites touristiques renommés.

Prix : 1 pers. **220 F** 2 pers. **300 F**

Ouvert : toute l'année.

13	40	2	0,5	SP	17	12	0,1

DIVOL M-José et Raymond - La Buissonnière - avenue des Molassis - 13810 EYGALIERES - Tél : 04 90 95 99 94

EYGUIERES

C.M. 83 Pli 10

2 ch. Chambre d'hôtes en R.D.C avec : 1 CH (1 lit 2 pers), salle d'eau, wc indépendant et 1 CH (1 lit 2 pers), salle d'eau, wc indépendant. TV dans chaque chambre. Réfrigérateur à usage exclusif des hôtes. Terrasse privée avec salon de jardin, jardin commun, parking fermé. Jeu de boules, ping pong. Deux jolies chambres d'hôtes mitoyennes au mas des propriétaires, faciles d'accès, proches du Luberon et des Alpilles. Langue parlée : italien.

CV

Prix : 1 pers. **240 F** 2 pers. **270 F**

Ouvert : toute l'année.

0,5	35	4	0,8	1	13	7	0,1

PAILLET Sylvie et Bruno - Mas de la Grande Roubine - 13430 EYGUIERES - Tél : 04 90 59 83 85 ou 04 90 42 83 41 - Fax : 04 90 42 90 89

EYGUIERES

C.M. 83 Pli 10

2 ch. 1 suite en duplex : 1 lit 2 pers et 2 lits 1 pers avec coin salon, salle de bains privée et wc indépendant. 1 CH : 2 lits 1 pers dans une alcôve et 1 lit 1 pers dans le coin salon, salle de bains, wc indépendant. Télévision dans les chambres. Jardin clos de vieux murs. Cour. Salon de jardin. Portique, jeu de boules, parking. 4 pers. : 750 F. Belle demeure provençale du 18eme située au cœur du village. Chambres d'hôtes raffinées et spacieuses, décorées avec goût, au calme. Proximité des Alpilles et du Luberon et de leurs attraits touristiques. Langues parlées : anglais, italien.

Prix : 1 pers. **350/450 F** 2 pers. **550 F** 3 pers. **650/700 F** pers. sup. **100/150 F**

Ouvert : toute l'année.

SP	30	10	1	1	10	7	0,1

ANGERS Michelle et Christophe - Le Demeure - 2 rue du Fossé Meyrol - 13430 EYGUIERES - Tél : 04 90 57 85 05 - Fax : 04 90 57 85 15 - E-mail : lademeure@aol.com - http://www.franceweb.org/lademeure

EYGUIERES

C.M. 83 Pli 10

3 ch. A l'étage : 2 CH (1 lit 2 pers), salle d'eau/wc et 1 CH (1 lit 2 pers et un convertible 1 pers), salle d'eau/wc. Réfrigérateur à usage exclusif des hôtes. Terrasse privée avec salon de jardin, portique, parking. Trois belles chambres d'hôtes rénovées et décorées aux couleurs de la Provence, à proximité des Alpilles et de ses sites touristiques renommés. Langue parlée : italien.

CV

Prix : 1 pers. **240 F** 2 pers. **280 F** pers. sup. **100 F**

Ouvert : toute l'année.

1	30	5	1	1,5	15	8	2

LIEUTAUD J-François et Anna - quartier du Pin - 13430 EYGUIERES - Tél : 04 90 59 89 85 ou 06 03 16 19 05 - Fax : 04 90 59 89 85

EYRAGUES

C.M. 84 Pli 1

3 ch. 1 ch (2 lits 1 pers.), 2 ch (1 lit 2 pers.). Salle d'eau et wc privés pour chaque chambre. Lit de bébé, réfrigérateur à disposition. Salle de séjour commune avec les propriétaires. Jardin ombragé, salon de jardin, parking. Promotion pour 4 nuits et plus : 250 F pour 2 personnes. 3 chambres d'hôtes aménagées dans un très beau mas provençal du XVIIIe. Langues parlées : anglais, italien.

CV

Prix : 1 pers. **250 F** 2 pers. **280 F** pers. sup. **80 F**

Ouvert : du 1er avril au 30 septembre.

4	50	10	4	10	20	12	2

POLI Christiane et Robert - Le Mas des Chats qui Dorment, - 1671 chemin des Prés - 13630 EYRAGUES - Tél : 04 90 94 19 71 - Fax : 04 90 94 19 71

EYRAGUES

C.M. 84 Pli 1

2 ch. A l'étage, 1 suite (escalier extérieur indépendant) : 1 ch (1 lit 2 pers.), 1 ch attenante (2 lits 1 pers.), lit d'appoint, salle d'eau/wc privatifs, cuisine d'appoint avec plaque chauffante et réfrigérateur. 1 ch (1 lit 2 pers.) avec salle de bains et wc privés. Salle de séjour avec cheminée et bibliothèque mis à la disposition des hôtes. Parking. Mas le plus ancien du village, situé sur une exploitation agricole. Cour commune ombragée et fleurie avec salon de jardin.

CV

Prix : 1 pers. **250 F** 2 pers. **280/300 F**

Ouvert : toute l'année.

4	40	4	1	5	10	10	1

MASSEBOEUF Louisette - Mas Saint-Joseph - route des Jardins - 13630 EYRAGUES - Tél : 04 90 94 25 12

FONTVIEILLE

C.M. 83 Pli 10

2 ch. 2 chambres spacieuses avec meubles d'époque, 1er étage : 1 ch (1 lit 2 pers.), et 1 suite : salon/chambre (1 lit 1 pers.), 1 ch (1 lit 2 pers.), salle de bains/douche/wc privés attenants pour chacune. Séjour, table de bridge, chaine HIFI, salon avec TV réservé aux hôtes. Petite cour avec salon de jardin. Maison de caractère au cœur de Fontvieille, et ayant appartenu à l'ancien maréchal ferrand du village. Langue parlée : anglais.

Prix : 1 pers. **450 F** 2 pers. **500 F** 3 pers. **550 F**

Ouvert : du 1er janvier au 15 décembre.

1	45	1	1	SP	7	9	SP

RICARD-DAMIDOT Edith et Jean-Marie - Mas Ricard, - 107 avenue Frédéric Mistral - 13990 FONTVIEILLE - Tél : 04 90 54 72 67 - Fax : 04 90 54 64 43

FONTVIEILLE

C.M. 83 Pli 10

4 ch. 2 ch (1 lit 2 pers., 1 lit 1 pers.) avec salle de bains/wc. 2 ch (1 lit 2 pers., 2 lits 1 pers.) avec salle de bains/wc. Salle de séjour réservée aux hôtes, avec coin cheminée et piano. Possibilité d'utiliser la cuisine et la salle à manger. Terrasse avec salon de jardin, abri voiture, ping pong. A proximité du Moulin de Daudet et de l'Aqueduc Romain, maison avec piscine nichée dans la garrigue, proposant 4 chambres avec chacune une entrée indépendante donnant autour de la terrasse. Accueil de chevaux. Langues parlées : anglais, espagnol.

Prix : 1 pers. **210 F** 2 pers. **270 F** 3 pers. **330 F**

Ouvert : toute l'année.

SP	40	1	2	SP	8	10	2

HAMIEAU Renée - La Tanière - Croix de Joussand - route du Moulin - 13990 FONTVIEILLE - Tél : 04 90 54 61 40

FUVEAU

C.M. 84 Pli 3

4 ch. R.d.c : 2 CH (1 lit 2 pers), 1 CH (2 lits 1 pers), 1 CH (1 lit 2 pers + 1 lit 1 pers), salle d'eau/bain/WC. Chaque chambre possède un coin salon et 2 chambres ont un lit en 160/200. Lit de bébé à disposition. Bibliothèque mise à disposition des hôtes. Terrasse commune avec salon de jardin, parking. Sur une grande propriété de 9 hectares, quatre belles chambres d'hôtes avec vue sur la Ste Victoire. Possibilité de randonnées pédestres et à VTT. Langue parlée : anglais.

Prix : 1 pers. **280/310 F** 2 pers. **310/340 F** pers. sup. **70 F**

Ouvert : toute l'année.

SP	40	1	1,5	SP	2	10	2

DUBOIS Francette et Daniel - 39, chemin des Pradels - quartier des Longs Cols - 13710 FUVEAU - Tél : 04 42 68 15 88 - Fax : 04 42 68 15 88

FUVEAU

TH *C.M. 84 Pli 3*

1 ch. 1 ch (1 lit 2 pers) avec entrée indépendante, salle d'eau, wc attenants. Lit d'enfant moins de 12 ans disponible. Salle de séjour avec cheminée, TV, bibliothèque et piano. Salle à manger d'été avec réfrigérateur à disposition. Terrasse couverte, salon de jardin, ping pong, jeu de boules. Espagnol et italien parlés également. Belle maison bénéficiant d'un grand calme, avec un vaste jardin boisé de pins et de chênes, jouxtant le golf de Château l'Arc. Accès possible à la piscine du propriétaire. Repas sur réservation. Langues parlées : anglais, allemand.

Prix : 1 pers. **250 F** 2 pers. **280 F** repas **95 F**

Ouvert : toute l'année.

5	30	5	3	SP	3	15	3

PIN Geneviève et Jean-Philippe - quartier la Bastide Neuve - 91 chemin des Pradels - 13710 FUVEAU - Tél : 04 42 58 73 40 - Fax : 04 42 58 73 40

GRANS

C.M. 84 Pli 1/2

3 ch. 1 ch (1 lit 2 pers, 1 lit 1 pers), salle d'eau, wc. 1 ch (1 lit 2 pers + 1 lit 1 pers), salle d'eau, wc. 1 ch (1 lit 2 pers), salle de bains, wc. Salon, cheminée, TV, bibliothèque à disposition. Réfrigérateur commun aux 3 chambres, grande piscine, ping-pong, badges de tennis, jeux de société, parking. Stages de sculpture et de lettres dans le village. Très beau mas provençal avec piscine, situé dans un parc exceptionnel de verdure, en bordure de rivière. Proximité des Baux, du Lubéron, Arles, Aix en Pce. 3 chambres d'ambiance provençale en rez-de-chaussée avec terrasse privée, salon de jardin, entrée indépendante. Langue parlée : anglais.

Prix : 1 pers. **300 F** 2 pers. **330/380 F** 3 pers. **480 F** pers. sup. **50 F**

Ouvert : du 1er mars au 5 janvier.

SP	25	2	0,5	0,5	9	6	1,5

RICHARD Véronique & J-Pierre - Domaine du Bois Vert, - quartier Montauban - 13450 GRANS - Tél : 04 90 55 82 98 - Fax : 04 90 55 82 98 - E-mail : leboisvert@hotmail.fr - http://www.multimania.com/leboisvert

GRANS

C.M. 84 Pli 1/2

3 ch. Aux étages avec entrée indépendante et élégament meublées de mobilier ancien régional : 1 suite composée de 2 ch (1 lit 2 pers/2 lits 1 pers) avec salon et salle d'eau/wc. 1 ch (1 lit 2 pers, 1 lit 1 pers), salle d'eau/wc. 1 ch (2 lits 1 pers), salle d'eau/wc. Petits déjeuners gourmands. Mini bar privatifs. Bibliothèque, billard, VTT, croquet. Niché dans les collines de Provence, se dresse le Château de Couloubriers, élégante bâtisse aixoise du 18e. Soigneusement préservé dans son parc de 40ha de pinède et oliveraies, le Château respire la sérénité et la douceur de vivre en Provence. Chambres spacieuses et confortables.

Prix : 1 pers. **550 F** 2 pers. **700 F** 3 pers. **850/1150 F**

Ouvert : du 1er mai au 30 septembre.

SP	20	3	SP	SP	3	7	3

GONIN Evelyne et J-Pierre - Château de Couloubriers - 13450 GRANS - Tél : 04 90 42 27 29 - Fax : 04 90 42 27 29

GRANS

C.M. 84 Pli 1/2

3 ch. 1 ch (1 lit 2 pers + 1 lit 1 pers) avec salle de bain/douche privée, wc indépendant. 1 ch (1 lit 2 pers) et 1 ch (1 lit 2 pers et 1 lit 1 pers) avec chacune douche et wc indépendant. Piscine et solarium à l'étage, directement accessibles des chambres, parking, jardin ombragé et patio communs. Charme et originalité pour cet ancien moulin à huile du XVIIe, édifié au cœur du vieux village, dans un quartier très calme. A l'étage réservé aux hôtes, un large espace aménagé (coin TV, bibliothèque, frigo, micro ondes) dessert 3 chambres calmes et chaleureuses avec vue sur les jardins. Langue parlée : allemand.

Prix : 1 pers. **260 F** 2 pers. **300 F** 3 pers. **400 F** pers. sup. **100 F**

Ouvert : du 1er avril au 31 octobre.

SP	25	1	1	1	10	4	0,1

MARTINI Marie-Jehanne - 12 rue des Moulins - 13450 GRANS - Tél : 04 90 55 86 46

GRAVESON

C.M. 83 Pli 10

1 ch. A l'étage : 1 ch (1 lit 2 pers), salle de bains, wc indépendant. Lit d'enfant et lit de bébé disponibles. Salon au rez-de-chaussée avec TV câblée 32 chaînes. Salon de jardin. Lave-linge. Parking privé. A 200m du centre du village, chambre d'hôtes dans un mas de famille provençal et centenaire avec un très beau jardin fleuri entièrement clos, mitoyenne à un gîte rural. Langues parlées : anglais, allemand.

Prix : 1 pers. **260 F** 2 pers. **300 F** pers. sup. **100 F**

Ouvert : toute l'année.

8	60	2	0,5	SP	12	10	0,2

BIGONET Simone - 7 avenue Auguste Chabaud - 13690 GRAVESON - Tél : 04 90 95 79 46 ou 04 90 95 85 29 - Fax : 04 90 95 86 51

JOUQUES

C.M. 84 Pli 3

4 ch. R.d.c : 2 CH (1 lit 2 pers), salle d'eau/wc, 1 CH (3 lits 1 pers), salle d'eau/wc, 1 suite avec 1 lit 2 pers et 2 lits 1 pers, salle d'eau commune. Terrasses communes avec salons de jardin, jeu de boules, terrain de volley, parking. Au cœur de la Provence, vieille bastide en pierre rénovée. Au calme, sur un domaine de 40 hectares, belles chambres d'hôtes décorées aux couleurs provençales. Tranquilité assurée. Langue parlée : anglais.

Prix : 1 pers. **270 F** 2 pers. **320 F** 3 pers. **410 F** pers. sup. **100 F**

Ouvert : toute l'année.

SP	50	5	3	SP	30	10	3

MARY Magalie et Philippe - Campagne le Catalan - 13490 JOUQUES - Tél : 04 42 67 69 43

LAMANON

C.M. 84 Pli 2

1 ch. R.d.c : 1 CH (1 lit 2 pers), salle d'eau/bain/wc. Lit de bébé sur demande. Prise TV. Terrasse avec salon de jardin, espace d'agrément bien aménagé, abri couvert pour voiture. Petits déjeuners gourmands. Sur un terrain de 4000m^2, arboré et clos, belle propriété ombragée proche de Salon de Provence et de ses sites touristiques. Découverte de grottes troglodytes à proximité.

Prix : 1 pers. **300 F** 2 pers. **350 F**

Ouvert : toute l'année.

5	30	5	0,5	0,5	6	0,5	0,5

VAULTIER Monique et Daniel - allée du Château - Les Loups - 13113 LAMANON - Tél : 04 90 59 59 23 ou 06 81 11 30 13 - Fax : 04 90 59 59 23 - E-mail : lesloups.contact@worldonline.fr

LAMBESC

C.M. 84 Pli 2

1 ch. Etage réservé aux hôtes : 1 ch (1 lit 2 pers.), salle de bains et wc privés, terrasse avec salon de jardin et escalier indépendant. Salle de séjour avec bibliothèque. Possibilité de baignade (non surveillée) dans la piscine. Cuisine d'été avec réfrigérateur et barbecue près de la piscine. Ping pong, abri couvert, portique. Maison indépendante dans une pinède odorante de 8000m2 entièrement clôturée, au cœur d'une région au patrimoine riche et varié.

Prix : 1 pers. **300 F** 2 pers. **400 F**

Ouvert : toute l'année.

SP	40	2,5	0,8	1	7	15	0,5

VIALLE Michèle et Gilbert - 41 avenue des 4 Termes - 13410 LAMBESC - Tél : 04 42 57 11 18

LAMBESC

TH

C.M. 84 Pli 2

2 ch. 1 ch (1 lit 2 pers.), avec entrée indépendante, salle d'eau et wc privatifs, lit pour bébé et lit d'appoint sur demande, et 1 CH (2 lits 1 pers), salle d'eau, wc indépendant. Séjour à la disposition des hôtes, bibliothèque, T.V., cheminée. Grande terrasse avec salon de jardin, jeu de boules, jardin, parking, abri couvert. Au cœur de la Provence, à deux pas du Lubéron, venez savourer le calme et vous reposer dans deux chambres d'hôtes, situées sur une propriété de 5 hectares avec piscine. Table d'hôtes sur réservation (sauf le dimanche). Langue parlée : italien.

Prix : 1 pers. **240/280 F** 2 pers. **300/320 F** pers. sup. **100 F** repas **100 F**

Ouvert : toute l'année.

SP	50	2,5	0,8	SP	8	20	1

CRUCIANI Jacqueline - Campagne Gargory - route de Rognes - 13410 LAMBESC - Tél : 04 42 92 91 01

LAMBESC

C.M. 84 Pli 2

2 ch. R.d.c : 1 CH (1 lit 2 pers), salle d'eau/wc, entrée indépendante. 1 CH (2 lits 1 pers), salle de bains, wc indépendant. Terrasse privée avec salon de jardin, bassin d'agrément, parking. Deux jolies chambres d'hôtes situées au milieu des vignes de culture biologique et en bordure d'une forêt de pins. Demeure de caractère en pierres. Langue parlée : italien.

Prix : 1 pers. **370/400 F** 2 pers. **400/450 F**

Ouvert : toute l'année.

2	40	3	2	SP	9	16	1,5

FOGLIA Roselyne & Giordano - Le Gallatrais - route de Caire Val - 13410 LAMBESC - Tél : 04 42 92 75 70 ou 06 11 48 64 44 - Fax : 04 42 92 75 92

MIMET

C.M. 84 Pli 13

1 ch. Suite chambre d'hôtes pour handicapés. 1 CH (1 lit 2 pers) et 1 CH (1 lit 1 pers) pour personne à mobilité réduite. Salle de bains et salle d'eau/wc. Terrasse avec salon de jardin, parking. Belle chambre d'hôtes aménagée sur un terrain de 8000m. Elevage de poules, chèvres et lapins. Très belle vue sur la Sainte Victoire. Langues parlées : anglais, allemand.

Prix : 1 pers. **250 F** 2 pers. **350 F** 3 pers. **450 F**

Ouvert : du 1er avril au 30 octobre.

5	12	5	4	SP	8	6	4

BOYD Myriam et Alastair - 348, chemin des Amandiers - 13105 MIMET - Tél : 04 42 58 85 90 - Fax : 04 42 69 99 18

MOLLEGES

C.M. 84 Pli 1

1 ch. En R.d.c : 1 CH (1 lit 2 pers), salle d'eau, wc indépendant. Terrasse avec salon de jardin, parking. Jolie chambre aménagée dans une grande maison, située aux portes des Alpilles. Vous goûterez aux plaisirs du jardin et de la piscine.

Prix : 1 pers. **250 F** 2 pers. **300 F**

Ouvert : toute l'année.

SP	50	14	3	3	12	7	0,5

VIDAL Marie-Jeanne - 6, quartier Clos de la Font - 13940 MOLLEGES - Tél : 04 90 95 03 93

LE PARADOU

C.M. 83 Pli 10

4 ch. 2 ch en r.d.c. (1 lit 2 pers.), salle de bains/wc privés. Et. : 1 ch (1 lit 2 pers., 2 lits 1 pers.) avec terrasse privée, salle de bains et wc privés. 1 ch (1 lit 2 pers.) salle d'eau et wc privés. Téléphone à disposition avec carte téléséjour. Dans la vallée des Baux de Provence, belle bastide provençale à l'ancienne, au fond d'un grand jardin ombragé. Point de départ idéal pour de très nombreuses excursions : Les Baux, St Rémy, Avignon, Arles, la Camargue, le Lubéron. Langue parlée : anglais.

Prix : 1 pers. **300/340 F** 2 pers. **300/340 F** 3 pers. **450 F**
pers. sup. **110 F**

Ouvert : toute l'année (l'hiver sur réservation).

2	40	2	0,5	2	2	15	0,5

JOLY Mireille - l'Espelido - route des Tours de Castillon - 13520 LE PARADOU - Tél : 04 90 54 38 55 - Fax : 04 90 54 38 55 - E-mail : lespelido@yahoo.fr

LE PARADOU

C.M. 83 Pli 10

2 ch. 1 ch (2 lits 1 pers. + 1 lit d'appoint possible), 1 ch (1 lit 2 pers.). Salle de bains/WC et climatisation dans chaque chambre. Prise TV. Lit de bébé gratuit. Parking fermé. Réfrigérateur à la disposition exclusive des hôtes. 2 chambres d'hôtes aménagées avec beaucoup de charme. Le soir, le repos et la détente sont assurés dans un grand jardin fleuri, avec possibilité de pique-nique en été.

Prix : 1 pers. **260 F** 2 pers. **300/340 F** 3 pers. **440 F** pers. sup. **100 F**

Ouvert : toute l'année.

2	50	2	0,5	SP	2	15	0,5

RICCI Annick - Le Mazet des Alpilles - route de Brunelly - 13520 LE PARADOU - Tél : 04 90 54 45 89 ou 06 12 14 93 06 - Fax : 04 90 54 44 66

PLAN-D'ORGON

C.M. 84 Pli 1

2 ch. A l'étage : 1 CH (1 lit 2 pers), salle de bain, wc. Coin salon avec prise TV. Au R.d.c : 1 CH (2 lits 2 pers), salle d'eau, wc, coin salon avec prise TV. Terrasse avec salon de jardin, parking. Très belles chambres d'hôtes aménagées dans un mas du 19ème en pierres.Nid de verdure tout près des Alpilles. Langue parlée : anglais.

Prix : 1 pers. **330/380 F** 2 pers. **380/430 F** pers. sup. **80 F**

Ouvert : toute l'année.

2	60	20	2	5	20	2	2

PELLETIER Danielle et Hugues - Le Mas d'Hermès - 13750 PLAN-D'ORGON - Tél : 04 90 73 17 13 ou 06 62 41 32 35 - Fax : 04 90 73 17 13 - E-mail : mashermès@aol.com - http://www.members.aol.com/mashermès/

PLAN-D'ORGON

C.M. 84 Pli 1

3 ch. R.d.c : 1 CH (1 lit 2 pers), salle d'eau/wc, donnant sur le jardin. Et. : une suite avec 1 CH (2 lits 1 pers) et 1 CH (1 lit 2 pers), salle d'eau commune et wc indépendant, salon privé, prise TV. 1 CH indépendante (1 lit 2 pers et 2 lits 1 pers), salle d'eau/wc. Terrasse, salon de jardin, parking. -10% à partir d'1 semaine basse saison et -5% moyenne saison. Mas ancien rénové dans la tradition provençale. Belle propriété de 5000m^2, ombragée avec un environnement bien aménagé, fleuri et verdoyant, autour d'un platane centenaire. Ambiance chaleureuse et colorée. Situation idéale pour rayonner vers les Alpilles, le Luberon, la Camargue, Avignon, Aix... Langue parlée : anglais.

Prix : 1 pers. **320/350 F** 2 pers. **380/400 F** 3 pers. **500/550 F**
pers. sup. **70 F**

Ouvert : toute l'année.

SP	60	5	1	SP	15	5	0,5

RODET Magali - 447, route des Ecoles - Mas de la Miougrano - 13750 PLAN-D'ORGON - Tél : 04 90 73 20 01 ou 06 81 04 12 93 - Fax : 04 90 73 20 01

LE PUY-SAINTE-REPARADE

C.M. 84 Pli 3

1 ch. 1 ch (1 lit 2 pers.), salle d'eau et wc privés. Salon particulier avec TV couleur. Terrasse couverte privée avec meubles de jardin sur espace privatif boisé, ping pong, tennis sur la propriété, promenades en forêt, jogging. 1 chambre d'hôtes avec entrée indépendante, aménagée dans une maison en campagne sur un grand terrain boisé de chênes, à 200 m de la D.13, au calme. Chemin de colline (250m) pour accès à la maison.

Prix : 1 pers. **250 F** 2 pers. **285 F**

Ouvert : toute l'année.

8	40	8	SP	SP	30	12	6

PAYRI Pierrette et Louis - BP 16 - Hameau de St-Canadet - 13610 LE PUY-SAINTE-REPARADE - Tél : 04 42 61 97 55 - Fax : 04 42 61 97 55

PUYLOUBIER

5 ch. 1 ch (1 lit 2 pers), 2 ch (2 lits 1 pers), 1 ch (3 lits 1 pers) avec pour chacune salle d'eau/wc. Une suite de 2 chambres (2 lits 1 pers, et 1 lit 1 pers) avec salle de bains/wc, terrasse privée. Lit de bébé disponible. Salon commun. Terrasse et jardin aménagé commun non clos avec salon de jardin, parking. Au cœur de la Sainte Victoire, dans un site exceptionnel, la maison d'hôtes du Domaine Genty offre 5 chambres d'hôtes confortables et personnalisées dans l'esprit du sud. Beauté et tranquilité assurées au sein d'un domaine de 30 hectares. Possibilité de balades et excursions. Langue parlée : anglais.

Prix : 1 pers. **350 F** 2 pers. **400/450 F** 3 pers. **500 F**

Ouvert : du 1er avril au 31 octobre.

SP	50	10	4	SP	12	17	3

COULON Gwenaelle et Laurent - Domaine Genty - route de St-Antonin - 13114 PUYLOUBIER - Tél : 04 42 66 32 44 - Fax : 04 42 66 32 44 - E-mail : domaine.genty@wanadoo.fr - http://www.guideweb.com/provence/bb/domaine-genty

PUYRICARD

C.M. 84 Pli 3

1 ch. Chambre à l'étage avec : 1 lit pour 2 pers, salle de bains/douche/WC, coin détente avec bibliothèque, lit supplémentaire. Terrasse avec salon de jardin, barbecue, abri couvert. Parking clos. Grande maison en campagne, bien ombragée l'été, au calme. Proche du centre ville d'Aix en Provence et de ses attraits touristiques. Langue parlée : italien.

Prix : 2 pers. **280 F**

Ouvert : toute l'année.

10	30	5	3	SP	15	10	3

MOULLET Claudine et André - 2295 ch. du Grand St-Jean - 13540 PUYRICARD - Tél : 04 42 92 15 21

RAPHELE-LES-ARLES

C.M. 83 Pli 10

3 ch. R.d.c : salon commun mis à la disposition des hôtes. A l'étage : 1 CH (1 lit 2 pers et 2 lits 1 pers), salle d'eau/wc attenants, 1 CH (1 lit 2 pers et 1 lit 1 pers), salle d'eau/wc attenants, et 1 CH (1 lit 2 pers), salle d'eau/wc attenants. Prise TV dans chaque chambre. Lit de bébé. Terrasse commune ombragée avec salon de jardin, parking. Trois jolies chambres d'hôtes dans un mas provençal rénové. Un lieu de vacances proche des Alpilles, au cœur de sites culturels et touristiques. Table d'hôtes sur réservation (sauf dimanche soir).

CV

Prix : 1 pers. **230 F** 2 pers. **300 F** 3 pers. **400 F** repas **90 F**

Ouvert : toute l'année.

10	40	8	1	SP	12	10	1,3

POIRIER FERRAND Noëlle - La Ravetière - route de Fontvieille - 13280 RAPHELE-LES-ARLES - Tél : 04 90 98 04 71 - E-mail : la.ravetiere@infonie.fr - http://absylum.com/laravetiere

ROGNES

C.M. 84 Pli 3

4 ch. A l'étage : 3 CH pour 2 personnes, équipées chacune d'une salle de bains ou salle d'eau, wc. Une suite pour 4/5 personnes avec salle de bains et wc. Salon mis à disposition avec TV, bibliothèque. Espace de musculation, location de vélos, terrasse avec salon de jardin, parking. Très belles chambres d'hôtes aménagées dans une bastide du 18ème, dans un parc arboré et ombragé de 1,5 hectare. Un gîte rural sur la propriété. Langue parlée : anglais.

Prix : 1 pers. **500 F** 2 pers. **550 F** 3 pers. **900 F** pers. sup. **40 F**

Ouvert : toute l'année.

SP	50	4	3,5	SP	15	23	3,5

MABILEAU Annie et Michel - Bastide du Plan - La Cheneraie - 13840 ROGNES - Tél : 04 42 50 19 01 - Fax : 04 42 50 19 01

ROGNES

C.M. 84 Pli 2

1 ch. Chambre avec entrée indépendante : (1 lit 2 pers.), salle d'eau/wc, télévision, bibliothèque attenante avec 1 lit 1 pers. Jardin privé avec salon de jardin, parking fermé. A 1,2km du village de Rognes, situé à mi-chemin entre Aix et le Luberon, dans un cadre très agréable et calme, charmante chambre aux meubles provençaux dans une grande maison au milieu d'un parc boisé et fleuri de 6000 m2 clôturés. Langues parlées : anglais, italien.

CV

Prix : 1 pers. **250 F** 2 pers. **290 F** 3 pers. **360 F**

Ouvert : toute l'année.

7	30	10	3	SP	9	23	1,2

SALINI M-Claude et Michel - 1215 route des Mauvares - 13840 ROGNES - Tél : 04 42 50 23 28 - Fax : 04 42 50 23 28

ROGNES

C.M. 84 Pli 3

1 ch. Dans la partie la plus ancienne, 1 chambre à l'étage (1 lit 2 pers + 1 lit 1 pers) avec salle de bains/wc privés. Petit salon avec TV. Terrasse et salon de jardin, parking, vélos. Sur une exploitation agricole (cultures biologiques), bastide restaurée avec bassin d'agrément, terrasse ombragée, en pleine campagne. Langues parlées : anglais, allemand.

Prix : 1 pers. **290 F** 2 pers. **320 F** 3 pers. **420 F**

Ouvert : toute l'année.

12	30	5	5	SP	12	20	2

REGNAULT Isabelle et Philippe - l'Our de Château - 13840 ROGNES - Tél : 04 42 50 21 15

ROGNES

C.M. 84 Pli 3

1 ch. Entrée commune avec les propriétaires qui sont apiculteurs. Chambre située à l'étage : 1 CH (1 lit 2 pers et 1 lit 1 pers en mezzanine). Salle de bains. WC indépendant. Coin bibliothèque mis à disposition des hôtes. Petit déjeuner préparé avec les produits naturels de la maison. Terrasse ombragée et privée avec salon de jardin, parking. Jolie chambre d'hôtes située dans une ancienne commanderie Templière du 12ème siècle, au calme. Possibilités de randonnées pédestres.

Prix : 1 pers. **250 F** 2 pers. **290 F** pers. sup. **100 F**

Ouvert : toute l'année.

7	40	10	1,5	SP	15	18	3

GAYVALLET Jocelyne et Michel - Le Grand Saint-Paul - 13840 ROGNES - Tél : 04 42 50 31 93 ou 06 87 33 59 37 - Fax : 04 42 50 25 78

LA ROQUE-D'ANTHERON

C.M. 84 Pli 2

3 ch. 3 chambres en étage : 1 ch (1 lit 2 pers., 1 lit 1 pers., lavabo), 1 ch (1 lit 2 pers./cabinet de toilette), salle d'eau commune aux 2 chambres. 1 ch (1 lit 2 pers., 1 lit 1 pers.) avec salle de bains privée et classée 2 épis NN. Grande véranda à la disposition des hôtes, jardin, garage, parking. Dans une maison de village avec beau jardin, cadre fleuri.

Prix : 1 pers. **200/230 F** 2 pers. **230/260 F** 3 pers. **300 F**

Ouvert : du 1er juin au 30 septembre.

0,5	50	1	0,5	SP	8	30	0,1

MICHELLON André - 1 rue Jeanne d'Arc - 13640 LA ROQUE-D'ANTHERON - Tél : 04 42 50 40 26

ROQUEFORT-LA-BEDOULE

C.M. 84 Pli 13/14

1 ch. A l'étage, 1 chambre (1 lit 2 pers.), salle de bains et wc privatifs, salon particulier avec bibliothèque et TV. Séjour commun avec les propriétaires, cheminée. Terrasse et jardin aménagé clos avec salon de jardin, barbecue, parking, abri couvert, possibilité de pique-nique, jeu de boules. Maison provençale avec vue sur la colline, piscine disponible avec accord du propriétaire, pelouse, sur un terrain de 4000 m2 dans une pinède.

Prix : 1 pers. **270 F** 2 pers. **320 F**

Ouvert : toute l'année.

SP	8	2	2	SP	20	6	2

ULIVI Anne-Marie et Pascal - l'Acampadou - quartier des Nouvelles - 13830 ROQUEFORT-LA-BEDOULE - Tél : 04 42 73 13 17 - Fax : 04 42 73 13 17

ROQUEVAIRE

C.M. 84 Pli 14

2 ch. A l'étage : 2 ch (1 lit 2 pers), salle de bain et wc privé. Terrasse privée non close avec salon de jardin, parking. Deux chambres d'hôtes dans une grande maison provençale située en pleine garrigue avec une vue directe sur les collines du Garlaban de Marcel Pagnol. Possibilité de randonnée pédestre sur un domaine de 4 hectares. Langue parlée : espagnol.

Prix : 1 pers. **260 F** 2 pers. **300 F** pers. sup. **90 F**

Ouvert : toute l'année.

6	20	8	1	SP	15	8	0,1

GUINDE Monique et Albert - Le Colombier - quartier Le Clos - 13360 ROQUEVAIRE - Tél : 04 42 04 12 94 - Fax : 04 42 04 12 94

SAINT-ETIENNE-DU-GRES

C.M. 83 Pli 10

5 ch. R.d.c : 2 CH (1 lit 2 pers), salle d'eau/bains/wc. 1 CH (2 lits 1 pers), salle d'eau/wc, 1 CH (1 lit 1 pers et 1 lit 2 pers), salle de bains/wc et une suite avec 2 lits 2 pers, salle de bains, wc. Terrasse commune avec salon de jardin, jeu de boules, parking. Très belles chambres d'hôtes avec une décoration raffinée sur un site de deux hectares. Vous trouverez calme et indépendance entre vergers et petit bois. Langue parlée : anglais.

Prix : 1 pers. **320/450 F** 2 pers. **380/550 F** pers. sup. **75 F**

Ouvert : toute l'année.

SP	55	2	2	SP	15	7	2

DESORT/LAFUENTE Christine et Gisèle - chemin d'Altaves - Mas la Saladelle - 13103 SAINT-ETIENNE-DU-GRES - Tél : 04 90 49 13 04 - Fax : 04 90 49 13 05 - E-mail : maslasaladelle@wanadoo.fr

SAINT-ETIENNE-DU-GRES

C.M. 83 Pli 10

3 ch. 2 ch à l'étage : 1 ch (1 lit 2 pers à baldaquin), salle de bain/wc. 1 ch (2 lits 1 pers), salle de bain/wc . La 3e ch. est totalement indépendante avec 1 lit 2 pers et 2 lits 1 pers (chambres séparées), salle de bain/wc, coin cuisine, salon. Les 3 ch. sont équipées de téléphone, TV et video. Lit d'enfant. Terrasses avec salons de jardin, parking. Superbe propriété de 11 hectares dans les Alpilles donnant sur le G.R.6. 3 chambres d'hôtes et 2 gîtes sur place. Maison du 18ème siècle. Langue parlée : anglais.

Prix : 1 pers. **500 F** 2 pers. **600/800 F** 3 pers. **900 F**

Ouvert : toute l'année.

SP	30	5	2	SP	4	8	2

WOOD Carolyn - Aux Deux Soeurs, - Vieux Chemin d'Arles - 13103 SAINT-ETIENNE-DU-GRES - Tél : 04 90 49 10 18 - Fax : 04 90 49 10 30 - E-mail : ads.wood.gites@infonie.fr

SAINT-ETIENNE-DU-GRES

C.M. 83 Pli 10

3 ch. R.d.c : salon commun aux trois chambres. A l'étage : 2 CH (1 lit 2 pers), salle d'eau/wc et 1 CH (1 lit 1 pers et 1 lit 2 pers), salle d'eau/wc. Terrasse commune avec salon de jardin, parking. Vélos sur place. Chambres d'hôtes situées dans un mas provençal au pied des Alpilles. Possibilités de randonnées à pied et à V.T.T. Langues parlées : anglais, italien.

Prix : 1 pers. **270 F** 2 pers. **300 F** 3 pers. **380 F** pers. sup. **80 F**

Ouvert : toute l'année.

8	50	6	1	SP	10	15	1

GAUTIER/CALLOT Claire et Philippe - 28, avenue Notre Dame - Moulin de la Croix - 13103 SAINT-ETIENNE-DU-GRES - Tél : 04 90 49 05 78 - Fax : 04 90 49 05 78 - http://www.alpilles.com

SAINT-MARC-JAUMEGARDE

C.M. 84 Pli 3/4

3 ch. Et. : 1 ch (1 lit en 180), salle de bain, et 1 ch communiquante (2 lits 1 pers), salle d'eau. Bureau dans la 1ère ch. et bibliothèque dans la 2e. 1 ch indépendante en rez de jardin (1 lit en 160), avec salle de bains et wc privés, TV et bureau. 1 ch indépendante (1 lit 2 pers) avec salle de bain design Ph. Starck et wc privés. Très belle maison située à moins de 5 kms d'Aix, avec vue sur la Sainte Victoire. Jardin très vert et pinède très bien entretenus sur un domaine de 1 hectare totalement clos. Salon de jardin, ping pong, portique. 1 suite : hall d'accueil au rdc avec entrée indépendante. WC. Langue parlée : anglais.

Prix : 2 pers. **450/600 F** 3 pers. **700 F**

Ouvert : toute l'année.

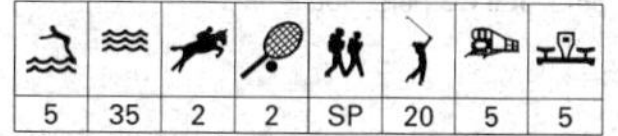

5	35	2	2	SP	20	5	5

MELIN Geneviève - La Ferme, ch. de l'Ermitage - St-Marc-Jaumegarde - 13100 AIX-EN-PROVENCE - Tél : 04 42 24 92 97 - Fax : 04 42 24 92 79 - E-mail : infos@la-ferme-en-provence.com - http://www.la-ferme-en-provence.com

SAINT-MARC-JAUMEGARDE

C.M. 84 Pli 3/4

1 ch. Rez de jardin de la maison des propriétaires avec entrée indépendante : salon, 1 CH (1 lit 2 pers), coin bureau, salle de bain/wc, salle à manger ouvrant sur une terrasse avec salon de jardin. Parking. Possibilités de sorties pédestres et à VTT. Charmante chambre d'hôtes située dans le pittoresque hameau des Bonfillons sur les hauteurs de St Marc Jaumegarde : bel environnement avec superbe vue sur la montagne Sainte Victoire. Langues parlées : anglais, italien.

Prix : 1 pers. **460 F** 2 pers. **500 F**

Ouvert : toute l'année.

5	50	6	2	SP	6	6	6

GROSDEMANGE Martine et Gérard - La Charlotte - ch. de la Crête - Hameau des Bonfillons - 13100 SAINT-MARC-JAUMEGARDE - Tél : 04 42 24 91 63 ou 06 73 21 00 39 - Fax : 04 42 24 91 63

SAINT-MARTIN-DE-CRAU

TH

C.M. 83 Pli 10

5 ch. 5 chambres confortables avec chacune 1 lit pour 2 personnes, salle de bains et toilettes privées, proposant un beau mobilier provençal ancien. Salle de billard. TV commune. Point phone. Jardin non clos avec salon de jardin, ping pong, vélos, grande piscine. Sobre et élégante demeure de la fin du XVIIIe, superbement isolée au cœur de l'immense plaine de Crau, entourée d'arbres centenaires et de prairies. Le domaine agricole de Vergières de 350 ha est limitrophe de la réserve de la Crau, site ornithologique recherché. Le château possède le label Panda. Langues parlées : anglais, espagnol.

Prix : 1 pers. **920 F** 2 pers. **990 F** pers. sup. **300 F** repas **350 F**

Ouvert : toute l'année.

SP	15	50	8	SP	15	20	8

PINCEDE Marie-Andrée et Jean - Domaine des Vergières - 13310 SAINT-MARTIN-DE-CRAU - Tél : 04 90 47 05 25 ou 04 90 47 17 16 - Fax : 04 90 47 38 30 - E-mail : vergieres@vergieres.com - http://www.vergieres.com

SAINT-MITRE-LES-REMPARTS

C.M. 84 Pli 11

1 ch. 1 ch (2 lits 1 pers.) avec terrasse et entrée indépendante, salle d'eau et wc privés attenants. Kitchenette. Salon de jardin, parking, barbecue. Possibilité tennis. Belle villa d'architecture moderne avec jardin et piscine, située dans un quartier très calme.

Prix : 1 pers. **250 F** 2 pers. **290 F**

Ouvert : du 1er avril au 30 septembre.

SP	5	3	0,5	SP	20	5	1

TISSEAUX Colette et Guy - 16 bis rue des Rocaledes - 13920 SAINT-MITRE-LES-REMPARTS - Tél : 04 42 49 12 81 - Fax : 04 42 49 12 81 - E-mail : Ctisseaux@minitel.net

SAINT-PIERRE-DE-MEZOARGUES *C.M. 84 Pli 10*

2 ch. A l'étage : 1 ch (1 lit 2 pers, 1 lit 1 pers), salle d'eau, wc indépendant, coin détente et 1 ch (2 lits 1 pers), salle d'eau, wc indépendant, coin détente. Lit de bébé disponible. Terrasse avec salon de jardin, barbecue, terrain non clos, parking. Dans un mas provençal du XIXe (belle façade, grands arbres, jardin), deux grandes chambres d'hôtes mitoyennes, situées aux portes de la Camargue, à 20km d'Arles et d'Avignon et 17km des Baux de Provence. Un gîte sur place. Langue parlée : anglais.

Prix : 1 pers. **320 F** 2 pers. **350 F** 3 pers. **450 F** pers. sup. **100 F**

Ouvert : toute l'année.

7	45	10	10	3	10	7	3

POURCEL Josy et Gilbert - Mas des Etoiles - St-Pierre de Mezoargues - 13150 TARASCON - Tél : 04 90 43 91 60 - Fax : 04 90 43 98 63

SAINT-REMY-DE-PROVENCE *C.M. 84 Pli 1*

2 ch. 1 chambre (2 lits 1 pers) avec mezzanine (1 lit 1 pers), salle d'eau et wc séparés. 1 chambre (2 lits 1 pers), salle d'eau et wc séparés. Entrée et terrasse privées avec salon de jardin pour chaque chambre, parking, portique, ping pong, jeu de boules, parking. Dans une batisse indépendante proche de la maison des propriétaires, située dans un domaine boisé de pins, avec vue panoramique sur les Alpilles et alentours. Calme assuré. Piscine sur la propriété. 2 studios sur place. Langues parlées : anglais, italien.

Prix : 1 pers. **280 F** 2 pers. **350 F** 3 pers. **450 F** pers. sup. **100 F**

Ouvert : toute l'année.

SP	50	2	2	SP	10	19	1,5

FEIGE Ginette et Myriam - Mas Clair de Lune - Plateau de la Crau - 13210 SAINT-REMY-DE-PROVENCE - Tél : 04 90 92 15 65

SAINT-REMY-DE-PROVENCE *C.M. 84 Pli 1*

1 ch. Suite La Cigale : 1 ch (1 lit 2 pers) et 1 ch (2 lits 1 pers) avec salle de bains et wc privés. Coin salon avec bibliothèque et télévision. Terrasse privée avec salon de jardin. Abri couvert. Parking. Calme et tranquilité garantis. Dans un ancien mas en pierres, au milieu des vergers, sur un domaine verdoyant d'un hectare totalement clos, une suite décorée suivant la tradition provençale est proposée. Langues parlées : anglais, italien.

Prix : 1 pers. **280 F** 2 pers. **380 F** 3 pers. **580 F**

Ouvert : toute l'année.

SP	50	0,5	2	0,5	11	19	2

DONCHE-GAY Anne-Marie - Le Mas de Panière - route de Molleges - 13210 SAINT-REMY-DE-PROVENCE - Tél : 04 90 92 45 79 - Fax : 04 32 60 06 84 - E-mail : masdepaniere@mageos.com

SAINT-REMY-DE-PROVENCE *C.M. 84 Pli 3*

1 ch. En R.d.c : 1 CH avec 2 lits pour 1 personne, salle de bains/wc. Terrasse avec salon de jardin, parking. Une chambre d'hôtes aménagée dans un quartier calme, sur un terrain de $8000m^2$ avec vue sur les Alpilles. Langue parlée : anglais.

Prix : 1 pers. **300 F** 2 pers. **400 F**

Ouvert : toute l'année.

SP	60	3	3	SP	10	19	1,5

HEROU Elisabeth et Christian - avenue Théodore Aubanel - Plateau de la Crau - 13210 SAINT-REMY-DE-PROVENCE - Tél : 04 90 92 69 40 - Fax : 04 90 92 58 55 - E-mail : christian.herou@wanadoo.fr - http://perso.wanadoo.fr/christian.herou/

SAINT-SAVOURNIN *C.M. 84 Pli 13*

1 ch. 1 chambre (1 lit 2 pers.), salle d'eau/wc. Mezzanine aménagée en coin détente, séjour avec cheminée, bibliothèque à la disposition des hôtes. Réfrigérateur personnel, lave linge. Grand jardin gazonné et terrasse avec salon de jardin, parking, ping-pong, possibilité de pique-nique. Maison calme, située en pleine campagne à 450 m d'altitude avec vue sur la Sainte Victoire, dans un environnement de chênes et de pins.

Prix : 1 pers. **240 F** 2 pers. **280 F**

Ouvert : du 1er avril au 30 septembre.

20	2	SP	8	8	0,6

LEROY Elyane et Bernard - villa la Bartavelle, - 378 chemin de l'Ortolan - 13119 SAINT-SAVOURNIN - Tél : 04 42 32 47 02 - Fax : 04 42 32 47 02

LES SAINTES-MARIES-DE-LA-MER *C.M. 83 Pli 19*

3 ch. 1 ch (1 lit 2 pers.), 1 ch (1 lit 2 pers., 1 lit 1 pers.), 1 ch (1 lit 2 pers., 2 lits 1 pers.). Salle de bains/wc particuliers pour chaque chambre. Jardin ombragé avec terrasse, parking. Entre marais, chevaux et roseaux au cœur de la Camargue, se cache le petit mazet rustique de Babeth abritant 3 chambres.

Prix : 2 pers. **330 F** 3 pers. **390 F**

Ouvert : toute l'année.

4	1	4	35	4

ANDRE Babeth - Mazet du Maréchal Ferraind - route du Lac - D85 - 13460 LES SAINTES-MARIES-DE-LA-MER - Tél : 04 90 97 84 60 - Fax : 04 90 97 84 60

VAUVENARGUES

C.M. 84 Pli 3/4

3 ch. 1 ch (1 lit 2 pers), salle d'eau et wc. 1 ch (1 lit 2 pers.), salle d'eau. 1 ch (2 lits 1 pers), salle d'eau. WC à l'étage. Séjour réservé aux hôtes (avec réfrigérateur). Petits déjeuners sur la terrasse, possibilité de pique-nique dans le jardin clos. Salon de jardin, parking, portique. Villa dans la colline, au pied de la Sainte Victoire. Silence complet. Langue parlée : anglais.

Prix : 2 pers. **270/280 F** pers. sup. **60 F**

Ouvert : du 15 février au 15 octobre.

13	40	9	0,8	SP	14	0,8

THERY Jacqueline - La Jacquière, - Chemin des Mattes - 13126 VAUVENARGUES - Tél : 04 42 66 01 79

VAUVENARGUES

C.M. 84 Pli 3/4

3 ch. 1 ch (1 lit 2 pers.) avec salle de bains et wc indépendant, 1 ch (1 lit 2 pers.) avec salle d'eau et wc indépendant, 1 ch (1 lit 2 pers.) avec salle d'eau/wc. Terrasse et salon de jardin privés, jardin, tennis sur place, petit étang. Magnifiques chambres dans un pavillon indépendant, sur une très belle propriété au cœur du Massif de la Sainte Victoire. Langues parlées : anglais, espagnol.

Prix : 1 pers. **360 F** 2 pers. **400 F**

Ouvert : toute l'année.

18	50	18	SP	1	18	18	2,5

BOSC Madeleine - La Dame d'Oc - Claps - 13126 VAUVENARGUES - Tél : 04 42 66 02 36

VENTABREN

C.M. 84 Pli 2

2 ch. Deux chambres avec un lit 2 pers., salle d'eau et WC privés et attenants, réfrigérateur, TV, une des chambres ayant un petit coin salon (1 lit 1 pers.) et réfrigérateur. Lit de bébé disponible. Terrasse ombragée avec salon de jardin. Parking. Jeu de boules, vélos sur place. Maison de maître, datant du 18e siècle, dans un magnifique parc ombragé avec bassin, fontaine, pinède, proposant deux chambres avec vue panoramique sur le parc et le village perché de Ventabren. Langues parlées : anglais, espagnol.

Prix : 1 pers. **350 F** 2 pers. **460 F** 3 pers. **500 F**

Ouvert : du 1er juin au 31 août.

13	30	7	2	15	7	15	0,5

LESAGE Murielle et Alain - Domaine Val Lourdes - route de Berre - 13122 VENTABREN - Tél : 04 42 28 75 15 - Fax : 04 42 28 92 91

VERQUIERES

C.M. 84 Pli 1

4 ch. 3 ch (1 lit 2 pers.), 1 ch (2 lits 1 pers) dont 1 en rez-de-jardin. Chaque chambre possède une salle d'eau et des wc privés attenants. Salle de séjour et jardin d'hiver à disposition des hôtes. Grande terrasse ombragée, parking. Mas datant en partie du 18e siècle, avec une belle façade recouverte de lierre, situé entre Alpilles et Lubéron, au creux des vergers, et d'un jardin plein de fraîcheur, agrémenté d'une piscine. Langue parlée : italien.

Prix : 2 pers. **450 F**

Ouvert : du 1er mars au 31 décembre.

SP	80	5	2,5	8	14	20	2

PINET René - Mas de Castellan - 13670 VERQUIERES - Tél : 04 90 95 08 22 - Fax : 04 90 95 44 23

VERQUIERES

C.M. 84 Pli 1

3 ch. 1 ch (1 lit 2 pers + 2 lits 1 pers en mezzanine), avec salle d'eau et wc indépendant. 2 ch (1 lit 2 pers), avec salle d'eau/wc privés. Salle à manger, salon avec bibliothèque et cheminée à disposition. Grand jardin non clos, petit bois, cuisine d'été, parking. Aux portes des Alpilles et du Luberon, une ancienne bergerie, dans un bel environnement, au calme absolu. Langues parlées : allemand, anglais.

Prix : 1 pers. **350 F** 2 pers. **400 F** 3 pers. **500 F**

Ouvert : du 1er février au 31 décembre.

SP	60	2	4	8	10	14	2

SAVOURNIN Evelyne et Philippe - Bergerie de Castellan - 13670 VERQUIERES - Tél : 04 90 95 02 07 - Fax : 04 90 95 02 07

VILLENEUVE-CAMARGUE

TH

C.M. 83 Pli 10

1 ch. Joliment aménagée, 1 ch (1 lit 2 pers.) avec salle d'eau et wc privés. Coin cuisine. Lit de bébé et lit 1 pers. sur demande. Terrasse avec salon de jardin, barbecue, terrain non clos, parking, portique, vélos, point phone. Accès direct en bus depuis la gare SNCF d'Arles. Petit studio indépendant, très calme, sur une exploitation camarguaise traditionnelle (élevage de taureaux et chevaux). Table d'hôtes sur réservation. Langues parlées : anglais, allemand.

CV

Prix : 1 pers. **280 F** 2 pers. **300 F** pers. sup. **100 F** repas **95 F**

Ouvert : toute l'année.

20	25	SP	20	SP	50	15	15

VADON Monique et Pierre - Mas Saint-Germain - Villeneuve Camargue - 13200 ARLES - Tél : 04 90 97 00 60 - Fax : 04 90 97 01 85 - E-mail : vadon.st-germain@wanadoo.fr

3615 Gîtes de France
1,28 F/min

GITES DE FRANCE - Service Réservation
Conseil Général du Var
Rond Point du 4.12.74 - B.P. 215
83006 DRAGUIGNAN Cedex
Tél. 04 94 50 93 93 - Fax. 04 94 50 93 90

LES ADRETS-DE-L'ESTEREL

4 ch. **Mandelieu, Cannes et St-Raphaël 15 km.** Au r.d.c. de la maison du prop.. 2 ch. avec kitchenette, salle d'eau, wc, fauteuils (lits 2 pers. et/ou 1 pers.). 2 ch. (lits 2 pers.), fauteuils, salle d'eau ou de bains, wc. Chauf. élect. Terrain clos, terrasse, piscine.

CV

Prix : 1 pers. **300/400 F** 2 pers. **350/450 F**

Ouvert : toute l'année.

15	SP	15	6	6	18	6

S.C.I. LA POTERIE-BOSS Virginie - Chemin de la Poterie - 83600 LES ADRETS-DE-L'ESTEREL - Tél : 04 94 40 97 67 ou SR : 04 94 50 93 93

AIGUINES Le Bosquet

Alt. : 800 m 

5 ch. Jean-Pierre vous accueille dans sa maison, les gorges du Verdon à 200 m du village. Au r.d.c. : 3 ch. (1 lit 2 pers.), lit suppl. à la demande, s. d'eau, wc. 2 ch. (1 lit 2 pers. 1 lit 1 pers.) (dont 1 ch. access. en fauteuil roulant) et ch. avec accès direct sur terrasse. TV dans pièce commune. Terrasses, terrain, salon de jardin, piscine couverte. Parking fermé. Pique-nique à la demande. Buanderie. Proximité du lac de Sainte-Croix, pédalos, baignade, planche à voile, escalade et randonnées pédestres dans les gorges du Verdon. Langue parlée : anglais.

CV

Prix : 2 pers. **275 F** 3 pers. **350 F** pers. sup. **75 F**

Ouvert : d'avril à octobre.

70	4	4	6	2	60	SP

BAGARRE Jean-Pierre - Le Bosquet - 83630 AIGUINES - Tél : 04 94 70 21 02 ou 04 94 70 22 09 - Fax : 04 94 70 22 09 - E-mail : Le.Bosquet@wanadoo.fr - http://www.AIGUINES.free.fr

AMPUS Les Adrechs

Alt. : 550 m *C.M. 84 Pli 6*

2 ch. **Saint-Tropez 50 km. Gorges du Verdon 20 km. Lac de Ste-Croix 15 km.** En r.d.c. avec entrée indép. : 1 ch. avec terrasse (1 lit 2 pers.), TV, s. d'eau avec wc indép. Au 1er étage : 1 ch. (1 lit 2 pers.), TV, s. d'eau, wc. Annie et Antoine vous accueillent dans leur maison de campagne au milieu des oliviers, terrain, piscine, pool-house, salon de jardin, terrasse ombragée. Entre mer et montagne, dans la verdure, aux portes des gorges du Verdon, randonnées pédestres et VTT. Tourtour 7 km. Saint-Raphael 30 km. Autoroute 20 km.

CV

Prix : 2 pers. **350/380 F** pers. sup. **100 F**

Ouvert : d'avril à octobre.

30	SP	20	20	4	12	20	4

GARCIN Annie - Les Adrechs - Route de Draguignan - 83111 AMPUS - Tél : 04 94 70 96 41 - Fax : 04 94 70 96 41

LES ARCS-SUR-ARGENS La Garrigue

1 ch. Dans une jolie maison, entre village et forêt, dominant la plaine. 1 suite de 2 ch. à l'étage (2 lits 2 pers.), salle d'eau, wc. Coin-salon privatif sur mezzanine. Chauf. élect. Terrain clos, terrasse, piscine. Proche des commodités du village médiéval. Maison des Vins à découvrir. Promenades et randonnées à proximité. Langues parlées : allemand, anglais.

CV

Prix : 1 pers. **250 F** 2 pers. **330 F** 3 pers. **430 F**

Ouvert : toute l'année.

22	SP	2	1	5	2	1

MAITRE Christiane - Chemin du Colombier - La Garrigue - 83460 LES ARCS-SUR-ARGENS - Tél : 04 94 47 45 60 ou SR : 04 94 50 93 93

BAGNOL-EN-FORET

TH

2 ch. **Fréjus 18 km. Saint-Raphaël, lac de Saint-Cassien 20 km.** 2 chambres d'hôtes avec entrée indépendante. 1 ch. (1 lit 2 pers.), salle d'eau, wc. 1 ch. (2 lits 1 pers.), salle de bains, wc. Terrain clos, salon de jardin, jeux de boules, balançoires, terrasse, parking privé. Cuisine d'été commune aux 2 ch. TH sur réservation.

CV

Prix : 1 pers. **200 F** 2 pers. **220 F** 3 pers. **320 F** repas **80 F**

Ouvert : toute l'année.

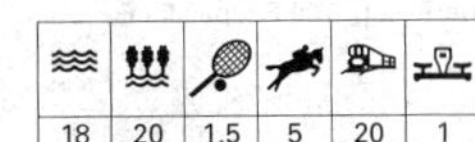

18	20	1,5	5	20	1

LOMBARD Jean-Louis - Route de Fréjus - 83600 BAGNOLS-EN-FORET - Tél : 04 94 40 62 50

BAGNOLS-EN-FORET Font Couverte (TH)

5 ch. **Lac de Saint-Cassien 20 km.** Dans une bastide du XIXe au pied du village provençal. Etage : 1 suite de 2 ch. (1 lit 2 pers. 2 lits 1 pers.), salle d'eau, wc. 1 ch. (1 lit 2 pers.), s. d'eau, wc. 1 ch. (1 lit 2 pers.), s. d'eau, wc. 1 ch. (1 lit 2 pers.), s. d'eau, wc. Pièces de jour communes. Jardin 2500 m^{2}, terrasse commune. Table d'hôtes sur demande. Vue sur la campagne. Langues parlées : anglais, allemand.

Prix : 1 pers. **200 F** 2 pers. **300 F** 3 pers. **370 F** pers. sup. **70 F** repas **85 F**

Ouvert : toute l'année.

18	20	20	1,5	1,5	22	1,5

BEAUMESNIL Stéphane & Valérie - D47 - Font Couverte - 83600 BAGNOLS-EN-FORET - Tél : 04 98 11 30 44 - Fax : 04 98 11 30 44 - E-mail : Valerie.Beaumesnil@visitmail.com

BAGNOLS-EN-FORET *C.M. 84 Pli 8*

1 ch. 1 ch. d'hôtes indépendante dans la villa du propriétaire, dans la forêt, à 3 km du village. Chambre équipée de 1 lit 2 pers., TV, réfrigérateur, salle d'eau attenante, wc. Terrasse avec salon de jardin. Parking privé et fermé. A l'extérieur, coin-cuisine d'été complètement équipé, confort, calme et tranquillité assurés. De très nombreuses activités à proximité. Plusieurs restaurants au village.

Prix : 2 pers. **240 F**

Ouvert : de mars à octobre.

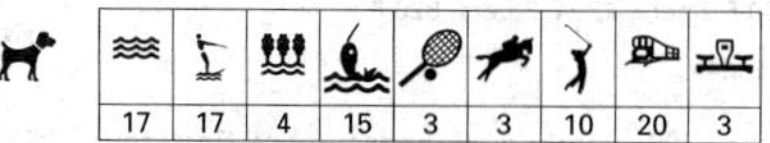

17	17	4	15	3	3	10	20	3

ORSAT Anne-Marie - Villa « Ma Provençale » - Quartier Vauloube - 83600 BAGNOLS-EN-FORET - Tél : 04 94 40 63 71

BARGEME Alt. : 1100 m (TH) *C.M. 84 Pli 7*

5 ch. C'est dans un site médiéval le plus haut du Var, qu'Annie vous accueille dans sa demeure accrochée à un rocher au pied du château du XIIe avec vue plongeante sur la campagne environnante aux milles parfums. Les chambres sont équipées individuellement de salle d'eau, wc privés, au décor provençal. 5 ch. (2 lits 1 pers.). Salons de jardin en terrasse privée. Salon de lecture, musique au 1er étage. Expositions de peintures. Randonnées. Langues parlées : italien, anglais.

Prix : 1 pers. **250 F** 2 pers. **320 F** repas **95 F**

Ouvert : du 1er avril à octobre.

50	5	2	5	5	40	5

NOEL Annie - Le Village - Les Roses Trémières - 83840 BARGEME - Tél : 04 94 84 20 86 ou SR : 04 94 50 93 93

BARJOLS (TH) *C.M. 84 Pli 5*

4 ch. **Lac de Quinson 25 km.** Chambres d'environ 20 m^{2} dans un ancien prieuré du XVIIIe. Propriétaire agriculteur en cultures organiques (blé, lavande, vigne). Etage : 3 ch. (2 lits 1 pers.), 1 ch. (3 lits 1 pers.). R.d.c. : salle commune de lecture et ping-pong. Table d'hôtes le soir. La Provence « sauvage » en randonnée pédestre (demandez dates et tarifs). Organisation de séjours découverte du pays du dimanche au samedi. Taxe de séjour. Langue parlée : anglais.

Prix : 1 pers. **315 F** 2 pers. **420 F** 3 pers. **525 F** repas **130 F**

Ouvert : du 1er avril au 31 octobre.

65	SP	3,7	25	3,7

PASSEBOIS Michel - Saint-Jaume - 83670 BARJOLS - Tél : 04 94 77 18 01 - Fax : 04 94 77 18 01 - E-mail : s.d.n.saint-jaume@wanadoo.fr - http://perso.wanadoo.fr/sdn.saint-jaume/

BAUDUEN (TH)

6 ch. Un petit lac, terrasse et salon de jardin. Promenades à poneys. 4 ch. dans une bastide. 1er ét. : 1 ch. (1 lit 2 pers. 1 lit 1 pers.), s.d.b. 1 ch. (1 lit 2 pers.), s.d.b. 2e ét. : 1 ch. (1 lit 2 pers. 3 lits 1 pers.), 1 ch. (1 lit 2 pers. 2 lits 1 pers.), s. d'eau. 2 ch. dans annexe (1 lit 2 pers. 1 lit 1 pers.), s.d.b., wc. Propriété truficole de 400 ha. Salon avec TV. Repas avec truffe l'hiver. Animaux de la ferme. Recherche de truffes en hiver. Tarif 4 pers. : 580 F. Taxe de séjour. Chambres confortables et raffinées. Aux beaux jours, vous gouterez les charme du Parc et de La piscine.

Prix : 2 pers. **400 F** 3 pers. **500 F** pers. sup. **100 F** repas **130 F**

Ouvert : toute l'année.

60	SP	6	3	5	5	30	5

DE SANTIS Philippe - Domaine de Majastre - 83630 BAUDUEN - Tél : 04 94 70 05 12 - Fax : 04 94 84 01 88

LE BEAUSSET Les Escans de Saboum

1 ch. **Circuit du Castellet 6 km. Bandol 10 km.** En r.d.c. : 1 ch. (1 lit 2 pers.), avec TV et réfrigérateur, s.d.b./wc d'accès indép., salon commun avec le propriétaire. Piscine, terrain 5500 m^{2}. Françoise et Bernard vous accueillent en pleine campagne, au calme dans une jolie maison provençale, grande terrasse privative fleurie, terrain, salon de jardin. Parking. Chemin de terre catholique sur 500 m. Langues parlées : anglais, espagnol.

Prix : 2 pers. **350 F**

Ouvert : du 1er mars au 30 octobre.

9	SP	9	5	5	8	2

SARRAT Françoise - Les Escans de Saboum - 83330 LE BEAUSSET - Tél : 04 94 98 73 82

LE BEAUSSET Les Cancades

C.M. 84 Pli 14

4 ch.

4 ch. d'hôtes dans la maison du propriétaire sur un terrain de 5000 m^2 clôturé. R.d.c., 1 ch. avec jardin indép. et salon de jardin (1 lit 2 pers.), s. d'eau et wc. 1er ét. 1 ch. (1 lit 2 pers.) 2 épis, s. d'eau et wc, 1 ch. (2 lits 1 pers.), s.d.b., wc. 1 ch. (1 lit 2 pers.), s. d'eau, wc. Les 2 autres ch. sont 3 épis, ch. du r.d.c. : 400 F pour 2 pers. Cuisine extérieure équipée, buanderie. Lieu idéal pour le repos, cadre de verdure exceptionnel au cœur de la colline provençale. Toulon, préfecture du Var et grand port militaire, ouvert sur l'une des plus belles rades d'Europe (17 km).

Prix : 2 pers. **350/400 F** 3 pers. **450/500 F**

Ouvert : toute l'année.

9	9	SP	9	9	1,5	0,5	10	17	1,5

ZERBIB Charlotte - Les Cancades - 83330 LE BEAUSSET - Tél : 04 94 98 76 93 - Fax : 04 94 90 24 63 - E-mail : charlotte.Zerbib@wanadoo.fr

LE BEAUSSET-VIEUX Lou Bastidoun

2 ch.

Circuit Castellet 7 km. Bandol 10 km. Etage : 1 chambre « Marine » (1 lit 2 pers. 1 lit 1 pers.), salle d'eau, wc. 1 chambre « Anglaise » (1 lit 2 pers.), salle d'eau, wc. TV. Pour une nuit ou un séjour venez vous relaxer chez vos hôtes dans la fraîcheur des vieilles pierres. Bastide provençale sur 1 ha., au calme, en pleine campagne, au milieu de la verdure. Tarif préférentiel pour séjour supérieur 3 nuits. Piscine, boulodrome, salon de jardin, aire de jeux. Langues parlées : anglais, allemand.

Prix : 1 pers. **380 F** 2 pers. **420 F** 3 pers. **520 F**

Ouvert : toute l'année.

9	SP	20	20	3,5	4	9	4

BREBION Patricia - 390 chemin du Canadeau - Lou Bastidoun - 83330 LE BEAUSSET - Tél : 04 94 90 26 12 ou 06 09 18 06 48 - Fax : 04 94 98 71 54 - E-mail : bastidoun@aol.com - http://www.members.aol.com/bastidoun

BELGENTIER La Rouvière

TH

C.M. 84 Pli 15

2 ch.

Hyères 18 km. Iles d'or 23 km. Dans un environnement clame et fleuri, au cœur d'une pinède à 20 mn des plages, villa provençale avec piscine, terrasse couverte, salon de jardin. En r.d.c., 1 ch. 2 épis (2 lits 1 pers.), s.d.b., wc. 1er étage : grande ch. 3 épis (1 lit 2 pers. 1 lit 1 pers.), s. d'eau avec wc. Tarif préférentiel hors saison et séjour. Table d'hôtes en terrasse (cuisine traditionnelle provençale). Nombreux circuits GR. Langue parlée : anglais.

Prix : 1 pers. **190/200 F** 2 pers. **260/290 F** 3 pers. **350 F** pers. sup. **70 F** repas **85 F**

Ouvert : toute l'année.

22	SP	0,5	0,5	2	1	7	2

BISSUEL Daniel - La Rouvière - 83210 BELGENTIER - Tél : 04 94 48 94 40

BESSE-SUR-ISSOLE

TH

4 ch.

Abbaye du Thoronet 20 mn. Henri et Ursula vous ouvrent leurs portes pour des vacances de qualité. Cette belle demeure est nichée au centre d'un village pittoresque au cœur de la provence. L'ancienne chapelles des pénitents du XVIIe, entièrement restaurée par ses propriétaires architectes, a su conserver tout son charme. 4 ch. personnalisées avec douche et wc privés. Grand salon avec cheminée, bibliothèque, expositions de peinture, piano. Cour fleurie avec terrasse, salon de jardin, relax. Lac de 4 ha. à 200 m. Conseils et cartes pour les plus belles randonnées entre mer et gorges du Verdon. Langues parlées : anglais, allemand.

Prix : 1 pers. **280 F** 2 pers. **350/400 F** 3 pers. **520 F** repas **160 F**

Ouvert : d'avril à octobre.

40	5	0,2	0,2	0,5	0,8	12	40	0,3

THONI Henri et Ursula - Maison Saint-Louis - 38 rue Jean Aicard - 83890 BESSE-SUR-ISSOLE - Tél : 04 94 69 82 23 ou SR : 04 94 50 93 93 - Fax : 04 94 69 82 06

BRAS

C.M. 84 Pli 5

2 ch.

Brignoles 14 km. Basilique de St-Maximin, cascade du tombereau 3 km. 2 chambres d'hôtes sur la propriété. 1 chambre (1 lit 2 pers.), salle d'eau et wc. 1 chambre (1 lit 2 pers.) (1 lit 1 pers.), salle d'eau et wc. Terrasses. Animaux admis avec supplément. 2 courts de tennis et piscine sur place. Promenades sur le GR99 à 50 m des ch. Beau village typique de la Provence. Il se situe à mi-chemin des gorges du Verdon et de la Côte d'Azur. Promenades agréables dans les forêts pour les randonneurs. Les pêcheurs peuvent pratiquer leur sport favori dans les rivières aux nombreuses frayères de truites.

Prix : 1 pers. **220 F** 2 pers. **240 F** 3 pers. **295 F**

60	60	SP	25	25	SP	5	18	60	SP

HERMITTE Lucette - Quartier des Routes - 83149 BRAS - Tél : 04 94 69 90 80 ou 06 08 74 66 28 - Fax : 04 94 69 95 84

BRUE-AURIAC Bastide Collombe

TH

3 ch.

Saint-Maximin 15 km. Barjols 10 km. Au cœur d'une authentique bastide du XVIIe entourée de vignes et de collines. 1 ch. (1 lit 2 pers.), salle d'eau, wc. 2 ch. (2 lits 1 pers.), salle de bains, wc. Toutes en rez-de-jardin. Salle à manger, terrasse privative, TV. Table d'hôtes sur réservation. Equipement bébé. Découvrez la provence et le pays varois en chambre d'hôtes de charme, dans une propriété de 1,5 ha. en pleine campagne pour amateurs d'indépendance, salon, salle à manger réservée aux hôtes. Langue parlée : anglais.

Prix : 1 pers. **340 F** 2 pers. **370 F** repas **110 F**

Ouvert : toute l'année sur réservation.

70	10	6	6	2,5	20	14	45	10

DOMONT Catherine - Bastide Collombe - 83119 BRUE-AURIAC - Tél : 04 94 80 91 60 ou SR : 04 94 50 93 93 - Fax : 04 94 80 93 15

LA CADIERE-D'AZUR

1 ch. **Circuit Paul Ricard 10 km. Bandol 6 km. Toulon, Cassis 25 km.** Dans un petit hameau surplombant les vignobles. 1 chambre (studio de 22 m² avec kitchenette, 1 lit 2 pers., salle de bains, wc, TV). Lave-linge commun. Terrasse ombragée, entrée et parking indépendants. Equipement bébé. Confort et calme assurés. Golf de Frégate à 7 km. Jeux de boules et coin-détente, salon de jardin. Calanques de Cassis 20 km.

Prix : 1 pers. **250 F** 2 pers. **275 F**

Ouvert : du 1er février au 31 octobre.

6	6	10	1	10	7	6	1

MONTEFUSCO Eliane et Henri - Le Moutin - 83740 LA CADIERE-D'AZUR - Tél : 04 94 90 13 88

CALLAS

4 ch. **Draguignan 10 km. Gorges du Verdon 30 km. Villages Perchés 10 km.** Geneviève et Dominique vous accueillent dans leur villa avec terrasse, terrain clos, jeux de boules. A l'étage : 4 suites de 2 ch. avec accès indépendant 2 suites (2 lits 1 pers. 1 lit 160. 1 suite 1 lit 2 pers. 1 lit 1 pers. 1 suite 3 lits 1 pers. 1 lit 160), s. d'eau, wc et réfrigérateur. Lave-linge commun. Cuisine d'été, salon de jardin, chaises longues. Terrain, piscine parking. Tarif 4 pers. : 450 F. Taxe de séjour. Langue parlée : anglais.

Prix : 1 pers. **300 F** 2 pers. **330 F** 3 pers. **390 F** pers. sup. **60 F**

Ouvert : toute l'année.

25	SP	5	5	20	4

FOEX Dominique - Pays Cavier Occidental - D562 - 83830 CALLAS - Tél : 04 94 47 86 71 ou SR : 04 94 50 93 93 - Fax : 04 94 47 86 71

CAMPS-LA-SOURCE Les Roches Dures

3 ch. **Lac de Carces (pêche) 20 mn.** Chambres d'hôtes, en r.d.c. avec chacune 1 lit 2 pers., salle d'eau. 1 ch. 3 épis (1 lit 2 pers.), salle de bains, wc. Séjour avec cheminée, TH sur réservation, lit bébé. Charlotte vous accueille dans sa belle maison au calme, au milieu des pins, du romarin et des cigales, terrasse, terrain clos, tennis, ping-pong, pétanque, VTT, club hippique, golf, canoë-kayak. Parapente, théâtre du « Pont de l'olive » à Brignoles. Langues parlées : anglais, italien.

Prix : 1 pers. **280 F** 2 pers. **350 F** pers. sup. **80 F** repas **130 F**

Ouvert : toute l'année.

50	5	22	22	SP	2	40	4

LUCIANI Charlotte - Quartier les Roucassèdes - 83170 CAMPS-LA-SOURCE - Tél : 04 94 80 85 16 ou SR : 04 94 50 93 93 - Fax : 04 94 80 85 16 - E-mail : RochesDures@aol.com

LE CANNET-DES-MAURES La Grand Pièce

1 ch. **Grimaud 20 km. Draguignan 30 km. Le Luc 15 km.** Sur une exploitation agricole de 20 ha., calme, campagne, à 10 km du village. Terrain, terrasse, salon de jardin. 1 chambre (1 lit 2 pers.), salle d'eau, wc, TV dans la chambre. Lave-linge. Barbecue. Chauffage électrique. Possibilité contrat à la semaine.

Prix : 2 pers. **250/280 F**

Ouvert : d'avril à octobre.

30	SP	3	10	10	30	12

FRISON-IMBERNON Jacqueline - La Grand Pièce - 83340 LE CANNET-DES-MAURES - Tél : 04 94 60 01 87 ou SR : 04 94 50 93 93 - Fax : 04 94 60 01 87

LE CANNET-DES-MAURES

4 ch. **Saint-Tropez 40 mn.** Monique vous accueille dans sa Githomière. Terrasse ombragée, salon de jardin. 1er étage : 1 ch. Louis Philippe et 1 ch. exotique (1 lit 2 pers.), s.d.b., wc (3 épis). 1 ch. Louis XIII (1 lit 2 pers. 1 lit 1 pers.), s.d.b., wc. 1 ch. Louis XV (1 lit 2 pers.), s. d'eau, wc (2 épis). Bibliothèque, grande salle, cheminée, musique (hi-fi, TV). Authentique bastide provençale en pierres de l'Estérel, la Gîthomière domine la vaste plaine de pins parasols du Massif des Maures. Piscine en pleine nature. Langue parlée : anglais.

Prix : 1 pers. **350 F** 2 pers. **350/400 F** 3 pers. **480 F**

Ouvert : de février à décembre.

35	SP	2	3	3	15	3

FAUVET Monique - La Githomière - Route de Saint-Tropez - 83340 LE CANNET-DES-MAURES - Tél : 04 94 60 81 50 ou SR : 04 94 50 93 93 - Fax : 04 94 60 81 50 - http://www.Provenceweb.besse-s-issole

LE CANNET-DES-MAURES La Verrière

2 ch. **Saint-Tropez 40 mn. Base de loisirs du Luc 6 km. Massif des Maures.** Bernard et Véronique vous accueillent dans leur ancienne verrerie du XIXe, typiquement provençale, en campagne à 3 km du village, à la lisière de la forêt des Maures. Salon, bibliothèque, TV. Salon de jardin en bord de rivière. Au 1er : grande ch. (1 lit 2 pers.), s. d'eau, wc. Au 2e grande ch. mansardée (1 lit 2 pers. 1 lit 1 pers.), s. d'eau, wc, TV, solarium. Piscine, chaises longues, VTT. Ping-pong. Matériel bébé. Lave-linge commun. A 5 mn de la sortie d'autoroute. Sentiers de randonnées. Village Vieux Cannet, Abbaye du Thoronet, lac de Carces, Chartreuse de la Verne. Langue parlée : anglais.

Prix : 1 pers. **220 F** 2 pers. **290 F** 3 pers. **360 F** pers. sup. **70 F**

Ouvert : toute l'année.

25	SP	1	4	4	15	2

BRUN Bernard - Route de Saint-Tropez - La Haute-Verrière - 83340 LE CANNET-DES-MAURES - Tél : 04 94 47 95 51 ou SR : 04 94 50 93 93 - Fax : 04 94 47 95 51

COLLOBRIERES La Bastide de la Cabrière

5 ch. **Aéroport de Hyères 25 km.** Dans une oasis de verdure au milieu du calme et du silence, 1 paysan vous propose 5 ch. d'hôtes de caractère. Elevage de chèvres et vente de fromage sur la propriété. 5 ch. 2 pers. avec entrée indép., s. d'eau/wc. Salon, bibliothèque. Terrasse, terrain, jardin, salon de jardin. 1/2 pens. sur la base de 2 pers., à partir de 700 F juillet/août. Tarif préférentiel en basse-saison et long séjour. Langue parlée : anglais.

Prix : 2 pers. **590/690 F** 3 pers. **790 F** repas **220 F**

Ouvert : toute l'année.

20	SP	6	6	25	40	6

DE SALENEUVE Loïc - La Bastide de la Cabrière - 83610 COLLOBRIERES - Tél : 04 94 48 04 31 - Fax : 04 94 48 09 90 - E-mail : loic.de.saleneuve@libertysurf.fr - http://www.provenceweb.fr/83/cabriere

COTIGNAC Domaine de Nestuby

4 ch. **Lac Carcés 7 km. Brignoles 17 km.** Nathalie et J-François, vignerons, vous accueillent dans une bastide provençale du XIXe siècle au milieu des vignes, sur un domaine de 45 ha. 4 ch. d'hôtes pour 2, 3 ou 4 pers. avec s. d'eau/wc ou s.d.b. Chauffage central. Lave-linge commun. Matériel bébé. Terrain, terrasse, salon de jardin. Bassin d'eau de source. Tarif 4 pers. : 510 F. Taxe de séjour. Tarif repas pour le soir. Pas de TH samedi et dimanche. TH sur réservation. Vous aimerez l'atmosphère chaleureuse de cette demeure typique aux couleurs de la Porvence. Une étape pleine de charme. Langue parlée : anglais.

Prix : 1 pers. **350 F** 2 pers. **350 F** 3 pers. **430 F** pers. sup. **80 F** repas **110 F**

Ouvert : du 1er mars au 30 octobre.

10	10

ROUBAUD Nathalie - Domaine de Nestuby - 83570 COTIGNAC - Tél : 04 94 04 60 02 ou SR : 04 94 50 93 93 - Fax : 04 94 04 79 22

CUERS La Foux

1 ch. **Hyères et Toulon 20 km.** En r.d.c. : 1 ch. indép. avec (1 lit 2 pers.), wc, s. d'eau, chauffage au sol, TV. Mireille et Pierre vous accueillent dans leur nouvelle maison de style provençal en campagne, calme, terrasse, terrain 2600 m², salon de jardin. Piscine sur place. Langues parlées : anglais, italien.

Prix : 1 pers. **250 F** 2 pers. **280 F**

Ouvert : de février à novembre inclus.

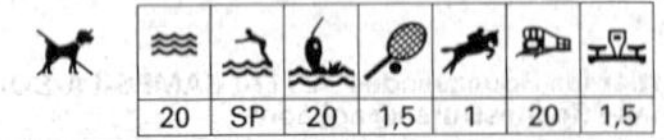

20	SP	20	1,5	1	20	1,5

PITZALIS Pierre et Mireille - Chemin des Pradets - La Foux - 83390 CUERS - Tél : 04 94 48 69 59 ou SR : 04 94 50 93 93 - Fax : 04 94 48 69 59

DRAGUIGNAN

1 ch. Sur la colline de la Vaugine, au milieu de vergers, fruitiers, oliviers et autres cyprés. Vue agréable, au calme. 1 ch. au r.d.c. : terrasse couverte, kitchenette, 1 lit 2 pers. escamotable, fauteuils, s.d.b., wc. Chauffage électrique.

Prix : 1 pers. **320 F** 2 pers. **390 F** repas **120 F**

Ouvert : toute l'année.

35	SP	3	3	6	3	3

POUTET Daniel - 2557 av. de la Vaugine - 83300 DRAGUIGNAN - Tél : 04 94 68 22 03 ou SR : 04 94 50 93 93

EVENOS

2 ch. **Sanary-Bandol 12 km.** En r.d.c. avec entrée communes privées donnant sur grande terrasse ombragée. 1 ch. (3 lits 1 pers.), s. d'eau, wc, 1 ch. (1 lit 2 pers. 1 lit 1 pers.), s.d.b., wc. Isabelle et Fréderic vous accueillent au Mas du Cimaï, composée de 2 ch. d'hôtes et 1 gîte. Située face aux aiguilles du Cimaï, terrain commun, salon de jardin, campagne, sentiers de randonnée, escalade. Ping-pong, pétanque. Matériel bébé. Lave-linge commun. Coin-cuisine collectif.

Prix : 1 pers. **280 F** 2 pers. **250/300 F** 3 pers. **350/400 F** repas **110 F**

Ouvert : toute l'année.

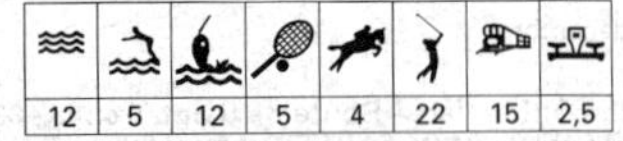

12	5	12	5	4	22	15	2,5

CERDAN Frédéric - 2374 Le Mas du Cimai - 83330 EVENOS - Tél : 04 94 25 28 41 ou 04 94 74 49 56 - Fax : 04 94 25 28 41 - E-mail : le-mas-du-cimai@worldonline.fr - http://www.multimania.com/lemasducimai

LA FARLEDE

C.M. 84 Pli 15

4 ch. 4 ch. d'hôtes avec accès indép. à 15 mn des plages d'Hyères avec terrasse couverte : 3 ch. (1 lit 2 pers. s. d'eau wc), 1 ch. (1 lit 2 pers. s.d.b., wc). Grand salon TV/biblio., Parking. Terrain clos et jardin d'agrément à disposition des hôtes. Toulon, sa célèbre rade et son Mont Faron, Hyères, la presqu'ile de Giens, les îles de Porquerolles, de Port-Cros et Levant. Table d'hôtes le soir avec vin de pays.

Prix : 1 pers. **230/280 F** 2 pers. **260/320 F** 3 pers. **350/370 F** repas **95 F**

Ouvert : toute l'année.

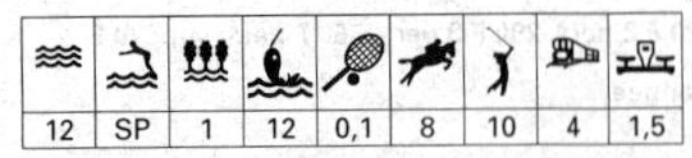

12	SP	1	12	0,1	8	10	4	1,5

LALLIER Jean-Claude - Villa « Arcadie » - 1417 rue de la Gare - 83210 LA FARLEDE - Tél : 04 94 33 01 79 ou SR : 04 94 50 93 93 - Fax : 04 94 33 01 79

FAYENCE Ferme des Moulières

TH — *C.M. 84 Pli 7*

3 ch. Dans la maison du prop. au calme, en pleine verdure. R.d.c., 1 ch. (2 lits 1 pers.), s. d'eau, wc, 1 ch. 2 épis (1 lit 2 pers.), s. d'eau, wc. Et. : 1 ch. (1 lit 2 pers. 2 lits 1 pers.), s. d'eau, wc. Salon, cheminée. Terrasse (s. de jardin). TV. Le prop. organise des stages de yoga/cuisine. Piscine privée. Stage de poterie (hiver/automne). Centre international de vol à voile, Fayence est au carrefour des axes Grasse/Draguignan et Fréjus/Mons, à égale distance entre la barrière de l'Estérel et les premiers contreforts des Alpes de Hte-Provence et à quelques mn du lac de Saint-Cassien. Langues parlées : anglais, allemand, italien.

Prix : 1 pers. **200 F** 2 pers. **300 F** 3 pers. **400 F** pers. sup. **150 F** repas **95 F**

Ouvert : toute l'année.

30	15	SP	2	4	10	6	35	25	4

MORANGE Jana - Ferme des Moulières - 83440 FAYENCE - Tél : 04 94 84 17 07 ou SR : 04 94 50 93 93 - E-mail : moulieres@aol.com

FAYENCE

5 ch. **Lac de Saint-Cassien 17 km. Grasse 26 km. Cannes 35 km.** Mas provençal en pierres rénové en 95, sur la route de Grasse à 7 km du village. Propriété de 2 ha. Terrain, terrasse, s. de jardin, parking. R.d.c. : 1 ch. (1 lit 1 pers.), mezz. (1 lit 2 pers.), coin-cuisine, s. d'eau, wc. 1er ét. : 2 ch. (2 lits 1 pers.), s. d'eau, wc. 2e ét. : 1 ch. (1 lit 2 pers.), s. d'eau, wc. 1 ch. (4 lits 1 pers.), s. d'eau, wc. Ch. central. A proximité des gorges du Verdon. Tarif pour 4 pers. : 390 F. Langues parlées : anglais, italien.

Prix : 1 pers. **240 F** 2 pers. **290 F** 3 pers. **340 F** pers. sup. **50 F**

Ouvert : toute l'année.

35	7	7	7	7

HEREMANS Eric et Marie-José - Les Suanes Hautes - 83340 FAYENCE - Tél : 04 94 76 11 28 ou SR : 04 94 50 93 93 - Fax : 04 94 84 11 99

FAYENCE

Alt. : 500 m — TH

1 ch. **Saint-Raphaël 30 km.** 1 ch de 12 m². 1 lit 2 pers., s. d'eau, wc. Terrain de 5000 m², plein sud. La « petite maison » située dans un cadre plein de charme, aux senteurs de la Provence, avec l'accueil chaleureux de son propriétaire, est prête à vous accueillir pour passer une nuit ou plusieurs au calme, au milieu des oliviers et des lauriers près de la piscine.

Prix : 1 pers. **220 F** 2 pers. **300 F** repas **80 F**

Ouvert : d'avril à octobre.

30	SP	10	10	3	16	30	2

LEDOUX Michèle - Maison les Oliviers - Quartier la Bernarde - 83440 FAYENCE - Tél : 04 94 76 04 72 ou SR : 04 94 50 93 93 - http://www.fayence83.ifrance.com

FAYENCE Villa « Tonton Nini »

TH

3 ch. Nicole et Pierre sont heureux de vous accueillir dans leur maison en plein nature. 3 ch. de 2 pers. avec salle d'eau et wc. Séjour, kitchenette. Terrain 3000 m², parking, terrasse, salon de jardin, ping-pong, jeux de boules, piscines. TH sur réservation.

Prix : 1 pers. **250 F** 2 pers. **300 F** repas **90 F**

Ouvert : toute l'année.

30	SP	6	4	10	30	6

GUYOT Pierre - Villa « Tonton Nini » - Quartier Jaunillot - 83440 FAYENCE - Tél : 04 94 76 10 77 ou 06 81 79 82 99 - E-mail : nicolecaracal@infonie.fr

FIGANIERES Les Lavandines

2 ch. **Saint-Raphaël 35 km.** En r.d.c., 2 ch. d'hôtes, terrasse, salon de jardin, séjour avec TV. 1 ch. (1 lit 2 pers.), s. d'eau, wc, 1 ch. (2 lits 1 pers.), s. d'eau, wc, table d'hôtes à la demande. Dans un cadre agréable de verdure dans l'arrière pays Varois, les Lavandines vous accueillent dans leurs chambres d'hôtes, terrain de 3500 m² avec parking. Tarif préférentiel en hors-saison et séjours longue durée. Langues parlées : italien, anglais.

Prix : 2 pers. **280 F** pers. sup. **100 F**

Ouvert : toute l'année.

25	10	35	2	2,5	10	2

PERNOT Marie-Paule - Quartier St-Pons - Les Lavandines - 83830 FIGANIERES - Tél : 04 94 67 91 77 ou SR : 04 94 50 93 93

FIGANIERES Le Mas de l'Hermitage

TH

3 ch. Sur un domaine de 3 ha. au milieu des vignes, la Mas de l'Hermitage vous offre calme et détente. 2 ch. (2 lits 1 pers.), salle de bains avec wc, 1 ch. (1 lit 2 pers. 1 lit 1 pers.), salle de bains, wc. Pièce de jour commune chez le prop. Piscine chauffée, aire de jeux. Langues parlées : anglais, espagnol.

Prix : 2 pers. **350/400 F** 3 pers. **450 F** repas **140 F**

Ouvert : toute l'année.

35	SP	40	3	3	15	2

ALTMAN Michael - Le Mas de l'Hermitage - St-Pons - 83830 FIGANIERES - Tél : 04 94 67 94 94 ou 06 86 56 63 29 - Fax : 04 94 67 83 88 - E-mail : masvar@club-internet.fr

FIGANIERES Le Mas des Oliviers

2 ch. **Gorges du Verdon 30 km. Villages Hauts Perches 20 km.** Dominique et Jean-Claude vous accueillent dans leur villa située à flanc de coteaux, dominant le village. 2 suites avec accès indép. Salon, chambres, réfrigérateur, salle d'eau, wc. Décoration au charme provençal (lit 160 et 1 pers.), bibliothèque. Jardin paysager 4000 m², mobilier de jardin, terrasse privative, jeux de plein air. Jeux de société à disposition, calme, charme, confort. Langues parlées : anglais, italien, espagnol.

Prix : 1 pers. **250 F** 2 pers. **280 F** 3 pers. **380 F** pers. sup. **100 F**
repas **100 F**

Ouvert : toute l'année.

32	1,5	35	35	1,5	3,5	27	0,5

DEFAMIE Dominique - Avenue des Marthes - 83830 FIGANIERES - Tél : 04 94 67 91 74 ou SR : 04 94 50 93 93 - Fax : 04 94 67 91 74

FLAYOSC Le Mas du Flayosquet

2 ch. **Tourtour 16 km. Gorges du Verdon 30 km.** Au 1er étage, 1 suite de 2 chambres. 1 lit 2 pers. 1 lit d'appoint, salle d'eau, wc, 2 lits 1 pers., salle d'eau, wc dans le couloir, 3 épis. 1 chambre 1 lit 2 pers., salle d'eau, wc, 2 épis. Annie et Henri vous accueillent dans leur bastide du XIXe siècle, au cœur d'un écrin de verdure, parc ombragé, parking, terrasse. Tél. portable du propriétaire : 06.12.30.72.50. Piscine, loisirs à proximité, VTT, golf, etc... Tarif 4 pers. : 520 F. Tarif préférentiel en hors-saison. Langue parlée : anglais.

Prix : 1 pers. **280 F** 2 pers. **360 F** 3 pers. **440 F**

Ouvert : toute l'année.

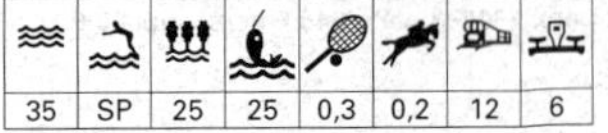

35	SP	25	25	0,3	0,2	12	6

DUHAUT Henri - Le Mas du Flayosquet - Chemin du Flayosquet - 83780 FLAYOSC - Tél : 04 94 84 66 27 ou SR : 04 94 50 93 93

FORCALQUEIRET

3 ch. Maison ancienne de 200 ans dans le village. 1 ch. 1 pers., salle d'eau, wc. 1 ch. 2 pers., s.d.b., wc. 1 ch. 4 pers., d. d'eau, wc. TV, salon, bibliothèque, billard français. Jardin paysager, barbecue, four à pizza, face au grand parking communal. TH sur réservation. Langues parlées : anglais, italien.

Prix : 1 pers. **200 F** 2 pers. **250 F** 3 pers. **350 F** pers. sup. **50 F**
repas **120 F**

Ouvert : toute l'année.

35	3	5	0,1	1	35	SP

**ARCHE ACCUEIL - 24 av. Frédéric Mistral - 83136 FORCALQUEIRET - Tél : 04 94 69 69 94 ou 04 94 69 69 90 -
E-mail : Arche.Accueil@wanadoo.fr**

FREJUS Les Vergers de Montouray

6 ch. **Fréjus 6 km.** Au cœur d'une exploitation fruitière, bâtisse du XVIIIe. 6 ch. dont 2 suites, avec salle d'eau, wc indép. TV. Salon, cheminée. 1 ch. (2 lits 1 pers.), 1 ch. (2 lits 1 pers.), 1 suite (3 lits 1 pers.), 1 ch. (2 lits 1 pers.), 1 suite (4 lits 1 pers.). Chauf. central. Terrasse, barbecue. TH le soir. Village à 4 km. Langues parlées : anglais, italien.

Prix : 1 pers. **270 F** 2 pers. **320 F** 3 pers. **420 F** pers. sup. **100 F**
repas **110 F**

Ouvert : toute l'année.

6	6	6	6	6	6	6

**ARTAUD Jean - Vallée du Reyan - Les Vergers de Montouray - 83600 FREJUS - Tél : 04 94 40 85 76 ou SR : 04 94 50 93 93 -
Fax : 04 94 40 85 76**

FREJUS *C.M. 84 Pli 8*

2 ch. 2 chambres d'hôtes au rez-de-chaussée de la maison du propriétaire. 1 chambre (1 lit 2 pers. 1 lit 1 pers.), coin-toilette dans la chambre, douche. 1 chambre (1 lit 2 pers.), coin-toilette dans la chambre, douche. WC communs aux 2 chambres. Jardin. Parking. Fréjus, ville romaine aux nombreux vestiges : Arènes, lanterne d'Auguste, Aqueduc. Saint-Raphaël et sa célèbre Corniche d'Or. Le mont Vinaigre (616 m au Pic de l'Ours), domine les derniers contreforts et les nombreux circuits de randonnées pédestres.

Prix : 2 pers. **270 F** 3 pers. **310 F**

1	1	3	1	1	4	8	3	SP

RIVIERE Hélène - 282 bd Séverin Decuers - 83600 FREJUS - Tél : 04 94 53 71 33 ou SR : 04 94 50 93 93

GINASSERVIS *C.M. 84 Pli 4*

3 ch. **Lac d'Esparron et Aix-en-Provence 25 km.** Bastide provençale au cœur d'un domaine boisé de 80 ha. J-Marie et Elisabeth, chineurs passionnés, vous recevront tels des amis et vous aideront à découvrir les charmes discrets du pays de Giono. 3 suites 40 m² avec entrées indép. Terrasse privative, piscine et pataugeoire, jardin paysager. Salons, billard, cheminée, mobilier ancien, bibliothèque. Chasse privée. A la Table d'hôtes : truffes, foie gras, gibier, volaille et charcuterie de notre ferme. Gorges du Verdon, canoë-kayak, vol à voile... Marchés typiques et vieilles pierres de Provence. Langue parlée : anglais.

Prix : 1 pers. **320 F** 2 pers. **340 F** 3 pers. **400 F** pers. sup. **60 F**
repas **130 F**

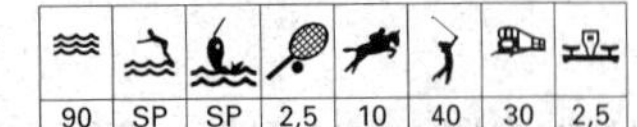

90	SP	SP	2,5	10	40	30	2,5

PERRIER Jean-Marie - La Rougonne - 83560 GINASSERVIS - Tél : 04 94 80 11 31 - Fax : 04 94 80 11 31

GINASSERVIS

2 ch. **Lac d'Esparron du Verdon 20 km. Retenue d'eau de Quinson 20 km.** Dans une ancienne bâtisse du XVIIIe typiquement provençale, rénovée en 1997, 1 gîte et 2 ch. d'hôtes de 30 m² en pleine campagne, 7 ha. dont une partie clôturée, terrasse, salon de jardin. Salon commun avec cheminée. R.d.c. : 1 ch. (1 lit 2 pers. 1 lit d'appoint), s. d'eau, wc, cheminée, accès direct sur le jardin. 1er ét. : 1 ch. 2/4 pers. mansardée, s. d'eau, wc. Langue parlée : anglais.

Prix : 1 pers. **300 F** 2 pers. **300 F** 3 pers. **400 F** pers. sup. **100 F**

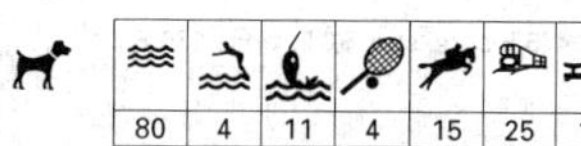

80	4	11	4	15	25	11

DE MAISONSEUL Sybille - La Garonne - Chemin de la Roque - 83560 GINASSERVIS - Tél : 04 94 80 14 00 ou SR : 04 94 50 93 93 - Fax : 04 94 80 19 04 - E-mail : setj@club-internet.fr

GINASSERVIS

TH *C.M. 84 Pli 4*

3 ch. Dans un domaine agricole à proximité de 2 gîtes avec terrasse et salon de jardin. Au rez-de-chaussée : 3 ch. (1 lit 2 pers. 1 lit 1 pers.), salle de bains/wc. Produits fermiers sur place. Randonnées pédestres. Les gorges du Verdon attirent les amateurs de rafting. Au cœur de la plaine de Ginasservis, entre les hauts-lieux de Manosque et Saint-Maximin, le domaine vous ouvre ses portes. Comme le faisait Jean-Giono à chacun de ses passages au domaine, vous viendrez vous y détendre. Langue parlée : anglais.

Prix : 1 pers. **270 F** 2 pers. **310 F** 3 pers. **410 F** repas **120 F**

80	5	5	5	5

GRECH Paule - Domaine Espagne - 83560 GINASSERVIS - Tél : 04 94 80 11 03 ou SR : 04 94 50 93 93 - Fax : 04 94 80 12 07

GRIMAUD

C.M. 84 Pli 17

1 ch. **Cogolin 1 km.** Nous vous offrons une chambre avec entrée indépendante, salle d'eau, wc privés. TV. Petits déjeuners dans le jardin ou véranda, grand calme mais tout près des plages. Piscine et parking dans la propriété, tennis, chevaux à proximité, le village à 500 m. Taxe de séjour. Au cœur du golfe de St-Tropez se trouve le joli village de Grimaud. Marie-Claire et Jean-Pierre vous le feront apprécier ainsi que Port-grimaud, plein de poésie et de bons restaurants. A la Chamade, vous trouverez : calme, charme et courtoisie. Langue parlée : anglais.

Prix : 2 pers. **380/400 F**

Ouvert : du 15 mars au 15 novembre.

2	SP	0,5	6	1	0,5	2	30	2

MARTIN Jean-Pierre - Quartier des Vasseaux - Villa « La Chamade » - 83310 GRIMAUD - Tél : 04 94 43 27 30 ou 06 71 70 66 61

GRIMAUD La Paressanne

3 ch. **Saint-Tropez 9 km. Port-Grimaud 2 km.** Chambres avec entrées indépendantes, dont 2 ch. avec (1 lit 2 pers. 1 lit 1 pers.), 1 ch. (1 lit 2 pers.), 2 s.d.b., wc S.d.b., wc indépendants. Situation exceptionnelle dans le golf de St-Tropez (surnommée « le petit paradis »). Entourée de pins et de vignes, calme, piscine à debordement, terrasses privées, entrée indép. TV. Jeu de boules, tennis gratuit. Tarif spécial hors-saison : 350 F. Parking. Langue parlée : anglais.

Prix : 2 pers. **350/450 F** pers. sup. **100 F**

Ouvert : toute l'année.

2	SP	2	1,5	1	30	1,5

M. BARTH - Route du Plan de la Tour - La Paressanne - 83310 GRIMAUD - Tél : 04 94 56 83 33 ou 06 80 67 16 36 - Fax : 04 94 56 01 94

GRIMAUD Domaine de Prignon

C.M. 84 Pli 67

3 ch. **Saint-Tropez 15 km.** A 10 mn de la mer, Christelle et Paul vous accueillent sur un vignoble de 12 ha., dans 3 ch. de caractère. 2 ch. (1 lit 2 pers.), s. d'eau, wc indépendants, 1 ch. (1 lit 2 pers.), s. d'eau, wc, salon réservé aux hôtes. Réfrigérateur. Bibliothèque. Entrées indépendantes en rez-de-jardin. Terrasse privée, terrain. Grande terrasse commune avec salon de jardin et transat à l'ombre des chênes dans le calme du domaine. Taxe de séjour. Langue parlée : anglais.

Prix : 1 pers. **300/340 F** 2 pers. **340/380 F**

Ouvert : toute l'année.

7	10	0,2	7	3	35	2,5

BERTOLOTTO Paul - 39 ch. Prignon - Rte de Gilly - Le Prignon - 83310 GRIMAUD - Tél : 04 94 43 34 84 ou 06 81 67 30 93

GRIMAUD Bastide de l'Avelan

C.M. 84 Pli 17

4 ch. **Saint-Tropez 11 km. Cogolin 5 km.** Blotie à l'ombre des pins Parasols, la Bastide de l'Avelan vous offre repos, calme et détente en rez-de-jardin, entourée de vignes, à 2 mn du bord de mer. Salon de jardin, transats au bord de la piscine. 4 ch. d'hôtes comprenant chacune (1 lit 2 pers.), s. d'eau et wc. Terrasse privée. Taxe de séjour. Saint-Tropez, carrefour international du monde artistique et littéraire. Caps, baies, calanques..., la grande bleue vous offre ses plages de sable fin. Port-Grimaud cité lacustre, centre équestre. Langue parlée : anglais.

Prix : 1 pers. **400 F** 2 pers. **400 F** 3 pers. **450 F**

Ouvert : toute l'année.

1,5	1,5	SP	1,5	1,5	1,5	1,5	1,5

M. HERMANGE - Quartier Robert - Bastide de l'Avelan - 83360 GRIMAUD - Tél : 04 94 43 25 79 ou 04 94 43 37 61 - http://www.FLV.fr

LORGUES La Matabone

TH *C.M. 84 Pli 6*

5 ch. Dino et Teresa vous proposent dans leur propriété à 30 mn de la mer. Au milieu d'un parc arboré de 2 ha. qui vous étonnera par sa végétation et son calme, avec piscine et parking, Chambres d'hôtes, toutes équipées de TV, salle d'eau, wc pour 2, 3 ou 4 pers. 4 pers. : 580 F. TH cuisine régionale. Balacelle, jeux enfants. Grande terrasse ombragée, transat. Langues parlées : italien, espagnol.

Prix : 2 pers. **385/400 F** 3 pers. **475 F** pers. sup. **90 F** repas **170 F**

Ouvert : toute l'année.

35	35	SP	3	2	5	3	8	14	5

DISCACCIATI Dino - La Matabone - 1614 route de Vidauban - 83510 LORGUES - Tél : 04 94 67 62 06 ou SR : 04 94 50 93 93 - Fax : 04 94 67 62 06

LORGUES

2 ch. **Lorgues 3 km. Draguignan, Carcès, lac 15 km.** Au r.d.c. de la villa des propriétaires avec terrasse. Salon de jardin donnant sur piscine. Terrain non clos de 7000 m². 1 ch. (1 lit 2 pers. 1 lit 1 pers. dans 1 pièce séparée), 1 ch. 2 pers. possibilité 1 lit 1 pers. supplémentaire. Salle d'eau, wc indépendants, TV et réfrigérateur pour chacune. Chauffage central. Séjour avec TV et cheminée.

Prix : 2 pers. **350 F** 3 pers. **410 F**

Ouvert : toute l'année.

40	SP	15	15	2	0,3	7	3

KERBACH Jeannine - La Boisseraie - 2762 route des Arcs - 83510 LORGUES - Tél : 04 94 73 99 42 - Fax : 04 94 73 99 42

LORGUES Les Salettes

TH

1 ch. **Salernes 20 km. Le Thoronet 15 km.** Suite de 2 chambres en r.d.c., 1 ch. (1 lit 2 pers.), avec s. d'eau, 1 ch. (1 lit 2 pers.), wc. Dans la maison du propriétaire à proximité d'un gîte avec séjour, cheminée, terrasse et terrain communs, salon de jardin, piscine. TV dans une pièce commune. Tarif pour 4 pers. : 400 F. Traif préférentiel en hors-saison. Langue parlée : espagnol.

Prix : 1 pers. **280 F** 2 pers. **280 F** 3 pers. **350 F** repas **90 F**

Ouvert : toute l'année sauf octobre.

40	SP	6	3	3	7	3

MUNOZ Antoine - 2602 Quartier les Salettes - 83510 LORGUES - Tél : 04 94 73 96 71 ou SR : 04 94 50 93 93 - Fax : 04 94 50 93 90

LORGUES Domaine Saint-Jean-Baptiste

3 ch. **Saint-Raphaël 35 km.** 3 ch. « Vignes » et « Bacchus » (1 lit 1 pers. 1 lit 2 pers.), convertible 2 pers., salle d'eau, wc. 1 suite de 2 ch. »Festival », (3 lits 1 pers. 1 lit 2 pers.), salle de bains, wc. Dans un domaine viticole, bâtisse provençale, cadre agréable, vous serez accueillis par des vignerons qui vous feront découvrir l'amour de leur métier. Tarif 4 pers. : 580 F. Dégustation de vins à la cave. Suggestions de visites et activités pour petits et grands, promenades d'une journée. Langues parlées : anglais, allemand, russe.

Prix : 2 pers. **290/310 F** pers. sup. **90 F**

Ouvert : de février à décembre.

35	2	8	2	2,5	10	1

GRIVET Brigitte - 1525 route des Arcs - Domaine Saint-Jean-Baptiste - 83510 LORGUES - Tél : 04 94 73 71 11 ou SR : 04 94 50 93 93 - Fax : 04 94 73 26 91 - E-mail : tevirg@aol.com - http://www.saint-jean-baptiste.com

LORGUES

TH *C.M. 84 Pli 6*

5 ch. **Lorgues 4 km.** 5 ch. d'hôtes au calme, terrasse ombragée, terrain de boules et parc fleuri. Parking. Salon, TV. 2 ch. (1 lit 2 pers. chacune), s. d'eau, wc dans couloir. Réfrigérateur pour les ch. Poss. lit d'appoint. 3 suites de 2 ch. (1 lit 2 pers. 2 lits 1 pers.), s. d'eau, wc. Terrasses et salon de jardin privatifs. Réfrigérateur. TH sur demande. La région est riche en sites culturels et musées (Lorgues et sa Collégiale, le Thoronet et son Abbaye Cistercienne, Entrecasteaux et son château, Brignoles et son Palais des Comtes de Provence). C'est aussi le berceau des vins de Côtes de Provence. Tarif préferentiel hors saison et juin-sept. Langue parlée : anglais.

Prix : 2 pers. **260/340 F** 3 pers. **420 F** pers. sup. **80 F** repas **100 F**

Ouvert : toute l'année.

40	40	SP	2	2	5	3	20	12	4

PERIN Ghislaine - 3630 route de Saint-Antonin - D50 - Les Pins - 83510 LORGUES - Tél : 04 94 73 91 97 - Fax : 04 94 73 91 97

LE LUC-EN-PROVENCE

TH

2 ch. **Lac Carces Pêche 15 km. Grimaud 30 km.** 1 suite de 2 chambres. 1 lit 2 pers. 1 lit 1 pers., salle d'eau, wc. 1 chambre studio : 1 lit 2 pers., coin-cuisine, salle d'eau, wc. La calèche à 2 km du centre du Luc en Provence, dans un cadre ancien, entouré de vignes et de bois, vous serez accueillis par Daniel et Nadia. Terrain de 5000 m², piscine, ping-pong, jeux de boules, terrasse, salon de jardin.

Prix : 1 pers. **200/280 F** 2 pers. **280/320 F** 3 pers. **380 F** repas **80 F**

Ouvert : toute l'année.

30	SP	50	15	2	2	4	2

LELOUP Daniel - Les Prés d'Audière - RN 7 - 83340 LE LUC-EN-PROVENCE - Tél : 04 94 73 47 62 ou 06 88 15 71 87

LES MAYONS La Fouquette

A *C.M. 245 Pli 47/48*

3 ch. **Saint-Tropez 25 km.** A l'étage 3 ch. dont 2 avec (1 lit 2 pers.) et 1 avec (1 lit 2 pers. 1 lit 1 pers.), s. d'eau, wc privatifs dans chaque chambre. Equipement bébé. Michèle et Yves vous accueillent sur leur exploitation viticole avec vue panoramique sur la plaine des Maures. Ferme de séjour.

CV

Prix : 1 pers. **280 F** 2 pers. **300 F** 3 pers. **400 F** pers. sup. **100 F** repas **100 F**

Ouvert : d'avril à octobre.

25	10	5	2	5	20	2

AQUADRO Michèle - Domaine de la Fouquette - 83340 LES MAYONS - Tél : 04 94 60 00 69 - Fax : 04 94 60 02 91

MOISSAC-BELLEVUE La Commanderie des Templiers

TH

3 ch. **Lac de Ste-Croix 10 km.** Dans une bâtisse du VIe siècle. Etage : 1 ch. 2 pers., salle d'eau, wc, sorie de plain-pied, 1 ch. 2 pers., s.d.b., wc. Terrasse, salon de jardin, terrain d'1 ha. TV sur demande. Piscine pool-house, cuisine d'été. Salle de lecture, cheminée, billard. Chauf. central. Langues parlées : allemand, anglais.

CV

Prix : 1 pers. **400/500 F** 2 pers. **500/600 F** repas **150 F**

Ouvert : juillet et août.

70	3	10	3	7	40	7

LEVY Patrice - La Commanderie des Templiers - Qu. des Blaquets - BP 48 - 83630 MOISSAC-BELLEVUE - Tél : 04 94 70 51 65 - Fax : 04 94 70 51 65

MONTAUROUX

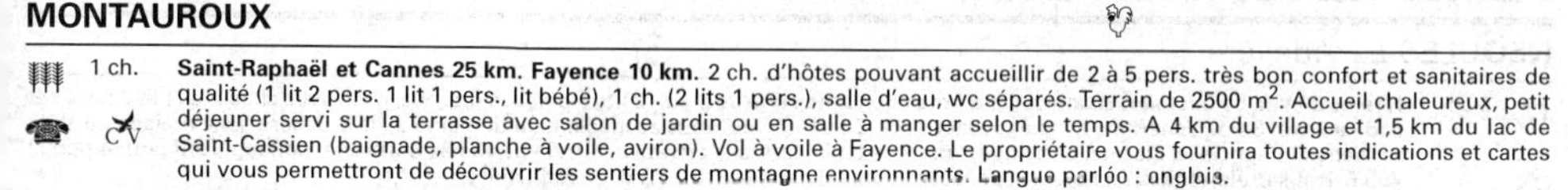

1 ch. **Saint-Raphaël et Cannes 25 km. Fayence 10 km.** 2 ch. d'hôtes pouvant accueillir de 2 à 5 pers. très bon confort et sanitaires de qualité (1 lit 2 pers. 1 lit 1 pers., lit bébé), 1 ch. (2 lits 1 pers.), salle d'eau, wc séparés. Terrain de 2500 m². Accueil chaleureux, petit déjeuner servi sur la terrasse avec salon de jardin ou en salle à manger selon le temps. A 4 km du village et 1,5 km du lac de Saint-Cassien (baignade, planche à voile, aviron). Vol à voile à Fayence. Le propriétaire vous fournira toutes indications et cartes qui vous permettront de découvrir les sentiers de montagne environnants. Langue parlée : anglais.

CV

Prix : 1 pers. **225 F** 2 pers. **250/290 F** pers. sup. **80 F**

Ouvert : toute l'année.

28	10	1	3	5	10	28	3

ROBARDET Pierre - Chemin de la Fontaine d'Aragon - 83440 MONTAUROUX - Tél : 04 94 47 71 39 - Fax : 04 94 47 71 39 - E-mail : p.robardet@wanadoo.fr

MONTAUROUX

TH

2 ch. **Lac de Saint-Cassien 600 m.** Monique et Serge vous accueillent dans leur maison, au calme. R.d.c. : 1 ch. (1 lit 2 pers.), s. d'eau, wc, 1 ch. (2 lits 1 pers.), s. d'eau, wc. Entrées indép. Chambres climatisées. Jardin paysager 5000 m². Proximité de Cannes, Grasse, St-Raphaël. Tél. portable du propriétaire : 06.16.51.52.12. Langues parlées : anglais, espagnol.

CV

Prix : 1 pers. **250 F** 2 pers. **320 F** repas **90 F**

Ouvert : toute l'année.

25	SP	0,6	1,5	0,5	25	1,5

VETREAC Serge - Chemin des Esclapieres - 83440 MONTAUROUX - Tél : 04 94 76 46 55 ou SR : 04 94 50 93 93 - E-mail : rufmuche@aol.com

MONTFERRAT La Calanco

TH

4 ch. 4 chambres d'hôtes dans la maison des propriétaires. Petite rue du village. 1 ch. 2/3 pers. avec s. d'eau/wc, 2 ch. 2/4 pers. avec s.d.b./wc et 1 ch. 2/3 pers. au rez-de-chaussée avec salle d'eau/wc. Lave-linge commun. Cascades, baignades dans le village. Accès à terrain, terrasse, salon de jardin en contrebas. TV par satellite dans chaque ch. Stage d'orfèvrerie organisé par la propriétaire. Tarif 4 pers. : 480 F. Langues parlées : allemand, anglais.

CV

Prix : 1 pers. **200 F** 2 pers. **280/330 F** 3 pers. **380/430 F** pers. sup. **60 F** repas **100 F**

Ouvert : toute l'année.

40	4	1	1	0,5	4	15	35	0,2

KUHLMANN Katrin - 20 rue du Docteur Rayel - 83131 MONTFERRAT - Tél : 04 94 70 93 10 ou SR : 04 94 50 93 93 - Fax : 04 94 70 91 49

MONTMEYAN Campagne Saint-Maurinet

Alt. : 500 m *C.M. 84 Pli 5*

3 ch. Danielle et Vincent, agriculteurs vous accueillent dans leur mas adossé à la colline. 2 ch. au rez-de-chaussée (2 lits 1 pers.), s. d'eau, wc, terrasse privée. 1 ch. (1 lit 2 pers.), s. d'eau, wc. 1er étage : 1 ch. (3 lits 1 pers.), s.d'eau, wc sur le palier. Dans le jardin, cuisine d'été à dispo. des chambres. Lave-linge commun. Vue panoramique sur les Préalpes et sur un tilleul centenaire, au milieu des champs de blé et des prés. A quelques mn, vous attendent le lac de Sainte-Croix et des Gorges du Verdon qui attirent de nombreux amateurs de randonnées pédestres et d'escalade, ainsi que les passionnés de rafting. Langues parlées : arabe, anglais.

CV

Prix : 1 pers. **295 F** 2 pers. **320 F** 3 pers. **420 F** pers. sup. **100 F**

Ouvert : toute l'année.

70	25	SP	7	7	0,8	20	70	1

GONFOND Danielle et Vincent - Campagne Saint-Maurinet - Route de Quinson - 83670 MONTMEYAN - Tél : 04 94 80 78 03 - Fax : 04 94 80 78 03

MONTMEYAN

Alt. : 516 m

2 ch. **Lac Sainte-Croix 25 km. Lac Esparron 15 km.** En pleine nature. 1 ch. en r.d.c. (2 lits 1 pers.), kitchenette, salle d'eau, wc. Etage : 1 ch. (2 lits 1 pers.), kitchenette, wc, mezzanine (2 lits 1 pers.), salle d'eau. Salle commune voûtée du XIIe. Jeux de société et d'extérieur, barbecue, salon de jardin. Randonnées et activités nautiques. Gorges et lac du Verdon. Musée Préhistorique. Au cœur d'un domaine agricole de 240 ha. Dans une bastide du XVIIe rénovée en 99. Chambres avec vue panoramique, et des gîtes ruraux pour vous accueillir. Tarif 4 pers. : 550 F. Langue parlée : anglais.

Prix : 1 pers. **295 F** 2 pers. **320 F** 3 pers. **450 F** pers. sup. **100 F**

Ouvert : toute l'année.

70	3,5	3	3,5	3,5	15	45	3,5

DE FORESTA Pascalette - Domaine de la Roquette - 83670 MONTMEYAN - Tél : 04 94 80 79 08 ou SR : 04 94 50 93 93 - Fax : 04 94 80 74 44

LE MUY Château du Rouet

E.C. 1 ch. Aux pieds des falaises rouges de l'Estérel sur une exploitation viticole, au calme, parc paysager avec bassin, essences rares. A l'étage d'une bâtisse du XVIIIe. 1 ch. spacieuse (1 lit 160), s.d.b., douche et wc. Kitchenette, séjour privatif, cheminée (bois fourni), TV. Golf et randonnées à proximité. Langue parlée : espagnol.

Prix : 2 pers. **450 F**

Ouvert : toute l'année.

18	16	10	SP	15	11	4

SAVATIER Bernard - Château du Rouet - 83490 LE MUY - Tél : 04 94 99 25 60 ou SR : 04 94 50 93 93 - Fax : 04 94 99 20 42 - E-mail : germaine.savatier@wanadoo.fr - http://www.chateau-du-rouet.com

NEOULES La Vidalière

5 ch. **Hyères 30 km. Le Castellet 30 km.** 5 ch. d'hôtes dont une suite de 2 ch. (2 lits 2 pers.), s.d.b., wc, 4 ch. avec chacune (1 lit 2 pers.) et s. d'eau, wc. Séjour, cheminée, cuisine exterieure. Edith et Yves, vous accueillent au domaine de la Vidaliere, jolie maison de style provençal. Buanderie. Piscine, pétanque, tennis de table, terrasse privative, terrain de 15 ha., barbecue, parking. Tarif pour 4 pers. : 490 F. Traifs préférentiels en hors-saison, selon durée du séjour (10 à 20 % de réduction).

Prix : 1 pers. **315 F** 2 pers. **340 F** 3 pers. **420 F** pers. sup. **70 F**
repas **100 F**

Ouvert : toute l'année.

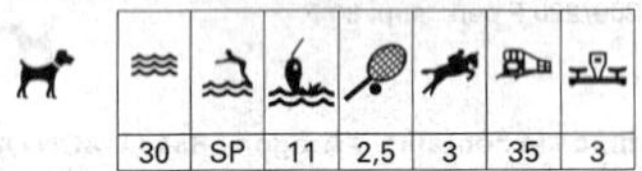

30	SP	11	2,5	3	35	3

SET-MARIE Yves - Qu. Tuilerie - Ch. des Grés - Domaine de la Vidalière - 83136 NEOULES - Tél : 04 94 72 71 26 ou 06 10 54 45 37 - Fax : 04 94 72 71 26 - E-mail : setmarie@club-internet.fr - http://www.villages-passion.com

NEOULES Lou Quicho-Clau

2 ch. **Ste-Baume et circuit Paul Ricard (Castellet) 15 km.** Vous êtes attendus à la villa « Quicho-Clau » (étape de détente en provençal) sur une propriété au calme à 600 m du village. 2 ch. d'accès extérieur indép., terrasses privatives. 1 ch. (1 lit 2 pers.), s. d'eau/wc, 1 ch. (1 lit 2 pers.), s. d'eau avec wc fermés. Chauf. élect. Cuisine d'été. Club d'aviation 1,5 km.

Prix : 1 pers. **250 F** 2 pers. **300 F**

Ouvert : toute l'année.

22	4	10	1	3	25	0,5

MASINI Jacques - 441 chemin de la Guisette - Qu. Font Gayaou - 83163 NEOULES - Tél : 04 94 72 73 13 ou 06 87 74 21 08 - http://www.BNBNET.com

LE PETIT-MAGNAN

2 ch. **Golfe de St-Tropez 15 km. Ste-Maxime 8 km.** »Le Petit Magnan » vous assure calme et détente dans un cadre privilégié d'un domaine de 3 ha. avec piscine. A proximité du golfe de St-Tropez et des plages, il vous offre : 1 ch. (1 lit 2 pers.), avec terrasse privée, salle de bains, wc. 1 ch. (1 lit 2 pers.) avec terrasse privée face à la piscine, s. d'eau, wc. Jeux de boules, ping-pong. Langue parlée : anglais.

Prix : 2 pers. **400 F** pers. sup. **50 F**

Ouvert : toute l'année.

9	SP	3	1	SP	35	1

PONSELET Georges - Le Petit Magnan - Quartier Saint-Sébastien - 83120 PLAN-DE-LA-TOUR - Tél : 04 94 43 72 00 ou 06 70 45 69 05

PIERREFEU Le Clos de Lette

4 ch. **Iles d'Or et Hyères 15 km. Pierrefeu 1 km.** En plein nature (zone verte) entre la forêt des Maures et les vignobles, au Clos de Lette, Simone et Alain vous accueillent dans leur havre de paix de 2 ha. 2 ch. (2 lits 1 pers.), 2 ch. (1 lit 2 pers.), sanitaires privatifs à chacune, accès extérieur indép., ch. de plain-pied. Langue parlée : anglais.

Prix : 1 pers. **300 F** 2 pers. **340/380 F** 3 pers. **490 F**

Ouvert : de mars à janvier.

15	15	6	0,5	6	6	1

S.A.R.L. CASAL DU GRE - Le Clos de la Lette - 52 chemin de la Luquette - 83390 PIERREFEU - Tél : 04 94 48 21 71 ou 06 81 06 39 24 - Fax : 04 94 48 21 71

PIGNANS Les Plaines

1 ch. **Le Lavandou et Hyères 30 km. Abbaye Cistercienne du Thoronet.** 1 suite de 2 ch. d'hôtes, au 1er étage avec escalier en colimaçon étroit, 1 ch. (1 lit 1 pers.), 1 ch. (1 lit 2 pers.), s. d'eau, wc, salle à manger avec coin-salon commune. Piscine sur place, chaises et transats, jardin et terrain arboré, clos sur 5000 m^2. Au calme, sans vis-à-vis. Dans un site de verdure et de calme au milieu des vignes et des oliviers, belle vue sur le massif des Maures. La région est propice aux découvertes touristiques et culturelles.

Prix : 1 pers. **150 F** 2 pers. **300 F** 3 pers. **400 F**

Ouvert : toute l'année.

30	SP	12	3	8	8	25	8

ROGIER Monique - Les Plaines - 83790 PIGNANS - Tél : 04 94 48 85 80 - Fax : 04 94 78 24 58

PLAN-DE-LA-TOUR

3 ch. A l'étage : chambre Rose (1 lit 2 pers.), salle de bains, wc et chambre Bleue avec vue sur les vignes chacune (2 lits 1 pers.), s. d'eau/wc. Chambre Forêt avec vue sur la forêt (1 lit 2 pers.), s. d'eau, wc. Tarif hors-saison à partir de 280 F/2 pers. Au cœur du Pays des Maures, à deux pas du Golfe de Saint-Tropez dans une propriété de 6 ha. Françoise et Gilles, viticulteurs, vous accueillent dans leur bergerie restaurée avec 3 ch. et 2 gîtes. Langues parlées : anglais, italien, allemand.

Prix : 2 pers. **320/380 F** pers. sup. **115 F** repas **125 F**

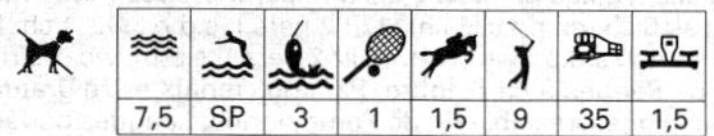

7,5	SP	3	1	1,5	9	35	1,5

CARANTA Gilles - La Bergerie - Le Clos de San-Peire - 83120 PLAN-DE-LA-TOUR - Tél : 04 94 43 74 74 ou SR : 04 94 50 93 93 - Fax : 04 94 43 11 22

PONTEVES

C.M. 84 Pli 5

3 ch. **Verdon et lac de Sainte-Croix 40 mn.** Sur un domaine d'une centaine d'ha. adossé à la colline, une famille de vignerons se propose de vous faire partager son attachement à la Provence. R.d.c. : salle commune, wc. 1 ch. en 1/2 ét. avec accès sur terrasse indép. (3 lits 1 pers.), s. d'eau, wc. 1er ét. : 1 ch. (2 lits 1 pers.), s.d.b., wc. 1 suite de 2 ch. (4 lits 1 pers.), s.d.b., wc. 4 pers. : 450/480 F. Belle vue sur le château de Pontevès et sur le Bessillon. Les ch. sont aménagées dans une aile indépendante de la ferme du XVIIIe siècle. Randonnées pédestres et VTT sur place. Coin-cuisine à dispo. Restaurant à 1,5 km. Langues parlées : allemand, anglais.

Prix : 2 pers. **300/350 F** 3 pers. **390/440 F** pers. sup. **90 F**

Ouvert : de mars à novembre.

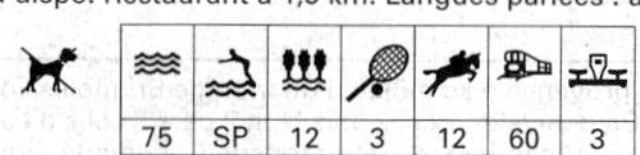

75	SP	12	3	12	60	3

DE JERPHANION Armelle et Guillaume - Domaine Saint-Ferréol - 83670 PONTEVES - Tél : 04 94 77 10 42 - Fax : 04 94 77 19 04

POURRIERES Le Couvent

2 ch. **Marseille 48 km. Aix-en-Provence (festival) 20 km. St-Maximin 15 km.** Yvette et Francis, agriculteurs, vous proposent dans leur maison provençale, face à la Sainte-Victoire. Au 1er étage : 1 ch. mansardée 3 épis (1 lit 2 pers.), s. d'eau, wc. Au r.d.c. : 1 ch. 2 épis (1 lit 2 pers.), s.d.b., wc. Poss. lit suppl. Salon, cheminée, TV. Parc ombragé de 8000 m^2, 3 terrasses, salon de jardin, barbecue. Lave-linge et lave-vaisselle à dispo. Randonnées à la Sainte-Baume. ULM à 4 km. Langues parlées : anglais, italien, allemand.

Prix : 2 pers. **300/350 F**

Ouvert : toute l'année sauf septembre.

50	7	4	1	4	15	20	1

DRAGON Françis et Yvette - La Maison des Minimes - 80 rue des Cèdres - 83910 POURRIERES - Tél : 04 94 78 40 98 - Fax : 04 94 78 40 98

PUGET-SUR-ARGENS Lagourin

1 ch. **Gorges du Blavet 5 km.** 1 chambre : 1 lit 160, salle d'eau et wc. TV, lit bébé sur demande, entrée indépendante, grande terrasse ombragée, salon de jardin, ping-pong, jeu de boules. Poss. rando et vtt. 2 box à chevaux. Chemin de terre 600 m. Table d'hôtes sur réservation. Sur un domaine de 5 ha, le mas du Cemtaure, vieille batisse en pierres, parmi les oliviers, les pins et les chênes, au bord d'un étang en compagnie des chevaux vous séduira par son caractère authentique et son grand calme. Forêt domaniale. Langues parlées : anglais, espagnol.

Prix : 1 pers. **250 F** 2 pers. **300 F** repas **150 F**

Ouvert : toute l'année.

8	8	8	10	3	3	15	5

BRET Patrick - Le Mas du Centaure - Route de Lieutenante - 83480 PUGET-SUR-ARGENS - Tél : 04 94 81 58 25 ou SR : 04 94 50 93 93

PUGET-VILLE Les Ferrières

3 ch. **Iles d'Or 30 km. Massif des Maures 10 km.** Etage : 3 ch. de caractère, 1 belle ch. avec terrasse, s.d.b., wc, 2 épis, (2 lits 1 pers), 1 ch. (2 lits 1 pers.), s. d'eau, wc, 3 épis, 1 ch. (2 lits 1 pers.), s. d'eau, wc. Vous serez accueillis au mas des oliviers, dans un cadre typiquement provençal, au milieu des vignes et des oliviers, 3 ha., calme, piscine, chevaux. Cuisine d'été à disposition. Langues parlées : anglais, italien.

Prix : 1 pers. **320 F** 2 pers. **370 F** 3 pers. **470 F** repas **125 F**

Ouvert : du 1er avril au 15 octobre.

35	SP	35	2	SP	30	2

LEROY Guy - Chemin les Ferrières - 83390 PUGET-VILLE - Tél : 04 94 48 30 89 - Fax : 04 94 48 30 89 - E-mail : sapori@club-internet.fr

RAMATUELLE

3 ch. **Saint-Tropez 10 km.** Chambres d'hôtes dans ferme rénovée sur propriété viticole arborée de 30 ha. à 3 km du village. Terrain, terrasse, salon/mobilier de jardin autour de la piscine. Calme et ombragé. 2 ch. (1 lit 2 pers.), salle de bains avec douche, wc, entrée indép. 1 ch. (1 lit 1 pers. 1 lit 2 pers.), s.d.b. avec douche, wc, TV, réfrigérateur. Accès par chemine de terre. Tarif 2 pers. en hors-saison : 250 F. Langue parlée : anglais.

Prix : 2 pers. **250/350 F** pers. sup. **50 F**

Ouvert : d'avril à octobre.

3	SP	3	3

BONNAURE-GHENO Sylvie - Quartier de l'Autrad - CD 93 - 83350 RAMATUELLE - Tél : 04 98 12 91 00 ou 06 03 24 18 99 - Fax : 04 98 12 91 01

RAMATUELLE Lei Souco  *C.M. 84 Pli 17*

5 ch. **Ramatuelle (village médiéval) 3,5 km. Saint-Tropez 7 km.** Mas entouré d'un grand parc, très calme, chambres spacieuses, mobilier provençal. 5 ch. en r.d.c. 1 ch. (1 lit 2 pers.), s.d.b., wc. 1 ch. (2 lits 1 pers.), s.d.b., wc. 1 ch. (1 lit 2 pers.), s. d'eau, wc. Etage : 1 ch. (3 lits 1 pers.), s.d.b., wc. 1 ch. (1 lit 2 pers.), s.d.b., wc. Réfrigérateur. TV satellite et coffre-fort dans les ch. Terrasses communes. Ouvert de Pâques à fin octobre. Parking. Tennis privé gratuit. Saint-Tropez avec son célèbre port de plaisance, ses calanques. A 2 km des plages de sable fin de Pampelonne. Langues parlées : anglais, espagnol, allemand.

Prix : 2 pers. **380/610 F** 3 pers. **620/720 F**

Ouvert : de Pâques au 30 septembre.

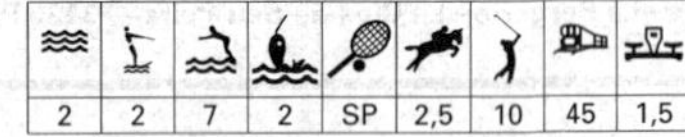

2	2	7	2	SP	2,5	10	45	1,5

GIRAUD Gustave et Nathalie - Lei Souco - 83350 RAMATUELLE - Tél : 04 94 79 80 22 ou 06 10 09 73 76 - Fax : 04 94 79 88 27 - http://www.leisouco.com

ROCBARON

2 ch. Jolie maison provençale au milieu d'un triangle Brignoles/Toulon/Hyères. Terrain boisé de 2 ha. 1 ch. à l'étage 3 épis (1 lit 2 pers.), s. d'eau, wc. En dénivelé : 1 ch. 2 épis (1 lit 2 pers.), salle d'eau, wc. Terrasse, salon de jardin, calme, belle vue. Terrain de boule. TV dans chaque ch. Bibliothèque. Réfrigérateur. Coin-pique-nique. Service buanderie.

Prix : 1 pers. **220/270 F** 2 pers. **250/300 F**

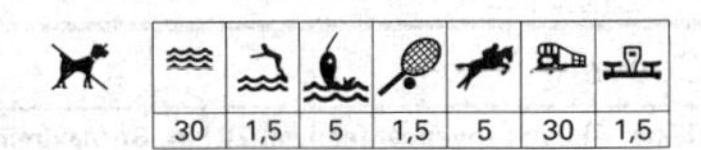

30	1,5	5	1,5	5	30	1,5

COINDE Simone - Route de Garéoult - D81 - Les Quinsonnets - 83136 ROCBARON - Tél : 04 94 04 01 02 ou SR : 04 94 50 93 93 - Fax : 04 94 04 01 02

ROCBARON  TH

2 ch. **VTT, golf à Brignoles 20 km. Massif de la Sainte-Beaume 15 km.** Entre Hyères et Brignoles, arretez-vous chez Roger qui pour 1 nuit ou 1 séjour vous proposera en toute convivialité de partager ses chambres et sa piscine. Salon de jardin, barbecue. 1er étage : 1 grande ch. (Roi) de 50 m² (1 lit 160, 1 clic-clac, douche, baignoire) + wc indép. 1 suite : 1 ch. : 1 ch. (1 lit 150), 1 ch. (1 lit 120), salle de bains, wc. Table d'hôtes sur réservation. Piscine, salon de jardin, barbecue. Stage de peinture. Langue parlée : anglais.

Prix : 2 pers. **350 F** 3 pers. **450 F** repas **120 F**

Ouvert : du 15 avril au 15 octobre.

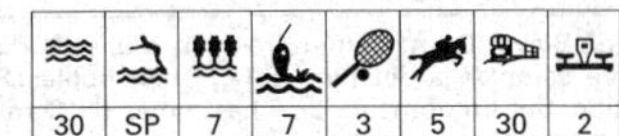

30	SP	7	7	3	5	30	2

TRISTANT Roger - Impasse des Chardonnerets - 83136 ROCBARON - Tél : 04 94 04 28 07 ou 06 81 61 97 47 - Fax : 04 94 04 28 18 - E-mail : RAIRAT.PASCAL@wanadoo.fr

LA ROQUE-ESCLAPON Alt. : 1000 m 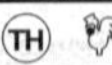

4 ch. **Gorges du Verdon 20 km.** Chambres « Alizé », « Lola », « Monalisa » en 2 épis et « Belle de Fontenay » en 3 épis, pour 2 à 4 pers. Aux 1er et 2e étages avec salle d'eau ou salle de bains, wc, salle à manger pour les petits déjeuners, bibliothèque, réfrigérateur à disposition, buanderie commune, TV dans les chambres. Abri couvert, salon de jardin. TH sur réservation. Produits de la ferme. Isabelle et Jean-Guy vous accueillent en pleine campagne sur une exploitation agricole, au pied du mont Lachen (1750 m), montagne la plus haute du Var. Terrasse, terrain abri couvert, séjour à thèmes selon saison (cueillette des champignons). Tarif 4 pers. : 460 F. Langues parlées : anglais, italien.

Prix : 1 pers. **200 F** 2 pers. **300 F** 3 pers. **380 F** pers. sup. **80 F** repas **110 F**

Ouvert : toute l'année.

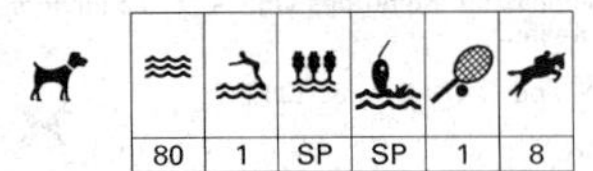

80	1	SP	SP	1	8

REBUFFEL Jean-Guy - Quartier Riphle - 83840 LA ROQUE-ESCLAPON - Tél : 04 94 76 80 75 ou SR : 04 94 50 93 93 - Fax : 04 94 76 80 75

ROQUEBRUNE-SUR-ARGENS Verte Campagne

3 ch. **Saint-Raphaël 10 km.** 3 ch. d'hôtes en r.d.c., entrées et petites terrasses indép., dans chaque chambre (1 lit 2 pers.), s.d.b., wc, TV, réfrigérateur, salon de jardin, buanderie commune. A proximité des plus belles plages de St-Raphaël à St-Tropez, accueil chaleureux, très convivial de Monique et Pierre. Parc arboré de 8000 m^2, très belle maison de style provençal. Tarif préférentiel en hors-saison. TH avec spécialités provençales. Langue parlée : anglais.

Prix : 1 pers. **300 F** 2 pers. **350 F** repas **120 F**

Ouvert : toute l'année.

10	SP	2	3	2	1,5	3	15	1,5

FILIPPI Pierre - Verte Campagne St-Barthélémy - Le Blavet - 83520 ROQUEBRUNE - Tél : 04 94 45 42 50 ou SR : 04 94 50 93 93 - Fax : 04 94 45 42 30

ROQUEBRUNE-SUR-ARGENS La Garduelle

1 ch. Claudette vous recoit en toute sympathie, au milieu des chants d'oiseaux et des cigales, dans sa maison dominant le Castrum et l'église, à proximité de la cité médiévale. 1 ch. au r.d.c. (1 lit 2 pers.), salle de bains, wc. Chauf. élect. Poss. service buanderie. Base nautique 1 km. Langues parlées : anglais, italien.

Prix : 1 pers. **250 F** 2 pers. **300 F**

Ouvert : toute l'année.

10	14	1	1	4	16	2

PHILIP Claudette - 12 la Garduelle - 83520 ROQUEBRUNE-SUR-ARGENS - Tél : 04 94 45 48 52 ou SR : 04 94 50 93 93

SAINT-AYGULF

1 ch. **Saint-Tropez 20 km. Saint-Raphaël 10 km.** Suite de 2 chambres. 1 chambre : 1 lit 2 pers. (poss. 1 lit sup.), wc, salle d'eau, vue/mer. 1 chambre : 1 lit 2 pers., salle de bains, wc, vue/colline. Terrasse privée, entrée indépendante, terrain 1800 m^2 ombragé et fleuri. Chauffage central, frigo à disposition. 4 pers. : 470 F. Entre Saint-Raphaël et Sainte-Maxime, à 400 m des plages, environnement calme dans la maison des propriétaires avec parking, salon de jardin, jeu de boules. Tarif préférentiel en hors saison - 20 % du 1er/10 au 31/03.

Prix : 1 pers. **300 F** 2 pers. **320 F** 3 pers. **430 F** pers. sup. **60 F**

Ouvert : toute l'année.

0,4	6	6	0,4	0,4	2	7	1,5

MARCHAT Gilbert - 59 impasse de la Motte - 83370 SAINT-AYGULF - Tél : 04 94 81 21 66 ou SR : 04 94 50 93 93

SAINT-CYR-SUR-MER La Bastide de Pascal *C.M. 84 Pli 14*

3 ch. Dans un mas ancien rénové à la campagne. 1 suite indépendante avec terrasse, hall d'entrée, salle de bains/douche et wc, 1 ch. 2 lits 1 pers. 1 ch. 3 lits 1 pers., s.d.b., wc, 1 ch. 1 lit 2 pers., salle d'eau et wc. Réfrigérateur commun aux 2 chambres. Entrée indépendante pour chaque chambre. Plages 3 km. Tarif dégressif pour séjour.

Prix : 1 pers. **250 F** 2 pers. **300/340 F** 3 pers. **440 F**

Ouvert : du 15 avril au 15 octobre.

3	3	10	3	2	3	5	2	1

GRANIER Marguerite - Le Peras - La Bastide de Pascal - 83270 SAINT-CYR-SUR-MER - Tél : 04 94 26 38 77 ou SR : 04 94 50 93 93

SAINT-MANDRIER

1 ch. **Toulon 20 mn en bateau.** Alexandra et Jean vous accueillent dans leur jolie maison fleurie située sur la presqu'île de Saint-Mandrier. De la terrasse vue panoramique sur la rade de Toulon et les montagnes des Maures. A l'ét. : 1 ch. (1 lit 2 pers.), s. d'eau, wc et TV. Terrasse. Salon de jardin privé. Chauffage électrique. Pêche en mer, autour ferme aquacole, prises assurées (120 F). Langues parlées : anglais, italien.

Prix : 2 pers. **320 F**

Ouvert : toute l'année.

0,5	0,5	1	15	0,5

SEBIRE Jean - Montée Costabela - Pailladou - 19 corniche du Soleil - 83430 SAINT-MANDRIER - Tél : 04 94 63 63 15 ou 06 62 00 63 15

SAINT-MAXIMIN

E.C. 2 ch. **St-Maximin (abbaye du XIIe) sur place. Brignoles 20 km.** Claudette et Patrick vous accueillent entre les massifs de la Ste-Baume et de la ste-Victoire, au 1er étage de leur maison en campagne à 3 km du centre ville. 1 ch. 2 pers., salle d'eau, wc. Salon commun à 2 chambres. Climatisation. Terrain, piscine, terrasse.

Prix : 1 pers. **280 F** 2 pers. **330 F** pers. sup. **100 F**

Ouvert : toute l'année.

50	SP	50	2	2	30	3

DUBOIS Claudette - 380 chemin du Claret - 83470 SAINT-MAXIMIN - Tél : 04 94 59 83 75 ou SR : 04 94 50 93 93 - Fax : 04 94 59 83 75

SAINT-RAPHAEL *C.M. 84 Pli 8*

1 ch. **Saint-Raphaël 3 km.** 1 chambre d'hôtes en rez-de-chaussée de la maison des propriétaires, grand studio 50 m^2 avec salon et TV (1 lit 2 pers.), coin-cuisine, 1 ch. (2 lits 1 pers.), s. d'eau, wc. Idéal pour 2 adultes et 2 enfants. Terrasse, salon de jardin, barbecue. Tarif 4 pers. : 500 F. Stages de golf, gastronomie, randonnées, navigation dans les calanques organisés par l'office de tourisme.

CV

Prix : 1 pers. **300 F** 2 pers. **350 F** 3 pers. **450 F**

Ouvert : de septembre à juillet.

1	0,3	1	0,3	3	3	3	1

FERRY Bérangère - 303 av. Mozart - 83700 SAINT-RAPHAEL - Tél : 04 94 82 24 23 ou 06 63 14 09 00 - Fax : 04 94 82 24 23

SAINTE-MAXIME *C.M. 84 Pli 17*

1 ch. **Golfe de Saint-Tropez 18 km.** Jacqueline et Serge vous offrent calme et détente dans leur belle maison fleurie et arborée, avec accès indépendant en rez-de-jardin. Une chambre d'hôtes avec petit séjour privé (réfrigérateur), salle de bains et wc indépendants, en mezzanine (1 lit 2 pers.). Jardin en restanque, terrasse et salon de jardin. Chauffage électrique. Parking. Promenade dans le golfe de St-Tropez, les collines des Maures et de l'Estérel. Proximité de la plage (800 m).

CV

Prix : 1 pers. **200 F** 2 pers. **350 F**

Ouvert : du 1er avril au 30 septembre.

0,8	1	18	0,8	3	1	20	2

FRANCOIS Jacqueline - Lot. Les Pins Pignons - 12 rue du Séquoia - 83120 SAINTE-MAXIME - Tél : 04 94 43 84 97 - Fax : 04 94 96 53 77

SAINTE-MAXIME La Figuière

5 ch. 1er étage : 1 suite de 2 ch. (1 lit 2 pers. 2 lits 1 pers.), salle de bains, wc. 1 suite de 2 ch. (4 lits 1 pers.), salle d'eau, wc. Terrain, terrasses. Tarif 4 pers. : 550/600 F (juillet et août). Alice et Fausto vous accueillent dans leur jolie maison en bordure de route, à 800 m de la plage et du centre ville. Langue parlée : portugais.

CV

Prix : 2 pers. **350/400 F** 3 pers. **450/500 F**

Ouvert : toute l'année.

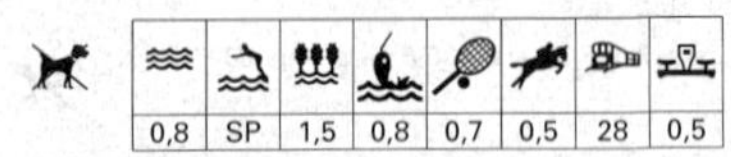

0,8	SP	1,5	0,8	0,7	0,5	28	0,5

PIMENTEL Fausto - 67 route du Plan de la Tour - 83120 SAINTE-MAXIME - Tél : 04 94 49 21 38 - Fax : 04 94 49 21 39

SALERNES TH *C.M. 84 Pli 6*

3 ch. Au milieu des vignes, des arbres fruitiers, jolie ferme rose où Caroline, hollandaise, propose 3 suites très confortables et 1 gîte de séjour. R.d.c. : 1 ch. 2 à 4 pers., s. d'eau, wc. 1/2 étage avec balcon : 2 suites avec séjour, kitchenette, 1 ch. (2 lits 1 pers.), mezzanine (2 lits 1 pers.), s. d'eau ou s.d.b., wc. Terrasse, terrain, salon de jardin. Piscine privée. Table d'hôtes le soir. Cuisine provençale, confiture. Ferme de séjour. Tarif 4 pers. : 550/650 F. Langues parlées : anglais, allemand, hollandais.

CV

Prix : 1 pers. **320 F** 2 pers. **370/400 F** 3 pers. **450/550 F** pers. sup. **60 F** repas **110 F**

40	SP	3,5	3,5	40	35	3,5

HENNY Caroline - La Bastide Rose - Quartier du Gaudran - 83690 SALERNES - Tél : 04 94 70 63 30 ou 06 12 97 46 76 - Fax : 04 94 70 77 34 - E-mail : carolinehenny@wanadoo.fr - http://www.BASTIDE-ROSE.com

SALERNES TH

3 ch. Marie-Claire et Yvon vous accueillent dans leur maison. 1 ch. 3 pers. dans une annexe au r.d.c., salle d'eau et wc et 2 ch. 2 pers. avec salle de bains, wc. Réfrigérateur dans chacune. Terrain et terrasse ombragés, ping-pong, bassin, parking. Salon TV/satellite, bibliothèque, salle de billard. Tél. portable du propriétaire : 06.14.75.35.60. Vous serez reçu dans leur mas provençal, sur 1 ha. paysager avec piscine. Langue parlée : anglais.

CV

Prix : 2 pers. **300 F** 3 pers. **400 F** repas **100 F**

Ouvert : toute l'année.

70	SP	0,5	0,2	7	25	1

BOISARD Marie-Claire - Route de Sillans - Le Mas des Oliviers - 83690 SALERNES - Tél : 04 94 70 75 20 ou SR : 04 94 50 93 93 - Fax : 04 94 70 75 20 - E-mail : chambresd'hotes.masdesoliviers@libertysurf.fr

SANARY La Gorguette TH

4 ch. **Le Castellet 25 km.** Ch. « Embiez » (1 lit 2 pers.), s. d'eau, wc. Ch. « Bendor » (1 lit 2 pers.), s. d'eau, wc par couloir privatif en r.d.c. 2 ch. climatisées (Porquerolles et Provence) (2 lits 1 pers.), s. d'eau, wc. Annie et Bruno vous accueillent dans la villa de caractère entre Bandol et Sanary, jardin fleuri, piscine, tennis, ping-pong, pour un séjour de rêve dans un havre de paix. Langues parlées : italien, anglais.

CV

Prix : 1 pers. **400 F** 2 pers. **450 F** 3 pers. **650 F** repas **150 F**

Ouvert : toute l'année.

0,4	SP	5	SP	4	8	3,5	1,5

CASTELLANO Bruno - 646 route de Bandol - Villa Lou Gardian - 83110 SANARY - Tél : 04 94 88 05 73 ou SR : 04 94 50 93 93 - Fax : 04 94 88 24 13

LA SEYNE-SUR-MER La Lézardière

C.M. 84 Pli 15

3 ch. Norma vous accueille dans sa très belle maison coloniale. 2 ch. au rez-de-chaussée avec accès indépendant (1 lit 2 pers.). Salle de bains et wc privés aux 2 ch. 2e étage, 1 ch. (1 lit 2 pers.), salle de bains, wc. Literie suédoise en 160. Bibliothèque, TV, salon. Petits déjeuners classiques ou à l'anglaise selon le désir des hôtes. Salle au 1er étage. Très belle propriété avec parc, terrain clôturé, terrasse, salon de jardin. A 1,2 km des plages et à proximité des bateaux qui font la navette La Seyne/Tamaris/Toulon. Langues parlées : anglais, arabe.

CV

Prix : 1 pers. **400 F** 2 pers. **450 F**

Ouvert : toute l'année.

1,2	1,2	1,2	1	3	0,8

JOUAN Norma - La Lézardière - Allée des Tamaris - 83500 LA SEYNE-SUR-MER - Tél : 04 94 30 08 89 ou SR : 04 94 50 93 93

SIGNES

TH

C.M. 84 Pli 15

1 ch. **Sanary 20 km. Toulon 30 km.** Dans une bastide ancienne rénovée du XVIIIe en campagne au calme, à la lisière de la forêt de la Sainte-Baume. 1 suite de 2 ch. 1 ch. (1 lit 2 pers.),s. d'eau et wc attenants, 1 ch. (1 lit 2 pers.), s. d'eau et wc attenants. TV. Terrasse avec salon de jardin. Randonnées pédestres, VTT, circuits GR9 et GR99.

CV

Prix : 2 pers. **330 F** 3 pers. **430 F** repas **95 F**

Ouvert : toute l'année.

20	1,5	5	3	1,5	10	20	30	1,5

PENVERN Françoise - La Vieille Bastide - 83870 SIGNES - Tél : 04 94 90 81 45 ou SR : 04 94 50 93 93

SILLANS-LA-CASCADE Les Basses Infourmières

1 ch. **Cascade de Sillans sur place. Lac de Ste-Croix, gorges du Verdon 30 km** Claude et Véronique vous accueillent dans le calme d'une propriété de 3 ha. Entrée indép. 1 ch. 1 ou 2 pers. avec salle d'eau, wc TV. Terrasse avec salon de jardin, barbecue. Propriété close. Garage, vélos. Joli village provençal avec sa cascade, son château, sa rivière et sa piscine municipale.

CV

Prix : 1 pers. **220 F** 2 pers. **280 F**

Ouvert : toute l'année.

70	2,5	2	8	1	35	1

MACIELLO Claude - Les Basses Infourmières - Chemin de Fox Amphoux - 83690 SILLANS-LA-CASCADE - Tél : 04 94 04 78 40

SILLANS-LA-CASCADE Le Haut Ricoui

3 ch. En r.d.c. et en pleine campagne au calme. 4 ch. avec salle d'eau, wc indépendants, 1 lit 160 sur la mezzanine dans chaque chacune. Prise TV dans chacune. TV sur demande en hiver uniquement. Chauffage central au sol. Piscine privée (12x3 m), de mai à octobre. Terrain de 30 ha., terrasse. A quelques km des gorges du Verdon et de l'abbaye du Thoronet, entre autres curiosités. Langues parlées : espagnol, anglais.

CV

Prix : 2 pers. **350/400 F**

Ouvert : toute l'année.

50	SP	2	35	7

BOUCHET Bernard - Le Haut Ricoui - Quartier la Colle - 83690 SILLANS-LA-CASCADE - Tél : 04 94 04 75 35 ou 06 71 45 58 80 - Fax : 04 94 04 75 35

SIX-FOURS-LES-PLAGES

C.M. 84 Pli 14

2 ch. A l'entrée du village, la famille Bertrand vous accueille dans sa belle maison. 1 ch. 3 épis (1 lit 2 pers.), salle d'eau, wc, l'autre 2 épis (1 lit 2 pers. s.d.b., wc, avec balcon et terrasse couverte en arcade au 1er étage. TV. Salon de jardin. Petit déjeuner dans la salle à manger avec cheminée l'hiver et en terrasse l'été. Parking privé. Réfrigérateur et m-ondes. L-linge. Garage. Convient très bien à une famille. Visitez la Collégiale Saint-Pierre, Notre-Dame-du-Mai, la Chapelle Pépiol, la Corniche Varoise, le Parc Méditerranéen, les îles des Embiez et du Gaou. Tarifs préférentiels en hors-saison à partir d'1 semaine. Langue parlée : italien.

CV

Prix : 1 pers. **220 F** 2 pers. **270/310 F** pers. sup. **80 F**

Ouvert : toute l'année.

0,6	0,6	0,5	0,6	0,3	5	10	4	0,3

BERTRAND Michel - 1029 av. John Kennedy - Les Playes - La Griottière - 83140 SIX-FOURS - Tél : 04 94 25 92 12

SIX-FOURS-LES-PLAGES Le Brusc

C.M. 84 Pli 14

1 ch. 1 chambre d'hôtes loin du bruit, au calme avec terrasse ombragée et salon de jardin. Kitchenette. R.d.c. : 1 chambre, salle d'eau et wc. Terrain, jeux de boules, barbecue. Dans l'aire toulonnaise, sur le cap Sicié, à 400 m de la « Grande Bleu », un havre de verdure, de calme et de fraîcheur chez des maraîchers de Provence. 3 gîtes sur la propriété. Produits de la ferme. Tarifs 2 pers. selon saison. Cabine téléphonique sur place.

CV

Prix : 1 pers. **260/350 F** 2 pers. **310/350 F**

Ouvert : toute l'année.

0,4	0,3	1,5	SP	0,4	1	1,5	20	12	0,5

FAMILLE MERCHEYER-SCHELL - 688 chemin des Faisses - Jardin de la Ferme - Le Brusc - 83140 SIX-FOURS-LES-PLAGES - Tél : 04 94 34 01 07 - Fax : 04 94 34 09 37 - E-mail : jardin@pacwan.fr - http://www.provenceweb.fr/83/jardin

TAVERNES

2 ch. **Barjols 5 km.** A l'entrée du village, ancien corps de ferme rénové. R.d.c. : 2 ch. avec entrée indép., côte à côte avec s. d'eau et wc, 1 ch. (1 lit 2 pers.), 1 ch. (3 lit 1 pers.). Réfrigérateur dans chaque chambre. Chauff. élect. TV. Parking privé. Cuisine familiale de saison. Piscine sur place. Tarif preférentiel en hors-saison : -10% pour 1 semaine de location. Ancien corps de ferme rénové avec terrasse donnant sur une cour, prolongée par une plantation de vignes, salon de jardin. Langues parlées : anglais, allemand.

Prix : 1 pers. **250 F** 2 pers. **295 F** 3 pers. **390 F** repas **95 F**
1/2 pens. **240 F**

Ouvert : toute l'année.

70	SP	16	0,1	20	60	0,1

**BARREME Gilles - 1 chemin du Braou - 83670 TAVERNES - Tél : 04 94 72 31 04 ou 06 88 25 30 95 - Fax : 04 94 72 31 04 -
E-mail : gilles-barreme@wanadoo.fr - http://www.provenceweb.fr83/barreme.htm**

TOURTOUR

Alt. : 637 m

3 ch. **Lac de Sainte-Croix 25 km. Salernes 10 km. Aups 8 km.** Propriété de 6000 m² « Le mas de l'acacia » au calme, à 300 m du village, classé un des plus beaux villages de France, vue panoramique exceptionnelle. Janine et Claude vous accueillent et vous proposent avec entrée indépendante : 2 ch. 2 pers., 1 suite 4 pers. avec s.d.b., wc, TV. Terrasses, piscine, salon de jardin, barbecue. Salle commune, coin-salon, bibliothèque. Gorges du Verdon à moins de 35 km. Tarif 4 pers. : 560 F/suite. Langues parlées : anglais, allemand, italien.

Prix : 2 pers. **320/350 F** pers. sup. **100 F**

Ouvert : toute l'année.

50	22	SP	10	10	0,3	10	30	25	0,3

**BOUILLARD Claude - Route d'Aups - Le Mas de l'Acacia - 83690 TOURTOUR - Tél : 04 94 70 53 84 - Fax : 04 94 70 53 84 -
E-mail : claude.bouillard@tps.fr**

TRANS-EN-PROVENCE Saint-Amour

3 ch. Dans le havre de paix d'une splendide propriété privée avec parc de 2 ha. 1 ch. « bateau » (1 lit 2 pers.), s.d.b., wc. TV. Kitchenette. Terrasse indép. Dans bastide indép. du XVIIIe, 2 ch. (2 lits 2 pers.), coin-salon, salle d'eau, wc, TV. Lave-linge commun. Terrasses privées. Cuisine d'été, barbecue, abri voiture. Lac aménagé, rivière, cascades, cygnes, boules, tir à l'arc. Piscine somptueuse 18x7 m. Langues parlées : italien, allemand.

Prix : 2 pers. **400/420 F** pers. sup. **120 F**

Ouvert : toute l'année.

25	SP	2	2	4	1

**WAHL Marie-Camille - St-Amour - Ch. des Vignarets - 986 rte la Motte - 83720 TRANS-EN-PROVENCE - Tél : 04 94 70 88 92
ou 06 16 87 49 45 - Fax : 04 94 70 88 92**

VARAGES La Seignerolle

2 ch. **Lac de Sainte-Croix 25 km.** 2 ch. d'hôtes dont 1 suite de 2 ch. dans la maison des propriétaires, terrasse, terrain. En r.d.c. : 1 ch. (2 lits 1 pers.), s. d'eau, wc sur le palier. Au 1er étage : 1 suite de 2 chambres (2 lits 2 pers.), s.d.b., wc. Salle commune, cheminée, télévision. Climat sec et étendues boisées autour de la propriété. Prix en 1/2 pension pour 2 pers.

Prix : 1 pers. **160 F** 2 pers. **230 F** repas **90 F** 1/2 pens. **410 F**

Ouvert : toute l'année.

60	6	25	6	60	1,8

RAIBAUT Lucette - La Seignerole - 83670 VARAGES - Tél : 04 94 77 85 39

VARAGES

1 ch. Dans une aile de la maison du prop., ancienne bastide récemment restaurée. Au milieu d'un domaine de 300 ha. de bois, de forêt et de champs. Une grande ch. studio 40 m² vous attend. 1 ch. en r.d.c. (2 lits 1 pers.), salle de bains, wc, coin-cuisine. Terrasse, entrée indép. Piscine et tennis. Poss. 1 enfant. TV. Proximité des gorges du Verdon. Lacs. VTT sur place. Langues parlées : anglais, hollandais.

Prix : 1 pers. **250 F** 2 pers. **320 F** 3 pers. **380 F**

60	SP	3	SP	25	60	2,5

**PLOUVIER J-Luc et Caroline - Domaine de la Blaque - 83670 VARAGES - Tél : 04 94 77 86 91 ou SR : 04 94 50 93 93 -
Fax : 04 94 77 86 91 - E-mail : blaque@infonie.fr**

LA VERDIERE

C.M. 84 Pli 5

2 ch. **Gréoux-les-Bains 20 km. Manosque 32 km. Lac de Ste-Croix 35 km.** Ancienne maison rénovée avec vue sur la montagne Sainte-Victoire, dans le Parc Régional du Verdon. En r.d.c. « bergerie » voûtée (2 lits 1 pers.), salle d'eau, wc. Au 1er ancien grenier (3 lits 1 pers.), salle d'eau, wc, entrée indép. Terrain de jeux, terrasses ombragées. Initiation à l'astronomie. Passage du GR99 à prox. Calme, au pied d'une colline. Gorges du Verdon à 35 km. Langues parlées : allemand, anglais, italien.

Prix : 1 pers. **250 F** 2 pers. **300 F**

Ouvert : d'avril à septembre.

80	3	15	3	20	30	3

**ROSSI Gérard - Campagne la Brune - 83560 LA VERDIERE - Tél : 04 94 04 12 70 - Fax : 04 94 04 12 70 -
E-mail : gerard.rossi@club.francetelecom.fr**

VINS-SUR-CARAMY

5 ch. Rez-de-chaussée : 1 suite de 2 ch. (1 lit 2 pers. 1 lit 1 pers.), s.d.b., wc, coin-cuisine américaine. 1er étage : 3 ch. Faure, Debussy, Berlioz (1 lit 2 pers.), salle d'eau et wc. 2e étage : 1 suite de 2 ch. (2 lits 1 pers. 1 lit 1 pers.), salle d'eau et wc. Buanderie. Salon avec TV. Grande cuisine et salle voûtée formant un ensemble très agréable pour s'y reposer. Vous serez accueillis au château de Vins, du XVIe siècle. Château Renaissance avec ses loggias dans cour intérieure, ses terrasses et son pont médiéval. Très calme en été. Les chambres aux noms de musiciens sont sobres mais très confortables. Langue parlée : anglais.

Prix : 1 pers. **300 F** 2 pers. **400 F**

Ouvert : d'avril à octobre.

60	7	SP	10	60	7

BONNET Jean - Château de Vins - 83170 VINS-SUR-CARAMY - Tél : 04 94 72 50 40 ou SR : 04 94 50 93 93 - Fax : 04 94 72 50 88 - E-mail : chateau.de.vins@free.fr

Vaucluse

GITES DE FRANCE
Place Campana - La Balance - B.P. 164
84008 AVIGNON Cedex
Tél. 04 90 85 45 00 - Fax. 04 90 85 88 49
http://www.itea.fr/GDF/84

3615 Gîtes de France 1,28 F/min

ALTHEN-DES-PALUDS La Cousin

TH

3 ch. Dans un cadre de verdure, 2 chambres et 1 suite avec entrée indépendante dans un mas traditionnel en campagne. 1 ch. au r.d.c. avec s. d'eau et wc privés. 1 ch. au 1er étage avec s. d'eau et wc privés. 1 suite (2 ch.) avec s. d'eau et wc privés. Ch. électrique et cheminée avec insert. Salle commune. TV dans bibliothèque. Parking. Table d'hôtes sur réservation. Tarif 4 pers. : 450 F. Langues parlées : anglais, italien.

Prix : 1 pers. **250 F** 2 pers. **280 F** 3 pers. **400 F** pers. sup. **80 F** repas **110 F**

Ouvert : toute l'année.

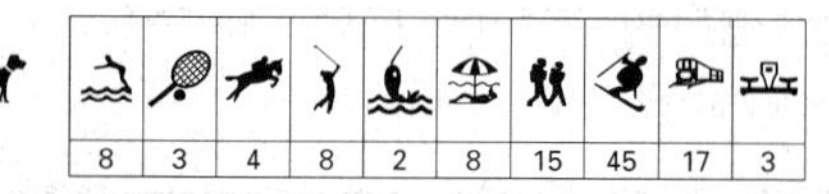

8	3	4	8	2	8	15	45	17	3

BONTON Alain - 426, chemin de Toutblanc - 84210 ALTHEN DES PALUDS - Tél : 04 90 62 13 88 - Fax : 04 90 62 13 88

ALTHEN-LES-PALUDS La Prévoté

6 ch. Grand mas du XVIIIe à 20 mn d'Avignon dans les vergers de la plaine du Comtat avec piscine (12 x 6) sur place et jardin paysagé d'1 ha.. 5 ch. avec s.d.b. et wc privés, 1 suite en annexe avec s.d.b. et wc privés. Ch. central. Salle à manger. Terrasse. Langue parlée : anglais.

Prix : 2 pers. **400/700 F** 3 pers. **650 F** pers. sup. **100 F**

Ouvert : du 1er mars au 15 novembre, hiver sur demande.

SP	2	7	10	3	20	35	15	1

FRENOT Fabienne et Cyril - La Prévote - 354, chemin d'Exploitation - 84210 ALTHEN LES PALUDS - Tél : 04 90 62 17 06 - Fax : 04 90 62 17 36 - E-mail : prévoté@aol.com

ANSOUIS Mas du Grand Lubéron

 TH

5 ch. Ancien mas, dans les vignes, au pied du Village, avec piscine. Belle vue sur le grand Lubéron. 2 ch. au r.d.c. avec TV, s. d'eau et wc privés. 3 ch. au 1er étage avec TV, s. d'eau et wc privés. Ch. électrique. Salle commune. Terrasse. Terrain clos. Parking. Petits animaux admis. Langue parlée : anglais.

Prix : 1 pers. **330 F** 2 pers. **360 F** 3 pers. **490 F** repas **130 F**

Ouvert : du 15 mars au 15 janvier.

SP	8	5	25	8	4	SP	70	1

CORDIER Jacqueline - La Parine - Mas du Grand Lubéron - 84240 ANSOUIS - Tél : 04 90 09 97 92 - Fax : 04 90 09 93 69

APT Les Mylanettes

4 ch. Belle maison située en dehors de la ville, au calme, avec vue panoramique. 4 ch. spacieuses avec s.d.b. et wc privés. Grand séjour avec cheminée et TV, loggia, terrasse. Centre ville facilement accessible à pieds comme en voiture. Possibilité lit d'appoint. Tarif 4 pers. : 430 F. Langue parlée : anglais.

Prix : 1 pers. **250 F** 2 pers. **330 F** 3 pers. **380 F** pers. sup. **80 F**

Ouvert : toute l'année.

3,7	3,7	5,3	3,7	1

HEUZARD LA COUTURE Brigitte - « Les Mylanettes » - Par la Rue des Bassins - 84400 APT - Tél : 04 90 74 67 15 - Fax : 04 90 74 47 20

APT Les Vieilles Tourettes

2 ch. Dans une aile d'une très belle ferme forte du XVIIe siècle située au milieu de champs de lavande, en campagne, 1 ch. indépendante au r.d.c. avec s.d.b. et wc privés, 1 ch. indépendante au 1er étage avec s.d.b. et wc privés. Ch. électrique. Salon-salle à manger avec cheminée réservé aux hôtes. Langues parlées : anglais, espagnol.

Prix : 1 pers. **270 F** 2 pers. **320 F** pers. sup. **70 F**

Ouvert : toute l'année sauf juillet/août.

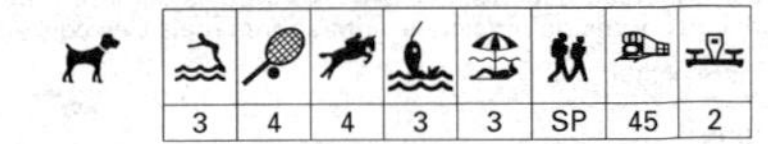

3	4	4	3	3	SP	45	2

POIRSON Carole - Les Vieilles Tourettes - 84400 APT - Tél : 04 90 04 81 76 ou 04 90 04 83 28 - Fax : 04 90 04 83 56 - E-mail : jpoirson@wanadoo.fr

APT Le Moulin de Mauragne

4 ch. Ancien moulin du Xe siècle construit près d'un cours d'eau et d'une cascade au milieu de 8 ha.. 4 ch. fraîches et raffinées avec s.d.b. et wc privés. Tarif 4 pers. : 850 F. Langues parlées : anglais, espagnol.

Prix : 1 pers. **500/850 F** 2 pers. **500/850 F** 3 pers. **850 F**

Ouvert : du 15 mars au 31 octobre.

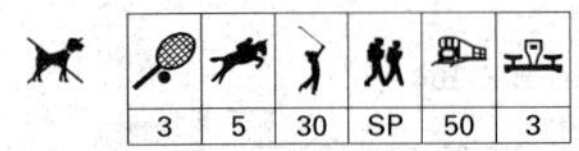

3	5	30	SP	50	3

MIOT Frédéric - Route de Marseille - Le Moulin de Mauragne - 84400 APT - Tél : 04 90 74 31 37 - Fax : 04 90 74 30 14 - E-mail : info@moulin-de-mauragne.com - http://www.moulin-de-mauragne.com

AUBIGNAN Quartier Bouteille (TH)

2 ch. Partie ouest de la villa des propriétaires, dans un village, sur terrain clos arboré. 2 ch. au r.d.c. avec s. d'eau et wc privés. Ch. électrique. Salle commune. Salon. Salle à manger. Cheminée en service. Bibliothèque. Terrasse. Parking. Petits animaux acceptés. Langue parlée : anglais.

Prix : 1 pers. **200 F** 2 pers. **250 F** 3 pers. **370 F** pers. sup. **120 F** repas **90 F**

Ouvert : toute l'année.

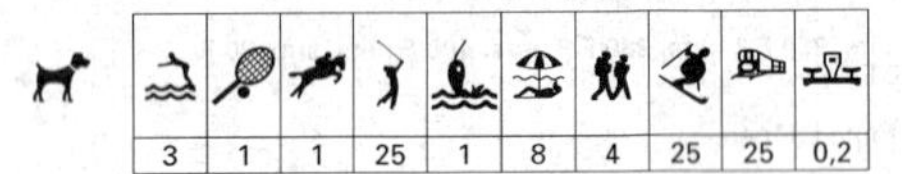

3	1	1	25	1	8	4	25	25	0,2

HOSXE Gisèle - Quartier Bouteille - Route de Carpentras - 84810 AUBIGNAN - Tél : 04 90 62 69 09

AUBIGNAN L'Espaze

2 ch. Annexe de la ferme des propriétaires, dans les vignes, en campagne. 2 ch. au 1er étage avec s. d'eau et wc privés. Ch. électrique. Salon avec cheminée en service et salle à manger réservés aux hôtes. Jardin, bassin de baignade et barbecue à disposition. Terrain non clos de 2000 m^2. Parking. Langues parlées : anglais, allemand.

Prix : 1 pers. **200 F** 2 pers. **260 F** 3 pers. **350 F** pers. sup. **90 F**

Ouvert : du 1er mars au 30 novembre.

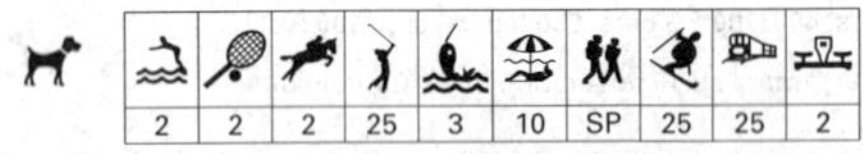

2	2	2	25	3	10	SP	25	25	2

ZEPEDA Fernando - L'Espaze - 84810 AUBIGNAN - Tél : 04 90 62 93 09 - Fax : 04 90 62 93 09 - E-mail : zepeda@free.fr

LE BARROUX Quartier Clairier (TH)

3 ch. Maison en campagne. Belle vue, calme. 1 ch. avec kitchenette, s. d'eau et wc privés. 1 ch. en annexe au r.d.c. sur piscine avec coin-cuisine, s. d'eau et wc privés. 1 suite (1 ch. et 1 coin-nuit) en annexe au r.d.c. sous terrasse avec cuisine, s. d'eau, wc et terrasse privés. Ch. électrique. L-linge commun. Piscine commune à 1 gîte, aux chambres et aux propriétaires. Salon de jardin. Terrain arboré et ensoleillé. Confitures maison. Nectar abricot bio. Tarif 4 pers. : 465 F.

Prix : 1 pers. **250 F** 2 pers. **285/315 F** 3 pers. **380/400 F** repas **100 F**

Ouvert : du 1er avril au 31 octobre.

SP	3,5	3,5	3,5	3,5	SP	20	35	3,5

CANET Michel - Quartier Clairier - Route de Malaucène - 84330 LE BARROUX - Tél : 04 90 65 10 84 - Fax : 04 90 65 17 47

LE BARROUX Mas de Silvadour

3 ch. Donnant sur les jardins dans l'aile d'une jolie bastide récente, aménagée avec goût, très confortable, non fumeurs exclusivement, située en pleine campagne à 3 kms du village, très au calme (accueil de 6 pers. maxi), propriété de 6 ha en partie boisée. Belle vue sur les collines et les Dentelles de Montmirail. S.d.b., wc et ch. central dans chaque chambre. Grande piscine paysagée. Calme exceptionnel. En juillet/août : formule estivale sur réservation uniquement, poss. plateau repas le midi. En arrière saison : thé servi à 17 h au salon devant la cheminée. Langues parlées : allemand, anglais.

Prix : 2 pers. **350/480 F** pers. sup. **100 F**

Ouvert : du 1er mars au 31 décembre.

SP	1	13	30	5	5	SP	25	30	5

WEIS Simone et Claude - Mas de Silvadour - 84330 LE BARROUX - Tél : 04 90 65 04 73 - Fax : 04 90 65 03 32 - E-mail : silvadour@silvadour.com - http://www.silvadour.com

LE BARROUX Mas de la Lause

TH

5 ch. CV

Beau mas indépendant 1883 rénové, de couleur ocre jaune, avec pelouse d'agrément au milieu de 2 ha. de cerisiers, d'abricotiers et d'oliviers, avec vue sur le château du Barroux. 4 ch. au 1er étage avec s. d'eau et wc privés. 1 suite familiale avec kitchenette en demi-niveau (3 marches) avec s. d'eau et wc privés. Ch. central. S.a.m.. Terrasse sous tonnelle ombragée. Terrain et jeu de boule ombragé. Parking. Tables d'hôtes (sauf mercredi et dimanche), plats provençaux avec légumes et fruits de jardin. Huile d'olive et confitures maison. - 5 % pour séjour de 3 à 5 nuits, - 10 % pour séjour 6 nuits et +. Animaux avec suppl. de 40 F/nuit. Tarif 4 pers. : 620 F. Langues parlées : anglais, allemand.

Prix : 1 pers. **280 F** 2 pers. **320/450 F** 3 pers. **540 F** pers. sup. **100 F** repas **95 F**

Ouvert : 1 semaine avant Pâques jusqu'à la Toussaint.

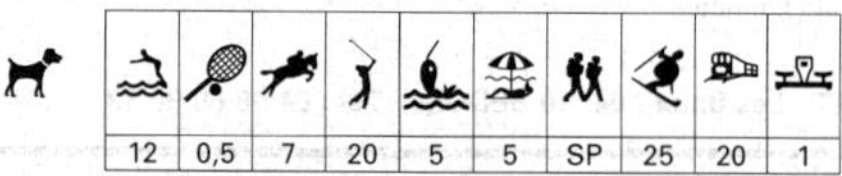

12	0,5	7	20	5	5	SP	25	20	1

LONJON Corine & Christophe - Mas de la Lause - Qu. Geysset - Rte de Suzette - 84330 LE BARROUX - Tél : 04 90 62 33 33 - Fax : 04 90 62 36 36 - E-mail : info@provence-gite.com - http://www.provence-gite.com

LE BARROUX Le Dégoutaud

TH

3 ch.

Mas du XVIe siècle au centre de la propriété de 20 ha. boisés. 2 ch. au r.d.c. avec s. d'eau et wc privés. 1 ch. au r.d.c. accessible aux pers. handicapées avec s. d'eau et wc privés. Ch. central. Salle à manger. Cheminée en service. Terrasse. Terrain non clos. Parking. Table d'hôtes sur réservation (diner uniquement). Tarif 4 pers. : 410 F. Langues parlées : anglais, espagnol.

Prix : 1 pers. **260 F** 2 pers. **310 F** 3 pers. **360 F** repas **110 F** 1/2 pens. **370 F**

Ouvert : toute l'année.

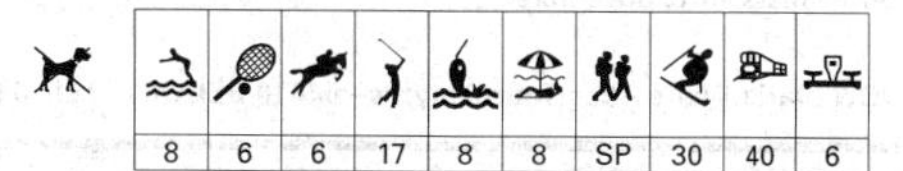

8	6	6	17	8	8	SP	30	40	6

MARIN Pierre et ASTRUC Véronique - Le Dégoutaud - Le Barroux - 84340 MALAUCENE - Tél : 04 90 62 99 29 - Fax : 04 90 62 99 29

LE BARROUX Place Saint-Denis

TH

3 ch.

Belle vieille maison de village avec jardin de curé fleuri. Au 1er étage 1 ch. avec s. d'eau, wc privés et terrasse. Au 2e étage 2 ch. dont une suite avec chacune s. d'eau et wc privés. Ch. électrique. Salle commune, cheminée. P. déjeuners et diners servis au jardin. Cuisine du marché aux accents provençaux. Tarif 4 pers. : 470 F. Langues parlées : anglais, espagnol, portugais.

Prix : 1 pers. **260/290 F** 2 pers. **290/320 F** 3 pers. **420 F** pers. sup. **50 F** repas **125 F**

Ouvert : toute l'année.

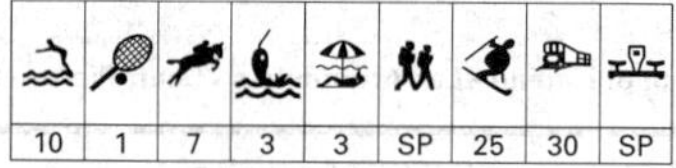

10	1	7	3	3	SP	25	30	SP

LE ROUX Claude - Place Saint-Denis - Le Petit Jardin - 84330 LE BARROUX - Tél : 04 90 62 47 64 - Fax : 04 90 62 47 64 - E-mail : catherine.leroux@free.fr

LE BARROUX Ferme les Belugnes

3 ch.

Ferme comtadine du XVIIIe siècles dans les contreforts boisés du Mont-Ventoux avec piscine sur place. 2 ch. en annexe au r.d.c. avec s. d'eau et wc privés. 1 ch. en annexe au r.d.c. avec s.d.b. et wc privés. Ch. électrique. Salle commune avec bibliothèque, TV. Terrasse. Grand terrain non clos. 1 seul animal accepté. Réduction de 10 % à partir de 3 nuitées. Langue parlée : anglais.

Prix : 1 pers. **350 F** 2 pers. **400 F** pers. sup. **150 F**

Ouvert : du 1er mai au 31 octobre.

SP	2,5	12	40	2	2	SP	20	40	2,5

ROUX Nadine et Bernard - Route du Paty - Chaudeirolles - Ferme les Belugues - 84330 LE BARROUX - Tél : 04 90 65 15 16 - Fax : 04 90 65 15 16

BEAUMES-DE-VENISE Chemin de Granot

TH

2 ch.

Mazet restauré, entouré de vignes, très calme, en campagne, au pied des dentelles de Montmirail. 2 ch. spacieuses avec s. d'eau et wc privés. Ch. électrique. Salle commune avec cheminée en service, bibliothèque, téléphone. Terrasse. Jardin non clos. Parking. Cuisine à disposition des hôtes.

Prix : 1 pers. **350 F** 2 pers. **350 F** pers. sup. **100 F** repas **120 F**

Ouvert : toute l'année.

2	2	4	25	5	27	25	2,5

VAN-COM Arlette - Chemin des Paluds - La Grange aux Chats - 84190 BEAUMES DE VENISE - Tél : 04 90 65 07 78

BEAUMONT-DU-VENTOUX Mont-Serein

Alt. : 1400 m

5 ch. CV

Chalet dans une station avec belle vue sur la forêt et le commet du Mont-Ventoux. 5 ch. au 1er étage avec s. d'eau, wc et terrasse privés. Ch. central au gaz. Salle commune avec cheminée en service. Terrasse. Terrain non clos. Parking. Tarif 4 pers. : 450 F.

Prix : 1 pers. **200 F** 2 pers. **300 F** 3 pers. **380 F**

Ouvert : de Pâques au 30 septembre.

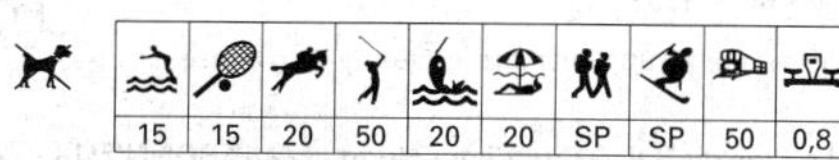

15	15	20	50	20	20	SP	SP	50	0,8

FARAUD Guy - Quartier le Passet - 84340 MALAUCENE - Tél : 04 90 65 23 10 ou 04 90 60 49 16 - Fax : 04 90 65 23 10

BEDOIN Les Baux

2 ch. Maison rénovée, dans un hameau, en campagne. 2 ch. avec s. d'eau et wc privés sur le palier.

Prix : 1 pers. **150 F** 2 pers. **200 F** 3 pers. **250 F**

Ouvert : toute l'année.

3	3	3	5

CONSTANT - Les Baux - 84410 BEDOIN - Tél : 04 90 65 90 13

BEDOIN Les Tournillayres

5 ch. Très bel ensemble de petites maisons indépendantes de caractère, au pied du Mont-Ventoux, en campagne. 4 ch. indépendantes avec TV, cheminée, coin-cuisine, jardin privatif, s. d'eau et wc privés, 1 suite (2 ch.) avec séjour, TV, coin-cuisine, jardin privatif, s. d'eau et wc privés. Ch. électrique. Salle commune. Salle à manger. Bibliothèque. Terrain non clos. Parking. Possibilité lit d'enfant. Tarif 4 pers. 600 F. Langue parlée : anglais.

Prix : 2 pers. **470 F** pers. sup. **100 F**

Ouvert : du 1er mars au 15 novembre.

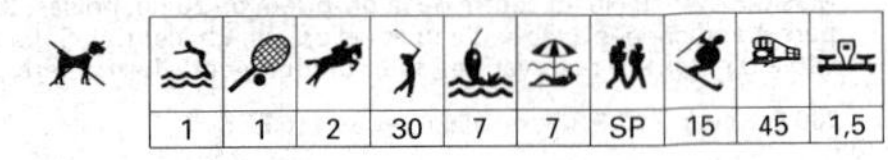

1	1	2	30	7	7	SP	15	45	1,5

RENAUDON Marie-Claire - Les Tournillayres - 84410 BEDOIN - Tél : 04 90 12 80 94 - Fax : 04 90 12 80 94

BOLLENE Saint-Pierre

2 ch. Mas provençal en pierre sur un ha. de collines arborées, pinède et piscine (12,5 x 6,5) sur place. 2 ch. au r.d.c. dont 1 avec terrasse, avec TV, s.d.b. et wc privés. Ch. électrique. Salle commune. Terrasse. Parking fermé.

Prix : 1 pers. **240 F** 2 pers. **300 F** 3 pers. **360 F** pers. sup. **60 F**

Ouvert : toute l'année.

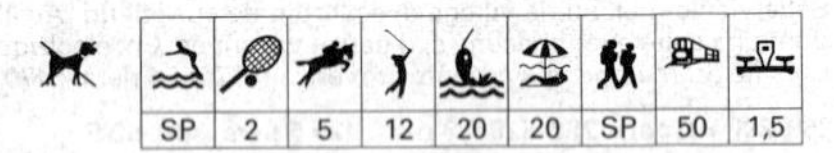

SP	2	5	12	20	20	SP	50	1,5

DELARQUE Jean et Nadine - Les Arboursiers - Saint-Pierre - 84500 BOLLENE - Tél : 04 90 40 49 61 ou 06 81 56 49 52

BONNIEUX La Peyre Saint-Marcelin

2 ch. Avec accès indépendant dans un ancien moulin restauré façon mas, ombragé par de grands arbres, isolé dans un cadre naturel exceptionnel, belle vue sur le Lubéron et les Monts de Vaucluse. 1 ch. au r.d.c. avec s.d.b. et wc privés. 1 ch. au 1er étage avec s. d'eau et wc privés. Ch. central. Salle commune avec cheminée en service. Terrasse ombragée. Terrain de 3000 m². Parking. Petit déjeuner copieux. Langues parlées : anglais, allemand.

Prix : 1 pers. **370 F** 2 pers. **400 F**

Ouvert : du 10 janvier au 20 décembre.

9	3	6	25	SP	30	1,8

PAULUS Angi et Gérard - La Peyre Saint-Marcelin - 84480 BONNIEUX - Tél : 04 90 75 95 89 - Fax : 04 90 75 96 68

BONNIEUX

4 ch. Annexe dans la villa des propriétaires avec piscine commune (9 x 4,5) sur place. 3 ch. au r.d.c. avec s.d.b. et wc privés. 1 ch. au r.d.c. avec s. d'eau et wc privés. Ch. central. Salon non attenant, cuisine et barbecue à disposition. Terrasse privée à chaque chambre avec vue panoramique sur le Mont-Ventoux et la plaine du Calavon donnant sur une terrasse commune. Parking fermé.

CV

Prix : 1 pers. **350 F** 2 pers. **400/450 F** pers. sup. **100 F**

Ouvert : du 1er avril au 30 novembre.

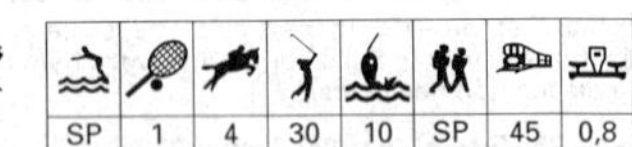

SP	1	4	30	10	SP	45	0,8

AGNEL Serge et M.Paule - Quartier les Bruyères - « Les Terrasses du Lubéron » - 84480 BONNIEUX - Tél : 04 90 75 87 40 - Fax : 04 90 75 87 40

BONNIEUX Le Clos du Buis

TH

6 ch. Belle maison de village restaurée avec piscine sur place et jardin clos arboré de 1500 m². Belle vue panoramique sur le Mont-Ventoux et campagne du Lubéron. 1 ch. au r.d.c., accessible aux pers. handicapées, avec s.d.b. et wc privés. 5 ch. dont 1 suite familiale au 1er étage avec s.d.b. wc privés. Ch. central au gaz. Salle commune. Bibliothèque. TV. Cheminée en service. Véranda. Parking fermé. Table d'hôtes sur demande. Tarif 4 pers. : 750 F. Langue parlée : anglais.

Prix : 1 pers. **350/450 F** 2 pers. **380/480 F** 3 pers. **580/650 F** pers. sup. **100 F** repas **130 F**

Ouvert : du 1er février au 30 novembre + fêtes de fin d'année.

SP	SP	3	18	15	15	SP	50	SP

MAURIN - Le Clos du Buis - Rue Victor Hugo - 84480 BONNIEUX - Tél : 04 90 75 88 48 - Fax : 04 90 75 88 57 - http://www.luberon-news.fr

BUISSON L'Ecole Buissonniere

3 ch. Belle maison agréablement restaurée, au bord d'une petite route peu passante, en campagne, avec cour close et jardin non clos. 1 ch. au 1er étage avec s. d'eau et wc privés. 1 ch. au 1er étage avec s.d.b. et wc privés. 1 ch. au 1er étage avec mezzanine, s. d'eau, wc et balcon privés. Ch. central et au sol. Salle commune. Cheminée en service. Bibliothèque. TV. Parking. Langues parlées : anglais, allemand.

Prix : 1 pers. **250 F** 2 pers. **280/300 F** 3 pers. **370 F** pers. sup. **60/70 F**

Ouvert : de Pâques à la Toussaint.

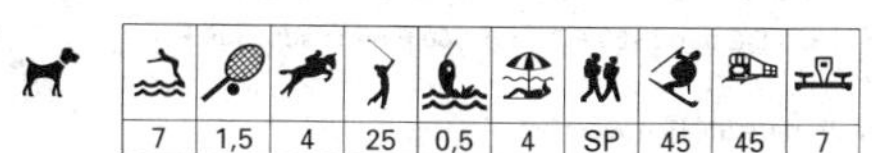

7	1,5	4	25	0,5	4	SP	45	45	7

ALEX-PARSONS Monique et John - L'Ecole Buissonnière - Les Près - D 75 - 84110 BUISSON - Tél : 04 90 28 95 19 - Fax : 04 90 28 95 19 - E-mail : ecole.buissonniere@wanadoo.fr

BUOUX La Grande Bastide

Alt. : 500 m

4 ch. Belle bastide du XVIIe siècle d'inspiration italienne, au pied du Lubéron dans un domaine de 70 ha., à proximité du village, en campagne. 4 ch. avec s. d'eau et wc privés. Salle commune avec cheminée. Parking. Randonnées (passage du GR9). Restaurant à 500 m. -10 % à partir de 3 nuits, - 20 % à partir d'une semaine de novembre à mars. Langues parlées : anglais, espagnol.

Prix : 1 pers. **300 F** 2 pers. **400 F** 3 pers. **500 F**

Ouvert : toute l'année.

8	9	5	SP	8

CAYLA Jean-Alain - La Grande Bastide - 84480 BUOUX - Tél : 04 90 74 29 10 - Fax : 04 90 74 29 10

BUOUX

Alt. : 500 m

3 ch. En plein cœur des sites naturels et historiques du Lubéron, en campagne. 3 ch. avec s. d'eau privée, wc commun aux chambres. Ch. central. Salle commune avec cheminée et coin-cuisine (à partager avec le gîte d'étape) à la disposition des hôtes. Randonnées pédestres et escalade. Table d'hôtes sur réservation. Tarif 4 pers. : 370 F.

Prix : 1 pers. **170 F** 2 pers. **225 F** 3 pers. **300 F** repas **75 F**
1/2 pens. **168/188 F**

Ouvert : du 1er février au 31 décembre.

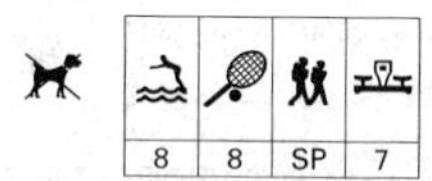

8	8	SP	7

MALBEC Odile - Quartier de la Loube - « La Sparagoule » - 84480 BUOUX - Tél : 04 90 74 47 82 - Fax : 04 90 74 47 82

CABRIERES-D'AVIGNON

5 ch. Maison indépendante à la sortie du village avec cour fermée et piscine sur place. Parking. 5 ch. avec s. d'eau et wc privés. Ch. central. Salle commune. Balcon. Terrasse. Restaurant dans le village. Forêt de Cèdres à 500 m.

Prix : 1 pers. **300 F** 2 pers. **340/360 F** pers. sup. **100 F**

Ouvert : toute l'année sauf juillet et août.

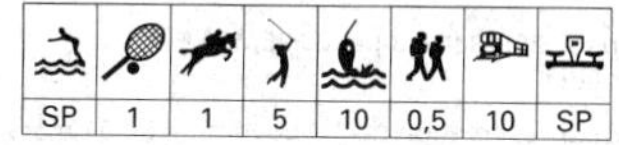

SP	1	1	5	10	0,5	10	SP

TRUC Jacquy - 84220 CABRIERES D'AVIGNON - Tél : 04 90 76 97 03 - Fax : 04 90 76 74 67

CABRIERES-D'AVIGNON La Magnanerie

2 ch. Beau mas du XVIIIe siècle entièrement restauré, avec piscine (6 x 12), patio et cours closes, dans les vignes. 1 ch. au r.d.c. avec s. d'eau et wc privés. 1 ch. au 1er étage avec s. d'eau et wc privés. Ch. central. Salle commune. Salon. Salle à manger. Cheminée en service. TV. Téléphone. Terrasse. Parking. Langue parlée : anglais.

Prix : 1 pers. **385/485 F** 2 pers. **385/485 F** 3 pers. **635 F**

Ouvert : de Pâques au 31 octobre.

SP	12	10	10	10	2	12	1

FRANTZ Magali - La Magnanerie - 84220 CABRIERES D'AVIGNON - Tél : 04 90 76 89 65 - Fax : 04 90 76 82 35

CADENET La Madeleine

3 ch. Belle maison avec piscine (11 x 5,5), au pied du village. 2 ch. au r.d.c. avec TV, s. d'eau, wc, réfrigérateur, plaque chauffante, salon de jardin et terrasse privés. 1 ch. double avec s.d.b., wc, réfrigérateur, plaque chauffante, salon de jardin privés. Ch. électrique. Bibliothèque. Jardin clos ombragé. Terrasse. Cuisine d'été et barbecue. Tarif 4 pers. : 550/600 F. Langue parlée : anglais.

Prix : 1 pers. **280/300 F** 2 pers. **300/380 F** 3 pers. **450/500 F**
pers. sup. **100 F**

Ouvert : du 1er avril au 30 septembre.

SP	0,8	2	2	2	3	0,5

GARNAUD Martine et J.Charles - La Madeleine - Ch. de Lourmarin - Quartier les Roques - 84160 CADENET - Tél : 04 90 68 24 45 - Fax : 04 90 68 24 45 - E-mail : MGarnaud@aol.com

CADENET Le Colimaçon

TH

5 ch. Villa neuve à flanc de colline avec très belle vue sur la vallée de la Durance, beau terrain arboré avec piscine (12 x 6) sur place. 2 ch. au r.d.c. avec s. d'eau et wc privés. 1 suite au 1er étage avec s. d'eau et wc privés. 2 ch. au 1er étage avec s.d.b. et wc privés. Ch. électrique. Salle commune. Salon. Salle à manger. TV. Téléphone sur demande. Terrasse. Parking. Boulodrome. Tarif 4 pers. : 600 F. Langues parlées : anglais, hollandais.

CV

Prix : 1 pers. **360 F** 2 pers. **400 F** 3 pers. **500 F** pers. sup. **100 F**
repas **95/135 F**

Ouvert : du 15 mars au 15 novembre.

SP	2	0,6	15	5	15	SP	20	2

HOORENS-TRENSON Geert et Hilde - Le Colimaçon - Chemin des Desportis - 84160 CADENET - Tél : 04 90 08 55 06 - Fax : 04 90 08 54 45 - E-mail : Geert.Hoorens@advalvas.be - http://www.travel.to/lecolimacon

CADENET Les Ramades

3 ch. Ferme restaurée dans les champs avec piscine sur place. 2 ch. avec s. d'eau et wc privés. 1 suite (2 ch.) avec s. d'eau et wc privés. Ch. électrique. Cuisine et salle à manger à disposition des hôtes. Terrasse. Terrain non clos de 12 ha. Parking. 2 box à chevaux. Tarif 4 pers. : 700 F. Langues parlées : anglais, espagnol.

Prix : 1 pers. **300/400 F** 2 pers. **350 F** pers. sup. **100 F**

Ouvert : du 1er avril au 15 novembre.

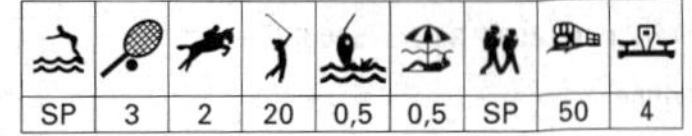

SP	3	2	20	0,5	0,5	SP	50	4

MAGDINIER Marie-Pierre - Les Ramades - 84160 CADENET - Tél : 04 90 68 34 51 - Fax : 04 90 68 01 38 - E-mail : lesramades@free.fr

CADENET La Tuilière

TH

5 ch. Bastide du XVIIIe siècle avec jardins et piscine (12 x 6), sur un domaine de 12 ha. de vignes et de bois à 700 m du village. 1 ch. au r.d.c. avec s. d'eau et wc privés, 3 ch. au 1er étage avec s. d'eau et wc privés et 1 ch. au 1er étage avec s.d.b. et wc privés. Ch. central. Accès extérieur indépendant. Terrasses. Parking. Table d'hôtes sur réservation. Basse saison à partir de 320 F pour 2 pers. Tarif 4 pers. 680 F. Langues parlées : anglais, italien.

Prix : 1 pers. **350 F** 2 pers. **400/500 F** 3 pers. **490/590 F** repas **130 F**

Ouvert : toute l'année.

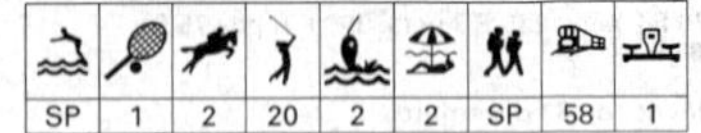

SP	1	2	20	2	2	SP	58	1

BORGARINO Clotilde et Didier - La Tuilière - 84160 CADENET - Tél : 04 90 68 24 45 - Fax : 04 90 68 24 45 - E-mail : clo@latuiliere.com - http://www.latuiliere.com

CAIRANNE Le Moulin Agape

5 ch. Ancien moulin indépendant dans les vignes, en campagne, sur 1 ha. de terrain non clos, piscine (14 x 7) sur place. 2 ch. au r.d.c. avec s. d'eau et wc privés. 1 ch. au 1er étage avec s.d.b. et wc privés. 2 suites de 2 ch. avec s. d'eau et wc privés. Ch. électrique. Salle commune. Salon. Salle à manger. Terrasse. Parking. Table d'hôtes (2 à 3 fois/sem.), en saison sur réservation. Apéritif, vin et café compris dans le prix du repas. Lit enfant - 10 ans : 70 F. Tarif 4 pers. 520/530 F. Langues parlées : anglais, espagnol.

CV

Prix : 1 pers. **250 F** 2 pers. **290/330 F** 3 pers. **390/430 F**
pers. sup. **100 F** repas **110 F**

Ouvert : toute l'année, sur réservation du 1er novembre au 31 mars.

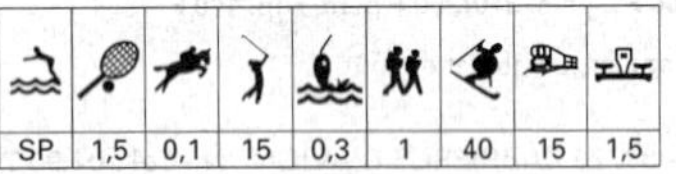

SP	1,5	0,1	15	0,3	1	40	15	1,5

MOLLA Denise - Le Moulin Agape - 84290 CAIRANNE - Tél : 04 90 30 77 04 - Fax : 04 90 30 77 04

CAIRANNE L'Oliveraie

5 ch. Dans une annexe implantée dans des oliviers avec piscine clôturée sur place (12 x 5 - ouverte de juin à septembre), 5 ch. au r.d.c. avec salle d'eau, wc et terrasse privés. Ch. électrique. Salle commune avec cheminée et cuisine à disposition. Jardin non clos de 2000 m². Parking. Tarif 4 pers. : 420 F. Langue parlée : espagnol.

CV

Prix : 1 pers. **240 F** 2 pers. **280 F** 3 pers. **350 F** pers. sup. **70 F**

Ouvert : toute l'année.

SP	2	15	1,5	SP	45	15	1,5

CHARAVIN Marie-Paule - Route de Saint-Roman - L'Oliveraie - 84290 CAIRANNE - Tél : 04 90 30 72 85 ou SR : 04 90 85 45 00 - Fax : 04 90 30 72 85

CAIRANNE Domaine Bois de la Cour

TH

4 ch. Mas du XVIIIe siècle restauré dans la tradition provençale sur un domaine viticole de 19 ha. avec piscine. 1 grande ch. au r.d.c. avec s.d.b. et wc privés. 2 grandes ch. au 1er ét. avec s.d.b. et wc privés. 1 grande ch. au 2e étage avec s.d.b. et wc privés. Ch. électrique. Salon avec cheminée en service, bibliothèque et TV. Terrasse. Parking. Tarif 4 pers. : 650/700 F. Langues parlées : anglais, allemand.

Prix : 1 pers. **400 F** 2 pers. **450 F** 3 pers. **550/700 F** pers. sup. **100 F**
repas **130 F**

Ouvert : du 1er mars au 31 décembre.

SP	6	3	9	3	5	40	2

PARA Elisabeth - Domaine Bois de la Cour - 84290 CAIRANNE - Tél : 04 90 30 84 68 - Fax : 04 90 30 84 68

CAMARET La Rigolle

A TH

5 ch. Ferme avec piscine sur place en campagne. 3 ch. avec s. d'eau privée, wc commun aux chambres. 2 ch. avec s. d'eau et wc privés. Ch. électrique. Salle commune. Salon. TV. Terrain non clos. Aire de jeux. Ping-pong. Dégustation de vin. Ferme-auberge. Tarif 4 pers. : 390/410 F.

Prix : 1 pers. **170/180 F** 2 pers. **210/230 F** 3 pers. **310/330 F** pers. sup. **60 F** repas **85 F**

Ouvert : toute l'année.

SP	0,5	6	3	2	2	SP	6	0,5

LEBON Bruno et Laure - « La Rigolle » - Route de Vaison - 84850 CAMARET - Tél : 04 90 37 20 26 - Fax : 04 90 37 20 26

CAROMB

2 ch. Belle maison à la sortie du village. Maison magnifique encadrée par les Dentelles de Montmirail et le Ventoux. 2 ch. au 1er étage avec s.d.b. privée et wc communs accessibles indépendamment par le couloir commun. Ch. central. Salon. Salle à manger. Cheminée en service. Bibliothèque. TV. Téléphone. Terrasse. Jardin clos. Possibilité de se rendre au lac à pied. Langue parlée : anglais.

Prix : 1 pers. **190 F** 2 pers. **220 F**

Ouvert : toute l'année sur réservation.

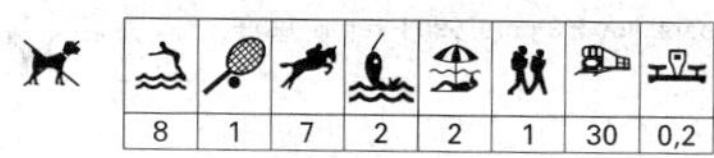

8	1	7	2	2	1	30	0,2

DEVEAUX Marie-Claire - Avenue Charles de Gaulle - Route de Malaucène - 84330 CAROMB - Tél : 04 90 62 43 72

CAROMB La Grange du Pape

A TH

4 ch. Partie ouest de la ferme-auberge avec accès indépendant et accessibles par la cour et la terrasse. Vue sur le village et les Dentelles de Montmirail. 4 ch. au 1er étage avec s. d'eau et wc privés. Ch. électrique. Salle à manger avec TV. Cheminée en service. Terrasse. Terrain non clos. Parking. Table d'hôtes en ferme-auberge.

Prix : 1 pers. **200 F** 2 pers. **230 F** 3 pers. **310 F** repas **120 F** 1/2 pens. **320 F** pens. **440 F**

Ouvert : toute l'année sur réservation.

9	2	9	24	4	4	5	24	30	2

MORARD Josette - « La Grange du Pape » - Route d'Aubignan - 84330 CAROMB - Tél : 04 90 62 53 89

CARPENTRAS Bastide Sainte-Agnès

5 ch. Ancien mas très agréablement restauré avec piscine (8 x 6) sur place. 1 suite (1 ch. au r.d.c., 1 ch. au 1er étage) avec séjour, cuisine équipée, TV, tél., s.d.b., wc, terrasse, jardin et barbecue privés. 1 ch. au 1er étage avec s.d.b. et wc privés. 3 ch. au 1er étage avec s. d'eau et wc privés. Salon avec TV, bibliothèque. Séjour. Salle à manger. Cheminée en service. Terrasse. Très beau jardin clos. Parking. Jeu de boules. Fax (compteur) à dispo. des hôtes. Petits déjeuners gourmands. Poss. de pique-nique et barbecue dans la propriété. Nombreux restos aux alentours. Tarif 4 pers. 900 F. Langues parlées : anglais, allemand.

Prix : 1 pers. **400/470 F** 2 pers. **450/700 F** 3 pers. **590/800 F** pers. sup. **120 F**

Ouvert : du 1er avril au 31 octobre.

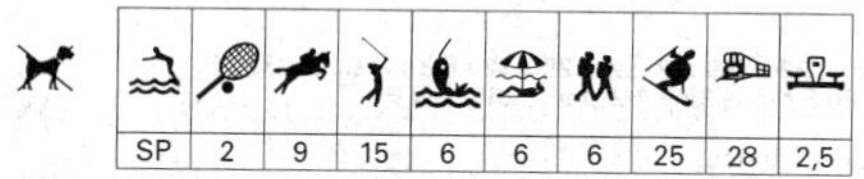

SP	2	9	15	6	6	6	25	28	2,5

APOTHELOZ Jacques - Bastide Sainte-Agnès - Chemin de la Fourtrouse - 84200 CARPENTRAS - Tél : 04 90 60 03 01 - Fax : 04 90 60 02 53 - E-mail : gerlinde@infonie.fr - http://www.avignon-et-provence.com/sainte-agnes

CARPENTRAS Le Mas des Grillons

3 ch. Mas du début du XIXe siècle dans 2 ha. de truffières. 3 ch. au 1er étage avec s.d.b. et wc privés. Ch. central au gaz. Salle commune. Cheminée en service. Bibliothèque. Terrain non clos. Vélos mis à disposition gracieusement. Jeu de boules. Hamac. Canal à 50 m avec 20 kms de berges pour balades à pied ou à vélo. Aviation et vol à voile à 3 kms. Langues parlées : anglais, espagnol.

Prix : 1 pers. **360 F** 2 pers. **400 F** pers. sup. **100 F**

Ouvert : toute l'année.

2	2	0,2	14	4	10	30	5

SOMDECOSTE Anik - Chemin de l'Hippodrome - Le Mas des Grillons - 84200 CARPENTRAS - Tél : 04 90 60 61 89 - Fax : 04 90 60 64 09 - E-mail : mas-des-grillons@avignon-et-provence.com

CARPENTRAS La Lège

2 ch. Chambres en annexe dans un groupe de maisons appartenant aux propriétaires avec piscine sur place et grand terrain à disposition. 2 ch. au 1er étage avec TV, s.d.b. et wc privés. Ch. central au gaz. Salle commune. Parking.

Prix : 1 pers. **360 F** 2 pers. **400 F**

Ouvert : toute l'année.

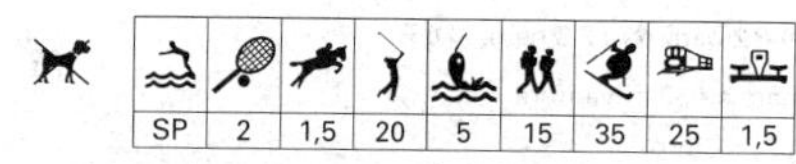

SP	2	1,5	20	5	15	35	25	1,5

BONNET Geneviève - La Lègue - 1491, chemin des parpaillons - 84200 CARPENTRAS - Tél : 04 90 67 16 54

CAUMONT-SUR-DURANCE

3 ch. Villa indépendante à flanc de colline, dans les bois, en campagne, avec terrasse au nord-ouest. 3 ch. dont 1 avec cuisine, au r.d.c. avec s. d'eau et wc privés. Ch. central. Salle à manger. Cheminée en service. TV sur demande. Terrasse. Circuit jogging. Tarifs spéciaux pour long séjour en hors saison. Téléphone (compteur de taxes), coin pique-nique, salon de jardin et barbecue à disp. des hôtes. Parking sur terrain privé.

Prix : 1 pers. **200/300 F** 2 pers. **220/300 F** pers. sup. **90 F**

Ouvert : toute l'année.

8	4	1	4	5	3	40	4	1

LEFEBVRE Michelle et Bernard - 12,chemin des Terres de Magues - 84510 CAUMONT-SUR-DURANCE - Tél : 04 90 23 07 49

CAVAILLON Le Mas du Platane

(TH)

2 ch. Mas restauré dans les champs, en campagne, avec piscine (6 x 12) sur place et terrain clos de 6000 m^2. 1 ch. au r.d.c. avec douche, s.d.b. et wc privés. 1 suite au 1er étage avec douche, s.d.b. et wc privés. Ch. électrique. Salle commune. Cheminée en service. Bibliothèque. TV. Terrasse. Parking. Table d'hôtes sur réservation. Tarif 4 pers. : 690 F. Langues parlées : anglais, italien.

Prix : 1 pers. **400 F** 2 pers. **450 F** 3 pers. **590 F** repas **120 F**

Ouvert : toute l'année.

SP	2	3	8	4	2	4	1

MAUREL Noël et Danièle - Le Mas du Platane - 22 Qu. des Trente Mouttes - 84300 CAVAILLON - Tél : 04 90 78 29 99 - Fax : 04 90 78 35 17 - http://www.provenceguide.com/heber.htm

CAVAILLON

(TH)

4 ch. Mas du XIXe siècle agréablement restauré, au calme en campagne, piscine sur place (10 x 5), grande terrasse avec tonnelle ombragée face à la piscine sur terrain non clos. Au 1er étage 1 ch. s.d.b., wc, terrasse privée, entrée indépendante. 1 ch. s. d'eau, wc, entrée indépendante. 2 ch. s. d'eau, wc. Ch. central au fuel. Grand salon réservé aux hôtes, billard, TV, bibliothèque, cheminée. Parking. Vin compris dans le repas. Tarif 4 pers. : 680 F. Langue parlée : anglais.

Prix : 1 pers. **400/450 F** 2 pers. **450/480 F** 3 pers. **580 F** repas **130 F**

Ouvert : toute l'année.

SP	3	3	11	1	8	25	3

LEPAUL Nadine - Mas du Souleou - 5 ch. St-Pierre-des-Essieux - 84300 CAVAILLON - Tél : 04 90 71 43 22 ou 06 62 39 43 22 - Fax : 04 90 71 43 22 - http://www.souleou.com

CHATEAUNEUF-DE-GADAGNE Mas les Ormeaux

(TH)

2 ch. Mas restauré du XVIIIe siècle, en bordure d'une route, avec piscine (15 x 6) et terrain clôturé, en campagne. 1 ch. au 1er étage avec s.d.b., wc et terrasse privée, classée 3*NN. 1 ch. au 1er étage avec s.d.b. et terrasse privés, wc privé sur le palier. Ch. électrique. Salle commune. Salle à manger. Salon. Cheminée en service. Tarif 4 pers. : 480 F.

Prix : 1 pers. **220/250 F** 2 pers. **250/320 F** 3 pers. **330/390 F** pers. sup. **80 F** repas **90 F** 1/2 pens. **260/280 F**

Ouvert : toute l'année.

SP	1	2	6	1	2	2

FAUQUE-GODENAIRE Henri - Mas les Ormeaux - Route de Caumont - 84470 CHATEAUNEUF-DE-GADAGNE - Tél : 04 90 22 29 13

CHATEAUNEUF-DE-GADAGNE

3 ch. Au 1er étage d'une belle villa de caractère, en campagne, vue magnifique, 3 ch. avec s. d'eau et wc communs aux chambres. Ch. central. Jardin non clos. Barbecue à disposition. Environnement calme et fleuri.

Prix : 1 pers. **180 F** 2 pers. **200 F**

Ouvert : toute l'année.

1	0,8	10	6	0,5	0,2

PABST Colette - 211 chemin de Bompas - 84470 CHATEAUNEUF-DE-GADAGNE - Tél : 04 90 22 53 02

CHATEAUNEUF-DU-PAPE Clos Bimard

1 ch. Villa année 30 restaurée entourée de vignes, calme, en campagne. 1 ch. au 1er étage avec s.d.b. et wc privés. Ch. central. Salle commune. Grande terrasse au sud. Balcon. Lit enfant. Langues parlées : anglais, allemand.

Prix : 1 pers. **230 F** 2 pers. **270 F** 3 pers. **320 F**

Ouvert : du 1er mars au 30 novembre.

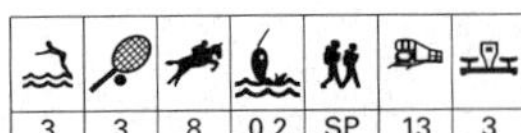

3	3	8	0,2	SP	13	3

DEXHEIMER Béatrice - Clos Bimard - 84230 CHATEAUNEUF-DU-PAPE - Tél : 04 90 83 73 16 ou 04 90 83 73 43 - Fax : 04 90 83 50 54

CHATEAUNEUF-DU-PAPE La Font du Pape

2 ch. A l'entrée du village, dans la verdure. 2 ch. avec salle d'eau et wc privés, terrasse commune aux 2 chambres. Chauffage électrique. Parking fermé privé. Terrain clos protégé par code d'entrée. Tarif 4 pers. 380 F. Langues parlées : anglais, allemand.

Prix : 1 pers. **250 F** 2 pers. **280 F** 3 pers. **330 F** pers. sup. **30 F**

Ouvert : du 1er mars au 30 novembre.

0,1	0,5	6	15	1	0,5	0,1	10	0,5

MELCHOR Michel - La Font du Pape - 84230 CHATEAUNEUF-DU-PAPE - Tél : 04 90 83 73 97 ou 04 90 83 72 50

CHATEAUNEUF-DU-PAPE La Muscardine

2 ch. Belle maison vigneronne restaurée dans le centre du village. 2 ch. au 1er étage, agréablement décorées, avec s.d.b. ou s. d'eau et wc privés. Ch. électrique. Salle à manger avec cheminée provençale en service. Grand jardin clos avec terrasse ombragée d'acacias et de micocouliers. Très calme. Parking fermé. Langue parlée : anglais.

Prix : 1 pers. **350/370 F** 2 pers. **400/420 F**

Ouvert : du 1er mars au 1er novembre.

0,3	0,5	5	9	9	SP	50	10	0,3

FOURNERIE Maryse et Yvon - 3, rue du Puits Neuf - La Muscardine - 84230 CHATEAUNEUF DU PAPE - Tél : 04 90 83 53 86 - Fax : 04 90 83 53 86 - http://www.hrfrance.com/perso/lamuscardine

CHEVAL-BLANC La Malleposte

TH

5 ch. Ancien relais de poste du XVIIIe s. en bordure du canal de Carpentras, dans le parc du petit Lubéron. Piscine sur place et grand terrain arboré. 5 ch. avec TV, s. d'eau et wc privés. Ch. central au fuel. Salle à manger. Salon-bibliothèque. Salon cheminée avec coin TV. Salle de billard. Terrasse. Boules. Ping-pong. Langues parlées : anglais, espagnol.

Prix : 1 pers. **450 F** 2 pers. **550 F** 3 pers. **650 F** pers. sup. **100 F**
repas **150 F**

Ouvert : toute l'année. De novembre à mars sur réservation.

SP	6	0,5	10	1	SP	70	35	6

HAMEL Colette et Thierry - La Malleposte - Lieu dit Font Vive - 84460 CHEVAL BLANC - Tél : 04 90 72 89 26 - Fax : 04 90 72 88 38 - http://www.malle-poste.com

CRILLON-LE-BRAVE Moulin d'antelon

TH

5 ch. Bastide 1820 (ancien moulin à blé, structure conservée), dominant le parc. Piscine (25 x 12) et ruisseau. 3 ch. en rez de jardin avec s. d'eau et wc privés. 2 ch. au 1er étage avec s.d.b. et wc privés. Ch. central. Parking. Animaux refusés en juillet et août. Plan d'eau et ruisseau. Table d'hôtes sur réservation. Nombreux restaurants à proximité. Tarif 4 pers. 670 F. Langues parlées : anglais, espagnol.

CV

Prix : 1 pers. **300 F** 2 pers. **340/370 F** 3 pers. **520 F** pers. sup. **150 F**
repas **130 F**

Ouvert : toute l'année.

SP	3,5	3,5	5	3,5	2

RICQUART M-Luce et Valérie - Moulin d'Antelon - Route de Bedoin - 84410 CRILLON-LE-BRAVE - Tél : 04 90 62 44 89 - Fax : 04 90 62 44 90 - E-mail : Moulin-dantelon@wanadoo.fr - http://www.art-vin-table.com

CRILLON-LE-BRAVE Le Clos Saint-Vincent

TH

6 ch. Beau mas de caractère du XVIIIe siècle avec piscine, dans le village. 1 ch. au r.d.c. avec s. d'eau et wc privés, terrasse couverte, accès extérieur indép. 4 ch. au 1er étage avec s. d'eau et wc privés. 1 suite avec coin-cuisine, TV, tél., s. d'eau et wc privés. Ch. central au fuel. Grande salle commune. Salon, piano à la disposition des hôtes. Tarif 4 pers. : 1020 F. Salle à manger. Cheminée en service. Point-phone. Parking. Terrain de 6000 m^2 arboré. Terrain de boules. Salle de musculation. Table d'hôtes occasionnelle sur proposition de la maitresse de maison (apéritif et vin compris dans repas). Langues parlées : espagnol, anglais.

CV

Prix : 1 pers. **420/480 F** 2 pers. **470/810 F** 3 pers. **630/930 F**
pers. sup. **130 F** repas **150 F**

Ouvert : de Pâques à la Toussaint.

SP	4	4	5	5	4	25	0,5

VAZQUEZ Françoise - Le Clos Saint Vincent - 84410 CRILLON-LE-BRAVE - Tél : 04 90 65 93 36 - Fax : 04 90 12 81 46

CRILLON-LE-BRAVE Domaine la Condamine

TH

4 ch. Grand mas indépendant, dans une propriété viticole, avec piscine sur place, en campagne et collines, au pied du Mont-Ventoux. 2 ch. au 1er étage avec s. d'eau et wc privés. 1 ch. au 2e étage avec s. d'eau et wc privés. 1 suite avec kitchenette, s. d'eau et wc privés. Ch. électrique. Salon/bibliothèque. TV. Cuisine d'été, barbecue et tonnelle à disposition des hôtes. Terrasse. Terrain non clos. Parking. Tarif 4 pers. : 500 F. Langues parlées : anglais, allemand.

Prix : 1 pers. **270 F** 2 pers. **320 F** 3 pers. **410 F** pers. sup. **90 F**
repas **145 F**

Ouvert : toute l'année.

SP	4	4	30	5	5	SP	15	30	4

EYDOUX Marie-Josée - Domaine la Condamine - 84410 CRILLON-LE-BRAVE - Tél : 04 90 62 47 28 - Fax : 04 90 62 47 28 - E-mail : christellemasclaux@yahoo.com - http://www.domainelacondamine.here.de

CRILLON-LE-BRAVE La Sidoine (TH)

5 ch. Maison construite à flanc de colline, en campagne, les chambres s'ouvrent sur une terrasse au sud, très belle vue sur le Ventoux, le village et les collines d'ocre. 4 ch. au r.d.c. avec s. d'eau et wc privés. 1 suite au 2e étage avec s. d'eau et wc privés. Ch. central. Salle à manger. Cuisine. Terrain non clos. Salon de jardin. Parking. Ping-pong. Jeux de boules. Table d'hôtes (pas le dimanche) sur réservation : vin et café compris (produits issus de l'agriculture biologique). Apéritif offert. Tarif 4 pers. : 410 F.

Prix : 1 pers. **210 F** 2 pers. **270 F** 3 pers. **340 F** pers. sup. **70 F** repas **130 F**

Ouvert : toute l'année.

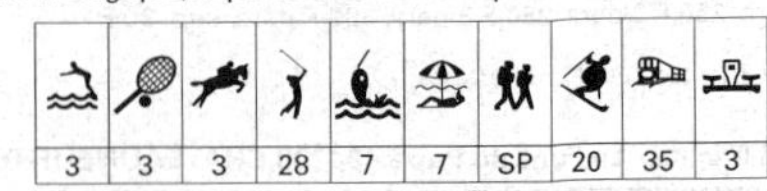

3	3	3	28	7	7	SP	20	35	3

COUPLAN Josette - Chemin de la Sidoine - La Sidoine - 84410 CRILLON LE BRAVE - Tél : 04 90 12 80 96 - http://www.sidoine.free.fr

CRILLON-LE-BRAVE Bellevue

2 ch. Maison des propriétaires avec piscine commune sur place. Il y a également une aire naturelle de camping à 100 m. 2 ch. au r.d.c. dont 1 en annexe avec s.d.b. et wc privés. Ch. central. Salle commune. Cheminée en service. Bibliothèque. TV. Frigo à disposition. Jeux de boules. Poss. de pique-niquer. Terrasse. Terrain non clos d'1 ha. situé sur une colline arborée de pins et chênes verts, au milieu des vignes, au pied du Mt-Ventoux.

Prix : 1 pers. **250 F** 2 pers. **300 F** 3 pers. **350 F** pers. sup. **50 F**

Ouvert : toute l'année.

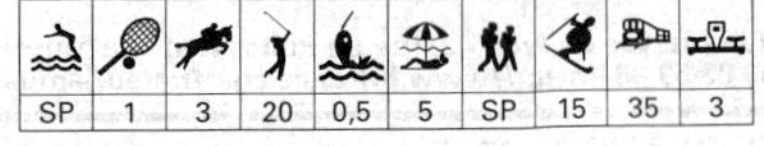

SP	1	3	20	0,5	5	SP	15	35	3

MASCLAUX Yves - Bellevue - 84410 CRILLON LE BRAVE - Tél : 04 90 62 42 29 - Fax : 04 90 62 34 55

CRILLON-LE-BRAVE Les Boissières 

2 ch. Annexe de la villa des propriétaires, dans les collines, avec piscine et terrain clos. 2 suites chacune sur 2 niveaux avec s. d'eau, wc privés et accès indépendant. Ch. électrique. Salles communes. Parking. Terrain arboré. Table d'hôtes sur réservation (apéritif et vin compris). Langue parlée : anglais.

Prix : 2 pers. **370 F** pers. sup. **80 F** repas **120 F**

Ouvert : toute l'année.

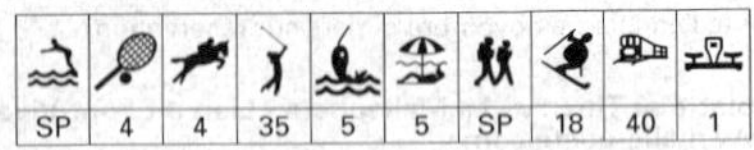

SP	4	4	35	5	5	SP	18	40	1

PARADIS Geneviève et François - Les Boissières - 84410 CRILLON LE BRAVE - Tél : 04 90 65 68 78 - Fax : 04 90 65 68 78

ENTRAIGUES-SUR-LA-SORGUE Domaine de Tayolle

2 ch. Belle maison de caractère au milieu d'un parc arboré. 1 ch. au r.d.c. avec s. d'eau et wc privés. 1 suite (2 ch.) au 1er étage avec s. d'eau et wc privés. Ch. central. Salon avec piano. Séjour. Salle commune. Cheminée en service. Salon de jardin. Badminton. Parking. Calme assuré. Table d'hôtes sur réservation.

Prix : 1 pers. **220/280 F** 2 pers. **260/330 F** 3 pers. **360/430 F** pers. sup. **100 F**

Ouvert : toute l'année.

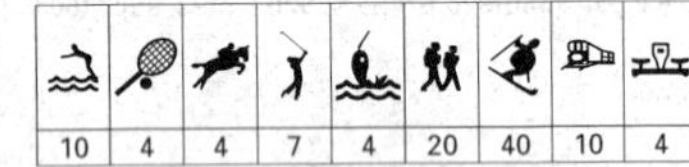

10	4	4	7	4	20	40	10	4

ESTEVENIN Geneviève - Domaine de Tayolle - 84320 ENTRAIGUES-SUR-LA-SORGUE - Tél : 04 90 23 44 16

ENTRAIGUES-SUR-LA-SORGUE Le Moulin de Souchière (TH)

5 ch. Ancien moulin du XIXe sur terrain arboré bordé par deux cours d'eau, piscine sur place, vue sur le Mont-Ventoux. 1 ch. au 1er étage avec s.d.b. et wc privés. 2 ch. au 1er étage avec s. d'eau et wc privés. 1 ch. au 2e étage avec s. d'eau et wc privés. 1 ch. au 2e étage avec s.d.b. et wc privés. Ch. électrique. Salle commune. Cheminée en service. TV. Bibliothèque. Terrasse. Abri couvert. Parking. Tarif 4 pers. : 640 F. Langues parlées : espagnol, anglais.

Prix : 1 pers. **300/400 F** 2 pers. **380/480 F** 3 pers. **520/560 F** pers. sup. **80 F** repas **130 F**

Ouvert : toute l'année.

SP	3	3	7	SP	15	37	15	2

POUSSIER Dimitri - Le Moulin de Souchières - 84320 ENTRAIGUES-SUR-LA-SORGUE - Tél : 04 90 48 00 20 - Fax : 04 90 48 00 20

ENTRAIGUES-SUR-LA-SORGUE Mas des Platanes

3 ch. Ferme du XIXe siècle restaurée avec terrain clos. 1 ch. au 1er étage avec s.d.b. et wc privés sur le palier. 1 ch. au 1er étage avec s. d'eau et wc privés. 1 suite au 2e étage avec s. d'eau et wc privés. Ch. central et électrique. Salle commune avec cheminée en service et TV. Parking. Jardin avec fauteuils et bancs sous les ombrages. Langues parlées : anglais, hollandais.

Prix : 1 pers. **250 F** 2 pers. **280/310 F** 3 pers. **380/400 F** pers. sup. **100 F**

Ouvert : de Pâques à la Toussaint + vacances hiver.

2	3	2	4	0,5	10	30	3,5	1,5

COPPIETERS Jean-Christian - 19, chemin des Tempines - Le Mas de Platanes - 84320 ENTRAIGUES-SUR-LA-SORGUE - Tél : 04 90 62 14 39 - Fax : 04 90 62 14 39 - E-mail : jcoppiet@club-internet.fr

ENTRECHAUX Les Tilleuls

1 ch. Ferme avec cour intérieure et fontaine près d'une rivière, en campagne. Calme. Vue sur le Mont-Ventoux. 1 ch. au 1er étage avec s. d'eau et wc privés. Ch. électrique. Inter saison coin-cuisine à la disposition des hôtes. 2 pers. : 240/250 F. Lit supplémentaire enfant : 60 F. Petits animaux acceptés. Parking fermé. Taxe de séjour : 1,10 F/jour/pers..

Prix : 1 pers. **220 F** 2 pers. **250 F** pers. sup. **80 F**

Ouvert : du 1er mars au 30 novembre.

5	5	3	0,1	0,1	SP	3

BERNARD Gérard - Route de Saint-Marcellin - 84340 ENTRECHAUX - Tél : 04 90 36 12 85 ou 04 90 36 29 35

ENTRECHAUX Les Tilleuls

2 ch. Villa sur une exploitation agricole, en campagne, isolée. Calme. Vue sur le Mont-Ventoux. 1 ch. avec s. d'eau privée, wc commun aux ch.. 1 ch. avec lavabo privé, wc commun aux ch. Ch. électrique. Table de jardin, réfrigérateur et gaz à disposition des hôtes. Lit enfant : 60 F. Poss. de cuisine à l'extérieur. Parking. Petits animaux acceptés. Taxe de séjour : 1,10 F/jour/pers..

Prix : 1 pers. **200 F** 2 pers. **230/250 F** pers. sup. **60 F**

Ouvert : du 1er mars au 30 novembre

5	5	3	1	SP	3

BERNARD Marcel - « Les Tilleuls » - Route de Saint-Marcellin - 84340 ENTRECHAUX - Tél : 04 90 36 29 35

ENTRECHAUX L'Escleriade

5 ch. Très belle maison avec piscine, en campagne. 1 ch. double au r.d.c. avec tél., TV, s. d'eau, wc et terrasse privés, 2 ch. au r.d.c. avec tél., TV, s.d.b., wc et terrasses privés. 1 ch. au 1er étage avec tél., TV, s.d.b. et wc privés. 1 suite au 1er étage avec tél., TV, s. d'eau, wc et terrasse privés. Ch. électrique. Salle commune. Bibliothèque. Tarif 4 pers. 650 F. Parking fermé à code. Jardin clos. Dans cadre exceptionnel, parc ombragé avec coin-pique-nique au bord de la rivière, ch. ttes personnalisées et indép. Jeux de boules. Frigo à dispo. Langues parlées : allemand, anglais.

Prix : 1 pers. **340/380 F** 2 pers. **370/410 F** 3 pers. **540 F** pers. sup. **150 F** repas **150 F**

Ouvert : du 1er mars au 15 novembre.

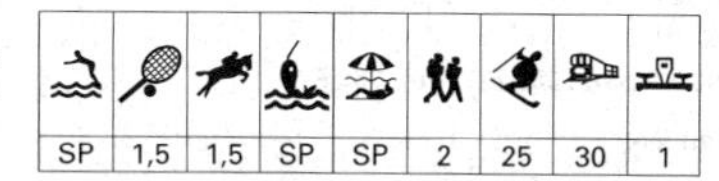

SUBIAT Natacha - L'Esclériade - Route de Saint-Marcellin - 84340 ENTRECHAUX - Tél : 04 90 46 01 32 - Fax : 04 90 46 03 71 - E-mail : lescleriade@wanadoo.fr

FAUCON Les Airs du Temps

3 ch. Belle maison bourgeoise restaurée de village avec parc ombragé d'un ha. et cour close. Vue sur le Mont-Ventoux. 1 ch. au 1er étage avec s. d'eau et wc privés. 2 ch. au 1er étage avec s.d.b. et wc privés. Ch. central. Salon/séjour/salle à manger. Cheminée en service. Parking. Terrasse. Poss. lit d'enfant. Le Chef vous propose sa table d'hôtes avec ses spécialités de toutes les cuisines du bassin méditerranéen. Apéritif, vin et café compris dans repas. Circuit cyclotourisme et route des vins à proximité. Tarif 4 pers. : 620 F. Langue parlée : anglais.

Prix : 1 pers. **400 F** 2 pers. **420 F** 3 pers. **520 F** pers. sup. **100 F** repas **150/175 F** 1/2 pens. **750 F**

Ouvert : du 1er avril au 31 octobre.

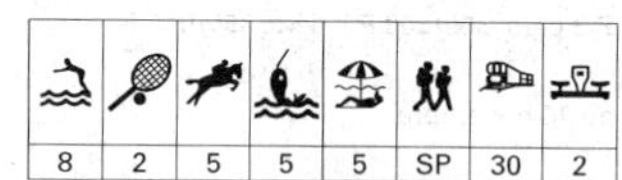

BERRY Michaël - Les Airs du Temps - 84110 FAUCON - Tél : 04 90 46 44 57 - Fax : 04 90 46 44 57

GIGONDAS Notre Dame des Pallières

4 ch. Ferme ancienne restaurée, dans les vignes et les collines, bel environnement. 3 ch. au 1er étage avec s. d'eau et wc privés. 1 ch. au 2e étage avec s. d'eau et wc privés. Ch. électrique. Salle commune. Salon. Salle à manger. Cheminée en service. Bibliothèque. Terrasse. Terrain non clos de 1000 m^2. Parking. Tarif 4 pers. : 400 F. Langue parlée : anglais.

Prix : 1 pers. **230 F** 2 pers. **250 F** 3 pers. **330 F** repas **80 F**

Ouvert : du 1er avril au 30 octobre.

GRAS Sylvette - La Ravigote - Notre Dame des Pallières - 84190 GIGONDAS - Tél : 04 90 65 87 55

GORDES Mas Carcarille

5 ch. Grande maison restaurée, en campagne. 5 ch. au 1er étage avec s. d'eau privés, 2 wc communs aux chambres. Salle commune. Terrain non clos. Location en hiver sur réservation. Taxe de séjour : 5,50 F.

Prix : 1 pers. **210 F** 2 pers. **250 F** 3 pers. **300 F**

Ouvert : du 1er mars au 30 novembre.

3	5	5	18	6	0,1	18	2

BOUSCARLE Chantal - Mas Carcarille - 84220 GORDES - Tél : 04 90 72 08 99

GORDES Les Imberts

2 ch. En campagne, 2 ch. (accessibles par l'extérieur par balcon) au 1er étage avec s. d'eau et wc privés. Ch. électrique. Garage fermé commun aux 2 ch.. Terrain clos. Calme. Taxe de séjour en supplément.

Prix : 1 pers. **220 F** 2 pers. **250 F**

Ouvert : du 1er avril au 30 septembre.

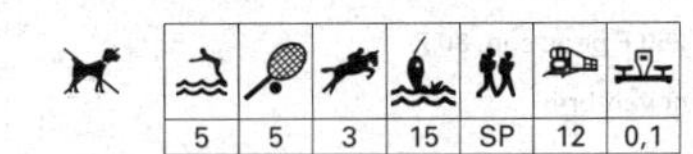

BONNELY Simone - Les Imberts - 84220 GORDES - Tél : 04 90 76 95 18

GORDES Les Bouilladoires

4 ch. Sur une exploitation agricole, en campagne, 3 ch. avec s. d'eau privée, 3 wc communs aux ch.. 1 ch. avec s. d'eau et wc privés. Ch. électrique. Salle commune. Cuisine, séjour, salon et bibliothèque à dispos. des hôtes. Jardin non clos. Espace vert. Vente de produits fermiers. Jeux d'enfants. Terrain de boules. Bus à 1.5 km. Taxe de séjour en supplément. - 10 % si séjour égal ou supérieur à 4 nuits. Tarif 4 pers. : 430 F.

Prix : 1 pers. **210 F** 2 pers. **240/270 F** 3 pers. **290/350 F** pers. sup. **50 F**

Ouvert : toute l'année.

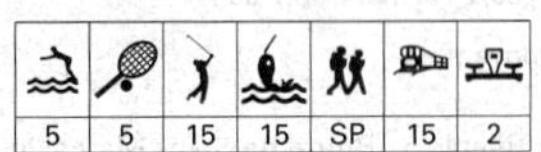

GAUDEMARD Alain - Les Bouilladoires - 84220 GORDES - Tél : 04 90 72 21 59 ou 04 90 72 41 90

GORDES Villa la Lèbre

1 ch. Maison de caractère, en campagne. Très belle vue. 1 ch. (2 lits 1 pers.) avec mezzanine (1 lit 1 pers.), s.d.b. et wc privés. Ch. central. Terrasse. Jardin non clos. Climatiseur. Voile à 15 kms. Supplément de 80 F pour la 3e pers.. Promenade en montgolfière à 5 kms. Langues parlées : anglais, allemand.

Prix : 1 pers. **250 F** 2 pers. **280 F** 3 pers. **360 F**

Ouvert : toute l'année.

LAWRENCE Pierrette - Villa la Lebre - Près de Saint-Pantaléon - 84220 GORDES - Tél : 04 90 72 20 74 - Fax : 04 90 72 20 74

GORDES Les Martins

4 ch. Ferme de caractère, dans les vignes à la sortie du hameau. 4 ch. avec s. d'eau et wc privés. Ch. électrique. Salle commune. Terrasses ensoleillées et ombragées. Jardin clos. - 10 % à partir de 6 nuits.

Prix : 1 pers. **250/500 F** 2 pers. **300/500 F** 3 pers. **350/500 F** repas **100 F**

Ouvert : du 1er février au 15 novembre.

PEYRON Claude - Les Martins - 84220 GORDES - Tél : 04 90 72 24 15

GORDES La Badelle

5 ch. Construction neuve avec terrasse et auvent agréablement aménagés, auprès d'une ferme ancienne, piscine (5 x 10) sur place. 2 ch. au r.d.c. avec s.d.b. et wc privés. 3 ch. au r.d.c. avec, s. d'eau et wc privés. Ch. électrique. Salle à manger d'été et cuisine ouverte parfaitement agencées à disposition des hôtes. Parking. Terrain d'1 ha. non clos. Tarif 4 pers. 630 F. Langues parlées : anglais, allemand.

Prix : 1 pers. **400 F** 2 pers. **430 F** 3 pers. **530 F** pers. sup. **80 F**

Ouvert : du 1er février au 31 décembre.

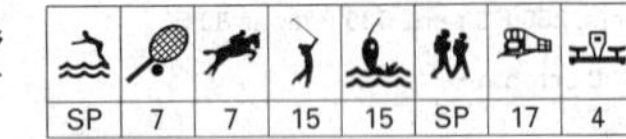

CORTASSE Michèle - La Badelle - 84220 GORDES - Tél : 04 90 72 33 19 - Fax : 04 90 72 48 74 - E-mail : badelle@club-internet.fr

GORDES

3 ch. Villa indépendante, dans un hameau, avec piscine (5 x 10) commune et terrain clos de 3000 m². 3 ch. en annexe au r.d.c. avec s. d'eau, wc et terrasse privés. Ch. électrique. Salle à manger. Cuisine commune aux 3 ch.. Parking. Petits animaux acceptés avec supplément de 50 F. Langue parlée : italien.

Prix : 1 pers. **300 F** 2 pers. **360 F** pers. sup. **100 F**

Ouvert : de Pâques à septembre.

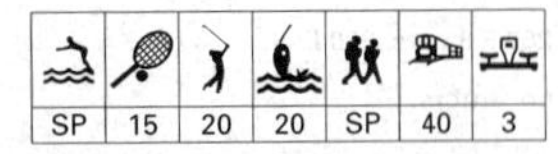

MIFSUD Clément et Nicole - Quartier les Gervais - 84220 GORDES - Tél : 04 90 72 08 13 ou 06 89 51 80 46 - Fax : 04 90 72 08 13

GORDES Mas de la Beaume

5 ch. Ancien mas à l'entrée du village avec piscine sur place. Très belle vue sur le village (château, église et Lubéron). 3 ch. avec s. d'eau, wc et terrasse privés. 2 suites avec s. d'eau, wc et terrasse privés. Ch. central. Salle commune. Terrasse. Jardin clos de 2500 m^2. Parking fermé. Langues parlées : anglais, espagnol.

Prix : 2 pers. **620/980 F** pers. sup. **120 F**

Ouvert : toute l'année.

SP	2	10	20	SP	35	0,8

CAMUS Nadine - Mas de la Beaume - 84220 GORDES - Tél : 04 90 72 02 96 - Fax : 04 90 72 06 89 - E-mail : la.beaume@wanadoo.fr

GORDES Les Coucourdons

4 ch. Mas neuf en pierre dans les oliviers avec piscine sur place. Vue panoramique sur le lubéron, Bonnieux et les ocres de Roussillon. 4 ch. avec s. d'eau, wc et terrasse privés. Ch. central au fuel. Salle à manger/véranda. Cuisine d'été et barbecue à disposition des hôtes dans le pool-house. Terrasse et terrain non clos. Parking. Terrain de boules. Tarif 4 pers. : 590 F. Langue parlée : anglais.

Prix : 1 pers. **380 F** 2 pers. **440 F** 3 pers. **550 F** pers. sup. **70 F**

Ouvert : toute l'année. De novembre à mars sur réservation.

SP	7	6	16	15	SP	36	5

DONAT Isabelle - Les Coucourdons - Mas des Oliviers - 84220 GORDES - Tél : 04 90 72 43 90 - Fax : 04 90 72 43 90

GOULT Mas Marican

5 ch. Mas de caractère du XVIIIe siècle très bien restauré, en campagne, sur une exloitation agricole, à proximité du hameau de Lumières, sur la route de Lacoste, calme, très belle vue. 1 ch. au r.d.c. avec s.d.b. et wc privés. 2 ch. au 1er étage avec s.d.b. et wc privés. 2 ch. au 1er étage avec s. d'eau et wc privés. Ch. central. Salle commune. Point-phone. Terrasse. Cour intérieure. Parking. Tarif demi-pension à partir du 3e soir (pas de repas le dimanche et les jours fériés). Tarif 4 pers. 420 F.

Prix : 1 pers. **235 F** 2 pers. **290 F** 3 pers. **365 F** repas **80 F**

Ouvert : du 10 février au 31 décembre.

12	2	2	15	15	SP	40	2

CHABAUD Maryline et Claude - Mas Marican - 84220 GOULT - Tél : 04 90 72 28 09 - Fax : 04 90 72 28 09

GRAMBOIS Le Jas de Monsieur Alt. : 500 m

3 ch. Bastide de maîtres du XVIIIe siècle. Lieu de charme au sein du parc régional du sud Luberon sur un domaine de 130 ha.. Parc à disposition des hôtes. 3 ch. au 1er étage avec s.d.b. et wc privés. Ch. central. Terrasse. Chemins pédestres privés. Langue parlée : anglais.

Prix : 1 pers. **310/330 F** 2 pers. **330/350 F** pers. sup. **80 F**

Ouvert : toute l'année sauf du 15 juillet au 15 août.

1	10	SP	SP	10	1

MAZEL Monique - Le Jas de Monsieur - 84240 GRAMBOIS - Tél : 04 90 77 92 08

GRILLON Au Vieux Chêne

4 ch. Maison des propriétaires, au milieu des champs de lavande. 1 ch. au r.d.c. avec s. d'eau et wc privés. 1 ch. au 1er étage avec s. d'eau et wc privés. 2 ch. au 1er étage avec s.d.b. et wc privés. Ch. électrique. Cuisine à dispo. ou repas sur réservation. L'accès aux chambres et au salon-séjour se fait par la terrasse couverte, à l'ouest de la maison. Les petits déjeuners sont servis dans le séjour réservé aux hôtes ou dans la cour terrasse. Tarif 4 pers. : 410 F.

Prix : 1 pers. **220 F** 2 pers. **250 F** 3 pers. **330 F** pers. sup. **80 F** repas **90 F**

Ouvert : du 1er janvier au 30 novembre.

4	1	4	10	3	15	SP	35	1

HILAIRE Yvette - « Au Vieux Chêne » - Ancienne Route de Valréas - 84600 GRILLON - Tél : 04 90 35 24 47 - Fax : 04 90 35 24 47

GRILLON Ferme Saint-Martin

3 ch. Ferme en activité, retirée en campagne (maison non fumeur). Piscine sur place avec pateaugoire. 3 ch. avec s. d'eau et wc privés. Ch. électrique. Cuisine réservée aux chambres avec l-linge. Jardin non clos privé. Table d'hôtes occasionnelle commune avec les propriétaires. Repas sur proposition de la maîtresse de maison. Cuisine familiale avec produit de la ferme. Petit déjeuner et repas en terrasse en été. Promenades en calèche. Elevage de chevaux de trait. Tarifs dégressifs. Tarif 4 pers. : 340/380 F. Langue parlée : anglais.

Prix : 2 pers. **220/280 F** 3 pers. **270/350 F**

Ouvert : du 1er mars au 31 octobre, vacances de Noël.

SP	1	5	0,2	SP	SP	1

VERNET Vincent et Sandrine - Ferme Saint-Martin - 84600 GRILLON - Tél : 04 90 35 06 75 - Fax : 04 90 35 06 75 - E-mail : ferme-saint-martin@wanadoo.fr

GRILLON Les Buis d'Augusta

TH

6 ch. Belle maison de village au charme authentique dans un parc ombragé et clos de 2000 m^2. Piscine (9 x 4,5). Accueil discret et raffiné. Ch. spacieuses décorées avec beaucoup d'attention. 2 suites (2 ch.) avec s.d.b. ou s. d'eau. 4 ch. dont 1 avec mezzanine, s. d'eau et wc privés. TV dans ch. chambre. Ch. central. Salon avec cheminée. Grand salon d'été sous la grange de 100 m^2. Petite salle de séminaire avec sanitaire. Cour-terrasse. Table d'hôtes 4 fois/sem.. Animaux acceptés sur demande. Tarif 4 pers. : 600/800 F. Langues parlées : anglais, espagnol.

Prix : 1 pers. **350/500 F** 2 pers. **400/600 F** 3 pers. **500/700 F** pers. sup. **100 F** repas **150 F**

Ouvert : toute l'année.

SP	1	4	10	1	4	10	35	0,2

SPIERS Geneviève - Avenue du Comtat - Les Buis d'Augusta - 84600 GRILLON - Tél : 04 90 35 29 18 ou 06 09 89 86 78 - Fax : 04 90 35 29 18 - E-mail : gdspiers@club-internet.fr - http://www.guideweb.com/provence/bb/buis-daugusta

ISLE-SUR-LA-SORGUE La Méridienne

5 ch. Partie de la maison du propriétaire (de caractère), piscine sur place, en campagne. 5 ch. au r.d.c. avec s. d'eau, wc et terrasse privés. Ch. électrique. Pièce commune et coin-cuisine réservés aux hôtes. Salle commune. Salle à manger. Parking. Tarif 4 pers. : 540 F. Langues parlées : anglais, espagnol.

Prix : 1 pers. **290 F** 2 pers. **350/400 F** 3 pers. **470 F** pers. sup. **70 F**

Ouvert : toute l'année.

SP	3	2	2	2	2	3	3

TARAYRE Jérôme - La Méridienne - Chemin de la Lone - 84800 ISLE-SUR-LA-SORGUE - Tél : 04 90 38 40 26 - Fax : 04 90 38 58 46

ISLE-SUR-LA-SORGUE Domaine de la Fontaine

TH

5 ch. Mas indépendant restauré avec piscine, sur grand terrain non clos, en campagne. 1 ch. au r.d.c. avec s. d'eau, wc et terrasse privés. 1 ch. au 1er étage avec s. d'eau, wc privés et petit salon. 2 suites avec s. d'eau et wc privés avec une petite ch. attenante. 1 ch. au 2e étage avec s. d'eau et wc privés. Ch. central au fuel. Salon. Salle à manger. TV sur demande. Terrasse ombragée. Parking. Table d'hôtes 3 fois/sem.. Taxe de séjour : 2,5 F/pers./jour. Tarif 4 pers. : 920 F. Langues parlées : anglais, allemand.

Prix : 1 pers. **450/540 F** 2 pers. **490/580 F** 3 pers. **820 F** pers. sup. **100 F** repas **140 F**

Ouvert : du 1er mars au 31 décembre.

SP	2	2	3	2	2	1	2	2

SUNDHEIMER Irmy et Dominique - Domaine de la Fontaine - 920 chemin du Bosquet - 84800 ISLE-SUR-LA-SORGUE - Tél : 04 90 38 01 44 - Fax : 04 90 38 53 42 - E-mail : domainedelafontaine@wanadoo.fr - http://www.domainedelafontaine.com

ISLE-SUR-LA-SORGUE La Coudouliere

TH

6 ch. Ferme monastique indépendante à la campagne, piscine (6 x 12) sur place. 3 ch. au 1er étage avec s. d'eau et wc privés. 1 ch. au 1er étage avec s.d.b. et wc privés. 2 ch. au 2e étage avec s.d.b. et wc privés. Ch. électrique. Mini-réfrigérateurs. Salle commune. Salon avec TV. Terrasse arborée. Parking. Petits animaux acceptés. - 10 % de remise d'octobre à mai.

CV

Prix : 1 pers. **360/420 F** 2 pers. **410/470 F** 3 pers. **510/570 F** pers. sup. **100 F** repas **165 F**

Ouvert : toute l'année sauf novembre.

SP	1,5	1,5	2	1	1,5	4	60	2	1

SOUBRAT Régis - Mas le Coudoulière - 1854 route de Carpentras - 84800 ISLE-SUR-LA-SORGUE - Tél : 04 90 38 16 35 - Fax : 04 90 38 16 89 - http://www.isle-sur-sorgue.en-provence.com

ISLE-SUR-LA-SORGUE Le Bosquet

2 ch. Propriété familiale du XVIIIe siècle sur parc arboré avec piscine et terrasse au sud. 2 ch. au 1er étage avec s.d.b. et wc privés. Ch. central et climatisation. Salle commune avec cheminée en service et bibliothèque. Parking. Langue parlée : anglais.

Prix : 1 pers. **410 F** 2 pers. **450 F**

Ouvert : toute l'année.

SP	3	3	4	2	SP	19	2

DAUMAS Catherine - Le Bosquet - 84800 ISLE-SUR-LA-SORGUE - Tél : 04 90 38 28 52 ou 06 08 64 45 98 - Fax : 04 90 38 28 83 - E-mail : lebosquet@wanadoo.fr - http://perso.wanadoo.fr/lebosquet

ISLE-SUR-LA-SORGUE Le Mazet

3 ch. Le mazet maison typique à la région provençale vous accueillera dans son site verdoyant et reposant. Terrasse couverte face à la pelouse et au bassin d'agrément. Parc arboré et fleuri. Terrain de 4000 m^2 non clos. 1 ch. au r.d.c. avec s. d'eau et wc privés. 2 ch. au 1er étage avec s.d.b. et wc privés. Ch. électrique. Petits animaux acceptés. Pour les randonneurs et les amoureux de la nature, les environs tout proche offrent de nombreux pôles d'attraction sportifs et culturels. Poss. de repas à 30 m. Langues parlées : espagnol, italien.

Prix : 1 pers. **330 F** 2 pers. **360 F** 3 pers. **470 F** pers. sup. **110 F**

Ouvert : du 1er mars au 31 décembre.

2	2	2	1	1	2	20	2

TESSIER Christiane - Chemin de la Cornette - Le Plan de Saumane - 84800 ISLE-SUR-LA-SORGUE - Tél : 04 90 20 29 39 - Fax : 04 90 20 25 71

ISLE-SUR-LA-SORGUE

4 ch. Mas du XVIIe siècle entouré de 3 ha. parsemés d'amandiers, de cyprés, d'oliviers, avec piscine sur place et grand jardin arboré. 4 ch. au r.d.c. avec s. d'eau et wc privés. Ch. central. Salon. Terrasse. Parking. Réservation téléphonique. Langues parlées : anglais, allemand.

Prix : 2 pers. **480/710 F** pers. sup. **110 F**

Ouvert : du 1er mars au 30 novembre et du 1er décembre au 28 février.

SP	3	2	4	2	SP	25	3

NETZLER Hans et Ann-Christin - 144, chemin des Madeleines - Mas de Saint-Damien - 84800 ISLE-SUR-LA-SORGUE - Tél : 04 90 38 38 42 - Fax : 04 90 38 15 17 - E-mail : netzler@mas-saintdamien.com - http://www.mas-saintdamien.com

ISLE-SUR-LA-SORGUE Saint-Antoine

4 ch. Dans une chênaie, propriété en pierre de Gordes avec piscine sur place. 4 ch. spacieuses au r.d.c. avec s.d.b., wc et terrasse privés. Ch. électrique. Petits déjeuners servis sous la tonnelle au bord de la piscine. Grand jardin arboré. Parking. Langues parlées : anglais, espagnol.

Prix : 2 pers. **540/720 F** pers. sup. **200 F**

Ouvert : du 16 mars au 14 novembre.

SP	2	2	8	2	SP	30	1

TAUB Jacqueline - 338, chemin des Florides - Le Clos Saint-Antoine - 84800 ISLE-SUR-LA-SORGUE - Tél : 04 90 38 90 94 - Fax : 04 90 38 92 46 - E-mail : jw.taub@wanadoo.fr - http://www.clos-saint-antoine.com

JOUCAS Mas de la Soupétrière

2 ch. Beau mas du XVIIIe siècle au pied du village avec piscine. 1 ch. au r.d.c. avec s. d'eau et wc privés. 1 ch. au 1er étage avec s. d'eau et wc privés. Ch. central au gaz. Salle commune avec bibliothèque, cheminée en service et TV. Salle de jeux. Grand jardin clos. Parking. Table d'hôtes 3 fois/sem.. Langues parlées : anglais, allemand.

Prix : 1 pers. **640 F** 2 pers. **690 F**

Ouvert : toute l'année.

SP	2	SP	20	10	SP	60	2

HOFSTADT Christel - Mas de la Soupetrière - 84240 JOUCAS - Tél : 04 90 05 76 33 - Fax : 04 90 05 76 33 - http://www.la-soupetriere.com

LACOSTE Relais du Procureur

(TH) *C.M. 81 Pli 13*

6 ch. Très belle demeure de caractère du XVIIe siècle avec piscine, dans le village. 6 ch. (dont 3 climatisées) avec s.d.b. et wc privés, TV, mini-bar. Salle commune. Séjour. Terrasse. Promenades pédestres. Cyclotourisme, chasse. Restaurant au village. Forêt à 5 km. Loc. de voitures possible sur place. Renseignements uniquement par téléphone. Tarif 4 pers. : 800 F. Langue parlée : anglais.

Prix : 1 pers. **500/700 F** 2 pers. **500/700 F** 3 pers. **650/750 F** repas **120/160 F** 1/2 pens. **370/510 F**

Ouvert : toute l'année, janvier, février, mars sur réservation.

SP	8	SP	20	15	SP	SP

COURT DE GEBELIN - Relais du Procureur - Rue Basse - 84710 LACOSTE - Tél : 04 90 75 82 28 - Fax : 04 90 75 86 94 - E-mail : relaisprocureur@luberon.org - http://www.luberon.org

LACOSTE Bonne Terre

5 ch. Chambres doubles personnalisées, dans une maison de caractère. Vue panoramique dans site de nature exceptionnelle, à proximité du village. Parc ombragé. Piscine sur place. Grand calme. Confort. 4 ch. avec s. d'eau et wc privés. 1 ch. avec s.d.b. et wc privés. Ch. électrique. Terrasses. Parking fermé. Langues parlées : anglais, allemand.

CV

Prix : 1 pers. **480/540 F** 2 pers. **480/570 F** 3 pers. **690 F** pers. sup. **120 F**

Ouvert : DU 1er février au 30 novembre.

SP	4	25	SP

LAMY Roland - « Bonne Terre » - 84710 LACOSTE - Tél : 04 90 75 85 53 - Fax : 04 90 75 85 53 - E-mail : bonneterre@fr.st - http://www.bonneterre.fr.st

LACOSTE Domaine Layaude Basse

C.M. 81 Pli 13

6 ch. Mas familial du XVIIe s. au pied du Lubéron à 800 m du village en campagne. Terrasse, ping-pong, terrain de boules en sous bois. Piscine (11 x 10) sur très belle vue des villages et Mt-Ventoux. 6 ch. avec s. d'eau et wc privés. Décoration ocres du pays. A disposition des hôtes 1 grande s.a.m. meublée dans la plus pure tradition provençale avec coin-salon. Feux de cheminée en saison. Aire de pique-nique en sous-bois. Parking ombragé. Table d'hôtes 2 à 3 soirs par sem. Cuisine provençale, vin et miel de la propriété, petit déjeuner copieux. Seulement petits chiens acceptés (suppl. 30 F/nuit). Langues parlées : anglais, italien.

Prix : 2 pers. **400/490 F** pers. sup. **150 F**

Ouvert : du 1er mars au 30 novembre, poss. d'ouverture pour groupe en hiver.

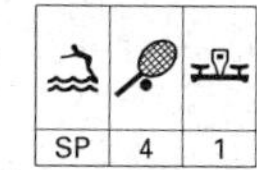

SP	4	1

MAZEL Olivier et Lydia - Domaine Layaude Basse - Chemin de Saint-Jean - 84710 LACOSTE - Tél : 04 90 75 90 06 - Fax : 04 90 75 99 03

LACOSTE Ferme l'Avellan (TH)

5 ch. Vieille ferme au milieu de 10 ha. vignes, bois, cerisiers en terrasses, dans un vallon très calme, vue sur le Ventoux. 5 ch. avec s. d'eau et wc privés dont 1 avec mezzanine (4 pers.). Salle à manger, bibliothèque, cheminée. Sculptures parsemées dans la nature. Cuisine familiale aux fines herbes et plantes aromatiques du jardin. Fontaine. Ferme ancienne restaurée avec des matériaux naturels : pierre, chanvre et ocre. Tarif 4 pers. 460 F.

Prix : 2 pers. **300 F** pers. sup. **100 F** repas **100 F**

Ouvert : toute l'année sauf du 1er novembre au 20 décembre.

10	3	1	20	20	10	4	1

RAVOIRE Danièle - Ferme L'Avellan - 84480 LACOSTE - Tél : 04 90 75 85 10 - Fax : 04 90 75 89 40

LAGARDE-D'APT Les Esfourniaux Alt. : 1100 m (TH)

4 ch. Plus ancienne et la plus haute (1100 m alt.) ferme auberge du Vaucluse, en campagne, située entre bois et lavande. 4 ch. au 1er étage avec s. d'eau et wc commun aux chambres. Ch. central. Animaux admis dans les dépendances. Nombreux chemins pédestres. Calme et repos assurés. Tarif 4 pers. : 360 F.

Prix : 1 pers. **150 F** 2 pers. **180 F** 3 pers. **270 F** pers. sup. **90 F** repas **85 F** 1/2 pens. **235 F** pens. **320 F**

Ouvert : de mars à novembre.

10	10	2	40	10	20	SP	40	20	10

CHASSILLAN - Les Esfourniaux - 84400 LAGARDE D'APT - Tél : 04 90 75 01 04 ou 04 90 75 07 61

LAGARDE-PAREOL Domaine les Serres  (TH)

5 ch. Grand mas en pierres dans un parc arboré d'un ha. avec piscine sur place, nombreuses terrasses et jardins. 5 ch. spacieuses avec s.d.b. et wc privés. Ch. central au gaz. Salle commune avec cheminée en service, bibliothèque, TV. Parking. Table d'hôtes 3 fois par semaine. Tarif 4 pers. : 690/890 F. Langues parlées : anglais, allemand.

Prix : 1 pers. **490/890 F** 2 pers. **490/890 F** 3 pers. **890 F** pers. sup. **100 F** repas **150 F**

Ouvert : toute l'année.

SP	2	6	8	20	10	SP	30	40	3

KRIJGER-BEAUMONT Loeke et Ton - Domaine les Serres - 84290 LAGARDE PAREOL - Tél : 04 90 30 76 10 - Fax : 04 90 30 74 31

LAGNES Le Mas du Grand Joncquier  (TH)

6 ch. Très beau mas restauré du XVIIIe s., en pierres apparentes, au milieu de 2 ha. de pelouses, cerisiers et pruniers, en campagne, piscine privée sur place. 2 ch. doubles au r.d.c. avec TV, tél., s. d'eau et wc privés. 3 ch. doubles au 1er étage avec TV, tél., s. d'eau et wc privés. 1 ch. double au 1er étage avec TV, tél., s. d'eau et wc privés sur le palier. Ch. central. Salon avec cheminée. Séjour. S.a.m. avec cheminée. Terrasse. Parking. Terrain non clos. Tables d'hôtes (sur réserv.) individuelles (cuisine raffinée et gourmande). Copieux petit déjeuner (fromages, yaourts, fruits, viennoiserie...). Tarif 4 pers. : 730 F. Langues parlées : anglais, allemand.

Prix : 1 pers. **490 F** 2 pers. **490 F** 3 pers. **610 F** pers. sup. **120 F** repas **130 F**

Ouvert : toute l'année.

SP	4	3	5	5	13	SP	13	3

GRECK François et Monique - Le Mas du Grand Joncquier - 84800 LAGNES - Tél : 04 90 20 90 13 - Fax : 04 90 20 91 18 - http://www.grandjonquier.com

LAGNES La Pastorale

4 ch. **L'Isle sur la Sorgue 5 mn.** Très beau mas en pierres, restauré, en campagne, calme. 2 chambres dont 1 double au 1er étage avec s. d'eau et wc privés. 2 chambres dont 1 double au 1er étage avec s.d.b. et wc privés. Chauffage électrique. Salle commune. Salle à manger. Cuisine d'été réservée aux hôtes. Garage fermé. Terrasse. Terrain ombragé non clos. Tarif 4 pers. : 510 F. Langues parlées : anglais, allemand.

Prix : 1 pers. **350 F** 2 pers. **350 F** 3 pers. **430 F** pers. sup. **80 F**

Ouvert : toute l'année.

1	1	0,2	1,5	1	1	1	35	5	1

NEGREL Elisabeth et Robert - La Pastorale - Route de Fontaine de Vaucluse - 84800 LAGNES - Tél : 04 90 20 25 18 - Fax : 04 90 20 21 86

LAMOTTE-DU-RHONE Mas Zazezou  (TH)

3 ch. Mas restauré du XIXe siècle, isolé dans les champs. 3 ch. avec s. d'eau et wc privés, entrée particulière. Ch. électrique. Salon. Salle à manger. Piscine (12 x 7). Terrain de boules. Jardin de 3000 m^2. Terrasse ombragée pour les repas. Parking privé. Pique-nique non autorisé. Langues parlées : anglais, allemand.

Prix : 1 pers. **250 F** 2 pers. **300 F** pers. sup. **100 F** repas **95 F**

Ouvert : du 1er avril au 31 octobre.

SP	2	5	0,5	12	8	6	2

CARDINAEL Monique et Pierre - Mas Zazezou - Quartier Malatras - 84840 LAMOTTE-DU-RHONE - Tél : 04 90 40 45 16 - Fax : 04 90 40 45 16

LAPALUD La Bergerie (TH)

1 ch. En campagne, 1 suite (2 chambres), beau cadre, calme, avec s. d'eau et wc privés. Ch. central. Salon à la disposition des hôtes (cheminée, bibliothèque). Beau jardin. Terrasse ombragée pour les repas. Parking. Cuisine méditerranéenne. Vin compris dans repas. Ornithos bienvenus. Langues parlées : anglais, espagnol.

Prix : 1 pers. **200 F** 2 pers. **260 F** repas **100 F**

Ouvert : toute l'année.

10	3	12	0,5	20	10	10	3

GUET Gabriel - La Bergerie - Les Iles - 84840 LAPALUD - Tél : 04 90 40 30 82 - Fax : 04 90 40 24 29

LAPALUD

3 ch. Annexe de la villa dans une propriété de 1/4 ha.. 2 ch. au r.d.c. avec s. d'eau et wc privés, 1 ch. au r.d.c. avec mezzanine, s. d'eau et wc privés, kitchenette. Ch. électrique. Séjour/salle à manger. Parking. Terrasse. Pique-nique. Prix dégréssifs à la semaine. Tarif 4 pers. : 380 F. Langues parlées : anglais, allemand.

Prix : 1 pers. **180 F** 2 pers. **240/260 F** 3 pers. **280/320 F** pers. sup. **60 F**

Ouvert : toute l'année.

6	1	7	20	0,5	20	10	150	10	1

CRELEROT Danièle et Daniel - 401, rue des Vigneaux - 84840 LAPALUD - Tél : 04 90 40 36 60 ou 06 84 35 20 96

LAURIS Mas de Recaute (TH)

5 ch. Partie annexe d'un gîte d'étape, dans une propriété, en campagne. 5 ch. au r.d.c. avec s. d'eau, wc et terrasse privés. Ch. électrique. Salle commune. Cheminée. Parking. Terrain non clos. 1/2 pens. 3 pers. : 560 F, 1/2 pens. 4 pers. : 730 F. Remise à partir de 2 nuits consécutives. Table d'hôtes du 01/04 au 31/10, en saison sur réservation. Tarif 4 pers. : 470 F. Randonnées équestres, pédestres et V.T.T. sur place. Langue parlée : anglais.

Prix : 1 pers. **245 F** 2 pers. **295 F** 3 pers. **395 F** pers. sup. **75 F** repas **110 F** 1/2 pens. **250 F**

Ouvert : toute l'année.

2,5	SP	3	5	SP	25	2,5

SIMONOT Didier - Mas de Recaute - 84360 LAURIS - Tél : 04 90 08 29 58 ou 04 90 08 31 97 - Fax : 04 90 08 41 37

LAURIS La Maison des Sources (TH)

4 ch. Ancien mas agréablement restauré avec terrasses et jardin privé de 3 ha, en campagne. Belle vue sur la vallée de la Durance. 2 ch. au 1er étage avec s. d'eau et wc privés. 1 ch. au 1er étage avec s.d.b. et wc privés. 1 ch. au 1er étage avec s. d'eau, s.d.b. et wc privés (idéale pour 4 pers.). Ch. central. Salle commune. Salon. Salle à manger. TV. Bibliothèque. Cheminée en service. Parking. Ping-pong. Animaux acceptés sur demande. Table d'hôtes occasionnelle. Tarif 4 pers. : 700 F.

Prix : 1 pers. **370/390 F** 2 pers. **440/450 F** 3 pers. **540/550 F** pers. sup. **100 F** repas **140 F**

Ouvert : toute l'année.

4	1	1,5	15	2	5	SP	20	1

COLLART-STICHELBAUT Martine - La Maison des Sources - Chemin des Fraysses - 84360 LAURIS - Tél : 04 90 08 22 19 ou 06 08 33 06 40 - Fax : 04 90 08 22 19 - http://www.maison-des-sources.com

LAURIS L'Oustaou du Roure

3 ch. Très belle maison provençale au pied du Luberon, vue exceptionnelle, piscine (13 x 6,5) sur place, terrain clos d'1 ha.. 1 ch. bordure piscine accessible aux pers. handicapées en fauteuil roulant avec s. d'eau et wc privés. 1 ch. au 1er étage avec TV, s.d.b., wc et terrasse privés. 1 ch. plain-pied jardin avec s. d'eau, wc, terrasse et pergola privés. Ch. électrique. S.a.m. Terrasse de 400 m^2. Parking. Petits déjeuners variés et copieux. Chevaux. Terrain de boules. Tennis de table. V.T.T.. Poss. pique-nique dans le parc. Langues parlées : anglais, italien.

Prix : 2 pers. **350/420 F** pers. sup. **100 F**

Ouvert : toute l'année.

SP	2	SP	15	3	8	SP	50	2

MENARD Claude - L'Oustaou du Roure - Chemin de Bonnieux - 84360 LAURIS - Tél : 04 90 08 29 34 ou 06 81 09 66 40 - Fax : 04 90 08 29 34

LAURIS Bastide du Piecaud

5 ch. Bastide du XVIIe siècle avec piscine sur place (12 x 5), cour intérieure et cour extérieure surplombant les collines environnantes. 2 ch. au 1er étage avec s. d'eau et wc privés. 2 ch. au 1er étage avec s.d.b. et wc privés. 1 suite au 1er étage avec s.d.b. et wc privés. Ch. central. Bibliothèque. TV. Terrasse. Terrain non clos de 7 ha.. Parking. Tarif 4 pers. 710 F. Langues parlées : anglais, allemand.

Prix : 1 pers. **350/450 F** 2 pers. **350/450 F** 3 pers. **580 F**

Ouvert : toute l'année.

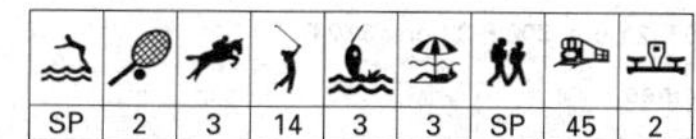

SP	2	3	14	3	3	SP	45	2

FAMILLE SCHLUMBERGER-CHAZELLE - Bastide du Piécaud - Chemin de l'Escudier - 84360 LAURIS - Tél : 04 90 08 32 27 ou 06 82 86 10 30 - Fax : 04 90 08 32 27

LAURIS Les Hauts de Malan

3 ch. 3 petites maisons dans une pinède avec piscine (6 x 12) sur place sur un domaine de 1,3 ha.. 3 ch. au r.d.c. avec s. d'eau et wc privés. Ch. électrique. Salle à manger-séjour avec TV, bibliothèque. Terrasses. Parking/place de village reconstituée avec treille fontaine et boulodrome. 1 seul animal accepté. Tarif 4 pers. : 530 F. Langues parlées : anglais, allemand.

Prix : 1 pers. **295 F** 2 pers. **340 F** 3 pers. **435 F** repas **150 F**

Ouvert : toute l'année.

SP	2	3	25	10	SP	70	5

SCHOTT Muriel - « Les Hauts de Malan », - Le Rocher de Malan, Ch. Puget - 84360 LAURIS - Tél : 04 90 08 48 59 ou 06 03 69 80 65 - Fax : 04 90 08 48 59

LORIOL-DU-COMTAT Le Deves

5 ch. Ferme entièrement rénovée, au sein d'une exploitation agricole de 6 ha. (melons, fraises, courgettes), parc ombragé, piscine (5 x 10) sur place, en campagne. 2 ch. avec s.d.b. et wc privés. 3 ch. avec s. d'eau et wc privés. Ch. central. Frigidaire, vaisselle, barbecue et salle à manger à la disposition des hôtes. Terrasse avec table pique-nique. Parking. Entrée indépendante. Restaurant à 900 m. Calme, nature et bois alentour. Langue parlée : espagnol.

Prix : 1 pers. **240/260 F** 2 pers. **260/280 F** 3 pers. **350 F** pers. sup. **70 F**

Ouvert : toute l'année.

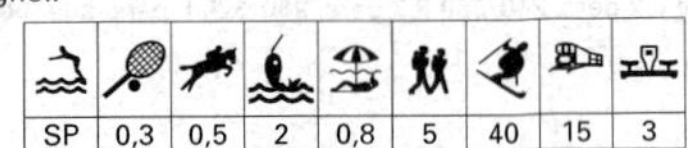

SP	0,3	0,5	2	0,8	5	40	15	3

GUILLERMIN Josette et Claude - Le Deves - 84200 LORIOL DU COMTAT - Tél : 04 90 65 70 62 ou 06 11 16 18 38 - Fax : 04 90 65 70 62

LORIOL-DU-COMTAT Quartier les Caunes

2 ch. Partie ouest d'une maison du XIXe siècle avec jardin clos et piscine (8 x 4) su place. 2 ch. au 1er étage avec s. d'eau et wc privés. Ch. central au fuel. Salle commune avec cheminée. Table d'hôtes à la demande. Parking.

Prix : 1 pers. **200 F** 2 pers. **250 F**

Ouvert : toute l'année.

SP	8	30	25	1

DE MAZIEUX Thérèse - Quartier les Caunes - Route de Carpentras - 84870 LORIOL-DU-COMTAT - Tél : 04 90 65 76 50 - Fax : 04 90 65 76 50

LOURMARIN Villa Saint-Louis

5 ch. Au 2e étage d'une belle maison du XVIIIe siècle à l'entrée du village, ancien relais de poste dans un grand jardin ombragé. 1 ch. avec TV, s.d.b. et wc privés. 4 ch. avec TV, s. d'eau et wc privés. Ch. central. Salon. Bibliothèque. Moutain-bike sur place. Enfant supplémentaire : 50 F. Langues parlées : anglais, espagnol.

Prix : 1 pers. **350/450 F** 2 pers. **350/450 F** pers. sup. **50 F**

Ouvert : toute l'année.

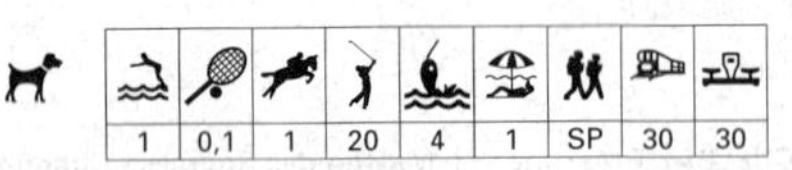

1	0,1	1	20	4	1	SP	30	30

LASSALETTE Bernadette - 35, rue Henri de Savournin - 84160 LOURMARIN - Tél : 04 90 68 39 18 - Fax : 04 90 68 10 07

LOURMARIN La Lombarde

4 ch. Mas du XVIIe siècle, situé dans une propriété de 6 ha. plantés et boisés, avec piscine, en campagne. 4 ch. (accessibles par l'extérieur) avec hall de dégagement, réfrigérateur, TV, s. d'eau, wc et terrasse privés. Ch. central. Cour commune. Salle à manger. Salle de réception/salon. Bicyclettes, V.T.T., ping-pong, pétanque, volley-ball. Poss. cuisine. Espace barbecue. Langues parlées : anglais, espagnol.

Prix : 2 pers. **380/410 F** pers. sup. **120 F**

Ouvert : du 1er mars au 10 novembre.

SP	2	2	15	1	1	SP	0,5

LEBRE Eva - La Lombarde - BP 32 - Puyvert - 84160 LOURMARIN - Tél : 04 90 08 40 60 - Fax : 04 90 08 40 64 - E-mail : La.Lombarde@wanadoo.fr - http://perso.wanadoo.fr/lalombarde

LOURMARIN La Lubéronne

4 ch. »La Lubéronne » est située à 200 mètres du centre du village, au pied du Lubéron, dans un jardin clos et arboré. 4 ch. dont 1 familiale avec douches ou bains et wc privés. Dès les beaux jours, les petits déjeuners sont servis en terrasse. La piscine (12 x 6 - ouverte mi-mai) et des vélos sont à disposition. Randonnées dans le parc naturel du Lubéron. Festivals d'été. Nombreux restaurants dans le village. Animaux acceptés sur demande. Tarif 4 pers. 440 F. Langues parlées : anglais, espagnol.

Prix : 1 pers. **270 F** 2 pers. **300 F** 3 pers. **370 F**

Ouvert : toute l'année.

SP	0,4	2	10	4	SP	35	0,3

LEHIR Loïc et Evelyne - La Luberonne - Route de Vaugines - 84160 LOURMARIN - Tél : 04 90 08 58 63 - E-mail : loic.le-hir@wanadoo.fr - http://www.guideweb.com/provence

MALAUCENE La Boissière

4 ch. Maison située dans un très beau cadre, en campagne, piscine sur place. 1 ch. au r.d.c. avec s. salle d'eau, wc, terrasse et coin-cuisine privés. 1 ch. au 1er étage avec s. d'eau et wc privés. 1 ch. au 1er étage avec s.d.b. et wc privés. 1 ch. au 2e étage avec s.d.b. et wc privés. Ch. électrique. Salle commune. Séjour (bibliothèque, piano). Terrasse. Table d'hôtes provençale le mardi uniquement. Promenades et sentiers GR au pied de la maison. Tarif 4 pers. : 425 F.

Prix : 1 pers. **290 F** 2 pers. **325 F** 3 pers. **375 F** repas **110 F**

Ouvert : toute l'année.

SP	3	3	25	5	5	SP	20	45	2

GAILLARD-DAY Patrick et Anne - La Boissière - 84340 MALAUCENE - Tél : 04 90 65 25 33

MALAUCENE Le Château Crémessiere

4 ch. Très belle propriété, dans le village de Malaucène avec terrain arboré et en prairie de 2 ha.. 2 ch. au r.d.c. avec s. d'eau et wc privés. 1 suite (2 ch.) avec terrasse, cuisine, s. d'eau, wc et TV privés. 1 suite au r.d.c. avec terrasse, cuisine, séjour, s.d.b., wc, TV et cheminée privés. Ch. central. Réfrigérateur à dispo.. Terrasse ombragée par platane centenaire. Parking. Fauteuils jardin sur pelouse. Garage vélo/moto. Animaux admis sur demande. Poss. pique-nique. Petits déjeuners sur la terrasse à la belle saison. Nombreux restaurants à 5 minutes à pied. Langue parlée : anglais.

Prix : 1 pers. **350/380 F** 2 pers. **420/470 F** pers. sup. **180 F**

Ouvert : du 15 avril au 30 septembre et la Toussaint.

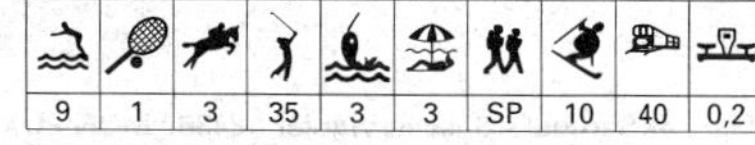

9	1	3	35	3	3	SP	10	40	0,2

DALLAPORTA-BONNEL Michel et Elisabeth - Le Château Cremessières - 84340 MALAUCENE - Tél : 04 90 65 11 13

MAUBEC Les Biguières

1 ch. Dans une ferme en campagne, 1 ch. avec salle de bains et wc privés. Ch. central. Escalade et randonnées à proximité. Accès indépendant. Langue parlée : espagnol.

Prix : 1 pers. **175 F** 2 pers. **230 F** 3 pers. **300 F** pers. sup. **40 F**

Ouvert : toute l'année.

9	1	5	10	1	8	1

VIALIS Max - Les Biguières - Route d'Oppède - 84660 MAUBEC - Tél : 04 90 76 90 62 - Fax : 04 90 76 90 62

MAZAN

5 ch. Ferme indépendante dans les vignobles de Mazan avec piscine sur place, cour commune donnant sur un jardin non clos. 5 ch. au 1er étage avec s. d'eau et wc privés. Ch. électrique. Salle à manger. Parking. Poss. de partager le repas du vigneron et de découvrir la région en charrette. Langues parlées : anglais, allemand.

Prix : 1 pers. **210 F** 2 pers. **220/280 F** 3 pers. **320/380 F** pers. sup. **100 F** repas **90 F**

Ouvert : toute l'année.

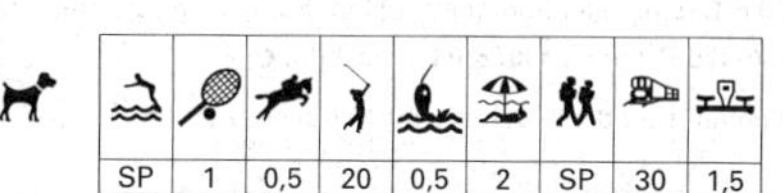

SP	1	0,5	20	0,5	2	SP	30	1,5

JACQUET Hervé - 722 chemin de Mormoiron - Mas des Tuilières - 84380 MAZAN - Tél : 04 90 69 77 91 ou 06 03 47 96 11 - Fax : 04 90 69 77 91 - E-mail : H.Jacquet@wanadoo.fr - http://www.guideweb.com/provence/bb/mas-des-tuilieres

MENERBES Les Peirelles

5 ch. Contruction en terrasses, sur le même terrain que la maison des propriétaires avec piscine (6 x 13) sur place. 3 ch. au r.d.c. (de 2 pers.) avec terrasse, s. d'eau et wc privés. 2 ch. au r.d.c. (de 4 pers.) avec terrasse, s.d.b. et wc privés. Ch. électrique. Salle commune à disposition avec cuisine, frigo et micro-ondes. Bibliothèque. Terrasse commune. Très grand parc non clos d'un ha.. Parking. Garage fermé pour les vélos. Tarif 4 pers. 630/680 F. Langues parlées : anglais, allemand.

Prix : 1 pers. **400/450 F** 2 pers. **430/540 F** 3 pers. **530/620 F** pers. sup. **100 F**

Ouvert : du 1er mars au 31 décembre.

SP	2	3	15	SP	40	2

ANDREIS Didier et Muriel - Les Peirelles - 84560 MENERBES - Tél : 04 90 72 23 42 - Fax : 04 90 72 23 56 - E-mail : les-peirelles@worldonline.fr

MONIEUX Alt. : 886 m

2 ch. Vieille bâtisse rénovée en campagne, sur le plateau des abeilles près de Sault, face au Mont-Ventoux. 1 ch. au r.d.c. avec s. d'eau et wc privés. 1 ch. au 1er étage avec s. d'eau et wc privés sur le palier. Ch. électrique. Jardin non clos.

Prix : 1 pers. **180/220 F** 2 pers. **220 F** pers. sup. **60 F**

Ouvert : d'avril à octobre.

9	9	9	14	9	SP	50	9

PAPILLON Solange - Ferme la Sone - La Gabelle - 84390 MONIEUX - Tél : 04 90 64 03 79

MONIEUX Le Moulin

Alt. : 600 m

5 ch. Ancien moulin du XVIIIe siècle, situé en campagne. Piscine (14 x 7). Cour fleurie et ombragée. 3 ch. au 2e étage avec s. d'eau privée 2 wc communs aux 3 ch. 2 ch. au 2e étage avec s. d'eau et wc privés. Ch. électrique. Salle commune. Parking ombragé.

Prix : 1 pers. **180/200 F** 2 pers. **240/280 F** 3 pers. **340 F**

Ouvert : du 1er mars au 30 novembre.

SP	5	8	0,5	SP	1

PICCA Michèle - Le Moulin - 84780 MONIEUX - Tél : 04 90 64 04 64

MONIEUX

Alt. : 600 m (TH)

5 ch. Ferme agricole, élevage ovins, située sur le flanc ouest du Mt-Ventoux, au pays de la lavande (Sault en Provence), à l'entrée des gorges de la Nesque, Monieux. 5 ch. au r.d.c. avec s. d'eau et wc privés. Ch. central. Salle commune avec cheminée, bibliothèque et TV. Terrasse. Parking. Jardins. Parc de jeux, ping-pong, billard, balançoire, jeux de boules. Location de V.T.T.. Lac à 200 m. Table d'hôtes sur réservation le soir. Tarif 4 pers. : 500 F. Langues parlées : anglais, italien.

Prix : 1 pers. **300 F** 2 pers. **300 F** 3 pers. **400 F** pers. sup. **100 F**
repas **120 F**

Ouvert : toute l'année.

7	7	25	0,2	15	SP	25	60	7

GIARDINI Marc et Samuel - Gaec le Viguier - 84390 MONIEUX - Tél : 04 90 64 15 52 ou 04 90 64 04 83 - Fax : 04 90 64 11 39

MONTEUX La Pontete

(TH)

5 ch. Belle ferme, en campagne. 4 ch. au 1er étage avec s. d'eau et wc privés. 1 ch. au 1er étage avec mezzanine, s. d'eau et wc privés. Ch. électrique. Coin-salon réservé et coin-repas (plaques électriques, évier, four électrique, frigo, congélateur) à la disposition des hôtes. Salle commune. Point-phone à cartes. Lit suppl. enfant : 60 F. Plusieurs espaces : jeux pour enfants, jeux de boules aménagés, bronzage et repos. Terrasse sous platanes centenaires avec table de jardin, possibilité dinette. Tarif 4 pers. : 390 F.

CV

Prix : 1 pers. **200 F** 2 pers. **250 F** 3 pers. **320 F** pers. sup. **60/70 F**
repas **120 F** 1/2 pens. **320 F**

Ouvert : toute l'année.

5	2	6	12	4	8	18	18	1,5

STERLE Gislaine - La Pontête - 1206 chemin des Escampades - 84170 MONTEUX - Tél : 04 90 66 22 71 - Fax : 04 90 66 93 19

MONTEUX

3 ch. Maison à la sortie du village. 2 ch. avec s. d'eau et wc privés. 1 ch. avec s. d'eau privée, wc sur le palier. Ch. central. Terrasse. Jardin clos. Vous avez la possibilité de prendre les repas sous les marronniers dans un jardin de plantes vertes ou dans un cabanon à proximité aménagé avec 1 micro-ondes, 2 plaques gaz, réfrigérateur, congélateur, évier. Table et bancs à disposition des hôtes. Barbecue. Jeux d'enfants : ping-pong, balançoire. Cour ombragée (pétanque). Poss. location vélos à Carpentras. Lit suppl. enfant : 40 F. Cabine téléphonique à 100 m. Service de cars sur place.

CV

Prix : 1 pers. **150/170 F** 2 pers. **180/200 F** pers. sup. **40 F**

Ouvert : toute l'année sauf du 15 octobre au 15 novembre.

4	0,8	4	10	3	15	6	35	20	0,3

TELLENE Ghislaine - 3, bd du Commandant Berthier - Ex. bd de la Gare - 84170 MONTEUX - Tél : 04 90 66 25 63 - Fax : 04 90 66 25 63

MONTEUX Les Fleurs d'Hilaire

5 ch. Partie ouest d'une ferme traditionnelle du Comtat-Venaissin avec piscine (7 x 14) sur place et terrain non clos de 4 ha. Très belle vue sur le Mont-Ventoux. Bel environnement. 2 ch. au r.d.c. avec s. d'eau et wc privés. 3 ch. au 1er étage avec s. d'eau (douche) et wc privés. Chauffage central. Salle commune. Salon avec TV. Cheminée. Bibliothèque. Terrasse. Parking. Apéritif et vin compris dans repas. Repas enfants - 12 ans : 85 F. Langues parlées : anglais, allemand.

Prix : 2 pers. **450/520 F** 3 pers. **570 F** pers. sup. **120 F**

Ouvert : du 1er février au 15 décembre.

SP	2	5	15	1	15	20	40	20	2

RASMUSSEN Ulla - Les Fleurs d'Hilaire - 709 chemin de la Firmine - 84170 MONTEUX - Tél : 04 90 66 86 15 - Fax : 04 90 61 06 08 - http://www.eurobandb.com

MORMOIRON Lou mas de Carboussan

5 ch. Villa neuve indépendante à flanc de colline, dans un verger de cerisiers et d'oliviers. 1 ch. au r.d.c. avec terrasse, s.d.b. et wc privés. 2 ch. au r.d.c. avec terrasse, s. d'eau et wc privés. 2 ch. au 1er étage avec s. d'eau et wc privés. Ch. central au gaz. Salle commune avec cheminée en service. Cuisine à disposition des hôtes. Terrasse commune. Terrain arboré. Parking. Langue parlée : italien.

Prix : 1 pers. **170/200 F** 2 pers. **270/300 F** 3 pers. **370/400 F**
pers. sup. **70 F**

Ouvert : toute l'année.

5	1	5	25	2	2	SP	20	40	0,5

ESCOFFIER Jean-Pierre - Mas de Carboussan - 84570 MORMOIRON - Tél : 04 90 61 93 02 ou SR : 04 90 85 45 00 - Fax : 04 90 61 93 03

MURS Les Hauts de Véroncle

Alt. : 500 m (TH)

3 ch. Maison en pierre, en campagne boisée, dans une propriété de 4 hectares., au pied du village et à l'entrée des gorges de la véroncle, très bel environnement. 2 ch. au r.d.c. donnant directement sur jardin avec s. d'eau et wc privés, 1 ch. au r.d.c. donnant sur une terrasse ombragée avec salon, s. d'eau et wc privés. Ch. central au gaz. Salle commune. Salle à manger avec cheminée. Terrasse. Terrain non clos (4 ha.). Parking. Lit bébé à disposition. Apéritif, vin et café compris dans le prix du repas. Cuisine raffinée et généreuse. Tarif 4 pers. 450/460 F. Langues parlées : anglais, italien.

Prix : 1 pers. **245 F** 2 pers. **290/300 F** 3 pers. **380/390 F** repas **120 F**
1/2 pens. **265/270 F**

Ouvert : du 20 mars au 5 novembre.

1,5	1,5	5	15	18	SP	25	1,5

DELCORSO Prisca et Didier - « Les hauts de Véroncle » - 84220 MURS - Tél : 04 90 72 60 91 - Fax : 04 90 72 62 07 -
E-mail : hauts.de.veroncle@wanadoo.fr

MURS Les Vergiers

Alt. : 515 m

2 ch. Maison de hameau agréablement restaurée, bel environnement. 1 ch. au 1er étage avec TV, s.d.b. et wc privés. 1 suite en annexe avec balcon, TV, s. d'eau et wc privés. Ch. central au gaz. Salle commune avec cheminée en service. Parking. Poss. d'accompagnement randonnées et V.T.T. Petits déjeuners : confitures maison, miel de notre rucher. Auberge à proximité dans le hameau. Langue parlée : anglais.

Prix : 1 pers. **270 F** 2 pers. **300 F** 3 pers. **400 F**

Ouvert : toute l'année.

2	2	8	50	18	SP	50	1,5

POUGET Claude et Jeannine - Les Vergiers - 84220 MURS - Tél : 04 90 72 60 51 - Fax : 04 90 72 60 51 -
E-mail : claude.pouget@infonie.fr

OPPEDE Le Mas des Treillas

2 ch. Mas indépendant du XVIIe siècle, en campagne, au pied du vieil Oppède et du Luberon, avec cour intérieure et piscine sur place. 1 ch. en annexe au 1er étage avec s. d'eau et wc privés. 1 ch. en annexe au 1er étage avec sd.b., wc et terrasse privés. Ch. électrique. Salle à manger. Parking. Langue parlée : anglais.

Prix : 1 pers. **450 F** 2 pers. **500 F** 3 pers. **550 F**

Ouvert : toute l'année.

SP	1,5	10	25	SP	35	1,2

BERTHET Bernard - Les Treillas - 84580 OPPEDE - Tél : 04 90 76 88 43

OPPEDE-LE-VIEUX-VILLAGE Mas du Guillaumet

4 ch. Au pied du Lubéron et du vieux village d'oppède, dans un authentique mas provençal entouré de vignes, 4 chambres dont 3 avec s. d'eau et wc privés et 1 avec s.d.b. et wc privés. Salle commune avec cheminée à disposition. Terrasse avec tonnelle. Jardin ombragé. Bien centré pour visite des sites du Lubéron et des Monts de Vaucluse. Calme et repos assurés.

Prix : 1 pers. **280 F** 2 pers. **300 F** 3 pers. **350 F** pers. sup. **70 F**

Ouvert : du 15 mars au 15 octobre.

5	1,5	1,5	10	9	9	SP	1

FOURNIER Maryse - Mas du Guillaumet - 84580 OPPEDE - Tél : 04 90 76 82 47

OPPEDE-LE-VIEUX-VILLAGE

E.C. 4 ch. Au pied du Lubéron et du vieux village d'oppède, dans un authentique mas provençal entouré de vignes, 4 chambres dont 3 avec s. d'eau et wc privés et 1 avec s.d.b. et wc privés. Salle commune avec cheminée à disposition. Terrasse avec tonnelle. Jardin ombragé. Bien centré pour visite des sites du Lubéron et des Monts de Vaucluse. Calme et repos assurés. Tarif 4 pers. : 460 F.

Prix : 1 pers. **250 F** 2 pers. **320 F** 3 pers. **390 F**

Ouvert : toute l'année.

10	2	1	15	10	SP

BAL Dominique - Le Village - 84580 OPPEDE-LE-VIEUX - Tél : 04 90 76 93 52 ou 04 90 76 89 08

OPPEDE-LE-VILLAGE Moulin à Vent

3 ch. Ancienne maison de meunier, en campagne, dans champs de cerisiers, vignes, pins, chênes. 2 ch. communicantes avec s.d.b. et 2 wc dont 1 dans couloir. 1 ch. au r.d.c. avec salle de bains et wc privés. Ch. électrique et mazout. Cuisine à disposition des hôtes. Tarif 4 pers. : 400 F.

Prix : 1 pers. **170 F** 2 pers. **250 F** 3 pers. **300 F**

Ouvert : toute l'année et sur réservation de la Toussaint à Pâques.

5	0,8	21	10	10	3

BONNET Simone - Moulin à Vent - Canteperdrix - 84580 OPPEDE - Tél : 04 90 76 90 60

ORANGE La Barque aux Romarins A TH

5 ch. En campagne, 2 ch. doubles avec s. d'eau et wc privés. 3 ch. avec s. d'eau et wc privés. Ch. électrique. Salle commune avec coin-salon (TV, bibliothèque, jeux de société, baby-foot). Cheminée. Terrain non clos. Ferme-auberge sur place. Pêche avec permis à 2 kms. Voile à 2 kms. Animaux refusés dans les chambres. Taxe de séjour : 2 F/pers.. 1/2 P. 4 pers. : 570/610 F. 1/2 P. 5 pers. 685/735 F. Tarif 4 pers. : 310 F. Langues parlées : anglais, italien.

Prix : 1 pers. **150 F** 2 pers. **210 F** 3 pers. **260 F** repas **80 F**
1/2 pens. **230 F**

Ouvert : toute l'année.

5	3	6	10	2	2	6	4

MONNIER Claude - F.A. la Barque aux Romarins - Rte de Roquemaure/Q.B.Feuillet - 84100 ORANGE - Tél : 04 90 34 55 96 - Fax : 04 90 34 55 96

PERNES-LES-FONTAINES Hameau les Valayans TH

4 ch. Mas restauré, typiquement provençal, en campagne, très calme. 3 ch. au 1er étage avec s. d'eau et wc privés. 1 ch. au 1er étage avec s. d'eau et wc privés sur le palier. Ch. central. Salon. Séjour. Salle à manger. Cheminée en service. Bibliothèque. Terrasse. Terrain clos. Garage. Parking. Table d'hôtes le soir sauf samedi et dimanche. Réduction pour 3 nuits et plus.

Prix : 1 pers. **230 F** 2 pers. **270 F** 3 pers. **330 F** repas **120 F**

Ouvert : toute l'année sauf du 20 au 30 décembre.

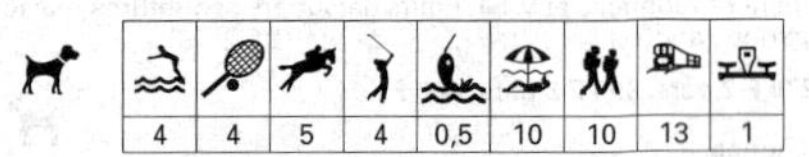

4	4	5	4	0,5	10	10	13	1

DUREGNE Pierre - 1050 chemin de Doche - Clos de Serre - Les Valayans - 84210 PERNES-LES-FONTAINES - Tél : 04 90 62 00 03 - Fax : 04 90 62 00 03 - E-mail : pierreduregne@multimania.com - http://www.multimania.com/pierreduregne

PERNES-LES-FONTAINES Saint-Barthélémy

5 ch. Mas provençal du XVIIIe siècle entièrement restauré, en campagne, avec piscine et tennis sur place. 1 ch. avec s.d.b. et wc privés. 4 ch. avec douches et wc privés. Ch. central. Salle commune. Salle à manger. Réfrigérateur. Terrasse. Parc ombragé attenant et clos. Parking fermé. Cabine téléphonique. Vélo gratuit. Ping-pong. Badminton. Langue parlée : anglais.

Prix : 1 pers. **240 F** 2 pers. **320 F** 3 pers. **440 F** pers. sup. **120 F**

Ouvert : toute l'année.

SP	SP	5	10	1	1	SP	20	1,5

MANGEARD Jacqueline - St-Barthélémy - 84210 PERNES-LES-FONTAINES - Tél : 04 90 66 47 79 - Fax : 04 90 66 47 79 - E-mail : mangeard.jacqueline@wanadoo.fr - http://www.ville-pernes-les-fontaines.fr/st-barthelemy

PERNES-LES-FONTAINES Ferme de Fontblanque

2 ch. Ferme indépendante, en campagne, avec collines, vignes et bois de pins. 2 ch. au r.d.c. (accessibles par l'extérieur) avec s. d'eau et wc privés. Ch. électrique. Salle à manger. Cheminée. Terrasse. Terrain non clos. Parking. Location de V.T.T. à 5 kms.

Prix : 1 pers. **200 F** 2 pers. **250 F** 3 pers. **300 F**

Ouvert : du 1er avril au 31 octobre.

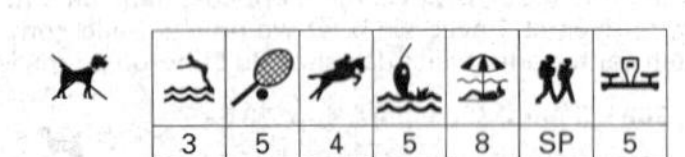

3	5	4	5	8	SP	5

BLANC Janine - Ferme de Fontblanque - 84210 PERNES-LES-FONTAINES - Tél : 04 90 61 62 61

PERNES-LES-FONTAINES La Petite Cheylude

5 ch. Sur un terrain de 4 ha., 5 chambres d'hôtes dans un mas provençal du XVIIe siècle avec entrée indépendante, piscine (8 x 12) sur place commune à 2 gîtes et aux propriétaires. 5 ch. au 1er étage avec s. d'eau et wc privés. Ch. électrique. Salle voûtée commune. Coin-cuisine. Terrasse. Terrain non clos. Langues parlées : anglais, allemand.

Prix : 1 pers. **300/340 F** 2 pers. **360/400 F** 3 pers. **450/470 F** pers. sup. **70 F**

Ouvert : du 1er février au 30 novembre.

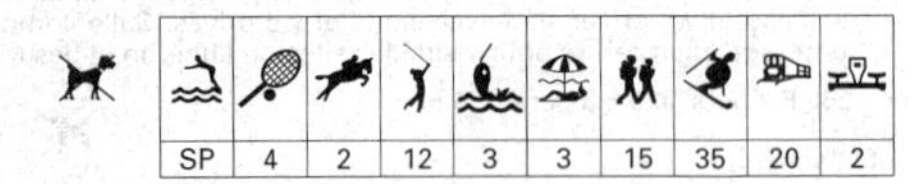

SP	4	2	12	3	3	15	35	20	2

HAK Jan - Domaine de la Petite Cheylude - 518 route de la Gasqui - 84210 PERNES-LES-FONTAINES - Tél : 04 90 61 37 24 - Fax : 04 90 61 67 00 - http://www.avignon-et-provence.com/petite-cheylude

PERNES-LES-FONTAINES Moulin de la Baume

5 ch. Ancien moulin très agréablement restauré, à la sortie du village, avec piscine sur place sur 5000 m2 de terrain clos. 2 ch. au 1er étage avec TV, s. d'eau et wc privés. 1 ch. au r.d.c. avec TV, s.d.b., salle de séjour et wc privés. 2 ch. au 1er étage avec TV, s.d.b. et wc privés. Ch. central. Salle commune. Terrasse. Parking. Tarif 4 pers. : 975 F. Langues parlées : anglais, hollandais.

Prix : 1 pers. **475 F** 2 pers. **600/725 F** 3 pers. **850 F** pers. sup. **125 F**

Ouvert : toute l'année.

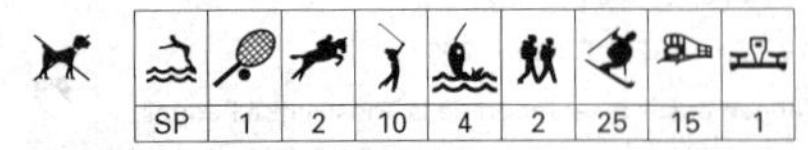

SP	1	2	10	4	2	25	15	1

LECOMPTE Eddy - Moulin de la Baume - 182, route d'Avignon - 84210 PERNES LES FONTAINES - Tél : 04 90 66 58 36 - Fax : 04 90 61 69 42

PERNES-LES-FONTAINES Le Mas Pichony

5 ch. Mas de caractère indépendant du XVIIe siècle, dans les vignes avec piscine sur place (10 x 5), terrasse ombragée et terrain non clos. Bel environnement. 4 ch. au 1er ét. avec s. d'eau et wc privés. 1 ch. au 2e ét. avec s.d.b. et wc privés. Ch. central. Salle commune avec cheminée en service, bibliothèque, TV. Lit bébé à dispo. gratuitement. Parking. Produits du terroir. Table d'hôtes le soir sur réservation. Langue parlée : italien.

Prix : 1 pers. **430 F** 2 pers. **450/520 F** 3 pers. **630 F** pers. sup. **120 F**
repas **150 F**

Ouvert : toute l'année.

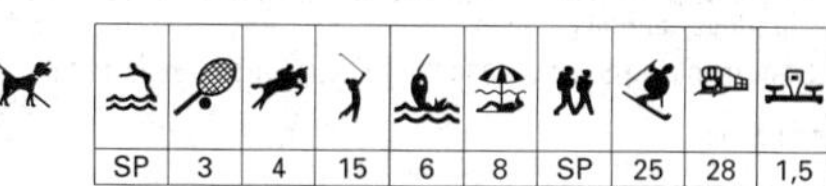

SP	3	4	15	6	8	SP	25	28	1,5

FAURE-BRAC Françoise & J-Pierre - Le Mas Pichony - 1454 rte de St-Didier (RD28) - 84210 PERNES-LES-FONTAINES - Tél : 04 90 61 56 11 ou 06 20 83 72 35 - Fax : 04 90 61 56 33 - E-mail : mas-pichony@wanadoo.fr - http://www.eurobandb.com/gites/pichony_f.htm

PERNES-LES-FONTAINES Domaine de Nesquière

4 ch. Belle maison de famille du XVIIIe s. dans une grande propriété agricole. 4 ch. agréablement décorées : au 2e étage 2 suites (2 à 4 pers.), douche, wc privés, petit frigo, tisanière, TV. Au 1er étage 1 ch. 2 pers., douche, wc privés, petit frigo, tisanière, TV. 1 ch. 2 pers., s.d.b., wc, coin-cuisine et TV. Salon, bibliothèque et piano à dispo. des hôtes. Parking couvert et buanderie. Table d'hôtes sur réservation sauf le mercredi. Chemin de promenade longeant une rivière, calme, détente, espace. Il y a un gîte de séjour dans la propriété. Tarif 4 pers. : 550 F. Langue parlée : anglais.

Prix : 1 pers. **280/350 F** 2 pers. **320/400 F** 3 pers. **480 F**
pers. sup. **50/90 F** repas **135 F**

Ouvert : toute l'année.

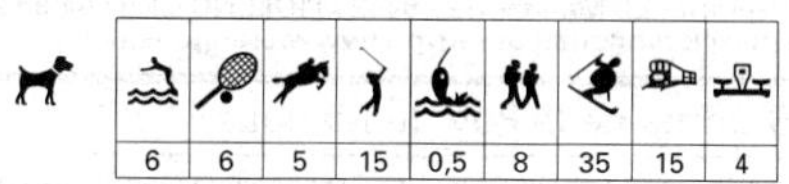

6	6	5	15	0,5	8	35	15	4

DE MAINTENANT Isabelle - 5419, route d'Althen - Domaine de la Nesquière - 84210 PERNES-LES-FONTAINES - Tél : 04 90 62 00 16 - Fax : 04 90 62 02 10 - http://www.guideweb.com/provence/bb/la-nesquiere

PERNES-LES-FONTAINES Hauterive

3 ch. Maison de village avec jardin clos et piscine (5 x 10) sur place. 1 ch. en annexe avec coin-cuisine, salon, TV, s. d'eau et wc privés. 3 ch. avec s. d'eau et wc privés. Ch. central. Salle commune. TV. Terrasse. Tarif 4 pers. : 800 F. Langue parlée : italien.

Prix : 1 pers. **400/500 F** 2 pers. **450/550 F** 3 pers. **650/750 F**

Ouvert : toute l'année.

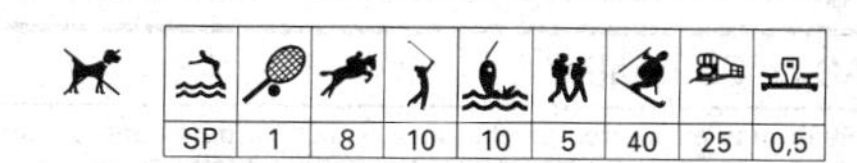

SP	1	8	10	10	5	40	25	0,5

COIZY Mireille - 473, chemin des Coudoulets - Hauterive - 84210 PERNES-LES-FONTAINES - Tél : 04 90 61 57 94 - http://perso.wanadoo.fr/hauterive

PERTUIS

3 ch. **La Roque d'Anthéron 18 km. Aix 20 km. La Tour d'Aigues 6 km.** Maison ancienne, dans le village, caractère provençal avec jardin fleuri et ombragé clos donnant sur un cours fleuri. 3 ch. au 1er étage avec s. d'eau privée, wc commun aux ch.. Ch. central. Salon. Cheminée. Bibliothèque. Terrasse. Parking facile et poss. garage fermé (20 F). Sorties 4 x 4. Vol à voile à 30 km. Langue parlée : anglais.

Prix : 1 pers. **260 F** 2 pers. **300/340 F** 3 pers. **420 F** pers. sup. **60/80 F**

Ouvert : toute l'année.

1	1	2	22	2	2	SP	22	SP

VAN COUYGHEM Clémence - La Charmotte - 296 cours de la République - 84120 PERTUIS - Tél : 04 90 79 09 79 - Fax : 04 90 79 09 79

PERTUIS Les Condamines

2 ch. Partie sud de la ferme des propriétaires, dans les vignes. 1 ch. au 1er étage avec coin-cuisine, s. d'eau et wc privés. 1 ch. au 1er étage avec s. d'eau et wc privés, réfrigérateur. Ch. central au fuel. Salle à manger. Grande terrasse fleurie commune aux 2 chambres. Jardin privatif. Parking. Tarif 4 pers. 400 F. Langues parlées : allemand, italien.

Prix : 1 pers. **270/300 F** 2 pers. **300/335 F** 3 pers. **370 F** pers. sup. **60 F**
repas **90 F**

Ouvert : toute l'année.

2	2,5	2,5	5	5	SP	24	4

GINDRAT André et Michèle - Les Condamines - 84120 PERTUIS - Tél : 04 90 79 04 52

PIOLENC Les Buisses

TH

5 ch. Au pied du massif d'Uchaux en pleine nature, au calme, venez flâner au bord du plan d'eau poissonneux à l'ombre d'arbre centenaires. Dans un mas XVIIe restauré, 5 ch. indépendantes dont 3 en annexe avec réfrigérateur, s. d'eau et wc privés. Ch central. Terrasse, tables et chaises de jardin, barbecue, coin-repas. Parking fermé et ombragé. Piscine (5 x 10), bains de soleil Cuisine provençale et généreuse : vin, apéritif et café compris. Parc de loisirs à 5 kms. Escalade à 15 kms. Forêt sur place. Langues parlées : anglais, italien.

Prix : 1 pers. **200/220 F** 2 pers. **250/280 F** pers. sup. **100 F** repas **120 F**

Ouvert : toute l'année.

SP	3	3	8	SP	SP	SP	5	2

LEVEQUE Jean - Les Buisses - Qu. des Paluds - Route Orange-Uchaux - 84420 PIOLENC - Tél : 04 90 40 62 25 ou 04 90 40 63 75

PIOLENC La Mandarine

5 ch. Mas provençal avec cour intérieure, piscine, grand verger arboré clos. 2 ch. au 1er étage avec s.d.b. et wc privés. 3 ch. au 1er étage avec s. d'eau et wc privés. Ch. central. Salle commune avec bibliothèque, cheminée en service et TV. Cuisine d'été. Atelier de peinture. Terrasse. Parking fermé. Centre nautique de Piolenc à 1 km. Restaurant de la propriétaire au centre du village. Tarif 4 pers. : 550 F. Langues parlées : anglais, allemand.

Prix : 1 pers. **350/450 F** 2 pers. **350/450 F** 3 pers. **550 F**

Ouvert : de Pâques à la Toussaint, hors saison sur réservation.

SP	1	1	8	2	1	0,5	8	1

DELAROCQUE Gérard - La Mandarine - 84420 PIOLENC - Tél : 04 90 29 59 88 ou 04 90 29 69 99 - Fax : 04 90 29 67 74 - E-mail : mandarine@orangerie.net - http://www.orangerie.net

PUYMERAS Domaine le Puy du Maupas

TH

5 ch. Grande maison neuve (non fumeur) attenante à un caveau de dégustation, piscine (16 x 7) sur place. 1 ch. au 1er ét. avec s.d.b. et wc privés. 4 ch. au 1er ét. avec s. d'eau et wc privés. Ch. central. Salle commune. Salon. Salle à manger. Cheminée. TV. Terrasse. Parking. Table d'hôtes du 15/06 au 15/09 sur réserv. et/ou sur proposition de la maîtresse de maison. Découverte des produits du terroir servis à table, de nos vins vinifiés à la propriété. Coin-lavage sous la montée d'escalier (vaisselle pique-nique) et avec réfrigérateur (boissons au frais). Poss. de téléphoner (compteur).

Prix : 1 pers. **280 F** 2 pers. **300 F** 3 pers. **400 F** repas **130 F**

Ouvert : du 15 janvier au 31 octobre.

SP	2	8	5	5	0,1	35	2

SAUVAYRE Christian - Domaine le Puy du Maupas - Route de Nyons - 84110 PUYMERAS - Tél : 04 90 46 47 43 - Fax : 04 90 46 48 51 - http://www.guideweb.com/provence/chambres_hotes/maupas

PUYMERAS Le Saumalier

2 ch. Beau mas en pierres perché sur une colline dominant la campagne face au Ventoux. Terrasse donnant sur un terrain arboré d'oliviers et pelouse très reposante. Piscine intérieure avec nage à contre-courant. 1 ch. au 1er étage avec une grande baie vitrée donnant sur le Ventoux, s.d.b. et wc privés. 1 ch. au 2e étage avec s. d'eau et wc privés. Ch. central au sol. Salle commune. Salon. Salle à manger. TV. Parking. Langue parlée : anglais.

Prix : 1 pers. **330/380 F** 2 pers. **350/400 F** 3 pers. **450/500 F**

Ouvert : toute l'année sauf fêtes de fin d'année.

SP	2	10	20	4	6	SP	20	25	2

SAUVAYRE Michèle et J. Luc - Le Saumalier - 84110 PUYMERAS - Tél : 04 90 46 49 61 - Fax : 04 90 46 49 61

PUYMERAS L'Oustau des Oliviers

TH

4 ch. Maison récente dans les collines située au milieu de notre expl. viticole, piscine (7 x 14) sur place éloignée des ch. afin de conserver calme et tranquilité. Vente de notre huile d'olive et vin des Côtes du Rhone. 4 ch. au r.d.c. avec s. d'eau et wc privés. Salle commune. Frigidaire, micro-ondes. Salon. S.a.m.. Bibliothèque. Terrasse avec salon de jardin. Barbecue. Bassin d'agrément. Terrain de boules. Table de ping-pong. Itinéraires de rand. pédestres fléchés à partir de la maison. Loc. de V.T.T. à 6 kms. Table d'hôtes sauf mardi et samedi soir, sur réserv.. Apéritif, vin et café compris dans le repas. Semaines à thèmes. Tarif 4 pers. : 540 F.

Prix : 1 pers. **300 F** 2 pers. **340 F** 3 pers. **450 F** repas **130 F**

Ouvert : du 1er avril au 15 octobre.

SP	2	7	25	15	15	SP	35	30	5

ROUSTAN Marie-Françoise - L'Oustau des Oliviers - Quartier des Eyssarettes - 84110 PUYMERAS - Tél : 04 90 46 45 89 - Fax : 04 90 46 40 93

PUYMERAS Le Jas des Grands Cèdres

TH

2 ch. Ferme indépendante dans les vignes et les collines au dessus de Vaison la Romaine, près du village de Puymeras. 2 ch. au 1er étage avec s. d'eau et wc privés. Ch. central. Salle commune. Terrasse. Terrain non clos dans propriété de 10 ha..1/2 pension 2 pers. 430 F.

Prix : 1 pers. **230 F** 2 pers. **260 F** repas **100 F** 1/2 pens. **310 F**

Ouvert : toute l'année.

7	2	10	10	8	SP	40	65	2

MEYER Marc - Le Jas des Grands Cèdres - 84110 PUYMERAS - Tél : 04 90 46 42 29 ou 06 62 82 73 25 - Fax : 04 90 46 53 12

RASTEAU

4 ch. A la sortie du village, 3 ch. avec s.d.b. et wc privés. 1 ch. avec s. d'eau et wc privés. Ch. central. Salle commune. Jardin non clos. Parking. Jeux d'enfants. Restaurant à 3 kms. Tarif 4 pers. 320 F.

Prix : 1 pers. **120 F** 2 pers. **180 F** 3 pers. **250 F** pers. sup. **50 F**

Ouvert : toute l'année.

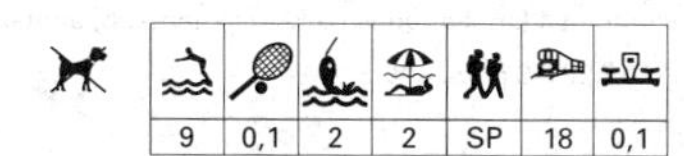

9	0,1	2	2	SP	18	0,1

MOURGAND Yvonne - Route de Cairanne - 84110 RASTEAU - Tél : 04 90 46 11 12

RICHERENCHES Ferme de la Commanderie

TH

3 ch. Belle ferme templière du XVIe siècle avec cour intérieure ombragée, jardins, parc de 8 ha., terrasse. En campagne, au pied d'une colline ombragée, 8 ha. de promenade privé. 1 ch. avec s.d.b. et wc privés, coin-cuisine. Salon au r.d.c. 2 ch. au 1er étage avec s.d.b. et wc privés. Ch. central au fuel. Salle commune. Salons. Cheminée en service. Bibliothèque. Parking. Décor soigné, ambiance feutré. Cuisine authentique aux saveurs délicates. Vin et café compris dans repas. Langues parlées : anglais, italien.

Prix : 2 pers. **450/600 F** 3 pers. **600/750 F** pers. sup. **150 F** repas **180 F**

Ouvert : toute l'année.

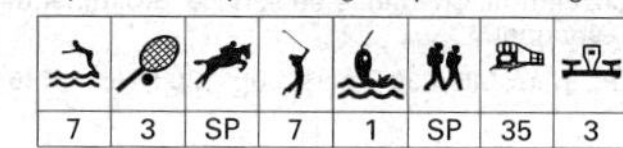

7	3	SP	7	1	SP	35	3

GULIELMO J-Marie & Françoise - Ferme de la Commanderie - Domaine Hugues de Bourbouton - 84600 RICHERENCHES - Tél : 04 90 28 02 29 - Fax : 04 90 28 04 45 - http://www.guideprovence.com/bb/commanderie

ROAIX Les Grillons

3 ch. Grande maison en pierres avec verger et jardin fleuri, à proximité du village. 3 ch. indépendantes avec lababo, s.d.b. et wc communs aux chambres. Ch. électrique. Salle à manger. Parking.

Prix : 1 pers. **200 F** 2 pers. **225 F** pers. sup. **80 F**

Ouvert : toute l'année.

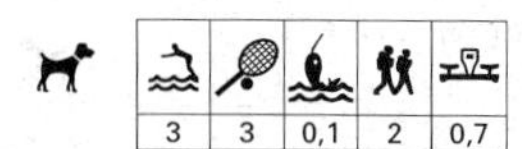

3	3	0,1	2	0,7

BOURDONNAS Emile - Les Grillons - 84110 ROAIX - Tél : 04 90 46 14 45

ROAIX Les Auzieres

5 ch. Ferme des propriétaires avec piscine sur place (14 x 7), patios, terrasses, cours et grand terrain non clos. 5 ch. au r.d.c. avec TV, s. d'eau et wc privés. Ch. électrique. Salon (bibliothèque et piano). Salle à manger. Cheminée en service. Parking. Ping-pong. Billard. Poss. location de VTT. Réduction pour longs séjours. Table d'hôtes sur réservation uniquement. Tarif 4 pers. 680 F.

Prix : 1 pers. **300 F** 2 pers. **400 F** pers. sup. **80 F** repas **135 F**

Ouvert : du 15 mars au 15 octobre.

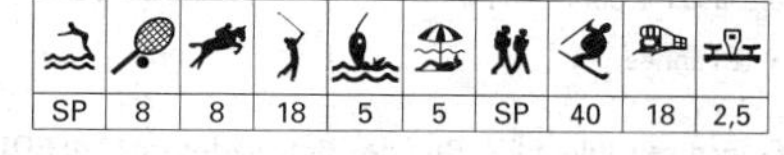

SP	8	8	18	5	5	SP	40	18	2,5

CUER Alain - Les Auzières - 84110 ROAIX - Tél : 04 90 46 15 54 - Fax : 04 90 46 12 75

ROBION L'Escombeau

2 ch. Dans villa en campagne, 1 ch. au r.d.c. avec s. d'eau et wc privés. 1 ch. au 1er étage avec s.d.b. privée sur le palier, wc et terrasse privés. Chauffage. Salle commune. Cour close. Terrain clos de 2600 m². Parking. Circuits pédestres à proximité. Villages touristiques à proximité. Restaurants à 1,5 km. Cafétéria à 3 kms. Langue parlée : espagnol.

Prix : 1 pers. **200 F** 2 pers. **240 F** 3 pers. **340 F**

Ouvert : toute l'année.

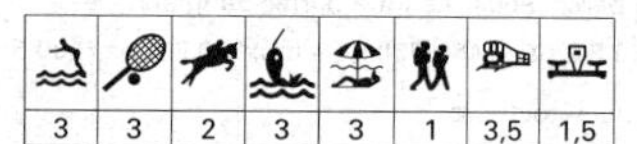

3	3	2	3	3	1	3,5	1,5

LAFFONT Isabelle - Route de Cavaillon - 84440 ROBION - Tél : 04 90 76 27 99

ROBION Domaine Canfier

TH

3 ch. Ferme indépendante de caractère avec piscine (11 x 5) sur place, en campagne. 1 ch. au 1er étage avec s.d.b. et wc privés. 2 ch. au 2e étage avec s. d'eau et wc privés. Ch. central. Salle commune. Salon. Salle à manger. Cheminée en service. Bibliothèque. Piano. TV. merrasse. Jardin clos. Parking. Table d'hôtes 3 à 4 fois/sem. Tarif 4 pers. : 620 F. Langues parlées : anglais, espagnol.

Prix : 1 pers. **370 F** 2 pers. **420 F** 3 pers. **570 F** pers. sup. **90 F** repas **125 F**

Ouvert : toute l'année.

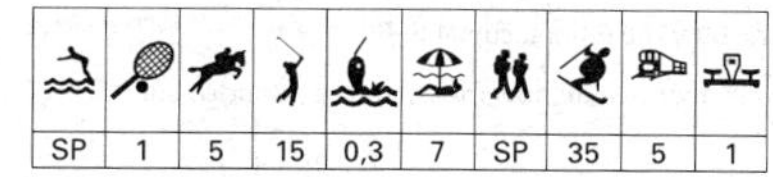

SP	1	5	15	0,3	7	SP	35	5	1

CHARVET Michel et Catherine - Domaine de Canfier - 84440 ROBION - Tél : 04 90 76 51 54 - Fax : 04 90 76 67 99 - E-mail : canfier@aol.com

ROUSSILLON Poterie de Pierroux

5 ch. Grande maison ocrée rose avec cour intérieure fleurie, en campagne. 5 ch. avec s. d'eau et wc privés. Ch. électrique. Salon, TV, bibliothèque. Cuisine d'été équipée à disposition. Bibliographie et cartes I.G.N. locales. Poss. lit enfant. Parking ombragé. Jardin non clos. Tables de jardin et chaises longues dans cour intérieure. Calme, nature et bois alentour. Exposition et stages de poterie sur place. Restaurant 1 km. Langues parlées : allemand, anglais.

Prix : 1 pers. **280 F** 2 pers. **320/350 F** 3 pers. **400 F**

Ouvert : toute l'année.

7	0,5	5	20	SP	45	2

FRUCHART-CHEMERY Claire - Poterie de Pierroux - 84220 ROUSSILLON - Tél : 04 90 05 68 81 - Fax : 04 90 05 68 81 - http://www.pierroux.fr

ROUSSILLON Clavaillan

TH

2 ch. Très belle villa indépendante avec piscine (12 x 6) sur place sur 17 000 m^2 de terrain clos arboré dans les collines, très belle vue. 1 suite (58 m^2) au r.d.c., équipée pour pers. handicapées, avec salon, TV, mini-bar, s.d.b. et wc privés. 1 ch. au r.d.c. avec s.d.b. et wc privés. Ch. central. Cheminée en service. Bibliothèque. TV. Terrasse. Parking. Fax. Vin non compris dans repas. Langues parlées : anglais, espagnol.

Prix : 1 pers. **500/620 F** 2 pers. **580/690 F** pers. sup. **130 F** repas **145 F**

Ouvert : toute l'année.

SP	3	3	20	20	SP	45	3,5

LACOMBE Christine - Mas d'Azalais - Clavaillan - 84220 ROUSSILLON - Tél : 04 90 05 70 00 - Fax : 04 90 05 70 00

ROUSSILLON Les Passiflores - Les Huguets

TH

3 ch. Vieille maison provençale entièrement rénovée, dans un petit hameau typique. 3 ch. au 1er étage avec s. d'eau et wc privés. Ch. électrique. Terrain non clos avec jardin et terrasses ombragés. Beaucoup de fleurs. Un calme et un charme agréables. Table d'hôtes, cuisine provençale. Salle commune. Parking. Taxe de séjour du 01/05 au 30/09.

Prix : 2 pers. **280/310 F** pers. sup. **100 F** repas **115 F**

Ouvert : toute l'année.

9	3,5	6	20	20	SP	40	3,5

MADON Chantal - Les Passiflores - Les Huguets - 84220 ROUSSILLON - Tél : 04 90 05 69 61 - Fax : 04 90 05 69 61

ROUSSILLON Villa Elia

2 ch. Maison de maître XVIIIe siècle, restaurée avec beaucoup de soin, située dans le village, au calme, exposée est-ouest. 2 ch. personnalisées avec s. d'eau, wc, TV, mini-bar. Très belle vue panoramique sur Roussillon, Gordes et le Luberon. Jardin d'agrément à 30 m de la maison, rafraichi par piscine, au sud, en terrasses, dans un site ocrier classé par 'les bâtiments de France'. Parking privé clos. Langues parlées : anglais, italien.

Prix : 1 pers. **500 F** 2 pers. **600 F**

Ouvert : toute l'année.

SP	10	5	25	SP	45	SP

GAMBA Françoise - Villa Elia - Rue des Bourgades - 84220 ROUSSILLON EN PROVENCE - Tél : 04 90 05 72 99 ou 06 86 50 12 46 - Fax : 04 90 05 72 99

ROUSSILLON La Bastide Basse

TH

3 ch. Beau mas agréablement restauré, dans les collines sur 6 ha. avec piscine sur place, beau terrain paysagé. 1 suite au 1er étage avec petit salon, 1 ch., s.d.b. et wc privés. 1 ch. au 1er étage avec s.d.b. et wc privés. 1 ch. au 1er étage avec s. d'eau et wc privés. Ch. électrique. Salle commune avec TV, bibliothèque, cheminée en service. Parking. Table d'hôtes occasionnellement sur réservation. Tarif 4 pers. : 900 F. Langue parlée : anglais.

Prix : 1 pers. **400/700 F** 2 pers. **450/750 F** 3 pers. **830 F** repas **130 F**

Ouvert : du 15 mars au 15 octobre.

SP	3	0,5	25	10	SP	35	2

FRANCIN Patricia-J-Philippe - La Bastide Basse - 84220 ROUSSILLON - Tél : 04 90 05 77 76 ou 06 07 96 21 38 - Fax : 04 90 05 77 76

ROUSSILLON La Bastide des Grand Cyprés

5 ch. Bastide du XVIIIe siècle de hameau, dans les cerisiers, très calme au pied du village. Piscine (12 x 6) et jardin arboré clos. 2 ch. au 1er étage avec s. d'eau et wc privés. 3 ch. au 2e étage avec s. d'eau et wc privés. Ch. central. Salon avec cheminée en service, bibliothèque, TV. Terrasse. Parking. V.T.T., ping-pong et boules à disposition. Vols en montgolfière, décollage à proximité de la propriété. Langues parlées : anglais, allemand.

Prix : 2 pers. **500/700 F** pers. sup. **130 F**

Ouvert : du 1er mars au 30 novembre, autres périodes sur réservation.

SP	3	3	20	8	SP	40	37	2

LAVAL Mary-José - La Bastide des Grands Cyprès - Hameau les Yves - 84220 ROUSSILLON - Tél : 04 90 05 62 10 ou 06 08 91 01 62 - Fax : 04 90 05 70 41 - E-mail : grands.cypres@wanadoo.fr - http://www.guideweb.com/provence/bb/grands-cypres

ROUSSILLON Les Gaillanes

2 ch. Villa sur terrain arboré, au calme, en campagne, à proximité des falaises d'ocre, avec piscine. 2 ch. au r.d.c. avec s. d'eau, wc et terrasse privés. Ch. électrique. Salle commune avec cheminée en service, bibliothèque et TV. Parking. Langues parlées : anglais, allemand.

Prix : 1 pers. **280/300 F** 2 pers. **320/350 F** pers. sup. **100 F**

Ouvert : toute l'année.

SP	2	10	40	10	SP	50	2,5

PISTER Georges - Les Gaillanes - 84220 ROUSSILLON - Tél : 04 90 05 75 63

RUSTREL La Forge

4 ch. Grand bâtiment du XIXe siècle classé monument historique (hauts fourneaux), avec piscine (9 x 4) sur place, en campagne, à l'entrée de la forêt du Colorado Provençal. 3 ch. en annexe sur terrasse gazonnée avec s.d.b. et wc privés. 1 suite avec s.d.b. et wc privés. Ch. central au gaz. Salle commune. Cheminée en service. TV. Barbecue. Garage. Parking. Table d'hôtes sur réservation. Langues parlées : anglais, espagnol.

Prix : 1 pers. **460/770 F** 2 pers. **490/800 F** 3 pers. **740/830 F** pers. sup. **110/280 F** repas **180 F**

Ouvert : du 1er mars au 20 novembre et du 26 décembre au 10 janvier.

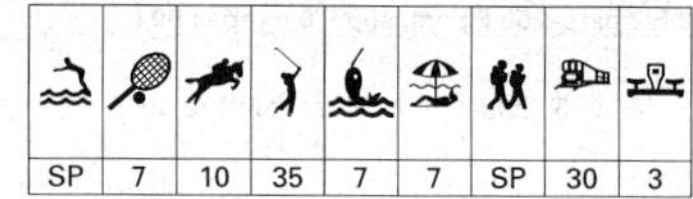

SP	7	10	35	7	7	SP	30	3

BERGER-CECCALDI Dominique - La Forge - Notre Dame des Anges - 84400 RUSTREL - Tél : 04 90 04 92 22 - Fax : 04 90 04 95 22

RUSTREL Campagne Istrane

2 ch. Ferme restaurée du XVIIIe siècle en lisière du Colorado Provençal. 2 ch. au 1er étage avec s. d'eau et wc privés. Ch. central au bois. Salle à manger. Terrasse à l'ombre de platanes centenaires donnant sur un jardin avec bassin de source. Environnement naturel, calme et protégé. Terrain non clos. Parking. Petit déjeuner copieux. Réduction pour longs séjours. Langues parlées : anglais, allemand.

Prix : 1 pers. **270 F** 2 pers. **300 F** 3 pers. **350 F**

Ouvert : toute l'année.

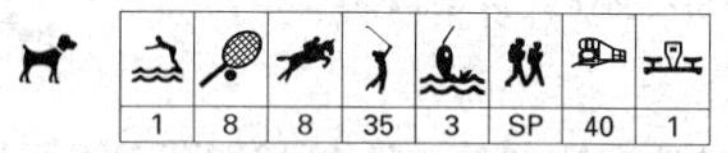

1	8	8	35	3	SP	40	1

VON LOGA - GUIRAUD Berrit et Charles - Campagne « Istrane » - 84400 RUSTREL - Tél : 04 90 04 92 86

SABLET Les Catalans

5 ch. Maison du propriétaire, piscine sur place, en campagne. 5 ch. au r.d.c. (accès intérieur et extérieur) avec s. d'eau et wc privés. Ch. électrique. Salle commune. Salon. Terrain non clos. La salle à manger est aménagée en véranda. Réfrigérateur à la disposition des hôtes. Tarif 4 pers. : 400 F.

Prix : 1 pers. **200 F** 2 pers. **270 F** 3 pers. **320 F** pers. sup. **80 F** repas **120 F**

Ouvert : toute l'année.

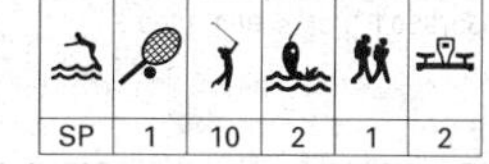

SP	1	10	2	1	2

CASAS Muriele - Les Catalans - 84110 SABLET - Tél : 04 90 46 92 42

SAIGNON La Pyramide Alt. : 536 m

4 ch. Belle maison à l'orée du village avec patio, piscine commune sur place, jardin clos aménagé. 1 ch. en rez de jardin avec s.d.b. et wc privés. 2 ch. au r.d.c. avec s.d.b. et wc privés. 1 ch. au 1er étage avec s.d.b. et wc privés. Ch. central. Salle commune. Parking. Tarif 4 pers. : 720 F.

Prix : 1 pers. **355/365 F** 2 pers. **390/400 F** 3 pers. **560 F**

Ouvert : toute l'année.

SP	2	1	4	SP	55	SP

FRANCOIS Françoise - La Pyramide - Rue du Jas - 84400 SAIGNON - Tél : 04 90 04 70 00 - Fax : 04 90 04 78 87

SAINT-DIDIER Le Mas des Abricotiers

5 ch. Mas indépendant restauré, à l'entrée du village, avec piscine (12 x 6) sur place, cour fermée et grand terrain planté d'abricotiers. Bel environnement. Vue sur Mont-Ventoux et Dentelles de Montmirail. 3 ch. dont 1 avec mezzanine avec s. d'eau et wc privés. 2 ch. avec s.d.b. et wc privés. Ch. central. Salle à manger avec TV. Parking. Table d'hôtes 2 fois par sem.. Langues parlées : anglais, allemand.

Prix : 2 pers. **380/590 F** 3 pers. **540/640 F** pers. sup. **120 F** repas **150 F**

Ouvert : toute l'année.

SP	1	2	10	SP	30	23	0,8

DUBUC Christine - 193, chemin des Terres Mortes - Le Mas des Abricotiers - 84210 SAINT-DIDIER - Tél : 04 90 66 19 16 - Fax : 04 90 66 19 22 - http://www.bleu-provence.com

SAINT-MARCELLIN-LES-VAISON

2 ch. Vieille ferme indépendante en partie rénovée, sous le village, au sud, avec cour close ombragée et grand terrain. 2 ch. au 1er étage avec s.d.b. et wc privés. Ch. au sol giothermique. Salle commune avec cheminée en service, bibliothèque et TV. Parking. Langues parlées : anglais, hollandais.

Prix : 1 pers. **300 F** 2 pers. **375 F**

Ouvert : de mai à septembre.

2,5	2,5	20	0,5	5	SP	50	2,5

GONFALONE Irène et Alain - 128, chemin de l'Ouzière - 84110 SAINT-MARCELLIN-LES-VAISON - Tél : 04 90 36 11 11 - Fax : 04 90 36 11 11

SAINT-MARTIN-DE-CASTILLON La Testaniere

TH

2 ch. Maison de caractère isolée, en campagne. 2 ch. avec s. d'eau et wc privés. Salle commune. Séjour. Forêt, chasse sur place. Restaurant à la ferme. Location sur réservation exclusivement. Arrivée si possible à partir de 18 heures. Langue parlée : allemand.

Prix : 1 pers. **200 F** 2 pers. **250 F** pers. sup. **70 F** repas **90 F**
1/2 pens. **215 F**

Ouvert : du 1er février au 31 juillet et du 1er septembre au 30 novembre.

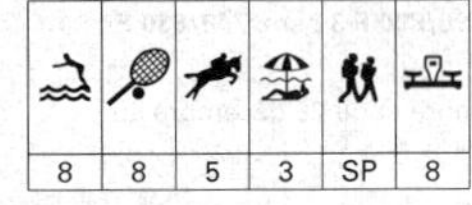

8	8	5	3	SP	8

MERAT - La Testanière - 84750 SAINT-MARTIN-DE-CASTILLON - Tél : 04 90 75 24 88

SAINT-MARTIN-DE-CASTILLON Mas d'Aigrevin Alt. : 585 m

2 ch. Partie de la ferme des propriétaires, très isolée sur une colline, face au Luberon, en campagne, très belle vue. Petite terrasse avec petite piscine très agréable et ensoleillée. 2 ch. (avec entrée indépendante) au r.d.c. avec s.d.b. et wc privés. Ch. central. Parking. Terrain non clos. Planche à voile et canoë à 12 kms. Tarif 4 pers. : 600 F. Langue parlée : italien.

CV

Prix : 1 pers. **250 F** 2 pers. **300 F** 3 pers. **370/450 F**

Ouvert : toute l'année.

SP	6	6	12	SP	2

FRAVEGA Vincent et Nine - Mas d'Aigrevin - 84750 SAINT-MARTIN-DE-CASTILLON - Tél : 04 90 75 20 85

SAINT-PIERRE-DE-VASSOLS La Barjaquière

5 ch. Au pied du Mt-Ventoux, très belle maison du XVIIe décorée à l'ancienne qui saura vous séduire par son charme et le raffinement de sa décoration, magnifiée par ses patines à l'ancienne. Espaces privatifs, bistrot provençal, terrasses, patio, jardin d'hiver, piscine intérieure et extérieure, sauna, salle de remise en forme. Cadre privilégié de tout un art de vivre retrouvé. 1 ch. avec s.d.b., s. d'eau et wc privés. 1 ch. avec s.d.b. et wc privés. 1 ch. avec s. d'eau (douche à jets) et wc privés. 1 suite avec s.d.b. balnéo et wc privés. 1 suite avec s. d'eau et wc privés. Langues parlées : anglais, allemand.

Prix : 1 pers. **650/950 F** 2 pers. **650/950 F** 3 pers. **900/1100 F**

Ouvert : toute l'année.

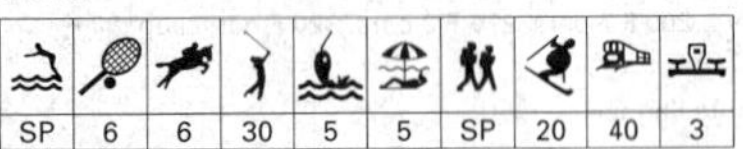

SP	6	6	30	5	5	SP	20	40	3

GHISLAINE André et PONCET Daniel - La Barjaquière - 84330 SAINT-PIERRE-DE-VASSOLS - Tél : 04 90 62 48 00 ou 06 16 33 21 05 - Fax : 04 90 62 48 06 - http://www.la-barjaquiere.com

SAINT-ROMAN-DE-MALEGARDE Le Colombier

4 ch. Partie de la ferme des propriétaires vignerons, située en campagne au milieu des vignes. Très calme. Piscine privée (10 x 5) des propriétaires à la disposition des locataires. 4 ch. au 1er étage avec s. d'eau et wc privés. Grande salle à disposition des hôtes comprenant plaque de cuisson, frigidaire et TV. Non chauffé. Terrain non clos. Possibilité de randonnée pédestre. Location de V.T.T. sur place. Tarif 4 pers. 320 F.

CV

Prix : 1 pers. **200 F** 2 pers. **260 F** 3 pers. **300 F**

Ouvert : du 15 avril au 15 octobre.

SP	3	3	20	1	1	1	20	2

ARNAUD Jean-Paul - Le Colombier - 84290 SAINT-ROMAN-DE-MALEGARDE - Tél : 04 90 28 92 21

SAINT-TRINIT Les Bayles Alt. : 850 m

A TH

5 ch. Ferme équestre dans laquelle il y a une ferme auberge. Piscine couverte commune. 5 ch. avec s. d'eau et wc privés. Ch. électrique. Salle commune. TV. Cheminée en service. Coin-lecture. Terrain non clos. Location de V.T.T.. Poss. stages équestres. Poss. 1/2 pens. à partir du 3e jour. Tarif 4 pers. : 440 F. Langue parlée : anglais.

CV

Prix : 1 pers. **250 F** 2 pers. **270 F** 3 pers. **340 F** pers. sup. **110 F**
repas **90/120 F** 1/2 pens. **350 F**

Ouvert : toute l'année sur réservation.

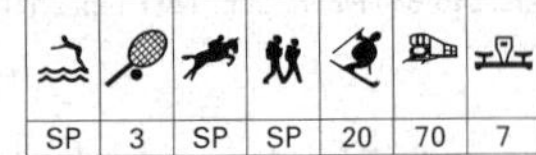

SP	3	SP	SP	20	70	7

RIVIERRE Marielle - Les Bayles - 84390 SAINT-TRINIT - Tél : 04 90 75 00 91 - Fax : 04 90 75 00 91

SARRIANS Les Garrigues

3 ch. Mas du XIXe siècle, près du village, avec 1000 m^2 de terrain clos arboré. 1 ch. au 1er étage avec s. d'eau et wc privés. 1 ch. au 1er étage avec s.d.b. et wc privés. 1 suite (2 ch.) au 1er étage avec s.d.b. et wc privés. Ch. central. Salle commune avec cheminée en service. TV. Bibliothèque. Cuisine d'été. Barbecue. Parking. Cartes et guides. Restaurant à 1 km. Tarif 4 pers. : 500 F. Langues parlées : anglais, espagnol.

Prix : 1 pers. **240 F** 2 pers. **280 F** 3 pers. **400 F** pers. sup. **60 F**

Ouvert : du 1er avril au 5 novembre.

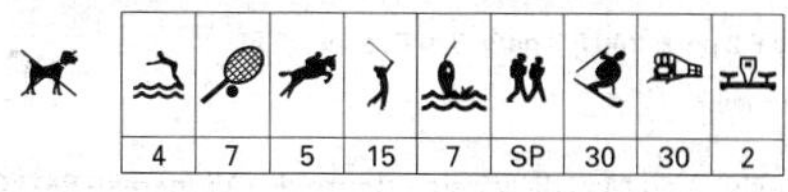

CORBAZ Suzanne - Les Garrigues - 84260 SARRIANS - Tél : 04 90 65 52 46 - Fax : 04 90 65 52 22

SARRIANS/VACQUEYRAS Le Mas des Grandes Roques

5 ch. Au pied des Dentelles de Montmirail, sur la route des vins, très calme, mas restauré typiquement provençal sur 3 ha. arborés, jardin d'agrément. 2 ch. avec s. d'eau et wc privés. 2 ch. avec s.d.b. et wc privés. 1 suite avec s. d'eau, s.d.b. et wc privés. Ch. central. Salle à manger, coin bar. Salon de lecture, TV. Terrasse ombragée. Parking. Dîners sur réservation. Tarif 4 pers. : 760 F. Langues parlées : anglais, allemand.

Prix : 1 pers. **440/520 F** 2 pers. **460/540 F** 3 pers. **650 F** pers. sup. **110 F** repas **130 F**

Ouvert : toute l'année.

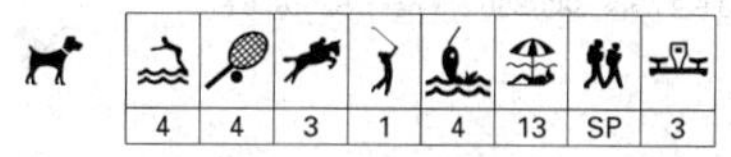

LEJEUNE Sébastien - Le Mas des Grandes Roques, Qu. Des Roques, Rte de Vacqueyras - 84260 SARRIANS - Tél : 04 90 12 39 42 - Fax : 04 90 12 39 56

SAUMANE

3 ch. Maison en pierre sèche, située dans la colline, en campagne, avec vue imprenable sur le vieux village, dans le calme absolu d'un site de terrasses. 3 ch. avec s. d'eau et wc privés. Ch. électrique. Salle commune. Séjour. Cuisine. Terrain non clos de 1 ha. Table de ping-pong. Restaurant à 300 mètres.

Prix : 2 pers. **250 F** 3 pers. **270 F**

Ouvert : toute l'année.

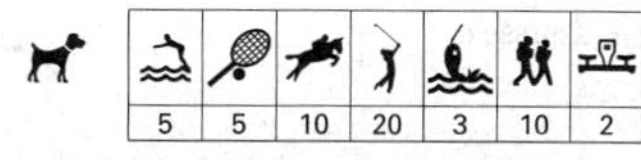

BEAUMET Robert - Chemin de la Tapy - 84800 SAUMANE - Tél : 04 90 20 32 97 - Fax : 04 90 20 32 97

SEGURET Domaine Saint-Just

5 ch. Beau mas, sur une colline, en campagne, avec cour intérieure, belle vue. 5 ch. au 2e étage avec s. d'eau et wc privés. Ch. électrique. Salle commune. Salle à manger. Tarif 4 pers. : 350/420 F.

Prix : 1 pers. **200 F** 2 pers. **280 F** 3 pers. **300/350 F**

Ouvert : du 1er avril au 15 octobre.

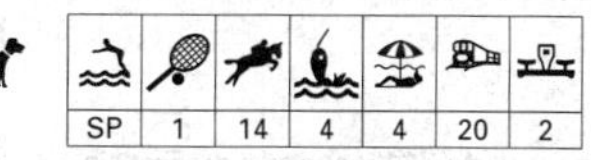

MONTJEAN Jacqueline - Domaine Saint-Just - Route de Vaison - 84110 SEGURET - Tél : 04 90 46 11 55

SEGURET Saint-Jean

3 ch. Très belle maison d'inspiration italienne dans un très beau parc avec piscine, très belle vue. 1 suite au r.d.c. avec réfrigérateur, TV, s. d'eau et wc privés. 1 suite au r.d.c. avec réfrigérateur, TV, s. d'eau, wc et terrasse avec véranda privés. 1 ch. au 1er ét. avec réfrigérateur, TV, s. d'eau et wc privés. Ch. central. Salle commune. S.a.m./salon. Bibliothèque. Terrasse. Terrain non clos. Parking. Petits animaux admis. Petits déjeuners variés, raffinés et agréablement copieux. Location de V.T.T. à 6 kms. Club escalade à 10 kms. Langues parlées : anglais, espagnol.

Prix : 1 pers. **400/500 F** 2 pers. **490/570 F** 3 pers. **650/690 F**

Ouvert : toute l'année.

SP	1	14	4	4	20	2

AUGIER Gisèle - Saint-Jean - 84110 SEGURET - Tél : 04 90 46 91 76 - Fax : 04 90 46 83 88

SERIGNAN-DU-COMTAT

2 ch. Villa des propriétaires. 1 ch. au r.d.c. avec s. d'eau et wc privés. 1 ch. au 1er étage avec s. d'eau et wc privés. Ch. central et électrique. Salle commune. Petite cuisine d'été à disposition des hôtes. Terrasse. Jardin clos. Parking. Langues parlées : anglais, espagnol.

Prix : 1 pers. **180 F** 2 pers. **220 F**

Ouvert : du 1er mars au 15 novembre.

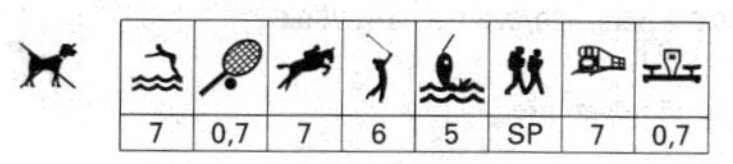

GOUBIN Annette - Quartier les Pessades - 84830 SERIGNAN - Tél : 04 90 70 00 68 - Fax : 04 90 70 07 94

LES TAILLADES (TH)

3 ch. Ancien mas sur terrain clos avec piscine sur place. 1 ch. au 1er étage avec s.d.b. et wc privés. 2 ch. au 1er étage avec s. d'eau et wc privés. Ch. central. 2 salles communes avec cheminée en service. Terrasse. Parking fermé. Grand jardin ombragé. Salle à manger de jardin. Petit bois. Ruisseau. Table d'hôtes à la demande. Petits chiens acceptés. Langues parlées : anglais, italien.

Prix : 1 pers. **350 F** 2 pers. **400 F** pers. sup. **50/100 F** repas **120 F**
1/2 pens. **470 F**

Ouvert : toute l'année.

SP	4	2	20	1	2	30	4

VOUSURE Viviane - 1207, route de Mourre-Poussin - Mas Chante Ruisseau - 84300 LES TAILLADES - Tél : 04 90 76 06 78 - Fax : 04 90 76 06 78

LE THOR Lou Mas de Mireio A (TH)

3 ch. Dans la ferme, en campagne, 1 ch. au r.d.c. avec s. d'eau et wc privés. 2 ch. au 1er étage avec s.d.b. et wc privés. Ch. central. Terrain attenant. Tarif dégressif à partir de 2 nuits minimum. Tarif 4 pers. 440 F. Langues parlées : anglais, espagnol.

CV

Prix : 1 pers. **210 F** 2 pers. **300 F** 3 pers. **370 F** repas **90 F**

Ouvert : toute l'année.

4	4	1	10	4	10	2

GRANGIER Mireille - Lou Mas de Mireio - Route des Vignères - 84250 LE THOR - Tél : 04 90 33 83 64

LE THOR

4 ch. Mas de caractère du XIXe agréablement restauré au milieu d'1 propriété de 3 ha., plantée de cyprès d'oliviers et de lauriers de lavandes et entourée de vergers de pommiers à proximité du village. Piscine (6,5 x 10) à débordement avec sa plage et son salon d'été commune à 1 gîte et aux propr. 4 ch. aménagées dans l'esprit provençal avec s.d.b. ou s. d'eau et wc privés. Terrasse ombragée sous les platanes centenaires. Salle commune avec cheminée en service et TV, bibliothèque. Parking éclairé, terrain boules, ping-pong. Ch. central. Table d'hôtes 2 fois/sem en juillet/août + week-ends prolongés (vin café inclus) sinon occasionnel. Tarif 4 pers. : 690 F. Langue parlée : anglais.

Prix : 1 pers. **380/550 F** 2 pers. **380/550 F** 3 pers. **520/620 F**
pers. sup. **100 F**

Ouvert : toute l'année.

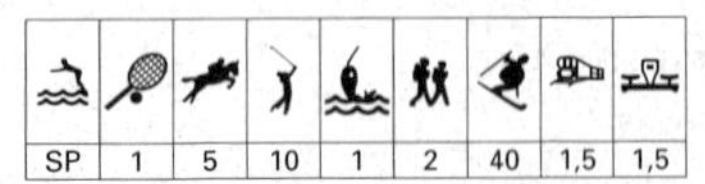

SP	1	5	10	1	2	40	1,5	1,5

MARCHAL - BUSTILLO Nadine et Alain - Le Domaine des Coudelières - 560, chemin des Coudelières - 84250 LE THOR - Tél : 04 90 02 12 72 ou 06 62 53 54 62 - Fax : 04 90 02 12 72

LE THOR Mas des Prés

3 ch. Ancien mas provençal avec piscine sur place, calme, au milieu de 2,5 ha., vue sur le chateau de Thouzon. Charme. 3 ch. (dont 2 avec entrée indépendante) avec grande s. d'eau et wc privés. Ch. central au fuel. Salon avec cheminée en service, bibliothèque et TV. Terrasse. Parking. Tarif sur demande hors saison. Langues parlées : anglais, espagnol.

Prix : 2 pers. **480/580 F** 3 pers. **630/680 F**

Ouvert : toute l'année.

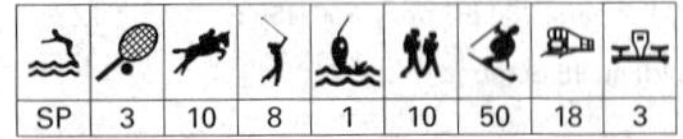

SP	3	10	8	1	10	50	18	3

GAUDIN Véronique - 946, chemin de la Treille - Mas des Près - 84250 LE THOR - Tél : 04 90 02 14 22 - Fax : 04 90 02 15 44

LE THOR (TH)

4 ch. Mas en campagne à 10 mn de l'Isle sur la Sorgue. 4 ch. au 1er étage avec s. d'eau et wc privés. Ch. central. Salle commune avec TV et bibliothèque. Cheminée en service. Terrasse. Jardin non clos arboré. Terrain de boules. Parking. Apéritif et vin compris dans repas. Langues parlées : anglais, allemand.

CV

Prix : 1 pers. **200 F** 2 pers. **250 F** 3 pers. **320 F** pers. sup. **70 F**
repas **90 F**

Ouvert : toute l'année.

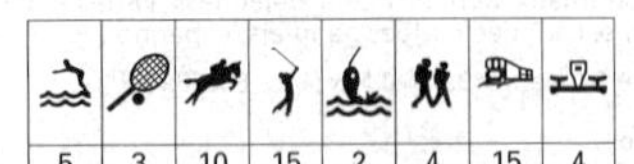

5	3	10	15	2	4	15	4

BALIMANN Albert - La Renouvado - 612, chemin du Trentin - 84250 LE THOR - Tél : 04 90 33 92 75 - Fax : 04 90 33 92 75

UCHAUX Beauchamps (TH)

5 ch. Ferme de château dans les vignobles et oliveraies dans une région touristique et culturelle avec piscine (12 x 6) sur place. 1 ch. avec s.d.b. et wc privés. 1 ch. avec s. d'eau, s.d.b. et wc privés. 3 ch. avec s. d'eau et wc privés. Ch. au sol et électrique. Salle commune avec cheminée en service. Salle à manger. Bibliothèque. TV. Téléphone sur demande. Terrain clos. Terrasse. Parking. Tarif 4 pers. 795 F. Langues parlées : anglais, hollandais.

CV

Prix : 1 pers. **450/550 F** 2 pers. **520/625 F** 3 pers. **750 F**
pers. sup. **100 F** repas **140 F**

Ouvert : du 15 mars au 15 novembre.

SP	4	1	12	SP	40	7

DEBLAERE Leen et Patrick - La Cabanole - Beauchamp - 84100 UCHAUX - Tél : 04 90 30 07 28 - Fax : 04 90 30 08 75

VACQUEYRAS Domaine l'Ousteau des Lecques

6 ch. Demeure au milieu des vignes, à proximité du hameau, avec piscine couverte sur place (ouverte d'avril à octobre). 6 ch. avec s. d'eau et wc privés. Ch. électrique et central. Salle commune. Séjour. Salon et salle à manger climatisés. TV. L-linge, réfrigérateur et cuisine à dispo. des hôtes. Parking. Terrain non clos. Lit bébé 50 F. Salon de jardin et barbecue sur terrasse. Lac à 10 kms. Jardin botanique à 50 m. Invitation à la flore provençale. Forêt à 10 kms. Restaurant à 600 m.

Prix : 2 pers. **280/300 F** 3 pers. **360/390 F**

Ouvert : du 1er mars au 31 octobre.

SP	1	4	20	4	SP	SP	30	15	1

CHABRAN Claude - Domaine l'Ousteau des Lecques - 84190 VACQUEYRAS - Tél : 04 90 65 84 51 - Fax : 04 90 65 81 19

VACQUEYRAS Les Ramières

4 ch. **Beaumes de Venise 6 km.** Ferme du XVIIe siècle restaurée avec piscine, à l'entrée du village dans les vignes. 1 ch. au 1er étage avec s. d'eau et wc privés. 3 ch. au 2e étage avec s. d'eau et wc privés. Ch. électrique. Salle commune. Salon. Réfrigérateur. Téléphone (commun). Parking. Terrain non clos. Cour close. Location de V.T.T. à Beaumes de Venise à 6 kms. Poss. de pique-niquer dans le jardin.

Prix : 1 pers. **250 F** 2 pers. **280 F** 3 pers. **370 F** pers. sup. **15 F**

Ouvert : du 1er mai au 30 septembre.

SP	1	8	2	2	SP	0,5

BRUEL Régine - Les Ramières - 84190 VACQUEYRAS - Tél : 04 90 65 89 61

VAISON-LA-ROMAINE

1 ch. Très belle maison de caractère avec cour close et piscine sur place, belle vue sur vignes et Mont-Ventoux. 1 ch. (entrée indépendante) avec s.d.b. et wc privés, petite terrasse couverte privée (réfrigérateur). Ch. central. Poss. lit enfant. Restaurant à 1,5 km. Ski de fond à 25 kms. Réduction pour longs séjours. Langues parlées : anglais, allemand.

CV

Prix : 1 pers. **270 F** 2 pers. **320 F** pers. sup. **125 F**

Ouvert : toute l'année.

SP	1	4	10	2	3	SP	25	1,5

DELESSE - Quartier le Brusquet - 84110 VAISON-LA-ROMAINE - Tél : 04 90 36 38 38 - Fax : 04 90 36 38 38

VAISON-LA-ROMAINE La Maison Bleue

2 ch. Très jolie fermette de caractère « La Maison Bleue », en pleine campagne, dans un lieu privilégié, avec piscine (8 x 4) commune à 1 gîte, 2 ch. d'hôtes et aux propriétaires. 1 ch. au r.d.c. avec s. d'eau privée, wc et douche indépendants. 1 suite à l'étage avec s.d.b. et wc privés. Ch. central. Petite véranda privée avec un coin-cuisine attenant à la chambre. Belles promenades à partir de la maison, lieu calme de charme. Langue parlée : anglais.

CV

Prix : 1 pers. **250 F** 2 pers. **290 F** 3 pers. **440 F**

Ouvert : toute l'année.

SP	3	4	4	4	4	SP	20	27

GERMSER/STRAJNIC Mireille et Jean - Chemin de Sainte-Croix - 84110 VAISON-LA-ROMAINE - Tél : 04 90 36 14 81 ou 06 13 62 88 92 - Fax : 04 90 36 14 81

VAISON-LA-ROMAINE Cité Médiévale

4 ch. Dans la cité médiévale de Vaison la Romaine, maison de caractère du XVIIe siècle restaurée. 1 ch. au 1er étage avec s.d.b., wc et téléphone privés. 2 ch. au 1er étage avec s. d'eau, wc et téléphone privés. 1 ch. au 2e étage avec s. d'eau, wc et téléphone privés. Chauffage. Salle commune. Salon avec cheminée en service. Terrasse présentant une superbe vue sur la ville moderne. Piscine et tennis dans la ville. Mise à disposition de V.T.T. sur place. Langue parlée : anglais.

Prix : 1 pers. **370/420 F** 2 pers. **420/470 F**

Ouvert : toute l'année.

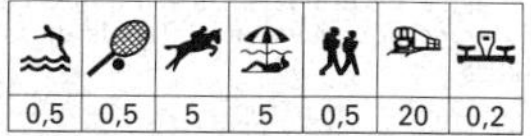

0,5	0,5	5	5	0,5	20	0,2

VERDIER Aude - Rue de l'Evêché - Haute Ville - 84110 VAISON-LA-ROMAINE - Tél : 04 90 36 13 46 - Fax : 04 90 36 32 43 - E-mail : eveche@aol.com

VAISON-LA-ROMAINE Château de Taulignan

5 ch. Dans le château de Taulignan (XVe s.), en campagne, avec piscine (115 m2), terrasse, parc, arbres centenaires et terrain non clos au milieu de 10 ha. de plantations. Fontaines et bassins anciens. 1 suite au r.d.c. avec antichambre, s.d.b. et wc privés. 1 suite au 1er étage avec antich., s.d.b. et wc privés. 1 suite au 2e étage avec antich., s.d.b. et wc privés. 2 ch. avec s.d.b. et wc privés. Ch. central. Salle commune. TV avec satellite. Réfrigérateur. Cheminées. Bibliothèque. Tél. à cartes. Parking. Animaux acceptés sous réserve. Site historique et archéologique. Forêt à 200 m. Tarifs dégressifs sur longs séjours et en hiver. Tarif 4 pers. : 700 F. Langues parlées : anglais, espagnol.

CV

Prix : 2 pers. **550 F** 3 pers. **625 F** pers. sup. **75 F**

Ouvert : toute l'année.

SP	2	5	30	1	10	1	25	30	1,5

DAILLET Rémy - Château de Taulignan - Saint-Marcellin-les-Vaison - 84110 VAISON-LA-ROMAINE - Tél : 04 90 28 71 16 ou 04 90 28 84 45 - Fax : 04 90 28 75 04 - E-mail : chateau@pacwan.fr - http://www.chateau-provence.com

VAISON-LA-ROMAINE La Calade

4 ch. Maison de village avec cour close et terrasse sur les toits accessible en fin de journée. 1 ch. au 1er étage avec s. d'eau et wc privés. 2 ch. au 2e étage avec s. d'eau et wc privés. 1 ch. au 2e étage avec s.d.b. et wc privés. Ch. central. Salle commune avec cheminée, bibliothèque. Langues parlées : anglais, italien.

Prix : 1 pers. **350 F** 2 pers. **400 F**

Ouvert : de Pâques au 15 novembre.

3	3	5	30	2	15	SP	25	45	2,5

HAGGAI Charles et TERRISSE Renaud - La Calade - Saint-Romain en Viennois - 84110 VAISON LA ROMAINE - Tél : 04 90 46 51 79 - Fax : 04 90 46 51 82

VAISON-LA-ROMAINE Les Romalex

2 ch. Villa de 1990 sur un grand terrain clos. 1 ch. en annexe au r.d.c. avec TV, s.d.b., wc et terrasse privés. 1 ch. en annexe au r.d.c. avec TV, s. d'eau, wc et terrasse privés. Ch. central au gaz. Salle à manger à disposition des hôtes. Coin-lecture. Parking. A la demande : ping-pong, entretien musculaire, boules de pétanque, raquettes de tennis et VTT. Langues parlées : anglais, italien.

CV

Prix : 1 pers. **290 F** 2 pers. **330 F** pers. sup. **100 F**

Ouvert : toute l'année.

1	1	4	25	1	15	10	25	50	1

GARCIN Christine - Chemin des Abeilles - Les Romalex - 84110 VAISON-LA-ROMAINE - Tél : 04 90 36 34 06 ou 06 70 65 04 89 - Fax : 04 90 36 34 06 - E-mail : les.romalex@free.fr

VALREAS Domaine les Grands Devers (TH)

4 ch. La maison est au cœur d'un domaine de 69 ha. (vignes, truffes et bois). 4 ch. au 1er étage avec s. d'eau et wc privés. Ch. central au sol. Salle commune. Salle à manger. Cheminée en service. TV. Téléphone. Terrasse. Parking. Terrain non clos. Table d'hôtes 1 jour sur 2. Musée de la truffe à St Paul 3 châteaux. Université du vin à Suze. Ouvert pendant la période des truffes (les propriétaires peuvent emmener les hôtes ramasser les truffes). Langues parlées : anglais, allemand.

Prix : 1 pers. **260 F** 2 pers. **300 F** pers. sup. **70 F** repas **105 F**

Ouvert : toute l'année sur réservation.

6	6	10	25	6	6	1	6

BOUCHARD Paul-Henri - Domaine des Grands Devers - 84600 VALREAS - Tél : 04 90 35 15 98 - Fax : 04 90 37 49 56

VAUGINES Les Grandes Garrigues (TH)

5 ch. Vieux mas provençal restauré en pleine campagne avec piscine sur place (16 x 7). Vue panoramique sur Lubéron, Ste Victoire et les Alpilles. 4 ch. au r.d.c. avec entrée indépendante, s. d'eau, wc et terrasse privés. 1 ch. au r.d.c. avec entrée indépendante, salon, s. d'eau, s.d.b., wc et terrasse privés. Ch. central au fuel. Salle commune. Cheminée en service. Bibliothèque. TV. Terrasse. Terrain non clos de 10 ha.. Animaux admis à la demande. Boulodrome. Barbecue. Randonnées pédestres et VTT sur place. Tarif 4 pers. : 700 F. Langues parlées : anglais, italien.

Prix : 1 pers. **400/500 F** 2 pers. **450/600 F** 3 pers. **650 F** pers. sup. **100 F** repas **140 F**

Ouvert : toute l'année.

SP	3	3	15	5	5	SP	50	3

MATTEI Paule et Michel - Les Grandes Garrigues - Route de Cadenet - 84160 VAUGINES - Tél : 04 90 77 10 71 ou 06 10 01 31 96

VAUGINES L'Eléphant de Vaugines

5 ch. Villa contemporaine de très belle qualité avec piscine sur place, sur une colline avec plusieurs terrasses arborées et belle vue sur la vallée de la Durance. 3 ch. au r.d.c. avec s. d'eau et wc privés. 1 suite (2 ch.) au r.d.c. avec s.d.b., cuisine et wc privés. 1 ch. au 1er étage avec s. d'eau et wc privés. Ch. électrique. Salle commune avec cheminée en service. TV. Bibliothèque. Terrain non clos d'un ha.. Parking. Garage pour 4 voitures. Tennis de table, pétanque. Petits chiens acceptés. Tarif 4 pers. 900 F. Langues parlées : allemand, anglais.

Prix : 2 pers. **650 F**

Ouvert : toute l'année.

SP	2	10	35	10	SP	60	1

CHOME Thierry - L'Eléphant de Vaugines - Les Trailles - 84160 VAUGINES - Tél : 04 90 77 15 85 ou 02 75 67 37 31 - Fax : 04 90 77 14 13 - http://www.ibicenter.com

VELLERON (TH)

5 ch. maison située à proximité du village, au calme au bas d'une colline de pins, piscine et cheval sur place. 5 ch. au 1er étage avec s. d'eau privés, 3 wc communs aux ch.. Ch. électrique. Salle commune. Salon (TV, chaîne hi-fi et cheminée en service). Cuisine avec spécialités méditerranéennes et provençales, café et vin compris. Grand jardin ombragé. Terrasse. Kayak à 5 kms. Pistes pédestres à proximité du gîte.

CV

Prix : 1 pers. **250 F** 2 pers. **280 F** pers. sup. **100 F** repas **120 F**

Ouvert : du 1er avril au 31 octobre.

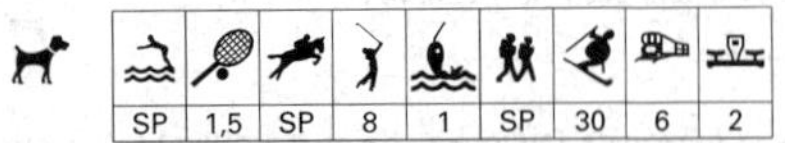

SP	1,5	SP	8	1	SP	30	6	2

FINA Salvatore - Chemin des Murêts - 84740 VELLERON - Tél : 04 90 20 01 53 - Fax : 04 90 20 01 53

VELLERON Villa Velleron

6 ch. Maison de village, ancien moulin à huile, sur cour close avec jardin en terrasse et piscine sur place. 4 ch. au 1er étage avec s.d.b. et wc privés. 2 ch. en annexe (dont 1 avec mezzanine et cheminée) avec s.d.b., wc et terrasse privés. Ch. électrique. Salle commune. Salon. Salle à manger. Cheminée en service. Bibliothèque. TV. Parking. Langues parlées : hollandais, anglais.

Prix : 2 pers. **500/650 F**

Ouvert : de Pâques au 1er novembre.

SP	1	1	8	1	2	30	6	SP

Simone SANDERS et Wim VISSER - Villa Velleron - 84740 VELLERON - Tél : 04 90 20 12 31 - Fax : 04 90 20 10 34 - E-mail : Villa.Velleron@wanadoo.fr

VENASQUE

5 ch. Ferme restaurée entourée de colline avec piscine sur place. 4 ch. avec avec s. d'eau et wc privés. 1 ch. avec s.d.b. et wc privés. Ch. central. Salon avec vidéo, chaine hi-fi, TV. Salle commune. Réfrigérateur, micro-ondes, grill. Jardin non clos ombragé. Barbecue. Parking. Randonnées pédestres sur place (GR 91), sentiers balisés de petites randonnées. Forêt et chasse sur place. Restaurant à 3 kms. Langue parlée : espagnol.

Prix : 1 pers. **250/300 F** 2 pers. **270/330 F** 3 pers. **360 F** pers. sup. **60 F**

Ouvert : toute l'année.

SP	3	4	10	12	12	SP	30	3

BOREL Régis - Quartier du Camp-Long - 84210 VENASQUE - Tél : 04 90 66 03 56 - Fax : 04 90 66 60 34 - http://www.members.aol.com/camplong84

VENASQUE La Maison aux Volets Bleus

C.M. 81 Pli 13

4 ch. Maison provençale de caractère, dans le village. Situation exceptionnelle, panoramique. 4 ch. avec s.d.b. et wc privés. Ch. central. Salle commune. Séjour. Salon. Cheminée en service. Jardin fleuri. Terrasse. Tennis, randonnées et chasse sur place. Table d'hôtes le soir les lundi, mercredi et samedi. Boissons en plus. Tarif 4 pers. : 800 F. Langue parlée : anglais.

Prix : 2 pers. **450/500 F** 3 pers. **570/620 F** pers. sup. **120 F**

Ouvert : du 1er mars au 1er novembre.

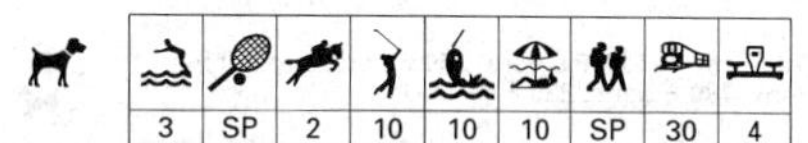

3	SP	2	10	10	10	SP	30	4

MARET Martine - Le Village - « La Maison aux Volets Bleus » - 84210 VENASQUE - Tél : 04 90 66 03 04 - Fax : 04 90 66 16 14 - E-mail : voletbleu@AOL.COM

VENASQUE Maison Provencale

5 ch. Maison provençale, dans le village, face à la poste. 4 ch. avec s. d'eau et wc privés. 1 ch. avec kitchenette, s. d'eau et wc privés. Ch. central au fuel. Salle de séjour, TV et cuisine à la disposition des hôtes. Poss. de cuisiner. Terrasse panoramique fleurie. Jardin clos. Parking. Restaurant à 200 m. Forêt et chasse sur place. Langue parlée : anglais.

Prix : 1 pers. **220 F** 2 pers. **270/300 F** 3 pers. **330/350 F**

Ouvert : du 1er février au 31 décembre.

5	SP	5	7	10	7	SP	10	0,1

RUEL Gérard et Jany - « Maison Provençale » - Le Village - 84210 VENASQUE - Tél : 04 90 66 02 84 - Fax : 04 90 66 61 32

VENASQUE Les Basses Garrigues

5 ch. Ferme indépendante, en campagne. 2 ch. au 1er étage avec s.d.b. et wc privés. 1 ch. au r.d.c. avec s.d.b. et wc privés. 2 ch. au 1er étage avec s. d'eau et wc privés. Ch. électrique. Salle à manger. Cuisine à disposition des hôtes. Terrasse. Terrain clos. Parking.

Prix : 1 pers. **150/220 F** 2 pers. **190/270 F** 3 pers. **280/330 F** pers. sup. **70 F**

Ouvert : toute l'année.

3	3	3	10	9	9	SP	25	30	3

BOREL Céline - Les Basses Garrigues - 84210 VENASQUE - Tél : 04 90 66 14 20 - Fax : 04 90 66 14 20 - E-mail : ceborel@aol.com - http://www.members.aol.com/ceborel

VENASQUE La Grande Rue

2 ch. Maison de village accessible par la rue ouverte au sud-ouest sur un grand jardin clos arboré surpombant les combes, très belle vue. 1 ch. au 1er étage avec s. d'eau et wc privés. 1 ch. au 2e étage avec s. d'eau et wc privés. Ch. central au fuel. Salle commune. Salle à manger. Cheminée en service. Terrasse. Garage. Possibilité de parking. Animaux acceptés sous certaines conditions. Langues parlées : anglais, espagnol.

Prix : 1 pers. **250 F** 2 pers. **280 F** pers. sup. **120 F**

Ouvert : toute l'année.

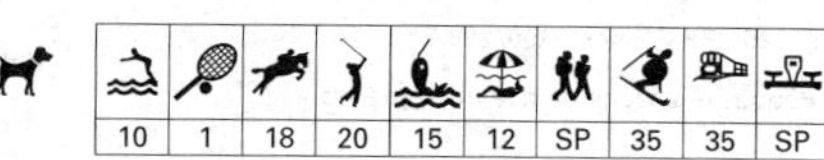

10	1	18	20	15	12	SP	35	35	SP

TOURRETTE Bernadette - La Grande Rue - 84210 VENASQUE - Tél : 04 90 66 03 71

VENASQUE La Tour du Pinet

3 ch. Villa indépendante dans les collines avec piscine sur place. 1 suite (1 chambre, 1 alcôve) au r.d.c. avec, s.d.b. et wc privés. 2 ch. au r.d.c. avec s.d.b. et wc privés. Ch. central au fuel. Salle commune. Salle à manger. Cheminée en service. Chambres accessibles également de l'extérieur. Terrasse. Parking. Terrain non clos de 3 ha.. Table d'hôtes en saison. Tarif 4 pers. 690 F. Langue parlée : anglais.

Prix : 2 pers. **370/490 F** 3 pers. **490 F** repas **120 F**

Ouvert : toute l'année.

SP	4	4	12	18	SP	40	40	1,5

CHIROUSE Eve et Jean-Claude - La Tour du Pinet - 84210 VENASQUE - Tél : 04 90 66 60 80 - Fax : 04 90 66 60 28 - http://www.venasquebb.com

VIENS Les Barbiguiers

Alt. : 600 m

2 ch. Annexe de la maison des propriétaires avec terrain clos de 5000 m². 2 ch. au r.d.c. dont 1 avec kitchenette, avec s. d'eau, wc et terrasse privés. Ch. électrique. Parking. Langue parlée : italien.

Prix : 1 pers. **210 F** 2 pers. **260/300 F** pers. sup. **70 F**

Ouvert : toute l'année.

7	8	7	12	SP	70	1

MORRICONE Janine et Paul - Les Barbiguiers - 84750 VIENS - Tél : 04 90 75 24 75 - Fax : 04 90 75 24 75 - E-mail : morricone@wanadoo.fr

VILLEDIEU Domaine Pierre Prad

5 ch. Très belle maison de caractère, en campagne. 4 ch. avec s.d.b. privée, wc commun aux ch.. Salle commune. Séjour. Jardin non clos. Parking. Mini-golf à 8 kms. Tarif 4 pers. : 320 F.

Prix : 1 pers. **170 F** 2 pers. **220 F** 3 pers. **270 F** pers. sup. **50 F** repas **75 F** 1/2 pens. **180 F** pens. **230 F**

Ouvert : du 1er mars au 31 octobre.

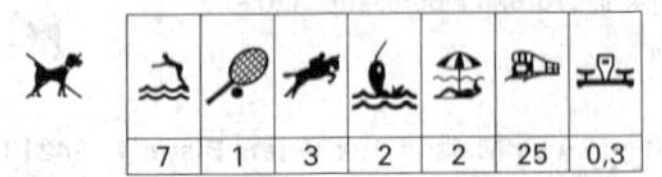

7	1	3	2	2	25	0,3

BERTHET Jean-Marie - Domaine Pierre Prad - 84110 VILLEDIEU - Tél : 04 90 28 92 32 ou 04 90 28 94 23

VILLEDIEU

5 ch. Grande maison confortable à caractère provençal, dans le village. 5 ch. avec s. d'eau privée, 2 wc communs aux ch.. Ch. électrique. Séjour. Salon. Cuisine. Terrasse ensoleillée. Parking. Poss. de cuisiner et de faire des stages à thème. Prix spéciaux pour groupes et longs séjours. Mini-golf et restaurant à 7 kms. Lit suppl. enfant : 50 F.

Prix : 1 pers. **175 F** 2 pers. **235 F**

Ouvert : toute l'année.

7	1	6	18	2	2	SP	20	0,1

LA CARDELINE - 84110 VILLEDIEU - Tél : 04 90 28 92 40 ou 04 90 28 93 43 - Fax : 04 90 28 95 81 - E-mail : lamerci@wanadoo.fr - http://www.lamerci.org

VILLEDIEU La Baude

6 ch. Très belle grande ferme fortifiée de caractère avec enceinte à 4 tours, sur une colline arborée, piscine et tennis sur place. Très belle vue. 4 chambres au 1er étage avec s. d'eau et wc privés. 2 duplex au 1er étage avec s. d'eau et wc privés. Chauffage central. Salle commune. Salon. Séjour. Salle à manger. Ch. en service. Bibliothèque. TV. Billard dans salle indép. Terrain clos et non clos. Terrain de boules. Location de VTT et parcours de santé sur place. Table d'hôtes 3 fois par semaine, vin et café compris dans repas. Duplex 4 pers. : 960 F. De novembre à fin mars : remise 20 % sur tarif (mini 2 nuits).

Prix : 1 pers. **520 F** 2 pers. **600/660 F** pers. sup. **100 F** repas **160 F**

Ouvert : toute l'année.

SP	SP	3	25	2	3	SP	25	0,5

MONIN Chantal et Gérard - La Baude - 84110 VILLEDIEU - Tél : 04 90 28 95 18 - Fax : 04 90 28 91 05 - http://www.guideweb.com

VILLEDIEU

3 ch. Maison de village sur terrain en terrasse. Belle vue sur les côteaux de la Drôme. 1 ch. en annexe au r.d.c. avec s. d'eau et wc privés. 2 ch. au 1er étage avec s. d'eau et wc privés. Ch. central au fuel. Salle commune. TV. Parking. Langues parlées : anglais, espagnol.

Prix : 1 pers. **225/250 F** 2 pers. **250/280 F**

Ouvert : de Pâques et ascension à la mi-septembre.

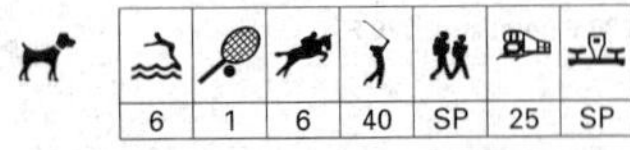

6	1	6	40	SP	25	SP

TERCERIE Françoise - Chemin du Moulin - L'Olivier - 84110 VILLEDIEU - Tél : 04 90 28 95 01 ou 06 15 23 03 41 - Fax : 04 90 28 95 01

VILLELAURE Le Mas Abelha

2 ch. Au pied du Lubéron dans la plaine de Durance, le mas Abelha vous offre 2 ch. indépendantes en r.d.c. avec s. d'eau et wc privés, réfrigérateur. Terrasse fleurie au milieu d'un parc ombragé de 1,5 ha. clos. Salle à manger. Bibliothèque. Cheminée en service. Parking. Langues parlées : anglais, italien.

Prix : 1 pers. **250 F** 2 pers. **300 F** 3 pers. **350 F**

Ouvert : toute l'année.

5	5	1	25	0,5	5	SP	30	1

LEONIDAS Josiane - Le Mas Abelha - 84530 VILLELAURE - Tél : 04 90 09 95 83 ou 04 90 09 89 50

VIOLES La Farigoule

5 ch. Belle ferme du XVIIIe siècle restaurée, au milieu des vignes, sur une cour intérieure. 1 ch. au 1er étage avec s. d'eau et wc privés. 1 ch. au 2e étage avec s. d'eau et wc privés, cuisine et salon. 3 ch. au 2e étage avec s. d'eau et wc privés. Ch. électrique. Salon avec radio, TV, bibliothèque provençale avec cartes et guides de la région. Belle salle voûtée pour petit déjeuner très copieux. Cuisine d'été. Parking. Terrasse. Barbecue. Vélos. Les propriétaires sont libraires. Langues parlées : allemand, espagnol.

Prix : 1 pers. **220/280 F** 2 pers. **270/330 F** pers. sup. **80 F**

Ouvert : du 1er avril au 31 octobre.

5	5	5	8	2	2	5	10	1,5

CORNAZ Augustine - La Farigoule - Le Plan de Dieu - 84150 VIOLES - Tél : 04 90 70 91 78 - Fax : 04 90 70 91 78

VIOLES

3 ch. En annexe au 1er étage accessibles par un balcon commun et escalier extérieur donnant sur la cour commune, près du village, 3 ch. au 1er étage avec s. d'eau et wc privés. Ch. électrique. Salle à manger. Parking.

Prix : 1 pers. **200 F** 2 pers. **250 F** pers. sup. **60 F**

Ouvert : toute l'année.

7	7	5	8	1	1	6	13	0,2

THIBAUDAT Nathalie - Route d'Orange - Les Cigales - 84150 VIOLES - Tél : 04 90 70 95 16 - Fax : 04 90 70 96 72

VIOLES Le Martinet

4 ch. Partie de ferme des propriétaires viticulteurs. 4 ch. au 1er étage avec s. d'eau et wc privés. Chauffage. Salle à manger. Terrasse. Terrain clos de 300 m². Parking. Langue parlée : anglais.

Prix : 1 pers. **180 F** 2 pers. **220 F** 3 pers. **240 F**

Ouvert : du 1er mars au 31 octobre.

14	14	7	35	0,5	0,5	7	50	30	3

BURLE Damien - Le Martinet - Route de Vaison - 84150 VIOLES - Tél : 04 90 70 92 40 - Fax : 04 90 70 94 61

VITROLLES-EN-LUBERON Les Valladas

Alt. : 530 m

3 ch. Dans une maison neuve dans un beau terrain non clos de 5000 m² en vallon, 3 ch. au r.d.c. avec s.d.b. et wc privés. Ch. central au sol. Salle commune. Cheminée en service. Bibliothèque. TV dans salon. Terrasse. Parking. Possibilité lit d'enfant. Tarif 4 pers. 400 F.

Prix : 1 pers. **250 F** 2 pers. **290 F** 3 pers. **340 F**

Ouvert : toute l'année.

15	6	7	15	10	10	SP	32	6

COMTE René - Le Valladas - 84240 VITROLLES EN LUBERON - Tél : 04 90 77 82 71

VITROLLES-EN-LUBERON Le Tombareau

TH

3 ch. Ancienne bergerie rénovée, pleine de charme, sur un terrain de 3 ha., avec piscine (13 x 6), terrasses ombragées, verdure, chevaux : cadre champêtre. 2 ch. et 1 suite sacieuses et calmes avec chacune s.d.b. et wc privés. Salle commune aux hôtes avec piano, jeux, TV, bibliothèque, frigidaire, solarium. Cheminée. Ch. central. Parking. Tarif 4 pers. 700 F. Langues parlées : anglais, suédois.

Prix : 2 pers. **380 F** pers. sup. **80 F** repas **120 F**

Ouvert : de la mi-février à la mi-novembre.

SP	7	12	18	10	15	SP	75	7

BRUZZO Pierre - Le Tombareau - 84240 VITROLLES-EN-LUBERON - Tél : 04 90 77 84 26 - E-mail : martine.corbineau@wanadoo.fr - http://perso.wanadoo.fr/tombareau

RHÔNE-ALPES

Pour réserver, écrire ou téléphoner :

01 - AIN
GITES DE FRANCE - LOISIRS ACCUEIL
Service Réservation
21, place Bernard
B.P. 198
01005 BOURG-EN-BRESSE Cedex
Tél. : 04 74 23 82 66 - Fax : 04 74 22 65 86

07 - ARDECHE
GITES DE FRANCE - Service Réservation
4, cours du Palais - B.P. 402
07004 PRIVAS Cedex
Tél. : 04 75 64 70 70 - Fax : 04 75 64 75 40
E-mail : gites-de-france-ardeche@wanadoo.fr
www.gitesdefrance-ardeche.com

26 - DRÔME
GITES DE FRANCE
95, avenue Georges Brassens
26500 BOURG-LES-VALENCE
Tél. : 04 75 83 90 20
Fax : 04 75 82 90 57
Serv. Rés. 04 75 83 01 70 (*1)

38 - ISERE
GITES DE FRANCE - Service Réservation
Maison des Agriculteurs
40, avenue Marcellin Berthelot - 38100 GRENOBLE
Tél. : 04 76 40 79 40 - Fax : 04 76 40 79 99
E.mail : gites38@wanadoo.fr
www.grenoble-isere.com/gites-france

42 - LOIRE
GITES DE FRANCE - Service Réservation
43, avenue Albert Raimond
B.P. 50
42272 SAINT-PRIEST-EN-JAREZ Cedex
Tél. : 04 77 79 18 49 - Fax : 04 77 93 93 66
E.mail : gites.de.france.42@wanadoo.fr

69 - RHÔNE
GITES DE FRANCE - Service Réservation
1, rue Général Plessier
69002 LYON
Tél. : 04 72 77 17 50
Fax : 04 78 41 66 30
E.mail : gites69.adtr@wanadoo.fr

73 - SAVOIE
GITES DE FRANCE - LOISIRS ACCUEIL SAVOIE
24, boulevard de la Colonne
73024 CHAMBERY Cedex
Tél. : 04 79 85 01 09 ou 04 79 33 22 56
Fax : 04 79 85 71 32
E.mail : gites.france.savoie@wanadoo.fr
www.itea.fr/GDF/73
www.gites-de-france-savoie.com

74 - HAUTE-SAVOIE
GITES DE FRANCE - Service Réservation
16, rue Guillaume Fichet
74000 ANNECY
Tél. : 04 50 10 10 11
Fax : 04 50 10 10 12
E.mail : resa.gites74@wanadoo.fr

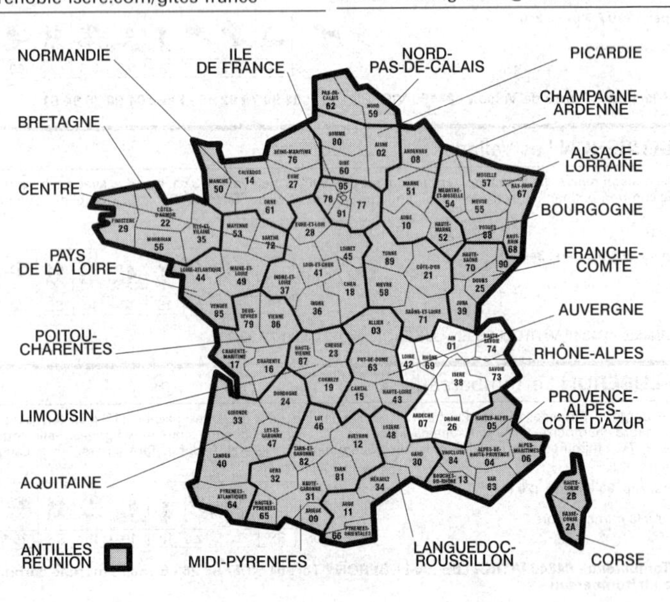

GITES DE FRANCE LOISIRS ACCUEIL
Service Réservation
21, place Bernard - B.P. 198
01005 BOURG-EN-BRESSE Cedex
Tél. 04 74 23 82 66 - Fax. 04 74 22 65 86

AMAREINS Le Marquet

(TH) *C.M. 74 Pli 1*

3 ch. Dans la villa des propriétaires. 2 ch.1 lit 2 pers./douche, lavabo et 1 ch. 1 lit 2 pers. 2 lits 1 pers./douche, lavabo. 3 wc. Séjour à disposition. Table d'hôtes sur réservation. Impasse et cour privées, tennis de table, pétanque, vélos (circuits à la demande). Piscine et coin-repos. Nombreuses possibilités de loisirs-détente : Etangs de la Dombes, Parc ornithologique de Villars, Vignobles du Beaujolais, Musée de la vigne, Ars. Langue parlée : anglais.

Prix : 1 pers. **180 F** 2 pers. **240 F** 3 pers. **330 F** pers. sup. **90 F**
repas **90 F**

Ouvert : toute l'année.

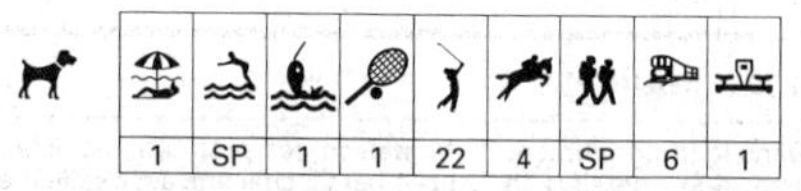

1	SP	1	1	22	4	SP	6	1

ROBIN Josette - Le Marquet - Rue des Vignes - 01090 AMAREINS - Tél : 04 74 69 30 90

AMBRONAY La Championnière

C.M. 74 Pli 2

1 ch. 1 suite de 2 ch. à louer à une même famille, à l'étage de la maison du propriétaire, accès indép. 1 ch. (1 lit 2 pers.), 1 ch. (1 lit 1 pers.). S.bains/wc. Séjour, cuisine réservés aux hôtes. TV. Espace vert réservé. Parking. Tarif dégressif selon période et durée du séjour. Participation enfant moins de 4 ans : 30 F. Restaurant 1,5 km. Maison située dans un hameau du village d'Ambronay, célèbre pour son abbaye et son festival de musique baroque à l'automne.

Prix : 1 pers. **160 F** 2 pers. **260 F** 3 pers. **400 F**

Ouvert : toute l'année.

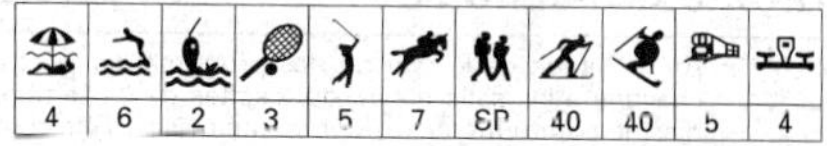

4	6	2	3	5	7	SP	40	40	5	4

SIBERT Raymonde - La Championnière - 01500 AMBRONAY - Tél : 04 74 38 14 10 - Fax : 04 74 34 50 94 - E-mail : sibertroc@aol.com

ARBIGNIEU Le Lavoir

C.M. 74 Pli 14

1 ch. 1 grande suite au 2e étage de la maison des propriétaires au cœur du village. Accès indépendant, salon, cuisine avec vaisselle, réservés aux hôtes. Suite de 3 chambres à louer à une même famille ou amis, 2 lits 2 pers. 2 lits 1 pers. lit enfant, salle d'eau, 2 wc. Terrasse, terrain avec salon de jardin. Possib. séjour et réduction. Terrain de basket, jeu de boules au village. Rte du Bugey, caveaux et vignobles. A prox : réserve naturelle du marais de Lavours, musée d'Izieu. Restaurant 5 km. Langue parlée : anglais.

Prix : 1 pers. **180 F** 2 pers. **220 F** 3 pers. **300 F** pers. sup. **70 F**

Ouvert : toute l'année.

10	5	1	5	SP	SP	SP	SP	5

MAISONNEUVE Gilberte - Le Lavoir - 01300 ARBIGNIEU - Tél : 04 79 81 34 59 ou 06 17 75 75 22

ARBIGNY Les Ormes

C.M. 70 Pli 12

5 ch. Dans une maison comportant 2 gîtes ruraux. 1 ch. (2 lits 1 pers.), s.bains/wc. 3 ch. (1 lit 2 pers.), s.eau/wc. 1 ch. indép. rez de jardin (sanitaires complets). Salon, biblio., salle de jeux et de loisirs (ping-pong, billard) à dispo. des hôtes. Tarif réduit au-delà de 5 jours. Maison indépendante, en pierres apparentes en bordure du village. Route de la Bresse, cheminées sarrasines. Port fluvial 5 km. Restaurant 2,5 km.

Prix : 1 pers. **180 F** 2 pers. **260 F** 3 pers. **360 F**

Ouvert : toute l'année.

4	0,5	4	SP	15	SP	22	4,5

SCI LES FINS PALAIS BARDAY Jacques - 01190 ARBIGNY - Tél : 03 85 30 69 00 - Fax : 03 85 30 69 00

BEAUREGARD

C.M. 74 Pli 1

1 ch. 1 suite de 2 ch. pour une même famille au r.d.c. de la maison des propr. Accès ind. Jardin clos 2500 m2. Petits déjeuners servis dans véranda, séjour ou terrasse (vue sur Saône et Beaujolais). 1 lit 2 pers., 2 lits 1 pers. Salle d'eau (douche, lavabo, wc) + wc ind. Réduction selon durée du séjour. En retrait de la D933. Terrain boules. Parking. Trévoux site hist 6km Ars/Formans. Rte tourist. des Etangs de la Dombes. Lyon 30 km, Villefranche 4 km, sortie A6 4 km.

Prix : 1 pers. **200 F** 2 pers. **240 F** 3 pers. **310 F** pers. sup. **60 F**

Ouvert : toute l'année.

2	2	SP	2	10	2	SP	4	2

NOUVEAU Jacques - 746, rue Hector Berlioz - 01480 BEAUREGARD - Tél : 04 74 09 82 71 - Fax : 04 74 09 81 54

BELLEYDOUX Gobet

Alt. : 930 m — *C.M. 70 Pli 15*

2 ch. Près de la maison des propriétaires, sur une expl. agricole. 1 ch. 1 lit 2 pers. 1 lit 1 pers. balcon, 1 ch. 3 lits 1 pers., s.d'eau/wc chacune. S.à manger et salon à disposition, cheminée. Table d'hôtes le soir (réservation). Balançoire, ping-pong, baby-foot, volley sur place. Hameau calme, en pleine nature dans le Parc Naturel Régional du Haut Jura. Saint-Claude 18 km, Oyonnax 18 km, capitale du peigne et du plastique. Langue parlée : anglais.

Prix : 1 pers. **200 F** 2 pers. **260 F** 3 pers. **320 F** repas **85 F**

Ouvert : de Pâques à la Toussaint.

10	18	2	1	18	10	SP	SP	10	18	2

DURAFFOURG Jean et Madeleine - Gobet - 01130 BELLEYDOUX - Tél : 04 74 76 49 22 - Fax : 04 74 76 49 22 - E-mail : la.goguillon@wanadoo.fr - http://www.massifdujura.com/lagoguillon

BENY Chateau Feuillet

C.M. 70 Pli 13

2 ch. Dans le prolongement de la maison des propriétaires, à la campagne à proximité du village. Accès indépendant aux chambres. 1 ch. (1 lit 2 pers.), 1 ch. (2 lits 1 pers.), chacune avec salle d'eau/wc. Séjour et coin salon à disposition des hôtes. Terrasse, jardin et cour (barbecue, abri de jardin). Tarif dégressif pour séjour. Route de la Bresse. Maison de pays en Bresse. Musée du Revermont. Langue parlée : allemand.

Prix : 1 pers. **170 F** 2 pers. **200/220 F**

Ouvert : toute l'année.

5	15	SP	4	12	SP	4

MORAND Lucien et Brigitte - Chateau Feuillet - 01370 BENY - Tél : 04 74 51 03 49

BOYEUX-SAINT-JEROME

Alt. : 500 m — *C.M. 74 Pli 3*

4 ch. Au 1er étage de la maison des propriétaires (accès indépendt par terrasse) dans un cadre agréable, 4 chambres 2 ou 3 pers., chacune avec salle d'eau. ou 2 suites de 2 chambres avec coin cuisine pour 4 ou 5 pers. Jardin d'agrément avec barbecue et piscine commune aux propr. et aux hôtes. Gîte rural mitoyen. Route tourist. du Bugey : au village, caveau dégustation de vins pétillants, cuivrerie de Cerdon et grottes, sentiers pédestres. Restaurant 6 km.

Prix : 1 pers. **185 F** 2 pers. **260 F** 3 pers. **310 F** pers. sup. **60 F**

Ouvert : toute l'année sur réservation.

10	SP	10	6	SP	SP	15	15	5

CARUSO Claude et Roselyne - 01640 BOYEUX-SAINT-JEROME - Tél : 04 74 36 89 95

BRENS Le Petit Brens

C.M. 74 Pli 14

4 ch. Fermé du 15/11 au 20/12. 4 ch. d'hôtes à la ferme, aux 1er et 2e étages de la maison des propriétaires (accès indép. par terrasse). 2 ch. (1 lit 2 pers.), 2 ch. (2 lits 1 pers.), salle d'eau/wc chacune. Salon/coin-cuisine pour les hôtes. Salle à manger spacieuse et rustique. Table d'hôtes le soir sur réservation. Salon de jardin. Vue sur les Préalpes et les Monts du Bugey. Menus variés à base de pommes de terre de la ferme. VTT. Route des vins et fours du Bugey. Cinéma à Belley 3km. Langues parlées : anglais, allemand.

Prix : 1 pers. **200 F** 2 pers. **230 F** 3 pers. **300 F** repas **75 F** 1/2 pens. **250 F**

Ouvert : du 20/12 au 15/11.

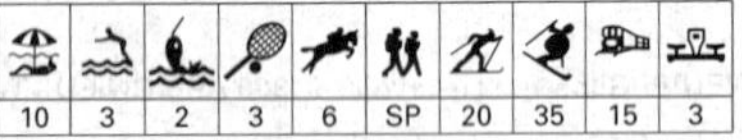

10	3	2	3	6	SP	20	35	15	3

VEYRON Noël et Monique - Le Petit Brens - 01300 BRENS - Tél : 04 79 81 90 95 - Fax : 04 79 81 90 95

CEYZERIEU Avrissieu

C.M. 74 Pli 15

2 ch. 2 ch. de caractère situées au cœur d'un petit hameau tranquille. La Forge : 1 suite familiale indép. sur 2 nivx en face de la maison du propr. 1 lit 2 pers. 2 lits 1 pers. Salon (poêle à bois). Ouvert l'été uniquement, le Pressoir (pas d'anim.) : 1 ch. indép. sur 2 nivx ds prolongmt de la maison du propr, salon (cheminée), 1 lit 2 pers. Kitchenettes et salles d'eau/wc privatifs pour chaque chambre. Jardin du propriétaire à disposition. Ping-pong. Garage. A 3km du Marais de Lavours.

Prix : 1 pers. **220 F** 2 pers. **270 F** 3 pers. **350 F** pers. sup. **50/100 F**

Ouvert : toute l'année.

6	10	2	5	25	3	SP	25	25	5	1

BOSSO Jacques - Avrissieu - 01350 CEYZERIEU - Tél : 04 79 87 92 56

CHALEINS Le Fournieux

C.M. 74 Pli 1

3 ch. Au r.d.c. de bâtiments restaurés, comportant un gîte rural, près d'une exploitation agricole. Chambres (1 lit 2 pers.) avec s. d'eau/wc privés dans chaque chambre. Une chambre avec coin-cuisine, prise TV et frigo. Parking, terrasse et cour communs avec le gîte rural. Produits fermiers sur place. Voile sur Saône 5 km. Restaurant 2 km.

Prix : 1 pers. **175/185 F** 2 pers. **210/240 F** 3 pers. **260/290 F**

Ouvert : toute l'année.

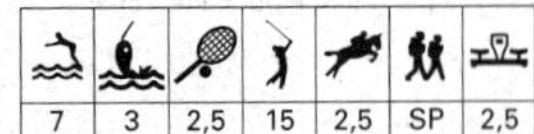

7	3	2,5	15	2,5	SP	2,5

LIMANDAS Roger et Alice - Le Fournieux - 01480 CHALEINS - Tél : 04 74 67 80 16

CHALLEX Mucelle

Alt. : 500 m (TH) *C.M. 74 Pli 5*

2 ch. A l'étage de l'habitation des propriétaires, maison typique de la région. Accès indép. par terrasse. 1 ch. 4 lits 1 pers. salle d'eau/wc. 1 ch. 1 lit 2 pers. 1 lit 1 pers. salle d'eau, wc. Poss. lit sup. lit bébé. Coin-salon, salle à manger et petite cuisine réservés aux hôtes. Réduction dès 2 nuits. Table d'hôtes à base de fromages locaux (bleu de Gex, comté), de vin de pays de l'exploition, cuisine familiale. Vente de produits fermiers (vins,pommes). Langues parlées : anglais, allemand.

Prix : 1 pers. **180 F** 2 pers. **240 F** 3 pers. **340 F** repas **80 F**

Ouvert : toute l'année.

3,5	19	6	3	4	1	SP	12	3	1,5

DALLEMAGNE Eliane - 01630 CHALLEX - Tél : 04 50 56 31 30 - Fax : 04 50 56 31 30

CHAMPAGNE-EN-VALROMEY Muzin

Alt. : 550 m (TH) *C.M. 74 Pli 4*

2 ch. Dans une maison ancienne rénovée (hameau calme). 1 ch. (1 lit 2 pers.), douche et lavabo privés, wc à l'étage. 1 ch. (1 lit 2 pers.), salle d'eau/wc. 3 lits supplémentaires possibles. Salon réservé aux hôtes. Séjour à disposition. Petits animaux admis. Réduction pour les enfants. Terrain fermé. Salon de jardin. Musée rural à Lochieu (4 km). Route du Bugey. Fêtes des Fours. Belley 22 km.

Prix : 1 pers. **160 F** 2 pers. **200 F** 3 pers. **270 F** pers. sup. **70 F** repas **65 F** 1/2 pens. **160 F**

Ouvert : d'avril à décembre.

18	3	5	3	SP	15	18	12	3

CHARVET Michelle - Muzin - 01260 CHAMPAGNE-EN-VALMOREY - Tél : 04 79 87 64 16

CHANAY Izernore

Alt. : 550 m *C.M. 74 Pli 4*

2 ch. Chambres d'hôtes 2 pers. (1 lit 2 pers.) avec accès indépendant, s. de bains et wc privatifs, terrasse et jardin. Au calme, dans un parc de 1 hect. avec un concept original de maison de bois. Anglais parlé. Restaurant 300 m. Au calme, en bordure du Rhône, à côté des vins de Seyssel et au pied du Valromey, idéal pour pratiquer les sports de montagne et la pêche. Langue parlée : anglais.

Prix : 1 pers. **210 F** 2 pers. **250 F** pers. sup. **40 F**

Ouvert : toute l'année.

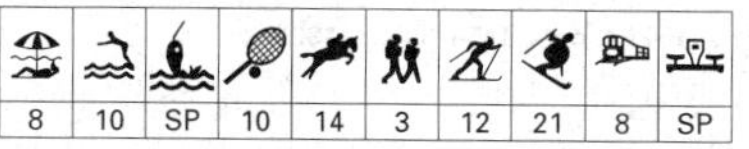

8	10	SP	10	14	3	12	21	8	SP

MIN TUNG Karine et BACHELET Yvon - Les Fostes d'Izernore - 01420 CHANAY - Tél : 04 50 59 54 66 - Fax : 04 50 59 54 66 - http://www.macadams.free.fr

CHARNOZ-SUR-AIN

(TH) *C.M. 74 Pli 13*

2 ch. A l'étage de la maison des propriétaires située dans le village. 1 ch. 1 lit 2 pers. et 1 ch. 1 lit 2 pers. 2 lits 1 pers. superposés. Salle de bains, wc indépendant, communs aux hôtes. Bibliothèque. Table d'hôtes sur réservation. Terrain clos, jardin d'agrément, jeux d'enfants. Pérouges, cité médiévale 5 km. Grottes de La Balme 12 km. Rivière d'Ain à 200 mètres. Routes touristiques de la Dombes et du Bugey.

Prix : 1 pers. **160 F** 2 pers. **210 F** 3 pers. **260 F** pers. sup. **50 F** repas **75 F**

Ouvert : toute l'année.

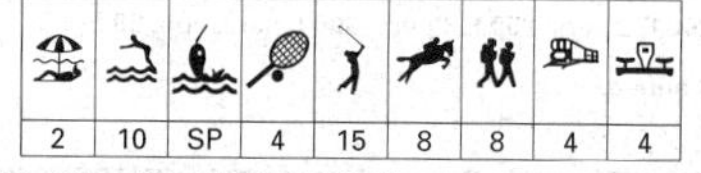

2	10	SP	4	15	8	8	4	4

PETIT Gilberte et Daniel - Rue Général Messimy - 01800 CHARNOZ-SUR-AIN - Tél : 04 74 61 16 41

CHATILLON-LA-PALUD Le Mollard

A *C.M. 74 Pli 3*

3 ch. 1 suite 2 ch. (2 lits 130), s.d.b. et wc privés, à l'étage d'une dépendance avec séjour/salon au r.d.c. 1 suite (1 lit 2 pers.) avec séjour, s.d.b. et wc privés au r.d.c. de la maison principale. A l'étage 1 ch. (1 lit 2 pers.) avec s.d.b. et wc. Accès indép. aux ch. Auberge de campagne sur réservation. Bâtiments restaurés d'une ancienne ferme dombiste, au cœur de la propriété, proche de l'étang et de la forêt. Calme et repos.

Prix : 1 pers. **300 F** 2 pers. **400 F** 3 pers. **500 F** pers. sup. **100 F** repas **100 F**

Ouvert : toute l'année sur réservation.

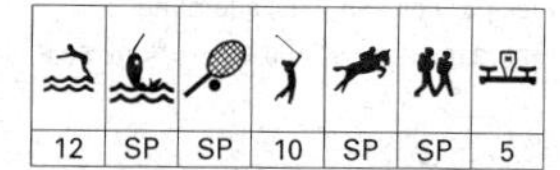

12	SP	SP	10	SP	SP	5

DECRE FRERES - Ferme Le Mollard - 01320 CHATILLON-LA-PALUD - Tél : 04 74 35 66 09

CHATILLON-SUR-CHALARONNE

C.M. 74 Pli 2

5 ch. 4 ch. d'hôtes 3 épis, 1 ch. 2 épis, avec TV et tél, à l'étage de la maison des propr. Ch. 1 lit 2 pers, 2 lits 1 pers. superp, lits d'appoint et lit bébé. Salle d'eau/wc privatifs. Cuisine équipée réservée aux hôtes. Séjour. Poss. accueil de familles. Terrain clos, parkg, jeux. Pts déj. soignés (galettes, une trentaine de confitures de fruits régionaux). Maison de caractère au cœur de la cité fleurie et historique de la Dombes, au centre de la Route touristique des étangs. Restaurant à 150 m. Langue parlée : anglais.

Prix : 1 pers. **220 F** 2 pers. **270 F** 3 pers. **380 F**

Ouvert : toute l'année.

0,6	0,6	0,3	15	4	25	0,2

SALMON Alain et Solange - 150, Place du champ de Foire - 01400 CHATILLON-SUR-CHALARONNE - Tél : 04 74 55 06 86 - Fax : 04 74 55 06 86

CHAZEY-SUR-AIN L'Hôpital *C.M. 74 Pli*

6 ch. 6 ch. indép. ds 2 batiments sur une expl. agric. compr. un gite rural. 2 ch. (1 lit 2 pers.), 1 ch. (2 lits 1 pers.) et 1 ch. (1 lit 2 pers. 1 l 1 pers.), chacune avec salle d'eau/wc. 2 ch. 2 épis (1 lit 2 pers. ou 2 lits 1 pers.) avec salles d'eau priv, wc commun. Poss lits bébé e d'appoint. Jardin, cour clos. Animal accepté avec supp. Ferme fleurie ds un hameau. Grand séjour/coin-cuisine/coin lecture rés aux hôtes. Four à bois, barbecue. Jeux pour enfants, pétanque. Pérouges 8 km. Restaurant 1 km.

Prix : 1 pers. **180 F** 2 pers. **220 F** 3 pers. **300 F** pers. sup. **50 F**

Ouvert : toute l'année.

2	10	2	1	12	9	SP	8	1

DEBENEY-TRUCHON Pierre et Mireille - L'Hôpital - 01150 CHAZEY-SUR-AIN - Tél : 04 74 61 95 87

CHEZERY-FORENS Forens Alt. : 650 m *C.M. 74 Pli 5*

1 ch. Chambre d'hôtes indépendante avec cuisine à l'étage de la maison des propriétaires. 1 lit 2 pers. 1 lit 120. 1 divan 1 pers. en appoint, tel. téléséjour. S.d'eau et wc, l-linge. Vue sur la vallée de la Valserine et le Crêt de La Chaz. Séjour des propriétaires à disposition. Terrain avec salon de jardin, ping-pong. Restaurant 1 km.

Prix : 1 pers. **180 F** 2 pers. **200 F** 3 pers. **240 F** pers. sup. **40 F**

Ouvert : toute l'année.

20	0,5	12	12	SP	12	12	20	1

BARRAS Nicole - Forens - 01410 CHEZERY-FORENS - Tél : 04 50 56 95 74 - Fax : 04 50 56 97 49

CONDEISSIAT Etang Ratel *C.M. 74 Pli 2*

E.C. 3 ch. 3 ch. d'hôtes à l'étage de la maison du propriétaire en pleine campagne. Entrée indép./coin-cuisine. 1 ch. (2 lits 1 pers. + 1 lit 1 pers. en annexe avec douche). 1 ch. (2 lits 1 pers. 1 lit 2 pers. 1 lit 1 pers. à la demande), douche. S.de bains et wc communs réservés aux ch. 1 ch. (1 lit 2 pers. 1 lit 1 pers. sur demande). Base de loisirs 9 km. Randonnée, chasse sur place. Circuit des étangs de la Dombes accomp. à la demande. Promenade en calèche. Observ. d'oiseaux. Langue parlée : anglais.

Prix : 1 pers. **100 F** 2 pers. **145 F** 3 pers. **180 F**

Ouvert : toute l'année.

9	15	SP	15	3	8	16	3

BELOUZARD Jean - Etang Ratel - 01400 CONDEISSIAT - Tél : 04 74 51 44 51

CONTREVOZ Preveyzieu Alt. : 600 m *C.M. 74 Pli 14*

1 ch. Très belle chambre de caractère (2 lits 2 pers.) au r.d.c. de la maison des propr. Chambre en pierre apparente, légèrement voutée, salon, salle d'eau, wc privatifs, chauffage central. Coin pelouse, salon de jardin et parking réservé aux hôtes. 350 F pour 4 pers. A proximité : 2 gîtes ruraux. Chambre situé dans un petit hameau calme au cœur du sud Bugey et aux portes des Savoies. Route du Bugey, caveaux et vignobles, fêtes du four, montagne du Grand Colombier à prox. Restaurant à 4 km.

Prix : 1 pers. **200 F** 2 pers. **250 F** 3 pers. **300 F** pers. sup. **50 F**

Ouvert : toute l'année.

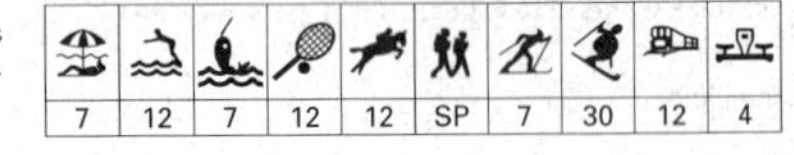

7	12	7	12	12	SP	7	30	12	4

BERLIOZ Daniel et Chantal - Preveyzieu - 01300 CONTREVOZ - Tél : 04 79 81 82 50

CONTREVOZ Chamonet Alt. : 600 m *C.M. 74 Pli 14*

3 ch. En Bugey, dans un vallon de faune et flore préservée, un chalet au calme, idéal pour week-end et séjour, comportant 3 chambres. 1 ch. 2 pers. (balcon, s.d.b. privée, wc à l'étage), 1 suite de 4 pers. (2 douches privées, wc à l'étage), 1 ch. 1 pers. (douche privée, wc à l'étage). Séjour, cuisine, coin-détente enfant. Ch. central. Jardin ombragé, repos. Sur place, poss. de stages de peinture, modelage, tir à l'arc. A prox. : escalade, vignobles, pêche 1ère catég., lacs, flore de montagne.... Tarif dégressif à la semaine. Restaurant à 3 km. Langues parlées : anglais, allemand.

Prix : 1 pers. **200 F** 2 pers. **280/310 F** 3 pers. **480 F** pers. sup. **80 F**

5,5	9	5	9	37	12	SP	38	38	10	2

JUEN J-Paul et Marie-Eve - Chamonet - 01300 CONTREVOZ - Tél : 04 79 81 85 27 - Fax : 04 79 81 85 27

CORLIER Alt. : 800 m (TH) *C.M. 74 Pli 4*

2 ch. Dans la maison du propriétaire située en bordure du village. 2 chambres (1 lit 2 pers. 2 lits 1 pers. chacune), avec salle d'eau commune. Salle de séjour. Aire de jeux, parking, pré. Randonnées pédestres.

Prix : 1 pers. **135 F** 2 pers. **230 F** 3 pers. **290 F** pers. sup. **80 F**
repas **65/70 F**

Ouvert : toute l'année sur réservation.

11	11	11	SP	SP	11	10

JACQUEMET Mireille - 01110 CORLIER - Tél : 04 74 38 57 12

DIVONNES-LES-BAINS Saint-Gix Alt. : 800 m

1 ch. Ancienne ferme gessienne rénovée au pied du Jura dans un joli petit hameau au calme. 1 grande chambre au 1er étage comprenant 1 lit 2 pers. et 1 lit 1 pers. Grand salon commun au hôtes et au propriétaire avec belle vue, bibliothèque, cheminée, TV. Jardin d'agrément avec pergola (petit déjeuner). Prox. Genève 15 km et Divonnes. Langue parlée : anglais.

Prix : 1 pers. **250 F** 2 pers. **290 F** 3 pers. **330 F**

Ouvert : toute l'année.

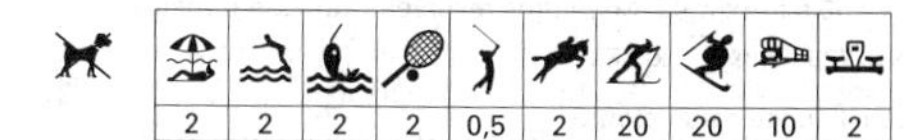

2	2	2	2	0,5	2	20	20	10	2

BAILEY Clive et Petronella - La Baronne - Saint-Gix - 01220 DIVONNES-LES-BAINS - Tél : 04 50 20 06 49 ou SR : 04 74 23 82 66

DOMMARTIN La Mure (TH) *C.M. 70 Pli 12*

2 ch. Au rez-de-chaussée, côté sud, de la maison du propriétaire. 1 ch. (1 lit 2 pers. 1 lit enfant). 1 ch. (2 lits 120 cm). S.bains et wc communs réservés aux chambres. Terrasse, jardin, parking. Table d'hôtes sur réservation. Gare 12 km. Restaurant 1 km. Bourg en Bresse 27 km. Ferme des Planons (musée de la Bresse) 8 km. En Bresse, découverte d'une région de bocage et d'élevage du célèbre poulet de Bresse, sur la « Route de la Bresse » et les sentiers pédestres.

CV

Prix : 1 pers. **135 F** 2 pers. **165 F** repas **60 F**

Ouvert : toute l'année.

13	10	6	10	15	SP	12	1

CAMUS Pierre et Jeannine - La Mure - 01380 DOMMARTIN - Tél : 03 85 30 42 54

ECHALLON Le Favillon Alt. : 850 m (TH) *C.M. 74 Pli 4*

4 ch. Ouv. tte l'année. 4 ch. d'hôtes spacieuses au 1er et 2e étage de la maison du prop. En bordure de forêt, à prox. du Parc Régional du Haut Jura. 1er étge : 3 ch. (2 lits 2 pers.). 2e étge : 1 ch. (1 lit 2 pers.), s.d.b/wc communs aux chambres à chq étage. Coin-salon, TV, biblio, jeux de société, orgue synthé. Possibilité séjour petit groupe et W.E. Dans une ambiance conviviale Yveline vous fera partager sa passion pour une cuisine gourmande et variée. Activités été-hiver, rando équestre, ski joering, etc... Oyonnax 12 km, proche A40. Langue parlée : anglais.

CV

Prix : 1 pers. **150 F** 2 pers. **200 F** 3 pers. **270 F** pers. sup. **70 F** repas **80 F**

Ouvert : toute l'année.

5	12	3	5	22	SP	SP	5	15	18	3

MAISON EGRAZ - Le Favillon - 01130 ECHALLON - Tél : 04 74 76 47 86 - Fax : 04 74 76 43 38

GERMAGNAT Le Tillerey (TH) *C.M. 74 Pli 3*

3 ch. A l'ét. de la maison des propr. en bordure d'un joli village du Revermont. 1 ch. 2 lits 1 pers., 1 ch. 1 lit 2 pers., 1 ch. 1 lit 1 pers. Chacune avec s. de b./wc. Salon réservé aux hôtes. Terrasse, salon de jardin. Terrain, petite rivière. Table d'hôtes (spéc. japonaises) sur rés. Pts déj. soignés. Ang., Japonais. Site calme et verdoyant. Forêts, lacs, cascade. A prox. Jura et route touristique de la Bresse. Langues parlées : anglais, japonais.

Prix : 1 pers. **250 F** 2 pers. **280/380 F** repas **90 F**

Ouvert : d'avril à octobre sur réservation.

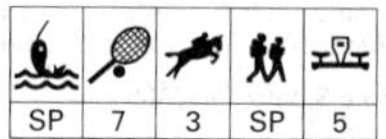

SP	7	3	SP	5

MOORE Mike et Hiroko - Le Tillerey - 01250 GERMAGNAT - Tél : 04 74 51 73 70 - Fax : 04 74 51 73 70

GRAND-ABERGEMENT Les Routes Alt. : 1085 m (TH) *C.M. 74 Pli 4*

4 ch. Au pays des championnes du monde de biathlon, chez un moniteur de ski de fond, dans une ferme typique isolée, où, au gré des saisons, ski de fond rime avec moutons. 4 ch. aux 1er et 2e étage : 1 ch. (3 lits 1 pers.), 1 ch. (1 lit 2 pers. 1 lit 1 pers.), 1 suite (1 lit 2 pers. 3 lits 1 pers.), 1 ch. (4 lits 1 pers.) s. d'eau/wc pour chacune. Séjour commun (immense cheminée, four à pain). Loc. de skis, patins à glace. Cours de fond, initiation, orientation, raid, biathlon.

CV

Prix : 1 pers. **110 F** 2 pers. **220 F** 3 pers. **330 F** repas **70 F**

Ouvert : toute l'année.

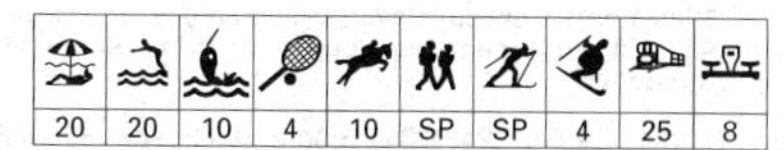

20	20	10	4	10	SP	SP	4	25	8

BALLET Claude et Maryse - Les Routes - 01260 LE GRAND-ABERGEMENT - Tél : 04 79 87 65 76 - Fax : 04 79 87 65 76

HOTONNES Les Plans Alt. : 1100 m (TH) *C.M. 74 Pli 4*

2 ch. D'accès indép. dans un gîte jouxtant l'habitation des propr. Ancienne ferme rénovée en pleine nature. 1 ch. (2 lits jumeaux 1 pers., 1 lit 1 pers., salle d'eau/wc et 1 ch. 2 lits jumeaux 1 pers., s. d'eau privée et wc commun. Séjour avec coin-cheminée réservé aux hôtes. Terrasse plein sud. Large paysage. Terrain de jeux. GR9, GTJ VTT, sentiers balisés, parcours course d'orientation, artisanat, curiosités naturelles, musées. Repas végétarien sur réservation. Tarifs réduits pour enfant et séjour. Langues parlées : anglais, allemand.

CV

Prix : 1 pers. **175 F** 2 pers. **242 F** 3 pers. **352 F** pers. sup. **110 F** repas **85 F**

Ouvert : d'avril à décembre (l'hiver accueil en gîte).

15	20	10	SP	SP	1,5	30	8

BIANCHI-THURAT Jocelyne - Les Pelaz - 01260 LES PLANS-D'HOTONNES - Tél : 04 79 87 65 73 - Fax : 04 79 87 65 73 - E-mail : lespelaz@wanadoo.fr - http://www.lespelaz.free.fr

JASSERON Route de Meillonnas

C.M. 74 Pli

2 ch. 2 ch. d'hôtes à l'étage d'une belle maison ancienne en pierres du Revermont, restaurée et fleurie par le propriétaire, située dans le village. Fermeture en octobre. 1 ch. (1 lit 2 pers.) avec s. de bains, wc. 1 ch. (1 lit 2 pers.) avec s. d'eau/wc. Séjour avec T à disposition des hôtes. Chauf. cent. Parking fermé, pelouse avec terrasse fleurie. Forêt, promenades sur place. Sentier G 59 à proximité. Chambres reservées aux non fumeurs.

Prix : 1 pers. **170 F** 2 pers. **200 F**

Ouvert : toute l'année sauf octobre.

10	6	1	5	6	3	SP	7	SP

SANSON Paul et Denise - Route de Meillonnas - 01250 JASSERON - Tél : 04 74 30 08 30

JOYEUX Le Blondel

C.M. 74 Pli 12

4 ch. Dans le prolongement de la ferme. 1 chambre (1 lit 2 pers.) avec douche, lavabo et wc, 3 chambres (1 lit 2 pers.) avec douche privée et wc commun, lit appoint, enfant ou bébé. Salle commune. Parc, jeux de boules. Terrasse, salon de jardin. Parking (indépendant de la ferme). Animaux acceptés (25 F en supp). Restaurant 1 km. Parc des Oiseaux, cinéma à Villars-les-Dombes 8 km. Pérouges (cité médiévale) 13 km. Salle de gym privée 3 km. Route des étangs de la Dombes.

Prix : 1 pers. **160/215 F** 2 pers. **215/265 F** 3 pers. **270/320 F**
pers. sup. **40 F**

Ouvert : toute l'année.

8	8	8	8	10	15	1	8	8

GAEC DU BLONDEL Famille Brocard - Le Blondel - 01800 JOYEUX - Tél : 04 74 98 21 62 ou 04 74 98 21 60

LELEX

Alt. : 920 m

C.M. 70 Pli 15

2 ch. Accueil chambres d'hôtes de juin à nov. (le reste de l'année accueil possible en gîte). 2 ch. rustiques (3 pers.) dans un gîte d'étape, ferme rénovée. S. d'eau commune aux 2 ch. Salle de séjour/cheminée. Terrasse, parking, local à skis. Point phone. Rest.au village. Artisanat, école de ski, jardin d'enfant sur place. Entre le Crêt de la Neige et du Chalam et dans la vallée de la Valserine, le long du GR9, liaison GTJ, balcon du Léman. Randos organisées. Taxe de séjour en supplément. Restaurant à 500m.

Prix : 1 pers. **140/150 F** 2 pers. **280/290 F** 3 pers. **400/410 F**
pers. sup. **100 F**

Ouvert : toute l'année.

30	17	SP	SP	8	SP	SP	SP	SP	28	0,5

VACHER Jean-P. et Marie-S. - Maison Brulats - 01410 LELEX - Tél : 04 50 20 90 98

MALAFRETAZ La Citerne

TH

C.M. 70 Pli 12

3 ch. A l'ét. de la maison des propr. Ferme équestre en plein bocage bressan. 1 ch. (1 lit 2 pers. 2 lits enfants), 1 ch. (4 lits 1 pers.), chacune avec s. d'eau/wc. 1 suite de 2 petites ch. (1 lit 2 pers. 1 lit 120), salle d'eau et wc privés. Salle de séjour au r.d.c. à dispos. Pré, balançoires pour enfants. 2 ch. 3 épis à prox. (5 pers). Bourg TGV 15 km. Sortie autoroute A6 et A40 Bourg Nord. Logemt pour chevaux, chevaux et poneys dispo. sur place. Promenades en calèche. Stages randonnées.

Prix : 1 pers. **148/243 F** 2 pers. **171/266 F** 3 pers. **284/309 F**
repas **65/75 F**

Ouvert : toute l'année.

2	2	SP	2	15	SP	SP	15	2

CRETIN Jean et Josette - La Citerne - 01340 MALAFRETAZ - Tél : 04 74 30 81 19 - Fax : 04 74 30 81 19

MALAFRETAZ La Citerne

TH

C.M. 70 Pli 12

2 ch. A proximité de la ferme équestre, au rez de chaussée de la maison des propr. Entrée ind. 1 ch. (1 lit 2 pers.), coin-cuisine, 1 ch. (3 lits 1 pers.), chacune avec salle d'eau/wc privés. Terrasse, salon de jardin. Salle de séjour annexe à disposition des hôtes. Pré, balançoires pour enfants. Bourg TGV 15 km. Sortie A6 et A40 Bourg Nord. Activités équestres sur place. A 2 km, base de plein air, Aquatonic.

Prix : 1 pers. **223/243 F** 2 pers. **246/266 F** 3 pers. **309 F** repas **65/75 F**

Ouvert : toute l'année.

2	2	SP	2	15	SP	SP	15	2

SOULARD Corinne et Daniel - La Citerne - 01340 MALAFRETAZ - Tél : 04 74 30 81 19 - Fax : 04 74 30 81 19

MARBOZ Les Blancs des Blancs

C.M. 70 Pli 13

1 ch. Belle maison de plain pied au calme, à la campagne. 1 chambre non fumeur (1 lit 2 pers.), salle de bains/wc + 1 chambre annexe (1 ou 2 pers.). Propriété close de 2600 m² arborée et fleurie avec grande terrasse couverte. Promenades et visites (vélos à dispo.). A 10 mn des autoroutes A39 et A40. Restaurant et ferme auberge à 4,5 km.

Prix : 1 pers. **210 F** 2 pers. **270 F** 3 pers. **370 F**

Ouvert : du 1er février au 30 novembre.

15	15	4	5	15	12	SP	15	4

DESMARAIS Jacques et DELOCHE Martine - Les Blancs des Blancs - 01851 MARBOZ - Tél : 04 74 42 01 32

MIJOUX Le Boulu — Alt. : 935 m — TH — *C.M. 70 Pli 15*

5 ch. Aux 1er et 2e étage de la maison, en bordure de la Valserine. 2 ch. 2 pers. (1 lit 2 pers. ou 2 lits 1 pers.), 2 ch. 4 pers. (1 lit 2 pers. 2 lits 1 pers.), 1 ch. 3 pers. (1 lit 2 pers., 1 lit 1 pers.) chacune avec sdb/wc privés. Séjour avec cheminée. Petit déjeuner copieux. Séjour possible. Ancienne ferme rénovée par le propriétaire, au pied de la chaîne du Jura (Crêt de la neige) entre les stations de ski alpin Mijoux-La Faucille et Lélex-Crozet. Langues parlées : anglais, espagnol.

Prix : 2 pers. **322 F** 3 pers. **418 F** pers. sup. **53 F** repas **110 F**

Ouvert : tous les jours de Noël à Pâques et en juillet/août.

20	12	SP	4	6	4	SP	SP	4	30	4

GROSFILLEY Bernard et Claire - Le Boulu - 01410 MIJOUX - Tél : 04 50 41 31 47

MONTCET Les Vignes — TH — *C.M. 74 Pli 2*

4 ch. Dans une ancienne ferme bressane restaurée, 4 ch. confortables non fumeurs à l'étage, à côté de la maison des propr. (lits jumeaux ou lits doubles). Accès indép. Chambres avec s.d'eau/wc. Séjour, salle TV, vidéo, biblio. à dispo. Cour, parking. Ping-pong, volley SP. Table d'hôtes sur réservation, repas 1/2 tarif pour enfant - de 12 ans. Ferme rénovée au calme dans un parc paysagé de 1 ha avec plan d'eau poissonneux, piscine privée, terrain de jeux. Poss. de découverte art roman par propriétaire. Pas de CB. Restaurant à 2 km. Langues parlées : anglais, espagnol.

Prix : 1 pers. **260 F** 2 pers. **330 F** 3 pers. **380 F** repas **110 F**

Ouvert : toute l'année.

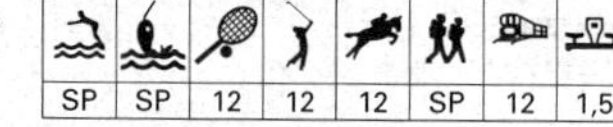

SP	SP	12	12	12	SP	12	1,5

GAYET J-Louis et Eliane - Les Vignes - 01310 MONTCET - Tél : 04 74 24 23 13 - Fax : 04 74 24 23 13 -
E-mail : jean-louisgayet@libertysurf.fr

LE MONTELLIER Les Augiers — *C.M. 74 Pli 2*

3 ch. A l'étage de la maison, ferme Dombiste restaurée, à 600 m du village, en pleine campagne. 1 ch. (1 lit 2 pers., lavabo, douche). 1 ch. (2 lits 1 pers., lavabo, douche). WC communs réservés aux hôtes. 1 ch. (1 lit 2 pers. et 2 lits 1 pers., salle d'eau/WC privatifs). Poss. lit d'appoint. Accès indep. Cour et jardin. Parkg. Rando. sur place. Parc ornithologique et gare à Villars-les Dombes 10 km. Route des Etangs. Pérouges 6 km. Restaurants à 4 km et 10 km.

Prix : 1 pers. **130 F** 2 pers. **180 F** pers. sup. **50 F**

Ouvert : toute l'année.

10	10	6	10	10	6	SP	10	10

MILLOT André et Solange - Les Augiers - 01800 LE MONTELLIER - Tél : 04 78 06 61 71 - Fax : 04 78 06 61 71

MONTMERLE-SUR-SAONE Chemin de Peleu — TH — *C.M. 74 Pli 1*

1 ch. Ouv. tte l'année. 1 chambre d'hôtes aménagée au rez-de-chaussée de la maison des propriétaires. 1 lit 2 pers., 2 lits 1 pers., poss. lit bébé et lit d'appoint. S.d'eau/wc privés. Ch. central. Séjour, salon à dispo. des hôtes. Table d'hôtes sur réservation, de 75 à 95 F. Terrasse avec barbecue, jardin d'agrément. Terrain clos. Flamand, ang, all. Atelier informatique ludique/éduc. Entre Dombes et Beaujolais : Etangs, caveaux du Beaujolais. Ars, village du St-Curé. Langues parlées : anglais, allemand.

Prix : 1 pers. **200 F** 2 pers. **260 F** 3 pers. **320 F** pers. sup. **70 F** repas **75 F**

Ouvert : toute l'année.

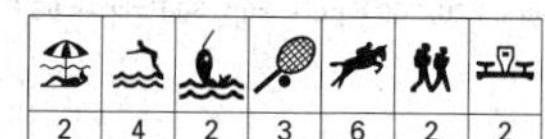

2	4	2	3	6	2	2

SEMAL Annick et Eric - Chemin de Peleu - 01090 MONTMERLE-SUR-SAONE - Tél : 04 74 66 47 74 - Fax : 04 74 66 47 74

MONTREVEL-EN-BRESSE Cuet — A — *C.M. 70 Pli 12*

2 ch. A l'étage de la ferme auberge des propriétaires, ferme bressane en plein bocage. 1 chambre (1 lit 160), 1 chambre (2 lits 90), salle d'eau/wc pour chacune. Coin-salon. Poss. repas en ferme-auberge. Base de loisirs de Montrevel (sports nautiques). Route de la Bresse, Ferme du Sougey, cheminées sarrazines. Vignobles du Beaujolais, Mâconnais, vins du Bugey. Mâcon 20 km. Langues parlées : anglais, allemand.

Prix : 1 pers. **250 F** 2 pers. **300 F** pers. sup. **50 F** repas **100/130 F**

Ouvert : de mars à octobre.

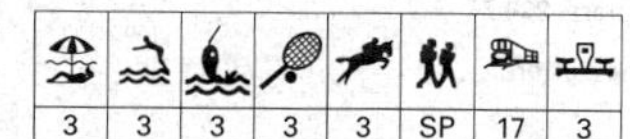

3	3	3	3	3	SP	17	3

BILLET Joël et Silvia - Ferme-Auberge de Poirier - Cuet - 01340 MONTREVEL-EN-BRESSE - Tél : 04 74 30 82 97 - Fax : 04 74 30 82 97

MONTREVEL-EN-BRESSE Route du Sougey — *C.M. 70 Pli 12*

2 ch. 2 chambres indépendantes dans la maison des propriétaires au calme en bordure de village. 1 ch. (1 lit 2 pers.) et salle d'eau/wc. 1 ch. (1 lit 2 pers.) avec balcon et salle d'eau/wc. Salon et salle à manger à la disposition des hôtes. Terrasse couverte et terrain. Mâcon 20 km. A40 10 km. Base de loisirs (sports nautiques), route de la Bresse, ferme du Sougey, fermes bressanes à visiter, vignobles du Beaujolais et du Maconnais.

Prix : 1 pers. **190 F** 2 pers. **230 F**

Ouvert : toute l'année.

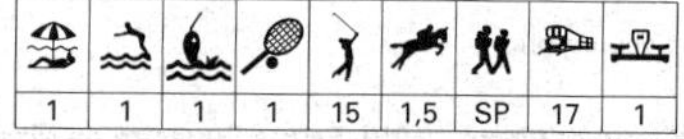

1	1	1	1	15	1,5	SP	17	1

RAZUREL Robert et Jeanine - 61, route du Sougey - 01340 MONTREVEL-EN-BRESSE - Tél : 04 74 30 81 29

NEUVILLE-LES-DAMES

(TH) C.M. 74 Pli

2 ch. A l'étage de la maison des propriétaires, à la campagne, à proximité du village et d'un centre équestre. 1 ch. 1 lit 2 pers. sal d'eau/wc, 1 suite de 2 ch. 4 lits 1 pers. salle d'eau/wc. Séjour à disposition des hôtes. A la ferme (élevage bovin et poney). Tabl d'hôtes sur réservation.

Prix : 1 pers. **160 F** 2 pers. **200 F** 3 pers. **250 F** pers. sup. **50 F** repas **80 F**

Ouvert : toute l'année.

15	5	0,5	2	6	0,5	17	5	1

LENOIR Jean et Suzanne - Chemin de la Cote - La Poype - 01400 NEUVILLE-LES-DAMES - Tél : 04 74 55 60 94

NEUVILLE-SUR-AIN Bosseron

C.M. 74 Pli

4 ch. En bordure de la rivière d'Ain, sur un parc de 2ha, 4 chambres décorées avec soin au 2ème ét. d'une maison de caractère, chacune avec s.d.b/WC ou s. d'eau/WC. 2 ch. (2 lits 1 pers.), 2 ch. (1 lit 160). 2 grands salons avec cheminée, piano, TV, biblio. Petits déj copieux servis face à la rivière. Accueil chaleureux. Restaurant 300 m. Sur place : pêche, baignade aménagée, promenade en barque, ping-pong, billard, muscul. Accès aux tennis minicipaux. GR59, Tour du Revermont. Artisanat local. Notions ang., all Sortie A40-A42 Pont d'Ain 6 km.

Prix : 1 pers. **270 F** 2 pers. **300 F**

Ouvert : toute l'année.

SP	12	SP	0,2	15	2	SP	6	0,5

RIVOIRE Annie - 325 Route de Genève - Bosseron - 01160 NEUVILLE-SUR-AIN - Tél : 04 74 37 77 06 - Fax : 04 74 37 77 06

ORDONNAZ La Ville-d'en-Bas

Alt. : 850 m A C.M. 74 Pli 4

2 ch. A l'étage d'une ancienne ferme rénovée. 1 chambre 1 lit 2 pers. salle d'eau/wc et 1 chambre 1 lit 2 pers./coin cuisine et salle d'eau/wc. Jardin. Possibilité de prendre ses repas à l'auberge toute proche (pension, 1/2 pension), repas à partir de 70F. Possibilité casse-croûte à emporter pour randonnée. GR9 à proximité. Gare SNCF à Tenay 12 km.

Prix : 1 pers. **180/210 F** 2 pers. **220/250 F** pers. sup. **60 F**

Ouvert : toute l'année.

11	20	11	SP	20	SP	SP	30	12	12

GRINAND Pierre - La Ville d'en Bas - 01510 ORDONNAZ - Tél : 04 74 40 90 79 ou 04 74 40 90 38 - E-mail : lugrin@infonie.fr

ORDONNAZ La Ville-d'en-Bas

Alt. : 850 m A C.M. 74 Pli 4

3 ch. Aux 1er et 2e ét. d'un batiment rénové comportant aussi 2 gîtes ruraux, près de l'auberge de campagne des propriétaires. 1 ch. (2 lits 1 pers.) 2 ch. (1 lit 2 pers.), s.d'eau/wc chacune. Poss. lit enfant. Salon réservé aux hôtes. Espace ext. avec salon de jardin. Pension, 1/2 pension, casse-croûte à emporter. Au calme, près du village de montagne. Animations d'été, fête du four. Fruitière au village. Langue parlée : anglais.

CV

Prix : 1 pers. **180/210 F** 2 pers. **220/250 F** pers. sup. **60 F** repas **68 F**

Ouvert : toute l'année.

15	20	12	SP	20	SP	SP	50	12	12

GRINAND Bernard - La Ville d'en Bas - 01510 ORDONNAZ - Tél : 04 74 40 90 79

ORDONNAZ Le Charveyron

Alt. : 850 m A C.M. 74 Pli 4

3 ch. De plain-pied dans une maison indépendante en bordure du village, comportant également 1 gîte rural. 2 ch. (1 lit 2 pers.), 1 ch. (2 lits 1 pers.), salle d'eau/wc dans chaque chambre. Coin-TV et lecture à la disposition des hôtes. Parking, Terrasse. Pré, logement pour chevaux possible sur place, lac à 11 km. GR 59 à proximité. Gare SNCF à Tenay 10 km.

Prix : 1 pers. **200 F** 2 pers. **230 F**

Ouvert : de février à novembre.

11	20	11	1	20	SP	SP	50	10	12

LARACINE René et Michèle - Le Charveyron - 01510 ORDONNAZ - Tél : 04 74 40 90 20

OYONNAX Massiat

Alt. : 500 m (TH) C.M. 70 Pli 14

E.C. 2 ch. A l'étage d'une ferme équestre. 1 chambre (3 lits 1 pers.). 1 chambre (1 lit 2 pers.), salle de bains et wc communs au rez-de-chaussée. Coin-cuisine ou table d'hôtes le soir. Salle de séjour avec cheminée. Hébergement chevaux sur place, promenades à cheval, poneys, calèches. Location VTT.

CV

Prix : 1 pers. **97 F** 2 pers. **163 F** 3 pers. **214 F** repas **69 F**

Ouvert : de mai à septembre.

15	5	5	5	SP	6	3

SONTHONNAX Paul et Pierre - SARL Ferme Equestre de Massiat - Bouvent - 01100 OYONNAX - Tél : 04 74 73 64 85 ou 04 74 77 44 52 - Fax : 04 74 73 83 72

OZAN Ronfer

C.M. 70 Pli 12

1 ch. Très calme au rez-de-chaussée de la maison du propriétaire. Belle demeure en pierre dans un parc ombragé en bordure du village. 1 ch. (2 lits 1 pers.). Salle de bains/wc. Salon. Chauffage central. A40 8 km. A6 et N6 10 km. Mâcon 15 km. Pont de Vaux 4 km, restaurants, port fluvial. A proximité vignobles du Mâconnais et du Beaujolais.

Prix : 1 pers. **240 F** 2 pers. **280 F**

Ouvert : toute l'année.

5	14	5	4	8	SP

COULAS Marie-Ange - Ronfer - Dép. 933 - 01190 OZAN - Tél : 03 85 30 32 85

LE POIZAT Le Replat

Alt. : 900 m *C.M. 74 Pli 4*

1 ch. Chambre d'hôtes indépendante à l'étage de la maison du propriétaire. Accès indépendant par escalier extérieur, (1 lit 2 pers. 1 lit 1 pers. d'appoint). Salle d'eau/wc. Chauffage central et électrique. Maison située en pleine nature, dans un hameau en bordure du plateau de Retord (Jura sud). A40 sortie Sylans. Sentiers pédestres GR 9, forêt à proximité. Lac de Nantua à 10 km, tous sports nautiques. Cinémas à Nantua et Bellegarde. Restaurant 2 km.

CV

Prix : 1 pers. **160 F** 2 pers. **200 F** 3 pers. **240 F**

Ouvert : toute l'année.

10	25	10	2	30	SP	SP	20	15	5

LE PECQ Yves et Jeanine - Le Replat - L'Herbe d'Or - 01130 LE POIZAT - Tél : 04 74 75 31 63 - E-mail : yves-lepec@wanadoo.fr

PREVESSIN-MOENS Bretigny

C.M. 70 Pli 16

2 ch. A l'étage de la maison des propriétaires, ancienne ferme rénovée. 1 ch. (1 lit 160 cm), coin-salon (divan 2 pers.). 1 ch (1 lit 2 pers., 1 lit 1 pers.) Salles d'eau/WC privatifs dans chaque chambre. Possibilité de repas. Terrain, ping-pong. Environnement campagnard. Restaurant à 1 km. Au pied du massif du Jura, à prox. : Ferney-Voltaire (3 km), Genève (5 km) Divonne, liaison facile Crozet-Lélex (ski), La Vattay (ski de fond). Langues parlées : anglais, allemand.

Prix : 1 pers. **200 F** 2 pers. **240 F** pers. sup. **60 F**

Ouvert : toute l'année.

10	4	2	2	5	3	SP	15	5	5	4

COULLET Bernard et Marie-P. - 1373 Rte du Sénateur Fouilloux - Bretigny - 01280 PREVESSIN-MOENS - Tél : 04 50 41 01 45

REVONNAS Grillerin

(TH) *C.M. 74 Pli 3*

2 ch. Dans un petit chateau du XVIIIe, grand parc avec arbres bicentenaires. Grande chambre 3 épis en r.d.c. indépendante, piano, TV couleur (1 lit 2 pers.) salle d'eau, wc. Chambre 2 épis à l'étage (1 lit 2 pers.) salle d'eau/wc. Cheminée. Poss. lits suppl. Promenades dans le parc. Calme et repos assur. Gratuit enf.-5 ans. Table d'hôtes sur réservation de préférence. Proche Bresse et Dombes, sîtes gastronomiques et touristiques. Randonnées. Langue parlée : anglais.

CV

Prix : 1 pers. **250/350 F** 2 pers. **300/350 F** 3 pers. **300/400 F**
pers. sup. **60 F** repas **100 F**

Ouvert : toute l'année.

8	11	2	3	8	3	SP	25	10	2

ASSIER DE POMPIGNAN H. Bernard - Grillerin - 01250 REVONNAS - Tél : 04 74 30 02 68

ROMANS La Fontaine

C.M. 74 Pli 2

2 ch. 1 des ch. est ménagée dans un bâtiment abritant l'ancien four à pain, à prox. de la maison des propr. 1 lit 2 pers. 1 lit 1 pers., poss. 1 lit supp. Kitchenette rés. aux hôtes, s.d'eau/wc. Une 2ème ch. 2 épis à l'ét. de la maison d'hab. (1 lit 1 pers.), s. de b./wc. Accès ind. Salon de jardin. Parking. Réduc. selon saison et durée du séj. Loc. tandem et VTT. Route des étangs de la Dombes. Chatillon/Ch., cité médiévale et fleurie. Produits fermiers à prox. Restaurant 4 km. Langue parlée : anglais.

CV

Prix : 1 pers. **160/170 F** 2 pers. **240 F** 3 pers. **310 F** pers. sup. **70 F**

Ouvert : toute l'année.

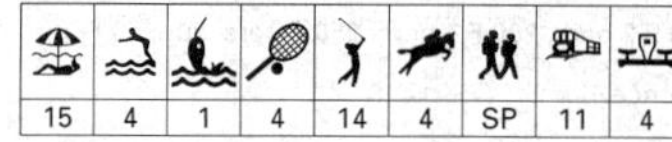

15	4	1	4	14	4	SP	11	4

BACHON Claude - La Fontaine - 01400 ROMANS - Tél : 04 74 55 71 02

ROMANS La Fontaine

C.M. 74 Pli 2

2 ch. A l'étage de la maison des propr. 1 ch. (1 lit 2 pers., 1 lit 1 pers., poss. 1 lit enf.). 1 ch. avec kitchenette (1 lit 2 pers., 2 lits 1 pers.). Chacune avec salle d'eau/wc et petit balcon. Accès ind. Coin-salon/séjour (coin-cuisine) en r.d.c. réservé aux hôtes. Terrasse, salon de jardin. Parking. Tarif réduit au delà de 5 jours. Route des Etangs de la Dombes. Châtillon/Chalaronne 4 km.

Prix : 1 pers. **170/190 F** 2 pers. **230/250 F** 3 pers. **300/320 F**
pers. sup. **70 F**

Ouvert : toute l'année.

15	4	1	4	14	4	SP	11	4

REMENANT Alain et Monique - La Fontaine - 01400 ROMANS - Tél : 04 74 55 65 12

ROMANS Le Grand-Janan

C.M. 74 Pli 2

2 ch. 2 ch. d'hôtes. 1 ch. 2 épis indép. au r.d.c. (1 lit 2 pers. 2 lits 1 pers. superposés), s. d'eau/wc. 1 suite de 2 ch. 3 épis pour une même famille, à l'étage, accès par escalier extérieur, 1 lit 2 pers. 1 lit 120 cm. 2 lits 1 pers., meublée en style ancien, s.d'eau/wc. Séjr/salon à dispo. le matin. Terrasse, espaces verts, barbecue. Bassin de pêche. Forêt 1 km. Route des étangs de la Dombes et Chatillon/Chalaronne, cité fleurie à 3 km. A 25 km, le Beaujolais, Mâcon et Bourg en B. (TGV). Restaurant à 1,5 km.

Prix : 1 pers. **160/190 F** 2 pers. **200/245 F** 3 pers. **250/295 F** pers. sup. **60 F**

Ouvert : du 1er avril au 11 novembre.

3	SP	3	5	7	SP	3

MONTRADE Guy et Suzanne - Le Grand-Janan - 01400 ROMANS - Tél : 04 74 55 00 80 - Fax : 04 74 55 13 64

SAINT-ANDRE-D'HUIRIAT Bourdonnel

(TH) *C.M. 74 Pli 2*

5 ch. A l'étage du château dans un parc arboré. 2 ch. 3 épis pour 2 ou 3 pers. 1 ch. 2 épis (2 lits 1 pers.). Salle d'eau/wc privée chacune. 1 ch. pour enfants. 2 ch. 1 épi pour l'été (4 lits 1 pers. et 2 lits 1 pers.) Poss. lits bébé. Salon et salle à manger communs. Piscine privée. Parking, cour et terrain clos. Promenades dans le parc. Vonnas 5 km. Bourg en Bresse 27 km. Langues parlées : anglais, allemand.

Prix : 1 pers. **190/230 F** 2 pers. **250/290 F** pers. sup. **100 F** repas **90 F**

Ouvert : toute l'année.

12	SP	6	15	12	SP	17	6

BRAC DE LA PERRIERE Paule - Château de Bourdonnel - 01290 SAINT-ANDRE-D'HUIRIAT - Tél : 04 74 50 03 40 - Fax : 04 74 50 22 29

SAINT-ANDRE-SUR-VIEUX-JONC

C.M. 74 Pli 2

2 ch. Au 1er ét. d'une aile du château, en pleine nature, entre Bresse et Dombes, dans un beau parc (arbres centenaires) en lisière du golf de la Bresse (18 trous). 1 suite de 2 ch. : 1 ch. (2 lits 1 pers. 1 lit 2 pers.), s.d'eau/wc. 1 ch. (1 lit 2 pers.), s.bains/wc. Etangs de la Dombes. Bresse tourist. Eglises romanes. Nombreux monuments historiques. Sites touristiques. Vonnas (gastronomie). Accueil chaleureux dans ce manoir romantique. Langues parlées : anglais, italien.

Prix : 1 pers. **400 F** 2 pers. **500 F**

Ouvert : toute l'année et sur réservation l'hiver.

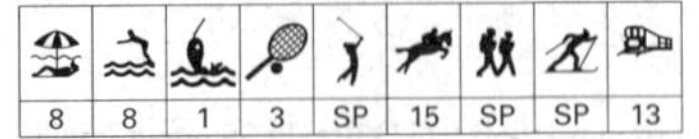

8	8	1	3	SP	15	SP	SP	13

GUIDO-ALHERITIERE Geneviève - Château de Marmont - 01960 SAINT-ANDRE-SUR-VIEUX-JONC - Tél : 04 74 52 79 74

SAINT-CYR-SUR-MENTHON Les Levrières

C.M. 70 Pli 12

2 ch. A l'étage de la maison du propriétaire dans un cadre agréable et campagnard. 1 chambre 1 pers. (1 lit 130), 1 chambre 3 pers. (1 lit 180 et 1 lit 90). Salle d'eau, wc indépendant, communs aux hôtes. Salle commune, TV. Terrasse. Salon de jardin, terrain non clos. Musée de la ferme des Planons. Route touristique de la Bresse. Vente de produits fermiers à Replonges (3 km). Beaujolais. Restaurant 4 km.

Prix : 1 pers. **150 F** 2 pers. **200 F** 3 pers. **250 F** pers. sup. **150 F**

Ouvert : toute l'année.

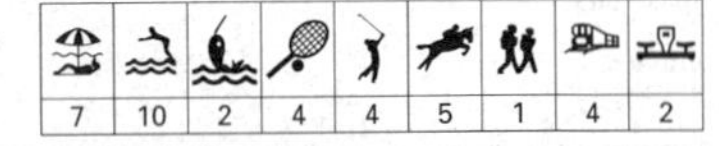

7	10	2	4	4	5	1	4	2

MICHON Georges - Les Levrières - 01380 SAINT-CYR-SUR-MENTHON - Tél : 03 85 36 30 64

SAINT-DIDIER-D'AUSSIAT Le Village

C.M. 70 Pli 12

3 ch. Vastes chambres d'hôtes à l'étage d'une maison du XIXe, ancien presbytère. 2 chambres (1 lit 2 pers. 1 lit 1 pers.), 1 chambre (1 lit 2 pers., 2 lits 1 pers.), salle d'eau/wc privés. Jardin. Terrain de boules à proximité. Bourg-en-Bresse et Mâcon 23 km. A40 13 et 5 km. Route touristique de la Bresse, fermes typiques avec cheminée sarrazine. Restaurant au village.

Prix : 1 pers. **180 F** 2 pers. **200 F** 3 pers. **250 F** pers. sup. **50 F**

Ouvert : toute l'année.

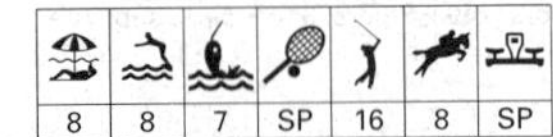

8	8	7	SP	16	8	SP

TRIPOZ Régis et Anne-Marie - Le Village - 01340 SAINT-DIDIER-D'AUSSIAT - Tél : 04 74 51 11 30

SAINT-ETIENNE-DU-BOIS Les Chatonnieres

(TH) *C.M. 70 Pli 13*

1 ch. 1 ch. dans une villa (1 lit 2 pers.), s.bains et wc privés. Séjour à dispo. (cheminée). Parking, terrasse, grand terrain arboré et clos avec salon de jardin, jeu de boules. Table d'hôtes sur réservation (50 à 100F). Réduction poss. selon saison et durée du séjour. Repas sur la terrasse en été. Montagne du Revermont. Route touristique de la Bresse. Fermes bressanes à visiter au village. Langues parlées : anglais, espagnol.

Prix : 1 pers. **220 F** 2 pers. **240 F** pers. sup. **110 F** repas **100 F**

Ouvert : toute l'année.

10	7	2	2	9	9	SP	9	3

LOZANO Marie-Nicole - Les Chatonnières - 01370 SAINT-ETIENNE-DU-BOIS - Tél : 04 74 30 53 20

SAINT-ETIENNE-SUR-REYSSOUZE

C.M. 70 Pli 12

5 ch. Chambres non fumeur à l'étage de la maison des propr., typique du bocage bressan, indép. calme et fleurie. Salon de verdure avec pièce d'eau. Accès aux ch. indép. par escalier extérieur. 2 ch., 3 épis, 3 pers. salle d'eau, wc chacune. 3 ch. 2 épis, 2 ou 3 pers., salle d'eau privée, 2 wc communs. Salle de repas au r.d.c. à dispo. des hôtes à toute heure du jour. Table d'hôtes diététique et gourmande, le soir sur réservation. Réduction à partir de 2 nuits.

Prix : 1 pers. **200/240 F** 2 pers. **240/280 F** 3 pers. **320/370 F** pers. sup. **30 F** repas **70/100 F**

Ouvert : toute l'année sur réservation.

6	5	2	4	15	17	SP	20	5

CHERVET Georges et Arlette - Le Vert Bocage - 01190 SAINT-ETIENNE-SUR-REYSSOUZE - Tél : 03 85 30 97 27 - Fax : 03 85 30 97 27

SAINT-GERMAIN-LES-PAROISSES Meyrieu

C.M. 74 Pli 14

1 ch. Dans un ancien moulin du XVIIIe, bâtisse en pierre en pleine nature préservée, en bordure de ruisseau. Une grande chambre 1 lit 2 pers. et 1 lit 1 pers., salle de bains et wc indép. (TV). Accès indépendant par terrasse. Séjour des propriétaires à disposition des hôtes. Piscine privée. Restauration à 4 km. Route du Bugey et sentiers balisés, promenades VTT, fêtes des fours. Langue parlée : anglais.

Prix : 1 pers. **350 F** 2 pers. **400 F** 3 pers. **450 F**

Ouvert : toute l'année.

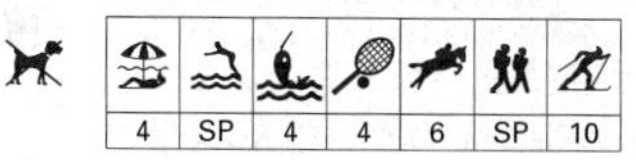

4	SP	4	4	6	SP	10

BERNE Yvonne - Moulin de Marchamp - Meyrieu - 01300 SAINT-GERMAIN-LES-PAROISSES - Tél : 04 79 81 14 94

SAINT-JEAN-SUR-REYSSOUZE Montéfanty

C.M. 70 Pli 12

2 ch. Dans une ancienne ferme bressane restaurée, à l'étage de la maison d'habitation des propr. 1 chambre (1 lit 160, 1 lit 90), 1 chambre (1 lit 140, 1 lit 90), chacune avec s.d'eau/wc. Accès ind. Coin-détente réservé aux hôtes. Salon, s. à manger (cheminée) des propr. à dispo. des hôtes. Piscine. Salon de jardin. Base de loisirs 6 km. Route des 3 Moulins. Route de la Bresse. Vignobles du Beaujolais. Sortie A40 16 km, sortie A39 20 km. Langue parlée : anglais.

Prix : 1 pers. **200 F** 2 pers. **250 F** 3 pers. **320 F**

Ouvert : toute l'année.

6	SP	6	2	25	8	2	25	6

CLEMENT Guy et Jacqueline - Montefanty - 01560 SAINT-JEAN-SUR-REYSSOUZE - Tél : 04 74 30 88 43 - Fax : 04 74 25 65 06

SAINT-MARTIN-DE-BAVEL La Vellaz

C.M. 74 Pli 4

3 ch. Au r.d.c. d'un bâtiment rénové (140 m^2), à la ferme. 1 ch. (1 lit 2 pers.), 1 ch. (1 lit 2 pers. et 1 lit 1 pers.) et 1 ch. (3 lits 1 pers.), toutes avec s.d'eau/wc privés. Salon et salle à manger réservés aux hôtes. Cuisine équipée (four micro-ondes, l-linge) à dispo. Vaste cour, parking, verger et pelouse. Aux portes des Savoies, au cœur du Bugey et du Marais de Lavours. 1 ch. accessible aux personnes handicapées. Réduc. pour séjour et groupe. Allemand parlé. 220 F/pers à partir de 3 nuits.

Prix : 1 pers. **200 F** 2 pers. **240 F** 3 pers. **310 F** pers. sup. **70 F**

Ouvert : toute l'année.

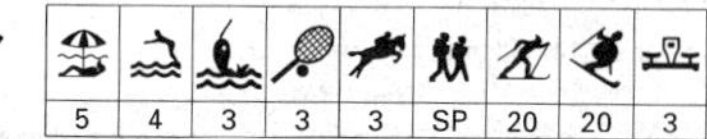

5	4	3	3	3	SP	20	20	3

VINCENT Juliette - Les Charmettes - La Vellaz - 01510 SAINT-MARTIN-DE-BAVEL - Tél : 04 79 87 32 18 - Fax : 04 79 87 34 51

SAINT-MAURICE-DE-GOURDANS

A

C.M. 74 Pli 13

5 ch. A l'étage de l'auberge de campagne du propriétaire. Belle maison typique, fleurie avec terrain arboré, dans un village. 3 ch. (1 lit 2 pers.). 2 ch. (1 lit 2 pers. 1 lit 1 pers.), dont 3 ch. 2 épis, douche ou bains privés, et 2 ch. 1 épi avec salle de bains commune. WC communs. Aire de jeux, parking, pré. Auberge le dimanche midi et tous les soirs (sauf le mercredi et le jeudi en juillet/août). Loyettes 6.5 km. Langue parlée : anglais.

Prix : 1 pers. **125/160 F** 2 pers. **145/180 F** 3 pers. **230 F** pers. sup. **30 F**

Ouvert : toute l'année.

SP	12	SP	SP	12	SP	SP	10	SP

MASSON Pierre - 01800 SAINT-MAURICE-DE-GOURDANS - Tél : 04 74 61 82 44 - Fax : 04 74 61 82 44

SAINT-SORLIN

C.M. 74 Pli 3

1 ch. Ch. spacieuse et indép. dans une maison en pierre. 2 lits 1 pers., 1 lit 120 en mezzanine, poss. de lits supp. Salle d'eau/wc. Salon (piano, cheminée) et coin-cuisine réservés aux hôtes. Ping-pong. Accès direct à la campagne par la terrasse et les vignes. Restaurant et commerces au village. Ecole de canoë à 3km. Village de roses au bord du Rhône, dominé par son église et les ruines du château. Au printemps, les rosiers mettent en valeur couleurs et senteurs. Langue parlée : anglais.

Prix : 1 pers. **210 F** 2 pers. **260 F** 3 pers. **320 F** pers. sup. **60 F**

Ouvert : toute l'année.

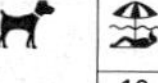

10	2	SP	SP	20	10	SP	SP

BROQUET Christiane et Philippe - 41 Grande Rue - 01150 SAINT-SORLIN - Tél : 04 74 34 86 00

SAINT-TRIVIER-DE-COURTES Courbassandre *C.M. 70 Pli 12*

1 ch. 1 suite de 2 chambres pour une même famille au rez-de-chaussée et dans le prolongement de la maison des propr. (ferme rénovée). Entrée indép. 1 lit 2 pers. et 2 lits 1 pers. Salle d'eau/wc. Chauffage central. Terrasse, salon de jardin. Mâcon, Bourg 30 km. Base de loisirs Montrevel 15 km. Pont de Vaux, port fluvial 10 km. Abbaye de Tournus 20 km.

Prix : 1 pers. **210 F** 2 pers. **250 F** 3 pers. **320 F** pers. sup. **70 F**

Ouvert : toute l'année.

15	15	5	2	18	SP	30	2

VAREON Gabrielle - Courbassandre - 01560 SAINT-TRIVIER-DE-COURTES - Tél : 04 74 30 74 17 - Fax : 04 74 30 74 17

SAINTE-CROIX La Grange-Magnin *C.M. 74 Pli 2*

3 ch. Sur une expl. agr., à l'étage de la maison des propr. Entrée ind. 1 ch. 1 lit 2 pers., 1 lit 1 pers. avec kitchenette. 1 ch. 2 lits 1 pers. 1 suite de 2 ch. (1 lit 2 pers., 3 lits 1 pers.). Chacune avec salle d'eau/wc. Coin-séjour réservé aux hôtes. Parking. Route des Etangs. Base de loisirs St-Paul-de-Varax 25 km. Pérouges 15 km. Location vélos Joyeux 10 km. Parc des Oiseaux Villars 15 km. Auberge de campagne Pizay.

Prix : 1 pers. **150/180 F** 2 pers. **220/260 F** 3 pers. **320/350 F** pers. sup. **70 F**

Ouvert : toute l'année.

25	15	2	15	11	6	SP	6	6

BERTRAND Roger et Pierrette - La Grange Magnin - 01120 SAINTE-CROIX - Tél : 04 78 06 61 46 - Fax : 04 78 06 61 46

SAINTE-EUPHEMIE *C.M. 74 Pli 1*

1 ch. A l'étage de la maison des propriétaires. 1 lit 2 pers. 2 lits 1 pers., avec s.d'eau et wc. Poss. lit sup. Accès indép. Parking, jardin arboré clos. Terrasse, terrain pétanque. Lyon 20 km. Trévoux 3 km. Petit village de la Dombes, à prox. d'Ars, village du St-Curé avec sa basilique et son pélerinage. Villars les Dombes, 10 km, parc des oiseaux. Langues parlées : anglais, allemand.

Prix : 1 pers. **210 F** 2 pers. **280 F** 3 pers. **350 F** pers. sup. **80 F**

Ouvert : du 15 mars au 15 novembre.

3	3	3	3	12	10	SP	9	3

DUCROUX Raymond et Simone - Route de Reyrieux - 01600 SAINTE-EUPHEMIE - Tél : 04 74 00 20 13

SANDRANS Le Château (TH) *C.M. 74 Pli 2*

3 ch. 3 ch. dans un bâtiment de ferme restauré en bordure du village, chacune avec s.d'eau/wc. 1 ch. (1 lit 2 pers.), 1 ch. (2 lits 1 pers.) et 1 suite de 2 ch. (2 lits 2 pers. et 1 lit 1 pers.) Accès indép. Séjour des propriétaires à dispo. le matin. Table d'hôtes le soir sur réservation sauf dimanche), cuisine familiale. Animaux acceptés après accord. Circuit pédestre. Route touristique de la Dombes, parc ornithologique à Villars 9 km, Châtillon/Chal. ville fleurie 7 km, Ars/Formans 20 km, Pérouges 25 km.

Prix : 1 pers. **170 F** 2 pers. **200 F** 3 pers. **260 F** repas **75 F**

Ouvert : du 1er janvier au 14 décembre.

12	7	1	7	8	3	SP	SP

BERTHAUD Dominique et Robert - Le Château - 01400 SANDRANS - Tél : 04 74 24 51 35

SERGY (TH) *C.M. 70 Pli 16*

6 ch. Le Verger : 2 ch. à l'étage d'une maison neuve indép. comportant 2 gîtes ruraux. La Forge : 4 ch. dans un batiment neuf, téléphone dans les chambres (lits jumeaux), chacune avec s.d'eau/wc, coin-tisanière. Poss. de lits supp. Salle de séjour à dispo. Terrain, parking. Terrasse aménagée. Au cœur du village, calme, en piémont du Jura Gessien, face à la chaîne des Alpes. Sentiers pédestres, forêt à prox. Divonne à 22 km. Gex 14 km. Langues parlées : anglais, allemand.

Prix : 1 pers. **210 F** 2 pers. **240 F** 3 pers. **260 F** repas **75 F**

Ouvert : toute l'année.

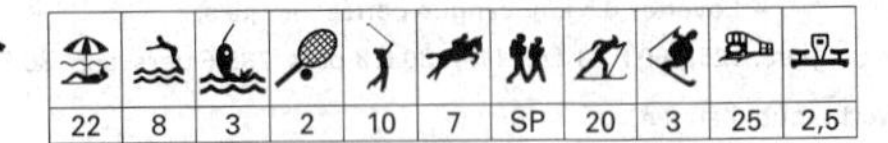

22	8	3	2	10	7	SP	20	3	25	2,5

MOINE Liliane - Chemin de la Charrière - 01630 SERGY - Tél : 04 50 42 18 03 - Fax : 04 50 42 11 34

SERMOYER Le Clos du Chatelet (TH) *C.M. 70 Pli 12*

2 ch. Au 1er étage d'une demeure de caractère de la fin du 18ème s. à la croisée de la Bresse et de la Bourgogne. Chacune avec 1 lit 2 pers., salle de b./wc privés. Salon avec cheminée à disposition des hôtes. Parc ombragé et clos. Parking privé. Repas sur réserv. Découverte des techniques de la peinture sur bois. Abbaye de Tournus. Circuit des églises romanes. Réserve Naturelle de la Truchère. Sortie A6 Tournus 12 km, Mâcon 25 km. Langue parlée : anglais.

Prix : 1 pers. **390 F** 2 pers. **490 F** pers. sup. **150 F** repas **125 F**

Ouvert : toute l'année.

10	11	1	9	18	4	SP	11	0,5

BRETON-LE-GRELLE Chantal - Le Clos du Chatelet - 01190 SERMOYER - Tél : 03 85 51 84 37 - Fax : 03 85 51 84 37 - E-mail : clos.chatelet@infonie.fr

SERVAS Lalleyriat

C.M. 74 Pli 3

5 ch. Le « Nid à Bibi » vous accueille avec 5 ch. d'hôtes à l'étage d'une ancienne ferme rénovée avec goût. Ch. 2 à 3 pers. avec s.d.b./wc, une ch. avec bain à remous. Biblio. salon, salle à manger. Petit déj. brunch. Calme et repos. Jardin d'agrément, parking clos. All, angl, italien parlés. Réduc. à partir de 2 nuits. Sur place : 2 tennis (gazon synth.), piscine intérieur chauffée, nage contre courant, sauna, musculation, ping-pong, vélos. A prox : rivière, golf, ski nautique. Langues parlées : allemand, anglais.

Prix : 1 pers. **500/600 F** 2 pers. **570/780 F** 3 pers. **900 F**
repas **150/180 F**

Ouvert : toute l'année sur réservation.

7	SP	3	SP	8	3	SP	7	4

BIBUS Elise - Le Nid à Bibi - Lalleyriat - 01960 SERVAS - Tél : 04 74 21 11 47 - Fax : 04 74 21 02 83

SONGIEU

Alt. : 750 m

C.M. 74 Pli 4

2 ch. Grandes chambres d'hôtes à l'étage de la maison des propriétaires comportant également des gîtes ruraux. Chambres 1 lit 2 pers. 1 lit 1 pers. salle d'eau/wc privés. Possibilité lit d'appoint, lit bébé, prise TV. A dispo. : plaque chauffante, jardin des propr. Rest. 4 km. Belley et Nantua 30 km. Bellegarde 28 km. Poss. garde d'enf. Maison Bugiste rénovée au cœur de la typique vallée du Valromey. Nombreuses possibilités de promenades depuis la maison. Produits fermiers. Langue parlée : anglais.

Prix : 1 pers. **160/180 F** 2 pers. **190/210 F** 3 pers. **230/250 F**
pers. sup. **40 F**

Ouvert : toute l'année.

6	9	1	9	15	SP	9	9	20	4

MARTINOD Marcel - Au Village - 01260 SONGIEU - Tél : 04 79 87 72 06

TALISSIEU Domaine de Château froid

C.M. 74 Pli 14

6 ch. Dans un château des XVIIe et XIXe rénové. Au 1e étage et dans les tours 3 vastes ch. et 3 suites dont une nuptiale (jacuzzi) accueillent 2 ou 3 pers. S.de b. et wc séparés et privés. 2 salons dont TV satellite ds 1, biblio., salle de billard. Vue sur la vallée. Piscine ext. chauffée, tennis dans le parc. Poss. de demi-pension. Vignoble du Bugey, réserve nat. du Marais de Lavours, montagne du Gd Colombier et rando GR9, lac du Bourget 15 km, Chambéry et Annecy 50 km, Genève 60 km. Gare de Culoz 5 km. Lyon 100 km. Langue parlée : anglais.

Prix : 1 pers. **650 F** 2 pers. **750/1100 F** pers. sup. **150 F** repas **150 F**

Ouvert : du 15 mars au 31 décembre.

10	SP	SP	SP	28	4	SP	20	20	5	3

PESENTI Gilberte - Domaine de Château Froid - 01510 TALISSIEU - Tél : 04 79 87 39 99 - Fax : 04 79 87 45 69 -
E-mail : chateau.froid@wanadoo.fr - http://www.ila-chateau.com/froid/

TREVOUX

C.M. 74 Pli 1

1 ch. Coquette chambre d'hôtes pour 2 personnes (lits jumeaux), avec kitchenette, salle d'eau et wc indépendants. Entrée indépendante en rez-de-jardin de la maison, au calme, à proximité du centre ville. Salon de jardin dans une petite cour avec pelouse. Parking à proximité. Trévoux, capitale de l'ancienne principauté de la Dombes (Parlement, Apothicairerie, Château-fort). Ars sur Formans 7 km. Route de la Dombes et de la Bresse. Langue parlée : anglais.

Prix : 1 pers. **220 F** 2 pers. **270 F**

Ouvert : toute l'année.

1	1	1	1,5	8	8	SP	SP

SAULNIER FERRAND S. - 9 rue du Bois - 01600 TREVOUX - Tél : 04 74 00 19 45 ou 06 80 94 58 59

TREVOUX

C.M. 74 Pli 1

2 ch. Au r.d.c. d'un ancien hôtel particulier dans un parc, face à la Saône. Une chambre sur jardin (lits jumeaux), salle de bains, wc réservés aux hôtes. Une chambre au 1er étage, plafond voûté (1 lit 200 et 2 lits 1 pers.), salle d'eau/wc privés. Parking dans le jardin. Trévoux Site historique (château fort, apothicairerie...) Routes tourist. de la Dombes et de la Bresse. Région des pierres dorées du Beaujolais. Langues parlées : anglais, espagnol.

Prix : 1 pers. **220 F** 2 pers. **290 F** 3 pers. **360 F** pers. sup. **80 F**

Ouvert : toute l'année.

10	1	SP	2	8	8	SP	SP

BODET Alain et Sabine - 26 rue du Palais - Entrée 4 bis rue de la gare - 01600 TREVOUX - Tél : 04 74 00 23 74 - Fax : 04 74 00 25 24

TREVOUX

C.M. 74 Pli 1

1 ch. Entre Beaujolais et Dombes, Dominique et Charles vous recevront dans cette ancienne maison vigneronne, bâtie en 1840. 1 ch. à l'étage, entrée ind., TV couleur (1 lit 2 pers., 1 lit 1 pers.), salle d'eau et wc privés. Grand séjour avec cheminée et coin lecture. Jardin, terrasse, four à pain. Réd. selon saison et durée du séjour. Trévoux, site historique. Restaurant 1,5 km. Routes de la Dombes et de la Bresse. Langue parlée : anglais.

Prix : 1 pers. **260 F** 2 pers. **320 F** 3 pers. **390 F**

Ouvert : toute l'année.

1	0,3	1	1	8	8	SP	10	1,5

CACLIN Charles et Dominique - 207 rue des Tireurs d'Or - 01600 TREVOUX - Tél : 04 74 00 25 17 - Fax : 04 74 00 34 01 -
E-mail : cdcaclin@mail.dotcom.fr

VIEU-D'IZENAVE Alt. : 650 m *C.M. 74 Pli 4*

3 ch. A l'étage de la maison du propriétaire, en bordure du hameau, en pleine campagne. 2 ch. (1 lit 2 pers.). 1 ch. (1 lit 2 pers. 1 lit 1 pers.). Lavabo dans chaque chambre, salle de bains et wc communs. Chauffage central. Séjour, cuisine d'été à la disposition des hôtes, salon de jardin. Accueil familial. A Cerdon 12 km : grottes et cuivrerie. Lac, voile 12 km. Forêt, sentiers balisés à prox. Tarif dégressif pour séjour en hors-saison. A40 7 km.

CV

Prix : 1 pers. **130 F** 2 pers. **150 F** 3 pers. **220 F** pers. sup. **80 F**

Ouvert : toute l'année.

12	11	0,5	0,5	30	12	SP	8	15	15	12

GOYFFON Georges et Jeanine - 01430 VIEU-D'IZENAVE - Tél : 04 74 76 32 27

VILLARS-LES-DOMBES *C.M. 74 Pli 2*

1 ch. 1 suite de 2 ch. à l'étage de la maison du propriétaire, dans un hameau calme, en bordure du village, jardin arboré et terrain clos. Pour une même famille : 1 ch. (2 lits 1 pers.), 1 ch. (1 lit 2 pers. 1 lit 1 pers.), s.d.b. et wc privés. Séjour (TV et bibliothèque) réservé aux hôtes. Accès indép. par escalier extérieur. Parc ornithologique à 2 km. Circuit découverte des étangs de la Dombes. Cinéma, restaurant 1 km.

Prix : 1 pers. **200 F** 2 pers. **250 F** 3 pers. **320 F**

Ouvert : toute l'année.

15	1	1	1	3	10	SP	1	1

GEORGE Maurice et Thérèse - 624 Les Petits Communaux - 01330 VILLARS-LES-DOMBES - Tél : 04 74 98 05 44

VILLARS-LES-DOMBES Etang de Chafaud *C.M. 74 Pli 2*

2 ch. 2 ch. pour 2 pers. dans la maison du propr. Entrée indép. Terrain arboré de 3000 m^2, entièrement clos assurant l'intimité des hôtes. Terrasse 60 m^2 avec salon de jardin. Lit 2 pers. et lavabo dans chaque ch. Salle de bains, douche et wc communs. Salle de détente avec coin-cuisine et cheminée. Barbecue. Parking privé, poss. garage. Langues parlées également : allemand, tchèque, polonais, russe, yougoslave, slovaque. Parc ornitho. à 2 km. Route des étangs de la Dombes. Cinéma 1 km. Loc. de vélos 60 F/jour. Poss. pension de chevaux à prox. Langues parlées : russe, portugais.

CV

Prix : 1 pers. **170 F** 2 pers. **190 F**

Ouvert : toute l'année.

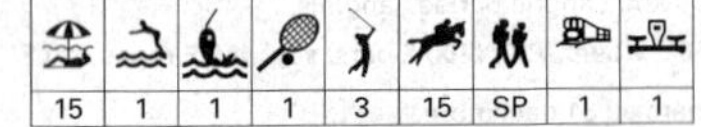

15	1	1	1	3	15	SP	1	1

BACK Daniel et Zdenka - 735 route du Chatelard - Etang de Chafaud - 01330 VILLARS-LES-DOMBES - Tél : 04 74 98 17 74 - Fax : 04 74 98 17 74

VILLEMOTIER Montfollet *C.M. 70 Pli 13*

3 ch. A l'étage de la maison des propr., ds une ancienne ferme typique restaurée, entourée d'un parc botanique d'1 ha (plus de 250 variétés : érables, magnolias), piscine, véranda, bassin à carpes koï. 1 ch. 2 lits 1 pers. (poss.l lit enfant), 1 ch. 1 lit 2 pers. (poss. 2 lits enft), 1 ch 2 lits 1 pers. avec s. d'eau-wc pour chacune. Entrée indépendante, grande pièce/salon avec TV satell. Cheminée. Petit déjeuner copieux. Prox. A39-A40. Routes tourist. et fleuries. Randonnées pédestres dans le Revermont 5km. Poss. tarif réduit pour séjour longue durée hors saison. Restaurant à 500m. Langues parlées : allemand, anglais.

Prix : 1 pers. **160 F** 2 pers. **230 F** pers. sup. **60 F**

Ouvert : toute l'année.

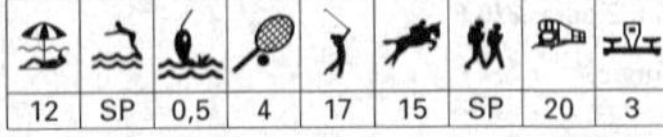

12	SP	0,5	4	17	15	SP	20	3

TUFFIN P. et JACHEET B. - La Recouvrance Montfollet - 01270 VILLEMOTIER - Tél : 04 74 42 01 18

VILLEREVERSURE Noblens (TH) *C.M. 74 Pli 3*

6 ch. Dans une maison de caractère en pierre, 6 ch. d'hôtes harmonieusement décorées, toutes avec s.d'eau/wc indépendants. 4 ch. 1 lit 2 pers., 1 ch. 1 lit 2 pers. et 1 lit 1 pers., 1 ch. 1 lit 2 pers. et 2 lits 1 pers. Grand séjour/salon (TV, biblio.) Tarif réduit selon durée du séjour. Table d'hôtes le soir (réservation). Parc arboré avec rivière en contrebas. Salon de jardin, parking. Dégustation et possibilité d'emporter pains et galettes cuits au four.

CV

Prix : 1 pers. **180 F** 2 pers. **210 F** 3 pers. **280 F** pers. sup. **60 F** repas **70 F**

Ouvert : toute l'année.

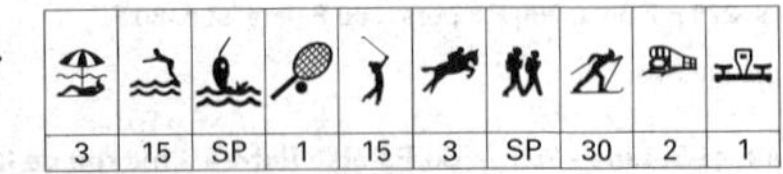

3	15	SP	1	15	3	SP	30	2	1

GUILLERMIN Annie et Eric - L'Agnoblens - Noblens - 01250 VILLEREVERSURE - Tél : 04 74 30 60 50

VIRIAT Moulin de Champagne (TH)

5 ch. Sur le site d'un ancien moulin rénové. 4 chambres de plain-pied dans une dépendance : 2 ch. (1 lit 160, 1 lit 90), 1 ch. (3 lits 90), chacunes avec s.de b./wc et accès ind. 1 ch. (1 lit 140, 1 lit 90 en mezzanine), s.d'eau/wc. 1 chambre (1 lit 140) s.d'eau/wc, au r.d.c de la maison (accès indép.). Séjour, coin-salon (cheminée) à dispo. Terrain, terrasse, salon de jardin. Poss. table d'hôtes midi et soir. Langue parlée : anglais.

Prix : 1 pers. **240 F** 2 pers. **300 F** 3 pers. **350 F** repas **100 F**

Ouvert : toute l'année.

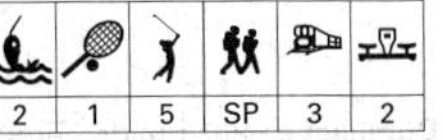

5	1	2	1	5	SP	3	2

FAMY Anne-Marie - Moulin de Champagne - 01440 VIRIAT - Tél : 04 74 25 16 04

GITES DE FRANCE - Service Réservation
4, cours du Palais - B.P. 402
07004 PRIVAS Cedex
Tél. 04 75 64 70 70 - Fax. 04 75 64 75 40
E.mail : gites-de-france-ardeche@wanadoo.fr - http://www.gitesdefrance-ardeche.com

3615 Gîtes de France
1,28 F/min

ALBA-LA-ROMAINE

C.M. 80 Pli 9

3 ch. Ancienne magnanerie, début XIXe, en bordure du village médiéval, la maison a gardé la simplicité de l'architecture locale. 3 ch. d'hôtes au 1er étage : 1 ch. avec s.d.b. et wc privés, 2 suites (chacune pour 4 pers.) avec s. d'eau, wc privés. Séjour, cheminée, salon au 2e étage, jardin arboré, piscine privée, Exposition permanente d'eaux fortes réhaussées. Découvertes des vins du terroir, d'ALBA romaine et médiévale. Promenades pédestres, repos... Marie-Françoise et Maurice espèrent vous faire aimer leur pays natal. Langues parlées : anglais, italien.

Prix : 1 pers. **200/250 F** 2 pers. **300/370 F** pers. sup. **100/120 F**

Ouvert : toute l'année.

10	10	SP	SP	10	SP	20	16	SP

ARLAUD Maurice et M-Françoise - Le Jeu du Mail - 07400 ALBA - Tél : 04 75 52 41 59 - Fax : 04 75 52 41 59 -
E-mail : lejeudumail@free.fr

ALBA-LA-ROMAINE Grange au Nègre

C.M. 80 Pli 9

2 ch. Ancienne ferme en pierre de pays située à 2 km du village médiéval d'Alba La Romaine, village construit au pied de son chateau (ancienne capitale gallo-romaine de l'Helvie). 2 chambres spacieuses de 2 à 3 pers avec sanitaires privés. Pièce à vivre voutée donnant de plein pied sur notre vaste jardin partiellement ombragé. Poss de restauration au village. Environnement de vignes et de garrigue. Alba est aujourd'hui le site de nombreuses fouilles archéologiques autour de son théatre antique, qui accueille chaque été des représentations théatrales. Langues parlées : anglais, allemand.

Prix : 1 pers. **250 F** 2 pers. **250 F** pers. sup. **60 F**

Ouvert : toute l'année.

15	15	4	4	15	SP	20	30	4

COLLET-NOTT Gilles et Jennyfer - La Grange aux Nègres - Saint-Philippe - 07400 ALBA-LA-ROMAINE - Tél : 04 75 52 44 67

ARDOIX Beauvoir

(TH)  *C.M. 76 Pli 10*

3 ch. **Safari Parc de Peaugres. Petit train touristique du Vivarais.** Au calme, venez prendre le temps de vivre en Ardèche verte, au cœur du vignoble du Saint-Joseph. Panorama sur les Gorges de l'Ay, les Alpes. Maison indépend. 3 chambres spacieuses, au r.d.c., avec accès indépend. dont 1 ch. accessible personne à mobilité réduite. Dans une grange restaurée. Hélène et Marc vous feront goûter les spécialités ardéchoises, confitures maison, fruits du verger, céréales et légumineuses cuisinées avec les produits du jardin. Table d'hôtes sur réservation. A 30 mn, Safari Parc de Peaugres, le train touristique Le Mastrou, La Louvesc. RN 86 à 10 mn. Langue parlée : anglais.

Prix : 1 pers. **220 F** 2 pers. **260 F** 3 pers. **330 F** pers. sup. **70 F**
repas **85 F**

Ouvert : toute l'année.

2	2	2	3	5	SP	15	15	3

SEITIER Hélène et J-Marc - Beauvoir - 07290 ARDOIX - Tél : 04 75 34 48 82

ARLEBOSC La Chaux

C.M. 76 Pli 19

2 ch. De l'ancienne maison de pierres, entièrement restaurée, située dans un hameau rural perché sur une colline où le panorama est varié : villages, vergers en terrasse, vallée du Doux où serpente le Mastrou (train à vapeur), Françoise et Pierre vous reçoivent dans 2 ch d'h de 2 à 4 pers, avec salle d'eau et wc privés. Salon commun en mezzanine. Le calme et les vastes espaces sont propices à la balade, aux randos pédestres et cyclos. Un sentier conduit à la rivière (pêche, baignade). Restauration régionale proche. Petits déjeuners servis sur la terrasse avec confitures maison, fruits et produits laitiers locaux. Langues parlées : anglais, espagnol.

Prix : 1 pers. **220 F** 2 pers. **280 F** 3 pers. **360 F** pers. sup. **80 F**

2	2	12	2	15	SP	25	2

DUVERT Pierre et Françoise - Chantelouve - La Chaux - 07410 ARLEBOSC - Tél : 04 75 06 78 72

AUBENAS

(TH) *C.M. 76 Pli 19*

2 ch. **Aubenas 5 mn.** Dans notre maison aux couleurs provençales, nous vous proposons deux chambres d'hôte : 1 ch avec accès extérieur (1 lit 140, salle d'eau et wc privés), 1 ch mansardée avec 1 lit 180, salle d'eau et wc privés non cloisonnés. Salle à manger, salon, terrasse, salon de jardin, bain de soleil, piscine du propriétaire à disposition (commune avec le gîte). A 300m de la RN 102 (Aubenas- Montélimar). Baignade et pêche dans l'Ardèche à 600m. Tout commerces et services médicaux à Aubenas : 5 km.

Prix : 1 pers. **250 F** 2 pers. **280/320 F** pers. sup. **80 F** repas **90 F**

Ouvert : toute l'année.

0,6	0,6	SP	3	5	SP	10	10	2

LOPEZ Jacques - Combe Chaude - Quartier de Ville - 07200 AUBENAS - Tél : 04 75 37 49 49 ou 06 81 91 73 16 - Fax : 04 75 37 49 49

BANNE La Bastide des Chênes

C.M. 80 Pli 8

2 ch. Sur un domaine de 5 ha en terrasses, 2 très belles chambres d'hôtes avec leurs sanitaires privés sont aménagées dans les voutes de notre belle bastide du XVIe s. Pierres apparentes, décoration provençale. Salle à manger et petit salon communs, jolie terrasse mi-ombragée où vous pourrez déguster nos petits déjeuners copieux. Table d'hôtes, nous consulter. Piscine commune avec le propriétaire. A proximité : Grottes de la Cocalière, Bois de Païolive, Aven Orgnac, Gorges de l'Ardèche et de la Cèze, vieux village de Banne (classé village de caractère), son château. Tous services à 3 km. Langue parlée : anglais.

Prix : 1 pers. **350 F** 2 pers. **390/430 F** 3 pers. **500 F** pers. sup. **130 F** repas **130 F**

Ouvert : Pâques et du 1er juillet au 31 août.

3	3	SP	3	3	SP	3	3	3	25	2

THOLL Alain - Le Gibet - 40, chemin des Romains - 6740 ETALLE (BELGIQUE) - Tél : 04 75 39 89 01 ou 00 32 63 45 64 30 - Fax : 00 32 63 45 64 30

BEAULIEU

C.M. 80 Pli 8

3 ch. Au r.d.c. d'une maison de construction neuve à proximité d'un camping, à 1 km du village. Terrain commun. 2 ch avec s. d'eau privées, 1 ch avec s.d'eau privée non communicante et non attenante (classée 1 épi), wc commun aux 3 ch, ch. électr., cuisine à dispo. Les hôtes bénéficient gratuitement de la piscine et du tennis. GR 4 à prox. Langue parlée : anglais.

Prix : 2 pers. **250 F** 3 pers. **280 F**

Ouvert : toute l'année.

SP	SP	SP	1	SP	SP

DELEUZE Jacques - Les Lèbres - 07460 BEAULIEU - Tél : 04 75 39 03 51 - Fax : 04 75 39 39 25

BEAUMONT La Petite Cour Verte-La Roche

C.M. 80 Pli 8

6 ch. Venez vous ressourcer dans une superbe bastide du XVIe ! Dominant la vallée, au milieu des châtaigniers, tout un espace naturel s'offre à vous. Loin des foules, près de tout, vous goûtez en toute tranquilité à mille plaisirs ! Charme et confort des chambres ttes avec s.d'eau, wc privés. Grand salon avec cheminée s'ouvrant sur une terrasse et un jardin. Mini piscine (4x3) chauffée couverte... Sauna(suppl.). TH : cuisine méridionale généreuse à base de produits du terroir. Pour un week-end ou les vacances, une maison de charme, un accueil chaleureux et authentique à découvrir...

Prix : 2 pers. **290/390 F** pers. sup. **140 F** repas **110 F**

Ouvert : du 1er avril au 31 décembre.

3	3	SP	15	8	SP	30	30	15	45	12

ROUVIERE Henri - La Petite Cour Verte - La Roche - 07110 BEAUMONT - Tél : 04 75 39 58 88 - Fax : 04 75 39 43 00 - E-mail : henri.rouviere@wanadoo.fr - http://www.lapetitecourverte.com

BERRIAS-CASTELJAU Pazanan

C.M. 80 Pli 8

2 ch. Dans un petit hameau très calme situé à 10 km des Vans et de Ruoms, à proximité des falaises de Casteljau et du bois de Paiolive, 2 chambres spacieuses pour 2 à 3 pers., au rdc de la maison du propriétaire (ancienne ferme en pierre de pays, entièrement rénovée) avec s.d'eau, wc privés, salle à manger avec c.cuisine à disposition, TV, parking privé. Garage à vélo, barbecue, terrasse fleurie où sont servis de copieux petits déjeuners. Très facile d'accès D104 à 400m (route Aubenas-Alès). Lit d'appoint à disposition.

Prix : 1 pers. **190 F** 2 pers. **230 F** 3 pers. **270 F** pers. sup. **40 F**

Ouvert : du 1er mars au 15 novembre.

7	7	3	5	2	SP	7	7	15	45	5

HOURS Danielle - Le Pazanan - Berrias Casteljau - 07230 LABLACHERE - Tél : 04 75 39 01 57 - Fax : 04 75 39 01 57

BESSAS Le Château de Bessas

C.M. 80 Pli 8

4 ch. Dans une partie rénovée du Château de Bessas, en Basse Ardèche à deux pas du Pont d'Arc et de la Vallée de la Cèze, quatre belles ch.d'hôtes de caractères différents pour 2 ou 4 pers. avec sanitaires privés. A disposition : salon intérieur, grande terrasse ensoleillée, table de ping-pong, VTT sur demande. Piscine avec hydromassage. Nombreuses activités variées à proximité. Enfant de moins de 5 ans : 50 Frs. Forfait 7 nuits : 1820 Fr/1 pers. 2030 Fr/2 pers. 2660 Fr/3 pers.

Prix : 1 pers. **260 F** 2 pers. **290 F** 3 pers. **390 F** pers. sup. **100 F**

Ouvert : du 1er mars au 15 novembre.

6	6	SP	4	4	SP	15	10	8	15	5

BONNEFIN et THOULOUZE Brigitte et Claude - Le Château - 07150 BESSAS - Tél : 04 75 38 64 34 - Fax : 04 75 38 60 90 - E-mail : bandb.au.chateau.de.bessas@wanadoo.fr

BIDON Mas du Pouzat

(TH) *C.M. 80 Pli 9*

1 ch. **Les grottes de Saint-Marcel et de la Madeleine 4,5 km.** En bordure de la réserve des gorges de l'Ardèche, vaste Mas traditionnel totalement indépendant en plein cœur du maquis ardéchois. 1 ch de 2 pers avec salle d'eau et wc privatif, salon avec cheminée, terrain, jeux d'enfant.Lit bébé et lit d'appoint à disposition. Le Mas est idéalement placé entre l'Aven Marzal. Champ truffier sur la propriété, le propriétaire vous fera découvrir ce produit merveilleux en hiver.

Prix : 1 pers. **220 F** 2 pers. **280 F** 3 pers. **360 F** pers. sup. **80 F** repas **90 F**

Ouvert : toute l'année.

5	5	16	10	1,2	SP	22	3	4,5	18	7

RAOUX Cathy et Bruno - Route des Gorges de L'Ardèche - Mas du Pouzat - 07700 BIDON - Tél : 04 75 04 38 59

BOURG-SAINT-ANDEOL La Sardagne

C.M. 80 Pli 9

4 ch. A 15mn des Gorges de l'Ardèche,au cœur d'un vaste site panoramique, entre vignes et garrigue, dans une ferme entièrement restaurée en pierre de pays, Jean vous propose 4 suites de 35 à 45 m^2, comprenant chacune : chambre, salon, douche et wc, terrasse(12 m^2), capacité de 2 à 6 pers. Lieux communs :salle à manger style provençal, terrasse, piscine (62 m^2). Parc (1 ha), jeux d'enfants, canoë, ping-pong, jeux de boules, basket-ball, volley-ball.

Prix : 1 pers. **250 F** 2 pers. **275/295 F** 3 pers. **350/390 F** pers. sup. **75/95 F**

Ouvert : de février à novembre.

15	5	SP	3	6	SP	5	10	15	7	4

LUNA Jean - La Sardagne - 07700 BOURG-SAINT-ANDEOL - Tél : 04 75 54 83 62

BURZET Pratmiral

Alt. : 613 m (TH) *C.M. 76 Pli 18*

3 ch. Au cœur des montagnes cévenoles, trois chambres d'hôtes dans un petit hameau de caractère restauré, chambres pouvant accueillir de 2 à 5 personnes, ttes avec salle d'eau et wc privés. Lit bébé et chaise haute à la demande. Repas en table d'hôtes pris dans notre très jolie salle typiquement ardéchoise ou sur la terrasse, cuisine régionale avec des produits maison. Cascade du Ray Pic à proximité. Hameau dominant la très jolie vallée de la Bourge, vallée très encaissée et connu pour sa pêche à la truite. A mi-chemin entre Aubenas et le plateau Ardèchois. Carte Fr.Télécom ou ticket téléphone. Langue parlée : anglais.

Prix : 1 pers. **220 F** 2 pers. **270 F** 3 pers. **350 F** pers. sup. **80 F** repas **95 F**

Ouvert : toute l'année sur réservation.

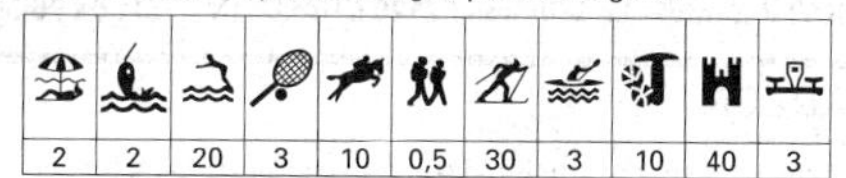

2	2	20	3	10	0,5	30	3	10	40	3

FICHOT André - Pratmiral - 07450 BURZET - Tél : 04 75 94 47 58 ou SR : 04 75 64 70 70

CASTELJAU L'Ensolléïade

C.M. 80 Pli 8

5 ch. Sur une exploitation agricole en bordure des Gorges du Chassezac et du Bois de Paiolive, entre Gorges de l'Ardèche et Cévennes, 5 ch. d'hotes spacieuses dans un charmant bâtiment annexe à la maison des propriét. Au cœur des vergers et des vignes, au calme. Terrain clos semi-ombragé. Ch. 2/4 pers toutes avec terrasse, s. d'eau, wc privés. TV, salle commune. Cuisine à disposition. Piscine à disposition, barbecue, jeu de boules, jeux d'enfants, table de ping-pong, parking. Chèques vacances acceptés. Tarif haute saison du 8/07 au 25/08.

Prix : 1 pers. **220 F** 2 pers. **250/300 F** 3 pers. **300/350 F** pers. sup. **50 F**

Ouvert : du 1er avril au 1er novembre.

0,6	0,6	SP	0,5	3	SP	0,6	0,6	15	3

NEGRE Jean - L'Ensolléïade - 07460 CASTELJAU - Tél : 04 75 39 01 14 - Fax : 04 75 39 01 14

CHALENCON

Alt. : 680 m (TH) *C.M. 76 Pli 20*

2 ch. Aménagées dans une maison faisant partie de l'ancienne enceinte du village fortifié de Chalencon (XIIIe siécle), Philippe et Sylvie vous proposent 1 ch de 2 pers(sanitaires privés non attenant, 2 épis), 1 ch de 2 à 3 pers (sanitaires privés,3 épis), joli salon coquet à disposition, petit déjeuner et repas servis avec les produits de la maison ou locaux. Table d'hôtes le soir uniquement sur réservation. Ce type d'habitation était anciennement appelé « Remparts habités », la porte des autrichiens rappelle encore l'entrée du village.

Prix : 1 pers. **220 F** 2 pers. **250 F** 3 pers. **290 F** pers. sup. **80 F** repas **90 F**

Ouvert : de Pâques à la Toussaint.

7	4	9	1	4	SP	14	9

CHOLAT Philippe et Sylvie - Porte de Besse - 07240 CHALENCON - Tél : 04 75 58 15 18

CHAMPIS Ferme de Leyrisse

Alt. : 600 m — C.M. 76 Pli 20

3 ch. Sur un des plus beaux balcons du Rhône, dans une authentique ferme-hameau ardéchoise, Françoise et Jacques vous proposent 3 suites avec s.d'eau et wc privés. 1 double chambre dans la maison de maître (2 ch. : 1 lit 2 pers., 2 lits 1 pers.), salle à manger et salon communs avec le propriétaire. 1ère suite dans l'annexe (2 ch. : 1 lit 2 pers. 2 lits 1 pers., coin-cuisine et séjour privés). 2e suite dans l'annexe (2 ch. : 2 lits 2 pers., 2 lits 1 pers., cuisine et séjour privés). Table d'hôtes avec les produits de la ferme. Visite de la ferme (élevages, jardins, diaporama). Langues parlées : anglais, espagnol.

Prix : 1 pers. **180 F** 2 pers. **250 F** 3 pers. **325 F** pers. sup. **75 F** repas **80 F**

Ouvert : toute l'année sauf réveillons.

4	2	12	4	2	SP	12	10	20	4

LEFORT Françoise - Ferme de Leyrisse - 07440 CHAMPIS - Tél : 04 75 58 25 88 - Fax : 04 75 58 25 88

CHASSIERS Chalagrèges

C.M. 80 Pli 8

5 ch. C'est dans la ferme du XVIIIe siècle entièrement restaurée et en activité que Rémy et Chantal vous accueillent. Les 5 chambres avec s.d'eau, wc privés peuvent recevoir toute l'année de 2 à 4 pers. Le petit-déjeuner est pris sur la terrasse avec vue sur le Tanargue. Table d'hôtes sur réservation ou cuisine à disposition. Pirate le poney attend les enfants. Nombreux sites à visiter à proximité. Séjour à partir de 3 nuits : 250 F, pour 2 pers. Tarif préférentiel pour groupes : nous consulter. Langues parlées : anglais, espagnol.

Prix : 2 pers. **250/280 F** 3 pers. **350/380 F** pers. sup. **100 F** repas **85 F**

Ouvert : toute l'année sur réservation.

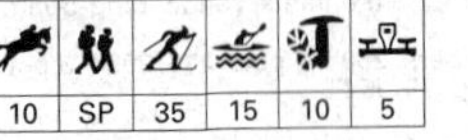

1	1	20	5	10	SP	35	15	10	5

VALETTE Jean-Rémy - Chalabrèges - 07110 CHASSIERS - Tél : 04 75 88 37 79

CHAUZON

C.M. 80 Pli 9

5 ch. **Gorges de l'Ardèche.** Dans un petit village de caratère, Chantal, jeune viticultrice, vous accueille dans ses 5 chambres d'hôtes, avec salle d'eau et wc privatifs, aménagées dans une ancienne ferme du XVIIIe siècle. 1 suite de 2 ch. accessibles aux pers. handicapées pouvant accueillllir 3 pers., 1 ch. de 4 pers. sur 2 niveaux, 2 ch. de 2 pers. et 1 ch. de 3 pers. Langue parlée : anglais.

Prix : 1 pers. **190 F** 2 pers. **240 F** 3 pers. **300 F** pers. sup. **60 F**

Ouvert : toute l'année.

0,8	0,8	22	4	9	SP	1,5	1	27	40	0,1

MARCEL Chantal - Le Village - 07120 CHAUZON - Tél : 04 75 39 79 67 ou 04 75 39 72 31 - Fax : 04 75 39 79 67

CHAUZON

C.M. 80 Pli 9

2 ch. 2 ch. dans une maison ardéchoise de caractère comprenant 5 gîtes, au cœur d'un petit village, à 800 m de l'Ardèche, dans un espace de 2200 m² avec piscine privative. 1 ch. (1 lit 2 pers.), salon privatif, (ensemble de 33 m²), s. d'eau, wc privés, réfrigérateur + 1 ch. (1 lit 2 pers.), terrasse solarium, salon de jardin, barbecue, s. d'eau, wc privés, réfrigérateur. Parking, terrain clos. Toutes activités sportives à proximité (escalade au village 200 voies, VTT,...).

Prix : 2 pers. **230/270 F** pers. sup. **70 F**

Ouvert : toute l'année.

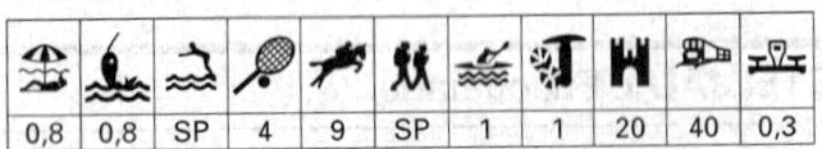

0,8	0,8	SP	4	9	SP	1	1	20	40	0,3

BOYER Jean - Place de la Mairie - Le Mas - 07120 CHAUZON - Tél : 04 75 39 66 15 ou 06 88 95 92 00 - Fax : 04 75 39 66 15 - http://www.perso.wanadoo.fr/gites.le.mas

COLOMBIER-LE-JEUNE Hameau de Chosson

C.M. 76 Pli 20

1 ch. A mi-chemin de Tournon et de Lamastre, aménagée dans une ancienne école de campagne datant de 1892, nous vous proposons une chambre d'hôte pouvant accueillir 4 pers. (1 lit 140, 2 lits 90 sup.), salle de bains privée attenante et wc privé non attenant. Cour fleurie, jeux de boules. Dans le village, services médicaux et possibilité de restauration à 4 km.

Prix : 1 pers. **170 F** 2 pers. **200 F** pers. sup. **70 F**

12	1	15	4	2	SP	4

COELO Jean-Claude - Hameau de Chosson - 07270 COLOMBIER LE JEUNE - Tél : 04 75 06 26 32

GENESTELLE

Alt. : 540 m — C.M. 76 Pli 19

5 ch. **Antraigues 5 km. Vals les Bains 13 km.** Au cœur d'un petit village ardéchois, 5 ch. d'hôtes aménagées au 2e étage d'une maison restaurée, dans un cadre reposant. Salle d'eau et wc privatifs, lit enfant sur demande, ch. électr., grande salle à manger réservée aux hôtes. Petits déjeuners copieux. Table d'Hôtes : spécialités ardéchoises, produits de la ferme. Fin octobre : stages de contes et châtaignes (nous consulter). Antraigues à 5 km, Vals Les Bains à 13 km. Langue parlée : anglais.

Prix : 1 pers. **200 F** 2 pers. **240 F** repas **80 F**

Ouvert : du 1er mars au 30 novembre.

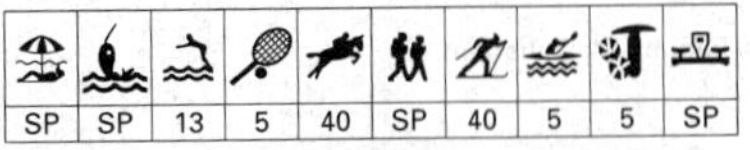

SP	SP	13	5	40	SP	40	5	5	SP

MAZOYER Gérard et Bernadette - Bise - 07530 GENESTELLE - Tél : 04 75 38 71 77 ou 04 75 38 74 88

GILHOC-SUR-ORMEZE

(TH) *C.M. 76 Pli 20*

2 ch. Les Bélines : ancien relais écclésiastique, niché au cœur d'un petit village, rythmé par son clocher où vous accueillent Pascale et sa famille pour un séjour calme et reposant agrémenté de rand.pédestres. En bâtiment annexe, 2 ch.d'h : 1 ch(2 lits 2 pers.) et 1 ch(1 lit 2 pers.),s.d'eau et wc privé pour chacune.(lit suppl., lit bébé sur demande). Buanderie, bibliothèque, jeux de société, salon de jardin sont à votre disposition. Chiens admis sous réserve. TH au coin du feu ou en terrasse pour déguster une cuisine ardéchoise et provençale se conjugant avec simplicité, convivialité et savoir vivre.

Prix : 1 pers. **200 F** 2 pers. **240 F** 3 pers. **320 F** pers. sup. **70 F**
repas **80 F**

Ouvert : du 1er avril au 4 novembre.

11	0,3	24	11	15	SP	44	15	35	33	SP

HEYRAUD Pascale - Les Bélines - Le Village - 07270 GILHOC-SUR-ORMEZE - Tél : 04 75 06 23 29

GLUIRAS Mours

Alt. : 560 m (TH) *C.M. 76 Pli 19*

3 ch. Ancienne maison bourgeoise du XVIIIe siècle disposant d'un parc botanique de 3000 m², situé à 15 min de la vallée de l'Eyrieux. La demeure est aménagée avec des meubles traditionnels, de façon artistique, ambiance feutrée. Bibliothèque, TV, salons indépendants. Nombreux espaces de détente dans le parc. 3 ch. de 2 à 3 pers., ttes avec sanitaires privés. Tables d'hôtes sur réservation. Langues parlées : anglais, allemand, hollandais.

Prix : 1 pers. **300 F** 2 pers. **300 F** pers. sup. **100 F** repas **120 F**

Ouvert : du 1er avril au 31 octobre.

12	3	17	5	15	SP	25	12	7	30	12

DE GROOT Pieter - Château de Mours - 07190 GLUIRAS - Tél : 04 75 66 62 32

GRAS Saint-Vincent

(TH) *C.M. 80 Pli 9*

2 ch. **Gorges de l'Ardèche 13 km. Vallée du Rhône 20 km (Bourg Saint-Andéol).** Au pied de la Dent de Retz, sur le plateau de St Remèze connu pour ses champs de lavande et son vignoble. 1 chambre d'hôte entièrement voutée aménagée avec accès, terrasse, salle d'eau et wc privés (1 lit 2 pers, 1 lit 1 pers) dans notre ancienne bastide de caractère 18e. Table d'hôte avec produits du terroir et de notre jardin. Fruits de notre verger.

Prix : 1 pers. **220 F** 2 pers. **270 F** 3 pers. **350 F** pers. sup. **80 F**
repas **90 F**

13	13	3	3	3	SP	13	10	13	30	5

PILA-PEYSSON M. Christine - Saint-Vincent - Chez Bacchus - 07700 GRAS - Tél : 04 75 04 18 69 - Fax : 04 75 04 18 69

GRAS Mas de Marquet

(TH) *C.M. 80 Pli 9*

5 ch. **Saint-Remèze, Saint-Montan 7 km. Gorges de l'Ardèche 12 km.** A 100m de la RD 262, Mathilde et Olivier, jeunes agriculteurs ardéchois, vous proposent, dans une maison où la famille est implantée depuis plusieurs siècles, 3 ch. 2 pers., 1 suite (50m²) pour 5 pers. et 1 ch.(50 m²) 4 pers. Toutes avec sanitaires privés. Salle commune, piano, bibliothèque, ping-pong, ch.central. Terrasse couverte. Table d'hôte sur réservation ou cuisine à disposition. Animaux de la ferme (poules, lapins, moutons et vaches)... Langues parlées : anglais, espagnol.

Prix : 1 pers. **200 F** 2 pers. **240/265 F** 3 pers. **350 F** repas **75 F**
pers. sup. **100 F**

Ouvert : du 1er février au 1er décembre.

13	13	2	2	2	SP	7	7	10	28	7

GRANIER-CHAUTARD Mathilde - Mas de Marquet - 07700 GRAS - Tél : 04 75 04 39 56

GRAS Mas de Dumas

(TH) *C.M. 80 Pli 9*

2 ch. Ancien relais postal du 17e siècle, de caractère, situé au calme dans la garrigue à 7 km de St Remèze, Manon vous propose 2 chambres d'hôtes de 3 pers. (dont une avec terrasse dans le jardin), ttes avec s.d'eau et wc privés. Petits déjeuners gourmands, table d'hôtes familiale, le soir et sur réservation. A proximité : activités sportives, grottes,etc... Des chambres confortables, rénovées avec soin, dans un mas authentique et chaleureux, dans un « pays » à découvrir absolument. Langue parlée : anglais.

Prix : 1 pers. **210 F** 2 pers. **270 F** 3 pers. **330 F** pers. sup. **100 F**
repas **80 F**

Ouvert : toute l'année.

15	15	3	3	3	SP	15	15	15	25	5

GRAFF Manon - Mas de Dumas - Mas de Gras - 07700 GRAS - Tél : 04 75 04 31 58 - Fax : 04 75 04 34 86

GRAVIERES La Chargeadoire

(TH) *C.M. 80 Pli 8*

4 ch. **Vans 3 km.** Le Moulin de la Chargeadoire, grande bâtisse du 18e, se situe à la frontière de la garrigue de la basse Ardèche, pays de l'huile d'olive et des forêts cévenoles (terre des châtaigniers), dans la très belle vallée du Chassezac. 4 chambres pour 2 et 3 pers. avec salle d'eau et wc privés, accès indépendant et coin-cuisine commun à 2 chambres. Commerces activités sportives. Table d'hôtes le soir sur réservation. Possibilité de location de 2 gîtes ruraux sur place. Langue parlée : allemand.

Prix : 1 pers. **240 F** 2 pers. **260/280 F** 3 pers. **320/340 F** pers. sup. **60 F**
repas **90 F**

Ouvert : du 1er mars au 15 novembre.

0,5	0,5	20	3	1	SP	40	0,5	6	15	3

GODARD Marie-Jo - Le Moulin de la Chargeadoire - 07140 GRAVIERES - Tél : 04 75 94 99 96 - Fax : 04 75 94 99 96 -
E-mail : godard.christian@wanadoo.fr - http://www.perso.wanadoo.fr/moulin.chargeadoire/

GROSPIERRES Les Vézias

(TH) *C.M. 80 Pli 8*

4 ch. **Vallon Pont d'Arc 10 km.** Au pays des senteurs provençales et des chants de cigales, au cœur de la garrigue ardéchoise, nous vous accueillons dans notre magnanerie datant du XVIIIe et vous proposons 4 chambres de 2 à 4 pers, ttes avec salle d'eau et wc privés. Salon et salle à manger voutés, cheminée, salon de lecture, jeux, cour provençale fleurie, terrasse et solarium. GR4 à proximité. Langues parlées : anglais, espagnol.

Prix : 1 pers. **190 F** 2 pers. **250 F** 3 pers. **320 F** pers. sup. **60 F** repas **85 F**

4	4	4	2	5	SP	4	10	13	2

GONTARD Laurent et TRAPAND Ariane - Lou Couradou - Les Vezias - 07120 GROSPIERRES - Tél : 04 75 39 79 97 ou 06 21 16 24 02

GROSPIERRES Les Monteils

C.M. 80 Pli 8

4 ch. A 7 km des Gorges de l'Ardèche et de Vallon Pont d'Arc, nous vous accueillons dans nos 4 ch.d'hotes aménagées au r.d.c d'une ancienne ferme de caractère entièrement restaurée. Accès indépend. pour chq chambre avec s.d'eau et wc privés. Coin-cuisine à disposition. Transats, salon de jardin, barbecue, l.linge. Salon avec TV réservé aux hotes. Restaurant à 300 m.

Prix : 1 pers. **230 F** 2 pers. **260 F** pers. sup. **80 F**

Ouvert : toute l'année.

0,7	0,7	20	0,5	2	SP	30	7	6	8	1

TEYSSIER Pierre - Les Monteils - 07120 GROSPIERRES - Tél : 04 75 39 67 44 ou 04 75 93 94 67

INTRES La Jallat

Alt. : 670 m (TH) *C.M. 76 Pli 19*

2 ch. A l'entrée de la vallée de l'Eyrieux, nous vous accueillons dans notre maison entièrement restaurée et déjà centenaire. 2 chambres très spacieuses aménagées avec goût, sanit. privatifs. De notre grande salle à manger et de notre salon, vous serez charmés par la très belle vue sur notre parc. TH raffinée avec les produits du terroir ardéchois. A mi-chemin du Cheylard et de St Agrève. Activités à proximité : lacs, VTT, randonnée, pêche à la truite, ski de fond en hiver, ... Langue parlée : anglais.

Prix : 1 pers. **280 F** 2 pers. **280 F** repas **90 F**

Ouvert : du 1er mai au 1er octobre sur réservation.

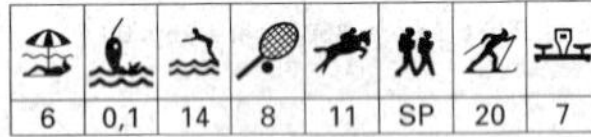

6	0,1	14	8	11	SP	20	7

BOYER Jean-François - La Jallat - 07310 INTRES - Tél : 04 75 30 60 13 - Fax : 04 75 30 60 13

ISSANLAS La Garde

Alt. : 1180 m (TH) *C.M. 76 Pli 17*

5 ch. **Coucouron 3 km.** Superbe ferme traditionnelle du plateau entièrement restaurée à l'ancienne, très beau mobilier ancien, superbe salle à manger avec joli coin-salon devant notre cheminée typiquement ardéchoise. 5 ch raffinées aménagées avec sanitaires privatifs. Table d'hôte le soir et sur réservation avec produits locaux. Grand terrain avec salons de jardin à disposition. Notre ferme est située sur la route des lacs et à 2km de la nationale reliant Aubenas au Puy en Velay. L'hiver, vous pourrez goûter aux joies du ski de fond ainsi qu'aux balades en chiens de traineaux.

Prix : 1 pers. **350 F** 2 pers. **350 F** pers. sup. **80 F** repas **90 F**

3	3	3	4	SP	3	17	3

LEONIS Marie-Josée - La Garde - 07660 ISSANLAS - Tél : 04 66 46 10 69 ou 04 66 46 10 69 - Fax : 04 66 46 12 26

JAUJAC Le Monteil

Alt. : 500 m (TH) *C.M. 76 Pli 18*

3 ch. Au cœur du Parc Naturel Régional des Monts d'Ardèche, Catherine et Alain vous accueillent dans leur ferme en pierre restaurée au sein d'un hameau plein sud dominant Jaujac,la vallée du Lignon et ses coulées basaltiques. La route s'arrête là, les espaces communs(salon,terrasse et prés fleuris, salle de jeux) vous permettront d'apprécier le calme et la détente du lieu. 2 ch.(2 et 3 pers.) et 1 suite (4 pers.) avec chauff.central, s.d'eau et wc privés. TH : produits naturels du jardin, de la ferme et du terroir, découverte de légumes anciens, plantes sauvages et aromatiques (menus curieux). Non fumeur. 1/2 pens. 200F/j/pers. dès 5 jours et 2 pers. Langue parlée : anglais.

Prix : 1 pers. **210 F** 2 pers. **260 F** 3 pers. **340/360 F** pers. sup. **80/100 F** repas **100 F**

Ouvert : d'avril à octobre inclus.

3	4	15	4	10	SP	27	3,5

BRUN-MARECHAL Catherine et Alain - Le Monteil - 07380 JAUJAC - Tél : 04 75 93 28 56 - Fax : 04 75 93 28 56

JAUJAC Les Roudils

Alt. : 550 m (TH) *C.M. 76 Pli 18*

3 ch. Havre de paix dominant une large vallée des Hautes Cévennes, au cœur d'une nature sauvegardée. Ferme restaurée comprenant 3 ch. ttes avec salle d'eau et wc privés. 1 ch. 3 pers., 1 suite 5 pers., 1 ch. 2 pers. (terrasse privée plein sud, vue superbe). Table d'hôtes en terrasse ou dans séjour commun : cuisine naturelle, produits de l'agriculture biologique. L'apiculture : notre métier, notre passion, nous sommes prêts à vous la conter ainsi que vous enseigner nos recettes de cuisine au miel.

Prix : 2 pers. **280 F** pers. sup. **100 F** repas **100 F**

Ouvert : toute l'année sauf période de Noël.

4	2	15	4	10	SP	26	10	4

FLORENCE Marie et Gil - Les Roudils - 07380 JAUJAC - Tél : 04 75 93 21 11 - Fax : 04 75 93 21 11

JOYEUSE

C.M. 80 Pli 8

5 ch. Odette et Francis vous accueillent dans leur ferme au milieu des vignes. Tous deux enfants du pays, très attachés à leur terroir, ils vous parleront de la vigne, du vin, de la soie, de la chataigne, des coutumes et traditions, des recettes locales. 5 ch. dont 4 climatisées avec salle d'eau et wc privés. Copieux petits déjeuners, confiture maison. Pique-nique sur place possible. Barbecue. Pelouse et salon de jardin. Réduction 10% pour les séjours d'une semaine ou plus. Lit bébé à disposition.

Prix : 1 pers. **200 F** 2 pers. **240/250 F**

Ouvert : du 1er mars au 30 novembre.

1	1	22	1	2	SP	40	25	10	30	SP

POUZACHE Francis - Le Freyssinet - 07260 JOYEUSE - Tél : 04 75 39 41 47 - Fax : 04 75 39 41 47

LABASTIDE-SUR-BESORGUES Le Château

Alt. : 650 m

C.M. 76 Pli 18

5 ch. Dans un moulinage du 18e, niché dans un cadre spectaculaire de montagnes et de gorges basaltiques, vos hôtes vous proposent plus de 20 circuits de découverte à pied, à vélo et en voiture. 4 VTT à disposition. Locations d'ânes. Descente de l'Ardèche. Tennis. Artisanat du jouet bois. Maison de grand confort. Parking et hébergement de plain-pied. Séjour, coin-salon, cheminée, 5ch. spacieuses, ttes avec bain et wc privés, ch.central, terrasse, s.de jardin, barbecue. Itinéraires et cartes IGN sur place. Hébergement non fumeur. Langues parlées : anglais, allemand.

Prix : 1 pers. **230 F** 2 pers. **270 F** pers. sup. **100 F**

Ouvert : toute l'année

SP	SP	11	0,3	15	SP	12	11	5	70	4

FRANCOIS Jean-Michel - Le Château - 07600 LABASTIDE-SUR-BESORGUES - Tél : 04 75 88 23 67 - Fax : 04 75 88 23 67 - E-mail : Jean-Michel.Francois@wanadoo.fr

LABEAUME La Buissière

C.M. 80 Pli 9

5 ch. **Ruoms 2 km.** En Ardèche méridionale, à proximité de Ruoms et du très joli village de Labeaume, à deux pas de la rivière, 5 ch. d'hôtes vous sont proposées (de 2 à 3 pers.), ttes avec salles de bains et wc privés. Séjour, coin-salon communs, TV, cuisine d'été à disposition, lave-linge commun, salon de jardin, petits déjeuners servis sur la terrasse ombragée, terrain. Barbecue, services médicaux et tous commerces. Sur place, de nombreuses activités sportives et de loisirs. Langues parlées : espagnol, portugais.

Prix : 1 pers. **190 F** 2 pers. **240 F** 3 pers. **300 F** pers. sup. **60 F**

0,8	0,8	2	3	SP	2	2	15	2

TORRES Nathalie - La Buissière - 07120 LABEAUME - Tél : 04 75 93 91 08 ou 06 88 17 97 55

LAGORCE La Rouvière

TH

C.M. 80 Pli 9

4 ch. **Gorges de l'Ardèche 6 km.** Près de Vallon Pont d'Arc, Jessie vous accueille dans sa maison méridionale batie à l'écart d'un vieux village huguenot. Vue sur la garrigue. Calme. 4 ch. de 2 à 4 pers. (2 et 3 épis), sanitaires privatifs (dont 1 ch. avec s.de bains et wc privés non attenant et 1 ch. pour 4 pers. à 50m de la maison avec entrée indép). Repas du soir en table d'hotes sur réservation. Cuisine du terroir, spécialités, patisseries maison. Petit-déjeuner pris dans le jardin ombragé et fleuri. Nombreuses activités, randonnée pédestre, VTT, tennis, canoé-kayak... Langue parlée : anglais.

Prix : 1 pers. **230 F** 2 pers. **260/310 F** pers. sup. **80 F** repas **90 F**

Ouvert : toute l'année.

5	5	3	2	12	SP	5	5	12	SP

BOUQUET Jessie - La Rouvière - 07150 LAGORCE - Tél : 04 75 37 11 31

LAMASTRE Mounens

Alt. : 566 m

TH

C.M. 76 Pli 19

4 ch. 4 chambres 2 pers. avec s.de bains ou s.d'eau et wc privés (couchages supp 2 pers. en mezzanine ou en suite). Salle de séjour avec cheminée. Table d'hôtes le soir sur réservation (vin compris). Cuisine à base de produits du terroir. Possibilité de prendre les repas en terrasse face à la piscine. En pleine nature, dans un hameau ardèchois, Mayèse et Max vous accueillent dans leur ferme restaurée du XVIIIe siècle, offrant à ses hôtes le charme de son jardin fleuri et de sa piscine. Langues parlées : anglais, espagnol.

Prix : 1 pers. **340/360 F** 2 pers. **370/390 F** pers. sup. **100 F** repas **120 F**

Ouvert : du 1er mai au 11 novembre.

6	0,1	SP	7	3	SP	7

DEJOUR Max et Mayèse - Mounens - 07270 LAMASTRE - Tél : 04 75 06 47 59 - E-mail : max.dejour@wanadoo.fr. - http://www.perso.wanadoo.fr/mounens/index.htm

LARGENTIERE Le Moulinet

TH

C.M. 80 Pli 8

4 ch. A 1km du village médiéval, grand moulinage surplombant la rivière où vous pourrez profiter de la pêche ou de la baignade à loisir. 4 chambres d'hôtes de 2 à 4 pers., toutes avec salle d'eau et wc privés, 2 coin cuisine à disposition, terrasse, ch.électr. Le batiment comprend un gîte d'étape et de séjour au rdc (accès indép). Restaurant à 1 km. GR de Pays du Tanargue sur place. Nombreuses activités de loisirs et culturelles à proximité. Langue parlée : anglais.

Prix : 1 pers. **140/160 F** 2 pers. **200/280 F** 3 pers. **320/350 F** repas **70 F**

Ouvert : du 1er avril au 1er novembre.

SP	SP	20	1	5	SP	45	5	10	30	1

RUIZ José et Dominique - Le Moulinet - 07110 LARGENTIERE - Tél : 04 75 39 20 30 - Fax : 04 75 39 20 30 - E-mail : Domi101@infonie.fr - http://www.perso.infonie.fr/domi101

LEMPS Château Chavagnac *C.M. 76 Pli 10*

3 ch. **Tournon 8 km.** Sur la route des grands crus, vous découvrirez ce château Directoire dans son parc de 1.5ha, sur une propriété agricole de 24ha. 2 suites avec coin salon, salle de bains et wc privés, 1 ch avec salle d'eau et wc privés. Chambres très confortables, meublées d'époque XIXe. Grande salle à manger et grand salon avec bibliothèque ouvrant sur la terrasse et le parc. Etape idéal au carrefour des plateaux de l'Ardèche et des vignobles de l'Hermitage et du Saint Joseph. L'hiver sur reservation. Nbrx restaurants. Sortie autoroute Tain l'Hermitage à 15km. Lit bébé et lit d'appoint à disposition. Langue parlée : anglais.

Prix : 1 pers. **300/400 F** 2 pers. **350/450 F** pers. sup. **100 F**

Ouvert : toute l'année. Sur réservation du 15 novembre au 15 février.

4	4	8	8	5	SP	8	10	8

REALE Christian - Château Chavagnac - 07610 LEMPS - Tél : 04 75 08 33 08 - Fax : 04 75 08 33 08

LEMPS (TH) *C.M. 76 Pli 10*

2 ch. Au cœur du village de Lemps à proximité de la vallée du Rhône et de la route des vins, nous accueillons nos hotes dans une vieille demeure seigneuriale en cours de rénovation. 1 gde ch.(3 lits 1 pers.) avec salle d'eau et wc privés, 1 ch.(1 lit 2 pers. et 1 lit 1 pers.) avec s.d'eau et wc privés. Parc de 2 ha. Cadre calme et reposant. Table d'hôtes (cuisine familiale) sur réservation. Les repas sont servis dans la salle à manger de style néo-moyennageux. Langue parlée : anglais.

Prix : 1 pers. **180/190 F** 2 pers. **240/260 F** 3 pers. **340/360 F** pers. sup. **80 F** repas **85 F**

Ouvert : du 1er avril au 30 septembre.

10	10	7	7	10	SP	7

DU TREMOLET Nicole - Château de Lemps - 07610 LEMPS - Tél : 04 74 35 88 52 ou 06 82 99 18 60 - Fax : 04 74 35 88 52 - E-mail : nicole.dutremolet@free.fr

LYAS Ladreyt Alt. : 500 m (TH) *C.M. 76 Pli 19*

2 ch. **Privas 12 mn.** Dominant la vallée de Privas, notre maison est située à l'orée d'une pinède, dans un cadre calme et très ensoleillé. 1 ch. pour 2 pers avec salle d'eau et wc privés et 1 ch. de 2 à 4 pers. avec salle d'eau et wc privés. Coin-salon avec TV, jeux, bibliothèque. Terrasse, espace, piscine, salon de jardin. Langue parlée : anglais.

Prix : 1 pers. **250/290 F** 2 pers. **290/350 F** pers. sup. **120 F** repas **100 F**

Ouvert : toute l'année.

6	6	SP	7	15	SP	10	12	40	5

DER LOUGHIAN Marithe et Serge - Hameau de Ladreyt - 07000 LYAS - Tél : 04 75 64 22 44

MARCOLS-LES-EAUX Salomony Alt. : 700 m (TH) *C.M. 76 Pli 19*

2 ch. Maison en pierre(18[e])située dans la nature merveilleuse du parc naturel des Monts d'Ardèche, au fond de la vallée de la Gluyère, en bord de rivière. 1ch.(2 lits 1 pers.), sanitaires privés (3 épis). 1ch.(1 lit 2 pers., 1 lit 1 pers. supp.), sanitaires privés non atenants (2 épis). Poss. d'1 ch. suppl.de 2 pers.enfants. Séjour, salon, TV, tél. Cour intérieure, terrasse, jeux, chaises longues, jeux de boules. Lit bébé à disposition. TH avec légumes et herbes aromatiques du potager biologique, confitures maison. Balade à pied ou à vélo, jolis torrents de montagne pour les amoureux de la pêche, randonnées sur l'histoire,... Langues parlées : anglais, hollandais.

Prix : 1 pers. **200/220 F** 2 pers. **240/260 F** pers. sup. **100 F** repas **85 F**

Ouvert : toute l'année.

2	0,2	0,5	SP	20	20	1

VAN DER MEER Hans et Carla - Salomony - 07190 MARCOLS-LES-EAUX - Tél : 04 75 65 61 65 - Fax : 04 75 65 61 58

MAUVES Roure Soleil (TH) *C.M. 76 Pli 10*

4 ch. Sur les côteaux de Mauves, au cœur du vignoble St Joseph et en pleine nature, ancienne ferme viticole entièrement restaurée ouvrant sur le Vercors. Monique vous propose 4 ch. d'hôtes pouvant accueillir de 2 à 4 pers (chacunes avec salle d'eau et wc privés). Elle vous fera découvrir sa région et sa cuisine du terroir, sa gentillesse et sa spontanéité font merveille. Classement : 2 ch. 2 épis, 2 ch. 3 épis. Calme et repos au rendez-vous. Sur place, plein de randonnée, GR42 à proximité.

Prix : 1 pers. **200 F** 2 pers. **240 F** 3 pers. **320 F** pers. sup. **80 F** repas **80 F**

Ouvert : du 16 janvier au 20 décembre.

6	5	5	3	12	SP	60	5	15	4

CONRAD Monique - Roure Soleil - 07300 MAUVES - Tél : 04 75 07 61 52

MERCUER Mas de Mazan *C.M. 76 Pli 19*

4 ch. **Aubenas. Vals-les-Bains 5 mn.** Entre le plateau ardéchois et l'Ardèche méridionnale, Alain et Michèle vous proposent 4 ch.d'hôtes de 2 à 4 pers., avec s.d'eau et wc privés. Salle à manger commune et coin cuisine à disposition. Idéal pour les amoureux de la randonnées(chemin de petite randonnée sur la propriété). Pêche ou baignade à 5 km. Petit déjeuner servi à la grande table ou sous le murier, si le temps le permet. Confiture et patisserie maison.

Prix : 1 pers. **220 F** 2 pers. **250 F** 3 pers. **330 F** pers. sup. **80 F**

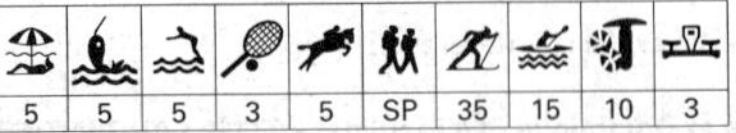

5	5	5	3	5	SP	35	15	10	3

CROZE Alain et Michèle - Mas de Mazan - 07200 MERCUER - Tél : 04 75 35 41 88 - http://www.perso.wanadoo.fr/masdemazan/

MERCUER La Gibaudelle *C.M. 76 Pli 19*

3 ch. Faire un homme heureux, c'est mériter de l'être, chacun dans ce monde l'étant à sa manière. La Gibaudelle vous ouvre sa porte. Au cœur d'une pinède, à 5mn d'Aubenas, 1 ch. avec mezzanine de 2 à 4 pers. s.d'eau et wc privés, 1 ch de 2 pers. s. d'eau et wc privés, 1 ch. de 2 pers. avec accès indépendant en rdc, baignoire balnéo et wc privés. Piscine privée. Table d'hôtes sur réservation.

Prix : 1 pers. **200 F** 2 pers. **280 F** pers. sup. **100 F** repas **100 F**

Ouvert : de février à novembre.

7	10	SP	5	1	SP	30	7	20	5

GADIN Pierre-Max - La Gibaudelle - Le Juge - 07200 MERCUER - Tél : 04 75 93 77 75

MIRABEL Le Mas des Vignes *C.M. 76 Pli 19*

2 ch. **Mas situé à 8 km de Mirabel (route de Lussas).** Venez retrouver la douceur de vivre dans un mas ardéchois de caractère au cœur des vignes et des vergers où Alice et Robert vous accueilleront en amis. 2 ch. indépendantes aux personnalités différentes avec s.de bains et wc privés. En été, petits-déjeuners servis dans la cour intérieure. Cadre calme et raffiné. Diverses activités sportives et culturelles. Festival du film documentaire de Lussas, en août. Autre téléphone du propriétaire : 00 31 50 31 34 801. Langues parlées : anglais, allemand, hollandais.

Prix : 1 pers. **250 F** 2 pers. **300/370 F** 3 pers. **450 F**

Ouvert : du 1er juin au 1er septembre.

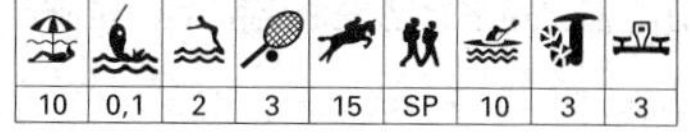

MEERLOO Robert - La Prade - Le Mas des Vignes - 07170 MIRABEL - Tél : 04 75 94 28 54 - Fax : 04 75 94 28 54

MONTPEZAT La Chaussade Alt. : 560 m *C.M. 76 Pli 18*

2 ch. **Neyrac-les-Bains 7 km.** Enclos de 2ha aménagé, boisé de châtaigniers. Au pied des volcans, à mi-chemin des Cévennes et de la Montagne Ardéchoise, 2 ch. pour 2 à 3 pers. avec salle d'eau et wc indépendant privatifs. Séjour et salon commun avec cheminée, télévision, ch.central, jeux de société, jeux de boules. De nombreuses activités à proximité : VTT, mini Golf, plan d'eau.

Prix : 1 pers. **180 F** 2 pers. **240 F** 3 pers. **280 F**

Ouvert : toute l'année.

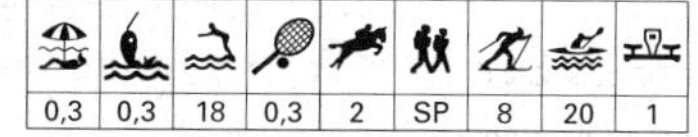

CHANIAC Suzette - La Chaussage - 07560 MONTPEZAT-SOUS-BAUZON - Tél : 04 75 94 55 20

MONTREAL *C.M. 80 Pli 8*

2 ch. **Gorges de l'Ardèche 8 km. Vallon Pont d'Arc 16 km.** 2 ch. d'hôtes au 1er étage d'une belle maison en pierres rénovée. Salle d'eau particulière et wc commun, salle de séjour, réfrigérateur, four micro-onde, cheminée, terrasse, chauffage électrique.

Prix : 1 pers. **200 F** 2 pers. **230 F** pers. sup. **70 F**

Ouvert : toute l'année.

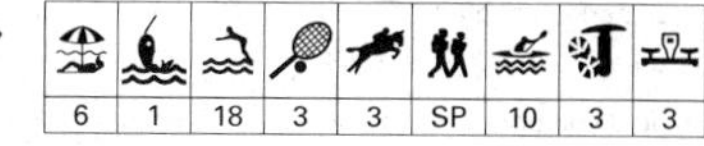

BLACHERE Roland et Huguette - Le Village - 07110 MONTREAL - Tél : 04 75 39 20 05

MONTREAL A *C.M. 80 Pli 8*

5 ch. 5 ch.d'hôtes aménagées dans un bâtiment attenant à la ferme. 2 ch. 2 pers. et 2 ch. 3 pers. avec salle d'eau et wc communs. 1 suite de 2 ch.(avec accès ext.) pour 4 pers., classée 2 Epis (tarif, 300/350frs), s. d'eau et wc privés. Salle de séjour à la disposition des hôtes, ch. élec. Parking, aire de jeux. Camping à la ferme, repas pris à la ferme auberge. Lave-linge automatique. Point-phone à carte. Lit bébé à disposition. Langue parlée : anglais.

Prix : 1 pers. **130/300 F** 2 pers. **200/300 F** 3 pers. **240/360 F** repas **65 F**

SP	SP	18	0,5	2	SP	0,5	10	30	3

JAUZION Sébastien - Les Marronniers - 07110 MONTREAL - Tél : 04 75 36 82 54 - Fax : 04 75 36 82 54 - E-mail : marron@i-s-f.com - http://www.i-s-f.com/tourism/marronniers

MONTSELGUES Le Chastagnier Alt. : 1000 m *C.M. 80 Pli 7*

4 ch. 4 ch.d'hôtes aménagées dans une très belle demeure du XVIIe siècle, chez un éleveur de moutons. Cadre magnifique et très isolé sur 50ha de terrain privé. 2 ch avec 1 lit 2 pers., 1 ch. avec 2 lits 2 pers. 1 ch. avec 1 lit 1 pers et 1 lit 2 pers., s.de bains et wc privés par chambre. Salon et séjour communs. Table d'hôtes : spécialités régionales. Accès chemin goudronné et piste en bon état sur 1,6 km. Etang de pêche. Accueil sur réservation. Le Chastagnier, terre sauvage de landes à genêts, domaine des moutons, offre à ses hôtes sérénité, authenticité et chaleur sous son toit de lauzes. Langue parlée : anglais.

Prix : 1 pers. **210 F** 2 pers. **280 F** pers. sup. **80 F** repas **90 F**

Ouvert : toute l'année.

CHAZALON Francis - Le Chastagnier - 07140 MONTSELGUES - Tél : 04 75 36 97 00

LES OLLIERES Combe Noire
C.M. 76 Pli 19

2 ch. Notre maison est située au cœur de la vallée de l'Eyrieux (la rte passe en dessous de la maison) et dispose d'un bel ensoleillement. 2 très belles chambres vous sont proposées, toutes deux avec accès indépendants et bénéficiant d'un sanitaire complet privatif. Sur place, vous bénéficierez de la piscine ainsi que de tout l'espace lié à la propriété. Vous pourrez même aller vous détendre au bord de l'Eyrieux qui passe sur la propriété. Petits déjeuners à thèmes et servis avec les produits maison ou régionaux. Buanderie commune avec notre petit gîte rural. Langues parlées : hollandais, anglais.

Prix : 1 pers. **200 F** 2 pers. **275 F** 3 pers. **325 F**

Ouvert : toute l'année.

0,2	0,2	SP	2	15	SP	3	2

TEIJGELER Daniel - Combe Noire - 07360 LES OLLIERES - Tél : 04 75 66 26 14 - Fax : 04 75 66 26 14

PAILHARES
Alt. : 900 m (TH) *C.M. 76 Pli 9*

3 ch. Entre le Safari-Parc de Peaugres et Tournon, gare du Mastrou, 3 très belles chambres(dont 1 suite 3 épis) aménagées avec amour dans une ancienne ferme restaurée. Totale indépendance. Vue imprenable. Cadre reposant. Coin-salon, s.d'eau, wc, réfrigérateur dans chq chambre. Table d'hôtes à base de produits du terroir, cuisine régionale et spécialités alsaciennes. Jacques et Régine vous reçoivent en amis. Nombreuses activités sur place ou à proximité. Prix spéciaux 1/2 pension et enfants. Langues parlées : allemand, anglais.

Prix : 1 pers. **200 F** 2 pers. **245 F** 3 pers. **330 F** pers. sup. **75/90 F** repas **75/90 F**

Ouvert : toute l'année.

7	2	8	5	8	SP	5	5

ANDRY Jacques - Col du Marchand - « Petit Marchand » - 07410 PAILHARES - Tél : 04 75 06 06 80 - Fax : 04 75 06 13 46 - E-mail : jacques.andry@wanadoo.fr - http://www.perso.wanadoo.fr/petit.marchand

PAYZAC La Giralde
C.M. 80 Pli 8

1 ch. **Lablachère 5 mn. Les Vans 15 mn.** 1 chambre d'hôte aménagée dans une très belle maison ardéchoise. 1 lit 2 pers. avec salle d'eau privative non cloisonnée et wc privatif non communicant, terrasse couverte avec salon. Environnement de vignes et de pinèdes.

Prix : 1 pers. **180 F** 2 pers. **230 F**

Ouvert : du 1er avril au 30 octobre.

7	7	2	10	SP	7	7	2

BORDON Nadia - La Giralde - 07230 PAYZAC - Tél : 04 75 39 47 57

PLANZOLLES Civade

3 ch. **Lablachère 6 km. Vans 15 km.** Au rdc d'une maison en pierre de pays, au cœur d'une chataigneraie cévenole. 2 ch. avec salle d'eau et wc privés, 1 ch. de 2 à 3 pers. classée 3 épis, salle d'eau et wc privés, convertible 2 pers. dans la chambre. Sur place, nous disposons aussi de 2 gîtes. Piscine, aires de jeux équipées, terrain commun. Services médicaux à 6 km, grands commerces à 8 km. Langue parlée : anglais.

Prix : 1 pers. **190 F** 2 pers. **250 F** 3 pers. **310 F**

Ouvert : du 1er mai au 30 octobre.

10	10	SP	1	8	SP	15	10	10	6

LE BRIS Bruno - Civade - 07230 PLANZOLLES - Tél : 04 75 36 61 25 ou 04 75 36 59 72

PLATS Ferme de Combemale
Alt. : 500 m (TH) *C.M. 76 Pli 10*

1 ch. **Tournon 10 km. Vivarais 10 km.** A 3 km du village, ancienne ferme restaurée avec piscine du propriétaire à disposition. Très jolie vue sur la vallée du Duzon. Quelques animaux de basse cour font partie intégrante du lieu. 1 chambre 2 à 4 pers (1 lit 2 pers, 2 lits 1 pers sup), salle d'eau, wc et terrasse privés. Repas créoles et ardéchois pris sous la véranda. Pains et pâtisseries maison. Nombreuses randonnées sur le plateau, promenades à dos d'ânes, petit train, musées, expos, ... Langue parlée : anglais.

Prix : 2 pers. **250 F** 3 pers. **330 F** pers. sup. **80 F** repas **80 F**

7	7	SP	3	10	SP	15	30	15	3

MAILLOT René-Marc et GAUBERT-AMY Rachel - Ferme de Combemale - 07300 PLATS - Tél : 04 75 07 64 84 - Fax : 04 75 07 64 84

PLATS La Croix du Serre
Alt. : 500 m *C.M. 76 Pli 10*

1 ch. **Tournon 10 km.** Sur le plateau du Vivarais, à 2 pas de la vallée du Rhône et de la Route des vins, sur le GR42, 1 ch.d'hôtes 2 à 4 pers. aménagée en r.d.c., avec accès indépendant : suite comprenant une chambre (1 lit 2 pers.) et salon (conv.2 pers.), s.d'eau, wc, coin-cuisine, lit enfant. Piscine, terrasse avec salon de jardin, garage. Nombreuses randonnées au départ de la maison. Langues parlées : anglais, allemand.

Prix : 1 pers. **220 F** 2 pers. **250 F** 3 pers. **330 F** pers. sup. **80 F**

Ouvert : toute l'année.

13	2	SP	0,5	10	SP	17	15	0,5

M. et Mme GAUBERT-AMY - La Croix du Serre - 07300 PLATS - Tél : 04 75 07 65 76 - Fax : 04 75 07 65 76 - E-mail : Gaubert-amy.roland@wanadoo.fr

POURCHERES

Alt. : 650 m (TH) *C.M. 76 Pli 19*

4 ch. 4 ch. d'hôtes, d'accès indépendant, ouvrant sur le jardin, aménagées dans une vieille maison ardéchoise entourée de verdure. S.d'eau et wc privés, ch. électr.. La Table d'hôtes offre les produits du jardin et du cru. Possibilité de menus végétariens sur demande. Demi-pension uniquement. Village situé sur les pentes d'un ancien volcan, permet de belles promenades à pied. Lieu propice au silence, au ressourcement, à la détente. On peut s'y intéresser à la psychothérapie, à l'astrologie, au tarot, à la botanique et aux médecines douces. Langues parlées : anglais, allemand.

Prix : 1 pers. **260 F** 2 pers. **330 F** 3 pers. **400 F**

Ouvert : toute l'année.

8	10	10	SP	10

GOETZ Marcelle - 07000 POURCHERES - Tél : 04 75 66 81 99 - Fax : 04 75 66 81 99

PRADONS

C.M. 80 Pli 9

5 ch. **Ruoms 5 km.** 5 ch.d'hôtes aménagées dans une ferme entièrement restaurée, située sur une exploitation viticole. Séjour réservé aux hôtes, 1 ch. avec 1 lit 2 pers., 2 ch. avec 1 lit 2 pers. et 1 lit 1 pers., 2 ch. avec 1 lit 2 pers., 2 lits 1 pers., toutes avec s.d'eau et wc privatifs. Petits déjeuners servis dans la véranda ou sur la terrasse. Ch.central. Possibilité d'accueil de groupes avec gîte 7 pers. à proximité. Garage motos, vélos. Vente de vin sur place.

Prix : 1 pers. **190 F** 2 pers. **240 F** 3 pers. **300 F** pers. sup. **60 F**

Ouvert : toute l'année.

0,5	0,5	7	SP	50	2	2	15	50	2

RANCHIN Francis - Quartier « Les Ranchins » - 07120 PRADONS - Tél : 04 75 93 98 33 ou 06 07 10 07 79 - Fax : 04 75 93 98 33 - E-mail : ranchins@aol.com - http://www.members.aol.com/ranchins/

ROCHEMAURE La Violle

C.M. 80 Pli 10

1 ch. Dans une maison de caractère du XVIe s., au cœur du village médiéval, une suite de 2 grandes chambres aménagée à l'étage. Meubles anciens, bibliothèque, terrasse privative avec salon de jardin (vue magnifique sur le château et les montagnes de la Drôme provençalo). Sallc d'cau, wc, réfrigérateur. Entrée indépendante. Restauration à 300 m. Pour ceux qui aiment l'âme des vieilles pierres... Ambiance peinture, dessin, musique et nature.

Prix : 2 pers. **290 F** 3 pers. **440 F**

Ouvert : toute l'année

2	1	5	0,5	2	SP	20	25	25	5	SP

BELLANGER Francine - Rue de la Violle - 07400 ROCHEMAURE - Tél : 04 75 49 00 06

ROCHEMAURE Les Videaux

(TH) *C.M. 80 Pli 10*

4 ch. Henriette vous accueille dans un site calme et très ensoleillé. Vous dominerez le magnifique château de Rochemaure (XIIe siècle). RN 86 à 5 mn. 1 ch. en r.d.c. et 3 ch. à l'étage, chacune pour 2 pers., avec salles d'eau et wc privatifs. Appréciez les produits du jardin et de la ferme. Cuisine traditionnelle. Vente de miel, confitures maison. 1/2 pension nous consulter. Parking privé.

Prix : 1 pers. **230/250 F** 2 pers. **270/290 F** pers. sup. **75 F** repas **90 F**

Ouvert : toute l'année.

10	5	10	3	10	SP	25	25	25	15	3

COLENSON Henriette - Le Chenavari - Quartier les Videaux - 07400 ROCHEMAURE - Tél : 04 75 49 10 16 ou 06 87 39 32 49

ROSIERES

A *C.M. 80 Pli 8*

6 ch. **Gorges de l'Ardèche 20 km.** 6 chambres d'hôtes aménagées dans une ferme typique en activité au milieu des vignes à 1 km du village. Chambres mansardées au 2e étage. 4 ch.pour 2, 3 ou 4 pers. avec s.d'eau privative et wc commun, 1 ch. 2 pers. avec s.d'eau et wc non privatif. 1 ch. non mansardée au 1er étage pour 2 pers. avec terrasse, s.d'eau et wc privatifs. Repas en auberge. Jardin à disposition, jeux extérieurs pour les enfants. Elevage de sangliers.

Prix : 1 pers. **190/260 F** 2 pers. **190/260 F** 3 pers. **270/340 F** pers. sup. **80 F** repas **85 F**

Ouvert : de Pâques à novembre.

1	1	20	2	1	SP	10	1

BARAILLE Agnès - Les Granges - 07260 ROSIERES - Tél : 04 75 39 50 38 - Fax : 04 75 39 56 80

SAGNES-ET-GOUDOULET

Alt. : 1230 m A *C.M. 76 Pli 18*

3 ch. 3 ch. d'hôtes aménagées au 1er étage d'une ancienne ferme au toit de lauzes, classée monument historique, au cœur d'un petit village de 50 habitants. 2 ch. avec salle d'eau privative et wc commun, 1 ch. avec salle d'eau et wc privatifs, ch. central. Ferme auberge en r.d.c. : spécialités locales, cuisine familiale. Demi-pension : nous consulter.

Prix : 2 pers. **235 F** repas **85 F** pers. sup. **65 F**

Ouvert : sur réservation.

SP	SP	35	SP	8	SP	SP	6	SP

CHANEAC Lucienne - Les Grands Sagnes - 07450 SAGNES-ET-GOUDOULET - Tél : 04 75 38 80 28 - Fax : 04 75 38 80 28

SAGNES-ET-GOUDOULET Alt. : 1230 m A *C.M. 76 Pli 18*

4 ch. 4 ch. d'hôtes aménagées dans la maison du propriétaire. Petit déjeuner pris à la Ferme Auberge. 2 ch. (1 lit 2 pers.) avec wc commun et salle d'eau privatives, 2 ch. (1 lit 2 pers.) avec wc et salle d'eau privatifs. Lit d'apoint à disposition. Salon commun aux propriétaires et aux locataires. Demi-pension : nous consulter.

CV

Prix : 2 pers. **235 F** repas **85 F** pers. sup. **65 F**

Ouvert : Sur réservation.

SP	SP	35	SP	8	SP	SP	6	SP

CHANEAC Marie-Thérèse - 07450 SAGNES-ET-GOUDOULET - Tél : 04 75 38 80 28 - Fax : 04 75 38 80 28

SAINT-AGREVE Alt. : 1050 m *C.M. 76 Pli 9*

1 ch. 1 chambre d'hôte située dans une maison ancienne rénovée, à 1 km du village. Chambre en rez-de-chaussée, avec accès indépendant, salle d'eau et wc privatifs, coin-cuisine avec réfrigérateur et cuisinière à disposition, coin-salon, chauffage central, grande cour fermée.

CV

Prix : 1 pers. **200 F** 2 pers. **220 F** 3 pers. **270 F**

Ouvert : du 1er mai au 31 octobre.

5	0,5	10	1,5	4	SP	1,5	15	1

MOULIN Elie - Route du Pont - 07320 SAINT-AGREVE - Tél : 04 75 30 12 50

SAINT-ANDEOL-DE-BERG (TH) *C.M. 76 Pli 19*

5 ch. Au cœur de l'Ardèche méridionale, dans un petit village au charme provençal, loin de la foule, Thérèse et Régis vous accueillent dans une ancienne ferme rénovée. 5 chambres avec s.d'eau et wc privés : 3 ch de 2 pers., 1 suite de 4 pers., 1 suite de 5 pers. Frigo, micro-onde, évier, TV, l.linge, salon, terrasse, salon de jardin et piscine. Terrain clos. Supplément animaux : 15 F/jour. Repas servis en terrasse ou dans la magnifique salle voûtée en pierres apparentes. Ambiance chaleureuse dans la convivialité de la cuisine familiale. Langue parlée : anglais.

CV

Prix : 2 pers. **260 F** pers. sup. **80 F** repas **90 F**

15	15	SP	0,5	6	SP	15	15	20	30	5

OZIL Thérèse et Régis - Le Méthère - 07170 SAINT-ANDEOL-DE-BERG - Tél : 04 75 94 70 45 - Fax : 04 75 94 70 45

SAINT-ANDEOL-DE-FOURCHADES Longeagne Alt. : 900 m (TH) *C.M. 76 Pli 18*

5 ch. **Lac de Saint-Martial 3 km.** Sur 100 ha en pleine nature, face au Gerbier de Jonc, Laurence et Gérard vous accueillent à la Calmeraie, ferme traditionnelle du XVIIe siècle entièrement restaurée à l'ancienne. Cinq chambres d'hôtes raffinées avec sanitaires et wc privés (dont 1 avec salle de bains tarif 330 Frs), salon de détente, avec TV et cheminée. Possibilité de stage de Bridge et de pâtisserie. Repas servis sous le tilleul, cuisine du terroir. VTT et randonnée pédestre sur sentiers balisés.

CV

Prix : 1 pers. **280 F** 2 pers. **280 F** 3 pers. **380 F** pers. sup. **100 F** repas **90 F**

Ouvert : toute l'année

3	SP	3	15	SP	15	15	3

BACHELIER Gérard et GANGLOFF Laurence - Longeagne - La Calmeraie - Saint-Andéol de Fourchade - 07310 SAINT-MARTIAL - Tél : 04 75 29 19 38 - Fax : 04 75 29 19 38

SAINT-ANDEOL-DE-FOURCHADES Les Hautes-Landes Alt. : 1350 m (TH) *C.M. 76 Pli 18*

3 ch. A 1350m, sur les hautes terres de la montagne ardéchoise, nous sommes ici dans le domaine de la flore alpine avec une forte densité de myrtilles ponctuées d'épilobes, d'arnica, de millepertuis ou de gentiane. Très belle maison traditionnelle en pierre disposant de 3 ch. (2 à 3 pers), accueillantes et chaleureuses, salle d'eau et wc privés à chaque chambre. Petits déjeuners servis avec les confitures maison et les produits locaux. Propositions de « séjours découvertes » ou de « séjours randonnées ». Demeure située dans un cadre exceptionnel sur un versant de la Montagne Ardéchoise exposé au levant. (prestation bébé : 40 F)

CV

Prix : 1 pers. **230 F** 2 pers. **260 F** 3 pers. **350 F** pers. sup. **90 F** repas **90 F**

Ouvert : de mai à septembre. Le reste de l'année à la demande.

13	7	7	1	SP	3	2	7

LEONARDI Pierre - Les Hautes Landes - Saint-Andéol de Fourchades - 07530 LACHAMP RAPHAEL - Tél : 04 75 38 78 02 - Fax : 04 75 38 78 02 - E-mail : chalet@online.fr - http://www.chalet.online.fr

SAINT-ANDRE-DE-CRUZIERES Les Gallines (TH) *C.M. 80 Pli 8*

3 ch. Au Sud de l'Ardèche, au cœur du village, 3 chambres vous sont proposées. Salles d'eau privatives, wc commun. Coin lecture, TV, jeux de société... Salle à manger familiale, terrain de détente, relax. Produits de la ferme (volailles, canards gras) et produits locaux que vous goûterez à notre table d'hôtes. Diverses activités de loisirs à proximité. Baignade, marche, visites de grottes, musées, moulin à huile,... Ramassage de châtaignes, champignons à l'automne... Bienvenue aux Gallines.

Prix : 1 pers. **150 F** 2 pers. **200 F** pers. sup. **60 F** repas **70 F**

Ouvert : de mars à toussaint.

10	10	4	3	10	SP	20	10	10	30	SP

RAYROLLES Josiane - Le Village - Les Gallines - 07460 SAINT-ANDRE-DE-CRUZIERES - Tél : 04 75 36 00 61

SAINT-ANDRE-DE-CRUZIERES La Manaudière

A C.M. 80 Pli 8

4 ch. 4 ch. d'hôtes au 2e étage d'une maison de famille à caractère méridional, entourée de pinèdes, d'oliviers et de garrigues, à 2 km du village. Salle d'eau et wc privatifs, salon commun. Cadre calme, ombragé, grande terrasse ensoleillée, parking privé, grand espace pour les enfants. Auberge : repas préparés avec des produits fermiers. Lit supplémentaire 75 F. (Prix pension et demi-pension nous consulter). Langues parlées : anglais, espagnol.

Prix : 1 pers. **235 F** 2 pers. **265 F** pers. sup. **130 F**

Ouvert : toute l'année.

10	10	4	3	10	SP	20	10	10	30	SP

MAISTRE Jean-Luc - Auberge « La Manaudière » - 07460 SAINT-ANDRE-DE-CRUZIERES - Tél : 04 75 39 34 58

SAINT-ANDRE-DE-CRUZIERES

C.M. 80 Pli 8

4 ch. Les mûriers : une bâtisse provençale située aux confins de l'Ardèche et du Gard, où vous accueillent Elisabeth et Christian. 4 ch. d'hôtes tout confort de 2 ou 3 pers. avec salles d'eau et wc privatifs. Séjour commun avec coin-cuisine à disposition des hôtes et TV, ch.électr. Possibilité de prendre les petits-déjeuners en terrasse ombragée. Ajouter lit d'appoint dans les 4 chambres. Restauration à 800m.

Prix : 1 pers. **235 F** 2 pers. **260 F** 3 pers. **330 F** pers. sup. **70 F**

Ouvert : toute l'année.

14	20	10	10	12	SP	15	10	SP	30	1

DUMAS Christian - Pierregras - Les Muriers - 07460 SAINT-ANDRE-DE-CRUZIERES - Tél : 04 75 39 02 02 - Fax : 04 75 39 02 02 - E-mail : les-muriers@i-s-f.com - http://www.i.s.f.com/tourism/les-muriers

SAINT-BARTHELEMY-LE-MEIL Laudie

TH C.M. 76 Pli 19

2 ch. **Vallée de l'Eyrieux 3 km. Cheylard 10 km. Montagne Ardéchoise 15 km.** Au cœur d'une ferme ardéchoise surplombant une petite rivière à truite, 2 ch.d'hôtes de 2 à 3 pers. avec s.d'eau et wc privés à chq chambre, vous sont proposées. Salle à manger et salon communs avec le propriétaire. Table d'hôte le soir sur réservation. Ventes de produits locaux. Piscine à 1 km, village ou aire de jeux, pédalo, piscine au Cheylard. Lacs, Gerbier des Joncs, ski de fond.

Prix : 1 pers. **180 F** 2 pers. **220 F** 3 pers. **290 F** pers. sup. **60 F** repas **70 F**

Ouvert : toute l'année.

SP	1	1	20	SP	15	11	3	10

CHASSON Alain - Laudie - 07160 SAINT-BARTHELEMY-LE-MEIL - Tél : 04 75 29 29 81

SAINT-CLEMENT

Alt. : 900 m TH C.M. 76 Pli 18

3 ch. 3 ch.d'hôtes dans une ferme isolée, au 1er étage, à 3 km du village. Salle à manger et salon communs, s.d'eau et wc privés attenants à chaque chambre, tél., TV dans le salon commun, ch.électr. Table d'hôte : produits fermiers. Ferme ardéchoise authentique. Brebis. Carrefour de randonnées à proximité du Mont Mézenc. Nombreux animaux de la ferme.

Prix : 1 pers. **180 F** 2 pers. **200 F** pers. sup. **35 F** repas **80 F**

Ouvert : de Pâques à fin octobre.

5	5	10	14	20	3	18	10

MOREAU Marianne - Ferme la Traverse - 07310 SAINT-CLEMENT - Tél : 04 75 30 41 10

SAINT-DESIRAT La Désirade

TH C.M. 76 Pli 10

6 ch. A 45 mn au sud de Lyon, sur la route des vins, dans un petit village ardéchois, La Désirade, très belle demeure bourgeoise du XIXe, bénéficie d'un cadre exceptionnel propice au repos et à la détente. 6 ch.d'hôtes vous sont proposées. 3 ch. (1 lit 2 pers.) s.d'eau et wc privés, 2 ch. (1 lit 2 pers., 1 lit 1 pers.) s.d'eau et wc privés. 1 suite de 2 ch. (2 lits 2 pers., 1 lit 1 pers.), s.de bains et wc privés. Salon. Parc ombragé, parking fermé. RN86 à 5 mn. Vous pourrez déguster notre cuisine régionale à la table d'hôtes (sur réservation). Langue parlée : anglais.

Prix : 1 pers. **200 F** 2 pers. **260 F** 3 pers. **360 F** pers. sup. **100 F** repas **95 F**

Ouvert : toute l'année.

3	3	3	3	10	SP	7	2	25	15	2

MEUNIER Philippe - La Désirade - 07340 SAINT-DESIRAT - Tél : 04 75 34 21 88 - E-mail : la-desirade@wanadoo.fr

SAINT-FORTUNAT Hameau de la Mure

Alt. : 700 m TH C.M. 76 Pli 20

5 ch. Perdu dans les vallons et bénéficiant d'une superbe vue panoramique sur le Vercors, la Vallée du Rhône et jusqu'au Ventoux, ce petit hameau de bergers a gardé le caractère rustre de la nature sauvage. 5 chambres équipées chacune d'1 salle d'eau et wc privés, alliant tous les éléments de confort moderne à la rusticité et à l'élégance. Respect du caractère originel du site. Possibilité de repas à la TH sur réservation. Par le jeu des saisons marquant de leur empreinte le paysage, ici tout incite au recueillement, à la réflexion et à la méditation. Lit bébé et lit d'appoint à disposition.

Prix : 1 pers. **220 F** 2 pers. **290 F** pers. sup. **70 F** repas **85 F**

Ouvert : toute l'année.

12	12	8	8	8	SP	17	16	25	8

CARETTE Françoise - Hameau de la Mure - 07800 SAINT-FORTUNAT - Tél : 04 75 41 53 57 - Fax : 04 75 41 53 57 - E-mail : carfr@club-internet.fr - http://www.perso.club-internet.fr/carfr/index.html

SAINT-GEORGES-LES-BAINS (TH) *C.M. 76 Pli 20*

4 ch. Tout proche de Beauchastel, en Vallée du Rhône, à la porte de la Vallée de l'Eyrieux, 4 chambres au r.d.c. de la maison très fleurie des propriétaires. 1 ch.(1 lit 2 pers.), s.de bains et wc privés, 2 ch.(1 lit 2 pers.), 1 ch.(1 lit 2 pers., 2 lits 1 pers.), s.d'eau privative et wc commun aux 3 ch. Table d'hôtes conviviale et familiale. Parking privé. Lit bébé à disposition. Dans la convivialité, nous vous ferons partager nos deux passions, l'amour des fleurs et le rêve des vols en montgolfière. Tarif 1/2 pension nous consulter. Taxe de séjour comprise dans le prix. Chambres non fumeur. Langue parlée : allemand.

Prix : 1 pers. **230 F** 2 pers. **230 F** 3 pers. **280 F** pers. sup. **50 F**
repas **85 F**

Ouvert : toute l'année.

4	0,5	2	2	3	SP	5	10	2

MARTIN Marie-Reine et Alain - Le Mas Fleuri - Quartier Mars - 07800 SAINT-GEORGES-LES-BAINS - Tél : 04 75 85 33 06 - Fax : 04 75 85 33 06 - E-mail : marie-reine.martin@wanadoo.fr

SAINT-GERMAIN *C.M. 80 Pli 9*

4 ch. **Gorges de l'Ardèche 25 km.** 4 ch. d'hôtes dont 1 en r.d.c. et 2 en 1/2 étage, au cœur d'un village médiéval, situées sur une exploitation viticole, très calme. Sanitaires privatifs, kitchenette à disposition, séjour (TV, jeux, lecture), salon de jardin. Nombreuses possibilités touristiques dans les environs. Découverte des vins du terroir, visite guidée cave coopérative. Nombreux sentiers balisés. Réduction -10% pour séjour d'une semaine et plus.

Prix : 1 pers. **200 F** 2 pers. **250 F** pers. sup. **70 F**

Ouvert : toute l'année.

3	3	10	3	7	SP	5	10	25	SP

TARDIEU Jean et Jacqueline - Le Village - 07170 SAINT-GERMAIN - Tél : 04 75 37 70 60 - Fax : 04 75 37 70 60

SAINT-JACQUES-D'ATTICIEUX Chavanon Alt. : 500 m (TH) *C.M. 76 Pli 10*

1 ch. Au pied des contreforts du Massif du Pilat, à deux pas du Parc Naturel Régional, 1 chambre d'hôtes aménagée dans la maison du propriétaire. Chambre avec 2 lits 1 pers., salle de bains et wc privatifs, ch. central, terrain, salon de jardin. Table d'hôtes le soir sur réservation. Langue parlée : anglais.

Prix : 1 pers. **175 F** 2 pers. **250 F** pers. sup. **100 F** repas **80 F**

Ouvert : toute l'année.

15	3	12	3	5	SP	14	10	3

MARECHAL Jacqueline - Chavanon - 07340 SAINT-JACQUES-D'ATTICIEUX - Tél : 04 75 67 12 82

SAINT-JEURE-D'AY La Crinière (TH) *C.M. 76 Pli 20*

4 ch. **Lyon 80 km. Annonay/Sarras 12 km.** En pleinde nature, dans une ferme entièrement rénovée pleine de charme en bordure de rivière, « La Crinière » vous propose 4 ch. 2 pers. et 1 suite 4 pers. Chaque ch. possède des poutres apparentes, des couleurs chaleureuses et de très belles sdb-wc individuelles. TH avec cuisine du terroir, dîners aux flambeaux sur la terrasse en été ou au coin du feu en hiver. Salon, coin détente : musique,TV,jeux de société, bar, terrasse solarium. Promenade, rando à cheval, montgolfière (réserv.sur place). Location VTT. Poss.pension chevaux et halte équestre. Organisation séjour découvertes de l'Ardèche... Langues parlées : anglais, allemand.

Prix : 1 pers. **250 F** 2 pers. **300 F** 3 pers. **400 F** pers. sup. **80 F**
repas **85 F**

Ouvert : toute l'année.

SP	SP	7	2	2	SP	20	12	2

D'AGRAIN Christian - La Crinière - Chifflet - 07290 SAINT-JEURE-D'AY - Tél : 04 75 34 58 96 - Fax : 04 75 34 41 73 - E-mail : dagrain@club-internet.fr - http://www.rent-a-holiday.com/info/lacriniere

SAINT-JULIEN-DU-GUA Intres Alt. : 750 m *C.M. 76 Pli 19*

1 ch. Jean-Pierre vous propose l'authenticité d'un hameau ardéchois et de belles rencontres avec la nature ou avec vous même ! 1 ch.d'hôtes au 1er étage d'une vieille ferme ardéchoise de granit rose, nichée sur un mamelon rocheux, à l'écart du hameau de Intres, à 7 km du village. Salle d'eau et wc privatifs attenants, salon, bibliothèque à disposition. Téléphone, ch.central, piscine privée. Lit d'appoint et lit bébé sur demande. Langue parlée : anglais.

Prix : 1 pers. **310 F** 2 pers. **350 F** 3 pers. **430 F** pers. sup. **80 F**

Ouvert : du 1er mai au 15 septembre et vacances scolaires.

4	4	SP	7	30	SP	30	40	25	40	7

LAMBERT Jean-Pierre - Hameau de Intres - 07190 SAINT-JULIEN-DU-GUA - Tél : 04 75 66 85 04 - Fax : 04 75 66 87 90

SAINT-JULIEN-DU-SERRE Le Chambon *C.M. 76 Pli 19*

1 ch. **Aubenas 7 km.** Il était une fois, blotti au creux d'une vallée où coule une rivière, un ancien moulinage. (2 km de la RN104). Sur la terrasse, il fait bon se délecter des saveurs ensoleillées des miels doux et confitures maison, de pains et gâteaux parfumés. 1 suite mansardée de 2 ch.(4 pers.), s.d'eau, wc privés. Frigo. Resto à 5 mn. Ranch dans hameau ... L'histoire du moulinage, de l'eau et de la soie. Pour pratiquer escalade, canyoning, VTT... Accueil familial et décontracté. Langue parlée : anglais.

Prix : 2 pers. **250 F** 3 pers. **350 F** pers. sup. **100 F**

Ouvert : toute l'année.

SP	SP	7	7	SP	SP	30	7	7	2

VANDAMME-LEFEVRE Viviane et Jacques - Le Chambon - Le Moulinage - 07200 SAINT-JULIEN-DU-SERRE - Tél : 04 75 93 05 09

SAINT-JULIEN-DU-SERRE Mas de Bourlenc (TH) *C.M. 76 Pli 19*

5 ch. Aux amateurs d'ambiance provençale, aimant la nature, le bois et les pierres, 5 chambres tout confort avec accès indépendant et vue superbe vous attendent ainsi que le salon détente avec sa belle cheminée. Les produits du jardin bio et fermiers enchanteront vos papilles. Cuisine goûteuse aux plantes aromatiques et cueillette sur réserv. Terrasses ensoleillées ou ombragées avec treille. Thierry, apiculteur, vend son miel et ses confitures maison. Langues parlées : anglais, espagnol.

Prix : 2 pers. **280/320 F** 3 pers. **400/420 F** pers. sup. **100 F**
repas **100/150 F**

Ouvert : toute l'année.

1	1	8	2,5	6	SP	30	25	18	40	2

VENTALON Thierry et Dorothée - Mas de Bourlenc - 07200 SAINT-JULIEN-DU-SERRE - Tél : 04 75 37 69 95 - Fax : 04 75 37 69 95

SAINT-JULIEN-VOCANCE Chatelard Alt. : 900 m (TH) *C.M. 76 Pli 9*

2 ch. La Ferme du Chatelard, datant du 18e siècle, est une ferme entièrement restaurée à l'ancienne, se trouvant en pleine nature (nous sommes à 4km du village et les 2 derniers km se font par un chemin de terre carrossé). Deux très jolies chambres vous sont proposées, chacune avec salle d'eau et wc privés. Petit déjeuner et repas pris sur notre grande terrasse face à la vallée lorsque le temps le permet. Salle à manger, salon indépendant, ouvrages régionaux. Notre lieu est idéal pour la randonnée ainsi que pour le VTT, nous sommes d'ailleurs sur un chemin de randonnée (possibilité d'accompagnement).

Prix : 1 pers. **200 F** 2 pers. **290 F** pers. sup. **70 F** repas **90 F**

Ouvert : de mai à décembre.

4	4	20	4	23	SP	23	15	8

GAS Serge et Martine - La Ferme du Chatelard - 07690 SAINT-JULIEN-VOCANCE - Tél : 04 75 34 72 53 - Fax : 04 75 34 72 53 - E-mail : serge.gas@wanadoo.fr

SAINT-LAGER-BRESSAC Château de Fontblachère  *C.M. 76 Pli 18*

4 ch. A 10km de l'A7, dans un environnement protégé, en bordure de forêt, le château de Font Blachère (XVIIe) se situe sur les collines qui bordent la vallée du Rhône, au centre d'un triangle Valence, Montélimar, Privas. 4 ch.d'hôtes de 2 à 4 pers., ttes avec salle d'eau et wc privés, vous sont proposées. Piscine à dispo. ds le gd parc arboré, salle à manger voutée. Terrasse, salon de jardin. A proximité, vous trouverez un centre équestre, un tennis, une piscine municipale. Plus loin, un golf, une base nautique, un aéro-club... Petits chiens acceptés. Lit bébé à disposition. Langue parlée : anglais.

Prix : 2 pers. **600/800 F** pers. sup. **100 F**

Ouvert : d'avril à octobre.

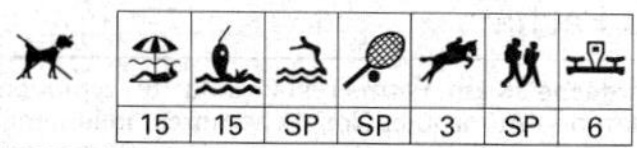

15	15	SP	SP	3	SP	6

LIAUDOIS Bernard - Château de Fontblachère - 07210 SAINT-LAGER BRESSAC - Tél : 04 75 65 15 02 - Fax : 04 75 65 15 02 - E-mail : bernard.liaudois@wanadoo.fr - http://www.chateaudefonblachere.com

SAINT-LAURENT-SOUS-COIRON Le Solitary Alt. : 550 m (TH) *C.M. 76 Pli 19*

5 ch. **Darbres 3 km.** 5 ch.d'hôtes aménagées dans une ferme en basalte typique du Coiron. Accueil chaleureux et convivial, au calme, dans un hameau isolé, au milieu des chevaux. 2 ch. 2 pers. avec s.d'eau privatives et wc commun. 1 suite avec 2 ch. 2 pers., s.d'eau et wc privatifs. 1 chambre 2 pers. avec s.d'eau et wc privatifs, coin-cuisine. Salon de détente à disposition des hôtes. Terrasse ombragée, TH : cuisine familiale, produits de la ferme. 1/2 pension : enfant 160 Fr./adulte 210 F. Forfait bébé : 60 Fr... Accord du propriétaire pour les animaux. Ecole d'équitation dans le hameau (réservation impérative au 04 75 94 22 50). Langues parlées : anglais, espagnol.

Prix : 1 pers. **130 F** 2 pers. **260 F** 3 pers. **390 F** pers. sup. **30 F**
repas **80 F**

Ouvert : toute l'année.

1	1	3	5	SP	SP	50	30	2	7

CARLEBACH Danièle - Le Solitary - 07170 SAINT-LAURENT-SOUS-COIRON - Tél : 04 75 94 22 39 - Fax : 04 75 94 22 50

SAINT-MARTIAL Alt. : 800 m *C.M. 76 Pli 18*

2 ch. 2 chambres d'hôtes, dont 1 avec accès extérieur, dans une ancienne ferme rénovée de caractère, cadre reposant et boisé. Salle d'eau et wc privés, ch. central, salle commune réservée aux hôtes, TV, tél., cheminée, bibliothèque. Ambiance non fumeur.

Prix : 2 pers. **260 F** 3 pers. **320 F**

Ouvert : toute l'année.

3	3	3	7	SP	15	3

COSTEDOAT Raymond - Hameau des Faugères - 07310 SAINT-MARTIAL - Tél : 04 75 29 13 65

SAINT-MARTIAL Condas Alt. : 700 m (TH) *C.M. 76 Pli 18*

3 ch. Au pied d'une pinède, nous avons restauré un petit hameau du Haut Vivarais, entre rivière et montagne. 3 chambres avec sanitaires privés. La Table d'hôtes, au rythme des saisons, offre entre autres, des « menus curieux » à base de plantes sauvages, d'aromatiques et de légumes oubliés. Nous accueillons nos hôtes en amis. Séjours découvertes de la gastronomie aux plantes sauvages, sur demande. Renseignement à Condas.

Prix : 2 pers. **270 F** pers. sup. **80 F** repas **100 F**

Ouvert : toute l'année.

SP	SP	4	20	SP	10	10	4

QUINON Pascale - Condas - 07310 SAINT-MARTIAL - Tél : 04 75 29 28 44 - Fax : 04 75 29 28 44

SAINT-MARTIN-SUR-LAVEZON Le Petit Nice (TH) *C.M. 76 Pli 20*

2 ch. **Gorges de l'Ardèche 30 mn. Privas et Montélimar 15 mn.** Maison située au pied du Coiron (montagne volcanique), en bordure d'une petite route, grand terrain aménagé au bord du ruisseau, piscine au jardin. 3 ch.d'h., toutes avec accès indépendant, s.d'eau et wc privés à chq chambre. 1 ch.2 pers., 1 suite 2/4 pers., 1 ch. 2/4 pers. avec TV, kitchenette. Table d'hôte le soir sur réservation à partir d'ingrédients régionaux et toujours frais, nous vous proposons une nouvelle version de la cuisine ardéchoise. Langues parlées : anglais, allemand.

Prix : 1 pers. **210/240 F** 2 pers. **240/270 F** 3 pers. **290/320 F** pers. sup. **50 F** repas **110 F**

Ouvert : toute l'année.

SP	0,5	SP	4	20	SP	30	12	30	12	3

SCHMIDLIN/HEILAND Daniella et Michaël - Le Petit Nice - 07400 SAINT-MARTIN-SUR-LAVEZON - Tél : 04 75 52 90 32 - Fax : 04 75 52 89 05 - E-mail : mh@lepetitnice.com - http://www.lepetitnice.com

SAINT-MICHEL-DE-CHABRILLANOU Alt. : 525 m  *C.M. 76 Pli 19*

2 ch. 2 ch. d'hôtes aménagées dans une ancienne bergerie au cœur d'un village de 50 habitants. Salle d'eau et wc privatifs attenants, salon indépendant réservé aux hôtes, cheminée, chauffage électrique. Restaurant à 10 mètres. Sur place, vous bénéficierez de la piscine du propriétaire.

Prix : 1 pers. **210 F** 2 pers. **260 F** 3 pers. **300 F** pers. sup. **50 F**

Ouvert : toute l'année.

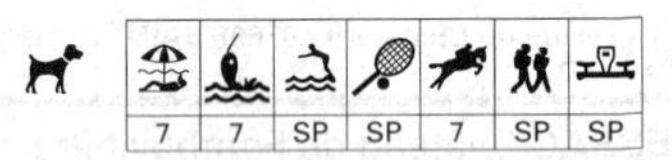

7	7	SP	SP	7	SP	SP

CHAPUS Alice - Le Village - 07360 SAINT-MICHEL-DE-CHABRILLANOUX - Tél : 04 75 66 24 32 - Fax : 04 75 66 24 32 - E-mail : www.cchapus@aol.com

SAINT-MONTAN La Pacha (TH) *C.M. 80 Pli 10*

4 ch. **Gorges de l'Ardèche 15 km.** Ferme restauré du 18e, typiquement ardéchoise, à proximité d'un village médiéval, avec vue panoramique. A 15 km de l'Autoroute. Nos 4 chambres, joliement décorées, vous assureront un séjour agréable et reposant. Terrasse privée avec salon de jardin pour chaque chambre. Piscine privée. Petit-déjeuner servi sous la tonnelle, au chant des cigales durant l'été. Salle commune avec cheminée, petit salon, jeux. Restaurant à 5 mn. Langues parlées : anglais, espagnol.

Prix : 2 pers. **350 F** pers. sup. **90 F** repas **100 F**

Ouvert : toute l'année.

6	6	SP	3	10	SP	15	3	15	17	3

CHARLIER Sylvie et Geoffroy - La Pacha - Route de Viviers - 07220 SAINT-MONTAN - Tél : 04 75 52 57 41 - Fax : 04 75 52 57 41

SAINT-PAUL-LE-JEUNE Sauvas *C.M. 80 Pli 8*

3 ch. 3 chambres dans une maison de caractère. Double lit, salle d'eau, wc privé. Chauffage électrique. Entrée indépendante. Salon, TV, terrasse, pergola, jardin, parking. A proximité : Vallon Pont d'Arc, Gorges de l'Ardèche, Les Vans, Barjac, Grottes de la Cocalière. Chien admis sous réserve. A proximité de la RD 104. Langues parlées : anglais, allemand.

Prix : 1 pers. **180/210 F** 2 pers. **225/245 F** 3 pers. **330 F** pers. sup. **65 F**

Ouvert : toute l'année.

5	5	5	1	1	1	5	5	1	1

LUYPAERTS Godelieve - Sauvas - 07460 SAINT-PAUL-LE JEUNE - Tél : 04 75 39 80 74 - Fax : 04 75 39 80 74

SAINT-PIERREVILLE Chabriol Bas Alt. : 550 m *C.M. 76 Pli 19*

6 ch. Le Moulinage Chabriol (18e) remarquablement rénové, respire toujours la sobriété propre à l'esprit de cet ancien moulin-filature de soie. Son caractère industriel est soigneusement conservé. Ambiance sympathique. 6 ch. de qualité (s.de bains,wc privés) où règne un équilibre visuel entre belles pierres apparentes, plafonds voûtés, meubles antiques. Gd séjour avec cheminée, c.cuisine. Au bord de rivière. Baignade et pêche sur place. Châtaigneraies. Trentaine de randonnées en boucles. Expositᵉde la soie (1870-1930). Bons restaurants à prox. Taxe de séjour inclue dans tarifs. Accès : D102 entre St Sauveur et Albon. Langues parlées : anglais, allemand.

Prix : 2 pers. **370 F**

Ouvert : toute l'année sur réservation.

SP	SP	35	4	25	SP	20	15	15	4

DE LANG Edouard - Chabriol Bas - 07190 SAINT-PIERREVILLE - Tél : 04 75 66 62 08 - Fax : 04 75 66 65 99 - E-mail : chabriol@infonie.fr - http://www.chabriol.com

SAINT-PIERREVILLE Le Pont d'Aleyrac — Alt. : 550 m — TH — *C.M. 76 Pli 19*

5 ch. Dans un ancien moulinage, au cœur du parc naturel régional, à 5 mn du village par l'ancienne route des Dragonnades et au bord d'une rivière, 4 ch. de 2 à 3 pers avec s.d.b. et wc privés, 1 suite de 4 pers. avec s.d.b. et wc privés. Salle commune, cheminée, grandes terrasses, cour fleurie et jardin paysagé. Table d'hôtes sur réservat. Pêche sur place. Rivière 1ère catégorie, randonnées pédestres ou en VTT. A mi-chemin de la Vallée du Rhône et du Mont Gerbier des Joncs. En pleine nature mais tout proche d'un joli village. Confort et calme. Balades, repos, temps de vivre. Riche documentation sur l'Ardèche. Langues parlées : anglais, italien.

Prix : 1 pers. **200 F** 2 pers. **300 F** 3 pers. **400 F** pers. sup. **100 F**
repas **100 F**

Ouvert : du 17 mars au 12 novembre.

0,5	SP	30	1,5	15	SP	20	15	15	1

MIRABEL Annie et Bernard - Le Pont d'Aleyrac - 07190 SAINT-PIERREVILLE - Tél : 04 75 66 65 25 - Fax : 04 75 66 65 25

SAINT-REMEZE Les Chabannes — *C.M. 80 Pli 9*

3 ch. 3 ch. d'hôtes en r.d.c. à 500 m du village, aménagées dans un bâtiment attenant à la maison du propriétaire sur une exploitation viticole. Salle d'eau et wc privatifs attenants, TV, pièce de jour réservée aux hôtes, ch. central. Terrasse, terrain. Piscine privée. Gorges de l'Ardèche à 7 km. Grottes et musées à proximité.

Prix : 1 pers. **165 F** 2 pers. **220 F** 3 pers. **270 F**

Ouvert : du 1er avril au 1er novembre.

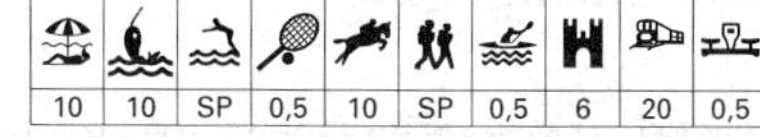

10	10	SP	0,5	10	SP	0,5	6	20	0,5

SPIGA Marc et Pascale - Les Chabannes - 07700 SAINT-REMEZE - Tél : 04 75 04 38 73

SAINT-REMEZE La Martinade — TH — *C.M. 80 Pli 9*

4 ch. Sylvette et Gérard, ardéchois tous les deux, vous accueillent dans une ancienne ferme dans la famille depuis plus de 100 ans et vous proposent 4 chambres pour 2 pers.(possibilité couchage suppl.), toutes avec s.d'eau et wc privés. Table d'hôte proposée le soir sur réservation à partir de 4 pers. Cuisine ardéchoise et régionale. Animaux refusés dans les chambres. Langue parlée : anglais.

Prix : 1 pers. **240 F** 2 pers. **280 F** 3 pers. **360 F** pers. sup. **80 F**
repas **95 F**

Ouvert : toute l'année.

9	9	2	0,3	12	SP	SP	16	8	20	1,5

MIALON Sylvette - La Martinade - 07700 SAINT-REMEZE - Tél : 04 75 98 89 42 - Fax : 04 75 04 36 30 - E-mail : sylvetlm@aol.com - http://www.angelfire.com/la/lamartinade/

SAINT-ROMAIN-DE-LERPS Le Bec — Alt. : 600 m — TH — *C.M. 76 Pli 20*

3 ch. Maison ancienne dans un hameau du Haut Pays de Crussol. Nombreux sentiers balisés pour la randonnée à pied ou en VTT. Table d'hôtes : produits régionaux. 2 chambres (2 lits 1 pers. et 1 lit 2 pers., 1 lit 1 pers.) avec salle d'eau privatives et wc commun. 1 chambre indépendante avec salle d'eau et wc privatifs (1 lit 2 pers., 2 lits 1 pers.). A St Romain, point de vue magnifique sur la vallée du Rhone, les Alpes et le massif central, sentiers à thèmes autour de la table d'orientation. Langues parlées : anglais, espagnol.

Prix : 1 pers. **200 F** 2 pers. **250 F** 3 pers. **325 F** pers. sup. **75 F**
repas **80 F**

Ouvert : toute l'année.

8	8	12	2	6	SP	12	6	15

LEVEILLE Mireille - Hameau le Bec - 07130 SAINT-ROMAIN-DE-LERPS - Tél : 04 75 58 50 10

SAINT-SAUVEUR-DE-CRUZIERES Le Bourdet — TH — *C.M. 80 Pli 8*

5 ch. Aux portes de la Provence des vignes et des oliviers, halte de charme et de saveurs dans ce superbe mas, aux couleurs et à l'ambiance très sud. Vue imprenable sur le village et la campagne environnante. Dans ce lieu où il fait bon vivre, à la décoration soignée et à la cuisine généreuse, Martine et Rocco vous accueillent dans l'une des 5 chamb. de leur maison. Gd salon/s.à m. avec feu à l'âtre, TV, sauna(suppl.), pétanque, parking. Jardin, détente au bord de la piscine-balnéo ou sur l'une des terrasses ensoleillées. Petits-déjeun.gourmands, confitures maison. Spécialités ardéchoises et méridionales. Sur demande : chiens/chats sages bienvenus. Langue parlée : italien.

Prix : 1 pers. **385 F** 2 pers. **695 F** pers. sup. **200/250 F** repas **110/250 F**

Ouvert : toute l'année sur réservation.

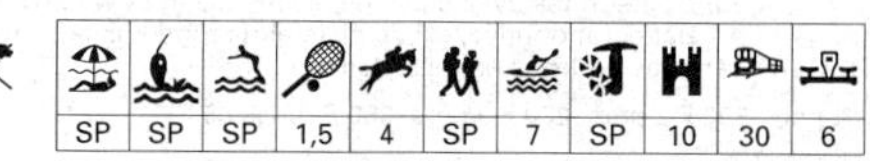

SP	SP	SP	1,5	4	SP	7	SP	10	30	6

D'ADDETTA Rocco et Martine - Le Bourdet - 07460 SAINT-SAUVEUR-DE-CRUZIERES - Tél : 04 75 36 00 21 - Fax : 04 75 36 01 99 - http://www.guideweb.com/ardeche/ch-hote/bourdet/

SAINT-SAUVEUR-DE-CRUZIERES Les Molières (TH) C.M. 80 Pli

3 ch. Au pays des Cruzières, au calme, entre vignes et oliviers, mas typique du XVIe siècle, avec piscine intérieure dans la cour, terrasse bénéficiant d'une superbe vue. 3 chambres aux couleurs pastel (sanitaires privatifs). Salle à manger voutée, salle de détente ave TV, billard, bibliothèque, canapés. Jeux de boules ombragés. Richard vous préparera une cuisine aux saveurs de saison que vou dégusterez autour d'une grande table sous les voutes ou le tilleul. - 10 % à partir de 3 nuitées (hors juillet et août). Possibilité d pension complète du 15 septembre au 15 mai. Langues parlées : anglais, allemand.

Prix : 1 pers. **325 F** 2 pers. **350 F** pers. sup. **100 F** repas **120 F**

Ouvert : toute l'année.

8	2,5	SP	2	4	2,5	8	2	15	30	2

REUTHER Richard - Les Molières - Mas des Molières - 07460 SAINT-SAUVEUR-DE-CRUZIERES - Tél : 04 75 39 08 75 ou 06 84 25 29 95 - Fax : 04 75 39 08 75

SAINT-VICTOR Deyras (TH) C.M. 76 Pli 10

2 ch. Au cœur des paysages sauvages et préservés des vallées de la Daronne et du Doux, Catherine et Laurent vous accueillent chaleureusement dans une ancienne ferme vivaroise du XVIIe et vous proposent de découvrir les produits originaux de leur grand potager biologique. 2 agréables chambres pour 2 pers.(2 lits 1 pers.), s.d'eau et wc privés. Belle salle à manger en pierres apparentes avec cuisine équipée à disposition, coin-salon, cour fleurie, gde terrasse ombragée, ch. et séjour non fumeurs. Table d'hotes le soir sur réservation. Petite gare du Train Touristique »Le Mastrou » à 4 km. Randonnées pédestres ou VTT au départ de la ferme. Langue parlée : anglais.

Prix : 1 pers. **180 F** 2 pers. **230 F** repas **80 F**

Ouvert : toute l'année.

5	2	5	5	10	4	25	22	4

YANEZ-CARBONELL - Deyras - 07410 SAINT-VICTOR - Tél : 04 75 06 11 02 - Fax : 04 75 06 11 02

SAINT-VINCENT-DE-BARRES Les Faugères C.M. 76 Pli 20

1 ch. **Privas. Montélimar 15 km.** Au cœur d'une maison de maître du 17e siècle, 1 chambre d'hôtes aménagée au rez-de-chaussée, avec salle d'eau et wc privatifs. Entrée totalement indépendante. Sur place : produits régionaux, « Il était une Soie », expositions d'artistes locaux. Plan d'eau à 15 km. 2 circuits VTT sur place. GR42 + Transbarrésienne. Sur les « chemins de la soie », la magnanerie des Faugères vous fait revivre l'histoire merveilleuse d'une fibre noble et inimitable... Boutique paysanne sur place. Langue parlée : anglais.

Prix : 1 pers. **195 F** 2 pers. **240 F**

Ouvert : toute l'année.

6	6	2	2	3	1	7	15	7

COSTE-PISSEVIN Lixiane - Les Faugères - 07210 SAINT-VINCENT-DE-BARRES - Tél : 04 75 65 93 40 - Fax : 04 75 65 93 40 - E-mail : iletaitunesoie@francecreation.com

SAINT-VINCENT-DE-DURFORT Serre de Gruas Alt. : 800 m (TH) C.M. 76 Pli 19

2 ch. Situé sur un plateau dominant la vallée du Rhône et le Vivarais, dans un hameau ardèchois de caractère très isolé et bénéficiant d'une très belle vue panoramique, site idéal pour les amoureux des gds espaces. 1 ch de 2 pers avec s. d'eau et wc privés, terrasse (classement 3 épis), 1 ch de 2 pers avec s.d.b. et wc privés non attenant, salon et salle à manger communs. Table d'Hôte sur réservation. Poss de rando pédestre ou VTT au départ du hameau, cadre et environement exceptionnel. Le propr possède aussi un gîte de 6/8 pers. Langue parlée : anglais.

Prix : 1 pers. **180/210 F** 2 pers. **210/240 F** 3 pers. **300 F** repas **80 F**

16	6	18	12	SP	16	12

ABEL Jean - Serre de Gruas - Saint Vincent de Durfort - 07360 SAINT-VINCENT-DE-DURFORT - Tél : 04 75 66 25 15

SAMPZON Les Rochères (TH) C.M. 80 Pli 9

1 ch. Venez découvrir un panorama exceptionnel sur l'Ardèche. Notre chambre comprend : salle d'eau et wc privatifs, bibliothèque, TV couleur, 1 lit 2 pers., 1 lit 1 pers.,(1 berceau à disposition). Terrasses, jeux d'enfants, espace pétanque. Nombreux sites et promenades dans les environs. Table d'hôtes sur réservation.

Prix : 2 pers. **290 F** 3 pers. **390 F** repas **100 F**

Ouvert : du 1er avril au 31 octobre.

2,5	2,5	3	SP	2,5	1	10	5

DUPUIS Gérard - La Bellovisto - 07120 SAMPZON - Tél : 04 75 39 65 49 - Fax : 04 75 39 65 49

LA SOUCHE Alt. : 575 m (TH) C.M. 76 Pli 18

5 ch. **La Croix de Beauzon 13 km. Neyrac-les-Bains 15 mn.** Dans les Hautes Cévennes ardèchoises, au pied du massif du Tanargue, Annie et Dominique vous accueillent dans leur ancienne école ecclésiastique située sur les hauteurs du village. 5 chambres de 2 à 4 personnes avec chacune, salles d'eau et wc privés. Salle à manger, coin-salon, TV, jeux de société. Station de loisirs (VTT, escalade, randonnée, ski de piste et de fond l'hiver). Au village, baignade aménagée, pêche, petits commerces. Station Thermale. Langues parlées : anglais, italien.

Prix : 1 pers. **200 F** 2 pers. **280 F** 3 pers. **360 F** repas **85 F**

Ouvert : toute l'année.

0,5	0,5	16	0,5	13	SP	13	13	0,5

SCANDOLERA Annie et Dominique - Quartier de l'Eglise - 07380 LA SOUCHE - Tél : 04 75 37 92 53

TOURNON

C.M. 76 Pli 10

1 ch. 1 chambre d'hôtes aménagée au rez-de-chaussée de la maison du propriétaire, avec 1 lit 2 pers., possibilité de couchage pour 1 ou 2 enfants, s.de bains et wc privatifs. Possibilité de prendre les petits-déjeuners sur la terrasse ombragée, salon, télévision.

Prix : 2 pers. **240 F**

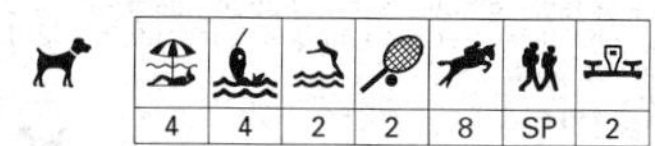

4	4	2	2	8	SP	2

BATIN Camille - 2, rue des Monges - 07300 TOURNON - Tél : 04 75 08 06 40

UCEL Le Pastural

TH *C.M. 76 Pli 19*

2 ch. **Aubenas 5 km. Vals-les-Bains 2 km.** Très belle demeure de caractère datant de 1834, bénéficiant d'un cadre très agréable, d'une jolie cour voutée avec sa fontaine et d'une piscine. 1 suite de 2 chambres (1 lit 140, 2 lits 120) avec wc et salle de bains privés, 1 chambre (1 lit 140) avec wc et salle de bains privés. Gde salle à manger avec coin salon, cheminée, TV, jeux. Table d'hôtes. Base nautique à 4 km. A proximité, de nbrses activités de loisirs, sportives ou culturelles. Langue parlée : anglais.

CV

Prix : 1 pers. **260 F** 2 pers. **320 F** 3 pers. **420 F** pers. sup. **80 F** repas **95 F**

Ouvert : toute l'année.

0,3	0,3	SP	4	5	SP	35	15	15	2

CLUZEL Geneviève - Le Pastural - 07200 UCEL - Tél : 04 75 37 61 81 - Fax : 04 75 94 00 14 - E-mail : g.cluzel@wanadoo.fr

UCEL Le Grand Village

TH *C.M. 76 Pli 19*

1 ch. **Aubenas 10 mn.** Maison située dans les anciennes fortifications féodales du Château d'Ucel, XIIe siècle. Danièle et Alain vous proposent une chambre de 2 à 3 personnes avec salle d'eau et wc privés. Petits déjeuner et repas en table d'hôtes pris dans le patio ou dans notre salle à manger. Ucel est idéalement situé sur le département.

Prix : 2 pers. **300 F** pers. sup. **80 F** repas **85 F**

Ouvert : toute l'année.

0,5	0,5	2	4	5	SP	35	15	15	3

MOTTE Danièle et Alain - Le Grand Village - 07200 UCEL - Tél : 04 75 94 00 13

VAGNAS La Mas d'Alzon

C.M. 80 Pli 9

2 ch. Nous vous accueillons dans notre ancien prieuré du 17e siècle entièrement restauré tout en lui gardant son caractère et vous proposons : 1 suite familiale de 2 chambres pour 2 à 4 pers., salon, TV et mini bar, grande salle de bains et wc privés, 1 ch (accès extérieur indép) de 2 à 3 pers, salle d'eau et wc, canapé, TV, petit coin-cuisine (pique nique). Belle terrasse solarium privés. Notre demeure est entourée d'un jardin clos et vous accèderez à la piscine par calade provençale. Ensemble plein de charme, meubles anciens (18e et 19e s.). A proximité, un grand nombre de restaurants ainsi que de nombreuses activités culturelles et de loisirs.

Prix : 2 pers. **400/600 F** pers. sup. **100 F**

7	7	SP	1	4	SP	7	7	10	4

DEVILLE Michèle - Le Mas d'Alzon - 07150 VAGNAS - Tél : 04 75 38 67 33 ou 06 86 20 37 54 - Fax : 04 75 38 67 33

VAGNAS Mas Lassagne

C.M. 80 Pli 9

5 ch. En Basse Ardèche, à deux pas du Gard, 5 ch. d'hôtes aménagées dans notre Mas traditionnel datant du 18e siècle, dans un cadre calme et généreux en soleil. Nos chambres, de 2 à 4 pers., disposent toutes de salle d'eau et wc privatifs. Salle et salon voutés réservés à nos hôtes. GR 4 à proximité desservant les Gorges de l'Ardèche et de la Cèze. Pour les séjours, piscine privée sur place.

CV

Prix : 1 pers. **200 F** 2 pers. **270 F** 3 pers. **380 F** pers. sup. **150 F**

5	5	SP	0,5	6	SP	5	5	5	0,5

DOLYMPE Stéphane - Mas de Lassagne - 07150 VAGNAS - Tél : 04 75 38 65 36

VALS-LES-BAINS Combelle

TH *C.M. 76 Pli 19*

5 ch. 1,5 km de Vals Les Bains, en direction d'Antraigues (entrée par pont privé), 4 ch. d'hôtes et 1 suite dans une maison de maitre datant de 1816, au cœur d'un parc de 2 ha, avec jets d'eau fontaine, en bord de rivière. Toutes les chambres avec s.d.b. et wc privés, ch. électr., salon indépendant réservé aux hotes, TV et tél. communs, salle de billard français. Piscine. Garage, parking. Petite salle de remise en forme. Ping-pong. Possibilité de promenades en poneys pour les enfants sur place. Animaux acceptés avec supplément de 35 Fr/jour. Table d'hotes sur réservation uniquement.

Prix : 1 pers. **380/430 F** 2 pers. **420/470 F** pers. sup. **100 F** repas **150 F**

Ouvert : du 01/03 au 20/11. Le restant de l'année sur réservation uniquement.

SP	SP	SP	1,5	5	SP	15	5	20	20	35	1,5

MEYNADIER Isabelle - Domaine de Combelle - 07600 VALS-LES-BAINS - Tél : 04 75 37 62 77 - Fax : 04 75 37 62 77

LES VANS

C.M. 80 Pli 8

5 ch. A prox. du Bois de Paiolive, venez vous ressourcer dans la garrigue. Dans l'ancienne magnanerie d'un mas implanté sur 8000m² de terrain, arboré d'oliviers, muriers, fruitiers... Nous vous proposons 5 belles ch. de caractères différents pour 2 pers., dont une avec coin nuit enfants, s.d'eau, wc privés. Salon avec TV réservé aux hôtes. Piscine privée du propr. à dispo. Ch.central. Vous pourrez diner le soir à la table d'hotes servi sous le tilleul ou au coin de la cheminée pour la mi-saison. Cuisine à base de produits locaux.Accueil chaleureux et authentique à découvrir... Tarif 4 pers. : 550/590 F. Nous proposons aussi sur place un gite 4 pers. Langue parlée : anglais.

Prix : 2 pers. **350/390 F** repas **130 F**

Ouvert : du 1er mars au 30 novembre.

4	4	SP	2,5	10	SP	4	4	2,5

THEBAULT Marie-Antoinette - Chemin de la Transhumance - 07140 LES VANS - Tél : 04 75 88 52 02 - Fax : 04 75 88 52 02

LES VANS

C.M. 80 Pli 8

3 ch. Au cœur des Cévennes, dans un petit hameau situé près des Vans, 3 chambres d'hôtes aménagées à l'étage de la maison du propriétaire. 2 ch. 2 pers. salle d'eau et wc privatifs, 1 ch. 4 pers. salle d'eau et wc privatifs. Toutes les activités de loisirs sont à proximité. Tarif chambre double 4 pers. : 330 Frs.

Prix : 1 pers. **220 F** 2 pers. **250 F** 3 pers. **330 F**

2	2	1	3	1

GAILLARD Honoré - Les Armas le Haut - 07140 LES VANS - Tél : 04 75 37 22 83

VERNON La Croix

C.M. 80 Pli 8

5 ch. Superbe maison bourgeoise en pierre de grès, située sur les terrasses viticoles de la Cévenne ardèchoise. 5 chambres d'hôtes spacieuses et raffinées, toutes avec sanitaires privatifs. Au sein de notre demeure vous bénéficierez de notre salle à manger, de nos salons aménagés dans la très belle salle voutée ainsi que de la piscine (commune aux deux gîtes ruraux). L'environnement a été privilégié dans un souci de respect de la tradition du bâti ardéchois.

Prix : 1 pers. **385 F** 2 pers. **420 F** 3 pers. **520/690 F** repas **120 F**

3	3	SP	7	10	SP	15	20	30	5

GOHIER Catherine - EURL Les Cigales - Mas de la Cigale - La Croix - 07260 VERNON - Tél : 04 75 39 68 69 ou 06 80 05 89 75 - Fax : 04 75 39 68 69

VERNOUX

Alt. : 500 m

C.M. 76 Pli 20

2 ch. **Vallée de l'Eyrieux 15 mn.** Anne-Marie bricole et décore sa vieille Rêvanne ardéchoise avec amour. Ses aquarelles envahissent les chambres. Elle vous propose 1 ch. 2 pers. avec s.d'eau et wc privés ainsi qu'une suite de 2 chambr. 2 à 4 pers. avec coin-salon, cheminée, s.de bains et wc privés. Petits-déjeuners pris au soleil sous la véranda. Beau jardin d'agrément avec ping-pong. Balançoires et très grand boulodrome. Table d'hôtes savoureuse avec les recettes personnalisées d'Anne-Marie. Lac, tennis, piscine à Vernoux. Maison située en bordure de la route menant à Venoux. Langue parlée : anglais.

Prix : 1 pers. **220 F** 2 pers. **260 F** 3 pers. **350 F** pers. sup. **90 F** repas **90 F**

Ouvert : toute l'année.

3	1	3	3	0,3	SP	20	30	3

BIGEAT DUSSOL Anne-Marie - La Revanne - Quartier de Reviscole - 07240 VERNOUX - Tél : 04 75 58 16 47

VERNOUX Prieuron

Alt. : 560 m

C.M. 76 Pli 20

2 ch. Maison de style contemporain aux portes de Vernoux. Ronny et Yvonne, d'origine belge, vous proposent deux chambres d'hôtes avec terrasses privatives : 1 ch de 2 pers avec salle d'eau et wc privés, 1 suite de 2 chambres de 2 à 3 pers avec salle d'eau et wc non attenant (classée 2 épis). Salle à manger, cheminée, TV, grand jardin arboré, salon de jardin.

Prix : 1 pers. **250/285 F** 2 pers. **285/320 F** pers. sup. **100 F** repas **100 F**

Ouvert : de mars à décembre.

1	1	1	1	3	SP	25	25	32	2

CLAES Ronny et Yvonne - Prieuron - 07240 VERNOUX - Tél : 04 75 58 12 20 - Fax : 04 75 58 12 20

VERNOUX Ferme de Prémaure

Alt. : 800 m

C.M. 76 Pli 20

6 ch. Très belle ferme de caractère construite en 1820, entièrement restaurée tout en conservant son authenticité. Très belle piscine panoramique. 6 ch.d'hôtes (dont 1 suite), pour 2 à 4 pers., toutes équipées de s.d'eau et de wc privatifs. Salle commune avec cheminée, grande terrasse ensoleillée. TH élaborée essentiellement avec des produits du terroir. (Suite : 590 Frs/4 pers. - 455 Frs/3 pers.). Animaux acceptés sur demande. Week end à thème printemps et automne. Langues parlées : anglais, allemand, espagnol.

Prix : 1 pers. **285 F** 2 pers. **320 F** 3 pers. **425 F** pers. sup. **105 F** repas **100 F**

Ouvert : du 1er mars au 15 novembre.

8	8	SP	8	8	SP	35	45	8

GONZALEZ Jean-Claude - Ferme de Prémaure - Route de Lamastre - 07240 VERNOUX - Tél : 04 75 58 16 61 - Fax : 04 75 58 16 61

VERNOUX Roiseland

Alt. : 585 m — *C.M. 76 Pli 20*

5 ch. Très belle maison de maître datant de 1870 avec parc privé, dans le village, comprenant 5 ch.d'hôtes. Salon privatif aux hôtes, cheminée, TV. 1 suite Garnier : 1 lit 2 pers., 2 lits 1 pers., s.d'eau et wc privatifs. 1 ch. haute : 1 lit 2 pers., s.de bains, wc. 3 ch. : 1 lit 2 pers., 1 lit 2 pers. et 1 lit 1 pers., 2 lits 2 pers., s.d'eau et wc privat. Piscine privée. Chambres accessibles par fauteuil élévateur aux personnes handicapées des jambes. Possibilité de louer toute la maison. Exposition permanente de gravures contemporaines et coquines. Juillet : expo peintres ardéchois, faites-vous connaître. Chambres non fumeurs.

Prix : 1 pers. **275 F** 2 pers. **320 F** 3 pers. **435 F**

Ouvert : de Pâques à la Toussaint.

0,6	0,6	SP	0,6	3	SP	70	10	20	30	SP

ESPOSITO-MASCHIO Roland - 10, rue Boissy d'Anglas - Roiseland - 07240 VERNOUX - Tél : 04 75 58 19 32

VILLENEUVE-DE-BERG

C.M. 80 Pli 9

1 ch. A mi-chemin de Montélimar et d'Aubenas, 1 ch.d'hôtes avec meubles de style, aménagée dans une grande bâtisse du début du XVIIIe, au cœur du village. S.d'eau et wc privés. Terrasse et petit jardin fleuri à disposition. Salle de séjour avec cheminée, coin-salon. Auberges et restaurants à proximité.

Prix : 1 pers. **200 F** 2 pers. **230 F**

Ouvert : toute l'année.

15	8	12	1	2	SP	30	20	12	25	SP

VILLARD Martine - Rue Neuve - 07170 VILLENEUVE-DE-BERG - Tél : 04 75 94 89 72

VILLENEUVE-DE-BERG Le Petit Tournon

C.M. 80 Pli 9

3 ch. Dans une magnanerie entièrement restaurée, à 5 min du village de Villeneuve de Berg, vos hôtes vous proposent 3 belles chambres confortables toutes avec salles d'eau et wc privés. Grande salle voutée à disposition, où vous pourrez soit vous détendre soit prendre les petits déjeuners si le temps ne permet pas de disposer de nos extérieurs. Parking, terrain, terrasse, bain de soleil, piscine du propriétaire en accès libre jusqu'à midi. Nous nous situons sur la rte de la vallée de l'Ibie qui démarre de Villeneuve pour arriver à Vallon Pont d'Arc (25 km). Environnement de vignes et de champs de lavande.

Prix : 1 pers. **250 F** 2 pers. **290 F** 3 pers. **350 F** pers. sup. **50 F**

Ouvert : d'avril à octobre.

15	8	SP	2	3	SP	25	15	25	30	2

CHAMPIER Béatrice et Antoine - Le Petit Tournon - 07170 VILLENEUVE-DE-BERG - Tél : 04 75 94 74 39

VILLENEUVE-DE-BERG Laudun

A — *C.M. 80 Pli 9*

6 ch. Dans le hameau, à 1 km du village, entre le plateau du Coiron et la vallée de l'Ardèche, Laudun vous accueille, sur une ancienne exploitation agricole, équipée de 6 ch.d'hotes confortables. Parc ombragé, espace détente, jeux pour enfants. A proximité, nombreuses visites et randonnées. Vous pourrez goûter aux produits du terroir dans notre auberge à 100 m, face à la vallée de l'Ibie. Groupe : tarifs spéciaux.

Prix : 1 pers. **230 F** 2 pers. **270 F** 3 pers. **350 F** pers. sup. **80 F** repas **90 F**

Ouvert : toute l'année.

15	8	3	1	2	SP	30	20	12	12	25	1

LOYRION Nicole - Chambres d'Hôtes de Laudun - 07170 VILLENEUVE-DE-BERG - Tél : 04 75 94 83 03 ou 04 75 94 75 63 - Fax : 04 75 94 75 63 - E-mail : lola258@club-internet.fr

VILLENEUVE-DE-BERG Le Mas de Fournery

TH — *C.M. 80 Pli 9*

5 ch. 5 chambres spacieuses avec bains/douches et wc privés, TV, tél.,mini-bar. Table d'hôtes. Sur place : vins du terroir, jardin, terrasse couverte, solarium, piscine privée, pétanque, randonnée pédestre et location VTT. Venez vous détendre au Mas de Fournery qui vous offre le calme d'un séjour dans un site isolé sur la hauteur. Accès par un chemin de terre sur 3 km. Vue panoramique sur un extraordinaire moutonnement de collines. Sophie et Benoit seront heureux de vous faire profiter de la cour intérieure fleurie, des terrasses ombragées, de la piscine ensoleillée et de la chaleur des vieilles pierres du XVIe s. Animaux sur demande(15 F/jour). Langue parlée : anglais.

Prix : 1 pers. **255/290 F** 2 pers. **300/390 F** 3 pers. **410/525 F** repas **130 F**

Ouvert : du 15 mars au 15 octobre.

15	15	SP	3	3	SP	15	15	15	30	3

RATY Sophie et HENNICO Benoît - Mas de Fournery - Route de Saint-Andéol-de-Berg - 07170 VILLENEUVE-DE-BERG - Tél : 04 75 94 83 73 - Fax : 04 75 94 89 70 - http://www.i-s-f.com/tourism/fournery

VION La Cayra

TH — *C.M. 76 Pli 10*

3 ch. **Tournon 7 km.** Vieille maison en pierre restaurée avec cour fermée privative fleurie dans un petit village, au calme. Route des vins et vignobles à proximité, chemin de fer touristique du Vivarais... 2 chamb. (1 lit 2 pers.), s.d'eau et wc privés, 1 ch. (1 lit 2 pers., 2 lits superp.),s.d'eau et wc privés. Salon, séjour, cheminée, salon de jardin. Ambiance chaleureuse autour d'une table familiale.

Prix : 1 pers. **200 F** 2 pers. **250 F** 3 pers. **330 F** repas **85 F**

Ouvert : du 15 janvier au 15 décembre.

6	1,5	7	1,5	10	SP	7	20	10	SP

BESSET Lucienne et Michel - Rue de la Vierge - La Cayra - 07610 VION - Tél : 04 75 07 20 70 - Fax : 04 75 07 20 70 - E-mail : lacayra@wanadoo.fr

GITES DE FRANCE
95, avenue Georges Brassens
26500 BOURG-LES-VALENCE
Tél. 04 75 83 90 20 - Fax. 04 75 82 90 57
Serv.Rés. 04 75 83 01 70 (*1)

AIX-EN-DIOIS Les Derbons

TH — *C.M. 77 Pli 14*

4 ch. Dans une aile indépendante de la maison, mitoyenne à la ferme et face au beau panorama de montagnes du Diois, Sylvie et Denis vous feront découvrir cette région touristique de la hte vallée de la Drôme, et vous feront apprécier leurs produits et leur cuisine. 4 ch. confortables 2 et 3 pers. avec sanitaires privatifs,salle à manger privative,séjour commun.

CV

Prix : 1 pers. **150 F** 2 pers. **200 F** 3 pers. **250 F** pers. sup. **30 F**
repas **70 F**

Ouvert : d'avril à la Toussaint.

8	8	2	SP	2	2	8

CATIER Denis et Sylvie - Les Derbons - 26150 AIX-EN-DIOIS - Tél : 04 75 21 82 56 ou 04 75 21 81 47

ALBON Le Pré aux Anes

TH — *C.M. 77 Pli 2*

4 ch. Aux portes de la Drôme des collines dans une ancienne ferme, vous apprécierez le calme et la verdure.La table d'hôtes, moment convivial où Nadine vous fera découvrir ses spécialités. Nos deux ânes (Princesse et Picotin) feront la joie des enfants. 2 ch. 2 pers., salle de bains et wc privatifs, 2 ch. 3 pers. avec mezzanine, salle de bains et wc privatifs. Parking. Golf 1 km.

CV

Prix : 1 pers. **210 F** 2 pers. **240 F** 3 pers. **300 F** pers. sup. **60 F**
repas **85 F**

Ouvert : toute l'année.

SP	3	2	1	15	2	6	1

TONDUT Jacques et Nadine - Les Barris - Le Pré aux Anes - 26140 ALBON - Tél : 04 75 03 11 73 - E-mail : pre.aux.anes@wanadoo.fr - http://www.perso.wanadoo.fr/pre.aux.anes/

ARTHEMONAY La Chabotte

TH — *C.M. 77 Pli 2*

2 ch. Dans la grande maison indépendante du propriétaire, au cœur du Pays de l'Herbasse, dans un site agréable. 1 ch. 2 pers. d'accès indépendant, 1 ch. 3 pers., sanitaires privatifs, séjour privatif. Exposition de peinture, possibilité stage peinture (huile, aquarelle).

CV

Prix : 1 pers. **200 F** 2 pers. **250 F** 3 pers. **300 F** pers. sup. **70 F**
repas **90 F**

Ouvert : toute l'année sauf novembre.

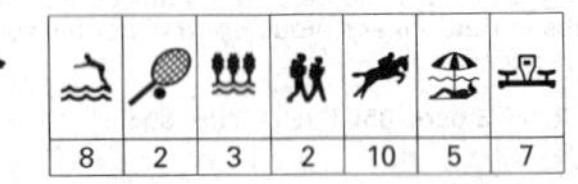

8	2	3	2	10	5	7

ROBIN-ARGOUD Bernadette - La Chabotte - quartier Montrond - 26260 ARTHEMONAY - Tél : 04 75 45 62 15 - Fax : 04 75 45 77 95 - E-mail : lachabotte@aol.com.

AURIPLES Le Péage d'Auriples

TH — *C.M. 77 Pli 12*

5 ch. Au cœur des collines verdoyantes et des forêts du pays de Saou, votre hôte vous propose le confort de la grande maison restaurée et le calme de l'environnement, dans ce petit hameau. 3 ch. 2 pers., 1 ch. 4 pers. (2 ch communiquantes), sanitaires privatifs, salle à manger, salons communs, parking.Nombreuses activités s/pl. ou à proximité.Tarif 4 pers. : 500 F. Table d'hôtes sur réservation.

CV

Prix : 1 pers. **220 F** 2 pers. **300 F** 3 pers. **400 F** repas **90 F**

Ouvert : du 15 février au 1er décembre.

SP	3	6	SP	2	SP	8	11	3

DUROUX Yves - La Berte Bleue - 26400 AURIPLES - Tél : 04 75 25 04 25 - Fax : 04 75 25 04 25

LA BATIE-ROLLAND La Joie

TH — *C.M. 81 Pli 2*

4 ch. Bienvenue à »la Joie »dans cette ferme restaurée avec passion. Vous apprécierez particulièrement le confort et le calme dans un cadre verdoyant.L'une des chambres au Rez-de-jardin est accessible aux handicapés.Le petit déjeuner et le dîner seront servis dans la typique salle voûtée ou dans la cour ombragée l'été. Au programme : bonne humeur, amitié partagée, découvertes en tous genres.-12 ans : 80 FRS. golf à 5 km. Langues parlées : anglais, espagnol.

CV

Prix : 1 pers. **255 F** 2 pers. **295/325 F** 3 pers. **395/425 F**
pers. sup. **100 F** repas **100/115 F**

Ouvert : toute l'année.

5	1,5	SP	SP	1,5	5	5

MONEL Francis et Jackye - La Joie - 26160 LA BATIE-ROLLAND - Tél : 04 75 53 81 51 - Fax : 04 75 53 81 51 - E-mail : f.monel@infonie.fr

BEAUMONT-LES-VALENCE Chambedeau *C.M. 77 Pli 12*

2 ch. En pleine campagne, 3 km du village et à 7 de Valence, nuits calmes dans petite bergerie ancienne restaurée. Copieux petits-déjeuners (au jardin, en été). Rez-de-chaussée : 1 ch. 2 pers. terrasse et sanitaires privés. A l'étage : 1 ch. 2 épis 1 pers., sanitaires privés. Séjour commun, livres. Pique-nique poss. le soir. Parking. Golf 8 km Langue parlée : anglais.

Prix : 1 pers. **190/240 F** 2 pers. **290 F**

Ouvert : toute l'année.

3	3	3	2	3	2	3	35	7	3

DE CHIVRE DUMOND Lina - Chambedeau - 26760 BEAUMONT-LES-VALENCE - Tél : 04 75 59 71 70 - Fax : 04 75 59 75 24 - E-mail : linadechivredumond@minitel.net

BEAUSEMBLANT *C.M. 77 Pli 1*

2 ch. Dans une grande maison sur deux niveaux, en limite de ce petit village de la Vallée du Rhône, avec un espace extérieur vaste et fleuri, Mme Faure et ses enfants vous accueilleront dans 2 chambres communicantes pour 3 pers., petite salle d'eau, wc, salle à manger privative, salon commun, prise et antenne tv, parking.

Prix : 1 pers. **200 F** 2 pers. **280 F** pers. sup. **150 F**

Ouvert : du 15 avril au 30 septembre.

SP	1	5	5	10	0,2

FAURE Régine - Le Bourg - 26240 BEAUSEMBLANT - Tél : 04 75 03 01 93

LA BEGUDE-DE-MAZENC Blache Bouteille TH *C.M. 81 Pli 2*

5 ch. En Drôme provençale, au cœur de la plaine de la Valdaine, Brigitte et André vous accueillent dans leur ferme restaurée. Etape idéale pour un dépaysement d'un week-end ou des vacances reposantes, la Faventine vous propose : 4 ch 2 pers dont 2 en rdc, 1 ch 3 pers. Table d'hôtes sur réservation. Salle à manger et salon privatifs avec cheminée. Jeu de boules et piscine. Repas enfants de 2 à 12 ans : 55 F. Taxe de séjour. Parking. Golf 10 km. Langue parlée : anglais.

Prix : 1 pers. **320 F** 2 pers. **350 F** 3 pers. **450 F** repas **110 F**

Ouvert : toute l'année.

SP	4	10	SP	4	15	30	15	15	4

SORDET André - quartier Blache Bouteille - 26160 LA BEGUDE DE MAZENC - Tél : 04 75 90 15 02 - E-mail : faventine@wanadoo.fr - http://www.lafaventine.fr

BELLECOMBE-TARENDOL Les Garelles Alt. : 750 m A TH *C.M. 81 Pli 3*

4 ch. Au petit hameau, au Col de Soubeyrand, Brigitte et Patrice proposent 4 chambres 2 pers. indépendantes (1 ch. 2 épis, 3 ch. 1 épi), aménagées au 1er étage de la maison av.salle d'eau privative, wc communs,et à leur auberge les produits du terroir.Gîte d'étape-relais équestre (1 dortoir- 10 pers.). Basse-cour sur place. Parking.

CV

Prix : 1 pers. **150 F** 2 pers. **220 F** 3 pers. **275 F** repas **80 F**

Ouvert : du 1er mars au 31 décembre.

SP	20	6	SP	7	3	1,5

PEROTTI Brigitte - Hameau de Tarendol - 26110 BELLECOMBE TARENDOL - Tél : 04 75 27 32 01 - Fax : 04 75 27 32 01

BENIVAY-OLLON TH *C.M. 81 Pli 3*

5 ch. Au cœur des Baronnies,en Drôme Provençale, dans la ferme restaurée en pleine campagne,dominant la vallée de l'Eyguemarse, Simone et Daniel vous accueillent dans 5 ch. indépendantes 3 pers. avec sanitaires privatifs dont 1 extérieur à la ch. et vous font découvrir les produits régionaux à la Table d'hôtes.Kitchenette,coin salon. Parking, aire de jeux. Tarifs enfants.

CV

Prix : 2 pers. **240 F** 3 pers. **290 F** 1/2 pens. **225 F**

Ouvert : du 15 mars au 15 novembre.

10	10	0,3	SP	10	0,3	SP	10	10	10

CHARRASSE Daniel et Simone - 26170 BENIVAY-OLLON - Tél : 04 75 28 10 02 - Fax : 04 75 28 10 02 - http://www.guideweb.com/provence/chambres-hotes/charrasse/index.html

BOURDEAUX Les Junchas TH *C.M. 77 Pli 13*

5 ch. Dans une partie indépendante de la ferme, avec une magnifique vue sur la vallée du Roubion, Joëlle et Claudio vous acceuillent dans 5 ch. de 2 pers. avec sanitaires privatifs dont une accessible aux handicapés. Table d'hôte dans une grande et lumineuse salle à manger ou sur la terrasse et un salon pour les soirées plus fraîches. Aire naturelle de camping à prox. Langues parlées : italien, anglais.

CV

Prix : 1 pers. **225 F** 2 pers. **290 F** pers. sup. **75 F** repas **95 F**

Ouvert : toute l'année.

2	2	2	SP	5	2	12	25	2

SAMMARCO Joëlle et Claudio - Les Junchas - 26460 BOURDEAUX - Tél : 04 75 53 38 11 ou 06 68 45 42 43 - Fax : 04 75 53 38 11 - E-mail : claudio.sammarco@wanadoo.fr

CHABRILLAN La Vaumane

C.M. 77 Pli 12

3 ch. Au cœur de la campagne et face à un paysage superbe, venez savourer le charme et l'authenticité de cette ancienne ferme en pierres restaurée, de ses 3 chambres avec sanitaires privatifs et les repas servis dans la salle voutée. Table d'hôtes sur réservation. Parking. Langue parlée : anglais.

Prix : 1 pers. **230 F** 2 pers. **310 F** pers. sup. **90 F** repas **100 F**

Ouvert : du 1er février au 30 novembre.

SP	6	3	SP	6	6	6	15	6

ROLLAND Josette et Jacques - Le Domaine de la Vaumane - 26400 CHABRILLAN - Tél : 04 75 76 89 46 - Fax : 04 75 76 89 46

CHALANCON Les Bayles

Alt. : 800 m A C.M. 81 Pli 3

3 ch. Sur les hauteurs de la vallée de l'Oule, nichées sous la montagne l' Eyriot, dans ferme typique, dans petit hameau , Anya et Yves proposent 3 ch. de plein pied avec sanitaires privatifs,1 ch. 3 pers avec mezzanine, 1 ch 2 pers. et 1 ch 3 pers., dans une aile indépendante de leur ferme. Repas servis dans la salle de la petite ferme auberge (15-20 couverts). Viande et légumes bio de la ferme. Week-ends « truffes » de nov à janv. Langues parlées : allemand, anglais.

Prix : 1 pers. **220 F** 2 pers. **280 F** 3 pers. **340 F** repas **100 F**

Ouvert : toute l'année.

5	5	1,5	SP	6	5	20	5	30	5

RAYE Yves - Les Bayles - 26470 CHALANCON - Tél : 04 75 27 24 38

CHANOS-CURSON Les Champs Ratiers

C.M. 77 Pli 2

5 ch. Au cœur des vergers et des vignobles dans une ancienne magnanerie au caractère inchangé, profitez des deux cours indépendantes, de la piscine et de l'une des chambres meublée et décorée à l'ancienne. Sanitaires privatifs. Table d'hôtes sur réservation. Enfants -10 ans : 55 F. Langues parlées : espagnol, italien.

Prix : 1 pers. **230 F** 2 pers. **300 F** pers. sup. **100 F** repas **100 F**

Ouvert : toute l'année sauf janvier.

SP	3	8	3	15	8	8

ROIGE Rose-Marie - La Farella - Les Champs Ratiers - 26600 CHANOS CURSON - Tél : 04 75 07 35 44 - Fax : 04 75 07 39 90 - E-mail : accueil@lafarella.com - http://www.lafarella.com

CHANOS-CURSON

C.M. 77 Pli 2

2 ch. Dans les vignobles de Crozes Hermitage, nous vous accueillons dans notre ferme du XVème siècle, rénovée avec cour intérieure fermée, mitoyenne de notre habitation. A l'étage, 2 ch. 2 ou 3 pers sanitaires privatifs. Grande salle de séjour indépendante avec coin cuisine donnant sur piscine. Salle de jeux. Confitures, pain maison cuit au four à bois.

Prix : 1 pers. **220 F** 2 pers. **280 F** 3 pers. **340 F**

Ouvert : toute l'année.

SP	2	6	SP	SP	10	SP	12	15	5	5

SAUVAJON Jacqueline et Jean-P - Ferme des Denis - 26600 CHANOS CURSON - Tél : 04 75 07 34 11 - Fax : 04 75 07 34 46 - E-mail : fermedesdenis@wanadoo.fr - http://www.perso.wanadoo.fr/fermedesdenis

CHANTEMERLE-LES-GRIGNAN Le Parfum Bleu

C.M. 81 Pli 2

5 ch. Au cœur de la Drôme provençale, entre plaines et collines, vignobles et lavandes du Tricastin, ce mas provençal vous séduira par ses jardins parfumés et ombragés. Guido et Lucie d'origine Belge flamand, proposent 5 ch. confortables 2 et 3 pers., salle d'eau, wc privatifs, salle à manger, salon privatifs, cheminée, parking fermé. Golf 2 km. Table d'hôtes sur réservation sauf dimanche et lundi. Langues parlées : belge, allemand, anglais.

Prix : 1 pers. **440/500 F** 2 pers. **490/550 F** 3 pers. **640/700 F** repas **150 F**

Ouvert : toute l'année.

SP	3	3	0,5	10	15

LAMBERTS & RINGOET Guido et Lucie - Le Parfum Bleu - 26230 CHANTEMERLE-LES-GRIGNAN - Tél : 04 75 98 54 21 - Fax : 04 75 98 54 21

CHARPEY Les Marais Saint-Didier

3 ch. En pleine campagne, ferme en activité, ombragée. Entre Valence et Romans au pied du Vercors, en quelques instants de belles randonnées, à pieds, en voiture, etc...3 ch.3 épis,2 pers. au Rez-de-ch. et étage,sanitaires privatifs, séjour et coin salon privatifs, bibliothèque, TV, parking, aire de jeux. Pour votre bien-être lieux réharmonisé avec la géobiologie. Enfant de moins de 10 ans : repas 45 F.

Prix : 1 pers. **190 F** 2 pers. **260 F** 3 pers. **325 F** pers. sup. **64 F** repas **80 F**

Ouvert : toute l'année.

10	10	6	3	10	7	10	3

IMBERT Christiane et Jean-P - Les Marais - St-Didier de Charpey - 26300 CHARPEY - Tél : 04 75 47 03 50 ou 06 68 92 74 16

CHATEAUDOUBLE Les Peris

(TH) *C.M. 77 Pli 12*

3 ch. Dans la grande maison traditionnelle de la campagne dauphinoise et dans le calme de ce petit hameau,au pied des montagnes du Massif du Vercors, votre hôte vous accueille, non loin de la ferme. 3 chambres 3 pers. au rez-de-ch. et à l'étage, sanitaires privatifs, salle à manger, salons communs, cheminée, TV, aire de jeux. Vente de produits fermiers.

CV

Prix : 1 pers. **165 F** 2 pers. **230 F** 3 pers. **310 F** pers. sup. **80 F** repas **85 F**

Ouvert : toute l'année.

5	5	0,1	3	3	0,1	16

CABANES Madeleine - route de Combovin - Les Peris - 26120 CHATEAUDOUBLE - Tél : 04 75 59 80 51 - Fax : 04 75 59 48 78

CHATEAUNEUF-DE-GALAURE

2 ch. Dans une habitation indépendante à proximité de la ferme familiale, Nicole et Pascal ont aménagé 2 chambres de 2 personnes avec salle d'eau privative et wc communs.Séjour commun aux 2 chambres avec clic-clac en mezzanine sur coin cuisine, chauffage central.

Prix : 1 pers. **200 F** 2 pers. **230 F** pers. sup. **80 F**

Ouvert : toute l'année.

3,5	3,5	SP	5	8	14	3,5

CHAIX Nicole et Pascal - EARL Les Cèdres - 26330 CHATEAUNEUF-DE-GALAURE - Tél : 04 75 68 66 77 - Fax : 04 75 68 66 77

COLONZELLE

(TH) *C.M. 81 Pli 2*

5 ch. Au cœur du village, dans une bâtisse protégée par de grands murs, vos hôtes vous proposent Violette, Capucine, Pâquerette, Iris et Eglantine, cinq chambres colorées et personnalisées avec salle de bain et wc privatifs. Grand salon avec cheminée. Les repas gourmands servis dans la salle à manger ou sur une terrasse de charme à l'ouest vous séduiront. Jardin arboré et agrémenté d'un potager. Golf 8 km.

CV

Prix : 1 pers. **300 F** 2 pers. **400 F** repas **120 F**

Ouvert : du 1er mars au 31 octobre.

3	0,5	SP	SP	3	SP	0,1	22	1,5

CONVERCY Nicole - La Maison de Soize - 26230 COLONZELLE - Tél : 04 75 46 58 58 - Fax : 04 75 46 58 58

COLONZELLE Le Moulin de l'Aulière

(TH) *C.M. 81 Pli 2*

5 ch. Dans un parc, en bordure de l'Aulière, Marie et Guy vous accueillent dans la bâtisse du 19 ème siècle où sont aménagées 5 ch. 1er étage : 2 ch. 2 et 3 pers., 2 ème étage : 2 ch. 2 pers. dont une avec terrasse,1 ch. (3 pers.). Sanitaires privatifs. Coin cuisine, séjour, cheminée, TV. Parking. Pas de table d'hôtes le vendredi et dimanche soir ainsi qu'en août.

CV

Prix : 1 pers. **250 F** 2 pers. **300 F** 3 pers. **450 F** pers. sup. **100 F** repas **120/160 F**

Ouvert : toute l'année sauf novembre.

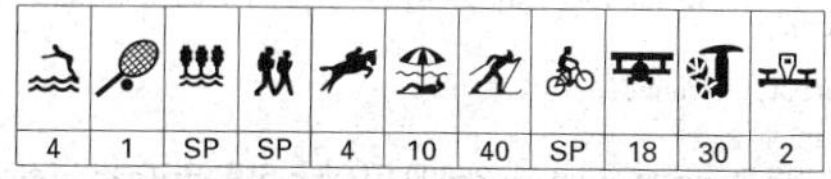

4	1	SP	SP	4	10	40	SP	18	30	2

BERAUD Marie - Le Moulin de l'Aulière - 26230 COLONZELLE - Tél : 04 75 91 10 49 - Fax : 04 75 91 10 49

COMPS Le Buffelas

Alt. : 700 m (TH) *C.M. 81 Pli 3*

2 ch. En pleine nature, entourée par les montagnes verdoyantes, Simone vous accueille dans sa ferme aux pierres apparentes et sa campagne fleurie. 2 ch. 2 pers., au rez-de-ch., avec salle de bains, wc communs,séjour privatif. TV.

Prix : 1 pers. **170 F** 2 pers. **230 F** 3 pers. **280 F** repas **85 F**

Ouvert : toute l'année.

1	1	2	SP	5	2

MOURIER Simone - Le Buffelas - 26220 COMPS - Tél : 04 75 46 33 88

COMPS Le Château

Alt. : 700 m *C.M. 81 Pli 3*

4 ch. Dans le cadre majestueux du château du XIIe siècle et dans une aile attenante, mitoyenne à la ferme, vous apprécierez le calme et le site agréable. Marilou et son fils vous proposent 4 ch. confortables 1 et 2 pers., salle d'eau et salle de bains, wc privatifs, salle des petits déjeuners, salon privatifs, parking. Tarifs dégressifs hors-saison (à partir de 3 nuitées). L'hiver sur réservation.

Prix : 1 pers. **250 F** 2 pers. **300/320 F** 3 pers. **350 F**

Ouvert : toute l'année.

6	0,2	4	1	4,5	4	6

TERROT Marilou - Le Château - 26220 COMPS - Tél : 04 75 46 30 00 - Fax : 04 75 46 30 00

DIVAJEU

(TH) *C.M. 77 Pli 12*

2 ch. A proximité de la route Valence-Montélimar dans la ferme de RANCHY, nous vous proposons 2 chambres 2 pers. avec lavabo où une suite familiale. Les produits de la ferme vous seront servis à la table d'hôte, sur réservation. Nous possèdons d'autre part 2 gîtes ruraux. Repas enfant -10 ans : 50 F

CV

Prix : 1 pers. **190 F** 2 pers. **210 F** 3 pers. **370/390 F** repas **85 F**

Ouvert : toute l'année.

SP	5	5	SP	7	5	SP	15	10	5	5

LOMBARD Michel - quartier Ranchy - 26400 DIVAJEU - Tél : 04 75 25 29 74 ou 06 81 41 99 84 - Fax : 04 75 76 71 42

DIVAJEU Le Clos de Lambres

C.M. 77 Pli 12

3 ch. Dans un cadre calme et verdoyant, proche de la vallée de la Drôme. Jeannette et Jacques vous feront apprécier cette région riche de découvertes. 2 ch. 2 et 3 pers., 1 suite de 4 pers, indépendantes aménagées avec goût. R.d.c. et étage sanitaires privatifs, salle à manger, salon, cheminée communs au propriétaires. Coin cuisine à dispo. TV dans chaque ch.

CV

Prix : 1 pers. **220 F** 2 pers. **300 F** 3 pers. **360/400 F** pers. sup. **100 F**

Ouvert : du 01.02 au 01.11 et durant les vacances de Noel.

3	3	3	0,5	3	3	3	15	15	3	3

GORCE Jeannette - Le Clos de Lambres - 26400 DIVAJEU - Tél : 04 75 76 75 91 - E-mail : closlambre@aol.com - http://www.menbers.aol.com/closlambre/index.htlm

DONZERE

(TH) *C.M. 81 Pli 1*

2 ch. Au centre d'une région historique, culturelle et variée, à l'entrée nord du village, très bien situées pour étape et séjour, Françoise et Georges vous accueillent dans 2 ch. plain pied, une de 3 pers, une de 2 pers,cour fermée, ombragée, fleurie.

Prix : 2 pers. **290 F** pers. sup. **85 F** repas **90 F**

Ouvert : du 1er avril au 15 novembre.

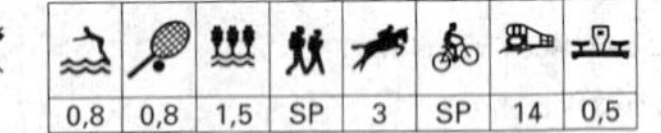

0,8	0,8	1,5	SP	3	SP	14	0,5

EYSSERIC René-Georges - 18, Haute Bourgade - 26290 DONZERE - Tél : 04 75 51 66 96 - E-mail : rene-georges.eysseric@wanadoo.fr - http://www.perso.wanadoo.fr/lou-minai/

ETOILE

(TH) *C.M. 77 Pli 12*

2 ch. Ancienne ferme du 17 ème siècle rénovée, murs en galets et pierres d'ETOILE. Chambres à l'étage dans la maison du propriétaire. Abords fleuris. Parking et piscine privés. Repas enfants 50 F.

CV

Prix : 1 pers. **120/140 F** 2 pers. **220/240 F** 3 pers. **300 F** pers. sup. **60 F** repas **80 F**

Ouvert : toute l'année.

SP	4	1	4	15	3

FRAISSE François - Clavel - 26800 ETOILE-SUR-RHONE - Tél : 04 75 60 62 58

ETOILE-SUR-RHONE La Mare

(TH) *C.M. 77 Pli 12*

6 ch. Dans un cadre champêtre et agréable, proche de la Vallée du Rhône, où vos hôtes : la famille CHAIX vous feront découvrir les attraits de la région. 4 ch. 3 épis au rez-de-ch. accès indépendant,sanitaires privatifs,2 ch.2 épis à l'étage,salles d'eau privatives,1 wc commun aux 2 ch.,salle à manger,salon, cheminée, aire de jeux, vaste espace, parc ombragé.

CV

Prix : 1 pers. **160 F** 2 pers. **250 F** repas **80 F**

Ouvert : toute l'année.

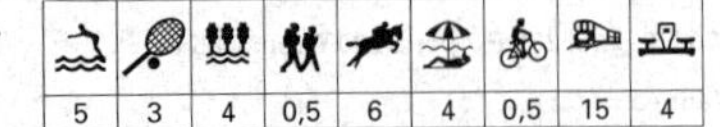

5	3	4	0,5	6	4	0,5	15	4

FAMILLE CHAIX (SARL ACCUEIL) - Route de Montmeyran - quartier La Mare - 26800 ETOILE - Tél : 04 75 59 33 79 - Fax : 04 75 59 33 79

EYGALAYES La Forge Sainte-Marie

Alt. : 800 m (TH) *C.M. 81 Pli 4*

4 ch. 4 chambres tout confort sur 2 niveaux mitoyennes à l'habitation.Dans un environnement nature de qualité Jacques et Gaby vous accueillent dans leur maison de caractère.C'est le pays de la lumière,de la lavande et du tilleul.Notre salle de relaxation »Lavande»vous offrira le bonheur de la détente et du bien être (bains à remous et sauna). Langue parlée : anglais.

CV

Prix : 1 pers. **220 F** 2 pers. **270 F** 3 pers. **330 F** repas **90 F**

Ouvert : toute l'année (de décembre à février sur réservation).

8	3	2	SP	2	SP	10	8

LAURENT Jacques et Gaby - La Forge Sainte-Marie - 26560 EYGALAYES - Tél : 04 75 28 42 77 - Fax : 04 75 28 42 77

FRANCILLON-SUR-ROUBION Le Débat  *C.M. 77 Pli 12*

4 ch. Au cœur des paysages de Saou, une ancienne ferme restaurée dans un cadre calme et naturel, Anne-Marie et Patrick vous accueillent dans 4 ch. d'hôtes de 2 pers. chacune avec sanitaires privatifs, salle à manger et salon. Langues parlées : anglais, espagnol.

Prix : 1 pers. **200/250 F** 2 pers. **250/300 F** pers. sup. **70 F** repas **90 F**

Ouvert : toute l'année.

10	5	3	SP	4	3	10	6	5

COUSOUYAN A-Marie et Patrick - Le Débat - 26400 FRANCILLON-SUR-ROUBION - Tél : 04 75 76 05 51

LA GARDE-ADHEMAR Domaine Magne

3 ch. Au calme, dans un domaine de 30 ha, parmi les senteurs de truffes et d'abricots, Isabelle et Christian vous accueillent en amis dans un mas en pierre du XVIIème au cœur des vergers et des bois.Vous découvrirez une table au parfum Provençal et aux saveurs d'antan. 3 chambres 2 pers. de plain-pied, sanitaires privatifs, salle à manger, séjour, TV. Parking. Langues parlées : anglais, espagnol.

Prix : 1 pers. **210 F** 2 pers. **270 F** pers. sup. **80 F** repas **95 F**

Ouvert : toute l'année.

SP	0,8	SP	6	8	8	1,5

ANDRUEJOL Christian & Isabelle - Domaine de Magne - 26700 LA GARDE-ADHEMAR - Tél : 04 75 04 44 54

GRANGES-GONTARDES Hameau du Billard  *C.M. 81 Pli 1*

2 ch. Entre Vallée du Rhône et Drôme Provençale, à proximité des chateaux de Grignan, Suze la Rousse et Montélimar, vous séjournerez en couple ou en famille dans la suite climatisée que vous proposent Anne-Marie et sa famille. 2 ch indépendantes (1 lit 2 pers. et 2 lits 1 pers.) salle de bain- wc indépendants, terrasse privative, piscine. Parking. Langues parlées : anglais, italien.

Prix : 1 pers. **200 F** 2 pers. **250 F** 3 pers. **350 F** pers. sup. **80 F**

Ouvert : toute l'année.

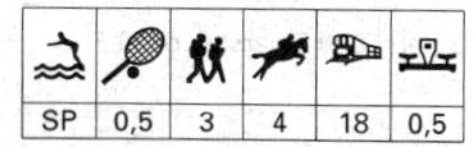

SP	0,5	3	4	18	0,5

VIGNON Anne-Marie - Hameau du Billard - 26290 GRANGES-GONTARDES - Tél : 04 75 98 56 30 ou 06 81 63 67 04

GRIGNAN l'Autre Maison *C.M. 81 Pli 2*

4 ch. Au cœur de la Drôme provençale « L'autre maison » offre l'espace d'une grande maison bourgeoise provençale du 18ème siècle. A deux pas du chateau renaissance 4 ch. de 25 à 50 m^2 très déco (tommettes, badigeon, pigeonnier)la terrasse, le jardin avec sa mare aux nénuphars invitent au diner provençal. Langue parlée : anglais.

Prix : 1 pers. **350/500 F** 2 pers. **350/500 F** pers. sup. **100 F** repas **90 F**
1/2 pens. **530/680 F**

Ouvert : de mars à fin décembre et pendant les vacances de Noël.

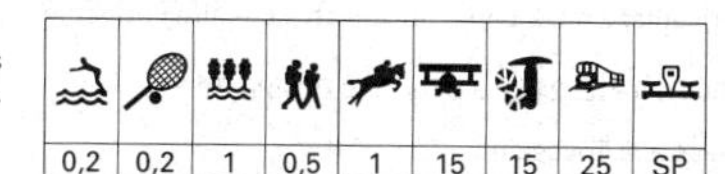

0,2	0,2	1	0,5	1	15	15	25	SP

MONGE Elisabeth - rue du Grand Faubourg - 26230 GRIGNAN - Tél : 04 75 46 58 65 - E-mail : monge-christophe@wanadoo.fr

HAUTERIVES Les Baumes de Tersanne *C.M. 77 Pli 2*

3 ch. Au pays du Facteur CHEVAL, au milieu des collines en pleine nature, dans notre ancienne ferme typique de la vallée de la Galaure, vous serez reçus en amis dans 3 chambres confortables pouvant accueillir de 1 à 4 personnes, indépendantes de notre maison et mitoyennes à un gîte rural.Avec terrasses et sanitaires privatifs.Nombreuses activités sur place.

Prix : 1 pers. **210 F** 2 pers. **260/280 F** pers. sup. **90 F** repas **50/90 F**

Ouvert : toute l'année.

SP	3,5	3	SP	4	14	SP	20	3,5

ROMANAT Christiane - Les Baumes de Tersanne - 26390 TERSANNE - Tél : 04 75 68 90 56 - Fax : 04 75 68 90 56

HOSTUN Les Bruyères *C.M. 77 Pli 3*

3 ch. Grande maison bourgeoise entourée d'un parc ombragé sur 2 hectares de terrain, Annie et Serge ont le plaisir de vous accueillir dans leur propriété et à leur table, 2 ch, 2 pers et 1 suite 4 pers, sanitaires privatifs, salle à manger et salon commun, chalet gîte 4 pers, parking, bibliothèque. Repas enfant : 50 F jusqu'à 6 ans. Animaux admis sur demande.

Prix : 1 pers. **270 F** 2 pers. **300 F** pers. sup. **100 F** repas **100 F**

Ouvert : toute l'année.

SP	1	4	SP	1	4	30	5	20	20	10	1

NATTIER Annie et Serge - Les Bruyères - 26730 HOSTUN - Tél : 04 75 48 81 94 - Fax : 04 75 48 93 50 -
E-mail : lesbruyeres@libertysurf.fr - http://www.ehol.com

LAVAL-D'AIX

Alt. : 500 m *C.M. 77 Pli 14*

1 ch. Dans ce petit hameau tranquille, au pied de la montagne du Glandasse, site touristique du haut Diois, André et sa famille vous accueillent à proximité de leur habitation. 1 grande chambre 3 pers. indépendante avec sanitaires privatifs, coin cuisine attenant dans la maison mitoyenne à la ferme.

Prix : 1 pers. **200 F** 2 pers. **230 F** 3 pers. **260 F**

Ouvert : du 1er mai au 30 septembre.

10	10	0,2	SP	10	28

JUND André - quartier Duchere - 26150 LAVAL D'AIX - Tél : 04 75 21 81 27

LUC-EN-DIOIS Les Grangiers

Alt. : 720 m TH *C.M. 77 Pli 14*

5 ch. En pleine nature, face au site du Claps, au cœur de la haute vallée de la Drôme et du Diois, Pierre et Laurence vous reçoivent dans leur grande maison fleurie et sur leur ferme d'élevage caprin. 1 ch. 3 pers., r.d.c., 2 épis, sanitaires privés. A l'étage, 4 ch. 2 et 3 pers. dont une en 2 épis, salle d'eau, wc, communs, salle à manger dans véranda, salons privatifs.

CV

Prix : 1 pers. **165 F** 2 pers. **235/295 F** 3 pers. **300/360 F**
1/2 pens. **195/225 F**

Ouvert : de Pâques à la Toussaint.

5	5	2	SP	8	2	22	SP	4	2	4	4

ROBIN Pierre et Laurence - Les Grangiers - 26310 LUC-EN-DIOIS - Tél : 04 75 21 32 35

MALATAVERNE Le Moulinas

TH *C.M. 81 Pli 1*

2 ch. Dans une grande ferme de la Vallée du Rhône, Michel et Yvette agriculteurs, vous accueillent aux environs de Montélimar (ferme et animaux). 2 ch 2 pers dans la maison des propriétaires, accès indépendant, sanitaires privatifs.

CV

Prix : 1 pers. **200 F** 2 pers. **230 F** 3 pers. **290 F** pers. sup. **60 F**
repas **95 F**

Ouvert : toute l'année.

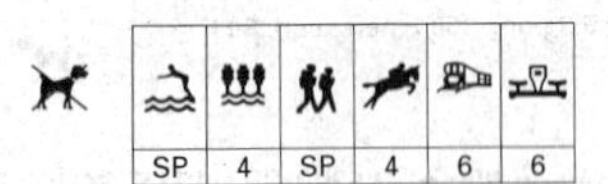

SP	4	SP	4	6	6

CHABAUD Michel et Yvette - Le Moulinas - 26780 MALATAVERNE - Tél : 04 75 90 72 35 - Fax : 04 75 90 75 17

MARIGNAC-EN-DIOIS La Rollandière

Alt. : 610 m TH *C.M. 77 Pli 13*

3 ch. Dans le site calme et campagnard, au pied du massif du Vercors, Renée et Jacky vous accueillent dans l'environnement agréable de leur ferme et vous feront apprécier leur région, leur table et les produits du terroir. 1 ch. 3 pers. indépendantes, sanitaires privatifs, 2 ch. 2 pers., rez-de- ch.,sanitaires privatifs,séjour privé ds la maison.

Prix : 1 pers. **150 F** 2 pers. **240 F** 3 pers. **310 F** repas **70 F**

Ouvert : de Pâques à la Toussaint.

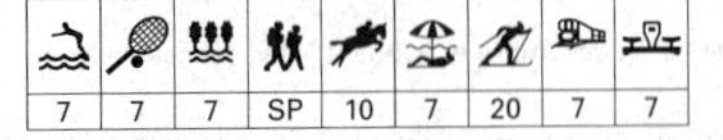

7	7	7	SP	10	7	20	7	7

SEGOND Jacky et Renée - La Rollandière - l'Hermite - 26150 MARIGNAC-EN-DIOIS - Tél : 04 75 22 08 51 - Fax : 04 75 22 08 51

MERINDOL-LES-OLIVIERS Le Grand Jardin

TH *C.M. 81 Pli 3*

5 ch. Dans ferme restaurée du XVIII siècle en pierres, au milieu des vignes et d'un site boisé, avec vue sur le Mont Ventoux, Andrée vous propose 5 ch. 2 et 3 pers. au calme. 2 ch.au RDC et 2 ch à l'étage avec sanitaires privés, 1 ch à l'étage avec salle d'eau, wc sur pallier. Salle à manger commune. Parking. Cuisine provençale à volonté et vin compris. Table d'hôtes uniquement les jeudi, vendredi, samedi et dimanche que pour les grands week-ends.

CV

Prix : 1 pers. **235/255 F** 2 pers. **260/280 F** 3 pers. **360/380 F**
pers. sup. **100 F** repas **100 F**

Ouvert : vacances de printemps (Pâques) à fin septembre.

SP	1	SP	8	13

COULET Andrée - Le Grand Jardin - 26170 MERINDOL-LES-OLIVIERS - Tél : 04 75 28 71 17

MIRABEL-AUX-BARONNIES La Sarriette

C.M. 81 Pli 2/3

3 ch. Entre Nyons et Vaison la Romaine, votre hôtesse vous accueille dans la grande villa Provençale aménagée avec goût et confortable dans un cadre verdoyant. 3 ch. 2 pers., dont 2 sont équipées de cuisine et de salons de jardin privés, possibilité lits supplémentaires, sanitaires privés, séjour, salon, bibliothèque, cheminée, TV. Parking ombragé. Véranda sur terrasse au bord de la piscine. Chauffage central.

CV

Prix : 1 pers. **280 F** 2 pers. **350/450 F** pers. sup. **50 F**

Ouvert : du 1er mars à octobre.

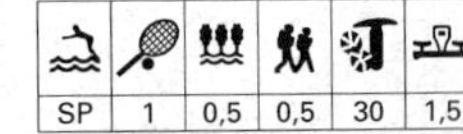

SP	1	0,5	0,5	30	1,5

MARIDOR Mireille - La Sarriette - route de Villedieu - 26110 MIRABEL AUX BARONNIES - Tél : 04 75 27 14 83 - Fax : 04 75 27 14 83

MIRABEL-AUX-BARONNIES Les Blaches  *C.M. 81 Pli 2/3*

4 ch. Au cœur du pays des Baronnies, entre Mirabel et Nyons, Véronique vous accueillera dans son habitation entourée de vignes et d'oliviers. 2 ch. 2 pers. avec sanitaires privatifs, 1 ch. 3 pers. avec sanitaires privatifs, 1 ch. suite 4 pers. (550 F) avec sanitaires privatifs et kitchenette, séjour,salle à manger, parking. Cuisine d'été à disposition(barbecue).

CV

Prix : 1 pers. **230/350 F** 2 pers. **300/400 F** 3 pers. **380/480 F** pers. sup. **50/70 F**

Ouvert : toute l'année sauf janvier.

SP	2,5	10	SP	5	4	27	5	27	27	5

DUROUGE Véronique - l'Ormeraie - Les Blaches - 26110 MIRABEL-AUX-BARONNIES - Tél : 04 75 27 19 49 - Fax : 04 75 27 19 49

MIRABEL-ET-BLACONS La Salière  *C.M. 77 Pli 12*

2 ch. Tranquilité, petit-déjeuner, piscine chez Marielle, en pleine campagne dans ses deux chambres (1 ch 2 pers. et 1 ch 3 pers.) avec sanitaires privatifs, face à la chaîne des Trois Becs. Parking. Langues parlées : anglais, italien.

CV

Prix : 1 pers. **200 F** 2 pers. **250 F** 3 pers. **300 F** pers. sup. **70 F**

Ouvert : toute l'année.

SP	4	1	SP	4	1	35	1	8	15	8	1

SENE Marielle - La Salière - 26400 MIRABEL ET BLACONS - Tél : 04 75 40 02 87

MIRABEL-ET-BLACONS La Ferme du Château  *C.M. 77 Pli 12*

2 ch. A 5 kilomètres de CREST, vieille ferme Provençale du XVIIe siècle, avec cour intérieure, pigeonnier. Catherine et Matthieu vous accueillent chez eux. Au 1er étage, vos chambres avec sanitaires privatifs, salle à manger et salon communs au rez-de-chaussée.Ils vous proposent cuisine régionale médiévale,bolivienne.Parking privatif.Panier pique-nique le midi sur demande. Langues parlées : anglais, espagnol, italien.

CV

Prix : 1 pers. **240 F** 2 pers. **270 F** 3 pers. **360 F** pers. sup. **90 F** repas **100 F**

Ouvert : de mars à novembre.

5	5	0,5	SP	5	0,5	SP	10	10	SP

CAUSSIN BELLIER Catherine & Matthieu - La Ferme du Château - 26400 MIRABEL-ET-BLACONS - Tél : 04 75 40 07 80 ou 06 03 50 87 47 - Fax : 04 75 40 07 80

MIRIBEL La Charière *C.M. 77 Pli 2*

3 ch. Au cœur de la Drôme des collines, Livia et Jean-Louis vous accueillent dans leur ferme de polyculture sur un site agréable. Ils vous proposent 2 ch. 2 pers. avec terrasse, sanitaires privatifs, salle à manger et salon commun. 1 ch. 3 pers avec terrasse, coin cuisine et sanitaires privatifs. Aire de jeux, parking.

CV

Prix : 1 pers. **200 F** 2 pers. **250 F** pers. sup. **65 F**

Ouvert : toute l'année.

13	4	1	1	3	10	4

VASSY Jean-Louis et Livia - 26350 MIRIBEL - Tél : 04 75 71 75 13 - Fax : 04 75 71 71 71

MIRMANDE *C.M. 77 Pli 12*

2 ch. Sur un balcon dominant la vallée du Rhône, proche du village médiéval et botanique (cité des arts), Marinette et Tieno vous accueillent dans la vaste maison confortable, près de l'atelier de sculpture. 2 ch. 2 et 3 pers. indépendantes avec sanitaires privatifs, salle à manger, salon communs, kitchenette, parking. Langue parlée : anglais.

CV

Prix : 1 pers. **250 F** 2 pers. **300 F** 3 pers. **400 F** pers. sup. **100 F**

Ouvert : toute l'année sauf janvier.

SP	4	1	SP	SP	15	0,5

GORIOU Marinette et Tieno - 26270 MIRMANDE - Tél : 04 75 63 01 15 - Fax : 04 75 63 14 06

MIRMANDE Le Petit Logis *C.M. 77 Pli 12*

2 ch. Dans une maison toute proche de celle du propriétaire au milieu d'un parc verdoyant et calme,avec vue sur le village botanique et médiéval,Maryse et René vous accueillent dans 2 ch. indépendantes accessibles de plain- pied. de 3 à 5 pers.,sanitaires privatifs- ,salle à manger,salon communs. Cuisine à disposition. Parking. Aire de jeux.

CV

Prix : 1 pers. **210 F** 2 pers. **270 F** 3 pers. **330 F** pers. sup. **60 F**

Ouvert : de mars à novembre (mois d'hiver sur réservation).

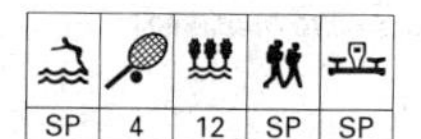

SP	4	12	SP	SP

BRUN Maryse - La Colline - 26270 MIRMANDE - Tél : 04 75 63 02 92 - Fax : 04 75 63 02 92

MOLLANS-SUR-OUVEZE Les Fouzarailles *C.M. 81 Pli 3*

4 ch. Au pied du Mont Ventoux, Valérie et Marc vous accueillent dans leur ferme Provençale nichée entre bois et vignes dans la vallée du Toulourenc. 3 ch. 2 pers., 1 ch. 3 pers avec sanitaires privatifs. Aire de jeux. Parking. Langue parlée : anglais.

Prix : 1 pers. **200 F** 2 pers. **250 F** 3 pers. **300 F** pers. sup. **50 F**

Ouvert : de Pâques à la Toussaint.

1	1	SP	SP	4	SP	10	10	50	3

GRENON Valérie et Marc - Les Fouzarailles - route de Veaux - 26170 MOLLANS-SUR-OUVEZE - Tél : 04 75 28 79 05 - Fax : 04 75 28 79 05

MONTBOUCHER-SUR-JABRON Les Echaunes *C.M. 81 Pli 1*

2 ch. Grande maison de style régional du 17e siècle sur l'exploitation agricole (à 300 m de l'A7). Marcel et Chantal vous accueillent dans 2 gîtes ruraux voisins et 2 chambres indépendantes d'accès, au rez-de-ch. pour 2 ou 3 pers., sanitaires privatifs, séjour commun. Parking. Golf 2 km. Langues parlées : anglais, italien.

CV

Prix : 1 pers. **230 F** 2 pers. **280 F** 3 pers. **360 F** pers. sup. **90 F**

Ouvert : toute l'année.

5	1,5	0,6	3	4	5	1

MAZZARA Chantal et Marcel - La Commanderie - 26740 MONTBOUCHER-SUR-JABRON - Tél : 04 75 46 08 91 - Fax : 04 75 46 08 91

MONTBRISON-SUR-LEZ Roussoullie *C.M. 81 Pli 2*

3 ch. Marie-Noëlle et Rémy,viticulteurs vous accueillent dans leur mas provençal,au milieu des vignobles du Côtes du Rhône,dans 2 gîtes ruraux mitoyens et 3 chambres d'hôtes avec entrée indépendante.1 ch. 2 pers.,au rez-de-ch.,sanitaires privatifs,2 ch.2 et 3 pers.,salle de bains,wc privés,kitchenette aménagée pour les 2 ch.,séjour privatif.

CV

Prix : 1 pers. **200/220 F** 2 pers. **220/245 F** 3 pers. **285 F** pers. sup. **40 F**

Ouvert : toute l'année.

SP	6	2	SP	2	SP	7	7

BARJAVEL Rémi et Marie-Noëlle - Roussoulie - 26770 MONTBRISON-SUR-LEZ - Tél : 04 75 53 54 04

MONTBRUN-LES-BAINS Alt. : 600 m *C.M. 81 Pli 4*

2 ch. Sur les hauteurs de Montbrun-les-bains, séduisant village thermal, avec vue sur le Mont ventoux, René vous propose 1 ch. 2 pers., 1 grande ch. 2 pers. avec canapé lit et kitchenette, sanitaires privatifs, salle à manger commune.Parking. Proche du cœur du village.

CV

Prix : 1 pers. **220/230 F** 2 pers. **250/300 F** pers. sup. **80 F**

Ouvert : d'avril à novembre.

1	1	10	2	2	10	15	10	0,3

AIME René - Montée du Château - 26570 MONTBRUN-LES-BAINS - Tél : 04 75 28 84 92

MONTSEGUR-SUR-LAUZON Le Moulin de Montségur (TH) *C.M. 81 Pli 2*

5 ch. Calme et luxe sans ostentation dans cette vaste bâtisse au milieu des feuillages, au bord du Lez. Restaurée et aménagée, elle offre 5 chambres spacieuses et surprenantes dont 1 suite, toutes avec sanitaires privatifs. Grande salle à manger et séjour voûté. Pour un séjour de rêve en pleine campagne. Promenades, jeux de boules. Parking. Plage bordure rivière. Italien parlé également. Golf 8 km Langues parlées : anglais, allemand, espagnol.

Prix : 1 pers. **320/490 F** 2 pers. **430/550 F** pers. sup. **150 F** repas **150 F**

Ouvert : toute l'année.

8	1,5	SP	SP	10	6

BARRUCAND Sabine - Le Moulin de Montségur - 26130 MONTSEGUR-SUR-LAUZON - Tél : 04 75 98 19 67 - Fax : 04 75 98 87 71 - E-mail : sbarrucand@aol.com

MONTVENDRE La Rolière (TH) *C.M. 77 Pli 12*

2 ch. Dans un ancien relais de diligence du XVème s, Christophe vous accueille dans ces deux chambres indépendantes en RDC. 1 ch. 1 lit 2 pl. en mezzanine, salle d'eau et wc, 1 ch.1 lit 2 pl. en mezzanine et 2 lits 1 pl. en RDC, salle d'eau et wc. Cour aménagée. Parking. Enfants - 12 ans : repas 40 F Langues parlées : anglais, allemand.

CV

Prix : 1 pers. **200 F** 2 pers. **250 F** pers. sup. **70 F** repas **80 F**

Ouvert : toute l'année.

6	6	2	SP	1	6	13	3

THORAVAL Christophe - La Rolière - 26120 MONTVENDRE - Tél : 04 75 59 18 45

MORNANS Le Temple — C.M. 77 Pli 13

3 ch. Au pied de la forêt de Saou, dans une petite commune, la grande maison familiale a été réaménagée en chambres confortables sur 2 niveaux, indépendantes de l'habitation. 1 ch. 3 pers. avec salon, 2 ch. 2 pers, sanitaires privatifs, coin cuisine, salon commun, cheminée, bibliothèque. Table d'hôtes commune au gîte d'étape, prise TV, parking.

Prix : 1 pers. **200/230 F** 2 pers. **250/300 F** 3 pers. **360 F** repas **85 F**

Ouvert : toute l'année.

5	5	2	SP	SP	2	6	6	5

ATHENOL Hugues et Dominique - Le Relais du Temple - 26460 MORNANS - Tél : 04 75 53 35 43 - Fax : 04 75 53 35 43

LA MOTTE-DE-GALAURE Bruthias — C.M. 77 Pli 2

5 ch. Dans la région vallonnée de la vallée de la Galaure, Monique et Pierre accueillent dans leur grande maison en campagne. 5 ch. indépendantes, en rez-de-ch., 2 et 3 pers., av. salle d'eau privative + 1 salle bains et 2 wc communs, séjour, cheminée, TV. Espace indépendant d'accueil en gîte d'étage-relais équestre en gestion libre ou tables. Parking.

Prix : 1 pers. **150 F** 2 pers. **180 F** 3 pers. **270 F** pers. sup. **90 F** repas **70 F**

Ouvert : toute l'année.

4	10	2	SP	14

DELHOME Monique et Pierre - Bruthias - 26240 LA MOTTE-DE-GALAURE - Tél : 04 75 68 41 72

LA PENNE-SUR-OUVEZE La Gautière — C.M. 81 Pli 3

1 ch. Dans la grande maison de caractère en pierre de taille (17 et 18e siècle) en campagne Provençale, avec vue sur la montagne de Bluye, vos hôtes vous proposent une vaste chambre 2 pers. confortable avec salle de bains et wc privatifs, séjour et salon communs aux propriétaires, cheminée, TV, parking. Langues parlées : anglais, espagnol.

Prix : 1 pers. **400 F** 2 pers. **400 F**

Ouvert : des vacances de février aux vacances de Noël.

0,3	3	1,5	0,5	1	1,5	10	3	3

ROCHE Micheline-Anna - Le Clos de Salomon - La Gautière - 26170 LA PENNE-SUR-OUVEZE - Tél : 04 75 28 01 99 - Fax : 04 75 28 01 99

PIEGROS-LA-CLASTRE Le Pigeonnier — C.M. 77 Pli 13

5 ch. Dans la grande maison, sur le promontoire dominant la vallée de la Drôme, avec belle vue sur la tour de Crest. 5 chambres 1 ou 2 pers. équipées de sanitaires privatifs, salle à manger, séjour communs, TV, bibliothèque à disposition, aire de jeux, parking.

CV

Prix : 1 pers. **200 F** 2 pers. **280 F** 3 pers. **380 F**

Ouvert : du 1er avril au 30 septembre.

4	1,5	0,8	SP	4	0,8	4	4

BOUVAT Maurice et Danielle - Le Pigeonnier - 26400 PIEGROS LA CLASTRE - Tél : 04 75 25 46 00

RECOUBEAU-JANSAC Jansac — Alt. : 700 m — C.M. 77 Pli 14

5 ch. Dans le hameau de Jansac, face aux montagnes du Diois, et parmi les champs de lavande, Mireille et son fils Philippe vous accueillent dans leur maison en pierres apparentes pour un séjour de calme et de détente. 2 ch.2 pers.3 épis,1 ch. 3 pers.2 épis,2 ch.2 pers.1 épi,sanitaires privatifs et communs.Salle à manger du XIe s.Cuisine soignée.Produits fermiers.

CV

Prix : 1 pers. **150/200 F** 2 pers. **200/260 F** 3 pers. **290 F** repas **75 F**

Ouvert : toute l'année.

3,5	7	3,5	SP	3,5	3,5	27	3,5

CHAFFOIS BOURGEAT Mireille et Philippe - Jansac - 26310 RECOUBEAU JANSAC - Tél : 04 75 21 30 46 - Fax : 04 75 21 30 46

LA ROCHE-SUR-GRANE La Magerie — C.M. 77 Pli 12

5 ch. En pleine campagne avec belle vue sur le vieux village, les collines boisées et la chaîne du Vercors, ancienne bergerie restaurée. Gîte d'étape et camping attenants. Table d'hôte commune, ambiance familiale et sportive. 5 ch. av. sanitaires et wc privatifs, salle à manger et séjour communs, parking, aire de jeux. Nombreuses randonnées pédestres et en VTT à partir du gîte. Calme et authenticité dans région typique et préservée. Langues parlées : hollandais, allemand.

CV

Prix : 1 pers. **210 F** 2 pers. **270 F** pers. sup. **95 F** repas **90 F**

Ouvert : toute l'année.

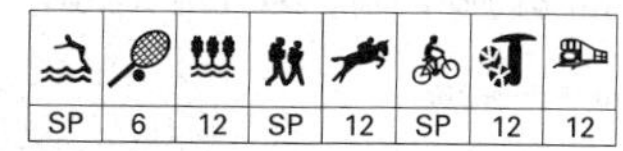

SP	6	12	SP	12	SP	12	12

BOHLER Roger et Pierrette - La Magerie - 26400 LA ROCHE-SUR-GRANE - Tél : 04 75 62 71 77 - Fax : 04 75 62 71 77 - E-mail : LA.MAGERIE@wanadoo.fr - http://perso.wanadoo.fr/la.magerie/

ROCHEGUDE  TH *C.M. 81 Pli 2*

5 ch. Au cœur des vignobles, face au château et à la forêt de Rochegude, le Mont Ventoux en toile de fond, Georges et Babette vous feront apprécier le confort de leur mas dans une ambiance détendue. 5 chambres 2 ou 3 pers., sanitaires privatifs, salle à manger, salon TV, lecture pour tous, cheminée. Parking fermé la nuit. Langues parlées : anglais, italien.

CV

Prix : 1 pers. **230 F** 2 pers. **280 F** 3 pers. **370 F** pers. sup. **70 F** repas **110 F**

Ouvert : toute l'année.

SP	2	4	SP	6	SP	15	2

LURAULT Georges et Babette - Le Mas des Vignes - 26790 ROCHEGUDE - Tél : 04 75 98 26 60

LA ROCHETTE-DU-BUIS La Homas Alt. : 830 m TH *C.M. 81 Pli 4*

4 ch. Cathy et Pascal Ducros vous accueillent dans leur ferme du 17e restaurée avec amour, isolée au cœur d'une trentaine d'hectares de lavande, thym, chêne et tilleuls. Située à la croisée des gorges du Toulourenc et de celles de l'Ouvèze, La Honas vous propose un site d'un calme et d'une beauté exceptionnels.4 ch. dont 1 suite 4 pers., sanitaires, salle à manger, salon. Langues parlées : anglais, espagnol.

CV

Prix : 1 pers. **200 F** 2 pers. **250/300 F** 3 pers. **400 F** pers. sup. **100 F** repas **100 F**

Ouvert : du 15 mars au 15 novembre.

11	11	5	SP	11	5	5	5	10

DUCROS Cathy et Pascal - La Honas - 26170 LA ROCHETTE-DU-BUIS - Tél : 04 75 28 55 11 - Fax : 04 75 28 55 11

ROMEYER Les Arnauds TH *C.M. 77 Pli 14*

2 ch. Entre Alpes et Provence, à quelques kms de Die, au pied de la réserve naturelle des hauts plateaux du Vercors, vous séjournerez dans le hameau des Arnauds, dans deux chambres au calme et en pleine nature. Enfants - 10 ans : repas 50 F Langue parlée : anglais.

CV

Prix : 1 pers. **140 F** 2 pers. **250 F** 3 pers. **350 F** repas **70/95 F**

Ouvert : toute l'année.

4	4	0,3	SP	4	0,3	20	SP	15	SP	4	4

POZZI Rémy - Les Arnauds - 26150 ROMEYER - Tél : 04 75 22 10 44 ou 06 83 07 29 22

SAHUNE Lou Bramard TH *C.M. 81 Pli 3*

2 ch. Au pied de la montagne, Lou Bramard, cadre riche en flore et faune sauvage. Sur la ferme arboricole, Nicole et René proposent 2 ch. de plain pied (2 pers) avec sanitaires privatifs. Salle à manger et terrasse couverte commune. Tarif enfant. Poss. table d'hôte sur réservation. Parking.

Prix : 1 pers. **200 F** 2 pers. **250 F** repas **95 F**

Ouvert : toute l'année.

15	12	2,5	SP	2	11	12	2	30	2,5

FELIX René et Nicole - quartier Bramard - 26510 SAHUNE - Tél : 04 75 27 41 81 - Fax : 04 75 27 45 38

SAINT-AGNAN-EN-VERCORS Les Liotards Alt. : 980 m TH *C.M. 77 Pli 14*

4 ch. A flanc de montagne, dans un décor champêtre, au cœur du massif du Vercors et sur le départ de randonnée des hauts plateaux, Jean-Louis et Eva vous accueillent dans 4 ch. douillettes avec sanitaires privatifs. 1 et 2 épis. Salon avec cheminée commun au propriétaire. Table d'Hôte sur réservation au gîte d'étape s/p et possibilité cuisine le soir. Draps fournis. Animaux acceptés en laisse.

CV

Prix : 2 pers. **230/240 F** pers. sup. **120 F** repas **85 F**

Ouvert : toute l'année sur réservation.

13	6	2	SP	13	13	SP	SP	13	30

FARAUD Jean-Louis et Eva - Rousset-en-Vercors - Les Liottards - 26420 SAINT-AGNAN-EN-VERCORS - Tél : 04 75 48 21 18 - E-mail : liottards@wanadoo.fr

SAINT-AUBAN-SUR-OUVEZE La Galane Alt. : 650 m TH *C.M. 81 Pli 4*

4 ch. Dans ferme en pierres avec vue sur le village et la vallée, au milieu des champs de lavande, Jean-Yves et Bruna vous feront apprécier la Drôme Provençale ainsi que leurs produits fermiers. 3 ch. de 2 pers. avec sanitaires privatifs, 1 ch. suite de 4 pers., salle à manger, TV, salon en mezzanine, buanderie proposée. Langue parlée : anglais.

CV

Prix : 1 pers. **190 F** 2 pers. **240/260 F** 3 pers. **340 F** pers. sup. **80 F** repas **85 F**

Ouvert : du 1er mars au 15 novembre.

SP	17	1	0,5	1	10	17

ROCHAS-DENUZIERE Jean-Yves et Bruna - La Galane - 26170 SAINT-AUBAN-SUR-OUVEZE - Tél : 04 75 28 62 37 - Fax : 04 75 28 63 88

SAINT-JEAN-EN-ROYANS Les Tourelons

(TH) *C.M. 77 Pli 3*

3 ch. Dans une ancienne ferme du XVIIIe siècle restaurée, au cœur du pays du Royans et au pied du massif du Vercors, route des Cols, Monique vous propose le confort raffiné et le calme de sa grande maison. 3 ch. 2 ou 3 pers., avec salle d'eau ou salle de bains privées, grande salle à manger, salon privatif . Parking.

CV

Prix : 1 pers. **210 F** 2 pers. **270 F** pers. sup. **90 F** repas **90 F** 1/2 pens. **225 F**

Ouvert : toute l'année.

0,5	0,5	0,5	12	12	1,5	6

NUBLAT Monique - 37 avenue de la Forêt de Lente - 26190 SAINT-JEAN-EN-ROYANS - Tél : 04 75 48 63 96 - Fax : 04 75 47 57 82

SAINT-JEAN-EN-ROYANS Fontepaisse

(TH) *C.M. 77 Pli 3*

4 ch. Au cœur du Royans, dans une ferme du XVIIIème siècle, remarquablement restaurée dans un cadre arboré de noyers, Michèle et Fernand vous accueillent, 1er étage : 2 ch. 3 pers., 2ème étage : 2 ch. 2 pers., sanitaires privatifs, salle à manger, salon, chauffage central.

CV

Prix : 1 pers. **210 F** 2 pers. **270 F** 3 pers. **365 F** pers. sup. **95 F** repas **90 F** 1/2 pens. **225 F**

Ouvert : toute l'année.

SP	2,5	SP	2,5	18	1,5	4,5	1,5

CHABERT Michèle - Ferme de Fontepaisse - 26190 SAINT-JEAN-EN-ROYANS - Tél : 04 75 48 60 65

SAINT-JULIEN-EN-QUINT Le Moulin du Rivet Alt. : 600 m

(TH) *C.M. 77 Pli 13*

2 ch. Dans le sud du Parc du Vercors (proche de Die), vous goûterez au charme de cet ancien moulin, avec vue sur les montagnes et la rivière « La Sûre ». Wim et Leni vous accueillent dans leur chambres agréables et confortables avec salle d'eau privatives. Nombreuses activités sur place ou à proximité. Enfants jusqu'à 2 ans gratuits. Repas enfant - 10 ans : 40 F. Langues parlées : hollandais, allemand, anglais.

CV

Prix : 1 pers. **180 F** 2 pers. **250 F** 3 pers. **320 F** pers. sup. **70 F** repas **70 F**

Ouvert : toute l'année.

14	14	SP	SP	10	SP	30	14	15	15	14	14

SEMPELS Win et Leni - Le Moulin du Rivet - La Juliana - 26150 SAINT-JULIEN-EN-QUINT - Tél : 04 75 21 20 43 - Fax : 04 75 21 20 43 - E-mail : le.moulin.du.rivet@wanadoo.fr

SAINT-JULIEN-EN-VERCORS Le Chalimont - La Martelière Alt. : 950 m

(TH) *C.M. 77 Pli 4*

4 ch. Au cœur des monts du Vercors et de ses verdoyants espaces, la maison de Marie-Danielle et Thierry sera un lieu de repos et de détente pour des vacances calmes ou actives. 4 ch. 2 pers. à l'étage d'une grande maison indépendante dans le hameau, avec salle d'eau et wc communs aux ch., salle à manger et coin séjour communs. Cheminée. Taxe de séjour : 2 F/pers./jour.

Prix : 2 pers. **210 F** pers. sup. **100 F** repas **90 F**

Ouvert : juillet et août.

12	2	5	0,5	12	7

ARNAUD Thierry et Danielle - Le Chalimont - La Martelière - 26420 SAINT-JULIEN-EN-VERCORS - Tél : 04 75 48 13 69 ou 04 75 45 50 74

SALLES-SOUS-BOIS Tushita

(TH) *C.M. 81 Pli 2*

2 ch. EN pleine nature, Matthieu et Valérie sont heureux de vous accueillir dans leur ferme, entre les cultures médicinales et aromatiques bio et l'élevage de grands poneys de sport. Vue exceptionnelle. 2 ch. (avec communication possible) de 2 pers., entrées privatives, salle de bain et wc privatifs. Animaux sur demande. Table d'hôtes sur réservation. Langues parlées : anglais, espagnol.

CV

Prix : 2 pers. **300 F** repas **90 F**

Ouvert : de Pâques à Toussaint.

10	3	0,5	SP	15	15	5

BOHL Valérie - Fushita - route d'Aleyrac - 26770 SALLES-SOUS-BOIS - Tél : 04 75 53 55 16

SAUZET Le Sagnac

(TH) *C.M. 77 Pli 11*

3 ch. Dans une belle ferme typique, en pleine campagne, Françoise et Jean vous proposent calme et repos. 3 ch. spacieuses indépendantes pour 2 et 3 personnes, sanitaires privatifs, salle à manger privative, idéal pour séjour au vert : à 11 km de l'autoroute, sur D 105.

Prix : 1 pers. **220 F** 2 pers. **280 F** 3 pers. **370 F** pers. sup. **75 F** repas **85 F**

Ouvert : toute l'année.

2	2	3	SP	5	10	2

FAUGIER Jean et Françoise - Le Sagnac - 26740 SAUZET - Tél : 04 75 46 71 78

SUZE-LA-ROUSSE La Poupaille

C.M. 81 Pli 2

5 ch. Dans une grande maison Provençale entourée par les vignobles et les bois du Tricastin, Pierre vous accueille dans un site calme et agréable. 5 chambres 2 pers.,au rez-de-ch. et étage, sanitaires privatifs, salle à manger, salon, cheminée. Parking, jardin. Langues parlées : anglais, allemand.

Prix : 1 pers. **230 F** 2 pers. **290 F** pers. sup. **95 F** repas **115 F**

Ouvert : toute l'année.

SP	6	2	SP	13	SP	3

FOSSOYEUX Pierre - La Poupaille - 26790 SUZE-LA-ROUSSE - Tél : 04 75 04 83 99 - Fax : 04 75 04 83 99

SUZE-LA-ROUSSE Lo Rastelle

C.M. 81 Pli 2

5 ch. 5 ch. d'hôtes aménagées dans une ancienne bergerie restaurée, située au cœur des côtes du Rhône. 5 ch. 2 pers. avec salle d'eau et wc particuliers.Salle de séjour,cheminée,tv,chauffage central,piscine privée cour ombragée,terrasse-solarium.Cuisine familiale et provençale.Parking privé. Location de vélos. Stagiaires Université du Vin : prix exceptionnel 330 F/pers et par jour en demi-pension. Langues parlées : anglais, allemand.

Prix : 1 pers. **220 F** 2 pers. **280 F** repas **120 F** 1/2 pens. **340/520 F**

Ouvert : toute l'année.

7	1	1	SP	5	SP

PREMIER Georges et Eve - route de Rochegude - Lo Rastelle - 26790 SUZE-LA-ROUSSE - Tél : 04 75 04 81 70 - Fax : 04 75 98 23 38

TRUINAS Les Volets Bleus

Alt. : 650 m C.M. 77 Pli 12

5 ch. Ancienne ferme merveilleusement située entre bois et prairies, entre Vercors et Provence.Vues panoramiques sur les Préalpes.Décoration joyeuse Ambiance sereine.Silence,air pur.Cuisine méditerranéenne,produits maison Accueil souriant et convivial.5 ch. confortables 2à3 pers.avec sanitaires Salle à manger et séjour indépendants,aire de jeux sous chênes,parking. Taxe de séjour : 1 F/jour/adulte. Langues parlées : anglais, italien, espagnol.

Prix : 1 pers. **290 F** 2 pers. **330 F** 3 pers. **380 F** pers. sup. **80 F** repas **125 F**

Ouvert : toute l'année.

5	5	5	SP	6	5	SP	15	5

FORTUNATO Pilar et Carlo - Les Volets Bleus - 26460 TRUINAS - Tél : 04 75 53 38 48 - Fax : 04 75 53 49 02 - E-mail : lesvolets@aol.com.

TULETTE Le Mas de Santolines

C.M. 81 Pli 2

4 ch. « Le Mas des Santolines » : dans un mas provençal restauré situé au milieu des vignes, au calme, Roselyne et Claude seront heureux de vous accueillir et de vous faire goûter leur cuisine aux parfums de Provence. apéritif, vin, café compris. 2 ch. 2 pers au RDC. Sanitaires privatifs, salle à manger, salon, TV.Terrasse. Chauf.élec., parking.

Prix : 1 pers. **290 F** 2 pers. **330 F** 3 pers. **400 F** repas **125 F**

Ouvert : toute l'année.

SP	2	4	SP	2	15	23	1,7

DUMARQUEZ Claude et Roselyne - chemin de Visan nord - Le Mas des Santolines - 26790 TULETTE - Tél : 04 75 98 30 00 - Fax : 04 75 98 30 00

TULETTE La Ramade

C.M. 81 Pli 2

3 ch. « La Ramade » Dans une maison provençale blottie au milieu des vignes, au calme, vous disposerez de 3 grandes chambres de 2 ou 3 pers. avec sanitaires privatifs. Salle à manger, salon, chauffage électrique, parking, terrasse ombragée. Piscine à disposition.

Prix : 1 pers. **290 F** 2 pers. **330 F** 3 pers. **400 F**

Ouvert : toute l'année.

SP	2	4	SP	2	15	23	1,7

MARTINET DUMARQUEZ Arnaud - chemin de Visan nord - 26790 TULETTE - Tél : 04 75 98 31 12 - Fax : 04 75 98 31 12

TULETTE La Papeterie

C.M. 81 Pli 2

2 ch. Grande maison indépendante et calme au milieu des vignes, ancienne papeterie où Paul et Jany vous accueillent pour un séjour agréable. 2 ch. 2 pers., avec salle d'eau privative, wc communs, cuisine d'été près piscine, salon commun aux propriétaires. Parking.

Prix : 1 pers. **280 F** 2 pers. **330 F** pers. sup. **80 F**

Ouvert : toute l'année.

SP	1,5	1	SP	3	15	1

CIBERT Paul et Jany - La Papeterie - 26790 TULETTE - Tél : 04 75 98 35 51 - Fax : 04 75 98 39 52

UPIE Les Cornerets

TH — *C.M. 77 Pli 12*

3 ch. Dans ancienne magnanerie du 18 ème, accolée au bois de Miéry, Viviane et Gérard vous accueilleront dans 2 chambres situées au 1 er étage, dont une avec solarium, sanitaires privatifs, séjour, salle à manger.Piscine s/pl. (avec traitement au sel) dans un parc paysagé de 5000 m2.

CV

Prix : 2 pers. **320 F** 3 pers. **400 F** pers. sup. **80 F** repas **120 F**

Ouvert : toute l'année.

SP	4	6	SP	3	6	4	15	4	20	8

LOUVET-DELAUNAY Viviane et Gérard - Les Cornerets - 26120 UPIE - Tél : 04 75 84 38 95 - Fax : 04 75 84 38 95 - http://www.la-bergerie-drome.com

VALAURIE Le Val Leron

TH — *C.M. 81 Pli 1*

2 ch. En Drôme provençale, Mick et François vous recevront en amis dans un ancien relais de poste rénové, en pleine campagne, sur une exploitation d'élevage de brebis (fromages bio et truffes). 1 ch 2 pers, wc et sanitaires privatifs, 1 ch 4 pers, wc et sanitaires privatifs et poss. kitchenette. Entrée indépendante : salon, TV, lecture,piano,piscine, salon de jardin. Langue parlée : anglais.

CV

Prix : 1 pers. **200 F** 2 pers. **280 F** 3 pers. **360 F** pers. sup. **60 F** repas **90/120 F**

Ouvert : du 1er février au 1er décembre.

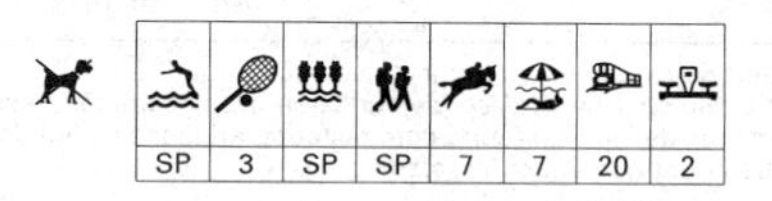

SP	3	SP	SP	7	7	20	2

PROTHON Mick et François - Le Val Leron - 26230 VALAURIE - Tél : 04 75 98 52 52 - Fax : 04 75 98 52 52

VALDROME Le Serre

Alt. : 950 m — TH — *C.M. 81 Pli 4*

1 ch. FERME TYPIQUE DU HAUT DIOIS DOMINANT LA VALLEE.(Die 39 km). Dans un cadre verdoyant et calme, grande chambre indépendante 3 pers.en r.d.c., confort rafiné avec coin repos et sanitaires privatifs. Salon de jardin. Ping-Pong. Produits de la ferme : framboises et confitures. Activités diverses à la station de Valdrôme. Réduction enfant -12 ans. Lit suppl. 50 F. Langue parlée : anglais.

CV

Prix : 1 pers. **250 F** 2 pers. **280 F** 3 pers. **360 F** repas **85 F**

25	3	3	SP	3	11	3	21	3	21

RIVIERE Claude et Véronique - Ferme du Serre - Le Cheylard - 26310 VALDROME - Tél : 04 75 21 47 65 - Fax : 04 75 21 47 65 - E-mail : valdrome-riviere@hotmail.com

VASSIEUX-EN-VERCORS Le Château

Alt. : 1050 m — A — *C.M. 77 Pli 13*

4 ch. Sur le plateau du Vercors, au cœur du massif, Suzanne et Pierre vous accueillent dans leur grande maison, à la ferme, avec vue sur la chaîne du Grand Veymont où ils ont aménagé 4 ch. 3 pers., av. salle d'eau privée, wc privatifs et communs, séjour. Vue panoramique sur les montagnes. Repas élaborés avec les produits de la ferme (en activité par le fils de la maison). Musée de la Résistance et de la Préhistoire.

CV

Prix : 1 pers. **200 F** 2 pers. **255 F** 3 pers. **377 F** repas **85 F**

2,5	2	SP	8	SP	SP	5	2

HOEFFLER Pierre et Suzanne - Le Château - Ferme la Chatelaine - 26420 VASSIEUX-EN-VERCORS - Tél : 04 75 48 27 26 - Fax : 04 75 48 27 26

VASSIEUX-EN-VERCORS La Mure

Alt. : 1050 m — TH — *C.M. 77 Pli 13*

2 ch. Dans une grande maison en pierres, mitoyenne à l'habitation, au cœur du massif du Vercors, Yves et Marie-France vous proposent 2 ch. d'hôtes et 2 gîtes ruraux (escalier commun) avec vue sur la montagne. 2 ch. 2 pers. salle d'eau et wc communs, salle à manger commune, jeu de boules.Cuisine familiale.Garage fermé pour vélo et moto.

CV

Prix : 1 pers. **140 F** 2 pers. **200 F** repas **80 F**

Ouvert : toute l'année.

8	2	13	SP	8	SP	SP	5	30	2

REVOL Yves et Marie-France - La Mure - 26420 VASSIEUX EN VERCORS - Tél : 04 75 48 28 48

GITES DE FRANCE - Service Réservation
Maison des Agriculteurs - 40, avenue Marcelin Berthelot
38100 GRENOBLE
Tél. 04 76 40 79 40 - Fax. 04 76 40 79 99
http://www.grenoble-isere.com/gites-france
E.mail : gites38@wanadoo.fr

3615 Gîtes de France
1,28 F/min

LES ABRETS La Bruyere — TH — C.M. 74 Pli 14

6 ch. Maison fermière dauphinoise rénovée entourée d'un parc fleuri et arboré où vous pourrez vous détendre dans une ambiance sympathique. Six chambres de 2 pers. dont 2 suites, confort raffiné, s.d.b et wc privés. Dans la salle à manger/salon au mobilier contemporain vous pourrez savourer la table gourmande de Claude dont la cuisine gastronomique vous séduira. Entrée indépendante. Piscine. CB acceptées. Langue parlée : anglais.

Prix : 1 pers. **350/450 F** 2 pers. **450/550 F** repas **200 F**

Ouvert : toute l'année sauf 3 semaines en Novembre

38	38	SP	10	SP	10	3	5	2

CHAVALLE REVENU Claude - La Bruyère - 38490 LES ABRETS - Tél : 04 76 32 01 66 - Fax : 04 76 32 06 66 - E-mail : carbone38@aol.com

LES ADRETS — Alt. : 750 m — TH — C.M. 77 Pli 6

4 ch. Maison de caractère, au cœur du village, mettant à votre disp. 4 ch. avec accès indép. chaque ch. de 2 ou 3 pers. dispose d'une salle d'eau wc privés. Vaste séjour-salon avec cheminée, réservé aux hôtes. Belle terrasse plein sud, propice à la détente. L'été, repas près de l'ancien four à pain restauré, grillades au feu de bois. A 7 km de la station de Prapoutel les 7 Laux : ski piste et fond. Centre aquatique, mur d'escalade

Prix : 1 pers. **200 F** 2 pers. **260 F** 3 pers. **340 F** repas **80 F**

Ouvert : toute l'année.

7	7	7	7	10	SP	3	6	9	7

REBUFFET Véronique et Michel - Le Village - 38190 LES ADRETS - Tél : 04 76 71 03 61 - Fax : 04 76 71 03 61 ou SR : 04 76 40 79 40

ALLEMONT — Alt. : 800 m — C.M. 77 Pli 6

4 ch. Grande maison au cœur du village avec un joli jardin clos, vue sur les montagnes. Au 1er, vous disposerez de 3 ch. (2 ou 3 pers.) très confortables au mobilier ancien, cabinet de toilette dans chaque ch. 1 chambre avec douche et lavabo part. Grande salle de bains et wc communs à l'étage. Salle à manger salon avec cheminée, TV. Cuisine équipée à disp. Terrasse, mobilier de jardin. Parking fermé. Accueil familial et chaleureux. Langue parlée : allemand.

Prix : 1 pers. **160 F** 2 pers. **200 F** 3 pers. **260 F**

Ouvert : toute l'année

4	SP	0,5	8	0,5	0,2	0,5	0,5	0,5

GINIES Marcelle - 38114 ALLEMONT - Tél : 04 76 80 70 44

ALLEMONT Les Crozes — Alt. : 800 m — TH — C.M. 77 Pli 6

1 ch. Villa récente dans un petit hameau de l'Oisans surplombant la vallée de l' Eau d'Olle et le barrage du Verney. Colette et Adrien mettent à votre disposition une coquette chambre double (1 lit 2 pers., 2 lits 1 pers.) aménagée à l'étage de leur maison. Cette chambre dispose d'une belle salle de bains particulière sur le palier. Colette vous fera découvrir ses petits plats dauphinois et son goût pour la peinture. Ski Alpin à Vaujany, Musée Hydrelec, sentiers de randonnée, Barrage de Grand Maison, Col de La Croix de Fer, Musée des minéraux au Bourg d'Oisans.

Prix : 1 pers. **180 F** 2 pers. **230 F** 3 pers. **300 F** pers. sup. **70 F** repas **80 F**

Ouvert : toute l'année sauf Noël et Jour de l'An.

12	3	3	12	SP	3	2	6	45	3

GAMOND Colette et Adrien - Les Crozes - 38114 ALLEMONT - Tél : 04 76 79 81 53

ALLEVARD Freydon — Alt. : 500 m — TH — C.M. 77 Pli 6

2 ch. Accueil dans un cadre montagnard calme et reposant, en annexe de la mais. des prop. Dans une ferme rénovée avec 2 gites à prox. 2 jolies chambres doubles de 4 pers. avec kitchenette, s.d.b. et wc privés. A la belle saison vous pourrez prendre vos petits déjeuners sur la terrasse fleurie et ombragée. Baby-foot,ping-pong. Station therm. 5 km. Promenades, randonnées sur le sentier du Fer, le Tour du Pays d'Allevard. Réductions sur séjour de plus de 5 nuits. Langues parlées : anglais, allemand.

Prix : 1 pers. **180 F** 2 pers. **220 F** 3 pers. **300 F** pers. sup. **80 F** repas **75 F**

Ouvert : toute l'année.

13	15	5	13	5	1	1	5	12	3

LOVERA Christiane - Freydon - Le Moutaret - 38580 ALLEVARD-LES-BAINS - Tél : 04 76 45 06 59 - Fax : 04 76 13 50 52 ou SR : 04 76 40 79 40 - E-mail : loverahc@aol.com

ANNOISIN-CHATELANS La Prairie

C.M. 74 Pli 13

3 ch. Vous serez accueillis avec le sourire par Thierry et Marie-Noëlle, dans leur maison confortable et chaleureuse. Agréable jardin clos et arboré, avec piscine, dans un environnement calme et champêtre. Une grande véranda, des poutres et une cheminée, 3 ch. avec s. d'eau WC part. Table d'hôtes sur réservation : cuisine familiale. Belle région, riche en activités touristiques et de loisirs. Proximité de la cité médiévale de Crémieu, des grottes de la Balme, du site archéologique de Larina, etc... Langue parlée : anglais.

Prix : 1 pers. **220 F** 2 pers. **280 F** pers. sup. **90 F** repas **80 F**

Ouvert : toute l'année.

SP	10	SP	5	5	10	30	5

JANIN Marie N. et Thierry - La Maison de la Noisette - La Prairie - 38460 ANNOISIN-CHATELANS - Tél : 04 74 83 86 09 - Fax : 04 74 83 11 53

APPRIEU La Couchonniere

C.M. 77 Pli 4

2 ch. Ancienne grange rénovée en annexe de la maison des propriétaires où Nicole et Gilles mettent à votre disposition pour une halte où un séjour, deux jolies chambres de 2 personnes avec salle d'eau et wc privés. Séjour avec mini-kitchenette , tv, réservé aux hôtes. Balcon, coin-détente ombragé, parking voit. A 2km A48, sortie RIVES. 3km lac Paladru.

Prix : 1 pers. **190 F** 2 pers. **225 F**

Ouvert : toute l'année.

50	50	6	50	6	SP	20	25	2	6	7	1

RULLIERE Nicole et Gilles - 158 Route de Lyon - 38140 APPRIEU - Tél : 04 76 65 17 56 ou 04 76 86 90 14

ARZAY La Fermes des 3 Sources

C.M. 74 Pli 13

2 ch. Ancienne ferme de caractère entièrement restaurée avec 1.ch. dans un bat. mitoyen, accès indép. Au 1er : vaste ch. 3 pers., décor campagnard et raffiné, vue sur les collines du Liers. S.d.b, wc. Au r.d.c. salon priv. belle cheminée, kichenette. 2ème ch. double de 4 pers. au 1er. s. d'eau, wc part. Grand terrain arboré et fleuri de 7500 m2, mare et enclos des Grand terrain arboré et fleuri de 7500 m^2, mare et enclos des animaux de ferme. lave-linge à disposition. A 4km, base de loisirs avec golf. Observatoire ornithologique. Langues parlées : anglais, italien

Prix : 1 pers. **240 F** 2 pers. **300 F** 3 pers. **390 F** pers. sup. **90 F**

Ouvert : de Pâques à Toussaint

10	4	1	1	4

VIRENQUE Elisabeth - La Ferme des 3 Sources - 38260 ARZAY - Tél : 04 74 54 21 55 - Fax : 04 74 54 24 74

AUTRANS Payenat

Alt. : 1100 m (TH) *C.M. 77 Pli 4*

4 ch. En lisière de forêt, avec leurs 40 chiens de traîneau, Bernard et Florence vous accueillent dans une maison tout en bois, réservée aux 4 ch. au confort chaleureux et personnalisé, s. d'eau WC part. Au R.D.C., c'est au coin du poêle à bois et à la table familiale que Florence vous fera apprécier les plaisirs d'un bon repas, après une rando. En traîneau une journée de ski ou une balade en forêt. Bernard, musher et diplômé de pêche, pourra l'hiver vous initier à la conduite d'attelages ou, l'été aux joies de la Pêche en torrent. Langue parlée : anglais.

Prix : 1 pers. **240 F** 2 pers. **295 F** 3 pers. **430 F** pers. sup. **100 F** repas **95 F**

Ouvert : toute l'année.

1,5	SP	5	17	SP	15	4	SP	2	35	1

DUMOULIN Florence et Bernard - Entre Chiens et Loups - Payenat - 38880 AUTRANS - Tél : 04 76 95 36 64 - Fax : 04 76 95 36 64 ou SR : 04 76 40 79 40

AUTRANS

Alt. : 1050 m *C.M. 77 Pli 4*

3 ch. Dans une maison située au pied des piste, au 1er étage, 3 chambres avec lavabo (salle d'eau commune) sont mises à votre disposition. Chauffage central. Poney club, patinoire, centre équestre.

Prix : 1 pers. **135 F** 2 pers. **185 F**

Ouvert : de décembre à août.

SP	SP	5	32	SP

RONIN Michel - Le Village - 38880 AUTRANS - Tél : 04 76 95 31 51

AUTRANS Le Tracollet

Alt. : 1100 m (TH) *C.M. 77 Pli 4*

5 ch. Ancienne grange rénovée où Marie et Alain vous accueillent et vous proposent 5 chambres avec s.d'eau et wc privés. Salle à manger avec cheminée, salon TV et bibliothèque. Petits déjeuners copieux. Repas familial avec les produits du Tracollet et régionaux. Local à skis. A 2 km du village d'Autrans et à 40 mn de Grenoble. Ski de fond, alpin, VTT. Ils possèdent également deux gîtes 4 et 5 pers. en réservation direct. Tarifs 1/2 pension en basse-saison (voir le propriétaire).

Prix : 1 pers. **220 F** 2 pers. **270 F** 3 pers. **405 F** pers. sup. **135 F** repas **80 F**

Ouvert : de décembre à octobre.

3	0,5	1	10	40	SP	10	10	SP	1	40	2

ARNAUD Alain et Marie - Le Tracollet - Eybertière - 38880 AUTRANS - Tél : 04 76 95 37 23

AUTRANS Eybertiere

Alt. : 1100 m — (TH) — C.M. 77 Pli 4

4 ch. Patricia et Denis, agriculteurs, vous recoivent dans leur ferme au confort moderne et mettent à votre disposition 4 jolies chambres avec chacune salle d'eau wc, privés. Petits déjeuners copieux, confitures maison. Patricia vous accueille à sa table d'hôtes et vous propose ses produits fermiers. Joli jardin ombragé et fleuri. La maison, calme et tranquille près de la forêt se situe à 2 km du Centre du village d'Autrans. Agriculteurs : production laitière.

Prix : 1 pers. **200 F** 2 pers. **245 F** 3 pers. **315 F** repas **80 F**

Ouvert : du 15 décembre au 15 octobre

4	SP	1	8	SP	8	SP	2	35	2

CHABERT GUILBERT Patricia et Denis - La Fayolle - Eybertière - 38880 AUTRANS - Tél : 04 76 95 31 41

AVIGNONET Les Marceaux

Alt. : 800 m — (TH) — C.M. 77 Pli 4

3 ch. A 25 km de Grenoble, près du lac de Monteynard, château du XVIIIe, jardin à la française. Dans le pigeonnier et la tour d'entrée, Nathalie et Didier ont aménagé avec goût 2 ch. avec mezzanine pour 4 pers., S.d'eau ou bains, WC part. Dans les dépendances, 1 ch. double pour 4 pers. avec kichenette, s.d'eau WC part. Au château, vaste salle à manger où sont pris les repas et les petits déjeuners. Grand parc ombragé de 1 hectare avec piscine. Nombreuses possibilités de randonnées sur place. Lac de Monteynard à 5 km (toutes activités nautiques, pêche, bateau promenade,...). Langue parlée : anglais.

Prix : 1 pers. **290 F** 2 pers. **340/360 F** 3 pers. **440/460 F** pers. sup. **100 F** repas **130 F**

Ouvert : toute l'année

20	20	SP	20	5	SP	5	10	6	6

DE MARCHI Didier - Les Marceaux - Château des Marceaux - 38650 AVIGNONET - Tél : 04 76 34 18 94 ou SR : 04 76 40 79 40

LA BALME-LES-GROTTES

(TH) — C.M. 74 Pli 3

1 ch. Grande maison chaleureuse, à 800 m des Grottes où séjourna le célèbre Mandrin. Le 1er étage lambrissé réservé aux hôtes comporte : 1 ch. 2 pers., 1 salon 1 pers. biblio. TV, s. d'eau W.C privés. A la belle saison les repas sont pris sur la terrasse. Idéal pour découvrir les Citées Médiévales de Crémieu et Pérouges, la base de loisirs de la Vallée Bleue. Etape privilégiée aux portes de la Savoie et de l'Ain. Vaste jardin fleuri, propice à la détente. Langue parlée : anglais.

Prix : 1 pers. **200 F** 2 pers. **260 F** 3 pers. **360 F** repas **70 F**

Ouvert : en haute saison ou sur réservation.

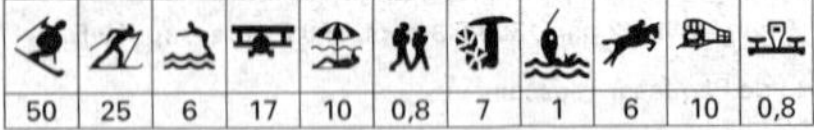

50	25	6	17	10	0,8	7	1	6	10	0,8

CALDERARA Claude et Andrée - Chemin des Chaumes - 38390 LA-BALME-LES-GROTTES - Tél : 04 74 90 63 87 - Fax : 04 74 90 63 87

BEAUREPAIRE La Verne

C.M. 77 Pli 12

2 ch. Aux portes de la Drôme, dans une propriété de 5 ha de prairies et de bois, jolie maison Dauphinoise avec 2 ch. d'hôtes accès indépendant. Chaque ch. est équipée de 1 lit 2 pers. et 1 lit 1 pers. dans chambrette enf., d'une kichenette et d'une salle d'eau WC. A l'ombre des sapins et peupliers, espaces barbecue et pique-nique. Parking dans la propriété. Gabi, céramiste, pourra vous présenter son atelier et vous proposer une initiation à la poterie. Tarifs dégressifs selon le nombre de nuités. Langues parlées : allemand, anglais.

Prix : 2 pers. **320 F** 3 pers. **420 F**

Ouvert : du 1er avril au 30 octobre

2	30	10	2	10	25	2

BOSSERT Gabi et Marcel - 2030 Route de Jarcieu - La Verne - 38270 BEAUREPAIRE - Tél : 04 74 84 61 85 - E-mail : laverne@wanadoo.fr

BESSINS Au Mercier

Alt. : 500 m — C.M. 77 Pli 3

4 ch. Ancienne ferme de caractère en galets, architecture traditionnelle du Pays Antonin. En annexe à la maison principale, 4 belles ch. de 2, 3 et 4 pers. salle d'eau WC part. Chaque chambre, de plain pied est totalement indépendante. S.à.manger salon avec cheminée. Belle propriété avec piscine et grand jardin ombragé, chaises longues, mobilier de jardin. Aux portes de la Drôme et du Vercors, nbreux sites touristiques : village Médiéval de St Antoine l'Abbaye, jardin ferroviaire, forêt de Chambaran... Langue parlée : anglais.

Prix : 1 pers. **200 F** 2 pers. **250 F** 3 pers. **325 F** pers. sup. **75 F**

Ouvert : toute l'année.

20	SP	10	SP	SP	13	11	7

TOUCHER Jocelyne et Jean-Michel - Le Maroubra - Au Mercier - 38160 BESSINS - Tél : 04 76 64 11 62 - Fax : 04 76 64 11 62 ou SR : 04 76 40 79 40

BOSSIEU

(TH) — C.M. 77

3 ch. Ancien cellier de l'Abbaye de Bonnevaux, avec sa tour du XIIe, restauré avec goût. Vaste séjour lumineux, cheminée, ouvrant sur la plaine de la Bièvre et 3 ha de prairies où paissent les chevaux. 3 belles ch. avec sanit. part. Salon bibliothèque, hi-fi, piano à queue. Accueil de cavaliers, boxes et parc attenants, carrière 20X30. Etang privé, balades dans la forêt proche. Sentiers balisés pédestre, équestre, et VTT. Langues parlées : anglais, espagnol.

Prix : 1 pers. **230 F** 2 pers. **300 F** 3 pers. **390 F** pers. sup. **90 F** repas **100 F**

Ouvert : toute l'année sauf Noël.

8	SP	SP	25	3

CHABOUD Pascale et Jean-Luc - 109 Impasse du Cellier - Le Cellier - 38260 BOSSIEU - Tél : 04 74 54 32 85 - Fax : 04 74 54 29 04 ou SR : 04 76 40 79 40 - E-mail : pmlecellier@aol.com

LE BOURG-D'OISANS Le Vert

Alt. : 720 m (TH) *C.M. 77 Pli 6*

6 ch. Dans leur ancienne grange restaurée par leurs soins, Pauline vous accueille dans un cadre montagnard chaleureux et confortable. Au 1er avec balcon : 2 ch 2 pers, 1 ch 3 pers. 1 ch. double 4 pers. Salle d'eau, wc privés. Au 2ème, 2 ch. 3 pers, sanitaires part. Petits déj. et repas pris dans la salle à manger voutée. Eric, guide de haute montagne vous conseille et organise séjour pour groupe à ski de fond, en raquettes à neige, et à pied en toutes saisons dans le Parc National des Ecrins. Jardin d'agrément. Salle d'animation avec mur d'escalade. Animation soirée, photo montagne en hiver. Langue parlée : anglais.

Prix : 1 pers. **190/210 F** 2 pers. **290/330 F** 3 pers. **390/440 F** pers. sup. **100 F** repas **95 F**

Ouvert : 15 décembre au 15 mai et du 1er juin au 8 octobre

15	0,5	2	15	SP	5	SP	5	50	2

DURDAN Pauline - Les Petites Sources - Le Vert - 38520 LE BOURG-D'OISANS - Tél : 04 76 80 13 92 - Fax : 04 76 80 13 92 - E-mail : durdan@club-internet.fr

LE BOURG-D'OISANS La Paute

Alt. : 700 m (TH) *C.M. 77 Pli 6*

1 ch. A 1,5 km de Bourg d'Oisans et 13 km de l'Alpe d'Huez, dans un hameau calme et tranquille, jolie maison contemporaine avec un jardin fleuri. Au 1er étage, vous disposerez d'une grande chambre 2 pers. indépendante, TV, avec kichenette, salle d'eau WC particuliers. A la table d'hôtes cuisine familiale et spécialités montagnardes. Petits déjeuners copieux, confitures et patisseries maison. Jeu de boules, terrasse et barbecue. Garage et parking. Possibilté lit supplémentaire. Lave-linge disponible.

Prix : 1 pers. **210 F** 2 pers. **260 F** pers. sup. **70 F** repas **70 F**

Ouvert : toute l'année

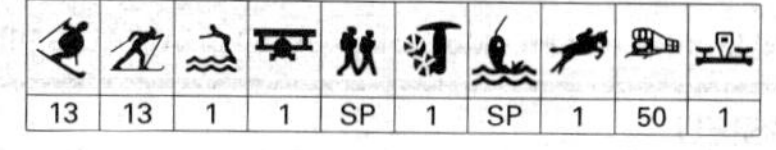

13	13	1	1	SP	1	SP	1	50	1

GUILINI Christiane et Robert - La Paute - 38520 LE BOURG-D'OISANS - Tél : 04 76 79 11 27

BOUVESSE-QUIRIEU Enieu

(TH) *C.M. 74 Pli 13*

5 ch. Maison bourgeoise du 19ème avec son charmant jardin fleuri et ombragé de 1800 m². Aux 1er et 2e étages : 4 ch. de 2 ou 3 pers et 1 ch. double pour 5 pers. S. d'eau ou s. de bains wc part. Décor raffiné et personnalisé. Face aux falaises du Bugey. Salon (cheminée), bibliothèque, vidéoth., TV. Gde salle à manger chaleureuse. A voir : Vallée bleue, Morestel, Crémieu. Parc d'attraction de Walibi. Proximité du département de l'Ain. Langue parlée : anglais.

Prix : 1 pers. **250 F** 2 pers. **300/400 F** 3 pers. **400/500 F** pers. sup. **100 F** repas **150 F**

Ouvert : toute l'année.

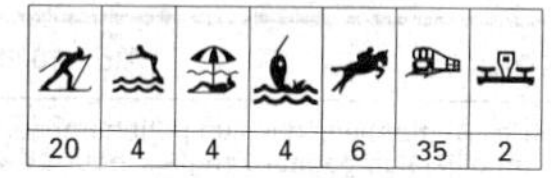

20	4	4	4	6	35	2

TERROT Marie-Dominique - Domaine de la Source de Diane - Enieu - 38390 BOUVESSE-QUIRIEU - Tél : 04 74 83 40 73 - Fax : 04 74 83 40 71 ou SR : 04 76 40 79 40 - E-mail : sourcedediane@worldonline.fr

CHAMROUSSE Le recoin 1650

Alt. : 1650 m  *C.M. 77 Pli 5*

5 ch. Dans un coin tranquille de la station de ski de Chamrousse, la famille de l'Etape du Fanfoué vous ouvre sa maison et vous accueille dans 5 chambres de 3 pers. à la décoration soignée, salle d'eau, wc particuliers. Vaste salon cheminée avec terrasse plein sud. Copieux petits déjeuners montagnards. Cécile et François, moniteurs de ski alpin et de parapente peuvent proposer des cours particuliers, stages, vols bi-place, snowboard ou tout simplement vous conseiller dans la découverte du Massif (lacs, randos, cueillettes de champignons..). Langues parlées : anglais, espagnol.

Prix : 1 pers. **290 F** 2 pers. **350 F** 3 pers. **450 F** pers. sup. **100 F**

Ouvert : toute l'année.

0,3	0,4	1,5	0,4	5	SP	1,5	SP	1	0,5	30	0,3

MASSON Cécile & J.François - L'Etape du Fanfoué - 469 rue des Gentianes - 38410 CHAMROUSSE - Tél : 04 76 89 93 66 - Fax : 04 76 89 93 66 ou SR : 04 76 40 79 40 - E-mail : corole@aol.com

CHAPAREILLAN L'Etraz de vent

(TH) *C.M. 74 Pli 15*

4 ch. Jean Marc (moniteur de ski) et Gloria vous accueillent dans leur vaste maison au pied de la chaîne de chartreuse. 4ch. 2 à 4 pers. au 2ème étage, salle d'eau wc particuliers.TV satellite dans chaque chambre. Vidéothèque. Gîte de séjour 20 pers. dans maison annexe indépendante. A 600m de la RN90 entre Chambéry et Grenoble. Studio 3 pers. au rez-de-chaussée. Langues parlées : anglais, allemand.

Prix : 1 pers. **180 F** 2 pers. **240 F** 3 pers. **320 F** pers. sup. **80 F** repas **120 F**

Ouvert : toute l'année.

25	25	3	20	3	3	1,5	4	0,9

MONGELLAZ Jean-Marc et Gloria - L'Etraz de Vent - 38530 CHAPAREILLAN - Tél : 04 76 45 25 57 - Fax : 04 76 45 29 03

CHASSE-SUR-RHONE Hameau de Trembas

C.M. 74 Pli 11

4 ch. Ville Gallo-Romaine, au pied du Parc Régional du Pilat et du vignoble des Côtes Rôties, Gorneton, maison forte du XVIIe, ses jardins, son étang, ses fontaines et sa cour intérieure vous accueilleront. Sur place, une piscine et un tennis. 1 ch. 4 pers en duplex, 2 ch. 2 pers, s.d.b, wc privés, accés indép. et une suite 2 pers. A la table d'hôtes, une cuisine familiale et gourmande vous sera proposée. Langues parlées : anglais, espagnol.

Prix : 1 pers. **500 F** 2 pers. **580/750 F** repas **200 F**

Ouvert : toute l'année

SP	10	SP	2	4	4	2

FLEITOU Jacqueline et Jean - Domaine de Gorneton - Hameau de Trembas - 38670 CHASSE-SUR-RHONE - Tél : 04 72 24 19 15 - Fax : 04 78 07 93 62 - E-mail : gorneton@wanadoo.fr

CHATEAU-BERNARD Morinaire

Alt. : 950 m *C.M. 77 Pli 15*

1 ch. Maison dauphinoise en lisière de forêt avec au 1er étage, totalement indépendantes, une suite de 2 chambres avec petit bureau, pouvant accueillir 4 personnes, salle d'eau WC particuliers. Au rez de chaussée salle à manger salon au mobilier tradionnel en noyer. Deux grandes terrasses avec mobilier de jardin pour la détente. Superbe vue sur le village et les falaises du Vercors. Possibilité de restauration à l'auberge de campagne du village à 400m. Tennis municipaux. Langue parlée : anglais.

Prix : 1 pers. **180 F** 2 pers. **240 F** 3 pers. **320 F** pers. sup. **80 F**

Ouvert : toute l'année

3	8	30	SP	8	0,1	8	12

NAHMANI Lydie - Le Cairn - Morinaire - 38650 CHATEAU-BERNARD - Tél : 04 76 34 13 58

CHEYSSIEU

C.M. 74 Pli 11

2 ch. Grande maison avec joli terrain de 2500 m2 en retrait de la D37 et à 12 km de Vienne (Sortie autoroute Vienne Nord et Chanas au Sud). Vous disposerez de 2 vastes chambres de 3 pers. et 2 pers. avec douche et lavabo particuliers. wc communs. Tâbles d'hôtes sur réservation. Aux portes de l'Ardèche des vignobles des Côtes Rôties.

Prix : 1 pers. **180 F** 2 pers. **220 F** 3 pers. **280 F**

Ouvert : 15 avril au 15 novembre.

40	40	8	8	0,5	8	0,5

MOUSSIER Régine - Route des Alpes - 38550 CHEYSSIEU - Tél : 04 74 84 97 80

CHICHILIANNE Ruthieres

Alt. : 1000 m *C.M. 77 Pli 14*

4 ch. Maison fermière traditionnelle dans un petit hameau. 4 ch. d'hôtes et 2 gîtes dans un bâtiment mitoyen. Les chambres, grandes et coquettes, au mobilier campagnard anglais, pour 2 à 4 pers. avec chacune un coin-salon et salle d'eau wc privés. Petits déj. et table d'hôtes dans l'ancienne bergerie voutée avec expo. d'aquarelles de peintre régionaux. Grande cheminée, jeux de société, bibliothèque. Petite terrasse. Agriculteurs : élevage bovins. Gîte Panda (agréé par WWF). Langues parlées : italien, anglais.

Prix : 1 pers. **200 F** 2 pers. **255 F** 3 pers. **330 F** pers. sup. **75 F** repas **80 F**

Ouvert : toute l'année

25	SP	5	25	SP	SP	SP	1	4	3

SAUZE Jean-Luc - Ruthières - 38930 CHICHILIANNE - Tél : 04 76 34 45 98 ou 04 76 34 42 20 - Fax : 04 76 34 45 98

CHOLONGE

Alt. : 1000 m *C.M. 77 Pli 5*

3 ch. Ancienne ferme au cœur du petit village, à 4 km de la route Napoléon et des lacs de Laffrey. Vous disposerez de 3 chambres coquettes, 2 chambres de 2 pers. et 1 chambre 1 pers. Lavabo dans chaque ch., salle d'eau, wc communs aux hôtes. Accueil simple et souriant. Cuisine familiale, spécialités locales. Parking au village mais possibilité de parking fermé pour une halte. Jardin fleuri et ombragé.

Prix : 1 pers. **175 F** 2 pers. **220 F** repas **75 F**

Ouvert : de Pâques à Toussaint

12	3,5	SP	30	4	0,5	30	7

WILGUSKI Thérèse - La Maison du Grand Serre - 38220 CHOLONGE - Tél : 04 76 83 90 46

COURTENAY Tirieu

C.M. 74 Pli 13

1 ch. Maison de caractère aux pierres apparentes, restaurée dans un esprit contemporain avec, au r.d.c et accès indépendant : 1 chambre pour 2 pers. au confort et à la décoration soignée, salle d'eau et wc part. Au 1er, vaste séjour où sont pris les petits déjeuners et les repas dans une ambiance familiale, salon avec cheminée. Espace détente dans le jardin. Sites touristiques et historiques nombreux à proximité : grottes, cité médiévale, musées de peinture, site archéologique. Base de loisirs des 3 Lacs et de la Vallée Bleue. Langue parlée : anglais.

Prix : 1 pers. **220 F** 2 pers. **270 F** 3 pers. **350 F** pers. sup. **80 F** repas **80 F**

Ouvert : toute l'année

10	2	SP	4	22	5

VANVERDEGHEM Bénédicte et Olivier - Le Pressoir - 38510 COURTENAY - Tél : 04 74 80 85 78

LES DEUX-ALPES

Alt. : 1660 m — *C.M. 77 Pli 6*

6 ch. M. et Mme Giraud vous accueillent dans leur chalet situé à proximité des pistes, comprenant au r.d.c. un gîte rural de 6 pers. et à l'étage 6 chambres d'hôtes de 2 à 4 pers. avec salle d'eau ou de bain et wc privé. Chauf. cent., salon de télévision avec cheminée. En été, grand jardin aménagé à disposition des hôtes. Toutes activités de sports et loisirs sur place, parking privé.

Prix : 1 pers. **180 F** 2 pers. **330 F** 3 pers. **380 F**

Ouvert : du 1er décembre au 2 mai et du 20 juin au 5 septembre

0,5	0,5	0,5	0,5	7	SP	0,5	3	0,5	75	SP

GIRAUD Raymond - 3 rue de l'Oisans - Le Chalet - 38860 LES-DEUX-ALPES - Tél : 04 76 80 51 85

FAVERGES-DE-LA-TOUR Le Traversoud

(TH) — *C.M. 74 Pli 14*

2 ch. A6 km de la Tour du Pin, à 4 km de la RN75, Maison Dauphinoise de caractère avec 2 ch.(1 lit 2 pers et 2 lits 1 pers.), s.d'eau wc part. Dans une campagne verdoyante entourée de bois, vous vous détendrez dans un gd parc ombragé et dégusterez les pdts du potager et de la basse cour. Elevage de chevaux Camargues. Boules, ping pong. Circuits balisés, golf 9 trous à 3 km. Nombreux sites touristiques. Pays des lacs et des chateaux, aux portes de l'Ain et de la Savoie. Walibi à 6 km. Langues parlées : anglais, italien.

Prix : 1 pers. **200 F** 2 pers. **260 F** 3 pers. **320 F** pers. sup. **60 F**
repas **90 F**

Ouvert : toute l'année.

35	35	3	14	SP	14	3	6	3

GARNIER J.Margaret et Albert - Le Traversoud - 38110 FAVERGES-DE-LA-TOUR - Tél : 04 74 83 90 40 - Fax : 04 74 83 90 40 ou SR : 04 76 40 79 40

LA FERRIERE

Alt. : 1100 m — A — *C.M. 77 Pli 6*

2 ch. Un authentique chalet restauré dans un cadre exceptionnel avec une Auberge campagnarde et 2 chambres d'hôtes où un certain art de vivre se savoure. Chambres au 1er, accès indépendants par un balcon et une terrasse. S.d.b. wc part. Spécialités montagnardes, repas aux chandelles. Vivier à truites, torrent à prox. Lacs des 7 Laux (3H de marche). Ambiance chalet Savoyard aux poutres sculptées, fresques et déco réalisées par les prop. et leurs amis, un certain amour de la musique et du bien vivre à déguster sur place. Repas pris à l'auberge. Langue parlée : anglais.

Prix : 1 pers. **290 F** 2 pers. **350 F** repas **125 F**

Ouvert : du 15 décembre au 15 novembre.

5	1	17	17	SP	SP	17	50	7

JOLAIS Françoise - Auberge Nemoz - 38580 LA FERRIERE - Tél : 04 76 45 03 10 - Fax : 04 76 45 03 10 ou SR : 04 76 40 79 40 - E-mail : le Nemoz@club-internet.fr

GRESSE-EN-VERCORS La Fruitiere

Alt. : 1200 m — (TH) — *C.M. 77 Pli 4*

5 ch. Ancienne fruitière rénovée avec goût dans une ambiance montagne, comportant 1ch. de plain-pied (1 lit 2 pers.) s. d'eau, wc part., kichenette, terrasse. Au 1er : 4 ch. de 3 pers., s.d'eau wc part. Vaste séjour cuisine aux larges baies ouvrant sur la nature. Terrasse, terrain. A prox. mais. annexe avec 2 gîtes. Terrains, jeux et piscine d'enfants communs. Sauna et lingerie (prest. avec sup.). Ecole de parapente. Lac du Monteynard à 17 km (pêche, planche à voile, nautisme).

Prix : 1 pers. **200 F** 2 pers. **235 F** 3 pers. **300 F** repas **80 F**

Ouvert : du 1er juin au 15 septembre.

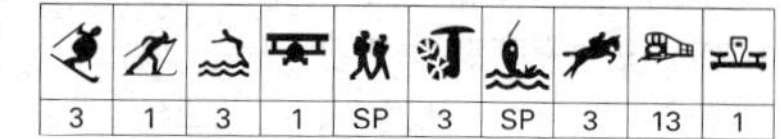

3	1	3	1	SP	3	SP	3	13	1

MOURIER Fernand - La Fruitière - 38650 GRESSE-EN-VERCORS - Tél : 04 76 34 32 80 - Fax : 04 76 34 32 80 ou SR : 04 76 40 79 40

GRESSE-EN-VERCORS L'Eglise

Alt. : 1200 m — A — *C.M. 77 Pli 14*

5 ch. Au cœur du vieux village, petite auberge de montagne, dans une vieille ferme rénovée. A l'étage : 5 chambres de 2, 3 ou 4 pers. avec s.d'eau et wc privé et une vue imprenable sur les petites Dolomites. Gérard et Janick vous feront partager à l'auberge »l'amour de la bonne bouffe », des légumes du jardin, du pain et des confitures maison. Lac de Monteynard à 18 km (pêche, planche à voile, nautisme). Langue parlée : anglais.

Prix : 1 pers. **225 F** 2 pers. **270 F** 3 pers. **350 F** pers. sup. **80 F**
repas **95 F**

Ouvert : toute les vacances scolaires et sur réservations hors vacances.

1	SP	1	1	SP	3	SP	1	13	SP

MOUTTET Janick - La Chicholière - L'Eglise - 38650 GRESSE-EN-VERCORS - Tél : 04 76 34 33 70 - Fax : 04 76 34 33 70 ou SR : 04 76 40 79 40

GRESSE-EN-VERCORS La Batie

Alt. : 1180 m (TH) *C.M. 77 Pli 14*

3 ch. Ancienne ferme du XVIIIe entièrement rénovée, au pied du mont Aiguille, comportant de jolies chambres aménagées dans l'annexe de la maison. A l'étage : 3 Ch. de 2 ou 3 pers. avec, s.d'eau et wc part. Au r.d.c. vaste séjour avec un ancien four à pain restauré. Annie vous fera découvrir sa passion pour le tissage artisanal et son petit salon de thé. Bibliothèque sur la faune et la flore du Vercors à disposition. Langue parlée : anglais.

Prix : 1 pers. **220 F** 2 pers. **280 F** 3 pers. **350 F** pers. sup. **70 F** repas **90 F**

Ouvert : du 20 décembre au 30 octobre.

8	6	7	8	27	SP	4	0,5	7	14	7

MANCHE Annie - La Bâtie - La Grange aux Loups - 38650 GRESSE-EN-VERCORS - Tél : 04 76 34 11 08 - Fax : 04 76 34 11 08 ou SR : 04 76 40 79 40

LE GUA La Martiniere

Alt. : 950 m (TH) *C.M. 77 Pli 4*

4 ch. Seul, en couple, en famille ou en petits groupes, à 30 mn de Grenoble et 15 mn de la RN 75, dans le Parc du Vercors, 3 ch. jumelées de 2 à 5 pers., 1 ch. 2 pers., dans notre grande maison ensoleillée. Les ch. très spacieuses avec chacune de s. d'eau et wc. Grande salle à manger où nous partageons les repas (produits du terroir) dans une ambiance conviviale. Salon TV bibliothèque, piano, cheminée. Matériel bébé à disposition, table de ping-pong. Lac du Monteynard à 20 km (pêche, planche à voile, nautisme). Langues parlées : anglais, italien.

Prix : 1 pers. **185 F** 2 pers. **250 F** 3 pers. **345 F** pers. sup. **95 F** repas **85 F**

Ouvert : toute l'année.

4	4	SP	0,5	1	12	8

LEMOINE Patricia et Michel - La Martinière - Prelenfrey - 38450 LE GUA - Tél : 04 76 72 26 96 - Fax : 04 76 72 26 96 ou SR : 04 76 40 79 40

LANS-EN-VERCORS La Chenevarie

Alt. : 1020 m (TH) *C.M. 77 Pli 4*

5 ch. Dans leur ferme rénovée, Danielle et Bruno vous accueillent dans une ambiance chaleureuse et conviviale. Chambres claires et coquettes de 2/3 pers. cabine douche lavabo/wc dans chaque ch. (1 ch. 1 épi : cabine douche+petit lavabo/wc privé sur palier). Gde salle à manger avec cheminée où vous apprécierez la cuisine familiale et régionale mijotée par Danielle. Salon TV, jeux, livres. Terrasse, accès piscine été, chaises longues. Terrain de boules. Ping-pong, baby foot. Espace de jeux pour les enfants , parc animalier. Baby-sitting possible.

Prix : 1 pers. **205 F** 2 pers. **250 F** 3 pers. **350 F** repas **95 F**

Ouvert : toute l'année

1,5	1,5	SP	0,5	SP	1	1,5	1	24	1,5

EYMARON Danielle et Bruno - La Petite Ferme des Prés Verts - La Chenevarie - 38250 LANS-EN-VERCORS - Tél : 04 76 95 40 60 - Fax : 04 76 95 46 69

LANS-EN-VERCORS Les Blancs

Alt. : 1090 m *C.M. 77 Pli 4*

2 ch. Au cœur du petit hameau des Blancs, à 3km du centre de Lans-en-Vercors et 4km de Villard-de-Lans, nous vous proposons 2 ch. coquettes avec entrées et sanitaires particuliers. Terrasse, jardin. Randonnée et VTT au départ de la maison. Accueil spécifique pour les parapentistes (30mn à pied de l'aire d'envol). Tarif spécifique pour les familles. Conseils particuliers, quelque soit votre programme d'activité. Langues parlées : anglais, espagnol.

Prix : 1 pers. **200 F** 2 pers. **255 F** 3 pers. **345 F**

7	0,5	4	1	SP	3	1	0,5	0,5	30	3

RABOT Christine et Patrick - La Renardière - Les Blancs - 38250 LANS-EN-VERCORS - Tél : 04 76 95 13 76 - E-mail : patrick.rabot@caramail.com

LANS-EN-VERCORS L'Aigle

Alt. : 1020 m (TH) *C.M. 77 Pli 4*

2 ch. Dans un cadre de verdure, jolie maison contemporaine à proximité du village. Deux chambres avec salle d'eau et wc privés. Accès indépendant. Ambiance chaleureuse. Cuisine gourmande, petits déjeuners nordiques. Coin-cheminée, salon, livres, tv, hifi, salle-à-manger commune. Jardin ombragé et fleuri, chaises longues pour les après-midi de farniente. Joëlle organise également des séjours sportifs et reçoit des clients du gîte de groupe (12 pers. maxi.). Jardin ombragé et fleuri, chaises longues pour les après-midi de farniente. Langue parlée : anglais.

Prix : 1 pers. **196 F** 2 pers. **245 F** 3 pers. **295 F** repas **80 F**

Ouvert : du 15 décembre au 15 avril et du 1er mai au 15 octobre

4	4	7	1	2	1	1	1	1	25	1

ROUSSET Joëlle - L'Aigle - 38250 LANS-EN-VERCORS - Tél : 04 76 95 42 47 - Fax : 04 76 95 66 57 - E-mail : inouk@planete-vercors.com

LANS-EN-VERCORS Les Francons

Alt. : 1000 m (TH) *C.M. 77 Pli 4*

2 ch. Goutez au calme et au grand air dans une gde maison avec vue exceptionnelle sur le plateau et les sommets du Vercors. Pas d'ennui, une multitude d'activités pour les sportifs et nbreuses visites touristiques. A votre disposition 2 ch. 3 pers. au confort douillet, s. d'eau wc part., salon avec piano pour les musiciens. Comme dans une grande famille les repas sont servis dans le séjour ou sur la terrasse ensoleillée. La cuisine est simple, soignée avec les produits de saison. Langue parlée : anglais.

Prix : 1 pers. **200 F** 2 pers. **260 F** 3 pers. **360 F** pers. sup. **100 F** repas **80 F**

Ouvert : ouvert toute l'année sauf 15 jours en mars et octobre.

5	SP	6	1	SP	2	1	1	1	25	2

MEYRIGNAC Michelle et Gérard - Les Lapiaz - Les Françons - 38250 LANS-EN-VERCORS - Tél : 04 76 95 47 31 - Fax : 04 76 95 47 31 ou SR : 04 76 40 79 40 - E-mail : michelle.meyrignac.lapiaz@wanadoo.fr

LONGECHENAL

Alt. : 523 m (TH) *C.M. 74 Pli 13*

2 ch. Belle ferme traditionnelle en pisé avec un grand terrain clos arboré et fleuri de 2500 m2. Au 1er étage, 2 ch. spacieuses au charme campagnard, aménagées pour 3 pers. S.d'eau et wc part. Salon réservé aux hôtes. Les savoureux ptts déj. où les repas en table d'hôtes sont pris suivant les saisons dans la s.à manger aux poutres anciennes ou à l'abri de l'auvent. Cuisine régionale préparée par Malou avec de délicieux produits du terroir, pendant que Jacques vous fera découvrir sa grange aux 1001 trésors sur les métiers anciens.

Prix : 1 pers. **200 F** 2 pers. **260 F** 3 pers. **330 F** repas **85 F**

Ouvert : toute l'année

60	70	7	15	0,5	1	15	15	0,5

DORION Malou et Jacques - La Gaillardière - 38690 LONGECHENAL - Tél : 04 76 55 55 82

MALLEVAL

Alt. : 950 m **A** *C.M. 77 Pli 4*

3 ch. Dans le parc naturel régional du Vercors, auberge de village avec 3 chambres d'hôtes, salle de bains et wc communs. Les repas vous seront proposés dans la petite salle de l'auberge près de la cheminée où sur la terrasse au soleil. Cuisine régionale (ravioles du royans, gratin Dauphinois...). Au calme, dans un environnement préservé. Grande traversée du Vercors et GR9 a proximité, Zone nordique des Coulmes. Langues parlées : anglais, allemand.

Prix : 1 pers. **130 F** 2 pers. **260 F** repas **50 F**

Ouvert : toute l'année.

SP	SP	5	16	16

TESSON Véronique & François - Auberge Les Galopins - 38470 MALLEVAL - Tél : 04 76 38 54 59 - E-mail : les.galopins@wanadoo.fr

MAUBEC Cesarges

C.M. 74 Pli 13

3 ch. Au cœur d'un parc aux arbres séculaires, le château de Césarges vous offre le charme d'une étape hors du temps. La délicatesse de l'accueil, le confort des chambres, la douce nostalgie d'une demeuree du XVIe, vous séduiront. Au 1er, trois belles chambres de 2 ou 3 pers., aux fenêtres ouvrant sur le parc (au soleil levant) avec salle d'eau, WC particuliers. Petits déjeuners dans la s. à manger près de la cheminée ou à l'ombre du Sully, le tilleul vieux de 4 siècles. Salon bibliothèque, piano. Billard. Nbreuses poss. rest. dans les env., auberges ou rest. gastronomique.Tennis à 3km et golf à 10km. A 35km de l'aéroport de Satolas Langues parlées : allemand, italien.

Prix : 1 pers. **280 F** 2 pers. **340 F** 3 pers. **440 F** pers. sup. **100 F**

Ouvert : du 15 avril au 31 octobre.

6	8	SP	8	12	6	6

POPINEAU Angèle et Jean - Château de Cesarges - Cesarges - 38300 MAUBEC - Tél : 04 74 93 20 42 - Fax : 04 74 28 61 49 ou SR : 04 76 40 79 40 - E-mail : cesarges38@aol.com

MEAUDRE Les Girauds

Alt. : 1050 m *C.M. 77 Pli 4*

2 ch. Au 1er étage d'une grande ferme, dans un hameau très calme, avec un accueil simple et familial. Au premier étage, vous disposerez de 2 chambres de 2 pers., avec lavabo, salle d'eau et wc communs. Chauffage central. Petits déjeuners avec confitures maison, pris dans la cuisine familiale. Gîte rural 4 pers. mitoyen.

Prix : 1 pers. **175 F** 2 pers. **220 F**

Ouvert : toute l'année

1,5	1,2	1,2	SP	0,5	5	32	1

COING Joseph et Odette - Les Girauds - 38112 MEAUDRE - Tél : 04 76 95 21 77

MEAUDRE Les Gonnets

Alt. : 1000 m (TH) *C.M. 77 Pli 4*

4 ch. Entre Méaudre et Autrans, Maryse vous propose 4 belles chambres d'hôtes dans une ancienne ferme ent. rénovée. Chaque Ch. disp. de s.d'eau et wc part. 2 Ch. 2 pers, 1 Ch. 3 pers, une chambre-double de 5 pers. Coin kitchenette, et local chauffé (skis, chaussures) à dispo. Bibliothèque, jeux de société, jeux de boules. Vous vous retrouverez selon la saison autour d'une poële-cheminée ou en terrasse pour prendre les repas dans une ambiance chaleureuse.

Prix : 1 pers. **190 F** 2 pers. **250 F** 3 pers. **350 F** pers. sup. **100 F** repas **90 F**

Ouvert : toute l'année.

2,5	0,1	2,5	15	SP	12	15	0,5	3	35	2,5

BUIH Maryse - Les Gonnets - 38112 MEAUDRE - Tél : 04 76 95 20 89 ou SR : 04 76 40 79 40

MENS Place de la Halle — Alt. : 780 m — (TH) — *C.M. 77 Pli 15*

3 ch. Au cœur du vieux village, face à la Halle, maison de caractère restaurée avec goût, galerie d'Art au r.d.c. Au 1er vous disposerez de 3 charmantes chambres de 2 pers., s.d'eau wc part. Ambiance chaleureuse et raffinée. Restaurant possible dans le village. Janic vous fera partager sa passion de la peinture et des voitures anciennes et pourra vous proposer une découverte du Trièves en cabriolet décapotable des années 60. Langue parlée : anglais.

Prix : 1 pers. **240 F** 2 pers. **280 F** repas **80 F**

Ouvert : toute l'année.

30	30	0,5	5	0,5	0,5	0,5	0,5	12	SP

GRINBERG Janic - L'Engrangeou - Place de la Halle - 38710 MENS - Tél : 04 76 34 85 63

MONESTIER-DE-CLERMONT Château de Bardonenche — Alt. : 850 m — (TH) — *C.M. 77 Pli 14*

5 ch. Dans un des salons d'époque ou dans le parc de ce charmant château du XVI, au coin du feu ou autour d'une bonne table. Cécile et Thierry SCHOEBEL se feront un plaisir de vous accueillir dans leurs 5 chambres d'hôtes. Ils vous feront partager leur passion pour le château et sa région. Vous y dégusterez les produits du terroir. A 35 km de Grenoble, cœur du Trièves, au pied du Vercors, à 5 minutes du lac, un nombre varié d'activités et d'excusions vous sont offertes. Langues parlées : anglais, allemand.

Prix : 1 pers. **220/260 F** 2 pers. **280/320 F** 3 pers. **370/410 F** pers. sup. **90 F** repas **90 F**

Ouvert : toute l'année.

13	13	1	20	9	9	20	5	10	1	SP

SCHOEBEL Cécile et Thierry - Château de Bardonenche - 38650 MONESTIER-DE-CLERMONT - Tél : 04 76 34 03 92

MONESTIER-DU-PERCY Le Serre — Alt. : 750 m — (TH) — *C.M. 77 Pli 15*

6 ch. Au cœur du Trièves, dans un site rural protégé entre Vercors et Devoluy, Natacha et Guillaume vous accueillent dans une ancienne ferme rénovée. 2 ch. avec s.d.b wc privés, 2 ch. avec s. d'eau wc priv., 2 ch. 2 épis s. d'eau priv. wc communs. Salon TV bibliothèque. Sur place locations VTT (sur réservation), ping-pong, aire de jeux, jardin et piscine privée. Accompagnateur de randonnée nature Guillaume pourra vous faire découvrir les richesses nat. et cult. du Trièves.

Prix : 1 pers. **155/190 F** 2 pers. **190/250 F** 3 pers. **245/320 F** pers. sup. **70 F** repas **85 F**

Ouvert : toute l'année

35	12	SP	10	30	SP	12	50	SP	10	10

JUGE Catherine - Le Serre - Chaucharri - 38930 MONESTIER-DU-PERCY - Tél : 04 76 34 42 72

MONTFERRAT Le Replat — Alt. : 650 m — *C.M. 74 Pli 14*

2 ch. Maison contemporaine surplombant le Lac de Paladru, avec au 1er étage : 1 ch. familiale 4 pers. (ch. 1 lit 140 et ch. 2 lits 90) s. d'eau WC part. et 1 ch 2 pers, s. d'eau WC part. Accès indépendant aux chambres. Les petits déjeuners gourmands sont servis dans le grand séjour familial, près de la cheminée ou, suivant la saison, dans le jardin. Propriété de 1,2 Ha à prox. de la RN 75. A 7 km de Wallibi. Musée archéologique (fuilles Lacustres), voile, circuit VTT, sentiers pédestres. Caves de la Grande Chartreuse à Voiron (15 km). Gîte rural 3 épis mitoyen.

Prix : 1 pers. **200 F** 2 pers. **260 F** 3 pers. **340 F** pers. sup. **80 F**

Ouvert : toute l'année.

35	35	7	3	1	25	3	10	13	1

BREVET Monique & Jean-Louis - Le Home du Lac Bleu - Le Replat - 38620 MONTFERRAT - Tél : 04 76 32 45 08 ou SR : 04 76 40 79 40

MORESTEL — (TH) — *C.M. 74*

5 ch. Au Pays des Couleurs et dans un parc boisé de 5 hectares, gde maison du 19è restaurée avec goût. Michel vous propose 5 ch. à la décoration personnalisée : 4 ch de 2 pers et 1 ch double (1 lit 2 pers, 2 lits 1 pers), s.d.bains wc part. Gde s.à manger avec cheminée, grand salon (TV, bibliothèque, Hi-Fi), petit salon/s.à.m. où sont pris les ptts déjeuners. Cuisine traditionnelle et savoureuse. A voir : Morestel, cité des Peintres : découverte du patrimoine culturel : rte historique Stendhal, musées et expo de peinture, sites médiévaux ... Langues parlées : anglais, allemand.

Prix : 1 pers. **200 F** 2 pers. **250 F** 3 pers. **300/350 F** pers. sup. **50 F** repas **100 F**

Ouvert : du 1er avril au 15 octobre.

0,5	10	SP	5	0,5	20	0,5

DIARD Michel - Domaine de la Garenne - Route de Sermerieu - 38510 MORESTEL - Tél : 04 74 80 59 15 - Fax : 04 74 80 31 69 ou SR : 04 76 40 79 40

MORESTEL La Roche

TH — *C.M. 74 Pli 13*

3 ch. Coquette maison fleurie et ensoleillée dans un parc de 4 ha. Vous pourrez savourer le calme de la nature envir. Au 1er : 3 gdes ch. de 2/3 pers. au mob. ancien, s.d'eau wc part. Coin TV, bibliothèque, cheminée. Vous prendrez les p.déj. ou les repas mijotés par Rolande, à l'ombre de la tonnelle du jardin. Chaises longues et mobilier de jardin. Garage. Jeux et piscine enf. Etang de pêche. A prox. par d'attrac. Walibi, base de loisirs de la Vallée Bleue, circuits pédestres, sentier botanique... Table d'hôtes sur réservation seulement.

Prix : 1 pers. **220 F** 2 pers. **280 F** 3 pers. **370 F** repas **85 F**

Ouvert : du 1er Mars au 1er Novembre

3	20	2	1	3	1	2	15	3

CLARET Rolande - La Roche - 38510 MORESTEL - Tél : 04 74 92 81 34 - Fax : 04 74 92 86 16 - E-mail : rolandeclaret@net-up.com

NANTES-EN-RATIER Serbouvet

Alt. : 950 m — TH — *C.M. 77 Pli 15*

3 ch. Ferme familiale restaurée, à l'écart des routes et du bruit, à prox. d'une ferme en activité. Au 2ème : 3 ch. coquettes et ensoleillées de 2 à 3 pers. avec s.d'eau WC part., petit coin salon. Vous dégusterez dans la vaste salle voûtée des recettes du terroir, murçon, tarte de courges, tarte au pruneaux. Fabienne passionnée de lecture et jardinage, Marcel de nature et d'animaux, vous conseilleront dans la découverte de leur Pays. A prox. de la route Napoléon, des Lacs de Laffrey et de Notre Dame de la Salette. Saut à l'élastique à 5km. Bureau des guides à 3km. Langues parlées : anglais, allemand.

CV

Prix : 1 pers. **197 F** 2 pers. **249 F** 3 pers. **334 F** pers. sup. **85 F** repas **85 F**

Ouvert : toute l'année.

22	9	3	3	8	0,3	8	3	3

BARD Fabienne et Marcel - La Voute de Séraphin - Serbouvet - 38350 NANTES-EN-RATIER - Tél : 04 76 81 21 46 - Fax : 04 76 81 21 46 ou SR : 04 76 40 79 40

ORNON

Alt. : 1300 m — TH — *C.M. 77 Pli 6*

4 ch. Dans ce petit village traditionnel de l'Oisans, entre Ecrins et Taillefer, Michelle vous accueille chaleureusement dans sa maison rustique et confortable. Elle vous propose une cuisine familiale. Vaste séjour avec salle voutée et cheminée. 1 ch. 3 pers. avec salle d'eau et wc privés 2 épis, entrée indép. 3 ch. 2 pers. avec lavabo. Douche et wc communs. Chauffage central. Zone périphérique Parc des Ecrins. Sentiers GR 50. Langue parlée : anglais.

Prix : 1 pers. **190/200 F** 2 pers. **240/250 F** 3 pers. **320/330 F** repas **75 F**

Ouvert : toute l'année.

5	5	10	18	12	SP	5	SP	7	10

WEBER Michelle - Le Village - 38520 ORNON - Tél : 04 76 80 43 05

OZ-EN-OISANS L'Enversin

Alt. : 1050 m — **A** — *C.M. 77 Pli 6*

5 ch. Dans une grange rénovée indépendante à côté de l'auberge du propriétaire, 5 chambres 2 personnes avec salles d'eau particulières, wc privés. Possibilité de lit 1 pers. suppl.. Chauf. central. Voile, baignade à 10 km, randos, escalade. Liais.avec l'Alpe d'Huez et Oz en Oisans, téléph. de Vaujany à 3 km. accès aux pistes en 8 mn. Repas à l'auberge, cuisine traditionnelle de l'Oisans. Langues parlées : anglais, allemand.

CV

Prix : 1 pers. **160 F** 2 pers. **210 F** 3 pers. **280 F** repas **80 F**

Ouvert : du 1er Mai au 15 Décembre

3	3	3	3	7	SP	7	7	10	60	3

PASSOUD René - L'Enversin d'Oz - 38114 OZ-EN-OISANS - Tél : 04 76 80 73 18

LE PERCY Les Blancs

Alt. : 880 m — TH — *C.M. 77 Pli 15*

4 ch. Sur les chemins de Giono, encore dans les Alpes, avec déjà un peu de Provence dans l'air, les Volets Bleus, ferme restaurée construite en 1753, vous proposent 4 chambres au décor très personnalisé, avec entrée indép., s. de b, wc. Des recettes souvent du Trièves, parfois du midi ou d'ailleurs, mais toujours composée avec des produits locaux. Jacques vous accueillera en table d'hôtes dans la grande pièce voûtée,ouvrant sur le jardin et les montagnes. Il vous parlera du Trièves, des hauts plateaux du Vercors, du centre écologique voisin ou de tout autre sujet. Tarif dégressif dès le 2ème jour.

Prix : 1 pers. **230 F** 2 pers. **290 F** 3 pers. **370 F** pers. sup. **80 F** repas **95 F**

Ouvert : du 1er avril au 2 octobre

12	10	25	SP	10	25	3	5	5

REMILLAT Nicole et Jacques - LES VOLETS BLEUS - HAMEAU DES BLANCS - 38930 LE PERCY - Tél : 04 76 34 43 07

LE PIN Le Pin Plage

Alt. : 500 m — TH — *C.M. 74 Pli 14*

2 ch. Jean et Denise vous accueillent dans leur ferme et vous proposent deux grandes chambres, vue sur le lac de Paladru (400 ha), avec chacune 1 lit 2 pl, 1 lit 1 pl, salle de bains, wc privés.L'une d'entre elles est équipée d'un coin-cuisine. Chauffage. Séjour, cheminée, Bibliothèque. TV. Terrasse plein-sud réservée aux hôtes. Sites d'intérêt culturel.

CV

Prix : 1 pers. **160 F** 2 pers. **220 F** 3 pers. **280 F** repas **70 F**

Ouvert : toute l'année.

35	35	15	40	0,1	2	60	0,1	2	16	2,5

MEUNIER BEILLARD Jean et Denise - 145 chemin de Beluran - 38730 LE-PIN-PLAGE - Tél : 04 76 06 64 00

LE PIN

Alt. : 600 m (TH) *C.M. 74 Pli 14*

3 ch. Maison Dauphinoise nichée dans la verdure à 800 m du Lac de Paladru et au cœur du village. Vous trouverez 3 ch. de 2 et 3 pers avec s. d'eau wc particuliers. Les petits déjeuners sont pris dans la véranda ouvrant sur un joli jardin. Salle à manger, salon cheminée. Table d'hôte sur réservation. Monique, hôtesse attentive, vous préparera salades composées, poissons, légumes du jardin, tartes...Parking dans la propriété. Langues parlées : anglais, espagnol.

Prix : 1 pers. **200 F** 2 pers. **250 F** 3 pers. **300 F** pers. sup. **70 F**
repas **85 F**

Ouvert : de février à novembre.

0,8	SP	SP	SP	14	SP

JOLY Monique - Les Brimbelles - 52 rue de la Caserne - 38730 LE PIN - Tél : 04 76 06 60 86 - Fax : 04 76 06 60 86 ou SR : 04 76 40 79 40

PONTCHARRA

(TH) *C.M. 77 Pli 3*

3 ch. Dans le cadre exceptionnel d'un ancien prieuré du XIIe vous bénéficierez de la douceur de vivre du milieu naturel et de la sérénité qu'un tel lieu inspire avec tout le confort que la vie moderne exige. Au 1er, 2 ch. doubles de 3 pers., s. d'eau ou de bains WC.part. 1 ch. 2 pers, s.de bains WC et kichenette part. Table d'hôtes sur réservation dans la vaste salle à manger ouvrant sur la terrasse avec vue panoramique sur la plaine du Grésivaudan et le massif de Chartreuse. Aux portes de la Savoie. CB acceptées. Langue parlée : anglais.

Prix : 1 pers. **260 F** 2 pers. **320 F** 3 pers. **420 F** pers. sup. **100 F**
repas **95 F**

Ouvert : toutes les vacances scolaires d'hiver et du 1er avril au 30 octobre.

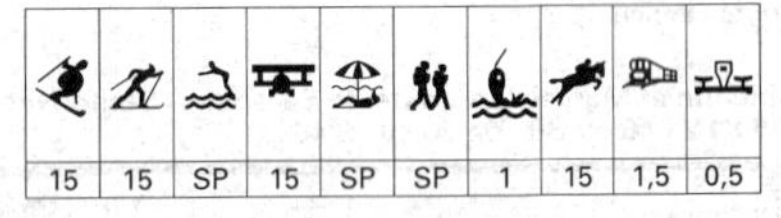

15	15	SP	15	SP	SP	1	15	1,5	0,5

DUBSET Isabelle et Thierry - 229 rue des Augustins - Le Clos des Augusitins - 38530 PONTCHARRA - Tél : 04 76 97 64 19 - Fax : 04 76 97 64 19 ou SR : 04 76 40 79 40

PRESLES Les Fauries

Alt. : 950 m (TH) *C.M. 77 Pli 3*

4 ch. Ancienne ferme aux pierres apparentes, calme et tranquille , dominant à perte de vue les plateaux du Vercors. Au 1er étage, 4 ch. lumineuses et confortables de 2 ou 3 pers., s.d'eau ou bains,wc part. fenêtres ouvrant sur la nature. A l'ombre du tilleul, vous dégusterez au ptt déjeuner, les pains de maïs, de châtaignes, de raisins de noix avec les confitures maison. Table d'Hôtes familiale, naturelle et variée. Au cœur de la forêt des Coulmes, Paradis du ski de Fond (70 km de pistes), Randos, escalade sur les célèbres falaises de Presles. Dans le Parc Régional Naturel du Vercors. Langues parlées : allemand, hollandais.

Prix : 1 pers. **170 F** 2 pers. **230 F** 3 pers. **300 F** pers. sup. **65 F**
repas **90 F**

Ouvert : du 26 décembre à la Toussaint.

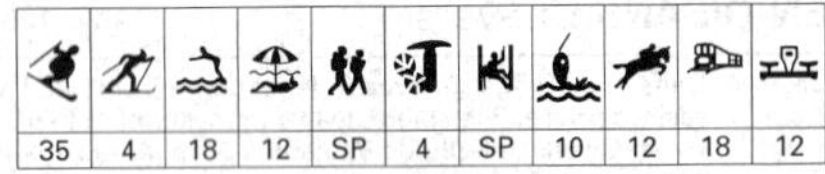

35	4	18	12	SP	4	SP	10	12	18	12

WINTZENRIETH Carmen - Les Fauries - 38680 PRESLES - Tél : 04 76 36 10 50 - Fax : 04 76 36 10 50 ou SR : 04 76 40 79 40

LES ROCHES-DE-CONDRIEU Montée de Pré Margot

(TH) *C.M. 74 Pli 11*

3 ch. Jolie maison fleurie, en limite du village, avec, au r.d.c. 2 ch. de 2 et 3 pers. avec s. d'eau et wc privés, et 1 ch. de 3 pers. ouvrant de plain-pied sur une terrasse (s.d.b. et wc privés). Salon, s.à.manger avec cheminée. Grande terrasse avec barbecue où sont pris les petits déjeuners ou les dîners à la belle saison. A proximité du plan d'eau. Port de Plaisance, vue sur les vignobles de Viognier. Garages fermés.

Prix : 1 pers. **230 F** 2 pers. **280/300 F** 3 pers. **380 F** repas **95 F**

Ouvert : du 15 mai au 15 septembre

0,8	1	0,5	0,6	0,3

VILLEMAGNE Danielle - 3 Montée de Pré Margot - 38370 LES-ROCHES-DE-CONDRIEU - Tél : 04 74 56 35 56

ROYBON

Alt. : 500 m (TH) *C.M. 77 Pli 3*

1 ch. Jean-claude et Evelyne vous proposent une belle chambre-double aménagée de plain-pied dans leur villa à la sortie du village. Cette chambre dispose d'un lit 2 pers, 2 lits 1 pers. S.d.b et wc priv sur palier. Les petit déjeuners seront pris selon la saison en terrasse ou au coin du feu. Salon, séjour communs, grand jardin fleuri et arboré. Lac-base de loisirs de Roybon, Abbaye St Antoine, Le jardin ferroviaire, Prieuré de Marnans... Table d'hôtes sur réservation. Langue parlée : anglais.

Prix : 1 pers. **180 F** 2 pers. **230 F** 3 pers. **330 F** pers. sup. **100 F**
repas **80 F**

Ouvert : toute l'année.

20	1	SP	SP	1	20	0,8

DOREY Jean-Claude - Rte de St-Siméon-de-Bressieux - 38940 ROYBON - Tél : 04 76 36 26 05 - Fax : 04 76 36 25 77 ou SR : 04 76 40 79 40

SAINT-ANTOINE-L'ABBAYE Les Voureys (TH) C.M. 77 Pli 3

3 ch. Dans leur ferme typique du Pays Antonin, Marie-Thérèse et Henri mettent à votre disposition 3 jolies chambres campagnardes équipées chacune d'une salle d'eau wc au confort moderne. Les petits déjeuners copieux et variés sont pris dans la vaste cuisine chaleureuse. Pièce de détente à disposition ombragé avec salon de jardin. A 2,5 km du Village médiéval Saint-Antoine avec son Abbaye du 12è. Nuits Médiévales en Juillet. Jardin Ferroviaire de Chatte, Musée du Fromage à St Marcelin. Langue parlée : anglais.

Prix : 1 pers. **190 F** 2 pers. **230 F** 3 pers. **300 F** repas **85 F**

Ouvert : toute l'année

30	20	10	15	SP	SP	10	10	2,5

PHILIBERT M.Thérèse et Henri - Les Voureys - 38160 SAINT-ANTOINE-L'ABBAYE - Tél : 04 76 36 41 65

SAINT-ANTOINE-L'ABBAYE (TH) C.M. 77 Pli 3

5 ch. Belle maison de caractère au cœur du village Médiéval de St Antoine. Grande salle avec four à pain et cheminée. Au 1er : 1 ch de 3 pers, 1 vaste ch de 4 pers, 3ch de 2 pers, s. d'eau wc particuliers. Chauf. central. Petit jardin clos. Aux portes de la Drôme et aux confins du Vercors. Nuits Médiévales en juillet. Artisanat local. Jardin ferroviaire. Musée du fromage à St-Marcelin. Eglise abbatiale, son Trésor et ses concerts de musiques sacrées.

Prix : 1 pers. **205 F** 2 pers. **245 F** 3 pers. **340 F** pers. sup. **95 F** repas **90 F**

Ouvert : toute l'année.

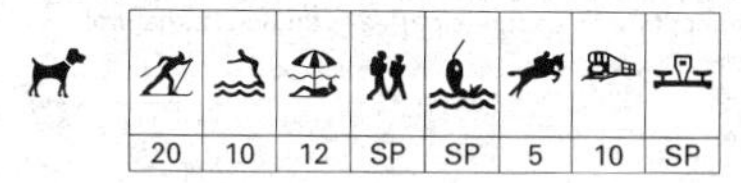

20	10	12	SP	SP	5	10	SP

BISCARAS Eliane et Alain - L'Antonin - Rue Corsière - 38160 SAINT-ANTOINE-L'ABBAYE - Tél : 04 76 36 41 53 ou SR : 04 76 40 79 40

SAINT-APPOLINARD La Combe de Mouze Alt. : 500 m (TH) C.M. 77 Pli 3

5 ch. Monique et Henri vous accueillent dans leur ferme. 4 jolies ch. de 2 pers. Vue sur les côteaux du Pays Antonin et les montagnes du Vercors, S. d'eau WC privés. Balcon et terrasse Sud-Ouest. En annexe, ch. duplex 4 pers. séj. cheminée, kich., S. d'eau WC. Idéal pour séjour familial, jardin ombragé et fleuri. A la belle siaison repas sur la terrasse ou dans la vaste s.à manger campagnarde près de la cheminée. Pain cuit au feu de bois, produits fermiers. A 7mn de St Antoine l'Abbaye (nuits Médiévales en juillet), Jardin ferroviaire, Bâteau à roue, grottes de Choranche...

Prix : 1 pers. **200 F** 2 pers. **240/280 F** 3 pers. **380 F** pers. sup. **100 F** repas **80 F**

Ouvert : toute l'année

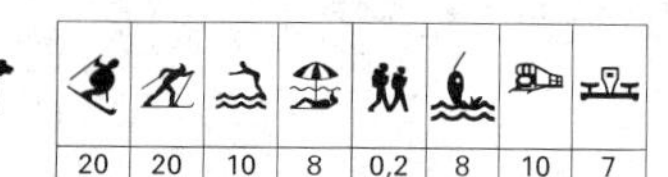

20	20	10	8	0,2	8	10	7

PAIN Monique et Henri - La Combe de Mouze - 38160 ST APPOLINARD - Tél : 04 76 64 10 52

SAINT-CHRISTOPHE-EN-OISANS La Berarde Alt. : 1720 m A C.M. 1 Pli 74

4 ch. Dans ce haut lieu de l'alpinisme, berceau des grandes familles de guides de l'Oisans, Christiane perpétue la tradition en vous accueillant dans un vaste chalet où vous savourerez le calme bienfaisant de ce site exceptionnel. 4 jolies chambres au charme montagnard, s. d'eau wc part. Accès indépendant, terrasse. Repas pris à l'auberge, salon pièce de détente réservée aux hôtes. Gîte de séjour mitoyen (16 pers.). Parc des Ecrins, randonnées accessibles à tous. Carte bancaire acceptée. Langues parlées : anglais, italien.

Prix : 1 pers. **318 F** 2 pers. **398 F** repas **92 F**

Ouvert : du 1er avril au 1er octobre

15	20	SP	SP	SP	25	SP

AMEVET Christiane - Le Champ de Pin - La Berarde - 38520 ST-CHRISTOPHE-EN-OISANS - Tél : 04 76 79 54 09 - Fax : 04 76 79 54 09 - E-mail : champdepin@Free.fr

SAINT-CLAIR-DU-RHONE Hameau de Prailles (TH) C.M. 74 Pli 11

5 ch. Jolie mais. de campagne avec piscine et grand jardin ombragé et fleuri. 1 ch. de 50 m2 pour 3 pers. s. d'eau wc. grande terrasse. Ch. 2 au r.d.c. pour 3 pers., s.d'eau wc. Salon TV et kichenette à disp. Dans mais. annexe, 3 ch de 2 ou 3 pers. s.d'eau wc part. Repas sur la terrasse ou dans la salle à manger près d'un bon feu de bois. A 12 km de Vienne. Port de plaisance de Condrieu. Aux portes de la Drôme et du Parc du Pilat. Visites des caves de St Joseph, Côtes Roties et Condrieu.

Prix : 1 pers. **200/220 F** 2 pers. **250/300 F** 3 pers. **350/400 F** repas **100 F**

Ouvert : toute l'année. Table d'hôtes sur réservation

SP	4	5	1	15	5	3

PASQUARELLI Raymond et Andrée - 6 Chemin de Prailles - 38370 SAINT-CLAIR-DU-RHONE - Tél : 04 74 87 29 15

SAINT-HILAIRE-DE-BRENS

(TH) *C.M. 74 Pli 1*

5 ch. Charmante mais. au cœur du village, abritant une petite épicerie-café de campagne. Accueil chaleureux et attentif de vos hôtes qu vous feront découvrir leur maison meublée et décorée avec soin. Jardin clos et fleuri où vous pourrez prof. de la piscine et prendre vos petits-déj. au soleil. Grande table conviviale pour savourer les plats mijotés par Andrée. Au étage : 5 jolies chambres (entrée indépendante) de 2 ou 3 pers. avec s.d'eau wc part.,chambre louis XIII (lit 160). Sites touristiques nombreux dans les env. Crémieu cité Médiévale à 7 km. Tennis 0.1 km. Location VTT. Table ping-pong. Carte Bancaire.

Prix : 1 pers. **220 F** 2 pers. **290 F** 3 pers. **370 F** pers. sup. **80 F**
repas **90 F**

Ouvert : du 1er octobre au 31 août.

SP	4	SP	4	5	15	5

COUPARD Andrée et Maurice - Le Saint-Hilaire - Village - 38460 SAINT-HILAIRE-DE-BRENS - Tél : 04 74 92 81 75 - Fax : 04 74 92 81 91 ou SR : 04 76 40 79 40 - E-mail : andrée.coupard@caramail.com

SAINT-HILAIRE-DU-TOUVET Les Hauts Granets

Alt. : 1000 m *C.M. 77 Pli 5*

2 ch. Nicole et Michel vous accueillent dans leur maison et mettent à votre disposition 2 ch au r.d.c. ouvrant sur une terrasse individuelle. Chaque chambre est équipée pour 2 pers. avec kitchenette, salle d'eau et wc (lit suppl. enfant sur dem.). L.linge commun aux 2 ch., TV, tables et chaises de jardin. Vue sur la Chaîne de Belledonne. Terrain de sports sur place. Escalade, spéléo. ping-pong, randonnée, tennis. Langues parlées : anglais, espagnol.

Prix : 1 pers. **180 F** 2 pers. **220 F**

Ouvert : toute l'année.

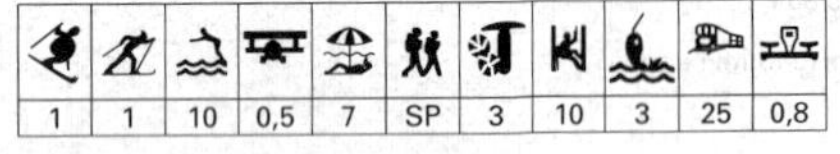

1	1	10	0,5	7	SP	3	10	3	25	0,8

RAIBON Nicole et Michel - Les Hauts-Granets - 38660 SAINT-HILAIRE-DU-TOUVET - Tél : 04 76 08 30 56

SAINT-HILAIRE-DU-TOUVET Les Gaudes

Alt. : 1000 m *C.M. 77 Pli 5*

1 ch. Ancienne grange rénovée où Marie-Odile et Yves vous accueillent dans un cadre montagnard, confortable et chaleureux. Ils vous proposent 1 ch. claire, spacieuse, indép. avec une terrasse indiv. et un verger. Equipée d'une kitchnette, elle permet de recevoir 2 à 3 pers. (s.d'eau et wc privés) TV. Salon de jardin. Accessible à personne en fauteuil agréée par l'A.P.F. Dans la même maison 3 gîtes de 5 à 6 pers. avec terrasse et jardin indiv. Randonnée, tennis, vol libre, escalade. Langue parlée : anglais.

Prix : 1 pers. **190 F** 2 pers. **230 F** 3 pers. **330 F**

Ouvert : toute l'année.

0,3	0,1	13	0,1	10	SP	4	10	SP	12	25	0,1

CHATAIN Yves - 16 Chemin du Pal de Fer - 38660 ST-HILAIRE-DU-TOUVET - Tél : 04 76 08 33 16

SAINT-LATTIER Montena

(TH) *C.M. 77 Pli 3*

3 ch. Belle maison de caractère en pleine nature, entre Vercors et Drôme, avec 15000 m2 de jardins, espace loisirs et piscine. De plain-pied, 3 chambres claires et confortables, s. d'eau wc part., 2 chambres 2 et 3 pers. et 1 chambre double 5 pers. Salon, salle à manger conviviale, terrasse abritée pour les soirées d'été. Ambiance chaleureuse et propice à la détente, accueil familial et petits groupes poss. Nbreux sites tour. : grottes de Choranche, village Médiéval de St Antoine, jardin ferroviaire... Expl. agr. produc céréales, asperges, noix. Mini-ferme avec ses animaux. Produits du jardin. Langue parlée : anglais.

Prix : 1 pers. **200 F** 2 pers. **260 F** 3 pers. **335 F** pers. sup. **75 F**
repas **85 F**

Ouvert : toute l'année sauf vacances scolaires printemps, été et Toussaint.

35	25	SP	15	SP	4	7	3

EFFANTIN Geneviève et Patrick - Montena des Collines - 38840 SAINT-LATTIER - Tél : 04 76 64 52 59 ou SR : 04 76 40 79 40 - E-mail : papik@club-internet.fr

SAINT-LAURENT-EN-BEAUMONT Les Egats

Alt. : 850 m (TH) *C.M. 77 Pli 15*

3 ch. Près de la route Napoléon, pour une halte ou un séjour, vaste maison avec au 1er : 1 ch. 2/3 pers. avec s.d.b. wc privé et 2 ch. 2 pers. s.d.b.wc à l'ét. Sur 1 ha d'espace vert, fleuri et arboré, camping *** (45 empl.). Belle piscine chauffée avec plage et transats couverte en basse saison. Ptts déj. dans la véranda. Cuisine régionale, accueil sympathique et familial. Salle de jeux, aire de jeux pour enfants. L.linge à disp. Point phone. Parking attenant clos. A prox., à découvrir le Petit train de la Mure, le Bâteau La Mira, Notre Dame de la Salette, Saut à l'élastique. Langue parlée : anglais.

Prix : 2 pers. **230/260 F** 3 pers. **350 F** repas **82 F**

Ouvert : d'avril à octobre, ou sur réservation.

35	25	SP	9	10	SP	3	15	48	9

MICHEL Marie Noëlle - Les Egats - 38350 SAINT-LAURENT-EN-BEAUMONT - Tél : 04 76 30 40 80 - Fax : 04 76 30 40 80 - E-mail : info@camping-obiou.com

SAINT-MARTIN-DE-LA-CLUZE

Alt. : 650 m (TH) *C.M. 77 Pli 4*

5 ch. A 25 km de Grenoble, et 4 km de la RN75 et de la sortie de l'A51, Jacques et Hélène vous accueillent dans leur charmant château du XVIe rénové avec passion. 5 belles ch. de caract. au confort raffiné, s.d.b. wc part. Savoureux petits déj. et repas pris dans la vaste s.à.m aux fenêtres à meneaux, et au plafond à la française, en compagnie de vos hôtes. Pain maison, légumes et fruits rouges du jardin. Dans le calme de la nature vous pourrez profiter du parc fleuri et ombragé, poneys et jeux sont à la disposition des enfants. Parking fermé. Lac de Monteynard, petit train touristique, randonnées. Langues parlées : anglais, allemand.

Prix : 1 pers. **280 F** 2 pers. **320 F** 3 pers. **410 F** pers. sup. **90 F**
repas **90 F**

Ouvert : du 1er mars au 1er novembre.

20	20	10	20	8	SP	8	12	10	SP

ROSSI Hélène et Jacques - Château de Paquier - 38650 SAINT-MARTIN-DE-LA-CLUZE - Tél : 04 76 72 77 33 - Fax : 04 76 72 77 33 ou SR : 04 76 40 79 40 - E-mail : hrossi@club-internet.fr - http://perso.club-internet.fr/hrossi

SAINT-MICHEL-LES-PORTES Les Granges Thoranne

Alt. : 830 m **A** *C.M. 77 Pli 14*

6 ch. Virginie et Denis vous accueillent dans leur auberge campagnarde, ferme du XVIIIe restaurée, entre Trièves et Vercors. Au 1er ét., 6 ch. de 3 à 4 pers. avec mezzanine, poutres apparentes, salle d'eau WC part. Les repas et les petits déj. sont pris à la grande table dans l'ancienne bergerie voûtée, où Denis vous mitonnera ses recettes d'autrefois, salon cheminée. Jardin et terrasse fleurie, jeux d'enfants. Parking ombragé. Accueil bébé. Lingerie à disposition. Réduction à partir de la 2ème nuitée. Panier randonneur sur demande. Langue parlée : anglais.

Prix : 1 pers. **260 F** 2 pers. **310 F** 3 pers. **435 F** pers. sup. **125 F**
repas **90 F**

Ouvert : toute l'année

12	9	10	12	17	SP	9	9	9	9

GOUTOR Virginie et Denis - Auberge du Goutardu - Les Granges de Thoranne - 38650 ST-MICHEL-LES-PORTES - Tél : 04 76 34 08 28 - Fax : 04 76 34 17 75 - E-mail : auberge.du.goutarou@mageos.com

SAINT-PIERRE-D'ENTREMONT Saint-Philibert

Alt. : 980 m (TH) *C.M. 74/77 Pli 15/5*

1 ch. Dans un petit hameau, charmante chambre d'hôtes aménagée dans une maison comprenant le logement des prop. et un gite en mitoyenneté. Cette chambre double dispose d'un lit 2 pers., 2 lits 1 pers., s.d'eau, wc. Vous prendrez vos repas dans le vaste séjour ou en terrasse selon la saison. En commun : coin salon, bibliothèque, TV, Hi-fi. Jardin ombragé, jeux de boules, parking. Table d'hôtes sur réservation. Prox. pistes de ski, sentiers de randonnée... Langue parlée : anglais.

Prix : 1 pers. **190 F** 2 pers. **270 F** 3 pers. **380 F** pers. sup. **100 F**
repas **110 F**

Ouvert : toute l'année.

1,5	1,5	6	6	6	6	SP	6	31	6

MOULIS Jean-François - Relais de L'Yvernon - Saint-Philibert - 73670 SAINT-PIERRE-D'ENTREMONT - Tél : 04 38 86 90 26 - Fax : 04 76 44 28 70 ou SR : 04 76 40 79 40 - E-mail : Relaisyvernon@aol.com

SAINT-PIERRE-DE-CHARTREUSE Les Egaux

Alt. : 950 m (TH) *C.M. 77 Pli 5*

2 ch. Au cœur de la Chartreuse, Nicole et Michel vous attendent à l'Abri dans un cadre reposant. A votre disposition, 2 belles chambres pour 3 pers. au rez-de-chaussée avec salon,TV, salle d'eau et wc privés. Accès indépendant ouvrant sur terrasse et pelouse avec salon de jardin. Frigo dans pièce commune. Chauffage central. A votre gré, promenades en forêts, ski de piste et de fond, circuits raquettes sur place. Nombreuses excursions dans le Parc Naturel Régional de Chartreuse. Musée et Monastère de la Grande Chartreuse à 5 Km. Musée d'Art Sacré Contemporain Arcabas à 1 km.

Prix : 1 pers. **200 F** 2 pers. **260 F** 3 pers. **310 F** repas **90 F**

Ouvert : toute l'année.

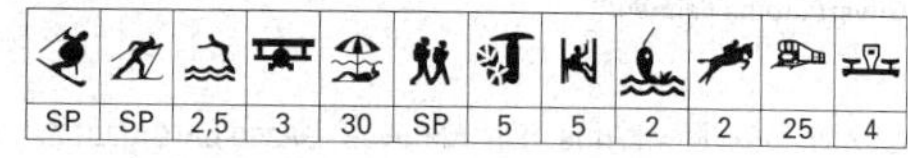

SP	SP	2,5	3	30	SP	5	5	2	2	25	4

BAFFERT Michel - Les Egaux - 38380 SAINT-PIERRE-DE-CHARTREUSE - Tél : 04 76 88 60 86 - Fax : 04 76 88 69 22 - E-mail : NICOLE.BAFFERT@wanadoo.fr

SAINT-PIERRE-DE-CHARTREUSE La Cartaniere

Alt. : 900 m *C.M. 77 Pli 5*

2 ch. Vaste maison trad. de montagne au cœur du Parc Naturel Régional de Chartreuse, avec 2 gîtes, le logement des prop., 2 ch. d'hôtes de 2 et 4 pers.,avec balcon, s. d'eau wc privés chacune. Séjour des prop. avec cheminée à disp. des hôtes pour détente paisible ou moments privilégiés de convivialité. Terrain avec salon de jardin. Calme et espace, petits déjeuners avec confitures maison. Restauration au village à 1.5 km.

Prix : 1 pers. **175 F** 2 pers. **220 F** 3 pers. **285 F**

Ouvert : du 15 septembre au 15 août

1,5	5	2	1,5	30	SP	1,5	5	SP	5	30	1,5

CARTANNAZ Bernard et Nadine - La Cartanière - La Coche - 38380 SAINT-PIERRE-DE-CHARTREUSE - Tél : 04 76 88 64 26 - Fax : 04 76 88 64 26

SAINT-PIERRE-DE-CHARTREUSE Pré Montagnat Alt. : 900 m (TH) *C.M. 77 Pli 5*

1 ch. Grande maison contemporaine au cœur du village. Salon et tv réservés aux hôtes. 1 grande chambre confortable (1 lit 2 pl, 1 li 1 pl), et ensoleillée avec balcon, salle de bains, wc privés. Belle salle à manger avec cheminée où sont servis de copieux petits déjeuners. Lac d'Aiguebelette, Cirque de Saint-Même.

CV

Prix : 1 pers. **180 F** 2 pers. **240 F** 3 pers. **290 F** repas **90 F**

Ouvert : toute l'année.

SP	3	1	25	0,5

PIRRAUD Hélène - Pré Montagnat - 38380 SAINT-PIERRE-DE-CHARTREUSE - Tél : 04 76 88 65 44

SAINT-PRIM Le Pre Margot (TH) *C.M. 74 Pli 11*

6 ch. Entre N86 et N7, vaste demeure contemporaine dans la verdure surplombant le plan d'eau des Roches de Condrieu et son port de plaisance. 6 ch. de 2 et 3 pers. s. d'eau et wc priv., TV et clim. indiv. Grande véranda (84 m2) avec cheminée où sont pris les petits déjeuners. Table d'hôte sur réservation. Parking fermé. Vue sur le Mont-Pilat et le vignoble des Côtes-Rôties. A 10 km, Vienne, ville archéologique (festival de Jazz). Billard, table de jeux de société. 2 gîtes ruraux de 85 m2, 3 épis, à proximité.

CV

Prix : 1 pers. **230 F** 2 pers. **260 F** 3 pers. **360 F** repas **90 F**

Ouvert : toute l'année

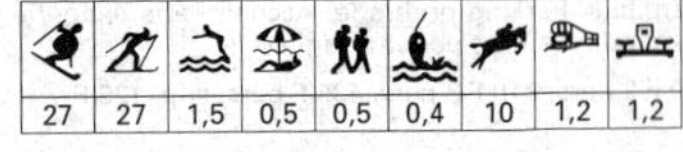

27	27	1,5	0,5	0,5	0,4	10	1,2	1,2

BRIOT Maurice et Martine - Chemin de Pré Margot - 38370 SAINT-PRIM - Tél : 04 74 56 44 27 - Fax : 04 74 56 30 93 - E-mail : lamargotine@wanadoo.fr - http://site.wanadoo.fr/lamargotine

SAINT-VERAND Les Sables (TH) *C.M. 77 Pli 3*

2 ch. Maison fermière tradit. en pisé, à l'écart du village, sur un côteau verdoyant (entre Grenoble et Valence). Vous trouverez 2 ch. spacieuses et coquettes avec s. d'eau wc privés. 1 ch. 2 pers. et 2 grdes ch. jumelées pour 5 pers. Les ptts déjeuners et les dîners sont pris soit dans la s.à manger campargnarde devant la cheminée soit sur terrasse à l'ombre des tilleuls.

CV

Prix : 1 pers. **200 F** 2 pers. **250 F** 3 pers. **350 F** pers. sup. **100 F** repas **90 F**

Ouvert : d'avril à septembre.

5	15	SP	15	5	5	5

LAVOREL Claude - Les Sables - 38160 ST-VERAND - Tél : 04 76 64 09 48 - Fax : 04 76 64 09 48

LA SALLE-EN-BEAUMONT Les Allauves Alt. : 800 m *C.M. 77 Pli 15*

3 ch. Près de la route Napoléon, pour une halte, un séjour, Martine & Abel vous accueillent dans leur grande maison contemporaine et mettent à votre disposition 3 ch. 2 pers. situées au 1er étage. 1 ch. classée 1 épi avec douche et lavabo privés, wc communs à l'étage. 2 ch. avec s. d'eau et wc privés. Coin-détente et lecture, salon à dispo., gd jardin, garage, ch. central.

CV

Prix : 1 pers. **200 F** 2 pers. **250 F** 3 pers. **350 F**

Ouvert : toute l'année.

7	50	10

GRAND Abel et Martine - Les Allauves - 38350 LA-SALLE-EN-BEAUMONT - Tél : 04 76 30 42 04 - Fax : 04 76 30 44 54

LE SAPPEY-EN-CHARTREUSE Le Gouillat Alt. : 1000 m (TH) *C.M. 77 Pli 6*

1 ch. La Souris-Verte est une grande maison de Pays en lisière de forêt, entièrement rénovée, très confortable et chaleureuse avec un grand jardin et une belle terrasse. Le dernier étage de la maison réservé à l'accueil, dispose d'une suite de 2 ch. 1 très grande (vue superbe sur le massif de Chamechaude), avec 1 lit 2 pers. et d'une seconde avec de 2 lits 1 pers. Vaste salle de bain avec baignoire balnéo, cabine douche, double lavabo et wc particulier. La Souris-Verte est équipée pour recevoir bébé et enfant avec tout le matériel nécessaire. Etape idéal pour découvrir été comme hiver La Chartreuse à pied ou en raquette.

CV

Prix : 1 pers. **250 F** 2 pers. **290 F** 3 pers. **390 F** pers. sup. **100 F** repas **100 F**

Ouvert : toute l'année

SP	SP	8	SP	SP	15	12	SP

CARACACHE Nadine et Roger - La Souris Verte - Le Gouillat - 38700 LE-SAPPEY-EN-CHARTREUSE - Tél : 04 76 88 84 91 - Fax : 04 76 88 84 91 - E-mail : roger.caracache@wanadoo.fr

LE SAPPEY-EN-CHARTREUSE Mollard Giroud

Alt. : 1000 m (TH) *C.M. 77 Pli 5*

5 ch. Ancienne grange de caractère en limite du village, en annexe de la maison des propr. 1er et 2ème ét., grand séjour chaleureux avec cheminée, 5 ch. de 2,3 et 4 pers., avec s. d'eau-wc ou s.d.b-wc part. Les propr. enfants du Pays, attachés aux traditions rurales, vous feront découvrir leur environnement ainsi que la faune et la flore du Parc Naturel de Chartreuse. Gîte Panda, agréé par WWF. Langues parlées : anglais, espagnol.

Prix : 1 pers. **210 F** 2 pers. **270/300 F** 3 pers. **340 F** pers. sup. **70 F** repas **90 F**

Ouvert : toute l'année.

SP	SP	8	15	30	SP	15	20	SP	15	12	0,5

CHARLES Colette et Bruno - Gîte du Chant de l'Eau - Mollard Giroud - 38700 LE SAPPEY-EN-CHARTREUSE - Tél : 04 76 88 83 16 - Fax : 04 76 88 83 16 ou SR : 04 76 40 79 40

SECHILIENNE Cotte Fournier

Alt. : 600 m *C.M. 77 Pli 5*

3 ch. Au calme, à l'orée de la forêt, Michèle et J.Louis, vous propos. ds leur ancienne maison restaurée avec goût : 3 jolies ch. décorées avec soin (entrée indép.) 2 ch. 3 pers., 1 ch. mezz. 4 pers. salle d'eau wc part. A disposition des 3 ch. : non attenante. Cuisine (bien équipée), salon, gde salle à manger, barbecue, chaîne hi-fi, idéal pour petit groupe. Détente sur la terrasse ou le salon avec vue plongeante sur la vallée. Grenoble 25km, Vizille 10 km (château) ski Chamrousse, Alpe du Grand Serre. Gîte rural 3 épis, pour 6 pers., mitoyen avec les ch. d'hôtes. Langue parlée : anglais.

Prix : 1 pers. **205 F** 2 pers. **255 F** 3 pers. **335 F**

Ouvert : toute l'année

15	15	10	15	11	SP	SP	10	3

CHEMIN Michele & Jean-Louis - Cotte Fournier - Au Bout du Chemin - 38220 SECHILIENNE - Tél : 04 76 72 15 06 - Fax : 04 76 72 15 06

SEYSSINET-PARISET Pariset

Alt. : 700 m (TH) *C.M. 77 Pli 4*

5 ch. A 10 mn de Grenoble dans le Vercors, un lieu plein de charme pour le repos et la détente, un accueil chaleureux, une présence attentionnée. Parc de 1 ha avec piscine chauffée. Maison d'hôtes avec 4 ch. de 2 pers. personnalisées et lumineuses, s.d'eau, wc part. Dans la maison des propr. 2è ét. grande chambre 2 pers. avec balcon, s. d'eau, wc particuliers. Possibilité accueil de mini-séminaires, salle de 45 m2 (tarifs particuliers sur demande). Salon avec cheminée, véranda, bibliothèque, salon.

Prix : 1 pers. **250 F** 2 pers. **360 F** 3 pers. **110 F** repas **90 F**

Ouvert : toute l'année

7	7	SP	7	SP	7	16	16	15	5

CHENAL LELIEVRE Jacques et Chantal - Rue des Bergers-Les-Combelle - La Tour sans Venin - 38170 SEYSSINET-PARISET - Tél : 04 76 21 93 66 - Fax : 04 76 49 48 70

THEYS Mont Farcy

Alt. : 900 m **A** *C.M. 77 Pli 6*

2 ch. Florence vous accueille dans l'Auberge attenante à la ferme familiale et met à votre disposition 2 ch. au 1er étage. Chaque ch. permet de recevoir 4 pers. et dispose d'une ch. parents (1 lit 2 pers.) et d'une ch. enf.(2 lits gigognes 1 pers), s.d'eau wc part. Accès indep. balcon ou terrasse. Chauffage central. Ptts déj. et repas pris à l'Auberge (spécialités). Langue parlée : anglais.

Prix : 1 pers. **190 F** 2 pers. **240 F** 3 pers. **315 F** repas **80 F**

Ouvert : toute l'année

10	10	10	5	SP	SP	0,3	3

EYMIN Florence - Mont Farcy - 38570 THEYS - Tél : 04 76 71 17 07

THEYS Les Bruns

Alt. : 800 m (TH) *C.M. 77 Pli 6*

5 ch. Un petit coin du Québec dans les Alpes. Dans une vaste demeure contemporaine, Anne met à votre disposition 3 ch. 2 pers. de plain-pied et 2 ch. 2 pers. au 1er étage, avec balcon. Salle d'eau et wc particuliers. Salle à manger avec vue panoramique sur les Massifs environnants. Quelques recettes aux saveurs du Québec sont servies. Pour les balades en montagne, panier pique-nique sur demande. A 30 km de Grenoble ou de Chambéry. Langue parlée : anglais.

Prix : 1 pers. **200 F** 2 pers. **295/320 F** 3 pers. **400 F** repas **100 F**

Ouvert : 15 décembre au 15 avril et du 15 juin au 15 octobre.

16	16	10	8	SP	0,4	8	2,5

LETOURNEAU Anne - Chez ma cousine - Les Bruns - 38570 THEYS - Tél : 04 76 71 17 01 - Fax : 04 76 71 05 97 ou SR : 04 76 40 79 40 - E-mail : anne_letourneau@hotmail.com

LE TOUVET

C.M. 77 Pli 5

3 ch. Dans une maison fermière du XVIIIe située au cœur du village, 1 très grande chambre avec séparation 2 à 4 personnes avec salle de bains, wc privé et terrasse couverte . 1 grande chambre 2 pers. et 1 chambre jumelée pour 3 pers. avec salle de bains, wc privé. Joli jardin fleuri et ombragé, patio couvert. Petits déjeuners servis dans la jardinerie. Salon avec vaste cheminée. Parking privé clos et garage. Langues parlées : italien, anglais.

Prix : 1 pers. **270 F** 2 pers. **320 F** 3 pers. **420 F**

Ouvert : toute l'année

10	10	2	10	5	SP	SP	4	4	SP

FONTRIER Jacqueline - Rue de la Charrière - Le Pré Carré - 38660 LE TOUVET - Tél : 04 76 08 42 30 - Fax : 04 76 08 56 43

VALJOUFFREY Le Désert — Alt. : 1300 m — **A** — *C.M. 77 Pli 1*

2 ch. Auberge de montagne dans le hameau typique du Désert. Vous disposerez, dans une ambiance montagnarde, de 2 ch. indépen dantes de 3 pers. avec salle d'eau et wc particuliers. Chauffage électrique. Parc National des Ecrins. Repas et petits déjeuners pris à l'auberge. Langue parlée : anglais.

Prix : 2 pers. **250 F** repas **95 F**

Ouvert : toute l'année.

30	30	20	20	SP	SP	75	17

HUSTACHE Marie-Claude - Le Désert - 38740 VALJOUFFREY - Tél : 04 76 30 25 12 - Fax : 04 76 30 28 27

VAUJANY Pourchery de Vaujany — Alt. : 1000 m — **A** — *C.M. 77 Pli 6*

5 ch. Maison typique de l'Oisans avec vue sur la vallée, comprenant une auberge au r.d.c. Etage : 2 ch. 2 pers avec s. d'eau wc privés, 1 ch. 2 pers avec douche et lav., wc commun. 2è étage avec balcon : 2 ch. 3 pers. avec douche et lav., wc commun. Ambiance familiale, spécialités de l'Oisans. Liaison avec l'Alpe-d'Huez par le télécabine de Vaujany à 2.8 km. Repas et petits déjeuners pris à l'auberge. Jeu de boules.

Prix : 1 pers. **160 F** 2 pers. **250 F** 3 pers. **350 F** repas **70 F**

Ouvert : toute l'année

3	3	10	SP	3	10	3

THOMAS FRANCOIS - Pourchery - 38114 VAUJANY - Tél : 04 76 80 71 69

VERNIOZ Bois Marquis — TH — *C.M. 74 Pli 12*

3 ch. Maison mitoyenne avec celle des propriétaires, avec au r.d.c : séjour avec kichenette, 1 ch. 2 pers. s.d'eau wc privés. Au 1er : 1 ch. de 2 pers. 1 grande ch. de 3 pers. avec chacune s.d'eau et wc privés. Leurs fenêtres ouvrent largement sur la nature environnante. Terrain ombragé avec mobilier de jardin. A 10 km du Plan d'eau et du Port de Plaisance de Condrieu et à 12 km de Vienne, ville romaine.

CV

Prix : 1 pers. **190 F** 2 pers. **240 F** 3 pers. **310 F** pers. sup. **70 F** repas **80 F**

Ouvert : toute l'année

15	10	SP	3	15	3

FRECHET Chantal - Le Bois Marquis - 38150 VERNIOZ - Tél : 04 74 84 49 40

VILLARD-BONNOT Le Berlioz —  — *C.M. 77 Pli 5*

3 ch. Manoir du XIIe à 15 mn de Grenoble, au pied de la chaîne de Belledonne.A disposition : 2 belles chambres de 2 pers. et 1 suite de 4 pers., salle d'eau et wc part. Salle à manger avec sa vaste cheminée, salon TV, vidéo, bibliothèque. Table d'Hôtes gourmande, spécialités cuites dans le four à pain. Parc de 1,5 ha propice à la détente dans une ambiance campagnarde. Langues parlées : anglais, italien.

Prix : 1 pers. **400 F** 2 pers. **500 F** 3 pers. **650 F** pers. sup. **150 F** repas **180 F**

Ouvert : 1er avril au 31 octobre

10	10	5	15	10	2	5	2	2

ESSA Martine et Robert - Domaine du Berlioz - Rue du Berlioz - 38190 VILLARD-BONNOT - Tél : 04 76 71 40 00 - Fax : 04 76 13 05 98 ou SR : 04 76 40 79 40 - E-mail : DOMAINE DU BERLIOZ @ wanadoo.fr

VILLARD-DE-LANS Bois Barbu — Alt. : 1250 m — TH — *C.M. 77 Pli 4*

3 ch. Maison contemporaine aux larges baies ouvrant sur les prairies, forêts et le village de Corrençon. 3 ch. avec porte-fenêtres donnant de plain-pied sur l'extérieur. Chaque chambre est équipée d'une douche, lavabo, et wc privés. Nicole et Guy vous reçoivent à leur table où vous partagerez leur repas dans l'ambiance conviviale de leur maison, près de la cheminée. Golf et Tir à l'Arc à Corrençon.

CV

Prix : 1 pers. **200 F** 2 pers. **250 F** 3 pers. **310 F** repas **90 F**

Ouvert : toute l'année.

3	SP	5	5	SP	5	5	5	35	3

BERTRAND Nicole - La Croix du Liorin - Bois-Barbu - 38250 VILLARD-DE-LANS - Tél : 04 76 95 82 67 - Fax : 04 76 95 85 75

VILLARD-DE-LANS Les 4 Vents — Alt. : 1100 m — TH — *C.M. 77 Pli 4*

5 ch. Dans une ferme du Vercors, au calme et dans un cadre exceptionnel, une famille du terroir vous acueille avec sa chaleur et ses traditions. A la disposition de ses hôtes, 5 ch. ayant chacune lavabo, douche et wc privés. Salle à manger, cheminée, où une cuisine familiale vous sera servie. Coin salon, vestiaire. A 3 km le village avec infrastructures d'une station de moyenne montagne. Nombreuses possibilités de randonnées. Anglais parlé. Prix dégressifs selon la durée du séjour. Langues parlées : anglais, allemand.

CV

Prix : 2 pers. **260 F** repas **85 F**

Ouvert : toute l'année

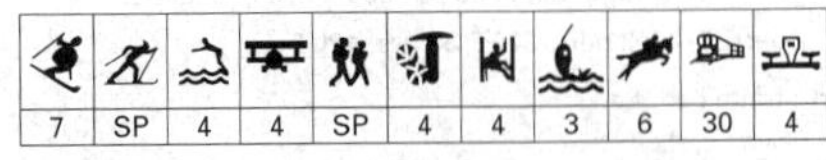

7	SP	4	4	SP	4	4	3	6	30	4

UZEL Jean-Paul et Sylvie - Les 4 Vents - Bois-Barbu - 38250 VILLARD-DE-LANS - Tél : 04 76 95 10 68

VILLARD-DE-LANS Bois Barbu

Alt. : 1150 m (TH) *C.M. 77 Pli 4*

3 ch. Dans un écrin de verdure, au cœur du Vercors, Agnès et Dominique vous proposent dans leur ferme traditionnelle 3 ch. intimes, confortables (s. d'eau, wc particuliers), table conviviale et régionale ds une atmosphère chaleureuse. Le jardin, la terrasse, le poêle-cheminée ou la biblio. seront des lieux privilégiés pour conclure une journée bien remplie. Villard de Lans offre toutes les infrastructures d'une station touristique. Langue parlée : anglais.

Prix : 1 pers. **230 F** 2 pers. **284 F** 3 pers. **370 F** repas **90 F**

Ouvert : toute l'année.

7	SP	3	7	SP	4	SP	2	5	35	4

BON Dominique et Agnès - Bois-Barbu - Le Val-Sainte-Marie - 38250 VILLARD-DE-LANS - Tél : 04 76 95 92 80 - Fax : 04 76 95 92 80

VILLARD-DE-LANS La Balmette

Alt. : 1100 m *C.M. 77 Pli 4*

1 ch. Monique et Charles vous accueillent dans leur maison contemporaine. Face à la chaine du Vercors, 1 ch. indép. avec salle d'eau et wc particuliers donnant sur un grand jardin où vous vous reposerez après une journée de balades, en montagne, VTT, escalade, spéléo., etc. En hiver, ski de piste, fond et patinoire. A 500 m du village où se trouvent Crêperie, pizzerias, restaurants et tous commerces.

Prix : 1 pers. **210 F** 2 pers. **260 F** 3 pers. **340 F**

Ouvert : toute l'année.

2,5	2,5	0,4	2,5	SP	3	SP	4	32	0,5

ROLLAND Monique - La Balmette - 38250 VILLARD-DE-LANS - Tél : 04 76 95 15 22

VILLARD-DE-LANS

Alt. : 1050 m (TH) *C.M. 77 Pli 4*

3 ch. Maison contemporaine, ds le Parc du Vercors, au cœur d'une station- village très vivante. Privilégiant bois, pierre et enduits rustiques, la décoration intérieure de la Jasse, particulièrement soignée, chaleureuse témoigne d'un attachement profond à la montagne et d'un certain art de vivre. Odile et Michel proposent 3 ch. douillettes, confortables. 1 ch. 3 pers. en duplex, 2 ch 2 pers., près du poële ou du four à pain, vous finirez de vous ressourcer. Cuisine régionale variée. Terrasse, jardin, parking. Professionnel de la montagne, Michel enrichira votre découverte du Vercors. Langue parlée : anglais.

Prix : 1 pers. **230 F** 2 pers. **280 F** 3 pers. **380 F** repas **94 F**

Ouvert : toute l'année

3	3	0,4	5	1	3	10	0,5	3,5	30	0,1

IMBAUD Michel - 222 rue du Lycée Polonais - 38250 VILLARD-DE-LANS - Tél : 04 76 95 91 63 - E-mail : imbaud.lajasse@wanadoo.fr

VILLARD-DE-LANS

Alt. : 1050 m *C.M. 77 Pli 4*

2 ch. Vaste maison fleurie, ensoleillée et très calme située ds le village. Vous disposerez au 1er étage d'une ch. avec bains et wc priv. et d'une 2ème ch. avec coin-salon et balcon ouvrant sur la Chaîne du Vercors, salle d'eau et wc privés. Au r.d.c., les petits déjeuners sont pris dans la s. à manger au mobilier rustique près de la cheminée. Terrasse, jardin d'agrément, parking dans la propriété.

Prix : 1 pers. **240 F** 2 pers. **300 F** 3 pers. **400 F**

Ouvert : toute l'année.

3	3	0,3	3	3	4	0,5	3	30	0,5

HAUBERT Marcel et Odette - La Musardière - Route des Vières - 38250 VILLARD-DE-LANS - Tél : 04 76 95 97 77

VILLARD-DE-LANS L'Achard

Alt. : 1100 m (TH) *C.M. 77 Pli 4*

1 ch. Maison contemp. à l'ext. de Villard-de-Lans où vous pourrez profiter du calme et de la nature environnante. Au 1er étage : 1 chambre 1 lit 2 pl et 1 chambre d'enfant avec 1 lit 1 pl. Salon où vous pourrez prendre vos petits-déjeuners, salle d'eau et wc privés à l'étage. Villard-de-Lans, située au Parc du Vercors est une station touristique été comme hiver.

Prix : 1 pers. **195 F** 2 pers. **240 F** repas **90 F**

Ouvert : toute l'année.

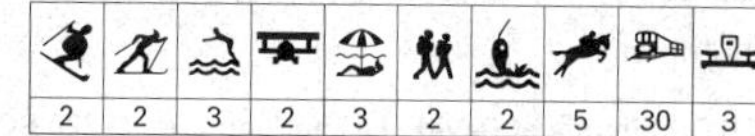

2	2	3	2	3	2	2	5	30	3

REY Eliane et Henri - L'Achard - 38250 VILLARD-DE-LANS - Tél : 04 76 95 59 29

VIZILLE Le Clos

C.M. 77 Pli 5

2 ch. Demeure dauphinoise du XVIIIème au mobilier ancien. Dans un cadre de verdure, 1 chambre double, 2 chambres jumelées, salles d'eau et wc privés. Accès indépendant. Garage, commerces, restaurants sur place. Grenoble à 15 km. Halte idéale pour visiter le château de Lesdiguières, berceau de la révolution française. A 13 km des thermes d'Uriage.

Prix : 1 pers. **210 F** 2 pers. **260 F** 3 pers. **360 F** pers. sup. **100 F**

Ouvert : toute l'année.

15	15	0,2	20	7	1	20	20	1	2	15	0,1

BLANCHON Jeanne et Alain - 93 rue des Jardins - Le Clos - 38220 VIZILLE - Tél : 04 76 68 12 71

VOREPPE

(TH) *C.M. 77 Pli*

5 ch. Château du XVIe aux portes de Grenoble, où vous apprécierez le parc aux arbres séculaires, la piscine et sa cuisine d'été. 5 ch. de 2 pers., spacieuses et confortables avec salles de bains et wc particuliers, vous sont réservées. Petits déjeuners savoureux sur la terrasse ou dans la vaste salle à manger salon près de la monumentale cheminée. Le château a appartenu à la famille Berlioz. Ambiance conviviale, cuisine régionale et familiale à la table d'hôtes (sur réservation), ou possibilité restauration gastronomique à proximité. CB acceptées. Langue parlée : italien.

Prix : 1 pers. **440 F** 2 pers. **550/800 F** pers. sup. **150 F** repas **150 F**

Ouvert : toute l'année.

29	29	SP	SP	3	4	4	4	2

LAFFOND Sylvia et Bruno - Château Saint-Vincent - Chemin Saint-Vincent - 38340 VOREPPE - Tél : 04 76 50 67 87 - Fax : 04 76 75 84 43 ou SR : 04 76 40 79 40

VOUREY

(TH) *C.M. 77 Pli 4*

1 ch. Sur un côteau sud, charmante maison Dauphinoise entourée de fleurs et de verdure. 1er ét. accès indép., 1 suite 2 ch. 4 pers., coin-bureau, s.d'eau wc part. Mezzanine avec billard français. Les ptts déjeuners et repas sont pris sur la terrasse ou dans la salle à manger/salon (cheminée, mobilier rustique). Vous profiterez de la piscine et vous vous détenderez à l'ombre du superbe mûrier-platane. Espace jeux et petit chalet pour les enfants. Accueil convivial. Randonnée sur place. Balades et sites tour. nombreux : Voiron, distillerie de Grande Chartreuse. Parking ds propriété. Langue parlée : anglais.

Prix : 1 pers. **200 F** 2 pers. **260 F** 3 pers. **350 F** pers. sup. **90 F** repas **100 F**

Ouvert : toute l'année

35	35	SP	35	17	1	15	50	17	6	8	3

MESSELOT Liliane et Yves - 508 route des Pierres Blanches - 38210 VOUREY - Tél : 04 76 07 08 96

Loire

GITES DE FRANCE - Service Réservation
43, avenue Albert Raimond - B.P. 50
42272 SAINT-PRIEST-EN-JAREZ Cedex
Tél. 04 77 79 18 49 - Fax. 04 77 93 93 66
E.mail : gites.de.france.42@wanadoo.fr

3615 Gîtes de France 1,28 F/min

BARD Sagne l'Allier

Alt. : 860 m

2 ch. 2 ch. doubles aménagées dans la maison du propriétaire, ancien bâtiment de ferme restauré (19e), avec entrées indépendantes. Situées en pleine campagne à proximité du Parc Naturel Livradois Forez, elles permettent l'hébergement de 2 familles. 1 ch. (1 lit 140, 2 lits 90), 1 ch. (1 lit 140, 1 lit 90), avec pour chacune leurs sanitaires privatifs. Salle de séjour avec cheminée. Terrain 2000 m², terrasse et salon de jardin pour chaque ch. Très belle vue sur la plaine du Forez, la maison étant située sur un belvédère naturel.

Prix : 1 pers. **150 F** 2 pers. **180/190 F** 3 pers. **245 F**

Ouvert : toute l'année.

1	9	25	SP	9	9	18	25	25	15	9	4

DESCHAMPS M.Françoise et Dominique - Sagne l'Allier - 42600 BARD - Tél : 04 77 76 26 83

BOURG-ARGENTAL La Landonnière

Alt. : 534 m (TH) *C.M. 76 Pli 9*

1 ch. Dans le Parc Naturel du Pilat, la Ferme-Equestre de la Landonnière vous invite dans une chambre d'hôtes, véritable petit duplex comprenant 1 ch. (1 lit 140), un salon (1 lit 90) avec cheminée, une kitchenette, et des sanitaires complets et privatifs. Une terrasse vous est aussi réservée. Si la décoration et l'ambiance intérieures sont propices au calme et au repos. Vous pouvez profiter si vous le souhaitez de l'activité équestre proposée sur place. David et Dominique vous invitent aussi à la table d'hôtes (sur réservation) (50 F jusqu'à 13 ans, gratuit pour les moins de 5 ans), où ils vous feront partager leur connaissance de la région. Langues parlées : anglais, espagnol.

Prix : 1 pers. **200 F** 2 pers. **240 F** pers. sup. **20 F** repas **70 F**

Ouvert : toute l'année.

0,1	2	SP	SP	2	7	7	30	9	1,3

CHAMPAVER Dominique et David - La Landonniere - 42220 BOURG-ARGENTAL - Tél : 04 77 39 79 12 ou 06 72 73 27 90 - Fax : 04 77 39 79 12

BURDIGNES

Alt. : 900 m **A**

E.C. 4 ch. **Bourg-Argental 6 km. Safari Parc de Peaugres 18 km.** Dans le Parc Naturel du Pilat, Olivier et Véronique vous accueillent dans leurs 4 chambres d'hôtes. Celles-ci sont situées à l'étage de leur maison, habitation en pierres typique des villages du Parc. 2 ch. avec sanitaires complets privatifs, 2 ch. avec sanitaires communs sur le palier. Poss. de repas sur place à la ferme-auberge. Burdignes (60 hab.) est situé à 900 m d'altitude, aux confins de la Loire, l'Ardèche et la Hte-Loire. Idéal pour ceux à la recherche de calme et repos, il offre aussi de multiples possibilités de promenades dans les bois et la campagne environnante. Langue parlée : anglais.

Prix : 1 pers. **185/225 F** 2 pers. **210/250 F** 3 pers. **295/335 F** repas **75 F** 1/2 pens. **180/195 F** pens. **225/250 F**

Ouvert : toute l'année.

6	6	9	SP	6	9	5	15	32	6

LE GARS Olivier et Véronique - Le Village - 42220 BURDIGNES - Tél : 04 77 39 60 81 - Fax : 04 77 39 63 85

CHATELUS La Prebende

Alt. : 735 m — A — *C.M. 73 Pli 18*

1 ch. 1 suite d'une chambre d'hôtes avec coin salon, aménagée dans une ancienne ferme typique des Monts du Lyonnais, à proximité d'un gîte de séjour. (1 lit 140, 1 lit 90). Sanitaire complet privé pour la ch. Terrain 2000 m^2, terrasse 9 m^2, salon de jardin, terrain de boules, promenade en poney et VTT sur place, portique, parking réservé. Un pot d'accueil vous attend à votre arrivée (apéritifs maison...). A l'auberge sur place, et sur réservation vous apprécierez une cuisine traditionnelle du terroir. Réservation en ligne possible par Minitel et Internet. Langue parlée : anglais.

Prix : 1 pers. **200 F** 2 pers. **260 F** 3 pers. **360 F** repas **83/98 F**

Ouvert : toute l'année.

1	8	SP	SP	8	SP	8	30	3

MASSET Francis - La Prébende - 42140 CHATELUS - Tél : 04 77 20 76 12 ou 06 16 22 00 71 - Fax : 04 77 20 74 16

CHAVANAY Le Colombier du Triolet

TH — *C.M. 76 Pli 10*

2 ch. **Vienne 15 km. Lyon 45 km.** Maison de caractère du XVII Siècle, dans une propriété de 2,5 ha, 2 ch. d'hôtes (1 lit 140)(1 lit 140). Douche, lavabo, wc pour chaque chambre. Salon, cheminée, terrasses, salon de jardin, parking. Panorama sur la vallée du Rhône, par temps clair, vue sur la chaîne des Alpes. Table d'hôtes sur réservation. A 12 km de la sortie A7 (Condrieu-Ampuis).

Prix : 1 pers. **240 F** 2 pers. **280 F** pers. sup. **110 F** repas **110 F**

Ouvert : d'avril au 15 novembre.

3	3	SP	6	6	6	3

FAYOLLE Josette et Jean - Le Colombier du Triolet - 42410 CHAVANAY - Tél : 04 74 87 04 82

CIVENS Les Rivieres

TH — *C.M. 73 Pli 18*

3 ch. 3 ch. d'hôtes aménagées à l'étage de la ferme des propriétaires. Sanitaires complets dans chaque chambre : 57 m^2. (1 lit 140, 1 lit 140, 2 lits superposés, 2 lits 90). Salon avec TV, cheminée. Terrain 300 m^2, terrasse avec salon de jardin, portique enf. A la table d'hôtes, vous apprécierez les produits de la ferme, du jardin et les confitures maison. Endroit très calme, à 5 km de la sortie d'autoroute A72 (St-Etienne/Clermont). Camping sur place. De Feurs, prendre direction Salvizinet par D 113, puis suivre le fléchage. Feurs à 2,5 km.

Prix : 1 pers. **160 F** 2 pers. **210 F** repas **70 F**

Ouvert : toute l'année.

3	2	8	4	2	3	2	2

PALAIS Bernard et Simone - Les Rivières - 42110 CIVENS - Tél : 04 77 26 11 93

COLOMBIER-SOUS-PILAT Vernollon

Alt. : 1063 m — A — *C.M. 76 Pli 9*

4 ch. **Bourg-Argental 17 km.** 4 ch. d'hôtes : 160 m^2 dans le Parc du Pilat avec très belle vue panoramique 2 ch. (1 lit 140, 1 lit 90, wc-lavabo), (1 lit 140, 1 lit 90 douche lavabo, wc), les 2 autres se louant ensemble (1 lit 140, 1 lit 90 ds l'une, 2 lits 90 et 2 lits superposés dans l'autre, douche, lavabo, wc). Grande salle commune de l'auberge (80 m^2), salon, bibliothèque. Terrain, terrasse, salon de jardin. Salle de ping pong. Crêt de la perdrix (1432 m), panorama avec table d'orientation. Cet hébergement est chambres d'hôtes Panda. Langue parlée : anglais.

Prix : 1 pers. **120/180 F** 2 pers. **170/220 F** 3 pers. **220/320 F** repas **80 F**
1/2 pens. **200/260 F**

Ouvert : toute l'année.

9	8	3	SP	17	8	13	SP	4	20	25	9

GRANGE Odile - Vernollon - 42220 COLOMBIER-SOUS-PILAT - Tél : 04 77 51 56 58

COMMELLE-VERNAY Chateau de Bachelard

TH

2 ch. Dans un cadre exceptionnel, parc de verdure de plusieurs ha avec étang, 2 ch. au chateau de Bachelard (17e). 1 ch. 45 m^2 (1 lit 160), 1 ch. 55 m^2 (1 lit 160), chacune disposant de sanitaires complets privatifs, et d'un espace salon. Vastes pièces de réception, salon avec cheminée, salle à manger avec vue sur la piscine (17x7). A table d'hôtes, vous pourrez sur résa. apprécier une cuisine familiale et raffinée à base de produits de saison issus du potager. Site idéal pour les amateurs de chasse et pêche : à la mouche ou aux carnassiers, carpistes. Tir des colverts à la passée et levée d'étang. Roanne à 4 km. Langues parlées : anglais, espagnol.

Prix : 1 pers. **250/530 F** 2 pers. **500/580 F** repas **130 F**

Ouvert : toute l'année.

SP	3	3	SP	SP	SP	3	4	2

NOIRARD Daniela et Hervé - Château de Bachelard - Bachelard - 42120 COMMELLE-VERNAY - Tél : 04 77 71 93 67 ou 06 80 23 59 21 - Fax : 04 77 72 10 20 - E-mail : bachelard@worldline.fr - http://www.accueil.com/bachelard

CORDELLE Les Glycines

Alt. : 530 m — *C.M. 73 Pli 7*

1 ch. 1 ch. d'hôtes personnalisée avec douche incorporée, wc sur palier réservés exclusivement à la chambre, dans maison de caractère (18e s.). Décor et ambiance rustique, en pleine nature. Salon TV, gd séjour avec cheminée, salle à manger, bibliothèque. Parc 4000 m^2, terrasse, salon de jardin. Panorama. Petits animaux admis. Région touristique des Gorges de la Loire et du plan d'eau de Villerest. Autoroute A72 (St-Etienne/Clermont) à 10 mn. Grand calme et charme assurés. Convivialité de rigueur ! Roanne à 12 kms. Tarifs dégressifs « longs séjours », gratuit pour le second enfant. Région du « bien vivre et du bien manger ». Langue parlée : anglais.

Prix : 1 pers. **230 F** 2 pers. **300 F** 3 pers. **400 F**

Ouvert : toute l'année.

4	0,5	3	SP	SP	4	30	30	5	12	0,5

SCILY Maïté et Gérard - Les Glycines - 42123 CORDELLE - Tél : 04 77 64 93 45 ou 06 11 07 49 46 - Fax : 04 77 64 97 24

DANCE La Croix

Alt. : 542 m — C.M. 73 Pli 7

3 ch. **Saint-Germain-Laval 10 km** 3 ch. d'hôtes aménagées : 80 m² à l'étage d'une maison ancienne à proximité d'une petite bourgade. 1 ch. (1 lit 140) et 1 ch. (2 lits 90, poss. lit d'app. 90) avec sanitaires communs (1 épi). 1 ch. (1 lit 140 + 1 canapé 140 + 1 lit bébé) avec sanitaires incorporés (2 épis). Salon de lecture, TV. Cour 500 m², salon de jardin. Canoë à 5 km. Petites auberges à 2 km.

Prix : 1 pers. **150 F** 2 pers. **200 F** 3 pers. **250 F**

Ouvert : de février à fin octobre.

3	0,3	17	SP	15	10	5	20	15	23	4

BARD Christiane & Antonin - La Croix - 42260 DANCE - Tél : 04 77 65 24 26

EPERCIEUX-SAINT-PAUL Les Barges

(TH)

E.C. 4 ch. En bord de Loire, Pascale, Hervé et leurs enfants vous accueillent dans leur ancienne ferme rénovée en 2000, 4 ch. équipées de sanitaires complets privatifs. 1 ch. (1 lit 2 pers.), 1 ch. (2 lits 1 pers.), 1 ch. (2 lits 1 pers.), 1 ch. (1 lit 2 pers. 1 lit 1 pers.). Séjour privatif à votre disposition, ainsi qu'un salon TV en mezzanine. Sur place, terrain 500 m² avec pelouse, jeux de boules, salon de jardin à l'ombre du tilleul... Vous pourrez partir à pied jusqu'aux bords de Loire situés à moins d'1 km. A la table d'hôtes, on privilégie la cuisine familiale (produits maison : légumes, confitures...), les recettes locales.

Prix : 1 pers. **190 F** 2 pers. **240 F** 3 pers. **320 F** repas **75 F**

Ouvert : toute l'année.

1	7	12	SP	7	7	7

GARDON Pascale et Hervé - Les Barges - 42110 EPERCIEUX-SAINT-PAUL - Tél : 04 77 26 54 40 ou SR : 04 77 79 18 49

FEURS La Bussinière

(TH)

3 ch. Eliane et Daniel vous accueillent dans les 3 ch. qu'ils ont aménagées dans la dépendance d'une ancienne ferme rénovée. Ds chaque ch. 1 lit 140 et toutes sont équipées de sanitaires complets et privatifs. R.d.c. vaste salle de séjour avec espace salon, cheminée, où vous seront servis les P. déj. et les repas, qui font la part belle aux recettes familiales. La Bussinière est située à 5 mn de la sortie autoroute de Feurs (A72), en bordure de la D89 en dir. de Lyon, ce qui fait d'elle une étape idéale dans la traversée de la Loire d'est en ouest et du nord au sud. Tél. portable du propriétaire : 06.88.32.37.15.

Prix : 1 pers. **200 F** 2 pers. **250 F** pers. sup. **80 F** repas **85 F**

Ouvert : toute l'année.

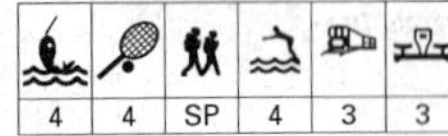

4	4	SP	4	3	3

PERRIN Eliane et Daniel - Route de Lyon - La Bussiniere - 42110 FEURS - Tél : 04 77 27 06 36 ou SR : 04 77 79 18 49

FOURNEAUX Château de l'Aubépin

Alt. : 550 m 

3 ch. Dans un château 17ᵉ classé monument historique, 2 vastes ch avec vue sur le jardin à la française dessiné par Le Nôtre, chacune avec sanitaires complets privatifs. Ambiance Renaissance Italienne et décoration exceptionnelle dans ces lieux chargés d'histoire où Henri IV séjourna. Salle des Gardes avec cheminée monumentale. Piscine à votre disposition, ainsi qu'un étang privé pour la pêche. Le château de l'Aubépin est situé entre Lyon et Roanne, étape privilégiée pour un séjour culturel ou gastronomique. Pour mieux vous accueillir, nous vous remercions de réserver au 06-19-74-20-19. Langues parlées : anglais, espagnol.

Prix : 1 pers. **400/500 F** 2 pers. **600/800 F**

SP	11	SP	SP	11	25	11	3

DE CHOISEUL Laure - Château de l'Aubépin - 42470 FOURNEAUX - Tél : 06 19 74 20 19 ou 01 46 93 08 08 - Fax : 04 77 62 48 40 - E-mail : aubepin42@yahoo.fr

LA GRESLE Le Chalet

Alt. : 600 m 

E.C. 4 ch. **Lyon 70 km. Autun 75 km. Roanne 22 km.** Au cœur d'un parc de 25000 m², ravissante demeure avec 4 ch. équipées de sanitaires complets privatifs. 1 ch. (1 lit 2 pers.), 1 ch. (2 lits 1 pers.), 3 ch. (2 lits 1 pers. chacune). Situées au 2ᵉ étage, toutes disposent d'une vue sur la campagne environnante. Le parc invite à des promenades bucoliques, de pelouses en sous bois, idéales après les repas mitonnés par J. Bernard et servis sur la terrasse à l'ombre des cèdres centenaires. Pour les gourmets, repas gastronomiques sur demande. Calme, tranquilité, air pur garantis dans cette région. Langues parlées : anglais, italien.

Prix : 2 pers. **300/380 F** repas **100 F**

Ouvert : toute l'année.

2	0,3	10	SP	5	5	15	25	12	5

CHAPON Jean-Bernard - Les 4 Croix - Le Chalet - 42460 LA GRESLE - Tél : 04 74 64 47 27 - Fax : 04 74 64 33 74 ou SR : 04 77 79 18 49 - E-mail : chaponjb@aol.com

GREZIEUX-LE-FROMENTAL Le Thevenon

(TH) — C.M. 73 Pli 18

4 ch. **Montbrison et Montrond-les-bains 7 km.** 4 ch. d'hôtes dans maison mitoyenne au logement des propriétaires : 117 m², dans un petit hameau. 2 ch. (2 lits 90), 2 ch. (1 lit 140), poss. lit pliant. Douche-lavabo-wc ds chaque ch. Coin salon, salle à manger avec TV réservée aux hôtes. Kitchenette toute équipée (micro-ondes, L.linge). Table d'hôtes sur réservation. Terrain 1200 m², terrasse avec salon de jardin. Ping-pong, terrain de tennis, volley et pétanque. A 4 km de la sortie autoroute. Langue parlée : anglais.

Prix : 1 pers. **200 F** 2 pers. **250 F** pers. sup. **80 F** repas **85 F**

Ouvert : toute l'année.

5	SP	14	SP	7	7	30	30	30	6	7	7

FARJON Françoise et J.Marc - Le Thevenon - Grezieux le Fromental - 42600 MONTBRISON - Tél : 04 77 76 12 93 - Fax : 04 77 76 13 51

L'HOPITAL-LE-GRAND Le Clos de la Grange

1 ch. 1 ch. d'hôtes aménagée dans la maison du propriétaire, ancienne ferme restaurée avec parc clos et piscine : 56 m². Un véritable duplex à votre disposition : 1 ch double à l'étage (2 lits 90)(1 lit 90), avec bureau et salle de bains, un séjour avec salon et kitchenette au rdc (L-linge, frigo, vaisselle, canapé 130). Robert et Marge seront heureux de vous accueillir pour une étape ou un séjour ; ils sauront vous faire aimer et découvrir leur région, riche d'un fabuleux patrimoine historique, culturel et gastronomique. Langues parlées : espagnol, anglais.

Prix : 1 pers. **190 F** 2 pers. **250 F**

Ouvert : de mai à octobre.

0,1	0,2	SP	SP	10	6	SP

RODRIGUEZ Robert et Marge - Le Clos de la Grange - 42210 L'HOPITAL-LE-GRAND - Tél : 04 77 76 10 70 - Fax : 04 77 76 10 70

JAS Alt. : 530 m A *C.M. 73 Pli 18*

3 ch. **Feurs 8 km** 3 ch. d'hôtes situées à l'entrée d'un petit village fleuri « 3 fleurs ». 1 ch. (2 lits 90), 1 ch. (3 lits 90), 1 ch. (1 lit 140). Douche et TV dans chaque chambre, wc sur palier. Terrasse, salon de jardin. Restaurant sur place.

Prix : 1 pers. **200 F** 2 pers. **220 F** 1/2 pens. **240 F** pens. **280 F**

3	3	SP	SP	8	SP	8	SP

MEILLAND Gabriel - Le bourg - 42110 JAS - Tél : 04 77 28 54 08 - Fax : 04 77 28 56 09

JEANSAGNIERE Alt. : 1050 m A *C.M. 73 Pli 17*

4 ch. 4 ch. d'hôtes aménagées à l'étage d'un restaurant avec entrée indépendante à l'arrière de la maison. 1 ch. (2 lits 90) 1 ch. (1 lit 140) 2 ch. (1 lit 140, 1 lit 90). Sanitaires complets et prise TV dans chaque ch. Salle avec cheminée au rez-de-chaussée. Terrain, salon de jardin.

CV

Prix : 1 pers. **140 F** 2 pers. **220 F** repas **60/80 F** 1/2 pens. **180/220 F** pens. **220/260 F**

Ouvert : toute l'année.

2	5	10	SP	17	5	9	20	5

FORCHEZ Denis - Au Bourg - 42920 JEANSAGNIERE - Tél : 04 77 24 81 21

LAY Dorthoray TH *C.M. 73 Pli 8*

1 ch. 1 chambre de 30 m² aménagée à l'étage de la maison des propriétaires, avec 1 lit 140 et 2 lits 90. Salle d'eau dans la chambre, wc privatif sur le palier. Un salon avec TV est à votre disposition. Si vous le voulez, vous pouvez manger à la table d'hôtes (le soir uniquement), et apprécier une cuisine familiale à base de produits locaux et de la ferme. Petit-déj. classique vous est proposé : en plus du pain et du beurre, des confitures maison vous permettront de réaliser de délicieuses tartines pour bien démarrer la journée !... Enfin, la maison est à 3 km de la N7, ce qui en fait une étape idéale entre Roanne et Lyon, en pleine campagne.

Prix : 1 pers. **150 F** 2 pers. **200 F** pers. sup. **60 F** repas **70 F** 1/2 pens. **200 F**

Ouvert : toute l'année.

3	3	10	SP	3	20	3	3

DELOIRE Michel et M.Paule - Dorthoray - Lay - 42470 SAINT-SYMPHORIEN-DE-LAY - Tél : 04 77 64 72 98

LEIGNEUX-EN-FOREZ Les Junchuns Alt. : 520 m *C.M. 73 Pli 17*

2 ch. **Boën-sur-Lignon 3 km.** Au cœur du vignoble des Côtes du Forez, 2 chambres d'hôtes doubles à l'étage de la maison du propriétaire, viticulteur, (1 lit 140, 1 lit 130)(1 lit 140, 1 lit 140) avec sanitaires complets privatifs. Terrain 500 m² avec salon de jardin, portique enf., ping-pong.

CV

Prix : 1 pers. **190 F** 2 pers. **230 F** 3 pers. **330 F**

2	2	4	SP	18	3	20	20	20	15	3	3

CHEZE Dominique - Les Junchuns - 42130 LEIGNEUX-EN-FOREZ - Tél : 04 77 24 08 05 - Fax : 04 77 24 08 05

LENTIGNY Domaine de Champfleury *C.M. 73 Pli 7*

2 ch. Au pied des Monts de la Madeleine, tout près du vignoble et de Roanne, capitale gastronomique, cette belle maison bourgeoise du XIXème siècle offre 3 chambres de style, toutes avec sanitaires privés : 1 suite de deux chambres communicantes (1 lit 150 dans l'une, 1 lit 120 dans l'autre), et 1 chambre avec lit de 140. Le calme et les ombrages du parc de 2 ha, avec tennis privé, permettent détente et farniente. Tables pique-nique, abri voitures, ping-pong... Golf et plan d'eau à proximité. Langue parlée : allemand.

CV

Prix : 1 pers. **200/300 F** 2 pers. **300/350 F** pers. sup. **50 F**

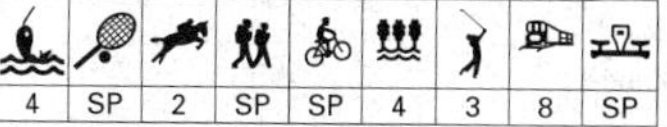

4	SP	2	SP	SP	4	3	8	SP

GAUME Maurice - Domaine de Champfleury - 42155 LENTIGNY - Tél : 04 77 63 31 43 ou 06 70 26 32 30 - Fax : 04 77 63 31 43

LURIECQ Triols
Alt. : 750 m (TH) *C.M. 76 Pli 7*

E.C. 3 ch. 3 chambres d'hôtes dont une suite aménagées à l'étage d'une superbe maison en pierres, ancienne ferme entièrement restaurée, avec très belle vue sur toute la campagne environnante. 1 suite (1 lit 140, 2 lits 90), 1 ch (1 lit 140), 1 ch (2 lits 90). Lavabo dans chaque chambre, salle de bains et wc sur le palier. Au Rc, salle de séjour, salon avec cheminée. Parc clos très agréable pour le service du P. Déjeuner à l'extérieur, ou pour des soirées grillades à la table d'hôtes. Les propriétaires, amateurs de sport et de gastronomie, vous invitent pour un séjour à la découverte de leur belle région des Monts du Forez. Langue parlée : anglais.

Prix : 1 pers. **150 F** 2 pers. **200 F** pers. sup. **70 F** repas **60/80 F**

Ouvert : toute l'année.

2	4	2	SP	20	4	30	22	2,5

ALLIMANT et ROUX Martin et Agnès - Triols - 42380 LURIECQ - Tél : 04 77 50 76 80 ou 06 03 45 41 14

MACHEZAL La Forest
Alt. : 600 m *C.M. 73 Pli 8*

2 ch. CV **Amplepuis 5 km. Saint-Symphorien-de-Lay 10 km.** 2 chambres d'hôtes (1 lit 140, 2 lits 90)(1 lit 140, 1 lit 90) avec sanitaires incorporés, aménagées à l'étage de la ferme du propriétaire. Pour chacune, kitchenette et entrée indépendantes. Les chambres mettent en valeur l'habitat rural : four à pain (d'agrément) dans l'une, soupente dans l'autre, ce qui leur confère beaucoup de charme et de caractère. La maison est située en pleine campagne, assurant ainsi calme et repos. Terrasse, salon de jardin.

Prix : 1 pers. **150 F** 2 pers. **180 F** 3 pers. **230 F** pers. sup. **50 F**

10	4	10	SP	5	10	5	5

BISSUEL Laurent - La Forest - 42114 MACHEZAL - Tél : 04 77 62 48 24

MACHEZAL
Alt. : 600 m (TH) *C.M. 73 Pli 8*

2 ch. **Amplepuis 9 km** 2 ch. d'hôtes aménagées à l'étage d'une charmante maison en pierre, à proximité du bourg du village. 1 ch. (1 lit 140), 1 ch. (1 lit 140, 2 lits 90), poss. lit d'apppoint sur demande. Sanitaires complets dans chaque chambre. Séjour, salon TV, terrain avec salon de jardin. A la table d'hôtes, vous goûtererez à une cuisine familiale (produits de qualité). Une étape idéalement bien située entre Lyon et Roanne.

Prix : 1 pers. **160 F** 2 pers. **200 F** 3 pers. **250 F** pers. sup. **50 F** repas **70 F**

Ouvert : toute l'année.

2	15	SP	9	15	9	4

BISSUEL Raymond - Route de Chirassimont - 42114 MACHEZAL - Tél : 04 77 62 41 03

MAROLS L'Ecusson
Alt. : 780 m (TH) *C.M. 73 Pli 17*

4 ch. **Saint-Bonnet-le-Château 9 km** Demeure de caractère, située au cœur du village, offrant 4 ch. d'hôtes personnalisées, sur 2 niveaux (2 lits 90)(1 lit 140, 2 lits 90)(2 lits 120)(1 lit 140, 1 lit 90). Douche, wc dans chaque chambre. Coin cuisine, salon, TV. Terrain clos de 250 m² avec cour intérieure, salon de jardin, parking à 10 m. Pittoresque bourg médiéval entouré d'une nature verdoyante permettant excursions variées en Forez, Auvergne et Velay - circuit des « Babets » - Lieu invitant au repos pélerins et voyageurs. Sur résa en hors saison et le week-end. TH le soir sur résa. Langue parlée : espagnol.

Prix : 1 pers. **240 F** 2 pers. **320 F** 3 pers. **420 F** repas **75/115 F**

Ouvert : de fin mai à fin septembre.

SP	4	5	SP	19	9	9	20	20	40	19	0,2

FRACHEY Josiane - Le Bourg - L'Ecusson - 42560 MAROLS - Tél : 04 77 76 70 38 ou 04 77 32 64 40

MONTAGNY Parcelly
(TH) *C.M. 73 Pli 8*

3 ch. CV 3 ch. d'hôtes dans la maison du propriétaire située en pleine campagne. 1 ch. (1 lit 140, 1 lit 90, coin salon-TV), 1 ch. (2 lits 90) avec leurs sanitaires sur palier réservés aux hôtes. 1 ch avec sanitaires complets privatifs. Salon, bibliothèque au Rc. Calme et repos assurés. Terrain 350 m² idéal pour le service du P. Déjeuner, la table d'hôtes en extérieur. Cuisine de qualité à base de produits du terroir, confitures et tartes maison... Promenade en calèche sur demande. Randonnée à pied ou à cheval (logé au pré), carte avec circuit et pique-nique fourni : 45 F. Animaux acceptés sous réserve. Réduction à partir de 3 nuits en 1/2 pension. Langues parlées : anglais, espagnol.

Prix : 1 pers. **150/230 F** 2 pers. **180/250 F** 3 pers. **260 F** repas **80 F**

Ouvert : toute l'année.

3	6	9	SP	8	15	10	3

CAUWE Denise et Pascal - Parcelly - 42840 MONTAGNY - Tél : 04 77 66 13 61 - Fax : 04 77 66 13 61 ou SR : 04 77 79 18 49

MONTROND-LES-BAINS Les Vincents
(TH)

2 ch. **Saint-Galmier 9 km** 2 chambres d'hôtes dans la maison du propriétaire, avec accés plain-pied. 1 ch. (1 lit 140), 1 ch. (2 lits 90). Douche, lavabo et wc dans chaque ch. Coin-salon avec TV privatif. Terrain clos et terrasse idéalement situés pour un service du P.déj. en plein-air, avec vue sur les Monts du Forez. Table d'hôtes sur résa en fin de semaine. Vous dégusterez une cuisine familiale à base de produits de la ferme et autres produits locaux délicieusement préparés. Ces 2 ch. sont situées à l'entrée Sud de la ville, station thermale avec son château et son casino. Parking privatif. A 5 km de la sortie autoroute. Calme et repos assurés. Langue parlée : anglais.

Prix : 1 pers. **180 F** 2 pers. **240 F** 3 pers. **320 F** pers. sup. **80 F** repas **85 F**

Ouvert : toute l'année.

0,1	1	3	SP	10	10	2	1

DUGARET Vincent et Isabelle - Les Vincents - 42210 MONTROND-LES-BAINS - Tél : 04 77 94 56 02 ou 04 77 94 63 99

MONTVERDUN Domaine de la Loge

(TH)

E.C. 4 ch. Sur un domaine de bois et prés de 5000 m², ancienne ferme forezienne restaurée en 2000, Juliette et Marc vous accueillent dans leur 4 ch. équipées de sanitaires complets privatifs. 1 ch. (1 lit 2 pers. 2 lits 1 pers. en duplex), 1 ch. (1 lit 2 pers. 1 lit 1 pers.), 1 ch. (3 lits 1 pers.), 1 ch. (1 lit 2 pers.). Salle de séjour pour les hôtes, salon de jardin. Les propriétaires, artistes céramistes, ont restauré et décoré cette maison paysanne en utilisant des techniques et matériaux locaux et artisanaux (enduits, poutres apparentes, planchers...). Le site de la Loge est remarquable pour sa tranquilité, il ravira ceux à la recherche de calme. Langues parlées : anglais, allemand.

CV

Prix : 2 pers. **250/300 F** 3 pers. **370/400 F** pers. sup. **100 F** repas **90 F**

Ouvert : toute l'année.

5	9	3,5	SP	9	15	5	30	30	15	9	3,5

THIOLLIER Dominique & Juliette - Domaine de la Loge - 42130 MONTVERDUN - Tél : 04 77 97 56 96 ou SR : 04 77 79 18 49

NEAUX La Combe-Franche

C.M. 73 Pli 8

1 ch. 1 chambre d'hôtes au rez de chaussée : 17 m². (1 lit 140) avec salle d'eau particulière, wc sur le palier. Salon avec TV, cheminée. Terrain 2500 m², terrasse, salon de jardin. RN7 à 1,5 km. Dans un cadre de verdure, au calme, Jean-Noël et Dominique vous accueillent dans leur chambre d'hôtes au rez-de-chaussée d'une maison spacieuse. A proximité, de nombreux sentiers de randonnées. Langues parlées : anglais, allemand.

Prix : 1 pers. **145 F** 2 pers. **185 F**

Ouvert : toute l'année.

5	5	SP	4	4	15	4

CIMETIERE J-Noël et Dominique - La Combe Franche - 42470 NEAUX - Tél : 04 77 64 77 00

NEULISE Montée Bellevue

Alt. : 550 m *C.M. 73 Pli 8*

2 ch. **Saint-Sumphorien-de-Lay 9 km** 2 chambres d'hôtes aménagées dans la maison dupropriétaire : 45 m². 1 ch. (2 lits 140) avec salle de bains, 1 ch. (1 lit 140) avec douche. WC sur le palier. Salon-TV, cheminée. jardin 800 m² et terrasse avec vue splendide sur les Monts du Forez -calme et détente, salon de jardin. Proximité des gorges de la Loire et du château de la Roche.

Prix : 1 pers. **165 F** 2 pers. **198/218 F** pers. sup. **70 F**

Ouvert : de mars à fin octobre.

6	7	11	SP	7	8	7	SP

LACHAIZE Paul - Montée Bellevue - 42590 NEULISE - Tél : 04 77 64 62 39

LA PACAUDIERE Manoir Beausoleil

E.C. 2 ch. Dans un très beau manoir du 19ᵉ entièrement rénové en 2000, sur 2 ha de parc, 2 ch d'hôtes à l'étage (1 lit 140, 2 lits 90). Chacune dispose de sanitaires complets privés et a fait l'objet d'une décoration soignée et raffinée. De plus, elles offrent toutes les 2 une vue directe sur le parc et le jardin paysagé. Petits animaux acceptés. Non fumeurs. Petit-déj. servi en terrasse ombragé ou à l'intérieur selon la saison, avec recettes maison et produits de qualité choisis par les propriétaires. Le Manoir Beausoleil est une étape de qualité idéalement située entre Vichy et Lyon, à 20 km de Roanne, région gastronomique et culturelle réputée. Langue parlée : anglais.

Prix : 2 pers. **300 F**

2	0,5	SP	0,5	15	0,3

CHARASSE Roger et Geneviève - Manoir Beausoleil - 42310 LA PACAUDIERE - Tél : 04 77 64 36 96 - Fax : 04 77 64 30 12 - E-mail : rcharasse@aol.com

PANISSIERES Les Puits

Alt. : 740 m (TH) *C.M. 73*

E.C. 4 ch. Dans une très belle ferme des Monts du Lyonnais datée du XVIᵉ siècle, entièrement rénovée, 4 ch. avec sanitaires complets et privatifs. 1 ch. (1 lit 2 pers. 2 lits 1 pers.), 1 ch. (1 lit 2 pers. 1 lit 1 pers.), 1 ch. (3 lits 1 pers.), 1 ch. (3 lits 1 pers.), chacune de grand confort et équipée de mobilier de style. La table d'hôtes vous est proposée dans une « salle haute » d'époque, avec charpente en chêne de 1759, le tout avec une vue superbe sur la campagne environnante : les Montagnes du Matin. Salon TV, vidéothèque, bibliothèque. Vaste cour, parking fermé. Rando. au départ de la ferme, à pied, à VTT... Langues parlées : anglais, espagnol.

CV

Prix : 1 pers. **220 F** 2 pers. **280 F** 3 pers. **400 F** pers. sup. **120 F** repas **80 F**

Ouvert : toute l'année.

2	12	SP	SP	12	SP	1	12	1

BAVOZAT Marc - Les Puits - La ferme des Puits - 42360 PANISSIERES - Tél : 04 77 28 83 19 - Fax : 04 77 28 83 68 - E-mail : lespuits@aol.com - http://www.members.aol.com/lespuits

REGNY

C.M. 73 Pli 8

1 ch. **Saint-Symphorien-de-Lay 9 km** 1 ch. d'hôtes aménagée à l'étage d'une maison située au cœur du village, (1 lit 140, 2 lits 90) salle de bains, wc. Chauffage central. Salle de séjour, salon, TV. Patio. Garage. Maison de caractère (XVème siècle) au cœur du village. Mr Chevillard est un historien local, conservateur de la Chapelle de Naconne.

Prix : 1 pers. **160 F** 2 pers. **200 F**

Ouvert : toute l'année.

SP	SP	15	SP	6	15	0,2	SP

CHEVILLARD Etienne - Rue de la Tour et de la Poste - 42630 REGNY - Tél : 04 77 63 01 52

RENAISON La Mayoufiere

(TH) *C.M. 73 Pli 7*

3 ch. **Saint-Haôn-le-Chatel 2 km** 3 ch. d'hôtes à l'étage : 1 ch. avec 1 lit 140, 1 lit 90 avec douche, lavabo, 1 ch. avec 2 lits 90 avec douche lavabo. Wc commun à ces 2 ch. sur le palier. 1 ch. avec 1 lit 140 et sanitaires privatifs complets. Salle de séjour avec cheminée Terrain 4000 m², terrasse ombragée, salon de jardin. Repas sur commande. Un repas vous sera offert pour tout sejour d'1 sem.

CV

Prix : 1 pers. **180 F** 2 pers. **190 F** 3 pers. **250 F** pers. sup. **70 F**
repas **75 F** 1/2 pens. **255 F** pens. **325 F**

Ouvert : du 15 novembre au 15 octobre.

1	1	3	SP	12	15	20	20	12	12	2

BAYLE Paulette - La Mayoufiere - 42370 RENAISON - Tél : 04 77 64 27 88

RENAISON Platelin

(TH) *C.M. 73 Pli 7*

2 ch. **Saint-Haôn-le-Chatel 5 km** Dans une ferme rénovée, plein sud, face à la Côte Roannaise. 2 chambres d'hôtes rez de chaussée, (1 lit 140)(1 lit 140, 2 lits 80), douche, wc, dans chaque chambre. Salon, TV, piano. Terrain de 15000 m² arboré, salon de jardin, piscine, portique et jeux d'enfants. Propriétaire pratique la langue des signes (LSF), entomologiste. Environnement calme.

CV

Prix : 1 pers. **240 F** 2 pers. **290 F** 3 pers. **340 F** pers. sup. **50 F**
repas **95 F**

Ouvert : du 1er mars au 15 décembre.

1	1	8	SP	SP	15	15	20	15	12	1

DE BATS Christine - Platelin - 42370 RENAISON - Tél : 04 77 64 29 12 ou 04 77 62 14 79 - Fax : 04 77 62 14 79

ROCHE-LA-MOLIERE Le Bouchage

Alt. : 680 m (TH)

E.C. 1 ch. **Saint-Etienne 7 km.** Située en pleine campagne, avec parc et piscine. 1 ch. aménagée dans la maison du propriétaire, véritable petit appartement (50 m²) avec salon, chambre, coin-cuisine, sanitaires complets privatifs : 1 lit 140, canapé 160, 1 lit bébé. Brigitte et Jean seront ravis de vous accueillir à la table familiale pour partager avec vous un pt-déj ou un repas à la table d'hôtes. Table d'hôtes (sur résa). Cuisine familiale et de qualité avec produits des fermes voisines et selon la saison, approvisionnement du jardin potager. En été, repas au bord de la piscine.

Prix : 1 pers. **260 F** 2 pers. **260 F** 3 pers. **360 F** pers. sup. **100 F**
repas **100 F**

Ouvert : toute l'année sauf les vacances de Noël.

1	1	2	SP	SP	5	20	7	7	1,5

BAUDRY Brigitte et Jean - Le Bouchage - 42230 ROCHE-LA-MOLIERE - Tél : 04 77 90 05 26 - Fax : 04 77 50 42 97 ou SR : 04 77 79 18 49

SAINT-ALBAN-LES-EAUX Le Chatard

(TH)

2 ch. Dans une maison contemporaine avec piscine, dans le vignoble de la Côte Roannaise, 2 chambres (1 lit 140) avec sanitaires privatifs (douche, lavabo et wc), et séjour privatif : salon, baie vitrée donnant sur la piscine. La terrasse est idéale pour le service des P. déjeuners au bord de la piscine, ou pour le repos, la lecture. La propriétaire vous propose aussi de dîner à la table d'hôtes, sur réservation uniquement. Maison facile d'accès, à 500 m du CD 8 et 20 km de la sortie autoroute A72. Restauration gastronomique à Roanne et dans les environs. Sports aériens à 5 km (baptêmes de l'air...).

Prix : 2 pers. **250 F** pers. sup. **100 F** repas **80 F**

2	2	4	SP	SP	10	5	25	4	10	2

CATTEAU Nadine - Le Chatard - 42370 SAINT-ALBAN-LES-EAUX - Tél : 04 77 65 90 76 - Fax : 04 77 65 90 76

SAINT-BONNET-LE-COURREAU

Alt. : 1024 m (TH) *C.M. 73 Pli 17*

4 ch. Au cœur d'un petit village dominant la Plaine du Forez, avec vue jusqu' aux Alpes, Lucienne et J. François vous accueillent dans leurs 4 ch. d'hôtes : 100 m². 2 grandes ch. (2 lits 90)(1 lit 160, 1 lit enf.) avec sanitaires incorporés (3 épis), 2 ch. (2 lits 90) avec salle d'eau et wc sur palier (1 épi). Possibilité lit d'appoint. Terrain 1000 m², terrasse et salon de jardin. Visite de l'exploitation. A table, cuisine familiale et produits du terroir garantis. Demi-pension à la semaine : 300 à 320 F par jour pour un couple.

CV

Prix : 1 pers. **140/170 F** 2 pers. **190/220 F** repas **70/80 F**

Ouvert : toute l'année.

2	9	8	SP	15	SP	15	18	15	SP

FOURNIER J.François et Lucienne - Le Bourg - 42940 SAINT-BONNET-LE-COURREAU - Tél : 04 77 76 80 20

SAINT-BONNET-LE-COURREAU La Chaize

Alt. : 960 m (TH) *C.M. 73 Pli 17*

2 ch. Janine et Pierre vous accueillent dans leur ferme située dans les Mts du Forez. 2 ch avec sanitaires privatifs, dans une maison indépendante. 1 ch 3 épis (1 lit 140) avec sanitaires incorporés, 1 ch double 2 épis (1 lit 140, 2 lits 90) avec sanitaires sur le palier. Séjour, kitchenette, TV, bibliothèque, jeux d'enfants (ping-pong, baby foot, balançoire). Cour fleurie 400 m² avec gazon. Salon de jardin, barbecue, garage. Visite de l'exploitation. Produits fermiers : foie gras de canard. A proximité de la montagne de Garnier avec sa lande de bruyère, ses jasseries et son estive de moutons. Table d'hôtes sur réservation.

CV

Prix : 1 pers. **160/180 F** 2 pers. **200/220 F** repas **70 F**

Ouvert : de février à fin septembre.

5	9	8	SP	15	SP	12	18	15	1

MARCOUX Janine et Pierre - La Chaize - 42940 SAINT-BONNET-LE-COURREAU - Tél : 04 77 76 81 05

SAINT-CHAMOND Bourdon (TH)

1 ch. Dans une belle maison de charme (1830), avec parc clos, arbres centenaires, vue sur le Massif du Pilat, 1 suite de 2 ch. à l'ét. Ch. double (2 lits 140), avec s.d.b. privative (12 m^2, avec bain et douche), salon privatif (1 lit 140). La maison est agencée et décorée avec goût et raffinement. Marie vous propose un pt-déj. copieux et raffiné. Table d'hôtes sur réservation. Dans les 2 cas, des produits de qualité sont servis, dans le parc ou la salle à manger familiale. Chambre très facile d'accès, à 3 min. de l'autoroute. Charme et convivialité assurés, pour une étape ou un séjour. Langues parlées : anglais, italien.

Prix : 2 pers. **300 F** pers. sup. **120 F** repas **100 F**

Ouvert : toute l'année.

10	4	2	SP	4	4	15	15	4	4

GARDES Marie - Bourdon - 42400 SAINT-CHAMOND - Tél : 04 77 22 23 74

SAINT-DIDIER-SUR-ROCHEFORT Alt. : 700 m (TH) *C.M. 73*

4 ch. 3 ch. d'hôtes à l'étage d'une belle maison de village, en pierres, avec jardin privatif aménagé. (2 lits 90)(1 lit 140)(1 lit 140, 1 lit 90). Sanitaires dans chaque ch. Vastes séjours et salons avec meubles anciens et cheminée. Charme et douceur des P. déj. ou diners gourmands pouvant être servis sous le tilleul dans le jardin clos. La maison, réaménagé et décorée avec goût et raffinement garde le parfum des vielles demeures de famille. Nostalgie et air vivifiant dans ce petit village du Haut-Forez d'où partent de belles balades. Les mélomanes apprécieront les concerts donnés dans les prieurés environnants. Langue parlée : anglais.

Prix : 1 pers. **210/240 F** 2 pers. **250/280 F** pers. sup. **80 F** repas **95 F**

Ouvert : 1er juin au 30 septembre.

1	SP	5	SP	25	10	15	27	35	10	SP

TRAPEAU Dany - La Closerie - 42111 SAINT-DIDIER-SUR-ROCHEFORT - Tél : 04 77 97 91 26 ou 04 70 97 87 07 - Fax : 04 77 97 91 26

SAINT-GENEST-MALIFAUX Magnoloux Alt. : 1080 m A

2 ch. Sur les hauts plateaux du Pilat (Parc Naturel), dans une très belle maison contemporaine avec superbe vue sur la campagne environnante, 2 chambres dont une suite : 1 ch. double avec terrasse (2 lits 100, 1 lit 140), 1 ch. (1 lit 140), les 2 avec leurs sanitaires privatifs attenants. Décoration moderne et raffinée des pièces de vie à votre disposition. A votre dispo : séjour et salon. La maison surplombe le village de St-Genest, ses baies et terrasses, le calme du site invitent à la contemplation d'un magnifique panorama. Sur place, pratique de nombreux sports et activités nature, dont la randonnée au départ de la maison.

Prix : 1 pers. **250 F** 2 pers. **250 F**

Ouvert : toute l'année.

1	1	SP	12	2	10	12	12	1

DUMAS Fernand - Magnoloux - 42660 SAINT-GENEST-MALIFAUX - Tél : 04 77 39 06 42

SAINT-GENEST-MALIFAUX Le Troll Alt. : 960 m *C.M. 76 Pli 9*

3 ch. Dans le Parc Naturel Régional du Pilat, 3 ch. d'hôtes aménagées dans une maison typique du pays à l'entrée du village avec l'entrée indépendante : 90 m^2. 2 ch. (1 lit 140, 2 lits 90)(1 lit 140, 1 lit 90), douche, lavabo dans chaque ch., wc sur le palier. 1 ch. (1 lit 140) sanitaires incorporés. Salle à manger avec kitchenette. Commerces, auberge, loisirs, pistes balisées, à proximité. Langues parlées : anglais, italien.

Prix : 1 pers. **180 F** 2 pers. **220 F** 3 pers. **300 F** pers. sup. **80 F**

Ouvert : toute l'année.

1	1	2	SP	12	1	SP	11	SP

BATTISTELLA Nicole et Jacques - 49, rue du Forez - Le Troll - 42660 SAINT-GENEST-MALIFAUX - Tél : 04 77 39 02 70

SAINT-GEORGES-DE-BAROILLES Les Grandes Cotes (TH) *C.M. 73 Pli 18*

2 ch. 2 ch. d'hôtes (1 lit 140, 1 lit 90)(3 lits 90), douche, lavabo et wc dans chacune. Salon, TV, bibliothèque. Terrain 5000 m^2, terrasse, salon de jardin. Hébergement pour cavaliers. Vue sur viaduc et gorges de la Loire, parc à biches, oiseaux d'ornements. Chevaux et ânes sur place. Feurs à 15 km.

Prix : 1 pers. **190 F** 2 pers. **250 F** 3 pers. **300 F** pers. sup. **50 F** repas **75 F**

Ouvert : de fin avril à fin octobre.

SP	SP	7	SP	5	8	5	5

PLASSARD Mireille et Jacky - Ferme Etape du Viaduc - Les Grandes Cotes - 42510 SAINT-GEORGES-DE-BAROILLES - Tél : 04 77 65 51 79

SAINT-GEORGES-EN-COUZAN Le Mazet Alt. : 800 m A *C.M. 73 Pli 17*

6 ch. Dans un écrin de verdure, au cœur des Monts du Forez, Valérie et Camille vous accueillent dans leurs 6 grandes ch. d'hôtes (dont 1 ch. double parents/enfants) situées à l'étage de leur maison, avec dans chacune des sanitaires privatifs complets. Salon TV et salle de séjour réservées aux hôtes. Possibilité de repas sur place, à la ferme-auberge. Site exceptionnel avec une vue imprenable sur les Monts du Forez, que vous apprécierez pour son calme, où vous pourrez découvrir des promenades et le patrimoine historique de cette belle région. Réservation recommandée. Fermé le dimanche soir et le lundi hors période de vacances scolaires.

Prix : 1 pers. **190 F** 2 pers. **250 F** pers. sup. **90 F** repas **65/85 F** 1/2 pens. **185 F** pens. **240 F**

Ouvert : toute l'année.

8	2,5	15	SP	15	15	12	2,5

DECOMBE Camille - Le Mazet - 42990 SAINT-GEORGES-EN-COUZAN - Tél : 04 77 24 80 95 ou SR : 04 77 79 18 49

SAINT-HAON-LE-VIEUX Magnerot  C.M. 73 Pli 7

3 ch. 3 ch. d'hôtes : 1 ch. (2 lits 90) avec douche, lavabo et wc. 2 ch. (1 lit 140) avec douche et lavabo personnels, wc commun. Salle de séjour. Terrain, salon de jardin. Petits animaux admis. Tarifs dégressifs à compter de 3 nuités (3 à 8 %). 1 ch. 3 épis, 2 ch. 2 épis. Chambres chez un viticulteur sur le passage de sentiers balisés. Kitchenette à dispo. Epiceries au village à 400 m avec dépot de pain, autres commerces à 6 km. Notions de langue des signes (LSF). Vol à voile à 12 km. Langue parlée : allemand.

Prix : 1 pers. **195 F** 2 pers. **195/225 F**

Ouvert : du 15 mars au 15 novembre sauf période des vendanges.

12	SP	10	SP	15	10	15	16	1,5

PRAS J.François et Claude - Magnerot - 42370 SAINT-HAON-LE-VIEUX - Tél : 04 77 64 45 56 - Fax : 04 77 62 12 52 - E-mail : jfpras@iname.com - http://www.la-cote-roannaise.com

SAINT-HAON-LE-VIEUX Caqueret Alt. : 650 m  C.M. 73 Pli 7

2 ch. Au cœur de la Côte Roannaise, dans une maison de Maître du 18ème siècle. Au Rc une ch. de 40 m² (2 lits jumeaux 90) avec kitchenette. A l'étage une suite de 2 ch. (2 lits 90, 2 lits 120). Les 2 ch. disposent d'un coin-salon et de sanitaires complets et privatifs. Salon TV-bibliothèque, salon de jardin, piscine. Grand parc arboré. Nombreuses visites culturelles et gastronomiques à proximité, dans la région Roannaise. Langues parlées : anglais, italien.

Prix : 1 pers. **300 F** 2 pers. **350 F**

Ouvert : toute l'année.

1	SP	SP	6	12	17	17	1

PINONCELY Jacqueline et Marc - La Marche - Caqueret - 42370 SAINT-HAON-LE-VIEUX - Tél : 04 77 64 42 95 - E-mail : info@mjpinoncely.com - http://www.mjpinoncely.com

SAINT-JEAN-SAINT-MAURICE L'Echauguette (TH) C.M. 73 Pli 7

3 ch. 3 chambres d'hôtes de caractère : 2 ch. au rez de chaussée (2 lits 90)(1 lit 140), 1 ch. à l'étage (3 lits 90), salle de bains et wc incorporés pour chaque ch. Salon. Terrasse avec salon de jardin. La 1ère a une vue sur le lac de Villerest, village Médiéval, la seconde sur le village de St-Jean-St-Maurice, et la troisième sur le donjon du château de St-Jean-St-Maurice. Langues parlées : anglais, allemand, italien.

Prix : 1 pers. **270 F** 2 pers. **320 F** 3 pers. **370 F** repas **120 F**

Ouvert : toute l'année.

2	1	5	SP	14	6	5	14	0,3

ALEX Michele - L'Echauguette - Rue Guy de la Mure - 42155 SAINT-JEAN-SAINT-MAURICE - Tél : 04 77 63 15 89

SAINT-JEAN-SAINT-MAURICE Audenet (TH) C.M. 73 Pli 7

E.C. 5 ch. En surplomb des méandres de la Loire, au cœur d'un vaste site panoramique, dans une ferme entièrement restaurée, 5 chambres d'hôtes de 2 à 3 personnes, avec leurs sanitaires complets privatifs. Salle à manger, salon, billard, mezzanine à votre disposition. Terrain sur place, possibilités de promenades à pied vers la Loire au départ de la maison. Armand et Frédérique se proposent de vous faire découvrir leurs qualités de cuisiniers à la table familiale, avis aux gastronomes ! Le village de St-Jean-St-Maurice est un des plus beaux de la région, il est situé en bordure du vignoble de la Côte Roannaise. Langues parlées : anglais, espagnol.

Prix : 2 pers. **250/320 F** pers. sup. **80 F** repas **100 F**

Ouvert : toute l'année.

1	3	4	SP	15	3	5	15	3

M. VILLA et Mme CHARLES . - Audenet - 42155 SAINT-JEAN-SAINT-MAURICE - Tél : 04 77 63 19 63 ou 04 77 72 53 22 - Fax : 04 77 72 41 84

SAINT-JULIEN-MOLIN-MOLETTE La Rivoire Alt. : 580 m (TH) C.M. 76 Pli 9

5 ch. **Peaugres 15 km. Bourg-Argental 5 km.** Ds le Parc Naturel du Pilat, Denise et Robert vous accueillent dans une maison bourgeoise (18e s.), avec un superbe panorama sur la campagne des environs. 5 ch personnalisées, décorées avec élégance, avec sanitaires privatifs. 2 ch. (1 lit 160, 2 ch. 2 lits 90), 1 ch. (1 lit 160, 2 lits 90) idéale pour une famille. Belles pièces de séjour, 2 salons réservés aux hôtes. Au petit-déj. ou à la table d'hôtes (servis en terrasse à la belle saison), vous apprécierez une cuisine familiale à base de fruits et légumes du jardin et autres produits du terroir. Langue parlée : anglais.

Prix : 1 pers. **240 F** 2 pers. **300 F** 3 pers. **370 F** repas **90 F**

Ouvert : toute l'année sauf janvier.

0,5	5	0,5	SP	5	15	10	35	4

THIOLLIERE Denise - La Rivoire - 42220 SAINT-JULIEN-MOLIN-MOLETTE - Tél : 04 77 39 65 44 - Fax : 04 77 39 67 86 - E-mail : larivoire@chez.com - http://www.chez.com/larivoire

SAINT-JULIEN-MOLIN-MOLETTE Castel - Gueret

Alt. : 600 m (TH) *C.M. 76 Pli 9*

5 ch. 5 ch. d'hôtes dont 2 suites dans un château fin 19e, au cœur du Parc Naturel du Pilat, dans un village d'artistes. 2 ch.(1 lit 160), 1 ch.(2 lits 90), 2 suites (1 lit 160, 2 lits 90), toutes de trés bon confort, avec sanitaires privatifs, coin-salons (billard), cuisine à dispo. exclusive des hôtes. Parc 1.8 ha avec arbres centenaires. Piscine privée. Idéal pour le repos, la lecture... Le château est situé à 20 min. de la sortie autoroute de Chanas (A7), vignobles St-Joseph et Côtes-Rôties à proximité. Chambres aux confins de la Loire, de l'Ardèche et de l'Isère. Lyon à 65 km. Langue parlée : anglais.

Prix : 1 pers. **280/350 F** 2 pers. **320/500 F** 3 pers. **520/600 F** pers. sup. **100 F** repas **120 F** 1/2 pens. **260/330 F**

Ouvert : toute l'année.

0,2	0,2	1	SP	SP	3,5	12	13	10	30	0,4

COULAUD Daniel - Drevard - 42220 SAINT-JULIEN-MOLIN-MOLETTE - Tél : 04 77 51 56 04 - Fax : 04 77 51 59 13 ou SR : 04 77 79 18 49 - E-mail : castel.gueret@free.fr - http://www.castel.gueret.free.fr

SAINT-LAURENT-SUR-ROCHEFORT Dardes

Alt. : 720 m (TH) *C.M. 73 Pli 17*

3 ch. **Boën-sur-Lignon 12 km** 3 chambres d'hôtes au cœur des Monts du Forez. 1 ch. double (3 lits 90, 1 lit 140), 1 ch. (1 lit 140) avec sanitaires complets privatifs et kitchenette. 1 ch. (2 lits 90) avec sanitaires complets privatifs. Possibilité lits d'appoint sur demande. Salle de séjour. Kitchenette. Bibliothèque. Terrain 200 m², salon de jardin. Salle d'activité et de détente commune aux gîtes et aux chambres d'hôtes.

Prix : 1 pers. **140/150 F** 2 pers. **180/200 F** repas **60 F** 1/2 pens. **160/180 F**

Ouvert : toute l'année.

6	6	12	SP	12	12	18	11	11

REYNAUD Josette - Dardes - 42130 SAINT-LAURENT-SUR-ROCHEFORT - Tél : 04 77 24 51 52

SAINT-MARCEL-D'URFE Les Gouttes

Alt. : 713 m (TH) *C.M. 73 Pli 17*

5 ch. **Saint-Just-en-Chevalet 10 km** 5 ch. d'hôtes au cœur de la nature et de l'authenticité dans une ancienne ferme aux pierres apparentes : 1 ch. (1 lit 140), 2 ch. (2 lits 90), 2 grandes ch. avec coin salon (1 lit 140 + 1 canapé convertible). Toutes avec douche, lavabo et WC. Salle à manger et salon avec cheminées. Veillées contes au coin du feu comme autrefois. Langues parlées : anglais, allemand.

Prix : 1 pers. **220/320 F** 2 pers. **270/370 F** pers. sup. **90 F** repas **105 F**

Ouvert : toute l'année.

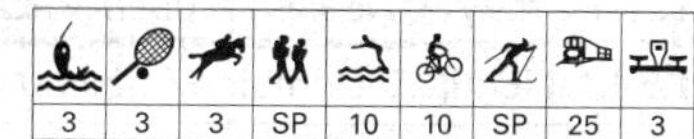

3	3	3	SP	10	10	SP	25	3

HAUCK Anne-Marie - « Il fut un temps... » - Les Gouttes - 42430 SAINT-MARCEL-D'URFE - Tél : 04 77 62 52 19 - Fax : 04 77 62 52 19 ou SR : 04 77 79 18 49 - E-mail : ANNE-MARIE.HAUCK@wanadoo.fr - http://www.eazyweb.co.uk/ilfut

SAINT-MARCELLIN-EN-FOREZ

 *C.M. 73 Pli 18*

5 ch. 5 ch. d'hôtes : 150 m². 1 ch. double (1 lit 140)(3 lits 90), 2 ch. (1 lit 140, 1 lit 90), 2 ch. (1 lit 140). Sanitaires pour chaque chambre. Salle à manger, cuisine équipée, salon sur demande pour réunions familiales ou professionnelles. Parc clos 7000 m², parking, salon de jardin, jeux d'enfants, tennis et piscine (10x5). week-ends « sympa » sur réservation. 2e tél. : 06.03.00.23.67. Langues parlées : anglais, allemand.

Prix : 1 pers. **200 F** 2 pers. **265 F** 3 pers. **340 F** pers. sup. **75 F**

Ouvert : de Pâques à la Toussaint.

4	SP	SP	SP	SP	10	25	4	SP

MALCLES Roland et Christine - 40 rte de St-Bonnet le château - 42680 SAINT-MARCELLIN-EN-FOREZ - Tél : 04 77 52 89 63 - Fax : 04 77 52 89 63 ou SR : 04 77 79 18 49

SAINT-MEDARD-EN-FOREZ

Alt. : 540 m (TH) *C.M. 73 Pli 18*

5 ch. 5 ch. d'hôtes aménagées ds une agréable maison du XVIIIe entièrement restaurée, située au cœur d'un charmant village fleuri 140 m².2 ch.(1 lit 140), 1 ch.(2 lits 90), 2 ch.(1 lit 160. 1 lit d'appoint).Sanitaires complets pour chaque ch. Grande salle de séjour avec table pour 10 pers. Salon, Tél. Michèle et Jean, artisans torréfacteurs, vous accueilleront avec gentillesse. Ils ont aménagé de belles chambres confortables et calmes. Ils vous serviront un agréable petit déjeuner et pourront vous faire déguster les spécialités du Forez à la table d'hôtes (sur résa).

Prix : 1 pers. **200 F** 2 pers. **260 F** repas **85 F**

Ouvert : toute l'année.

1	6	6	SP	8	8	12	6	SP

GOUILLON Jean et Michèle - Place de l'Eglise - 42330 SAINT-MEDARD-EN-FOREZ - Tél : 04 77 94 04 44 - Fax : 04 77 94 13 49 ou SR : 04 77 79 18 49 - E-mail : froumagier@forez.com - http://www.froumagier.forez.com

SAINT-MICHEL-SUR-RHONE L'Ollagniere (TH) *C.M. 73 Pli 20*

3 ch. Ds le parc du Pilat à 3 km de la RN86 entre Lyon et Valence, 3 ch. dans maison ancienne et bâtiment annexe 115 m^2. 2 ch. 2 épis (3 lits 90, 1 lit 140), douche-lavabo incorporés, wc privatif sur palier. 1 chambre 3 épis (2 lits 90, poss. lit enfant) avec sanitaires complets ds la ch. Salon, TV, kitchenette. Espace vert, salon de jardin, parking. Dégustation vin à prox.

Prix : 1 pers. **190 F** 2 pers. **240 F** 3 pers. **300 F** pers. sup. **70 F**
repas **85/90 F**

Ouvert : toute l'année.

2	7	SP	4	4	4	3

BONNET Georges - L'Ollagnière - 42410 SAINT-MICHEL-SUR-RHONE - Tél : 04 74 59 51 01 ou 04 74 56 80 74

SAINT-NIZIER-DE-FORNAS Alt. : 980 m (TH) *C.M. 76 Pli 7*

4 ch. Dans les Monts du Forez, J.Louis & M.Paule vous invitent dans leur maison, une ancienne ferme restaurée en pierre de pays. Sanitaires complets et privatifs ds chaque chambre. Un séjour-salon est à votre disposition. A la table d'hôtes, vous apprécierez une cuisine familiale à base de recettes et de produits régionaux servie devant la cheminée ou dans la cour. Cette région particulièrement verte et boisée offre de nombreuses activités : bourg médiéval de St-Bonnet-le-Château, plan d'eau avec baignade à 2 km, Musée de la Résistance, randonnées... 2e tél. : 06.88.00.22.05. Langue parlée : anglais.

Prix : 1 pers. **195 F** 2 pers. **240 F** pers. sup. **70 F** repas **60/80 F**
1/2 pens. **260 F** pens. **300 F**

Ouvert : toute l'année.

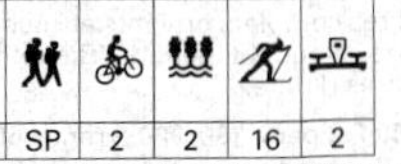

2	2	3	SP	2	2	16	2

CHAMBLAS J.Louis et M.Paule - L'Etrat - Route d'Estivareilles - 42380 SAINT-NIZIER-DE-FORNAS - Tél : 04 77 50 71 19 ou SR : 04 77 79 18 49

SAINT-PAUL-EN-JAREZ They Alt. : 600 m (TH) *C.M. 73 Pli 19*

4 ch. 4 chambres d'hôtes (1 lit 140)(1 lit 140)(2 lits 140)(1 lit 140, 2 lits 90). Chacune avec sanitaires complets. Salon, cheminée. Terrasse, salon de jardin, cour fermée. Vaches et chevaux, ferme. Cuisine mise à la disposition des hôtes. Très belle vue panoramique. Grand-Croix à 15 km.

Prix : 1 pers. **185 F** 2 pers. **210 F** 3 pers. **295 F** repas **75 F**
1/2 pens. **250 F**

Ouvert : toute l'année.

4	3	4	SP	10	20	20	12	10	3,5

CHATAIGNON Huguette - They - 42740 SAINT-PAUL-EN-JAREZ - Tél : 04 77 20 95 63

SAINT-PIERRE-LA-NOAILLE Domaine Château de Marchangny (TH) *C.M. 73 Pli 7*

3 ch. 3 ch. d'hôtes dans maison du XVIIIe siècle : 300 m^2. 2 suites (2 lits 90, 1 lit 160)(2 lits 160) 1 ch. (1 lit 160). Toutes les chambres sont équipées de salle de bains, wc séparés, de TV et Tél ligne directe. Salle de séjour, cheminée, mini-bar. Parc de 2,5 ha avec salons de jardin, piscine, vélos. Petits déj. copieux, brunch (supplément). Dîner aux chandelles servi à l'extérieur en saison. Endroit calme, cadre superbe, panorama, circuit des églises Romanes, sur passage de sentiers balisés. Prix enfant : 80 F. Langue parlée : anglais.

Prix : 1 pers. **430/530 F** 2 pers. **480/580 F** pers. sup. **80/180 F**
repas **80/150 F**

4	4,5	14	SP	SP	SP	20	16	15	4

RUFENER M.Colette - Domaine Chateau de Marchangy - 42190 SAINT-PIERRE-LA-NOAILLE - Tél : 04 77 69 96 76 - Fax : 04 77 60 70 37

SAINT-PRIEST-LA-ROCHE Prévieux Alt. : 510 m (TH) *C.M. 73 Pli 8*

3 ch. **Saint-Symphorien-le-Lay 11 km** Dans une maison ancienne, sur un site calme et agréable, sont aménagées 3 ch. d'hôtes avec salle d'eau et wc privatifs. 1 ch. rose (1 lit 140), 1 ch. myosotis (1 lit 140, 2 lits 90), 1 ch. lys (1 lit 140, 1 lit 90). Au r-d-c salle à manger, salon bibliothèque, TV à disposition des hôtes, cheminée, terrasse, salon de jardin, aire de jeux, barbecue, garage. Camping sur place. Gorges de la Loire et château de la Roche à proximité. Visite de la ferme, pêche en étang privé, pain et patisseries maison. Vue panoramique des Monts du Forez et de la Madeleine. RN 82 à 1,8 km. Langue parlée : anglais.

Prix : 1 pers. **150 F** 2 pers. **190 F** 3 pers. **260 F** repas **70 F**

SP	1	7	SP	8	10	10	5

ROCHE-MERCIER André et Odile - Previeux - 42590 SAINT-PRIEST-LA-ROCHE - Tél : 04 77 64 92 12

SAINT-SYMPHORIEN-DE-LAY Le Marthorey (TH) *C.M. 73 Pli 8*

2 ch. 1 suite de 45 m^2 pouvant accueillir 4 personnes, à l'étage d'une maison ancienne au cœur d'un vieux hameau de paysans-tisseurs ; 1 grande ch (2 lits 90) 1 ch. bureau (canapé 90 et lit d'app 80). Vestibule, salle de bains et wc. Salle à manger, salon, TV, bibliothèque, cheminée au Rc. Terrasse, jardin d'agrément (1000 m^2), salon de jardin, parking. Base de loisirs et escalade à 3 km. Table d'Hôtes sur réservation. Langues parlées : anglais, allemand.

Prix : 1 pers. **200 F** 2 pers. **275 F** 3 pers. **350 F** pers. sup. **75 F**
repas **100 F** 1/2 pens. **275 F** pens. **350 F**

Ouvert : toute l'année.

1	3	3	SP	3	SP	3	14	3	3

BRECHIGNAC Paul et M.Josephe - Le Marthorey - 42470 SAINT-SYMPHORIEN-DE-LAY - Tél : 04 77 64 73 65 - Fax : 04 77 64 73 65

SAINT-THOMAS-LA-GARDE

C.M. 73 Pli 17

1 ch. **Montbrison 10 km** Une grande chambre d'hôtes de 30 m², au 1er étage dans un corps de bâtiment d'une vieille maison de caractère (ancien Prieuré du 17ème), au cœur du village, avec entrée indépendante (1 lit 140, 2 lits 90 + 1 lit clos en mezzanine), avec sanitaires complets privatifs. Jardin clos de murs dominant la Plaine du Forez, avec vue sur le prieuré de St-Romain. Promenade et lac sur place.

Prix : 1 pers. **200 F** 2 pers. **280 F** 3 pers. **360 F** pers. sup. **80 F**

Ouvert : toute l'année.

SP	6	10	SP	6	5	SP	5	5	5

BELIN Dominique et Jacques - Place de l'Eglise - 42600 SAINT-THOMAS-LA-GARDE - Tél : 04 77 58 03 94

SAINT-VICTOR-SUR-LOIRE Pracoin

Alt. : 580 m

C.M. 76 Pli 8

3 ch. Aux portes des Gorges de la Loire, sur une des plus belles communes du département (St-Victor et son bourg médiéval, avec port, plage, plan d'eau), 3 ch. d'hôtes confortables aménagées dans une ancienne grange restaurée, toutes équipées de sanitaires privatifs. A votre disposition, parc clos avec piscine, salon, séjour. Colette vous propose un petit-déjeuner copieux servi dans l'ancienne grange ou au bord de la piscine, selon la saison. Ne proposant pas la table d'hôtes, elle vous conseillera sur les auberges et les restaurants à proximité. A 6 km de Firminy et de son patrimoine Le Corbusier.

Prix : 1 pers. **230 F** 2 pers. **280 F** pers. sup. **80 F**

Ouvert : toute l'année.

5	5	3	SP	SP	2	5	25	6	6	1

GRIMAND Colette - Pracoin - 42230 Saint-Victor-sur-Loire - Tél : 04 77 90 37 95 ou SR : 04 77 79 18 49

SAINTE-FOY-SAINT-SULPICE Les Rugneux

C.M. 73 Pli 18

2 ch. 2 ch. d'hôtes avec sanitaires complets privatifs et kitchenettes : 1 ch. double permettant l'hébergement d'une famille avec ch. parents (1 lit 140) avec vue sur un étang et ch. enfants (2 lits 90). 1 ch en Rc (1 lit 140, 1 lit 90) avec coin-salon. A disposition terrasse aménagée, terrain 1000 m², salon de jardin, pêche en étang privé. Garage sur place. Petit déjeuner particulièrement copieux (confitures maisons fraiches !...) servi à la table familiale ou en terrasse. Sur place, possibilité d'hébergement supplémentaire dans 2 gîtes. A 10 km de la sortie Autoroute de Feurs sur l'A72 (St-Etienne/Clermont) et à 10 km de Boën-sur-Lignon.

CV

Prix : 1 pers. **100 F** 2 pers. **220 F** pers. sup. **70 F**

Ouvert : toute l'année.

SP	3	8	SP	10	11	10	3

BRUEL René et Marinette - Les Rugneux - 42110 SAINTE-FOY-SAINT-SULPICE - Tél : 04 77 27 84 97

SAINTE-FOY-SAINT-SULPICE Saint-Sulpice

TH

C.M. 73 Pli 18

3 ch. 3 ch. d'hôtes aménagées à l'étage, dans une aile de la ferme familiale, avec accès indépendant. 1 ch. (1 lit 140), 2 ch. (2 lits 90) avec leurs sanitaires privatifs complets . Possibilité lit d'appoint sur demande. Salle de séjour avec kitchenette réservée aux hôtes. A la table d'hôtes (sur réservation), vous apprécierez une cuisine familiale et authentique. Terasse aménagée, parc arboré. Chambres situées au cœur de la Plaine du Forez, avec 2 sites majeurs à 5 km : la Bastie d'Urfé et Pommiers en Forez. Sortie autoroute A72 (N°6, St-Etienne/Clermont) à 10 km.

Prix : 1 pers. **200 F** 2 pers. **230 F** pers. sup. **70 F** repas **75 F**

Ouvert : toute l'année.

9	4	8	SP	12	20	9	4

CLAIR Lucette et René - Saint-Sulpice - 42110 SAINTE-FOY-SAINT-SULPICE - Tél : 04 77 27 81 08

SALT-EN-DONZY Le Monceau

TH

2 ch. Dominant la Plaine du Forez et bénéficiant d'une vue exceptionnelle, cette élégante demeure est située, au calme, dans un parc verdoyant de 23 ha. 1 suite (1 lit 140, salon 1 lit 120) et 1 ch. (1 lit 140), sanitaires privatifs. Grandes pièces de réceptions avec d'importantes cheminées et plafonds à la françaises, ouvrant sur une vaste terrasse. En hiver, vous profiterez de l'Orangerie. Dîner aux chandelles. Ce lieu reflète les passions des propriétaires : la nature, les chevaux, la chasse et la convivialité d'une « bonne table ». Entre Feurs et Lyon, à 7 km de la sortie autoroute Feurs. Langue parlée : anglais.

Prix : 1 pers. **325/450 F** 2 pers. **390/550 F** pers. sup. **110 F** repas **150 F**

1,5	2	7	SP	5	20	5	2

GIRAUDON Daniele - Le Monceau - 42110 SALT-EN-DONZY - Tél : 04 77 26 09 59 - Fax : 04 77 27 18 19 ou SR : 04 77 79 18 49 - E-mail : dgiraudon@hotmail.com

SEVELINGES Le Grand Chemin

Alt. : 600 m

C.M. 73 Pli 8

1 ch. Une grande chambre d'hôtes de 25 m², à l'étage de la maison des propriétaires, offrant une très belle vue sur la campagne environnante. (1 lit 140, 2 lits 90). Sanitaires complets et privatifs à la chambre. La décoration de la chambre rappelle le mobilier savoyard : table de berger, chevets de fabrication artisanale... ambiance chaleureuse garantie ! Salon TV avec cheminée, terrain avec salon de jardin. Sévelinges est à 30 km du Beaujolais, à proximité du Brionnais, dans la région Roannaise. Si les propriétaires ne proposent pas la table d'hôtes, plusieurs auberges à proximité pour toutes les bourses. Réduction de prix pour les séjours.

Prix : 1 pers. **200 F** 2 pers. **280 F** pers. sup. **80 F**

Ouvert : de mai à octobre.

15	2	10	SP	2	20	25	2

LIVET Yolande et Michel - Le Grand Chemin - 42460 SEVELINGES - Tél : 04 74 89 91 84 ou 06 88 00 22 05

LA TERRASSE-SUR-DORLAY Le Moulin Payre

Alt. : 500 m (TH) *C.M. 76 Pli 9*

E.C. 5 ch. Dans le Parc Naturel du Pilat, Myriam et Pierre vous accueillent dans leurs 5 chambres d'hôtes, dans une ancienne maison de maître sur un parc clos et ombragé avec piscine, étang privé, bordé par une rivière (charme et repos garantis). Toutes les chambres disposent de sanitaires complets et privatifs, et un salon est aussi à votre disposition (lecture, TV...). La maîtresse de maison, fin cordon bleu, vous convie à la table d'hôtes (sur réservation) pour y déguster une cuisine familiale de qualité. Fort bien située entre St-Etienne et Lyon, en pleine campagne, cette étape ravira tous ceux à la recherche d'un accueil et d'un cadre de qualité.

Prix : 1 pers. **250 F** 2 pers. **310 F** pers. sup. **80 F** repas **80/100 F**

Ouvert : toute l'année.

0,1	0,5	3	SP	SP	8	3	15	30	20	8	1,5

MARQUET Myriam et Pierre - Le Moulin Payre - 42740 LA TERRASSE-SUR-DORLAY - Tél : 04 77 20 91 46

LA VALLA-EN-GIER Le Moulin du Bost

Alt. : 850 m A *C.M. 76 Pli 9*

3 ch. Annie et Jacques habitent au cœur du Parc Naturel Régional du Pilat, près d'un des sites les plus prestigieux du massif « le Saut du Gier ». 3 ch. avec douche, WC, TV, dont 1 mini studio équipé réfrigérateur, l-linge, l-vaisselle, 1 d'elle possède même une grande baignoire (1 lit 140, 2 lits 90, 1 lit 140. 1 ch. enfant 1 lit 90. 2 séjours 2 lits 90 2 lits 90. L'intérieur de la maison est soigné et confortable : cheminée, barbecue, véranda. Extérieur fleuri avec salon de jardin. Le soir, la table d'hôtes se garnit de produits frais et de recettes familiales. Menus de 50 à 155F.

Prix : 1 pers. **230 F** 2 pers. **295 F** 3 pers. **385 F** pers. sup. **90 F** repas **95 F**

Ouvert : de Pâques à la Toussaint.

SP	15	SP	10	15	15	15

FAURE Annie et Jacques - Le Moulin du Bost - 42131 LA VALLA-EN-GIER - Tél : 04 77 20 06 62

VENDRANGES Ferme de Montissut

(TH) *C.M. 73 Pli 8*

3 ch. Suzanne et Jean vous accueillent dans leur ferme d'élevage. 3 ch. d'hôtes à l'étage : 2 ch. 3 épis avec sanitaires privés : 1 ch. spacieuse de 30 m² avec vue sur l'étang (1 lit 140, 2 lits 90) et 1 ch. (2 lits 90). 1 ch. (1 lit 140) 2 épis avec wc et lavabo privatifs. Pour les 3 ch., salon de lecture attenant. Poss. lit d'appoint. Salon, TV, bibliothèque, cheminée. Terrasse ombragée, aire de jeux, ping-pong... Garage pour chaque ch. Camping et pêche sur place sur l'étang. Visite de la ferme (primée au concours dép. de l'environnement). Aire de loisirs à St-Symphorien-de-Lay 11 km. Château de la Roche et Gorges de la Loire à proximité. Langue parlée : anglais.

Prix : 1 pers. **170 F** 2 pers. **220 F** repas **70 F** 1/2 pens. **180 F**

Ouvert : toute l'année.

SP	1	6	SP	10	10	10	15	8

DELOIRE Jean et Suzanne - Montissut - 42590 VENDRANGES - Tél : 04 77 64 90 96

VERRIERES-EN-FOREZ Le Soleillant

Alt. : 830 m (TH) *C.M. 73 Pli 17*

2 ch. 2 chambres d'hôtes indépendantes (70 m²), dans des bâtiments anciens restaurés de la ferme. 1 lit 140 avec salle d'eau et wc dans chacune. Salon, TV, cheminée. Terrain de 10000 m², salon de jardin, garage. Visite de la ferme. Exploitation agricole en activité, avec animaux. Vaste panorama, au sud vue sur le village, à l'est vue sur la plaine du Forez, monts du Lyonnais, Pilat, à l'ouest nombreuses forêts. Calme et repos assurés. Guide touristique à la disposition des vacanciers. Retour au naturel avec les produits de la ferme. Abords fleuris toute l'année. Langues parlées : anglais, italien.

Prix : 1 pers. **200/210 F** 2 pers. **260/270 F** repas **85/110 F**

Ouvert : toute l'année.

SP	10	10	SP	10	SP	10	SP	10	13	13	1

RIVAL Camille - Le Soleillant - 42600 VERRIERES-EN-FOREZ - Tél : 04 77 76 22 73

VILLEREST

C.M. 73 Pli 7

4 ch. **Roannes 6 km** 4 chambres d'hôtes à l'étage : (1 lit 140, 1 lit 90), lavabo et douche pour chaque chambre, 2 wc sur le palier réservés aux hôtes ainsi que salle de séjour. Terrain 300 m² , salon de jardin. St-Haôn-le-Châtel à 18 km. Restaurants et commerces sur place.

Prix : 1 pers. **130 F** 2 pers. **160 F** 3 pers. **210 F**

Ouvert : toute l'année.

1	1	1	SP	6	1	1	6	SP

ROCHE Charles et Marinette - 6 rue du Clos - 42300 VILLEREST - Tél : 04 77 69 62 08

VIRIGNEUX Moulin-Cave

Alt. : 600 m (TH) *C.M. 73 Pli 18*

2 ch. **Chazelles-sur-Lyon 10 km (Musée du chapeau).** 2 chambres d'hôtes (1 lit 140, 1 lit 90), aménagées à l'étage avec sanitaires communs. Salon, TV, bibliothèque. Terrain, salon de jardin, étang avec barque. Sentier botanique sur place. Tarif 1/2 pension : 145 à 150 Frs. Nuitée 2 pers. : 170 à 175 Frs.

Prix : 1 pers. **150 F** 2 pers. **190 F** 1/2 pens. **160/165 F**

Ouvert : toute l'année.

SP	SP	4	SP	10	12	12	0,3

GUBIAN Paulette - Moulin Cave - 42140 VIRIGNEUX - Tél : 04 77 94 44 38

GITES DE FRANCE - Service Réservation
1, rue Général Plessier - 69002 LYON
Tél. 04 72 77 17 50 - Fax. 04 78 41 66 30
E.mail : gites69.adtr@wanadoo.fr

AMPUIS *C.M. 244 Pli 2*

4 ch. **Lyon 35 km** Mr et Mme Barge, viticulteurs vous accueillent dans leurs 4 ch. situées à l'étage de leur maison, en bordure de la RN 86, au centre du bourg d'Ampuis. Accès indépendant. 2 ch. (1 lit 2 pers.), 2 ch. (2 lits 1 pers.), poss. 1 lit suppl., douche, lavabo, wc dans chaque ch.. Ch. central. Très bon confort. Jardin d'agrément clos avec vue sur le vignoble. Garage fermé. Dégustation et vente de vins Cotes Roties à la propriété. Idéal pour une étape sur la route de vos vacances. A 1.5 km de l'autoroute A7-sortie Condrieu- Sud de Lyon. Proximité immédiate de Vienne. Musée Gallo-Romain.

Prix : 1 pers. **250 F** 2 pers. **300/350 F** pers. sup. **70 F**

Ouvert : toute l'année.

5	5	2	SP	5	5	5	5	5	SP

BARGE Gilles & Marie-Alice - 8 bvd des Allées - 69420 AMPUIS - Tél : 04 74 56 13 90 - Fax : 04 74 56 10 98

AMPUIS Verenay *C.M. 244 Pli 2*

3 ch. **Lyon 30 km** Mr Gagnor vos accueille dans ses 3 chambres d'hôtes situées dans une maison récente surplombant le Rhône. D'un accès très facile à 1 km. de la sortie d'autoroute la plus proche. 3 ch. (1 lit 2 pers., sanitaires privatifs comportant douche, lavabo, wc). Ch. central. TV, téléphone, poss. table d'hôtes. Accès indépendant. Salle commune réservée aux hotes, coin-cuisine, poss. salon du prop. A l'extérieur : vaste terrain, terrasse. Idéal pour vos étapes. Découv. du Parc du Pilat et du vignoble Côtes Rôties. Pension et demi-pension à la semaine uniquement.

Prix : 1 pers. **230 F** 2 pers. **250 F** pers. sup. **100 F** repas **100 F**
1/2 pens. **180 F** pens. **270 F**

Ouvert : toute l'année.

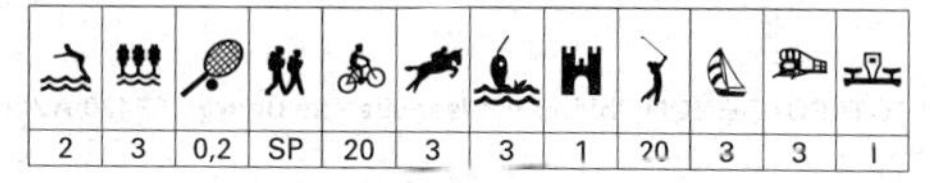

2	3	0,2	SP	20	3	3	1	20	3	3	I

GAGNOR Marcel - Villa Montplaisir - 9 ch. de la Viallière-Verenay - 69420 AMPUIS - Tél : 04 74 56 16 43

AMPUIS *C.M. 244 Pli 2*

2 ch. **Lyon 35 km** Marie-Catherine vous accueille dans ses 2 ch. aménagée dans une aile de bâtiment mitoyenne à sa maison de caractère, cour intérieure, terrasses, petit jardin. Accès indépendant. R.d.c. : salon avec 1 canapé convertible 2 pers., salle d'eau, wc privatifs. Etage : 1 ch. (1 lit 2 pers.), 1 ch. (1 lit 2 pers. 1 lit 1 pers.), sanitaires privés. Chauffage électrique. Salon et séjour communs aux propriétaires. Table d'hôtes sur réservation. A 3 km de l'autoroute du Soleil, 6 km de Vienne, une étape idéale sur la route de vos vacances. Vous pourrez découvrir le Parc du Pilat et le célèbre vignoble « Côtes Rôties ». Le meilleur accueil vous sera réservé. Langues parlées : anglais, allemand, grec.

Prix : 1 pers. **230 F** 2 pers. **250 F** pers. sup. **100 F** repas **90 F**

Ouvert : toute l'année.

5	8	2	SP	5	1	8	8	0,5

STAVRIDIS Marie-Catherine - 1 rue de la Brocarde - 69420 AMPUIS - Tél : 04 74 56 03 03 ou 06 08 83 30 83 - Fax : 04 74 56 03 03

LES ARDILLATS *C.M. 244 Pli 2*

5 ch. **Lyon 60 kmd EN BEAUJOLAIS** M-Thérèse et Alain vous accueillent dans leurs 5 ch. d'hôtes, aménagées ds une maison de caractère comportant aussi 2 gîtes ruraux. R.d.c. : grande pièce de jour, coin-salon (TV), sanitaires. Etage : 5 ch. avec sanitaires privés par ch. (douche, lavabo, wc). 3 ch.(1 lit 2 pers. ds chacune), 1 ch. (1 lit 1 pers.1.20), 1 suite familiale avec 2 ch. (1 gde ch. 1 lit 2 pers (1.60), 1 lit 1 pers., 1 petite ch. séparée 2 lits 1 pers.). Ch. central, bibliothèque. TH sur réservation. Accès indépendant aux chambres. A l'extérieur : cour aménagée, salon de jardin.

Prix : 1 pers. **200 F** 2 pers. **230 F** pers. sup. **80 F** repas **90 F**

Ouvert : toute l'année sauf Janvier.

19	19	5	SP	10	5	3	19	3

BONNOT M-Thérèse et Alain - Le Bourg - 69430 LES ARDILLATS - Tél : 04 74 04 80 20 - Fax : 04 74 04 80 20

ARNAS Château de Longsard *C.M. 244 Pli 2*

5 ch. Alexandra vous accueille dans 5 chambres d'hôtes de caractère, aménagées ds un château du XVIIIème, entouré d'un vaste jardin »à la Française ». A l'étage, toutes les chambres sont meublés avec goût et sont équipées de sanitaires privatifs. 3 ch. (1 lit 2 pers. 1.80 x 2.00 ds chacune), 2 suite avec 1 lit 2 pers. ds chacune, salon privatif. Vastes séjour et salon communs à la disposition des hôtes. Table d'hôtes sur réservation. A l'extérieur, vous pourrez vous promener ds le parc, parking fermé. Ping-pong, badminton, trampoline, balades. Vous pourrez aussi déguster les vins de la propriété. Langues parlées : anglais, espagnol.

Prix : 2 pers. **600 F** 3 pers. **750 F** pers. sup. **80 F** repas **150 F**

Ouvert : toute l'année.

5	1	SP	0,5	20	8	1,5

DU MESNIL DU BUISSON Alexandra et Olivier - Château de Longsard - 69400 ARNAS - Tél : 04 74 65 55 12 - Fax : 04 74 65 03 17 - E-mail : longsard@wanadoo.fr.

AVENAS La Croix du Py
Alt. : 762 m (TH) *C.M. 244 Pli 2*

2 ch. Au cœur du Ht Beaujolais, tranquillité, dépaysement, nature seront une halte sur votre chemin, Florence et patrick vous accueillent dans leurs deux chambres d'hôtes, ds une ancienne ferme rénovée en pleine nature, à qql kms du Col de Crie. Elles sont aménagées, à l'ét., ds une maison indépendante mitoyenne à la maison des prop. S.d.e/wc ds chaque chambre. 1 ch. (1 lit 2 pers., 1 lit 1 pers.), 1 ch. (1 lit 2 pers, 1 lit 1 pers. en mezzanine) ; Séjour/coin-cuisine réservés aux hôtes, four à pains. TH sur réservation. A l'ext. : gds espaces, salon de jardin, jeux d'enfants, ping-pong, produits du terroir, pain et confitures maison.

Prix : 1 pers. **200 F** 2 pers. **250 F** pers. sup. **80 F** repas **90 F**

Ouvert : toute l'année.

20	15	6	SP	SP	6	6	20	3

VACHER Florence et Patrick - La Croix du Py - 69430 AVENAS - Tél : 04 74 04 76 92 ou 06 19 28 35 25 - Fax : 04 74 04 76 92 - E-mail : pvacher@free.fr

AVENAS
Alt. : 700 m (TH) *C.M. 244 Pli 2*

E.C. 3 ch. Isabelle et Philippe vous reçoivent ds leur maison d'hôtes, de caractère, située ds le petit village d'Avenas. R.d.c. : séjour, salon communs. Et. 1 suite familiale (1 ch. 1 lit 2 pers., 1 ch. 1 lit superp.), sanit. privés ds la ch. Et. sup. : 2 ch. (1 ch. 1 lit 2 pers., 1 ch. 1 lit 2 pers., 2 lits 1 pers.), poss. lit bébé, sanit. privés ds chacune. Ext. : terrain champêtre, clos. Parking. Site touristique (Notre Dame d'Avenas). A la table d'hôtes, vous pourrez déguster les spécialités d'Isabelle et découvrir la cuisine Beaujolaise, ds la bonne humeur. Idéal pour une étape ou un séjour en Haut Beaujolais, à deux pas des vignes. Langue parlée : anglais.

Prix : 2 pers. **250 F** pers. sup. **80 F** repas **100 F**

Ouvert : toute l'année.

15	20	5	SP	10	5	6	8	15

TOTARO/VIGNON Philippe et Isabelle - Le Bourg - 69430 AVENAS - Tél : 04 74 69 90 64 - Fax : 04 74 69 90 64

BAGNOLS Saint-Aigues
C.M. 244 Pli 2

3 ch. Au cœur du Beaujolais, Jean-Paul viticulteur, vous accueille dans ses 3 chambres ds une maison de caractère, en pierres dorées, indép. R.d.c. : vaste pièce de jour (50 m2), cheminée, salon, cuisine équipée , sanitaires. Et. : 3 ch., sanit. privés ds chaque ch. (douche, lavabo, wc). 1 ch. (1 lit 2 pers.), 1 ch. (2 lits 1 pers.), 1 ch. (1 lit 2 pers. 1 lit superposés). Chauffage central. Vue sur le vignoble, les Monts du lyonnais. Parking, pelouse, salon de jardin. Sur place visite de cave, dégustation, vente de vins. Poss. location de la salle de jour (40 pers.). Proximité château de Bagnols. Idéal pour une étape, un séjour en Beaujolais.

Prix : 1 pers. **240 F** 2 pers. **270 F** pers. sup. **80 F**

Ouvert : toute l'année.

12	15	1	SP	3	1	SP	25	8	1

GRILLET Jean-Paul - Saint-Aigues - 69620 BAGNOLS - Tél : 04 74 71 62 98 ou 06 84 79 35 00 - Fax : 04 74 71 62 98 - E-mail : j.p.grillet@wanadoo.fr - http://perso.wanadoo.fr/jp.grillet/

BEAUJEU Morne
C.M. 244 Pli 2

2 ch. **Lyon 60 km** Philippe et Marie vous accueillent dans leur maison située en plein cœur du vignoble beaujolais. Dans une aile de bâtiments avec entrée indép. et salle commune réservée aux hôtes. 2 ch. : 1 ch. à l'étage, 3 épis NN, (2 lits 1 pers.), sanit. privés, balcon donnant sur le vignoble. R.d.c. : 1 ch. familiale en duplex, 3 épis NN, (1 lit 2 pers. 1 lit 110. 2 lits bébé). Sanitaires privés. Poss. lit suppl. pour enf. 4 pers. 360 F, 5 pers. 420 F. A l'extérieur : cour commune, jardin avec jeux d'enfants. Restaurant à 500m. Langues parlées : anglais, espagnol.

Prix : 1 pers. **200 F** 2 pers. **230 F** 3 pers. **300 F** pers. sup. **60 F**

Ouvert : toute l'année.

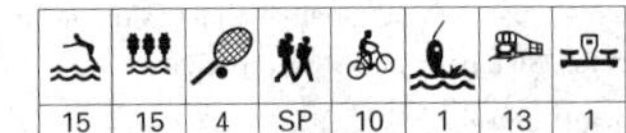

15	15	4	SP	10	1	13	1

LAPRUN Philippe et Marie - Chantemerle en Morne - 69430 BEAUJEU - Tél : 04 74 04 89 26

BELLEVILLE-SUR-SAONE La Combe
C.M. 244 Pli 2

4 ch. **Lyon 45 km** Frédérique et Jacky, viticulteurs, vous accueillent dans leurs 4 ch. d'hotes situées dans une maison ancienne. Accès indépendant. Etage : 2 ch. (1 lit 2 pers.), 1 ch. (1 lit 2 pers., 1 lit superposé), 1 ch. (2 lits 1 pers.). Lavabo, douche, wc privatifs dans chaque chambre. Petit coin-cuisine réservé aux hotes, barbecue. Salon et séjour communs. Ch. électrique, TV. Grande cour fermée. Parking. Dégustation et vente de vins à la propriété. Idéal pour une étape sur la route des vacances. A 4 kms. de la sortie d'autoroute « Belleville » (A 6).

Prix : 1 pers. **200 F** 2 pers. **260 F** 3 pers. **380 F** pers. sup. **80 F**

Ouvert : toute l'année.

2	2	2	SP	15	1	2	2	2

PIRET Frédérique et Jacky - La Combe - 69220 BELLEVILLE-SUR-SAONE - Tél : 04 74 66 30 13 - Fax : 04 74 66 08 94

BLACE Berne

C.M. 244 Pli 2

4 ch. **Lyon 40 km** Eric vous accueille ds ses 4 ch. d'hôtes, de caractère, situées en plein cœur du vignoble, à qls km. de Villefranche. Elles sont aménagées dans une aile de bâtiment complètement indépendante. Au r.d.c., vous pourrez profiter de la pièce de jour réservée aux hôtes (avec petit coin-cuisine) qui donne directement sur la piscine. Toutes les ch. sont équipées de sanitaires privatifs (douche, lavabo,wc). 2 ch. (1 ch. 1 lit 2 pers., 1 suite de 2 ch. 2 lits 1 pers, 1 lit 1.20, poss 1 canapé conv.). A l'ét. : 2 ch. (1 ch. 1 lit 2 pers, 2 lits 1 pers ; 1 ch. 1 lit 2 pers, 1 lit 1 pers.). Sur place : location VTT, randonnées. Langue parlée : anglais.

Prix : 1 pers. **250 F** 2 pers. **300 F** 3 pers. **380 F** pers. sup. **80 F**

Ouvert : toute l'année.

SP	10	0,8	SP	SP	8	10	1

ENCRENAZ Eric - Berne - 69460 BLACE - Tél : 04 74 67 59 69 - Fax : 04 74 67 59 69 - E-mail : eric.encrenaz@wanadoo.fr - http://www.perso.wanadoo.fr/aumilieudesvignes

BLACE Charpenay

C.M. 244 Pli 2

3 ch. Sur leur domaine viticole, au cœur du Beaujolais, Patrick et M.Paule BOSSAN, viticulteurs, vous accueillent ds une ancienne maison vigneronne restaurée. 3 ch. d'hôtes de caractère, au rez-de-ch., ouvertes sur les vignes. 2 ch. 2 pers. (1 lit 1.60, poss. lit bébé), 1 ch. familiale (2 lits 1 pers., 1 lit superp., poss. 1 lit d'appoint ou bébé). Sanitaires privés ds chaque ch., salle de détente (TV, jeux, lecture). Petit-déjeuner servi en famille ds la salle à manger des prop. ou ds le jardin. Poss. de dégustation des vins de la propriété. Petit camping à la ferme (6 emplacements) sur place. Prix 4 pers. : 480F. Langue parlée : anglais.

Prix : 1 pers. **220 F** 2 pers. **280 F** 3 pers. **380 F**

Ouvert : toute l'année.

8	10	3	SP	4	SP	10	3

BOSSAN M.Paule et Patrick - Route de Salles - Blaceret - 69460 BLACE - Tél : 04 74 67 56 36 - Fax : 04 74 60 55 23 - E-mail : patrick.bossan@wanadoo.fr

BRIGNAIS Au domaine de Cheron

(TH) *C.M. 244 Pli 2*

4 ch. Lyon à 15 mn, A7 sortie Pierre-Bénite Sud à 7 km., Jean-Paul et Sylvie vous accueillent dans le calme et la verdure de leur propriété. Les 4 chambres d'hôtes, toutes avec sanitaires et wc privés, sont aménagées dans le corps de ferme situé à côté de leur demeure. R.d.c. : pièce de jour avec coin-cuisine, salon réservés aux hôtes. 1 ch. (2 lits 1 pers.). Et. : 3 ch. (1 ch. 1 lit 2 pers., 1 ch. 1 lit 2 pers., 1 lit 1 pers., 1 ch. pour 1 pers.). A l'extérieur, cour avec salon de jardin, grand parc arboré, parking fermé. Poss. location de salles équipées. Idéal pour professionnels. Tarifs spéciaux longs séjours. Langues parlées : anglais, espagnol.

Prix : 1 pers. **250 F** 2 pers. **300/320 F** 3 pers. **370 F** repas **100 F**

Ouvert : toute l'année.

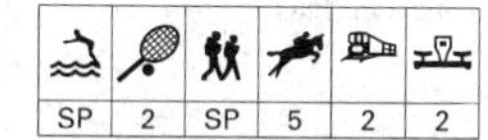

SP	2	SP	5	2	2

VEYRARD Sylvie et Jean-Paul - Au Domaine de Cheron - 33 route de Soucieu-D25 - 69530 BRIGNAIS - Tél : 04 72 31 06 62 ou 06 11 86 62 80 - Fax : 04 72 31 90 92 - E-mail : a.ducheron@wanadoo.fr - http://www.multimania.com/aducheron/

BRULLIOLES Le Pothu

Alt. : 750 m *C.M. 244 Pli 2*

3 ch. **Lyon 35 km** Dans un cadre reposant, avec une vue magnifique, Noelle vous accueille ds sa maison, une ancienne ferme rénovée du XVIIe siècle. 3 ch. d'hôtes, de très bon confort ont été aménagées ds une aile de bâtiments indépendante. 2 ch. (2 lits 1 pers.), 1 ch. (1 lit 2 pers., 1 lit 1 pers.), salle d'eau et wc privés ds les ch. Séjour réservé aux hôtes, poss. de cuisiner. Ch. électrique. Cour intérieure fermée, salon de jardin, partie couverte. Supplément chauffage en hiver, (250 F/2 pers.) Langues parlées : anglais, espagnol.

Prix : 1 pers. **190 F** 2 pers. **240 F** pers. sup. **60 F**

Ouvert : toute l'année.

8	1,5	SP	7	7	15	1,6

PIERRE Noelle - La Maison de Noémi - Le Pothu - 69690 BRULLIOLES - Tél : 04 74 26 58 08

BRULLIOLES Le Pitaval

Alt. : 600 m *C.M. 244 Pli 2*

5 ch. En plein cœur des Monts du Lyonnais, dans une ferme de caractère restaurée, Pierre et Gérard Garel, tous deux agriculteurs sur l'exploitation vous accueillent. Les 5 ch. d'hôtes sont aménagées, ds une maison en pierres complètement indépendante. Au r.d.c., cuisine toute équipée à disposit. des hôtes, vaste pièce de jour (50 m2), coin-salon. 2 ch. (2 lits 1 pers., 1 lit superp.), 1 ch. (1 lit 2 pers., 1 lit superp.), 1 ch. (3 lits 1 pers. dont 2 superp.), 1 ch. accessible handicapé (1 lit 2 pers., 1 lit d'appoint 1 pers.). Sanitaires privés ds chaque ch.. Poss. location groupes. A 500 m, auberge à la ferme.

Prix : 1 pers. **210 F** 2 pers. **260 F** 3 pers. **330 F** pers. sup. **70 F**

Ouvert : toute l'année.

9	25	3	SP	9	9	0,2	9	3

GAREL Gérard et Pierre - Gaec du Pitaval - La Grange - 69690 BRULLIOLES - Tél : 04 74 70 53 28 ou 06 07 48 22 77 - Fax : 04 74 70 53 28

BULLY Le Chêne Patouillard

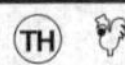

C.M. 244 Pli 2

5 ch. Isabelle et Michel vs accueillent ds leurs ch. d'hôtes personnalisées et aménagées avec goût, ds une ferme rénovée, au pays des Pierres Dorées. Très calme et vue dégagée. Accès aux ch. indépendant, sur 2 ét. : 3 ch. (1 lit 2 pers., 1 lit 1 pers. chacune), 1 ch. style Renaissance (1 lit 2 pers.), 1 ch. familiale (2 lits 2 pers. 1 lit 1 pers.), s.d'eau/wc ds chacune. Possibilité lit supplémentaire. Chauffage central. R.d.c. : grande salle réservée aux hôtes (50 m2) avec coin-détente, cheminée. A l'ext. : terrasse, salon de jardin, parking. Table d'hôtes sur réservation. (Repas enfant 45F). Sur place : gîte rural, animaux de la ferme. Langue parlée : anglais.

Prix : 1 pers. **200 F** 2 pers. **250 F** 3 pers. **340 F** repas **85 F**

Ouvert : toute l'année.

5	35	2	SP	5	0,2	0,5	35	5	2

BIRON Isabelle et Michel - Le Chêne Patouillard - 69210 BULLY - Tél : 04 74 26 89 50 ou 04 78 43 44 24 - Fax : 04 74 26 84 98

CENVES Serrieres

C.M. 244 Pli 2

2 ch. **Lyon 70 km** Dans un cadre campagnard et reposant, Jocelyne et Denis vous accueillent ds leur fermette située à 5 km. de la Roche de SOLUTRE. 2 ch. d'hôtes à l'étage avec accès indép. : 1 ch. (2 lits 1 pers., poss. 1 lit 1 pers.) et 1 ch. (2 lits 1 pers.superp., 1 lit 2 pers.). Pour chacune, salle d'eau et wc privés. Ch. élect. et bois. Au r.d.c. : salle d'hôtes, TV. Doc. touristique. Parking fermé. Jeux d'enf.. TH sur réserv. Casse-croûte campagnard, dégustation des fromages de chèvres de l'exploitation, coin-cuisine. Route des vins Maconnais, Beaujolais, châteaux, églises romanes, musées, Mâcon, Cluny. Prix 4 pers. : 340 F. Langue parlée : anglais.

Prix : 1 pers. **180 F** 2 pers. **240 F** 3 pers. **300 F** repas **45/85 F**

Ouvert : toute l'année.

15	10	5	SP	15	3	1	15	11	5

PRUNOT Jocelyne - Serrieres - La Bruyere - 69840 CENVES - Tél : 03 85 35 70 72

CERCIE-EN-BEAUJOLAIS Saint-Ennemond

C.M. 244 Pli 2

3 ch. **Lyon 50 km** Au hameau de Saint-Ennemond, Marie et Christian vous accueillent dans leurs 3 ch. d'hotes de très bon confort, aménagées avec goût, sur leur domaine viticole. Accès indépendant. Rez-de-ch. : salle commune avec cheminée. 1 ch. (2 lits 1 pers.). Etage : 2 ch. (1 ch. 1 lit 1.60, 1 lit 1.20) ; 1 ch. (2 lits 1 pers., 1 lit superp. 2 pers., poss.lit bébé). Sanitaires privés ds chaque ch. avec douche, lavabo, wc. Proche RN6 et sortie Autoroute A6 Belleville S/Saone. Cave de dégustation des vins du domaine sur place. Possibilité de découvrir les différents terroirs Beaujolais. Langue parlée : anglais.

Prix : 1 pers. **240 F** 2 pers. **280 F** pers. sup. **100 F**

Ouvert : toute l'année.

4	4	2	SP	15	SP	SP	4	2

BEREZIAT Marie et Christian - Saint-Ennemond - 69220 CERCIE-EN-BEAUJOLAIS - Tél : 04 74 69 67 17 - Fax : 04 74 69 67 29

CHAPONOST Le Ronzere

C.M. 244 Pli 2

3 ch. **Lyon 10 km** Jean-Claude vous accueille dans sa maison d'hôtes, une ancienne ferme rénovée de caractère, située à 10 km. du centre de Lyon. Au r.de.ch. : 2 ch. avec 1 lit 1.60 chacune et sanit. privés ds chaque ch. avec douche, lavabo, wc. Ch. électrique. Accès indépend.. Et. : 1 ch. (1 lit 1 pers.), sanitaires privés ds la ch. avec baignoire, lavabo, wc. Ch. central. Poss. lit bébé. Grand séjour avec coin-salon et coin TV en mezzanine à la disposition des hôtes. Bibliothèque. Tél. (carte France Telecom). Table d'hôtes sur réservation. Grand parc paysagé, terrasse, salon de jardin, barbecue. Parking fermé. Idéal pour déplacements prof., étapes tourisme. Langue parlée : italien.

Prix : 1 pers. **260 F** 2 pers. **340 F** repas **90 F**

Ouvert : toute l'année.

3	2	SP	3	3	2	2	2

BRUN Jean-Claude - 32 rue F.Ferroussat - 69630 CHAPONOST - Tél : 04 78 45 42 03

CHARENTAY

C.M. 244 Pli 2

E.C. 5 ch. Christine et Denis Dutraive, viticulteurs vous accueillent dans leurs 5 ch. d'hôtes de caractère, situées ds un bât. mitoyen à leur maison et leur exploitation viticole. R.d.c., vous profiterez d'une vaste pièce de jour de carctère (cheminée) réservée aux hôtes. Etage : vaste salon/bibliothèque. Sanitaires privés, douche, lavabo et wc séparé dans les 5 ch. 3 chambres (1 lit 2 pers.). 2 chambres (1 lit 2 pers. 1 lit 1 pers.). Vous pourrez vous détendre dans le vaste parc dominé par la tour de la Belle-Mère, profiter de la piscine (2001), déguster du vin dans l'une des plus belles caves du Beaujolais.

Prix : 2 pers. **380 F** pers. sup. **90 F**

Ouvert : toute l'année.

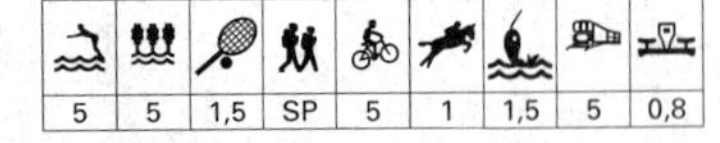

5	5	1,5	SP	5	1	1,5	5	0,8

DUTRAIVE Christine et Denis - Les Combes - 69220 CHARENTAY - Tél : 04 74 66 82 21 - Fax : 04 74 66 82 21

CHENAS Château Lambert 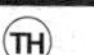 *C.M. 244 Pli 2*

E.C. 3 ch.

Imaginez-vous sous l'ombre fraiche de la treille, le regard perdu sur ce vignoble sans pareil, les roses, le potager, de notre vin un verre, ceci, amis hôtes, vous ne l'aurez qu'à Lambert. Au rez-de-chaussée : la suite de la Chapelle : antichambre, bibliothèque (cheminée), 1 chambre (1 lit 2 pers.), salle de douche/wc privés. La Grand'suite au bel étage : antichambre-salon (poële), 1 ch. un lit à baldaquin et cheminée. S.d.b. privative avec wc. La chambre de l'Alcôve (1 lit double), s.d.e et wc privés. Vigne, cave, chai du domaine. terrasse, jardin, parking. Table d'hôtes sur dem. Moulin-A-Vent Clos du Château Lambert. Langues parlées : anglais, allemand.

Prix : 2 pers. **490/750 F** repas **150 F**

Ouvert : toute l'année.

15	5	5	SP	9	5	18	12	4

FRERIKSEN Marty - Château Lambert - 69840 CHENAS - Tél : 04 74 06 77 74 - http://www.chateau-lambert.com

CHENELETTE La Nuiziere Bas Alt. : 640 m *C.M. 244 Pli 2*

1 ch.

Lyon 65 km Juliette et Louis Prothery vous accueillent dans leur ch. d'hotes, située ds leur maison, en bordure de la forêt. A l'étage : 1 ch. (1 lit 2 pers., 1 lit 1 pers., 1 lit enfant), salle de bains/wc privatifs non attenants. Ch. central. Très calme. Tout autour des prés et une petite rivière. Sur place : deux gîtes ruraux. Restaurants à 3 et 7 km.

Prix : 2 pers. **220 F** 3 pers. **270 F**

Ouvert : toute l'année.

20	3	2	SP	25	3	5	2

PROTHERY Juliette et Louis - La Nuiziere du Bas - 69430 CHENELETTE - Tél : 04 74 03 61 86

CHIROUBLES Domaine de la Grosse Pierre *C.M. 244 Pli 2*

5 ch.

Lyon 60 km Véronique et Alain, viticulteurs vous accueillent ds leurs 5 ch. d'hôtes de grand confort aménagées ds leur maison beaujolaise de caractère. Entrée indépendante. Etage : 5 ch. (2 ch. avec 2 lits 1 pers. chacune), 3 ch. avec 1 lit 2 pers. chacune), sanitaires privés ds chaque ch. Poss. lit bébé ou enf. R.d.c. : grde salle commune, cheminée, salon réservé aux hôtes. Chauffage central. Piscine ds la propriété. Terrasse. Grde cour ombragée. Poss. garage. Dégustation et vente de vins à la propriété. Vue imprenable sur le vignoble. Idéal pour une étape ou un séjour en Beaujolais. Langue parlée : anglais.

Prix : 1 pers. **250 F** 2 pers. **300 F**

Ouvert : toute l'année sauf décembre et janvier.

SP	18	2,5	SP	10	15	12	18	10	2,5

PASSOT Véronique et Alain - Domaine de la Grosse Pierre - 69115 CHIROUBLES - Tél : 04 74 69 12 17 - Fax : 04 74 69 13 52 - E-mail : apassot@terre-net.fr

CLAVEISOLLES Alt. : 500 m *C.M. 244 Pli 2*

2 ch.

Vos 2 chambres d'hôtes sont aménagées dans une maison de caractère, en pierres, mitoyennes à celle des propriétaires, dans le village de Claveisolles. R.d.c. : séjour réservé aux hôtes, petit coin-cuisine. Etage : 1 ch. (1 lit 2 pers. 2 lits 1 pers. d'appoint), 1 ch. (1 lit 2 pers.), sanitaires privés ds chaque chambre (douche, lavabo, wc). Les chambres donnent chacune sur un petit balcon avec jolie vue sur le village et les forêts environnantes. Ch. central et électrique. Terrain aménagé non clos, pelouse, portique, parking. Restaurants à proximité. Le meilleur accueil vous sera réservé pour votre étape ou séjour en Beaujolais Vert.

Prix : 1 pers. **210 F** 2 pers. **250 F** pers. sup. **60 F**

Ouvert : toute l'année.

25	25	0,2	SP	6	15	0,2	5	SP

RAMPON Christiane et Noël - Le Bourg - 69870 CLAVEISOLLES - Tél : 04 74 02 02 12 - Fax : 04 74 02 02 12

COISE Alt. : 690 m A *C.M. 244 Pli 2*

4 ch.

Lyon 45 km 4 chambres d'hôtes situées à l'étage d'une maison de village comportant aussi épicerie, café et auberge. 1 ch. (1 lit 2 pers.) avec salle de bains et wc privés, 2 ch. (2 lits 1 pers.) avec salle d'eau privée ds chaque ch., wc communs, 1 ch. (1 lit 2 pers., 1 lit 1 pers.) avec salle de bains et wc privés. Poss. lits suppl., lit bébé à disposition. Poss. pension et demi-pension. Point-phone. 2 chambres disposent d'une TV.

Prix : 1 pers. **175/205 F** 2 pers. **200/230 F** 3 pers. **305 F** pers. sup. **75 F** repas **60 F** 1/2 pens. **225/350 F** pens. **280/460 F**

Ouvert : toute l'année.

4	4	SP	SP	SP	2	4	23	SP

MAIRIE DE COISE - Le Bourg - 69590 COISE - Tél : 04 78 44 49 90

CONDRIEU Cote de Chatillon *C.M. 244 Pli 3*

2 ch.

Lyon 45 km 2 chambres d'hôtes aménagées ds une villa, avec vue magnifique sur le Rhône. A l'étage : 1 ch. (1 lit 2 pers., 2 lits 1 pers. ds une alcôve fermée), 1 ch. (1 lit 2 pers.) sanitaires privés ds chaque ch.. Salle de séjour/salon, cheminée, TV. Table d'hôtes (sur réservation de Nov. à fin Mars). Jardin d'agrément, vaste terrasse, salon de jardin, parking, garage. Idéal pr une étape/un séjour. Promenades ds le Massif du Pilat, vieux villages, cités gallo-romaines, médiévales (Vienne 12km, Lyon 48 km), vins Condrieu, Côtes-Rôties, Condrieu, St Joseph. Fruits. Le meilleur accueil vous sera réservé.

Prix : 1 pers. **230 F** 2 pers. **270 F** pers. sup. **120 F** repas **95 F**

Ouvert : toute l'année.

3	2	3	SP	3	3	2	3	2

FONT Juliette - Cote Chatillon - 69420 CONDRIEU - Tél : 04 74 87 88 27

CONDRIEU Montée de la Caille

(TH) C.M. 244 Pli 3

2 ch. **Lyon 45 km** Dans le Parc Naturel Régional du Pilat, 2 ch. d'hôtes aménagées au r.d.c. de la maison du prop , avec terrasse et jardin, au cœur des vignes. Vue panoramique sur le Rhône. Accès indépendant : 1 ch. (1 lit 2 pers., 2 lits 1 pers., s.d.e. privative ds la ch., wc non attenant). 1 ch. (1 lit 2 pers., 1 lit bébé, sanit. privatifs attenants spacieux). Salle à manger avec coin cuisine entiérement équipé réservé aux hôtes. Terrasse, jardin, salon de jardin. Table d'hôtes sur réservation, repas enfant 60F. Prêt gratuit de plans, guides et cartes. Langues parlées : anglais, italien.

Prix : 1 pers. **200 F** 2 pers. **250 F** 3 pers. **320 F** repas **90 F**

Ouvert : toute l'année.

2	2	2	SP	SP	4	20	2	0,7

CHOSSON Joël et Monique - Montée de la Caille - 69420 CONDRIEU - Tél : 04 74 59 58 09 ou 04 74 56 67 29 - Fax : 04 74 59 58 09

COURZIEU Les Gouttes

(TH) C.M. 244 Pli 2

5 ch. **Lyon 28 km** M. et Mme Bonnepart vous accueillent ds leurs 5 ch. d'hôtes situées ds un corps de bâtiments mitoyen à leur maison, au rez de ch., avec entrée indépendante. Très bon confort pour vos étapes, week-ends ou séjours. 3 ch. (1 lit 2 pers.), 2 ch. (3 lits 1 pers.), poss . lits suppl. et lit enf. Sanitaires complets dans chaque chambre. Salle de séjour, coin-cuisine, coin salon, TV réservés aux hôtes. Terrasse, terrain, salon de jardin, barbecue. Sur place : un gîte rural. Langues parlées : anglais, italien.

Prix : 1 pers. **200 F** 2 pers. **250 F** 3 pers. **320 F** pers. sup. **70 F** repas **75 F**

Ouvert : toute l'année.

2	10	3	SP	10	12	7	20	6	3

BONNEPART Madeleine et Georges - Les Gouttes - 69690 COURZIEU - Tél : 04 74 70 80 74 ou 06 83 90 49 97

DAREIZE La Croix

C.M. 244 Pli 2

2 ch. Ds les collines du Beaujolais vert, sur la route des Pierres dorées, la famille Mahieux vous ouvre les portes de « La Linotière » : 2 belles ch. indép. à l'ét. d'un corps de bâtiment mitoyen à la maison. Chez « l'Hirondelle », 1 ch. sur mezzanine (1 lit 2 pers. 1 lit 1 pers.) au-dessus d'un grand séjour, cheminée (2 lits 1 pers.), s.d'eau/wc privés, réfrigérateur. Chez « l'hibou », 1 ch. (1 lit 2 pers., poss. lit bébé), avec séjour (poss. 1 canapé convert.), s.d.e/wc privés, réfrig. Terrasse avec vue magnifique, cour intér., parking. Auberge 300m. Idéal pr découvrir la région en famille entre amis. Langue parlée : anglais.

Prix : 1 pers. **250 F** 2 pers. **280 F** pers. sup. **80 F**

Ouvert : toute l'année.

8	20	3	SP	8	12	20	8	5

MAHIEUX Jean-Wilfrid, Claire - La Linotiere - La Croix - 69490 DAREIZE - Tél : 04 74 05 70 45 - Fax : 04 74 05 70 45 - E-mail : jclinotiere@wanadoo.fr

DENICE Pouilly-Le-Chatel

(TH) C.M. 244 Pli 2

1 ch. En plein Beaujolais, à 8 km. de Villefranche/Saône, Sylvaine et Bruno CHEVALIER vous accueillent ds leur chambre d'hôtes, aménagée ds une maison de caractrère (1 lit 2 pers., salle d'eau et wc privés ds la ch.. Petit déjeuner sur la terrasse privative aux parfums méditerranéens ou ds le jardin face aux vignes. Les propriétaires, producteurs de Beaujolais seront heureux de vous faire déguster leur vin ds la cave du domaine. Ils vous réserveront le meilleur accueil et vous prépareront de bons petits plats à la table d'hôtes (sur réservation). Cour intérieure, pelouse, parking. Langues parlées : anglais, allemand.

Prix : 1 pers. **300 F** 2 pers. **400 F** repas **120 F**

Ouvert : toute l'année.

8	10	5	SP	5	10	8

CHEVALIER Sylvaine et Bruno - Pouilly-le-Chatel - 69640 DENICE - Tél : 04 74 67 41 01 - Fax : 04 74 67 37 86 - E-mail : br.chevalier@free.fr

EMERINGES Aux Benons

2 ch. **Lyon 70 km** Jean-Luc Canard, viticulteur vous accueille dans ses 2 ch. d'hôtes, de caractère, situées dans sa maison, avec accès indépendant. Les ch. sont aménagées à l'étage et donnent sur une grande terrasse, réservée aux hôtes, avec vue sur le Beaujolais. 1 ch. (2 lits 1 pers. 90x200), 1 ch. (1 lit 2 pers.140x200, 1 canapé convertible), poss. lit bébé. Sanitaires privés ds chaque ch.. Sur place, vous disposerez d'une salle commune réservée aux hôtes avec petit coin-cuisine. Le meilleur accueil vous sera réservé. Poss. dégustation et vente de vins à la propriété. Langue parlée : anglais.

Prix : 1 pers. **280 F** 2 pers. **320 F** pers. sup. **80 F**

Ouvert : toute l'année sauf vendanges.

20	12	4	SP	SP	10	2	15	3

CANARD Jean-Luc - Les Benons - 69840 EMERINGES - Tél : 04 74 04 45 11 - Fax : 04 74 04 45 19

EVEUX

C.M. 244 Pli 2

3 ch. **Lyon 25 km** Mr et Mme Laville vous accueillent ds leurs 3 ch. d'hôtes situées au rez-de-chaussée de leur villa, à proximité immédiate de l'Arbresle. Accès indépendant. 2 ch. 2 épis NN (1 lit 2 pers.ds chacune), salle d'eau privée ds chaque chambre. 1 ch. 1 épi NN (2 lits 1 pers.), lavabo ds la ch., douche privative non attenante, wc commun aux trois chambres. Coin-cuisine, salon avec TV à la disposition des hôtes. A l'extérieur : terrain arboré clos avec pelouse et salon de jardin. Très calme. Idéal pour une étape ou un séjour.

Prix : 1 pers. **190/220 F** 2 pers. **220/250 F** pers. sup. **60 F**

Ouvert : toute l'année.

3	30	0,6	SP	0,6	0,5	8	30	0,5	1

LAVILLE Marie-Jo et Marcel - 94 allée des Ecureuils - 69210 EVEUX - Tél : 04 74 01 17 24

FLEURIE Domaine de Roche Guillon *C.M. 244 Pli 2*

2 ch. **Lyon 60 km** Valérie et Bruno, viticulteurs vous accueillent dans leurs 2 ch. d'hotes situées en plein cœur du vignoble beaujolais. Accès indépendant . Etage : 2 ch. (1 ch. 2 lits 1 pers., 1 ch. 1 lit 2 pers., 1 lit 1 pers.), douche, lavabo, wc ds chaque ch.. Séjour, coin-cuisine à disposition des hotes. Très bon confort. Idéal pour vos étapes, séjours. Cour commune et petit jardin d'agrément avec salon de jardin, jeux d'enfants. réduction de 10F/nuit à partir de 3 nuits. Langue parlée : anglais.

Prix : 1 pers. **200 F** 2 pers. **250 F** 3 pers. **310 F**

Ouvert : de Pâques à Toussaint.

10	10	1	SP	6	6	10	1

COPERET Valérie et Bruno - Domaine de Roche Guillon - 69820 FLEURIE - Tél : 04 74 69 85 34 - Fax : 04 74 04 10 25

FLEURIE Les Marrans *C.M. 244 Pli 2*

2 ch. **Lyon 60 km** Liliane et J.Jacques, viticulteurs vous accueillent dans leurs 2 ch. d'hôtes situées en plein cœur du Beaujolais, dans une partie indépendante de leur maison. A l'étage : ils vous proposent un séjour, coin-cuisine et coin-détente qu'ils vous réservent. 2 ch. (1 ch. 1 lit 2 pers., 1 ch. 2 lits 1 pers., poss. lit supplémentaire), sanit. privés ds chaque ch. Chauffage électrique. A l'extérieur : vaste cour fermée, jeux d'enfants communs. Sur place, caveau de dégustation. Sur la route des crus Beaujolais, une étape ou un séjour pendant vos vacances.

Prix : 1 pers. **250 F** 2 pers. **290 F**

Ouvert : toute l'année.

8	8	1	SP	10	8	2

MELINAND Liliane & J-Jacques - Les Marrans - 69820 FLEURIE - Tél : 04 74 04 13 21 - Fax : 04 74 69 82 45 - E-mail : melinand.m@wanadoo.fr

GLEIZE Les Bruyères *C.M. 244 Pli 2*

3 ch. A l'orée du Beaujolais, Monique Jacquet vous accueille ds sa maison, une demeure du XIXe siècle, située en bordure de la D504, à proximité de Villefranche. 3 ch. d'hôtes ont été aménagées : 1 ch. (1 lit 2 pers., poss. 1 canapé lit), s.d.bains/wc privatifs, coin-salon ; 1 ch. (1 lit 1.30), s.d.bains/wc privés ; 1 ch. (1 lit 2 pers.), s.d.bains/wc privés non attenants. Salon, séjour communs. A l'extérieur : jardin paysagé, terrasse, salon de jardin. Langues parlées : anglais, allemand.

Prix : 2 pers. **250/350 F**

Ouvert : vacances scolaires et week-ends.

4	6	3	SP	25	2	0,5	6	3	2

JACQUET Monique - A l'Orée des Vignes - Les Bruyères - 69400 GLEIZE - Tél : 04 74 62 91 74 - Fax : 04 78 47 62 15 - E-mail : jacquet-m@lemel.fr

GRANDRIS Alt. : 500 m (TH) *C.M. 244 Pli 2*

2 ch. **Lyon 50 km** Françoise et Henry vous accueillent dans leurs 2 chambres d'hôtes de bon confort, aménagées dans une ancienne maison : 1 ch. (1 lit 2 pers) et 1 ch. (2 lits 1 pers.), sanitaires complets dans chaque ch.. Poss. 1 ch. suppl. (2 lits 1 pers.). Jardin, terrasse, poss. table d'hôtes. 2 gîtes ruraux. Idéal pour une étape ou week-end, en famille ou entre amis à la découverte du Beaujolais vert. Et en 2001, à l'occasion des 10 ans d'accueil « des Godillots », un cadeau vous attend.

Prix : 1 pers. **170 F** 2 pers. **250 F** pers. sup. **80 F** repas **85 F**

Ouvert : toute l'année.

28	14	SP	SP	15	14	2	30	14	SP	SP

BIBOS Françoise et Henri - Route du Goutel - Les Godillots - 69870 GRANDRIS - Tél : 04 74 03 11 35 ou 06 88 35 73 49 - Fax : 04 74 03 11 35

GRANDRIS Les Chênes au Gathier Alt. : 600 m (TH) *C.M. 244 Pli 2*

5 ch. **Lyon 55 km** Laurence et Pierre vous accueillent ds leur maison, à 4 km de Grandris, sur la route du Col de la Cambuse, au milieu des sapins. 5 ch. d'hôtes à l'ét. : 3 ch. 3 épis NN (1 lit 2 pers. ds chacune dont 2 avec lit 1.60), s. d'eau, wc privatifs ds chacune, 2 ch. 2 épis NN (1 lit 2 pers. et 2 lits 1 pers.), s. d'eau ds chacune, wc commun. Grande salle, cheminée. Coin-salon, bibliothèque, coin-repas. A l'extérieur : terrasse avec salon de jard., terrain non clos. Parking. Idéal pour une étape, un week-end ou un séjour au calme. Nbeuses possibilités de balades sur place. Table d'hôtes sur réservation. Tarif dégressif à partir de 2 nuits. Langues parlées : anglais, allemand.

Prix : 1 pers. **200 F** 2 pers. **240/280 F** pers. sup. **100 F** repas **90 F**

Ouvert : toute l'année.

16	10	4	SP	10	10	5	10	7	4

PERRIER Laurence - Les Chênes - Au Gathiers - 69870 GRANDRIS - Tél : 04 74 60 11 72 - Fax : 04 74 60 11 72

GRANDRIS (TH) *C.M. 244 Pli 2*

2 ch. **Lyon 50 km** Christiane et René, agriculteurs, vous accueillent dans leurs 2 chambres d'hôtes situées sur l'exploitation. Accès indépendant par escaliers extérieurs. 2 ch. (1 ch. 1 lit 2 pers., 1 ch. 1 lit 2 pers., 1 lit 1 pers.). Chaque ch. dispose d'une s.d.e privée avec douche et lavabo, wc commun aux 2 chambres. Chauffage central. Cour fermée avec poss. stationnement. Les petits-déjeuners sont servis à la table des prop. Vente de produits fermiers sur place. Table d'hôtes. Très calme, en bordure de forêt.

Prix : 1 pers. **180 F** 2 pers. **240 F** pers. sup. **80 F** repas **75 F**

Ouvert : toute l'année.

15	10	2	SP	10	10	4	10	15	2

MAYNARD Christiane et René - Route des Ygaux - 69870 GRANDRIS - Tél : 04 74 60 10 35

LES HAIES Croix Régis
Alt. : 520 m — (TH) — *C.M. 244 Pli 2*

3 ch. **Lyon 35 km, Vienne 12 km.** Ghislaine et Gérard vous accueillent ds leurs 3 ch. d'hôtes, à l'ét. de leur villa sur un vaste terrain boisé, au col de la Croix Régis (Parc du Pilat). 1 ch. (2 lits 1 pers.), s.d.e ds la ch. ; 1 ch. (1 lit 2 pers.), s.d.bains privative non attenante, wc commun aux deux ch. ; 1 ch. 4 pers. (2 lits 1 pers., 1 lit superposé), salle d'eau et wc ds la ch. Ch. électr. R.d.c. : séjour commun, cheminée. Terrasse, vue magnifique. Proches des axes de communicat., ces ch. sont une étape idéale sr la route de vos vacances/pour un séjour au vert. TH sur réserv. Sur pl. location VTT, raquettes à neige, sports nature à la carte. -10% à partir de 3 nuits.

Prix : 1 pers. **200/220 F** 2 pers. **240/280 F** 3 pers. **370 F** pers. sup. **80 F**
repas **90 F**

Ouvert : toute l'année.

9	10	15	SP	SP	9	10	9	10

COMBA Ghislaine - Hermitage - Croix Régis - 69420 LES HAIES - Tél : 04 74 87 82 10 - Fax : 04 74 87 84 76

JARNIOUX Château de Bois Franc
C.M. 244 Pli 2

2 ch. **Lyon 35 km** Deux suites de caractère aménagées ds un château Napoléon III avec vue magnifique sur le vignoble. 1 suite 2 épis NN de 3 ch. : 1 ch. (1 lit 2 pers.), s.d.b., 1 ch. (1 lit 1.20), lavabo , 1 ch. (2 lits 1 pers.), lavabo ; wc et douche communs. 1 suite 3 épis NN de 2 ch. : 1 ch. (1 lit 2 pers., 1 lit 1.30), s.d.b. et 1 ch. (2 lits 1 pers.), lavabo ; wc indép. Salle à manger. Grande terrasse, parc ombragé. Vin à la propriété, caveau. Tarif 4 pers. 550/700F. Langues parlées : anglais, allemand.

Prix : 2 pers. **400/500 F** 3 pers. **450/600 F**

Ouvert : toute l'année.

8	1	SP	15	4	15	7	7

DOAT Robert - Château de Bois franc - 69640 JARNIOUX - Tél : 04 74 68 20 91 - Fax : 04 74 65 10 03

JULLIE Le Bourbon
C.M. 244 Pli 2

3 ch. Sur les hauteurs de Jullié, surplombant le vignoble, vous pourrez séjourner ds 3 ch. d'hôtes de caractère, aménagées dans un domaine du 17ème, comportant une exploit. viticole, un gîte et l'habitation des prop. 1 ch. au r.d.c., avec accès indép./terrasse privative. (2 lits 1 pers.), sanitaires privés ds la chambre. 2 ch. situées ds une autre partie de la maison, avec salon privatif (2 lits 1 pers.), 1 ch. avec sanit. privés, la 2e avec douche et lavabo ds la ch, wc privé non attenant. Le petit déj. vous sera servi chez les prop. ou à l'ext. Dégustation, vente de vins à la propriété. Gîte gd confort sur place. Langues parlées : anglais, hollandais.

Prix : 1 pers. **300/400 F** 2 pers. **350/500 F** 3 pers. **600 F**
pers. sup. **100 F**

Ouvert : toute l'année sauf vendanges.

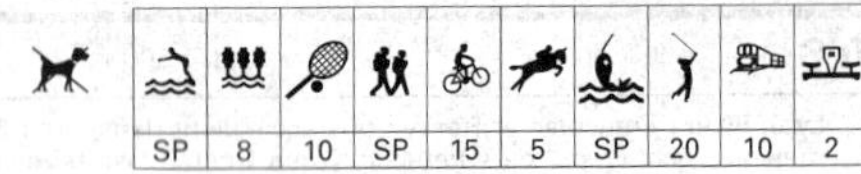

SP	8	10	SP	15	5	SP	20	10	2

CAPART Dominique - Domaine la Chapelle de Vatre - Le Bourbon - 69840 JULLIE - Tél : 04 74 04 43 57 ou 06 85 70 22 00 - Fax : 04 74 04 40 27 - E-mail : dominique.capart@libertysurf.fr

LACENAS La Ruisseliere
C.M. 244 Pli 2

4 ch. **Lyon 30 km** En plein cœur du Beaujolais, à 30 km au nord de Lyon, vous serez accueillis dans 4 chambres d'hôtes de caractère et de grand confort. La maison, une ancienne ferme viticole du 17e siècle a été entièrement restaurée en Pierres Dorées par le propriétaire. 3 ch. (1 lit 2 pers.), 1 ch. (2 lits 1 pers.), salle de bains/wc privatives de chaque chambre. Sur place : salon réservé aux hôtes. A l'extérieur : vaste jardin aménagé et ombragé. Langues parlées : italien, anglais.

Prix : 2 pers. **600/700 F**

Ouvert : toute l'année.

7	10	0,5	SP	2	15	10	7	5

PORRECA Franck - La Ruisseliere - Chemin des Rousselles - 69640 LACENAS - Tél : 04 74 67 39 10 ou 06 09 59 46 40 - Fax : 04 74 60 01 84

LAMURE-SUR-AZERGUES Château de Pramenoux
Alt. : 500 m — (TH) — *C.M. 244 Pli 2*

4 ch. **Lyon 50 km** 4 chambres d'hôtes, dont 1 ch. « Royale » avec lit à baldaquin, aménagées dans un château du 12ème siècle, avec immense parc, vaste terrasse avec une vue imprenable. Très calme. Vastes pièces de jour, salon avec cheminée. Etage : 3 chambres (1 lit 2 pers. ds chacune), salle d'eau, wc privés ds chaque ch. ; 1 chambre Royale (1 lit 2 pers.), salle de bains, wc privés. Table d'hôtes sur réservation avec dîner aux chandelles et musique classique. Un séjour romantique hors du temps ! Langues parlées : anglais, allemand.

Prix : 2 pers. **550/750 F** repas **160 F**

Ouvert : toute l'année.

25	3	SP	25	15	3	25	3	3

BOUDIN/PLASSE Emmanuel et Jean-Luc - Château de Pramenoux - 69870 LAMURE-SUR-AZERGUES - Tél : 04 74 03 16 43 - Fax : 04 74 03 16 28

LANCIE Les Pasquiers — (TH) — *C.M. 244 Pli 2*

4 ch. **Lyon 50 km** Accueil de qualité ds une vraie maison de famille : vaste demeure du Second Empire, située dans un parc avec piscine et tennis au cœur du Beaujolais. R.d.c. : 1 ch. avec accès indép. équipée pour pers. à mobilité réduite (1 lit 2 pers., salle d'eau/wc privés). A l'étage : 3 ch. (1 ch. 1 lit 2 pers., 2 ch. 2 lits 1 pers.) avec salle d'eau et wc privatifs dans chacune. Salon avec cheminée. Ch. central. Sur place : piscine, tennis, poolhouse, parc ombragé. Table d'hôtes raffinée (cuisine du marché et vins sélectionnés). Idéal pour une étape ou un séjour de prestige ds le Beaujolais. Langues parlées : anglais, allemand.

Prix : 2 pers. **400 F** pers. sup. **100 F** repas **120 F**

Ouvert : toute l'année.

SP	8	SP	SP	3	8	8	1

GANDILHON-ADELE Laurence et Jacques - Les Pasquiers - 69220 LANCIE - Tél : 04 74 69 86 33 - Fax : 04 74 69 86 57 - E-mail : ganpasq@aol.com

LANCIE La Merlatiere — (TH) — *C.M. 244 Pli 2*

1 ch. **Lyon 50 km** Gisele vous accueille dans sa chambre d'hôtes aménagée dans une maison indépendante, mitoyenne à leur maison. De caractère beaujolais. A l'étage : accès dans un salon avec cheminée, réservé à la chambre. 1 chambre (1 lit 2 pers.), salle d'eau et wc privatifs. En mezzanine, 1 ch. (3 lits 1 pers.), sanitaires. Ch. électrique et bois. Superbe jardin d'agrément aux multiples essences. Sur pl., vous pourrez profiter de la piscine des propriétaires. Idéal pour une étape ou un séjour en Beaujolais. Convient à des familles. Le meilleur accueil vous sera réservé Table d'hôtes sur demande. Langues parlées : anglais, allemand.

CV

Prix : 2 pers. **300 F** pers. sup. **100 F**

Ouvert : toute l'année.

SP	10	10	SP	10	10	1

BERTHIER Gisèle - La Merlatière - La Florentine - 69220 LANCIE - Tél : 04 74 04 12 80

LANCIE Les Trions — *C.M. 244 Pli 2*

2 ch. Agnès et Marcel, viticulteurs vous accueillent et vous proposent deux ch. d'hôtes aménagées dans une partie de leur maison, avec un accès complètement indépendant et une pièce de jour (avec coin-cuisine) qui vous sera réservée. Rez-de-ch. surelevé : 1 ch. (1 lit 2 pers.), 1 ch. (2 lit 1 pers., 1 canapé convertible d'appoint 2 pers.), s.d'eau, wc ds chaque ch. Le petit déjeuner vous sera servi ds la pièce de jour réservée à cet effet ou sur la terrasse abritée avec vue sur le vignoble Beaujolais. Très facile d'accès, 8 km sortie d'autoroute Belleville. Idéal pour une étape ou un séjour en Beaujolais. Langue parlée : anglais.

CV

Prix : 1 pers. **250 F** 2 pers. **280 F** pers. sup. **30/60 F**

Ouvert : toute l'année.

8	12	0,5	SP	8	8	10	12	8	4

DURAND Agnes et Marcel - Les Trions - 69220 LANCIE - Tél : 04 74 69 81 32 - Fax : 04 74 69 86 70

LANTIGNIE Les Vergers — *C.M. 244 Pli 2*

5 ch. **Lyon 55 km** Marie-Claude et Bernard vous accueillent dans un domaine viticole au cœur du Beaujolais, 5 ch. d'hôtes ds maison de caractère avec une vue exceptionnelle sur le vignoble. A l'étage de la maison du prop.. 3 ch. (1 lit 2 pers.), 1 ch. (1 lit 2 pers., 1 canapé convertible), 1 ch. (2 lits 1 pers.), douche, lavabo, wc dans chaque chambre. Chauffage central/élect. A l'extérieur : vaste jardin d'agrément ombragé avec piscine privée. Parking. Dégustation et vente de vins à la propriété. Langues parlées : anglais, espagnol.

CV

Prix : 1 pers. **210 F** 2 pers. **270 F** pers. sup. **100 F**

Ouvert : toute l'année sauf vendanges.

SP	15	2	SP	8	8	3	30	30	13	3

NESME Bernard et M-Claude - Domaine des Quarante Ecus - Les Vergers - 69430 LANTIGNIE - Tél : 04 74 04 85 80 - Fax : 04 74 69 27 79

LANTIGNIE Les Monterniers — (TH) — *C.M. 244 Pli 2*

3 ch. **Lyon 60 km** Chantal, viticultrice vous accueille ds ses 3 ch. d'hôtes de caractère, situées au cœur du vignoble beaujolais. Accès indépendant. 2 ch. (1 lit 2 pers.), poss. lit enf., 1 ch. (2 lits 1 pers., poss. 1 canapé convert. 2 pers. d'appoint), douche, lavabo, wc ds chaque ch. Ch. électrique. Salon à la disposition des hôtes. Table d'hôtes sur réservation sauf le lundi et mercredi. Vue imprenable sur le vignoble. A l'extérieur : parking, pelouse avec salon de jardin. Sur place : Dégustation et vente à la propriété. Idéal pour votre étape en Beaujolais, sur la route de vos vacances. Table d'hôtes/tarif enfant 50F.

CV

Prix : 1 pers. **200 F** 2 pers. **250 F** pers. sup. **60 F** repas **90 F**

Ouvert : toute l'année.

15	30	1,5	SP	8	8	3	30	15	3

PERRIER Chantal - Les Monterniers - 69430 LANTIGNIE - Tél : 04 74 04 84 60 - Fax : 04 74 04 88 93

LANTIGNIE Le Saule — *C.M. 244 Pli 2*

2 ch. Au cœur des vignes beaujolaises, ds une belle maison de caractère, Marlyse et Gérard, viticulteurs vous accueillent dans leurs 2 chambres d'hôtes. 1 suite à l'ét. de leur maison : 1 ch. 1 lit 2 pers., 1 lit 1 pers., poss. lit bébé. S.d.e/wc privatifs ds la ch.. Petit salon réservé aux hôtes (TV), canapé convert. (2 pers.). 1 ch. au r.d.c. de leur maison 1 ch. au r.d.c. de leur maison (4 lits 1 pers. dont 2 superposés), s.d'eau et wc privatifs ds la ch.. Entrée indép., s.d.j.. A l'ext. terrasse où vous seront servis les petits déj. en été, jardin ombragé, petite piscine. Idéal pr votre étape, séjour en Beaujolais. Tarif : 4 pers. 400F. Langue parlée : anglais.

CV

Prix : 1 pers. **200 F** 2 pers. **270 F** 3 pers. **350 F** pers. sup. **80 F**

Ouvert : toute l'année.

SP	30	1,5	SP	8	8	3	30	15	3

PERRIER Marlyse et Gérard - Le Saule - 69430 LANTIGNIE - Tél : 04 74 04 88 93 - Fax : 04 74 04 88 93

LANTIGNIE Château des Alouettes

C.M. 244 Pli 2

5 ch. Au cœur du Beaujolais, pénétrez le charme discret d'une ravissante demeure entourée de vignes et séjournez ds l'une des 5 chambres d'hôtes de prestige du Château des Alouettes. Au 1er ét. : 2 ch. (1 ch. 2 lits 1 pers, 1 ch. 1 lit 2 pers.), sanit. privés ds chaque ch.. Au 2ème ét. : 3 ch. (1 lit 2 pers. ds chacune, sanit. privés). Au r.d.c. : séjour, salon, bibliothèque de grand confort. Sur place, piscine au milieu des vignes, salons de jardin, parking : une invitation au bien-être, un accueil de qualité. Initiation à la dégustation et à la découverte des vins de France ds les caves de la propriété.

Prix : 2 pers. **550 F**

Ouvert : toute l'année.

SP	30	1,5	SP	8	8	3	30	15	4

SIMONET Martine - Château des Alouettes - 69430 LANTIGNIE - Tél : 04 74 69 24 15 - Fax : 04 74 04 89 87

LOIRE-SUR-RHONE

C.M. 244 Pli 3

3 ch. 3 chambres d'hôtes aménagées dans une maison récente, en pierres, de caractère, au centre du bourg de Loire-sur-Rhône et à proximité de la RN86. Au rez-de-chaussée : 3 chambres (1 lit 2 pers. ds chacune, poss. 1 lit bébé, 1 lit enfant), salle de bains/Wc privatifs ds chaque chambre. Séjour/salon commun avec cheminée, TV. Tél. (carte France Telecom). A l'extérieur : terrain clos, petit jardin d'agrément avec salon de jardin, parking fermé, poss. garage. Le meilleur accueil vous sera réservé par Etienne. Proximité autoroute (4 km), très facile d'accès.

Prix : 1 pers. **220 F** 2 pers. **280 F**

Ouvert : toute l'année.

0,2	15	0,3	SP	8	0,5	0,5	15	4	SP

GIROUD Etienne - Le Clos Giroud - 16 rue Etienne Flachy - 69700 LOIRE-SUR-RHONE - Tél : 04 72 49 90 94 ou 04 72 49 09 92 - Fax : 04 72 49 90 94

LUCENAY Les Grands Plantiers

C.M. 244 Pli 2

1 ch. **Lyon 20 km** M.Claude et Jacques, viticulteurs vous accueillent ds leur maison de caractère avec piscine, au cœur du Beaujolais. 1 ch., tout confort, accès indépendant, (2 lits 1 pers.), salle d'eau, wc privés, ch. électrique, salle à manger non attenante, avec cheminée réservée aux hôtes. Parc, terrasse, piscine privée, jeu de boules. Idéal pour un week-end, un séjour. Très facile d'accès. Animaux acceptés avec supplément.

Prix : 1 pers. **220 F** 2 pers. **275 F**

Ouvert : toute l'année sauf période vendanges.

SP	1	0,2	SP	2	SP	0,2	2	1

TORRET Jacques et M-Claude - Les Grands Plantiers - 69480 LUCENAY - Tél : 04 74 67 05 42 - Fax : 04 74 67 05 42

MESSIMY Quinsonnat

TH

C.M. 244 Pli 2

1 ch. **Lyon 25 km** 1 chambre d'hôtes située ds une partie indépendante de la maison du prop., une ancienne ferme. Entrée indépendante : (1 lit 2 pers.), sanitaires privés dans la chambre. Poss. table d'hôtes. Garage. Petit terrain privatif.

Prix : 1 pers. **190 F** 2 pers. **230 F** repas **70 F**

Ouvert : toute l'année sauf de décembre à février.

3	9	1	SP	SP	4	SP

VILLE Jean et Anne-Marie - Quinsonnat - 1 Impasse des Glycines - 69510 MESSIMY - Tél : 04 78 45 15 68

MONTMELAS

Alt. : 600 m

C.M. 244 Pli 2

1 ch. **Lyon 35 km** Dominant l'un des plus beaux châteaux du Beaujolais, à 9 km de Villefranche, en lisière de forêts, avec une vue imprenable, calme assuré, vous recevrez un accueil de qualité, ds une superbe ch. d'hôtes et sa suite, au r.d.c. de la maison du prop. Accès indépendant.(1 lit 1.60x2.00 ; 2 lits 1 pers.), TV ds la ch., réfrigérateur, micro-ondes ds la suite. Chauffage central. S.d.e/wc privatifs. Garage fermé. Seront à votre disposition, l'été, le parc et la véranda, l'hiver, le salon (cheminée). Bibliothèque. Valise de pique-nique. « Pour la découverte du Pays Beaujolais, fin peuple qui entend merveilleusement l'hospitalité ».

Prix : 1 pers. **280 F** 2 pers. **310 F** 3 pers. **390 F**

Ouvert : toute l'année.

9	9	5	SP	5	9	18	9	9	9

GRUAT Marcelle - La Villa Verte - Résidence Saint-Bonnet - 69640 MONTMELAS - Tél : 04 74 67 36 90 - Fax : 04 74 67 36 90

MONTROMANT/YZERON Ferme du Thiollet

Alt. : 850 m

C.M. 244 Pli 2

4 ch. Au cœur des Monts du Lyonnais, Christine, Marcel et leurs enfants souhaitent à tous la bienvenue ds leurs 4 ch. de caractère, situées ds leur ferme restaurée, accès indép. Vous prendrez le petit-déj. ds la s.d'hôtes, petit coin-cuisine à dispo., salon (cheminée). 2 ch. accès direct sur l'extérieur, 1 ch. (1 lit 2 pers. 1 lit 1 pers.) sanitaires privés ds chaque ch. A l'étage : 1 ch. (1 lit 2 pers. 1 lit superp.), 1 ch. (4 lits 1 pers. dont 2 superp.), sanit. privés ds chaque ch. Chauffage central. Pour un week-end, des vacances, leurs chambres vous feront rêver et voyager. Nombreux restaurants.

Prix : 1 pers. **250 F** 2 pers. **280 F** 3 pers. **360 F** pers. sup. **80 F**

Ouvert : toute l'année.

10	0,5	1,5	SP	15	7	0,5	8	1,5

RADIX Christine et Marcel - Ferme du Thiollet - 69610 MONTROMANT - Tél : 04 78 81 00 93 - E-mail : marcel.radix@libertysurf.fr

MONTROTTIER Montchanin

Alt. : 700 m *C.M. 244 Pli 2*

2 ch. Christiane et Henri vous accueillent dans leurs 2 chambres d'hôtes situées dans leur maison (récente), à l'étage. 1 chambre (1 lit 2 pers.), 1 chambre (2 lits 1 pers.), possibilité 1 lit supplémentaire, sanitaires privés dans chaque chambre. Possibilité petit coin-salon en mezzanine. Au rez-de-chaussée : séjour/salon avec cheminée communs. Chauffage central. A l'extérieur : vaste terrain ombragé, parking, balcon avec salon de jardin. Très calme, à 2 km du village de Montrottier, au cœur des monts du Lyonnais et au départ de nombreuses randonnées. Le meilleur accueil vous sera réservé.

Prix : 1 pers. **210 F** 2 pers. **250 F**

Ouvert : toute l'année.

20	40	7	SP	7	7	40	20	2

BOURRAT Christiane et Henri - Montchanin - 69770 MONTROTTIER - Tél : 04 74 70 13 96

MORANCE Domaine des Tessonnieres

C.M. 244 Pli 2

1 ch. **Lyon 20 km** Michel et Annick, viticulteurs, vous accueillent dans leur chambre d'hôtes, de très bon confort, aménagée dans une maison rénovée, au cœur du Beaujolais avec vue sur le vignoble : (2 lits 1 pers.) , douche, lavabo, wc privés dans la chambre, ch. central, balcon, terrain commun attenant, à proximité des axes de communication A6 et RN6. Idéal pour une étape ou un séjour en Beaujolais.

Prix : 1 pers. **210 F** 2 pers. **260 F**

Ouvert : toute l'année sauf vendanges.

10	10	2	SP	1	1	3	2	8	1

RAVET Michel et Annick - Domaine des Tessonnieres - 69480 MORANCE - Tél : 04 74 67 02 70 - Fax : 04 74 67 02 70

MORANCE Château du Pin

TH *C.M. 244 Pli 2*

2 ch. **Lyon 18 km** Sérénité et douceur sont les principaux attraits de cette Maison Forte du 13e s. inscrite ds le superbe paysage beaujolais, dominant la plaine de la Saône. Luxe et convivialité vous seront réservés dans 2 suites décorées avec goût. Chacune est équipée d'un salon, d'une s.d.b. et wc privatifs. 1 suite (1 lit 2 pers., 1 lit 1 pers. ds salon), 1 suite (2 lits 1 pers.). Coin-cuisine. Séjours et salons communs et privatifs. TV, tél., bibliothèque. Séduits par cette alchimie de l'authentique, vous vous y reposez côté chambre ou côté jardin , agrémenté par une piscine plein-sud. Ping-pong, pauding tennis.... Langues parlées : allemand, anglais.

Prix : 2 pers. **850/950 F** pers. sup. **80 F** repas **130/210 F**

Ouvert : toute l'année.

SP	10	3	SP	1,5	1	3	10	10	2

GONINDARD Jean-François - Château du Pin - 600 Chemin de la Ronze - 69480 MORANCE - Tél : 04 37 46 10 10 ou 06 81 69 78 49 - Fax : 04 37 46 10 11

ODENAS La Commune

C.M. 244 Pli 2

E.C. 1 ch. Au cœur d'un des crus du Beaujolais : le Brouilly, sur la route touristique des vins (la D43), Mr et Mme Chabert, viticulteurs vous accueillent dans leur chambre d'hôtes, située dans une partie complètement indépendante de leur maison récente au milieu du vignoble. Vue superbe. A l'étage : 1 ch. (1 lit 2 pers.), s.d'eau et wc privés. Possibilité lit d'appoint 1 pers. Séjour (canapé convert. 2 pers.), TV, lecture, jeux, coin-cuisine. Parking, coin-pelouse, s. de jardin. Petit déj. servi ds le séjour des prop. ou sur le lieu d'héb. Poss. dégustation, vente de crus du Beaujolais : Brouilly-Côte de Brouilly. Restaurants à proximité.

Prix : 1 pers. **210 F** 2 pers. **280 F** pers. sup. **80 F**

Ouvert : toute l'année sauf vendanges.

9	15	1	SP	15	5	1,5	20	35	9	2

CHABERT Laure et Roger - La Commune - 69460 ODENAS - Tél : 04 74 03 43 85 - Fax : 04 74 03 43 85

OINGT

Alt. : 528 m *C.M. 244 Pli 2*

1 ch. **Lyon 35 km** Christine Poirier vous propose une chambre d'hôtes aménagée dans sa maison classée du 16ème siècle, située au cœur du petit village d'Oingt. A l'étage, la chambre commprend 1 lit 2 pers. et 1 lit 1 pers. et dispose d'une salle d'eau avec wc privés non attenants. Séjour/salon communs. Sur place : atelier de tissage avec poss. de stages. Au village nbeux restaurants ou auberges qui vous permettront de déguster les spécialités régionales. Artisanat. Petit jardin d'agrément, terrasse. Le meilleur accueil vous sera réservé par Christine Poirier qui pourra faire découvrir à qui le souhaite sa passion et métier du tissage.

Prix : 1 pers. **210 F** 2 pers. **250 F** 3 pers. **310 F**

Ouvert : toute l'année.

13	25	SP	SP	4	25	13	SP

POIRIER Christine - Atelier de Tissage - Place de la Mairie - 69620 OINGT - Tél : 04 74 71 11 35 - Fax : 04 74 71 11 36

OUROUX Gros Bois

Alt. : 550 m TH *C.M. 244 Pli 2*

2 ch. **Lyon 70 km** En Beaujolais vert, 2 chambres d'hôtes aménagées dans une maison de caractère située dans un grand parc, en bordure de forêt : (1 ch. 2 lits 1 pers., 1 ch. 1 lit 2 pers. et 1 lit 1 pers.), salle de bains privative dont l'une avec douche et l'autre avec bains, wc commun aux 2 ch. Poss. lit suppl. Table d'hôtes sur réservation. Terrasse. Ecurie et pré pour chevaux. Circuits (GR76) pédestres et VTT sur place. N'hésitez pas à nous contacter, nous vous aiderons à organiser vos randonnées itinérantes ou en étoile. Très calme. Idéal pour une étape ou un séjour au vert.

Prix : 1 pers. **200 F** 2 pers. **240 F** 3 pers. **310 F** pers. sup. **70 F** repas **80 F**

Ouvert : toute l'année.

25	12	2	SP	SP	2	2	27	2

MAVET/MARTIN J-Robert et Simone - Gros Bois - 69860 OUROUX - Tél : 04 74 04 63 96

LE PERREON

(TH) *C.M. 244 Pli 2*

6 ch. **LYON 45 KM, EN BEAUJOLAIS** Au cœur du Beaujolais, près du fameux village de Clochemerle, Fabienne et Eric vous accueillent ds une demeure du 19e s. dans le bourg. Derrière les volets bleus, 6 grandes chambres décorées avec goût, équipées de spacieuses salles de bains (douches ou baignoires). R.d.c. grand salon, séjour réservés aux hôtes. 3 ch. de 2/3 pers et 3 suites de 4/5 pers. sur 3 étages. Chambres non fumeur. Téléphone. Chauffage central. Table d'hôtes sur réservation. Petit jardin clos. Garage fermé. Ambiance décontractée dans un cadre raffiné pour un séjour sympathique, chaleureux. Tarifs 4 pers. 435F, 5 pers. 520F. Langues parlées : anglais, espagnol.

Prix : 1 pers. **220 F** 2 pers. **280 F** 3 pers. **350 F** repas **80 F**

Ouvert : toute l'année.

15	15	SP	SP	SP	10	SP	SP	25	15	15	SP

DUGNY Fabienne - Les Volets Bleus - Le Bourg - 69460 LE PERREON - Tél : 04 74 03 27 65 - Fax : 04 74 03 27 65 - E-mail : fabienne.dugny@free.fr - http://www.eriklorre.com/les_volets_bleus

QUINCIE-EN-BEAUJOLAIS Domaine de Romarand

(TH) *C.M. 244 Pli 2*

3 ch. **Lyon 50 km** Annie et Jean vous accueillent dans leur maison de caractère avec piscine située au cœur du vignoble Beaujolais. 3 ch. d'hôtes avec accès indépendant : 2 ch. (1 lit 2 pers. chacune), 1 ch. (2 lits 1 pers.), sanitaires privés dans chaque chambre. Poss. 2 lits supplémentaires à la demande. Grande salle commune de caractère réservée aux hôtes (45 m²)/coin-salon avec cheminée, table d'hôtes sur réservation. Ch. central. Parking dans cour fermée. Piscine privée avec jardin d'agrément. Anglais parlé. Caveau de dégustation sur place. Langue parlée : anglais.

Prix : 1 pers. **270 F** 2 pers. **300/325 F** 3 pers. **370 F** repas **100/120 F**

Ouvert : toute l'année.

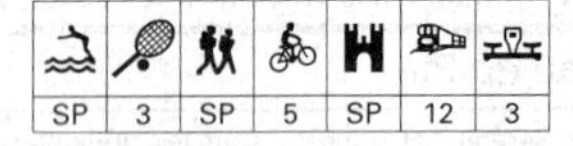

SP	3	SP	5	SP	12	3

BERTHELOT Annie et Jean - Domaine de Romarand - 69430 QUINCIE-EN-BEAUJOLAIS - Tél : 04 74 04 34 49 - Fax : 04 74 04 34 49

QUINCIE-EN-BEAUJOLAIS Font Cure

C.M. 244 Pli 2

2 ch. **Lyon 50 km** Françoise, viticultrice vous accueille ds 2 ch. d'hôtes situées ds une partie indép. de sa maison de caractère, isolée en plein cœur du Beaujolais. Cadre très agréable, vue magnifique sur le vignoble. Très calme. R.d.c. : 1 ch. accès indép. (1 lit 2 pers.), s. d'eau, wc séparé. Salle d'hotes attenante, entrée indép.(35 m2), cheminée, TV, coin-détente et balcon. A l'étage : 1 ch. (1 lit 2 pers., 1 lit 1 pers., poss. 1 lit 1 pers. suppl.), s.de bains, wc séparé. Ch. central et élec. ds les s. d'eau. A l'ext. : petit terrain privatif avec salon de jardin réservé aux hôtes, parking privé. Dégustation et vente de vin sur place. Langue parlée : anglais.

Prix : 1 pers. **220 F** 2 pers. **280 F** pers. sup. **100 F**

Ouvert : toute l'année.

12	12	3	SP	SP	10	12	10	2,5

GOUILLON Françoise - Domaine de Font-Curé - Saburin - 69430 QUINCIE-EN-BEAUJOLAIS - Tél : 04 74 04 36 33 - Fax : 04 74 04 36 33

QUINCIE-EN-BEAUJOLAIS Le Champ

C.M. 244 Pli 2

2 ch. **Lyon 50 km** Paulette et Jean-Michel, viticulteurs, vous accueillent dans leurs 2 chambres situées dans une aile de bâtiments mitoyenne à leur maison. 2ème étage : 1 chambre 1 épi (2 lits 1 pers.), lavabo, salle d'eau privée non attenante au 1er étage (2 douches, lavabos, wc indépendant) ; 1 chambre 2 épis (3 lits 1 pers.), salle d'eau, wc privatifs dans la chambre. Chauffage central, TV. Produits faits maison. A l'extérieur : grande cour, parking fermé, terrasse, salon de jardin. Jolie vue sur les vignes. Téléphoner de préférence aux heures des repas.

Prix : 1 pers. **220 F** 2 pers. **200/250 F** 3 pers. **300 F**

Ouvert : toute l'année.

12	0,8	SP	5	0,8	12	0,8

CLAITTE J-Michel et Paulette - Le Champ - 69430 QUINCIE-EN-BEAUJOLAIS - Tél : 04 74 04 33 26

QUINCIE-EN-BEAUJOLAIS Huire

(TH) *C.M. 244 Pli 2*

4 ch. **Lyon 50 km** Dans une combe paisible du Beaujolais, entre vignes et forêts, Jeannine et Gérard Lagneau, viticulteurs vous accueillent dans leur maison, en pierres. 4 ch. d'hôtes de caractère. Accès indépendant. A l'étage, toutes les ch. sont équipées de sanitaires privatifs. 1 suite de 2 ch. (4 lits 1 pers.), 2 ch. (2 lits 1 pers.), 1 ch. (1 lit 1.50x2.00). Ch. central. Vue magnifique. R.d.c. : séjour réservé aux hôtese, tél.. Table d'hôtes sur demande. Terrain non clos, salon de jardin. Les prop., producteurs de « Régnié » et « Beaujolais Villages » auront à cœur de vous faire partager leur savoir et leur goût du terroir. Cave voûtée 16eS. Langue parlée : anglais.

Prix : 1 pers. **250 F** 2 pers. **300 F** pers. sup. **100 F** repas **100/120 F**

Ouvert : toute l'année.

10	18	3	SP	10	10	18	12	3

LAGNEAU Jeannine et Gérard - Huire - 69430 QUINCIE-EN-BEAUJOLAIS - Tél : 04 74 69 20 70 - Fax : 04 74 04 89 44 - E-mail : gerard.lagneau@mail.com

REGNIE-DURETTE Domaine des Bois (TH) *C.M. 244 Pli 2*

2 ch. **Lyon 50 km, en Beaujolais** Au calme, au cœur des vignes, à 10 mn. de l'A6, 1 ch. d'hôtes et 1 suite aménag. avec gôut ds une maison vigneronne sur une exploi. viticole. 1er ét. : 1 ch. 3 épis NN (4 lits 1 pers.), s. d'eau et wc privés non attenants. 2ème ét. : 1 suite de 2 ch. 2 épis NN (3 lits 1 pers., 4 lits 1 pers.), cabinet de toil. avec lavabo ds chaque ch.. S.d.e, wc privés. R.d.c. : salle d'accueil réservée aux hôtes. Petit coin-cuisine. tél. Ch. centr. Salon de jardin, parking privé. TH sur réservation. Idéal pour une étape, un séjour Beaujolais. Dégustat. à la prop. Découverte du vignoble, circuits culturels et touristiques personnalisés. S.pl. gîte rural. Langues parlées : anglais, espagnol.

Prix : 1 pers. **220 F** 2 pers. **270 F** 3 pers. **350 F** pers. sup. **100 F**
repas **82 F**

Ouvert : toute l'année.

8	8	4	SP	SP	3	1	SP	28	15	8	3

LABRUYERE M-Hélène et Roger - Domaine des Bois - 69430 REGNIE-DURETTE - Tél : 04 74 04 24 09 - Fax : 04 74 69 15 16 - E-mail : roger.labruyere@wanadoo.fr

SAINT-DIDIER-AU-MONT-D'OR (TH)

2 ch. Au cœur du village de Saint-Didier dans les Monts d'Or, à 10 minutes des quais de Saône à Lyon, Fabienne Luron-Huppert vous accueille dans sa superbe propriété de style provençal, nichée dans la verdure et au calme. 2 ch. avec accès indép., au r.d.c. Une chambre côté cour (2 lits 1 pers.), une chambre sur piscine (1 lit 2 pers.), sanitaires privés ds chaque chambre. TV, téléphone/fax. Les petits déjeuners seront servis au bord de la piscine ou dans le séjour des propriétaires. Parc paysagé, clos. Parking fermé. Une étape à ne pas manquer pour découvrir Lyon ou pour l'un de vos déplacements professionnels. Langue parlée : anglais.

Prix : 1 pers. **550 F** 2 pers. **600 F** 3 pers. **750 F** pers. sup. **150 F**
repas **150 F**

Ouvert : toute l'année.

SP	1	SP	10	7	1

LURON-HUPPERT Fabienne - 1 Place Léonard Peyrat - 69370 SAINT-DIDIER-AU-MONT-D'OR - Tél : 04 78 66 16 87 - Fax : 04 78 66 16 87 - E-mail : labastide.sd@voila.fr

SAINT-JACQUES-DES-ARRETS Alt. : 500 m *C.M. 244 Pli 2*

1 ch. Entre Beaujolais et Maconnais, dans une campagne paisible, Josette et Roland, agriculteurs vous accueillent dans leur chambre d'hôtes située ds une partie indépendante mitoyenne à leur maison. Accès indép. Etage : séjour/coin-cuisine réservés aux hôtes. Etage supérieur : petite mezzanine (1 lit 1 pers.), l ch. (2 lits 1 pers.), s. d'eau et wc indép. privatifs. A l'extérieur : cour fermée. Poss. visite de l'exploitation. Le meilleur accueil vous sera réservé par Josette et Roland qui pourront vous recevoir pour une étape ou un séjour.

Prix : 1 pers. **180 F** 2 pers. **240 F** 3 pers. **300 F**

Ouvert : toute l'année.

18	8	4	SP	SP	4	2	15	9

SANGOUARD Josette et Roland - Le Bourg - 69860 SAINT-JACQUES-DES-ARRETS - Tél : 04 74 04 63 83

SAINT-JEAN-D'ARDIERES Beauval *C.M. 244 Pli 2*

2 ch. **Lyon 45 km** Yolande et Georges vous accueillent ds leurs 2 chambres d'hôtes, situées ds une ferme en activité (cheval, vaches, basse-cour...). Très facile d'accès. Etage : 1 ch. (1 lit 2 pers., 1 canapé convertible 2 pers., poss. lit bébé), salle d'eau/wc privatifs ds la ch.. 1 ch. (1 lit 2 pers., 1 convert. 2 pers.), lavabo dans la chambre, sanitaires privés non attenants. Tél., ch. central. Prise TV. Séjour commun. Gratuité pour enf.-3ans, réduction si séjour sup. 2 nuits et hors saison (de nov. à avril). Grande cour, s.de jardin. Garage. Dégustation, vente de vins de la cave coopérative Bel-Air.

Prix : 1 pers. **185/210 F** 2 pers. **210/230 F** 3 pers. **275/295 F**
pers. sup. **350/360 F**

Ouvert : toute l'année.

2	2	2	SP	15	2	2	2

RAVIER Yolande et Georges - La Ferme de Beauval - 670 route de Beaujeu - 69220 SAINT-JEAN-D'ARDIERES - Tél : 04 74 66 16 75 - Fax : 04 74 66 16 75

SAINT-JEAN-DES-VIGNES Le Piémont *C.M. 244 Pli 2*

1 ch. Au milieu des vignes, dans la belle région des pierres dorées, votre chambre d'hôtes est aménagée avec goût, dans une maison de caractère, récente. Au rez-de-chaussée, avec un accès indépendant, elle est équipée de 2 lits 1 pers., poss. 1 pers. suppl., 1 salle d'eau/wc privatifs, un petit coin-cuisine. Chauffage central. Elle donne directement sur une petite terrasse privative, ombragée avec belle vue. Parking. A proximité des axes de communication et de Lyon (25 min.), idéale pour un séjour en Beaujolais et à la découverte de Lyon. Le meilleur accueil vous sera réservé par Ceciel, qui est hollandaise. Langues parlées : anglais, allemand, danois.

Prix : 2 pers. **280 F** 3 pers. **380 F**

Ouvert : toute l'année.

20	35	2	SP	5	2	8	35	2	2

DROST Cécile - Le Piémont - 69380 SAINT-JEAN-DES-VIGNES - Tél : 04 72 54 63 33

SAINT-JEAN-LA-BUSSIERE La Fedolliere  *C.M. 244 Pli 2*

4 ch. Pour vos vacances ou week-ends, prenez la Clef des Champs et venez découvrir la campagne au cœur du Beaujolais vert à 1 km du Lac des Sapins, au travers de nb circuits de randonnées. Brigitte vous accueille dans ses 4 chambres aux couleurs champêtres située ds une maison récente mitoyenne à la sienne. R.d.c : 1 ch. acc. pers. hand. (1 lit 2 pers.), sanitaires privés. Et. : 3 ch. (1 ch. 1 lit 2 pers., 1 lit superp., 1 ch. 2 lits 1 pers., 1 lit superp., 1 ch. 1 lit 2 pers., 1 lit 1 pers.), sanit. privés ds chacune. Séjour/salon réservés aux hôtes, TV, tél.. Terrasse, s.de jardin, jeux enf., parking. Table d'hôtes sur réservation.

Prix : 1 pers. **190 F** 2 pers. **240 F** pers. sup. **70 F** repas **80 F**

Ouvert : toute l'année.

4	3	3	SP	1	1	1	1	4	3

VILLAVERDE Brigitte - La Clef des Champs - La Fedolliere - 69550 SAINT-JEAN-LA-BUSSIERE - Tél : 04 74 89 52 18 ou 06 87 53 16 94

SAINT-JULIEN-SOUS-MONTMELAS Le Jonchy  *C.M. 244 Pli 2*

1 ch. En plein cœur du vignoble Beaujolais, votre ch. d'hôtes de caractère est aménagée dans une partie indép., une ancienne Orangerie, située à proximité imédiate de la maison des propriétaires. R.d.c. avec un accès complètement indép., elle comporte 1 lit 2 pers., (poss. 1 lit suppl ;), 1 s.d.e./wc privatifs, petit coin-cuisine (réfrigérateur, micro-ondes), espace repas. Chauffage central. Elle donne sur un petit espace privatif, ombragé. Le petit déj. sera servi ds la maison des propriétaires. Sur place : 3 gîtes ruraux. Parking. Cuvage avec pressoir ancien. Dégustation et vente de vin sur place. Langues parlées : anglais, allemand.

Prix : 1 pers. **300 F** 2 pers. **330 F** 3 pers. **400 F**

Ouvert : toute l'année.

10	10	3	SP	20	3	2	25	10	10	3

DES GARETS Carole et Thierry - Le Jonchy - 69640 SAINT-JULIEN-SOUS-MONTMELAS - Tél : 04 74 67 53 36 - Fax : 04 74 67 58 93 - E-mail : thierrydesgarets @wanadoo.fr

SAINT-LAGER Les Berthaudières  *C.M. 244 Pli 2*

2 ch. **Lyon 50 km** Au cœur du Beaujolais, 2 chambres d'hôtes dans une maison de caractère : 1 ch. 3 épis NN (1 lit 2 pers.), douche, lavabo, wc. ds la ch. ; 1 ch. 2 épis NN (2 lits 1 pers.), douche, lavabo, wc. Accès indépendant, terrasse avec véranda, terrasses extérieures à la disposition des hôtes, avec salon de jardin, petit coin-cuisine, coin-repas, coin-repos avec TV. Vue panoramique sur le vignoble beaujolais, sur place, vous pourrez profiter de la piscine des prop. Garage. Au-delà d'une nuit : 230F/250F 2 pers.

Prix : 1 pers. **200/220 F** 2 pers. **250/280 F**

Ouvert : toute l'année.

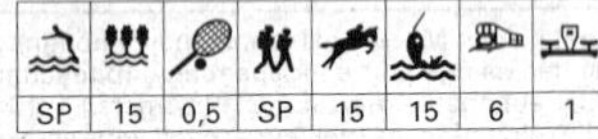

SP	15	0,5	SP	15	15	6	1

LARGE Georges - Les Berthaudières - 69220 SAINT-LAGER - Tél : 04 74 66 80 60

SAINT-LAURENT-D'OINGT Dalbepierre  *C.M. 244 Pli 2*

3 ch. **Lyon 35 km** Nicole et Roger, viticulteurs vous accueillent dans leur maison de caractère, en pierres dorées. 1er étage : 1 ch. 3 épis (1 lit 2 pers., 1 lit suppl.), s. d'eau et wc privatifs, 1 ch. 2 épis (1 lit 2 pers., 2 lits 1 pers.), s.d.b. et wc privatifs non attenants, 1 ch. 3 épis, avec accès indépendant, (2 lits 1 pers., 1 lit 1 pers. suppl.), douche, lavabo, wc privatifs. Salle commune, poss. cuisine. A l'extérieur : cour, pelouse avec jeux d'enfants, parking. Poss. visite de cave s.pl., dégustation et vente de vins. Tarif 4 pers. 370 F. Langue parlée : anglais.

Prix : 1 pers. **180/200 F** 2 pers. **230/260 F** 3 pers. **300/330 F**

Ouvert : toute l'année sauf vendanges.

15	25	5	SP	5	25	5	5

GUILLARD Roger et Nicole - Dalbepierre - 69620 SAINT-LAURENT-D'OINGT - Tél : 04 74 71 27 95

SAINT-LAURENT-D'OINGT Le Nevert du Haut *C.M. 244 Pli 2*

1 ch. Votre chambre d'hôtes est aménagée dans la maison des propriétaires, une maison récente en Pierres Dorées, avec une vue superbe sur le vignoble Beaujolais. Très calme. Accès de plain-pied. 1 chambre (1 lit 2 pers.), salle d'eau/wc privés dans la chambre. Séjour/salon communs. A l'extérieur : grand jardin fleuri, pelouse, parking. Sur place : gîte rural. Le meilleur accueil vous sera réservé. Possibilité dégustation de Beaujolais.

Prix : 1 pers. **200 F** 2 pers. **250 F**

Ouvert : toute l'année.

15	17	1,5	SP	3	17	2,5

DEBILLY Yves et Simone - Le Nevert du Haut - 69620 SAINT-LAURENT-D'OINGT - Tél : 04 74 71 65 76 ou 06 70 05 13 92

SAINT-MARTIN-EN-HAUT Le Pont du Chier Alt. : 750 m *C.M. 244 Pli 1*

3 ch. **Lyon 30 km** René Villard vous accueille ds ses 3 ch. d'hôtes situées ds un ancien moulin rénové. R.D.C. : 1 ch. (2 lits 2 pers.), s. d'eau et wc privés, prise tél., accès indép. Ds aile de bât. mitoyenne : 1 suite de 2 ch. idéale pour famille (1 ch. 2 lits 2 pers. avec s. d'eau et wc privés et 1 ch. 1 lit 2 pers., 1 lits 1 pers., s.d'eau et wc privés non attenants. Accès indépendant, petit coin-repos. Ch. élect.. Plan d'eau privé. Très calme. A partir de 1 pers., tarifs dégressifs dès 4 nuitées.

Prix : 1 pers. **190 F** 2 pers. **260 F** 3 pers. **360 F**

Ouvert : toute l'année.

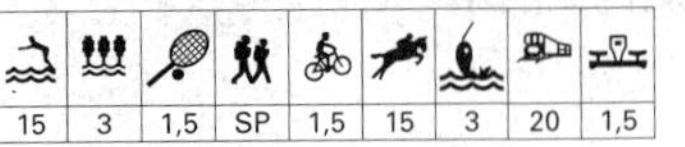

15	3	1,5	SP	1,5	15	3	20	1,5

VILLARD René - Le Pont du Chier - 69850 SAINT-MARTIN-EN-HAUT - Tél : 04 78 48 61 38

SAINT-VERAND Taponas

C.M. 244 Pli 2

4 ch. **Lyon 35 km** Danièle et Mike vs accueillent ds leurs 4 ch. d'hôtes avec accès indép. situées ds corps de bât. récent mitoyen à leur maison. 1 ch. (2 lits 1 pers.), salle d'eau/wc privés, 1 ch. (accessible pers. mobilité réduite) (1 lit 2 pers.), salle de bains/wc privés, 1 ch. familiale (1 lit 2 pers., 1 lit superposé), salle d'eau/wc privés donnant sur terrasse. 1 ch. total. indép. ds une petite maison sur le même terrain, (1 lit 2 pers.), cheminée, coin-salon, salle d'eau et wc indép. Ch. élec. Grde salle réservée aux hôtes avec coin-détente, TV, magnét. Grd terrain arboré clos avec jeux boules, mobilier de jardin, table d'hôtes sur demande. Langues parlées : anglais, espagnol.

Prix : 1 pers. **200 F** 2 pers. **280 F** 3 pers. **350 F** repas **90 F**

Ouvert : toute l'année.

12	20	2	SP	12	7	5	20	1,5

RAVILY-ANNING Daniele et Mike - Fondvieille - Taponas - 69620 SAINT-VERAND - Tél : 04 74 71 62 64 -
E-mail : Fondvielle@aol.com - http://www.members.aol.com/fondvielle

SAINT-VERAND Lerieux

A *C.M. 244 Pli 2*

4 ch. **Lyon 35 km** Au cœur du vignoble, 4 chambres d'hotes situées ds un corps de bât. en pierres dorées, mitoyen à la maison des prop. viticulteurs. Accès indép. à l'étage : 1 ch. (1 lit 2 pers.), 1 ch. (1 lit 2 pers. et 1 lit 1 pers.), salle de bains/wc privatifs dans chacune. 1 ch. (2 lits 1 pers.), 1 ch. (1 lit 2 pers. et 1 lit 1 pers.), coin séparé avec lavabo chacune. 1 douche et 1 wc séparé pour chacune ds hall d'entrée. Ch. central. Salle à manger commune avec les prop. A l'ext. : terrasse avec salon de jard., accès à terrain d'agrément en contre-bas. Parking à proximité immédiate des chambres. Sur place ferme-auberge.

Prix : 1 pers. **160/190 F** 2 pers. **240/260 F** pers. sup. **80 F** repas **85 F**

Ouvert : toute l'année sauf vendanges.

12	20	2	SP	12	7	5	20	2

BASSET Bernard et M-Claude - Lerieux - 69620 SAINT-VERAND - Tél : 04 74 71 74 82 - Fax : 04 74 71 67 24

SAINT-VERAND Aucherand

C.M. 244 Pli 2

5 ch. A St Vérand, en Beaujolais viticole, très belle maison d'hôtes comportant 5 ch. de caractère. 1 ch. au r.d.c. (1 lit 2 pers., s.de bains, wc privés ds la ch., 4 ch. à l'ét. : 1 ch. (1 lit 2 pers., 1 lit 1 pers.), 3 ch. (2 ch. 1 lit 2 pers., 1 ch. 2 lits 1 pers.), s.d'eau et wc privatifs ds chacune des ch. Très bon confort. Superbe salle commune, cheminée. Terrasse, TH sur réservation. Salle de jeux (2 billards, ping-pong) ; Vaste parc paysagé, des arbres centenaires, tennis, piscine. Le meilleur accueil vous sera réservé par Joëlle et son mari (antiquaire). Ils auront bcp de plaisir à vous recevoir pr votre étape/séjour en Beaujolais. Langue parlée : anglais.

Prix : 1 pers. **400 F** 2 pers. **480 F** 3 pers. **560 F** pers. sup. **100 F** repas **100 F**

Ouvert : toute l'année.

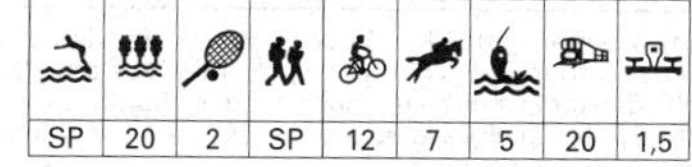

SP	20	2	SP	12	7	5	20	1,5

DEGOTTEX Joelle et Joseph - Maison d'Hôtes d'Aucherand - 69620 SAINT-VERAND - Tél : 04 74 71 85 92 ou 04 78 30 41 38 -
Fax : 04 74 71 85 92

SAINTE-CATHERINE Chateauvieux

Alt. : 700 m *C.M. 244 Pli 2*

1 ch. Au cœur des Monts du lyonnais et d'un parc paysager privé de 6 ha, se dresse à fleur de roche « Châteauvieux », manoir du 19ème, classé pour son architecture étonnante. A l'étage : une ch. d'hôtes (3 lits 1 pers., sanitaires privés), pour vous accueillir. Séjour réservé aux hôtes. Cour fermée, poss. salon de jardin. Surplombant la vallée, la maison offre au visiteur, une vue imprenable. Entre tradition et modernité, une demeure calme où le temps semble s'être arrêté. Le meilleur accueil vous sera réservé, pour une étape ou un séjour à proximité de Lyon et proche des axes de communication. Langues parlées : anglais, allemand.

Ouvert : toute l'année.

8	SP	8	SP

DUCHENE Dominique et Bernard - Châteauvieux - 69440 SAINTE-CATHERINE - Tél : 04 78 81 65 00 - Fax : 04 78 81 65 00

SALLES-ARBUISSONNAS Le Breuil

C.M. 244 Pli 2

3 ch. A l'ombre du cloître de Salles, la famille Patrigeon vous accueillent dans leur demeure du milieu du 19e s. et vous proposent leurs 3 ch. d'hôtes de caractère. Sur place, parc, piscine, tennis et bain à remous vous procureront loisirs et détente. 1 ch. au r.d.c. (1 lit 2 pers.). Etage : 2 ch. (1 ch. 1 lit 2 pers. 1 suite 2 lits 1 pers.). Salon : 1 convert. d'appoint. Chaque chambre est équipée de salle d'eau et wc privatifs. Idéal pour un séjour à la découverte du Beaujolais et de sa culture. Langues parlées : anglais, italien.

Prix : 2 pers. **450/600 F** 3 pers. **700 F** pers. sup. **100 F**

Ouvert : toute l'année.

SP	10	SP	SP	10	3

M. et Mme PATRIGEON - Le Breuil - 69460 SALLES-ARBUISSONNAS - Tél : 06 87 35 91 18 ou 04 74 60 53 16

LES SAUVAGES Mauvandran
Alt. : 720 m — *C.M. 244 Pli 2*

1 ch. **Lyon 50 km** Au Col des Sauvages, dans un cadre verdoyant, Marie-Josephe et Victor vous accueillent dans leur chambre d'hôtes située au rez-de-chaussée de leur maison (1 lit 2 pers., 1 lit 1 pers.), sanitaires privatifs ds la ch., douche, lavabo, wc. Ch. central. Petit réfrigérateur. Vaste terrain. Sentiers pédestres balisés avec jolis points de vue sur ligne de crêtes. Site touristique : Notre Dame de la Roche. Etape idéale sur GR7. Proximité de la RN7. Poss. tarifs dégressifs. 2 restaurants/alimentation à 300m. Observatoire astronomique à 1 km.

Prix : 1 pers. **170 F** 2 pers. **220 F** 3 pers. **280 F**

Ouvert : toute l'année.

7	12	0,5	SP	12	12	7	7

LAURENT M-Josephe et Victor - Mauvandran - 69170 LES SAUVAGES - Tél : 04 74 89 11 49

SAVIGNY Lanay
Alt. : 600 m — *C.M. 244 Pli 2*

5 ch. **Lyon 25 km** Luc et Aimée vous accueillent dans leurs 5 chambres d'hôtes à la ferme, aménagées ds un corps de bât. indép.. 3 ch. (2 lits 1 pers.) et 2 ch. (1 lit 2 pers., 1 lit 1 pers., poss. lits suppl. ds chacune), sanitaires complets et privatifs ds chaque chambre. Pièces de jour réservées aux hotes avec cheminée. Possibilité de cuisiner. Très calme, idéal pour vos étapes, week-ends ou séjours. Poss. de visite de l'exploitation agricole, nombreux animaux sur place : chèvres, ânes, poules. Vente de produits fermiers : vin, fromage.

Prix : 1 pers. **180 F** 2 pers. **250 F** 3 pers. **300 F**

Ouvert : toute l'année.

5	15	SP	SP	3	15	15	3	4

DEMAREST Luc et Aimée - Lanay - 69210 SAVIGNY - Tél : 04 74 01 13 64 - Fax : 04 74 01 13 64

SOUCIEU-EN-JARREST
C.M. 244 Pli 2

1 ch. Dans un village des coteaux du lyonnais, à 17 km du centre de Lyon, Geneviève et Patrick vous accueillent dans leur chambre d'hôtes spacieuse (1 lit 2 pers., 1 lit 1 pers., poss. lit enf.), aménagée au rez-de-ch. de leur maison avec accès indépendant. Salle de bains privative (baignoire), wc séparé privatif. Séjour. A l'extérieur : vaste terrain aménagé clos, ombragé, parking. Très facile d'accès. Petits déjeuners biologiques. Idéal randonnées pédestres et VTT.

Prix : 1 pers. **240 F** 2 pers. **280 F** 3 pers. **360 F** pers. sup. **80 F**

Ouvert : d'avril à octobre.

4	10	0,5	SP	SP	1	2	5	0,5

PLACE Geneviève et Patrick - 13 rue Micky Barange - 69510 SOUCIEU-EN-JARREST - Tél : 04 72 31 79 58

TAPONAS Bois Bettu
C.M. 244 Pli 3

3 ch. **Lyon 50 km** Brigitte Chambaud vous accueille ds ses 3 chambres d'hôtes, aménagées ds une ancienne ferme du Val de Saône, très calme, entourée de champs, à proximité des crus Beaujolais. Entrée indépendante. 2 chambres peuvent accueillir des familles. Salle d'eau et wc privatifs dans chaque chambre. Ch. central. Salle commune réservée aux hôtes. Cour, pelouse, salon de jardin. Fermé le dimanche soir sauf pour réservation de plusieurs nuits. A 1 km. sortie village St-Jean d'Ardières, dir. Mâcon. Prix enf. 70F. Langue parlée : anglais.

Prix : 1 pers. **240 F** 2 pers. **280 F** pers. sup. **100 F**

Ouvert : toute l'année.

4	4	4	SP	12	1	2	20	4	4

CHAMBAUD Brigitte - Bois Bettu - 69220 TAPONAS - Tél : 04 74 66 38 45 - Fax : 04 74 66 22 98

VAUX-EN-BEAUJOLAIS Clochemerle
C.M. 244 Pli 2

2 ch. **Lyon 45 km** 2 chambres d'hôtes aménagées dans une maison typique de la région, à quelques mètres du caveau historique de Clochemerle : 1 ch. (1 lit 2 pers., 2 lits 1 pers., 1 lit enf.), 1 ch. (1 lit 2 pers.), s. d'eau et wc privés ds chaque chambre. Salon réservé aux hôtes avec TV. Terrasse, salon de jardin, cour fermée, jeux d'enfants de plein-air. Grill, auberge rurale, boulangerie, épicerie au bourg à quelques mètres. Poss. accueil chevaux. Langue parlée : anglais.

Prix : 1 pers. **180 F** 2 pers. **240 F** pers. sup. **75 F**

Ouvert : toute l'année.

15	2	SP	15	SP

MINGRET Cyrille et Dominique - Clochemerle - 69460 VAUX-EN-BEAUJOLAIS - Tél : 04 74 03 26 13 - Fax : 04 74 03 26 13

VAUX-EN-BEAUJOLAIS Montrichard
(TH) — *C.M. 244 Pli 2*

3 ch. Josette et Francis vous accueillent dans leur maison d'hôtes, située à 1.5 km de Vaux-en-Beaujolais. Ils ont aménagés 3 ch. d'hôtes de caractère, avec un accès indépendant. Et. : 2 ch. d'hôtes (1 lit 2 pers., ds chacune, sanit. privés douche, lavabo, wc.). R.d.c. : 1 ch. (1 lit 2 pers., 1 lit 1 pers.), s.de bains (baignoire avec jacuzzi)/wc séparé. En été, les repas sont servis à l'extérieur, sous une tonnelle, vous pourrez profiter sur place de la piscine des prop. Parking, Table d'hôtes sur réservation. Le meilleur accueil vous sera réservé pr votre étape, séjour en Beaujolais, ds un cadre superbe au cœur du vignoble. Gîte rural sur place.

Prix : 1 pers. **350/500 F** 2 pers. **380/550 F** 3 pers. **650 F**
pers. sup. **100 F** repas **120 F**

Ouvert : de mars à novembre.

SP	20	SP	10	SP	20	16	2

BLETTNER Josette et Francis - Les Picorettes - Montrichard - 69460 VAUX-EN-BEAUJOLAIS - Tél : 04 74 02 14 07 - Fax : 04 74 02 14 21 - E-mail : francis.blettner@wanadoo.fr

VILLECHENEVE

Alt. : 800 m (TH) *C.M. 244 Pli 2*

2 ch. Isabelle & J.Jacques vous accueillent dans leurs 2 ch. d'hôtes, situées dans leur maison, dans le petit village de Villechenève, au cœur des Monts du Lyonnais. R.d.c. : salon/s.à. manger réservés aux hôtes avec poële à bois. Etage : 2 ch. (1 lit 2 pers. ds chacune, TV, sanitaires privés, poss. 1 lit suppl., 1 lit bébé). Chauff. central. Tél. portable 06.85.80.56.71. A la table d'hôtes vous dégusterez les produits de l'exploit. d'Isabelle (à 8 km), foie gras et volailles fermières. Accès à une cour et un petit jardin communs aux prop. et au gîte rural (s.pl.), avec des ânes. Un excellent accueil vous sera réservé. Journée/stage transformation du canard gras. Langue parlée : anglais.

Prix : 1 pers. **210 F** 2 pers. **250 F** pers. sup. **60 F** repas **80/150 F**

Ouvert : toute l'année.

16	25	8	SP	8	8	30	25	16	SP

BIROT Isabelle - Le Bourg - 69770 VILLECHENEVE - Tél : 04 74 70 13 88 ou 04 77 28 68 34

VILLIE-MORGON Le Clachet

C.M. 244 Pli 2

5 ch. Agnès et Jean vous ouvrent la porte de leur demeure, où vous retrouverez les sensations de calme et d'espace, principaux atouts de la campagne. Ds une aile de la maison, une vaste pièce de jour (avec coin-cuisine), à l'ét., un salon lumineux et sa bibliothèque sont réservés à leurs hôtes. Les ch. sont spacieuses avec de gds lits. 1 ch. (1 lit 180x200), 3 ch. (2 lits 90x200), avec pr 2, coin-canapé (convert.). s.d.e et wc ds chaque ch. 1 ch. (1 lit 1.80x2.00),coin canapé (convert.), s.d.b.(douche et baignoire) et wc. Accès très proche de la sortie autoroute Belleville (7km). Un accueil aimable et chaleureux vous sera réservé.

Prix : 2 pers. **450/550 F** 3 pers. **550/650 F**

Ouvert : toute l'année.

7	12	1	SP	20	10	7	7	1,3

FOILLARD Agnes et Jean - Le Clachet - 69910 VILLIE-MORGON - Tél : 04 74 04 24 97 - Fax : 04 74 69 12 71

Savoie

GITES DE FRANCE - LOISIRS ACCUEIL SAVOIE
24, bd. de la Colonne - 73024 CHAMBERY Cedex
Tél. 04 79 85 01 09 ou 04 79 33 22 56 - Fax. 04 79 85 71 32
http://www.itea.fr/GDF/73
E.mail : gites.france.savoie@wanado.fr
http://www.gites-de-france-savoie.com

3615 Gîtes de France 1,28 F/min

AIGUEBLANCHE

Alt. : 550 m (TH) *C.M. 74 Pli 17*

6 ch. **Pralognan la Vanoise 35 km. Lac d'Annecy 50 km.** Maison du XVe siècle à l'écart du village, située sur une butte qui domine la vallée de l'Isère. 6 chambres d'hôtes de 2 à 4 lits équipées de salles de bains (WC, bains, lavabo), coin détente, TV, bibliothèque, chauffage central, l-linge, sèche-linge, réfrigérateur, four micro-ondes. Parc arboré de 2500 m2. Salon de jardin. Réduction parfois consentie. Spécialités : confitures maison, miel de pays, tartiflette aux trompettes, tartelettes aux champignons des bois, desserts aux myrtilles et framboises. Ski Valmorel 11 km. Liaison les 3 Vallées 13 km. Escalade 10 km. Thermes la Léchère. Possibilité location pour groupe en gestion libre. Langue parlée : anglais.

Prix : 1 pers. **180/200 F** 2 pers. **280/320 F** 3 pers. **390/450 F** repas **95 F**

2	1	1	1	0,1	11	11	SP	SP	5	1,5

CHARLIN Henri - Manoir de Bellecombe - 25, route de Saint-Oyen - 73260 AIGUEBLANCHE - Tél : 04 79 24 31 95 - Fax : 04 79 24 31 95 ou SR : 04 79 85 01 09 - E-mail : hcharlin@club-internet.fr - http://www.ifrance.com/bellecombe

AILLON-LE-JEUNE Chez Curiaz

Alt. : 900 m (TH) *C.M. 74 Pli 16*

3 ch. **Chambéry 24 km. Annecy 37 km.** Maison typique des Bauges rénovée surplombant le village. 3 ch. d'hôtes. 2e ét. : ch. A : 1 lit 2 pers., 1 lit enfant, ch. B : 1 lit 2 pers., 1 lit 1 pers., ch. C : 1 lit 2 pers., lavabo, bains, WC dans chaque ch., séjour, ch. élect., terrain avec four à pain et meubles de jardin. Petit déjeuner à la française avec pain au levain et confitures maison... Spécialités : jambon cru maison, diots, crozets, tartiflette, œufs et lapins fermiers... Découverte faune/flore. Routes forestières, sentiers vers cols et alpages. Artisanat, fruitière. Massif entre les lacs d'Aix Les Bains et Annecy. Ski Aillon le Jeune. Réduction parfois consentie. Langue parlée : anglais.

Prix : 2 pers. **260 F** 3 pers. **340 F** repas **90 F**

13	4	3	3	0,2	3	3	SP	SP	24	0,9

BAULAT Robert - Chez Curiaz - 73340 AILLON-LE-JEUNE - Tél : 04 79 54 61 47

AILLON-LE-JEUNE Les Ginets

Alt. : 1100 m (TH) *C.M. 74 Pli 16*

4 ch. CV

Chambéry 24 km. Annecy 37 km. Aix les Bains 37 km. Ancienne ferme traditionnelle du Massif des Bauges, entièrement rénovée. 4 chambres d'hôtes mansardées. 1er ét. : ch. A : 1 lit 2 pers., 1 lit 1 pers., balcon, ch. B, ch. C, ch. D : 1 lit 2 pers., 1 lit 1 pers., douche, WC, lavabo dans chaque chambre, chauffage central, terrain. Petit-déjeuner avec confitures maison, pains biologiques variés... Spécialités : tarte à la tome, fondue savoyarde, civet, pot-au-feu, diots au vin blanc, raclette... Superbe vue sur la vallée et la station d'Aillon le Jeune. Découverte du Parc Naturel Régional des Bauges. Ski Aillon le Jeune 0.1 km et 1.5 km, le Margériaz 12 km. Réduction parfois consentie.

Prix : 2 pers. **260 F** 3 pers. **340 F** repas **90 F**

16	2	2	2	1,5	0,1	1,5	SP	SP	26	1,5

GUNTHER Bruno - La Grangerie - Les Ginets - 73340 AILLON-LE-JEUNE - Tél : 04 79 54 64 71

AILLON-LE-VIEUX Le Mollard

Alt. : 900 m (TH) *C.M. 74 Pli 16*

2 ch. CV

Chambéry 28 km. Annecy 33 km. Maison récente à l'entrée du village, vue dégagée sur le col des Prés. 2 chambres d'hôtes. 1er étage : ch. A : 1 lit 2 pers., 2 lits 1 pers., ch. B : 1 lit 2 pers. Lavabo, bains et WC communs, séjour à disposition avec TV, revues, chauffage central, terrain avec meubles de jardin et jeux d'enfants. Petit-déjeuner servi dans le séjour familial avec pains, fruits, céréales, œufs ou fromage... Environnement d'alpages. Nombreuses possibilités sportives et de découvertes entre les lacs d'Aix Les Bains et d'Annecy. Station de ski Aillon le Jeune. Réduction parfois consentie. Langue parlée : italien.

Prix : 1 pers. **115/130 F** 2 pers. **185/190 F** 3 pers. **230/250 F** repas **70 F**

10	4	4	10	0,5	4	4	SP	SP	25	2

PETIT BARAT Louis - Le Mollard - 73340 AILLON-LE-VIEUX - Tél : 04 79 54 60 84

AIX-LES-BAINS

C.M. 74 Pli 15

1 ch. CV

Lac du Bourget 3 km. Chambéry 17 km. Maison récente dans un quartier en périphérie de la ville et à proximité du bois Vidal. 1 chambre d'hôtes. 1er étage : 1 lit 2 pers., 1 lit 1 pers., sanitaires attenants privatifs, chauffage électrique, terrain. Voile 3 km. Thermes Aix les Bains. Petit déjeuner servi en salle à manger ou terrasse : confitures maison, miel de Savoie, gâteaux maison... Possibilité de découvertes des environs d'Aix les Bains avec le propriétaire.

Prix : 1 pers. **150 F** 2 pers. **210 F** 3 pers. **280 F**

1,5	3	3	2	2	3	SP	0,5	2,5	2

BOGEY Jean - 16, allée du Chevreuil - 73100 AIX-LES-BAINS - Tél : 04 79 35 16 57

ALBENS Pegis

C.M. 74 Pli 15

2 ch.

Lac du Bourget, Aix les Bains 11 km. Annecy 22 km. Maison ancienne rénovée avec vue sur le Semnoz. 2 chambres d'hôtes. 1er ét. : ch. A : 1 lit 2 pers., 1 lit 1 pers., lavabo, ch. B : 1 lit 2 pers., lavabo. Douche + WC communs, chauffage central, salon de jardin, terrasse, terrain. Séjour au calme. Spécialités : confitures maison... Lieu idéal pour randonner. L'Albanais est situé entre les lacs d'Annecy et du Bourget. Restaurants 2 km. Ski le Revard. Thermes Aix les Bains.

Prix : 2 pers. **190 F** 3 pers. **250 F**

13	13	13	2	4	13	28	28	SP	SP	13	2

ANDRE Adrien - Pegis - 73410 ALBENS - Tél : 04 79 54 19 30

ALBENS Les Prés Rus

C.M. 74 Pli 15

2 ch. CV

Lac du Bourget, Aix les Bains 11 km. Annecy 22 km. Maison récente à proximité du bourg. 3 chambres d'hôtes. Rez-de-chaussée ch. A : 1 lit 2 pers., lavabo, douche, WC, 2e ét. ch. B avec coin-nuit séparé : 1 lit 2 pers., 1 lit 1 pers., lavabo, douche, WC, r.d.c. ch. C : 1 lit 2 pers., lavabo, douche, WC, chauffage électrique, garage, terrasse, terrain. Vue sur les montagnes du Semnoz, du Revard et la campagne. A découvrir les grands lacs alpins et le Parc Naturel Régional des Bauges. Ski le Revard. Thermes Aix les Bains. Langue parlée : anglais.

Prix : 1 pers. **170 F** 2 pers. **240 F** 3 pers. **340 F**

11	12	10	1	4	2	25	25	SP	1	1,5	1

COMBET Gilbert et Françoise - Les Prés Rus - 73410 ALBENS - Tél : 04 79 54 19 01 ou 04 79 54 15 44

ALBERTVILLE

C.M. 74 Pli 17

1 ch.

Annecy 46 km. Massif du Beaufortain 20 km. Villa récente sur une colline dominant Albertville. Intérieur personnalisé imaginé pour votre confort, environnement fleuri. 1 ensemble de 2 chambres d'hôtes ($50m^2$). 2e ét. : 4 lits 1 pers., TV, lavabo, douche, WC attenant, cuisine équipée, balcon, ch. électrique. Belle vue sur les montagnes (exposition sud). Petit-déjeuner varié. Proximité de la cité médiévale de Conflans. Ville située entre Annecy et Chambéry, aux portes de la Tarentaise. Restaurants 1 km. Station de ski Crest-Voland. Patinoire 1 km. Langue parlée : allemand.

Prix : 1 pers. **160 F** 2 pers. **240 F** 3 pers. **320 F**

1	1	10	1	24	20	SP	SP	1	1

PERS Claire et Pierre - 375, chemin des Molettes - 73200 ALBERTVILLE - Tél : 04 79 32 12 36

ALBERTVILLE Conflans

C.M. 74 Pli 17

2 ch. **Annecy 46 km. Massif du Beaufortain 20 km.** Maison ancienne de caractère située en lisière du village médiéval de Conflans. 2 chambres d'hôtes. R.d.c. : ch. A : 4 lits 1 pers., lavabo, douche, WC, ch. B : r.d.c. : 1 lit 1 pers., 1 lit 2 pers., lavabo, baign., wc. Séjour avec coin détente, micro-onde et réfrigérateur à disposition, intérieur avec mobilier bois. chauffage électrique. Terrain avec vue panoramique. A voir : l'église restaurée, la fontaine... Restaurants sur place. Ski Arêches 25 km, les Saisies 31 km. Mur d'escalade 2 km. Patinoire 2 km. Langue parlée : anglais.

Prix : 1 pers. **160/180 F** 2 pers. **230/260 F** 3 pers. **310/340 F**

3	1	8	0,5	25	25	SP	SP	1	SP

HARDY Marie-Claude - 21 bis, rue G. Pérouse - Conflans - 73200 ALBERTVILLE - Tél : 04 79 32 00 66

APREMONT Le Reposoir

TH *C.M. 74 Pli 15*

1 ch. **Chambéry 8 km. Massif de la Grande Chartreuse 20 km.** Villa située au pied du Mont-Granier et environnée de vignes. 1 ensemble de 2 chambres d'hôtes. 1er étage : 2 lits 2 pers., lavabo, bains, WC pour les 2 chambres, chauffage central, séjour avec TV, jeux de société à disposition, terrain. Vue sur la chaîne des Belledonnes. Spécialités : vin d'Apremont, cuisine authentique et savoureuse. Proximité de Chambéry, des Parcs Naturels Régionaux des Bauges et de la Chartreuse. Thermes Challes les Eaux. Réduction parfois consentie.

Prix : 1 pers. **180 F** 2 pers. **240 F** repas **100 F**

5	4	6	2	4	4	SP	SP	7	4

FRIOLL Paul et Denise - Le Reposoir - 73190 APREMONT - Tél : 04 79 28 33 56

AUSSOIS

Alt. : 1490 m TH *C.M. 77 Pli 8*

5 ch. **Forts de l'Esseillon 4 km. Parc National de la Vanoise 6 km.** Maison mitoyenne dans le village. 5 ch. d'hôtes, 1 lgt. 1er ét. : ch. A : 1 lit 2 pers., ch. B : 3 lits 1 pers., 2e ét. : ch. C : 1 lit 2 pers., 1 lit 1 pers., ch. D : 3 lits 1 pers. balcon (ch. A/B/C/D). 3e ét. : ch. E : 1 lit 2 pers., 2 lits 1 pers. superp. Lavabo, douche, WC dans chaque ch., coin-détente, cheminée, TV, l-linge, séchoir, terrasse, ch. central. Village situé aux portes du Parc National de la Vanoise. Spécialités : yaourts maison, coupe de légumes, crozets, potée, tartiflette, fondue, mousse au chocolat, tiramisu. Eglise baroque, forts de l'Esseillon. Ski Aussois. Escalade, via ferrata 3 km. Réduction parfois consentie. Langues parlées : anglais, italien.

Prix : 1 pers. **200 F** 2 pers. **270 F** 3 pers. **350 F** repas **90 F**

Ouvert : toute l'année.

7	7	0,5	7	0,3	0,3	SP	SP	7	0,1

TANTOLIN Claire - La Roche du Croué - 3, rue de l'Eglise - 73500 AUSSOIS - Tél : 04 79 20 31 07 - Fax : 04 79 20 48 28

BARBERAZ

C.M. 74 Pli 15

1 ch. **Les Charmettes : maison de Jean-Jacques Rousseau 3 km.** Maison récente en pleine campagne avec vue sur la combe de Chambéry. 1 ensemble de 2 chambres d'hôtes. Rez-de-chaussée : 2 lits 2 pers., lavabo, bains, WC pour les 2 chambres. Terrain. Petit-déjeuner servi en terrasse l'été, confitures maison, pain campagnard... Bien située pour découvrir les 2 parcs naturels régionaux du Massif des Bauges et de Chartreuse. Ski le Granier 17 km, Aillon le Jeune 27 km, le Margériaz 33 km. Fond la Féclaz 21 km, le Désert 24 km. Patinoire, restaurants 2 km. Voile 13 km. Thermes Challes les Eaux.

Prix : 1 pers. **180 F** 2 pers. **220 F** 3 pers. **400 F** pers. sup. **40 F**

7	13	2	2	2	2	17	21	SP	SP	3,5	2

DESLANDRES Monique - 1370, route de Chanaz - 73000 BARBERAZ - Tél : 04 79 70 56 40 ou SR : 04 79 85 01 09

BELLECOMBE-EN-BAUGES Le Villard Derrière

Alt. : 850 m *C.M. 74 Pli 16*

3 ch. **Annecy 22 km. Aix les Bains, lac du Bourget 38 km.** Ancienne ferme rénovée en bordure du village, à proximité d'une aire naturelle de camping. 3 chambres d'hôtes. 1er étage : ch. A : 1 lit 2 pers., ch. élec., ch. B et C : 1 lit 2 pers., 1 lit 1 pers., ch. central, sanitaires complets dans chaque chambre, terrain avec salon de jardin et barbecue avec vue sur la vallée du Chéran et le Semnoz. Jeux enfants. Au cœur du Parc Naturel du massif des Bauges, vous pourrez randonner sur le GR 96 ou le tour des Bauges, visiter le pont du Diable (6 km) ou le lac d'Annecy (15 km). Ski Les Aillons 22 km, le Margériaz 24 km, fond Le Semnoz 15 km. Raquettes, forêts sur place, canyoning 6 km, voile 15 km. Langue parlée : anglais.

Prix : 1 pers. **150/170 F** 2 pers. **220/250 F** 3 pers. **300/330 F**

8	20	8	8	2	22	15	SP	SP	20	7

PRICAZ Sophie - Villard Derrière - 73340 BELLECOMBE-EN-BAUGES - Tél : 04 79 63 36 33 ou 04 50 69 16 09

BETTON-BETTONNET Village de l'Eglise

C.M. 74 Pli 16

4 ch. **Chambéry 25 km. Albertville 30 km.** Maison ancienne rénovée à l'entrée du village. 4 chambres d'hôtes. 1er ét. : ch. A : 1 lit 2 pers., 1 lit 1 pers., 1 lit enfant, ch. B : 1 lit 2 pers., ch. C : 1 lit 2 pers., 1 lit 1 pers., douche, WC, lavabo dans chaque chambre, ch. D : 1 lit 2 pers., 1 lit 1 pers., bains, WC, lavabo. Chauffage central, terrain. Possibilité de cuisiner. Petit-déjeuner servi dans une belle salle voûtée de 40 m2, possibilité de la louer pour fêtes et réceptions. Situation idéale pour découvrir les différentes vallées de la Savoie. Restaurant 4 km. Ski le Collet d'Allevard 29 km, St François Longchamp 40 km. Langue parlée : anglais.

Prix : 1 pers. **170 F** 2 pers. **220 F** 3 pers. **300 F**

7	7	4	4	3	29	20	SP	SP	5	4

CARLE Bernadette - Village de l'Eglise - 73390 BETTON-BETTONNET - Tél : 04 79 44 22 32 - Fax : 04 79 44 22 47

LA BIOLLE Les Plagnes

C.M. 74 Pli 15

3 ch.

Aix les Bains, lac du Bourget 7 km. Annecy 26 km. Maison centenaire rénovée, située à l'entrée du hameau, comprenant 3 chambres d'hôtes et 1 gîte. R.d.c : ch. A : 2 lits 2 pers., douche, WC, lavabo. 1er ét. : ch. B : 1 lit 2 pers., douche, WC, lavabo, balcon, ch. C 2 lits 1 pers., douche, WC, lavabo, ch. élect., cuisine commune aux chambres B et C avec entrée indépendante, cour, jeux d'enfants Petit-déjeuner servi dans une serre côté jardin, avec produits de la ferme, vente possible. Découvertes vie rurale, animaux et nature. L'Albanais est situé entre les lacs du Bourget et d'Annecy. Restaurant 2 km. Ski le Revard. Thermes Aix les Bains. Réduction parfois consentie.

Prix : 1 pers. **150 F** 2 pers. **200/220 F** 3 pers. **250 F**

10	10	10	2	11	4	23	23	SP	0,5	10	2

CALLOUD Jean et Simone - La Renaudière - Les Plagnes - 73410 LA BIOLLE - Tél : 04 79 54 77 18 - Fax : 04 79 54 77 18

LA BIOLLE La Villette

C.M. 74 Pli 15

4 ch.

Aix les Bains, lac du Bourget 7 km. Annecy 26 km. Maison ancienne typique de l'Albanais, située dans un hameau à proximité d'un bois. 4 chambres d'hôtes. 1er ét. : ch. A : 1 lit 2 pers., 1 lit 1 pers., ch. B : 1 lit 2 pers., ch. C : 1 lit 2 pers., 1 lit 1 pers., ch. D avec coin-salon et bal. : 1 lit 2 pers., 1 lit 1 pers., sanitaire complet par ch., ch. cent., coin-cuisine, cour, meubles de jardin, jeux enfants. Petit-déjeuner avec confitures maison, miel, fromage... Découverte de la nature et de la ferme. Camping vert sur place. Restaurant 2 km. Ski le Revard. Voile 11 km. Thermes Aix les Bains.

Prix : 1 pers. **170/200 F** 2 pers. **220/260 F** 3 pers. **270/320 F**

11	11	11	3	2	8	22	22	SP	SP	5	2,5

GOURY Gilbert et Jeanette - Villette - 73410 LA BIOLLE - Tél : 04 79 54 76 79 - Fax : 04 79 54 70 70

BOURG-SAINT-MAURICE-LES-ARCS Les Eulets

Alt. : 850 m

C.M. 74 Pli 18

1 ch.

Col Petit St-Bernard 31 km. Col de l'Iseran, Parc de la Vanoise 47 km. Maison ancienne rénovée en bordure de l'Isère. 1 chambre d'hôtes, 2 gîtes. Rez-de-chaussée : 1 lit 2 pers., bains, WC, lavabo dans la chambre, coin-cuisine avec cheminée, terrain. Restaurants 0.8 km. Petit-déjeuner servi dans la chambre avec confitures et miel de pays. L'été découverte du chalet d'alpage et goûter à la ferme. Région propice aux randonnées et à la découverte de la Haute-Tarentaise. Ski liaison les Arcs par funiculaire. Sur place moniteur de ski et découverte du ski joering. Canoë sur place, escalade 1 km. Langue parlée : anglais.

Prix : 1 pers. **200/240 F** 2 pers. **240/270 F**

1	1	4	SP	0,6	4	SP	SP	0,8	0,8

BUTHOD Rolande et Raymond - Les Eulets - Route de Montrigon - 73700 BOURG-SAINT-MAURICE - Tél : 04 79 07 14 18

LA BRIDOIRE

C.M. 74 Pli 15

4 ch.

Lac d'Aiguebelette 3 km. Parc Régional Naturel de la Chartreuse 20 km. Maison récente au centre du village, comprenant 4 chambres d'hôtes et 2 gîtes. 2e étage : ch. A : 1 lit 1 pers., 1 lit 2 pers., lavabo, ch. B, ch. C, ch. D : 1 lit 2 pers., lavabo. Bains et WC communs, chauffage central, séjour à disposition, petit terrain. Proximité du lac d'Aiguebelette. Visites : château d'Avressieux, les grottes des Echelles, la voie Sarde... Proximité de la Chartreuse (Abbaye), artisanat, villages et hameaux pittoresques. Restaurants sur place. Ski Verthemex. Langue parlée : italien.

Prix : 1 pers. **145 F** 2 pers. **165 F** 3 pers. **240 F**

3	5	0,1	7	0,1	30	21	SP	SP	3	0,1

DE MARCO Luigi - Chef Lieu - 73520 LA BRIDOIRE - Tél : 04 76 31 13 47

CHALLES-LES-EAUX

TH

C.M. 74 Pli 15

1 ch.

Chambéry 6 km. Parc Naturel du Massif des Bauges 17 km. Dans une belle demeure ancienne, une suite indépendante de 2 chambres d'hôtes. Rez-de-chaussée : 2 lits 2 pers., lavabo, bains, WC privatifs, salon avec billard, chauffage central, véranda, terrain clos avec piscine. Cadre d'authenticité savoyarde avec charme et quiétude. Une chaleureuse complicité s'établit pour l'élaboration des menus. Spécialités : magret, cassoulet, tarte tatin... Petit-déjeuner servi l'été sous la véranda avec variété de pains et de confitures... Ski la Féclaz 19 km, le Margériaz 22 km. Vol à voile 1.5 km, patinoire 7 km. Thermes Challes les Eaux. Réduction parfois consentie. Etape VRP.

Prix : 2 pers. **350 F** 3 pers. **450 F** repas **120 F**

0,1	0,5	SP	0,5	7	0,5	19	19	SP	0,1	7	0,3

CRUPEL Jean-François - 145, rue Jean Jaures - 73190 CHALLES-LES-EAUX - Tél : 04 79 72 75 76 - Fax : 04 79 72 77 20

CHAMBERY-LE-VIEUX

C.M. 74 Pli 15

3 ch.

Chambéry 4 km. Aix les Bains, lac du Bourget 15 km. Villa récente en périphérie de Chambéry. 3 chambres d'hôtes décorées avec particularité (accès indépendant aux chambres). 2e étage : ch. A : 1 lit 2 pers., ch. B : 1 lit 2 pers., ch. C : 2 lits 1 pers., lavabo dans chaque chambre, douche et WC communs, chauffage élect., terrasse, terrain. Téléphone sur demande. Petit-déjeuner l'été sur le balcon avec confitures et gâteaux maison... Petit-déjeuner salé sur demande. Proximité du lac du Bourget avec tous les loisirs nautiques. Ski la Féclaz. Patinoire 5 km. Thermes Aix les bains. Réduction à partir de 3 nuits.

Prix : 1 pers. **190 F** 2 pers. **210 F**

10	7	5	3	5	7	24	24	SP	4	1

GAUTHIER Michèle et Yves - 300, rue de Roberty - 73000 CHAMBERY-LE-VIEUX - Tél : 04 79 69 11 74 - Fax : 04 79 69 11 74

CHAMOUX-SUR-GELON

C.M. 74 Pli 16

1 ch. **Parc Naturel Massif des Bauges 9 km. Cité médiévale de Conflans 26 km.** 1 chambre d'hôtes (intérieur meublé bois) pour 5 personnes et 1 gîte dans la maison. 2e + 3e étage : chambre A : 1 lit 2 pers., 1 lit 1 pers., mezzanine : 2 lits 1 pers., lavabo, baignoire, wc, coin-cuisine, salon avec bibliothèque, TV, jeux de société, chauffage élect., terrain avec meubles de jardin, four et barbecue. Restaurant 1 km. Maison neuve située en bordure du village, en plein champ. Chambre où chaque fenêtre s'ouvre sur un tableau panoramique. Séjour au calme et découverte de la région. Nombreuses documentations. Ski le Collet d'Allevard. Ecole parapente 0.5 km. Réduction parfois consentie.

Prix : 1 pers. **140/160 F** 2 pers. **220/250 F** 3 pers. **280/320 F**

7	7	0,5	17	1	32	29	SP	0,5	2,5	0,5

BURNIER Roberte - Les Quatre Setives - Cidex 104 bis - 73390 CHAMOUX-SUR-GELON - Tél : 04 79 36 41 15

LA COTE-D'AIME Pré Bérard

Alt. : 1000 m (TH) *C.M. 74 Pli 18*

5 ch. **Bourg Saint-Maurice 21 km. Courchevel, Pralognan la Vanoise 48 km.** Chalet en bois massif avec belle vue sur la montagne proche du hameau, au Pays du Versant du Soleil. 5 ch. d'hôtes. 1er ét. : ch. A : 1 lit 2 pers., r.d.c. : ch. B et ch. C : 1 lit 2 pers., ch. D et ch. E : 2 lits 1 pers. Lavabo, douche, WC dans chaque ch. Séjour avec cheminée réservé aux hôtes, jeux, ch. élect., terrasse, terrain, meubles de jardin. Spécialités : raclette à la cheminée, fondue vigneronne, charcuterie, gâteaux et confitures maison, Possibilité de séjours encadrés par le propriétaire moniteur de ski et accompagnateur. Ski Granier 4 km, Montchavin-la Plagne 20 km. Rafting 5 km. Réduction parfois consentie. Langues parlées : allemand, anglais.

Prix : 1 pers. **270 F** 2 pers. **310 F** repas **105 F**

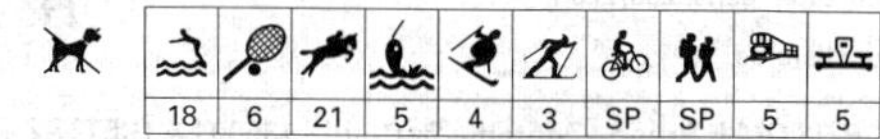

18	6	21	5	4	3	SP	SP	5	5

HANRARD Bernard et Elisabeth - Pré Bérard - Le Paradou - 73210 LA COTE-D'AIME - Tél : 04 79 55 67 79 - E-mail : hanrard@aol.com

COURCHEVEL-SAINT-BON

Alt. : 1850 m *C.M. 74 Pli 18*

2 ch. **Pralognan la Vanoise 28 km. Albertville 47 km.** Maison en pierre et bois située en bordure de la station, comprenant 2 chambres d'hôtes et 1 gîte. 1er étage : ch. A : 2 lits 1 pers., lavabo, bains, WC, ch. B : 2 lits 1 pers., lavabo, douche, WC. Séjour, l'été : petite cuisine et TV à disposition, chauffage central, terrasse avec meubles de jardin et vue sur la montagne. Petit-déjeuner servi dans la chambre ou en terrasse. Séjour sportif de découverte ou de détente. Toutes les activités de la montagne pour le plaisir de tous. Restaurant 0.8 km. Station de ski Courchevel. Thermes Brides les Bains. Réduction parfois consentie. Langue parlée : anglais.

Prix : 2 pers. **260/340 F**

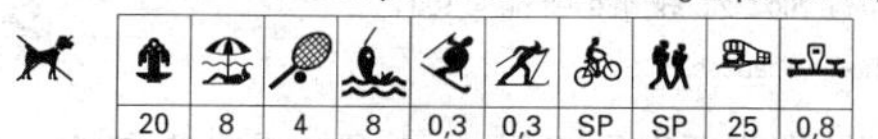

20	8	4	8	0,3	0,3	SP	SP	25	0,8

GINET Christian - Rue des Chenus - Chalet les Ecureuils - 73120 COURCHEVEL - Tél : 04 79 08 11 08 ou 04 79 33 62 06 - Fax : 04 79 08 25 65

ENTREMONT-LE-VIEUX Les Perrets

Alt. : 800 m *C.M. 74 Pli 15*

1 ch. **Chambéry 25 km. Lac d'Aiguebelette 35 km.** Maison ancienne entièrement rénovée située à l'entrée du village. 1 chambre d'hôte. Rez-de-chaussée : 1 lit 2 pers., 1 lit 1 pers., douche, WC, lavabo privatifs, chauffage central, terrain. Possibilité de cuisiner. Chambre bien située pour découvrir la vallée des Entremonts et le Parc Naturel Régional de Chartreuse. Ski le Granier 3 km, le Désert 5 km. Patinoire 21 km.

Prix : 1 pers. **180 F** 2 pers. **260 F** 3 pers. **320 F**

1	5	0,2	3	5	SP	0,5	21	1

BOITON Ginette - Les Perrets - 73670 ENTREMONT-LE-VIEUX - Tél : 04 79 26 20 44

LA FECLAZ-LES-DESERTS La Combe

Alt. : 1000 m *C.M. 74 Pli 16*

2 ch. **Chambéry 14 km. Aix les Bains, lac du Bourget 31 km.** Maison caractéristique de l'habitat traditionnel des Bauges, comprenant 2 chambres d'hôtes et 1 gîte. Rez-de-jardin : ch. A : 1 lit 2 pers., salle de bains, WC privatifs, 1er étage : ch. B. : ensemble de 2 chambres, 2 lits 2 pers., salle de bains, WC privatifs, chauffage central, cheminée, terrain, garage. Jeux de boules, barbecue, four à pain. Très belle vue sur la vallée de Leysse et la Chaîne des Belledonnes. Restaurant 0.6 km. Ski Plainpalais 3 km, la Féclaz 5 km. Thermes Challes les Eaux. Réduction parfois consentie.

Prix : 1 pers. **220 F** 2 pers. **310 F** 3 pers. **530 F** pers. sup. **90 F**

15	15	15	5	5	7	3	3	SP	SP	15	5

CROZE Jean - Le Pré Colomb - La Combe - 73230 LES DESERTS - Tél : 04 79 25 83 37 - Fax : 04 79 25 83 37 ou SR : 04 79 85 01 09

FLUMET La Cour

Alt. : 1000 m *C.M. 74 Pli 7*

2 ch. **Megève 10 km. Beaufort 25 km. Saint-Gervais, Chamonix 50 km.** Maison dans un village pittoresque au dessus de la rivière de l'Arly. 2 chambres d'hôtes. 1er étage : ch. A : 1 lit 2 pers., 2 lits 1 pers., ch. B : 1 lit 2 pers. Lavabo, douche, WC dans chaque chambre, chauffage central, terrain. En été, fête traditionnelle : foire aux poulains. Restaurant 2.5 km. Ski Flumet 0.3 km liaison domaine « Carte Blanche », Megève 8 km.

Prix : 1 pers. **145 F** 2 pers. **205 F** 3 pers. **265 F**

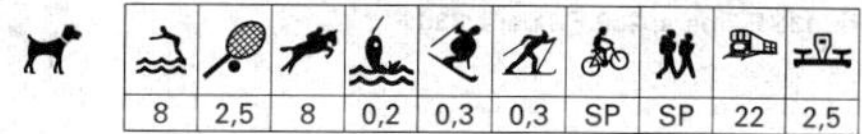

8	2,5	8	0,2	0,3	0,3	SP	SP	22	2,5

BURNET-MERLIN Béatrice - La Cour - 73590 FLUMET - Tél : 04 79 31 72 15

FLUMET La Touvière

Alt. : 1200 m (TH) *C.M. 74 Pli*

2 ch. **Massif des Aravis 15 km. Annecy 50 km.** Ancien chalet traditionnel du Val d'Arly, dans un hameau avec une belle vue sur les montagnes. 2 chambres d'hôtes. R.d.c. : ch. A : 1 lit 2 pers., douche WC, lavabo, ch. B : 1 lit 2 pers., douche, WC, lavabo. Chauffage électrique terrain. Spécialités : tartiflette, farcement, diot, gâteau de Savoie, rissoles... Station de ski Flumet. Patinoire 10 km. Réduction parfois consentie.

Prix : 1 pers. **145 F** 2 pers. **210 F** repas **90 F**

6	5	6	3	3,5	3	SP	SP	26	5

MARIN-CUDRAZ Marcel et Myriam - La Touvière - 73590 FLUMET - Tél : 04 79 31 70 11

LA GIETTAZ Fontaine Bartoud

Alt. : 1250 m (TH) *C.M. 74 Pli 7*

3 ch. **Gorges de l'Arly 10 km. Megève 16 km. Albertville 31 km. Annecy 45 km.** Maison dominant la vallée de l'Arrondine. 3 chambres d'hôtes. 1er ét. : ch. A (2 épis) : 1 lit 2 pers., 1 banquette-lit 2 pers., lavabo, bains, WC, coin-cuisine, ch. B (1 épi) : 1 lit 2 pers., lavabo, douche, WC. Au r.d.c. : ch. C (2 épis) : 1 lit 2 pers., 1 lit 1 pers., lavabo, douche, WC, coin-cuisine, ch. central, terrain, meubles jardin. Grands espaces verts. Spécialités : feuilleté au reblochon, fondue, raclette, tartiflette, pizza, tarte flambée, pain cuit au vieux four à bois. Cheminée dans la salle à manger commune. Station de ski la Giettaz. Patinoire 16 km. Réduction parfois consentie. Langues parlées : anglais, allemand.

Prix : 1 pers. **130/135 F** 2 pers. **220/230 F** 3 pers. **300/320 F** repas **80 F**
1/2 pens. **180/210 F** pens. **200/225 F**

Ouvert : toute l'année.

8	12	1,5	3	1	0,5	3	SP	SP	31	1,5

**BOUCHEX-BELLOMIE Bruno - Fontaine Bartoud - 73590 LA GIETTAZ - Tél : 04 79 32 92 17 - Fax : 04 79 32 92 17 -
E-mail : bruno.bouchex@free.fr - http://bruno.bouchex.free.fr**

LA GIETTAZ Le Maitan

Alt. : 1300 m *C.M. 74 Pli 7*

1 ch. **Col des Aravis 4 km. Megève 18 km.** 1 ensemble de 2 chambres d'hôtes dans un chalet traditionnel situé dans un hameau. Rez-de-chaussée : 1 lit 2 pers., 2 lits 1 pers., lavabo, douche, WC communs aux 2 chambres, séjour à disposition, chauffage central, grand espace vert avec meubles de jardin. Ski la Giettaz. Restaurant 2 km. Petit-déjeuner avec confitures maison. Chalet récent, situé dans un hameau de quelques maisons en versant sud. Superbe vue sur le village et la vallée de l'Arondine. Spécialité locale : le reblochon fromage à pâte crémeuse. Belle architecture du village. Langues parlées : anglais, italien.

Prix : 1 pers. **200 F** 2 pers. **350 F** 3 pers. **400 F**

Ouvert : hors vacances.

8	11	2	11	0,5	1,5	4,5	SP	SP	30	2

**BOUCHEX-BELLOMIE Daniel et Nicole - La Chaumière - Le Maitan - 73590 LA GIETTAZ - Tél : 04 79 32 91 10 -
http://perso.wanadoo.fr/chaumiere**

GRANIER

Alt. : 1250 m *C.M. CM 74 Pli 18*

1 ch. **Bourg Saint-Maurice 25 km. Beaufortain, Barrage de Roselend 55 km.** Maison ancienne, au cœur d'un village du Versant du Soleil, comprenant 1 chambre d'hôtes et 1 gîte. R.d.c. : 1 lit 2 pers., lavabo dans la chambre, douche et WC attenants. Chauffage électrique. Exploitation agricole à 2 km. Agriculture de montagne, fruitière et production de beaufort, exposition artisanale, architecture rurale à découvrir au fil des villages. Restaurants 0.2 km. Proximité des grandes stations. Ski Granier 1.5 km, Montchavin-la-Plagne 19 km.

Prix : 1 pers. **110 F** 2 pers. **220 F**

20	9	13	2	1	1	SP	SP	9	0,2

DUCOGNON Claude et Lucile - 73210 GRANIER - Tél : 04 79 55 63 17

GRANIER

Alt. : 1250 m *C.M. CM 74 Pli 18*

1 ch. **Bourg Saint-Maurice, Moutiers 25 km.** Maison de style chalet située en haut du village avec 1 chambre d'hôtes et 1 gite rural. Ch. au 2e étage : 2 lits 1 pers. jumeaux, lavabo, mini-réfrigérateur, douche et WC privés sur le palier. Bibliothèque, jeux. Chauffage central, terrain avec meubles de jardin. Petit déjeuner composé de produits locaux. Exploitation agricole à 2 km (vaches laitières), fabrication du Beaufort à la coopérative du village. Auberge et vente de produits locaux 0.2 km. Ski Granier 1 km, Montchavin-la-Plagne 19 km (réduction sur les forfaits). Sentiers raquettes 1 km, plan d'eau 12 km.

Prix : 1 pers. **120 F** 2 pers. **220 F**

12	20	9	13	2	1	1	SP	SP	9	0,2

PELLICIER J.Louis et Odette - Crechéty 2A - 73210 GRANIER - Tél : 04 79 55 60 78 - Fax : 04 79 55 60 78

GRANIER La Cudraz

Alt. : 1250 m *C.M. 74 Pli 18*

2 ch. **La Plagne 25 km. Val d'Isère 56 km.** Maison récente en bordure du village, large vue sur la vallée. 2 chambres d'hôtes. 2e ét. : ch. A : 3 lits 1 pers., 1 lit enfant, lavabo, ch. B : 1 lit 2 pers., lavabo. Douche et WC communs. Salle à manger, TV, jeux de société, chauffage central, balcon, terrain, meubles de jardin. A 2 km : exploitation agricole. Séjour sportif ou au calme. Patrimoine baroque et rural, exposition artisanale, fruitière pour le Beaufort. Restaurants 0.1 km. Ski Granier 1 km, Montchavin-la-Plagne 19 km.

Prix : 1 pers. **135 F** 2 pers. **230 F** 3 pers. **330 F**

20	9	13	2	1	1	SP	SP	9	0,1

PELLICIER Francis et Elise - Lotissement de la Cudraz - 73210 GRANIER - Tél : 04 79 55 68 42

GRESIN *C.M. 74 Pli 14*

E.C. 5 ch. **Lac d'Aiguebelette 17 km. Aix les Bains, lac du Bourget 33 km.** Maison mitoyenne ancienne en pleine campagne, dans un petit village. 5 chambres d'hôtes. 1er ét. : ch. A et ch. C : 2 lits 1 pers., ch. B : 1 lit 1 pers., 1 lit 2 pers., ch. D et ch. E : 1 lit 2 pers. Lavabo dans chaque chambre, douche, WC communs à l'ensemble des chambres. Chauffage électrique, salon à disposition, terrain, meubles de jardin. Spécialités : confitures aux fruits du jardin. Village situé aux portes du Parc de la Chartreuse, idéal pour la randonnée. Restaurants 5 km. Lac d'Aiguebelette.

Prix : 1 pers. **135 F** 2 pers. **210 F**

20	14	5	20	1,5	SP	SP	14	5

CHARBON Albert - 73240 GRESIN - Tél : 04 76 31 60 40

JARRIER Herouil Alt. : 1200 m (TH) *C.M. 77 Pli 7*

3 ch. **St-Jean de Maurienne 7 km. Cols de la Croix de Fer et du Glandon 35 km** Chalet plein sud dominant la vallée de l'Arc et de St Jean de Mnne. 3 ch. d'hôtes. 1er ét. : ch. A et ch. B : 1 lit 2 pers., lavabo, douche dans chaque ch., WC communs attenants, 2e ét. : ch. C : 2 lits 1 pers., lavabo, bains, WC attenants. Séjour, cheminée, TV, jeux, ch. central, grande terrasse avec barbecue, terrain, meubles de jardin. Tél. service restreint. Panorama superbe sur Aiguilles d'Arves. Spécialités savoyardes, pain, confitures maison, pintade aux choux, gigot, œufs à la neige, coupe de framboises. Ski Jarrier 5 km, les Bottières liaison la Toussuire 7 km. Circuits raquettes 5 km. Tarifs enfants.

Prix : 1 pers. **175 F** 2 pers. **245 F** 3 pers. **330 F** repas **75 F**

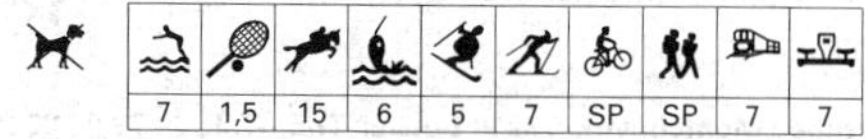

7	1,5	15	6	5	7	SP	SP	7	7

GOMEZ Jeanine et Jacques - Hérouil - La Croix Saint-Berbard - 73300 JARRIER - Tél : 04 79 59 80 57

LONGEFOY-SUR-AIME Alt. : 1160 m *C.M. 74 Pli 18*

5 ch. **Bourg Saint-Maurice 15 km. Col du Petit Saint-Bernard 56 km.** Maison ancienne avec vue sur les montagnes du Beaufortain et la vallée de l'Isère. 5 ch. d'hôtes, 2 gîtes. R.d.c. : ch. A : ensemble de 2 ch. : 2 lits 1 pers., 1 lit 2 pers., 1er ét. : ch. B : 2 lits 1 pers., 1 lit enfant, ch. C : 2 lits 1 pers., ch. D : 3 lits 1 pers., ch. E : 1 lit 2 pers. Lavabo, douche, WC par ch., ch. central. Séjour. Terrain clos. Meubles de jardin. Le petit-déjeuner peut être servi dans le jardin, dans un environnement privilégié. Possibilité de cuisiner. Lieu calme pour un séjour actif ou de détente. Restaurants 2 km. Ski Montalbert liaison la Plagne.

Prix : 1 pers. **180/200 F** 2 pers. **275/305 F** 3 pers. **365/406 F**

Ouvert : du 1er mai au 30 mars.

21	2	23	8	3	0,2	SP	SP	8	2

VISINTAINER Denise - Cimebelle - Rue de l'Elisée - 73210 LONGEFOY-SUR-AIME - Tél : 04 79 09 70 98 ou 04 79 85 12 77

MACOT-LA-PLAGNE La Petite Auberge Alt. : 750 m *C.M. 74 Pli 18*

3 ch. **Bourg Saint-Maurice 15 km. Parc National de la Vanoise 15 km.** Ancienne ferme rénovée mitoyenne située au centre du village avec vue sur la montagne. 3 chambres d'hôtes. R.d.c. : ch. A : 1 lit 2 pers., ch. B : 1 lit 2 pers., ch. C : 1 lit 2 pers., sanitaire complet par chambre. Chauffage central, terrain avec meubles de jardin. Belle architecture de village entre Bourg St Maurice et Moutiers. Restaurants 0.2 km. Station de ski la Plagne. Plan d'eau 1 km, piste cyclable 2 km.

Prix : 1 pers. **160 F** 2 pers. **250 F**

15	1	16	2	16	10	SP	0,5	2	0,2

DALLA COSTA Simone - Petite Auberge - 73210 MACOT - Tél : 04 79 09 72 04 ou 04 76 97 64 23

MACOT-LA-PLAGNE Mazelan Alt. : 800 m *C.M. 74 Pli 18*

3 ch. **La Plagne 17 km. Moutiers 18 km.** Maison de caractère située en bordure de village, sur la route de la Plagne. 3 chambres d'hôtes, 1 gîte. 1er ét. : ch. A : 1 lit 2 pers., lavabo, douche, bains, WC, terrasse, ch. B et C : ensemble de 2 chambres 2 lits 2 pers., 2 lits 1 pers., lavabo, douche, bains, WC communs, ch. D 2 lits 1 pers., lavabo, douche, WC, ch. central. TV dans chaque chambre. Grand terrain à la lisière de la forêt. Petit-déjeuner servi par le propriétaire : pâtisseries maison, charcuterie, fromages locaux... Restaurant 0.5 km. Station de ski la Plagne. Piste cyclable, canoë 2 km, parapente 10 km, patinoire, escalade 15 km. Langue parlée : anglais.

Prix : 1 pers. **170/220 F** 2 pers. **270/360 F** 3 pers. **340/370 F**

2	13	2	15	2	15	10	SP	0,1	3	0,5

MEREL Sylvain et M.Hélène - Malezan - Route de la Plagne - 73210 MACOT-LA-PLAGNE - Tél : 04 79 55 69 90 - Fax : 04 79 09 75 80

MERCURY La Frasse Alt. : 630 m *C.M. 74 Pli 17*

1 ch. **Abbaye de Tamié, Albertville 8 km. Annecy 36 km.** Maison ancienne dans un hameau proche d'Albertville et de la cité Médiéavale de Conflans. 1 ensemble de 2 chambres d'hôtes. 1er ét. : 3 lits 1 pers., 1 lit 2 pers., lavabo, bains, WC, séjour à disposition avec jeux de société, chauffage électrique, balcon avec belle vue sur la Combe de Savoie , terrain avec meubles de jardin. Garage. Spécialités : confitures avec fruits du verger. Restaurants 6 km. Ski Seythenex. Patinoire 7 km. Proximité d'Albertville et du Parc naturel des Bauges.

Prix : 1 pers. **160 F** 2 pers. **240 F** 3 pers. **320 F**

4	4	8	20	10	SP	SP	6	4

RACT Germaine - La Frasse No 1911 - 1909 - 73200 MERCURY - Tél : 04 79 32 24 48

MERCURY Le Thex
Alt. : 600 m — *C.M. 74 Pli 1*

2 ch. **Abbaye de Tamié, Albertville 8 km. Annecy 36 km.** Maison récente calme et fleurie proche du village. 2 chambres d'hôtes aména gées de façon très chaleureuse. Rez-de-chaussée : ch. A : 1 lit 2 pers., douche, lavabo, WC attenants, ch. B avec terrasse : 1 li 2 pers., 1 lit 1 pers., lavabo, bains, WC privatifs, TV, magnétoscope, chauffage central, terrain avec meubles de jardin. A découvrir l'abbaye de Tamié, Albertville et la cité médiévale de Conflans, le Parc Naturel des Bauges. Belle vue sur le Mont Blanc et le Granc Arc. Ski Seythenex 17 km, Arêches 32 km. Patinoire 5 km. Langues parlées : anglais, italien.

CV

Prix : 1 pers. **220/330 F** 2 pers. **275/440 F** 3 pers. **550 F**

0,2	5	0,2	5	5	17	6	SP	SP	6	0,8

CHERUSEL-GIBELLO Luce - Le Thex - 323, route de Chevron - 73200 MERCURY - Tél : 04 79 32 43 84 ou 06 60 54 43 84

MONTCHAVIN-BELLENTRE Montchavin
Alt. : 1200 m — *C.M. 74 Pli 18*

2 ch. **Peisey Nancroix, chemins du Baroque 15 km. Col Petit St-Bernard 46 km.** Grande maison récente au centre du village. 2 chambres d'hôtes dans 2 bâtiments séparés. Intérieur bois. 1er étage : ch. A : 1 lit 2 pers., balcon, 2e étage : ch. B : 1 lit 2 pers., 1 lit 1 pers. Sanitaires complets par chambre, chauffage électrique, terrain. Saison été : piscine privée. Village typique restauré (maison de pierres, balcons ouvragés...). Ambiance village. Séjour au calme pour profiter des plaisirs de la montagne été comme hiver. Restaurants sur place. Ski Montchavin liaison la Plagne. Réduction parfois consentie. Langue parlée : anglais.

CV

Prix : 1 pers. **240/250 F** 2 pers. **320/350 F** 3 pers. **400/420 F**

0,2	SP	SP	7	0,1	0,1	SP	SP	8	0,2

FAVRE Fortuné - Montchavin - 73210 BELLENTRE - Tél : 04 79 07 83 25 - Fax : 04 79 07 82 92

MONTCHAVIN-BELLENTRE Le Rocheray
Alt. : 900 m (TH) — *C.M. 74 Pli 18*

2 ch. **Massif de la Vanoise, site de la Gura 20 km. Massif Beaufortain 50 km.** Maison ancienne mitoyenne située à l'entrée du hameau. Belle vue sur le versant de la Plagne. 2 chambres d'hôtes. R.d.c. : ch. A : 1 lit 2 pers., lavabo, douche, WC, 1er ét. : ch. B : 2 lits 1 pers., lit bébé, lavabo, douche dans la chambre, WC privatifs au RC. Séjour, jeux de société, cheminée à disposition, ch. électrique, terrasse avec meubles de jardin. Spécialités savoyardes et légumes du jardin, fruits rouges, pâtisseries et confitures maison. Halte idéale pour prendre le temps de se retrouver et discuter près de la cheminée. Ski Montchavin liaison la Plagne. Rafting 3 km. Réduction parfois consentie.

CV

Prix : 1 pers. **160 F** 2 pers. **240 F** repas **80 F**

12	7	12	3	10	10	SP	SP	4	2

METEREAU François - Le Rocheray - 73210 BELLENTRE - Tél : 04 79 07 22 04

MONTSAPEY La Combe
Alt. : 1000 m — A — *C.M. 74 Pli 17*

3 ch. **Plan d'eau de Barouchat 13 km.** Maison neuve comprenant 1 gîte d'étape et une auberge, située à l'entrée du village. 3 chambres d'auberge au 2e étage : ch. A : 2 lits 1 pers., ch. B : 1 lit 2 pers., 1 lit 1 pers., ch. C : 1 lit 2 pers., 2 lits 1 pers., douche, lavabo, WC dans chaque chambre. Salle commune avec TV couleur. Ch. central, terrain avec portique enfant, jeu de boules. Vue exceptionnelle sur la vallée de la Maurienne avec le plan d'eau de St Alban d'Hurtières et sur les chaînes de la Lauzière et des Hurtières. Réduction parfois consentie.. Langues parlées : anglais, italien.

CV

Prix : 1 pers. **175 F** 2 pers. **220 F** 3 pers. **265 F** pers. sup. **45 F**

10	1,5	SP	SP	10	10

GUILLARD Jérome et Christine - La Combe - 73220 MONTSAPEY - Tél : 04 79 36 19 24 - Fax : 04 79 36 19 24 ou SR : 04 79 85 01 09

MYANS Lèche
C.M. 74 Pli 15

4 ch. **Chambéry 9 km. Albertville 43 km.** Maison récente au cœur de la région viticole. 4 chambres d'hôtes. 1er étage : ch. A : 1 lit 2 pers., ch. B : 2 lits 1 pers., lavabo, douche, WC, privés dans chaque chambre (3 épis). Ch. C : 2 lits 1 pers., ch. D : 1 lit 2 pers., lavabo, douche privés dans chaque chambre, WC communs. Ch. central, cuisine équipée, séjour, cheminée, jeux, terrain clos. Joli jardin arboré, meubles de jardin. Petit-déjeuner servi en terrasse l'été avec grand choix de confitures maison aux fruits du verger... Séjour au calme. Proximité de Chambéry. Restaurant 1 km. Ski la Féclaz. Thermes Challes les Eaux. Langue parlée : polonais.

CV

Prix : 1 pers. **180/200 F** 2 pers. **220/260 F**

4	4	8	4	8	0,1	21	21	SP	SP	8	4

KOZAK Hélène et Jean - Chemin en Bélier - Lèche - 73800 MYANS - Tél : 04 79 28 01 93 - Fax : 04 79 28 01 93

NOTRE-DAME-DE-BELLECOMBE
Alt. : 1150 m — *C.M. 74 Pli 7*

1 ch. **Albertvillr 21 km. Chamonix 45 km.** Ancien chalet rénové en bordure du village. 1 chambre d'hôtes. 1er ét. : 1 lit 2 pers., lavabo, douche, WC, séjour à disposition, chauffage central, terrain avec meubles de jardin. Petit-déjeuner servi dans le séjour familial avec fromage ou yaourt et confitures maison... Panorama sur les Aravis. Village traditionnel, proche de Flumet et Megève. Clocher à bulbe. L'été, nombreuses possibilités de randonnées et de promenades entre Savoie et Haute-Savoie. Ski Notre Dame de Bellecombe, liaison « Domaine Carte Blanche ». Réduction parfois consentie.

CV

Prix : 1 pers. **190 F** 2 pers. **260 F**

12	0,3	0,5	1	0,3	3	SP	SP	25	0,1

MOLLIER Denise - Chalet l'Outa - 73590 NOTRE-DAME-DE-BELLECOMBE - Tél : 04 79 31 63 35

PEISEY-NANCROIX
Alt. : 1300 m (TH) *C.M. 74 Pli 18*

2 ch. **Parc de la Vanoise 10 km. Bourg St-Maurice, Italie 55 km.** Ancien chalet rénové situé aux portes du Parc de la Vanoise. 2 chambres d'hôtes, 1 lgt. 1er ét. : ch. A (3 épis) : 1 lit 2 pers., lavabo, douche et WC, ch. B et C. : ensemble de 2 ch. communicantes : 4 lits 1 pers., lavabo, baignoire et WC privatifs attenants. Salon particulier, TV, jeux de société, ch. central, balcon avec meubles jardin, terrain clos. Environnement fleuri et agréable. Petit-déjeuner : pain et confitures maison, yaourts..., spécialités savoyardes cuites au feu de bois : potée, pizzas ; poulet au beaufort, truites, lasagnes de choux... Ski liaison Plan-Peisey-Vallandry-les Arcs. Escalade 3 km. Réduction possible. Langues parlées : anglais, allemand.

Prix : 1 pers. **170 F** 2 pers. **250 F** 3 pers. **300/320 F** repas **90 F**

15	0,5	3	0,5	0,5	2,5	SP	SP	7	0,1

COUTIN Claude et CHENAL Franck - Maison Coutin - 73210 PEISEY-NANCROIX - Tél : 04 79 07 93 05 ou 06 11 14 54 65 - Fax : 04 79 04 29 23 - E-mail : CLCOUTIN@AOL.COM

LA PERRIERE-LA-TANIA
Alt. : 700 m *C.M. 74 Pli 18*

4 ch. **Méribel les Allues 18 km. Pralognan la Vanoise 26 km.** Maison récente proche des grands domaines skiables : Courchevel, la Plagne, Pralognan. 4 chambres d'hôtes, 3 gîtes. Le propriétaire habite à 150 m. R.d.c. : ch. A et ch. B : 1 lit 1 pers., 1 lit 2 pers., 1er ét. : ch. C : 2 lits 1 pers., 1 lit 2 pers., 2e ét. ch. D : 2 lits 1 pers., 1 lit 2 pers. Lavabo, bains, WC par chambre. Séjour, TV, cuisine, terrain. Jeux. Point-phone. Petit-déjeuner avec confitures maison, miel, yaourt... Restaurant 2 km. Ski Méribel par télécabine. Thermes Brides les Bains. Le chalet peut être loué l'hiver à des groupes (20 à 25 personnes). Conseils du propriétaire pour la découverte de la Savoie. Langues parlées : anglais, allemand.

Prix : 1 pers. **200/300 F** 2 pers. **300/450 F** 3 pers. **395/600 F**

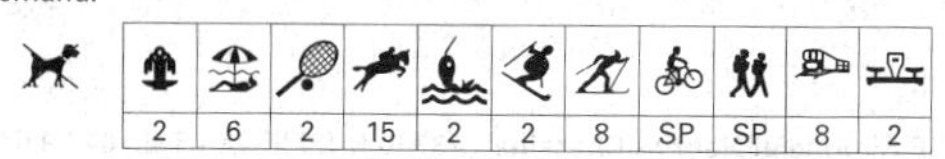

2	6	2	15	2	2	8	SP	SP	8	2

CARLEVATO Guy et Joëlle - Chalet les Pierrets - 73600 LA PERRIERE - Tél : 04 79 55 26 95

PRALOGNAN-LA-VANOISE Les Granges
Alt. : 1430 m  *C.M. 74 Pli 18*

2 ch. **Parc National de la Vanoise sur place. Albertville 46 km.** Maison récente située dans un hameau avec belle vue sur la montagne. 2 chambres d'hôtes, 1 gîte rural. R.d.c. : ch. A : 2 lits 1 pers., lavabo, douche, WC, 1er ét. : ch. B : 1 lit 2 pers., 2 lits 1 pers. superposés. Intérieur bois. Balcon, lavabo, bains, WC. Séjour, TV, coin-cuisine avec lave-linge. Chauffage élect., terrain, meubles de jardin. Séjour dans les grands espaces du Parc de la Vanoise pour découvrir la faune, la flore et l'architecture villageoise. Restaurant 0.5 km. Ski Pralognan. Escalade, patinoire 1 km. Prix indicatifs 2000.

Prix : 1 pers. **200/220 F** 2 pers. **280/320 F** 3 pers. **370/400 F**

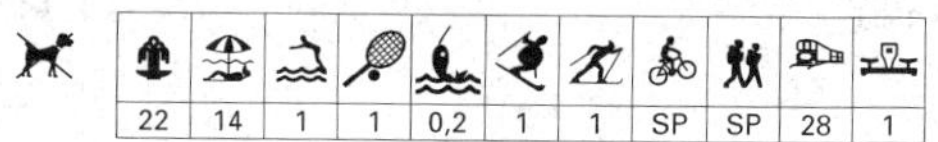

22	14	1	1	0,2	1	1	SP	SP	28	1

BLANC Jean-Luc - Route des Granges - La Bourrasque - 73710 PRALOGNAN-LA-VANOISE - Tél : 04 79 08 70 19

PRALOGNAN-LA-VANOISE Les Granges
Alt. : 1430 m (TH) *C.M. 74 Pli 18*

5 ch. **Parc de la Vanoise sur place. Courchevel, Chemin du Baroque 27 km.** Maison rénovée, comprenant 5 ch. d'hôtes, 4 gîtes. R.d.c. : ch. A : 1 lit 2 pers., bains, ch. B : 1 lit 2 pers., douche, 1er ét. : ch. C : 1 lit 2 pers., 1 lit 1 pers., bains, ch. D : 1 lit 2 pers., douche, ch. E : 2 lits 1 pers., bains. Lavabo et WC par chambre. Séjour, TV, biblioth., jeux, vidéoth. Garage, terrain, meubles jardin, barbecues. Spécialités : raclette, crozets, tartiflette, diots... Découvertes ferme voisine et animaux (chevaux, ânes, vaches, chèvres, basse-cour). Randonnées dans le Parc de la Vanoise. Ski Pralognan. Patinoire 1 km. Réduction parfois consentie. Langue parlée : italien.

Prix : 1 pers. **210 F** 2 pers. **340 F** 3 pers. **420 F** repas **95 F**

22	14	1	0,3	0,5	1	0,1	SP	SP	28	1

BLANC Hubert et Lydie - Route des Granges - Le Roc Blanc - 73710 PRALOGNAN-LA-VANOISE - Tél : 04 79 08 72 14 - Fax : 04 79 08 74 46 - E-mail : rocblanc@chez.com - http://www.chez.com/rocblanc

PRALOGNAN-LA-VANOISE Les Darbelays
Alt. : 1440 m (TH) *C.M. 74 Pli 18*

1 ch. **Parc de la Vanoise sur place. Bourg St-Maurice, les Chapieux 70 km.** Chalet récent en bordure du hameau, comprenant 1 chambre d'hôtes et 1 gite. Belle vue, intérieur bois. 2e ét. : 1 lit 2 pers., 2 lits 1 pers., lavabo, douche, WC, chauffage électrique, terrasse, terrain avec meubles de jardin. Possibilité lit et chaise bébé. Spécialité : confiture maison. Séjour contemplatif ou sportif au contact de la nature, de la faune. Proximité du Parc de la Vanoise. Restaurants 0.5 km. Station de ski Pralognan. Escalade, patinoire 0.8 km. Réduction parfois consentie. Langue parlée : anglais.

Prix : 1 pers. **200/250 F** 2 pers. **290/350 F** 3 pers. **390/450 F** repas **95 F**

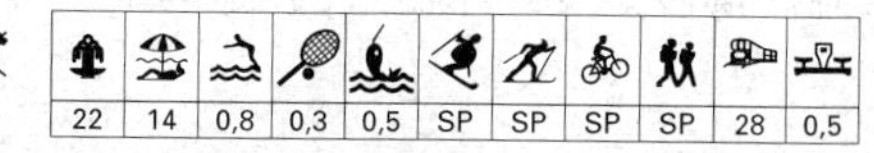

22	14	0,8	0,3	0,5	SP	SP	SP	SP	28	0,5

FAURE Robert et Chantal - Rue des 16e Olympiades - Les Darbelays - 73710 PRALOGNAN-LA-VANOISE - Tél : 04 79 08 72 55

RUFFIEUX Lachat

C.M. 74 Pli 5

1 ch. **Mac du Bourget 9 km. Aix les Bains 22 km. Annecy, Gorges du Fier 32 km** Belle maison en pierres du pays, dans un hameau dominant la peupleraie et le vignoble de Chautagne, la vallée du Rhône et le lac du Bourget. 1 chambre d'hôtes (30 m²). Rez-de-chaussée : 1 lit 2 pers., 1 lit 1 pers., douche, lavabo, WC dans la chambre, coin-cuisine, chauffage électrique, terrasse, terrain. Calme et tranquillité. Restaurant 3.5 km. Randonnées variées. Proximité du chemin de St Jacques de Compostelle. Abbaye de Hautecombe. Lac du Bourget, voile 9 km, escalade, parapente 12 km. Thermes Aix les Bains. Langue parlée : anglais.

Prix : 1 pers. **185/205 F** 2 pers. **265/300 F** 3 pers. **330/370 F**

22	9	22	3,5	6	30	SP	SP	10	3

BALTZ Pierre et Solange - Lachat - 73310 RUFFIEUX - Tél : 04 79 54 20 18

RUFFIEUX Chessine

C.M. 74 Pli 5

2 ch. **Lac du Bourget 6 km. Aix les Bains 22 km. Annecy, Gorges du Fier 32 km** 2 chambres d'hôtes de caractère dans une maison en pierre (XVIIIème siècle) rénovée avec amour, idéalement située au cœur de la Chautagne entre lac du Bourget et Rhône. Ch. A 24 m2 au r.d.c. : salon, mezzanine, 1 lit 2 pers., salle de bains, WC, ch. B 28 m2 au r.d.c. : salon, mezzanine, 2 lits 1 pers., salle de bains, WC. Ch. élect., terrain clos. Petit-déjeuner dans le patio fleuri avec confitures du jardin, miel, tomme fermière... Pratique des activités nautiques sur le lac du Bourget et découvertes : peupleraie et vignoble de Chautagne. Nombreuses randonnées. Voile 6 km, escalade 10 km. Thermes Aix les Bains.

Prix : 2 pers. **300/340 F**

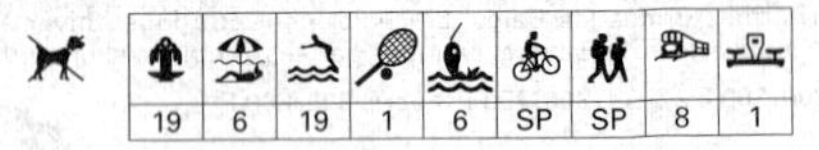

COLLE Simone et Henry - Chessine - 73310 RUFFIEUX - Tél : 04 79 54 52 35 ou 04 78 68 28 61 - http://www.chessine.fr.st

SAINT-FOY - TARENTAISE Bonconseil Alt. : 1520 m

(TH) *C.M. 74 Pli 19*

5 ch. **Bourg St-Maurice 12 km. Col de l'Iseran, Parc de la Vanoise 40 km.** Chalet contemporain en bordure de la station avec une vue magnifique sur la vallée de l'Isère et les montagnes. 5 ch. d'hôtes. R.d.c : ch. A : 1 lit 2 pers., 1er ét. : ch. B : 4 lits 1 pers., balcon, ch. C : 2 lits 1 pers., ch. D : 1 lit 2 pers., balcon-terrasse. 2e ét. : ch. E : 1 lit 2 pers., sanitaires privatifs. Séjour avec cheminée et bibliothèque, TV. Sauna, jacuzzi, chauffage central, terrain, garage. Petit-déjeuner varié. Spécialités : cuisses de poulet farcies, gigot à la broche... Ski Ste Foy 0.3 km, Villaroger liaison les Arcs 10 km, Tignes les Boisses 14 km. Réduction parfois consentie. Cartes bancaires acceptées. Langue parlée : anglais.

Prix : 1 pers. **550/800 F** 2 pers. **650/950 F** 3 pers. **800/1100 F**
repas **195 F**

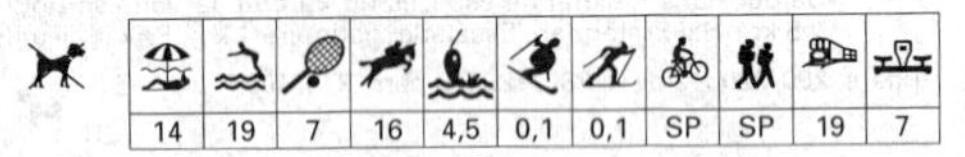

TABARDEL Nancy - Yellow-Stone Chalet - Bonconseil - 73640 SAINTE-FOY-TARENTAISE - Tél : 04 79 06 96 06 - Fax : 04 79 06 96 05 - E-mail : yellowstone@wanadoo.fr

SAINT-GEORGES-D'HURTIERES Les Justes Alt. : 600 m

C.M. 74 Pli 16-17

1 ch. **Albertville 32 km. Col de la Madeleine 65 km.** Maison ancienne rénovée dans un hameau. 1 chambre d'hôtes très spacieuse. 1er ét. : ch. avec mezzanine : 2 lits 2 pers., lavabo, bains, WC, salon, TV, cheminée, jeux de société, chauffage central, terrain avec meubles de jardin. Séjour au calme en harmonie avec la douceur du plateau et la proximité de la forêt. Sentiers inter-villages, anciennes mines de fer et de cuivre, éco-musée, parcours sportif. Restaurant 0.2 km. Raquettes 15 km. Possibilité de ski de randonnée.

Prix : 1 pers. **160 F** 2 pers. **290 F** 3 pers. **350 F**

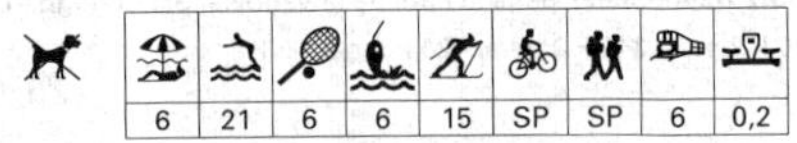

MOUTARD Jean et Yvonne - Les Justes - 73220 SAINT-GEORGES-D'HURTIERES - Tél : 04 79 36 16 15

SAINT-JEAN-D'ARVES La Chal Alt. : 1600 m

(TH) *C.M. 77 Pli 7*

2 ch. **Cols de la Croix de Fer, du Glandon 15 km. St-Jean de Maurienne 18 km.** Maison récente, au pied des pistes. Belle vue sur la vallée et les Aiguilles d'Arves. 2 chambres d'hôtes. 2e ét. : ch. A et ch. B : 1 lit 2 pers., 1 lit 1 pers., balcon dans chambre B, lavabo dans chaque chambre, bains et WC communs. Séjour, jeux enfants, ch. élect., terrain, meubles de jardin. Ferme à 400 m, l'été visite de l'alpage avec traite au chalet. Petit-déjeuner avec confitures maison et lait de la ferme. Spécialités : tarte au Beaufort, diots-polenta, crozets au sarrazin. Ski St Jean d'Arves liaison « Domaine du Grand Large ». Location matériel de ski. Tir à l'arc 0.2 km, escal. 4 km. Réduc. enf. moins de 10 ans. Carte bancaire acceptée. Langues parlées : anglais, italien.

Prix : 1 pers. **150 F** 2 pers. **215 F** 3 pers. **270/275 F** repas **85 F**

HUSTACHE Yvon et Patricia - Le Cret de la Grange - La Chal - 73530 SAINT-JEAN-D'ARVES - Tél : 04 79 59 71 81 - Fax : 04 79 59 71 81

SAINT-JEAN-D'ARVEY

Alt. : 500 m *C.M. 74 Pli 15*

1 ch. **Parc Régional Naturel du Massif des Bauges 8 km. Chambéry 13 km.** Maison de village très bien restaurée et aménagée, à l'entrée du village, avec vue sur le Mont Granier. 1 chambre d'hôtes avec coin-cuisine : 2 lits 1 pers. gigognes, 2 lits 1 pers. jumeaux, lavabo, douche, WC, séjour privatif avec cheminée et jeux, chauffage central, terrasse, terrain avec jeux d'enfants. A proximité de Chambéry 6 km, et à l'entrée du Parc Naturel Régional des Bauges. Restaurants 0.5 km. Ski la Féclaz. Patinoire 6 km. Thermes Challes les Eaux. Langue parlée : anglais.

CV

Prix : 1 pers. **165 F** 2 pers. **245 F** 3 pers. **325 F**

6	16	6	0,8	6	1	10	10	SP	SP	6	0,5

BILLIONNET J.Michel et A.Claire - Le Puisat - 73230 SAINT-JEAN-D'ARVEY - Tél : 04 79 28 46 72 - Fax : 04 79 28 49 11 ou SR : 04 79 85 01 09

SAINT-NICOLAS-LA-CHAPELLE Ferme du Mont Charvin

Alt. : 1000 m (TH) *C.M. 74 Pli 7*

2 ch. **Albertville 21 km. Beaufort 31 km.** Chalet traditionnel du Val d'Arly. 2 chambres d'hôtes. 2e ét. : ch. A : 1 lit 2 pers., 2 lits 1 pers. superp. lavabo, douche, ch. B : 1 lit 2 pers., 2 lits 1 pers. superposés, lavabo, douche attenants, balcon. WC communs. Séjour, cheminée, TV, ch. central, terrasse, terrain avec meubles de jardin. Découverte des travaux de la ferme (traite, foin...). Repas du terroir à base d'aliments naturels, spécialités : reblochonnade, fondue... Nombreuses activités sur la région. Ski St Nicolas-Flumet liaison domaine « Carte Blanche ». Téléphoner après 20 H. Réduction parfois consentie.

Prix : 1 pers. **160 F** 2 pers. **220 F** 3 pers. **280 F** repas **80 F**
1/2 pens. **180/210 F**

3	10	3	5	2	5	6	SP	SP	24	2

JOLY Michèle et André - Ferme du Mont Charvin - Le Passieux - 73590 SAINT-NICOLAS-LA-CHAPELLE - Tél : 04 79 31 62 89 ou 04 79 31 69 37

SAINT-OURS

Alt. : 550 m (TH) *C.M. 74 Pli 15*

2 ch. **Aix les Bains, Lac su Bourget 10 km. Annecy 24 km.** Maison typique à l'entrée du village. 2 chambres d'hôtes. 1er étage : ch. A : 1 lit 2 pers., ch. B : 1 lit 2 pers., 1 lit 1 pers., lavabo, douche, WC, dans chaque chambre, séjour à disposition avec jeux de société, chauffage central, garage, cour avec meubles de jardin. Spécialités de la table : diots-polenta, tartiflette, lapin, gratins, gâteau roulé... Petit-déjeuner avec confitures maison, lait de la ferme, fromage, fruits... Découverte de la ferme. Village situé entre Aix Les Bains et le Parc Régional Naturel des Bauges. Station de ski le Revard. Restaurant 3 km. Thermes Aix les Bains. Réduction parfois consentie.

Prix : 1 pers. **160 F** 2 pers. **200 F** repas **70 F** 1/2 pens. **165 F**

10	12	12	5	12	2	18	18	SP	SP	10	2

CLERC Denise - Chef-Lieu - 73410 SAINT-OURS - Tél : 04 79 54 91 88

SAINT-PAUL-SUR-YENNE Château de la Terrosière

(TH) *C.M. 74 Pli 15*

3 ch. **Lac de Chevelu 6 km. Lac du Bourget 11 km. Chambéry 23 km.** Ancienne ferme, dépendance du château, située au pied de la Chaîne de l'Epine. 3 chambres d'hôtes. Ch. A au 1er étage : 2 lits 1 pers., ch. B au 1er ét. : 1 lit 2 pers., ch. C au 2e ét. : 1 lit 2 pers., lavabo, douche, bain, WC dans chaque chambre. Ch. électrique. Bibliothèque, TV, mini-bar, salon avec cheminée. Beau mobilier ancien, décoration soignée. Magnifique parc peuplé d'arbres centenaires avec étang. Piscine et tennis privés. Manège pour chevaux. Petit-déjeuner servi dans le séjour ou le parc avec charcuterie, fromage, céréales... Spécialités : riz aux truffes au curry, veau au romarin, potée savoyarde... Thermes Aix les Bains. Langues parlées : anglais, espagnol.

Prix : 2 pers. **800/900 F** repas **150/300 F**

Ouvert : du 1er mai au 30 octobre

22	11	SP	SP	SP	6	SP	SP	23	7

CONTI Jeannine - Château de la Terrossière - 73170 SAINT-PAUL-SUR-YENNE - Tél : 04 79 36 81 02 - Fax : 04 79 36 81 02

SAINT-PIERRE-D'ENTREMONT Le Pré du Comte

Alt. : 680 m *C.M. 74 Pli 15*

1 ch. **Chambéry 25 km. Gorges du Guiers Vif et Cirque de Saint-Même 6 km.** Maison récente dominant le village et la vallée du Guiers. 1 chambre d'hôtes mansardée. 2e étage : ch. A : 1 lit 2 pers., 1 lit 1 pers., lavabo, bains, WC attenant, chauffage électrique, possibilité de cuisiner, garage, terrain avec meubles de jardin, environnement fleuri. Aux alentours : cirque de St Même, couvent de la Grande Chartreuse, artisanat, gorges du Guiers Vif, hameaux et villages par les sentiers dans le Parc Naturel de Chartreuse. Restaurants 0.5 km. Station de ski le Planolet. Escalade, parapente 5 km.

CV

Prix : 1 pers. **150 F** 2 pers. **210 F**

12	0,5	0,5	0,2	8	10	SP	SP	25	0,5

JACQUET Aime - Le Pré du Comte - 73670 SAINT-PIERRE-D'ENTREMONT - Tél : 04 79 65 81 91

SAINT-VITAL Les Chavannes

C.M. 74 Pli 16-17

1 ch. **Albertville 15 km. Vignobles et Château de Miolans 15 km.** Très ancienne maison mitoyenne rénovée dans le village, proche de celle du propriétaire. 1 chambre d'hôtes. 1er ét. : ch. A : 1 lit 2 pers., 2 lits 1 pers. superposés, lavabo, douche, WC, chauffage électrique, coin-cuisine, balcon, terrain avec mobilier de jardin. Petit-déjeuner servi à la table du propriétaire avec confitures et gâteaux maison... Séjour au calme, à 10 km d'Albertville. Bonne situation pour découvrir les différentes vallées de la Savoie. Proximité de l'Abbaye de Tamié. Restaurants 2.5 km. Ski Seythenex. Patinoire 7 km.

Prix : 1 pers. **140/160 F** 2 pers. **210/240 F** 3 pers. **290/320 F**

2	2,5	2,5	2,5	2	18	12	SP	SP	2,5	2,5

COMBAZ Jean - Les Chavannes - 73460 SAINT-VITAL - Tél : 04 79 31 41 53

SEEZ Molliébon

Alt. : 1050 m TH *C.M. 74 Pli 18*

4 ch. **Moutiers 27 km. Albertville/Conflans 51 km.** 4 ch. d'hôtes pour 10 pers.. 1er ét. : ch. A : 1 lit 2 pers., ch. B : 1 lit 2 pers., ch. C : 1 lit 2 pers., ch. D : 2 lits 1 pers., 1 lit 2 pers., lavabo, douche, wc privatifs, ch. élect., terrasse, terrain. Accès indép. aux chambres. Accès 100 m. à pied sur chemin de terre. Spécialités régionales et bourguignones. Petit-déjeuner avec confitures maison... Maison ancienne rénovée style rustique, surplombant la vallée de l'Isère et située au pied du Col du Petit St Bernard. Ski liaison la Rosière 3 km, liaison les Arcs 8 km (navette gratuite 0.1 km). Pêche (étang privé) 0.1 km, escal., canoë 10 km. Propr. mycologue. Réduc. parfois consentie. Langue parlée : anglais.

Prix : 1 pers. **227 F** 2 pers. **305 F** 3 pers. **400 F** repas **110 F**
1/2 pens. **295 F**

7	4,5	4,5	0,1	3	4	SP	0,5	7,5	4,5

ADIN Catherine - Molliébon - 73700 SEEZ - Tél : 04 79 41 06 33 ou 06 81 40 39 36 - Fax : 04 79 41 06 33

VAL-D'ISERE Le Fornet

Alt. : 1930 m *C.M. 74 Pli 19*

1 ch. **Parc de la Vanoise, Col de l'Iseran 16 km. Bourg Saint-Maurice 31 km.** Maison de pierres et bois dans un petit hameau sur la route du col de l'Iseran, comprenant 1 chambre d'hôtes et 3 logements. 1er étage : 1 lit 2 pers., 1 lit 1 pers., lavabo, bains, WC, chauffage électrique, terrain avec meubles de jardin. Proximité du Parc de la Vanoise et accès à la Maurienne. Village traditionnel avec architecture baroque. Restaurants sur place. Station de ski Val d'Isère (sur l'espace Killy hiver comme été). Réduction parfois consentie.

Prix : 1 pers. **200/250 F** 2 pers. **300/320 F** 3 pers. **350 F**

2,5	2,5	3	SP	SP	SP	SP	SP	34	2,5

BONNEVIE Jean-Claude - Le Fornet - Chazet Bazel - 73150 VAL-D'ISERE - Tél : 04 79 06 12 32 - Fax : 04 79 06 12 32

VENTHON Le Bercail

Alt. : 510 m *C.M. 74 Pli 17*

3 ch. **Cité médiévale de Conflans 3 km. Massif du Beaufortain 15 km.** Maison avec jardin agréable. 3 chambres d'hôtes. 1er ét. : ch. A : 1 lit 2 pers., 1 lit enfant, lavabo, bains, WC, balcon, 2e ét. : ch. B : 1 lit 2 pers., lavabo, douche, WC, balcon, ch. C : 2 lits 1 pers., lavabo, douche, WC, balcon. Séjour, jeux société, ch. central, terrain non clos, meubles de jardin. Petit-déjeuner sucré, salé... Belle vue sur les montagnes. Proximité d'Albertville, porte du Beaufortain. Nombreux loisirs pour séjour actif, ou séjour paisible au calme. Restaurants 3 km. Ski Arêches, les Saisies. Escalade 3 km. Réduction parfois consentie.

Prix : 1 pers. **150/160 F** 2 pers. **220/240 F** 3 pers. **300/320 F**

6	0,2	10	3	22	22	SP	0,5	3	3

CHAUMONTET Michèle - Chef Lieu - 73200 VENTHON - Tél : 04 79 32 40 33

VEREL-DE-MONTBEL Le Revillet

Alt. : 550 m *C.M. 74 Pli 14-15*

1 ch. **Lac d'Aiguebelette 7 km. Chambéry 20 km.** Maison récente à proximité de la maison des propriétaires, comprenant 1 chambre d'hôtes et 1 gîte. 1er ét. : 1 lit 2 pers., lavabo, douche, WC, ch. électrique, terrasse, terrain avec meubles de jardin. Petit-déjeuner servi sur la terrasse l'été. Petit village dans la campagne, idéal pour la randonnée, la pêche, les promenades autour du lac... Proximité massif de la Chartreuse. Restaurants 4 km. Ski St Pierre de Chartreuse. Lac d'Aiguebelette. Réduction parfois consentie.

Prix : 1 pers. **180 F** 2 pers. **240/260 F**

7	6	4	7	0,4	32	32	SP	SP	6	4

BERLAND Victor et Odette - Le Revillet - 73330 VEREL-DE-MONTBEL - Tél : 04 76 32 80 46

VERRENS-ARVEY Barrochins

Alt. : 600 m *C.M. 74 Pli 17*

1 ch. **Albertville, Abbaye de Tamié 10 km. Annecy, lac d'Annecy 42 km.** Authentique ferme du 18e siècle rénovée avec belle vue sur la chaîne du Grand Arc. Intérieur harmonieux. 1 chambre d'hôtes. R.d.c. : ch. A : 1 lit 2 pers., 1 lit 1 pers., lavabo, douche, WC, chauffage central, terrasse, séjour avec coin-cuisine aménagé dans une ancienne écurie. Terrain avec meubles de jardin. Petit-déjeuner avec confitures maison, fruits de saison, œufs frais à la coque... servi dans le patio ou le séjour. Petit village savoyard typique, situé près d'Albertville, du col de Tamié (Abbaye et du Parc Naturel des Bauges). Restaurants 3 km. Ski Seythenex. Escalade 9 km. Lac d'Annecy. Langue parlée : anglais.

Prix : 1 pers. **180/200 F** 2 pers. **250/260 F** 3 pers. **310/320 F**

28	3	3	3	1	18	7	SP	SP	3	3

DUPIRE Danielle - Barrochins - 73460 VERRENS-ARVEY - Tél : 04 79 38 51 41

VILLARD-LEGER Le Presbytère

C.M. 74 Pli 16

1 ch. **Chambéry 30 km. Albertville 34 km.** Ancien presbytère rénové, équipé pour accueillir chevaux et cavaliers. 1 chambre d'hôtes. 1er étage : ch. A : 1 lit 2 pers., lavabo, bains, WC, chauffage central, terrain. Nombreux itinéraires vers la vallée des Huiles, la forêt de Saint Hugon. Situé entre Chambéry et Albertville, à l'entrée de la vallée de la Maurienne. Restaurants 6 km.

Prix : 1 pers. **120 F** 2 pers. **220 F**

6	6	15	0,5	SP	SP	11	6

JUIN Guy - Le Presbytère - 73390 VILLARD-LEGER - Tél : 04 79 36 47 76 - Fax : 04 79 44 20 30

VILLARODIN-BOURGET

Alt. : 1200 m (TH)

C.M. 77 Pli 8

5 ch. **Parc National de la Vanoise sur place. Forts de l'Esseillon 6 km.** Demeure du XVIIe siècle de caractère dans le village. 1er ét. : ch. A (1 lit 2 pers.), ch. B (2 lits 1 pers.), ch. C (1 lit 2 pers.) 2 lits 1 pers.), lavabo, douche, wc dans chaque chambre. ch. D (1 lit 1 pers.), sanitaires attenants. Ch. E (1 lit 2 pers. 4 lits 1 pers.), 2 lavabos, 2 douches, 2 wc. Grande salle à manger voûtée avec cheminée et salon/bar. Coin-vidéo et coin-bibliothèque. Mobilier savoyard et himalayen. Chauffage central. Terrain. Cuisine à base des légumes du potager. Catherine et Christian sont moniteurs de ski et accompagnateurs. Ski la Norma 2,5 km, Aussois 9 km. Via Ferrata 4 km. Langues parlées : anglais, italien.

Prix : 1 pers. **300 F** 2 pers. **400 F** 3 pers. **520 F** pers. sup. **150 F**
repas **95 F**

Ouvert : toute l'année.

2,5	2,5	2,5	2	2,5	9	SP	SP	3

FINAS Catherine et Christian - 88, rue Saint-Antoine - 73500 VILLARODIN-BOURGET - Tél : 04 79 20 49 32 - Fax : 04 79 20 48 67 ou SR : 04 79 85 01 09 - E-mail : checatri@club-internet.fr

LE VIVIERS-DU-LAC

C.M. 74 Pli 15

3 ch. **Aix les Bains, lac du Bourget 4 km. Chambéry 15 km.** Maison récente sur une colline avec une belle vue sur les falaises du plateau du Revard. 3 chambres d'hôtes. R.d.c. : ch. A : 2 lits 1 pers., ch. B : 1 lit 2 pers. R.d.c. + 1er ét. : ch. C : 1 lit 1 pers., 1 lit 2 pers. Lavabo, douche, WC dans chaque chambre. Chauffage électrique, possibilité de cuisiner, terrain avec meubles de jardin. Spécialités : confitures aux saveurs d'antan. Séjour au calme, découverte de la nature. Restaurants 1 km. Station de ski le Revard. Thermes Aix les Bains. Chambre C ouverte du 15 avril au 15 octobre.

Prix : 1 pers. **160/180 F** 2 pers. **220/270 F** 3 pers. **320 F**

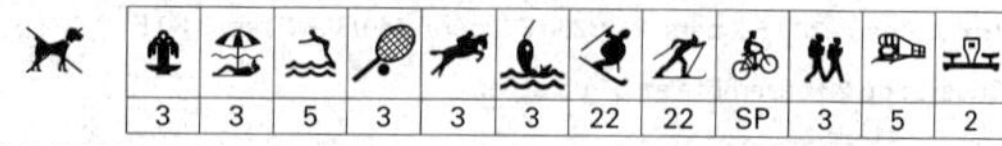

3	3	5	3	3	3	22	22	SP	3	5	2

MONTAGNOLE Bernadette - 516, chemin de Boissy - 73420 LE VIVIERS-DU-LAC - Tél : 04 79 35 31 26 - Fax : 04 79 35 31 26

LE VIVIERS-DU-LAC

C.M. 74 Pli 15

2 ch. Maison ancienne en bordure du village comprenant 2 chambres d'hôtes mansardées, 1 gîte, 1 lgt. et l'appartement du propriétaire. 2e étage : chambre A (12 m2) : 1 lit 2 pers., lavavo, douche, WC, ch. B (11 m2) : 1 lit 2 pers., 1 lit 1 pers., lavabo, douche, WC, ch. central, parc clos 8000 m2. Voile 1 km, golf 4 km, escalade 8 km. Thermes Aix les Bains. Maison située à proximité du lac du Bourget, avec toutes ses activités nautiques. Le Parc Naturel des Bauges se trouve à 20 km, et vous permet de nombreuses randonnées. Possibilité de cuisiner. Langues parlées : anglais, espagnol.

Prix : 1 pers. **170 F** 2 pers. **240 F** 3 pers. **290 F**

Ouvert : toute l'année.

4	1	6	3	4	1	SP	1	0,3	0,5

DE VALICOURT Etienne - 529, route du Lac - Villa les Sources - 73420 LE VIVIERS-DU-LAC - Tél : 04 79 54 45 20 - Fax : 04 79 54 45 20 ou SR : 04 79 85 01 09

Haute-Savoie

GITES DE FRANCE - Service Réservation
16, rue Guillaume Fichet
74000 ANNECY
Tél. 04 50 10 10 11 - Fax. 04 50 10 10 12
E.mail : resa.gites74@wanadoo.fr

3615 Gites de France
1,28 F/min

ABONDANCE Charmy l'Envers

Alt. : 1000 m (TH)

C.M. 89 Pli 2

4 ch. **Abbaye d'Abondance 2 km. Chatel 12 km.** A proximité de sentiers balisés et dans un cadre de montagne reposant, Liliane vous reçoit dans une ferme ancienne typique et vous propose 4 chambres agréables, ainsi que le couvert. 2 ch (1 lit 2 pers. 2 lits 1 pers.), 2 ch (1 lit 2 pers. 1 lit 1 pers.). Sanitaires complets. Terrain balcon, salle à manger, cheminée, petit salon avec TV, local chaussures. Spécialités du Pays servies à table et cuisine traditionnelle. Possibilité de visiter la ferme en activité.

Prix : 1 pers. **150 F** 2 pers. **230 F** 3 pers. **310 F** 1/2 pens. **175 F**
pens. **230 F**

Ouvert : toute l'année.

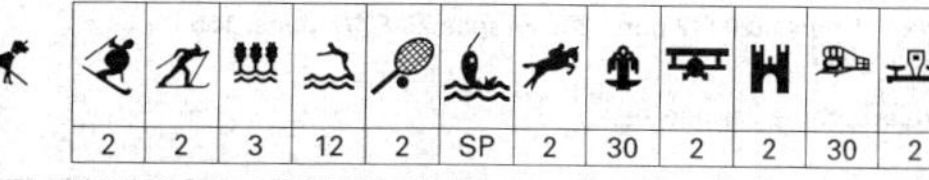

2	2	3	12	2	SP	2	30	2	2	30	2

BERTHET Liliane - Charmy l'Envers - 74360 ABONDANCE - Tél : 04 50 73 02 79 - Fax : 04 50 73 02 79

ABONDANCE Richebourg

Alt. : 1000 m — TH — *C.M. 89 Pli 2*

4 ch. **Abbaye d'Abondance 2 km. Chatel 12 km.** A 1.000 m d'alt., au cœur de la vallée d'Abondance, vieux chalet entièrement rénové dans un style typiquement savoyard : « Champfleury ». Vous serez logés dans 4 ch. de 2 à 3 pers. (sanitaires privés), aménagées chaleureusement par Nadine. Vous profiterez du salon-détente avec TV. Nadine fera découvrir sa cuisine familiale avec spécialités régionales. Possibilité lits supplémentaires. Ski alpin à Abondance et tout le domaine des « Portes du Soleil ». Pistes de luge, patinoire, piscine à Châtel. Sports d'eau vive dans la Dranse. Découverte des alpages, produits de la ferme, goûters. Réd. enfants, supplément single 1/2 pens. 35F.

Prix : 1 pers. **160 F** 2 pers. **250 F** 3 pers. **330 F** 1/2 pens. **190 F**

3	0,2	30	8	3	0,3	7	30	8	3	30	3

AVOCAT-MAULAZ Nadine - Champfleury - Richebourg - 74360 ABONDANCE - Tél : 04 50 73 03 00 - Fax : 04 50 73 03 00 ou SR : 04 50 10 10 10

ALEX Les Marais de l'Allée

Alt. : 610 m — *C.M. 89 Pli 14*

1 ch. **Annecy 10 km. Lac d'Annecy 3,5 km. Veyrier-du-Lac 5 km.** Au milieu d'un îlot de verdure, à proximité du lac d'Annecy 3.5 km et de sa ville historique 10 km, Veyrier du Lac 5 km, Janine vous reçoit dans son chalet et vous propose une chambre d'hôtes chaleureuse (1 lit 2 pers), avec salle d'eau et wc particuliers. Terrasse, jardin. Chambre non-fumeurs. A partir de 2 nuits. Plage de Menthon-St-Bernard à 4 Km. Massif des Aravis, La Clusaz, Le Grand Bornand à moins de 20 km. Restaurants à 1 km. Innombrables randonnées pédestres. Langue parlée : anglais.

Prix : 2 pers. **240 F**

Ouvert : toute l'année.

16	16	4	9	9	2	9	45	5	2	10	3

LANGLAIS Janine - Les Marais de l'Allée - 74290 ALEX - Tél : 04 50 02 80 64

ARACHES-LES-CARROZ

Alt. : 800 m — TH — *C.M. 89 Pli 3*

3 ch. **Carroz d'Arâches 8 km. Flaine 25 km.** Dominique et Joël vous reçoivent dans leur maison à côté de la ferme, calme. 3 ch. de qualité, chaleureuses. 2 ch. dont 1 avec terrasse (de 2 à 4 pers.. salles d'eau privées, wc commun), 1 ch.(2 lits 1 pers., sanitaires complets). Jardin, terrain. Repas à base de produits de la ferme, agréé « Bienvenue à la Ferme ». Lait, tomme de savoie, fromage de chèvre, confitures, œufs. Table d'hôtes jusqu'au 1er juillet. Dans un hameau. 1 enfant de - de 5 ans gratuit. Golf Flaine 18 trous 18 km. Tarifs accordés à partir de 3 nuits. Langue parlée : anglais.

Prix : 1 pers. **200 F** 2 pers. **240/260 F** 3 pers. **340/360 F** repas **80 F**

Ouvert : du 28 décembre au 31 octobre.

8	8	15	15	8	SP	8	35	8	15	15	8

NAVILLOD & DAVOINE Joel et Dominique - 1730 Hameau de Ballancy - La Frasse - 74300 ARACHES-LES-CARROZ - Tél : 04 50 90 33 10 - E-mail : ballancy@wanadoo.fr - http://perso.wanadoo.fr/ballancy

ARACHES-LES-CARROZ Le Sangle

Alt. : 850 m — TH — *C.M. 89 Pli 3*

4 ch. **Carroz d'Araches 8 km. Flaine 25 km. Cluses 8 km.** Vieille ferme typiquement savoyarde depuis 1806, isolée au cœur d'une clairière, face à la chaîne des Aravis. Venez découvrir l'ambiance familiale chez Delphine et Georges (éleveur de génisses), 4 ch de 2 à 4 pers. (sanitaires privatifs), dans l'ancienne grange entièrement aménagée. Table d'hôtes sur réservation, à base de produits fermiers. Espace détente et lecture. Cheminée. Rocher d'escalade à proximité. Langues parlées : anglais, espagnol.

Prix : 1 pers. **200 F** 2 pers. **260 F** 3 pers. **360 F** repas **80 F**

Ouvert : toute l'année.

4	4	15	4	4	6	4	40	4	8	8	4

DECRET Delphine - Le Sangle - La Mortenaz - 74300 ARACHES - Tél : 04 50 90 00 27 - Fax : 04 50 90 00 27

LA BAUME La Goutreuse

Alt. : 900 m — TH — *C.M. 89 Pli 2*

2 ch. **Thonon-les-Bains 20 km. Morzine 15 km.** Fernande et Victor vous accueillent dans leur maison fleurie située à proximité de leur ferme, isolée, dans un cadre de montagne exceptionnel. Ils vous proposent 2 chambres comportant chacune 1 lit 2 pers. et 1 lit 1 pers. (sanitaires communs). Chambres de qualité. Chauffage central. Produits de la ferme.

Prix : 1/2 pens. **160 F** pens. **180 F**

Ouvert : toute l'année.

7	7	21	20	6	3	13	20	20	20	20	6

VULLIEZ Victor et Fernande - La Goutreuse - 74430 LA BAUME - Tél : 04 50 72 10 33

BELLEVAUX Le Frene

Alt. : 1000 m — TH — *C.M. 89 Pli 2*

4 ch. **Lac Léman et Thonon-les-Bains 20 km.** Dans un hameau, Daniel et sa famille vous accueillent au sein de leur grand chalet fleuri, à proximité de la ferme. Ils vous proposent 4 chambres dont 1 double avec sanitaires complets. Salle à manger, salon, terrain et mobilier de jardin. Réduction enfants -8 ans. Restaurant à 3 Km. Produits fermiers servis à la table d'hôtes.

Prix : 1 pers. **120 F** 2 pers. **200 F** repas **70 F** 1/2 pens. **165 F** pens. **200 F**

Ouvert : toute l'année.

5	3	5	10	2	1,5	2	20	10	20	20	2

CORNIER Daniel - Le Frene - 74470 BELLEVAUX - Tél : 04 50 73 73 95

BELLEVAUX Le Perry

Alt. : 1000 m — TH — *C.M. 89 Pli 2*

3 ch. — CV

Lac Léman et Thonon-les-Bains 20 km. Au cœur du massif du Chablais, nombreux alpages, Marie-Louise et Gérard vous accueillent dans leur ferme très fleurie, isolée, dans un cadre montagneux. Ils vous proposent 3 ch comprenant chacune 1 lit 2 pers. et 2 lits 1 pers., avec sanitaires complets. Chauffage central, salle à manger commune, TV, Balcon, Terrain et mobilier de jardin, bibliothèque. Rives du Lac Léman. Réduction enfants -8 ans. Domaines skiables : « la Chèvrerie » relié à la Grande Terche ou Hirmentaz/Habère-Poche.

Prix : 1 pers. **150 F** 2 pers. **230 F** 3 pers. **300 F** 1/2 pens. **180 F**

Ouvert : toute l'année.

5	5	20	10	2	1	2	20	10	2	20	2

MEYNET Gérard & M-Louise - Le Perry - 74470 BELLEVAUX - Tél : 04 50 73 72 32

BELLEVAUX La Clusaz

Alt. : 950 m — TH — *C.M. 89 Pli 2*

6 ch. — CV

Lac Léman et Thonon-les-Bains 20 km. Geneviève et Francis vous reçoivent dans leur grande ferme fleurie, située dans un hameau, dans un cadre verdoyant. Ils vous proposent 6 ch. avec sanitaires complets. 5 ch. avec 1 lit 2 pers. , 1 ch. avec 2 lits 1 pers. Chauffage central, salle à manger et salon réservés aux hôtes, cheminée, TV, lave linge, cour et mobilier de jardin, jeux. Réduction enfants. Domaine skiable de la Chèvrerie à 3 km relié avec la Grande Terche et domaine d'Hirmentaz relié avec Habère-Poche à 3 km. Piste de fond à proximité. Nombreuses randonnées balisées sur la commune.

Prix : 1 pers. **150 F** 2 pers. **230 F** 3 pers. **300 F** repas **80 F**
1/2 pens. **200 F**

Ouvert : du 21 décembre à septembre.

4	0,1	25	10	4	0,1	4	25	5	25	25	4

PASQUIER Geneviève & Francis - La Clusaz - 74470 BELLEVAUX - Tél : 04 50 73 71 92 - Fax : 04 50 73 71 92

BELLEVAUX Champ du Noyer

Alt. : 930 m — TH — *C.M. 89 Pli 2*

4 ch. — CV

Lac Léman et Thonon-les-Bains 20 km. A mi-chemin entre le domaine skiable d'Hirmentaz et celui de la Chèvrerie dans une ancienne ferme proche du village et avec terrain, Murielle vous propose 4 ch. d'hôtes de 2 à 4 pers. (2 ch familiales) avec sanitaires complets privatifs (communicants ou non). Salle à manger, séjour avec TV. Terrasse. Chauf. central. Réduction enfants -8 ans. Lac Léman, ville thermale de Thonon 21 km. Nombreuses randonnées au départ de la maison. En été, lac de Vallon, nombreux alpages.

Prix : 1 pers. **120 F** 2 pers. **200 F** 3 pers. **300 F** repas **75 F**
1/2 pens. **175 F** pens. **210 F**

Ouvert : toute l'année.

6	6	21	15	3	0,3	1	21	10	6	21	1,5

GRIVAZ Murielle - Le Champ du Noyer - 74470 BELLEVAUX - Tél : 04 50 73 71 35

BELLEVAUX Les Mouilles

Alt. : 1126 m — TH — *C.M. 89 Pli 2*

5 ch. — CV

Lac Léman et Thonon-les-Bains 20 km. Face aux pistes de ski d'Hirmentaz et dans un hameau, un accueil chaleureux vous est réservé. Emma et Alphonse viennent de réaménager 5 ch. de 2 à 4 pers. avec chacune sanitaire privé complet, au 1er étage de leur maison. Grande salle de séjour, salon, TV, biblio. Terrasse aménagée, terrain, ping-pong, pétanque, Lave/sèche-linge. Réduction enfants. Restaurant à 100 m. Organisation de sorties et activités. Lieu très calme, à côté d'une petite chapelle. Belle vue sur les montagnes du Chablais/Faucigny.

Prix : 1 pers. **150 F** 2 pers. **200 F** 3 pers. **250 F** repas **80 F**
1/2 pens. **180 F** pens. **230 F**

Ouvert : toute l'année.

SP	SP	25	15	0,3	0,5	5	25	5	20	22	6

VOISIN Alphonse et Emma - Les Mouilles - 74470 BELLEVAUX - Tél : 04 50 73 71 16

BELLEVAUX La Côte

Alt. : 1130 m — TH — *C.M. 89 Pli 2*

3 ch. — CV

Lac Léman et Thonon-les-Bains 20 km. Au cœur de la campagne, Alice et Michel vous accueillent dans leur ferme au cadre reposant et mettent à votre disposition 3 chambres avec sanitaires particuliers complets, avec chacune 1 lit 2 pers et 1 lit 1 pers. Balcons, entrée indépendante, salle à manger avec coin cuisine à disposition. Produits de la ferme servis à la table d'hôtes. Réductions enfants.

Prix : 1 pers. **160 F** 2 pers. **220 F** 3 pers. **270 F** repas **70 F**
1/2 pens. **180 F** pens. **220 F**

1	1	20	9	1,3	0,5	5	20	5	20	20	2

BUINOUD Alice et Michel - La Côte - 74470 BELLEVAUX - Tél : 04 50 73 70 66

BERNEX Le Pied de Trossy

Alt. : 1000 m — *C.M. 89 Pli 2*

1 ch. — CV

Thermes d'Evian et lac Léman 12 km. Au pied du massif de la Dent D'Oche, Claudine et Daniel vous accueillent dans un chalet traditionnel. Votre ch. à l'étage, spacieuse, comporte 1 lit 2 pers. Bains et wc privés. Coin salon, TV, lecture (25 m²). Grande salle à manger, terrasse, jardin, jeux d'enfants. Pistes de ski de fond à quelques mètres du chalet. Possibilité lit supplémentaire enfant. A proximité des remontées mécaniques, nombreuses possibilités de promenades et randonnées. Base de loisirs à 3 km. Tarif à partir de 2 nuits : 220 F/2 pers. Langues parlées : anglais, allemand.

Prix : 2 pers. **280 F**

Ouvert : toute l'année.

0,4	SP	2	16	0,4	0,2	0,1	14	0,4	14	14	0,4

DUTRUEL Claudine et Daniel - Bas de Trossy - 74500 BERNEX - Tél : 04 50 73 67 64 - Fax : 04 50 73 63 83

BLOYE Ballentrand

TH — *C.M. 89 Pli 15*

4 ch. **Annecy 15 km. Aix-les-Bains 14 km.** Entre lacs du Bourget et d'Annecy, face au Semnoz, Monique vous reçoit dans sa maison située à côté de la ferme et met à votre disposition 4 ch. d'hôtes agréables. 1 ch. avec 3 lits 1 pers., salle de bains et wc attenants, 1 ch. avec 1 lit 2 pers. avec salle d'eau particulière et wc attenant ; 2 ch. avec 1 lit 2 pers., sanitaires complets. Ch. central, séjour, cour, terrain. Réduction enfants. Restaurant à 800 m. Musées de Rumilly, Marcellaz, Gruffy. Sites de la Chambotte, gorges du Fier, Pont de l'Abîme. Pos. lit bébé et pers. supplémentaire.

Prix : 1 pers. **150 F** 2 pers. **190 F** repas **75 F**

Ouvert : toute l'année.

25	25	15	5	5	3	5	15	12	10	5	4

CHARVIER Monique - Ballentrand - 74150 BLOYE - Tél : 04 50 01 23 94 ou 04 50 01 36 31

BLUFFY Le Bosson

Alt. : 615 m — *C.M. 89 Pli 14*

3 ch. **Lac d'Annecy 2,5 km. Château de Menthon-St-Bernard 1 km.** Dominant le lac d'Annecy et le château de Menthon-Saint-Bernard (propriété des Comtes de Savoie), au pied des Dents de Lanfon, Marie-José et Roland vous réserveront un accueil chaleureux dans leurs 3 chambres nouvellement aménagées. Sanitaires privés. A votre disposition, vaste pièce de séjour. Un coin cuisine commun vous permettra de préparer un pique-nique. Grande terrasse ombragée panoramique propice au repos et à la contemplation. Restaurants 1 km. Plages de Menthon 2.5 km. Golf de Talloires 3 km. Site de parapente de Planfait à 5 mn et la Forclaz 15 mn. Sentier pédestre du Tour du Lac d'Annecy sur place.

Prix : 1 pers. **220 F** 2 pers. **280 F** 3 pers. **340 F**

Ouvert : toute l'année.

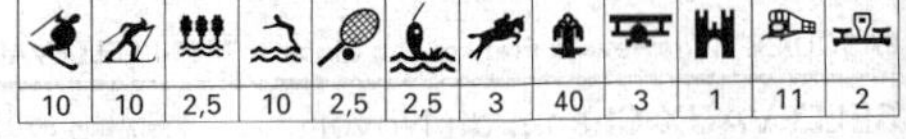

10	10	2,5	10	2,5	2,5	3	40	3	1	11	2

TILLIER Roland et MACRA Marie-José - Chalet Adagio - Le Bosson - 74290 BLUFFY - Tél : 04 50 02 89 85 - Fax : 04 50 02 89 85 - E-mail : chadagio@wanadoo.fr

BOUSSY Château de Lupigny

C.M. 89 Pli 14

1 ch. Entre les lacs d'Annecy et Aix les Bains, le domaine de Lupigny est situé au cœur de l'Albanais. Bob vous ouvre les portes de sa maison forte aménagée entre le 11è et 14è siècles. 1 chambre de 3 pers., avec plafonds à la française, mobilier « art populaire ». Sanitaires complets et TV. Grand séjour/cheminée, bibliothèque. Cour fermée, parc ombragé. Baignade en rivière à 500 m (le Chéran), Châteaux de Montrottier, Clermont à proximité, gorges du Fier. Base de loisirs de Rumilly à 6 km. Ville médiévale d'Alby sur Chéran à 5 km. Langue parlée : anglais.

Prix : 1 pers. **250 F** 2 pers. **300 F** 3 pers. **420 F**

Ouvert : toute l'année.

22	22	5	5	5	5	10	30	22	10	5	5

ROUTEX Robert - Château de Lupigny - 74150 BOUSSY - Tél : 04 50 01 12 01 ou SR : 04 50 10 10 10

BRISON Vers la Croix

Alt. : 1000 m — TH — *C.M. 89 Pli 13*

5 ch. La maison Mount Abu, idéalement située entre Annecy, Genève et Chamonix, dans magnifique massif comprenant Bargy et Jalouvre, au cœur d'1 nature préservée, de montagnes, lacs, alpages et forêts, vue panoramique sur Grand Massif et Portes du Soleil. Chambres familiales de 2 à 4 pers., lavabos, sanitaires communs. S.à manger, salon, grenier (s. de travail). Atmosphère chaleureuse et créative. Chambres à thèmes décorées par Christian (fresques, poésies, tableaux). La cuisine de Jocelyne vous fera voyager et imaginer l'Inde en saveurs, ou les tartines en couleurs. Vous goûterez également les petits plats mijotés d'ici et d'ailleurs. Langue parlée : anglais.

Prix : 1 pers. **120 F** 2 pers. **180 F** 1/2 pens. **180 F** pens. **240 F**

Ouvert : toute l'année.

7	6	9	7	7	5	3	35	2	3	7	1

GAVIGNET Jocelyne - Mount Abu - Vers la Croix - Lieutraz - 74130 BRISON - Tél : 04 50 96 92 77 - Fax : 04 50 96 95 53 ou SR : 04 50 10 10 10

CHAINAZ-LES-FRASSES Ravière d'en Haut

Alt. : 540 m — TH — *C.M. 89 Pli 15*

2 ch. **Annecy 20 km. Aix-les-Bains 15 km.** A proximité du Pont de l'Abîme, aux portes du Parc Nature Régional du Massif des Bauges ,France et René vous accueillent dans leur ferme isolée en campagne, dans un cadre agréable et vous proposent 2 ch. (1 ch. avec 1 lit 2 pers. et 1 lit 1 pers., 1 ch. avec 1 lit 2 pers.). Salle de bains et wc communs aux hôtes. Terrain. Réduction enfants pour les repas. Lieu calme. Restaurant à 5 Km.

Prix : 1 pers. **110 F** 2 pers. **160 F** 3 pers. **210 F** repas **68 F**

Ouvert : toute l'année.

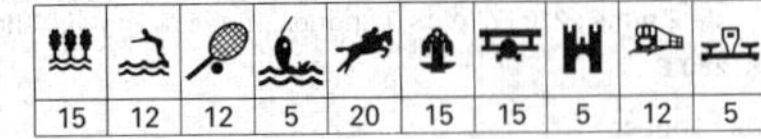

15	12	12	5	20	15	15	5	12	5

BOUVIER France - Ravière-en-Haut - 74540 CHAINAZ-LES-FRASSES - Tél : 04 50 52 54 26

CHAINAZ-LES-FRASSES Alt. : 680 m *C.M. 89 Pli 15*

5 ch. **Annecy 20 km. Aix-les-Bains 15 km.** Danielle et Maurice vous accueillent chaleureusement dans leur ferme fleurie située au cœur du village. Ils vous offrent 5 chambres : 2 chambres 2 épis, avec sanitaires particuliers, au 2e étage. (1 ch. avec 1 lit 2 pers. + 1 lit bébé, 1 ch. avec 2 lits 1 pers.) Entrée indépendante. 3 chambres avec sanitaires communs, 1 épi. 2 ch. (1 lit 2 pers.). 1 ch. (2 lits 1 pers.). Réductions enfants - 8 ans. Pas de restauration le dimanche. Restaurant à 5 km.

Prix : 1 pers. **110 F** 2 pers. **180 F** repas **70 F**

Ouvert : de mai à octobre.

25	25	15	10	7	1	20	15	25	15	12	5

VIVIANT Danielle & Maurice - Chef-Lieu - 74540 CHAINAZ-LES-FRASSES - Tél : 04 50 52 54 13

CHAMONIX-ARGENTIERE Les Chosalets Alt. : 1275 m *C.M. 89 Pli 4*

2 ch. **Les Grands Montets 500 m. Réserve Naturelle Aiguilles Rouges 3 km.** Au cœur de la vallée de Chamonix, au pied de l'Aiguille Verte, Isabelle vous reçoit dans 2 chambres d'hôtes de 2 pers.situées au rdc d'un beau chalet, avec entrée indépendante ; sanitaires indépendants (dont 1 à l'étage). Séjour à l'étage. Terrasse, terrain et jardin. Chauffage central. Lave-linge. A partir de 4 nuits. Station des Grands Montets à 500 m, pistes de ski de fond sur place, téléski débutants à 100 m. Chamonix et télécabine de l'Aiguille du Midi à 7 Km + toutes activités. Langue parlée : allemand.

Prix : 1 pers. **200 F** 2 pers. **255/280 F**

Ouvert : toute l'année.

0,5	SP	25	1	1	0,1	7	25	0,5	25	1	1

CHANTELOT Isabelle - 88 chemin des Moillettes - Chalet les Sorbiers - 74400 ARGENTIERE-CHAMONIX-MT-BLANC - Tél : 04 50 54 03 47

CHAMONIX-ARGENTIERE-LE-TOUR Alt. : 1450 m *C.M 89 Pli 4*

5 ch. Au pied du glacier du Tour, face au Mont-Blanc, Caroline et Denis vous accueilleront chaleureusement dans leur chalet neuf et auront à cœur de vous faire partager leur amour de la vallée de Chamonix. Ils vous proposeront 4 ch de 2 pers. et une « suite familiale » (2 adultes, 2 enf.). Toutes les ch disposent de sanitaires privatifs complets et balcons Sud. Grand séjour panoramique. Domaine skiable du Tour/ Vallorcine sur place. Départ de nombreuses rando au pied du chalet, sur l'itinéraire du TMB. Denis est moniteur de ski et accompagnateur en montagne. Salle de jeux. Golf 10 km. Tarifs selon chambre. Langues parlées : anglais, italien.

Prix : 2 pers. **340/380 F** pers. sup. **600 F** repas **100 F**

Ouvert : toute l'année.

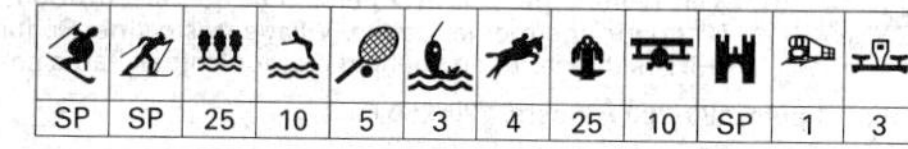

SP	SP	25	10	5	3	4	25	10	SP	1	3

PILLOT Caroline et Denis - Le Gratapia - 24 chemin des Demi Jours - 74400 LE TOUR-ARGENTIERE - Tél : 04 50 54 22 49 ou 06 09 43 93 21 - Fax : 04 50 54 22 49 - E-mail : denis.pillot@libertysurf.fr - http://www.imedserv.com/gratapia

CHAMONIX-MONT-BLANC Alt. : 1150 m *C.M. 89 Pli 4*

3 ch. **Téléphérique de l'Aiguille du Midi et Mer de Glace 1,5 km.** Pierre et Georgette vous reçoivent dans leur beau chalet situé face à la chaîne du Mont-Blanc, en lisière de forêt sur versant du soleil, ds calme absolu. En rez de jard., exclusivement réservé à leurs hôtes, ils vous proposent 3 ch (1 ch. 2 lits 1 pers ., 2 ch. 1 lit 2 pers), salon avec jeux et livres, 2 bains, 2 wc. Parking, jardin d'agrément. Entretien quotidien assuré. Petits déjeuners servis dans la grande salle à manger du 1er étage. A 500 m des remontées mécaniques du Brévent. Nombreux restaurants au centre ville de Chamonix 900 m. Téléphérique Aiguille du Midi, chemin de fer de la Mer de Glace. Langues parlées : anglais, allemand.

Prix : 1 pers. **290 F** 2 pers. **350 F**

Ouvert : toute l'année.

0,5	1,6	20	1,6	1,6	1,8	1,8	20	0,5	1,8	1,8	1,3

GAZAGNES Pierre & Georgette - La Girandole - 46 chemin de la Persévérance - 74400 CHAMONIX-MONT-BLANC - Tél : 04 50 53 37 58 - Fax : 04 50 55 81 77

LA CHAPELLE-D'ABONDANCE Sous le Saix Alt. : 1000 m  *C.M. 89 Pli 2*

4 ch. **Chatel 2,5 km. Abbaye d'Abondance 6 km.** Dans un cadre vert et montagnard, grand espace, Maryse et Edmond vous accueillent dans leur ferme rénovée, caractéristique de l'architecture de la vallée d'Abondance et vous proposent 4 ch confortables (2 à 4 pers.) avec sanitaires complets. Ch. central, salle à manger, salon. Produits fermiers servis à la table d'hotes. Jardin, terrain. Tennis sur place, station de Châtel à 2,5 Km, pistes de fond sur place, centre équestre à 100 m. Promenades au départ de la maison. Proximité de l'Abbaye d'Abondance, monument classé, cloître gothique avec fresques. Exploitation agricole : vaches laitières de la race d'Abondance.

Prix : 1 pers. **190 F** 2 pers. **230 F** 3 pers. **310 F** 1/2 pens. **190 F** pens. **230 F**

Ouvert : toute l'année.

1	SP	35	2,5	SP	0,1	0,1	35	2,5	4	35	1

BENAND Maryse et Edmond - Sous le Saix - 74360 LA CHAPELLE-D'ABONDANCE - Tél : 04 50 81 36 36 - Fax : 04 50 81 36 36

CHATEL La Savoyarde

Alt. : 1200 m (TH) *C.M. 89 Pli 2*

6 ch. **Pas de Morgins (Suisse) 5 km. Abbaye d'Abondance 12 km.** Au cœur de la station de Châtel, dans un grand chalet récent sur 3 niveaux et réservé aux hôtes, Françoise vous accueille d'avril à novembre et vous propose 6 chambres confortables, avec salles d'eau et wc particuliers. 1 ch. avec 2 lits 1 pers. et 1 lit 2 pers., 1 ch. avec 1 lit 2 pers. et 1 lit 1 pers., 4 ch. de 2 pers., ch. central, terrasse, balcons. Grand séjour. Spécialités savoyardes. Pêche en lac 1 km, piste de luge 4 saisons à 6 km (nouveau en France). Accueil de motards avec garage. Langues parlées : anglais, italien.

Prix : 1 pers. **200 F** 2 pers. **280 F** 3 pers. **370 F** repas **90 F**
1/2 pens. **225 F**

Ouvert : du 20 avril au 15 novembre.

0,2	1	40	0,3	1	1	4	40	0,2	40	36	0,1

CORNU Gilles - Route des Frenets - Chalet « La Rose des Neiges » - 74390 CHATEL - Tél : 04 50 73 23 17 - Fax : 04 50 73 23 17 ou SR : 04 50 10 10 10 - E-mail : fragilles@aol.com - http://cornu.gilles.free.fr

CHATILLON-SUR-CLUSES

Alt. : 750 m (TH) *C.M. 89 Pli 3*

4 ch. **Cluses 8 km. Chartreuse de Mélan 3 km. Stations Grand Massif 9 km.** Au carrefour des grands domaines skiables de Hte-Savoie, Grand-Massif - Portes du Soleil et station familiale de Praz de Lys-Sommand, dans une anc. ferme de pays, Brigitte vient d'aménager 4 chambres « ambiance bois » de 2 à 4 pers. avec sanitaires complets. Grand séjour, cheminée, billard. Grand terrain Sud, 1600 m² de verger clos. Belle vue panoramique sur les Aravis. La table d'hôtes vous sera proposée sur réservation. Ville de Cluses 8 Km (A 40), site de parapente de Mieussy ou Plateau d'Agy 7 Km (beau domaine de ski de fond). Stations de Morillon 9 km, Les Carroz d'Arâches 10 km, Les Gets 15 Km. Langue parlée : anglais.

Prix : 1 pers. **220 F** 2 pers. **330 F** 3 pers. **440 F** pers. sup. **80 F**
repas **90 F**

Ouvert : toute l'année.

9	7,7	25	10	3	3	5	32	6	3	8	0,1

DECAUDIN Brigitte - Chef-Lieu - 74300 CHATILLON-SUR-CLUSES - Tél : 04 50 89 43 97 ou 06 81 36 45 35 - Fax : 04 50 89 44 04

CHAVANOD Le Corbier

Alt. : 505 m *C.M. 89 Pli 14*

3 ch. **Annecy et son lac 5 km. Château de Montrottier, gorges du Fier 3 km.** Aux portes d'Annecy, dans une maison avec terrain en campagne, Marie-Thérèse et René vous accueillent dans leurs 3 chambres d'hôtes agréables avec salles d'eau et wc particuliers. 3 ch (2 lits 1 pers., 1 lit 2 pers., 1 lit de 160 cm) dont 1 avec kitchenette. Chauffage central, terrain et jardin. Chambres N°2 et N°3 pour une même famille. Village très calme. Réduction enfants -8 ans et hors vacances. Restaurant à 1,5 km. A proximité des Gorges du Fier et du château de Montrottier. Tarifs en fonction de la chambre. Bébé Câlin.

Prix : 1 pers. **180/200 F** 2 pers. **220/250 F**

Ouvert : toute l'année.

20	20	6	3	3	3,5	3,5	40	20	3	6	1

DEMOTZ René et M-Thérèse - 43 route de Champ de l'Ale - Le Corbier - 74650 CHAVANOD - Tél : 04 50 69 12 54

CHAVANOD Champanod

Alt. : 508 m *C.M. 89 Pli 14*

3 ch. **Annecy et son lac 5 km. Château de Montrottier, gorges du Fier 3 km.** Au cœur de l'Avant-Pays, dans une grande et agréable bâtisse avec terrain, dans un hameau isolé, Thérèse et Fernand vous offrent 3 chambres avec salles d'eau et wc particuliers. 2 ch. au 1e étage, 1 avec 1 lit 2 pers. et 2 lits 1 pers. , 1 avec 2 lits 1 pers. Au 2e étage : chambre indépendante (1 lit 2 pers). Grand confort. Ch. central, séjour. Jardin. Nouveauté : belle salle d'accueil avec cuisine mise à la disposition de nos hôtes. Restaurant à 1 Km. Tarifs en fonction de la chambre. Bébé Câlin.

Prix : 1 pers. **190 F** 2 pers. **240/250 F** 3 pers. **320 F**

Ouvert : toute l'année.

20	20	8	5	5	0,5	2,5	35	20	4	8	2,5

BEAUQUIS Fernand et Thérèse - 138 route de Champanod - 74650 CHAVANOD - Tél : 04 50 69 00 55 ou SR : 04 50 10 10 10

CHAVANOD Le Corbier

Alt. : 536 m (TH) *C.M. 89 Pli 14*

4 ch. **Annecy et son lac 5 km. Château de Montrottier, gorges du Fier 3 km.** Au gîte Savoisien, ancienne ferme rénovée au centre du village de Corbier, Thérèse et Bernard vous proposent 4 ch. (2*1 lit 140, 1*2 lits 90, 1*1 lit 140/1 lit 90-pos. lit pliant) équipées chacune de douche, lavabo, wc, S. à manger, salon de jardin, jeux, terrain. Accès chambres indép. Table d'hôtes le soir, sauf samedi et dimanche. Magasins et service de bus 450 m. A voir : Annecy et le lac 6 km, les Gorges du Fier, le château de Montrottier, le Semnoz 20 km. Documentation et circuits touristiques personnalisés à votre disposition. Bébé Câlin. Langues parlées : anglais, italien.

Prix : 1 pers. **240 F** 2 pers. **280 F** pers. sup. **130 F** repas **100 F**

Ouvert : toute l'année.

20	20	6	3	3	3,5	3,5	40	20	4	6	0,5

BOUVIER Bernard - 98 route de Corbier - Gîte Savoisien - 74650 CHAVANOD - Tél : 04 50 69 02 95 - Fax : 04 50 69 02 95 ou SR : 04 50 10 10 10 - E-mail : gite_savoisien@compuserve.com - http://ourworld.com/homepages/gite_savoisien

LES CLEFS

Alt. : 760 m *C.M. 89 Pli 14*

3 ch. **Annecy et son lac 22 km. La Clusaz 15 km. La Croix-Fry 13 km.** Au pied du massif de la Tournette, Marie-Thérèse et Robert vous accueillent dans leurs 3 chambres d'hôtes, situées à l'étage d'un grand chalet. 1 ch. avec 1 lit 2 pers. avec balcon, 1 ch. avec 1 lit 2 pers. et 1 ch. avec 2 lits 1 pers avec balcon. Salles d'eau et wc particuliers. Kitchenette à disposition. Ch. central, terrasse, jardin. Restaurant à 500 m. Thônes à 4 Km avec nouvelle Via Ferrata. Chambres non-fumeurs. Tarifs selon la haute et basse saison.

Prix : 1 pers. **180/200 F** 2 pers. **205/230 F**

Ouvert : toute l'année.

13	0,5	21	4	1,5	SP	5	40	13	4	23	4

DONZEL GARGAND Robert & M-Thérèse - Chemin des Nantets - 74230 LES CLEFS - Tél : 04 50 02 97 56 - Fax : 04 50 02 97 56 ou SR : 04 50 10 10 10

LA CLUSAZ Le Gotty

Alt. : 1200 m *C.M. 89 Pli 14*

3 ch. **Annecy et son lac 30 km. Thones 15 km.** Face au domaine skiable de l'Etale, Patricia vous accueille dans un vieux chalet de caractère et vous propose 3 chambres. 1 ch. avec 1 lit 2 pers. 1 lit 1 pers., 1 ch. avec 2 lits 1 pers.. Salles d'eau et wc privatifs. 1 chambre, véranda, pour 2 pers. avec petit salon. Salle d'eau et wc privés. Cuisine commune aménagée, terrain, jeux. Gare routière 2 km. Restaurant à 500 m. Station de la Clusaz à 2 km. Chambres équipées de balcon-terrasse ou véranda. Patinoire et luge d'été à 2 Km.

Prix : 1 pers. **200 F** 2 pers. **220 F** 3 pers. **270 F**

Ouvert : toute l'année.

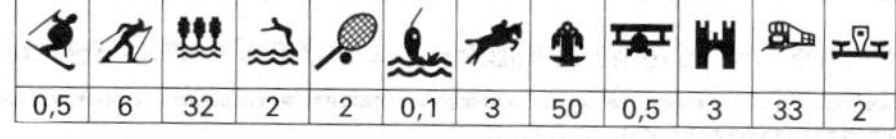

0,5	6	32	2	2	0,1	3	50	0,5	3	33	2

SUIZE Dominique & Patricia - Chalet la Sence - Le Gotty - 74220 LA CLUSAZ - Tél : 04 50 02 42 81

LA CLUSAZ La Rochette

Alt. : 1280 m *C.M. 89 Pli 14*

2 ch. **Annecy et son lac 30 km. Thones 15 km.** Face à la chaîne des Aravis, panorama exceptionnel, à 2 km des pistes du massif de Balme, Annie et Désiré vous reçoivent dans leurs 2 chambres d' hôtes confortables situées dans un grand chalet. 1 Ch (1 lit 2 pers) au 2e ét., mini-studio (1er) (entrée indépendante), avec coin-cuis., (1 lit 2 pers). Sanitaires complets. TV couleur, Lave-linge. En été, petits-déjeuners pris en terrasse. Réduction hors vacances. Restaurant à 1 Km. Terrain, terrasse ou balcon-terrasse. Nombreuses randonnées au départ de la maison.

Prix : 2 pers. **220/280 F**

Ouvert : toute l'année.

1,5	1,5	30	3	2	2	2,5	30	1,5	2	30	3

THOVEX Désiré et Annie - Les Groseilliers - La Rochette - 74220 LA CLUSAZ - Tél : 04 50 02 63 29 - Fax : 04 50 02 63 29

COMBLOUX Le Bois Roulet

Alt. : 1000 m *C.M. 89 Pli 4*

1 ch. **Megève 5 km. Saint-Gervais les Bains 4 km.** Entre St Gervais et Megève (5 km), face à la chaîne des Aravis, Marie-Thé vous reçoit dans son chalet, vue panoramique sur la vallée et met à votre disposition 1 ch. en rez de jardin (entrée indép.) accueillant de 1 à 4 pers. Sanitaires privatifs. Vous prendrez le petit-déjeuner dans la s. à manger (poêle à bois), confitures maison, pain cuit au feu de bois. Thermes 7 km, restaurant 1 km. Domaines skiables de Megève-La Princesse et Combloux 2 km. Base de loisirs de Passy 7 km.

Prix : 1 pers. **170 F** 2 pers. **220 F** 3 pers. **280 F**

Ouvert : toute l'année.

3	3	7	5	3	1	3	7	7	7	7	3

BALMAND Victor & M-Thérèse - 278 chemin du Bois Roulet - 74920 COMBLOUX - Tél : 04 50 58 61 69

CONS-SAINTE-COLOMBE

Alt. : 550 m (TH) *C.M. 89 Pli 14*

1 ch. **Lac d'Annecy 10 km. Albertville 15 km.** Patricia, Bernard et leurs 3 garçons viennent d'aménager 1 chambre de 4 personnes indépendante, dans une ancienne maison de village. Sanitaires privés, salon comprenant de nombreux jeux de société, biblio (TV pos.), grand séjour avec cheminée. Balcon, jardinet, jeux d'enfants. Les repas seront pris à la grande table familiale. Matériel bébé dispo. Station de ski de Seythenex à 13 km, Notre Dame de Bellecombe et stations des Aravis à 30 km. Garde d'enfants possible chez Patricia. Langue parlée : anglais.

Prix : 1 pers. **130 F** 2 pers. **230 F** 3 pers. **300 F** pers. sup. **100 F** repas **80 F** 1/2 pens. **190 F** pens. **250 F**

Ouvert : toute l'année.

13	9	10	18	3	2	8	40	10	10	18	2,5

LEBHAR Patricia et Bernard - Route de la Vagère - 74210 CONS-SAINTE-COLOMBE - Tél : 04 50 32 50 85 - Fax : 04 50 32 50 85 - E-mail : BLEBHAR@aol.com

COPPONEX Chatillon

Alt. : 500 m (TH) *C.M. 89 Pli 13*

2 ch. **Genève 25 km. Annecy et son lac 20 km.** Dans une ancienne ferme de hameau, Andrée vous reçoit et vous propose 2 chambres d'hôtes « jumelles » communicantes (pour une même famille) avec sanitaires privés. 2 ch. avec 1 lit 1 pers. et 1 lit 2 pers. Ch. central. Terrain et cour. Restaurant à 2 Km.

Prix : 1 pers. **145 F** 2 pers. **200 F** 3 pers. **210 F** 1/2 pens. **165 F** pens. **185 F**

Ouvert : toute l'année.

35	35	25	8	8	1	1,5	50	15	10	25	7

BOUVIER Andrée - Chatillon - 74350 COPPONEX - Tél : 04 50 44 11 86

COPPONEX Chatillon

Alt. : 500 m *C.M. 89 Pli 13*

2 ch. **Genève 18 km. Annecy et son lac 20 km.** Au cœur de l'Avant-Pays, entre Genève et Annecy, Maryse et Aimé vous accueillent dans 2 chambres d'hôtes confortables. 1 ch. à l'étage (2 lits 1 pers.) ; salle de bains, wc. 1 Ch. au rez de chaussée (1 lit 2 pers.), salle d'eau et wc. Ch. central, balcon/terrasse, terrain, grand séjour. Lit bébé, coin pique-nique. Réduction enfants -8 ans : -30%. Restaurant à 2 Km.

Prix : 2 pers. **220 F**

Ouvert : du 16 février au 14 novembre.

35	15	8	8	8	8	2	50	15	10	15	8

GAL Maryse et Aimé - Chatillon - 74350 COPPONEX - Tél : 04 50 44 22 70

COPPONEX Chatillon

Alt. : 500 m *C.M. 89 Pli 13*

3 ch. **Genève 18 km. Annecy et son lac 20 km.** Au cœur de l'Avant-Pays, entre Genève et Annecy, Suzanne et André vous reçoivent dans une très belle ferme rénovée, de caractère, et vous offrent 3 chambres d'hôtes de 2 pers ., 1 avec 1 lit 2 pers., 2 avec 2 lits 1 pers. Salles d'eau et wc particuliers. Grand confort. Ch. central, terrain, jardin. Salon particulier. Jeux d'enfants. Réduction enfants -8 ans. Possibilité de bons restaurants à proximité.

Prix : 1 pers. **240 F** 2 pers. **320 F**

Ouvert : du 6 février à mi-novembre.

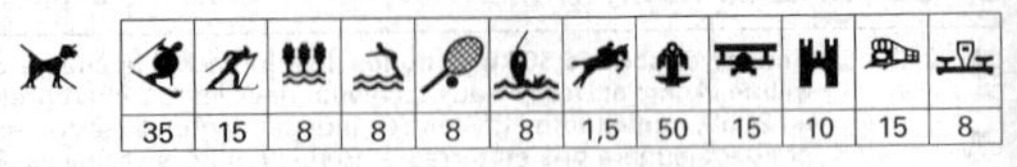

35	15	8	8	8	8	1,5	50	15	10	15	8

GAL André et Suzanne - La Bécassière - Chatillon - 74350 COPPONEX - Tél : 04 50 44 08 94 - Fax : 04 50 44 08 94

COPPONEX Chatillon

Alt. : 500 m (TH) *C.M. 89 Pli 13*

2 ch. **Genève 18 km. Annecy 20 km.** Au cœur de l'Avant-Pays, entre Genève et Annecy, Marie-Thérèse et J-Pierre vous accueillent dans 2 chambres d'hôtes qu'ils viennent d'aménager. Elles sont situées dans une partie indépendante de la maison. 1 ch (2 lits 1 pers.), 1 ch (1 lit 2 pers.). Salles d'eau et wc privés. Chauf. central. Terrasse avec mobilier de jardin pour chaque chambre. Vue panoramique depuis votre chambre. Proximité des grandes villes d'Annecy et Genève, lieux touristiques et culturels, centres de foires et salons. Ville de Cruseilles et base de loisirs 5 km. Réductions enfants de moins de 8 ans.

Prix : 1 pers. **210 F** 2 pers. **270 F** 3 pers. **350 F** repas **70 F**

Ouvert : toute l'année.

35	15	8	8	8	8	1,5	50	15	8	15	8

BOUVIER M-Thérèse & J-Pierre - Chatillon - 74350 COPPONEX - Tél : 04 50 44 15 80 - Fax : 04 50 44 15 80

CORDON Les Miaz

Alt. : 900 m *C.M. 89 Pli 4*

1 ch. **Megève 10 km. Sallanches 6 km.** Dans un site remarquable, face à la chaîne du Mont-Blanc et sur les hauteurs de Cordon, Ida vous accueille dans une ancienne ferme traditionnelle et vous offre 1 ch. d'hôtes avec 1 lit 2 pers. et 1 lit 1 pers. salle d'eau dans la chambre, wc dans le couloir. Ch. central, terrasse avec mobilier, terrain. Restaurant à 100 m. Pistes de ski à 2 km.

Prix : 1 pers. **135 F** 2 pers. **210 F** 3 pers. **285 F**

Ouvert : toute l'année.

2	2	6	6	2	0,5	3	10	4	1	5	1

BLONDET Ida - Les Miaz - 74700 CORDON - Tél : 04 50 58 46 71

CORDON Les Darbaillets

Alt. : 871 m *C.M. 89 Pli 4*

2 ch. **Megève 10 km. Sallanches 6 km.** Dans une grande ferme, à proximité du cœur du village de Cordon, Germaine vous accueille dans sa grande ferme traditionnelle et vous propose 2 chambres d'hôtes comptant chacune 1 lit 1 pers. et 1 lit 2 pers. Lavabo, salle d'eau commune, Wc commun. Ch. central , terrain. Bibliothèque. Téléphone a cartes au camping. Réduction enfants -8 ans et hors vacances. Restaurant à 0.2 Km

Prix : 1 pers. **120 F** 2 pers. **190 F** 3 pers. **240 F**

Ouvert : toute l'année.

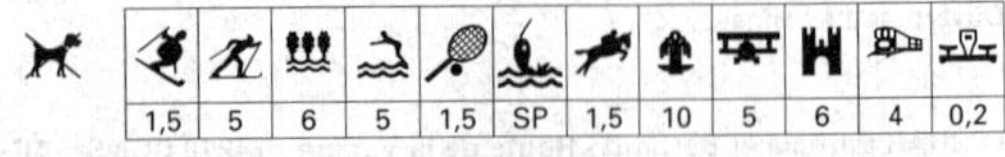

1,5	5	6	5	1,5	SP	1,5	10	5	6	4	0,2

PUGNAT Germaine - Lou Terriolets - Les Parchets - 74700 CORDON - Tél : 04 50 58 07 35 ou 04 50 58 16 96 - Fax : 04 50 91 36 58

LA COTE-D'ARBROZ Les Domengets

Alt. : 1000 m (TH) *C.M. 89 Pli 3*

1 ch. **Morzine 2,5 km. Les Gets 8 km.** A proximité de Morzine et du domaine skiable du Mont-Chéry Nord relié aux GETS, dans un hameau, Odile et Marc-Jean vous accueillent dans leur grand chalet et vous proposent 1 ch. d'hôtes avec 1 lit 2 pers., salon , salle de bains et wc privés. Balcon-terrasse. Chauffage central. Réduction enfants -8 ans pour la 1/2 pension. Restaurant à 1 Km. Terrain, séjour. Au col de l'Encrenaz, nombreuses randonnées.

Prix : 1 pers. **133 F** 2 pers. **266 F** 1/2 pens. **185 F**

Ouvert : toute l'année.

3	3	9	3	3	1	3	30	3	4	27	3

MUFFAT Odile - Les Domengets - 74110 COTE-D'ARBROZ - Tél : 04 50 75 70 47

DEMI-QUARTIER

Alt. : 1100 m *C.M. 89 Pli 4*

1 ch. **Megève 1,5 km. St-Gervais les Bains 10 km.** En lisière de forêt, entre Megève et Combloux, Gisèle, Guy et leurs 3 enfants vont vous faire partager l'ambiance familiale de leur chalet traditionnel. Au rez de jardin, 1 chambre (2 lits 1 pers.), sanitaires privatifs, terrasse et jardin (portique). Grand séjour avec poêle à bois. A proximité des Pistes de la Princesse. L-linge à dispo. Garage Motos. Nombreuses animations et activités. Taxe de séjour comprise.

Prix : 1 pers. **150 F** 2 pers. **210 F**

Ouvert : toute l'année.

0,8	2	10	2	2	0,2	1	10	2	2	10	0,5

MAILLET-CONTOZ Guy et Gisèle - 684 route du Petit Bois - Le Petit Bois - 74120 DEMI-QUARTIER - Tél : 04 50 21 48 28

DOMANCY

Alt. : 750 m *C.M. 89 Pli 4*

1 ch. **Chamonix 20 km. St-Gervais les Bains 5 km.** Face à la chaîne des Fiz et à la chaîne du Mont-Blanc, Alphonsine et Raymond vous accueillent dans leur grand chalet fleuri, qui compte également 2 gîtes. Ils mettent à votre disposition 1 ch. (2 lits 2 pers.) avec sanitaires particuliers. Chauffage central, terrasse, terrain . TV. Réduction enfants -8 ans. A proximité des pistes de ski de Saint Gervais les Bains. Ville thermale. Très belle vue panoramique.

Prix : 1 pers. **160 F** 2 pers. **230 F** 3 pers. **290 F**

Ouvert : toute l'année.

2,5	9	4,5	4	4	4	8	5	4	4	4	2,5

PELLOUX Raymond & Alphonsine - 1487 rte de Lardin - La Vorgeon - 74700 DOMANCY - Tél : 04 50 78 13 90 ou SR : 04 50 10 10 10

DOMANCY

Alt. : 500 m (TH) *C.M. 89 Pli 4*

3 ch. **Chamonix 20 km. St-Gervais les Bains 5 km.** Face au Mont-Blanc, entourés de la chaîne des Aravis et des Fiz, entre Sallanches et le Fayet, Solange et Régis vous accueillent dans 3 ch. d'accès indép. 1 ch (1 lit 2 pers. 2 lits superposés), 1 ch (1 lit 2 pers.), Bains et wc communs : 1 épi), 1 ch (1 lit 2 pers.), sd'eau et wc privés, 2 épis). Grand séjour panoramique, salon, terrasse, jardin. Réfrigérateur à disposition. Lacs de Passy 1 km, pistes de ski de St Gervais 7 km, tous commerces 1 Km. Parc thermal du Fayet 3 Km. A proximité de la Vallée de Chamonix et des plus hauts sommets et téléphériques. Maison située en bordure de route.

Prix : 1 pers. **145/165 F** 2 pers. **220/250 F** 3 pers. **280/320 F** repas **80 F**

Ouvert : toute l'année.

7	7	1	3	3	3	0,5	3	20	3	3	1

DUCREY Solange - 40 impasse de l'Ile - 74700 DOMANCY - Tél : 04 50 58 14 16 - Fax : 04 50 91 37 61 ou SR : 04 50 10 10 10

DOUSSARD

(TH) *C.M. 89 Pli 15*

3 ch. **Lac d'Annecy 2 km. Faverges 5 km. Abbaye de Tamie 10 km.** A proximité des rives du Lac d'Annecy, dans une ancienne ferme rénovée de village avec jardin clos, Anna met à votre disposition 3 chambres d'hotes au 2 ème étage. (Gîte au même niveau). 2 ch. avec 1 lit 2 pers, 1 ch. avec 2 lits 1 pers. Salles d'eau privées, wc commun. Salon au rdc réservé à la détente, lecture, TV. Plages à 2 km. Aux portes du Parc Naturel Régional du Massif des Bauges. Les repas du dimanche soir ne pourront être assurés. Langues parlées : anglais, italien.

Prix : 1 pers. **145 F** 2 pers. **200 F** 3 pers. **250 F** repas **75 F**
1/2 pens. **170 F**

Ouvert : du 2 février au 14 novembre.

12	12	2	20	2	2	13	50	10	2	20	SP

COTTERLAZ-RENNAZ Anna et Pierre - 30 impasse des Hirondelles - Le Corti - 74210 DOUSSARD - Tél : 04 50 44 34 76

DROISY La Fruitière

Alt. : 650 m (TH) *C.M. 89 Pli 14*

2 ch. **Seyssel 7 km. Château de Clermont 5 km.** A la sortie du village, avec vue panoramique, Claudette vous accueille dans une ancienne fruitière rénovée et vous propose 2 chambres (1 ch. avec 1 lit 2 pers. et 2 lits 1 pers., 1 ch. avec 1 lit 2 pers. et 1 lit 1 pers.).Salle de bains ou douche et wc privés. Chauffage électrique, salon, salle à manger, cheminée. Terrain clos, terrasse. Réduction enfants -8 ans. Restaurant à 2 Km. 7 km de Seyssel. Tarifs selon la chambre.

Prix : 2 pers. **185/205 F** 3 pers. **285/295 F** repas **75 F**

Ouvert : toute l'année.

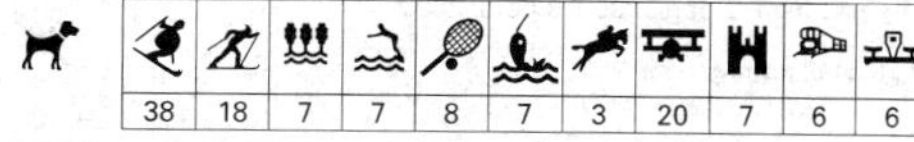

38	18	7	7	8	7	3	20	7	6	6

GUILLEN Claudette - La Fruitière - Chef-Lieu - 74270 DROISY - Tél : 04 50 69 40 41

ENTREVERNES

Alt. : 800 m — *C.M. 89 Pli 15*

3 ch. **Lac d'Annecy 5 km. Annecy 17 km. Entrée du Parc des Bauges.** Aux portes du Parc Naturel Régional du Massif des Bauges, au-dessus du lac d'Annecy, Francia vous accueille dans sa grande maison située au cœur du village et met à votre disposition 3 chambres d'hôtes avec chacune 1 lit 2 pers. Salle d'eau et wc. communs. Salon avec TV, chauffage central. Restaurant à 5 Km. Accès : pour arriver chez Francia, prendre la D 8.

CV

Prix : 1 pers. **140 F** 2 pers. **170 F** 3 pers. **220 F**

Ouvert : toute l'année.

30	30	5	17	8	5	8	50	2	5	17	7

MERMAZ Francia - Chef-Lieu - 74410 ENTREVERNES - Tél : 04 50 68 55 83

ESERY

Alt. : 610 m — TH — *C.M. 89 Pli 13*

4 ch. **Genève et lac Léman 10 km. La Roche-sur-Foron 12 km. Annemasse 6 km.** Dans une très belle villa , entre forêt et montagne, près de Genève, Monique et René vous offrent 4 ch. agréables avec salon réservé. 1 ch 3 épis pour 2 pers, sanitaires complets, 1 ch 2 épis pour 3 pers, sde privée, wc commun. 2 ch 1 épi pour 3 et 2 pers, sde et wc communs. Grand jardin clos, terrasse. Ch. central. Jeux enfants/boules. Golf à 800 m. Table d'hôte uniquement en juillet et aout. Restaurant à 500 m. Tarifs en fonction du classement.

CV

Prix : 1 pers. **160/180 F** 2 pers. **220/260 F** 3 pers. **280/300 F** repas **85 F**

20	20	10	6	5	1	12	50	10	10	6	3

MABBOUX René et Monique - 29 chemin de la Thébaide - Esery - 74930 REIGNIER - Tél : 04 50 36 57 32 ou SR : 04 50 10 10 10

EVIRES Chez Dupont

Alt. : 950 m — *C.M. 89 Pli 13*

1 ch. **Annecy 25 km. La Roche-sur-Foron 6 km.** Au cœur du massif des Bornes, dans une ancienne ferme restaurée, la famille d'Evelyne vous propose une chambre agréable (1 lit 2 pers.), située au 1er étage. Salle d'eau et wc privatifs attenants. Chauffage élec., terrasse avec salon de jardin, jardin. Salle à manger avec cheminée. Calme et confort. Restaurant à 2.5 km. A 30 km des stations des Aravis et du Plateau des Glières. Base de loisirs de Cruseilles à 10 km.

CV

Prix : 1 pers. **200 F** 2 pers. **240 F**

30	2	12	12	2	12	10	60	24	10	5	1

CARRIER Evelyne - Chez Dupont - 74570 EVIRES - Tél : 04 50 62 03 27

EVIRES

Alt. : 825 m — *C.M. 89 Pli 13*

2 ch. **Annecy 25 km. La Roche-sur-Foron 6 km.** Au cœur du Plateau des Bornes, non loin de la ville médiévale de la Roche/s/Foron, dans une grande maison avec terrain, Hélène vous accueille dans ses 2 chambres d' hôtes. (1 Ch. avec 1 lit 2 pers., 1 lit 1 pers. + balcon-terrasse ; 1 ch . avec 1 lit 2 pers.). Salle d'eau et wc communs. Chauffage central. Petit réfrigérateur et micro-ondes. Réduction pour enfant de - 8ans. Restaurant à 100 m.

CV

Prix : 1 pers. **130 F** 2 pers. **180 F** 3 pers. **270 F**

Ouvert : toute l'année.

30	22	25	13	13	4	4	60	30	8	10	6

DUPERTHUY Hélène - Chef-Lieu - 74570 EVIRES - Tél : 04 50 62 00 72

EVIRES Le Chaumet

Alt. : 900 m — *C.M. 89 Pli 13*

1 ch. **Annecy 25 km. La Roche-sur-Foron 6 km.** Dans une grande maison, sur le plateau des Bornes, Madeleine vous accueille chaleureusement et vous offre une chambre d'hôtes 1 lit 2 pers. 1 lit 1 pers.). Possibilité lit bébé. Balcon, chauffage central, Cour avec salon de jardin. Calme et confort. Salle d'eau et wc. privatifs. Possibilité lit bébé. Reduction enfants -8 ans. Restaurant à 2.5 km. Petit-déjeuner maison !

CV

Prix : 1 pers. **140 F** 2 pers. **220 F** 3 pers. **270 F**

Ouvert : toute l'année.

30	20	10	10	0,5	10	2	50	30	10	10	0,1

CADET Madeleine - Le Chaumet - 74570 EVIRES - Tél : 04 50 62 01 48

FAVERGES Vesonne

Alt. : 500 m — *C.M. 89 Pli 15*

4 ch. **Annecy et Albertville 22 km. Lac d'Annecy 4 km.** A proximité du lac d'Annecy, dans une grande maison en bordure de rivière, Monique et Joseph mettent à votre disposition 4 chambres agréables avec salle d'eau et wc particuliers. 2 ch. avec 1 lit 2 pers. ; 2 ch. avec 1 lit 1 pers. 1 lit 2 pers.. Balcons. Ch. central. Lave linge, TV et cuisine communs aux 4 chambres. Terrain. Restaurant à 3 km. Golf à 10 mn. Parapente et delta à 20 mn.

CV

Prix : 1 pers. **180 F** 2 pers. **230 F** 3 pers. **280 F**

Ouvert : toute l'année.

12	6	4	23	4	SP	4	40	8	4	25	2

PORRET Monique et Joseph - 83 chemin de la Forge - Vesonne - 74210 FAVERGES - Tél : 04 50 44 65 48

FERRIERES Les Burnets Ferrières — Alt. : 730 m — *C.M. 89 Pli 14*

6 ch. **Annecy et son lac 10 km. Pont de la Caille 15 km.** Sur les hauteurs d'Annecy, dans une grande ferme récente, Raymonde et Bernard vous offrent 6 chambres. 2 ch. 1 épi avec chacune 2 lits 1 pers. et 1 lit 1 pers. Wc et salle de bains communs. 4 ch. 2 épis au 2è étage : 2 ch. avec 1 lit 2 pers. ; 1 ch. avec 2 lits 1 pers. ; 1 ch. avec 3 lits 1 pers. Salles d'eau privées, wc commun. Ch. central, terrasse. Reduction enfants -8 ans. Repas possibles à l'auberge à côté. Terrain. Lit bébé. Tarifs en fonction du classement.

CV

Prix : 1 pers. **140/170 F** 2 pers. **160/190 F** 3 pers. **230/260 F**

Ouvert : toute l'année.

30	30	10	10	6	7	6	40	30	10	7	4

PARIS Bernard et Raymonde - Les Burnets - 74370 FERRIERES-PRINGY - Tél : 04 50 22 24 02 - Fax : 04 50 22 37 23

LES GETS La Massouderie — Alt. : 1250 m — TH — *C.M. 89 Pli 3*

3 ch. **Morzine 8 km. Samoëns 20 km. Station des Gets 2 km.** Se détendre au calme, vivre la montagne...Dans une ancienne ferme restaurée, Michel et Françoise vous attendent pour une halte montagnarde avec 3 chambres familiales « adultes-enfants ». 2 ch. avec 1 lit 2 pers. et 1 lit 1 pers., 1 ch. avec 1 lit 1 pers., 1 ch. avec 2 lits 1 pers., 1 ch. avec 1 lit 2 pers. 3 douches et 2 wc communs aux ch. Jeux d'enfants. Organisation de stages. Randonnées. Réduction pour les enfants : - de 10 ans, 20% ; - de 5 ans, 40%. Restaurant à 2 Km. Bébé Câlin. Langues parlées : anglais, espagnol.

CV

Prix : 2 pers. **240 F** 1/2 pens. **185 F**

Ouvert : toute l'année.

2,5	2,5	4	2,5	4	SP	2,5	30	2	3	24	2,5

CHAMBRE Michel et Françoise - La Massouderie - 74260 LES GETS - Tél : 04 50 79 73 63 - Fax : 04 50 79 73 63

LES GETS L'Envala — Alt. : 1300 m — TH — *C.M. 89 Pli 3*

4 ch. **Morzine 8 km. Samoëns 20 km.** Entre Léman et Mont-Blanc, Thérèse et Jean vous accueillent dans un chalet de charme tout en bois, sur le versant soleil au-dessus du village. Vous admirerez notre superbe panorama sur les alpages et les hauts sommets jusqu'en Suisse. L'hiver, nous nous rencontrerons autour d'un bon feu de cheminée et l'été sur la terrasse au milieu des fleurs. Autour de la table d'hôtes, vous dégusterez les nombreuses spécialités que Thérèse vous aura mijotées. Enfin, vous vous reposerez dans un décor chaleureux tout en bois. Plan d'eau au village. Toutes activités, Musée de la Musique Mécanique 1,5 km. Tarifs haute et basse saison. Langues parlées : anglais, allemand.

CV

Prix : 2 pers. **340/420 F** 3 pers. **510/630 F** 1/2 pens. **270/310 F**

Ouvert : toute l'année.

1,5	1,5	1,5	1,5	1,5	1,5	2	35	1,5	1,5	25	1,5

GOSSET Thérèse - L'Envala - Route des Platons - 74260 LES GETS - Tél : 04 50 75 89 15 - Fax : 04 50 75 89 15 -
E-mail : chalet.lenvala@libertysurf.fr - http://www.lesgets.com

HABERE-LULLIN Les Macherets — Alt. : 850 m — *C.M. 89 Pli 2*

1 ch. **Station de ski des Habères 2,5 km.** Dans un verger, face aux alpages et dans un cadre reposant, Marie-Françoise et Pierre vous reçoivent dans leur villa et vous proposent 1 chambre + mezzanine pour une famille. Salle d'eau et wc privés(1 lit 2 pers. 2 lits 1 pers.). Ch. central, bibliothèque, terrasse, terrain. Réduction pour séjours. Gratuité pour enfants de - 7 ans. Restaurants à 1 km.

CV

Prix : 1 pers. **220 F** 2 pers. **260 F**

Ouvert : toute l'année.

2,5	3	25	5	1	0,2	2,5	25	10	25	25	1,8

DESBIOLLES Pierre et Françoise - Les Macherets - 74420 HABERE-LULLIN - Tél : 04 50 39 52 21

HABERE-POCHE — Alt. : 1000 m — *C.M. 89 Pli 2*

5 ch. **Thonon-les-Bains 20 km. Genève 30 km. Habère-Poche/Hirmentaz 2 km.** Au cœur de la Vallée Verte, à 1.000 m d'alt., Marguerite met à votre disposition, dans un chalet indépendant situé près d'un torrent et à l'écart d'un petit village de montagne, 5 ch. de 2 à 5 pers. (mezzanines), chacune équipée de douche et lavabo (2 wc dont 1 privatif). Salle à manger avec cheminée, coin cuisine, terrasse, barbecue. Ping-pong, pétanque. Réductions pour enfants et séjours. Lit enfant à disposition. Restaurant 1,5 km. Tarif promotionnel : 1ère semaine de juillet et dernière semaine d'août : - 20 %.

CV

Prix : 1 pers. **160 F** 2 pers. **230 F** 3 pers. **290 F**

Ouvert : toute l'année.

2	1,5	20	10	2	0,1	2	20	2	20	23	2

SOUCHAUD-TAILLANDIER Marguerite - Chalet les Contamines - Le Vernay - 74420 HABERE-POCHE - Tél : 04 50 39 51 69 -
Fax : 04 50 39 51 69

LES HOUCHES Les Seyttes Taconnaz Alt. : 1000 m *C.M. 89 Pli 4*

4 ch. **Chamonix 5 km. Aiguille du Midi 5 km.** Vue magnifique sur les Aiguilles de Chamonix. Une ancienne ferme d'alpage de 1830. Sa restauration permet de vous tremper dans une ambiance chaleureuse de caractère. Au calme, dans un jardin d'agrément de 2500 m². 2 ch. au rez de jardin de 2 à 4 pers., dont 1 avec coin montagne. Sanitaires privatifs, entrée indép. 2 ch. à l'étage (plain pied) (d'1 lit 2 pers.). Meubles anciens. Salle d'eau ou de bains privative, wc commun. Petits-déjeuners soignés et variés, servis l'hiver dans le séjour au coin du feu, l'été sur la terrasse avec vue panoramique.

Prix : 1 pers. **200 F** 2 pers. **280 F** 3 pers. **360 F**

Ouvert : toute l'année.

3,5	0,8	15	6	3,5	0,2	2	12	6	5	0,5	0,8

DELSIRIE Catherine - 101 chemin Georgeanne - Chalet les Seyttes - Taconnaz - 74310 LES HOUCHES - Tél : 04 50 54 42 70 - Fax : 04 50 54 42 70 - E-mail : j-p.delsirie@wanadoo.fr

LES HOUCHES Alt. : 1055 m (TH) *C.M. 89 Pli 4*

4 ch. **Chamonix 6 km. Aiguille du Midi 5 km.** Pour un séjour, une halte sur le sentier du Mont-Blanc ou un havre de paix après une course d'alpinisme... Vous rêvez d'un chalet en bois chaleureux, d'un feu de cheminée, d'une chambre douillette, d'une terrasse ensoleillée, d'une table gourmande et convivale près du poêle qui ronronne, d'un accès direct aux pistes et sentiers de rando... Mijo vous accueille dans son chalet de charme (1830), sur les hauteurs du village. Au calme, en pleine nature mais proche des activités et à deux pas de Chamonix. 4 ch (2 à 4 pers.), sanitaires communicants ou attenants. Tarifs selon chambres. Langue parlée : anglais.

Prix : 2 pers. **300/320 F** 3 pers. **400/460 F** 1/2 pens. **250 F**

Ouvert : toute l'année.

0,1	1,5	18	6	1,5	1,5	15	6	6	3	2

TURC Marie-Joelle - 152 route des Aillouds - Le Cret - 74310 LES HOUCHES - Tél : 04 50 54 74 87 - Fax : 04 50 54 74 87

MANIGOD Proveyroz Alt. : 1000 m *C.M. 89 Pli 14*

3 ch. **Annecy et son lac 25 km. Thones 8 km. La Clusaz 12 km.** Face au massif de la Tournette, au cœur des Aravis, Josette a aménagé un spacieux chalet dans lequel 3 chambres de 2 ou 3 pers. vous attendent. 1 ch. avec salle d'eau privée et wc commun, 2 ch. pour une même famille avec salle de bains et wc. Grand séjour avec vue superbe, cheminée. Terrain et jardin fleuris. Le chalet domine la vallée de Manigod. Ski au col de la Croix Fry 7km. Liaison avec La Clusaz. Nombreuses randonnées et activités. Restaurant à 800 m.

Prix : 1 pers. **200 F** 2 pers. **240 F** 3 pers. **300 F**

Ouvert : toute l'année.

7	7	26	7	4	1	6	50	12	7	26	0,8

BARBAUD Josette - Proveyroz - 74230 MANIGOD - Tél : 04 50 44 95 25 - Fax : 04 50 44 95 25 ou SR : 04 50 10 10 10

MARCELLAZ-ALBANAIS Alt. : 600 m *C.M. 89 Pli 14*

3 ch. **Annecy et son lac 10 km. Aix-les-Bains et ses thermes 25 km.** Au cœur d'un grand jardin de 4 500 m2, dans chalet indépendant de la maison de Claudie et Jean-Louis, 2 chambres d'hôtes ont été aménagées. Chaque ch dispose d'1 lit 2 pers et lit d'appoint, s.d'eau et wc privés. 1 ch. d'hôtes d'accès indépendant dans la villa (1 lit 2 pers. s.d'eau et wc).C-cuisine-détente à disposition. Jeux d'enfants, ping-pong. Un grand jardin est mis à votre disposition. Restaurant à 8 Km. Bébé Câlin. Langue parlée : anglais.

Prix : 1 pers. **204 F** 2 pers. **264 F** 3 pers. **322 F**

Ouvert : toute l'année.

25	25	12	10	3	5	7	25	25	2	10	3

MARTIN Claudie & Jean-Louis - Chemin de Chaunu - 74150 MARCELLAZ-ALBANAIS - Tél : 04 50 69 73 04 - Fax : 04 50 69 73 04

MARCELLAZ-ALBANAIS Alt. : 550 m (TH) *C.M. 89 Pli 14*

4 ch. **Annecy et son lac 10 km. Aix-les-Bains et ses thermes 25 km.** au cœur de l'Albanais, dans une ancienne ferme restaurée, lieu paisible avec bois à proximité, Marie-Jo et Claude vous accueillent dans 4 chambres, 2 ch. 2 épis (1 avec 1 lit 2 pers, 1 avec mezzanine, 1 lit 2 pers et 2 lits 1 pers, douches privées. 2 ch. 1 épi (1 avec 1 lit 2 pers, 1 avec 3 lits 1 pers). 2 salles d'eau et 4 wc communs. Salle de détente, salle à manger. Terrain, jeux. Accueil de réunions, séminaires. Repas enfant jusqu'à 10 ans : 40 F. Langues parlées : italien, anglais.

Prix : 1 pers. **150 F** 2 pers. **225 F** 3 pers. **300 F** repas **70 F**

Ouvert : toute l'année.

25	25	12	6	4	6	8	30	25	8	6	6

MELIS Claude et Marie-Jo - La Charramelle - Le Faubourg - 74150 MARCELLAZ-ALBANAIS - Tél : 04 50 69 72 19

MEGEVE Les Granges Alt. : 1203 m (TH) *C.M. 89 Pli 4*

2 ch. **Massif du mont d'Arbois 5 km. St-Gervais les Bains 15 km.** A l'écart de la belle station de Megève, Bernadette vous reçoit dans sa ferme située sous Rochebrune et vous propose 2 chambres d'hôtes de bon confort et spacieuses, avec salle de bains et wc communs. 1 ch. avec 1 lit 2 pers. , 1 ch. avec 1 lit 2 pers. et 2 lits gigognes. Chauffage central. Terrain. Réduction enfants -8 ans. Restaurant à 2 Km.

Prix : 1 pers. **150 F** 2 pers. **250 F** 3 pers. **350 F** 1/2 pens. **200 F**

Ouvert : toute l'année.

1	3	12	3	3	3	3	10	1	3	12	3

PERINET MARQUET Bernadette et Jean - 1813 Les Granges - 74120 MEGEVE - Tél : 04 50 21 40 50

MEGEVE

Alt. : 1200 m *C.M. 89 Pli 4*

2 ch. **Massif du mont d'Arbois 5 km. St-Gervais les Bains 15 km.** Au pays du Mont-Blanc, à proximité de sites prestigieux, Claude-Marie et Jean-Claude ont aménagé 2 ch. dans leur chalet. Chacune comporte : 1 lit 2 pers., sanit. complets, kitchenette. Ch. central. A votre disposition, notre salon avec cheminée, bibliothèque, doc régionale, TV. A l'ext., terrasse sud, « coins détente » ombragés. Accès direct à ski. Nombreuses randonnées au départ du chalet, documentation sur les itinéraires. Parapente à proximité. Anes au pré derrière la maison à la belle saison.

Prix : 1 pers. **210 F** 2 pers. **260 F**

Ouvert : toute l'année.

SP	2	15	2	2	2	2	15	0,5	2	15	1,5

TISSOT Jean-Claude - 771 chemin de Lady - Chalet les Oyats - 74120 MEGEVE - Tél : 04 50 21 11 56 - Fax : 04 50 21 11 56 ou SR : 04 50 10 10 10 - E-mail : jean-claude.tissot@freesbee.fr

MINZIER Prévy

Alt. : 535 m *C.M. 89 Pli 14*

1 ch. **Frangy, village viticole 7 km. Genève et lac 20 km.** Dans une ancienne ferme restaurée, à mi-chemin entre Annecy et Genève, Marie-José et Thierry viennent d'aménager une chambre d'hôtes pour 3 pers. avec salon à disposition, dans une partie indépendante de leur maison. Sanitaires complets privatifs, 1 lit 1 pers. 1 lit 2 pers. Possibilité lit bébé. Terrasse, grand jardin. Site International d'Archamps 15 km. Château Renaissance de Clermont à découvrir, ruines du château de Chaumont, Annecy, ville d'Art et d'Histoire. A Frangy, village viticole, production de La Roussette.

Prix : 1 pers. **200 F** 2 pers. **260 F** 3 pers. **350 F**

Ouvert : toute l'année.

48	37	25	16	6	0,5	9	40	25	6	22	7

GIROD Thierry et M-José - Prévy - 74270 MINZIER - Tél : 04 50 60 42 25 - Fax : 04 50 60 42 25

MONTAGNY-LES-LANCHES

Alt. : 680 m *C.M. 89 Pli 14*

3 ch. **Annecy et son lac 9 km. Aix-les-Bains et ses thermes 25 km.** Au cœur de l'Albanais, dans une grande maison à l'écart du village, à proximité de la ferme, Hortense et Gaston vous accueillent chaleureusement et vous proposent 3 ch. agréables. 1 ch de 2 pers. 2 épis avec salle d'eau particulière. 2 ch. avec chacune 1 lit 2 pers., salle d'eau commune au rdc. Wc commun. Chauf. central. Terrain clos, terrasse aménagée. Restaurant à 4 Km. A proximité du Château de Montrottier et des Gorges du Fier.

Prix : 1 pers. **170 F** 2 pers. **220 F** 3 pers. **280 F**

Ouvert : toute l'année.

20	20	9	4	4	0,7	4	35	20	8	9	4

COSTER Gaston et Hortense - Route de Lettraz - 74600 MONTAGNY-LES-LANCHES - Tél : 04 50 46 71 25

NAVES-PARMELAN La Contamine

Alt. : 640 m *C.M. 89 Pli 14*

2 ch. **Annecy et son lac 8 km. Plateau des Glières 20 km.** Au pied du Parmelan, à 640 m d'alt., Nicole vous accueille dans son petit village situé à 10 km d'Annecy. Les 2 chambres sont équipées pour 2 à 3 pers. avec salle d'eau privée. Possibilité d'ajouter un couchage supplémentaire. Vous prendrez vos petits-déjeuners sur la terrasse en été ou près de la cheminée en hiver. Matériel bébé sur demande. Vous pourrez prendre vos repas dans les petits restaurants avoisinants (300 m et 2 km). Jeux d'enfants, jardin clos. Réduction enfants et séjours de plus de 10 jours. Poney-club 4 km. Randonnées pédestres sur place.

Prix : 1 pers. **180 F** 2 pers. **250 F** 3 pers. **300 F**

20	20	8	10	1,5	3	4	50	20	8	10	2,5

SIMON-NESSON Nicole - La Contamine - 279 route des Grosses Pierres - 74370 NAVES-PARMELAN - Tél : 04 50 60 61 16 - Fax : 04 50 60 61 16 ou SR : 04 50 10 10 10

LES OLLIERES

Alt. : 700 m *C.M. 89 Pli 14*

2 ch. **Annecy et son lac 10 km. Plateau des Glières 15 km.** Vue panoramique sur le Parmelan, dans une grande bâtisse d'époque napoléonnienne avec grand jardin et au calme, Martine et Daniel vous invitent dans leurs 2 ch. d'hôtes au 2ème étage, mansardées, agréables. 1 ch. avec 1 lit 2 pers. et 1 lit 1 pers., 1 ch. avec 3 lits 1 pers. Salles d'eau et wc privés. Salon réservé aux hôtes avec TV. Chauf. élec., jardin avec mobilier, grand terrain. Entrée indépendante. Restaurant à 3 km.

Prix : 1 pers. **160 F** 2 pers. **220 F** 3 pers. **270 F**

20	15	10	10	5	3	10	50	5	10	3	3

CURZILLAT Martine et Daniel - Chef-Lieu - 74370 LES OLLIERES - Tél : 04 50 60 33 59

ONNION Vers le Saix

Alt. : 900 m (TH) *C.M. 89 Pli 3*

1 ch. **Thonon et lac Léman 30 km. Domaine skiable des Brasses 5 km.** Dans un site champêtre, entouré par les montagnes du Faucigny, Sylvie et Stéphane viennent d'aménager, dans une ancienne ferme savoyarde fleurie, une chambre au décor romantique raffiné pour 2 pers. Lit d'appoint dans alcôve. Bains, wc privés. Vous apprécierez la simplicité d'un accueil familial et le cadre artistique de la demeure. Venez profiter de la cheminée dans le séjour, lieu propice à la détente. Le petit-déjeuner sera pris dans le jardin en été. Randonnées. Sommand/Praz de Lys 15 km. Ville de Genève 35 km, La Roche sur Foron 30 km. Langues parlées : anglais, espagnol.

Prix : 2 pers. **280 F** 3 pers. **400 F** pers. sup. **120 F** repas **90 F**

Ouvert : toute l'année.

5	5	30	4	2	1	10	30	15	5	18	4

DAUBENTON Stéphane et Sylvie - Vers le Saix - 74490 ONNION - Tél : 04 50 35 71 78 - Fax : 04 50 35 34 80 ou SR : 04 50 10 10 10 - E-mail : daubenton@liberty-surf.fr

PLATEAU-D'ASSY

Alt. : 1000 m *C.M. 89 Pli 4*

1 ch. **Chamonix 20 km. Thermes de St-Gervais les Bains 10 km.** Proximité du centre de la station climatique, vue panoramique sur le Mont Blanc, Karine et Vincent vous reçoivent dans leur chalet et ont aménagé 1 suite familiale : 1 ch. (2 lits 1 pers.), 2 petites pièces (salon) avec chacune 1 lit 1 pers. TV, magnétoscope. Salle d'eau et wc privés. Coin-détente autour du poêle à bois, bibliothèque. Entrée indép., terrasse, jardin. Coin-cuisine à disposition. Restaurant à 500 m. Vincent est guide de Haute-Montagne et moniteur de ski. Séjours à thèmes possibles.

CV

Prix : 1 pers. **180 F** 2 pers. **250 F** 3 pers. **350 F** pers. sup. **100 F**

Ouvert : toute l'année.

6	6	7	9	0,5	1	6	9	7	0,5	10	0,5

LEGERE Vincent et Karine - 220 rue d'Anterne - L'Aiguillette - 74480 PLATEAU-D'ASSY/PASSY - Tél : 04 50 93 80 72 - Fax : 04 50 93 80 72 - E-mail : v-legere@infonie.fr - http://perso.infonie.fr/v-legere

LA ROCHE-SUR-FORON Le Haut Broys

Alt. : 650 m *C.M. 89 Pli 3*

3 ch. **Genève 20 km. Annecy 30 km. Les Aravis 25 km. Station d'Orange 8 km.** Sylvia et sa famille ouvrent 3 chambres d'hôtes dans leur maison qu'ils viennent de transformer sur les hauteurs du Pays Rochois. La situation vous permet de rayonner dans tout le département. Ch. pour 2 ou 3 pers., sanitaires privés. Un coin cuisine est à votre disposition, séjour, salon, TV. Terrasse, barbecue, jardin. Jeux d'enfants, jeu de boules. Vue panoramique. Multiples activités sportives dans un rayon de 25 km. Centre de Foire et exposition à 4 km. Lave-linge et sèche-linge. Langue parlée : anglais.

CV

Prix : 1 pers. **200 F** 2 pers. **230 F** 3 pers. **300 F**

8	8	25	3	3	0,1	8	35	10	6	3,5	2,5

CHARMILLOT Sylvia - 180 rue des 4 Piquets - Le Haut Broys - 74800 LA ROCHE-SUR-FORON - Tél : 04 50 25 84 58 ou 06 83 57 97 33

LA ROCHE-SUR-FORON Orange

Alt. : 1100 m TH *C.M. 89 Pli 3*

2 ch. **Centre de foires la Roche/Foron 10 km. Genève 25 km.** Au pied des sommets de Sous-Dine et Cou, plateau des Bornes, Claudie et Dominique viennent d'aménager 2 ch ds anc. ferme de pays de plus de 4 siècles. 1 ch familiale avec mezz., cheminée (4 pers.), + ch complém. de 2, 1 ch familiale (2 pers.) + ch complém. de 2. Sanitaires privatifs (non attenants). Chacune avec accès indép. Grand séjour/salon, cheminée. Site calme ! Lit bébé. Dans le jardin, ancien four à pain qui pourra servir de base à la table d'hôtes (cuisine au feu de bois). Pour les amoureux de la pêche en montagne, petit étang à votre dispo. Foires et expositions 10 Km. Station de ski familiale d'Orange 1 km. 2 chevaux sur place.

CV

Prix : 1 pers. **160 F** 2 pers. **230 F** 3 pers. **300 F** repas **80 F**

Ouvert : toute l'année.

1	1	30	10	10	SP	10	40	1	10	10	10

BRESSOUD Claudie et Dominique - Ferme les Clarines - 180 chem. de l'Ecole d'Orange - 74800 LA ROCHE-SUR-FORON - Tél : 04 50 25 10 17 ou 06 83 36 45 08 - Fax : 04 50 25 10 17

SAINT-FELIX Mercy

TH *C.M. 89 Pli 15*

3 ch. **Annecy et son lac 23 km. Aix-les-Bains et ses thermes 20 km.** Au pied des Alpes, entre Annecy et Aix-Les Bains, Denyse et Bernard vous invitent avec grand plaisir à partager le charme et le calme d'une ancienne ferme savoyarde. Trois suites luxueuses de 2 personnes avec sanitaires privés. Jardin d'hiver, cheminée, TV câble dans chaque chambre. Parc paysager, terrain de tennis. Bébé Câlin. Lac du Bourget et thermes d'Aix-Les-Bains à 20 Km, Ville historique d'Annecy et Lac à 23 Km. Observation d'oiseaux à l'étang de Crosagny. Lit d'appoint pour pers. sup. Table d'hôtes sur réservation. Espace chambres non fumeur. No smoking in the bedrooms. Langues parlées : anglais, japonais.

CV

Prix : 2 pers. **700 F** 3 pers. **800 F** repas **225 F**

Ouvert : toute l'année.

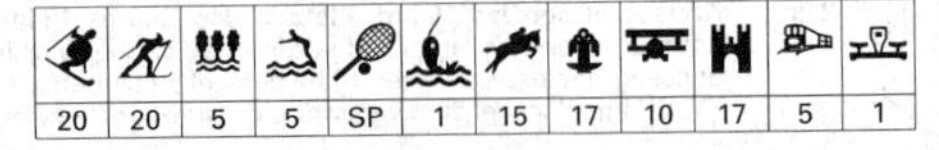

20	20	5	5	SP	1	15	17	10	17	5	1

BETTS Bernard et Denyse - Les Bruyères - Mercy - 74540 SAINT-FELIX - Tél : 04 50 60 96 53 - Fax : 04 50 60 94 65

SAINT-JEAN-DE-SIXT

Alt. : 960 m *C.M. 89 Pli 14*

4 ch. **Annecy et son lac 30 km. La Clusaz et le Grand Bornand 5 km.** A côté de l'anc. ferme de Marie-Claude et Arthur, 4 ch. douillettes vous attendent, aménagées dans un beau chalet des Aravis. Ch. de 2 à 3 pers. avec chacune sanitaires privés, TV, terrasse. A l'étage : grand séjour. En été, vous pourrez prendre votre petit-déjeuner sur la grande terrasse et profiter du calme et de la vue sur le massif des Aravis. Grand pré devant la maison. Centre du village situé entre La CLusaz et Grand-Bornand 1,5 km (ski-bus sur place), gare routière. Lit et chaise bébé à disposition. Restauration à 20 m. Maison du Patrimoine, Musée du Pays de Thônes, Via ferrata.

CV

Prix : 1 pers. **220 F** 2 pers. **280 F** 3 pers. **380 F**

Ouvert : toute l'année.

1,5	1,5	30	1,5	SP	SP	3	50	3	15	30	SP

MISSILLIER M-Claude et Arthur - La Passerelle - Chef-Lieu - 74450 SAINT-JEAN-DE-SIXT - Tél : 04 50 02 24 33 - Fax : 04 50 63 21 36 ou SR : 04 50 10 10 10

SAINT-JORIOZ

C.M. 89 Pli 14

1 ch. **Annecy 10 km. Lac d'Annecy 1,8 km.** Dans une belle maison de caractère, avec piscine et jardin paysager de 4 500 m², au calme, près du lac d'Annecy, face à la Tournette et aux Dents de Lanfon, Mady et Jean vous recevront dans une ch. d'hôtes unique, indépendante (1 lit 2 pers.), bains et wc privés, bureau-salon confortable, agréablement décoré avec TV. Terrasse privée, salon de jardin. Restaurant à 600 m.

Prix : 1 pers. **290 F** 2 pers. **350 F**

Ouvert : du 1er mai au 30 septembre.

1,8	SP	0,2	1,8	3	40	10	1,8	10	0,6

DE LA CHAPELLE Jean - Impasse des Pommiers - Route de Charafine - 74410 SAINT-JORIOZ - Tél : 04 50 68 51 42

SAINT-PAUL-EN-CHABLAIS Les Ingels

Alt. : 880 m (TH) *C.M. 89 Pli 2*

1 ch. **Thonon-les-Bains et Evian 8 km.** Dans un hameau du Pays Gavot, entre lac Léman et montagne, Jeanne vous reçoit dans sa grande ferme et vous propose une chambre d'hôtes indép., avec salon et coin cuisine, TV. Terrain, terrasse, pelouse, barbecue à disposition. 1 lit 2 pers. Salle d'eau et wc. Chauffage électrique. Bébé Câlin. Restaurant à 1,5 km.

Prix : 1 pers. **140 F** 2 pers. **280 F** 3 pers. **360 F** repas **80 F**

Ouvert : toute l'année.

3,5	3,5	2	8	1,3	2	3,5	8	3,5	8	8	1,3

MICHOUD Jeanne - Les Ingels - 74500 SAINT-PAUL-EN-CHABLAIS - Tél : 04 50 75 36 75

SAINT-PAUL-EN-CHABLAIS Le Frenay

Alt. : 965 m (TH) *C.M. 89 Pli 2*

6 ch. **Thonon-les-Bains et Evian 8 km. Lac de Benaz 800 m. Bernex 2 km.** Germaine vous accueille dans sa maison située dans un hameau, au cœur du Pays de Gavot, entre Léman et montagne. Elle vous propose 6 chambres avec salles d'eau et wc particuliers. 5 ch. (1 lit 2 pers.), 1 ch.(1 lit 1 pers.). Chauffage électrique, Salon, salle à manger communs, terrasse aménagée. Equitation.

Prix : 1 pers. **170 F** 2 pers. **200 F** 3 pers. **230 F** repas **90 F**
1/2 pens. **200 F**

2	0,1	0,8	10	0,1	0,8	SP	10	2	10	10	2

CHEVALLAY Germaine - Le Frenay - 74500 SAINT-PAUL-EN-CHABLAIS - Tél : 04 50 73 68 32

SALES

C.M. 89 Pli 14

3 ch. **Rumilly 1,5 km. Lacs d'Annecy 15 km et du Bourget 20 km.** »C'est la lune !... » Dans une ancienne ferme restaurée, à la campagne, dans un cadre verdoyant et vallonné, au cœur de l'Albanais entre Annecy et Aix-les-Bains, Elisabeth et Christophe vous proposent 3 chambres d'hôtes confortables. 2 ch de 2 pers, 1 ch familiale de 4 pers. Lit bébé à disposition. Toutes avec sanitaires privés. Salle commune avec coin-cuisine. Salon. Jardin. Centre équestre à proximité. Pêche (Christophe est passionné de pêche à la mouche), VTT, balades. Restaurants à Rumilly 1,5 km. Base de loisirs 2 km. Aix-les-Bains 20 km. Ski au Semnoz 20 km. Langue parlée : anglais.

Prix : 1 pers. **230 F** 2 pers. **280 F** 3 pers. **360 F** pers. sup. **80 F**

Ouvert : toute l'année.

25	25	2	1,5	2	0,5	0,3	20	20	3	1,5	1

BASSO-BONDINI-RAMOS Elisabeth et Christophe - Chef-Lieu - 74150 SALES - Tél : 04 50 01 47 31 - Fax : 04 50 01 47 31 ou SR : 04 50 10 10 10 - E-mail : selalune@yahoo.fr

SAMOENS Les Moulins

Alt. : 720 m *C.M. 89 Pli 3*

4 ch. **Sixt-Fer-à-Cheval 10 km. Morzine 20 km.** Au pied du Criou, dans anc. bâtisse traditionnelle de montagne, 4 ch. au caractère savoyard aménagées par Liliane. 2 ch de 3 avec mezzanine, 1 ch. double familiale de 4, 1 ch. de 2. Sanitaires privés. Un nouvel espace très convivial et savoyard avec c-cuisine et cheminée est mis à la dispo. de nos hôtes. TV. Sauna. Beau jardin clos. Ambiance chaleureuse de montagne. Réductions accordées selon saisons. A 400 m du centre de Samoëns, village d'Art et d'Histoire. Patrie des tailleurs de pierre. Restaurants 1 km. Base de loisirs. Stations du Grand Massif à 4 km. Consulter Liliane pour les animaux.

Prix : 1 pers. **290/320 F** 2 pers. **360/390 F**

Ouvert : toute l'année.

4	0,2	2	1	1,5	0,1	1	50	4	0,4	18	0,4

BELLENGER Liliane et Jean-Yves - Les Moulins - La Maison de Fifine - 74340 SAMOENS - Tél : 04 50 34 10 29 - Fax : 04 50 34 10 29

SAMOENS Les Sages

Alt. : 720 m (TH) *C.M. 89 Pli 3*

4 ch. **Sixt-Fer-à-Cheval 10 km. Morzine 20 km. Stations du Grand Massif 4 km.** A l'entrée du village historique de Samoëns, dans une ambiance familiale et équestre, Michèle et J.Marc proposent 4 ch. de 2 pers. aménagées dans l'ancienne grange de la ferme. 2 ch. 2 épis avec sanitaires privés et 2 ch. 1 épi avec sanitaires communs. Salle à manger et salle de détente. Terrasse, terrain, chevaux sur place, possibilités randonnées. Accueil de chevaux. Samoëns, village d'Art et d'Histoire. Tous commerces et activités à 1 km. Base de loisirs. Tarifs en fonction du classement. Langue parlée : anglais.

Prix : 2 pers. **260/280 F** repas **100 F**

Ouvert : toute l'année.

4	0,2	1	1	1	0,2	SP	50	4	1	18	0,1

DERUAZ Michèle SEGUIN Jean-Marc - Ferme Equestre des Sages - Les Sages - 74340 SAMOENS - Tél : 04 50 34 18 74

SCIEZ *C.M. 89 Pli 1*

2 ch. **Plage et port de Sciez 2 km. Yvoire et Thonon (thermes) 10 km.** Dans un cadre verdoyant et à proximité des rives du Lac Léma Anne-Marie et Roland mettent à votre disposition 2 ch. d'hôtes. 1 chambre (2 épis) (1 lit 2 pers.), balcon et sanitaires privés ; 1 c 3 épis (1 lit 2 pers), sanitaires privés, grand salon, balcon. Salle à manger, salon, TV, cheminée. Ch élec. Grand jardin. Evian e Genève à 20 km. Nombreux restaurants à 2 et 3 km. Tarifs en fonction du classement.

Prix : 1 pers. **200/250 F** 2 pers. **230/280 F**

Ouvert : d'avril à octobre.

3	10	1	0,3	3	10	30	3	10	1

CAMBON Roland et A-Marie - Route de Chavannex - 74140 SCIEZ - Tél : 04 50 72 65 75

SCIEZ (TH) *C.M. 89 Pli 1*

4 ch. Aux portes du domaine du Château de Coudrée, à proximité des rives du Lac Léman, Dominique vient d'aménager 4 chambres de 2 pers. au décor raffiné. Bains et wc privés. Elle nous ouvre les portes de sa maison et met à disposition une belle salle à manger salon, cheminée, bibliothèque et TV. Le petit-déjeuner sera apprécié dans le jardin paysager ensoleillé. Plage et port de Sciez 1 km Sur place : sentier pédestre, Parc Aventure, spectacle des Aigles du Léman. Ville thermale de Thonon-Les-Bains 10 km, village médiéval d'Yvoire 7 km, Evian et Genève à 20 km. Domaine skiable des Portes du Soleil 30 km. Table d'hôtes sur demande. Langues parlées : anglais, allemand.

Prix : 2 pers. **390 F** repas **110 F**

Ouvert : toute l'année.

30	30	1	10	1	1	3	10	25	1	10	1

FERRAGLIA-SEIZ Dominique - 2 avenue de Coudrée - La Cyprière - 74140 SCIEZ - Tél : 04 50 72 37 76 - E-mail : la.cypriere.ferraglia@wanadoo.fr

SERRAVAL Col du Marais Alt. : 843 m  *C.M. 89 Pli 15*

4 ch. **Lac d'Annecy 25 km. Thones 7 km.** Entre Val Sulens et Tournette, dans une grande bâtisse de hameau avec vue sur la montagne, Pascale et Rémi vous proposent : 4 ch. d'hôtes au rc avec salle d'eau privée et lit 2 pers. Grand Séjour/salon à votre disposition ainsi qu'une cuisine équipée, au rc. Jardin, jeux d'enfants, barbecue. Lave-linge. Lit d'appoint ou bébé à disposition. Réduction enfants -8 ans. Restaurant à 100 m et 3 km.

Prix : 1 pers. **150 F** 2 pers. **200 F**

Ouvert : toute l'année.

20	SP	20	7	3	SP	7	60	6	8	25	3,5

BALTAZARD Rémi et Pascale - Col du Marais - 74230 SERRAVAL - Tél : 04 50 27 50 42

SERVOZ Le Bouchet Alt. : 816 m *C.M. 89 Pli 4*

6 ch. Vous aimez la montagne, ses activités, son calme ? Josiane et Hervé sont heureux de vous accueillir dans une maison d'hôtes, face au Mt-Blanc. Au cœur du village, dans cadre respectueux de la tradition où les espaces sont conviviaux et le vieux bois chaleureux, 6 ch dont 2 familiales (2/5 pers.), sanit. priv. ou communs (3 épis et EC). Cuis. à disposition. Salons. Grand jardin. Hervé, moniteur de ski et guide de hte-montagne est là pour vous conseiller ou organiser vos activités. Gratuité pour les enfants de moins de 2 ans. Lave/sèche-linge sur demande. Réductions pour familles en séjour. Langue parlée : anglais.

Prix : 2 pers. **260/290 F** 3 pers. **360/420 F** pers. sup. **100/130 F**

Ouvert : toute l'année.

5	5	8	10	0,1	0,1	8	6	10	10	0,8	0,1

ANSELME Josiane et Hervé - Chemin du Rucher - 74310 SERVOZ - Tél : 04 50 47 22 66 - Fax : 04 50 91 40 66 ou SR : 04 50 10 10 10

SEVRIER Les Mongets *C.M. 89 Pli 14*

1 ch. **Lac d'Annecy sur place. Annecy 6 km. Ski au Semnoz 17 km.** Dans une villa « Les pieds dans l'eau », face à la Tournette, Dany a le plaisir de vous proposer sa chambre d'hôtes avec 1 lit 2 pers., salle d'eau et wc particuliers, TV. Vous pourrez prendre votre petit-déj. sur la terrasse au bord de l'eau. Parc clos, tennis privé. Possibilité ancrage bateau. Réductions hors saison. Restaurant à 800 m.

Prix : 2 pers. **400 F**

Ouvert : toute l'année.

17	17	SP	7	SP	SP	0,5	40	17	SP	10	0,6

PONTON Dany - 169 allée des Mongets - 74320 SEVRIER - Tél : 04 50 52 42 94 - Fax : 04 50 52 42 94

TANINGES Avonnex Alt. : 750 m *C.M. 89 Pli 3*

3 ch. **Les Gets 7 km. Praz de Lys/Sommand 7 km. Chartreuse de Melan 3 km.** Entre les domaines skiables du Grand Massif et les Portes du Soleil, dans une ancienne ferme située dans un hameau perché de montagne, face aux massifs des Aravis, Buet et Marcelly, vue panoramique, Nicole et Marie-Jeanne viennent d'aménager 3 ch. très spacieuses et douillettes sur 2 niveaux dans l'ancienne grange (2 à 4 pers.). Sanitaires privés. Terrasse et jardin à disposition. Le petit-déjeuner vous sera servi dans gde s. à manger. Station des Gets 10 km (musée musique mécanique). Morillon 10 km. A visiter : Chartreuse de Mélan (gothique), Samoëns (village d'Art et d'Histoire). Langue parlée : italien.

Prix : 1 pers. **250 F** 2 pers. **300 F** 3 pers. **400 F** pers. sup. **50 F**

Ouvert : toute l'année.

7	7	10	10	2	1,5	7	40	15	2	13	1,5

BASTARD Nicole et M-Jeanne - La Grange - Avonnex - 74440 TANINGES - Tél : 04 50 34 31 36

TANINGES

Alt. : 700 m (TH) *C.M. 89 Pli 3*

2 ch. Entre les domaines skiables du Grand Massif et les Portes du Soleil. Maison bourgeoise (XIXème s.) d'une ancienne chocolaterie située à quelques pas du centre, au pied du Marcelly, vue panoramique. Ardith et Alain viennent d'aménager 2 ch. dont une double (2 à 4 pers.), avec sanitaires privés. Séjour, salon, bibliothèque, TV. Terrasse et jardin à disposition. Le petit-déjeuner vous sera servi dans la gde s. à manger ou dans le jardin. Station des Gets 12 km (musée musique mécanique). Praz de Lys-Sommand 12 km, Morillon 10 km. A visiter : Chartreuse de Mélan (gothique), Samoëns (village d'Art et d'Histoire). Langue parlée : anglais.

Prix : 1 pers. **220 F** 2 pers. **280 F** 3 pers. **360 F** pers. sup. **80 F**
Repas 90 F

Ouvert : saison d'hiver.

11	11	9	10	1	1	8	40	15	2	12	0,5

DECROUX Ardith et Alain - Rue des Epinettes - Haute-Ville - 74440 TANINGES - Tél : 04 50 34 80 10 -
E-mail : decroux@sympatico.ca

THONES Pré Varens

Alt. : 650 m *C.M. 89 Pli 14*

5 ch. **Annecy et son lac 20 km. La Clusaz et le Grand Bornand 10 km.** Dans une maison indépendante avec terrasse et bordée d'une rivière, Gilbert et Bernadette vous accueillent dans 5 ch. dont 2 3 épis en rez de jardin (1 lit 2 pers, coin-cuis. canapé, sanit. complets., terrasse). 3 ch 2 épis au 2ème étage (2 ch avec 1 lit 2 pers et 1 avec 1 lit 2 pers et 2 lits 1 pers sup.), s.d'eau privées, wc commun. Salle commune/coin-cuis. TV, jardin aménagé, jeux d'enfants, barbecue, ping-pong. Réductions hors vacances scolaires pour séjours. Réduc. enfants - de 8 ans. Restaurant, gare routière et via ferrata 1,5 km. Espaces verts, cour. Tarifs en fonction du classement.

Prix : 1 pers. **150 F** 2 pers. **180/250 F** 3 pers. **250/320 F**

Ouvert : toute l'année.

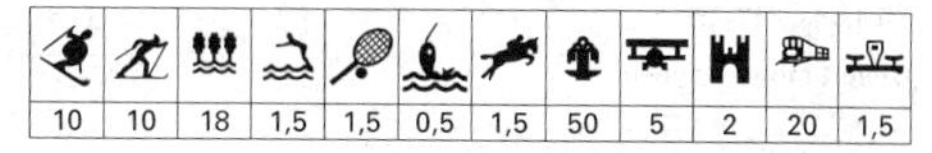

10	10	18	1,5	1,5	0,5	1,5	50	5	2	20	1,5

JOSSERAND Gilbert & Bernadette - Route de la Clusaz - Pré Varens - 74230 THONES - Tél : 04 50 02 12 22 - Fax : 04 50 02 12 22 ou SR : 04 50 10 10 10 - E-mail : gilbert.josserand@wanadoo.fr

THONES Glapigny

Alt. : 1200 m (TH) *C.M. 89 Pli 14*

3 ch. **Stations Grabd Bornand et la Clusaz 15 km. Lac d'Annecy 20 km.** Havre de paix aux portes des grandes stations de La Clusaz et du Grand Bornand, notre chalet est situé à 1.200 m d'alt. au cœur des alpages du Massif des Aravis, face à la Tournette. Retour aux traditions en goûtant au charme douillet des intérieurs montagnards : nous mettons à votre dispo. des ch. simples pour 2 ou ch. doubles pour 3/4 pers. Salles d'eau/wc privés. Autour de la grande table de ferme, nous vous ferons découvrir une cuisine traditionnelle, mais raffinée, composée de produits régionaux. En hiver : pour les amoureux des grands espaces , en été, découverte d'une montagne préservée ! Réductions enfants. Langue parlée : anglais.

Prix : 1 pers. **170 F** 2 pers. **250 F** 3 pers. **375 F** repas **80 F**

Ouvert : toute l'année.

15	15	20	15	5	5	45	15	5	30	5

TALEB Patricia et Rémi - Chalet les Lupins - Glapigny/La Closette - 74230 THONES - Tél : 04 50 63 19 96 - Fax : 04 50 63 19 19 ou SR : 04 50 10 10 10

THORENS-GLIERES Sales

Alt. : 700 m (TH) *C.M. 89 Pli 14*

2 ch. **Annecy 20 km. La Roche-sur-Foron 15 km. Plateau des Glières 8 km.** Site historique à 40 km de Genève, 60 km de Chamonix, randonnées, raquettes, ski nordique, VTT... Pascale, François et leurs enfants proposent 2 chambres à l'étage dans une maison traditionnelle savoyarde, chacune équipée d'un lit 2 pers. avec sanitaires privés. L'ambiance est familiale, jardin, piano. Table d'hôtes à la demande avec spécialités regionales. Possibilité couchage bébé et enfants avec réduction - 8 ans. Bébé Câlin. Langue parlée : anglais.

Prix : 1 pers. **210 F** 2 pers. **230 F** repas **90 F**

Ouvert : toute l'année.

8	8	20	15	1,5	1,5	20	50	8	8	9	1,5

LAVY Pascale et Francois - Hameau de Sales - 1011 route des Glières - 74570 THORENS-GLIERES - Tél : 04 50 22 46 03

THUSY Bornachon

Alt. : 670 m (TH) *C.M. 89 Pli 14*

3 ch. **Annecy 15 km. Gorges du Fier et château de Montrottier 15 km.** Au cœur d'un hameau agricole, Monique et Bernard vous accueillent dans leur ancienne ferme datant de la fin du XIXe et vous offrent 3 ch. spacieuses avec s. d'eau partic. et wc communs. 1 ch. avec 1 lit de 2 pers. et 1 lit 1 pers., 1 ch. avec 1 lit 2 pers, 1 avec 2 lits 1 pers. Ch. central, séjour avec jeux, livre , terrasse aménagée. Réduction enfants -8 ans. Restaurant à 1,5 Km. Château de Clermont (Renaissance) 10 km, 2 musées 10 km.

Prix : 1 pers. **140 F** 2 pers. **195 F** repas **75 F**

Ouvert : saison d'été.

25	25	15	15	6	2	3	10	25	15	15	6

TISSOT Bernard et Monique - Bornachon - D17 - 74150 THUSY - Tél : 04 50 69 64 06 ou SR : 04 50 10 10 10

USINENS

(TH) C.M. 89 Pli 1

5 ch. **Annecy 35 km. Seyssel 8 km. Château de Clermont 15 km.** Chez l'agriculteur, dans un cadre agréable et reposant, Monique e Bernard vous accueillent au sein de leur ferme restaurée et fleurie. 5 ch. d'hôtes : 1 ch. 2 épis avec salle d'eau et wc privés, 1 l 2 pers., 4 ch. 1 épi, salle de bains et wc communs, de 1 ou 2 pers. Ch. central, séjour, TV, terrain, jardin, ping-pong. Reductio enfants -8 ans. Restaurant à 3 Km. A découvrir : château Renaissance de Clermont, barrage de Génissiat sur le Rhône. Tarifs e fonction du classement.

Prix : 1 pers. **105/160 F** 2 pers. **160/190 F** repas **70 F**

Ouvert : toute l'année.

30	16	12	7	7	0,5	30	10	12	7

BORNENS Bernard et Monique - Chef-Lieu - 74910 USINENS - Tél : 04 50 77 90 08 - Fax : 04 50 77 90 08

USINENS Bovinens

Alt. : 500 m (TH) C.M. 89 Pli 14

6 ch. **Annecy 35 km. Seyssel 8 km. Château de Clermont 15 km.** A proximité du Plateau du Retord, dans un cadre tranquille et isolé, la Baraka vous propose 6 ch. de 2 ou 4 pers. Chacune est équipée de lavabo et douche, 2 ch avec wc privés. Au rc, 1 ch. est équipée pour recevoir 2 pers. en fauteuil. Salon, s.à manger, vaste bibliothèque, TV et vidéo. S. de détente pouvant accueillir des séminaires. Jardin, terrain, véranda. La cuisine de Michèle et A-Marie est savoureuse et variée avec spécialités savoyardes et étrangères. Réd. sur repas enfants. Base de Loisirs de Chêne en Semine 3 km, prox. du Rhône et Jura. Aix-les-Bains 35 km. Ski à Menthières, Corbonnot, Retord. Château de Clermont, Fort l'Ecluse. Bébé Câlin. Langue parlée : anglais.

Prix : 1 pers. **160/210 F** 2 pers. **240/280 F** 3 pers. **315/360 F** repas **80 F**
1/2 pens. **240/290 F**

Ouvert : toute l'année.

25	25	35	12	3	3	35	20	5	12	10

CAVILLON Michele et A-Marie - La Baraka - Bovinens - 74910 USINENS - Tél : 04 50 77 99 70 - Fax : 04 50 77 96 50 - E-mail : labaraka@wanadoo.fr

VACHERESSE Les Combes

Alt. : 800 m C.M. 89 Pli 2

3 ch. **Abbaye d'Abondance 7 km. Châtel 19 km. Lac Léman 20 km.** A l'entrée de la Vallée d'Abondance. Dans une grande maison rénovée, entre Léman et Châtel, Marguerite vous offre 3 chambres agréables avec lavabo, salles d'eau et wc communs. 2 ch avec 1 lit 1 pers. et 1 lit 2 pers., 1 ch. avec 1 lit 2 pers. Ch. central, terrain, terrasse. Réduction enfants -8 ans et hors vacances. Restaurant à 800 m. En bordure de route. Tarifs en fonction de la saison.

Prix : 1 pers. **130 F** 2 pers. **220/240 F**

Ouvert : toute l'année.

7	7	20	19	0,5	0,1	19	19	19	7	19	0,5

PETITJEAN Marguerite - Chambres d'Hôtes - Les Combes - 74360 VACHERESSE - Tél : 04 50 73 10 30

VAULX Biolley

Alt. : 540 m (TH) C.M. 89 Pli 14

4 ch. **Annecy 14 km. Les Jardins Secrets 3 km. Station du Semnoz 32 km.** Dans une authentique ferme savoyarde du XIXè s. isolée en campagne, M-Christine met à votre disposition 4 ch. douillettes et vous invite à sa table d'hôtes. 1er : sur mezzanine, 3 ch. de 2 à 3 pers. Sanitaires privatifs communicants ou attenants ; 1 ch. de 4 avec entrée indép. et sanitaires privés. Biblio. Terrain, terrasse. Poss. lit bébé. Accueil de chevaux en boxes et parcs. M.Christine vous propose des séjours de 1 à 3 jours « découverte de l'attelage » dans un environnement splendide. Restaurant à proximité. Langues parlées : anglais, italien.

Prix : 1 pers. **260 F** 2 pers. **300 F** 3 pers. **420 F** repas **100 F**

Ouvert : toute l'année.

32	32	14	14	3	5	2	40	32	3	14	3

SKINAZY Marie-Christine - La Ferme sur les Bois - Le Biolley - 74150 VAULX - Tél : 04 50 60 54 50 - E-mail : annecy.attelage@wanadoo.fr - http://www.annecy-attelage.fr

LA VERNAZ

Alt. : 800 m C.M. 89 Pli 2

2 ch. **Lac Léman et Thonon-les-Bains 18 km. Morzine 20 km.** Solange vous recevra dans sa maison aménagée au cœur d'un village situé sur les hauteurs du Chablais, entre lac Léman et Morzine. Elle vous propose 2 chambres, agréables et confortables. Les sanitaires sont communs. (Chambre du Printemps : 1 lit 2 pers. et 1 lit 1 pers. ; Chambre Bleue : 1 lit 2 pers .) Chauffage central, Salle à manger commune, TV, biblio. Cour avec mobilier de jardin. Réductions hors vacances. Restaurant à 3 km. Rafting et canoë 6 km. Ski à St Jean d'Aulps 12 km.

Prix : 1 pers. **140 F** 2 pers. **160 F** 3 pers. **220 F**

Ouvert : toute l'année.

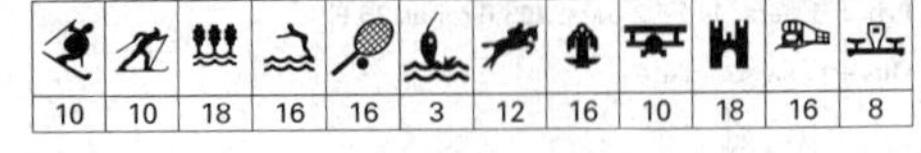

10	10	18	16	16	3	12	16	10	18	16	8

BRELAT Solange - Chef-Lieu - 74200 LA VERNAZ - Tél : 04 50 72 10 65

LA VERNAZ Alt. : 800 m *C.M. 89 Pli 2*

5 ch. **Lac Léman et Thonon-les-Bains 18 km. Morzine 20 km.** Janine et Paul vous reçoivent dans une ancienne maison rénovée, entre lac Léman et Morzine. Ils vous offrent 5 chambres de grand confort avec meubles de style. Bains et wc communs spacieux. 3 ch. avec 1 lit 2 pers., 2 ch. avec 1 lit 2 pers. et 1 lit 1 pers. Grand séjour et salon, cheminée. Cuisine indépendante, Bibliothèque, terrasse, terrain, balcon. Réduction enfants -8 ans et groupes. Garage motos.

Prix : 1 pers. **150 F** 2 pers. **200 F** 3 pers. **250 F**

Ouvert : du 01/02 au 01/03, du 01/07 au 15/09 et sur demande.

15	8	18	18	18	205	12	18	10	22,5	18	8

MORELLO Janine et Paul - Chemin de la Villaz - 74200 LA VERNAZ - Tél : 04 50 72 10 41

VILLARDS-SUR-THONES La Villaz Alt. : 800 m (TH) *C.M. 89 Pli 14*

3 ch. **Annecy 25 km. La Clusaz et le Grand Bornand 7 km.** Au cœur des Aravis, dans hameau, au calme, idéal pour le repos, Ginette et Yvon vous accueillent dans leur vieux chalet de caractère à côté de la ferme et vous offrent 2 chambres agréables avec balcon-terrasse, au 2 ème étage. Salles d'eau privatives et wc commun. (chacune 1 lit 2 pers. 1 lit 1 pers. Salle à manger et salons communs, cheminée. 1 ch avec entrée indép. au rdc (1lit 2 pers. 1 lit 1 pers.), sanitaires privatifs. cuisine commune à disposition, terrasse. Table d'hôtes en hiver, occasionnelle l'été. Réduction enfants -8 ans. Bébé Câlin. Restaurant à 1 Km.

Prix : 1 pers. **160 F** 2 pers. **230 F** 3 pers. **300 F** repas **80 F**

Ouvert : toute l'année.

7	7	20	6	6	0,2	6	60	7	7	25	1

AVRILLON Yvon et Ginette - La Villaz - 74230 VILLARDS-SUR-THONES - Tél : 04 50 02 04 30 - Fax : 04 50 02 04 30 ou SR : 04 50 10 10 10

ILE DE LA REUNION

Pour réserver, écrire ou téléphoner :

974 - REUNION
GITES DE FRANCE - Service Réservation
10, place Sarda Garriga
97400 SAINT-DENIS
Tél. : 00 262 90 78 90 - Fax : 00 262 41 84 29

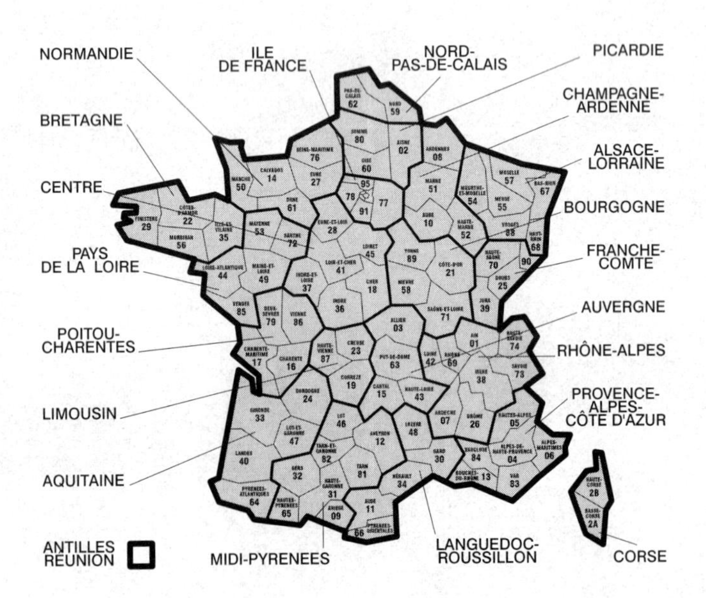

GITES DE FRANCE
Service Réservation
10, place Sarda Garriga
97400 SAINT-DENIS
Tél. 00 262 90 78 90 - Fax. 00 262 41 84 29

3615 Gîtes de France
1,28 F/min

LES AVIRONS Le Tevelave

Alt. : 900 m (TH)

3 ch. 3 chambres d'hôtes de 2 pers. dans la maison du propriétaire avec salle de bain privée, WC communs aux chambres, TV dans salle commune, chauffage, jardin, parking. Les Avirons à 9 km - forêts - nombreuses randonnées pédestres. Lit supplémentaire : 80 Frs. La chambre avec sanitaires complets est classé 2 épis et les 2 autres classé 1 épi.

Prix : 1 pers. **180 F** 2 pers. **180 F** pers. sup. **80 F** repas **100 F**

15	9

GITES DE FRANCE-SERVICE RESERVATION - 10 Place Sarda Garriga - 97400 SAINT-DENIS - Tél : 00 262 90 78 90 - Fax : 00 262 41 84 29

LES AVIRONS Le Tevelave

Alt. : 700 m (TH)

2 ch. 2 chambres de 2 à 3 personnes dont une accessible aux handicapés, situées dans le jardin du propriétaire, sanitaires privés, TV dans salle commune équipée de cheminée. Lit supplémentaire : 60 Frs., parking. Possibilité repas. Mer à 15 min. Table d'hôte Nationale : 100 Frs Forfait pour 1 semaine : 1490 Frs/2 personnes et forfait en demi-pens. : 400 F/2 pers. Internet : www.reunion-sud.com/chezmamie.html, www.runisland.com/chezmamie.html.

Prix : 1 pers. **220 F** 2 pers. **220 F** 3 pers. **280 F** repas **100 F**

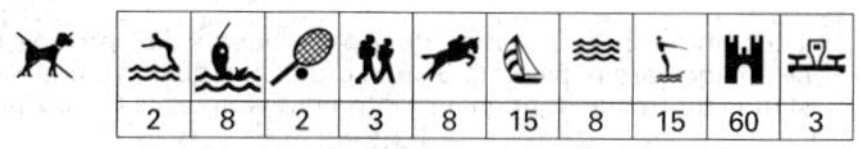

2	8	2	3	8	15	8	15	60	3

GITES DE FRANCE-SERVICE RESERVATION - 10 Place Sarda Garriga - 97400 SAINT-DENIS - Tél : 00 262 90 78 90 ou PROP : 00 262 38 00 39 - Fax : 00 262 41 84 29

LES AVIRONS Le Tevelave

Alt. : 650 m (TH)

4 ch. 3 chambres avec sanitaires privées (2 ch de 2 pers., 1 ch pour un couple et un enfant) annexées à la maison du propriétaire, 1 chambre pour 1 couple adaptée aux personnes handicapés, salon indépendant (télévision, jeux de société), commerces à 3 km.

Prix : 1 pers. **200 F** 2 pers. **220 F** 3 pers. **300 F** repas **100 F**

5	9	5	3	7	9	9	20	60	15	3

GITES DE FRANCE-SERVICE RESERVATION - 10 Place Sarda Garriga - 97400 SAINT-DENIS - Tél : 00 262 90 78 90 - Fax : 00 262 41 84 29

BOIS-DE-NEFLES-SAINT-PAUL

Alt. : 700 m 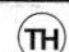

2 ch. 2 chambres de 2 personnes attenantes à la maison du propriétaire équipées de WC et salle d'eau, entrée indépendante, salle commune. S.P. : vente de légumes. Ville la plus proche : Saint Paul (20min.) - Saint Denis (1h00) Table d'hôte : 2 carrys : 100 Frs.

Prix : 1 pers. **130 F** 2 pers. **200 F**

12	20	20	20	12	12

LAURET JOSEPH-INEL - 50 Chemin des Barrières - 97411 BOIS-DE-NEFLES-SAINT-PAUL - Tél : 00 262 44 28 11

LA CHALOUPE

Alt. : 800 m 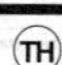

3 ch. 3 chambres d'hôtes de 2 pers. dans le prolongement de la maison du propriétaie, sanitaires privés, salle commune, jardin, parking. Saint Leu à 10 km - mer - randonnées : Piton Rouge, Piton Maïdo... - visites :Ferme Corail, jardin botanique, musée de la canne à sucre et du sucre de Stella Matutina... Table d'hôte 80 à 100 Frs - spécialités : cuisine créole au feu de bois.

Prix : 1 pers. **150 F** 2 pers. **150 F** pers. sup. **40 F** repas **100 F**

10	10	10	10	10

MAILLOT Julia - 4 Chemin des Hortensias - 97416 LA CHALOUPE - Tél : 00 262 54 82 92

LA CHALOUPE

Alt. : 950 m

2 ch. 2 chambres de 2 personnes dans la maison du propriétaire, s.d.b. et WC privés, parking. Visites : jardin botanique des Colimaçons, Musée de la canne et du sucre - randonnées pédestres - mer - accès au Maïdo 20 kl : 1 HOO. Table d'hôte : à partir de 80 Frs. - cuisine créole au feu de bois

Prix : 1 pers. **150 F** 2 pers. **150 F** 3 pers. **200 F**

10	10	10	10	1,5

CADET Jean-Ivrin - 20 Chemin Payet Emmanuel - 97416 LA CHALOUPE - Tél : 00 262 54 85 00

CILAOS
Alt. : 1200 m TH

3 ch. 3 chambres de 2 pers. dans la maison du propriétaire en r.d.c., salle de bain commune, WC, salle commune, jardin, parking. Sain Louis à 36 km (1H00). Piscine - tennis - artiasanat - forêt - randonnées : Roche Merveilleuse, Cascade du Bras Rouge... Table d'hôte 90 Frs - cuisine au feu de bois

Prix : 1 pers. **150 F** 2 pers. **200 F** 3 pers. **250 F** repas **90 F**

1	1	1

GARDEBIEN Leonard - 50 rue de Saint-Louis - 97413 CILAOS - Tél : 00 262 31 72 15

CILAOS
Alt. : 1200 m TH

5 ch. 5 chambres avec salles de bain et WC situées au dessus de la maison du propriétaire, TV, salle commune,terrasse. Saint Louis à 37 km (1H00). Piscine - tennis - artisanat - station thermale - VTT - pelote basque - randonnées : Piton des Neiges, la Roche Merveilleuse, Col du Taïbit... Table d'hôte :100 Frs - spécialité : gateau à la banane Accepte les chèques vacances, travellers chèques et carte bancaire

Prix : 1 pers. **225 F** 2 pers. **250 F** 3 pers. **360 F** repas **100 F**

37

PAYET Luc - 1 ruelle des Artisans - 97413 CILAOS - Tél : 00 262 31 77 79

CILAOS
Alt. : 1200 m TH

4 ch. 4 chambres indépensantes de 2 pers. avec s.d.b. privées siutées au-dessus de la maison du propriétaire, WC commun, TV, chauffage, jardin, parking. Salon , projection de film sur la Réunion. Saint Louis à 37 km (1 h). Rivière - piscine - tennis - artisanat - station thermale - randonées ; Piton des Neiges, le Col du Taïbit.. Accepte les chèques vacances. Table d'hôte : 100 Frs.

Prix : 1 pers. **220 F** 2 pers. **220 F** pers. sup. **80 F** repas **100 F**

37

IDMONT Carmen - 9 rue Sery Victorine - Les Cimes - 97413 CILAOS - Tél : 00 262 31 72 47

CILAOS
Alt. : 1160 m TH

3 ch. 2 chambres de 2 personnes dans la maison du propriétaire, douche dans chaque chambre, TV, salle commune, WC commun aux chambres - parking - Cilaos à 12 km (30mn). Randonnées : Piton des Neiges, Col du Taïbit, Sentier Bras Saint Paul, Reposoir la Chapelle. Table d'hôte : 100 Frs et enfant : 50 Frs

Prix : 1 pers. **200 F** 2 pers. **220 F** 3 pers. **300 F** repas **100 F**

49	12

PAYET Hélène - 13 Chemin Terre Fine - Ilet à Cordes - 97413 CILAOS - Tél : 00 262 35 18 13

CILAOS
Alt. : 1200 m TH

5 ch. 5 chambres de 2 personnes au dessus de la maison avec s.d.b. privée, WC, salle commune, cheminée, parking. Lit supplémentaire : 90 Frs. Cilaos (centre ville) à 6 km (15mn) - Saint Louis à 43 km (1h30) - Saint Denis à 200 km. VTT - pelote basque - station thermale - tennis - piscine - artisanat - randonnées : Piton des Neiges, la Roche Merveilleuse... Table d'hôte : 100 Frs - spécialités de Cilaos

Prix : 1 pers. **220 F** 2 pers. **220 F** pers. sup. **90 F** repas **100 F**

6	5	6

GITES DE FRANCE-SERVICE RESERVATION - 10 Place Sarda Garriga - 97400 SAINT-DENIS - Tél : 00 262 90 78 90 - Fax : 00 262 41 84 29

CILAOS
Alt. : 1200 m TH

2 ch. 2 chambres indépendantes dans le prolongement de la maison du propriétaire, salle d'eau dans chaque chambre, WC commun aux chambres, salle commune, TV, bibliothèque, cheminée. Ville la plus proche : Saint Louis à 37 km (1H). Rivière - piscine - tennis - forêts - artisanat - randonnées pédestres. S.P. : diaporama sur les ballades a faire à la Réunion. Possibilité de repas le soir uniquement : 90 Frs.

Prix : 1 pers. **120 F** 2 pers. **160 F** repas **90 F**

37

FLAVIE Doris - Matharum - 97413 CILAOS - Tél : 00 262 31 71 23

CILAOS Bras Sec
Alt. : 1200 m TH

2 ch. 2 chambres de 2 personnes, situées dans le prolongement de la maison du propriétaire, s.d.b. et WC privés. Commerces et services dans le village. Loisirs : Station thermale, tennis, artisanat - randonées pédestres : Piton des Neiges, Col du Taïbit, Cap Noir...

Prix : 1 pers. **150 F** 2 pers. **150 F** repas **75 F**

6

NASSIBOU Aurélien - Route de Bras Sec - 97413 CILAOS - Tél : 00 262 31 71 77

CILAOS

Alt. : 1200 m (TH)

2 ch. 2 chambres de 2 personnes dans la maison du propriétaire avec sanitaires privés, salle commune. Repas : 80 Frs.

Prix : 1 pers. **150 F** 2 pers. **200 F** repas **80 F**

MAILLOT Carole - Ilet à Cordes - 97413 CILAOS - Tél : 00 262 25 74 57

CILAOS

1 ch. 1 chambre de 2 personnes aménagé dans une structure comprenant également un gîte d'étape.

Prix : 1 pers. **220 F** 2 pers. **220 F**

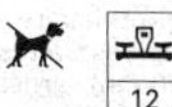

GRONDIN Jean-Marie - 27 Chemin Terre Fine - Ilet à Cordes - 97413 CILAOS - Tél : 00 262 25 38 57

CILAOS

(TH)

3 ch. 3 Chambres situées dans le prolongement de la maison du propriétaire, sanitaires privés, jardin clos. Ouvert toute l'année.

Prix : 1 pers. **180 F** 2 pers. **250 F** 3 pers. **350 F** repas **90 F**

Ouvert : toute l'année.

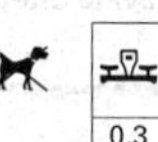

HOARAU Marie-Joelle - 11 bis Rue des Platanes - « Le Galabert Jaune » - 97413 CILAOS - Tél : 00 262 31 88 60 ou SR : 00 262 90 78 90

LES COLIMACONS

Alt. : 600 m 

3 ch. 3 chambres de 2 personnes avec WC et salle d'eau en dessous de la maison du proriétaire, TV dans salle commune. Saint Leu à 10 km (15min.). Mer, pêche à 10 km - visites : musée de la canne et du sucre, Jardin botanique des Mascarins... Possibilité repas

Prix : 1 pers. **200 F** 2 pers. **200 F** repas **100 F**

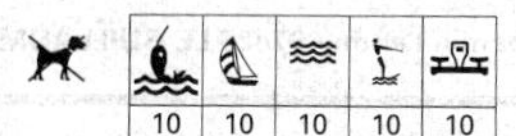

GITES DE FRANCE-SERVICE RESERVATION - 10 Place Sarda Garriga - 97400 SAINT-DENIS - Tél : 00 262 90 78 90 - Fax : 00 262 41 84 29

ENTRE-DEUX Le Dimitile

2 ch. 2 chambres de 2 personnes au r.d.c. avec salle de bain et WC privés. Possibilité de faire du cheval : - Tour de manège : 20 Frs, - Mise en selle : 85 Frs/heure, 2 H00 Bras Long : 170 Frs. Possibilité de repas à 90 Frs.

Prix : 1 pers. **200 F** 2 pers. **220 F** repas **100 F**

LAVOCAT Patrice - 20 rue Cinaire - BP 19 - Ranch Kikouyou - 97414 ENTRE-DEUX - Tél : 00 262 39 60 62

ENTRE-DEUX

3 ch. 3 chambres de 2 personnes à l'étage de la maison du propriétaire, s.d.b. et WC privés, Commerces à 2 km, gare routière à 2km.

Prix : 1 pers. **250 F** 2 pers. **250 F**

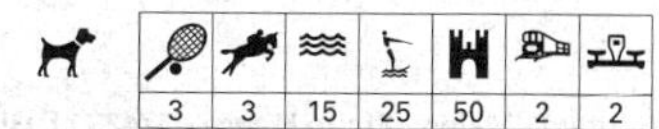

GITES DE FRANCE-SERVICE RESERVATION - 10 Place Sarda Garriga - 97400 SAINT-DENIS - Tél : 00 262 90 78 90 - Fax : 00 262 41 84 29

ENTRE-DEUX

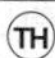

3 ch. 3 chambres d'hôtes aménagées autour de jardin et d'espaces privatifs, les chambres au nombre de 3 sont indépendantes, reliees entre elles par des coursives ouvertes, TV couleur dans chaque chambre, télévision à disposition des clients, sanitaires communs aux chambres.

Prix : 1 pers. **250 F** 2 pers. **350 F** pers. sup. **100 F** repas **100 F**

GITES DE FRANCE-SERVICE RESERVATION - 10 Place Sarda Garriga - 97400 SAINT-DENIS - Tél : 00 262 90 78 90 - Fax : 00 262 41 84 29

ENTRE-DEUX Ravine des Citrons Alt. : 500 m

2 ch. 2 Chambres de 2 personnes avec sanitaires privés, situées à proximité de la maison du propriétaire, jardin clos.

Prix : 1 pers. **175 F** 2 pers. **250 F**

Ouvert : toute l'année.

VIENNE Nicole « Les Durentas » - 35 bis, Rue Defaud - Ravine des Citrons - 97414 ENTRE-DEUX - Tél : 00 262 39 64 03 ou SR : 00 262 90 78 90 - E-mail : les-durentas@wanadoo.fr

ETANG-SALE

2 ch. 2 chambres de 2 personnes dans la maison du propriétaire, en r.d.c., équipées de lavabo, sdb commune, TV, salle commune, jardin et parking, magnifique point de vue sur la Plaine des Cafres jusqu'à Etang Salé les Bains, également sur toute la côte de St Pierre à Etang Salé les Bains. Saint Louis à 5 km (10 mn), artisanat, tir aux pigeons, golf, ferme crocodile. Randonnées pédestres, parcours de santé. Possibilité repas. - spécialités : fruits tropicaux confits, gratin et beignets de légumes. Point de vue sur la Plaine des Cafres et sur la côte. Si location d'une semaine :machine à laver gratuit. Frigidaire à disposition.

Prix : 1 pers. **150 F** 2 pers. **150 F**

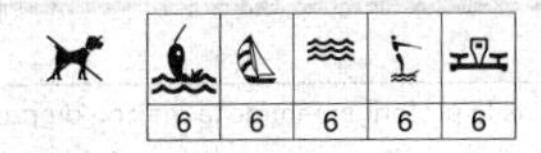

SAVIGNY Eugène-Richemond - 3 Sentier des Prunes - Ravine Sheunon - 97427 ETANG-SALE - Tél : 00 262 26 31 09 - Fax : 02 62 26 31 09

LE GUILLAUME

2 ch. 2 chambres indépendantes de 2 pers. en dessous de la maison du propriétaire, salle de bains et WC dans chaque chambre, salle commune, jardin, parking. Saint Paul et Saint Gilles les Bains à 15 km (15min.).

Prix : 1 pers. **150 F** 2 pers. **180 F**

MAGDELEINE Dominique - 119 Chemin Lebon - 97423 LE GUILLAUME-SAINT-PAUL - Tél : 00 262 32 40 34 ou 00 262 32 53 50

LE GUILLAUME Alt. : 1200 m (TH)

2 ch. 2 chambres de 2 personnes dans la maison du propriétaire, salle d'eau et WC communs, TV, salle commune, cheminée, jardin, parking, Saint Paul à 15 km. Forêts, randonnées pédestres : Grand Bénard, Cirque de Mafate... - artisanat. Table d'hôte : 75 Frs - spécialité : coq massalé

Prix : 1 pers. **150 F** 2 pers. **200 F** repas **80 F**

ROSE Magdeleine - Le Guillaume - Petite France - 97423 SAINT-PAUL - Tél : 00 262 32 53 50

LE GUILLAUME Alt. : 950 m

3 ch. 3 chambres indépendantes de 2 personnes au-dessus de la maison du propriétaire, dans cadre verdoyant et tranquille, s.d.b. et WC dans la chambre, parking. Saint Paul à 20 km (30min.) - près parc de loisirs. S.P. : aire de jeux, ping pong et pétanque - dans région : randonnées pédestres - super luge à 4 km.

Prix : 1 pers. **200/250 F** 2 pers. **200/250 F** pers. sup. **100 F**

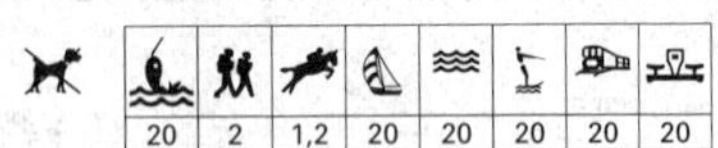

LOUGNON Marc-Henri - Route du Maido - Petite France - 97423 LE GUILLAUME-SAINT-PAUL - Tél : 00 262 32 44 26 - Fax : 00 262 32 44 26

PETITE-ILE Alt. : 650 m (TH)

2 ch. 2 chambres de caractère situées à l'étage de la maison du propriétaire, SDB et WC pour chaque chambre, petit salon et terrasse communs aux 2 chambres, coin télévision

Prix : 1 pers. **200 F** 2 pers. **250 F** 3 pers. **350 F** repas **100 F**

HOARAU Yves - 2 rue du Piton - 97429 PETITE-ILE - Tél : 00 262 56 82 26

PETITE-ILE

2 ch. 2 chambres de 2 personnes dans la maison du propriétaire, en r.d.c. Sanitaires privés. Parking privé. Verémer associe le charme d'une demeure créole à un confort personnalisé. Vue panoramique sur l'océan indien de la Varangue accueillante, ouverte sur la piscine. Chacune des deux chambres au décor marin vous offre la mer en toile de fond.

Prix : 1 pers. **200 F** repas **250 F**

10 15 15 10 10

OMARJEE Razack - « Veremer » - 40 Chemin Sylvain Vitry - 97429 PETITE ILE - Tél : 00 262 31 65 10 ou SR : 00 262 90 78 90 - Fax : 00 262 31 65 10 - http://perso.wanadoo.fr/veremer/

PETITE-ILE

2 ch. Au détour d'un route bordée de cannes à sucre, surplombant la plage de Grand Anse, un jardin plein de calme et de douceur, vous invite à découvrir charme et authenticité. Donnant sur un espace sans fin, les chambres spacieuses et confortables (S.D.B. privées) sont situés au R.D.C de la maison du propriétaire. Entrée indépendante - terrasse. Chambre 1 pax : 230 Frs - 2 pax : 230 Frs et 80 Frs lit d'appoint.

CV

Prix : 1 pers. **230 F** 2 pers. **230 F** pers. sup. **80 F**

7 3 0,5 5 9 0,5 9 25 9 3

HOAREAU Françoise - 24 Chemin Neuf - 97429 PETITE-ILE - Tél : 00 262 56 76 16 - Fax : 00 262 56 76 16

PITON-SAINT-LEU

Alt. : 800 m 

4 ch. 4 chambres de 2 personnes dans la maison du propriétaire, s.d.b. dans chaque chambre, WC communs, TV dans salle commune, bibliothèque, jardin, parking. Saint Leu à 11 km (15min.) - mer et pêche à 11 km - randonnées. Table d'hôte à partir de 100 Frs (spécialités : dinde patates douces, foie gras : 150 Frs).

Prix : 1 pers. **150 F** 2 pers. **200 F** 3 pers. **275 F** pers. sup. **50 F**
repas **100/150 F**

11 11 11 11

DARTY Mélanie-Marthe - N°419 Le Plate - 97424 PITON-SAINT-LEU - Tél : 00 262 54 01 94

PLAINE-DES-CAFRES

Alt. : 1390 m

4 ch. 3 chambres situés dans la maison du propriétaire, s.d.b. et WC communs aux 3 chambres, classés : 1 épi, tarif pour 1 ou 2 pax : 160 Frs. 1 chambre attenante à la maison du prorpriétaire, s.d.b. et WC privés, avec entrée indépendante extérieure, classé : 2 épis au tarif de 200 Frs/nuit/pour 1 ou 2 pax. TV, salle commune, chauffage, jardin, parking, village du 23 ème km à 1 km (10mn). Pour les clients des chambres , repas : 80 Frs. Cuisine : créole spécialités à base de vanille et Combava. Table d'hôte : 100 Frs/pers. et demi tarif enfant moins de 10 ans sur réservation

Prix : 1 pers. **160/200 F** 2 pers. **160/200 F** pers. sup. **60 F**
repas **80/100 F**

12 26 1 2 26 26 26 25 26 1

ALICALAPA TENON Clément - N° 62, RN3 24 e km - 97418 PLAINE-DES-CAFRES - Tél : 00 262 59 10 41

PLAINE-DES-CAFRES

Alt. : 1200 m

E.C. 5 ch. 5 chambres de 2 pers. dans la maison propriétaire, s.d.b. commune aux chambres, TV, sallle commune, cheminée, jardin, parking, village du 23ème km à 1 km. Le Tampon à 12 km. Forêts - nombreuses randonnées pédestres : le Volcan, Grand Bassin, Rivière des Remparts...

Prix : 1 pers. **200 F** 2 pers. **200 F**

19 19 19 30 1

LACOUTURE Jean-Louis - RN3 Le 22e km - 97418 PLAINE-DES-CAFRES - Tél : 00 262 59 04 91

PLAINE-DES-CAFRES

Alt. : 1100 m

4 ch. 4 chambres de 2 pers. dans la maison du propriétaire (à l'étage), s.d.b commune aux chambres, WC, TV, salle commune avec cheminée, jardin, parking. Le Tampon à 20 km (20 mn). Forêts, équitation - randonnées pédestres : le Volcan, Bélouve, Grand Bassin... Pour ceux qui dorment en chambres d'hôte : 100 Frs. Possibilité repas.

Prix : 1 pers. **170 F** 2 pers. **190 F** pers. sup. **70 F** repas **100 F**

19 19 30 1

RIVIERE Anne-Suzanne - 14 RN 3 PK 22 - 97418 PLAINE-DES-CAFRES - Tél : 00 262 27 59 78

PLAINE-DES-CAFRES

Alt. : 1610 m

3 ch. 2 chambres de 3 pers. avec sanitaires privés, dans le prolongement de la maison du propriétaire, entrée indépendante, salle commune, bibliothèque, chauffage, jardin, village du 23 ème km : 7 km (15mn). Village de Bourg Murat à 2km500 (7 min). Forêts - tennis - randonnées pédestres : le Volcan, Grand Bassin, Bébourg, Bélouve, Piton de l'eau. Possibilité repas : 100 Frs/pers. Du mois de Mai à Septembre : il fait parfois 0e.

Prix : 1 pers. **200 F** 2 pers. **230 F** 3 pers. **330 F** repas **100 F**

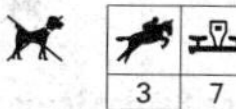

3 7

GUESDON Chantal - 15 Grande Ferme - 97418 PLAINE-DES-CAFRES - Tél : 00 262 27 59 25

PLAINE-DES-CAFRES

Alt. : 1700 m (TH)

2 ch. 2 chambres de 2 personnes dans la maisons du propriétaire, s.d.b. commune, WC, salle commune, TV, jardin, parking, chauffage. Le 23 ème km à 8 km (15mn). S.P. : aire de jeux - Forêts - randonnées pédestres - Possibilité repas : 85 Frs (spécialité : pouelt à la vanille).

Prix : 1 pers. **180 F** 2 pers. **180 F** repas **85 F**

8

MUSSARD Thérèse - N° 180 Notre Dame de la Paix - 97418 PLAINE-DES-CAFRES - Tél : 00 262 27 57 59

PLAINE-DES-CAFRES

Alt. : 1125 m (TH)

2 ch. 2 chambres de 2 pers. dans la maison du propriétaire, s.d.b. et WC privés aux chambres, TV dans salle commune, cheminée. Commerces et services à 2.5 km - le Tampon à 5 km (15min) - Saint Denis à 110 km - S.P. : vente de produits fermiers. Possibilité repas : à partir de 110 Frs

Prix : 1 pers. **250 F** 2 pers. **250 F** 3 pers. **350 F** repas **110 F**

10	7	20	20	25	20	2,5

GITES DE FRANCE-SERVICE RESERVATION - 10 Place Sarda Garriga - 97400 SAINT-DENIS - Tél : 00 262 90 78 90 - Fax : 00 262 41 84 29

PLAINE-DES-CAFRES Petite Ferme

Alt. : 1500 m

1 ch. 1 chambre de caractère de 2 pers., située dans le prolongement de la maison du propriétaire, s.d.b. et WC privés, chauffage. Loisirs : nombreuses randonnées pédestres : le Volcan, Grand Bassin... Possibilité promenade en mer et pêche au gros, promenade sur la propriété. Réservation à partir de 2 nuits. Prix 3 personnes : 350 Frs Structure pour Non Fumeurs

Prix : 1 pers. **250 F** 2 pers. **250 F** 3 pers. **350 F**

15	25	5	6	1	25	25	25	25	2

ROBERT Madeleine - CD 36 89 Petite Ferme - Petite Ferme - 97418 PLAINE-DES-CAFRES - Tél : 00 262 59 20 59 - Fax : 00 262 57 96 71

PLAINE-DES-CAFRES

Alt. : 1450 m A

3 ch. 3 chambres de 2 personnes avec sanitaires privés, calmes et confortables, situées dans un cadre de verdure, salle commune avec cheminée. S.P. : vente de produits fermiers et de conserves à l'ancienne. Loisirs : nombreuses randonnées pédestres. Repas : entre 100 et 160 Frs. et enfant : 60 Frs.

Prix : 1 pers. **240 F** 2 pers. **240 F**

4	4	30	2

COMBELLES Corinne - PK 25- RN 3 - 97418 PLAINE-DES-CAFRES - Tél : 00 262 59 29 79

PLAINE-DES-CAFRES

Alt. : 1600 m (TH)

4 ch. 4 chambres de 2 personnes situées au dessus de la maison du propriétaire, s.d.b. et WC privés dans chaque chambre, possibilité lit supplément. Cuisine créole au feu de bois Nombre de lits par chambre : 1 grand + 1 petit.

Prix : 1 pers. **230 F** 2 pers. **230 F** 3 pers. **305 F** pers. sup. **75 F** repas **100 F**

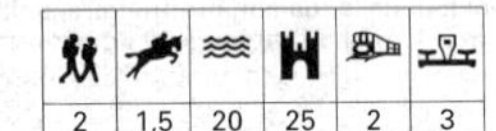

2	1,5	20	25	2	3

GITES DE FRANCE-SERVICE RESERVATION - 10 Place Sarda Garriga - 97400 SAINT-DENIS - Tél : 00 262 90 78 90 - Fax : 00 262 41 84 29

PLAINE-DES-PALMISTES

Alt. : 900 m (TH)

3 ch. 3 chambres dans le prolongement de la maison du propriétaire, s.d.b. commune aux chambres, WC, jardin, parking. Saint Benoit à 17 km (30mn). Pétanque - forêts - randonnées pédestres : Cascade Biberon, forêt de Bébourg, Grand Etang... Table d'hôte : 100 Frs. 1/2 tarif enfant - 10 ans

Prix : 1 pers. **150 F** 2 pers. **180 F** pers. sup. **80 F** repas **100 F**

17

GRONDIN Henriette - 17 rue Dureau - 97431 PLAINE-DES-PALMISTES - Tél : 00 262 51 33 79

LA POSSESSION Les Acacias

Alt. : 1000 m (TH)

2 ch. 2 chambres de 2 personnes dans la maison du propriétaire, wc et douche dans chaque chambre, dont 1 chambre accessible aux handicapés. Dimanche et jours fériés : 110 Frs/pers./2 carrys.

Prix : 1 pers. **230 F** 2 pers. **230 F** repas **85 F**

1

GITES DE FRANCE-SERVICE RESERVATION - 10 Place Sarda Garriga - 97400 SAINT-DENIS - Tél : 00 262 90 78 90 - Fax : 00 262 41 84 29

RAVINE-DES-CABRIS

2 ch. 2 chambres de 2 pers. dans le prolongement de la maison du propriétaire, équipées de lavabo, s.d.b. commune, TV, jardin, parking. Saint Pierre à 7 km - randonnées : le Dimitile, le Volcan... A 100 m du Vieux Domaine à la Ravine des Cabris et à 500 m du jardin Exotica à Pierrefonds.

Prix : 1 pers. **150 F** 2 pers. **180 F** 3 pers. **200 F**

LEBON Yvette - 11 Chemin Techer Mauricienne - 97432 RAVINE-DES-CABRIS - Tél : 00 262 49 73 78

RIVIERE-SAINT-LOUIS Les Makes

Alt. : 900 m 

6 ch. 3 chambres de 2 personnes au-dessus de la maison du propriétaire, salle de bain commune aux 3 chambres, salle commune, T.V., bibliothèque, cheminée, jardin, parking. Saint Louis à 12 km (20min.). Forêts - artisanat - observatoire astronomique - randonnées pédestres - S.P. : aire de jeux. 3 chambres d'hôtes situées en dehors de la maison du propriétaire, classé 3 épis.

Prix : 1 pers. **170/220 F** 2 pers. **170/220 F** pers. sup. **60/80 F**
repas **100 F**

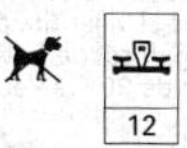

LEPERLIER Georges - Les Makes - 41 rue Paul Herman - 97421 LA RIVIERE - Tél : 00 262 37 82 17 - Fax : 00 262 38 82 17

RIVIERE-SAINT-LOUIS

2 ch. 2 chambres de 2 personnes, dont une accessible aux handicapés, situées dans la maison du propriétaire, entrée indépendante, varangue, sanitaires privés, salon. Commerces et services à 10 km. Table d'hôte : 100 Frs, clients des chambres d'hôtes : 80 Frs. S.P. : terrain de pétanque.

C.V

Prix : 1 pers. **220 F** 2 pers. **220 F** pers. sup. **70 F** repas **100 F**

10

DEBOISVILLIERS Jeanniok - 171 Rte Hubert Delisle - Bellevue - 97421 RIVIERE-SAINT-LOUIS - Tél : 00 262 26 73 66

SAINT-ANDRE Rivière du Mat les Bas

6 ch. **Saint-André 6 km, Saint-Denis 25 km.** 6 chambres de 2 pers. avec s.d.b. dont 2 situées dans la maison du propriétaire, avec accès indépendant et wc communs aux chambres, et 4 situées dans le prolongement de la maison avec sanitaires privés. salle commune, bibliothèque, jardin, parking. Visites : temples tamoul, usine sucrière de Bois Rouge, Maison de la Vanille, Cité Artisanale de Champ Borne. Randonnées pédestres : Bassin Paix, bassin la Mer. Parc de jeux, batailles coq. Auberge de campagne : à partir de 100Frs - spécialités : cuisine créole : bichiques en saison, pintade à la vanille, massalé, pâté créole. Formation cuisine à F.P.A. Tarif repas pour les personnes qui dorment : 90 Frs

Prix : 1 pers. **180 F** 2 pers. **200 F** repas **90 F**

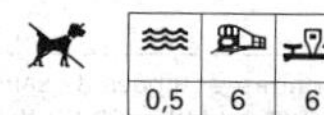

SAVRIAMA Véronique - 1084 CH. 80 - Rivière du Mat les Bas - 97440 SAINT-ANDRE - Tél : 00 262 46 69 84 ou 00 262 46 20 00

SAINT-ANDRE

2 ch. 2 chambres de 2 pers. dans la maison du propriétaire, salle d'eau et WC communs, salle commune, TV, jardin, parking, Saint Benoit à 15 km (15mn). Piscine -pêche - rivière - randonnées pédestres : Takamaka, Bassin la paix, Bassin la Mer... S.P. : aire de jeux.

Prix : 1 pers. **150 F** 2 pers. **180 F** 3 pers. **230 F**

CADET Gaston - 96 rue du Stade - 97440 SAINT-ANDRE - Tél : 00 262 46 56 37

SAINT-ANDRE

3 ch. Dans la maison du propriétaire 3 chambres à l'étage, - s.d.b. et WC communs aux chambres, salle commune, TV, bibliothèque, jardin, parking, vidéothèque. Saint André à 3 km (5mn) - Saint Benoit à 15 km (15 mn) - Saint Denis à 25 km. Rivière - forêt - randonnées pédestres : Takamaka, Bassin la Paix, Bassin la Mer... Maison de la vanille à 3 km Langue parlée : allemand.

Prix : 1 pers. **150 F** 2 pers. **180 F**

DEPALMAS Georges - 174 Bras des Chevrettes - 97440 SAINT-ANDRE - Tél : 00 262 47 00 07

SAINT-ANDRE Auberge du Désert

A

2 ch. 2 chambres de 2 personnes dans le prolongement de la maison du propriétaire, SDB et WX privées, grand jardin calme, parking, salle commune avec TV. St Denis à 24 km. Loisirs : riviere, piscine, tennis, fôret, randonnées pédestres : Takamaka, Bassin la Paix, Bassin la Mer.... A partir de 2 nuits : 200 Frs.

Prix : 1 pers. **220 F** 2 pers. **220 F** repas **90 F**

BEDIER Eric - Bras des Chevrettes - 97440 SAINT-ANDRE - Tél : 00 262 46 64 43

SAINT-ANDRE

(TH)

3 ch. 3 chambres de 2 personnes situées à l'étage de la maison du propriétaire, avec coin douche et WC dans chaque chambre, coin salon à l'étage. Table de d'hôte : adulte : à partir de 100 Frs et enfant jusqu'à 12 ans : 50 Frs, spécialités : divers massalé Jardin : avec plantes sendémiques.

Prix : 1 pers. **198 F** 2 pers. **220 F** 3 pers. **290 F** repas **100 F**

2	2	10	3	3	0,3

GITES DE FRANCE-SERVICE RESERVATION - 10 Place Sarda Garriga - 97400 SAINT-DENIS - Tél : 00 262 90 78 90 - Fax : 00 262 41 84 29

SAINT-BENOIT

(TH)

3 ch. 3 chambres de 2 pers. dans le prolongement de la maison du propriétaire - avec entrée indépendante, s.d.b. pour chaque chambre et WC communs à 2 chambres, salle commune, TV, jardin, parking, vente de fruits en saison. Saint Benoit à 5 km (10min.). Rivière - piscine - artisanat - randonnées : Grand Etang, forêt de Ravenale, Takamaka, Ilet Bethléem... Possibilité de forfait en demi pension suivant durée du séjour. Table d'hôte : à partir de 90 Frs - spécialités : palmistes, bichiques, fruits à pain...

Prix : 1 pers. **165 F** 2 pers. **200 F** pers. sup. **50 F** repas **90 F**

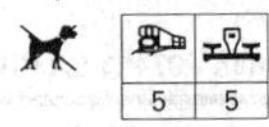

5	5

GITES DE FRANCE-SERVICE RESERVATION - 10 Place Sarda Garriga - 97400 SAINT-DENIS - Tél : 00 262 90 78 90 - Fax : 00 262 41 84 29

SAINT-DENIS Le Brûlé

Alt. : 800 m

1 ch. chambre de 2 pers dans la maison du propriétaire, entrée indépendante, salle d'eau dans la chambre. Possibilité de réserver les repas chez un traiteur à proximité de la chambre.

CV

Prix : 1 pers. **180 F** 2 pers. **220 F** pers. sup. **80 F**

GITES DE FRANCE-SERVICE RESERVATION - 10 Place Sarda Garriga - 97400 SAINT-DENIS - Tél : 00 262 90 78 90 - Fax : 00 262 41 84 29

SAINT-GILLES-LES-HAUTS

A

6 ch. 6 chambres indépendantes de 2 personnes, équipées de salle de bain et WC, salle commune, jardin, parking. Saint Paul et Saint Gilles à 8 km (14min.). Plage à 7 km - mer à 7 km - nombreuses randonnées pédestres - musée. Possibilité repas.

Prix : 1 pers. **180 F** 2 pers. **220 F** repas **100 F**

7	7	7	7	8	8

GRONDIN Gladys - N° 63 Rte de N. Dame de Fatima - Bernica - 97435 SAINT-GILLES-LES-HAUTS - Tél : 00 262 22 74 15

SAINT-GILLES-LES-HAUTS

(TH)

1 ch. 1 chambre de 2 personnes en dehors de la maison du propriétaire, avec salle d'eau et wc.

Prix : 1 pers. **250 F** 2 pers. **250 F** pers. sup. **100 F** repas **100 F**

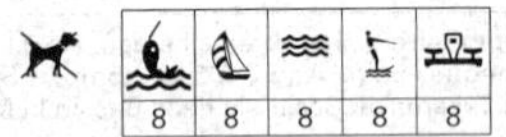

8	8	8	8	8

GITES DE FRANCE-SERVICE RESERVATION - 10 Place Sarda Garriga - 97400 SAINT-DENIS - Tél : 00 262 90 78 90 - Fax : 00 262 41 84 29

SAINT-GILLES-LES-HAUTS Eperon

4 ch. **Saint-Gilles 5 km.** 4 chambres de 2 pers. dans la maison du propriétaire en r.d.c., s.d.b. dans chaque chambre, wc communs, bibliothèque, jardin, parking. Sur place : aire de jeux - à 5 km : pêche, mer, voile, piscine, équitation - randonnées : Bassin des Aigrettes, Bassin des Cormorans... Artisanat à 1 km - Visite : Musée de Villèle, village artisanat de l'Eperon.

Prix : 1 pers. **150/200 F** 2 pers. **150/200 F**

5	5	5	5	5	5

PAYET Claude - Eperon - Plateau des 3 Roches - 97435 SAINT-GILLES-LES-HAUTS - Tél : 00 262 24 50 08

SAINT-JOSEPH La Crète — Alt. : 600 m — A

2 ch. — 2 chambres de 2 personnes dans la maison du propriétaire en r.d.c., sanitaires privés,salle commune, jardin, parking. Saint Joseph 15 km (30min.). Pêche, mer - rivière - forêts - nombreuses randonnées pédestres - S.P. : aire de jeux. Lit supplémentaie : 75 Frs.

Prix : 1 pers. **150 F** 2 pers. **150 F** 3 pers. **225 F** pers. sup. **75 F** repas **100 F**

15	8	1	16	16	20	15	15

TURPIN Elvina - 31 rue Edouard Turpin - La Crete - 2e Village - 97490 SAINT-JOSEPH - Tél : 00 262 37 27 03 ou 00 262 37 26 44

SAINT-JOSEPH Bel-Air — Alt. : 650 m — A

5 ch. — 5 chambres d'hôte de 2 personnes avec sanitaire privées et salle d'eau (prix degressif selon le nombre de jour), petit déjeuner compris.3 chambres avec vue sur la mer, dont : * 2 chambres de 2 personnes aux prix de 275 Frs/nuit et 1 chambre de 3 personnes aux prix de 350 Frs/nuit. * 2 chambres de 2 personnes sans vue sur la mer aux de 250 Frs. Prix de groupe de 10 à 15 personnes aux prix de 180 frs par personnes en demi-pension. A la demande du propriétaire, celle ci vous demande de préciser l'heure d'entrée de votre première nuit.

Prix : 1 pers. **220/250 F** 2 pers. **220/250 F** 3 pers. **320 F** pers. sup. **100 F** 1/2 pens. **180 F**

13	13	13	3,5	3,5	13	13	13

GITES DE FRANCE-SERVICE RESERVATION - 10 Place Sarda Garriga - 97400 SAINT-DENIS - Tél : 00 262 90 78 90 - Fax : 00 262 41 84 29

SAINT-JOSEPH

2 ch. — 2 chambres dont 1 suite de 4 personnes (2 adultes et 2 enfants) à proximité de la maison du propriétaire, avec sanitaires privés, jardin clos, parking. Possibilité de cuisiner dans une cuisine collective (en supplément du prix des chambres). TV dans salle commune. Visite d'exploitations agricoles dans la région de St Joseph. Jardin des « Parfums et des Epices ». Tarif : 1 chambre de 2 pax : 240 frs. - 1 chambre de 4 pax : 440 Frs Tarif sur plusieurs jours : 2 pax : 240 Frs et 3 pa : 340 Frs.

7	8	7	0,3

HOAREAU Nathalie - 205 rue Edmond Albius - Bezaves - 97480 SAINT-JOSEPH - Tél : 00 262 37 61 92 - Fax : 00 262 37 61 92

SAINT-JOSEPH — Alt. : 1200 m — TH

2 ch. — 2 chambres de 2 personnes à proximité de la maison du propriétaire. Sanitaires privés. Jardin clos. Parking. TV dans chaque chambre. Chauffage.

Prix : 1 pers. **200 F** 2 pers. **250 F** 3 pers. **350 F** repas **80 F**

15	20	1

GRONDIN Marie-Claude - 24, Chemin de la Croizure - Grand Coude, « L'Eucalyptus » - 97480 Saint-Joseph - Tél : 00 262 56 39 48 ou SR : 00 262 90 78 90

SAINT-LEU Grand-Fond

3 ch. — 3 chambre avec sanitaires privés salle d'eau + w-c) dans le jardin du propriétaire. Possibilité de repas. Sur Place : Vente de produits fermiers. Langue parlée : anglais.

Prix : 1 pers. **250 F** 2 pers. **250 F**

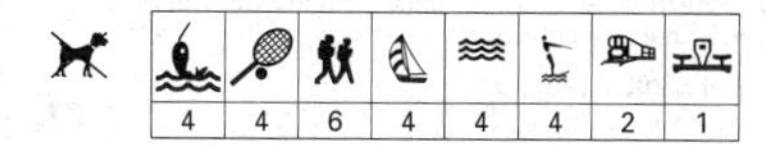

4	4	6	4	4	4	2	1

GITES DE FRANCE-SERVICE RESERVATION - 10 Place Sarda Garriga - 97400 SAINT-DENIS - Tél : 00 262 90 78 90 ou PROP : 00 262 34 13 97 - Fax : 00 262 41 84 29

SAINT-LEU Les Colimacons — Alt. : 510 m — TH

4 ch. — 4 ch. au rez de chaussée, avec jardin non clos. 2 chambres avec vue sur la mer : 250 Frs/2 pers. et 2 chambres avec vue sur la montagne : 220 Frs/2 pers. Repas pour les gens qui dorment : à partir de 90 Frs. Repas en table d'hôte : 110 Frs/adulte, et 60 Frs/enfants de moins de 10 ans. CHAMBRE 1 ET 2 :AVEC VUE SUR LA MER ET CHAMBRE 3 ET 4 avec vue sur la montagne.

Prix : 1 pers. **220/250 F** 2 pers. **220/250 F** pers. sup. **100 F** repas **110 F**

7	7	7	7	7	7

GITES DE FRANCE-SERVICE RESERVATION - 10 Place Sarda Garriga - 97400 SAINT-DENIS - Tél : 00 262 90 78 90 ou PROP : 00 262 54 76 70 - Fax : 00 262 41 84 29

SAINT-LEU

2 ch. 2 chambres de 2 personnes à l'étage de la maison du propriétaire. Sanitaires privés. Jardin clos. Parking. TV dans la salle commune. Accès par la maison du propriétaire.

Prix : 1 pers. **305 F** 2 pers. **335 F**

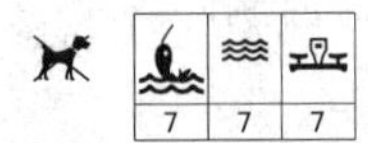

7	7	7

GROLLIER Albert - 52 Route départementale 12 - Les Colimaçons - 97436 SAINT-LEU - Tél : 00 262 24 94 27 ou SR : 00 262 90 78 90 - Fax : 00 262 24 94 27

SAINT-LOUIS Montplaisir

Alt. : 1000 m (TH)

4 ch. 4 chambres de 2 personnes à côté dee la maison du propriétaire dont 1 accessible aux handicapés, sanitaires privés, chauffage, TV, bibliothèque, cheminée, salle commune, parking, St Louis à 12 km (20min). Forêts, piste VTT, observatoire astronomique, nombreuses randonnées pédestres. Table d'hôte : 90 Frs (spécialités : beignets carottes) pour les gens qui dorment et Auberge de Campagne : 110 Frs.

Prix : 1 pers. **215 F** 2 pers. **240 F** pers. sup. **70 F** repas **110 F**

9	13	9	5	12	13	13	13	180	10	1

D'EURVEILHER Jean-Luc - 55 rue Montplaisir - Les Makes - 97421 RIVIERE-SAINT-LOUIS - Tél : 00 262 37 82 77 ou SR : 00 262 90 78 90 - Fax : 00 262 37 82 77

SAINT-LOUIS Bellevue

(TH)

2 ch. 2 chambres de 3 personnes (1 grand lit, 1 petit lit) avec sanitaires privés, situés au dessus de la maison du propriétaire dans un très beau jardin, 1 chambre offre une belle vue sur la côte Sud-Ouest de l'ile, salle commune. Possibilite de repas. S.P. : possibilité de louer des VTT. La chambres côté mer classé 2 épis et celle côté montagne classé 3 épis.

Prix : 1 pers. **200 F** 2 pers. **200 F** 3 pers. **250 F** pers. sup. **50 F** repas **90 F**

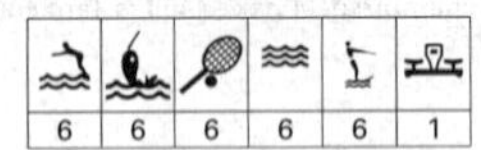

6	6	6	6	6	1

CAMBONA Jean-Hugues - 175 A, Route Hubert de Lisle - Bellevue - 97450 SAINT-LOUIS - Tél : 00 262 26 75 86 ou SR : 00 262 90 78 90

SAINT-LOUIS Les Makes

Alt. : 1000 m **A**

4 ch. Dans la maison du propriétaire 4 chambres avec sanitaires privés, salle commune, parking, commerces et services à 1 km. Loisirs : nombreuses randonnées pédestres, site de la fenêtre (point de vue sur Cilaos), Observatoire astronomique, Usine sucrière du Gol à 12 km. Tarif Basse Saison du 1/03/2000 au 30/06/2000 : 170 Frs/Petit Déjeuner. Lit supplémentaire : 50 Frs/Petit Déjeuner

Prix : 1 pers. **220 F** 2 pers. **220 F** 3 pers. **295 F** repas **100 F**

NATIVEL Jean-Max - 36 rue Montplaisir - Route de la Fenêtre - 97421 RIVIERE-SAINT-LOUIS - Tél : 00 262 37 85 37 - Fax : 00 262 41 84 29

SAINT-PAUL Saint-Gilles les Hauts Villele

(TH)

5 ch. 5 chambres de 2 personnes avec sanitaires privés, situés au dessus de la maison des propriétaires, accès indépendant par escaliers extérieurs, salle commune. Téléphone à carte à disposition. Loisirs : nombreuses randonnées pédestres : le Maïdo, Grand Bénard,la Glacière... Visite : musée de Villèle. Tour de l'ile en hélicoptère à 4 km. « Guides Pays ». Table d'hôte : 100 Frs (spécialité : cuisine créole)

Prix : 1 pers. **150 F** 2 pers. **200 F** repas **70 F**

5	5	5	5	6	6

RAMASSAMY Antohny - 100 Chemin des Roses - Villele - 97435 SAINT-GILLES-LES-HAUTS - Tél : 00 262 55 55 06

SAINT-PAUL

Alt. : 650 m

2 ch. 2 chambres de 2 personnes dans la maison du propriétaire, s.d.b. et WC privés, petit salon, jardin, parking.Possibilité d'un lit enfant pour moins de 10 ans. Cuisine végétarienne (selon le choix du client) ou cabris massalé ou pois citrouille. Repas à partir de 100 frs.

Prix : 1 pers. **220 F** 2 pers. **230 F** 3 pers. **330 F** repas **100 F**

15	15	15	0,8

GITES DE FRANCE-SERVICE RESERVATION - 10 Place Sarda Garriga - 97400 SAINT-DENIS - Tél : 00 262 90 78 90 - Fax : 00 262 41 84 29

SAINT-PAUL Palmistes

Alt. : 1000 m

2 ch. 2 Chambres de 2 et 3 personnes, tout confort. Accès indépendant. Jardin clos. TV dans salle commune. Véranda privative. Situé à mi-chemin entre le battant des lames et le Piton Maïdo, à l'écart de la maison du propriétaire, le chalet est noyé dans le calme d'une bambouseraie et construit en matériaux traditionnels. Ouvert toute l'année.

Prix : 1 pers. **220 F** 2 pers. **275 F** 3 pers. **350 F**

Ouvert : toute l'année.

5	15	2

DIJOUX Marie-Anne et PAYET Joseph - « L'Alambic des Palmistes » - La Centrale - Ch des Palmistes - 97423 LE GUILLAUME - Tél : 00 262 32 86 17 ou SR : 00 262 90 78 90 - Fax : 00 262 32 86 17

SAINT-PAUL Bois de Nefles

Alt. : 750 m A

E.C. 6 ch. 6 Chambres de 2 personnes, dont 2 sont situées dans le prolongement de la maison du propriétaire et 4 à l'étage de l'auberge. 2 chambres avec vue sur la mer. Sanitaires privés, jardin clos, parking. Cheminée dans la salle commune.

Prix : 1 pers. **165 F** 2 pers. **231 F** repas **100 F**

20	20	7

LAURET Natacha « Les Géraniums » - 150 Chemin des Barrières - Bel Air - 97411 BOIS-DE-NEFLES-SAINT-PAUL - Tél : 00 262 44 28 11 ou SR : 00 262 90 78 90

SAINT-PHILLIPE Baril les Hauts

TH

6 ch. 6 Chambres de 2 personnes aménagées dans la maison du propriétaire, sanitaires privés, jardin clos, parking.

Prix : 1 pers. **247 F** 2 pers. **275 F** repas **110 F**

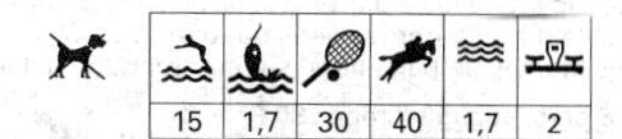

15	1,7	30	40	1,7	2

DAMOUR Marie-Claude « Le Pinpin d'Amour » - 56 A, Chemin Paul Hoarau - Baril les Hauts - 97442 SAINT-PHILIPPE - Tél : 00 262 37 14 86 ou SR : 00 262 90 78 90 - Fax : 00 262 37 14 86

SAINT-PIERRE Bassin Plat

A

3 ch. 1 chambre de 4 personnes à l'étage avec s.d.b. et WC privés - 2 chambres de 2 pers. en r.d.c. avec douche et lavabo et WC communs, salle commune, jardin, parking. Saint Pierre à 4 km (5min.). S.P. : aire de jeux, piscine - mer, pêche, voile à 4 km - randonnées : Volcan... Lit supplémentaire : 80 Frs. Repas à partir de 100 Frs - Spécialité : soufflé au cœur de chouchou, rouleau au chou de songe... Tarif pour 1 personne : 170/200 Frs et 2 personnes : 200/230 Frs.

Prix : 1 pers. **170 F** 2 pers. **230 F** pers. sup. **65 F**

SP	4	4	4	4	4	4

MALET Marie-Rita - 52 Allée des Aubépines - Bassin Plat - 97410 SAINT-PIERRE - Tél : 00 262 25 61 90 - Fax : 00 262 25 54 11

SAINTE-MARIE Plaine des Fougères

Alt. : 1100 m A

4 ch. 5 chambres d'hôtes de 2 personnes attenantes a la maison du propriétaire équipée de salles de bains et de w-c privatifs. Auberge de campagne pou- vant accueillir 80 personnes. Sur place : salle de jeux avec ping-pong, babyfoot, VTT, Ténnis. Visite de la Ferme. Dans les Hauts des Sainte Marie, Guylène et Gilbert vous invitent à découvrir la cuisine traditionnelle. Cuisine au feu de bois. 4 chambres confortables et équipées vous npermettront de vous détendre dans la fraîcheur des Hauts. Salle de jeux - Loisirs - Mini banquets 60 personnes.

Prix : 1 pers. **220 F** 2 pers. **220 F** repas **130 F** 1/2 pens. **220 F**

SP	12

GITES DE FRANCE-SERVICE RESERVATION - 10 Place Sarda Garriga - 97400 SAINT-DENIS - Tél : 00 262 90 78 90 ou PROP : 00 262 53 88 04 - Fax : 00 262 41 84 29

SAINTE-MARIE

2 ch. 2 chambre de 2 pers. avec sanitaires privés, situées en dessous de la maison du propriétaire, accès indépendant, salle commune, jardin, parking, aéroport à 4.5km (15mn). Structure située à 20 minutes de St Denis

Prix : 1 pers. **200 F** 2 pers. **200 F** pers. sup. **50 F**

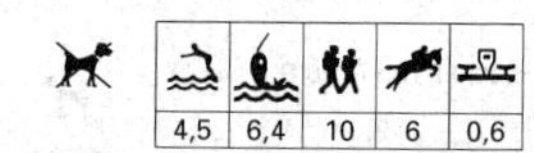

4,5	6,4	10	6	0,6

GITES DE FRANCE-SERVICE RESERVATION - 10 Place Sarda Garriga - 97400 SAINT-DENIS - Tél : 00 262 90 78 90 ou PROP : 00 262 53 81 64 - Fax : 00 262 41 84 29

SAINTE-ROSE (TH)

3 ch. 2 chambres de 2 pers. (tamarin et baldaquin) dans maison créole du XIXè s., salle d'eau et WC privés, varangue, 1 suite de chambre de 4 personnes avec patio à côté de la maison du propriétaire, s.d.b. et WC privés, parking. Saint Benoit 18 km (20mn) - arrivée à partir de 15 H, et départ : 10 H. Artisanat - mer - pêche - piscine. Randonnées pédestres - port de pêche - S.P. : Parc de 10000 m2 exotique luxuriant. Table d'hôte : à partir de 100 Frs - spécialités : gratin de papaye à la vanille, poisson dans tous ses états poulet au lait de coco... English spoken. Classement : 2 et 3 épis Nouvelles Normes.

Prix : 1 pers. **200 F** 2 pers. **220 F** 3 pers. **270 F** repas **100 F**

0,3	1	2	0,3	6	0,2

ADAM DE VILLIERS Claude - La Roseraye - RN 2 - 97439 SAINTE-ROSE - Tél : 00 262 47 21 33 ou 00 262 47 39 84

SAINTE-ROSE A

3 ch. Situé sur la côte vert-bleue, installé face à l'océan, le Joyau des Laves vous propose 3 chambres doubles au r.d.c. de la maison et une chambre double à l'étage avec vue sur l'Anse des Cascades. Sanitaires privés dans chaque chambre. 1 chambre accessible aux handicapés. Visite de bananeraies possibles. Vente de fruits selon saison. A 8 km : VTT - Anse des Cascades à 15 mnà pied. Repas : à partir de 105 rs (vin non compris). Enfant : menu spécial à 65 Frs(enfant moins de 12 ans)sur réservation.

Prix : 1 pers. **180/200 F** 2 pers. **250/350 F** pers. sup. **60 F**

GITES DE FRANCE-SERVICE RESERVATION - 10 Place Sarda Garriga - 97400 SAINT-DENIS - Tél : 00 262 90 78 90 - Fax : 00 262 41 84 29

SAINTE-SUZANNE

5 ch. 2 chambres de 2 pers. avec accès indépendants, situés dans le prolongement de la maison du propriétaire, avec sanitaires privés. 3 chambres indépendants avec s.d.b et Wc, jardin, TV. Saint André à 4 k3 (10 mn). Saint Denis à 23 km (30 mn) - pêche - rivière-piscine - tennis Table d'hôte pour les gens qui dorment : 80 Frs Auberge de campagne partir de 80 Frs - spécialité : massalé cabri, à déguster sur des feuilles de bananiers (sur commande), galantine de dinde, cuisses de poulet fourrées.

Prix : 1 pers. **180 F** 2 pers. **180 F** pers. sup. **50 F** repas **80 F**

2	2	3

GITES DE FRANCE-SERVICE RESERVATION - 10 Place Sarda Garriga - 97400 SAINT-DENIS - Tél : 00 262 90 78 90 - Fax : 00 262 41 84 29

SAINTE-SUZANNE

3 ch. 3 chambres de 2 personnes avec sanitaires privées, situées à l'extérieur de la maison du propriétaire, 2 chambres au r.d.c. et une à l'étage. Commerces et servcies à 3 km

Prix : 1 pers. **220 F** 2 pers. **220 F** repas **100 F**

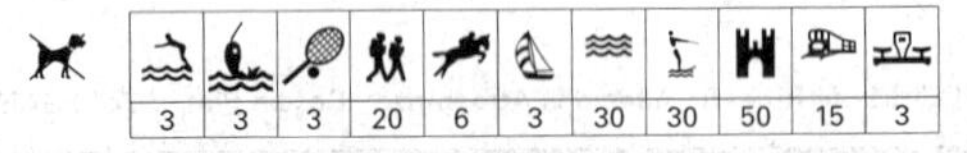

3	3	3	20	6	3	30	30	50	15	3

GITES DE FRANCE-SERVICE RESERVATION - 10 Place Sarda Garriga - 97400 SAINT-DENIS - Tél : 00 262 90 78 90 - Fax : 00 262 41 84 29

SALAZIE Grand Ilet Alt. : 1100 m

4 ch. 2 chambres de 2 personnes dans le prolongement de la maison du propriétaire, salle de bain commune, jardin. Salazie à 17 km. Forêt - randonnées pédestres : Mafate, Grand Sable...

Prix : 1 pers. **180 F** 2 pers. **200/225 F** pers. sup. **60 F** repas **100 F**

27	30	30

BOYER Christine - Grand Ilet - 97433 SALAZIE - Tél : 00 262 47 70 87

SALAZIE Alt. : 1100 m

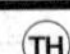

3 ch. 3 chambres de 2 pers. au dessus de la maison du propriétaire, salle de bain commune, WC, jardin, parking. Salazie à 15 km (30mn). Forêt - randonnées : Roche Ecrite, Cirque de Mafate, Piton d'Anchaing... Table d'hôte : 80 Frs - enfant de moins de 8 ans : 1/2 tarif

Prix : 1 pers. **120 F** 2 pers. **150 F** 3 pers. **220 F** repas **80 F**

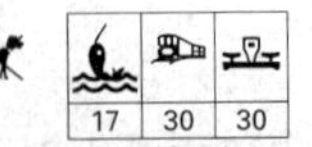

17	30	30

GRONDIN Jeannine - Rue de l'Eglise - Grand Ilet - 97433 SALAZIE - Tél : 00 262 47 70 66

SALAZIE

Alt. : 1100 m

5 ch. 5 chambres de 2 pers. situées au-dessus de la maison du propriétaire, s.d.b. et wc dans chaque chambre, petit salon, jardin, parking. Salazie à 17 km (1/2 heure). Forêts - rivière - randonnées pédestres : Mafate, Grand Sable... Chambres chauffées en hiver Possibilité de repas sur le site sur réservation.

Prix : 1 pers. **180 F** 2 pers. **200/225 F** pers. sup. **60 F**

31	31

GITES DE FRANCE-SERVICE RESERVATION - 10 Place Sarda Garriga - 97400 SAINT-DENIS - Tél : 00 262 90 78 90 - Fax : 00 262 41 84 29

SALAZIE Grand Ilet

Alt. : 1100 m **A**

6 ch. 3 chambres d'hôtes de 2 pers. dans le prolongement de la maison du propriétaire, s.d.b. et WC communs - 3 chambres à l'étage avec s.d.b. privée, salle commune, TV, cheminée, parking. Saint André à 30 km (45mn). Artisanat - randonnées : Roche Ecrite, Priton d'Anchaing, Cirque de Mafate... Repas : 80 à 100 Frs - spécialité : tourte aux brèdes chouchou Tarif : 1 px : 120 F - 2 px : 150 F - Lit Supp. : 60 F avec s.d.b. commune Tarif : 1 px : 180 F - 2 px : 200 F avec s.d.b. privée.

Prix : 1 pers. **120/180 F** 2 pers. **150/200 F** pers. sup. **50 F** repas **100 F**

30	0,2

GRONDIN Jeanne-Marie - Rue du Père Jouanno - Grand Ilet - 97433 SALAZIE - Tél : 00 262 47 70 51

SALAZIE

Alt. : 950 m **A**

3 ch. 3 chambres de 2 personnes : 1 chambre dans la maison du propriétaire avec salle d'eau et 2 chambres dans une petite maison à côté de celle du propriétaire avec s.d.b. privée. Saint André à 24 km (30min.). Randonnées : les 3 cascades, Piton d'Anchaing, Piton des Neiges. Tarif Auberge de Campagne : 100 Frs

Prix : 1 pers. **220 F** 2 pers. **220 F**

GITES DE FRANCE-SERVICE RESERVATION - 10 Place Sarda Garriga - 97400 SAINT-DENIS - Tél : 00 262 90 78 90 - Fax : 00 262 41 84 29

SALAZIE

(TH)

4 ch. 4 chambres de personnes, situées au-dessus de la maison du propriétaire, s.d.b et WC dans chaque chambre, petit salon, jardin, parking. Forêts - riviere - randonnées pédestres : Mafate, Grand Sable...

Prix : 1 pers. **180 F** 2 pers. **200/225 F** pers. sup. **70 F** repas **100 F**

0,2

GITES DE FRANCE-SERVICE RESERVATION - 10 Place Sarda Garriga - 97400 SAINT-DENIS - Tél : 00 262 90 78 90 - Fax : 00 262 41 84 29

SALAZIE

Alt. : 800 m (TH)

3 ch. 3 chambres de 2 personnes, entrée indépendante, avec sanitaires privées, situées à l'étage de la maison du propriétaire, commerces et services à Hell Bourg. Table d'hôte : 110 Frs, enfant jusqu'à 12 ans : 60 Frs, différentes spécialités dont steak de lapin à la pistache , poulet pays.

Prix : 1 pers. **220 F** 2 pers. **220 F** repas **110 F**

10	3

CHEZ TONTON Yves - Ilet à Vidot - Hell Bourg - 97433 SALAZIE - Tél : 00 262 47 84 22

LA SALINE

Alt. : 500 m **A**

2 ch. 2 chambres de 2 pers. avec s.d.b. privée, situées dans la maison du propriétaire, WC commun aux 2 chambres, salle commune. Loisirs : à 15 km : pêche, mer, baignade, voile, piscine, équitation. Forêt à 12 km. Randonnées : Grand Bénard, Maïdo, Tevelave...

Prix : 1 pers. **165 F** 2 pers. **210 F** pers. sup. **70 F** repas **100 F**

15	15	15	15	15	15

HIBON Arsène - 15 Chemin Hibon - 97422 LA SALINE - Tél : 00 262 33 53 20

LA SALINE

Alt. : 500 m

4 ch. 4 chambres de 2 personnes avec sanitaires privés pour chaque chambre, salle commune avec cuisine aménagée pour les 4 chambres, bibliothèque, jardin, parking. Saint Paul à 12 km (20min.). Loisirs : pêche, plongée, mer - forêt - artisanat - randonnées : Maïdo, Grand Bénard, La Glacière, Mafate. Pour la location de voiture la prise en charge et le retour à l'aéroport contacter le propriétaire.

Prix : 1 pers. **180 F** 2 pers. **210 F**

12	12	12	12	0,5

PELTIER Marcel - Chemin Leveque - 97422 LA SALINE - Tél : 00 262 33 51 34 - Fax : 00 262 33 51 34

TAMPON

Alt. : 740 m (TH)

2 ch. 2 chambres de 2 pers. dans la maison du propriétaire, s.d.b. et WC communs réservés aux clients, jardin, parking. le Tampon à 3 km (5mn) - forêts - randonnées pédestres. Table d'hôte : 100 Frs - spécialité : achard ti-jacques. Pour les clients qui dorment en chambre le tarif repas est de 75 frs.

Prix : 1 pers. **180 F** 2 pers. **180 F** repas **100 F**

3	10	3

PAYET Lucot - 71 Chemin du Petit Tampon - 97430 TAMPON - Tél : 00 262 27 83 15

TAMPON

Alt. : 550 m (TH)

4 ch. 4 chambres de 2 pers. à l'étage de la maison du propriétaire, s.d.b. dans chaque chambre, wc commun, salle commune, TV, bibliothèque, jardin, parking. Le Tampon à 5 km (6mn). Randonnées pédestres : Grand Bassin, Sentier de l'Entre Deux, Volcan... Piscine - équitation - tennis au Tampon.

Prix : 1 pers. **150 F** 2 pers. **200 F** pers. sup. **80 F** repas **100 F**

5	5	2	10	10	20	5

MONDON Jeanine - 130 Chemin Zazo Dassy - 97430 LE TAMPON - Tél : 00 262 27 45 57 - Fax : 00 262 27 45 57

LE TAMPON

Alt. : 875 m (TH)

E.C. 2 ch. 2 Chambres de 2 personnes dans le prolongement de la maison du propriétaire. Sanitaires privés. TV dans les chambres. Jardin clos. Parking. A la campagne, à moins de 10 minutes du centre-ville, dans une maison de caractère avec piscine et vue panoramique de Saint-Pierre à Etang salé.

Prix : 1 pers. **215/248 F** 2 pers. **248/281 F** repas **100 F**

11	2	3	11	3,5

HOARAU Bernard - 223, Chemin du Petit Tampon - 97430 LE TAMPON - Tél : 00 262 57 56 95 ou SR : 00 262 90 78 90

INDEX DES RÉGIONS

LIMOUSIN

MIDI-PYRÉNÉES

NORD-PAS-DE-CALAIS

NORMANDIE

PAYS DE LOIRE

PICARDIE

POITOU-CHARENTES

PROVENCE-ALPES-CÔTE-D'AZUR

RHÔNE-ALPES

RÉUNION

Liste des localités par ordre alphabétique

A

B

C

E

F

G

H

K

L

M

N

O

P

Q

R

T

U

V

W

X

Y

Z

NOTES

NOTES

NOTES

NOTES

NOTES

NOTES

NOTES

NOTES

NOTES

NOTES

NOTES

NOTES

NOTES

NOTES

Liste des Centres départementaux d'information-réservation

01 • AIN
21, place Bernard - B.P. 198
01005 BOURG-EN-BRESSE CEDEX
Tél. 04 74 23 82 69/Rés. 04 74 23 82 66
Fax 04 74 22 65 86
e.mail : gites-de-france-ain@wanadoo.fr

02 • AISNE
24/28 avenue Charles de Gaulle
02007 LAON CEDEX
Tél. 03 23 27 76 80/Fax 03 23 27 76 88
e.mail : annette.ferez@aisne.com

03 • ALLIER
Pavillon des Marronniers
Parc de Bellevue - B.P 65
03402 YZEURE CEDEX
Tél. 04 70 46 81 56/04 70 46 81 60
Fax 04 70 46 00 22

04 • ALPES-DE-HAUTE PROVENCE (B)
Maison du Tourisme
Rond-Point du 11 Novembre - B.P. 201
04001 DIGNE LES BAINS CEDEX
Tél. 04 92 31 30 40/Fax 04 92 32 32 63
e.mail : infos@gites-de-france-04.fr

05 • HAUTES-ALPES
1, place du Champsaur - B.P. 55
05002 GAP CEDEX
Tél. 04 92 52 52 92/Rés. 04 92 52 52 94
Fax 04 92 52 52 90
e.mail : gdf05@free.fr

06 • ALPES-MARITIMES
C.R.T. - 55-57 promenade des Anglais
B.P. 1602
06011 NICE CEDEX 1
Tél. 04 92 15 21 30/Fax 04 93 37 48 00
e.mail : gites06@crt-riviera.fr

07 • ARDECHE
4, Cours du Palais - B.P. 402
07004 PRIVAS CEDEX
Tél. 04 75 64 70 70/Fax 04 75 64 75 40
e.mail : gites-de-france-ardèche@wanadoo.fr

08 • ARDENNES
6 rue Noël- B.P. 370
08106 CHARLEVILLE-MEZIERES CEDEX
Tél. 03 24 56 89 65/Fax 03 24 56 89 66
e.mail : gitardennes@wanadoo.fr

09 • ARIEGE
31 bis, avenue du Général de Gaulle
B.P. 143
09004 FOIX CEDEX
Tél. 05 61 02 30 89/Fax 05 61 65 17 34
e.mail : gites-de-France.ariege@wanadoo.fr

10 • AUBE
Chambre d'Agriculture
2 bis, rue Jeanne-d'Arc - B.P. 4080
10014 TROYES CEDEX
Tél. 03 25 73 00 11/Fax 03 25 73 94 85

11 • AUDE
78 ter rue Barbacane
11000 CARCASSONNE
Tél. 04 68 11 40 70/Fax 04 68 11 40 72
e.mail : gitesdefrance.aude@wanadoo.fr

12 • AVEYRON
APATAR - Maison du Tourisme
17, rue Aristide Briand - B.P. 831
12008 RODEZ CEDEX
Tél. 05 65 75 55 60/Rés. 05 65 75 55 55
Fax 05 65 75 55 61
e.mail : gites.de.france.aveyron@wanadoo.fr

13 • BOUCHES-DU-RHONE
Domaine du Vergon
13370 MALLEMORT
Tél. 04 90 59 49 39/Fax 04 90 59 16 75
e.mail : gitesdefrance@visitprovence.com

14 • CALVADOS
6, promenade Madame-de-Sévigné
14050 CAEN CEDEX 4
Tél. 02 31 82 71 65/Fax 02 31 83 57 64
e.mail : info@gites-de-france-calvados.fr

15 • CANTAL
50, avenue des Pupilles de la Nation
BP 631
15006 AURILLAC CEDEX
Tél. 04 71 48 64 20/Fax 04 71 48 64 21

16 • CHARENTE
27, Place Bouillaud
16021 ANGOULEME CEDEX
Tél. 05 45 69 79 09/Fax 05 45 69 48 60

17 • CHARENTE-MARITIME
Résidence Le Platin
1, perspective de l'Océan - Les Minimes
B.P.32 - 17002 LA ROCHELLE CEDEX 1
Tél. 05 46 50 63 63/Fax 05 46 50 54 46

18 • CHER
5, rue de Séraucourt - 18000 BOURGES
Tél. 02 48 48 00 13/Fax 02 48 48 00 20
e.mail : tourisme.berry@wanadoo.fr

19 • CORREZE
Immeuble Consulaire Tulle Est
Puy Pinçon - B.P.30 -19001 TULLE CEDEX
Tél. 05 55 21 55 61/Fax 05 55 21 55 88
e.mail : gites.de.france.correze@wanadoo.fr

20 • CORSE
1, rue Général Fiorella -BP 10
20181 AJACCIO CEDEX 01
Tél. 04 95 51 72 82/Fax 04 95 51 72 89
e.mail : corsica.gites.de.france@wanadoo.fr

21 • COTE-D'OR (B)
15, rue de L'Arquebuse - B.P.90452
21004 DIJON CEDEX
Tél. 03 80 45 97 15/Fax 03 80 45 97 16

22 • COTES-D'ARMOR
7, rue Saint Benoît - B.P. 4536
22045 SAINT-BRIEUC CEDEX 2
Tél. 02 96 62 21 73/Fax 02 96 61 20 16
e.mail : gites-de-france-22@armornet.tm.fr

23 • CREUSE
Maison de l'Agriculture - 1, rue Martinet
B.P. 89 - 23011 GUERET CEDEX
Tél. 05 55 61 50 15/Fax 05 55 41 02 73
e.mail : gites.de.france.creuse@wanadoo.fr

24 • DORDOGNE
25, rue Wilson - BP 2063
24002 PERIGUEUX CEDEX
Tél. 05 53 35 50 24/Fax 05 53 09 51 41
e.mail : dordogne.perigord.tourisme@wanadoo.fr

25 • DOUBS
4 ter, Faubourg Rivotte
25000 BESANÇON
Tél. 03 81 82 80 48/Fax 03 81 82 38 72

26 • DROME
95, av. Georges Brassens
26500 BOURG-LES-VALENCE
Tél. 04 75 83 90 20/Rés. 04 75 83 01 70/1
Fax 04 75 82 90 57

27 • EURE
9, rue de la Petite-Cité - B.P. 882
27008 EVREUX CEDEX
Tél. 02 32 39 53 38/Fax 02 32 33 78 13
e.mail : gites@eure.chambagri.fr

28 • EURE-ET-LOIR
Maison de l'Agriculture
10, rue Dieudonné-Costes
28024 CHARTRES
Tél. 02 37 24 45 45/Fax 02 37 24 45 90

29 • FINISTERE
5, allée Sully - 29322 QUIMPER CEDEX
Tél. 02 98 52 48 00/Fax 02 98 52 48 44
e.mail: info@gites-de-france-finistere.fr

30 • GARD
3, place des Arènes - B.P.59
30007 NIMES CEDEX 4
Tél. 04 66 27 94 94/Fax 04 66 27 94 95
e.mail : contacts@gites-de-france-gard.asso.fr

31 • HAUTE-GARONNE
14, rue Bayard - B.P.845
31015 TOULOUSE CEDEX 06
Tél. 05 61 99 70 60/Fax 05 61 99 41 22
e.mail : tourisme31@wanadoo.fr

32 • GERS
Maison de l'Agriculture BP 161
Route de Tarbes - 32003 AUCH CEDEX
Tél. 05 62 61 79 00
Fax 05 62 61 79 09
e.mail : loisirs.accueil.gers@wanadoo.fr

33 • GIRONDE
21, cours de l'Intendance
33000 BORDEAUX
Tél. 05 56 81 54 23/Fax 05 56 51 67 13

34 • HERAULT
Maison du Tourisme
1977, av. des Moulins - B.P. 3070
34034 MONTPELLIER CEDEX 1
Tél. 04 67 67 62 62/Fax 04 67 67 71 69

35 • ILLE-ET-VILAINE (B)
8, rue de Coëtquen - B.P. 30645
35106 RENNES CEDEX 3
Tél. 02 99 78 47 57/Fax 02 99 78 47 53
e.mail : sla.gitesdeFrance35@wanadoo.fr

36 • INDRE
1, rue Saint-Martin - B.P. 141
36003 CHATEAUROUX CEDEX
Tél. 02 54 22 91 20/Fax 02 54 27 60 00

37 • TOURAINE
38, rue Augustin-Fresnel BP 139
37171 CHAMBRAY-LES-TOURS-CEDEX
Tél. 02 47 48 37 13/Fax 02 47 48 13 39
e.mail : info@loire-valley-holidays.com

38 • ISERE
40, avenue Marcelin-Berthelot
BP 2641
38036 GRENOBLE CEDEX 2
Tél. 04 76 40 79 40/Fax 04 76 40 79 99
e-mail : sirt38@wanadoo.fr

39 • JURA
8, rue Louis Rousseau
39000 LONS-LE-SAUNIER
Tél. 03 84 87 08 88/Fax 03 84 24 88 70

40 • LANDES
Chambre d'Agriculture
Cité Galliane - B.P.279
40005 MONT-DE-MARSAN CEDEX
Tél. 05 58 85 44 44/Fax 05 58 85 44 45

41 • LOIR-ET-CHER
Association Vacances Vertes
5, rue de la Voûte-du-Château - BP 249
41001 BLOIS CEDEX
Tél. 02 54 58 81 64/Fax 02 54 56 04 13
e-mail : GITES41@wanadoo.fr

42 • LOIRE (B)
Cité de l'Agriculture
43, av. Albert-Raimond - B.P. 50
42272 SAINT-PRIEST-EN-JAREZ
Tél. 04 77 79 18 49/Fax 04 77 93 93 66
e.mail : gites.de.france.42@wanadoo.fr

43 • HAUTE-LOIRE
Relais du Tourisme
12, bd Philippe-Jourde - B.P. 332
43012 LE-PUY-EN-VELAY CEDEX
Tél. 04 71 09 91 46/Fax 04 71 09 54 85

44 • LOIRE ATLANTIQUE (B)
1, allée Baco - B.P. 93218
44032 NANTES CEDEX 1
Tél. 02 51 72 95 65/Fax 02 40 35 17 05
e.mail : gites-de-france-44@wanadoo.fr

45 • LOIRET
8, rue d'Escures - 45000 ORLEANS
Tél. 02 38 78 04 00/Résa 02 38 62 04 88
Fax 02 38 62 98 37

46 • LOT
Maison du Tourisme
B.P. 162
46003 CAHORS CEDEX 9
Tél. 05 65 53 20 75/Fax 05 65 53 20 79
e.mail : gites.de.france.lot@wanadoo.fr

47 • LOT-ET-GARONNE
4, rue André Chénier
47000 AGEN
Tél. 05 53 47 80 87/Fax 05 53 66 88 29
e.mail : gites-france.47@libertysurf.fr

(B) : Boutique vec vente de guides nationaux et départementaux

Réservation par 3615 code "Gîtes de France"
1,28 F/mn

48 • LOZERE
14, bd Henri-Bourillon
48001 MENDE CEDEX
Tél. 04 66 65 60 00/Fax 04 66 49 27 96
SR-Tél . 04 66 48 48 48/Fax 04 66 65 03 55
e.mail : cdt.lozere@france48.com

49 • MAINE-ET-LOIRE
Maison du Tourisme
Place Kennedy - B.P. 2147
49021 ANGERS CEDEX 02
Tél. 02 41 23 51 23/Résa 02 41 23 51 42
Fax 02 41 88 36 77

50 • MANCHE
Rond-Point de la Liberté
Maison du Département
50008 SAINT-LO CEDEX
Tél. 02 33 56 28 80/Fax 02 33 56 07 03
e.mail : info@manchetourisme.com

51 • MARNE
Chambre d'Agriculture
Route de Suippes - B.P. 525
51009 CHALONS-EN-CHAMPAGNE CEDEX
Tél. 03 26 64 95 05/Fax 03 26 64 95 06

52 • HAUTE-MARNE
40 bis, avenue Foch
52000 CHAUMONT
Tél. 03 25 30 39 00/Fax 03 25 30 39 09
e.mail : tourisme.hautemarne@wanadoo.fr

53 • MAYENNE
84, avenue Robert Buron - B.P.2254
53022 LAVAL CEDEX 9
Tél. 02 43 53 58 78/Fax 02 43 53 58 79
e.mail : gites53@libertysurf.fr

54 • MEURTHE-ET-MOSELLE
5, rue de la Vologne
Chambre d'Agriculture
54524 LAXOU CEDEX
Tél. 03 83 93 34 91/Fax 03 83 93 34 90
e.mail : gites-de-france54@wanadoo.fr

55 • MEUSE
5 place de la République
55120 CLERMONT EN ARGONNE
Tél. 03 29 87 44 12/Fax 03 29 87 40 01

56 • MORBIHAN
42 avenue Wilson - BP 318
56403 AURAY CEDEX
Tél. 02 97 56 48 12/Fax 02 97 50 70 07
e.mail : gites-de-france-morbihan@wanadoo.fr

57 • MOSELLE
1, rue de Coëtlosquet - 57000 METZ
Tél. 03 87 69 04 71/Fax 03 87 01 19 44

58 • NIEVRE
3, rue du Sort
58000 NEVERS
Tél. 03 86 36 42 39/Fax 03 86 59 44 63

59 • NORD (B)
89, Bd. de la Liberté
59800 LILLE
Tél. 03 20 14 93 93/Tél. 03 20 14 93 94
Fax 03 20 14 93 99
e.mail : gites.de.france.nord@wanadoo.fr

60 • OISE
8, bis rue Delaherche - B.P.80822
60008 BEAUVAIS CEDEX
Tél. 03 44 06 25 85/Fax 03 44 06 25 80

61 • ORNE
C.D.T. , 88, rue Saint-Blaise
B.P. 50 - 61002 ALENÇON CEDEX
Tél. 02 33 28 07 00/Fax 02 33 29 01 01
e.mail : orne.tourisme@wanadoo.fr

62 • PAS-DE-CALAIS
C.D.T.
La Trésorerie - Wimille - BP 79
62930 WIMEREUX
Tél. 03 21 10 34 80/Fax 03 21 30 04 81

63 • PUY-DE-DOME
Place de la Bourse
63038 CLERMONT-FERRAND CEDEX 1
Tél. 04 73 90 00 15/Fax 04 73 92 83 75

64 • PYRENEES ATLANTIQUES (B)
20, rue Gassion
64000 PAU
Tél. 05 59 11 20 64/Fax 05 59 11 20 60
e.mail : gites.de.france64@wanadoo.fr

65 • HAUTES-PYRENEES
22, place du Foirail
65000 TARBES
Tél. 05 62 34 31 50/05 62 34 64 37
Fax 05 62 34 37 95

66 • PYRENEES ORIENTALES
30, rue Pierre Bretonneau
66017 PERPIGNAN CEDEX
Tél. 04 68 55 60 95/Fax 04 68 55 60 94
e.mail : gites-de-france66@msa66.msa.fr

67 • BAS-RHIN (B)
7, place des Meuniers
67000 STRASBOURG
Tél. 03 88 75 56 50/Fax 03 88 23 00 97
e.mail : alsace-gites@adec.fr

68 • HAUT-RHIN
1, rue Schlumberger - BP 371
68007 COLMAR CEDEX
Tél. 03 89 20 10 60/Fax 03 89 23 33 91
e.mail : adt@rmcnet.fr

69 • RHONE A.D.T.R.
1, rue Général Plessier
69002 LYON
Tél. 04 72 77 17 50/Fax 04 72 41 66 30
e.mail : gites69.adtr@wanadoo.fr

RHONE-ALPES (B)
1, rue Général Plessier - 69002 LYON
Tél. 04 72 77 17 55/Fax 04 78 38 21 15
e.mail : gites.rhone.alpes@wanadoo.fr

70 • HAUTE-SAONE
Maison du Tourisme
6, rue des Bains - B.P. 117
70002 VESOUL CEDEX
Tél. 03 84 97 10 70/Fax 03 84 97 10 71

71 • SAONE-ET-LOIRE
Chambre d'Agriculture - BP 522
Esplanade du Breuil - 71010 MACON
Tél. 03 85 29 55 60/Fax 03 85 38 61 98

72 • SARTHE
78, Avenue du Général Leclerc
72000 LE MANS
Tél. 02 43 23.84.61/Fax 02 43 23 84 63

73 • SAVOIE
24, bd de la Colonne
73024 CHAMBERY CEDEX
Tél. 04 79 33 22 56/Fax 04 79 85 71 32
e.mail : gites.france.savoie@wanadoo.fr

74 • HAUTE-SAVOIE
16, rue Guillaume Fichet
74000 ANNECY
Tél. 04 50 10 10 10/Fax 04 50 10 10 12
e.mail : resa.gites74@wanadoo.fr

76 • SEINE-MARITIME
Immeuble de la Chambre d'Agriculture
Chemin de la Bretèque - B.P. 59
76232 BOIS-GUILLAUME CEDEX
Tél. 02 35 60 73 34/Fax 02 35 61 69 20
e.mail : gites.76@wanadoo.fr

77 • SEINE-ET-MARNE
Maison Départementale du Tourisme
9-11 rue Royale
77300 FONTAINEBLEAU
Tél. 01 60 39 60 39/Fax 01 60 39 60 40
e.mail : mdt@tourisme77.net

78 • YVELINES
Hôtel du Département
2, place André Mignot
78012 VERSAILLES CEDEX
Tél. 01 30 21 36 73/Fax 01 39 07 88 56

79 • DEUX-SEVRES
15, rue Thiers - B.P. 8524
79025 NIORT CEDEX 9
Tél. 05 49 24 00 42/Fax 05 49 77 15 94

80 • SOMME
21, rue Ernest Cauvin
80000 AMIENS
Tél. 03 22 71 22 71/Fax 03 22 71 22 69
e.mail : tourisme.somme@wanadoo.fr

81 • TARN
Maison des Agriculteurs La Milliasolle
B.P. 89 - 81003 ALBI CEDEX
Tél. 05 63 48 83 01/Fax 05 63 48 83 12
e.mail : gitesdutarn@free.fr

82 • TARN-ET-GARONNE
C.D.T. - 7, bd Midi-Pyrénées
B.P. 534
82005 MONTAUBAN CEDEX
Tél. 05 63 66 04 42/Fax 05 63 66 80 36
e.mail : cdt82@wanadoo.fr

83 • VAR (B)
Conseil Général
Rond-Point du 4.12.74 - B.P. 215
83006 DRAGUIGNAN CEDEX
Tél. 04 94 50 93 93/Fax 04 94 50 93 90

84 • VAUCLUSE
B.P. 164
84008 AVIGNON CEDEX 1
Tél. 04 90 85 45 00/Fax 04 90 85 88 49

85 • VENDEE
124, bd Aristide Briand - B.P. 735
85018 LA ROCHE-SUR-YON CEDEX
Tél. 02 51 37 87 87/Fax 02 51 62 15 19
e.mail : gites-de-france-vendee@wanadoo.fr

86 • VIENNE
1bis, rue Victor Hugo - B.P. 287
86007 POITIERS CEDEX
Tél. 05 49 37 48 54/05 49 49 59 11 (SR)
Fax 05 49 37 48 49/05 49 49 59 17 (SR)

87 • HAUTE-VIENNE
32, avenue du Général-Leclerc
87065 LIMOGES CEDEX
Tél. 05 55 77 09 57/Fax 05 55 10 92 29
e.mail : gites.de.france.87@wanadoo.fr

88 • VOSGES
13, rue Aristide Briand - B.P. 405
88010 EPINAL CEDEX
Tél. 03 29 35 50 34/Fax 03 29 35 68 11

89 • YONNE
Chambre d'Agriculture
14 bis, rue Guynemer
89015 AUXERRE CEDEX
Tél. 03 86 94 22 22/03 86 72 92 15 (SR)
Fax 03 86 94 22 23/03 86 72 92 14 (SR)

90 • TERRITOIRE DE BELFORT
2 bis, rue Clémenceau
90000 BELFORT
Tél. 03 84 21 27 95/Fax 03 84 55 90 99

91 • ESSONNE
2, cours Monseigneur Roméro
91025 EVRY CEDEX
Tél. 01 64 97 23 81/Fax 01 64 97 23 70

95 • VAL D'OISE
Château de la Motte
Rue François de Ganay
95270 LUZARCHES
Tél. 01 30 29 51 00/Fax. 01 30 29 30 86

97.1 • GUADELOUPE
5, square de la Banque
Place de la Victoire - BP 759
97171 POINTE-A-PITRE CEDEX
Tél. 0 590 91 64 33/Fax 0 590 91 45 40

97.2 • MARTINIQUE
9, bd du Général de Gaulle - B.P. 1122
97248 FORT-DE-FRANCE CEDEX
Tél. 0 596 73 74 74/Fax 0 596 63 55 92

97.3 • GUYANE
12, rue Lalouette
97300 CAYENNE
Tél. 0 594 29 65 16/Fax 0 594 29 65 01
e.mail : gites@tourisme.guyane.gf

97.4 • ILE-DE-LA-REUNION
10, place Sarda Garriga
97400 SAINT-DENIS
Tél. 0 262 90 78 90/Fax 0 262 41 84 29

FICHE D'APPRÉCIATION

Soucieux de la qualité de votre séjour, nous serons heureux de recevoir vos impressions par le biais de cette fiche d'appréciation. Nous serons également attentifs à toute suggestion quant à la présentation et l'utilisation de ce guide.

Cette fiche est à retourner à :

MAISON DES GÎTES DE FRANCE ET DU TOURISME VERT
59, rue Saint-Lazare - 75439 PARIS Cedex 09

Nom du propriétaire : ....

Commune : .... Département : ....

AVEZ-VOUS ÉTÉ SATISFAIT DE VOTRE SÉJOUR ?

	Satisfaisant	Moyen	Insuffisant
Accueil	❑	❑	❑
Confort	❑	❑	❑
Equipement	❑	❑	❑
Cadre, environnement, loisirs	❑	❑	❑
Respect des tarifs	❑	❑	❑

Impression générale : ....

....

....

....

....

....

Vos coordonnées : ....

....

....

....

CH 2001

FICHE D'APPRÉCIATION

Soucieux de la qualité de votre séjour, nous serons heureux de recevoir vos impressions par le biais de cette fiche d'appréciation. Nous serons également attentifs à toute suggestion quant à la présentation et l'utilisation de ce guide.

Cette fiche est à retourner à :

MAISON DES GÎTES DE FRANCE ET DU TOURISME VERT
59, rue Saint-Lazare - 75439 PARIS Cedex 09

Nom du propriétaire : ....

Commune : .... Département : ....

AVEZ-VOUS ÉTÉ SATISFAIT DE VOTRE SÉJOUR ?

	Satisfaisant	Moyen	Insuffisant
Accueil	❏	❏	❏
Confort	❏	❏	❏
Equipement	❏	❏	❏
Cadre, environnement, loisirs	❏	❏	❏
Respect des tarifs	❏	❏	❏

Impression générale : ....
....
....
....
....
....

Vos coordonnées : ....
....
....
....

CH 2001

NOTES

NOTES

NOTES

NOTES

NOTES

NOTES

NOTES